天水精诚果业有限责任公司是集果品的种植及各类蔬菜的采购、贮藏、加工和销售于一体的专业化经营公司。

在我国不断加快农业产业化进程的时代背景下，公司立足于天水及周边地区的果品、蔬菜基地，树立"购、贮、销专业化经营、一体化服务，诚实守信，客户至上"的经营理念，构建以天水特色果品蔬菜为重点的果蔬加工、购销平台。公司现已初步形成以天水特色果品蔬菜为主的经销网络，辐射东南沿海及东南亚市场。

本公司有志于在天水及陇东南地区打造农副产品经销的特色品牌，在面向农村、服务农业、造福农民、推进天水及周边地区农业产业化的进程中，诚邀海内外客户精诚合作、携手发展、同享成果，共创辉煌。

联系人：杜小成

电话：0938－2736599　　传真：0938－2727990

地址：甘肃省天水市北道区马跑泉颖川河东岸　　邮编：741020

主页：http://www.jcfruit.com


精诚果业 JINGCHENG FRUIT

# 深圳市科荣兴实业有限公司

深圳市科荣兴实业有限公司成立于2000年9月。本公司是集防水产品研发、生产和销售以及防水堵漏工程设计、施工、监理为一体的专业性公司。

目前，公司的业务主要分为三大块：其一：防水母料系列产品的研发、生产和销售；其二：防水系列产品的研发、生产和销售；其三：建筑、房屋防水堵漏工程设计、施工。

公司的核心技术主要是产品研发技术、防水工程设计和施工技术。

公司在深圳及周边城市已完成了近百家家居及商业空间的堵漏防水设计、施工工程，成功操作了多个防水项目的顾问式服务。科荣兴公司以其雄厚的实力，卓越的信誉，在本行业和广大客户中树立了良好的信誉和品牌形象。科荣兴公司将通过不断开拓进取，扎扎实实走好每一步，期待成为国际商战中的一位赢家！


联系人：李芬芳

电话：0755－29957702

传真：0755－29957713

地址：广东省深圳市宝安西乡径贝华侨新村13巷1号综合楼三楼

邮编：518102

# 深圳市鸿鑫祺服饰有限公司

深圳市鸿鑫祺服饰有限公司是一家集设计，生产，销售于一体的服装企业，专业生产高尔夫T恤、户外运动T恤、高档商务T恤、休闲POLO衫、高尔夫专用风雨衣。同时平价供应广告衫及文化衫。 服务定位于：全国各大高尔夫球会，专业高尔夫球队，小批量高档办公室服装定作，中高档商务服装品牌贴牌，礼品公司等。

鸿鑫祺的宗旨：量身打造客人的要求，为每个客人都提供最优质的服务和产品。

联系人：胡魁
移动电话： 13927407186
电　话：0755－61596560　36940622
传　真：0755－89642058　89335191
地　址：广东省深圳市龙岗区同乐吓坑屋头岭工业区18号三楼
邮　编： 518000

# 东莞市虎门宏佳服装厂

东莞市虎门宏佳服装厂是一家集时装开发、设计、生产、销售于一体的综合性企业。

有多年生产、出口日韩时装经验，秉承时尚、大方、舒适的设计理念，为各新老客户提供优质的产品。 主要提供实体店、网店批发，质量保证、价格实惠，货源充足、新款不断，信誉良好！抱着以诚信第一、顾客至上的服务态度，欢迎各位批发商前来选购！

联系人：陈玉华
移动电话： 13712182628
电话：0769－85181126
传真：0769－85238936
地址： 广东省东莞市虎门镇镇口第二工业区6栋3楼
邮编： 523900

# 蓬莱深奥生物科技研究所

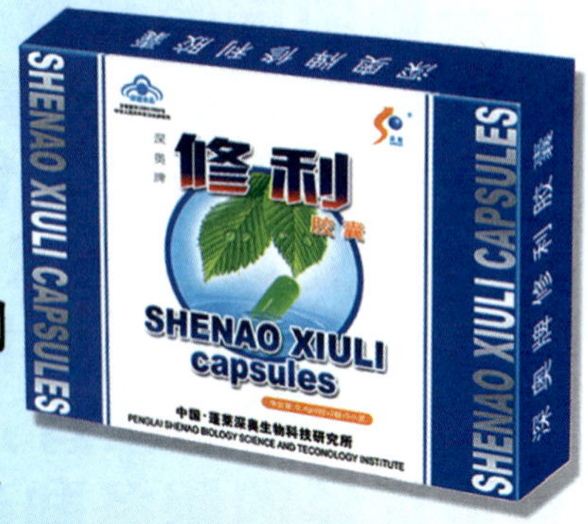


蓬莱深奥生物科技研究所成立于2002年，是一家集生物技术开发、中药材种植、研究、养生学研究，保健食品研发、生产和营销于一体的多元化企业。

公司的建立源自技术创新，始终把自主创新作为公司生存和发展的第一要素，并按照现代生物技术的特点打造公司的核心竞争力。公司有专业的研发团队，团队成员为一批具有多年从事相关产业的专业人才，其中具有高级职称的科研人员58名，享受国家特殊津贴的专家3名，多年从事保健品生产的生产技术人员5名，拥有自已独立的达标实验室、多台（套）国际国内一流的检测仪器，拥有近万平方米的软胶囊、硬胶囊、口服液等剂型的GMP达标厂房和国内领先的高效率生产加工设备、并投资完善了专门的小试车间。公司形成了专业的研发团队和主要的核心技术，构建了以生物发酵、提取、分离为主，普通保健品制剂为辅的核心技术平台，掌握了现代生物技术的关键技术和基本技术，以实现保健食品开发的改进与创新。

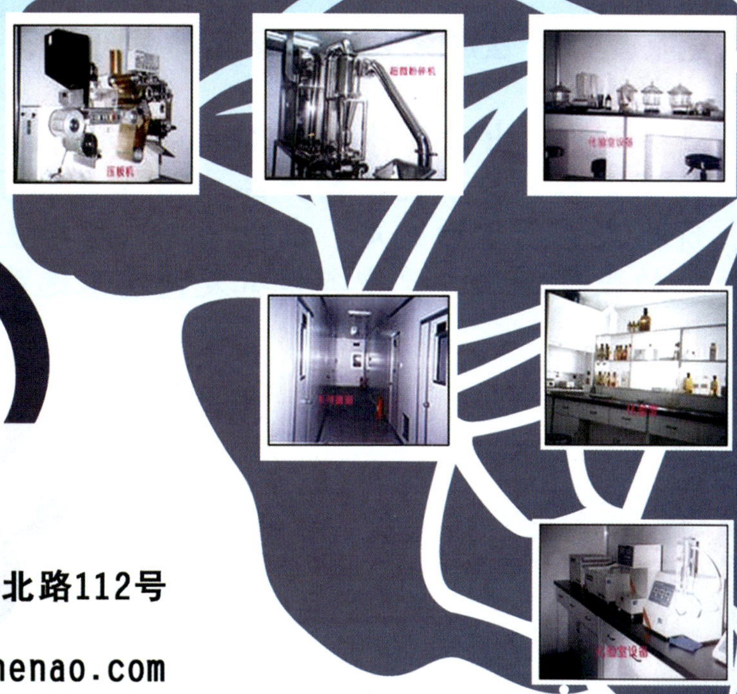

# 諸城市聚福源環保設備有限公司

诸城市聚福源环保设备有限公司位于山东诸城市，主营：环保设备等。主要产品：地埋式一体化污水处理设备、生活污水处理设备、地埋式污水处理设备、曝气机、周边传动刮泥机、带式压滤机、平流式气浮机、气浮机、二氧化氯发生器、刮泥机、溶气气浮机、涡凹气浮机等。

公司秉承“顾客至上，锐意进取”的经营理念，坚持“客户第一”的原则为广大客户提供优质的服务。

欢迎惠顾！

联系人：王晓东
电话：0536－6188186
传真：0536－6189901
地址：山东省诸城龙都街道西土墙工业园
邮编：262200
主页：http://www.zcjfy.com

BLQ格栅清污机

ZYW方型溶气气浮机

机械过滤器

ZCAF涡凹气浮机

DYL带式压滤机

# 东莞市富源电子科技有限公司

成立于1998年，主要从事安规元器件生产和销售，通过10年的改革和努力现在已经成为集生产和销售为一体的安规元器件总汇；公司将继续秉持品质第一、服务客户的原则不断为广大客户提供质优价廉的产品。

我公司目前主要提供如下产品:

A、电流保险丝Current Fuse

B、保险丝座Fuse Holder

C、汽车保险丝Autofuse/car fuse

D、温度保险丝及温度开关

E、压敏电阻/放电管 Varistors/Gas tube arresters

F、可恢复保险丝Resettable fuse/Multifuse

G、热敏电阻NTC/PTC Thermistor

上述产品已取得了CCC、UL、CUL、UR、CSA、VDE、BSI、IMQ、PSE等安全认证。

本公司同时代理世界各大知名安规器件生产商的产品：SEM、BASMAN、LITTLE、AUPO、WALTER、NEC、AEM、艾默生、内桥、松下、富致、陆海、萨特。

本公司将继续通过ISO9000质量管理体系的有效实施，使涉及企业生产经营的各个运作环节，均严谨有序，不断制造出质优价廉、适销对路的产品参与市场竞争，使企业长期保持较强的经营获利能力。同时我们将长期重视与行业知名企业合作，争取最大限度的代理权，以最优惠的价钱把产品销售给客户。

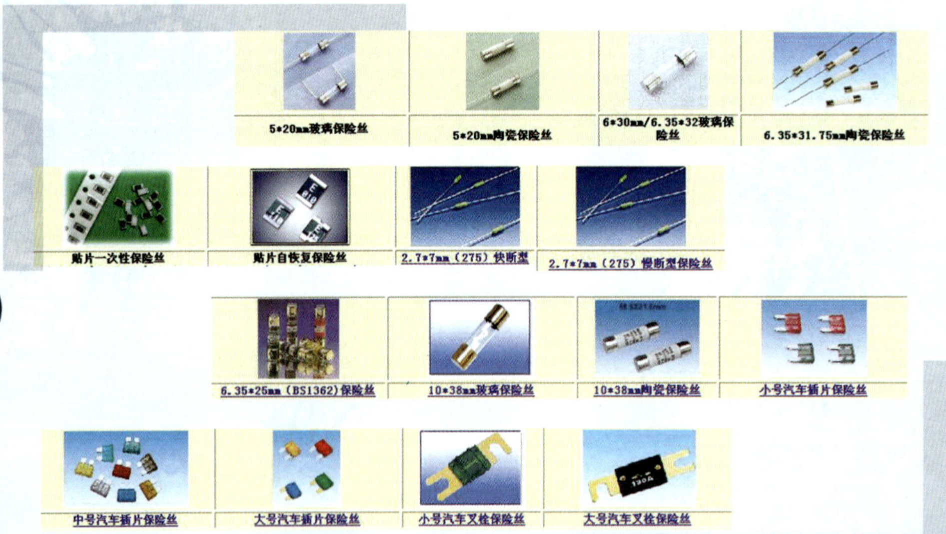


联系人：谢德富

电话：0769－23115816

传真：0769－23115819

地址：广东省东莞市东城区峡口松柏坊工业区沙岭西路3号

邮编：523112

主页：http://vdefuse.cn

# 宁波市镇海翔鹏旅游休闲用品有限公司

是一家专门为国内外户外运动爱好者提供：自动充气垫、self-inflating mattres、海绵垫mattres、自充垫、充气垫、气垫、睡垫、防潮垫、坐垫、枕头、Pillow、充气床、植绒枕头、野餐垫、防水袋、干燥袋、TPU饮水袋、帐篷、睡袋、登山包等相关产品的新兴工厂，同时也为国内外各大户外品牌提供OEM服务，我们将和您一起来为我们共同崇尚的户外运动创造更贴近需要的产品，我们与同行的差别是更注重您的感受和需求。

翔鹏是我们的公司，翔鹏也是我们的品牌，我们希望她伴随着您向往山水的脚印走向世界的每个角落。

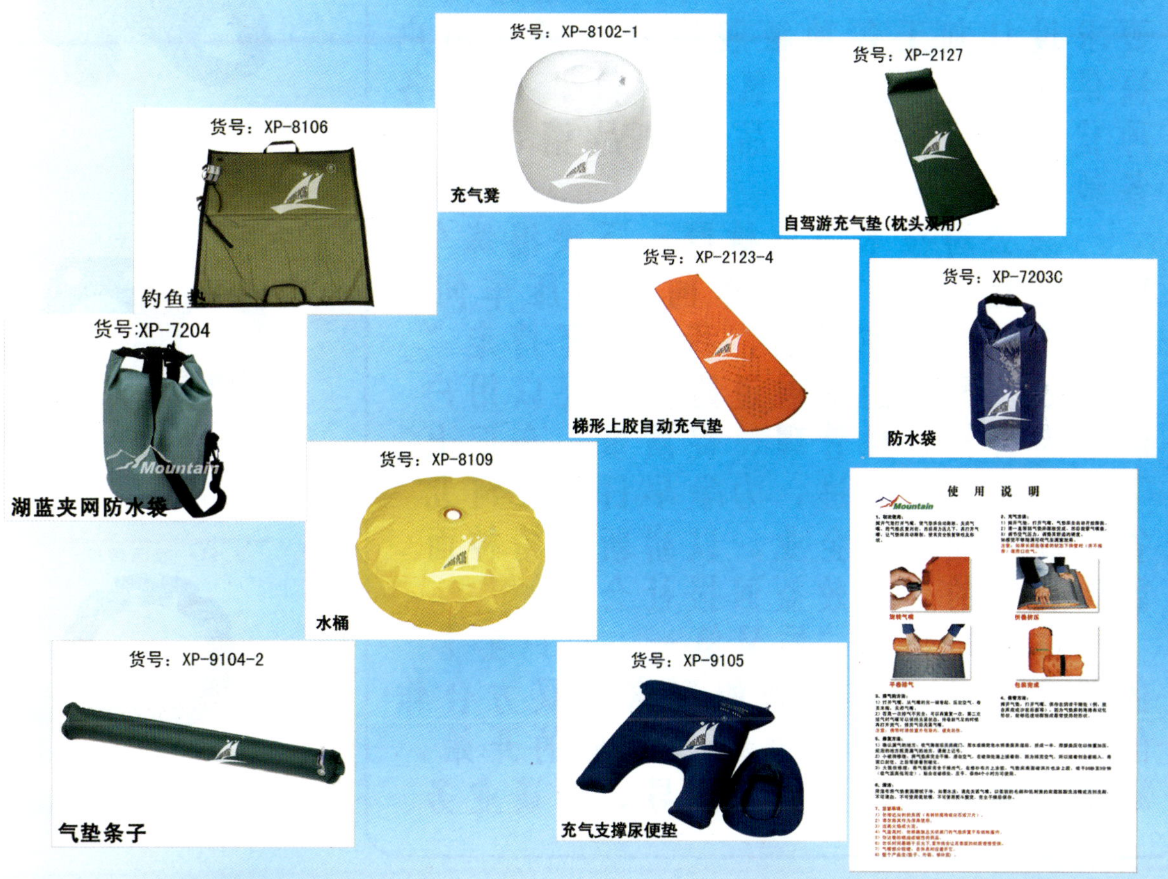


联系人：丛波

电话：0574－86526939

传真：0574－26269775

地址：浙江省宁波市镇海区九龙湖镇邵家汇三星工业园区

邮编：315202

主页：http://www.nbmountain.com

# 广州明胜展览服务有限公司

http://www.gdmse.com

广州明胜展览服务有限公司是一家专业从事国际展览、会议策划的服务性公司。公司以承办合作举办各类大型国际博览会和组织出国展览为主业，每年承办各类大型国际专业博览会10多个。并组团参展，参观世界各地30多个国家和地区的50多个著名国际专业展览会。公司长期以来与各地政府，行业协会，贸易团体以及欧美，远东和东南亚多数国家的贸易组织和相关机构建立了良好的合作关系。在广大的客户群中树立了良好的口碑。

明胜公司拥有一批积极进取，勤奋认真，综合素质较高的业务销售人员。明胜公司本着“协作，进取，成功”的精神。恪守“顾客至上，诚信为本”的经营理念。为各参展企业及参观人员提供全方位、高质量的服务。

明胜公司新成立部门——网话部。是一种全新的Voip网络电话。只要有宽带上网条件即可以安装。无须改变现有电话设施，可收发传真，可透传指定电话号码，话费随时网上查询。并提供全方面的网络电话增值服务。

**我们的承诺：** 免费市话接入、免费月租、免费网内通话、免费呼入、免费安装。

联系人：杜智
电话：020-34331280
传真：020-34331290
地址：广东省广州市新港东庭园路95号F107
邮编：510335

# 总 目 录





# 紧急电话

| 110 | 119 | 120 | 122 |
|---|---|---|---|
| 匪警 | 火警 | 急救中心 | 交通事故 |

**图书在版编目（CIP）数据**

中国商务资讯大全．2010～2011/北京网商互通传媒文化有限公司编．—北京：中国财政经济出版社，2010．5

ISBN 978－7－5095－2169－4

Ⅰ．中…　Ⅱ．北…　Ⅲ．商务－概况－中国－2010～2011　Ⅳ．F72

中国版本图书馆CIP数据核字（2010）第062684号

责任编辑：金　语　　　　责任校对：桂海霞

封面设计：桂海霞　　　　版式设计：桂海霞

中国财政经济出版社

URL：http：//www．cfeph．cn

E－mail：cfeph@cfeph．cn



社址：北京海淀区阜成路甲28号　邮政编码：100036

咨询电话：51298837　51655593

北京泰山兴业印务有限责任公司印刷　各地新华书店经销

850×1168毫米　16开　128．5印张　14000千字

2010年4月第1版　2010年4月北京第1次印刷

印数1－5000册　定价：680．00元

ISBN 978－7－5095－2169－4/F·1717

（图书出现印装问题，本社负责调换）

# 编 印 说 明

为适应中小企业的快速发展以及广大新老客户的强烈要求，最新版《中国商务资讯大全》在您的大力支持下，以其全新的面貌与广大用户见面了。

为了更好、更全面的服务于中小企业，进一步促进中小企业品牌推广，本期在原有版块基础上新增了诚信商及优秀诚信商展示版块。

本期中所列内容与广告，均由北京网商互通传媒文化有限公司核实与制作。

本期面向全国公开诚招代理商，大全销售权归代理商所有。



本期在编印过程中得到广大企事业单位的大力支持，在此表示感谢！恳请广大用户批评指正并提出宝贵意见。

《中国商务资讯大全》编委会

## 查询方法

**查询方法一：**

**封面色标查询**

1. 确定查找信息所属分类
2. 在封面色标中找到相关分类
3. 按分类色块上标注的页码找到对应的正文

**查询方法二：**

1. 确定查找信息所属分类
2. 选择查阅途径
   (1) 分类简表
   (2) 按行业省市查询目录
3. 按简表或查询目录显示的页码查找所需信息

# 总行业

# 行业分类

农业及服务、林业及服务、渔业及服务、畜牧业及服务、水利灌溉、养殖业、种植业、农产品、动物疫苗、饲料、茶叶、渔具

食品、食品加工业、副食品、饮料、烟酒、粮油

酒店、宾馆、旅游、餐饮、休闲娱乐、休闲运动、宠物、花鸟、文化艺术、娱乐用品、旅行服务、美容美发、化妆品、桑拿足浴

金融机构、邮政、证券期货、保险行业、金融投资、事务所

机械机器设备、机电设备、专用机械设备、动力、节能设备、泵业、热力工程设备、非标设备、机械加工、机械设计与制造业、零部件、锅炉、通用零部件、机床、五金工具、五金制品、五金配件、工程机械、模具行业、弹簧、电镀、锻造

医疗卫生事业、医疗器材、康复器材、医药、生物制药、保健品、福利、殡葬业

通讯设备、电子计算机、通信、互联网信息及技术服务、光缆、安防、消防器材、感光材料、电脑、手机、IC卡

城市公共交通、交通运输、交通运输设备、航天航空、交通工具、交通设施、汽车制造、船舶制造、飞机制造、运输物流、汽配、汽车美容、汽车维修、电梯、快递、邮寄、摩托车、自行车

电器设备、电器零配件生产制造、电池、充电器、衡量器、电工器材、音响设备及器材、电子设备、材料及器件、自动化设备、防静电、防雷设备、防爆及弱电工程及设备、照明器具、仪器仪表、电气、空调、显示屏、半导体

家具行业、木制品、居家饰品、日用品、礼品工艺品、厨房设备用品、玩具、陶瓷行业、钟表、眼镜、烟花爆竹、珠宝首饰、饰品、古玩字画、婴幼儿用品

钢铁制品、煤炭行业、有色金属制品、非金属制品、特钢制品、石英粉、石墨、耐火材料、耐磨材料、不锈钢、金属表面处理

城市建设、环保行业、建筑材料、木材、房地产行业、物业管理、建筑工程、水泥行业、公路桥梁、安装、装潢、环保设备、门窗、园林绿化、玻璃制品、钢结构工程、石材、爆破、建筑劳务、保温材料、水暖设备、勘探

纺织印染、皮革、毛皮、羽绒制品、服装、鞋帽、箱包、纺织机械及配件、烫金、服装辅料

石油、石油化工、涂料、油墨、颜料、燃料、林产化工、塑料（塑胶）及其制品、能源、火工产品、化肥农药、化工原料、助剂、添加剂及产品、化工颜料（塑胶）及原料、植物提取物、胶水、沥青、松香、海绵

火力发电、水力发电、核能和其他能源发电、电力机械设备、电力工程、变压器、电线电缆、电力系统各类自动化及装置、变电站、发电厂继电器保护及自动控制设备、输变器、低压电器设备

造纸、纸张、印刷、制版、装订、纸品、包装、印刷用品及器材、胶粘剂

教育、培训、体育用品、教材及其他书籍、办公用品、实验室设备、广播、影视、书刊、报业

贸易、批零业、物资供销、市场、广告、会展、公关礼仪、形象设计、租赁、中介、咨询和调查、广告会展材料及用品、国际劳务、外事服务、超市

劳保、其他制造业、其他加工业、其他服务业、企事业单位、物资回收

# 按行业、省、市查询目录

# 按行业、省、市查询目录

酒店旅游 餐饮娱乐 (313－389)



金融行业 (390－402)

# 按行业、省、市查询目录







## 机械行业 (403-572)



## 医疗器械 医药 社会福利 (573-601)

# 按行业、省、市查询目录

通信 网络 计算机 消防 (602-644)



交通行业 运输物流 (645-745)

# 按行业、省、市查询目录







电器
仪器仪表
(746-825)



家居生活用品
礼品工艺品
(826-905)

# 按行业、省、市查询目录

矿产冶金 有色金属 特种材料 钢铁煤碳 (906-984)



城建 房产 建材 装潢 (985-1265)

# 按行业、省、市查询目录







纺织服装（1266–1363）



化肥农药 橡胶塑料 石油化工（1364–1463）

# 按行业、省、市查询目录

电力 发电设备 供水供气 (1464－1479)



造纸 印刷 包装 制版 (1480－1517)

# 按行业、省、市查询目录



教育传媒 文教体育 办公用品 (1518-1543)



商业百货 外贸 服务业 (1544-1737)

# 按行业、省、市查询目录

## 其它 (1738-1908)

# 诚信客户查询目录

## 按行业、单位名称查询

### 农林牧渔 (1758–1767)

# 诚信客户查询目录

## 按行业、单位名称查询

食品 饮料 酿酒行业 (1768-1773)

# 诚信客户查询目录

按行业、单位名称查询

酒店旅游
餐饮娱乐
(1774—1780)



## 安徽省桐城市四星大酒店

浴场迎宾大厅

多媒体会议室

桐城四星宾馆位于市火车站广场南侧，八层大楼，气势雄伟壮观。宾馆设计、装饰尽显时尚流行与品位。拥有全市一流的大浴场、停车场等服务设施。

四星宾馆热忱欢迎您的光临！

联系人：汪斌
13205568999
电话：0556-5610888
邮编：231400
地址：安徽省桐城市火车站南侧

## 河源市龙宫商务大酒店

河源市龙宫商务大酒店位于河源市最中心的“圣地”东华路2号，是河源市唯一的以“龙威气派、宫廷享受”的服务理念，喜迎八方客、诚待天下人的商务酒店。

本酒店大楼共17层，其中第17楼为办公室，9~16楼为客房，大堂和房间内布局与设施都具有龙的象征，龙的富贵和气派，是来自五湖四海游客亲身感受“中华恐龙之乡”凸现龙魅力住宿的地方。8楼为休闲中心，设计和装修别居一格，营造了河源客家古邑，万绿河源龙的至尚神韵！

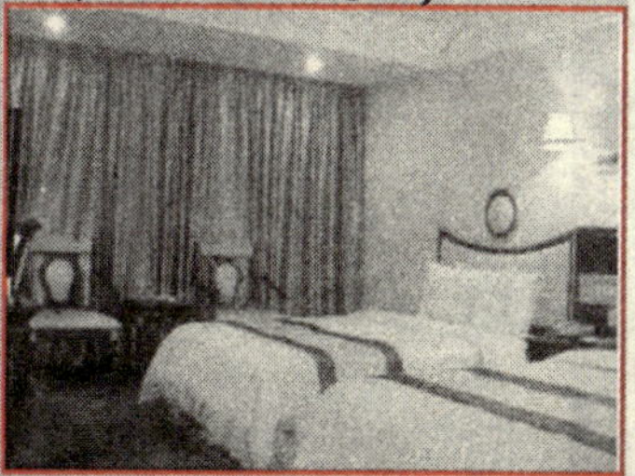

联系人：吴建新
电话：0762-3288888　3288928　3288198　　传真：0762-3288278
地址：广东省河源市源城区东华路2号　　邮编：517000

# 诚信客户查询目录

按行业、单位名称查询

¥ 金融行业 (1781-1781)

# 诚信客户查询目录

## 按行业、单位名称查询

### 机械行业（1782—1795）

# 诚信客户查询目录

## 按行业、单位名称查询

医疗器械
医　　药
社会福利
(1796－1798)

# 诚信客户查询目录

## 按行业、单位名称查询

通信 网络
计 算 机
消 防
(1799－1800)

# 诚信客户查询目录

## 按行业、单位名称查询

交通行业
运输物流
(1801－1811)

# 诚信客户查询目录

## 按行业、单位名称查询

电器仪器仪表（1812－1820）

# 诚信客户查询目录

## 按行业、单位名称查询

家居生活用品
礼品工艺品
(1821－1827)

# 诚信客户查询目录

## 按行业、单位名称查询

矿产冶金
有色金属
特种材料
钢铁煤碳
(1828-1839)

# 诚信客户查询目录

## 按行业、单位名称查询

城建 房产
建材 装潢
(1840-1851)

# 诚信客户查询目录

## 按行业、单位名称查询

城建 房产
建材 装潢
(1852－1863)

# 诚信客户查询目录

## 按行业、单位名称查询

纺织服装
(1864–1872)



## 东莞市东城成元织带加工厂

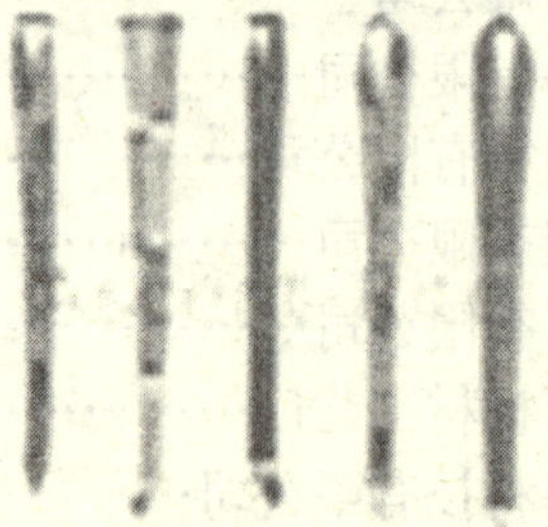

本公司创立于2005年，主要生产经营各式吊带、织带、手机套、手腕带、鞋带、松紧带及高档电脑提花织带等纺织饰带。

公司本着“诚信经营，与时俱进”的宗旨，竭诚欢迎您的莅临指导！

联系人：王永建
电话：0769-22659539
邮编：523125
地址：广东省东莞市东城区立新洋杞坑工业区

## 柳州市花旗纺织品有限公司

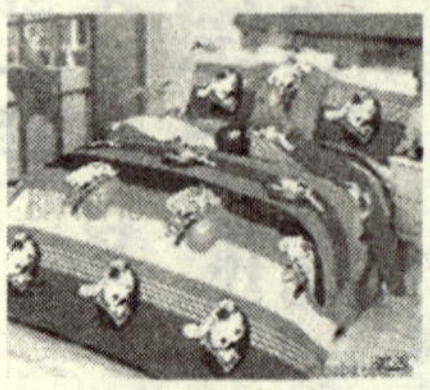

柳州市花旗纺织品有限公司创建于1995年，是一家主营各类制式服装（校服、工作服等）和床上用品的专业生产厂家。

公司秉承“顾客至上，锐意进取”的经营理念，坚持“客户第一”的原则为广大客户提供优质的服务。

欢迎惠顾！

联系人：吴小平 13877220020
电话/传真：0772-8800836
邮编：545007
地址：广西柳州市柳南区飞鹅路53号新时代商业港西二区P栋319

# 诚信客户查询目录

## 按行业、单位名称查询

化肥农药
橡胶塑料
石油化工
(1873-1890)

# 诚信客户查询目录

按行业、单位名称查询

电力 发电设备 供水供气 (1891-1891)

# 诚信客户查询目录

## 按行业、单位名称查询

造纸 印刷
包装 制版
（1892–1895）

# 诚信客户查询目录

按行业、单位名称查询

教育传媒 文教体育 办公用品 (1896–1897)



## 长沙市岳麓区

# 诚信客户查询目录

## 按行业、单位名称查询

### 商业百货 外贸 服务业 (1898–1907)

# 诚信客户查询目录

按行业、单位名称查询

其 它
(1908—1908)



# 惠安县洛阳仁水废品收购站

惠安县洛阳仁水废品收购站成立于2008年，主营：废旧铁、废旧金属、废旧塑料、废旧纸皮。

公司秉承“顾客至上，锐意进取”的经营理念，坚持“客户第一”的原则为广大客户提供高价回收废料服务。

欢迎询价！

联系人：何仁水

电话：0595-87118538 13615974622

地址：福建省泉州市惠安县洛阳镇屿头村 邮编：362000

# 盐城鑫泰玻璃物资回收有限公司

本公司成立与2007年。

主要经营废旧碎玻璃物资回收。

服务宗旨是：诚实、公正、守信、价格合理。

在互惠互利的原则下，变废为宝、环保、创收！

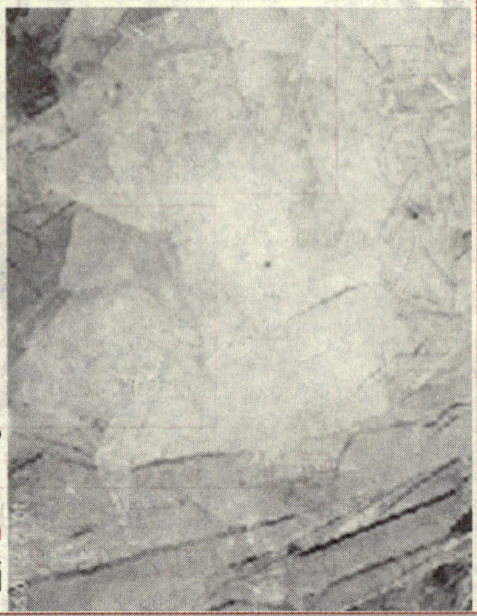

联系人：吴兆来 13962062788

电话：0515-88505388

邮编：224000

地址：江苏省盐城市亭湖区城西

# 优秀诚信客户展示窗

## 浙江省仙居县卜家岙杨梅专业合作社

浙江省仙居县卜家岙杨梅专业合作社成立于2004年，主要从事杨梅种植销售，产品经中国绿色食品发展中心审核，被认定为绿色食品A级，并引进国内先进的真空保鲜技术及设备。杨梅礼品盒普通包装、真空保鲜包装，每年在6月中旬至7月中旬梯度供应新鲜杨梅和杨梅果园观光旅游。

热忱欢迎新老客户光临、惠顾！

联系人：李相广 13958518368　电话：0576-87777906

地址：浙江省仙居县南丰街道卜家岙村　邮编：317300

## 平和县 海清红柚示范场

平和县海清红柚示范场成立于2004年。

主要从事育苗、技术竹笋、销售果实等。

欢迎新老客户来电来人洽谈业务，共同合作。

联系人：林海清

电话：0596-5256589　13960054464

地址：福建省漳州市平和县小溪镇厝丘村　邮编：363700

# 优秀诚信客户展示窗

## 安徽省宏建生态养殖有限公司

宿松宏建生态养殖公司是2004年由民营资本投资兴建年产生猪2万多头的新建企业。

公司以较大的规模，科学的布局，规范的管理在众多申请活储资格的养殖企业中脱颖而出。经省商务厅、财政厅严格审查，确定具备省级储备肉活畜储备基地场资格，热忱欢迎广大新老客户光临、惠顾！

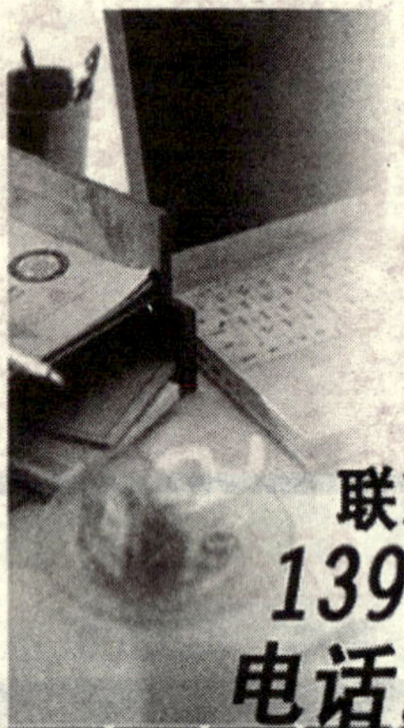

联系人：叶建平

13909664689

邮编：246523

电话：0556-7952216 地址：安徽省安庆市宿松县许岭镇

## 宿松县乡园禽业贸易有限责任公司

0556-7557999 7812918

宿松县乡园禽业贸易有限责任公司成立于2005年，主要从事家禽养殖，禽蛋的加工与销售。

"质量保证，价格合理"，热忱欢迎广大新老客户光临、惠顾！

联系人：尹国球

地址：安徽省安庆市宿松县孚玉镇西畴南街37-1号 邮编：246500

# 优秀诚信客户展示窗

## 江城制米厂

江城制米厂成立于2001年。
主要从事大米加工和销售。
质量保证，价格合理。
热忱欢迎广大新老客户光临惠顾！

联系人：栾先国　电话：0415-7827036
地址：辽宁省丹东东港市椅圈镇吴家村　邮编：118300

## 榜上有名川茶茶艺传播中心

榜上有名川茶茶艺传播中心成立于2004年，从事茶叶种植、加工、销售；茶具销售；茶艺表演等。

公司以市场为导向，管理为基础，以信誉为依托，质量为核心，弘扬中华茶文化，以茶会友。

联系人：胡鹏程
电话：028-66871818　66871717
地址：四川省成都市青羊区琴台路189号　邮编：610072

# 优秀诚信客户展示窗

## 湖南省平江县城关镇旺辉食品有限公司

湖南省旺辉食品（饮料）有限公司集科研、开发生产、销售服务于一体的现代化民营企业。以生产面粉熟食制品、饮料大众消费健康食品著称。

旺辉实业拥有先进的流水作业生产线。“飞旺”作为全国熟食知名品牌始终把“规范管理、合法经营、客户满意”作为企业生存发展的必要依托，确定以“精心制造、严格检测、客户满意”的质量方针。2006年8月成功通过ISO9001：2000国际质量体系认证。2007年10月食品安全QS认证。

联系人：徐旺辉
电话：0730-6302999 6303999
地址：湖南省岳阳市平江县城关镇首家坪旺辉食品有限公司
邮编：410450

## 吉林省长春市德占粮食加工厂

吉林省长春市德占粮食加工厂主要加工销售“孙德占”牌有机大米。“孙德占”牌有机米选用品质优良，食味可口的粳稻品种，种植于水、土、气均不受污染的绿色环境之中，采用绿肥一水稻轮作制，从水稻浸种到收获，不使用任何化学合成的化肥、农药、除草剂、和植物激素，在收获、贮藏和加工的过程中严格防范，不沾染任何有毒有害物质。我厂生产的大米长期对外供应，保质保量保信誉，生意不分大小，客户不分远近。以诚待人，以信誉创市场。

联系人：孙德占 电话：0431-82528181 82523100
地址：吉林省长春市九台市龙家堡镇临河村4社 邮编：130504

# 优秀诚信客户展示窗

## 石屏县仁和豆制品厂

石屏县仁和豆制品厂成立于1997年，主要从事大豆的收购，豆制品的加工与销售。

产品自投入市场以来，以其独特的风味、过硬的质量受到广大消费者的青睐，热忱欢迎广大新老客户来我公司洽谈业务，共同合作！

联系人：李伟春　电话：0873-4857882

地址：云南省红河州石屏县异龙镇罗家庄村　邮编：662200

## 景谷县大有为食品有限公司

网址：www.dyw.net.cn

本公司成立于1995年，是以食品饮料为主，集生产、加工销售为一体的民营企业。我公司以当地丰富的自然水果资源为依托，利用自身有利的经济、技术力量，不断研制开发新的产品投放市场，从而保证企业正常平稳的发展。所生产的产品有：芒果汁、西番莲汁、枸杞汁、橄榄汁、橄榄茶、水果罐头、果脯、白酒、果酒等系列产品近20余个品。力求于绿色食品业的典范是我公司的宗旨，我公司将以宗旨目标为动力而努力。

联系人：杨智　13987097717　电话：0879-5111213

地址：云南省普洱市景谷县林纸路109号　邮编：666400

# 优秀诚信客户展示窗

## 上饶县华宇米业有限公司

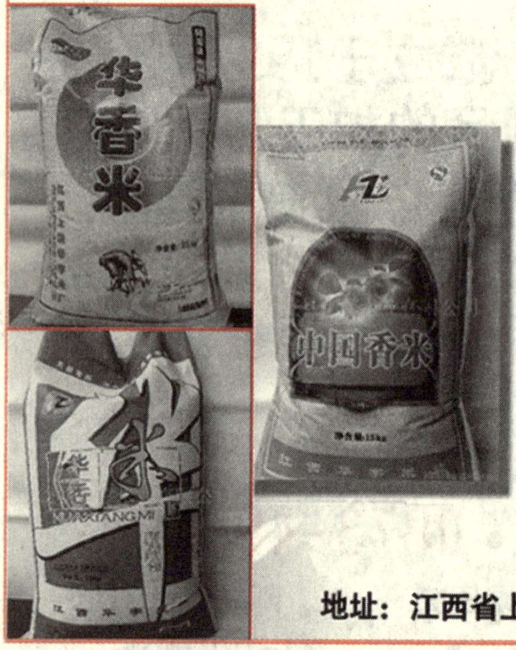


本公司成立于1996年。主营大米及其多种副产品。

我厂本着“诚信经营”的理念，经过十年的发展，现已有较稳定的货源和较广泛的销售网络。

热忱欢迎您的光临与惠顾！

联系人：黄树成　13576325192
电话：0793-7055777 8461591
电邮：huazimiye@vip.163.com
邮编：334100
地址：江西省上饶经济开发区黄源片区华宇米业（亚太钢构旁边）

## 泰兴市黄桥镇洪峰制面厂

泰兴市黄桥镇洪峰制面厂创建于1997年8月，现已拥有固定资产一百多万，年生产、加工面粉及挂面达250万，日生产挂面3万卷的企业。

产品主要销往江、浙及东北地区，坚持送货上门，在同行业中享有较高的声誉。我厂坚持以质量取胜，让用户买得放心，吃得舒心。今后我厂将以面粉生产为龙头，进行小食品的深加工为发展方向，欢迎广大朋友来我厂投资、洽谈业务。

电话：0523-87217686
联系人：袁龙贵　13801438224　传真：0523-82368190
地址：江苏省泰州市泰兴市黄桥镇工业园区　邮编：225411

# 优秀诚信客户展示窗



## 云南省个旧立丹淀粉糖业有限责任公司

我公司成立于2004年月10月29日，公司主要生产“立丹”牌鲜木薯淀粉。主要品种有造纸专用淀粉、纺织专用淀粉、饲料专用淀粉、食品专用淀粉、建材专用淀粉等。企业工艺装备、科学管理、质量控制都达到同行业先进水平，“立丹”牌系列淀粉畅销全国。

联系人：曾元标 13769309488

电话：0873-2881716 传真：0873-2881736

地址：云南省个旧市蛮耗镇 邮编：661014

## 闽联食品加工厂

我厂主要从事地瓜干系列食品的研究开发与加工销售。我厂以科技为依托，以质量求发展，以市场为导向，以效益为目的，积极研究、开发地瓜干加工新工艺、新产品，不断提高产品档次，建立产、供、销一体化的发展格局，确保我厂稳步、健康发展。

联系人：林云功 13906970182

电话：0597-8980182 8980999 传真：0597-8980999

地址：福建省龙岩市连城县林坊乡冠林路58号 邮编：366200

# 优秀诚信客户展示窗

## 四川民众投资有限公司

四川民众投资有限公司成立于2000年。
主要从事道路建设投资、城市建设投资。
公司坚持“互惠互利、诚信共赢”的经营理念。
热忱欢迎各界人士来电咨询、洽谈业务！

联系人：穆华富
13808059993

电话：028-87560158
地址：四川省成都市同和路66号
邮编：610036

## 娄底市项目投资全程代理服务中心

我中心代表湖南省娄底市政府对外发布项目并为项目引入资金、为项目全程办理各项行政事业手续、落实娄底市鼓励投资优惠政策，颁发投资者重点保护证并对外来投资者的合法权益给予保护。

我们为客商实行免费服务，尽量降低投资者的行政成本。欢迎进行业务联系。

联系人：周永东
13807384970

电话：0738-8227680　8226451
传真：0738-8226451
地址：湖南省娄底市娄星区乐坪东街18号政务大楼
邮编：417000

# 优秀诚信客户展示窗



## 筌隆电子塑胶五金厂

网址：www.chanell-tech.com

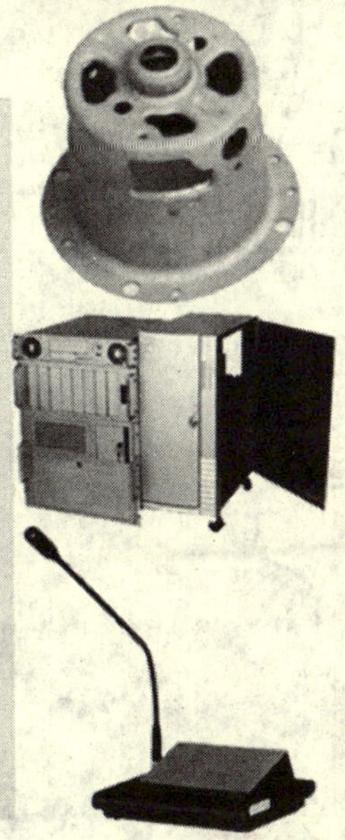

筌隆电子塑胶五金厂成立于2002年，生产线含盖冲压、点焊、攻牙、铆钉、位钉成型、前处理、烤漆、丝印及产品组装等。主要产品有：DVD、VCD、CD-ROM五金配件、电脑机箱外壳、功放机、马达、收银机、条码打印机。

我厂成为多家知名大厂的指定代工厂商，产品的品质水准获得高度肯定。

电话：0755-27255784　27255788　27255781

联系人：杨文华　13138886191

地址：广东省深圳市宝安区沙井镇新桥村芙蓉工业区　邮编：518125

## 玉杰旋转接头金属软管有限公司

玉杰旋转接头金属软管有限公司是一家旋转接头金属软管专业生产厂家。

以质量求生存，信誉求发展。

欢迎新老客户来电洽谈业务！

电话：0595-22201044　13850709258

联系人：朱斌

邮编：362000

地址：福建省泉州市江南高新技术工业区紫侨西路13号

# 优秀诚信客户展示窗

# 优秀诚信客户展示窗

## 太仓市浮桥镇路路通紧固件厂

我厂主要从事特种螺丝、空心铆钉的生产与销售。

以质量求生存，以信誉求发展。

竭诚欢迎广大新老客户来我公司洽谈业务，共同发展！

联系人：沈成朴　13024591077

电话：0512-56691246

传真：0512-53260017

地址：江苏省太仓市浮桥镇老闸北新闸路12号

邮编：215400

## 泉州市丰泽大兴工程机械配件厂

联系人：王大清　13906998420

泉州市丰泽大兴工程机械配件厂是一家专业开发、生产各种进口、国产挖掘机、推土机等工程机械零配件。本厂以科技为导，致力开发生产“DLF”高品质的挖掘机驱动齿、推土机D系列驱动齿块。为广大用户提供全新的服务，欢迎新老客户光临指导。

电话：0595-22883032　22193032

地址：福建省泉州市丰泽区北峰镇招联井山99号　邮编：362000

# 优秀诚信客户展示窗



## 湖南省邵阳市北塔电机配件有限公司

我公司主营产品有：H级、磁性、3240布板、F级、竹槽楔、Y系列、Y2系列电机、接线板、密封圈、螺母套、风叶、轴套、2715漆管、2760硅胶管、绑扎带、连接片、压线片、铜杆、绝缘材料、电缆接头、快速接头、绝缘纸、绝缘漆等。

欢迎新老客户光临、惠顾。

联系人：罗益堂 13507395265

电话：0739-5622588 5622127

地址：湖南省邵阳市北塔区状元洲槐树村 邮编：422000

## 海安县西场镇金田机械厂

海安县西场镇金田机械厂成产于1999年，本厂是一家专业制造加工机械的厂家，主要产品有剪板机、折弯机、卷板机、饲料粉碎机。

公司以优良的产品，周到的服务满足客户要求，竭诚欢迎客户光临指导。

联系人：刘培岩

电话：0513-88313446

地址：江苏省南通市海安县西场镇人民中路4号 邮编：226621

# 优秀诚信客户展示窗



## 石家庄市天润机电设备有限公司

本公司成立于2003年，从事机电设备零配件加工、销售，仪器仪表，阀门管件，电线电缆，化工设备的销售。

石家庄市天润机电设备有限公司今后将致力于不断地为广大用户提供高质量的产品及完美的服务，热情欢迎广大用户惠顾，愿与各界同仁密切合作共创伟业！

联系人：陈国强　13323116231
电话：0311-85526281　87612790
邮编：050011
地址：河北省石家庄市建设北大街纺织研究所167号4楼422
河北省石家庄市中山东路华清街2号

## 昆明市凯跃机电塑料有限责任公司

我公司成立于1988年，主要从事烟机零部件和光电子冷加工设备的研发和制造，所生产的产品如铣磨机、抛光机等冷加工设备以设计先进、质量好、精度高、寿命长及优越的性价比，赢得了用户的信任与青睐！

联系人：胡文中
电话：0871-8591085　8594199
地址：云南省昆明市海口中滩街下段　邮编：650114

# 优秀诚信客户展示窗

## 明光市嘉山电炉烘箱厂

本厂是生产热处理设备专业厂，位于京沪线明光市，北临104国道，交通十分便利。该厂系新兴的民营独资企业，有雄厚的技术力量和生产能力，同时与各大专院校研究所、设计院有着横向联系。可为用户提供各种型号(或非标)氮化炉、渗碳炉、碳氮共渗炉、高中低温台车炉、少氧化箱式电阻炉、加热炉、井式回火电阻炉、高中温井式加热炉、振底炉、铝合金、铜合金淬火、回火炉、坩埚熔化、保温炉、埋入式盐浴炉、预抽真空炉、实验炉、推杆炉、各种燃料炉、烘箱等等。提供维修改造各类型号工业电阻炉、仪表及配件。

经营宗旨：精湛的技术、一流的质量、优质的产品、诚信的承诺、热忱为用户服务，欢迎新老用户来函来厂指导与合作。

联系人：赵善明
13965975698
电话：0550-8156958

邮编：239400
地址：安徽省滁州市明光市车站路春蕾照相馆

## 瑞安市敏丰管道配件厂

本厂是一家专业生产各种法兰的厂家。主要生产法兰成品毛坯、锻件。

公司始终坚持质量第一、客户至上的原则，以高质量的产品、最优惠的价格、最热情的服务，赢得了客户的满意。

热忱欢迎各界朋友前来洽谈业务！

联系人：林祥敏 电话：0577-65113060
地址：浙江省温州市瑞安市汀田镇金前村 邮编：325206

# 优秀诚信客户展示窗

## 上海赣江机电制造有限公司

本公司成立于2003年，主要承接整流器成套装置、可控硅整流元件、浮充电池柜及机电的制造、加工、提供服务（备品、备件现场维修）。

我们本着“用最优的价格回报我们的客户”的经营理念和“诚信、专业、高效”的服务宗旨，竭诚为新老客户提供过硬的产品和优质的服务。

联系人：谢金萍
13801983236　电话：021-63073858　56311192
地址：上海市闸北区芷江中路258弄1号505室　邮编：200071

## 上海顾峰工业刀具有限公司

网址：www.shgufeng.com

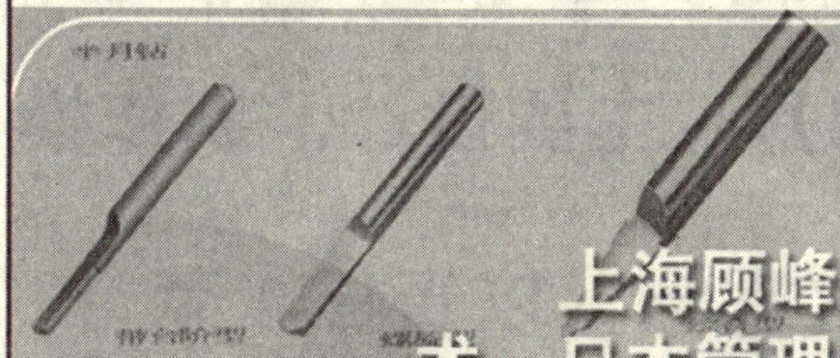

上海顾峰工业刀具有限公司是一家以日本技术、日本管理、德国原料、适合国内价格体系的非标刀具的生产厂家，如麻花钻、阶梯钻、抛光钻、铰刀、成型（车、铣）刀、推刀等等。并承接各类刀具的再修磨。

公司以快速、方便、质量取信于客户，我们愿与贵公司携手共创未来。

联系人：顾峰
13916341081　电话：021-59218286
地址：上海青浦区赵屯镇白石公路3338号　邮编：201711

# 优秀诚信客户展示窗

## 成都明皓机械制造有限公司

清华545后置付箱壳体

本公司是集开发，生产，经营为一体的产业化实体。产品设计全部采用CAXA和CAD计算机辅助设计。技术力量雄厚，检测手段完善。从70年代开始专业生产制造汽车变速箱总成、副变速箱总成及零部件、汽刹制动器总成及零部件和各类壳体盖总成等。其产品与湖南株洲齿轮有限公司、浙江彪马集团、重庆兵器工业部大江汽车零部件股份有限公司、重庆嘉卡变速箱有限公司、綦江齿轮厂、南充齿轮有限公司等主机厂配套。产品销售覆盖全国各省市网点，产品质量深得客户好评。

联系人：周玉民
13708232296

电话：028-83081116
传真：021-57108282
邮编：610501
地址：四川省成都市新都区新繁镇正南街15号

## 顺登模具科技(北京)有限公司

本公司成立于1999年8月，主要设计、制作模型；塑胶模具。

本着高品质，高效率之理念，以责任、荣誉为目标，建立客户售后服务。以专业、严谨、诚实、谦虚的工作态度为客户提供完美的产品。完美的产品来自完美的技术，为客户提供最好的品质是顺登公司所坚持的责任与荣誉！

联系人：郑丁祥
电话：010-60505584 60598108
传真：010-60500374
地址：北京市通州区马驹桥镇房辛店村255号 邮编：101102

# 优秀诚信客户展示窗

# 优秀诚信客户展示窗

# 优秀诚信客户展示窗

## 子洲县天赐中药材有限责任公司

子洲县天赐中药材有限责任公司创建于2000年5月，拥有固定资产2600万元，流动资金980万元，占地面积40亩、员工62人，设三科一厂：中药材购销科，负责中药材购销、加工；基地建设科，负责黄芪、甘草基地项目的组织与实施；内务科，负责政秘、财务工作；黄芪茶厂，负责生产黄芪茶、小杂粮系列产品。

典型性能曲线图

几年来，在董事长兼总经理曹牛同志的带领下，全体员工共同努力，公司现在已成为子洲县黄芪主导产业龙头企业。2008年销售收入1500万元，实现利税160万元。历年来被县委、县政府评为优秀民营企业，被榆林市委、市政府评为农业产业化重点龙头企业。陕北老区科技扶贫先进集体。

联系人：曹牛　13909127605　电邮：sxzztcgs@163.com
电话：0912-7312444　7557666　传真：0912-7557555
地址：陕西省子洲县苗家坪工业园区天赐路1号　邮编：719400

## 安徽赫尔生物医学检验科技有限公司

安徽赫尔生物医学检验科技有限公司专业从事真空采血管、分离胶采血管系列、干管、促凝采血管系列、进口抗凝剂采血管系列，临床常用产品系列等的经营。

质量可靠，价格合理。

欢迎新老客户来电洽谈业务！

联系人：申乐亭
电话：0551-5331459　5331429
邮编：230022
地址：安徽省合肥市高新区天智路20号科大创新产业基地202室

# 优秀诚信客户展示窗

# 优秀诚信客户展示窗

## 郑州市汜水黄河消防器材厂

我厂是河南省消防器材生产的骨干厂之一，主要生产宫灯式自动灭火器、手提式贮压干粉灭火器、手提式贮压ABC干粉灭火器、手提式贮压轻水泡沫灭火器、推车式贮压干粉灭火器、推车式贮压ABC干粉灭火器共十多个品种，几种系列均获得公安部形式认可证。

我厂的宗旨是以质量求生存，以优质迎顾客，以效益求发展，用户至上，信誉第一。

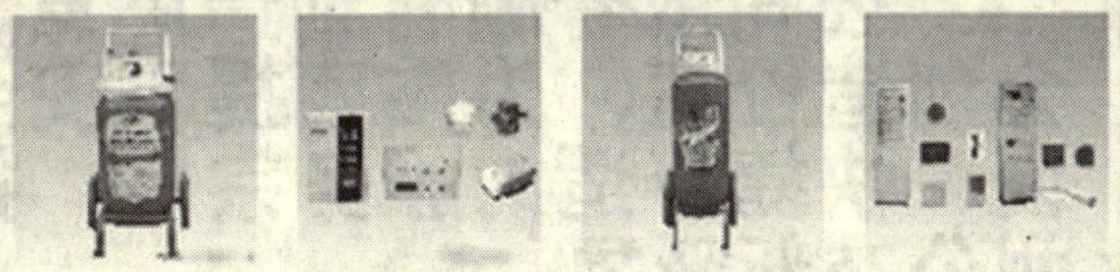

供应灭火器　供应可燃气体报警　供应MFZ8型B灭　供应广播通讯系统

联系人：贾新民　地址：河南省郑州市荥阳汜水镇

13703713688　电话：0371-64892335　邮编：450141

## 雲南伊爱科技開發有限公司

云南伊爱科技开发有限公司，拥有多项自主开发的国家专利成果。

其中**伊爱卫星定位系统防盗**主是国内首家将GSM语音技术应用到汽车防盗通讯系统的高科技产品，另外还专门针对交警高速公路管理开发安装396122语音接警系统。

电话：0871-3173588

联系人：李喜国

地址：云南省昆明市拓东路45号世博大厦11楼　邮编：650041

# 优秀诚信客户展示窗

## 湖南省永州市第一公交公司

公司创建于1977年10月，现有司乘人员530人，经营公交线路12条，营运车辆168台，建有齐全的后勤保障设施，拥有固定资产4000多万元，实现年产值1500万元，完成利税150万元，运送乘客3000万人次。

公司本着顾客创造满意，为社会创造价值，为乘客提供安全、方便、快捷舒适的服务宗旨，打造永州公交新形象。

联系人：杨虎

13974679788

电话：0746-6360999 邮编：425006

地址：湖南省永州市零陵区河西桃江叉路口

## 福建省第一公路工程公司汽车修配厂

福建省第一公路工程公司汽车修配厂成立于1955年。

主要从事工程机械的加工与维修。

公司拥有雄厚的技术力量和先进的工艺设备，以及完善的检测手段，我们愿与各界人士共谋发展、交流合作、携手共进、同创最佳效益。

联系人：郭光谋

手机：13505065179 电话：0595-86758743

地址：福建省南安市霞美镇四黄村 邮编：362300

# 优秀诚信客户展示窗

## 阜阳市神明汽车销售有限公司

阜阳市神明汽车销售有限公司成立于2001年，从事汽车销售（JAC重型货车、中型卡车）及货运服务。

竭诚欢迎新老客户光临、惠顾！

联系人：高群峰　13855877970

电话：0558-2559009

邮编：236639

地址：安徽省阜阳市开发区七里铺龙腾装饰城一楼

## 浙江省三门宏翔交通设施有限公司郑州办事处

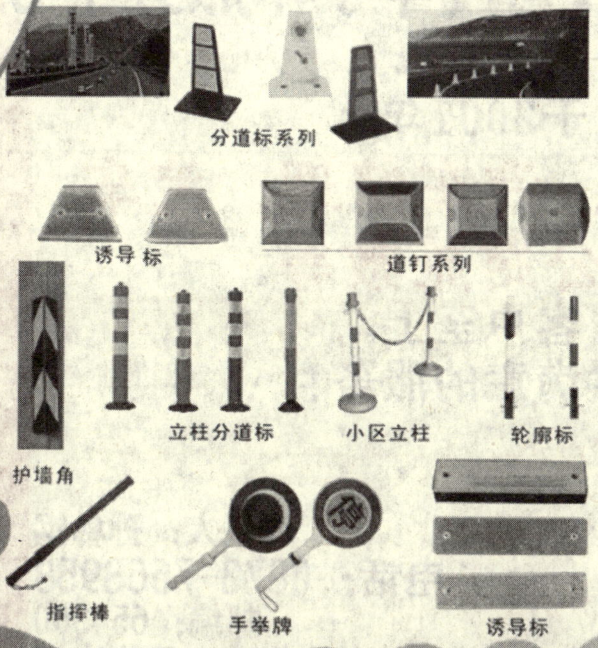


本公司郑州办事处创建于2001年，是一家专业从事道路安全设施产品销售的企业。

公司坚持“以质量求生存，以信誉求发展”的宗旨，热忱欢迎新老客户光临惠顾。

联系人：吴昌秀

电话：0371-66262842

网址：www.hxjtss.com

地址：河南省郑州市西太康路105号　邮编：450000

# 优秀诚信客户展示窗

# 优秀诚信客户展示窗

# 优秀诚信客户展示窗

# 优秀诚信客户展示窗

## 佛山市立时通自动化设备有限公司

佛山市立时通自动化设备有限公司成立于2005年，多年来从事自动控制系统设计、安装及调试。公司“以人为本”，拥有一支团结务实、勇于拼搏、技术过硬的高效团队。竭诚欢迎广大新老客户来人来电洽谈业务，共同合作！

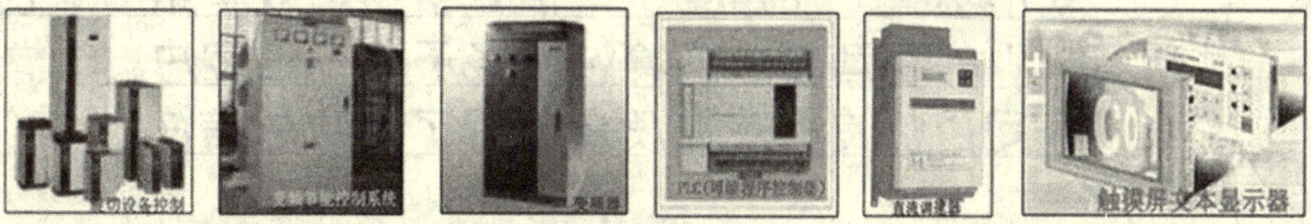


联系人:王华琳 13702543696
电话/传真:0757-82722140

Http://www.lstauto.cn
Email:lstauto@163.com
邮编：528000
地址:广东省佛山市佛山大道北路13号佛山大学科技街北路209号

## 梅州新昇电子科技有限公司

本厂成立于2002年,主要从事数码摄像机电池、数码照相机电池、镍氢可充电池、充电器等产品的生产销售。

合理的价格，稳定的质量，优质的服务是我们对每位客户的承诺。热忱欢迎海内外客商莅临本公司指导，洽谈业务。

联系人：何强
电话：0753-3583283
邮编：514542
地址：广东省兴宁市龙田镇发明岭

# 优秀诚信客户展示窗

## 蘭州精華玻璃鋼製品廠

我厂成立于2000年。

主要从事玻璃钢餐桌、椅，玻璃钢环卫设施的生产与销售。

我厂本着“质量第一、信誉第一、效率第一、创新第一”的经营理念，真诚服务于每一位客户。

公司以优良的产品质量赢得了客户的信任。

联系人：罗斌杰

电话：0931-4866398　13993106978

地址：甘肃省兰州市中岗立交桥东路煜峰工业园区　邮编：730000



## 成都启仁油画艺术文化发展有限公司

成都启仁油画艺术文化发展有限公司成立于2005年。

公司不定期举办油画画展、油画展销、油画艺术培训。

欢迎来电来人咨询！

联系人：钟培成

电话：028-83519357　13308089735

邮编：610081

地址：四川省成都市成华区青龙街道办事处狮子社区

# 优秀诚信客户展示窗

## 四川隆昌美術陶瓷發展有限公司

四川隆昌美术陶瓷发展有限公司七年来主要生产各种陶瓷酒瓶、大酒坛、陶瓷菜坛、包装罐等。

技术精湛，设计独特，热忱欢迎广大新老客户来我公司洽谈业务，共同发展！

联系人：黄贻才 电话：0832-3830448

地址：四川省内江市隆昌县石燕桥镇油房新店村 邮编：642165

## 蘭州精華玻璃鋼製品廠

我厂成立于2000年，主要从事玻璃钢餐桌、椅，玻璃钢环卫设施的生产与销售。

我厂本着“质量第一、信誉第一、效率第一、创新第一”的经营理念，真诚服务于每一位客户。公司以优良的产品质量赢得了客户的信任。

联系人：罗斌杰

电话：0931-4866398 13993106978

地址：甘肃省兰州市中岗立交桥东路煜峰工业园区 邮编：730000

# 优秀诚信客户展示窗

## 湘西自治州金沙矿业有限责任公司

本公司成立于2003年10月，是一家从事电解锰业务的大型企业。

公司设立在中国锰都"金三角"之核心--湖南省吉首市，依托本地丰富锰矿资源和便利的交通，产品远销日本、韩国、美国、欧盟、俄罗斯等国家和地区。我们本着"平等互利，城信为本"的原则，愿与国内外各大用户及厂商合作，共同开创电解锰行业的新纪元。

金沙矿业

联系人：田太军
电话：0743-8720176
传真：0743-8711519
网址：www.jinshacorp.com
电邮：manganese21@msn.com
地址：湖南省吉首市大湘西商贸城A栋301室
邮编：416000

## 惠州市中闽钢结构有限公司

本公司成立于2005年，是一家专业从事钢结构工程设计、制作、安装的一体化企业。

以卓越、精湛的艺术展示现代钢结构特色，本着求实敬业的精神，以“建一流工程、创一流质量、抓一流管理、上一流服务”为发展目标，以雄厚的实力、良好的信誉，真诚与社会各界合作！

联系人：黄永兴
电话：0752-2112316
地址：广东省惠州市大湖溪广汕公路旁
邮编：516001

# 优秀诚信客户展示窗

# 优秀诚信客户展示窗

## 海门市兴达钢带有限公司

本公司技术力量雄厚，设备精良，工艺先进，检测手段齐全，产品完全符合国家标准，主要的产品有各种冷轧带钢、65号锰钢、62号钢、60号钢、50号钢，各种规格普通带钢，195、235、T8等，制造各种机械所用发条，及卷闸门弹簧，各种木工锯条等。

“把永远满意献给顾客”是我们对国内外用户永久的承诺，“与客户双赢”是我们永恒的追求。

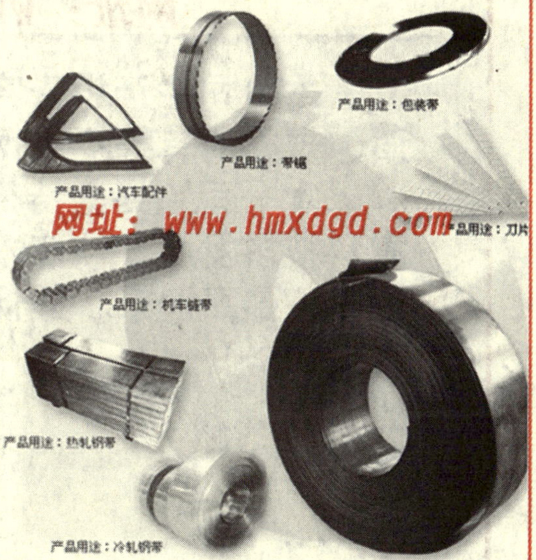


联系人：袁平

电话：0513-82233056　13906281263　传真：0513-82335600

地址：江苏省南通海门市三和镇三和村20组　邮编：226113

## 平陆圣火炉料有限公司

本公司成立于2004年。

主要从事焦炭、煤、生铁的经营。

我们以优越质量和满意的服务赢得广大客户一致好评。竭诚欢迎广大客户来电洽谈业务、共谋发展！

联系人：王代创

电话：0359-3992258

地址：山西省运城市平陆县

邮编：044300

钢铁煤炭矿产冶金有色金属特种材料

# 优秀诚信客户展示窗

## 温州市恒瑞不锈钢材料有限公司

网址：www.wzhengrui.com

本公司生产设备齐全先进，主要致力于专业生产各种材质、规格的有缝不锈钢管和无缝不锈钢管。

本公司始终坚持正确优质的服务理念，以质量求生存，靠科技求发展，依技术求进步，勇创“恒瑞”品牌。高质量是我们最高追求，最低价格是我们永远承诺。欢迎各位前来洽谈业务！

产品名称:不锈钢无缝管

产品名称:工业管道

联系人：吴强

13587606860

电话：0577-86633728

地址：浙江省温州市工业园区长海路124号　邮编：325013

## 武安市通宝经贸有限公司

武安市通宝经贸有限公司自成立以来，一直从事焦炭的生产与销售。

“质量第一，顾客至上，诚信守约，开拓创新”是全体员工始终遵循、不懈追求的质量方针和目标。

热忱欢迎您的光临与惠顾！

联系人：孙学军　电话：0310-5698299

地址：河北省邯郸市武安市西土山乡东寨子村　邮编：056300

# 优秀诚信客户展示窗

# 优秀诚信客户展示窗

## 姜堰市华星不锈钢标准件厂

姜堰市华星不锈钢标准件厂成立于2004年。
主要从事不锈钢标准件的生产与销售。
公司竭诚为新老客户提供过硬的产品和优质的服务，得到了全国各地广大客户的肯定和信任。

联系人：李永斌

电话：0523-88637618

地址：江苏省姜堰市兴泰镇薛何村　邮编：225539

## 无锡市大创钢铁有限公司

江阴市大创钢铁有限公司于2006年9月创建，坐落在交通便利的江苏省江阴市青阳钢材现货交易市场C座48号。从事金属材料销售，其产品有螺纹钢、建材等。

质量保证、价格合理。

欢迎光临、惠顾！

联系人：叶启步
电话：0510-86515348
地址：江苏省江阴市青阳钢材现货交易市场C座48号
邮编：214401

# 优秀诚信客户展示窗

## 浙江欧邁鋼材貿易有限公司

本公司是一家从事钢铁贸易、剪切和加工配送为一体的综合型企业。公司主营：营口、南钢、兆顺、西城等各大钢厂的中厚板、低合金板、热轧及带钢等。

我们本着“互惠、互利、平等、合作、诚信”的原则，坚持“信誉第一，价格低廉”的经营宗旨，欢迎广大新老客户的光临，竭诚恭候您的惠顾！

聯系人：陸中華

13857128830

电话：0571-88013509

地址：浙江省杭州市三里洋B区1201　邮编：310015

## 吴山重质碳酸钙厂

吴山重质碳酸钙厂成立于1992年，主要从事萤石粉、重钙粉、白云石粉的生产与销售。

以质量求生存，以信誉求发展，竭诚欢迎广大新老客户来我公司洽谈业务，共同发展！

联系人：唐中良

13707921281

电话：0792-4680018

邮编：330408

地址：江西省九江市德安县吴山重质碳酸钙厂

# 优秀诚信客户展示窗

## 石家庄金通炉料有限公司

石家庄金通炉料有限公司创建于1986年，经过短短几年的拼搏由原来单纯的加工铝锭，发展成为生产“铝锭、铝粉、铝饼”等品种的专业铝材料加工厂。

本厂从创业之初坚持“诚信经营、信誉为本”为宗旨，严把质量关，在同行中有较高的竞争力。总经理裴瑞林先生携全体员工，竭诚欢迎新老朋友莅临指导！

联系人：裴瑞林
电话：0311-85458020　13903396478
地址：河北省石家庄市栾城县冶河镇油通村西工业区　邮编：051430

## 湘潭县坪塘选煤有限公司

湘潭县坪塘选煤有限公司成立于2004年，主要从事煤炭洗选、加工与销售。

以质量求生存，以信誉求发展。

热忱欢迎广大新老客户来我公司洽谈业务，共同发展！

联系人：郭文定　电话：0732-7895702
地址：湖南省湘潭市湘潭县谭家山镇坪塘村　邮编：411231

# 优秀诚信客户展示窗

## 榆林市金川金属网架有限公司

本公司成立于2004年，主要承接各种钢结构、球型网架结构等大型厂房、超市、市场、仓库、体育场馆、加油站、活动房等，生产各种国内最新型号的彩钢压型瓦、复合夹心板、C.Z型钢檩等。

公司将不断追求创新，力求更新更好的产品质量，良好的信誉，合理的价格和优质的服务与你真诚携手。期待您独具慧眼、光临合作、共创辉煌。

联系人：张洪川
13992288505

电话：0912-3820478
传真：0912-8106544
邮编：719000
地址：陕西省榆林市上群南路8号



## 高建实业有限公司

惠州市高建实业有限公司成立于2005年。

是一家专业从事房地产的公司。

主要业务有园林绿化、物业管理、建筑、五金等。

欢迎各方客户来电垂询！

联系人：麦国高　电话：0755-27131788

地址：广东省深圳市光明新区公明街道塘下围新村1号　邮编：518106

# 优秀诚信客户展示窗

遂宁市邦威建筑防水工程有限公司成立于2005年。

主要从事建筑防水工程、防腐保温工程、内外墙涂装，生产、销售建筑涂料。

我们拥有先进的技术、规范的管理、卓越的品质、完善的服务。

竭诚欢迎您的光临、指导！

## 遂寧市邦威建築工程勞務有限公司

联系人：廖俊
电话：0825-6863475
地址：四川省遂宁市遂州中路600号
邮编：629000

## 东莞市长盈环保科技有限公司

东莞市东成环保科技有限公司成立于2001年，主要从事环保三废处理，环保产品的开发、宣传，环保技术的开发、推广，博物馆展品的制作等。

欢迎各方客户来电洽谈业务，共同发展！

联系人：彭卫东
电话：0769-22693318　22692163　22621181
地址：广东省东莞市东城区光明社区明新街长盈大厦301　邮编：523120

# 优秀诚信客户展示窗

## 机车工贸物业有限责任公司

本公司成立于2005年。

公司主营：物业管理、工程施工及运输、管道维修、苗木花卉种植及销售、房地产开发及商品房销售、商品销售、水产养殖及观光等。

兼营：餐饮服务、食宿服务、家政服务、房屋租赁。

公司始终坚持以人为本，诚信经营，创新发展的服务、经营理念和宗旨，以创品牌为经营目标，竭诚欢迎各企业合作、光临惠顾！

联系人：谷晓青

电话：0352-7164366　13903526403

地址：山西省大同市大庆路1号　邮编：037038

## 四川鑫四海暖通工程有限公司

四川鑫四海暖通工程有限公司成立于2005年。

主要从事中央空调的销售与安装。

公司本着“服务第一、互惠互利”的原则。

真诚的欢迎广大新老客户来电垂询！

联系人：黄淵

13982219168　13908016816

地址：四川省成都市金牛区石灰街6号国贸广场0812

邮编：610000

# 优秀诚信客户展示窗

## 抚州市志海实业发展有限公司

抚州市志海实业发展有限公司成立于2003年。

主要从事土石方工程、机械设备租赁、房地产开发。

诚信为本、客户至上。

竭诚欢迎您的光临、指导！

联系人：张志刚

电话：0794-8260777　13870408888

地址：江西省抚州市赣东大道1313号　邮编：344000



## 虎林市晨光建筑安装有限责任公司

本公司是国家注册房屋建筑工程施工总承包三级资质企业，承建的工程，有数栋荣获市优质工程和省“文明工地”称号。

本公司通过优质服务，赢得了社会各界的支持和赞誉，成为虎林市建筑业的一支骨干力量，为虎林的城市建设作出了贡献。

联系人：杨言平

电话：0467-5823728

地址：黑龙江省虎林市晨光建筑公司　邮编：158400

# 优秀诚信客户展示窗

## 临沂市恒旭装饰工程有限公司

临沂市恒旭装饰工程有限公司创建于2002年，主要承接室内外装饰业务，为用户提供完美的个性化设计和优良的施工质量，满意的后期服务是我们唯一的选择。

联系人：李从俊

艺术栅栏

艺术栅栏

http://www.lyhengxu.cn

电话：0539-8930333
传真：0539-8925999
邮编：276017
地址：山东省临沂市罗庄区文化路中段



## 云县瑞达测绘有限责任公司

云县瑞达测绘有限责任公司成产于2004年，主要业务是：房产测绘、地形测量、工程测量（以上范围中涉及国家专项审批的，凭有效的批准证件开展生产经营）。

联系人：王绍坤　电话：0883-3222949
地址：云南省临沧市云县爱华镇兴泽国23栋　邮编：675800

# 优秀诚信客户展示窗

## 上海龙乾起重设备安装有限公司

上海龙乾起重设备安装有限公司从事吊车租赁，出租8-300汽车吊及履带吊，在施工方面积累了丰富的吊装经验。

以“保证质量、用户满意”作为永恒的追求和郑重的承诺。

联系人：柴乃利 电话：021-39548338
地址：上海市嘉定区科茂路355号 邮编：201800



## 济宁温鑫房地产开发有限公司

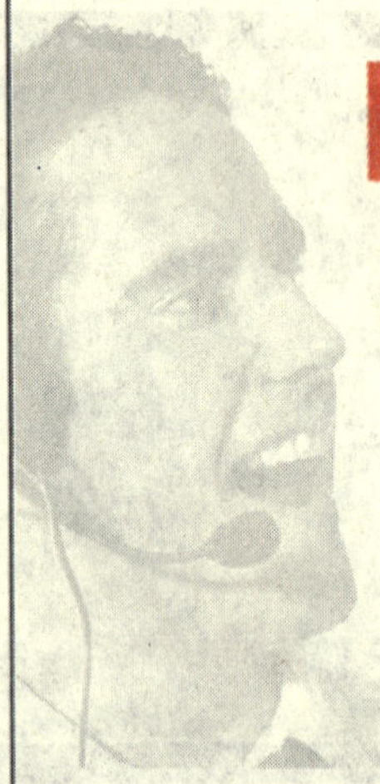

济宁温鑫房地产开发有限公司

专业从事房地产开发、经营。

欢迎新老客户来咨询、电洽谈业务！

联系人：温德成

电话：0537-2781766

邮编：272100
地址：山东省济宁市景塔路开泰花园西门对过温心养老院内

# 优秀诚信客户展示窗

## 广东省佛山市白坭镇建安丝织厂

本厂成立于1989年，主要加工或产销时装面料、丝棉织品布料。

本着“质量第一、客户至上”的经营理念，

竭诚欢迎新老客户来料加工或来样订货！

聯系人：梁建華

电话：0757-87568888 13928563226

网址：www.ja-fz.com 电邮：jianan@ja-fz.com

地址：广东省佛山市三水区白坭镇工业大道133号 邮编：528131



## 重庆天尚丝绸有限公司

我公司是一家集栽桑、养蚕、缫丝、纺丝、织绸和国际贸易于一体的综合型丝绸企业，是承担“重庆市百万担优质蚕茧工程”的主体企业之一，是合川区农业产业化经营优秀“龙头”企业，工业“优势”企业。

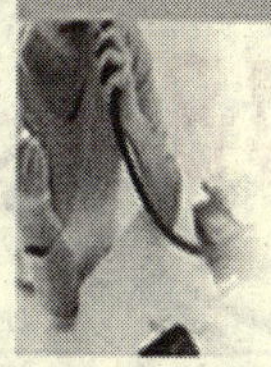

联系人：唐树华

13908368738

电话：023-42663531

地址：重庆合川市太和镇新村街80号 邮编：401555

# 优秀诚信客户展示窗

## 江西柳新实业有限公司

本公司是一家以制造和销售符合CE标准的安全防护鞋、帽及系列服装、手套、袜子等产品的外资企业。公司注重质量管理、业务开发和产品研发，已通过ISO9001管理体系认证。产品款式新颖，在国内外享有较高的知名度，远销世界各地。

联系人：张小姐
电话：0790-6860055
传真：0790-6860033
网址：www.jxliouxin.com
电邮：xy_jxlxsy@163.com
地址：江西省新余市经济技术开发区东兴路柳新工业园 邮编：338004

## 云南省禄丰县一平浪幸福服装厂

云南省禄丰县一平浪幸福服装厂成立于1984年，主要从事劳保服装、口罩系列产品的生产与销售，质量可靠，信誉至上。
热忱欢迎各方客户来我公司洽谈业务，共同发展。

联系人：劉玉華 13987824048
电话：0878-4829457
地址：云南省楚雄市禄丰县一平浪镇干海资 邮编：651217

# 优秀诚信客户展示窗

## 德州美达针织有限公司

德州美达针织有限公司成立于2001年，主要生产针织品、针织服装。

经多年发展，公司积累了丰富的加工经验，能根据不同的客户要求，提供各种款式的设计，并提供不同的规格及原料，欢迎广大客户来我司参观，我们将以诚信热情的服务，质优价廉的产品与您共创美好明天！

联系人：
周宝成13355346899 电话：0534-2746699

地址：山东省德州市天衢工业园（二屯镇前小屯村）

## 金牛皮鞋厂

金牛皮鞋厂是一家始创于1994年的企业。

多年来从事皮革制品的生产、销售，产品有：皮鞋、皮手套、劳保用品。

花样众多、做工精细、款式新颖、价格合理、竭诚欢迎新老客户来电洽谈业务！

联系人：李文鹤 13908802118

电话：0871-7991668 7991265 3829931 3820019

地址：云南省昆明市嵩明县小街镇鸡街村 邮编：651708

# 优秀诚信客户展示窗

## 河北省肅寧縣龍泉紗業有限公司

河北省肃宁县龙泉纱业有限公司成立于2004年，主要生产10支--40支纯棉纱。

为确保出厂产品质量，建立了以管理、技术、服务三位一体的质量保证体系，以高品质、守信誉赢得了众多客户的信赖和支持，忠心感谢各界朋友的关心和支持，欢迎各界同仁光临指导！

联系人：李东至
电话：0317-5042222 5042223
邮编：062350
地址：河北省沧州市肃宁县河北乡龙泉新村西侧



## 滁州精诚无纺制品厂

滁州精诚无纺制品厂主要产品有珍珠棉，PP棉，赛羽绒，喷胶棉，仿丝棉及其它棉类产品。

质优价廉，薄利多销，经营灵活，愿与新老客户精诚合作，共同发展。

联系人：仲崇林
电话：0550-3026455 3036160
地址：安徽省滁州市菱溪路46号创业园1栋6号 邮编：239000

# 优秀诚信客户展示窗

## 衡水市桃城区翔迩油漆经销处

衡水市桃城区翔迩油漆公司主要从事各种进口、国产汽车油漆及辅料。代理意大利“爱犬牌”高级汽车烤漆，常州普兰纳高级汽车漆(丽牌)，深圳聪瑞实业有限公司芬得高级汽车漆，河南五一汽车漆衡水总代理等等。为汽车零部件、三轮车钢圈、铁板件、工具、加工黑色阴极电泳底漆、表面光滑平整、防锈能力强。

电话：0318-2662789　2698609　7092136

联系人：段晶旭

网址：www.hbxs.chinapyp.com

地址：河北省衡水市桃城区人民东路1551号

邮编：053000

## 成都金泰星钙制品厂

本厂成立于2004年。

主要从事超细活性碳酸钙、颗粒钙的生产与销售，主要产品有活性碳酸钙、PVC、PE、PP填充母料等。

我厂产品质优价廉，望有需求的朋友与我厂联系，期待与您合作！

联系人：阳小林

028-82243688

地址：四川省成都崇州市三江镇崇新路二段　邮编：611246

# 优秀诚信客户展示窗

## 河北保定新星塑化技术研究所

河北保定新星塑化技术研究所成立于2003年。

主要从事塑料化工技术研究，生产专利产品，塑钢椅条型材（又称钢芯环保木，2004年获国家知识产权局颁发的金奖，2006年获国家知识产权局颁发的特别金奖），生产路椅、休闲椅、校园椅、公园椅、护栏等。

联系人：陈占其 电话/传真：0312-8683164

地址：河北省保定市徐水县安顺街三巷2号 邮编：072550

## 深州嘉信化工有限责任公司

深州嘉信化工有限责任公司专业从事非金属矿物制品业、石墨及其它非金属矿物制品加工。

欢迎新老客户来电洽谈业务！

联系人：孙中信

电话：0318-3428885 3426779

地址：河北省深州市前么头镇工业区 邮编：053871

# 优秀诚信客户展示窗

## 江西长盛化工有限公司

我公司主要生产“盛邦”牌季铵型阳离子淀粉、喷雾淀粉、高级表面施胶剂、氧化淀粉、涂布淀粉等造纸助剂类变性淀粉及磷酸酯淀粉、纺织复合浆料、聚酯淀粉等纺织助剂类变性淀粉，PVT-18涂布专用黏合剂及纸板增强剂系列产品。

联系人：黄长高

电话：0794-4339389 4339379

地址：江西东乡（省级）经济开发区

网址：www.jxcshg.cn

E-mail:cshg888@yeah.net

邮编：331800

## 嘉祺紙管有限公司

我公司经过20年发展。

专业生产环锭纺宝塔纸管。

是目前国内最大生产厂家之一。

产品质量备受纺织企业好评！

联系人：潘树英　电话：0791-3893106

地址：江西省南昌市农大农机所内　邮编：330045

# 优秀诚信客户展示窗

## 湖北东盛特种涂料科技有限公司

本公司以重防腐为主，承接有一定科技含量的防腐工程。主要生产经营：醇酸类、氨基类、沥青类、环氧类、聚氨脂类、丙烯酸类、氯化橡胶类、氯磺化聚乙烯类、有机硅耐高温类等特种防腐涂料。

公司加大科技研制的开发力度，不断开发研制技术含量更高、产品用途更广、质量更好的产品来满足用户的需求。公司已通过ISO9001国际质量管理体系和ISO14001环境管理体系认证。

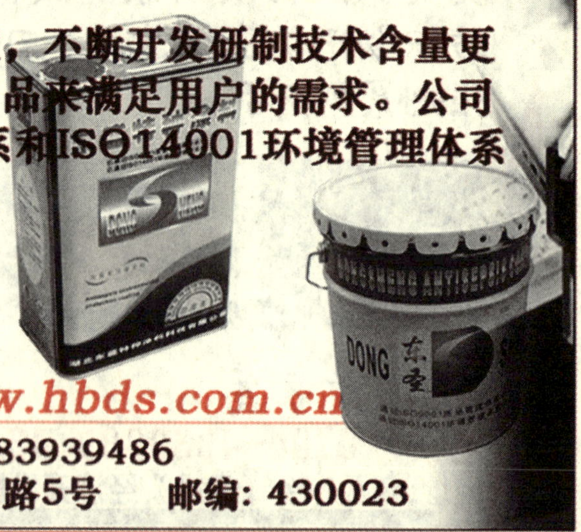

联系人：叶卫东
传真：027-83940147 网址：www.hbds.com.cn
电话：027-83941872 83940008 83939486
地址：湖北省武汉市东西湖区将军四路5号 邮编：430023

## 万载县宜万化工厂

万载县宜万化工厂专业生产发射药。
以质量求生存，信誉求发展。
欢迎新老客户来电洽谈业务！

电话：0795-8309133
联系人：黄财生
13907055088
地址：江西省宜春市万载县白良乡白良村牛形里 邮编：336115

石油化工化肥农药橡胶塑料

# 优秀诚信客户展示窗

## 陆良县永鑫漂白粉厂

陆良县永鑫漂白粉厂成产于1993年，是一家专业从事漂白粉生产、销售的企业。

公司将始终如一地坚持“更好的生产环境、更好的质量管理、更好的产品品质、更好的用户服务，更大的成功”的企业发展战略，生产合格的产品，满足客户需求。竭诚欢迎新老客户来电洽谈业务！

联系人：孟建国　　13887496471　　电话：0874-6881238

地址：云南省曲靖市陆良县召夸镇棠梨哨村双坡山　　邮编：606605

## 瑞昌市金三秒实业有限责任公司

本公司是国内一家以生产、加工、销售“金三秒”胶粘剂为主体的公司。 产品1999年获得香港国际博览会金奖，我司并于2000～2003分别荣获“中国质量万里行诚信单位”。

公司以“质量第一、服务第一”的宗旨诚“胶”天下朋友。

欢迎新老朋友惠顾！

联系人：周平

电话：0792-4218919　4218908

地址：江西省瑞昌市黄金工业园南区

邮编：332200

石油化工化肥农药橡胶塑料

# 优秀诚信客户展示窗

## 山东日照新光橡胶有限公司

山东日照新光橡胶有限公司主要生产各种汽车橡胶密封件，主导产品有防尘套，O型圈，Y型圈，氟橡胶，三元乙丙橡胶。

主要客户有北京现代，上海大众、北京奔驰、中国汽重等。

联系人：左柠领
电话：0633-6438788 13563307188
电邮：xinguangrubber@sina.com
邮编：276518
地址：山东省日照市经济开发区新光路168号

## 上海港日吸塑机箱厂

港日自创立以来，一直专注于专业手工制做塑料外壳类精细工作，凭借着十几年来港日人坚持不懈的努力创造，使港日在全国塑料加工行业获得一致好评。现在，港日正朝着日趋完善的管理方向发展，以不变的服务宗旨欢迎新老客户的光临，考察。

联系人：张龙官
电话：021-20908687 13801673389
地址：上海市南汇区老港镇大河村沈中路125号 邮编：201302

# 优秀诚信客户展示窗

## 上海泓基特种油剂制造有限公司

本公司成立于2000年，是一家从事高净度特种油剂生产的专业公司。现有防锈油、热处理油、齿轮油、抗磨液压油、电器用油、金属加工油等六个系列100多种产品，生产技术质量标准由原来的国标(GB)标准和化工部(SH)标准系列发展并达到国际先进的标准系列，制造出10多个具有国际先进水平的产品，40多个产品在国内领先。我公司生产的特种油剂配方先进、技术含量高、油品性能稳定，能满足各个行业对高精度、高纯度特种油的要求。我公司生产的特种油剂配方先进、技术含量高、油品性能稳定，能满足各个行业对高精度、高纯度特种油的要求。

联系人：盛雪根　13901934370

电话：021-67192970　67190129　　传真：021-57108282

网址：www.shhjtz.com　　电邮：shengxg@shhjtz.com

地址：上海市奉贤区南桥镇新建西路546号　　邮编：201400

## 宣城市恒远化工有限责任公司

本公司成立于2003年。

主要从事轻质碳酸钙、活性碳酸钙的生产及销售。

产品质理保证、价格合理。

竭诚欢迎广大客户来电洽谈业务，共谋发展！

联系人：李文和　　电话：0563-3497888

地址：安徽省宣城市宣州区狸桥工业园区　　邮编：242047

# 优秀诚信客户展示窗

## 盐城市弘丰橡塑有限公司

我司是生产各种矿用通风风筒的专业企业，年产矿用风筒10万余个，公司按照国家标准生产的矿用正、负压风筒，直径规格从200mm-800mm，长度10米（或按客户要求生产），上述产品均采用先进技术工艺，精选国内优质原材料，不漏风、抗静电、阻燃，耐腐蚀、强度高、制作精良、质量可靠、得到国内广大用户的极高评价和信赖。

联系人：王桂华　　电话：0515-87571658

地址：江苏省盐城市阜宁县东沟镇五楼村一号　　邮编：224406

## 汾阳市融源化工有限公司

汾阳市融源化工有限公司成立于2004年1月，主要从事二硫化碳、再生胶的生产销售。

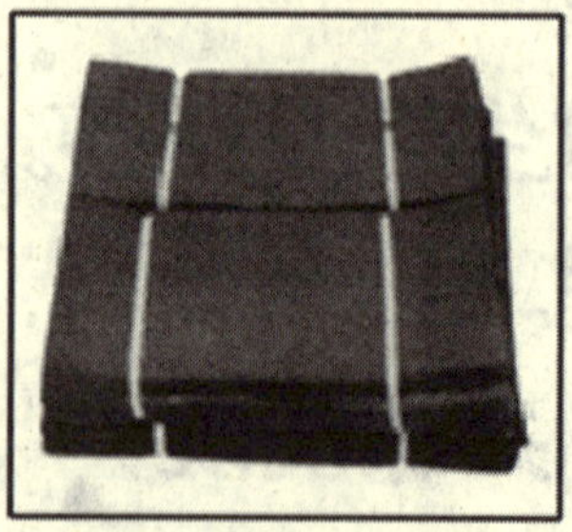

公司拥有一流的生产及检测设备，也拥有一支高素质的技术队伍。公司始终贯彻“顾客就是上帝”的方针，坚持互惠互利的原则，筑和谐社会。

本公司宗旨是：创造财富，回报社会。

联系人：刘秀利

电话：0358-7563681

地址：山西省汾阳市演武镇西堡障化工园　　邮编：032208

# 优秀诚信客户展示窗

## 长春市新发发电设备厂

本厂成立于2001年，是吉林省内唯一一家生产发电机系列产品的专业厂家，本厂生产的系列发电机以先进的生产设备、优良的动态性能、及时的售后服务、良好的信誉口碑得到了客户的认可！

电话：0431-84527088　13504706062

聯系人：李國　　邮编：130119

地址：吉林省长春市净月潭旅游经济开发区新立城镇齐家村

## 山西宝泽实业发展有限公司

我公司成立于1996年。

承接高低压电动机修理及各种成型线圈以及各种变压器修理与制造。

欢迎新老客户来电来人洽谈业务，共同合作。

联系人：王应通

电话：0351-6135984　13934202793

地址：山西省太原市万柏林区西矿街西机路5号　　邮编：030053

# 优秀诚信客户展示窗

## 贞丰县教育印刷厂

贞丰县教育印刷厂成立于1976年，主要从事作业本、表格、书刊的印刷。

“价格低，速度快，质量好”是我厂始终不渝的宗旨。我们全体同仁将以诚挚的热情和更好的服务与您携手合作，开拓未来！

联系人：王芝福

13985397823　电话：0859-6611217

地址：贵州省兴义市贞丰县珉谷镇建设路88号　邮编：562200

## 昆山市周庄镇长城印刷厂

昆山市周庄镇长城印刷长位于中国第一水乡周庄，创建于1990年，扩建于2003年。本厂引进德国海德堡全新的四开四色胶印机，专业设计印刷产品样品、彩色精美宣传包装、针织商标、洗唛、不干胶标签等各种服装辅料及各类塑料包装。

以真诚守信、价格合理、一流服务”为宗旨，热情与新老客户精诚合作，长城印刷一定是您最好的合作伙伴。

联系人：丁小林　电话：0512-57219888　57201178

地址：江苏省昆山市周庄镇龙亭村　邮编：215325

# 优秀诚信客户展示窗

## 龙海市宏达彩印包装有限公司

本公司成立于2002年。

主要从事商标印制，包装、装璜、票证、日历、表格、内部资料印刷、纸张、复印纸、电脑、打字等。

竭诚欢迎新老客户光临、惠顾！

电话：0596-6526176 6557858

联系人：石达坚

地址：福建省龙海市榜山镇平宁工业区 邮编：363100

## 苏州市角直通顺印刷厂

苏州市角直通顺印刷厂是集设计、印刷为一体的新型综合性企业。

公司秉承“以客户为中心、为客户创造价值”的经营理念，以“创造精品，塑造品牌印刷企业”为目标。

竭诚欢迎您的光临、指导！

联系人：张林全

电话：0512-65017805 13806212803

地址：江苏省苏州市吴中区角直镇 邮编：215127

# 优秀诚信客户展示窗

## 贵州行知连锁图书有限公司

公司创建于一九九四年，自成立以来，我们以“传播先进文化、服务现代教育、知行合一、诚信立业”为经营理念，赢得了出版界朋友的大力支持，现已在贵州形成了自己的规模和供销网络。

我们以“以人为本”的思想管理理念，并按ISO9000标准完善公司的管理体制，力争在五年内将“行知书社”做成经营教育产业的知名品牌。我们要以实际行动和满腔热情面对二十一世纪的挑战与竞争。

联系人：骆邦富
电话：0851-5977852
电邮：xzzaoju@163.com
邮编：550002
地址：贵州省贵阳市南明区玉溪巷17号出版物集散中心二楼

## 上海景国文化用品有限公司

上海景国文化用品有限公司成立于2003年，主要从事办公用品的生产与销售。

“以质量求生存，以信誉求发展”，热忱欢迎广大新老客户来我公司洽谈业务，共同合作！

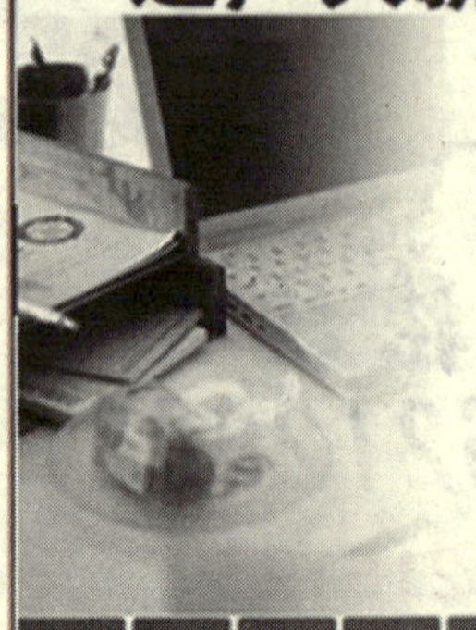

联系人：张景国
13805396212
电话：0539-8758288
邮编：276000
地址：山东省临沂市河东区太平办事处小张宅村

# 优秀诚信客户展示窗

## 临沧威尔特贸易有限公司

临沧威尔特贸易有限公司创建于2004年。

主营日用百货。

期待着在激烈的市场竞争环境中，与全国各地的商业伙伴能有更加良好地合作，共同创造事业的春天。

联系人：林品贵

电话：0883-2137888 2130378

网址：www.mtw27997.chinapyp.com

地址：云南省临沧市临翔区南塘街152号云峰现代城 邮编：677000

## 桂林桂鎏贸易有限公司

桂林桂鎏贸易有限公司成立于2005年1月，主要为超市、商场供应食品、酒类、土特产等。

由于质量可靠、价格合理、良好的销售服务，备受同行业者的关注，同时也深受客户的信赖。

联系人：梁玉军

电话：0773-2636180 15907881668

地址：广西壮族自治区桂林市八里街三号工业区

邮编：541213

# 优秀诚信客户展示窗

## 吴忠市振兴物资综合有限公司

吴忠市振兴物资综合有限公司成立于1995年，主要从事建筑材料、金属材料、硅锰合金、硅铁等产品的销售。

我们以优质的产品、合理的价格赢得了广大客户的信赖！

联系人：郑全 13995435858

电话：0953-2024158 2027886

邮编：751100

地址：宁夏回族自治区吴忠市西环路军分区路口过强手抓羊肉馆5楼

## 张家港保税区九海国际贸易有限公司

张家港保税区九海国际贸易有限公司成立于1999年。

主要从事各种支数的精梳、全棉、气流纺、涤棉、人造棉等各种棉纱的内销及进出口业务。

竭诚欢迎国内外新老客户惠顾、洽谈业务！

联系人：朱正明 13968368443 电话：0512-56906588

地址：江苏省张家港市塘桥镇南京西路9号杏花宾馆 邮编：215611

# 优秀诚信客户展示窗

## 昆明博精商贸有限公司

本公司创建于1995年，2005年完成国企改制。

主营名烟、名酒、洋酒。

竭诚欢迎新老客户光临、惠顾！

联系人：聂正毅

电话：0871-3138166　13700690609

地址：云南省昆明市东四街2号　　邮编：650031

## 深圳市春谷园茉莉香贸易有限公司

深圳市春谷园茉莉香贸易有限公司成立于1997年。

主要从事粮食的进出口贸易。

公司以良好的信用，上乘的质量赢得国内外客户的青睐！

联系人：林春伟

13808839977

电话：0755-82418506

邮编：518023

地址：广东省深圳市罗湖区宝岗路西货场办公楼二楼

# 优秀诚信客户展示窗

## 瑞丽市威信家政服务有限公司

瑞丽市威信家政服务有限公司成立于2006年。
主要从事家政、殡葬服务。
我们始终坚持以顾客为中心，设身处地为顾客着想，
全心全意为顾客服务。

联系人：杨绍湘
电话：0692-4147518　13578213969
地址：云南省瑞丽市民族街64号　邮编：678600

## 海艺商务服务有限公司

海艺商务服务有限公司是目前省内最具规模的一流专业会展流动演出、舞台、舞美、展台搭建，设备租赁及技术的服务公司，并在广州、北京、上海、重庆等城市同时开办了分公司。公司拥有技术精湛、服务优良的高素质专业技术人员队伍，多年来得到社会各界专业人士，政府部门，广大企业赞赏和支持。质量第一、不懈努力、真诚服务、不断进取，是海艺人的真本色。

电话：0898-88360944　88360945　88360946

传真：0898-88360942
联系人：朱振　13907608762　电邮：hnakg@126.com
地址：海南省三亚市创业大厦B栋903室　邮编：572000

# 优秀诚信客户展示窗

## 广东新华会计师事务所有限公司

本公司1999年依法在广东省工商局登记注册，具有审计、资产评估、税务代理、基建工程预决算审核、大中型企业集团审计和企业效绩评价、会计电算化验收、所得税汇算清缴等执业资格，具备管理咨询的服务能力。

本公司现有员工80多人，其中具备有注册会计师、注册资产评估师、注册造价工程师、注册税务师等执业资格人员50多人，拥有副教授、高级会计师、高级经济师等多人。依靠人才优势，我们将积极创造市场机遇，为客户提供鉴证服务和咨询服务。我们还将创新服务产品，提高服务能力，适应市场，与时俱进。

网址：www.gdxhcpa.com

E-Mail:gdxhcpa@tom.com

联系人:李德华

电话:020-87697438　87697498　87756787

邮编:510080

地址:广东省广州市越秀区东风东路753号天誉商务大厦东塔1207房

## 广州市神童贸易有限公司

广州市神童贸易有限公司成立于2005年，是一家加工、代理、批发、零售各类商品的综合贸易公司，主要产品有镜框和有机玻璃板等。

自公司成立以来，以良好的信用和优质的服务，不但赢得了客户的信任和支持，更推动了公司的不断发展壮大。我们将以“最优异的产品，最优惠的价格，最完善的服务”来满足您的需要。

电话：020-87202788

联系人：代顺海

邮编：510515

地址：广东省广州市白云区同和镇同宝路自编165号(红云化工厂东南边)

# 优秀诚信客户展示窗

# 行业品牌展示窗

## 电白县银河水产品有限公司

电白县银河水产品有限公司成立于2006年，从事养殖经营天然海产品、墨鱼、鱿鱼、章鱼、虾米等系列海产品、冷冻水产加工。

欢迎新老客户来电洽谈业务，同共发展！

联系人：詹佑仕 13829782791

地址：广东省广州市越秀区海珠南路5号之一

邮编：525438

电话：0668-5366669　020-81844282

## 大连宏洋海产品有限公司

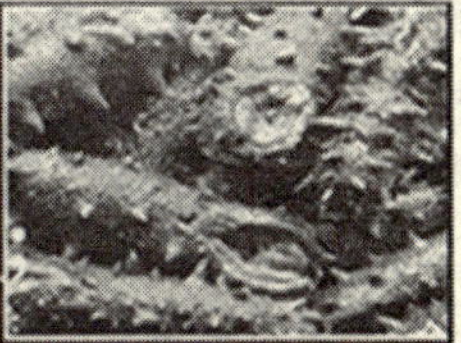

公司成立于2007年。位于养殖海产基地。主要从事海参深加工。

经营范围：参干、盐渍海参、即食海参、海参收购、代购、加工等业务。

欢迎各方客户来电洽谈业务，共同合作。

联系人：姜松　13898431111

电话：0411-85239933　85239922

传真：0411-85239911

地址：辽宁省大连长兴岛临港工业区交流岛办事处

邮编：116313

## 安庆长风油料加工厂

本厂创建2007年，从事油料加工，籽棉加工、销售。

公司秉承“顾客至上，锐意进取”的经营理念，坚持“客户第一”的原则为广大客户提供优质的服务。

欢迎广大客户惠顾！

联系人：缪玉胜

地址：安徽省安庆市迎江区长风乡长风村

电话：0556-5432364　13955602325

邮编：246008

## 安徽环艺生态园林工程有限公司

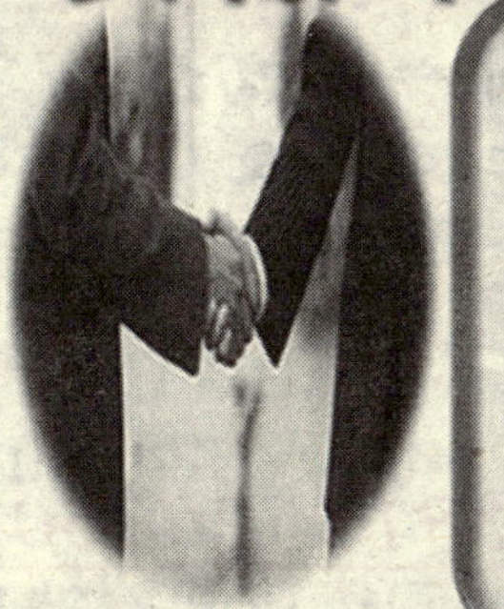

安徽环艺生态园林工程有限公司多年来专业从事林业开发，花卉苗木种植与销售，经销的苗木质量有保证、成活率高，可较好地满足客户要求。

我们秉着诚信、互赢的合作理念，致力于特色苗木培育、种植，以及生态旅游开发，诚挚欢迎广大朋友实地参观、交流，合作。

联系人：叶礼安 13966976417

电话：0556-6128903

电邮：tcyela@yahoo.com.cn

地址：安徽省安庆市桐城市金神镇草原村

邮编：231400

# 行业品牌展示窗

# 行业品牌展示窗

## 青龙满族自治县禾峰兔业发展有限公司

青龙满族自治县禾峰兔业发展有限公司主要从事兔子的养殖，兔肉加工，皮毛销售等。

公司本着以质量求生存，以信誉求发展，服务社会，健康人类的经营理念，与广大养殖户共同打造肉兔养殖的新天地！

联系人：陈义
电话：0335-7881522 13230900088
邮编：066500
地址：河北省秦皇岛市青龙满族自治县青龙镇前庄村

## 东山县西埔镇东富水产店

本公司成立于2008年，专业从事海产品收购销售，竭诚为您提供优质的产品和周到的服务，主要产品有小带鱼、大带鱼、海虾、小杂鱼饲料等。

欢迎您的光临。

联系人：林东富
电话：0596-5872277 13063180277
地址：福建省漳州市东山县西埔镇冬古村新乡103号

## 郸城县欣鑫农业有限公司

郸城县欣鑫农业有限公司是一家专业从事林木种植、销售的企业。品种齐全、价格低廉。公司秉承“诚信、务实、开拓、发展”的企业宗旨，竭诚为广大用户服务。客户的信用是对我们公司最大的支持，客户的满意是我们公司最大的心愿和追求。

电话：0394-3287222
地址：河南省周口市郸城县纪检委
电邮：slin7966@yahoo.com
联系人：韩松林
邮编：477150

## 东平县东方良种猪繁育有限公司

东平县东方良种猪繁育有限公司多年来从事猪的繁育，出售良种母猪、仔猪、商品猪等。展望未来，公司将继续坚持“质量第一，顾客至上”的企业精神，愿与各界朋友携手合作，共创更加辉煌灿烂的明天！

电话：0538-2611888 13854842955
地址：山东省泰安市东平县商老庄乡驻地
联系人：赵庆明
邮编：271515

# 行业品牌展示窗

# 行业品牌展示窗

# 行业品牌展示窗

## 福清市融城祥水茶叶店

本店主要经营茶叶、茶具销售，主要产品有大红袍。我们的经营宗旨是：质量第一， 服务第一，我们将竭诚为您服务。

联系人：薛常官 电话：15806097777 传真：0591-86092933
地址：福建省福清市一中学生公寓一层第5号店面

## 福建省安溪县怡芳茶厂

福建省安溪县怡芳茶厂是一家以生产、加工、销售茶叶为主的企业。

茶叶保证质量，色、香、味、形都符合标准，欢迎广大商家、新老朋友光顾、订购。

联系人：苏炳桂 13802092285 电话：0595-23166822
地址：天津塘沽区湖北路滨海陶瓷市场新区006-007 邮编：362413

## 东元海珍品养殖场

东元海珍品养殖场成立于2001年。
从事海珍品的销售，
产品有海珍、海胆、夏夷贝、黄鱼等等。
欢迎新老客户来电洽谈业务！

联系人：许新国
电话：0411-89749988 13591816838
地址：辽宁省大连市长海县小长山乡巴峭村 邮编：116501

## 九台市互利种猪有限责任公司

九台市互利种猪有限责任公司于成立2005年，拥有200多名员工，从事生猪养殖、种猪繁育及生态圈舍建设。公司以“缔造百年企业，奉献百年健康”为目标，打造科学养殖、健康养殖、规模养殖的现代企业航母。

电话：0431-82408056 82374111 联系人：吕德权
地址：吉林省九台市西营城镇杨家崗村第4会 邮编：130500

# 行业品牌展示窗



## 乌海市阳光田宇农业科技发展有限责任公司

乌海市阳光田宇农业科技发展有限责任公司成立于1989年，主要从事于种植、养殖、农副产品加工、粮油收购。随着农业服务业的飞速发展，公司也不断推陈出新，本着质量第一的原则和不断追求的精神以及户至上、精诚合作的宗旨，真诚地希望能与各界朋友交流合作、共同发展。

联系人：田旺荣

电话：0473-2091628　13904737717

地址：内蒙古自治区乌海市蒙西地区1号楼3单元302　邮编：016030

## 渭南华鑫农副产品有限公司

邮编：714000

本公司是一家以经营农副产品为主的企业，主要产品有蔬菜、玉米、大豆等。

公司本着以客户为中心，为客户创造价值的核心理念，严格产品质量、重合同、守信誉，真诚与海内外客户在互惠互利、共同发展的基础上建立长期稳定的业务伙伴关系。

电话：0913－2895399

地址：陕西省渭南市临渭区信义乡陈北村

联系人：陈拉虎　13572393761

## 武汉蔚起养殖有限公司

武汉蔚起养殖有限公司是一家专业的生猪、水产养殖销售企业，年出栏3万头猪，长年收购农副产品（黄豆、玉米、大麦、小麦、水稻等）。

联系人：刘珍书　15871356988

电话：027-86736977

邮编：430078

地址：湖北省武汉市东湖开发区珞狮南路517号

## 榆林市榆阳区李家崾土鸡场

榆林市榆阳区李家崾土鸡场成立于2007年，主要从事于土鸡养殖。公司自成立以来始终贯彻“质量第一，顾客至上”的经营理念，努力进取，积极开拓，对外广泛吸纳各种专业人才，引进先进的生产工艺技术，对内强化企业管理，建立健全质量管理体系。

电话：0912-3600299　13992280884　13289720884　联系人：韩双明

地址：陕西省榆林市榆阳区刘千河乡李家崾村　邮编：719000

# 行业品牌展示窗

## 科右中旗云飞种业有限责任公司

本公司成立于2007年，主要从事于种子、农药、化肥的生产、销售。我们将竭诚为您服务，欢迎您的光临。

联系人：白俊英

电话：0482-4122088　13948264848　邮编：29400

地址：内蒙古自治区兴安盟科尔沁右翼中旗吐列毛杜大街农业局楼下

## 兰坪县石登乡农副产品加工厂

兰坪县石登乡农副产品加工厂成立于2006年，主要从事于野生核桃油、野生菌生产、销售。我厂本着以诚实，守信为前提，以多年来合作支持和关心我厂的客户为动力，以质量第一求生存，诚信发展为宗旨，愿和广大的新老客户携手并进，共同描绘宏伟的蓝图和创造美好的明天。

联系人：郑文佑

电话：0886-3265088　13988681853

地址：云南省怒江傈僳族自治州兰坪白族普米族自治县石登乡石登街　邮编：671405

## 喀什正昊农产品开发有限公司

本公司经营农副产品，畜产品，肠衣加工等；产品有蔬菜，瓜果，肉类；

农产品开发，保鲜，欢迎新老客户来电洽谈业务！

联系人：刘辉

电话：0998-2522705　13309989880

地址：新疆喀什市解放南路370号

邮编：844000

## 雷州市珠联冷冻有限公司

雷州市珠联冷冻有限公司是一家以水产品为原料的专业加工公司，主要产品有：冻罗非鱼片、冻虾、冻虾仁、冻熟虾仁、冻熟去头虾、冻熟凤尾虾、冻面包虾、冻面包鱼。

产品质量可靠，深受客户好评和消费者的欢迎。

联系人：曾琼　13560546688

电话：0759-8814573　电邮：lzzhulian@vip.163.com

地址：广东省雷州市雷南大道　邮编：524200

# 行业品牌展示窗

## 阳城县寺头乡三利公司

阳城县寺头乡三利公司十多年来从事农业开发、苗木花卉种植。我们将以“优质的产品、一流的服务、合理的价格”来回报您的支持。欢迎咨询洽谈。

联系人：吉春河
电话：0356-4972284 手机：13934325858
地址：山西省晋城市阳城县寺头乡 邮编：048100

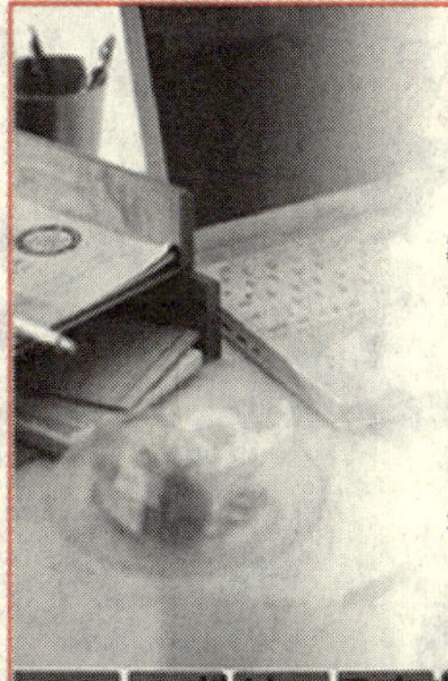

## 玉溪松南绿色产品有限责任公司

玉溪松南绿色产品有限责任公司属股份制合资企业，成立于2007年8月，注册资金80万元，生产基地上千亩，并通过国家ISO9001体系论证。公司位于玉溪市红塔区历史古镇“北城镇”，毗邻云南交通要道“昆玉高速公路”交通便利。

我公司采用先进而适用的农业科学技术和科学管理方法，投资农村土地资源产业，示范种植无公害蔬菜，建立无公害蔬菜种植基地，种植出的蔬菜在质量、价格等方面在国内、国际市场上具有竞争力。公司以质量、信誉作保证，带动当地农民增收、使投资者获得社会效益和经济效益。公司产品一上市就得到消费者的一致好评。

电邮：songnan6868@126.com
联系人：黄宏忠
地址：云南省玉溪市北城镇北城居委会四组夏井路口 电话：0877-2087268 13987774788
邮编：653100

## 云南省临沧市临翔区玉带河茶厂

云南省临沧市临翔区玉带河茶厂成立于2007年，主要从事于普洱茶、红茶、绿茶的生产和销售。本公司一直奉行“诚信经营，品质至上”的经营理念，坚持“只有更好的，没有最好”的原则。欢迎广大客户光临指导。

联系人：李先贵
手机：13529628908 15906966158
地址：云南省临沧市临翔区圈内乡斗阁村 邮编：677002

## 紫云新源有限责任公司

紫云新源有限责任公司成立于2005年。是一家专业从事芍药种植及销售的企业。公司坚持信誉立业，质量第一，顾客至上，精诚服务。热诚欢迎各大制药厂来

联系人：于以祥
电话：0853-5742032 邮编：530608
地址：贵州省安顺市紫云苗族布依族自治县猫营镇龙场村石灰窑组

# 行业品牌展示窗

# 行业品牌展示窗

# 行业品牌展示窗

## 曲靖市枫茂鸭业发展有限公司

我公司成立于2006年，主要饲养樱桃谷SM3型父母种鸭，存栏2万只，年孵化商品鸭苗400多万羽，产品：白条鸭、鸭苗、畜禽产品开发，技术服务。

我们以“诚实守信、客户满意”为经营理念，竭诚欢迎新老客户来电洽谈。

联系人：程国茂

电话：0874-3929588 13769813288

地址：云南省曲靖市麒麟区沿江乡四圩村 邮编：655008

## 新余市金秋果禽有限公司

新余市金秋果禽有限公司从事鸡的养殖和水果的种植、销售，主要产品有蛋鸡和桔子。本公司追求诚信，质量，求实，科学的方针发展。以科学的养殖管理，良好的信誉为广大客户服务！

电话：0790-6708030 6708325

联系人：周秋生

地址：江西省新余市花鼓山煤矿 邮编：338017

## 厦门活水泉茶叶有限公司

我公司主要经营安溪铁观音及其他名茶系列，其茶叶来自铁观音的故乡——“安溪西坪”，本公司批零兼营，以质量取胜，以薄利为本。档次高、品种全，可供客户任意挑选，面对海内外客户，以“最优惠的价格，最真诚的服务”为宗旨，让你一饱茶瘾。

欢迎新老客户上门挑选，来电订购。

电话：0592-2121138

邮编：361000

联系人：叶志勇

地址：福建省厦门市思明区文园路88之31、32号

## 钦州市联盛农牧发展有限公司

电邮：pjc9698@163.com

钦州市联盛农牧发展有限公司成立于2007年。

主要从事于饲料生产，鸭子养殖屠宰销售。

钦州联盛农牧一直以务实的态度，发挥产业优势，以丰富的经验与先进的技术，优化大众生活，最大程度地持续满足民生消费需求。

联系人：凌海科 13387776622

电话：0777-2392989

地址：广西壮族自治区钦州市钦廉街66号 邮编：535000

# 行业品牌展示窗

## 福建省福安市农垦茶业有限公司经营部

福建省福安市农垦茶业有限公司经营部成立于1993年，主要从事于茶叶，种植，育苗，茶叶批发零售。主要产品有铁观音，坦洋工夫（红茶）绿茶，茉莉花茶，大红袍，乌龙茶，特种名茶等。公司秉承“顾客至上，诚信守约”的经营理念，诚信交易，只为换来您的满意。欢迎新老客户光临惠顾。

联系人：陈石连　电话：0593-6636536　6561773
地址：福建省福安市城南解放路15号　邮编：355000

## 封丘县富民生物养殖有限公司

公司于2007年中旬成立。
专业从事鸡，猪的养殖及销售。主要的产品有鲜蝇、干蝇、干苍蝇、蛹壳、生态鸡、生态鸡蛋、生态猪等。
竭诚欢迎广大用户前来参观考察、洽谈业务！

联系人：卢冬领
电话：0373-8308355　13839090553
地址：河南省新乡市封丘县黄德镇蒋西村　邮编：453300

## 恩施市福民牧业开发有限公司

本公司成立于2006年，是一家专业从事养殖生产的企业，
所提供的主要产品为良种种猪，仔猪，肉猪。
产品质量保证，货真价实。所有产品均可以外销。
热忱欢迎有识之士洽谈！

联系人：王洪权　13972426374　15972452018　邮编：445012
地址：湖北省恩施土家族苗族自治州恩施市白杨坪乡董家店村委会综合楼

## 泾川康洁乳业有限责任公司

泾川康洁乳业有限责任公司成立于2007年。
从事奶牛的养殖与繁育。
公司以“奉献精良品质、造就时代品牌”为使命，通过公司全体员工的共同努力，向社会交上一份满意的答卷。

联系人：赵晓英　13830324666
地址：甘肃省平凉市泾川县党原乡丁寨村　邮编：744315

# 行业品牌展示窗

## 青岛崂之源茶业有限公司

本公司创建于一九八八年，主要生产销售崂山绿茶和全国名优茶叶。

公司是青岛首批通过QS认证企业，公司一贯奉行“走精品之路，创产业品牌”的宗旨，公司竭诚欢迎新老客户来电来函洽谈业务。

电话：0532-87926129　　联系人：汪学明　15866882678

网址：www.qdlzycy.chinapyp.com　　电邮：laozhiyuan@yahoo.cn

地址：山东省青岛市城阳区崇阳路535号　　邮编：266000

## 四川省屏山县大乘镇永强茶场

四川省屏山县大乘镇永强茶场成立于1988年，从事茶叶种植加工、购销、批发、零售。主要有绿茶、半烘炒条茶、优质炒青茶、烘青茶以及各类名茶。我们坚持以客为尊、顾客至上的经营理念，服务大众、服务社会。我们愿与各地客商真诚合作，欢迎各界人士品尝指导。

联系人：蔡长高　　电话：0831-5780730

手机：13558958882

地址：四川省宜宾市屏山县大乘镇永强茶场　　邮编：645355

## 延津县瑞粮粮油购销有限公司

公司是一家专业从事农副产品经营的企业，
主要是收购销售小麦、玉米、花生等产品，
欢迎国内外新老客户来电洽业务！

联系人：陈学勇

电话：0373-7925116　13938745158

地址：河南省新乡市延津县石婆固乡集南村　　邮编：453200

## 山西泽榆畜牧业开发有限公司

山西泽榆畜牧业开发有限公司是山西省集体猪养殖，屠宰，肉制品加工。储备，物流配送为一体的规模化现代企业。

我们将热忱为您服务！

联系人：白健明　　电话/传真：0354-2785331

地址：山西省晋中市榆次区张庆乡杨村　　邮编：030800

# 行业品牌展示窗

## 河北临城方舟果业有限公司

河北临城方舟果业有限公司成立于2002年，主要从事于林果产业、禽蛋产品销售。

诚信如树，诚信是果，最深奥的道理总是在点滴中沁人心脾：诚信让我们收获，是对永恒利益的一种积蓄。

联系人：路献周
电话：0319-7116329　13785951389
地址：河北省邢台市临城县鸭鸽营乡方等村　邮编：054300

## 金晖休闲农庄

金晖休闲农庄成立于2007年，主要从事于农副产品加工销售，休闲娱乐，综合商业贸易。主要产品有猪、土鸡、鸭、鱼、大米、食用油等。

农庄客房依水而建，以全木结构为主，取法于简约、自然、环保的建筑理念，让您体念“桩上生活”品味“山野情趣”而不失高雅舒适。置身农庄，或品茗休闲，或执杆垂钓，或“垒砌城墙”，或房中上网冲浪，或一马当先，或克服障碍挑战自我，或林间漫步，让您融入自然，尽享休闲之乐！

联系人：肖钧琪
电话：0796-7550168　7550288
邮编：343200
地址：江西省吉安市安福县瓜畲乡前东村瑶前

## 监利县监南水产有限公司

本公司成立于2007年，主要经营水产，有龙虾，螃蟹，桂花鱼，甲鱼，乌龟，黄鳝等。我们将一如既往地为客户提供质量一流、价格优惠的水产品和上乘的售后服务。

联系人：谢发旺　电话：0716-3571188　13797303222　13886560155
邮编：433325　地址：湖北省荆州市监利县棋盘乡棋盘村

## 沭阳县振兴鹅业有限公司

沭阳县振兴鹅业有限公司于2001年成立。主要销售扬州白鹅的鹅苗和种蛋。

公司以专业的角度，将稳步提高公司鹅产品的质量和产量，欢迎社会各界有识之士前来共谋发展、共同致富！

联系人：吴振兴　13951526680
电话：0527-83433999
邮编：223635
地址：江苏省宿迁市沭阳县吴集镇振兴鹅业有限公司

# 行业品牌展示窗

# 行业品牌展示窗

# 行业品牌展示窗

## 商水县三农蔬菜加工有限公司

商水县三农蔬菜加工有限公司成立于2007年，专业从事胡萝卜、甘兰、大蒜等一系列可加工蔬菜。我们的宗旨是：信誉第一，品质保证，价格合理，精诚合作。欢迎有识之士和我们合作。

联系人：陆领
电话：0394-5890666
地址：河南省周口市商水县黄寨镇 邮编：466113

## 长春市鑫霖商贸有限公司

我公司创建于2000年，座落在东北地区盛产甜菜的松辽平原腹地——吉林省长春市，是国内较早从事生产、销售液体饲料与液体原料的专业生产企业之一。目前在北京、徐州还拥有两处分公司。公司多年致力于优质糖蜜系列产品的生主、研发与销售，并具有非常完善的仓储体系，年储量可达3万吨。

联系人：白胜玉
电话：0431-84593881 13069203328
地址：吉林省长春市经济开发区102国道1078公里处 邮编：130102

## 石家庄市金丰饲料公司

石家庄市金丰饲料公司成立于1995年，主要从事于各种饲料的生产与销售。主要产品有糖蛋白，柠檬酸渣，DDGS，青霉素渣，土霉素渣等。公司一贯坚持“服务于民，和谐诚信立业，和谐诚信守业”的宗旨，本着薄利多销，以诚信开拓市场，以业务技术服务于民的理念为出发点，维护农民养殖，满足市场所需名牌饲料，创造市场所求货真价实。

联系人：张明社 电话：0311-86588228
地址：河北省石家庄市栾城县柳林屯乡城良村 邮编：051430

## 宁夏红寺堡兴农薯业有限公司

宁夏红寺堡兴农薯业有限公司成立于2006年，是一家专业从事马铃薯种植的公司。公司还提供种植咨询服务，收售服务。

欢迎新老客户光临惠顾。

联系人：马少华
电话：0953-5098510
地址：宁夏回族自治区吴忠市红寺堡 邮编：751100

# 行业品牌展示窗

## 孝义市金绿垣养殖有限公司

孝义市金绿垣养殖有限公司成立于2007年。
专业养殖鸡，鸭，猪，牛。
我公司生产、贸易并重；
以市场引导生产，以生产促进贸易。

联系人：闫俊峰　13593386657
电话：0358-7874555
电邮：yjf2580@163.com
地址：山西省孝义市下乡东安生村
邮编：032300

## 象州县马坪龙响农贸市场服务中心

象州县马坪龙响农贸市场服务中心成立于2006年，主要从事于农副产品的交易。是一个管理规范、设施完备、服务一流、运营有序的蔬菜瓜果集散地和交易中心。

欢迎全国各地商界朋友来我市场投资经营，愿我们共同发展，共同进步。

联系人：廖引帮
13978205818
电话：0772-4391819
地址：广西壮族自治区来宾市象州县马坪二级公路边
邮编：545811

## 桐庐县百江镇清强农庄

本公司成立于2008年，推广自然生态养殖模式，种植果木，养殖家禽，实现养殖业与种植业有效结合。农庄以诚信优质的服务欢迎您！

联系人：章云清
13175062012
电话：0571-64352274
邮编：311522
地址：浙江省杭州市桐庐县百江镇罗山村淡子坞

## 息县远大牧业有限责任公司

息县远大牧业有限责任公司成立于2007年。
专业从事生猪养殖。
客户满意是我们的追求。
欢迎来电洽谈业务！

联系人：马文平
电话：0376-5032233　15937675388
地址：河南省信阳市息县小茴店镇乌龙店村
邮编：464000

# 行业品牌展示窗

## 云南省圣灵龙科技开发有限公司

云南省圣灵龙科技开发有限公司多年来致力于农业产业化的发展，如种植业，养殖业，蔬菜深加工，蔬菜色素提炼等等。主要产品有甜玉米，豌豆，紫甘蓝，紫甘薯，番茄，西兰花等新鲜蔬菜。我们的蔬菜新鲜，营养价值丰富，欢迎您来人来电洽谈业务！

联系人：李娅 13769960355
电话：0879-8722225 8721946
电邮：menglianxiaoya@hotmail.com
邮编：665800
地址：云南省普洱市孟连傣族拉祜族佤族自治县登改路5号农业局综合楼一楼

## 新乡市大众肉品有限公司

新乡市大众肉品有限公司于2006年成立，
专业从事生猪的屠宰业务。
热忱欢迎新老客户来电洽谈业务！

电话：0373-6916999 13837304588 联系人：张国军
地址：河南省新乡市辉县市北云门镇朱桥村西 邮编：453631

## 四川青龍山生態農業科技有限公司

四川青龙山生态农业科技有限公司成立于2007年，从事农、林、药作物种植与销售，畜、禽、鱼的养殖与销售，农业科技技术推广、服务，农业信息咨询服务，建筑装饰材料销售；修建博爱福利院。

竭诚欢迎您的光临、惠顾！

电话/传真：0816-2622156 2623703
邮编：621000
地址：四川省绵阳市涪城区青义镇龙中村三社

聯系人：王廷龍
13550853777

## 庆阳运通草业有限责任公司

庆阳运通草业有限责任公司是一家以农作物秸秆加工利用、奶牛养殖、鲜奶配送为一体的龙头企业。

总经理白永恒携全体员工欢迎您前来洽谈业务，诚挚希望与国内外朋友坦诚合作，加强交流，增进友谊，互惠互利，携手共进，共同谱写农作物秸秆转化利用和奶牛养殖事业的新篇章。

联系人：白永恒
13830419066 电话：0934-6619166
网址：www.ytgrass.com.cn
电邮：ytgrass@163.com
地址：甘肃省庆阳市宁县米桥乡宋家村（铜?公路52公里处）
邮编：745209

# 行业品牌展示窗

## 哈尔滨汇康禽业养殖基地

哈尔滨汇康禽业养殖基地成立于2007年，是一家从事蛋鸡养殖、蛋品深加工的企业。

汇康品质、引领未来、无公害鸡蛋营养健康。真诚欢迎全国各地更多的朋友加入养殖业的行列，一道携手共同发展！

联系人：刘刚　13796025168

地址：哈尔滨市哈肇公路31.5公里处　邮编：150500

## 云南平山农产品有限公司

本公司成立于2006年，主要种植、加工、销售有机农副产品。

产品质量保证，价格合理，欢迎新老客户来电洽谈业务！

联系人：刘一平　Tel：0873-2224660　13988002458

地址：云南省个旧市锡城镇鄢棚二组兰马石坡　邮编：661000

## 六安市裕安区石婆店镇红石湾茶厂

六安市裕安区石婆店镇红石湾茶厂成立于2007年，主要从事于茶叶、六安瓜片、毛峰、黄牙的生产与销售。

公司秉承“顾客至上，诚信守约”的经营理念，诚信交易，只为换来您的满意。始终坚持以“客户第一、诚信第一”的原则为广大客户提供优质的绿茶。欢迎新老客户光临惠顾！

电话：0564-2979968　联系人：张道应

地址：安徽省六安市石婆店镇沙家湾村　邮编：237000

## 正阳县梅营新优良种研究繁育示范中心

本中心创建于1982年，推广“梅营一号”、“梅营七号”、“梅营八号”红薯、种薯种苗，通过省级鉴定的有“梅营一号”，98年获驻马店地区科技成果二等奖，之后曾获国家科技成果优秀奖、河南省科技成果金奖，至今推广面积达800万亩以上

电话：0396-8525001　8525359　13503963669

联系人：叶启营

地址：河南省驻马店市正阳县梁庙乡乐堂村　邮编：463600

# 农林牧渔

## 北京市/Zhuhai Municipality

**北京大一韩日国际种苗有限公司**
地址：北京市朝阳区西坝河西里 23 号红都商务会馆 312 室
…… 负责人：李淑淳
…… Tel：010－64612588



**北京博士林林业发展有限公司**
地址：北京市大兴区北臧村镇八家村委会南 100 米
…… 负责人：罗垂纪
…… Tel：010－60202013

**北京兴奥利华农业科技开发有限公司**
地址：北京市大兴区北臧村镇工业区 1 排 10 号
…… 负责人：周学舫
…… Tel：010－69239345

**北京景新基业畜牧科技发展有限公司**
地址：北京市大兴区采育镇南营二村村委会南 100 米
…… 负责人：梁景新
…… Tel：010－69293828

**北京兴泰绿源农业技术咨询服务部**
地址：北京市大兴区长子营镇永和庄村高效良繁示范园内
…… 负责人：左继民
…… Tel：010－69243656

**北京市大兴区奶业协会**
地址：北京市大兴区黄村镇林校北路 15 号
…… 负责人：王凤岭
…… Tel：010－69245639

**北京鑫绿海苗木有限公司**
地址：北京市房山区官道镇南庄子村
…… 负责人：吴险峰
…… Tel：010－60332876

**北京一品茶叶有限责任公司**
地址：北京市丰台区太平桥村 318 号
…… 负责人：赵玉军
…… Tel：010－63401098

**北京金锋达种业有限公司**
地址：北京市怀柔县富乐小区北里 27 号楼
…… 负责人：胡玉山
…… Tel：010－69642194

**北京沃林鱼业有限公司**
地址：北京市怀柔县雁栖镇长园村东 500 米
…… 负责人：徐志强
…… Tel：010－69643586

**北京市门头沟新明杀虫剂厂**
地址：北京市门头沟区军响乡军响村西
…… 负责人：刘晓东
…… Tel：010－62959496

**北京市瑞美斯格养猪发展有限公司**
地址：北京市顺义区北石槽镇北石槽村
…… 负责人：刘田修
…… Tel：010－61451391

**北京市顺义区农机服务中心**
地址：北京市顺义区府前西街
…… 负责人：沈凤江
…… Tel：010－69442331

**北京市高丽营农机服务站**
地址：北京市顺义区高丽营镇政府东侧
…… 负责人：张国辉
…… Tel：010－69455939

**北京市顺义区畜牧服务中心**
地址：北京市顺义区仁和镇西门外
…… 负责人：郭春才
…… Tel：010－69445934

**北京京硕肥业有限公司**
地址：北京市通州区西集镇望君疃村
…… 负责人：禹宙
…… Tel：010－61550388

**北京融奎农林技术开发有限公司**
地址：北京市通州区张家湾镇东定工业区
…… 负责人：赵兴雨
…… Tel：010－61566226

**北京佳华生态林业有限公司**
地址：北京市宣武区广安门外大街 180 号新纪元中心 703 室
…… 负责人：白季让
…… Tel：010－63453640

**北京毅都永誉农产品有限公司**
地址：北京市宣武区果子巷 50 号
…… 负责人：刘德章
…… Tel：010－63522034

**北京文海牧业有限公司**
地址：北京市延庆县四海镇黑汉岭村东
…… 负责人：王文海
…… Tel：010－60182117

## 天津市/Tianjin Municipality

**远东养农饲料有限公司**
地址：天津市宝城区粮油批发市场 3 号
…… 负责人：肖家新
…… Tel：022－29222022
13920416395

**亿鑫（天津）农贸有限公司**
地址：天津市北辰区丁赵村西外环线内侧
…… 负责人：姜仙玉
…… Tel：13820588808

**天津市兴国渔漂厂**
地址：天津市大港区中堂镇十九顷村
…… 负责人：周维国
…… Tel：022－63275975
13752608078

**天津市汉沽区杨娣兽药经营部**
地址：天津市汉沽区杨家泊村北
…… 负责人：杨娣
…… Tel：022－67258408
13902114484

**天津碧城农副产品销售服务中心**
地址：天津市西青区辛口镇当城村
…… 负责人：高祝军
…… Tel：022－27999916

## 上海市/Shanghai Municipality

**上海丰能水产养殖合作社**
业务：养殖虾
地址：上海市奉贤区海湾旅游区人民塘路 36 号
…… 负责人：杜洪权　邮　编：200000
…… 法　人：杜洪权
…… Tel：13601805558
021－57120709
… 网址：http://www.51zzt.com/user/zzt31481

**上海稼穑种植园有限公司**
业务：种植销售有机水果（葡萄，水蜜桃，枇杷等），有机蔬菜及其他养殖禽类
地址：上海市宝山区月浦镇段泾阁
…… 负责人：沈林根　邮　编：200000
…… 法　人：沈林根
…… Tel：13901604123
021－56934855

**上海小弟果蔬种植专业合作社**
业务：西瓜、甜瓜、大棚蔬菜种植及销售
地址：上海市金山区吕巷镇蔷薇村 14 组 4686 号
…… 负责人：沈小弟　邮　编：201517
…… 法　人：沈小弟
…… Tel：15821887022
021－57372756

**上海油车蔬果种植专业合作社**
业务：水果蔬菜
地址：上海市金山区亭林镇油车村 19 组 4105 号
…… 负责人：魏永斌　邮　编：201505
…… 法　人：魏永斌
…… Tel：13127594836
18901838882
021－67232555
…… Fax：021－67232555

**上海宾堡利果蔬专业合作社**
业务：种植及销售葡萄、蔬菜
地址：上海市金山区朱泾镇浦银路 272 号二楼
…… 负责人：王秀华　邮　编：201503
…… 法　人：王秀华
…… Tel：021－57348466
15000863272

**上海旺侬园艺设备有限公司**
业务：专业从事温室棚架生产，安装销售，温室喷雾降温滴落，产品具有档次高、性价比高等特点，公司秉承""以诚为本、以质取胜""的企业宗旨，竭诚为客户提供更优的产品、更佳的服务。
产品：园艺资材销售
地址：上海市松江区车亭路 792 弄 30 号
…… 负责人：赵庆生　邮　编：201600
…… 法　人：赵庆生
…… Tel：021－57607515
13701705926

**徐州鑫源生态农业有限公司**
业务：农业生产、配送、养殖
产品：农副产品
地址：上海市闵行区华漕镇王泥浜村南华街 88 号
…… 负责人：张鑫　邮　编：201106
…… 法　人：张鑫
…… Tel：13391481688
021－52238852
…… Fax：021－52238851

**上海金山山星哺坊专业合作社**
业务：孵化小鸡、小鸭
地址：上海市金山区吕巷镇太平村蒋巷 2010 号
…… 负责人：潘维新　邮　编：200000
…… 法　人：潘维新
…… Tel：13601672391
021－57370682
… 网址：http://www.51zzt.com/user/zzt30138

**上海申辉杀虫服务有限公司**
地址：上海市长宁区长宁路 424 号 204 室
…… 负责人：刘春荣
…… Tel：021－62406756

**上海农辰农业机械有限公司**
地址：上海市中山北路 972 号 A1－19 室
…… 负责人：徐海龙
…… Tel：021－63612057

**上海汇宁蔬果种植专业合作社**
业务：农作物种植和销售、农资采购和销售
地址：上海市南汇区宣桥镇光明村金光路 205 号 3 室
…… 负责人：邓光才　邮　编：200000
…… 法　人：邓光才
…… Tel：13601876954
021－58132105
…… Fax：021－58132105
… 网址：http://www.51zzt.com/user/zzt31090

## 重庆市/Chongqing Municipality

**重庆市巴南区明斌农机专业合作社**
业务：销售农业机械
地址：重庆市巴南区石滩镇石慎路 31 号
…… 负责人：崔明斌　邮　编：400000
…… 法　人：崔明斌
…… Tel：13618233706
023－66474696
…… 网址：http://www.51zzt.com/user/zzt30473

**重庆市沙坪坝区乐绿生态农业专业合作社**
业务：养殖鱼、鸡、鸭
地址：重庆市沙坪坝区西永镇童善桥村青草坡组 2 号
…… 负责人：朱明光　邮　编：400000
…… 法　人：朱明光
…… Tel：15023123530
13883307028

**重庆市科发饲料有限公司**
地址：重庆市昌元镇荣双路 2 号
…… 负责人：苏开华
…… Tel：023－46755708

**润兴花椒种植有限责任公司**
业务：润兴花椒种植有限责任公司成立于 2005 年，主要生产销售花椒。产品质量保证，深受广大消费者的青睐，我单位全体员工

热忱欢迎各界朋友来人来函洽谈。
地址：重庆市奉节县永安镇2号支路2幢1单元302号
邮 编：404600
法 人：苏恢安
Tel：023－56520302
Fax：023－56520302

## 重庆市城口县万顺林业开发有限责任公司

业务：林业开发
地址：重庆市城口县葛城镇北大街
负责人：汪代江 邮 编：405900
法 人：汪代江
Tel：13635347608
13709449257

## 重庆都好农业综合发展有限责任公司

业务：兔饲料的研究生产销售、养兔技术的培训推广
产品：兔神系列、兔圣系列、都福系列、都好系列饲料
地址：重庆市荣昌县西部饲料兽药市场E区5号
负责人：黄增文 邮 编：402460
法 人：黄增文
Tel：13594664899
023－61484669
E-mail：xndaxue@126.com

## 重庆娇艳园林有限责任公司

业务：绿化苗木种植、销售及租赁服务
地址：重庆市石柱土家族自治县南宾镇龙嘴路117号(县农场内)
负责人：冉从艳 邮 编：400000
法 人：冉从艳
Tel：13908279868
13193264495

## 重庆市钜鑫生猪养殖有限公司

业务：养殖生猪
地址：重庆市石柱土家族自治县沙子镇沙子村两扇岩组
负责人：唐世祥 邮 编：400000
法 人：唐世祥
Tel：13512303002
15025724105

## 城口县议学魔芋农民专业合作社

业务：种植、加工、销售魔芋
产品：魔芋
地址：重庆市城口县坪坝镇议学村二组
负责人：龚子培 邮 编：400000
法 人：龚子培
Tel：13896249159
023－59283478

**重庆佳运饲料有限公司**
地址：重庆市昌元镇学院路
负责人：赖九橙
Tel：023－46755937

## 大足县江东养殖场

业务：养猪一条龙服务
地址：重庆市大足县宝顶镇香山4组
负责人：于兵 邮 编：402360
法 人：于兵
Tel：13883405113
023－43785285

## 荣昌县分水养鱼专业合作社

业务：养殖鱼
地址：重庆市荣昌县清江镇(镇政府农业服务中心)
负责人：张彬 邮 编：402460
法 人：张彬
Tel：023－46336542
13996164685
Fax：023－46337318

**重庆宏宇食品加工有限责任公司**
地址：重庆市长生桥镇新塘村红花园社
负责人：方宇
Tel：023－62456096

## 铜梁县远民养鸭专业合作社

业务：养鸭、种鸭、鸭苗、孵化、鸭蛋
地址：重庆市铜梁县东城街道金龙社区第十居民小组
负责人：吴远民 邮 编：402560
法 人：吴远民
Tel：023－45877323
13509482489

**江津市仁沱花铺蔬菜专业合作社**
业务：本公司成立于2003年，拥有20多名员工，主要经营蔬菜的销售。
地址：重庆市江津市支坪办事处花铺村
邮 编：402278
法 人：吴善芝
Tel：023－47628266
Fax：023－47628266

## 铜梁县金竹生猪养殖专业合作社

业务：种猪、商品猪养殖
产品：二元、三元猪
地址：重庆市铜梁县平滩镇金竹村十五社
负责人：刘绍兵 邮 编：400000
法 人：刘绍兵
Tel：13650543566
023－45212042

## 大足县东河农业开发投资有限公司

业务：农业高新技术研究开发、土地开发、农副产品的种养、养殖、辐照、保鲜、加工和仓储。
地址：重庆市大足县龙岗街道累丰七社
负责人：伍荣 邮 编：400000
法 人：伍荣
Tel：13795732793
15223257066

## 重庆市黔江区鑫峰药材种植专业合作社

业务：种植、收购与销售药材
产品：药材
地址：重庆市黔江区沙坝乡木良村一组
负责人：侯文成 邮 编：400000
法 人：侯文成
Tel：15310785198
13594950326

**重庆市沙坪坝区农业生产资料有限责任公司天池村门市**
地址：重庆市歌乐山镇天池村水井坎社半边街
负责人：刘唯佳
Tel：023－65317667

## 重庆市万盛区伍吨牲牛羊养殖专业合作社

业务：牲牛羊养殖
地址：重庆市万盛区万东镇榜上村陈三房社
负责人：张德述 邮 编：400000
法 人：张德述
Tel：15823386614
13640564409

## 重庆良伦野生菌开发有限公司

业务：野生菌的种植和销售
地址：重庆市万盛区万东镇新田村芭蕉湾社
负责人：王良伦 邮 编：400800
法 人：王良伦
Tel：13638343188
023－48290250

## 垫江县永平镇农康农机专业合作社

业务：农机销售
产品：耕田机、汽油机、打谷机、脱粒机、电风机、铁皮粮仓
地址：重庆市垫江县永平镇
负责人：盛明志 邮 编：408300
法 人：盛明志
Tel：13896576032
15923684529

## 重庆市黔江区城西农机专业合作社

业务：农机信息咨询服务，农机维修服务
地址：重庆市黔江区城西办事处十二段塘房居委七组
负责人：米贤军 邮 编：409000
法 人：米贤军
Tel：13212491963
023－79852366

**重庆正大有限公司綦江经营部**
地址：重庆市古南镇龙角路孟家院
负责人：周永顺
Tel：023－48657375

## 重庆市万州区傅祥水产养殖开发有限公司

业务：水产
地址：重庆市万州区安庆路511号5栋1单元801
负责人：傅永祥 邮 编：404100
法 人：傅永祥
Tel：023－58554998
13594856477

## 重庆市结伴饲料有限公司

业务：生产、销售饲料
地址：重庆市万州区分水镇国兴路
负责人：李奇莲 邮 编：400000
法 人：李奇莲
Tel：023－58487343
15213550598

**重庆正大有限公司开县经营部**
地址：重庆市汉丰镇南郊社区
负责人：周永顺
Tel：023－85872319

## 丰都县天鑫养鸡场

业务：养殖产蛋鸡和销售鸡蛋，鸡蛋生加工
产品：鸡蛋
地址：重庆市丰都县兴义镇长沙村1组
负责人：谭兴俊 邮 编：408200
法 人：谭兴俊
Tel：15696700888
13608319333

## 重庆市万州区溪口桂圆专业合作社

业务：生产、销售桂圆、荔枝
地址：重庆市万州区溪口乡大溪社区1组25号
负责人：曾绍武 邮 编：400000
法 人：曾绍武
Tel：13896258578
023－58572789

## 重庆市高实农业开发有限公司

业务：种植红心猕猴桃果
地址：重庆市万州区响水镇高石村6组
负责人：张贻学 邮 编：404100
法 人：张贻学
Tel：13638365555
13627620888
Fax：023－58727599

## 綦江县扶欢镇小卷洞蔬菜专业合作社

业务：种植与销售各类蔬菜
产品：蔬菜
地址：重庆市綦江县扶欢镇小卷洞村
负责人：曾世发 邮 编：401438
法 人：曾世发
Tel：023－48790788

## 丰都县白家沟肉兔繁养殖专业合作社

业务：种兔的养殖和销售
产品：种兔
地址：重庆市丰都县兴义镇农业服务中心
负责人：易太荣 邮 编：400000
法 人：易太荣
Tel：13896541318

## 彭水县黄家镇晓容辣椒种植专业合作社

业务：辣椒专业种植
地址：重庆市彭水县黄家镇先锋村8组
负责人：鞠孝容 邮 编：400000
法 人：鞠孝容
Tel：13452236048
网址：http://www.51zzt.com/user/zzt33327

## 重庆市巫山县山里红生态农业有限责任公司

业务：农业种植，农业开发
地址：重庆市巫山县
负责人：谭聪吾 邮 编：404700
Tel：15923449159

## 重庆市金榜畜禽专业合作社

业务：家禽、家兽的养殖、收购与销售，组织、采购和销售家禽家兽产品，提供开发技术培训、技术交流和咨询服务
产品：纯天然绿色肉牛、山羊和生态鸡
地址：重庆市武隆县双河乡街道烂坝子
负责人：胡召文 邮 编：408523
法 人：胡召文
Tel：023－77730074
15923685657

## 奉节县达丰生猪饲养专业合作社

业务：养殖销售种猪，商品猪，生猪等
地址：重庆市奉节县吐祥镇龙河村1组98号
负责人：钱书银 邮 编：400000
Tel：13101008538
13996560682
网址：http://www.51zzt.com/user/zzt31858

## 重庆豪威农业开发有限公司

业务：农业开发、农产品代理销售、农业物流
地址：重庆市秀山县中和镇边贸市场A区3栋1－3号
负责人：陈胤豪 邮 编：409900
法 人：陈胤豪
Tel：023－76864006

**彭水苗族土家族自治县植保技术服务部**
地址：重庆市汉葭镇鼓楼街
负责人：豆世金
Tel：023－78491854

## 重庆市永川区牛尾铺鱼养殖专业合作社

业务：养殖和销售淡水鱼
产品：淡水鱼
地址：重庆市永川区双石镇牛尾铺村
负责人：刘坤才 邮 编：492160
法 人：刘坤才
Tel：023－49368028
13983763099
Fax：023－49368028

## 开县拥军蔬菜种植场

业务：大棚蔬菜种植、生猪养殖
地址：重庆市开县中和镇白水村1组
负责人：杜拥军 邮 编：405413
法 人：杜拥军
Tel：023－52781456
13896290494

## 重庆市奉节县浪豪水果种植专业合作社

业务：种植销售加工各种水果
产品：奉园72－1中熟脐橙，95－1奉节晚橙，红肉蜜柚
地址：重庆市奉节县新民镇柏木村2组
负责人：柳浪 邮 编：404602
法 人：柳浪
Tel：13389683979
15084300988
15084382200
Fax：023－56851444

## 开县金穗农机专业合作社

业务：组织机械化生产、代销生产资料
产品：稻谷、玉米、花生、洋芋、油菜；蔬菜类有：辣椒、番茄、黄瓜、茄子、西瓜等多种新鲜蔬菜；还有大量的家畜、家禽养殖，我社热忱欢迎各界人士洽谈业务！
地址：重庆市开县温泉镇双龙村一组
负责人：舒辉友 邮 编：405423
法 人：舒辉友
Tel：13896369631

## 酉阳县魏市畜禽养殖专业合作社

业务：专业从事禽畜饲养、收购、销售，并为广大养殖户提供畜禽种苗，代购饲料、兽药，品种改良，产品销售、技术培训、技术交流等综合性服务
产品：生猪、黑山羊、饲料
地址：重庆市酉阳县天馆乡魏市村一组
负责人：陈代华 邮 编：429800
法 人：冉景洪
Tel：023－75717947
15856037515
13512309611

## 酉阳县东华畜禽养殖专业合作社

业务：土鸡、乌鸡养殖销售、土鸡蛋的销售
地址：重庆市酉阳县涂市乡大杉村1组
负责人：石东华 邮 编：409800
法 人：石东华
Tel：15123775370
15095912526

## 开县孝祥养殖专业合作社

业务：养殖鸡
地址：重庆市开县满月乡天子村6组
负责人：林孝祥 邮 编：405425
法 人：林孝祥
Tel：13709447670
15870591652

## 酉阳县绿源畜禽养殖专业合作社

业务：畜禽养殖及销售
地址：重庆市酉阳县涂市乡大杉村七组
负责人：唐顺明 邮 编：409800
法 人：唐顺明
Tel：13272585485
13896480602

## 酉阳县金穗农业开发有限公司

业务：农业开发
地址：重庆市酉阳县中医院
负责人：唐军 邮 编：409800
法 人：唐军
Tel：023－75914548
13709482548

**重庆市顺康粮食加工厂**
地址：重庆市花溪镇岔路口村八社
负责人：陈权
Tel：023－62599146

**重庆市渝北区邢元兴奶牛养殖场**

地址：重庆市回兴街道白鹤村十五社
负责人：刑元兴
Tel：023－67451120

**重庆市九龙坡区兴获种子销售部**
地址：重庆市九龙坡区白市驿镇白欣路 30 号 1 栋 11 号
负责人：罗继翠
Tel：023－65705273

**奉节县浪豪水果种植专业合作社**
业务：种植销售加工各种水果，主要产品：奉园 72－1 中熟脐橙，95－1 春节晚橙（农历三至六月成熟），红肉蜜柚，冬桃，杏李
地址：重庆市奉节县新民镇柏木村 2 组
负责人：柳浪 邮编：404602
法人：柳浪
Tel：13389683979
15084300988
15084382200
023－56851444

**重庆方通动物药业有限公司**
业务：重庆方通动物药业有限公司成立于 2000 年，主要从事动物药品的生产销售。产品畅销全国各地，信誉极佳，深受广大养殖用户好评。
地址：重庆市荣昌县板桥工业园区
邮编：402460
法人：李阳春
Tel：023－46750455
Fax：023－46757155

**酉阳县武陵山养蜂专业合作社**
业务：蜂蜜、蜂胶、蜂王浆、蜂花粉经营
地址：重庆市酉阳县钟多镇城南社区二组
负责人：侯林波 邮编：400000
法人：侯林波
Tel：13996954287
13648227887

**重庆荣裕生态农业开发有限公司**
业务：生态农业开发、建筑劳务
地址：重庆市渝北区翠湖路 5 巷 1 号
负责人：任茂荣 邮编：401120
法人：任茂荣
Tel：13399803666
023－86006116

**开县金山茶叶种植专业合作社**
业务：种植与销售茶叶及茶叶种子
产品：茶叶及茶叶种子
地址：重庆市开县和谦镇金山村 1 组
负责人：刘修胜 邮编：405424
法人：刘修胜
Tel：13896998112
023－52388201
15223684382

**梁平县梁山镇朝坤大米加工厂**
地址：重庆市梁山镇北环路 204 号
负责人：周朝坤
Tel：023－53366838

**重庆后河谷农业综合开发有限公司**
业务：种植树木
地址：重庆市渝北区悦来镇富悦街 110 号 1 幢 1－2
负责人：李小刚 邮编：401120
法人：李小刚
Tel：15998963904

**云阳县故陵镇兴宏养殖专业合作社**
业务：养殖生猪
地址：重庆市云阳县故陵镇高坪村六组
负责人：吴合兵 邮编：400000
法人：吴合兵
Tel：023－55455388
13101009689

**奉节县天池生猪饲养专业合作社**
业务：养殖和销售种猪，仔猪，母猪，鸡
产品：种猪，仔猪，母猪，鸡
地址：重庆市奉节县新政乡金凤村
负责人：罗顺贻 邮编：400000
法人：罗顺贻
Tel：13594450908
023－56606121
13996585699
Fax：023－56606121

**梁平县种子质量检验站**
地址：重庆市梁山镇北环路 349 号
负责人：陆建志
Tel：023－53220376

**开县超明养殖专业合作社**
业务：养鱼、垂钓
地址：重庆市开县郭家镇团包村三社
负责人：侯超 邮编：405400
法人：侯超
Tel：023－52352285

**重庆山桂食品有限公司**
地址：重庆市梁山镇北环路 489 号
负责人：刘春辉
Tel：023－53368169

**重庆市志桥农业发展有限公司**
业务：畜牧业
地址：重庆市云阳县平安镇
负责人：邓世志 邮编：404500
法人：邓世志
Tel：023－55777123
58239292

**奉节县狮子牲畜饲养专业合作社**
业务：养殖牛、羊、猪
地址：重庆市奉节县朱衣镇狮子村 8 组
负责人：姜孝孟 邮编：400000
法人：姜孝孟
Tel：13594413117
15923897705

**梁平县梁山镇胜文大米加工厂**
地址：重庆市梁山镇户家巷活性炭厂院内
负责人：欧胜文
Tel：023－53221294

**重庆市涪陵区廷均生猪养殖专业合作社**
业务：生猪养殖
地址：重庆市涪陵区新妙镇适园村四社
负责人：杨均 邮编：400000
法人：杨均
Tel：023－72702221
13452554848
网址：http://www.51zzt.com/user/zzt123497

**梁平县兴茂药材种植开发有限公司**
地址：重庆市梁山镇西大街谢家巷 75 号
负责人：苏中发
Tel：023－53251213

**开县太和种植专业合作社**
业务：种植和销售花椒
产品：花椒
地址：重庆市开县敦好镇鹿鸣村 5 组
负责人：李中列 邮编：400000
法人：李中列
Tel：13594725220
023－52467138

**重庆兴华饲料有限公司**
地址：重庆市梁山镇皂角村十一组
负责人：华瑛
Tel：023－53255998

**重庆市峰富农业发展有限公司**
业务：花木种植、猪、鸭、鱼的养殖
地址：重庆市合川区钓办处鱼城村九社
负责人：赵代峰 邮编：400000
法人：赵代峰
Tel：15023691218
13628386880

**重庆团渡水产养殖专业合作社**
业务：水产养殖
地址：重庆市九龙坡区西彭镇玉凤村
负责人：慕宗友 邮编：400000
法人：慕宗友
Tel：13883260091
023－65846577
网址：http://www.51zzt.com/user/zzt34482

**万盛区浪尖大米加工厂**
业务：万盛区浪尖大米加工厂成立于 1995 年，从事大米、农副产品的加工及销售。欢迎各方朋友前来洽谈合作！
地址：重庆市万盛区建钢村 32 栋 12 号
邮编：400800
法人：唐元华
Tel：023－48262858
Fax：023－48300158

**重庆比信家禽销售有限公司**
业务：销售：花边鸭
地址：重庆市九龙坡区白市驿镇新店村办公室
负责人：钟在国 邮编：401329
法人：钟在国
Tel：15923919989
13617641780

**重庆市同辉农业发展有限公司**
地址：重庆市龙溪街道金龙路 240 号
负责人：明朝勇
Tel：023－67080100

**重庆远驰环境科技有限公司**
地址：重庆市龙溪金龙路 268 号
负责人：刘久光
Tel：023－63670388

**重庆诚阳农业发展有限公司**
业务：农副产品经营
地址：重庆市合川区二郎镇五里村
负责人：雷济东 邮编：400000
法人：雷济东
Tel：13368406388
023－42601882

**重庆市胡奎农机专业合作社**
业务：主营农业机具销售，售后。技术培训，农机维修。农机作业，为厂家代理各种农业产品，以服务三农为宗旨，促进农业增效，农民增收。
产品：收割机、旋耕机、稻麦小型脱粒机、摩托车、摩托配件
地址：重庆市合川区官渡镇场镇
负责人：胡奎 邮编：401541
法人：胡奎
Tel：023－42581425
13399870145
网址：www.51zzt.com/user/zzt43834
E-mail：13399870145@189.cn

**重庆市江津区文笔园艺场**
业务：花卉苗木，园林绿化工程
地址：重庆市江津区永兴镇细家村 6 组
负责人：王达全 邮编：400000
法人：王达全
Tel：023－47360086

**重庆九鼎农业产品开发有限公司**
地址：重庆市南坪东路 83 号 1 单元 10－1 号
负责人：谭新春
Tel：023－65415200

**重庆千分之五黄角树种植园**
业务：专门种植很具观赏价值的黄角树
产品：被誉为山城"市树"的黄角树
地址：重庆市合川区龙市镇山青村五社
负责人：胡键 邮编：400000
Tel：13272754413
023－42564670
网址：http://www.51zzt.com/user/zzt34464

**重庆市江津区香草柑桔种植场**
业务：水果种植与销售
产品：柑桔、葡萄、梨子等
地址：重庆市江津区先锋镇香草村九社
负责人：赵开会 邮编：402260
法人：赵开会
Tel：023－47673282
13212459724

**秀山鼎元茶业有限公司**
业务：秀山鼎元茶业有限公司成立于 2003 年，主要从事绿茶的种植、加工和销售。热诚欢迎各方客户惠顾，来电洽谈业务。
地址：重庆市秀山县迎曦楼底门面
邮编：409900
法人：杨小文
Tel：023－76662522

**重庆市万州区鸡公山大米加工厂**
地址：重庆市万州区白羊镇春华路 32 号
负责人：刘兴德
Tel：023－58601148

**重庆市荣兴养鸭专业合作社**
业务：樱桃谷鸭的养殖、销售
产品：活鸭、白条鸭
地址：重庆市合川区南办处南屏村三社
负责人：张道国 邮编：400000
法人：张道国
Tel：13908323105
023－42725422

**重庆市江津区九泽花椒专业合作社**
业务：花椒种植销售
产品：花椒地址：重庆市江津区石门镇中合村 5 社
负责人：曹泽辉 邮编：402260
法人：曹泽辉
Tel：13594610751
023－47372264

**重庆世阳蔬菜种植有限公司**
业务：蔬菜销售、花卉、苗木种植
产品：各种蔬菜、花卉、苗木
地址：重庆市江北区盘溪果菜市场 B 栋 3 层 11 号门面
负责人：王永彬 邮编：400000
法人：王永彬
Tel：023－66961488
13908371252

**重庆市江津区裕丰养殖场**
业务：商品蛋鸡、蛋鸡苗、禽蛋销售
地址：重庆市江津区李市镇裕丰养殖场
负责人：邹洪 邮编：402274
法人：邹洪
Tel：023－47712692

**重庆市万州区禾康农资有限责任公司**
地址：重庆市万州区白岩路 64 号
负责人：裴强
Tel：023－58120511

**重庆市江津区沅凯生猪养殖专业合作社**
业务：养殖生猪
地址：重庆市江津区白沙镇麻牛弯社区三建司集市楼 252 号
负责人：汤礼乾 邮编：400000
法人：汤礼乾
Tel：13983700939
023－47869988

**重庆市江津区笋溪养蜂专业合作社**
业务：养殖蜜蜂、蜂蜜销售
地址：重庆市江津区德感街道办事处山河村
负责人：龚培善 邮编：400000
法人：龚培善
Tel：023－47838988
15213407920

## 重庆华茂林业开发有限公司

重庆华茂林业开发有限公司来自福建省，于2007年成立，位于重庆市涪陵区马武镇，注册资本1000万元，主要以林业资源经营、工业原料林基地建设、木材加工销售、森林旅游等综合性林业开发，是一家具有多年经营林业经历的民营企业。

公司坚持以"绿川富民"的企业宗旨，"诚信经营、稳健发展"的经营理念，本着"社会为本，发展至上，兴林富民"的原则，积极参与国家推出的林权制度改革，结合森林工程以林地流转的方式营造速生丰产林，进行木材加工、森林旅游等开发。目前公司已拥有林地3万多亩，愿与社会各界有志之士携手共进，共创辉煌！

联系人：郑文韩 13658253555 邮编：408107

电话：023－72756356 地址：重庆市涪陵区太和乡白果村

## 重庆市江津区罗钢荔枝种植专业合作社

重庆市江津区罗钢荔枝种植专业合作社成立于2003，以种植橄榄、荔枝为主。

我社本着"质量第一、信誉为本、真诚合作、互惠互利"的原则，热忱欢迎广大经营户前来参观、选购指导。

联系人：罗江文

13883598198 13883318578

电话：023－47392295

邮编：402260

地址：重庆市江津区石蝶镇大同村一社

## 重庆市江津区盘街农业开发有限责任公司

重庆市江津区盘街农业开发有限责任公司成立于2006年，主要从事柑桔的种植和销售。主要产品是优质晚熟柑桔。我公司秉承"顾客至上，锐意进取"的经营理念，坚持"客户第一"的原则为广大客户提供优质的产品。欢迎各界朋友前来参观指导、洽谈业务！

联系人：唐全校

电话：023-47883176 13883154851

地址：重庆市江津区油溪镇盘古村三社

邮编：402285

## 重庆市渝北区铁山苗木有限公司

重庆市渝北区铁山苗木有限公司成立于2007年，专业从事城镇绿化苗、经济苗、花卉培育销售，产品包括：天竺桂、银杏、红叶杨、鹅掌楸、楠果树、杜樱、郁兰、桂花、香樟等各种绿色苗木和花卉。

公司秉承绿化大地、保护环境、服务社会、造福人类的宗旨去缔造人类文明的蓝天绿野。

联系人：黄斌贤 13983286399

电话/传真：023-67167763

邮编：401120

电子邮件：ybqyfslc@163.com

地址：重庆市渝北区双凤桥街道空港大道720号阳光明城1幢1-1

## 重庆云阳永兴农民种植专业合作社

重庆云阳永兴农民种植专业合作社成立于2007年，主要从事于新优柑桔，柚，多用金佛手，柠檬的种植，榨菜的生产。科学管理，积极进取，想用户之所想，急用户之所急，使用户满意的同时自己也在不断发展壮大。同时我公司愿与社会各界维护和改善人类的生存环境，共同建造美好的家园而努力奋斗。

联系人：骆万礼

电话：13452785540 023-55681852

地址：重庆市云阳县双龙乡文龙社区11社

邮编：404507

## 河北省/Hebei Province

### 正定县三和苗木种植专业合作社

业务：苗木、林粮兼种、为社会作出公益事业

地址：河北省石家庄市正定县西平乐乡南化村

负责人：吴剑立 邮编：050800

法人：吴剑立

Tel：0311－88267773

13833199471

### 裕华区珍奇养殖专业合作社

业务：专业养殖与销售元宝鸡、珍珠鸡、三黄鸡、山鸡

产品：元宝鸡、珍珠鸡、三黄鸡、山鸡

地址：河北省石家庄裕华区东京北中华大街南头

负责人：杨更银 邮编：050011

法人：杨更银

Tel：13513215127

13930139913

### 滦平东营泽群实业有限公司

业务：肉牛养殖

地址：河北省承德市滦平县付营子乡东营村

负责人：李保军 邮编：067000

法人：李保军

Tel：0314－8982925

13832421092

### 赵县千秋果业农民专业合作社

业务：种植水果，帮助农民采购农资、销售农民的水果，农民自愿入股合作社。欢迎农民到合作社入股

地址：河北省石家庄市赵县东部梨区

负责人：贾忠起 邮编：050011

法人：贾忠起

Tel：0311－84890026

15803316841

### 石家庄群芳花卉种植园

业务：宿根花卉。萱草类：金娃娃，红运，东方不败，紫蝶，红宝，吉星，玉簪类：紫玉簪，白玉簪，花叶玉簪。鸢尾类：兰蝴蝶，黄菖蒲、德国鸢尾、景天类：卧茎景天，红花景天，西德景天，胭脂红景天，佛甲草。过路黄类：黄叶，绿叶。金鸡菊，千屈菜、二月兰，大花秋葵，花灌木类等。

地址：河北省石家庄市正定县

负责人：尹经理 邮编：050800

Tel：0311－88979269

15533939978

QQ：406930528

### 滦平县鑫都源泰畜牧有限公司

业务：生猪养殖

产品：大白种猪

地址：河北省承德市滦平县张百湾镇西洼子村

负责人：薛轮 邮编：068250

Tel：0314－8700181

13785382588

### 青龙满族自治县长泰牧业有限责任公司

业务：野猪养殖

地址：河北省承德市青龙满族自治县娄丈子乡娄丈子村

负责人：刘钧 邮编：067000

法人：刘钧

Tel：15030448446

### 高碑店市易风泽农小麦购销专业合作社

业务：繁育小麦种子，回收与销售玉米、小麦等粮食

产品：玉米、小麦等粮食

地址：河北省高碑店市泗庄镇南黄村

负责人：刘义凤 邮编：074000

法人：刘义凤

Tel：13111611501

13102918769

### 河北怀来县亚农科技服务中心

业务：本公司成立于2000年，主要从事农药、种子、化肥的批发与零售。"以质量求生存，以信誉求发展"，热诚欢迎您的光临与惠顾！

地址：河北省张家口市怀来县沙城镇七街

负责人：郭利军 邮编：075400

法人：郭利军

Tel：0313－6258128

### 成安县润鑫粮食种植专业合作社

业务：粮食种植

地址：河北省邯郸市成安县邯大路东段路南（老汽车站东走500米路南）

负责人：宇向花 邮编：056000

法人：宇向花

Tel：0310－5239288

7210416

### 肥乡县富民小麦种植专业合作社

业务：化肥、农药的销售

地址：河北省邯郸市肥乡县肥乡镇北关村

负责人：毕小平 邮编：056000

法人：毕小平

Tel：0310－8563506

13603202528

### 承德县北山香菇种植专业合作社

业务：香菇种植、销售

地址：河北省承德市承德县刘杖子乡陈家庄村

负责人：陈帅 邮编：067000

法人：陈帅

Tel：15133878889

13831445688

### 行唐县景苑养猪专业合作社

业务：商品猪的养殖和销售

产品：商品猪

地址：河北省石家庄市行唐县口头镇杨家庄村

负责人：习保成 邮编：050011

法人：习保成

Tel：13582193411

0311－82703131

### 行唐县爱农奶牛养殖专业合作社

业务：养殖奶牛，奶牛销售

地址：河北省石家庄市行唐县西关庄村

负责人：郭连喜 邮编：050011

法人：郭连喜

Tel：13930498861

0311－82980785

### 肥乡县长丰农机具开发研制厂

业务：各种系列播种机、棉花脱壳机、花生摘果机的生产

地址：河北省邯郸市肥乡县南环路中段路南

负责人：陈延军 邮编：057550

法人：陈延军

Tel：13930075165

0310－8564172

### 邯郸市峰峰益兴奶牛养殖场

业务：奶牛养殖

地址：河北省邯郸市峰峰矿区临水镇清泉村

负责人：姚文学 邮编：056200

法人：姚福英

Tel：0310－5152298

13930021378

### 隆化县彦章养殖有限公司

业务：从事肉牛、羊品种繁育推广、养殖购售，公司建设有自己的养殖基地，并以其科学的管理，优良的品种，合理的价格，良好的信誉赢得了广大养殖朋友的信赖与好评

产品：西门塔尔牛、鲁西黄牛等

地址：河北省承德市隆化县偏坡营满族乡

负责人：白彦章 邮编：068156

法人：白彦章

Tel：0314－7349789

13831423929

Fax：0314－7349789

### 霸州市信安镇海涛稻壳经销处

业务：稻壳收购，销售

地址：河北省霸州市信安镇仁义街

负责人：张海涛 邮编：065700

法人：张海涛

Tel：0316－7454448

13932604618

### 平山县学为食用菌专业合作社

业务：种植金针菇、姬菇、菌种、小平菇

地址：河北省石家庄市平山县平山镇孟家庄村

负责人：刘金法 邮编：050011

法人：刘金法

Tel：13473790839

13930188624

## 平山县春明养殖专业合作社
业务：种猪养殖、销售
地址：河北省石家庄市平山县三汲乡河渠村
负责人：朱春明　邮　编：050011
法　人：朱春明
Tel：13171590360
13785209047

## 圣东棉花加工厂
地址：河北省沧州市东光县龙王李乡闫梨村
负责人：张彦芳
Tel：0317－7825868
13784748936

## 定兴县东顺养猪场
业务：猪、种猪
地址：河北省保定市定兴县北南蔡乡北南蔡村东
负责人：韩志刚　邮　编：071000
法　人：韩志刚
Tel：13273245188
0312－6972588

## 青县田丰温室骨架结构加工厂
业务：温室骨架结构加工
地址：河北省沧州市青县马厂镇伊庄子村
负责人：张立人　邮　编：061000
法　人：张立人
Tel：0317－4371722

## 石家庄金龙农产品有限公司
业务：种植、养殖，良种繁育，特种资源，农作物销售
产品：建筑材料，石油化工，农产品深加工，农业的技术咨询、开发
地址：河北省石家庄桥东区石正路130号农科院内南楼302/304室
负责人：路建军　邮　编：050000
法　人：路金龙
Tel：0311－66552170
Fax：0311－86822819
网址：www.51zzt.com/user/zzt34860
E-mail：jinlong0311@126.com

## 平山县蛟潭农产品专业合作社
业务：农产品种植、销售（南瓜、土豆、山野菜），干货产品（核桃）
地址：河北省石家庄市平山县蛟潭庄镇西大地村
负责人：张还来　邮　编：050400
法　人：张还来
Tel：0311－82498218
13831137925

## 河北沧州日初园艺场
业务：百种花果苗木，打造园林家庭，四季保栽保活，欢迎基地考察
产品：苗木、绿植、花卉
地址：河北省沧州市运河区上河涯村
负责人：刘世栋　邮　编：061001
Tel：13131706713

## 唐山市丰南区稻地镇建超养殖场
业务：家畜家禽养殖
地址：河北省唐山市丰南区稻地镇刘北村
负责人：李存　邮　编：063000
法　人：李存
Tel：13831527611
13832998134

## 河北蹦蹦跳畜禽产品贸易有限公司
业务：无公害鸡蛋、养殖鸡
地址：河北省邯郸市曲周县白寨乡滏阳集村北养殖园区
负责人：张志洲　邮　编：056000
法　人：张志洲
Tel：0310－7636662
13831052362
Fax：0310－7636662

## 曲周县自强棉花专业合作社
业务：为合作社成员购买农药、化肥、种子等并对外出售，种植销售棉花
产品：农药、化肥、种子、棉花等
地址：河北省邯郸市曲周县侯村镇崔庄村
负责人：崔子强　邮　编：057250
法　人：崔子强
Tel：13832019993
13832006042
0310－8836880
8799338
网址：http://www.51zzt.com/user/zt18

## 遵化市西下营满族乡塔头寺村中华圣桃基地协会
业务：遵化市西下营满族乡塔头寺村中华圣桃基地协会成立于2004年，主要种植、销售中华圣桃及技术管理。热诚欢迎各界朋友来人洽谈业务，共同合作。
地址：河北省唐山市遵化市西下营满族乡塔头寺村
邮　编：064200
法　人：闫国成
Tel：0315－6928337

## 深州市正诺养猪专业合作社
业务：种猪、育肥猪养殖、销售
地址：河北省深州市乔屯乡骈八戒饲料经营部
负责人：乔杰超　邮　编：053000
法　人：乔杰超
Tel：13831870518
0318－3695816

## 石家庄朋友饲料科技有限公司
业务：石峰牌饲料的生产销售
地址：河北省石家庄长安区银龙小区11号贾红霞收
负责人：贾红霞　邮　编：050000
法　人：贾红霞
Tel：0311－85491211

## 阜平县山坡坡农副产品专业合作社
业务：种植、加工、销售农副产品
产品：红枣、蜜枣、红枣酒、小杂粮（小米、豆类、地瓜、小红枣）
地址：河北省保定市阜平县北果园乡北古洞村
负责人：郄晋亮　邮　编：071000
法　人：郄晋亮
Tel：13400358269
13722956214

## 沧州金阳农资有限公司六苓加盟店
业务：农资
产品：农药，化肥，种子，地膜等农作物产品的销售
地址：河北省沧州市陈庄镇小漳村东
负责人：仝六苓　邮　编：062250
法　人：仝六苓
Tel：0317－4646400
15030880542

## 河北省沧州市南大港管理区华盛养殖有限公司
业务：养殖
地址：河北省沧州市南大港管理区新港饮水设备经销处
负责人：石爱勋　邮　编：061103
法　人：石爱勋
Tel：13483735166
0317－5462276
5688969
5688979
Fax：0317－5688979

## 民跃核桃专业合作社
业务：专业从事核桃种植、加工、销售，另购销化肥、农药等生产资料，组织收购、销售成员种植核桃，推广，引进核桃种植新技术、新品种以及相关的技术培训。
产品：干果、苗木、种子、化肥、农药
地址：河北省秦皇岛市卢龙县刘田各庄镇驼骆营村
负责人：赵之彬　邮　编：066403
法　人：赵之彬
Tel：13833509463

## 青龙满族自治县鑫鹏枸杞种植专业合作社
业务：种植和销售枸杞
产品：枸杞
地址：河北省秦皇岛市青龙满族自治县七道河乡新桥村
负责人：高爱军　邮　编：066507
法　人：高爱军
Tel：15033510830

## 亮跃渔具有限公司
地址：河北省廊坊市固安县礼让店乡旗家村
负责人：信克亮
Tel：0316－6145878
13930666062

## 乐亭县北港红顶雁养殖场
业务：养殖加工销售红顶雁
地址：河北省唐山市乐亭县北港村
负责人：刘前程　邮　编：063000
法　人：刘前程
Tel：13703158287
13313153044

## 武安市天绿牧业有限公司
业务：武安市天绿牧业有限公司成立于2006年，主要从事种猪养殖销售。
地址：河北省邯郸市武安市西寺庄乡贺赵庄村
负责人：李延军　邮　编：056307
法　人：李延军
Tel：0310－5961388

## 滦县宝福农牧专业合作社
业务：生产和销售有机蔬菜，有机猪肉，有机牛奶
产品：有机蔬菜，有机猪肉，有机牛奶
地址：河北省唐山市滦县滦古路邢各庄段南侧
负责人：佘宝福　邮　编：063000
法　人：佘宝福
Tel：0315－7100568
Fax：0315－7126555

## 曲周县万帮玉米专业合作社
业务：种植和销售玉米、玉米种子，技术支持与服务，销售农药
产品：玉米、玉米种子
地址：河北省邯郸市曲周县侯村镇侯村村北曲侯路南
负责人：王振勇　邮　编：057251
法　人：王振勇
Tel：0310－8790058
15131049030

## 魏县荣民粮食购销有限公司
业务：小麦、玉米收购、销售
地址：河北省邯郸市魏县大辛庄乡大西村
负责人：苗荣民　邮　编：056801
法　人：苗荣民
Tel：0310－3481210
13483018075

## 阜平县青山树木种植有限公司
业务：种植树木、花草，销售树木种苗
产品：各类树木种苗
地址：河北省保定市阜平县东下关乡大教厂村
负责人：王爱明　邮　编：071000
法　人：王爱明
Tel：0312－7853131
Fax：0312－7853188

## 泊头市泊兴种猪场
业务：我场面向社会推出健康原种猪、斯格23系公猪、斯格祖代母猪、台系杜洛克、挪威长白系公猪、斯格祖代母钎、台系杜洛克、挪威长白、比利时长白系大约克、各种二元母猪及三元仔猪育肥猪产品：河北省泊头市看守所东面50米
负责人：何金龙　邮　编：062150
法　人：何金龙
Tel：13483847555
0317－8312835

## 沧县红印养鸡场
业务：常年出售青年鸡，产地北京峪口
地址：河北省沧州市沧县仵龙堂乡何官屯村
负责人：方洪印　邮　编：061000
法　人：方洪印
Tel：0317－4737235

## 抚宁县蒋营村海丰海水养殖专业合作社
业务：海水养殖
地址：河北省秦皇岛市抚宁县牛头崖镇蒋营村
负责人：李敬涛　邮　编：066000
法　人：李敬涛
Tel：0335－6559346
Fax：0335－6559346

## 卢龙县柏林生猪养殖专业合作社
业务：生猪养殖
地址：河北省秦皇岛市卢龙县陈官屯乡陈官屯村
负责人：陈长青　邮　编：066000
法　人：陈长青
Tel：13903330819
0335－7391888

## 大领养殖场
业务：奶牛养殖
产品：牛奶销售
地址：河北省唐山市滦县小马庄镇杨庄子村
负责人：牛久领　邮　编：063700
法　人：牛久领
Tel：0799－7631012
13031544555

## 秦皇岛皇威林业发展有限公司
业务：秦皇岛皇威林业发展有限公司成立于2006年，原木销售，木材加工、杨树种植，欢迎新老客户来电洽谈业务！
地址：河北省秦皇岛市秦山路112号皇威药业大厦
负责人：史学杰　邮　编：066000
法　人：史学杰
Tel：0335－3169388

## 迁西县虹泉食用菌专业合作社
业务：灰树花，金针菇，香菇，杏鲍菇等食用菌的种植销售
地址：河北省唐山市迁西县白庙子乡黑洼村（夹河园区）
负责人：李振刚　邮　编：064300
法　人：李振刚
Tel：13483564078
0315－5845922

## 涿鹿县向峰奶牛养殖专业合作社
业务：奶牛的养殖、销售
地址：河北省张家口市涿鹿县保岱镇董家房村
负责人：郭向峰　邮　编：075061
法　人：郭向峰
Tel：13643236199
0313－6775088

## 涿鹿县会君奶牛养殖专业合作社
业务：奶牛养殖
地址：河北省张家口市涿鹿县保岱镇辛庄村
负责人：马会君　邮　编：075061
法　人：马会君
Tel：0313－6774353
15132398181

## 涿鹿县民信葡萄专业合作社
业务：专业种植和销售葡萄，品种有夏多利、美人籽，农副产品的销售、储存和运输，代销农资产品
产品：葡萄，品种有夏多利、美人籽
地址：河北省张家口市涿鹿县武家沟镇蛮子营村
负责人：吕仲正　邮　编：075061
法　人：吕仲正
Tel：15932388589
0313－6799453
Fax：0313－6799453

## 魏县华鑫肉驴养殖有限责任公司
业务：肉驴、肉驴种
地址：河北省邯郸市魏县台头乡南台头村西
负责人：华顺平　邮　编：056000
法　人：华顺平
Tel：0310－3616188
15511048888
13473431888

## 河北省永年县宏堡种植专业合作社
业务：集科研、良种繁育、种植、加工、销售为一体，专业从事玉米、小麦、蔬菜的种植。其中小麦种种达5千亩。
产品：玉米、小麦、无毒无公害蔬菜大葱、西瓜、柑蓝、白菜、西红柿、黄瓜、红萝卜、白萝卜价格低，品质优，是我们最理想的产品。
地址：河北省邯郸市永年县辛庄堡乡赵西村
负责人：李占彬　邮　编：057150
Tel：0310－6665381
15832013161
E-mail：ZCH2006888@126.com

## 涞水县金江生猪销售农民专业合作社
业务：生猪养殖销售
地址：河北省保定市涞水县龙门乡店上村
负责人：柯金党　邮　编：074100
法　人：赵福江
Tel：13383122051
15933478694

## 徐水县宝柱奶牛专业合作社
业务：奶牛养殖及鲜奶销售
地址：河北省保定市徐水县正村乡韩家营村
负责人：韩金刚　邮　编：072550
法　人：韩金刚
Tel：13731652317

## 易县山中园特产经销部
业务：狼牙山特产
产品：杂粮类、蛋类
地址：河北省保定市易县西环路易水中学北
负责人：李红伟　邮　编：074200
法　人：李红伟
Tel：13930838986
0312－8819969
Fax：0312－8819355

**阳原县九马坊糯玉米种植农民专业合作社**

业务：专业种植和销售各种粮食，以糯玉米为主
产品：各种粮食，以糯玉米为主
地址：河北省张家口市阳原县东坊城堡乡九马坊村109国道南
………… 负责人：左海 邮 编：075061
……………Tel：13932351535
0313－7510383

**阳原县兴达奶牛养殖厂**

业务：奶牛养殖
地址：河北省张家口市阳原县化稍营镇二村
……… 负责人：白瑞安 邮 编：075831
…………………………… 法 人：白瑞安
……………Tel：13833351298

**永年县丰达葡萄种植专业合作社**

业务：种植和销售各类葡萄，主要品种有“京亚”、“无核8611”，“巨峰”，“藤稔”，提供销售各种葡萄苗
产品：各类葡萄，品种有“京亚”、“无核8611”，“巨峰”，“藤稔”，各种葡萄苗
地址：河北省邯郸市永年县张西堡镇伊下乡村
……… 负责人：李建民 邮 编：056000
…………………………… 法 人：李建民
……………Tel：15932104222
0310－6698691

**河间市先蕊农作物种植专业合作社**

业务：集种植、收购、销售为一体，专业从事农作物的种植，并为广大种植户提供代购生产资料、品种改良、产品销售等综合性服务。合作社成立二十多年来，秉承“诚信经营，做百年生意”的经营理念，深受广大客户青睐！
产品：棉花、蔬菜、杂粮、化肥、复合肥、农资产品
地址：河北省河间市东大街
……… 负责人：槐先蕊 邮 编：062450
…………………………… 法 人：槐先蕊
……………Tel：0317－3222053
13903270669
…………… E-mail：13903270669@139.com

**涞源县海旺养殖场**

业务：养殖与销售生猪
产品：生猪
地址：河北省保定市涞源县烟煤洞乡南大楼
……… 负责人：谭德海 邮 编：074308
…………………………… 法 人：谭德海
……………Tel：0312－7339018
13931344606

**昌黎县永旺果蔬种植专业合作社**

业务：种植和销售大白菜，西红柿，黄瓜，甜瓜
产品：大白菜，西红柿，黄瓜，甜瓜
地址：河北省秦皇岛市昌黎县靖安镇西庄村
………… 负责人：肖钢 邮 编：066000
……………………………… 法 人：肖钢
……………Tel：0335－2092573
13933520304

**张家口市森和金叶农业种植有限公司**

业务：烟草种植
地址：河北省张家口市蔚县西合营镇红旗村
……… 负责人：曹占素 邮 编：075000
…………………………… 法 人：曹占素
……………Tel：15832327833
13932356372

**宣化县洋河南澳盛奶牛养殖园**

业务：奶牛养殖及销售鲜奶
地址：河北省张家口市宣化县洋河南镇新村塞北武术学校往北150米左右
……… 负责人：兰恩军 邮 编：075061
…………………………… 法 人：兰恩军
……………Tel：13932335039
0313－6087710

**昌黎县顺发养鸡场**

业务：鸡的养殖
地址：河北省秦皇岛市昌黎县朱各庄镇前白石院村
……… 负责人：江淑琴 邮 编：066000
…………………………… 法 人：江淑琴
……………Tel：13780363333
0335－2996777

**河北省蔚县华茂牧业有限公司**

业务：我公司成立于2004年，养殖各类生禽，欢迎新老客户来电洽谈业务！
地址：河北省张家口市蔚县陈家洼乡
………… 负责人：靳多富……邮 编：075700
………………………………… Tel：13780238498

**河间市科丰小枣种植专业合作社**

业务：集枣研究、种植、销售为一体，采取“合作社＋基地＋枣农＋市场”的产业化运作模式，产品质量稳定、供不应求。
产品：三安超有机小枣、金丝蜜枣、鸡心枣、阿胶枣
地址：河北省河间市景和镇店子开发区
……… 负责人：冯思俊 邮 编：062451
…………………………… 法 人：冯思俊
……………Tel：0317－3846066
15100821222
13582479657
……………Fax：0317－3846066

**万全县龙兴养猪专业合作社**

业务：养殖商品猪
地址：河北省张家口市万全县北沙城乡北沙城村
………… 负责人：孙会 邮 编：075061
……………………………… 法 人：孙会
……………Tel：0313－4838493
13603133025

**蔚县全景蔬菜专业合作社**

业务：种植销售蔬菜、养殖鸡、牛羊、猪、农机配件销售
地址：河北省张家口市蔚县草沟堡乡曹庄子村
……… 负责人：吕宪福 邮 编：075061
…………………………… 法 人：吕宪福
……………Tel：13363134688
13373030406
13833319263

**河间市旺鑫养殖专业合作社**

业务：养殖猪，销售饲料、兽药
地址：河北省河间市沙洼乡大黄务村
……… 负责人：赵汝胜 邮 编：062450
…………………………… 法 人：赵汝胜
……………Tel：13730590088
0317－3606222

**唐县建坡饲养有限公司**

业务：养猪
地址：河北省保定市唐县张显口村
……… 负责人：张建坡 邮 编：071000
…………………………… 法 人：张建坡
……………Tel：15130264336
0312－4915149

**雄县根群养猪场**

业务：养殖种猪
地址：河北省保定市雄县杨西楼
……… 负责人：刘根群 邮 编：071000
…………………………… 法 人：刘根群
……………Tel：0312－5799975
13230257902

**涞源县展林蔬菜水果专业合作社**

业务：蔬菜水果生产销售
地址：河北省保定市涞源县中心路76号（东北烧烤）
………… 负责人：仲友 邮 编：071000
……………………………… 法 人：仲友
……………Tel：0312－7319593

**怀来县沙城黎明养殖基地**

业务：奶牛、猪、羊养殖及鲜奶销售
地址：河北省张家口市怀来县沙城镇七街
………… 负责人：黎明 邮 编：O75000
……………………………… 法 人：黎明
……………Tel：13931317654
13603132602

**尚义县金源农牧开发有限公司**

业务：养殖牛、羊
地址：河北省张家口市尚义县南壕堑镇梧桐苑小区8号楼4单元202
……… 负责人：郭志壮 邮 编：075061
…………………………… 法 人：郭志壮
……………Tel：13833358832
0313－4321668

**唐海县梅苑蔬菜专业合作社**

业务：种植、收购和销售蔬菜、农作物
产品：大棚菜、五彩花生
地址：河北省唐山市唐海县十农场玉官村
……… 负责人：郑淑梅 邮 编：063201
…………………………… 法 人：郑淑梅
……………Tel：0315－8800677

**玉田县独乐果树种植园**

业务：种植果树
产品：核桃、樱桃
地址：河北省唐山市玉田县郭家屯乡北王庄村
……… 负责人：江顺功 邮 编：63000
…………………………… 法 人：江顺功
……………Tel：0315－6187587
13832507050

**迁安市上庄乡中兵奶牛养殖场**

业务：奶牛养殖，销售牛奶
地址：河北省迁安市上庄乡北晒甲营村村西
……… 负责人：魏保刚 邮 编：064400
…………………………… 法 人：魏保刚
……………Tel：13513446518
0315－7046698
15027606678

**迁安市春良绿色蔬菜种植专业合作社**

业务：种植销售蔬菜
产品：黄瓜，茄子，青椒，甜瓜等
地址：河北省迁安市上庄乡小望都庄村
……… 负责人：郭春良 邮 编：064400
……………Tel：13513157625
13933342865
… 网址：http://www.51zzt.com/user/zzt34461

**河北省张家口市怀安县怀安城镇十里铺奶牛养殖场**

业务：奶牛养殖、鲜奶出售
地址：河北省张家口市怀安县怀安城镇十里铺村
……… 负责人：南玉禄 邮 编：076150
…………………………… 法 人：南玉禄
……………Tel：13784581000
0313－7888873

**怀安县鑫晟农牧开发有限公司**

业务：专营牲畜养殖，常年为客户提供优质的牲畜产品和优良的售后服务，欢迎各界朋友光临指导，洽谈业务！
产品：常年销售品种肉牛，肉驴，名犬，羊，各种飞禽动物
地址：河北省张家口市怀安县太平庄乡南夏家屯村
……… 负责人：杨献斌 邮 编：076171
…………………………… 法 人：杨献斌
……………Tel：15830383689
13910114956
…………… E-mail：wanglianhua8@126.com

**阜城县金点子棉花农民专业合作社**

业务：种植与销售棉花，销售肥料，杀虫剂，杀菌剂等各类农资产品，提供技术指导
产品：棉花，肥料，杀虫剂，杀菌剂等各类农资产品
地址：河北省衡水市阜城县三里庄林业工作站
………… 负责人：王强 邮 编：053700
……………………………… 法 人：王强
……………Tel：0318－4629984
13831819048

**故城县信安蔬菜种植专业合作社**

业务：蔬菜种植、销售
地址：河北省衡水市故城县建国镇藏庄村
……… 负责人：李信安 邮 编：253805
…………………………… 法 人：李信安
……………Tel：0318－5466136
13582482468
… 网址：http://www.51zzt.com/user/zt37

**蠡县鑫发养猪农民专业合作社**

业务：养猪、销售猪及饲料
地址：河北省保定市蠡县南庄镇后刘市
……… 负责人：季树民 邮 编：071401
…………………………… 法 人：季树民
……………Tel：13503126812
0312－6055120

**赤城县宏源肉牛养殖专业合作社**

业务：养殖肉牛
地址：河北省张家口市赤城县东卯镇井儿沟村
……… 负责人：李瑞彬 邮 编：075500
…………………………… 法 人：李瑞彬
……………Tel：13932337623
15933035725

**张固寨油棉加工厂**

地址：河北省邢台市广宗县塘町乡张固寨村
………………………………… 负责人：刘银浩
………………………………… Tel：0319－7266868
13785961011

**邢台县方益养殖专业合作社**

业务：畜禽养殖，销售
地址：河北省邢台市邢台县羊范镇伍仲村
……… 负责人：胡会兵 邮 编：054009
…………………………… 法 人：胡会兵
……………Tel：0319－2956260

**鹿泉市吉利奶牛养殖专业合作社**

业务：专业奶牛养殖，提供奶牛专业服务，兽医服务
地址：河北省鹿泉市开发区南新城村
……… 负责人：马立乾 邮 编：050200
…………………………… 法 人：马立乾
……………Tel：13081015003

**迁安市田源水果种植园**

业务：大枣，核桃的种植销售
地址：河北省迁安市迁安镇大魏庄村东
……… 负责人：曹祥仁 邮 编：064400
…………………………… 法 人：曹祥仁
……………Tel：13832832096
0315－7622888

**威县越阳水果专业合作社**

业务：本社提供绿色无公害果品、蔬菜等农产品的种植、收购、销售一条龙服务，产品多样，品质优良，本着物美价廉的宗旨，销往各地，有意者请上门选购，我们将给予最热诚的服务。
产品：苹果，梨，葡萄，大棚桃，大棚葡萄，大棚西红柿
地址：河北省邢台市威县章台镇三义庄村
……… 负责人：周存良 邮 编：054702
…………………………… 法 人：周存良
……………Tel：0310－6240111
15030484498

**邢台县耀德果品专业合作社**

业务：本社集种植示范、技术服务、技术推广、产品收购销售为一体，常年购销各种干鲜果品及苗木种植。果品质量上乘，欢迎前来洽谈业务！
产品：板栗、苹果、果树苗、柿饼、核桃以及农副产品
地址：河北省邢台市邢台县浆水镇南口村
……… 负责人：李海亮 邮 编：054013
…………………………… 法 人：李海亮
……………Tel：13582690494

**清苑县俊杰奶农服务专业合作社**

业务：养殖奶牛，牛奶销售，奶农服务
地址：河北省保定市清苑县温仁镇大兴庄村
……… 负责人：王小杰 邮 编：071000
…………………………… 法 人：王小杰
……………Tel：0312－8207091
13832234701

**曲阳县满鑫鲟鱼繁育养殖有限公司**

业务：鱼苗培育，成鱼养殖、销售
产品：鱼，鲟鱼苗，鲟鱼成鱼
地址：河北省保定市曲阳县党城乡寨里村
……… 负责人：王东辉 邮 编：071000
……………Tel：13633229576
15933743615

**玉田县粮源农民专业合作社**

业务：红小豆、玉米、麦子、水稻等农产品的种植、销售、加工与回收，销售各类农资产品
产品：红小豆、玉米、麦子、水稻等农产品
地址：河北省唐山市玉田县石臼窝镇芝麻窝村
……… 负责人：孙召来 邮 编：064106
…………………………… 法 人：孙召来
……………Tel：0315－6522605
13503153690

**辛集市贵合果品专业合作社**

业务：果品收购
地址：河北省辛集市马庄乡辛村
……… 负责人：武贵合 邮 编：052360
…………………………… 法 人：武贵合
…………Tel：13463996988
0311－83368474

**故城县庆丰良种猪养殖专业合作社**

业务：种猪养殖、销售
地址：河北省衡水市故城县里老乡焦庄村
……… 负责人：王建峰 邮 编：053000
…………………………… 法 人：王建峰
……………Tel：13722822996
0318－5651716

## 晋州市旺农种植专业合作社
业务：农产品种植，销售，技术信息服务
产品：小麦，玉米，葡萄，梨
地址：河北省晋州市元头乡留村
负责人：张占朝 邮编：052260
法人：张占朝
Tel：0311－84489120
15176998566
E-mail：1140121192@qq.com

## 任县同益粮食收购点
业务：小麦，玉米购销
地址：河北省邢台市任县任城镇前西吴村
负责人：王同益 邮编：054000
法人：王同益
Tel：15030989577
13623198681

## 威县友农蔬菜专业合作社
业务：无公害蔬菜种植、销售
产品：青椒，尖椒，西红柿
地址：河北省邢台市威县七级镇高亮村
负责人：陶西贞 邮编：054701
法人：陶西贞
Tel：0319－6273722
13784898428

## 香河县京香苗圃
业务：苗圃，种植，销售各种树苗
地址：河北省廊坊市香河县钱旺乡成自务村
负责人：李宝良 邮编：065400
法人：李宝良
Tel：13931687212
0316－8391812

## 故城县辛庄增深养猪厂
业务：肉猪养殖销售
地址：河北省衡水市故城县辛庄乡碱场店村96号
负责人：王增深 邮编：053000
法人：王增深
Tel：0318－5643222
Fax：0318－5643222

## 河北省冀州市王海腾达兽药门市部
业务：销售兽药，饲料，添加剂
地址：河北省冀州市门庄乡王海村王海大队
负责人：郭宝行 邮编：053200
法人：郭宝行
Tel：0318－8876155
13273348815

## 晋州市盛发农业服务专业合作社
业务：农资销售、农业技术服务
地址：河北省晋州市小樵镇西曹村
负责人：尹连泽 邮编：052260
法人：尹连泽
Tel：13032604948
0311－84342386

## 冀州市顺杰养殖场
业务：养殖鱼，猪，雕等
地址：河北省衡水市冀州市委党校
负责人：冯满金 邮编：053000
法人：冯满金
Tel：13932892526
0318－8612146

## 平乡县隆兴奶牛养殖专业合作社
业务：奶牛养殖
地址：河北省邢台市平乡县北周章村村东
负责人：胡占豪 邮编：054000
法人：胡占豪
Tel：13930943688
13653190218

## 任县金地芦笋种植专业合作社
业务：种植和销售芦笋，并且提供技术服务
产品：芦笋
地址：河北省邢台市任县河头工业区辛留寨村
负责人：冯吃狗 邮编：055150
法人：冯吃狗
Tel：0319－7633536
15903191701

## 黄骅市华岭蔬菜种植专业合作社
业务：蔬菜种植
地址：河北省黄骅市官庄乡小胡庄
负责人：齐恩良 邮编：061100
法人：齐恩良
Tel：0317－5905523

## 景县龙华全胜种植业农民专业合作社
业务：销售种子、农药
产品：麦种、棉种、玉米种
地址：河北省衡水市景县龙华镇商业街
负责人：孙全胜 邮编：053000
法人：孙全胜
Tel：0318－7068850
0318－7068854
网址：http://www.51zzt.com/user/zzt36444

## 黄骅市鸿运水产养殖专业合作社
业务：养殖，螃蟹、大虾
地址：河北省黄骅市南排河镇沈家堡
负责人：夏文新 邮编：061001
法人：夏文新
Tel：0317－5802272
15130795886
网址：http://www.51zzt.com/user/zzt34705

## 双河农贸市场
业务：蔬菜、粮油、农资购销
地址：河北省邢台市隆尧县隆尧镇双河路
负责人：孟宪辰 邮编：055352
法人：孟宪辰
Tel：13582491832
0319－6697076
Fax：0319－6697076

## 宁晋县恩泽奶牛养殖专业合作社
业务：奶牛养殖、牛奶销售
地址：河北省邢台市宁晋县河渠镇大北苏村
负责人：吴春芳 邮编：054000
法人：吴春芳
Tel：13643199939
0319－5784005

## 柏乡县宏泰鲜蛋购销有限公司
业务：养殖鸡和鸡蛋的销售
地址：河北省邢台市柏乡县张家庄
负责人：张彦彬 邮编：055450
法人：张彦彬
Tel：13171958098
0319－7722724

## 巨鹿县资农通讯门市
业务：经营各种品牌化肥、农药、名优大田种子及蔬菜种子，兼营农副产品销售，并免费提供测土施肥、病虫害诊断服务
产品：花生，小米，串紫红杏，黄冠梨，西瓜，肥宝，肥宝精，云烟雾机
地址：河北省邢台市巨鹿县苏营乡南孟村
负责人：姚计军 邮编：050000
法人：姚计军
Tel：0319－4373198
13363707272
13780393139
E-mail：yaocoom@126.com

## 巨鹿县西郭城众康果蔬大棚种植专业合作社
业务：瓜果蔬菜及种子的销售，部分农资产品的销售，收购、销售所需生产的产品以及引进新品种，开展农业咨询服务
产品：瓜果蔬菜及种子，部分农资产品
地址：河北省邢台市巨鹿县西郭城镇西郭城村
负责人：王春山 邮编：055250
法人：王春山
Tel：0319－4235893
13663190861
Fax：0319－4235893

## 邢台市大曹庄管理区润源奶牛养殖场
业务：养殖奶牛及销售鲜奶
地址：河北省邢台市大曹庄管理区徐家河乡贾家庄村
负责人：闫学彬 邮编：055650
法人：闫学彬
Tel：13785950780
13930923130

## 饶阳县双益瓜菜专业合作社
业务：种植，购销瓜果蔬菜
产品：(3月)洋香瓜、甜瓜上市，(8月)花菜、茄子、皇冠梨、红星苹果上市，(10月)西红柿、红富士苹果上市
地址：河北省衡水市饶阳县大尹村镇南北岩村村南
负责人：杨双进 邮编：053900
法人：杨双进
Tel：13833857389
13932824101

## 保定市南市区王兰香牛羊肉经营部
业务：羊肉系列：羊前腿、羊腰、羊排、羊蝎子、羊下水、牛肉系列：牛排、牛犍子、牛黄瓜条、肥牛、羔羊卷
地址：河北省保定市南市区南二环路农大农副产品批发市场交易大厅579号－581
负责人：王兰香 邮编：071000
法人：王兰香
Tel：13780426251
13932232146
0312－2151407

## 深州市西八弓腾发果品专业合作社
业务：种植、销售、贮存水果
地址：河北省衡水市深州市穆村乡西八弓村村西路北
负责人：任小朝 邮编：053800
法人：任小朝
Tel：13785835551
13833896038

## 邢台市华燕奶牛养殖场
业务：奶牛养殖
地址：河北省邢台市大曹庄管理区徐家河乡榆树庄村
负责人：朱英华 邮编：054000
法人：朱英华
Tel：13931908837
13643199283

## 广宗县富民果蔬专业合作社
业务：大棚蔬菜种植、销售
产品：西红柿、芹菜、韭菜
地址：河北省邢台市广宗县北塘疃乡新立村
负责人：翁宗文 邮编：054000
法人：翁宗文
Tel：0319－7235933
13643198200

## 深州市许峰养猪专业合作社
业务：养猪
地址：河北省衡水市深州市双井区双井村村北
负责人：李许峰 邮编：053000
法人：李许峰
Tel：13785831121
0318－3515557
网址：http://www.51zzt.com/user/zzt33651

## 饶阳县屯里恒康饲料厂
业务：生产销售饲料
地址：河北省衡水市饶阳县屯里村
负责人：孟士杰 邮编：053900
法人：孟士杰
Tel：0318－7257696
13703180911

## 邢台市大曹庄管理区闫高奶牛养殖场
业务：奶牛养殖
地址：河北省邢台市大曹庄管理区徐家河乡鱼滩头村
负责人：闫高 邮编：055550
法人：闫高
Tel：0319－5565664

## 邢台市大曹庄管理区金鑫奶牛养殖场
业务：奶牛养殖，鲜奶销售
地址：河北省邢台市大曹庄管理区徐家河乡榆树庄村
负责人：王成彬 邮编：054000
法人：王成彬
Tel：13633193258
13722903603

**威县宏发棉业有限公司**
地址：河北省邢台市威县固献乡大戈寨村
负责人：冯志华
Tel：0319－6020818

## 沧县明达禽业养殖专业合作社
沧县明达禽业养殖专业合作社是一家以肉鸡、蛋鸡孵化养殖、包装、销售于一体的专业合作经济组织。产品有乌鸡蛋、土鸡蛋、柴鸡蛋、笨鸡蛋、生命蛋、营养蛋，食用无公害产品是保持人们身体健康的重要因素之一，无公害的产品是现代人体健康的象征，位于其中的"鸣达"牌无公害鲜蛋产品便是人们餐桌上的理想食品。

联系人：孙相明 13832767178 电话：0317-4707148
地址：河北省沧州市沧县捷地镇马辛庄村 邮编：061001
网址：www.chinapyp.com/member/b2b_supermarket_list.html?memberID=174463

## 承德金稻田生物科技有限公司
承德金稻田生物科技有限公司是一家专业从事于食用菌的种植的企业。

公司全体员工热忱欢迎各界人士前来进行贸易合作与交流。相信质优价廉的产品与完善的技术服务定会给您一个理想的回报。

联系人：吴雨辉
13828709976 15076956180
电话：0314-6317199
邮编：067500
地址：河北省承德市平泉县南五十家子镇后甸子村

## 邯郸县爱臣生态养殖园
邯郸县爱臣生态养殖园成立于2008年。
主要从事柴鸡，土鸡的养殖销售。
产品绿色环保，质量可靠是众多合作伙伴的第一选择。
我们期待更多新老客户的光临合作。

联系人：曹臣良
电话：0310-7267639
邮编：056000
地址：河北省邯郸市河沙镇邢东堡村东（邯大路路北）

## 邯郸县永旺养殖有限公司

邯郸县永旺养殖有限公司成立于2008年，本公司专业从事奶牛的养殖。

本公司以雄厚的实力、合理的价格、优良的服务与多家企业建立了长期的合作关系。热忱欢迎各界前来参观、考察、洽谈业务。

联系人：范江龙
电话：15132018898、15132018856
地址：河北省邯郸市邯郸县河沙镇范庄村西　邮编：056108

## 临城县兴华农林生态园

临城县兴华农林生态园成立于2007年，主要从事花卉，苗木的种植。欢迎广大客户来电来函洽谈。

联系人：郭新华
电话：0319-2223568、13703198299　邮编：054000
地址：河北省邢台市桥西区郭守敬大街边缘12号楼1单元201

## 河北省定州市利民农产品专业合作社

河北省定州市利民农产品专业合作社是一家专门从事奶牛养殖、鲜奶销售，农产品种植、深加工的企业。

本着"质量第一，客户至上"的原则。欢迎广大新老客户来电洽谈业务！

联系人：白焕池　13630866931
电话：0312-2709289
地址：河北省定州市号头庄乡梁家营村
邮编：073008

## 隆化县燕翔种养殖专业合作社

隆化县燕翔种养殖专业合作社成立于2008年，主要从事主要食用碱、平菇、滑子菇、黑木耳等种植。及猪、牛、羊、家禽的养殖。

本着"客户第一，诚信至上"的原则，与多家企业建立了长期的合作关系。热忱欢迎各界朋友前来参观、考察、洽谈业务。

联系人：苏先生
13653346315　13932430579
地址：河北省承德市隆化县碱房乡燕子窝村　邮编：067000

## 河北省兴隆县圆丰食用菌专业合作社

河北省兴隆县圆丰食用菌专业合作社成立于2007年。主要从事菌类原材料购销，菌类产品购销等。欢迎您的光临，我们将竭诚为您服务！

联系人：林得志
电话：0314-5699159　13463498211
地址：河北省承德市兴隆县三道河乡花水村　邮编：067303

## 南宫市大屯民兴棉业有限公司

南宫市大屯民兴棉业有限公司成立于2004年，是集棉花收购、加工和销售为一体的综合性棉业公司。

我们将以优质的质量，良好的信誉，低廉的价格，根据客户的要求，为客户精心加工。

您的要求，就是我们努力的方向！

电话/传真：0319-5188990
邮编：051800
地址：河北省邢台市南宫市大屯村
联系人：裴东伟　13722925588

## 河北邢牧养殖有限责任公司

河北邢牧养殖有限责任公司成立于2008年4月，以种猪养殖和销售为主。

欢迎广大客户来电来函洽谈业务。

联系人：王文成　13903190373
电话：0319-3608113
地址：河北省邢台市邢台县冀孤庄村东　邮编：054000

## 青龙满族自治县草场枸杞种植专业合作社

青龙满族自治县草场枸杞种植专业合作社成立于2008年8月。

主要从事于枸杞的种植。

公司全体员工热忱欢迎各界人士前来进行贸易合作与交流。相信质优价廉的产品与完善的技术服务定会给你一个理想的回报。

13482934629　电话：0335-7785146
联系人：方守田
地址：河北省秦皇岛市青龙满族自治县隔河头乡草场村　邮编：066000

## 亮跃渔具有限公司

固安县亮跃渔具有限公司作为中国渔具行业中的一员，坚持企业自身的经营原则，以质量为保证，以优质的服务为基石，以消费者的需求为导向，不断的超越自己，创造出一流的产品。企业将加倍努力，树立亮跃品牌形象，为中国渔具业贡献出自己的力量。同行业内朋友携手一道共铸渔具业的质量长城。

电话：0316-6145878　13930666062　联系人：信克亮
地址：河北省廊坊市固安县礼让店乡旗家村　网址：www.yuju518.cn

## 顺平县大森饲养有限公司

顺平县大森饲养有限公司成立于2007年，主要从事猪、鸡、牛的养殖。"以市场为导向，提高产品质量，满足客户需求"是我公司发展的根本，我们将以大海般的胸怀欢迎各界朋友的到来，并愿意与各界朋友真诚合作，共谋发展。

联系人：边刚
电话：0312-7695002　13931263631
地址：河北省保定市顺平县高于铺镇屯头村
邮编：072250

## 山西省/Shanxi Province

### 新绛县北张镇卫国龙面粉厂
业务：面粉加工
地址：山西省运城新绛县北张镇（北张粮站院内）
负责人：卫国龙 邮　编：044000
法　人：卫国龙
Tel：0359－7750269

### 屯留县金锈绿洲农牧开发有限公司
业务：养殖：鸡、猪、驴
地址：山西省长治市屯留县路村乡栗村
负责人：姬建忠 邮　编：046000
法　人：姬建忠
Tel：0355－7683039
7683012
网址：http://www.51zzt.com/user/zzt29859

### 长治县粮食局面粉厂
业务：本公司成立于1971年，拥有30多名员工。主要经营：面粉、面粉副产品的加工与销售，小麦的收购与销售。“走百信路、建信誉厂、做放心面、燕名牌粉”
地址：山西省长治市长治县新建路72号
邮　编：047100
法　人：陈和平
Tel：0355－8085170

### 新绛县富田有机肥厂
业务：专业生产销售各种有机肥
产品：富田高效有机肥
地址：山西省运城市新绛县龙兴镇娄庄村
负责人：蒋永安 邮　编：034100
法　人：蒋永安
Tel：13834386669
13835996800
网址：http://www.51zzt.com/user/zzt123541

### 屯留县城镇安徽茶庄
业务：安徽各种名茶
地址：山西省长治市屯留县汽车站建北路
负责人：刘太唐 邮　编：O46000
法　人：刘太唐
Tel：0355－7531879
7532197

### 长治市郊区马厂绿色蔬菜新品种示范园区
地址：山西省长治市郊区马厂村
负责人：张传书
Tel：0355－5051430

### 夏县圣寿米业销售中心
业务：种植、加工、销售小米
地址：山西省运城市夏县南大里乡南郭村
负责人：金文虎 邮　编：044400
法　人：金文虎
Tel：13934861643
15934513110

### 老叶水产批发部
业务：批发零售各种大虾、对虾、活虾、黄鱼、带鱼、鲳鱼、鱿鱼、螃蟹等各类水产品
地址：山西省长治市紫坊市场
负责人：叶国亮 邮　编：046000
法　人：叶国亮
Tel：13111256388
0355－6032270
13152958838
13233356588
13834783302
13353557820

### 沁县天乙畜禽养殖发展有限公司
业务：本公司成立于2006年，主要养殖销售猪、牛、羊、鸡、鸭；饲料加工。
地址：山西省长治市沁县县城沁州南路17号
负责人：连庆军 邮　编：046400
法　人：连庆军
Tel：0355－7022844

### 大同县鸿运农场
业务：猪、羊养殖、销售
产品：二元种猪、育肥猪、羊肉
地址：山西省大同市大同县党留庄乡侯大庄村
负责人：张司勇 邮　编：037008
法　人：张司勇
Tel：13994388836
15534230292

### 新远银杏开发有限公司
业务：新远银杏开发有限公司成立于2002年，主要从事银杏茶的种植、加工和销售。欢迎新老客户惠顾。

地址：山西省高平市原村乡皇王头村
邮　编：048407
法　人：乔秋生
Tel：0356－5824202

### 平陆县三门鑫基肉鸡养殖专业合作社
业务：肉鸡养殖及养殖技术服务
地址：山西省运城市平陆县三门集镇
负责人：段存建 邮　编：044000
法　人：段存建
Tel：13834093795
13209893795

### 沁源县源达饲料有限公司
地址：山西省长治市沁源县郭道镇秦家庄村
负责人：韩文锁
Tel：0355－7966134

### 大同县萌兰生态庄园
业务：蔬菜种植
地址：山西省大同市大同县瓜园乡梁庄村
负责人：马福权 邮　编：037300
法　人：马福权
Tel：0352－8067903

### 平陆县齐美薯业有限公司
业务：加工农副产品，红薯加工
地址：山西省运城市平陆县曹川镇太寨村
负责人：蒋同军 邮　编：044000
法　人：蒋同军
Tel：13152795998
13643655985

### 襄垣县众城苗圃
地址：山西省长治市襄垣县夏店镇夏店村
负责人：李国忠
Tel：0355－7222369

### 灵丘县灵齐牧业专业合作社
业务：种猪繁育，蛋鸡养殖，及肉，蛋品加工
产品：仔种猪及生猪，鲜蛋，皮蛋，咸蛋，特种鸡蛋，白条鸡
地址：山西省大同市灵丘县东河南镇燕家湾村
负责人：齐彪 邮　编：034400
法　人：齐彪
Tel：0352－8551555
15935280111
Fax：0352－8551588
E-mail：lqmy.cool@163.com

### 临猗县康源养殖有限公司
业务：蛋鸡养殖
产品：蛋鸡
地址：山西省运城市临猗县北景乡北景村
负责人：张春霞 邮　编：044104
法　人：张春霞
Tel：0359－4186011
13466959395

### 天镇县华多万隆畜牧有限公司
业务：猪的人工受精
产品：二级种猪场
地址：山西省大同市天镇县卅里铺乡兰玉堡村
负责人：卜华 邮　编：037008
法　人：卜华
Tel：13028093676
0352－6946355

### 山西省天镇县宇萌种业有限公司
地址：山西省大同市广灵县西门外
负责人：刘英秀
Tel：0352－6823535

### 山西省大同市天镇县玉泉镇弘丰农副产品储运中心
业务：收售：玉米、马铃薯、油料、黍类及各种小杂粮；储运：粮食、蔬菜、水果、瓜类、牛羊肉制品；营销：马玲薯原种、玉米及黍豆类籽种。
地址：山西省大同市天镇县天走公路与于卞路口交汇处西南角
负责人：赵春学 邮　编：038200
法　人：陈韶芳
Tel：13994301918
E-mail：tianzhenhongfeng@163.com

### 永济市恒晟棉花加工有限公司
业务：棉花加工
地址：山西省永济市卿头镇关家庄村
负责人：于文斌 邮　编：044000
法　人：于文斌
Tel：0359－8100069
Fax：0359－8100069

### 生聚养殖场
地址：山西省大同市浑源县永安镇东辛庄村
负责人：刘跃生
Tel：0352－8437006
13935223919

### 高平市南阳兔业有限公司
地址：山西省高平市野川镇南杨村

负责人:贾长有
Tel:0356－5879398
13703563527

## 盂县孙家庄镇白家庄良贵养殖场

业务:绵羊养殖
地址:山西省阳泉盂县孙家庄镇白家庄村
负责人:张良贵 邮 编:045000
法 人:张良贵
Tel:13935325304
0353－8186783

**阳高县绿源苗圃**
地址:山西省大同市天镇县龙泉镇榆林堡
负责人:李春花
Tel:0352－6653758

## 大同市再腾生物应用科技有限责任公司

业务:农产品的生产和销售
地址:山西省大同市新街南路46号48楼3单元11号
负责人:王仲 邮 编:037008
法 人:王仲
Tel:13593016387
0352－5032908

## 忻州市杂粮豆(五寨)批发交易市场

业务:为小杂粮提供交易平台,推广五台山杂粮豆品牌
产品:红芸豆,黑豆等杂粮豆
地址:山西省忻州市五寨县运输路5号
负责人:王治中 邮 编:034000
Tel:13603503027
0350－4368942

## 忻州市金橙林牧综合开发有限公司

业务:林牧综合开发
地址:山西省忻州市忻府区三交镇付家庄村
负责人:郭志云 邮 编:030082
法 人:郭志云
Tel:13403508868
0351－2884483

## 五寨县双贵马铃薯繁育开发中心

业务:马铃薯繁育开发
地址:山西省忻州市五寨县二道河桥东
负责人:赵贵喜 邮 编:034000
法 人:赵贵喜
Tel:13903503044
0350－4332287

## 泽州县宏善农产品加工厂

业务:泽州县宏善农产品加工厂系晋宏实业有限公司下属的一个分支单位,位于泽州县下村镇南庄坪,环境优美,交通方便。主要生产大豆一级食用油、四级食用油、蛋白饲料豆粕。精致面粉、老陈醋酿造等。全年总产值2000余万元。实现利税300万元。是晋城市循环经济一条龙的龙头企业。
地址:山西省晋城市泽州县下村镇南庄坪
负责人:吴吉善 邮 编:048021
法 人:吴吉善
Tel:0356－3808619
Fax:0356－3808619

## 高平市雪峰农牧有限公司

业务:苗木花卉培育、生猪养殖
地址:山西省高平市神农镇东郝庄村
负责人:苏雪峰 邮 编:048400
法 人:苏雪峰
Tel:13935632832
0356－5605417

**沁水县沁欣源农业发展有限公司**
地址:山西省晋城市沁水县城北坛路41号
负责人:郑磊
Tel:0356－7022693

## 静乐县任胜养殖小区

业务:山羊养殖销售
地址:山西省忻州市静乐县
负责人:任亮生 邮 编:034000
法 人:任亮生
Tel:13935029022
0350－7828835

## 高平市天金山鸡养殖有限公司

业务:养殖和销售山鸡、土鸡、乌鸡,鸡肉生加工
产品:山鸡、土鸡、乌鸡
地址:山西省高平市原村乡陈山村
负责人:韩冰 邮 编:048000
法 人:李波
Tel:13133168708
0356－5802838

**沁水县梅山林场**
地址:山西省晋城市沁水县龙港镇梅苑社区陈家山
负责人:杨引来
Tel:0356－7022600

**沁水县朝阳农牧开发有限公司**
地址:山西省晋城市沁水县郑庄镇中乡村
负责人:冯应军
Tel:0356－7033258

## 繁峙县兴民绿色农业发展有限公司

业务:粮食加工、蔬菜批发
地址:山西省忻州市繁峙县下茹越乡福连坊村
负责人:姚元生 邮 编:034301
法 人:姚元生
Tel:13133208795
0350－5508258

## 寿阳县田之缘农业服务有限公司

业务:寿阳县田之缘农业服务有限公司专业从事3万亩马铃薯新品种推广及生产综合技术配套,销售种子、农药、化肥等农资,欢迎来电洽谈业务!
地址:山西省晋中市寿阳县北大街36－2号
负责人:李保林 邮 编:045400
法 人:李保林
Tel:0354－4625737

## 高平市章源种植有限公司

业务:养殖:鱼、鸡、鸭、兔 、种植:草莓、塑料大棚
地址:山西省高平市原村乡章庄村.
负责人:吕忠强 邮 编:048000
法 人:吕忠强
Tel:13753618595
0356－5877433

**山西富邦肥业有限公司**
地址:山西省晋中市昔阳县城郊西路
负责人:焦彦寿
Tel:0354－4185019

## 繁峙县龙山水库养殖场

业务:水产品养殖
产品:各类水产品
地址:山西省忻州市繁峙县砂河镇龙山水库
负责人:李俊生 邮 编:034303
法 人:李俊生
Tel:13935059802
0350－5553160

## 朔州市国益农牧有限责任公司

业务:朔州市国益农牧有限责任公司成立于2003年,主要从事种植养殖奶牛,加工开采铁矿,"国益酒店"的经营管理。欢迎各方客户前来洽谈业务,共同合作!
地址:山西省朔州市金沙滩镇刘晏庄村
邮 编:038300
法 人:郭占平
Tel:0349－3097090
Fax:0349－3097090

## 古交市新育森养殖有限公司

业务:肉牛养殖
地址:山西省古交市邢家社乡童子川村
负责人:张玉威 邮 编:030200
法 人:张玉威
Tel:13753113656
13546411167

**昔阳县金辰家农业开发有限责任公司**
地址:山西省晋中市昔阳县赵北乡有仁村
负责人:温耘华
Tel:13903541411

## 保德县保贤养殖场

业务:黄河鱼养殖及育苗
地址:山西省忻州市保德县义门镇刘家畔村
负责人:刘俊青 邮 编:036600
法 人:刘俊青
Tel:13152845682
0350－7381050

**临汾市西峰养殖有限公司**
地址:山西省临汾市南焦堡中西巷一巷4号
负责人:王志荣
Tel:0357－2212652

## 河津市德峰苗木绿化工程有限公司

业务:苗木的种植与销售
产品:苗木
地址:山西省河津市樊村镇西光德村
负责人:王醒民 邮 编:043300
法 人:王醒民
Tel:0359－5284288

## 保德县开隆养殖有限责任公司

业务:养殖驴
地址:山西省忻州市保德县尧圪台乡黄举湾村羊圈峁
负责人:冀平 邮 编:036600
法 人:冀平
Tel:13233509934
13835034286

## 太原市晋源区世盛苗木种植园

业务:太原市晋源区世盛苗木种植园成立于2000年,主要从事园林绿化、苗木种植。"信誉第一,客户至上",竭诚欢迎您的光临、指导!
地址:山西省太原市晋源区金胜镇古寨村
负责人:孟玉金 邮 编:030021
法 人:孟玉金
Tel:0351－6933177

## 山西汇福科技发展有限公司河津新威科分公司

业务:饲料生产销售(鸡、猪、牛、羊等)
地址:山西省河津市僧楼镇北方平村南
负责人:赵学俊 邮 编:044000
法 人:赵学俊
Tel:13653590775
13934381102

**临汾市尧都区五昌农业开发有限公司**
地址:山西省临汾市尧都区刘村镇马站村南
负责人:曹元
Tel:13703570751

## 敬荣养殖场

业务:养殖:猪、鸡、羊
地址:山西省河津市小梁乡东湖潮村
负责人:胡敬荣 邮 编:043300
法 人:胡敬荣
Tel:13935986537

**宇丰饲料经销部**
地址:山西省临汾市尧都区尧庙镇王庄尧庙中学南200米
负责人:王保真
Tel:0357－2596549
13934179310

## 霍州市德盛源养殖中心

业务:养殖与销售牛、羊、鱼、鳄鱼、山鸡、山猪
产品:牛、羊、鱼、鳄鱼、山鸡、山猪
地址:山西省霍州市退沙办王庄村南山沟
负责人:刘维俊 邮 编:041000
法 人:刘维俊
Tel:15835750978
13593118934
Fax:0357－3398306

## 太原市小店区新土地农业科技开发园

业务:太原市小店区新土地农业科技开发园成立于2005年,从事苗林花卉及耐寒樱桃、梅花的培育及销售,愿与各界合作,共创美好明天!
地址:山西省太原市小店区小店街办贾家寨村
负责人:原月明 邮 编:030032
法 人:原月明
Tel:0351－7697386
7959545

## 泽州县鑫庆养殖场

业务:养殖猪
地址:山西省晋城市高都镇西元庆村
负责人:宋海明 邮 编:048000
法 人:宋海明
Tel:13509761658
0356－2108405
Fax:0356－2108405

## 阳曲县新林养殖厂

业务:养殖獭兔
地址:山西省太原市阳曲县北小店乡蔓菁村
负责人:郭虎元 邮 编:030100
法 人:郭虎元
Tel:13603550570
13603553516

## 山西省高平市天金山鸡养殖有限公司

业务:专业从事山鸡、雏鸡、土鸡、乌鸡养殖、加工、销售。品种优良,价格合理,欢迎新老客户前来洽谈业务
产品:各种鸡肉深加工、鸡蛋
地址:山西省晋城市高平市原村乡陈山村
负责人:李波 邮 编:048400
法 人:李波
Tel:0356－5802838
13133168708
网址:www.tjsjyz.chinapyp.com

## 山西诚挚农业开发有限公司

业务:农副产品经营
地址:山西省太原市杏花岭区解放路90号省政府礼堂108室
负责人:韩和平 邮 编:030082
法 人:韩和平
Tel:15835112381
0351－3527635

**秦风种子有限公司**
地址:山西省芮城县风陵渡开发区晋秦北路隆茂街1号楼
负责人:张广业
Tel:13835975299

**同达林牧业有限公司**
地址:山西省石楼县新建路崔家坪区115号
负责人:辛瑞金
Tel:13903588250
13935853885

## 陵川县同喜种养有限公司

业务:养殖种猪、种植树苗
地址:山西省晋城市陵川县秦家庄乡庞家川村
负责人:焦拥军 邮 编:048000
法 人:焦拥军
Tel:13834328795
0356－6209829
6815388

## 阳曲县凌升农贸有限公司

业务:阳曲县凌升农贸有限公司从事农副产品、豆制品加工销售,欢迎来电洽谈业务!
地址:山西省太原市阳曲县城城东路东盛巷7号
负责人:刘满亮 邮 编:030100
法 人:刘满亮
Tel:0351－5529010

## 泽州县会强兔业养殖园区

业务:养殖及销售獭兔
地址:山西省晋城市泽州县犁川镇上犁川村
负责人:陈会强 邮 编:048014
法 人:陈会强
Tel:13133062158
0356－3818948

## 太原市北京资源集团饲料添加剂山西分部

业务:销售饲料和添加剂
地址:山西省太原市小店区小店省畜牧所院内
负责人:郭裕栋 邮 编:032300
法 人:郭裕栋
Tel:13934630517
0351－2223523

**太原禾木牧业科技有限公司**
地址:山西省太原市尖草坪区胜利西街7号18幢101号
负责人:赵雪芬
Tel:0351－8235515

## 介休市同心绿色农业开发有限公司

业务:农业开发
地址:山西省晋中市介休市绵山镇保和村
负责人:温国辉 邮 编:032000
法 人:温国辉
Tel:13935429996
13994596470

**太原市晋源区永盛养殖场**
地址:山西省太原市晋源区金胜镇北阜村
负责人:白玉香
Tel:0351－6932063

## 太原市兴腾浩盛苗圃

业务:苗木种植销售
地址:山西省太原市小店区刘家堡乡王吴村场东1号
负责人:吴连娃 邮 编:030063
法 人:吴连娃
Tel:13099003980

**精准园艺种养场**
地址:山西省太原市清徐县王答乡郝村
负责人:杨猪儿
Tel:0351－5553645
13509716738

## 新盛无机复合大棚骨架厂

业务:暖棚及春秋棚骨架,不同规格保温板
地址:山西省晋中市太谷县水秀乡武家堡村村东
负责人:郭定军 邮 编:030800
法 人:郭定军
Tel:13233448961

**山西尧地农业科技有限公司**
地址:山西省太原市小店区农科北路64车137号楼
负责人:刘国强
Tel:13700548727

## 太原市小店区腾雄飞饲料厂

业务:生产、销售:奶牛饲料、肉牛饲料
地址:山西省太原市小店区北格镇张花村西北街21号
负责人:陈它保 邮 编:030062
法 人:陈它保
Tel:13834567684
0351－7955109
网址:http://www.51zzt.com/user/zzt33631

**山西北国春生态肥料科技有限公司**
地址:山西省太原市小店区农科北路64号山西高新农业技术市场2层2298号
负责人:张慧文

……………………Tel:13935165326

**山西省榆次福锦祥名茶**
业务：生产加工铁观音，销售各种绿茶、花茶、普洱茶、茶具，提供休闲茶座
地址：山西省晋中市榆次顺景新城14号商铺(顺景水宫南200米花园社区对面)
………负责人：胡殿斌　邮　编：030600
……………………法　人：胡殿斌
……………Tel：13509749991
13643480329
0354－2089354

**太原市尖草坪区亮星养殖场**
业务：鸡、鸭、孔雀、鱼等
地址：山西省太原市万柏林区胜利桥西龙头公寓9层28号
………负责人：樊冯亮　邮　编：030000
……………………法　人：樊冯亮
……………Tel：13834644865
13834596208

**太原陆恒丰养殖有限公司**
地址：山西省太原市小店区西温庄乡西温庄村
……………………负责人：郝六娃
……………………Tel:0351－7950386

**汾西县会林养鹿场**
业务：梅花鹿养殖
地址：山西省临汾市汾西县永安镇蔚家岭村
………负责人：刘会林　邮　编：041000
……………………法　人：刘会林
……………Tel：13453700045
13835709673

**太原市汪洋饲料科技有限公司**
地址：山西省太原市徐县徐沟城北开发区
……………………负责人：阎建平
……………………Tel:0351－5552299
935111161

**浮山县福祥牧业发展有限公司**
业务：肉牛养殖、繁育
地址：山西省临汾市浮山县寨圪塔乡八亩村
………负责人：王福生　邮　编：041000
……………………法　人：王福生
……………Tel：0357－8158838

**阳曲县怡农蔬菜基地**
地址：山西省太原市阳曲县黄寨镇黄寨村
……………………负责人：曹金仙
……………………Tel:13934637656

**绿军旺生态养殖园**
业务：养鸡
地址：山西省太原市万柏林区后北屯村委会
………负责人：李军海　邮　编：030024
……………………法　人：李军海
……………Tel：13603566653
13099045173
0351－6630962

**忻城农牧有限公司**
业务：忻城农牧有限公司成立于2001年，从事蔬菜的加工，产品有干辣椒、鲜辣椒、脱水蔬菜等。品种多、产量大，欢迎来电垂询！
地址：山西省忻州市忻府区高城乡高城村
……………………邮　编：034014
……………………法　人：张和万
……………………Tel:0350－3627298
……………………Fax:0350－3627018

**浮山县徐民牧业有限公司**
业务：肉牛繁殖育肥、饲料加工、养殖技术服务
地址：山西省临汾市浮山县张庄乡徐村
………负责人：盖寅生　邮　编：041000
……………………法　人：盖寅生
……………Tel：13753708848
15034373288

**盂县万通养殖场**
地址：山西省阳泉市盂县南娄镇西宋村
……………………负责人：杨红英
……………………Tel:0353－8091182

**太原市万柏林区兴森养殖厂**
业务：养殖獭兔
地址：山西省太原市万柏林区白家庄五三街39排1号
………负责人：薄森林　邮　编：030082
……………………法　人：薄森林
……………Tel：13603555232

**奥赣米业有限公司**
地址：山西省余干县金山咀乡塘西村
……………………负责人：李国木
……………………Tel:0793－3432568
13907937284

**洪洞县海沣种养有限公司**
业务：杨树苗的种植销售
地址：山西省临汾市洪洞县
………负责人：杨勇　邮　编：031600
……………………法　人：杨勇
……………Tel：13008027222

**临猗县兴达花卉园林场**
地址：山西省运城市临猗县马营村
……………………负责人：董占锋
……………………Tel:13700591969

**太原市晋源区四峰农副产品加工厂**
业务：加工销售小米，杂粮等
地址：山西省太原晋源区姚村镇高家堡村
………负责人：高四保　邮　编：030054
……………Tel：13934632839
0351－6983110
…网址:http://www.51zzt.com/user/zzt123533

**芮城县百隆菌业科技开发有限公司**
地址：山西省运城市芮城县南卫乡马中村
……………………负责人：姬小云
……………………Tel:0359－3020292

**山西根生农业科技有限公司**
业务：种植：蔬菜，菌类，养殖：猪，鸡，鸭等
产品：无公害蔬菜，绿色食品(猪肉，鸡蛋等)
地址：山西省临汾市洪洞县万安镇曹家庄村
………负责人：王麦生　邮　编：041600
……………………法　人：王麦生
……………Tel：0357－6519018
……………Fax：0357－6519018
……………E-mail:wjingchina@163.com

**芮城县德聚诚农产品购销中心**
业务：农产品购销及深加工(枣、苹果)，房地产开发，餐饮连锁
产品：滋补大红枣、美容乌枣、无公害富士大苹果、香椿芽、酱豆、德聚诚卤味系列
地址：山西省芮城县阳城镇南大街
………负责人：任卫峰　邮　编：044600
……………………法　人：任卫峰
……………Tel：13333591777
0359－8866777
……………Fax：0359－8869777
……………E-mail:ym@yabaoyaoye.com

**运城市三波果蔬有限公司**
地址：山西省运城市上郭乡上郭村
……………………负责人：李敬希
……………………Tel:0359－2530013

**吉县中垛乡三垛村桂春果库**
业务：采、购、销红富士苹果，销售化肥、农药
地址：山西省临汾市吉县中垛乡三垛村
………负责人：曹桂春　邮　编：041000
……………………法　人：曹桂春
……………Tel：13834881757
0357－7965008

**石羊集团夏县饲料有限公司**
地址：山西省运城市夏县水头镇
……………………负责人：屈立群
……………………Tel:0359－8987461

**曲沃县绿洁农牧发展有限公司**
业务：养殖生猪
地址：山西省临汾市曲沃县东张寨村南
………负责人：魏建忠　邮　编：041000
……………………法　人：魏建忠
……………Tel：13935725553
0357－4548510

**永和县顺昌源牧业有限责任公司**
业务：畜牧养殖(猪、牛、羊)，畜药、饲料经销
地址：山西省临汾市永和县畜牧局
………负责人：药生荣　邮　编：041000
……………………法　人：药生荣
……………Tel：0357－7568278
13700574518

**隰县田园园农垦有限公司**
业务：农业生产
产品：农业生产
地址：山西省临汾市隰县下李乡上李村
………负责人：陈福才　邮　编：041000
……………………法　人：陈福才
……………Tel：13835787117
0357－7373325
……………Fax：0357－7373093
……网址:http://www.51zzt.com/user/zzt123457

**乡宁县盛源养殖有限公司**
业务：专业从事生态养殖，公司秉承"绿色、健康、和谐"的经营理念，使猪肉真正做到健康、安全。欢迎新老客户光临指导，洽谈业务。
产品：常年供应：种猪、商品猪、长白、杜洛克、大白母猪等优良品种
地址：山西省临汾市乡宁县光华镇
………负责人：陈栓柱　邮　编：042100
……………………法　人：陈栓柱
……………Tel：0357－6878888
13703554888
……………Fax：0357－6878777

**山西黄牛牧业科技开发有限公司**
地址：山西省运城市永济市蒲州老城北门外1号
……………………负责人：罗建国
……………………Tel:13803462004

**永济市奇丽肉牛养殖示范场**
地址：山西省运城市永济市蒲州镇下吕芝村
……………………负责人：李红信
……………………Tel:0359－8062249

**大宁县越达牧业有限公司**

大宁县越达牧业有限公司以猪，牛，羊的养殖、繁育、销售为主。

自成立以来，以满腔的热情，周到的服务，欢迎各界朋友的光临合作。

13753556522　13509774482

联系人：许建平　邮编：042300

地址：山西省临汾市大宁县昕水镇丙吉村

**汾阳市晋龙核桃苗木有限责任公司**

汾阳市晋龙核桃苗木有限责任公司成立于2002年。

专业种植核桃苗木及核桃、核桃仁销售。

热忱欢迎您的光临、惠顾。

联系人：张树振　13753594136

电话：0358－7223130

地址：山西省汾阳市林业局

邮编：032200

**潞城市明星养殖厂**

本厂主要养殖蛋鸡、鸡蛋销售。服务宗旨：质量第一、信誉至上、诚信为本、公平交易，用最好的质量和最诚信的服务来赢得您的再次光临！

联系人：陈明星

电话：0355－3516567　手机：13333551510

地址：山西省潞城市潞华办事处侯家庄村　邮编：047500

**宁武县永锦种养殖有限责任公司**

我公司于2007年6月15日破土开工，新建年出栏1、6万头的规模化、工厂化、生态养猪场，猪场占地面积61830平方米，建筑面积32509平方米。项目总投资2638万元，由饲料加工，种猪，育肥，野山猪驯养，屠宰，冷藏，肉制品加工，大型沼气工程八部分组成，分两期建成，猪场实行封闭管理，并有完整的电视监控系统，严格有效的防御制度和人工受精中心。

公司采用"公司+基地+农户"的农业产业化生产模式，坚持走农业化的道路，大大推动当地与周边县、市养殖业的发展步伐。

联系人：张永峰　13509708898　13935009393　电话：0350－4780393

地址：山西省忻州市宁武县余庄乡马营　邮编：036700

**蒲县跨世纪养牛开发有限公司**

蒲县跨世纪养牛开发有限公司成立于2008年。

主要从事于肉牛的养殖和销售。

公司经营理念是追求绿色，崇尚自然，以诚信铸品牌，以品牌树信誉。

欢迎广大客户来电垂询！

联系人：毛洪恩

电话：0357－5322916　13903577118

地址：山西省临汾市蒲县城关南河沿12号　邮编：041200

## 祁县晋昭源牧业有限公司

祁县晋昭源牧业有限公司成立于2006年，以畜禽养殖、销售为主。

欢迎新老客户来电来函洽谈业务。

联系人：田泽武　13903445879

电话：0354－5166095
邮编：030900
地址：山西省晋中市祁县城赵镇原西村

## 寿阳县高原生态开发有限公司

本公司成立于2008年。

从事生态开发、旅游、休闲渡假、养殖野鸡、种植果树。

欢迎全国各地朋友前来参观旅游！

联系人：栗春涛 13903542620　电话：0354－4760588
地址：山西省晋中市寿阳县尹灵芝镇程家庄村　邮编：045400

## 山西好农佳稼科贸有限公司

山西好农佳稼科贸有限公司成立于2008年，主要从事于农副产品的销售。

本公司欢迎各客户单位前来洽谈业务。我们将竭诚为您提供最优质的产品、最优良的服务。顾客的信任是我们发展的动力源泉，本公司将一如既往的保证产品质量，改进和增加产品品种，迈向更广阔的明天！

联系人：赵勇红　13935005290
电话：0350－5598888　5546388
地址：山西省忻州市繁峙县金山铺乡中虎峪村
邮编：034000

## 朔州市平鲁区利源特种野猪养殖有限公司

我公司成立于2007年，专业从事特种野猪养殖及销售。特种野猪是用优良家母猪与纯正野山林公猪经多元杂交所产的优质后代。其外貌象野猪，固名为“特种野猪”。不仅是特种野猪和纯种野猪的研发基地，更是多元化种猪的出生地，使种猪的品质更优良。

热忱欢迎各界朋友莅临参观、指导！

联系人：杜生亮　13152935000
电话：0349－6088111
传真：0349－6088166
地址：山西省朔州市平鲁区下水头乡下水头村　邮编：036800

## 山西金玉种业有限责任公司

山西金玉种业有限责任公司成立于2007年。一家生产、批发零售农作物种子的企业。欢迎您的光临，我们将竭诚为您服务！

联系人：王应平
电话：0358－3031066　13753818111
地址：山西省吕梁市文水县胡兰镇胡兰村　邮编：032100

## 宋庄农机修造厂

宋庄农机修造厂成立于1996年，主要从事喂料机、刮粪机的销售。我厂倡导“服务是企业第一生命力”的经营理念，贯彻“以诚兴企业、以信待朋友”的经营宗旨，兢兢业业，永在探索！

电话：0355－7625026
13303458738
13033465876　联系人：张三林
地址：山西省长治市屯留县麟绛镇宋庄村　邮编：046000

## 山西省水文水资源勘测局仪器设备所

山西省水文水资源勘测局仪器设备所以生产、销售及维修水文测量仪器、水质监察仪器设备、GDQ－1型高压多用并相器（获专利产品）为主。

我们秉承“顾客至上，锐意进取”的经营理念，坚持“客户第一”的原则为广大客户提供优质的服务。欢迎惠顾！

联系人：胡润泉
电话：0351－4033817　4033790
地址：山西省太原市迎泽区康乐街21号　邮编：030001

## 太森绿化有限责任公司

太森绿化有限责任公司成立于2006年，是一家专业从事荒山造林的企业。

每播下一颗种子，就是为大自然增添一片绿色，愿社会各界人士与我们携手共进！

联系人：石新华　13903546857
电话：0354－8628085　邮编：032600
地址：山西省晋中市左权县寒王乡政府林业站

## 山西省泽州县西贝生猪外调公司

山西省泽州县西贝生猪外调公司由董事长贾俊领先生创立，经过15年的执着坚持，辛勤开拓，发展成目前拥有“西贝（鲜肉）”、“西贝生猪”两个品牌，9家（另有3家正在建设中）分店和一个生猪外调基地，零售和批发。贝鲜肉于1992年来晋城发展，开创性地将肉制品的“鲜”放在首位，百姓的健康放在首位，坚持为顾客创造“健康/实惠”的肉制品，赢得了当地市民和酒店业的一致好评。经过15年的发展，西贝鲜肉聚集了一批高素质的专业人才，培育了一支稳定的骨干队伍。酒店配送肉类加工代宰加分店加盟生猪收购生猪外调鲜肉批发等标准化体系日趋完善。对食品业“执着并坚持着”，“不争第一我们干什么”，“百年西贝 树人为先”，“对顾客热情，与员工共同成长，对社会负责”，已成为西贝人的核心价值观和精神支柱，促使西贝鲜肉步入科学管理，健康发展的轨道。

联系人：贾俊领　13653568206
电话：0356－3848806　3838589　传真：0356－3848806
地址：山西省晋城市泽州县金村镇金村村　邮编：048000

## 闻喜县保丰肥料厂

山西省闻喜县保丰肥料厂经由国家农科院合作，成立于2006年4月。与国家农科院共同开发出新型肥料系列产品，利用BF－5型新工艺加之“激活因子”新技术生产出含有各种微量元素、稀土成分的硫基氮肥、颗粒硫酸铵，各种含量的复混氮肥料，测土配方BB肥等。

质量第一、信誉第一是我公司一贯遵循的宗旨，竭诚为用户提供一流的产品服务，热忱欢迎海内外各界朋友、新老客户光临惠顾。

网址：www.baofengfy.com
电子邮件：baofengfy@126.com
邮编：43800
地址：山西省闻喜县桐城镇五一路24号

联系人：刘勇业　13703593629
电话：0359－7041009
传真：0359－7041007

## 阳泉市东恒农产品开发有限公司

阳泉市东恒农产品开发有限公司成立于1996年。
主要生产、销售蔬菜、鸡蛋、豆类等农产品。
欢迎您的光临！

联系人：付海生
邮编：045000
电话：0353-5190188 13935392011 地址：山西省阳泉市郊区东村

## 永济市康鸿棉花加工有限公司

永济市康鸿棉花加工有限公司成立于2004年，专业从事棉花加工、销售。现主要经营籽棉加工，并长期供应优质的皮棉，价格合理。

我们会以饱满的热情，不懈的努力，竭诚为广大新老客户服务！

联系人：刘康镇 13935959038
电话：0359-8097130
邮编：44500
地址：山西省永济市城北街道三张村

## 运城市盐湖区紫金农产品销售有限公司

成立于2008年。
主要销售苹果、梨，蔬菜等。
欢迎光临！

联系人：李太喜 电话：0359-8618000
地址：山西省运城市盐湖区北相镇曹允村 邮编：044000

## 内蒙古自治区 /InnerMongolia AutonomousRegion

**兴达种子经营部**
地址：内蒙古巴彦淖尔市乌拉特前旗苏独仑乡召圪台村
…… 负责人：郝林
…… Tel：0478－3657108

**内蒙古和林格尔县宏达粮油贸易有限责任公司**
业务：内蒙古和林格尔县宏达粮油贸易有限责任公司成立于2004年，主要从事粮油购销。“质量保证，价格合理”，热诚欢迎广大新老客户光临惠顾。
地址：内蒙古自治区呼和浩特市和林格尔县和托路化工厂院内
…… 邮　编：011500
…… 法　人：高华
…… Tel：0471－7196951

**鄂尔多斯市准格尔旗博赛种猪养殖有限责任公司**
业务：生猪养殖
地址：内蒙古自治区鄂尔多斯市准格尔旗薛家湾镇阳窑子村
…… 负责人：王美军　邮　编：010300
…… 法　人：王美军
…… Tel：13634770202
0477－4881072

**五原富田种业**
地址：内蒙古自治区阿拉善盟阿拉善右旗隆兴昌镇前进北路
…… 负责人：索建民
…… Tel：13947838600

**太仆寺旗种子公司**
地址：内蒙古自治区阿拉善盟阿拉善右旗太仆寺旗建设北街12号
…… 负责人：杨青山
…… Tel：13904794800

**内蒙古高丰饲料有限公司**
业务：本公司成立于2005年，主要加工销售奶牛饲料、家禽饲料。质量保证，价格合理，欢迎新老客户光临惠顾！
地址：内蒙古自治区呼和浩特市呼托公路三公里处
…… 负责人：高鹏飞……邮　编：010000
…… 法　人：高鹏飞
…… Tel：13804741443

**阿拉善右旗神农农业有限责任公司**
地址：内蒙古自治区阿拉善盟阿拉善右旗雅布赖镇
…… 负责人：陈平
…… Tel：0483－6021210
15334838079

**武川县丰茂草业有限责任公司**
业务：武川县丰茂草业有限责任公司成立于2006年，主要从事苜蓿草的种植和加工。丰茂草业愿与您共同开创“生态畜牧业”的辉煌。
地址：内蒙古自治区呼和浩特市武川县二份子乡
…… 负责人：李少强……邮　编：011714
…… 法　人：李少强

**诚信农业农副产品信息服务中心**
地址：内蒙古自治区巴彦淖尔盟临河
…… 负责人：许多义
…… Tel：0478－8274721
13009584480

**内蒙古巴彦淖尔农垦临河农场**
地址：内蒙古自治区巴彦淖尔盟临河农场
…… 负责人：乔伟
…… Tel：0478－8726006

**奥利来农副产品市场有限责任公司**
业务：奥利来农副产品市场有限责任公司一贯以诚信为宗旨，视质量为生命，以服务为先导，最大限度满足各界需求。
地址：内蒙古自治区呼和浩特市新城区兴安北路蒙苑建材市场内
…… 负责人：金加仁……邮　编：010050
…… 法　人：金加仁
…… Tel：0471－6525928
…… 网址：www.mtw29348.chinapyp.com

**鄂伦春自治旗大杨树恒杨农资有限责任公司**
业务：销售农药、化肥、种子，农业技术服务
地址：内蒙古自治区呼伦贝尔市鄂伦春自治旗大杨树镇一马路桥东（植保服务部）
…… 负责人：刘振华　邮　编：165456
…… 法　人：票员
…… Tel：0470－5714388
5711739

**临河市诚信高新农业综合服务部**
地址：内蒙古自治区巴彦淖尔盟临河区白脑包镇太阳村
…… 负责人：刘军刚
…… Tel：0478－2200956

**内蒙古巴市药材种植**
地址：内蒙古自治区巴彦淖尔盟临河区北郊5万亩土地
…… 负责人：蔡培英
…… Tel：0478－8225078

**呼伦贝尔市炬茂薯业发展有限公司**
业务：呼伦贝尔市炬茂薯业发展有限公司以农为主，民营企业家，知名马铃薯专家，生产经营马铃薯，具有得天独厚的自然地理，肥沃的土地资源，加之科技管理，资金，设备等诸多优势，公司郑重承诺：创造品牌，建好基地，科学管理，质量第一，真诚合作，互惠互利，生产的种薯质量有保证。欢迎各方客户惠顾，洽谈业务，共同合作！
地址：内蒙古自治区呼伦贝尔市鄂温克族自治旗大雁矿区
…… 邮　编：021122
…… 法　人：张德才
…… Tel：0470－8607680
…… Mobile：13804709680
…… Fax：0470－8607680
…… 网址：www.nmgjm.chinapyp.com

**巴彦淖尔市临河区马道桥增光九社**
地址：内蒙古自治区巴彦淖尔盟临河区马道桥增光九社
…… 负责人：郑忠义
…… Tel：0478－8323155
8279488

**扎赉特旗裕丰粮油贸易有限公司**
业务：扎赉特旗裕丰粮油贸易有限公司成立于2005年9月，从事粮油收购、销售（玉米烘干、水稻深加工）。欢迎来电垂询。
地址：内蒙古自治区兴安盟扎赉特旗五家户乡
…… 邮　编：137606
…… 法　人：陈玉成
…… Tel：0482－6672111
…… Fax：0482－6672111

**巴彦淖尔市牧彤奶牛养殖场**
地址：内蒙古自治区巴彦淖尔盟临河区小召镇富强林场
…… 负责人：张有际
…… Tel：13947864900

**内蒙古太阳花农业科技有限责任公司**
地址：内蒙古自治区巴彦淖尔盟五原县鸿鼎市场
…… 负责人：李守启
…… Tel：0478－5238879
13804786053

**内蒙古煜农农业合作社**
地址：内蒙古自治区巴彦淖尔市乌拉特前旗公田
…… Tel：0478－2325218

**包头市北辰饲料科技有限责任公司**
地址：内蒙古自治区包头市东河区铝业大道233号
…… 负责人：云风
…… Tel：0472－4350299

**包头市大地春农业科技有限公司**
地址：内蒙古自治区包头市东河区远大蔬菜批发市场东一区32号
…… 负责人：池美清
…… Tel：0472－6956281

**内蒙古大圣生物技术有限责任公司**
地址：内蒙古自治区包头市九原区农业产业化绿色园区
…… 负责人：李志敏
…… Tel：0472－6930986
6930966

**内蒙古自治区牙克石市免渡河镇远发农副产品有限公司**
业务：内蒙古自治区牙克石市免渡河镇远发农副产品有限公司位于牙克石市免渡河镇，主要经营化肥、农药、种子。欢迎新老客户光临！
地址：内蒙古自治区牙克石市免渡河镇三道街丰收村院内
…… 邮　编：022176
…… 法　人：李明生
…… Tel：0470－7735808
…… Mobile：13704705360
…… Fax：0470－2276891

**内蒙古包头市九原区种子有限责任公司**
地址：内蒙古自治区包头市九原区沙河镇立交桥北500米
…… 负责人：张澄辉
…… Tel：0472－7918738

**赤峰市仲强米业有限责任公司**
地址：内蒙古自治区包头市开发区万达B座109
…… 负责人：连仲强
…… Tel：0472－5302088

**包头市宏源农业机械销售有限责任公司**
地址：内蒙古自治区包头市土默特右旗
…… 负责人：宋红红
…… Tel：0472－8925323
13847270130

**内蒙古世纪盛丰农业科技有限公司**
地址：内蒙古自治区包头市土默特右旗明沙淖农业科技园区
…… 负责人：高兴旺
…… Tel：0472－8801472

**包头市土默特右旗九峰山农业有限责任公司**
地址：内蒙古自治区包头市土默特右旗土右旗双孢菇种植基地
…… 负责人：李军亮
…… Tel：0472－4991495

**包头市富农现代农牧业科技服务有限公司**
地址：内蒙古自治区包头市土右旗萨拉齐镇影院街果园路7号
…… 负责人：智宇航
…… Tel：0472－8882525

**赤峰蒙森农产品开发有限责任公司**
地址：内蒙古自治区赤峰市阿鲁科尔沁旗
…… 负责人：王亚萍
…… Tel：13848464955

**腾飞农业有限公司**
地址：内蒙古自治区赤峰市阿鲁科尔沁旗农场四队
…… 负责人：李艳飞
…… Tel：0476－7366770
15868891418

**阿旗连天农牧业特产经济有限公司**
地址：内蒙古自治区赤峰市阿鲁科尔沁旗天山镇
…… 负责人：刘女士
…… Tel：0476－7219611
7219758

**内蒙古金沟生态养殖有限公司**
地址：内蒙古自治区赤峰市敖汉旗下洼镇八旗村金沟
…… 负责人：张立恒
…… Tel：0476－4642378

**中国农业大学生化科技有限公司**
地址：内蒙古自治区赤峰市红山区
…… 负责人：王宇飞
…… Tel：0476－2237203

**赤峰市农业生产资料公司**
地址：内蒙古自治区赤峰市红山区
…… 负责人：胡润哲
…… Tel：0476－8332451
8331478

**内蒙古赤峰市比情浓沙棘产品有限责任公司**
地址：内蒙古自治区赤峰市红山区哈达街东段四中对过北走30米
…… 负责人：党保丽
…… Tel：0476－8250018

**赤峰德茂农林生态发展有限公司**
地址：内蒙古自治区赤峰市红山区铁南办事处建材路南段（金正报废汽车回收有限责任
…… 负责人：秦世德
…… Tel：0476－8356759

**内蒙古赤峰市兴拓农业生产资料有限公司**
地址：内蒙古自治区赤峰市红山区西站货场对过
…… 负责人：姜岩
…… Tel：0476－8411738

**内蒙古赤峰市裕丰科技有限公司**
地址：内蒙古自治区赤峰市克什克腾旗经棚镇
…… 负责人：刘子琢
…… Tel：0476－5233151
6253648
13036587727

**内蒙古雪原马铃薯种业有限公司**
地址：内蒙古自治区赤峰市克什克腾旗农业局办公楼二楼
…… 负责人：董康
…… Tel：0476－5230532

**农业经纪人**
地址：内蒙古自治区赤峰市林西县
…… 负责人：杨小东
…… Tel：0476－5470239
13848874127

**宁城县天源化工有限公司**
地址：内蒙古自治区赤峰市宁城县八里罕镇杨树林子村
…… 负责人：袁昕东
…… Tel：0476－4802989
4801805
13848993635

**宁城县红四方农业生产资料有限责任公司**
地址：内蒙古自治区赤峰市宁城县天义镇桥东
…… 负责人：王国祥
…… Tel：0476－4227356

**内蒙古赤峰群鹏火鸡有限公司**
地址:内蒙古自治区赤峰市松山区工业园区
负责人:杨丽霞
Tel:0476－2361708　2361716

**百业兴农业示范基地**
地址:内蒙古自治区赤峰市松山区木家营镇衣家营村
负责人:衣君
Tel:0476－8412506　13947617816

**内蒙古赤峰市泽农农药门市**
地址:内蒙古自治区赤峰市松山区桥西大街
负责人:李天宇
Tel:0476－8428708

**赤峰天源生态建设有限公司**
地址:内蒙古自治区赤峰市天山镇
负责人:计明显
Tel:0476－5818592　7213668

**翁牛特旗黑鱼泡子有机农牧业开发有限公司**
地址:内蒙古自治区赤峰市翁牛特旗红山区哈达街西段路北拆迁人队综合楼六楼
负责人:官庆飞
Tel:0476－5880021

**内蒙古亚达刚农业科技服务有限责任公司**
地址:内蒙古自治区鄂尔多斯市达拉特旗长征路
负责人:王钢
Tel:15894836335

**内蒙古达拉特旗种子公司(真金种业)**
地址:内蒙古自治区鄂尔多斯市达拉特旗树林召经济开发区一真金科技园
负责人:孙士文
Tel:0477－5290952　5290937

**内蒙古准格尔旗新绿洲农业开发公司**
地址:内蒙古自治区鄂尔多斯市准格尔旗薛家湾镇绿色馨园小区B区1号楼1单元西户
负责人:刘大伟
Tel:0477－4708829

**内蒙古绿金科技有限公司**
地址:内蒙古自治区呼和浩特市和林格尔县锡林北路巴彦塔拉饭店3923房间
负责人:郑国芹
Tel:0471－6910420　13947134433

**内蒙古大丰年农牧科技有限责任公司**
地址:内蒙古自治区呼和浩特市回民区金川
负责人:李泽森
Tel:13789412486

**中博田园农业科技有限公司**
地址:内蒙古自治区呼和浩特市经济开发区
Tel:0471－3380610

**内蒙古农业大学实验林场**
地址:内蒙古自治区呼和浩特市赛罕区新建东街275号046号信箱
负责人:孙一帆
Tel:0471－4303739

**内蒙古融成玉米开发有限公司**
地址:内蒙古自治区呼和浩特市托克托县托电工业园
负责人:卢红卫
Tel:0471－8661302

**内蒙古新域农业科技开发有限公司**
地址:内蒙古自治区呼和浩特市新城区保合少镇新域无公害生产基地
负责人:张晓捷
Tel:0471－4170077　6595563

**内蒙古自治区农业科学院甜菜研究所**
地址:内蒙古自治区呼和浩特市玉泉区
负责人:张惠忠
Tel:0471－5973384

**内蒙古丰田农牧业工程有限责任公司**
地址:内蒙古自治区呼和浩特市昭乌达路306号
负责人:田存旺
Tel:0471－4607240　13804719349

**大兴安岭诺敏绿业有限责任公司**
地址:内蒙古自治区呼伦贝尔市鄂伦春自治旗克一河镇3居29号
负责人:杜兴林
Tel:0470－2398185

**呼伦贝尔鹤声薯业发展有限公司**
地址:内蒙古自治区呼伦贝尔市鄂温克族自治旗巴雁镇雁
负责人:任荷江
Tel:0470－8641415

**鄂温克旗巴雁镇鹤翔薯业良种繁育场**
地址:内蒙古自治区呼伦贝尔市海拉尔区北国经典丽园1号楼1单元502
负责人:龙淇
Tel:0470－3995879　13848084278

**海拉尔农垦(集团)格尼农牧有限责任公司**
地址:内蒙古自治区呼伦贝尔市满州里市亚东镇
负责人:张树通
Tel:0470－4332040

**莫旗卧罗河邮政所农副山野产品经销公司**
地址:内蒙古自治区呼伦贝尔市莫力达瓦达斡尔族自治旗
负责人:潘辉
Tel:0470－4912029

**莫旗卧罗河农副产品经销**
地址:内蒙古自治区呼伦贝尔市莫力达瓦达斡尔族自治旗
负责人:潘辉
Tel:0470－4912029　13474948765

**鄂伦春自治旗大杨树运丰农副产品有限责任公司**
地址:内蒙古自治区呼伦贝尔市牙克石市大杨树镇
负责人:孙天义
Tel:13948602005

**内蒙古牙克石市蒙业农业科技有限责任公司**
地址:内蒙古自治区呼伦贝尔市牙克石市兴安西街16号
负责人:张美增
Tel:0470－7300857　7201777

**牙克石丰实种业有限责任公司**
地址:内蒙古自治区呼伦贝尔市牙克石市迎宾东路畜牧综合楼一楼
负责人:张梅
Tel:0470－7305899

**内蒙古自治区呼伦贝尔市农业科学研究所**
地址:内蒙古自治区呼伦贝尔市扎兰屯河区
负责人:刘连义
Tel:0470－3254428

**内蒙古农业发展经济有限公司**
地址:内蒙古自治区通辽市大林镇大罕站村
负责人:刘国强
Tel:0475－8852103

**内蒙古绿太阳农业发展有限公司**
地址:内蒙古自治区通辽市霍林郭勒经济技术开发区
负责人:华政委
Tel:0475－2211818　13847506816

**内蒙古二龙屯有机农业有限公司**
地址:内蒙古自治区通辽市霍林郭勒市霍林河大街23号
负责人:卜延春
Tel:0475－4522993

**内蒙古东蒙农牧业有限公司**
地址:内蒙古自治区通辽市霍林郭勒市双兴街5号
负责人:闫先成
Tel:0475－2353084

**阿哥农牧业有限公司**
地址:内蒙古自治区通辽市开鲁县东风镇春益和村
负责人:张永亮
Tel:0475－6888920

**开鲁县农业机械化学校**
地址:内蒙古自治区通辽市开鲁县和平
负责人:于继梅
Tel:0475－6212445

**通辽市广通农业生产资料有限责任公司**
地址:内蒙古自治区通辽市科尔沁区清河镇东喜村
负责人:关俊娥
Tel:0475－8930002　13214819607

**内蒙古通辽市科尔沁鹅业有限公司**
地址:内蒙古自治区通辽市科尔沁左翼中旗
负责人:张友义
Tel:0475－3460449

**内蒙古科尔沁牛业股份有限公司加工厂销售业务咨询点**
地址:内蒙古自治区通辽市科尔沁左翼中旗
负责人:陈立民
Tel:0475－5217105

**通辽市天意农业生产资料有限公司奈曼旗分公司**
地址:内蒙古自治区通辽市奈曼旗东明
负责人:张伟成
Tel:0475－4589199

**奈曼旗新民农业机械有限公司**
地址:内蒙古自治区通辽市奈曼旗开发区生态大街农机大市场院内
负责人:刘伟
Tel:0475－4219300

**内蒙古玉丰农业发展有限公司**
地址:内蒙古自治区通辽市奈曼旗青山路北方市场对过
负责人:张洪彬
Tel:0475－2266777

**内蒙古海鸿农业技术开发有限公司**
地址:内蒙古自治区乌海市海南区农业高新技术开发区
负责人:陈向阳
Tel:0473－2669677

**乌海市金素腐植酸贸易有限公司**
地址:内蒙古自治区乌海市乌达区巴音赛胜利西街6号
负责人:樊荣
Tel:0473－3116669

**乌兰察布市锦泰亨种业有限责任公司**
地址:内蒙古自治区乌兰察布市察哈尔右翼后旗团结路
负责人:赵玉平
Tel:0474－4886954

**内蒙古察右中旗农业网**
地址:内蒙古自治区乌兰察布市察哈尔右翼中旗
负责人:贾永强
Tel:13126745962

**天宇农业生产资料有限责任公司**
地址:内蒙古自治区乌兰察布市集宁市长青路17号
负责人:王强
Tel:0474－8225533

**内蒙古天宇汇景集团公司**
地址:内蒙古自治区乌兰察布市集宁市常青路
负责人:李林
Tel:0474－8240055　15334743048

**博日都草原产业发展有限公司**
地址:内蒙古自治区锡林郭勒盟阿巴嘎旗桃林塔拉街5组14号
负责人:何梅
Tel:0479－6510599　13947954680

**内蒙古科右前旗森淼水产有限公司**
地址:内蒙古自治区兴安盟科尔沁右翼前旗
负责人:董玉春
Tel:0482－8684749　3991555

**科右中旗世达农业有限责任公司**
地址:内蒙古自治区兴安盟科尔沁右翼中旗
负责人:阚世艳
Tel:0482－2212888

**乌兰浩特市科右前旗蒙正鹅业有限公司**
地址:内蒙古自治区兴安盟乌兰浩特市查干街44号
负责人:李静
Tel:0482－3975555

**乌兰浩特市沃土农业园区**
地址:内蒙古自治区兴安盟乌兰浩特市科尔沁镇
负责人:高广彬
Tel:0482－2203393

## 辽宁省/Liaoning Province

### 富达养禽服务中心
地址：辽宁省鞍山海城市东四方台镇
……负责人：付志宽
……Tel：13236830368

### 北票市富祥有机肥厂
业务：专业生产农作物有机肥，为高科技绿色肥料，广泛用于蔬菜、水稻、高粱、西瓜等农作物，我们始终坚持质量第一、信誉至上、面向市场、服务一流的质量方针，竭诚为您服务！
产品：富祥长效膨化有机肥
地址：辽宁省北票市大三家乡小巴里村
……负责人：王忠祥　邮　编：122100
……法　人：王静
……Tel：0421－5757512
13190250116
…E-mail：wangjing122753@yahoo.com.cn

### 凯杰米业加工厂
地址：辽宁省鞍山海城市东四镇东头村
……负责人：张凯
……Tel：0412－3348838
13050099128

### 本溪市南芬区果丰果业专业合作社
业务：果树种植，果子的销售
地址：辽宁省本溪市南芬区思山岭石湖村村部一楼
……负责人：穆吉洪　邮　编：117000
……法　人：穆吉洪
……Tel：13842495452
0414－2623067

### 牛庄超营粮谷加工厂
地址：辽宁省鞍山海城市牛庄镇西二村
……负责人：丁学田
……Tel：0412－3664218
13134253777

### 喀左县盛世达农业发展有限公司
业务：种子的生产和销售
地址：辽宁省朝阳市喀左县大城子镇胜利路110号楼5－62号
……负责人：宋立军　邮　编：122000
……法　人：宋立军
……Tel：0421－4832856
15842103555
…网址：http://www.51zzt.com/user/zzt33230

### 朝阳市亚丰养殖有限公司
业务：朝阳市亚丰养殖有限公司位于朝阳市龙城区边杖子乡林杖子村，占地面积150亩，建筑面积14870平方米，其中鸡舍17栋，建筑面积10000平方米，办公楼1栋4000平方米，饲料加工车间1栋570平方米，配电室、锅炉房、泵房300平方米，可饲养蛋鸡150000只，现存栏50000只，年产鸡蛋10万多箱。
产品：新鲜鸡蛋
地址：辽宁省朝阳市龙城区边杖子乡林杖子村
……负责人：冯亚梅　邮　编：122000
……法　人：冯亚梅
……Tel：0421－3601688
3600006
13050933455
13842110811
……Fax：0421－3600005
……E-mail：cybfzx@163.com

### 本溪绿枫原种猪场
业务：本溪绿枫原种猪场成立于1990年，主要养殖销售种猪、商品猪。
地址：辽宁省本溪市本溪满族自治县小市镇张家卜邮局转养猪协会
……负责人：刘鹤亭……邮　编：117100
……法　人：刘鹤亭
……Tel：0414－6884930

### 桓仁东方饲料有限公司
业务：桓仁东方饲料有限公司是一家主要针对规模化水产品研究、开发、生产、销售配合饲料、复合预混料和浓缩饲料的专业化饲料公司。东方公司愿以先进的技术、优良的产品、合理的价格、高效的服务为中国畜牧业的崛起做出贡献。
地址：辽宁省本溪市桓仁满族自治县黑沟乡黑沟村
……邮　编：117200
……法　人：王志成
……Tel：0414－8233288
……Fax：0414－8233266
……网址：www.ynmtc.chinapyp.com

### 辽宁振兴生态发展有限公司米业加工厂
地址：辽宁省鞍山市高坨镇三道村
……负责人：高光军
……Tel：13998065406

### 辽宁凤阳农业开发有限公司
业务：玉米、秸杆、综合利用项目
地址：辽宁省朝阳市珠江路珠江花园30号楼3单元102室
……负责人：宋秀兰　邮　编：122000
……法　人：宋秀兰
……Tel：0421－2924949
……Fax：0421－2914848

### 鞍山市科丰种业有限公司
地址：辽宁省鞍山市千山区鞍腾路宁远镇宁远村
……负责人：代国辉
……Tel：0412－8920973

### 东港市佳祥农业开发有限公司
业务：农产品经营
地址：辽宁省丹东市东港市长安镇红石村
……负责人：于孔范　邮　编：118300
……法　人：于孔范
……Tel：0415－7971111
13942514777

### 辽宁朝阳市双塔区无公害谷子示范场
业务：本公司成立于1998年，拥有10几名员工，主要经营种植、加工、销售谷子。
地址：辽宁省朝阳市双塔区八宝村荒甸子
……邮　编：122000
……法　人：任洪祥
……Tel：0421－2400552

### 辽宁好年景农资连锁有限责任公司宽甸永甸连锁店
业务：农资连锁
地址：辽宁省丹东市宽甸满族自治县永甸镇
……负责人：贾忠伟　邮　编：118000
……法　人：贾忠伟
……Tel：0415－5603366
13941546207
…网址：http://www.51zzt.com/user/zzt30487

### 鞍山庞义蜂业有限公司
地址：辽宁省鞍山市千山区宋三镇城昂堡村
……负责人：庞义
……Tel：0412－8462760

### 丹东市绿源工贸有限公司
业务：农资、有机肥、光磁产品
地址：辽宁省丹东市元宝区锦山大街107号华美大厦A座1103室
……负责人：褚淑华　邮　编：118000
……法　人：褚淑华
……Tel：15141538411
0415－2876400
2889411

### 大连市长海欣鹿水产有限公司
业务：大连市长海欣鹿水产有限公司主要经营海水动植物养殖销售，"诚信为本，质量至上"是我们的经营宗旨。真诚欢迎国内外朋友来我公司访问洽谈合作。
地址：辽宁省大连市长海县广鹿乡
……负责人：李喜广……邮　编：116502
……法　人：李喜广
……Tel：0411－89756088
89758088

### 丹东金田米业有限公司
业务：种植、加工水稻，加工大米
产品：有机米、各种品质的大米、糙米、粳米
地址：辽宁省丹东市振兴区十经街25－10号
……负责人：王文思　邮　编：118000
……法　人：王文思
……Tel：0415－4256888
0415－2227666
……Fax：0415－6194777
……网址：www.jintianmiye.cn
……E-mail：jintianmiye@163.com

### 银丰米业发展有限公司
地址：辽宁省鞍山市台安县富家镇本街
……负责人：蒲洪志
……Tel：0412－4634999
13804125868

### 东港市宏达物资贸易有限公司
业务：渔港、滩涂养殖、捕捞、特种养殖
产品：海产品、螃蟹、贝类、虾爬、近海鱼类、特种野猪
地址：辽宁省东港市新兴路8号
……负责人：于希忠　邮　编：118300
……法　人：于希忠
……Tel：0415－7173698
……Fax：0415－7173696

### 长海县宏兴农牧养殖有限公司
业务：长海县宏兴农牧养殖有限公司成立于2002年，主要养殖鸡、猪、牛、羊，种植大棚蔬菜。
地址：辽宁省大连市长海县海洋乡盐场村
……邮　编：114524
……法　人：王兆洪
……Tel：0411－89788162

### 清原博达秸秆综合利用加工厂
业务：生产育肥牛羊的饲料
地址：辽宁省抚顺市清原满族自治县大孤家镇王大堡村
……负责人：张正明　邮　编：113300
……法　人：张正明
……Tel：0413－3584485

### 岫岩满族自治县大营子华楠养殖有限公司
地址：辽宁省鞍山市岫岩满族自治县大营子镇庙岭村
……负责人：吴锦雄
……Tel：0412－7722669

### 抚顺市清原县南口前清南绿色土特产品经销处
业务：农副土特产品经营，蛤蟆油
地址：辽宁省抚顺市清原满族自治县南口前镇街里
……负责人：王丽娟　邮　编：113000
……法　人：王丽娟
……Tel：13504132895
0413－3266700

### 大连博大饲料有限公司
业务：大连博大饲料有限公司专业从事饲料加工、特种养殖，拥有高效稳定的产品质量，可以满足高端客户的需求，真诚与你合作！
地址：辽宁省大连市庄河市明阳镇永胜村玉皇庙屯
……负责人：高浦森……邮　编：116400
……法　人：高浦森
……Tel：0411－89480532

### 生态农业体验园
业务：土地领养
地址：辽宁省抚顺市顺城区会元乡砖台村
……负责人：祝树文　邮　编：113102
……法　人：祝树文
……Tel：13942367884
0413－4078088

### 海宇柞蚕丝业有限公司
地址：辽宁省鞍山市岫岩满族自治县红旗营子乡塘坊村
……负责人：曹永巡
……Tel：0412－3287169
13909802269

### 阜新市新邱区利群养猪专业合作社
业务：养殖生猪
地址：辽宁省阜新市新邱区长营子镇胜利村
……负责人：谭爱武　邮　编：123000
……法　人：谭爱武
……Tel：13904987835
0418－3855986

### 江城制米厂
业务：江城制米厂成立于2001年，主要从事大米加工和销售。
地址：辽宁省丹东东港市椅圈镇吴家村
……邮　编：118300
……法　人：栾先国
……Tel：0415－7827036
……Fax：0415－7827036

### 彰武县长青牧业有限公司
业务：畜牧业
地址：辽宁省阜新市彰武县兴隆山乡老虎村三合屯65号
……负责人：张旭　邮　编：123000
……法　人：张旭
……Tel：0418－7868083
13795020868

### 岫岩满族自治县九华渔禽养殖业有限公司
地址：辽宁省鞍山市岫岩满族自治县前营镇老爷庙村
……负责人：李秀杰

Tel:0412－7963999

## 盖州市暖泉富园绿色水果基地
业务:种植苹果、梨,养殖牛、羊、猪等
地址:辽宁省盖州市暖泉镇方屯村
负责人:崔玉祥 邮 编:115200
法 人:崔玉祥
Tel:13940723688
0417－7745766

**荣兴农业生产资料有限公司**
地址:辽宁省大连普兰店市中心路178－2号
负责人:路兴福
Tel:13304114490

## 海城市南台粮库
业务:粮食收购,储存,加工,销售
地址:辽宁省海城市南台镇铁东辽宁省海城市南台镇树林子街道三组一1号
负责人:李春元 邮 编:114200
法 人:李春元
Tel:0412－3552339

## 东港宏佳水产养殖有限公司
业务:东港鸿佳水产养殖有限公司从事养殖孵化销售各种水产品,货物进出口,加工销售水产品和农副产品,欢迎新老客户来电洽谈业务。
地址:辽宁省丹东市东港市黄土坎农场大圈码头
负责人:范洪成 邮 编:118306
法 人:范洪成
Tel:0415－7828966
7822777
Fax:0415－7822441
网址:www.dghjsc.com
E-mail:fanhongcheng3336888@126.com

## 锦州市祥泰牧业有限公司
业务:猪饲料生产和销售,养殖和销售生猪
产品:生猪、饲料
地址:辽宁省锦州市黑山县半拉门镇本街168号
负责人:王静忠 邮 编:121000
法 人:王静忠
Tel:13940602333
0416－5439933
5439911

**大连保税区汇达饲料销售有限公司**
地址:辽宁省大连市大连港大窑湾港务公司办公楼一楼
负责人:周力音
Tel:0411－86427798

## 凌海市恒通米业有限责任公司
业务:种植和销售各类粮米
产品:粮米
地址:辽宁省锦州市凌海市建业乡平安村
负责人:赵贵东 邮 编:121200
法 人:赵贵东
Tel:0416－8632000
网址:http://www.51zzt.com/userzzt35396

**大连腾昇牧业有限公司**
地址:辽宁省大连市金州区华家屯镇新石村
负责人:刘岱
Tel:0411－83787480

## 开原市宏田园林苗圃
业务:种植销售乔木、灌木、须根花卉
产品:五角枫,油松,樟子松,银杉,榆叶梅,丁香,水蜡(小叶女贞),大花萱草,金娃娃,福禄考等
地址:辽宁省开原市靠山镇黄家屯村二组
负责人:田德生 邮 编:112000
法 人:田德生
Tel:0410－3317248
13941048248

## 丹东市振安区元宝农业生产资料商场
业务:我公司成立于1987年,主要从事农药销售,公司本着质量第一,用户第一的原则,努力开拓市场。欢迎新老客户光临惠顾!
地址:辽宁省丹东市振安区珍珠街珍珠泡车站(加油站对面)
负责人:王桂斌 邮 编:118001
Tel:0415－4141218
Fax:0415－4145474

## 兴海牛奶专业合作社
业务:牛奶的销售
地址:辽宁省辽阳市太子河区祁家镇杨林子村
负责人:李奎 邮 编:111000
法 人:李奎
Tel:13504192657
0419－2190533

**大连六国农资有限公司**
地址:辽宁省大连市开发区红梅小区36#2－2－1
**董坤**
Tel:0411－82732401

**瑞隆米业有限公司**
地址:辽宁省抚顺市经济开发区大南经济区小瓦村
负责人:杨春清
Tel:0413－6632989
13019669099

## 凌海市金刚养猪专业合作社
业务:生猪、母猪养殖
产品:生猪、母猪
地址:辽宁省凌海市双羊镇王满村
负责人:宋金刚 邮 编:121213
法 人:宋金刚
Tel:13941657123
13841682008
0416－8305028

**大连亚泰水貂养殖有限公司**
地址:辽宁省大连市旅顺口区江西街道大口井村
负责人:张惠英
Tel:0411－86228829

## 辽中县利民水稻种植专业合作社
业务:水稻种植
地址:辽宁省沈阳市辽中县冷子堡镇冷后村
负责人:喜春宏 邮 编:110202
法 人:喜春宏
Tel:13940049491

## 抚顺宏业牧业有限公司
业务:抚顺宏业牧业有限公司成立于2005年7月,现有员工70余人,从事生猪饲养、有机肥加工。欢迎广大新老客户来电来函咨询,洽谈业务。
地址:辽宁省抚顺市抚顺县章党镇石门岭村
邮 编:113007
法 人:刘志刚
Tel:0413－4550436
Fax:0413－4550436

## 沈阳市广相辣根种植专业合作社
业务:种植、加工、销售辣根
地址:辽宁省沈阳市辽中县辽中镇敖司牛村
负责人:赵广岩 邮 编:110013
法 人:赵广岩
Tel:13998363852
024－87893376

**大连绿嘉侬畜牧养殖有限公司**
地址:辽宁省大连市瓦房店市谢屯镇沙山村
负责人:王晓寒
Tel:0411－85225858

## 沈阳市精承粮食烘干厂
业务:粮食收购,及烘干
产品:玉米
地址:辽宁省沈阳市苏家屯区陈相屯镇大英守村
负责人:李广飞 邮 编:110012
法 人:李广飞
Tel:024－89576111
Fax:024－89576111

**大连中储粮油有限责任公司**
地址:辽宁省大连市中山区丹东街53－1号良运紫阁18楼
负责人:贺新田
Tel:0411－86537666

## 昌图县金象饲料有限公司
业务:饲料的生产与销售
地址:辽宁省铁岭市昌图县三江口镇海丰村
负责人:宋占秋 邮 编:112000
法 人:宋占秋
Tel:0410－5197888
15184121888

## 绥中县殿新葡萄苗种植中心
业务:本基地是农业科学院果树研究所于1985年3月设立的葡萄品种培育引进试验推广基地。主要生产销售红提,香悦等二十余种葡萄苗。多年来,基地生产的大量葡萄苗木销往全国各地,以品种、苗木质量好,信誉高深受广大用户的好评。
地址:辽宁省葫芦岛市绥中县小庄子镇宝昌村
负责人:张殿新 邮 编:125201
法 人:张殿新
Tel:0429－6589043

## 铁岭县昌兴农产品进出口有限公司
业务:农产品进出口业务
产品:粮食、水果、蔬菜、坚果等
地址:辽宁省铁岭市银州区工人街铁岭县农村经济委员会
负责人:李崇业 邮 编:112000
法 人:李崇业
Tel:0410－4850221
13704105559

**大连汇成粮油有限公司**
地址:辽宁省大连市中山区人民路23号虹源大厦3203室
负责人:刘本刚
Tel:0411－82580611

**大连天辅水产养殖有限公司**
地址:辽宁省大连市庄河市栗子房镇双庙村
负责人:范安梁
Tel:0411－83450289

## 新民市守印种植专业合作社
业务:种植葵瓜、西瓜
地址:辽宁省新民市梁山镇梁山村
负责人:孙守印 邮 编:110311
法 人:孙守印
Tel:024－87571360
13940494615
Fax:024－87571933

**忠德粮米加工厂**
地址:辽宁省大连庄河市青堆镇周山咀于屯
负责人:王金德
Tel:0411－89304086
13940915224

## 沈阳市于洪区义文饲料厂
业务:于洪区义文饲料厂成立于2005年,生产各类饲料,适用猪、牛、羊、鱼、家禽等,欢迎来电洽谈业务。
地址:辽宁省沈阳市于洪区马三家镇范屯村
负责人:白晶 邮 编:110145
法 人:白晶
Tel:024－89215600

**永宏米业加工厂**
地址:辽宁省大石桥市旗口镇新开河村
负责人:王永宏
Tel:0417－5071365
13940773611

**粮米加工厂**
地址:辽宁省丹东东港市长山镇富家村
负责人:李远金
Tel:0415－7942678
13332167678

## 沈阳市硕实西瓜专业合作社
业务:西瓜,香瓜,葵花籽的种植销售及种植技术咨询
地址:辽宁省新民市梁山镇团结村
负责人:李士洪 邮 编:110311
法 人:李士洪
Tel:13840106313

**明全粮米加工厂**
地址:辽宁省丹东东港市长山镇金马村
负责人:周明全
Tel:0415－7942093
13941567942

**北方谷丰米业加工厂**
地址:辽宁省丹东东港市马家店镇双山东村
负责人:孙洪福
Tel:0415－7923455
13941541716

**海洋红村浅海养殖开发公司**
地址:辽宁省丹东东港市菩萨庙镇海洋红村
负责人:宋元春
Tel:0415－7709687
13898507288

**抚顺市粒金粒种业有限公司**
地址:辽宁省抚顺市清原满族自治县清原镇站东街
负责人:梁长山
Tel:0413－3051624

**天保辽宁绒山羊种羊场**
地址:辽宁省盖州市榜式卜镇天保村
负责人:程树权
Tel:0417－7781358
13941750678

**李家梁药枣有限公司**
地址:辽宁省海城市毛祁镇赵家沟
负责人:李绪阳
Tel:0412－3353633
13942287799

**绿共荣农资有限公司**
地址:辽宁省锦州凌海市商业街18－1
负责人:罗猛
Tel:13898399895

**富尔康饲料厂**
地址:辽宁省锦州市经济技术开发区杏山街道梁山村
负责人:褚兴春
Tel:0416－3538440
13904162339

**诚鑫清真肉禽有限责任公司**
地址:辽宁省锦州市凌海市双羊镇四方村
负责人:王君成
Tel:0416－8304150
13941673988

**昌正饲料厂**
地址:辽宁省锦州市太和区女儿河乡女儿河村
负责人:王有昌
Tel:0416－3092288
13804164901

**香花槐苗圃**
地址:辽宁省辽阳市太子河区祁家镇朝光村
负责人:文英男
Tel:0419－2190905

**丹顶鹤米厂**
地址:辽宁省盘锦市大洼县荣兴乡海滨村
负责人:汤传俊
Tel:0427－8823386
13804276778
13819703300

**瑞隆粮谷加工厂**
地址:辽宁省盘锦市大洼县田家镇大卜子村
负责人:杨洪俊
Tel:0427－6836946
13065264278

**佳缘米业粮谷加工厂**
地址:辽宁省盘锦市大洼县榆树乡台子前村
负责人:褚宪水
Tel:0427－8834018
13050854488

**沈阳宏展饲料有限公司**
地址:辽宁省沈阳辉山农业高新区三洼社区
负责人:徐合春
Tel:024－88085058

**沈阳万家兴粮油销售中心**
地址:辽宁省沈阳市东陵区凌云街八里卜6里91号
负责人:付洪清
Tel:024－24220056

**沈阳市欧基利亚农业有限公司**
地址:辽宁省沈阳市和平区南京南街192号607
负责人:于伟
Tel:024－81222855

**辽宁芳信米业有限责任公司**
地址:辽宁省沈阳市皇姑区宁山东路29—1号
负责人:崔国华
Tel:024－86846840

**康平县森华农机有限公司**
地址:辽宁省沈阳市康平县康平镇吴斌街
负责人:赵业森
Tel:024－87343323

**双伟米厂**
地址:辽宁省沈阳市辽中县六间房乡梁家村
负责人:刘振坤
Tel:024－87832430
13940503448

**西房身心忠粮食加工厂**
地址:辽宁省沈阳市辽中县牛心坨乡西房身村
负责人:蔺新忠
Tel:024－87918157
13804034393

**振添米业加工厂**
地址:辽宁省沈阳市辽中县乌伯牛乡房身地村
负责人:崔振伟
Tel:024－87861068
13609880668

**鑫禾精米加工厂**
地址:辽宁省沈阳市辽中县乌伯牛乡腰荒地村
负责人:李晓光
Tel:024－87812888
13998112999

**老福粮谷加工厂**
地址:辽宁省沈阳市辽中县杨士岗镇佑户坨村
负责人:曹德福
Tel:024－87993018
13609818868

**沈阳豪仁贸易有限公司**
地址:辽宁省沈阳市沈河区青年大街227号
负责人:梁涛
Tel:024－23985005

## 新民市胡台新农村示范镇养殖开发服务有限公司
业务:肉兔养殖销售
地址:辽宁省新民市光明路29－1号(新民市委斜对面)
负责人:高翔 邮 编:110013
法 人:高翔
Tel:13478151999
024－87854163

**万惠肉鸡加工有限公司**
地址:辽宁省沈阳市苏家屯区八一镇来胜堡村
负责人:万爱光
Tel:024－89848555
13342455789

**万邦饲料厂**
地址:辽宁省沈阳市苏家屯区八一镇仁而村
负责人:阚伟
Tel:024－89848106
13940420966

**沈阳市金穗肥业有限公司**
地址:辽宁省沈阳市苏家屯区大盛路109号
负责人:归连芬
Tel:024－89423166

**沈阳德寰灵芝种植基地**
地址:辽宁省沈阳市苏家屯区沙河镇新立村
负责人:姜刚
Tel:024－89520789

**沈阳市宏盛农业科技开发有限公司**
地址:辽宁省沈阳市新城子区虎石台镇柳岗屯村
负责人:沈宏
Tel:024－88042105

**沈阳兴牧种畜有限公司**
地址:辽宁省沈阳市新城子区清水台镇二道沟村
负责人:张俊清
Tel:024－89751461

**净纯精米加工厂**
地址:辽宁省沈阳市于洪区解放乡达连村
负责人:刘强
Tel:024－89272258
13940455641

**沈阳鑫丰农资有限公司**

地址：辽宁省沈阳市于洪区龙山路 2 号
…………负责人：赵颖奇
…………Tel：024－86118843

**沈阳宝石来饲料厂**
地址：辽宁省沈阳市于洪区沙岭镇后马村
…………负责人：韩淑兰
…………Tel：024－89354882

**富瑞饲料经销处**
地址：辽宁省沈阳市于洪区沈大路 99 号
…………负责人：白静
…………Tel：13840495888

**沈阳恒大农牧产业发展有限公司**
地址：辽宁省沈阳市于洪区杨士乡富官村
…………负责人：夏群
…………Tel：024－89330077

**多多园艺**
地址：辽宁省沈阳市于洪区杨士乡上沙村
…………负责人：多凤珍
…………Tel：024－25355153
13066509229

**双龙花木园艺场**
地址：辽宁省沈阳市于洪区于洪乡北李官村北
…………负责人：芦玉久
…………Tel：024－25302282
13002431298

**铁岭市博历康牧业有限公司**
地址：辽宁省铁岭市昌图县宝力农场二分场
…………负责人：张士龙
…………Tel：0410－5401528

**昌图县兴粮粮食购销部**
地址：辽宁省铁岭市昌图县昌图镇
…………负责人：韩兴龙
…………Tel：13700106150

**铁岭县凡河镇集明粮米加工厂**
地址：辽宁省铁岭市凡河镇古城村
…………负责人：王集明
…………Tel：0410－8840413
13841047436

**开原市民龙粮食贸易有限公司**
地址：辽宁省铁岭市开原市哈大路 2 号
…………负责人：关艳颖
…………Tel：0410－4337577

**新民市福盈天粮食购销有限公司**
地址：辽宁省新民市城区站前西路 77 号
…………负责人：王新宇
…………Tel：024－87503331

**新民市法哈牛镇希伟粮谷加工厂**
地址：辽宁省新民市法哈牛镇法哈牛村
…………负责人：王希伟
…………Tel：024－87701588
13804068376

**沈阳金宝鹅业有限公司**
地址：辽宁省新民市金五台子乡金五台子村
…………负责人：孙长凤
…………Tel：024－87642888

**辽宁省新民市凤合粮米加工厂**
地址：辽宁省新民市金五台子乡皂角树村
…………负责人：赵文臣
…………Tel：024－87648888
13332451679

**沈阳市厚丰粮油经销有限公司**
地址：辽宁省新民市梁山镇顾屯村
…………负责人：王凤芝
…………Tel：024－87853715

**瑞涛禽类收购站**
地址：辽宁省新民市芦屯乡冷冻厂
…………负责人：丁瑞涛
…………Tel：024－87651111
13998852949

**延军粮米加工厂**
地址：辽宁省新民市罗家房乡太平村
…………负责人：徐彦军
…………Tel：024－87489101
13940419838

**山东登海种业股份有限公司新民加工中心**
地址：辽宁省新民市新城街苗圃(前营子村)
…………负责人：辛志刚
…………Tel：024－87530113

**辽南三福米业加工厂**
地址：辽宁省营口大石桥市石佛镇石佛村
…………负责人：董洪福
…………Tel：0417－5099219
13352307918

**双龙粮食贸易有限公司**
地址：辽宁省营口市营口经济技术开发区芦屯镇沙岗台村
…………负责人：姚素红
…………Tel：0417－7249220
13940750377















## 吉林省/Jilin Province

**吉林市昌邑区延发农业机械化服务专业合作社**
业务：农业机械服务
地址：吉林省吉林市昌邑区孤店子镇孤家子村
………负责人：周长印　邮　编：132001
…………法　人：周长印
…………Tel：0432－3588659
15044294184

**吉林省吉惠农牧林发展有限公司**
地址：吉林省白城市胜利西路 1 号
…………负责人：白永革
…………Tel：13159760000

**吉林市昌邑区德辉养牛专业合作社**
业务：养牛
地址：吉林省吉林市昌邑区孤店子镇孤家子村七社
………负责人：刘志昌　邮　编：132001
…………法　人：刘志昌
…………Tel：13894702990
0432－3453266

**镇赉县丹岱乡和尚磨米厂**
业务：镇赉县丹岱乡和尚磨米厂成立于 2004 年，从事大米加工及销售；油糠、壳糠、混糠的销售。欢迎新老客户光临。
地址：吉林省白城市镇赉县丹岱乡新荒户村
…………邮　编：137139
…………法　人：李文山
…………Tel：0436－7871300

**通榆县龙丰种业有限责任公司**
地址：吉林省白城市通榆县开通镇新兴路

负责人：王景龙
Tel:0436－4266622

## 白城市鹤威农机有限公司
业务：农机销售、农资销售
产品：拖拉机、插秧机等，农药、种子、化肥
地址：吉林省白城市经济开发区幸福南大街47－26号
负责人：路鹤 邮 编：137000
法 人：路鹤
Tel:13943602567
0436－3609898
Fax:0436－3609898

## 吉林市经济技术开发区莲花药材种植专业合作社
业务：专业从事规范化中药材种植、收购、饮片加工、销售，技术推广咨询服务，真诚欢迎合作，用心为您服务，与您共创双赢伟业
产品：黄芪及其它中药材
地址：吉林省吉林市经济技术开发区二台子村
负责人：杨军 邮 编：132102
法 人：杨军
Tel:13134449688
网址：www.51zzt.com

## 吉林市昌邑区同心农业机械化服务专业合作社
业务：农业机械服务
地址：吉林省吉林市昌邑区孤店子镇孤店子村七社
负责人：刘忠宝 邮 编：132011
法 人：刘忠宝
Tel:13331500291
0432－3510255

## 吉林市九洲牧业有限公司
业务：猪的养殖、屠宰、加工、销售为一体；为农户提供养殖、种植方面的服务（粮食收储、提供种猪猪苗和饲料等原料）
产品：种猪
地址：吉林省吉林市龙潭区缸窑镇于屯村
负责人：白恩生 邮 编：132000
法 人：白恩生
Tel:13596235390
13089171962

## 白城市洮北区到保镇福兴种植农民专业合作社
业务：杂粮、杂豆、葵花、玉米等农副产品的收购、储存、加工与销售，代销农资产品及瓜果蔬菜
产品：杂粮、杂豆、葵花、玉米等农副产品
地址：吉林省白城市洮北区到保镇复兴村
负责人：辛少辉 邮 编：137000
法 人：辛少辉
Tel:13204428899
0436－7736699
Fax:0436－7736699

## 辉南县鑫达养殖农民专业合作社
业务：专业从事畜牧业养殖、繁育、购销、农产品加工，科学养殖致富是我们的心愿，欢迎您来我地承接业务！
产品：牛、羊、驴
地址：吉林省辉南县庆阳镇庆阳村
负责人：艾福祥 邮 编：135107
法 人：艾福祥
Tel:15834545666

## 吉林市城郊农业生产资料有限责任公司振兴分公司
业务：销售农业生产资料
地址：吉林省吉林市磐石市振兴大街13号门市
负责人：薛久占 邮 编：132001
Tel:13654468058
0432－65863058

## 桦甸市天馨粮食开发有限公司
业务：大米、玉米加工经营
地址：吉林省桦甸市金沙乡农资超市（邮局对面）
负责人：董明鑫 邮 编：132450
法 人：董明鑫
Tel:0432－6893568
网址：http://www.51zzt.com/user/zzt32485

## 吉林省长春市德占粮食加工厂
业务：吉林省长春市德占粮食加工厂主要加工销售精制米、长粒米、豆糠等粮食。我厂长期对外供应，保质保量保信誉，生意不分大小，客户不分远近。以诚待人以信誉创市场。
地址：吉林省长春市九台市龙家堡镇临河村4社
邮 编：130504
法 人：孙德占

Tel:0431－2528181
Fax:0431－2528181

## 宏伟米业有限公司
地址：吉林省白城市镇赉县嘎什根乡宏伟米业有限公司
负责人：杨洪伟
Tel:0436－7861777
13039367171

## 吉林市金土地农业生产资料有限责任公司岔路河分公司
业务：化肥、种子、农药经销
地址：吉林省吉林市永吉县岔路河镇古城大街畜牧站商住楼
负责人：林明顺 邮 编：132200
法 人：林明顺
Tel:15948506285
0432－4111255

## 白城市洮北区德顺乡益农专业合作社
业务：种植水稻，农药、化肥的销售，收购农副产品
地址：吉林省白城市洮北区德顺乡全保村
负责人：张连文 邮 编：130200
法 人：张连文
Tel:15943695565
网址：http://www.51zzt.com/user/zzt32693

## 卧龙精米加工厂
业务：粮食收购、加工销售，主要产品有大米
地址：吉林省长春市双阳区齐家镇卧龙村
邮 编：130600
法 人：王绍平
Tel:0431－4182668
13578960217
Fax:0431－4182668

## 吉林市谷仓农副产品开发有限责任公司
业务：玉米、大米等粮食加工、批发，五谷杂粮批发
地址：吉林省吉林市永吉县口前镇吉桦路1－4－50－291
负责人：程思博 邮 编：132200
法 人：程思博
Tel:15948644557
0432－4307357
4307367

## 桦甸市秀水水稻种植专业合作社
业务：有机水稻种植，加工，销售
地址：吉林省桦甸市公吉乡建华村
负责人：都甫律 邮 编：132400
法 人：都甫律
Tel:13844277397
0432－6442777

## 长白朝鲜族自治县农业产业协会
地址：吉林省白山市长白朝鲜族自治县长白镇长白大街51号
负责人：刘占胜
Tel:0439－8236050

## 松林农资经销处
业务：化肥、农药、种子销售；农业技术咨询指导服务
地址：吉林省白城市洮北区金祥乡平顶村
负责人：杨松林 邮 编：137000
法 人：杨松林
Tel:0436－3948696
13500838829

## 永吉县绿源甜粘玉米种植农民专业合作社
业务：甜粘玉米种植、销售
地址：吉林省吉林市永吉县西阳镇红石村八社
负责人：苏立新 邮 编：132201
法 人：苏立新
Tel:0432－6140555
13634421366

## 和龙市东城兴民水稻种植专业合作社
业务：种植水稻
地址：吉林省和龙市东城镇太兴村
负责人：申东万 邮 编：133000
法 人：申东万
Tel:0433－4817188
13304466828
13324488822

## 白山爱德华参茸有限公司
业务：白山爱德华参茸有限公司成立于2006年3月，是一家种植、生产、加工、销售一条龙服务的公司。主要产品有：人参、鹿茸、林蛙油、野山参、中草药材、土特产品等。"质量第一，信誉至上"，竭诚欢迎您的光临、惠顾！

地址：吉林省抚松县万良镇万福村
负责人：杨树华 邮 编：134521
法 人：杨树华
Tel:0439－6811258

## 集安市鸭绿江生态养殖专业合作社
业务：水产养殖、销售
产品：鸭绿江野生鲤鱼
地址：吉林省集安市市医院保卫科
负责人：接厚利 邮 编：134001
Tel:15943566666
0435－6677788

## 友谊花生农民专业合作社
业务：收购、种植、销售花生
产品：生、熟花生
地址：吉林省白城市洮北区三合乡八青村孟家窝棚屯
负责人：李铁 邮 编：137000
法 人：李铁
Tel:13674360333
0436－3935947

## 吉林省长白经济开发区长白药用植物研究所
地址：吉林省白山市长白朝鲜族自治县长白镇江滨路53号
负责人：张玉梅
Tel:13843984241

## 公主岭市诚辉农民专业合作社
业务：种植蔬菜、养殖猪和牛等
地址：吉林省公主岭市永发乡新发村3屯
负责人：王显达 邮 编：136000
法 人：王显达
Tel:13504443621
0434－6766788
网址：http://www.51zzt.com/user/zzt33293

## 集安市成利东北药材种植专业合作社
业务：致力于东北中药材规范化种植、加工、购销以及技术推广咨询服务，真诚欢迎合作，用心为您服务！
产品：东北地产中药材（二、三类中药材）穿山龙等
地址：吉林省集安市头道镇娄子沟村
负责人：赵成利 邮 编：134211
法 人：赵成利
Tel:0435－6623758
13943544839
网址：www.dbcsl.com
E-mail:zcl9866@126.com

## 金广米业加工厂
地址：吉林省长春德惠市岔路口镇莲花村前拉拉屯
负责人：孙海峰
Tel:0431－87546020
13643663845

## 吉林省白城市洮南市金源农资商店
业务：化肥，农药，种子等农资销售
地址：吉林省白城市洮南市安定镇新光村王家
负责人：王维佳 邮 编：137000
法 人：王维佳
Tel:0436－6725999

## 蛟河市财丰农机专业合作社
业务：农机服务、农机推广
地址：吉林省蛟河市河南街新胜村杨木林子屯
负责人：左敬 邮 编：132500
法 人：左敬
Tel:15943255677
0432－67254833

## 公主岭市龙山综合养殖场（种猪繁育基地）
业务：种猪的养殖、繁育和销售，品种有美系"长白"、"大白"、"杜洛克"、"二元"种猪，商品仔猪
产品：美系"长白"、"大白"、"杜洛克"、"二元"种猪，商品仔猪
地址：吉林省公主岭市龙山乡民族村五屯
负责人：王化军 邮 编：136100
法 人：王化军
Tel:15944420196
13694497675
15044425858
15143447262

## 梨树县海信粮食购销有限公司
业务：梨树县海信粮食购销有限公司位于梨树镇苗甫村，公司成立于2005年，是一家从事粮食购销的公司，以玉米收购为主。价格合理，欢迎新老客户惠顾！
地址：吉林省四平市梨树县梨树镇苗甫村
邮 编：136500

法 人：常景海
Tel:0434－5228188
网址：www.jlhx.chinapyp.com

## 树财米业加工厂
地址：吉林省长春德惠市岔路口镇南长沟村
负责人：张树才
Tel:0431－87542606
13943072887

## 蛟河市新农泉臻农副产品专业合作社
业务：销售农作物种子、化肥及农药
地址：吉林省蛟河市新农街道关门村下甸子屯
负责人：付正伟 邮 编：132521
法 人：付正伟
Tel:13664422691
0432－7112601
E-mail:fuzhengwei1980@163.com

## 洮南市为民杂粮杂豆专业合作社分社
业务：玉米、绿豆、高粱、西瓜等
地址：吉林省白城市洮南市黑水镇东安村
负责人：杨洪艳 邮 编：130200
法 人：杨洪艳
Tel:13894641967
0436－6716025

## 桦丰米业
地址：吉林省长春德惠市岔路口镇张家村电站
负责人：张忠友
Tel:0431－87540251
13944970588

## 长春丰成畜牧养殖有限公司
业务：出售种兔、商品兔
地址：吉林省九台市土们岭镇土们岭村三社
负责人：霍奎富 邮 编：130061
法 人：霍奎富
Tel:13843034922

## 公主岭国家农业科技园区润田作物育种研究所
业务：大豆、玉米、高粱、水稻种子的研究与经营，化肥、农药的销售
产品：大豆、玉米、高粱、水稻种子
地址：吉林省公主岭市国家农业科技园区铁北交通小区
负责人：杨国辉 邮 编：136100
法 人：杨国辉
Tel:13214441857
E-mail:dou0101@yahoo.com.cn

## 昌盛米业加工厂
地址：吉林省长春德惠市朝阳乡半拉山村一社
负责人：张井昌
Tel:13943174055

## 九台市苇子沟镇互助种植业农民专业合作社
业务：种植粮食
地址：吉林省九台市苇子沟镇新开村2组
负责人：武福臣 邮 编：130518
法 人：武福臣
Tel:13756219068
0431－82113889

## 通榆县鸿兴镇文牛家禽养殖专业合作社
业务：家禽养殖
地址：吉林省白城市通榆县鸿兴镇文牛村大岗子农场
负责人：陈守军 邮 编：137200
法 人：陈守军
Tel:13843649992
15944649992

## 延边高山野生植物开发有限公司和龙科研基地
业务：延边高山野生植物开发有限公司和龙科研基地成立于2004年，是一家生产纯中药、戒毒药品、醒酒液、保肝药等。基地现有员工80余人，都已具备良好的实践操作技能和成熟的项目开发经验。我们将为国内外各中药制剂和中药提取企业提供优质的产品，共同发展中药行业。
地址：吉林省延边朝鲜族自治州和龙市龙城镇富兴村
邮 编：133500
法 人：韩光铉
Tel:0433－4253133
Fax:0433－4253133

## 东丰县鸿源牧业有限公司
业务：养殖与销售猪、鹿、牛、羊
地址：吉林省辽源市东丰县拉拉河镇双福村六组
负责人：张凤春 邮 编：136200
法 人：张凤春
Tel:13674379666

## 绿源米业有限公司
地址：吉林省长春德惠市朝阳乡双合村

负责人:张明月
Tel:0431－8593066
87265900
13364633626

## 公主岭市邦德奶牛养殖专业合作社

业务:养殖奶牛
地址:吉林省公主岭市二十家子镇高台子村
负责人:李志强 邮 编:136000
法 人:李志强
Tel:0434－6331688
15844428111

## 通榆县奥格美移动式沼气发生器制造厂

业务:生产和销售移动式沼气发生器
产品:移动式沼气发生器
地址:吉林省白城市通榆县园林处后院
负责人:杨凯波 邮 编:137200
法 人:杨凯波
Tel:15043649216

## 东丰县二道岗玉米种植专业合作社

业务:集种植、收购、贮藏、加工、运输一条龙服务,销售大米、小麦、玉米。种植面积达二万余亩,所产大米远近闻名,销往全国各地。
产品:绿色大米等
地址:吉林省辽源市东丰县三合乡二道岗村
负责人:朱德良 邮 编:136300
法 人:朱德良
Tel:13766002282
网址:www.51zzt.com/user/zzt41392
E-mail:513774840@qq.com

## 公主岭市行运牧业专业合作社

业务:生猪、种猪养殖,饲料生产销售
地址:吉林省公主岭市大榆树镇怀榆树村一屯
负责人:李树广 邮 编:136100
法 人:李树广
Tel:15004407888
0434－6394777

**吉林省德泰饲料科技发展有限公司**
地址:吉林省长春市朝阳区乐山镇工贸小区
负责人:王德新
Tel:13504306818

## 东丰县生源梅花鹿养殖专业合作社

业务:养殖与销售梅花鹿,加工与销售鹿附产品
产品:鹿肉,排血鹿茸,鹿胎膏,鹿鞭等鹿附产品
地址:吉林省辽源市东丰县小四平镇四平村三组
负责人:胡发军 邮 编:136200
法 人:胡发军
Tel:13943736555
0437－6788159
E-mail:489577251@qq.com

## 镇赉县大岗林场兴发养殖场

业务:养殖法系獭兔、猪(品种:长白、杜洛克、大白)
地址:吉林省白城市镇赉县大岗林场
负责人:尹英武 邮 编:137000
法 人:尹英武
Tel:0436－7743002
13943623936
13943625808
Fax:0436－7743002

**长春市忠诚饲料厂**
地址:吉林省长春市农安县伏龙泉镇
负责人:张淑梅
Tel:0431－83542861

## 东辽县辽河源镇浩铭养殖专业合作社

业务:肉猪养殖、母猪繁殖
地址:吉林省辽源市东辽县辽河源镇永平村八组
负责人:王玉福 邮 编:136200
法 人:王玉福
Tel:15944768888
0437－5197999

## 文全农资商店

业务:农药,化肥,种子等农资批发
地址:吉林省白城市镇赉县大屯镇
负责人:卢文全 邮 编:137000
法 人:卢文全
Tel:13804362072
0436－7837999
Fax:0436－7837999

**吉林澳星海房地产有限公司**

地址:吉林省长春市长春经济技术开发区临河街6177号
负责人:张玉生
Tel:13331660501

## 临江市宏顺农林生态综合开发有限公司

业务:药材种植经营
地址:吉林省临江市桦树镇西南岔村
负责人:张建顺 邮 编:134300
法 人:张建顺
Tel:0439－5827666
5827777

**和英米业加工厂**
地址:吉林省长春榆树市大坡镇西山村东苗家屯
负责人:李太和
Tel:13943151768

## 敦化市丹源农副产品专业合作社

业务:木耳、蘑菇、松子、野菜、人参、鹿茸、粮食供销
地址:吉林省敦化市江源镇新发村
负责人:刘俊江 邮 编:133700
法 人:刘俊江
Tel:0433－6625024
13630660858

**吉丰米业加工厂**
地址:吉林省长春榆树市新庄镇腰新村三组
负责人:马玉吉
Tel:13180876961

## 梅河口市国宇中药材种植有限公司

业务:药材种植
地址:吉林省梅河口市威尼斯花园四号楼
负责人:刘令国 邮 编:135000
法 人:刘令国
Tel:0435－4247155
15143579777

## 镇赉县哈尔淖百合渔业有限公司

业务:水产养殖
地址:吉林省白城市镇赉县大屯镇前杭村
负责人:袁洪江 邮 编:137300
法 人:袁洪江
Tel:13943605089

**吉林市食用菌协会**
地址:吉林省吉林市丰满区吉桦路88号(红旗街)
负责人:赵云库
Tel:0432－62049839

## 磐石市红旗岭镇高飞养殖场

业务:肥猪、商品猪、种猪的养殖和销售
产品:肥猪、商品猪、种猪
地址:吉林省磐石市黑石镇仁和屯
负责人:高飞 邮 编:132311
法 人:高飞
Tel:15947913864

## 敦化市丰产农业机械化生产专业合作社

业务:销售
产品:农业机械、农资
地址:吉林省敦化市航空路6号兴旺农资经销部
负责人:王举福 邮 编:133700
法 人:王举福
Tel:0433－6615202
13944721738

**吉林市民丰饲料有限公司**
地址:吉林省吉林市丰满区朱雀山旅游区15号
负责人:曲忠波
Tel:0432－64690215

## 磐石市牛心镇顺兴肉鸡饲养专业合作社

业务:肉鸡、本鸡的养殖与销售
地址:吉林省磐石市牛心镇长条村长条屯
负责人:李青江 邮 编:132315
法 人:李青江
Tel:13596305379

## 镇赉县鑫兴家禽养殖农民专业合作社

业务:养殖肉鸡、肉鹅,生肉加工
产品:肉鸡、肉鹅
地址:吉林省白城市镇赉县到保农场二分场
负责人:孔德会 邮 编:137000
法 人:孔德会
Tel:15943667209

**吉林市裕农种业有限公司**
地址:吉林省吉林市桦甸市胜利街
负责人:孙文华
Tel:0432－66196256

**东丰县振东饲料加工厂**
地址:吉林省辽源市东丰县南屯基镇南屯基乡

负责人:孙长顺
Tel:0437－6340777

## 磐石市兴旺生猪繁育专业合作社

业务:生猪养殖、销售
产品:生猪、仔猪、育肥猪
地址:吉林省磐石市石咀镇永宁工业小区
负责人:赵贤浩 邮 编:132300
法 人:赵贤浩
Tel:13804442797
0432－5293996

## 敦化市隆祥农机专业合作社

业务:养殖黄牛、生猪,加工大米、玉米等农作物,农用机械的租赁,销售农资
地址:吉林省敦化市官地镇海林村
负责人:翁俊林 邮 编:133000
法 人:翁俊林
Tel:0433－6572033
13104334666
Fax:0433－6572377

## 永顺农业机械化专业合作社

业务:采用大豆四垅夹一沟种植模式,从事农业产业化经营,包括草编厂、炸油厂、绿色韭黄基地、减肥降糖稻基地、畜禽养殖等。
产品:黄豆、玉米、水稻三大作物、无核香甜葡萄、葡萄酒、钙果、韭黄等
地址:吉林省珲春市英安镇向阳村二组
负责人:马树萍 邮 编:133000
法 人:马树萍
Tel:0433－7805824
15943382038

## 临江市同海獭兔养殖场

业务:獭兔养殖
地址:吉林省临江市大湖村
负责人:宿同海 邮 编:134600
法 人:宿同海
Tel:13894099183
0439－5250183

## 吉林省舒兰市鸿达养蜂专业合作社

业务:舒兰市鸿达养蜂专业合作社位于吉林省吉林地区东部。山高林密,植被茂盛。是全国主要的椴树蜜主产区。本社现有合作社成员120人。养蜂8000群。在没有自然灾害的大年,可产纯椴树蜜约500吨。山花粉约40吨。鲜蜂浆约10吨。在本社技术力量强大,组织机构健全,管理严格,依法办社,现面向全国诚招经销商,欢迎各界有识之士加盟本社。本社愿与您精诚合作,携手共创未来。
产品:蜂皇浆,蜂花粉,蜂胶,蜂蜜
地址:吉林省舒兰市小城镇长发村
负责人:张海臣;张建涛 邮 编:132606
法 人:张海臣
Tel:0432－8795488
8795689
13234320268
13196069589

## 长白朝鲜族自治县昌迪土特产有限责任公司

业务:优质大豆、野猪、冷水鱼、中药材、本地鸡、林下参
地址:吉林省白山市长白朝鲜族自治县十二道沟镇外南岔村
负责人:赵国昌 邮 编:134300
法 人:赵国昌
Tel:0439－8852058
13843982697

## 榆树市大坡镇鑫盛米业有限公司

业务:大米加工销售
地址:吉林省榆树市大坡镇镇区四委八组
负责人:胡春光 邮 编:130061
法 人:胡春光
Tel:0431－83899356

## 榆树市鑫农机械种植专业合作社

业务:土地托管
地址:吉林省榆树市五棵树镇盟温站村(原解放村酒厂院内)
负责人:王雨坤 邮 编:130061
法 人:王雨坤
Tel:0431－83812327

**东辽县银丰牧业有限公司**
地址:吉林省辽源市东辽县渭津镇福民村一组
负责人:王绍华
Tel:13843777111

## 双辽市王奔镇东岗村坤旺养殖专业合作社

业务:专业养殖和销售肥猪,销售饲料
产品:肥猪、饲料
地址:吉林省双辽市王奔镇宝山村
负责人:樊坤 邮 编:136400
法 人:樊坤
Tel:13894471855

## 敦化市官地高鑫农资经销处

业务:化肥,农药,种子等农资销售
地址:吉林省敦化市官地南村回字楼
负责人:高玉青 邮 编:133722
法 人:高玉青
Tel:0433－6563699

**奥丰大米加工厂**
地址:吉林省双辽市东明镇前太平三村
负责人:桂连志
Tel:0434－7299988
13894478622

## 公主岭市旭日果品苗木专业合作社

业务:果品销售,苗木种植、销售
地址:吉林省四平市公主岭市陶家屯镇石柱沟村
负责人:徐井先 邮 编:136100
法 人:徐井先
Tel:0434－6717666
13180986945

## 白山市长白县丰收商店

业务:销售粮食、化肥、长白山特色山野菜
地址:吉林省白山市长白县十二道沟镇下二股流村
负责人:陈家国 邮 编:134405
法 人:陈家国
Tel:0439－8853358
15943923358

## 榆树兴盛米业有限公司

业务:生产销售大米
产品:兴盛大米
地址:吉林省榆树市保寿镇
负责人:王书贤 邮 编:130432
法 人:王书贤
Tel:15904445554
0431－83900125

## 榆树市宏洋米业有限公司

业务:大米,水稻加工
地址:吉林省榆树市保寿镇保寿村街道(供销社对过)
负责人:徐向臣 邮 编:130432
法 人:徐向臣
Tel:13159514449
0431－83900069

**公主岭市农研水稻研究所**
地址:吉林省四平市公主岭市南崴子街道
负责人:尹兆国
Tel:0434－6351470

## 梨树县姜湖牧业开发有限公司

业务:专业养殖与销售生猪,是种猪繁育基地,销售化肥和回收杂粮
产品:生猪,化肥和杂粮
地址:吉林省四平市梨树县刘家馆镇镇北委
负责人:姜湖 邮 编:136000
法 人:姜湖
Tel:13944481162
0434－5830162

## 德惠市五台乡殿玉农机服务专业合作社

业务:收割机等农机出租
地址:吉林省德惠市五台乡卢家村一社
负责人:尉殿玉 邮 编:130030
法 人:尉殿玉
Tel:0431－87583063

## 四平市鑫诚粮贸有限公司

业务:水稻、玉米的收购,加工,大米销售,水稻玉米批发
地址:吉林省四平市辽河农垦管理区双辽农场四分场
负责人:王强 邮 编:136408
法 人:王强
Tel:0434－7620772

## 汪清县天桥岭镇吉鑫木制品厂

业务:木材加工,指接材深加工
产品:椴木、啄木、桦木
地址:吉林省延边朝鲜族自治州汪清县天桥岭镇
负责人:张桂娟 邮 编:133000
法 人:张桂娟
Tel:0433－8501222
Fax:0433－8418559

## 盛源鹿场

业务:梅花鹿养殖销售,鹿产品
地址:吉林省延吉市安图县两江镇东江村
负责人:李贵　邮　编:133000
法　人:李贵
Tel:15943362111
0433－5672291

**梨树县金航种业有限公司**
地址:吉林省四平市梨树县梨树镇树文街30号
负责人:马小志
Tel:0434－5244001

## 白山林海生态猪养殖有限公司

业务:专业从事生态猪养殖,公司秉承“绿色、健康、和谐”的经营理念,使猪肉真正做到健康、安全。
产品:生态猪
地址:吉林省白山市抚松县新屯子镇白石岗村
负责人:曹先志　邮　编:134522
Tel:15943944988

## 伊通满族自治县粒丰粮食经销有限公司

业务:玉米
地址:吉林省四平市伊通满族自治县大孤山镇聂家村
负责人:张喜彬　邮　编:130700
法　人:张喜彬
Tel:13844499352
0434－4400136

**鑫鑫源粮食加工厂**
地址:吉林省四平市梨树县梨树镇西八大村
负责人:汲桂芬
Tel:13904348738
13321434510

## 珲春市孟岭富硒苹果专业合作社

业务:苹果种植与销售
产品:富硒、寒富苹果
地址:吉林省延边朝鲜族自治州珲春市板石镇孟岭村1组
负责人:李虎植　邮　编:133007
法　人:李虎植
Tel:13944353143
0433－7849033
Fax:0433－7849033

## 珲春市双营人参种植专业合作社

业务:人参种植加工
地址:吉林省延边朝鲜族自治州珲春市马川子乡五一村
负责人:马桂营　邮　编:133000
法　人:马桂营
Tel:0433－7832220
13039094333

## 德惠市宏达现代农机服务专业合作社

业务:承揽各种农田作业,大、中型农机具租赁
地址:吉林省德惠市惠发街朱家村七社
负责人:李井泉　邮　编:130300
法　人:李井泉
Tel:0431－87205699
Fax:0431－87205699

## 长岭县利农生态养猪发展专业合作社

业务:生猪养殖与销售
产品:东北民猪、内三元、外三元
地址:吉林省松原市长岭县北市场北门对过一中楼14号门
负责人:刘利　邮　编:131500
法　人:刘利
Tel:0438－7222795
13756730599

**辽河垦管理区东宝大米加工厂**
地址:吉林省四平市梨树县小宽农场后高家屯
负责人:宋清
Tel:0434－5802180
13904348120
13843440837

## 靖宇县花园口镇宏强品种牛养殖专业合作社

业务:养殖和销售牛,品种有草原红牛、西门塔尔牛、奶牛及种牛
产品:草原红牛、西门塔尔牛、奶牛及种牛
地址:吉林省白山市靖宇县花园口镇榆树川村
负责人:马强　邮　编:134300
法　人:马强
Tel:15943947777
0439－7899111

## 长岭县效起粮食贸易有限公司

业务:玉米收购
地址:吉林省松原市长岭县太平山镇
负责人:陈勇　邮　编:131529
法　人:陈勇
Tel:13694489999
0438－7644222

## 和龙市高产农作物种植专业合作社

业务:粮食作物种植、销售
产品:大豆、玉米
地址:吉林省延边朝鲜族自治州和龙市南坪镇高产村
负责人:牟善良　邮　编:133512
法　人:牟善良
Tel:0433－4717013
15943322842

## 和龙市龙源远程农作物种植专业合作社

业务:水稻,苞米种植销售
地址:吉林省延边朝鲜族自治州和龙市头道镇龙源村
负责人:黄明善　邮　编:133500
法　人:黄明善
Tel:0433－4821132
网址:http://www.51zzt.com/user/zzt30152

**伊通满族自治县大岭白灰有限公司**
地址:吉林省四平市伊通满族自治县伊丹镇大岭村
负责人:邢亚明
Tel:13804301127

## 德惠市郭家镇海洋生猪养殖场

业务:生猪养殖、加工、销售
产品:提供优质的杜洛克、长白、大白纯种猪,二元母猪,子猪
地址:吉林省德惠市郭家镇
负责人:王海洋　邮　编:130300
法　人:王海洋
Tel:13364638177

## 长岭县井良黄牛养殖农民专业合作社

业务:养殖、销售
产品:育肥羊、黄牛
地址:吉林省松原市长岭县新安镇八方村
负责人:孙井良　邮　编:138000
法　人:孙井良
Tel:13756779932
0438－7580858

**宝山粮米加工厂**
地址:吉林省四平双辽市双山镇
负责人:张宝山
Tel:0434－7511821
13944430686

## 德惠市大众养殖有限公司

业务:养殖猪
地址:吉林省长春德惠市大房身镇东三家子村四社
负责人:耿桂申　邮　编:130061
法　人:耿桂申
Tel:15948140499

## 长岭县扶农三樱椒萝卜条农民专业合作社

业务:萝卜条,辣椒收购与销售
地址:吉林省松原市长岭县腰坨子乡排子山村
负责人:孟祥玉　邮　编:135000
法　人:孟祥玉
Tel:0438－7843508
15944842889

## 敦化市上石农业机械化生产专业合作社

业务:农业拖车销售
地址:吉林省延边朝鲜族自治州敦化市江南镇上石村
负责人:徐桂文　邮　编:133000
法　人:徐桂文
Tel:13596550910
15143343511

## 敦化市兴旺农业机械化生产专业合作社

业务:农业机械化生产服务
地址:吉林省延边朝鲜族自治州敦化市雁鸣湖镇前进村
负责人:颜廷福　邮　编:133000
法　人:颜廷福
Tel:0433－6647868
13944785722

**德鑫米业**
地址:吉林省松泉市前郭县平凤乡王家围子屯
负责人:刘焕臣
Tel:0438－2857180
13596936537

## 大安市东升养猪农民专业合作社

业务:肉猪成猪,仔猪的养殖销售
地址:吉林省大安市四棵树乡三合村下坡屯
负责人:王忠生　邮　编:131300
法　人:王忠生
Tel:0436－5310486
13204438111

## 前郭县长山镇生态园养殖场

业务:种猪、商品猪养殖
地址:吉林省松原市长山镇四克基村
负责人:付平　邮　编:138000
法　人:付平
Tel:13894915990
13894992430

## 吉林省安图县瑞丰农业生产资料有限公司松江经销部

业务:专营农药、化肥、种子,免费提供测土施肥,病虫害诊断服务!
产品:化肥农药种子
地址:吉林省延边朝鲜族自治州安图县松江镇
邮　编:133600
法　人:刘顺卫
Tel:0433－5682609
13039188889

## 敦化市仁河农业机械化生产专业合作社

业务:购销农业大型机械
地址:吉林省延边朝鲜族自治州敦化市官地镇仁河村委会
负责人:郑德福　邮　编:133000
法　人:郑德福
Tel:0433－6761957
13694335535

**前郭县鑫原牧业有限公司**
地址:吉林省松原市长岭县鲜丰小区
负责人:张淑文
Tel:13894159109

## 经济技术开发区连贵养殖设备经销处

业务:鸡笼、兔笼等各样笼
地址:吉林省长春市经济技术开发区兴隆山镇分水村
负责人:孙连贵　邮　编:130000
法　人:孙连贵
Tel:13756693108
0431－84733463

## 扶余县宏业农资有限责任公司

业务:销售农资产品
产品:农资产品
地址:吉林省松原市扶余县三岔河镇道西街
负责人:温力锋　邮　编:138000
法　人:温力锋
Tel:13943846337

## 敦化市湖东农业机械化生产专业合作社

业务:有各种拖拉机、育秧机、收割机、脱粒机和与之配套的农机具,为农业生产提供农机作业服务,以服务好三农为宗旨,促进农业增效,农民增收。
地址:吉林省延边朝鲜自治州敦化市雁鸣湖镇湖东村
负责人:李纯宏　邮　编:133724
法　人:李纯宏
Tel:0433－6647924

## 安图县两江镇顺义养殖专业合作社

业务:养殖业
地址:吉林省延边朝鲜族自治州安图县两江镇石人沟村
负责人:姜志堂　邮　编:133000
法　人:姜志堂
Tel:0433－5677558
13614333529

## 大安市龙沼志勤养殖专业合作社

业务:以生猪养殖为主,母猪繁殖,另养牛、羊,家禽
产品:猪,牛,羊,家禽
地址:吉林省大安市龙沼镇太平村
负责人:田志勤　邮　编:137000
法　人:田志勤
Tel:13504365548
0436－5646777
Fax:0456－5646027

**长岭县福田绿源农业发展有限公司**
地址:吉林省松原市前郭尔罗斯蒙古族自治县太平山镇
负责人:王福田
Tel:13944801961

## 扶余县广军花生农民专业合作社

业务:花生、绿豆、黄豆、红小豆等产品大批量批发,有需要打手机咨询
地址:吉林省松原市扶余县三井子镇内
负责人:张广军　邮　编:138000
法　人:张广军
Tel:13604386089
0438－5651305

## 通化县金海鸭养殖有限公司

业务:肉鸭养殖
地址:吉林省通化市通化县东安村
负责人:金永海　邮　编:134100
法　人:金永海
Tel:15843507666
13944513336

## 图们市长安镇龙家养殖基地

业务:养殖种羊、优质羊、肉羊
产品:绵羊、绒山羊
地址:吉林省图们市长安镇龙家村蒙古乐园
负责人:李长柏　邮　编:133100
法　人:李长柏
Tel:15943367768
13019185888

**昱丰米业**
地址:吉林省松原市前郭县红光农场十一分场
负责人:王金山
Tel:0438－2511567
13843849817

## 九台市龙嘉镇士强蛋鸡养殖农民专业合作社

业务:养殖蛋鸡、鸡蛋销售
地址:吉林省长春市九台市龙嘉镇泉眼村6组
负责人:方士强　邮　编:130504
法　人:方士强
Tel:13364619077
0431－82526463

## 扶余县国红农产品专业合作社

业务:农产品的销售
地址:吉林省松原市扶余县社里乡赵家村2社
负责人:王国红　邮　编:138000
法　人:王国红
Tel:13596906188
0438－5639999

## 辉南县鑫达养殖农民专业合作社

产品:牛、驴、羊养殖
地址:吉林省通化市上辉南县庆阳镇庆阳村
负责人:艾福祥　邮　编:135107
法　人:艾福祥
Tel:15834545666

## 吉林省通化市辉南县石道河镇强牧牧业养猪场

业务:养殖与销售肉猪
产品:肉猪
地址:吉林省通化市石道河镇大场园村
负责人:王世囡　邮　编:134000
法　人:王世囡
Tel:0435－8770300

**金玉米业**
地址:吉林省松原市前郭县吉拉吐乡扎拉吐村
负责人:张宝平
Tel:0438－2354366
13089267446

## 长春市和发祥水稻种植农民专业合作社

业务:水稻种植,农机发展大户
地址:吉林省长春市齐家镇官地村前官地屯
负责人:王志军　邮　编:130605
法　人:王志军
Tel:13578806780
Fax:0431－84182405

## 松原市宁江区青春养殖专业合作社

业务:欧洲赛狗,东北猎犬,绿色商标育肥牛,育肥猪
地址:吉林省松原市宁江区毛都站镇呀木吐村
负责人:宋青春　邮　编:138000
法　人:宋青春
Tel:0438－6132217
Fax:0438－6132888

**吉林集安市绿茵种植养殖专业合作社**
业务：养殖鱼、种植罂粟、树苗
地址：吉林省通化市集安市台上镇荒岔子村
负责人：苗学贞　邮　编：134001
法　人：苗学贞
Tel：13894589108

**通化市新兴肥料销售有限公司圣水经销处**
业务：销售各类农资产品
产品：农资产品
地址：吉林省通化市柳河县圣水镇
负责人：王开录　邮　编：134000
法　人：王开录
Tel：13766151997

**兴隆镇诚信农用物质经销处**
业务：化肥、农药的销售
产品：尿素、复合肥
地址：吉林省长春市九台市兴隆镇头道村2组
负责人：柳刚　邮　编：130000
法　人：柳刚
Tel：13756329000
0431－82597279

**松原市林丰饲料有限公司**
业务：各种饲料的配料销售，骨粉、羽毛粉、动物油、血粉、玉米副产品
地址：吉林省松原市宁江区文化街
负责人：刘爽　邮　编：138000
法　人：刘爽
Tel：0438－3163121
13596960050
Fax：0438－3163121

**长兴粮米加工厂**
地址：吉林省通化市辉南县杉松岗镇粮库北侧
负责人：沈长兴
Tel：0435－8762488
13804456637

**辉南县龙岗天麻种植专业合作社**
业务：天麻种植，加工，销售
产品：天麻种子，菌种及商品麻
地址：吉林省通化市辉南县样子哨镇万宝村
负责人：曹全有　邮　编：135123
法　人：曹全有
Tel：0435－8834037
13844522521
Fax：0435－8834037

**华夏种业**
业务：玉米种子批零
地址：吉林省长春市农安县站前街好望角对面
负责人：夏洪芳　邮　编：130200
法　人：李少华
Tel：0431－83234049
86971797
网址：www.huaxiazhongyu.163.com

**前郭县查干花种畜场六五养殖场**
业务：牛羊养殖与销售
产品：牛羊
地址：吉林省松原市前郭县查干花种畜场
负责人：徐连波　邮　编：138000
法　人：徐连波
Tel：13843818100

**辉南县天源食用菌有限责任公司**
业务：各种食用菌、菌种的种植、加工与销售
产品：各种食用菌、菌种
地址：吉林省通化市辉南县石道河镇农科站
负责人：袁均臣　邮　编：135108
法　人：袁均臣
Tel：13604352822
0435－8773513
Fax：0435－8773513
E-mail：jihnyjc@163.com

**农安县忠义肉鸡养殖专业合作社**
业务：饲料鸡的养殖与销售
地址：吉林省长春市农安县哈拉海镇街内（信用社西侧20米处）
负责人：刘忠义　邮　编：130204
法　人：刘忠义
Tel：13211777777
0431－83134880

**通化县吉兴化肥种业有限公司柳河分公司**
地址：吉林省通化市柳河县柳河镇前进街

负责人：庄乾坤
Tel：13843555258

**辉南县石道河镇通用养殖合作社**
业务：养殖梅花鹿、山鸡、野猪
产品：鹿茸，山鸡，野猪肉
地址：吉林省通化市辉南县石道河镇
负责人：于洪伟　邮　编：134001
法　人：于洪伟
Tel：13804456799
0435－8772999

**前郭县树全农业发展有限公司**
业务：水稻物资
产品：硫酸（农用），水田塑料池埂，种子，农药，化肥
地址：吉林省松原市前郭县红光农场
负责人：刘树全　邮　编：138000
法　人：刘树全
Tel：13894101265

**农安县天地缘农资经销处**
业务：专业经营农业生产资料，批发零售各种进口、国产农药，种子、化肥、农机具，免费测土，配方施肥，我们将以高效、周到的服务让您满意！
产品：种子，化肥，农药，农机具
地址：吉林省长春市农安县新农乡街内（供销社西侧200米处）
负责人：郭向文　邮　编：130220
法　人：郭向文
Tel：0431－83339755
15543626678
13174355353

**艳波化肥农药经销处**
业务：农药化肥代理销售
地址：吉林省松原市前郭县莲花泡农场
负责人：蒲艳波　邮　编：138000
法　人：蒲艳波
Tel：0438－2500092
13894998584

**敦化市九牛长白生态牧业有限责任公司**
地址：吉林省延边朝鲜族自治州敦化市秋梨沟
负责人：姜雨杉
Tel：13843229000

**洮南市天隆农产品有限公司**
业务：农产品加工销售（主要是出口），大粮收购、粮食深加工
地址：吉林省洮南市铁东洮白公路东侧
负责人：王春生　邮　编：137100
法　人：王春生
Tel：15843626880
0436－6222222

**农安县德盛农牧专业合作社**
业务：猪，鸡的养殖
地址：吉林省长春市农安县农安镇朝阳坡村7社
负责人：徐丰侠　邮　编：130200
法　人：徐丰侠
Tel：13578950971
13578611913
网址：http://www.51zzt.com/user/zzt408682product.htm

**前郭县平凤乡洪涛农资商店**
业务：零售批发化肥，农药
产品：农药
地址：吉林省松原市前郭县平凤乡郭家村
负责人：许洪涛　邮　编：138000
法　人：许洪涛
Tel：15844834408
13894133181

**洮南市黑水镇春雨西瓜专业合作社**
业务：销售西瓜种子、瓜肥
地址：吉林省洮南市黑水镇西瓜批发市场
负责人：张春利　邮　编：137100
法　人：张春利
Tel：13843675678
15643659999
0436－6712567

**农安县赋阳畜禽养殖专业合作社**
业务：养殖生猪
地址：吉林省长春市农安县万顺乡致富村3社
负责人：曲玉林　邮　编：130021
法　人：李秀玲
Tel：13364609355
13844939527

**延边种业有限公司松江经销部**
地址：吉林省延边朝鲜族自治州安图县松江镇

负责人：董洪金
Tel：0433－5680169

**乾安县双宏农副产品收购专业合作社**
业务：种植，收购农副产品
产品：玉米、高粱、蓖麻、绿豆
地址：吉林省松原市乾安县乾安镇王字村
负责人：相树宏　邮　编：138000
法　人：相树宏
Tel：15143873600
0438－8234229

**东方种子销售处**
业务：销售玉米种子
地址：吉林省长春市农安县农安镇站前街客运站北200米
负责人：巩云龙　邮　编：130100
法　人：巩云龙
Tel：13578853400
0431－89931133
83364633
Fax：0431－89931133

**通化市东昌区江东为民农业科技服务部**
地址：吉林省通化市东昌区新华大街259号－8
负责人：于绍利
Tel：0435－3321966

**辉南县井关农机专业合作社**
业务：农机租赁服务
地址：吉林省通化市辉南县朝阳镇武家屯村
负责人：孙传新　邮　编：134001
法　人：孙传新
Tel：13944525196
0435－8742396

**万合丰农资商店**
业务：种子、化肥、农药等农资产品的销售
产品：种子、化肥、农药等农资产品
地址：吉林省洮南市车力乡玉米双交厂
负责人：蒋奎　邮　编：137100
法　人：蒋奎
Tel：13843612073
0436－6745166

**乾安县大遐畜牧场春雨农机专业合作社**
业务：农机服务
地址：吉林省松原市乾安县让字镇大遐华质分场
负责人：李西校　邮　编：138000
法　人：李西校
Tel：13894188080
0438－8795018

**吉林北大湖农产品开发有限公司**

公司投入300多万元，采用先进设备日加工80吨。米粒晶莹剔透、自然、清香、色泽如玉、口感松软、营养丰富。是食用和馈赠亲友的最佳选择。新近开发的"关东御仓"牌系列大米"超级小粒王"自投放市场以来供不应求。

本着以市场为方向，质量为生存，效益促发展的经营理念，以实实在在做人，实实在在做事为企业宗旨，不断进取，为广大消费者奉献健康和快乐。

联系人：赵军
电话：0432-428518　13944259925
邮编：132224
地址：吉林省永吉市北大湖镇朝阳村六社

**吉林越北红米业有限公司**

吉林越北红米业有限公司成立于2008年，主要从事于大米的种植、加工、销售。

一直以来，公司本着以人为本的原则，以科技创新为理念，以品质创品牌，以诚信赢得客商认可的指导方针，走出了一条独具特色的发展道路，已成为吉林市的大型绿色食品加工企业。

联系人：于忠
电话：0432-3519234　13578513777　13029173228
地址：吉林省吉林市船营区越北镇大红土村委会　邮编：132103

**靖宇县大北山农林牧生态开发有限责任公司**

靖宇县大北山农林牧生态开发有限责任公司成立于2006年，本公司主要经营野猪、鹿、桃子。公司本着"客户第一，诚信至上"的原则，与多家企业建立了长期的合作关系。热诚欢迎各界朋友前来参观、考察、洽谈业务。

联系人：刘万庆
电话：0439-3214868
地址：吉林省白山市靖宇县大北山　邮编：134100

**九台市祺升米业有限公司**

九台市祺升米业有限公司2007年，以大米的加工、销售为主。

公司秉承"顾客至上，锐意进取"的经营理念，坚持"客户第一"的原则为广大客户提供优质的服务。

欢迎广大客户惠顾！

联系人：王维民
电话：0431-82503233　13364480233
地址：吉林省九台市兴隆镇朝阳村12社　邮编：130061

彰武县宏翔淀粉有限责任公司
专业从事生产玉米淀粉、蛋白粉、胚芽、纤维等。
电话：0416－7772111 传真：0418－7776333
地址：辽宁省阜新市彰武县满堂红乡工业园区清泉2号

## 九台市忠田农业农民专业合作社

九台市忠田农业农民专业合作社专业从事农业生产资料的采购、农产品种植销售、与农业生产经营相关的技术培训、信息咨询服务。

以面向三农，关注市场，服务社会为宗旨，竭诚为您服务。

联系人：池忠田
13894787211
电话：0431-82417599
邮编：130513
地址：吉林省长春市九台市其塔木镇街道路南

## 梅河口市仁义谷物有限公司

梅河口市仁义谷物有限公司集种植、生产、加工、销售于一体，公司现有固定仓容，在常规米的基础上，开发出高品质、安全的、健康的优质大米。

联系人：杨利人
15843528888
电话：0435-4718988
传真：0435-4718988
地址：吉林省梅河口市湾龙乡
邮编：134001

## 黑龙江省/Heilongjiang Province

### 大庆市大同区林源镇仟宏奶牛养殖专业合作社
业务：奶牛养殖，繁育，鲜奶收购、销售，牛粪便处理
产品：奶牛和鲜奶
地址：黑龙江省大庆市大同区林源镇开发区对面
负责人：武立红　邮　编：163711
法　人：武立红
Tel：13351698555
0459－6718555
Fax：0459－6750678

### 方正县山水源有机水稻有限责任公司
业务：方正县山水源有机水稻有限责任公司成立于2005年，主要经营有机肉、有机蛋、有机米、有机饲料、有机肥料等。欢迎新老客户光临、惠顾！
地址：黑龙江省哈尔滨市方正县德善乡安乐村
负责人：徐健庭……邮　编：150800
法　人：徐健庭
Tel：0451－57159555

### 大庆市龙凤区鑫盛牧业有限责任公司
业务：养殖种猪、肉猪
地址：黑龙江省大庆市龙凤区光明村7号
负责人：杨文良　邮　编：163311
法　人：杨文良
Tel：0459－6221800
13394599388

### 大庆市绿色农产品监测中心
地址：黑龙江省大庆市萨尔图区东风新村湖滨大街132号
负责人：张晓秋
Tel：0459－4631713

### 大庆市国证蔬菜种植有限公司
业务：蔬菜种植、销售
产品：西红柿、豆角、黄瓜、香瓜等
地址：黑龙江省大庆市肇源县西郊路西侧
负责人：秦国政　邮　编：163311
法　人：秦国政
Tel：15045928655
0459－8230181

### 大庆市龙港牧业科技有限公司
地址：黑龙江省大庆市萨尔图区高新区市场区火炬新街
负责人：李玉文
Tel：13936781118

### 富锦市鸿基米业有限责任公司
地址：黑龙江省富锦市城关社区红星村
负责人：国广印
Tel：0454－2349955
13339549999

### 肇州县展鹏桑蚕养殖专业合作社
业务：主要养殖桑蚕
产品：蚕茧
地址：黑龙江省大庆市肇州县兴城镇跃进村
负责人：阎晓忠　邮　编：166413
法　人：阎晓忠
Tel：13351793678
13329472789
E-mail：gtzyj100@163.com

### 巴彦县龙江粮油贸易有限公司
业务：回收、加工与销售玉米、大豆与水稻
产品：玉米、大豆与水稻
地址：黑龙江省哈尔滨市巴彦县红光乡建成村
负责人：姜凤明　邮　编：150000
法　人：姜凤明
Tel：13796778720
15177485666

### 宾县叁和生猪饲养有限公司
业务：生猪饲养及销售
地址：黑龙江省哈尔滨市宾县宾州镇四季青九队
负责人：韩长有　邮　编：150010
法　人：韩长有
Tel：13936481919
0451－57917736

### 黑龙江省宝祥农业科技开发有限公司
地址：黑龙江省哈尔滨市成高子镇成高子大街1号
负责人：白宝祥
Tel：13946198641

### 哈尔滨益民菌业科技开发有限公司
业务：集食用菌研究、生产、包装、运输、销售为一体的现代化食用菌企业。公司始终坚持走纯生态道路，做纯绿色产品，产品质量稳定，周年供应。
产品：猴头菇、杏鲍菇、白灵菇、黑平菇、白平菇、鲜品、干品、菌种等
地址：黑龙江省哈尔滨市呼兰区石人镇金星村
负责人：冯立文　邮　编：150517
法　人：冯立文
Tel：0451－86164148
13304601997
网址：www.hlbymjy.com.cn
E-mail：fengliwen2003@163.com

### 黑龙江省方正县双龙米业有限公司
业务：黑龙江省方正县双龙米业有限公司成立于2004年，是一家长期加工、销售"方阳"牌大米的专业性企业。欢迎来人来函洽谈，我们的宗旨是；质量第一，互惠互利。
地址：黑龙江省哈尔滨市方正县德善乡安乐村
邮　编：150800
法　人：殷庆财
Tel：0451－57167888
Fax：0451－57167691

### 黑龙江省宝泉岭农垦玉兰牧业有限公司
业务：种猪繁育、生猪饲养、养殖技术服务
产品：种猪、生猪人工授精服务
地址：黑龙江省鹤岗市萝北县宝泉岭
负责人：李玉兰　邮　编：154211
法　人：李玉兰
Tel：13796948113
0468－3806168
Fax：0468－3806169
网址：http://www.yulanmy.com
E-mail：yulanmy@163.com

### 黑龙江省方正县新龙米业有限公司
地址：黑龙江省哈尔滨市方正县宝兴乡胜利村
负责人：王足业
Tel：0451－57168132
13054272158

### 春雷牧业有限公司
地址：黑龙江省哈尔滨市呼兰县长岭镇长岭村
负责人：刘春雷
Tel：0451－55288029
13903667379

### 鹤岗市兴盛养猪专业合作社
业务：猪的养殖
地址：黑龙江省鹤岗市东山区东方红乡立新村
负责人：李海峰　邮　编：154100
法　人：李海峰
Tel：15094553678
13258565665

### 黑龙江省虎林市米业有限公司
业务：黑龙江省虎林市米业有限公司成立于1992年，现有员工20余人，从事水稻加工、大米及粮油销售。竭诚欢迎广大新老客户来电洽谈业务。
地址：黑龙江省虎林市虎林镇桦树村
邮　编：158400
法　人：王振廷
Tel：0467－5826022
Fax：0467－5822054

### 振兴种植农机专业合作社
业务：集良种繁育、种植、加工、销售为一体，专业从事小麦、大豆、杂粮的种植，5万余亩连片种植，统一管理，并为广大种植户提供代购农业生产资料、品种改良、产品销售等综合性服务。
产品：小麦，大豆，杂粮等
地址：黑龙江省黑河市嫩江县塔溪乡杨树村永明屯
负责人：闫喜武　邮　编：161424
法　人：闫喜武
Tel：0456－7581198
13694575556

### 喜成苗木经销部
地址：黑龙江省哈尔滨市呼兰县呼兰镇玉田村
负责人：宋喜成
Tel：0451－57356140
13936229391

### 黑龙江省北安农垦光辉南瓜专业合作社
业务：南瓜专业种植加工销售
地址：黑龙江省黑河市孙吴县沿江乡四十二队
负责人：彭延辉　邮　编：164212
法　人：彭延辉
Tel：13846328944

### 黑龙江粮食工程技术中心
地址：黑龙江省哈尔滨市南岗区巴陵街158号
负责人：柳芳久
Tel：0451－82621756

### 孙吴县北方食用菌生产专业合作社
业务：种植与销售平菇、金针菇、猴头菇、木耳、菌棒
产品：平菇、金针菇、猴头菇、木耳、菌棒
地址：黑龙江省黑河市孙吴县
负责人：马兆信　邮　编：164300
法　人：马兆信
Tel：0456－8429173
15945640629

### 黑龙江省北安农垦同林大豆种植专业合作社
业务：种植、销售大豆、小麦、马铃薯、芸豆等
地址：黑龙江省黑河市五大连池市尾山农场二区一组
负责人：董同林　邮　编：164142
法　人：董同林
Tel：0456－6413609

### 宝河精米加工厂
地址：黑龙江省哈尔滨市通河县祥顺镇魏玺村
负责人：单宝河
Tel：0451－57464694
13796711724

### 鹤岗市农业技术综合服务部萝北经销站
地址：黑龙江省鹤岗市萝北县农机公司门市房
负责人：胡国强
Tel：0468－6825282

### 逊克县茂林土地种植农民专业合作社
业务：土地的种植、流转和销售，生产资料的销售，并且帮助农民统一销售农副产品
地址：黑龙江省黑河市逊克县克林乡平台村
负责人：王洪明　邮　编：164300
法　人：王洪明
Tel：15846878181
13766723883

### 黑河市宏疆种业有限责任公司
地址：黑龙江省黑河市环城路第二生产资料院内
负责人：刘宏
Tel：13846506970

### 呼玛县瑞禾种植专业合作社
业务：专业从事农业生产资料的采购，农产品种植、销售、加工、贮藏，与农业生产经营相关的技术培训，信息咨询服务。以面向三农，关注市场，服务社会为宗旨，竭诚为您服务。
产品：农药、化肥、机械、种子
地址：黑龙江省呼玛县三卡乡农贸市场
负责人：董伟　邮　编：165100
法　人：董伟
Tel：0457－3522777
15604571888
Fax：0457－3522777
网址：http://www.51zzt.com/user/zzt40291
E-mail：dongwei570@163.com

### 黑龙江省齐齐哈尔市金土地粮食加工基地
业务：黑龙江省金土地粮业座落在得天独厚的黑土地。土地肥沃，水质天然无污染，金土地粮食产品畅销国内外市场。产品有：精米精面，细面，玉米馇，优质玉米。并为国内外需求玉米产品的客户提供玉米系列原材料。
地址：黑龙江省齐齐哈尔市建华区建设办号西委198组
负责人：张淑华……邮　编：161000
法　人：张淑华
Tel：0452－2573324
网址：www.h－jintudiliangye.com

### 鸡西市滴道区金储玉米专业合作社
业务：甜玉米、粘玉米的种植、冷冻、深加工、销售，鹅的孵化、养殖、屠宰、深加工
地址：黑龙江省鸡西市滴道区电厂委
负责人：邹仁宗　邮　编：158100
法　人：邹仁宗
Tel：13664677547
13212879168
0467－2788611

### 嫩江县爱农供销化肥经销有限公司
地址：黑龙江省黑河市嫩江县七星泡货场院内
负责人：王晓刚
Tel：13904565408

### 鸡东县曲河米业有限责任公司
业务：玉米烘干、销售
地址：黑龙江省鸡西市鸡东县向阳镇曲河村
负责人：许政武　邮　编：158226
法　人：许政武
Tel：15545271999
13836591826

### 五大连池市鑫地达农业科技开发有限责任公司
地址：黑龙江省黑河市五大连池市青山镇一道街西
负责人：姚超
Tel：13039782282

### 密山市聚禾农副产品购销有限公司
业务：粮食及农副产品的购销
地址：黑龙江省鸡西市密山市知一镇归仁村
负责人：张学昌　邮　编：158312
法　人：张学昌
Tel：13054322333
15871249999

### 黑河市金田农业开发有限责任公司
地址：黑龙江省黑河市兴隆街132号林业3号楼
负责人：刘志勇
Tel：13845623040

**黑龙江省建三江农垦昌平水稻专业合作社**
业务：水稻种植、加工、销售，兼营蒿米
地址：黑龙江省佳木斯市富锦市建三江红卫农场场部二区
负责人：刘庆祥 邮 编：154002
法 人：刘庆祥
Tel：0454－5833866

**汤原县鸿钰粮食种植专业合作社**
业务：粮食的生产、加工与销售
产品：粮食
地址：黑龙江省佳木斯市汤原县鹤立镇农行西第一门市
负责人：吴权 邮 编：154721
法 人：吴权
Tel：13149540000
0454－7367888

**虎林融邦牧业有限公司**
地址：黑龙江省鸡西市虎林县建设西街市口岸办一楼
负责人：刘佩成
Tel：0467－5868218

**曙光林场苗圃**
地址：黑龙江省鸡西市鸡东县618信箱
负责人：邹宝臣
Tel：0467－5565558

**同江市东利大豆专业合作社**
业务：大豆的种植、加工和销售
产品：大豆
地址：黑龙江省佳木斯市同江市清河乡东利村东安屯
负责人：马春勇 邮 编：154002
法 人：马春勇
Tel：13512639149
0454－2988055

**鸡西市谷邦米业有限责任公司八五六分公司**
地址：黑龙江省鸡西市密山市八五六农场十一队
负责人：王虎生
Tel：0467－5960777

**海林市群力双红山葡萄种植专业合作社**
业务：生产、加工和销售山葡萄和山葡萄汁
产品：山葡萄和山葡萄汁
地址：黑龙江省牡丹江市海林市柴河镇群力村
负责人：张振贤 邮 编：157131
法 人：张振贤
Tel：13329538688
13904841004

**齐齐哈尔市隆盛獭兔养殖有限公司**
业务：齐齐哈尔市隆盛獭兔养殖有限公司成立于2004年，从事獭兔肉食品的加工及销售。欢迎新老客户光临、洽谈业务。
地址：黑龙江省齐齐哈尔市铁锋区第一殡仪馆
邮 编：161005
法 人：杜白音
Tel：0452－2314788

**海林市海河米业有限公司**
业务：加工经营大米、粮食收购
地址：黑龙江省牡丹江市海林市新安镇中和村
负责人：肖志远 邮 编：157000
法 人：肖志远
Tel：13514505273
0453－7592273

**虎林市宏鑫种业有限公司**
地址：黑龙江省鸡西市密山市虎林镇跃进委
负责人：周玉兰
Tel：0467－5998699

**黑龙江农垦科源种业有限公司第七直销部**
地址：黑龙江省佳木斯市东风区安庆路中段
负责人：何兆清
Tel：13903685818

**林口县林口镇大雁养殖场**
业务：集大雁种苗繁殖、培育、养殖、销售、推广为一体，养殖场天然环境良好，天然食草丰富，生态放养，保持野性野味。欢迎新老朋友前来洽谈订购。
产品：种蛋、种苗、种雁
地址：黑龙江省牡丹江市林口县军用大桥西侧打石场
负责人：牛立国 邮 编：157600
法 人：牛立国
Tel：0453－3520440
13946309586
Fax：0453－3520440
网址：www.dyyz88.cn

**佳木斯市丰达农业生产资料经销处**
地址：黑龙江省佳木斯市东风区胜利路东段
负责人：白城钢
Tel：13945479246

**穆棱市恒发中草药种植专业合作社**
业务：草药种植
地址：黑龙江省牡丹江市穆棱市八面通镇机场委新村街73号
负责人：贾士忱 邮 编：157000
法 人：贾士忱
Tel：13069788875
13946359486

**宁安市和胜蚕业专业合作社**
业务：养殖蚕、购销蚕茧
地址：黑龙江省牡丹江市宁安市沙兰镇和胜村
负责人：张加海 邮 编：157000
法 人：张加海
Tel：0453－7615887
13089880787

**富锦市宏旭米业有限责任公司**
地址：黑龙江省佳木斯市富锦市复合肥厂西侧
负责人：徐国利
Tel：13208421888

**宁安市木霖霞生态生猪养殖专业合作社**
业务：生态生猪养殖、销售
地址：黑龙江省牡丹江市宁安市沙兰镇木其村
负责人：关显林 邮 编：157400
法 人：关显林
Tel：15845304168
0453－7990223

**北京神农行科技有限公司桦南翔宇绿色肥料分公司**
地址：黑龙江省佳木斯市桦南县桦南镇热电路中段
负责人：王宝芳
Tel：0454－6223477

**宁安市林波瓜籽专业合作社**
业务：种植和销售各类生瓜子
产品：各类生瓜子
地址：黑龙江省牡丹江市宁安市卧龙乡西岗子村
负责人：张林波 邮 编：157000
法 人：张林波
Tel：0453－7864267
13766623586

**佳木斯市安庆农业生产资料有限公司**
地址：黑龙江省佳木斯市前进区安庆路中段
负责人：沈杰
Tel：0454－8304034

**齐齐哈尔市瑞升奶牛养殖专业合作社**
业务：1.组织采购、供应成员奶牛养殖所需的生产资料；2.组织销售成员生产的产品；3.引进奶牛养殖新技术、新品种，开展技术培训、技术交流和咨询服务。
地址：黑龙江省齐齐哈尔市昂昂溪区三间房镇胜利村
负责人：李战坤 邮 编：161005
法 人：李战坤
Tel：13845296765
0452－6326882

**齐齐哈尔市昂昂溪区洪涛奶牛饲养专业合作社**
业务：奶牛的养殖、牛奶的销售
地址：黑龙江省齐齐哈尔市昂昂溪区榆树屯镇霍托气村
负责人：马洪涛 邮 编：161033
法 人：马洪涛
Tel：0452－6218233
13514633234

**勃利县广视种业有限责任公司**
地址：黑龙江省七台河市勃利县通天路58号
负责人：曲江
Tel：0464－8516588

**跃丰蔬菜种植专业合作社**
业务：采用种养相结合的生态养殖模式，从事蔬菜瓜果种植销售；种鸽、肉鸽的养殖销售；酱菜加工技术信息服务等
产品：黄瓜、柿子、玉米、大豆等各种蔬菜，肉鸽、种鸽、商品鸽
地址：黑龙江省齐齐哈尔市富拉尔基区长青乡前库勒村
负责人：岳峰 邮 编：161041
法 人：岳峰
Tel：0452－6787603
13796346446
E-mail：yangli459148586@qq.com

**黑龙江甘葵知心仁种业有限公司**
地址：黑龙江省齐齐哈尔市甘南县甘南林场东一公里处
负责人：覃光友
Tel：0452－5622179

**黑龙江农垦天鹅农业综合开发有限公司**
地址：黑龙江省双鸭山市宝清县八五三农场五分场
负责人：李波
Tel：0469－5387819

**肇东市博纳农副产品有限公司**
业务：种植与销售各种粮食产品
产品：各种粮食产品
地址：黑龙江省绥化市肇东市涝洲镇合居村
负责人：许雷 邮 编：151100
法 人：许雷
Tel：13763440888
0455－7722223

**集贤县瑞丰粮油有限公司**
地址：黑龙江省双鸭山市集贤县福利镇福双路西194－1号
负责人：韩建富
Tel：13359658166

**齐齐哈尔农垦兴旺综合养殖专业合作社**
业务：奶牛、猪、家禽的养殖及技术咨询，玉米的种植和销售，家庭林场
产品：奶牛、猪、家禽、玉米
地址：黑龙江省齐齐哈尔市富裕县富裕牧场第二作业区
负责人：沈凤阳 邮 编：161000
法 人：沈凤阳
Tel：15174601306
15174601837

**双鸭山森宝农牧科技发展有限公司**
地址：黑龙江省双鸭山市林业局大叶沟林场（良种站院内）
负责人：王英才
Tel：13946628009

**黑龙江齐氏牧业有限责任公司**
业务：牛羊的养殖、销售
地址：黑龙江省绥化市青冈县中和镇向华委
负责人：齐光文 邮 编：151600
法 人：齐光文
Tel：15946100000
15992179999

**建国常春养猪厂**
业务：专业从事生猪繁育、养殖、购销，本场现有大白、长白苗猪、种母猪等，欢迎新老客户光临指导，洽谈业务。
产品：商品种猪
地址：黑龙江省绥化市青冈县祚岗乡建国村三屯
负责人：李俊库 邮 编：151633
法 人：李俊库
Tel：0455－3344333
15946169111

**凤仁制米厂**
地址：黑龙江省绥化地区庆安县丰收乡丰田村
负责人：韩凤仁
Tel：0455－4311053
13804864415

**甘南县龙华奶牛养殖专业合作社**
业务：养殖奶牛，组织采购供应成员奶牛养殖所需的饲草；组织销售成员养殖的奶牛；开展成员奶牛养殖所需的防疫服务；为成员引进奶牛新品种、养殖新技术，为成员开展与奶牛养殖有关的技术培训、技术交流和信息咨询服务
地址：黑龙江省齐齐哈尔市甘南县东阳镇东阳村
负责人：毕淑华 邮 编：161000
法 人：毕淑华
Tel：13194523133
0452－5762261

**恩荣制米厂**
地址：黑龙江省绥化地区庆安县丰收乡兴国村
负责人：徐恩荣
Tel：0455－4470191
13836425936

**龙江县龙科农业开发有限责任公司阳光分公司**
业务：化肥、农药的销售
地址：黑龙江省齐齐哈尔市龙江县头站乡农资建材市场
负责人：韦福刚 邮 编：161133
Tel：13845222000
0452－5201565

**新友制米厂**
地址：黑龙江省绥化地区绥棱县长山乡二部村
负责人：王新友
Tel：0455－4540958
13945561727

**鑫禄精米厂**
地址：黑龙江省绥化市北林区新华乡红星村六组
负责人：杜向军
Tel：0455－8547777
13836451127
13804868299

**梅里斯达斡尔族区树忠肉牛养殖场**
业务：肉牛养殖、销售
地址：黑龙江省齐齐哈尔市梅里斯达斡尔族区绿洲隋家牛羊肉铺
负责人：隋树忠 邮 编：161000
法 人：隋树忠
Tel：13079649977
13019037007

**青冈县新村乡宝仓奶牛养殖专业合作社**
业务：养殖奶牛，收购与销售牛奶
产品：牛奶
地址：黑龙江省绥化市青冈县新村乡四排九村三屯
负责人：郭宝昌 邮 编：152000
法 人：郭宝昌
Tel：13845502702

**绥化市北林区世纪黑土优特水稻生产种植专业合作社**
业务：专业种植优特水稻
地址：黑龙江省绥化市北林区东富乡先锋村103号
负责人：彭国威 邮 编：152000
法 人：彭国威
Tel：13634556268
15146561889

**海伦市董家农作物种植场**
业务：种植和销售大豆、马铃薯、水稻、玉米等农作物
产品：大豆、马铃薯、水稻、玉米等农作物
地址：黑龙江省绥化市海伦市原第二良种场院内
负责人：赵春彦 邮 编：152300
法 人：赵春彦
Tel：0455－5579177

**讷河市九井镇农友大豆种植专业合作社**
业务：专业出售高蛋白、高油脂，代收各种杂粮，大豆种植与销售、培育种苗
地址：黑龙江省齐齐哈尔市讷河市九井镇三合村一组
负责人：刘启有 邮 编：161323
法 人：刘启有
Tel：13634628135

**宝清县东平玉米种植农民专业合作社**
业务：玉米种植销售，招商引资
地址：黑龙江省双鸭山市宝清县七星河乡兴平村东平屯8－2号
负责人：魏本友 邮 编：155100
法 人：魏本友
Tel：13895853574
15146917321

**伊春市运升养殖有限责任公司**
地址：黑龙江省伊春市美溪区兰新委
负责人：王哲
Tel：0458－8887788

**讷河市孔国乡孔国大豆种植专业合作社**
业务：大豆种植
地址：黑龙江省齐齐哈尔市讷河市孔国乡孔国乡直
负责人：张辉 邮 编：161005
法 人：张辉
Tel：13314651456
0452－3820060

**黑龙江红兴隆农垦弘盛米业有限公司**
业务：加工、销售大米、仓储粮食
地址：黑龙江省双鸭山市宝清县和平楼6单元503室
负责人：黄建华 邮 编：155100
法 人：黄建华
Tel：15145892555

**泰来县大兴镇子龙农机专业合作社**
业务：农机作业
地址：黑龙江省齐齐哈尔市泰来县大兴镇青岗村新屯
负责人：吴子龙 邮 编：161005
法 人：吴子龙
Tel：15164655888
0452－8851682

**双鹰磨米厂**
地址：黑龙江省伊春铁力市双丰建华村
负责人：赵文忠

……………………………… Tel:0458－2221520
13845815090

**依安县新屯乡金星加君大豆专业合作社**

业务:收购、销售玉米、大豆、马铃薯、杂粮
地址:黑龙江省齐齐哈尔市依安县新屯乡金星村
……… 负责人:蔡加君 邮　编:161000
……………………………… 法　人:蔡加君
…………… Tel:0452－7731310
13763487748

**肇东市宏腾畜牧业有限公司**

**桃山连江奶牛养殖场**
地址:黑龙江省伊春市铁力市桃山镇三公里半
……………………………… 负责人:李志连
……………………………… Tel:0458－2486240
13504571000

**牡丹江金叶绿色产业有限公司**
地址:黑龙江省牡丹江市西安区平安街209号
……………………………… 负责人:纪海峰
……………………………… Tel:0453－6170299

**黑龙江金泽鑫农牧业有限公司**
地址:黑龙江省肇东市肇昌路奶牛高产示范园
……………………………… 负责人:董玉强
……………………………… Tel:0455－5978059



地址:黑龙江省肇东市哈肇公路五公里处
……………………………… 负责人:丛树荣
……………………………… Tel:0455－7772599

**泰来县半拉山水稻种植专业合作社**

业务:水稻的种植和销售
地址:黑龙江省齐齐哈尔市泰来县胜利乡半拉山村
……… 负责人:赵全国 邮　编:161000
……………………………… 法　人:赵全国
…………… Tel:15946529115
15245256661

**依安县三兴保卫孙长林大豆生产专业合作社**

业务:大豆种植、销售
产品:黄豆、黑豆、芸豆
地址:黑龙江省齐齐哈尔市依安县三兴镇保卫村
……… 负责人:孙长林 邮　编:161000
……………………………… 法　人:孙长林
…………… Tel:13945297967
0452－7813133

## 江苏省/Jiangsu Province

**大丰市宏发啤酒原料有限公司**

业务:粮食、麦芽加工，啤酒原料生产
地址:江苏省大丰市新丰镇大团村四组
……… 负责人:张宏湘 邮　编:224173
……………………………… 法　人:张宏湘
…………… Tel:0515－83258157

**溧阳红太阳农资加盟连锁有限公司**
地址:江苏省常州市溧阳市溧城平陵西路团结路口
……………………………… 负责人:朱祥松
……………………………… Tel:13906141558

**扬州市高特经济动物有限公司**

业务:特种动物的养殖
产品:果子狸、豪猪、野猪
地址:江苏省高邮市临泽镇
……… 负责人:葛永辉 邮　编:225261
……………………………… 法　人:葛永辉
…………… Tel:13905254730
0514－84328077

**溧阳市天目湖农业发展有限公司**
地址:江苏省常州市溧阳市天目湖镇沙新村
……………………………… 负责人:夏安扣
……………………………… Tel:13196710196

**盱眙伟民饲料销售有限公司**

业务:需求:棉粕、米糠、次粉、麸皮
地址:江苏省淮安市盱眙县古桑乡磨涧村磨涧组
……… 负责人:曹雨 邮　编:223001
……………………………… 法　人:曹雨
…………… Tel:13852240423
0517－88284423

**宝应县欣良粮油经营部**

业务:宝应县欣良粮油经营部成立于2001年，主要从事大米、面粉、小麦、稻谷、油料的经营。“诚信经营，信誉至上，价格合理”，热诚欢迎新老客户惠顾。
地址:江苏省扬州市宝应县苏中贸易市场
……………………………… 邮　编:225800
……………………………… 法　人:徐培水
……………………………… Tel:0514－8982216
……………………………… Fax:0514－8982216

**江阴市毗山春荣草莓专业合作社**

业务:种植、销售草莓
地址:江苏省江阴市云亭镇毗山村居杨村
……… 负责人:江春荣 邮　编:214400
……………………………… 法　人:江春荣
…………… Tel:13915317664

**常州外向型农业综合开发区农副实业公司**
地址:江苏省常州市天宁区青龙镇21号
……………………………… 负责人:倪伯勤
……………………………… Tel:13506114050

**姜堰市红润红膏大闸蟹养殖有限公司**

业务:养殖大闸蟹
地址:江苏省姜堰市俞垛镇俞耿村
……… 负责人:杨焕中 邮　编:225509
……………………………… 法　人:杨焕中
…………… Tel:13914433698
13182246188
0523－88645188

**大丰市南团陈俊粮油购销经营部**

业务:大丰市南团陈俊粮油购销经营部自成立10多年以来从事粮油购销。质量保证、价格合理、服务周到，欢迎新客户光临、惠顾！
地址:江苏省大丰市小海镇南团新桥开发区18号
……………………………… 邮　编:224121
……………………………… 法　人:陈俊
……………………………… Tel:0515－3732139
……………………………… Fax:0515－3732474

**溧阳市天目湖福康林场**

业务:种植茶叶、竹子、绿化专用苗木，养渔业
地址:江苏省溧阳市天目湖
……… 负责人:陈裕清 邮　编:213300
……………………………… 法　人:张福康
…………… Tel:0519－87961666
13911150129

**常州市黄金海洋网具有限公司**
地址:江苏省常州市武进区横山桥镇东洲村
……………………………… 负责人:管亚华
……………………………… Tel:13901503612

**连云港市天昊养殖有限公司**

业务:专业养殖生猪、种猪
产品:生猪
地址:江苏省连云港经济技术开发区中云办事处隔村村
……… 负责人:刘红卫 邮　编:222002
……………………………… 法　人:刘红卫
…………… Tel:13805134917
0518－82345283

**常州永军特种水产养殖场**
地址:江苏省常州市武进区牛塘镇水产村高湖围网
……………………………… 负责人:孙永军
……………………………… Tel:13861052777

**东海县打井队**

业务:打井服务、配套水泵安装
地址:江苏省连云港市东海县菜市街16号
……… 负责人:朱晓明 邮　编:222000
……………………………… 法　人:朱晓明
…………… Tel:0518－87220659

**常州市苏科饲料添加剂有限公司**
地址:江苏省常州市新北区春江镇魏村杨元村
……………………………… 负责人:沙正兰
……………………………… Tel:13901435250

**江苏申川种业有限公司**

业务:江苏申川种业有限公司成立2005年7月25日，从农作物种子生产、销售。公司郑重承诺，决不销售一粒假种子，以质量取信于民，以优惠的价格立足于市场.
地址:江苏省盐城大丰市上海市川东农场内
……………………………… 邮　编:224133
……………………………… 法　人:朱阿林
……………………………… Tel:0515－3888363
……………………………… Fax:0515－3395028

**东海县旭宏野猪养殖场**

业务:野猪种猪，苗猪，育肥猪
地址:江苏省连云港市东海县房山镇农试站
……… 负责人:高建楼 邮　编:222341
……………………………… 法　人:高建楼
…………… Tel:13961327958
13675211758
…………… E-mail:705728339@qq。com

**连云港市潘氏珍禽养殖公司**

业务:蓝孔雀，野鸡，野鸭，大雁，红腹锦鸡，白闲鸟，贵妃鸡，野鸡蛋等珍禽动物养殖加工与销售。各种珍禽动物标本的制造与销售。
地址:江苏省连云港市赣榆县门河镇左湾
……… 负责人:潘春兰 邮　编:222135
……………………………… 法　人:潘春兰
…………… Tel:13815639696
0518－86598999
…………… Fax:0518－86591542
…………… 网址:www.jslf.net.cn
…………… E-mail:pclzq888@126.com

**新阳麦芽有限公司**
地址:江苏省大丰市南阳镇翻身街西首
……………………………… 负责人:盛爱兵
……………………………… Tel:0515－83292213
13151357777

**灌云县新堡种业有限公司**

业务:种子、大米
地址:江苏省连云港市灌云县东王集乡六里村五组(农机站)
……… 负责人:张贵森 邮　编:222200
……………………………… 法　人:张贵森
…………… Tel:0518－82825895

**连云港长海大豆产业有限公司**

业务:大豆的深加工及综合利用。主要产品:浓缩蛋白等
地址:江苏省连云港市灌云县委党校宾馆
……… 负责人:孙潮河 邮　编:222200
……………………………… 法　人:孙潮河
…………… Tel:13589621564

**百胜种业有限公司**
地址:江苏省大丰市区工农西路沿滨苑3号楼3－5号
……………………………… 负责人:王苏生
……………………………… Tel:0515－83932607
83992185

**丹阳市导墅镇炳良米厂**
地址:江苏省丹阳市导墅镇符家巷
……………………………… 负责人:童炳良
……………………………… Tel:0511－86685987
13016832426

**连云港市轩苑养殖有限公司**

业务:养殖鸡、猪
地址:江苏省连云港市新浦区临洪西路油库南侧
……… 负责人:潘少行 邮　编:222000
……………………………… 法　人:潘少行
…………… Tel:15161308917
15161301978

**花凤禽业有限公司**
地址:江苏省东台市许河镇南路68号
……………………………… 负责人:崔耀华
……………………………… Tel:0515－85633288
13327999448

**江苏省南京市浦口区王永龙苗木种植场**

业务:苗木种植、销售
地址:江苏省南京市浦口区汤泉街道滴水珠村五组28号
……… 负责人:王永龙 邮　编:210000
……………………………… 法　人:王永龙
…………… Tel:13705194736
025－58221762

**南京柴云苗木专业合作社**

业务:苗木生产销售、生产资料采购
产品:供应各种苗木
地址:江苏省南京市浦口区星甸镇柯吴组
……… 负责人:柴云 邮　编:211803
……………………………… 法　人:柴云
…………… Tel:025－58261666

**江苏省东台市宏升农副产品购销服务站**

业务:江苏省东台市宏升农副产品购销服务站成立于2006年，主要从事农副产品的购销。“质量保证，价格合理”，竭诚欢迎广大新老客户光临、惠顾！

地址：江苏省盐城市东台市三仓镇官苴村三组
……负责人：仲兆宏……邮　编：224231
……法　人：仲兆宏
……Tel：0515－85901588

**高邮市晨望生物饲料有限公司**
地址：江苏省高邮市南郊经济开发区
……负责人：党先科
……Tel：0514－84685898
84931488
13348135899

**江苏省南通市崇川区世福茶庄**
业务：各种高中低档的茶叶销售
产品：铁观音、龙井、大红袍、碧螺春、毛峰、猴魁，茗茶、茶具茶杯、品茶
地址：江苏省南通市濠东路 211 号
……负责人：郭世明　邮　编：226000
……法　人：郭世明
……Tel：13585212929
0513－85150053

**凌桥曙明米厂**
地址：江苏省淮安市淮阴区凌桥镇徐圩村
……负责人：徐曙明
……Tel：0517－84534557
13186653459

**如东鑫农农资有限公司**
业务：农资产品的销售
产品：农资产品
地址：江苏省南通市如东县掘港镇宾东新村
……负责人：杨勇　邮　编：226400
……法　人：杨勇
……Tel：13606271862

**淮安市淮海米业有限公司**
地址：江苏省淮安市淮阴区新渡乡佟洼村
……负责人：张玉林
……Tel：13016567922

**邳州市岔河镇长科小麦种植专业合作社**
业务：种植小麦
地址：江苏省邳州市岔河镇盛家村
……负责人：谭长科　邮　编：221300
……法　人：谭长科
……Tel：0516－86169212
13585363483

**江苏省赣榆县山海水产冷冻厂**
业务：江苏省赣榆县山海水产冷冻厂成立于 2003 年，从事水产品的冷冻、加工、销售。本公司以诚为本，务实创新，希望有诚意者与本公司合作，共谋发展！欢迎各界朋友前来洽谈！
地址：江苏省连云港市赣榆县青口黄海路 64 号原水产公司冷库
……邮　编：222100
……法　人：宋中强
……Tel：0518－6224455
……Mobile：13327878112

**苏州市澄墩生态养殖场**
业务：养殖特种鸭、鸭蛋的销售
地址：江苏省苏州市吴中区角直镇车坊澄墩村
……负责人：沈留火　邮　编：215125
……法　人：沈留火
……Tel：13732648008
13406784321

**淮安市陆洲棉业有限公司**
地址：江苏省淮安市清河区和平路 20 号 1 幢 102 室
……负责人：孙向州
……Tel：13705238567

**沭阳县北丁集吴园农业开发有限公司**
业务：蘑菇，蔬菜的加工和销售
地址：江苏省宿迁市沭阳县北丁集乡吴园村村部
……负责人：吴爱军　邮　编：223800
……法　人：吴爱军
……Tel：13951190281
0527－83620888
…网址：http://www.51zzt.com/user/zzt31195

**淮安市华中微生物复合肥有限公司盱眙分公司**
地址：江苏省淮安市盱眙县工业园区工五路
……负责人：杨晓峰
……Tel：13770449038

**沭阳金豆饲料有限公司**
业务：猪饲料，家禽饲料
地址：江苏省宿迁市沭阳县华冲镇经堂工业区
……负责人：仲江　邮　编：223800
……法　人：仲江
……Tel：0527－83228111

**淮安市中淮种业有限公司**
地址：江苏省淮安市盱眙县五墩南路南苑小区（郑子传出租房）
……负责人：周晓宝
……Tel：13776730496

**沭阳县钱集永盛畜禽养殖场**
业务：肉鸡养殖
地址：江苏省宿迁市沭阳县钱集镇漆圩村江庄组
……负责人：郁善平　邮　编：223800
……法　人：郁善平
……Tel：0527－83895188
83895180

**江苏省通州市东社苏阳农副产品经营部**
业务：江苏省通州市东社苏阳农副产品经营部成立于 2001 年，主要销售芝麻、黄豆、红小豆、黑大豆等农副产品。从开创至今，始终秉承着“诚信·优质·创新·双赢”的经营理念，热诚期待与各方客户携手合作！
地址：江苏省通州市东社镇社北村四组
……邮　编：226322
……法　人：曹树进
……Tel：0513－82547056

**沭阳青伊湖农场赵集茂盛农业开发有限公司**
业务：粮食种植及销售、服装加工销售、木材加工销售
产品：优质农产品（大米、小麦）、电缆盘、钢丝绳盘
地址：江苏省宿迁市沭阳县青伊湖农场赵集村第 6 组 706 号
……负责人：柴绪军　邮　编：223646
……法　人：柴绪军
……Tel：13815707867
……Fax：0527－83272008

**苏农大饲料厂**
地址：江苏省连云港市东海县浦南镇开发区
……负责人：贾庆红
……Tel：0518－87453666
13905138622

**沭阳县西圩乡范湾农业开发有限公司**
业务：水稻的加工和销售
地址：江苏省宿迁市沭阳县西圩乡范湾村
……负责人：杨思军　邮　编：223600
……法　人：杨思军
……Tel：0527－83456283
13485072330
……网址：http://www.51zzt.com/user/zzt31441

**赣榆县夹谷春茶场**
地址：江苏省连云港市赣榆县班庄镇夹山
……负责人：窦毓尚
……Tel：0518－86552491
13961343576

**沭阳县新河军英苗木销售中心**
业务：绿化苗木销售
地址：江苏省宿迁市沭阳县新河镇巴房村巴西组 36 号
……负责人：仲小军　邮　编：223656
……法　人：仲小军
……Tel：13285275722
0527－83325005

**连云港大鹏水产品有限公司**
地址：江苏省连云港市赣榆县城东南约 5 公里处（青口盐场）
……负责人：肖鹏程
……Tel：13305128788

**宿迁市明贵家禽养殖场**
业务：养殖肉鸡
地址：江苏省宿迁市宿豫区顺河镇新化村 1 组
……负责人：周明贵　邮　编：223800
……法　人：周明贵
……Tel：13773991777
0527－84236177

**金湖县闵桥镇水产养殖场**
业务：金湖县闵桥镇水产养殖场成立于 1958 年，主要从事鱼花，鱼苗，一岭、二岭鱼种，成鱼、成蟹的养殖与销售。“以质量求生存，以信誉求发展”，热诚欢迎广大新老客户光临、惠顾！
地址：江苏省淮安市金湖县闵桥镇东路
……负责人：丁庭华……邮　编：211634
……法　人：丁庭华
……Tel：0517－86781747

**宿迁市天邦种业科技有限公司**
业务：农作物种子销售
产品：各种农作物种子
地址：江苏省宿迁市万源商城 D 幢 121 号
……负责人：杨邦武　邮　编：223800
……法　人：杨邦武
……Tel：13805242860
0527－84365167

**赣榆县东华水产冷冻厂**
地址：江苏省连云港市赣榆县石桥镇九里木套村
……负责人：范东仕
……Tel：0518－86920066
13905127616

**无锡市弘盛畜禽养殖有限公司**
业务：畜禽养殖，以养殖猪为主
产品：母猪、种猪、生猪
地址：江苏省无锡市宜兴市官林镇韶巷村
……负责人：汤国南　邮　编：214000
……法　人：汤国南
……Tel：13485007576
13506152835
0510－87291189
……Fax：0510－87297601
……E-mail：1158567920@qq.com

**灌南县白皂乡长奎粮食加工厂**
地址：江苏省连云港市灌南县白皂乡连三村
……负责人：葛长奎
……Tel：0518－83453661

**新沂市亮健养殖场**
业务：养殖肉鸡
地址：江苏省新沂市阿湖镇桃岭村
……负责人：熊化亮　邮　编：221400
……法　人：熊化亮
……Tel：15050070578
0516－88653999

**连云港青农养殖有限公司**
地址：江苏省连云港市灌南县大圈乡尧园村
……负责人：于青
……Tel：13655121858

**新沂市新港农业发展有限公司**
业务：谷物、蔬菜、花木、水果种植；化肥、农药等农资产品的销售
产品：谷物、蔬菜、花木、水果种植；化肥、农药等农资产品
地址：江苏省新沂市港头镇付庄村
……负责人：王怀言　邮　编：221003
……法　人：王怀言
……Tel：13291007666

**丰县多元农资有限公司**
业务：批发、零售各种农资
产品：种子、化肥、农药、塑料薄膜
地址：江苏省徐州市丰县首羡镇首羡街
……负责人：刘杨清　邮　编：221700
……法　人：刘杨清
……Tel：0516－89521628
13921774986

**灌南县农资公司利农经营部**
地址：江苏省连云港市灌南县新兴北路北环南侧
……负责人：陈健
……Tel：0518－83286781
13805120781

**溧阳红太阳农资连锁有限公司**
业务：溧阳红太阳农资连锁有限公司成立于 2004 年，从事农资（种子、肥料、农药）销售。欢迎新老客户光临。
地址：江苏省溧阳市溧城平陵西路团结路口
……邮　编：213300
……法　人：朱祥松
……Tel：0519－8320818
……Fax：0519－7100188

**江苏春来牧业有限公司**
业务：养殖和销售生猪
产品：猪
地址：江苏省徐州市睢宁县高作镇腊园村
……负责人：陈小三　邮　编：221003
……法　人：陈小三
……Tel：13705220151

**连云港神泉金丝瓜开发有限公司**
地址：江苏省连云港市新浦区海昌路 240A 楼西 302 室
……负责人：梁会全
……Tel：13961382234

**徐州大江生态养殖有限公司**
业务：养殖猪
地址：江苏省徐州市新沂市唐店镇双城村
……负责人：石江　邮　编：221400
……法　人：石江
……Tel：13852223896
0516－88785777

**南京苏跃洋米业有限公司**
地址：江苏省南京市白下区陆家巷 2 号 503 室
……负责人：王永军
……Tel：025－52269399

**滨海县军荣生猪养殖场**
业务：生猪养殖
地址：江苏省盐城市滨海县蔡桥镇二联中村
……负责人：凡军荣　邮　编：224531
……法　人：凡军荣
……Tel：15895107756
0515－84526818

**江苏苏豪蚕业科技发展有限公司**
地址：江苏省南京市白下区中山南路 8 号 9 层
……负责人：曾万仲
……Tel：025－84785180

**盐城市顺泰饲料有限公司**
业务：饲料生产
产品：顺泰水产配合饲料，畜禽浓缩料，配合饲料
地址：江苏省盐城市射阳县阜余镇工业园区双星路 88 号
……负责人：张开明　邮　编：224364
……法　人：张开明
……Tel：0515－82888222
13961960708
……Fax：0515－82889222

**连云港市连云港大发生猪定点屠宰场**
业务：连云港市连云港大发生猪定点屠宰场成立于 1995 年，主要从事生猪屠宰。安全、卫生，确保人民群众吃上“放心肉”！
地址：江苏省连云港市连云区农业水利局
……负责人：谢群恩……邮　编：222042
……法　人：谢群恩
……Tel：0518－82314678

**盐城瑞克斯旺育苗有限公司**
业务：进口蔬菜育苗、花卉、苗木育苗以及农产品购销
地址：江苏省盐城市射阳县开发区双龙村九组 115 号
……负责人：陈大军　邮　编：224005
……法　人：陈大军
……Tel：15851058088
15061626288

**南京宏发复合肥厂**
地址：江苏省南京市六合区瓜埠镇单桥村
……负责人：张忠明
……Tel：025－57199385

**射阳县临海镇杨耀军蛋鸡养殖场**
业务：家禽的饲养，鸡蛋批发
地址：江苏省盐城市射阳县临海镇星晨居委会五组 74 号
……负责人：杨耀军　邮　编：224005
……法　人：杨耀军
……Tel：0515－82540650

**南京市宇豪苗木有限公司**
地址：江苏省南京市栖霞区长江上坝镇南
……负责人：王承清
……Tel：025－85718448
13705173349
13951879668

**南京秀禾米业有限公司**
地址：江苏省南京市秦淮区柴家营 88 号
……负责人：卢练秀
……Tel：025－52421149

**盐城市秦水牛业有限公司**
业务：特色水牛肉、宰杀加工、肉制品分割
地址：江苏省盐城市盐都区秦南镇虹园路 64 号
……负责人：尹忠　邮　编：224021
……法　人：尹忠
……Tel：0515－88791898

**连云港市绿品银杏实业有限公司**
业务：连云港市绿品银杏实业有限公司成立于 2005 年，主要生产桔梗罐头，银杏茶。我们将“以诚为本、以心交友、诚实守信”的工作宗旨来迎接各位商家。
地址：江苏省连云港市赣榆县门河镇政府
……邮　编：222135
……法　人：张明成
……Tel：0518－6591088
……Fax：0518－6591542

**盐城市御品大闸蟹养殖有限公司**
业务：大闸蟹的养殖和销售
产品：大闸蟹
地址：江苏省盐城市盐都区尚庄镇人民路 505 号
……负责人：陈红　邮　编：224005
……法　人：陈红
……Tel：15005108866
13912502599

**江苏瑞森林产有限公司**
地址：江苏省南京市玄武区百子亭 4 号
……负责人：鄢鸣
……Tel：025－85409510

**宝应县柳堡镇团庄有机荷藕土地股份专业合作社**
产品：荷藕、盐水藕片、淡水鱼及相关产品
地址：江苏省扬州市宝应县柳堡镇团庄村
……负责人：徐德全　邮　编：225002
……法　人：徐德全
……Tel：13952701566

**江苏省地质生态复绿有限公司**
地址：江苏省南京市玄武区珠江路 700 号
……负责人：冯树森
……Tel：025－84810901

**南京花神生态农业科技有限公司**

**彰武县宏翔淀粉有限责任公司**

专业从事生产玉米淀粉、蛋白粉、胚芽、纤维等。

电话：0416－7772111 传真：0418－7776333

地址：辽宁省阜新市彰武县满堂红乡工业园区清泉2号





地址:江苏省南京市雨花台区铁心桥街道铁心村
负责人:张守荣
Tel:025－58121120

## 南通海天畜牧有限公司

业务:南通海天畜牧有限公司成立于 2004 年,现有员工 50 余人,常年以来为客户提供生猪、苗猪。本公司原与广大朋友们建立长期的合作关系。
地址:江苏省南通市如东县河口镇荷园村
邮编:226463
法人:唐海云
Tel:0513－84876479
Fax:0513－84871338

### 秦灶生猪屠宰场

地址:江苏省南通市港闸区秦灶镇
负责人:周建华
Tel:13861998882

### 幸福农用新养分厂

地址:江苏省南通市港闸区幸福乡文俊村 6 组 41 号
负责人:王岐山
Tel:0513－85579546
13016787225

### 群利来饲料有限公司

地址:江苏省南通市海安县河滨东路兽药市场了 A105 号
负责人:王群益
Tel:0513－88892763
13073209181

## 启东禾盛农资(连锁)有限公司

业务:启东禾盛农资(连锁)有限公司成立于 2004 年 9 月 24 日,从事生产资料连锁经营。其产品包括农药、化肥、种子、地膜等。质量保证、价格合理服务第一,欢迎新老客户光临、惠顾!
地址:江苏省南通市启东市汇龙镇和平南路 306 号
邮编:226200
法人:顾辉
Tel:0513－83316058
Mobile:13906283280
Fax:0513－83308111

### 浦港棉业有限公司

地址:江苏省南通市海安县老坝港镇工业园区
负责人:梅广浦
Tel:0513－88267769
13506299666

### 海门市宏旺禽业有限公司

地址:江苏省南通市海门市三和镇新远村中心路南
负责人:章旺龙
Tel:13046682765

### 南通东旭牧业科技有限公司

地址:江苏省南通市启东市寅阳镇
负责人:潘正祥
Tel:13901762920

## 如东海宝水产品有限公司

业务:如东海宝水产品有限公司成立于 1998 年,从事水产品(紫菜)养殖、加工、销售。欢迎广大新老客户来电来函咨询,洽谈业务,同时欢迎广大客户对我厂提出宝贵的意见和建议!
地址:江苏省南通市如东县洋口镇环西村
邮编:226407
法人:陆申明
Tel:0513－84812278
Mobile:13382379788

### 兴盛种鸡场

地址:江苏省南通市如东县北坎镇西首
负责人:袁金渠
Tel:0513－84598244
13906271893

### 苏农农资连锁有限责任公司丰利分公司

地址:江苏省南通市如东县丰利镇振丰大桥西首
负责人:花金国
Tel:0513－84585590
84084960

## 响水县大有镇胜军畜禽购销专业合作社

业务:家禽养殖
产品:鸡
地址:江苏省盐城市响水县大有镇胜军种禽场
负责人:陈胜军 邮编:224000
法人:陈胜军
Tel:0515－86815806
13851194466

## 苏州露鲜蔬菜种植有限公司

业务:苏州露鲜蔬菜种植有限公司成立于 2005 年种植、购销批发有机物蔬菜,具有大规模种植基地,欢迎来电洽谈业务!
地址:江苏省苏州市吴中区横泾街道镇南村 2 组
负责人:张金明 邮编:215000
法人:张金明
Tel:0512－66300225
66300226

### 海乐水产品有限公司

地址:江苏省南通市如东县洋口镇环西村
负责人:徐洲
Tel:0513－84812868
13306271108

### 如东县佳乐茶叶厂

地址:江苏省南通市如东县袁庄镇竹园村
负责人:顾善桂
Tel:0513－84601221
84063649
13073222479

### 如皋市加力屠宰场

地址:江苏省南通市如皋市搬经镇谢甸村一组
负责人:谢万宏
Tel:0513－87371342
13328083659

## 苏州市吴中区仙客来园艺有限公司

业务:本公司成立于 2005 年,主要种植、销售花卉、苗木;绿化养护。热忱欢迎新老客户来电洽谈业务!
地址:江苏省苏州市吴中区光福镇太湖潭东村
负责人:王利平 邮编:215159
法人:王利平
Tel:0512－66931785

### 龙泉食用菌(南通)有限公司

地址:江苏省南通市如皋市柴湾镇洪楼茧站
负责人:陈日月女
Tel:13862919313

### 顾庄中心苗圃

地址:江苏省南通市如皋市如城镇顾庄村
负责人:张伯平
Tel:0513－87653354
13806273087

## 兴化市新垛供销合作社

业务:兴化市新垛供销合作社成立于 1981 年,主要从事棉花收购、加工、销售;农业生产资料供应。热忱欢迎广大客户来电洽谈业务、共谋发展!
地址:江苏省泰州市兴化市新垛镇港东路 1 号
负责人:朱同安 邮编:225747
法人:朱同安
Tel:0523－83511198
Fax:0523－83512582

### 邳州市炮车粮管所

地址:江苏省邳州市炮车镇粮食管理所
负责人:王新科
Tel:0516－86601057
86868918

### 宽源禽业有限公司

地址:江苏省如皋市如城镇庆余村 4 组
负责人:吕建元
Tel:0513－87501247
13806273381

## 盐城明天种业科技有限公司

业务:本公司主林从事农作物种子,农副产品,农业技术开发,技术转让,技术咨询,技术服务,兽药销售。热忱欢迎新老客户光临惠顾!
地址:江苏省盐城市开放大道 59 号
负责人:孙明法 邮编:224002
法人:姚立生
Tel:0515－88334108
88230066

### 常熟市沙家浜芦苇荡阳澄湖蟹业有限公司

地址:江苏省苏州市常熟市沙家浜镇阳澄湖大闸蟹交易市场
负责人:潘永明
Tel:13906234760

### 苏州联合同创生物饲料有限公司

地址:江苏省苏州市金阊区白洋湾储运路 48 号
负责人:陆群伟
Tel:0512－65355156

## 盐城市盐都区秦南水牛养殖场

业务:盐城市盐都区秦南水牛养殖场成立于 1992 年,主要从事水牛养殖、加工。
地址:江苏省盐城市盐都区秦南镇虹园路 64 号
邮编:224021
法人:尹忠
Tel:0515－8791898
8601079
Fax:0515－8601852

### 苏州远洋肥业有限公司

地址:江苏省苏州市昆山市千灯镇化工区黄浦江南路
负责人:朱大年
Tel:0512－57461920

### 昆山市昆澄阳澄湖大闸蟹有限公司

地址:江苏省苏州市昆山市玉山镇北后街下塘 21 号
负责人:王希根
Tel:0512－56269491

### 苏州市相城区阳澄湖三湖大闸蟹有限公司

地址:江苏省苏州市相城区阳澄湖镇消泾青虾水产交易市场 38 号
负责人:张全根
Tel:13706202069

### 江苏省新沂市供销社农资销售中心庄稼医院

地址:江苏省新沂市钟吾路农资市场 36 号
负责人:汪淑玲
Tel:13705224526

## 仪征市久闻农业科技试验园

业务:仪征市久闻农业科技试验园专业从事肉鸭、猪、鱼、草鸡、菜鹅养殖,树木、葡萄的种植,示范园将进一步扩大养殖规模,依靠科技,勤劳致富,带动农户,共同致富,为建设社会主义新农村作出应有的贡献。
地址:江苏省扬州市仪征市马集镇岔镇村华北组
负责人:华久文 邮编:211414
法人:华久文
Tel:0514－83664909

### 邳州市刘强米厂

地址:江苏省徐州邳州市宿羊山镇徐州楼沿河街道米厂
负责人:胥爱英
Tel:0516－86512000
86511188

### 河南华英农业发展股份有限公司徐州分公司

地址:江苏省徐州市沛县北京西路西首 100 米
负责人:郑小姐
Tel:0516－89963015

### 龙泉粮食经营有限公司

地址:江苏省徐州市沛县龙固镇 奚各村
负责人:李起明
Tel:13952222378

## 永兴生猪屠宰场

业务:生猪屠宰,猪肉批发
地址:江苏省南通市船闸西路三号
邮编:226005
法人:胡德明
Tel:0513－85545404
Mobile:13962969188
网址:www.ntyx.chinapyp.com

### 华盛粮食有限公司

地址:江苏省徐州市睢宁县桃园镇朱集街
负责人:凌明贵
Tel:0516－88291074
13905220582

### 苇鱼粮油饲料加工厂

地址:江苏省盐城大丰市苇鱼养殖场内西首
负责人:朱金陵
Tel:13505112058

### 永丰林农业生态园有限责任公司

地址:江苏省盐城江苏省东台市新曹镇二职中南侧
负责人:陆建辉
Tel:0515－85842930
13505100158

### 扬平食品加工厂

地址:江苏省盐城江苏省东台市许河镇许河村一组 29 号
负责人:朱阳明
Tel:0515－85631718
13921832376

### 佳禾米业有限公司

地址:江苏省盐城市滨海县八滩镇新港小街东首
负责人:张如洪
Tel:0515－84482070
13914685458

### 大套果树植保站

地址:江苏省盐城市滨海县大套小街
负责人:李玉田
Tel:0515－84612275
13301414828

### 顾氏米业有限公司

地址:江苏省盐城市阜宁县罗桥镇风谷老街西首
负责人:顾贵华
Tel:0515－87691393

## 沭阳县君晨养殖有限公司

业务:专业从事畜禽、水产养殖、家禽宰杀加工、农作物种子销售,并为广大养殖户提供种苗、饲料、品种改良、农业技术咨询等综合性服务,统一模式统一管理为养殖户搞好一条龙服务。欢迎各界朋友前来洽谈选购!
产品:种猪、苗猪,鱼苗,种羊、苗羊,饲料型麦种
地址:江苏宿迁市沭阳县沭城镇桃园村三庄组
负责人:岳初月 邮编:223600
法人:岳朝阳
Tel:0527－83576117
13605245171
Fax:0527－83990568
网址:www.jc－yz.cn
E-mail:ycy68683@sohu.com

### 丝联蚕业科技有限公司

地址:江苏省扬州市高邮市烟雨园一区 12 幢
负责人:王强勇
Tel:0514－84614492
84683842
84614534
84923680

### 张家港市联峰苗木股份有限公司

地址:江苏省张家港市南丰镇永联村
负责人:严正兴
Tel:0512－58619192
58008136

## 宝应县湖西水产养殖专业合作社

宝应县湖西水产养殖专业合作社创立于2005年。
主要从事螃蟹等淡水产品的养殖销售。
秉承帮助水产养殖的农民朋友获得更大效益的愿望。
我们愿与客户通力协作,欢迎您的惠顾!

联系人:华占海
电话:0514-88423288 13064980884
地址:江苏省杨州市宝应县范水镇东园路农经公司 邮编:225002

## 丹阳市珥陵扶城苗木专业合作社

丹阳市珥陵扶城苗木专业合作社成立于2007年,本合作社主要经营苗木销售,园林绿化工程。

主要产品有红白玉兰,红枫,樱花,桂花,广玉兰等各中大规格苗木。本合作社的服务宗旨:客户第一、质量第一。

联系人:汤锁芳 13706108281
电话:0511-86295001
网址:www.mtw101714.chinapyp.com
传真:0511-86295001
地址:江苏省镇江市丹阳市珥陵
邮编:212362

丹阳市云阳镇新海饲料厂成立于2005年,本厂专业从事各种饲料的生产、销售,主要有鸡、猪饲料。

本公司秉承"顾客至上,锐意进取"的经营理念,坚持"客户第一"的原则为广大客户提供优质的服务。

## 丹阳市云阳镇新海饲料厂

电话:0511-86643901 邮编:212355 联系人:贾夕风
地址:江苏省镇江市丹阳市云阳镇横塘北基三队

## 洪泽县黄集镇晶鑫米厂

本公司成立于1999年，主要收购稻子、小麦，加工销售大米。以人为本，以质量为基础，以顾客需求为向导，以客户服务为宗旨。

电话：0517-87611412　　手机：13805231648

联系人：郭兆建

地址：江苏省淮安市洪泽县黄集镇双洞村二组　　邮编：223001

## 江苏省高淳县淳溪镇薛城渔业制网厂

本公司成立于1989年，主要经营地笼、渔网、拉网、丝网、虾笼、网箱、三层网、乙烯网片等。主要产品有水产渔需、渔药、饲料等。不断强化服务意识，牢固树立服务理念，全心全意为基层和用海群众服务。

电话：025-57385292、13327711292　　联系人：夏崇海
地址：江苏省南京市高淳县淳溪镇长三村C205#　　邮编：213300

## 淮安丰禾种业有限公司

淮安丰禾种业有限公司成立于2007年，本公司专业从事种子的生产与销售，化肥、农药的批发零售。

我们本着"质量第一，信誉至上"的原则"为客户着想，为用户尽心"的宗旨，本着"科技兴农"的方针政策，把经销网络做大，做强。

做上一流的种子，提供优质的服务，为您的事业锦上添花，创造辉煌！

联系人：姚友华　13905231078　　电话/传真：0517-87662014
邮编：223111　　地址：江苏省淮安市洪泽县岔河镇

## 溧阳市旭琴湖健康养殖专业合作社

溧阳市旭琴湖健康养殖专业合作社成立于2008年。

主要从事于养殖绿壳蛋鸡。

中国农业产业经济发展协会健康养殖分会常务理事。

欢迎国内外新老客户光临，互利互惠、携手共进！

联系人：陈江　13961139218　　电话：0519-87886593
地址：江苏省常州市溧阳市溧城镇昆仑南路278号　　邮编：213300

## 淮安骏达园林工程中心

本公司成立于2007年，常年对外批发各种果树苗、绿化苗、各种拆迁苗木，常年承接各大企业园林绿化工程。欢迎新老客户光临惠顾。

联系人：陆启俊

手机：13064921622　15996194548

地址：江苏省淮安市清浦区城南乡先锋村十组　　邮编：223003

## 连云港市宏源水产养殖有限公司

连云港市宏源水产养殖有限公司成立于2007年，本公司专业从事水产养殖，水产品加工。主要有鱼、虾等。公司坚持发展市场为导向，以提高产品质量、满足顾客的需求为发展宗旨，奉行"团结、拼搏、求实、开拓"的企业精神，热忱欢迎各界前来参观、考察、洽谈业务。

联系人：张加宽　　邮编：222000

电话：0518-87546777　87549009　15305135678　13225216666

地址：江苏省连云港市东海县张湾乡四营村四营小区

## 淮安市丰勤生物有机肥有限公司

本公司成立于2007年，主营生物有机肥。我们的服务宗旨是"一切为顾客着想，"让用户用的科学、合理、节约、满意、放心。

联系人：韩兆峰

电话：0517-85334211　　手机：13770405785

地址：江苏省淮安市楚州区三堡乡祁庄村　　邮编：223212

## 涟水县优优福生猪养殖专业合作社

涟水县优优福生猪养殖专业合作社成立于2007年，主要从事于生猪养殖。

主要有国外的杜洛克猪、长白猪，国内的太湖猪、八眉猪、金华猪。

公司经营理念是追求绿色，崇尚自然，以诚信铸品牌，以品牌树信誉。

欢迎广大客户来电垂询！

联系人：朱士洪　13094929399　13179504268

地址：江苏省淮安市涟水县蒋庵办事处药材村村委会院内
邮编：223001

## 江都市小纪镇蒲塘村经济合作社

江都市小纪镇蒲塘村经济合作社

本着为农民朋友服务的愿望，带领广大社友从事绿色产业开发，从事西兰花等无公害蔬菜的种植及开发。

积极引进新品种、新技术，愿与社会各界成为朋友！

联系人：吴正才
电话：0514-86598515
邮编：225002
地址：江苏省江都市小纪镇蒲塘村陵庄组5号

## 南京兰花玉米种植专业合作社

南京兰花玉米种植专业合作社成立于2007年，从事玉米、花生的种植、加工、销售及凤鹅、玉米的深加工、销售。

公司秉承"锐意进取"的经营理念，坚持"客户第一"的原则，欢迎新老客户光临、惠顾。

联系人：罗邦[illegible]　13505187580
电话：025-58255866
邮编：210000
地址：江苏省南京市浦口区桥林街道兰花塘社区原[illegible]村小学

## 南通海天畜牧有限公司

南通海天畜牧有限公司成立于2003年，主要从事猪的批发。"以市场为导向，提高产品质量，满足客户需求"是我公司发展的根本，我们将以大海般的胸怀欢迎各界朋友的到来，并愿意与各界朋友真诚合作，共谋发展。

电话：0513-84876479 13901470106 联系人：唐海云
地址：江苏省南通市如东县河口镇荷园村 邮编：226000

## 如皋市搬经农贸市场有限公司

我农贸市场公司主要从事农副产品收购销售，食品、超市的经营管理，自2002年成立以来，依靠优越的地理位置、完善的内部设施、良好的经营场所，为经营户提供完善的服务和管理是我们始终不变的追求。

始终以"质量求生存，信誉求发展，人性化的管理，稳健踏实的经营管理，优质的服务"为经营理念，欢迎您的光临！

联系人：高进 13235219999 电话：0513-88505196
地址：江苏省南通市如皋市搬经镇环正北路搬经居委会六组 邮编：226561

## 南通经济技术开发区通农生态渔业专业合作社

南通经济技术开发区通农生态渔业专业合作社成立于2007年，是一家从事农资采购、水产品养殖、销售、培训、咨询的企业。

您的信赖，是我们不断前进的动力。

欢迎广大新老客户来电洽谈业务！

联系人：崔将
电话：0513-85991026 13390966089
邮编：226017
地址：江苏省南通市经济技术开发区江海镇黄河路8号

## 如皋市瑞荣水产养殖专业合作社

如皋市瑞荣水产养殖专业合作社是一家专业从事成鱼，鱼苗养殖销售及技术咨询的单位，此外兼营垂钓，住宿等娱乐服务。

我们始终坚持"客户第一"的原则为广大客户提供优质的服务。

欢迎广大客户惠顾！

联系人：水瑞荣
电话：0513-87951558 13901484798
地址：江苏如皋市江安镇葛市村5组 邮编：226531

## 沛县栖山镇孟寨肉鸭专业合作社

本公司成立于2008年，主要经营肉鸭养殖销售，鸭饲料生产销售。

服务宗旨是：以诚信合作，求事业发展，以质量标准，求经济效益，我们将竭诚为您服务。

联系人：孟庆套 15312673616
电话：0516-89769237
邮编：221622
地址：江苏省徐州市沛县栖山镇孟寨村委会

## 泗洪县全羽林地禽业发展有限公司

泗洪县全羽林地禽业发展有限公司成立于2007年，专业养殖及销售白条草鸡、白条鸭、草鸡苗、草鸡蛋等，并经过农业部无公害农产品专家组评审后获得认证的。

公司秉承"顾客至上，锐意进取"的经营理念，坚持"客户第一"的原则，为广大客户提供优质的服务。欢迎广大客户惠顾！

联系人：种攀峰
电话：0527-86440288 13815768444
地址：江苏省宿迁市泗洪县陈圩乡何邵村 邮编：223900

## 邳州市官湖镇丁楼养猪专业合作社

邳州市官湖镇丁楼养猪专业合作社是一家专业从事仔猪、肉猪的养殖出售的单位。

联系人：丁佩宪15062091044
丁树兵13852065809
邮编：221300
地址：江苏省邳州市官湖镇丁楼村

## 泗洪县王刚农产品专业合作社

泗洪县王刚农产品专业合作社是一家专业从事小麦，玉米，水稻等农产品的种植，收购和种子，农药，化肥等生产资料的销售及技术咨询的企业。

公司以"质量求生存、信誉求发展"，欢迎广大用户光临惠顾！

联系人：王刚
电话：0527-86767826 13951396857
地址：江苏宿迁市泗洪县太平镇太和村 邮编：223900

## 如东县崔氏蔬菜专业合作社

如东县崔氏蔬菜专业合作社拥有无公害蔬菜基地2000余亩，主要经营蔬菜瓜果种植及代购代销，粮油棉代购代销。

我们十分珍惜与您合作的机会。

联系人：崔建辉
电话：0513-84252837 13222130388
地址：江苏省南通市如东县兵房镇丁家店茅竹桥 邮编：226412

## 苏州长三角花木城有限公司

主要种植，租赁销售花木，有各种盆景，花木。

多年来以"质量致上、精益求精、以客为本"为经营服务宗旨，为您提供优质的服务。

电话/传真：0512-65757778 65757770
邮编：235000
地址：江苏省苏州市相城区元和镇朱泾村

联系人：孙修兴 13013779369

## 宿迁市成子湖食品有限公司

本公司专业从事水产品的养殖、加工和销售，我们“诚信经营，用户至上”欢迎新老客户光临、惠顾！

联系人：王凤勤
电话：0527-86454199
地址：江苏省宿迁市泗洪县龙集镇成河街
邮编：223900

## 泰兴市永新生态果蔬园

本蔬菜园主要经营蔬菜，水果的种植批发，畜禽的饲养批发，主要产品有蔬菜，水果，家畜，家禽。

我们本着：“诚信做事，务实求新”的服务宗旨，为您服务。

联系人：赵永新
13815997887
电话：0523—87738235
邮编：225401
地址：江苏省泰兴市泰兴镇庙元村十四组

## 宿迁市王官集天然湖水产品专业合作社

宿迁市王官集天然湖水产品专业合作社成立于2007年，专业从事水产品的生产、销售以及鱼类养殖所需的渔需物资的供应。养殖信息的咨询与技术服务。宿迁市王官集天然湖水产品专业合作社本着“客户第一，诚信至上”的原则，与多家企业建立了长期的合作关系。热忱欢迎各界朋友前来参观、考察、洽谈业务。

联系人：王金树
电话：0527-54580209　13347851598　18951459298
地址：江苏省宿迁市宿豫区王官集镇渔场
邮编：223800

## 泰州市高港区白马冬枣产销专业合作社

泰州市高港区白马冬枣产销专业合作社成立于2008年，本社集冬枣种植、研究、加工、销售、储藏、礼品包装、运输一条龙服务，绿色、新鲜、质优价廉！

联系人：李乃平
13092200490　15005267917
电话：0523-86188977　86188799
传真：0523-86188799
邮编：225300
地址：江苏省泰州市高港区白马镇白马居委会内（海军诞生地纪念馆东侧300米）

## 睢宁县大佳龙虾养殖有限公司

睢宁县大佳龙虾养殖有限公司成立于2007年，主要从事于龙虾的养殖与销售。“以市场为导向，提高产品质量，满足客户需求”是我公司发展的根本，我们将以大海般的胸怀欢迎各界朋友的到来，并愿意与各界朋友真诚合作，共谋发展。

联系人：朱国贤
13952144368
电话：0516-88379388
传真：0516-88380777
邮编：221200
地址：江苏省徐州市睢宁县城西收费站

## 铜山县德林养猪场

铜山县德林养猪场成立于2008年，主要经营长年出售太湖种母猪、二元种母猪、商品杂交猪苗。公司秉承“顾客至上，锐意进取”的经营理念，坚持“客户第一”的原则为广大客户提供优质的服务。欢迎惠顾！

联系人：许德林
电话：0516-83030219　13952156538　邮编：221124
地址：江苏省徐州市铜山县大许镇大许村人民路88号

## 太仓市陆渡镇红庙养殖场

太仓市陆渡镇红庙养殖场成立于2006年，太仓市陆渡镇红庙养殖场位于太仓市陆渡镇红庙村，本场主要经营生猪的养殖。太仓市陆渡镇红庙养殖场以雄厚的实力、合理的价格、优良的服务与多家企业建立了长期的合作关系。太仓市陆渡镇红庙养殖场热忱欢迎各界前来参观、考察、洽谈业务。

联系人：孟庆龙
邮编：215412
电话：0512-53457972
传真：0512-53457972
地址：江苏省太仓市陆渡镇红庙村

## 铜山县同达养殖场

铜山县同达养殖场成立于2006年，铜山县同达养殖场位于徐州市铜山新区206国道。

本公司主要养殖、销售：鸡。公司始终把客户和诚信放在第一位自身利益第二。热忱欢迎各界朋友前来参观、考察、洽谈业务。

联系人：董玉军
电话：13685139219　0516-82205759
地址：江苏省徐州市铜山新区206国道收费站附近　邮编：221000

## 泰兴市双龙水利疏浚工程有限公司

泰兴市双龙水利疏浚工程有限公司成立于2008年。主要从事于水利疏浚工程。

您的满意，是我们最佳的广告，是我们事业做大做强的基石。

欢迎国内外新老客户光临，互利互惠、携手共进！

联系人：刁伯龙
电话：0523-87381854　15996085989
邮编：225418
地址：江苏省泰兴市横垛镇横垛居委会横北小区横北区组

## 新沂市成航蛋鸡养殖专业合作社

新沂市成航蛋鸡养殖专业合作社成立于2002年。专门从事鲜鸡蛋的生产销售。本着“信誉至上，质量第一”的原则。欢迎您的来电！

联系人：范东风　13775958836
电话：0516-88693309
地址：江苏省新沂市时集镇凤云村
邮编：221003

## 兴化市荻垛镇德银粮食经营部

兴化市荻垛镇德银粮食经营部成立以有十八年，本经营部主要经营粮食，主要产品有大米、大麦、小麦、稻谷。本公司秉承以诚信第一、质量为本的经营理念为公司发展根本。欢迎新老客户光临惠顾！

联系人：袁玉才
电话：13914433222 13852874511 0523-83687252
地址：江苏省兴化市荻垛镇大元村第五组
邮编：225700

## 徐州市贾汪区新集养殖专业合作社

徐州市贾汪区新集养殖专业合作社成立于2008年，主要为广大养殖户提供畜禽种苗，代购饲料、兽药，品种改良，产品销售等综合性服务。我公司一直以务实的态度，发挥产业优势，以丰富的经验与先进的技术，优化大众生活，最大程度地持续满足民生消费需求。

联系人：陈为敏
电话：13382699398 15252045338
地址：江苏省徐州市贾汪区汴塘镇新集村
邮编：221134

## 兴化市香飘飘水产养殖专业合作社

兴化市香飘飘水产养殖专业合作社成立于2007年，主要从事于大闸蟹的养殖。

本着“以质量求生存，以信誉求发展”的经营宗旨，积极创立绿色品种，努力拓展海内外市场，赢得了广大客户的赞誉。我们诚挚邀请和欢迎海内外朋友来我公司洽谈业务，共同推进世界水产业的发展，共创美好的明天。

联系人：沈广余 13815915188 电话：0523-83803399
地址：江苏省兴化市合陈镇昌合路北水务站前商住楼201室 邮编：225743

## 徐州市沛县华勤果蔬专业合作社

公司成立与2007年，主要经营果树蔬菜种植。

我们以诚信为本，信誉第一，一流的服务。

欢迎新老客户和各界朋友前来合作洽谈。

联系人：张连勤 13585484875
电话：0516-89806666 邮编：221632
地址：江苏省徐州市沛县张寨镇司楼村

## 徐州东宏种猪场

徐州东宏种猪场是一家专业养殖母猪、种猪的企业。

客户满意是我们的追求，欢迎来电洽谈业务！

联系人：张东芳
15152525111
电话：0516-88225111
地址：江苏省徐州市睢宁县沙集镇蔡吴村郭南组（沙兴线东侧） 邮编：221003

## 徐州市苏牛牛业专业合作社

徐州市苏牛牛业专业合作社成立于2004年，主要从事于肉牛饲养、肉牛饲料加工。

公司自成立以来始终贯彻“质量第一，顾客至上”的经营理念，努力进取，积极开拓，对外广泛吸纳各种专业人才，引进先进的生产工艺技术，对内强化企业管理，建立健全质量管理体系，质量体系的完善，增强了企业员工素质，使产品质量不断提高，企业形象不断提升，赢得广大顾客的信赖。

联系人：黎云明
13615103161
电话：0516-83125083
地址：江苏省徐州市铜山县单集镇单集村
邮编：221116

## 徐州金桥珍禽发展有限公司

江苏省睢宁县金桥珍禽繁育场成立于1996年，是一家集野生珍禽的科学研究、驯养繁殖、经营贸易、产品加工于一体的综合性珍禽生产场家。主要驯养品种：天鹅、羊驼、鸿雁、灰雁、斑头雁、豆雁、孔雀、红腹锦鸡、白鹇、红腹角雉、白冠长尾雉、鸳鸯、赤麻鸭、翘鼻麻鸭、红头潜鸭、骨顶鸡、苍鹭、灰鹤、白枕鹤、菲洲冠鹤等。珍禽工艺与教学标本系列产品有：孔雀、红腹锦鸡、七彩山鸡、大鹏展翅、野鸭类、家禽类、小家畜。

竭诚欢迎国内外有识之士来此考察投资兴业，共创未来！

网址：www.aozhouheitiane.com

联系人：巩万里 13952101418 电话：0516-88294383
地址：江苏省徐州市睢宁县桃园镇苏河村（朱集街北500米） 邮编：221200

## 盐城市华容种业有限公司

联系人：李容华
13337990878
15251156789

公司成立与2007年，主要是农资经营，批发水稻种、大小麦种、玉米种、蔬菜种、农药、杀菌剂、粘鼠板、粘蝇子等。

经营宗旨：以诚待人，以质量取信与人，欢迎您的光临。

电话：0515-86414359
邮编：224731
地址：江苏省盐城市建湖县上冈镇人民南路91号

## 徐州市富方鸭业发展有限公司

徐州市富方鸭业发展有限公司成立于2005年，本公司主营种鸭、商品鸭、鸭苗等养殖。公司本着“客户第一、质量第一、诚信至上”的经营方针，严把质量关，与多家企业建立了长期的合作关系。热忱欢迎各界朋友前来参观、考察、洽谈业务。

联系人：刘云廷 邮编：221000
电话：13852091918 13905208861
地址：江苏省徐州市铜山县棠张镇棠张村

## 盐城市建湖县蒋营镇德良农副产品收购点

公司成立與2005年，主要經營農副產品收購。

公司堅持“以人为本、科技领先、远域服务、诚信永远”的服務宗旨。我們竭誠希望同更多的廠商，貿易公司合作，携手共進，共創美好明天！

电话：0515-86558778
邮编：224762
地址：江苏省盐城市建湖县蒋营镇人民路29号
联系人：解德良
13605119045

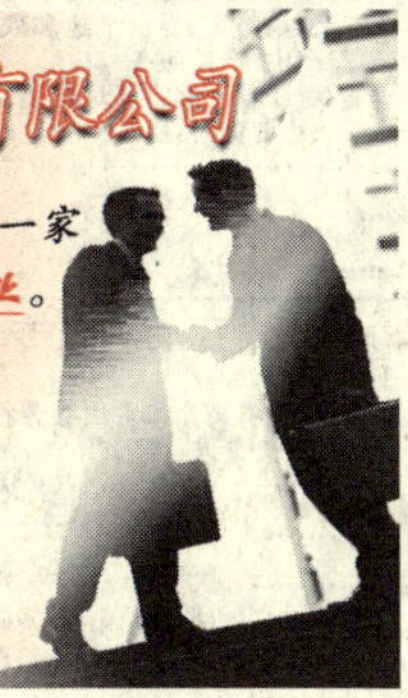





## 浙江省/Zhejiang Province

### 浙江省安吉丰牧兽药有限公司
业务:兽药,饲料添加剂的生产销售
产品:畜禽药,水产药,蚕药,药物添加剂,预混合饲料
地址:浙江省安吉县孝丰镇开发区
负责人:王小六　邮编:313301
法人:王小六
Tel:0572－5052289
13306820507
Fax:0572－5520291
E-mail:ajfm@163.com

### 青田县驮田山羊养殖专业合作社
业务:山羊,鱼类和鸡的养殖
地址:浙江省丽水市青田县鹤城镇青田县季宅乡黄放口村驮田
负责人:洪飞伟　邮编:323000
法人:洪飞伟
Tel:15906417058
13757837770

### 青田县万阜胡从铃蔬菜种植专业合作社
业务:蔬菜种植、经营、批发
地址:浙江省丽水市青田县万阜乡万阜村寺院路1号
负责人:胡从铃　邮编:323000
法人:胡从铃
Tel:13757852916
0578－6617156

### 杭州富佳饲料有限公司
地址:浙江省杭州市富阳市常安镇前山园村
负责人:于月明
Tel:0571－63565610

### 青田县崇兴畜禽养殖专业合作社
业务:养殖和销售青田田鲤鱼、鸡、山羊、黄牛
产品:青田田鲤鱼、鸡、山羊、黄牛
地址:浙江省丽水市青田县温溪镇寺下村长安南路38－1号
负责人:王宝兴　邮编:323000
法人:王宝兴
Tel:0578－6028628

### 庆元县富泉吊瓜专业合作社
业务:种植、销售吊瓜
地址:浙江省丽水市庆元县松源镇新建路21号
负责人:胡来业　邮编:323000
法人:胡来业
Tel:13905784780
0578－6289746

### 老俞头水产养殖场
业务:水产养殖(甲鱼)、农业生态养殖
地址:浙江省临安市板桥乡板桥村
负责人:俞永潮　邮编:311300
法人:俞永潮
Tel:13588234673

### 松阳县枫坪茶叶专业合作社
业务:种植茶叶
产品:白茶、龙井、毛峰
地址:浙江省丽水市松阳县枫坪乡根下村
负责人:王子敬　邮编:323405
法人:王子敬
Tel:13867044467
13735959558
0578－8870848

### 松阳县南山白云农家乐山庄
业务:自摘水果,自摘农家菜,自捕溪鱼等农家特色
地址:浙江省丽水市松阳县西屏镇南山村村口木桥西首
负责人:毛献军　邮编:323000
法人:毛献军
Tel:0578－8050484
13735933216

### 青田县铁耙山生态养殖场
业务:肉鸡养殖
地址:浙江省丽水市青田县温溪镇沙埠村铁耙山
负责人:刘忠生　邮编:323000
法人:刘忠生
Tel:13105885878
0578－6979998
6755942
Fax:0578－6755942

### 松阳县塔背吊瓜专业合作社
业务:吊瓜种植
地址:浙江省丽水市松阳县象溪镇塔背村
负责人:兰仁根　邮编:323000
法人:兰仁根
Tel:15157838127
15990491466

### 遂昌县新民杂交制种专业合作社
业务:制种,大棚蔬菜苗,西瓜的种植销售
地址:浙江省丽水市遂昌县大柘镇横街村
负责人:赖賛慧　邮编:310026
法人:赖賛慧
Tel:15990457180

### 遂昌县际下鸿途生态獭兔养殖场
业务:獭兔养殖
地址:浙江省丽水市遂昌县柘岱口乡际下村南山
负责人:黄孔明　邮编:323000
法人:黄孔明
Tel:13957046700
0578－8360602

### 丽水雅溪绿健生猪养殖场
业务:养殖生猪,小猪
地址:浙江省丽水市雅溪镇上陈村
负责人:陈国勇　邮编:323000
法人:陈国勇
Tel:0578－2165398

### 云和县天顺肉鸡生态养殖场
业务:养殖肉鸡
地址:浙江省丽水市云和县云和镇岗头庵村
负责人:蓝英忠　邮编:323000
法人:蓝英忠
Tel:13967040775

### 富阳市新发生物技术有限公司
业务:本公司成立于1993年,是一家集研发、生产、销售、服务为一体的民营高科技股份有限公司,是酒曲、饲用酶制剂,饲用益生菌的专业生产厂家,公司以优质、优价为饲料生产企业、养殖厂、酒厂提供产品。欢迎新老客户联系、订购!
地址:浙江省富阳市新登镇双江村
负责人:黄炜　邮编:311404
法人:黄炜
Tel:0571－63253706
Fax:0571－63219906
网址:www.xinfa.net.cn
E-mail:xianming118sohoo.com.cn

### 云和县丰和笋竹专业合作社
业务:竹笋种植、销售
地址:浙江省丽水市云和镇南山小区22幢9号
负责人:廖建华　邮编:323000
法人:廖建华
Tel:13857062989
13575391286

### 临海市大斌杨梅专业合作社
业务:专业从事高山杨梅种植、高山畜牧养殖,本地盛产杨梅,历史悠久、自然条件优越,所产杨梅风味浓郁,品质极优。组织收购、销售成员种植杨梅,并为成员提供贮藏、包装、运输服务一条龙服务!
产品:高山杨梅、高山生猪
地址:浙江省临海市白水洋镇大平裘村1－93号
负责人:裘俭兵　邮编:317000
法人:裘俭兵
Tel:13666429333
E-mail:452669998@qq.com

### 临海市沃野农业开发有限公司
业务:新农业开发,种植和销售蔬菜,销售农资产品
产品:蔬菜、农资产品
地址:浙江省临海市大洋街道狮云村
负责人:李大鹏　邮编:318000
法人:李大鹏
Tel:13566898502

### 临海市金银果蔬专业合作社
业务:种植和销售白菜花、西兰花,提供冷库对收服务
产品:白菜花、西兰花
地址:浙江省临海市杜桥镇小金门村1－99号
负责人:李欠余　邮编:317000
法人:李欠余
Tel:13326030963
13235763902

### 临海市永不忘葡萄专业合作社
业务:葡萄的种植和销售
地址:浙江省临海市河头镇兰桥村325号
负责人:金敬夫　邮编:318000
法人:金敬夫
Tel:13606653164
0576－85889880

### 临海市元方畜禽专业合作社
业务:养殖水鸭、珍珠鸡、牛羊等
地址:浙江省临海市桃渚镇利兰村203号
负责人:黄元方　邮编:318000
法人:黄元方
Tel:15967065485
13666429226

### 临海市明建果蔬专业合作社
业务:种植、销售水果西瓜、蜜桔、蔬菜、白花菜、西兰花
地址:浙江省临海市桃渚镇蒲兰头村40号
负责人:陈恩贵　邮编:318000
法人:陈恩贵
Tel:13586155321
0576－85787910

### 临海市天虹果蔬专业合作社
业务:水果蔬菜种植及销售
地址:浙江省临海市桃渚镇沙门村2－3号
负责人:陈学福　邮编:318000
法人:陈学福
Tel:13586134960
0576－85783511

### 苍南县农合水稻专业合作社
业务:采用种养相结合的生态养殖模式,从事水稻、蔬菜、瓜果种植,水产品养殖,我们始终坚持走纯生态道路,做纯绿色产品,产品质量稳定,周年供应。
地址:浙江省苍南县金乡镇苏家村66号
负责人:苏苗康　邮编:325805
法人:苏苗康
Tel:13221131905
13506540202

### 苍南苍盛蔬菜专业合作社
业务:种植、销售西红柿
地址:浙江省苍南县灵溪镇大门路243号
负责人:曾云鳌　邮编:325800
法人:曾云鳌
Tel:13906660390
13868839390

### 临海市金凯果蔬专业合作社
业务:水果种植销售
产品:柑桔、杨梅、琵琶、梨子、桑果等
地址:浙江省临海市永丰镇大山郭村5－31号
负责人:朱崇金　邮编:318000
法人:朱崇金
Tel:13586138982
13586119199

### 临海市涌泉平头山水果专业合作社
业务:水果种植、销售
产品:蜜桔、葡萄、杨梅
地址:浙江省临海市涌泉镇石村道头大桥下
负责人:陈崇多　邮编:317021
法人:陈崇多
Tel:13362693377
0576－85683128

### 宁波市海曙回头客水果店
业务:水果批发零售
地址:浙江省宁波市海曙区联丰路216号
负责人:曹芳收　邮编:315010
法人:曹芳收
Tel:15057403023

### 临海市尤溪明国粮食专业合作社
业务：种植、加工、销售水稻、小麦
地址：浙江省临海市尤溪镇哈龙岙村上康村
负责人：林明国　邮编：314000
法人：林明国
Tel：13736527509

### 龙泉市安仁镇狮子岩生猪养殖专业合作社
业务：猪的养殖
地址：浙江省龙泉市安仁镇项边脱贫小区第五幢第一植
负责人：刘火培　邮编：323700
法人：刘火培
Tel：13735985582
13957058512

### 淳安千岛湖红枫花卉苗木场
地址：浙江省杭州市淳安县枫树岭镇汪村
负责人：应伟琴
Tel：0571－64846205

### 慈溪市庵东定桥蔬菜种植场
业务：经营无公害绿色蔬菜：毛豆，花菜，包菜等，批发
地址：浙江省宁波市慈溪市庵东镇富民村
负责人：夏定桥　邮编：315000
法人：夏定桥
Tel：15968480510
0574－62090167

### 慈溪市掌起立银水果农场
业务：葡萄园
地址：浙江省宁波市慈溪市掌起镇鹤凤村方家
负责人：冯立银　邮编：315313
法人：冯立银
Tel：13484231525
15168119454

### 宁波市江北野森生态林业开发部
业务：药材种苗、种子，果树苗
地址：浙江省宁波市江北慈城枫湾家园5幢1单元301号
负责人：韩东　邮编：315000
法人：韩东
Tel：13957874837
0574－87574328

### 宁波市江北达众渔具店
业务：渔具系列
地址：浙江省宁波市江北区环城北路西段498号花园宾馆对面
负责人：王建　邮编：318000
法人：王建
Tel：13566566348

### 宁波市江东世兴天福茶叶店
业务："天福茗茶"直营连锁店，专营定型包装食品、茶具零售。
产品：茶叶、茶具、茶食品
地址：浙江省宁波市江东区曙光路2－1、2－2号
负责人：陈小姐　邮编：315040
法人：徐世兴
Tel：0574－87337146
Fax：0574－87335052
网址：www.tenfu.com
E-mail：tzn@mail.tenfu.com

### 象山高塘宏莲水产养殖物资经营部
业务：水产饲料及添加剂、渔需品（除油品）、塑料制品零售
地址：浙江省宁波市象山县高塘岛乡龙泉路19号
负责人：陈云米　邮编：315000
法人：陈云米
Tel：13656847215
13968399255

### 象山樊岙白岩山枇杷专业合作社
业务：枇杷种植、销售
地址：浙江省宁波市象山县鹤浦镇 岙村75号
负责人：叶卫芬　邮编：315700
法人：叶卫芬
Tel：13056942109
0574－65030783

### 杭州云森生态农业发展有限公司
业务：杭州云森生态农业发展有限公司成立于1999年，主要从事于生态农业、园林绿化、养殖鸡、宾馆餐饮等。真诚欢迎海内外客商来电来访洽谈合作！
地址：浙江省杭州市富阳市高桥镇水坞村
负责人：章仁祥　邮编：311402
法人：章仁祥
Tel：0571－63169896
63169898

### 常山县谢家油茶专业合作社
业务：山茶油加工销售生产
产品：野生山茶油，山茶饼
地址：浙江省常山县新昌乡谢家村
负责人：谢章华　邮编：324212
法人：谢章华
Tel：0570－5485448

### 象山县石浦星南育苗场
业务：水产种苗培育、零售
地址：浙江省宁波市象山县石浦上金鸡村
负责人：周方志　邮编：315000
法人：周方志
Tel：13968360249
0574－65935239

### 象山西乡山珍竹笋专业合作社
业务：竹笋种植，花卉，苗木批发，零售
产品：竹笋，花卉，苗木
地址：浙江省宁波市象山县泗洲头镇何婆岭村
负责人：汤克武　邮编：315724
法人：汤克武
Tel：0574－65890396
13685880869

### 象山兴农果蔬专业合作社
业务：水果蔬菜购销
地址：浙江省宁波市象山县泗洲头镇下马岙村
负责人：黄志旦　邮编：315000
法人：黄志旦
Tel：0574－65898032

### 象山夏成水产养殖专业合作社
业务：专业养殖各种淡水鱼
产品：各种淡水鱼，以白鲤鱼、花鲤鱼为主
地址：浙江省宁波市象山县晓塘乡后岭村2号
负责人：张和成　邮编：315700
法人：张和成
Tel：15858470999

### 宁波市鄞州五乡董孝君畜禽养殖场
业务：畜禽养殖
产品：虫草鸡、虫草蛋
地址：浙江省宁波市鄞州区五乡镇仁久村
负责人：董孝君　邮编：315000
法人：董孝君
Tel：0574－88333658
13105530811
18957810336

### 宁波市鄞州健星水果专业合作社
业务：种植、销售水果
地址：浙江省宁波市鄞州区咸祥镇芦浦村
负责人：丁其星　邮编：315000
法人：丁其星
Tel：13056863255

### 宁波市镇海晓华果蔬专业合作社
业务：种植、销售
地址：浙江省宁波市镇海区骆驼街道骆兴村田胡义裕21号
负责人：朱晓华　邮编：315000
法人：朱晓华
Tel：0574－66166773
15057490891

### 余姚市华友食用菌有限公司
业务：养殖与销售各种菇类，包括香菇、平菇、蘑菇、金针菇等
产品：各种菇类，包括香菇、平菇、蘑菇、金针菇等
地址：浙江省宁波余姚市三七市镇祝家渡村祝西
负责人：邓世友　邮编：315000
法人：邓世友
Tel：13567929317
0574－56132867
13736173633

### 平湖市全塘镇潘永飞养猪场
业务：肉猪养殖
地址：浙江省平湖市全塘镇金桥村1组
负责人：潘永飞　邮编：314000
法人：潘永飞
Tel：13757340700

### 富阳瑞尔动物养殖有限公司
地址：浙江省杭州市富阳市东洲街道赤松村
负责人：赵淑成
Tel：13305819558

### 平湖市姚浜土地专业合作社
业务：土地租赁，提供土地和农产品的产前、产中、产后服务
地址：浙江省平湖市新埭镇姚浜村村部
负责人：姚道中　邮编：314000
法人：姚道中
Tel：0573－85644113
Fax：0573－85644113

### 常山志升石蛙养殖专业合作社
业务：石蛙
地址：浙江省衢州市常山县芳村镇前溪村
负责人：张志升　邮编：324212
法人：张志升
Tel：0570－5412668
Fax：0570－5412668
网址：http://www.51zzt.com/user/zzt31018

### 何盛食用菌种植场
业务：姬菇、秀珍菇等食用菌种植
地址：浙江省衢州市常山县何家乡何家村
负责人：苟正平　邮编：324000
法人：苟正平
Tel：15869087493

### 常山县正旺胡柚专业合作社
业务：代收柑桔，胡柚
产品：柑桔、胡柚
地址：浙江省衢州市常山县青石镇澄潭村
负责人：徐正旺　邮编：324002
法人：徐正旺
Tel：0570－5062314
13867019726

### 慈溪聚恒蔬菜有限公司
业务：各种蔬菜的种植、加工和销售
产品：绿花菜、大豆、毛豆
地址：浙江省慈溪市崇寿镇相公殿村
负责人：杨军　邮编：315000
法人：杨军
Tel：15958224110
0574－63298748

### 常山县华顺竹木专业合作社
业务：种植竹木，加工与销售各类竹木系列产品
产品：竹木系列产品
地址：浙江省衢州市常山县青石镇底铺村
负责人：马店华　邮编：324002
法人：马店华
Tel：0570－5062988

### 常山县江二粮食专业合作社
业务：为粮食经营户提供各种服务，指导帮助其提高经营水平和效益
地址：浙江省衢州市常山县青石镇江二村
负责人：江正雨　邮编：324002
Tel：13587117078
0570－5570816
网址：http://www.51zzt.com/user/zzt32845

### 常山县文远粮食专业合作社
业务：组织开展谷物种植活动；组织销售成员及同类生产经营者的谷物；引进谷物的新技术、新品种、开展与谷物种植有关的技术培训、技术交流和信息咨询服务；组织采购成员所需的农业生产资料。
地址：浙江省衢州市常山县青石镇中心村
负责人：王文远　邮编：324000
法人：王文远
Tel：0570－5065118
13186702376

### 常山县洪丰植保专业合作社
业务：稻田承包，水稻种植收割，设备出租，品种繁殖，技术研究
地址：浙江省衢州市常山县同弓乡过坑村
负责人：洪土根　邮编：324000
法人：洪土根
Tel：0570－5195260
15068937708

### 江山市高路植保专业合作社
业务：病虫防治
地址：浙江省衢州市江山市淤头镇高路村高路215号
负责人：严立新　邮编：324111
法人：严立新
Tel：0570－4761579

### 衢州市柯城诚兴饲料经营部
业务：饲料批发零售兼营玉米豆粕
地址：浙江省衢州市经济开发区粮食批发交易市场363号
负责人：徐新兴　邮编：324002
法人：徐新兴
Tel：0570－3855177

### 附海亮旺水产品批发部
业务：舟山海鲜批发零售
地址：浙江省慈溪市附海镇东港村强基路55号
负责人：丁岳营　邮编：315300
法人：丁岳营
Tel：0574－63683643

### 富阳市农博士农业开发有限公司
地址：浙江省杭州市富阳市渌渚镇新阳村
负责人：夏国平
Tel：13606606886

### 开化县爱牧养殖场
业务：主要经营养殖业
地址：浙江省衢州市开化县城关镇环碧村
负责人：饶爱华　邮编：324002
法人：饶爱华
Tel：0570－6170098
13750700215

### 开化县康德蛋鸡专业合作社
业务：养殖肉鸡及销售鸡蛋、饲料
地址：浙江省衢州市开化县华埠镇解放路322号
负责人：郑承德　邮编：324302
法人：郑承德
Tel：0570－6045050
6032136
13575641643

### 开化果果畜禽养殖专业合作社
业务：畜禽养殖销售
产品：土鸡、羊，清水鱼（鲫鱼、草鱼、鲢鱼、鳜鱼），蛙
地址：浙江省衢州市开化县桐村镇杜坑村社公坪
负责人：颜喜东　邮编：324002
法人：颜喜东
Tel：0570－6447330
15924083828

### 开化县河山粮油专业合作社
业务：粮食、农作物的加工与销售
产品：粮食，茶叶，水果，蔬菜
地址：浙江省衢州市开化县音坑乡河山村
负责人：徐先生　邮编：324002
法人：陈五登
Tel：13575640359
0570－6982119

### 开化县永昌鱼养殖专业合作社
业务：鱼类 养殖、销售
地址：浙江省衢州市开化县中村乡水电站
负责人：彭春留　邮编：324304
法人：彭春留
Tel：0570－6201152
13487446777

### 衢州市柯城沟溪银昌禾润农农资店
业务：农药、化肥等农资产品的销售
产品：农药、化肥等农资产品
地址：浙江省衢州市柯城区沟溪乡碗东村
负责人：谭银昌　邮编：324002
法人：谭银昌
Tel：0570－2758070
13587001068

### 衢州市柯城区宝康果蔬专业合作社
业务：种植，购销柑桔、水果、蔬菜
地址：浙江省衢州市柯城区沟溪乡余西村110号
负责人：余卸康　邮编：324014
法人：余卸康
Tel：13505709758
0570－2875682

### 衢州市柯城区官山龙种粮专业合作社
业务：主要种植销售玉米
产品：玉米
地址：浙江省衢州市柯城区航埠镇枧头村176号
负责人：陈世清　邮编：324014
Tel：13221705555
0570－2974897
网址：http://www.51zzt.com/user/zt13

### 慈溪市海联花木专业合作社
业务：苗木
地址：浙江省慈溪市附海镇花木村
负责人：余卫国　邮编：315332
法人：余卫国
Tel：13305841871
0574－63681282
Fax：0574－63681282
网址：http://www.51zzt.com/user/zzt31027

## 衢州市柯城范村柑桔专业合作社
业务：衢州盛产柑桔，柑桔的果实汁多味美，风味可口。本合作社以服务三农为宗旨，引进柑桔新技术、新品种；组织收购、销售社员种植柑桔。
产品：胡柚、蜜柚、广柑
地址：浙江省衢州市柯城区九华乡范村村8号
负责人：马东方 邮 编：324000
法 人：马东方
Tel：0570－3398148
13362018835

## 衢州市柯城区长盈生猪专业合作社
业务：组织采购、供应成员生猪饲养所需的农业生产资料；组织收购、销售成员及同类生产经营者的生猪；引进生猪新技术、新品种，开展与生猪饲养有关的技术培训、技术交流和信息咨询服务。
地址：浙江省衢州市柯城区九华乡下彭川村窑坪47号
负责人：王建荣 邮 编：324028
法 人：王建荣
Tel：0570－3315359

## 龙游县华忠泥鳅养殖专业合作社
业务：专业从事泥鳅养殖销售，并为广大养殖户提供泥鳅种苗、饲料、技术指导、产品销售等综合性服务。
产品：泥鳅、黄刺鱼、泥鳅种苗
地址：浙江省衢州市龙游县龙洲街道后田铺村
负责人：刘建忠 邮 编：324002
法 人：柴勤华
Tel：13575679665
13575671285
网址：www.51zzt.com/user/zzt40624

## 建德市龙丰笋竹专业合作社
业务：毛竹
地址：浙江省衢州市龙游县庙下乡严村
负责人：周永德 邮 编：324002
法 人：周永德
Tel：13857034136

## 乐清市宏宝畜牧养殖合作社
业务：养殖蛋鸭，肉鸡，肉鹅，猪
地址：浙江省温州乐清市石帆镇青屿村
邮 编：325608
法 人：黄福溪
Tel：0577－62380960
Mobile：13057967092

## 慈溪市方马草莓专业合作社
业务：种植、技术交流和咨询服务；组织收购、销售本社成员种植的草莓
地址：浙江省慈溪市龙山镇双马村快船江路1100号
负责人：方伟民 邮 编：315000
法 人：方伟民
Tel：13386629115
0574－63735525

## 龙游泽丰泥鳅养殖专业合作社
业务：专业从事泥鳅养殖销售，并为广大养殖户提供泥鳅苗、饲料、药品、技术指导、产品销售等综合性服务。
产品：鳅鱼供应
地址：浙江省衢州市龙游县模环乡大治村37号
负责人：周竹林 邮 编：324400
法 人：周竹林
Tel：13735073929

## 龙游县鑫红蜂业专业合作社
业务：养殖蜜蜂，蜂蜜销售
地址：浙江省衢州市龙游县石佛乡石佛村
负责人：徐世红 邮 编：324405
法 人：徐世红
Tel：13575674888
0570－7035235

## 龙游县傅双植保专业合作社
业务：种植水稻
地址：浙江省衢州市龙游县小南海镇傅家畈村
负责人：王沛洪 邮 编：324002
法 人：王沛洪
Tel：0570－7057956
13757011307

## 绍兴县柯岩紫锦种植场
业务：花木、盆景、时令水果等种植
地址：浙江省绍兴市绍兴县柯岩街道秋湖村
负责人：陈卫明 邮 编：312000
法 人：陈卫明
Tel：13957532421

## 衢州市衢江区宏根蔬菜专业合作社
业务：蔬菜种植及购销
地址：浙江省衢州市衢江区杜泽镇仓里村44号
负责人：方宏潤 邮 编：324002
法 人：方宏潤
Tel：13587003770
0570－2811700

## 衢州市衢江区华辉生猪专业合作社
业务：养猪
地址：浙江省衢州市衢江区杜泽镇梭铺村
负责人：邹远华 邮 编：324000
法 人：邹远华
Tel：13750702857

## 衢州市衢江区美凤柑桔专业合作社
业务：种植和销售柑桔
产品：柑桔
地址：浙江省衢州市衢江区湖南镇湖南路21号
负责人：张美凤 邮 编：324002
法 人：张美凤
Tel：0570－2951180
13567040989

## 衢州市衢江区蛟垅高山蔬菜专业合作社
业务：种植和销售时令蔬菜，生姜和板栗
产品：时令蔬菜，生姜和板栗
地址：浙江省衢州市衢江区湖南镇蛟垅村2号
负责人：吕渭土 邮 编：324025
法 人：吕渭土
Tel：0570－2956206
13819018936

## 衢州市衢江区汉都食用菌专业合作社
业务：食用菌
地址：浙江省衢州市衢江区黄坛口乡汉都村131号
负责人：陈金耀 邮 编：324005
法 人：陈金耀
Tel：0570－2801129
2801172

## 衢州市衢江区炳祥粮油专业合作社
业务：种植及销售水稻
地址：浙江省衢州市衢江区莲花镇东山边村87号
负责人：吕炳祥 邮 编：324019
法 人：吕炳祥
Tel：13567082636
0570－2326556

## 杭州梅岭茶叶有限公司第一分公司
地址：浙江省杭州市上城区东坡路48号－1
负责人：应兴艺
Tel：0571－87152735

## 衢州市衢江区峥嵘农机专业合作社
业务：农用拖拉机、收割机等农机技术服务，另有1000多平方米的厂房出租
地址：浙江省衢州市衢江区莲花镇山丰村大坪10号
负责人：季龙 邮 编：324000
法 人：季龙
Tel：0570－2925818
13106089955

## 衢州市衢江区可绿吊瓜专业合作社
业务：集种植示范、技术服务、技术推广、产品销售为一体，专业从事吊瓜种植及购销，绿色、新鲜、质优价廉！
产品：吊瓜
地址：浙江省衢州市衢江区岭洋乡柳家村34号
负责人：柳昌国 邮 编：324009
法 人：柳昌国
Tel：0570－3682803
13575666140

## 衢州市衢江区天润板栗专业合作社
业务：生产、收购、储藏、销售板栗
地址：浙江省衢州市衢江区农贸市场14号
负责人：吕金根 邮 编：324000
法 人：吕金根
Tel：13505705080
0570－3867952

## 衢州市衢江区河岸养猪专业合作社
业务：养猪
地址：浙江省衢州市衢江区樟潭街道缪家村中央淤12号
负责人：余新木 邮 编：324002
法 人：余新木
Tel：0570－2934397

## 江山市峡口大爿地永峰农资加盟店
业务：化肥、农药（不含危险化学品和易制毒化学品）、农膜，不再分装的包装种子、植物保护和管理机械销售
地址：浙江省衢州市峡口镇广渡村大爿地242号
负责人：毛永峰 邮 编：324100
法 人：毛永峰
Tel：0570－4813066
13175708036

## 瑞安市宏粮农机植保专业合作社
业务：种植、收购粮食
地址：浙江省瑞安市飞云镇云周下汇村少埠
负责人：陈唐寅 邮 编：325200
法 人：陈唐寅
Tel：13587964136
0577－65580141

## 瑞安市前程养猪场
业务：种猪养殖
地址：浙江省瑞安市湖岭镇湖东村
负责人：张程弟 邮 编：325200
法 人：张程弟
Tel：15988741234
0577－65487457

## 瑞安市彭宅特种野猪养殖场
业务：野猪养殖
地址：浙江省瑞安市平阳坑彭宅村
负责人：彭纪对 邮 编：325200
法 人：彭纪对
Tel：15967741112

## 瑞安市立和养猪场
业务：养猪
地址：浙江省瑞安市上望街道北隅村（种子场新村后）
负责人：包立和 邮 编：325000
法 人：包立和
Tel：0577－80500787

## 瑞安市场桥淡水养殖专业合作社
业务：淡水鱼养殖、鱼苗培育
地址：浙江省瑞安市塘下镇场桥北大街124号
负责人：项荣川 邮 编：325200
法 人：项荣川
Tel：0577－82567619

## 慈溪市掌起润强蔬菜农场
业务：各种时令蔬菜种植销售
地址：浙江省慈溪市掌起镇玫家村上新塘百家圩
负责人：徐先生 邮 编：315000
法 人：徐学生
Tel：15957887603
13738810326

## 上虞市荣启蔬菜专业合作社
业务：专业种植和销售时令蔬菜
产品：蔬菜
地址：浙江省上虞市沥海镇海涂七七丘
负责人：王启米 邮 编：312300
法 人：王启米
Tel：13757520357
13675791420

## 上虞市崧厦镇连新龙农副产品收购店
业务：农副产品收购、销售
产品：黄豆
地址：浙江省上虞市崧厦镇陆家村
负责人：连新龙 邮 编：312000
Tel：13858545080
0575－82656415

## 上虞市小越镇明群农具修理店
业务：农具修理
地址：浙江省上虞市小越镇下街57号
负责人：顾立明 邮 编：312300
法 人：顾立明
Tel：0575－82752575
Fax：13454505280

## 建德市大同德石门庄村经济合作社
业务：建德市大同德石门庄村经济合作社位于风景秀丽的建德市大同镇，交通十分便利。从事茶叶、毛竹、蚕桑、树木的种植及销售。热忱欢迎国内外客商前来考察、指导。
地址：浙江省杭州市建德市大同镇石门庄村
邮 编：311614
法 人：秦开荣
Tel：0571－64578612
Mobile：13588362930

## 上虞市章镇盘龙果蔬实验场
业务：无机茶叶果蔬种植和销售
地址：浙江省上虞市章镇镇张村
负责人：许兴祥 邮 编：312000
法 人：许兴祥
Tel：15857571198
13396855588

## 上虞市下岭畜禽专业合作社
业务：猪，鸡，鸭等养殖，禽蛋销售
地址：浙江省绍兴市上虞市陈溪乡千溪村下岭脚
负责人：沈明江 邮 编：312000
法 人：王芙蓉
Tel：13646757578
0575－82925628
Fax：0575－82925628

## 绍兴县兰亭老三家禽养殖场
业务：养殖，鸡，鸭
地址：浙江省绍兴市绍兴县兰亭镇谢家桥村
负责人：谢士庆 邮 编：312000
法 人：谢士庆
Tel：13095667736
0575－84603450

## 绍兴县残创西红花专业合作社
业务：供应西红花种球、花丝
地址：浙江省绍兴市绍兴县平水镇岔路口村
负责人：郑卫明 邮 编：312000
法 人：郑卫明
Tel：13282851175
0575－85764253

## 绍兴县齐贤国均蛇类养殖场
业务：专业从事蛇的繁殖、养殖、加工、销售，长期供应食用、药用活体商品、冻品、干品，秉承"诚信经营，做百年生意"的经营理念，坚持"客户第一"的原则为广大客户提供优质的服务！
产品：大王蛇、乌梢蛇、水蛇、五步蛇、眼镜蛇、蝮蛇、火赤连蛇；蛇酒、蛇胆、蛇肝、蛇皮等
地址：浙江省绍兴市绍兴县齐贤镇光明村
负责人：孙国均 邮 编：312000
法 人：孙国均
Tel：0575－85660998
13004622798

## 绍兴县大畈水产专业合作社
业务：各种水产养殖，水产冷冻加工
地址：浙江省绍兴市绍兴县孙端镇吴融村
负责人：夏云祥 邮 编：312000
法 人：夏云祥
Tel：0575－88081284

## 嵊州市中东粮食生产全程机械化专业合作社
业务：大米加工销售，全程机械化
地址：浙江省绍兴市嵊州市崇仁镇马仁村
负责人：赵江 邮 编：312000
法 人：赵江
Tel：0575－83090499

## 松桥水产批发部
业务：销售海鲜
地址：浙江省慈溪市周巷镇副产品批发市场对面
负责人：吴斌 邮 编：315300
法 人：吴斌
Tel：13858207887
0574－63330602

## 东阳市满堂红生态农业发展有限公司
业务：香榧种植销售
地址：浙江省东阳市东阳江镇天山村
负责人：厉满塘 邮 编：321000
法 人：厉满塘
Tel：13967926643

## 天台县永泉养猪场
业务：养猪
地址：浙江省台州市天台县白鹤镇山头严村
负责人：严永泉 邮 编：318000
法 人：严永泉
Tel：13058768885
13586239923

## 东阳市虎鹿镇东一生态农庄
业务：土鸡、鸭、猪、羊等养殖，香榧、菜叶种植
地址：浙江省东阳市虎鹿镇溪口村
负责人：刘海屿 邮编：322111
法人：刘海屿
Tel：15867976077
0579－86161180

## 东阳市南马旭飞养殖场
业务：各种鸡、鸭的养殖、销售
地址：浙江省东阳市南马镇联合村苞竹
负责人：蔡旭飞 邮编：322100
法人：蔡旭飞
Tel：13221271577
13605723611

## 嵊州市联达果蔬生态专业合作社
业务：果树种植
产品：杏、蟠桃、苹果、枇杷、油桃
地址：浙江省绍兴市嵊州市三江街道缸山村（彭山）
负责人：周莲军 邮编：312000
法人：周莲军
Tel：0575－83344085
13588516166

## 新昌县七星街道广兴名茶经营部
业务：收购，批发，零售各档龙井茶
产品：茶叶，小京生
地址：浙江省绍兴市新昌县七星街道江南名茶市场A5幢1037号
负责人：王真元 邮编：312500
法人：王真元
Tel：13858592357
0575－86874238

## 新昌县儒岙镇科达养猪场
业务：肉猪养殖
地址：浙江省绍兴市新昌县儒岙镇圳腰村九岩自然村
负责人：杨孟达 邮编：312500
法人：杨孟达
Tel：13967595297
0575－86780121

## 诸暨市同山王氏水果种植场
业务：种植各类水果、养殖家禽
地址：浙江省绍兴市诸暨市同山镇布谷村（七高坞址）
负责人：王国勋 邮编：312000
法人：王国勋
Tel：0575－87546519
13967546519

## 嵊州市清露茶业专业合作社
业务：茶叶的生产和销售
地址：浙江省嵊州市长乐镇岭丰村深溪
负责人：邢建明 邮编：312400
法人：邢建明
Tel：13989568836
0575－83606789
Fax：0575－83606788
网址：http://www.51zzt.com/user/zzt31793

## 嵊州市长乐镇盛荣花木场
业务：绿化苗木种植销售
地址：浙江省嵊州市长乐镇六村村下南庄路口
负责人：钱金荣 邮编：312400
法人：钱金荣
Tel：13588523180
0575－83073096

## 嵊州市金山湖茶叶专业合作社
业务：茶叶的生产和销售
地址：浙江省嵊州市谷来镇金山湖村湖上院56号
负责人：董小军 邮编：312472
法人：董小军
Tel：13967516519
0575－83269636
网址：http://www.51zzt.com/user/zzt31567

## 嵊州市春雨农牧饲料经营部
业务：经营饲料及饲料原料
产品：玉米、豆粕、麸皮、鱼粉、添加剂
地址：浙江省嵊州市黄泽镇官渺桥村官地
负责人：袁春雨 邮编：312400
法人：袁春雨
Tel：0575－83053466
13967508960

## 浙江省嵊州市雍怀花木场
业务：种植，销售绿化园林苗木
产品：各种规格：雪松，四季桂，八月桂，红枫，樱花，紫薇，广玉兰，玉兰，栾树，无患，垂丝海棠，乐昌，杜英等
地址：浙江省嵊州市景都小区9幢204#
负责人：周永华 邮编：312471
法人：周永华
Tel：0575－83731045
13735388826
Fax：0575－83213918
E-mail：yhhmc.zyh@163.com

## 台州市黄岩丽园苗圃
业务：绿化苗木，花卉盆景，园艺资材供应
地址：浙江省台州市黄岩区头陀镇胡否村
负责人：彭建江 邮编：318000
法人：彭建江
Tel：13575808350
0576－84315221

## 杭州正诚农化有限公司
地址：浙江省杭州市桐庐县桐君街道春江路351号（梅苑新居）
负责人：倪烈
Tel：0571－64611844

## 台州市黄岩炳智水果商行
业务：种植，销售：黄岩蜜桔、东魁杨梅
地址：浙江省台州市黄岩区西城街道黄长路205号
负责人：葛炳智 邮编：318000
法人：葛炳智
Tel：0576－84067875
Fax：0576－84067875

## 台州市黄岩敏会苗木专业合作社
业务：杨梅，桂花，枇杷等水果苗木的种植、销售
地址：浙江省台州市黄岩区院桥镇西合村
负责人：江敏会 邮编：318020
法人：江敏会
Tel：0576－84896000
15057663599

## 临海市鑫阳畜牧专业合作社
业务：畜牧业的专业合作社
地址：浙江省台州市临海市小芝镇车口村3－18号
负责人：叶君雕 邮编：318000
法人：叶君雕
Tel：15858671001
0576－85711966

## 台州市路桥区梁建粮食机械化专业合作社
业务：机械化收割、加工、销售粮食
地址：浙江省台州市路桥区横街镇份水村五区43号
负责人：梁太兵 邮编：318000
法人：梁太兵
Tel：13666896697
13676679700

## 浙江惠通渔业专业合作社
业务：海水养殖
产品：渔类养殖、捕捞、销售
地址：浙江省台州市路桥区金清镇白果村上北坑33号
负责人：李顺 邮编：318000
法人：李顺
Tel：0576－82883095
13566689000

## 台州市路桥区强力畜牧有限公司
业务：养殖、销售生猪
地址：浙江省台州市路桥区金清镇双西村二区157号
负责人：罗邦材 邮编：318000
法人：罗邦材
Tel：0576－82892123
13968675123
13282626222
13116526222

## 台州市路桥区嘉禾茗茶茶叶商行
业务：经营安溪铁观音、武夷大红袍、西湖龙井等名贵茶叶、以及茶具的零售。
地址：浙江省台州市路桥区路北街道会展东路23号
负责人：潘平 邮编：318000
法人：潘平
Tel：15168697543
0576－82457858

## 台州市路桥红日花圃
业务：各种花草种植及销售
地址：浙江省台州市路桥区螺洋街道双庙村香樟湖畔红绿灯向西100米
负责人：李日富 邮编：318050
法人：李日富
Tel：13968618512
13676635660

## 台州市路桥区华农养殖设备服务中心
业务：猪用系列预混料、畜牧器械、沼气用具、饲料加工机组、兽药、良种母猪引进、人工授精系列产品
地址：浙江省台州市路桥区桐屿街道山羊居屿城路
负责人：张炳森 邮编：318000
法人：张炳森
Tel：15967678863
0576－82334441

## 三门县从勤水产经营部
业务：销售水产品
地址：浙江省台州市三门县海游镇后洋陈路（三门县城关农副产品综合市场45－46号摊位）
负责人：陈从勤 邮编：318000
法人：陈从勤
Tel：13396763210
0576－83336771

## 三门县余有西瓜专业合作社
业务：种植西瓜
地址：浙江省台州市三门县六敖镇地字号村
负责人：林咸有 邮编：318000
法人：林咸有
Tel：13586223651
13958526992

## 三门县先春农家乐有限公司
业务：谷物、蔬菜、水果的种植；家禽的饲养；内陆养殖，农业观光服务
地址：浙江省台州市三门县泗淋乡洋底村
负责人：陈祖坤 邮编：318000
法人：陈祖坤
Tel：13586107798
13750689572

## 三门县丰农高山蔬菜专业合作社
业务：高山蔬菜种植及销售
地址：浙江省台州市三门县亭旁镇枧头村
负责人：梅法所 邮编：318000
法人：梅法所
Tel：0576－83541282
13968509834

## 三门县蛤浦海水养殖专业合作社
业务：海鲜的养殖和销售，以海瓜子为主
产品：海瓜子，蟹、虾、黄泥螺、蛸子
地址：浙江省台州市三门县小雄镇蛤下村
负责人：陈思献 邮编：318000
法人：陈思献
Tel：13968506088
0576－83567660

## 天台县永思堂中药材种植有限公司
业务：采取"公司＋基地＋农户＋市场"的产业化运作模式，从事规范化中药材种植及销售，产品质量稳定、周年供应，欢迎前来咨询、订购！
产品：金银花等
地址：浙江省台州市天台县街头镇街一村
负责人：王新 倪相莲
邮编：317205
法人：倪相莲
Tel：0576－83031928
18958531533
13968582174
E-mail：youhuangxiangjun@163.com

## 东阳市千祥镇朱园卿农庄
业务：养殖土鸡、土鸭、鱼，种植水果，土菜，旅游
地址：浙江省东阳市千祥镇九峰一村凌头
负责人：朱园卿 邮编：322100
法人：朱园卿
Tel：13588616938
13750990735

## 富阳市新登镇海霞生猪养殖场
业务：生猪养殖
地址：浙江省杭州市富阳市新登镇湘主村钟家
负责人：黄海霞 邮编：310026
法人：黄海霞
Tel：15906693857

## 东阳市美雄粮食专业合作社
业务：水稻，小麦种植，买卖。农机具，农药销售
产品：三百亩水稻，一百亩小麦
地址：浙江省东阳市巍山镇光里湖村后街76号
负责人：徐美雄 邮编：322100
法人：徐美雄
Tel：0579－86823958
13735631182

## 海宁市许村镇云丽甲鱼饲料经营部
业务：销售甲鱼饲料
地址：浙江省海宁市许村镇前进村杨家浜106号
负责人：莫云丽 邮编：314400
法人：莫云丽
Tel：0573－87981375
13957332375
13586322835

## 海宁市许村镇江林水产饲料经营部
业务：批发、零售：水产饲料
地址：浙江省海宁市许村镇塘桥村夏家弄
负责人：严国明 邮编：314000
法人：严国明
Tel：15605836989
0573－87908040

## 杭州经济技术开发区罗氏果业
业务：水果的种植和销售
地址：浙江省杭州经济技术开发区下沙街道高教文渊路西侧第11幢第6标第一层东向西第5，6，7
负责人：罗胜刚 邮编：310026
法人：罗胜刚
Tel：13003666078
0571－86689238

## 浙江省天台县平桥镇祥里杨梅种植场
业务：种植，销售杨梅
产品：杨梅，杨梅苗木
地址：浙江省台州市天台县平桥镇紫南祥里村59号
负责人：郑思原 邮编：317203
法人：郑思原
Tel：0576－83684099
13819651151

## 天台县太虎中药材专业合作社
业务：专业从事规范化中药材种植，收购、销售，技术推广咨询服务，真诚欢迎合作，用心为您服务，与您共创双赢伟业
产品：天麻、元胡、白术等中药材
地址：浙江省台州市天台县三州乡五星村
负责人：王太虎 邮编：317203
法人：王太虎
Tel：0576－83632072
13738531459
E-mail：871893039@qq.com

## 天台友联蔬菜专业合作社
业务：种植和销售各种蔬菜
产品：蔬菜
地址：浙江省台州市天台县始丰街道鼻下郑村
负责人：杨一民 邮编：317200
法人：郑志文
Tel：0576－83896873
83653143

## 温岭市盛豪野猪养殖场
业务：野猪生态养殖
地址：浙江省台州市温岭市箬横镇彭林村西周里
负责人：张国忠 邮编：318000
法人：张国忠
Tel：13906565721
13958606887

## 温岭市松门繁牧生猪专业合作社
业务：生猪养殖
产品：母猪、小猪
地址：浙江省台州市温岭市松门镇松西村老年协会对面
负责人：林于青 邮编：318000
法人：林于青
Tel：13758681078
0576－86663780

## 温岭荣锋茶场
业务：温岭荣锋茶场成立于2004年，主要种植、加工、销售"荣锋"有机绿茶。茶叶"质量保证、价格合理、信誉至上"欢迎新老客户

来电洽谈业务！
地址：浙江省台州市温岭市大溪镇陈洋村
负责人：叶吉云 邮编：317525
法人：叶吉云
Tel：0576－86399022

## 仙居县芽苗果蔬专业合作社
业务：水果蔬菜
产品：杨梅
地址：浙江省台州市仙居县埠头镇西东山村85号
负责人：蒋焕侯 邮编：317313
法人：蒋焕侯
Tel：15325691377

## 仙居县绿宝花木专业合作社
业务：花木种植、销售
地址：浙江省台州市仙居县淡竹乡黄坦村俞坑
负责人：陈玉宝 邮编：318000
法人：陈玉宝
Tel：13454209112
0576－87927686

## 仙居县世旺种养殖专业合作社
业务：养牛、种植蔬菜；组织收购成员生产的牲畜、家禽。
地址：浙江省台州市仙居县官路镇石井村
负责人：张均水 邮编：317309
Tel：15906760118
0576－87600559
网址：http://www.51zzt.com/user/zzt33518

## 仙居县济松种子服务部
业务：种子服务
地址：浙江省台州市仙居县广度乡水口村
负责人：郑济松 邮编：318000
法人：郑济松
Tel：13175480270
0576－87924006

## 仙居县下井金梅子种养殖专业合作社
业务：集杨梅良种繁育、种植、收购、仓储、运输、销售为一体，并承接空运团体订购。
产品：高山杨梅
地址：浙江省台州市仙居县广度乡下井村
负责人：张六福 邮编：317300
法人：张六福
Tel：13511461777

## 仙居县横山养殖专业合作社
业务：养殖蛇、加工蛇毒、组织收购、销售成员生产的棘胸蛙、家禽、鱼类。（以上不含种畜禽）
地址：浙江省台州市仙居县横溪镇桃园村
负责人：徐顺富 邮编：318000
法人：徐顺富
Tel：15306762082
0576－87068921
网址：http://www.51zzt.com/user/zzt32886

## 仙居县建兴种养殖专业合作社
业务：采用种养相结合的生态养殖模式，从事种植、养殖及农产品销售
产品：仙居鸡、鸭、竹笋、水果
地址：浙江省台州市仙居县湫山乡永联村
负责人：陈秀月 邮编：317312
法人：陈秀月
Tel：15824071250

## 仙居县绿宏养殖专业合作社
业务：养鱼、牛、羊
地址：浙江省台州市仙居县上张乡大张村
负责人：周新边 邮编：318000
法人：张建美
Tel：13968551329
13958516592

## 仙居县宏图养殖专业合作社
业务：专业从事牲畜、家禽养殖、收购、销售、技术服务，品种优良，价格合理，欢迎新老客户前来洽谈业务.
产品：羊，鸡
地址：浙江省台州市仙居县田市镇王山村31号
负责人：王文伟 邮编：317318
法人：王文伟
Tel：0576－87952316
13566657530
15957632257

## 温岭市金业果蔬专业合作社
业务：水果蔬菜购销
地址：浙江省温岭市城南镇坑洋村
负责人：金雪辉 邮编：317500
法人：金雪辉
Tel：0576－86256233

## 浙江省淳安县浪川乡芹川耕读农家乐
业务：集餐饮、休闲娱乐于一体，吃野味农家菜、听山涧流水、赏漫山杜鹃、捉湾坑螃蟹、品农耕文明，回归乡村气息，品尝原始风味尽在芹川耕读农家乐
地址：浙江省杭州市淳安县浪川乡芹川村373号
负责人：王伯冕 邮编：311722
法人：王伯冕
Tel：0571－64965666

## 淳安县国兴水产店
业务：经营千岛湖水产品
地址：浙江省杭州市淳安县千岛湖镇西园菜市场营业房
负责人：陈国兴 邮编：310026
法人：陈国兴
Tel：13357171880
0571－64820021

## 淳安县绿峰茶厂
业务：茶叶加工、销售
地址：浙江省杭州市淳安县石林镇千岛湖村
负责人：刘树高 邮编：310026
法人：刘树高
Tel：13588093509
0571－64873370
13567153908

## 富阳市春江街道金缘岛种植养殖农庄
业务：苗木、蔬菜种植、养殖：鸡、鸭、鹅、羊
地址：浙江省杭州市富阳市春江街道建设村
负责人：楼建平 邮编：310000
法人：楼建平
Tel：13326132081
15958155096

## 富阳市茂华竹笋专业合作社
业务：农产品种植、加工、销售
产品：笋干，白果，山核桃，香榧
地址：浙江省杭州市富阳市洞桥镇大溪村
负责人：何江根 邮编：311404
法人：何江根
Tel：0571－63271711

## 富阳市新登镇根强养殖场
业务：畜禽养殖（猪）
地址：浙江省杭州市富阳市新登镇松溪村
负责人：姚根强 邮编：310026
法人：姚根强
Tel：13968168462
0571－63206470

**杭州泉福水产经营部**
地址：浙江省杭州市西湖区蒋村乡五联村一组
负责人：王换美
Tel：13306510179

## 建德市灵栖竹木专业合作社
业务：种植毛竹
地址：浙江省杭州市建德市航头镇灵栖村
负责人：饶守才 邮编：310026
法人：饶守才
Tel：13858161709
0571－64569463

## 建德市建坤农业开发有限公司
业务：农业开发
地址：浙江省杭州市建德市钦堂乡蒲田村
负责人：王建坤 邮编：311600
法人：王建坤
Tel：0571－64170676
15990097400

## 杭州市江干区金祥园艺场
业务：种植、销售苗木
地址：浙江省杭州市江干区七堡大王庙路16号
负责人：方金祥 邮编：310026
法人：方金祥
Tel：13023671267
0571－86014650

## 临安金土地香榧种植园
业务：香榧苗木种植销售、香榧加工销售
地址：浙江省杭州市临安市锦南街道锦源村
负责人：吴益需 邮编：311300
法人：吴益需
Tel：13758293766
13456751184

## 临安市华越农艺园
业务：新鲜蔬菜，苗木，盆景
地址：浙江省杭州市临安市清凉峰镇颊口村
负责人：陈思强 邮编：310000
法人：陈思强
Tel：13396536561

## 仙居县文形种植专业合作社
业务：杨梅种植、销售
地址：浙江省台州市仙居县下各镇社山村路下69号
负责人：朱文形 邮编：318000
法人：朱文形
Tel：13666451572
13282689332

## 仙居县各圆养殖专业合作社
业务：组织收购、销售成员生产的蚯蚓、石蛙、家禽、牲畜
地址：浙江省台州市仙居县朱溪镇岭上村各圆31号
负责人：朱地泽 邮编：317300
法人：朱地泽
Tel：15988931252
0576－87662347

## 玉环县东升水产养殖专业合作社
业务：皮皮虾、梭子蟹的养殖和销售
产品：皮皮虾、梭子蟹
地址：浙江省台州市玉环县干江镇东渔村
负责人：陈西夫 邮编：317600
法人：陈西夫
Tel：13184375870
0576－87459078

## 玉环县宏鑫果业有限公司
业务：苹果种植
地址：浙江省台州市玉环县清港镇凡宏村
负责人：陈君立 邮编：318000
法人：陈君立
Tel：0576－87112952
13777603027

## 玉环东山水果专业合作社
业务：水果种植、销售
产品：红肉蜜柚
地址：浙江省台州市玉环县珠港镇陈屿岙里村
负责人：孙建春 邮编：318000
法人：孙建春
Tel：13706864858
0576－87517612

## 桐乡市城西蔬菜专业合作社
业务：专业从事果品、蔬菜种植销售；推广、引进种植新技术新品种以及相关的技术培训、技术转让
产品：时令、反季节果品、蔬菜
地址：浙江省桐乡市梧桐街道城西村
负责人：钱伟国 邮编：314500
法人：钱伟国
Tel：13867324907

## 桐乡市梧桐振东云顶茶叶店
业务：茶叶销售
产品：普洱、铁观音
地址：浙江省桐乡市梧桐街道振东新区和平路22号
负责人：沈健良 邮编：314500
法人：沈健良
Tel：13867395632
13857319511

## 桐乡市梧桐世纪渔具商行
业务：销售渔具
地址：浙江省桐乡市梧桐街道中山东路689－691号
负责人：陈鹏洪 邮编：314000
法人：陈鹏洪
Tel：13666733753
0573－88070033

## 温岭市城南涨山头港淡水养殖有限公司
业务：淡水鱼养殖、鱼苗培育
地址：浙江省温岭市城南镇广联村
负责人：冯米夏 邮编：318000
法人：冯米夏
Tel：13106006078
15057288878

## 张氏花园生态农庄
业务：集生态农业开发、旅游餐饮于一体，走科技农业和乡村旅游相结合发展之路，从事石蛙、石斑鱼养殖，并提供旅游餐饮、住宿等一系列服务。品原始风味、回归乡村气息！
产品：石蛙，石斑鱼，有机水果蔬菜等等，本地土鸡
地址：浙江省杭州市千岛湖浪川乡全朴村洪家坞张氏花园
负责人：张国平 邮编：311722
法人：张国平
Tel：0571－64964196

## 浙江金福茶叶有限公司杭州分公司
业务：茶叶
地址：浙江省杭州市上城区建国中路158、160号
负责人：胡小卫 邮编：310026
法人：胡小卫
Tel：0571－87068169

## 临安市於潜凤山畜牧场
业务：养殖和销售生猪
产品：生猪
地址：浙江省杭州市临安市於潜镇横山村
负责人：黄国刚 邮编：311311
法人：黄国刚
Tel：13429168708
13588105888

## 董勇水产行
业务：水产品批发
地址：浙江省杭州市农副产品物流中心水产品批发市场
负责人：董勇 邮编：310000
法人：董勇
Tel：13588154178
0571－85919295

## 桐庐县分水镇卫成养殖场
业务：家禽养殖（鸡、鸭、鹅）
地址：浙江省杭州市桐庐县分水镇儒桥村
负责人：汪卫成 邮编：311519
法人：汪卫成
Tel：15906679891
13588200893

## 桐庐三源土鸡专业合作社
业务：养殖与销售土鸡，开发新品种
产品：土鸡
地址：浙江省杭州市桐庐县凤川镇高家村
负责人：项军 邮编：310026
法人：项军
Tel：15924122269
13646873994

## 桐庐县桐君街道益飞蛋鸡养殖场
业务：蛋鸡的养殖
地址：浙江省杭州市桐庐县桐君街道富春华庭117号
负责人：胡法忠 邮编：310026
法人：胡法忠
Tel：15068793277
13735576325

## 桐庐博缘葡萄专业合作社
业务：葡萄的种植和销售
地址：浙江省杭州市桐庐县桐庐镇迎宾路111号
负责人：杨关福 邮编：310026
法人：杨关福
Tel：0571－64322388
13346153577

## 桐庐长丘田毛竹专业合作社
业务：销售毛竹
地址：浙江省杭州市桐庐县钟山乡大市村
负责人：章美伍 邮编：310026
法人：章美伍
Tel：0571－64697288
13777397835

## 杭州市西湖区刘氏水产商行
业务：西湖大闸蟹零售
地址：浙江省杭州市西湖区保俶路165－3号
负责人：刘刚荣 邮编：310007
法人：刘刚荣
Tel：13758179996
0571－88212578

## 杭州西湖风景名胜区良源茶叶商店
业务：西湖龙井批发
地址：浙江省杭州市西湖区梅家坞村126号
负责人：梅良源 邮编：310008
法人：梅良源
Tel：0571－87322013

## 温岭市以淋葡萄专业合作社
业务：葡萄的种植及销售
地址：浙江省温岭市石桥头镇阮凹村
负责人：郑钧良 邮编：317500
法人：郑钧良
Tel：13819602113
15858635168

## 杭州萧山城厢狮越茶庄

业务：西湖龙井茶，安吉白茶，福建铁观音，台湾乌龙茶，云南普洱茶，各种炒货等
地址：浙江省杭州市萧山城厢街道拱秀路589号
负责人：魏建忠 邮 编：310000
法 人：魏建忠
Tel：15857133766
0571－82710080

## 桐庐云山板栗合作社

业务：桐庐云山板栗合作社成立于2005年，坐落在杭州市桐庐县分水镇玉华路368号，地理位置优越，交通便利。主要经营品种为：生鲜板栗、烤制开口笑板栗、糖炒速冻板栗仁。产品销往全国各地，竭诚欢迎国内外朋友来我厂合作。
地址：浙江省杭州市桐庐县分水镇玉华路368号
邮 编：315119
法 人：李柏生
Tel：0571－64311771

## 杭州萧山青垦水产养殖场

业务：养殖：虾、螃蟹、鱼、家禽、种植：花木、蔬菜
地址：浙江省杭州市萧山区戴村镇青山村围垦垦种
负责人：沈妙恩 邮 编：310026
法 人：沈妙恩
Tel：13967106181
0571－82902531

## 杭州萧山戴村镇郭家水产养殖场

业务：专业养殖和销售淡水鱼
产品：淡水鱼
地址：浙江省杭州市萧山区戴村镇张家弄村
负责人：郭董仙 邮 编：310000
法 人：郭董仙
Tel：13567168249
0571－82271815

## 杭州萧山党山沈建养殖场

业务：纯种肉猪养殖销售
地址：浙江省杭州市萧山区党山镇党山村（原三围垦）
负责人：沈建 邮 编：310026
法 人：沈建
Tel：0571－82526118

## 杭州萧山瓜沥金泉水产商行

业务：批发水产、销售黑鱼鱼苗
地址：浙江省杭州市萧山区瓜沥镇横埂头村8组
负责人：冯金泉 邮 编：311241
法 人：冯金泉
Tel：0571－82552473
13805756953

## 杭州萧山进化镇吴斌蜜蜂养殖场

业务：蜜蜂养殖，生产蜂蜜，蜂皇浆，蜂花粉，蜂皇胎，蜂胶
地址：浙江省杭州市萧山区进化镇城山村下颜3组21号
负责人：吴斌 邮 编：310026
法 人：吴斌
Tel：0571－82461249
13625816590

## 杭州萧山所前悦俊哺坊

业务：孵化白鸭、麵鸭
地址：浙江省杭州市萧山区所前镇缪家村桥西112号
负责人：缪国荣 邮 编：311200
法 人：缪国荣
Tel：0571－82775313
15990004550

## 杭州市江干区徐志东鸡蛋经营部

业务：从事新鲜禽蛋类批发
地址：浙江省杭州市尧典桥路340号
负责人：徐志东 邮 编：310000
法 人：徐志东
Tel：15958150231
13456773721

## 杭州余杭区仓前镇沈建林水产养殖场

业务：日本中华鳖（甲鱼）商品鳖，供应苗种，苗种蛋
地址：浙江省杭州市余杭区仓前镇苕溪村26组
负责人：沈建林 邮 编：310000
法 人：沈建林
Tel：15868195033
0571－88619256

## 杭州农副产品物流中心良渚蔬菜批发市场蔡万元蔬菜行

业务：蔬菜购销、批发
地址：浙江省杭州市余杭区良渚镇博园路10号（杭州农副产品物流中心良渚蔬菜批发市场675号）
负责人：蔡万元 邮 编：310026
法 人：蔡万元
Tel：15990162317
15068812247

## 罗氏精品菜业

业务：专营高档精品蔬菜，供货各大酒店、超市，提供包装、配送一条龙服务，公司与全国各地无公害蔬菜种植基地开展业务往来，南菜北调，承接代购代销联营业务。致力为您提供无污染、无公害、无农药残留的绿色健康食品。
地址：浙江省杭州市余杭区良渚镇港虹西路1号（杭州农副产品物流中心杭州蔬菜批发交易市场A—3号）
负责人：罗加权 邮 编：311100
法 人：罗加权
Tel：0571－89010286
13606615869
Fax：0571－89010286
网址：http://www.luolin880617.cn

## 温岭市太阳养殖有限公司

业务：养殖
产品：鸡鸭等
地址：浙江省温岭市坞根镇东门头村
负责人：徐云海 邮 编：318000
法 人：徐云海
Tel：13058637233
0576－86273273

## 温岭市西士梅果蔬专业合作社

业务：专业种植和销售杨梅、枇杷
产品：杨梅、枇杷
地址：浙江省温岭市坞根镇西里村188号
负责人：李士方 邮 编：317500
法 人：李士方
Tel：13018864493

## 光媄家禽养殖场

业务：家禽养殖，生猪养殖
地址：浙江省温州市苍南县巴曹镇山塘村1号
负责人：郑光媄 邮 编：325000
法 人：郑光媄
Tel：13091983613
0577－64519073

## 苍南县金楼獭兔养殖场

业务：獭兔养殖、皮毛销售、供应种兔（为客户一条龙服务）
地址：浙江省温州市苍南县金乡镇蔡家村北岭脚路1号
负责人：叶德亮 邮 编：325805
法 人：叶德亮
Tel：13175686781
0577－64597420

## 苍南县灵溪镇振东养殖专业合作社

业务：专门养殖猪等家禽
地址：浙江省温州市苍南县灵溪镇浦亭乡玉泉村106号
负责人：吴振东 邮 编：325000
法 人：吴振东
Tel：13506610271

## 苍南县骏发农业开发有限公司

业务：农副土特产经营
地址：浙江省温州市苍南县龙港镇鹏程路88号新美洲村办公室
负责人：章圣徒 邮 编：325000
法 人：章圣徒
Tel：0577－64181248

## 苍南浦东农业专业合作社

业务：农业
地址：浙江省温州市苍南县芦浦镇东门垟村西路30—33号
负责人：杨平科 邮 编：325000
法 人：杨平科
Tel：0577－64450443
13858791821

## 苍南县徐家闸养殖专业合作社

业务：水库养殖，销售鱼、虾、蟹
地址：浙江省温州市苍南县桥墩镇龙井村143号
负责人：钟义稿 邮 编：325000
Tel：13958761714
13958773714

## 苍南县屿丰种植专业合作社

业务：水稻、蔬菜、水果（以柚子、梨为主）的种植与销售
产品：水稻、蔬菜、水果（以柚子、梨为主）
地址：浙江省温州市苍南县马站镇下屿村118号
负责人：李丕礼 邮 编：325000
法 人：李丕礼
Tel：0577－64666901

## 苍南县马站顺发蔬菜技术综合服务站

业务：蔬菜营销
地址：浙江省温州市苍南县马站镇中姑村110号
负责人：董克新 邮 编：325000
法 人：董克新
Tel：13958799730
13587863328

## 苍南县丰达水稻专业合作社

业务：水稻种植加工
地址：浙江省温州市苍南县钱库镇前吴村48号
负责人：吴绍碗 邮 编：325000
法 人：吴绍碗
Tel：13074644111
13710017267

## 苍南县吴联杯水稻专业合作社

业务：种植、销售：玉米、水稻
地址：浙江省温州市苍南县钱库镇三东村74号
负责人：吴联杯 邮 编：325000
法 人：吴联杯
Tel：0577－68501076
网址：http://www.51zzt.com/user/zzt32249

## 苍南县龙沙海雾茶叶专业合作社

业务：种植、加工、销售绿茶，油茶
地址：浙江省温州市苍南县钱库镇三中路19号
负责人：李子加 邮 编：325000
法 人：李子加
Tel：13738771211
18657786662

## 苍南县管店蔬菜合作社

业务：种植，销售西红柿、丝瓜、茄子，养殖大白鸭
地址：浙江省温州市苍南县新安乡管店村220号
负责人：林上清 邮 编：325000
法 人：林上清
Tel：13958736547
0577－64421215

## 苍南藻溪池希文养猪场

业务：生猪养殖
地址：浙江省温州市苍南县藻溪镇繁枝村281号
负责人：陈宝池 邮 编：325000
法 人：陈宝池
Tel：13758856067
13868856374

## 温州市中超海洋资源开发有限公司

业务：海水养殖、水产苗种、涉海建设
产品：水产苗种、涉海建设
地址：浙江省温州市洞头县北岙镇世昌大楼604室
负责人：杨建平 邮 编：325700
法 人：杨建平
Tel：13806815435
Fax：0577－63470528

## 杭州余杭区良渚邱花仙农资经营部

业务：包装种子（不可分装），6.1类有毒农药（不含剧毒品），化肥零售。
地址：浙江省杭州市余杭区良渚镇行宫塘村横塘上5组41号
负责人：邱花仙 邮 编：310026
法 人：邱花仙
Tel：0571－88742620
13777574652
13857163430

## 瑞安市忠农农机作业合作社

业务：瑞安市忠农农机作业合作社成立于2005年7月，从事机耕、育秧、插秧、农业机械化作业等服务。
地址：浙江省瑞安市塘下镇场桥新邮路8号
邮 编：325205
法 人：黄文松
Tel：0577－65263453

## 杭州强峰苗木专业合作社

业务：采用生态养殖模式，从事苗木种植、家禽养殖、营销及服务。绿色健康，欢迎各界朋友洽谈业务
产品：油桃，蜜梨，杨梅，杏梅，白菜，苗木，鸡、鸭、鹅，羊等
地址：浙江省杭州市余杭区鸬鸟镇太平山村陡岭隧道口东瓜岭
负责人：凌新强 邮 编：311100
法 人：凌新强
Tel：13868088719

## 杭州余杭区南苑薛文成甲鱼蛋店

业务：销售甲鱼、甲鱼蛋
地址：浙江省杭州市余杭区南苑街道新安村1组7号
负责人：薛文成 邮 编：310000
法 人：薛文成
Tel：13335713420

## 杭州天鸟本鸡专业合作社

业务：农家乐，果园，鲜果采摘，土鸡养殖，土鸡蛋销售
地址：浙江省杭州市余杭区仁和镇三白潭村六组
负责人：龚国民 邮 编：310007
法 人：龚国民
Tel：0571－86303103

## 杭州余杭区塘栖镇胡达君红豆杉苗木场

业务：红豆杉、罗汉松及香樟培植，销售
地址：浙江省杭州市余杭区塘栖镇超丁村三组田下村25号
负责人：胡达君 邮 编：310000
法 人：胡达君
Tel：13968091881
13735484875
0571－86311851

## 杭州市余杭区塘栖国操黑鱼养殖场

业务：主要养殖杂交黑鱼和本地黑鱼、供应黑鱼苗
地址：浙江省杭州市余杭区塘栖镇宏畔村曹家墩15组95号
负责人：曹国操 邮 编：310006
法 人：曹国操
Tel：13777350208
0571－86325252
13429617256

## 杭州余杭区余杭农贸市场陈耀美家禽摊

业务：各类家禽销售
产品：鸡、鸭、鹅
地址：浙江省杭州市余杭区余杭农贸市场内
负责人：陈耀美 邮 编：311115
法 人：陈耀美
Tel：15067181040
0571－88647710

## 常红种植苗

业务：专业生产红叶石楠、扦插苗、工程苗、球型苗、柱型苗、自然型苗、行道树
地址：浙江省杭州市余杭区余杭镇竹园村杨梅湾（浦泉组）
负责人：曾彩华 邮 编：310026
法 人：曾彩华
Tel：13588885563
0571－88644989

## 杭州余杭区中泰乡中桥苗木场

业务：种植、销售苗木
地址：浙江省杭州市余杭区中泰乡中桥村
负责人：王天生 邮 编：310021
法 人：王天生
Tel：13306816022

## 杭州萧山所前成根野鸭驯养繁殖场

业务：野鸭养殖
地址：浙江省杭州萧山所前镇金临湖村1组1号
负责人：吕成根 邮 编：310026
法 人：吕成根
Tel：0571－82363953

## 杭州余杭友顺水产专业合作社

业务：水产
地址：浙江省杭州市余杭区仁和镇东塘村鲁家湾组17号
负责人：蒋永忠 邮 编：310026
法 人：蒋永忠
Tel：0571－86301858
13968089828

### 杭州余杭蔬菜批发交易市场薛文震蔬菜摊
业务：时令蔬菜，副食批发
地址：浙江省杭州余杭区临平街道保障桥西侧（蔬菜批发交易市场大棚内81－82号）
负责人：薛文震 邮编：311100
法人：薛文震
Tel：13777594299
13116703817

### 杭州余杭区塘栖镇姚勇生态甲鱼养殖场
业务：生态甲鱼养殖及销售
地址：浙江省杭州余杭区塘栖镇莫家桥村（黄家坝口）
负责人：姚永年 邮编：310000
法人：姚永年
Tel：15068831383
15157138275
13205715831

### 安吉县兴农纸袋厂
业务：纸袋加工、销售
产品：纸袋
地址：浙江省湖州市安吉经济开发区剑山社区
负责人：项利平 邮编：313000
法人：项利平
Tel：0572－5315294
13957279097

### 安吉怡然坊特产经营部
业务：经营竹碳、竹纤维、安吉白茶及各类土特产
地址：浙江省湖州市安吉县递铺镇苕溪路500号
负责人：林刚 邮编：313000
法人：林刚
Tel：0572－5887788

### 温州市金塘水产养殖专业合作社
业务：养殖鱼
地址：浙江省温州市龙湾区沙城镇七一村58弄5号
负责人：项秉忠 邮编：325000
法人：项秉忠
Tel：13758463777
0577－86815119

### 温州市芙蓉庄园农业开发有限公司
业务：集蔬菜、水果、花卉、苗木种植销售，畜禽养殖、收购、加工及销售为一体的综合农业开发公司，坚持科技兴农，积极引进新品种、新技术，以优质的产品赢得您的支持，一流的服务赢得您的信赖。
产品：蔬菜、本地鸡
地址：浙江省温州市鹿城区上陡门住宅区2组团店连屋108室
负责人：刘鸣 邮编：310000
法人：刘鸣
Tel：0577－88101777
Fax：0577－88357999
E-mail：12580069@qq.com

### 平阳县梅林蔬菜专业合作社
业务：种植蔬菜
产品：西红柿、苦瓜、大白菜
地址：浙江省温州市平阳县鳌江镇荆钱路66号
负责人：梅山通 邮编：325400
法人：梅山通
Tel：13616778176
15888475589
0577－63663678

### 平阳县三脚田粮食专业合作社
业务：粮食生产销售
产品：粮食作物
地址：浙江省温州市平阳县凤巢乡凤巢村村委会办公楼
负责人：吴瑞国 邮编：325000
法人：吴瑞国
Tel：0577－63538982

### 平阳县双扬牧业有限公司
业务：生猪养殖、销售
产品：长白
地址：浙江省温州市平阳县闹村乡中村村
负责人：李延教 邮编：325405
法人：李延教
Tel：13958954499
0577－63982161

### 平阳县南湖乡联增淡水鱼养殖专业合作社
业务：淡水鱼养殖、莲藕种植
地址：浙江省温州市平阳县南湖乡增光井村118号
负责人：郑学问 邮编：325400
法人：郑学问
Tel：13868532412
0577－63900589

### 平阳县麻步镇华亭文旦种植场
业务：柚子种植加工
地址：浙江省温州市平阳县麻步镇横山村
负责人：杨先生 邮编：325000
法人：杨加团
Tel：0577－63910138

### 平阳县榆洋镇共祥家禽养殖专业合作社
业务：养殖和销售鸡、鹅
产品：本土鸡、鹅
地址：浙江省温州市平阳县榆洋镇五角斗村35号
负责人：蔡秀共 邮编：325000
法人：蔡秀共
Tel：13868452622
0577－63792810

### 瑞安市沙垟休闲观光农场
业务：杨梅种植经营
地址：浙江省温州市瑞安市高楼乡沙垟村
负责人：王光明 邮编：325000
法人：王光明
Tel：0577－65733166

### 瑞安市文星养殖场
业务：家禽饲养、绿壳鸡蛋、野鸡蛋
地址：浙江省温州市瑞安市龙湖镇龙二新村
负责人：苏德奎 邮编：325000
法人：苏德奎
Tel：13967713738
0577－65001387

### 瑞安市步步高农产品专业合作社
业务：粮食、蔬菜，水果种植，销售；植保，农机等
产品：玉米粉丝，大米粉干，大米，竹炭净化包，牙签，竹衣架，杨梅，红薯等
地址：浙江省温州市瑞安市龙湖镇屿后村办公楼、销售部：浙江省瑞安市塘下镇友谊东路71－73号
负责人：杨文理 邮编：325204
法人：杨文理
Tel：13587964566
Fax：0577－65355886
网址：www.rabubugao.cn
E-mail：kuba4566@126.com

### 泰顺县横辽家畜养殖专业合作社
业务：商品猪、生猪、种猪的养殖销售
产品：内三元、外三元商品猪
地址：浙江省温州市泰顺县百丈镇横辽村外辽
负责人：夏碎抱 邮编：325502
法人：夏碎抱
Tel：15158567668
13587578232
网址：http://www.51zzt.com/user/zzt33116

### 泰顺县莒云油茶专业合作社
业务：生产和销售油茶和毛竹
产品：油茶和毛竹
地址：浙江省温州市泰顺县百丈镇莒云村
负责人：夏立绍 邮编：325500
法人：夏立绍
Tel：15988736935

### 泰顺县德庆畜牧专业合作社
业务：鸡、羊养殖销售
产品：三黄鸡、土鸡、黑鸡、绿壳鸡蛋
地址：浙江省温州市泰顺县九峰乡石门村
负责人：包翁德 邮编：325000
法人：包翁德
Tel：13757767913
0577－67643178
13335777689

### 泰顺县莲花墒山羊养殖专业合作社
业务：养殖山羊
地址：浙江省温州市泰顺县仕阳镇龟洋村莲花墒
负责人：蓝锡芳 邮编：325508
法人：蓝锡芳
Tel：13757766579

### 泰顺县南山岭头联富果业专业合作社
业务：大规模专业种植梨树
产品：黄花梨，大冬梨，早熟梨
地址：浙江省温州市泰顺县罗阳镇南山岭头村
负责人：李香平 邮编：325000
法人：李香平
Tel：13336947331
13567732919
网址：http://www.51zzt.com/user/zzt32855

### 安吉南北藏獒养殖场
业务：养殖藏獒
地址：浙江省湖州市安吉县递铺镇义士塔工业区
负责人：程利荣 邮编：313000
法人：程利荣
Tel：15868221122
0572－5233539

### 杭州东旺茶叶有限公司
地址：浙江省杭州市西湖区文苑路606号2020室
负责人：崔以旺
Tel：0571－88978893

### 安吉仙氏江南山茶场
业务：茶叶种植加工销售，白茶
地址：浙江省湖州市安吉县皈山乡皈山场村28号
负责人：丁兴富 邮编：313000
法人：丁兴富
Tel：0572－5610462

### 安吉县凯丰茶业有限公司
业务：加工、销售茶叶
地址：浙江省湖州市安吉县杭垓镇杭垓村
负责人：卢小牛 邮编：313000
法人：卢小牛
Tel：13362233688
0572－5071327
5071326

### 浙江安吉诚信农业发展有限公司
业务：蔬菜种植，水产、家禽养殖、销售
地址：浙江省湖州市安吉县昆铜乡管城村村委会
负责人：张德明 邮编：313000
Tel：13818460379

### 安吉溪龙云外山茶场
业务：安吉白茶、安吉白片的种植、加工、销售。安吉白茶苗、龙井苗的培育、销售
地址：浙江省湖州市安吉县溪龙乡溪龙村谢家边自然村
负责人：陈军 邮编：313300
法人：陈军
Tel：13868283860
0572－5901175

### 泰顺县兴达生猪养殖场
业务：生猪养殖
地址：浙江省温州市泰顺县司前镇小条村梨树榜
负责人：应绍满 邮编：325001
法人：应绍满
Tel：0577－67611152

### 泰顺县亮亮养殖专业合作社
业务：采用种养相结合的生态养殖模式，从事种植及散养鸡、石蛙、黄粉虫养殖，长期供应种源、种苗、活体商品。我们始终坚持走纯生态道路，做纯绿色产品，产品质量稳定，周年供应。
产品：散养鸡、石蛙、黄粉虫
地址：浙江省温州市泰顺县司前镇左溪村
负责人：蓝积亮 邮编：325501
法人：蓝积亮
Tel：13868390470
Fax：0577－67612802
E-mail：www.ljlianglhw@sina.com

### 十草行养猪场
业务：养殖：商品猪、种猪
地址：浙江省温州市泰顺县司前镇左溪村水圳头
负责人：雷竹锦 邮编：325501
法人：雷竹锦
Tel：0577－67612271
E-mail：lnzhujin@yahoo.com.cn

### 德清雷甸夏氏苗木场
业务：花卉、苗木培育经营
地址：浙江省湖州市德清县雷甸镇雷甸村红旗组22号
负责人：夏瑞良 邮编：313000
法人：夏瑞良
Tel：0572－8249088

### 泰顺县宝坑农家鸡专业合作社
业务：许可经营项目：家鸡养殖（动物防疫合格证有效期至2010年4月7日）。
地址：浙江省温州市泰顺县泰景路212号
负责人：朱善德 邮编：325000
法人：朱善德
Tel：13806819022
13868391027
网址：http://www.51zzt.com/user/zzt32135

### 泰顺县山民茶叶加工厂
业务：种植、生产、加工绿茶
地址：浙江省温州市泰顺县万排乡下排村王家洋（面前洋）
负责人：徐世能 邮编：325000
法人：徐世能
Tel：13606879907
0577－67670928

### 泰顺县旭晨高山蔬菜专业合作社
业务：蔬菜种植和销售
地址：浙江省温州市泰顺县翁山乡永兴村
负责人：翁旭晨 邮编：325000
法人：翁旭晨
Tel：13858816901
网址：http://www.51zzt.com/user/zzt31714

### 泰顺县金鸡口养殖场
业务：肉牛养殖
地址：浙江省温州市泰顺县下洪乡下彩村林棋
负责人：黄贻雷 邮编：325000
法人：黄贻雷
Tel：15057341599
13486786008

### 长兴水口荣华苗木场
业务：香樟、桂花、银杏等苗木。
地址：浙江省湖州市长兴县水口乡徽州庄村
负责人：白希富 邮编：313000
法人：白希富
Tel：0572－6533471
6533124

### 长兴水东水产养殖专业合作社
业务：水产品的养殖
产品：青虾、河虾、青鱼
地址：浙江省湖州市长兴县水口乡徐旺村
负责人：徐新明 邮编：313108
法人：徐新明
Tel：0572－6114088

### 湖州吴兴老虎山茶场
业务：茶叶、水果种植、加工、销售
产品：白茶、龙井、绿茶
地址：浙江省湖州市埭溪镇贯边村
负责人：李根生 邮编：313000
法人：李根生
Tel：0572－3790351
2556333
13857248870

### 吴兴阿三獭兔养殖场
业务：獭兔养殖
地址：浙江省湖州市道场乡南墩村船闸南塊东侧
负责人：姚志伟 邮编：313000
法人：姚志伟
Tel：13666508899

### 浙江天泉莫干山菇业有限公司
业务：种植食用菌
产品：香菇、木耳
地址：浙江省湖州市德清县筏头乡后坞村计庙坞
负责人：吴李雄 邮编：313000
法人：吴李雄
Tel：13819279299
0572－8041788

### 德清县武康镇岑氏珍禽养殖场
业务：专业从事礼品鸡养殖与销售，纯天然竹山放养，养殖品种优良，价格合理，常年大量优惠供应，欢迎广大新老客户前来洽谈。
产品：乌鸡，绿壳蛋
地址：浙江省湖州市德清县武康镇郭肇村
负责人：岑连秋 邮编：313205
法人：岑连秋
Tel：13511250089
18967280038

### 杭州海的生态水族有限公司
地址：浙江省杭州市西湖区学院路83号浙科院科技楼四层
负责人：卢国庆
Tel：13967580226

## 德清武康龙梢坞茶行
业务：销售铁观音，龙井等各种名茶
地址：浙江省湖州市德清县武康镇中兴南路236号
负责人：高中根　邮　编：313000
法　人：高中根
Tel：0572－5610317
13587918092
13754231880

## 德清县新市镇昕怡水产养殖场
业务：水产养殖、淡水苗种（水产苗种和龟鳖温室养殖）
地址：浙江省湖州市德清县新市镇石泉村杨庄组
负责人：钱明华　邮　编：313000
法　人：钱明华
Tel：13615820799
13625829896

## 德清藕塘水产养殖有限公司禹越分公司
业务：养殖甲鱼、河鳗，苍蝇、蛆虫的培养
地址：浙江省湖州市德清县禹越镇天皇殿村
负责人：沈志杰　邮　编：313000
法　人：沈志杰
Tel：13805770711
0572－8213822

## 湖州吴兴林升生猪养殖场
业务：生猪养殖
地址：浙江省湖州市东林镇保健村
负责人：陈林方　邮　编：313000
法　人：陈林方
Tel：13185495589

## 湖州南浔新雅农业专业合作社
业务：黑鱼养殖、加工、销售
地址：浙江省湖州市菱湖镇建丰村
负责人：王金新　邮　编：313000
法　人：王金新
Tel：0572－3351326
13506728309

## 南浔菱湖永兴鲜活水产批发部
业务：经营鲜活水产品
产品：汪刺鱼、白条鱼、洋花鱼、鲈鱼
地址：浙江省湖州市菱湖镇南浜村河池圩21号
负责人：王国新　邮　编：313000
法　人：王国新
Tel：13506724812
0572－3361619

## 湖州南浔善琏发强水产养殖专业合作社
业务：生产甲鱼饲料、养殖甲鱼
地址：浙江省湖州市南浔区善琏镇卜家堰村杨家兜13号
负责人：杨发祥　邮　编：313000
法　人：杨发祥
Tel：0572－3678262
13157222132

## 南浔菱湖碧湖生态龟鳖场
业务：龟鳖养殖（除龟鳖温室养殖）
地址：浙江省湖州市石淙镇石淙村王家兜
负责人：何根财　邮　编：313000
法　人：徐惠芳
Tel：13058916785
0572－3689306

## 湖州南浔双林吴家庄梨业专业合作社
业务：专业种植和销售梨、苹果，提供梨苗、苹果苗
产品：梨、苹果
地址：浙江省湖州市双林镇邢窑村
负责人：张林宝　邮　编：313000
法　人：张林宝
Tel：13362231506
0572－3973902

## 湖州南浔坤林鸭业专业合作社
业务：专业苗鸭哺化
地址：浙江省湖州市馨雅家园26幢202
负责人：沈小强　邮　编：313000
法　人：沈坤林
Tel：0572－3053228

## 湖州吴兴根华竹乡鸡经营部
业务：鸡、鸭、鸽子等活禽销售加工
地址：浙江省湖州市友谊农贸市场
负责人：徐根华　邮　编：313000
法　人：徐根华
Tel：0572－2678122

## 泰顺县康芽白茶种植专业合作社
业务：专业种植与销售康芽白茶和三杯香
产品：康芽白茶和三杯香
地址：浙江省温州市泰顺县雅阳镇东安村
负责人：林忠德　邮　编：325000
法　人：林忠德
Tel：13695881159

## 泰顺县洋上茶叶专业合作社
业务：种植、收购、销售茶叶
产品：成品茶叶
地址：浙江省温州市泰顺县雅阳镇工业路
负责人：林国安　邮　编：325000
法　人：林国安
Tel：15888758696
13656522446

## 泰顺县林芳淡水鱼养殖专业合作社
业务：淡水鱼养殖经营
地址：浙江省温州市泰顺县竹里乡何宅洋村
负责人：吴大知　邮　编：325000
法　人：吴大知
Tel：13858802795
13958784715

## 文成县周宇农业专业合作社
业务：种植水稻、水果、蔬菜、茶叶、淡水鱼养殖
地址：浙江省温州市文成县大峃镇建设东路8号
负责人：周文平　邮　编：325300
法　人：周文平
Tel：13868662822
0577－67865253
网址：http://www.51zzt.com/user/zzt30163

## 文成县桂山乡木林森农牧场
业务：特种野兔的养殖与销售
产品：特种野兔
地址：浙江省温州市文成县桂山乡平溪村
负责人：毛海燕　邮　编：325000
法　人：毛海燕
Tel：13738701633
13868354944

## 文成县黄坦康仔生猪养殖专业合作社
业务：生猪的养殖销售
地址：浙江省温州市文成县黄坦镇后巷村
负责人：蒋尖兵　邮　编：325305
法　人：蒋尖兵
Tel：0577－67721078

## 文成县金山生态养猪场
业务：仔猪、菜猪的养殖、销售
地址：浙江省温州市文成县金星乡金星村
负责人：汪宝庆　邮　编：325000
法　人：汪宝庆
Tel：13806613967
13616820156
0577－67790019

## 文成县南田镇岙龙养猪场
业务：生猪养殖
地址：浙江省温州市文成县南田镇南田村潘村
负责人：刘悦标　梁美珠
邮　编：325000
Tel：0577－67762253
13396778537

## 永嘉县东皋乡东旺牲畜养殖场
业务：生猪、羊、鸡、田鱼养殖以及种植水果
地址：浙江省温州市永嘉县东皋乡东皋村（下片垟）
负责人：黄时立　邮　编：325114
法　人：黄时立
Tel：13587778570
15167700169

## 永嘉县陡门乡天野养殖场
业务：锦鸡、孔雀、白鹇、鸵鸟、火鸡、贵妃鸡、野兔
地址：浙江省温州市永嘉县陡门乡珠山坦头
负责人：卓旭初　邮　编：325000
法　人：卓旭初
Tel：15906878418
0577－67270591

## 浙江龙游全发鸭业合作社
业务：浙江龙游全发鸭业合作社于2005年6月创办，专业从事鸭业养殖，产品有肉鸭、种鸭、鸭蛋等。
地址：浙江省衢州市龙游县湖镇镇上范村
邮　编：324401
法　人：范金发
Tel：0570－7063650
Mobile：13967017398

## 永嘉县楠雁农业专业合作社
业务：采用种养相结合的生态养殖模式，从事茶叶种植、药材种植、田鱼养殖及农产品销售。绿色无公害，绿色无污染，优质，营养的产品是我们对您永恒的承诺，欢迎新老客户前来洽谈业务！
产品：茶叶，杨梅，土鸡，土鸡蛋，田鱼
地址：浙江省温州市永嘉县鹤盛乡炉山村
负责人：谢纯杨　邮　编：325114
法　人：谢纯杨
Tel：0577－62283201
15967795571

## 永嘉县界坑乡下优淡水鱼养殖场
业务：水鱼养殖
地址：浙江省温州市永嘉县界坑乡美岙村
负责人：杨进财　邮　编：325000
法　人：杨进财
Tel：0577－67138005
13567729056

## 永嘉县鹏飞山羊专业合作社
业务：养殖业、种植业、农产品
产品：牛、羊、蔬菜
地址：浙江省温州市永嘉县茗岙乡章岙村
负责人：吴朋飞　邮　编：325100
法　人：吴朋飞
Tel：13968893541
15858047998
网址：http://www.51zzt.com/user/zzt35467

## 海宁市长安镇华介孵坊
业务：孵化海星苗鸡
地址：浙江省嘉兴市海宁市长安镇辛江村寺桥组38号
负责人：许锦良　邮　编：314000
法　人：许锦良
Tel：0573－87402349
13506739381

## 海宁市许村镇常年红花木场
业务：香水百合种植，销售（主要销往：安徽、江苏等省市）
地址：浙江省嘉兴市海宁市许村镇报国村王家埭
负责人：汤金忠　邮　编：314000
法　人：汤金忠
Tel：13586388669
0573－87492064

## 海宁市许村镇冠源甲鱼饲料店
业务：甲鱼饲料、甲鱼药品销售
地址：浙江省嘉兴市海宁市许村镇胜利村东风组59号
负责人：姚忠良　邮　编：314422
法　人：姚忠良
Tel：13858169191
0573－87980610

## 海宁市塘桥无害化畜禽粪便处理中心
业务：生产、销售有机肥料
地址：浙江省嘉兴市海宁市许村镇塘桥村十一组（牛奶厂内）
负责人：徐美庆　邮　编：314000
法　人：徐美庆
Tel：13357197056
0573－87907892

## 永嘉县瓯北镇廷丰水产加工场
业务：加工、销售水产品
产品：海蜇
地址：浙江省温州市永嘉县瓯北镇罗马城9幢19号商铺
负责人：严廷丰　邮　编：325000
法　人：潘建英
Tel：13706781130
0577－67993182

## 温州市鹿城区大南胡小小蔬菜店
业务：蔬菜批发零售
地址：浙江省温州市鹰师里住宅区6幢一层
负责人：胡小小　邮　编：325000
法　人：胡小小
Tel：0577－86367542

## 义乌市杨保珍粮食专业合作社
业务：种植粮食
地址：浙江省义乌市廿三里街道埠头村
负责人：张长彩　邮　编：321100
法　人：张长彩
Tel：13750979851
0579－84718123

## 永康市山歌蜜梨专业合作社
业务：梨的种植和销售
地址：浙江省永康市城西新区后金龙村
负责人：朱国荣　邮　编：321300
法　人：朱国荣
Tel：13084659734
网址：http://www.51zzt.com/user/zzt35698

## 永康市龙山镇长山养殖场
业务：商猪养殖销售
地址：浙江省永康市龙山镇桥三菜场
负责人：黄汝悦　邮　编：321312
法　人：黄汝悦
Tel：13157920982
0579－7401318

## 余姚市河姆渡福苑生态养殖场
业务：专业从事生态猪养殖，本场现有杜长大、杜洛克、长白等优良品种杂苗猪、种母猪以及母猪等，欢迎新老客户光临指导，洽谈业务。
地址：浙江省余姚市河姆渡镇芦山寺村
负责人：冯国伟　罗凤桃
邮　编：315400
法　人：罗凤桃
Tel：13805802391
13805802465
0574－82255872

## 余姚市河姆渡葑白田生态甲鱼养殖场
业务：甲鱼培育、养殖
地址：浙江省余姚市河姆渡镇小泾浦村（平桥）
负责人：钱爱忠　邮　编：315000
法　人：钱爱忠
Tel：13221910918
0574－62963521

## 余姚市绿园水产养殖场
业务：从事龙虾、黑鱼等淡水水产养殖、销售
地址：浙江省余姚市陆埠镇郭姆村（十二房）
负责人：李建齐　邮　编：315400
法　人：李建齐
Tel：13805807400
0574－22666248

## 舟山市定海岑港鑫裕种养殖场
业务：养殖猪
地址：浙江省舟山市定海区岑港镇烟墩社区椗次寨山
负责人：刘志福　邮　编：316054
法　人：刘志福
Tel：13506606963
13758043495

## 舟山市定海干榄青龙果蔬专业合作社
业务：种植水果，收购蔬菜
产品：葡萄、梨
地址：浙江省舟山市定海区干榄镇青龙社区何家28号
负责人：何效力　邮　编：316014
法　人：何效力
Tel：13750719176
0580－8190592

## 舟山市普陀区朱家尖南畈塘大白鹅养殖专业合作社
业务：养殖、销售、繁育、收购大白鹅
产品：大白鹅
地址：浙江省舟山市普陀区朱家尖农场（晨辉公司）
负责人：何华峰　邮　编：316000
法　人：何华峰
Tel：13732532217
15924005335

## 诸暨市湖头小纲植保专业合作社
业务：农业种植
产品：水稻
地址：浙江省诸暨市安华镇湖头村
负责人：余小松　邮　编：311800
Tel：0575－87541508
网址：http://www.51zzt.com/user/zzt36310

## 海盐健峰粮油批发部
业务：粮油批发零售
地址：浙江省嘉兴市海盐武原镇朝阳西路229号
负责人：肖峰　邮　编：314000
法　人：肖峰
Tel：13757320083
15067360258

### 海盐县沈荡镇调顺毛鸡摊
业务：毛鸡销售
地址：浙江省嘉兴市海盐县沈荡镇农贸市场
负责人：许调顺 邮编：314311
法人：许调顺
Tel：13906831344
13575325508

### 海盐县武原镇农批市场叶再民蔬菜店
业务：各种蔬菜，副食销售
地址：浙江省嘉兴市海盐县武原镇农副产品综合市场农产品11号
负责人：叶再民 邮编：314000
法人：叶再民
Tel：0573－86306427

### 海盐县西塘桥镇四通竹鼠养殖场
业务：竹鼠养殖，销售
产品：商品竹鼠；种竹鼠等毛皮兽珍稀动物
地址：浙江省嘉兴市海盐县西塘桥镇老政府西首
负责人：龚委明 邮编：314305
法人：龚委明
Tel：0573－86814114
86811373

### 海盐县西塘桥镇可信兽药经营部
业务：兽药
地址：浙江省嘉兴市海盐县西塘桥镇青莲寺村9组（宁观音桥6号）
负责人：徐雪平 邮编：314305
法人：徐雪平
Tel：0573－86880539

### 海盐县宏亮农场
业务：种植与销售各类粮食、粮食种子，各类时令蔬菜
产品：各类粮食、粮食种子，各类时令蔬菜
地址：浙江省嘉兴市海盐县于城镇三联村
负责人：张冯良 邮编：314000
法人：张冯良
Tel：13819026315

### 嘉善县绿鑫大棚骨架经营部
业务：大棚骨架生产销售
地址：浙江省嘉兴市嘉善县丁栅镇东方路996号东侧
负责人：汪雁飞 邮编：314000
法人：汪雁飞
Tel：0573－84812496
13515836261

### 嘉兴市南湖区华鑫葡萄专业合作社
业务：葡萄苗木供应，葡萄种植、销售
地址：浙江省嘉兴市南湖区大桥镇胥山村五圣浜24号
负责人：谭根华 邮编：314000
法人：谭根华
Tel：0573－83012018
13738269907

### 云忠饲料店
业务：销售饲料
地址：浙江省嘉兴市南湖区新丰镇广场路137号
负责人：戴云忠 邮编：314005
法人：戴云忠
Tel：13325737501

**遂昌浙龙种苗科技开发有限公司**
地址：浙江省丽水市遂昌县黄沙腰镇黄沙腰村
负责人：郑英茂
Tel：0578－8328053
13506506502

### 桐乡市众力蔬菜专业合作社
业务：种植各种蔬菜
地址：浙江省嘉兴市桐乡市梧桐街道宏源路18号
负责人：晋新翔 邮编：314500
法人：晋新翔
Tel：0573－88038338
13857377887

### 诸暨市东白湖兴东果园
业务：水果、干果
地址：浙江省诸暨市东白湖镇新东村（原冯家村）东瓜棚
负责人：鲁长锋 邮编：311800
法人：鲁长锋
Tel：0575－87953373
87953322

**杭州南运河生态农业有限公司**
业务：杭州南运河生态农业有限公司以种植养殖为主，观光度假为辅，开发塘栖枇杷文化，体验农家风情，打造塘栖南运河品牌，建设具有果园特色的市郊生态庄园。欢迎新老客户光临回顾！
地址：浙江省杭州市余杭区塘栖镇泉漳村赵桥港
负责人：吴礼生 邮编：311106
Tel：0571－86350188
E-mail：zjboosnbf@163.com

### 诸暨市陶朱街道先法水产养殖场
业务：鱼种苗、鱼苗、鲳鱼、商品鱼垂钓
地址：浙江省诸暨市陶朱街道方家湾村
负责人：袁先法 邮编：311800
法人：袁先法
Tel：13757557912
13065529802

### 海盐县武原镇味之香便捷菜摊
业务：蔬菜批发零售
地址：浙江省嘉兴市武原镇农贸市场
负责人：李俊焕 邮编：314000
法人：李俊焕
Tel：13757356901
15906836960

### 嘉兴市秀洲区江湖水产专业合作社
业务：养殖与销售水产品
产品：以青鱼为主的各类水产品
地址：浙江省嘉兴市秀洲区王江泾镇市泾村
负责人：费玉堂 邮编：314000
法人：费玉堂
Tel：13736866398
0573－83743987

### 嘉兴市秀洲区新塍建发树木种植场
业务：树木种植
地址：浙江省嘉兴市秀洲区新塍镇天福村23组
负责人：吴建红 邮编：314000
法人：吴建红
Tel：13857357919
13456327266
0573－83500090

### 嘉兴市蔬菜批发交易市场王氏粽叶批发部
业务：粽叶批发
地址：浙江省嘉兴市中环南路与320国道交叉口西侧蔬菜市场10－14幢五区541号
负责人：王友松 邮编：314000
法人：王友松
Tel：13968152392
13174715568
13989838673

### 桐乡市龙翔农机粮油专业合作社
业务：农机耕作；农机技术咨询；粮油作物机耕、播种、收割、种植。
地址：浙江省嘉兴桐乡市龙翔街道元丰村
负责人：董小林 邮编：314000
法人：董小林
Tel：13819362088
网址：http://www.51zzt.com/user/zzt32207

### 建德市喜洋洋禽蛋专业合作社
业务：养殖蛋鸡、鸡蛋的销售
地址：浙江省建德市大同镇淞溪村
负责人：杨红根 邮编：311614
法人：杨红根
Tel：13685771658
0571－64575088

### 建德市航头镇珍乐甲鱼养殖场
业务：甲鱼养殖
地址：浙江省建德市航头镇珏塘村
负责人：骆贤文 邮编：311600
法人：骆贤文
Tel：13968031251
13336178836

### 建德市凤凰兴林香榧种植有限公司
业务：香榧种植、加工、销售
地址：浙江省建德市三都镇松口村
负责人：吴广卫 邮编：336105
法人：吴广卫
Tel：0571－64189111
64187111

**宁波市江北慈城盛达农垦场**
业务：宁波市江北慈城盛达农垦场主要从事花卉苗木、茶叶、毛竹、毛笋的自产自销。
地址：浙江省宁波市江北区慈城镇金沙村
负责人：王国飞 邮编：315037
法人：王国飞
Tel：0574－87599453

### 建德市红频草莓技术服务中心
业务：草莓种植经营
地址：浙江省建德市下涯镇下涯村
负责人：赖海良 邮编：310026
法人：赖海良
Tel：0571－64101594
网址：http://www.51zzt.com/user/zzt31073

### 建德市新安江街道春生生态养殖场
业务：生猪养殖
地址：浙江省建德市新安江街道丰产村樟源
负责人：洪先生 邮编：311600
法人：李秋荣
Tel：13575768359

### 建德市海清生态养殖场
业务：生猪养殖
地址：浙江省建德市洋溪街道朱池村
负责人：陈海清 邮编：311607
法人：陈海清
Tel：0571－64736383
13456792983

### 江山市以华植保专业合作社
业务：农作物植保
地址：浙江省江山市清湖镇乐意村前山头1号
负责人：周以华 邮编：324100
法人：周以华
Tel：15057022033
15157038106

### 江山市有宝综合养殖场
业务：种猪、商品猪、水产饲料、猪饲料等其它饲料
地址：浙江省江山市石门镇江郎山村划船丘水库顶
负责人：周有宝 邮编：324107
法人：周有宝
Tel：0570－4911069
13967009818
13967009007

### 江山市丰盛粮食专业合作社
业务：粮食加工销售
地址：浙江省江山市石门镇琚家岗村大坞自然村
负责人：毛东根 邮编：324002
法人：毛东根
Tel：0570－4727310
网址：http://www.51zzt.com/user/zzt31496

### 兰溪市北山苗木专业合作社
业务：苗木种植、销售
地址：浙江省金华兰溪市人民南路137号
负责人：张顺军 邮编：321000
法人：张顺军
Tel：13588637712
0579－88762113

### 东阳市佐村镇香岩农庄
业务：种植果树，养殖家禽
地址：浙江省金华市东阳市佐村镇桑梓村上溪
负责人：卢肇云 邮编：321000
法人：卢肇云
Tel：13868937352
0579－86122278

### 金华市大源造型苗木专业合作社
业务：种植苗木
地址：浙江省金华市金东区赤松镇桥东村1383号
负责人：邵国东 邮编：321000
法人：邵国东
Tel：13605794555
0579－82080085

### 浦江县林峰种植场
业务：采用种养相结合的生态养殖模式，从事种植、养殖及农产品销售，自然条件优越，原生态种养，热诚欢迎新老客户洽谈订购。
产品：皇竹草，黑麦草，板栗，牛，土鸡，土鸭，草猪，小猪，母猪
地址：浙江省金华市浦江县檀溪镇小伏村86号
负责人：周林峰 邮编：322208
法人：周林峰
Tel：15888953577

**遂昌县茶叶产销有限公司**
地址：浙江省丽水市遂昌县妙高镇东街60号
负责人：包振杰
Tel：0578－8121902
8125083
13506826753

### 金华市金东区洪根弟养猪场
业务：生猪养殖及销售（除种猪）
地址：浙江省金华市金东区孝顺镇畈二村
负责人：洪根弟 邮编：321000
法人：洪根弟
Tel：0579－82972187
13516845136

### 磐安县羽丰养殖场
业务：专业养殖蓝孔雀、山鸡、土鸡
地址：浙江省金华市磐安县新渥镇大麦坞村黄塘下19号
负责人：黄真金 邮编：321000
法人：黄真金
Tel：15869295330
15088220803

### 磐安县方正珍稀药材开发有限公司
业务：致力于铁皮石斛及各种珍稀物种开发、种植、加工与销售，真诚欢迎合作，用心为您服务！
产品：铁皮枫斗、霍山石斛、金线莲、山海螺、野生灵芝、野生天麻、三叶青等
地址：浙江省金华市磐安县冷水镇岩潭村月塘15号
负责人：郑方正 邮编：322315
法人：郑方正
Tel：0579－84737059
13857940349
Fax：0579－84737059
E-mail：zhengfzhpa@163.com

### 磐安县玉山镇张美松生态养殖场
业务：养猪
地址：浙江省金华市磐安县玉山镇张村（麻园水库旁）
负责人：张美松 邮编：321000
法人：张美松
Tel：13516794099
0579－84716678

### 浦江县常青豆制品厂
业务：豆制品
地址：浙江省金华市浦江县郑家坞镇霞浦路117号
负责人：柳常青 邮编：321000
法人：柳常青
Tel：0579－84317171
15958430169

### 浦江县皂结坑山地葡萄专业合作社
业务：批发，零售，收购
产品：葡萄
地址：浙江省金华市浦江县郑家坞镇皂结坑村146号
负责人：楼金伟 邮编：322206
法人：楼金伟
Tel：0579－84310107
15924292027

### 金华市勇军粮食专业合作社
业务：大米等农产品加工销售
地址：浙江省金华市婺城区长山乡卢家村畈头自然村12号
负责人：胡勇军 邮编：321000
法人：胡勇军
Tel：0579－82731498
13819970911

### 金华市康滨养猪专业合作社
业务：组织采购、供应成员所需的生产资料；组织收购、销售成员饲养的生猪（除种猪）；引进生猪饲养的新技术、新品种，开展非学历非证书类生猪饲养技术培训、技术交流和咨询服务。（凡涉及前置许可及专项审批的凭相关有效证、照经营）
地址：浙江省金华市婺城区雅畈镇芳田村
负责人：徐康滨 邮编：321000
Tel：15906891008
0579－83282528

### 兰溪市土中宝番薯专业合作社
业务：种植、加工蕃薯
地址：浙江省兰溪市女埠街道竹塘村后徐63号
负责人：徐品君 邮编：321000
法人：徐品君
Tel：0579－88220303
13454977889
网址：www.lxtzbfs8.chinapyp.com

## 兰溪市林跃果业专业合作社
业务：种植、购销水果
产品：葡萄、西瓜、桔子
地址：浙江省兰溪市香溪镇西仓村
负责人：章林跃 邮编：321000
法人：章林跃
Tel：13282903648
0579－88401118

## 兰溪市孙下坞蔬菜专业合作社
业务：销售蔬菜
产品：蔬菜
地址：浙江省兰溪市柏社乡孙下坞村
负责人：周苍营 邮编：321000
法人：周苍营
Tel：13858994117

## 兰溪市芝堰粮食专业合作社
业务：小麦、水稻、高粱、棉花
地址：浙江省兰溪市黄店镇上王村
负责人：徐礼昌 邮编：321000
法人：徐礼昌
Tel：13757930188
0579－88710188

## 兰溪市云雾果业专业合作社
业务：种植水果
地址：浙江省兰溪市女埠街道郎山村19号
负责人：孙撮华 邮编：321000
法人：孙撮华
Tel：13454975838
0579－88218438

## 兰溪市田丰粮食机械化专业合作社
业务：农业机械化
地址：浙江省兰溪市上华街道大洋畈村上樟村
负责人：吴利平 邮编：321100
法人：吴利平
Tel：13566900515
0579－88277001

## 兰溪市香三生猪专业合作社
业务：生产销售生猪、四元猪、野母猪等
地址：浙江省兰溪市香溪镇香三行政村
负责人：金竹标 邮编：321000
法人：金竹标
Tel：13758925686
网址：http://www.51zzt.com/user/zzt123543

## 乐清市良益畜牧场
业务：养殖种猪
地址：浙江省乐清市芙蓉镇前横村
负责人：徐良汉 邮编：325600
法人：徐良汉
Tel：15088976385
0577－62286267

## 义乌市尊龙农业养殖技术有限公司
业务：义乌市尊龙农业养殖技术有限公司成立于2006年3月，公司利用生物技术产业化养殖蚯蚓。主要产品有活体蚯蚓、生物有机饲料、蚯蚓粉干、蚯蚓干体、赤子爱胜蚓种苗。欢迎新老客户光临、惠顾！
地址：浙江省金华市义乌市赤岸镇巽村村田山头
负责人：厉松友 邮编：322000
法人：厉松友
Tel：0579－85777058

## 乐清市龙泽岜农业专业合作社
业务：农业
地址：浙江省乐清市虹桥镇北村28栋5号
负责人：吴松池 邮编：325000
法人：吴松池
Tel：15867778572
0577－61350405

## 乐清市仁高畜牧场
业务：生猪的养殖和销售
产品：三元猪、四元猪
地址：浙江省乐清市七里港镇曹田前村
负责人：黄仁高 邮编：325600
法人：黄仁高
Tel：13216036251

## 缙云县高山菜园蔬菜加工厂
业务：高山蔬菜加工、宁波三臭加工
地址：浙江省丽水市缙云县东渡镇东渡村秧潭后
负责人：沈卫珠 邮编：321401
法人：沈卫珠
Tel：0578－3610036
15857800665
网址：http://www.51zzt.com/user/zzt30502

## 乐清市鑫丰蚕豆专业合作社
业务：种蚕豆等其它蔬菜
地址：浙江省乐清市清江镇方江屿村
负责人：谢丙苍 邮编：325000
法人：谢丙苍
Tel：0577－62266351

## 丽水市魏安森生猪养殖场
业务：生猪养殖
地址：浙江省丽水市碧湖镇缸窑岭脚
负责人：魏安森 邮编：323000
法人：魏安森
Tel：13017920666

## 缙云县伟高板栗专业合作社
业务：合作社采取"基地＋栗农＋市场"的产业化运作模式，专业从事板栗种植、收购、加工、销售。产品纯天然，纯绿色。秉承"顾客至上，锐意进取"的经营理念，坚持"客户第一"的原则为广大客户提供优质的服务。
产品：板栗
地址：浙江省丽水市缙云县城东渡镇建山村72号
负责人：傅伟高 邮编：321401
法人：傅伟高
Tel：13645788611
Fax：0578－3121878

## 缙云县伟高板栗专业合作社
业务：板栗的种植和销售
产品：板栗
地址：浙江省丽水市缙云县东渡镇建山村72号
负责人：傅伟高 邮编：321400
法人：傅伟高
Tel：13645788611
0578－3123081

## 浙江均坤畜禽养殖有限公司
业务：养殖猪
地址：浙江省丽水市缙云县新建镇川石村
负责人：樊丁缙 邮编：323000
法人：樊丁缙
Tel：0578－3707377

## 景宁杨梅垄生态养殖专业合作社
业务：羊、牛、猪、柴鸡等养殖
地址：浙江省丽水市景宁九龙乡杨梅垄村
负责人：汪文利 邮编：323500
法人：汪文利
Tel：13587159775

## 景宁黄桐茶叶专业合作社
业务：专业从事茶叶种植、初加工、精制销售，产品包括白茶、绿茶等，欢迎广大茶友来电咨询洽谈、订购！我们同你秀出片片茶香与回味！
产品："惠名"茶叶、土特产品
地址：浙江省丽水市景宁畲族自治县雁溪乡黄桐村
负责人：梅根长 邮编：323500
法人：梅振淼
Tel：13757093238
Fax：0578－5063407

## 景宁徐公洋生猪养殖场
业务：生猪养殖
地址：浙江省丽水市景宁县鹤溪镇金仙1弄8号
负责人：吴希明 邮编：323000
法人：吴希明
Tel：13957051683
0578－5086319

## 丽水市云英农产品专业合作社
业务：种植和销售各种水果
产品：水果
地址：浙江省丽水市联城镇后弄村林场
负责人：张松军 邮编：323000
法人：张松军
Tel：13857077277
13106396265

## 丽水市莲都区绿丰水果专业合作社
业务：本社提供绿色无公害果品的种植、收购、销售一条龙服务及苗木经营。大量供应苗木，价格面议。
产品：富星油桃5月20日上市，糖度11度，单果重120－180克，紫红色，不裂果；寿王油桃5月5日上市，糖度16－17度，单果重150－200克，紫红色，不裂果；寿王桃5月10日上市，单果重200－280克，糖度18度，粉红色；大方特早熟桔，日本引进，单果重100－150克重，果型圆扁，糖度11度，长势旺盛、极丰产。
地址：浙江省丽水市莲都区九里村九里小学
负责人：董文锋 邮编：323000
Tel：15805883866

## 丽水市大青山生态园林开发有限公司
业务：种植红樱桃
地址：浙江省丽水市莲都区银苑小区255幢（宇雷路596号二楼）
负责人：王炳雄 邮编：323000
法人：王炳雄
Tel：13059699317
13735920919

## 青田县华合畜禽养殖专业合作社
业务：鱼、鸡、鸭、牛等家禽家畜的养殖，茶叶、杨梅等水果种植
地址：浙江省丽水市青田县船寮镇石盖村乌坦自然村15号
负责人：叶伯林 邮编：323000
法人：叶伯林
Tel：15988052030
13157813838

## 乐清市清江华明蛋鸡饲养场
业务：蛋鸡，鸡苗养殖销售
地址：浙江省乐清市清江镇江沿村
负责人：刘年富 邮编：325600
法人：刘年富
Tel：13587760803
13587703662

## 乐清市四都绿山养鸡场
业务：养鸡
地址：浙江省乐清市四都乡双尖凤村
负责人：王赛珠 邮编：325000
法人：王赛珠
Tel：13506671214

## 青田县兴民畜禽养殖专业合作社
业务：养殖和销售野生动物、家禽和水果
产品：野兔，黄麂，土家鸡，农家猪，黄牛
地址：浙江省丽水市青田县东源镇驮龙村51号
负责人：季树民 邮编：323908
法人：季树民
Tel：13735978798
0578－6875357

## 青田县城北畜禽养殖专业合作社
业务：种猪、商品猪
地址：浙江省丽水市青田县鹤城镇城北村下司砻自然村
负责人：夏炳军 邮编：323000
法人：夏炳军
Tel：13967060550
0578－6903418

## 杭州市上城区美华水产经营部

**阳澄湖大闸蟹自产自销专卖店**

杭州市上城区美华水产经营部(阳澄湖大闸蟹自产自销专卖店)从事**唯唯亭亭牌大闸蟹的自产自销**。

我们以诚信为本、质量第一、用户至上的企业宗旨身受广大客户信赖!

联系人：狄阿艺 13735874551
地址：浙江省杭州市上城区建国中路192号　邮编：310026

## 紹興市飛達禽業有限公司

绍兴市飞达禽业有限公司成立于2006年。主要从事于鸡、鸭等家禽的养殖和销售。公司经营理念是追求绿色，崇尚自然，以诚信铸品牌，以品牌树信誉。

欢迎广大客户来电垂询!

联系人：冯惠军 13095667227
电话：0575－85185994
地址：浙江省绍兴市灵芝镇大庆寺村
邮编：312000

## 杭州万爵农业有限公司

杭州万爵实业有限公司是一家专业从事果树种植、苗种开发、新品种引进、水产养殖、休闲农庄、观光服务，农业、生物技术的研究、开发、技术服务及转让等服务的企业。

公司本着“高质量、低价格、优服务、信益保障、服务保障、效率保障、顾客至上”为宗旨。

竭诚为您服务。

联系人：倪忠善 13806507336
电话：0571-82110858
邮编：311221
地址：浙江省杭州市萧山区党湾镇永安村

## 遂昌縣夾路畈養殖專業合作社

遂昌夹路畈村养殖专业合作社在镇政府的支持下，主要生态养殖特色产品，有放山土鸡土鸡、绿壳蛋鸡、贵妃鸡珍珠鸡等品种，是当地生态养殖业的骨干力量。同时以畲族文化为主线发展畲族风情“农家乐”旅游。

联系人：雷呈善
13454376687
电话：0578－8445158
邮编：323305
地址：浙江省丽水市遂昌县新路湾镇夹路畈村

## 湖州吴兴海锋龟鳖养殖场

本公司成立于2007年，主要经营龟鳖的养殖和销售。“诚信”是我们的企业之本，“顾客至上，薄利多销”是我们的经营理念，“以最优惠的价格提供完美的服务”是我们的服务宗旨。

联系人：何海锋

电话：0572-3338806　手机：13255822222
地址：浙江省湖州市东林镇东南村　邮编：313000

## 台州市黄岩圣嘉业现代农业观光园

台州市黄岩圣嘉业现代农业观光园成立于2007年，主要集水果种植、品尝、采摘、赏花、垂钓、田园风光、田间耕作、品尝农家菜肴等农业生产旅游休闲观光于一体。

热忱欢迎各界前来参观、考察、洽谈业务。

联系人：邱金德
电话：0576－84998053　13088612193
地址：浙江省台州市黄岩区头陀镇新岙村81号　邮编：318026

## 嘉兴市玉粮农产品有限公司

公司主要从事纯天然绿色水果系列的种植、加工和销售。

诚信为本，厚德载物是我们的服务宗旨，本公司热忱欢迎广大客户的光临惠顾!

电话：0573－83883918　83883913
联系人：钟玉良　邮编：314002
地址：浙江省嘉兴市七星镇东进农业园区内

欢迎来电

## 温州市甌海景山鋒琳水產加工場

本公司成立于2008年。

主要经营海产品加工,包装食品即食。

企业奉行“顾客至上,信誉第一”的服务宗旨。

联系人：卢信
电话：0577－88558080　88527857
传真：0577－88527857　邮编：325000
地址：浙江省温州市瓯海景山西山东路36号裕达大楼1幢1层110号

## 平阳县桂山紫蕃薯专业合作社

本合作社成立2008年2月，主要经营紫蕃薯及各种蕃薯、黄枝、种植；养殖猪、牛、本地鸡、山羊等农产品的加工、销售。我公司的薯类、紫薯263等系列产品，属有机认证保健品，深受广大客户青睐。

我们有自然种植土地规模1000多亩交通便利，秉承“顾客至上，锐意进取”的经营理念，坚持“客户第一”的原则为广大客户提供优质的服务，找全国同行业合作。

联系人：陈标煌　13958957111　电话：0577-63515096
地址：浙江省温州市平阳县麻步镇兴贤中路118号　邮编：325400

## 温州祥河家禽农民专业合作社

温州祥河家禽农民专业合作社成立于2008年，主要从事于种猪、母猪、肥猪的养殖和销售，蔬菜、瓜果的种植。

公司全体员工热忱欢迎各界人士前来进行贸易合作与交流。相信质优价廉的产品与完善的技术服务定会给你一个理想的回报。

联系人：黄集祥
电话：0577－86616929
手机：13175606929　18958865189
地址：浙江省温州市龙湾区瑶溪镇河口村　邮编：3250

## 安徽省/Anhui Province

### 安徽虹天生物科技有限公司
业务：安徽虹天生物科技有限公司成立于2005年，主要经营肉兔、獭兔、毛兔等优良兔种，常年提供各种兔皮、兔肉、饲料、商品预混料及养兔用具。欢迎新老用户光临惠顾！
地址：安徽省淮北市杜集区高岳镇双楼村
负责人：王裕超……邮 编：235000
法 人：朱继伦
Tel：0561－4017711
Fax：0561－4017711
4017612
E-mail：zjl6808@126.com

### 亳州市谯城区弘祥农资农民专业合作社
业务：主营：农资化肥，各种复合肥，有机肥等
地址：安徽亳州市谯城区火车站大货场东200米路北
负责人：徐文强 邮 编：236000
法 人：徐文强
Tel：13605685886
0558－5115882

### 枞阳县宏艺生态养殖有限公司
业务：野鸡养殖，销售
地址：安徽省安庆市枞阳县枞阳镇
负责人：陆明 邮 编：246700
法 人：陆明
Tel：0556－2826772
2826778

### 兴隆精米加工厂
地址：安徽省安庆市枞阳县白湖乡
负责人：王志华
Tel：0556－2781027
13955650827

### 安庆市白荡湖精米加工厂
地址：安徽省安庆市枞阳县后方乡
负责人：章根竹
Tel：0556－2072777
13605566484

### 枞阳县大山生态虫子鸡养殖专业合作社
业务：虫子鸡、虫子蛋
地址：安徽省安庆市枞阳县周潭镇大山村
负责人：周立红 邮 编：246723
法 人：周立红
Tel：13170283737
0556－2908308

### 安徽鸿鑫绿色农产品开发有限公司
业务：安徽鸿鑫绿色农产品开发有限公司成立于2006年，种植加工销售“三百里兰香”牌茶叶，还经营一系列农副产品，欢迎新老客户来电洽谈业务！
地址：安徽省泾县茶城C区3－4号
负责人：李国新……邮 编：242500
法 人：李国新
Tel：0563－5123359

### 安徽省安庆市怀宁县华岭高山养殖场
业务：土鸡养殖，蛋鸡饲养，山羊养殖
产品：土鸡，禽蛋，山羊
地址：安徽省安庆市怀宁县黄墩镇良加村
负责人：程海华 邮 编：246113
法 人：程海华
Tel：13865110882

### 枞阳县石婆精米加工厂
地址：安徽省安庆市枞阳县其林镇
负责人：周小吴
Tel：0556－2658828
13500551459

### 怀宁县双福养殖有限公司
业务：家禽，家畜，养殖
产品：种猪，商品猪，土鸡，三黄鸡
地址：安徽省安庆市怀宁县凉亭乡四武村协力组
负责人：朱福琴 邮 编：246100
法 人：朱福琴
Tel：13966600133

### 安徽锦中工贸有限公司
业务：安徽锦中工贸有限公司成立于2004年3月份，主要从事农贸、饲料、大米、油脂加工、加工鲜山芋、山芋淀粉、精制粉丝和万头商品猪示范养殖。
地址：安徽省宣城市郎溪县十字镇水鸣工业园宁芜路88号
负责人：王玉才……邮 编：245300
Tel：0563－7922666
7923333

### 安庆市华江蟹业发展有限公司
业务：养殖蟹
地址：安徽省安庆市宿松县千岭乡竹墩村黄雀坂
负责人：唐国华 邮 编：246000
法 人：唐国华
Tel：13701793609
13956533820

### 新埠精米加工厂
地址：安徽省安庆市枞阳县钱桥镇新埠村
负责人：许启宏
Tel：0556－2635549
13966626621

### 太湖县望天惠民茶叶农民专业合作社
业务：经营范围：种植茶叶，茶叶销售
地址：安徽省安庆市太湖县北中镇望天村
负责人：吴正东 邮 编：246400
法 人：吴正东
Tel：13966905388
0556－4396234

### 永兴米业加工厂
地址：安徽省安庆市枞阳县周潭镇
负责人：周大琴
Tel：0556－2040532
13170280488

### 太湖县望天黄牛养殖农民专业合作社
业务：养殖黄牛
地址：安徽省安庆市太湖县北中镇望天村车形组
负责人：吴鹤权 邮 编：246490
法 人：吴鹤权
Tel：15155652858

### 安徽农腾农业开发有限公司
业务：本公司成立于2002年，主要从事生猪养殖、水产品养殖销售、花卉苗木种植、饲料加工销售等。本着“质量第一、信誉至上”的服务宗旨，竭诚欢迎广大客商来电洽谈业务！
地址：安徽省宣城市广德县邱村镇山北
负责人：吴仕安……邮 编：242200
法 人：吴仕安
Tel：0563－6621067
6621318

### 太湖县大石乡西湖家禽养殖农民专业合作社
业务：养殖三黄鸡
地址：安徽省安庆市太湖县大石乡西湖村
负责人：孙长开 邮 编：246400
法 人：孙长开
Tel：13966959708
0556－4543098

### 籴粜精米加工厂
地址：安徽省安庆市枞阳县周潭镇彭桥村
负责人：章德
Tel：0556－2041000
13083181212

### 太湖县塔山农业综合开发有限公司
业务：农业开发
地址：安徽省安庆市太湖县新仓镇塔山村
负责人：朱学良 邮 编：246001
法 人：朱学良
Tel：0556－4501668
13865108199

### 安徽省东至县华艺园林苗圃
业务：安徽省东至县华艺园林苗圃位于地理位置优越，交通便利的东至县香口林场，于2001年成立，从事绿化苗木的种植及销售。“诚信”是我们的立业之本，“顾客至上，薄利多销”是我们的经营理念，“以最优惠的价格提供完美的服务”是我们的宗旨。
地址：安徽省池州市东至县香口林场
邮 编：247261
法 人：吴珠富
Tel：0566－7015038
Fax：0566－7015038

### 太湖县山旮佬野生资源开发有限责任公司
业务：香菇、木耳种植及销售
地址：安徽省安庆市太湖县新城法华路
负责人：黄绵胜 邮 编：236033
法 人：黄绵胜
Tel：13866623699
0556－4187789

### 怀宁县皖河乡保丰新海米厂
地址：安徽省安庆市怀宁县皖河乡保丰村
负责人：李新海
Tel：0556－4811067
13955601722

### 望江家园生态养殖有限责任公司
业务：养殖种猪、生猪、鱼
地址：安徽省安庆市望江县杨湾镇大治圩六号路
负责人：项传贵 邮 编：246001
法 人：项传贵
Tel：13955647652
0556－3198932

### 恒瑞棉花有限责任公司
地址：安徽省安庆市宿松县复兴镇套口
负责人：梁文明
Tel：0556－7513499
13805669598

### 固镇县云岭蔬菜专业合作社
业务：经营：四季蔬菜、特色野菜、农家小菜、脱水蔬菜、草莓系列产品及农资产品的采购
地址：安徽省蚌埠市固镇县城关镇五井村
负责人：王朝云 邮 编：233700
法 人：王朝云
Tel：0552－6054073

### 安徽省阜阳市久达农业科技有限公司
业务：久达农业科技有限公司成立于2005年，主要经营中草药、食用菌种植、销售。现在建标准化养殖小区（占地百亩）一座，可存栏肉牛3千头，年可出栏6千余头，同时还经营：沼气发电，有机肥生产、销售，热诚欢迎国内外客户惠顾。
地址：安徽省阜阳市阜王路奎星苑一道河
负责人：王建民……邮 编：236000
法 人：王建民
Tel：0558－2198300
Fax：0558－2198300
6855599
6855589
E-mail：fyjdkjgs_9881@yahoo.com.cn

### 固镇县源丰养猪专业合作社
业务：养猪、牛、鸡、鸭、鹅等，粮食贸易
地址：安徽省蚌埠市固镇县任桥镇太山村源丰猪场
负责人：陈凤友 邮 编：233700
法 人：陈凤友
Tel：15056383738
0552－6531829

### 宿松县供销油棉二厂
地址：安徽省安庆市宿松县汇口镇程营街
负责人：陈小刚
Tel：13805666959
13505633393

### 安徽荆涂山农业科技有限公司
业务：水产品养殖、销售
产品：生态甲鱼、黑鱼、黄鳝、泥鳅
地址：安徽省蚌埠市怀远县找郢乡汪圩村
负责人：何雷 邮 编：233000
法 人：何雷
Tel：15955229388
0552－8641957
Fax：0552－8641957

### 蚌埠市兴华禽业农民专业合作社
业务：鸡鸭鹅等家禽养殖、饲料销售、技术推广
地址：安徽省蚌埠市淮上区小蚌埠镇桃园村中片
负责人：张兴怀 邮 编：233000
法 人：张兴怀
Tel：13705524806
0552－2822339

### 安徽省巨丰种业有限公司
业务：安徽省巨丰种业有限公司是集育、繁、销于一体的国有种子公司，公司具备完善的种子检验设备、加工设备和6000万斤储备能力的仓储设备，我公司经营原则：守法经营，质量上乘，诚信为本，互惠互利，热烈欢迎各界同仁光临惠顾！
地址：安徽省蚌埠市怀远县河溜麦豆良种场
负责人：年光明……邮 编：233421

法 人：朱常来
Tel:0552－8785089

**宿松县汇达棉业有限公司**
地址：安徽省安庆市宿松县汇口镇朱墩村
负责人：李行锋
Tel:0556－7588848
13966641391

## 五河县小乔水特产销售有限公司
业务：水产品加工批发及零售
产品：沱湖螃蟹（中国十大名蟹），天井湖银鱼干，沱湖螺鸭，沱湖千头鱼干，沱湖鸭蛋，纯天然野生甲鱼，中华鳖
地址：安徽省蚌埠市五河县城关镇禾香路西段（金贸园市场北门西侧10米）
负责人：乔家宝 邮 编：233000
法 人：乔家宝
Tel:0552－5055796
13705528788
Fax:0552－2310096
网址：www.xqstc.chinapyp.com

## 安徽省巨洲农业科技开发有限公司
业务：安徽省巨洲农业科技开发有限公司成立于2004年，专业从事黑甘薯种植、加工、销售，主要产品有黑甘薯、天然红色素、变性淀粉、膳食纤维粉等，热忱欢迎新老顾客光临惠顾。
地址：安徽省阜阳市临泉县城关镇前进路中段文化局大楼五楼
负责人：马巨洲 邮 编：236400
Tel:0558－6527089
6536861

## 五河县绿康生态科技专业合作社
业务：发酵床养殖技术，菌种，种公猪，种母猪
产品：菌种，种猪，猪苗
地址：安徽省蚌埠市五河县头铺镇八岔村
负责人：马传召 邮 编：233314
法 人：马传召
Tel:0552－5810393
13865005522
E-mail:912453250@qq.com

**宿松金星林木业有限公司**
地址：安徽省安庆市宿松县千岭乡林业派出所
负责人：朱云鹏
Tel:13866025719

## 利辛县绿城果蔬销售有限公司
业务：种植与销售各种蔬菜
产品：各种蔬菜
地址：安徽省亳州市利辛县江集镇
负责人：江建伍 邮 编：236802
法 人：江建伍
Tel:13675688883

## 安徽省庐江县庐北粮油有限责任公司
业务：安徽省庐江县庐北粮油有限责任公司成立于1997年，从事粮油的加工及销售。欢迎新老客户光临、惠顾！
地址：安徽省巢湖市庐江县冶父山镇铺岗
邮 编：231500
法 人：詹从德
Tel:0565－7401109
Mobile:13905656480

## 利辛县淝河畔养殖有限公司
业务：养殖青蛙
地址：安徽省亳州市利辛县张村镇刘洼村
负责人：刘刚 邮 编：236802
法 人：刘刚
Tel:15855581777
0558－8036218

**桐城市众信农业科技有限公司**
地址：安徽省安庆市桐城市同安路447号
负责人：瑞为民
Tel:0556－6210318

## 利辛县建国综合养殖场
业务：养殖肉鸡
地址：安徽省亳州市利辛县中町镇武油坊村
负责人：孙建国 邮 编：236802
法 人：孙建国
Tel:13956771848
13275671467

## 含山县官塘石壁茶厂
业务：茶叶种植加工销售
地址：安徽省巢湖市含山县环峰镇大西圩行政村
负责人：裴善银 邮 编：238000
法 人：裴善银
Tel:0565－4391245
网址：http://www.51zzt.com/user/zzt31352

**潜湖销合作社路干门市部**
地址：安徽省安庆市望江县莲洲乡路干村
负责人：刘正玉

Tel:0556－7263484
13074052071

## 安庆市宏建生态良种猪场
业务：安庆市宏建生态良种猪场成立于1996年，主要从事水产养殖、生猪养殖等销售。"诚信为本，信誉至上"，热诚欢迎新老客户惠顾。
地址：安徽省安庆市宿松县许岭镇
邮 编：246523
法 人：叶建平
Tel:0556－7952288
7952189
Fax:0556－7952216
7952218

## 含山县昭关发同土鸡养殖专业合作社
业务：养殖土鸡、鸡蛋销售
地址：安徽省巢湖市含山县昭关镇同发行政村小陈村
负责人：郭永保 邮 编：238000
法 人：郭永保
Tel:13856570964
13625650548
13866983586

**蚌埠市淮光白云米厂**
地址：安徽省蚌埠市东海大道东口一号
负责人：王学前
Tel:0552－3152559
13004078958

## 安徽省庐江县兄弟渔具有限公司
业务：制造渔网
地址：安徽省巢湖市庐江县石头镇新世纪大道
负责人：顾以法 邮 编：238000
法 人：顾以法
Tel:18956508998
0565－7937666

**固镇天龙驴业有限责任公司**
地址：安徽省蚌埠市固镇县园艺一场
负责人：杨文彩
Tel:0552－6650042
13805522523

## 无为县洪巷乡檀庙莲藕经营部
业务：种植和销售莲藕，马蹄
产品：莲藕，马蹄
地址：安徽省巢湖市无为县洪巷乡南庄行政村
负责人：叶来柱 邮 编：238000
法 人：叶来柱
Tel:0565－6029557

**怀远县城西精米厂**
地址：安徽省蚌埠市怀远县城关镇东庙村
负责人：王年保
Tel:0552－8313920
13705527366

## 东至县官港镇乌竹茶叶专业合作社
业务：茶叶种植加工销售，云尖、功夫茶，柑橘购销
地址：安徽省池州市东至县官港镇乌竹村
负责人：胡俊结 邮 编：247100
法 人：胡俊结
Tel:13955519699
0566－8431168

## 安庆市龙晟绿色农业发展有限公司
业务：安庆市龙晟绿色农业发展有限公司主要从事生态休闲、旅游开发等业务。"诚信为本，信誉第一"，热诚欢迎广大客户观光旅游。
地址：安徽省安庆市大观区海口镇
负责人：李道国 邮 编：246000
法 人：李道国
Tel:0556－5246888
5247788

## 池州市富农种猪养殖专业合作社
业务：生猪养殖
地址：安徽省池州市贵池区乌沙镇新庄村
负责人：程智生 邮 编：247105
法 人：程智生
Tel:15856648333
0566－4241761

**蚌埠市森林植物油厂**
地址：安徽省蚌埠市龙子湖区李楼锥子山南
负责人：王森林
Tel:0552－3162370
3383469

## 蚌埠市德升饲料厂
业务：蚌埠市德升饲料厂成立于2005年，生产销售鸭饲料，养殖销售鸭苗，欢迎新老客户来电洽谈业务。
地址：安徽省蚌埠市淮上区小蚌埠村北城粮油加工厂内
负责人：崔海良 邮 编：233000

法 人：崔海良
Tel:0552－2828898

## 池州市殷汇镇孵化场
业务：家禽的孵化与繁育
地址：安徽省池州市贵池区殷汇镇
负责人：陈云 邮 编：247100
法 人：陈云
Tel:13905669446
0566－4315189

## 池州绿土地农技服务部
业务：种子、农药的批发，零售
地址：安徽省池州市杏花村大道（西门车站旁）
负责人：胡四清 邮 编：247100
法 人：姚丽红
Tel:13955520392
0566－2221658

**银絮农副产品购销有限公司**
地址：安徽省蚌埠市五河县城关镇昔台村
负责人：杨正学
Tel:0552－5040810
13955275810

## 定远县永康传好种禽养殖场
业务：家禽养殖
产品：种鸡，鸡蛋
地址：安徽省滁州市定远县永康镇祝杨村
负责人：陈传好 邮 编：233280
法 人：陈传好
Tel:0550－4406066
13965641980

## 蚌埠市振禾农副产品交易有限公司
业务：本公司投资1000万元兴建了中国石湖西瓜大市场，主要从事西瓜批发、交易和花生、棉花、黄豆、小麦等农副产品的经销及农业生产资料的销售，公司始终坚持"信誉第一，服务至上"的宗旨以认真负责，诚实守信，公平交易，安全方便为立足之本，竭诚欢迎各地产供销专业户，厂商携手合作，共谋发展大计。
地址：安徽省蚌埠市固镇县石湖乡（石湖西瓜大市场内）
负责人：石英敏 邮 编：233706
法 人：石英敏
Tel:0552－6868288
Mobile:13865526898
Fax:0552－6869288
网址：www.zhenh.com.cn

## 凤阳县梅市全绿壹号畜牧养殖专业合作社
业务：养殖，鸡
地址：安徽省滁州市凤阳县红心镇李武村
负责人：张传伟 邮 编：239000
法 人：张传伟
Tel:15255057780
E-mail:gwz3023@126.com

**五河县绿源米厂**
地址：安徽省蚌埠市五河县刘集镇
负责人：张敬祥
Tel:0552－5638338
13095525338

## 滁州市兴民畜禽养殖有限公司
业务：养殖猪、鸭、鹅、鸡、鱼虾
地址：安徽省滁州市南谯区黄泥岗镇广山村
负责人：王兴林 邮 编：239000
法 人：王兴林
Tel:13955008085
0550－3740392

## 查湾有机茶有限公司
业务：查湾有机茶有限公司成立于2003年，位于著名的舒城之乡一舒城县查湾乡。海拔300－1000米，山峦叠嶂，群山环绕，森林覆盖率达90%，年降雨量1200毫米左右，气候湿润，土壤肥沃且偏酸性（PH在5－6）昼夜温差达20度，产茶区域内无工业企业，林间兰草资源极为丰富，茶叶味香爽口。现有茶艺师3人，高级茶技师1人，技术工人8人，我厂首家引进汽热蒸青成套设备。开发"兰花香芽"系列有机茶，畅销北京、上海等大中城市。现有机认证茶园400亩，无公害向有机茶园转化的茶园有5000亩，年生产加工茶叶200吨。厂长张同柱曾被省农委授予致富带头人荣誉称号。"以人为本，以质取胜，诚信经营"是我厂的经营理念，以生产"绿色、健康无污染茶"为经营宗旨。产销规模：年产销名优茶50吨，炒青100吨。
地址：安徽省六安市舒城县查湾乡查湾村
邮 编：231350
法 人：张同柱
Tel:0564－8370298
Fax:0564－8370068
网址：www.scyjc.chinapyp.com

**利辛县金穗科技有限公司**
地址：安徽省亳州地区利辛县文洲路
负责人：闫廷勇
Tel:0558－8803195
13505680588

## 滁州市全椒县杨桥优质稻米专业合作社
业务：种植销售水稻、小麦、油菜
地址：安徽省滁州市全椒县襄河镇杨桥村花园队
负责人：张平利 邮 编：239000
法 人：张平利
Tel:13955052690
0550－5185065

## 滁州市贵富畜牧养殖有限公司
业务：养殖和销售猪、家禽
产品：猪，鸡，鸭
地址：安徽省滁州市扬子街道办事处营房居委会窑墩居民组
负责人：刘贵富 邮 编：239000
法 人：刘贵富
Tel:13605501248
0550－3161187

## 巢湖市贵巢农资实业有限公司
业务：巢湖市贵巢农资实业有限公司成立于2003年，主要批发销售磷矿石、磷肥、复合肥、机电产品等。质量保证，价格合理，欢迎新老客户惠顾。
地址：安徽省巢湖市官圩路土地所隔壁
邮 编：238000
法 人：姚勇刚
Tel:0565－2624099
Fax:0565－2121561

## 阜南县段郢登华养殖场
业务：生猪养殖销售
地址：安徽省阜阳市阜南县段郢乡财神村
负责人：程登华 邮 编：236033
法 人：程登华
Tel:13399687285

**润田药用野生蔬菜研究所**
地址：安徽省亳州市双沟镇邮电局北边80米路东
负责人：冀锋
Tel:0558－5611597
13965783463

## 阜南县保收龙虾养殖专业合作社
业务：龙虾养殖
地址：安徽省阜阳市阜南县部台乡保庄圩
负责人：朱保收 邮 编：236300
法 人：朱保收
Tel:13771138888

## 东村精米厂
业务：东村精米厂成立于1996年，现有员工10余人，常年来从事大米加工及销售。热忱欢迎新老客户来电来函洽谈业务。
地址：安徽省芜湖市南陵县何湾镇何湾街道
邮 编：242400
法 人：焦畅
Tel:0553－6486045
Mobile:13705539790

## 安徽非凡饲料有限责任公司
业务：生产、销售饲料
产品：一步到位、无敌先锋、非凡1号、乳猪浓缩料
地址：安徽省阜阳市阜南县鹿城镇府前路
负责人：程永军 邮 编：236300
法 人：程永军
Tel:13966558272
0558－6868928
Fax:0558－6868928

**巢湖市金叶农业开发有限公司**
地址：安徽省巢湖市半汤力寺林场
负责人：姚长金
Tel:0565－2357155

## 阜阳市阜南县河套粮食种植专业合作社
业务：粮食种植及销售（主要产品有：水稻、小麦、玉米）
地址：安徽省阜阳市阜南县苗集河镇河套村岳桥
负责人：焦侠云 邮 编：230000
法 人：焦侠云
Tel:13956697141
15855823890
15855584154

## 东至县润庭米业有限公司
业务：主要经营米业加工与销售，畜牧业（鸡、猪）。我们以优良的产品质量、诚实守信的企业理念竭诚为您服务。
地址：安徽省池州地区东至县葛公镇天井村
邮 编：247200
法 人：严润庭
Tel:0566－8348196

**金友种业有限公司**
地址：安徽省巢湖市和县善厚镇街道85号
负责人：王永金
Tel:0565－5394128
13705654231

### 阜南县苗集镇孟园种植专业合作社

业务：经营化肥、农药、种子以及粮食购销
地址：安徽省阜阳市阜南县苗集镇桃园村
负责人：王朝国　邮　编：236314
法　人：王朝国
Tel：13855857592
13805685958

### 界首市天鸿农化有限公司

业务：农作物种子、化肥、农药
产品：小麦、淮麦22、大豆、安逸13、棉种、望来2号
地址：安徽省阜阳市界首市东顺河街229号
负责人：姜永猛　邮　编：236500
法　人：姜永猛
Tel：0558－4876199
Fax：0558－4876199

### 二喜黄牛养殖有限公司

业务：二喜黄牛养殖有限公司是阜阳市规模最大的肉牛育肥民营企业，该公司主要从事食用菌种植，肉牛生产、屠宰、外销为一体，现存栏育肥牛380头，今年已出栏育肥肉牛600头，获利35万元，帮助周围农户外销肉牛达2000头。
地址：安徽省阜阳市临泉县同城镇
邮　编：236400
法　人：魏二喜
Tel：0558－6561828

### 利辛县永生獭兔养殖专业合作社

业务：獭兔的养殖销售
地址：安徽省阜阳市利辛县张村镇高老家村纪庄
负责人：纪永生　邮　编：236700
法　人：纪永生
Tel：13855812048
15256175690
15256175693

### 无为县天河精米饲料有限公司

地址：安徽省巢湖市无为县红庙镇天河村
负责人：张代山
Tel：0565－6120189
13156511088

### 临泉县殿明甜叶菊种植专业合作社

业务：甜叶菊种植、收购及销售
地址：安徽省阜阳市临泉县土坡乡张庄行政村三里庄自然村
负责人：王殿明　邮　编：236400
法　人：王殿明
Tel：13956806892
0558－6206364

### 凤台县新民黄牛养殖有限责任公司

业务：凤台县新民黄牛养殖有限责任公司成立于2001年，从事黄牛养殖、销售，欢迎新老客户来电洽谈业务！
地址：安徽省淮南市凤台县新集镇靳楼村
负责人：刘士敏　邮　编：232100
法　人：刘士敏
Tel：0554－8141006

### 临泉县泉育生猪养殖专业合作社

业务：生猪养殖
地址：安徽省阜阳市临泉县张营乡马老庄村
负责人：陈岭　邮　编：236000
法　人：陈岭
Tel：13965733223
0558－6551593

### 池州市贵池区洪湖生态养殖场

地址：安徽省池州市贵池区木闸乡洪湖村
负责人：齐勇兵
Tel：13965902519

### 太和县凤起养殖场

业务：养殖蛋鸡
地址：安徽省阜阳市太和县胡总乡胡总村张大庄
负责人：张涛　邮　编：236620
法　人：张涛
Tel：0558－8248149

### 太和县吉祥养殖专业合作社

业务：本社集蛋鸡饲养、加工、销售、包装、运输一条龙服务，秉承"顾客至上，锐意进取"的经营理念，坚持"客户第一"的原则为广大客户提供优质的服务。
产品："吉祥"牌蛋母鸡、鲜鸡蛋、无泥皮蛋、无泥松花蛋、五香麻椒特色蛋
地址：安徽省阜阳市太和县苗老集崔谷堆村委会东高自然村
负责人：岳梅　邮　编：236000
法　人：高波
Tel：13655584699

### 合肥市华瑞粮油有限责任公司

业务：我公司成立于2006年，专业生产粮油，我们将以一流的质量、一流的服务宗旨竭诚为广大客户服务。
地址：安徽省合肥市肥西县严店乡
负责人：刘世传　邮　编：231100
Tel：0551－8711821

### 明光市张八岭益民米厂

地址：安徽省滁州明光市张八岭交通南街21号
负责人：胡居民
Tel：0550－8431315
13505506528

### 太和县久安养殖专业合作社

业务：专业从事家畜、家禽养殖销售，为广大养殖户提供畜禽种苗、饲料、品种改良、农业技术咨询等综合性服务！
产品：猪、羊、鸡
地址：安徽省阜阳市太和县倪邱镇久安村
负责人：王治锋　邮　编：236000
法　人：王治锋
Tel：15056857515

### 合肥市济农禽业有限公司

业务：合肥市济农禽业有限公司成立于2005年，从事禽业养殖，有鸡、鸭、鹅等等，欢迎来电洽谈业务！
地址：安徽省合肥市肥西县官亭镇焦婆街道134号
负责人：孙立国　邮　编：231200
法　人：孙立国
Tel：0551－8367529
8592030

### 阜阳市颍东区强农农机专业合作社

业务：农机销售、维修、机械化耕作、播种、收割、良种繁殖
地址：安徽省阜阳市颍东区插花镇新建集阜蚌路东侧
负责人：李玉强　邮　编：236000
法　人：李玉强
Tel：15855803516
0558－3678888
Fax：0558－3678888

### 凤阳县友谊米厂

地址：安徽省滁州市凤阳县板桥镇
负责人：金文凯
Tel：0550－6541459
13505552640

### 阜阳市颍泉区家林农机综合服务专业合作社

业务：农业种植、农机维修、农机跨区作业、农机二手车交易
地址：安徽省阜阳市颍泉区泉颍办事处十里铺刘沟口
负责人：刘加林　邮　编：236000
法　人：刘加林
Tel：13965580011
0558－2611073

### 红彬综合养殖厂

业务：红彬综合养殖厂、经营范围：野猪、肉牛、繁育、销售。
地址：安徽省淮南市凤台县顾桥镇南围村
负责人：朱红彬　邮　编：232100
Tel：0554－8640808
Mobile：15955400888

### 阜阳市古西湖农家游有限公司

业务：果树、蔬菜、野山鸡、贵妃鸡、火鸡、斗鸡、野猪等养殖
地址：安徽省阜阳市颍泉区行流镇
负责人：薛利　邮　编：236033
法　人：薛利
Tel：0558－3721368

### 凤阳县府城镇食用菌产销协会

地址：安徽省滁州市凤阳县府城镇教场村独山四队
负责人：张超
Tel：13155086021

### 安徽省颍上县江口镇振宇综合养殖厂

业务：集品种养殖、育种、改良、推广于一体，主要从事黄牛养殖、销售，品种优良、价格合理，欢迎新老客户前来洽谈业务.
地址：安徽省阜阳市颍上县江口镇夏圩村
负责人：韩振宇　邮　编：236234
法　人：韩振宇
Tel：13866211588
E-mail：aiyibuzai1040 @163.com

### 颍上县关屯乡永顺养殖场

业务：养殖生猪
地址：安徽省阜阳颍上县关屯乡凡庄村
负责人：屠仁学　邮　编：236033
法　人：屠仁学
Tel：15956807472

### 淮北神鹤饲料有限公司

业务：淮北神鹤饲料有限公司成立于2006年，主要从事饲料的生产与销售。"质量保证，信誉至上"，竭诚欢迎广大客户来我公司洽谈业务，共同合作！
地址：安徽省淮北市濉溪县刘桥工业园内
负责人：李加合　邮　编：235100
法　人：李加合
Tel：0561－7086777
Fax：0561－7086777

### 安徽省凤阳县小岗风味猪发展合作社

地址：安徽省滁州市凤阳县小岗村
负责人：汤卫平
Tel：0552－2059805

### 蒙城县立仓大桥邹士芳农资门市部（徽商加盟店）

业务：经营化肥、农药、种子等农资产品的销售
地址：安徽省亳州市蒙城县立仓镇大桥集
负责人：邹士芳　邮　编：233500
法　人：邹士芳
Tel：0558－7807002
13965791835

### 淮北市华润牛业有限公司

业务：淮北市华润牛业有限公司是一家以胚胎移殖、高产奶牛繁育中心为主，华润牛业将不断的勤奋努力凭借企业的科研实力和高品质的服务，实现我们企业的使命—"让所有中国人都 喝上牛奶"。
地址：安徽省淮北市石台镇梧北村
负责人：祖君华　邮　编：235000
法　人：祖君华
Tel：0561－4566006
4566616

### 亳州市蒙城县大地种植农民专业合作社

业务：种植黄豆
地址：安徽省亳州市蒙城县王集乡移村街
负责人：万钊　邮　编：236800
法　人：万钊
Tel：13966521673
0558－7922498

### 京山顺达米厂

地址：安徽省滁州市凤阳县总铺镇总京路
负责人：曹同亮
Tel：0550－6391139
13805509489

### 安徽省新源农用机械有限公司

业务：微型农用机械、园林植保机械的销售
产品：微型农用机械、园林植保机械
地址：安徽省亳州市市涡阳县城东镇马寨
负责人：施俊平　邮　编：236802
法　人：施俊平
Tel：13955815511
0558－7218531

### 霍邱县岔路粮油购销有限责任公司

业务：霍邱县岔路粮油购销有限责任公司成立于2005年，主要从事粮油购销，"诚信经营，价格合理"，热诚欢迎新老客户光临惠顾。
地址：安徽省六安市霍邱县岔路镇街道
邮　编：237400
法　人：汪宇
Tel：0564－6541709

### 长丰县许陈养殖专业合作社

业务：养猪及水产养殖（甲鱼）
地址：安徽省合肥市长丰县陶楼乡观美村
负责人：陈正法　邮　编：231100
法　人：陈正法
Tel：13515603707
0551－6451682

### 珲春渤海农产品加工有限公司滁州分公司

地址：安徽省滁州市南谯区城郊乡
负责人：金龙日
Tel：0550－3781089

### 长丰县陶楼乡陶楼村新波养殖场

业务：生猪养殖
地址：安徽省合肥市长丰县陶楼乡陶楼村下圩组
负责人：陶新波　邮　编：230000
法　人：陶新波
Tel：0551－6450182

### 长丰县兴农棉业有限公司

业务：棉制品
地址：安徽省合肥市长丰县吴山镇井岗村合淮路东侧
负责人：郑永兵　邮　编：230001
法　人：郑永兵
Tel：13956917419
0551－6708769

### 霍邱县花园镇永发精米厂

业务：霍邱县花园镇永发精米厂成立于2004年，从事收购、加工、销售大米。欢迎新老客户来电垂询。
地址：安徽省六安市霍邱县花园镇西街
邮　编：237100
法　人：王家国
Tel：0564－6641050

### 滁州市施集明仁草坪种植场

地址：安徽省滁州市南谯区施集镇李集村邮政所旁
负责人：宋兴明
Tel：0550－3840062
13955014922

### 长丰县万乐蔬菜专业合作社

业务：蔬菜、瓜果、草莓种植及销售
地址：安徽省合肥市长丰县左店乡梁曹村
负责人：梁本新　邮　编：231100
法　人：梁本新
Tel：13956915847
0551－6821387

### 陈浅综合养殖总场

地址：安徽省滁州市全椒县陈浅乡甘一新村
负责人：刘茜
Tel：0550－5210012
13855061678

### 肥西县张斌农作物种植农民专业合作社

业务：种植水稻，小麦，丝瓜
地址：安徽省合肥市肥西县花岗镇舒安街道
负责人：张俊富　邮　编：230000
法　人：张俊富
Tel：13856428588
0551－8461957

### 金和特种水产养殖场

业务：金和特种水产养殖场成立于1999年，从事水产品的养殖，主要产品有螃蟹、小龙虾及各种鱼类。真诚欢迎国内外客商同本企业开展业务合作。
地址：安徽省和县姥桥镇工业园区
邮　编：238200
法　人：刘恒俊
Tel：0565－5362768
Fax：0565－5362768

### 肥西县红运花木场

业务：种植、销售新优花木；承接各类园林工程的设计与施工；从事花木工艺化、大树速成化的研究
地址：安徽省合肥市肥西县上派镇巢湖中路马也文化广场
负责人：马志勤　邮　编：230001
法　人：马志勤
Tel：0551－8835123
13905606596

### 滁州市施集鑫峰茶厂

地址：安徽省滁州市施集镇施集街道22#
负责人：周磊
Tel：0550－3853456
13956297937

### 肥西县赵店鹏宇生态养殖有限公司

业务：以龙虾苗为主水产综合养殖及苗木花卉种植销售
地址：安徽省合肥市肥西县柿树岗乡赵店村
负责人：解光军　邮　编：231251
法　人：解光军
Tel：13856064912
0551－8266238

### 俊德榨油店

业务：主要经营：棉籽油、棉饼的生产与销售，毛棉籽的加工。本店几十年来，以优质的品质竭诚为广大新老客户服务。
地址：安徽省淮北市濉溪县五沟镇新大街东
邮　编：235100
法　人：李俊德
Tel：0561－7869076
Fax：0561－7869076

### 成功林场

业务：蓄牧业养殖，林场对外招租
地址：安徽省合肥市肥西县小庙镇小蜀山村贺老家组
负责人：刘贤凤　邮　编：230000
法　人：刘贤凤
Tel：13053061359
0551－8509987
Fax：0551－5113095

### 天长市天林畜禽育种有限公司

地址：安徽省滁州市天长市金集镇红山园林场
负责人：陈忠仁
Tel：0550－7916042

### 合肥市肥西县紫蓬镇茂源苗圃

业务：苗木种植、销售
地址：安徽省合肥市肥西县紫蓬镇长刘村
负责人：唐基双　邮　编：230000
法　人：唐基双
Tel：13965062617
0551－8581786

### 郎溪县宝峰精制茶厂

业务：我厂成立于1996年，专业从事茶叶（绿

茶)生产加工销售，我们将以一流的质量、一流的服务宗旨竭诚为新老客户服务。
地址：安徽省宣城市郎溪县凌笪乡二宝殿
负责人：蒋保钱 邮 编：242100
Tel：0563－7799199

**舒城县富民农业科技发展有限公司**
业务：农产品种植、养殖，高科技技术推广，零售和出售农产品
产品：各类农产品，主产马铃薯
地址：安徽省合肥市经济开发区翠微北园55幢305室
负责人：李明 邮 编：230001
法 人：李明
Tel：13615604997
13696521198

**天长市天科种业有限公司**
地址：安徽省滁州市天长市新河北路53号
负责人：陈锦昌
Tel：0550－7321136

**淮北市矿山集老三养殖场**
业务：本鸡，山羊，兔子等畜禽养殖.
地址：安徽省淮北市矿山集北西村
负责人：石书玲 邮 编：235000
法 人：石书玲
Tel：0561－4311945

**六安市叶集四方农业机械销售有限责任公司**
业务：本公司成立于2000年，主要经营农业机械，产品有农用车(三轮、四轮、六轮)、小型农机具、小型农业机械等。竭诚欢迎广大客户光临、惠顾！
地址：安徽省六安市叶集区四方塘
负责人：李纪军 邮 编：237431
法 人：李纪军
Tel：0564－6496517

**濉溪县绿科水产品养殖专业合作社**
业务：养殖水产品(淡水鱼、虾)
地址：安徽省淮北市濉溪县刘桥镇前吕楼村
负责人：吕家开 邮 编：235100
法 人：吕家开
Tel：13966131658
0561－7082718
15305616085

**临泉县瑞达种业有限公司**
地址：安徽省阜阳市临泉县城关龙泉市场
负责人：费传红
Tel：0558－6515210
13505673684

**淮南市曹庵利农优质水稻专业合作社**
业务：组织水稻生产、种子、农药、肥料销售
产品：水稻、大米、西瓜、小麦
地址：安徽省淮南市曹庵镇大孤堆街道
负责人：庞士保 邮 编：232065
法 人：庞士保
Tel：13956432271
Fax：0554－6917810
E-mail：psb19680101@126.com

**六安市裕安区双龙精米厂**
业务：六安市裕安区双龙精米厂成立于1993年，是一家从事大米生产加工的厂家。生产技术、设备、工艺先进，产品品质优良。竭诚欢迎新老客户惠顾。
地址：安徽省六安市裕安区丁集镇
邮 编：237000
法 人：李毅
Tel：0564－2217339

**淮南市凤台县青成养鸡专业合作社**
业务：土鸡、山鸡，青脚鸡的养殖
地址：安徽省淮南市凤台县丁集乡考庄村
负责人：李冒甫 邮 编：232000
法 人：李冒甫
Tel：0554－8552889

**科技服务中心**
地址：安徽省阜阳市太和县大新集大新供销社楼下
负责人：李福增
Tel：0558－8221592

**凤台县农欣蔬菜种植专业合作社**
业务：蔬菜
产品：西红柿，黄瓜，青椒，茄子等
地址：安徽省淮南市凤台县桂集镇园艺场
负责人：李克跃 邮 编：232131
法 人：李克跃
Tel：13855485679

**六安市裕安区永康精米厂**
业务：六安市裕安区永康精米厂成立于2001年，主要从事大米的加工与销售。“质量保证，价格合理”，热诚欢迎广大新老客户光临惠顾！
地址：安徽省六安市裕安区独山镇
负责人：唐绪伍 邮 编：237131
法 人：唐绪伍
Tel：0564－2911447

**凤台县明诚农作物病虫害机防专业合作社**
业务：水稻、小麦防虫害，农资购销，农业技术指导
地址：安徽省淮南市凤台县小麦原种场家属区
负责人：盛明章 邮 编：232100
法 人：盛明章
Tel：13905547433
13855474180
0554－8011068

**颍上县半岗中心米厂**
地址：安徽省阜阳市颍上县半岗镇
负责人：孙金书
Tel：0558－4162858
1370567822

**春涛黄牛养殖专业合作社**
业务：纯种食用黄牛，放牧养殖绿色无公害，肉质鲜嫩，口感爽滑，含钙量高
地址：安徽省淮南市毛集镇何台村
负责人：陈正涛 邮 编：232000
法 人：陈正涛
Tel：13905549895
0554－8616073

**颍上县金友米业有限公司**
地址：安徽省阜阳市颍上县南照镇
负责人：付金友
Tel：0558－4136010
13955862283

**潘集区古沟龙华精米加工厂**
业务：大米加工
地址：安徽省淮南市潘集区古沟新河
负责人：聂有林 邮 编：232000
法 人：聂有林
Tel：0554－4613466
13966479428

**绿园农林种植有限公司**
业务：本公司成立于2003年，拥有100多名员工，主要经营农林种植、畜牧养殖。
地址：安徽省阜阳市文峰二村155号6户
邮 编：236000
法 人：闫然良
Tel：0558－2581597

**淮南朱集米业农民专业合作社**
业务：水稻种植、加工及大米的销售
地址：安徽省淮南市杨公镇朱集村
负责人：朱纪山 邮 编：235000
法 人：朱纪山
Tel：13866326033
0554－6984479

**阜阳市金牧饲料有限责任公司**
地址：安徽省阜阳市颍州区莲花路5号
负责人：姬传发
Tel：0558－2215285

**黄山市黄山区焦村镇龙源兴发养殖基地**
业务：生猪养殖
地址：安徽省黄山市黄山区焦村镇龙源村小角坞
负责人：张宏亮 邮 编：242700
法 人：张宏亮
Tel：13855919111
13855963522

**长丰春保棉业有限公司**
地址：安徽省合肥市长丰县罗塘乡
负责人：梁春仁
Tel：13705699249

**黄山市徽州区长青有机茶专业合作社**
业务：自产自销茶叶和菊花
地址：安徽省黄山市徽州区杨村乡梅川村
负责人：杜长青 邮 编：245071
法 人：杜长青
Tel：13855956555
0559－3571086

**舒城县德富粮食有限责任公司**
业务：舒城县德富粮食有限责任公司成立于1999年，本公司主要从事粮食收购、加工、销售。欢迎广大客户惠顾，我们将竭诚为您服务！
地址：安徽省舒城县杭埠镇环城南路
邮 编：231323
法 人：赵广德
Tel：0564－8035236
Fax：0564－8035236
网址：www.ahdf.chinapyp.com

**合肥四十头生态农业园有限公司**
地址：安徽省合肥市长丰县三十头乡
负责人：倪文华
Tel：13003066670

**歙县王村永泉养猪场**
业务：猪的养殖
产品：长白、大约克、杜洛克
地址：安徽省黄山市歙县王村镇王村
负责人：张永泉 邮 编：245251
法 人：张永泉
Tel：0559－6680238
13855925164

**黄山市翔润兴食用菌农民专业合作社**
业务：食用菌、山货种植，为成员购买菌种原料，提供基地建设，提供相关技术培训、科技咨询、服务，组织产品销售、运输、贮藏。
地址：安徽省黄山市休宁县海阳镇梨园新村食用菌公司内
负责人：程润权 邮 编：245400
法 人：程润权
Tel：0559－7530628
13855998226

**日月精米厂**
地址：安徽省合肥市长丰县水湖镇长淮路5号
负责人：李昌明
Tel：0551－6674219
3205895
13905609895

**黄山市荣山茶叶农民专业合作社(休宁县荣山茶厂)**
业务：绿茶的研发，生产，加工，运输，包装，销售
产品：各种等级齐云道家茶，炒青绿茶，黄山毛峰等
地址：安徽省黄山市休宁县商山乡东州
负责人：崔兆举 邮 编：245421
法 人：郭德军
Tel：0559－7763388
13905599198
13855900592
Fax：0559－7763098
网址：www.rs－tea.com
E-mail：xnrstea@yahoo.com.cn

**宿州市春丰面粉厂**
业务：宿州市春丰面粉厂成立于2002年7月，是一家从事面粉加工、销售的厂家。品质好，无污染，受到了消费者的亲睐，市场前景看好。
地址：安徽省宿州市埇桥区夹沟镇龙泉街
邮 编：234000
法 人：王立春
Tel：0557－4289058

**界首市为民种植专业合作社**
业务：药材种植
地址：安徽省界首市邴集乡邴集村
负责人：张文芝 邮 编：236500
法 人：张文芝
Tel：13855862852
0558－4927123

**合肥桂和农牧渔发展有限公司**
地址：安徽省合肥市肥东县店埠镇龙泉西路
负责人：王桂和
Tel：13966696006

**界首市芝杰养殖专业合作社**
业务：家禽家畜
地址：安徽省界首市邴集乡邴集村
负责人：张文芝 邮 编：236500
法 人：张文芝
Tel：13855862852
0558－4927123

**宿州市埇桥紫芦湖林业生产科技开发服务中心**
业务：芦湖林业生产科技开发服务中心主要从事于苗木、花卉的培育与销售。品种齐全、价格低廉。欢迎广大客户前来选购！
地址：安徽省宿州市埇桥区北杨寨乡大陈村
负责人：李剑锋 邮 编：234116
法 人：李剑锋
Tel：0557－2562986

**界首市雪里红蔬菜专业合作社**
业务：种植雪里红，萝卜一条龙服务
地址：安徽省界首市泉阳镇农业综合服务站院内
负责人：寿天刚 邮 编：236500
法 人：寿天刚
Tel：13004039157
13014075675

**徽商农家福有限公司肥西分公司**
地址：安徽省合肥市肥西县巢湖路107号
负责人：夏乐平
Tel：0551－8850647
13965076457

**涡阳县义门苔干贡菜加工经销部**
业务：本厂常年销售水贡菜，注册商标为汉东牌，主要有500G，300G以及200G开袋即食的真空包装山蜇菜。由于产地直销，价格合理，质量有所保证，赢得了社会各界极大的好评！愿各界人士前来洽谈业务。
地址：安徽省涡阳县真源南路11号
邮 编：233658
法 人：蒋汉东
Tel：0558－7481028
Fax：0558－7481368

**六安市惠民农贸有限责任公司**
业务：农副产品的生产、加工、销售
地址：安徽省六安市滨河路河滨新村D幢3号楼203室
负责人：汪士成 邮 编：237006
法 人：汪士成
Tel：13905643102
0564－3384479

**霍邱县马店镇伟信生猪养殖专业合作社**
业务：经营：1、宣传使用质优价实绿色饲料，兽药。2、免费提供纯种公猪，母猪，二元杂交猪，三元杂交猪，育肥猪销售信息并赠送养殖资料和书籍。
地址：安徽省六安市霍邱县马店镇西楼村
负责人：张大友 邮 编：237400
法 人：张大友
Tel：0564－6945199
6946308

**合肥兴源养殖有限责任公司**
地址：安徽省合肥市肥西县南岗镇永和村
负责人：吴家保
Tel：13966714973

**霍邱县桂林生猪养殖专业合作社**
业务：养母猪，商品猪，养鸡，养鱼的经营销售与加工，饲料加工
地址：安徽省六安市霍邱县石店镇兰桥
负责人：杨桂林 邮 编：237400
法 人：杨桂林
Tel：15955991877
0564－6913829

**安徽肥西县正久养殖有限公司**
地址：安徽省合肥市肥西县山南镇沈店村
负责人：周正久
Tel：0551－8206188
13013075688

**霍邱县双郢种猪繁育有限责任公司**
业务：种猪繁育，生猪养殖销售
地址：安徽省六安市霍邱县石店镇育才中学
负责人：范涛 邮 编：237006
法 人：范涛
Tel：0564－6910189
网址：http://www.51zzt.com/user/zzt31337

**合肥香怡畜禽养殖有限公司**
地址：安徽省合肥市高新区南新庄村南桃园组
负责人：张玉香
Tel：0551－5325723

**霍邱县浩宇獭兔养殖专业合作社**
业务：獭兔，种兔的养殖以及销售，另有技术服务跟踪和笼具的销售
地址：安徽省六安市霍邱县王截流乡张岭村
负责人：陈大伟 邮 编：237400
法 人：陈大伟
Tel：0564－6388168

**宣城市和超禽业工贸有限责任公司**
业务：宣城市和超禽业工贸有限责任公司成立于2005年，从事禽业贸易(鸡、鸭、鹅等家禽)。公司愿与广大消费者携手同进，共创畜牧业的美好明天。
地址：安徽省宣城市宣州区洪林镇洪双路
邮 编：242000
法 人：陈章超
Tel：0563－3466888
Fax：0563－3467888

**六安市云竹湾生态农业开发有限责任公司**
业务：种植和销售各种食用菌，特种养殖香猪，开展各类技术培训与服务
产品：食用菌、组织培养、有机肥(专供花卉、兰花)、香猪的养殖
地址：安徽省六安市裕安区新安镇兴隆村
负责人：江绪兵 邮 编：237006
法 人：江绪兵
Tel：13966267779
0564－3301507
E-mail：jxb5089@163.com

**合肥蜀园综合养殖有限公司**
地址：安徽省合肥市高新区南新庄东陈组
负责人：李长志
Tel：13095519175

**合肥庞氏农产品有限公司**
地址：安徽省合肥市梦园小区留澜居9－401室

负责人:庞瑞良
Tel:13605693623

**马鞍山市徽农农业科技发展有限公司**
业务:农业开发,种植养殖
地址:安徽省马鞍山市当涂县湖阳乡
负责人:徐小马　邮　编:243001
法　人:徐小马
Tel:0555－6113338

**当涂县幸福园蔬菜种植专业合作社**
业务:种植蔬菜、瓜果
地址:安徽省马鞍山市当涂县护河镇幸福村
负责人:吴国强　邮　编:243000
法　人:钱玉性
Tel:15955544388
15305557129

**合肥市吴红梅蜂业有限公司**
地址:安徽省合肥市瑶海区城东乡分路口村杨小郢1幢
负责人:吴红梅
Tel:13705693359

**当涂县兴达水产养殖专业合作社**
业务:主营鳜鱼苗、青虾苗、长江蟹苗培育销售以及成品蟹养殖等,一流的品种,一流的服务,热诚欢迎新老客户的光临和惠顾
产品:鳜鱼苗,青虾苗,长江蟹苗,成品蟹
地址:安徽省马鞍山市当涂县塘南镇郃桥村
负责人:沈臣达　邮　编:243171
法　人:沈臣达
Tel:13083111738
15555597188

**颍上县青松面粉厂**
业务:颍上县青松面粉厂成立于1991年,主要从事面粉的加工销售。热诚欢迎新老客户惠顾。
地址:安徽省阜阳市颍上县赛涧乡王台村
邮　编:236200
法　人:李培国
Tel:0558－4536081

**明光市三界惠农甜叶菊专业合作社**
业务:甜叶菊种苗培育、购销,农产品销售(花生、水稻、小麦、豆类)
地址:安徽省明光市三界镇西山头
负责人:叶茂林　邮　编:239400
法　人:叶茂林
Tel:0550－8471093
15855076576

**合肥天一养殖有限公司**
地址:安徽省合肥市瑶海区三里街东苑新村19幢(养殖地:长丰双墩华丰村)
负责人:谢亚丽
Tel:13855188856

**宁国市西乡食用菌专业合作社**
业务:香菇、木耳、笋干、茶叶等产品加工销售
地址:安徽省宁国市方塘乡上坦村
负责人:李建国　邮　编:245300
法　人:李建国
Tel:0563－4940258
13856320099
15212700099

**杰华综合养殖场**
地址:安徽省淮北市烈山区宋町镇雷山村雷河南岸
负责人:孙杰华
Tel:0561－4693519
13329118625

**宁国市百兴青笋专业合作社**
业务:青笋种植销售
地址:安徽省宁国市甲路镇庄村
负责人:赵仕平　邮　编:242300
法　人:赵仕平
Tel:13856318364
0563－4980178

**宁国市双江畲乡石笋专业合作社**
业务:干货、笋干加工、销售,产品质量稳定,周年供应,欢迎新老客户光临惠顾。
产品:石笋干,干苦菜,干货菜
地址:安徽省宁国市云梯畲族乡毛坦村二组
负责人:朱莲香　邮　编:242300
法　人:曹东林
Tel:0563－4748068
13695639923
Fax:0563－4748068

**淮南市来源水产养殖有限公司**
地址:安徽省淮南市大通区孔店乡蔡城塘
负责人:郑仁辉
Tel:0554－2211688

**凤台县新民黄牛养殖有限责任公司**
地址:安徽省淮南市凤台县新集镇
负责人:刘士敏
Tel:0554－8141006
13956468407

**砀山县群力果蔬专业合作社**
业务:水果蔬菜种植批发
地址:安徽省朔州市砀山县李庄镇下楼社区三子楼村
负责人:尚夫民　邮　编:235300
法　人:尚夫民
Tel:0557－8660136

**金农贸易有限公司**
地址:安徽省淮南市淮舜中路庆华商场
负责人:赵前国
Tel:0554－3622017
3622648
5546181

**皖宿松县其胜蜂业有限责任公司**
业务:蜂产品加工,收购,销售
产品:蜂蜜,蜂王浆,蜂胶,花粉等
地址:安徽省宿松县五里乡牌楼村
负责人:周其胜　邮　编:246500
法　人:周其胜
Tel:0556－7641499
Fax:0556－7641499
E-mail:912305863@qq.com

**农佳种业有限公司**
地址:安徽省淮南市田家庵区安城镇纲森商贸城420号
负责人:王志柱
Tel:0554－6424218
13329280958

**砀山县易和升农资有限公司道南经营部**
业务:销售农资
地址:安徽省宿州市砀山县砀南西路73号对过(一库西150米路北)
负责人:张海月　邮　编:234000
法　人:张海月
Tel:13905677611
0557－8867727

**楚丰工贸有限公司**
地址:安徽省淮南市谢家集区九水路
负责人:仇多根
Tel:0554－6981084
13866332199

**砀山县黄沙滩种植养殖专业合作社**
业务:种植食用菌、桃树、梨树
地址:安徽省宿州市砀山县果园场六分场
负责人:黄建华　邮　编:234000
法　人:黄建华
Tel:13285578189
0557－8540159

**长丰县孙庙乡明丰米厂**
地址:安徽省淮南市谢家集区孙庙乡街道
负责人:李敏均
Tel:0554－6901168
13866322828

**梨海蛋鸭养殖专业合作社**
业务:蛋鸭养殖,出售鸭蛋、鸭苗、松花蛋
地址:安徽省宿州市砀山县李庄镇下楼行政村卞楼
负责人:黄峰　邮　编:235300
法　人:黄峰
Tel:13514946666
0557－8660777

**黄山市休宁县璜尖茶厂**
地址:安徽省黄山市黄山茶城2栋6号
负责人:程绍忠
Tel:0559－2530066
13705590400

**宿州市砀山县汇金水果专业合作社**
业务:专业从事水果种植及购销,产品绿色保健,品种丰富、质量稳定,供不应求!
产品:酥梨、皇冠、园黄梨;富士、金帅等各种苹果;各种桃;各种食品加工水果(罐头厂所用水果)
地址:安徽省宿州市砀山县玄庙镇权集行政村权集村
邮　编:235300
法　人:李银矿
Tel:0557－8410657
13956848283

**黄山云峰茶厂**
地址:安徽省黄山市黄山茶城云峰茶厂经销部
负责人:蒋金有
Tel:0559－2524272
13905591362

**璜蔚华丰茶厂**
地址:安徽省黄山市歙县璜蔚乡璜蔚村
负责人:胡增渚
Tel:0559－6980035
13956262715

**砀山县三村水果专业合作社**
业务:种植、销售油桃,苹果(红富士,青果),梨。
地址:安徽省宿州市砀山县周寨镇周楼行政村小孟庄大队
负责人:胡晓伟　邮　编:235300
Tel:13500588862
15955725529

**群丰养牛专业合作社**
业务:养殖牛
地址:安徽省宿州市灵璧县下楼镇规划所
负责人:王锋　邮　编:234220
法　人:王锋
Tel:15555769698
0557－6625938
E-mail:425536961@qq.com

**新安源有机茶开发有限公司**
地址:安徽省黄山市休宁县城万宁工业园区
负责人:方国强
Tel:0559－7507171
13305593996
13805593996

**灵璧县利群农资专业合作社**
业务:专业经营种子、农药、肥料等,厂家直销,批零兼营,竭诚为广大农民朋友服务
产品:小麦,玉米,大豆种,复合肥,化肥,各种农药,除草剂
地址:安徽省宿州市灵璧县尤集镇尤圩村
负责人:李群　邮　编:234218
法　人:李群
Tel:0557－6665866
13965325818

**临溪名优茶厂**
地址:安徽省黄山市休宁县东临溪镇芳山茶场
负责人:陈集堂
Tel:0559－7501064
13956268621

**安徽乐丰收农资有限公司**
业务:销售液肥、乐丰收福万稼,批发各种农药
地址:安徽省宿州市灵璧县灵城南关
负责人:张超　邮　编:234000
法　人:张超
Tel:15656706666
0557－6081333
Fax:0557－6081333

**休宁县荣山茶厂**
地址:安徽省黄山市休宁县洪里乡东洲村
负责人:郭德军
Tel:0559－7761048
13905599198

**泗县山头镇大柏养猪专业合作社**
业务:商品猪.
地址:安徽省宿州市泗县山头镇大柏村东环开发小区
负责人:柏高立　邮　编:234300
法　人:柏高立
Tel:13721259955
0557－7931158

**户胡镇精米厂**
地址:安徽省六安市霍邱县户胡镇街道(原五七厂)
负责人:曹建华
Tel:0564－6711139
13966294996

**安徽省泗县弘扬畜牧有限公司**
业务:家禽、家畜的养殖、销售,并为广大养殖户提供畜禽种苗、饲料、防疫用品、品种改良、技术咨询等综合性服务。
产品:种猪,仔猪,育肥猪
地址:安徽省宿州市泗县瓦坊乡应宅村小韩庄
负责人:杨维红　邮　编:234312
法　人:韩家阳
Tel:0557－7825168
13866491606

**宿州市埇桥区褚兰镇开超农资门市部**
业务:销售农资
地址:安徽省宿州市埇桥区褚兰镇褚北集
负责人:刘开超　邮　编:234000
法　人:刘开超
Tel:15805579626
0557－4930446

**成明精米厂**
地址:安徽省六安市霍邱县龙潭镇庙岗街道
负责人:邓玉明
Tel:0564－6735136
13956125136

**龙潭新兴米厂**
地址:安徽省六安市霍邱县龙潭镇石庙街道
负责人:刘素勇
Tel:0564－6736188
13865435009

**宿州市埇桥区褚兰镇翟怀元农资门市部**
业务:零售化肥、种子、农药
地址:安徽省宿州市埇桥区褚兰镇后程集
负责人:翟怀元　邮　编:234000
法　人:翟怀元
Tel:13470830288
0557－4933461

**霍邱县王截流乡佳乐精米厂**
地址:安徽省六安市霍邱县王截流乡东湾村
负责人:班莱友
Tel:0564－6388076
13805643615

**埇桥区众邦种植养殖专业合作社(腾飞种业有限公司)**
业务:水果种植,养殖野鸡、养鸭、火鸡、珍珠鸡、竹鼠等
地址:安徽省宿州市支河乡路湖村
负责人:路思海　邮　编:234000
法　人:路思海
Tel:13956870539
0557－4211528

**霍邱县乌龙镇四里棚米厂**
地址:安徽省六安市霍邱县乌龙镇四里村
负责人:程良寿
Tel:0564－6761238
13195376888

**天长市友好农事专业合作社**
业务:种子、化肥、农药等农资销售及农事服务
地址:安徽省天长市杨村镇金埠村
负责人:赵省仁　邙　编:239300
法　人:赵省仁
Tel:13053149417

**国民米厂**
地址:安徽省六安市霍邱县周集镇周李路国民米厂
负责人:魏榆翠
Tel:0564－6311381

**天长市杨村镇桥南村玉喜农事专业合作社**
业务:农资产品与粮食的销售
产品:农资产品与粮食
地址:安徽省天长市杨村镇桥南村板棚组
负责人:崇玉喜　邮　编:239300
法　人:崇玉喜
Tel:15955082510
13955099270

**富源米业有限责任公司**
地址:安徽省六安市金安区椿树镇六桃路99号
负责人:邱业才
Tel:13705649567

**安徽天骄畜牧有限公司**
业务:公司集种猪、生猪养殖、收购销售、动物防疫、饲料供应等功能于一体,不断扩大规模,发展养猪生产。致力发展成为养猪产业化、营销市场化、生产销售服务一体化的现代型企业。
产品:大约克母(英系)、大约克公(英系)、长白母本(丹系)、仔猪、育肥猪(外三元)
地址:安徽省桐城市龙眠街道海峰路
负责人:吴飞　邮　编:231400
法　人:吴飞
Tel:13855699961
网址:http://www.51zzt.com/user/zzt43911

**胜达精米厂**
地址:安徽省六安市金安区翁墩乡街道
负责人:胡世海
Tel:0564－2471088
13705648986

**涡阳县长年小麦种植专业合作社**
业务:小麦种植、化肥、农药
地址:安徽省涡阳县曹市镇涡曹路曹市闸
负责人:牛常年　邮　编:236000
法　人:牛常年
Tel:0558－7398992
15956782731

**九龙圣龙米厂**
地址:安徽省六安市寿县九龙乡九龙老街店内
负责人:李先好
Tel:13014035126

**南陵县龙潭生态农业有限公司**
业务:绿色食品、蔬菜种植、销售、冷冻保鲜销售
地址:安徽省芜湖市南陵县许镇镇龙潭村
负责人:吕道友 邮 编:241306
法 人:吕道友
Tel:0553－6200008
Fax:0553－6200008
网址:http://www.51zzt.com/user/zzt33024

**寿县李山精米加工厂**
地址:安徽省六安市寿县李山乡集东
负责人:徐佩玖
Tel:0564－4738189
4738189
13965459300

**广德县润丰蘑菇专业合作社**
业务:菌种,技术服务,种植材料,香菇销售
地址:安徽省宣城市广德县誓节镇七塔村
负责人:田润丰 邮 编:242200
法 人:田润丰
Tel:13485980317
18956373229
0563－6980616

**永兴精米厂**
地址:安徽省六安市寿县双庙集镇双庙街道店内
负责人:张有利
Tel:0564－4717309
13966254228

**窑口乡兴盛米厂**
地址:安徽省六安市寿县窑口乡陶圩信用社斜对面店内
负责人:马德军
Tel:0564－4424191
13905646778

**宣城市洪林镇家传茶厂**
业务:本厂主要从事于各种高,中,底档的红,绿茶加工,销售以及外销茶,名优茶。茶香飘内外,味醇一杯中。欢迎新老客户光临品鉴!
产品:红茶,绿茶
地址:安徽省宣城市宣州区洪林镇宣茶村
负责人:鲍家传 邮 编:242053
法 人:鲍家传
Tel:0563－3447825
13966234807
网址:http://www.51zzt.com/user/zt11

**寿县迎河镇优活果蔬产销有限公司**
地址:安徽省六安市寿县迎河镇大店村胜利队
负责人:蒯多福
Tel:0564－4534556

**宣氏米厂**
地址:安徽省六安市舒城县百神庙镇宣氏米厂
负责人:宣树林
Tel:0564－8086508
13966257699

**舒城县南港镇昌宗精米厂**
地址:安徽省六安市舒城县南港镇北风岭
负责人:何昌宗
Tel:0564－8141899
13155383906

**迅达精米厂**
地址:安徽省六安市舒城县南港镇合安路
负责人:王友训
Tel:0564－8141110
13705640261

**盛园生态养殖有限公司**
地址:安徽省马鞍山市当涂县大陇乡李含街道
负责人:李家伟
Tel:0555－6582088
13013102319

**宿松县银兴棉业有限公司**
地址:安徽省宿松县洲头乡坝头桥东
负责人:吴少平
Tel:0556－7561108
13909664281

**金土地种业有限公司白彦俊农资经营部**
地址:安徽省宿州市东昌路21号
负责人:白彦俊
Tel:0557－3025660
13955706892

**宿州市宏宇种业有限公司**
地址:安徽省宿州市浍水路372号
负责人:刘邦国
Tel:0557－2133388
13305575148

**旌德县华丰灵芝种植专业合作社**
业务:主要种植灵芝,面积约50亩
地址:安徽省宣城市旌德县旌阳镇华丰村下村路南6号
负责人:方建华 邮 编:242600
法 人:方建华
Tel:0563－8701038
13966181863

**宿州市龙泉生态林业有限公司**
地址:安徽省宿州市浍水西路271号
负责人:朱继军
Tel:0557－3911954

**灵璧县立腾绿色生态牧业有限公司**
地址:安徽省宿州市灵璧县尤集镇尤东村
负责人:李雷
Tel:0557－6027688

**惠尔饲料加工有限责任公司**
地址:安徽省宿州市灵璧县渔沟镇周寨村
负责人:周步聪
Tel:0557－6541511
13093591562

**灵璧县蕈苑菌业科技有限公司**
地址:安徽省宿州市灵璧县虞姬乡科技示范园内
负责人:刘现卓
Tel:13956888186

**旺园果品有限公司**
地址:安徽省宿州市萧县东阁园艺厂内
负责人:周广金
Tel:0557－5341038
13195573238

**农丰农业技术咨询服务部**
地址:安徽省宿州市萧县龙城镇小南门街19号
负责人:孙长连
Tel:0557 5001069
13905673122

**镇头寺蜂种场**
地址:安徽省宿州市埇桥区夹沟镇镇头寺
负责人:李丙书
Tel:0557－3186609
13014015801

**南湖保民苗圃厂**
地址:安徽省宿州市埇桥区永安镇
负责人:王保民
Tel:13955708335

**桐城市兴店镇金涧米厂**
地址:安徽省桐城市兴店镇金涧村
负责人:陈勇
Tel:0556－6756493
13865132491

**华营棉业有限公司**
地址:安徽省铜陵市铜陵县安平乡西江村
负责人:曾亚平
Tel:0562－8351313
13856246961

**狮兴精米加工厂**
地址:安徽省铜陵市铜陵县钟鸣镇街道
负责人:许先怀
Tel:0562－8291049
13705625639

**双桥油米厂**
地址:安徽省铜陵市铜陵县钟鸣镇联丰村
负责人:汪可美
Tel:0562－8292221
13956241831

**溢香醇茶叶有限责任公司**
地址:安徽省芜湖市繁昌县峨桥镇茶市二路50号
负责人:王成学
Tel:0553－7168259
13705538928

**安徽迎客松茶叶有限责任公司**
地址:安徽省芜湖市鸠江区十里牌自然村2号
负责人:李念华
Tel:13505533118

**南陵县南山花木有限公司**
地址:安徽省芜湖市南陵县工山村
负责人:周财峰
Tel:0553－6044417
13905551582

**宏达精米厂**
地址:安徽省芜湖市南陵县工山镇工一村
负责人:孔令宏
Tel:0553－6041173
13956206836

**东村精米厂**
地址:安徽省芜湖市南陵县何湾镇何湾街道
负责人:焦畅
Tel:0553－6486045
13705539790

**西连精米厂**
地址:安徽省芜湖市南陵县籍山镇黄金村
负责人:钱荣广
Tel:0553－6711029
13956197679

**芜湖县白马乡前进精米加工厂**
地址:安徽省芜湖市芜湖县白马乡前进村
负责人:刘爱民
Tel:0553－8371018
13505592170

**六郎镇昌盛米厂**
地址:安徽省芜湖市芜湖县六郎镇
负责人:陶荣基
Tel:0553－8511045
13955353485

**安徽省步强饲料有限公司**
地址:安徽省萧县孙圩子乡农场(淮北市外环西路徐里118号)
负责人:刘步强
Tel:0557－5821118
13965880001
13966100118

**郎溪县食品公司飞里屠宰厂**
地址:安徽省宣城地区郎溪县飞里乡集镇
负责人:周胜清
Tel:13329131126

**广德县富民獭兔开发有限公司**
地址:安徽省宣城市广德县新杭镇横岗村
负责人:谈光国
Tel:13965418282

**安徽润华生态林业开发有限公司**
地址:安徽省宣城市广德县赵村乡
负责人:陈永华
Tel:0563－6646030

**安徽泾县神农绿色茶叶开发有限公司**
地址:安徽省宣城市泾县茶城
负责人:翟荣平
Tel:0563－5025883

**其华茶叶有限公司**
地址:安徽省宣城市泾县榔桥镇共和路86号
负责人:石其华
Tel:0563－5620197
13966205518

**金土地米厂**
地址:安徽省宣城市郎溪县涛城开发区
负责人:孙铭富
Tel:0563－7507998
13956593128

**宁国市天晨彩叶树种有限责任公司**
地址:安徽省宣城市宁国市东风北路
负责人:徐慧琴
Tel:13515636658

**宣城市万农禽业养殖场**
业务:长年对外供应优质817种蛋
地址:安徽省宣城市宣州区五星乡庆丰村
负责人:万青全 邮 编:242000
法 人:万青全
Tel:13956597955
13956565900

**宣州区恒源米厂**
地址:安徽省宣城市杨柳镇高桥村
负责人:程国胜
Tel:0563－3701009
13805638099

**安徽省舒城南港新建米厂**
地址:安徽省六安市舒城县南港镇206国道边
负责人:王志来
Tel:0564－8141963
13966256158

**安徽嘉达肥业有限公司总部**

安徽嘉达肥业有限公司总部从事农用肥生产销售，以质量求生存，以信誉求发展，欢迎新老客户来电来函洽谈业务！

联系人：严肃
电话：0551-3822991 3690818
地址：安徽省合肥市经济开发区汤口路中段财经职业学院
邮编：230601

**安徽省霍山县农翔生态农业发展有限公司**
**（安徽省霍山县农翔农民专业合作社）**

**公司理念：农翔、农享。
**公司模式：公司+合作社+基地+农户。
**公司规划：打造集大别山土鸡良种繁育、养殖、销售、屠宰加工为一体的农产业化龙头企业。

联系人：胡龙江
13865742222 13399649339
邮编：237006
地址：安徽省六安市霍山县与儿街镇大沙埂农业园

网址：www.henrytea.com
**安徽省潜山县恨水茶业发展有限公司**

本公司位于风景秀丽的天柱山风景区西侧的水吼镇境内。公司依托本地的资源优势、人才优势和拥有自主知识产权的品种、技术优势等，计划用5-8年的时间发展特色品种茶叶基地10000亩，形成年产“恨水”牌系列茶产品1200吨，年产值过亿元的规模。

公司产品：“恨水”牌系列绿茶、茶苗、油茶苗等。

联系人：徐华安
13955663635
电话：0556-8155891 8155468
邮编：246310
地址：安徽省安庆市潜山县水吼镇水吼村下街组

网址：www.71jzt.com/home/rxstnl
**安徽省无为县荣祥生态农林科技开发有限公司**

荣祥生态农林科技有限公司一贯坚持尧舜品牌的经营理念：“品真货全、薄利多销、规模效应、永续发展”，服务于市场。

专业从事绿化工程设计，施工，农林科技开发，农副产品生产。

我们本着“全体服于顾客”的服务原则全心全意为顾客服务。

诚挚欢迎您的合作！

电话：0565-6317112
传真：0565-6317113
邮编：238300
地址：安徽省巢湖市无为县无城镇西门檀建综合楼3号楼502室
联系人：董桂荣
13965679485
电子邮件：info@easydiy.com

## 安庆市绿谷有机肥有限责任公司

安庆市绿谷有机肥有限责任公司成立于2006年，多年来从事有机肥料产品的生产及销售业务。

欢迎八方客户联系洽谈业务合作事项！本公司将以真诚的态度对待每一位合作伙伴！

地址：安徽省安庆市大龙山镇总铺村（消防支队轮训队内）
电话：0556-8775116 5368366
联系人：姚启忠
邮编：246001

## 东至国堂特种水产开发有限责任公司

东至国堂特种水产开发有限责任公司成立于2004年，主要从事水产品的养殖销售。

主要产品有青鱼、草鱼、鳊鱼、花白鲢的鱼苗及成品鱼。

公司注重加强与外界的各种交流，并真诚欢迎国内外朋友来我公司考察，指导。

联系人：赵国堂 13093683275
电话：0566-8040926 邮编：245100
地址：安徽省池州市东至县大渡口镇新深居委会

## 亳州市谯城区蔬菜产业发展局

亳州市谯城区蔬菜产业发展局成立于1986年。

专业从事蔬菜的种植与销售。

公司秉承“顾客至上，锐意进取”的经营理念，坚持“客户第一”的原则为广大客户提供优质的服务。

欢迎惠顾！

联系人：孙鹏 13605683901
电话/传真：0558-5530070
地址：安徽省亳州市谯城区谯陵南路文化巷1号 邮编：236800

## 方家洼综合养殖有限公司

本公司专业从事养殖业务，公司将坚持“质量第一、客户至上、信誉为本”的经营理念，竭诚欢迎海内外客商来厂考察洽谈，订货。

联系人：袁现明
电话：0550-3755277 13956308737
地址：安徽省滁州市南谯区黄泥岗镇张浦郢街道
邮编：239000

## 池州市南湖农业综合开发有限公司

本公司成立于2005年。

主要经营农业开发。

为农服务是我们的办社宗旨，我们要深刻认识供销社的改革发展与为“三农”服务的关系。

联系人：任诗明 13866827728
电话：0566-2023437 2038807 传真：0566-2023437
地址：安徽省池州市南湖路南湖村委 邮编：247000

## 国营凤台县鱼苗厂

国营凤台县鱼苗厂专业从事四大家鱼、桂鱼、白对虾仔虾和青鱼的繁殖及苗种培育，我厂常年向社会提供优质鱼苗和商品鱼，热忱欢迎新老客户来电洽谈、来人选购！

联系人：金克勇
电话：0554-8612232、13855429856 传真：0554-8612232
地址：安徽省淮南市凤台县城关镇农水西路 邮编：232000

## 枞阳县汉正牧业有限责任公司

枞阳县汉正牧业有限责任公司成立于2007年，主要从事于猪的养殖。

随着农业服务业的飞速发展，枞阳县汉正牧业有限责任公司也不断推陈出新，本着质量第一的原则和不断追求的精神以及客户至上、精诚合作的宗旨，真诚地希望能与各界朋友交流合作、共同发展。

联系人：王汉娇
电话：0556-2924708
邮编：246720
地址：安徽省安庆市枞阳县老洲镇

## 怀远县常坟星乐饲料加工厂

怀远县常坟星乐饲料加工厂专业从事饲料原料（小麦、大豆、玉米等）加工，以质量求生存。

欢迎新老客户来电来函洽谈业务！

联系人：刘传开
13909620568

电话：0552-8682258
邮编：233413
地址：安徽省蚌埠市怀远县常坟镇北新村

## 枞阳县兴隆米业有限公司

枞阳县兴隆米业有限公司成立于1998年。多年来从事粳米、糯米、仙米、杂交米等粮食收购、加工、销售业务。

欢迎您来电洽商！

联系人：王志华 13955650827
电话：0556-2781027
邮编：246729
地址：安徽省安庆市枞阳县白湖乡公埔街道158号

## 怀远县姚山甲鱼养殖专业合作社

怀远县姚山甲鱼养殖专业合作社专业从事甲鱼孵化、养殖等业务。

欢迎新老客户来电洽谈业务，共同合作！

联系人：姚克润

电话：0552-8646063 8641200
邮编：233415
地址：安徽省蚌埠市怀远县姚山乡姚山村

## 福建省/Fujian Province

### 龙岩市新罗区华荣种植场
业务：种植食用菌
产品：香菇、木耳、蔬菜、茶叶、绿化苗木
地址：福建省龙岩市新罗区白沙镇罗畲村水尾崙
负责人：俞建荣 邮编：364006
法人：俞建荣
Tel：13959028922
0597－2635066
Fax：0597－2637388

### 利兴海水鱼养殖场
地址：福建省长乐市松下镇松下村
负责人：陈绪文
Tel：0591－28768039

### 龙岩市新罗区双贵种猪场
业务：种猪养殖
产品：一元猪、二元猪、公猪、母猪、肉猪
地址：福建省龙岩市新罗区白沙镇南卓村南山圳石鼓垅
负责人：吴桂华 邮编：364000
法人：吴桂华
Tel：13806997663

### 雄明饲料兽药经营部
业务：兽药经营
地址：福建省龙岩市武平县平川镇环城西路福临花园9－10店；武平县象洞乡沾阳村教育路；岩前镇松山居狮公山段
负责人：钟雄明 邮编：364000
法人：钟雄明
Tel：0597－4822495
4591495
4587495

### 福建省长汀县绿香槟榔芋专业合作社
业务：种植技术培训、销售
产品：槟榔芋
地址：福建省龙岩市长汀县涂坊镇元坑村中村16号
负责人：曹沛新 邮编：364000
法人：曹沛新
Tel：13950878239
0597－6586117
网址：http://www.51zzt.com/user/zzt35760

### 连城县连通饲料有限公司
业务：全价颗粒料（猪、鸡、鸭、鱼）
地址：福建省龙岩市连城县文亨乡205国道旁
负责人：邹子明 邮编：366200
法人：邹子明
Tel：13906079526
0597－8931188

### 武平县象洞乡东德养殖场
业务：养殖种猪，销售饲料
地址：福建省龙岩市武平县象洞乡联坊村司前组
负责人：罗承德 邮编：364000
法人：罗承德
Tel：13850616368
0597－4592918

### 武平县岩前育林饲料店
业务：饲料等农资销售
地址：福建省龙岩市武平县岩前镇大布岗
负责人：王育林 邮编：364000
法人：王育林
Tel：0597－4588323
13859535184

### 上杭县旧县东康竹鼠养殖场
业务：专业从事竹鼠的养殖及销售，品种优良、价格适中，肉味鲜美，秉承"诚信经营，做百年生意"的经营理念，坚持"客户第一"的原则为广大客户提供优质的服务！
产品：竹鼠、竹鼠种苗
地址：福建省龙岩市上杭县旧县乡河东村
负责人：温远东 邮编：364200
法人：温远东
Tel：0597－3561149
15960347831

### 长乐金峰绿香皇茗茶店
业务：茶叶生产销售
产品：铁观音、碧螺春、普洱茶、大红袍
地址：福建省长乐市金峰镇金峰村星城区
负责人：黄万火 邮编：350211
法人：黄万火
Tel：13400512911
0591－28553497

### 长汀县陈西洋蔬菜批发店
业务：蔬菜批发
地址：福建省龙岩市长汀县汀州镇江边市场F栋1号
负责人：陈西洋 邮编：364000
法人：陈西洋
Tel：13599622983
0597－6897872

### 武平县象洞大众饲料兽药店
业务：销售猪饲料、兽药
地址：福建省龙岩市武平县象洞乡老市场内88号
负责人：李亮 邮编：364000
法人：李亮
Tel：0597－4593029
13559993875
Fax：0597－4593029

### 连城县金鹏林业有限责任公司
业务：树木种植、养护
产品：桉树、马尾松
地址：福建省龙岩市连城县朋口镇朋口村上桥背金鹏花园A6幢
负责人：黄金川 邮编：364000
法人：黄金川
Tel：0597－8368739
13507519134

### 武平县天源绿农产品经纪服务部
业务：农产品经纪服务
地址：福建省龙岩市武平县东留乡大明村罗屋角10号
负责人：刘接元 邮编：363000
法人：刘接元
Tel：13859571203
0597－4813210

### 武平县龙溪水口养殖场
业务：养猪
地址：福建省龙岩市武平县东留乡龙溪村黄田76号
负责人：肖壮远 邮编：364300
法人：肖壮远
Tel：13328733288
0597－4813656

### 龙岩市新罗区新勇水产经营部
业务：经营鲜活水产品
地址：福建省龙岩市新罗区曹溪塘场农副产品批发市场51号店
负责人：杨新勇 邮编：364000
法人：杨新勇
Tel：13859518923
0597－2778432

### 龙岩市新罗区园友活鱼馆
业务：活淡水鱼现点现杀，一鱼多吃，土鸡土鸭，野味，承办宴席，人众消费，物美价廉
地址：福建省龙岩市新罗区东肖镇龙岩市学院斜对面
负责人：王良贤 邮编：364000
法人：王良贤
Tel：13860266520
0597－2790368

### 长乐市阳光农业专业合作社
业务：种植蔬菜、水果、水稻
地址：福建省长乐市潭头镇大宏村
负责人：刘德彬 邮编：350215
法人：刘德彬
Tel：13215009955
0591－28683723

### 上杭县下都乡吉安村渔具渔药店
业务：渔具渔药经营
地址：福建省龙岩市上杭县下都乡吉安村崇英路3号
负责人：雷作唐 邮编：364000
法人：雷作唐
Tel：13850634299
0597－3703669

### 福建省长乐日月香粮油加工厂
业务：福建省长乐日月香粮油加工厂成立于1990年，从事食用油的批发及销售。产品有：大豆色拉油、芝麻油、花生油、菜籽油、橄榄油等。欢迎新老客户光临。
地址：福建省长乐市金峰镇六林新大亨
邮编：350211
法人：林英迟
Tel：0591－28555099
Fax：0591－28909277

### 龙岩市新罗区福元食用菌原辅材料经营部
业务：经营大棚膜、遮阳网、食用菌机械、原辅材料。
地址：福建省龙岩市新罗区龙门商业大街52号
负责人：林福元 邮编：364000
法人：林福元
Tel：0597－5273298

### 龙岩市新罗区同顺养猪设备有限公司
业务：生产、销售猪场设备
地址：福建省龙岩市新罗区龙门镇赤水村
负责人：连佃江 邮编：364000
法人：连佃江
Tel：13860259919
0597－2563555

### 安溪文峰茶厂
业务：茶叶销售
地址：福建省龙岩市上杭县临江镇北大路147号
负责人：尤桂凤 邮编：364000
法人：尤桂凤
Tel：0597－5231067

### 连城县众鑫毛竹专业合作社
业务：毛竹种植及相关产品
地址：福建省龙岩市上杭县临江镇马士巷7号
负责人：罗剑枫 邮编：364000
法人：罗剑枫
Tel：13859509291

### 建瓯市南雅镇仙水岩茶行
业务：茶叶生产经营
地址：福建省南平市建瓯市南雅镇大街198号
负责人：甘代亮 邮编：353100
法人：甘代亮
Tel：0599－3523577

## 龙岩市新罗区泽源茶叶店
业务:茶叶生产经营,铁观音
地址:福建省龙岩市新罗区西城西郊路3号10幢104室
负责人:郭茜 邮　编:364000
法　人:郭茜
Tel:13600982344

## 永定县永兴养殖场
业务:养殖家禽
地址:福建省龙岩市永定县凤城镇永杭公路旁黄麻斜背
负责人:赖林辉 邮　编:364000
法　人:赖林辉
Tel:13950847772
13950858036

## 福建省龙岩市上杭县稔田镇玉林农场
业务:专业从事红肉蜜柚种植、贮藏、包装、运输、销售。红肉蜜柚口感极佳,对降低患肝癌、心脏病、中风和糖尿病风险的效果非常明显。我场本着质量第一,客户第一为宗旨。欢迎客户洽谈业务!
产品:红肉蜜柚
地址:福建省龙岩市上杭县稔田镇楼岗村伯公座
负责人:邱可旺 邮　编:364218
法　人:邱可旺
Tel:0597－3931081
13860265809
E-mail:1141995261@qq.com

## 福建归龙山农牧有限公司
业务:种植油茶、生猪养殖
地址:福建省长汀县四都镇
负责人:林慕洪 邮　编:364000
法　人:林慕洪
Tel:13599331203
0597－2100116

## 龙海市颜厝双怡养殖场
业务:养殖鸡鸭
地址:福建省龙海市颜厝镇巧山村苍岭路201号
负责人:郑源港 邮　编:363000
法　人:郑源港
Tel:0596－6650571
13906966210

## 永定县锦兴养猪专业合作社
业务:种猪、商品猪
地址:福建省龙岩市永定县抚市镇贝溪村溪子口
负责人:卢启彪 邮　编:364000
法　人:卢启彪
Tel:13605906296
13959054332

## 永定县梦康饲料兽药经营部
业务:销售饲料、兽药
地址:福建省龙岩市永定县抚市镇大岗路
负责人:黄梦彩 邮　编:364104
法　人:黄梦彩
Tel:0597－5654363

## 长汀县黄火生饲料经营部
业务:饲料生产
地址:福建省龙岩市长汀县河田镇柳城路石化加油站对面
负责人:黄火生 邮　编:364000
法　人:黄火生
Tel:0597－6512776

## 长汀县中复长征第一村花卉专业合作社
业务:花卉种植、销售
产品:桂花、各种兰花、五色茶花、苏铁、罗汉松
地址:福建省龙岩市长汀县南山镇中复村超坊48号
负责人:钟师桃 邮　编:364000
法　人:钟师桃
Tel:0597－6556838
13515907838

## 永定县林场养猪场
业务:养猪
地址:福建省龙岩市永定县高陂镇黄田村林场
负责人:陈信权 邮　编:364000
法　人:陈信权
Tel:13959054806
13806989460

**福建省融盛农业综合开发有限公司**
地址:福建省福州市福清市新厝镇棉亭村海滩
负责人:杨前理
Tel:0591－85159566

## 永定县岐岭乡增发农机专业合作社
业务:农用拖拉机等
地址:福建省龙岩市永定县岐岭乡十字路
负责人:陈增良 邮　编:364000
法　人:陈增良
Tel:0597－5511232
13507531259
网址:http://www.51zzt.com/user/zzt30011

## 福安市林峰油茶种植专业合作社
业务:种植油茶、茶油加工
地址:福建省福安市城阳乡林家洋村委会
负责人:林忠清 邮　编:355500
法　人:林忠清
Tel:13859681918
13950515111

**福州古龙衍鳄鱼开发有限公司**
业务:福州古龙衍鳄鱼开发有限公司成立于2003年,主要从事鳄鱼养殖和开发。技术先进,质量可靠,热忱地欢迎海内外各界朋友前来洽谈、合作,齐心协力,共图发展!
地址:福建省福州市东水路121号5号楼603单元
邮　编:350011
法　人:张起铨
Tel:0591－87139088

## 龙海市宝国日杂店
业务:主营猪饲料
地址:福建省龙海市东园镇南边村丹槎河30号
负责人:甘宝国 邮　编:363100
法　人:甘宝国
Tel:0596－6701637

## 南安市码头五友养鸡专业合作社
业务:养殖鸡
地址:福建省南安市码头镇码头村褚厝
负责人:刘银波 邮　编:362213
法　人:刘银波
Tel:13599988281
0595－86468623

## 南安西美立品茶行
业务:种植、销售茶叶
地址:福建省南安市西美镇河滨路460号
负责人:詹宝强 邮　编:362300
法　人:詹宝强
Tel:0595－86262238

## 龙海市闽隆农产品专业合作社
业务:集蔬菜种植、加工、冷藏、运输、销售为一体,公司有无公害蔬菜种植基地二千亩,引进先进的管理技术和生产线设备,为产品的品质提供了有力的保证。产品绿色、质量稳定、周年供应。
产品:西兰花、西生菜、毛豆、青刀豆
地址:福建省龙海市隆教畲族乡红星村49号
负责人:蓝启中 邮　编:363100
法　人:蓝启中
Tel:0596－6871436
13709315125
Fax:0596－6871436
网址:www.lsllny.com.cn
E-mail:lfz1012@126.com

**公平饲料店**
地址:福建省福州市连江北路13号省农机公司仓库4号
负责人:张祖琴
Tel:0591－87312873
13805013281

## 建瓯市川石乡吴贤鑫种子店
业务:种子销售
地址:福建省南平市建瓯市川石乡后山村新街19号
负责人:吴贤鑫 邮　编:353000
法　人:吴贤鑫
Tel:13860027311
0599－3625082

## 南平市国宣收购点、莆田市秀屿区东峤国宣收购点
业务:主要收购大量的淘汰公母猪
地址:福建省南平市炉下316国道146公里处、福建省莆田市秀屿区东峤镇前沁村
负责人:董国宣 邮　编:351100
法　人:董国宣
Tel:13859382845
13859399192

## 福安市福泽农场
业务:林、茶、果树苗木、太子参、茶叶、蔬菜种子、提供技术;信息服务
地址:福建省福安市城阳乡阮家坑北斗洋境
负责人:王林茂 邮　编:355000
法　人:王林茂
Tel:13860384718

**绿宝大棚蔬菜基地有限公司**
业务:我公司成立于2006年,主要种植销售大棚蔬菜。欢迎新老客户来电洽谈!
地址:福建省福州市平潭县城关营中22号
负责人:林修茂 邮　编:350400
Tel:0591－24282969
Fax:0591－24282979

## 顺昌县金银山蔬菜专业合作社
业务:蔬菜生产,加工,销售
产品:各种季节蔬菜,冬春笋,笋干,槟榔芋
地址:福建省南平市顺昌县双溪街道溪兰村
负责人:钟九金 邮　编:353200
法　人:钟九金
Tel:0599－7857450
13799115242

## 松溪县东梅茶厂
业务:红茶,绿茶,香茶,炒绿种植加工及销售
产品:梅占,小茶,金观音,福六
地址:福建省南平市松溪县郑墩镇双源村东梅自然村
负责人:陈正仕 邮　编:353503
法　人:陈正仕
Tel:0599－2263777
13850920399

## 香港瑞朗特国际科技饲料发展有限公司(南平市延平区瑞华兽药店)
业务:兽药,饲料批发零售
地址:福建省南平市延平区安丰桥建溪路
负责人:吴瑞 邮　编:353000
法　人:吴瑞
Tel:13960653198
15959936088
0599－8419758

## 福安市乾珍茶苗专业合作社
业务:种植销售各种苗木产品及名茶
产品:金观音、黄观音、台茶、福鼎大白茶、福安大白、龙井、福鼎大豪、银霜、福云六号、旦桂、福云595、黄金桂、黄旦、铁观音
地址:福建省福安市甘棠镇
负责人:李细峰 邮　编:355000
法　人:李细峰
Tel:15980389099
13073951115
0593－6810678
网址:http://www.51zzt.com/user/zzt34758

## 南平市延平区延鑫达兽药经营部
业务:兽药、饲料
地址:福建省南平市延平区大横镇常坑村新房路37号
负责人:刘延峰 邮　编:353000
法　人:刘延峰
Tel:13509544719

## 南平市延平区新斌饲料商行
业务:饲料、玉米、麦粕批发
地址:福建省南平市延平区来舟镇桥南路27号
负责人:卢小辉 邮　编:353004
法　人:卢小辉
Tel:13809598540
0599－8558165

## 南平市延平区精旺种猪供精站
业务:专业提供常温精液,可为延平区母猪养殖户提供种源,提高仔猪品质。本站现存栏公、母猪有四千多头,是集生猪养殖、销售、供精等多元化服务型企业。
产品:杜洛克、长白、约克等精液
地址:福建省南平市延平区炉下镇田头村连庄10号
负责人:罗智伟 邮　编:353013
法　人:罗智伟
Tel:13950605321
E-mail:http://jwzzc.chinapyp.com

**闽清清禾农牧有限公司**
地址:福建省福州市闽清县梅城大街下龙洲九号
负责人:黄祥桃
Tel:0591－22518888
13860675559

**圣发养兔场**
业务:圣发养兔场成立于2007年,主要从事肉兔养殖,培育种兔,技术服务,欢迎新老客户光临,指导与合作。
地址:福建省龙岩市新罗区适中镇兰田村
负责人:谢圣海 邮　编:364011
法　人:谢圣湖
Tel:0597－2960566
Fax:0597－2978050
网址:www.mtw30849.chinapyp.com

## 福安市神民茶业经营部
业务:坦洋工夫红茶,绿茶,乌龙茶
地址:福建省福安市甘棠镇海峡大茶都5号楼108号
负责人:林梓明 邮　编:355000
法　人:林梓明
Tel:13599842888
0593－6816369

## 南平市延平区芹山猪业专业合作社
业务:养殖生猪
地址:福建省南平市延平区南山镇芹山村
负责人:魏华灶 邮　编:353021
法　人:魏华灶
Tel:13859470118
0599－8429898

## 南平市延平区万利生饲料经营部
业务:经营猪饲料、鸭饲料、鸡饲料等。
地址:福建省南平市延平区西芹镇兴华二路54号
负责人:章金娇 邮　编:353000
法　人:章金娇
Tel:13960662145

## 政和县洞宫绿茶厂
业务:专业生产加工红茶、绿茶、乌龙茶
地址:福建省南平市政和县杨源乡洞宫西门村
负责人:黄总 邮　编:353606
法　人:黄成宽
Tel:0599－3201656

## 政和县镇前镇下园村高绍成农资农家店
业务:销售农药、化肥
地址:福建省南平市政和县镇前镇下园村本村88号
负责人:高绍成 邮　编:353605
法　人:高绍成
Tel:0599－3281078
13860045037

## 晋江市深沪镇绿莱香茶业
业务:茶业
产品:安溪铁观音,茶叶
地址:福建省晋江市深沪镇兴东东路37号
负责人:陈培芬 邮　编:362246
法　人:陈培芬
Tel:0595－88222588
13959776588

## 连江县筱埕镇大埕避风港水产综合育苗场
业务:水产、推销育苗
地址:福建省连江县筱埕镇大埕村避风港
负责人:陈绍金 邮　编:350001
法　人:陈绍金
Tel:13799322263
0591－26771588

**钤海水产养殖场**
地址:福建省晋江市龙湖镇衙口
负责人:施能忠
Tel:0595－85282363
85558783

## 福安市梧兴茶叶专业合作社
业务:茶叶种植加工销售
地址:福建省福安市康厝乡梧溪村村委楼
负责人:黄光铃 邮　编:355000
法　人:黄光铃
Tel:13313714333

## 宁德市蕉城区官岭农业开发有限公司
业务:种植与销售各种树木、果木、毛竹,销售、收购与养殖生猪,有大量场地提供与租赁用以养殖生猪与种植树木、果木,发展林业与畜牧业。
产品:各种树木、果木、毛竹、生猪
地址:福建省宁德市东侨开发区东湖豪门5号楼606
负责人:吴细雅 邮　编:352100
法　人:吴细雅
Tel:13559903888
13859671111
0593－2683666

### 福安市泽华农业有限公司
业务:猪、羊等家畜养殖及仔猪、羊,成品猪、羊销售
地址:福建省宁德市福安市溪潭镇前埔村上洋3号
负责人:陈华松　邮　编:352100
法　人:陈华松
Tel:13706044533
0593－6887288

### 福鼎市合欢山名茶庄
业务:茶叶批发
地址:福建省宁德市福鼎市白琳镇金山东路113号
负责人:庄芝芳　邮　编:355200
法　人:庄芝芳
Tel:13959388859
0593－7375933

### 福建省乾丰生态农业发展有限公司
业务:养殖奶牛、肉用牛、梅花鹿、销售生鲜牛奶、肉牛、鹿产品以及种植绿色蔬菜、槟榔芋、玉米
地址:福建省宁德市福鼎市御景园6幢2梯3楼304室
负责人:翁时才　邮　编:355200
法　人:翁时才
Tel:0593－7813066
13062172109
18905034699
网址:www.qfstny.com
E-mail:qfstny@163.com

### 古田县福源林木专业合作社
业务:木材加工、毛竹销售
地址:福建省宁德市古田县鹤塘镇苏洋村兴旺路67号
负责人:肖晨　邮　编:352100
法　人:肖晨
Tel:0593－3985988
13860356000

### 龙岩市水产良种场
业务:龙岩市水产良种场成立于2001年,经营范围有新品种引进试验、示范、保种、繁殖、推广;水技引进、示范、推广;项目试验;种苗调剂;水产科技实验基地等。本场以品质为本,实事求是的发展思想,为广大客户服务,欢迎各界朋友前来洽谈业务。
地址:福建省龙岩市永定县高陂镇富岭村军营排
邮　编:364000
法　人:潘清玉
Tel:0597－2320259
Fax:0597－5251213

### 宁德市天利农业开发有限公司
业务:中药材、食用菌、经济林、水果、蔬菜等种植,销售。家禽、海产品等养殖,销售。农用地开发等
地址:福建省宁德市葫芦花苑205号
负责人:彭积招　邮　编:352100
法　人:彭积招
Tel:0593－2269006
13850319057
Fax:0593－2269006

### 宁德市蕉城区林农林木种植专业合作社
业务:种植林木、水果
地址:福建省宁德市蕉城区金涵乡亭坪村村委楼二楼
负责人:钟志勤　邮　编:352100
法　人:钟志勤
Tel:13515078628
0593－2722217

### 寿宁县凤峰茶厂
业务:种植、加工、销售绿茶、红茶
地址:福建省宁德市寿宁县凤阳乡廷加洋村
负责人:朱永希　邮　编:352300
法　人:朱永希
Tel:0593－5275037

### 寿宁县南阳镇德树茶厂
业务:加工、销售:铁观音、大红袍、碧螺春、绿剑、银螺、香茶、白毛猴、普洱茶、苦丁茶、曲毫、针毫等
地址:福建省宁德市寿宁县南阳镇新村路(姚官村)
负责人:叶新树　邮　编:355502
法　人:叶新树
Tel:13706045873

### 福利养猪场
地址:福建省龙海市白水镇崎峰村
负责人:陈港滨
Tel:0596－6810309

13906069058

### 晋江市金井镇满香园茶行
业务:茶叶销售
地址:福建省晋江市金井镇中兴中路百货对面
负责人:刘诗平　邮　编:362000
法　人:刘诗平
Tel:13506053667
0595－85399667

### 晋江市内坑镇龙山养殖场
业务:养殖生猪
地址:福建省晋江市内坑镇山头村石湖潭自然村面前山
负责人:曾思玉　邮　编:362200
法　人:曾思玉
Tel:13960301166
13860710845

### 寿宁县春之韵茶厂
业务:茶叶的生产和销售
地址:福建省宁德市寿宁县平溪乡亭下村
负责人:李启孟　邮　编:352100
法　人:李启孟
Tel:13950521618
0593－5356741

### 霞浦县荔乡农业专业合作社
业务:荔枝的种植和销售
产品:荔枝
地址:福建省宁德市霞浦县长春镇小康路49
负责人:许函振　邮　编:355109
法　人:许函振
Tel:13030966515
0593－8599811

### 霞浦县奇强农业专业合作社
业务:水果、蔬菜种植,鱼类、家禽、畜牧养殖
产品:水果、蔬菜、鱼、羊、鸡
地址:福建省宁德市霞浦县景缘居5栋702号
负责人:陈齐强　邮　编:352100
法　人:陈齐强
Tel:13959435827
13055932283

### 霞浦县金康兔业专业合作社
业务:肉兔
地址:福建省宁德市霞浦县水门乡枫树下自然村
负责人:卓长康　邮　编:352100
法　人:卓长康
Tel:0593－8615146
13706921337

### 霞浦县宏法茶业有限公司
业务:茶叶制作销售
产品:宏法牌白茶、红茶、绿茶
地址:福建省宁德市霞浦县松城街道南洋新村南区80号
负责人:马金华　邮　编:352100
法　人:马金华
Tel:13626986175
0593－8884999
Fax:0593－8884999
E-mail:1226892944@qq.com

### 福建省霞浦县闽浩海带加工厂
业务:农产品初加工销售
产品:各种干海带片,优质海带长丝
地址:福建省宁德市霞浦县溪南镇南坂村118号
负责人:郭仕锋　邮　编:355107
法　人:郭仕锋
Tel:15859373897
E-mail:xpminhao@163.com

### 晋江荣和茶业有限公司
业务:专业直销企业高档礼品茶、企业商务茶
地址:福建省晋江市青阳和平路华泰商厦5楼
负责人:廖志荣　邮　编:362000
法　人:廖志荣
Tel:0595－82031656
13905974028

### 福建省霞浦杨氏姐妹水产有限公司
业务:养殖、销售水产
产品:海带、紫菜
地址:福建省宁德市霞浦县下浒镇隆昌打街1弄20号
负责人:杨丽英　邮　编:352100
法　人:杨丽英
Tel:13599837769
0593－8585865

### 霞浦县下浒余长先海鲜收购点
业务:海鲜购销
地址:福建省宁德市霞浦县下浒镇隆昌吉祥南路三弄13号
负责人:余长先　邮　编:352000
法　人:余长先
Tel:13950581675
0593－8585543

### 宁德市金硕农业有限公司
业务:化肥的生产和销售
产品:化肥
地址:福建省宁德市柘荣县兴业路西二巷1号
负责人:董经理　邮　编:355300
Tel:0593－8362858

### 柘荣县石龙淡水养殖专业合作社
业务:淡水鱼的养殖
地址:福建省宁德市柘荣县乍洋乡石山村洋滨新村12号
负责人:郭义富　邮　编:355303
法　人:郭义富
Tel:15980379782
13950619052

### 宁德市瑞春农业科技开发有限公司
业务:种植爱玉果及深加工
地址:福建省宁德市周宁县商贸路38号
负责人:谢世春　邮　编:352100
法　人:谢世春
Tel:13859654866
0593－5665298

### 润峰茶叶有限公司
业务:种植、加工、销售茶叶
产品:台湾高山茶、乌龙茶、东方美人茶、红茶、绿茶
地址:福建省宁德市周宁县泗桥乡桥新街5号
负责人:蔡昆茂　邮　编:352000
法　人:蔡昆茂
Tel:15960459966
0593－5768066

### 福安市留洋茶厂
业务:本厂经营高山黄观音、铁观音,拥有三百亩海拔960米的茶园,代为加工红茶、绿茶、乌龙茶
地址:福建省福安市穆云乡上村(村委楼旁)
负责人:李立明　邮　编:355002
法　人:李立明
Tel:13859680578
13850383805

### 福建省莆田市城厢区玉山茶庄
业务:自产自销茶叶
地址:福建省莆田市城厢区凤凰路281号
负责人:许玉山　邮　编:351100
法　人:许玉山
Tel:13515922779
0594－6996853

### 莆田市城厢区天龙饲料原料销售部
业务:经营饲料原料
地址:福建省莆田市城厢区灵川镇榜头村西枫445号
负责人:蔡燕清　邮　编:351100
法　人:蔡燕清
Tel:0594－5394132
13386908699

### 莆田市城厢区恒福农业专业合作社
业务:养殖家禽、人工造林
地址:福建省莆田市城厢区灵川镇张边村三组373号
负责人:林国华　邮　编:351162
法　人:林国华
Tel:0594－5392962
13850253165

### 林玉珍饲料加工厂
业务:批发零售各种原料粉状饲料(以猪饲料为主)来料加工,以客户要求代加工各种饲料,常年供应太湖母猪、长太二元母猪,为新老客户提供车辆运输,以及完备的售后服务
地址:福建省建瓯市上水南南二弄10号
负责人:林玉珍　邮　编:353100
法　人:林玉珍
Tel:13960636591
13338533826
0599－3831868

### 福建省政和县云雾茶叶精制厂
业务:福建省政和县云雾茶叶精制厂成立于1990年,主要生产、销售茶叶(绿茶、花茶、白茶、白毫银针、铁观音、高山云雾等)。
地址:福建省南平市政和县南庄工业小区茶厂3弄1排10号
邮　编:353600
法　人:宋何兴
Tel:0599－3327733
Fax:0599－3336907
网址:www.fjyw.chinapyp.com

### 上林苑茶艺有限公司
业务:茶叶种植、生产、销售,形成了"种＋产＋销"一条龙的经营格局。有"铁观音"、"大红袍"、"龙井"、"碧螺春"等茶叶种类。(公司所拥有的品牌为"上林苑")
地址:福建省莆田市城厢区南园西路202号
负责人:林新涵　邮　编:351100
法　人:林新涵
Tel:13799646444
0594－6245888
0594－2611444
Fax:0594－2622444
网址:www.slycy.com
E-mail:pmxtea@163.com

### 建瓯市吴敏华茶叶商行
业务:销售茶叶
地址:福建省建瓯市水西桥西2－7区1－15号店面
负责人:吴敏华　邮　编:353100
法　人:吴敏华
Tel:0599－3722773

### 莆田市食为天米业有限公司
业务:大米批发销售
地址:福建省莆田市城厢区霞林街道下黄村12组园顶
负责人:刘兰芳　邮　编:351100
法　人:刘兰芳
Tel:13808571050
0594－2396262

### 莆田市涵江区阿鸡茶行—中闽祥东茶叶莆田营销中心
业务:销售:茶叶
地址:福建省莆田市涵江区六一西路大地阳光城2幢第4、5间店面
负责人:吴春树　邮　编:351100
法　人:吴春树
Tel:0594－3363890

### 莆田市荔城区北高镇埕头大自然安溪茗茶庄
业务:批发零售;各种名茶
地址:福建省莆田市荔城区北高镇埕头新街
负责人:张志勇　邮　编:351100
法　人:张志勇
Tel:13599001819
15959414555

### 莆田市荔城区广益茗茶店
业务:批发、零售茶叶
产品:铁观音
地址:福建省莆田市荔城区拱辰延寿路123－124号
负责人:徐建华　邮　编:351100
法　人:徐建华
Tel:13859837682
0594－2919933

### 莆田市荔城区涵黄淡水养殖场
业务:淡水鱼养殖
地址:福建省莆田市荔城区黄石镇桥兜村下洋片
负责人:方金章　邮　编:351100
法　人:方金章
Tel:0594－2193576
13905049972

### 仙游永兴农牧有限公司
产品:长白、杜络克、大约克、种公母猪及商品猪、猪苗
地址:福建省莆田市仙游县榜头镇后庄村
负责人:王剑辉　邮　编:351100
法　人:王剑辉
Tel:0594－7797628
Fax:0594－7797628

### 仙游县鲤城六星茶庄
业务:茶叶、铁观音、红茶
地址:福建省莆田市仙游县鲤城街道鲤洪街109号
负责人:林志坤　邮　编:351200
法　人:林志坤
Tel:15605011555
0594－8816199

**仙游县鲤南镇涵井养殖专业合作社**

业务：养殖家禽
产品：鸡、鸭
地址：福建省莆田市仙游县鲤南涵井村牛头山（大路公）
负责人：林志雄 邮 编：351100
法 人：林志雄
Tel：13850295539
0594－8255039

**永进米业**

地址：福建省龙岩市连城县朋口镇下桥
负责人：曹永进
Tel：0597－8368276
13605901276

**仙游县鲤南剑峰饲料经营部**

业务：批发、零售颗粒饲料、麦夫、玉米、脆米等饲料
地址：福建省莆田市仙游县鲤南镇八二五南街238号
负责人：徐剑峰 邮 编：351200
法 人：徐剑峰
Tel：15205926656
15959423438

**福安市光福茶厂**

业务：加工、销售红茶、绿茶
地址：福建省福安市上白石镇财洪下坪境16号
负责人：陈光平 邮 编：355000
法 人：陈光平
Tel：13959362763

**仙游县兴明生态农业开发有限公司**

业务：仙游县兴明生态农业开发有限公司成立于2001年，主要从事茶叶、果树、淡水鱼、畜牧业、林业等业务。多年来一直坚守"以诚信为本"的原则，欢迎各方客户惠顾，洽谈业务，共同合作！
地址：福建省莆田市仙游县鲤南镇象林村后埔山
负责人：林双林 邮 编：351264
法 人：林双林
Tel：0594－8189998

**仙游县龙华老志勇茶庄**

业务：茶叶销售和批发
地址：福建省莆田市仙游县龙华镇磨头街28号
负责人：朱志勇 邮 编：351100
法 人：朱志勇
Tel：13799687629
0594－8193353

**莆田市秀屿区东峤国宣收购点**

业务：收购及出售海汰公母猪
地址：福建省莆田市秀屿区东峤镇东兴村六阑门
负责人：董国宣 邮 编：351164
法 人：董国宣
Tel：13859382845
13959557720

**莆田市秀屿区笏石长和茶行**

业务：茶叶的销售
地址：福建省莆田市秀屿区笏石镇中晖商业广场22栋
负责人：李华中 邮 编：351100
法 人：李华中
Tel：13860953266
0594－5850829

**莆田市秀屿区宏运水产养殖专业合作社**

业务：养殖鲍鱼
产品：鲍鱼
地址：福建省莆田市秀屿区南日镇浮叶村下浮55号
负责人：周文全 邮 编：351100
法 人：周文全
Tel：0594－5791008

**莆田市秀屿区富珠鲍鱼养殖专业合作社**

业务：鲍鱼、育苗等销售
地址：福建省莆田市秀屿区南日镇海山村下平海楼63号
负责人：骆建文 邮 编：351100
法 人：骆建文
Tel：0594－5799302

**莆田市秀屿区清升鲍鱼养殖专业合作社**

业务：养殖鲍鱼
地址：福建省莆田市秀屿区南日镇沙洋村
负责人：杨桂平 邮 编：351174
法 人：朱朝英
Tel：13055689955

**莆田市秀屿区盛魁鲍鱼养殖专业合作社**

业务：鲍鱼的养殖及销售
地址：福建省莆田市秀屿区南日镇后叶村225号
负责人：杨剑锋 邮 编：351100
法 人：杨剑锋
Tel：13215058122
0594－5799569

**建瓯市加清香菇专业合作社**

业务：香菇种植、加工
地址：福建省建瓯市龙村乡龙村街
负责人：江和生 邮 编：353000
法 人：江和生
Tel：13559868089
13305098569

**建瓯市山海农产品专业合作社**

业务：本合作社集种植、收购、加工、销售为一体，主要经营纯天然的山野菜、食用菌、蔬果为主，并提供与农业生产经营相关的技术培训，信息咨询服务。欢迎前来洽谈业务！
产品：竹笋、香菇、冰果、锥栗、蔬菜
地址：福建省建瓯市东游镇盖林村村委会二楼
负责人：岳秋煌 邮 编：353123
法 人：岳秋煌
Tel：13859350462

**莆田市秀屿区宝兴鲍鱼养殖专业合作社**

业务：鲍鱼养殖
地址：福建省莆田市秀屿区南日镇小日村271号
负责人：施国萍 邮 编：351100
法 人：施国萍
Tel：13110695861

**莆田市秀屿区平海海成水产养殖中心**

业务：鲍鱼、螃蟹、虾苗等培育经营
地址：福建省莆田市秀屿区平海镇上店村户角
负责人：杜丽金 邮 编：351100
法 人：杜丽金
Tel：0594－5719999
13062132522

**安溪县感德正清心茶厂**

业务：铁观音等乌龙茶的种植，加工，销售，通过国家QS认证
地址：福建省泉州安溪县城厢特产城6号楼85号
负责人：陈清桥 邮 编：362400
法 人：陈清桥
Tel：13599938983
0595－26071607
Fax：0595－26071607

**泉州市佳兴生态农业开发有限公司**

业务：生猪养殖、茶叶种植加工
地址：福建省泉州市安溪县安溪8中
负责人：李瑞兴 邮 编：362400
法 人：李瑞兴
Tel：13606945939
0595－23351058

**安溪县凤城盛益茶叶**

业务：茶叶加工销售
地址：福建省泉州市安溪县凤城镇河滨南路442－443号
负责人：苏坚旭 邮 编：362000
法 人：苏坚旭
Tel：13859708985
13960290006

**金丰粮食加工厂**

地址：福建省龙岩市武平县岩前镇烤烟场
负责人：邓章友
Tel：0597－4588980
13959090928

**安溪县感德上庐山茶庄**

业务：各种高中档茶叶、茶具批发零售，我店将以优质的茶叶，最低的价格，真诚的服务欢迎广大新老客户品尝购买。
产品：正宗安溪铁观音、乌龙茶等
地址：福建省泉州市安溪县感德镇槐扬村扬北11号
负责人：杨来辉 邮 编：362413
法 人：杨来辉
Tel：0595－23167858
13559037333
Fax：0595－23167858
E-mail：shanglushan@163.com

**安溪吉兴茶叶专业合作社**

业务：种植、加工、销售铁观音
地址：福建省泉州市安溪县龙涓乡吉山村村部
负责人：谢丁木 邮 编：362000
法 人：谢丁木
Tel：13788836168
13505915392
0595－23092983

**安溪县祥华立品茶行**

业务：种植、销售茶叶
地址：福建省泉州市安溪县祥华乡美西村
负责人：詹宝强 邮 编：362400
法 人：詹宝强
Tel：13959936232
0595－26075178

**安溪县祥华赞美茶场**

业务：茶叶种植、加工、销售
地址：福建省泉州市安溪县祥华乡祥华村后坑仔
负责人：吴新建 邮 编：362000
法 人：吴新建
Tel：13960220918
0595－23149918

**安溪祥华冠茗茶业**

业务：专业批发高、中、低档铁观音
地址：福建省泉州市安溪县祥华乡祥华街茶叶市场华滨路93号、福建省泉州市安溪县龙湖街169号（直销部）
负责人：张根福 邮 编：362400
法 人：张根福
Tel：0595－23141999
15980496999
Fax：0595－26070212
网址：www.gm－tea.com、www.jx－tea.com
QQ：531192666
308559876

**德化县格头村吉兴黑兔养殖场**

业务：养殖与销售黑兔、种兔
产品：黑兔、种兔
地址：福建省泉州市德化县浔中镇城后西路81号
负责人：连琼余 邮 编：362500
法 人：连琼余
Tel：13515033348
0595－23567348

**泉州市丰泽区钦俊鸡爪专卖店**

业务：本店有独特的专业技术配方，愿向全国各地的朋友传授，有意向者前来洽谈，可以全国连锁。
地址：福建省泉州市丰泽区宝洲路时代广场S68号店
负责人：孙钦俊 邮 编：362000
法 人：孙钦俊
Tel：0595－22569575
13960225988

**福安市松罗乡茶厂（福安市仁泽茶叶有限公司）**

业务：绿茶、红茶（坦洋工夫茶）、茉莉花茶
产品：绿茶、红茶、茉莉花茶、茶末、茶梗
地址：福建省福安市松罗乡洋西村74号
负责人：沈鹤平 邮 编：355004
法 人：沈鹤平
Tel：0593－6272786
Fax：0593－6272786
网址：shengheping1984.cn
E-mail：shengheping@126.com

**福建省东山县海魁水产集团有限公司**

业务：福建省东山县海魁水产集团有限公司成立于1993年，是专业从事水产品深加工的企业。产品有：鱼、虾、蟹、贝、鱿、藻六大类共80多种"海魁"牌名优产品。"海魁"牌产品内销国内各大、中、小城市；外销美国、加拿大、澳大利亚、日本、韩国等十几个国家和地区，深受广大客户的欢迎。
地址：福建省漳州市东山县东山经济技术开发区
邮 编：363400
法 人：陈振魁
Tel：0596－5887609
Fax：0596－5888088
网址：www.haikui.com.cn

**泉州市丰泽盛大食用菌种植场**

业务：食用菌种植
地址：福建省泉州市丰泽区北峰招丰社区
负责人：陈剑虹 邮 编：362000
法 人：陈剑虹
Tel：13805928642
0595－22825830
22882656

**泉州市丰泽区都山家禽店**

业务：购销家禽
地址：福建省泉州市丰泽区丰盛假日城堡J幢20号
负责人：彭清水 邮 编：362000
法 人：彭清水
Tel：0595－22520487
15905996496

**泉州市鼎祥太平洋金枪鱼专营店**

业务：金枪鱼、金枪鱼头、海胆
地址：福建省泉州市丰泽区田安路祥泰商城8米通道1号店
负责人：邱安民 邮 编：362000
法 人：邱安民
Tel：0595－22539785
28931966
13805917385
Fax：0595－22539785

**仙游县鲤城万佳利茶叶包装批发**

业务：茶叶批发和包装，新常盛真空机总代理及分装机。
地址：福建省泉州市惠安县东岭市场东门口斜对面88号
负责人：黄金河 邮 编：351100
法 人：黄金河
Tel：0594－8597770
0595－87873607

**泉州新源兴农业发展有限公司**

业务：集农业综合项目开发、农产品种植加工销售于一体
产品：龙眼肉加工与高级包装等
地址：福建省泉州市惠安县黄塘接待村
负责人：谢培英 谢长明
邮 编：362101
法 人：谢长明
Tel：13959800856
网址：惠安县农业网
E-mail：xiepei3436@163.com

**平潭县中楼顺发畜牧养猪场**

业务：商品猪
地址：福建省福州市平潭县中楼乡大坪村大坪垱（旧水管站旁）
负责人：陈时斌 邮 编：350000
法 人：陈时斌
Tel：0591－24362778

**福州市台江区宏明源水产经营部**

业务：水产批发、零售
地址：福建省福州市台江区水产批发市场1区5号开间
负责人：严国明 邮 编：350001
法 人：严国明
Tel：0591－83993862

**惠安县绿音品茗茶行**

业务：茶叶的销售
地址：福建省泉州市惠安县螺城企塘花园二组团二号楼1号店
负责人：何君霞 邮 编：362100
法 人：何君霞
Tel：0595－87182915
13559089292

**惠安县洛阳镇仁明种猪养殖场**

业务：养殖种猪，饲料生产
地址：福建省泉州市惠安县洛阳镇后埔村17组271号
负责人：曾仁强 邮 编：362000
法 人：曾仁强
Tel：13506074816
0595－87488738

**福建泉州市中田农业综合开发有限公司**

业务：农产品种植、加工及销售
地址：福建省泉州市惠安县辋川镇庄上村村部
负责人：何海阳 邮 编：362000
法 人：何海阳
Tel：13850728033
0595－87250808
Fax：0595－87250808

**尤溪县管前叁峰生猪养殖场**

业务：生猪养殖、销售、服务
地址：福建省三明市尤溪县管前叁锋
负责人：詹炜 邮 编：365116
法 人：詹炜
Tel：0598－6487106

**惠安县张坂利民养殖场**
业务：鸡、鸭、猪、羊、牛等家禽养殖
地址：福建省泉州市惠安县张坂镇上塘(641台内)
负责人：骆国贤 邮编：362163
法人：骆国贤
Tel：13960223921
0595－27690351

**晋江市安海镇丰有蔬菜基地**
业务：种植大棚蔬菜
地址：福建省泉州市晋江市安海镇桐林村五里
负责人：许财望 邮编：362000
法人：许财望
Tel：13606049663
13850025975
13850025976
0592－7088615
7880615
Fax：0592－7880615

**泉州市鲤城区赖氏香茶店**
业务：铁观音、红茶、绿茶等茶叶的销售
地址：福建省泉州市鲤城区盛贤路21号(西湖小区一八0医院住宅楼3幢1号4号)
负责人：赖海生 邮编：362000
法人：赖海生
Tel：15059808535
0595－22787657

**泉州市洛江区马甲三事种植场**
业务：种植
地址：福建省泉州市洛江区马甲镇梧峰村清水组
负责人：林太平 邮编：362000
法人：林太平
Tel：13489374095
15805995307

**泉州市洛江区万安泉鑫茶庄**
业务：各种高中低档茶叶销售、茶具、品茶
地址：福建省泉州市洛江区万安万发街58－59号
负责人：谢阳标 邮编：362000
法人：谢阳标
Tel：0595－22638058

**惠安育人芦荟种植农场**
业务：芦荟的种植与销售
产品：芦荟
地址：福建省泉州市洛江区万荣街96号
负责人：王蚵业 邮编：362011
法人：王蚵业
Tel：13599935367
0595－22638771
Fax：0595－22638771

**南安市诗山其凤养鸡专业合作社**
业务：鸡的养殖
地址：福建省泉州市南安市诗山镇前山村
负责人：周其雄 邮编：362000
法人：周其雄
Tel：13959942397
0595－86480977
网址：http://www.51zzt.com/user/zzt33306

**南安市石井八俊养殖场**
业务：种猪、成品猪
地址：福建省泉州市南安市石井镇杨山村前山埔
负责人：许国生 邮编：362300
法人：许国生
Tel：13905966093

**南安市水头镇文杰食用菌种植场**
业务：金针菇、香菇等各种菇类种植及销售
地址：福建省泉州市南安市水头镇曾岭村大湖
负责人：李文杰 邮编：362000
法人：李文杰
Tel：15905960824
0595－86930246

**石狮市元正正山堂茶店**
业务：红茶批发零售
地址：福建省泉州市石狮市南洋路532号
负责人：张长清 邮编：362000
法人：张长清
Tel：13506062121
0595－88789007

**石狮市灿杰养殖场**
业务：淡水鱼养殖
地址：福建省泉州市石狮市蚶江镇石壁村周塘
负责人：林先生 邮编：362000
法人：林灿杰
Tel：0595－88678817
88993237

**年丰粮食加工厂**
地址：福建省龙岩市武平县岩前镇双坊村
负责人：温念年
Tel：0597－4581178
13906073052

**福安市瑞丰种植专业合作社**
业务：现已种植果树280余亩，主营果树、苗木的种植、栽培、新品种研发及推广。
产品：红肉蜜柚，脐橙，有机葡萄
地址：福建省福安市溪潭镇岳秀横林村5号
负责人：钟逢光 邮编：355008
法人：钟逢光
Tel：0593－6848311
13950578188

**永春县苏坑镇永东油茶场**
业务：种植油茶、出售茶油
产品：优质茶油
地址：福建省泉州市永春县苏坑镇熙里村186号
负责人：王文东 邮编：362611
法人：王文东
Tel：0595－23598836
13506012836

**永春县仙夹镇东里柏枫仔茶场**
业务：茶叶生产、加工、销售
地址：福建省泉州市永春县仙夹镇东里村九组柏枫山
负责人：郑金坤 邮编：362000
法人：郑金坤
Tel：0595－23723350

**建宁县宏兴槟榔芋专业合作社**
业务：槟榔芋种植加工及销售
地址：福建省三明市建宁县里心镇载家村
负责人：范文斌 邮编：354502
法人：范文斌
Tel：0598－3283098
13799172353

**建宁县伊顺朝天椒专业合作社**
业务：专业从事朝天椒种植、收购、销售，种植新技术、新品种的推广应用，为社员进行相关的技术培训
产品：王中王朝天椒，槟榔芋
地址：福建省三明市建宁县伊家乡新街53号
负责人：艾思彬 邮编：354506
法人：艾思彬
Tel：13950997037

**明溪县蔬菜专业合作社**
业务：蔬菜种植经营
地址：福建省三明市明溪县沙溪乡瑶奢村
负责人：苏秋明 邮编：365000
Tel：13859186790
13850896375

**清流县嵩溪张斌兽药行**
业务：饲料与兽药的销售
地址：福建省三明市清流县嵩溪镇青山村路口
负责人：张斌 邮编：365304
法人：张斌
Tel：15860887345

**三明市三元区回瑶大圣油桃专业合作社**
业务：专业从事绿色无公害果品种植、收购、销售，种植新技术、新品种的推广应用，为社员进行相关的技术培训、供应生产资料及苗木销售
产品：油桃(白玉丽春、五月阳光千年红、中油5号、金元)、布郎李、梨等
地址：福建省三明市三元区回瑶村办公楼楼下2号店
负责人：林叶和 邮编：365001
法人：林炳坤
Tel：0598－8340097
13850855997
Fax：0598－8340097
E-mail：hyds007@163.com

**龙岩市新罗区华升养殖场**
地址：福建省龙岩市新罗区雁石镇云山村金山自然村
负责人：江华新
Tel：0597－2685858
13605929888

**三明市三元区溪水渔业专业合作社**
业务：渔业养殖、销售
产品：淡水鱼
地址：福建省三明市三元区胜利路11栋105室
负责人：周文熔 邮编：365000
法人：周文熔
Tel：0598－8616205
13850818146

**沙县富口镇集辰毛竹专业合作社**
业务：种植毛竹，加工竹制品
地址：福建省三明市沙县富口镇荷山村
负责人：罗能寿 邮编：365504
法人：罗能寿
Tel：13850827121
13850829161

**沙县宏沅果蔬专业合作社**
业务：水果，蔬菜养殖加工和销售
地址：福建省三明市沙县夏茂镇文昌小区C幢11号2楼
负责人：杨远炘 邮编：365000
法人：杨远炘
Tel：13159375931
0598－5761759

**泰宁县城关德宁茶庄**
业务：茶叶批零
地址：福建省三明市泰宁县杉城镇民主新街52号
负责人：陈江忠 邮编：365000
法人：陈江忠
Tel：15959801999

**永安市永丰蔬菜农民专业合作社**
业务：农副产品
地址：福建省三明市永安市罗坊乡左拔村桥边
负责人：江本吉 邮编：366029
法人：罗吉祥
Tel：13859107593
13860534545
0598－3790405
网址：http://www.51zzt.com/user/zzt31418

**福安市莱尾水产养殖专业合作社**
业务：水产养殖
产品：海带、大黄瓜鱼、龙须菜
地址：福建省福安市下白石镇蕉尾村31号
负责人：林全利 邮编：355011
法人：林全利
Tel：13004916153
0593－6871696

**永安市青水如意茶庄**
业务：茶叶批发零售
地址：福建省三明市永安市青水乡永宁北街56号
负责人：郑阳坤 邮编：366038
法人：郑阳坤
Tel：13666988456
15959890678

**尤溪县桐木茶行**
业务：金骏眉、银骏眉等武夷山正山小种
地址：福建省三明市尤溪县城关镇前进小区26号楼9,10号店
负责人：池德泉 邮编：365000
法人：池德泉
Tel：13666955355
0598－6322208

**尤溪县永丰淡水养殖专业合作社**
业务：养殖有草鱼、鲢鳙鱼、加州鲈鱼、匙吻鲟、南方大口鲶、黄颡鱼、斑点叉尾鮰、武昌鱼等品种
地址：福建省三明市尤溪县西滨镇过溪村部一楼
负责人：谢龙凤 邮编：365000
法人：谢龙凤
Tel：13459833065
13101490273

**石狮市尚品茶庄**
业务：经营茶叶
产品：大红袍、武夷岩茶、铁观音等
地址：福建省石狮市茂林南路47－49号
负责人：张建德 邮编：362700
法人：张建德
Tel：13799571678
0595－83899678

**邵武市鑫富牧业有限公司**
业务：杂交肉牛养殖、牛肉分解深加工
产品：各类牛排高端牛肉
地址：福建省邵武市拿口镇庄上村赤排山垅
负责人：翁玉金 邮编：353000
法人：翁玉金
Tel：0599－6711117
6711555
Fax：0599－6711117
网址：http://www.51zzt.com/user/zzt36145

**福建省平潭县聚海宝渔具有限公司**
业务：生产和销售各类渔具，以螃蟹笼、虾菇笼、章鱼笼、龙虾笼为主，加工各种渔具
产品：螃蟹笼、虾菇笼、章鱼笼、龙虾笼
地址：福建省福州市平潭县潭城镇莲花山东坡风场围墙内东北角
负责人：魏全生 邮编：350400
法人：魏全生
Tel：13003817758

**石井源兴养殖场**
地址：福建省南安市石井镇后店村
负责人：吴淑美
Tel：0595－86088636
13559563763

**玉湖社区果蔬批发市场**
业务：蔬菜批发零售
地址：福建省石狮市新湖水果市场
负责人：吴为兴 邮编：362700
法人：吴为兴
Tel：0595－88888712

**福建弘迅农业发展有限公司**
业务：蓄牧业、农业综合开发
产品：农业综合产品
地址：福建省邵武市水北镇故县村
负责人：林家泉 邮编：354002
法人：林家泉
Tel：13656969888
网址：http://www.51zzt.com/user/zzt36430

**武夷山市骏德茶业商行**
业务：正山小种红茶，生产、加工、销售金骏眉、银骏眉、小赤甘、小种红袍、金玫瑰等
地址：福建省武夷山市度假区旅游商贸城
负责人：梁骏德 邮编：354300
法人：梁骏德
Tel：13559839192
0599－5272239
网址：http://jundetea.w253.bizcn.com/index.asp

**武夷山金三品茶业有限公司**
业务：养生文化，茶叶的种植、加工、销售
产品：武夷岩茶、武夷红袍等
地址：福建省武夷山市渡假区玉女峰路28－6
负责人：陈日彬 邮编：354300
法人：陈日彬
Tel：0599－5250456
Fax：0599－5250343
E-mail：chenribin@163.com

**武夷山市天心岩茶精制厂**
业务：茶叶加工销售
地址：福建省武夷山市桂林新春
负责人：陈玉庭 邮编：354300
法人：陈克春
Tel：0599－5202629

**武夷山市五红茗品茶庄**
业务：红茶，岩茶销售
地址：福建省武夷山市国家旅游度假区中国旅游商贸城5A幢1层6号
负责人：王盛梅 邮编：362000
法人：王盛梅
Tel：13459966193
18360633222

**武夷山市蓝渔人家海产品店**
业务：海产品
地址：福建省武夷山市和平南路上梅街21号
负责人：周红斌 邮编：354300
法人：周红斌
Tel：0599－5322818

**平和县海清红柚示范场**
业务：平和县海清红柚示范场成立于2004年，主要从事育苗，技术竹笋，销售果实等。欢迎新老客户来电来人洽谈业务，共同合作。
地址：福建省漳州市平和县小溪镇盾丘村
邮编：363700

法 人:林海清
Tel:0596－5256589

## 武夷山市梅园岩茶厂
业务:种植、加工、销售大红袍
地址:福建省武夷山市上梅乡上梅村楼下14号
负责人:刘祖龙 邮 编:354300
法 人:刘祖龙
Tel:13706904091
15159498064

## 武夷山市星光岩茶厂
业务:茶叶加工和销售
地址:福建省武夷山市星村镇茶叶加工园区
负责人:李顺光 邮 编:354303
法 人:李顺光
Tel:13809581253
0599－5262617

## 武夷山市岩坑口茶厂
业务:大红袍茶叶加工、销售
地址:福建省武夷山市星村镇黄村村下厅6号
负责人:兰新文 邮 编:353000
法 人:兰新文
Tel:13859343330
0599－5261925

## 武夷山市桐木正然茶厂
业务:茶叶加工与销售
产品:正山小种红茶
地址:福建省武夷山市星村镇桐木村潭溪洲
负责人:胡必发 邮 编:354303
法 人:胡必发
Tel:13960658737

## 武夷山市宗源虹茶叶店
业务:正山小种红茶销售
地址:福建省武夷山市玉女峰路25号(望峰路物业局大楼)
负责人:何必军 邮 编:353000
法 人:何必军
Tel:0599－5256893

## 福建省仙游县绿野果蔬专业合作社
业务:本社采取"公司＋基地＋农户＋市场"的产业化运作模式,从事蔬菜、水果、绿化苗木种植、销售,产品质量稳定、周年供应,欢迎前来咨询,订购!
产品:荷兰豆、早钟6号枇杷、美国蓝莓、海藻、桂花、华棕、罗汉松、黄金果等
地址:福建省仙游县书峰乡书峰村柳林28号
负责人:黄振铭 邮 编:351261
法 人:黄振武
Tel:0594－6238681
15080132173
网址:www.xyxlygs.cn
E-mail:hzmlygs@163.com

## 永安市鑫民蔬菜农民专业合作社
业务:蔬菜种植、销售
地址:福建省永安市燕北飞桥村村部106号
负责人:邓日超 邮 编:366000
法 人:邓日超
Tel:13960517779
13950909831

## 福建省漳平市红林山油茶专业合作社
业务:山茶油销售、水仙茶叶销售
产品:油茶种植、垦复、引进新技术新品种、茶油销售、水仙茶销售
地址:福建省漳平市南洋乡红林村村委会办公楼
负责人:刘士泉 邮 编:364413
法 人:刘士泉
Tel:0597－7775599
13959052737
Fax:0597－7189566
E-mail:lsq_200888@126.com

## 漳平市双洋岩峰水仙茶专业合作社
业务:水仙茶的种植和茶青销售
地址:福建省漳平市双洋镇中村村外上56号
负责人:王世和 邮 编:364402
法 人:王世和
Tel:0597－7672898

**寿宁县方正林业技术服务中心**
地址:福建省宁德市寿宁县鳌阳镇南门新村6号
负责人:徐丽华
Tel:0593－5522685

## 平潭县城关鲜美农产品果蔬店
业务:各种时令水果及蔬菜的销售
地址:福建省福州市平潭县潭城镇电影大厦一层
负责人:高雄 邮 编:350000
法 人:高雄
Tel:0591－24333684

## 漳平市汇旺茶行
业务:漳平水仙茶、漳平铁观音、茶具、土特产
地址:福建省漳平市万成家天下A3－2楼27号店
负责人:陈乡德 邮 编:364400
法 人:陈乡德
Tel:0597－7530806
E-mail:CXD1423@163.COM

## 长泰县水滨兽药店
业务:出售兽药、饲料、添加剂,出诊、疑难杂症等
地址:福建省漳州市长泰县坂里乡正达村田中央31号
负责人:杨水滨 邮 编:363005
法 人:杨水滨
Tel:13489670293
0596－8272293

## 东山县铜陵镇勇记水产品加工厂
业务:加工野生大对虾
地址:福建省漳州市东山县铜陵镇大沃街954号
负责人:黄东勇 邮 编:363000
法 人:黄东勇
Tel:0596－5681935
13959635965
Fax:0596－5681935

## 铜陵镇许金发鲜活水产品购销店
业务:水产品购销
地址:福建省漳州市东山县铜陵镇大沃街渔港内
负责人:许金发 邮 编:363000
法 人:许金发
Tel:13960099361
0596－5661219
13806953991

## 东山县顺德发水产品加工厂
业务:加工虾、鱼、螃蟹等产品
地址:福建省漳州市东山县铜陵镇文峰街东兴路887号
负责人:颜亚德 邮 编:363401
法 人:颜亚德
Tel:13806938448

## 东山县港西村林木坤家禽养殖场
业务:商品兔,种兔出售
产品:兔专用的药品,设备,牧草种籽,及兔粪回收
地址:福建省漳州市东山县樟塘镇港西村124号
负责人:林木坤 邮 编:363400
法 人:林木坤
Tel:0596－5878517
13400935595

## 华安农资公司际头购销站
业务:化肥、农药、种子等农资销售
地址:福建省漳州市华安县高车乡际头村外洋
负责人:童清河 邮 编:363000
法 人:童清河
Tel:0596－7249471
13695973315

## 福安市谷口养殖专业合作社
业务:畜牧养殖
地址:福建省福安市晓阳镇谷口村37号
负责人:谢希权 邮 编:355000
法 人:谢希权
Tel:15060260355

## 平潭县先锋农产品专业合作社
业务:种植水果,蔬菜
地址:福建省福州市平潭县芦洋乡西边寮村村部
负责人:郑金龙 邮 编:350001
法 人:郑金龙
Tel:0591－24260517
15985776188

**福建省霞浦县元和茶业有限公司**
地址:福建省宁德市霞浦县松城镇中乘北街剧院商品房A楼
负责人:吴黎庆
Tel:13509556888

## 华安县郭玉明茶叶经营店
业务:销售茶叶、卷烟、酒
产品:自产铁观音、九龙璧奇石、茶具、茶巾布
地址:福建省漳州市华安县沙建镇岱山村
负责人:郭玉明 邮 编:363800
法 人:郭玉明
Tel:0596－7239193
13799837688

## 漳州市顶悦农业发展有限公司
业务:牧草种植及加工
地址:福建省漳州市龙海市程溪镇顶叶村43号
负责人:叶宇光 邮 编:363112
法 人:叶宇光
Tel:13859213989
0596－6616665
Fax:0596－6616665

## 龙海市紫泥必灵饲料店
业务:销售饲料
地址:福建省漳州市龙海紫泥镇新水南波
负责人:林必灵 邮 编:363000
法 人:林必灵
Tel:13860865266
13860872128

## 漳州市龙文区盛腾达饲料店
业务:饲料的销售
地址:福建省漳州市龙文区朝阳镇科坑村营上20号
负责人:林坤盛 邮 编:363000
法 人:林坤盛
Tel:0596－2117202
13960174789

## 壶思任想香茗茶
业务:茶叶、花茶、铁观音、茶具、茶叶
地址:福建省漳州市南靖县和溪镇南街
负责人:陈建美 邮 编:363000
法 人:陈建美
Tel:0596－7599070
15159684570

## 平潭县城关天易品茶庄
业务:铁观音,正山小种,金针眉等
地址:福建省福州市平潭县龙山路16号(中海华侨城西侧)
负责人:高健雄 邮 编:350001
法 人:高健雄
Tel:0591－24373377

## 南靖县春美咖啡种植园
业务:咖啡种植
地址:福建省漳州市南靖县南坑镇中村村尾组
负责人:余明强 邮 编:363000
法 人:余明强
Tel:13860823981

## 平和县大溪镇牛头山养猪场
业务:养殖,批发菜猪,种猪,小猪
地址:福建省漳州市平和县大溪镇牛头山
负责人:江国良 邮 编:363700
法 人:江国良
Tel:13605090673
0596－5330699

## 平和县芗农蜜柚专业合作社
业务:琯溪蜜柚种植加工
地址:福建省漳州市平和县国强乡高坑村
负责人:陈海青 邮 编:363700
法 人:陈海青
Tel:13859236251
0596－5350246

## 平和县大瑞果业经营部
业务:种植、收购、加工、销售蜜柚
地址:福建省漳州市平和县国强乡旧粮站
负责人:陈文瑞 邮 编:363000
法 人:陈文瑞
Tel:13850570878
13063163045

## 平和县华农蜜柚专业合作社
业务:琯溪蜜柚种植,加工及销售
地址:福建省漳州市平和县国强乡延山村下厅
负责人:赖生法 邮 编:363706
法 人:赖生法
Tel:13960147134
0596－5351155

**东大饲料有限公司**
地址:福建省莆田市荔城区黄石镇塘头
负责人:林建立
Tel:0594－2196636
13859879355

## 平和县芦溪镇黑凤土鸡养殖基地
业务:土鸡养殖、销售
地址:福建省漳州市平和县芦溪镇连城村
负责人:汪振助 邮 编:363713
法 人:汪振助
Tel:0596－5593389
15860227553
13459630101

## 福安市顺繁养殖专业合作社
业务:淡水养殖、家禽、牲畜饲养、组织采购,畜禽运输、调拨
产品:淡水养殖、家禽、牲畜饲养、组织采购农业生产资料
地址:福建省福安市晓阳镇阳村蚕逢口2号
负责人:周泽端 邮 编:355016
法 人:周泽端
Tel:13860381328
13163831808

## 平和县永富畜牧业有限公司
业务:养殖及销售家禽
地址:福建省漳州市平和县芦溪镇山岗村洋头组砍仔头
负责人:胡永勤 邮 编:363713
法 人:胡永勤
Tel:0596－5596688

## 平和县溪头蜜柚专业合作社
业务:种植琯溪蜜柚
地址:福建省漳州市平和县崎岭乡溪头村民委员会村址
负责人:赖木生 邮 编:363700
法 人:赖木生
Tel:13859236106
0596－5515696

## 平和县福星水果专业合作社
业务:琯溪蜜柚、红心蜜柚、青枣种植
地址:福建省漳州市平和县山格镇平寨地段
负责人:林建生 邮 编:363703
法 人:林建生
Tel:13605095355
0596－5204035

## 平和县春生果蔬专业合作社
业务:种植水果、蔬菜
地址:福建省漳州市平和县五寨乡寨河村城仔赌
负责人:庄春生 邮 编:363000
法 人:庄春生
Tel:13328800848
0596－5391886

## 福鼎市福民生态养殖有限公司
业务:养殖生猪、仔猪、种猪的销售
地址:福建省福鼎市白琳镇大赖村村委会
负责人:郑为光 邮 编:355200
法 人:郑为光
Tel:13599967058
0593－7777035

**莆田市秀屿区紫云茶业有限公司**
地址:福建省莆田市秀屿区东埔镇东埔街
负责人:陈庆
Tel:0594－5902668
13850233388

## 平和县万家喜柚业有限公司
业务:柚子生产、收购、销售
地址:福建省漳州市平和县霞寨镇建设村建设加油站
负责人:黄长生 邮 编:363000
法 人:黄长生
Tel:0596－5558966

## 福建省平和天裕果业有限公司
业务:专业从事平和琯溪蜜柚种植、加工、保鲜、销售及出口,年产1000万斤,中国平和琯溪柚子之乡恭候您的光临
产品:平和琯溪蜜柚
地址:福建省漳州市平和县霞寨镇西安村
负责人:黄木和 邮 编:363709
法 人:黄木和
Tel:13695966222
0596－5569259
Fax:0596－5568928
E-mail:phty928@163.com

## 漳州市禾丰牧业有限公司
业务:漳州市禾丰牧业有限公司成立于1996年,主要生产销售饲料、预混料等。质优

价平，欢迎新老客户惠顾。
地址：福建省漳州市新浦路竹围新村32栋104
邮　编：363000
法　人：林玉如
Tel：0596－2678435
Fax：0596－2676936

## 平和县众品佳蜜柚专业合作社
业务：琯溪蜜柚种植、加工、保鲜出口
地址：福建省漳州市平和县霞寨镇西安村民委员会村址
负责人：黄木和　邮　编：363709
法　人：黄木和
Tel：13695966222
0596－5569259

## 平和县枋埔水果专业合作社
业务：专业种植水果
地址：福建省漳州市平和县小溪镇枋埔村民委员会村
负责人：卢森明　邮　编：363700
法　人：卢森明
Tel：13859276188
0596－5256568

## 平和县长乐供销社明亮农家店（农作物管理咨询处）
业务：专业经营化肥、农药，批零兼营，保质保量。以科技服务为先导，服务三农为宗旨，我们将以高效、周到的服务让您满意！
产品：化肥、农药
地址：福建省漳州市平和县秀峰乡秀峰村148号
负责人：游明亮　邮　编：363000
法　人：游明亮
Tel：13489679249

## 平潭县敖东牧和农业生态种植场
业务：农业生态种植
产品：水果、蔬菜
地址：福建省福州市平潭县敖东镇仙霞湾厝角林场
负责人：陈纪瑜　邮　编：350000
法　人：陈纪瑜
Tel：13159429270
0591－24322285

## 漳州市芗城区中龙畜牧人工受精服务有限公司
业务：畜牧人工受精
地址：福建省漳州市芗城区石亭镇龙秋村下路
负责人：陈为中　邮　编：363002
法　人：陈为中
Tel：13055360801
0596－2576625

## 漳州市芗城区天弘饲料兽药营销部
业务：湖南正虹饲料，中国名牌，中国驰名商标，国家免检产品，河北保定冀中兽药，中国动保行业的50强
地址：福建省漳州市芗城区石亭镇田边村79号
负责人：林国防　邮　编：363002
法　人：林国防
Tel：13850596690
0596－2573750

## 云霄利恒生态牛养殖专业合作社
业务：购买牛犊、常年有成品牛、土鸡出售
地址：福建省漳州市云霄县火田镇佳园村
负责人：张文生　邮　编：363300
法　人：张文生
Tel：0596－8538929
13489650222

## 云霄县汤氏顺意茶艺经营部
业务：铁观音的批发和销售
地址：福建省漳州市云霄县云陵镇汤氏公寓101号
负责人：汤水旺　邮　编：363000
法　人：汤水旺
Tel：13960143711
0596－6908591

## 福建省漳州市诏安县西潭学勇饲料店
业务：饲料销售
地址：福建省漳州市诏安县西潭乡后陈村后溪东62号
负责人：林勇生　邮　编：363505
法　人：林勇生
Tel：0596－3422479

## 绿家园果蔬购销部
业务：主要经营农产品、果蔬购销，代办，公司以"诚信为本，客户至上"的经营宗旨，为各地客商提供代理收购业务。欢迎来人来函来电咨询，与我们携手合作，共同发展。
产品：红薯、洋葱、白萝卜、胡萝卜、牛心菜、大白菜、花生等
地址：福建省漳州市漳浦县杜浔镇林前村林前自然村6号
负责人：卢耀兴　邮　编：363215
法　人：卢耀兴
Tel：15860648488
15260011118

## 福鼎市玖玖土鸡养殖专业合作社
业务：荔冠牌土鸡养殖、销售，土鸡蛋销售
产品：土鸡、土鸡蛋
地址：福建省福鼎市点头镇后井村王家坪16号
负责人：池昌安　邮　编：352100
法　人：池昌安
Tel：0593－7672444
15959331318

**三元区南丰苗圃**
地址：福建省三明市三元区阳新村2栋406号
负责人：王天启
Tel：0598－8322546
13906987542

## 漳浦县佛昙安通水产育苗场
业务：石鲷、石斑鱼、育苗及中苗培育
地址：福建省漳州市漳浦县佛昙镇白石村外沙滩
负责人：杨建安　邮　编：363000
法　人：杨建安
Tel：0596－3672769
13806952936

## 漳浦县国发玫瑰茄专业合作社
业务：专业养植与销售玫瑰茄
产品：玫瑰茄
地址：福建省漳州市漳浦县旧镇富楼街庄稼医院
负责人：陈国来　邮　编：363000
法　人：陈国来
Tel：0596－3762556
13605028790
Fax：0596－3762556

## 漳浦县鳌岛对虾育苗场
业务：水产品育苗
地址：福建省漳州市漳浦县六鳌镇鳌西村垦前
负责人：蔡国强　邮　编：363000
法　人：蔡国强
Tel：0596－3732185
13400905996

## 漳浦县沙西镇建香茶庄
业务：茶叶加工销售，武夷山茗茶，铁观音
地址：福建省漳州市漳浦县沙西镇屿头村第一区41号
负责人：陈建伟　邮　编：363217
法　人：陈建伟
Tel：0596－3899052
13709313656

## 漳浦县梅兴果蔬专业合作社
业务：种植、销售蔬菜，水果
地址：福建省漳州市漳浦县石榴镇梅西村兴西路24号
负责人：陈建才　邮　编：363001
法　人：陈建才
Tel：13859244592
0596－3839236

## 漳浦县田寮果蔬专业合作社
业务：种植、销售蔬菜，瓜果
产品：西红柿、青椒、杨桃
地址：福建省漳州市漳浦县石榴镇田寮村
负责人：张文胜　邮　编：363000
法　人：张文胜
Tel：13960150758
0596－3832097

## 福鼎市丰乐种植专业合作社
业务：种植水稻、蔬菜
地址：福建省福鼎市龙山南路303号
负责人：王德宝　邮　编：355200
法　人：王德宝
Tel：13859694332
13685079918

**邵武市建荣养猪场**
地址：福建省邵武市通太街道长坪村
负责人：蒋建荣
Tel：0599－6326020

## 福州市海阔（佳耕）蔬果有限公司
业务：专业从事农副产品代购代销、加工配送，产品以水产、蔬果为主。安全营养，绿色无公害，公司本着"客户第一，诚信至上"的原则，与多家企业建立了长期的合作关系。热忱恭候您的光临！
产品：水产、蔬菜、水果等
地址：福建省泉州市鲤城区南环路水果批发市场161号
负责人：高立春　邮　编：362000
法　人：叶友金
Tel：0595－28292238
13636955313
13506058131
Fax：0595－28292239

## 闽清县仙马农场
业务：鱼，鸭，猪等养殖
地址：福建省福州市闽清县塔庄镇坪街村寨坪顶
负责人：庄以滨　邮　编：350013
法　人：庄以滨
Tel：13959101215
0591－22493999

**双龙桔柚生产基地**
地址：福建省武夷山市和平路261号
负责人：陈云开
Tel：0599－5303760
13859304697

## 福鼎市桐松林氏农业专业合作社
业务：淡水鱼养殖，粮食，茶叶，蔬果种植等
产品：淡水鱼，生猪，土鸡，七彩野鸡，粮食，茶叶，蔬果种植等
地址：福建省福鼎市秦屿镇财堡村北山196号
负责人：林振科
法　人：林振科
Tel：15860655886
Fax：0593－7276872
网址：www.nyhzw.com
E-mail：389529752@qq.com

## 园景园综合农厂
业务：羊、牛、鸡、鸭、小屋子山庄、种植蔬菜、水果、桃
地址：福建省福州市闽侯县洋里乡梧溪村园景园综合农厂
负责人：饶惠常　邮　编：350105
法　人：饶惠常
Tel：15806025777
0591－22072899
22079931
Fax：0591－22079931
E-mail：13665042111@139.com

**誉兴米厂**
地址：福建省武夷山市武夷镇高苏坂新村69号
负责人：曾富全
Tel：0599－5202897
13950677612

## 福建省丰润生态农业发展有限公司
业务：畜牧养殖，淡水养殖，林木，农作物种植
产品：黄牛，黄鳝，桂花苗木，立体农业营销策划，农民工上岗培训、休闲旅游观光农业，油茶苗，罗汉松，生态植物园，生态动物园，农家乐
地址：福建省福鼎市桐城街道宏利小区7栋1号、基地地址：福建省福鼎市管阳镇秀贝村
负责人：李献崧　邮　编：355200
法　人：李献崧
Tel：0593－2197599
13959383361
Fax：0593－2196099
E-mail：fjfrny@163.com

**武曲岩茶厂**
地址：福建省武夷山市星村镇洋头山45号
负责人：管超武
Tel：0599－5262683
13960673889

## 福州市马尾区龙记农场
业务：农产品、花卉种植，家禽养殖
地址：福建省福州市马尾区亭江镇长安村下场41号
负责人：郑文龙　邮　编：350001
法　人：郑文龙
Tel：13599077887
0591－83990162

**厦门市来强水产有限公司**
地址：福建省厦门市海沧区新垵村7组387号
负责人：邱宝美
Tel：13600944837

## 福鼎市饮源茶业有限公司
业务：种植、加工、销售茶叶
产品：大白茶、绿茶、红茶
地址：福建省福鼎市桐山街道古岭村委会
负责人：苏秉勋　邮　编：355200
法　人：苏秉勋
Tel：13509591140
0593－7831506
7823506

**厦门市湖里区森运木材加工厂**
地址：福建省厦门市湖里区禾山路2321号对面厂房一楼
负责人：李先魁
Tel：0592－5775565

## 罗源县康达秀珍菇种植场
业务：秀珍菇的种植、保鲜
地址：福建省福州市罗源县起步镇洋北村桥头
负责人：于元填　邮　编：350604
法　人：于允敢
Tel：15959050995
13075855367
15005032439
0591－26808536

**厦门市创凌包装设备有限公司**
地址：福建省厦门市湖里区禾山镇县后村坂上社
负责人：柴长银
Tel：13328768610

## 福清市锋兴造林绿化队
业务：绿化造林
地址：福建省福清市镜洋镇下坪29号
负责人：柯金柳　邮　编：350300
法　人：柯金柳
Tel：13960992409

## 罗源县丰源秀珍菇种植加工场
业务：珍菇的种植加工
地址：福建省福州市罗源县起步镇洋北村桥头
负责人：于允炎　邮　编：350000
法　人：于允炎
Tel：13959129225
0591－26807225

**厦门日水龙鹏养殖有限公司**
地址：福建省厦门市集美区文滨路12号
负责人：筐生胜则
Tel：0592－6255068

## 长乐市吴航龙山茗茶店
业务：茶叶销售
地址：福建省福州市长乐市吴航街道宏航新城36幢8号店
负责人：林枫来　邮　编：350200
法　人：林枫来
Tel：13514089423
0591－38855123

**厦门双鱼甲鱼养殖有限公司**
地址：福建省厦门市集美区杏林西滨村蔡林社
负责人：吕肃娇
Tel：0592－6289680

## 福清市渔溪勇盛兽药饲料店
业务：销售兽药、饲料
地址：福建省福州市福清市渔溪镇福厦路农资大楼边
负责人：杨勇盛　邮　编：350307
法　人：杨勇盛
Tel：13313772388
0591－85685755
28381833

## 罗源县益升食用菌种植场
业务：食用菌类
地址：福建省福州市罗源县罗源湾开发区北工业区8号
负责人：张序元　邮　编：350600
法　人：张昌标
Tel：13960946066
0591－26987078
Fax：0591－26986111

## 友茗堂茶庄
业务：销售五夷山正山小种红茶（金骏眉、银骏眉等）、武夷山岩茶（大红袍、肉桂、水仙等）
地址：福建省福州市鼓楼区北环西路118号美伦华美达饭店大堂一楼商场
负责人：张金华　邮　编：350000
法　人：张金华
Tel：0591－88789333
13275013168
13600889757
Fax：0591－87316695

## 连江县官坞村水产专业合作社

业务：海带育苗，海带的养殖和加工，鲍鱼的养殖
地址：福建省福州市连江县筱埕镇官坞村旭升东路140－1号
负责人：林哲同　邮编：350001
法人：林哲同
Tel：0591－26478599
13675071199
网址：http://www.51zzt.com/user/zzt33654

**厦门长生树植物科技有限公司**
地址：福建省厦门市思明区曾厝安379号
负责人：李毅
Tel：0592－5113762

## 福州市晋安区王贤朝海鲜店

业务：海鲜产品
地址：福建省福州市晋安区长乐中路157号兴元小区1＃、2＃、3＃楼连接体1层77店面
负责人：王贤朝　邮编：350001
法人：王贤朝
Tel：13905012958
0591－83669075

## 连江县颜海水产专业合作社

业务：水产品养殖、加工、销售
产品：海带，紫菜，海参，鲍鱼，螃蟹
地址：福建省福州市连江县坑园镇颜岐村大兴东路58号
负责人：颜台历　邮编：350001
法人：颜台历
Tel：0591－26461215
13514087757

**厦门躬耕园观光果园有限公司**
地址：福建省厦门市同安区新民镇西塘村
负责人：陈阿菊
Tel：0592－7201110

## 福州市晋安区华林苑茶叶店

业务：茶叶销售
产品：安溪铁观音
地址：福建省福州市晋安区福新中路90号新华园2号楼05店面
负责人：许华凤　邮编：350011
法人：许华凤
Tel：0591－83613189

**连城县新泉镇杨家坊村养殖业协会**
地址：福建省龙岩市新泉镇杨家坊村境内
负责人：李斌
Tel：13178155676

**厦门多益园果林开发有限公司**
地址：福建省厦门市同安县区莲花镇窑市村祖厝边
负责人：郭瑞清
Tel：0592－7366000

## 连江县黄岐镇赤澳王长建鲍鱼养殖场

业务：鲍鱼养殖
地址：福建省福州市连江县黄岐镇赤澳村红石下
负责人：王长建　邮编：350001
法人：王长建
Tel：0591－26404359
13763886722

**药草山农牧有限责任公司**
地址：福建省永安市贡川镇井岗村
负责人：姜锡源
Tel：0598－3510598
13328923938

## 福州市晋安区鑫兴茗茶店

业务：茶叶销售
产品：红茶、铁观音、正山小种(地方名茶)
地址：福建省福州市晋安区鼓山镇五里亭9号海西茶城A－19号
负责人：陈为风　邮编：350000
Tel：13906905476
0591－88351277

## 福建省连江县森泰林业开发有限公司

业务：林产品经营，林木种植，砍伐
产品：木材，林产品，林、果茶产品
地址：福建省福州市连江县凤城镇文山南路479号永得利花园7＃302
负责人：蔡金灿　邮编：360001
法人：蔡金灿
Tel：13509311218
E-mail：careone@126.com

## 福州苏氏茶业有限公司

业务：茶叶生产销售
产品：铁观音、乌龙茶、红茶
地址：福建省福州市晋安区五里亭跃进路3号茶叶市场南区E3号
负责人：苏龙海　邮编：350001
法人：苏龙海
Tel：13960798925
0591－83188676
Fax：0591－83188978

**厦门市嘉兴饲料有限公司**
地址：福建省厦门市思明区湖滨南路天湖苑26E
负责人：黄俊西
Tel：0592－2230818

**厦门市不老茗茶坊茶业有限公司**
地址：福建省厦门市思明区世嘉花园40号
负责人：黄婉林
Tel：0592－5159099

## 安溪茶都恩人茗茶

本公司成立于1999年，主要茶叶加工和茶叶营销，主要产品有铁观音、本山、毛蟹、包装机械。我们一贯以“质量保证 信誉第一”为本茶行的服务宗旨，赢得了海内外人士的信赖。

联系人：李龙金　电话：0595-23456003、13459685138
地址：福建省泉州市安溪县城厢镇茶都一期B2-08号　邮编：362000

## 安溪县白濑闲人茶庄

安溪县白濑闲人茶庄成立于1999年，主要生产销售铁观音（清香型、浓香型、兰花型、陈年铁观音等）。

公司秉承“顾客至上，锐意进取”的经营理念，坚持“客户第一”的原则为广大客户提供优质的服务。欢迎惠顾！

联系人：许金桂 13960225819
电子邮件：chaquyan@vip.qq.com　电话：0595-23186159
地址：福建省泉州市安溪县白濑乡寨坂村12号　邮编：362411

## 安溪县茶都溪钻茶行

安溪县茶都溪钻茶行于2008年成立，本茶行自产自销茶叶、铁观音、本山茶、黄金桂、乌龙茶。

本茶行服务宗旨“质量第一，信誉至上”，以“逢山开路，遇水架桥”的敬业精神，真正做到“童叟无欺卖良心茶，货真价实人品重于商品”让我们的新老客户真正喝上放心茶！

联系人：刘木水 13959703832
电话：0595-23227788　电子邮件：424506056@qq.com
地址：福建省泉州市安溪县茶都茶王街Q134号　邮编：362400

## 福鼎市店下马山飞达茶厂

福鼎市店下马山飞达茶厂成立于1989年，本厂是一家集茶园种植、加工、销售为一体，产品包括绿茶、红茶、白茶、白毛针、花茶。飞达茶厂全体员工热忱欢迎五湖四海的朋友前来我厂指导、合作、品茶。

联系人：詹其糯
电话：0593-7281170　13706938159
地址：福建省福鼎市店下镇马山村1号
邮编：355208

## 福鼎市福大茶业发展有限公司

福鼎市福大茶业发展有限公司成立于2007年，本公司专业从事茶叶的种植、加工、销售，主要有白茶、绿茶、红茶、花茶等各种茶叶。

我们的宗旨是：“以一流的质量，创一流产品，以一流的产品，创一流的品牌”。诚信经营凭着精益求精，开拓创新的精神。

竭诚为广大客户前来参观、考察、洽谈业务。

联系人：林允居
13626971929
电话/传真：0593-7991599
网址：www.fudatea.com.cn
邮编：355200
地址：福建省宁德市福鼎市锦融大厦北栋1梯1502室

## 福鼎市管阳元潭茶叶初制厂

本公司成立于2007年，主要种植、加工、销售：各种茶叶，主要有香茶、银茶、红茶、绿茶、炒青、毛峰、毛尖等等。

欢迎您来电或亲临洽谈，我们将竭诚为您服务。

联系人：陈有足 13959425919
邮编：355200
地址：福建省福鼎市管阳镇元潭村

## 福鼎市老兵开发农场

福鼎市老兵开发农场专业养鸡、猪、鱼及水果种植
热忱欢迎广大客户光临参观、指导和业务洽谈

13859694862　13030923566
联系人：林宝贵
地址：福建省福鼎市前岐镇赵简坪村　邮编：355200

## 福建好口福食品有限公司

福建好口福食品有限公司成立于2006年，是集农产品开发、加工、销售为一体的食品加工企业，主要有芋头条、柚子糕、即时莲子、散装香芋酥、海苔脆片、鼎福来大礼盒、即时海苔、五香兔丁等等。

联系人：吴经理
电话：0593-7877798 7877766
传真：0593-7877966
地址：福建省福鼎市贯岭工业区 邮编：355200

## 福建省漳州市东山县海魁水产集团

本公司创建于1984年，是专业从事水产品深加工的出口企业。长期以来，公司立足于当地丰富的海产资源，以科技为依托，在同行业中率先铺开水产品深加工，现已开发出鱼、虾、蟹、贝、鱿、藻及罐头和料理食品等八大类共100多种"海魁"牌名优产品。"海魁"牌产品在国内一直名列前茅，并销售到欧洲、美国、加拿大、东南亚等二十多个国家和地区，深受世界各地客户的好评，同时在国际同行业中有着较大的影响力。经过二十多年的努力拼搏，企业规模不断发展壮大，现已通过国际水产品欧盟注册、国际水产品HACCP认证、ISO9001认证，"海魁"牌商标是福建省著名商标，是福建省水产品加工的龙头企业、全国农产品加工出口示范基地，并已成立了"海魁水产研究所"，公司已建立一个较强的管理团队和一支水产品深加工的专业技术队伍，严格按国际化标准生产和管理，已形成产、供、销一条龙的现代化企业集团。

联系人：陈经理
电话：0596-5887609 传真：0596-5887055
地址：福建省漳州市东山县东山经济技术开发区
电子邮件：haikui@21cn.com 邮编：363209

## 福建平和祥红琯溪红肉蜜柚开发有限公司

本公司是一家集科研、开发、种植、经营为一体的股份制公司，于2007年建立，种植琯溪红肉蜜柚及培育相关苗木，种植面积500亩，年产水果300万斤，年培育果苗50万株。拥有自己的注册商标"祥红"牌，本着客户第一，质量第一为宗旨，欢迎客户前来考察洽谈业务！

联系人：林开祥 13605039653
电话/传真：0596-5256830
地址：福建省漳州市平和县小溪镇厝坵村白楼组 邮编：363700

## 福清市圣禾现代农业有限公司

福清市圣禾现代农业有限公司创立于2008年5月，注册资金人民币777万元，总投资人民币1200万元，大棚蔬菜种植面积1860多亩，年生产黄瓜、甜椒、尖椒、西红柿、茄子等反季节大棚蔬菜，年产量3800吨。集蔬菜种植、加工、冷藏、运输、销售为一体，公司始终坚持走纯生态道路，做纯绿色产品，产品质量稳定，周年供应。

电话：0591-85831777 联系人：陈昌云
传真：0591-85832388
地址：福建省福清市沙埔镇西岭村47号
网址：www.fqshny.com
电子邮件：fqshny@163.com
邮编：350320

## 福建省安溪县新南茶业有限公司

福建省安溪县新南茶业有限公司成立于2007年，本公司专业从事茶叶的种植、加工、销售。主要有安溪茶、铁观音。

本公司秉承"顾客至上，锐意进取"的经营理念，坚持"客户第一"的原则为广大客户提供优质的服务。欢迎惠顾！

联系人：李加木 邮编：362434
电话：0595-23499559 13860733657
地址：福建省泉州市安溪县龙涓乡赤片村大片197号

## 福州市晨恩粮油贸易有限公司

我单位专业从事面粉、大米等粮油贸易。

多年拥有一流的服务及保障，于2008年成立福州市晨恩粮油贸易有限公司。公司一直秉承"诚信至上，用心经营"的理念，自成立以来，受到多家合作商家的青睐。

联系人：谢纪锋 电话/传真：0591-87333270
地址：福建省福州市晋安区金鸡山路69号外贸宿舍1栋403室 邮编：350000

## 福建省上杭县梨子坪林场有限公司

我公司从事木头销售，优质油茶生产、加工、销售及旅游开发。公司秉承『顾客至上，锐意进取』的经营理念，坚持『客户第一』的原则为广大客户提供优质的服务。

联系人：黄汉同
13950866247
邮编：364000
地址：福建省龙岩市新罗区九一北路

## 福州市鼓楼区大标土特产店

本店成立于2007年，专营名优绿色土特产，主要产品有吃谷鸡、吃谷鸭、山药、金线莲、香藤根、牛奶根、香草、鸭掌草等名贵中药材；长汀腐竹、豆腐、豆腐干、土猪肉排骨、手工米粉、牛肉丸、永定泡鸭爪、酒酿；真空包装的连城白鸭、红烧肉、盐酒鸡、红烧猪蹄；山茶油等。

产品绿色健康、风味独特，将会给追求健康时尚的您带来满意和惊喜，欢迎您的惠顾！

联系人：范大标 13675081519

地址：福建省福州市鼓楼区北大路156号华富花园3-4#楼综合一层16#店
电话：0591-87197362
邮编：350001

## 福建省上杭县稔田镇兴昌种猪场

福建省上杭县稔田镇兴昌种猪场成立于2003年。是一家专门从事菜猪、槐猪、种猪、水产养殖的企业。欢迎广大客户来电洽谈业务！

电话：0597-3933838
联系人：李富昌 13507503583
地址：福建省龙岩市上杭县稔田镇 邮编：364218

## 福州市晋安区公平饲料行

福州市晋安区公平饲料行主要兼营菜籽粉、蛋白粉、麦皮等牲畜实用饲料，以公平的价格出售放心饲料是我们对广大客户的承诺。

我饲料行将秉承"顾客至上，锐意进取"的经营理念，坚持"客户第一"的原则为广大客户提供更优质的产品。欢迎惠顾！

电话：0591-87312873
传真：0591-87312873
联系人：张祖琴 13805013281
地址：福建省福州市晋安区连江北路1号省农机公司仓库4库二楼 邮编：350000

## 福州市闽侯县竹岐闽绿橄榄场

福州市闽侯县竹岐闽绿橄榄场成立于2007年，本场专业从事优质橄榄大量销售。

本公司"以诚信求发展，以质量求生存"的经营理念。

热忱欢迎广大前来参观、洽谈！

联系人：林仁豹

电话：13906925365 0591-22996326 传真：0591-22997217

地址：福建省福州市闽侯县竹岐乡半岭村边泉湖 邮编：350100

## 连城县文亨乡吉鑫猪场

连城县文亨乡吉鑫猪场成立于2008年，是一家集自繁自养的企业。主要种猪、商品猪、鱼苓。

公司秉承"顾客至上，锐意进取"的经营理念，坚持"客户第一"的原则为广大客户提供优质的服务。欢迎惠顾！

联系人：周志梅

电话：0597-8952153

地址：福建省龙岩市连城县文亨乡南坑村黄泥凹 邮编：366202

## 葫泉粮食加工厂

葫泉粮食加工厂成立于2000年，主要从事粮食加工及销售。

我们秉承"顾客至上，锐意进取"的经营理念，坚持"客户第一"的原则为广大客户提供优质的服务。

欢迎广大客户惠顾！

联系人：张光辉

电话：0598-6762825 13605998722

地址：福建省三明市宁化县泉上西大街44号 邮编：365000

## 龙岩狸崖山生态发展有限公司

狸崖山地理位置得天独厚，海拔约500米，多雾、日照时间长，公司占地3500亩，以生物有机肥为主要肥料原料，以铁观音茶种植为主。

公司秉承和谐理念，走多元化立体农业生态发展模式，采用先进的茶叶加工设备，干毛茶日产量达200公斤，2007年公司所产铁观音茶荣获"福建省名茶"奖，我们以茶会友，期待您的光临！

电子邮件：jianghongquan@126.com 电话：0597-2637668

联系人：杨友玲 13906076668 13860266668

网址：www.jianghongquan.cha.cc

地址：福建省龙岩市新罗区白沙村溪西 邮编：364006

## 华安县玄天阁茶庄

本公司成立于2007年，主要经营安溪铁观音、华安玉工艺品。

一贯以"质量保证、信誉第一"为本茶庄的服务宗旨，赢得了全国各地海内外人士的信赖和赞誉。

联系人：陈炳生 13806901978 电话/传真：0596-7288999

邮编：363000

地址：福建省漳州市华安县华丰镇江滨路江滨花园8幢13号店面

## 龙岩市新罗区白沙小鸡养猪场

本公司成立于1999年。

主要经营商品猪的养殖和销售。

欢迎咨询洽谈！

联系人：俞强 13605920130

电话：0597-2638938

地址：福建省龙岩市新罗区白沙镇洋西村山洋组 邮编：364000

## 晋江市青阳西茗茶庄

晋江市青阳西茗茶庄成立于2003年，本茶庄专业从事安溪铁观音的生产与销售。晋江市青阳西茗茶庄以"自产自销"方式推出，"质高、价廉"绿色茗品 。诚心欢迎广大客户预订或合作。本茶庄宗旨：诚信为本，共利互利。

联系人：林有德 邮编：362200

电话：0595-85632809 13850715180

地址：福建省泉州市晋江市青阳泉安中路普照87-89号

## 龙岩市新罗区华滨农业发展有限公司

本公司成立于2008年，主要经营山葵种植。以服务农业发展生产为宗旨，互惠互利双赢为原则，为客户创造价值为理念。

联系人：强辉文

手机：13850609177 13507512891

地址：福建省龙岩市新罗区东城幸福路99号 邮编：364000

## 晋江市英林镇华奇茶行

晋江市英林镇华奇茶行成立于2003年，本茶行专业从事安溪铁观音的生产与销售。晋江市青阳西茗茶庄以"自产自销"方式推出，"质高、价廉"绿色茗品 。诚心欢迎广大客户预订或合作。本茶行宗旨：诚信为本，共利互利。

联系人：陈艺源

电话：13960315438 0595-68529888

传真：0595-68529888 邮编：362256

地址：福建省泉州市晋江市英林镇南兴路99号华源茶行

## 南安市英都中都茶场

本公司成立于2005年，主要制作、销售茶叶。以诚信第一、客户第一为服务宗旨，以营建企业文化走可持续发展的道路为战略目标，热忱欢迎社会各界有识之士的光临。

联系人：洪渊招

电话：0595-86169121 手机：15980462061

地址：福建省南安市英都镇石山村宫后路60号 邮编：362300

## 南靖县文生饲料兽药店

本公司成立于2004年，主要经营饲料、兽药及猪苗。企业宗旨：要么不做，要做就做最好，用最好的质量和最诚信的服务来赢得您的再次光临！

联系人：刘文生

电话：0596-7688235 手机：13003951299

地址：福建省南靖县靖城镇大房村瓦窑80号 邮编：363600

## 屏南县代溪镇康里脐橙专业合作社

屏南县代溪镇康里脐橙专业合作社成立于2008年。

主要从事脐橙的种植及销售服务。

我们站在广大农户的立场，本着精诚合作的愿望，愿与您携手共创未来！

联系人：郑福交

电话：0593-3299659 邮编：352304

地址：福建省宁德市屏南县代溪镇康里村委办公楼一层

## 寧德市發友種苗服務中心

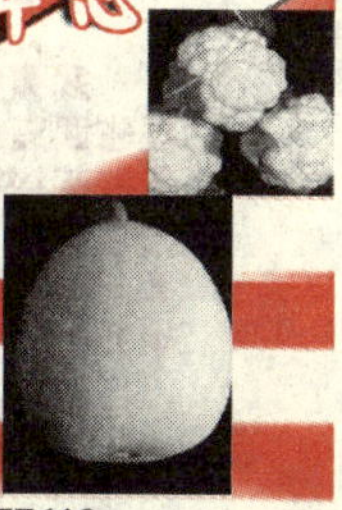

本公司成立于1970年。

主要经营台湾原装进口青梗松花菜种子、韩国进口春萝卜、春白菜、甜瓜种子。

我们将以服务客户为出发点，不断提高自己的产品质量和服务质量，不断超越客户的期望。

联系人：章发友

13205933344 电话：0593-2877619

地址：福建省宁德市蕉城区815东路21号 邮编：352100

## 莆田市仙游县丰盛养殖场

莆田市仙游县丰盛养殖场成立于2007年，主要养殖猪。莆田市仙游县丰盛养殖场以雄厚的实力、合理的价格、优良的服务与多家企业建立了长期的合作关系。

莆田市仙游县丰盛养殖场热忱欢迎各界前来参观、考察、洽谈业务。

联系人：杨国辉 13015968887 13950749927

地址：福建省莆田市仙游县鲤南镇大湖底国营业农场内 邮编：351100

## 宁德市蕉城区蕉南鸿源淡水鱼批发商行

宁德市蕉城区蕉南鸿源淡水鱼批发商行成立于2007年。

本商行专业从事淡水鱼批发、零售。

本公司以"客户第一"的原则为广大客户提供优质的服务。欢迎惠顾！

联系人：章文海

电话：0593-2877533 6105566 2819658

地址：福建省宁德市蕉城区富海市场旁禾丰新村C栋一楼 邮编：352100

## 泉州市泉港区峰尾镇海仔紫菜养殖场

泉州市泉港区峰尾镇海仔紫菜养殖场成立于2004年，主要从事紫菜的生产与加工。自成立以来，一直恪守科技领先、诚信为本、质量第一、用户至上的企业宗旨，与海内外朋友“事业同创，成就共享”。

联系人：郭良栋

电话：0595-87730030 13959790937

地址：福建省泉州市泉港区峰尾镇郭厝村五里海沙 邮编：362000

## 宁化县石壁日日肥饲料店

蓬莱市大辛店丰田果袋厂成立于1998年，本厂专业生产销售果袋、冷库、苹果收购与销售。

不怕不识货就怕货比货，我们坚信丰田果袋的质量会赢得你的信赖认可并让您最终选择它！我们将以最真诚的服务、最可靠的质量、最优惠的价格、最热情的服务与您合作，结伴"丰田"、共获丰收！

联系人：张标勇

电话：15959796198 0598-6651198

地址：福建省三明市宁化县石壁镇立新村 邮编：365413

## 石狮市雅沐香茶店

石狮市雅沐香茶店自成立以来，本店专业从事铁观音茶叶的种植、加工、销售。企业一直遵循“以质为本、诚信经营”为宗旨，为广大客户提供优质合格的茶叶，开拓深潜力的健康茶文化市场！

联系人：李丽雅

电话：0595-88758679 传真：0595-88758679

地址：福建省泉州市石狮市湖东一路87号 邮编：362000

## 平和县阿杰柚业

平和县阿杰柚业自成立以来，专业从事蜜柚的种植，收购，加工及销售。平和县阿杰柚业本着“客户第一，诚信至上”的原则。热忱欢迎新老客户惠顾！

联系人：曾杰

电话：13960051273 15959632169 邮编：363000

地址：福建省漳州市平和县崎岭乡新南村63号

## 松溪县海芳茶叶加工厂

松溪县海芳茶叶加工厂成立于1999年，从事香茶、绿茶的加工、销售。

公司秉承“顾客至上，诚信守约”的经营理念，以“客户第一”的原则为广大新老客户提供优质的茶叶。

欢迎光临惠顾。

联系人：李方

电话：0599-2258636 13706018647

邮编：353504

地址：福建省南平市松溪县茶平乡官路村

## 武平县越舒茗茶经营部

武平县越舒茗茶经营部主要经营绿茶和乌龙茶。我们遵循“质量第一，诚信服务，信誉至上，真诚合作”的经营宗旨，热忱欢迎新老客户惠顾！

联系人：李兴贵 手机：13806982617

电话：0597-4837499

地址：福建省龙岩市武平县平川镇东大街 邮编：364000

## 武夷山市欽品茶業有限公司

本公司主要批发、零售乌龙茶、武夷大红袍等系列产品。

我们的宗旨：客户至上、优质服务！客户关心我关心、客户发展我发展！

联系人：余泽钦 15305990999

电话：0599-5258111

邮编：354302

地址：福建省南平市武夷山市度假区风情商苑3-A35号

## 武曲岩茶厂

武曲岩茶厂成立于2000年，本公司专业生产、加工、销售武夷岩茶乌龙茶。生产出的武夷岩茶品质好，有特色，深得茶叶消费者喜欢，年产量25－50吨，产品经本省外贸公司出口东南亚国家。

联系人：管超武

电话：13960673889 传真：0599-5262508

地址：福建省武夷山市星村镇洋头山45号

邮编：234000

## 武夷山市桐正红茶厂

武夷山市桐正红茶厂成立于2005年，位于福建省武夷山市度假区武夷风情商苑。本厂专业从事红茶种植、加工、销售一条龙服务，产品系列为：散茶、礼品茶，产品远销海内外，受到广大客户的青睐。热忱欢迎各界前来参观、考察、洽谈业务。

联系人：李素军

电话：13950678776

地址：福建省武夷山市度假区武夷风情商苑C座81号

邮编：354300

## 武夷山市程墩源生态茶厂

本公司成立于2008年。
主要经营武夷岩茶。
高品质、诚信经营、长期合作、客户第一
是公司始终的经营宗旨；
忠诚、敬业、务实、创新是我们的服务宗旨！

联系人：陈书兴

电话：0599-5272549 13305991849

地址：福建省南平市武夷山市星村镇程墩村新兴路5号 邮编：354300

## 武夷山市正袍国茶茶叶有限公司

网址：www.513-dhp.com

本公司成立于2008年成立，本公司致力于武夷岩茶种植、科研、生产、销售、茶艺茶道培训以及岩茶文化的推广，并已涉足袋袍茶、茶点、茶具等产品的生产和销售业务。公司现阶段推出武夷岩茶大红袍、正山小种红茶、单品岩茶及茶衍生产品等共10大系列25款产品，涵盖 目前市场上的几乎全部主导产品。

公司还将根据市场需要开发新的系列产品：大红袍袋泡茶、茶点、茶具等产品也将陆续上市。

联系人：
13960658555
电话：0599-5233499

地址：福建省武夷山市三菇度假区高尔夫路口 邮编：354300

## 武夷山市广和茶叶

武夷山市广和茶叶成立于2008年，本店主要销售天袍茶叶。公司将一如既往以至诚、至信服务人类、服务社会、服务健康，为社会和谐锦上添花，让祖国几千年传统茶疗文化发扬光大，遍地开花结果，让老百姓健健康康奔向小康。

联系人：王广和

电话：0599-5259859 13599697388 邮编：353000

地址：福建省南平市武夷山市度假区流涧路8-3号（玉福花园）

## 霞浦县绿峰茶叶经销部

霞浦县绿峰茶叶经销部成立于2006年，本经销部专业从事加工、销售茶叶，主要有绿茶、花茶、铁观音、莲心元宵茶。霞浦县绿峰茶叶经销部以雄厚的实力、合理的价格、优良的服务与多家企业建立了长期的合作关系，热忱欢迎各界前来参观、考察、洽谈业务。

联系人：王生兴

电话：0593-8853027 邮编：352000

地址：福建省宁德市霞浦县松城街道龙首路145号

## 武夷山市弥陀茶业有限公司

弥陀岩茶位于武夷山核心景区水帘洞北侧。主要生产大红袍、水仙、肉桂、四大名丛以及雪梅、老君眉、金钥匙、红梅等。

弥陀岩茶茶厂近几年经股份制改造，古老的茶场又焕发出新春，已发展成集生产、销售、生态、科研、茶文化传播为一体的现代企业。本公司专业从事生产、加工、销售武夷大红袍、各类武夷乌龙茶(正岩)、各种红茶(正山小种)、金骏眉、银骏眉等批发与零售，并承接会议礼品包装。公司以客户最大的需求为己任，希望通过我们的努力，使客户的利益达到最大化，共同创造辉煌的全球茶业贸易！

联系人：周正星 15105083047 13809581263

电话：0599-5234397 传真：0599-5234397

地址：福建省武夷山市度假区大王峰北路60-8号

厂址：福建省武夷山市景区天心村白岩8号 邮编：354302

## 永定县真福茶行

永定县真福茶行成立于1999年，位于福建省龙岩市永定县坎市。本店专业销售茶叶、茶具、烟、酒、各种工艺品。一贯以“质量保证、信誉第一”为本茶行的服务宗旨，赢得了全国各地海内外人士的信赖和赞誉。

联系人：沈金武

电话：13850620869 0597-5663579

地址：福建省龙岩市永定县坎市诚信东街49号

邮编：364102

# 永泰县同安坂头茶厂

永泰县同安坂头茶厂主营：高中低档高山茶叶；各种绿茶，乌龙茶，是一家聚生产、精加工、内外销为一体的工贸结合企业。

公司通过QS认证生产茶叶，力求为客户提供高品质的安全食品。

联系人：鲍茂炎

电话：0591－24765288 13705961582

地址：福建省福州市永泰县同安镇坂头村 邮编：350709

# 漳平市岳山明珠茶业有限公司

漳平市岳山明珠茶业有限公司成立于2002年，主要经营各种茗茶，我们的特色产品有铁观音、水仙茶和高山茶。

漳平水仙茶曾荣获2008年度国际"绿色"、"有机"名优茶银奖。"以茶会友，以诚待人"是我们的服务宗旨，我们将继续提升制茶工艺，感谢您的惠顾！

联系人：陈火珠 13850650788 电话：0597-7830668

地址：福建省龙岩市漳平市桂中路（市计委综合楼一层1-3号店） 邮编：364400

# 漳浦县博园香蕉专业合作社

漳浦县博园香蕉专业合作社从事香蕉种植，收购，销售及技术咨询服务。

我社本着"做大做强"的发展理念，真诚与社会各界朋友广泛合作，同创共赢，欢迎光临公司参观指导。

联系人：蓝惠安

电话：0596－3602038 13806948678

地址：福建省漳州市漳浦县湖西畲族乡水果市场9号 邮编：363206

# 漳州市平和县霞寨镇英达果业有限责任公司

漳州市平和县霞寨镇英达果业有限责任公司成立于2006年，本公司专业从事农产品的种植、销售。主要有蜜柚、芦柑。

我公司的宗旨是"质量第一、用户至上"，我们将竭诚为广大客户和消费者服务，并期待着与国内外客商成功合作。

联系人：黄达彬

电话：0596－5558298 13338305656

地址：福建省漳州市平和县霞寨镇建设村吴充组66号 邮编：363709

## 江西省/jiangxi Province

### 崇仁县东华农业发展有限公司

业务：养殖与销售生猪，鸡，鸭，种植树苗，油茶，桔子
产品：生猪，鸡，鸭，树苗，油茶，桔子
地址：江西省抚州市崇仁县六家桥许家村
负责人：许正华 邮 编：344200
法 人：许正华
Tel：13807944400
0794－6337199

### 东乡县昌兴饲料有限公司

业务：东乡县昌兴饲料有限公司成立于2003年，主要从事油料加工，饲料生产。欢迎新老客户惠顾。
地址：江西省抚州市东乡县火车站旁
邮 编：331800
法 人：俞新平
Tel：0794－4221911
Fax：0794－4229399

### 丰城市庄前精制米厂

地址：江西省丰城市剑南街道办理处庄前村委会
负责人：熊国辉
Tel：0795－6400422
13979585651

### 东乡县明达农业生产资料有限公司

业务：销售各类化肥
产品：化肥
地址：江西省抚州市东乡县环城东路89号
负责人：黄五明 邮 编：344000
法 人：黄五明
Tel：13979432488
0794－7033980

### 东乡县思缘生态特种养殖有限公司

业务：专业养殖商品鸡、猪、牛、山鸡、贵妃鸡等，长期供应种源、种苗、活体商品，我们有纯天然的放养牧场，常年大量优惠供应，欢迎广大新老客户前来洽谈。
产品：土鸡、土鸡蛋、山鸡、贵妃鸡
地址：江西省抚州市东乡县虎圩乡艾田村古塘组
负责人：饶俊峰 邮 编：331800
法 人：饶俊峰
Tel：15079411508
网址：www.dongxiangsiyuantzyz.cn
E-mail：rao.junfeng1985@163.com

### 黄湖制米厂

地址：江西省丰城市剑南路
负责人：曾冬根
Tel：0795－6427978
13330190617

### 南城县农业技术资料服务部

业务：南城县农业技术资料服务部成立于1983年，主要以销售农药为主。产品质量保证，价格合理。欢迎新老客户光临、惠顾！
地址：江西省抚州市南城县建昌镇天一山47号
负责人：张德福 邮 编：344700
法 人：张德福
Tel：0794－7210136
Fax：0794－7266530

### 东乡县星星牧业有限公司

业务：专业从事良种猪、菜猪养殖、水产养殖，本场承诺：一样的质量比价格，一样的价格比质量。欢迎各界朋友前来洽谈选购！
产品：四大家鱼；纯种长白、大白、杜洛克、种母猪、公猪；二代杂交长大、大长母猪等
地址：江西省抚州市东乡县杨桥镇山下村周家水库
负责人：李志盛 邮 编：331800
法 人：李志盛
Tel：0794－4234981
15870796662

### 神洲粮食加工厂

地址：江西省丰城市石滩镇梁山坝
负责人：袁兴周
Tel：13807952491

### 抚州仁杰饲料有限公司

业务：生产、销售饲料
地址：江西省抚州市金巢工业园区金凤路268号
负责人：朱仁宽 邮 编：344000
法 人：朱仁宽
Tel：13979443685
0794－8352888

### 丰城市嘉丰精制米厂

地址：江西省丰城市围里村
负责人：曾清辉
Tel：0795－6218699
13970548613

### 金溪县象山蜜梨专业合作社

业务：梨树、提子树种植及果实销售
地址：江西省抚州市金溪县秀谷镇陶家五里亭组
负责人：徐胜华 邮 编：344000
法 人：徐胜华
Tel：13170947128
0794－5290494

### 会昌县丰粮粮食加工厂

业务：会昌县丰粮粮食加工厂成立于2002年，主要收购稻谷，加工成大米及碎米、米皮糠、统糠等副产品。本着质量第一的原则和不断追求的精神以及客户至上、精诚合作的宗旨，真诚地希望能与各界朋友交流合作、共同发展。
地址：江西省赣州市会昌县筠门岭镇
邮 编：342614
法 人：朱财锋
Tel：0797－5665234
Fax：0797－5665234

### 永洪农业综合开发有限公司

业务：养殖猪、鸡、鸭、鱼
地址：江西省抚州市南城县万坊镇上湖村黄家园
负责人：黄琴 邮 编：344700
法 人：黄琴
Tel：13870426259
13870428119

### 南丰县明阳林场

业务：经济林培植
产品：杉、松、柏
地址：江西省抚州市南丰县紫霄镇明阳村
负责人：吴清林 邮 编：344000
法 人：吴清林
Tel：0794－3362968
13870409849

### 琅琚小康米业有限公司

地址：江西省抚州市金溪县琅琚镇
负责人：邱义发
Tel：0794－5262613
13617944883

### 南丰县刘氏蜜桔种植专业合作社

业务：种植和销售各类水果，以蜜桔为主
产品：蜜桔
地址：江西省抚州市南丰县市山镇耀里村楼下小组
负责人：刘国民 邮 编：344000
法 人：刘国民
Tel：15107045868
13767679484

### 高安市祥符粮油加工厂

业务：高安市祥符粮油加工厂成立于1995年，主要从事粮油加工，兼营塑料类产品。质量保证，价格合理，欢迎新老客户惠顾。
地址：江西省高安市祥符镇
邮 编：330815
法 人：章爱平
Tel：0795－5772308
Fax：0795－5772378

### 抚州市临川区陈园粮食加工厂

地址：江西省抚州市临川区龙溪镇陈园村
负责人：姚寿洪
Tel：0794－8798233
13879449698

### 江西省资溪县灿荣种禽养殖场

业务：种禽，种苗，种蛋
产品：鸭苗，鸡苗，火鸡苗，珍珠鸡苗，山鸡苗
地址：江西省抚州市资溪县鹤城镇泸声村司前村75号
负责人：李灿荣 邮 编：335300
法 人：李灿荣
Tel：0794－5785248
13197824196

### 泰和县农机实业公司

业务：泰和县农机实业公司创建于1996年，位于吉安市泰和县澄江镇。本公司销售农机主机、配件、成品油（汽油、柴油、润滑油）。质量保证，价格合理，竭诚为您服务
地址：江西省吉安市泰和县澄江镇上田园盘
邮 编：343701
法 人：郭木垣
Tel：0796－5386246
Fax：0796－5386657
网址：www.thnj.chinapyp.com

### 资溪县泰华林场（普通合伙）

业务：白茶和油茶的种植与加工
产品：白茶和油茶
地址：江西省抚州市资溪县开发区绿岛宾馆柏树园
负责人：陈华卫 邮 编：335300
法 人：陈华卫
Tel：13979459070
13767680516

### 江西定丰生态农牧发展有限公司

地址：江西省赣州市定南县岭北镇迳脑村
负责人：喻一奇
Tel：13807071796

### 宁都县百兴精制米业有限责任公司

业务：生产大米
地址：江西省赣州宁都县梅江镇志坑村曾家围
负责人：陈有生 邮 编：342800
法 人：陈有生
Tel：13979722961
15079785408

### 崇义县关田镇下关生猪养殖专业合作社

业务：专业从事生猪养殖、收购、销售，为广大养殖户提供畜禽种苗、饲料、品种改良、农业技术咨询等综合性服务！
产品：公猪、母猪、仔猪、肉猪
地址：江西省赣州市崇义县关田镇下关村
负责人：谢才龙 邮 编：341306
法 人：谢才龙
Tel：13970725933
13767764293

### 永丰县灵华山有机白茶开发基地

业务：永丰县灵华山有机白茶开发基地在2004年成立，位于江西省吉安市永丰县鹿冈街。从事白茶的种植、加工、销售，产品主要销往上海、北京、杭州、江西等。我们本着诚信为本，以质量视生命，以科技为依托，从苗木培养到鲜叶加工，道道把关，精心培育制做，严格按有机茶标准操作管理。诚恳欢迎各界人士，同仁，新老朋友惠顾指导！
地址：江西省吉安市永丰县鹿冈街
邮 编：331500
法 人：汪来祥
Tel：0796－2556888
Mobile：13766264888

Fax:0796－2556999

**茅店广信粮食加工厂**
地址:江西省赣州市赣县茅店镇
负责人:谢润凤
Tel:0797－4600100
13807974930

**崇义县龙勾乡陈坑脐橙专业合作社**
业务:脐橙专业生产销售
地址:江西省赣州市崇义县龙勾乡寺里村陈坑
负责人:吴至荣 邮 编:341000
法 人:吴至荣
Tel:0797－3850999

**江西省棉花研究所**
业务:江西省棉花研究所从事棉花新品种、新技术推广、棉花专用配方肥料,我们将真诚为您服务。
地址:江西省九江市西郊16公里处
负责人:柯兴盛 邮 编:332105
法 人:柯兴盛
Tel:0792－6840308
6840269

**崇义县欣欣牧业养殖场**
业务:种猪,商品猪,小猪
地址:江西省赣州市崇义县铅厂镇石罗村
负责人:谢章旻 邮 编:341300
法 人:谢章旻
Tel:13879706626

**玉田精制米业加工厂**
地址:江西省赣州市赣县田村镇粮管所
负责人:谢信璋
Tel:0797－4623556
13879713296

**江西崇义八仙果业股份有限公司**
业务:赣南脐橙的生产、加工、包装、运输
产品:脐橙
地址:江西省赣州市崇义县扬眉镇扬眉粮管所院内
负责人:肖润生 邮 编:341000
法 人:肖润生
Tel:0797－3836886
13767701619
Fax:0797－3836888

**赣县旺发农资有限公司**
地址:江西省赣州市赣县县城赣新大道49号
负责人:巫发恒
Tel:13807974505

**会昌县站塘沁春苑生猪专业合作社**
业务:养殖母猪
地址:江西省赣州市会昌县站塘乡
负责人:梁良春 邮 编:341000
法 人:梁良春
Tel:13970133075
0797－5515668

**长埠桔林厂**
业务:长埠桔林厂成立于1984年,现有员工90余人。多年来从事橘子的种植及销售。欢迎广大新老客户光临、考察、指导、洽谈业务!
地址:江西省南昌市安义县长埠镇
邮 编:330500
法 人:杜顺良
Tel:0791－3346777
Mobile:13307005596

**潭口镇永利兔业养殖场**
业务:养殖:兔
地址:江西省赣州市经济技术开发区潭口镇坞埠村
负责人:张学辉 邮 编:341000
法 人:张学辉
Tel:15970006671
0797－6654416

**百生粮食加工厂**
地址:江西省赣州市宁都县城北农技培训班内
负责人:张百生
Tel:13979722961

**宁都县万顺种养生态农庄**
业务:养殖生猪、种植各类水果蔬菜
产品:生猪、水果、蔬菜
地址:江西省赣州市宁都县会同乡会同村水南组
负责人:胡仁林 邮 编:341000
法 人:胡仁林
Tel:15070796650
13207073319

**昌北金牛企业集团**
业务:昌北金牛企业集团成立于1996年,从事兽药的研发、生产、销售。欢迎新老客户来电、来涵咨询!
地址:江西省南昌市昌北英雄开发区
邮 编:330044
法 人:魏流华

Tel:0791－3977525
Fax:0791－3977525

**上犹县营前雾豪茶场**
业务:茶叶种植加工销售
地址:江西省赣州市上犹县营前镇蛛岭村龙下组
负责人:林观生 邮 编:341000
法 人:林观生
Tel:13576779904
13576779507

**江西信丰县太平围米厂**
地址:江西省赣州市信丰县大阿镇太平围
负责人:吴文天
Tel:0797－3291008
13707971180

**石城县天和茗茶店**
业务:茶业,茶具,紫砂器具批发
产品:安溪铁观音
地址:江西省赣州市石城县琴江镇西华中路中粮大厦48号
邮 编:342700
法 人:高丽明
Tel:0797－5703989
13803573989

**进贤益群粮油行**
业务:进贤益群粮油行成立于1996年,主要销售大米、面粉,食用油等。欢迎新老客户光临!
地址:江西省南昌市进贤县北门路35号
邮 编:331700
法 人:金益群
Tel:0791－5665928
Mobile:13907094059
Fax:0791－5665928
网址:http://jxynly.chinapyp.com

**信丰县金盆山余大姐养蜂专业合作社**
业务:养殖土蜂和销售土蜂蜜
产品:土蜂蜜
地址:江西省赣州市信丰县古陂镇大屋村
负责人:余冬香 邮 编:341000
法 人:余冬香
Tel:0797－3258185
13627976426

**圣源米业加工厂**
地址:江西省赣州市兴国县城平固街35号
负责人:李科基
Tel:0797－5321489
13803582335

**信丰县田野农业发展有限公司**
业务:生产、加工、包装、销售脐橙,内外贸易
产品:脐橙
地址:江西省赣州市信丰县嘉定镇马鞍山
负责人:张祥进 邮 编:341600
法 人:张祥进
Tel:13970701189
0797－6602880

**江西新世纪民星饲料有限公司**
业务:江西新世纪民星饲料有限公司是一座现代化的、集研、产、销于一体的大型饲料企业。公司的主导产品是种肉鸡预混料 种蛋鸡预混料 肉鸡预混料 蛋鸡预混料 种猪预混料 乳猪预混料 育肥肉猪预混料 鲤鱼预混料 鲫鱼预混料 肉鸡浓缩料等,能够充分满足不同用户的需求。
地址:江西省南昌市南昌县南莲路598号
邮 编:330200
法 人:胡国洪
Tel:0791－5758511
Fax:0791－5711871
网址:www.ncmx.chinapyp.com

**寻乌县宏辉果业农资经营部**
业务:销售有机生物肥
地址:江西省赣州市寻乌县长宁镇沙子头圆盘山180米
负责人:赖才辉 邮 编:342200
法 人:赖才辉
Tel:13979776875
0797－2847250

**瑞发粮油精制米厂**
地址:江西省高安市大城镇邓龙村
负责人:武志华
Tel:0795－5792225
13907052235

**寻乌县南桥万丰粮食加工厂**
业务:粮食加工、销售
地址:江西省赣州市寻乌县南桥镇车头村
负责人:赵万丰 邮 编:341000
法 人:赵万丰
Tel:13870740159
0797－2883698

**江西南昌肖淇粮食加工厂**
业务:肖淇粮食加工厂位于江西省南昌市,主要经营:稻谷销售(批发)、大米加工、皮糠、细米等。从事粮食加工行业十几年来始终秉承"以质量取市场,以诚信赢客户"原则,所生产、加工之产品深受广大合作者喜爱,销量甚佳!欢迎各方商户洽谈业务,共同合作!
地址:江西省南昌市新建县联圩乡肖淇村
邮 编:330124
法 人:张恩民
Tel:0791－3126138
Mobile:13970059321
网址:http://ncxq.chinapyp.com

**于都盛茂林业园**
业务:种植和销售苗木
产品:苗木
地址:江西省赣州市于都县沙心乡政府
负责人:杨柳茂 邮 编:341000
Tel:0797－6397227
13979770391

**协塘民生精制米厂**
地址:江西省高安市国家粮食储备库
负责人:王纪春
Tel:13507051203

**于都田园农业机械专业合作社**
业务:为农民朋友提供机耕、机收、机插等各项服务
地址:江西省赣州市于都县梓山镇潭头圩
负责人:曾志勇 邮 编:342312
法 人:曾志勇
Tel:0797－6269999

**鄱阳县古南搏林制米厂**
业务:鄱阳县古南搏林制米厂成立于1996年,十年来专业从事大米加工、销售。欢迎新老客户惠顾!
地址:江西省上饶市鄱阳县古南中心区镇
邮 编:333139
法 人:周柏林
Tel:0793－6641180

**章贡区彭牌农业机械经销部**
业务:彭牌农业机械经销
地址:江西省赣州市章贡区水西镇黄沙桥
负责人:彭鹏 邮 编:341000
法 人:彭鹏
Tel:13767784685

**高安市易发精制米厂**
地址:江西省高安市石脑镇塔溪万家村易发精制米厂
负责人:易美林
Tel:13907054287

**安福县洋门乡槎江村养殖场**
业务:肉猪,苗猪养殖销售
地址:江西省吉安市安福县洋门乡槎江村142号
负责人:朱忠林 邮 编:343000
法 人:朱忠林
Tel:13979639658
0796－7525239

**伍桥洋沅精制米厂**
地址:江西省高安市伍桥洋沅部家村
负责人:部和平
Tel:0795－5752283
13707057307

**吉安县固江镇肉牛养殖专业合作社**
业务:养殖和销售肉牛,牛肉生加工
产品:牛肉
地址:江西省吉安市吉安县固江镇红星村
负责人:王善远 邮 编:343000
法 人:王善远
Tel:13979659545
15279691958

**吉安县永农蔬菜种植专业合作社**
业务:种植、销售蔬菜
产品:西红柿
地址:江西省吉安市吉安县永和镇尚书村委会内
负责人:肖安华 邮 编:343121
法 人:肖安华
Tel:0796－8762726

**四新精制米加工部**
地址:江西省横峰县青板乡王塘垅177号
负责人:王廷有
Tel:13979322840

**吉水县良种场八都农资门市部**
业务:农资产品的销售
产品:农资产品
地址:江西省吉安市吉水县八都镇八都中学
负责人:郭梅根 邮 编:343000
法 人:郭梅根
Tel:15879619163
0796－3568736

**江西绿油农药有限公司**
地址:江西省吉安地区新干县城北工业园
负责人:邹临
Tel:0796－2621198

**金色生姜专业合作社**
业务:种植、收购、销售生姜
产品:黄姜、药姜、菜姜、芽姜
地址:江西省吉安市遂川县大汾镇文溪村村委会
负责人:叶汉光 邮 编:343000
法 人:叶汉光
Tel:13970624187
15879640825

**上饶县华字米厂**
业务:上饶县华字米厂成立于1996年,主要生产加工大米。企业坚持以质取胜,以诚取信的发展思路,我们愿用最大的努力来换取您的满意,我们将一如既往地欢迎各方宾朋前来洽谈业务,合资合作!
地址:江西省上饶市上饶县茶亭镇下裴村
邮 编:334114
法 人:黄景华
Tel:0793－8616089
Fax:0793－8616089

**诚南米厂**
地址:江西省吉安市安福县(五里亭)
负责人:毛小林
Tel:13970637690

**新余市仙女湖鱼业开发联营公司**
业务:新余市仙女湖鱼业开发联营公司成立于1985年,公司自成立以来,一直从事草鱼、鲤鱼、鳙鱼、鲢鱼四大家鱼的专业养殖、捕捞和销售。
地址:江西省新余市仙女湖风景区
邮 编:338027
法 人:林春光
Tel:0790－6850267
Fax:0790－6850267

**遂川县良头村生猪养殖专业合作社**
业务:生猪养殖、销售,二元母猪繁殖、幼猪养殖
地址:江西省吉安市遂川县泉江镇良头村
负责人:谢良根 邮 编:343000
法 人:谢良根
Tel:0796－6258632
13217965193

**春晖养殖开发基地**
地址:江西省吉安市安福县瓜畲乡井纺农场
负责人:肖均琪
Tel:0796－7550288
1375540559

**泰和县双栖家禽专业合作社**
业务:专业养殖和销售鸡、鸭等家禽
产品:鸡、鸭
地址:江西省吉安市泰和县冠朝镇社下村
负责人:李清塘 邮 编:343700
法 人:李清塘
Tel:13237961281
13437066619

**吉龙制米厂**
地址:江西省吉安市安福县横龙镇工业小区
负责人:郭方明
Tel:0796－7620892
13807965898

**泰和县高山果业专业合作社**
业务:果业的种植和销售
地址:江西省吉安市泰和县马市镇下横街30号
负责人:杨林斯 邮 编:343000
法 人:杨林斯
Tel:13307961833
0796－5412168

**吉安市农业科学研究所科技服务部**
地址:江西省吉安市吉安县凤凰镇(市农科所院内)
负责人:欧阳享泱
Tel:0796－8478031

**新余市辉宏饲料有限公司**
业务:新余市辉宏饲料有限公司专业从事饲料的研究、开发与生产,产品特点:技术含量高、品质稳定、高效、安全,热诚欢迎社会各界人士来电咨询,洽谈业务。
地址:江西省新余市渝水区鹄山乡前山村粮管所
负责人:何小辉 邮 编:338006
法 人:何小辉
Tel:0790－6712195

**峡江县和谐畜牧养殖专业合作社**
业务:出售、收购大量西杂牛、销售冷鲜牛肉、供应皇竹草
地址:江西省吉安市峡江县峡江宾馆
负责人:陈清建 邮 编:343000
法 人:陈清建
Tel:0796－3669066
3669838
15579658699
Fax:0796－3676222
3676333

**泉生大米加工厂**
地址:江西省吉安市吉安县万福镇廖下村
负责人:郭泉生
Tel:0796－8530016
13707967235

**江西振飞生态农业有限公司**
业务:农业、牧业、渔业、农副产品加工业
地址:江西省吉安市新干县沂江乡九曲湾
负责人:陈振飞 邮 编:343000
法 人:陈振飞
Tel:13755488595
0796－2692166

**幸福米业有限公司**
地址:江西省吉安市吉水县乌江镇永吉公路二十公桩处
负责人:周石保
Tel:0796－3261008
13707961541

**顺发米厂**
地址:江西省吉安市青原区值夏镇
负责人:肖世坪
Tel:0796－8481006
13576602938

**永丰县友利水产养殖专业合作社**
业务:养殖水产
产品:花鲢、白鲢
地址:江西省吉安市永丰县坑田镇罗珠郭坑水库
负责人:朱可生 邮 编:343000
法 人:朱可生
Tel:13879615177
13576879412

**云龙粮食加工厂**
地址:江西省吉安市遂川县泉江镇
负责人:郭云纶
Tel:0796－6121499
13607964567

**永丰县石陂生猪专业合作社**
业务:生猪养殖和销售
地址:江西省吉安市永丰县潭头乡石陂村
负责人:叶奇生 邮 编:343000
法 人:叶奇生
Tel:0796－2581262
13766269775

**农机实业公司**
地址:江西省吉安市泰和县澄江镇上田
负责人:郭木垣
Tel:0796－5386246
13879667529

**永丰县石群蔬菜专业合作社**
业务:种植、销售香菇、蔬菜
地址:江西省吉安市永丰县潭头乡石陂村委会礼堂
负责人:郭新华 邮 编:343000
法 人:郭新华
Tel:0796－2276353
13970632005

**玉峡丝苗米厂**
地址:江西省吉安市峡江县巴邱镇农机厂内
负责人:毛晓明
Tel:0796－3665052
13307963152

**福民粮食加工厂**
地址:江西省吉安市峡江县福民乡凌头村
负责人:杜福苟
Tel:13979627786

**永新县才丰乡镇江养殖场**
业务:养殖猪、鱼果园
地址:江西省吉安市永新县才丰乡洲尾村
负责人:贺天发 邮 编:343400
法 人:贺天发
Tel:13970668348
0796－7780143
7815996

**江西峡江县金坪粮食加工厂**
地址:江西省吉安市峡江县金坪南下村1号
负责人:周园生
Tel:0796－3692353
13320164810

**井冈山市新天地实业股份有限公司**
业务:农产品的销售与开发
产品:农产品
地址:江西省井冈山市新城区工业园
负责人:谢超祖 邮 编:343500
法 人:谢超祖
Tel:13502851939

**金辉精制米厂**
地址:江西省吉安市峡江县水边镇
负责人:邹建辉
Tel:0796－3673336
13807961801

**诚信精制米厂**
地址:江西省吉安市新干县大洋镇红桔市场
负责人:皮院如
Tel:0796－2781099
13317965525

**力江金旺水磨精制米厂**
地址:江西省吉安市新干县力江王山
负责人:孙四根
Tel:0796－2620563
13907064345
13755423709

**都昌县龙辉家禽畜牧养殖场**
业务:家禽畜牧养殖
产品:良种商品猪
地址:江西省九江市都昌县太沙镇太阳村委会野溪龙村
负责人:吕承辉 邮 编:332604
Tel:15079256837

**坎上精制米厂**
地址:江西省吉安市新干县溧江乡坝上村委新街上村
负责人:蒋六如
Tel:13879617163

**瑞昌市九峰山土鸡专业合作社**
业务:土鸡养殖销售
产品:青阳土鸡,本地山鸡
地址:江西省九江市瑞昌市范镇东山村
负责人:丰扬春 邮 编:332000
法 人:丰扬春
Tel:13133663793
0792－4956736

**三兴精制米厂**
地址:江西省吉安市新干县七琴镇城田村
负责人:戈鑫
Tel:13979629376

**稼和兴米业有限公司**
地址:江西省吉安市永丰县东湖工业区造肥厂对面
负责人:曾招禄
Tel:0796－2521736
13807965092

**江西省修水县大椿玉叶茶叶专业合作社**
业务:"霞森牌"双井绿
产品:绿茶、红茶、乌龙茶
地址:江西省九江市修水县大椿乡大椿茶厂
负责人:吴章荣 邮 编:332000
法 人:吴章荣
Tel:0792－7565060

**宁怀良糠米厂**
地址:江西省吉安市永丰县藤田镇
负责人:宁怀良
Tel:0796－2531088
13907066081

**永修县林氏畜牧养殖有限公司**
业务:畜牧养殖,农业开发
地址:江西省九江市永修县恒丰斗门塘
负责人:林志卫 邮 编:330300
法 人:林志卫
Tel:13807090436
0792－3082069

**祖庄加工米厂**
地址:江西省吉安市永丰县瑶田镇祖庄村
负责人:陈南凡
Tel:0796－2321120
13707965890

**景德镇市瓷都农业生产资料有限公司洪源经销部**
地址:江西省景德镇市浮梁县洪源镇方家村
负责人:李建群
Tel:0798－2815818

**江上乡万牧养殖场**
业务:羊(波尔山羊),牛(皮尔蒙特牛)
地址:江西省九江市永修县江上乡大屋村
负责人:万方明 邮 编:330308
法 人:万方明
Tel:15979965005
15979940798

**乐口福精制米厂**
地址:江西省九江市德安县车桥镇
负责人:罗来洪
Tel:13807020755

**米粮铺精制米加工厂**
地址:江西省九江市德安县共青城甘露镇
负责人:罗刚
Tel:13307923935

**永修县惠农养殖专业合作社**
业务:猪、牛、鸡的养殖及绿色土豆的种植
地址:江西省九江市永修县九和乡青墅村
负责人:徐自雕 邮 编:330300
法 人:徐自雕
Tel:13755269419
15079242084

**江西昌达钙业有限公司**
地址:江西省九江市德安县林泉乡果园
负责人:秦春华
Tel:13979267952

**福水渔业养殖开发有限公司**
地址:江西省九江市湖口县凰村乡
负责人:陈耀华
Tel:0792－6521889
13870235678

**永修县枫树垅果业种植专业合作社**
业务:柑橘、芙蓉李子等种植销售
地址:江西省九江市永修县滩溪镇花桥村枫树垅
负责人:陈顺强 邮 编:330303
法 人:陈顺强
Tel:0792－3020628

**彭泽县龙宫米业有限公司**
地址:江西省九江市彭泽县龙城镇茅店区
负责人:刘华作
Tel:13870291849

**南昌市山农发展有限责任公司**
地址:江西省南昌市安义县东阳镇黄城村
负责人:熊金根
Tel:13804054567

**永修县金旺水产养殖专业合作社**
业务:养鱼、鸭、猪,种植、销售草莓、苗木、油茶
地址:江西省九江市永修县燕坊镇金坂村委会内
负责人:姬贵红 邮 编:332000
法 人:姬贵红
Tel:13507021486

**瑞丰粮食加工厂**
地址:江西省南昌市昌县泾口乡小莲村
负责人:黄瑞明
Tel:13803507598

**江西田昌农业技术开发有限公司**
地址:江西省南昌市东湖区爱国路158号2栋3单元402室
负责人:李朝明
Tel:13907083813

**江西省永修县云山鑫源养殖厂**
业务:生猪养殖
产品:良种母猪,仔猪,育肥猪
地址:江西省九江市永修县云山大源太平桥村
邮 编:332000
法 人:沈先智
Tel:0792－3021105

**园林粮食加工厂**
地址:江西省南昌市高新区麻丘镇鲁溪村
负责人:魏海林
Tel:0791－8257920
13979123806

**江西惠多利农资有限公司**
地址:江西省南昌市红谷滩行政一路市委大楼北八楼
负责人:杨建平
Tel:0791－6839397

**永修县云居山米业红湖水稻专业合作社**
业务:大米的种植和销售
产品:大米
地址:江西省九江市永修县云山红湖周家农场
负责人:徐巨好 邮 编:330306
法 人:徐巨好
Tel:15879264070

**江西秦帅养殖有限公司**
地址:江西省南昌市郊区罗家镇秦坊村
负责人:秦艳
Tel:13907003028

**进贤县恒昌农机有限公司**
地址:江西省南昌市进贤县工业开发区
负责人:邹英萍
Tel:13870953380

**南昌市红谷滩新区卫东绿色种养专业合作社**
业务:香蕉、木瓜、蔬菜、水产养殖等
地址:江西省南昌市红谷滩新区沙井街丰和花园D区1幢2单元103室
负责人:万义烈 邮 编:330013
法 人:万义烈
Tel:13507910327
0791－3838301

**进贤县太平青岚蔬菜种植专业合作社**
业务:无公害蔬菜种植经营
地址:江西省南昌市进贤县前坊镇太平村
负责人:李发岁 邮 编:330013
法 人:李发岁
Tel:0791－5480558

**南昌市金艳粮食饲料加工厂**
地址:江西省南昌市罗家镇京川村
负责人:万海根
Tel:0791－8172022
13807030863

**南昌腾达食用菌种殖场**
地址:江西省南昌市南昌县八一
负责人:张明
Tel:0791－5713750
13807037976

**富山姚湾粮食加工厂**
地址:江西省南昌市南昌县富山乡姚湾村
负责人:姚龙生
Tel:0791－5773458
13870693518

**泾口海华精制米厂**
地址:江西省南昌市南昌县泾口乡杨芳朱家六组
负责人:朱口真
Tel:13970077580

**进贤县三佳特种水产养殖专业合作社**
业务:主要养殖鳝鱼,乌鱼
地址:江西省南昌市进贤县三里乡
负责人:何兵师 邮 编:331709
Tel:13970042512
网址:http://www.51zzt.com/user/zzt32010

**江西倪氏饲料有限责任公司(集团)**
地址:江西省南昌市南昌县莲塘镇默山村
负责人:倪根华
Tel:0791－5750231
13803531925

**江西民泽军山湖生态水殖有限公司**
业务:军山湖的生态开发、经营管理
地址:江西省南昌市进贤县三里乡军山湖
负责人:诸夏文 邮 编:331709
Tel:0791－5506227
Fax:0791－5506227

**南昌县大地牧业发展有限公司**
地址:江西省南昌市南昌县莲塘镇站东路288号
负责人:李文红
Tel:13870644644

**渡口根花精制米厂**
地址:江西省南昌市南昌县塘南镇渡口村
负责人:胡永根
Tel:0791－5837587
13807031316

**保旺黎蒿种植专业合作社**
业务:黎蒿种植
地址:江西省南昌市进贤县温家镇新村大队
负责人:黄国保 邮 编:330013
法 人:黄国保
Tel:13732950118
0791－5548138

**向塘梁家渡粮食加工厂**
地址:江西省南昌市南昌县向塘镇梁家渡桥头
负责人:章云泉
Tel:13907004582

**进贤县文港松樟农业生态养殖专业合作社**
业务:生猪养殖
地址:江西省南昌市进贤县文港镇湖潭
负责人:段松樟 邮 编:331723
法 人:段松樟
Tel:13870697060
0791－5583373
网址:http://www.51zzt.com/user/zzt32003

**江西佳德饲料有限公司**
地址:江西省南昌市南昌县银三角
负责人:陈光会
Tel:13979199885

**南昌洪城干鲜果品大市场发展有限公司**
地址:江西省南昌市青山湖区解放东路湖坊镇李巷村
负责人:李卫东
Tel:0791－8150516

**南昌县向塘沙潭绿田农药直销点**
业务:农药,化肥,五金,土杂
产品:农药,化肥,各种五金,土杂
地址:江西省南昌市南昌县向塘镇南大道968号(沙潭)
负责人:涂富强 邮 编:330201
法 人:涂富强
Tel:0791－5060171
13576008961

**晶林粮食加工厂**
地址:江西省南昌市青山湖区罗家梧岗村
负责人:付必业
Tel:0791－8367878
13970916811

**南昌赣江一枝春茶园有限责任公司**
地址:江西省南昌市西湖区八一大道138号(赣江宾馆内)
负责人:潘七男
Tel:13507912819

## 南昌市青山湖区可亿良种养殖场
业务：经营养殖
产品：生猪，种猪
地址：江西省南昌市青山湖区罗家镇赵坊村
负责人：徐贵梅 邮 编：330013
法 人：徐贵梅
Tel：13576002020

**南昌碧海农业科技有限公司**
地址：江西省南昌市西湖区抚生路204号1栋1单元102室
负责人：闵小保
Tel：13970033870

**江西丰华农业综合开发有限公司**
地址：江西省南昌市西湖区井冈山大道1068号第六层
负责人：熊晓华
Tel：13330125178

## 江西盛沣农业生态园有限公司
业务：农业开发，种植和销售蔬菜，养殖与销售生猪
产品：蔬菜、生猪
地址：江西省南昌市湾里区
负责人：李良 邮 编：330000
法 人：李良
Tel：0791－3797838

**江西省金粮实业有限公司**
地址：江西省南昌市小蓝工业园农产品园内
负责人：何海斌
Tel：13907095637

**江西省江山农业有限责任公司**
地址：江西省南昌市新建县生米镇胜利村
负责人：欧阳旭连
Tel：13979103235

## 新建县乐化天源种猪场
业务：养殖，销售种猪，肥猪，猪仔
地址：江西省南昌市新建县乐化镇天源村
负责人：王登欣 邮 编：330100
法 人：王登欣
Tel：13576968585
13970810572

**良顺粮食加工厂**
地址：江西省南昌市新建县石岗镇粮管所旁
负责人：黄良顺
Tel：0791－3222399
13133822867

## 芦溪县武功山金龙种养专业合作社
业务：毛竹栽植，土鸡、鸭、牛、羊、鱼养殖经营
产品：纯天然竹笋，不含饲料成份土鸡，鸭，牛，羊，鱼等无公害食品
地址：江西省萍乡市芦溪县新泉乡株木村
负责人：王勋金 邮 编：837246
法 人：王勋金
Tel：0799－7631012
13879999688

**新建县桃霞养殖有限公司**
地址：江西省南昌市新建县溪霞镇桃花村
负责人：应春强
Tel：0791－3180280

**农业局农机站**
地址：江西省南昌市信丰县
负责人：廖飞球
Tel：13970732728
13970721966

## 芦溪县高升养殖场
业务：生猪养殖
地址：江西省萍乡市芦溪县宣风镇吐下村
负责人：易良清 邮 编：337000
法 人：易良清
Tel：13979982482
13879942497

## 芦溪县银河富生生态养殖开发有限责任公司
业务：积极推广生态养殖模式，专业养殖销售种猪、小猪、育肥猪，生产有机菌肥、微生态菌种，对外进行养殖技术、人工受精，饲料加工等综合性服务。精心打造生态、环保、绿色产品。
产品：种猪、仔猪、有机菌肥、微生态菌种
地址：江西省萍乡市芦溪县银河镇邓家田村北塘二字沖/科普务站地址：芦溪县银河镇银凤街第三栋富生养殖专业合作社
负责人：甘家福 邮 编：337251
法 人：甘家福
Tel：0799－7041529
13879938465
0799－7603158
E-mail：956340867@qq.com

**安康米厂**
地址：江西省南昌市永丰县恩江镇石桥村
负责人：杨小安
Tel：0796－2528099
13970637139

**江西远景林业开发有限公司**
地址：江西省南昌市站前西路三星大厦B座1404室
负责人：何水林
Tel：13807049779

**江西省南城县宏鑫房地产开发有限公司**
地址：江西省南城县建昌镇胜利西路（新汽车站旁）
负责人：林少华
Tel：0794－7237000
13870487700

**赣丰大米加工厂**
地址：江西省南康市农贸市场旁
负责人：刘华平
Tel：0797－6698266
13707970675

## 上栗县彭高镇杂下养殖专业合作社
业务：养殖销售猪、羊、鸡、鸭
产品：商品猪（年出栏3000－5000头），樱桃谷商品鸭（年出栏10万－15万只），鸡（年出栏5万－8万只），羊（2000－3000只）
地址：江西省萍乡市上栗县彭高镇杂下村
负责人：樊光建 邮 编：337000
法 人：樊光建
Tel：13086195289
0799－3672106
网址：http://www.51zzt.com/user/zzt34260

**康丰米业加工厂**
地址：江西省南康市争志岭
负责人：刘寿长
Tel：0797－6698221
13576689221

**贵康猪业发展有限公司**
地址：江西省南康市宝林大厦办公室
负责人：刘升贵
Tel：0797－6619966
13707076226

## 广丰县顺利养殖场
业务：养猪、鱼
地址：江西省上饶市广丰县大石乡大石头村交溪桥
负责人：刘顺利 邮 编：334600
法 人：刘顺利
Tel：13970328227
13320031699

**凌鹰粮食加工厂**
地址：江西省南康市大坪乡大坪圩
负责人：邱华林
Tel：0797－6696165
13970701165

**康发大米加工厂**
地址：江西省南康市横市镇新大街107号
负责人：肖盛权
Tel：0797－6533256
13870707666

## 横峰县功林林业发展有限公司
业务：林业综合开发；造林苗、城镇绿化苗生产及销售；花卉培育、荒山造林育林。
地址：江西省上饶市横峰县岑阳镇塔底村沿河路
负责人：杨功林 邮 编：334000
法 人：杨功林
Tel：15079309938
0793－5700250
5719668

**兴发大米加工厂**
地址：江西省南康市隆木乡隆木街
负责人：张家寿
Tel：0797－6555353
13870758288

## 鄱阳县凰岗良友养殖场
业务：养殖和销售家猪、野猪、野鸭、鹅、泥鳅、黄鳝
产品：家猪、野猪、野鸭、鹅、泥鳅、黄鳝
地址：江西省上饶市鄱阳县凰岗镇石家村委会南山村
负责人：程德财 邮 编：333100
法 人：程德财
Tel：15932933915
13479021778

## 鄱阳县鹏飞（湖城）鸽业养殖场
业务：专业从事种鸽、肉鸽的养殖及销售，美国白羽王品种优良、价格适中，肉味鲜美，是肉鸽市场一道独特的风景线
产品：美国白羽王种鸽、肉鸽
地址：江西省上饶市鄱阳县莲湖乡孙坊村
负责人：张周轩 邮 编：333124
法 人：张周轩
Tel：0793－6705508
15879308166

**城西米厂**
地址：江西省南康市西华乡西华村
负责人：严文池
Tel：0797－6640099

13807971432

**玉女峰林场**
地址：江西省萍乡市芦溪县国营玉女峰林场
负责人：李坚
Tel：0799－7554829
13707991643

**江西省芦溪县农资填料厂**
地址：江西省萍乡市芦溪县火车站
负责人：胡水生
Tel：13707994759

## 鄱阳县石门街北门生态牧场
业务：养殖牛、羊
产品：常年供应种牛、种羊、牛犊
地址：江西省上饶市鄱阳县石门街镇北门村新建水库
负责人：梅和兵 邮 编：333100
法 人：梅和兵
Tel：13627034967
13627038598

**萍乡市绿源养殖开发有限公司**
地址：江西省萍乡市湘东区腊市竺园五组
负责人：刘正文
Tel：13979946234

## 铅山县朱林塘养殖场
业务：养殖和销售淡水鱼、龙虾、泥鳅、螺蛳，家禽
产品：淡水鱼、龙虾、泥鳅、螺蛳，家禽
地址：江西省上饶市铅山县新滩乡庙湾村
负责人：朱秋龙 邮 编：334500
法 人：朱秋龙
Tel：13207033527
0793－5166089

**茂源生物工程有限公司**
地址：江西省瑞金市沙洲坝镇清水村
负责人：郑训茂
Tel：0797－2339888
2339666
13979927777

## 江西松竹新辉牧业有限公司
业务：牛、羊、生猪等养殖销售
地址：江西省上饶市万年县齐埠乡松竹村
负责人：吕发新 邮 编：335508
法 人：吕发新
Tel：13755399486
0793－3678361

**波阳县山英粮食加工厂**
地址：江西省上饶市波阳县田畈街镇叶门村
负责人：程新安
Tel：13803595708

## 余江邓原桂龙病虫害防治专业合作社
业务：进行农药试验和农药示范，为农民提供咨询及代服务
地址：江西省鹰潭市余江县邓家埠水稻原种场场院分场
负责人：夏桂龙 邮 编：335200
法 人：夏桂龙
Tel：15083699598

**碧山永宏精制米厂**
地址：江西省上饶市鄱阳县碧山集镇
负责人：程真贵
Tel：13879366886

## 婺源县森树茶叶有限公司
业务：茶叶生产和销售
地址：江西省上饶市婺源县江湾镇步行街18号
负责人：汪新树 邮 编：334000
法 人：汪新树
Tel：0793－7292229
13307037499

**波阳县古南搏林制米厂**
地址：江西省上饶市鄱阳县古南中心区镇
负责人：周柏林
Tel：0793－6268363
6641180
13970334961

## 余干县华平养殖有限公司
业务：生猪养殖、销售
产品：各类种猪肥猪
地址：江西省上饶市余干县
负责人：吴松华 邮 编：334000
Tel：13870328789
0793－3575356

## 余江县爱锋养猪场
业务：生猪养殖
地址：江西省鹰潭市余江县春涛乡朱风村委会熊家小组
负责人：李爱锋 邮 编：335200
法 人：李爱锋
Tel：13970183293
15170111760

**山夫米厂**
地址：江西省上饶市鄱阳县侯家岗集镇
负责人：黄山夫

Tel：0793－6451111
6451407
13707037187

**高峰制米厂**
地址：江西省上饶市鄱阳县谢家滩镇
负责人：施高峰
Tel：0793－6361017
13879318088

## 江西余干县华平养殖有限公司
业务：主要经营水产养殖、活鱼销售、饲料、渔苗、渔药和技术服务，热诚欢迎各位新老客户的光临和惠顾！
产品：四大家族，草鱼，花连，白连，鲤鱼，鲋；螃蟹，黄鳝，鳜鱼，甲鱼
地址：江西省上饶市余干县三塘乡三溪村
负责人：吴松华 邮 编：335100
法 人：吴松华
Tel：0793－357535
13870328789

**胜忠粮食加工厂**
地址：江西省上饶市铅山县紫溪乡铺前村
负责人：王胜忠
Tel：0793－5462681
13970311061

## 分宜县西田三鑫种养专业合作社
业务：生猪、家禽、鱼的饲养、销售；橘子树、杉树种植销售
地址：江西省新余市分宜县杨桥镇西田村
负责人：晏长牙 邮 编：338025
法 人：晏长牙
Tel：13237562920
13755710483

**上饶市信州区有保白蚁防治中心**
地址：江西省上饶市信州区南门路7号4单元102室
负责人：朱有保
Tel：0793－8376003

## 新余市锦祥农业发展有限公司
业务：鱼养殖、鱼苗培育，葡萄种植销售
地址：江西省新余市经济开发区加山村委何家村
负责人：廖锦祥 邮 编：338025
法 人：廖锦祥
Tel：13317902001

**古竹常富加工厂**
地址：江西省上饶市余干县古竹乡朱家村
负责人：朱生产
Tel：0793－3505133
13879322123

## 鹰潭市祥金果业开发有限公司
业务：杨梅、葡萄等水果的种植销售
地址：江西省鹰潭市余江县
负责人：吴水金 邮 编：335200
法 人：吴水金
Tel：13870183719
13870193966

**江西余干石岭米业公司**
地址：江西省上饶市余干县洪家咀乡石岭村
负责人：盛永乾
Tel：0793－3575106
13707030065

## 新余市凤喜生态养殖有限公司
业务：生态养殖，果园
地址：江西省新余市经济开发区姚家边
负责人：姚力勇 邮 编：338025
法 人：姚力勇
Tel：13367905898
13755708328

**金丰精米加工厂**
地址：江西省上饶市余干县黄金埠镇上街
负责人：艾政开
Tel：0793－3271363
13907035136

## 新余市罗坊镇平塘村利众种养农民专业合作社
业务：各种淡水鱼的养殖，销售，家禽、猪的养殖和销售，时令蔬菜的种植和销售
产品：淡水鱼、家禽、生猪、时令蔬菜
地址：江西省新余市罗坊镇平塘村
负责人：廖且保 邮 编：338025
法 人：廖且保
Tel：15979898555
0790－6979959

## 贵溪市冷水镇玉林养殖厂
业务：商品猪养殖销售
产品：三元杂交仔猪，杜洛克公猪，长白与大白杂交母猪
地址：江西省鹰潭市贵溪市冷水镇冷水村洋坊组
负责人：吴书先 邮 编：335000
法 人：吴书先
Tel：13870039913
0701－3686127

## 新余市渝水区兴蒙杨梅农民专业合作社

业务:杨梅的种植销售
地址:江西省新余市渝水区人和乡棣村村委
……… 负责人:李建华　邮　编:338021
…………………………… 法　人:李建华
…………… Tel:13879092210

**刘氏精制米厂**
地址:江西省新干县沧洲村委会三小姐
…………………………… 负责人:刘三芽
…………………………… Tel:0796－2881076
13317968076

## 宜春市袁州区华农禽业发展有限公司

业务:鸡苗、鸭苗、家禽、鲜蛋、皮蛋、烤鸭、板鸭
地址:江西省宜春市中山东路1049号东浦市场内
……… 负责人:余国军　邮　编:336000
…………………………… 法　人:余国军
…………… Tel:13979529919
0795－3291292
… 网址:http://www.51zzt.com/user/zzt32069

**分宜新福养殖有限公司**
地址:江西省新余市分宜县洞村乡程家坊村
…………………………… 负责人:郑学柏
…………………………… Tel:0790－5651666

## 新余市渝北油茶苗木开发有限公司

业务:高产与销售油茶籽、油茶苗、接穗,江西省林业厅在我公司有250亩的高产油茶示范基地。
产品:油茶籽、油茶苗
地址:江西省新余市渝水区水北镇水北村委
……… 负责人:敖鹏　邮　编:338025
…………………………… 法　人:敖鹏
…………… Tel:13879073988
0790－6714058

**玉华大米加工厂**
地址:江西省新余市姚圩镇姚圩刘家村
…………………………… 负责人:龚玉华
…………………………… Tel:0790－6750028
13807905247

## 宜春市袁州区佳农树木种植农民专业合作社

业务:培植经济林,种植药材,养殖猪、鱼、家禽
地址:江西省宜春市袁州区寨下乡新桃村石早片20号
……… 负责人:郭会军　邮　编:336025
…………………………… 法　人:郭会军
…………… Tel:13617959666
13617959777
… 网址:http://www.51zzt.com/user/zzt32009

**万顺大米加工厂**
地址:江西省新余市渝水区鹄山乡
…………………………… 负责人:晏爱民
…………………………… Tel:0790－6711969
13979067889

## 宜春市袁州区湘赣蔬菜有限公司

业务:种植和销售各类蔬菜
产品:蔬菜
地址:江西省宜春市赣西蔬菜批发市场C栋16号
……… 负责人:伍贵生　邮　编:336000
…………………………… 法　人:伍贵生
…………… Tel:13707959706

**晶汇米业有限公司**
地址:江西省宜春地区上高县徐家渡镇
…………………………… 负责人:罗军
…………………………… Tel:0795－2573016
13970502945

## 宜春市袁州区大布上有机肉牛养殖专业合作社

业务:养殖与销售有机肉牛
产品:有机肉牛
地址:江西省宜春市袁州区寨下乡长乐村
……… 负责人:梁平　邮　编:336000
…………… Tel:0795－3431079

**民润饲料有限责任公司**
地址:江西省宜春市奉新县赤田镇
…………………………… 负责人:邹杨颂
…………………………… Tel:0795－4571122
13907953926

## 靖安县农祥农产品专业合作社

业务:无公害蔬菜种植、销售
产品:白菜、萝卜等
地址:江西省宜春市靖安县高湖镇中港村
……… 负责人:邓里根　邮　编:336000
…………………………… 法　人:邓里根
…………… Tel:15180529555
0795－4711999

## 宜春市袁州区山二蔬菜种植专业合作社

业务:绿色有机蔬菜种植销售
产品:青菜、板豆、西红柿、辣椒、黄瓜、南瓜等
地址:江西省宜春市袁州区西村镇分界村
……… 负责人:谢成生　邮　编:336000
…………………………… 法　人:谢成生
…………… Tel:13970566638

**高安市文昌大米加工厂**
地址:江西省宜春市高安市瑞州街办文昌村
…………………………… 负责人:宋金根
…………………………… Tel:13507050818

## 万载县高博原生态养鸭专业合作社

业务:养殖鸭
地址:江西省宜春市万载县鹅峰乡布塘村
……… 负责人:高洪浪　邮　编:336100
…………………………… 法　人:高洪浪
…………… Tel:15170508833
13576517650

**福丰种猪畜牧有限公司**
地址:江西省宜春市万载县鹅峰乡东田村牛皮塘
…………………………… 负责人:袁义忠
…………………………… Tel:13979549555

## 宜春市袁州区辉和花卉苗木专业合作社

业务:花卉苗木培育经营
地址:江西省宜春市袁州区渥江乡信和村
……… 负责人:邓云辉　邮　编:336000
…………… Tel:13507058759
13979518268

**吉祥精制大米加工厂**
地址:江西省宜春市宜丰县花桥乡社溪村
…………………………… 负责人:王平
…………………………… Tel:0795－2950998
13870546511

## 万载县南溪有机种养农民专业合作社

业务:优质水稻、木姜、食用菌、草莓、蔬菜、毛豆、淡水鱼、羊、猪、各类家禽的养殖和销售
产品:优质水稻、木姜、食用菌、草莓、蔬菜、毛豆、淡水鱼、羊、猪、各类家禽
地址:江西省宜春市万载县茭湖乡谢溪村南源组
……… 负责人:谢志刚　邮　编:336114
…………………………… 法　人:谢志刚
…………… Tel:13879527540
15079526750
0795－8310055
…………… Fax:0795－8310055

**金瑞农友粮食加工厂**
地址:江西省宜春市袁州区金瑞村前
…………………………… 负责人:易宗良
…………………………… Tel:0795－3685469
13970528291

## 洋水种养专业合作社

业务:60亩无公害大棚的蔬菜种植、销售;鸡、羊、鱼养殖
产品:芹菜、大蒜、辣椒、茄子等;土鸡、土羊
地址:江西省宜春市袁州区辽市乡辽市村
……… 负责人:易德红　邮　编:336000
…………………………… 法　人:易德红
…………… Tel:15179579016
15979531038

**贵溪市华丰竹业有限公司**
地址:江西省鹰潭市贵溪市工业园区
…………………………… 负责人:李坚华
…………………………… Tel:13705824085

## 宜春市袁州区布里养殖专业合作社

业务:养殖:鸡、猪、鱼
地址:江西省宜春市袁州区柏木乡布里村
……… 负责人:周细席　邮　编:336000
…………………………… 法　人:周细席
…………… Tel:13970563659
… 网址:http://www.51zzt.com/user/zzt32083

## 宜春市袁州区盛源种养殖专业合作社

业务:专业从事种养殖业、花卉苗木、农产品销售、生态发酵床养猪项目等,积极推广生态养殖模式,实现种养殖业的有效结合、互相促进
产品:粮食、经济作物、牲畜、水产品、花卉苗木等
地址:江西省宜春市袁州区彬江镇白元村
……… 负责人:冯良生　邮　编:336002
…………………………… 法　人:冯良生
…………… Tel:13870517188

**明珠精制米厂**
地址:江西省樟树市店下镇原酒基厂内
…………………………… 负责人:李汝坚
…………………………… Tel:0795－7872888
13767517988

## 来生养禽专业合作社

业务:养殖和销售有机羊,土鸡
产品:羊,土鸡
地址:江西省宜春市袁州区洪塘镇林场村
……… 负责人:潘来生　邮　编:336000
…………………………… 法　人:潘来生
…………… Tel:13707059055
0795－3606365
…………… Fax:0795－3994995

**护明立体养殖有限公司**
地址:江西省鹰潭市余江县刘家站垦殖场水产场
…………………………… 负责人:徐护明
…………………………… Tel:13907016195

**明天饲料科技有限公司**
地址:江西省泰和县文田经济开发区
…………………………… 负责人:邓胜华
…………………………… Tel:0796－5371418
13576830598

**三鑫精制米厂**
地址:江西省峡江县砚溪镇步溪村
…………………………… 负责人:胡子立
…………………………… Tel:13155866515

## 宜春市袁州区山楚养殖专业合作社

业务:养殖销售鱼、兔子、猪、牛、养
产品:草鱼、鲢鱼、鲤鱼、鲟鱼,野兔
地址:江西省宜春市袁州区慈化镇山楚村
……… 负责人:吴江湖　邮　编:336000
…………………………… 法　人:吴江湖
…………… Tel:15807955829
15179581152

**同兴精制米厂**
地址:江西省樟树市刘公庙镇
…………………………… 负责人:龚建如
…………………………… Tel:0795－7729299
13707057221

## 崇仁县绿园生猪发展有限公司

崇仁县绿园生猪发展有限公司成立于2005年，专业从事二元种猪、三元商品猪等的养殖，兼营鱼的养殖。

公司以优良的品种、先进的技术、完善的服务，严格的管理得到了众多客户的认可，在公司先进的经营理念指导下，全国各地的联营客户得到了丰厚的回报，公司将坚持“互惠互利，共同发展”的原则共同为良种猪的繁育推广做出贡献。

联系人：乐喜高　13979486088　电话：0794-8272169
地址：江西省抚州市崇仁县许坊乡　邮编：344000

## 都昌县大沙欢歌牧业

都昌县大沙欢歌牧业是一家专门从事种猪扩繁，兽药超市，饲料加工与销售的企业。

本着“以质量求生存，以信誉求发展”的原则，欢迎广大新老客户来电洽谈业务！

联系人：江训发
电话：0792−5228719　13803553621
地址：江西省九江市都昌县城幸福路615号
邮编：332600

## 赣州市利华兽药有限公司

我公司成立于2002年，有着一定的经济实力，并且在江西省及周边省市区有一定的市场基础，在公司总经理赵均的精心耕耘下，公司于2006年6月顺利通过了国家农业部GMP的认证，我们始终与消费者一道创造卓越，坚持以发展为大局，聚精会神谋发展。

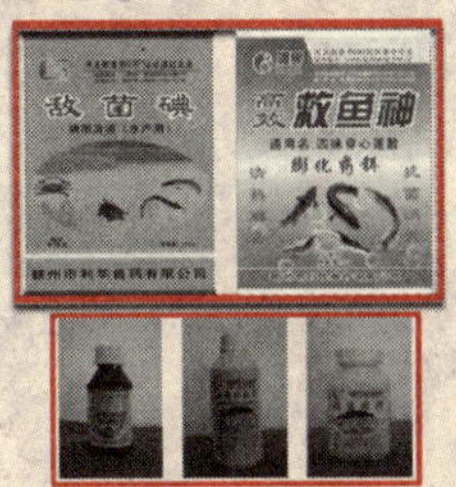

联系人：赵均
电话：0797−4602285　4602286
传真：0797−4602291
地址：江西省赣州市赣县洋唐工业园
电子邮件：huangxr1978@163.com
邮编：341100

## 广丰县兴华绿色农业开发有限公司

广丰县兴华绿色农业开发有限公司成立于2007年，主营苗木培育，李、桃、广丰特产（天桂梨、马家柚、三季枣、血橙等）。

产品绿色保健，质量稳定，供不应求！

联系人：顾培兴
13879300516　电话：0793−2625403　2655119
地址：江西省上饶市广丰县林科所　邮编：334600

## 吉安市锦源兴信有机肥料有限公司

本公司专业从事有机肥及相关产品的开发和研制。

生产环保有机肥，以质量求生存，欢迎新老客户来电来函洽谈业务！

联系人：陈兴信
电话：0796-8311680
邮编：343000
地址：江西省吉安市吉州区禾埠乡新丰村1组

## 南昌县武阳特种水产品养殖场

南昌县武阳特种水产品养殖场成立于2000年，主要养殖生猪、鳜鱼、草鱼、鲢鱼、大头鱼、鲫鱼等。

本着"客户第一，诚信至上"的原则，与多家企业建立了长期的合作关系。热忱欢迎各界朋友前来参观、考察、洽谈业务。

联系人：万细冬
电话：0791-5016756 13979137052
地址：江西省南昌市南昌县武阳镇茬港村 邮编：330219

## 江西万年皇阳贡米实业有限公司

江西万年皇阳贡米实业有限公司是万年贡米集团旗下的一个重要的大米加工及贮存的子公司。主要生产皇阳系列大米。主要品牌有：皇阳贡米、皇阳公主米、皇阳格格米、皇阳太子米等。

产品获得绿色食品认证，企业通过ISO9002质量管理体系认证。"万年贡米，贵在传奇"，我们将在秉承传统的基础上，进一步改进工艺，力臻完美。

联系人：李明琴
电话：0793-3895908 3691500 3691516
网址：www.wngongmi.com
邮编：335500
地址：江西省万年县丰收工业园

## 南康市贵康猪业发展有限公司

南康贵康猪业发展有限公司成立于2003年，下设8个养殖场，现有良种母猪2000头，生猪存栏1.6万头，精品果园500亩。倡导和推行"猪——沼——果（渔）"生态种养模式，每年可繁育良种母猪2000头，生产商品猪5万头，并产甜柚、脐橙、奈李等绿色食品。欢迎各界朋友莅临参观、指导和洽谈。

联系人：刘升贵 电话：13707076226 0797-6560266
地址：江西省南康市宝林大厦办公室 邮编：341400

## 井冈山丽娇花卉苗木培育基地

基地成立于2003年，主要栽培各种绿化苗木，培育各种花卉、室内盆景。还承接绿化工程、花卉租摆、鲜花预订、生日花束、婚车装饰、新娘捧花、开张庆典、会议布置，兼营各种瓷盆、塑料盆、种植工具、花卉肥料、花卉农药、书籍、报刊。

欢迎广大新老客户前来洽谈！

地址：江西省井冈山市厦坪镇厦坪村
电话：13576649909
联系人：张正明
邮编：343603

## 农机实业公司

农机实业公司成立于1995年。主要从事农业机械的销售。本公司宗旨：抓时间、重质量、靠信誉、求发展。以求实创新为原则，竭诚为社会各界提供一流的服务。

电话：0796-5386246 联系人：郭木垣
地址：江西省吉安市泰和县澄江镇上田 邮编：343100

## 九江市双井茶叶有限公司

九江市雙井茶葉有限公司成立于2003年，主要從事茶葉的種植，加工，銷售，主營産品有雙井綠茶，寧紅，龍須茶。

我們視"以茶會友，以茶傳情—讓每一位消費者喝好茶"爲經營理念，以專業爲本，以誠信爲本，全心全意爲客户服務！

联系人：徐亚林 13979207866
电话：0792-7260013
邮编：332400
地址：江西省九江市修水县茶叶科学研究所

## 彭泽县杨梓兴发棉业有限公司

彭泽县杨梓兴发棉业有限公司主营棉花的收购和加工。本公司服务热情，物美价廉，十分乐意为每位光临的朋友提供服务。感谢每位新老顾客的厚爱，欢迎光临！

手机：13970232086 联系人：王勇 电话/传真：0792-5991222
地址：江西省九江市彭泽县杨梓镇 邮编：332000

## 龙珠林业原料林林场

龙珠林业原料林林场主要从事木竹及木竹深加工、苗木培育等，欢迎新老客户来电洽谈业务！

联系人：钟礼明
电话：0797-3556198 13907972633
地址：江西省赣州市龙南县程龙镇 邮编：341700

## 鄱阳县兴量菜牛养殖有限公司

鄱阳县兴量菜牛养殖有限公司成立于2001年，从事养殖及销售，粮食、农副产品购销，我们采用牛、鱼、家禽等多样化链式化生态养殖。

公司秉承"绿色、健康、和谐"的经营理念，真诚为广大农户服务，瞄准市场，不断扩大营销渠道。

欢迎各界朋友参观指导！

联系人：戴豪亮
电话：0793-6391918 13870318679
邮编：333118
地址：江西省上饶市鄱阳县鸦鹊湖乡

## 武宁县柳山农林综合开发有限公司

武宁县柳山农林综合开发有限公司成立于2008年，主要从事种植业、养殖业，生态开发等业务。欢迎新老客户光临惠顾！

联系人：邱少云

电话：13803554788、0792-2787138

地址：江西省九江市武宁县石渡乡柳山村　邮编：332300

## 永修县柘林采育林场

永修县柘林采育林场成立于2006年，主要从事毛竹、树木的种植，产品是各类竹、木制品。我育林场因地制宜，以市场为导向，力争做强做大，拓宽营销渠道。欢迎各界朋友莅临指导、洽谈业务！

联系人：黄寅生
电话：0792-3068215　13879286669
地址：江西省九江市永修县柘林镇采育林场
邮编：330317

# 山东省/Shandong Province

### 兖州市颜店镇雪迪养殖场

业务：养殖和销售肉牛，肉羊，生猪，山羊皮
产品：肉牛，肉羊，生猪，山羊皮
地址：山东省兖州市颜店镇袁三村
负责人：梁新雪　邮　编：272100
法　人：梁新雪
Tel：15054869917
13563769011

### 禹城市朱庄种鸭养殖专业合作社

业务：鸭
地址：山东省禹城市伦镇朱庄村
负责人：马友师　邮　编：251218
法　人：马友师
Tel：0534－7712788
13573437967

### 禹城市兴旺黄牛养殖专业合作社

业务：黄牛养殖
地址：山东省禹城市十里望回族乡
负责人：韩在武　邮　编：253012
法　人：韩在武
Tel：0534－7447058
13505449588
网址：http://www.51zzt.com/user/zzt35137

### 郓城县立祥养猪专业合作社

业务：猪的养殖、销售、猪饲料的购销
地址：山东省郓城县黄安镇孙马庄村
负责人：张立祥　邮　编：274000
法　人：张立祥
Tel：13791482277

### 枣庄市山亭区宝物峪野猪养殖有限公司

业务：野猪养殖与销售
产品：野猪
地址：山东省枣庄市山亭区凫城乡宝物峪村
负责人：管怀伟　邮　编：277101
法　人：管怀伟
Tel：15863200118

### 蓬莱市大辛店健民富硒农产品专业合作社

业务：水果种植销售
地址：山东省烟台市蓬莱市大辛店三十里堡村
负责人：回得建　邮　编：264010
法　人：回得建
Tel：0535－5731201

### 枣庄市山亭区盛一方肉牛养殖专业合作社

业务：肉牛养殖
地址：山东省枣庄市山亭区桑村镇东王庄村10号
负责人：张金贵　邮　编：277200
法　人：张金贵
Tel：13276372997
0632－8618023

### 枣庄市山亭区苏庄农机专业合作社

业务：农机服务
地址：山东省枣庄市山亭区桑村镇苏庄村
负责人：韩玉启　邮　编：277211
法　人：韩玉启
Tel：0632－8613885

### 枣庄市市中区玉泉水产超市（阳澄湖大闸蟹）

业务：批发、零售水产品
产品：阳澄湖大闸蟹、千岛湖水产品
地址：山东省枣庄市市中区君山商城第1幢1单元2层5号房(西户)
负责人：刘守全　邮　编：277000
法　人：刘守全
Tel：13561169998
13465954106

### 嘉祥县聚丰肉牛养殖场

业务：养殖肉牛、肉羊
地址：山东济宁市嘉祥县黄垓乡黄垓西村北5米
负责人：魏九平　邮　编：272133
法　人：魏九平
Tel：0537－6788111
13963788748

### 烟台市牟平区明章农产品专业合作社

业务：水果的种植与销售，以红富士苹果、嘎啦果、黄金梨为主
产品：红富士苹果、嘎啦果、黄金梨
地址：山东省烟台市牟平区龙泉镇大苇子村
负责人：吕明章　邮　编：264010
法　人：吕明章
Tel：0535－4698497

### 栖霞市唐家泊宇春果品专业合作社

业务：出口苹果生产与销售
地址：山东省烟台市栖霞市唐家泊镇西上寨村88号
负责人：李寿春　邮　编：264010
法　人：李寿春
Tel：13356990718

### 栖霞市天豪苹果苗木种植场

业务：苹果苗木培育
地址：山东省烟台市栖霞市臧家庄镇策里高家村
负责人：吴永进　邮　编：264000
法　人：吴永进
Tel：0535－5558388
15053550228

### 栖霞市寨里群利果品苗木专业合作社

业务：以苹果为主的果品苗木的种植、销售
地址：山东省烟台市栖霞市寨里驻地
负责人：牟利山　邮　编：265308
法　人：牟利山
Tel：0535－5551117
13156925678

### 兖州市漕河镇俊华农资超市、兴华粮食收购店

业务：化肥，种子，农药等的销售
地址：山东省兖州市漕河镇华厂村
负责人：刘俊华　邮　编：272100
法　人：刘俊华
Tel：13280051000
0537－3827466

### 兖州市站北农业机械配件经销处

业务：专业批发销售上海纽荷兰农业机械公司.一拖.50. 60.70.80柴油机及配件.配套农机具等。
地址：山东省兖州市酒仙桥北路5号
负责人：史宝水　邮　编：272100
法　人：史宝水
Tel：13608911920
0537－3430203
Fax：0537－3430203

**华鑫养殖有限公司**

地址：山东省安丘市关王镇河洽村
负责人：李华
Tel：0536－4339088
13606473836

### 安丘市敬功蔬菜种植专业合作社

业务：芋头，牛蒡，大葱，洋葱，大姜的种植销售
地址：山东省安丘市大盛镇娄家庄村
负责人：娄敬功　邮　编：262128
法　人：娄敬功
Tel：13127164799
0536－4683185

**东营市河口飞翔工贸有限公司**

业务：本公司成立于2004年6月，主要从事梅花鹿、东亚飞蝗养殖、销售。热忱欢迎新老客户莅临、指导！
地址：山东省东营市河口区孤岛镇济南军区生产基地四分场
负责人：王长利　邮　编：257231
法　人：王长利
Tel：0546－3687615

### 山东省安丘市大盛敬功蔬菜种植专业合作社

业务：全国
产品：各种蔬菜种植销售，大姜，芋头，山药等
地址：山东省安丘市大盛镇娄家庄村
负责人：娄敬功　邮　编：262128
法　人：娄敬功
Tel：13127164799
Fax：0536－4683185
E-mail：loujinggong@163.com

**裕宝农资有限公司**

地址：山东省安丘市兴安街办西大庄村
负责人：王贞委
Tel：13573676122

### 安丘市绿菜园瓜菜专业合作社

业务：瓜菜种植
地址：山东省安丘市景芝镇班岗村
负责人：董玉军　邮　编：262100
法　人：董玉军
Tel：13792696582
0536－4775125

### 愚达肉兔养殖专业合作社

业务：专业从事肉兔养殖销售，年出栏优质肉兔二万余只，免费进行技术咨询，养殖培训指导等一条龙服务。
产品：肉兔
地址：山东省安丘市新安街办赵家埠村
负责人：赵炳涛　邮　编：262109
法　人：赵炳涛
Tel：13793657004
E-mail：zhaobinghai@163.com

**德州牛犇养殖有限公司**

地址：山东省德州市德城区德州经济开发区袁桥乡大王庄村
负责人：王治彬
Tel：0534－2762983

**单县桂鲁玉米发展有限公司**

业务：单县桂鲁玉米发展有限公司于2005年正式成立，位于山东省单县曹庄开发区内，占地面积100多亩。主要以生产玉米淀粉为主，副产品为玉米胚芽，玉米蛋白粉，玉米渣皮等，销售全国各地。产品以质量为第一，顾客至上为宗旨！
地址：山东省荷泽市单县曹庄乡开发区
邮　编：274300
法　人：胡喻京
Tel：0530－4468188
Fax：0530－4468018

### 安丘市大财养鸡专业合作社

业务：专业从事肉鸡养殖及孵化，发展农户养殖，并在鸡苗、饲料、设备、销售、技术咨询等方面为合作社成员提供系列服务！
产品：鸡苗、肉鸡、饲料、兽药、养殖机械
地址：山东省安丘市柘山镇范家沟村
负责人：范玉明　邮　编：262112
法　人：范玉明
Tel：15064695718

### 长岛县玉莉海产品经销部

业务：海产品、长岛海参
地址：山东省烟台市长岛县乐园大街153号
负责人：孙丽芳　邮　编：264000
法　人：孙丽芳
Tel：0535－3136987

### 海阳市建宏远正果蔬农民专业合作社

业务：生产：红提葡萄、红富士苹果
地址：山东省烟台市发城镇河南村
负责人：范会建　邮　编：265138
法　人：范会建
Tel：0535－3896149
13583568739

### 烟台市福山区振娟大樱桃专业合作社

业务：种植及销售樱桃树苗、樱桃
地址：山东省烟台市福山区门楼镇大屋村东
负责人：王振娟　邮　编：264010
法　人：王振娟
Tel：13688650512
0535－6472689
6473866

### 福山区长和茶叶店（第138号店）

业务：茶叶批发经营
地址：山东省烟台市福山区天府街18号
负责人：刘国清　邮　编：265500
法　人：刘国清
Tel：0535－6359388

### 海阳市富康果蔬农民专业合作社

业务：销售化肥、农药、种子
地址：山东省烟台市海阳市发城镇发城村
负责人：项风龙　邮　编：265138
法　人：项风龙
Tel：0535－3892886
13589814038
网址：http://www.51zzt.com/user/zzt29896

### 海阳市绿洲果蔬农民专业合作社

业务：果蔬收购、农资销售
地址：山东省烟台市海阳市发城镇前寨后村
负责人：张兆飞　邮　编：261400
法　人：张兆飞
Tel：13562575018
0535－3656057

### 烟台开发区大季家伟晨实用菌类养殖场

业务：各种食用菌种植
地址：山东省烟台市开发区大季家树夼李家
负责人：李殿伟　邮　编：264000
法　人：李殿伟
Tel：0535－6971168

### 开发区金海渔具店

业务：渔具、渔缸
地址：山东省烟台市开发区金盛小区47－6号
负责人：吴重温　邮　编：271000
法　人：吴重温
Tel：13656451487
0535－6947012

**乐鑫棉业有限公司**
地址：山东省德州市德城区二屯镇丰乐屯村
负责人：赵国合
Tel：13905341878

## 滨州市滨城区兴农速生杨专业合作社
业务：种植、销售绿化苗木
地址：山东省滨州市滨城区堡集镇前戴村
负责人：代云昌　邮　编：256619
法　人：代云昌
Tel：15966382185
15065269185

## 金星禽业有限公司
业务：金星禽业有限公司位于济宁市金乡县肖云镇经济开发区，公司成立于1993年，生产销售禽蛋、种蛋、肉鸡苗、蛋鸡苗、饲料、兽药等。
地址：山东省济宁市金乡县肖云镇经济开发区
邮　编：272200
法　人：李体元
Tel：0537－8767966
Fax：0537－8769966

## 滨州市滨城区健安养殖专业合作社
业务：高免蛋、种蛋、无公害鸡蛋的养殖和销售
产品：高免蛋、种蛋、无公害鸡蛋
地址：山东省滨州市滨城区尚集乡尚集供销社
负责人：张凯凯　邮　编：256619
法　人：张凯凯
Tel：13395433022
0543－3480692

**学景种苗有限公司**
地址：山东省德州市德城区新村中街2号楼4号
负责人：董学景
Tel：0534－2683516
13505348395

## 山东省博兴县顺鑫养鸡农民专业合作社
业务：养鸡，鸡蛋销售点
地址：山东省滨州市博兴县陈户镇董家村
负责人：高静　邮　编：256505
法　人：高静
Tel：0543－2516777

## 济宁市天隆生产资料有限公司
业务：本公司成立于2006年，主要经营化肥、农药、种子。品质保证，价格合理，竭诚欢迎新老客户光临、惠顾！
地址：山东省济宁市任城区喻屯镇韩庄村
负责人：韩文强　邮　编：272100
法　人：韩文强
Tel：0537－2538388

## 山东省博兴县鑫磊油棉有限公司
业务：4000型打包机加工棉花
地址：山东省滨州市博兴县陈户镇工业园
负责人：王树刚　邮　编：256505
法　人：王树刚
Tel：0543－2518676
13805439567

## 新泰市传武养鸭专业合作社
业务：养鸭、养鹅、养驴等
地址：山东省新泰市宫里镇西柳商业街西段路北原加油站院内（蒙馆路杨家隅段）
负责人：杨传武　邮　编：271000
法　人：杨传武
Tel：0538－7772298
13561784111

## 新泰市会库蔬菜种植专业合作社
业务：种植，购销大白菜、土豆
地址：山东省新泰市宫里镇镇里村
负责人：万会库　邮　编：271214
法　人：万会库
Tel：13953829559
0538－7781518

## 新泰市枣林板栗种植专业合作社
业务：专业种植和销售板栗，水果，核桃，以板栗为主，已申请为国家绿色产品，水果为辅，有苹果、桃
产品：板栗，苹果，桃，核桃
地址：山东省新泰市龙廷镇东枣林村枣林路83号
负责人：李天忠　邮　编：271000
法　人：李天忠
Tel：0538－7154124
15064195976

**民和禽业有限公司**
地址：山东省德州市德州开发区郭家庵村
负责人：牟玉祥
Tel：0534－2727088
13969285789

## 羊流镇绿丰农资服务站
业务：种子、农药、化肥批发
地址：山东省新泰市羊流镇羊流村泰新路北
负责人：朱跃菊　邮　编：271200
法　人：朱跃菊
Tel：0538－6325871

## 新泰市华兴养殖专业合作社
业务：养殖
地址：山东省新泰市岳家庄乡辉德村南河堤路北侧
负责人：巩华忠　邮　编：271000
法　人：巩华忠
Tel：0538－7986688
13406202658
Fax：0538－7986688

## 蓬莱市修波养猪专业合作社
业务：养殖和销售猪，销售猪类附属产品，猪饲料等产品
产品：猪、猪类附属产品，猪饲料等产品
地址：山东省烟台蓬莱市小门家镇岳家圈村
负责人：付兆财　邮　编：265600
法　人：付兆财
Tel：13805455873
0535－5991688

## 博兴县琉榴圆禽蛋专业合作社
业务：销售山鸡蛋、鸭蛋
地址：山东省滨州市博兴县城东街道办事处赵楼村
负责人：陈学敬　邮　编：256500
法　人：陈学敬
Tel：13589716848
0543－2874243

**山东临邑仙翁实业有限公司**
地址：山东省德州市临邑县临盘镇工业园泡菜场
负责人：张庆田
Tel：13953442393

## 博兴县思远蔬菜种植专业合作社
业务：种植西红柿、七彩椒，标准化的技术指导
地址：山东省滨州市博兴县店子镇耿朱村东侧
负责人：孙健　邮　编：256619
法　人：孙健
Tel：13355436726
0543－2391218

## 寿光市爱心果蔬专业合作社
业务：水果，蔬菜，箱装菜的加工和销售
地址：山东省潍坊市寿光市洛城街道褚庄村南首
负责人：王大志　邮　编：262705
法　人：王大志
Tel：13606363951
0536－5661526
网址：http://www.51zzt.com/user/zzt30027

## 寿光市润多蔬菜专业合作社
业务：种植、销售蔬菜
产品：菜椒、无刺黄瓜、丝瓜
地址：山东省潍坊市寿光市洛城镇寨里村东南角
负责人：张润生　邮　编：262704
法　人：张润生
Tel：15954482877
0536－5621990

## 寿光市丰泰蔬菜专业合作社
业务：购销蔬菜
地址：山东省潍坊市寿光市圣城街道张建桥村457号
负责人：付春强　邮　编：261041
法　人：付春强
Tel：13011696999
13853600678

## 寿光市瑞海蔬菜专业合作社
业务：蔬菜种植、销售
产品：各类蔬菜
地址：山东省潍坊市寿光市文家街办王家老庄村西
负责人：王玉海　邮　编：261041
法　人：王玉海
Tel：15864331126

**祥隆饲料有限公司**
地址：山东省德州市临邑县孟寺镇孟寺街
负责人：孟祥和
Tel：0534－4582288
13953428805

## 寿光市兴旺养殖有限公司
业务：家禽养殖
地址：山东省潍坊市寿光市羊口镇李家坞村（原小学）
负责人：徐守波　邮　编：261041
法　人：徐守波
Tel：13863650202
0536－5568065

## 潍坊市峡山生态经济发展区福运桑蚕养殖专业合作社
业务：蚕茧收购、加工、销售，蚕丝被制作，提供养蚕技术服务
产品：蚕丝被
地址：山东省潍坊市峡山生态经济发展区太保庄街道南王家庄子村
负责人：王福运　邮　编：261041
法　人：王福运
Tel：0536－7737198
13361453998

## 文登市金鑫薯类专业合作社
业务：红薯种植销售，紫薯王
地址：山东省文登市葛家镇王官屯村
负责人：王学明　邮　编：264400
法　人：王学明
Tel：13386302978
13626315697

## 山东苍山国家粮食储备库
业务：山东苍山国家粮食储备库主要从事粮食购销和储存。热诚欢迎广大客户来人来电洽谈业务，共同合作。
地址：山东省临沂市苍山县县城东环路东侧北段
邮　编：277700
法　人：张兴海
Tel：0539－5237776
Fax：0539－7133300

## 博兴县通威诚信渔业专业合作社
业务：猪和鱼的养殖
地址：山东省滨州市博兴县吕艺镇辛集村
负责人：张树红　邮　编：256619
法　人：张树红
Tel：0543－2561668

## 惠民县广发黑木耳种植专业合作社
业务：黑木耳种植加工销售
地址：山东省滨州市惠民县麻店镇朱家坊村
负责人：朱爱宝　邮　编：256619
法　人：朱爱宝
Tel：15966365880
0543－5265545

**隆盛物资贸易有限公司**
地址：山东省德州市陵县糜镇
负责人：齐照胜
Tel：0534－8853685
13505444685

## 惠民县新纪元苗木种植专业合作社
业务：苗木种植
地址：山东省滨州市惠民县皂户李乡河西崔村
负责人：崔广泽　邮　编：256619
法　人：崔广泽
Tel：13061035278
0543－5251717

## 惠民县加民蛋鸡饲养专业合作社
业务：饲养、销售鸡蛋、淘汰蛋鸡
产品：鸡蛋、淘汰蛋鸡
地址：山东省滨州市惠民县淄角镇后李村
负责人：李加民　邮　编：251700
法　人：李加民
Tel：0543－5211399
13465097126
网址：http://www.51zzt.com/user/zzt36126

**恒祥棉业有限公司**
地址：山东省德州市陵县神头镇皂户杨村
负责人：任洪山
Tel：0534－8686688
13705347837

## 惠民县志宏养羊专业合作社
业务：养殖、繁育和销售山羊
产品：山羊
地址：山东省滨州市惠民县淄角镇土户王村
负责人：王佃河　邮　编：251716
法　人：王佃河
Tel：13589427902
15954737896

## 费县睿农牧业有限公司
业务：费县睿农牧业有限公司主要以生猪养殖、水产养殖、饲料加工及销售为主，公司将以先进的技术、卓越的品质，优质的服务，赢得广大用户的好评和社会的承认，创造良好的经济效益和社会效益。
地址：山东省临沂市费县蒙台路中段（三里沟）
负责人：姚依东　邮　编：273400
法　人：姚依东
Tel：0539－5027778

## 高密市维农葡萄农民专业合作社
业务：葡萄经营
地址：山东省潍坊市高密市阚家镇双羊社区于家山东村
负责人：于涛　邮　编：261041
法　人：于涛
Tel：0536－2628238

## 高密市前进瓜果蔬菜种植专业合作社
业务：瓜果蔬菜种植、技术服务
地址：山东省潍坊市高密市夏庄镇河崖社区前进村
负责人：李珠宝　邮　编：261504
法　人：李珠宝
Tel：0536－2772676
13854464651

## 潍坊市寒亭区东兴奶牛养殖专业合作社
业务：奶牛养殖
地址：山东省潍坊市寒亭区朱里镇狮子行村
负责人：邢新国　邮　编：261000
法　人：邢新国
Tel：15165670681
13573684667
网址：http://www.51zzt.com/user/zzt34355

## 临朐县弥河淡水鱼养殖专业合作社
业务：养殖和销售淡水鱼
产品：草鱼、鲤鱼、鲶鱼、花鲢，观赏鱼
地址：山东省潍坊市临朐县城关街办井家田村
负责人：刘书厚　邮　编：262600
法　人：刘书厚
Tel：13963605996
0536－3160252

## 临朐县腾飞畜禽专业合作社
业务：收购，销售鸭苗、鸡苗、猪，销售饲料
地址：山东省潍坊市临朐县东城区孔村
负责人：马学义　邮　编：262609
法　人：马学义
Tel：13361556571
0536－3693387

## 青州市盛农瓜菜产销专业合作社
业务：大棚西瓜、大棚蔬菜
地址：山东省潍坊市青州市郑母镇西郑村
负责人：冀世建　邮　编：262519
法　人：冀世建
Tel：13335260830
0536－3959079
网址：http://www.51zzt.com/user/zt33

## 寿光市良玺蔬菜专业合作社
业务：优质蔬菜
地址：山东省潍坊市寿光市纪台镇桃园村村委北1公里路西
负责人：张宝良　邮　编：262722
法　人：张宝良
Tel：13361457865
13963680432

**通达精制棉有限公司**
地址：山东省德州市宁津县柴胡店镇崔杨村
负责人：庞新锋
Tel：0534－5873777
13505446277

## 山东省惠民县惠穗蔬菜专业合作社
业务：专业从事蔬菜种植销售；推广、引进种植新技术新品种以及相关的技术培训
产品：黄瓜、西红柿、辣椒、茄子等蔬菜
地址：山东省滨州市惠民县淄角镇西杨村
负责人：杨清堂　邮　编：251716
法　人：杨清堂
Tel：15854321609
E-mail：hmhssc@163.com

## 临沂市河东区以马内利蛋白饲料厂
业务：临沂市河东区以马内利蛋白饲料厂成立于1991年，主要生产动物蛋白（肉骨粉和血粉），“质量第一，信誉至上”，热诚欢迎广大新老客户惠顾！
地址：山东省临沂市河东区相公镇平墩湖工业园

负责人:诸葛文军 邮 编:276025
法 人:诸葛文军
Tel:0539－8837929

## 无棣县宏发养猪专业合作社

业务:种猪、母猪养殖、销售
产品:杜洛克公猪、二元母猪、大白母猪
地址:山东省滨州市无棣县埕口镇孟家村
负责人:刘景治 邮 编:256619
Tel:15854318836
15854360127
0543－6454908

**利群农具厂**
地址:山东省德州市宁津县城关镇李元村
负责人:李志海
Tel:0534－5421238
13969288323

## 无棣县众旺农牧专业合作社

业务:肉禽的养殖销售
产品:鸡、鸭、鹅等
地址:山东省滨州市无棣县信阳乡庞家村(邮政局东邻)
负责人:庞玉阁 邮 编:256619
Tel:0543－2253557
13705433107
网址:http://www.51zzt.com/user/zzt30186

**阳光精制棉有限公司**
地址:山东省德州市宁津县城南环路9号
负责人:回伦海
Tel:0534－5219868
13515348889

## 无棣县徐家广云养猪场

业务:养殖生猪
地址:山东省滨州市无棣县信阳乡徐家村
负责人:赵广云 邮 编:256619
法 人:赵广云
Tel:0543－6355232
15866256716

**隆兴棉业有限公司**
地址:山东省德州市武城县甲马营龙湾
负责人:王万庆
Tel:0534－6398888
13969246600

## 沾化百园冬枣专业合作社

业务:冬枣代办、代存、中介
地址:山东省滨州市沾化县
负责人:刘洪奎 邮 编:256619
法 人:刘洪奎
Tel:0543－7554290
15954302029

## 威海市申港水产部

业务:海鲜
地址:山东省威海市张村镇双岛西山村
邮 编:264200
Tel:0631－5262166

## 昌邑市烟潍奶牛养殖专业合作社

业务:养殖奶牛,销售牛奶,回收和销售饲料
产品:牛奶和饲料
地址:山东省潍坊昌邑市卜庄镇前卢村
负责人:姜利校 邮 编:261041
法 人:姜利校
Tel:0536－7866388
13953520555

## 高密市海鹏蔬菜专业合作社

业务:种植、购销土豆、白菜
地址:山东省潍坊市高密市柏城镇高家庄村
负责人:刘纪海 邮 编:261500
法 人:刘纪海
Tel:15063615888
0536－2640888

## 高密市森盛蔬菜专业合作社

业务:土豆、大姜、芋头、蒜苔、苹果等
地址:山东省潍坊市高密市柏城镇前沙泊村
负责人:马日森 邮 编:261521
法 人:马日森
Tel:0536－2642141

## 山东省高密市世鸿蔬菜专业合作社

业务:推广、引进蔬菜良种;组织收购销售农村产品;以及贮藏、加工、运输服务。
产品:时令、反季节蔬菜、土豆
地址:山东省潍坊市高密市柏城镇西冢子头村
负责人:雷世红 邮 编:261501
法 人:雷世红
Tel:0536－2579959
15964342857

**枣庄乐芝农业综合服务有限公司**
业务:枣庄乐芝农业综合服务有限公司成立于1990年,主要经营种子、农药、化肥、农具、农膜、农副产品购销,始终坚持以诚信为本,以服务于"三农"为出发点,受到了广大消费者的好评,先后被区市农业部门和工商部门授予"诚信经营单位"和"枣庄市第五届消费者满意单位",确实为"三农"做出了应有的贡献。
地址:山东省枣庄市台儿庄区华阳路东长捷路北林桥批发城
负责人:孙发展 邮 编:277400
法 人:韩乐芝
Tel:0632－6620298
Fax:0632－6620298

## 高密市东注沟农机专业合作社

业务:购销
地址:山东省潍坊市高密市柴沟镇方市烟站
负责人:沙明翠 邮 编:261041
法 人:张兰华
Tel:15963435719

## 沾化县泊头西瓜专业合作社

业务:种植与销售西瓜,蔬菜、冬枣
产品:西瓜、蔬菜和冬枣
地址:山东省滨州市沾化县泊头镇人民政府
负责人:刘梅生 邮 编:256619
法 人:刘梅生
Tel:13061040632
0543－7651226

## 威海樱方花卉有限公司

业务:各色花卉的培育销售
地址:山东省威海市环翠区塔山中路244号
负责人:刘先恩 邮 编:264200
法 人:刘先恩
Tel:0631－5317456
13013586787
15318276111

## 成风大闸蟹商行

业务:大闸蟹
地址:山东省威海市环翠区统一路附15－209号
负责人:龚成风 邮 编:264200
法 人:龚成风
Tel:0631－3971912
3965912

## 振泰渔具厂

业务:台钓竿、溪流杆、路亚杆
地址:山东省威海市环翠区张村镇和徐疃工业园
负责人:李完欣 邮 编:264200
法 人:李完欣
Tel:13562188282
0631－5755542
Fax:0631－5755542

## 华润渔具厂

业务:生产渔具
地址:山东省威海市环翠区张村镇前双岛村东
负责人:张华 邮 编:264200
法 人:张华
Tel:0631－5784618
5751418
13721921259

## 威海市环翠区碑鲁果品专业合作社

业务:果蔬购销
地址:山东省威海市桥头镇碑鲁村南学大院
负责人:姜承仁 邮 编:264200
法 人:姜承仁
Tel:13963116568
0631－5527608

## 乳山市星光蛋鸡养殖场

业务:养殖蛋鸡
地址:山东省威海市乳山市夏村镇房屋村
负责人:徐景周 邮 编:264200
法 人:徐景周
Tel:0631－6690260
13371172860

## 乳山市林田丰果蔬农民专业合作社

业务:专业种植和销售各种水果、蔬菜
产品:水果、蔬菜
地址:山东省威海市乳山市崖子镇北寨村17号
负责人:刘建涛 邮 编:264200
法 人:刘建涛
Tel:0631－6582805
13963157808

**银光棉业有限公司**
地址:山东省德州市武城县老城工业园
负责人:商振挺
Tel:13853446949

## 沾化县盛隆藕业专业合作社

业务:养殖藕
地址:山东省滨州市沾化县泊头镇徐万粮村
负责人:牟顺佳 邮 编:256800
法 人:牟顺佳
Tel:13562342359
0543－7325770

**华山棉业有限公司**
地址:山东省德州市武城县老城镇工贸园
负责人:赵华山
Tel:13356262766

## 沾化县一山冬枣专业合作社

业务:冬枣种植销售,代收、代存,冬枣苗出售,种植技术指导
地址:山东省滨州市沾化县冯家镇孙家庄子村
负责人:孙亦山 邮 编:256619
法 人:孙亦山
Tel:0543－7571236
13176427078

**武城县鑫汇棉业有限公司**
地址:山东省德州市武城县老城镇工贸园
负责人:王同州
Tel:13583478887

## 沾化县喜翠冬枣专业合作社

业务:种植、收购冬枣
地址:山东省滨州市沾化县下河乡青城村
负责人:王希翠 邮 编:256619
法 人:王希翠
Tel:13561592161
13455798590
0543－7646738

## 滕州市龙河金芋毛芋头专业合作社

业务:土豆,毛芋,生姜,大葱等蔬菜种植及销售
地址:山东省滕州市大坞镇龙泉村村东首
负责人:朱述桂 邮 编:277514
法 人:朱述桂
Tel:0632－2981612
13181429336

## 滕州市龙湖渔业养殖专业合作社

业务:滕州龙湖渔业养殖专业合作社从事成品鱼的销售,鱼苗的购置,饲料的采购,及鱼药、鱼病的技术服务。
地址:山东省滕州市东郭镇前高庄村西
负责人:彭金珍 邮 编:277500
法 人:彭金珍
Tel:13280212558
15866249297

## 滕州市新领特种农产品产销专业合作社

业务:水果、蔬菜种植购销
地址:山东省滕州市东沙河镇耿楼村北18号
负责人:于新领 邮 编:277500
法 人:于新领
Tel:13562239676
13062002951

## 滕州市前洪绪农机服务专业合作社

业务:农机服务
地址:山东省滕州市洪绪镇前洪绪村西100米
负责人:李忠新 邮 编:277500
法 人:李忠新
Tel:13001595647
13791413386
网址:http://www.51zzt.com/user/zzt31108

## 滕州市福源农业机械服务专业合作社

业务:承接农田作业,农业机械租赁
地址:山东省滕州市姜屯镇闫西村(闫村小学对过)
负责人:邱加永 邮 编:277500
法 人:邱加永
Tel:13561175486

## 滕州市界河镇富民薯业有限公司

业务:土豆种,购销土豆
地址:山东省滕州市界河镇土楼村
负责人:邱爱宏 邮 编:277500
法 人:邱爱宏
Tel:0632－2731060
13516379879

**众鑫棉业有限公司**
地址:山东省德州市武城县老城镇工贸园
负责人:王中盼
Tel:13589923786

## 藤州市玉兰花园艺场

业务:经营和销售各种绿化苗木
产品:各种绿化苗木
地址:山东省滕州市大坞镇小坞村
负责人:詹长军 邮 编:277500
法 人:詹长军
Tel:13181276063

## 沾化县发财冬枣专业合作社

业务:无公害冬枣代购代销,提供种植无公害冬枣技术
产品:种植无公害冬枣
地址:山东省滨州市沾化县下洼镇张王一村
负责人:王义成 邮 编:256803
法 人:王义成
Tel:13884862101

## 邹平县韩店镇韭久香韭菜专业合作社

业务:种殖无公害韭菜、有机韭菜、绿色韭菜
地址:山东省滨州市邹平县韩店镇小店村
负责人:李文学 邮 编:256619
法 人:李文学
Tel:15910062780
0543－4612918

**中骐棉业有限公司**
地址:山东省德州市武城县老城镇工贸园
负责人:赵之海
Tel:13605344480

## 邹平县大富华畜禽养殖专业合作社

业务:养殖家禽
产品:鸡、鸭、猪
地址:山东省滨州市邹平县焦桥镇东杜村
负责人:钟安青 邮 编:256200
法 人:钟安青
Tel:13505431768
0543－4871109

## 宁阳县乡饮连丰农业科技服务站

业务:专营农药、复混肥料,并提供与农业生产经营相关的技术培训、信息咨询服务。以面向三农,关注市场,服务社会为宗旨,竭诚为您服务。
地址:山东省泰安市宁阳县乡饮乡中心街79号
负责人:高连年 邮 编:271403
法 人:高连年
Tel:0538－5531099

## 山东省泰安市金泉林瓜菜专业合作社

业务:专业从事瓜果、蔬菜的种植、销售,兼营化肥、农药种子。
产品:西瓜,彩椒,甜椒,西红柿,长豆角等
地址:山东省泰安市泰安高新区北集坡镇泉林庄村
负责人:周安利 邮 编:271025
法 人:周安利
Tel:15949818078

## 顺鑫动物养殖场

业务:动物的养殖,主要有獭兔、狐狸、耗子、水貂等
地址:山东省泰安市泰山区邱家店镇石碑村
负责人:韦忠良 邮 编:271000
法 人:韦忠良
Tel:0538－8868372
13678681804

## 泰安市泰山区昌达奶牛养殖专业合作社

业务:奶牛养殖、鲜奶采集
地址:山东省泰安市泰山区省庄镇岳庄村
负责人:高存随 邮 编:271000
法 人:高存随
Tel:13605384866
0538－6580066

## 泰安市泰山区鑫源肉食批发中心(六和肉食)

业务:以鸡鸭为主的冷冻产品,水产品
地址:山东省泰安市泰山区五马市场中区南门
负责人:禹朴超 邮 编:271000
法 人:禹朴超
Tel:13053850088
0538－6290089

**淄博大王花卉园艺有限公司**
业务:本公司是以产销蝴蝶兰及洋兰系列为主,园林绿化,苗木培育为辅的综合性花卉园艺公司。公司遵循以科技为先导,以创新为核心,以质量求生存,以管理求效益的管理理念,力争逐步建成鲁中地区最大的

花卉苗木产销基地，逐步拓展市场，为繁荣淄博经济做出积极的贡献！
地址：山东省淄博市高青县高城镇大王村
邮　编：256301
法　人：李俊杰
Tel：0533－6982688
Fax：0533－6315918
网址：www.dwhh.cn

### 新泰市龙廷镇龙鑫蔬菜专业合作社
业务：种植蔬菜
地址：山东省泰安市新泰市龙廷镇苗西村
负责人：褚友新　邮　编：271003
法　人：褚友新
Tel：0538－7152794
15069812872

### 新泰市楼德镇鸿谊面粉厂
业务：面粉加工销售
地址：山东省泰安市新泰市楼德镇西王庄村
负责人：张仁伟　邮　编：271000
法　人：张仁伟
Tel：0538－7637178

### 滕州市鹏飞机防专业合作社
业务：农作物病虫害防治，农作物机械化施肥
地址：山东省滕州市柴胡店镇镇政府东80米
负责人：孟祥朋　邮　编：277525
法　人：孟祥朋
Tel：13561195113
0632－2205128

### 德利棉业有限公司
地址：山东省德州市武城县老城镇工贸园
负责人：赵玉明
Tel：0534－6315518
13905443003

### 昌邑市宏伟养猪专业合作社
业务：养殖商品猪、种猪
地址：山东省昌邑市围子镇董家阙庄村
负责人：董友法　邮　编：261300
法　人：董友法
Tel：13853662216
15865366168

### 泰丰棉业有限公司
地址：山东省德州市武城县老城镇工贸园
负责人：王朝波
Tel：0534－6316558
13969217886

### 昌邑市金台学信养猪农民专业合作社
业务：肥猪的养殖和销售
产品：肥猪
地址：山东省昌邑市饮马镇西金台东北村
负责人：李学信　邮　编：261041
法　人：李学信
Tel：0536－7702264
13468487497

### 泰旭棉业有限公司
地址：山东省德州市武城县老城镇工贸园
负责人：王长青
Tel：0534－6371888
13953400083

### 德州市德城区雏凤孵化厂
业务：孵化鸡苗
地址：山东省德州市德城区黄河涯镇岳高铺村北头
负责人：姚宝连　邮　编：253012
法　人：姚宝连
Tel：0534－2732890
13953498337
网址：http://www.51zzt.com/user/zzt34163

### 德州市德城区杨洪岭白条鸡店
业务：白条鸡、鸭、鹅、鸽子等的销售
地址：山东省德州市德城区三八路便民市场
负责人：杨洪岭　邮　编：253000
法　人：杨洪岭
Tel：13153499517
0534－8928389

### 华龙棉业有限公司
地址：山东省德州市武城县李家户乡工业园
负责人：李文岭
Tel：13605344332

### 肥城市东山林业生态中心
业务：特种养殖、生态餐饮、林业种植
地址：山东省泰安市肥城市安临站镇安站村
负责人：李洪勇　邮　编：271600
法　人：李洪勇
Tel：13562850118

### 天信棉业有限公司
地址：山东省德州市武城县老城镇工贸园
负责人：刘立贤
Tel：13705345826
13853499485

### 肥城市湖屯镇西湖西渔业养殖专业合作社
业务：渔业养殖，渔业养殖技术信息服务，为成员提供农业生产资料购买
产品：渔苗，成品鱼
地址：山东省泰安市肥城市湖屯镇西湖西村
负责人：朱序成　邮　编：271613
法　人：朱序成
Tel：0538－3612923

### 肥城市六旺良种猪场
业务：良种猪的销售
产品：主要品种是长白、大约克、杜洛克种猪
地址：山东省泰安市肥城市石横镇马坊村东
负责人：张玉堂　邮　编：271000
法　人：张玉堂
Tel：13793830578
0538－3511488

### 宁阳县宁阳镇华伟鸡场
业务：种鸡、蛋鸡、公鸡、笨鸡、乌鸡、鸡蛋
产品：养殖与销售种鸡、蛋鸡、公鸡、笨鸡、乌鸡
地址：山东省泰安市宁阳县城西外环路八仙桥开发区北首(华伟鸡场)
负责人：王现伦　邮　编：271400
Tel：0538－5630898
13853845909

### 宁阳县瑞农农副产品购销有限公司
业务：农副产品购销
产品：生姜、大蒜
地址：山东省泰安市宁阳县磁窑镇王家张庄村
负责人：宁国栋　邮　编：271400
法　人：宁国栋
Tel：13335292117
0538－5836111
15318136555
13105480222

### 宁阳县天天鲜副食品商店
业务：农副产品购销
地址：山东省泰安市宁阳县罡城镇伏庙村14号
负责人：薛以洪　邮　编：271000
法　人：薛以洪
Tel：13405489990
0538－5232026

### 宁阳县金源薄皮核桃种植专业合作社
业务：种植核桃
地址：山东省泰安市宁阳县鹤山乡王卞东村
负责人：孙友国　邮　编：271000
法　人：孙友国
Tel：0538－5113396
13954845485

### 宁阳县瑞丰生资栗楼农资加盟店
业务：农药购销
地址：山东省泰安市宁阳县蒋集镇栗楼村
负责人：宁方国　邮　编：271409
法　人：宁方国
Tel：13953846068
0538－5270049

### 昌盛棉业有限公司
地址：山东省德州市武城县李家户工业园
负责人：李玉振
Tel：0534－6588977
13605345419

### 乐陵市天来蔬菜专业合作社
业务：绿色无公害蔬菜种植
产品：主要是萝卜
地址：山东省德州市乐陵郑店镇北陈村
负责人：陈天来　邮　编：253618
法　人：陈天来
Tel：13626373328
0534－6784378

### 岱岳区范镇鑫源养殖场
业务：单种鸡养殖和奶牛养殖
地址：山东省泰安市岱岳区范镇马庄村
负责人：冯承班　邮　编：271000
法　人：冯承班
Tel：0538－8683255
15966027189

### 龙飞农业科技有限公司
地址：山东省德州市武城县顺河新街31号
负责人：祁由寅
Tel：0534－6281950
13905349779

### 宁津县振军蔬菜种植专业合作社
业务：种植与销售各类蔬菜、蔬菜种子与化肥，大棚物资
产品：各类蔬菜与化肥
地址：山东省德州市宁津县柴胡店镇孟集蔬菜批发市场
负责人：冯振军　邮　编：253012
法　人：冯振军
Tel：13791336791
0534－5871095
Fax：0534－5873950

### 华信棉业有限公司
地址：山东省德州市武城县扬庄乡银山工贸园
负责人：赵西华
Tel：0534－6338366
13791347397

### 泰安晓龙肥业有限公司
业务：复合肥，有机肥，混合肥，含硫尿素，含锌尿素等农用肥料
地址：山东省泰安市东平县戴庙乡后张庄村
负责人：刘建峰　邮　编：271500
法　人：刘建峰
Tel：0538－2544899
13805480643
网址：http://www.51zzt.com/user/zzt34607

### 东平县红金龙观赏鱼专业合作社
业务：养殖观赏鱼
地址：山东省泰安市东平县稻香街明湖观赏鱼
负责人：崔兆锋　邮　编：271500
法　人：崔兆锋
Tel：13583869068
0538－6351356

### 东平县东平镇林丰水果产销专业合作社
业务：水果种植及销售
地址：山东省泰安市东平县东平镇于寺村
负责人：梁久林　邮　编：271000
法　人：梁久林
Tel：0538－2991318
13793831535

### 东平县群发特种动物养殖专业合作社
业务：动物养殖，产品加工
产品：裘皮加工
地址：山东省泰安市东平县老湖镇西三村
负责人：方绪全　邮　编：271000
法　人：方绪全
Tel：0538－2288368

### 东平县东元蔬菜产销专业合作社
业务：蔬菜生产销售
地址：山东省泰安市东平县梯门乡东梯子园村
负责人：宫延军　邮　编：271000
法　人：宫延军
Tel：13853875944
0538－2235555

### 东平县兴鲁养猪专业合作社
业务：养殖和销售生猪
产品：猪
地址：山东省泰安市东平县梯门乡东梯门村
负责人：王兴鲁　邮　编：271504
法　人：王兴鲁
Tel：13583858965
13854861630

### 东平县洪福肉牛养殖专业合作社
业务：肉牛养殖
地址：山东省泰安市东平县州城镇于海村
负责人：张洪福　邮　编：271000
法　人：张洪福
Tel：13792136897
13562871473

### 肥城市恒旭果蔬专业合作社
业务：种植、销售水果、蔬菜
地址：山东省泰安肥城市桃园镇屯头村公路站西首
负责人：王其发　邮　编：271000
法　人：王其发
Tel：13562851876
0538－3561507

### 双丰棉业有限公司
地址：山东省德州市武城县杨庄乡工贸园南首
负责人：王庆振
Tel：0534－6337878
13516303329

### 寿光市康盛水产养殖专业合作社
业务：本社集水产养殖、加工、销售，饲料、渔苗、渔药和技术服务于一体，一流的品种，一流的服务，一流的水质，精心打造无危害绿色产品
产品：日本对虾、台湾斑节对虾、渤海梭子蟹、南美白对虾等
地址：山东省寿光市羊口镇
负责人：柴孟友　邮　编：262700
法　人：柴孟友
Tel：13964719588
网址：http://kangshengsc.cn
E-mail：chaimy@163.com

### 鹏飞奶牛养殖场
业务：奶牛养殖，鲜奶销售
地址：山东省泰安市岱岳区范镇沟头村
负责人：李灿哲　邮　编：271000
法　人：李灿哲
Tel：0538－8789588

### 泰安市岱岳区房村镇鲁里鲁兴蔬菜专业合作社
业务：常年定购种苗、西红柿、茄子、辣椒种苗，经营农业化肥、大棚无土栽培推广，包括有机产品产供销服务
地址：山东省泰安市岱岳区房村镇鲁里村
负责人：王忠祥　邮　编：271027
法　人：王忠祥
Tel：0538－8073878
13953854054

### 泰安市岱岳区农发蔬菜专业合作社
业务：农发蔬菜、种子无土栽培，种植西红柿
地址：山东省泰安市岱岳区房村镇邹家庄村
负责人：邹学寨　邮　编：271027
法　人：邹学寨
Tel：0538－8073363
网址：http://www.51zzt.com/user/zzt31454

### 泰安市岱岳区振农养猪专业合作社
业务：猪的养殖，饲料采购，生猪购销
地址：山东省泰安市岱岳区角峪镇齐家庄村
负责人：王奎林　邮　编：271000
法　人：王奎林
Tel：13678686412
0538－8778049
网址：http://www.51zzt.com/user/zzt32516

### 泰安市岱岳区祥云蔬菜专业合作社
业务：种植与销售土豆、大蒜，专供超市
产品：土豆、大蒜
地址：山东省泰安市岱岳区祝阳镇井家洼村
负责人：赵兴祯　邮　编：271034
法　人：赵兴祯
Tel：13953880180

### 东平县兴安瓜菜产销专业合作社
业务：西瓜，甜瓜，菜瓜，胡萝卜，土豆的种植销售
地址：山东省泰安市东平县大羊乡土安村
负责人：林昭成　邮　编：271503
法　人：林昭成
Tel：0538－2342315
15853899952
网址：http://www.51zzt.com/user/zzt33971

### 夏津县兴丰皮棉经营有限公司
地址：山东省德州市夏津县双庙镇西鸭村
负责人：候少先
Tel：0534－3551151

### 宁津县兴农农作物种植专业合作社
业务：农作物种植
地址：山东省德州市宁津县大曹城镇油房赵村
负责人：赵恩会　邮　编：253012
法　人：赵恩会
Tel：0534－5561191
网址：http://www.51zzt.com/user/zzt123584

### 寿光市春香蔬菜专业合作社
业务：各种蔬菜的种植及销售
地址：山东省寿光市古城街道桑官村
负责人：朱文明　邮　编：262000
法　人：朱文明
Tel：13854442374

### 夏津县润丰皮棉经营有限公司
地址：山东省德州市夏津县双庙镇西鸭村
负责人：候秉秀

Tel:0534－3551152

**寿光市一鸣火鸡养殖专业合作社**
业务：火鸡养殖
地址：山东省寿光市侯镇岔河新沙路口往西500米路北
负责人：魏立堂 邮编：261041
法人：魏立堂
Tel:13721984589
0536－5391957

**寿光市金百果品专业合作社**
业务：果品经营，农药、化肥销售，产品：苹果、梨、桃、杏子、核桃、樱桃等
地址：山东省寿光市侯镇五台崔家村349号
负责人：崔金德 邮编：262700
法人：崔金德
Tel:0536－5389157
13864622339

**寿光市德农蔬菜专业合作社**
业务：黄瓜，柿子等果蔬的种植及种子，化肥等农资销售。种植技术咨询
地址：山东省寿光市化龙镇夏店村南首
负责人：梁友孝 邮编：262719
Tel:15853682988

**寿光市星博蔬菜有限公司**
业务：种植蔬菜、加工蔬菜、育苗
地址：山东省寿光市洛城街道办杨家村
负责人：杨连池 邮编：261041
法人：杨俊文
Tel:0536－5661399
13376462911

**寿光市友春蔬菜专业合作社**
业务：各种蔬菜的种植及销售
地址：山东省寿光市上口镇贾王南邵村委南500米路西
负责人：崔友春 邮编：262732
法人：崔友春
Tel:15953638998

**寿光市春澳菜业有限公司**
业务：蔬菜种植，仓储，包装，销售，空车配货
产品：蔬菜散装，套装
地址：山东省寿光市上口镇西广村村委北200米
负责人：张金铃 邮编：262733
法人：张金铃
Tel:0536－5873920
13001536012
Fax:0536－5873920
E-mail:zhangjinling18@126.com

**寿光市怀才蔬菜专业合作社**
业务：种植和销售蔬菜，以黄瓜为主
产品：蔬菜
地址：山东省寿光市田柳镇常家庄村委南800米路东
负责人：常怀才 邮编：261041
法人：常怀才
Tel:13563664845
13210749074

**寿光超利养殖专业合作社**
业务：养殖家禽、鸡、鸭
地址：山东省寿光市田柳镇王高东头村大街东首
负责人：张作五 邮编：262700
法人：张作五
Tel:13562635388
0536－5712565

**寿光市裕丰农机销售中心**
业务：裕丰农机销售
地址：山东省寿光市文家街道西环路与圣城西街交叉路口东北角（裕丰农机销售中心）
负责人：王焕城 邮编：262700
法人：王焕城
Tel:13953638989
0536－5266258
Fax:0536－5266258

**宁津县瑞祥养蜂专业合作社**
业务：养殖蜜蜂、蜂产品的销售
地址：山东省德州市宁津县振华大街100号
负责人：郑秋环 邮编：253400
法人：郑秋环
Tel:13969270869
0534－5224868

**海天皮棉经营有限公司**
地址：山东省德州市夏津县双庙镇西鸭村
负责人：候波先
Tel:0534－3551273
3552588

**旺鑫皮棉经营有限公司**
13805346992
地址：山东省德州市夏津县双庙镇西鸭村
负责人：侯西香
Tel:0534－3558688
13705344559

**水蓝蓝海带加工厂**
业务：海带加工
地址：山东省荣成市寻山街道东龙家村
负责人：王寻 邮编：264300
法人：王寻
Tel:0631－7651937

**荣成市利民小麦种植专业合作社**
业务：小麦种、玉米种、花生及小麦种植信息技术
地址：山东省荣成市崖西镇南崖西村
负责人：车仁军 邮编：264200
法人：车仁军
Tel:0631－7631393
13562185378

**乳山市深蓝土豆专业合作社**
业务：土豆种植
地址：山东省乳山市城区街道办事处仇家洼村
负责人：仇祝琪 邮编：264500
法人：仇祝琪
Tel:13696315558

**兴农果蔬农民专业合作社**
业务：种植销售水果、种植销售大姜
地址：山东省乳山市大孤山镇下石灰刘家村
负责人：刘东贵 邮编：264200
法人：刘东贵
Tel:13061177721
0631－6716376
网址：http://www.51zzt.com/user/zzt30143

**寿光市通泰蔬菜专业合作社**
业务：专业从事种子、化肥的采购，蔬菜种植销售，为您提供无公害，纯绿色蔬菜。并提供与农业生产经营相关的技术培训、信息咨询服务。
产品：西红柿，千禧，樱桃，红、黄西红柿，瓜类
地址：山东省寿光市稻田镇孟桥村
负责人：李宪军 邮编：262727
法人：李宪军
Tel:13583681692
网址：http://sgttsc.chinapyp.com

**寿光市家奎蔬菜专业合作社**
业务：种植与销售各类蔬菜
产品：各类蔬菜
地址：山东省寿光市稻田镇王望村村委北1公里
负责人：秦家奎 邮编：262707
法人：秦家奎
Tel:13853695735
0536－5860289

**寿光市同庆蔬菜专业合作社**
业务：蔬菜销售
地址：山东省寿光市古城街道北马范村西首
负责人：郑同庆 邮编：261041
法人：郑同庆
Tel:13953660238
0536－5585191

**北方皮棉销售有限公司**
地址：山东省德州市夏津县宋楼镇时庄村
负责人：时继可
Tel:13705348105

**平原县昌友玉米种植专业合作社**
业务：玉米种植
地址：山东省德州市平原县恩城镇镇府路3号
负责人：马昌友 邮编：253012
法人：马昌友
Tel:0534－4540123
13695340346

**莒县华大养猪专业合作社**
业务：商品猪繁育，养猪设备，品种改良，饲料加工
产品：生猪
地址：山东省日照市莒县中楼镇黑洞村616号
负责人：张守华 邮编：276518
法人：张守华
Tel:0633－6439800
Fax:0633－6439800

**天时棉业有限公司**
地址：山东省德州市夏津县宋楼镇时庄工业园
负责人：李法扬
Tel:0534－3586998

13853441088

**日照市岚山区兴隆养猪专业合作社**
业务：生猪养殖
地址：山东省日照市岚山区碑廓镇王家庄村
负责人：赵明利 邮编：276800
法人：赵明利
Tel:13561989118
13563331207

**日照市岚山区胡世松育苗场**
业务：梭子蟹苗；东方虾苗；车虾苗；南美白虾苗；成蟹，成虾回收等业务。
地址：山东省日照市岚山区虎山镇韩家营子村
负责人：胡世松 邮编：276806
法人：胡世松
Tel:0633－2671509
Fax:0633－2671509

**五莲县兴业茶叶专业合作社**
业务：茶叶加工销售
地址：山东省日照市五莲县叩官镇王石头村
负责人：徐建勋 邮编：276800
法人：徐建勋
Tel:0633－5525022

**德泰丰饲料加工厂**
业务：主要经营：鱿鱼膏、乌贼膏、鱼料和其它饮料原料
地址：山东省荣成市港湾街道办事处东王门村
负责人：袁承岷 邮编：264300
Tel:15306301999
0631－7383167

**荣成市家昌水产饲料有限公司**
业务：鱼粉，鱼油，虾粉等水产品饲料的加工销售
地址：山东省荣成市港湾街道办事处西王门村
负责人：张传洲 邮编：264209
法人：张传洲
Tel:13356317946
0631－7377946

**荣成市润洋水产有限公司**
业务：水产品冷冻、加工、销售
产品：各种海产品
地址：山东省荣成市姜尚路398号
负责人：王生文 邮编：264200
法人：王生文
Tel:13666306788
0631－7321688
E-mail:runyangsc6788@126.com

**诚信油棉有限公司**
地址：山东省德州市夏津县夏津镇亲庄村
负责人：刘先明
Tel:0534－3593388
13953446011

**平原县惠丰蔬菜种植专业合作社**
业务：蔬菜
地址：山东省德州市平原县粮食局
负责人：王淑忠 邮编：253100
法人：王淑忠
Tel:0534－4211083
13793465816
Fax:0534－4217765

**平原县圣都蔬菜专业合作社**
业务：销售农资
产品：农药、种子、化肥
地址：山东省德州市平原县王杲铺镇王杲铺街
负责人：付青根 邮编：253105
法人：付青根
Tel:0534－2162528
13953403245

**东营市东森林业开发有限公司**
地址：山东省东营市东城府前街138号
负责人：苏联中
Tel:0546－8080667

**莒县河东黄烟种植专业合作社**
业务：烟草种植和销售
产品：烟草
地址：山东省日照市莒县棋山镇河东村
负责人：李法文 邮编：276800
法人：李法文
Tel:13863364738
0633－6531489

**顺源皮棉经营有限公司**
地址：山东省德州市夏津县夏津镇塔坡村
负责人：宋书顺
Tel:0534－3884020
13705348110

**宏丰皮棉销售有限公司**
地址：山东省德州市夏津县新盛店镇大李庄村东
负责人：李洪生
Tel:0534－3548188
13953440819

**莒县宏益养猪专业合作社**
业务：生猪养殖以及饲料、兽药的销售
地址：山东省日照市莒县棋山镇莫庄新村
负责人：陈世忠 邮编：276800
法人：陈世忠
Tel:13806332692
0633－6533011

**莒县碧和春茶厂**
业务：茶叶加工销售
产品：绿茶，丹参茶，竹叶青，苦菜茶，野生菊花茶
地址：山东省日照市莒县棋山镇西陈家尚庄村
负责人：陈旭升 邮编：276520
法人：陈旭升
Tel:0633－6530003
13468344869
网址：www.qishancha.com
E-mail:shine138299@yahoo.cn

**莒县夏庄鑫达禽畜产销专业合作社**
业务：苗鸭，成品鸭的养殖销售及冻鸭产品
地址：山东省日照市莒县夏庄镇前石屯
负责人：周洪省 邮编：276514
法人：周洪省
Tel:13954902688

**莒县百佳奶牛专业合作社**
业务：奶牛养殖
产品：奶牛
地址：山东省日照市莒县小店镇金墩二村
负责人：王连团 邮编：276800
法人：王连团
Tel:13516337772
13563334772

**莒县惠民果蔬专业合作社**
业务：化肥，农药，良种，棚膜，果品蔬菜销售
产品：西红柿，韭菜，芸豆，芹菜，西瓜
地址：山东省日照市莒县峤庄镇伦家当门村
负责人：陆京任 邮编：276535
法人：陆京任
Tel:0633－6815595

**莒县渚汀养猪专业合作社**
业务：商品猪养殖，生猪、育肥猪销售
产品：一元母猪、二元母猪、太湖母猪
地址：山东省日照市莒县峤庄镇渚汀村
负责人：尹学文 邮编：276800
法人：尹学文
Tel:13105103009
13066097399

**莒县招贤广兴禽业技术服务部**
业务：禽业技术服务
地址：山东省日照市莒县招贤镇二村
负责人：李令伟 邮编：276800
法人：李令伟
Tel:0633－6722980

**海通渔需物资有限责任公司**
地址：山东省东营市河口区仙河镇孤岛边防工作站
负责人：苏茂学
Tel:0546－8870208
13325035398

**平原县义凯肉鸭养殖专业合作社**
业务：肉鸭养殖
地址：山东省德州市平原县王杲铺镇许博泉村
负责人：王凯 邮编：253012
法人：王凯
Tel:13953487744
15253490288
0534－4564188

**日照市宏伟农资植保中心**
业务：经营各种品牌化肥、农药、名优大田种子及蔬菜种子，并免费提供测土施肥、疑难病虫害防治、诊断服务
地址：山东省日照市东港区山东路与丹阳路交汇处
负责人：丁明伟 邮编：276800
法人：丁明伟
Tel:0633－8281120
13336339649
Fax:0633－8281120

**利津县丰宝饲料加工有限公司**

地址:山东省东营市利津县汀罗镇驻地
负责人:王自伦
Tel:0546－5056188

## 日照市东港区绿东生猪养殖厂

业务:养殖生猪,出售母猪、仔猪
地址:山东省日照市东港区涛雒镇曹家村
负责人:马成龙 邮 编:276800
法 人:马成龙
Tel:0633－8655759
13468355639

## 莒县东盛食用菌专业合作社

业务:食用菌种植
地址:山东省日照市莒县东莞镇孟家洼村
负责人:孟凡宗 邮 编:276800
法 人:孟凡宗
Tel:13563347179
15066643596
网址:http://www.51zzt.com/user/zzt29869

## 莒县宗氏肉食冷藏厂

业务:肉食冷藏加工
地址:山东省日照市莒县浮来山镇韩家村
负责人:宗守志 邮 编:276800
法 人:宗守志
Tel:0633－6425802

## 莒县兴农果蔬专业合作社

业务:果树、蔬菜的种植销售
产品:油桃、苹果、柿子、白菜、芸豆、西红柿、花椰菜等
地址:山东省日照市莒县果庄乡前梭庄村
负责人:崔安永 邮 编:276800
法 人:崔安永
Tel:0633－6698338
13561915309
网址:http://www.51zzt.com/user/zt17

## 莒县龙山金源养猪专业合作社

业务:生猪养殖
地址:山东省日照市莒县龙山镇大塘坊村
负责人:王继项 邮 编:276800
法 人:王继项
Tel:0633－6718908

**利津景卫水产养殖有限公司**
地址:山东省东营市利津县一千二林场
负责人:付景卫
Tel:0546－5182888

## 齐河县表白寺镇谭庄祥华养殖场

业务:肉鸡养殖
地址:山东省德州市齐河县表白寺镇龙腾加油站
负责人:张一训 邮 编:253012
法 人:张一训
Tel:13953402801
0534－5442388
Fax:0534－5444988

**盛龙棉业购销有限公司**
地址:山东省菏泽市曹县常乐集镇郑庄村
负责人:郑景合
Tel:0530－3732058
13953069509

## 青州市金科旺鸭业专业合作社

业务:鸭苗、药物、饲料、肉鸭
产品:毛鸭、鸭产品
地址:山东省青州市弥河镇官庄村
负责人:王 军 邮 编:262501
法 人:王 军
Tel:0536－3810453

## 青州市喜来瓜菜种植购销专业合作社

业务:种植与销售各类瓜果蔬菜,供销农贸产品,农药、化肥
产品:各类瓜果蔬菜,农贸产品
地址:山东省青州市谭坊镇十亩田村
负责人:董希来 邮 编:262500
法 人:董希来
Tel:13583640719
13325263029
0536－3873751

## 青州市海隆养殖专业合作社

业务:家禽和家畜的养殖和销售,饲料、兽药的销售
产品:鸡、鸭、牛、羊、猪等家禽和家畜
地址:山东省青州市谭坊镇张石岭村
负责人:韩清鉴 邮 编:262519
法 人:韩清鉴
Tel:13153667618
13105365265

**双福种业有限公司**
地址:山东省菏泽市成武县伯乐大街中段路南
负责人:董传印
Tel:0530－6110836
13853012958

## 曲阜市防山乡胡二东村广运花生专业合作社

业务:花生,花生米
地址:山东省曲阜市防山乡胡二东村委院内
负责人:胡计印 邮 编:273100
法 人:胡计印
Tel:15092746289
13287282111

## 曲阜市众力养殖专业合作社

业务:肉鸡、肉鸭、鱼的养殖、销售
产品:鸡、鸭、鲤鱼、草鱼、罗非鱼
地址:山东省曲阜市南辛镇大湖村村南
负责人:贾怀波 邮 编:272133
法 人:贾怀波
Tel:13854737536
18905471711

## 日照市东港区庆奥养鸡场

业务:养鸡、鸡蛋生产销售
地址:山东省日照市东港区日照街道后时家官庄村
负责人:尹延胜 邮 编:276800
法 人:尹延胜
Tel:13386336622
13906334244

**兴盛棉业有限公司**
地址:山东省菏泽市曹县楼庄乡工业园区
负责人:宋辉
Tel:13869756118

## 齐河县胡官屯镇传勇粮食种植专业合作社

业务:销售种子
地址:山东省德州市齐河县胡官屯镇胡官屯村胡官屯农科科技服务部
负责人:席传勇 邮 编:253012
法 人:席传勇
Tel:13562493281
13515443950

## 青岛市天翼蔬菜农民专业合作社

业务:代购代销蔬菜
地址:山东省青岛市平度市开发区石庄村204号
负责人:杨洪良 邮 编:266700
法 人:杨洪良
Tel:0532－83302098
13606394080
Fax:0532－83302098

## 青岛市金冠果品专业合作社

业务:果品的种植和销售
地址:山东省青岛市平度市蓼兰镇南官庄村
负责人:彭治学 邮 编:266001
法 人:彭治学
Tel:13969731678
0532－82301463

## 青岛宝州蔬菜专业合作社

业务:无公害蔬菜种植、销售
产品:土豆
地址:山东省青岛市平度市蓼兰镇西吴家村
负责人:吴宝州 邮 编:266001
法 人:吴宝州
Tel:13869876068
0532－82696188
84302020

## 中国养猪俱乐部(e手创业)

业务:饲料设备、培训、咨询、网站服务.
地址:山东省青岛市重庆北路197号
负责人:王慧 邮 编:276000
法 人:王慧
Tel:13355035795
4006003657
网址:www.cpigc.com

## 青州市北张楼韭菜专业合作社

业务:韭菜种植,加工,销售
地址:山东省青州市何官镇北张楼村
负责人:张树国 邮 编:262512
法 人:张树国
Tel:0536－3578309

## 庆云县东苗鑫隆养猪专业合作社

业务:养殖与销售生猪,品种有"长白""大白""杜洛克""梅山黑猪"仔猪
产品:生猪
地址:山东省德州市庆云县中丁乡东苗村
负责人:苗吉田 邮 编:253012
法 人:苗吉田
Tel:0534－3652385

**民丰果蔬有限公司**
地址:山东省菏泽市成武县大田集开发区
负责人:史为民
Tel:0530－8779688
13954018777

**圣龙棉业有限公司**
地址:山东省菏泽市东明县马头镇开发区
负责人:梁培利
Tel:0530－7653888
13869730666

**恒大种业有限公司**
地址:山东省菏泽市开发区人民南路一中南邻
负责人:李洪远
Tel:13954005487

## 李家户乡红运发辣椒收购处

业务:提供优良辣椒种,发展种植基地,常年收购各种鲜、干辣椒,供应多种辣椒深加工产品,愿与同仁携手,共谋发展。
地址:山东省德州市武城县李家户乡位庄
负责人:陈希振 邮 编:253000
法 人:耿文香
Tel:0534－6581679
6181679

**菏泽市成丰农资有限公司**
地址:山东省菏泽市开发区兴经路3号
负责人:周建成
Tel:0530－5334546
13605306762

**李村科技开发中心经营部**
地址:山东省菏泽市牡丹区牡丹北路25号农业科技C区2号
负责人:刘宗喜
Tel:0530－5501669
13905309808

## 山东省夏津县华昌蔬菜农民专业合作社

业务:农产品蔬菜种植,加工
产品:反季节蔬菜,富硒大葱,长豆角
地址:山东省德州市夏津县白马湖镇后梅村
负责人:王建华 邮 编:253218
法 人:王建华
Tel:0534－3573032

**现代农业高新科技有限公司**
地址:山东省菏泽市牡丹区双河路61号
负责人:刘广金
Tel:0530－5511236
13181587768

## 夏津县忠良源小米加工农民专业合作社

业务:小米、绿豆、黑豆
地址:山东省德州市夏津县北城街道许老庄村
负责人:范忠良 邮 编:253012
法 人:范忠良
Tel:0534－3521311
13853412318
网址:http://www.51zzt.com/user/zzt31483

**云凌农资有限公司**
地址:山东省菏泽市人民路中段3号
负责人:王照奎
Tel:0530－5380386
13905308102

## 夏津县传雷养鸡农民专业合作社

业务:肉鸡养殖、销售
地址:山东省德州市夏津县苏留庄镇兽医站
负责人:王传雷 邮 编:253012
法 人:王传雷
Tel:0534－3681851
13516303515

**郓城县四龙种禽有限公司**
地址:山东省菏泽市郓城县郓城镇后葛村
负责人:刘思龙
Tel:0530－6892069
13905405661

## 东营区龙居北薛农资经营部

业务:农药、化肥、种子等产品经营
地址:山东省东莞市东营区龙居镇北薛村
负责人:张欣昌 邮 编:257100
法 人:张欣昌
Tel:0546－8101425

## 东营区王营养猪农民专业合作社

业务:养殖母猪、种猪
地址:山东省东营区胜利街道办事处王营村东首
负责人:王复林 邮 编:257093
法 人:王复林
Tel:13854649769
0546－8365665
Fax:0546－8365665

**绿野禽业开发有限公司**
地址:山东省菏泽市郓城县张营镇大人开发区
负责人:杜德雪
Tel:0530－6497899
13853000677

**华杰棉业有限公司**
地址:山东省济南市济阳县仁风镇楞子陈村
负责人:杨立柱
Tel:13705410809

## 梁山县耀宇大豆种植专业合作社

业务:大豆培育和大豆种的销售
地址:山东省东营市东营区栢云大厦116号
负责人:韩云合 邮 编:257093
法 人:韩云合
Tel:13082602380
0546－8211388

## 青岛兴塔全羊专业合作社

业务:全羊养殖,熟羊肉、冷藏羊肉经营
地址:山东省青岛市胶南市胶河经济区塔桥村
负责人:孙德友 邮 编:266001
法 人:孙德友
Tel:0532－82199058

## 青岛仁信源果品专业合作社

业务:无公害苹果的种植,收购,销售。已形成面积400亩苹果基地,年产200万斤成品果。
地址:山东省青岛市莱西市孙受镇北张家寨子村
负责人:张守仁 邮 编:266605
法 人:张守仁
Tel:0532－87497338

## 青岛永敏生猪专业合作社

业务:生猪专业养殖
地址:山东省青岛市平度市崔家集镇董家大庄村
负责人:董永敏 邮 编:266001
法 人:董永敏
Tel:13780631589
0532－82387058

## 青岛农乐果品专业合作社

业务:农用生产资料购销,农产品供应
产品:各品种大樱桃,早中晚熟各类菜果,板栗,苗木
地址:山东省青岛市平度市大田镇南大田村332号
负责人:王进荣 邮 编:266749
法 人:王进荣
Tel:13791842938
Fax:0532－85361283

**齐盛棉油加工厂**
地址:山东省济南市济阳县仁风镇楞子陈村齐盛
负责人:陈廷水
Tel:0531－84406425
13305410166

## 东营市东营区长青肉兔养殖农民专业合作社

业务:肉兔养殖
地址:山东省东营市东营区黄河街道办事处万泉村588号
负责人:闫长青 邮 编:257093
法 人:闫长青
Tel:13210376091
0546－8189778

**宏宇棉油加工厂**
地址:山东省济南市济阳县仁风镇王家村
负责人:王传法
Tel:0531－84406066
13589005951

## 东营龙源蔬菜有限公司

业务:种植和销售蔬菜
产品:蔬菜
地址:山东省东营市东营区牛庄镇政府驻地(镇前街)
负责人:庞广场 邮 编:257093
法 人:庞广场
Tel:0546－8297677

## 青岛鑫来丰农资销售有限公司

业务:批发和零售农药、化肥、种子等农资产品
地址:山东省青岛平度市蓼兰镇胜利路南端西侧
负责人:刘风来 邮 编:266731
法 人:刘风来
Tel:13365326418

## 青岛市正成草莓专业合作社

业务:草莓
地址:山东省青岛平度市麻兰镇东沙窝村
负责人:邹秀正 邮 编:266743
法 人:邹秀正
Tel:0532－83356198
13869817198

### 青岛平度园艺新宇养殖场
业务：生猪养殖
地址：山东省青岛平度市顺宇牧业服务中心
负责人：陈秀云 邮 编：266700
法 人：陈秀云
Tel：0532－87332119

### 青岛田之源生猪专业合作社
业务：生猪养殖与销售
产品：生猪
地址：山东省青岛平度市田庄镇孟家村
负责人：毛书梅 邮 编：266001
法 人：毛书梅
Tel：0532－86380155

### 青岛绿丰源桃专业合作社
业务：种植大棚桃
地址：山东省青岛平度市田庄镇西坡子村
负责人：白占良 邮 编：266001
法 人：白占良
Tel：0532－86380379
15020069054

### 青岛岷山草莓专业合作社
业务：种植、销售草莓
地址：山东省青岛平度市祝沟镇北大流河村
负责人：王敏三 邮 编：266001
法 人：王敏三
Tel：15954869016
0532－83328808

### 青岛宝君成水产品养殖专业合作社
业务：专业养殖和销售各类淡水鱼等淡水产品
产品：各类淡水鱼等淡水产品
地址：山东省青岛市城阳区河套街道小涧西社区
负责人：刘桂芹 邮 编：266001
法 人：刘桂芹
Tel：13325002773
0532－87825788

**鲁赛盟商贸有限公司**
地址：山东省济南市历城区工业南路303号
负责人：李春法
Tel：0531－88669106
13188936665

### 广饶县昶通蔬菜农民专业合作社
业务：花菜、黄金菇的种植和销售
产品：花菜、黄金菇
地址：山东省东营市广饶县丁庄镇
负责人：孙吉林 邮 编：257345
法 人：孙吉林
Tel：13305460858
0546－6608888

**山东东方天健农业科技有限公司**
地址：山东省济南市历城区洪楼南路11－3号
负责人：王连明
Tel：0531－88111590

### 广饶县涌鑫生猪农民专业合作社
业务：生猪养殖
地址：山东省东营市广饶县丁庄镇王道村
负责人：王照红 邮 编：257093
法 人：王照红
Tel：13615464352
13475283433

**商河县华农种业有限公司**
地址：山东省济南市商河县银河路84号
负责人：徐波
Tel：0531－84880850

### 东营瀚海渔业有限责任公司
业务：渔业养殖、鱼类销售
地址：山东省东营市广饶县丁庄镇西马楼村
负责人：马福玉 邮 编：257093
法 人：马福玉
Tel：13605469372
13954620025

**嘉祥县亚泰农产品有限公司**
地址：山东省济宁市嘉祥县城兖兰东街6号
负责人：李玉彬
Tel：0537－6812563
13355194660

### 广饶县花官乡洛程村维乾生资部
业务：中盛复合肥、古丰源复合肥
地址：山东省东营市广饶县花官乡洛程村
负责人：程维乾 邮 编：257093
Tel：0546－6476790
13563361896

**嘉祥利民棉业有限公司**
地址：山东省济宁市嘉祥县金屯镇燕屯村
负责人：乔时森
Tel：0537－6901385

### 青岛章广生猪专业合作社
业务：生猪养殖销售
产品：三元、二元杂交猪；杜洛克、长白
地址：山东省青岛平度市旧店镇陶家寨村
负责人：陶章广 邮 编：266001
法 人：陶章广
Tel：13969608859
0532－85359445

### 青岛贺友农工贸有限公司
业务：种植与销售农产品与蔬菜
产品：农产品与蔬菜
地址：山东省青岛平度市旧店镇驻地向阳路1－1号
负责人：郑翔匀 邮 编：266001
法 人：郑翔匀
Tel：13791976799
0532－85357999

### 青岛兰底粮食专业合作社
业务：种植小麦、花生、玉米及粮食购销
地址：山东省青岛平度市兰底镇大李戈庄村
负责人：万周海 邮 编：266001
法 人：万周海
Tel：0532－82332755

**华丰棉业有限公司**
地址：山东省济宁市嘉祥县仲山乡狼山东村
负责人：曾庆忍
Tel：0537－6661214
13355162568

### 广饶县通威书琪养猪农民专业合作社
业务：商品猪生产销售
产品：长白猪、大白种猪、杜洛克苗猪
地址：山东省东营市广饶县花官乡温楼村120号
负责人：温秀志 邮 编：257093
法 人：温秀志
Tel：15066059497
0546－6565587

**兴农无公害蔬菜研究所**
地址：山东省济宁市金乡县村东金鱼公路路南
负责人：王绍民
Tel：0537－8713669
13608912032

### 东营市博程农业开发有限公司
业务：水产养殖，绿化苗木，棉田对外承包
地址：山东省东营市河口区新户乡兴合村
负责人：于学尚 邮 编：257093
法 人：于学尚
Tel：13220509999
0546－6471958

**金山棉业有限公司**
地址：山东省济宁市金乡县胡集镇南园村
负责人：宗连平
Tel：13505379126

### 垦利县远大牧业有限公司
业务：猪、牛、羊等养殖销售
地址：山东省东营市垦利县董集乡秦家村村南
负责人：秦跃湖 邮 编：257093
法 人：秦跃湖
Tel：0546－2086079
13789838985

**康达养殖开发有限责任公司**
地址：山东省济宁市金乡县鸡黍镇南楼村东
负责人：
Tel：0537－8851826
13563758777

### 利津县陈庄振兴农机配件销售部
业务：农机配件
地址：山东省东营市利津县陈庄镇
负责人：崔立军 邮 编：257000
法 人：崔立军
Tel：0546－5653376
13864749278

**冰川棉业有限公司**
地址：山东省济宁市金乡县鸡黍镇西李村
负责人：程新生
Tel：13793766929

### 青岛润田蔬菜专业合作社
业务：蔬菜加工销售
地址：山东省青岛平度市古岘镇大朱毛村
负责人：代云平 邮 编：266001
法 人：代云平
Tel：13863942728
0532－83362921
Fax：0532－83362921

**银利农贸有限公司**
地址：山东省济宁市金乡县金乡镇霍古村
负责人：李良臣
Tel：0537－8716546
13188825849

### 青岛姜格庄蔬菜专业合作社
业务：蔬菜加工销售
地址：山东省青岛平度市古岘镇姜格庄村
负责人：姜海波 邮 编：266001
法 人：姜海波
Tel：13553020892
0532－83366589

### 青岛民丰源蔬菜专业合作社
业务：销售化肥、农药
产品：复合肥，尿素等各种农用肥，杀虫剂等农药
地址：山东省青岛平度市古岘镇五里村
负责人：刘广森 邮 编：266742
Tel：15615882068
0532－83363297
网址：http://www.51zzt.com/user/zzt33222

### 青岛德召瓜菜专业合作社
业务：种植西瓜、蔬菜等
地址：山东省青岛平度市郭庄镇大刘家村
负责人：刘德召 邮 编：266001
法 人：刘德召
Tel：0532－82323168
13964832088

### 肥城市东山林业生态中心
业务：种植与销售林业、果木、养殖与销售肉食鸽、山鸡，提供以生态林业为主的餐饮服务
产品：果木，肉食鸽、山鸡
地址：山东省肥城市安临站镇安站村
负责人：李洪勇 邮 编：271000
法 人：李洪勇
Tel：13562850118
15254809117

**宏司农贸有限公司**
地址：山东省济宁市金乡县司马镇南蔡村
负责人：檀中文
Tel：0537－8835778
8833981
13355183990

### 肥城市桃园群策果蔬专业合作社
业务：本社提供绿色无公害果品、蔬菜等农产品的种植、收购、销售一条龙服务，另购销化肥、农药、生产资料、大棚材料、农资等产品，欢迎前来洽谈业务！
产品：肥城桃，土豆，萝卜，白菜
地址：山东省肥城市桃园镇前韩村
负责人：阴群 邮 编：271609
法 人：阴群
Tel：0538－3573061
13854889587
13053868967

**绿旗农业技术研究所**
地址：山东省济宁市金乡县文峰西路（金西宾馆对过）
负责人：刘超然
Tel：13506384681

### 肥城市王瓜店宜康奶牛专业合作社
业务：奶牛养殖及技术
地址：山东省肥城市王瓜店镇穆庄村北
负责人：王洪宜 邮 编：271000
法 人：王洪宜
Tel：0538－2166022
13953872652

**金乡县忠亚商贸有限公司**
地址：山东省济宁市金乡县县城文峰东路东大桥路北
负责人：孙兰香
Tel：0537－8701808
13963719999

### 青岛山周红薯专业合作社
业务：红薯种植及销售
地址：山东省青岛胶南市六汪镇山周村
负责人：周茂波 邮 编：266001
法 人：周茂波
Tel：13553010039
0532－82159027

### 青岛奎业蔬菜专业合作社
业务：蔬菜种植及销售
地址：山东省青岛胶南市珠海街道办事处李家石桥770号
负责人：秦玉友 邮 编：266400
法 人：秦玉友
Tel：15066288129
0532－86118019

**东兴冷藏有限公司**
地址：山东省济宁市金乡县鱼山镇大蒜市场10号
负责人：陈效冉
Tel：0537－8811282
13705477525

### 青岛佳乐土豆专业合作社
业务：土豆种植加工销售
地址：山东省青岛胶州市胶西镇大刘家疃西村
负责人：李明家 邮 编：266001
法 人：李明家
Tel：13969601849
0532－85226246

### 青岛源丞养猪专业合作社
业务：养殖、收购、销售生猪，引进新品种、新技术，开展有关技术培训、技术交流和咨询服务
产品：生猪
地址：山东省青岛胶州市洋河镇仉官寨村
负责人：张均茂 邮 编：266001
法 人：张均茂
Tel：13210235598
0532－86203299

### 青岛正元牧业有限公司
业务：养殖与销售母猪、肥猪
产品：母猪、肥猪
地址：山东省青岛平度市白埠镇北邹家村
负责人：张志波 邮 编：266001
法 人：张志波
Tel：15263031537
0532－82397811

### 费县城北乡康威种猪场
业务：繁育、推广、养殖、销售新美系、长白、大白、杜洛克，品种优良，价格合理，欢迎新老客户前来洽谈业务
产品：新美系、长白、大白、白杜洛克、公母猪、二元母猪
地址：山东省费县城北乡北东洲
负责人：王一学 邮 编：273400
法 人：王一学
Tel：0539－5289108
13325076108
E-mail：fxcbbdz.wyx@163.com

**金乡县润达贸易有限公司**
地址：山东省济宁市金乡县鱼山镇大蒜市场第48号对过
负责人：王兴金
Tel：0537－8816958
8709668
13305477574

### 山东省高密市合裕土豆专业合作社
业务：集土豆良种培育、种植、收购、贮藏、深加工、运输一条龙服务，产品质量稳定，供不应求！
产品：加工出口土豆
地址：山东省高密市柏城镇前冢子头村
负责人：宋同红 邮 编：261501
法 人：宋同红
Tel：0536－2576875
15964042362

### 青岛北安农业机械专业合作社
业务：农机租赁，承揽农田作业
地址：山东省青岛即墨市北安办事处西北岭村
负责人：李兆国 邮 编：266001
法 人：李兆国
Tel：0532－83536680

### 青岛聚裕农机专业合作社
业务：积极推广生态养殖模式，从事各种农机作业、种（养）殖业及农副产品加工与销售，为社员提供产供销一条龙服务。以面向三农，关注市场，服务社会为宗旨，竭诚为您服务。
产品：大白菜，西瓜，美国黑莓，萝卜，土豆，山鸡，鹅，蛋类，猪
地址：山东省青岛即墨市灵山镇孙家旺疃村
负责人：于兵初 邮 编：266218
法 人：于兵初
Tel：0532－84553607
13964829837
Fax：0532－84553607

### 青岛归源养殖有限公司
业务：长白，大约克，二元母猪养殖及食用菌种植
地址：山东省青岛即墨市七级镇张王庄村
负责人：何福生
邮 编：266200
法 人：何福生
Tel：13335038066
13792808772

**宏冠果菜保鲜有限责任公司**
地址：山东省济宁市金乡县鱼山镇缗西商埠中

段路北
负责人：荆庆华
Tel：0537－8811262
13792394888

### 青岛厚艺德葡萄种植专业合作社

业务：采用种养相结合的生态养殖模式，从事优质葡萄种植销售、新品种繁育推广及禽畜养殖。
产品：超大红提，红宝石无核等名优葡萄及苗木，野猪，香猪，鹅等
地址：山东省青岛胶南市六汪镇崔戈庄村北
负责人：孙荣 邮 编：266491
法 人：孙荣
Tel：0532－82153066
13356395979
Fax：0532－82153066
E-mail：hydlszy@126.com

**梁山县信楼供销合作社化肥门市部**
地址：山东省济宁市梁山县徐集镇信楼村
负责人：吴恒明
Tel：0537－7660124
13305479805

### 高密市信诚农副产品专业合作社

业务：农副产品的销售
地址：山东省高密市朝阳街道贺家庄村
负责人：陆军 邮 编：261041
法 人：陆军
Tel：15863417015
0536－2581328

**天力农资公司**
地址：山东省济宁市琵琶山西路2号
负责人：李宗生
Tel：0537－2313216
13905378053

### 高密市中刚养殖专业合作社

业务：肉食鸡养殖、兽药、饲料销售
地址：山东省高密市大牟家镇周家村
负责人：周中刚 邮 编：261508
法 人：周中刚
Tel：13455677889
0536－2892548

**汇发饲料厂**
地址：山东省济宁市任城区安居镇八里庙村
负责人：戈文标
Tel：0537－2559368
13563788188

### 高密市安河农机专业合作社

地址：山东省高密市姜庄镇安河村
负责人：李万国 邮 编：261500
法 人：李万国
Tel：13573658403
0536－2711633

### 栖霞市惠农果树专业合作社

业务：化肥农药经营，水果购销
地址：山东省栖霞市桃村镇农资交易市场
负责人：刘萍 邮 编：264010
法 人：刘萍
Tel：0535－5285984
3571894

### 栖霞市桃村大伟养殖场

业务：鸡蛋批发，蛋鸡养殖
地址：山东省栖霞市桃村镇西庄村村西
负责人：徐大伟 邮 编：265300
法 人：徐大伟
Tel：13793549660
0535－5491893
13780925117

### 栖霞市新兴果品专业合作社

业务：水果种植、销售
产品：红富士苹果
地址：山东省栖霞市桃村镇新庄村
负责人：赵启超 邮 编：265301
法 人：赵启超
Tel：15954995108
0535－5534108

### 春有养殖专业合作社

业务：从事各类鸡养殖及孵化，包括柴鸡、肉鸡、蛋鸡，在鸡苗、防疫、饲料、设备、销售等方面为合作社成员提供系列服务！
产品：肉食鸡苗，肉食鸡种蛋，商品鸡蛋
地址：山东省高密市姜庄镇徐家庙子村
负责人：徐希春 邮 编：261506
法 人：徐希春
Tel：0536－2722085
13884701565
E-mail：wuxuewen2004@163.com

**天宇农业有限公司**
地址：山东省济宁市任城区喻屯镇驻地

负责人：朱兆柱
Tel：0537－2538666
13905378463

### 栖霞市霞光果蔬专业合作社

业务：苹果，蔬菜包装，储藏，销售及新品引进以及农业技术的信息引进，咨询服务
产品：苹果（红富士），大樱桃，蔬菜
地址：山东省栖霞市万达宾馆
负责人：曲国庆 邮 编：265300
法 人：曲国庆
Tel：0535－3378338
13306456818
Fax：0535－3378338
E-mail：qxguoshu@163.com

### 栖霞市源峰果蔬保鲜有限公司

业务：果蔬保鲜、苹果加工、经销苹果
地址：山东省栖霞市西城镇哨上村
负责人：吴守波 邮 编：264010
法 人：吴守波
Tel：15305357517
0535－5405028

**通恒农贸有限责任公司**
地址：山东省济宁市市中区仙营路5号
负责人：张东伟
Tel：0537－3153399
13853747997

**昌盛农业生产资料有限公司**
地址：山东省济宁市汶上县圣泽大街
负责人：王克仓
Tel：0537－7238838
13325178666

### 高密市同仁养鸡专业合作社

业务：养鸡、鸡蛋销售
地址：山东省高密市胶河疏港物流园区咸家村55号
负责人：张同仁 邮 编：261041
法 人：张同仁
Tel：13853657984
0536－2782350

**汶上县种子公司**
地址：山东省济宁市汶上县中都大街
负责人：陈建强
Tel：0537－7212172
13508976979

### 高密市泰丰粮食果蔬专业合作社

业务：无公害土豆、冬暖式大棚蔬菜种植销售
地址：山东省高密市密水街道北王柱村
负责人：孙旭洋 邮 编：261041
Tel：15063652777

**海洋网线厂**
地址：山东省济宁市鱼台县谷亭镇缪集村
负责人：李新福
Tel：13583709269

### 高密市居星养殖专业合作社

业务：养殖和销售鸡、鸭、猪，销售饲料
产品：鸡、鸭、猪
地址：山东省高密市夏庄镇毛家庵村
负责人：毛居星 邮 编：261505
法 人：毛居星
Tel：0536－2755026

**想像农资批发超市**
地址：山东省济宁市鱼台县青和镇农行南20米
负责人：仇新鲁
Tel：0537－6012183
13905472239

### 高密市学山蔬菜专业合作社

业务：种植、销售蔬菜
地址：山东省高密市夏庄镇新华村
负责人：宋学义 邮 编：261041
法 人：宋学义
Tel：13869678144

### 大辛店黄玉民化肥经销处

业务：批发，零售化肥、农药
地址：山东省蓬莱市大辛店镇夼沟村
负责人：黄玉民 邮 编：265611
法 人：黄玉民
Tel：0535－5731312
13791236899

### 青岛安庆果品专业合作社

业务：果品种植和销售
地址：山东省平度市旧店镇尚家村
负责人：刘安庆 邮 编：266700
法 人：刘安庆
Tel：13061202515
13863979271

**兴华精制米业加工厂**
地址：山东省济宁市鱼台县县城东关

负责人：宋万华
Tel：13964952092

### 青岛市丘西土豆专业合作社

业务：土豆种植销售
地址：山东省平度市蓼兰镇丘西村
负责人：荆江堂 邮 编：266700
法 人：荆江堂
Tel：0532－82302658

### 青岛平度百诺果蔬专业合作社

业务：经营农产品、水果、蔬菜、畜产品
地址：山东省平度市人民路211号平度市畜牧局
负责人：吕玉全 邮 编：266700
法 人：吕玉全
Tel：13780638706
0532－88375108
89006858

### 青岛喜旺蔬菜专业合作社

业务：种植蔬菜
地址：山东省平度市仁兆西王戈庄村
负责人：刘建训 邮 编：266741
法 人：刘建训
Tel：0352－83375528

### 栖霞市蛇窝泊久盛果品专业合作社

业务：红富士苹果、黄金梨、嘎啦苹果、红提葡萄，拥有3500吨冷风库、气调库
地址：山东省栖霞市蛇窝泊西河南村
负责人：徐典东 邮 编：265300
法 人：徐典东
Tel：0535－5399888
15853596888

**莱芜市万全饲料厂**
地址：山东省莱芜市莱城区方下镇时方下村
负责人：王乃良
Tel：0634－6600024
13806348260

### 曹县福合种植养殖专业合作社

业务：种植莲藕；养鱼、鸡、牛、羊
产品：鸡年出栏2万多只、鱼塘三百多亩
地址：山东省菏泽市曹县安才楼镇人民政府
负责人：张付合 邮 编：274000
Tel：15865001888

**秀富农副产品加工厂**
地址：山东省莱芜市莱城区杨庄镇小埠头村
负责人：陈秀富
Tel：0634－6635618
13806341509

### 曹县朱庄果品种植专业合作社

业务：种植、销售水果（苹果、柿子、山楂、桃子）
地址：山东省菏泽市曹县苏集镇大朱庄村
负责人：朱继河 邮 编：274000
法 人：朱继河
Tel：0530－3581662
13573078183

**永强农机修造厂**
地址：山东省聊城市茌平县冯官屯镇工业区
负责人：白永强
Tel：0635－4512096
13780701388

### 沂南县东奎蔬菜种植专业合作社

业务：蔬菜种植、销售
地址：山东省临沂市沂南县依汶镇小安子村
负责人：王东奎 邮 编：276000
法 人：王东奎
Tel：0539－3785918
13468100589

### 沂南县蒙硒蔬菜种植专业合作社

业务：蔬菜种植
地址：山东省临沂市沂南县依汶镇朱家里庄
负责人：朱之德 邮 编：276000
法 人：朱之德
Tel：13854926895

### 沂南县阳都蔬菜种植专业合作社

业务：以西红柿、黄瓜、辣椒、豆角为主的蔬菜种植。并可按客户要求种植
地址：山东省临沂市沂南县砖埠镇砖埠村
负责人：郑佃敬 邮 编：276308
法 人：郑佃敬
Tel：15853969007
0539－3621678

**莲花山养鹿厂**
地址：山东省莱芜市莱城区高庄街道办事处石庙子村
负责人：任绪昌
Tel：0634－6090342

13306341791

### 曹县益农农业发展有限公司

业务：养殖：司大、司长、长大、二元三元种猪
地址：山东省菏泽市曹县邵庄镇曹楼村
负责人：王明海 邮 编：274000
法 人：王明海
Tel：0530－3817158
网址：http://www.51zzt.com/user/zzt31052

### 龙口市作强果业有限公司

业务：水果销售
产品：水果
地址：山东省龙口市兰高镇北杨家村
负责人：杨作强 邮 编：264010
Tel：0535－8713288
Fax：0535－8713288

### 龙口市徐福镇健民养殖专业合作社

业务：专业从事荷斯坦奶牛养殖、奶牛药械及饲料销售，合作社以真诚的服务，良好的信誉，欢迎与您合作！
产品：优质荷斯坦奶牛，鲜牛奶
地址：山东省龙口市徐福镇乡城西村乡城庙村东
负责人：赵树国 邮 编：265713
法 人：赵树国
Tel：0535－8550707
13864581001

### 蓬莱市志伟畜牧养殖专业合作社

业务：牛
地址：山东省蓬莱市北沟镇西南王村
负责人：赵志伟 邮 编：265705
法 人：赵志伟
Tel：13963888913
0535－8524366

### 波涛果蔬冷库

业务：果蔬冷库
地址：山东省蓬莱市村里集镇苗家桥
负责人：吴光波 邮 编：265600
法 人：吴光波
Tel：0535－5787777

**东方种业有限公司**
地址：山东省聊城市冠县定远寨乡
负责人：张洪军
Tel：0635－5848736

### 成武县天诺小麦种植专业合作社

业务：小麦种植、销售；农药、化肥、种子购销
地址：山东省菏泽市成武县伯乐镇伯乐街115号
负责人：李学亮 邮 编：274200
法 人：李学亮
Tel：0530－8886988
13953028209

### 郯城县培举养殖农民专业合作社

业务：养殖蛋鸡，鸡蛋的批发零售
地址：山东省临沂市郯城县红花乡袁堂村
负责人：胡培举 邮 编：276000
法 人：胡培举
Tel：0539－6537084
13954958349

### 郯城县天阳杞柳种植农民专业合作社

业务：种植杞柳
产品：杞柳条
地址：山东省临沂市郯城县黄山镇蝎子山村
负责人：谢春普 邮 编：276000
法 人：谢春普
Tel：0539－6795036

### 郯城县国峰真菌菇种植农民专业合作社

业务：真菌菇种植
地址：山东省临沂市郯城县李庄镇蔡村
负责人：蔡国峰 邮 编：276000
法 人：蔡国峰
Tel：0539－6758123
13969902038

### 茂阵塑料制品门市部

业务：销售农用塑料薄膜
地址：山东省聊城市阳谷县运河路
负责人：布茂阵 邮 编：252300
法 人：布茂阵
Tel：0635－6361082

**朝城供销社生产资料经理部**
地址：山东省聊城市莘县朝城顺河路93号
负责人：闫柱山
Tel：0635－7713288

13869517888

**郯城县宸宁养殖农民专业合作社**

业务：猪的养殖
地址：山东省临沂市郯城县郯城镇北墩村
负责人：臧平　邮　编：276100
法　人：臧平
Tel：13793907788
13869938895
网址：http://www.51zzt.com/user/zzt31622

**沂南县隆兴果蔬种植专业合作社**

业务：果蔬种植、销售
产品：山核桃、蔬菜
地址：山东省临沂市沂南县界湖镇东兴村
负责人：王善瑾　邮　编：276300
法　人：王善瑾
Tel：13792935601
13791589481

**沂南县祥成生猪养殖专业合作社**

业务：养殖生猪、为养殖户提供技术服务、生猪统一销售
地址：山东省临沂市沂南县蒲汪镇山角沟村
负责人：翁祥成　邮　编：276304
法　人：翁祥成
Tel：13220655222
0539－3722671
Fax：0539－3722671
E-mail：xczzl106@163.com
QQ：674956399

**沂南县昌盛养蜂专业合作社**

业务：养殖蜜蜂，销售蜂蜜、蜂王浆、蜂胶、蜂蜡、蜂蛹、蜂花粉
地址：山东省临沂市沂南县县城人民路西段（技术监督局对过）
负责人：张义太　邮　编：276000
法　人：张义太
Tel：0539－3252779
13869951726

**伟嘉饲料有限责任公司**

地址：山东省聊城市阳谷县西环路北首
负责人：郭峰
Tel：13306358136

**成武县国福养鸡专业合作社**

业务：养鸡、鸡蛋销售
地址：山东省菏泽市成武县南鲁集镇张阁行政村
负责人：张来福　邮　编：274200
法　人：张来福
Tel：13675407899
15065026465

**平邑县武台镇惠农农机服务专业合作社**

业务：开展机械化生产、收割等农机作业，供应农业机械，提供信息、技术、维修、咨询等服务。
地址：山东省临沂市平邑县武台镇武台信用社对面
负责人：王加强　邮　编：276000
法　人：王加强
Tel：0539－4908916

**郯城县洪明养鱼农民专业合作社**

业务：养鱼
地址：山东省临沂市沙墩镇株柏一村
负责人：张永之　邮　编：276000
法　人：张永之
Tel：13475399380
0539－6769319

**沂南县永昌果品种植专业合作社**

业务：种植销售桃、油桃
地址：山东省临沂市双堠镇埠口村
负责人：徐昌永　邮　编：276312
法　人：徐昌永
Tel：13589655858
0539－3718669
网址：http://www.51zzt.com/user/zzt31517
E-mail：133718669@qq.com

**沂水县盛兴生态养殖场**

业务：长白，杜洛克，二元母猪
地址：山东省临沂市水县沂水镇古城前村
负责人：宋成生　邮　编：276400
法　人：宋成生
Tel：0539－2713679

**苍山县农业生产资料有限公司**

地址：山东省临沂市苍山县卞庄镇泉山路
负责人：徐欣
Tel：0539－5213390
13805393538

**鸿源蔬菜种植专业合作社**

业务：集蔬菜良种繁育、种植、收购、仓储、加工、销售为一体，蔬菜种植面积2000余亩，大棚、时令蔬菜供不应求。
产品：生姜，大蒜，黄瓜等
地址：山东省临沂市苏村镇小杜庄村
负责人：杜纪团　邮　编：276301
法　人：杜纪团
Tel：0539－3858436
13685395388

**单县光环水产养殖专业合作社**

业务：四大家鱼，菱角等养（种）植，技术开发
地址：山东省菏泽市单县浮岗镇
负责人：韦同建　邮　编：274000
法　人：韦同建
Tel：13854099365

**龙湾蔬菜产销服务有限公司**

地址：山东省临沂市苍山县兴明乡曹湾村
负责人：高纪付
Tel：0539－5382666
13583989888

**蒙阴恒源果品专业合作社**

业务：种植与销售各类水果
产品：各类水果
地址：山东省临沂市蒙阴县蒙阴镇姜家沟村
负责人：姜本生　邮　编：276000
法　人：姜本生
Tel：13953991086
0539－4808806

**蒙阴县盛昌果品专业合作社**

业务：种植、销售；苹果、山楂、板栗
地址：山东省临沂市蒙阴县桃曲镇孙麻村
负责人：任昌文　邮　编：276000
法　人：任昌文
Tel：13953986583
0539－4554636
网址：http://www.51zzt.com/user/zzt32512

**蒙阴县蒙星果蔬专业合作社**

业务：本社提供绿色无公害果品、蔬菜等农产品的种植、收购、销售一条龙服务及农资经营。愿有志之士及经销商前来洽谈、共谋发展、共求致富。
产品："蒙星"牌绿色无公害果品、蔬菜等农产品及种子、农药、化肥、农膜等
地址：山东省临沂市蒙阴县兴华商场蒙星种业
负责人：崔传方　邮　编：276200
法　人：崔传方
Tel：0539－4279086
Fax：0539－4272914
E-mail：lymycc@163.com

**平邑县丰农兔业养殖专业合作社**

业务：獭兔养殖、销售
地址：山东省临沂市平邑县保太镇布南庄村
负责人：石少平　邮　编：276000
法　人：石少平
Tel：15966403685
0539－4481188

**平邑县仕腾畜禽养殖专业合作社**

业务：养殖猪、肉牛
地址：山东省临沂市平邑县卞桥镇佟家庄
负责人：李殿仕　邮　编：276000
法　人：李殿仕
Tel：13407662315
13563918280

**平邑县兴旺种植专业合作社**

业务：销售各类果树苗，金银花苗，绿化用侧柏苗
产品：各类果树苗，金银花苗，绿化用侧柏苗
地址：山东省临沂市平邑县流峪镇北蒲芦村
负责人：岳凡强　邮　编：276000
法　人：岳凡强
Tel：13969939294
0539－4018182

**单县君恒芦笋专业合作社**

业务：主要从事芦笋的种植、收购、加工、销售，为本社社员购买农业生产资料、提供芦笋种植技术咨询、信息服务等。
产品：芦笋、花生、小麦、玉米、棉花
地址：山东省菏泽市单县高老家乡高老家村
负责人：高祥建　邮　编：274300
法　人：高祥建
Tel：0530－4431246
13953046981

**中联实业有限公司**

地址：山东省临沂市苍山县庄坞镇驻地
负责人：张连中
Tel：0539－5541888
13013549888

**蒙阴县贵和农资经营部**

业务：化肥、农药
地址：山东省临沂市蒙阴县高都镇上坦布林村
负责人：宋亮　邮　编：276000
法　人：宋亮
Tel：13583989069

**蒙阴县勤丰果品专业合作社**

业务：果树种植，果品储存，销售
产品：果品销售
地址：山东省临沂市蒙阴县高都镇上五庄村
负责人：王士勤　邮　编：270219
法　人：王士勤
Tel：13791554339

**蒙阴县赢元生猪养殖专业合作社**

业务：专业从事生猪养殖、销售，为广大养殖户提供畜禽种苗、饲料、品种改良、农业技术咨询等综合性服务！
产品：销售大约克种猪，内江长白，杜洛克种猪，各种仔猪
地址：山东省临沂市蒙阴县经济开发区徐家沟村
负责人：王传峰　邮　编：276200
法　人：王传峰
Tel：13853998416

**临沂佳特畜牧有限责任公司**

地址：山东省临沂市白沙埠镇前石梁头村
负责人：吴占元
Tel：0539－2966000

**蒙阴县金桥农产品专业合作社**

业务：种植苹果、桃子、黑地瓜、黑白花生
地址：山东省临沂市蒙阴县旧寨乡大上峪村
负责人：刘合平　邮　编：276000
法　人：刘合平
Tel：0539－4727549
13864989691

**蒙阴县茂富果品专业合作社**

业务：种植和销售苹果、桃、山楂
产品：苹果、桃、山楂
地址：山东省临沂市蒙阴县旧寨乡双福村
负责人：张茂富　邮　编：276000
法　人：张茂富
Tel：13853999866

**东峰养殖有限公司**

地址：山东省临沂市莒南县城南环路东首
负责人：潘欣爱
Tel：0539－7276186
13705399706

**单县红章果蔬专业合作社**

业务：果蔬购销
地址：山东省菏泽市单县高老家乡袁老家
负责人：孙红章　邮　编：274000
法　人：孙红章
Tel：13869737300
15653056888

**庆岩饲料销售处**

地址：山东省临沂市莒南县岭泉镇吕刘弇子村
负责人：吕庆岩
Tel：0539－7710008
13385492860

**临沂市兰山区学山黄桃种植农民专业合作社**

业务：黄桃的种植和销售
产品：黄桃
地址：山东省临沂市兰山区白沙埠镇邵家双湖村委
负责人：张学山　邮　编：276035
法　人：张学山
Tel：13805391600
0539－8668083

**临沂市兰山区兰光蔬菜种植农民专业合作社**

业务：种植销售蔬菜
产品：黄瓜，西红柿，五彩椒和丝瓜
地址：山东省临沂市兰山区南坊街道办事处夏家村社区
负责人：夏书记　邮　编：276000
法　人：杨永才
Tel：0539－8604198
13953907168
网址：http://www.51zzt.com/user/zzt33120

**临沂市振鑫渔网厂**

业务：生产、销售渔网
地址：山东省临沂市兰山区枣沟头镇集西村
负责人：刘庆志　邮　编：276000
法　人：刘庆志
Tel：13805497952
0539－8630166

**顶顺饲料有限公司**

地址：山东省临沂市费县县城胜利北路西侧
负责人：梁经理
Tel：0539－5220948
13012790090
13705492245

**临沭县东大果苗种植专业合作社**

业务：果苗种植
产品：葡萄
地址：山东省临沂市临沭县大兴镇东港头村
负责人：孙秀连　邮　编：276000
法　人：孙秀连
Tel：0539－6965115
15861241444

**临沭县兴泰特种养殖专业合作社**

业务：养殖特种动物
产品：狐狸、貉、水貂
地址：山东省临沂市临沭县青云镇庙庄村
负责人：袁春良　邮　编：276712
法　人：袁春良
Tel：13969942174
0539－6312222

**临沂市罗庄区瑞东有机肥厂**

业务：生产、销售颗粒有机肥、烘干纯蛋鸡鸡粪，年产量10万吨
地址：山东省临沂市罗庄区高都办事处中坦村
负责人：李士超　邮　编：276000
法　人：李士超
Tel：13355495298
0539－8575875

**蒙阴县民康果品专业合作社**

业务：种植、销售：水果、农药、化肥
地址：山东省临沂市蒙阴县城三公路51号
负责人：王发孔　邮　编：276200
法　人：王发孔
Tel：13371270669
15065941088
网址：http://www.51zzt.com/user/zzt32373

**云蒙山茶厂**

地址：山东省临沂市莒南县朱芦镇驻地
负责人：赵吉青
Tel：0539－7883128
13505395301

**成武县慧鑫农产品咨询服务有限公司**

业务：农副产品购销售、大蒜，股票期货咨询
地址：山东省菏泽市单县国家税务局办税大厅
负责人：王振　邮　编：273700
法　人：王振
Tel：15865106007
15505302244

**沂南县冠蒙畜禽养殖专业合作社**

业务：肉鸡和肉鸭的养殖与销售
产品：肉鸡和肉鸭
地址：山东省临沂市金雀山1路与临西3路交汇西100米金阳大厦2单元1902室
负责人：高培军　邮　编：276000
法　人：高培军
Tel：0539－7322781

**临沂广元生物肥业有限公司**

业务：有机肥、无机肥、微生物菌肥、肥料添加剂生产销售。
地址：山东省临沂市莒南县十字路镇大埠南村北（南环路南侧）
负责人：孔令奇　邮　编：276000
法　人：孔令奇
Tel：13608901896
0539－7287369
网址：http://www.51zzt.com/user/zzt123467

**莒南县临港珍珠养猪专业合作社**

业务：商品猪
地址：山东省临沂市莒南县团林镇崖上村
负责人：徐卫平　邮　编：276000
法　人：徐卫平
Tel：0539－7581926
13365495809
网址：http://www.51zzt.com/user/zzt30199

**莒南县崖子养殖专业合作社**

业务：猪饲料的销售
地址：山东省临沂市莒南县洙边镇崖子村
负责人：王向军　邮　编：276000
法　人：王向军
Tel：0539－7623408
13573939192

**龙盛饲料有限公司**
地址：山东省临沂市兰山区枣沟头镇闫屯村
负责人：孟凡华
Tel：13969987988
13355010979

**巨野县独山镇同兴养猪专业合作社**
业务：生猪养殖
地址：山东省菏泽市巨野县独山镇郑集村南
负责人：郝敬更　邮　编：274000
法　人：郝敬更
Tel：0530－8476828

**临沭县常林饲料有限公司**
地址：山东省临沂市临沭县曹庄镇
负责人：张玉珍
Tel：0539－6400168
13854930648

**巨野县龙福牛兔养殖专业合作社**
业务：肉牛、野兔养殖及销售
地址：山东省菏泽市巨野县龙固镇张楼村
负责人：张景平　邮　编：274918
法　人：张景平
Tel：0530－8082999
13356214899
13563879199
13705306397

**倍加利科技饲料有限公司**
地址：山东省临沂市临沭县南古镇中高埠村
负责人：高希营
Tel：0539－6363080
13608906364

**巨野县南曹林业种植专业合作社**
业务：林业种植，畜牧养殖
产品：速生杨木，鲁西黄牛
地址：山东省菏泽市巨野县麒麟镇南曹村
负责人：曹传增　邮　编：274900
法　人：曹传增
Tel：0530－8279888

**费县蓬发专业养猪合作社**
业务：本社集生猪养殖、收购销售、动物防疫、饲料供应等功能于一体，不断扩大规模，发展养猪生产。
产品：仔猪、洋三元
地址：山东省临沂市费县探沂镇碗窑村
负责人：杜洪军　邮　编：273411
法　人：杜洪军
Tel：13583948797

**河东区瑞康养殖专业合作社**
业务：养殖业
地址：山东省临沂市河东区八湖镇古沂庄村
负责人：李学财　邮　编：276000
法　人：李学财
Tel：13869908252
15065395717

**河东区兴宏养猪专业合作社**
业务：专业养殖与销售猪、鸡、鸭、狐狸、貉子
产品：猪、鸡、鸭、狐狸、貉子
地址：山东省临沂市河东区八湖镇古沂庄村
负责人：姜兴洪　邮　编：276000
法　人：姜兴洪
Tel：15318562951
13371271808

**河东区中益养猪专业合作社**
业务：生猪养殖
地址：山东省临沂市河东区八湖镇管仲河村
负责人：宋洪行　邮　编：276000
法　人：宋洪行
Tel：0539－8741549

**蒙山福胜果业有限公司**
地址：山东省临沂市蒙阳县桃曲镇小王庄村（横温库）
负责人：石愿福
Tel：0539－4552057
13054916699

**鄄城县龙源良种猪场**
业务：生猪的养殖和销售，种猪繁育
产品：生猪
地址：山东省菏泽市鄄城县凤凰乡西侯楼村村南
负责人：侯景义　邮　编：274000
法　人：侯景义
Tel：15020295588
0530－2365588

**瑞安畜产品有限公司**
地址：山东省临沂市蒙阴县北园商场1号
负责人：王安成
Tel：0539－4271321
13385492166

**郓城县恒发养猪专业合作社**
业务：肉猪养殖销售
地址：山东省菏泽市郓城县丁里长镇张武屯村
负责人：张维蛟　邮　编：274000
法　人：张维蛟
Tel：13668609929
0530－6423332

**郓城县利利达养猪专业合作社**
业务：猪的养殖、销售、猪饲料的购销
地址：山东省菏泽市郓城县郭屯镇西张楼村
负责人：张志库　邮　编：274000
法　人：张志库
Tel：15315658088
0530－6459299

**郓城县新世纪种鸡场**
业务：养殖和销售种鸡
产品：种鸡
地址：山东省菏泽市郓城县侯咽集镇何堂村西
负责人：何传锋　邮　编：274000
法　人：何传锋
Tel：0530－6746188

**唐村水库管理局**
地址：山东省临沂市平邑县唐村岭乡
负责人：陈庆海
Tel：13573997777

**苍山县海胜种植专业合作社**
业务：种植
地址：山东省临沂市苍山县下村乡下村
负责人：杨桂海　邮　编：276000
法　人：杨桂海
Tel：0539－5468768
13853970078

**苍山县民顺养殖专业合作社**
业务：生猪养殖
产品：三元太湖、三元杂交、杜洛克
地址：山东省临沂市苍山县向城镇东南元村
负责人：马金龙　邮　编：277700
法　人：马金龙
Tel：0539－5457596
13869989855

**费县忠信农资经营部**
业务：农药
地址：山东省临沂市费县费城南外环路中段路南老一中南门对过
负责人：梁西忠　邮　编：273400
法　人：梁西忠
Tel：0539－5225164
13953925697

**费县梁邱镇振兴农机维修部**
业务：农机维修
地址：山东省临沂市费县梁邱镇驻地
负责人：李积广　邮　编：276000
法　人：李积广
Tel：0539－5921411
13176965199

**费县相栋肉鸡养殖专业合作社**
业务：从事无公害饲料开发和肉鸡养殖，并为广大养殖户提供鸡苗、饲料、防疫，品种改良，产品销售、技术培训、技术交流等综合性服务。
产品：预混料、预混剂（各种畜禽）和肉鸡
地址：山东省临沂市费县马庄镇西北龙村
负责人：王相栋　邮　编：273413
法　人：王相栋
Tel：0539－5628803
E-mail：434597315@qq.com

**费县上冶镇刘海畜禽养殖专业合作社**
业务：畜禽饲料
地址：山东省临沂市费县上冶镇小仲口村
负责人：刘勇　邮　编：273401
法　人：刘勇
Tel：13395393616
0539－5803181

**费县芍药山乡爱牧养猪专业合作社**
业务：生猪生产
产品：土杂、优质三元仔猪及育成猪
地址：山东省临沂市费县芍药山乡上合村
负责人：赵殿明　邮　编：273419
法　人：赵殿明
Tel：13563902104
13468136134
E-mail：zcwfx007@163.com

**宏大银杏园艺有限公司**
地址：山东省临沂市郯城县新村乡驻地
负责人：禚俭奇
Tel：0539－6652555

**郓城县晓庆养猪场**
业务：养猪
地址：山东省菏泽市郓城县侯咽集镇
负责人：王继虎　邮　编：274000
法　人：王继虎
Tel：13326203939
13953034833

**恒升牧业有限公司**
地址：山东省临沂市沂南县大庄经济开发区
负责人：陈作亮
Tel：0539－3573988
13336289508

**中国农业大学中农天诺项目部**
业务：主要经营中国农科院沃土系列，杀虫、防病、替代追肥三效合一产品（全国代理）
产品：小麦，玉米，黄金梨，园黄梨
地址：山东省菏泽市郓城县潘杜镇李河涯村
负责人：李效寒　邮　编：274710
法　人：李效寒
Tel：13953098280
Fax：0530－5518806
网址：http://www.wttkz.com

**敬利农化有限公司**
地址：山东省临沂市沂水县城西环路中段
负责人：朱敬利
Tel：0539－2253652
13805394847

**郓城县国翔养鸡专业合作社**
业务：从事蛋鸡饲养，为本社成员供应养殖所需的饲料，销售本社成员的产品，为本社成员提供养殖信息，技术咨询服务
产品：蛋鸡、肉鸡、罗曼鸡、海蓝鸡、鸡蛋、鸡苗
地址：山东省菏泽市郓城县张集乡政府驻地（郓城县供销合作总社张集分社院内）
负责人：武胜军　邮　编：274711
法　人：黄之献
Tel：0530－6377666
15865815689

**东山蔬菜产销有限公司**
地址：山东省临沂市沂水县沂水镇东山村
负责人：付汝果
Tel：0539－2711314
13953934072

**苍山县学银养殖专业合作社**
业务：养鸡
地址：山东省临沂市苍山县卞庄镇林西村
负责人：唐学银　邮　编：276000
法　人：唐学银
Tel：13305494345

**苍山县雷蒙养殖专业合作社**
业务：养猪
地址：山东省临沂市苍山县卞庄镇西柞村
负责人：左雷蒙　邮　编：276000
法　人：左雷蒙
Tel：0539－5341869
13864988067

**临沂金飞来饲料有限公司**
业务：饲料生产销售（鸡、猪、牛、兔），保健水代理经营
地址：山东省临沂市苍山县层山镇危屯村
负责人：危学金　邮　编：276000
法　人：危学金
Tel：0539－5556596
15094727928

**苍山县金腚养殖专业合作社**
业务：养殖鸭
地址：山东省临沂市苍山县大仲村镇
负责人：郭新华　邮　编：276000
法　人：郭新华
Tel：13275390085
0539－5401288

**苍山县秀东养殖专业合作社**
业务：养殖雕
地址：山东省临沂市苍山县三合乡邵皇路村
负责人：魏秀东　邮　编：276000
法　人：魏秀东
Tel：0539－5306626
13573940635

**单县咸恒土麻鸡种禽养殖厂**
业务：孵化、销售鸡苗，养殖种鸡
地址：山东省菏泽市单县白云路南端路东（养殖公司）
负责人：张蕴庚　邮　编：274000
法　人：张蕴庚
Tel：0530－4688341
13853069180

**沂水晨旭农资有限公司**
地址：山东省临沂市沂水县沂水镇晏家铺村顺达加油站对面
负责人：夏志海
Tel：13953912385

**聊城天昊特色农业新技术推广有限公司**
业务：农业新技术开发，推广，培训及技术指导—良种培育及种植技术推广，农副产品信息咨询
地址：山东省聊城市兴华西路60号综合楼四楼
负责人：衣恒志　邮　编：252000
法　人：衣恒志
Tel：13806350487
0635－6981126
Fax：0635－2129949

**阳谷县利祥养猪专业合作社**
业务：专业从事生猪养殖、收购、销售，并为广大养殖户提供种苗，代购饲料、兽药，品种改良，产品销售、技术培训、技术交流等综合性服务。
地址：山东省聊城市阳谷县定水镇草寺新村南160米
负责人：殷兆宁　邮　编：252300
法　人：房居利
Tel：0635－6543466
15063565877

**山东谷丰源农业生产资料有限公司**
业务：各种农业生产资料经营，采购、生产复合肥及各种原材料
产品：各种农业资料、农业原材料、复合肥
地址：山东省聊城市阳谷县南外环路30号
负责人：魏玉太　邮　编：252300
法　人：魏玉太
Tel：0635－6330088
Fax：0635－6330315
网址：http://www.sdgfy.cn/

**恒丰畜产品有限公司**
地址：山东省临沂市蒙阴县刘洪路46号
负责人：秦承秀
Tel：0539－4812129
13905490828

**阳谷宇航乌鸡养殖专业合作社**
业务：组织本社成员进行乌鸡的养殖、收购和销售，开展成员所需的储藏服务
产品：乌鸡白条、活禽乌鸡
地址：山东省聊城市阳谷县西湖乡西关庄
负责人：关守安　邮　编：253000
法　人：关守安
Tel：15966293036
0635－6517333
Fax：0635－6517678

**绿华银杏园艺场**
地址：山东省临沂郯城县新村乡一村
负责人：丁凤谦
Tel：0539－6651029
6651001
13905395457

**东明县源长饲料购销有限公司**
业务：农副产品的购销
地址：山东省菏泽市东明县
负责人：陈随安　邮　编：274000
法　人：陈随安
Tel：15953026666
0530－7212000
Fax：0530－7212000

**雍王鹿场**
地址：山东省青岛市即墨市畜特牧科技示范园兴华路56号
负责人：张举林
Tel：0532－83571577

**巨野县山农地瓜专业合作社**
业务：种薯、种苗
地址：山东省菏泽市巨野县麒麟镇尚村
负责人：王纪山　邮　编：274000
法　人：王纪山
Tel：15964677089
0530－8269909

**新兴水产养殖育苗有限公司**
地址：山东省青岛市胶南市大珠山镇西古镇营村前
负责人：韩坤新
Tel：0532－84126285
13361205688

**菏泽市兴业农机专业合作社**
业务：农机
地址：山东省菏泽市牡丹区高庄镇天庙行政村
负责人：徐兴业　邮　编：274000
法　人：徐兴业
Tel：13583098837
0530－5840969

**明月海藻工业有限责任公司**
地址:山东省青岛市胶南市铁山路132号
负责人:李同玉
Tel:0532－88196957

## 莘县西学黄瓜种植专业合作社
业务:黄瓜种植、销售
地址:山东省聊城市莘县十八里铺镇宁溏村村委
负责人:宁西学 邮 编:252052
法 人:宁西学
Tel:13869557739
13561297790

## 莘县王奉镇闫庄种猪场
业务:养殖、销售种猪
地址:山东省聊城市莘县王奉镇闫庄村
负责人:闫丙军 邮 编:252400
法 人:闫丙军
Tel:13869588765
0635－7571530

## 莘县东方众成养猪专业合作社
业务:养殖种猪,饲料,兽药
地址:山东省聊城市莘县魏庄乡邹巷村南
负责人:王兆飞 邮 编:252400
法 人:王兆飞
Tel:13356358716
0635－7540123
Fax:0635－7540777
E-mail:zhaofeiwang1983@163.com

## 刘庄利民定点屠宰厂
业务:牲畜屠宰
地址:山东省聊城市莘县张鲁镇申官目村
负责人:张代 邮 编:252000
法 人:张代
Tel:13061088608
0635－7691670

## 莘县华慧韭菜专业合作社
业务:种植、加工、销售干菜、鲜菜
产品:韭菜
地址:山东省聊城市莘县张寨乡土陈村
负责人:陈生振 邮 编:252422
法 人:陈生振
Tel:0635－7741405
13906357312
Fax:0635－7741405

**王台蔬菜研究会咨询服务部**
地址:山东省青岛市胶南市王台镇西柳圈村
负责人:张玉尧
Tel:0532－83138011
13706305182

## 菏泽市新鲁养猪专业合作社
业务:生猪养殖销售
地址:山东省菏泽市牡丹区李村镇找李开发区
负责人:冯铁领 邮 编:274000
法 人:冯铁领
Tel:13518606909
0530－5885996

## 菏泽市牡丹区泰和仓储有限公司
业务:棉花的仓储服务及销售
产品:棉花
地址:山东省菏泽市牡丹区马岭岗刁北村
负责人:田保华 邮 编:274000
法 人:张丽华
Tel:13665300018
0530－5460799
Fax:0530－5460799

## 山东省临清市旺成棉绒有限公司
业务:棉花加工收购
产品:皮棉、棉籽
地址:山东省聊城市临清八岔路镇前杨坟村252号
负责人:王庆安 邮 编:252600
法 人:王庆安
Tel:0635－2873768
Fax:0635－2873768

## 冠县畜康养猪专业合作社
业务:长白,大白,杜洛克种猪养殖及饲料销售
地址:山东省聊城市冠县梁堂乡赵梁堂村
负责人:程跃川 邮 编:252527
法 人:程跃川
Tel:13336222111
0635－5876666

**胶研种苗研究所**
地址:山东省青岛市胶州市扬州路中段(蔬菜批发市场对面)
负责人:韩书荣
Tel:0532－82210482
13906480456

**牛栖山茶场**
地址:山东省青岛市胶南市张家楼镇上疃村
负责人:王增祥
Tel:0532－84135398
13806428567

## 临清市茂盛苹果种植专业合作社
业务:苹果种植
地址:山东省聊城市临清市八岔路镇路庄村
负责人:刘起超 邮 编:252052
法 人:刘起超
Tel:13963565908
0635－2876688

## 临清市康庄文警养牛专业合作社
业务:养殖:猪、牛、羊
地址:山东省聊城市临清市康庄镇康二街
负责人:刘文警 邮 编:252656
法 人:刘文警
Tel:0635－2714255
13563024216
网址:http://www.51zzt.com/user/zzt32275

## 莘县祥源饲料厂
业务:肉鸡料、猪料、蛋鸡料
地址:山东省聊城市莘县大张家镇西开河村
负责人:李西柱 邮 编:252052
法 人:李西柱
Tel:0635－7868880
13869574251
Fax:0635－7861000
网址:http://www.51zzt.com/user/zzt32396

**格正饲料有限公司**
地址:山东省青岛市平度市大田镇东大田村
负责人:孟庆荣
Tel:0532－85363158
13864298822

## 菏泽市牡丹区瑞祥养鸡专业合作社
业务:土鸡养殖
地址:山东省菏泽市牡丹区沙土镇双庙村
负责人:刘钦平 邮 编:274000
法 人:刘钦平
Tel:0530－3956698
网址:http://www.51zzt.com/user/zzt31169

**蔬菜购销服务处**
地址:山东省青州市高柳镇冯家村
负责人:程金亭
Tel:0536－3861081
13153633777

## 东阿县永康畜禽养殖专业合作社
业务:猪,鸡等畜禽的养殖销售
地址:山东省聊城市东阿县顾官屯白庄村
负责人:白广玉 邮 编:252211
法 人:白广玉
Tel:0635－3485679

## 山东东阿惠丰小麦种植专业合作社
业务:销售肥料,农药,种子;提供农业技术指导服务
地址:山东省聊城市东阿县姚寨镇张集村
负责人:张敬利 邮 编:252052
法 人:张敬利
Tel:0635－3344468
15964380091

## 高唐县清香茶莊
业务:西湖龙井,铁观音,台湾乌龙茶
地址:山东省聊城市高唐县鼓楼东路北555号
负责人:杨胥明 邮 编:252800
法 人:杨胥明
Tel:0635－3951889

## 山东冠县红太阳大棚油桃专业合作社
业务:鲁鑫牌大棚油桃、西瓜等水果的种植,销售。
地址:山东省聊城市冠县甘官屯乡邓官屯村
负责人:孙汉增 邮 编:252579
法 人:孙汉增
Tel:13969505885
0635－5630656

## 华子粮油批发部
业务:粮油批发
地址:山东省菏泽市郓城县东门街南段路东
负责人:于谋存 邮 编:274000
法 人:于谋存
Tel:0530－6526739

**日照市圣山茶厂**
地址:山东省日照市东港区巨峰镇驻地
负责人:马淳奕
Tel:0633－8631033
13963320238

## 冠县华琪小尾寒羊养殖场
业务:小尾寒羊的养殖、繁育和销售
产品:小尾寒羊
地址:山东省聊城市冠县北陶镇驻地
负责人:李强 邮 编:252524
法 人:李强
Tel:15965240158

## 菏泽市卫栋葡萄种植专业合作社
业务:种植和销售葡萄,葡萄苗木,主要品种有"紫地球""金手指""藤稔""夏黑"
产品:葡萄,葡萄苗木,主要品种有"紫地球""金手指""藤稔""夏黑"
地址:山东省菏泽市牡丹区万福办事处冯庄行政村
负责人:柴卫栋 邮 编:274000
法 人:柴卫栋
Tel:0530－5408341
15865688341

**荣成市俚岛镇颜家养殖场**
地址:山东省荣成市俚岛镇颜家村
负责人:梁吉向
Tel:0631－7661205

## 乐陵市美星养猪专业合作社
业务:生猪的养殖和销售,兽药的批发
产品:"长白"品种的生猪、兽药
地址:山东省乐陵市丁坞镇杨八村
负责人:潘起鹏 邮 编:253600
法 人:潘起鹏
Tel:0534－6570588

## 乐陵市忠诚种植专业合作社
业务:玉米,小麦,棉花种子,化肥的销售
地址:山东省乐陵市郑店镇北陈开发区58号
负责人:陈承忠 邮 编:253600
法 人:陈承忠
Tel:15954771091

## 茌平县和美华畜禽养殖农民专业合作社
业务:从事畜禽养殖、销售,为广大养殖户提供畜禽种苗、饲料、防疫用品、品种改良、技术培训及咨询、产品销售等综合性服务
产品:畜禽产品,饲料,兽药,原料采购
地址:山东省聊城市茌平县韩屯镇北街
负责人:李振 邮 编:252100
法 人:李振
Tel:0635－4862159
13396221168
Fax:0635－4862222

## 茌平县韩屯镇明昌饲料经营部
业务:销售养殖业方面饲料
地址:山东省聊城市茌平县韩屯镇潘堂村
负责人:杨明昌 邮 编:252000
法 人:杨明昌
Tel:0635－4862143
13563524010

## 茌平县洪芳养殖厂
业务:生猪养殖和销售
产品:生猪
地址:山东省聊城市茌平县温陈乡陈庄村
负责人:孙涛 邮 编:252131
法 人:孙涛
Tel:13561261308

**海银棉花有限责任公司**
地址:山东省泰安市东平县城佛山街西首
负责人:魏庆新
Tel:0538－2886358
2128866

## 菏泽市牡丹区郭达养殖有限公司
业务:生猪养殖
地址:山东省菏泽市牡丹区吴店镇二郎庙村赵庄
负责人:郭得山 邮 编:274000
法 人:郭得山
Tel:0530－5830680

**山东省东平县恒远科技有限责任公司**
地址:山东省泰安市东平县州城镇第一淡水养殖实验厂
负责人:张广月
Tel:0538－2467248
13583860858

**宁阳县农业办公室**
地址:山东省泰安市宁阳县府院内
负责人:李昌元
Tel:0538－5621161

## 青岛富贵兴果蔬专业合作社
业务:种植和销售果蔬产品和农副产品,以草莓、苹果、甜瓜为主
产品:草莓、苹果、甜瓜
地址:山东省莱西市马连庄镇徐家草泊村
负责人:徐青武 邮 编:266617
法 人:徐青武
Tel:15318865787
0532－85430848

## 青岛张家院甜瓜专业合作社
业务:瓜果的种植和销售
地址:山东省莱西市马连庄镇张家院村
负责人:左雪光 邮 编:266600
法 人:左雪光
Tel:13708990322
网址:http://www.51zzt.com/user/zzt33309

## 青岛文德花生专业合作社
业务:花生的种植、收购、加工和销售
产品:花生
地址:山东省莱西市日庄镇寨里村东北
负责人:王文德 邮 编:266001
法 人:王文德
Tel:13468283199
0532－83462587
Fax:0532－83462587

## 青岛兑臼坡果蔬专业合作社
业务:水果蔬菜种植销售
地址:山东省莱西市院上镇兑臼坡
负责人:姜秉建 邮 编:266001
法 人:姜秉建
Tel:0532－82432868
Fax:0532－82432868

## 莱州市连国水产养殖专业合作社
业务:养殖销售多宝鱼、条石鲷等特色水产鱼
产品:多宝鱼、条石鲷
地址:山东省莱州市三山岛街道徐家村
负责人:徐连国 邮 编:264010
法 人:徐连国
Tel:15853569988
15853505530
网址:http://www.51zzt.com/user/zzt33118

**泰安海鑫水产经销处**
地址:山东省泰安市泰山区省庄镇南河西村
负责人:刘灿松
Tel:0537－6513557
13905385730

## 郓城县秀杭大豆种植专业合作社
业务:大豆、棉花、玉米、小麦等经营
地址:山东省菏泽市郓城县黄堆集
负责人:丁秀杭 邮 编:274000
法 人:丁秀杭
Tel:0530－6402152

**滕州市海冰养殖有限公司**
地址:山东省滕州市龙阳镇史村
负责人:薛冰
Tel:0632－2033557
13963235097

## 青岛为农果蔬专业合作社
业务:本社提供种子、农药、化肥等农用物资;组织销售无公害苹果、梨、樱桃、甜瓜、草莓等果蔬产品。
产品:苹果、梨、樱桃、甜瓜、草莓、葡萄等
地址:山东省莱西市河头店镇高格庄村355号
负责人:王国珍 邮 编:266621
法 人:王国珍
Tel:0532－85481987

## 青岛莱西市南岚奶牛养殖专业合作社
业务:奶牛、酸奶收购、奶牛饲料
地址:山东省莱西市河头店镇南岚村
负责人:曹洪宏 邮 编:266600
法 人:曹洪宏
Tel:0532－85451138
13361216130

## 青岛莱西市富神果蔬专业合作社
业务:果蔬种植、销售
产品:苹果、梨子、甜瓜、丝瓜、西红柿、黄瓜
地址:山东省莱西市马连庄镇格达村
负责人:李英全 邮 编:266600
法 人:李英全
Tel:15053270406
15712719261

**人和广明饲料鱼油加工厂**
地址:山东省威海荣成市人和镇西河口村

负责人：王国旗
Tel:13706498350

## 青岛蓝天牧业有限公司
业务：奶牛养殖、鲜奶销售
地址：山东省莱西市马连庄镇道子泊村
负责人：胡克笑　邮　编：266617
法　人：胡克笑
Tel：13326397369
0532－85407777

## 郓城县鑫牛养殖场
业务：养殖牦牛
地址：山东省菏泽市郓城县张营镇车市村
负责人：吴庆启　邮　编：274000
法　人：吴庆启
Tel：13326212999
0530－6471158

**荣成市植物医院北崖西经销处**
地址：山东省威海荣成市崖西镇北崖西村
负责人：吴高强
Tel:0631－7632138
13361186892

## 青岛钧予水产有限公司
业务：专业从事鱼、虾、参、贝苗种培育、养殖、销售，一流的品种，一流的服务，一流的水质，精心打造无危害绿色产品
产品：鱼、虾、参、贝、苗种
地址：山东省即墨市田横镇钓鱼嘴村
负责人：迟泽乾　邮　编：266209
法　人：迟泽乾
Tel:0532－85567589
15863087009
E-mail:junyushuichan@163.com

**农机综合商店**
地址：山东省威海荣成市荫子镇驻地
负责人：宋振业
Tel:0631－7623368
13906316940

## 山东天兆畜牧科技有限公司
业务：养殖和销售生猪，家禽，饲料加工
产品：生猪，家禽，饲料
地址：山东省莱芜市莱城区牛泉镇中小庄村村东
负责人：葛迎彬　邮　编：271100
法　人：葛迎彬
Tel：15154099186
13455490909

## 莱芜市莱城区徐冶果树种植专业合作社
业务：种植桃树
地址：山东省莱芜市莱城区牛泉镇中徐冶村
负责人：裴国梁　邮　编：271100
法　人：裴国梁
Tel：15006819286
0634－6731111

## 莱芜市莱城区今丰源养殖场
业务：养殖种猪
地址：山东省莱芜市莱城区杨庄镇小埠头村东升街157号
负责人：陈相进　邮　编：271100
法　人：陈相进
Tel:0634－6635138
13863482919

**威海高龙鱼粉饲料有限公司**
地址：山东省威海市沧口路8号
负责人：李春剑
Tel:0631－5321378
13806317969

## 济阳县曲堤鸿顺养鸡专业合作社
业务：从事蛋鸡、肉鸡饲养，为广大养殖户提供蓄禽种苗、饲料、药品、技术指导、产品销售等综合性服务。
产品：鸡蛋、肉鸡
地址：山东省济南市济阳县曲堤镇姜集粮所
负责人：潘其池　邮　编：251413
法　人：潘其池
Tel:0531－84473039
13964130243
Fax:0531－86348110

## 莱芜市钢城区景月花卉苗木场
业务：苗木种植、销售
产品：各种长绿乔木，落叶乔木及各种灌木
地址：山东省莱芜市钢城区颜庄镇王家港村
负责人：王玉华　邮　编：271100
Tel：13863403660
13963482086

**威海海威渔具有限公司**
地址：山东省威海市经济开发区海滨南路十五号
负责人：梁岩
Tel:0631－2687868
13806316318

## 莱芜市莱城区鑫钰养殖场
业务：专业性大型獭兔、长毛兔育种
地址：山东省莱芜市莱城区凤城工业园（莱芜森润科贸有限公司院内）
负责人：王建波　邮　编：271100
法　人：王建波
Tel：13906343416
0634－5939567
5939678
8031156
Fax：0634－6426799
网址：http://www.xinyutuye.cn/

## 莱芜市莱城区南围畜牧养殖专业合作社
业务：生猪养殖，猪饲料加工销售，疾病防治
地址：山东省莱芜市莱城区苗山镇南围村
负责人：李传福　邮　编：271100
法　人：李传福
Tel:0634－6367038
13455895218

## 济南天舜食用菌专业合作社
业务：生产、销售：食用菌
地址：山东省济南市长清区归德镇驻地
负责人：田守贵　邮　编：250001
法　人：田守贵
Tel：13173030568
0531－87438087

**威海市海通水产养殖有限公司**
地址：山东省威海市经济区城子村
负责人：谢永昌
Tel:0631－5981535

## 济南市长清区东升养鸡专业合作社
业务：养鸡、鸡蛋销售，饲料经营
地址：山东省济南市长清区归德镇庄楼村
负责人：庄启东　邮　编：250000
法　人：庄启东
Tel:0531－87345818

## 邹城市全德苹果种植专业合作社
业务：苹果种植销售
地址：山东省济宁市邹城市香城镇褚庄村
负责人：郭全德　邮　编：272119
法　人：郭全德
Tel：13639440333
15053756366

## 青岛黄山绿色生态畜禽养殖专业合作社
业务：山鸡、小飞龙、鸵鸟、大雁、孔雀、珍珠鸡等养殖
地址：山东省胶南市临港经济区闫家屋子村
负责人：孙长贵　邮　编：266001
法　人：孙长贵
Tel：13615426607
0532－87196282

## 青岛金瑞种子有限公司
业务：种子、农药、化肥
产品：金科诺旺牌大白菜种子（生产、经营）
地址：山东省胶州市营海镇徐家村
负责人：邓昌喜　邮　编：266300
法　人：邓昌喜
Tel:0532－85272102
13864826622
Fax:0532－85272102

**威海市区农副产品市场丰隆肉行批发部**
地址：山东省威海市农副产品批发市场世昌大道93号－9
负责人：冯广秀
Tel:13806318190

## 济南市长清区顺德水产养殖专业合作社
业务：养殖甲鱼、鳄鱼龟、金鲤
地址：山东省济南市长清区平安街道办事处桥子李村
负责人：韩克朴　邮　编：250001
法　人：韩克朴
Tel:0531－87411591
13256669136

## 济南高新开发区玉荣花卉种植专业合作社
业务：种植和销售各类花卉
产品：各类花卉
地址：山东省济南市高新区孙村办事处子木花园小区4号楼3单元501
负责人：方长春　邮　编：250104
法　人：方长春
Tel:0531－68681557

**牧联动物服务中心**
地址：山东省威海市青岛市中路5号
负责人：陈海刚
Tel:0631－5310418
13306304990

**威海建诚渔具有限公司**
地址：山东省威海市青岛中路220－3号
负责人：孙树刚
Tel:0631－5924849
13326311471

## 济南绿神州生物科技有限公司
业务：有机肥、冲施肥、叶面肥的生产与销售，也可代客加工各种肥料
产品：有机肥、冲施肥、叶面肥
地址：山东省济南市济北开发区
负责人：刘玉平　邮　编：251400
法　人：刘玉平
Tel：13176676582
0531－84215822
Fax:0531－84215822

**荣成荣源果菜有限公司**
地址：山东省威海市荣成市埠柳镇
负责人：孙相荣
Tel:0631－7891888
13963163999

## 济阳县远宏养牛专业合作社
业务：养殖奶牛、销售鲜奶
地址：山东省济南市济阳县济阳街道办事处三官庙村
负责人：高增利　邮　编：250001
法　人：高增利
Tel:0531－84255161
13176444176

**盛兴农产品有限公司**
地址：山东省威海市荣成市埠柳镇凤头村
负责人：卢标胜
Tel:0631－7893798
13396319768

## 济阳县绿野蔬菜专业合作社
业务：各种蔬菜种植销售、新品种新技术推广
地址：山东省济南市济阳县曲堤镇刘安吴村大堤中间
负责人：刘铁臣　邮　编：250001
法　人：刘铁臣
Tel:0531－84478021
13064095161

**海丰实业有限公司**
地址：山东省威海市荣成市成山镇
负责人：蒲增成
Tel:0631－7828788
13706318788

## 银谷精米加工有限公司
业务：大米加工销售
地址：山东省济宁市鱼台县张黄镇崔屯村
负责人：崔相全　邮　编：272000
法　人：崔相全
Tel：13793784148
0537－6030500

## 葡萄种植园
业务：葡萄种植销售
地址：山东省济宁市邹城市北宿镇（凫山街道办事处）和睦村
负责人：杨传国　邮　编：272119
法　人：杨传国
Tel：13406831721

## 邹城市宝强肉牛养殖专业合作社
业务：肉牛养殖，牛肉加工
地址：山东省济宁市邹城市大束镇付山村
负责人：陈功军　邮　编：273500
法　人：陈功军
Tel：13639413555
13153725686

**威海威水进出口有限公司**
地址：山东省威海市孙家疃镇
负责人：王建平
Tel:0631－5125638
13001636520

## 济阳县仁风镇富源葡萄种植专业合作社
业务：生产销售葡萄
产品：无核红宝石、无核新北斗
地址：山东省济南市济阳县仁风镇杨家村
负责人：王利元　邮　编：251415
法　人：王利元
Tel:0531－84428968
13465919494
15314105381

**浩晨水产有限公司**
地址：山东省威海市温泉镇江家寨村
负责人：马选云
Tel:0631－5863753
13706316423

## 济南市历城区富友生态农业观光专业合作社
业务：集生态农业开发、田园观光、农产品加工为一体，走科技农业和乡村旅游相结合的发展之路。
产品：绿色农产品，畜禽产品等
地址：山东省济南市历城区柳埠镇宝峪村
负责人：王付友　邮　编：250113
法　人：王付友
Tel:0531－82846756
13573775122

**佳鑫渔具有限公司**
地址：山东省威海市温泉镇刘家台村
负责人：刘永杰
Tel:0631－5361566
13806316636

## 济南市历城区志江生态农业观光专业合作社
业务：农业观光，种植、养殖经营等
地址：山东省济南市历城区柳埠镇裁缝峪村
负责人：肖志江　邮　编：250001
法　人：肖志江
Tel:0531－82840420

**威海宇程渔具有限公司**
地址：山东省威海文登市莒山镇杨家卧龙村
负责人：杨升凯
Tel:0631－8549882
13306308684

## 鱼台县艳伟酱菜调料批发部
业务：酱菜调料批发
地址：山东省济宁市鱼台县老街东首路南东方商城北
负责人：何海华　邮　编：272000
法　人：何海华
Tel:0537－6216647
15965375999

## 鱼台县康乐元葱专业合作社
业务：赤玉一号、白岩一号等元葱品种种植销售
地址：山东省济宁市鱼台县李阁镇宋洼村宋洼桥南20米路东
负责人：宋金林　邮　编：272300
法　人：宋金林
Tel：15898640587
0537－6178758

## 鱼台县征远养猪专业合作社
业务：专业养殖与销售生猪
产品：生猪
地址：山东省济宁市鱼台县王庙镇粮所院内
负责人：房满意　邮　编：272119
法　人：房满意
Tel:0537－6319892

**兆丰生态农业有限公司**
地址：山东省潍坊安丘市金冢子镇下洼官庄村东
负责人：冀风兆
Tel:0536－4798288
13853608866

## 济南市历城区新世纪花卉苗圃场
业务：种植与销售花卉苗木，绿化工程
产品：花卉苗木
地址：山东省济南市历城区唐王镇大徐村
负责人：张传友　邮　编：250001
法　人：张传友
Tel:0531－88706423
13156111415

## 微山县盛达养殖有限公司
业务：从事西门塔尔牛、鲁西黄牛等优良肉牛品种繁育推广、养殖销售，公司建设有自己的养殖基地，并以其科学的管理，优良的品种，合理的价格，良好的信誉赢得了广大养殖朋友的信赖与好评
产品：肉牛育肥
地址：山东省济宁市微山县鲁桥镇泗河涯村
负责人：盛作岭　邮　编：272195
法　人：盛作岭
Tel:0537－8686486
15998731177
15020764665

## 微山县马坡慧林养猪专业合作社
业务：提供生产资料、人工授精培训、生猪养殖
地址：山东省济宁市微山县马坡乡马坡后村
负责人：马传林　邮　编：272193
法　人：马传林
Tel：13562400021
0537－8663726

### 济宁市鱼台县永佳饲料销售门市部
业务：饲料销售
地址：山东省济宁市鱼台县工业开发区北环路东首
负责人：谢二民　邮　编：272000
法　人：谢二民
Tel：0537－6221627
6255928

**安丘市广聚实业有限责任公司**
地址：山东省潍坊安丘市刘家尧镇驻地
负责人：孙业广
Tel：13805367679

### 济南市历城区祥和养殖专业合作社
业务：养殖与销售鸡鸭鱼鹅
产品：鸡鸭鱼鹅
地址：山东省济南市历城区唐王镇刘家村
负责人：于光富　邮　编：250000
法　人：于光富
Tel：15806404335
15098916373

**潍坊凯马农机具有限公司**
地址：山东省潍坊奎文区北宫东街63号
负责人：王勇
Tel：0536－8656283
13386469526

### 济南市历城区裕兴林木专业合作社
业务：林木加工
产品：包装箱等林木产品
地址：山东省济南市历城区唐王镇卢家村
负责人：卢建星　邮　编：250001
法　人：卢建星
Tel：0531－88705825
Fax：0531－88705825

### 微山县付村镇顺河养殖场
业务：养殖皮毛动物：水貂、狐狸、貉
地址：山东省济宁市微山县付村镇新张庄
负责人：徐道伦　邮　编：272000
法　人：徐道伦
Tel：13792377466
15092628199

### 微山县国耀综合养殖开发有限公司
业务：淡水鱼的养殖、开发和销售
产品：淡水鱼
地址：山东省济宁市微山县技工学校楼下
负责人：褚卫国　邮　编：272119
法　人：褚卫国
Tel：0537－3345999

**利源化肥有限公司**
地址：山东省潍坊市昌东县城新昌路195号
负责人：王民生
Tel：0536－6289777
13505365761

### 鑫忆品香炒货店
业务：炒货、干果等加工经营
地址：山东省济宁市市中区古槐南路68号
负责人：王云锋　邮　编：272000
法　人：王云锋
Tel：13721918033
0537－2888553

### 泗水县东圣马铃薯专业合作社
业务：马铃薯的种植和销售
地址：山东省济宁市泗水县泗张镇南陈村
负责人：冯殿玉　邮　编：272119
法　人：冯殿玉
Tel：0537－4321095

**天贝特种养殖有限公司**
地址：山东省潍坊市昌乐县昌乐镇东山王村209号
负责人：王凯良
Tel：0536－6236100
13863667579

### 济南市历城区福寿农产品专业合作社
业务：组织收购、销售社员种植农产品，并提供贮藏、包装、运输服务；推广、引进种植新技术、新品种以及相关的技术培训
产品：春芽、核桃、小米、茶肠、甘薯、板栗、花椒等农产品
地址：山东省济南市历城区西营镇天晴峪村
负责人：叶才亮　邮　编：250111
法　人：叶才亮
Tel：13905419784

**昌乐利源饲料厂**
地址：山东省潍坊市昌乐县城昌盛街西首
负责人：高玉忠
Tel：0536－6275807
13508966979

### 济宁市任城区宏达养殖专业合作社
业务：养殖与销售生猪、饲料，以及提供技术咨询与服务，欢迎有志之士来我合作社投资洽谈
产品：生猪，饲料
地址：山东省济宁市任城区长沟镇张坊村
负责人：徐宗新　邮　编：272119
法　人：徐宗新
Tel：15898651217
0537－2580215

### 济宁市任城区龙翔养殖专业合作社
业务：家鱼，家禽养殖
地址：山东省济宁市任城区石桥镇辛店村
负责人：王兆设　邮　编：272000
法　人：王兆设
Tel：13954758967

**富鑫源盐场**
地址：山东省潍坊市昌邑市交通街西首南侧
负责人：周庆富
Tel：0536－7123779
13562667618

### 济南市历城区宝祥养殖专业合作社
产品：鸡，猪等的养殖
地址：山东省济南市历城区遥墙镇杨史道口村村东500米
负责人：张宝祥　邮　编：250000
法　人：张宝祥
Tel：15866718898
13969171676

**祥源梅花鹿养殖基地**
地址：山东省潍坊市寒亭区206国道官靶路口
负责人：于长起
Tel：0536－8627397
13869652373

### 光明养殖场
业务：主要生产：蛋鸡、海兰系列蛋种鸡
地址：山东省济宁市梁山县拳铺镇琉璃井村
负责人：王思明　邮　编：272000
法　人：王思明
Tel：0537－7600150
13053725808

### 梁山县富国养殖专业合作社
业务：畜禽养殖
地址：山东省济宁市梁山县拳铺镇南杨楼村
负责人：杨作法　邮　编：272119
法　人：杨作法
Tel：0537－7762621

### 平阴合家乐蔬菜专业合作社
业务：早期蔬菜、有机蔬菜的种植与销售
产品：长椒、青椒、大黄瓜、小黄瓜、大西红柿、小西红柿、茄子
地址：山东省济南市平阴孔村镇合楼村
负责人：候庆亮　邮　编：250403
法　人：候庆亮
Tel：0531－87745777
13553173805

**大源水产有限公司**
地址：山东省潍坊市山东省诸城市龙海水产城
负责人：王天宝
Tel：0536－6165788
6211588

### 山东省济宁市金乡县双赢冷库
业务：加工、出口大蒜，元葱，蒜苔
地址：山东省济宁市金乡县缗南二路西段路北
负责人：郝永辉　邮　编：272000
法　人：郝永辉
Tel：13954700537
0537－8727919

### 金乡县洪安苗木繁育基地
业务：杨木为主的绿化苗木
地址：山东省济宁市金乡县王丕镇
负责人：周洪安　邮　编：272200
法　人：周洪安
Tel：13964996525

**兴东水产苗种有限公司**
地址：山东省烟台蓬莱市新港街道办事处铜井村
负责人：孙培卿
Tel：0535－5977319
13808913889

### 平阴县茂顺精细淀粉有限公司
业务：加工地瓜及生产，销售地瓜粉丝
地址：山东省济南市平阴县孝直镇刘家庄村
负责人：孙茂顺　邮　编：250402
法　人：孙茂顺
Tel：13065076687
0531－87724153

**大连獐子岛渔业集团股份有限公司长岛分公司**
地址：山东省烟台市长岛县砣矶东山村
负责人：邵万结
Tel：0535－3938717
3938718
13506451969

### 商河县双赢农作物种植专业合作社
业务：中国大蒜之乡，中国最大甜椒生产乡，集种植、联合收购、贮藏、深加工、运输一条龙服务，销售小麦、玉米、棉花，以上项目联合销售及办厂，另购销化肥、农药、种子！
产品：小麦、玉米、棉花、大蒜、甜椒
地址：山东省济南市商河县许商街道办事处西铺街64号(钱铺农村信用社南邻18米)
负责人：王朝生　邮　编：251600
法　人：王朝生
Tel：0531－84800192
13954198317
网址：www.21yp.com

**农标普瑞纳(嘉兴)饲料有限公司烟台分公司**
地址：山东省烟台市环海路40号
负责人：顾顺龙
Tel：0535－6806300

### 济南市市中区昌盛家禽养殖农民专业合作社
业务：山鸡，肉食鸡，蛋鸡，土鸡的养殖和销售
地址：山东省济南市市中区党家街道办事处西渴马东村
负责人：王德昌　邮　编：250000
法　人：王德昌
Tel：13864121249
15165073832

**烟台盛泰水产有限公司**
地址：山东省烟台市开发区大季家工业园
负责人：张吉欣
Tel：0535－6971136
13905455906

### 金乡县长运核桃农民专业合作社
业务：核桃销售
地址：山东省济宁市金乡县金乡镇桃园村桃园前街6巷2号
负责人：王长运　邮　编：272119
法　人：王长运
Tel：0537－8727350
13562400755

### 金乡县马庙镇永祥生态养殖场
业务：集生猪养殖、销售、技术服务为一体，积极推广生态养殖模式，实现猪－沼－草种养给合生态型零排放模式。
产品：仔猪、生猪、饲料、em菌液
地址：山东省济宁市金乡县马庙镇石门村
负责人：刘永立　邮　编：272202
法　人：刘永立
Tel：0537－8051170
15054776598
E-mail：liuyl0628@163.com

**原平三农特产加工中心**
地址：山东省原平市京原北路立交桥北头农行宿舍
负责人：刘武生
Tel：0350－8227926
13903509485

### 济南市市中区心连心核桃种植农民专业合作社
业务：核桃种植
地址：山东省济南市市中区党家街道办事处西渴马西村
负责人：耿连勇　邮　编：250000
法　人：耿连勇
Tel：13668820547

### 金乡县祥发养殖有限公司
业务：肉牛的养殖
地址：山东省济宁市金乡县胡集镇东李村
负责人：李来夫　邮　编：272119
法　人：李来夫
Tel：15254711197
0537－8971587

### 峄城区志伟养殖场
业务：养殖、收购、屠宰和销售羊
产品：羊
地址：山东省枣庄市峄城区古邵镇前兴集村
负责人：邢士伟　邮　编：277101
法　人：邢士伟
Tel：18600326499
0632－7083179

### 峄城区葵园食用菌专业合作社
业务：养植和销售以平菇，金针菇，鸡腿菇，秀珍菇为主的食用菌
产品：平菇，金针菇，鸡腿菇，秀珍菇
地址：山东省枣庄市峄城区榴园镇东白楼村
负责人：王美文　邮　编：277101
法　人：孙发明
Tel：13706327411
13793717554

### 章丘市盛泽果品农民专业合作社
业务：种植各类果树，以樱桃、苹果、核桃为主，销售农药、肥料等农资产品
产品：各类果树，以樱桃、苹果、核桃为主
地址：山东省章丘市白云湖镇石东村
负责人：刘德生　邮　编：250019
法　人：刘德生
Tel：13793199358
0531－83453556
Fax：0531－83453556

### 章丘市小顺农牧养殖专业合作社
业务：生态养殖
产品：鸡鸭鹅、猪牛羊、苗木、奇石
地址：山东省章丘市官庄乡南
负责人：魏玉海　邮　编：250200
法　人：魏玉海
Tel：0531－83313358
13705416555
网址：www.yuhaixiaoshun.com
E-mail：wyhxiaoshun@163.com

### 章丘市晟鑫荣养牛专业合作社
业务：养殖与销售肉牛
产品：肉牛
地址：山东省章丘市官庄乡青野村
负责人：张宝立　邮　编：250200
法　人：张宝立
Tel：13854184258
0531－83853213

**江南春茶叶有限公司**
地址：山东省枣庄市市中区解放北路139号
负责人：张宏伟
Tel：0632－3050819
13806323006

### 济南市天桥区华盛无公害蔬菜专业合作社
业务：西红柿，黄瓜，芹菜等无公害蔬菜种植，销售
地址：山东省济南市天桥区桑梓店镇沙李村
负责人：李吉华　邮　编：250000
法　人：李吉华
Tel：0531－88079296
81810903

### 章丘市章北瓜果专业合作社
业务：瓜果的种植销售
产品：有机苹果，有机西瓜
地址：山东省章丘市水寨镇辛丰村
负责人：董先生　邮　编：250008
法　人：刘道福
Tel：13864185276
0531－83551179
网址：http://www.51zzt.com/user/zzt123617

### 章丘市辛寨农机服务专业合作社
业务：小麦——玉米联合收割机——大中型拖拉机各种农机配件；生产气动液压反转犁、二、三、四、五铧、玉米秸秆切碎机、小麦秸杆粉碎机、旋耕机配套各种振压器、大马力拖拉机、高架水箱、配置：欧豹、天拖、东方红
地址：山东省章丘市辛寨中心大街北首路山东章丘大锤农机公司
负责人：纪经长　邮　编：250212
法　人：纪经长
Tel：13969020865
0531－83541025
83541706
Fax：0531－83541706
网址：http://www.51zzt.com/user/zt32

### 诸城市丰兴农机专业合作社
业务：农机租赁、修理服务
地址：山东省诸城市石桥子镇黄家庙子钟日东农场院内
负责人：钟日东　邮　编：262208
法　人：钟日东
Tel：13964603978

**辛绪蛋白加工厂**
地址：山东省枣庄滕州市东郭镇辛绪村
负责人：张成忠
Tel：0632－2529016

0632－2528778
13906378477

## 腾飞木耳合作社

业务：木耳种植、销售，产品质量稳定，周年供应，价格优惠，欢迎新老客户光临惠顾。
产品：木耳、各类蔬菜
地址：山东省诸城市石桥子镇小辛兴村
负责人：王夕杰 邮编：262200
法人：王夕杰
Tel：0536－6474838
13792673717

## 诸城市腾飞木耳专业合作社

业务：集木耳的种、供、销为一体，并提供种子原料及技术指导
地址：山东省诸城市石桥子镇小辛兴村
负责人：王夕杰 邮编：262208
法人：王夕杰
Tel：15963682899
0536－6474838

## 诸城市欧亚猪业良种推广中心

业务：良种猪推广、新法系长白、大白原种猪，常年供新法系原种大白、长白、杜洛克及纯种法系二元母猪。猪引种受精服务。
地址：山东省诸城市舜王街道前孙戈庄村
负责人：孙淑磊 邮编：262233
法人：孙淑磊
Tel：15063686806
0536－6320717

## 诸城市朝阳春茶叶生产专业合作社

业务：茶叶加工，绿茶
地址：山东省诸城市桃林乡山东头工业园
负责人：徐连明 邮编：262200
法人：徐连明
Tel：15905365538
0536－6351121

## 邹城市泰岳养殖有限公司

业务：养猪
地址：山东省邹城市郭里镇前黄村
负责人：韩开国 邮编：272133
法人：韩开国
Tel：15965715306
0537－5636881

## 金乡县汇泉进出口有限公司

业务：农副产品进出口
产品：农副产品
地址：山东省济宁市金乡县淳李线路北曹庙村
负责人：朱德才 邮编：272119
法人：朱德才
Tel：13953765680
0537－8729327
Fax：0537－3175799
网址：http://www.51zzt.com/user/zzt36318

## 邹城市生鑫食用菌种植专业合作社

业务：食用菌、双胞菇、草菇、鸡腿菇、金针菇、茶树菇等等
地址：山东省邹城市平阳寺镇前韩村
负责人：张以生 邮编：273514
法人：张以生
Tel：13792313849
13954759259

## 邹城市天亿生态农业科技有限公司

业务：草莓，中药材种植，新项目开发
地址：山东省邹城市太平西路 219 号喜乐门大酒店 8 楼
负责人：李世平 邮编：272119
法人：李世平
Tel：13181478666
0537－5283953

## 邹城市安德仙火龙果种植有限公司

业务：专业从事规范化的火龙果，人参果、地参果、何首乌、冬虫夏草、名贵蔬菜生产销售，着力发展"绿色食品"
产品：火龙果，人参果，地参果，何首乌，冬虫夏草，紫茎兰等名贵蔬果水果系列
地址：山东省邹城市峄山镇平阳西路 116 号
负责人：张安德 邮编：273500
法人：张安德
Tel：0537－5220555
13355119696
13053777638
13181319696
Fax：0537－5253088

### 淄博福德农机有限公司

地址：山东省淄博市博山区人民路西首
负责人：刘云平
Tel：0533－7310497

## 诸城市成平大姜专业合作社

业务：种植和销售大姜
产品：大姜
地址：山东诸城市石桥子镇大近戈庄
负责人：周德成 邮编：261041
法人：周德成
Tel：13405367367
0536－6471936

## 章丘市汇丰农业蔬菜包装专业合作社

业务：农药肥料，蔬菜加工
地址：山东省济南市章丘市刁镇张官蔬菜批发市场
负责人：袁致汇 邮编：250204
法人：袁致汇
Tel：0531－83513235
13176668716
13065018463

## 金乡县卜集乡海滨恒温库

业务：种植大棚蔬菜，水果
地址：山东省济宁市金乡县卜集乡刘心田村
负责人：李海滨 邮编：272201
法人：李海滨
Tel：13355199946
0537－8036666
3174666

## 济南聚德源生态养殖有限公司

业务：蛋鸡养殖
产品：鸡蛋
地址：山东省济南市章丘市官庄乡韩家村村南
负责人：李焕英 邮编：250217
法人：李焕英
Tel：0531－83802407
15905412780

### 爱农种子有限公司

地址：山东省淄博市临淄区敬仲镇政府驻地
负责人：徐刚
Tel：0533－7705677
13355331896

## 章丘市三阳生态养殖有限公司

业务：种猪的繁育，饲养，销售，兽医
产品：种猪，育肥
地址：山东省济南市章丘市明水街道办事处果家坡村
负责人：黄莳金 邮编：250200
法人：黄莳金
Tel：0531－83206846
Fax：0531－83206846
E-mail：1006729735@qq.com

## 嘉祥县旺盛牛羊养殖专业合作社

业务：养殖牛、羊
地址：山东省济宁市嘉祥县马村镇大碾王村 91 号
负责人：王扬云 邮编：272402
法人：王扬云
Tel：0537－6442168
13355156178

## 章丘市金秋农民专业合作社

业务：秸秆煤炭等生物燃料加工机相关加工设备
地址：山东省济南市章丘市枣园街道办事处白塔村
负责人：谢元春 邮编：250001
法人：谢元春
Tel：13854145045
0531－83652544

## 高新区延清养殖场

业务：养殖羊、牛
地址：山东省济宁市高新区柳行办事处郭厂村
负责人：李延清 邮编：272000
法人：李延清
Tel：0537－2088717
15053743333

## 嘉祥鑫腾牧业有限公司

业务：牛羊养殖、销售
地址：山东省济宁市嘉祥县黄垓乡黄垓西村西 500 米
负责人：黄凌德 邮编：272133
法人：黄凌德
Tel：15264701880
0537－6782518

### 邹城市恒达力原服务有限公司

地址：山东省邹城市中心镇大元村
负责人：马维科
Tel：13805470721

## 山东永康畜牧养殖有限公司

业务：畜禽饲养、园林绿化、工程施工、苗木花卉销售
产品：肉牛养殖、蚯蚓养殖
地址：山东省枣庄市台儿庄区华阳路东（原石油公司院内）
负责人：高怀永 邮编：277400
法人：高怀永
Tel：0632－6682866
Fax：0632－6682866
网址：www.sdykxm.com
E-mail：sdykxm@126.com

## 枣庄市台儿庄区峰源良种猪养殖专业合作社

业务：养殖与销售肥猪、种猪，提供相关技术咨询与服务。
产品：肥猪，种猪
地址：山东省枣庄市台儿庄区涧头集镇金楼村
负责人：王明辉 邮编：277101
法人：王明辉
Tel：13455752318

## 枣庄市台儿庄区正方畜禽养殖专业合作社

业务：肉鸡的养殖和销售
产品：肉鸡
地址：山东省枣庄市台儿庄区马兰屯镇官宅村
负责人：王立廷 邮编：277101
Tel：0632－6711060
13606328115

### 临淄环保茶业开发公司

地址：山东省淄博市临淄区朱台镇工业区
负责人：路效森

Tel：0533－7780107
13573368966

## 滕州界河茂义蔬果专业合作社

业务：种植和销售水果、蔬菜
产品：水果、蔬菜
地址：山东省枣庄市滕州市界河镇化里村 130 号
负责人：生茂义 邮编：277101
Tel：13465992009
0632－2739009

## 滕州市界河镇土楼村富民薯业购销服务部

业务：代销各种一级马铃薯原种
地址：山东省枣庄市滕州市界河镇土楼村
负责人：谷连玉 邮编：277101
法人：谷连玉
Tel：0632－2717678
13563200038

## 枣庄市薛城区文华兔业养殖专业合作社

业务：肉兔养殖、加工、销售
地址：山东省枣庄市薛城区临城镇北二新村
负责人：杨家文 邮编：277000
法人：杨家文
Tel：13589621358
15165893027

### 仁鑫农副产品有限公司

地址：山东省淄博市沂源县悦庄镇中小水村
负责人：宋以仁
Tel：0533－3427366
13806483262

### 高青鑫利发畜牧养殖有限公司

地址：山东省淄博市高青县木李镇青郭村
负责人：王进
Tel：0533－6719297

## 苍山县瑞华种植专业合作社

从事蔬菜种植、深加工、销售，
主要产品有新鲜蔬菜、脱水蔬菜等。
公司秉承“顾客至上，锐意进取”的经营理念，坚持“客户第一”的原则为广大客户提供优质的服务。

联系人：张瑞华
电话：0539-5450878　13953951567
邮编：277711
地址：山东省临沂市苍山县向城镇北张桥村186号

## 东营名实农资有限公司

东营名实农资有限公司成立于1995年。
主要经营农药、化肥、地膜、种子。
欢迎广大新老客户来电洽谈业务。
我们将竭诚为您服务！

电话：0546-8111251　8113298
联系人：史庆合　邮编：257093
地址：山东省东营市东营区龙居商业街167号

## 德州市宁津县旗泰孵化厂

德州市宁津县旗泰孵化厂成立于2007年，德州市宁津县旗泰孵化厂是我市较大规模的综合型孵化生产企业。本厂主要经营孵化养殖鸡、鸭、鹅苗。欢迎各位客商实地考察、电话洽谈。

联系人：谢殿星
电话：13953420058　15053448611
地址：山东省德州市宁津县宁津镇谢西村
邮编：253400

## 费县刘庄镇信诚养猪专业合作社

费县刘庄镇信诚养猪专业合作社成立于2008年，共同开发新品种、新技术、技术交流、信息服务，寻求长期合作伙伴，调拨商品猪、品种猪、仔猪。

欢迎选购。

联系人：全先德　15953903218
电话：0539-5648312　5641165
网址：www.90731.21yp.com
电子邮件：xinchenyangzhu@163.com
地址：山东省临沂市费县刘庄镇北辛庄村　邮编：273412

## 德州市学景种苗有限公司

德州市学景种苗有限公司主要经营西瓜、黄瓜、茄子、甘蓝、西红柿等各类蔬菜和瓜果的种子，已有十几年的种子培育经验。公司本着“培育新优品种，造福广大农友”的经营理念，为发展“三高”农业做出了积极贡献。种子质量有保障，欢迎选购！

联系人：董学景　手机：13573457899
电话：0534-2683516　传真：0534-2683516
地址：山东省德州市德城区新村中街2号楼4号　邮编：253000

## 济南市历城区鑫海果蔬专业合作社

专业承包绿化树、植树服务、果品包装，秉承着“质量第一，诚信第一，客户第一，服务第一”，坚持客户至上的经营理念，实现“建一流产业，创一流品牌”为目标，与新老客户携手共进，同创美好的明天！

电话：0531-88780148　13793128568　联系人：方庆合
地址：山东省济南市历城区彩石镇三泉峪村　邮编：250001

## 顶顺饲料有限公司

我公司产品有猪、兔、鱼、牛羊、肉鸡等系列配合饲料和各种配比的浓缩饲料、复合预混料八十多个品种，均系现代高科技精品饲料。特色产品：顶顺猪饲料，顶顺兔饲料，在苏北鲁南享有极高声誉。

顶尖科技、顶顺饲料、顶真服务，深入人心有口皆碑。与顶顺同行，走顶顺人生！

联系人：梁方赤
TEL：13012790090　0539-3551087　FAX：0539-3551012
地址：山东省临沂市沂南县大庄镇　邮编：276000

## 济宁市天力农业生产资料有限公司

济宁市天力农业生产资料有限公司成立于1994年，主要从事农资的销售。
竭诚欢迎新老客户光临惠顾！

联系人：李宗生
电话：0537-2313216　13905378053
地址：山东省济宁市琵琶山西路2号　邮编：272000

## 东明黄河杂粮有限公司

东明黄河杂粮有限公司是一家专业从事杂粮的加工服务。真诚欢迎新老客户来电来函洽谈指导。

联系人：文胜堂
电话：13853089300、0530-7669368
地址：山东省荷泽市东明县黄五路中段　邮编：274500

## 金丰大蒜购销处

本公司成立于1995年，主要代收代销加工冷藏大蒜、蒜苔、园葱、蒜片等。服务宗旨：诚信为本；真诚待人；顾客均为朋友。

电话：15964726888、13475772521、0537-8811298　传真：0537-8811298
地址：山东省济宁市金乡县鱼山市场372号　邮编：272202

## 莒南县广惠大蒜种植专业合作社

莒南县广惠大蒜种植专业合作社成立于2008年，专业从事大蒜、草莓等产品种植经营，欢迎来电洽谈业务！

电话：0539-7727599 联系人：徐进海
地址：山东省临沂市莒南县道口乡广亮门村 邮编：276000

## 郓城绿草地养殖场

郓城绿草地养殖场主营产品是原种鲁西黄牛，原种中国斗鸡、成年鸡、鸡苗以及种蛋，有兴趣的朋友可以来电洽谈业务！

联系人：高翔 13854056218
电话：0530-2373687 2373658
电子邮件：sdlxn@163.com
邮编：274600
地址：山东省菏泽市郓城县凤凰乡东金堤桥北处

## 莒南县文兴养殖专业合作社

莒南县文兴养殖专业合作社成立于2008年，主要从事于黄牛、食用牛、优良品种的繁殖。

公司自成立以来始终贯彻"质量第一，顾客至上"的经营理念，努力进取，积极开拓，对外广泛吸纳各种专业人才，引进先进的生产工艺技术，对内强化企业管理，建立健全质量管理体系。质量体系的完善，增强了企业员工素质，使产品质量不断提高，企业形象不断提升，赢得最广大顾客的信赖。

电话：0539-7787066
联系人：沙文兴
地址：山东省临沂市莒南县筵宾镇东粜西村 邮编：276600

## 莱芜市莱城区九龙岭肉鸽养殖专业合作社

莱芜市莱城区九龙岭肉鸽养殖专业合作社专业从事种鸽、肉鸽的养殖销售，组织采购供应社员所需要的生产资料；收购销售社员生产的产品；引进新技术新品种；开展技术培训、技术交流和经营服务。

联系人：周长庆
13561725832
电话：0634-6375128
邮编：271100
地址：山东省莱芜市莱城区大王庄镇九龙岭

## 莒南县云蒙山茶厂

莒南县云蒙山茶厂成立于1993年，专业从事精制茶加工。主要产品是杰青牌系列绿茶，其中云蒙雪、云蒙芽为知名品牌。

我们本着"锐意进取，客户至上"的原则，竭诚为客户提供优质的产品和良好的服务。欢迎惠顾！

联系人：赵吉青
电话/传真：0539-7883128 手机：13505395301
地址：山东省临沂市临港产业区朱芦镇 邮编：276000

## 莱阳市鸿发鹿业养殖有限公司

莱阳市鸿发鹿业养殖有限公司成立于2007年，从事梅花鹿繁殖经营，欢迎来电咨询洽谈！

联系人：迟学法
电话：0535-7632226
地址：山东省莱阳市姜疃镇东路格庄村西
邮编：264010

## 莒县同兴良种猪场

莒县同兴良种猪场成立于2001年，本公司全年向社会提供良种种公猪、母猪，长大大长二元母猪。秉承"顾客至上，锐意进取"的经营理念，坚持"客户第一"的原则为广大客户提供优质的服务。欢迎惠顾！

联系人：高春雷 邮编：276800
电话：0633-6223355 15965002008
地址：山东省日照市莒县城区莒竹路（坝上村）

## 莱阳市沐浴店镇永红果品购销专业合作社

莱阳市沐浴店镇永红果品购销专业合作社成立于2008年7月，从事水果种植购销，农药、化肥经营。

我社本着"科技先行、质量第一、诚信为本"的经营理念和"同创、同享、同发展"的合作思想，愿与种业界同仁共谋发展！

联系人：刘先荣
电话：0535-7791518 13954544966
地址：山东省莱阳市沐浴店镇中蒲格庄村 邮编：264010

## 巨野县利民农民专业合作社

巨野县利民农民专业合作社主要从事化肥、农药等生产资料的批发、零售业务。

我们坚持品质第一、信誉至上的服务宗旨，竭诚为新老商客、朋友提供最优质的产品和服务。

联系人：石善金
电话：0530-8191222 13953033739
地址：山东省菏泽市巨野县巨野镇
邮编：274900

## 利津县盐窝镇畜禽服务中心

本中心常年批发兽药，兽药原料，添加剂，豆粕棉粕，苗鸡出售以及成鸡的收购业务。

以诚信为根本，以服务客户为出发点，从大处着眼、小处着手，不断提高自己的产品质量和服务质量，不断超越客户的期望。

联系人：陈学政
13082616022
13561096400
电话：0546-5323428
地址：山东省东营市利津县盐窝镇
邮编：257000

彰武县宏翔淀粉有限责任公司

专业从事生产玉米淀粉、蛋白粉、胚芽、纤维等。

电话：0416—7772111　　传真：0418—7776333

地址：辽宁省阜新市彰武县满堂红乡工业园区清泉2号





## 梁山县农旺农业专业合作社

梁山县农旺农业专业合作社专业购销玉米、甘薯、蔬菜、棉花等种子、化肥、农药、生产资料、喷雾机、大棚材料、农资等产品。

欢迎新老客户光临、惠顾。

电话：0537-7600370　13963749756

联系人：周广运

地址：山东省济宁市梁山县拳铺镇方西村　邮编：272624

## 龙口市龙东养殖专业合作社

龙口市龙东养殖专业合作社是一家专业的野鸡、野猪的养殖企业。“以市场为导向，提高产品质量，满足客户需求”是我公司发展的根本，我们将以大海般的胸怀欢迎各界朋友的到来，并愿意与各界朋友真诚合作，共谋发展。

联系人：慕永波

电话：13325156528、0535-8514858

地址：山东省龙口市东莱街道西张家沟村　邮编：264010

## 聊城市东昌府区堂邑镇路西农业科技服务部

本公司成立于2004年，主要经营农药、化肥供应服务。

秉承“客户第一”的服务理念，通过向我们的客户提供规范、周到、高效、个性化的服务，提高客户满意度，维护并发展客户关系，实现与客户的长期合作，提升我们客户的竞争实力。

联系人：路宗金

13869598639

电话：0635-8656616

邮编：252000

地址：山东省聊城市东昌府区堂邑镇路西村

## 宁阳县南山奶牛养殖专业合作社

是一家专业从事奶牛养殖及鲜奶销售的单位。

公司自成立以来始终贯彻“质量第一，顾客至上”的经营理念，努力进取，积极开拓，对外广泛吸纳各种专业人才，引进先进的生产工艺技术，对内强化企业管理，建立健全质量管理体系。质量体系的完善，增强了企业员工素质，使产品质量不断提高，企业形象不断提升，赢得最广大顾客的信赖。

公司将本着“科技创新，精益求精”的原则一如既往地为顾客提供最优质的产品和最完善的服务。

联系人：高广华

电话：13153861325　0538-5860006　邮编：271413

地址：山东省泰安市宁阳县华丰镇工业路西

临朐县洪圣奶牛养殖专业合作社创办于2008年10月。

主要从事奶牛养殖及鲜奶销售业务。

产品绿色无公害，品质保证。

我们深信，客户永远是最好的。

欢迎来电来函咨询。

## 临朐县洪圣奶牛养殖专业合作社

联系人：张洪圣　13505363423　电话：0536-3729938

地址：山东省潍坊市临朐县辛寨镇孔家庄村　邮编：261041

## 蓬莱市恒丰化肥经营有限公司

蓬莱市恒丰化肥经营有限公司是一家专业经营化肥、农药、种子等农资产品批发销售的企业。

本着为广大农户服务的心愿，我们始终坚持信誉优先，质量保证的原则。

诚挚欢迎您的合作！

联系人：梁春梅

电话：0535-5642818　5667278

地址：山东省蓬莱市南关路86号　邮编：265600

## 临沭县北沟头草莓种植专业合作社

临沭县北沟头草莓种植专业合作社成立于2008年。

主要从事于草莓的种植及销售。

我公司本着“质量第一，信誉第一，客户至上”的宗旨和“互惠互利、优质廉价、让利客户”的原则，竭诚欢迎新老客户前来洽谈业务事宜。

保您高兴而来，满意而归。

我深信：我们的“一次合作后，将永远是朋友！”

联系人：李守朋　13355006007　13355017878

地址：山东省临沂市临沭县郑山镇北沟头村　邮编：276000

## 平邑县东升兔业专业合作社

平邑县东升兔业专业合作社成立于2007年，从事种兔提供，成兔的回收加工及兔毛皮产品的销售。

诚心结交各位有识之士真诚合作，互惠互利，共同发展！

联系人：席加东 13791550888

电话：0539-4418866

邮编：276000

地址：山东省临沂市平邑县仲村镇荒里村

## 临沭县种子总公司郑山供应站

我站隶属临沭县种子总公司旗下分支机构，主要经营农药、化肥、种子及代购代销花生。

我们以用户的需求为第一，将为您提供高品质的产品与服务，欢迎您的合作！

联系人：邢连成

电话：0539-6278228　13053972886

地址：山东省临沂市临沭县郑山镇邢屯村　邮编：276004

## 平邑县蓉坤畜禽养殖专业合作社

平邑县蓉坤畜禽养殖专业合作社成立于2008年8月，主要从事于畜禽的养殖，出售；提供技术咨询，饲料，防疫等。

公司秉承“追求卓越、科技创新、诚信为本、顾客至尊”的根本宗旨，坚持“以市场为导向、以质量求生存、以管理创效益”的发展方针，实现“以人为本、科技兴企”的战略目标。公司竭诚与各界同仁，新老宾朋建立长期、稳定、可靠的贸易关系，热忱欢迎国内外客商前来洽谈订货、代理、投资等业务，蓉坤公司愿与您携手共创美好未来。

联系人：张正全　13355396890　电话：0539-4982190

地址：山东省临沂市平邑县资邱乡兽医工作站　邮编：276000

## 平邑县轩轩兔业专业合作社

平邑县轩轩兔业专业合作社是一家专业从事商品兔养殖销售及兔皮、兔毛、兔肉加工销售，为广大养殖户提供兔种、兔用饲料、品种改良、技术咨询、产品销售等综合性服务，欢迎您的光临！

联系人：徐安田 13355095090 电话：0539－4351178

地址：山东省临沂市平邑县铜石镇铜石村村北 邮编：273307

## 青州市鑫意达有机肥厂

青州市鑫意达有机肥厂成立于2004年，专业生产和经营生物肥，冲施肥和叶面肥。我厂全体员工坚持“质量第一、服务第一、信誉第一”的原则，竭诚为您服务！

联系人：黄文举 邮编：261000

电话：0536-3519201 13305362059

地址：山东省潍坊青州市东夏镇苏屯路口

## 栖霞市大柳家世庆果品专业合作社

栖霞市大柳家世庆果品专业合作社成立于2008年。

主要从事于果品的生产、收购和销售。

欢迎各位客商前来参观和订购。在此我公司表示热烈欢迎！

联系人：周世庆

13589793425 电话：0535－5321482 邮编：265300

地址：山东省烟台市栖霞市蛇窝泊镇大柳家村

## 青州祥安农副产品购销中心

联系人：孟祥安

13870198485

电话：0536-3731687

传真：0536-3732928

山东青州祥安农副产品购销中心是青州品种最全、规模最大的农副产品集散中心。

主要经营自产药材，各种干鲜果品，树种树苗，花卉苗木，瓜果蔬菜等产品，并提供相关信息服务指导。在公司经营发展中，以信誉为本，以过硬的产品质量与全国各大相关市场建立了良好关系，并成为省内外数家制药厂的原料供应商。

热忱欢迎广大客户来电咨询、洽谈！

邮编：262502

地址：山东省青州市第七中学（王坟高中）西侧

## 齐河县万良蛋鸡养殖专业合作社

齐河县万良蛋鸡养殖专业合作社创办于2008年，主要从事种鸡孵化、种蛋的销售业务。

我们本着诚信的原则，为无公害蛋品事业的发展而努力。用真诚、信用构筑我们对您的承诺！我希望有志同道合的朋友和我们一起共同打造美好的明天！

联系人：郑万[illegible]

电话：0534－5983588 15964192768

地址：山东省德州市齐河县仁里集镇郑营子村 邮编：[illegible]

## 庆岩饲料销售处

庆岩饲料销售处成立于1998年，主要从事饲料的销售。

欢迎新老客户来电洽谈业务！

联系人：吕庆岩

电话：0539-7710008 13969999888

地址：山东省临沂市莒南县岭泉镇吕刘弃子村 邮编：276600

## 青岛东唐果菜种植专业合作社

青岛东唐果菜种植专业合作社成立于2008年，主要从事于大樱桃、桃子、冬枣、苹果、甜瓜及大蒜、蒜台、芹菜等种植销售。

公司全体员工热忱欢迎各界人士前来进行贸易合作与交流。相信质优价廉的产品与完善的技术服务定会给你一个理想的回报。

联系人：韩振法

电话：0532－83349158 13898611088

地址：山东省青岛平度市云山镇谢格庄村 邮编：266001

## 日照市岚山区益民栗子专业合作社

日照市岚山区益民栗子专业合作社采取“公司＋基地＋栗农＋市场”的产业化动作模式，有日本栗基地3万亩，年产日本栗2000吨，提供优质日本栗苗50万株。产品不仅占据本地市场，还远销世界各地，供不应求。

联系人：刘明任 13723939083

电话：0633－3881090 传真：0633－3881091

地址：山东省日照市岚山区黄墩镇驻地 邮编：276814

## 青岛南村禽畜专业合作社

本合作社拥有100亩的无公害养殖基地，另还有位于青岛大泽山附近的一千亩荒山养殖基地，主要放养土鸡、肉鸡、仔鸭、肉鸭、优质瘦肉鸡。常年大量优惠供应，欢迎广大新老客户前来洽谈。

联系人：于美霞 15954088066 15969872917

地址：山东省青岛平度市南村镇柏家寨村

邮编：266736

## 山东鲁盛肥业有限公司

本公司主要经营化肥批发，货物运输，货运代理和仓储服务等。公司以“开拓创新，诚信务实，服务三农”为宗旨，以“客户至上，诚信为本”为经营发展理念，主要产品“鲁盛”牌肥料已顺利进入了农村市场，终端经销商与广大农民对产品质量给予了充分肯定，欢迎您选用我们的产品。

联系人：王会昆

电话：0537-2483000 2086111 18905371899 http://www.sdlsnz.com/

传真：0537-2481777 地址：山东省济宁市东外环路366号

## 山东省惠民县天合牧业有限公司

山东省惠民县天合牧业有限公司成立于2007年。主要从事于饲料加工、畜禽养殖、种禽孵化。

公司经营理念是追求绿色，崇尚自然，以诚信铸品牌，以品牌树信誉。

欢迎广大客户来电垂询！

联系人：李玉波
13475096555
电话：0543—5471999
传真：0543—5475222
地址：山东省滨州市惠民县何坊乡史马村　邮编：251702

## 威海鲁江有限公司

威海鲁江有限公司是一家专业从事渔具的制造厂家。

在未来的日子，我们将不遗余力地做出自己的贡献，同国内外朋友一起共创美好未来。

联系人：卢翠华
电话：13806306981　0631—5925168
地址：山东省威海经济开发区东海路51号　邮编：264200

## 泰安市岱岳区范镇鑫兴奶牛专业合作社

泰安市岱岳区范镇鑫兴奶牛专业合作社成立于2008年。

从事奶牛养殖、鲜奶销售。

欢迎新老客户来电来函洽谈业务，共同发展！

联系人：冯克营
13853885119
电话：0538—8798506
地址：山东省泰安市岱岳区范镇东岔河村　邮编：271000

## 潍坊市寒亭区源柏毛皮动物养殖专业合作社

本养殖场占地200亩，养殖芬兰原种蓝狐1500只、雪狐1500只、银狐800只、彩狐300只、其中芬兰原产地直接引进。现有优质种狐1000余只待售。

联系人：管从式
电话：13361558256、15318992019
地址：山东省潍坊市寒亭区高里镇桥西三村　邮编：261000

## 郯城農民庚酉養殖合作社

郯城农民庚酉养殖合作社成立于2009年，集养殖、销售为一体，经销优质肉鸡、鸡苗、饲料及兽药。

信誉至上，质量可靠。

我们愿与您共同携手致富。

联系人：孙学利　13854948731
电话：0539—6871531
邮编：276114
地址：山东省临沂市郯城县泉源乡泉源头新村

## 小杜兽药超市

小杜兽药超市于2002年成立，本超市专业经营兽药、饲料及各种添加剂，还可提供售后技术咨询服务。

我们将以热情真挚的服务，恭候您的光临！

联系人：杜建鹏　13082610611
地址：山东省东营市利津县盐窝镇畜产品市场132号　邮编：257445

## 郯城县归义粮食贸易中心

郯城县归义粮食贸易中心主要从事粮油购销。是山东功能齐全的集粮食收购、配送、中转、贮存、交易和加工为一体的综合基地，品种齐全,质优价廉。

欢迎广大新老客户光临惠顾！

电话：0539-6222268
联系人：左志安　13583913899
地址：山东省临沂市郯城县归义乡驻地　邮编：276000

## 莘县华祥饲料厂

本公司成立于2008年，主要经营华祥牌肉鸡饲料，包括猪料。

我们的服务宗旨是：客户就是上帝！上帝就是客户！生意宁可不做！决对不能欺骗客户！

欢迎新老客户光临！

电话：0635-7766366
邮编：252432
地址：山东省聊城市莘县古城东瓦屋
联系人：许汉坤
13963501000

## 旺鑫皮棉经营有限公司

旺鑫皮棉经营有限公司成立于2003年，主要从事籽棉、皮棉的收购。公司本着“一切为用户着想，用户永远是对的”服务理念，以“诚信，务实”的原则，将一如既往通过我们的努力让您满意。

让我们共同拥抱美好的未来！

电话：0534-3558688
13705344359
联系人：侯秉香
邮编：253000
地址：山东省德州市夏津县双庙镇西鸭村

## 新泰市麦肯农牧有限公司

新泰市麦肯农牧有限公司成立于2007年。

主要从事獭兔养殖、加工，肉制品加工、裘皮服装生产等。

欢迎广大新老客户来电，我们将竭诚为您服务！

联系人：康富良
13911032527
电话/传真：0538—7942000
地址：山东省泰安市新泰市放城镇放城三村　邮编：271218

洱源县良禾种业有限公司
专业从事各种种子的销售、培良推广、开发及技术服务。
电话/传真：0872－5384053
地址：云南省大理州洱源县邓川镇工业园区





## 烟台市牟平金山海珍品育苗场

公司成立與2004年，主要經營扇貝、海參、蝲子的育苗。

本公司秉着客户至上，質量第一，信譽第一爲本公司的服務宗旨，赢得廣大客户的信賴。

联系人：李桂芬 13791237980 13210907582 13589883509
地址：山东省烟台市牟平区姜格庄镇上寨村 邮编：264000

## 招远发海海珍品养殖有限公司

招远发海海珍品养殖有限公司成立于2008年，从事各种海产品鱼苗养殖。

公司“以信誉为本，以质量取胜”，竭诚寻求合作伙伴，也欢迎广大有识之士和养殖爱好者前来考察、指导。

电话：0535-8311310 13863821908
联系人：徐发海
地址：山东省招远市辛庄镇 邮编：265400

## 沂水山地蔬菜有限公司

公司新成立主要经营生姜种植，代购，代加工，代销业务。
从原料基地到销售，真正具有绿色食品的基本保证。
我们期待与您的合作！

电话：0539-2559190 13608907620
地址：山东省临沂市沂水县姚店子镇吉子山村（峙山庄桥东边） 邮编：276418
联系人：潘汝东

## 诸城市宝栋黑木耳专业合作社

诸城市宝栋黑木耳专业合作社成立于2008年。

主要从事于黑木耳的种植及深加工。

公司以质量、信誉作保证，带动当地农民增收、使投资者获得社会效益和经济效益。公司产品一上市就得到消费者的一致好评。

联系人：李宝栋
电话：0536-6478888 13963692496
地址：山东省诸城市石桥子镇驻地 邮编：262208

## 峄城区孟源蛋鸡养殖专业合作社

峄城区孟源蛋鸡养殖专业合作社创办于于2008年成立，专业为广大养殖户提供畜禽种苗，饲料，药品，技术指导，产品销售等综合性服务。

我们将竭诚为您服务，期待您的光临！

联系人：孟凡杰 13306372889 电话：0632-7813989
地址：山东省枣庄市峄城区峨山镇刘庄村驻地 邮编：277312

## 禹城市伦镇大宽火炼饲料油厂

本公司专业从事饲料销售和技术服务；饲料原料购销；鸡、鸭、猪等珍油、贩油、花油的收购；饲料原料油、油渣的加工生产销售。一贯奉行“质量第一，用户第一”的服务宗旨。

联系人：解振清 电话：15092556651、0534-7714678
地址：山东省禹城市伦镇解水村2号 邮编：251218

## 章丘市益友养鸭专业合作社

章丘市益友养鸭专业合作社成立于2007年，主要从事肉鸭的养殖、加工与销售。自成立以来，一直恪守科技领先、诚信为本、质量第一、用户至上的企业宗旨，与海内外朋友“事业同创，成就共享”。

联系人：李兆德
电话：13964197534、0531-83567523
地址：山东省章丘市黄河乡前营村 邮编：250210

## 河南省/Henan Province

### 巩义市河洛益民食用菌专业合作社
业务：双胞菇
地址：河南省巩义市河洛镇洛口村
负责人：曹拴成 邮编：451262
法人：曹拴成
Tel：0371－64280586
13598816495

### 安阳县韩陵冀氏养殖有限责任公司
地址：河南省安阳市安阳县韩陵乡西大佛
负责人：冀和清
Tel：0372－2712348

### 新密市大兆养鸡专业合作社
业务：养鸡、土鸡
地址：河南省新密市尖山乡尖山村
负责人：白泰华 邮编：452370
法人：白泰华
Tel：13903823078
0371－69215894
69215369

### 内黄县丰园农化有限责任公司
业务：内黄县丰园农化有限责任公司成立于1995年7月，专业从事化肥的销售。产品质理保证、价格合理、服务周到。欢迎新老客户光临！
地址：河南省安阳市内黄县石盘屯乡商业街
邮编：456361
法人：郭文军
Tel：0372－7982999
Fax：0372－7982999

### 巩义市新中镇教练坑华现金银花种植专业合作社
业务：金银花种植和销售
地址：河南省郑州市巩义市新中镇教练坑1组
负责人：张华现 邮编：451273
法人：张华现
Tel：13592699380
0371－64188568

### 河南大高山茶叶特产有限公司
业务：批发，零售各种茶叶，茶油，河南特产
地址：河南省郑州市航海西路帝湖花园王湖大街湖畔西侧
负责人：沈平 邮编：450000
法人：沈平
Tel：13703828900
0371－68850506
68850508

### 河南省华州粮业有限公司
地址：河南省安阳市滑县道口镇解放北路299号
负责人：李中新
Tel：0372－8138219

### 固始县粮油储备有限责任公司
业务：本公司已成立10多年了，现有50多名员工。主要经营：粮油的购销与储备。
地址：河南省固始县分水亭乡街道
邮编：465224
法人：李建东
Tel：0376－4044162
Fax：0376－4044006

### 河南省森润生态资源开发有限公司
业务：生态养殖：养殖野兔、梅花鹿、野猪、山鸡、鱼；种植：果蔬
地址：河南省郑州市惠济区江山路9号C座3204室
负责人：楚虎成 邮编：450000
法人：楚虎成
Tel：13253611592
0371－65326635
13949128575

### 林州市绿康畜牧业大市场
地址：河南省安阳市林州市城郊乡王家池村（市南二环中段）
负责人：李用昌
Tel：0372－6813386

### 郑州市金水区三友蔬菜购销部
业务：蔬菜购销
地址：河南省郑州市金水区花园路北段郑州农产品物流配送中心B区1、2号
负责人：王明州 邮编：450000
法人：王明州
Tel：13937196783
0371－65558896

### 内黄县金谷园农业有限责任公司
地址：河南省安阳市内黄县朝阳路西段路南
负责人：蔡迎宾
Tel：0372－7710088

### 新密市白寨镇顺利养鸡厂
业务：鸡蛋，淘汰鸡
地址：河南省郑州市文化路52号院31号楼5号、河南省新密市白寨镇柳沟村
负责人：任立昌 邮编：450000
法人：任立昌
Tel：13383853005
13333831337

### 河南省洛阳市龙门天鹏种猪厂
业务：河南省洛阳市龙门天鹏种猪厂成立于1994年，主要从事各种品种猪的养殖与销售。价格合理，服务周到，热诚欢迎各方客户惠顾。
地址：河南省洛阳市龙门村
邮编：471023
法人：李彦江
Tel：0379－62873888
65956596

**郸城县宜路镇棉花加工厂**
地址:河南省郸城县宜路镇西街
负责人:单家恒
Tel:13938078088

**新镇齐达畜牧产业有限公司**
地址:河南省鹤壁市浚县新镇镇崔马湖村
负责人:崔杰
Tel:0392－5881728
13803925897

## 栾川县伊春百合有限公司
业务:栾川县伊春百合有限公司成立于 2004 年,主要从事百合种植、冷藏、鲜百合包装,百合粉深加工的民营企业,本公司注重诚信第一,用户至上,真诚为您提供优质产品。
地址:河南省洛阳市栾川县陶湾镇张盘村
负责人:王海春　邮　编:471532
法　人:王海春
Tel:0379－66649898

**纯真乳业有限公司**
地址:河南省鹤壁市淇滨区庞村镇冷泉村南
负责人:甄永红
Tel:13803929921

**平安农业科技开发有限公司**
地址:河南省焦作市温县城西 8 公里(获轵线 77 公里处)
负责人:吕平安
Tel:0391－6537966
13603893536

## 南阳市生耀现代农业技术开发有限公司
业务:南阳市生耀现代农业技术开发有限公司围绕高产、优质、高效农业、生态建设和观光农业,为研究开发金银花而设立的专业机构。我公司选育和推广的"生耀"树型金银花,使金银花的质量、产量有了大大提高。在农业结构调整、生态建设和可持续性发展中发挥了巨大的作用。我公司技术、经济实力雄厚,办公设备先进,国际网络联系,建设初具规模。现有示范基地 40 余亩供参观、观光、考察,为保证产品回收利用和系列加工,公司与南阳市宛城区科协及有关科研机构大专院校,生产厂家联合,逐步建立起产、供、销技术指导一条龙服务体系。
地址:河南省南阳市九龙路(老白河桥南头向东 500 米)
邮　编:473000
法　人:毕永钦
Tel:0377－63623688
Fax:0377－63623688

**中牟县大孟镇张玲代销点**
业务:无公害蔬菜基地:豆角、黄瓜、包菜、西红柿、大蒜、蒜苔等各种蔬菜
地址:河南省郑州市中牟县大孟镇茶庵村
负责人:郭继兴　邮　编:450000
法　人:郭继兴
Tel:0371－62318489
13849029802

**武陟县中意科技饲料有限公司**
地址:河南省焦作市武陟县阳城乡东关村
负责人:温世广
Tel:13938186786

**开封市天豫农机有限公司**
地址:河南省开封市滨河路东段 61 号
负责人:刘军
Tel:0378－2921605

## 汝州市福利淀粉厂
业务:汝州市福利淀粉厂成立于 1995 年,主要生产玉米淀粉、变性淀粉、麦芽糊精、饴糖等。多年来,我们视产品质量与企业信誉作为本公司生存与发展的根本,坚持"以人为本,诚信经营,质量第一,顾客至上"的理念,竭诚为广大客户提供服务与合作。
地址:河南省汝州市东环路造纸厂院内
邮　编:467500
法　人:付显义
Tel:0375－6898539
Fax:0375－6898529

**通许县昌达农业综合开发有限公司**
地址:河南省开封市通许县冯庄乡
负责人:王民生
Tel:0378－4319012

**开封市众益牧业科技有限公司**
地址:河南省开封市新曹路东段(康健屠宰厂院内)
负责人:司献军
Tel:0378－2928141

## 农科种业有限公司
业务:农科种业有限公司成立于 2001 年,主要生产、批发、零售农作物、种子等。"质量可靠,价格合理,服务周到",热诚欢迎新老客户光临惠顾。
地址:河南省商丘市虞城县城关镇胜利路东段北侧
邮　编:476300
法　人:李中才
Tel:0370－4127350
Fax:0370－4113982

**南阳市华牧饲草饲料科技中心**
地址:河南省南阳市高新区 312 国道兰营段南侧
负责人:李少洋
Tel:0377－63521072

**内乡县鸿基养殖有限责任公司**
地址:河南省南阳市内乡县化肥厂西
负责人:王军伟
Tel:13838765878

## 新乡市恒昌粮油有限公司
业务:新乡市恒昌粮油有限公司成立于 2001 年,位于河南省新乡市新乡县古固寨镇(新延路南)。从事粮油及面粕、花生粕、面壳的销售。欢迎新老客户惠顾!
地址:河南省新乡市新乡县古固寨镇(新延路南)
邮　编:453700
法　人:曹坤保
Tel:0373－5750029
Fax:0373－5753828

**社旗县庆裕棉业有限公司**
地址:河南省南阳市社旗县太和乡太和街
负责人:张大爽
Tel:13949308129

**南阳市金帛饲料厂**
地址:河南省南阳市卧龙区南石公路柳树店南 100 米
负责人:李林祥
Tel:0377－63591196

## 河南省罗山县强盛粮业有限公司
业务:罗山县强盛粮业有限公司是经市政府确认的我市最大的集大米、面粉、面条加工为一体的大型粮食深加工龙头企业之一,主要产品有:"雪雁"牌优质大米,"雪雁"牌等级专用粉,"特一、特二"粉,"华飞"牌龙须面,绿豆面,筋道面,鸡蛋面等 20 多个品种,能满足不同层次消费者的需求。
地址:河南省信阳市罗山县西城工业区 110 号
邮　编:464200
法　人:翁端胜
Tel:0376－2122116
Fax:0376－2336399

**平顶山市广阔天地生态农业有限公司**
地址:河南省平顶山市郏县广阔天地乡吴堂
负责人:柴园强
Tel:0375－5531765

## 禹州市丝特纯农副产品有限公司
业务:禹州市丝特纯农副产品有限公司,创建 2001 年,拥有厂房 15800 平方米,日生产能力 10000 公斤纯红薯粉条,产品远销全国 16 个省市,深受广大人民群众喜爱,丝特纯牌粉条是禹州市淀粉业申请注册商标的第一家。
地址:河南省禹州市钧州大街南段
邮　编:461670
法　人:陈万青
Tel:0374－8184292
Fax:0374－8184292

**三旺精米厂**
地址:河南省商城市息县孙庙胡庄村
负责人:何龙利
Tel:13603978070

**商丘市康达畜产品有限公司**
地址:河南省商丘市梁园区李庄乡吴楼村东
负责人:康孝林
Tel:0370－3656168

## 河南省汝南县振兴面粉厂
业务:河南省汝南县振兴面粉厂成立于 1990 年,多年来,主要从事粮油购销,加工销售大米等业务。公司凭着"可靠的产品质量"赢得广大客户的信赖。
地址:河南省驻马店市汝南县常兴乡
邮　编:463332
法　人:赵新春
Tel:0396－8212528
Fax:0396－8212528

**新乡豫港粮油有限公司**
地址:河南省新乡市新乡县小吉镇工业路西段
负责人:王隆福
Tel:0373－5586806

**吉发饲料有限公司新乡县分公司**
地址:河南省新乡市新乡县翟坡镇东大阳村
负责人:齐桂英
Tel:0373－5633677
13569428233

**德财米厂**
地址:河南省信阳市光山县蔡桥乡
负责人:吴玉柏
Tel:13607618996

## 上蔡县银丰面粉粮油有限公司
业务:上蔡县银丰面粉粮油有限公司成立于 2005 年,主要从事粮油购销。质量优良,价格合理,谒诚为新老客户服务,欢迎您来人来函咨询、洽谈!
地址:河南省驻马店市上蔡县韩寨乡韩寨集南
邮　编:463800
法　人:郭银合
Tel:0396－6465888
Fax:0396－6464362

**九龙米厂**
地址:河南省信阳市光山县城关九龙东路
负责人:简士龙
Tel:13569767808

**兴盛精米加工厂**
地址:河南省信阳市光山县槐店乡
负责人:黄昌学
Tel:13937620876

## 河南省丰盛粮油食品有限公司 *
业务:本公司是以生产面粉、挂面为主的粮食加工企业。公司的面粉生产线采用国内外先进的制粉工艺和一流的制粉设备,拥有严密的质量管理体系和检测手段,以当地优质小麦为原料,经过科学、合理的原粮搭配,生产高档次的面粉及挂面制品。
地址:河南省驻马店市西平县宋集乡宋集街
邮　编:462100
法　人:余明胜
Tel:0396－6388339

**信阳市平桥区舆农肥业有限公司**
地址:河南省信阳市平桥大道 84 号
负责人:黄永生
Tel:0376－3773799

**明辉精米厂**
地址:河南省信阳市息县长陵乡
负责人:陈子明
Tel:13323977156

**鄢陵县苏宁花木有限公司**
地址:河南省许昌市鄢陵县县城开发区开源路南
负责人:赵书宁
Tel:0374－7104910

**禹州市金谷农资有限公司**
地址:河南省许昌市禹州市郑平路
负责人:董运北
Tel:0374－8983607

**郑州圃集农副产品有限公司**
地址:河南省郑州市管城区圃田乡圃田村
负责人:张金贵
Tel:0371－65584261

**郑州大河农化有限公司**
地址:河南省郑州市管城区圃田乡小店村
负责人:王朝峰
Tel:0371－63581982

**河南黄海植物油有限公司**
地址:河南省郑州市金水区北环路与 107 国道交叉口 2 公里处
负责人:白风生
Tel:0371－63787938

**河南省金博爱种业有限公司**
地址:河南省郑州市金水区经三路 101 号种子批发市场 7 排 1 号
负责人:王国军
Tel:0371－65356609

**郑州耕耘牧业有限公司**
地址:河南省郑州市金水区经三路 55 号院 1 号楼
负责人:井立德
Tel:0371－63839860

**河南鑫牛养殖有限公司**
地址:河南省郑州市金水区经三路 67 号
负责人:张志强
Tel:0371－65715968

**郑州川海饲料有限公司**
地址:河南省郑州市金水区柳林镇杨君刘村
负责人:陈祖英
Tel:0371－65696427

**新密市昌隆牧业有限公司**
地址:河南省郑州市新密市岳村镇马沟村
负责人:郑景涛
Tel:0371－63137378

**郑州宏丰化肥销售有限公司**
地址:河南省郑州市新郑港区
负责人:王小兵
Tel:0371－62589026

**郑州黄河草业畜牧有限公司**
地址:河南省郑州市中牟县城北 310 国道
负责人:刘新宇
Tel:0371－62186667

**鹿邑县亿源农业科技开发有限公司**
地址:河南省周口市鹿邑县北环城路中段
负责人:宋玉华
Tel:0394－7221655

**棉花集团公司观堂棉花加工厂**
地址:河南省周口市鹿邑县观堂乡四所楼
负责人:吴振江
Tel:13903871705

**鹿邑县茧丰蚕业有限公司**
地址:河南省周口市鹿邑县涡北镇蚕场院内
负责人:丁钦
Tel:0394－7186506

**河南长江牧业发展有限公司**
地址:河南省周口市项城市环城东路
负责人:杨益岭
Tel:0394－4291728

**驻马店市三辰农机推广有限公司**
地址:河南省驻马店市沿溪路 89 号
负责人:刘予阳
Tel:0396－2813473

## 泛区恒丰国家粮食储备粮食购销公司

我粮油购销公司向消费者作出“确保产品质量安全健康·放心消费QS标志食品”承诺，严格贯彻执行《食品生产加工企业质量安全监督管理办法》等相关法律法规。

加强企业所有员工的质量安全健康意识，严格操作规程。我们立志为您提供安全、最健康、最放心消费的QS标志食品！

电话：0394-2579020
联系人：杜肖迁 13903942864　传真：0394-2579020
地址：河南省周口市黄泛区农场　邮编：466000

## 林州市五龙镇东方养殖场

林州市五龙镇东方养殖场是一家恪守“责任至上，质量至精，信誉至诚”的经营理念，竭诚为各大型养殖企业、养殖场、个体养殖户服务的企业。

主要经营生猪等家畜的养殖于销售。

欢迎您的合作。

联系人：陈海生 15515156909　电话：0372-6990184
地址：河南省安阳市林州市五龙镇合脉掌村　邮编：456576

## 固始县安山生态园林有限公司

固始县安山生态园林有限公司成立于二00[illegible]年，公司坐落在固始县安山国家森林公园脚下，环境优雅，水源洁净，是当地冬枣及绿色果品的生产基地。

公司总经理田开兵携全体员工热情欢迎广大客户前来考察、考察。

联系人：董 健

## 灵宝市金源农机销售有限责任公司

灵宝市金源农机销售有限责任公司成立于1963年，主要从事农机销售。公司始终以“以人为本，科技领先，诚信经营，创知名品牌”为宗旨，一如既往为客户提供可靠的产品，完善的服务，共同发展，共创佳绩。

欢迎国内外新老客户光临，互利互惠，携手共进！

电话：0398-8856347 13839868835　联系人：王忠照
地址：河南省三门峡市灵宝市车站路中段　邮编：472000

## 浚县农业科学研究所河南浚单种业科技有限公司

浚县农业科学研究所河南浚单种业科技有限公司成立于2002年，专业从事育种开发经销，主要产品有玉米杂交种。我公司恪守“科技兴农”的原则，竭诚为广大农户提供最先进的产品和最放心的服务！

联系人：秦贵文 13939208602
电话：0392-5622074 5622477　传真：0392-5623022
网址：www.xxnks.com.cn　电子邮件：xxnks@263.net
地址：河南省鹤壁市浚县巨桥镇北二公里　邮编：456284

## 南阳富民植保有限公司

本公司成立于2007年，主要生产和销售种子、农药、化肥及农业技术推广。坚持真诚守信为农业生产和农民增收的服务宗旨，欢迎您的光临。

联系人：杨曙晓

电话：0377-68801255　手机：13838980396
地址：河南省南阳市社旗县农业局　邮编：473000

## 开封市联富食品有限公司

开封市联富食品有限公司成立于2003年。

主要从事农副产品加工，主要产品为蔬菜。

欢迎广大新老客户光临！

联系人：汤传明 13903787526
电话：0378-8916188
邮编：475200
地址：河南省开封市杞县东环路

## 濮阳市农友种业有限公司

濮阳市农友种业有限公司是是一个集科研，生产，加工销售及服务于一体的现代化企业。本公司专业从事生产、销售玉米及小麦的种子。

公司自成立以来始终坚持诚信为本，质量第一，为农服务的经营理念已得到了各级领导、各业界同仁、农民朋友的一致认可。

电话：0393-7232918　联系人：曹现防
地址：河南省濮阳市清丰县城文化路西段路北　邮编：457300

## 开封市龙马农牧开发有限公司

开封市龙马农牧开发有限公司成立于2005年，主要从事种畜禽的生产、销售；饲料、兽药、生物制品经营；畜产品的调拨并开设动物医院。

我公司秉承“顾客至上，锐意进取”的经营理念，坚持“客户第一”的原则，为您提供最满意服务，热忱欢迎各界朋友莅临参观指导并洽谈业务。

联系人：蒋国胜
电话：0378-3380616 13937811188　传真：0378-3380616
地址：河南省开封市夷山大街南端动物疫病预防控制中心院内
邮编：475000

## 遂平县吴阁燎原养鸡专业社

遂平县吴阁燎原养鸡专业社是一家专门为社员提供农业生产资料的购买、农产品的加工、销售、贮藏以及有关的技术、信息、服务的企业。

本社秉承客户至上，质量第一的服务宗旨，愿与您携手共进，共创辉煌。

联系人：柴亚鸣 13939676736
电话：0396-4916125　邮箱：cym396@126.com
地址：河南省驻马店市遂平县和兴乡　邮编：463100

## 湖北省/Hubei Province

### 鄂州市顺田综合养殖场
地址：湖北省鄂州市汀祖镇
…… 负责人：戴右顺
…… Tel：13971763259

### 团风黄湖农场精米厂
业务：团风黄湖农场精米厂成立于2003年，主要从事粮食加工销售，食油及农副产品购销。
地址：湖北省黄冈市团风县黄湖农场
…… 邮　编：438800
…… 法　人：龚伟
…… Tel：0713－6111269

### 芭蕉富硒茶业有限公司
地址：湖北省恩施市芭蕉乡灯笼坝村
…… 负责人：蒋子祥
…… Tel：0718－8482928
13197226792

### 武汉恩泰农业科技开发有限公司恩施分公司
地址：湖北省恩施土家族苗族自治州恩施市白果乡见天坝村东响坪十二组
…… 负责人：周述成
…… Tel：13872716917

### 浠水县板栗协会
业务：浠水县板栗协会成立于2003年，主要从事板栗的收购、加工和销售，板栗苗木销售。“诚信为本，信誉至上”，热诚欢迎各方客户惠顾。
地址：湖北省黄冈市浠水县清泉镇丽文北路172号(林业大厦4楼)
…… 邮　编：436200
…… 法　人：胡斯银
…… Tel：0713－4649173

### 利川市清友大米加工厂
地址：湖北省恩施洲土家族苗族自治区利川市毛坝乡粮油购销公司
…… 负责人：刘清友
…… Tel：0718－7780562
13593633958

### 洪湖市六合农资有限公司
业务：农药、化肥、饲料等批零业
地址：湖北省洪湖市新堤办事处乌林大道K－1号
…… 负责人：刘东洲　　邮　编：433200
…… 法　人：张仁喜
…… Tel：13972372531
15827736666
0716－2210109
…… Fax：0716－2218898

### 洪湖市滨湖办事处林业服务中心
地址：湖北省洪湖市滨湖办事处机关
…… 负责人：颜净
…… Tel：13397223803

### 钟祥市聚银棉业有限责任公司
业务：钟祥市聚银棉业有限责任公司成立于2003年3月，主要从事棉花收购、加工、销售业务。拥有6台80型轧花机、6台气流皮清机、6台皮棉清理机，16台141剥绒机。配置400型和200型打包机各一台、及相关成套附属设备。日均加工籽棉160吨，生产皮棉60吨。热忱欢迎新老客户惠顾我公司指导工作。
地址：湖北省荆门市钟祥市旧口镇罗集街富康路
…… 负责人：刘文华……邮　编：431925
…… Tel：0724－4037898

### 洪湖市老湾回族乡畜牧服务中心
地址：湖北省洪湖市老湾乡民族路
…… 负责人：文世洪
…… Tel：13886587882

### 洪湖市乌林镇林业服务中心
地址：湖北省洪湖市乌林镇
…… 负责人：胡小道
…… Tel：13972138754

### 公安县义和农贸有限公司
业务：公安县义和农贸有限公司成立于2003年，主要从事农副产品、粮食、棉花、油脂、油料的购销。竭诚欢迎您的光临与惠顾！
地址：湖北省荆州市公安县埠河镇义和桥头
…… 负责人：胡学强……邮　编：434310
…… 法　人：胡学强
…… Tel：0716－8717928

### 洪湖市乌林镇农机服务中心
地址：湖北省洪湖市乌林镇
…… 负责人：张远友
…… Tel：13986684052

### 公安县东晟农贸有限公司
业务：公安县东晟农贸有限公司成立于2004年，公司坚持诚信经营，让利群众，积极推行和应用现代企业管理制度，企业社会效益和经济效益逐年增加。
地址：湖北省荆州市公安县麻豪口镇鹅港村村部
…… 负责人：侯贻杰……邮　编：434300
…… 法　人：侯贻杰
…… Tel：0716－5341768

### 洪湖市乌林镇水产服务中心
地址：湖北省洪湖市乌林镇
…… 负责人：阮雪诚
…… Tel：13986734174

### 洪湖市燕窝镇农机服务中心
地址：湖北省洪湖市燕窝镇新兴路
…… 负责人：白登亮
…… Tel：13886550556

### 竹山县兴业林产品开发有限责任公司
业务：我公司成立于2006年，从事生产、加工及销售，产品有木材、竹材及盆景，我们将以一流的质量、一流的服务宗旨竭诚为新老客户服务。
地址：湖北省十堰市竹山县人民路93号
…… 负责人：周山银……邮　编：442000
…… Tel：0719－4693999

### 泽智粮食加工厂
地址：湖北省黄冈市黄梅县蔡山镇李六房村二组
…… 负责人：李泽智
…… Tel：13986522803

### 利民精米厂
地址：湖北省黄冈市黄梅县黄梅镇民营二路59号
…… 负责人：何竹青
…… Tel：13971743811

### 武汉市东西湖东顺棉花有限公司
业务：武汉市东西湖东顺棉花有限公司成立于2003年，从事棉花的收购、加工及销售。欢迎广大用户来电来涵咨询。
湖北省武汉市东西湖区东山农场
…… 邮　编：430046
…… 法　人：黄养铸
…… Tel：027－86061081

### 康宏米业有限公司
地址：湖北省黄冈市黄梅县濯港镇十里
…… 负责人：许建宏
…… Tel：0713－3383289
13707255606

### 顺达精米厂
地址：湖北省黄冈市黄州区陈策楼镇雨山寺村
…… 负责人：柳玉华
…… Tel：0713－8464678
13907259197

### 武汉市鑫浪畜牧有限公司
业务：武汉市鑫浪畜牧有限公司专业从事生猪养殖、林业开发，交通便利、环境优雅，竭诚欢迎广大有意之士前来参观、考察、洽谈业务。
地址：湖北省武汉市江夏区法泗镇联盟村
…… 负责人：许显根……邮　编：430200
…… 法　人：许显根
…… Tel：027－81368838

### 京山县钱场镇盛丰米厂
地址：湖北省荆门市京山县钱场镇舒岭村
…… 负责人：曾平安
…… Tel：0724－7572061
13367230569

### 永红米厂
地址：湖北省荆门市京山县雁门口镇百子桥村
…… 负责人：郑万新
…… Tel：13972883062

### 武汉山峡情茶业有限公司
业务：武汉山峡情茶业有限公司成立于2002年11月18日，同年加入湖北省茶叶协会，理事单位。公司设立分支机构：湖北五峰土家峰情茶场；武汉山峡情茗茶轩；武汉山峡情驻武钢办事处；武汉山峡情茶科所．公司主要产品：“山峡情”牌系列茶；“土家峰情”牌系列茶；“峰情毛尖”；“峰情碧芽”；“峰情珍眉”，利用传统工艺与现代技术相结合精制而成。公司在长江三峡深处，海拔1457米处种植良种茶树3000亩。拥有制茶加工机械20台套；精制深加工机械4台套；具有高级职称人才5人，中级职称人才50人，专业技术人才100人，专业管理人才15人。公司产品通过315质量认证为“质量达标放心食品”，通过OTRDC－145L－2001认证为“有机茶”，在2003年中俄边贸交易会中被评为“边销名优茶金奖”。公司以人为本，改革创新，诚信经营，科学管理，热情服务，以茶会友。
地址：湖北省武汉市青山区红钢城绿荫广场青山公园大门
…… 邮　编：430081
…… 法　人：梁永恒
…… Tel：027－86354970
…… Fax：027－86348032

### 金蓝粮食加工厂
地址：湖北省荆门市沙洋县高洋镇辛巷村
…… 负责人：李德金
…… Tel：0724－8511685
13872940258

### 福兴米厂
地址：湖北省荆门市沙洋县后港镇陈巷村
…… 负责人：黎万志
…… Tel：0724－8631149
13797991366

### 海达棉业有限公司
业务：海达棉业有限公司成立于2002年，主要从事棉花的加工。公司将恪守“诚信至上，信誉为本”的经营宗旨，以良好的信誉，热情周到的服务，不断提升企业的综合实力，竭诚欢迎广大新老客户来我公司洽谈业务，共同发展！
地址：湖北省武汉市新洲区三店街肖堤村
…… 负责人：吴春茂……邮　编：430400
…… 法　人：吴春茂
…… Tel：027－89203258

### 诚信棉花有限责任公司
地址：湖北省荆门市沙洋县荆河路1号
…… 负责人：陈文俊
…… Tel：0724－8565859
13971847815

### 银鑫棉花有限责任公司
地址：湖北省荆门市沙洋县李市镇新灯村
…… 负责人：代依银
…… Tel：13997918995

### 武穴市余川粮油购销有限公司
业务：武穴市余川粮油购销有限公司成立于1954年，公司位于武穴市余川镇，多年来一直从事粮油购销。欢迎新老客户惠顾。
地址：湖北省武穴市余川镇
…… 邮　编：435416
…… 法　人：吕美桂
…… Tel：0713－6882138
…… Fax：0713－6882138

### 沈集宝平米厂
地址：湖北省荆门市沙洋县沈集镇桥集村
…… 负责人：胡宝平
…… Tel：0724－2432111
13972886926

### 黄祠精米厂
地址：湖北省荆门钟祥市张集镇黄祠村
…… 负责人：李运志
…… Tel：0724－4328328
13972915268

### 仙桃市金华农资有限公司
业务：本公司成立于2004年，主要经营农药、化肥、农地膜。产品质量保证、价格合理，热忱欢迎新老客户光临、惠顾！
地址：湖北省仙桃市宏达路125号
…… 负责人：沈先才……邮　编：433000
…… 法　人：沈先才
…… Tel：0728－3314489
…… Fax：0728－3314489

**东港荆穗米厂**
地址:湖北省荆州市公安县斑竹垱镇中心街
负责人:王德清
Tel:0716－5611250
13593864112

**金新饲料有限公司**
地址:湖北省荆州市公安县斗湖堤镇杨公堤路1号
负责人:朱元新
Tel:0716－5209289
13872210772

## 谷城县春又生菜业有限公司
业务:本公司成立于 1999 年 4 月 7 日,坐落在远离喧嚣""尘市的大山谷城.这里山清水秀,土壤肥沃,不存在废水污染,农残超标的隐患.我们的产品完全是来自于净土的健康食材.野菜系列产品;干鲜菜;果品;其它农副土特产品;腌制泡菜,野菜,蔬菜等;
地址:湖北省襄樊市谷城县城关镇粉阳路 56 号
负责人:李光远……邮　编:441700
法　人:李光远
Tel:0710－7333888
7338345

**忘不了大米加工厂**
地址:湖北省荆州市监利县分盐镇南庙村
负责人:陈礼义
Tel:0716－3660009
13797303349

**迅达精米制品厂**
地址:湖北省荆州市江陵县资市镇古堤村
负责人:闵先兵
Tel:13972118942

## 襄阳区黄集粮食购销公司
业务:襄阳区黄集粮食购销公司位于襄樊市襄阳区黄集镇,交通十分便利。多年来从事粮食购销,欢迎广大新老客户来电来函咨询,洽谈业务。
地址:湖北省襄樊市襄阳区黄集镇
邮　编:441123
法　人:张明泽
Tel:0710－2641330
Mobile:13807277035

**双燕粮食加工厂**
地址:湖北省荆州市荆州区川店镇双堰村
负责人:陈家禄
Tel:0716－8872375
13972123665

**荆州市万荣种猪有限公司**
地址:湖北省荆州市沙市区沙岑路中段
负责人:李章万
Tel:13872279791

## 孝昌县奥邦种业科技有限公司
业务:孝昌县奥邦种业科技有限公司成立于 2006 年,主要从事种子、农药、肥料等农作物的销售,以诚信求发展、以质量求生存为宗旨,随时欢迎您的惠顾。
地址:湖北省孝感市孝昌县农业局综合楼
负责人:舒日增……邮　编:432900
法　人:舒日增
Tel:0712－4766338
Mobile:15307299988

**万家香大米加工厂**
地址:湖北省荆州市松滋市万家乡集镇
负责人:尹超
Tel:0716－6658445
13607214274

**宏光畜牧有限公司**
地址:湖北省潜江市运粮湖农场管理区
负责人:王明发
Tel:0728－6682805
13367167969

## 宜都市金泉牧业有限公司
业务:我公司成立于 2006 年,从事猪饲料生产及销售,公司坚持以诚为本、以诚为信的宗旨为广大客户服务。
地址:湖北省宜都市十里铺开发区宝塔湾
负责人:魏大金……邮　编:443311
Tel:0717－4825258
Fax:0717－4825258

**十堰南水源园林绿化有限公司**
地址:湖北省十堰市茅箭区大川镇
负责人:王榜义
Tel:13508685196

**伟业专用汽车配件厂**
地址:湖北省随州市舜井大道 88 号
负责人:杜明修
Tel:13986438951

**城北标米厂**
地址:湖北省随州市曾都区北郊龚家棚村
负责人:赵平
Tel:13308663938

## 应城市陈河镇雷湾粮食加工厂
业务:应城市陈河镇雷湾粮食加工厂成立于 1995 年,从事粮食收购、加工、销售一条龙服务。欢迎来电垂询!
地址:湖北省应城市陈河镇
邮　编:432400
法　人:谢双安
Tel:0712－3731592
Mobile:13886363807

**好运精米厂**
地址:湖北省随州市曾都区双河镇
负责人:汪军
Tel:0722－4810677
13908666716

**天门市健康久丰种业有限公司**
地址:湖北省天门市岳口镇健康村
负责人:张业成
Tel:13607222680

**三农肥业有限公司**
地址:湖北省天门市岳口镇沿河路一号
负责人:李华忠
Tel:13807227966

**武汉中油大地希望种业有限公司**
地址:湖北省武汉市东湖开发区关山二路关东科技园 7－4#602 号
负责人:李云昌
Tel:027－86812729

## 云梦建新屠宰厂
业务:云梦建新屠宰厂成立于 1995 年,现有员工 50 余人,从事鸭子孵化、养殖、屠宰、加工、销售一条龙服务。欢迎来电垂询!
地址:湖北省云梦县建新社区
邮　编:432500
法　人:程向娣
Tel:0712－4221821
Mobile:13797136838

**武汉市董氏水产品养殖场**
地址:湖北省武汉市东西湖区柏泉农场窑上湾121 号
负责人:董建林
Tel:13986114768

**武汉中垦农资有限公司**
地址:湖北省武汉市东西湖区东吴大道特 1 号农资区 8 栋 5－6 号
负责人:余平安
Tel:13971354298

**辛安渡胡记米厂**
地址:湖北省武汉市东西湖区辛安渡沙家台二队
负责人:胡新安
Tel:027－83064443
13986206263

**武汉市兴牧奶牛养殖场**
地址:湖北省武汉市东西湖区新河农场
负责人:张典新
Tel:13006335031

**丰茂米业有限公司**
地址:湖北省武汉市汉南区东城垸三眼桥
负责人:朱延贵
Tel:027－84747388
13886109656

**武汉华业养殖有限公司**
地址:湖北省武汉市汉南区纱帽街月亮路 55 号
负责人:张卫华
Tel:13072739333

**武汉福园蔬菜销售有限公司**
地址:湖北省武汉市汉阳区永丰乡陈家咀村罗湾 23 号
负责人:陈伟
Tel:13016494288

**武汉七彩阳光农业科技有限公司**
地址:湖北省武汉市洪山区博文花园 6－2－601 室
负责人:边银丙
Tel:13886024988

**楚天科技饲料有限公司**
地址:湖北省武汉市洪山区烽火街特 1 号(武汉外贸仓库)
负责人:张泽书
Tel:027－88126396
13549606892

**武汉南湖楚丰种业有限公司**
地址:湖北省武汉市洪山区珞狮南路 501 号南湖农业科技创业有限公司
负责人:苏志国
Tel:027－87385370

**武汉五谷丰登种业有限公司**
地址:湖北省武汉市洪山区南湖壕沟
负责人:乔万里
Tel:13886065499

**武汉金泰丰农业科技有限责任公司**
地址:湖北省武汉市洪山区狮子山街南湖壕沟芦湾 9 号
负责人:汪发启
Tel:13308619900

**北京中农种业有限责任公司湖北分公司**
地址:湖北省武汉市洪山区狮子山街张关村 69、70 号省农科院蚕桑试验站
负责人:潘永忠
Tel:027－87291306

**湖北科兴园林绿化有限公司**
地址:湖北省武汉市洪山区卓刀泉路 33 号
负责人:吴育中
Tel:13387523392

**湖北港华农业科技投资有限公司**
地址:湖北省武汉市江汉区香港路 218 号
负责人:吴珺
Tel:027－85734031

**武汉市汤逊湖小田园水产品有限公司**
地址:湖北省武汉市江夏区庙山开发区鱼丸街18 号
负责人:吴跃林
Tel:027－87924248

**武汉江成水产品有限公司**
地址:湖北省武汉市江夏区五里界镇大屋陈乡
负责人:陈宗义
Tel:027－88120213

**江厦区洪运米厂**
地址:湖北省武汉市江厦区五里界镇锦秀村
负责人:章运新
Tel:027－87972501

**武汉天利饲料有限公司**
地址:湖北省武汉市经济技术开发区沌口小区
负责人:韩修利
Tel:027－84870567

**武汉市桥口区盛世禽蛋经营部**
地址:湖北省武汉市桥口区宝丰二路 80 号
负责人:肖卫兵
Tel:027－83606395
13907130344

**武汉市饲料工业公司**
地址:湖北省武汉市桥口区沿河大道 307 号
负责人:苏建伟
Tel:027－83784769
13907152588

**闽新大米加工厂**
地址:湖北省武汉市武昌区解放桥鲇鱼套货场内车站 26 号
负责人:王丽华
Tel:027－62308411
88159468
13995581698

**旺旺米厂**
地址:湖北省武汉市新洲区潘塘街郑楼村
负责人:金勤宴
Tel:027－89430847
13037151815

**国强精米厂**
地址:湖北省武穴市花桥镇育才东路 14 号
负责人:吴国强
Tel:0713－6683816
13995929785

**金龙米厂**
地址:湖北省襄樊宜城市郑集镇金铺村
负责人:望子发
Tel:0710－4740218
13986387526

**四来米业**
地址:湖北省襄樊枣阳市罗岗大南街
负责人:方四来
Tel:0710－6571228
13972252562

**吴店精米厂**
地址:湖北省孝感市孝昌县花西吴店街
负责人:吴友安
Tel:13972664536

**邹氏米业有限责任公司**
地址:湖北省孝感市孝南区东山头
负责人:邹亚国
Tel:0712－2552448
13972690984

**富城坪茶场**
地址:湖北省宜昌市夷陵区太平溪镇富城坪村
负责人:望运双
Tel:13972516602

## 彰武县宏翔淀粉有限责任公司

专业从事生产玉米淀粉、蛋白粉、胚芽、纤维等。

电话：0416－7772111 传真：0418－7776333

地址：辽宁省阜新市彰武县满堂红乡工业园区清泉2号

## 宏发藕业有限公司

邮编：431627

宏发藕业有限公司成立于1997年，本公司专业从事莲藕的种植、加工与销售。

本厂以诚为本，务实创新，在业务交集领域期待与您的合作，共谋发展！

欢迎各界朋友联系洽谈！

联系人：王洪财

电话：0712-8440577 13972652689

地址：湖北省孝感市汉川市汈汊湖四汊河村

## 通城富康农牧有限公司

通城富康农牧有限公司成立于2006年3月，专业从事优质饲料种猪、幼猪的养殖与销售。我公司已成为全省优质猪繁殖科普示范基地的招商项目。竭诚欢迎国内外新老客户前来洽谈业务，莅临指导，并真诚地期待与各方有识之士携手合作，共创辉煌！

联系人：付召武 13177418369

电话：0715-4510285 4510187

地址：湖北省咸宁市通城县沙堆镇石冲村 邮编：437000

## 湖北省国营后湖农场农业科技园

湖北省国营后湖农场农业科技园成立于2006年，主要从事于农业种植，水产品养殖，水产品，肉类，禽蛋加工。自成立以来，一直恪守科技领先、诚信为本、质量第一、用户至上的企业宗旨，与海内外朋友"事业同创，成就共享"。

联系人：张刘柱 13477425825

电话：0728-6741534 6744829

地址：湖北省潜江市后湖农场前进一路

邮编：433115

## 五峰土家族自治县幸福茶厂

本公司成立于1958年，主要经营绿茶加工、销售。

本着"以质量求生存，以信誉求发展"的服务宗旨，以产品为依托，以市场为导向，面向国内外各地区，为广大客户提供优质的产品和服务，深得社会好评。

联系人：王永权 13872685848

电话：0717-5750008 邮编：443413

地址：湖北省宜昌市五峰土家族自治县渔洋关镇三房坪村一组

## 黄梅县康宏米业有限公司

湖北省黄梅县康宏米业有限公司成立于2004年，专业从事粮食收购、加工与销售。主要产品有长江中下游优质稻谷和精制大米等。

公司秉承"客户至上、诚信为本、品质第一、绿色健康"的经营理念，欢迎广大商家、厂家来人来电、来函商谈合作事宜！希望我们能建立长期友好的合作伙伴关系，携手并进！

电话：13707255606 0713-3387818 联系人：许建宏

地址：湖北省黄冈市黄梅县关山工业区

电子邮件：shilang008@sina.com.cn 邮编：438000

## 武汉德龙养殖有限公司

武汉德龙养殖有限公司成立于2006年。

专门从事水产，畜禽养殖，茶果树种植销售等。

愿与各界人士密切合作、携手并进、共创未来！

联系人：朱惠林 13995631819

电话：027-85003049 电子邮件：julie111@sina.com

地址：湖北省武汉市黄陂区木兰乡夏家寺水库管理处 邮编：430300

## 荆州市好好吃米业有限公司

荆州市好好吃米业有限公司主要从事粮食收购、加工和销售，采用农、工、贸一体化的产业经营，取得了较好的经济效益和社会效益，公司产品主要以无公害优质稻为原料，满足了广大消费者健康需求——"好收成"早籼米、中籼米、糯米、优质米已占领全国各地大米市场上相当高的份额，深受广大用户的好评。

欢迎您的来电！

联系人：严德忠 13986704888

电话：0716-8401177

传真：0716-8402177

网址：www.hhcmy.com

电子邮件：8888@hhcmy.com

地址：湖北省荆州市荆州区郢城镇高路村 邮编：434000

## 武汉木兰山水生态农业发展有限公司

武汉木兰山水生态农业发展有限公司成立于2007年，主要从事于茶叶，苗木的种植，牛、羊的养殖以及绿化工程。"以市场为导向，提高产品质量，满足客户需求"是我公司发展的根本，我们将以大海般的胸怀欢迎各界朋友的到来，并愿意与各界朋友真诚合作，共谋发展。

联系人：王满青 13307137896

电话：027-61542110

地址：湖北省武汉市黄陂区木兰乡青石桥村

邮编：430314

## 六合水产开发有限公司

六合水产开发有限公司成立于2006年，主要从事培育本地化河蟹。两年来公司始终坚持"质量第一，蟹农至上"热忱为广大养殖农户服务的宗旨，塑造良好的企业形象。并以灵活的经营方式，合理的取费价格，可靠的产品质量，完善的售后服务，得到广大养殖户的信赖。

电话：0716-2218898 13972372531 联系人：刘东洲

地址：湖北省洪湖市乌林大道 邮编：433200

## 沿江水产品有限公司

沿江水产品有限公司成立于2008年，本公司专业从事水产品收购、加工、贮存、销售。主要有虾类、鱼类。本公司秉承"顾客至上，锐意进取"的经营理念，坚持"客户第一"的原则为广大客户提供优质的服务。欢迎广大客户惠顾！

联系人：夏东平

电话：13451226606，0716-3264111

地址：湖北省荆州市监利县容城镇沿江路2号 邮编：433300

## 湖南省/Huana Province

**湖南卫红米业有限公司**
地址：湖南长沙市宁乡县历经铺高坝窑村
…… 负责人：黄卫宏
…… Tel：0731－87838765
13607499653

**铁泗苗圃**
地址：湖南省长沙浏阳市柏加镇
…… 负责人：张铁君
…… Tel：0731－83120252
13974975388

**邵东县魏家桥镇黎书文猪场**
业务：主要经营猪的养殖
地址：湖南邵阳市邵东县魏家桥镇冷水村三组（三峡移民）
…… 负责人：黎书文 邮 编：422000
…… 法 人：黎书文
…… Tel：13117491984
15080920536
15073924624

**长沙湘金饲料有限公司**
业务：自产自销：猪用浓缩饲料，猪用配合饲料，添加剂预混合饲料，鸡、鸭、鱼用配合饲料。
地址：湖南省长沙市长沙县青山铺镇
…… 邮 编：410147
…… 法 人：周忠泽
…… Tel：0731－6469053
6463583
…… Fax：0731－6469888

**长沙县江背镇建云花卉苗木场**
业务：花卉苗木种植、销售，绿化工程施工及养护
产品：各种花卉苗木
地址：湖南省长沙市长沙县江背镇五美社区
…… 负责人：易云 邮 编：410135
…… Tel：0731－86282479

**荷元樟树苗木场**
地址：湖南省长沙浏阳市柏加镇荷元村
…… 负责人：何寿云
…… Tel：13973191830

**长沙扬翔饲料有限责任公司**
业务：饲料、种猪养殖销售
产品：猪饲料添加剂
地址：湖南省长沙市宁乡县经济开发区创业大道
…… 负责人：谢世飞 邮 编：444300
…… 法 人：谢世飞
…… Tel：13878598288
0731－87873851
4008899205
…… Fax：0731－87809291

**淳口大米厂**
地址：湖南省长沙浏阳市淳口集镇
…… 负责人：邓章威
…… Tel：0731－83348040
13507449632

**常德广益粮油棉有限公司**
业务：本公司成立于1955年，拥有110多名员工，主要经营粮、油、棉的收购与销售。几十年以来，以优越的品质、优质的服务竭诚为您服务。
地址：湖南省常德市西洞庭管理区
…… 邮 编：415137
…… 法 人：肖德传
…… Tel：0736－7508351
…… Fax：0736－7508355

**沩山湘茗茶业有限公司**
业务：茶叶科研、茶园基地建设、茶叶与天然食品研发、生产、销售
地址：湖南省长沙市宁乡县沩山集镇
…… 负责人：李锡财 邮 编：410000
…… 法 人：李锡财
…… Tel：0731－7351777
…… Fax：0731－7351999

**永泰饲料有限公司**
地址：湖南省长沙浏阳市葛家乡马家湾集镇
…… 负责人：陈检平
…… Tel：0731－83739465
13907497648

**桔园饲料厂**
地址：湖南省长沙浏阳市荷花办事处胡坪村
…… 负责人：胡绍祥
…… Tel：0731－83670341
13907498279

**常德市常怀生物养殖有限责任公司**
业务：常德市常怀生物养殖有限责任公司成立于2006年，从事水产养殖，欢迎新老客户来电洽谈业务！
地址：湖南省常德市桥南商贸城北区4栋1号
…… 负责人：邓雅冰……邮 编：415100
…… 法 人：邓雅冰
…… Tel：0736－7398348

**湖南江东农业发展有限公司**
业务：种植蔬菜
地址：湖南省长沙市天心区大托镇桂井村
…… 负责人：李世清 邮 编：410000
…… 法 人：李奕凡
…… Tel：13507491518
15802588858
13874961715

**谷塘大米加工厂**
地址：湖南省长沙市长沙县黄花镇机场口202号
…… 负责人：沈金华
…… Tel：0731－86390113
13907485113

**同益水产批发部**
地址：湖南省长沙市芙蓉区远大一路长沙五里牌肉类联合加工厂18号门面
…… 负责人：吕元红
…… Tel：0731－82280137
13873159811

**湖南青源绿洲农业科技开发有限公司**
业务：集农业科技项目开发、农产品种植加工销售于一体，已形成肥料生产、良种引进、技术推广、产品运销、加工增值一条龙式的农业企业化模式
产品：保水剂，天然环保食品包装材料
地址：湖南省长沙市雨花区韶口路81号312（韶山路449号福乐园212）
…… 邮 编：410004
…… 法 人：彭青云
…… Tel：0731－4428100
…… E-mail：pqy529@163.com

**越大饲料经营部**
地址：湖南省长沙市开福区芙蓉北路粮一库内
…… 负责人：黄斌
…… Tel：0731－84472162
13803463741

**常德市西湖渔场**
业务：常德市西湖渔场创立于1971年，主要养殖鱼、种植销售磨菇。
地址：湖南省常德市西湖区渔场
…… 负责人：夏永德……邮 编：415100
…… 法 人：夏永德
…… Tel：13974207336

**汉寿兴农畜牧养殖专业合作社**
业务：牛、鸡、羊、鱼等养殖销售
地址：湖南省常德市汉寿县月明潭乡胡家冲村
…… 负责人：张寿山 邮 编：415000
…… 法 人：张寿山
…… Tel：13575191771

**彭氏蛋行**
地址：湖南省长沙市开福区西长街312号
…… 负责人：彭文泽
…… Tel：0731－82567509
13808454686

**浏阳市京鑫农业发展有限公司**
地址：湖南省长沙市浏阳市北圣镇人民东路
…… 负责人：周钢
…… Tel：0731－83626210

**桃源县梅溪牲猪养殖专业合作社**
业务：生猪养殖销售
地址：湖南省常德市桃源县漳江镇梅溪桥村王家冲组
…… 负责人：何桂初 邮 编：415000
…… 法 人：何桂初
…… Tel：15073661508
0736－6660352

**凤凰县果果山农科技发展有限公司**
业务：我公司主要从事林果业开发销售，农产品精加工销售。主要产品有姜茶、血粑鸭、苗木、弥猴桃、椪柑。
地址：湖南省凤凰县廖家桥镇7号
…… 负责人：吴印洋……邮 编：416200
…… Tel：0743－3505158
…… Fax：0743－3505158
…… E-mail：wuyinyang1449@163.com

**安仁县石禾脐橙农民专业合作社**
业务：种植与销售脐橙
产品：脐橙
地址：湖南省郴州市安仁县坪上乡石禾村
…… 负责人：周炳煌 邮 编：423606
…… 法 人：周炳煌
…… Tel：15869808769
13100388837

**浏阳市乡村发现农业开发有限公司**
地址：湖南省长沙市浏阳市北盛镇
…… 负责人：陶志勇
…… Tel：13974906316

**浏阳市托佩克种猪有限公司**
地址：湖南省长沙市浏阳市高坪乡株树桥村
…… 负责人：万立恒
…… Tel：0731－83430238

**安仁县竹山苗木种植专业合作社**
业务：苗木种植
地址：湖南省郴州市安仁县清溪镇农科所
…… 负责人：张炳文 邮 编：423000
…… 法 人：张炳文
…… Tel：15096169698
0735－5221192

**湖南骏利实业有限公司**
业务：本公司成立于2001年，主要从事养殖业；提供工程咨询、房地产投资咨询服务；承接产品来料加工；销售汽车配件、建筑材料、灯饰灯具、办公设备、通讯器材、机械设备、五金交电。
地址：湖南省长沙市开福区德雅路342号
…… 负责人：徐湘安……邮 编：410003
…… 法 人：徐湘安
…… Tel：0731－4536889

**亮之星米业有限公司**
地址：湖南省长沙市宁乡县历经铺乡东河村
…… 负责人：张伟
…… Tel：0731－87790322
13974911228

**绿色科农饲料有限公司**
地址：湖南省长沙市望城县来风大道11公里区星城镇墩马乡
…… 负责人：唐国文
…… Tel：13808483356

**临武县美鹏农业开发有限公司**
业务：养殖猪、牛、羊
产品：商品猪
地址：湖南省郴州市临武县接龙乡斗水坪村董家山
…… 负责人：彭美竹 邮 编：423000
…… 法 人：李鹏飞
…… Tel：13762510129
13100380822

**湖南娄底生物科学研究所**
业务：湖南娄底生物科学研究所成立于1992年，主要从事生物产品的开发。本公司以“质量求生存、信誉求发展”为原则来开发新产品，用新工艺方法来发挥产业优势，竭诚欢迎广大新老客户光临、指导！
地址：湖南省娄底市长青东街66号
…… 负责人：刘卫平……邮 编：417000
…… Tel：0738－8222057

**汝城县三星范龙蔬菜专业合作社**
业务：蔬菜种植批发
地址：湖南省郴州市汝城县三星镇范龙村
…… 负责人：范钢生 邮 编：423000
…… 法 人：范钢生
…… Tel：0735－8490872

**长沙绿地农产品商贸有限责任公司**
地址：湖南省长沙市雨花区芙蓉中路二段299号（原胜利路造化塘31号）
…… 负责人：黄亮斌
…… Tel：0731－85522472

**湖南鸿亚农业发展有限公司**
地址：湖南省长沙市雨花区芙蓉中路二段395号
…… 负责人：熊创亚
…… Tel：0731－82185068

**衡阳县伊玛芦荟开发有限责任公司**
业务：芦荟、仙人掌
地址：湖南省衡阳市（衡阳县西渡镇蒸阳路（市现代农业示范园内）
…… 负责人：陶敏锐 邮 编：421001
…… 法 人：陶敏锐
…… Tel：13875747559
0734－6999889

**湖南汨罗市加旺饲料有限公司**
业务：湖南汨罗市加旺饲料有限公司成立于1996年，主要经营养殖业，饲料加工，欢迎新老客户来电 洽谈业务。
地址：湖南省汨罗市汨罗市汨新路88号
…… 负责人：曾亮……邮 编：414400
…… 法 人：杨树军
…… Tel：0730－5233418
5242999
…… 网址：www.mtw28275.chinapyp.com

**汇源大米厂**
地址：湖南省长沙市雨花区高桥火焰三组
…… 负责人：杨振鑫
…… Tel：0731－85714115
13975153867

**衡南县柳汁农业发展有限公司**
业务：开发山地、种植油茶、冬枣
地址：湖南省衡阳市衡南县洪山镇双合村杨柳组
…… 负责人：李建基 邮 编：421001
…… 法 人：李建基
…… Tel：0734－8321412
15073408954

**中化化肥公司长沙销售处**
地址：湖南省长沙市岳麓区枫林三路阳明山庄9栋206号
…… 负责人：张伟
…… Tel：0731－88810971

**长丰良种猪场**
业务：种猪养殖、销售
地址：湖南省怀化市会同县团河镇下官舟村5组1号
…… 负责人：饶海沙 邮 编：418000
…… 法 人：饶海沙
…… Tel：0745－8982008

**湖南省凤凰县新优水果基地**
业务：我公司是在政府扶持下，为开发引进国内外的名优水果品种而成立的。目的是搞活我县的水果生产，为广大农民朋友增收、致富做出应有的贡献。我公司生产、贸易并重。以市场引导生产，以生产促进贸易。

地址:湖南省吉首市凤凰县北园村37号
负责人:廖雪松 邮 编:416200
法 人:廖雪松
Tel:0743-3223244

**鑫国大米加工厂**
地址:湖南省常德市鼎城区蔡家岗镇圩场
负责人:田友国
Tel:0736-7405059
13707368331

**靖州县监辉锦华富硒农产品示范基地**
业务:专业从事富硒农产品开发、种植、贮藏与包装。示范基地占地三万亩,重点以开发生产富硒稻米为主,是远近闻名的绿色无公害富硒基地。我们开发的富硒稻米、富硒柑橘、富硒杨梅均达到了国家规定的高硒水平。对降低患癌症、心脏病、心血管病等四十多种疾病效果非常明显。
产品:富硒稻、富硒杨梅、富硒柑桔
地址:湖南省怀化市靖州苗族侗族自治县藕团乡三桥村
负责人:禹和坪 邮 编:418400
法 人:禹和坪
Tel:13874528988

**白云大米厂**
地址:湖南省常德市鼎城区草坪镇白云村16组
负责人:陈书满
Tel:13762698416

**湖南省浏阳市永泰饲料有限公司**
业务:湖南省浏阳市永泰饲料有限公司成立于2002年,是一家专门生产销售浓缩料、全价料的公司。欢迎新老客户惠顾。
地址:湖南省浏阳市葛家乡马家湾集镇
邮 编:410328
法 人:陈检平
Tel:0731-3739465
Fax:0731-3737993

**涟源市伟哥牛席馆**
业务:肉牛养殖、牛肉销售、经营野味
地址:湖南省涟源市杨市镇伟哥牛席馆
负责人:彭伟芝 邮 编:417000
法 人:彭伟芝
Tel:13873864956
0738-4590133

**明玉大米厂**
地址:湖南省常德市鼎城区草坪镇放羊坪村
负责人:汪明德
Tel:0736-7469780
13974268978

**涟源市伏口镇兴科农业综合开发有限公司**
业务:农业综合开发
地址:湖南省娄底市涟源市伏口镇万寿村
负责人:黄文专 邮 编:417000
法 人:黄文专
Tel:13973890281

**常德市鼎城区金农农副产品开发有限公司**
地址:湖南省常德市鼎城区灌溪镇
负责人:王运岗
Tel:0736-7412138

**湖南省邵阳市中龙芳纲生态养殖有限公司**
业务:本公司成立于2003年,主要养殖生猪、繁殖销售种猪、种植销售无公害蔬菜。
地址:湖南省邵阳市北塔区陈家桥乡下马石村
负责人:唐忠国 邮 编:422900
法 人:罗刚
Tel:0739-3662716

**新化县上梅镇天颂茶缘**
业务:茶叶加工销售
地址:湖南省娄底市新化县上梅镇天华南路温州广场二楼
负责人:曾颂丰 邮 编:417000
法 人:曾颂丰
Tel:0738-3569388

**正湘棉业有限公司**
地址:湖南省常德市鼎城区西洞庭管理区祝丰镇天福村
负责人:王正湘
Tel:0736-7508938
13908418995

**平江县远大农业开发有限公司**
业务:化肥、农药、农机、农产品、种苗、花卉、科技信息、休闲农庄开发、保健生活用品经营
产品:生物农药、各种肥料、野山蜂蜜、优良茶叶、野山茶油(食用)、野山鸡、各种苗木
地址:湖南省平江县新城区车站路5号二楼
负责人:胡沉香 邮 编:414500
法 人:彭光明
Tel:0730-6667768
Fax:0730-6667768
E-mail:hnpjydny@163.com

**鼎城湘陵饲料有限公司**
地址:湖南省常德市灌溪镇工业园
负责人:周正昌
Tel:0736-7529421
13907425949

**湖南湘泰饲料有限公司**
业务:湖南湘泰饲料有限公司成立于1996年,现有员工138人,是一家集饲料、预混饲料、猪、鸡、鸭、鱼等动物饲料的生产及销售于一体的专业化企业。公司始终以一流的技术、一流的产品、一流的信誉为己任,愿与广大用户精诚合作、协同发展、共创辉煌!
地址:湖南省衡东县霞流镇
邮 编:421414
法 人:刘奇湘
Tel:0734-5332999
Fax:0734-5331988

**邵阳市北塔区顺山农星养殖服务有限公司**
业务:吸纳会员:向会员提供如下服务 1.提供健康化养殖及节约饲料新技术 2.提供有奖养殖先进技术吸呐、交流平台 3.提供商品猪、种猪、苗猪供求信息服务 4.提供兽药供求信息及猪病防治技术咨询 5.养殖饲料、原料统一采购,降低成本服务 6.提供冬暖夏凉,节约成本型,猪栏建设新技术
地址:湖南省邵阳市北塔区江北大市场园12栋3单元5楼
负责人:周顺山 邮 编:422000
法 人:周顺山
Tel:0739-5600801
15573960558
E-mail:hnssnxgsgi@yahoo.com.cn

**杨旗咀大米加工厂**
地址:湖南省常德市汉寿县城关镇杨旗咀
负责人:熊正才
Tel:0736-2890181
13975633723

**江华县沱江镇茫海洲村委会**
业务:江华县沱江镇茫海洲村委会开发种植水果、粮食、蔬菜,农产品加工销售,从事招商引资,欢迎新老客户来电洽谈业务!
地址:湖南省永州市江华瑶族自治县沱江镇茫海洲村
负责人:刘其柏 邮 编:425000
法 人:刘其柏
Tel:0746-2315039

**洞口县新升茶业有限责任公司**
业务:加工、销售茶叶
地址:湖南省邵阳市洞口县茶铺茶场
负责人:任书卓 邮 编:422312
法 人:任书卓
Tel:13975952936
0739-7945279

**振邦米厂**
地址:湖南省常德市汉寿县军山铺七星桥
负责人:蔡振邦
Tel:0736-2277689
13875195058

**金丰米业公司**
地址:湖南省常德市汉寿县鸭子港丰临村
负责人:胡明志
Tel:0736-2430223
13875060128

**邵东县华盛农业技术开发有限公司**
业务:园林绿化、农业技术开发
地址:湖南省邵阳市邵东县两市镇昭阳大道汽车西站5栋9-4号
负责人:赵华盛 邮 编:422800
法 人:赵华盛
Tel:0739-2619967
13707392327
Fax:0739-2619967

**临澧县健民米业有限公司**
业务:临澧县健民米业有限公司成立于2005年,从事大米加工、销售。欢迎新老客户光临、惠顾。
地址:湖南省常德市临澧县烽火乡藕池村
邮 编:415200
法 人:辛序平
Tel:0736-5570209

**王美米业加工厂**
地址:湖南省常德市汉寿县岩汪湖新明村
负责人:肖明贵
Tel:0736-2466640
2468225
13873615736

**邵东县魏家桥镇移民养殖场**
业务:种猪、商品猪的养殖销售
地址:湖南省邵阳市邵东县魏家桥镇熊家村三组
负责人:王斌 邮 编:422802
Tel:13548890031

**渔场米业加工厂**
地址:湖南省常德市澧县涔南乡
负责人:陈仕国
Tel:0736-3376333
13975620315

**桃川兴农服务中心**
业务:桃川兴农服务中心成立于2003年,现有员工15人,从事农业技术服务推广。
地址:湖南省永州市江永县桃川镇粮站
邮 编:425404
法 人:全红斌
Tel:0746-5843136
Fax:0746-5843137

**邵东县魏家桥镇向普成猪场**
业务:养殖种猪,商品猪
地址:湖南省邵阳市邵东县魏家桥镇仄家村14组
负责人:向普成 邮 编:422800
法 人:向普成
Tel:13873903919
15808812335

**胜利米厂**
地址:湖南省常德市临澧县陈二乡胜利村
负责人:杨成密
Tel:0736-5750673
13786662966

**振武大米加工厂**
地址:湖南省常德市临澧县合口镇群丰村
负责人:石振武
Tel:0736-5642886
13327366559

**西塘水库养殖场**
业务:西塘水库养殖场成立于1995年,是以猪、鱼的养殖为主,本场坚持走"特色经营、高效管理、优质服务、开拓创新"之路,致富不必非经商、养殖也能奔小康。
地址:湖南省株洲市株洲县渌口镇西塘村
负责人:文茂钦 邮 编:412000
法 人:文茂钦
Tel:13574260905

**邵阳县五龙休闲农业开发有限公司**
业务:集生态农业开发、休闲旅游于一体,从事种,养,加工,服务,土地开发相结合发展之路。
产品:土鸡,土鸭,传统工艺养种农产品,加工农产品,旅游等
地址:湖南省邵阳市邵阳县蔡桥乡福林村
邮 编:422009
法 人:吕会龙
Tel:13807396322

**泰和合茶业有限公司**
地址:湖南省常德市石门县楚江镇清泉路
负责人:张先全
Tel:0736-5331123
13807420142

**武冈市勤丰生态农场**
业务:养殖禽类动物,饲料粮(草),水果生产
产品:土鸡
地址:湖南省邵阳市武冈市邓家铺东风村
负责人:周立文 邮 编:422000
Tel:13873904555
0739-4465555

**双佳农牧科技有限公司**
地址:湖南省常德市石门县工业园9号
负责人:邢卫民
Tel:0736-5223888
13327368892

**湘陵饲料有限公司**
业务:本公司成立于2003年,现有员工60多名,主要经营饲料的加工与销售。三年以来,以卓越的品质、优质的服务为宗旨。
地址:湖南省常德市灌溪镇工业园
邮 编:456600
法 人:舒永德
Tel:0736-7529421
Fax:0736-7229628

**湘潭县马泰畜禽养殖专业合作社**
业务:梅花鹿、生猪、龙虾、土鸡的养殖和销售
产品:梅花鹿、生猪、龙虾、土鸡
地址:湖南省湘潭市湘潭县白石乡金虎村水库村民组
负责人:马汉余 邮 编:411100
法 人:马汉余
Tel:13875234361
13786240788
0731-57391139

**湖南汗青杂交油茶专业合作社**
业务:种植、加工茶籽油
地址:湖南省湘潭市湘潭县中路铺镇塘村
负责人:杨立志 邮 编:411232
法 人:杨立志
Tel:13469308183
15197154186

**石门泰仙有机茶有限公司**
地址:湖南省常德市石门县三圣乡河口乡太青山
负责人:陈乾儒
Tel:0736-5284088

**石门县徽源米业加工厂**
地址:湖南省常德市石门县杨坪
负责人:孙国徽
Tel:13907362219

**湘潭乡里乡亲饲料有限公司**
业务:公司成立于2006年,经营范围主要是加工及销售饲料、浓缩料。公司本着"诚信经营,质量保证"的经营理念,竭诚为广大客户提供最优质的产品和服务!
地址:湖南省湘潭市雨湖区长城乡砂子村富冲组
负责人:刘杰 邮 编:411100
法 人:刘杰
Tel:0732-2329928
Fax:0732-8392562

**永顺县一帆乡田养殖培训中心**
业务:养殖培训及咨询
地址:湖南省湘西土家族苗族自治州永顺县砂坝镇西阳坪居委会
负责人:李胡初 邮 编:417100
法 人:李胡初
Tel:0743-5794560

**胜利大米厂**
地址:湖南省常德市桃源县陬市镇桂花路029号
负责人:蒯同胜
Tel:13637362380

**湘云米行**
业务:大米销售
地址:湖南省湘乡市望春门办事处云门商城
负责人:王耀武 邮 编:411400
法 人:王耀武
Tel:0731-56788897

**宏发米厂**
地址:湖南省常宁市南村村棉麻土产公司仓库
负责人:谭献成
Tel:0734-7227756
13873406418

**岳阳市红太阳粮油有限公司**
业务:岳阳市红太阳粮油有限公司成立于2003年,主要从事粮食的加工与销售。公司以诚信为本,客户至上为宗旨,以良好的信誉为各界朋友服务。欢迎各界朋友与我公司联系。
地址:湖南省岳阳市屈原管理区营田镇
邮 编:414400
法 人:彭兰军
Tel:0730-5722218
Fax:0730-5722218

**新晃天鹏养猪场**
业务:生猪养殖销售
地址:湖南省新晃侗族自治县中寨镇中寨村三甲组
负责人:杨天录
法 人:杨天录
Tel:0745-6191081

**宜江米厂**
地址:湖南省常宁市宜阳镇桃江居委会魏家组123号
负责人:廖兴文
Tel:0734-7221291
13762419218

**桂东县李早田草食动物发展有限公司**
地址:湖南省郴州市桂东县寨口乡秋里村李早田
负责人:陈根石
Tel:13975506006

**南县东方红富发养殖有限公司**
业务:鸡养殖销售
地址:湖南省益阳市南县麻河口镇光跃村
负责人:邓正华 邮 编:413000
法 人:邓正华
Tel:13973785204
0737-5224277

**祁阳县八宝镇黄家渡双益农资店**
业务:化肥,种子,农药等的销售
地址:湖南省永州市祁阳县八宝镇黄家渡白金公路
负责人:邓小件 邮 编:426100
法 人:邓小件
Tel:13107160987
15574656048

**岳阳市南湖养殖公司**
业务:岳阳市南湖养殖公司成立于1994年,多年来从事淡水渔养殖。本公司能长期供应大量淡水鱼,价格低廉,保证质量,品种繁多,欢迎光临、致电或访问网站查询!
地址:湖南省岳阳市岳阳楼区南湖风景区云梦南路
邮 编:414000
法 人:方勇

Tel:0730－8341771

**三星永发大米加工厂**
地址:湖南省郴州市汝城县三星镇泉水圩
负责人:欧阳一
Tel:13975737921

**永丰三角坪大米加工厂**
地址:湖南省郴州市汝城县永丰乡三角坪村
负责人:何世会
Tel:0735－8328118
13975756151

**沅江市南大镇众兴兽药饲料店**
业务:兽药、添加剂、饲料、医疗器材
地址:湖南省沅江市南大镇沿河路
负责人:周金莲 邮 编:413100
法 人:周金莲
Tel:0737－2407209
13874341679

**郴州市郁园紫杉造林基地**
地址:湖南省郴州市苏仙区白露塘镇塘溪乡山河村委会
负责人:李泉波
Tel:13975581110

**岳阳市香北名茶**
业务:铁观音等茶叶的销售
地址:湖南省岳阳市平江县安定镇大桥村
负责人:陈伟勤
Tel:13786073832

**岳阳县畜牧水产处养殖业服务中心**
业务:岳阳县畜牧水产处养殖业服务中心成立于1982年,主要经营猪的养殖、养殖技术服务、机械设备生产与销售,欢迎新老客户来电咨询,光临惠顾。
地址:湖南省岳阳县荣家湾兴荣路118号
负责人:吴右保 邮 编:414100
法 人:吴右保
Tel:0730－7626334

**七郎大米厂**
地址:湖南省郴州市永兴县金龟镇青山垅管理所
负责人:曹际雄
Tel:13975545564

**平江县远大农业开发有限公司**
业务:经营范围:化肥、农药、农机、农产品、种苗、花卉、科技信息、休闲农庄、保健生活用品;主要产品:生物农药、各种肥料、野山茶油(食用油)、野山蜂蜜、优良茶叶、酱干
地址:湖南省岳阳市平江县天岳开发区新车站路5号(昌平宾馆旁)
负责人:彭光明 邮 编:414500
法 人:彭光明
Tel:13574764567
0730－6667768

**霞流新街大米厂**
地址:湖南省衡阳市衡东县霞流镇新街
负责人:彭运生
Tel:0734－85331235
13975452947

**江南鹌鹑种场**
业务:孵化鹌鹑幼苗,出售种蛋、商品蛋、淘汰鹌鹑
地址:湖南省株洲市荷塘区桂花村龟塘组
负责人:夏任生 邮 编:412003
法 人:夏任生
Tel:0733－22497529
15073332960

**衡阳市小康生态农业发展有限公司**
地址:湖南省衡阳市华新开发区国瑞花园A栋705号
负责人:刘祝云
Tel:0734－6119505

**衡阳市佳一旅游农业开发有限公司**
地址:湖南省衡阳市南岳区岳林乡岳林村4组
负责人:封波勇
Tel:13974756666

**湘鹤生物饲料有限公司**
地址:湖南省衡阳市石鼓区易赖街172号
负责人:肖家见
Tel:0734－7820081
13907475516

**衡阳新五丰畜牧发展有限公司**
地址:湖南省衡阳市珠晖区东风路10号
负责人:李铁明
Tel:13307317508

**湖天桥弹花厂**
地址:湖南省怀化市肉联厂内
负责人:徐华忠
Tel:13874437628

**湖南省中方县浩森高效农业开发有限公司**
地址:湖南省怀化市中方县科技局
负责人:袁振森
Tel:13874494815

**双临畜牧养殖加工有限公司**
地址:湖南省会洋市者海镇
负责人:王吉会
Tel:0874－5641768
5640508
13988942799

**东坤牧业有限责任公司**
地址:湖南省吉首市湘西自治州花垣县城阳开发区英才学校3楼
负责人:王德武
Tel:0743－7223393
13574311065

**龙腾米业**
地址:湖南省醴陵市板杉乡土株岭粮站
负责人:李解江
Tel:0731－83251105
13337330702

**湘潭县日峰葡萄种业有限公司**
业务:种植葡萄
地址:湖南湘潭市湘潭县易俗河镇京竹村
负责人:李文峰 邮 编:411100
法 人:李文峰
Tel:13789312430
13807327457

**桃林砖茶厂**
地址:湖南省临湘市桃林镇骆坪村
负责人:张世湘
Tel:0730－3530878
13575067407
13607307643

**霞光生物科技开发有限公司**
地址:湖南省浏阳市三口乡金园村
负责人:罗霞林
Tel:0731－83442998
13973196428

**中化化肥公司娄底销售处**
地址:湖南省娄底市娄星区金谷市场35栋
负责人:张伟
Tel:13548806795

**灯塔精制大米厂**
地址:湖南省娄底市双峰县永丰镇定源村
负责人:龚洪轩
Tel:0738－6832555
13973883002

**邵阳市常康牲猪销售有限公司**
地址:湖南省邵阳市北塔区江北商业步行街四栋九号门面
负责人:王忠君
Tel:13327299988

**北塔坤哥花茶厂**
地址:湖南省邵阳市江北国税新村1栋6号
负责人:许君
Tel:0739－3665326
13327393679

**金星大米厂**
地址:湖南省邵阳市邵东县佘田桥镇弘宝东路84号
负责人:王金星
Tel:0739－2747701
13507392380

**兴隆大米厂**
地址:湖南省邵阳市邵阳县塘田市镇
负责人:高小平
Tel:0739－6891068
13507398545

**邵阳市诚信农化有限公司**
地址:湖南省邵阳市双清区十井铺(市供销储运公司内)
负责人:王梅生
Tel:13307398898

**新邵县丝绸大米厂**
地址:湖南省邵阳市新邵县酿溪镇新涟街192号
负责人:岳跃平
Tel:0739－3608848
13973933270

**谭家山五星大米厂**
地址:湖南省湘潭县谭家山紫竹村
负责人:齐松梅
Tel:0731－57895789
13875242728

**德武花椒种植场**
地址:湖南省湘西自治州茄通乡茄通村
负责人:李德光
Tel:0743－4916096
13085457788

**烟溪木业供销有限公司**
地址:湖南省益阳市安化县烟溪镇三塘路108号
负责人:刘昭刚
Tel:0737－7551852
13973686098

**粮食市场步清米厂**
地址:湖南省益阳市赫山区兰溪镇金塘村
负责人:赵步清
Tel:0737－4681434
13973740695

**粮食市场传发米厂**
地址:湖南省益阳市赫山区兰溪镇曾月坝村
负责人:孙育中
Tel:0737－4865476
13508407679

**欣松大米厂**
地址:湖南省益阳市赫山区欧江岔镇黄金村
负责人:吴再年
Tel:13974806542

**粒粒晶粮食购销有限公司**
地址:湖南省益阳市兰溪镇粒粒晶产业园
负责人:黄明辉
Tel:0737－4682971
13327379575

**兰溪粮食市场军兰大米厂**
地址:湖南省益阳市兰溪镇人民街
负责人:孙小军
Tel:0737－4682558
13873709382

**粮食市场国辉米业**
地址:湖南省益阳市兰溪镇塘西坪村
负责人:徐国辉
Tel:0737－4683228
13607370125

**中化化肥公司南县河口销售处**
地址:湖南省益阳市南县河口乡街道
负责人:张伟
Tel:0737－5799118

**青树嘴百鹤米厂**
地址:湖南省益阳市南县青树嘴镇百鹤村
负责人:李和清
Tel:0737－5711818
6957228

**郎氏虫业开发有限责任公司**
地址:湖南省益阳市迎宾路国合楼312室
负责人:邓彬
Tel:0737－2613268
13875376682

**资阳区东门外米厂**
地址:湖南省益阳市资阳区东门外
负责人:徐伯文
Tel:13707374836

**金成米业有限公司**
地址:湖南省益阳市资阳区李昌港爱屋湾村
负责人:龚志成
Tel:0737－3905137
13907371357

**建发米业**
地址:湖南省永州市道县道江镇道州北路农机修造厂院内
负责人:莫偶生
Tel:0746－5271257
13974664572

**桃川兴农服务中心**
地址:湖南省永州市江永县桃川镇粮站
负责人:全红斌
Tel:0746－5843128
13907468151

**江永县利和怡昌(农场)有限公司**
地址:湖南省永州市江永县消浦镇城北路001号
负责人:黄青宇
Tel:13907468123

**湘江大米厂**
地址:湖南省永州市冷水滩区黄阳司镇老百货批发部
负责人:李满蛟
Tel:13874351091

**银星大米厂**
地址:湖南省永州市冷水滩区上岭桥
负责人:李建新
Tel:13874618388

**友谊米厂**
地址:湖南省永州市冷水滩区下河线文昌路134#
负责人:孙瑞添
Tel:13874603016

**金穗大米加工厂**
地址:湖南省永州市新田县龙泉镇先云路31号
负责人:郑亚民
Tel:0746－4762255
13874697991

**临湘市长塘工农米厂**
地址:湖南省岳阳临湘市长塘镇工农村
负责人:谢先秒
Tel:13974030916

**羊楼司镇江九大米饲料厂**
地址:湖南省岳阳临湘市羊楼司镇中学隔壁
负责人:肖鹏
Tel:0730－3983368
13974037394

**岳阳金健米业精米有限公司**
地址:湖南省岳阳市城陵矶桂花园路1号
负责人:孙圣斌
Tel:0730－8573111

**军华棉业有限公司**
地址:湖南省岳阳市华容景港镇鲤鱼鳃村
负责人:罗智军
Tel:0730－4503353
13786040113

**梅林大米加工厂**
地址:湖南省岳阳市华容县操军镇南岳墟场
负责人:王梅林
Tel:0730－4350014
13974041078

**中化化肥公司华容麻里泗销售处**
地址:湖南省岳阳市华容县护城乡麻里泗
负责人:张伟
Tel:13973034960

**田丰菜业有限责任公司**
地址:湖南省岳阳市华容县马鞍新区白顶山
负责人:徐克辉
Tel:0730－4214117
13974073817

**华合供销企业集团新河棉花专业社**
地址:湖南省岳阳市华容县新河乡墟场
负责人:黄建波
Tel:0730－4362888
13607404828

**华合供销企业集团新河轧花厂**
地址:湖南省岳阳市华容县新河镇墟场
负责人:李彬
Tel:13907405585

**汇隆棉业有限公司**
地址:湖南省岳阳市华容县幸福坝上墟场
负责人:曾跃华
Tel:0730－4627777
13808405586

**岳阳市岳阳楼区鸿达饲料经营部**
地址:湖南省岳阳市南湖大道94号
负责人:杨芳
Tel:0730－8213511

**平江县雪莱奇特珍珠养殖有限公司**
地址:湖南省岳阳市平江县三市镇
负责人:欧阳克辉
Tel:13874001099

**坦渡乡洋波米厂**
地址:湖南省岳阳市平江县坦渡乡永和村洋波米厂
负责人:余洋波
Tel:0730－3960501
13974096233

**中化化肥公司屈原销售处**
地址:湖南省岳阳市屈原管理区营田镇屈汨路
负责人:张伟
Tel:0730－5728099

**北湖精米厂**
地址:湖南省岳阳市岳阳县麻塘镇北湖村
负责人:李云
Tel:0730－7830133

**杨林米厂**
地址:湖南省岳阳市岳阳县杨林乡世隆村
负责人:付华山
Tel:0730－7260200
7260125
13973004838

**宝塔大米加工厂**
地址:湖南省岳阳市岳阳县中洲鱼场
负责人:李国平
Tel:0730－7880219
13974014212

**祥年环保农业开发有限公司**
地址:湖南省张家界市永定区天门路120号
负责人:符琳
Tel:0744－8237798
13707440268

**春风海平米厂**
地址:湖南省株洲市攸县莲塘坳乡春风村
负责人:李海平
Tel:0731－24160966
13975379418

**山门米厂**
地址:湖南省株洲市攸县新市镇
负责人:付清生
Tel:13574232252

**大板桥米厂**
地址:湖南省株洲市攸县钟佳桥乡
负责人:陈生林
Tel:0731－24781013

**浒涧村大米厂**
地址:湖南省株洲市株洲县淦田镇浒涧村
负责人:王湘平
Tel:13707410535

**正发饲料厂**
地址:湖南省株洲醴陵市均楚镇文化路
负责人:廖际花
Tel:0731－23456600
13077090883

**如意米厂**
地址:湖南省株洲市茶陵县城关镇前进村
负责人:李卫东
Tel:0731－25220753
13607428739

**茶陵县三鸿木业有限公司**
地址:湖南省株洲市茶陵县平水镇峰仙村
负责人:涂金祥
Tel:13762263316

**鹿原米厂**
地址:湖南省株洲市炎陵县鹿原镇米西村
负责人:刘根富
Tel:0731－26323205
13762374561

**霞阳精米厂**
地址:湖南省株洲市炎陵县霞阳镇马道村
负责人:刘德群
Tel:0731－26222629
13974101149

**富民饲料原料经营部**
地址:湖南省株洲市攸县城关镇文化路酒厂
负责人:欧阳晚艳
Tel:0731－24224754
13874109566

**攸县惠丰农资配送中心**
地址:湖南省株洲市攸县城关镇中街
负责人:朱旭东
Tel:0731－24223772

**永红米厂**
地址:湖南省株洲市株洲县南阳侨乡南阳侨村
负责人:颜永红
Tel:0731－27672205
13973377469

安化县清塘铺镇农村经济发展有限公司是一家专门从事农产品种植、加工、销售，畜牧、家禽、水产养殖、销售，农业技能咨询服务，农资销售，劳务输出，煤炭生产销售。

本地运输的企业，欢迎您的光临，我们将竭诚为您服务！

安化县清塘铺镇农村经济发展有限公司

联系人：周中祥 13807376201

电话：0737-7428548 7427098

地址：湖南省益阳市安化县清塘铺镇清塘政府办公楼五楼 邮编：413524

## 湖南常德市西湖瓜菜种子繁育中心

本中心主要代繁瓜果蔬菜种子，产品有丝瓜、南山、苦瓜、甜宝、八方瓜、牛角辣子、黄狼南瓜、密本南瓜、青玉香瓜、付子、边红扁豆子、白边早扁豆、早花皮南瓜。一贯秉持“品质、信誉、服务”至上的经营理念和“诚信经营、质优价廉”的服务宗旨。

电话：0736-2823009 手机：13974214708

联系人：朱铁石

地址：湖南省常德市西湖区新港办事处新港村 邮编：415921

## 常德市金玉米业有限公司

常德市金玉米业有限公司成立于2002年，主要从事大米加工、销售并且是国家指定粮食收储处。我米业公司秉承“顾客至上，锐意进取”的经营理念，坚持“客户第一”的原则，为您提供最优质的产品，欢迎来电洽谈！

联系人：周成勇 13907428028

电话：0736-7419888 传真：0736-7419098

地址：湖南省常德市汉寿县毛家滩乡 邮编：415600

## 湖南省临湘永巨茶业有限公司

湖南省临湘永巨茶业有限公司（原名湖南省临湘永巨茶厂）始建于1984年8月，是国家民贸用品定点生产企业、岳阳市农业产业化龙头企业、湖南省唯一紧压青砖茶生产企业。主要产品为“洞庄”牌紧压青砖茶、茯砖茶和紧压圆角砖茶、高档精制茶，其主要产品青砖茶具有生津止渴、消滞健胃、提神醒脑、杀菌消炎等多种功效，尤其适合高寒地带及高脂饮食区人们饮用。本公司坚持“质量第一、用户至上”的服务宗旨，竭诚欢迎中外朋友惠顾、洽谈贸易和进行广泛的经济技术合作！

茯砖茶系列

联系人：卢明德

电话：0730-3924218

传真：0730-3924618

网址：www.hnyj-tea.com

地址：湖南省临湘市聂市镇建新路8号 邮编：414302

## 春風畜牧養殖有限公司

春风畜牧养殖有限公司成立于2007年，以养殖生猪、饲料加工为主。

欢迎广大客户来电来函洽谈业务。

联系人：彭武元 15973919399

邮编：422700

地址：湖南省邵阳市新宁县清江桥乡

## 华容县惠农棉业有限责任公司

华容县惠农棉业有限责任公司成立于2007年，是一家以棉花收购、加工、销售为主的综合企业。

公司秉承重合同、守信用的经营理念，真诚为您提供优质服务，我们坚持“用户至上，市场至上，信誉至上”的经营理念，尊重客户，尊重市场，时刻调整以适应市场和客户的需要，以质优价优和良好的服务为客户服务。

电话：0730-4502222

邮编：414000

地址：湖南省岳阳市华容景港镇粮站轧花厂

联系人：罗志军 13786040113

## 洞口县有机水稻农民专业合作社

洞口县有机水稻农民专业合作社成立于2008年，本社专业从事有机水稻的生产、加工与销售。

本社本着“客户第一，诚信至上”的原则，与多家企业建立了长期的合作关系。热忱欢迎各界朋友前来参观、考察、洽谈业务。

联系人：李昊

电话：0739-7152111、7152113 传真：0739-7152118

地址：湖南省邵阳市洞口县洞口镇工业园新城区 邮编：422300

## 金盆福兴种养加工有限公司

金盆福兴种养加工有限公司成立于2008年，主要从事苗木的种植，鸡、猪的养殖和矿产品的加工。我们会以最真诚的态度为您提供最优质的服务，欢迎来电与我们洽谈。

联系人：薛定伏

电话：13873727845、13637371338

地址：湖南省益阳市赫山区沧水铺镇金盆山村 邮编：413000

## 凤凰县菖蒲塘猕猴桃专业合作社

凤凰县菖蒲塘猕猴桃专业合作社从事：水果苗木种植、销售及技术服务。

欢迎全国各地的苗木需求客户前来洽谈采购！

联系人：王安全 13787936611 邮编：416000

电话：0743-3771225 地址：湖南省吉首市凤凰县廖家桥镇菖蒲塘村

## 金穗大米加工厂

金穗大米加工厂成立于2001年，我厂拥有成套碾米及加工设备，有熟练操作工人，加工出来的大米无杂质，色泽、口感俱佳。

我厂秉承“顾客至上，锐意进取”的经营理念，坚持“服务第一”的原则为广大客户提供优质的服务。

欢迎来米加工！

联系人：郑亚民 13874697991

电话：0746-4762255

邮编：425000

地址：湖南省永州市新田县龙泉镇先云路一巷3号

## 耒阳市荣创黄花菜专业合作社

湖南省耒阳市荣创黄花菜专业合作社成立于2009年，专业从事黄花菜种植、收购和销售，是基地+农户+社的现代化经营模式，本社主要经营纯原干黄花菜（不含硫），产品销往国内外，欢迎新老客户前来考察洽谈，我们挚诚为您服务。

联系人：谭财荣
电话：0734-4240188 13807473928
邮编：421800
地址：湖南省耒阳市余庆乡

## 邵东县亚恒兔业繁育中心

邵东县亚恒兔业繁育中心成立于2006年。
主要从事于獭兔繁育、养殖、销售。
公司经营理念是追求绿色，崇尚自然，以诚信铸品牌，以品牌树信誉。
欢迎广大客户来电垂询！

联系人：苏恒 13975961115
电话：0739-2721115
邮编：422800
地址：湖南省邵阳市邵东县两市镇峦兴村

## 粒粒晶粮食购销有限公司

我公司是一家专业从事粮食、粮油购销的企业。本公司的经营宗旨："开发现代农业，打造一流品牌，倡导健康消费，造福千家万户"。
欢迎广大客户来电来函洽谈。

联系人：汤贱仁
电话：0737-4682971
13807377991
传真：0737-3279800
地址：湖南省益阳市兰溪镇粒粒晶工业园 邮编：413000

## 桃江爱美牲猪养殖专业合作社

桃江爱美牲猪养殖专业合作社成立于2007年，专业从事生猪养殖业务，以信誉求发展，欢迎新老客户来电洽谈业务！

联系人：曹爱南
电话：0737-8480889 13662213808
地址：湖南省益阳市桃江县鸬鹚渡镇花桥村 邮编：413000

## 粮食市场国辉米业

粮食市场国辉米业成立于2000年，主要从事大米加工、销售及饲料销售。一直以来，公司本着以人为本的原则，以科技创新为理念，以品质创品牌，以诚信赢得客商认可的指导方针，走出了一条独具特色的发展道路。
欢迎广大客户来电来函洽谈！

联系人：徐国辉
电话：0737-4683228 13607370125
地址：湖南省益阳市兰溪镇塘西坪村 邮编：413045

## 溆浦县生态农业发展有限公司

本公司从事生态农业开发，农产品，工业品销售，中介，代理服务，产品有大果红花油、茶苗、种子、金银花、药材等，欢迎新老客户来电洽谈业务！

联系人：吴华生 13762917468 电话：0745-2166126
地址：湖南省怀化市溆浦县卢峰镇兴隆街四组3号
电子邮件：xpstny@126.com 邮编：419300

## 浏阳市湘永生物科技开发有限公司

浏阳市湘永生物科技开发有限公司成立于2007年，主要从事于有机、无机复混肥的生产与销售。倡导以品质扩展市场，以品牌巩固市场，以品种延伸市场，以品德取得市场的四品经营理念。坚持信誉第一，联合双赢的原则。立足行业，服务三农。

联系人：邵国湘 13548983334
电话：0731-83288669 83260341
邮编：410323
地址：湖南省长沙市浏阳市永安镇永和村官渡开发区

## 岳阳市君山区彭激光葡萄园

本公司成立于2000年，主要经营优质葡萄、葡萄种苗销售。其营养高，果香浓郁，每年6月中旬成熟上市，欢迎您前来采购与品尝。

联系人：彭激光
手机：13873082749 13617306749
地址：湖南省岳阳市君山区柳林洲镇五星村官洲组 邮编：414000

## 汝城县福隆农资销售中心

汝城县福隆农资销售中心成立于2008年，本中心主要经销农药、化肥、种子等业务。本着"诚信服务为本、与民同进为实"的经营理念，真诚希望与国内外种业界的朋友交流合作。

联系人：廖冬亮
电话：13517359564
地址：湖南省郴州市汝城县城关镇1803线 邮编：424100

## 广东省/Guangdong Province

### 紫金县龙窝镇新峰兽药服务部

业务：鸡场，猪场，水产，养殖场兽药服务
地址：广东省河源市紫金县龙窝镇
……… 负责人：邓向峰 邮 编：517428
…………………………… 法 人：邓向峰
…………… Tel：0762－7565814
13825327894
…………… Fax：0762－7565814

### 枫景琳园花木场

地址：广东省佛山市南海区松岗镇万石村
…………………………… 负责人：万伯坚
…………………………… Tel：0757－85736233

13702984244

### 紫金县康银种养农民专业合作社

业务：种植油茶、油桐，养殖土猪、土鸡、土鸭
地址：广东省河源市紫金县南岭镇王告村
……… 负责人：钟银森 邮 编：517001
…………………………… 法 人：钟银森
…………… Tel：18923683281
0762－7783855

### 紫金县苏区镇常青绿化造林工程队

业务：造林及保护生态林
地址：广东省河源市紫金县苏区圩镇建设路77号
……… 负责人：黄进青 邮 编：517001
…………………………… 法 人：黄进青
…………… Tel：0762－7306199

**化州市新鹤饲料经营部**
业务：饲料销售
地址：广东省化州市站前路131号
………负责人：李经理　邮　编：525100
…………………………法　人：李明强
……………Tel：0668－7355189

**博罗县柏塘镇柏林农庄鱼料店**
业务：各种鱼料加工.鱼药零售
地址：广东省惠州市博罗县柏塘镇下圩门
………负责人：陈发生　邮　编：516418
…………………………法　人：陈发生
……………Tel：0752－6331463
13928345392

**博罗县横河沙上土鹅养殖专业合作社**
业务：土鹅养殖
地址：广东省惠州市博罗县横河办事处沙上村木棉头
………负责人：谭满堂　邮　编：516001
…………………………法　人：谭满堂
……………Tel：13669564889
18928343913

**博罗县湖镇镇东湖鱼庄**
业务：水库特产鱼虾等
地址：广东省惠州市博罗县湖镇镇显岗水库内
………负责人：郑小文　邮　编：516001
…………………………法　人：郑小文
……………Tel：0752－6657088

**博罗县浩记水产养殖专业合作社**
业务：养殖与销售水产，以鱼、鸭为主
产品：鱼、鸭
地址：广东省惠州市博罗县罗阳镇鸡麻地第七村民小组
………负责人：卢浩枝　邮　编：516157
……………Tel：0752－6215038

**惠州市惠城区广发茶道**
产品：批发铁观音、普洱、绿茶、菊花
地址：广东省惠州市惠城区义乌小商品批发城二期2楼038、040号
………负责人：杨振治　邮　编：516001
…………………………法　人：杨振治
……………Tel：15815456666
13421636668

**惠东县白花镇邢记综合农场**
业务：鸡，乳鸽，猪的加工，养殖和销售
地址：广东省惠州市惠东县白花镇福田村田心叶布坑
………负责人：曾鹏　邮　编：516001
…………………………法　人：曾鹏
……………Tel：0752－8788918
15811945306
……………Fax：0752－8788918

**潮安县文祠镇坑畔田种养场**
业务：种植蔬菜、果树，养殖鸡、鸭、猪
地址：广东省潮州市潮安县文祠镇河塘村坑畔田
………负责人：章林广　邮　编：521000
…………………………法　人：章林广
……………Tel：0768－6742988

**惠东县白盆珠镇联谊秧膜厂**
业务：各种秧膜的生产及销售
地址：广东省惠州市惠东县白盆珠镇白盆珠水库管理局右侧工业小区
………负责人：徐贤志　邮　编：516001
…………………………法　人：王永贵
……………Tel：0752－8286050

**利民农资**
业务：经营农资，主要是农药、种子
地址：广东省惠州市惠东县梁化镇大街254号
………负责人：张存刚　邮　编：516000
…………………………法　人：张存刚
……………Tel：13923658958
0752－8964329

**惠东县平海镇盛达养殖场**
业务：主要经营水产养殖，鱼虾批发，拥有养殖水面110多亩，绿色无公害，绿色无污染，优质，营养的产品是我们对您永恒的承诺！
产品：鱼虾
地址：广东省惠州市惠东县平海镇二寮村
………负责人：钟声海　邮　编：516369
…………………………法　人：陈俊明
……………Tel：13502257111
13322622527

**饶平鸿祥水产有限公司**
业务：饶平鸿祥水产有限公司成立于2003年，是一家水产品养殖公司。公司本着"互惠互利，公平交易"的原则，愿与国内外各界同仁精诚合作，携手共进。
地址：广东省潮州市饶平县大埕镇上东村
…………………………邮　编：515700
…………………………法　人：叶华清
…………………………Tel：0768－8741118
…………………………Mobile：13530349632
…………………………Fax：0768－8741118

**海胆辉美食店**
业务：海胆养殖、加工、销售
地址：广东省惠州市惠东县平山镇华侨城
………负责人：曾远强　邮　编：516300
…………………………法　人：曾远强
……………Tel：13669563888
0752－8507248
8558818

**惠东县谭公利民农资店**
业务：经营农资，主要是农药、种子
地址：广东省惠州市惠东县谭公镇市场斜对面
………负责人：张存刚　邮　编：516000
…………………………法　人：张存刚
……………Tel：13923658958
0752－8964329

**饶平县创发养猪场**
业务：养殖猪
地址：广东省潮州市饶平县黄冈镇霞中村山井仔园
………负责人：张石发　邮　编：521000
…………………………法　人：张石发
……………Tel：13502613754
0768－7613754

**饶平县龙泽水产养殖贸易有限公司**
业务：水产品种苗培殖、水产品销售
产品：鱼、虾、蟹、贝种苗、养殖、销售
地址：广东省潮州市饶平县所城镇龙湾村哨所前
………负责人：吴镇炎　邮　编：515721
…………………………法　人：吴镇炎
……………Tel：0768－8651888
13715723998
……………Fax：0768－8651358
…………………………E-mail：longzsc@163.com

**惠州市惠阳福稻农业发展有限公司**
业务：农产品开发
地址：广东省惠州市惠阳区淡水鹅之塘26号
………负责人：周满福　邮　编：516001
…………………………法　人：周满福
……………Tel：13192834612
0752－3810310

**惠州市惠阳区良井镇惠诚农机专业合作社**
业务：为农户提供农机服务
产品：收割机、拖拉机、插秧机
地址：广东省惠州市惠阳区良井镇松元村委会一楼
………负责人：曾送玉　邮　编：516001
…………………………法　人：曾送玉
……………Tel：13669513162
0752－3652818

**遂川县圆蓬蔬菜专业合作社**
业务：种植和销售各类蔬菜
产品：蔬菜
地址：广东省惠州市惠阳区镇隆镇高田村（超大分公司）
………负责人：洪汉坤　邮　编：516001
…………………………法　人：洪汉坤
……………Tel：0752－3698987

**惠州市惠城区顺隆饲料经营部**
业务：销售饲料
地址：广东省惠州市惠州大道汤泉段26号
………负责人：刘冠辉　邮　编：516000
…………………………法　人：刘冠辉
……………Tel：13502279561
0752－2291989

**江门市蓬江区久扬茶叶店**
业务：经营黑茶
地址：广东省江门市丰盛路26号103
………负责人：贺波文　邮　编：529020
…………………………法　人：贺波文
……………Tel：13426741985
0750－3905071

**广州市白云区人和永兴饲料厂**
地址：广东省广州市白云区人和镇鹤康村秀盛路工业区
…………………………负责人：梁荫财
…………………………Tel：020－36251592
36252432
13602895936

**鹤山市共和镇恒辉猪场**
业务：商品猪，种猪养殖及销售
地址：广东省江门市鹤山市共和镇里元村瓦坑
………负责人：苏健辉　邮　编：529020
…………………………法　人：苏健辉
……………Tel：13822334757
13005832771

**台山市海宴镇嘉宇花卉培植场**
业务：花卉苗木培育经营
地址：广东省江门市台山市海宴镇启明学校旧址
………负责人：谭景卫　邮　编：529020
…………………………法　人：谭景卫
……………Tel：13929063188
0750－5747388

**潮州市鸿泰农业发展有限公司**
业务：潮州市鸿泰农业发展有限公司成立于2005年5月，从事绿色蔬菜（茄子、黄类、豆类）的种植及销售。
地址：广东省潮州市义安路4号潮安杜3楼
…………………………邮　编：521000
…………………………法　人：吴芳然
…………………………Tel：0768－2221151
…………………………Mobile：13531580187

**广州市香蜜山生态果庄有限公司**
业务：生态旅游、种植水果、乡村美食、农副产品流通
地址：广东省从化市吕田镇安山村大塘社23号
………负责人：邓桥养　邮　编：510950
…………………………法　人：邓桥养
……………Tel：13728098000
020－37959268
37959238
……………Fax：020－37959238
…………………………网址：www.chxmy.com
…………………………E-mail：dbaixue_d@163.com

**江门市新会区沙堆利洋水产药店**
业务：水产药品及技术服务，致力于为客户创造价值
地址：广东省江门市新会区沙堆镇河滨路44号
………负责人：王小三　邮　编：529000
……………Tel：0750－6268076
…………………………网址：www.liyang－tech.com

**惠来县葵潭镇吉丰生猪养殖场**
业务：集生猪养殖、收购销售、动物防疫、饲料供应等功能于一体，不断扩大规模，致力发展成为养猪产业化、营销市场化、生产销售服务一体化的现代型企业
产品：常年供应优质良种猪
地址：广东省揭阳市惠来县葵潭镇吉成老谷埕
………负责人：赖仕杰　邮　编：515239
…………………………法　人：赖仕杰
……………Tel：0663－6261311
13112151818

**惠来县永顺达农作物种植专业合作社**
业务：合作社集菠萝种植、销售、出口于一体，采取"合作社＋基地＋果农＋市场"的产业化运作模式，产品质量稳定、供不应求。
产品：菠萝
地址：广东省揭阳市惠来县葵潭镇圆墩村雷打埔四巷
………负责人：黄俊生　邮　编：515239
…………………………法　人：黄俊生
……………Tel：0663－6251791
13539298051
…………………………E-mail：hhk_2000@126.com

**惠来县振顺鲍鱼养殖专业合作社**
业务：鲍鱼养殖
地址：广东省揭阳市惠来县前詹镇赤沃村沙岗尾
………负责人：谢振巧　邮　编：522000
…………………………法　人：谢振巧
……………Tel：0663－6722960
13592939225
…网址：http://www.51zzt.com/user/zzt32246

**揭东县金良农机专业合作社**
业务：拖拉机、插秧机、收割机的租赁服务
地址：广东省揭阳市揭东县玉滘镇凤美村下巷路东21号（第一层）
………负责人：陈传良　邮　编：522000
…………………………法　人：陈传良
……………Tel：13822042654

**广州市白云区石井新源蛇毒经销部**
地址：广东省广州市白云区石井镇增槎路华南综合楼49号
…………………………负责人：陈良菊
…………………………Tel：020－81982853
13710635681

**东莞市常平豫达饲料经营部**
业务：常年批发供应各种高中低档玉米、麸皮等饲料
地址：广东省东莞市常平镇霞坑村东站东迅货场
………负责人：李永斌　邮　编：523003
…………………………法　人：李永斌
……………Tel：15918376359
0769－82804002

**广州海河冰鲜产品综合市场开发有限公司**
地址：广东省广州市芳村区花地大道南以北海南村委会办公楼东侧约65面内自编1号
…………………………负责人：张伟山
…………………………Tel：020－88231775

**揭西县金和镇汉水家禽饲养场**
业务：养鸡
地址：广东省揭阳市揭西县金和镇金南公路路边
………负责人：杨汉水　邮　编：522000
…………………………法　人：杨汉水
……………Tel：0663－5723883
13060576883

**揭阳市榕城区吉丰生猪养殖专业合作社**
业务：生猪养殖及销售、种植花木
地址：广东省揭阳市榕城区仙桥屯埔村路下拍石湖
………负责人：陈木海　邮　编：522000
…………………………法　人：陈木海
……………Tel：0663－8860118

**雷州市白沙镇北潭猪场**
业务：种公猪、商品猪
地址：广东省雷州市白沙镇北潭猪场
………负责人：何勇连　邮　编：524200
…………………………法　人：何日明
……………Tel：13414927379
13692355698

**连州市旺兴林场专业合作社**
业务：家禽和家畜的养殖和销售
产品：家禽和家畜
地址：广东省连州市大路边镇大路边村策玉路161号
………负责人：成其光　邮　编：511500
…………………………法　人：成其光
……………Tel：0763－6382623
13828595583

**连州市唐文兵米机店**
业务：销售米机
地址：广东省连州市人民路市场边
………负责人：唐文兵　邮　编：513400
…………………………法　人：唐文兵
……………Tel：0763－6637519
13417255828

**廉江市安铺袁成德养猪场**
业务：养猪
产品：种猪、肉猪、猪仔
地址：广东省廉江市安铺镇西海河水电站南边
………负责人：袁成德　邮　编：524400
…………………………法　人：袁成德
……………Tel：13018586678
15975956778

**广东省廉江市横山九洲江莫辟兽药饲料经销部**
业务：销售兽药、饲料、种苗
地址：广东省廉江市横山镇缸瓦窑旧325国道旁
………负责人：莫辟　邮　编：524000
…………………………法　人：莫辟
……………Tel：15913515128

**雄仁饲料经营部**
业务：雄仁饲料是以销售、贸易为一体的股份制多元化公司。主要以猪、鸡、鸭、鱼各种饲料原料为主导。主要产品：菜籽粉、棉籽粕、花生粕、玉米、麦皮、次粉、红辣椒粉、

玉米蛋白粉、玉米蛋白饲料、玉米 DDGS、小麦 DDGS、甜菜粕肉骨粉等。量大从优，欢迎广大的新老客户加盟合作，互利互惠，共同发展，创造美好未来。
地址：广东省东莞市常平东站货场
负责人：张雄仁 邮 编：511700
法 人：张雄仁
Tel：0769－83971567
Fax：0769－83971567
网址：www.xr188.cn

**东莞市桥头顺天利渔具店**
业务：台湾、进口渔具代理，售后服务及钓鱼教学
地址：广东省东莞市桥头镇桥常路（大洲段）52－56 号
负责人：陈春钢 邮 编：523000
法 人：陈春钢
Tel：0769－81024396
Fax：0769－81024396

**广州华宝珍稀水产养殖有限公司**
地址：广东省广州市花都区梯面镇横坑村丹竹坑 13 号
负责人：陈先生
Tel：020－86851596
13902270487

**东莞市沙田明记水产养殖场**
业务：主营：各种鱼种苗
地址：广东省东莞市沙田镇穗丰年村穗隆小组
负责人：巫树明 邮 编：523000
法 人：巫树明
Tel：13922948699
13609665733

**广州天佑农牧有限公司**
地址：广东省广州市花都区新华镇公益路 6 号之一 22 号铺
负责人：黄斯雁
Tel：020－86979508

**廉江市海良马铃薯专业合作社**
业务：专业从事马铃薯种植、收购、销售，种植新技术、新品种的推广应用，为社员进行相关的技术培训
产品：1500 亩荷兰 7 号马铃薯
地址：广东省廉江市雅塘镇
负责人：张洪良 邮 编：524455
法 人：张洪良
Tel：15975977858

**廉江市龙大肉牛养殖有限公司**
业务：肉牛养殖销售
产品：利木赞牛，西门塔尔牛，水牛
地址：广东省廉江市营仔镇多浪坡管理区土地山村
负责人：莫宗伟 邮 编：524038
法 人：莫宗伟
Tel：13555653481
13790966225

**陆丰市大陂东门种养场**
业务：养殖和销售各类淡水鱼，种植与销售各类果树
产品：各类淡水鱼
地址：广东省陆丰市甲西镇大陂村东门
负责人：林水萍 邮 编：516601
法 人：林水萍
Tel：13760100548
13242044159

**深圳市富炜城投资有限公司陆丰养殖基地**
业务：水产养殖、深加工，其他鲜活水产品
地址：广东省陆丰市桥冲镇
负责人：郑维谦 邮 编：516523
法 人：郑维谦
Tel：0660－8196208
0660－8192111
Fax：0660－8192111

**粤西藏獒基地**
业务：藏獒养殖、配种及销售
地址：广东省茂名市电白县树仔镇万山村
负责人：陈衡山 邮 编：525438
法 人：陈衡山
Tel：0668－5361362
13288980888

**高州市龙湖种猪场**
业务：种猪养殖、销售
地址：广东省茂名市高州市分界镇东方村委会
负责人：苏龙权 邮 编：525000
法 人：苏龙权
Tel：13727792144
0668－6840744

**广州市新农畜牧业服务有限公司**
业务：广州市新农畜牧业服务有限公司成立于2005 年，主要从事兽药经销。“质量保证，信誉第一”，热诚欢迎广大新老客户来人来电洽谈业务，共同合作！
地址：广东省广州市白云区沙太北路 320 号金湖雅苑 1002 房
负责人：刁绍谋 邮 编：510507
法 人：刁绍谋
Tel：020－33187739

**东莞市石碣肥万蔬菜批发行**
业务：蔬菜
地址：广东省东莞市石碣镇崇焕西路与刘沙路交汇处商铺 A314 号
负责人：柳威 邮 编：523000
法 人：柳威
Tel：0769－81390187
13580850957
13070908056

**广州市花都区新华镇农业技术服务中心**
地址：广东省广州市花都区新华镇建设路 1 号
负责人：黎集杭
Tel：020－86819096

**东源县科维达生态农业发展有限公司**
业务：种植珍贵树种，养殖鱼、猪等
地址：广东省河源市源城区朱门亭岗古岭东向前栋 8 号
负责人：赖伟科 邮 编：517000
法 人：赖伟科
Tel：0762－3339833
3331368

**广东省紫金县龙辉种子部**
业务：常年经销各种国内外优良蔬菜种子。产品质优价廉。我们本着客户利益第一、真诚为您服务的原则。欢迎新老客户前来惠顾。
产品：甜菜心、长豆角等
地址：广东省河源市紫金县城工农街 31 号
负责人：陈溪当 邮 编：517400
法 人：陈溪当
Tel：0762－7827858
Fax：0762－7833990

**茂名市茂南粮翔饲料有限公司**
业务：销售“粮翔”牌饲料，各种农副产品
产品：“粮翔”牌饲料，各种农副产品
地址：广东省茂名市茂南区新坡镇黄塘村委会新墟
负责人：梁全 邮 编：525000
法 人：梁全
Tel：0668－2717892

**丰顺县益民仙人草专业合作社**
业务：种植、销售仙人草及种苗
产品：仙人草及种苗等
地址：广东省梅州市丰顺县大龙华镇铜山村
负责人：钟祝三 邮 编：514351
法 人：钟祝三
Tel：0753－6315061
13431836019
Fax：0753－6310204

**丰顺县丰良镇仙洞油茶种植场**
业务：油茶种植
地址：广东省梅州市丰顺县丰良镇仙上村
负责人：冯宏昌 邮 编：514021
法 人：冯宏昌
Tel：13178737915
0753－6290532
Fax：0753－6290532

**丰顺县黄金金湖养猪专业合作社**
业务：养殖与销售生猪，母猪，种猪
产品：生猪、母猪、种猪
地址：广东省梅州市丰顺县黄金镇建新街
负责人：何荣强 邮 编：514357
法 人：何荣强
Tel：0753－6360568
13549142092

**丰顺县马图种养专业合作社**
业务：蔬菜种植、家禽养殖
地址：广东省梅州市丰顺县龙岗镇马图村
负责人：钟带生 邮 编：514021
Tel：0753－6275128

**广东省梅州天地杰农林发展有限公司**
业务：农副产品深加工、油品深加工、油茶籽树种植及深加工
地址：广东省梅州市广州梅州产业转移工业园区 c 地块一栋 2－4 层
负责人：李小平 邮 编：514000
法 人：李小平
Tel：0753－2216666
13600433618

**蕉岭县金碧豪猪养殖场**
业务：经营豪猪（箭猪）、竹鼠（芒鼠）、良种小猪
地址：广东省梅州市蕉岭县长潭镇白马村上田心二队
负责人：林厚春 邮 编：514000
法 人：林厚春
Tel：0753－7511521

**紫金县城龙辉种子店**
业务：经营种子产品
地址：广东省河源市紫金县城工农街 31 号
负责人：陈溪当 邮 编：517400
法 人：陈溪当
Tel：0762－7827858

**紫金县城金喜农资经销部**
业务：复合肥、农药、种子、农膜等批零
地址：广东省河源市紫金县城金山大道街子口
负责人：张新喜 邮 编：517001
法 人：张新喜
Tel：0762－7832118
13536754352
Fax：0762－7832118

**紫金县附城镇白溪村安锋养殖农民专业合作社**
业务：专业养殖客家土乌猪，产品简介：客家土乌猪是客家乌猪种类延传至今数百年，采用高山（海拔 800 多米的白溪村）放养和农家五谷杂粮饲养相结合，喂养一年以上，无公害，环保型，无饲料。其肉质鲜嫩、清甜、香滑、口感好，是宴席中的特色菜肴。
地址：广东省河源市紫金县附城镇白溪村第三村民小组
负责人：张纪安 邮 编：517001
法 人：张纪安
Tel：0762－7789182
13553210083

**紫金县绿品种养农民专业合作社**
业务：果树种植、水果销售，养殖（鸡、猪、鸭）及鱼类
地址：广东省河源市紫金县黄塘镇拱桥村班鱼塘正坑尾
负责人：叶寿生 邮 编：517001
法 人：叶仲山
Tel：0762－7821889
15876206542
13380920816

**紫金县蓝塘镇茜坑春甜桔场**
业务：春甜桔种植，销售
产品：紫金春甜桔（原名：三月红）
地址：广东省河源市紫金县蓝塘镇广场路 43 号
负责人：彭建辉 邮 编：517447
法 人：彭建辉
Tel：0762－7933599
Fax：0762－7933599

**紫金县桔利果业发展有限公司**
业务：桔子等水果批发
地址：广东省河源市紫金县蓝塘镇双兴村边湖村民小组
负责人：戴仕梅 邮 编：517447
法 人：戴仕梅
Tel：0762－7933698

**紫金县临江镇塘排梅子坑猪场**
业务：提供“长白”“大白”“杜洛克”，优质二元杂母猪，三元杂猪，正宗蓝塘土猪（黑猪），供应猪精
产品：“长白”“大白”“杜洛克”，优质二元杂母猪，三元杂猪，正宗蓝塘土猪（黑猪），猪精
地址：广东省河源市紫金县临江镇塘排梅坑村
负责人：廖文钦 邮 编：517001
法 人：廖文钦
Tel：0762－7252999
13902633139

**东莞市石碣乾兴茶庄**
业务：生产、销售：茶叶
地址：广东省东莞市石碣镇石碣天涯亭民丰路
负责人：高少逸 邮 编：523003
法 人：高少逸
Tel：13433693158
0769－86362621
Fax：0769－86362621

**广州市萝岗区新塘镇永和新庄村甘竹社**
地址：广东省广州市增城市永和镇新庄村甘竹
负责人：黄树添
Tel：020－82972397
13902332599

**河源市顺牧畜禽养殖专业合作社**
业务：养殖猪
地址：广东省河源市源城区埔前镇上村村老林场
负责人：谭龙飞 邮 编：517001
法 人：谭龙飞
Tel：13829392658
0762－3428338

**台湾申茂名茶东莞万江茂记茶行**
业务：专营台湾高山茶、大禹岭茶、洞顶贵妃乌龙茶、台湾比赛茶、梨山茶、杉林溪茶、阿里山茶、佳叶龙茶等
地址：广东省东莞市万江区石美社区茶叶交易市场 B5－25 号铺（东福商业街 363 号）
负责人：刘月芬 邮 编：523003
法 人：刘月芬
Tel：13416892655

**东源县晨丰种植专业合作社**
业务：竹子，农作物等的种植
地址：广东省河源市源城区宝源山庄振越三区 202 房
负责人：欧华球 邮 编：517001
法 人：欧华球
Tel：18902630763
0762－3635623

**增城市农产品质量安全监督检测中心**
地址：广东省广州市增城市朱村街新市场东侧
负责人：陈桂明
Tel：020－82612153

**梅州市梅江区禽宝养殖设备经销部**
业务：批发零售所有养鸡养猪设备
地址：广东省梅州市梅江区三角镇华南路金润宾馆侧
负责人：袁美霞 邮 编：514021
法 人：袁美霞
Tel：0753－2332018

**梅县丙村佛光水产专业合作社**
业务：养殖与销售水产，主要以草鱼苗为主
产品：水产品，以草鱼苗为主
地址：广东省梅州市梅县丙村镇锦江北路 135 号
负责人：廖佛生 邮 编：514021
法 人：廖佛生
Tel：13802368428
0753－2855006

**梅县东宏水果设备有限公司**
业务：水果清洗、包装、分选设备生产
地址：广东省梅州市梅县松口镇大塘街
负责人：陈东宏 邮 编：514021
法 人：陈东宏
Tel：13823850328
13560991286
0753－2768681
Fax：0753－2768681

**平远县亮平生态养殖场**
业务：家畜家禽养殖
地址：广东省梅州市平远县河头镇黄田村车上
负责人：刘亮平 邮 编：514000
法 人：刘亮平
Tel：0753－8211186

**五华县绿野有机种养场**
业务：种植有机蔬菜、养殖家禽
地址：广东省梅州市五华县安流镇福岭村
负责人：古立煌 邮 编：514439
法 人：古立煌
Tel：0753－4542388

**五华县立贤农资供应专业合作社**
业务：农资销售
地址：广东省梅州市五华县郭田镇坪上村
负责人：李贵章 邮 编：514429
法 人：李贵章
Tel：0753－4252636
13923017636

**广东省惠东县兴胜农贸有限公司**
业务：本公司是专业从事马铃薯及大顶苦瓜等特色农产品产销一体化经营的私营企业。我们以市场为导向，以效益为中心，以资源优势为依托，以合同契约等为纽带，以发展效益农业为目标，引导扶助贫困山区

农户大力发展马铃薯及大顶苦瓜等特色农业。
地址：广东省惠州市惠东县平海镇寨头村新围村民小组
负责人：钟沛如 邮编：516363
法人：钟沛如
Tel：0752－8506350
Fax：0752－8506350

## 东莞市万江邦木茶行

业务：茶叶销售
地址：广东省东莞市万江区石美社区茶叶批发市场新缘区八区6、7号
负责人：黄昌宇 邮编：523003
法人：黄昌宇
Tel：0769－88777969
13790567669

## 龙川县德盛养殖场

业务：养殖出售鸡、鸭、猪、羊等
地址：广东省河源市龙川县铁场镇上楼村
负责人：戴德文 邮编：517001
法人：戴德文
Tel：0762－6381803
13827887313
网址：http://www.51zzt.com/user/zzt34457

## 佛山市尚膳高新农业科技有限公司

业务：农产品开发、批发零售、食物营养研究与膳食健康服务
地址：广东省佛山市禅城区松风路37号二层23B号
负责人：李伟洪 邮编：528000
法人：李伟洪
Tel：0757－82130908

## 五华县转水荣兴养牛专业合作社

业务：牛的养殖、销售
产品：利木赞牛、婆罗门牛、本地杂交牛
地址：广东省梅州市五华县转水镇畲柯村0660号华德楼
负责人：邓国茂 邮编：514021
法人：邓国茂
Tel：13826636623
13549129500

## 南雄市雄州街道惠民第一农资门市部

业务：专业经营化肥、农药，厂家直销，保质保量，绿色环保，本公司始终遵循以服务求效益，以实力树品牌，实践为三农服务的宗旨，竭诚为广大农民朋友服务
地址：广东省南雄市雄南路134号
负责人：黄志坚 邮编：512400
法人：黄志坚
Tel：0751－3879184
13827920977
Fax：0751－3888805

## 普宁市军埠阿白养殖场

业务：鸭和鹅的养殖与销售
地址：广东省普宁市军埠镇莲坛村
负责人：陈武强 邮编：515322
法人：陈武强
Tel：0663－2356598
13192927898

## 普宁市玉昌农业种植有限公司

业务：农产品种植、销售
产品：甜玉米、西红柿
地址：广东省普宁市流沙东街道北山村中兴路东小区16街106号1－2层
负责人：许炎堆 邮编：515300
法人：许炎堆
Tel：0663－2802222
Fax：0663－2801128

## 龙坪镇元璧映山红猪场

业务：生猪、仔猪养殖销售
地址：广东省清远市连州市龙坪镇元璧村映山红
负责人：张有彬 邮编：513438
法人：张有彬
Tel：13435254477
0763－6210606

## 瑶安乡易氏特养场

业务：养殖竹鼠
地址：广东省清远市连州市瑶安乡九龙村
负责人：易贤宾 邮编：511500
法人：易云龙
Tel：13927613673
0763－6332223

## 台山市海宴镇富扬竹艺有限公司

业务：本公司成立于2006年，主要种植销售贵竹。产品质量保证，价格合理，竭诚欢迎新老客户来电洽谈业务！
地址：广东省江门市台山市海宴镇联南村委会佑村村
负责人：伍锡当 邮编：529234
法人：伍锡当
Tel：0750－5737778

## 清远市清城区横荷大江面猪场

业务：养猪
地址：广东省清远市清城区横荷街办青山村委会大江面塘边
负责人：潘汁华 邮编：511500
法人：潘汁华
Tel：0763－3559788

## 佛山市高明区荷城福春缘茶行

业务：铁观音、普洱茶、茶具批零
地址：广东省佛山市高明区荷城街道荷香路540号
负责人：康春金 邮编：528000
法人：康春金
Tel：0757－88889548

## 龙川县田心镇雄发兽牧场

业务：种猪、商品猪
地址：广东省河源市龙川县田心镇甘陂村
负责人：蓝云添 邮编：517362
法人：蓝云添
Tel：0762－6489898
13553293081

## 深圳市龙湖茶业有限公司

地址：广东省深圳市宝安区龙华镇龙胜新村E区251号一层
负责人：蔡宇芬
Tel：13503091788

## 清远市清城区新城百搭花茶

业务：玫瑰纤体茶、百合无火茶、茉莉清爽茶、好睡花草茶、清音花草茶、纤腿花草茶、茶具、特色茶包、礼品茶包等批发零售，有养颜类、养身调理类具有健康，时尚、芳香、百分百千年花草植物科学搭配，口感独特、时尚高雅，尽享天然美丽，欢迎免费品尝！
地址：广东省清远市清城区新城东1号区赢之城A1－028号
负责人：向炳财 邮编：511500
法人：向炳财
Tel：15016686197
13622753686

## 清远市清城区新城丰源粮油副食店

业务：粮油、副食品等批零
地址：广东省清远市清城区新城东7号区41栋首层
负责人：郑志标 邮编：511500
法人：郑志标
Tel：13679526155
0763－3878122

## 清新县飞来峡镇财源养殖场

业务：养殖业
地址：广东省清远市清新县飞来峡高田社区范屋村
负责人：范桂财 邮编：511500
法人：范桂财
Tel：0763－5591043
15876352068

## 清新县禾云井塘生猪养殖专业合作社

业务：采用种养相结合的生态养殖模式，从事生猪养殖、沙糖桔种植，为广大养殖户提供代购饲料、药品及品种改良、农业技术咨询等综合性服务！
产品：多元杂猪，三元杂猪，土猪等
地址：广东省清远市清新县禾云镇井塘管理区
负责人：何伟聪 邮编：511875
法人：何伟聪
Tel：13535968818

## 清新县山塘镇黄氏甲鱼场

业务：养殖甲鱼、商品鱼鱼苗
地址：广东省清远市清新县山塘镇塘湾村委会上马砖窑墩
负责人：黄献芬 邮编：511500
法人：黄献芬
Tel：13602933326
13602935887

## 龙川县振新农业发展有限公司

业务：鱼生产销售，果树
地址：广东省河源市龙川县培英学校
负责人：邓振新 邮编：517001
法人：邓振新
Tel：13809746885
0762－6293929

## 清新县太平镇玉全农场

业务：农副产品购销售
地址：广东省清远市清新县太平镇北坑村委会黎碧坑
负责人：潘玉全
法人：潘玉全
Tel：13435284244
15089726228

## 惠州市第二农业技术服务公司

地址：广东省惠州市下角新村路2号602
负责人：黄辉容
Tel：13829912919

## 清新县太平镇初记青枣养殖场

业务：家禽，水产，水果
产品：初记青枣鸡
地址：广东省清远市清新县太平镇黄泥塘村
负责人：薛汝初 邮编：511848
法人：薛汝初
Tel：13192755930
E-mail：chuge123@126.com

## 阳山县黎埠镇兴扬农业开发

业务：蔬菜种植
地址：广东省清远市阳山县黎埠镇
负责人：张赛强 邮编：518027
法人：张赛强
Tel：13431978155
0755－82677245

## 阳山县黎埠镇旺新猪场

业务：猪的养殖
地址：广东省清远市阳山县黎埠镇大塘村委会桥头村
负责人：林志明 邮编：511500
法人：林志明
Tel：13553943192
13435291298

## 阳山县阳城镇范村康达养殖场

业务：三元苗猪，三元猪，母猪，种猪，二元、三元杂交商品仔猪
地址：广东省清远市阳山县阳城镇范村沿路口
负责人：邓海新 邮编：511500
法人：邓海新
Tel：13926656969

## 佛山市高明区杨和镇广业养殖场

业务：养殖
地址：广东省佛山市高明区杨和镇九公里
负责人：吴洪仔 邮编：528000
法人：吴洪仔
Tel：13322851131
13889930331

## 龙川县财通贸易商行

业务：农资产品贸易
地址：广东省河源市龙川县老隆镇老隆港2号小区
负责人：邓科立 邮编：517300
法人：邓科立
Tel：18923681886
0762－6855553

## 深圳市春谷园贸易有限公司、深圳市盛泰粮油贸易有限公司

业务：深圳市春谷园贸易有限公司、深圳市盛泰粮油贸易有限公司主要经营进口泰国茉莉香米、东北大米等。欢迎新老客户惠顾。
地址：广东省深圳市罗湖区宝岗路西货场办公楼二楼
邮编：518023
法人：林春伟
Tel：0755－82414588
Fax：0755－82425429

## 英德市石灰铺镇远通苗木繁育场

业务：绿化苗木，茶苗培育
地址：广东省清远市英德市石灰铺镇民安路市场对面
负责人：黄锡远 邮编：513046
法人：黄锡远
Tel：13750134928
0763－2601276

## 汕头市潮阳区新安茶庄

业务：经营茶叶
地址：广东省汕头市潮阳区谷饶新坡谷关路新坡段253号
负责人：刘镇秋 邮编：515000
法人：刘镇秋
Tel：15815289997
13553384237

## 深圳市金海鸿水产科技发展有限公司

地址：广东省深圳市宝安区松岗镇广深公路边东方加油站侧
负责人：徐海鸿
Tel：0755－27092073

## 汕头市潮阳区棉北长福茶叶店

业务：铁观音，大红袍
地址：广东省汕头市潮阳区棉北上华进修对面306号
负责人：郭贵色 邮编：515000
法人：郭贵色
Tel：0754－86560277

## 广东省汕头市澄海区恒旺饲料厂

业务：生产水产饲料的专业厂家，靠质量打市场，以服务谋发展是我们的经营宗旨，我们愿与您携手共进，再创辉煌！
产品：水产膨化饲料，主要包括牛蛙、章鱼、罗非鱼饲料，并代养殖户收购牛蛙
地址：广东省汕头市澄海区银东工业区
负责人：林绍强 邮编：515832
法人：林绍强
Tel：0754－85310588
13502716003
Fax：0754－85310588

## 汕尾市城区荣丰养殖场（汕尾市城区海丰养殖场）

业务：长白，大白，杜洛克等种猪养殖
地址：广东省汕尾市城区捷胜镇东坑村烟墩场（广东省汕尾市海丰县莲花镇）
负责人：刘权 邮编：516601
法人：刘权
Tel：13071516733
0660－6728308
6949733

## 海丰县城东继忠种养综合场

业务：猪养殖，种苗出售
地址：广东省汕尾市海丰县城东镇赤山高楼村
负责人：黄继忠 邮编：516411
法人：黄继忠
Tel：0660－6404036
13719519758

## 海丰县城东新江四壮种养综合场

业务：养殖猪，鱼，种植水果
地址：广东省汕尾市海丰县城东镇新江村新地沟外片
负责人：莫道进 邮编：516400
法人：莫道进
Tel：13536491884
0660－6416086

## 海丰县远洲农业发展有限责任公司

业务：农产品生产销售
地址：广东省汕尾市海丰县城永安达花园海永阁401房
负责人：周李坚 邮编：516601
法人：周李坚
Tel：0660－6201234
13380846789

## 海丰县黄羌惠民种养专业合作社

业务：种植与销售各类蔬菜，养殖肉猪、肉牛
产品：各类蔬菜，猪、牛
地址：广东省汕尾市海丰县黄羌镇人民政府
负责人：戴金娘 邮编：516601
法人：戴金娘
Tel：13600208819
0660－6758268

## 海丰县可塘镇陈厝坡养殖场

业务：淡水养殖，养猪
地址：广东省汕尾市海丰县可塘镇陈厝坡陈庄村牛护埔
负责人：王海添 邮编：516601
法人：王海添
Tel：13902683377
0660－6401987

## 杰昌牧园

业务：家禽，家禽养殖
地址：广东省汕尾市海丰县梅陇孔子门村
负责人：叶仪杰 邮编：516600
法人：叶仪杰
Tel：13719537221
13500087810

## 东山珍珠岛实业有限公司

地址：广东省深圳市福田区福华三路星河国际广场裙楼B1东山珍珠产品专卖店
负责人：陈光先

Tel:0755－82035039
84422203
13316961828

### 海丰县平岗种养专业合作社
业务：种植速生林、水稻种植、瓜果蔬菜种植
地址：广东省汕尾市海丰县平二村委禾丁头村
负责人：张锦明 邮编：516400
法人：张锦明
Tel:13923581108
0660－6818398

### 海丰县雅卿养殖场
业务：淡水养殖、生猪养殖
地址：广东省汕尾市海丰县陶河镇雅卿村
负责人：黄文强 邮编：516601
法人：黄文强
Tel:13828989878
13729588150

### 佛山市南海区官窑炬华种子店
业务：主要经营种子的销售
地址：广东省佛山市南海区官窑瑶平路北侧润和商业广场A座20号
负责人：吕炬华 邮编：528000
法人：吕炬华
Tel:13630015902
0757－85898387

### 佛山市南海区金峰茶行
业务：茶叶加工销售
地址：广东省佛山市南海区桂城平洲立新路商铺
负责人：王海波 邮编：528000
法人：王海波
Tel:0757－81235058
13543603999

### 陆丰市夏陇农民专业合作社
业务：养猪、牛，花卉苗木经营
地址：广东省汕尾市陆丰市河西镇夏陇村26号
负责人：李汉贞 邮编：516601
法人：李汉贞
Tel:13421589887

### 陆丰市盈诚水产养殖有限公司
业务：各类鲍鱼培苗，成品鲍鱼，各类海虾，蟹的培苗，各类成品海产品
地址：广东省汕尾市陆丰市湖东镇长湖村
负责人：肖玉为 邮编：516543
法人：肖玉为
Tel:0660－8272631
Fax:0660－8272631

### 陆丰市南塘农盛种业有限公司
业务：种子销售
地址：广东省汕尾市陆丰市南塘镇南集路（卫生院斜对面）
负责人：吴汉权 邮编：516601
Tel:0660－8285996

### 陆河县昌盛种养有限公司
业务：种植果树、养殖种猪
产品：种猪苗、龙眼、荔枝、青梅、鱼苗
地址：广东省汕尾市陆河县长塘新村19
负责人：丘坤寻 邮编：516721
法人：丘坤寻
Tel:13922695789
0660－5557666

### 陆河县城金厢海产品总汇
业务：海产品销售
地址：广东省汕尾市陆河县河田镇建设西路25号
负责人：吴国壮 邮编：516601
法人：吴国壮
Tel:13509065000
0660－5505585

### 南雄市湖口镇焕发粮食加工厂
业务：大米加工销售
地址：广东省韶关市南雄市湖口镇上长市白木村
负责人：何光焕 邮编：512400
法人：何光焕
Tel:0751－3652998

### 汕尾市裕华渔业服务有限公司
业务：渔产品加工、渔业服务、冻库
地址：广东省汕尾市区对面海炮台后补山厂房
负责人：李文好 邮编：516601
法人：李文好
Tel:0660－3225666
Fax:0660－3225333
网址：http://www.51zzt.com/user/zzt123699

莲花山通顺荔枝园
地址：广东省深圳市福田区莲花山
负责人：卓俊
Tel:0755－82484056
13603084262

### 南雄市蓝田有机种养专业合作社
业务：鸭子养殖销售
地址：广东省韶关市南雄市邓坊镇蓝田村委会下蓝田村
负责人：曹贤臣 邮编：512437
Tel:13726570716
0751－3692503

### 佛山市顺德区勒流诚宏梅花鹿冷冻食品商行
业务：本商行主营梅花鹿以及鹿副产品，鹿鞭，鹿茸，鹿筋，鹿肉等。
地址：广东省佛山市顺德区勒流泰明市场街铺7号铺
负责人：王显辉 邮编：528000
法人：王显辉
Tel:0757－28150308

### 龙川县登云正大饲料店
业务：家禽饲料
地址：广东省河源市龙川县登云新街（雄海酒楼旁边）
负责人：郑大正 邮编：517001
法人：郑先生
Tel:0762－6324013
13827884576

深圳市羿氏果品有限公司
地址：广东省深圳市福田区梅林路通业大厦3号楼7单元1002室
负责人：羿大武
Tel:0755－83106121

### 南雄市雄州街道钟达富养猪场
业务：养殖猪
地址：广东省韶关市南雄市雄州街道迳口村
负责人：钟达富 邮编：512000
法人：钟达富
Tel:13719762467
0751－3889963

### 韶关市曲江区沙溪鑫旺佛手瓜生产专业合作社
业务：佛手瓜生产，蔬菜种植
地址：广东省韶关市曲江区沙溪镇木坪村委会坪田村
负责人：王元奏 邮编：512000
法人：王元奏
Tel:13727570699
0751－6616238

### 仁化县周田风度星晨贡柑农民专业合作社
业务：专业生产与销售贡柑
产品：贡柑
地址：广东省韶关市仁化县周田镇周田村委会灵溪水坝
负责人：张恭强 邮编：512334
法人：张恭强
Tel:13642567180
0751－6422718

### 乳源瑶族自治县联合园艺花木场
业务：苗木种植、销售
地址：广东省韶关市乳源县大桥镇大坪村委会溪头[联合园艺花木场]
负责人：王火生 邮编：512000
法人：王火生
Tel:13827993061
0751－5232258

### 乳源瑶族自治县林艺红豆杉培植基地
业务：绿化苗木，药用苗木
地址：广东省韶关市乳源县大桥镇红星村委会乌石村
负责人：林玉水 邮编：512000
法人：林玉水
Tel:13435047268
15015068088

### 翁源县江尾镇九仙村大岭兰花场
业务：兰花出口、国内批发、零售、种苗出售
地址：广东省韶关市翁源县江尾镇九仙村
负责人：何应昌 邮编：512000
法人：何应昌
Tel:13531465116
0751－2513023
Fax:0751－2513023

### 艺雅花场
业务：大量销售绿化苗木，兰花
产品：桂花，黄杨，罗汉松，九里香，国兰，春兰
地址：广东省韶关市翁源县江尾镇林业科学研究所内
负责人：王后新 邮编：512600
法人：王后新
Tel:0751－2812726

### 翁源县汇园大红花油茶专业合作社
业务：大红花油茶的种植和种苗的销售
地址：广东省韶关市翁源县龙仙镇聚星园怡星阁301
负责人：胡成伟 邮编：512000
法人：胡贤德
Tel:13318573379
13922596611

### 翁源县田心富民种猪场
业务：种猪养殖
地址：广东省韶关市翁源县龙仙镇田心村老楼村小组大坑子
负责人：邓辉俊 邮编：512000
法人：邓辉俊
Tel:13802817893

### 翁源县溶植圣蔬菜专业合作社
业务：蔬菜种植和销售
地址：广东省韶关市翁源县周陂镇洪兰村
负责人：谭廷灼 邮编：512000
法人：谭廷灼
Tel:13318578045
13326528045

### 高州市雄记养兔场
业务：商品兔，种兔培育，饲料的生产
地址：广东省高州市马贵镇六塘家和村
负责人：吴其雄 邮编：525200
法人：吴其雄
Tel:0668－6962667
13928855769

### 双贤庄铭茶
业务：茶叶、茶具销售
地址：广东省广州市芳村南方茶叶市场北门B座3号铺
负责人：许贤桂 邮编：510360
法人：许贤桂
Tel:020－61109017
13794422435
13929598728

### 湛江经济技术开发区湛帆农业生产资料有限公司
业务：湛江经济技术开发区湛帆农业生产资料有限公司成立于1995年，主要经营化肥、建材，白沙糖，烟酒，农副产品，热诚欢迎新老客户光临惠顾。
地址：广东省湛江市霞山区建新西5号洪翔苑G栋302室
负责人：陈泰……邮编：524019
Tel:0759－2176188
2193230

### 新丰县富发农机专业合作社
业务：组织农民购机，培训，推广农业机械化，供应成员所需的农机资料
地址：广东省韶关市新丰县丰城大道东三号
负责人：陈玉富 邮编：511100
法人：陈玉富
Tel:0751－2293791
Fax:0751－2293791
E-mail:ffnjhzs@163.com

### 新丰县马头镇民众化肥农药门市
业务：各种化肥和农药
地址：广东省韶关市新丰县马头镇江桥东路
负责人：陈新凤 邮编：512000
法人：郑小勤
Tel:0751－2363118
13570796232

### 新丰县新源农场
业务：专业从事油茶、中药材种植，油茶籽油加工业务，农场种植面广、产品品质优良，真诚欢迎社会各界朋友前来洽谈业务。
产品：油茶籽油、中药材
地址：广东省韶关市新丰县马头镇湾田村
负责人：肖炳森 邮编：511100
法人：肖燃燃
Tel:0751－2189928
13903066283
13602753616

深圳市农科植物克隆种苗有限公司
地址：广东省深圳市福田区香蜜湖路北花卉总汇F区1－－2号
负责人：徐明全
Tel:0755－83709099
13823268785

### 新丰县梅坑镇大达养殖场
业务：专业从事种猪、肉猪、家畜、家禽及水产养殖
产品：瘦肉型二元母猪，三元肉猪，仔猪，鸡鸭和鱼类
地址：广东省韶关市新丰县梅坑镇四十八坳
负责人：杨建武 邮编：512000
法人：杨建武
Tel:13016623309

### 韶关市飞琪农业科技发展有限公司
业务：种植、养殖
地址：广东省韶关市浈江区机务新村86号第叁层
负责人：王浩飞 邮编：512000
法人：王浩飞
Tel:13226536993
Fax:0751－8535144
E-mail:89931123whf@163.com

### 韶关市翠松牧业有限公司
业务：生产、销售：仔猪，商品猪
地址：广东省韶关市浈江区中山路100号富园楼303号
负责人：徐会娥 邮编：512000
法人：徐会娥
Tel:0751－8765753

### 惠来县农家宝农产品种植专业合作社
业务：种植、销售农产品
地址：广东省深圳市宝安区龙华大浪街道曹下村天充路15号
负责人：唐梁和 邮编：518027
法人：唐梁和
Tel:13242966333
0755－28127801

### 福建隆盛茶叶有限公司
业务：种植加工及销售安溪铁观音、云南普洱茶、福建大红袍
地址：广东省深圳市罗湖区建设路德兴大厦2楼57－58号
负责人：高树火 邮编：518000
法人：高树火
Tel:13828878913
0755－82340672

### 玖峰食品厂（强兴茶莊）
业务：加工、销售茶叶
地址：广东省河源市连平县忠信镇径口开发区栗园路
负责人：吴锡强 邮编：517000
法人：吴锡强
Tel:0762－2841328
13502327660

### 广州宏基种禽有限公司
业务：养殖金钱麻鸡、销售父母代种鸡苗；商品代鸡
地址：广东省广州市萝岗区九龙镇佛塱村长塘
负责人：陈耀明 邮编：510555
法人：陈耀明
Tel:13602739496
020－87489093

### 润品水果配送网
业务：水果销售及配送
地址：广东省深圳市梅林批发市场
负责人：于纪伟 邮编：518000
法人：于纪伟
Tel:0755－83311268
13926531210

### 四会市江谷镇泰农畜牧技术服务部
业务：饲料，兽药
产品：全价料，针剂，粉散剂，粉针剂，原料
地址：广东省四会市江谷镇大桥公路
负责人：唐召腾 邮编：526000
法人：唐召腾
Tel:13450187818
E-mail:tangzhaoteng@yahoo.com.cn

## 遂溪县城月各有试验猪场
业务：养猪
地址：广东省遂溪县城月镇潭葛村委会
负责人：黄梁贵 邮编：524300
法人：黄梁贵
Tel：0759－7890124
13827178255
13414873989

## 深圳市万重山实业有限公司
地址：广东省深圳市井冈山同区锦绣花园C座B室
负责人：黄戈壁
Tel：13902912318

## 台山市白沙长江联兴蔬菜专业合作社
业务：种植与销售各类蔬菜，以马铃薯、辣椒为主，养殖肉猪、淡水鱼、蛋鸭
产品：各类蔬菜，以马铃薯、辣椒为主，肉猪、淡水鱼、蛋鸭，鸭蛋
地址：广东省台山市白沙镇长江圩朗西敬老楼首层1－2卡
负责人：马永畅 邮编：529020
法人：马永畅
Tel：0750－5826795
18929052966

## 仁和饲料经销店
业务：销售饲料
地址：广东省台山市赤溪镇田头村委亲仁村
负责人：黄浩权 邮编：529200
法人：黄浩权
Tel：0750－5276522

## 台山市三合镇北联水鹤水稻农机农民专业合作社
业务：水稻种植、农机销售
地址：广东省台山市三合镇康和北路14号
负责人：陈坚松 邮编：529211
法人：陈坚松
Tel：13794261587
0750－5844047

## 台山市水步镇长成花木场
业务：种植、销售绿化苗木
地址：广东省台山市水步镇文华开发区A区15号建筑工地
负责人：黄宜槐 邮编：529020
法人：黄宜槐
Tel：13702211782
0750－5457768

## 吴川市兰石德源农资购销部
业务：化肥、农药购销
地址：广东省吴川市兰石镇兰石开发区
负责人：梁德源 邮编：524038
法人：梁德源
Tel：0759－5198429

## 和平县增光湾水果种植专业合作社
业务：水蜜桃的种植、销售
地址：广东省河源市和平县热水镇北联村增光湾
负责人：黄先生 邮编：517100
法人：黄建会
Tel：13536778280
0762－5160869

## 吴川市浅水柯水生饲料店
业务：经营双胞胎集团金苹果饲料
地址：广东省吴川市浅水林场旧办公室首层二间
负责人：柯水生 邮编：524500
法人：柯水生
Tel：13432826810
0759－5208208

## 吴川市振文屯兴番鸭种鸭养殖场
业务：番鸭育种提纯、繁殖孵化
产品：番鸭幼苗
地址：广东省吴川市振文镇泗岸区下屯兴村
负责人：陈康荣 邮编：524500
法人：陈康荣
Tel：0759－5720569
13590060766
Fax：0759－5720569

## 阳春市春湾镇那乌农资服务部
业务：销售农药、化肥
地址：广东省阳春市春湾镇那乌公路边
负责人：高新华 邮编：529616
法人：高新华
Tel：0662－7813121
Fax：0662－7813121

## 屿龙五金店
地址：广东省深圳市龙岗区布吉镇布吉大芬布沙路220
负责人：苏瑞龙
Tel：0755－28700726
13822945666

## 信宜市东镇东明猪场
业务：种猪、商品猪
地址：广东省信宜市东镇垌尾坡二队
负责人：曾东明 邮编：525000
法人：何芳
Tel：13686704897
0668－8884742
Fax：0668－8884742

## 阳春市马水镇十二排果场
业务：种植、销售：苗木、风景树、马水桔等
地址：广东省阳春市马水镇新风村委十二排
负责人：覃振 邮编：529525
法人：覃振
Tel：0662－7656806

## 阳春市河朗镇金银花种植试验示范基地
业务：金银花种植、销售
地址：广东省阳春市松柏镇松柏木材加工厂
负责人：黄福儒 邮编：529614
法人：黄福儒
Tel：0662－7855771

## 阳西县阳兰养殖场
业务：商品猪，长白母，长白公，大白母，大白公，美式纯种猪等养殖业务
地址：广东省阳江市电白县望夫镇沙琅路
负责人：黄敦兰 邮编：525000
法人：黄敦兰
Tel：13827633229
0668－5720507

## 阳西县程村镇莲花猪场
业务：养殖种猪、种植苗木
地址：广东省阳江市阳西县程村镇新程八街21号
负责人：叶秀玲 邮编：529525
法人：叶秀玲
Tel：13794792161
13827602212

## 阳西县恒生水产养殖专业合作社
业务：虾苗、鱼苗、网箱养鱼、鱼塘养鱼
地址：广东省阳江市阳西县沙扒镇新风路66号
负责人：林李泉 邮编：529525
法人：林李泉
Tel：13702812075
0662－5590100

## 英德市波罗镇永昌优质生猪养殖基地
业务：生猪 种猪 长白山野猪 野鸡 芒鼠 竹鼠 果子狸等
地址：广东省英德市波罗镇更古村西坳组29号
负责人：陆登 邮编：511500
法人：陆登
Tel：15918211211
0760－86608992

## 英德市九龙镇建伟果业场
业务：沙糖桔、马水桔、春甜桔等产品的代收、代购、包装、保鲜一条龙服务
地址：广东省英德市九龙镇新田管理区包屋村
负责人：罗建伟 邮编：513209
法人：罗建伟
Tel：13620591110
0763－2751233

## 英德市鸿泰农牧养殖场
业务：养鸡、种植果树
地址：广东省英德市英城江湾堆边村中心岭地
负责人：吴基虾 邮编：511500
法人：吴基虾
Tel：13539517040
13542462495

## 郁南县凤巢林果专业合作社
业务：金桔，柑桔，橙子的生产和销售
地址：广东省云浮市郁南县都城镇幸福路横巷63号首层
负责人：蔡友文 邮编：527300
法人：蔡友文
Tel：0766－7591988
13927128288
网址：http://www.51zzt.com/user/zzt33473

## 深圳市稼贾福实业有限公司
地址：广东省深圳市龙岗区布吉镇金运路110号一层之三
负责人：周冠秀
Tel：0755－28536886
28536550
28536386
13316976651

## 英德市创业青年养鸡专业合作社
业务：肉鸡、蛋鸡生产与销售，饲料、药物销售，孵化鸡苗及养鸡技术指导与服务
地址：广东省英德市裕光路182号
负责人：范秀展 邮编：513000
法人：范秀展
Tel：0763－2221648
2229418
Fax：0763－2221648

## 郁南县建城镇区氏无核黄皮专业合作社
业务：无核黄皮种植销售
地址：广东省云浮市郁南县建城镇便民村委会区屋村文化楼首层
负责人：区国根 邮编：527300
法人：区国根
Tel：0766－7878173
13927120071

## 郁南县农业服务公司兴盛农资经销部
业务：主营：农药、化肥、农具
地址：广东省云浮市郁南县连滩汽车部斜对面
负责人：吴开建 邮编：527300
法人：吴开建
Tel：0766－7660898
7273189

## 郁南县南江口供销合作社古蓬建业农资经销部
业务：主营：化肥、农药、种子、塑胶
地址：广东省云浮市郁南县南江口镇古蓬公路桥头（往罗定方向右边）
负责人：吴开建 邮编：527300
法人：吴开建
Tel：0766－7660898
7273189

## 云安县盛丰果业有限公司
业务：水果的种植、加工、销售、出口
地址：广东省云浮市云安县南盛镇塘面水果街8号
负责人：王建文 邮编：527300
法人：王建文
Tel：13537945666
0766－6591666

## 云浮市云城区思劳镇祥牧兽药渔药店
业务：销售兽药、水产药
地址：广东省云浮市云城区思劳镇思劳圩中心市场侧
负责人：罗英贤 邮编：527300
法人：罗英贤
Tel：0766－8582828

## 广州市祥惠农业发展有限公司
业务：专业从事香蕉等农产品种植与销售，批零兼营，产品绿色保健，质量稳定，供不应求，欢迎新老顾客前来洽谈。
产品：香蕉及其它水果
地址：广东省增城市石滩镇桥头村湖面一马路34号
负责人：黎景祥 邮编：511325
法人：黎景祥
Tel：020－82916866
Fax：020－82916866

## 湛江市东海岛硇洲镇兴发养殖场
业务：养殖对虾
地址：广东省湛江市东海岛硇洲镇烟楼外海坑
负责人：豆兴文 邮编：524074
法人：豆兴文
Tel：13802824798

## 东源县安顺种植专业合作社
业务：种植与销售各类树木
产品：各类树木
地址：广东省河源市长鸿花园华B幢903室
负责人：赖小彬 邮编：517001
法人：赖小彬
Tel：13332764333
0762－3822613

## 广州市增城莲塘周吓逢七彩紫心红薯专业合作社
业务：紫心红薯种植、销售
地址：广东省广州市增城市中新镇莲塘村莲塘路30号
负责人：周锦来 邮编：510130
法人：周锦来
Tel：020－82869372
13719231613

## 遂溪县洋盛水产养殖专业合作社
业务：水产品养殖
产品：青鱼、贝类、虫类
地址：广东省湛江市遂溪县草潭镇下六（原粮所内）
负责人：林马生 邮编：524379
法人：林马生
Tel：13827190939
0759－7125998

## 龙塘镇福田洪振列农资销售部
业务：销售化肥、农药
地址：广东省湛江市徐闻县龙塘镇福田管区新街1号
负责人：洪振列 邮编：524000
法人：洪振列
Tel：13692342364

## 湛江市徐闻县鼎盛水产有限公司
业务：养殖水产
产品：南北对虾
地址：广东省湛江市徐闻县龙塘镇星安村委会
负责人：苏永明 邮编：524100
法人：苏永明
Tel：13822576888
0759－4680388

## 徐闻县新民玉米农民专业合作社
业务：玉米种植、加工、销售
地址：广东省湛江市徐闻县迈陈镇建新街005号
负责人：苏何森 邮编：524100
法人：苏何森
Tel：13827188383
13809733359

## 徐闻县海盛水产养殖农民专业合作社
业务：水产养殖
地址：广东省湛江市徐闻县西连镇水尾村委会办公楼二层
负责人：陈水晶 邮编：524038
法人：陈水晶
Tel：15975908888
0759－4858880
网址：http://www.51zzt.com/user/zzt33474

## 封开县罗董镇德宁茶庄
业务：各类名茶：铁观音，普洱，桂花茶，绿茶等等
地址：广东省肇庆市封开县罗董镇罗董街一桥头（室内）
负责人：陈芳 邮编：526539
法人：陈芳
Tel：0758－6512606

## 中山市黄圃镇添兴饲料加工店
业务：中山市黄圃镇添兴饲料加工店成立于2005年，主要经营米糠生意，从事本专业10年有余，以信誉第一，客户至上，热诚欢迎新老客户惠顾！
地址：广东省中山市黄圃镇吴栏村珠东桥侧
负责人：梁洪添 邮编：528429
法人：梁洪添
Tel：0760－3232322
3212277
网址：mtw25110

## 和平县佰兴花卉种植专业合作社
业务：花卉、绿化苗木种植、销售
地址：广东省河源市和平县合水镇珊坪村
负责人：李佰汪 邮编：517001
法人：李佰汪
Tel：13923680894
0762－5660138
13553251719

## 斗门区乾务镇马山德顺饲料店
业务：销售各种饲料
地址：广东省珠海市斗门区乾务镇马山村
负责人：梁健伟 邮编：519000
法人：黄德顺
Tel：13431566887

**封开县渔涝镇丰威农资店**
业务：农资销售
地址：广东省肇庆市封开县渔涝镇广信路（原椒果厂室内）
负责人：叶澄林 邮编：526040
法人：叶澄林
Tel：13822691705

**怀集县岗坪镇东波茶叶商店**
业务：主营：铁观音 台湾人参茶 云南普洱各类茶具
地址：广东省肇庆市怀集县岗坪镇金山东路（市场路口）
负责人：莫天端 邮编：526040
法人：莫天端
Tel：0758－5311928

**怀集县闸岗镇凤金宝种鸡场**
业务：大鸡、中鸡、鸡苗、饲料
地址：广东省肇庆市怀集县闸岗镇陈莲村委会
负责人：梁万宝 邮编：526400
法人：梁万宝
Tel：0758－5561016
13824602159
13822653141

**广东省四会市农业生产资料公司清塘化肥农药批发部**
业务：种植柑桔
地址：广东省肇庆市四会市东城街道光明北路二座10号（首层）
负责人：叶德明 邮编：526040
法人：叶德明
Tel：13602992393
0758－3205173

**中山市板芙镇雄珍水稻种植场**
业务：种植水稻
地址：广东省中山市板芙镇广福村四队下围
负责人：梁朝胜 邮编：528403
法人：梁朝胜
Tel：0760－88551417

**中山市古镇花梨花木场**
业务：主营花梨种植
地址：广东省中山市古镇乐风花园1期102栋4楼4座，销售广告地址：广东省中山市古镇冈东横古公路段井围（地编号1号）
负责人：区池发 邮编：528403
法人：区池发
Tel：13902820959
0760－22329119

**中山市民众镇邓记兽药渔药店**
业务：专营：水产系列药品，畜禽系列药品，免费提供：水质检测技术咨询
地址：广东省中山市民众镇孖宝路东21号
负责人：邓魁烟 邮编：528403
法人：邓魁烟
Tel：13189242053
0760－85706868

**中山市三乡镇霞江气泵经营部**
业务：气泵、增氧泵
地址：广东省中山市三乡镇白石环村麻乾公路32号首层
负责人：施继维 邮编：528400
法人：施继维
Tel：15976083528
0760－86697962

**中山市沙溪镇强伟农场**
业务：养殖肉猪
地址：广东省中山市沙溪镇水溪村白鹤咀东念坑土地
负责人：李杏媛 邮编：528471
法人：李杏媛
Tel：0760－87327377
Fax：87327377
网址：www.zsqiangwei.com
E-mail：sxqw77@163.com

**坪山镇耀华种养场**
地址：广东省深圳市龙岗区坪山镇立北二巷13号
负责人：赖耀华
Tel：13602588001

**中山市坦洲镇广丰网袋包装厂**
业务：水果，网袋包装
地址：广东省中山市坦洲镇裕洲村裕洲中学旁边B3幢之一
负责人：梁观好 邮编：528403
法人：梁观好
Tel：13702520525
0760－86659606

**斗门区白藤俊越水产**
业务：海螃蟹、花鱼鱼虾等各种海鲜
地址：广东省珠海市斗门区城南藤湖路恒发商业街8号106铺
负责人：陈嘉伟 邮编：519000
法人：陈嘉伟
Tel：13923398848
0756－6161558
Fax：0756－6161558

**斗门区白藤耀记水产店**
业务：经营水产品
地址：广东省珠海市斗门区白藤湖农产品物流中心市场A1、A2、A3、A4号商铺
负责人：陈清耀 邮编：519000
法人：陈清耀
Tel：0756－3928110
13823022745

**斗门区白藤兄弟水产行**
业务：虾、鱼、螃蟹、海鲜等
地址：广东省珠海市斗门区白藤湖盛通达农产品物流中心C28、29号
负责人：麦潮辉 邮编：519000
法人：麦潮辉
Tel：0756－3928355
6161855
Fax：0756－3928355

**斗门区井岸镇茶山人家茶莊**
业务：茶叶加工销售
地址：广东省珠海市斗门区井岸镇西堤路2103号
负责人：岑飞梅 邮编：519000
法人：岑飞梅
Tel：0756－5316728

**东源县康顺种养专业合作社**
业务：种植和销售各类水果、蔬菜，养殖以鸡、淡水鱼为主
产品：各类水果、蔬菜，鸡，淡水鱼
地址：广东省河源市东源县涧头镇长新村
负责人：朱根业 邮编：517001
法人：朱根业
Tel：13827890603

**和平县山辽生猪养殖专业合作社**
业务：生猪养殖
地址：广东省河源市和平县公白镇东联村山辽
负责人：王志锐 邮编：517249
法人：王志锐
Tel：15976724773
0762－5236688
Fax：0762－5230634

**富盛康农副产品有限公司**
地址：广东省深圳市龙岗区坪山镇向荣路29号
负责人：徐梦虎
Tel：0755－28822358
13808856136

**东源县祥和种植专业合作社**
业务：种植板栗、柠檬，养殖龙虾、青鱼、草鱼、鲢鱼、鳙鱼
地址：广东省河源市东源县涧头镇镇府计生办
负责人：赖小华 邮编：517001
法人：赖小华
Tel：13539104059
0762－8260383
Fax：0762－8260111

**东源县指前寨蔬菜生态专业合作社**
业务：蔬菜种植
地址：广东省河源市东源县郊区
负责人：许小娴 邮编：517001
法人：许小娴
Tel：0762－8156669
3985166

**东源县古洞种养专业合作社**
业务：养殖：猪、牛、鸡、鸭、鱼、种植：油茶、果树
地址：广东省河源市东源县义合镇赵阳村
负责人：缪伟波 邮编：517001
法人：缪伟波
Tel：13690988333
0762－8883333
网址：http://www.51zzt.com/user/zzt123706

**深圳市罗湖区水产鸣记商行**
地址：广东省深圳市罗湖区水产批发市场主楼首层第22号
负责人：郑福山
Tel：0755－82177838
13823577788

**河源市东源县蓝口镇荣邦养殖场**
业务：养殖
产品：猪，鱼
地址：广东省河源市东源县蓝口镇派头村长江小组牛凹
负责人：邹友恒 邮编：517500
法人：邹友恒
Tel：13825374098
0762－8431998

**珠海市金湾区三灶洪森养殖场**
业务：山地鸡养殖销售
地址：广东省珠海市金湾区三灶镇海澄英表村
负责人：吴宏森 邮编：519000
法人：吴宏森
Tel：13527286751

**珠海市香洲绿祥农副产品批发行**
业务：农副产品批发
地址：广东省珠海市香洲区朝阳路38号后座综合楼之2号
负责人：梁土胜 邮编：519000
法人：梁土胜
Tel：13702575563
0756－2230272

**深圳市绿色时代农业科技有限公司**
地址：广东省深圳市龙岗区中心城9区城龙花园3#楼701室
负责人：李安娜
Tel：0755－28957719

**珠海市鸿林绿化有限公司沥溪生态林苗圃场**
业务：园林绿化专用苗木花卉
地址：广东省珠海市香洲区香海路163号都市雅筑2栋1单元901室
负责人：曾庆彪 邮编：519000
法人：曾庆彪
Tel：0756－2266693

**中山市润丰农业科技有限公司**
业务：集农业科技发展与推广、水产养殖、特色农业种养、花卉苗木、生态农业观光接待于一体的专业化农业公司。以面向三农，关注市场，服务社会为宗旨，竭诚为您服务。
产品：各种高值水产、花卉苗木、农产品等
地址：中山市三角镇高平工业区民森北街13号
负责人：何钢科 邮编：528445
法人：何钢科
Tel：0760－23970883
13902823825
Fax：0760－23970889

**中澳远洋渔业有限公司**
地址：广东省阳江市石湾路华侨新村二路6号
负责人：陈香略

Tel：0662－3415778
13822138133

**东源县水保生态农业发展有限公司**
业务：苗木种植、销售；水产养殖与销售
地址：广东省河源市东源县顺天镇牛潭村委会林场
负责人：黄远明 邮编：517500
法人：黄远明
Tel：13035718623
13809741488

**东源县四联种植专业合作社**
业务：种植业
地址：广东省河源市东源县义合镇邮电局旁
负责人：廖伟东 邮编：517001
法人：廖伟东
Tel：13360494706
0762－8880209

**东源县神龙山种养专业合作社**
业务：油茶的种植和销售，淡水鱼的养殖和销售
产品：油茶、淡水鱼
地址：广东省河源市东源县松江镇寨下村
负责人：肖国琼 邮编：517001
法人：肖国琼
Tel：15986031038
0762－3325633

**东源县佰祥种养植专业合作社**
业务：以养殖蜜蜂为主，种植板栗，销售蜂蜜和板栗
产品：蜂蜜和板栗
地址：广东省河源市东源县新港镇双田畲族村五组
负责人：蓝佰祥 邮编：517001
法人：蓝佰祥
Tel：13750269989
0762－3368681

**天绿农副产品配送有限公司**
地址：广东省珠海市香洲区前山广珠公路界冲段西侧珠海市建材装饰专业市场第三栋45号一、二层
负责人：刘鸿武
Tel：0756－8217688
13169627879

**东源县罗鑫种植专业合作社**
业务：灵芝种植、灵芝产品
地址：广东省河源市东源县锡场镇鸟桂村委会响水小组7号
负责人：罗树红 邮编：517001
法人：罗树红
Tel：13536759610

**宜农种籽店**
地址：广东省深圳市龙岗区坪地镇地新北街28号
负责人：阎色良
Tel：0755－84053544
13902317125

## 广东省河源市利农生态农业发展有限公司

广东省河源市利农生态农业发展有限公司成立于2009年，前身是河源市南粤经济技术发展有限公司，主要经营农业开发，生态养殖，农产品销售等一系列农业服务。

秉承为农民朋友服务，获得更大效益的愿望，我们愿与客户通力协作。

欢迎您的惠顾！

联系人：许仙　13825372158
电话：0762-8100980　8200985
地址：广东省河源市东源县双江镇沙岗村　邮编：517000

## 深圳市艺利来茶业有限公司

深圳市艺利来茶业有限公司是一家集茶叶加工、批发、零售为一体的大型企业。同时有茶具配件的销售。主要品种有普洱茶、铁观音、凤凰单枞、台湾高山茶等各类名茶。我公司秉承“优质茗茶，体味生活”的茶文化理念，竭诚为您服务！

联系人：邱素莲　13603050189
电话：0755-82342908
传真：0755-82323101
邮编：518001
地址：广东省深圳市罗湖区交通楼二楼B交－２０南

## 广州飞特饲料有限公司

公司主要从事畜禽、水产全价料、浓缩料和预混合饲料的研发、生产和销售。创办人凭十多年从业经验、深厚的专业底蕴和完善的销售网络立足于饲料行业，立志做绿色、环保、高效、节能饲料的倡导者和实践者，为饲料行业健康快速发展贡献自己的力量。公司坚持以人为本，在发展过程中不断吸纳优秀人才，并给予人性化关怀和提供足够的发展空间，力争做到人尽其才，物尽其用。同时，公司将奉公守法，坚决杜绝以损害国家利益获取公司利益的短期行为。对国家，对社会，对行业有突出贡献是公司长期追求的目标。

联系人：张和平
电话：020-87421339　13189044449
网址：www.ftsl.com　电子邮件：hca710405@163.com
邮编：510540
地址：广东省广州市白云区太和镇和龙水库3号

## 遂溪县东态牧业发展有限公司

遂溪县东态牧业发展有限公司是一家专业的牛、猪养殖及农副产品销售的企业。

公司以“诚信为本，科技创新，发展畜牧，服务社会”的经营理念，为促进畜牧业经济的发展做出贡献。

联系人：郑志才
电话：0759-7209368　7209168
邮编：524396
地址：广东省湛江市遂溪县洋青镇沙古中学东边

## 惠来县长荣食品实业有限公司

惠来县长荣食品实业有限公司成立于2004年，本公司专业从事水产品、鱼糜产品的加工与销售。主要鱼丸子、鱼面、鱼条以及火锅系列鱼产品。惠来县长荣食品实业有限公司的诚信、实力和产品质量获得业界的认可。欢迎各界朋友莅临我司参观、指导和业务洽谈。

联系人：黄庆昌
电话：0663-6722883、13902003182
传真：0663-6728315　电子邮件：changrongfoods@21cn.com
地址：广东省揭阳市惠来县神泉镇沃角邮电北侧　邮编：515231

## 五华县古家湾生态果园有限公司

五华县古家湾生态果园有限公司成立于2008年10月，本公司专业从事果树种植、水产养殖。

本公司秉承“顾客至上，锐意进取”的经营理念，坚持“客户第一”的原则为广大客户提供优质的服务。欢迎广大客户惠顾！

联系人：古模发
电话：0753-4568326
地址：广东省梅州市五华县棉洋镇美田村古家湾　邮编：514441

## 深圳市福田区莲花山通顺荔枝园

深圳市福田区莲花山通顺荔枝园创立于1989年，专业种植荔枝树，主要产品荔枝和龙眼具有广泛的销售网络，“以市场为导向，以创新求发展”是我们的经营理念，欢迎来电洽谈业务！

联系人：卓俊叶
手机：13603084262
电话：0755-82484056
地址：广东省深圳市福田区莲花山　邮编：518000

## 兴宁市同兴养殖发展有限公司

兴宁市同兴养殖发展有限公司成立于2007年，本公司专业从事养殖鸡、鸭。

公司秉承质量第一，顾客至上的经营理念，追求精益求精是我们的服务宗旨！竭诚提供一流的产品给新老客户！

联系人：何小朋　电话/传真：0753-3235318
地址：广东省兴宁市东风路华威新苑53号门店　邮编：514500

## 深圳市稼贾福实业有限公司

公司以“奉献放心精品，共创绿色生活”为企业理念，以大米加工为主业，在多年的经营中形成了开创自有品牌+代理知名品牌的经营模式，本着“诚信、质量、服务”的经营方针，积极拓展销售渠道，建立了遍布深圳、东莞及广州珠三角地区的销售网络。现正大力拓展全国市场，已在武汉、西安、成都等地建立了销售网点。

电话：0755－84186912　13798413610
联系人：周冠秀
网址：www.jiajiafu-sz.com
地址：广东省深圳市龙岗区布吉镇金运路110号一层之三　邮编：518000

## 阳江市中澳远洋渔业有限公司

阳江市中澳远洋渔业有限公司主要从事海产品、捕捞器具材料的销售。

公司秉承“锐意进取，客户第一”的经营理念，竭诚为广大客户提供最优质的产品和服务。欢迎惠顾！

联系人：陈香略
电话：0662-3415778　13822138133
地址：广东省阳江市石湾路华侨新村二路6号　邮编：529500

# 阳西县沙扒镇源丰水产养殖有限公司

阳西县沙扒镇源丰水产养殖有限公司成立于2006年4月，本公司专业从事收购、出售、养殖、培育大小鱼苗、虾苗。公司坚持发展市场为导向，以提高产品质量、满足顾客的需求为发展宗旨，奉行"团结、拼搏、求实、开拓"的企业精神，热忱欢迎新老客户前来参观、洽谈业务。

电话：0662-5588188、13827632955 邮编：529500
地址：广东省阳江市阳西县沙扒镇渔港新村D区63号
联系人：梁志发

## 广西壮族自治区 /Guangxi Zhuang Autonomous Region

**鸿福非粮型饲料厂**
地址：广西省崇左市天等县星群街
负责人：农普特
Tel：13878625314

**北海市锦峰水产饲料经营部**
业务：经营水产饲料
地址：广西北海市合浦县还珠南路109号
负责人：李德坤 邮 编：536000
法 人：李德坤
Tel：0779－7202588
13907890560

**永祥大米加工厂**
地址：广西省桂林市叠彩区新建路36号
负责人：莫乔赐
Tel：0773－2609180
13807839544

**南宁雁门农业生产资料有限公司**
业务：南宁雁门农业生产资料有限公司成立于2003年，从事农业物资行业。公司主要经营化肥、农业机械、农副产品购销。欢迎新老客户来电洽谈业务！
地址：广西省南宁市科园大道农资市场22－2
邮 编：530007
法 人：农顺汉
Tel：0771－4826348
Fax：0771－4827348
网址：www.gxnn.chinapyp.com

**荔浦县"东魁"杨梅发展基地**
业务：专业种植与销售杨梅，出售杨梅果苗
产品：杨梅、杨梅果苗
地址：广西桂林市荔浦县双江镇榕树村旁
负责人：阎连生 邮 编：541000
法 人：阎连生
Tel：13878378906
0773－7157877

**乐业县新化镇玉米购销店**
地址：广西壮族自治区百色市乐业县新化镇谐里街上
负责人：蒙文电
Tel：0776－7782626

**宽利水产有限公司**
地址：广西壮族自治区北海市海城区广东南路世纪飞翔冷冻厂内
负责人：岑卫霞
Tel：0779－3883888
13907797822

**桂林市临桂万丰农资连锁有限公司彭运金加盟经营店**
业务：销售农业生产物资
产品：农资，化肥，农药，作物种子，苗木，种子，农技服务
地址：广西桂林市临桂县黄沙乡黄沙街
负责人：彭运金 邮 编：541113
法 人：彭运金
Tel：15907833909

**巨华水产品加工有限公司**
地址：广西壮族自治区北海市合浦县廉州镇(合浦县船厂内)
负责人：林建清
Tel：0779－7026566
7026068
13977977788

**南沙渔业地产有限公司**
地址：广西壮族自治区北海市云南南路棕榈泉花园内
负责人：鲁日友
Tel：0779－3923819
3923800
13317799109

**环江盛隆茧丝有限公司**
业务：环江盛隆茧丝有限公司成立于2005年，从事蚕茧收购、加工、销售及巢丝加工、销售。产品销往浙江、江苏等地，欢迎广大客商来电来涵咨询！
地址：广西壮族自治区河池市环江县思恩镇城西工业区
邮 编：547100
法 人：莫照武
Tel：0778－8823388
Fax：0778－8823268

**全州县湘水源食用菌专业合作社**
业务：香菇、蘑菇、金针菇、茶树菇、秀珍菇、鸡腿菇
地址：广西桂林市全州县绍水镇部校内
负责人：唐双寿 邮 编：541501
法 人：唐双寿
Tel：18977307326
13211597118
0773－4682029

**崇左金土地麻业有限公司**
地址：广西壮族自治区崇左市城西路53号
负责人：施克安
Tel：13397813288

**龙门茶业有限公司**
地址：广西壮族自治区大新县桃城镇伦理街79号
负责人：李政道
Tel：0771－3632188
13978164168

**桂林市兴安百里腾达农资门市部**
业务：化肥等农资销售
地址：广西桂林市兴安县界首镇百里大兴街
负责人：经继旭 邮 编：541000
法 人：经继旭
Tel：0773－6092018
13877366013

**雅美实业有限公司**
地址：广西壮族自治区东兴市北仑大道229号
负责人：吴翠芳
Tel：0770－7682262
7663301

**桂平市生态西山茶实验场**
业务：茶叶加工、销售
地址：广西桂平市西山山门左侧
负责人：黄庆瑞 邮 编：537200
法 人：黄庆瑞
Tel：0775－3388536
13367656808

**广西桂平市富吉利茶厂**
地址：广西壮族自治区贵港市桂平市石咀镇
负责人：李全成
Tel：0775－3658137
6944313

**广西合浦渔网批发部冯生网具店**
业务：泰州绳，网线，渔丝，渔丝网，安全网，全新料网布，纤维绳，尼龙绳，名牌下水裤，雨衣，各样鱼，虾笼，品种齐全，质优价廉，批发零售，无限欢迎。
地址：广西合浦县廉洲镇西华路还珠桥头
负责人：冯瑞海 邮 编：536000
法 人：冯瑞海
Tel：0779－7290757
Fax：0779－7298757

**来宾市绿洲实业有限公司**
业务：来宾市绿洲实业有限公司主要从事大米加工，绿化树。我们坚持以质量为本，以信誉求发展的宗旨，多年来受到新老客户的信赖，热诚欢迎各界人士来函来电来人洽谈业务，共创美好的明天！
地址：广西壮族自治区来宾市文明路61号
邮 编：546138
法 人：陈达名
Tel：0772－ 6695317
Fax：0772－ 6695317

**兴达粮食加工厂**
地址：广西壮族自治区贵港市桂平市石咀镇新兴街35号
负责人：廖国兴
Tel：0775－3659083
8433937
13607851583

**贵港市平天山林场茶场**
地址：广西壮族自治区贵港市平天山林场
负责人：韦玛珊
Tel：13087717741

**宾阳县新宾常旺农资经营部**
业务：农资产品的批发和零售
地址：广西南宁市宾阳县芦圩镇仁爱街三中路18号
负责人：阮晓明 邮 编：530000
法 人：阮晓明
Tel：13878720351
13557518830

**桂林市炳诚农资有限公司**
地址：广西壮族自治区桂林市叠彩区新建路86号
负责人：黄炳诚
Tel：13807739123

**贵港市港南区万兴瘦肉型猪养殖专业合作社**
业务：优质瘦肉型猪苗，肉猪养殖
地址：广西省贵港市港南区东津镇建设路8号
负责人：梁建武 邮 编：537100
法 人：梁建武
Tel：0775－4672140
13517859177

**柳州柳江县滚水坝华强农业观光有限公司**
业务：华强农业观光集秀美幽雅的环境与高科技现代化气息为一体、天蓝地绿、水清、空气清新、鸟语花香、以农业为主题与高科技联姻，并以农艺结缘。
地址：广西壮族自治区柳州市柳江县成团镇白露村白上屯
负责人：廖华强……邮 编：545100
Tel：0772－8294116

**平南县安怀镇团罗茶厂**
业务：茶叶生产销售一条龙服务
产品："团罗"牌茶叶
地址：广西省贵港市平南县安怀镇平安路189号
负责人：罗先生 邮 编：537000
法 人：罗仲乡
Tel：13607853816
0775－7704078

**桂林国丰牲畜养殖有限公司**
地址：广西壮族自治区桂林市临桂县城人民路金鑫商业街
负责人：文仲友
Tel：13517636208

**灵川县八里街绿苑大米饲料加工厂**
地址：广西壮族自治区桂林市灵川县八里街工业开发区22号
负责人：伍胜军
Tel：0773－6592968
13707735789

**贵港市天蓬养猪专业合作社**
业务：猪的养殖
地址：广西省贵港市覃塘区覃塘镇拥兴村(覃塘林场拥兴林班)
负责人：黄军明 邮 编：537000
法 人：黄军明
Tel：13978598011
13977599797
0775－4866007
4866708

**桂林市野菜种植场**
地址：广西壮族自治区桂林市农业局绿色食品科
负责人：李庆玉
Tel：0773－3182951
13517637217

**贺州市鹅塘金牛养殖场**
业务：肉牛养殖、牧草种植及加工
地址：广西省贺州市平桂管理区鹅塘镇厦岛村八组152号
负责人：黄必机 邮 编：542808
法 人：黄必机
Tel：13807845658
0774－5231988
8831988

**广西富满地农资股份有限公司那马镇农资店**
业务：广西富满地农资股份有限公司那马镇农资店成立于2007年，主要经营化肥、农药、种子、农用工具等。欢迎新老客户光临、惠顾！
地址：广西壮族自治区南宁市良庆区那马镇那马街口
负责人：徐建辉……邮 编：530022
法 人：徐建辉
Tel：0771－4770165

**横县下郭甲鱼养殖专业合作社**
业务：专业养殖甲鱼
地址：广西省南宁市横县横州镇权江路328号
负责人：禤燕清 邮 编：530000
法 人：禤燕清
Tel：13457049866
0771－7230087

**平乐锦前家禽有限公司**
地址：广西壮族自治区桂林市平乐县平乐镇月城街220号
负责人：黄锦前
Tel：13877362066

**钦州市钦南区沙井养蚝专业合作社**
业务：天然蚝苗培育、销售
地址：广西省钦州市钦南区尖山镇排榜村委沙东队51－1号
负责人：钟应桥 邮 编：535009
法 人：钟应桥
Tel：13907779344
13517776169

**汇丰大米加工厂**
地址：广西壮族自治区桂林市平乐县沙子镇中华街40号
负责人：潘小俊
Tel：0773－7683198
13807735459

**永丰农产品有限公司**
地址：广西壮族自治区桂林市平乐县同安镇
负责人：谢昌永
Tel：0773－7696018
13807730259
13367538668

**博白县供销合作社**
业务：粮食购销
地址：广西省玉林市博白县博白镇大街043号
负责人：邓景华 邮 编：537000
Tel：0775－8223669
8223996

**振兴水产经营部**
业务：振兴水产经营部是个人创办的水产经营部。通过多年的努力，公司现发展成一个有规模的海水产品的公司。我们本着"以质量求生存，以信誉求市场"的经营理念，愿与各地同仁携手，共同发展，共同进步。
地址：广西壮族自治区梧州市万秀区南中路21－1号
邮 编：543000
法 人：潘令
Tel：0774－2842623
Mobile：13907740590
Fax：0774－2824267

**桂林全州县华康粉业有限公司**
地址：广西壮族自治区桂林市全州县才湾镇天湖街小坪里
负责人：蒋新华
Tel：13517536938

**广西陆川县思翔农牧电子设备厂**
业务：电子式超声波雾化消毒及自动恒温系统
产品：超声波雾化消毒设备、智能恒温保暖设备
地址：广西省玉林市陆川县新洲北路6－8号
负责人：吕先生 邮 编：537700
法 人：王志桂
Tel：13807752265
0775－7230006
7236886
Fax：0775－7235666
网址：www.sixingkeii.com
E-mail：gxsixing@126.com

**桂林市莲新大米加工厂**
地址：广西壮族自治区桂林市全州县龙水镇原财政所
负责人：杨怀值
Tel：0773－4661248
13977339972

**梧州市苍梧县六堡冠荣坪农场**
业务：盛产六堡茶，茶叶，酸梅及几年老鳖，质量保证，欢迎惠顾。
地址：广西梧州市苍梧县六堡镇六堡村
负责人：车健家 邮 编：537000
Tel：13707742779
0774－2970226

**绍水镇晶谷米厂**
地址：广西壮族自治区桂林市全州县绍水镇
负责人：熊友兵

…… Tel:0773－4682518
13768031618

**咸水绍群供销大米厂**
地址:广西壮族自治区桂林市全州县咸水乡
…… 负责人:赵绍群
…… Tel:0773－4631250
13607837817

**国营全州县咸水林场**
地址:广西壮族自治区桂林市全州县咸水乡七里坪
…… 负责人:蒋福友
…… Tel:0773－4631090
13877392288

## 乐业县马浪平茶叶加工厂
业务:茶叶加工销售,白毛茶
地址:广西壮族自治区百色市乐业县甘田镇九洞村马浪平异地安置新村
…… 负责人:黄家乐　邮　编:533000
…… 法　人:黄家乐
…… Tel:0776－7822050
13737622215

**全州县咸水乡小成大米加工厂**
地址:广西壮族自治区桂林市全州县咸水乡新街
…… 负责人:蒋小成
…… Tel:0773－4631068
13978355858

## 北海市海庆兄弟水产有限公司
业务:养殖:鱼、虾、螃蟹
地址:广西壮族自治区北海市工业园区经五路3号
…… 负责人:吴才海　邮　编:536000
…… 法　人:吴才海
…… Tel:0779－2096268
13907794338
…… Fax:0779－2096238

## 玉林市宏祥饲料酵母有限公司
业务:玉林市宏祥饲料酵母有限公司专业生产多维活性饲料酵母粉,活性高蛋白酵母粉,活性啤酒酵母粉,菌体饲料蛋白粉的厂家,拥有雄厚的技术力量和先进的检测仪器、工艺设备。热忱欢迎国内外广大用户与我公司联系。我们将为您提供满意的优质产品,优质服务。
地址:广西壮族自治区玉林市仁东镇鹤林工业区
…… 负责人:朱千芳……邮　编:537002
…… 法　人:朱千芳
…… Tel:0775－2555556
…… Fax:0775－2555557

## 北海市恒兴水产饲料公馆专卖店
业务:水产饲料、水产用品
地址:广西壮族自治区北海市公馆镇绕城路北街60号
…… 负责人:罗武　邮　编:536119
…… 法　人:罗武
…… Tel:0779－5803846

**桂平市江口镇永丰粮店**
地址:广西壮族自治区桂平市江口镇
…… 负责人:吴家镇
…… Tel:0775－3551373
13707852919

## 广西北流市大伦镇鸿穗养殖专业合作社
业务:鹅养殖销售
地址:广西壮族自治区北流市大伦镇文城村秧地坡组
…… 负责人:吴登权　邮　编:537421
…… 法　人:吴登权
…… Tel:15108073526
0775－6698761

**柳州维他畜牧有限公司**
地址:广西壮族自治区柳州市柳北区红碑路北二巷5号
…… 负责人:叶涛
…… Tel:13807722528

**庆丰农业生产资料有限责任公司**
地址:广西壮族自治区柳州市鹿寨县鹿寨镇建中西路7号
…… 负责人:唐建权
…… Tel:0772－6828986
13978262609

## 天等县忠群生态养猪农民专业合作社
业务:养殖和销售生猪,销售猪饲料
产品:猪、猪饲料
地址:广西壮族自治区崇左市天等县四维村原驻通讯兵站
…… 负责人:赵忠勤　邮　编:532200
…… 法　人:赵忠勤
…… Tel:0771－7487596

**广西鹿寨强辉粮油工贸有限公司**
地址:广西壮族自治区柳州市鹿寨县鹿寨镇十里亭
…… 负责人:黄建敏
…… Tel:0772－6828200

## 贵港市港北区港蜂蜜蜂养殖专业合作社
业务:蜜蜂养殖与蜂产品销售
产品:蜂蜜,蜂花粉,蜂王浆,蜂蜡
地址:广西壮族自治区贵港市港北区六八新村百沟井3栋228号
…… 负责人:陆宏杰　邮　编:537120
…… 法　人:陆宏杰
…… Tel:0775－4578676
13878572729

**鹿寨光明芬芳新硕实验场**
地址:广西壮族自治区柳州市西鹅乡百香果示范基地
…… 负责人:陈学明
…… Tel:0772－3691382
13978279747

## 平南县蚕种场
业务:生产、销售蚕种
地址:广西壮族自治区贵港市平南县武林镇
…… 负责人:黄彪　邮　编:537000
…… 法　人:黄彪
…… Tel:0775－7622040
13977550281

**南宁市南研农作物种子经营部**
地址:广西壮族自治区南宁市城北区大学路44号区农科院办公楼9号
…… 负责人:黄广平
…… Tel:13977173391

## 玉林市福绵管理区企岭塘养殖场
业务:养殖与销售生猪、鱼
产品:生猪、鱼
地址:广西壮族自治区玉林市福绵管理区樟木镇中村企岭塘
…… 负责人:谢强　邮　编:537000
…… 法　人:谢强
…… Tel:0775－2278461

**广西南宁易满农资有限公司**
地址:广西壮族自治区南宁市城北区科园大道37号广西农业科技市场808号
…… 负责人:胡小萍
…… Tel:13006912488

**广西南宁农植种业有限公司**
地址:广西壮族自治区南宁市城北区科园大道37号广西农业科技市场816号
…… 负责人:覃玉清
…… Tel:13878154079

## 贵港市覃塘区新吉养猪专业合作社
业务:养殖与销售生猪
产品:生猪
地址:广西壮族自治区贵港市覃塘区石卡镇新旺村
…… 负责人:李吉良　邮　编:537100
…… 法　人:李吉良
…… Tel:13207895238

**南宁市丰桂农牧技术服务有限公司**
地址:广西壮族自治区南宁市城北区科园大道52号南宁农业科技市场第2－26号
…… 负责人:卢建芬
…… Tel:13014958689

## 广西陶然生态农牧发展有限公司
业务:集约化农业、林业、畜牧水产业
产品:牛、生猪、野猪、羊、兔的饲养、销售、农副产品销售
地址:广西壮族自治区贵港市中山北路邮电小区1栋10号
…… 负责人:宋国昌　邮　编:537100
…… 法　人:宋国昌
…… Tel:13977590139
…… E-mail:5361@peoplemail.com.cn

## 博白县文地镇联兴肉牛养殖场
业务:本场是集养殖、科研、改良、繁育、推广为一体的企业单位,专业从事肉牛良种的保种、引进、改良、换代、繁育、推广的工作。大量供应各种优质肉牛品种,欢迎广大新老客户前来实地考察、洽谈合作,携手共创畜牧行业的辉煌!
产品:西门塔尔牛、利木赞牛、夏洛莱牛、三元杂交牛等品种的牛犊及成品牛
地址:广西壮族自治区玉林市博白县文地镇文地村
…… 负责人:黄海东　邮　编:537609
…… 法　人:黄海东
…… Tel:13481530502
13657753231
…… Fax:0775－8652379

**广西横县横州昌源大米厂**
地址:广西壮族自治区南宁市横县附城镇港口路
…… 负责人:谢荣潮
…… Tel:0771－7228175

**横县金源精米厂**
地址:广西壮族自治区南宁市横县陶圩镇上塘村
…… 负责人:张宝星
…… Tel:0771－7156027

## 平安乡路口农资经营部(恭城绿色田园加盟店)
业务:销售各类农资产品
产品:各类农资产品
地址:广西壮族自治区桂林市恭城县平安乡路口村
…… 负责人:欧木义　邮　编:541002
…… 法　人:欧木义
…… Tel:0773－8188277
13737388755

**南宁市绿康农副产品有限公司**
地址:广西壮族自治区南宁市江南区友谊路78号良凤江国家森林公园
…… 负责人:李锋
…… Tel:13878813138

## 灵川县海洋乡尧乐水果专业合作社
业务:本社集种植示范、技术服务、技术推广、产品收购销售、农资采购及服务为一体,常年购销各种新鲜果品及苗木种植。果品质量上乘,欢迎前来洽谈业务!
产品:桃子、李子、柑桔、梨、苗木
地址:广西壮族自治区桂林市灵川县海洋乡尧乐村
…… 负责人:李克忠　邮　编:541207
…… 法　人:李克忠
…… Tel:15577310223
…… 网址:www.51zzt.com/user/zzt42893

**广西渌水江农牧有限公司**
地址:广西壮族自治区南宁市隆安县那桐镇(双邓至乔建公路旁)
…… 负责人:廖胜文
…… Tel:13768394888

## 博白县旺茂镇博香水稻种植专业合作社
业务:集种植、加工、销售为一体,专业从事水稻种植及稻谷、大米的销售,连片种植,统一管理,并为广大种植户提供代购农业生产资料、品种改良、产品销售等综合性服务。同发展共致富的合作与种业界同仁共谋发展!
产品:稻谷、大米、"博香"优质无公害香米
地址:广西壮族自治区玉林市博白县旺茂镇大寿村
…… 负责人:廖武军　邮　编:537618
…… 法　人:廖武军
…… Tel:0775－8751661
13878038592

**广西南宁盛邦种植开发有限公司**
地址:广西壮族自治区南宁市新城区共和路99号格兰云天八层08H号房
…… 负责人:韦鹏
…… Tel:13317803796

## 阳朔县葡萄镇桂景粉葛专业合作社
业务:粉葛的种植和销售
产品:粉葛
地址:广西壮族自治区桂林市阳朔县葡萄镇新街园艺场路口
…… 负责人:莫桂才　邮　编:541903
…… 法　人:莫桂才
…… Tel:13877378778
0773－8705219

**南宁市美桂浦茶业有限责任公司**
地址:广西壮族自治区南宁市新城区金浦路56－2号二楼
…… 负责人:陈戈
…… Tel:13517810101

## 广西桂林永福县罗锦镇福林造林专业合作社
业务:合作社采取"基地＋农户"产业化运作模式,拥有3000亩的无公害种植基地,从事收购出售林木、土地承包、转让、蔬菜供应。常年大量优惠供应,欢迎广大新老客户前来洽谈。
产品:桉树、松树、造林苗、经济林苗及各类蔬菜供应
地址:广西壮族自治区桂林市永福县罗锦镇林村村委会
…… 负责人:林权荣　邮　编:541800
…… 法　人:林权荣
…… Tel:0773－8632089
13457325089

## 藤县塘步为农生猪专业合作社
业务:养殖生猪
地址:广西壮族自治区梧州市藤县塘步镇汗池村永太四组100号
…… 负责人:柳森朝　邮　编:543000
…… 法　人:柳森朝
…… Tel:13737819962
13481405616

**南宁海虹饲料有限公司**
地址:广西壮族自治区南宁市兴宁区邕武路24号3栋2单元13号房
…… 负责人:谭志明
…… Tel:13978852970

## 永福县春秋马铃薯专业合作社
业务:包装、运输、储藏
产品:马铃薯
地址:广西壮族自治区桂林市永福县罗锦镇尚水村民委员会
…… 负责人:吕元明　邮　编:541002
…… 法　人:吕元明
…… Tel:13878326177
13977368153
…… 网址:http://www.51zzt.com/user/zzt35883

**南宁市德厚种植有限责任公司**
地址:广西壮族自治区南宁市永新区富庶村委办公楼二楼
…… 负责人:黄金莲
…… Tel:13517661783

**南宁市鲜活养殖场**
地址:广西壮族自治区南宁市永新区坛洛镇武康村坛涞坡
…… 负责人:敬蓉
…… Tel:13878868868

## 桂平市西山镇福山新农农机专业合作社
业务:农资产品的销售,农机加工服务,农副产品的采购,种植和销售蔬菜
地址:广西壮族自治区桂平市西山镇船厂街大起村1队32号
…… 负责人:李文照　邮　编:537200
…… 法　人:李文照
…… Tel:13878529378
0775－6923022
…… Fax:0775－2993318

**春旭大米加工厂**
地址:广西壮族自治区南宁市永新区新阳路18号新阳造纸厂2号场地
…… 负责人:蒋春明
…… Tel:0771－3823071
13607873796

## 南丹县群源农林专业合作社
业务:桐油加工、销售
地址:广西壮族自治区河池市南丹县六寨镇后街
…… 负责人:黄东香　邮　编:547217
…… 法　人:黄东香
…… Tel:13977807297
13517782981

**桂东灵长类开发实验有限公司**
地址:广西壮族自治区梧州市苍梧县二顶
…… 负责人:杨名义
…… Tel:0774－2028182
13978411888

## 梧州市生龙租赁服务有限公司
业务:种植与销售蔬菜,代销农民日常生活用品
产品:各类蔬菜
地址:广西壮族自治区梧州市长洲区兴龙办事处龙新村十一组
…… 负责人:李业生　邮　编:543000
…… 法　人:李业生
…… Tel:13877414609

**岑溪市中林林业发展有限公司**
地址:广西壮族自治区梧州市岑溪市建设六路22号
…… 负责人:梁理勇
…… Tel:0774－8239896

## 富川瑶族自治县富林柑橙专业合作社
业务:柑橙的种植和销售
产品:柑橙
地址:广西壮族自治区贺州市富川富阳镇新永路222号
…… 负责人:林校　邮　编:542700
…… 法　人:林校
…… Tel:0774－7811399

**广西梧州茂圣茶业有限公司**
地址:广西壮族自治区梧州市蝶山区沿江路1号
…… 负责人:蒋健轩
…… Tel:13907748666

## 武鸣县太平镇东联香蕉专业合作社
业务:香蕉种植经营
地址:广西壮族自治区南宁市武鸣县太平镇新联村12组
…… 负责人:吴兆武　邮　编:530012
…… Tel:13727729202
13457110398

**藤县东盛粮油贸易有限责任公司**
地址:广西壮族自治区梧州市藤县藤城河东(潭东粮所内)
…… 负责人:康雅芹
…… Tel:13517848858

**洱源县良禾种业有限公司**

专业从事各种种子的销售、培良推广、开发及技术服务。
电话/传真：0872－5384053
地址：云南省大理州洱源县邓川镇工业园区





## 平桂管理区鹅塘桂香油粘米专业合作社

业务：种植油粘米
地址：广西壮族自治区贺州市平桂管理区鹅塘镇锦塘村
负责人：苏植斌　邮编：542800
法人：苏植斌
Tel：13737400426
0774－5231149

## 南宁市西翼绿色农业发展有限公司

业务：种养殖不再分包装种子及农副产品
产品：茶叶、香蕉、蔬菜、果类
地址：广西壮族自治区南宁市华侨投资区侨兴路71号
负责人：冯玉华　邮编：530012
法人：赵显立
Tel：0771－6303089－606
Fax：0771－6300993
网址：www.xiyiny.com
E-mail：xiyinyf@163.com

## 钟山县朝阳水果生产专业合作社

业务：种植水果
产品：贡柑、桂花梨、早熟板栗
地址：广西壮族自治区贺州市钟山县钟山镇农业服务中心
负责人：黎光继　邮编：542600
法人：黎光继
Tel：15077431368
0774－8892193

**博有种业有限责任公司**
地址：广西壮族自治区玉林市博白县博白镇人民中路61号
负责人：陈平
Tel：0775－8328585
13707753339

## 柳城县小山养殖有限责任公司

业务：养殖猪
地址：广西壮族自治区柳州市柳城县社冲乡平村
负责人：黄荣先　邮编：545001
法人：黄荣先
Tel：13768028228
13788629861

**容县福船岭郑弘大米加工厂**
地址：广西壮族自治区玉林市容县国中路284号
负责人：郑强安
Tel：0775－5327629
13707755281

**广西神龙王畜牧饲料有限公司**
地址：广西壮族自治区玉林市陆川县马坡镇珠砂村
负责人：黄俊荣
Tel：0775－7074583
13707752871

**顶威农资有限公司**
地址：广西壮族自治区玉林市兴业县石南镇桂奥稀土化肥厂
负责人：覃允业
Tel：13977510661

## 横县南乡曲江水产专业合作社

业务：水产养殖和销售
地址：广西壮族自治区南宁市横县南乡复兴街157号
负责人：商昌龙　邮编：530324
法人：商昌龙
Tel：13878767040
0771－7012496
网址：http://www.51zzt.com/user/zzt30048

## 南宁立标新生物科技有限公司

业务：科试仪器、农药残留检测器材，农药、化肥、种子苗木等农业生产资料的销售
产品：科试仪器、农药残留检测器材，农药、化肥、种子苗木等农业生产资料
地址：广西壮族自治区柳州市鹿寨县雒容镇新区市场149号门面
负责人：卓礼进　邮编：545000
法人：卓礼进
Tel：13768690055
15077713062
0772－6513369
E-mail：453469345@qq.com

**玉林市三和种养有限公司**
地址：广西壮族自治区玉林市新桥镇长坪村
负责人：杨世华
Tel：0775－2115921

## 象州县腾飞养猪专业合作社

业务：生猪养殖
地址：广西壮族自治区柳州市象州县象州镇文明路35号
负责人：杨秋林　邮编：545008
法人：杨秋林
Tel：0772－4316307

## 融水镇紫佩村炜峰家禽饲养专业合作社

业务：家禽养殖
产品：鸡、鸭
地址：广西壮族自治区柳州市融水县下廓村紫佩屯
负责人：杨小英　邮编：545001
法人：杨小英
Tel：13878249076
13737288955

**凉亭禽业发展有限公司**
地址：广西壮族自治区玉林市北流市城东二路0209号
负责人：刘桂生
Tel：0775－6212508
13707751527
Fax：0775－6224508

## 广西南山白毛茶茶业有限公司

广西南山白毛茶茶业有限公司成立于2006年，本公司是一家集茶叶生产加工及茶具销售、茶文化推广为一体的企业。主要有“圣种”牌南山白毛茶、南山红茶、南山岩茶、南山六堡茶及四大类茶。公司本着“资源共享，诚信经营”的经营理念和“有朋自远方来，不亦乐乎”的好客之情，期待着全国各地朋友的咨询和光临！

联系人：谢雨　电话：0771－5516665
电子邮件：nanshangbaimaocha@126.com　传真：0771－5518530
地址：广西壮族自治区南宁市青秀区金浦路52号　邮编：530022

## 广西亿丰新宇农业发展有限公司

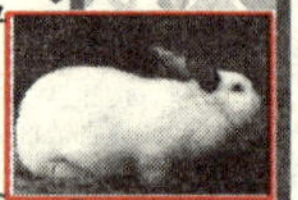

广西亿丰新宇农业发展有限公司于2007年9月挂牌成立，以兔业产业化生产、兔肉深加工及有机水果种植为主。

公司崇尚立德建才，致力于建设一支善于学习，勇于创新，自强不息的优秀团队。公司坚持品质第一信誉至上的服务宗旨，竭诚为国内外商客、朋友提供最优质的产品和服务。

电话：0774－6288100　6280378
传真：0774－6280538
联系人：潘俊宇　电子邮件：xinyutuye@163.com
地址：广西梧州市蒙山县蒙山镇新联村　邮编：546700

## 贵港市覃塘区黄练镇可观茶厂

多年来赢得了良好的口碑

贵港市覃塘区黄练镇可观茶厂主要从事各种茶叶的加工及销售。

多年来赢得了良好的口碑。

我们愿与广大客户携手，共创美好未来。

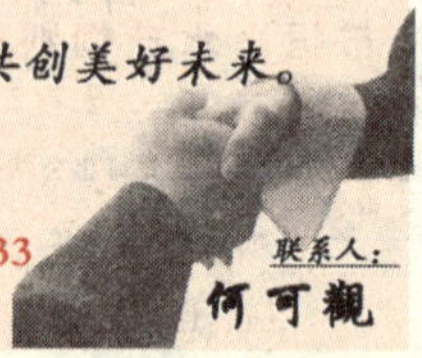

电话：0775－4632146　13807857633
联系人：何可观
邮编：537100
地址：广西壮族自治区贵港市覃塘区黄练镇

## 灌阳县乐丰源现代农业有限责任公司

灌阳县乐丰源现代农业有限责任公司主要经营钩藤、桃仁、槐米、山栀子、野菊花、桂皮等中药材；杉木皮篱笆、竹制篱笆、树枝篱笆等竹木制品；工艺品；绿化苗木。

产品远销海外，热忱欢迎各界朋友前来参观、考察、洽谈业务。

联系人：唐誉铭
电话：0773－4212960　13768730783　电子邮件：lfy960@126.com
地址：广西灌阳县灌阳镇仁江村　邮编：541600

## 国营全州县咸水林场

国营全州县咸水林场成立于1958年，主要从事果树种植管理、杉木、松木采伐销售等。

我林场秉承“顾客至上，锐意进取”的经营理念，坚持“客户第一”的原则为广大客户提供优质的服务。欢迎惠顾！

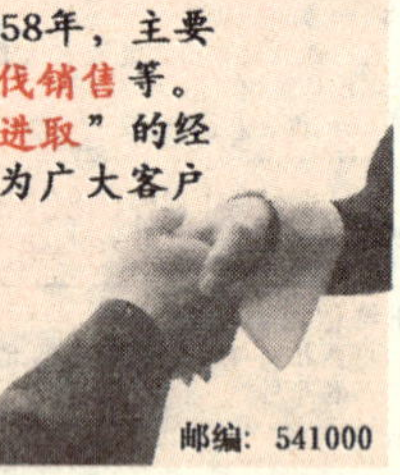

电话：0773－4631090
联系人：蒋福友　13877392288
地址：广西壮族自治区桂林市全州县咸水乡七里坪　邮编：541000

## 广西灵山县金瑞养殖有限公司

广西灵山县金瑞养殖有限公司成立于2007年6月，专业从事龟、鳖的养殖销售。我公司能进行集良种选育、种苗繁育、商品养殖、科技服务于一体化的生产经营活动。

公司奉行“科技创新、顺应市场、科学管理”的经营理念，致力于为顾客提供更高品质的产品。

欢迎各界朋友光临指导！

联系人：王茂扬　13877766677
电话：0777－6206777
地址：广西壮族自治区钦州市灵山县灵城镇北郊　邮编：535400

## 海翔畜牧有限公司

海翔畜牧有限公司成立于2008年，主要从事猪、鱼、鳖、龟的养殖。“以市场为导向，提高产品质量，满足客户需求”是我公司发展的根本，我们将以大海般的胸怀欢迎各界朋友的到来，并愿意与各界朋友真诚合作，共谋发展。

电话：0775－6176238　联系人：吴大深
传真：0775－6171969　13978502658
地址：广西壮族自治区玉林市兴业县北市镇钦善村　邮编：537819

## 海南省/Hainan Province

**保亭农星畜牧发展有限公司**
地址:海南省保亭黎族苗族自治县加茂镇新茂村
负责人:张凯声
Tel:13976765066

**澄迈春光农业开发有限公司**
地址:海南省澄迈县福山镇福桥路三星果菜保鲜厂内
负责人:王景秋
Tel:0398－67582999

### 龙宁开发有限公司
业务:我公司成立于1997年,从事农业开发及农业种植,公司坚持以诚为本、以诚为信的宗旨为广大客户服务。
地址:海南省儋州市那大镇东风路87号
负责人:陈志云……邮　编:571700
Tel:0898－23312007
23380894

**澄迈丰旺农畜产品有限公司**
地址:海南省澄迈县金江镇长安片北河管区
负责人:邱武
Tel:13307506368

**澄迈雄丰农业综合开发有限公司**
地址:海南省澄迈县金江镇环城西路5号
负责人:李丰
Tel:13976779969

### 海南鼎盛祥实业有限公司东方分公司
业务:我公司成立于2006年,从事农林业的研究、开发及种植,我们将以一流的质量、一流的服务宗旨竭诚为新老客户服务,欢迎广大客户来电洽谈。
地址:海南省东方市二环路
负责人:杨盛……邮　编:572600
Tel:0898－25597277
25597177

**儋州珍伟水产有限公司**
地址:海南省儋州市白马井镇新街居委会人民路
负责人:林庆珍
Tel:13368922161

**海南温氏禽畜有限公司**
地址:海南省儋州市洛基镇
负责人:严居能
Tel:0898－23705362

### 临高北源农业开发有限公司
业务:临高北源农业开发有限公司成立于2005年,主要从事于苗圃种植、橡胶种植。欢迎新老客户光临、惠顾!
地址:海南省海口市玉沙路红玫瑰大厦801号房
负责人:陈贤忠……邮　编:570100
法　人:陈贤忠
Tel:0898－23330818

**儋州七环长春花科技有限公司**
地址:海南省儋州市兴源电子厂
负责人:黄伟明
Tel:13606260889

**定安金艺珑林业有限公司**
地址:海南省定安县定城镇人民南路55号
负责人:王韶艺
Tel:0898－63823270

**定安丰乐源农业开发有限公司**
地址:海南省定安县定城镇文明路民政大楼铺面
负责人:陈棉
Tel:13876123007

### 陵水新村兴达海水养殖基地
业务:陵水新村兴达海水养殖基地成立于1995年,主要从事水产养殖,产品有热带观赏鱼。秉承"以人为本,以科技为本,以质量为本;诚实守信,服务第一"的经营理念,竭诚欢迎广大新老客户来我公司洽谈业务,共同合作!
地址:海南省陵水黎族自治县新村镇新兴二巷09号
负责人:黎桂盛……邮　编:572426
法　人:黎桂盛
Tel:0898－83360941
Fax:0898－83360941

**海南安氏农业生产资料有限公司**
地址:海南省海口市白龙南路25号成信丽苑C栋
负责人:鲁娟娟
Tel:0398－66211207

**海南和承农业有限公司**
地址:海南省海口市海德路5号现代花园A型楼2－204
负责人:符奋
Tel:13876368888

**海南昊海源海洋生物工程开发有限公司**
地址:海南省海口市海甸岛东部开发区南五小区银谷苑小区5座12层A号房
负责人:骆春保
Tel:13098981858

**海南正旭林业资产评估有限公司**
地址:海南省海口市海府路90号省林业局院内培训楼四楼
负责人:林斌
Tel:0898－65341917

**海南中南海岸渔业开发有限公司**
地址:海南省海口市海秀路22号瑞宏大厦A2－402室
负责人:吴开参
Tel:13807658336

**海南老田新农农业开发有限公司**
地址:海南省海口市和平南路22号
负责人:田才发
Tel:13078909599

**海南金庄农业有限公司**
地址:海南省海口市蓝天路91号汇隆小区A栋
负责人:金汤
Tel:13876814885

**海南泰昌恒顺农业科技有限公司**
地址:海南省海口市龙昆北路15号中航大厦9楼
负责人:符锡忠
Tel:13907558888

**海口亿龙宝丰生态生物科技有限公司**
地址:海南省海口市龙昆北路24号龙园别墅小区D4房
负责人:唐雪梅
Tel:0898－66776223

**海南澜霖农业开发有限公司**
地址:海南省海口市龙昆北路25号海外大厦9A5室
负责人:符林淑
Tel:0898－66520958

**海南金朝阳农业开发有限公司**
地址:海南省海口市龙昆南道客村4里59号龙昆公寓501房
负责人:容国梁
Tel:13876722150

**海南南乔丰林业开发有限公司**
地址:海南省海口市南海大道亚洲豪苑景湖居9栋1A
负责人:吉祥
Tel:0898－66812929

**海南雅禾雅生物工程有限公司**
地址:海南省海口市琼山水产供销公司(培龙市场东侧三间)
负责人:曾德宁
Tel:13876775008

**海口君丰林业有限公司**
地址:海南省海口市琼州大道5号明珠大厦1119房
负责人:张为群
Tel:13876316595

**安溪县大坪万顺茶业有限公司海口分公司**
地址:海南省海口市水产码头水港路229号
负责人:高亚凡
Tel:0898－66216352

**海口云阳林业有限公司**
地址:海南省海口市文明东路宏翔大厦904房
负责人:廖海平
Tel:13807586353

**秀英富阳农资服务部**
地址:海南省海口市秀英区东方洋路外经别墅B2座
负责人:王金昌
Tel:0898－68666238
13976002666

**海南正潼水产有限公司**
地址:海南省海口市秀英区海榆西线高架桥旁(三亚民贸仓库内)
负责人:郑林
Tel:13876788287

**海口秀英牧泰科技服务中心**
地址:海南省海口市秀英区海榆中线20号
负责人:杨义发
Tel:0898－68683176

**海口大吉畜牧有限公司**
地址:海南省海口市沿江五西路万福新村22－912房
负责人:于吉英
Tel:0898－68581891

**海南腾雷养殖管理服务有限公司**
地址:海南省海口市椰林路富虹大厦1205室
负责人:雷秋凉
Tel:0898－66707149

**海口金青绿园林有限公司**
地址:海南省海口市义龙西路12号5002房
负责人:刘武
Tel:0898－66799882

**海南佳态森林防害技术研究开发有限公司**
地址:海南省海口市正义路5号南玻公寓南区5号楼E1101室
负责人:陈焕裕
Tel:13006061281

**乐东绿叶植保农业有限公司**
地址:海南省乐东黎族自治县利国万绿园
负责人:陈永光
Tel:0898－85805298

**琼海绿野农资贸易有限公司**
地址:海南省琼海市人民路嘉积办南一巷2号
负责人:陈佐雄
Tel:0898－62921639

**琼中献民林业开发有限公司**
地址:海南省琼中黎族苗族自治县营根镇水潮巷19号
负责人:杨力华
Tel:13876020085

**三亚天助农药销售有限公司**
地址:海南省三亚市国营南滨农场新楼
负责人:严大京
Tel:0898－88834282

**三亚龙泰祥动植物有限责任公司**
地址:海南省三亚市荔枝沟乳制品厂院内
负责人:于晓龙
Tel:0898－88384862

## 四川省/Sichuan Province

**宜宾市宏森粮油有限公司**
业务:宜宾市宏森粮油有限公司多年来从事粮油购销及副产品。欢迎各方客户惠顾!
地址:四川宜宾市翠屏区岷江北路 104 号
邮　编:644007
法　人:邹永和
Tel:0831－3700826
Fax:0831－3701213

**汶川羌江生态农业有限公司**
业务:柳源牌果品及农产品加工,畜牧养殖,农副产品销售等
地址:四川省阿坝藏羌自治州汶川水磨镇工业园
负责人:杨鹏　邮　编:623002
法　人:杨鹏
Tel:15882008325

**巴中市巴州区上八庙镇生猪产销服务中心**
地址:四川省巴中市巴州区上八庙镇街道
负责人:张光勇
Tel:0827－5400149

**成都明源双鑫实业有限公司**
业务:成都明源双鑫实业有限公司位于成都市农产品批发贸易中心 006 号,是一家从事淀粉、葡萄糖、奶粉、食品添加剂、医药保健品的企业。欢迎新老客户光临、惠顾。
地址:四川省成都市农产品批发贸易中心 006 号
邮　编:610081
法　人:张霞
Tel:028－83117309
Fax:028－83113133

**成都凯搏果业有限公司**
业务:水果种子销售
地址:四川省成都市成华区驷马桥路 7 号八里庄水果市场 D－10 至 D－12
负责人:陈亮　邮　编:610000
法　人:陈亮
Tel:13709028579
13512371129
网址:www.kaiboguoye.cn
E-mail:chengdukaiboguoye@163.com

**叙永县永顺三农科技服务有限责任公司**
业务:叙永县永顺三农科技服务有限责任公司成立于 2001 年,主要销售种子、化肥、农药、农膜、农机具、发展订单农业、农副产品的收购、加工与销售。欢迎新老客户惠顾。
地址:四川省泸州市叙永县城西外营门口
邮　编:646400
法　人:王吉龙
Tel:0830－6273188
Fax:0830－6273188

**成都鑫发农业开发有限公司**
业务:盐水蘑菇,香菇,草菇等食用菌的种植销售
地址:四川省成都市大邑县韩场镇
负责人:刘金明　邮　编:611333
法　人:刘金明
Tel:13981879078
028－88335307

**成都同心农业科技有限公司**
地址:四川省成都市崇州市崇阳镇唐安中路北四巷
负责人:陈仕伟
Tel:13308058739

**成都新品川生物技术开发有限公司**
业务:致力于生物技术开发,家禽养殖技术的开发,推广及咨询的高新生物技术企业,建有养殖基地和加工中心,提供优质的猪肉产品和技术服务
产品:香豕牌无抗猪肉、无抗鸡等
地址:四川省成都市金牛区石灰街 6 号国贸广场 818 房
负责人:刘玉林　邮　编:610000
法　人:刘玉林
Tel:028－87719058
13568998897
网址:www.新品川.com
E-mail:newseries@126.com

**彭州市清桥生猪养殖专业合作社**
业务:养殖生猪、鱼,种植果蔬
地址:四川省成都市彭州市桂花镇清桥村 11 组 23 号
负责人:杨同宝　邮　编:611937
法　人:杨同宝
Tel:13668168938

**成都市武侯区三力饲料添加剂经营部**
地址:四川省成都市簇桥新苗村 4 组
负责人:刘萍
Tel:13708017199

**新津中兴粮油有限公司**
业务:新津中兴粮油有限公司是一家从事食用油(菜籽油)加工、销售的企业,现有员工 100 余人。产品质量保证、价格合量,欢迎来电垂询!
地址:四川省成都市新津县新平镇迪仙村
邮　编:611430
法　人:李文忠
Tel:028－82589683
Fax:028－82589137

**成都市金助农业科技有限公司**
地址:四川省成都市大邑县晋原镇围城路南段 66 号
负责人:周大军
Tel:028－88293176

**双流县庆昌养殖有限公司**
业务:生猪养殖
产品:生猪、种猪、母猪、一元、二元猪
地址:四川省成都市双流县东升镇镇政府门口
负责人:张猛　邮　编:610000
法　人:张猛
Tel:13518133500
13708045289
Fax:135408790960

**成都青越种业有限公司凉山分公司**
业务:我公司主要生产经营优质、优良杂交水稻种、玉米种、小麦种,公司秉诚"以诚待人,以德兴业"的发展理念,竭诚为每位客户服务。
地址:四川省凉山彝族自治州西昌市三垭口
负责人:郭志明……邮　编:615000
法　人:郭志明
Tel:0834－2508836
Mobile:13708146612
Fax:0834－2508836
E-mail:cwgwj@163.com

**达县金川农业开发有限责任公司**
业务:种植业、养殖业,农副产品的深加工,各类农资产品
产品:莲藕、肉兔、肉羊、花木
地址:四川省达州市达县马家乡乡政府
负责人:黄金　邮　编:635000
法　人:黄金
Tel:15882960123
15181804355

**大邑县聚鑫饲料经营部**
地址:四川省成都市大邑县王泗镇营西街 56 号
负责人:王勇
Tel:028－88016692

**德阳民丰禽业有限责任公司**
业务:鸡鸭鹅等家禽养殖,批发,销售,种蛋孵化技术
地址:四川省德阳市旌阳区黄许镇三合村一组家禽批发市场
负责人:赵远炳　邮　编:618007
法　人:赵远炳
Tel:13608109798
0838－3800777

**通江县陈河森林经营所**
业务:通江县陈河森林经营所成立于 1958 年,主要从事木材经销、花木经销、种苗销售。公司秉承"信誉第一,服务周到"的宗旨,热诚欢迎您的光临、指导!
地址:四川省巴中市通江县陈河森林经营所
负责人:梁强……邮　编:635700
法　人:梁强
Tel:0827－7634076

**四川宝树农畜产品开发有限公司**
地址:四川省成都市都江堰市科技产业开发区青城外江路
负责人:谢国光
Tel:13882198043

**广安新浪农业科技有限公司**
业务:肉鸭、猪的养殖及加工销售
地址:四川省广安市广安区浓溪镇龙顶村六组
负责人:刘兴建　邮　编:638000
法　人:刘兴建
Tel:13551602498
13696180181

**成都市长友饲料有限公司**
业务:成都市长友饲料有限公司主要以生产浓缩料为主.并长期需求玉米,鱼粉等原料.公司目前有员工 45 人.有独立的研发部,中型实验室各一处.产品质量完全达到国家 GB 标准.公司以质量求生存,欢迎广大客商前来惠顾、洽谈业务!
地址:四川省成都市大邑县安仁镇金井 5 组
负责人:周长清……邮　编:611331
法　人:周长清
Tel:028－88315186

**四川省天进农资有限责任公司**
业务:本公司成立于 2006 年,主要经营:农药,化肥,农膜,农机器具。欢迎新老客户光临惠顾!
地址:四川省德阳市广汉市沱水路二段
负责人:曾进……邮　编:618300
法　人:曾进
Tel:0838－5233470
Fax:0838－5245818

**青川县蒿溪茶业有限公司**
业务:茶叶的种植、加工、销售
地址:四川省广元市青川县蒿溪回族乡光辉村
负责人:杨代平　邮　编:646000
法　人:杨代平
Tel:0839－7208860
13908127928

**仁寿东泰养殖有限公司**
业务:奶牛、肉牛养殖
地址:四川省眉山市仁寿县龙正镇大铧村 2 组
负责人:周国忠　邮　编:620010
法　人:周国忠
Tel:13795535345
13890351860

**成都军农科技发展有限公司**
地址:四川省成都市高新技术开发区芳华街 21 号玉林民居 3－1 幢 1 号
负责人:辜树明
Tel:13980833983

**绵阳市云山生态林业开发有限责任公司**
业务:生态林的建设科技开发,林地流转服务,销售和经营优质林木种苗,园林绿化设计与施工。
产品:优质林木种苗
地址:四川省绵阳市临园路中段 21 号
负责人:段世明　邮　编:621000
法　人:段世明
Tel:15181687578
Fax:0816－6029729
E-mail:dsm6616320@126.com

**成都高新区丁香花园艺场**
地址:四川省成都市高新技术开发区石羊街道办事处清和村四组
负责人:邬泽宣
Tel:028－88082968

**四川省石棉县德蓉有限责任公司**
业务:四川省石棉县德蓉有限责任公司成立于 1997 年 7 月,主要从事水电开发业务。公司紧紧围绕"生产、经营、开发建设"的核心任务,发扬"艰苦奋斗、无私奉献、科学务实、争创一流"的精神,全面提升企业整体素质和管理水平,较好地完成了各项工作。
地址:四川省雅安市石棉县新棉镇人民路 5 号
负责人:吕德蓉……邮　编:625400
法　人:吕德蓉
Tel:0835－8862531

**乐至县万年农牧有限公司**
业务:生猪养殖
地址:四川省内江市乐至县回澜镇一村组
负责人:黄兴兵　邮　编:641000
法　人:黄兴兵
Tel:13982929412
0832－3372360

**成都市九里薛浦园艺有限公司**
地址:四川省成都市金牛区沙河源街道古柏社区 6 组
负责人:薛民旭
Tel:028－83420565

**成都市蓉建粮油销售有限公司**
业务:成都市蓉建粮油销售有限公司于 2005 年成立,公司位于四川省成都市成华区八里庄粮食批发市场内 1 区 4－3 号。从事粮油收购、加工、销售,欢迎广大客户光临!
地址:四川省成都市成华区八里庄粮食批发市场内 1 区 4－3 号
邮　编:610051
法　人:肖建平
Tel:028－83286379
Mobile:13072806162
Fax:028－83286379

**阆中金生现代农业发展有限责任公司**
业务:牛羊养殖、销售,木耳、蘑菇种植、销售
地址:四川省南充市阆中市盘龙花园 15 幢 2 单元 207 室
负责人:陈虹宇　邮　编:637000
法　人:陈虹宇
Tel:13890828170
13890747271

**四川亿富农产品开发有限公司**
地址:四川省成都市金牛区蜀汉西路 26 号
负责人:张国山
Tel:13008177598

**遂宁一品原生态鹅业有限公司**
业务:积极推广生态养殖模式,从事原生态鹅繁育,商品鹅饲养,成鹅屠宰、深加工、技术服务等业务,精心打造生态、环保、绿色产品。
产品:原生态鹅,白条鹅,风鹅等
地址:四川省遂宁市蓬溪县赤城镇蜀北上路 460 号
负责人:宋语林　邮　编:629100
法　人:宋语林
Tel:0825－7820328
Fax:0825－7828388
网址:www.scxst.com
E-mail:songyl003@vip.sina.com

**四川省邛崃市碧涛茶厂**
业务:本厂位于万亩无公害茶叶基地临济镇,以高档名优绿茶、花茶为主,根据客户需求控制各种风格的产品,"碧涛茶"风格独特,质优价廉,送货上门,薄利多销,经营灵活。欢迎客户惠顾、洽谈业务、共同合作!
地址:四川省邛崃市临济镇
邮　编:611530
法　人:刘碧清
Tel:028－88786086
Fax:028－88797675
网址:www.scbt.chinapyp.com

**射洪县森达香料有限公司**
业务:种植香料加工与销售
地址:四川省遂宁市射洪县太和镇城北清家堰村 2 社紫薇街 65 号
负责人:武先兵　邮　编:629000
法　人:陈洪兵
Tel:13982513893
13547749548

**四川楠宇种业科技有限公司**
地址:四川省成都市金牛区天回镇城北玉苑
负责人:李曦
Tel:028－89082345

**四川省绿植农场**
业务:四川省绿植农场成立于 2002 年,位于四川绵阳科技城以南 20 公里处。主要从事农产品的收购、加工、销售、超市货物配送、快餐营养粉的生产、销售(营养粉系列产品共 40 多个)。欢迎各方客户、商家惠顾,共同发展。
地址:四川省绵阳市安县塔水工业园
邮　编:622659
法　人:柳凯
Tel:0816－2515112
Fax:0816－4691099

**成都市盛祥农业发展有限公司**
业务:成都市盛祥农业发展有限公司成立于 2005 年,从事魔芋的种植、加工、销售一条龙服务。欢迎广大新老客户光临、考察、指导、洽谈业务!
地址:四川省邛崃市夹关镇(原食品站)
邮　编:610000
法　人:邓明雨
Tel:028－88789384
Mobile:13668186582

**西昌市大世界实业有限公司城南综合农贸市场**
业务:水果批发
地址:四川省西昌市金华路
负责人:刘远国　邮　编:615000
法　人:刘远国
Tel:0834－3204658

**四川省绿植农场**
业务:四川省绿植农场是一家主要以农副产品的种植、收购、加工、销售为一体的综合性企业,主要经营"绿植"牌营养粉系列产品、南北干货、休闲炒货、干果蜜饯食品。产品销售网络覆盖面广,目前已与"好又多"等全国 120 多家大中型超市建立了合作关系,热忱欢迎更多的合作伙伴共同加入到我们的绿色产业中来。
地址:四川省绵阳市安县塔水工业园
负责人:柳凯……邮　编:622659
法　人:柳凯
Tel:0816－4691099

**成都市茶叶有限公司东华门店**
地址:四川省成都市锦江区东华门 3 号
负责人:王梅
Tel:028－86624661

**成都兴民鲜盆花有限公司**
业务:成都兴民鲜盆花有限公司成立于 2005 年,主要从事鲜盆花的生产销售与研发。长年为您大批量提供各季优质的鲜盆花,品种齐全。价格最优,欢迎广大新老客户前来参观、定购。
地址:四川省成都市郫县新民场镇
邮　编:611730
法　人:刘小平
Tel:028－87911845
Fax:028－87865694

**好收成科技有限公司**
地址:四川省成都市静渝路 2 号 2 区 4－17
负责人:张小姐
Tel:028－84781181
84781131

13708176168

## 四川射洪柳清动物源性饲料厂

业务：四川射洪柳清动物源性饲料厂是川内规模较大的生产、销售肉骨粉、骨粒、骨粉、肉粉、肉渣、血肝、血粉等动物源性饲料的生产厂，具有年产万吨肉骨粉等饲料产品的生产能力。该厂紧跟动物营养和饲料营养科研的步伐，结合国内和本地区畜牧业生产和饲料资源的特点，开发出了"柳清"牌肉骨粉等系列产品。产品以优质鲜猪骨、动物骨骼、肌肉及肉油渣为原料，经过高温、高压、蒸煮、水解、酶解、压榨等工艺而制成，产品具有成本低，消化率高，饲用安全，卫生等特点，畅销国内多个省市。
地址：四川省遂宁市射洪坨牌生态工业园区
…… 邮 编：629209
…… 法 人：向水清
…… Tel：0825－6768672
…… Mobile：13518366696
…… Fax：0825－6760079

### 义丰牧业养护中心

地址：四川省成都市菊乐路89号
…… 负责人：邓留清
…… Tel：13808086108

## 翠屏区颗脆芽菜厂

业务：翠屏区颗脆芽菜厂成立于2003年，现有员工20余人，从事颗翠芽菜的加工及销售。欢迎来电垂询！
地址：四川省宜宾市翠屏区象鼻镇大麦村四组
…… 邮 编：644000
…… 法 人：毛久军
…… Tel：0831－3700663
…… Mobile：1311800155

### 戴氏水产品批发部

地址：四川省成都市蒲江县驭虹市场内
…… 负责人：代威
…… Tel：13208181921

## 双流县红枫园园艺场

业务：双流县红枫园园艺场成立于2000年，主要从事花木的种植、销售。"诚信为本，信誉至上"，热诚欢迎广大客户光临惠顾。
地址：四川省成都市双流县金桥镇永和村
…… 邮 编：610200
…… 法 人：严留成
…… Tel：028－85852825

### 牧马山良种繁育场

地址：四川省成都市双流县永安镇翰林街19号
…… 负责人：魏昌桂
…… Tel：028－85682178
13980514882

## 大英县国良农副产品经营有限公司

业务：大英县国良农副产品经营有限公司成立于2005年10月，公司主要经营生猪、粮食及农副产品。欢迎新老客户惠顾。
地址：四川省遂宁市大英县金元乡街村158号
…… 邮 编：629309
…… 法 人：郭汉斌
…… Tel：0825－7999198

### 四川省高新技术蜜蜂研究所

地址：四川省成都市武候祠大街4号
…… 负责人：张全华
…… Tel：028－85505193
13330961300

## 什邡市川龙饲料有限公司

业务：什邡市川龙饲料有限公司成立于2000年，主要生产饲料级磷酸二氢钙。质量可靠，价格合理，欢迎新老客户惠顾。
地址：四川省什邡市灵杰镇工业园区
…… 邮 编：618412
…… 法 人：马荣俊
…… Tel：0838－8520699
8520698
…… Fax：0838－8520698

## 南江县正直粮油购销公司

业务：南江县正直粮油购销公司位于正直镇宝塔街55号，公司成立于1953年，从事粮油购销等业务。经营范围是大米、粮油制品及副产品(大豆、玉米等)，欢迎新老客户前来惠顾！
地址：四川省巴中市南江县正直镇宝塔街55号
…… 邮 编：635600
…… 法 人：李斌
…… Tel：0827－8511125
…… Fax：0827－8511125

### 金海成土特产品商行

地址：四川省乐山市市中区牛耳桥市场左排46号
…… 负责人：张明清
…… Tel：0833－2432675
13908130383

## 都江堰市都柳园艺场

业务：都江堰市都柳园艺场成立于2006年，主要经营花卉苗木种植、销售，坚持用户至上，客户第一的原则，都柳园艺场热忱欢迎各界朋友光临指导，交流合作。
地址：四川省都江堰市柳街镇柳安路口
…… 负责人：姜年伟……邮 编：611800
…… Tel：028－87237162

### 青神云翔果场

地址：四川省眉山市青神县高台乡麻柳村一社
…… 负责人：冯云祥
…… Tel：0833－8070080
13808163968

## 泸州市龙马潭区万利粮油有限公司

业务：泸州市龙马潭区万利粮油有限公司成立于1999年，主要生产加工精制大米。本公司能够为客户提供无污染、无公害的优质大米，欢迎广大客户光临惠顾，洽谈合作事宜。
地址：四川省泸州市龙马潭区石洞镇观音道
…… 邮 编：646103
…… 法 人：邓世明
…… Tel：0830－2602138

## 宜宾县安兴金银花开发有限公司

业务：致力于金银花优良品种的专业开发、种植、精加工与销售，产品质量稳定，周年供应。广泛用于种植、制药、医药保健和茶饮行业。真诚欢迎合作，用心为您服务！
产品：金银花散装、精装
地址：四川省宜宾市宜宾县蕨溪镇桂花街173号3单元3楼
…… 负责人：吴强 邮 编：644608
…… 法 人：吴强
…… Tel：0831－6531106
15196963666
…… E-mail：ybxaxjyhkfyxgs@126.com

### 绿芽茶厂

地址：四川省雅安市县茅河乡万山村
…… 负责人：万腾均
…… Tel：0835－3415307
13056590869

## 丰益科技农业有限责任公司

业务：丰益科技农业有限责任公司成立于2002年，主要开发研制大量元素可溶性肥料(叶面肥)，竭诚欢迎各方客户来我公司洽谈业务，共同发展。
地址：四川省成都市温江区涌泉镇洪江村
…… 邮 编：611130
…… 法 人：唐虎
…… Tel：028－82602743
82602769
…… Fax：028－82602743

## 泸州佳禾生态农业开发有限公司

业务：泸州佳禾生态农业开发有限公司拥有稻谷深加工生产线，其中年产大米淀粉7000吨、专用米粉3000吨、变性淀粉1500吨、麦芽糊精500吨及配套设施。
地址：四川省泸州市第二中学思泽园食堂
…… 负责人：李长全……邮 编：646106
…… 法 人：李长全
…… Tel：0830－8185688

## 乐至县大自然黑山羊牧业有限公司

业务：大自然黑山羊牧业以养殖黑山羊为主，以强大的技术服务力量做支持，积极引进新产品和新技术。几年来的实践证明我们的产品选择准确，得到广大养殖户的信赖和赞同。我们将不断把世界上最优秀的畜禽用品介绍给广大朋友，以求共同发展。
地址：四川省资阳市乐至县童家镇天福村一组
…… 负责人：陈菊红……邮 编：641507
…… 法 人：陈菊红
…… Tel：0832－3326129

## 贵州省/Guizhou Province

### 贵州金德种业有限公司
业务：贵州金德种业有限公司成立于 2002 年，主要经营蔬菜种子。欢迎新老客户光临、惠顾！
地址：贵州省贵阳市三桥中坝路 10 号 25－27 号门面
负责人：李维涛……邮　编：550008
法　人：李培德
Tel：0851－4848166

### 道真仡佬族苗族自治县馨海有机茶业有限责任公司
业务：供应有机茶
地址：贵州省道真仡佬族苗族自治县玉溪镇新城社区德村寺
负责人：姜毅　邮　编：563502
法　人：姜毅
Tel：13765208582

### 黄果树风景名胜区五里坝苗圃场
地址：贵州省安顺市黄果树镇英家庄村
负责人：杨元敏
Tel：0853－3592483
13985706112

### 贵阳乌当国祥植物营养素有限公司
业务：贵阳乌当国祥植物营养素有限公司成立于 2006 年 5 月，是一家集研发、生产、销售植物营养素、动物营养素一条龙的企业。"以质量求生存，以信誉求发展"，竭诚欢迎广大新老客户来我公司洽谈业务，共同合作！
地址：贵州省贵阳市乌当区高新办事处钟坡西路 E2 栋 2 楼
负责人：杜天祥……邮　编：550018
法　人：杜天祥
Tel：0851－8677034

### 贵阳云岩贵通兴农药经营部
业务：农药销售
产品：敌杀死，农达，灭扫利，安泰生，好力克，碧护，营利等
地址：贵州省贵阳市云岩区三桥中坝路 10 号附 92 号
负责人：汤启姝　邮　编：550008
法　人：徐志勇
Tel：0851－4855091
Fax：0851－4850832
E-mail：gtny4855091@163.com

### 屯堡生态科技发展有限公司
地址：贵州省安顺市西秀区七眼桥镇马村桥
负责人：徐和平
Tel：0853－3732887
13985716940

### 贵州兴牧生物科技工程有限公司
业务：贵州兴牧生物科技工程有限公司是以开发和生产：生物木薯粉，生物蛋白粉和木薯柠檬酸菌体蛋白等饲料原料为主的企业，饲料原料质量可靠，价格实惠，本着客户的利益与合作，共同发展，实现共赢！
地址：贵州省贵阳市新添大道 208 号中国银行 2 楼
负责人：雷礼燕……邮　编：550018
法　人：郑力荣
Tel：0851－6463218
6463228
Fax：0851－6463208

### 雍熙茶叶有限公司
地址：贵州省毕华市纳雍县雍熙镇人民街供销院子 7 号
负责人：董颖双
Tel：0857－3521997
13308570755

### 遵义市行星农业综合开发有限公司
业务：旅游景点开发及其配套设施建设，保护和经营、现公司已买断土地 1 千 7 百多亩使用期 60 年
产品：农副产品
地址：贵州省遵义市遵义县三合镇冷水村
负责人：徐文星　邮　编：563102
法　人：徐文星
Tel：15085136983
网址：www.zyxxny.com

### 永明种养场
业务：永明种养场成立二十多年来，一直从事蔬菜种子的销售。"质量保证，价格合理"，热诚欢迎广大新老客户光临惠顾。
地址：贵州省贵阳市云岩区三桥种子市场 49 号
邮　编：550008
法　人：周永明
Tel：0851－4848491
Fax：0851－8106498

### 贵州富嵩生态茶业有限责任公司
地址：贵州省毕节市雍熙镇农林水院子
负责人：吴嵩
Tel：0857－3535538

### 贵州蓝天种业有限责任公司
业务：贵州蓝天种业有限责任公司成立于 2006 年，培育销售各种农作物种子，热忱欢迎来电洽谈业务。
地址：贵州省贵阳市云岩区头桥宏福景苑 18 幢
负责人：林涛……邮　编：550001
法　人：余文进
Tel：0851－6503728
Fax：0851－6503728

### 贵州若水茶业有限公司
地址：贵州省贵阳市白云区沙文镇下街粮管所
负责人：梁啸
Tel：13885029994

### 施秉县牛大场花果苗木场
业务：施秉县牛大场花果苗木场于 1998 年创建，自成立以来，从事果木、中药材、绿化苗木、经济种苗的种植、销售；农作物种子、农药、兽药、饲料的销售及农副产品购销。欢迎新老客户前业洽谈业务，共同发展！
地址：贵州省黔东南苗族侗族自治州施秉县牛大场镇街上
邮　编：556204
法　人：徐廷端
Mobile：13708519265

### 银针茶庄
地址：贵州省贵阳市南明区箭道街 65 号
负责人：张贵华
Tel：0851－5831144
13809423727

### 七里冲茶场
业务：七里冲茶场成立于 1994 年，从事茶叶的种植、加工、销售。我们本着诚信为本，以质量视生命，以科技为依托，从苗木培养到鲜叶加工，道道把关，精心培育制做，严格按有机茶标准操作管理。诚恳欢迎各界人士惠顾、指导！
地址：贵州省黔南布依族苗族自治州贵定县云雾营上村
邮　编：551300
法　人：方开华
Tel：0854－5450226

### 四川国豪种业有限公司贵州分公司
地址：贵州省贵阳市三桥中坝路 10 号
负责人：左祥文
Tel：0851－8106218

### 贵州绿巢农业科技发展有限公司
地址：贵州省贵阳市乌当区东风镇高穴村
负责人：周有年
Tel：0851－5828900

### 宏利养殖发展有限公司
业务：我公司于成立 2007 年，蛋鸡、土鸡、杂交鸡的销售及公司对农户技术跟踪服务和鸡苗、兽药的供应，欢迎广大客户电来洽谈业务。
地址：贵州省黔南布依族苗族自治州龙里县谷脚镇大坝场
负责人：张莉……邮　编：551200
法　人：刘治宏
Tel：13985794584
Mobile：13985507612

### 贵州喜来乐饲料有限公司
地址：贵州省贵阳市中华南路 2 号钻石广场 19 楼 B 座
负责人：王芳宏
Tel：13985422198

### 大坡养殖场
地址：贵州省凯里市大坡商校背后
负责人：车方云
Tel：0855－8508138
13885528321

### 贵州省黔东南州绿源农林开发有限公司
地址：贵州省黔东南苗族侗族自治州凯里市北京东路 14 号
负责人：朱富荣
Tel：0855－8261350

### 晴隆县三宝乡农林牧业开发有限公司
业务：晴隆县三宝乡农林牧业开发有限公司成立于 1998 年，主要经营木材、塑料制品等。"诚信经营，质量保证"，热诚欢迎新老客户惠顾。
地址：贵州省兴义市晴隆县三宝乡
邮　编：562400
法　人：王开武
Tel：0859－7612219

### 贵州省雷山县汉川农业发展有限公司
地址：贵州省黔东南苗族侗族自治州雷山县丹江镇陶尧虎阳村
负责人：吴楠
Tel：0855－3336819

### 镇远县兴农农业生产资料有限公司
地址：贵州省黔东南苗族侗族自治州镇远县羊坪镇中街
负责人：杨军
Tel：0855－3579573

### 宏达肉类联合加工厂
地址：贵州省黔南州独山县麻尾镇冷冻厂
负责人：杨广良
Tel：13595424388

### 松桃振兴白鹅养殖场
地址：贵州省铜仁地区松桃苗族自治县大兴镇街上
负责人：代选民
Tel：13985850779

### 铜仁市伍寶农业发展有限公司
地址：贵州省铜仁市新华路 58 号
负责人：覃建华
Tel：0856－5204978

### 樊强粮食加工厂
地址：贵州省遵义市红花岗区长征镇凉水村泉水组
负责人：樊强
Tel：0852－8918307
13985269628

### 米香粮食加工厂
地址：贵州省遵义市红花岗区长征镇凉水村小桥
负责人：代富银
Tel：0852－8917610
13908524745

### 施秉县牛大场花果苗木场
业务：施秉县牛大场花果苗木场于 1998 年创建，自成立以来，从事果木、中药材、绿化苗木、经济种苗的种植、销售；农作物种子、农药、兽药、饲料的销售及农副产品购销。欢迎新老客户前业洽谈业务，共同发展！
地址：贵州省遵义市施秉县牛大场镇
负责人：徐廷端……邮　编：556204
法　人：徐廷端
Mobile：13708519265

### 贵州省遵义市行星农业综合旅游开发有限公司
业务：农业综合开发
地址：贵州省遵义市遵义县三合镇冷水村
负责人：徐文星　邮　编：563000
法　人：徐文星
Tel：15085136983
15885000858

### 郑兴粮食加工厂
地址：贵州省遵义市红花岗区长征镇凉水井乐山酒店对面
负责人：郑德富
Tel：0852－8917588
13984283256

### 遵义县农业生产资料公司第五分公司
地址：贵州省遵义市遵义县南白镇西大街 460 号
负责人：徐祖芳
Tel：0852－7722507

## 云南省/Yunnan Province

### 昌宁县桑扶种植园
地址：云南省保山市昌宁县右甸街 36 号
负责人：查凤军
Tel：13987511567

### 永霖绿色果业有限公司
业务：本公司成立于 2006 年 8 月份，是一家从事台湾莲雾水果、金丝蜜枣的种植、加工、销售为一体的公司。本着"以质量求生存，以信誉求发展"的宗旨，竭诚欢迎新老客户来电洽谈业务！
地址：云南省楚雄彝族自治州元谋县元马镇清和村委会大水井村
负责人：钱永林……邮　编：651300
法　人：钱永林
Tel：0878－8326199

### 弥渡宝兴生猪批发有限公司
业务：生猪批发
地址：云南省大理白族自治州弥渡县弥城镇卜贤村厂房
负责人：杨学记　邮　编：675600
法　人：杨学记
Tel：13320555808
0872－8160873

### 一龙茶厂
地址：云南省保山市龙陵县龙山镇云山办事处
负责人：杨仕明
Tel：0875－6124467
13987590380

### 楚雄富泉农牧业发展有限公司
地址：云南省楚雄市东华镇本东村委会上朋门村
负责人：张新富
Tel：0878－3885089
13908784662

### 祥云县骏驿蚕桑经贸有限责任公司
业务：祥云县骏驿蚕桑经贸有限责任公司专业从事蚕桑、蚕茧的加工与销售，产品无任何工业污染，蚕丝质量上乘，热诚欢迎有意之士前来咨询，洽谈业务。
地址：云南省大理白族自治州祥云县云南驿镇旧站紫金山
负责人：王光华……邮　编：672104
Tel：0872－3383629
3383335

### 云南元谋南繁制繁种子有限责任公司
地址：云南省楚雄州元媒县能禹镇新桥
负责人：仲家楷
Tel：0878－8216707
13320562319

### 国有粮食购销有限公司三营分公司
地址：云南省大理白族自治州洱源县三营镇三营街
负责人：杨国亮
Tel：0872－5343151
13608825110

### 洱源县邓川农特产品开发有限责任公司
业务：洱源县邓川农特产品开发有限责任公司成立于 1979 年，主要从事大蒜、果脯的生产与销售。我们以其稳定的质量、可靠的卫生保障深受消费者睐！
地址：云南省大理州洱源县邓川镇工业园区
负责人：杨品红……邮　编：671204
法　人：杨品红
Tel：0872－5384368

### 兴农乳业开发有限责任公司
地址：云南省德宏州盈江县莲花山乡拱腊村
负责人：杨恩辉
Tel：0692－8905282
13988231797

### 绿农科技开发有限公司
地址：云南省红河哈尼族彝族自治州个旧市倘甸乡云南王国食品有限公司个旧公司院内
负责人：普家辉
Tel：0873－2571641
13908738881

### 云南省陇川县金泰茶厂
业务：云南省陇川县金泰茶厂成立于 1985 年，主要种植加工茶叶。热诚欢迎各方客户来电来人洽谈业务，共同合作。
地址：云南省德宏州陇川县城子镇棒景街 6 号
邮　编：678700
法　人：番世金
Tel：0692－7183428
Fax：0692－7183408

### 大尖山特色种植有限公司
地址：云南省红河哈尼族彝族自治州弥勒县巡检司镇钟山小街
负责人：郭光明
Tel：13887354306

### 云南省盈江县兴农乳业开发有限责任公司
业务：云南省盈江县兴农乳业开发有限责任公司成立于 2004 年，经营范围包括水牛乳制品加工、销售；房地产开发与经营；林木种植（灌木林、果林等）。
地址：云南省德宏州盈江县平原镇拱腊村
邮　编：679300
法　人：杨恩辉
Tel：0692－8905282
Fax：0692－8905282

### 绿春县玛玉茶业有限责任公司
地址：云南省红河州绿春县城西 2 公里
负责人：苏江宏
Tel：0873－4225479
13887599286

### 云南建水益民农具厂
业务：云南建水益民农具厂成立于 1996 年，主要生产销售风车打谷机、玉米脱粒机、青饲料切碎机等农具。"质量保证，服务周到"，竭诚欢迎各界朋友光临惠顾。
地址：云南省红河哈尼族彝族自治州建水县南庄镇公路二处
邮　编：654300
法　人：陈一明
Tel：0873－7741158
Fax：0873－7741158

### 云南云丰永业农业科技有限公司
地址：云南省昆明市呈贡县农资市场 5－1 号
负责人：李云辉
Tel：0871－7470446
7479229
13708473881

### 富民县红宝石榴科技有限责任公司
地址：云南省昆明市富明县者北乡哨箐
负责人：孙良富
Tel：0871－8854288
13708856347

### 开远市荣光新型农机厂
业务：开远市荣光新型农机厂成立于 2006 年 6 月 19 日，主要生产各种农机产品及销售，欢迎新老客户光临、惠顾及咨询！
地址：云南省开远市中和营乡中和营村
负责人：官伟荣……邮　编：661605
Tel：0873－7432588
网址：www.mtw50361.chinapyp.com

### 茂源米厂
地址：云南省昆明市官渡区关上武警三支队家属区
负责人：熊杰
Tel：0871－7194213
13577151818

### 易武鸿庆茶业有限责任公司
地址：云南省昆明市官渡区金实小区茶叶交易市场二期 142 号
负责人：张琪琳
Tel：0871－5705385
13099990910

### 昆明日晟农业科技有限公司
业务：昆明日晟农业科技有限公司成立于 1996 年，本公司主要业务是：农药、化肥、薄膜、化工原料、农副产品、园林机械、、普通机械、环保机械的批发、零售、代购代销；农

业科技咨询服务。
地址：云南省昆明市白龙路390号
……邮 编：650233
……法 人：普志嘉
……Tel：0871－5622481
……Fax：0871－5636003
……网址：www.ynrcny.chinapyp.com

**阳大饲料厂**
地址：云南省昆明市官渡区小板桥陈旗营170号
……负责人：李勇
……Tel：0871－7278650
13888412660

**晋宁滇福畜禽养殖有限公司**
地址：云南省昆明市晋宁县晋城镇晋北路（农行旁）
……负责人：陈贵林
……Tel：0871－7810025
13708767710

## 盐津远江牛业发展有限公司
业务：盐津远江牛业发展有限公司成立于2002年，从事畜牧养殖，牛肉加工销售等，欢迎新老客户来电洽谈业务！
地址：云南省昭通市盐津县兴隆乡
……负责人：李远江……邮 编：657500
……法 人：李远江
……Tel：0870－6952280

## 昆明滇农饲料有限公司
业务：昆明滇农饲料有限公司成立于2004年6月，从事猪，鸡，鸭，鱼配合饲料，浓缩饲料、预混饲料的生产及销售。公司秉承"追求卓越，诚信为本"的经营理念，坚持"以质量求生存，以信誉求发展，向管理要效益"，以振兴民族饲料工业为己任，为行业创造精品，为社会创造价值。
地址：云南省昆明市官渡区昆明经济技术开发区
……邮 编：650214
……法 人：林建明
……Tel：0871－7361188
……Fax：0871－7362168

**石林快得利饲料厂**
地址：云南省昆明市石林镇路美邑乡麦地庄村
……负责人：李天寿
……Tel：0871－7712528
13354928558

## 元江县金辉茉莉花产业开发有限责任公司
业务：元江县金辉茉莉花产业开发有限责任公司成立于2001年，主要从事茉莉花花茶加工，产品销往全国各地。欢迎各方客户来电洽谈业务，共同合作！
地址：云南省玉溪市元江县元江农场场部
……邮 编：653300
……法 人：石红江
……Tel：0877－6049067

**飞龙驼鸟养殖场**
地址：云南省曲靖市富源县后所镇杨家坟村委会小海子
……负责人：瞿加林
……Tel：0874－4042246
13988974481

## 阳 大 饲 料 厂
业务：本公司成立于1997年，拥有90多名员工，主要经营各种饲料的生产与销售。十年以来，以卓越的品质竭诚为广大新老客户服务。
地址：云南省昆明市官渡区小板桥陈旗营170号
……邮 编：650214
……法 人：李勇
……Tel：0871－7278650

**农技推广中心**
地址：云南省曲靖市富源县黄泥河南门街
……负责人：徐壮武
……Tel：0874－4092162
13887464866

## 元江县红河茶业有限责任公司
业务：元江县红河茶业有限责任公司创建于2002年，专业加工茉莉花茶。热忱欢迎海内外客商与我们洽谈业务，共谋发展。
地址：云南省玉溪市元江县澧江镇大水平村
……邮 编：653300
……法 人：林叙衡
……Tel：0877－6016710
……Fax：0877－6016706
……网址：http://yxhhc.chinapyp.com

**云南陆良县海正饲料厂**
地址：云南省曲靖市陆良县马街镇海界村村民委员会478号
……负责人：山锡文
……Tel：0874－6881128
13887466857

## 兰坪县全沣水电开发有限公司
业务：兰坪县全沣水电开发有限公司主要业务是水力发电，本公司坚持安全第一的方针，在继承、发扬工程建设中创造的优异成绩的基础上，进一步加强管理，大胆创新，积极参与电力市场竞争和水电项目开发，以优异的业绩回报股东、回报社会，为福建的经济和社会发展做出积极的贡献。
地址：云南省兰坪县营盘镇
……负责人：蒋冬赋……邮 编：671400
……法 人：0886－3281808

## 峨 山 县 生 猪 定 点 屠 宰 场
业务：本公司成立于2004年，主要从事畜禽屠宰，肉制品及副产品加工销售等。热忱欢迎新老客户来电洽谈业务！
地址：云南省玉溪市峨山县双江镇练江北路34号
……负责人：龙金华……邮 编：653200
……法 人：龙金华
……Tel：0877－4011553

**绿源菇业有限公司**
地址：云南省曲靖市马龙县旧县镇老街6号
……负责人：卢水亮
……Tel：0874－8030218
13013457323

## 临 沧 凯 雄 香 蕉 有 限 公 司
业务：临沧凯雄香蕉有限公司主要是以从事香蕉专业经营、新产品研究、组培、生产、种植、推广、销售、加工为主的民营企业，是集农、科、工、贸一体化，产、供、销一条龙的农业科技综合开发公司。主要产品是优质香蕉系列产品"凯雄2号"、"凯雄3号（俏佳人）"及"凯雄香蕉精粉"。
地址：云南省临沧市耿马县孟定镇
……负责人：李孟龙……邮 编：677500
……法 人：李孟龙
……Tel：0883－6517490
……Fax：0883－6517490

## 勐腊县勐仑兴禾农资销售有限责任公司
业务：本公司成立于2006年6月，主要经营化肥、农药、农具。热忱欢迎新老客户光临、惠顾！
地址：云南省西双版纳傣族自治州勐腊县勐仑镇开发区新街
……负责人：刀琴……邮 编：666303
……法 人：刀琴
……Tel：0691－8716766

**梅兰村茶厂**
地址：云南省思茅市翠云区屏一中旁边
……负责人：李春文
……Tel：0879－2310427
13769952802

## 临 沧 市 旗 峰 园 艺 场
业务：临沧市旗峰园艺场创建于1991年，是集园林绿化、销售苗木、技术推广于一体的大型园艺企业。产品有各类三角梅盆景、苗木等。我场将以市场最低的价格、最优质的服务面向社会，欢迎光临指导，洽谈业务，谢谢您的合作！
地址：云南省临沧市临翔区凤翔镇土锅寨110号
……邮 编：677000
……法 人：胡海洲
……Tel：0883－2124110
……Mobile：13988310522
……网址：http://lcqf.chinapyp.com

**前进茶厂**
地址：云南省思茅市江城县宝藏乡前进村民委员会
……负责人：李发平
……Tel：13769943748

## 西双版纳楚杰农业科技开发有限公司
业务：本公司主要从事进口农药，主要有杀虫剂、杀菌剂、除草剂，化肥、植物生长调节剂；农业咨询服务，欢迎各界朋友光临指导和洽谈业务。
地址：云南省西双版纳傣族自治州景洪市勐海路68号
……负责人：谭俊杰……邮 编：666100
……法 人：谭楚平
……Tel：0691－2147468
……Fax：0691－2147468
……E-mail：tanjj1982@yahoo.com.cn

**茶叶集团责任有限公司**
地址：云南省思茅市普洱县西门龙潭
……负责人：卢丹青
……Tel：0879－3230028
13887969010

## 云县富华牲畜定点屠宰有限责任公司
业务：云县富华牲畜定点屠宰有限责任公司专业从事猪、羊、牛定点屠宰，统一规划、合理布局、有利流通、方便群众，欢迎广大客户光临惠顾。
地址：云南省临沧市云县爱华镇毛家村
……负责人：李术华……邮 编：677000
……法 人：李术华
……Tel：0883－3726786

**莲花伏苓开发有限公司**
地址：云南省思茅市洗马河14号
……负责人：丁宗国
……Tel：0879－2124585
13033311238

## 普洱仙梅水电有限责任公司
业务：普洱仙梅水电有限责任公司是一家专业从事水电开发、供电企业，专业人员将为您提供专业的服务！
地址：云南省思茅市普洱哈尼族彝族自治县梅子乡
……负责人：应雄伟……邮 编：665000
……法 人：应雄伟
……Tel：0879－3331618

**通海蒙香农业发展有限公司**
地址：云南省通海县兴蒙乡一组
……负责人：王绍辉
……Tel：0877－3092241
13988454082

## 会 泽 嘉 泰 养 殖 有 限 公 司
业务：会泽嘉泰养殖有限公司成立于2005年，主要从事种猪扩繁、果品种植、粮油购销，以质量求生存、信誉求发展，竭诚欢迎新老客户前来参观考察、洽谈业务！
地址：云南省曲靖市会泽县金钟镇龙潭社区（四村）157号
……负责人：高仕林……邮 编：654200
……法 人：高仕林
……Tel：0874－5602769

## 墨 江 县 碧 玉 茶 叶 有 限 公 司
业务：墨江县碧玉茶叶有限公司成立于2001年，专业从事茶叶的生产、加工和销售。主要产品有：普洱茶、绿茶、功夫红茶、他郎女儿红，"他郎号"紧压茶（生茶、熟茶、花茶）。热诚欢迎新老客户惠顾。
地址：云南省思茅市墨江县碧溪乡碧溪村
……邮 编：654802
……法 人：王里洪
……Tel：0879－4511496
……Fax：0879－4511496

**牛角寨茶厂**
地址：云南省元阳县牛角寨乡牛角寨村
……负责人：代云祥
……Tel：13887347697

## 罗平县福兴生物科技开发有限公司
业务：罗平县福兴生物科技开发有限公司成立于2004年，从事新农村建设，带动全县农民种植致富，愿与各界合作，共创美好明天！
地址：云南省曲靖市罗平县罗雄镇双洞村
……负责人：唐老勇……邮 编：655800
……法 人：唐老勇
……Tel：0874－8211899
……Fax：0874－8218318

## 景 东 县 银 生 农 资 服 务 部
业务：景东县银生农资服务部批发销售种子、农药、提供农种植技术服务，欢迎来电咨询，共创佳绩！
地址：云南省思茅市景东县银生集贸市场
……负责人：杨梅……邮 编：676200
……法 人：杨梅
……Tel：0879－8890456

## 师 宗 高 芳 农 机 制 造 厂
业务：师宗高芳农机制造厂成立于2002年，公司生产、销售米线机、打沙机、矿车、小型农机等，欢迎新老客户来电洽谈业务！
地址：云南省师宗县丹凤镇法雨324国道旁
……邮 编：655700
……法 人：高再芳
……Tel：0874－5066582
……Mobile：13808745927
……Fax：0874－5066582
……网址：www.szgf.chinapyp.com

**天乙养殖有限公司**
地址：云南省昭通市昭阳区西郊牛洒路（葡萄井酒厂一分厂对面）
……负责人：王胜
……Tel：0870－2861113
13887093591

**景洪利华果业有限责任公司**
业务：生产、销售：水果、香蕉
地址：云南省西双版纳傣族自治州景洪市勐龙镇红亚宾馆办事处
……负责人：彭利华 邮 编：666100
……法 人：彭利华
……Tel：0691－2497372
15974939955
……Fax：0691－2740111

## 云南省曲靖市利民獭兔开发有限公司
业务：曲靖市利民獭兔开发有限公司创建于2000年8月，公司占地3.8亩，种兔场占地20亩，总投资260多万元，属私营股份制企业，现有专职人员46人，是云南省首创的一家集獭兔良种繁育、种研，技术培训，种兔供应，饲料加工销售，商品兔回收，皮肉加工及产品销售于一体的综合性实体。
地址：云南省曲靖市麒麟区寥廓路
……邮 编：655000
……法 人：何彬
……Tel：0874－3384926
……Fax：0874－3386826
……网址：www.ynqjtatu.com

## 西双版纳福海布朗茶叶有限公司

西双版纳福海布朗茶叶有限公司成立于2006年，本公司专业从事茶叶的生产、加工与销售。企业一直遵循"以质为本、诚信经营"为宗旨，为广大客户提供优质合格的茶叶，开拓深潜力的健康茶文化市场！

联系人：杨新源

电话：0691-5161206、5161129　　邮编：666200

地址：云南省西双版纳傣族自治州勐海县福海茶厂内

## 寻甸九洲农业科技开发有限公司

寻甸九洲农业科技开发有限公司成立于2007年，以花卉种植、冷藏、保鲜、养殖，农副产品初加工、包装为主。

公司秉承"顾客至上，锐意进取"的经营理念，坚持"客户第一"的原则为广大客户提供优质的服务。欢迎惠顾！

联系人：杨金洲　13354639577　电话：0871－2763999　2763666　邮编：655213

地址：云南省昆明市寻甸回族彝族自治县鸡街镇鸡街村委会大木桥

## 盐津茶叶有限责任公司

盐津茶叶有限责任公司成立于1998年，本公司生产经营的产品有"苗岭碧芽"、"摩崖银毫"、"苗岭松针"、"柔柯早青"等名优绿茶系列和"寒烟翠苦丁茶"、"靓颜苦丁茶"等苦丁茶系列两大类。其中"摩崖银毫"在第四届"中茶杯"评比中获一等奖；"靓颜苦丁茶"在2001年6月第二届中国（成都）国际茶博会上获银奖，"云津苦丁茶"获2001年第六届云南省"消费者喜爱商品"称号。但最具特色的品牌产品是"苗岭碧芽"、"寒烟翠苦丁茶"。公司经营宗旨是：坚持质量第一，安全生产，文明经商。

联系人：余堂俊　13638889666

电话：0870-6631518　　传真：0870-6631518

网址：www.yjcy.cn　　电子邮件：ztyjcygs@163.com

地址：云南省昭通市盐津县盐井镇双虹路143号

邮编：657000

## 宜良县种子管理站

宜良县种子管理站于2005年成立，主要批发农作物种子、粮食作物、蔬菜作物、瓜果作物等。宜良县种子管理站本着"客户第一，诚信至上"的原则，与多家企业建立了长期的合作关系。热忱欢迎各界朋友前来参观、考察、洽谈业务。

联系人：朱向云

电话：0871-7594033　　传真：0871-7594033

地址：云南省昆明市宜良县匡远镇环城西路23号

邮编：652100

## 元江县云峰茉莉花茶生产专业合作社

元江县云峰茉莉花茶生产专业合作社成立于2008年，专业从事茉莉花种植、茶叶收购、加工和销售。目前已发展成员农户百余户，茉莉花年产量9000吨，占全国市场份额的10%。"定位新农村，服务促发展"，我合作社将以市场为导向，规范管理模式，为客户提供最优质的花茶。

联系人：林叙衡　传真：0877-6016706　电话：0877-6016710　13708775608

地址：云南省玉溪市元江县澧江镇大水平村　　邮编：653100

## 西藏自治区/Xizang Autonomous Region

**西藏昌都地区畜产品开发项目部**
地址：西藏自治区昌都地区昌都中路一号
…… 负责人：罗布旺堆
…… Tel：0895－4826999

**边坝县粮食局**
地址：西藏自治区昌都市边坝县东托
…… 负责人：多吉先生
…… Tel：0895－4582387

**西藏源缘藏獒培育场**
地址：西藏自治区拉萨市蔡公堂乡无公害蔬菜基地
…… 负责人：李渊
…… Tel：0891－6369370

**西藏发达农资销售有限公司**
地址：西藏自治区拉萨市东郊农科所商品房
…… 负责人：宋中平
…… Tel：0891－6352707

**西藏原生纯獒繁育基地**
地址：西藏自治区拉萨市堆龙德庆县
…… 负责人：杨小雨
…… Tel：0891－6938569

**西藏福民农业综合开发有限公司**
地址：西藏自治区拉萨市民族北路1号
…… 负责人：格桑梅朵
…… Tel：0891－6820448

**昂谷生态农业**
地址：西藏自治区拉萨市墨竹工卡县
…… 负责人：蒋存智
…… Tel：0891－6590692

**西藏随风獒园**
地址：西藏自治区拉萨市色拉路36号
…… Tel：0891－6368065

**拉萨牛奶公司**
地址：西藏自治区拉萨市色拉路4号
…… 负责人：琼达
…… Tel：0891－6336540

**拉萨百合堂植物研究开发有限公司**
地址：西藏自治区拉萨市中和国际城（区证监管局院内）
…… 负责人：谷重卫
…… Tel：0891－6871148

**西藏林芝殷实农牧业综合开发有限责任公司**
地址：西藏自治区林芝地区
…… 负责人：刘闯
…… Tel：13908948829

**西藏林芝绿宝松茸开发有限公司**
地址：西藏自治区林芝地区八一新村绿色食品出口基地外贸综合楼
…… 负责人：钟世明
…… Tel：13908941465

**林芝珠江养殖科技园有限公司**
地址：西藏自治区林芝地区林芝镇真巴村
…… 负责人：陈育鹏
…… Tel：0894－5892548

**察隅县雪域江南农副土特产品公司**
地址：西藏自治区林芝市察隅县吉公街14号
…… 负责人：巴桑
…… Tel：0894－5432136

**西藏平措畜产品开发公司**
地址：西藏自治区那曲地区高原路
…… 负责人：扎西多拉
…… Tel：0896－3820077

**宝鸡市勤美水产有限责任公司**
地址：陕西省宝鸡市金台区宝十路6号
…… 负责人：黄小勤
…… Tel：0917－6886136

**合阳县金船蔬菜专业合作社**
业务：种植、销售大棚蔬菜
地址：陕西省渭南市合阳县城关镇西郭村
…… 负责人：张景全　　邮　编：715300
…… 法　人：张景全
…… Tel：13991693304
0913－5514229

**商南天元柳树湾水电有限公司**
业务：本公司成立于2006年7月，主要从事水利发电。
地址：陕西省商洛市商南县朝阳路57号
…… 负责人：刘先宏……邮　编：726300
…… 法　人：刘先宏
…… Tel：0914－6323135

**镇坪县晋湘生猪养殖厂**
业务：各种商品猪的养殖和销售
产品：一元母猪和二元母猪，种猪，生猪
地址：陕西省安康市镇坪县上竹乡湘坪村一组
…… 负责人：曲文厚　　邮　编：725600
…… 法　人：胡娟
…… Tel：0915－8059728
13891514247
…… Fax：0915－8059728
… 网址：http://www.51zzt.com/user/zzt34614

**富平县到贤鑫虎苹果种植专业合作社**
业务：苹果的种植与销售
产品：苹果
地址：陕西省渭南市富平县到贤镇新合村九组
…… 负责人：纪建仁　　邮　编：711700
…… 法　人：纪建仁
…… Tel：13891323599
0913－8715036

**临渭区旭旭果菜专业合作社**
业务：蔬菜、水果
地址：陕西省渭南市临渭区双王办双王村五组
…… 负责人：李红利　　邮　编：714000
…… 法　人：李红利
…… Tel：13572350854
13892587784

**蒲城县海赢金寿杏专业合作社**
业务：金寿杏的种植、加工与销售
产品：金寿杏
地址：陕西省渭南市蒲城县东城镇刘家庄
…… 负责人：李关海　　邮　编：715500
…… 法　人：李关海
…… Tel：13892551333
0913－7255665
…… Fax：0913－7255665

**汉江米厂**
地址：陕西省汉中市勉县长林镇保卫村
…… 负责人：张茂林
…… Tel：0916－3497795
13992602402

## 西藏日喀则地区承信生态园林有限责任公司

本公司从事苗木培育，绿化园林销售，产品有生态苗木、绿化苗木、杨树、莎棘、榆树、红叶李、香花槐等，欢迎新老客户来电来函洽谈业务！

联系人：张承忠　　电话：13518924358　13989921909

地址：西藏自治区日喀则地区日喀则市甲措雄乡充堆9村日江公路17公里处　　邮编：857000

## 陕西省/Shanxi Province

**渭南市绿顿农作物制品有限责任公司**
业务：生产、销售微量元素肥料
地址：陕西省渭南市官路镇大同村
…… 负责人：同中平　　邮　编：714006
…… 法　人：同中平
…… Tel：0913－2853412

**渭南苗苗青枣种植农民专业合作社**
业务：专业种植与销售青枣、花生等农副产品
产品：青枣、花生
地址：陕西省渭南市临渭区交斜镇兴于村二组
…… 负责人：樊天纯　　邮　编：714000
…… 法　人：樊天纯
…… Tel：0913－2650568
15929231803

**陕西玉皇茶业有限公司**

地址:陕西省汉中市城固县孙坪镇玉皇村
负责人:王琪
Tel:13909167333

## 咸阳市秦都区兴源祥养殖专业合作社

业务:专业从事猪、牛、羊养殖、繁育、收购及销售,科学养殖致富是我们的心愿,欢迎您来我地承接业务!
产品:仔猪、肥猪、牛奶
地址:陕西省咸阳市秦都区陈阳寨街道办段家堡 409 号
负责人:李天昌 邮 编:712000
法 人:李天昌
Tel:13992009593

## 武功县永立养殖专业合作社

业务:集生猪养殖、销售、技术服务为一体,主要经营业务是:饲料销售、仔猪销售、种猪销售、兽医及生猪销售服务。
产品:优良的生猪,仔猪
地址:陕西省咸阳市武功县代家乡邵寨村
负责人:王侠 邮 编:712200
法 人:邵永力
Tel:029－37395688
13891000267

## 商洛市运强蚕桑有限责任公司

业务:商洛市运强蚕桑有限责任公司主要从事蚕茧收购、加工、销售。欢迎新老客户光临、惠顾!
地址:陕西省商州区蒲峪乡元科村六组
负责人:朱运强 邮 编:726000
法 人:朱运强
Tel:0914－6985035

## 武功永立养殖专业合作社

业务:养殖、销售生猪
地址:陕西省咸阳市武功县代家乡邵寨村
负责人:邵永力 邮 编:710003
法 人:邵永力
Tel:029－37395688
13891000267

## 杨凌恒邦牧业有限公司

业务:豆粕、棉粕、菜粕、麦麸、玉米麸、次粉及其它植物饲料、原料的批发与零售
产品:豆粕、棉粕、菜粕、麦麸、玉米麸、次粉及其它植物饲料、原料
地址:陕西省咸阳市杨凌区杨凌高新农业示范区神果路田园区 A 座 2 单元 1406 室
负责人:刘长安 邮 编:712100
法 人:刘长安
Tel:13709124932
029－87039105
13109092130
0997－6843168
Fax:029－8703910

## 延长县付家塬绿源棚栽果蔬专业合作社

业务:种植与销售西瓜、苹果,各种蔬菜,销售农资产品
产品:西瓜、苹果,各种蔬菜
地址:陕西省延安市延长县七里村镇付家塬村
负责人:付晓宏 邮 编:716000
法 人:付晓宏
Tel:13772289683
0911－8613775

## 凤翔天昇奶牛养殖专业合作社

业务:养殖奶牛和种牛繁育,生产与销售牛奶
产品:牛奶
地址:陕西省宝鸡市凤翔县彪角镇侯丰村
负责人:张苏科 邮 编:721000
法 人:张苏科
Tel:13892449733
13772659939

## 鹿蟒果业专业合作社

业务:苹果,花椒,核桃,果品经销,农资经销
产品:苹果,花椒,核桃,成品果,商品果
地址:陕西省延安市宜川县秋林镇鹿川管理处官庄村
负责人:袁金顺 邮 编:716000
法 人:袁金顺
Tel:13992195666

## 子长县三星养殖专业合作社

业务:鸡的养殖
地址:陕西省延安市子长县天和宾馆
负责人:刘三星 邮 编:716000
法 人:刘三星
Tel:0911－7519345
13891106666

## 绿旺农资部

地址:陕西省渭南市临渭区三马路城关粮所
负责人:岳树旺
Tel:0913－2198863
13008539149

## 定边县郝滩乡顺农农资专业合作社

业务:主营各种化肥
产品:复合肥、尿素
地址:陕西省榆林市定边县郝滩乡
负责人:宋光林 邮 编:718605
法 人:宋光林
Tel:13209122246
0912－4362045
网址:http://www.51zzt.com/user/zzt33979

## 定边县郝滩乡兴滩种养殖专业合作社

业务:羊,鸡的养殖和销售
地址:陕西省榆林市定边县郝滩乡
负责人:杨仲礼 邮 编:719000
法 人:杨仲礼
Tel:13488444866
13636795491

## 定边县乳福源养殖有限公司

业务:奶牛养殖、牛奶销售
产品:牛奶
地址:陕西省榆林市定边镇西园子村
负责人:杨德苍 邮 编:719000
法 人:杨德仓
Tel:15529128999
0912－4227795
Fax:0912－4227795

## 靖边县红碾坊绿色农产品加工有限公司

业务:农产品种植加工销售
地址:陕西省榆林市靖边县东坑镇四十里铺村
负责人:杨涛 邮 编:719000
法 人:杨涛
Tel:13991072094
13992211911

## 渭南民兴瓜果农民专业合作社

业务:瓜果种植销售
产品:西瓜、酥梨、红旗葡萄
地址:陕西省渭南市临渭区吝店镇吝店供销社
负责人:王兴武 邮 编:714000
法 人:王兴武
Tel:0913－2860159

## 澄城县金力维红薯生产专业合作社

业务:集红薯种植、加工、销售为一体的民营企业,红薯种植面积达到 4000 亩,有自己的种植基地和加工车间,产品质量稳定、供不应求!
产品:红薯淀粉,粉条,粉线,粉带
地址:陕西省渭南市澄城县王庄镇李家洼村四组
负责人:薛金斗 邮 编:715203
法 人:薛金斗
Tel:0913－6961370
13474454265
E-mail:478735310@qq.com

## 靖边县俊平农产品专业合作社

业务:土豆、玉米、高粱、西瓜、葵瓜子、辣椒等农产品的购销
地址:陕西省榆林市靖边县海则滩乡
负责人:边俊平 邮 编:718500
法 人:边俊平
Tel:0912－4962116
13571200328

## 清涧县宇航果品专业合作社

业务:红枣收购加工以及销售
地址:陕西省榆林市清涧县宽洲镇牛家湾村
负责人:惠治海 邮 编:718300
法 人:惠治海
Tel:0912－5389678
13379329919

## 神木县益丰种养殖有限公司

业务:生猪、鸡等养殖销售
地址:陕西省榆林市神木县尔林兔镇尔林兔村
负责人:刘曰成 邮 编:719000
法 人:刘曰成
Tel:13772952323
13630290876

## 蒲城上王天果经营中心

业务:蒲城上王天果经营中心成立于 2004 年 4 月,主要从事果品的冷藏销售、水果包装生产销售、农资的批发零售。产品有"上王牌"红地球葡萄、苹果和各类杂果。
地址:陕西省渭南市蒲城县上王乡街道
邮 编:715518
法 人:屈伟民
Tel:0913－7774634

## 神木县解家堡乡利隆绿色养殖有限公司

业务:养殖各种种猪、育肥猪、猪仔
地址:陕西省榆林市神木县解家堡乡麻堰区村
负责人:张利 邮 编:719312
法 人:张利
Tel:13571286497
0912－8595156

## 榆林市神农养殖有限公司

业务:纯种猪养殖
地址:陕西省榆林市神木县锦界镇桥周沟
负责人:吕锐 邮 编:719319
法 人:霍建丽
Tel:13891289269
15332589269

## 绥德县崔家湾镇西川村红绪树苗购销专业合作社

业务:树苗购销
地址:陕西省榆林市绥德县崔家湾镇西川村
负责人:苏红绪 邮 编:719000
法 人:苏红绪
Tel:0912－5931686
13649224133

## 榆林市富裕养殖有限公司

业务:鸡、猪的养殖
地址:陕西省榆林市榆阳区芹河乡前湾滩村 012 号
负责人:白付余 邮 编:719000
法 人:白付余
Tel:18991083099
135726633119

## 榆林市榆阳区天地和种植专业合作社

业务:采用种养相结合的生态养殖模式,从事养殖项目的引进、种植、养殖及农产品销售
产品:农产品,苗木,草种,猪牛羊,鸡鸭养殖销售
地址:陕西省榆林市榆阳区小记汗乡可可盖村
负责人:雷鸣 邮 编:719000
法 人:雷鸣
Tel:0912－3866803
13992288581

## 子洲县电亮养羊农民专业合作社

业务:养殖羊及羊肉的深加工
地址:陕西省榆林市子洲县三川口镇新安庄村
负责人:郝电亮 邮 编:719000
法 人:郝电亮
Tel:0912－7555078
13571211671

## 澄城县佳帆养猪专业合作社

业务:生猪养殖
产品:母猪、公猪及生猪
地址:陕西省渭南市澄城县寺前镇北酥酪村六组
负责人:连世杰 邮 编:714000
法 人:连世杰
Tel:13892383919

## 大荔县小石铁果品专业合作社

业务:蔬菜瓜果种植销售
产品:冬枣、红旗葡萄、大棚瓜、大棚蔬菜
地址:陕西省渭南市大荔县安仁镇小石铁二组 79 号
负责人:王永康 邮 编:715108
法 人:王永康
Tel:13891366939
0913－3717426
15991130369

## 韩城市玉福农产品科技开发有限公司

业务:农药、化肥、粽子和土特产的销售
产品:农药、化肥、粽子和土特产
地址:陕西省韩城市龙门镇大池埝街道
负责人:梁玉福 邮 编:715403
法 人:梁玉福
Tel:0913－5365136
13991657026
13772749991

## 渭南市华丰粮油有限责任公司

地址:陕西省渭南市临渭区渭白路十字西北角
负责人:吴黎明
Tel:0913－2116999

## 大荔县荔盛萝卜专业合作社

业务:农副产品种植、销售、储存
产品:红萝卜、白萝卜及瓜果蔬菜代购代销绿色无公害瓜果蔬菜
地址:陕西省渭南市大荔县沙底乡霸一村街道
负责人:耿永胜 邮 编:714000
法 人:耿永胜
Tel:13991698030
0913－3473013

## 西安森宝林木业贸易有限公司

地址:陕西省西安市碑林区金花南路 6 号
负责人:王军民
Tel:13519118496

## 澄城县南翟卓果蔬农民专业合作社

业务:种植和销售各类水果和蔬菜,以西红柿、黄瓜、圣女果、樱桃、冬枣为主
产品:西红柿、黄瓜、圣女果、樱桃、冬枣
地址:陕西省渭南市澄城县安里乡南翟卓村
负责人:廉志斌 邮 编:714000
法 人:廉志斌
Tel:13991659926
0913－6980032

## 陕西秦丰农业营销网络有限公司蔬菜种子分公司

地址:陕西省西安市凤城二路 6 号秦丰大厦 15 层
负责人:王建民
Tel:029－86525220

## 白水县满成畜禽屠宰有限责任公司

业务:畜禽屠宰
地址:陕西省渭南市白水县西固派出所西侧
负责人:王满成 邮 编:714000
法 人:王满成
Tel:0913－6482323
15029438666

## 西安市雁塔区东晁村苗圃

业务:主要经营:花卉、苗圃的批发与销售。
地址:陕西省西安市雁塔区东晁村 66 号
邮 编:710061
法 人:苏占山
Tel:029－88519499
Fax:029－88519499

## 汉中市汉台区昌利养殖有限责任公司

业务:生猪规模养殖
产品:长白,杜洛克
地址:陕西省汉中市汉台区龙江镇张山村
负责人:张昌建 邮 编:723000
法 人:张昌建
Tel:13649166882

## 西安万发果蔬有限责任公司

地址:陕西省西安市高陵县张卜乡张家村
负责人:章文官
Tel:029－86070067

## 宜君县西村西塬苹果产业专业合作社

业务:种植苹果、销售苹果
地址:陕西省铜州市宜君县西村乡西村村
负责人:焦耀明 邮 编:727200
法 人:焦耀明
Tel:0919－5985226

## 略阳县西广香猪养殖有限责任公司

业务:香猪的养殖
地址:陕西省汉中市略阳县县城土产公司三楼
负责人:宋先生 邮 编:723000
法 人:赵荣
Tel:13259294588
13488097150
0916－4827261

## 柞水县丰北河乡北河村森源牧业农民专业合作社

业务:养殖与销售猪、牛、羊、鸡,特种养殖与销售野猪、野鸡与野兔
产品:猪、牛、羊、鸡,野猪、野鸡与野兔
地址:陕西省商洛市柞水县丰北河乡北河村五组
负责人:余芳泉 邮 编:711402
法 人:余芳泉
Tel:0914－4588762
15109189908

## 陕西天禾生态农林科技有限公司

地址:陕西省西安市户县户县草堂镇高力渠村
负责人:陈红
Tel:13389266509

## 旬邑县马栏林场

业务：旬邑县马栏林场专业从事林木管护、园林绿化、育苗，欢迎海内外朋友来电来函咨询，参观指导！
地址：陕西省咸阳市旬邑县马栏镇马栏村
………… 负责人：李润民……邮　编：711300
……………………………………… 法　人：李润民
…………………………………… Tel：029－4616009

**西安大洋现代农业装备有限公司**
地址：陕西省西安市户县祖庵镇西街
……………………………………… 负责人：魏洋
…………………………………… Tel：029－84906330

**商洛市商州区绿洁农民专业合作社**
业务：核桃、板栗种植，土鸡、肉猪、牛、羊等养殖
地址：陕西省商洛市商州区牛斜村149号
……… 负责人：崔书田　　邮　编：726000
……………………………… 法　人：崔书田
…………… Tel：13991560318
0914－2318179

**西安隆锦粮食物流有限责任公司**
地址：陕西省西安市泾河工业园泾渭南路
……………………………………… 负责人：乔长涛
…………………………………… Tel：029－87319536

**南郑县隆兴良种猪养殖场**
业务：养殖猪、野猪、繁育野猪
地址：陕西省汉中市南郑县新集镇大堰塘村
……… 负责人：刘文龙　　邮　编：723112
……………………………… 法　人：刘文龙
…………… Tel：0916－5561014
13474335918

**西安艾尔瑞农化实业有限公司**
地址：陕西省西安市经济技术开发区草滩生态工业园尚稷路中段
……………………………………… 负责人：王增让
…………………………………… Tel：029－88276801

**山阳县陈氏核桃种植与土鸡养殖专业合作社**
业务：核桃种植和土鸡养殖
地址：陕西省商洛市山阳县漫川关镇南西街开发区76号
……… 负责人：陈世明　　邮　编：726000
……………………………… 法　人：陈世明
…………… Tel：13992408999
0914－8564430

**陕西省兴平市粮油经贸公司**
业务：陕西省兴平市粮油经贸公司以粮油原粮购销为主，批发零售农资生产资料食品等多种经营公司，欢迎全国朋友合作供事。
地址：陕西省兴平市乐山巷33号
……………………………………… 邮　编：713100
……………………………………… 法　人：韩金岭
…………………………………… Tel：0910－8825821
…………………………………… Mobile：13909109164
…………………………………… Fax：0910－8814915

**山阳县海龙生猪养殖专业合作社**
业务：生猪养殖销售
产品：约克优质仔猪
地址：陕西省商洛市山阳县高坝镇骆驼巷村委会
………… 负责人：赵龙　　邮　编：726000
……………………………… 法　人：赵龙
…………… Tel：0914－8832268
15829966205

**宁强县宁雨茶叶有限公司**
业务：茶叶收购、加工、销售
产品：宁强雀舌茶
地址：陕西省汉中市宁强县汉源镇羌州路中段
……… 负责人：涂和亮　　邮　编：724400
…………… Tel：13772842960
0916－4220150

**陕西国仁同富良种牛发展有限公司**
地址：陕西省西安市雁塔区长安中路10号
……………………………………… 负责人：虎勇
…………………………………… Tel：029－82306522

**陕西远丰农业综合开发有限公司**
地址：陕西省西安市雁塔区长延堡村杏园小区10＃楼
……………………………………… 负责人：张宏斌
…………………………………… Tel：13630210237

**洛南县云仙山禽业有限公司**
业务：特禽养殖、繁育技术支持与服务
产品：孔雀、美国七彩山鸡、郎德鹅、野鸭、火鸡、珍珠鸡、红腹锦鸡、野兔、梅花鹿
地址：陕西省商洛市洛南县高耀乡双关村
……… 负责人：黄益民　　邮　编：726000
…………… Tel：13992433119
0914－7581138

**陕西金果果业有限公司**
地址：陕西省西安市雁塔区西安市西高新枫叶新都市杰座
……………………………………… 负责人：刘凤萍
…………………………………… Tel：029－87283733

**丹凤县亿农益新型农业机械推广中心**
业务：犁机、耕机、喷雾器等农用产品、技术推广
地址：陕西省商洛市丹凤县商镇老君村（丹凤师范对面）
……… 负责人：孙德全　　邮　编：726207
……………………………… 法　人：孙德全
…………… Tel：0914－3267566

**镇巴县祥龙生态养殖有限责任公司**
业务：积极推广生态养殖模式，专业从事家畜养殖；鹿、野猪养殖；以及屠宰加工、销售、技术服务等业务。精心打造生态、环保、绿色产品。
产品：仔猪，肥猪，野猪，鹿，鸡，鱼，鸭及大棚蔬菜
地址：陕西省汉中市镇巴县巴庙镇刘家湾村
……… 负责人：王黎祥　　邮　编：723604
……………………………… 法　人：王黎祥
…………… Tel：13659168158

**陕西省横山县亨利饲料厂**
业务：陕西省横山县亨利饲料厂是一家专业养鸡的厂家，谒诚欢迎新老客户来电垂询，洽谈业务。
地址：陕西省榆林市横山县农贸市场
……………………………………… 邮　编：719100
……………………………………… 法　人：薛瑞
…………………………………… Tel：0912－7614045
…………………………………… Fax：0912－7617787

**中盛粮油工业（天津）有限公司西安分公司**
地址：陕西省西安市雁塔区丈八北路7号
……………………………………… 负责人：杨文涛
…………………………………… Tel：029－88733473

**华县龙源生财有限责任公司**
业务：养殖土鸡、绿壳蛋鸡、生猪、牛等
地址：陕西省华县新华中路新文街2道街
……… 负责人：程火龙　　邮　编：714100
……………………………… 法　人：程火龙
…………… Tel：15991490788
0913－4728806

**华县龙源生态有限责任公司**
业务：公司采用全生态链式养殖技术，生产的绿色食品有生猪、秦川牛、肉鸡、绿壳土鸡蛋等，我们有纯天然的放养牧场，淳朴的农家风情，欢迎您前来观光、选购
地址：陕西省华县城新华东路新文街二道巷
……… 负责人：程美玲　　邮　编：714100
……………………………… 法　人：程火龙
…………… Tel：0913－4728806
13636777165
………………… E-mail：chlongyuan@163.com

**陕西杨凌福民养殖有限公司**
地址：陕西省杨凌示范区神农小区
……………………………………… 负责人：张君
…………………………………… Tel：029－87035759

## 汉滨区农业局牛蹄畜牧兽医站

汉滨区农业局牛蹄畜牧兽医站成立于2006年，主要从事畜牧的养殖，主要产品有猪、牛、羊、鸡。我们会以最真诚的态度为您提供最优质的服务，欢迎来电与我们洽谈。

联系人：谢代明

电话：0915-4197001、13891502466　地址：陕西省安康市汉滨区牛蹄乡街道

邮编：725017

## 临渭区桥马黄牛养殖专业合作社

临渭区桥马黄牛养殖专业合作社成立于2008年，是集秦川牛，西门塔尔牛等养殖、种牛繁育及销售为一体的农民专业合作社经济组织。主要一秦川牛的繁育于快速育肥为主。

社长徐从喜热忱欢迎肉牛养殖户及各界有志之士的参观指导和洽谈业务。

联系人：徐先生　13060309838　13891464198

地址：陕西省渭南市临渭区故市镇桥马村　邮编：714000

## 汉中军鑫农业发展有限公司

汉中军鑫农业发展有限公司成立于2006年，本公司经营范围：良种繁育、销售；粮食收购，饲料、有机肥生产、销售。公司下属四个生产基地：生猪良种繁育基地，商肥生产基地，饲料生产基地，有机肥生产基地。

公司环境优美，交通便利，设施先进，技术力量雄厚，选育出的种猪耗料量低，生长速度快，产仔多，抗病能力强，适应性好。我们在着力打造绿色环保型企业，向资源节约型、环境友好型深化发展的道路上脚踏实地，永往直前，为社会主义新农村建设尽一份绵薄之力！

联系人：但启军

电话：0916-6489898　6489087

传真：0916-6489919

网址：www.junxinny.cn

电子邮件：hanzhongjunxin@163.com

地址：陕西省汉中市西乡县柳树镇白杨村四组

邮编：723508

## 略阳县天福生猪养殖专业合作社

略阳县天福生猪养殖专业合作社从事良种仔猪培育、生猪饲养，组织采购、供应成员所需的生猪饲料，组织收购、销售成员的产品，生猪的技术培训、技术交流、信息、咨询服务。

电话：0916-4951199 4963333　联系人：王永强

地址：陕西省汉中市略阳县白水江镇甘溪沟村　邮编：723000

## 华县辛庄利群酥梨专业合作社

华县辛庄利群酥梨专业合作社专业从事酥梨种植与销售。

产品绿色保健，质量稳定，供不应求！我们将以最周到的服务，最低廉的价格，最优质的产品，竭诚为您服务！

联系人：郭满屯

电话：0913-4757526　13891303587

地址：陕西省渭南市华县辛庄乡步背后行政村　邮编：714100

## 洛南县古城兴牧养猪专业合作社

洛南县古城兴牧养猪专业合作社成立于2004年。

主要从事于生猪养殖、收购、销售。

公司自成立以来始终贯彻“质量第一，顾客至上”的经营理念，努力进取，积极开拓，对外广泛吸纳各种专业人才，引进先进的生产工艺技术，对内强化企业管理，建立健全质量管理体系。质量体系的完善，增强了企业员工素质，使产品质量不断提高，企业形象不断提升，赢得最广大顾客的信赖。

联系人：杨喜林

电话：0914-7481606　13991406048

地址：陕西省商洛市洛南县古城街　邮编：726000

## 泾阳县喜珠葡萄专业合作社

泾阳县喜珠葡萄专业合作社成立于2008年。

主要从事多个品种葡萄种植及销售。

我们坚持品质第一、信誉至上的服务宗旨。

竭诚为新老商客、朋友提供最优质的产品和服务。

联系人：荆仲峰

电话：029-36484986　13992064718

地址：陕西省咸阳市泾阳县口镇东街邮电社对门　邮编：713704

## 洛南县玉明农产品种植专业合作社

洛南县玉明农产品种植专业合作社成立于2008年，从事药材，果蔬的种植及加工（核桃，柿饼，木耳，香菇），欢迎来电洽谈订购！

手机：13991457316

电话：0914-7266299　联系人：郝玉明

地址：陕西省商洛市洛南县石坡镇郝坪村　邮编：726104

## 临渭区交斜镇双龙无籽西瓜专业合作社

临渭区交斜镇双龙无籽西瓜专业合作社成立于2007年，主要从事无籽西瓜，黑李子（黑中统）的销售。

以质量求生存，以信誉求发展，欢迎您的来电！

联系人：佘如龙

电话：0913-2654697

地址：陕西省渭南市临渭区交斜镇官庄村

邮编：715101

## 洛南縣運通中藥材種植專業合作社

洛南县运通中药材种植专业合作社成立于2008年，主要从事丹参、党参、桔梗、白术、黄芩、半夏、柴胡、连翘等中药材的种植。

合作社注册资金3.5万元，建章立制，确立服务程序和服务宗旨，依法为成员提供中药材生产资料的购买，产品的销售、加工、运输、贮藏以及与中药材生产经营有关的技术、信息等服务。我们愿与您携手共创未来！

联系人：李运山

15891094725　13992484343

邮编：726000

地址：陕西省商洛市洛南县寺坡乡高塬村一组

## 陕西省渭南市鑫丰种业有限公司

陕西省渭南市鑫丰种业有限公司是一家以销售西瓜、甜瓜、棉花、玉米等种子为主的公司。

我们以质量第一，价格合理为经营宗旨，热忱欢迎新老客户来电来函洽谈业务。

联系人：张金保 13186206668

電話：0913-2602006 2601996
郵編：714006
地址：陕西省渭南市臨渭區官路鎮張千户村

## 延安市宝塔区新茂台山地苹果农民专业合作社

延安市宝塔区新茂台山地苹果农民专业合作社是一家专门从事苹果种植与销售的企业。

欢迎广大新老客户来电，我们将竭诚为您服务！

联系人：高生贵 13484975649 电话：0911-2410071

地址：陕西省延安市宝塔区柳林镇政府 邮编：716000

## 神木县瑞盛养殖有限责任公司

神木县瑞盛养殖有限责任公司成立于2008年，本公司专业从事牛、猪的养殖、种植蔬菜、大棚、有机肥料。

本公司秉承"顾客至上，锐意进取"的经营理念，坚持"客户第一"的原则为广大客户提供优质的服务。欢迎惠顾！

联系人：杨振刚
手机：15529888866
地址：陕西省榆林市神木县店塔镇板东焉村 邮编：719316

## 榆林市聚宗生态园林有限责任公司

榆林市聚宗生态园林有限责任公司成立于2008年，业务范围有种植苗圃、蔬菜，养殖山羊、绵羊，残疾人就业培训、公墓、殡葬服务等。

欢迎来电垂询。

聯系人：馮培隆 13991085210 13992294463

郵編：719000
地址：陕西省榆林市交警二大隊家屬樓3單元302

## 潼关县潼河农林经济开发有限责任公司

潼关县潼河农林经济开发有限责任公司是一家专业经营食用油加工、淡水鱼养殖、蔷菜等农副产品的企业。

本公司秉承"顾客至上，锐意进取"的经营理念，坚持"客户第一"的原则为广大客户提供优质的服务。

欢迎广大客户惠顾！

联系人：高新宏 13892581666
电话：0913-3829289 3821006
地址：陕西省渭南市潼关县南头村下北头村 邮编：714300

## 渭南刚要生猪养殖农民专业合作社

渭南刚要生猪养殖农民专业合作社成立于2008年，以生猪养殖及销售为主。

公司秉承"锐意进取"的经营理念，坚持"客户第一"的原则，欢迎新老客户光临、惠顾。

电话：0913-2650259 2650061
邮编：714000
地址：陕西省渭南市临渭区交斜镇侯家村一组
联系人：贯刚要 13629233768

## 渭南桥南早食核桃农民专业合作社

渭南桥南早食核桃农民专业合作社成立于2008年5月，主要从事于核桃种植、加工、销售。

公司全体员工热忱欢迎各界人士前来进行贸易合作与交流。相信质优价廉的产品与完善的技术服务定会给您一个理想的回报。

联系人：程拴平
13891384973
邮编：710012
地址：陕西省渭南市临渭区桥南镇代家村

## 甘肃省/Gansu Province

### 陇南市金隆工贸有限公司

业务：主营业务：重晶石粉、重钙粉、石膏粉、锰矿粉的生产销售；各类矿产品的购销；建筑材料、包装物的经销；
地址：甘肃省陇南市武都区吉石坝金鑫工贸有限公司内
负责人：石仓选 邮编：746000
法人：石仓选
Tel：13309399955
0939－8250839
8250365
Fax：0939－8250365

### 西和县石堡乡大马峡养殖专业合作社

业务：猪、牛、羊的养殖销售
产品：长白猪、杜洛克、约克猪
地址：甘肃省陇南市西和县石堡乡刘庄村
负责人：刘继军 邮编：742500
法人：刘继军
Tel：13830927816
13919553200

### 甘州区小河综合养殖场

业务：甘州区小河综合养殖场成立于2000年，现有员工15人，从事珍禽养殖；优质肉牛、优质肉羊的养殖；优质牧草种子种植。
地址：甘肃省张掖市甘州区沙井镇
负责人：……邮编：734023
法人：朱磊
Tel：0936－8832213
Fax：0936－8213478

### 白银龙盛农业专业合作社

业务：种植、养殖、土地开发等
地址：甘肃省白银市白银区水川加油站
负责人：高国栋 邮编：730900
法人：高国栋
Tel：13519018183
13085909285

### 景泰县荣泰农业生产资料有限公司

地址：甘肃省白银市景泰县一条山镇车站路66号
负责人：张太举
Tel：13809307809

### 华亭县吉家河奔腾养牛专业合作社

业务：牛养殖
地址：甘肃省平凉市华亭县神峪回族乡吉家河村养殖小区
负责人：马保林 邮编：744000
法人：马保林
Tel：13519031084

### 康县亨达旺养殖场

业务：专业从事生猪养殖、加工、出售，本场现有杜长大、杜洛克、长白杂苗猪、种母猪以及长大、二元母猪等，欢迎新老客户光临指导，洽谈业务。
地址：甘肃省陇南市康县平洛镇贯沟村
负责人：樊怀义 邮编：742500
法人：樊怀义
Tel：13830903621

### 白银市平川区银平瓜菜良种繁殖场

地址：甘肃省白银市平川区共和乡毛卜拉村
负责人：张存纪
Tel：0943－6765058

### 白银市白银区硕果农业专业合作社

业务：蔬菜、瓜果种植；组织采购，供应成员所需的农业生产资料；组织收购、加工、销售成员生产的农副产品
地址：甘肃省白银市白银区水川镇白茨滩村
负责人：张硕 邮编：730900
法人：张硕
Tel：13830089396
0943－8527105

### 临洮县广通农业综合开发有限责任公司

地址：甘肃省定西市临洮县八里铺镇王家磨村二社
负责人：王建奎
Tel：0932－2571167

### 华亭县西华镇西塬蔬菜专业合作社

业务：各类蔬菜种植及销售
产品：甘兰，洋芋，红萝卜
地址：甘肃省平凉市华亭县西华镇西塬村刘家庄社
负责人：潘飞 邮编：744106
法人：潘飞
Tel：0933－7790362

### 白银恒通农业专业合作社

业务：农产品初加工、销售；农作物种植；农业生产资料购买服务；节能炉具销售；农田平整施工。
地址：甘肃省白银市白银区四龙镇
负责人：王栋梁 邮编：730900
法人：王栋梁
Tel：13099285719

### 康县万客隆农业发展有限责任公司

业务：茶叶加工、农副产品加工、超市
地址：甘肃省陇南市康县城关中街24号
负责人：赵福军 邮编：746500
法人：赵福军
Tel：13909393789
0939－5126315

### 岷县农丰农资综合咨询服务部

地址：甘肃省定西市岷县岷阳镇青年街235号

负责人：包继芳
Tel：0932－3379073

**泾川县红宇果蔬储销有限责任公司**

业务：苹果、蔬菜购销
地址：甘肃省平凉市泾川县高平镇高平村
负责人：张红林 邮编：744306
法人：张红林
Tel：13519338004
0933－3381966

**白银文家养殖专业合作社**

业务：家禽饲养
产品：肉鸡、鸡蛋
地址：甘肃省白银市白银区王岘乡尾泼沟38号
负责人：吴文家 邮编：730900
法人：吴文家
Tel：13884245732

**渭源格瑞农副产品有限公司**

地址：甘肃省定西市渭源县会川镇西关村十二社西大街354号
负责人：王伟军
Tel：0932－4481536

**会宁县大源养殖专业合作社**

业务：养殖，种猪培育
产品：生猪
地址：甘肃省白银市会宁县郭城驿镇工业园区
负责人：何万虎 邮编：730726
法人：何万虎
Tel：0943－3293272
13893083555

**甘谷大庄农资化肥有限公司**

地址：甘肃省甘谷谷新兴镇新城北路
负责人：马仁成
Tel：0938－5931563
13809382248

**静宁县普兵果业专业合作社**

业务：种植和销售各类水果
产品：水果
地址：甘肃省平凉市静宁县城川乡高湾村
负责人：续谦 邮编：744000
法人：续谦
Tel：15193390050
0933－2612673

**会宁县丰泰农副产品购销专业合作社**

业务：购销：葵花子、黑瓜子
地址：甘肃省白银市会宁县郭城驿镇红堡子村中街
负责人：梁兴林 邮编：730700
法人：梁兴林
Tel：0943－3697178
网址：http://www.51zzt.com/user/zzt35148

**金昌千泽菌业有限责任公司**

地址：甘肃省金昌市永昌县城关镇（县农业技校院内）
负责人：卢永长
Tel：13993578638

**徽县建华生态养殖专业合作社**

业务：野猪、黄牛养殖
地址：甘肃省陇南市徽县银杏树乡银杏村
负责人：刘学见 邮编：742300
法人：刘学见
Tel：15293355585
15593922221
网址：http://www.51zzt.com/user/zzt32503

**景泰县群力养殖专业合作社**

业务：乌鸡特色养殖、销售
产品：乌鸡、乌鸡蛋
地址：甘肃省白银市景泰县草窝滩镇草窝滩村
负责人：赵群 邮编：730900
法人：赵群
Tel：15097159466
0943－5563056

**甘肃三盛农业开发有限公司**

业务：专业经营农作物种子、化肥、农药、农膜、农副产品，批零兼营，厂家直销，以科技服务为先导，服务三农为宗旨，竭诚为您服务。
产品：先锋先玉335玉米种子甘肃六盘山以东总代理，内蒙古金田正茂专用除草剂甘肃代理
地址：甘肃省白银市景泰县大安路
负责人：闫立禎 邮编：730400
法人：闫立禎
Tel：0943－5536979
13830002338
Fax：0943－5536979
E-mail：yfgsylz@163.com

**酒泉西部泉奶牛发展有限责任公司**

地址：甘肃省酒泉市南环西路2号
负责人：冀太平
Tel：0937－2623655

**振达养牛专业合作社**

业务：繁育肉牛养殖销售
产品：南德温牛、秦川牛、利木辛牛
地址：甘肃省平凉市灵台县朝那镇高崖村
负责人：李锁林 邮编：744000
法人：李锁林
Tel：13519033214

**庄浪县德信饲料有限公司**

业务：专业从事饲料加工销售和技术服务，公司一贯秉承着"靠质量打市场，以服务谋发展"经营宗旨，欢迎新老顾客前来洽谈。
产品：配合饲料，浓缩饲料，精料补充料
地址：甘肃省平凉市庄浪县水洛镇庄泾路
负责人：徐宝太 邮编：744600
法人：徐宝太
Tel：0933－6958444
13119472166

**兰州中科西高种业有限公司**

地址：甘肃省兰州市安宁区街坊路56号
负责人：王治海
Tel：0931－7654898

**环县隆丰农资专业合作社**

业务：销售农资
地址：甘肃省庆阳市环县环城镇红星村北关组
负责人：王广辉 邮编：745700
法人：王广辉
Tel：13830496253
13649342540

**宁县焦村富民西瓜产销专业合作社**

业务：西瓜种植销售
地址：甘肃省庆阳市宁县焦村乡西李村
负责人：李来奎 邮编：745000
法人：李来奎
Tel：0934－6617639

**徽县大岭养殖专业合作社**

业务：畜，禽养殖，农副土特产购销代理
产品：良种猪，仔猪，鸡，核桃，大豆等农副产品
地址：甘肃省陇南市徽县江洛镇大岭村
负责人：杨小红 邮编：742305
法人：周宏举
Tel：0939－7554609

**兰州润丰种业有限公司**

地址：甘肃省兰州市安宁区街坊路75号
负责人：刘宗明
Tel：0931－7612817

**靖远县天成种养殖有限责任公司**

业务：专业养殖和销售驴、羊、鸡和鹿
产品：驴、羊、鸡和鹿
地址：甘肃省白银市靖远县大芦乡大芦村
负责人：霍宗德 邮编：730600
法人：霍宗德
Tel：13893030502
13893030504

**徽县成兴绿色养殖专业合作社**

业务：专业养殖和销售山羊
产品：山羊
地址：甘肃省陇南市徽县大河店乡王河村
负责人：杜树成 邮编：742303
法人：杜树成
Tel：13830915865
13369391683

**甘肃科隆农业有限责任公司**

地址：甘肃省兰州市安宁区邹家庄103号
负责人：王效宗
Tel：0931－7616199

**宁县太昌正太养殖农民专业合作社**

业务：生猪养殖、销售，技术培训、信息咨询服务
地址：甘肃省庆阳市宁县太昌乡朱家村
负责人：肖佰孝 邮编：745000
法人：肖佰孝
Tel：13830498558
0934－6773066

**宁县中村乡西兴果业农民专业合作社**

业务：蔬菜、水果
地址：甘肃省庆阳市宁县中村乡邓家村
负责人：邓可杰 邮编：745206
法人：邓可杰
Tel：0934－6689788
15095592218

**宁县中村乡东盛苹果产业农民专业合作社**

业务：苹果产业
地址：甘肃省庆阳市宁县中村乡苏韩村
负责人：苏小宁 邮编：745206
法人：苏小宁
Tel：0934－6930188

**庆城县民生养殖厂**

业务：野猪、家猪
地址：甘肃省庆阳市庆城县卅铺镇卅铺村
负责人：陈庆生 邮编：745100
法人：陈庆生
Tel：0934－3216007
13993487966

**白银市平川区三立养殖专业合作社**

业务：养猪
地址：甘肃省白银市平川区复兴乡山李村
负责人：刘敏汉 邮编：730900
法人：刘敏汉
Tel：13689448791
13884201542

**甘肃陇科农业开发有限公司**

地址：甘肃省兰州市城关区酒泉路180号
负责人：朱自攀
Tel：13359418202

**白银瑞禾养殖有限责任公司**

业务：养殖生猪
地址：甘肃省白银市平川区水泉镇小黄湾村
负责人：李宗 邮编：730916
法人：李宗
Tel：0943－6721788
13830051581
13893031801

**徽县华农农业科技开发有限责任公司**

业务：种植、收购、是陇南春酒厂高粱种子的供应商
产品：高粱种子
地址：甘肃省陇南地区徽县工业路种子公司家属楼106
负责人：王玺中 邮编：742500
法人：王玺中
Tel：13150087916
0939－7521179

**庆阳市西峰区广兴泰果品专业合作社**

业务：种植与销售苹果，储存苹果
产品：苹果
地址：甘肃省庆阳市西峰区什社乡京林农贸公司
负责人：张志广 邮编：745000
法人：张志广
Tel：13884150018

**正宁县源林苗木种植专业合作社**

业务：苗木种植
地址：甘肃省庆阳市正宁县城南街05号（林业局）
负责人：李宏琦 邮编：745300
法人：李宏琦
Tel：13993465006
0934－6125502

**正宁县富农农业机械服务有限公司**

业务：土地复垦
地址：甘肃省庆阳市正宁县湫头乡双佛堂村
负责人：张振科 邮编：745300
法人：张振科
Tel：0934－6159082

**兰州兆丰农资经营部**

地址：甘肃省兰州市城关区刘家滩243－1号
负责人：张存满
Tel：0931－8487005

**白银市平川区玉辉养殖专业合作社**

业务：养殖与销售鱼、鸭
产品：鱼、鸭
地址：甘肃省白银市平川区水泉镇玉碗泉村
负责人：马天辉 邮编：730913
法人：马天辉
Tel：13893001367
0943－6721146

**兰州万丰农业生产资料有限公司**

地址：甘肃省兰州市红古区平安镇岗子村
负责人：石之德
Tel：0931－6291999

**兰州世纪农业科技有限责任公司**

地址：甘肃省兰州市庆阳路195号（中山大厦5楼）
负责人：黄玉亨
Tel：0931－8440173

**定西科达养殖场**

业务：养殖
地址：甘肃省定西市安定区国家农业科技园区
负责人：张玉玺 邮编：743000
法人：张玉玺
Tel：13321321579
0932－8211630

**正宁县浩海农产品购销专业合作社**

业务：农产品收购、销售；提供成员所需的生产资料以及与农业生产有关的技术、信息服务等。
地址：甘肃省庆阳市正宁县西坡乡西坡东街
负责人：浩文玉 邮编：745000
法人：浩文玉
Tel：13830489429
13830405356

**天水市麦积区富源果品种植专业合作社**

业务：组织指导成员进行果品种植、收购、储藏、代办运输和销售；为成员组织采购供应所需的农业生产资料和果品包装材料；开展与果品有关的技术信息服务（以上不含审批许可项目）
地址：甘肃省天水市麦积区花牛镇花牛村
负责人：高仲羊 邮编：741000
法人：高仲羊
Tel：13830813501
13919635069

**清水鑫淼农畜产品开发有限公司**

业务：农特产品（粮油除外）、林果产品、畜禽产品（凭许可证有效期限经营）、深加工销售
地址：甘肃省天水市麦积区社棠东路5号（天水鑫能电冶炼厂）
负责人：史不朽 邮编：741400
法人：史不朽
Tel：18993805555
0938－7381756

**天水祥瑞果业有限公司**

业务：种植、出口苹果
地址：甘肃省天水市秦安县蔡店村
负责人：蔡继成 邮编：741600
法人：蔡继成
Tel：13993823899
0938－6551159

**定西众益马铃薯专业合作社**

业务：马铃薯购销、包装、加工、贮藏、种植，蔬菜、小杂粮购销
地址：甘肃省定西市安定区南川开发区（马铃薯交易中心）
负责人：屠伯荣 邮编：743000
法人：屠伯荣
Tel：13830289315
0932－8224606

**榆中大业农业专业合作社**

业务：蔬菜种植销售
地址：甘肃省兰州市榆中县金崖镇寺隆沟村
负责人：何小平 邮编：730104
法人：何小平
Tel：13519319378
0931－5278433

**天水市秦州区天瑞林木种植专业合作社**

业务：葵花籽、果树、经济林木的种植及销售，成员间种植技术的培训推广和产品的收购，储存
产品：葵花籽、果树、经济林木
地址：甘肃省天水市秦州区天水镇龙头村
负责人：武关德 邮编：741000
法人：武关德
Tel：13689411110
0938－8340586
Fax：0938－8340586

**天水顺祥苗圃养殖有限责任公司**

业务：苗圃养殖
地址：甘肃省天水市人事局
负责人：赵进儒 邮编：741000
法人：赵进儒
Tel：13389389089
0938－8390512

**兰州芦林养殖有限公司**

地址：甘肃省兰州市西固区岸门村芦草山
负责人：田志云
Tel:0931－7355211

## 武山金强养殖专业合作社

业务：猪的养殖、销售及信息技术服务
地址：甘肃省天水市武山县城关镇下街村
负责人：林新胜 邮 编：741300
法 人：林新胜
Tel：13893876998
0938－3440013

## 古浪县银瑞红花种植专业合作社

业务：红花的种植、购销
地址：甘肃省武威市古浪县海子滩镇冰草湾街3号
负责人：彭银瑞 邮 编：733111
法 人：彭银瑞
Tel：0935－5631013

**临洮县裕兴农资有限责任公司西固经营部**

地址：甘肃省兰州市西固区西新路2号
负责人：王延鸿
Tel:0931－7353608

## 陇西县春雨养殖有限责任公司

业务：猪、牛、羊的养殖、销售。
地址：甘肃省定西市陇西县文峰镇龙云浴场
负责人：骆小胜 邮 编：748000
法 人：骆小胜
Tel：13150115998
0932－6685615

## 榆中全顺蔬菜产销专业合作社

业务：蔬菜生产及购销
地址：甘肃省兰州市榆中县定远镇蒋家营村468号
负责人：蒋银全 邮 编：730030
法 人：蒋银全
Tel：0931－5322865

## 古浪县云龙养殖专业合作社

业务：猪的养殖
地址：甘肃省武威市古浪县黄花滩乡新西村十一组
负责人：张永国 邮 编：733102
法 人：张永国
Tel：13884535306
网址：http://www.51zzt.com/user/zzt32075

## 古浪富源草畜良种繁育场

业务：种羊生产、销售
地址：甘肃省武威市古浪县土门镇三关村
负责人：胡生满 邮 编：733000
法 人：胡生满
Tel：13884565227
13884575578

## 武威市凉州区昌隆农副产品专业合作社

业务：粮食、农副产品购销
地址：甘肃省武威市凉州区洪祥镇
负责人：樊学军 邮 编：733000
法 人：樊学军
Tel：0935－5850008

**甘肃康兴羊业科技有限责任公司**

地址：甘肃省临夏市康乐县附城镇刘家庙村
负责人：石亚民
Tel:13993039999
13993095988

## 永登县正和养殖专业合作社

业务：养猪、鸡
地址：甘肃省兰州市永登县中川镇宗家梁村2社
负责人：宗立禄 邮 编：730314
法 人：宗立禄
Tel：13519652011
0931－6832889

## 武威市凉州区双城供销合作社洪祥综合门市部

业务：种子，农药，五金，日杂百货
地址：甘肃省武威市凉州区洪祥镇南街
负责人：畅国文 邮 编：733000
法 人：畅国文
Tel：13893581009
0935－2850931

## 武威富盛畜牧有限公司

业务：生猪繁育
地址：甘肃省武威市凉州区九墩滩富康村三组
负责人：张顺年 邮 编：733000
法 人：张顺年
Tel：13830592642
0935－6616858

## 武威市凉州区百福养殖专业合作社

业务：家畜，家禽饲养销售，饲料加工与销售
产品：种牛，羊，猪，销售，生物蛋白饲料，糊化蛋白粉的加工与销售
地址：甘肃省武威市凉州区双城经济开发区
负责人：程伟虎 邮 编：733018
法 人：程伟虎
Tel：0935－2898886
Fax：0935－2899307

## 陇西县荣盛塬养殖专业合作社

业务：小尾寒羊养殖
地址：甘肃省定西市陇西县永吉乡草滩村草滩社护林责任园
负责人：李兴 邮 编：748360
法 人：朱小荣
Tel：15809324204
13689427960

## 永登庄稼汉农产品专业合作社

业务：专业从事农业生产资料的采购，农产品种植、销售、加工、贮藏，与农业生产经营相关的技术培训，信息咨询服务。以面向三农，关注市场，服务社会为宗旨，竭诚为您服务。
产品：小麦，豆类，啤酒大麦，中川大接杏，苦水玫瑰等农产品的购销
地址：甘肃省兰州市永登县中川镇商贸一条街
负责人：李宗成 邮 编：730314
法 人：李宗成
Tel：13919124813

## 甘肃武港工贸有限公司

业务：有机、无机复混肥、复合肥、液体复混肥、磷肥的生产销售。(国家限制或禁止经营的，按国家有关规定办理)(以上项目涉及许可的凭许可证经营)
产品：有机、无机复混肥、复合肥、液体复混肥、磷肥
地址：甘肃省武威市凉州区四坝镇北仓村
负责人：王福寿 邮 编：733000
法 人：王福寿
Tel：13893565281
0935－6151763

## 武威平安养殖专业合作社

业务：家畜繁育、饲养、加工销售
地址：甘肃省武威市凉州区下双乡蓄水村
负责人：董兆海 邮 编：733000
法 人：董兆海
Tel：13893538894
0935－2200279

## 民勤县宏杨畜禽养殖专业合作社

业务：采用种养相结合的生态养殖模式，从事种植、养殖及农产品购销
产品：牛，羊，鸡，洋葱，黑瓜籽，食葵，美国红辣椒等
地址：甘肃省武威市民勤县三雷镇中陶村
负责人：杨得宏 邮 编：733300
法 人：杨得宏
Tel：13884576643

## 甘肃省岷县力源土特产有限责任公司

业务：家畜家禽养殖，农产品加工，中药材饮片加工
产品：牦牛，蕨麻猪养殖，蕨草，蕨麻，中药材饮片，胶囊等产品
地址：甘肃省定西市岷县闾井镇工业集中区
负责人：包新发 邮 编：748400
法 人：王晓红
Tel：13809327818
E-mail:mxlygs@163.com

## 永登大营湾综合养殖专业合作社

业务：养殖猪、牛
产品：生猪、生牛
地址：甘肃省兰州市永登县中堡镇大营湾
负责人：薛春林 邮 编：730030
法 人：薛春林
Tel：13919076486

## 民勤县天成绿色农产品产销专业合作社

业务：购销农产品
产品：洋葱、辣椒、葵瓜子
地址：甘肃省武威市民勤县薛百乡五星村
负责人：何志军 邮 编：733300
法 人：何志军
Tel：13884532326
0935－4232886

**康乐县宝祥畜牧育肥开发有限责任公司**

地址：甘肃省临夏市苏集镇半坡村
负责人：马宝祥
Tel:13309308158

## 民勤县有成洋葱产销专业合作社

业务：专业从事洋葱种植与销售，种植面积达2000余亩，是集良种繁育、种植、仓储、销售为一体的民营企业。
产品：白元葱鲜货
地址：甘肃省武威市民勤县薛百乡五星五社
负责人：俞有成 邮 编：733300
法 人：俞有成
Tel：0935－4232908
13519357225
13884592539

## 张掖市甘州区鼎丰农业专业合作社

业务：农业
地址：甘肃省张掖市甘州区沙井镇古城村委会院内
负责人：贾多彪 邮 编：734000
法 人：贾多彪
Tel：13993652876
0936－8854319

## 岷县富岷兔业发展有限公司

业务：兔业
地址：甘肃省定西市岷县梅川县原养兔厂
负责人：马富中 邮 编：743000
法 人：马富中
Tel：0932－7731799
15339727409
13830241183

## 永登六墩农机服务专业合作社

业务：为成员提供农业生产的各种农田机械化作业服务、农业生产新技术、新机具引进推广、培训、经验交流及信息服务、组织采购、供应成员所需的生产资料
地址：甘肃省兰州市永登县秦川镇六墩村
负责人：杨国义 邮 编：730030
法 人：杨国义
Tel：13993117135
0931－6860122

## 高台县禾源农业开发有限责任公司

业务：非主要农作物瓜类及花卉的种植与销售，种子生产与销售，农业新技术咨询服务
产品：西瓜、花卉种子
地址：甘肃省张掖市高台县城关镇兴隆世纪苑18号楼中单元202室
负责人：许成银 邮 编：734300
法 人：许成银
Tel：13993627551
Fax：0936－6629791

## 民乐县永民獭兔养殖专业合作社

业务：獭兔的养殖与销售
产品：獭兔的皮与肉
地址：甘肃省张掖市民乐县六坝镇金山村八组
负责人：华庚 邮 编：734502
法 人：华庚
Tel：13993679443

## 民乐县八卦虫草鸡养殖专业合作社

业务：八卦虫草生态鸡的养殖、销售
产品：八卦虫草鸡
地址：甘肃省张掖市民乐县永固镇八卦村
负责人：刘成山 邮 编：734500
Tel：13830691993
13519069578

## 山丹县民兴养殖专业合作社

业务：牛、羊、马等牲畜养殖，种植油菜、大麦
地址：甘肃省张掖市山丹县大马营乡前山村五社
负责人：葛成爱 邮 编：734104
法 人：葛成爱
Tel：13830656530
15025885799
13830645952

## 漳县爱民养殖有限责任公司

业务：养殖
产品：蛋鸡、肉鸡、鸡蛋
地址：甘肃省定西市漳县武阳镇武阳路17号
负责人：赵文华 邮 编：748300
法 人：赵文华
Tel：13519025257
0932－4861320

**天水瑞禾农业生产资料有限公司**

地址：甘肃省天水市麦积区商埠路东42号
负责人：赵明
Tel:0938－2736003

## 永登华茂玫瑰专业合作社

业务：种植、加工玫瑰
地址：甘肃省兰州市永登县苦水镇上新沟村
负责人：施茂林 邮 编：730300
法 人：施茂林
Tel：13609393173
13893391214
0931－6770688

**武山县兴发农业生产资料有限公司**

地址：甘肃省天水市武山县鸳鸯镇鸳鸯村
负责人：杨全成
Tel:13150061637

## 徽县金农诚生态农业专业合作社

业务：畜禽产品引进销售，推广及无公害农产品
产品：白皮松树苗、生态黑毛乌鸡，绿壳鸡蛋，土鸡及无公害核桃的销售
地址：甘肃省徽县虞关乡八渡沟村八渡沟社
负责人：周廷 邮 编：742302
法 人：穆建国
Tel：13993916535、
13993906732

## 兰州市西固区河口兴蓉养殖合作社

业务：养殖猪、马、牛、羊
地址：甘肃省兰州市西固区河口北街82号
负责人：张才锋 邮 编：730094
法 人：张才锋
Tel：13919198236

**甘肃乙核农业开发有限公司**

地址：甘肃省武威市古浪县黄花滩乡白尖槽
负责人：徐涛
Tel:13893554110

## 瓜州县和协农业发展有限责任公司

业务：农业种植，牛羊养殖，甘草种植、加工和销售
地址：甘肃省嘉峪关市瓜州县邮电巷住宅区8号门点
负责人：李伟 邮 编：735100
法 人：李伟
Tel：13893723293

## 甘肃生源农业开发有限公司

业务：秸秆气化炉、秸秆加工机械、批发零售秸秆饲草。生产生物发酵菌和菌体蛋白菌，研发天燃气、液化气、煤气和沼气炉灶用专利改造。兼营太阳能热水工程。方向：培训、推广普及应用，建立合作社。方式：公司＋合作社＋农户。目标：清真绿色、国际标准。程序：从饲草、养殖、屠宰、加工为一体(实现五统一)。
地址：甘肃省兰州市七里河区硷沟沿335号(伏羲宾馆)东楼513室
负责人：马全义 邮 编：730050
法 人：马全义
Tel：13893315475
13993074458
0931－2611772
Fax：0931－2611772
网址：www.mslsw.com
E-mail:shmqyi@163.com

**武威市兴业生态建设示范中心**

地址：甘肃省武威市凉州区北关中路135号
负责人：赵裕
Tel:0935－3322262

## 古浪祥盛养殖有限责任公司

业务：养殖销售
地址：甘肃省金昌市古浪县古浪镇胡家湾村河子组2号
负责人：王祥 邮 编：737100
法 人：王祥
Tel：0935－5155012
13830502842

**武威红牛农牧科技有限公司**

地址：甘肃省武威市凉州区雷台东路1号
负责人：王春和
Tel:0935－2259193

## 金昌市天城辣椒专业合作社

业务：美国红辣椒的种植与销售
地址：甘肃省金昌市金川区双湾镇天生炕村
负责人：杨寿雄 邮 编：737100
法 人：杨寿雄
Tel：13239353208
13195999965

**武威神舟农业科技有限责任公司**

地址：甘肃省武威市凉州区新关街

……负责人:苗芸
……Tel:0935－6119152

**永登家栋蔬菜专业合作社**
业务:种植蔬菜
地址:甘肃省兰州市和平路22号1单元402
……负责人:张永　邮　编:730030
……法　人:张永
……Tel:13679414567
13088768188

**瓜州县金来农产品专业合作社**
业务:种植和销售哈密瓜,棉花
产品:哈密瓜,棉花
地址:甘肃省酒泉市瓜州县瓜州村林场
……负责人:李彦广　邮　编:736100
……Tel:13519075948

**武威兴盛种业有限公司**
地址:甘肃省武威市凉州区新关街拥军路
……负责人:冯斌
……Tel:0935－6154202

**兰州市旭东实业有限责任公司**
业务:主要经营项目:高新技术农业项目开发、蔬菜种植、果蔬深加工及营销和物资储运,兼营:金属、建筑材料、农技推广等。开发农业产业化,走科技农业和乡村旅游相结合发展之路。
产品:特色高原夏菜、土特产品、生态农业观光(景区观光)
地址:甘肃省兰州市城关区嘉玉关东路罗马世家
……负责人:胥秋萍　邮　编:730000
……法　人:白鹏飞
……Tel:0931－4868129
……Fax:0931－4868019
……网址:www.xdsyjt.cn
……E-mail:gsxd001@163.com

**张掖市嘉禾绿色农业发展有限责任公司**
地址:甘肃省张掖市长安乡前进村
……负责人:周文政
……Tel:0936－8632323
13309363388

**泰和棉业有限责任公司**
地址:甘肃省酒泉市金塔县团结坪经济开发区
……负责人:李光福
……Tel:0937－4510689
4510669
13993750977

**金塔县柏全农产品购销有限责任公司**
业务:农产品购销
地址:甘肃省酒泉市金塔县西坝乡政府驻地
……负责人:何柏全　邮　编:735000
……法　人:何柏全
……Tel:13659372666
13893720126
0937－4532016
……Fax:0937－4532016

**徽县兴林苗木开发中心**
地址:甘肃省陇南城关镇建新路93号
……负责人:舒永宏
……Tel:0939－7521280

**朝元蔬菜脱水有限公司**
地址:甘肃省张掖市甘州区和平乡朝元村
……负责人:代学荣
……Tel:0936－8614266

**兰州富华农业科技有限公司**
业务:专业经营农药、种子、肥料、复合肥、叶面肥、冲施肥、农膜调节剂等,批零兼营、厂家直销,保质保量,绿色环保,本公司始终以科技服务为先导,服务三农为宗旨,竭诚为广大农民朋友服务。
产品:野麦畏(兰州)、2.4D丁酯(固城)、氟乐灵(兰州)
地址:甘肃省兰州市安宁区街坊路275号(兰州农业科技种子市场C座14－15号)
……负责人:徐柏华　邮　编:730070
……法　人:徐柏华
……Tel:0931－7659398
……Fax:0931－7659398

**山丹县李桥乡品玉综合养殖有限责任公司**
业务:牛、羊养殖、销售
地址:甘肃省张掖市山丹县李桥乡河湾村
……负责人:张志品　邮　编:734000
……法　人:张志品
……Tel:13042921888
0936－8255388

**山丹县龙渊综合养殖有限责任公司**
业务:牛、羊、驴等牲畜养殖(不含种畜)及树木、饲草的种植(不含种子)
地址:甘肃省张掖市山丹县文化街农村信用社
……负责人:郭志龙　邮　编:734100
……法　人:郭志龙
……Tel:13830666818
13909366895

**庆峰肉联加工有限责任公司**
地址:甘肃省庆阳市庆城县莲池开发区
……负责人:王小峰
……Tel:0934－3220666
13993433333

**肃南裕固族自治县文殊畜产品经销专业合作社**
业务:羊肉,羊毛,羊绒,羊皮灯产品的经销
地址:甘肃省张掖市肃南县祁丰藏族乡文殊村
……负责人:朵玉山　邮　编:734000
……法　人:朵玉山
……Tel:13195909088
0936－6164626

**酒泉市永兴养殖专业合作社**
业务:养殖牛羊
地址:甘肃省酒泉市肃州区总寨镇单闸村
……负责人:于永兴　邮　编:735000
……法　人:于永兴
……Tel:13993758619
13893709816

**甘肃金牧饲料有限公司**

甘肃金牧饲料有限公司成立于2005年。
主要从事"陇牧"牌饲料的加工及销售。
本公司秉承"顾客至上,锐意进取"的经营理念,坚持"客户第一"的原则为广大客户提供优质的服务。
欢迎广大客户惠顾!

联系人:赵智勇
电话:0931－2686568　13993117129
地址:甘肃省兰州市西里河区西果园村肖家庄　邮编:730000

**合水县恒鑫绿色养殖场**

合水县恒鑫绿色养殖场是一家专业从事生猪、野猪养殖、梅花鹿养殖、渔类养殖与销售的绿色综合性养殖场。
养殖场采用环保建造,完全实现绿色养殖,愿与种养人士交流经验,欢迎社会各界人光临合作。

电话:0934-5665942　13884102213
联系人:徐彦峰
地址:甘肃省庆阳市合水县大山门林场　邮编:745411

**靖远县天力蔬菜产销专业合作社**

靖远县天力蔬菜产销专业合作社专业从事各品种辣椒的种植和销售,绿色无公害蔬菜,欢迎来电洽谈!

电话:0943-6250096　联系人:薛玉强
地址:甘肃省白银市靖远县东湾镇三合蔬菜市场　邮编:730600

**酒泉市科农贸易有限责任公司**

酒泉市科农贸易有限责任公司从事批发零售农药、化肥、种子等,以质量求生存,以信誉求发展,欢迎新老客户来电洽谈业务!

联系人:潘国全
电话:0937-5915890　13993756345
地址:甘肃省酒泉市肃州区祁连路福华市场对面　邮编:735000

**张掖市甘州区力创综合养殖有限责任公司**

张掖市甘州区力创综合养殖有限责任公司于2008年成立,专业从事牛、羊、猪养殖销售,林木种植销售,采用生态养殖模式,实现养殖业与种植业有效结合。
公司承诺:一样的质量比价格,一样的价格比质量。我们将以最优质的产品和服务竭诚期待您的光临!

联系人:樊伟
13993683824　邮编:734000
地址:甘肃省张掖市甘州区石岗墩滩砖包被处

**正宁县永盛畜牧养殖专业合作社**

正宁县永盛畜牧养殖专业合作社自成立以来,以生猪养殖、经营及技术服务为主。
我们秉承"顾客至上,锐意进取"的经营理念,坚持"客户第一"的原则为广大客户提供优质的服务。
欢迎惠顾!
联系人:魏兆瑞
13993655815
13993648480
邮编:745303
地址:甘肃省庆阳市正宁县榆林子镇中巷村

## 青海省/Qinghai Province

**青海省互助县恒利元养殖场**
地址:青海互助土族自治县互助县西上街6号
……负责人:卢学正
……Tel:0972－8320648

**青海湟源县申中新兴综合养殖场**
地址:青海湟源县湟源申中乡新兴综合养殖厂
……负责人:李裕龙
……Tel:0971－2433142

**青海东部蔬菜综合批发市场**
地址:青海乐都县岗沟镇李家村(乐都县西大桥)
……负责人:王精平
……Tel:0972－8647768

**循化县吉祥经济林种植基地**
业务:循化县吉祥经济林种植基地成立于2004年,从事蔬菜、果树及其他树木种植,欢迎广大新老客户前来实地看苗,洽谈订货。
地址:青海省海东地区循化撒拉族自治县街子乡团结村188号
……负责人:韩永胜……邮　编:811100
……Tel:0972－8896116

**都兰诺木洪枸杞专业合作社**
地址:青海省都兰县诺木洪农场四大队
……负责人:薛军
……Tel:0971－8234805

**青海省贵南草业开发有限责任公司**
地址:青海省贵南县过马营镇
……负责人:张坤
……Tel:0974－8509698

**湟中县文元养殖业发展有限责任公司**
地址:青海省海东地区湟中县多巴镇新墩村
……负责人:陈元寿
……Tel:13997143053

**中央储备粮平安直属库**
地址:青海省海东地区平安县平安镇兰青路595号
……负责人:包先生
……Tel:0972－8612731

## 宁夏回族自治区/Ningxia Hui Autonomous Region

### 银川万明畜牧养殖有限公司
业务：我公司成立于 2005 年，从事牛、羊、水产养殖及蔬菜种植，欢迎广大新老客户前来洽谈订货。
地址：宁夏回族自治区银川市西夏区兴泾镇新民村
………… 负责人：锁石朋……邮　编：750021
………… Tel：0951－2171997

### 青铜峡市金沙湾农业综合开发有限公司
地址：宁夏吴忠青铜峡市广武乡腾家湾
………… 负责人：蒙静
………… Tel：0953－3790379

### 宁夏恒涛种养殖业有限公司
地址：宁夏银川市新市区沿山公路以东新小线南
………… 负责人：朱金明
………… Tel：0951－3025149

### 宁夏金硕园农业开发有限公司
地址：宁夏银川永宁县黄羊滩农场
………… 负责人：丁冬勇
………… Tel：13909515823

### 宁夏昊王米业有限公司
业务：本公司成立于 1996 年，现在员工 60 多名。主要经营粮食的加工与销售，农副产品的购销。
地址：宁夏自治区灵武市新华桥岔路口
………… 邮　编：750400
………… 法　人：王忠
………… Tel：0951－4601216
………… Fax：0951－4602688

### 宁夏叶公茶叶有限公司
地址：宁夏银川市兴庆区胜利南街绿秀苑小区 12 号营业房
………… 负责人：李紫燕
………… Tel：0951－8761776

### 宁夏农科院银北盐碱土改良试验站枸杞叶茶厂
地址：宁夏平罗县前进乡
………… 负责人：陆波
………… Tel：0951－6138135

### 宁夏正旺生物技术公司
地址：宁夏中卫市沙坡头区迎水镇
………… 负责人：芮治和
………… Tel：0955－7609683

## 新疆维吾尔自治区/Xinjiang Wei We Er Autonomous Region

### 新疆农垦阿克苏供销合作总公司绿洲农资经销部
地址：新疆维吾尔自治区阿克苏地区阿克苏市 314 国道依杆旗屠宰场边
………… 负责人：孙晓燕
………… Tel：0997－2617377

### 新疆农家福农资有限责任公司
地址：新疆维吾尔自治区阿克苏地区阿克苏市英巴格路 2 号
………… 负责人：卢新华
………… Tel：0997－6385109

### 新疆巴州清水河农场 *
业务：巴州清水河农场是一个国有中型农牧企业，隶属巴州农业局，始建于 1960 年。土地规划总面积 15.6 万亩，宜农可耕地 11 万亩，现已开垦 7.4 万亩。主要作物有小麦、玉米、打瓜、工业番茄、棉花、大棚蔬菜、果品等。
地址：新疆河硕县巴州清水河农场
………… 邮　编：841200
………… 法　人：武剑雄
………… Tel：0996－5935028
………… Fax：0996－5935020
………… 网址：www.xjbzqsh.net

### 库车鹏程农林牧开发有限责任公司
地址：新疆维吾尔自治区阿克苏地区库车县东城区天山路 408 号
………… 负责人：代高鹏
………… Tel：0997－7311788

### 新疆农资(集团)有限责任公司北屯农佳乐农资超市
地址：新疆维吾尔自治区阿勒泰地区阿勒泰市北屯西北路(304)
………… 负责人：薛卫京
………… Tel：0906－3180648

### 巴州东圣现代农业灌溉系统工程有限公司
地址：新疆维吾尔自治区巴音郭楞蒙古自治州库尔勒市交通东路
………… 负责人：徐大圣
………… Tel：13909967995

### 阿克苏地区腾胜农资有限公司
业务：阿克苏地区腾胜农资有限公司成立于 2006 年，主要从事化肥、农药、种子、地膜销售。“以质量求生存，以信誉求发展”，热诚欢迎广大新老客户光临、惠顾！
地址：新疆维吾尔自治区阿克苏地区阿克苏市交通路 25 号(农哈哈大世界 14－1 号)
………… 负责人：寇忠……邮　编：843000
………… 法　人：寇忠
………… Tel：0997－2671981
………… Fax：0997－2671981

### 阿克苏农大哥农资有限责任公司乌什县分公司
业务：农膜等农资销售
地址：新疆维吾尔自治区阿克苏地区乌什县
………… 负责人：阿力木江·吾麦尔
………… 邮　编：843400
………… 法　人：阿力木江·吾麦尔
………… Tel：13999673872
0997－5324776

### 新疆撒可富肥业有限公司库尔勒销售服务中心
地址：新疆维吾尔自治区巴音郭楞蒙古自治州库尔勒市团结南路 16 号华康房产 2 幢 5
………… 负责人：杨海红
………… Tel：0996－2010870

### 库尔勒诺邦农资有限公司
地址：新疆维吾尔自治区巴音郭楞蒙古自治州库尔勒市英下路友好市场 A1 栋 23 号
………… 负责人：曹瑞芹
………… Tel：13199721405

### 新疆新牧生态农业科技开发有限公司
业务：新疆新牧生态农业科技开发有限公司位于新疆库尔勒市，本公司以农业开发，林果，草业，畜牧业及绿色食品为主，兼营农业机械配件，机电化工及电子产品。
地址：新疆维吾尔自治区巴音郭楞蒙古自治州库尔勒市佳鑫花园 15 号
………… 邮　编：841000
………… 法　人：牛军
………… Tel：0996－2226691
………… Fax：0996－2226689

### 巴州绿大地农业开发有限责任公司轮台县种子经销部
地址：新疆维吾尔自治区巴音郭楞蒙古自治州轮台县集贸中心海尼沙汗出租房
………… 负责人：罗来阳
………… Tel：0996－4696460

### 尉犁县丰收农用地膜厂
地址：新疆维吾尔自治区巴音郭楞蒙古自治州尉犁县孔雀南路
………… 负责人：张玉辉
………… Tel：0996－4018766

### 新疆天地水和种业有限公司
业务：新疆天地水和种业有限公司成立于 2006 年，主要生产、加工、销售各类农作物种子。欢迎新老客户光临、惠顾！
地址：新疆维吾尔自治区哈密地区哈密市前进西路 28 号
………… 负责人：玉玖……邮　编：839000
………… 法　人：玉玖
………… Tel：0902－2357822
2319802

### 尉犁县富源种业有限公司销售部
地址：新疆维吾尔自治区巴音郭楞蒙古自治州尉犁县孔雀农场修理一条街
………… 负责人：李家征
………… Tel：0996－8895787

### 昌吉州金昌农农资连锁有限公司亚中农资连锁店
地址：新疆维吾尔自治区昌吉回族自治州昌吉市三工路
………… 负责人：杜萍
………… Tel：0994－2345696

### 新疆康农种业有限责任公司
地址：新疆维吾尔自治区昌吉回族自治州呼图壁县昌华路 4 号
………… 负责人：李玉峰
………… Tel：0994－4502806

### 新疆生产建设兵团农业生产资料供应公司巴楚县配销中心
业务：新疆生产建设兵团农业生产资料供应公司巴楚县配销中心成立于 2004 年。从事农业生产资料 销售及配送，主营产品有农药、化肥、种子等。欢新广大用户光临、惠顾！
地址：新疆维吾尔自治区喀什地区巴楚县光明路兵团农资公司
………… 邮　编：843800
………… 法　人：傅文
………… Tel：0998－6175020
………… Fax：0998－6175107

### 新疆兵团农三师农业生产资料公司麦盖提县第二经销部
地址：新疆维吾尔自治区喀什地区麦盖提县央塔克乡农村信用社对面
………… 负责人：朱卫勇
………… Tel：0998－7972228

### 新疆农资集团泽普连锁网络
业务：主要经营化肥、农药、种子、农膜等农资产品，质量第一、客户至上，欢迎新老客户光临惠顾。
地址：新疆维吾尔自治区喀什地区泽普县新大街 5 号
………… 负责人：田鑫……邮　编：844800
………… 法　人：田鑫
………… Tel：0998－8244889

### 阿图什市伟华帕米尔鹿业有限责任公司
地址：新疆维吾尔自治区克孜勒苏柯尔克孜自治州阿图什市经济羊场
………… 负责人：罗在伟
………… Tel：13070067006

### 新疆金凤凰农业科技有限公司
业务：新疆金凤凰农业科技有限公司成立于 2003 年，主要从事家禽养殖。我们以雄厚的技术实力和丰富的经验，为客户提供高质量的产品与服务。
地址：新疆维吾尔自治区吐鲁番地区吐鲁番市大河沿镇工业园区
………… 负责人：潘仙娥……邮　编：838000
………… 法　人：潘仙娥
………… Tel：0995－8645388
………… Fax：0995－8646333

### 新疆巩留贵亭黑加仑野果开发中心
业务：本公司于 2005 年成立，主营黑加仑罐头、黑加仑酱、黑加仑茶叶、黑加仑干果、马林罐头、马林酱、野山杏酱等系列产品。产品具有工艺新颖，包装精致，味道鲜美的特点，上市以来深受消费者青睐。
地址：新疆维吾尔自治区伊犁哈萨克自治州巩留县莫合尔乡
………… 邮　编：835401
………… 法　人：汪贵亭
………… Tel：0999－5880111
………… Fax：0999－5882106

### 新疆正义农业科技有限公司石河子分公司
地址：新疆维吾尔自治区石河子总场果酒厂 8 小区 172 栋 8 号
………… 负责人：童建花
………… Tel：0993－2260006

### 伊犁霍城县正宏饲料厂
地址：新疆维吾尔自治区伊犁地区霍城县六十五团
………… 负责人：李娟
………… Tel：0999－3333130
13709990866

### 尼勒克县亚西农业科技开发有限责任公司
业务：尼勒克县亚西农业科技开发有限责任公司成立于 2004 年，现有员工 15 人，从事土豆种子的销售及土豆种植技术推广。欢迎来电垂询！
地址：新疆维吾尔自治区伊犁哈萨克自治州尼勒克县政府财政局
………… 邮　编：835700
………… 法　人：郭新民
………… Tel：0999－4623402
………… Fax：0999－4623403

# 行业品牌展示窗

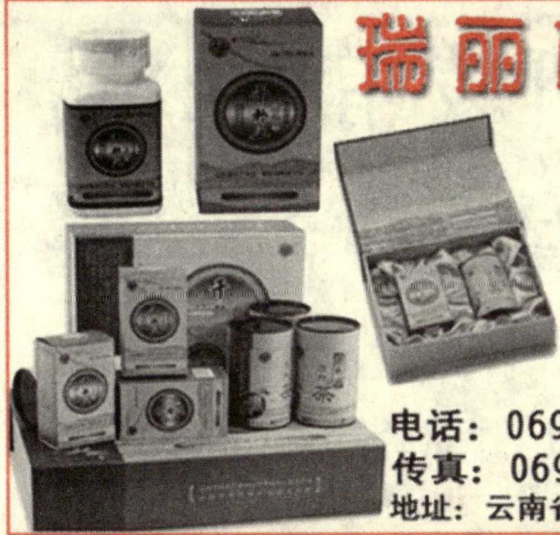

## 瑞丽市干邦亚酒业有限公司

网址：www.ganbangya.com

瑞丽市干邦亚酒业有限公司以科研、种植龙眼、加工、销售为一体的云南省龙头企业，生产果酒系列均已通过ISO9001质量管理体系认证，以绿色为本，产品质量保证，深受国内外客户的青睐。

联系人：余亚林
13808786658
电话：0692-8150888
传真：0692-6995338
电邮：zzy@163.com
地址：云南省德宏傣族景颇族自治州瑞丽市卯香花园翡翠巷5号 邮编：678600

## 无锡市洛社镇杨市小阿七狗肉有限公司

无锡市洛社镇杨市小阿七狗肉有限公司始创于1992年，主要以加工、生产、销售熟食狗肉为主，产品销售网络已遍及全国。我们以始终坚持“客户至上、质量第一”的原则，深受广大消费者喜爱。

联系人：吴勇梅
电话：0510-83553553 13013646073
地址：江苏省无锡市惠山区洛社镇杨市马巷20号 邮编：214154

## 枣庄市市中区双龙翔保健食品店

本公司成立于2007年，主要经营保健食品销售、日用百货销售，有南方李锦记“无限极”保健食品系列。诚信经营是我们的服务宗旨，欢迎您的光临。

联系人：王学术
电话：13516324023 传真：0632-3357988
邮编：277000 地址：山东省枣庄市市中区广场花园8号楼36号

## 邢台市南益食品有限公司

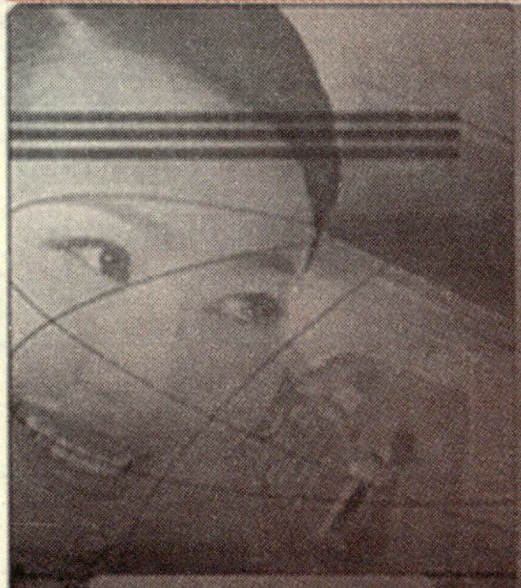

邢台市南益食品有限公司于2007年成立，专业生产调味品、食用菌、干制水产品，并拥有自己的品牌“南益”。主要产品有炖肉调料、调味粉、银耳、木耳、海带等。

我公司秉承诚信务实的经营理念，始终坚持以最低的价格、最优的质量、最快捷的服务满足广大客户。希望海内外有识之士来电来函洽谈业务。

联系人：張二虎
电话：0319-4550315 13700390964
地址：河北省邢台市南和县三召乡西三召村北 邮编：054400

# 行业品牌展示窗

## 赫章县财神农副产品开发有限公司

北流市天利达耐火材料加工厂成立于2003年，专业从事耐火材料生产销售，石英匣钵是本厂主要产品，价格合理，欢迎来电洽谈业务！

联系人：陈　旋　15902672399　13885772760

地址：贵州省毕节地区赫章县财神镇小海村　邮编：553206

## 宾联食品有限公司

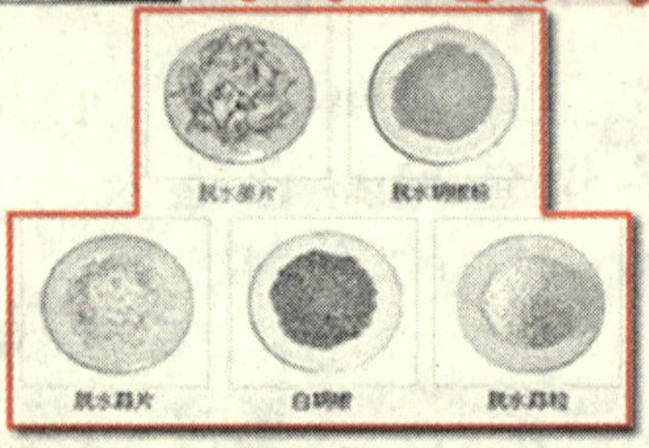

宾联食品有限公司是一家具有自主出口权的民营企业，公司始创于1986年，以蔬菜脱水系列加工为主。公司主要加工各种规格的脱水蒜片，蒜粉，蒜粒，姜粉，姜片，姜粒，胡萝卜粒，胡萝卜粒片，胡椒粉，洋葱丝，洋葱片，洋葱粒，洋葱粉，辣椒片等各种脱水蔬菜制品三十多个品种系列。

优质的产品质量，完善的售后服务等因素，吸引了来自海内外的客户。

联系人：姚振帮　13965745000

电话：0558-6346075

网址：www.ahblfood.com

地址：安徽省阜阳市临泉县高塘乡杨庙宾联食品有限公司　邮编：236400

## 崇礼县通用滤材有限公司

我公司生产的珍珠岩助滤剂主要用于食品行业的过滤，广泛应用于啤酒、葡萄酒、白酒、味精、果汁、谷物糖浆、调味品和医药、酶制剂、生物工作、石油、化工、精细化工、冶金、污水处理等多个行业，在卧式板框、垂直叶片、水平圆盘、烛式、转鼓过滤机等多种型式过滤机上都能达到理想的助滤效果。

联系人：王富生

电话：0313-4793317　4792200　13623399026

地址：河北省张家口市崇礼县高家营镇大桥村　邮编：076361

## 多美佳食品有限公司

联系人：彭卫群

多美佳是专业从事食品添加剂的开发、研究、生产销售的现代化大型企业。公司配备国内资深调香师和一流的生产技术人员，利用完善的产品检测体系和雄厚的科研实力，提供最稳定的产品，我们坚持依法经营，塑造企业荣誉，持续改进质量管理体系的运行质量，围绕客户要求，提供客户满意的产品和服务质量。现对湖南省区各市县诚招代理商

电话：0532-88377777　15969828888　传真：0532-88375888

地址：山东省青岛市平度市华侨科技工业园阳光大道103号　邮编：266700

# 行业品牌展示窗

## 魏县天民粮油批发交易市场有限公司

本公司于2000年成立。

多年来从事着粮油收购、销售；代存代储；代办运输、中介服务的业务，主要的产品有小麦、玉米、油脂、油料及其它农副产品、成品粮。

公司欢迎各大商家的惠顾。

联系人：汤健民 13832066516　电话：0310-3363566 3363999

地址：河北省邯郸市魏县双庙粮油市场内　邮编：056800

## 芜湖市金皖清清真食品厂

芜湖市金皖清清真食品厂主要从事清真食品的生产与销售。

本公司本着："务实，创新，开拓，进取"的企业精神，发扬"严谨，卫生，高效"的经营作风，以"质量可靠，用户之上，信誉第一"为宗旨。本公司总经理及全体员工，愿与社会各界同仁携手，为振兴民族食品工业发展，共创美好明天！

联系人：肖茂德

电话：0553-5728008　门市：0553-3878578 13004053362

地址：安徽省芜湖市镜湖区长江路66号　门市：安徽省芜湖市上二街11号东1　邮编：241000

## 武夷山青龍食品有限公司

公司成立于2004年，主要经营酒水、饮料、茶叶（武夷大红袍）的生产与销售。产品品质优良，价格优惠，获得广大客户的好评，欢迎新老客户惠顾！

电话：0599-5280865 13706018533　联系人：林洪荣

地址：福建省武夷山市武夷新区　邮编：354300

## 沭阳县西圩乡永盛粉丝厂

我厂建于2002年，位于江苏省沭阳县西圩乡邱庄村。

专业生产纯红薯淀粉、粉丝。

品种齐全，欢迎广大客户前来选购。

电话：0527-83457999

联系人：李明九 13365258999　电邮：limingjiu999@sohu.com

地址：江苏省沭阳县西圩乡邱庄村三组　邮编：223636

# 行业品牌展示窗

## 荆州市茂源米业有限公司

荆州市茂源米业有限公司成立于2006年，是一家以粮食收购、加工、销售为主，兼营饲料加工的民营企业，公司“茂源”优质大米系列，畅销湖北、湖南、广东、广西、贵州等地，深受广大消费者喜爱。

联系人:叶 本 发

电话：0716-5731028　13507216019

地址：湖北省荆州市公安县章田寺乡新建街　邮编：434324

## 酒泉市金锁阳天然保健品有限责任公司

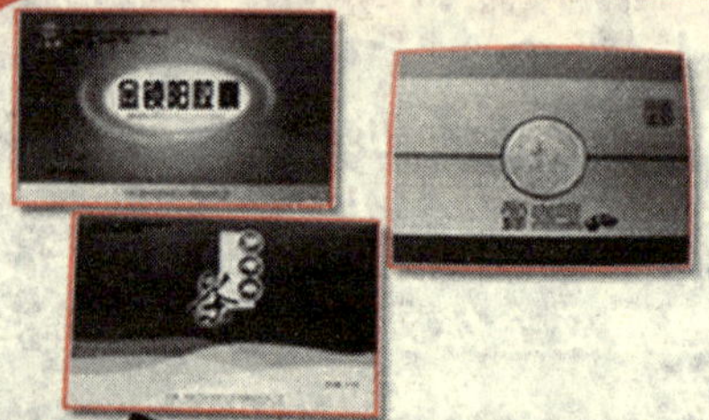

本公司是以酒泉特产锁阳亦称“不老药”为原料，采用萃取、纳米等技术手段生产的“金锁阳”牌系列产品，金锁阳咖啡、锁阳不老酒、锁阳养生茶、锁阳胶囊等几十个品种的保健品企业。

让虚者充盈、壮者久荣、老者长生、少者永恒，是我们追求和目标！

联系人：潘竟成
13309379015

地址：甘肃省酒泉市高新技术产业园区

电话：0937-2611717
网址：www.jinsuoyang.com.cn
电邮：jsy879_p@163.com
邮编：735000

## 红安县红冠食品有限公司

本公司成立于2006年，主要经营猪肉食品。"客户所需，我之所做；我之所做，客户所需"是我公司一贯坚持的宗旨。基本精神是"质量与服务并重"。在努力提高产品品质，不断科研创新，为您服务。

联系人：王孝兵

电话：0713-5252261　13477667888　传真：0713-5245981

地址：湖北省黄冈市红安县城关镇沿河大道　邮编：438400

## 湖南三辣食品有限责任公司

本公司主要经营：

辣椒、生姜、大蒜等农产品深加工销售。

欢迎来电来函洽谈。

联系人：禹中华　电话：0739-8169888

地址：湖南省邵阳市隆回县城南工业区　邮编：422000　电邮：yzhcad@126.com

# 行业品牌展示窗

## 江苏省银洋胶基有限公司

江苏省银洋胶基有限公司成立于1992年，是中国最早、最具规模的胶基生产供应厂商。

公司生产有口香糖和泡泡糖二大系列胶基。形状有块状、片状和粉末状等，能够满足各类客户对生产含糖、无糖和加酸、不加酸的需求。

产品无论在质量、技术含量和价格上都具有极强的市场竞争力，有极高的性价比。

联系人：洪敏
电话：0510-85167951　传真：0510-85169386　地址：常州市金坛市指前工业集中区
网址：www.chinagumbase.com　电邮：mjy@chinagumbase.com　邮编：213200

## 吴江市双林酒业有限公司

吴江市双林酒业有限公司主要从事黄酒的销售。公司经营的黄酒酒色橙黄清澈，酒香芬芳馥郁，酒味醇厚甘鲜。热忱欢迎新老客户惠顾！

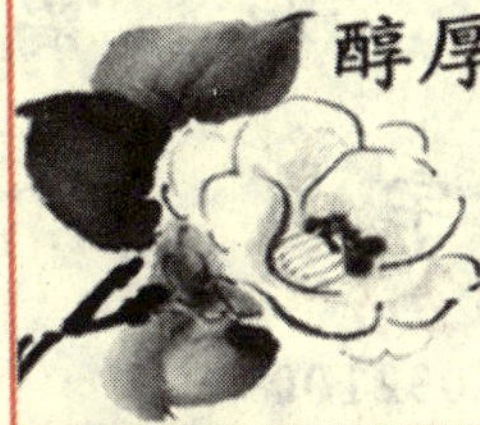

联系人：周松林
电话：0512-63720745　手机：13906250074
地址：江苏省吴江市七都镇庙港区光荣村　邮编：215234

## 铁岭市膳良食品有限公司

四平市金亿粮食购销有限公司成立于1998年，主要从事玉米、大豆的购销；2000年公司又成立了铁岭市膳良食品有限公司，主要从事味精、鸡精的生产与销售。

本着“信誉第一、客户至上”的原则。

热忱欢迎新老客户惠顾！

联系人：陈金能
电话：0410-3600488　地址：辽宁省铁岭市昌图老四平工业园区
传真：0410-5160173　邮编：112000

## 漳州龙泽食品有限公司

漳州龙泽食品有限公司成立于2008年。主营水产品、日本料理、飞鱼籽、西鳞鱼籽、大八爪。

公司产品以质优，物美，价廉，供货快捷，欢迎新老客户前来洽谈业务。

联系人：方镇平　13960003923　电话：0596-8888969
地址：福建省漳州市云霄县东厦开发区北江管理处　邮编：361006

# 行业品牌展示窗

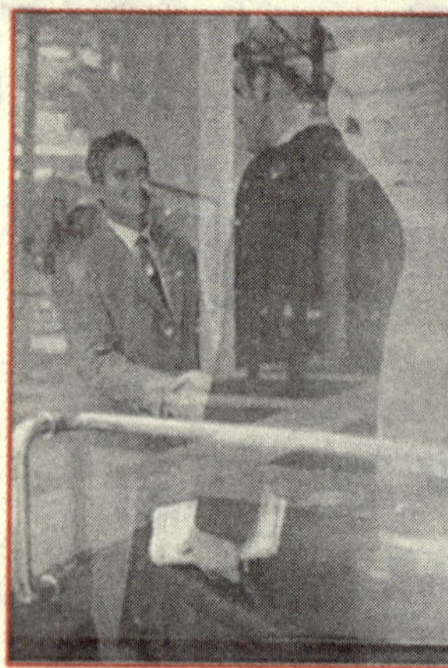

## 定边县广源贸易有限责任公司

定边县广源贸易有限责任公司成立于08年7月，主要从事高档酒的销售。主要代理的有茅台、五粮液、西凤酒、老榆林、榆林王等等。

欢迎广大客户来电洽谈，量大从优！

联系人：钱志强 13991074627 电话：0912-8090519 4221496

地址：陕西省榆林市定边县定边镇南环市场26号 邮编：718600

## 汾阳市千宇米业有限责任公司

汾阳市千宇米业有限责任公司成立于1998年，主要从事于小米生产加工、销售。公司自成立以来，一贯秉承“诚信、创新”的经营理念，始终坚持“客户至尊、完美服务”的服务宗旨，我们将把客户放在心中，把客户的需求当做我们生存的源泉。期待与您心心相通，渴望与您携手并进，让我们共同托起明日美好的蓝天！

联系人：李千宇

电话：0358-7548789 13994836623

地址：山西省汾阳市冀村镇南浦村 邮编：032100

## 河南中康油脂工业有限公司

本公司致力当地芝麻和花生产业的发展，以“任氏牌”小磨香油，浓香花生油为主导产品。

公司始终坚持以质量为生命，向管理要效益靠科技求发展以诚信赢市场的质量方针及互赢互利的经营理念竭诚欢迎您到本公司参观指导，国内企业及个人来我公司考察、交流、合作、共谋发展。

联系人：任自军

电话：0370-2899618 2899608

传真：0370-2899608 电邮：zhongkang2009@126.com

地址：河南省商丘市中州路北段310农批市场西门 邮编：476000

## 北屯汇祥油脂工贸有限责任公司

北屯汇祥油脂工贸有限责任公司成立于2004年，主要从事于植物油半精炼、葵仁及各类农产品的色选、剥壳、分级等生产销售。100%纯正葵花籽油澄清透明，色泽浅淡、葵香淡雅，自然爽口，无任何化学添加剂。公司本着“做大做强”的发展理念，真诚与社会各界朋友广泛合作，同创共赢，欢迎光临公司参观指导。

联系人：杜立民

电话：0906-3371470 13899428046

地址：新疆维吾尔自治区阿勒泰地区阿勒泰市北屯镇西北路1234号 邮编：836000

# 行业品牌展示窗

## 红安县天源酒业销售有限责任公司

天源酒业销售有限责任公司成立于2007年，是一家专业从事酒业代理、销售的企业。

公司始终坚持以“质量做本、信誉为媒”的发展规则去努力开拓，积极进取，产品质量始终如一，好的产品，信得过的质量，给公司带来了众多的殊荣。

联系人：杨林富 13607254168 电话：0713-3816360
地址：湖北省黄冈市红安县城关镇北门岗22号 邮编：438400

## 乌鲁木齐市沙依巴克区徽韵坊炒货厂

乌鲁木齐市沙依巴克区徽韵坊炒货厂十多年来一直致力于西瓜子、葵瓜子的生产、加工与销售，现有多种口味供君挑选。

歡迎廣大顧客惠顧！

联系人：黄建刚
电话：0991-8760630 13009668114
地址：新疆维吾尔自治区乌鲁木齐市沙依巴克区西山路119号
邮编：830000

## 黑龙江省克东腐乳有限公司

成立于1993年，主要从事于腐乳酿造。

黑龙江省克东腐乳有限公司正抢抓机遇，以改革为契机，打大品牌、技术创新、调整产品结构、资本运营、营销五大战略，全力将这一中华瑰宝克东腐乳打造成绿色保健品牌，为民族工业的发展、县域经济的振兴书写无愧于时代的新篇章。

联系人：张健 13604616655
电话：0452-4323447 4325708
网址：www.kdfuru.com
邮编：164800
地址：黑龙江省齐齐哈尔市克东县保安街

## 聊城市东昌府区潘家酥枣加工部

本公司成立于2000年，主要经营山东聊城东昌酥枣，采用优质大红枣，经手工精选，加工制成，食之香甜，酥脆味道纯正，营养丰富，具有健脾开胃，益气利血之功效，是老少皆宜，营养的大补食品。

联系人：潘树领 电话：0635-8352920 13012788417
地址：山东省聊城市东昌府区王宅向阳街72号

# 行业品牌展示窗

## 夏县田源果汁有限责任公司

夏县田源果汁有限责任公司成立于2007年7月，是一家专业生产浓缩苹果汁，浓缩梨汁及苹果渣饲料生产企业。可按照客户需求的标准加工各种类规格的浓缩果汁及其系列饮料产品。目前，公司已通过HACCP食品安全控制体系认证、ISO9000 国际质量管理体系认证、美国的KOSHER犹太认证以及德国SGF认证。

田源果汁的未来是美好的，发展潜力是不可估量的，愿我们能共同把握机会，携手并进，共建新世纪的辉煌。追求“诚信 团结 创新 高效”的企业发展理念，我们真诚欢迎阁下光临运城夏县，光临田源果汁。

联系人：郭卫杰
网址：www.gardenjuice.cn
电邮：gardenjuice@163.com
邮编：044400
电话/传真：0359-8542290
地址：山西省运城市夏县瑶峰镇郭道村

## 乡宁县金元贸易有限责任公司

乡宁县金元贸易有限责任公司于2002年成立，主营饮料、牛奶和酒的批发。主打产品有康师傅系列产品，古城牛奶、张裕葡萄酒和汾阳王酒。

为了广大顾客的方便，我们一直在努力开拓，不断创新，把自己的业务水平提高到新的台阶！我们凭借良好的产品，真诚的服务从客户中赢的良好的口碑。

联系人：李金元 13753754137
电话：0357-6824137 6828138
地址：山西省临汾市乡宁县煤炭运销公司化验室 邮编：042100

## 新乡市阳光水业有限责任公司

新乡市阳光水业有限责任公司是一家
专业从事纯净水、矿物质水生产与销售的企业。
欢迎新老客户前来参观考察、洽谈业务。

联系人：樊明刚
电话：0373-3978000 3977369 13849362204
地址：河南省新乡市凤泉区锦园路 邮编：453003

## 厦门永鑫诚信商贸有限公司

厦门永鑫诚信商贸有限公司成立于2003年，主要经营白酒、葡萄酒、饮料等。公司坚持对卓越品质的不懈追求，直接从原产地精选，引进来自世界各地著名产酒国的白酒、葡萄酒，以优质，专业的服务，努力为广大爱好者带来品尝美酒的无穷乐趣。

联系人：张春发
电话：0592-6283968 3958653
地址：福建省厦门市集美区杏林月台路16号底层 邮编：361022

# 行业品牌展示窗

# 行业品牌展示窗

## 福建省闽侯县嘉永食用菌有限公司

福建省闽侯县嘉永食用菌有限公司于1999年成立，主要从事无公害白木耳，毛木耳，香菇，蘑菇等食用菌的种植、加工和销售。诚信经营，专业加工，精益求精，品质保障是本公司的经营宗旨。优质的产品和良好的信誉是公司发展的立足之本。

联系人：肖家永

电话：0591-22068661 22060288 13906903661

地址：福建省福州市闽侯县白沙孔元 邮编：350100

## 德州市鑫奥饮品有限公司

德州市鑫奥饮品有限公司成立于2006年，是一家专业生产啤酒、纯净水的厂家，可年产啤酒2万吨，口感纯正，欢迎新老客户来电洽谈业务！

联系人：陈勇

电话：0534-6532666 6591032 6533777

地址：山东省德州市武城县郝王庄镇双庙李庄村 邮编：253013

## 南通开发区新开镇岳磊百货商店

南通开发区新开镇岳磊百货商店成立于2004年

主要经营各类烟酒、食品、饮料以及日用百货

价格优惠、质量保证。

欢迎新老客户惠顾！

联系人：杨岳 13862907705

电话：0513-85909256

地址：江苏省南通开发区通盛大道185号

邮编：226009

## 寿光市三友蔬菜有限公司

寿光市三友蔬菜有限公司主要从事蔬菜进出口业务。

企业奉行"诚实守信、高质求精"的宗旨。

热忱欢迎国内外宾朋光临！

联系人：赵学法 13963685282

电话：0536-5862444 5265158

地址：山东省潍坊市寿光市稻田镇收费站南500米赵管路西侧 邮编：262706

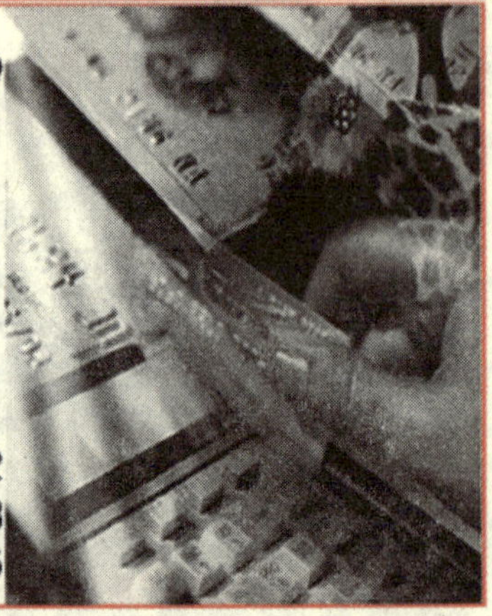

# 行业品牌展示窗

## 庆阳市智茗乳业有限公司

公司成立于2001年，专业从事纯牛奶、草莓酸奶、原味酸奶、果味酸奶、豆制品的加工、销售。

营养不上火，美妙新感觉！

电话：0934-8617494　13195888766　联系人：安壶玺

传真：0934-8621165

地址：甘肃省庆阳市西峰区后官寨乡李庄村　邮编：745000

## 泸州市嘉裕酒厂

泸州市嘉裕酒厂成立于2003年，主要从事曲酒酿造。

面对市场竞争的日益激烈，我们制定出了永续的发展战略和一系列完善、优惠的销售政策，“诚信合作，共同发展”是我们的宗旨，“您的满意，才是我们的成功”是我们嘉裕酒业锲而不舍的追求！

竭诚欢迎各位朋友畅饮，让我们一起携手共创美好的明天。

联系人：唐建国　13608281988　电话：0830-2274845

地址：四川省泸州市江阳区兰田镇东风村　邮编：646000

## 四平市金亿粮食购销有限公司

四平市金亿粮食购销有限公司成立于1998年，主要从事玉米、大豆的购销；2000年公司又成立了铁岭市膳良食品有限公司，主要从事味精、鸡精的生产与销售。

本着“信誉第一、客户至上”的原则，热忱欢迎新老客户惠顾！

联系人：陳金能

电话/传真：0434-3377588

地址：吉林省四平市铁东区烟厂路210号

邮编：136001

## 南昌新泰米业有限公司

南昌新泰米业有限公司成立于2004年，从事粮食收购，大米的加工及销售。我公司的大米营养丰富、口感一流等特点，深受消费者的喜爱。

联系人：万旺苟

电话：0791-5061159　手机：13970852228

地址：江西省南昌市南昌县幽兰镇黄坊村　邮编：330217

# 行业品牌展示窗

## 包头市昆区老家粉条加工厂

包头市昆区老家粉条加工厂成立于2004年，专业从事粉条和水产品的加工。主要产品有李老家牌系列粉条，酸菜，凉粉酸粥，还有熟鱼等。

公司本着品质第一、信誉第一、客户第一的原则，为各客户和消费者提供优质的服务！竭诚欢迎业内新老客户莅临我处指导、洽谈合作！

联系人：李文权 13171233463 15847203948
地址：内蒙古自治区包头市昆区昆河镇南排四组12栋 邮编：014030

## 成都玉峰淀粉制品有限责任公司

本公司成立于2003年，主要生产淀粉及其深加工产品，植物油等，产品有淀粉，液体糖，饲料原料，植物油等。公司的宗旨是：以产品质量为企业生命，以持续改进为企业动力，以企业形象为立世之本，以顾客满意为最高追求。本着互惠互利的原则，公司欢迎新老客户来函，来电洽谈业务。

电话：028-84911888 84911777 手机：13550386658 联系人：程兴国
地址：四川省成都市赵镇三江路351号（交通局新宿舍3单元48号） 邮编：610404

## 确山县鑫瑞高新材料有限公司

确山县鑫瑞高新材料有限公司成立于2005年，专业生产销售食品级纳米碳酸钙。公司将秉承追求质量、讲究信誉、不断创新的传统，致力于提供专业健康的食品级碳酸钙，并竭诚欢迎各界人士来函来电惠顾洽谈。

电话：0396-7076886 传真：0396-7076886 联系人：张剑
地址：河南确山县城东工业园区 邮编：463200 手机：13783306033

## 吉林省佳纯米业有限责任公司

扶余县五家站镇佳纯米业成立于2007年，主要从事大米的加工与销售。主要产品有“佳纯”牌江米、超级小粒王、长粒香等。米粒光洁、色泽润、晶莹剔透、做出米饭口感好，品味香纯。富含人体所需的钙、磷、铜、硒等多种微量元素，是大米中的佳品。欢迎来电来人联系业务！

电话：0438-5880829 联系人：赵文臣 手机：13694380819
地址：吉林省松原市扶余县五家站镇公正村 邮编：138000

# 行业品牌展示窗

## 荆州市威琅酒业有限公司

荆州市威琅酒业有限公司成立于2007年，主要从事于威琅、威靓酒的生产、销售。

“创造传世佳酿，成就酒业之王”是企业奋斗的目标。企业遵循“做一流企业，创知名品牌”的方针，努力提高市场占有率。产品质量坚持求实，精益求精，创造传统酒业之辉煌。

联系人：朱斌
电话：0716-8258369 13507256198
地址：湖北省荆州市沙岑路66号 邮编：434000

## 临安亚华食品有限公司

我公司成立于2004年，主要加工、销售山核桃、山核桃仁、纸皮核桃、松子、笋干等产品。公司视“质量是企业的根本，信誉是企业的保证”为宗旨，欢迎各界人士光临指导！

联系人：张永华
电话：0571-63614531 63614532
地址：浙江省杭州市临安市河桥镇上卜村 邮编：311324

## 盖氏土特产商贸有限公司

盖氏土特产商贸有限公司成立于2004年，主要从事土特产的销售。多年来该公司崇尚诚实守信的经营理念，以重合同，守信誉为立业根本，竭诚为新老客户提供优质、快捷、周到的服务。公司总经理盖云利携全体员工欢迎各界朋友来承德光临指导、洽谈业务、旅游观光！

电话：0314-2038678
联系人：盖云利 手机：13831499288 传真：0314-2038699
地址：河北省承德市双桥区两公门商业街14号 邮编：067000

## 宜兴市丁蜀镇煜峰副食商店

宜兴市丁蜀镇煜峰副食商店成立于2007年，主要经营烟酒、副食品等，主要商品有蒙牛系列奶品，天目湖啤酒、可口可乐等。

联系人：史健峰 电话：0510-88565590 传真：0510-88565590
地址：江苏省宜兴市丁蜀镇紫藤新村12幢303室 邮编：214221

# 行业品牌展示窗

## 东辽县宏利酱菜有限公司

东辽县宏利酱菜有限公司成立于2006年，是一家专业从事生产与销售酱菜的企业。

我们恪守“以质量求生存；以信誉求发展”的企业经营理念。以一流的管理，一流的产品质量，一流的信誉，一流的服务，争创著名品牌。

联系人：曹春花

电话：0437-3192387　13766006599

地址：吉林省辽源市龙山区朝鲜族小学　邮编：136600

## 广州市华泰长鸿实业有限公司

广州市华泰长鸿实业有限公司成立于2002年，主要从事酒类的销售。主要有白酒，葡萄酒。公司成立至今，一直秉承“诚信经营、质量第一”的企业宗旨，遵循“务实求进，互利共赢”的商业道德，竭诚为您服务。

电话：020-87744844　联系人：刘冀源

邮编：510000　手机：13828571166

地址：广东省广州市天河区广园东路2193号时代新世界北塔1305-1306室

## 鄂州市华源食品有限责任公司

本公司多年来专业经营葛产品，主导产品是葛粉。葛产品具有解酒，防治痔疮，便秘功效。长期饮用有助降血糖，血压，血脂，排毒养颜，提高免疫力等功效，公司本着“诚信立业”“热情奉献”“共同发展”“健康中国”的企业宗旨，将为您提供最优质的产品和最全面的服务！

电话：0711-2701862　联系人：汤清付

地址：湖北省鄂州市鄂城区沙窝乡宝团村九组　邮编：436057

## 南昌县吉利精制米厂

南昌县吉利精制米厂成立于1993年，从事大米、碎米、油糠的加工及销售。我厂本着“诚信经营”的理念，经过数年的发展，现已有较稳定的货源，和较广泛的销售网络。热忱欢迎您的光临与惠顾！

联系人：刘长华

电话：0791-5867601　13767971367

地址：江西省南昌市南昌县蒋巷镇立新村　邮编：330224

## 北京市/Zhuhai Municipality

**北京瑞光水产有限公司**
地址:北京市朝阳区建国路 88 号
…… 负责人:朴炯善
…… Tel:010－64700173

**北京全健食品开发中心**
地址:北京市大兴区北臧村镇工业区 2 排 11 号
…… 负责人:张雪莉
…… Tel:010－63510031

**北京市金城艺园商贸有限公司金城艺园好运蛋糕房**
地址:北京市大兴区黄村镇黄村东大街路南 2 号
…… 负责人:黄新华
…… Tel:010－69201648

**北京马秀花食品店**
地址:北京市东城区国子监街 102 号
…… 负责人:马秀花
…… Tel:010－64061759

**北京比卡罗比萨饼有限公司**
地址:北京市东城区骑河楼街 11 号
…… 负责人:阿莱桑德罗·比卡罗
…… Tel:010－65260192

**北京美都乳业有限公司**
地址:北京市怀柔县北房镇幸福西街 18 号
…… 负责人:盛志学
…… Tel:010－61682029

**丽达果拉娜饮料(北京)有限公司**
地址:北京市怀柔县怀北工业区 368 号
…… 负责人:董洪宜
…… Tel:010－64414388

**北京天赐绿色食品厂**
地址:北京市门头沟区水闸南路 22 号
…… 负责人:齐文才
…… Tel:010－69854140

**北京好顺居餐厅得顺福面食制品经营部**
地址:北京市石景山区杨庄小区东侧
…… 负责人:郑永恩
…… Tel:010－68884241

**北京中韩佳家顺食品有限公司**
地址:北京市顺义区马坡镇聚源工业区
…… 负责人:韩明淑
…… Tel:010－69408553

## 天津市/Tianjin Municipality

**天津普乐思食品有限公司**
地址:天津市北辰区宜兴埠小房道东侧
…… 负责人:朴俊泳
…… Tel:022－26307393

**天津宾果士食品有限公司**
地址:天津市东丽开发区管委会对面(福田锅炉公司内)
…… 负责人:毕胜
…… Tel:022－24982986

**天津市东丽区晴青食品厂**
地址:天津市东丽区张贵庄村福来酱菜厂
…… 负责人:徐莉华
…… Tel:022－24969694

**天津市里士满宝拉纳啤酒吧**
地址:天津市和平区洛阳道 23 号
…… 负责人:宋恒
…… Tel:13332022720

**北京煜圭黑土地饮料有限公司天津分公司**
地址:天津市河北区民权门批发交易市场西区 10 排 2 号
…… 负责人:张立宝
…… Tel:022－81828718

**天津鑫浩啤酒销售有限公司**
地址:天津市河北区中山北路 2 号
…… 负责人:李晓青
…… Tel:13352086191

**静海县独流镇建设香油坊**
地址:天津市静海县独流镇新开路
…… 负责人:邵万年
…… Tel:022－68816071
13833633608

**天津市福顺成食品发展有限公司**
地址:天津市西青区南河镇小南河村
…… 负责人:梁军
…… Tel:022－23811855

**天津市三隆胜酿造有限公司**
地址:天津市西青区王稳庄镇王稳庄村桥东
…… 负责人:贾广胜
…… Tel:13802126723

## 上海市/Shanghai Municipality

**上海市普陀区盛意食品经营部**
地址:上海市曹安路市场(1 号门)西 9 号
…… 负责人:唐华新
…… Tel:021－62657373

**上海谦嘉食品销售有限公司**
业务:代理笋尖系列产品,笋丝、笋片、笋丁,速冻蔬菜,新鲜蔬菜,配送给各企事业单位,学校食堂、酒店
地址:上海市宝山区江杨北路 98 号邦超宾馆 410 房
…… 负责人:高静渊 邮 编:200941
…… 法 人:高静渊
…… Tel:13818287796
021－36305131
36305113

**上海和锋食品有限公司**
地址:上海市长宁区哈密路 1233 号 4 幢 1 楼
…… 负责人:马力峰
…… Tel:021－52197843

**上海随食随地实业有限公司**
业务:饮料、食品的生产销售
产品:矿泉水,绿茶,饼干系列,炒货系列
地址:上海市宝山区水产西路 858 弄 20 ＃401
…… 负责人:李善存 邮 编:200000
…… Tel:021－33855171
13651677787
…… Fax:021－33855171
… 网址:http://www.51zzt.com/user/zzt35445

**上海一体食品厂**
业务:上海一体食品厂位于宝山区真大路 298 号,公司成立于 2004 年,以生产肉及肉制品、酱卤类为主。产品销往全国各地,质量保证,深受广大消费者的喜爱。
地址:上海市宝山区真大路 298 号
…… 邮 编:200436
…… 法 人:徐生
…… Tel:021－66518968
…… Fax:021－66518968

**上海杨燕投资管理有限公司**
业务:野生菌的加工及销售
地址:上海市虹口区惠民路 74 弄 42 号前门
…… 负责人:唐贤贵
…… 法 人:唐贤贵
…… Tel:13585580808
021－65370367
…… Fax:021－65370367

**昊晟油脂工业有限公司**
地址:上海市长宁区可乐路 149 号
…… 负责人:王建宏
…… Tel:021－52186212

**上海明盛贸易有限公司**
业务:水产类,土特产
产品:大闸蟹
地址:上海市虹桥机场空港一路
…… 负责人:仇明先 邮 编:200335
…… 法 人:仇明先
…… Tel:021－51148222
…… Fax:021－51148222

**上海东合欣碳烧咖啡豆有限公司**
地址:上海市长宁区武夷路 697 号 604 室－5
…… 负责人:余平利
…… Tel:021－62731911

**上海阿邓食品有限公司**
业务:食品的生产和销售
地址:上海市嘉定区宝钱公路 5000 弄 51 号 201 室
…… 负责人:邓力山 邮 编:200000
…… 法 人:邓力山
…… Tel:13916357485
021－69577638

**上海宜韵茶叶有限公司**
业务:我公司成立于 2005 年,主要销售普洱茶、乌龙茶、铁观音等名茶、欢迎惠顾!
地址:上海市长宁区中山西路 518 号 1090－1091 商铺
…… 负责人:王文杰……邮 编:200051
…… Tel:021－52531697

**上海锦生果品有限公司**
业务:各类水果销售
产品:各类水果
地址:上海市浦东新区沪南路 2000 号 G330、332、334 席位
…… 负责人:陆锦生 邮 编:200000
…… 法 人:陆锦生
…… Tel:13701775039

**上海市奉贤区奉城镇伟海食品批发部**
地址:上海市奉贤区奉城镇奉城村八组北街 126 号
…… 负责人:孙伟仁
…… Tel:021－57524264
27533050

**上海阿思食品贸易有限公司**
业务:食品批发、零售
产品:海产品
地址:上海市普陀区铜川路 1131 号丁室
…… 负责人:包四水 邮 编:200000
…… 法 人:包四水
…… Tel:13917868252
021－52655890

**上海柳海食品销售商行**
地址:上海市冠生园路 229－231 号 F 座
…… 负责人:陆永祥
…… Tel:13917270955

**上海年升食品有限公司**
业务:生产复合食品添加剂:复合变性淀粉系列,销售:食品添加剂,预包装食品(不含冷冻藏食品)
产品:复合变性淀粉(麻薯粉,大理石粉,麻奇粉,雪莓娘粉,鱼刃粉)
地址:上海市松江区九亭镇朱金公路 675 号 3 栋
…… 负责人:邱兴义 邮 编:201615
…… 法 人:陈薪宇
…… Tel:021－57639141
57639143
…… Fax:021－57639147

**上海二泉点心店**
地址:上海市黄浦区河南中路 521 号 3 号商铺
…… 负责人:俞玉萍
…… Tel:021－63502921

**上海晶慧酒业有限公司第一分公司**
地址:上海市静安区昌平路 363 号 1 幢四层 402 室
…… 负责人:陆国跃
…… Tel:021－62677500

**上海要就送食品有限公司第五分公司**
地址:上海市静安区万航渡路 50 号底层 T11
…… 负责人:徐卫卫
…… Tel:13321991435

**蚌埠市怀远县华旺食品厂**
地址:上海市闽行区华漕镇北翟路 1444 弄,111 支弄
…… 负责人:李旺敏
…… Tel:13641658490

**上海炳翰保健食品有限公司**
地址:上海市浦东大道 720 号 3A－B
…… 负责人:袁智慧
…… Tel:021－58309090

**上海浦宏食品有限公司**
业务:上海浦宏食品有限公司于 2005 年 5 月成立,现有员工 80 余人,是一家集制作、销售豆制品系列为一体的综合性企业。公司以产品结合传统工艺与现代设备的生产技术,生产出适合广大消费者要求的优质食品。为广大客户提供满意的服务。热忱欢迎新老客户来人、来电洽谈业务。
地址:上海市浦东新区星火开发区白云路 65 号
…… 邮 编:201419
…… 法 人:陈方根
…… Tel:021－57505323
…… Mobile:13701810642
…… Fax:021－57505323

**上海南唐贸易有限公司**
业务:食品代理经营
地址:上海市松江区荣乐中路 28 弄 45 号 202 室
…… 负责人:刘安丰 邮 编:201600
…… 法 人:刘安丰
…… Tel:021－57747569
57744589

**上海梦想成真咖啡有限公司**
地址:上海市浦东新区灵山路 958 号 10 幢 104 室
…… 负责人:尹萍华
…… Tel:13381684633

**上海爱屋食品有限公司五莲路二店**
地址:上海市浦东新区五莲路 727 号
…… 负责人:施永雷
…… Tel:021－67627777

**上海泽誉食品销售有限公司**
地址:上海市普陀区梅川路 1209 号 209 室
…… 负责人:马爱华
…… Tel:13916556863

**上海万悦餐饮管理有限公司**
地址:上海市普陀区祁连山路 689 号 1 号楼 1－224 室
…… 负责人:卜关军
…… Tel:021－63519829

**上海小潘酒业有限公司**
地址:上海市普陀区真北路 3370 号 4 楼 467 座
…… 负责人:潘桂军
…… Tel:021－56631575

**上海高原格桑食品销售有限公司**
地址:上海市上中路 462 号
…… 负责人:韩慧菊
…… Tel:13816130288

**江西润田天然饮料食品有限公司上海分公司**
地址:上海市世纪大道 1500 号东方大厦 1633 室
…… 负责人:陈飞
…… Tel:021－28901657

**上海英霞绿色食品有限公司**
地址:上海市天目西路 547 号 2701 室
…… 负责人:焦英霞
…… Tel:021－63532938

**理研维他精化食品工业(上海)有限公司**
地址:上海市外高桥保税区富特西一路 155 号 D2 区 005 地块 C 楼二层 2040 部
…… 负责人:大沢宽
…… Tel:021－64694751

**上海雅香食品有限公司**
地址:上海市汶水路 861 号 4 号楼 3 层
…… 负责人:高国平
…… Tel:021－66525997

**嫩原粮油批发市场交易管理有限公司**
地址:上海市杨浦区邯郸路 10 号(8 号摊位)
…… 负责人:曹江
…… Tel:021－65445682
35030554

**上海金渝食品有限公司**
地址:上海市杨浦区通北路 400 号 6 号楼二楼 3 号房
…… 负责人:张若予
…… Tel:13601931215

**上海义田食品销售有限公司**
地址:上海市杨浦区殷行路 490 弄 10 号 2 号楼 301F
…… 负责人:吴洋
…… Tel:021－65416304

**上海凡家香食品有限公司**
业务:上海凡家香食品有限公司专业从事休闲食品的销售,主要产品有鸭肝、烧烤鸡翅、烧烤鸭舌、烧烤鸭翅、烧烤鸭肺、卤鸭舌、卤鸭翅等,该品口感滋润,脆嫩化渣,竭诚欢迎新老客户光临惠顾。
地址:上海市云南南路 141 弄 1 号
…… 负责人:林蓓……邮 编:200021
…… Tel:021－53060047

**上海鸿征果业有限公司**
业务:新鲜水果销售
产品:苹果、橙子、西瓜、哈密瓜、柚子、桔子、石榴等
地址:上海市闸北区长临路 429 号
…… 负责人:邵应征 邮 编:200000
…… 法 人:邵应征
…… Tel:13761113108
021－56470863

**六和副食品经营部**
地址:上海市杨浦区周家嘴路 4500 号梅林公寓 412 室
…… 负责人:郑宝国
…… Tel:021－65687823
13601745288

**上海聚亨食品销售有限公司**
地址:上海市中兴路 1105 号 720 室
…… 负责人:苏丹红
…… Tel:021－66058801

**上海年耀商贸有限公司**

上海年耀商贸有限公司成立于2005年。
主要从事于饮料的批发。
愿年耀光照神州，愿年耀誉满全球"一直是我们的口号，公司秉承"诚实、守信、公平、创新"的企业精神和"以客户为中心"的经营理念，为全国用户提供一流的产品、一流的服务。

联系人：路得付
电话：021-69111810
地址：上海市嘉定区江桥镇54村286号
邮编：210000

**上海悦嘉食品有限公司**

上海悦嘉食品有限公司成立于2008年，主要从事于椰果、小包装食品的生产与销售。
我公司秉承诚信务实的经营理念，始终坚持以最低的价格、最优的质量、最快捷的服务满足广大客户。希望海内外有识之士来电来函洽谈业务。

联系人：董木金
电话：021-67762577
邮编：210000
地址：上海市松江区泖港镇叶新公路3730号

## 重庆市/Chongqing Municipality

**三江糖业有限公司批发部**
地址：重庆合川市汽车站职工集资楼2号门市
…… 负责人：李兴明
…… Tel：023－42822655
13509421888

**重庆香又香食品有限公司**
业务：食品贸易
地址：重庆市巴南区渔洞沿河三社
…… 负责人：徐勤云 邮 编：401346
…… 法 人：徐勤云
…… Tel：13883624568
023－66276968
… 网址：http://www.51zzt.com/user/zzt30126

**城口县庙双粮油食品站**
业务：城口县庙双粮油食品站位于重庆市城口县庙坝镇，交通十分便利。是一家从事粮油销售的企业，欢迎新老客户光临，惠顾！
地址：重庆市城口县庙坝镇
…… 邮 编：405901
…… 法 人：符睦兴
…… Tel：023－59293052
…… Fax：023－59293052

**粮食购销总公司德感分公司**
地址：重庆江津市德感镇正街76号
…… 负责人：邹诚
…… Tel：023－47833208
13609412133

**重庆嘉兴斋食品有限公司**
地址：重庆市北部新区人和镇万年路91号
…… 负责人：吴志祥
…… Tel：023－67642113

**重庆东盈餐饮有限公司**
业务：餐饮服务与餐饮加工
产品：火锅
地址：重庆市北部新区人和镇东盈火锅石红平转李志洪
…… 负责人：李志洪 邮 编：401120
…… 法 人：李志洪
…… Tel：023－67645788

**重庆市金花纯净水销售有限公司**
业务：重庆市金花纯净水销售有限公司主要以纯净水销售为主，公司始终坚持以"质量第一，科技至上；信誉第一，市场至上；用户第一，服务至上"为宗旨，以高质量的产品、合理的价格、优质的服务，在市场中树立了良好的企业形象。热情欢迎社会各界人士和广大用户光临指导，共图合作发展！
地址：重庆市南川市兴隆镇金花三社
…… 负责人：罗永强……邮 编：404000
…… Tel：023－71624978

**重庆市天兆食品有限公司**
地址：重庆市北部新区星光大道62号海王星科技大厦2区6楼
…… 负责人：余平
…… Tel：023－67638835

**重庆吕峰食品加工厂**
业务：腌腊食品
地址：重庆市江北区建新西路46号4单元7－2
…… 负责人：吕峰 邮 编：400020
…… 法 人：吕峰
…… Tel：023－61809380

**重庆益亚经贸发展有限公司贵州茅台酒专卖店**
地址：重庆市碚峡路云泉小区270号附6号
…… 负责人：李正华
…… Tel：023－68285852

**重庆诚真食品餐饮有限公司**
地址：重庆市歌乐山镇歌乐村欧家湾社
…… 负责人：陈真
…… Tel：023－65507063

**重庆市荣昌县义永酒厂**
业务：白酒
地址：重庆市荣昌县荣隆镇玉久村二组
…… 负责人：吕玉永 邮 编：402460
…… 法 人：吕玉永
…… Tel：023－46559399
13883439219

**重庆蓝特饮料食品有限公司**
地址：重庆市歌乐山镇黄花园65号
…… 负责人：郭一民
…… Tel：023－65509185

**重庆市沙坪坝区七心食品加工厂**
地址：重庆市歌乐山镇新开寺村玉皇观社
…… 负责人：杜锦航
…… Tel：023－67729267

**重庆市鹏霖食品有限公司**
业务：重庆市鹏霖食品有限公司成立于2005年，专业从事生猪屠宰及其销售。以其稳定的质量、可靠的卫生保障深受消费者的青睐！
地址：重庆市渝中区长江一路30号1－9－2
…… 负责人：王明文……邮 编：400014
…… 法 人：王明文
…… Tel：023－61685666

**重庆顶发食品有限公司**
地址：重庆市桂溪镇西内街12号
…… 负责人：汪同伟
…… Tel：023－74689796

**酉阳县石海农产品专业合作社**
业务：生产，销售酱菜、调料
地址：重庆市沙坪坝区教园路26号双陵大厦2楼
…… 负责人：王伦平 邮 编：400000
…… 法 人：王伦平
…… Tel：023－65405170
65012389

**彭水县茂源植物油脂有限责任公司**
地址：重庆市汉葭镇马鞍溪
…… 负责人：陈延平
…… Tel：023－78895588

**重庆市盐业总公司彭水分公司**
地址：重庆市汉葭镇沙沱街九十七号
…… 负责人：罗启厚
…… Tel：023－78895463

**重庆吉顺食品有限公司**
地址：重庆市建新东路23号9－4
…… 负责人：叶筱珍
…… Tel：023－67704910

**兴华啤酒饮料配送中心**
业务：啤酒饮料配送及代理
地址：重庆市沙坪坝区新体村58－9号
…… 负责人：杨贵华 邮 编：404100
…… 法 人：杨贵华
…… Tel：023－65304811
66591077

**重庆欣荣保健食品有限公司**
地址：重庆市建新东路69号4楼
…… 负责人：况守伦
…… Tel：023－67726132

**重庆市高新技术产业开发区欣欣副食店**
地址：重庆市科园三街29－1－2
…… 负责人：王能琴
…… Tel：023－68634845

**重庆市四友农副产品开发有限公司**
地址：重庆市梁山镇大河坝街150号
…… 负责人：陈天明
…… Tel：023－53250368

**重庆方吉食品有限公司**
业务：专业生产销售配制酒、泡酒、料酒等。公司秉承"顾客至上，锐意进取"的经营理念，坚持"客户第一"的原则为广大客户提供优质的服务！
产品："红叶"养生滋补配制酒、霸王追风
地址：重庆市铜梁县石鱼镇石心村4社
…… 负责人：余国梅 邮 编：402573
…… 法 人：余国梅
…… Tel：023－45581223
13512351543
…… Fax：023－45581465
…… 网址：www.cqfjsp.chinapyp.com
…… E-mail：ylm8833@126.com

**重庆惠宾商贸有限公司**
地址：重庆市龙溪街道松石支路51号
…… 负责人：蒋开钰
…… Tel：023－67793656

**何氏泡菜厂**
地址：重庆市沙坪坝区小龙坎农贸市场何氏泡菜专卖店
…… 负责人：何秀友
…… Tel：023－65420898
13808344891

**重庆市明文食品有限公司**
业务：重庆市明文食品有限公司位于重庆市渝中区长江一路30号1－9－2，是一家从事肉类食品加工的厂家，主要产品包括猪肉、牛肉、羊肉、鸡肉、鸭肉等。欢迎广大客商来电来函洽谈业务！
地址：重庆市渝中区长江一路30号1－9－2
…… 邮 编：400014
…… 法 人：王明文
…… Tel：023－67772435
…… Fax：023－67772069

**重庆辉睿食品有限公司**
业务：专营定型包装食品、食品添加剂，即将推出新资源系列绿色健康食品，还具有保健功效！为客户提供高品质的绿色安全食品是我们无限追求，品味健康生活，我们期待与您真诚合作！
产品："绝招"系列食品
地址：重庆市渝北区松石北路138号附26号3单元5－4
…… 负责人：敖维洋 邮 编：401120
…… 法 人：敖维洋
…… Tel：023－67796121
13527388278
…… Fax：023－67796121

**重庆悦靓商贸有限公司**
业务：调味品系列
地址：重庆市渝中区大坪正街140号1幢28－6#
…… 负责人：丁中华 邮 编：400042
…… 法 人：丁中华
…… Tel：023－63256783

**香砂蜜酒厂**
地址：重庆市石柱县西沱镇沿江路七十八号
…… 负责人：郭华云
…… Tel：13609487015

**垫江县明贵宏食品加工厂**

垫江县明贵宏食品加工厂成立于2008年。
主要从事于榨菜的加工、制作。
公司坚持质量第一，信誉至上的原则，生产名牌产品、创建一流企业的宗旨，愿与各界朋友、同行携手合作，共创"明贵宏"美好明天。

联系人：蒲兴贵
电话：023-74586118 13896570010
地址：重庆市垫江县包家镇小山村一组
邮编：408300

**建辉食品有限公司**

建辉食品有限公司成立于2005年，主要销售肉食品，包括牛肉、猪肉。
本公司秉承"顾客至上，锐意进取"的经营理念，坚持"客户第一"的原则为广大客户提供优质的服务。
欢迎广大客户惠顾！

联系人：徐建辉
13896589582 电话：023-71444017 邮编：408400
地址：重庆市南川市南平镇马房街

**重庆丰都明富实业有限公司**

重庆丰都明富实业有限公司成立于1994年，专业从事农副产品加工、出口业务，主要产品有榨菜、荞头、盐渍竹笋等。公司遵循"创一流质量，树明富文化，以持续提升的质量水准，满足客户要求"的质量方针，努力向国际一流的农业食品类市场迈进！

联系人：肖朝明 手机：13709466182
电话：023-70643888 70911899 传真：023-70645888
地址：重庆市丰都县高家镇临江西路206号 邮编：404000

## 河北省/Hebei Province

### 迁安市野鸡坨镇桂园糕点厂
业务：糕点生产
地址：河北省迁安市野鸡坨镇李家峪村
负责人：李向军 邮 编：64400
法 人：李向军
Tel：13933448116
15132573266

### 恒达调料厂
地址：河北省沧州市沧县兴济镇顺昌屯
负责人：赵宝忠
Tel：0317－4867097
13932724393

### 安新县白洋淀禽蛋加工厂
业务：禽蛋加工
产品：咸鸭蛋、松花蛋、双黄蛋
地址：河北省保定市安新县端村镇寨南村
负责人：张景生 邮 编：071600
法 人：张景生
Tel：13903322813
0312－5110368

### 齐达超市家惠分店
业务：日用百货、食品销售
产品：日用百货、食品
地址：河北省秦皇岛市昌黎县新集镇槐冯庄路东
负责人：郭大伟 邮 编：66000
法 人：郭大伟
Tel：0335－2669586
13933966420

### 兴隆县建东食品有限公司
业务：本公司成立于2006年，是一家以生产山楂休闲食品为主的食品加工企业，公司一直在经营上秉承"诚实守信"的理念和坚持"服务至上"的原则树立品牌形象，提高客户满意度。竭诚为广大客户服务！真诚与各界同仁携手，共创美好未来！
地址：河北省承德市兴隆县兴隆镇北区工业园区56号
负责人：李建忠……邮 编：067300
法 人：李建忠
Tel：0314－5083810

### 阜平中国红大枣酒业有限责任公司
业务：大枣酒、生产酒、饮料
地址：河北省保定市阜平县东寺大街518号
负责人：周振明 邮 编：073200
法 人：周振明
Tel：0312－7231168
13513220898

### 大良户面粉厂
地址：河北省沧州市海兴县苏基镇大良户村
负责人：齐长顺
Tel：13933983258

### 任丘市天康居酱菜调味食品有限公司
业务：天康居、张大嘴牌酱菜、调味品
地址：河北省任丘市苟各庄镇将庄村
负责人：任武铁 邮 编：62551
法 人：任武铁
Tel：0317－2251312
3332052
13932706092

### 蠡县留史仁和名烟名酒门市部
业务：烟酒批发销售
地址：河北省保定市蠡县留史镇西环路
负责人：刘红军 邮 编：071404
法 人：刘红军
Tel：0312－6338698
13603329886

### 沧州开发区正昌生物有限公司
地址：河北省沧州市开发区八里屯
负责人：李华
Tel：0317－3090291
13931756088

### 河北大唐商贸有限公司
业务：主要经营各类名烟名酒
地址：河北省石家庄市和平东路181号（棉二厂西侧）
负责人：王虎伟 邮 编：50000
法 人：王虎伟
Tel：0311－85266999
15303118838

### 迁安市缘泉纯净水厂
业务：生产、销售桶装水，饮水机
地址：河北省迁安市迁安镇发展新村南一排东一户
负责人：吴双 邮 编：064400
Tel：13131558566
0315－7303006

### 平泉县平泉镇春晖食品厂
地址：河北省承德市平原县平泉镇南大街266号
负责人：李春晖
Tel：0314－2210200
6024318

### 石家庄市裕华区天府综合商店
业务：烟酒专卖
地址：河北省石家庄市槐中路152号（平价烟酒专卖）
负责人：韩高峰 邮 编：050000
法 人：韩高峰
Tel：13102848889
0311－85815644

### 奥味特食品厂
业务：奥味特食品厂成立于2002年，从事休闲食品的生产及销售。主要产品有：麻辣豆子、蚕豆、青豆果子等，欢迎更多的客商来我公司，现场看货、洽谈、定购，我们会有专人热情接待、真诚为您们服务。
地址：河北省固安县东湾乡东湾村
邮 编：65500
法 人：于彪
Tel：0316－6138880
Fax：0316－6138880

### 容城县旺达肉业有限公司
业务：肉类加工、销售
地址：河北省保定市容城县沟西村（新北街32号）
负责人：谢桂生 邮 编：071000
法 人：谢桂生
Tel：15833320106
0312－5615279

### 晋州市好运来蛋糕店
业务：蛋糕制作
地址：河北省石家庄市晋州市总十庄村
负责人：李建凯 邮 编：52260
法 人：李建凯
Tel：13473791160
13001800852

### 唐县雪峰面业有限公司
业务：生产加工面粉、挂面
地址：河北省保定市唐县唐王路边
负责人：贾红军 邮 编：072350
法 人：贾红军
Tel：0312－4933972
13171695832

### 鑫盈食品制造有限公司
地址：河北省承德市兴隆县兴隆镇北区村工业小区30号
负责人：夏连平
Tel：0314－5082322
13903248642

### 石家庄市桥东区赞康干果批发部
业务：干果批发与零售
产品：核桃枣、杏仁、瓜子
地址：河北省石家庄市桥东区建国食品城西院A区117号
负责人：董妙红 邮 编：050000
法 人：董妙红
Tel：13230110239
E-mail：349149554@qq.com

### 后奕翰林贺凯副食超市
业务：零售烟酒、副食品
地址：河北省廊坊市永清县后奕镇团聚庄村
负责人：刘俊娟 邮 编：065000
法 人：刘俊娟
Tel：13930664736
0316－6541105

### 名威花生制品有限公司
地址：河北省邯郸市大名县工业园区
负责人：许新强
Tel：0310－6592666
13831036866

### 无极县里城道烟酒销售中心
业务：烟酒、饮料
地址：河北省石家庄市无极县里城道村
负责人：张顺强 邮 编：052460
法 人：张顺强
Tel：13932135017
0311－86509218

### 望都县大众调味品有限公司
业务：调味品、调味料
地址：河北省保定市望都县大辛庄村
负责人：李志青 邮 编：071000
法 人：李志青
Tel：13731206252

### 河北省衡水阜瑞特食品乳业有限公司
地址：河北省衡水市阜城县古城镇后雄村
负责人：汉秋明
Tel：0318－4629596
13903182478

### 石家庄市桥西区盛达恒浩酒业经销处
业务：十八酒坊、衡水老白干
地址：河北省石家庄市西里小区38－4－101
负责人：张建朋 邮 编：050000
法 人：张建朋
Tel：13731087348
0311－83999123

### 邢台市大曹庄管理区永红糖酒有限责任公司
业务：邢台市大曹庄管理区永红糖酒有限责任公司成立于2006年，主要经营食品、伊利牛奶、三鹿奶粉、香烟、重庆诗仙太白酒，热诚欢迎新老客户光临惠顾。
地址：河北省邢台市宁晋县耿庄桥镇
负责人：郭永红……邮 编：051600
法 人：郭永红
Tel：0319－5586798

### 行唐县恒达枣业有限公司
业务：加工与销售干果
产品：红枣和核桃
地址：河北省石家庄市行唐县东玉女村
负责人：曹文军 邮 编：50601
法 人：曹文军
Tel：0311－82700999
13403114276
Fax：0311－82700999
网址：http://www.xthdzy.cn/
E-mail：xt_ysc@163.com

### 贵州茅台集团金童子系列酒廊坊总经销（包括各区市县）
业务：批发、零售部队特供酒，参军神兵酒，八一特制酒等
地址：河北省廊坊市兴隆市场南8号
负责人：韩宝玉 邮 编：065000
法 人：韩宝玉
Tel：13633265568

### 抱泉棉业有限公司
地址：河北省衡水市故城县建国镇抱泉棉厂
负责人：徐文江
Tel：0318－5428866
13932857218

### 董林林烟酒批发
业务：经营各品牌、各档次烟酒茶
产品：茅台、五粮液、郎酒，、啤酒、饮料等各种名烟名酒
地址：河北省沧州市沧县杜生镇商贸街70号
负责人：董林林 邮 编：061029
法 人：董林林
Tel：0317－4911229

### 行唐县胜国枣业有限公司
业务：生产与销售水果干制品、鲜制品，蜜饯
产品：水果干制品、鲜制品，蜜饯
地址：河北省石家庄市行唐县周家庄村西
负责人：陈胜国 邮 编：50600
法 人：陈胜国
Tel：13582012594
13613289349
0311－82700681
Fax：0311－82700681

### 石家庄市裕华区正成糖酒经销部
业务：批发酒、饮料
地址：河北省石家庄市裕华区富强大街3号
负责人：李兆龙 邮 编：050000
法 人：李兆龙
Tel：13933022976
0311－87607827
Fax：0311－87607827

### 三河市山谷源桶装水经销处
业务：经营"盘龙瀑"桶装水
地址：河北省廊坊市三河市燕郊汉王路普罗旺斯西门对面
负责人：周成 邮 编：065000
Tel：0316－3313792
15831688581

### 河北省高邑县中韩粮站
地址：河北省石家庄市高邑县中韩村
负责人：王荣科
Tel：13803335981

### 赞皇县天康枣业有限公司
业务：青枣、红枣、蜜枣、阿胶枣、枣汁、枣粉、枣泥等
地址：河北省石家庄市赞皇县南清河乡南壕村
负责人：梁迎喜 邮 编：050011
法 人：梁迎喜
Tel：13932123845
0311－84280106

### 高碑店市白沟海之兴烟酒超市
业务：销售烟酒
地址：河北省高碑店市白沟五一路南侧
负责人：于海涛 邮 编：074014
法 人：于海涛
Tel：0312－2888906
13931234929

### 河北省武安市大同镇洺源杂粮加工厂
业务：河北省武安市大同镇洺源杂粮加工厂是一家专业从事大米加工、销售的厂家，价格合理、服务周到，欢迎新老客户光临、洽谈业务。
地址：河北省邯郸市武安市大同镇大同村
邮 编：056300

法　人：陈维民
Tel：0310－5958858
Mobile：13703302326

### 河北省赞皇县净业食品厂

业务：五行蔬菜茶类
产品：五行茶、净业茶、麦绿茶、如意茶、乾坤茶、福元茶
地址：河北省石家庄市赞皇县五马山脚下净业寺内
负责人：李宇轩　邮　编：051230
法　人：李宇轩
Tel：13730103297

### 正定县大宋醉仙鸭店

业务：经营熟鸭
地址：河北省石家庄市正定县燕赵街中段
负责人：底雪梅　邮　编：050800
法　人：底雪梅
Tel：13933060927

### 大城县邵庄留桥小卖部

业务：食品，日用品
地址：河北省廊坊市大城县邵庄
负责人：徐留桥
法　人：徐留桥
Tel：0316－5806107

### 唐山高新技术产业园区恒得利烟酒店

业务：烟酒、茶叶的批零
地址：河北省唐山市高新区高新技术产业园区火炬路西侧
负责人：庄银行　邮　编：063000
法　人：庄银行
Tel：13731509183
0315－5101186

### 唐山市好想你红枣经销处

业务：红枣系列
地址：河北省唐山市路北区大里路91号丽景琴园小区门口
负责人：胡钦儒　邮　编：063000
法　人：胡钦儒
Tel：0315－2236718
6765889
Fax：0315－2236718

### 晋州市三和豆粉加工厂

业务：异辛酸钠、异辛酸钾、花生粉、豆粉、乙醛酸、草酸、D－对轻基苯甘氨酸
地址：河北省晋州市总十庄工业区石家庄海鑫精细化工有限公司
负责人：魏晓广　邮　编：052260
法　人：魏晓广
Tel：15032128366
0311－84436589
网址：http://www.51zzt.com/user/zzt29893

### 石家庄市金伯帆饮食文化健身有限公司

地址：河北省石家庄市新华西路585号
负责人：王娜
Tel：0311－87038344
13831168886

### 唐山市路南良之隆冷冻食品商行

业务：面向中高档酒店提供鱼、虾等水产品，肉禽等速冻产品
地址：河北省唐山市路南新道水产品批发市场院内大厅南排3、4号
负责人：邹齐鸿　邮　编：063000
法　人：邹齐鸿
Tel：0315－2855812

### 北京良之隆冻品行.唐山良之隆冻品行

业务：良之隆冻品行是以冷冻、冷藏餐料供应和服务为主的大型会员连锁企业，集生产销售、代理销售为一体，产品有水产、肉禽、调理等三大类别近两千个产品。绿色、营养、味佳、健康是我们对产品品质永远的追求，真诚期待您的光临惠顾！
产品：中西餐料、海产鱼、虾类、肉禽、蔬果类、调理食品
地址：河北省唐山市路南新道水产品批发市场院内大厅南排3、4号/北京市丰台区南顶路232号京深海鲜市场B42号
负责人：郭小姐　邹先生
邮　编：100700
法　人：周向宏
Tel：010－51228602
0315－2855812
Fax：010－51228775
网址：www.LZL98.com

### 石家庄市清泉酿酒有限公司

地址：河北省石家庄市井陉区清泉村
负责人：路彦杰
Tel：13931164511

### 东海生物技术有限公司

地址：河北省石家庄市友谊南大街金英路3号1号楼3单元101室
负责人：俞平海
Tel：0311－83820023
13313019089

### 成安县众合食品机械制造厂

业务：食品机械
产品：食品行业汤料生产设备、杀菌设备、包装设备、烘干设备、工程设计、交钥匙工程。
地址：河北省邯郸市成安县商城孙横城村
负责人：刘黎明　邮　编：056000
法　人：孙兆雷
Tel：13283199659
网址：http://www.51zzt.com/user/zzt34276

### 河北大仓粮油商贸有限公司

业务：主要经营粮油加工与贸易，安全、绿色、营养是我们对您的承诺，本公司将以诚信为本，微利经营，携手八方客户共创美好未来。
产品：玉米、高粱、大豆、小麦、黑豆等各种杂粮
地址：河北省黄骅市滕庄乡东道安村
负责人：胡希彪　邮　编：061100
法　人：胡庆伦
Tel：0317－5839966
Fax：0317－5839966

### 滦南县鑫星大米加工厂

业务：大米加工和销售
地址：河北省唐山市滦南县柏各庄镇刘崔各庄村167号
负责人：刘玉民　邮　编：063000
法　人：刘玉民
Tel：15033931191
0315－4563356

### 唐山市日月兴饮用水制造有限公司

业务：纯净水加工：瓶装、桶装（太平古岩、古岩深泉）
地址：河北省唐山市迁西县太平寨镇西沟村
负责人：郑书军　邮　编：063000
法　人：郑书军
Tel：13832598969
0315－5716777
Fax：0315－5716777
E-mail：zhengshujun777@126.com

### 卢龙圣源玉米开发有限公司

业务：卢龙圣源玉米开发有限公司是以生产玉米淀粉为主导产品。我公司本着“诚、信、实”的理念进行生产经营，以“安全、绿色、优质、高效”为目标。欢迎各界人士、新老客户来人来函定购。
地址：河北省秦皇岛市卢龙县石门镇
负责人：马焱　邮　编：066401
法　人：马焱
Tel：0335－7025388
网址：www.mtw27254.chinapyp.com

### 大名县亿丰食品有限公司

业务：“天一”牌薯片、薯条生产销售
地址：河北省邯郸市大名县旧治乡康庄村
负责人：郭国喜　邮　编：056900
法　人：郭国喜
Tel：15030000745
0310－6396888

### 唐山市路北区海峰食品商店

业务：保健食品
地址：河北省唐山市站前路金凯悦商务中心A509号
负责人：沈志生　邮　编：063000
法　人：沈志生
Tel：0315－2313545
Fax：0315－2313545

### 临西县临西镇永坤粮油门市部

业务：经销代理各品牌中小包装食用油，绿色粮油物美价廉，品质一流，诚实守信，服务到家，欢迎新老客户惠顾
产品：金龙鱼、鲁花等各品牌中小包装、散装食用油，杂粮
地址：河北省邢台市临西县临西镇仓上村银仓路南七巷13号
负责人：隋永坤　邮　编：054000
法　人：隋保祥
Tel：0319－8563607
E-mail：suiyongkun2008@163.com

### 黄骅市旧城镇鑫发鑫合作加盟店

业务：销售烟酒、副食、日用百货
地址：河北省黄骅市旧城镇旧城村
负责人：刘金生　邮　编：061107
法　人：刘金生
Tel：0317－5625055
13603176260

### 东方油脂有限责任公司

地址：河北省石家庄市元氏县装院路西同下路口往南1000米
负责人：许贞芳
Tel：0311－84678705
13582172286

### 临西县下堡寺镇陈桂华烟酒副食部

业务：烟酒销售
地址：河北省邢台市临西县下堡寺镇南镇村
负责人：陈桂华　邮　编：054000
法　人：陈桂华
Tel：13103398572
0319－8361162

### 辛集市鹏发食品有限公司

业务：辛集市鹏发食品有限公司成立于1995年，从事生产肉制休闲食品，卤制肉食品销往全国各地，欢迎新老客户来电洽谈业务！
地址：河北省辛集市位伯镇西五村
负责人：谢新法　邮　编：052361
法　人：谢新法
Tel：0311－83310456
Fax：0311－83319000

### 邢台市东鑫酱菜有限公司

业务：生产、销售酱菜
地址：河北省邢台市平乡县平乡镇麻头寨村西路北
负责人：邢高峰　邮　编：054000
法　人：邢高峰
Tel：13831978318
0319－7899961

### 惠发调味食品厂

地址：河北省唐山市滦县榛子镇于家营变电所
负责人：刘贵臣
Tel：0315－7506552

### 衡水市桃城区志才副食百货商店

业务：食品、饮料、日用百货、常年批发零售东北大烟叶
地址：河北省衡水市桃城区河沿镇段村
负责人：李志才　邮　编：053000
法　人：李志才
Tel：0318－2143140

### 清河县自由自在进口食品专卖店

业务：进口食品、洋酒等产品专卖
地址：河北省邢台市清河县祥和大街三中对过
负责人：田春明　邮　编：054000
法　人：田春明
Tel：0319－7502388

### 蔚县黄梅杏鑫食品加工厂

业务：开口杏核、杏仁、木瓜杏干、生熟葵瓜子等农副产品的收购销售和加工
产品：开口杏核、杏仁、木瓜杏干、生熟葵瓜子等农副产品
地址：河北省张家口市蔚县黄梅乡黄梅村
负责人：王润　邮　编：075721
法　人：王润
Tel：0313－7299719
13784576488
Fax：0313－7299719

### 辛集市鑫利棉油厂

业务：辛集市鑫利棉油厂成立于2001年，主要从事于棉花的收购、加工、销售。欢迎新老客户光临、惠顾！
地址：河北省辛集市旧城镇西环路
负责人：姜彦听　邮　编：052371
法　人：姜彦听
Tel：0311－83186699

### 美味园食品加工厂

业务：以生产传统中式糕点为主，成功开发了津式麻花等多个系列产品，我厂拥有各种季节性传统糕点生产线，产品种类繁多，品质优良，风味独特，欢迎广大客户前来选购！
产品：津式麻花、油酥麻花、糕点、膨化食品、蜜果子、月饼等
地址：河北省衡水市桃城区河沿镇北沼村
负责人：单海娥　邮　编：053000
法　人：单海娥
Tel：0318－7919345
13483711486

### 蔚县鑫源食品加工厂

业务：杏仁、杏干、杏核
地址：河北省张家口市蔚县黄梅乡黄梅村供销社
负责人：李冬　邮　编：075721
法　人：李冬
Tel：13831321923
0313－7299720
7299701

### 蔚县蔚州镇草原白酒经销处

业务：经销草原品牌酒
地址：河北省张家口市蔚县蔚州镇和平路
负责人：高荣　邮　编：075700
法　人：高荣
Tel：13831308057
15932356009

### 惠丰油脂肉联有限公司

地址：河北省邢台市巨鹿县西郭城镇柳洼村
负责人：郑立波
Tel：0319－4231600
13001459636

### 邯郸市峰峰新市区老曹酒业经销部

业务：酒类经营
地址：河北省邯郸市峰峰新市区火车站北侧
负责人：曹双贵
法　人：曹双贵
Tel：13483093569
13731004324

### 涿州市新利香西饼店火炬街店

业务：餐饮服务，西点、蛋糕
地址：河北省涿州市火炬街
负责人：赵金龙　邮　编：072750
法　人：赵金龙
Tel：13833226265
0312－3868083
Fax：0312－3862622

### 涿州市天天想你鸭脖店

业务：销售鸭头、鸭脖、鸭舌、鸭翅、鸭爪
地址：河北省涿州市甲秀路
负责人：岳晶玲　邮　编：072750
法　人：岳晶玲
Tel：15931251077
15032494600

### 景县食品公司桥头杂水店

业务：猪杂水、牛杂水等杂水的销售
地址：河北省衡水市景县景安大街106号
负责人：王建坤　邮　编：53000
法　人：王建坤
Tel：0318－4220500

### 迁西县国瑞食品有限公司

业务：迁西县国瑞食品有限公司主要从事于板栗收购、加工、销售。产品远销日本、新加坡、台湾。欢迎广大客户光临、选购！
地址：河北省唐山市迁西县汉儿庄乡下洪寨村
负责人：闻国瑞　邮　编：064303
法　人：闻国瑞
Tel：0315－5878653

### 邯郸县科贸城运峰调料门市

业务：销售调料：辣椒、八角、花椒
地址：河北省邯郸市邯郸县农业科贸城
负责人：郭运峰　邮　编：056000
法　人：郭运峰
Tel：0310－7508163
13513307039

### 蟠龙面业有限公司

地址：河北省元氏县元氏大街95号
负责人：杜俊峰
Tel：0311－84628113
13603118816

### 冀州市小寨馒头房

业务：馒头
地址：河北省衡水市冀州市小寨乡小寨村
负责人：常胜锋　邮　编：53000
法　人：常胜锋
Tel：0318－8917719

### 唐山金润营养食品有限公司

业务：唐山金润营养食品有限公司成立于2005年，主要生产销售营养面粉、绿色食品。产品质量保证，畅销国内及俄罗斯、韩国、马来西亚等。欢迎新老客户光临、选购！
地址：河北省唐山市丰润区小张各庄镇包家坎村西
负责人：王玉礼　邮　编：064003
法　人：王玉礼
Tel：0315－5532596
Fax：0315－5233987
网址：www.mtw27243.chinapyp.com
E-mail：tsjr4291@163.com

### 临漳县柳冻食品有限责任公司

业务：食品加工和销售
地址：河北省邯郸市临漳县柳园镇马村
负责人：马永华　邮　编：056000
法　人：马永华
Tel：13932082950
0310－7788489

### 赵县精园果品有限公司

业务：赵县是河北省梨果生产大县，梨果产业已经成为支持县城经济发展和促进梨农致富增收的重要支柱产业.赵县大安绿色雪花梨味甘，性凉，有润肺止咳，清热化痰，

随州市曾都区殷店塔儿山风景区旅游开发中心
从事于旅游开发、旅游自然开发。
电话：0722－3673448
地址：湖北省随州市曾都区殷店塔儿山风景区梨苑楼



生津润燥，滋阴降火，和胃益脾，醒酒处腻，解毒利便，美容养颜等医疗功效.还有雪花梨含有维生素，各种机酸，糖类，脂肪和蛋白质以及钙，磷，铁等人体不可缺少的营养物质.赵县大安绿色雪花梨是按照无公害绿色食品标准进行生产的，所产的雪花梨均为优种，优质，优果.

地址：河北省石家庄市赵县范庄镇大安一村
……………………………… 邮　编：051530
……………………………… 法　人：钤英军
……………………………… Tel：0311－84881318
……………………………… Fax：0311－84881318

## 泊头市日欣枣制品厂

泊头市日欣枣制品厂成立于1999年，本厂专业从事红枣、蜜枣、阿胶枣各种枣制品的加工、销售。泊头市日欣枣制品厂本着“客户第一，诚信至上”的原则。热忱欢迎新老客户惠顾！

联系人：杨廷强　传真：0317-8369988
电话：0317-8069888　13931746848　邮编：062152
地址：河北省沧州市泊头市宫庄子村

## 邯郸开发区喜隆糖酒有限公司

邯郸开发区喜隆糖酒有限公司于2008年成立。主要从事名烟名酒产品的贸易服务。公司以诚信立本，为广大客户提供最优的服务。

联系人：马强　电话：0310－3158511　8067508
地址：河北省邯郸市邯郸开发区世纪大街21号104室　邮编：056000

## 邯郸市丛台区大名老赵烧鸡店

邯郸市丛台区大名老赵烧鸡店自1998年首创以来一直受到广大顾客的喜爱，本店主要以熟食为主，邯郸市丛台区大名老赵烧鸡店本着“客户第一，诚信至上”的原则，与多家企业建立了长期的合作关系。热忱欢迎各界朋友前来参观、考察、洽谈业务。

联系人：赵志强　13931051198　电话：0310-6253181
地址：河北省邯郸市展览路和曙光路交叉口益新旅馆一楼门面　邮编：056002

## 河北省赵县沙河店养蜂厂

河北省赵县沙河店养蜂厂专业从事蜂产品采集、研究、加工和销售。主要产品有各种蜂蜜，蜂皇浆，蜂花粉，蜂胶等。2003年在赵县以沙河店蜂场为龙头的基础上成立了养蜂协会，又成立赵县蜂业研究所，每年定期规模化蜂群转地饲养。诚邀您的加盟！

联系人：刘利现　13503217828
电话：0311-84831391　电子邮件：0311-84831191
地址：河北省赵县沙河店　邮编：051500

## 黄骅市和顺伊城清真肉食有限公司

黄骅市和顺伊城清真肉食有限公司是一家经营清真肉食食品的企业。公司本着“高质量、低价格、信益保障、顾客至上”为宗旨。竭诚为您服务。

联系人：张家琪　电话：0317-5332234　5228171　5229169
地址：河北省沧州市黄骅市建设大街北　邮编：061001

## 迁西县宝源食品有限公司

迁西县宝源食品有限公司地处我国著名的京东板栗主产区河北省迁西县，这里山清水秀，物华天宝，所产土特产更是名扬海内外。我公司主要经营京东板栗、食品深加工及其他农副产品，是集绿色环保型、科技型、创汇型、产业化为一身的目前国内较大的专业板栗加工企业，京东板栗深加工企业的先锋。本公司秉承“顾客至上，锐意进取”的经营理念，坚持“客户第一”的原则为广大客户提供优质的服务。欢迎惠顾！

联系人：孙长保
电话\传真：0315-5879111　手机：13831558188
地址：河北省唐山市迁西县汉儿庄乡苏郎峪村　邮编：064300

## 清大香瑶乳业有限公司

清大香瑶乳业有限公司成立于2006年，专业生产销售饮品。主要产品有含乳饮料、纯净水、果汁等。我公司的产品口感好，含多种对人体健康有益的元素，“质量第一，以人为本”是我公司的宗旨，欢迎广大客户使用我公司的产品。

联系人：郑连全
电话：0312-2788878　13831254838
地址：河北省高碑店市梁家工营乡梁北村
邮编：071001

## 唐山曹妃酒业有限责任公司

专业从事白酒生产，有曹妃贡酒系列白酒、浓香型、酱香型。

希望与优秀的您共同合作，打造真正的唐山本土名牌白酒生产企业。未来辉煌的舞台，希望与您牵手同行！

联系人：姚建华　电话：0315－4526999
地址：河北省唐山市滦南县胡各庄镇西新户村　邮编：063500

## 唐山市丰南区绿洁米业有限公司

唐山市丰南区绿洁米业有限公司成立于2006年，专业从事大米加工和销售。我厂现有一条国内较先进的大米生产线，年设计能力达24000吨，大米销往全国各地。产品还有盐渍黄瓜、盐渍红辣椒。我厂奉行“质量无小事、顾客是上帝”的办厂宗旨。诚挚欢迎各地朋友前来合作。

联系人：李志明　13091088104
电话：0315-8422066　6227836　传真：0315-8422066
地址：河北省唐山市丰南区西葛镇西葛村
网址：www.dlqay326.21food.cn　邮编：063300

## 唐山市五谷香桃酥王

唐山市五谷香桃酥王成立于2002年，主要经营糕点制销。公司秉承“顾客至上，保证质量”的经营理念，坚持“客户第一”的原则为广大客户提供优质的食品。欢迎惠顾！

联系人：刘根献
电话：0315-2877017
地址：河北省唐山市复兴路213号　邮编：351100

食品饮料酿酒行业

## 山西省/Shanxi Province

**潞城市神农开发有限责任公司**
地址：山西省长治潞城市甘林路
负责人：张建中
Tel：0355－6772261 13303458089

**长治县福建春茶庄**
业务：茶业、茶具批发兼零售
地址：山西省长治市长治县城光明路
负责人：聂旭生 邮编：047100
法人：聂旭生
Tel：0355－8089966

**长治市通汇达肉类食品有限公司**
业务：长治市通汇达肉类食品有限公司成立于2004年，主要从事生猪屠宰、肉制品加工、冷库储藏等业务。热诚欢迎各方客户惠顾。
地址：山西省长治市城区邱村西
邮编：046000
法人：李开印
Tel：0355－2081248
Fax：0355－2081248

**瑞强禽业食品有限公司**
地址：山西省长治市长子县大堡头镇两水村
负责人：刘燕飞
Tel：0355－8432030 13503558531

**长治高新区甄氏日升粮油调味商店**
业务：家源面粉，大富豪面粉，调味品
地址：山西省长治市城北东街
负责人：甄文强 邮编：046000
法人：甄文强
Tel：15035571390 0355－8896353

**腾飞酒水有限公司**
地址：山西省长治市城北西路建设巷26号
负责人：梁达清
Tel：0355－2052932 1395512958

**平顺县晋琛绿色农副产品开发有限责任公司**
业务：我公司成立于2002年，主要生产销售党参脯，党参茶。晋琛面临机遇与挑战，全体员工信心百倍，团结一致，希望得到社会各界的大力支持，愿有志在农村一展宏图的中外有识之士加盟晋琛，我们晋琛人一定会不辱使命，奋发图强，创造辉煌业绩，创造晋琛美好明天。
地址：山西省长治市平顺县张井村
负责人：韩华荣 邮编：047400
法人：韩华荣
Tel：0355－8922265
Fax：0355－8922265

**长治市城区盛昌食品添加剂销售部**
业务：销售食品添加剂
地址：山西省长治市梅辉坡小区10号楼7号门面
负责人：李素兵 邮编：046000
法人：李素兵
Tel：13513554066 0355－2062687
Fax：0355－2062687
E-mail：maizhongmai@163.com

**长治虎添翼食品有限公司**
地址：山西省长治市高新区史家庄史丰街47号
负责人：原立峻
Tel：0355－2083923 13008077778

**平顺县林泉食品厂**
业务：平顺县林泉食品厂成立于2002年，主要生产销售党参脯，党参茶。欢迎各方客户惠顾，来电洽谈业务，共同合作。
地址：山西省长治市平顺县张井村
邮编：047400
法人：韩华荣
Tel：0355－8922265
Fax：0355－8922265

**大同市南郊区佳庆粮油经销处**
业务：经销代理品牌大米、油料及各种小杂粮，批零兼营。安全、绿色、营养是我们对您的承诺，我们将以诚信为本，微利经营，携手八方客户共创美好未来。
产品："金沙河面业"、"黑龙江祖谷米业"、"汇福食用油"等品牌面粉、大米、食用油
地址：山西省大同市南郊区口泉同泉路
负责人：曹福贵 邮编：037001
法人：曹福贵
Tel：0352－4042228 13754907525 13903526511
Fax：0352－4042228
E-mail：dtcfg123@126.com 13903526511@139.com

**茂德烟酒副食店**
地址：山西省长治市郊区故县市场
负责人：王茂德
Tel：13935512609

**志合粮油经营部**
业务：海黄系列餐饮专用油
地址：山西省大同市拥军南路紫星丽园1号楼6单元102
负责人：郝建新 邮编：037000
法人：郝建新
Tel：0352－2895106

**长治市城区利军水产经销部**
业务：长治市城区利军水产经销部位于长治市紫坊农贸市场水产区1－2号，地理位置优越，交通十分便利。主要经营鲜活水产品，我们以"一流的产品质量，优良的服务态度"，赢得了全国各地经销商和客户的广泛赞誉。本着"以质量求生存，以信誉求市场"的经营理念，愿与各地同仁携手，共同发展，共同进步。
地址：山西省长治市紫坊农贸市场水产区1－2号
邮编：047100
法人：张利军
Tel：0355－6030444

**山西省大同市左云县三门市汇丰婴童奶粉经销店**
业务：销售婴儿奶粉
产品：贝因美、圣元、雀巢、多美滋、飞鹤、澳优、摇篮
地址：山西省大同市左云县云兴镇云新太平街
负责人：殷培珍 邮编：037100
法人：殷培珍
Tel：13403604926 0352－3824483

**甜甜饮食有限公司**
地址：山西省长治市解放东路淮北小区甜甜饮食有限公司
负责人：刘建
Tel：13509756789

**晋城市泽路地方风味小吃城有限公司**
业务：晋城市地方风味小吃城（原名泽州路综合市场）位于泽州路1192号，主要经营各地的风味小吃，有阳城烧肝，高平十大碗和烧豆腐，潞城甩饼，山西过油肉和什锦火锅，新疆羊肉串，东京烧烤，安徽馄饨，云南米线，重庆小火锅，北方铮铮饺子，以及各地的和子饭，油芝麻。还经营蔬菜，水果，调味粮油，水产，小商品，茶座，医药等居民所需的日常生活用品。
地址：山西省晋城市泽州路1192号
邮编：048000
法人：赵跃进
Tel：0356－6992501
Fax：0356－6992506
网址：www.sxzyj.chinapyp.com

**山西省大同市左云县汇丰婴童奶粉经销店**
业务：销售婴儿奶粉
产品：贝因美、圣元、雀巢、多美滋、飞鹤、澳优、摇篮
地址：山西省大同市左云县云兴镇云新西大街
负责人：殷培珍 邮编：037100
法人：殷培珍
Tel：13403604926 0352－3824483

**鑫麟食品有限公司**
地址：山西省长治市新营街183号
负责人：马勇
Tel：0355－2038882 13903552510

**繁峙县砂河鸿鑫粮油购销中心**
业务：粮油购销
地址：山西省繁峙县砂河镇新国道转盘西1000米处路南
负责人：赵俊斗 邮编：034302
法人：赵俊斗
Tel：13803443707 0350－5551862

**诚乐食品有限公司**
地址：山西省长治市紫坊东街90号
负责人：张金刚
Tel：0355－2067515

**山西省古交市金牛东大街一饮相思酒商行**
业务：安徽元生堂酒业山西总代理
地址：山西省古交市金牛东大街指挥部办公楼对面
负责人：陈全平 邮编：030200
法人：陈全平
Tel：13513630505 13133019638

**河津市新康源肉业有限公司**
业务：牛肉冷冻及熟食加工
地址：山西省河津市柴家乡北原村
负责人：王立有 邮编：044000
法人：王立有
Tel：0359－5122203
网址：http://www.51zzt.com/user/zzt31184

**汾阳市威特食品有限公司**
业务：汾阳市威特食品有限公司成立于1996年，主要以加工出口核桃、核桃仁、羊肚菌为主，本着"质量为生命、信誉是根本、管理出效益、稳步求发展"的经营理念，欢迎广大新老朋友光临惠顾。
地址：山西省吕梁市汾阳市昌宁宫村
负责人：武彦虎 邮编：032200
法人：武彦虎
Tel：0358－7391763

**大同市今晨酒业有限责任公司**
地址：山西省大同市御河南路2号院
负责人：张日新
Tel：0352－7559027

**临县德来宝红枣食品有限公司**
业务：临县德来宝红枣食品有限公司成立于2006年，主要从事红枣的生产与销售。"质量保证，价格合理"，竭诚欢迎广大新老客户光临、惠顾！
地址：山西省吕梁市临县青凉寺乡青凉寺村
负责人：高志发 邮编：033216
法人：高志发
Tel：0358－4492580

**二窝肉食水产调料部**
业务：调料、肉食、水产、粮油
地址：山西省河津市樊村街丁字路口
负责人：任国强 邮编：043300
法人：任国强
Tel：0359－5285688 13097519033

**西坊城粮油贸易货栈**
地址：山西省大同市左云县西坊城村
负责人：王锐
Tel：13903527798

**大渠国强面粉厂**
地址：山西省动城市盐湖区大渠乡羊驮寺村东口
负责人：王国强
Tel：0359－2897036 13703598632

**霍州市康源纯净水供应中心**
业务：纯净水经营
地址：山西省霍州市赵家庄农贸市场康源纯净水供应中心
负责人：王元锁 邮编：31400
法人：王元锁
Tel：13835762928 0357－5600851

**山西省清徐县江宇源醋业有限公司**
业务：本公司成立于1987年，专业从事醋的酿造与销售。质量过硬、服务一流，产品畅销全国各地。"质量第一，信誉至上"是我公司永恒的追求！
地址：山西省太原市清徐柳杜乡西北路3号
负责人：郭永亮 邮编：030400
法人：郭永亮
Tel：0351－5999888

**和顺县汾酒竹叶青专卖店**
业务：汾酒、竹叶青酒专卖
地址：山西省晋中市和顺县新建街75号（县医院对面）
负责人：赵世忠 邮编：032700
法人：赵世忠
Tel：0354－8121344 13753457853

**和顺县飞泉糖酒副食有限公司**
地址：山西省和顺县东大街交通局旁边
负责人：王飞泉
Tel：0354－8123279 13903545942

**天福食品厂**
地址：山西省河津市铝厂一号路候家中村口
负责人：卫凯进
Tel：0359－5265090 13803471341

**介休市绵山镇万果食醋加工厂**
业务：食用醋生产销售
地址：山西省晋中市介休市绵山镇万果村
负责人：宋志敏 邮编：032000
法人：宋志敏
Tel：0354－7084155 13209889737

**山西省万荣县华运果品保鲜有限公司**
业务：山西省万荣县华运果品保鲜有限公司主要从事于果品储存购销咨询服务。欢迎广大客户光临、选购！
地址：山西省运城市万荣县南张乡西苏冯华北果库
负责人：陈登贵 邮编：044200
法人：张道公
Tel：0359－4755178

**晋中市万豪大东北烤肉**
业务：各色东北烤肉
地址：山西省晋中市榆次区蕴华街正太小区（八中对面）
负责人：徐军玲 邮编：030600
法人：徐军玲
Tel：0354－8863828 3995133

**春芳面粉加工厂**
地址：山西省介休市东内封村南
负责人：王年胜
Tel：0354－7263111

13935487228

**阳城县丰泰食品有限公司**
地址：山西省晋城市阳城县北留镇东封村
负责人：芦培林
Tel：0356－4859566

**左权县宜宾卤肉店**
业务：经营卤肉类食品
地址：山西省晋中市左权县辽山市场
负责人：黄仕彬　邮　编：030600
法　人：黄仕彬
Tel：0354－8626378
15935489100

**昌盛面粉厂**
地址：山西省晋城市泽州县北义城镇南义城村
负责人：李亚军
Tel：0536－3835166
13103461636

**泽州县大兴米康尔食品开发有限公司**
地址：山西省晋城市泽州县高都镇大兴村
负责人：王青兰
Tel：0356－3836001

**左权县小蒙七彩果蔬豆腐坊**
业务：七彩果蔬豆腐销售和加工
产品：七彩果蔬豆腐
地址：山西省晋中市左权县坛房街35号
负责人：张飞　邮　编：032600
法　人：张飞
Tel：13546743648
15835413236

**太谷县鑫鑫食业有限公司**
地址：山西省晋中市太谷县南正街4号
负责人：王福虎
Tel：0354－6223448

**襄汾县新城国林豆腐干加工部**
业务：豆腐干
地址：山西省临汾市襄汾县龙山路菜市场
负责人：张国林　邮　编：041500
法　人：张国林
Tel：13753559890
13935749178

**山西亿家康面业有限公司**
业务：公司的主导产品"亿家康"小麦粉种类齐全、品质突出，精选运城地区优质小麦为原料，严格按照标准化的生产，加工的面粉具有麦香味实足、蛋白含量高、粉色正、筋度大的特点。
地址：山西省运城市新绛县商贸经济开发区
邮　编：043100
法　人：朱俊辉
Tel：0359－7602588
Fax：0359－7600616

**吕梁森泰农水产品有限公司**
业务：专业从事海鲜、肉类、调料及加工、包装，本公司秉着诚信经营，客户至上的宗旨，热忱为您服务。
产品：东海产品和特产
地址：山西省吕梁市离石区滨河北西路新华街南口
负责人：郭七保　邮　编：033000
法　人：郭七保
Tel：0358－8980914
Fax：0358－8287097

**太谷县晋阳面粉厂**
地址：山西省晋中市太谷县西咸阳村
负责人：薛建春
Tel：0354－6139158

**山阴县福乐源食品有限公司**
业务：食品
地址：山西省朔州市山阴县合盛堡常辛村
负责人：崔金富　邮　编：36900
法　人：崔金富
Tel：0349－6656244
13633498357

**侯马市建革供水有限公司**
地址：山西省临汾市侯马市单家营村
负责人：刘吉祥
Tel：13903573822

**侯马市家家福纯净水厂**
地址：山西省临汾市侯马市市府路电台东侧
负责人：王凤民
Tel：0357－4222580

**文水县贤隆肉食加工厂**
业务：加工牛羊肉
地址：山西省太原市建设北路海鲜市场西面16号
负责人：梁智林　邮　编：033000
法　人：梁智林
Tel：13935866502
0358－3484097
13466850211
网址：http://www.51zzt.com/user/zzt34196

**侯马市济斌酱菜厂**
地址：山西省临汾市侯马市紫金山南街8号
负责人：苗济斌
Tel：0357－4220981

**霍州市和顺贸易有限公司昌隆粮油分公司**
地址：山西省临汾市霍州市靳比村
负责人：韩珠华
Tel：0357－5623195

**金慧核桃食品经销部**
业务：核桃油
地址：山西省太原市万柏林区北寒新村86号乙
负责人：于芝英　邮　编：030000
法　人：于芝英
Tel：0351－6121070
15343518991

**霍州市华星面粉厂**
地址：山西省临汾市霍州市李曹镇下王村
负责人：李三虎
Tel：0357－5678135

**临汾市君家乐乳业有限公司**
地址：山西省临汾市屯里镇西芦村
负责人：段生录
Tel：13994788880

**山西农特产品直销**
业务：汾酒、竹叶青 龟龄集、红枣 核桃、老陈醋 小米杂粮、苦荞健茶、平遥牛肉、上党驴肉等山西名优特产
地址：山西省太原市小店区平阳路96号
负责人：晏辉　邮　编：030000
法　人：晏辉
Tel：13546462158
13754832738

**山西运城市盐城区大渠国强面粉厂**
业务：山西运城市盐城区大渠国强面粉厂成立于1993年，主要从事面粉的生产加工。我厂以良好的信誉，周到的服务和优质的产品，赢得了广大客户的赞誉和信赖。
地址：山西省运城市盐湖区大渠乡羊驮寺村口
邮　编：044000
法　人：王国强
Tel：0359－2897036

**山西省太原市小店区香麦缘糕点屋**
业务：批发、零售蛋糕、面包、糕点
地址：山西省太原市小店区小店村北
负责人：彭国伟　邮　编：030000
法　人：彭国伟
Tel：13293747870
13099053552

**隰县午城面粉厂**
地址：山西省临汾市隰县午城镇午城村
负责人：贾健民
Tel：13934729961

**晋皇面粉厂**
地址：山西省临汾市襄汾县邓庄镇邓庄村南
负责人：栗焱刚
Tel：13133187508

**太原市杏花岭区金利娜食品商行（一店）**
业务：休闲食品、干货批发零售
地址：山西省太原市杏花岭区解放北路75号新兴食品商贸中心1077号（一店）/山西省太原市杏花岭区解放北路75号新兴食品商贸中心1140号（二店）
负责人：李卫平　邮　编：030000
法　人：李美娥
Tel：0351－3139661

**向阳食品厂**
地址：山西省临沂市向阳路13号
负责人：张月霖
Tel：0357－2021325
13903470151

**晋隆土产日杂经销部**
业务：土产日杂
地址：山西省太原市阳曲县新安东街城关信用社旁
负责人：张喜平　邮　编：030100
法　人：张喜平
Tel：0351－5522388
0351－5522610
13603552520

**蒙牛冰淇淋配送七部**
业务：蒙牛冰淇淋配送，品种齐全，送货上门，欢迎新老顾客前来品尝！
产品：高中低档蒙牛冰淇淋产品
地址：山西省太原市迎泽区朝阳街御都对面原溶剂厂院内
负责人：王会民　邮　编：030006
法　人：王会民
Tel：0351－4399072

**恒源酱醋厂**
地址：山西省吕梁市临县南关街226号
负责人：李三宽
Tel：0358－4426935
13935804953

**汾河酒厂**
地址：山西省吕梁市文水县南安镇西社村
负责人：周爱刚
Tel：0358－3063078
6165243
13753171699

**怀仁县庆丰面粉厂**
地址：山西省朔州市怀仁县云东经济开发区
负责人：陈炳
Tel：13934925036

**山阴县国源副食加工厂**
地址：山西省朔州市山阴县化肥厂
负责人：李建国
Tel：13037035737

**迎泽区九霄云外鸭脖王**
业务：鸭脖的销售
地址：山西省太原市迎泽区侯家巷18号
负责人：刘海东　邮　编：030000
法　人：刘海东
Tel：15534039991
13754856405

**云腾面粉加工厂**
地址：山西省太同市阳高县新华街80号体委大院
负责人：刘云
Tel：0352－6622017
13834252063

**新海挂面厂**
地址：山西省太原市尖草坪区兴安农场
负责人：李晓东
Tel：0351－3560487
13603569550

**太原市迎泽区苏北干果店**
业务：主要经营各类干果、糖果、果脯及各种炒货，自产自销，批零兼营。我们本着质量第一，诚信为本宗旨，竭诚欢迎新老客户惠顾。
产品：开心果、松子、大杏仁、碧根果、夏威夷果、山核桃、吊瓜子、核桃、核桃仁、糖果果脯、山楂、果丹皮及各种现炒瓜子、花生。
地址：山西省太原市迎泽区旧城街3号
负责人：房德生　邮　编：030000
法　人：房德生
Tel：15536336312
E-mail：fds909@163.com

**尧都陈醋厂**
地址：山西省太原市清徐县孟封镇尧城村
负责人：李培岗
Tel：0351－5550560
13513633499

**清徐县晋醯醋厂**
地址：山西省太原市清徐县清源镇平泉
负责人：罗冬勇
Tel：0351－5705538

**晋运来山西名优土特产**
业务：土特产
地址：山西省太原市迎泽西大街铁道大厦往西80米闫家沟口
负责人：韩红斌　邮　编：030024
法　人：韩红斌
Tel：0351－6773128
Fax：0351－6773128

**清徐县昌宁达调味品商行**
地址：山西省太原市清徐县清源镇平泉
负责人：张岐龙
Tel：13509716042

**保德县张俊永油坊**
业务：黄油生产
地址：山西省忻州市保德县西大街
负责人：张俊永　邮　编：034000
法　人：张俊永
Tel：13935096171
13994072644

**山西太原市瑞司特食品有限公司**
地址：山西省太原市万柏林区南寒东厂街6号
负责人：刑伟平
Tel：13603532718

**保德县诚信副食门市**
业务：批发啤酒，白酒等副食（燕京啤酒保德总代理）
地址：山西省忻州市保德县县宾馆大门口对面
负责人：吴新荣　邮　编：036600
法　人：吴新荣
Tel：13935017878
13935017394

**繁峙县砂河大众批发一部**
业务：烟酒，副食品销售
地址：山西省忻州市繁峙县砂河镇富民街超级市场中大门南5号
负责人：钟文廷　邮　编：034302
法　人：钟文廷
Tel：13994079375
0350－5552075

**太原市素月斋食品有限公司**
地址：山西省太原市万柏林区南上庄长顺街86号院1－2层楼
负责人：史钟达
Tel：0351－6084123

**太原市晶华峰酒业有限公司**
地址：山西省太原市小店区高新区学府街小区14－3－101
负责人：李志萍
Tel：0351－7031788

**太原市小店区光头佬食品加工部**
地址：山西省太原市小店区黄陵村东
负责人：宋爱国
Tel：0351－7861167

**山西省忻州市繁峙县计文粮油加工厂**
业务：糕面，小米，江米的加工和销售
地址：山西省忻州市繁峙县下茹原乡福连坊村
负责人：韩计文　邮　编：34000
法　人：韩计文
Tel：13835057935
13203503705
0350－5563328

**太原市鑫美鑫食品有限公司**
地址：山西省太原市小店区军兵路坞城北小区1排2号
负责人：梁金梅
Tel：13068046552

**偏关县张伟永盛油坊**
业务：主营：油料加工销售，葫麻榨油
产品：葫麻油
地址：山西省忻州市偏关县沙石沟
负责人：张伟　邮　编：36400
法　人：张伟
Tel：13100107934
0350－7624801

**太原市海元酒业有限公司**
地址：山西省太原市小店区亲贤北街275号6幢10号
负责人：闫淑艳
Tel：0351－7889691

**山西太原新曙光食品有限公司**
地址：山西省太原市杏花岭区北河湾化工路西街25号
负责人：黄志强
Tel：0351－3440969
8997698

**神池县聚鑫酒类经销部**
业务：汾酒、茅台、五粮液以及土特产，茶叶，烟
地址：山西省忻州市神池县龙泉镇崞水路旧汽车站东100米
负责人：郭凤林　邮　编：036100
法　人：郭启焱
Tel：0350－4239991

**太原汉阔枣业有限公司**
地址：山西省太原市迎泽区东安路12号
负责人：李运芳
Tel：0351－4066262

**神池县云峰糖酒副食批发部**
业务：副食批发
地址：山西省忻州市神池县南关路
负责人：雷云峰　邮　编：036100
法　人：雷云峰
Tel：0350－4234031
13834006968

**太原市迎泽区福英水产二部**
地址：山西省太原市迎泽区五龙口海鲜批发市场冻品区12号
负责人：王玉英
Tel：0351－4139673

**金丰福利水磨米厂**
地址：山西省新干县九江乡王山
负责人：陈金加
Tel：13970650836

**五台县茹村乡北大贤益农淀粉厂**
业务：玉米淀粉加工、销售
地址：山西省忻州市五台县茹村乡北大贤村
负责人：刘文德　邮　编：035500
法　人：刘文德
Tel：13835032023
15834288300

**阳泉天川粮油贸易有限公司**
地址：山西省阳泉市南大街75号
负责人：张松龄
Tel：0353－2162627

**绛县永红放心粮油配送中心**
业务：粮油、副食、烟酒的配送
地址：山西省运城市绛县车厢路
负责人：蔡永红　邮　编：043600
法　人：蔡永红
Tel：0359－6526622
13994850959

**栲栳镇面粉厂**
地址：山西省永济市高市桥栲栳镇

…… 负责人：裴永平
…… Tel：0359－8348251
13133198422

**临猗县耽子腾琦食品厂**
业务：生产、销售蜜饯，干果
地址：山西省运城市临猗县耽子堡里村
…… 负责人：薛国伟 邮编：044103
…… 法人：薛国伟
…… Tel：0359－4145168
13509790488

**于乡百龙面粉厂**
地址：山西省永济市于乡
…… 负责人：徐百龙
…… Tel：0359－8108245
13903486613

**三鑫食品有限公司**
地址：山西省运城市八一市场丁氏水产超市八一路 1－2 号
…… 负责人：崔敏丽
…… Tel：13513593816

**山西省运城市临猗县孙吉新虎食品加工部——五香馍条、石子馍**
业务：五香馍条、石子馍
地址：山西省运城市临猗县孙吉镇孙吉街
…… 负责人：丁新虎 邮编：044100
…… 法人：丁新虎
…… Tel：0359－4138271
15935977617

**闻喜县城镇红太阳批发部**
业务：批发、零售：副食品
地址：山西省运城市闻喜县王村路口西 1 米
…… 负责人：梅学军 邮编：044000
…… 法人：梅学军
…… Tel：13734291934
0359－7060206

**临猗县向阳乳业有限公司**
地址：山西省运城市临猗县卓里工贸区卓里村南郊
…… 负责人：李向阳
…… Tel：0359－4169978

**新绛县泉掌西韩万鸿面粉厂**
业务：面粉生产、加工
地址：山西省运城市新绛县泉掌镇西韩村
…… 负责人：景红生 邮编：043100
…… 法人：景红生
…… Tel：0359－7788355

**运城市康鸿佳食品有限公司**
业务：锅巴、馍干、面食加工销售
产品：芝麻香锅巴、黄豆锅巴、营养锅巴、馍干、面食系列
地址：山西省运城市盐湖区科技工业园
…… 负责人：陈卫华 邮编：044000
…… 法人：张运红
…… Tel：0359－2517333
…… Fax：0359－2517109
…… 网址：www.sxycjksp.com

**闻喜县郭店运达面粉厂**
地址：山西省运城市闻喜县郭店村

…… 负责人：杜新未
…… Tel：0359－7456120

**闻喜县兴泽绿色食品有限责任公司**
地址：山西省运城市闻喜县后宫乡柏底村
…… 负责人：卫淑琴
…… Tel：0359－7258926

**新绛县东升牧业有限公司**
业务：鲜牛奶生产、销售
地址：山西省运城市运城新绛县北张镇北张村
…… 负责人：权冬生
…… 法人：权冬生
…… Tel：13453393831

**闻喜县粮油工贸公司面粉厂**
地址：山西省运城市闻喜县县城道北路 14 号
…… 负责人：史伟祥
…… Tel：0359－7022115

**山西夏县师冯峨嵋面粉厂**
地址：山西省运城市夏县禹王乡师冯村
…… 负责人：牛成师
…… Tel：0359－8930056
13834380798

**运城市恒信糖酒有限公司**
业务：批发、零售：白酒、啤酒、葡萄酒
产品：杏花村、老白汾
地址：山西省运城市中银大道 359 号
…… 负责人：李泽民 邮编：044000
…… 法人：李泽民
…… Tel：0359－2298986
…… Fax：0359－2298986
…… E-mail：lizemin8899@163.com

**晋柱面粉有限公司**
地址：山西省运城市盐湖区西城李店
…… 负责人：李树生
…… Tel：0359－2235002
13935920918

**运城经济技术开发区至尊浩男食品厂**
地址：山西省运城市禹都电视塔北
…… 负责人：赵尊
…… Tel：0359－2581334

**皋落阳光面粉厂**
地址：山西省运城市垣曲县皋落乡乡政府对面
…… 负责人：吴振业
…… Tel：0359－6102088
6199538

**宁民糖酒副食品有限公司**
地址：山西省运城市垣曲县历山路 49 号
…… 负责人：宁选民
…… Tel：0359－6021115
6899999

**永济市北城锋江食品商行**
业务：饮料，瓜子等食品批发
地址：山西省运城永济市涑水东街（汽配城内）
…… 负责人：王锋江 邮编：O44500
…… 法人：王锋江
…… Tel：0359－8039573
13935989945

**山西五谷全食品有限公司**
地址：山西省运城市运临路羊驮寺村
…… 负责人：张全喜
…… Tel：0359－2581560

## 内蒙古自治区/InnerMongolia AutonomousRegion

**内蒙古草原兴牧肉类有限公司**
地址：内蒙古自治区阿拉善盟阿拉善右旗科尔沁右翼前旗
……负责人：蒋英
……Tel：13804791343

**内蒙古得祥仁星火食品有限公司**
地址：内蒙古自治区巴彦淖尔盟杭锦后旗红旗乡黄团路9公里处
……负责人：王新世
……Tel：0478－6771012

### 包头市容兴茶叶精制厂
业务：包头市容兴茶叶精制厂成立于2000年，主要从事砖茶的加工与销售。“诚信经营，信誉第一”，竭诚欢迎您的光临、指导，洽谈业务！
地址：内蒙包头市九原区麻池镇交界营旧市委党校院内
……负责人：王汝银……邮 编：014040
……法 人：王汝银
……Tel：0472－7916195

**内蒙古临河金骆驼酒业公司**
地址：内蒙古自治区巴彦淖尔盟临河区
……负责人：郭海龙
……Tel：0478－8224312

**内蒙古恒德果仁有限公司西安销售拓展部**
地址：内蒙古自治区巴彦淖尔盟临河区胜利路红旗商场
……负责人：王昕
……Tel：0478－8268888
8268881

### 包头市哈哈乐食品有限责任公司
业务：包头市哈哈乐食品有限责任公司成立于2006年，主要从事休闲食品、保健食品，水果，蔬菜，奶制品，农副产品的生产与销售。公司围绕着“维护食品安全”，“保障放心消费”开展工作，本公司将竭诚为广大客户服务。
地址：内蒙古包头市团结十四号公安楼72号
……负责人：武凤霞……邮 编：014010
……法 人：武凤霞
……Tel：0472－2134488

**绿草牧人食品有限公司**
地址：内蒙古自治区巴彦淖尔盟市杭锦后旗杭锦后旗
……负责人：韩平
……Tel：0478－8318862

**内蒙古五原县新泰农贸食品有限责任公司**
地址：内蒙古自治区巴彦淖尔盟五原县鸿鼎市场和胜路一号
……负责人：韩永军
……Tel：0478－5235528

**内蒙古天义蕃茄制品有限责任公司**
地址：内蒙古自治区巴彦淖尔盟五原县天吉太镇
……负责人：李卫
……Tel：0478－5224101

### 呼和浩特市畅香远植物油厂
业务：呼和浩特市畅香远植物油厂成立于2004年，从事食用亚麻油、工业亚麻油的生产及销售。为广大消费者提供安全、合格的产品。
地址：内蒙古呼和浩特市赛罕区太平庄乡美岱村
……邮 编：010074
……法 人：候计堂
……Tel：0471－4102224
……Fax：0471－4933715

**内蒙古馨河富硒食品科技有限公司**
地址：内蒙古自治区巴彦淖尔盟五原县新公中镇
……负责人：李光明
……Tel：0478－5570058

**内蒙古包头市金鹿油脂有限责任公司**
地址：内蒙古自治区包头市东河区生态工业园区
……负责人：李笃志
……Tel：0472－4141960

**内蒙古兴亮粮食油料加工厂**
地址：内蒙古自治区包头市东河区兴顺西乡
……负责人：刘兴亮
……Tel：0472－8270031

### 廊坊银鹤生化制品厂大雁原料厂
业务：我公司成立于2001年，从事胎牛血清、马羊血清、新生牛血清及肉制品加工，我公司坚持以诚为本、以诚为信的宗旨竭诚为广大客户服务。
地址：内蒙古呼伦贝尔市海拉耳区扎罗木德村
……负责人：张希奎……邮 编：021008
……Tel：0470－8992367
……Fax：0470－8992367

**内蒙古海德食品有限公司**
地址：内蒙古自治区包头市昆都仑区阿尔丁南大街海德路1号
……负责人：贾力
……Tel：0472－2241666

**昆区福鑫肉联加工厂**
地址：内蒙古自治区包头市昆都仑区北沙梁屠宰厂西北500米
……负责人：杨如典
……Tel：0472－2108110

**赤峰顺天精粮加工有限责任公司**
地址：内蒙古自治区赤峰市阿鲁科尔沁旗松山区五三开发区
……负责人：刘志国
……Tel：0476－8020178
13604769678

**内蒙古中敖食品有限公司**
地址：内蒙古自治区赤峰市敖汉旗敖汉旗新惠镇白柳街新洲工业园区
……负责人：王保月
……Tel：0476－4321994

### 内蒙古隆兴昌食品有限公司
业务：本公司是葵花子炒货加工营销的股份制企业。主要产品有原味、带盘瓜子及番茄粉、辣椒粉等产品。我公司将以高质量的产品和服务质量赢取市场，以完善的售后服务不断稳定和拓展市场，具有了独特的管理风格和质量保证体系。
地址：内蒙古五原县隆兴昌镇110国道897公里处
……邮 编：015100
……法 人：万明
……Tel：0478－5230008
……Fax：0478－5235226

**敖汉华海酒业有限责任公司**
地址：内蒙古自治区赤峰市敖汉旗新惠镇新西街
……负责人：吴春禄
……Tel：0476－4337887

**赤峰顺鑫宁城老窖酒业有限公司**
地址：内蒙古自治区赤峰市宁城县八里罕镇
……负责人：李文江
……Tel：0476－4800135

**内蒙古宁城荞巧食品加工厂**
地址：内蒙古自治区赤峰市宁城县铁旺公路6.3公里处
……负责人：刘文龙
……Tel：0476－4971958

### 内蒙古五原县轩达粮油食品有限责任公司
业务：出口加工各种葵仁；销售各种葵花籽；大小片西瓜籽；西葫芦籽；无壳瓜籽；红瓜籽；代购，代销，代办托运。
地址：内蒙古自治区巴彦淖尔市五原县隆兴昌镇八里桥
……负责人：齐轩……邮 编：015100
……法 人：齐轩
……Tel：0478－5219179
……Mobile：13500681608
……Fax：0478－5233658

**内蒙古塞飞亚食品股份有限公司**
地址：内蒙古自治区赤峰市宁城县汐子镇
……负责人：杜海宝
……Tel：0476－4909888
4909889

**松山国家粮食储备库**
地址：内蒙古自治区赤峰市松山区
……负责人：安秀军
……Tel：0476－8422002

### 内蒙古草原阿妈食品有限公司
业务：本公司成立于2005年，现有100多名员工。主要经营：火锅涛料的生产与销售。
地址：内蒙古自治区包头市九原区驾驶员培训中心东辅路
……邮 编：014000
……法 人：刘式宗
……Tel：0472－7147798
……Fax：0472－7147798

**赤峰市盛谷源农副产品加工有限公司**
地址：内蒙古自治区赤峰市松山区穆家营子镇衣家营子村
……负责人：王凤军
……Tel：13904767313

**内蒙古赤峰绿鑫果菜食品加工有限责任公司**
地址：内蒙古自治区赤峰市松山区太平地镇
……负责人：韩书清
……Tel：0476－8445981

**内蒙古蒙都羊业食品有限公司**
地址：内蒙古自治区赤峰市翁牛特旗食品工业园
……负责人：李雪霞
……Tel：0476－8429692
13113549855

**翁牛特旗紫辰绿色食品有限责任公司**
地址：内蒙古自治区赤峰市翁牛特旗乌丹镇新华街中段
……负责人：孙洪斌
……Tel：0476－6332956

**鄂尔多斯市兆丰粮油有限公司**
地址：内蒙古自治区鄂尔多斯市达拉特旗锡尼镇杭锦大街
……负责人：王福润
……Tel：0477－6621097

### 鄂尔多斯市伊丽达生物科技有限责任公司
业务：伊丽达公司集投资，房地产开发，生物保健品的生产为一体的综合性公司，伊丽达将以饱满的热情欢迎广大有志之士前来共同投资发展。
地址：内蒙古自治区鄂尔多斯市东胜区伊金霍洛西街扶贫综合二楼（五洲大酒店对面）
……邮 编：017000
……法 人：刘建增
……Tel：0477－8326555
……Fax：0477－8343289
……网址：www.ameriasia.com.cn
……E-mail：sales@ameriasia.com.cn

**王致和集团鄂尔多斯市天骄食品有限公司**
地址：内蒙古自治区鄂尔多斯市东胜区
……负责人：李云峰
……Tel：0477－8101606

**海拉尔啤酒（集团）有限责任公司**
地址：内蒙古自治区呼和浩特市海拉尔区呼伦大街26号
……负责人：张华
……Tel：0470－8211736

**内蒙古美佳佳精品胡麻油公司**
地址：内蒙古自治区呼和浩特市回民区
……负责人：张先生
……Tel：15804717770

**内蒙古大银鱼开发公司**
地址：内蒙古自治区呼和浩特市农业大厦5层
……负责人：达来
……Tel：0471－4221538

**内蒙古清水河县蒙清小香米有限责任公司**
地址：内蒙古自治区呼和浩特市清水河县高贸泉经济园区
……负责人：宋昌义
……Tel：0471－6560560

**内蒙古呼和浩特山泰宠物食品公司**
地址：内蒙古自治区呼和浩特市新城区
……负责人：梁久亮
……Tel：0471－6114401
6114402

**海拉尔农垦哈达图分公司**
地址：内蒙古自治区呼伦贝尔市陈巴尔虎旗
……负责人：郄文赟
……Tel：0470－6770677

**大兴安岭诺敏绿色有限公司**
地址：内蒙古自治区呼伦贝尔市鄂伦春自治旗克一河镇
……负责人：张鸿志
……Tel：0470－2398185

**内蒙古莫旗嫩源淀粉有限公司**
地址：内蒙古自治区呼伦贝尔市莫力达瓦达斡尔族自治旗工业园区
……负责人：苏成保
……Tel：0470－4696133

### 扎鲁特旗意达肉业有限责任公司
业务：本公司成立于2005年，是一家集活羊屠宰、羊肉加工、生产、销售于一体的民营企业。以兴安盟、科尔沁两大天然草原为基地，恒温加工生产：清真肥羊肉卷，清真羔羊肉卷，羊的分割产品等二十余种。素有香、嫩、散、精等特点。我们愿在诚信、互利、发展的基础上真诚的与国内外各界新老朋友通力合作，共同发展，共创辉煌！
地址：内蒙古自治区通辽市扎鲁特旗鲁北镇工业园区
……负责人：单志军……邮 编：029100
……法 人：单志军
……Tel：0475－7234888

**莫力达瓦达斡尔族自治旗广丰工程运输有限责任公司**
地址：内蒙古自治区呼伦贝尔市扎兰屯河区尼尔基镇西南一委二十三号
……负责人：杜立峰
……Tel：13904708837

**内蒙古北大荒有机食品有限公司**
地址：内蒙古自治区通辽市库伦旗伦旗库伦镇哈达图大街东段1号
……负责人：杜利华
……Tel：0475－4777527

**内蒙古化德县龙翔粮油经销处**
地址：内蒙古自治区乌兰察布市化德县先锋街
……负责人：刘利剑
……Tel：0474－7903028

**内蒙古阿巴嘎旗草原恋奶食品加工厂**
地址：内蒙古自治区锡林郭勒盟阿巴嘎旗东新大街77号
……负责人：张明明
……Tel：0479－2021570

**方方植物油厂**
地址：内蒙古自治区兴安盟科尔沁右翼中旗巴彦胡硕镇
……负责人：杜云芳
……Tel：0482－4161333
4162199

**内蒙古乌兰浩特市第四粮食仓库**
地址：内蒙古自治区兴安盟乌兰浩特市东郊
……负责人：孔祥君
……Tel：0482－2295098


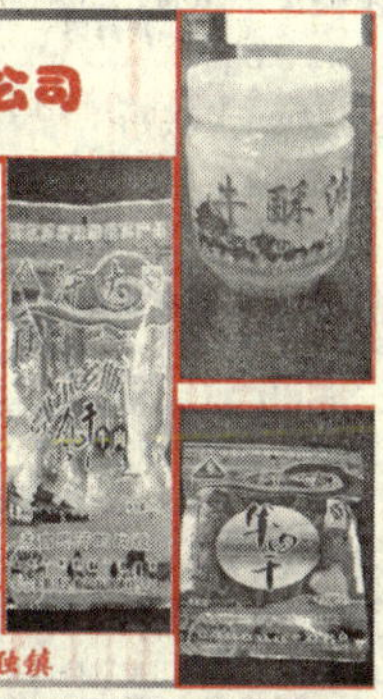

## 辽宁省/Liaoning Province

**宾龙酒厂**
地址:辽宁省鞍山海城市东四镇东四村
负责人:汤永斌
Tel:0412－3341067
13081229132

**鞍山世纪天然矿泉饮品有限公司**
地址:辽宁省鞍山市大孤山镇上石桥村(天山风景区上石桥)
负责人:许柱哲
Tel:0412－5915228
13354122230

**北镇市明莉粮油食品加工有限公司**
业务:加工分装大豆油、清真大豆油、闾伊顺大豆油、和奥大豆油、麦那大豆油
地址:辽宁省北镇市闾阳镇闾一村
负责人:白光明　邮　编:121301
法　人:白光明
Tel:0416－6789020
13352189020
网址:http://www.51zzt.com/user/zzt30453

**大连宇杰海产品有限公司**
业务:生产销售各类干海产品、欢迎光临惠顾!
地址:辽宁省大连市旅顺口区水师营街道三里桥
负责人:于杰……邮　编:116041
Tel:0411－86359566
86359997

**扭扭(鞍山)食品有限公司**
地址:辽宁省鞍山市海城市腾鳌经济开发区保安村2号路
负责人:吴智祥
Tel:0412－8317063

**辽宁省昌图县昌盛粮贸有限公司**
业务:粮食收购
产品:烘干玉米
地址:辽宁省昌南县三江口镇大王村
负责人:周海涛　邮　编:112519
法　人:周海涛
Tel:0410－5195333
5199222
Fax:0410－5195333
E-mail:zhuohaitao@

**岫岩满族自治县牧牛乡罐头厂**
地址:辽宁省鞍山市岫岩满族自治县牧牛乡牧牛村
负责人:丛祥天
Tel:0412－7782289
13889791107

**朝阳红枣丽人食品有限公司**
业务:大枣系列产品及饮用水等
产品:大枣汁、奶茶、醋、枣饴糖、枣脯、枣微粉、饮用水等
地址:辽宁省朝阳市双塔区孙家湾乡
负责人:张桂平　邮　编:122000
法　人:丛培柱
Tel:0421－3991688
Fax:0421－8714458

**宽甸满族自治县康利食品有限公司**
业务:宽甸满族自治县康利食品有限公司成立于2003年,主要生产休闲食品。"质量保证,价格合理",热诚欢迎广大客户来电来人订购,洽谈业务。
地址:辽宁省丹东市宽甸满族自治县
邮　编:118000
法　人:刘长波
Tel:0415－5185042
Fax:0415－5185042

**岫岩满族自治县威和食用菌有限公司**
地址:辽宁省鞍山市岫岩满族自治县石灰窑镇石灰窑村
负责人:沈国威
Tel:0412－7992559

**丹东市荣宽生态渔业有限公司**
业务:淡水鱼深加工
地址:辽宁省丹东市宽甸满族自治县红石镇大久村
负责人:唐庆宽　邮　编:118205
法　人:唐庆宽
Tel:13898523939
0415－5767318

**岫岩满族自治县玉乡绿色食品开发有限公司**
地址:辽宁省鞍山市岫岩满族自治县岫岩镇城东路(科技馆楼上)
负责人:李晶
Tel:0412－7835312

**阜新市太平区海惠豆业食品厂**
业务:生产与销售各类豆制品
产品:豆泡、豆干、干豆腐、水豆腐生加工系列
地址:辽宁省阜新市太平区水泉镇
负责人:王云阁　邮　编:123000
法　人:王云阁
Tel:0418－3367999

**南方糕点厂**
地址:辽宁省鞍山市岫岩满族自治县岫岩镇兰旗村堡里
负责人:吴家军
Tel:13998025458

**锦州市凌河区铁南粮店**
业务:经营黑龙江五常大米、盘锦大米、各种杂粮
地址:辽宁省锦州市凌河区民和里9号门市
负责人:祖国庆　邮　编:121000
法　人:祖国庆
Tel:13897887876
0416－3939789

**丹东永明食品有限公司**
业务:我公司产品主要分为速冻、烘干、调味三大系列,鱿鱼筒、鱿鱼圈、鱿鱼干、调味鱿鱼丝、鱼片、玉筋鱼、梭子蟹及其他鱼、虾、蟹、贝、头足、海藻类等数十个品种,产品销往日本、美国、欧盟市场及国内大型分销市场。我公司本着"质量第一,信誉至上"的经营宗旨,以诚立世,以诚交友,以诚创业,全力把安全优质的产品奉献给国内外消费者。
地址:辽宁省东港市友好路189号
负责人:李永明……邮　编:118300
法　人:李永明
Tel:0415－7124799
7565888

**义县华宇花生制品有限责任公司**
业务:花生制品,花生加工
地址:辽宁省锦州市义县张家堡乡官厂沟村
负责人:苏慧斌　邮　编:121000
法　人:苏慧斌
Tel:0416－7368289

**金辉冷饮食品厂**
地址:辽宁省本溪市溪湖区歪头山镇胡士台村1组
负责人:白毅辉
Tel:0414－5559246
13804140818

**沈阳市东陵区童香糖果厂**
业务:酥糖
地址:辽宁省沈阳市东陵区英达乡山梨村
负责人:庞宝生　邮　编:110165
法　人:庞宝生
Tel:13940130393
024－62284318
Fax:024－88471335

**大力食品厂**
地址:辽宁省朝阳市建平县叶镇
负责人:陈建超
Tel:0412－7826138
13942111824

**鑫达酱糕酿造厂**
地址:辽宁省朝阳市喀左县大城子镇东村村委会
负责人:刘德仁
Tel:0421－4823020
13942183618
13591865077

**沈阳市斯宇回民综合商场食品有限公司**
业务:本公司主要从事糕点的加工与销售。品质优良、客户至上,诚信经营是我们的宗旨,竭诚欢迎广大新老客户光临、惠顾!
地址:辽宁省沈阳市大东区望花南街15号
负责人:郭威……邮　编:110044
法　人:郭威
Tel:024－88125485

**沈阳市苏家屯区御源泉香油调料加工厂**
业务:"御源泉"品牌调味品生产销售
地址:辽宁省沈阳市苏家屯区沙河镇吴家屯村
负责人:杨秀国　邮　编:110013
法　人:杨秀国
Tel:024－89521488
13842015928

**世闻瓜子加工厂**
地址:辽宁省大连普兰店市南山办事处李店村挂符桥屯
负责人:姚忠珍
Tel:0411－83135719
13609858399

**益加隆食品厂**
地址:辽宁省大连市甘井子区辛寨子镇砬子山村
负责人:温淑敏
Tel:0411－86308871
86952532
13998607540

**新民市大德肉禽屠宰有限公司**
业务:蛋鸡、肉鸡收购、屠宰、冷藏、销售
地址:辽宁省沈阳市新民市于家乡台门村
负责人:张福明　邮　编:110013
法　人:张福明
Tel:024－87425311
15004060712
Fax:024－87425311

**云龙调味品有限公司**
地址:辽宁省大连市甘井子区营城子镇前牧村
负责人:郝善贵
Tel:0411－86740389
13998579592

**沈阳市东陵区金融调味品厂**
业务:沈阳市东陵区金融调味品厂成立于1998年,主要生产经营白醋、米醋、醋精、调料酒、老陈醋、花雕酒、加饭酒等调味品类。欢迎各方客户惠顾。
地址:辽宁省沈阳市东陵区东陵乡汪北村
邮　编:110161
法　人:邸春武
Tel:024－24715293
24715706
Fax:024－24717455

**大连冠园食品有限公司**
地址:辽宁省大连市甘井子区营城子镇营城子村
负责人:李玉梅
Tel:0411－81994429

**调味食品厂**
地址:辽宁省大连市金州区登沙河镇食品站
负责人:马永智
Tel:13591832922

**大连立达食品有限公司**
地址:辽宁省大连市金州区亮甲店镇亮甲店村
负责人:刘云福
Tel:0411－82539019

**辽中县双休日食品厂**
业务:辽中县双休日食品厂成立于2005年,从事"休息日"牌酱卤肉制品加工经营,口味独特,欢迎品尝!
地址:辽宁省沈阳市辽中县新民屯镇新西村
负责人:张宗超……邮　编:110200
法　人:张宗超
Tel:024－87798338

**铁岭市清河区裕丰元食品厂**
业务:食品加工、销售
产品:月饼、面包
地址:辽宁省铁岭市清河区张相镇谢屯村
负责人:刘冶　邮　编:112003
法　人:刘冶
Tel:0410－2133666
13358952888

**大连鑫宝水产有限公司**
地址:辽宁省大连市旅顺口区北海镇前沙包村
负责人:刘淑秋
Tel:0411－86257008

**大连鑫德龙食品有限公司**
地址:辽宁省大连市旅顺口区水师营街道三八里居民委
负责人:冯琳琳
Tel:0411－86350299

**亚马逊咖啡商行**
地址:辽宁省大连市沙河口区长江路885－2号401室
负责人:王鲲
Tel:0411－84633799
13898498098

**新康达食品厂**
地址:辽宁省大连市沙河口区大庆街128号
负责人:丁良康
Tel:13009454323

**昌图县大洼粮食购销有限责任公司**
业务:本公司主要从事粮食购销。产品质量保证,价格合理,竭诚欢迎新老客户光临、惠顾!
地址:辽宁省铁岭市昌图县大洼镇街内
负责人:贾鹏……邮　编:112500
法　人:贾鹏
Tel:0410－5150038

**大连兴繁水产食品有限公司**
地址:辽宁省大连市沙河口区太原街138号
负责人:梁兴繁
Tel:0411－83633266

**大连源泉食品有限公司**
地址:辽宁省大连市瓦房店市太阳升乡楼房村(工业园B区)
负责人:周发泉
Tel:0411－81507418

**大连裕涛农副产品购销有限公司**
地址:辽宁省大连市瓦房店市闫店乡闫店村
负责人:王发涛
Tel:0411－85166072

**大连长鑫食品有限公司**
地址:辽宁省大连市瓦房店市杨家乡付家村
负责人:姜希义
Tel:0411－85380064

**复州洋洋饮品厂**
地址:辽宁省大连瓦房店市复州城万达采购中心
负责人:孙克林
Tel:0411－85102135
13084135691

**云峰饮料厂**
地址:辽宁省大连庄河市徐岭镇衣屯村
负责人:张云
Tel:0411－89857526
13842692976

**东大食品厂**
地址:辽宁省丹东东港市孤山镇东大干村
负责人:曲玉生
Tel:0415－7510108
13942589820

**红叶食品厂**
地址:辽宁省丹东东港市汤池镇万宝村
负责人:高忠
Tel:0415－6121465
13841513538

**中兴罐头食品厂**
地址:辽宁省丹东市元宝区黑沟村水库
负责人:宋钦中
Tel:0415－4154216
13304255203

**甜思思蛋糕世界二部**
地址:辽宁省丹东市振兴区春五路22－2号
负责人:宋朝光
Tel:0415－3126565
13304250150

**海鹏食品加工厂**
地址:辽宁省灯塔市铧子镇第四人民医院对面
负责人:张灵春
Tel:0419－8149698
13008286191

**凤凰酒厂**
地址:辽宁省凤城市凤凰大街25号
负责人:姜明生
Tel:0415－8275999
13942552369

**抚顺启元食品有限公司**
地址:辽宁省抚顺市清原满族自治县清原县清原镇北三街
负责人:赵元在
Tel:0413－3023417

**仁和绿色食品有限公司**
地址:辽宁省抚顺市清原满族自治县清原镇工业园区
负责人:宫伟
Tel:13904139478

**春江人参加工厂**
地址:辽宁省抚顺市清原县大苏河乡长沙村
负责人:李春江
Tel:0413－3483483
13941357166

**金宇食品有限公司**
地址:辽宁省抚顺市顺城区河畔家园A座1单元13－2号
负责人:李永俊
Tel:13904136957

**营口市鲅鱼圈区铁钰综合副食品店**
业务:营口市鲅鱼圈区铁钰综合副食品店主要经营干鲜调料、酱菜、酒糖茶、日用小百货批发与零售,品种齐全、价格合理,欢迎新

老客户光临惠顾。
地址：辽宁省营口市鲅鱼圈区电业路东段华宁房地场 1 号楼 8 号门市
……………… 负责人：陈铁……邮　编：115007
…………………………………… 法　人：陈铁
…………………………… Tel：0417－6244105

**大石桥市中心粮食储备库**
业务：粮食收购、储存、加工、销售
地址：辽宁省营口市大石桥市高坎镇
……… 负责人：赵广斌　　邮　编：115100
…………………………………… 法　人：赵广斌
……………Tel：0417－5033455
5032119

**同仁调味品厂**
地址：辽宁省葫芦岛市建昌县建昌镇赵家沟小白楼 9 号
…………………………………… 负责人：王同江
…………………………… Tel：0429－7125527
13842902957

**华泰食品厂**
地址：辽宁省锦州北宁市沟帮子西大营院内
…………………………………… 负责人：王成华
…………………………… Tel：0416－6652222
13190434788

**北宁市沟帮子郝云杉熏鸡厂**
地址：辽宁省锦州市北宁市沟帮子镇西河
…………………………………… 负责人：郝云杉
…………………………… Tel：0416－6651996
13841646928

**裕鑫粮油食品工贸有限责任公司**
地址：辽宁省锦州市古塔区解放路一段 8－29 号
…………………………………… 负责人：年犇
…………………………… Tel：13904066266

**好利来蛋糕店**
地址：辽宁省锦州市黑山县大虎山镇市场
…………………………………… 负责人：李成友
…………………………… Tel：0416－5202171
13898378263

**邢记食品厂**
地址：辽宁省锦州市凌河区中央北街 4－24 号（金属编织厂院内）
…………………………………… 负责人：李宝婵
…………………………… Tel：0416－2622915
13019830056
13008264233

**盛源冷食品厂**
地址：辽宁省盘锦市盘山县石新镇
…………………………………… 负责人：冯广海
…………………………… Tel：0427－5981216
13842765199

**辽宁兴佳薯业有限公司**
地址：辽宁省沈阳市东陵区东陵路 126 号
…………………………………… 负责人：田守业
…………………………… Tel：024－88415187

**金融调味品厂**
地址：辽宁省沈阳市东陵区东陵乡汪北村
…………………………………… 负责人：邸春武
…………………………… Tel：024－24715293
13019370128

**沈阳三瑞之食品厂**
地址：辽宁省沈阳市浑河站乡前进村
…………………………………… 负责人：吴永灏
…………………………… Tel：024－23232102
81080216

**可人食品厂**
地址：辽宁省沈阳市辽中县六间房乡新立屯村
…………………………………… 负责人：刘福坤
…………………………… Tel：024－27811515
13514256658

**龙声泉酒厂**
地址：辽宁省沈阳市辽中县肖寨门镇妈妈街村
…………………………………… 负责人：白成
…………………………… Tel：024－87765918
13940039368

**沈阳一品源饮品有限公司**
地址：辽宁省沈阳市新城子区马刚乡下寺村
…………………………………… 负责人：郭斌
…………………………… Tel：024－89778768

**博旺食品厂**
地址：辽宁省沈阳市新城子区新城子乡新城堡二村
…………………………………… 负责人：陈克强
…………………………… Tel：024－89866395

**大石桥市旗口王铮粮谷加工厂**

大石桥市旗口王铮粮谷加工厂成立于2003年，以大米，油糠的加工及销售为主。

我厂始终坚持“以人为本，诚信经营，”为宗旨，一如既往为客户提供可靠的产品，完善的服务。

欢迎国内外新老客户光临，互利互惠、携手共进！

联系人：王铮
电话：0417-5063064　13504170447
邮编：115113
地址：辽宁省大石桥市旗口镇曹家屯村

13066562912

**揭西利发饼业制造厂**
地址：辽宁省沈阳市新城子区兴隆台镇
…………………………………… 负责人：陈电铭
…………………………… Tel：13904005984

**沈阳真元农副产品有限公司**
地址：辽宁省沈阳市于洪区北陵乡和平村
…………………………………… 负责人：元永杰
…………………………… Tel：024－86015700

**香吧吧食品加工厂**
地址：辽宁省沈阳市于洪区大潘镇河北村
…………………………………… 负责人：曹高米
…………………………… Tel：024－89898339
13309818698

**吉利发食品厂**
地址：辽宁省沈阳市于洪区大青乡宁官村
…………………………………… 负责人：杨隆
…………………………… Tel：024－25813029
13840543535

**济隆肉食品加工厂**
地址：辽宁省沈阳市于洪区大兴乡孤家子村
…………………………………… 负责人：秦立刚
…………………………… Tel：024－89314383
13940253328

**沈阳市大兴食品有限公司**
地址：辽宁省沈阳市于洪区大兴乡西桥村
…………………………………… 负责人：徐辉
…………………………… Tel：024－89312988

**天义德副食品厂**
地址：辽宁省沈阳市于洪区大兴乡援工村
…………………………………… 负责人：田德成
…………………………… Tel：024－89311158
13940254278

**沈阳天强米业有限公司**
地址：辽宁省沈阳市于洪区解放乡达连村
…………………………………… 负责人：刘强
…………………………… Tel：024－89272258

**三富酱油厂**
地址：辽宁省沈阳市于洪区老边乡东老边村
…………………………………… 负责人：崔振奎
…………………………… Tel：024－89260348
13304022978

**安健副食品加工厂**
地址：辽宁省沈阳市于洪区马三家镇皮台村
…………………………………… 负责人：高明
…………………………… Tel：024－89217867
13609831984

**新信通粮食深加工厂**
地址：辽宁省沈阳市于洪区马三家镇皮台村
…………………………………… 负责人：马庆
…………………………… Tel：024－89217885
13842038877

**沈阳市广瑞肉类食品加工厂**
地址：辽宁省沈阳市于洪区马三镇东甸子村
…………………………………… 负责人：李玉龙
…………………………… Tel：024－89216258

**清真苏记元宵**
地址：辽宁省铁岭市银州区红旗街龙园社区电影公司住宅楼对面
…………………………………… 负责人：苏友明
…………………………… Tel：0410－2821015

**兴和食品有限公司**
地址：辽宁省兴城市沙后所满族镇城内村
…………………………………… 负责人：李政国
…………………………… Tel：0429－5712111
13998905858

**沈阳市缔芳调料食品有限公司**
业务：生产、销售调味油
地址：辽宁省沈阳市皇姑区陵东街 121 巷 1－19－13
………… 负责人：王胤　　邮　编：110013
…………………………………… 法　人：王胤
……………Tel：024－86930886
13610839775

**布谷鸟食品厂**
地址：辽宁省营口市老边区老边大街北 800 米
…………………………………… 负责人：张曾道
…………………………… Tel：0417－3860567
13654170707

**鹏震菌业有限公司**
地址：辽宁省庄河市徐岭镇衣屯村
…………………………………… 负责人：王德安
…………………………… Tel：0411－89870071
13942810704

**沈阳倍禄达贸易有限公司**

沈阳倍禄达贸易有限公司成立于2007年，主要从事于粮油食品的贸易。主要有各种散豆油及各种植物油，金龙鱼系列食用油沈阳地区指定经销商。“以质量求生存，以信誉求发展”，竭诚欢迎您的光临与惠顾！

联系人：张淑梅
电话：024-25738058　　13386852077
地址：辽宁省沈阳市西站综合批发市场东侧门市房6号
邮编：110024

**沈阳市稻麦香食品有限公司**

本公司成立于2005年，专业从事糕点(烘烤类糕点、油炸类糕点、蒸煮类糕点、熟粉类糕点、月饼)的加工、生产和销售，并有自主品牌“麦亮”牌。

我公司秉承“锐意进取，客户第一”的经营理念，竭诚为您提供最优质的产品，欢迎惠顾！

联系人：吴建华
电话：024-23713113　13998163997
地址：辽宁省沈阳市浑河民族经济技术开发区下河湾村

**沈陽市知香園食品廠**

知香园是一家专业从事研发和生产的综合性食品深加工企业，主营各类中西式火腿及熟食制品.

我厂以人为本、以质求存、以信求远为经营理念，拥有大批专业人员对产品进行开发和品控，产品品质和口感俱佳，欢迎品尝！

联系人：张炜　13032453378　13840095590
网址：www.4197888.71ab.com
地址：辽宁省沈阳市东陵区汪南路23号
电话：024-24714463
传真：024-88079030
邮编：110127

## 吉林省/Jilin Province

**白城市嘉禾食品有限责任公司**
地址：吉林省白城市洮北区洮河镇城村
…………………………………… 负责人：宫金奎
…………………………… Tel：13943608789

**朝阳区利丰饮品经销处**
业务：销售桶装矿泉水
地址：吉林省长春市朝阳区南湖新村中街 65 栋
……… 负责人：夏振锋　　邮　编：130000
…………………………………… 法　人：夏振锋
……………Tel：0431－88185462

**九龙酿造厂**
地址：吉林省长春九台市城子街镇
…………………………………… 负责人：张雪梅
…………………………… Tel：0431－82154928
13353191528

**镇赉县丹岱乡和尚磨米厂**
业务：镇赉县丹岱乡和尚磨米厂成立于 2004 年，从事大米加工及销售；长粒香大米、和尚精制大米；油糠，壳糠，混糠的销售，欢迎广大新老客户光临、惠顾！
地址：吉林省白城市镇赉县丹岱乡新荒户村
………… 负责人：李文山……邮　编：137300
…………………………… Tel：0436－7871300

**宽城区鸣桂食品厂**
业务：朝族打糕、月亮糕、彩虹糕、米肠、米片、米糕、糯米糕系列，冷面，韩国酱菜系列！
地址：吉林省长春市宽城区兰家镇街道 2551
……… 负责人：桂英铁　　邮　编：130000
…………………………………… 法　人：桂英铁
……………Tel：13321412271
0431－82631380

**长春市上禾有机食品有限公司**
地址：吉林省长春市朝阳区繁荣路 3 号威尼斯花园 1 号楼
…………………………………… 负责人：毕远辉
…………………………… Tel：13364686333

**吉林金源酒业销售有限公司**
地址：吉林省长春市朝阳区建设街 48－8 号
…………………………………… 负责人：尹晋成
…………………………… Tel：0431－88588855

**长春市秀辉米业有限责任公司**
业务：常年经销各种精制大米（油糠、混糠）常年收购水稻、大米加工
地址：吉林省长春市乐山镇莲花村倪家屯
……… 负责人：倪秀辉　　邮　编：130061
…………………………………… 法　人：倪秀辉
……………Tel：13080097111
0431－85013766

**吉林阔源牧业有限公司熟食加工厂**
地址：吉林省长春市德惠市夏家店街道
…………………………………… 负责人：程继彦
…………………………… Tel：13904397867

**吉林亿阳豆制品店**
业务：豆制品生产、销售
产品：干豆、大豆
地址：吉林省长春市亿阳大厦一楼北侧豆制品区
……… 负责人：祖兴无　　邮　编：130000
…………………………………… 法　人：祖兴无
……………Tel：13578801316
13756409525

**吉林省鸿运食品有限责任公司**
业务：吉林省鸿运食品有限责任公司地处风景秀丽的北国春城长春，是吉林省骨干企业之一。始建于一九九六年，现主要经营方糖，袋糖，优级绵白糖，红糖，大枣红糖，姜汁红糖，黄糖等多种糖类产品。本公司将一如既往的奋进不息，为建设美丽的事业奉献光热，为锻造中国食品的产业丰碑而永远向前。

地址：吉林省长春市经济开发区兴隆山兴隆大路
负责人：杨晶 邮 编：130102
法 人：高亚民
Tel：0431－84593399
Fax：0431－84593388

**益香园食品加工厂**
地址：吉林省长春市光复路食品城403栋15号
负责人：温进流
Tel：0431－88817012
13504402348

**上海太太乐调味食品有限公司吉林市分公司**
地址：吉林省吉林市船营区北京路4号长城大厦1104、1105室
负责人：颜维溪
Tel：0432－62028536

**大安市天一伟业食品有限公司**
业务：大安市天一伟业食品有限公司成立于2002年，主要经营各种羊副产品，天一人将以诚信求发展、以质量求生存为宗旨，随时欢迎您的惠顾。
地址：吉林省大安市安广镇龙泉街（原二建公司院内）
负责人：孙荣革 邮 编：131300
法 人：孙荣革
Tel：0436－5560777
5561777

**公主岭市亿康酒厂**
业务：生产白酒（东北岭二锅头）
地址：吉林省公主岭南崴子街道六家村
负责人：崔宏生 邮 编：136100
法 人：崔宏生
Tel：13504741986
0434－6254123
Fax：0434－6254123

**吉林瑞泽啤酒有限公司**
地址：吉林省吉林市磐石市吉林省磐石市太河路23号
负责人：刘丰慧
Tel：0432－65223281

**和龙白头山矿泉水厂**
业务：山泉水
地址：吉林省和龙市头道镇石国村
负责人：洪盛国 邮 编：133000
Tel：13844775187
0433－2230046

**磐石市聚丰粮业有限责任公司**
地址：吉林省吉林市磐石市烟筒山镇牛心村
负责人：冯学柱
Tel：13196076088

**东丰县佳发粮油仓储有限公司**
地址：吉林省辽源市东丰县仁合乡横道村
负责人：冯树元
Tel：0437－6319985

**桦甸市正原粮食经销有限公司**
业务：粮食的销售
地址：吉林省桦甸市金沙乡金星村迟家社
负责人：刘宝中 邮 编：132400
法 人：刘宝中
Tel：13196098301
0432－6894909

**梨树县金为粮食经销有限公司**
业务：梨树县金为粮食经销有限公司，经营粮食购销加工，产品畅销全国，欢迎来电洽谈业务！
地址：吉林省四平市梨树县四棵树乡
负责人：王长友 邮 编：136500
法 人：王长友
Tel：0434－5693221

**辽源市诚信食品有限公司**
地址：吉林省辽源市工商银行大厦西侧小区北楼
负责人：侯雨宏
Tel：13604376692

**珲春市北台熟食店**
业务：熟食生产经营
地址：吉林省珲春市靖和街（东市场南门）
负责人：崔秀云 邮 编：133300
法 人：刘奇东
Tel：0433－7513213

**梨树县叶赫天成粮食经销有限公司**
地址：吉林省四平市梨树县叶赫镇英额堡村
负责人：齐绍成
Tel：0434－5462847

**桦甸市上一当森林食品有限责任公司**
业务：红松果仁、林蛙油加工销售
地址：吉林省吉林市桦甸市夹皮沟镇（原云峰小学）
负责人：吴洪林 邮 编：132411
法 人：吴洪林
Tel：0432－6745888
13894229777
Fax：0432－6745888

**伊通满族自治县天龙粮食贸易有限公司**
地址：吉林省四平市伊通满族自治县伊通镇庆阳街
负责人：王勇
Tel：0434－4233999

**吉林省九台市东湖镇春华果仁加工厂**
业务：加工葵花仁
地址：吉林省九台市东湖镇
负责人：马壮 邮 编：130500
法 人：刘雪
Tel：13324471693

**松原市君邦食品有限公司**
地址：吉林省松原市长岭县育才街
负责人：杜娟
Tel：13044385555

**扶余县通达粮食收储分库**
地址：吉林省松原市扶余县三岔河道西街
负责人：孙志强
Tel：0438－5892899

**松原市宏兴粮食工贸有限公司**
地址：吉林省松原市宁江区朝阳乡
负责人：盛立庄
Tel：0438－3061299

**延边东方酒业有限公司**
业务：生产、销售酒
地址：吉林省龙井市龙井工业区
负责人：朴京玉 邮 编：133000
法 人：朴京玉
Tel：15944359011
0433－2891188

**长岭县盛达粮业有限责任公司**
地址：吉林省松原市前郭尔罗斯蒙古族自治县太平川镇
负责人：李彦庆
Tel：13904364451

**集安经济开发区宝泉特产有限公司**
业务：集安经济开发区宝泉特产有限公司成立于2006年，座落在吉林省的小江南一集安市，集五味籽，林下西洋参，林下野山参，山葡萄等，种植、加工直产品为一体的综合性农业产业化企业。欢迎海内外朋友考察惠顾。
地址：吉林省通化市集安市青石镇青石村
负责人：李宝全 邮 编：134202
法 人：李宝全
Tel：0435－6652738
Fax：0435－6652738
网址：www.bqtc.cn

**梅河口市芳明食品有限公司**
业务：加工与销售果仁、松子、瓜子、榛子及土特产品
产品：果仁、松子、瓜子、榛子及土特产品
地址：吉林省梅河口市李炉乡三人班村
负责人：徐方斌 邮 编：135001
法 人：徐方斌
Tel：13604355640
0435－4300658
Fax：0435－5092399

**通化市合顺饮品销售有限公司**
地址：吉林省通化市东昌区保安路818号
负责人：陈福序
Tel：0435－3649567

**通化市顺达工程机械配件有限公司江西食品分公司**
地址：吉林省通化市东昌区东昌路21号
负责人：张武
Tel：0435－3610067

**吉林省舒兰市伊宏缘清真肉业有限公司**
业务：牛、羊、鸡屠宰、分割、冷藏、销售
产品：牛肉，牛四分体，羊前腿，羊后腿，羊排，羊肉卷，鸡肉，鸡手，鸡珍等
地址：吉林省舒兰市法特镇
负责人：韩佩洪 邮 编：132619
法 人：韩佩洪
Tel：0432－8962828
13159548946

**松原市玉国调味品有限公司**
业务：公司自行开发生产调味品系列、酱菜系列产品，绿色、营养、味佳、健康是我们对产品品质永远的追求，真诚期待与您合作！
产品："宏茂杰"系列产品：香辣酱（麻辣豆豉）、香辣油（麻辣红油）、郫县豆瓣酱（郫县类）、火锅调味、香油、芝麻酱、火锅蘸料、香辣豆豉酱、香辣红油等
地址：吉林省松原市宁江区雅达虹工业集中区
负责人：潘玉国 邮 编：138000
法 人：潘玉国
Tel：0438－8980506
13843813664
Fax：0438－3122068
E-mail：yuguolaoxiang@sina.com

**通化市永康调味品厂**
地址：吉林省通化市东昌区水泉路2－47号
负责人：秦泽玉
Tel：0435－3215787

**吉林省大椅山酿酒有限公司朝阳镇销售处**
地址：吉林省通化市辉南县朝阳镇兴工街南出口
负责人：于长青
Tel：0435－8832998

**辉南县吉辉米业有限责任公司**
地址：吉林省通化市辉南县样子哨镇
负责人：张晓东
Tel：0435－8732082

**延边雪山湖绿色生态园有限责任公司**
业务：收购、销售土特产品、绿色食品、饮料
产品：木耳、松子、榛子
地址：吉林省延边朝鲜族自治州两江镇雪山湖
负责人：李忠欣 邮 编：133000
法 人：李忠欣
Tel：13324339898
0433－5883222

**柳河县金泰粮米有限公司**
地址：吉林省通化市柳河县太平川
负责人：崔佑财
Tel：0435－7666555

**大泉源食品厂**
地址：吉林省通化市通化县大泉源乡大泉源村
负责人：谭培文
Tel：0435－5771469
13514350002

**延边饮福饮品有限公司**
业务：生产、销售一品圣泉山泉水
产品：一品圣泉山泉水
地址：吉林省延吉市北大文翠苑1号楼门市
负责人：王立明 邮 编：133000
法 人：王立明
Tel：0433－3884888
2659099

**磐石市华晟源酒业有限公司**
业务：生产销售白酒、葡萄酒
地址：吉林省吉林市磐石市宝山乡河口屯
负责人：华大伟 邮 编：132300
法 人：华小伟
Tel：0432－5221719
15944752339
Fax：0432－5221719

**延吉市光石豆制品加工有限责任公司**
业务：加工与销售豆制品
产品：豆制品
地址：吉林省延吉市朝阳川镇白石村一村民小组
负责人：陈承哲 邮 编：133000
法 人：陈承哲
Tel：13843388610
0433－2791240

**珲春市李财粮油加工房**
地址：吉林省延边朝鲜族自治州珲春市杨泡乡泡子沿村
负责人：李财
Tel：0433－7882248

**图们市青山里酒饮厂**
地址：吉林省延边朝鲜族自治州图们市长安镇苇北路
负责人：白久奎
Tel：0433－3875148

**延吉市好再来食品商店**
地址：吉林省延边朝鲜族自治州延吉市公园街梨花路
负责人：李晓林
Tel：0433－6118466

**延吉市日盛食品经销部**
业务：销售韩国调料
地址：吉林省延吉市新兴街民康胡同9－3号
负责人：刘英哲 邮 编：133000
法 人：刘英哲
Tel：13804481144
0433－2532352

**延边百老泉酒坊有限公司第二分店**
地址：吉林省延边朝鲜族自治州延吉市局子街256－2－13
负责人：张艳丽
Tel：0433－2566028

**延边朝鲜族自治州烟叶公司**
地址：吉林省延边朝鲜族自治州延吉市铁新路2号
负责人：金星虎
Tel：0433－2836003

**宏旺食品有限公司**
业务：月饼、糕点、面包、烧烤类食品、干点、豆沙馅料等
地址：吉林省榆树市环城乡南门村
负责人：李艳峰 邮 编：130400
法 人：李艳峰
Tel：13844153968
15904441819
0431－83820033

**伊通满族自治县富兴浪油经销有限公司**
地址：吉林省四平市伊通满族自治县伊丹镇西街
负责人：李付江
Tel：13944490515

**榆树市五棵树新世纪小肥羊肉加工厂**
业务：肥羊肉加工
地址：吉林省榆树市五棵树乡互助村一组
负责人：王启峰 邮 编：130400
法 人：王启峰
Tel：13578842895
0431－83814660

**延边图们江绿色粮油经贸有限公司食用油分装部**
地址：吉林省延边朝鲜族自治州延吉市小营镇工农村
负责人：张云江
Tel：0433－2811833

## 乾安县坤真冷冻食品有限公司

乾安县坤真冷冻食品有限公司是一家专业从事冷冻食品生产销售的企业。

为实现企业的永续经营，公司以客户为中心，以质量为生命，以员工为根本，产品得到新老客户的一致好评。

诚挚欢迎您的惠顾！

电话：0438-8231222 13224486999
联系人：赵光
邮编：138000
地址：吉林省松原市乾安县乾安采油厂党群工作部

## 树财米业加工厂

树财米业加工厂成立于2002年，本厂专业从事加工、销售精制米、普通米、长粒米、粘米、混合稻糠等.树财米业加工厂以诚信为本、以质量求生存、以创新求发展，欢迎新老客户光临惠顾。

联系人：张树才
电话：0431-87542606 13943072887 15804426399
地址：吉林省长春市德惠市岔路口镇南长沟村
邮编：130323

## 永吉天玉生态农业开发有限公司

我公司成立于2008。

以绿色大米、玉米收购、加工、销售为主。

公司秉承“顾客至上，锐意进取”的经营理念，坚持“客户第一”的原则为广大客户提供优质的服务。

欢迎惠顾！

联系人：温祚财
电话：0432-4265788
邮编：132001
地址：吉林省吉林市永吉县西阳镇墙体材料厂

## 镇赉县大屯镇姜威屠宰加工厂

我屠宰厂成立于2006年，主要经营牛、鸡、羊的屠宰加工及肉制品加工与销售，产品均经国家食品安全许可证认可，为广大客户提供安全美味的肉制品。

我厂秉承“顾客至上，锐意进取”的经营理念，坚持“客户第一”的原则为广大客户提供优质的服务，欢迎惠顾！

联系人：高敬生 13843625453
电话：0436-7831261 传真：0436-7831261
地址：吉林省白城市镇赉县大屯镇南 邮编：130200

# 黑龙江省/Heilongjiang Province

### 哈尔滨悦众米业有限公司

业务:谷物、豆类收购、加工与销售，大米加工
产品:大米
地址:黑龙江省哈尔滨市木兰县东兴镇汉阳街23号
负责人:孙树林 邮 编:151925
法 人:孙树林
Tel:13796179567
0451-57018997
Fax:0451-5703000
E-mail:872503000@qq.com

### 杜尔伯特蒙古族自治县鑫亿粮油加工有限责任公司

地址:黑龙江省大庆市杜尔伯特蒙古族自治县泰康镇西南街7委
负责人:王立新
Tel:13604671188

### 大庆市龙凤区国坤食杂店

地址:黑龙江省大庆市龙凤区凤祥商城1号1门
负责人:张春焕
Tel:0459-6239850

### 五常市安家镇谷丰精米加工厂

业务:本厂成立于2002年，主要加工销售大米。产品质量保证、价格合理，竭诚欢迎新老客户光临惠顾！
地址:黑龙江省哈尔滨市五常县安家镇铁西村月牙泡屯
负责人:赵永树 邮 编:150209
法 人:赵永树
Tel:0451-53542176

### 大庆双龙飞粮食经销有限公司

地址:黑龙江省大庆市让胡路区红骥牧场七队
负责人:张宝臣
Tel:0459-6143648

### 孙吴县兴安山产品种植加工专业合作社

业务:山产品培育、加工和销售
产品:木耳、蘑菇、蕨菜
地址:黑龙江省黑河市孙吴县九街十三组(交通街386-8)
负责人:赵立君 邮 编:164300
法 人:赵立君
Tel:0456-8427302
13009933420

### 大庆市杨麻子大饼有限责任公司新村分店

地址:黑龙江省大庆市萨尔图区东风新村七区A-1商服5号(经六街7-14号楼)
负责人:曲家鹏
Tel:0459-6385378

### 黑龙江省建三江农垦江源工贸有限责任公司

业务:大米加工、销售
地址:黑龙江省佳木斯市建三江垦区分局浓江场部
负责人:陈得成 邮 编:156335
法 人:陈得成
Tel:13946486796
0454-5702777

### 海林市北味天然食品有限公司

业务:公司是以基地，生产，加工，销售为一体，专营东北特产野生绿色食品为主的民营企业。经营四大系列百余种产品，山产品系列(野生山珍、食用菌压缩、各种木耳、蘑菇等)，农产品系列(各种粉条、粉丝、淀粉、腐竹及杂粮等)，休闲食品系列(松籽、榛子、瓜子、香酥豆等)，调味品(大料、花椒及各种调味品等)共计148种产品。
地址:黑龙江省海林市海浪路6号
邮 编:157100
法 人:齐振华
Tel:0453-8966168
7237000
Fax:0453-7226366
网址:www.beiwei.cn

### 大兴安岭筑安建筑集团有限有公司康达肉食品分公司

地址:黑龙江省大兴安岭地区加格达奇区长春大街西段
负责人:白黄河
Tel:13845758368

### 佳木斯大地粮食筛选厂

业务:粮食精选、粮油销售
产品:大豆、玉米、水稻、米糠、碎米、青粒米、陈化大米
地址:黑龙江省佳木斯市前进区林海路8号
负责人:孙可明 邮 编:154002
法 人:孙可明
Tel:13604545858
0454-8795222

### 佳木斯昭源粮油经销有限公司

业务:佳木斯昭源粮油经销有限公司成立于2005年，主要批发大豆，玉米。欢迎新老客户光临惠顾！
地址:黑龙江省佳木斯市郊区友谊路中段
负责人:赵先平 邮 编:154002
法 人:赵先平
Tel:0454-8571239
6587518
Fax:0454-8571239
网址:www.zylyjx.chinapyp.com

### 漠河县宏光食品有限公司

地址:黑龙江省大兴安岭地区漠河县西林吉镇零区
负责人:刘玉艳
Tel:0457-2729977

### 巴彦县利嘉粮食加工有限公司

地址:黑龙江省哈尔滨市巴彦县巴彦镇吉庆街469号
负责人:孙铁栋
Tel:13115503579

### 海林市山市山产品综合交易市场

业务:销售木耳、蘑菇、松仁
地址:黑龙江省牡丹江市海林市山市镇
负责人:马广武 邮 编:157112
法 人:马广武
Tel:13946322376
0453-7509699

### 富利来食品有限责任公司

地址:黑龙江省哈尔滨市道里区道里区群力乡小西屯变压器厂附近
负责人:金名波
Tel:0451-84313588
84312255转800
13766884111

### 牡丹江市西安区新立矿泉水饮料厂

业务:牡丹江市西安区新立矿泉水饮料厂成立于1994年，现有员工20余人，从事碳酸饮料、果汁、果肉饮料的企业。欢迎来电垂询！
地址:黑龙江省牡丹江市西安区温春镇新立村
邮 编:157041
法 人:郭峰
Tel:0453-6401043
Mobile:13945329394

### 黑龙江大千健康食品有限公司

地址:黑龙江省哈尔滨市道里区机场路0公里
负责人:千玉锦
Tel:0451-84310658

### 宁安市泰铧粮贸有限公司

业务:许可经营项目:购销稻谷、玉米，一般经营项目:经销农副产品
地址:黑龙江省牡丹江市宁安市渤海镇古城路45号
负责人:祁世成 邮 编:157000
法 人:祁世成
Tel:0453-7847555
13163604999
Fax:0453-7896111

### 哈尔滨市龙盛酱菜食品有限公司

地址:黑龙江省哈尔滨市道里区新发镇庆丰村哈双北路9公里半
负责人:魏庆玲
Tel:13703611812

### 黑龙江省牡丹江市华东食品有限责任公司

业务:本公司主要经营饼干、纸箱。我公司将以优质的产品、合理的价格、及时的售后、创造百分百的用户满意，因为专业、所以信赖，诚信创造双赢。
地址:黑龙江省牡丹江市阳明区五公里
邮 编:657023
法 人:刘忠信
Tel:0453-6380715
Fax:0453-6384918

### 黑龙江哈冰岛酒业有限公司

地址:黑龙江省哈尔滨市道外区西开原二道街副12-14号
负责人:王瑞芹
Tel:13503709998

### 甘南县永信粮食购销有限公司

业务:粮食购销
地址:黑龙江省齐齐哈尔市甘南县长山乡
负责人:吕德永 邮 编:162106
法 人:吕德永
Tel:13514662768
0452-5539072
Fax:0452-5539072

### 原野制酒厂

地址:黑龙江省哈尔滨市呼兰区原野村八队院内
负责人:冯人升
Tel:0451-57385999
13703626999

### 哈尔滨千阳烤肉有限公司

地址:黑龙江省哈尔滨市南岗区西大直街173号
负责人:王娟
Tel:13936036969

### 尚志市珠河米业有限责任公司

地址:黑龙江省哈尔滨市尚志市尚志镇新闻街5号
负责人:实烈惠
Tel:13946004599

### 双城市聚鑫粮油加工有限公司

地址:黑龙江省哈尔滨市双城市花园大街112号
负责人:王桂岩
Tel:0451-53125259

### 诚信粮食收购站

业务:粮食收购服务
地址:黑龙江省齐齐哈尔市建华区建华乡曙光村
负责人:刘成 邮 编:161000
法 人:刘成
Tel:13634552000
15845675056

### 富鑫淼名酒直销处

业务:富鑫淼名酒直销处成立于2001年，专业代理“哈特”啤酒、“喜德利”啤酒、“银子弹”啤酒、“嘉士伯”啤酒、“红广场”系列啤酒、“世好”啤酒、各种知名洋酒等。质优价平，热诚欢迎新老客户惠顾。
地址:黑龙江省七台河市桃山区育才苑15号
邮 编:154600
法 人:商国富
Tel:0464-8251119
Fax:0464-8251119

### 佰兴菌业科技发展有限公司

地址:黑龙江省哈尔滨市松北区松浦镇东方红村
负责人:王景浩
Tel:0451-87162111
86867539
13351012111

**哈尔滨市香坊区诚信粮油经销部** 1
地址:黑龙江省哈尔滨市香坊区香安街17号3单元101号
………… 负责人:关丽梅
………… Tel:0451－57771168

**福瑞德食品厂**
地址:黑龙江省哈尔滨市香坊区香福路
………… 负责人:车丽
………… Tel:0451－87982939

**延寿县三鑫米业有限公司**
地址:黑龙江省哈尔滨市延寿县延寿镇延中公路0公里处
………… 负责人:刘延彬
………… Tel:0451－53031155

**饶河县农友豆类专业合作社**
业务:生产、加工豆制品
产品:芸豆、黄豆
地址:黑龙江省双鸭山市饶河县西丰镇正街
……… 负责人:王行军 邮 编:155100
………… 法 人:王行军
………… Tel:13136786578
0469－5526188

**鹤岗市金盛粮食综合加工厂**
地址:黑龙江省鹤岗市东山区东方红乡兴华村
………… 负责人:陶湘波
………… Tel:0468－3561816
13704649585

**北安市银珠盐业有限责任公司**
地址:黑龙江省黑河市北安市交通路八十五号
………… 负责人:王常和
………… Tel:0456－6664019

**伊春市兴美农林食品开发有限公司**
业务:我公司成立于2003年,主要经营山特产品,农副产品。产品有:保鲜粘玉米,速冻粘玉米,芝麻油,芝麻酱,蜂蜜,黑木耳,之蘑榛蘑,速冻马玲薯,粘豆包,玉米粒罐头,酸菜等。欢迎新老客户光临选购!
地址:黑龙江省伊春市美溪区新立委15号楼
………… 负责人:李振友……邮 编:153021
………… 法 人:李振友
………… Tel:0458－3637838

**黑河市奇香源调味品经销有限公司**
地址:黑龙江省黑河市影剧院东侧
………… 负责人:单秀梅
………… Tel:13304561968

**黑河市黑土地土特产品经销部**
地址:黑龙江省黑河市中房77号楼171号
………… 负责人:曹明龙
………… Tel:13845611289

**密山市丰林农副产品购销有限公司**
地址:黑龙江省鸡西市密山市密山镇光复街
………… 负责人:高玉丰
………… Tel:0467－5289955

**牡丹江市茅台镇酒业有限公司**
地址:黑龙江省牡丹江市东安区新安街东四条路199号
………… 负责人:马德泉
………… Tel:0453－6661111

**肇东市宏运屠宰有限责任公司**
业务:专业从事畜禽产品屠宰、深加工等业务,可根据顾客的需要任意宰杀各种家禽。新建的分割、包装生产线,提高产品档次及产品附加值。致力打造生态、环保、绿色产品。
产品:白条鸡、分割鸡、蛋鸡、肉鸡及鸭、鹅等
地址:黑龙江省肇东市城区西太平路六委二十八组
……… 负责人:赵国梅 邮 编:151100
………… 法 人:赵国梅
………… Tel:0455－7777535
8038871
13903667585

**东宁县明新俄罗斯海鲜批发**
地址:黑龙江省牡丹江市东宁县东宁镇人大家属楼门市
………… 负责人:李明燕
………… Tel:0453－3638878

**黑龙江省横道河子虎峰酿酒有限公司**
地址:黑龙江省牡丹江市海林市横道河子镇
………… 负责人:程木和
………… Tel:13845089399

**林口县升旺酒业经销有限公司**
地址:黑龙江省牡丹江市林口县原糖酒公司院内
………… 负责人:胡成文
………… Tel:0453－3532997

**牡丹江市秀华风味香仔鸭熟食店**
地址:黑龙江省牡丹江市西安区西三条路牡丹街口
………… 负责人:马秀华
………… Tel:13946349227

**齐齐哈尔市富拉尔基区生产资料日用杂品经营站松嫩平原商店**
地址:黑龙江省齐齐哈尔市富拉尔基区新华街(彩虹市场21,22号)
………… 负责人:梁亚超
………… Tel:0452－6883230

**富裕县吉利食品商店**
地址:黑龙江省齐齐哈尔市富裕县富裕镇纸浆道口南
………… 负责人:王敏
………… 负责人:0452－3108134
8276766

**黑龙江黑土地知心仁食品有限公司**
地址:黑龙江省齐齐哈尔市甘南县甘南镇北拉甘路500米处
………… 负责人:贾秉城
………… Tel:0452－5622179

**黑龙江省世罕泉饮品有限责任公司**
地址:黑龙江省齐齐哈尔市克东县宝泉镇振兴街
………… 负责人:高峰
………… Tel:13199664888

**克山县兴源粮油商店**
地址:黑龙江省齐齐哈尔市克山县繁华路一段路北
………… 负责人:徐洪伟
………… Tel:0452－4537007

**克山县淑文食杂店**
地址:黑龙江省齐齐哈尔市克山县克山镇北大街三段路西
………… 负责人:郭淑文
………… Tel:0452－4533386

**克山县红利来糕点加工店**
地址:黑龙江省齐齐哈尔市克山县克山镇东大街三段路北
………… 负责人:李国财
………… Tel:13946240664

**泰来县伟英食杂店**
地址:黑龙江省齐齐哈尔市泰来县四里五乡四间村
………… 负责人:杨伟英
………… Tel:0452－8720434

**依安县酒厂饮料厂**
地址:黑龙江省齐齐哈尔市依安县南三道街路东
………… 负责人:李学清
………… Tel:0452－7011193
13069681286

**宝清县天之利粮油有限公司**
地址:黑龙江省双鸭山市宝清县宝清镇火车站北侧胜鑫货场
………… 负责人:孟庆金
………… Tel:13846962117

**宝清县神龙泉矿泉水有限责任公司**
地址:黑龙江省双鸭山市宝清县小城子乡东泉村西500米处
………… 负责人:王振洪
………… Tel:0469－5439777

**龙丰面粉厂**
地址:黑龙江省绥化地区安达市陶瓷厂西院
………… 负责人:李江春
………… Tel:0455－7228824
13704652699

**绥化市北林区先锋米业**
地址:黑龙江省绥化市北林区东富乡先锋村
………… 负责人:潘兆禄
………… Tel:0455－2903338

**绥化市双粮米业有限责任公司**
地址:黑龙江省绥化市北林区双河镇西南村三屯
………… 负责人:巴玲芝
………… Tel:13199008818

**肇东市嘉禾粮油商行**
地址:黑龙江省肇东市太平路五委十七组
………… 负责人:毕士和
………… Tel:0455－5990111

## 哈尔滨信德调味食品有限公司

本公司代理经销调味品（名优厂家的品牌产品），本着“用户至上、质量第一”的经营理念，为消费者带来国际流行的新一代调味品。

联系人：黄锋先
电话：0451-86833177 83180633
网址：www.fxtwp.com 电子邮件：xianf2007@126.com
地址：黑龙江省哈尔滨市道里区河柏小区113栋3号门市
邮编：150001

## 嫩江县长乐山饮品销售有限责任公司

嫩江县长乐山饮品销售有限责任公司主要经营长乐山牌大果沙棘系列饮品；黑龙江省五大连池银池牌天然矿泉水；纯天然蓝梅饮料；纯天然蓝梅国酒等一系列产品。

本公司以诚信为本、以质量求生存，我们将竭诚为您服务！

联系人：刘金红 13009947766
电话：0456-8597766
传真：0456-7519888
地址：黑龙江省黑河市嫩江县滨花小区14号门市 邮编：161400

## 七台河老黑山天然山产品有限责任公司[illegible]

七台河市老黑山天然山产品有限责任公司成立于2005年，专业从事各类山珍产品的生产、加工和销售。主要产品是黑木耳。“取之自然、客户放心”永远是我们不懈的追求，我们将以优质的产品、周到的服务回报客户的支持和信赖。

联系人：张雅琴 13359799005
电话：0464-8797005 传真：0464-8797005
地址：黑龙江省七台河市七煤集团林业处 邮编：154600

## 齐齐哈尔甘南县龙福源饮品有限责任公司

龙福源饮品有限责任公司成立于2007年12月，主要从事碳酸饮料、蓝莓果汁饮料的生产、销售。注册商标“陈师傅”，我公司生产的果味饮料，口味纯正，受到消费者的好评。蓝莓野果汁选用大兴安岭野生蓝莓野果加工而成。其果实含有丰富的营养成分。我公司秉承“顾客至上，锐意进取”的经营理念，坚持“客户第一”的原则为广大客户提供优质的产品。

联系人：陈贵章 15946281132
电话：0452-5637775 传真：0452-5637775
地址：黑龙江省齐齐哈尔市甘南县甘南镇[illegible]人民路17号
邮编：162100

## 大慶市肇源縣牛氏食品冷凍有限公司

大庆市肇源县牛氏食品冷冻有限公司成立于2008年。
主营：速冻羊肉卷、速冻玉米。
我们始终坚持：质量第一，价格合理，服务周到的经营宗旨。
热忱欢迎新老客户光临！

联系人：牛智平
电话：0459-8221113 13136830666
地址：黑龙江省大庆市肇源县西海液化气站北300米处 邮编：166500

## 庆安泰源米业有限公司

庆安泰源米业有限公司专业从事大米加工和销售，且持有食品生产许可证。我公司全体员工恪守“品质第一，客户至上”的原则，热忱欢迎新老客户光临！

联系人：韩凤仁 邮编：152000
电话：0455-4311053 13804864415
地址：庆安县丰收乡丰田村柳秧子屯38号

## 江苏省/Jiangsu Province

**福琪副食品商行**
地址：江苏省常州市金三角小商品批发市场西
负责人：李述龙
Tel：0519－85571905
13585335899

**全味食品有限公司**
地址：江苏省常州市天宁区小东门路 166 号小东门三层食品区 5 号
负责人：吴剑彬
Tel：0519－88112072
13328182172

**揭西县情人结食品有限公司**
业务：食品的加工和销售
地址：江苏省常熟市支塘镇华东食品城 B02－105
负责人：吴金龙 邮 编：215500
法 人：吴金龙
Tel：13092626838
0512－52555213

**宝应县欣良粮油经营部**
业务：宝应县欣良粮油经营部成立于 2001 年，主要从事大米、面粉、小麦、稻谷、油料的经营。"诚信经营，信誉至上，价格合理"，热诚欢迎新老客户光临、惠顾！
地址：江苏省扬州市宝应县农贸批发市场
负责人：徐培水 邮 编：225800
法 人：徐培水
Tel：0514－88102188
Fax：0514－88982216

**永丰粮油贸易有限公司**
地址：江苏省丹阳市新民东路 29 号
负责人：朱祥生
Tel：0511－86528077

**常州市广山农副产品有限公司**
业务：各种蛋制品销售
产品：鲜鸡蛋，草鸡蛋，真空咸蛋，松花皮蛋，高邮咸鸭蛋，鹌鹑蛋及各种蛋制品销售
地址：江苏省常州市武进区邹区镇凌家塘市场蛋品区 44 号
负责人：王珊 邮 编：213000
法 人：王珊
Tel：0519－83889869
13921040618
Fax：0519－83887626

**宝顺生物制品厂**
地址：江苏省东台市安丰镇大港居委会三组
负责人：韩志东
Tel：0515－85850250
85562128
13801416393

**冠东食品有限公司**
地址：江苏省海门市悦来镇人民东路 28 号
负责人：徐建华
Tel：0513－82805858

**姜堰市阿林海河水产有限公司**
业务：水产批发
地址：江苏省姜堰市姜堰镇北园 4 幢 105 室
负责人：吴根林 邮 编：225300
法 人：吴根林
Tel：13814488888
0523－82978288

**淮安市慧宝食品有限公司**
地址：江苏省淮安市楚州区席桥镇政府院内
负责人：张桦
Tel：13382562855

**典发食品（苏州）有限公司**
业务：典发食品（苏州）有限公司主要产品有：鱼丸系列制品、千页豆腐制品、年糕制品、蔬菜糕制品、果冻制品等五大类近百个品种；并不断研究创新开发新产品。公司产品内外销相结合，目前已外销美国、新加坡、香港、台湾、日本等地。
地址：江苏省苏州市吴江市黎里工业园黎民北路 35 号
邮 编：215200
法 人：李文俊
Tel：0512－81550606
Fax：0512－81550608
网址：www.deanfa.com

**靖江市羊咩咩食品有限公司**
业务：羊肉制品生产、销售
产品：包装羊肉
地址：江苏省靖江市敦义镇烟中 2－6 号
负责人：赵勇 邮 编：214500
法 人：赵勇
Tel：15952703038
0523－84251660

**淮安新东方酒业销售有限公司**
地址：江苏省淮安市淮阴区长江东路
负责人：杨玉芳
Tel：13905230069

**希望粮食加工厂**
地址：江苏省连云港市东海县房山镇吴场村
负责人：吴国得
Tel：0518－87578599
13912181939

**久润酒业有限公司**
业务：经营名烟名酒
地址：江苏省靖江市时代广场 2 号楼
负责人：秦桥波 邮 编：214500
法 人：秦桥波
Tel：0523－84989799

**江苏省赣榆县滴滴香油脂有限公司**
地址：江苏省连云港市赣榆县宋庄镇西郑村
负责人：钱凤碗
Tel：0518－86322729
13805127986

**洪泽县仁和禽蛋冷冻食品加工厂**
业务：洪泽县仁和禽蛋冷冻食品加工厂主要生产"两湖"牌咸蛋和皮蛋，多年来深受广大消费者的欢迎，本公司注重产品质量、包装、信誉。欢迎新老客户光临、惠顾！
地址：江苏省淮安市洪泽县仁和镇江淮东路
负责人：赵德华 邮 编：223123
法 人：赵德华
Tel：0517－87552511

**昆山市玉山镇凯华粮油经营部**
业务：大米、油、面粉等
地址：江苏省昆山市玉山镇粮食批发市场 4105 号
负责人：张凯华 邮 编：215300
法 人：张凯华
Tel：0512－55591226
57572496

**东王集乡蒋圩面粉厂**
地址：江苏省连云港市灌云县东王集乡
负责人：王丙标
Tel：0518－88756410
13327872038

**南京海威绿色食品开发有限公司**
地址：江苏省南京市白下区汉中路 129 号 8 楼 802
负责人：郭润友
Tel：025－84720116

**昆山市玉山镇利民粮油店**
业务：销售粮油
地址：江苏省昆山市玉山镇前浜路 106 号
负责人：刘海明 邮 编：215300
法 人：刘海明
Tel：0512－57595336
50891997

**联合多美洋酒（上海）贸易有限公司南京办事处**
地址：江苏省南京市白下区洪武路 359 号福鑫国际大厦东 2308 室
负责人：杨祖琛
Tel：13951939591

**群力吉祥粮食加工厂**
地址：江苏省南京市东屏镇群力行政村夏家边
负责人：王祥
Tel：025－57290500
13851954418

**淮安市卞老二炒货有限公司**
业务：淮安市卞老二炒货有限公司主要经营卞老二系列瓜子，主要品种有黑珍珠瓜子、美玉茶、美鲜奶、普五香、美五香系列瓜子，大白片南瓜子、各种炒货生瓜子，品种齐全、价格合理，欢迎新老客户光临惠顾。
地址：江苏省淮安市淮阴区黄河路 109 号
负责人：卞长林 邮 编：223300
法 人：卞长林
Tel：0517－84921316

**南京周跃豆腐店**
业务：豆制品
地址：江苏省南京市白下区四条巷 100 号 101 室
负责人：周跃发 邮 编：210002
法 人：周跃发
Tel：13222046866
025－68670680

**南京宏祥板栗食品有限公司乔虹苑店**
地址：江苏省南京市秦淮区乔虹苑 17－4 号
负责人：褚方宏
Tel：025－86428078

**南京叶旺食品有限公司**
地址：江苏省南京市秦淮区下码头二巷 55－3 号
负责人：黄翠青
Tel：025－52651157

**南京市建邺区游庆喜食品厂**
业务：生产南京特产盐水鸭烤鸭及其它食品和饮料
地址：江苏省南京市建邺区梦都大街 128 号紫鑫中华广场 A2 幢 102 室
负责人：游庆喜 邮 编：210029
法 人：游庆喜
Tel：025－86805310

**南京仁彤副食品有限公司**
地址：江苏省南京市玄武区相府营 2 号
负责人：乔徐中
Tel：13605194105

**淮安市华洋肉制品有限公司**
业务：本公司始建于 1988 年，是一家集养殖、加工、销售于一体的肉类制品生产企业，"博里"牌羊肉系列产品是老少皆喜、四季咸宜的美味食品；是现代餐桌的美味佳肴；更是馈赠亲友的礼品和节日福利之佳品。
地址：江苏省淮安市楚州区博里镇镇政府对门
负责人：滕东亮 邮 编：223225
法 人：滕东亮
Tel：0517－85680004
网址：www.jshuayang.ccoo.cn

**南京法莎利葡萄酒有限公司**
业务：专营法莎利葡萄酒
地址：江苏省南京市下关区金川门外 5 号
负责人：姜涛 邮 编：210008
法 人：姜涛
Tel：025－58829115

**江苏省中赫糖业有限公司**
地址：江苏省南京市玄武区中山东路 319 号
负责人：宗秀娥
Tel：025－84664057

**江苏省南通嘉航经贸有限公司**
地址：江苏省南通市崇川区南园路 19 号车库北侧附房
负责人：袁广红
Tel：0513－85508451
85811698
13809080590

**南通市崇川区太华楼包子店**
业务：包子 销售
地址：江苏省南通市崇川区新桥北村 78 栋 102 号
负责人：陈伟 邮 编：226000
法 人：陈伟
Tel：0513－89506682
85521380

**南通市港闸酒厂**
地址：江苏省南通市港闸区陈桥乡育爱村九组
负责人：潘志成
Tel：0513－85691260
13806293829

**华林农副产品有限公司**
地址：江苏省南通市港闸区闸西乡八一村
负责人：杜经理
Tel：0513－85568209

**如皋市学军食品信息咨询服务部**
业务：食品
地址：江苏省如皋市江安镇合作村 7 组 2 号
负责人：周学军 邮 编：226001
法 人：周学军
Tel：0513－87961385
13806274163

**江苏省滨海县吉岗腊味厂**
业务：滨海县吉岗腊味厂是专业从事肉食加工生产经营企业。生产的"凯兴"牌中、西式肉制品获"江苏市场公认十佳放心食品"并被中国产品质量管理中心评为"质量放心品牌"。
地址：江苏省盐城市滨海县吉岗新村 23 号
邮 编：224512
法 人：于凯成
Tel：0515－4584078
Fax：0515－7891078
网址：www.bhjglw.chinapyp.com

**粮油批发市场**
地址：江苏省南通市海安县曲塘江桥村 17 组 8 号
负责人：刘月萍
Tel：0513－88641765
88620766
13861911238

**常熟市古丹妮商贸有限公司**
业务：专业销售红酒
地址：江苏省苏州市常熟市报慈桥 11 号
负责人：张兆生 邮 编：215002
法 人：张兆生
Tel：13913698098
13776217979

**南通市美宏食品有限公司**
地址：江苏省南通市海岸县雅周镇乍庄村七组
负责人：王美宏
Tel：0513－88662437
88996275

**南通顺星海产食品有限公司**
地址：江苏省南通市海门市德胜镇平山村
负责人：钱新新
Tel：13806287069

**苏州市鹏冉食品有限公司**
业务：批发、经销：生鲜冷冻猪肉、禽类、生熟牛羊肉系列产品，品种多样、烹食方便，鹏冉致力向市民奉献优质、安全、时尚、健康的食品。欢迎广大客户前来选购！
产品：酱牛肉、牛肉、鸡肉、猪肉
地址：江苏省苏州市吴中区越溪镇溪翔路 5 号
负责人：马文 邮 编：215100
法 人：马文
Tel：0512－68580800
18915581777
Fax：0512－68580800

**顺发面粉有限公司**
地址：江苏省南通市开发区江海巷东首
负责人：何建成
Tel：13912288588

**江苏天诚粮食制品有限公司**
业务：江苏天诚粮食制品有限公司成立于 2004 年，是一家专门生产高中低档面粉，"诚缘"牌系列面粉经营，欢迎新老客户来电洽谈业务！
地址：江苏省泗阳县经济开发区西区江阴路 2 号
负责人：王兴元 邮 编：223700
法 人：王兴元
Tel：0527－85299999
85298666
Fax：0527－85298868

**江苏省沭阳县泽源酒业有限公司**
业务：本公司专业代理各种名优白酒、红酒、啤酒、洋酒等婚宴集团用酒，厂价直销，我们将以优质的产品，优良的服务，泽源酒业热忱恭候您的光临！
产品：洋河蓝色经典、王子啤酒、张裕葡萄酒等地方名酒
地址：江苏省宿迁市沭阳县沭城镇苏州西路
负责人：姜林 邮 编：223600
法 人：姜林
Tel：0527－87880777
Fax：0527－87880777

**元洪贸易有限公司**
地址：江苏省南通市启东市汇东镇环城北守 217 号
负责人：史元洪
Tel：0513－83242735
13806282928

**江苏祥兴米业有限公司**
业务：大米的加工与销售
产品：大米
地址：江苏省兴化市戴窑镇西工业园区（东三段）
负责人：刘翠凤 邮 编：225745
法 人：陆珍祥
Tel：13961051698
0523－83838068
83838388
Fax：0523－83836988
E-mail：jsxxmy@163.com

**启东市好伙伴食品加工厂**
地址：江苏省南通市启东市吕四港镇茅家港镇西侧
负责人：高建兴
Tel：13906285061

**江苏新海花啤酒有限公司**
地址:江苏省南通市如东县掘港镇弹琴路83号
…… 负责人:沈宏伟
…… 负责人:0513-84512535
13921475999

**连云港建怀种业有限公司**
业务:连云港建怀种业有限公司成立于2005年,供应小麦种、水稻、大豆、棉花、玉米、各种蔬菜种子等,欢迎来电洽谈业务!
地址:江苏省连云港市东海县房山镇达宁路199号
…… 负责人:陈健怀……邮 编:222300
…… 法 人:陈健怀
…… Tel:0518-87662199

**徐州市吉祥果蔬有限公司**
业务:干鲜果品、蔬菜、冷冻食品、饮料、炒货、禽蛋等销售
地址:江苏省徐州市淮海东路51号华联商厦11层D6室
…… 负责人:朱祥林 邮 编:221005
…… 法 人:吴俊杰
…… Tel:0516-83759055
83966116
…… Fax:0516-83759055

**华帝食品有限公司**
地址:江苏省南通市如东县掘港镇江海西路82号
…… 负责人:何华
…… Tel:0513-84014580

**爽口纯净水厂**
地址:江苏省南通市如东县袁庄镇竹园村八组
地址:濮建华
…… Tel:0513-84600403
13773789699

**南通华欣食品有限公司**
地址:江苏省南通市通州市川港镇民安市场东侧
…… 负责人:汤建飞
…… Tel:0513-86364885
13003553779

**徐州市香里香食品有限公司**
业务:生产与销售鸡爪、鸡蛋、鹌鹑蛋等熟食
产品:鸡爪、鸡蛋、鹌鹑蛋等熟食
地址:江苏省徐州市贾汪区青山泉镇马庄村
…… 负责人:缪中卫 邮 编:221000
…… 法 人:缪中卫
…… Tel:0516-87122225

**南京新政业食品发展有限公司中央路分店**
业务:南京新政业食品发展有限公司中央路分店是一个集生产加工、批发零售于一体的现代化企业。主营生产有卤鸭、盐水鸭、酱鸭系列产品,科学营养。公司坚持自己的绿色食品生产理念,积极打造自己的品牌。精良的技术设备,先进的工艺水平,一批素质优良的员工,在确保公司良性发展的同时愿为您提供高质量的产品和服务。
地址:江苏省南京市玄武区中央路52号
…… 邮 编:210008
…… 法 人:肖怀支
…… Tel:025-83218009
…… Fax:025-84190316

**冰城啤酒有限公司**
地址:江苏省邳州市碾庄镇岱山街
…… 负责人:吴凤林
…… Tel:0516-86093999
13952293999

**东珠酒业有限公司**
地址:江苏省启东市经济开发区南苑工业区19号
…… 负责人:钱东生
…… Tel:0513-83117979
13706282960

**天味食品有限公司**
地址:江苏省如皋市白蒲镇钱园村38组
…… 负责人:倪林炎
…… Tel:13003561001

**响水县郭庄蔬菜农民志业合作社**
业务:蔬菜购销
地址:江苏省盐城市响水县小兴镇郭庄村
…… 负责人:陈国玉 邮 编:224000
…… 法 人:陈国玉
…… Tel:13064838352
13337998183

**南通诚欣豆制品有限公司**
业务:南通诚欣豆制品有限公司成立于2006年8月,主要从事于豆制品的生产与销售。公司以"质量求生存、信誉求发展",欢迎广大用户光临惠顾!
地址:江苏省南通市海安县白甸镇白甸村11组(白甸思进工业园)
…… 负责人:黄洪文……邮 编:226682
…… 法 人:黄洪文
…… Tel:0513-88403885
…… Mobile:13222115099

**双益食品添加剂有限责任公司**
地址:江苏省如皋市开发区太平村
…… 负责人:候第
…… Tel:0513-87509897
13706279100

**江苏省如皋市香酥园食品厂**
地址:江苏省如皋市桃园镇新华村31号
…… 负责人:施韩宏
…… Tel:0513-88541869
13773803609

**宜兴市爱民豆制品厂**
业务:生产和销售非发酵豆制品
产品:非发酵豆制品
地址:江苏省宜兴市万石镇大尖村高田路20号
…… 负责人:王爱明 邮 编:214212
…… 法 人:王爱明
…… Tel:13961511778
0510-87841079

**双沟镇铭酒酒业酿造有限公司**
地址:江苏省泗洪县宁宿徐高速双沟镇出口处
…… 负责人:罗军先
…… Tel:0527-86714068
13605244993

**东吴面馆(民治店)**
地址:江苏省苏州市沧浪区民治路6-3号(凤凰街口)
…… 负责人:刘顺德
…… Tel:0512-65157758
13862582830

**宜兴市沐邦商贸有限公司**
业务:经营白酒
产品:舍得酒
地址:江苏省宜兴市宜城街道人民南路103号
…… 负责人:孙建平 邮 编:214200
…… 法 人:孙建平
…… Tel:13301536927
0510-80767279

**南通福华经贸有限公司**
业务:南通福华经贸有限公司成立于2005年,主要销售食品类。质量保证,价格合理,欢迎新老客户惠顾。
地址:江苏省南通市崇川区任港街道南通港村一组26号
…… 邮 编:226005
…… 法 人:方俏雄
…… Tel:0513-83552180
…… Fax:0513-83535210

**苏州市海源食品有限公司**
地址:江苏省苏州市沧浪区泰南路21号
…… 负责人:周津宇
…… Tel:13013773963

**苏州市新天食品有限公司盘门肉店**
地址:江苏省苏州市沧浪区泰让桥沿河28号
…… 负责人:李云龙
…… Tel:13861338281

**苏州市金海缘饮品商行**
地址:江苏省苏州市沧浪区胥江新村6幢(胥江干休所1幢东)
…… 负责人:宋传奇
…… Tel:0512-68158218

**南通康源肠衣有限公司**
业务:我公司成立于2006年,主要从事肠衣的加工及进出口业务。康源肠衣历来对产品质量十分重视,他们深深懂得质量是企业的生命,因而建立起一套严格的质量控制体系。从原肠刮制到成品加工,车间有十几名检验人员控制生产的每个环节,产品出厂以前要经过严格检验,决不让任何不合格的产品出厂。公司产品质量达到国家商检出口标准,得到了国内外客户的高度赞扬。
地址:江苏省南通市海安县西场镇新立村8组
…… 负责人:杭永圣……邮 编:226600
…… 法 人:杭永圣
…… Tel:0513-88313292

**苏州天立酒业有限公司**
地址:江苏省苏州市沧浪区养蚕里新村87幢303室
…… 负责人:毛炳根
…… Tel:0512-65202564

**苏阿姨食品有限责任公司**
地址:江苏省苏州市虎丘区虎丘镇东升村
…… 负责人:刘德庆
…… Tel:0512-67521128
13806214228

**苏州市百旺食品有限公司**
地址:江苏省苏州市金阊区西园路480号倪家苑北区
…… 负责人:金畅
…… Tel:13218181136

**昆山市天马食品有限公司**
地址:江苏省苏州市昆山市玉山镇虹桥路东侧(58号)
…… 负责人:李勤
…… Tel:13706260118

**苏州市日日鲜副食品店**
业务:日日鲜副食品店成立于1998年,主要业务以粮油批发,副食品配送为主。欢迎新老客户光临惠顾!
地址:江苏省苏州市新区枫秀苑一幢101室
…… 负责人:王炳和……邮 编:215129
…… 法 人:王炳和
…… Tel:0512-65364805
…… 网址:mtw25002

**昆山福临门粮油有限公司**
地址:江苏省苏州市昆山市玉山镇震川西路粮油批发交易市场内
…… 负责人:徐伟
…… Tel:0512-51351390

**昆山贵林食品有限公司**
地址:江苏省苏州市昆山市周市镇昌顺路北侧
…… 负责人:林建宏
…… Tel:0512-57862215

**苏州市百里园干果蜜饯有限公司**
地址:江苏省苏州市楼门路208号
…… 负责人:殷伟国
…… Tel:0512-67422692
13606213801

**苏州市吴中区胥口百家乐农副产品经营部**
业务:本公司成立于2000年,主要经营:冷冻食品、豆制品、水果、副食品、粮油制品、蔬菜。欢迎新老客户光临惠顾!
地址:江苏省苏州市吴中区胥口镇清明村
…… 负责人:承根林……邮 编:215164
…… 法 人:承根林
…… Tel:0512-66219607

**上海克莉丝汀食品有限公司苏州临顿路店**
地址:江苏省苏州市平江区临顿路396号
…… 负责人:胡萍
…… Tel:0512-65237298

**不二家食品有限公司**
地址:江苏省苏州市吴中区木渎镇藏书石码头
…… 负责人:柳林芳
…… Tel:0512-66244162
13606132229

**宿迁市鑫华冷冻食品有限公司**
地址:江苏省宿迁市皂河镇代场材
…… 负责人:张柳
…… Tel:0527-84517008
13805245566

**苏州新区永清副食品经营部**
业务:本公司成立于2001年,主要经营:青岛啤酒、三得利啤酒、统一饮料、百事可乐系列、可口可乐系列等。欢迎新老客户光临惠顾!
地址:江苏省苏州新区索山小区馨泰花园幼儿园边
…… 负责人:徐永清……邮 编:215010
…… 法 人:徐永清
…… Tel:0512-68090153

**无锡市香尔鲜食品有限公司**
地址:江苏省无锡市蠡园开发区渔港望湖大道东侧
…… 负责人:宋牛龙
…… Tel:0510-85522527
13395130797

**无锡市新重扬食品部**
地址:江苏省无锡市南长区清扬路156号-10
…… 负责人:谢树辉
…… Tel:0510-85760118

**华商食品科技有限公司**
地址:江苏省徐州市二环北路西侧公交公司停车场院内(71路终点站)
…… 负责人:贾喜延
…… Tel:13512569708

**宿城区许氏贡品加工有限公司**
业务:宿城区许氏贡品加工有限公司成立于2002年,主要从事活珠子的加工与销售。公司坚持"客户至上,质量和信誉保证"为宗旨,产品深受广大消费者的喜爱!诚招经销商!
地址:江苏省宿城区埠子镇陈集村前刘组
…… 负责人:许胜林……邮 编:223831
…… 法 人:许胜林
…… Tel:0527-84612156
…… Fax:0527-84611101

**徐州世缘食品有限公司**
地址:江苏省徐州市丰县金陵工业园区
…… 负责人:孟宪明
…… Tel:13505228778

**徐州市多福佳食品贸易有限公司**
地址:江苏省徐州市郊区翟山办事处北侧1幢
…… 负责人:龚永兰
…… Tel:0516-82203041
13305212895

**徐州海翔食品有限公司**
地址:江苏省徐州市九星区桃园办事处临黄村
…… 负责人:蔡玉圣
…… Tel:0516-85772428
13905203183

**徐州大风歌食品有限公司**
地址:江苏省徐州市沛县沛城尹庄东路44号
…… 负责人:高兴银
…… Tel:13605226873

**泰兴市黄桥镇洪峰制面厂**
业务:泰兴市黄桥镇洪峰制品厂成立于2000年8月,是泰兴地区粮食加工和挂面生产的后起之秀,质量是品牌的基础保证,本企业通过ISO9001-2000质量体系认证,"C"标志认证,"Q"生产许可证认证,2000年泰州市名牌产品,我们要严格按照ISO9001-2000标准的质量要求,努力抓外品牌建设,打造自己的精品,名牌,真正实现"超越顾客期望,创造一流品牌"。
地址:江苏省泰州市泰兴市黄桥镇通联路1号
…… 负责人:袁建峰……邮 编:225411
…… Tel:0523-7217686
…… Fax:0523-7113856

**银杏保健品有限公司**
地址:江苏省徐州市邳州市铁富镇宋庄村
…… 负责人:王世歌
…… Tel:0516-86485456
13805222681

**睢宁县高作镇粮油管理所**
地址:江苏省徐州市睢宁县高作镇高作街
…… 负责人:杨树宗
…… Tel:13505222130

**睢宁县朱集供销社食品加工厂**
地址:江苏省徐州市睢宁县桃园镇朱集街
…… 负责人:魏本伦
…… Tel:0516-88291026

**铜山县郭集乡粮油管理所**
地址:江苏省徐州市铜山县郭集乡驻地
…… 负责人:薛廷振
…… Tel:0516-83275035
13705216312

**泰州市倍耐传动带有限公司**
业务:泰州市倍耐传动带有限公司成立于1997年,现有员工300余人,从事传动带的生产及销售。欢迎来电洽谈业务。
地址:江苏省泰州市边江工业园区35围所5号
…… 邮 编:225321
…… 法 人:赵玉生
…… Tel:0523-6961300
…… Fax:0523-6913878

**镇江春光醋业有限公司**
业务:镇江香(陈)醋生产销售
地址:江苏省镇江市横塘留雁工业园
…… 负责人:梁腊炳 邮 编:212362
…… 法 人:梁腊炳
…… Tel:13337772990
0511-86640888
86691886
86647168
…… Fax:0511-86288797
…… 网址:www.dy-vinegar.com
…… E-mail:llb@dy-vinegar.com

**福到乐水产食品有限公司**
地址:江苏省盐城大丰市区南翔路南侧
…… 负责人:沈斌
…… Tel:0515-83981818
83821789
13851016878

**云玉面粉厂**
地址:江苏省盐城大丰市万盈镇益民路一号
…… 负责人:姜勇
…… Tel:0515-83762366
13179340888

**金鑫食品站**
地址:江苏省盐城市滨海县樊集乡堆南小街
…… 负责人:鲍金初
…… Tel:0515-84362500
13512595706

**世安粮食加工厂**
地址:江苏省盐城市大丰市刘庄镇友谊村六组
…… 负责人:杨世安
…… Tel:0515-83639288
13056162822

**无锡市伊春源清真食品有限公司**
业务:本公司主要经营青藏高原牦牛肉、牛展、牛排、牛腩、牛柳、羊肉卷,羊排,羊腿;清真鸡精、味精、清真醋、酱油;兰州拉面专用香料。本公司生产、销售、配送一条龙服务。竭诚欢迎您的选购!
地址:江苏省无锡市崇安区解放南路586号一楼
…… 负责人:马占龙……邮 编:214005
…… 法 人:马占龙
…… Tel:0510-82726368

**新健糖烟酒有限责任公司**
地址:江苏省盐城市大丰市区健康东路4号
…… 负责人:杨金富
…… Tel:0515-83929337
83992319

**盐城市海慧餐饮管理有限公司**
业务:托管食堂,快餐配送
产品:快餐
地址:江苏省盐城市亭湖区开放大道
…… 负责人:时正海 邮 编:224005
…… 法 人:时正海
…… Tel:15861981006
0515-88272772

**新湖食品厂**
地址:江苏省盐城市阜宁县板湖镇工业园区
…… 负责人:郭定胜
…… Tel:0515-87593078
13905117380

**鲜美水产食品厂**
地址:江苏省盐城市阜宁县杨集镇马荡居委会马荡新街8号
…… 负责人:陈军
…… Tel:0515-87671200
13174023718

**天福粉业有限公司**
地址:江苏省盐城市亭湖区南洋镇建阳路8号
…… 负责人:郭福科
…… Tel:0515-88879848

13705103296

**鑫源啤酒原料有限公司**
地址：江苏省盐城市盐都县便仓镇通明路 2 号
…………负责人：陈汝培
…………Tel：0515－88832588
13805100015

## 盐城市滨海县金鑫食品站

业务：本公司已成立十几年了，拥有 10 几名员工。主要经营色购、屠宰。
地址：江苏省盐城市滨海县樊集乡堆南小街
…………法　人：鲍金初
…………Tel：0515－4362500

**谢桥供销物资公司食品加工厂**
地址：江苏省扬州市江都市谢桥镇谢桥镇
…………负责人：曹有其
…………Tel：0514－86368484

**万事达商贸有限公司**
地址：江苏省扬州市立新路 7 号
…………负责人：吴信夫
…………Tel：0514－87207313
13301455101

**华厦酒水经营部**
地址：江苏省扬州市扬子江北路念泗二村任庄农民公寓 1 栋 101 室
…………负责人：黄哲水
…………Tel：0514－87957998
13338855785

**珥陵商业酿造厂**
地址：江苏省镇江市丹阳市珥陵镇河东
…………负责人：左国华
…………Tel：0511－86691035
13506106786

## 仪征市五琼浆酒业饮料经营部

业务：仪征市五琼浆酒业饮料经营部成立于 2000 年，主要从事酒、饮料批发（五琼浆酒，倾心牌饮料总代理）。竭诚欢迎新老客户光临惠顾！
地址：江苏省扬州市仪征市工农北路 281－285 号
…………负责人：王生宏……邮　编：211400
…………法　人：王生宏
…………Tel：0514－83416979
83440819

**长裕油脂有限公司**
地址：江苏省镇江市丹阳市陵口镇东舍（大运河边）
…………负责人：郦长平
…………Tel：0511－86666700
86666800
13052931188

## 百通中和养生

公司成立于2008年，公司经营养生食品及养生咨询服务。主要产品有钙离子、综合六宝、冲饮型五行蔬菜汤、冲饮型糙米茶。

百通中和养生的任务是推广自然医学，正确的养生才能确保百病不生，有效的养生可以使很多棘手的疾病全面修复。

敬候光临、谢谢惠顾！

联系人：张恒政 15312688345
网址：www.btzhys.com
电子邮件：btzhys--8345@163.com
地址：江苏省徐州市丰县人民西路（检察院对面）
传真：0516-89237726
电话：0516-81182895
邮编：221700

## 宝应县山阳旭东食品厂

宝应县山阳旭东食品厂成立于2008年。

主要从事于糕点的生产、销售。

我们真诚希望与您建立良好的战略合作伙伴关系，以我们专业的水平，合理的价格，优质的服务成为您最佳的合作伙伴。

联系人：毛旭东
电话：0514－88352611　13505256166
地址：江苏省扬州市宝应县山阳镇山阳东路10号　邮编：225800

本公司成立于2004年，主要经营双汇冷鲜肉系列、双汇冻品系列、正大调理系列。

客户所需、我之所做、我之所做、客户所需是我们一贯坚持的宗旨。

## 常州市汇华食品有限公司

联系人：巢忠华 13585310661
电话/传真：0519－83889793
地址：江苏省常州市江苏凌家塘市场荤食58号　邮编：213000

## 常州市凌家塘家乐南北货批发部

本部主要经营辣椒、木耳、香菇、调味品。

我们的目标是：以最佳的产品质量及最迅速的服务来赢得客户的信赖与满意！

电话：0519－83881916
邮编：213000
地址：江苏省常州市凌家塘批发市场194号
联系人：[illegible]
13584590677

## 常州市凌家塘聚阳南北干货商行

常州市凌家塘聚阳南北干货商行成立于2004年，本商行主要经营宝凌系列、济花系列、豆制品。主要有辣椒、八椒、花椒、鸡精、味精、酱油、醋、及各种调味品。本商行服务宗旨：品质第一、客户至上。热忱欢迎新老客户惠顾！

联系人：梁燕
电话：0519-83888651　13585324233
地址：江苏省常州市凌家塘副食区189号　邮编：213000

## 常州市同成副食品店

常州市同成副食品店成立2008年，本店专业从事副食品的销售。主要有榨菜、酱菜、辣酱、皮蛋、鸭蛋、调味料及“奇强”日化系列等等。本店服务宗旨是客户至上、品质第一，热忱欢迎新老客户光临惠顾！

**联系人：王建梅**
电话：18961167817、0519-85577817
地址：江苏省常州市戚墅堰区潞城万都同成副食品店　邮编：210312

## 伍全美食中心

伍全美食中心已有一二十年的历史了，专业从事食品加工，产品种类涵盖肉制品、乳制品、禽蛋制品、水产品、蔬菜的加工和销售。

承蒙广大客户支持和信赖，我们将继续以“质量第一、服务第一”的优良传统面对客户。

联系人：顾伍全　电话：0519-85771278 13806110736
地址：江苏省常州市新北区春江镇圩塘新业街18号

## 大丰市海丰缘食品有限公司

本公司成立于2006年。

本公司主要加工海产品，水产品养殖。主要产品有醉蟹、黄泥螺、麻虾酱等系列海产品。

我们尊重客户、理解客户、持续提供超越客户期望的产品与服务，做客户们永远的伙伴。

联系人：吴俊平 13961957788
电话/传真：0515－83553866
地址：江苏省盐城市大丰市裕华镇王港居委会通海路96号　邮编：224000

## 东台市东曙冷冻厂

东台市东曙冷冻厂成立以来，一直经营着乳猪、种猪、茶猪、鸡鸭以及苗猪的购销、加工、销售。

我们本着“全体服于顾客”的服务原则全心全意为顾客服务。

诚挚欢迎您的合作！

联系人：夏国平
电话：0515－85465818　13901415351
地址：江苏省盐城市东台市四灶镇西楼村三组12号　邮编：224248

## 滏阳河老白干苏皖办事处

滏阳河老白干苏皖办事处自成立以来，专业从事滏阳河老白干的销售。

我们将以更好的品质，服务，价格和信誉欢迎您的接洽！

地址：江苏省南京市建邺区
电话：025-52450910
邮编：210000
联系人：黄寿其

## 江苏苏蜜蜂业有限公司

江苏苏蜜蜂业有限公司成立于2005年，是一家集蜂业养殖、蜂产品深加工、销售为一体的专业化蜂产品企业，在当地建立了首家有百余户蜂农以蜜蜂养殖为核心的现代化蜂业合作社。我公司现已开发生产出蜂蜜、蜂胶、蜂王浆、蜂花粉四大系列产品，并在全国多个城市开设多家专卖店。2006年荣获"全国绿色健康放心食品"、"中国驰名品牌"等荣誉称号，欢迎选购我们的品牌。

洋槐蜂蜜

联系人：王俊 13064822300
电话：0527-83551419 83367888
传真：0527-89980777
邮编：223600
地址：江苏省沭阳县沭城工业园纬五路

## 海安云清商行

本公司成立于2003年，主要经营白酒、干红、啤酒。

本公司服务宗旨是：以诚信求发展，以质量求生存。我们的理念是：您的满意是我们的成功之路。

联系人：李伯祥 13506279998 13236095999
电话：0513-88913258 88167979
邮编：226600
地址：江苏省南通市海安县海安镇芙蓉路5号109

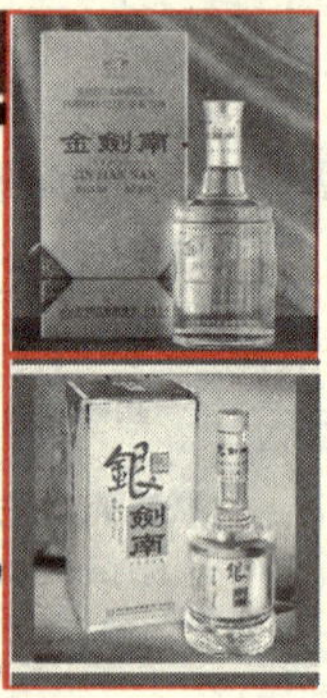

## 江苏天鹅食品有限公司

江苏天鹅食品有限公司自成立以来，本公司专业从事熟制食品、冷冻肉食品、蛋类食品。主要有灰天鹅系列产品。江苏天鹅食品有限公司以雄厚的实力、合理的价格、优良的服务与多家企业建立了长期的合作关系。热忱欢迎各界前来参观、考察、洽谈业务。

联系人：张静
电话：0523-88657046、13615178588
地址：江苏省姜堰市沈高镇河横村生态路1号 邮编：225538

## 淮安市盱眙县金玉粮食加工厂

本厂成立于2007年，本厂专业生产水产饲料，标粉，全麦粉及次粉。本厂秉承"顾客至上，锐意进取"的经营理念，坚持"客户第一"的原则为广大客户提供优质的服务。

欢迎广大客户惠顾！

电话：0517-88266178 传真：0517-88266178
联系人：谢玉林 13852325480
地址：江苏省淮安市武墩东路气象小区3期11号 邮编：211700

## 江阴市璜土三发食品厂

江阴市璜土三发食品厂成立于2002年，主要从事于食品馅料的生产与销售。主要产品有豆沙。

我们秉承质量第一，价格最优的经营风格，追求把最好的货物，最大的价格竞争力给予客户，并以"诚信，务实，进取"为经营理念为客户竭诚服务！

联系人：吴耀华
电话：0510-86052378 13912321671
地址：江苏省江阴市璜土镇南郭庄村
邮编：214445

## 江苏省大丰市裕华植物油厂

江苏省大丰市裕华植物油厂创建于2005年，地处黄海之滨，苏北大丰港附近，我厂依靠当地的资源，科学的管理，一流的生产工艺，生产出高质量、高品味菜籽油，是您理想的食用调味佳品。具有雄厚的开发条件。

欢迎有条件的客商前来联合开发和洽谈业务！

电话：0515-83319676 13605112236
网址：www.mtw104675.chinapyp.com 联系人：王建忠
地址：江苏省盐城市大丰市裕华镇原海丰村部 邮编：224144

## 江阴市龙宇肉鸭加工厂

本公司成立于2004年，主要经营肉鸭加工。我们的服务宗旨是：价格合理、现金交易、及时回收。为顾客创造更多的价值。

联系人：石龙水 邮编：214400
电话：0510-86501736、13952486131
地址：江苏省江阴市青阳镇西庄村知青

## 江苏省吴江市盛泽至尊烟酒商行

本公司成立于2008年，主要经营烟酒专卖。我店坚持"以人为本，以信立业"的经营宗旨，迄今已明确形成了以服务为中心，以保障用户利益为基础，以低成本为竞争优势，为用户提供优质低价的经营策略。

联系人：许文件
电话：0512-63057333、13962576677
地址：江苏省吴江市盛泽镇东盛步行街中心大道2453号 邮编：215227

## 金湖县东南米厂

金湖县东南米厂创建于1984年，主要从事大米加工、饲料加工并代农民加工自用粮。

我厂以信誉求发展，以质量求生存，竭诚为广大客户服务。

欢迎来电洽谈、来料加工。

联系人：沈明 13813332279
电话：0517-86781128 传真：0517-86785426
地址：江苏省淮安市金湖县闵桥镇北 邮编：223001

## 金桥九牧王副食品商行

本公司成立于2005年，主要批发和零售好吃点饼干、休闲食品。秉承“诚信为本、顾客至上”的服务宗旨，价格实惠，欢迎您的选购。

联系人：林金

电话：0510-82422663、83115077、13861787938　传真：0510-82422662

地址：江苏省无锡市金桥副食品市场7号楼702号　邮编：214000

## 南京市栖霞区枫勇食品贸易中心

本公司成立于2002年。

主要经营食品加工和销售。

以人才为核心，以用户为上帝，以科技为本质，以市场为导向，质量至上，诚信经营。展望未来，充满信心必将以卓越的管理、优秀的产品、满意的服务回报客户、回报社会，笑傲新世纪！

13451840539

联系人：张文勇

电话：025-85761410

地址：江苏省南京市栖霞区石埠桥村河东里　邮编：210033

## 句容市木瓜卤制品厂

句容市木瓜卤制品厂自成立以来，本厂主要生产烤鸭、烧鸡、盐水鸭、盐水鸡、咸鹅、咸鸡、咸猪手、咸猪腿、咸鱼、羊、狗，产品口感纯正，风味独特，深受广大客户青睐！

联系人：赵建平　传真：0511-87236646

电话：0511-87236646　87237113　13505295159

地址：江苏省句容市商业街南二路木瓜烤鸭店　邮编：212400

## 南京市雨花台风景区茶厂

本厂主要经营茶园管理，“昊月”牌雨花茶生产销售，有南京“昊月”雨花茶，绿茶。

服务宗旨是：用户至上，信誉第一，适销对路，互利互惠。

联系人：范方富　13951879487　网址：www.yuhuacha.net.cn

电话/传真：025-52431040　52432054　电子邮件：fanfangfu@sina.com

地址：江苏省南京市雨花路215号　邮编：210012

## 连云港市松峰食品有限公司

本公司成立于1990年，主要经营面粉加工及销售。主要产品有特精粉，特一粉，标粉，次粉，麸皮等。尊重客户，理解客户，为客户创造价值，是我们的服务宗旨，全心全力、尽心尽责为客户排忧解难是我们的服务理念。

电子邮件：sf928@163.com

电话：0518-86495688、86495788、13861431112　传真：0518-86495788

地址：江苏省连云港市赣榆县沙河镇工业园　邮编：222141

## 南通帝香酒业有限公司

本公司成立于2009年，主要经营瓶装酒销售。

专业、务实、进取是公司得以生存和发展的基石，始终本着“为客户多想一点，为消费者多做一点”的原则，坚守“诚信”的经营理念，并真诚的希望与社会各界携手共进，共创美好的未来。

联系人：王锋桦　13921689778

电话：0513-81796555　邮编：226500

地址：江苏省如皋市如城镇纺纺路3号

## 南京纳百纳食品有限公司

本公司主要有微波食品、比萨系列、热狗系列、迷你比萨系列，欢迎各地经销商代理和经营。

尊重客户，理解客户，持续提供超越客户期望的产品与服务，做客户们永远的伙伴。

联系人：朱雯　13913925239

电话/传真：025-84726670　86893933

邮编：210000

地址：江苏省南京市中山南路49号商贸世纪广场29楼

## 南通太平洋冷库

南通市太平洋冷库注册于1990年，专业从事冷冻品的仓储、物流和销售。主要产品有冷饮、饮料、冷冻农副食品、海产品。我公司秉承“信誉为本、客户至上”的原则，竭诚为广大客户服务！

联系人：陆红丽　13646261518

电话：0513-85667865　传真：0513-85112112

地址：江苏省南通市外环北路111号　邮编：226001

## 南京市鼓樓區謝友甫切面店

南京市鼓楼区谢友甫切面店于1997年创办。

主要从事保鲜面、饺皮、馄饨皮加工。

欢迎您的光临！

联系人：谢友甫　13951822113

电话：025-83475981

邮编：210000

地址：江苏省南京市鼓楼区黑龙江路11号

## 邳州市怀银食品有限公司

邳州市怀银食品有限公司是集农产品购销、冷储、深加工及出口贸易为一体的民营企业。公司以收储白蒜为主业，兼经营土豆，水果，板栗，苹果等多种果蔬产品。同时有加工车间，加工蒜片，蒜粉等大蒜制品，年收购大蒜达6000吨以上。

公司坚持“以诚为本，以信为基，精诚服务，互利共赢”的理念，多年来对客户们精诚相待，取得了用户的信任和首选。

联系人：王怀银

电话：0516-86561138

地址：江苏省邳州市宿羊山镇镇南路中段　邮编：221300

## 邳州市力佳蒜业有限公司

本公司主要经营蒜苔，蒜头，蒜片，蒜粉，蒜粒。

公司秉承“顾客至上，锐意进取”的经营理念，坚持“客户第一”的原则为广大客户提供优质的服务。

欢迎惠顾！

联系人：李林
13775856488

电话/传真：0516-86522555 86521166
电子邮件：lilin12321@yahoo.com.cn
地址：江苏省邳州市邳城镇洳口街道 邮编：221345

## 太仓市城厢镇龙缘情红枣批发部

太仓市城厢镇龙缘情红枣批发部成立于2008年，本批发部主要经营多种红枣制品散装、小包装系列、炒货（碧根果、开心果、夏果、山核桃等）、山楂系列（山楂饼、卷、条及各种话梅、金桔、冬瓜糖、红绿丝等）、南北货（香菇、木耳、银耳、莲心、百合干、腰果等）、白砂糖、冰糖、桂圆干（肉）、荔枝、葡萄干、核桃（肉）、牛肉干（粒）、枸杞、柿饼、蹄筋、干贝、花生米、粽叶、地瓜条（干）及各品种小食品、并及各品种食品精美小包装、礼盒包装。欢迎新老客户观临！

联系人：史双卫
电话：0512-53182951 13952428924 传真：0512-53351285
电子邮件：long-yuan-qing@163.com 邮编：215400
地址：江苏省太仓市城厢镇江南农副食品城1幢B08、B09、B10号

## 沭阳县万达脱水食品有限公司

www.wdtuoshuisp.cn

沭阳县万达脱水食品有限公司成立于2003年，从事各种蔬菜的脱水加工，主要产品有脱水蒜片、蒜粒、蒜粉、洋葱丝、洋葱粉、苹果粉、姜片、姜块、辣根片、辣根粒、辣根粉、胡萝卜粒、胡萝卜粉等产品。我们把客户的满意作为企业永恒的追求，同时也感谢各界朋友的关爱和支持，愿我们的明天更加美好！

联系人：周立松 手机：13905240817
电话：0527-83331027 传真：0527-83331378
地址：江苏省宿迁市沭阳县庙头镇庙头街珠江路75号 邮编：223651

## 铜山县红东制面厂

本公司成立于2007年，主要生产和销售各种面粉、各种花色挂面。

最满意的产品质量，最优惠的产品价格，欢迎您的光临，我们将竭诚为您服务。

联系人：马书朋 13852001873
电话：0516-83245555 83240821
邮编：221100
地址：江苏省徐州市铜山县张集镇魏集村

## 苏州市冠香斋食品厂

苏州市冠香斋食品厂于2002年成立。

是一家专门从事烘烤类，油炸类糕点，月饼制售的企业，主要产品有散称蛋糕，桃酥，月饼（礼盒），油炸食品制售，大裂巴蛋糕，绿豆糕。

欢迎您的光临！

联系人：耿存龙
电话：0512-65757081 13606214888
邮编：215137
地址：江苏省苏州市相城区太平盛泽工业园

## 无锡市南长区好有全食品商行

无锡市南长区好有全食品商行成立于2007年，本商行专业从事酒水、食品销售。并提供喜庆婚宴上酒水服务。我们秉承质量第一，价格最优的经营风格，追求把最好的货物，最大的价格竞争力给予客户，并以“诚信，务实，进取”为经营理念为客户竭诚服务！

联系人：朱国庆
电话：0510-82861916
网址：www.mtw102280.chinapyp.com
地址：江苏省无锡市南长区长绛路45号 邮编：214000

## 苏州吴中经济开发区越溪天香源食用菌厂

苏州吴中经济开发区越溪天香源食用菌厂成立于2007年，本厂专业从事食用菌制品、腌渍食用菌、蔬菜制品的销售。

本厂秉承“顾客至上，锐意进取”的经营理念，坚持“客户第一”的原则为广大客户提供优质的服务。欢迎惠顾！

联系人：罗建群
电话：0512-65292871 传真：0512-66876626
地址：江苏省苏州市吴中区吴中经济开发区越溪前珠村 邮编：215128

## 无锡市双林南北货商行

本公司成立于2002年。

主要经营南北干货、水果罐头、休闲食品、紫菜。

用创造满足客户需求，用创新谋求企业发展，用创业实现人生价值。

联系人：许开林 13338773398
电话：0510-82422198 82422398
传真：0510-82422298
邮编：214000
地址：江苏省无锡市金桥副食品市场11号楼1101号

## 宿迁市宿城区南关新村禽蛋批发部

宿迁市宿城区南关新村禽蛋批发部主要经营生鸡蛋、土鸡蛋以及生熟鸭蛋的批发服务。

我们秉承“诚信经营、开拓创新、完善服务、持续发展"的质量方针，努力做到让顾客满意，超越顾客的期望，获得广大客户的认同和赞誉。

联系人：李燕
13776443342
邮编：223800
地址：江苏省宿迁市宿城区新南菜市130号

## 无锡市越达胶基制造有限公司

无锡市越达胶基制造有限公司成立于2006年，致力于泡泡糖和口香糖胶基的研究和生产。我公司的胶基产品主要有：口香糖胶基、块形泡泡糖胶基、球形泡泡糖胶基。其形状可分块状，片状，颗粒状，粉末状。我公司热忱欢迎海内外朋友前来洽谈合作,互惠互利，共同发展！

联系人：张宰卿
电话：0510-83381818 传真：0510-83382430
网址：www.yuedagumbase.com
电子邮件：yueda@yuedagumbase.com
地址：江苏省无锡市惠山区前洲镇西塘村禅寺北路18号 邮编：214000

## 无锡市至德酒业有限公司

无锡市至德酒业有限公司于2006年成立，公司主要经营至德＼至德泰和酒为无锡吴文化、太博会、政府指定专用酒、并经销茅台系列酒。至德酒德行天下！

联系人：邹爱军 13328115056
电话：0510-82131779
传真：0510-82137789
地址：江苏省无锡市长江北路675号 邮编：214000

徐州大东卓群商贸有限公司成立于2005年，是一家致力于葡萄酒宣传和销售的企业。现主要代理张裕、长城以及法国原装进口葡萄酒，还经营茅台、五粮液、剑南春、郎酒、苏酒、洋河等中高档白酒，公司还是国际知名大卖场家乐福、沃尔玛、卜蜂莲花等地方连锁超市的供应商。我们会用最优质的服务回报客户的信赖，用优质的产品感谢客户的支持！

联系人：朱立东
电话：0516-82631699 13952148988
传真：0516-85793337
地址：江苏省徐州市泉山区风化街4号楼-3-102室
邮编：221000

## 无锡香邦食品有限公司

无锡香邦食品有限公司位于无锡市金桥商贸城，主要代理金冠糖果、诗蒂婚庆喜糖、亲亲果冻、喔喔糖果、春光椰子糖、张二嘎瓜子、王老吉凉茶饮料等系统休闲饮料食品，为无锡、江阴和张家港等地区大型超市供货。欢迎来电洽谈！

联系人：吕正富 手机：13706185785
电话：0510-82422858 82422815
地址：江苏省无锡市崇安区春江花园205号1201 邮编：214000

## 徐州飞龙食品有限公司

徐州飞龙食品有限公司成立于2006年，本公司专业从事农副产品收购、存储、出口、销售、加工，主要产品有大蒜、蔬果、土豆、辣椒。公司视“质量是企业的根本，信誉是企业的保证”为宗旨，欢迎各界人士光临指导！

联系人：刘东林
电话：0516-86871166 86872166 13305222588
传真：0516-86872166
地址：江苏省徐州市邳州市赵墩镇义合村
邮编：221000

## 无锡永乐食品有限公司

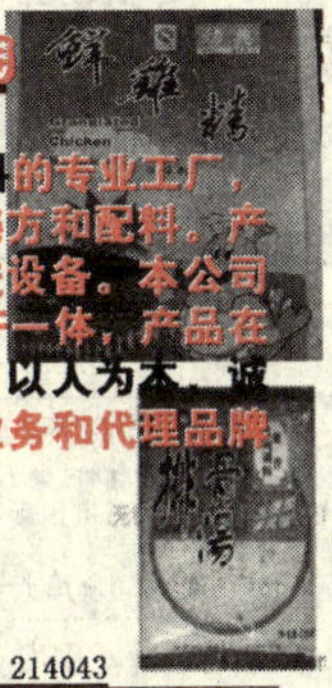

本公司成立于1999年，是生产鸡精和汤料的专业工厂，集科研生产、销售于一体，有自己独特的秘方和配料。产品检测手段齐全，具有当今生产鸡精的先进设备。本公司生产的鸡精和味精，质好、口感佳，集浓鲜于一体，产品在全国主要城市均有销售代理商，公司宗旨：以人为本，诚信至上。竭诚欢迎广大客户前来洽谈代理业务和代理品牌加工事宜。

联系人：陈福林
电话：0510-83138288 13093089525
传真：0510-83138288
地址：江苏省无锡市北塘区凤宾地交西侧8号 邮编：214043

## 徐州佳路商贸有限公司

徐州佳路商贸有限公司成立于2008年。
专门从事各类冷冻冷藏食品，保鲜食品，预包装食品的企业。
欢迎您的来电！

地址：江苏省徐州市铜山新区圭山市场C幢32号（雨润专卖）
邮编：221003
电话：0516-83916118
联系人：李新良

## 盱眙满江红龙虾产业园有限公司

公司成立与2007年，致力于打造以龙虾、螃蟹养殖为主、以多种农作物种植为辅的集高效农业示范园、现代农业科技园、生态农业观光园为一体的大型农副产品生产基地，主要经营龙虾、螃蟹销售，苗种供应，养殖技术指导，产品回收。

我们将不懈努力、不断开发创新，为您提供最好的服务。

联系人：王龙泉 15851705185 15189560430
电话：0517-88210882 邮编：223001
地址：江苏省淮安市盱眙县官滩镇满江红龙虾产业园

## 徐州金银河烟酒有限公司
### 耀华分公司

本公司成立于2005年。

主要经营酒水批发零售，主要产品有红酒，白酒，啤酒。

只有专业，才能卓越；只有真诚，才能永远客户至上是我们一贯的服务宗旨。合作双赢是我们一贯的经营理念，为您创造价值，是我们永远的追求。

联系人：闫井全
13776799997
电话：0516-85769119 85603439 传真：0516-85796119
地址：江苏省徐州市淮海路247号华晨宾馆一楼245号 邮编：221000

## 盱眙县森源野生食品厂

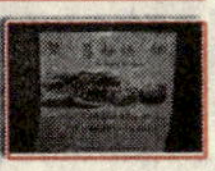

“森缘”牌纯野生食品品种有：葛根粉、地皮菜、刺槐花、何首乌、金银花茶、葛花茶、葛粉丝、马齿苋、蕨菜等。

产品先后荣获省农林厅认证的“无公害农产品”、“淮扬菜美食文化节指定礼品”、“江苏市场公认名牌产品”、“国家合格评定质量信得过产品”。

电话/传真：0517-88761668
邮编：211724
联系人：张显智
地址：江苏省淮安市盱眙县古城西大街转盘处

## 徐州世缘食品有限公司

徐州世缘食品有限公司位于国家级无公害生态农业示范县——丰县，是全国最大的牛蒡、芦笋、山药、韭黄、大蒜等特种蔬菜的生产基地之一，丰县是中国传统的农业大县，历史上就有“丰沛收，养九洲”之美誉。公司现拥有各种蔬菜种植基地上千亩，在当地商检部门的指导下，实行无公害规模化种植，确保原料的质量安全。

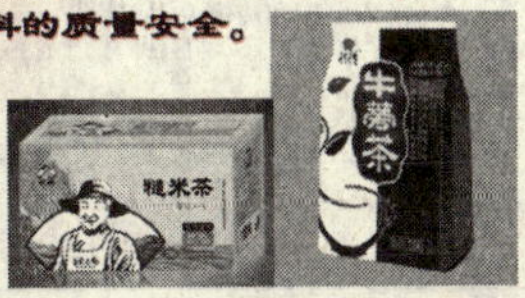


电话：0516-89279288 13505228778
联系人：孟宪朋
网址：www.xzsyfood.com 邮编：221000
地址：江苏省徐州市丰县金陵工业园区

## 浙江省/Zhejiang Province

### 杭州市下城区鸥香台湾面包坊
业务：零售：定型包装食品（含冷冻和冷藏食品）
产品：面包、西点
地址：浙江省杭州市下城区回龙路289号
……… 负责人：吴跃堂 邮编：310022
…………………………… 法人：吴跃堂
…………Tel：0571－88092367

### 杭州高纳贸易有限公司
业务：集生产、科研、加工、商贸为一体，专营定型包装食品，批零兼营，我们将本着以人为本、诚信服务的经营理念，以优质的产品、优良的服务，恭候您的光临！
产品："玉咖"白咖啡
地址：浙江省杭州市下城区康宁街81号
……… 负责人：丁建国 邮编：310000
…………………………… 法人：陈姣
…………Tel：0571－28973513
13336176821
…………Fax：0571－28973512
………………… 网址：www.purvy.com.cn

### 杭州市下城区舒果特水果大师
业务：冷热饮品（现榨果汁）供应，定型包装食品（含冷冻和冷藏食品）零售
地址：浙江省杭州市下城区武林门龙游路37号
……… 负责人：陈南非 邮编：310026
…………………………… 法人：陈南非
…………Tel：13758210831
0571－87013251

### 永嘉瓯丰酒业商行
业务：酒业代理：长城系列、法国原装卡斯特系列、华夏干红窖藏系列、法国原装进口南德伯爵高级干红葡萄酒、法国原装进口南德公爵高级干红葡萄酒、欧洲智利摩拉维亚高级干红葡萄酒
地址：浙江省温州市永嘉县瓯北镇双塔路金桥大厦附楼店面108号
……… 负责人：邓吉昌 邮编：325000
…………………………… 法人：邓吉昌
…………Tel：13305875778
0577－67322799
67980519
…………Fax：0577－67980519

### 永嘉县上塘镇嘉邑香葡萄酒经销部
业务：专营"法国罗纳德"、"金色嘉邑香"系列葡萄酒，是温州市独家经营此两个系列红酒的经销部，我们将秉承"以诚为先，以德为重"的经营理念。真诚为您服务！
产品：葡萄酒
地址：浙江省温州市永嘉县上塘镇沿江路125号A幢第3间
……… 负责人：施海和 邮编：325100
…………………………… 法人：施海和
…………Tel：0577－67237968
13777705579
…………Fax：0577－67237968
………… 网址：www.51zzt.com/user/jyxptj

### 义乌市蓉鑫食品店
业务：副食品、饮料零售
地址：浙江省义乌市后宅银尔西路18号
……… 负责人：赵小平 邮编：322000
…………………………… 法人：赵小平
…………Tel：0579－85644446

### 永嘉县桥头镇丽都酒行
业务：销售法国卡斯特红葡萄酒
地址：浙江省温州市永嘉县桥头镇桥一东路40号
……… 负责人：陈金都 邮编：325107
…………………………… 法人：陈丽斯
…………Tel：0577－67459777
15867728281

### 温州市红达食品添加剂
业务：主要产品有烘焙（面包、蛋糕），调味品，香精，冷饮果汁
地址：浙江省温州市浙南农副产品中心市场2区29号
……… 负责人：蔡乐聪 邮编：325000
…………………………… 法人：蔡乐聪
…………Tel：13033623720
0577－88629572
88620095
…………Fax：0577－88629021

### 永嘉县巽宅镇陆佳味啤酒批发店
业务：生产、销售啤酒
地址：浙江省温州市永嘉县巽宅镇沿溪路14号
……… 负责人：章钟陆 邮编：325000
…………………………… 法人：孙建新
…………Tel：15057794117
0577－82900577

### 义乌市森康干果商行
业务：进口泰国干果批发
地址：浙江省义乌副食品市场一楼二街0310号
……… 负责人：李金森 邮编：321000
…………………………… 法人：李金森
…………Tel：0579－85544835
13957999777

### 义乌市双雄食品商行
业务：批发，零售酒、饮料
地址：浙江省义乌市稠江街道稠关二区11幢5号
……… 负责人：练发敏 邮编：322000
…………………………… 法人：练发敏
…………Tel：0579－85225422
13735607643

### 义乌市隆鹏食品有限公司
业务：魔力男仕咖啡、魅力女仕咖啡
地址：浙江省义乌市国际商贸城财富大厦B座10楼
……… 负责人：陈建平 邮编：321000
…………………………… 法人：陈建平
…………Tel：0579－85563999
85927222
85185080
85228019
………………… 网址：www.zjlongpeng.com

### 温州凯戈国际贸易有限公司
业务：国际食品贸易，代理进口食品
产品：进品食品
地址：浙江省温州市鹿城区鹿城路706号后勤楼203室
……… 负责人：金中芳 邮编：325000
…………………………… 法人：金中芳
…………Tel：0577－88702405
…………Fax：0577－88702405

### 义乌市维诺酒业有限公司
业务：专业从事意大利原装进口葡萄酒代理、批发及零售，本公司经由意大利博纳齐酿酒股份有限公司唯一授权在中国区经营其名下所有酒类品牌。以传播葡萄酒文化为己任，让中国人都能喝上纯正珍贵佳酿！
产品："博纳齐"系列干红、干白葡萄酒
地址：浙江省义乌市青岩刘青岩街35号
……… 负责人：胡志昂 邮编：322000
…………………………… 法人：胡志昂
…………Tel：0579－85383069
…………Fax：0579－85383069

### 义乌市马丁狗肉店
业务：销售狗肉
地址：浙江省义乌市苏溪镇马丁村
……… 负责人：金洪平 邮编：322000
…………………………… 法人：金洪平
…………Tel：13615898881
13676802711

### 杭州品沙记小吃店
地址：浙江省杭州市上城区板桥路11号一楼
…………………………… 负责人：姜鸿恩
…………………………… Tel：13082851340

### 永康市唐先镇两便副食店
业务：糖、烟、酒、饮料、日用百货
地址：浙江省永康市唐先镇夏杜曹工业区夏村小区208号
……… 负责人：曹新权 邮编：321000
…………………………… 法人：曹新权
…………Tel：0579－87508227

### 义乌市罗浮酒行
业务：金华总代理葡萄酒：罗浮庄园、卡斯特兄弟[法国]
地址：浙江省义乌市宗泽路232号
……… 负责人：朱俊丞 邮编：322000
…………………………… 法人：朱俊丞
…………Tel：0579－85572027
13588679996

### 杭州市天成果业周小峰水果行
业务：水果批发零售，批量购买可代送
地址：浙江省余杭区良渚镇行宫塘路8号（杭州农副产品物流中心新亚太果品交易市场10号楼23、2
……… 负责人：周小峰 邮编：311100
…………………………… 法人：周小峰
…………Tel：0571－26290977

### 余姚市宏盛烟酒商行
业务：销售烟、酒
地址：浙江省余姚市城区南滨江路37号
……… 负责人：毛芳军 邮编：315400
…………………………… 法人：毛芳军
…………Tel：13705849330
0574－62723999

### 临安市太湖源镇阿多食品厂
业务：生产、销售食品
产品：竹笋
地址：浙江省杭州市临安市太湖源镇下爿村
……… 负责人：张跃军 邮编：311306
…………………………… 法人：张跃军
…………Tel：0571－63813167

### 新疆伊珠冰酒专卖店
业务：冰酒专卖
地址：浙江省温州市鹿城区飞霞南路780号
……… 负责人：张华欧 邮编：325000
…………………………… 法人：张华欧
…………Tel：13566122200
13853364336

### 温州市多味坊食品有限公司餐料经营部
业务：牛排调味品批发
地址：浙江省温州市鹿城区虞师里205弄25号
……… 负责人：谷亨元 邮编：325000
…………………………… 法人：谷亨元
…………Tel：0577－88252444
13780196699
…………Fax：0577－88252444

### 义乌市诚意烟酒商行
业务：名烟名酒
地址：浙江省义乌市化工路373号
……… 负责人：王春平 邮编：321000
…………………………… 法人：毛燕红
…………Tel：0579－85341369

### 温州市鹿城区大南自由自在进口食品旗舰店
业务：定型包装：巧克力系列，糖果系列，饼干系列，膨化系列，干果系列，凉果系列，肉制品系列，调味品系列，饮料系列，洋酒系列，礼品系列。外送电话0577－88686813[市区88元起免费]，招商热线 0577－86524665，18967739448、13634280895（谭主管）
地址：浙江省温州市鹿城区虞师里大厦南05－02号[大南门菜场南路口处]
……… 负责人：胡忠静 邮编：325000
…………………………… 法人：胡忠静
…………Tel：0577－86524665
88686813
15888717162
13868877189
…………Fax：0577－88686813

### 余姚市雄鹰酒类饮料经营部
业务：酒类饮料批发零售
地址：浙江省余姚市城区世南东路287－1号
……… 负责人：马海昶 邮编：315000
…………………………… 法人：马海昶
…………Tel：13867874868
0574－62721114

## 余姚市康泰酒类经营部
业务:经营各类名酒、葡萄酒
产品:主要是张裕葡萄酒
地址:浙江省余姚市兰江街道大黄桥南路330号
负责人:黄世强 邮 编:315402
法 人:黄世强
Tel:0574-22680855

## 余姚市启强副食品经营部
业务:酒类,饮料销售
地址:浙江省余姚市农副产品批发市场
负责人:唐启强 邮 编:315400
法 人:唐启强
Tel:13606595332
0574-81230191

## 光明冷饮速冻食品经营部
业务:销售冷饮、速冻食品
地址:浙江省舟山市岱山县人民路189号
负责人:金来红 邮 编:316000
法 人:金来红
Tel:13454082666
0580-4478989

## 舟山市华顺水产有限公司
业务:水产品收购,加工出售等渔洋作业
产品:鳗鱼、蟹、鱿鱼、黄鱼、带鱼等水产品
地址:浙江省舟山市普陀区沈家门街道莱市路185号财富商务楼501-502室
负责人:俞从华 邮 编:316100
法 人:俞从华
Tel:0580-3025877
Fax:0580-3022877

## 嵊泗县嵊山镇海盛酒业经营部
业务:百威啤酒、香格里拉干红
地址:浙江省舟山市嵊泗县嵊山镇三民弄
负责人:董光荣 邮 编:316000
法 人:董光荣
Tel:13735009458
15005806976

## 诸暨市大唐汉康鲜肉门市部
业务:鲜肉批发、零售
地址:浙江省诸暨市大唐镇开元东路69-70号
负责人:金辉 邮 编:311800
法 人:金辉
Tel:15857513909
15957527990
0575-87737791

## 诸暨市店口金晓副食品店
业务:销售茶叶(茶叶包装)、土特产
地址:浙江省诸暨市店口镇万安南路123号
负责人:金华 邮 编:311835
法 人:金华
Tel:13989547056
0575-87660121

## 诸暨市枫桥阿飞水果店
业务:各种时令水果批发零售
地址:浙江省诸暨市枫桥镇枫北路18号
负责人:熊建飞 邮 编:311800
法 人:熊建飞
Tel:15068569988
0575-88698866

## 瑞安市拉菲名酒庄
业务:定型包装食品(瓶装红酒)销售
地址:浙江省温州瑞安市安阳街道之江花园山茶花三幢106-107号
负责人:潘小勇 邮 编:325200
法 人:潘小勇
Tel:0577-66888666
13282718808
Fax:0577-66888666

## 温州诚贸国际贸易有限公司
业务:婴儿奶粉、食品、红酒代理销售
地址:浙江省温州市鹿城区月光大厦24号地块03室
负责人:潘长春 邮 编:421001
法 人:潘长春
Tel:4008268787
0577-88203203

## 文成县康益来食品有限公司
业务:生产与销售果蔬养生面
产品:养生面
地址:浙江省温州市路城区文城县周壤乡岭南村
负责人:王庆来 邮 编:325300
法 人:王庆来
Tel:13968956022
0577-67795528

## 温州市瓯海景山朝霞酒业有限公司
业务:彼奇诺红酒、双鹿黑啤
地址:浙江省温州市瓯海景山街道雪山路景山组团11幢106室、浙江省温州市马鞍池西路313号
负责人:施尼西 邮 编:325000
法 人:施尼西
Tel:0577-88505300
15057779011

## 温州市瞿溪曼霞烟酒行
业务:烟酒销售
地址:浙江省温州市瓯海区瞿溪镇会龙路299号
负责人:程虎 邮 编:325000
法 人:潘曼霞
Tel:0577-86255897

## 温州市瓯海三垟家家副食品店
业务:超市、批发食品、烟酒
地址:浙江省温州市瓯海三垟洋河村三垟大道1021号
负责人:巫锋海 邮 编:325000
法 人:巫锋海
Tel:13616633612
0577-86772160

## 温州市瓯海梧田本金副食品店
业务:副食品批零
地址:浙江省温州市瓯海梧田蟠凤村梧慈路7号
负责人:李本金 邮 编:325000
法 人:李本金
Tel:0577-56768252

## 平阳县麦思酒业有限公司
业务:经营韩国进口啤酒
产品:麦思啤酒、海特啤酒
地址:浙江省温州市平阳县水头镇江山西路46号
负责人:陈后长 邮 编:325000
法 人:陈后长
Tel:13732015999
0577-63996777

## 温州市鹿城区富沙红酒店
业务:销售富沙红酒
地址:浙江省温州市温金路136弄3号
负责人:周大若 邮 编:325000
法 人:周大若
Tel:0577-88779119

## 永嘉县瓯北镇喜多一郎蛋糕店
业务:生产、销售生日蛋糕、面包、糕点、奶茶
地址:浙江省温州市永嘉县瓯北镇双塔路58号
负责人:胡忠秋 邮 编:325000
法 人:胡忠秋
Tel:13957761599
0577-7928855

## 义乌市益发炒货商行
业务:商行主营炒货、干果等休闲食品,口味正宗、价格实惠。我们树立了"以品质取胜,以服务取信"的经营理念,真心为每一位顾客服务,受到了广大消费者的认可,热忱欢迎广大新老客户前来选购!
产品:山核桃、山核桃仁、香榧、开心果、天目笋干、碧根果、夏威夷果等系列产品
地址:浙江省义乌市副食品市场一楼二街0235号店面
负责人:程君民 邮 编:321000
法 人:程君民
Tel:0579-85581384
13106257530
网址:http://layifa.cn.alibaba.com
E-mail:cjm5918@yahoo.com.cn

## 杭州萧山农产品批发市场国兴肉禽经营部
业务:水产、家禽、家畜等冷冻产品
地址:浙江省杭州市萧山农产品批发市场水产区15号
负责人:陈国兴
法 人:陈国兴
Tel:13906716422

## 杭州萧山康永食品厂
业务:年糕、米线、河粉等加工
地址:浙江省杭州市萧山区钱江农场73021部队农副业基地
负责人:余国灿 邮 编:311265
法 人:余国灿
Tel:13003659198
0571-82371306

富阳市隆鑫酒业有限公司

地址:浙江省杭州市富阳市富春街道春秋北路268号
负责人:周红卫
Tel:0571-63341186

## 杭州市江干区刘龙综合商行
业务:烟酒食品
产品:卷烟、雪茄烟
地址:浙江省杭州市江干区笕桥镇浜河村二区61号主楼
负责人:刘龙 邮 编:310021
法 人:刘龙
Tel:13738074721
0571-85142125

## 富阳市新桐乡陆家坞村经济合作社
业务:陆家坞村经济合作社生产销售水果及水果加工,欢迎来电洽谈业务。
地址:浙江省富阳市新桐乡陆家坞村
负责人:倪连松 邮 编:314007
法 人:倪连松
Tel:0571-63487680

## 海宁市硖石瑞丰健康屋
业务:定型包装食品(不含冷冻和冷藏食品)
地址:浙江嘉兴市海宁市硖石街道俞家桥路87号
负责人:丰明军 邮 编:314000
法 人:丰明军
Tel:13105739680
13511281953

## 杭州欧帝名爵咖啡厂
地址:浙江省杭州市江干区杭海路897号
负责人:于勇
Tel:13093721079

## 浙江省杭州市禽蛋配送中心
业务:禽蛋配送
地址:浙江省杭州市江干区顾家畈路6号
负责人:钱明伙 邮 编:310026
法 人:钱明伙
Tel:0571-86413458
13958168902

## 杭州余杭区东湖半边天食品厂
业务:食品加工、销售
产品:面包、月饼
地址:浙江省杭州市余杭区东湖街道双林社区3组
负责人:李林清 邮 编:310026
法 人:李林清
Tel:0571-86132196

## 杭州农副产品物流中心五和肉类交易市场曹云海鲜肉批发行
业务:鲜肉批发零售
地址:浙江省杭州市余杭区良渚镇打石溇路6号
负责人:曹云海 邮 编:310000
法 人:曹云海
Tel:13957171186

## 杭州余杭区临平街道钱淇副食品店
业务:销售香烟
地址:浙江省杭州市余杭区临平街道星光街495号
负责人:钱建富 邮 编:311100
法 人:钱建富
Tel:13588329998
0571-89281110

## 杭州余杭区南苑何希金点心店
业务:湿式点心供应
地址:浙江省杭州市余杭区南苑街道红联村
负责人:何希金 邮 编:314500
法 人:何希金
Tel:13067505038

## 杭州日益食品有限公司
地址:浙江省杭州市江干区彭埠镇六堡村九组
负责人:屠张耀
Tel:13958131683

## 太兴酒业商行
业务:太兴特曲酒
地址:浙江省长兴县雉城镇中马小区37号
负责人:师粉权 邮 编:313100
法 人:师粉权
Tel:18606822008
0572-6588903

## 杭州市拱墅区恩顺饮用水商店
业务:娃哈哈桶装饮用水的批发及零售
地址:浙江省杭州市拱墅区瓜山南苑93号
负责人:占海燕 邮 编:310015
法 人:占海燕
Tel:0571-88022537
13376826747

杭州三桥近江食品有限公司

地址:浙江省杭州市上城区秋涛支路336号
负责人:诸劲松
Tel:0571-86062606

## 杭州余杭区良渚鼎润食品厂
业务:生产加工糕点(方糕、荷花糕、团子)(蒸煮类)
地址:浙江省杭州余杭区良渚东塘河村
负责人:林小有 邮 编:311113
法 人:林小有
Tel:13335818478
15968821938

## 杭州余杭区乔司金德见鲜肉摊
业务:主营:鲜猪肉、冷鲜猪肉
地址:浙江省杭州余杭区乔司镇农贸市场35号
负责人:金德见 邮 编:311100
法 人:金德见
Tel:13906811402
0571-86295150

## 湖州斌盛食品贸易有限公司
业务:销售食品添加剂
地址:浙江省湖州红丰路555号商住楼26幢兴业路609、611(一层)
负责人:龚学斌 邮 编:313000
法 人:龚学斌
Tel:0572-2267598
Fax:0572-2267597

## 安吉竹滋肴土特产超市
业务:批发兼零售笋干、山核桃、白茶、竹纤维、竹炭、竹凉席、竹工艺品等
地址:浙江省湖州市安吉递铺镇范潭工业园区(安吉优骏机动车城A-1号)
负责人:闵石青 邮 编:313000
法 人:闵石青
Tel:13626721411
0572-5222166
5222318
Fax:0572-5222318

## 安吉国窖酒专卖店
业务:定型包装酒类批发、零售(涉及许可证的凭证经营)
产品:浙江省湖州市安吉县递铺镇天荒坪中路339号
负责人:郑光 邮 编:313000
法 人:郑光
Tel:13355835863
0572-5866799

## 富阳市洞桥镇卫平矿泉水经营部、富阳市洞桥镇石羊食品厂
业务:经营矿泉水销售、食品
地址:浙江省杭州市富阳市洞桥镇洞桥村草场、浙江省杭州市富阳市洞桥镇石羊村
负责人:朱卫平 邮 编:310026
法 人:朱卫平
Tel:13968152238
0571-63274627
63273731
Fax:0571-63274627

## 杭州祖名食品有限公司
业务:提供豆腐、大豆饮料、休闲豆腐干
地址:浙江省杭州市滨江区江陵路77号
负责人:赵志军 邮 编:310051
法 人:蔡祖明
Tel:0571-87005318
Fax:0571-86687909

## 慈溪市长河新颖冷冻食品经营部
业务:销售冷冻水产品
地址:浙江省慈溪市长河镇高兴村通纵路106号
负责人:丁国军 邮 编:315000
法 人:丁国军
Tel:13566070109
0574-63406515

## 安吉来运副食品商行
业务:各种副食品销售
地址:浙江省湖州市安吉县梅溪镇墅兴路
负责人:邓玲玲 邮 编:313000
法 人:邓玲玲
Tel:0572-5099660
18958311702
18957252292
15606606520

## 杭州健雪酒类销售有限公司
地址:浙江省杭州市上城区延安路99号1幢3单元702室

负责人：叶虹
Tel:0571-87701495

### 长兴槐坎悠远香炒货厂
业务：炒货销售
产品：吊瓜子、野葫芦籽
地址：浙江省湖州市长兴县槐坎乡东风村
负责人：林元堂 邮编：313000
法人：林元堂
Tel:13567293706
0572-6778777
Fax:0572-6789262

### 长兴久耀酒行
业务：酒类的销售
产品：浙江省湖州市长兴县雉城镇明珠路279-281号
负责人：刘银荣 邮编：313000
法人：刘银荣
Tel:13967255959
0572-6239579

### 运通粮油经营部
业务：粮油批发
地址：浙江省杭州农副产品物流中心粮油批发交易市场C区6.7号
负责人：孙良双
法人：孙良双
Tel:0571-88001070

### 浙江省杭州棋正保健品有限公司
业务：浙江省杭州棋正保健品有限公司成立于2004年，主要销售人参、野山参、虫草、燕窝等保健品，农副产品。"质量上乘，价格合理"，竭诚欢迎广大新老客户光临惠顾。
地址：浙江省杭州市江干区新塘路279号
邮编：310020
法人：邱棋
Tel:0571-86783279
Fax:0571-86783279

### 恒旺水产冻品行
业务：销售水产、肉类
地址：浙江省杭州市农副产品物流中心水产品批发市场1-37~39.2-12~15
负责人：林在淡 邮编：310000
法人：林在淡
Tel:13116757620
0571-89011088
89011058

### 杭州经济技术开发区定儿桶装水商店
业务：经销娃哈哈桶装水
地址：浙江省杭州经济技术开发区白杨街道金沙学府商铺53号
负责人：王定基 邮编：310018
法人：王定基
Tel:15988172540
0571-86579757

### 杭州肯德基有限公司桐庐富春江分店
地址：浙江省杭州市桐庐县桐君街道迎春南路555号
负责人：赵鸿钧
Tel:0571-64239895

### 金隆食品加工厂
业务：经营范围：18公升的清汁笋罐头，1000克、500克真空包装系列。
地址：浙江省湖州市德清县莫干山镇后洪西山
负责人：王水金 邮编：313204
法人：王水金
Tel:13706827939
0572-8035558

### 德清唯新食品有限公司
业务：生产肉松、鱼松
地址：浙江省湖州市德清县武康镇
负责人：赵从永 邮编：313200
法人：谢欣昌
Tel:0572-8822885
Fax:0572-8822885
网址：www.wishingfoods.com

### 孙氏冷冻水产品商店
业务：批发、零售冷冻水产品（鸡爪、鱼等等）
产品：浙江省湖州市德清县新市镇仙潭市场
负责人：孙建祥 邮编：313000
法人：孙建祥
Tel:0572-8183635

### 湖州吴兴金牛角蛋糕房
业务：生产和销售蛋糕、西点、月饼、面包等食品
产品：蛋糕、西点、月饼，面包等食品
地址：浙江省湖州市都市家园1-1-2-3幢菜花径路137号
负责人：刘军海 邮编：313000
法人：刘军海
Tel:0572-2292737

### 湖州国窖酒专卖店
业务：定型包装食品（瓶装酒）零售
地址：浙江省湖州市凤凰置业2幢边青铜路200号
负责人：朱立荣 邮编：313000
法人：朱立荣
Tel:0572-2266968
2266908

### 杭州市上城区忆乡园水果大卖场
业务：各类水果零售业务
地址：浙江省杭州市上城区复兴南街12号（分店：1.浙江省杭州市上城区复兴南街172 2.浙江省杭州市上城区大学路132、134、136号一楼）
负责人：陈裕峰 邮编：310026
法人：陈裕峰
Tel:13857149828
0571-86086452

### 海宁市海洲荣昌果业商店
业务：水果批发
地址：浙江省海宁市海洲街道社区华庭现代城262-266号
负责人：许飞 邮编：314400
法人：许飞
Tel:0573-87088068
87088860
87088806

### 杭州卷烟销售有限公司莫干山路连锁店
地址：浙江省杭州市西湖区莫干山路423号瑞祺大厦一层1号商场
负责人：孙小楠
Tel:0571-87228692

### 慈溪市附海子两食品店
业务：食品的销售
地址：浙江省慈溪市附海镇四界村宋洋路181号
负责人：胡楚散 邮编：315300
法人：胡楚散
Tel:13056738016
0574-63560520

### 浙江省玉环县高山泉纯净水有限公司
业务：饮用纯净水、饮用矿物质水、饮水机销售
产品："为尔康"纯净水、"为尔康"矿物质水
地址：浙江省台州市玉环县珠港镇城关冷水潭村
负责人：林康才 邮编：317600
法人：林康才
Tel:0576-87208980
87208595
Fax:0576-87217808
网址：www.gsqcjs.com
E-mail:gsq@gsqcjs.com

### 玉环县清风明月足浴中心
业务：足浴服务
地址：浙江省台州市玉环县珠港镇城关石井居康育路12-15号
负责人：张晓艳 邮编：318000
法人：张晓艳
Tel:0576-87214334
87279890

### 温岭市新河广源酒业商行
业务：主要经营酒类的销售
地址：浙江省台州温岭市新河镇前蔡村市民大道
负责人：沈一芹 邮编：318000
法人：沈一芹
Tel:13566683666
0576-86550808

### 桐乡市乌镇支生大饼店
业务：饼类食品生产销售
地址：浙江省桐乡市乌镇镇市场路22号
负责人：徐支生 邮编：238000
法人：徐支生
Tel:13605656397

### 桐乡市梧桐振东彩霞副食品超市
业务：经营食品、副食品
地址：浙江省桐乡市梧桐街道（振东新区）康民路271-273号
负责人：徐惠霞 邮编：314000
法人：徐惠霞
Tel:0573-88130963

### 苍南县力维食品商行
业务：批发、零售：天妃红枇杷酒。温州地区总代理兼办事处
地址：浙江省温州市苍南县观美镇新美路35号
负责人：邱立维 邮编：325806
法人：邱立维
Tel:13958775588
0577-64886258
Fax:0577-64886258
网址：WWW.tianfeihong.com.cn

### 苍南县灵溪镇海之宝海鲜食品店
业务：主要经营舟山海鲜休闲预包装，并提供独立包装（礼盒装），是您赠送亲朋好友的最佳礼品。本店货源充足，质量保证！并提供各类速冻海鲜，价廉质优！
产品：干货、腌制品（泥螺、辣螺、呛蟹、鱿鱼仔、鱼排、三刨鳓鱼、海鲜礼包等）
地址：浙江省温州市苍南县灵溪镇二中西路89号
负责人：戴阿武 邮编：325800
法人：戴阿武
Tel:0577-68706759
13616807552
Fax:0577-68706759
网址：www.by30d.com
E-mail:465481675@qq.com

### 苍南县灵溪锦烨副食品商行
业务：定型包装食品（含冷冻和冷藏食品）零售
地址：浙江省温州市苍南县灵溪镇锦顺嘉园B幢105号
负责人：林忠味 邮编：325000
法人：林忠味
Tel:13676473566
0577-64789191

### 苍南县忠杰水产品加工厂
业务：紫菜的加工、销售
地址：浙江省温州市苍南县灵溪镇水产品市场水产品区68号
负责人：苏中直 邮编：325807
法人：苏中直
Tel:0577-64750111

### 洞头县北岙素君茅台啤酒经销店
业务：主要经营：茅台啤酒系列
地址：浙江省温州市洞头县北岙镇望海路111号
负责人：黄素君 邮编：325000
法人：黄素君
Tel:13806815957
13606875301

### 雁荡山玫瑰香名酒批发部
业务：批发莫高葡萄酒、中国第一支冰酒、五粮液、茅台、水井坊、郎酒等
地址：浙江省温州市乐清市雁荡镇溪南路154号
负责人：董筱进 邮编：325000
法人：董筱进
Tel:0577-62155777
62152891
13868700610
Fax:0577-62155771

### 温州市龙湾永中罗娜河酒庄
业务：销售罗娜河葡萄酒
地址：浙江省温州市龙湾区永中街道南翔锦苑5幢104室
负责人：潘建武 邮编：325000
法人：潘建武
Tel:13777766333
0577-86638588

### 温州市永中忠仔粮油店
业务：粮油及其制品批发，零售
产品：农副产品
地址：浙江省温州市龙湾区永中街道永泰路21号
负责人：张光梅 邮编：325000
法人：魏心忠
Tel:0577-86857123

### 浙江宏龙粮油有限公司
业务：本公司成立于1999年，主要从事大米加工销售。产品质量保证，价格合理，竭诚欢迎新老客户光临、惠顾！
地址：浙江省衢州市开化县华埠镇青阳村
负责人：江宏龙 邮编：324302
法人：江宏龙
Tel:0570-6043001

### 温州市龙湾永中大兴隆酒庄
业务：意大利系列干红：主推（甘帝、格斯达）门塔奇诺 马斯格拉 马斯格拉干白 马斯格拉粉红 法国系列干红：（卡斯特朗格多克 珍藏希拉）
地址：浙江省温州市龙湾区永中罗东南街服装城昔门村普中路41-43号
负责人：陈旭彪 邮编：325000
法人：陈旭彪
Tel:0577-85889789
85889678

### 湖州康山街道梦超副食品批发部
业务：副食批发
地址：浙江省湖州市红丰路555号江南粮油副食品综合市场7幢1036-1038号
负责人：刘行 邮编：313000
法人：刘行
Tel:13185242961
0572-2267528
2267529

### 海盐县武原镇洪亮蔬菜食品批发部
业务：蔬菜、鸡、鸭、鸡爪、鸭爪等冷冻食品批发
地址：浙江省嘉兴市海盐县农副产品综合市场农产品8号
负责人：于洪亮 邮编：314306
法人：于洪亮
Tel:13706831759
13615833498

### 嘉善毓烘焙餐坊
业务：咖啡、面包、蛋糕、餐点、套餐、饮料等
产品：浙江省嘉兴市嘉善县魏塘街道施家北路149号（海港城旁边）
负责人：吴雪娟 邮编：314000
法人：吴雪娟
Tel:0573-84272221

### 嘉兴波尔多酒业有限公司
业务：专营"格拉夫庄园"系列干红、干白葡萄酒，系法国波尔多公司授权大陆运营商，让中国人都能喝上纯正血统的法国波尔多珍藏佳酿
产品：格拉夫庄园系列葡萄酒
地址：浙江省嘉兴市嘉兴经济开发区兴业大厦320室
负责人：赵先生 邮编：314000
法人：马丽华
Tel:0573-82765999
Fax:0573-82710098
网址：www.boerduo.com

### 嘉兴市经开阿强骨头王
业务：阿强王连锁是一家以骨头为主打菜的特色餐馆，是嘉兴人自创的品牌，经过八年的不断研发独创一派，以优质的品质、独特的经营理念、超前的品牌意识，赢得了顾客们的赞同。友谊路分店以更绿色、更健康、更营养、更时尚……的佳肴来回报广大顾客。传承特色美味，尽享阿强骨头，始于禾城、香飘运河。
产品：骨头煲，各式菜肴
地址：浙江省嘉兴市经济开发区建明公寓商业用房333号（嘉北街道）
负责人：江明强 邮编：314000
法人：江明强
Tel:0573-82822277
82823377
82111788
15325268888

### 海宁市海昌四季副食品店
业务：销售副食品
地址：浙江省海宁市海昌街道长山村陈家浜26号
负责人：戴宁峰 邮编：314400
法人：戴宁峰
Tel:13575332399
13511354566

### 杭州坂东太郎面包秀食品有限公司
地址：浙江省杭州市西湖区文新路551号西城广场GF层
负责人：李晓兵

Tel:13957168646

### 杭州市粮油批发交易市场玉颖粮油经营部
业务:粮油及制品的批发零售
地址:浙江省杭州市石祥路 368 号杭州粮油批发交易市场 1 厅 09 号
负责人:乔宝山　邮　编:310026
法　人:刘玉颖
Tel:15924192666
15924195333
QQ:393120144

### 宁波国晨阳水产食品有限公司
业务:宁波国晨阳水产食品有限公司成立于 1996 年,主要从事水产品的加工与出口。由于公司产品质量稳定、卫生、优质,从而获得国内外客户和消费者的青睐。我们以严格的管理,优质的产品,赢得更广阔的市场。
地址:浙江省宁波市象山县开发区滨海工业园
负责人:徐才良　邮　编:315712
法　人:徐才良
Tel:0574－65802777

### 嘉兴市南湖区城西北区副食品店
业务:销售副食品
地址:浙江省嘉兴市南湖区文昌路嘉兴学院第三食堂西侧营业用房
负责人:蓝两辉　邮　编:314000
法　人:蓝两辉
Tel:13757395688

### 平湖市当湖天勤副食品商行
业务:各种酒类批发
地址:浙江省嘉兴市平湖市当湖街道杨家浜新村 8 幢 2 单元 102 室车库
负责人:姚水明　邮　编:314000
法　人:姚水明
Tel:0573－85016509

### 嘉兴市经开阿强骨头王
业务:阿强王连锁是一家以骨头为主打菜的特色餐馆,是嘉兴人自创的品牌,经过八年的不断研发独创一派,以优质的品质、独特的经营理念、超前的品牌意识,赢得了顾客们的赞同。友谊路分店以更绿色、更健康、更营养、更时尚……的佳肴来回报广大顾客。传承特色美味,尽享阿强骨头,始于禾城、香飘运河。
产品:骨头煲,各式菜肴
地址:浙江省嘉兴市三水湾清水路 328 号
负责人:江明强　邮　编:314000
法　人:江明强
Tel:0573－82111788

### 海盐徐氏食品中心
业务:定型包装食品(点心,月饼,芝麻球,蛋糕,麻花等面制品生产与销售)
地址:浙江省嘉兴市武原镇河滨东路 33 号
负责人:徐台平　邮　编:314300
法　人:吴利萍
Tel:13957321054
0573－86022365
Fax:0573－86022365

### 嘉兴市光伊清真食品有限公司
业务:速冻面制品
产品:浙江省嘉兴市秀洲区油车港镇正原北路 139 号
负责人:高德功　邮　编:314000
法　人:高德功
Tel:15957365999
0573－82901809

### 富阳市佳云食品经营部
业务:定型包装食品(含冷冻和冷藏食品)、桶装水、酒批发;零售。
地址:浙江省富阳市富春街道金桥南路 162－3－4 号
负责人:包清渭　邮　编:310026
法　人:包清渭
Tel:15267049808
0571－63312968

### 杭州仁泰保健品有限公司
业务:本公司成立于 2002 年,主要经营:保健品、各种西药的销售。
地址:浙江省杭州市天成路 138 号 2 楼
邮　编:310004
法　人:余建中
Tel:0571－86457154
Fax:0571－86457154

### 桐庐县富春江镇嘉盛酒业商行
业务:销售嘉欣园白酒
地址:浙江省杭州市桐庐县富春江镇大洋文景公寓 1－06 商铺
负责人:吴楚　邮　编:311500
法　人:吴楚
Tel:0571－64651596

### 天元永团食品商店
业务:食品、饮料、烟酒零售
地址:浙江省慈溪市天元镇八甲村 66 号
负责人:谭永团　邮　编:315300
法　人:谭永团
Tel:0574－63441240

### 建德市新安江街道正丰副食品商行
业务:双汇火腿肠、其它副食
地址:浙江省建德市新安江街道三和路 19－1 号
负责人:曹正江　邮　编:311600
法　人:曹正江
Tel:15906711446
15957153952

### 东阳市画水郑盼星副食店
业务:定型包装食品(不含冷冻和冷藏食品)、日用杂品零售。
地址:浙江省金华市东阳市画水镇上坞村
负责人:郑盼星　邮　编:321000
法　人:郑盼星
Tel:0579－86531003

### 东阳市吴宁新军航香榧店
业务:经营香榧
地址:浙江省金华市东阳市西街 14 号
负责人:刘军航　邮　编:321000
法　人:刘军航
Tel:0579－86628466
13750999300

### 东阳市佐村镇兴胜副食店
业务:烟、酒、副食品批发零售
地址:浙江省金华市东阳市佐村镇佐村
负责人:葛健华　邮　编:322112
法　人:葛健华
Tel:0579－86120799

### 金华市婺城区佳舟副食品店
业务:啤酒、香烟、饮料、副食
产品:千岛湖及各品牌啤酒、各种饮料、香烟
地址:浙江省金华市开发区西关街道山嘴头山宁路
负责人:徐厚立　邮　编:321000
法　人:徐厚立
Tel:0579－82253219
E-mail:xhl19660830@qq.com

### 兰溪市欧品食品制作店
业务:食品制作
产品:浙江省金华市兰溪市兰江街道府前路 187－1 号
负责人:张逸俊　邮　编:321000
法　人:张逸俊
Tel:0579－88885320

### 富阳市弘康土特产商店
业务:土特产:(小核桃、高山龙井、临安野笋干、香榧、巴西松子等等)西藏特产:(冬虫夏草、枸杞、鹿茸片以及其它名贵滋补产品)产地直销;名烟名酒零售
地址:浙江省富阳市富春街道环山路 54 号
负责人:郑红霞　邮　编:310026
法　人:郑红霞
Tel:13735478588
0571－61770049

### 富阳市场口镇科军炒货店
业务:全囡瓜子(场口瓜子.花生)
地址:浙江省富阳市场口镇场口村马沙滩
负责人:徐科军　邮　编:310026
法　人:徐科军
Tel:13429650966
0571－63572682

### 绍兴县华舍阿斌副食品批发部
业务:批发零售非直接入口散装食品(不含冷冻和冷藏食品)
地址:浙江省绍兴市绍兴县华舍街道浙江亚太粮食批发交易市场 236－237 号
负责人:陈文斌　邮　编:312000
法　人:陈文斌
Tel:0575－84088352

### 绍兴县柯桥红鑫烟酒商行
业务:食品、饮料、烟酒
地址:浙江省绍兴市绍兴县柯桥街道百汇广场一楼 115 号
负责人:吴爱琼　邮　编:312000
法　人:吴爱琼
Tel:13429550288
0575－84812521

### 杭州联合肉类集团有限公司连锁经营分公司翠苑店
地址:浙江省杭州市西湖区文一路翠苑农贸市场内
负责人:汪选华
Tel:0571－86813210

### 海盛烟酒精品商行
业务:主要经营高档香烟、高档酒,包括 XO、人头马、路易十三、卡斯特红酒、拉菲红酒、五粮液、茅台白酒等等
地址:浙江省绍兴市绍兴县柯桥街道鉴湖路 3 号
负责人:吴海根　邮　编:312000
法　人:吴海根
Tel:13906751313
0575－84111313

### 绍兴市越城区诚信粮油批发商行
业务:大米、食用油批发零售兼配送工厂、餐馆、饭店
地址:浙江省绍兴市蔬菜果品批发交易市场 G1－13
负责人:徐登攀　邮　编:312000
法　人:徐登攀
Tel:15306855919
15968586862

### 新昌县七星街道苗昌茶叶经营部
业务:批发零售茶叶
地址:浙江省绍兴市新昌县七星街道江南名茶市场 A10 幢 1028 号
负责人:杨苗昌　邮　编:312000
法　人:杨苗昌
Tel:13094610372
0575－86239692
86966623

### 绍兴市越城区米高记豆浆大王
业务:特色早餐和中式快餐
产品:特色早餐和中式快餐
地址:浙江省绍兴市越城区环城西路 430 号
负责人:米庆兵　邮　编:312000
法　人:米庆兵
Tel:18957500797
0575－85113127

### 诸暨市城北奇仕西饼屋
业务:自制零售:中西式糕点(含冷加工)
地址:浙江省绍兴市诸暨市暨阳街道春江花园春江路 5－6、7 号
负责人:王彩霞　邮　编:311800
法　人:王彩霞
Tel:0575－87766189
13456594866

### 杭州真正奶茶诸暨总店
业务:奶茶、手抓饼、各种小吃
地址:浙江省绍兴市诸暨市西施大街 138 号
负责人:阮绣弟　邮　编:311800
法　人:阮绣弟
Tel:0575－87026977
87800207
网址:www.51zznc.cn

### 嵊州市吴氏豆制品加工厂
业务:豆制品
地址:浙江省嵊州市仙岩镇合溪坑村合溪口
负责人:吴功樵　邮　编:312000
法　人:吴功樵
Tel:0575－83898622
83023566

### 嵊州市好月圆食品贸易商行
业务:食品(喜糖)、百货、汽车用品
产品:金冠、雅客、小兄弟、诗蒂等喜糖
地址:浙江省嵊州市浙东农副产品批发市场炒货食品区 169－170 号
负责人:任军南　邮　编:312400
法　人:任军南
Tel:0575－83201522
13587356817
Fax:0575－83550860
网址:hyyrjn.cn.alibaba.com
E-mail:hyyrjn@alibaba.cn

### 台州市黄岩塔水桥超市
业务:定型包装食品、直接入口散装食品(含冷冻食品)、卷烟、雪茄烟零售
产品:定型包装食品、直接入口散装食品(含冷冻食品)、卷烟、雪茄烟
地址:浙江省台州市黄岩区北城街道塔水桥村
负责人:任金达　邮　编:318000
法　人:任金达
Tel:0576－84051979

### 杭州果佬驴肉食品有限公司
地址:浙江省杭州市西湖区文苑路 606 号 1165 室
负责人:何良军
Tel:13600538879

### 台州市椒江花园子定嵌糕店
业务:湿式点心供应
地址:浙江省台州市椒江区花园新村 28 号楼 2 单元 101 室
负责人:应子定　邮　编:318000
法　人:应子定
Tel:13606687138
0576－86581677

### 台州经济开发区金鼎酒业商行
业务:酒类经营
地址:浙江省台州市经济开发区 9 号路东 2 号路北(市府大道)地块北栋临时房西边
负责人:王素一　邮　编:318000
法　人:王素一
Tel:0576－88319550

### 台州市路桥文斌粮油经营部
业务:销售大米、粮油
地址:浙江省台州市路桥区路北街道松塘村双洋路
负责人:王文斌　邮　编:318000
法　人:王文斌
Tel:13806570835
0576－82508697

### 台州市众汇食品
业务:批发冷冻食品(汉堡、西餐配料、休闲小吃、烤翅、蛋挞、调味品)
地址:浙江省台州市路桥区下里桥西路 118－120 号
负责人:何灵达　邮　编:318000
法　人:何灵达
Tel:13486201666
13989686862
0576－82570890

### 三门县麻车洋副食店
业务:经营副食品
地址:浙江省台州市三门县海游镇悬渚村
负责人:俞灵通　邮　编:318000
法　人:俞灵通
Tel:0576－83366975
13073890666

### 天台圆源制冰有限公司
业务:酒店、农贸市场用冰的制作
地址:浙江省台州市天台县福溪街道爹岭口
负责人:魏斯杰　邮　编:317200
法　人:魏斯杰
Tel:13175338968
Fax:0576－83915830

### 玉环县仁明酒业商行
业务:酒水销售
地址:浙江省台州市玉环县珠港镇城关长治路新世纪大厦底楼 15－16 号
负责人:吴仁明　邮　编:318000
法　人:吴仁明
Tel:0576－87218855
13676688999

### 桐庐宇鑫食品有限公司
业务:生产和销售“双汇”火腿肠,各类饮料,方便面等食品
产品:“双汇”火腿肠,各类饮料,方便面等食品
地址:浙江省杭州市桐庐县广场路 27 号
负责人:王雪正　邮　编:311500
法　人:王雪正
Tel:13805762061
0571－64627171
Fax:0571－64627812

### 金华市金东区傅旭冬糕点坊
业务:传统糕点
产品:浙江省金华市澧浦镇澧浦村(和谐南街 70 号)
负责人:傅旭冬　邮　编:321000
法　人:傅旭冬
Tel:0579－82831167
82830271

### 浦江县美洋洋土特产商行
业务:进口食品、进口葡萄酒、饮料、名烟名酒、土特产、副食品、烟花爆竹等
地址:浙江省金华市浦江县人民东路 149 号
负责人:孙月清　邮　编:321000
法　人:孙月清
Tel:13600696096
0579－88088037
13706892518

### 德清亚泰肠衣有限公司
业务:我公司是专业加工肠衣厂家,主要生产天

然肠衣，羊肠衣，猪肠衣、、公司宗旨：我们以"质量第一，信誉至上"为宗旨，愿与社会各界朋友开展广泛、真诚地合作，增进友谊，共同发展！欢迎各界朋友来我公司观光合作！
地址：浙江省湖州市德清县钟管镇青墩村
负责人：黄金桥 邮编：313200
Tel：0572－8677358

### 浦江县马记兰州拉面馆
业务：拉面、刀削面
地址：浙江省金华市浦江县郑家坞镇安平路65号
负责人：马索么乃 邮编：321000
法人：马索么乃
Tel：15867916193

### 富隆酒屋
业务：批发、销售富隆酒
地址：浙江省金华市武义县壶山街道俞源街51号
负责人：胡晶 邮编：321000
法人：胡晶
Tel：13586973399
0579－87664567

### 武义县泉溪镇海军糕点坊
业务：面包
地址：浙江省金华市武义县泉溪镇叶墙头村
负责人：陈海根 邮编：321000
法人：陈海根
Tel：0579－87705199
83962953
13750945738

### 武义县桐琴杭燕副食品商店
业务：副食品零售
地址：浙江省金华市武义县桐琴镇横路村
负责人：卢武伟 邮编：321000
法人：卢武伟
Tel：15888960160
0579－87705957

### 桐庐县桐君街道小鲍粉干经销店
业务：粉干的销售
地址：浙江省杭州市桐庐县旧县村上毕桥7号场房
负责人：鲍华兵 邮编：310026
法人：鲍华兵
Tel：13606600127
15868176987

### 杭州市桐庐县桐君街道成根腌腊制品经营部
业务：腌腊制品
地址：浙江省杭州市桐庐县综合市场
负责人：王成根 邮编：310000
法人：王成根
Tel：0571－64625089

### 杭州市西湖区体会粮油综合店
业务：主营：大米、油、面类、大豆等各种粗粮、千岛湖啤酒
地址：浙江省杭州市西湖区莲花街185号
负责人：陈体会 邮编：310026
法人：陈体会
Tel：15558103797
0571－85060193
85060227

### 杭州市西湖区旭信酒类商行
业务：经营酒
地址：浙江省杭州市西湖区三墩镇同仁家园景新苑16幢101室
负责人：徐信伟 邮编：310000
法人：徐信伟
Tel：13606629413
0571－88311882

### 金华市金东区吴子权冷鲜肉经营部
业务：冷鲜肉批发零售
地址：浙江省金华市婺城区东莱路2－24号
负责人：吴子权 邮编：321000
法人：吴子权
Tel：13506581420
0579－82181850

### 金华市婺城区伟燕副食品店
业务：定型包装食品：卷烟、雪茄烟、日用品零售。
地址：浙江省金华市婺城区山宁街216号3单元
负责人：韩先生 邮编：322206
法人：韩继平
Tel：0579－82252371

### 金华市婺城区叶小芳便利店
业务：经营食品及副食品
地址：浙江省金华市婺城区塔石乡下塔石村
负责人：叶小芳 邮编：321000
网址：叶小芳
Tel：0579－82700187
15058521311

### 东阳市吴宁周云仙水果店
业务：经营水果
地址：浙江省东阳市双岘路39号
负责人：周云仙 邮编：322100
法人：周云仙
Tel：0579－86838267

### 宁波市镇海区城北智良副食店
业务：销售副食品
地址：浙江省宁波市镇海区俞范村颜家
负责人：李智良 邮编：315000
法人：李智良
Tel：13586934809
0574－86470608

### 宁波市镇海区庄市啊全副食店
业务：专营各类定型包装食品、冷冻、冷藏食品，批零兼营。品种齐全、价格优惠、保证质量，热忱欢迎您的光临惠顾！
产品：粮油、副食、香烟
地址：浙江省宁波市镇海区庄市徐家堰村桥后290号
负责人：张天全 邮编：315207
法人：张天全
Tel：0574－86473665
13656885692

### 平湖市钟埭街道景乐羊肉馆
业务：销售羊肉
地址：浙江省平湖市平湖经济开发区环城西路443、445号
负责人：许忠良 邮编：314000
法人：许忠良
Tel：13757384911

### 常山中酒酒业经营部
业务：白酒系列、原酒系列
地址：浙江省衢州市常山县天马镇胜利街9号老电影院对面
负责人：甘平 邮编：324200
法人：甘平
Tel：13967029686
0570－5019897
5026366
Fax：0570－5026366

### 开化县星辉商行
业务：各种高档酒(茅台酒、红酒)
地址：浙江省衢州市开化县城关镇钟山路30－2号
负责人：郑智星 邮编：324300
法人：郑智星
Tel：0570－6016688
13511424180

### 开化县杨氏粮油专业合作社
业务：生产和销售各类粮油产品
产品：粮油产品
地址：浙江省衢州市开化县桐村镇塔沙村
负责人：杨立新 邮编：324002
法人：杨立新
Tel：13867027186

### 衢州市柯城津豆王豆制品厂
业务：豆制品加工、销售
产品：豆腐、豆腐干、千张
地址：浙江省衢州市柯城区黄家街道宣家村
负责人：郑志凤 邮编：324002
法人：郑志凤
Tel：13957019431
13757021913

### 龙游龙洲左邻右舍哲啸食品商行
业务：定型包装食品(含冷冻和冷藏食品)卷烟、雪茄烟的零售
地址：浙江省衢州市龙游县龙洲街道岑山路11－13号
负责人：董国祥 邮编：324002
法人：董国祥
Tel：13587036677
0570－7902999

### 东阳市江北慧荣副食店
业务：销售副食品、卷烟、日用百货
地址：浙江省东阳市江北街道湖田村
负责人：孔兆荣 邮编：321000
法人：孔兆荣
Tel：15867982985

### 衢州市衢江区杜泽左邻右舍章家食品商店
业务：左邻右舍食品专卖
地址：浙江省衢州市衢江区杜泽镇章家村156号
负责人：毛雪光 邮编：324002
法人：毛雪光
Tel：13506700241
0570－2720106

### 衢州市衢江区云溪粮油专业合作社
业务：粮油产销一条龙服务
地址：浙江省衢州市衢江区云溪乡云溪村107号
负责人：潘水泉 邮编：324016
法人：潘水泉
Tel：15325427498
0570－2828935

### 昌裕烟酒行
业务：名烟名酒经营
地址：浙江省瑞安市商城大道20号
负责人：何义 邮编：312300
法人：何义
Tel：13587568797
0577－66601957

### 瑞安市建明酒行
业务：白酒、葡萄酒代理
地址：浙江省瑞安市上望街道林东村望东西路418－420号
负责人：蔡建明 邮编：325200
法人：蔡建明
Tel：0577－65132999
83689999
13115879888

### 龙腾食品商行
业务：专业批发预包装食品、婴幼儿辅助食品，本着诚信为本、厚道经商的经营理念，欢迎各位新老客户来电咨询洽谈业务！
产品：美加洲薯条、贝德福系列米粉等
地址：浙江省瑞安市玉海街道丰湖街船坦巷32号
负责人：陈新平 邮编：350000
法人：陈新平
Tel：13758799296

### 平阳县众人食品有限公司
业务：平阳县众人食品有限公司成立于2006年，主要从事于肉制品加工销售。产品质量保证，价格从优。欢迎新老客户光临、惠顾！
地址：浙江省温州市平阳县萧江镇河坤村
负责人：曹道德 邮编：325402
法人：曹道德
Tel：0577－63576565

### 瑞安市龙腾食品商行
业务：婴幼儿辅助食品批发
地址：浙江省瑞安市玉海街道丰湖街船坦巷32号
负责人：陈新平 邮编：325200
法人：陈新平
Tel：13758799296
0566－4437442

### 绍兴市佳尼酒业有限公司
业务：酒类
地址：浙江省绍兴市府山直街12号营业房
负责人：钱国兴 邮编：312000
法人：钱国兴
Tel：0575－88626097
13185588588
Fax：0575－88626096

### 上虞市百官街道舟山海鲜兴业专卖店
业务：经营海鲜
产品：干货、冻品
地址：浙江省绍兴市上虞市百官街道人民中路25－27号
负责人：陈永乐 邮编：312000
法人：陈永乐
Tel：0575－82002968
13306751997

### 上虞市鸿诚酒业有限公司
业务：销售泸州老窖、徐福记、维维豆奶
地址：浙江省绍兴市上虞市百官街道外环南路2330号
负责人：田锃锃 邮编：312300
法人：田锃锃
Tel：13588535091
0575－80282122
Fax：0575－82022505

### 杭州市桐庐县瑶琳镇柏松豆制品加工点
业务：生产豆制品
地址：浙江省杭州市桐庐县瑶琳镇永安村
负责人：张立波 邮编：311516
法人：张立波
Tel：15869171355
0571－64376104

### 金华市婺城区腾洋海产品经营部
业务：经营(干)海产品
地址：浙江省金华市婺城区五一路427号
负责人：黄直 邮编：321000
法人：黄直
Tel：15067598083
0579－82354445

### 义乌市欧家食品商行
业务：食品、烟酒
地址：浙江省金华市义乌市稠州中路81－2号
负责人：陈东明 邮编：321100
法人：陈东明
Tel：13665839185
0579－85212637

### 义乌市正星粮油店
业务：大豆、面粉、大米的销售
产品：浙江省金华市义乌市粮食市场(钢16号)
负责人：方军 邮编：321000
法人：方军
Tel：13506893902
0579－85432947

### 义乌市阿强调味品商行
业务：销售调味品
地址：浙江省金华市义乌市新马路菜市场(新马路1262号)
负责人：余俊成 邮编：321000
法人：余俊成
Tel：0579－85523770
13957927160

### (味胃欣)慈溪市周巷味胃乐食品店
业务：批发、零售食品
地址：浙江省慈溪市周巷镇长胜市村陈家83号
负责人：李柏东 邮编：315300
法人：李柏东
Tel：15967896663

### 杭州市西湖区世罕泉天然苏打水
业务：经营世罕泉天然苏打水。
地址：浙江省杭州市西湖区通普路23号(世纪新城3幢6号商铺)
负责人：郑亚滨
法人：郑亚滨
Tel：13968142133
0571－88802351

### 凤冈仙人岭锌硒绿茶直销点
业务：本店经营中、高档锌硒绿茶，批零兼营，绿茶系列产品具有"纯绿色、全天然、无污染、富锌硒"的品质特点，富含人体所必须的锌硒微量元素以及数十种微量元素。欢迎选购。
产品：茶叶
地址：浙江省乐清市北白象镇开创路256－258号
负责人：安珪 邮编：325600
法人：安珪
Tel：0577－62993387
15868730088

### 乐清市乐成初旭食品店
业务：定型包装食品零售(不含保健食品)
地址：浙江省乐清市乐成镇晨沐路113号
负责人：林渝宸 邮编：325600
法人：林渝宸
Tel：15858579966
0577－62596877
Fax：0577－62565766

### 杭州市西湖区美香水果店
业务：水果批零
地址：浙江省杭州市西湖区文一路258号
负责人：孟志刚 邮编：310026
法人：孟志刚
Tel：0571－87396225

### 泉宝纯净水有限公司
地址：浙江省义乌市大陈镇大岭下村樞坞口
负责人：张春良

Tel:0579－85969806
13173806377

## 乐清市柳市瑞爵橄榄油商行（西班牙原瓶原装橄榄油中国总代理）

业务：西班牙瑞爵牌原瓶原装进口橄榄油系列
地址：浙江省乐清市柳市镇惠丰路118弄15号
负责人：张先生　邮　编：325604
法　人：林叶平
Tel：0577－62795377
13806600183
网址：www.519595.cn

## 缙云县五味缘食品厂

业务：生产月饼、蛋糕、熟食
地址：浙江省丽水市缙云县五云镇碧虞村站场工区
负责人：朱红亮　邮　编：323000
法　人：杨爱花
Tel：0578－3185158
3185198
13884390099
18957081338

## 缙云县一生朋友副食店

业务：经营食品、副食品、定期包装食品、冷冻食品
地址：浙江省丽水市缙云县新建镇中心街189号
负责人：李粤兴　邮　编：323000
法　人：李粤兴
Tel：15957807770
15024668481

## 冠园食品商行

业务：冷冻调理半成品
地址：浙江省杭州市下城区东新路551号
负责人：高进城　邮　编：310000
法　人：高进城
Tel：0571－86401070
15058174948
Fax：0571－86401070

## 宁波海曙可禾欧西饼店

业务：奶茶、可丽饼的供应
地址：浙江省宁波市海曙区天一广场SG－03
负责人：朱女士　邮　编：315000
法　人：朱群力
Tel：0574－87789371

## 宁波海曙玉顺干水产商行

业务：经营燕窝、鲍鱼、鱼翅、海参，各类水产礼品批发，专供酒店冻品等水产品
地址：浙江省宁波市海曙区竺家巷19号
负责人：吴川榕　邮　编：315000
法　人：吴川榕
Tel：13906616591
0574－87193992

## 宁波市江北双食记开心甜品店

业务：双皮奶、龟苓膏、红豆沙、绿豆沙、杏仁糊、花生糊等甜品制作销售
地址：浙江省宁波市江北区清湖路273号
负责人：李奔　邮　编：315000
法　人：李奔
Tel：15958130712

## 宁波市江东鸿益酒业经营部

业务：雪花、燕京啤酒，法国系列红酒，白金酒（保健酒）
地址：浙江省宁波市江东区江东北路368号59－3号
负责人：蔡锦芳　邮　编：315000
法　人：蔡锦芳
Tel：13429396969
13616560505

## 宁波飞威酒业有限公司

业务：生产、销售酒
地址：浙江省宁波市象山县丹城镇丹东街道东谷路142号
负责人：潘威　邮　编：315000
法　人：潘威
Tel：13777119585
13968393350

## 象山丹城家康超市

业务：各种日用百货副食零售
地址：浙江省宁波市象山县丹西街道九顷村2号
负责人：史训贝　邮　编：315000
法　人：史训贝
Tel：13506682642

## 豪客嘉族牛排馆

业务：西餐、牛排、咖啡
地址：浙江省宁波市象山县丹西街道天安路156号
负责人：褚真德　邮　编：315700
法　人：褚真德
Tel：0574－65003777

## 象山县石浦正民水产食品经营部

业务：销售水产品
地址：浙江省宁波市象山县石浦水产城东区2号东起第26－27间
负责人：盛正民　邮　编：315000
法　人：盛正民
Tel：13606783735
0574－65965698

## 宁波市北仑区新碶德一食品商行

业务：日韩食品、调味品
地址：浙江省宁波市新碶街道嵩山路580号
负责人：褚作武　邮　编：315000
法　人：褚作武
Tel：15990523322
13616887735
13486652860

## 宁波市鄞州高桥冬日阳光冷饮店

业务：特色冰淇淋、冷饮
地址：浙江省宁波市鄞州区高桥镇藕缆桥村联丰中路430号
负责人：郑飞波　邮　编：315000
法　人：郑飞波
Tel：13857843406

## 宁波市鄞州横溪伟伟副食店

业务：零食销售
地址：浙江省宁波市鄞州区横溪镇横溪村钱岙
负责人：葛佳伟　邮　编：315104
法　人：葛佳伟
Tel：0574－88066290

## 宁波市鄞州鄞江王娃子瓜子店

业务：瓜子销售
地址：浙江省宁波市鄞州区鄞江镇光溪村官池北路16号
负责人：王娃子　邮　编：315151
法　人：王娃子
Tel：13777113428
13732175627

## 宁波市鄞州中河奥宁食品商行

业务：定型冷冻食品的批发，鸡副、鸭副
地址：浙江省宁波市鄞州区中河街道凤起路
负责人：祁先生　邮　编：315105
法　人：祁国伟
Tel：15867893805
0574－81080302

## 青田县嘉欣副食品店

业务：日用品、粮油、副食品
地址：浙江省丽水市青田县高湖镇新湖街185号
负责人：陈森平　邮　编：323000
法　人：陈森平
Tel：13587163109
0578－6692316

## 青田县飞越副食品

业务：伊利牛奶代理经销
地址：浙江省丽水市青田县油竹新区官塘小区25幢3号
负责人：蔡连琴　邮　编：323000
法　人：翁瑞荣
Tel：13868674241
0578－6656502

## 庆元县民天名烟名酒商行

业务：名烟名酒
地址：浙江省丽水市庆元县松源镇横城南路聚丰商铺65－66号
负责人：林清　邮　编：323800
法　人：林霞
Tel：0578－6129020
6229239
Fax：0578－6229239

## 浙江杭州余杭区临平惠嵩食品批发部

业务：浙江杭州余杭区临平惠嵩食品批发部成立于2000年，现有员工10余人，从事各类酒类的批发。欢迎来电垂询！
地址：浙江省杭州市余杭区临平江南食品市场R3－10－11
邮　编：311100
法　人：高伟松
Tel：0571－86168048
Fax：0571－86168248

## 临安市林都食品有限公司

业务：美国山核桃、手剥山核桃、笋干、青豆、杏仁、开心果、炒货系列等
地址：浙江省临安市清凉峰镇九都村
负责人：郑晓龙　邮　编：311300
法　人：许柏友
Tel：0571－63623816
13735557209
Fax：0571－63623816
网址：www.laldsp.cn
E-mail：zxl771221@163.com

## 桐庐县钟山乡红龙豆制品加工点

业务：豆制品加工
地址：浙江省杭州市桐庐县钟山乡中一村
负责人：张云龙　邮　编：310026
法　人：张云龙
Tel：13175072127
0571－69900013

## 好乐多超市

业务：经营农副产品、日用百货、日化用品、休闲食品等
地址：浙江省龙泉市剑池东路（水南村委会大楼）朝西由北向南第1、2间（南国花园大酒店楼下）
负责人：李鑫伟　邮　编：323700
法　人：李鑫伟
Tel：13666577370
13454375367

## 宁波市北仑区新碶丰德超市

业务：定型包装食品（含冷冻和冷藏食品）零售、干、湿式点心供应；卷烟、雪茄烟零售。
地址：浙江省宁波市北仑区新碶街道凤凰城北南区1幢101号一层
负责人：章丰水　邮　编：315000
法　人：章丰水
Tel：0574－86913369

## 杭州市江干区桐杭副食品商行

业务：杭州市江干区桐杭副食品商行成立于2004年，从事调味品的批发与零售。主要产品有：酱油类、老抽类、生抽类、蚝油、麻油、醋类、酒类、鸡精、味精、香料、香精、腐乳类、酱菜类等。欢迎新老客户光临！
地址：浙江省杭州市江干区彭埠镇六堡三官塘二区10号
邮　编：310017
法　人：吴志权
Tel：0571－86493407
Fax：0571－86493252

## 宁波市北仑新碶梁家茶业商行

业务：经营铁观音、龙井、普洱茶、大红袍等
地址：浙江省宁波市北仑区新碶街道横河路191号
负责人：梁国中　邮　编：315000
法　人：梁国中
Tel：15888007576
0574－26853788
86896899

## 东阳市方圆茶叶专业合作社

业务：生产销售龙井绿茶、野菊米，欢迎前来订购！
地址：浙江省金华市东阳市佐村镇宅口村门头山
负责人：金刚锋　邮　编：321000
Tel：0579－86129520

## 宁波市北仑区新碶甬诚酒水商行

业务：名烟名酒销售
产品：茅台、五粮液、美国威豪葡萄酒、剑南春、中华
地址：浙江省宁波市北仑区新碶街道明州路330号
负责人：钟建胜　邮　编：315800
法　人：钟建胜
Tel：13566058126
13567912516

## 慈溪市古塘商周酒业

业务：泸州老窖、王朝葡萄酒、长城葡萄酒、五粮液、茅台系列等等各种酒
地址：浙江省宁波市慈溪市古塘街道园丁路16－18号
负责人：袁行奎　邮　编：315000
法　人：袁行奎
Tel：15888188601
0574－63895605

## 慈溪市掌起在容食品店

业务：定型包装食品（含冷冻和冷藏食品）零售
地址：浙江省宁波市慈溪市掌起镇陈家村陈家老街132号
负责人：徐晓红　邮　编：315000
法　人：徐晓红
Tel：13250961975
15258341054

## 杭州九圣坊食品有限公司

地址：浙江省杭州市拱墅区祥符镇新文村三组
负责人：杜志翀
Tel：13515703878

## 淳安县千島湖镇伊天食品商行

淳安县千岛湖镇伊天食品商行成立于2008年，本行专业从事食品的销售。

本公司秉承“食品专营，品质保障”的服务理念，坚持“以人为本、客户第一”的原则为广大客户提供优质的服务。欢迎各界朋友光临惠顾！

联系人：伊富阳
邮编：311700
电话：13175081358
地址：浙江省杭州市淳安县南山大街563号

## 杭州农副产品物流中心粮油批发交易市场成娇粮油经营部

杭州农副产品物流中心粮油批发交易市场成娇粮油经营部成立于1999年，本经营部主要批发零售粮油。杭州农副产品物流中心粮油批发交易市场成娇粮油经营部热忱欢迎各界前来参观、考察、洽谈业务。

电话：0571-89015566
联系人：严海珍　13456986673　13505714612　邮编：310026
地址：浙江省杭州市农副产品物流中心粮油批发交易市场B93、95

嘉兴市顺康投资咨询有限公司
从事投资咨询、开发养老、养生产业、经济贸易咨询等业务。
电话：0573－82618340
地址：浙江省嘉兴市建国南路15号301－302号





## 杭州市上城區大三元水果商行

杭州市上城区大三元水果商行成立于2004年。

本商行主要经营各类水果的批发零售。

本商行凭着良好的信用、优良的服务与多家企业建立了长期的合作关系。杭州市上城区大三元水果商行热忱欢迎各界朋友前来参观、考察、洽谈代销业务。

联系人：马永江
电话：0571－87016283
邮编：310000
地址：浙江省杭州市上城区定安路2号

## 瑞安市三瀛酒业有限公司

瑞安市三瀛酒业有限公司成立于2008年。
主要从事于白酒销售。
主要代理五粮液、茅台系列。
公司以诚信求生存，求发展。
欢迎全国乃至世界有志朋友来人来函，共谋发展。

联系人：杨昌珍
电话：0577－65388583　65388683
邮编：325204
地址：浙江省瑞安市塘下镇中心西路金河大厦604室

## 杭州五和肉类交易市场有限公司

杭州五和肉类交易市场有限公司成立于2008年，本公司是一家以市场经营管理为主的企业，专业从事猪、牛、羊肉的销售。

公司秉承“顾客至上，锐意进取”的经营理念，坚持“客户第一”的原则为广大客户提供优质的服务。欢迎惠顾！

联系人：吴剑
电话：0571-89010157　8901603
传真：0571-89010159　邮编：310000
地址：浙江省杭州市余杭区良渚镇行宫塘村（打石漾路6号）

## 温州市鹿城区优之良品

温州市鹿城区优之良品成立于2008年，本店主要经营进口食品。主要有菲律宾芒果干、日本矾烧元贝、泰国肉松蛋卷、天津甘栗、其它散货、凉货等。优之良品质量好，服务佳。各式各样的零食应有尽有，热忱欢迎新老客户惠顾！

联系人：夏晓珍　传真：0577-88022277
电话：0577-88399277　88022277　邮编：325000
地址：浙江省温州市鹿城区温迪路219号

## 杭州余杭区瓶窑镇好邻居果品超市

本公司成立于2008年，主要经营各类水果，食品，及茶叶等土特产品。“优质平价、一流服务、诚信经营”是我们的经营服务宗旨。

联系人：陈建良
电话：0571-88582059、13968070445
地址：浙江省杭州市余杭区瓶窑镇东兴路134-140号　邮编：310000

## 浙江叶氏酒业有限公司

浙江叶氏酒业有限公司成立于2008年9月，是一家专业从事五粮液及系列酒的代理销售公司。

公司秉承“诚信为本，快捷服务，双赢合作”的经营理念，在覆盖浙江省各地区的销售网络体系的基础上，不断提升服务工作管理水平，密切与客户保持联系，及时准确了解市场动态信息，为提升客户满意度发挥重要促进作用，努力把浙江叶氏酒业有限公司建设成为中国浙江最大的酒类销售公司。

联系人：叶鹏
电话：0571-87835999　网址：/www.zjyeshi.com.cn
地址：浙江省杭州市下城区仙林桥直街10-16号　邮编：310000

## 乐清市虹桥东府副食品商行

乐清市虹桥东府副食品商行成立于2007年，本商行经销酒水、金六福酒、均瑶牛奶等。

我们将以更好的品质，服务，价格和信誉欢迎您的接洽！

地址：浙江省乐清市虹桥镇虹港中路72弄2号
电话：0577-62310305
13857712535
传真：0577-62310305
联系人：程东府
邮编：325608

## 临安於潜钱华粉丝厂

本公司成立于2004年，主要生产和销售粉丝、米粉。服务宗旨是：以质量求生存，以信誉求发展，保质保量，质量第一，客户至上。

联系人：唐钱华
电话：0571-63896709、13685784217
地址：浙江省杭州市临安市藻溪镇对石村（原松溪村）　邮编：310000

## 安徽省/Anhui Province

**金龙井酒厂**
地址：安徽省安庆市安枞路金龙井酒厂
…… 负责人：余传喜
…… Tel：0556－5890109
13966602262

**安庆市千喜酒业销售有限公司**
业务：“老土酒”代理销售
地址：安徽省安庆市开发区雷池路6号江菱商贸城13栋1号门面
…… 负责人：王学寨　邮　编：246001
…… 法　人：王学寨
…… Tel：0556－5350069
5350339
15212991399

**枞阳县其林镇美光精米加工厂**
地址：安徽省安庆市枞阳县其林镇石婆街
…… 负责人：周美光
…… Tel：0556－2658289

**安徽省华玉美食品有限公司**
业务：安徽省华玉美食品有限公司坐落在“全国小城镇建设试点镇”高河镇的怀宁工业园区，东临合九铁路和沪蓉高速公路，西接国家重点风景名胜区天柱山，地理位置优越，交通运输便捷。其主要产品为“华玉美”、“怀贡”、“王太”品牌系列饼干、贡糕、贡面、方便食品等，产品通过了ISO9001：2000国际质量体系认证，被评为《中国质量万里行》2005年全国消费者（用户）质量信誉放心品牌、首届安庆市著名商标（品牌）及怀宁县“十大名优产品”。热忱欢迎各地客商来我公司洽谈、参观，诚邀全国各地区域经销商加盟、合作！
地址：安徽省安庆市怀宁县新县城工业园区
…… 邮　编：246121
…… 法　人：王言余
…… Tel：0556－4653888
4668888
…… Fax：0556－4654279

**安徽省固镇县刘罐日用品制造有限公司**
业务：生产与销售保健药酒
产品：保健药酒
地址：安徽省蚌埠市固镇县新马桥镇高湖路北侧
…… 负责人：高振喜　邮　编：233704
…… Tel：0552－6652190

**新兴食品厂**
地址：安徽省安庆市华中东路南二巷
…… 负责人：倪后洲
…… Tel：0556－5200164
13013188211

**安徽淮西米业有限公司**
业务：专业从事粮食收购、储存、加工、销售，常年供应各品种的优质大米及其副产品，安全、绿色、营养是我们对您的承诺，本公司将以诚信为本，微利经营，携手八方客户共创美好未来。
产品：糯米、大米、杂交大米、饲料
地址：安徽省蚌埠市怀远县东庙工业园
…… 负责人：常卫　邮　编：233400
…… 法　人：常乃永
…… Tel：0552－8320268
13909620493
…… Fax：0552－8320555
…… 网址：www.ahhxmy.com.cn

**安徽省利辛县焕金油脂有限责任公司**
业务：本公司生产销售豆油，菜籽油，棉籽油及副产品，兼营粮食购销
地址：安徽省亳州市利辛县西潘楼镇
…… 负责人：田焕金……邮　编：236724
…… 法　人：田焕金
…… Tel：0558－8055418

Fax:0558－8055418
E-mail:tianben2006z@163.com

## 蒙城县乐土穗丰粮食收储有限公司

业务:粮食
地址:安徽省亳州市蒙城县乐土镇
负责人:杨春亮 邮 编:233523
法 人:杨春亮
Tel:0558－7871515
13905681995
Fax:0558－7871599

**怀宁润香植物油有限公司**
地址:安徽省安庆市怀宁县茶岭镇街道
负责人:邱张生
Tel:0556－4690349

**永和食品厂**
地址:安徽省安庆市怀宁县洪镇月洪大道 18 号
负责人:谢永和
Tel:0556－4071651
13155565568

## 涡阳县庆发面粉有限公司

业务:面粉加工
地址:安徽省亳州市涡阳县标里镇
负责人:李绍龙 王秀英
邮 编:236802
法 人:李绍龙
Tel:13053188588
0558－7491111
Fax:0558－7491111

## 安徽省庐江县庐北粮油有限责任公司

业务:安徽省庐江县庐北粮油有限责任公司成立于 1997 年,从事粮油的购销。欢迎新老客户光临、惠顾!
地址:安徽省巢湖市庐江县冶父山镇铺岗
负责人:詹从德 邮 编:231500
法 人:詹从德
Tel:0565－7401109

## 和县金丰粮食购销有限公司

业务:专业从事粮油收购、储存、加工、销售,常年供应优质、绿色食品大米、油料及各种小杂粮。批零兼营、品质保证,真诚期待您的光临!
产品:稻谷、小麦、菜籽、大米、菜油
地址:安徽省巢湖市和县新桥镇新桥街道新桥粮站
负责人:张官平 邮 编:238281
法 人:张官平
Tel:0565－5301048
15956551288
Fax:0565－5303300

**李记油栗专卖店**
地址:安徽省安庆市人民路西侧新市巷 1 号
负责人:唐俐俐
Tel:0556－5582928
13805569581

## 安徽省濉溪县华珍面粉厂

业务:本公司成立于 2004 年,拥有 10 几名员工。主要经营:小麦粉的生产与销售。
地址:安徽省淮北市濉溪县溪河乡人仲大庄
邮 编:235100
法 人:邹正华
Tel:0561－6855697

## 安徽东至县升金湖蛋品有限公司

业务:皮蛋,咸蛋等的销售
地址:安徽省池州市东至县胜利镇华龙街道
负责人:鲍进全 邮 编:247100
法 人:鲍进全
Tel:0566－8932588
13156600988

**麦香村食品厂**
地址:安徽省安庆市宿松县孚玉镇雷公岭
负责人:朱爱国
负责人:0556－7811247
13855603643

## 仙寓镇大山村市里野茶厂

业务:收购、加工、经营高中低档富硒茶
地址:安徽省池州市石台县仙寓镇大山村
负责人:吴发烈 邮 编:245115
法 人:吴发烈
Tel:13329165213
0566－6631231

## 安徽省无为县茂源酒业有限公司

业务:安徽省无为县茂源酒业有限公司座落于城北商业中心地段。是本地和周边地区规模最大的白酒和啤酒专业公司之一,代理"洋河"、"雪花"等国家名优品牌,内部机构设置完善,经营促销筹略定位准确,服务设施一流。经营品种、质量保证、价格合理、服务到位。
地址:安徽省巢湖市无为县北门外
邮 编:238300
法 人:秦为青
Tel:0565－6366999
Fax:0565－6366999

## 滁州安泰菊业工贸有限公司

业务:销售菊花、茶叶
地址:安徽省滁州市南谯区施集镇
负责人:李丰荷 邮 编:239000
法 人:李丰荷
Tel:13955005060
13866901868

**太湖县兴牧有限公司肉鸡技术服务部**
地址:安徽省安庆市太湖县新城高界路 114 号
负责人:黄灿明
Tel:0556－4184883

**天之味食品卤制品加工厂**
地址:安徽省蚌埠市长青康庄 B2 号
负责人:郑志
Tel:0552－4021704
13329225988

## 全椒长山酒业经营部

业务:名酒代理经营
地址:安徽省滁州市全椒县襄河镇儒林路 562 号
负责人:葛长山 邮 编:239500
法 人:葛长山
Tel:0550－5012959

## 安徽省依科福生物技术有限公司

业务:安徽省依科福生物技术有限公司成立于 2002 年,主要从事蜂皇浆、蜂胶、花粉等系列蜜蜂产品的生产、销售,欢迎新老客户光临惠顾。
地址:安徽省合肥市合作化南路 118 号桥南公寓 408 号
负责人:沈咏舟 邮 编:230039
法 人:沈咏舟
Tel:0551－5138681

## 安徽伟创粮油食品股份有限公司姜寨分公司

业务:面粉加工、销售
地址:安徽省阜阳市临泉县姜寨镇东一公里路北
负责人:王庆民 邮 编:236033
法 人:王庆民
Tel:15155838888

**诚心奶制品有限责任公司**
地址:安徽省蚌埠市太平街 15 号楼 17 号门
负责人:聂心蕊
Tel:0552－2079946
13955217998

## 霸王面粉厂

业务:霸王面粉厂生产高、中、低档面粉,公司秉着诚信至上、以德为本、质量第一的宗旨,欢迎新老客户来电洽谈业务。
地址:安徽省宿州市灵璧县
负责人:翟剑 邮 编:234200
法 人:翟剑
Tel:0557－6171408
网址:www.mtw51551.chinapyp.com

## 临泉县振华面业有限责任公司

业务:面粉、面条加工,农副产品购销
地址:安徽省阜阳市临泉县庞营乡韩老家村
负责人:韩振 邮 编:236400
法 人:王翠华
Tel:15155817998
13956708088
0558－6128816

**蚌埠市清香源食品厂**
地址:安徽省蚌埠市体育路 2 号 15 栋 102 室
负责人:黄涛
Tel:0552－2073390

## 亳州市谯城区本兴农民专业合作社

业务:粮油购销(主要是小麦、黄豆,少量油菜、芝麻、玉米)
地址:安徽省亳州市谯城区双沟镇纪楼村
负责人:纪本兴 邮 编:236800
法 人:纪本兴
Tel:0558－5608666
13856835230

## 合肥市包河区志强蔬菜经营部

业务:蔬菜、调味品、豆制品、干货的酒店配送服务
地址:安徽省合肥市周谷堆农副产品批发市场蔬菜广场 90 号
负责人:尹成千 邮 编:230011
法 人:尹成千
Tel:15555121929
0551－4650129

## 城西湖乡碉楼村淮丰米面加工厂

业务:城西湖乡碉楼村淮丰米面加工厂成立于 1994 年,现在员工有 30 余人,从事米、面的加工及销售。热忱欢迎新老客户来电垂询!
地址:安徽省六安市霍丘县城西湖乡碉楼村
邮 编:237400
法 人:李厚林
Tel:0564－6263088
Fax:0564－6263328

**五河县天天见食品厂**
地址:安徽省蚌埠市五河县小圩村轮窑厂院内
负责人:杨靖
Tel:0552－5601265
13909627148

## 池州市贵池区唐田自来水厂

业务:池州市贵池区唐田自来水厂成立于 2000 年,主要从事自来水供应。"诚信为本,信誉第一",热诚欢迎您的光临!
地址:安徽省池州市贵池区唐田镇
负责人:阮良平 邮 编:247000
法 人:阮良平
Tel:0566－4451777

## 淮南市和合呵粮油食品有限公司

业务:食用植物油
产品:索力源、聚福家系列包装食用油,各种食用散油
地址:安徽省淮南市毛集实验区夏集街道
负责人:方贤永 邮 编:232182
法 人:方贤永
Tel:0554－8281268
Fax:0554－8281988
E-mail:fanglei99@yahoo.com.cn

**涡阳广发绿色食品厂**
地址:安徽省亳州地区涡阳县曹市镇涡曹开发区
负责人:李建伟
Tel:0558－7398499
13965770999

## 池州市金口福食品有限公司

业务:池州市金口福食品有限公司成立于 2000 年,主要经营米、面食品。欢迎新老客户光临、惠顾!
地址:安徽省池州市青阳县丁桥镇丁桥村
负责人:周老虎 邮 编:334000
法 人:周老虎
Tel:0566－5668177

## 淮南市春申豆制品有限公司

业务:千张、豆腐、香干等生产销售
地址:安徽省淮南市谢家集区李郢孜镇赖山村
负责人:杨维春 邮 编:232001
法 人:杨维春
Tel:0554－5867466
Fax:0554－5867466

**亳州元化酒业有限公司**
地址:安徽省亳州市华佗镇小衣庄
负责人:贺明清
Tel:0558－5277188
5277988

**利辛县东盛粮油有限责任公司**
地址:安徽省亳州市利辛县江集镇工业区
负责人:王涛
Tel:0558－8027168
13705673626

## 六安市祥美特种水产养殖有限公司

业务:专业从事龟、鳖、黄鳝养殖销售,并为广大养殖户提供种苗、饲料、药品、技术服务、产品销售等综合性服务。秉承"诚信经营,做百年生意"的经营理念,坚持"客户第一"的原则为广大客户提供优质的服务!
产品:幼龟(鳄鱼龟、草龟)、中华鳖苗,黄鳝等
地址:安徽省六安市金安区三十铺镇和平村
负责人:王应祥 邮 编:237006
法 人:王应祥
Tel:0564－3856266
13865437419
15955997337
网址:www.51zzt.com/user/zzt40511

## 砀山县富春罐头食品厂

业务:砀山县富春罐头食品厂专业从事各类水果罐头、食用菌罐头的加工及销售,欢迎国内外广大客户来厂考察定货,共商发展大计。
地址:安徽省宿州市砀山县砀城镇苇子园
负责人:刘宝玉 邮 编:235300
法 人:刘宝玉
Tel:0557－8884184

## 六安市远峰商贸有限公司

业务:各类白酒、啤酒、红酒的代理,新品市场开拓及推广
地址:安徽省六安市六安经济开发区金凤凰财富广场
负责人:黄运峰 邮 编:237006
法 人:黄运峰
Tel:13665548008
0564－3279747

**亳州市老贡酒业有限公司**
地址:安徽省亳州市谯城区古井镇开发区
负责人:翟玉东
Tel:0558－5710898
13965797898

## 六安市味和源调味品有限公司

业务:调味品生产 、销售
产品:火锅底料、卤料、麻辣鲜
地址:安徽省六安市紫竹林路落水桥 3－4 巷
负责人:卢士和 邮 编:237006
法 人:卢士和
Tel:13966305270
0564－3217330

**亳州市谯城区德意食品饮料厂**
地址:安徽省亳州市谯城区沙土镇
负责人:赵德义
Tel:0558－5060448
13856759280

## 砀山欣诚食品有限公司

业务:砀山欣诚食品有限公司成立于 2005 年,是省级农业产业化龙头企业,以生产加工黄桃,梨、苹果,蘑菇,芦笋等果蔬罐头为主。欢迎新老客户惠顾。
地址:安徽省宿州市砀山县砀城镇振兴路 20 号
负责人:向国年 邮 编:235300
法 人:向萍
Tel:0557－8882543
Fax:0557－8880632
E-mail:iqmanxing@yahoo.com.cn

**涡阳县红星面粉厂**
地址:安徽省亳州市涡阳县龙山镇山前路
负责人:高敏
Tel:0558－7378676
13856817029

## 马鞍山市思农粮油专业合作社

业务:粮油
地址:安徽省马鞍山市当涂县乌溪镇
负责人:唐思海 邮 编:243162
法 人:唐思海
Tel:13721245188
0555－6781745

**鹰皇油脂有限公司**
地址:安徽省巢湖市含山县昭关桂花树岗
负责人:蔡继社
Tel:0565－4296588
4296568
13905659590

**新金方食品有限责任公司**
地址:安徽省巢湖市庐江县冶父山镇冶山村
负责人:徐向阳
Tel:0565－7412528
13865216666

## 宁国市金满堂饭店

业务:餐饮
地址:安徽省宁国市城东路锦宁小区 3 号
负责人:金碧青 邮 编:242300
法 人:金碧青
Tel:13856320189
0563－4017797

## 东至县马坑源口名茶加工厂

业务:东至县马坑源口名茶加工厂成立于 1994 年,多年来一直从事名优茶的生产、加工和销售。主要产品有玉露云峰绿茶。质优价平,热诚欢迎各界人士来电来函,共同合作。
地址:安徽省池州市东至县马坑乡源口村
邮 编:247271
法 人:方太进
Tel:0566－8413018
8413028
Fax:0566－8413028

## 灵璧县惠源纯净水有限公司

业务:桶装纯净水经营
地址:安徽省宿州市高楼镇潼君村
负责人:王桂义 邮 编:234000
法 人:王桂义
Tel:15922475869
0557－6949183

**东至县玉雪粮油厂**
地址:安徽省池州市东至县张溪镇里湖村
负责人:欧阳文平
Tel:0566－8267103
13905666673

## 上海秋硕食品销售管理有限公司

业务:生产与销售"不老松"牌系列糖果
产品:"不老松"牌水果糖、酥质糖
地址:安徽省宿州市金贵家园 103 室
负责人:钱华民 邮 编:234000
法 人:钱华民
Tel:13955741058
0557－3035909
Fax:0557－3035909
网址:http://www.szbls.com.cn/
E-mail:bulaosong20080808@163.com

**池州市青阳县五溪铝合金配件厂**
地址:安徽省池州市青阳县五溪镇佛国路 9 号
负责人:胡胜利
Tel:0566－5572257
13905664396

**铜陵市善香坊糖酒经营部**
业务：酒类批发
地址：安徽省铜陵市铜陵大市场7A10
负责人：胡松勇　邮编：244000
法人：胡松勇
Tel：13866504799
0562－2885177

**肥东县肖圩面粉有限公司**
业务：肥东县肖圩面粉有限公司成立于2004年，从事农副产品加工销售，加工购销售面粉，欢迎新老客户来电洽谈业务！
地址：安徽省合肥市肥东县陈集乡肖圩村肖圩大街
负责人：肖焰……邮编：231600
法人：肖焰
Tel：0551－7826785
7828785

**宣城顺祥酒业销售有限公司**
业务：销售"安徽难得糊涂"品牌白酒，法国"卡斯特"干红
产品："安徽难得糊涂"品牌白酒，法国"卡斯特"干红
地址：安徽省宣城市九洲市场6期6幢506
负责人：周顺祥　邮编：242000
法人：周宾
Tel：13865632903
15856369922

**永康酿酒有限公司**
地址：安徽省滁州市定远县人民路中段
负责人：韩先云
Tel：0550－4296212
13909604098

**宫集铜桥面粉厂**
地址：安徽省滁州市凤阳县西泉镇蚌西路
负责人：宫恒意
Tel：0550－6101068
13905526375

**凤台县顾桥乡鱼厂**
业务：凤台县顾桥乡鱼厂成立于1984年，养殖各种水产品，有鱼、虾、蟹及鱼苗培育销售，欢迎新老客户来电洽谈业务！
地址：安徽省淮南市凤台县顾桥镇鱼厂
负责人：叶旭……邮编：232100
法人：叶旭
Tel：0554－8391458

**安徽省金华萃食品有限公司**
地址：安徽省滁州市来安县相官镇
负责人：杨建贵
Tel：0550－5950926

**宏大糖酒公司**
地址：安徽省滁州市来安县永阳东路298号
负责人：储友生
Tel：0550－5789239
13905505355

**宣城市佳利食品厂**
业务：蛋糕、面包、月饼等
地址：安徽省宣城市宣州区城东社区丰收村
负责人：廖超　邮编：242000
法人：廖超
Tel：13805635734
0563－2829244

**凤台县尚塘花生经营有限公司**
业务：凤台县尚塘花生经营有限公司成立于2001年，专业从事花生加工与销售，主要产品有花生果、花生仁、花生油，以质量求生存，以诚信求发展，争取以更高的品质和信誉，更优质的服务与省内外客商建立友好往来！
地址：安徽省淮南市凤台县尚塘村迎宾大道008号
负责人：单维灵……邮编：232162
法人：单维灵
Tel：0554－8482266

**恒天酿造厂**
地址：安徽省滁州天长市千秋新村三巷一号
负责人：朱源
Tel：0550－3138161
7033021

**中京酱醋食品厂**
地址：安徽省阜阳市阜口路元寨镇后台村
负责人：邓传明
Tel：0558－2372999
13955886962

**阜阳利缘食品有限公司**
业务：阜阳利缘食品有限公司成立于2002年，是一家从事食品工业生产、销售的企业。主要生产、销售各种月饼馅料。公司致力于引进国外先进生产技术，现与诸多外资企业建立技术合作关系，并与之共同研发适合中国国内市场需求的食品工业产品。公司本着科技第一，诚信为本的宗旨，竭诚为您服务。
地址：安徽省阜阳市颍东区颍河东路168号麻纺厂对面
邮编：236000
法人：张进平
Tel：0558－2315940
Fax：0558－2278335

**三塔张金文粮食购销门市部**
地址：安徽省阜阳市阜南县三塔镇补孜村
负责人：张金文
Tel：0558－6761960
13956685258

**阜阳喜客多食品有限责任公司**
地址：安徽省阜阳市阜王北路138号
负责人：毛治明
Tel：0558－2179800

**古井酒行**
业务：古井酒行是一家从事蒙牛系列产品、古井系列产品销售的企业。欢迎新老客户光临、惠顾。
地址：安徽省涡阳县胜利西路288号
邮编：233600
法人：刘卫
Tel：0558－7221869
Fax：0558－7221869

**界首市金星木糖醇有限公司**
地址：安徽省阜阳市界首市界光路196号
负责人：王茂才
Tel：0558－3177579
4881808
13093349978

**康达面粉厂**
地址：安徽省阜阳市临泉县浏鞍南路18#
负责人：李峰
Tel：0558－6528708
13956759860

**味道香调味厂**
地址：安徽省阜阳市临泉县瓦店镇镇政府对面
负责人：肖政铎
Tel：0558－6191644
6191690

**合肥市鼓楼建新调味行**
业务：合肥市鼓楼建新调味行销售各类调味品、欢迎新老客户光临回顾！
地址：安徽省合肥市中市区淮河路锦华菜场内
负责人：吴昌才……邮编：230001
Tel：0551－2624777

**临泉县杨桥味美清真食品厂**
地址：安徽省阜阳市临泉县杨桥镇阜利路176号
负责人：杜家勤
Tel：0558－6360390
13965730368

**蜜香村食品厂**
地址：安徽省阜阳市清河西路清河南巷15栋2号
负责人：张杰
Tel：0558－2182030
13605589429

**合肥新站区皖兴食品厂**
业务：合肥新站区皖兴食品厂成立于2004年、公司主要生产汤圆、水饺饼类等产品、热诚欢迎来电订购洽谈！
地址：安徽省合肥市七里塘镇星火村里坟
负责人：李洪华……邮编：230000
Tel：0551－4280289
Fax：0551－4280289

**学珍肉食加工厂**
地址：安徽省阜阳市热电厂东路居民区
负责人：袁学珍
Tel：0558－2217098
13955873948

**太和县好梦圆西饼屋**
地址：安徽省阜阳市太和县镜湖西路幼儿园楼下
负责人：贾廷颂
Tel：0558－8611031
13305689886

**怀远县福华粮贸有限公司**
业务：本公司成立于2005年，主要从事糯米、糯米粉的加工与销售。"质量保证，价格合理"，热诚欢迎您的光临与惠顾！
地址：安徽省蚌埠市怀远县找郢乡管庄村
负责人：杨华……邮编：233415
法人：杨华
Tel：0552－8640358

**阜阳市元吉食品有限公司**
地址：安徽省阜阳市太和县三堂镇政府东1000米
负责人：朴元吉
Tel：0558－8464001

**霍邱县富蓼面粉制品厂**
业务：霍邱县富蓼面粉制品厂多年以来生产面粉制品远销全国各地，欢迎新老客户来电洽谈业务。
地址：安徽省霍邱县周集镇何庄村
负责人：傅应乐……邮编：237400
法人：傅应乐
Tel：0564－6311978
网址：mtw26002

**太和县城北面粉厂**
地址：安徽省阜阳市太和县太亳路
负责人：曹玉峰
Tel：0558－8633580
13909687939

**颍泉区周棚办事处益康食品厂**
地址：安徽省阜阳市颍泉区周棚办事处渡口居委会孟庄村
负责人：武俊祥
Tel：0558－2373221
13515571318

**青松面粉厂**
地址：安徽省阜阳市颍上县赛涧乡黄台村
负责人：李培国
Tel：0558－4536081
13956699147

**精白薯类粉丝精加工厂**
地址：安徽省阜阳市颍上县三十铺镇仁和村
负责人：闫正华
Tel：0558－4231197
13966561106

**霍邱县顺发米业有限责任公司**
业务：霍邱县顺发米业有限责任公司成立于2000年，从事大米、小麦、油菜及其它农副产收购、加工、销售，欢迎新老客户来电洽谈业务！
地址：安徽省六安市霍邱县花园镇街道
负责人：陈家顺……邮编：237494
法人：陈家顺
Tel：0564－6643666

**森林味品厂**
地址：安徽省阜阳市颍州区颍四办顺昌路
负责人：马大林
Tel：0558－2566709
13855859004

**蒙城县常兴镇浮岗面粉厂**
地址：安徽省亳州市蒙城县常兴镇
负责人：田雷
Tel：0558－7971826
13956732066

**合肥久昌酒业有限责任公司**
地址：安徽省合肥龙岗工业区
负责人：范爱民
Tel：0551－4328479

**合肥九洲副食品商店**
地址：安徽省合肥市包河区郊区巢湖路春雨花园5幢110号
负责人：李公权
Tel：0551－2883381
13003000841

**绩溪县东街粮油加工厂**
业务：绩溪县东街粮油加工厂成立于1991年，是一家从事粮食、油料加工的厂家。
地址：安徽省宣城市绩溪县华阳镇清河门环城东路113号
邮编：245300
法人：胡加
Tel：0563－8167818

**合肥喜得利酒业营销有限公司**
地址：安徽省合肥市包河区骆岗镇五里庙社居委胡岗小区1－04
负责人：刘辉
Tel：13500506321

**安徽美食汇食品有限公司**
地址：安徽省合肥市包河区美菱大道148号银杏苑小区棕榈34幢202室
负责人：叶宏
Tel：13866131750

**合肥兄弟食品有限公司**
地址：安徽省合肥市包河区义城镇中街12号
负责人：魏立功
Tel：0551－3352243
3222040

**界首市颍宏食品厂**
业务：界首市颍宏食品厂成立于2007年，生产糖果、巧克力等食品，欢迎新老客户来电洽谈业务。
地址：安徽省阜阳市界首市界陶路
负责人：代绍东……邮编：236500
法人：代绍东
Tel：0558－4851979
网址：www.mtw30117.chinapyp.com
E-mail：mtw30117

**肥凤旞鸡厂**
地址：安徽省合肥市长丰县三十头乡横店
负责人：杜学荣
Tel：0551－6333048
13966725961

**中辰粮业有限公司**
地址：安徽省合肥市长丰县水湖镇
负责人：陈晓东
Tel：0551－6670678
13805603169

**安徽华安佛食品有限公司**
地址：安徽省合肥市长江西路669号生物医药园507号
负责人：王滨燕
Tel：0551－5115583

**中渡粮油加工厂**
业务：粮油加工、销售
地址：安徽省马鞍山市当涂县黄池镇中渡村
负责人：钱益富　邮编：243000
法人：钱益富
Tel：13615550841
13965619045

**肥西县丰乐镇粮食购销公司**
地址：安徽省合肥市肥西丰乐镇
负责人：秦伦
Tel：0551－8721788
13955112566

**六安市裕安区双龙精米厂**
业务：六安市裕安区双龙精米厂创建于1996年，是集培育、种植、科研、加工、销售为一体的专业化优秀民营精米加工厂。我厂自创建以来就以高起点、高标准要求自己，致力与缔造米业至尊品牌，树立绿色大米的品牌形象。优质的质量和诚信待人的原则让双龙赢得了好评，在短时间内公司已在全国各大城市建立了完善的销售网络。
地址：安徽省六安市裕安区丁集镇
负责人：李毅……邮编：237000
法人：李毅
Tel：0564－2217339

**合肥周贵妃食品有限公司**
地址：安徽省合肥市霍邱路180号29幢108室
负责人：周玉芳
Tel：0551－2818260

**合肥采蝶轩食品有限责任公司第二十分公司**
地址：安徽省合肥市庐阳区亳州路125号
负责人：董剑
Tel：0551－5625599

**幸福粮油经营部**
地址：安徽省合肥市庐阳区金寨南路仰光农贸市场14号
负责人：苗静
Tel：0551－3510383
13083408350

**马鞍山市兴源粮油有限公司**
业务：马鞍山市兴源粮油有限公司注册于2006年7月份，主要从事粮油加工、销售、收购及农产品销售等。主要产品销往新疆、云南、江苏及本省各大城市和周边地区，建立了50000亩原粮（稻、油）生产基地，并与1800多农户签订了订单生产合同。
地址：安徽省马鞍山市当涂县乌溪镇
负责人：张久喜……邮编：243000
Tel：0555－6175068

**先创工贸有限公司**
地址：安徽省合肥市庐阳区杏花村镇汲桥新村A区1栋18号二楼
负责人：刘云飞
Tel：0551－5554648
13349113188

**亚星食品厂**
地址：安徽省合肥市美菱大道小康新村10号
负责人：孟军华
Tel：0551－3264865
3361189

**合肥市龙东食用化工厂**
地址：安徽省合肥市三十埠
负责人：党社成
Tel：0551－7683198
13956022918

**合肥安风禽蛋食品有限公司**
地址：安徽省合肥市蜀山区朝阳集贸市场内（黄山路南侧）
负责人：张明龙
Tel：13083007188

**安徽范氏粮油贸易有限责任公司**
地址：安徽省合肥市蜀山区樊洼路14号2幢
负责人：范恒青
Tel：0551－5584208

**桐城市好运来食品有限公司**
业务：公司位于安徽省桐城市，于1989年进入桐城市从事食品销售行业，于1999年成立好运来食品有限公司，公司销售品种达2千余种，拥有固定网络客户800家，是本市食品批发销售品种最多的一家企业单位。
地址：安徽省桐城市新市街392号
邮编：231400
法人：王金程
Tel：0556－6200229
13955600171
Fax：0556－6200229
网址：www.ahhhyl.chinapyp.com

**淮北市康桥盛世面粉有限公司**
地址：安徽省淮北市濉溪县虎山路158号
负责人：王立连
Tel：0561－6089298

**成华面粉厂**
地址：安徽省淮北市濉溪县经济开发区1号路东段
负责人：况成华
Tel：0561－6063398
13856143265

**玉乾经贸有限责任公司**
地址：安徽省淮南市八公山区蔡新路新风苑小区
负责人：沈颂乾
Tel：0554－5613189
13855405555

**八公山腐皮厂**
地址：安徽省淮南市八公山区烟草公司对面八公山腐皮厂门市部
负责人：李忠
Tel：0554－5614284
13966461804

**铜陵市金冠饼屋**
业务：本公司成立于1997年，拥有30多名员工。主要经面包、蛋糕、西饼。
地址：安徽省铜陵市义安南路39号
邮编：244000
法人：吴小明
Tel：0562－2877117

**新集振风酒厂**
地址：安徽省淮南市凤台县古城大市场142号
负责人：章兆涛
Tel：0554－8619682
3392666

**事事达粮酒经营部**
地址：安徽省淮南市凤台县朱马店镇凤利路北
负责人：曾昭海
Tel：0554－8441055

13705547056

**方圆面粉厂**
地址:安徽省淮南市毛集实验区周台村
负责人:朱德影
Tel:0554－8261389
13956462698

**天号成酒类饮料销售有限公司**
地址:安徽省淮南市田家庵区青年路8号
负责人:夏冰
Tel:0554－3636319
5540595

**宣城市永州皮蛋厂**
业务:无铅皮蛋
地址:安徽省宣城市宣州区孙埠镇玉粒村
负责人:李多清 邮 编:242000
法 人:李多清
Tel:13966220858
0563－3155939

**铜陵市四海食品商贸有限责任公司**
业务:我公司创立于2003年,主要从事食品、副食品、烟、酒、糖、土产品、炒货、文化用品、日用百货、劳保用品、五金制品、家用电器、建材、化工产品销售。我们将真诚与您携手共进,开创新的未来!
地址:安徽省铜陵市世界花园19幢103
邮 编:244000
法 人:沈伯平
Tel:0562－2825997
Fax:0562－2815760

**黄山市屯溪泉发食品商行**
地址:安徽省黄山市屯溪区滨江东路丰华大市场54号
负责人:王常碧
Tel:0559－2517769
13170290518

**寿县高氏食品有限责任公司**
地址:安徽省六安地区寿县众兴镇街道
负责人:高友道
Tel:0564－4699169
13905646272

**华泰商贸有限责任公司**
地址:安徽省六安市茶叶大市场23号
负责人:钱克廷
Tel:13965488889

**六安市孩乐糖果厂**
地址:安徽省六安市霍邱县洪集镇工业区
负责人:余兴堰
Tel:0564－6856018

**涡阳广发绿色食品厂**
业务:涡阳广发绿色食品厂主要生产销售绿色食品、酱油、醋、各种调料等。"诚信经营,质量可靠,价格合理",热诚欢迎新老客户惠顾。
地址:安徽省亳州地区涡阳县曹市镇涡曹开发区
邮 编:233665
法 人:李建伟
Tel:0558－73989888
Fax:0558－7398499

**临水丰华酒厂**
地址:安徽省六安市霍邱县临水开发区丰华酒厂
负责人:刘先进
Tel:0564－6363939
13329192189

**寿县泰丰粮油有限公司**
地址:安徽省六安市寿县隐贤镇曹庙村
负责人:文生香
Tel:0564－4600688
13905646416

**镇东面粉厂**
地址:安徽省六安市寿县众兴镇
负责人:高子俊
Tel:0564－4699031
13605645105
13966292411

**登平酱油厂**
地址:安徽省六安市舒城县城关镇七星村
负责人:孙登平
Tel:0564－8688129
13956100208

**五河县双荣米面有限公司**
业务:五河县双荣米面有限公司成立于2006年4月,主要以大米、面粉加工、销售为主,公司愿与社会各界有识之士一同奋斗,共谋发展,期待着与您的合作。
地址:安徽省蚌埠市五河县双忠庙镇单滩村
负责人:蒋国荣 邮 编:233300
法 人:蒋国荣
Tel:0552－5500179

**马鞍山市兴旺食品厂**
地址:安徽省马鞍山市花山区霍里镇三姚村二社队26号
负责人:尹理明
Tel:13705553257

**安徽玉盘山食品有限公司**
地址:安徽省宁国市北园路89号
负责人:丁国祥
Tel:0563－3011694(宅)
13856334455

**山利炒货厂**
地址:安徽省宁国市甲路镇石门村黄茂坪
负责人:梅新平
Tel:0563－4988043
13345638713

**新王朝饮食服务有限公司**
地址:安徽省宁国市锦苑广场新王朝大酒店
负责人:陈旭清
Tel:0563－4026777
13805625277

**维超制粉有限责任公司**
地址:安徽省宿州市灵璧县尤集镇解圩村
负责人:解维超
Tel:0557－6661177

**新金方食品有限责任公司**
业务:新金方食品有限责任公司成立于2003年,主要从事农副土特产、蛋制品、调味品、豆制品等的加工销售。
地址:安徽省巢湖市庐江县冶父山镇冶山村
邮 编:231507
法 人:徐向阳
Tel:0565－7412528
Fax:0565－7412999

**宿州市鑫隆食品有限公司天恩超市**
地址:安徽省宿州市宿怀北路路西花园大厦2号楼
负责人:张建民
Tel:0557－3188123

**方圆面粉**
地址:安徽省宿州市唐寨镇
负责人:唐世青
Tel:0557－8702569
13955763392

**中法合资安徽皇藏莱登堡葡萄酒有限公司**
业务:中法合资安徽皇藏莱登堡葡萄酒有限公司采用法国波尔多地区AOC高级原酒作原料,利用法国先进设备及工艺,采取高科技手段,生产各类高档干红、干白葡萄酒。另真诚对外诚招省、地、市级区域总代理及销售精英加盟,共商商海大计!
地址:安徽省宿州市萧县城南经济开发区孟梅路152号
负责人:何进步 邮 编:235200
法 人:何进步
Tel:0557－5068552
Fax:0557－5066992
E-mail:huangcangwine@21cn.com

**西方面粉加工厂**
地址:安徽省宿州市塘桥区西二卜乡石圩村
负责人:石明利
Tel:0557－3655115
13855741882

**蓝云豆乳饮料厂**
地址:安徽省宿州市萧县开发区段庄118号
负责人:蒋鹏
Tel:0557－5063673

**萧县红双喜葡萄酒庄园有限公司**
地址:安徽省宿州市萧县龙城镇民治街152号
负责人:张长俭
Tel:0557－5037150

**四新面粉厂**
地址:安徽省宿州市萧县马井镇马井村
负责人:马传斗
Tel:0557－5311545
13605577115

**宿州市刘香园面粉有限责任公司**
地址:安徽省宿州市墉桥区永安镇永安村
负责人:刘向风
Tel:13855701511

**飞龙面粉厂**
地址:安徽省宿州市埇桥区桃园镇黄沟村
负责人:桑涛
Tel:0557－2551117
13500580298

**紫晶啤酒有限公司**
地址:安徽省铜陵市铜官山区宝山路1号
负责人:沈志高
Tel:0562－5825619
13705628976

**汀洲食品厂**
地址:安徽省铜陵市铜陵县太平乡汀洲村二队
负责人:汪必新
Tel:0562－8271385
13856212077

**九州方圆饮服有限责任公司**
地址:安徽省铜陵市义安北路(国税局负一楼)
负责人:陶玉坤
Tel:0562－2113538
13905626378

**古井酒业**
地址:安徽省涡阳县胜利西路288号
负责人:刘卫
Tel:0558－7221869
13956821869

**繁昌县峨山乡沈弄粮油加工厂**
地址:安徽省芜湖市繁昌县峨山乡沈弄村
负责人:彭宗武
Tel:0553－7765365
13339035669

**芜湖市春谷粮油有限公司**
地址:安徽省芜湖市繁昌新林乡山河村
负责人:谷献武
Tel:0553－7125237
13605537892

**百龙时鲜食品批发部**
地址:安徽省芜湖市镜湖区花津路百龙A区14栋7号
负责人:常荣庆
Tel:0553－3865943
13905530745

**湖市范师傅食品有限责任公司**
地址:安徽省芜湖市鸠江区弋江北路汽配工业园内
负责人:王平香
Tel:0553－2860658
13956215720

**老山届茶行**
地址:安徽省芜湖市鸠江区中国茶城801号
负责人:王先华
Tel:0553－5874031
13905532133

**荣发瓜籽厂**
地址:安徽省芜湖市马塘区鲁港镇十里行政村
负责人:周建荣
Tel:0553－3021813
13605535875

**南陵县陈氏商行**
地址:安徽省芜湖市南陵县城关镇东门其林新路
负责人:陈文喜
Tel:0553－6824733
13855342227

**永丰食用菌开发有限公司**
地址:安徽省芜湖市南陵县家发镇
负责人:朱光明
Tel:0553－6583666
13866365666

**玉泉纯净水厂**
地址:安徽省芜湖市南陵县许镇农民城
负责人:朱上玉
Tel:0553－6272028
13955371688

**广农食用菌有限公司**
地址:安徽省芜湖市南陵县许镇镇东联村
负责人:杨家林
Tel:0553－6201291
13063262966

**黄池裕民茶干厂**
地址:安徽省芜湖市芜湖县清水镇
负责人:施巧玲
Tel:0553－8292155
13004069928

**马鞍山市丹农农业开发有限公司**
业务:粮油、水产品
地址:安徽省马鞍山市当涂县乌溪镇
负责人:唐思海 邮 编:243162
法 人:唐思海
Tel:13721245188
0555－6781745

**华斌食品有限公司**
地址:安徽省芜湖市芜湖县赵桥工业园
负责人:梁友斌
Tel:0553－8815688
13966005888

**赵村粮油购销有限公司**
地址:安徽省宣城地区广德县赵村乡粮站
负责人:徐坤柱
Tel:13805627730

**安徽玉盘山食品有限公司**
地址:安徽省宣城市宁国市北园路89#
负责人:徐太祥
Tel:0563－4038076

**康远食品有限责任公司**
地址:安徽省宣城市宣州区九州市场D区34号
负责人:张勇
Tel:0563－3631818
13083131718

**华瑞糖酒采供站**
地址:安徽省宣城市宣州区九洲市场供销商城东3号
负责人:芮世苏
Tel:0563－2820962
13805637772

## 保健米厂

保健米厂主导产品"百忍堂"牌大米。灌溉引进滩下泉水或佛子岭水库水，米质好、口味香、米质不回生。本加工厂通过QS质量安全认证，如有意收购杂交米、协优米、"两优培九"各类优质大米，欢迎来电洽谈！

联系人：张世祥

电话：0564-4646546 13329231789 传真：0564-4646089
地址：安徽省六安市寿县保义镇河沿路西头 邮编：237000

## 国惠园米业

国惠园米业成立于2002年，主要从事大米加工及销售。

我们秉承"顾客至上，锐意进取"的经营理念，坚持"客户第一"的原则为广大客户提供优质的服务。欢迎广大客户惠顾！

联系人：李毅均

电话：0554-6901168 13866322828
地址：安徽省淮南市谢家集区孙庙乡街道 邮编：232000

## 滁州市南谯汉革食品厂

滁州市南谯汉革食品厂成立于1992年，本厂是一家集休闲食品、速冻食品的企业。主导产品有各种年糕、汤圆、八宝粥、速冻水饺、珍珠元宵等。

汉革产品畅销安徽、江苏、浙江等二十几个城市，深受广大消费者的喜爱，为进一步地扩大生产规模，本着"以质量求生存，以消费者为定位"的理念，不断开发新产品，来满足客户的需求。

联系人：刘汉革 13605502128

电话/传真：0550-3164558
网址：www.czhange.com
电子邮件：Hange1966@163.com
地址：安徽省滁州市南谯区滁河路44号 邮编：239000

## 合肥宏福食品廠

合肥宏福食品厂成立于2007年，主要从事蒸肉米粉、调味品、淀粉、白砂糖、红糖的生产加工。

本着"质量第一，信誉至上"的原则，欢迎广大新老客户来电洽谈业务！

联系人：席有根 13905607898
电话/传真：0551-7717518
地址：安徽省合肥市肥东县店埠镇光大居委员
邮编：231600

## 定远县太海粮油贸易有限公司

定远县太海粮油贸易有限公司成立于1996年，本公司专业从事大米生产经营、种植服务、加工、营销为一体的专业性企业。公司注重质量管理：引进两项国际领先工艺流程、执行从田头到餐桌一条龙保质程序，以确保大全米业出品的不仅仅是大米，更是品质和健康。我公司生产的意洋品牌系列大米，无论是优良高档的内在品质，还是晶莹剔透的外观色泽，还是清香纯正的口感都深受广大新老客户的赞誉和厚爱，太海米业诚望与各界朋友及海内外有识之士精诚合作，共创辉煌。

联系人：陈太海

电话：0550-4432206 传真：0550-4432666
网址：www.taihaily.cn 电子邮件：taihailiangyou@126.com
地址：安徽省滁州市定远县炉桥镇青孙路88号 邮编：233200

## 合肥兴海米厂

合肥兴海米厂成立于2005年，本厂专业从事生产、加工、销售大米。

本厂以客户至上、服务第一为服务宗旨。竭诚欢迎各界朋友前来参观、考察、洽谈业务。

联系人：袁金海

电话：0551-7371828 13083056629
地址：安徽省合肥市肥东县长乐乡 邮编：231604

## 丰收食品有限公司

丰收食品有限公司主要经营肉类、蔬菜、家禽、冷饮、副食品。我公司秉承"顾客至上，锐意进取"的经营理念，坚持"客户第一"的原则为广大客户提供优质的服务。欢迎您的来电！

联系人：许来学

电话：0555-2770798 13705553711
地址：安徽省马鞍山市花山区霍里镇丰收村
邮编：243000

## 亨荣食品厂

亨荣食品厂成立于1995年，亨荣食品厂位于宣城市泾县泾川镇，本公司主要经营传统糕点、西式食品、中秋月饼。公司本着"质量第一，信誉第一"的宗旨，为广大消费者服务。

联系人：陈亨荣
电话：0563-5120402
地址：安徽省宣城市泾县泾川镇新村51号
邮编：242000

## 福明酒业商贸有限公司

福明酒业商贸有限公司主要从事白酒、红酒销售。"质量保证，价格合理"，竭诚欢迎您的光临与惠顾！

联系人：何福明
电话：0550-7045999 15056129999
地址：安徽省天长市建设东路63号
邮编：239300

## 怀宁新海米业有限责任公司

怀宁新海米业有限责任公司成立于2008年，专业从事稻谷收购、加工和大米的销售。我公司秉承"服务为本，客户至上"的原则，竭诚为新老客户服务！

联系人：李新海

电话：0556-4811067、13955601722
地址：安徽省安庆市怀宁县石牌镇保湖村 邮编：246100

## 润华水产食品有限公司

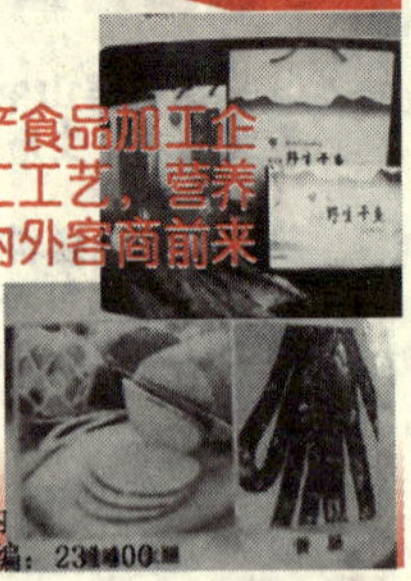

本公司是一家专业从事水产食品加工企业，其中包括腌制、烟熏等加工工艺，营养丰富，口味鲜美，真诚欢迎海内外客商前来合作、洽谈！

联系人：叶永春
电话：0556-6605718 13866005999
地址：安徽省桐城市嬉子湖镇双店街湖管会院内
邮编：234400

## 谢桥镇小张庄综合面粉厂

谢桥镇小张庄综合面粉厂成立于2002年，主要从事面粉加工。

本厂秉承“顾客至上，锐意进取”的经营理念，坚持“客户第一”的原则为广大客户提供优质的服务。

欢迎广大客户惠顾！

联系人：关兆义　电话：0558-4285014
地址：安徽省阜阳市颍上县谢桥镇　邮编：236000

## 森林味品厂

森林味品厂是一家专业生产酱油的厂家。以“质量第一，客户至上”为经营宗旨。

欢迎新老客户光临、惠顾！

电话：0558-2566709 13865874401
联系人：马大林　邮编：236000
地址：安徽省阜阳市颍州区颍四办顺昌路

## 岳西县新兴食品厂

岳西县新兴食品厂成立于2007年。

加工制作蛋糕、面包、贡糕、月饼、绿豆糕等食品。

欢迎广大客户的光临！

联系人：金义仁 13955605393
电话：0556-2177814
地址：安徽省安庆市岳西县汤池中学　邮编：246600

## 宿州市符离集牌烧鸡厂

闻名中外的符离集烧鸡，已有2000多年历史，名列全国三大名鸡之首。它以独特的风味，享誉遐迩。我厂出品的烧鸡，1956年被国家评为名菜，选入人民大会堂宴会厅名菜，荣获首届安徽省著名商标。1980年在全国食品总厂举办的熟食品内部展销会上又名列第一。是符离集烧鸡行业建厂最早、最有知名度的正宗“符离集”牌烧鸡老厂。烧鸡不仅远销北京、上海、南京、四川等地20多个省市自治区，而且大量出口创汇。

电话：0557-2157885 13805574080
网址：www.zzfljpsj.com　联系人：张长根
地址：安徽省宿州市符离镇宿徐北路30号　邮编：234000

## 天之味食品卤制品加工厂

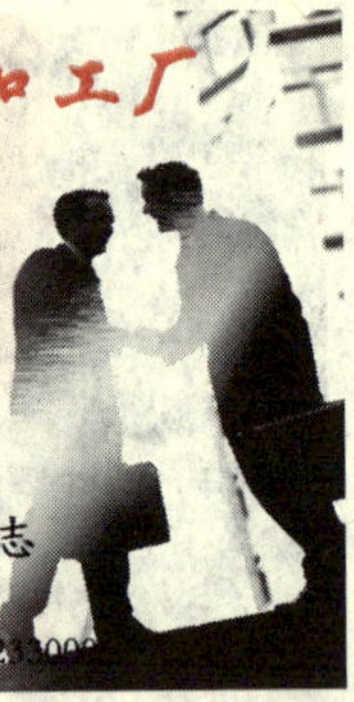

天之味食品卤制品加工厂成立于1996年，主要从事卤制品、坚果和休闲食品的加工、销售。

以“质量第一，客户至上”为经营宗旨，欢迎新老客户光临、惠顾！

电话：0552-4021704 13329225988　联系人：郑志
地址：安徽省蚌埠市长青康庄B12号　邮编：233000

## 芜湖市香尔王瓜子食品厂

芜湖市香尔王瓜子食品厂成立于1986年，本厂专业从事加工、销售各种瓜子。本厂凭着良好的信用、优良的服务与多家企业建立了长期的合作关系。芜湖市香尔王瓜子食品厂热忱欢迎各界朋友前来参观、考察、洽谈业务。

联系人：王开龙
电话：0553-4818964 5766392 13805539357
传真：0553-4818964　邮编：241000
地址：安徽省芜湖市马塘区花津南路蔬菜工业园区

## 福建省/Fujian Province

### 宁德市霞浦县鸿坊副食品经营部

业务：经营各种副食品
产品：酒类、饮料
地址：福建省宁德市霞浦县松城街道龙马新村西区240号
负责人：曾亮环　邮　编：355100
法　人：曾亮环
Tel：13626986299

### 福建省霞浦冠申食品有限公司

业务：食品加工、销售
地址：福建省宁德市霞浦县松港街道山河路5号1606
负责人：鲍宗福　邮　编：355100
法　人：鲍宗福
Tel：15659339999
0593－8883828

### 霞浦县溪南镇沁怡茶庄

业务：销售安溪铁观音、武夷山红茶“大红袍”、本地绿茶
地址：福建省宁德市霞浦县溪南镇中心街
负责人：尹义秋　邮　编：352000
法　人：尹义秋
Tel：13055577088
0593－8798886

### 霞浦县下浒海棠海带购销部

业务：海带等海产品收购、加工、销售一条龙
地址：福建省宁德市霞浦县下浒镇外浒路6号
负责人：李中文　邮　编：352100
法　人：李中文
Tel：13055482919
0593－8589387

### 品味茶庄

业务：销售茶叶
产品：安溪铁观音
地址：福建省晋江市陈埭镇洋埭村陈泉路920号
负责人：林汉锋　邮　编：362200
法　人：林汉锋
Tel：15980038001
0595－85200852
E-mail：wanfenga@pub2.qz.fj.cn

### 长乐地一纯净水有限公司

业务：本公司成立于2006年，生产销售“地一山泉”tm系列桶（瓶）装纯净水、饮用水。欢迎新老客户光临惠顾！
地址：福建省长乐市航城街道石屏村
负责人：张锦林　邮　编：350200
法　人：张锦林
Tel：0591－28205376

### 永泰县伏口林武食杂店

业务：食杂销售
地址：福建省福州市永泰县伏口乡吉坑村石鼓8号
负责人：杨林武　邮　编：350704
法　人：杨林武
Tel：0591－24641506

### 福建省霞浦余鑫水产贸易有限公司

业务：海带的包装与销售
产品：海带
地址：福建省宁德市霞浦县下浒镇下浒街隆昌大街隆祥路三弄2号
负责人：余桂郎　邮　编：352100
法　人：余桂郎
Tel：13959377996
0593－8586486
Fax：0593－8585695

### 柘荣县杜氏特香包店

业务：面包、中秋月饼、生日蛋糕、西点等一系列烘焙产品
地址：福建省宁德市柘荣县双城镇柳城北路7号
负责人：黄财山　邮　编：352000
法　人：黄财山
Tel：13635202201
0593－8358786

### 周宁县魏步葵副食店

业务：食品、副食品
地址：福建省宁德市周宁县礼门乡礼门街80号
负责人：魏步葵　邮　编：355407
法　人：魏步葵
Tel：0593－5929687

### 莆田市城厢区志谦食杂经营部

业务：经营食品、副食品、名烟名酒
地址：福建省莆田市城厢区华亭镇山牌村新村12队31号
负责人：张志谦　邮　编：351100
法　人：张志谦
Tel：13860928490
0594－2033516

### 长乐金峰一品堂食杂店

业务：台湾奶粉、台湾食品
地址：福建省长乐市金峰镇金峰里礼堂前第七间
负责人：陈云星　邮　编：350211
法　人：陈云星
Tel：15985739561
0591－28555170

### 福清市金福泉食品有限公司

地址：福建省福清市城头镇大厝村58号

负责人:陈乃才
Tel:0591－85586833
85480565

## 莆田市余氏水业有限公司
业务:天然水,纯净水,矿泉水的生产和销售
地址:福建省莆田市城厢区华亭镇兴沙村古山
负责人:余少华 邮 编:351100
法 人:余少华
Tel:13808582630
0594－2066111

## 莆田市城厢区麻记扁食卤肉店
业务:麻记特色卤肉制品
地址:福建省莆田市城厢区荔城南大道228号
负责人:麻元梁 邮 编:351100
法 人:麻元梁
Tel:0594－2672882
13959563688

## 莆田市城厢区鼎天贸易行
业务:国密董酒系列代理
地址:福建省莆田市城厢区荔城中大道2407号
负责人:黄金倍 邮 编:351100
法 人:黄金倍
Tel:0594－2067999

## 莆田市城厢区阿力茶酒行
业务:销售茶叶、酒
地址:福建省莆田市城厢区龙办北磨居委会福兴路888号
负责人:林雪芳 邮 编:351100
法 人:林雪芳
Tel:13859882282
0594－2853288

## 莆田市涵江区江口乐多滋烧仙草店
业务:销售饮料
地址:福建省莆田市涵江区江口镇锦秀北街208号
负责人:吴清山 邮 编:351100
法 人:吴清山
Tel:0594－3688573

## 涵江区嘉宝食杂店
业务:食品经营
地址:福建省莆田市涵江区秋芦镇崇圣村半南岭
负责人:邱康林 邮 编:351100
法 人:邱康林
Tel:0594－3966966

## 永泰县白云金林粉干加工点
业务:米粉干加工、销售
地址:福建省福州市永泰县白云乡白云街
负责人:黄金林 邮 编:350001
法 人:黄金林
Tel:0591－24552734
13799442971

## 福州市台江区大勇毛蟹摊
业务:销售大闸蟹
地址:福建省福州市台江区水产批发市场毛蟹区7号摊
负责人:俞大勇 邮 编:350001
法 人:俞大勇
Tel:13805066072
0591－83622385

## 莆田市义诚信酒业
业务:人头马、百年路易葡萄酒福建总经销
地址:福建省莆田市涵江区新涵大街979号
负责人:郑建雄 邮 编:351100
法 人:郑建雄
Tel:0594－3323132
13859813881

## 笏石牛仔茶酒业商行
业务:茶叶、酒的销售
地址:福建省莆田市笏石镇北埔村田厝商业城新街口
负责人:赵跃华 邮 编:351100
法 人:赵跃华
Tel:13706066676
0594－5896676

## 莆田市荔城区北高阿辉食杂店
业务:经营食杂
地址:福建省莆田市荔城区北高镇埕头新街95号
负责人:梁建辉 邮 编:351100
法 人:梁建辉
Tel:13859878000
0594－5232061

**连江县凤城镇中鸿其它副食品店**
地址:福建省福州市连江县凤城镇104国道西侧玉泉公园前
负责人:郑家忠
Tel:0591－26121198

## 莆田市昌茂食品有限公司
业务:米、面、杂粮制品
地址:福建省莆田市荔城区黄石镇清中村前塘171号
负责人:翁志鹏 邮 编:351144
法 人:翁志鹏
Tel:13599000102
13799665550

## 莆田市荔城区新度旭敏食杂店
业务:安溪感德铁观音.乌龙茶特约经销,阿头米粉(下坂)总经销,粮油食品批发零售,名烟名酒系列,青岛啤酒.雪津啤酒特约经销,预包装食品零售
地址:福建省莆田市荔城区新度镇下坂村中境191号
负责人:杨旭敏 邮 编:351142
法 人:杨旭敏
Tel:13178056105
0594－2981513

## 晋江市池店镇洪轩豆制品店
业务:豆制品生产
地址:福建省晋江市池店镇池店村凤南58号
负责人:邱国民 邮 编:362200
法 人:邱国民
Tel:15960438895
13159053355

**福建省长乐日月香粮油加工厂**
业务:本公司成立于1990年,主要从事食用油的生产与销售。“质量可靠,价格合理”,竭诚欢迎广大新老客户来我公司洽谈业务,共同合作!
地址:福建省长乐市金峰镇六林新大亨
负责人:林英迟 邮 编:350211
法 人:林英迟
Tel:0591－28555099

## 仙游县枫亭平凡名烟名酒名茶店
业务:名烟、名酒、名茶等
地址:福建省莆田市仙游县枫亭镇枫兴路118号
负责人:方航 邮 编:351100
法 人:方航
Tel:0594－7692988

## 仙游县盖尾采青茶行
业务:安溪铁观音
地址:福建省莆田市仙游县盖尾镇宝树坡
负责人:连建武 邮 编:351252
法 人:连建武
Tel:13607518288
0594－7166123

## 莆田市仙游县郊尾镇龙商食杂店
业务:方便面、休闲食品、饼干、饮料等
地址:福建省莆田市仙游县郊尾镇派出所旁边
负责人:陈先龙 邮 编:351253
法 人:陈先龙
Tel:13950765038
0594－6202006
Fax:0594－7373189

## 仙游县鲤城南山贸易商行
业务:酒
地址:福建省莆田市仙游县鲤城街道东大路348号
负责人:王义洪 邮 编:351100
法 人:林志琴
Tel:0594－8552222
13305942933

## 益民水产品经营部
业务:海产品加工销售
地址:福建省东山县铜陵镇文峰街工业路842号
负责人:张益民 邮 编:363401
法 人:张益民
Tel:0596－5683146
13960015918

## 晋江市池店镇云华粮油食杂店
业务:大米、食用油、面粉等食杂
地址:福建省晋江市池店镇洋茂凯星鞋业对面
负责人:江云华 邮 编:362200
法 人:江云华
Tel:13960415282
0595－88105410

**代树杂食店**
地址:福建省福州市闽候县荆溪镇徐家村新街
负责人:程代树
Tel:0591－22614541
13960960159

## 仙游县鲤城阿杰调味品店
业务:销售调味品
地址:福建省莆田市仙游县鲤城街道迎勋路168号
负责人:李良杰 邮 编:351100
法 人:李良杰
Tel:0594－8590600
13607530600

## 仙游县鲤城迎勋路丽珍猪肉摊
业务:生猪肉销售
地址:福建省莆田市仙游县鲤城迎勋路菜场
负责人:林丽珍 邮 编:351100
法 人:林丽珍
Tel:13808577199

## 仙游县菜溪浔阳油茶专业合作社
业务:茶油,茶苗
地址:福建省莆田市仙游县象溪乡象星村街道443号
负责人:岳毓清 邮 编:351263
法 人:岳毓清
Tel:0594－8694123
13178054647

## 莆田市秀屿区埭头丽新食杂店(青岛啤酒总经销)
业务:青岛啤酒总经销
地址:福建省莆田市秀屿区埭头镇高林村赤岑圆圈2组68号
负责人:林丽新 邮 编:351100
Tel:0594－5280188

## 福建省莆田市秀屿区笏石镇吴春树蜂产品实疗中心
业务:集养蜂、科研、加工、经营于一体的综合性蜂产品企业,自产自销、质优价廉,敬请新老客户光临选购!
产品:蜂二宝、专治胃痛、便秘、十二肠炎的蜂三宝,专治肝炎、前列腺炎、各种肿瘤的蜂四宝、蜂胶、蜂皇浆、蜂花粉、蜂蜜
地址:福建省莆田市秀屿区笏石镇农贸市场门口大众路125
负责人:吴春树 邮 编:351146
法 人:吴春树
Tel:13959595125

## 安溪县城关泓龙食品店
业务:酒类代理经销
地址:福建省泉州市安溪县凤城镇北石住宅小区10号楼[三小对面]
负责人:吴文郎 邮 编:362000
法 人:吴文郎
Tel:0595－26030988

## 福州市马尾区榕鑫肉类批发商行
业务:猪肉加工经营
地址:福建省福州市台江区鳌峰苑5幢307室
负责人:魏太任 邮 编:350001
法 人:魏太任
Tel:13850121106
13696803339

## 福建省安溪天盛茶业有限公司
业务:集茶叶种植、加工、精制销售为一体,精心打造安溪铁观音系列产品。公司始终奉行“方便客户、诚信经营”的宗旨,厂家直销,还可网上定购,您可以足不出户,喝上最纯正、最实惠的安溪铁观音!
产品:天天盛名茶(铁观音、本山、黄金桂)及茶具、茶业包装用品
地址:福建省泉州市安溪县凤城镇河滨北路545号4楼
负责人:林进锋 邮 编:362400
法 人:林进锋
Tel:0595－26312666
4006004689
Fax:0595－26312666
网址:www.tscye.com
E-mail:fjtscye@163.com

## 泉州市优豪食品有限公司
业务:生产、销售食品
地址:福建省泉州市丰泽区西门城口塔仔尾怡香阁102室
负责人:曾繁豪 邮 编:362000
法 人:曾繁豪
Tel:0595－22885279

**玉田丽明面粉店**
地址:福建省长乐市玉田镇洋中路1号
负责人:郑丽明
Tel:0591－28960123
13805069980

## 晋江市罗山金益达食品包装厂
业务:集开发、生产、销售、投资为一体的实业型工贸企业,传统工艺与现代科技完美结合,开发生产膨化食品、蜜饯、炒货、肉制品等系列产品。安全、放心、绿色,品味健康生活,我们期待与您真诚合作!
产品:蜜饯、薯片、香芋片、进口休闲食品等
地址:福建省晋江市罗山街道梧安洋柄177号
负责人:李美玲 邮 编:362200
法 人:李契
Tel:0595－88182309
Fax:0595－88176228

## 安溪县新佳美快餐食品有限公司
业务:餐饮连锁
地址:福建省泉州市安溪县凤城镇解放路102号
负责人:陈庆中 邮 编:362000
法 人:陈庆中
Tel:0595－23221261
Fax:0595－23221261

## 安溪县八岩茶叶百强企业网络批发中心
业务:铁观音的生产和销售
产品:铁观音
地址:福建省泉州市宝洲路东海大酒店后院淮福苑502室
负责人:陈杉春 邮 编:362000
法 人:陈杉春
Tel:13489515588
0595－88469888
Fax:0595－2892098
网址:www.79801.com
E-mail:tgy988@126.com

## 德化县兴旺酒业
业务:销售白酒
地址:福建省泉州市德化县浔中镇城后游泳池1号
负责人:林泽星 邮 编:362000
法 人:林泽星
Tel:0595－23555176
18959721139

## 泉州市丰泽区绿岛饮料店
业务:大台北奶茶
地址:福建省泉州市丰泽区华大法花美社区学生街3号
负责人:刘镇欧 邮 编:362000
法 人:刘镇欧
Tel:13559525819
13515054180

## 福州市台江区练木华笋干店
业务:笋系列产品
地址:福建省福州市台江区鳌峰路68号亚峰蔬菜批发市场514#
负责人:练木华 邮 编:350001
法 人:练木华
Tel:13860692303
0591－87653356

## 惠安县崇武伟芳水丸店
业务:水丸加工、销售
产品:鱼丸、肉丸等
地址:福建省泉州市惠安县崇武霞西新市场
负责人:杜伟芳 邮 编:362100
法 人:杜伟芳
Tel:13074967595
0595－22296910

## 福建泉州五舟园食品有限公司
业务:经营食用油、花生油、香油、麻油
地址:福建省泉州市惠安县涂寨工业区
负责人:廖庆清 邮 编:362100
法 人:廖庆清
Tel:0595－27899928
18960478998
Fax:0595－87202777

## 惠安县张坂食尚潮流食杂店
业务:副食品零售
地址:福建省泉州市惠安县张坂镇上塘泉祥厂对面
负责人:黄景如 邮 编:362126
法 人:黄景如
Tel:15880822948
13235953928

**晋江市珍味来食品有限公司**
业务:食品生产销售
地址:福建省泉州市晋江市安海镇兴西工业区
负责人:颜鸿阳 邮编:362000
法人:颜鸿阳
Tel:0595-85712369

**晋江市龙湖镇意难忘茶叶店**
业务:安溪铁观音、绿茶
地址:福建省泉州市晋江市龙湖镇中山街
负责人:王见意 邮编:362241
法人:王见意
Tel:13860755359
0595-85305125

**晋江市梅岭迎香茶庄**
业务:安溪铁观音
地址:福建省泉州市晋江市梅岭新华街中段检察院干警家属底层B座108号
负责人:陈文明 邮编:362000
法人:陈文明
Tel:13788846820
0595-82860688
82006658
Fax:0595-82006658

**晋江市新塘南塘海波酒行**
业务:白酒、洋酒、葡萄酒、啤酒等产品的批发及零售。
地址:福建省泉州市晋江市新塘街道南塘北区11号
负责人:柯海波 邮编:362000
法人:柯海波
Tel:0595-88121294

**福建建瓯颖食物产有限公司**
业务:福建建瓯颖食物产有限公司成立于2000年,现有员工200余人,从事笋类(冬笋、春笋、毛竹笋、苦笋)食用菌(香菇、木耳)、新鲜蔬菜的软包装及罐装。产品出口日本、美国、韩国等国家,欢迎来电垂询。
地址:福建省建瓯市城关水南中渡开发区
邮编:353100
法人:雷霖生
Tel:0599-3838399
3838299
Fax:0599-3861855

**特级棒回转寿司日本料理店**
业务:日本料理、刺身、寿司、铁板
产品:日本料理
地址:福建省晋江市青阳镇江滨路
负责人:张明友 邮编:362251
Tel:0595-85626788
13859755868
Fax:0595-85657699

**福安市奥思奇食品有限公司**
业务:加工经营:糕点(烘烤制品、月饼)
地址:福建省福安市城阳乡小溪边3号第3、4层
负责人:林铃生 邮编:355000
法人:林铃生
Tel:13599809966
0593-6978566
Fax:0593-6399668

**泉州市鲤城区佳晶珍珠奶茶原料批发配送中心**
业务:珍珠奶茶原料批发
地址:福建省泉州市鲤城区民权路惠民楼灵慈街121号
负责人:史春阳 邮编:362000
法人:史春阳
Tel:0595-22553506
15059545050

**泉州市王威优鲜肉品店**
业务:主营猪肉、牛肉、羊肉、鸡肉、鸭肉等各类新鲜肉制品
地址:福建省泉州市泉港区福炼生活区田里市场
负责人:王文华 邮编:362800
法人:王文华
Tel:13959818128
0595-87065622

**泉州市泉港区中港烟酒行**
业务:销售烟酒
产品:烟台长城葡萄酒
地址:福建省泉州市泉港区海天广场1#楼23号店面
负责人:肖祝文 邮编:362000
法人:肖祝文
Tel:0595-87970169
13358580418

**南屿建樟豆制品加工场**
地址:福建省福州市闽侯县南屿镇晓岐村
负责人:胡祖信
Tel:0591-22806959
13809557682

**泉州市泉港区三江酒水商行**
业务:华夏长城葡萄酒系列、龙徽葡萄酒系列、福茅白酒系列、兼营国内外各种名酒系列。
地址:福建省泉州市泉港区南北三路东侧宏盛商住楼1幢C103-104号
负责人:郭森江 邮编:362801
法人:陈碧娥
Tel:13905058828
0595-87078288
Fax:0595-87078288

**泰鸣食品贸易有限公司**
地址:福建省福州市台江区鳌峰路海峡糖酒批发市场218号307店面
负责人:郑和
Tel:0591-83669408
13905914127

**深沪镇阿发伯冷饮店**
业务:冷饮批发零售
地址:福建省晋江市深沪镇狮峰小学店面
负责人:蔡国平 邮编:362200
法人:蔡国平
Tel:0595-88228848

**福建省福州市平潭县福利酒厂**
业务:福品老酒
地址:福建省福州市平潭县上楼工业区
负责人:刘用忠 邮编:350001
法人:刘用忠
Tel:0591-24310638
13950379738
Fax:0591-24278738

**永春县介福乡锦爱食杂店**
业务:烟、酒、副食品
地址:福建省泉州市永春县介福紫美村639号
负责人:郑锦爱 邮编:362000
法人:郑锦爱
Tel:0595-23767887
13959959158

**永春县吾峰金灿食杂店**
业务:烟酒和食品的销售
地址:福建省泉州市永春县吾峰镇吾中村7组(新街)204号
负责人:施金灿 邮编:362000
法人:施金灿
Tel:0595-23763906
13559534947

**大田县欧恩麦蛋糕屋**
业务:面包、小蛋糕、饼点、中秋月秋等等。(订做生日蛋糕本县城内15分钟送货上门)
地址:福建省三明市大田县均溪镇凤山东路4号店
负责人:颜全稳 邮编:366100
法人:颜全稳
Tel:0598-7265525

**大田县林青盘食杂店**
业务:经营:烟、酒、长城干红、干白系列以及食杂等
地址:福建省三明市大田县前坪乡湖坪村031号
负责人:林青盘 邮编:366100
法人:林青盘
Tel:13859411950
0598-7477049

**建宁县溪源乡东贵笋干销售店**
业务:笋干批发零售
地址:福建省三明市建宁县溪源乡楚尾村
负责人:邓东贵 邮编:354508
法人:邓东贵
Tel:0598-3223830
13859157249

**闽联食品加工厂**
业务:连城县闽联食品加工厂创建于1992年,占地12000㎡,是福建省农牧业产业化"龙头企业",主要从事地瓜干系列食品及宠物食品的研究开发与加工销售,我厂于今年首批获得由国家质量监督检验检疫总局颁发的原产地标记注册证书(注册证书号:0000227)。我厂的"联香园"牌连城红心地瓜干产品2004年3月获福建省乡镇企业局颁发的"产品质量稳定证书",2001年获吉林省质量万里行"质量放心产品"称号,产品销往全国多个大中城市。
地址:福建省龙岩市连城县林坊乡冠林58号
邮编:366200
法人:林云功
Tel:0597-8980182
Mobile:13906970182
Fax:0597-8980999

**晋江市新塘永诚食品贸易商行**
业务:茶叶、副食品的批发零售
地址:福建省晋江市新塘街道后库社区
负责人:陈永菊 邮编:362200
法人:陈永菊
Tel:13959788329
0595-88128329
88129329
Fax:0595-88129329

**福安市口可茶叶经营部**
业务:坦洋工夫红茶、绿茶、铁观音批发零售
地址:福建省福安市甘棠镇海峡大茶都1号楼106S
负责人:阮文胜 邮编:355009
法人:阮文胜
Tel:13706024078
13860381780

**建宁县溪源乡东贵笋干销售店**
业务:笋的种植、加工、销售,传统工艺制成,无污染,无化学成份,纯绿色产品。批零兼营,欢迎选购!
产品:大片笋、小片笋、凤尾笋、寸尾、笋丝、挂笋等系列产品
地址:福建省三明市建宁县溪源乡楚尾村
负责人:邓东贵 邮编:354508
法人:邓东贵
Tel:0598-3223830
13859157249

**大不同农畜产品商行**
业务:主营闽西八大干、本地红菇、香菇、茶籽油等硬包装食品
地址:福建省三明市梅列区高岩新村70幢101(B)号
负责人:陈仁盛 邮编:365000
法人:陈仁盛
Tel:13960534652
0598-8958765

**三明市梅列区罗大胡子食品厂**
业务:加工、销售熟食系列
地址:福建省三明市梅列区李子园
负责人:罗城文 邮编:365000
法人:罗城文
Tel:13605987815
13459871696

**三明市梅列区罗大胡子熏鸭专卖店**
业务:销售熏鸭系列
地址:福建省三明市梅列区农贸市场门口2号店
负责人:罗城文 邮编:365000
法人:罗城文
Tel:13605987815
13459871696
0598-8211115

**宁化县明盛茶庄**
业务:主营安溪铁观音、武夷山大红袍
地址:福建省三明市宁化县南大街新车站
负责人:伊保贵 邮编:365000
法人:伊保贵
Tel:13960261473
18950982502

**闽清县池园尚泉烤鸭店**
业务:烤鸭的加工和销售
地址:福建省福州市闽清县池园镇丽星市场
负责人:陈尚泉 邮编:350001
法人:陈尚泉
Tel:13489036836
15059439837

**晋江市英林镇香佳韵茗茶行**
业务:销售安溪铁观音
地址:福建省晋江市英林镇伍堡村公园东区67号
负责人:杨荣法 邮编:362200
Tel:0595-85417221
85493972
13805951221
15805032072

**龙海市联隆冷冻食品有限公司**
业务:食品冷冻加工
地址:福建省龙海市榜山镇南苑村锦溪
负责人:陈海山 邮编:363000
法人:陈海山
Tel:0596-6520065

**鳌峰联新食品贸易商行**
地址:福建省福州市台江区福州海峡糖酒食品批发市场107号
负责人:张金桃
Tel:0591-83962239
13905028850

**清流县赖坊顺融食杂店**
业务:烟、酒、副食品
地址:福建省三明市清流县赖坊卫生院
负责人:赖盛松 邮编:365315
法人:赖盛松
Tel:15959463395
0598-5422073

**清流县沙芜祥土特产经营部**
业务:土特产
地址:福建省三明市清流县沙芜乡洞口村洞口组16号
负责人:陈比祥 邮编:365316
法人:陈比祥
Tel:0598-5402035
13459883983

**三明市三元区鑫融食品贸易商行**
业务:婴儿食品
地址:福建省三明市三元区胜利路11幢203室
负责人:曾德何 邮编:365000
法人:曾德何
Tel:13666955009

**泰宁县城关泰和轩茶叶经营部**
业务:红茶
地址:福建省三明市泰宁县杉城镇绣衣坊2幢114号
负责人:邹业明 邮编:354400
法人:邹业明
Tel:0598-7827111
Fax:0598-7827111

**诚汇便利店**
业务:精品、文具、大米、牛奶、食用油、烟酒饮料等批发零售
地址:福建省三明市尤溪县城关粮食大楼一号店
负责人:曾德修 邮编:365100
法人:曾春妹
Tel:13459876866

**福香酿造厂**
地址:福建省建瓯市吉阳镇张忠54号
负责人:魏建平
Tel:0599-3543019
13706016990

**福安市郭氏食品商行**
业务:主要经营预包装食品、饮料、烟酒等,批零兼营,本着"服务周到,顾客至上,实现双赢"的服务宗旨,竭诚欢迎新老客户惠顾。
产品:北京汇源果汁系列产品(纯果汁系列、果蔬汁系列、果汁饮料、乳饮料系列等)
地址:福建省福安市阳泉兴业南路115号
负责人:郭杰 邮编:355000
法人:郭杰
Tel:0593-6639777
Fax:0593-6639777

**龙海市港尾细算茶店**
业务:茶叶生产、加工、销售
地址:福建省龙海市港尾镇太武路199号
负责人:高细蒜 邮编:363100
法人:高细蒜
Tel:0596-6837899

**尤溪县管前镇蒋月华食杂店**
业务:食品零售、批发
地址:福建省三明市尤溪县管前镇管福路
负责人:蒋月华 邮编:365116
法人:蒋月华
Tel:0598-6487303

**龙泉净水产厂**
业务:纯净水、饮水机生产、销售
产品:龙泉纯净水
地址:福建省三明市尤溪县自来水厂旁
负责人:陈琳霞 邮编:365000
法人:陈琳霞
Tel:0598-6337771
13859138980

**永安市大湖镇感恩糖果店**
业务:糖果包装、婚庆一条龙服务,摄影摄像、新娘礼服、化妆、婚车设计、年货批发
地址:福建省永安市大湖镇村部楼下
负责人:吴先恩 邮编:366000
法人:吴先恩
Tel:13626011801
0598-24378173

### 玉茗阁茶叶店

业务：本店经营各种中、高、档名茶，批零兼营，品种齐全、品质上乘。欢迎上门洽谈，订购。
产品：各地名茶
地址：福建省邵武市李纲东路灯芯绒厂大门口8号店
负责人：雷清　邮　编：354000
法　人：雷清
Tel：0599－6210986
网址：shop35974277.taobao.com
E-mail：swymg@163.com

### 福建省南安御津饮用水有限公司

业务：健康之泉！滴滴皆甘露，瓶瓶系真心。
地址：福建省南安市溪美办事处莲塘西三组
负责人：陈守情　邮　编：362300
Tel：0595－86312026

### 石狮市宏浪宴酒商行

业务：副食品，酒类的销售
地址：福建省石狮市灵秀镇港塘村前埔林6号
负责人：陈荣显　邮　编：362700
Tel：0595－83920099
15980099058

### 石狮市喻涪粮油店

业务：副食、粮油批发
地址：福建省石狮市祥芝镇新兴路241号大堡村
负责人：伍开明　邮　编：362000
法　人：伍开明
Tel：13859781098
13959803201

### 特香食品

业务：面包、蛋糕等糕点制作销售
地址：福建省顺昌县城中路21号图书馆楼下（一店）福建省顺昌南北街农行旁边（二店）
负责人：黄宗辉　邮　编：353200
法　人：黄宗辉
Tel：0599－7829322
13860079655

### 龙海市港尾东升便利店

业务：食品、饮料、烟酒
地址：福建省龙海市港尾镇汤头村岭口
负责人：占斌华　邮　编：363000
法　人：占斌华
Tel：13646093370

### 福州市马尾区林生记食品加工厂

业务：外贸食品预包装
地址：福建省福州市马尾区兴业东路10号1#楼
负责人：邱清安　邮　编：350001
Tel：13859085815
0591－87624277
Fax：0591－83339201

### 龙海市海澄富翔食品加工厂

业务：美味鸭卷，鲜虾卷，脆皮海蛎煎
地址：福建省龙海市海澄镇上寮工业园
负责人：洪继业　邮　编：363102
法　人：洪继业
Tel：0596－6749517
13774759085

### 福建武夷山市梅溪酒水商行

业务：名烟名酒、饮料
地址：福建省武夷山市度假区风情商苑二楼B座66号
负责人：邹荣福　邮　编：354302
法　人：邹荣福
Tel：13960662409

### 武夷山市宏正茶业有限公司

业务：专业种植、生产、销售大红袍、正山小种红茶、金骏眉系列茶
产品：大红袍、正山小种红茶、金骏眉系列茶
地址：福建省武夷山市五九南路113号C幢501室
负责人：占林俊　邮　编：353000
法　人：占林俊
Tel：0599－5109982
Fax：0599－5109982

### 永安市小陶镇百世威酒业商行

业务：批发酒
地址：福建省永安市小陶镇解放北路133－1号
负责人：冯云虎　邮　编：366000
法　人：冯云虎
Tel：13515998268
0598－3700665

### 福建省建瓯市中天有机食品开发有限公司

地址：福建省建瓯市芝城锦江A栋20号
负责人：任佳平
Tel：13305990352

### 龙海市角美奇清食杂店

业务：日用百货、烟酒饮料的批发零售
地址：福建省彰州龙海市角美镇石美村北门98号
负责人：徐奇清　邮　编：363107
法　人：徐奇清
Tel：13960022522
0596－6770387

### 晋江市青阳镇绿洲烟杂经营部

地址：福建省晋江市青阳镇泉安中路168号
负责人：陈振礼
Tel：0595－85697151
13505957151

### 龙海市南太武山泉饮料厂

业务：太武山牌矿泉水
地址：福建省龙海市隆教乡黄坑村鲤鱼泉
负责人：冯伟训　邮　编：363000
法　人：冯伟训
Tel：13806947713
0596－6877667
6877357

### 长汀县鑫元茶行

业务：安溪铁观音、烟、酒
地址：福建省龙岩市长汀县河田镇柳城路141号
负责人：李文烁　邮　编：366301
法　人：李文烁
Tel：15860181912
0597－6517308

### 福建省漳平市熊记板栗香酥饼店

业务：香酥饼专卖
产品：甜、咸板栗香酥饼
地址：福建省漳平市解放北路111号
负责人：熊源　邮　编：364400
法　人：熊源
Tel：13507540080
15259040087
E-mail：xiongyuan88888@163.com

### 漳平市畲家茶叶店

业务：批发零售铁观音、水仙、土特产（笋干、红菇、蜂蜜）
地址：福建省漳平市闽西南商贸城H1－1号楼6号
负责人：兰万利　邮　编：364400
法　人：兰万利
Tel：13959462534
0597－7822213

### 漳平市双洋镇梦唤米制品厂

业务：经营米圆子（珍珠粉、圆圆粉）
地址：福建省漳平市双洋镇徐溪小学金坑分校
负责人：程鑫平　邮　编：364400
法　人：程鑫平
Tel：0597－7670810
13599341832
13860273640

### 绥安镇苏缘酒业商行

业务：白酒
地址：福建省漳浦县绥安镇金浦路富源新城5幢3号
负责人：包红兵　邮　编：363200
法　人：包红兵
Tel：0596－3235577
Fax：0596－3235577

### 长泰县天威酒业

业务：葡萄酒、丰谷白酒、洋酒
地址：福建省漳州市长泰县武安镇建设南路泰龙花园D幢41号店面
负责人：林少川　邮　编：363900
法　人：林少川
Tel：13290875988
0596－8358979

### 龙海市角美茶之道饮品店

业务：奶茶、各种饮料、法式热狗机批发、玛芬颜料批发
地址：福建省漳州市龙海市角美镇北引左干渠店面4号
负责人：林先生　邮　编：363100
法　人：林博龙
Tel：15880229391
0596－6111990

### 宁德市登月水产食品有限公司

业务：我公司系福建省水产产业化龙头化企业，福建省宁德市农业产业化龙头企业。经营范围为：皱纹盘鲍、刺参、条石鲷、金昌鱼、鲈鱼、真鲷、紫海胆等海珍品的育苗、养殖，大黄鱼深水生态养殖，海珍品加工等。公司以"绿色环保、追求人与自然的和谐发展、创建闽东一流水产龙头企业"为目标，以"诚信、品质、创优"为理念，积极开拓海珍品南北对接养殖、加工新模式。竭诚欢迎广大客户来电、来函洽谈业务！
地址：福建省宁德市闽东东路15号天安世家A幢4层
负责人：林凤珍　邮　编：352101
法　人：张聿钦
Tel：0593－2939968
Fax：0593－2059938
网址：www.nddysc.com
E-mail：ndsdys@sina.com

### 长汀县南山赖六香食杂店

业务：食品
地址：福建省龙岩市长汀县南山镇塘背村中心路东79号
负责人：罗庆云　邮　编：366302
法　人：赖六香
Tel：0597－6557940

### 福安市胜华食品商行

业务：各类食品销售
地址：福建省福安市阳头广场路电机电器城2号楼24号店
负责人：王华安　邮　编：355000
法　人：王华平
Tel：0593－6152333
6350928

### 丘水金生食品商行

业务：茅台不老酒、茅台干红、干白等，各类茶、烟、酒
地址：福建省龙岩市长汀县添丁北路12号
负责人：吴先生　邮　编：364000
Tel：0597－6836069

### 龙海市隆教国忠海鲜冻品经营店

业务：海鲜冻品的销售
地址：福建省漳州市龙海市隆教乡红星村观海路51号
负责人：蓝国忠　邮　编：363000
法　人：蓝国忠
Tel：13656043587
15159652153
0596－6872587

### 龙海市颜厝天华酒厂

业务：生产、销售酒
地址：福建省漳州市龙海市颜厝镇路边村浦园下社150号
负责人：郑明强　邮　编：363118
法　人：郑明强
Tel：15960609898
0596－6650167

### 龙海市颜厝有家酒类经营部

业务：经营三得利啤酒龙海市总经销
地址：福建省漳州市龙海市颜厝镇上洋村五房57号
负责人：蒋少川　邮　编：363000
法　人：蒋少川
Tel：13859243390
0596－2589902
13605008381

### 龙海市紫泥富山复制品经营部

业务：粮食复制品、加工线面
地址：福建省漳州市龙海市紫泥镇安山村
负责人：周岷山　邮　编：363000
法　人：周岷山
Tel：13799813393
13159461304

### 漳州市龙文区福香韵茶业

业务：集茶叶种植、初加工、精制销售为一体，批零兼营，品质上乘。欢迎广大茶友来电咨询洽谈、订购！我们同你秀出片片茶香与回味！
产品：金观音、铁观音等福建茗茶及野山天然特产
地址：福建省漳州市龙文区蓝田镇小港村98号
负责人：陈坤华　邮　编：363000
法　人：陈坤华
Tel：13656094617

### 平和县五寨明东水果经营部

业务：水果批发
地址：福建省漳州市平和县五寨侯门
负责人：林明东　邮　编：363000
法　人：林明东
Tel：0596－5395189

### 漳州市益昌食品工业有限公司

业务：开发生产酱菜系列，选料为经过检测的绿色无公害蔬菜，产品有精装、瓶装、袋装、散装、成品、半成品等系列，具有鲜脆可口、麻辣适中、酱香味美等特点，是您日常餐桌和外出旅游的必备佳品。
产品：半成品脆笋片、脆笋丝、发酵笋等
地址：福建省漳州市南靖县山城镇东田工业开发区
负责人：陈炳成　邮　编：363600
法　人：陈炳成
Tel：15960874648
Fax：0596－7876589

### 福州开发区绿霸水产冷冻食品有限公司

业务：速冻肉制品销售
地址：福建省福州市马尾区马尾镇兴业东路10号厂房1#楼三层
负责人：付少胜　邮　编：350001
Tel：13959133053
0591－83976050

### 长汀县长德酒业品牌代理部

业务：酒类代理
地址：福建省龙岩市长汀县汀州镇金龙商务城B幢116号
负责人：吴水长　邮　编：364000
法　人：吴水长
Tel：0597－6828099
13616926345

### 漳州市万市香食品有限公司

业务：肉制品的加工和销售
地址：福建省漳州市南靖县山城镇鸿坪村
负责人：陈昌伟　邮　编：363000
法　人：陈昌伟
Tel：0596－7833031
13959606266
Fax：0596－7840799
网址：http://www.51zzt.com/user/zzt34832

### 平和县志昌蜜柚经营部

业务：蜜柚收购销售
地址：福建省漳州市平和县崎岭乡新南村溪边楼83号
负责人：曾志昌　邮　编：363000
法　人：曾志昌
Tel：13709304476
0596－5512388

### 平和县霞寨镇鸿升柚业

业务：柚子购销售
地址：福建省漳州市平和县霞寨镇彭林
负责人：卢鸿　邮　编：363000
法　人：卢鸿
Tel：13123322333
13860843033

### 龙岩市长汀县龙杰商贸行

业务：酒类
地址：福建省龙岩市长汀县汀州镇桥下坝金沙一号101－102号
负责人：钟志春　邮　编：366300
法　人：钟志春
Tel：0597－5219889
Fax：0597－5219889

### 连城县莲峰景森饼坊

业务：中秋月饼、绿豆饼、糕点等等
地址：福建省龙岩市连城县莲峰连宁南路201号
负责人：钟景森　邮　编：363000
法　人：钟景森
Tel：13859530018
0597－8912088

### 忠伟副食品商行

业务：副食品（烟、酒、糖果、茶叶）
地址：福建省漳州市平和县小溪镇湖滨花园3幢6－7号
负责人：叶志伟　邮　编：363700
法　人：叶志伟
Tel：0596－5325999

### 平和县华海调味品店

业务：调味品的销售
地址：福建省漳州市平和县小溪镇建设街288号
负责人：张建海　邮　编：363000
法　人：张建海
Tel：13850521161
0596－5261231

### 飘香肉类食品厂

地址：福建省龙岩市长汀县汀州镇西外街草稿坪4号
负责人：郑民智

Tel:0597－6821397
13806991318

## 平和县长乐供销社明亮农家店

业务：餐饮、农家菜
地址：福建省漳州市平和县秀峰乡秀峰村148号
负责人：游明亮　邮　编：363715
法　人：游明亮
Tel：0596－5520481
13489679249

## 漳州市芗城区鑫久久茶叶店

业务：铁观音、本山等茶叶的批零业务及茶具的销售
地址：福建省漳州市芗城区南星村上街12号
负责人：许小军　邮　编：363000
法　人：许小军
Tel：13605074696
0596－6167226

## 漳州市芗城茗香茶庄

业务：茶叶的生产与销售
产品：茶叶
地址：福建省漳州市芗城区胜利东路12号03店
负责人：李元金　邮　编：363000
Tel：0596－2951215
13960081753

## 福鼎市麦得快糕点坊

业务：蛋糕、面包及其它糕点制作
地址：福建省福鼎市白琳镇康山路70号
负责人：蔡际铨　邮　编：352100
法　人：蔡际铨
Tel：13706938006

## 连城县莲峰周记食品经营部

业务：粮油食品，烟酒系列，调味品以及饮料系列等，货真价实，物美价廉，24小时送货上门
地址：福建省龙岩市连城县莲峰镇豸前小区A3幢26号
负责人：周建中　邮　编：364000
法　人：周建中
Tel：13950822068
0597－8937068

## 漳州市芗城区獐子岛海珍天下

业务：海珍产品经营
地址：福建省漳州市芗城区水仙大街华府豪景公寓D25－26号
负责人：林金表　邮　编：363000
法　人：林金表
Tel：0596－2632656

## 漳州市芗城区泡沫剧休闲吧

业务：各种饮料销售
地址：福建省漳州市芗城区新华西内街北21幢06号
负责人：林立峰　邮　编：363000
法　人：林立峰
Tel：13960111721
0596－2095352

## 云霄县茗香食品经营部

业务：老酒、啤酒、茶叶
地址：福建省漳州市云霄县列屿镇城外村圩仔路33号
负责人：汤振宗　邮　编：363000
法　人：汤振宗
Tel：0596－8687000
13656093893

## 云霄县闻祥米店

业务：销售大米、花生油
地址：福建省漳州市云霄县列屿镇集华路24号
负责人：汤文涛　邮　编：363009
法　人：汤文涛
Tel：13709315580
0596－8687702

## 云霄县方耀文副食店

业务：副食品销售
地址：福建省漳州市云霄县马铺乡峰头村
负责人：方耀文　邮　编：363000
法　人：方耀文
Tel：0596－8792891
13860848492

## 南安市梅山镇点点悠闲吧

业务：奶茶
地址：福建省南安市梅山镇南街
负责人：侯婷婷　邮　编：362321
法　人：侯婷婷
Tel：0595－86579281

## 云霄县陈氏酒类经营部

业务：销售各类品牌白酒
产品：各类品牌白酒
地址：福建省漳州市云霄县云陵镇工农路668号
负责人：陈荣宗　邮　编：363000
法　人：陈荣宗
Tel：0596－8926888

## 云霄县祥云酒类商行

业务：代理五粮液"锦上添花"、福波斯葡萄酒
地址：福建省漳州市云霄县云陵镇王府街江滨路149号
负责人：方远伟　邮　编：363300
法　人：方远伟
Tel：13860812615
0596－8534485

## 云霄县酒鬼酒经销部

业务：酒鬼酒漳州市总代理
地址：福建省漳州市云霄县云陵镇兴业路130号
负责人：方镇山　邮　编：363000
法　人：方镇山
Tel：0596－8515386
13400936252

**连城县丽佳食品厂**
地址：福建省龙岩市连城县林坊乡岗尾村
负责人：林丽英
Tel:0597－8982955
13600995010

## 上杭县龙盛山茶油加工厂

业务：山茶油加工、销售
地址：福建省龙岩市上杭县官庄乡回龙村兴隆街101号
负责人：林毕升　邮　编：364000
法　人：林毕升
Tel：0597－3535758
13850653888

## 福州市马尾区长锡饮用水配送部

业务：饮用水配送
地址：福建省福州市马尾区罗星路37号英华园2号楼10号店
负责人：王长锡　邮　编：350001
法　人：王长锡
Tel：0591－83682677

**正鑫机械制造有限公司**
地址：福建省龙岩市新罗区东肖镇溪连村（咪咪笑食品加工基地11号）
负责人：黄福保
Tel:0597－2799639
13906078682

## 上杭县官庄乡安吾素食品厂

业务：制作与销售腐竹
产品：腐竹
地址：福建省龙岩市上杭县官庄乡朱堡村塘梨凹3号
负责人：林其立　邮　编：364209
法　人：林其立
Tel：13850635012
0597－3536858
Fax：0597－3531373
E-mail：anwusu@qq.com

## 上杭县蛟洋乡招金食杂店

业务：食杂
地址：福建省龙岩市上杭县蛟洋乡再兴村桥丁路29号
负责人：张德明　邮　编：364000
法　人：张德明
Tel：13950840172
0597－3623913

**厦门鑫众盛食品贸易有限公司**
业务：我公司成立于2005年，主要从事冷冻冷饮食品的生产销售。以"我看世界、海阔天空"的胸怀和气魄，鑫众盛全力以赴，为生命的营养与人类的健康尽心竭力，将人类健康领域的内容在世界经济领域发挥到极致。
地址：福建省厦门市思明区东浦一里57号123
负责人：刘光盛……邮　编：361004
Tel:0592－5195532
2944123

## 上杭县源源冷冻品店

业务：经营肉类速冻食品
地址：福建省龙岩市上杭县临城镇西门市场东边1号店
负责人：黄源贵　邮　编：364200
法　人：黄源贵
Tel：15960306539
0597－5332516
5332683

## 福鼎市百欣副食品商行

业务：主营酸牛奶系列、糕点类及其它副食品
地址：福建省福鼎市山前永平小区30号
负责人：黄有清　邮　编：352100
法　人：黄有清
Tel：13706031998
0593－7890001

## 龙岩市新罗区鸿珍港式烧腊店

业务：各种港式烧腊批发零售
地址：福建省龙岩市新罗区东肖街道供销社店面
负责人：张华杰　邮　编：364000
法　人：张华杰
Tel：13850600055
0597－2799885

## 连江县苔菉镇长城食品加工厂

业务：食品
地址：福建省福州市连江县苔菉镇北茭村渔港新村第三排（沃口新村）
负责人：陈城　邮　编：350001
法　人：陈城
Tel：0591－26481133
13960952133
Fax：0591－26799133

## 龙岩市新罗区不二家食品行

业务：经营进口休闲食品
地址：福建省龙岩市新罗区九一北路36号（市汉剧团龙艺大厦1号店）
负责人：林丽健　邮　编：364000
法　人：林丽健
Tel：0597－2260608
13559999658

**得民食品厂**
地址：福建省龙岩市永定县古竹乡古竹新街8号
负责人：苏炳明
Tel:0597－5521289
13850623268

## 漳浦县佛昙实想水产经营部

业务：海产品销售
产品：花蛤、斑节虾、黄翅鱼
地址：福建省漳州市漳浦县佛昙镇东坂村山头顶33号
负责人：戴惠坤　戴叶金
邮　编：363000
Tel：0596－3675968
13055452196
13607578146
网址：shixiang.mnscw.com

## 漳浦县古雷镇益康海藻加工厂

业务：海菜、海带、紫菜、昆布、干贝、腌制蔬菜、牡蛎（非活）、虾（非活）、甲壳动物（非活）、贝壳动物（非活）、海蜇皮等
地址：福建省漳州市漳浦县古雷镇岱仔汕尾村
负责人：黄锦坤　邮　编：363216
法　人：黄锦坤
Tel：0596－3693258
13605022428
13062406166
Fax：0596－3693258

## 漳浦县绥安镇志勇盈丰食品商行

业务：食品贸易
地址：福建省漳州市漳浦县绥安镇龙湖路东段盈丰名城南七区2幢D113号
负责人：胡志勇　邮　编：363000
法　人：胡志勇
Tel：13799826111
0596－3188566

## 漳浦县绥安镇大口九奶茶店

业务：奶茶、商品奶、烧仙草系列、奶昔
地址：福建省漳州市漳浦县绥安镇麦市街2幢9号店面
负责人：叶仕娇　邮　编：363000
法　人：叶仕娇
Tel：15060526453

## 龙岩市新罗区鸿盛冻品店

业务：批发鸡爪、鸭爪
地址：福建省龙岩市新罗区闽西交易城B6－3－23号
负责人：沈灿添　邮　编：364000
法　人：沈灿添
Tel：13599602166
0597－2533796

**古龙陈缸酿酒有限公司**
地址：福建省龙岩市新罗区龙门镇老街146号
负责人：邓星海
Tel:0597－2188838
2566581

## 龙岩市新罗区合成食杂店

业务：烟酒、食杂
地址：福建省龙岩市新罗区南城兴晖路木兰线边8号楼
负责人：林荣辉　邮　编：364000
法　人：林荣辉
Tel：0597－5251760
13559315566

**振华副食品公司**
地址：福建省南安市水头镇南侨工业区
负责人：许原进
Tel:0595－86931859
13905976336

## 福清市港头玲玲烟酒行

业务：烟、酒、茶叶
地址：福建省福清市港头镇白玉街南路
负责人：庄茂新　邮　编：350317
法　人：庄茂新
Tel：15980596817
0591－85737157

## 龙岩市新罗区鑫燚礼品商行

业务：大枣核桃批发销售、烟酒、武夷岩茶、代理台湾食品
地址：福建省龙岩市新罗区西陂镇城市中心花园2号楼86号店
负责人：罗小锋　邮　编：364000
法　人：罗小锋
Tel：13859508919
0597－2898283

**龙丰食品厂**
地址：福建省南平市延平区塔前镇塔前南街29号
负责人：包良煊
Tel:0599－8546531

## 龙岩市新罗区远业食品行

业务：代理儿童糖果、玩具、食品批发零售。
地址：福建省龙岩市新罗区西陂镇大洋村瑞和东巷8号302室
负责人：应凌清　邮　编：364000
法　人：应凌清
Tel：0597－3115010

## 连江县凤城镇闽江口海产干品商行

业务：海产品
地址：福建省福州市连江县凤城镇文山北路凤山商住楼1＃－3＃楼
负责人：邱荣春　邮　编：350500
法　人：邱荣春
Tel：13805071637
0591－62128555

**霞浦富贵福泽食品有限公司**
地址：福建省宁德市霞浦县松城镇工业桃园1号区
负责人：郑舟
Tel:0593－8609695

## 永定县龙琴鱼干行

业务：尖嘴鱼、翘嘴鱼、罗非鱼、大头鱼、编鱼、银鱼、虾等鱼干批发兼零售
地址：福建省龙岩市永定县峰市镇河头村
负责人：林文龙　邮　编：364000
法　人：林文龙
Tel：13959494308
13959494183

## 永定县达发酒业

业务：销售酒水
产品：新一代
地址：福建省龙岩市永定县凤城镇河滨路39号
负责人：郭中华　邮　编：364000
法　人：郭发年
Tel：15960937557
0597－3155299
13605906358

**永发食品厂**
地址：福建省莆田市黄石江东村
负责人：祁永中
Tel:0594－2196151
13808587151

## 福清市港头锦辉酒水商行

业务：主要经营各种高、中档白酒、葡萄酒、黄酒、饮料等，批零兼营，诚心、诚信是我们的服务核心。欢迎选购我们的各种产品。
地址：福建省福清市港头镇五星村口
负责人：王辉　邮　编：350317
法　人：王辉
Tel：0591－85973979
13205005208
Fax：0591－85973979

## 永定县凡龙鲜奶店
业务：长富鲜奶配送
地址：福建省龙岩市永定县凤城镇龙凤花园4号107号
负责人：李天荣 邮 编：364100
法 人：李天荣
Tel：13959450202
0597－5831114

**厦门市树兴食品有限公司**
地址：福建省厦门市海沧区海旺路101号
负责人：赖富莲
Tel：0592－6585579

## 永定下洋亲情树肉卤制品厂
业务：周氏洋华肉制品加工及销售
地址：福建省龙岩市永定县下洋镇中桥北路洋华酒店旁
负责人：周杨华 邮 编：364000
法 人：周杨华
Tel：0597－5580292
13959053308

## 南安市洪濑八骏马调味食品厂
业务：调味品，淀粉制品，炒货食品，干果制品
产品：卤粉，五香粉，胡椒粉及其它调味料，香炸粉，生粉，杏仁，开心果
地址：福建省南安市洪濑象头工业区。办公地址：福建省南安市洪濑江滨东路江滨大厦401室
负责人：陈立新 邮 编：362331
法 人：陈立新
Tel：0595－86697612
Fax：0595－86697613
网址：www.nabjm.cn

**厦门市益康食品有限公司中埔经营部**
地址：福建省厦门市湖里区高崎北路65号之3－7、12－15号
负责人：何晶晴
Tel：0592－3893669

## 泉州经济技术开发区地球龙家用电器店
业务：法国葡萄酒
地址：福建省南安市金淘镇朵桥工业区
负责人：傅聪影 邮 编：362314
法 人：傅聪影
Tel：15805951177
0595－86419700
15059561588

## 福清市海口谊富豆制品店
业务：生产和销售各类豆制品
产品：豆制品
地址：福建省福清市海口镇牛宅村970号
负责人：方谊富 邮 编：350001
法 人：方谊富
Tel：15060045529
15980182404

## 南安市仑苍谢雪珍粮食饲料店
业务：麦皮，大米、食用油、食用面的零售批发
地址：福建省南安市仑苍镇西街75号
负责人：谢雪玲 邮 编：362300
法 人：谢雪珍
Tel：13626085252
15059890006

## 连江县凤城镇连发黄歧海鲜干品商行
业务：海鲜干品、年货等产品生产销售
地址：福建省福州市连江县凤城镇816北路18#楼4号店
负责人：高月凤 邮 编：350001
法 人：高月凤
Tel：13960954499
0591－26113612

## 东信烟酒专卖店
业务：轩尼斯、XO、蓝带、角马等各式酒类，青岛啤酒代理点，长城葡萄酒石井代理点，各式饮料，烟草
地址：福建省南安市石井镇林柄新村一栋8号
负责人：黄建东 邮 编：362343
Tel：0595－86085660

**云 霄 县 鸿 鹏 食 品 加 工 厂**
业务：我厂成立于2005年，主要生产销售五香花生、干果，我厂以先进的加工工艺，科学的管理方法，以人为本的经营理念确保产品的品质。精选品确保零杂质，满足客户的需求，得到客户的青睐。
地址：福建省漳州市云霄县云东路82号
负责人：吴平举 邮 编：363300
法 人：吴平举
Tel：0596－8536245

**美国天龙食品有限公司驻厦门代表处**
地址：福建省厦门市湖里区江埔南里27号楼802室
负责人：陈俊豪
Tel：0592－8986936

## 仁发酒类经营部
业务：经营预包装食品、酒类
产品：金谷醇酒（五粮液公司）、泸州农家乐酒（王宝强代言）、福建老酒（中华老字号）、晋江大陆米酒（赴台湾省展销）、宏发方便面（中国驰名商标）
地址：福建省南安市美林洋美村加洋转盘往洪濑方向200米处（宝龙批发部）
负责人：黄田龙 邮 编：362300
法 人：黄田龙
Tel：13905966906
0595－86298471
Fax：0595－86298461
E-mail：rf13905966906@163.com

**厦门琛海水产品加工有限公司**
地址：福建省厦门市集美区银江路5号
负责人：陈业树
Tel：0592－6290284

## 福清市龙田龙辉科利客面包店
业务：糕点、面包、月饼、生日蛋糕
地址：福建省福清市龙田镇龙辉街6座A8、福建省福清市龙里镇龙安街新市巷16号（三村菜市场旁）
负责人：许桂生 邮 编：350300
法 人：许桂生
Tel：0591－86012260
86012851
13859014182

## 南安市溪美宏昌食杂店
业务：食杂、烟酒
地址：福建省南安市溪美街道普南路16号
负责人：刘美灵 邮 编：362300
法 人：刘美灵
Tel：0595－86398320
15960764100

**厦门三兄弟食品有限公司长青分店**
地址：福建省厦门市思明区长青路247号
负责人：许金钩
Tel：0592－5121632

## 南平市品味贸易有限公司
业务：调味品的贸易
地址：福建省南平市东岭路57号
负责人：周成刚 邮 编：353000
法 人：周成刚
Tel：0599－8853745
13799107573

## 浦城县石建标食杂店
业务：副食品
地址：福建省南平市浦城县管厝乡管厝路
负责人：石建标 邮 编：353400
法 人：石建标
Tel：0599－2772991
15892183717

**厦门市晨隆食品有限公司**
地址：福建省厦门市思明区东浦路36－40号九洲浦南工业厂房4楼
负责人：黄诗峰
Tel：0592－5994193

## 福州晋安区金圣德食品加工场
业务：食品
地址：福建省福州市晋安区新店镇西园村玄南路18号
负责人：夏怀成 邮 编：350001
法 人：夏怀成
Tel：13003874331
0591－87280093

## 浦城县南门头瓜子店
业务：瓜子、葵瓜子、花生等系列的销售
地址：福建省南平市浦城县河滨街道皇华山路36号
负责人：吴志红 邮 编：353000
法 人：吴志红
Tel：0599－2830547
2990547

## 浦城县祥跃酒行
业务：烟酒、饮料销售
产品：红酒、葡萄酒、黄酒、啤酒、香烟、饮料
地址：福建省南平市浦城县兴莲路137－139号
负责人：张继平 邮 编：353000
法 人：张继平
Tel：13799125805
0599－6108566

**厦门科立安机电设备有限公司**
地址：福建省厦门市思明区禾祥西路569号106室
负责人：洪向阳
Tel：0592－2225576

## 福清市龙田盛达贸易商行
业务：调味品批发零售
地址：福建省福清市龙田镇龙前路96号
负责人：何希闵 邮 编：350001
法 人：何希闵
Tel：0591－85979576

**厦门市原素食品有限公司**
地址：福建省厦门市思明区前埔古楼26号
负责人：何琼霞
Tel：0592－5961620

## 顺昌县洋墩徐晓勇食杂店
业务：经营食品、副食品
地址：福建省南平市顺昌县洋墩乡洋墩村新街112号
负责人：徐晓勇 邮 编：353200
法 人：徐晓勇
Tel：13905990339
0599－7564156

## 顺昌县良种场连生食杂店
业务：食杂
地址：福建省南平市顺昌县洋口镇良种场
负责人：黄连生 邮 编：353000
法 人：黄连生
Tel：0599－7891828

**厦门市康鹭食品有限公司**
地址：福建省厦门市思明区深田路14号
负责人：曹能宝
Tel：13600955591

## 福州市小李粮油干货调味剂批发部
业务：批发、销售干货，粮油，酒店调味品等等
地址：福建省福州市鼓楼区肃威路18号
负责人：李祖松 邮 编：350000
法 人：李祖松
Tel：0591－87534221
87534475

**厦门银祥食品有限公司仙岳里经营部**
地址：福建省厦门市思明区仙岳里小区农贸市场24－34号
负责人：陈福祥
Tel：0592－5891367

## 南平市延平区乐缘休闲食品店
业务：各类定型装食品、日用百货、各类烟酒零售
地址：福建省南平市延平区横排路光明市场8号店
负责人：金新 邮 编：353000
法 人：金新
Tel：0599－8786348

**旅游荣兴豆制品厂**
地址：福建省龙岩市长汀县汀州镇腾飞开发区
负责人：张发兴
Tel：0597－6838919
13806991556

## 福建省政和县佛子山狮峰茶业有限公司
业务：茶叶加工与销售
产品：茶叶
地址：福建省南平市政和县暗桥工业园区
负责人：陈德清 邮 编：353000
Tel：13860030075

**连城县老骥土特食品加工厂**
地址：福建省龙岩市连城县莲峰镇大坪（县车队大院内）
负责人：罗树骥
Tel：0597－8924871
13605901469

**厦门源和兴食品有限公司**
地址：福建省厦门市同安区大同街道碧岳村五甲梅山路
负责人：林世蹲
Tel：0592－7232572

**厦门好年东米业有限公司**
地址：福建省厦门市同安县区大同街道田洋村双苋17号
负责人：陈水平
Tel：0592－7890020

## 福清市音西八马茶叶店
业务："八马"茶叶加盟店，专营各类优质名茶及精美茶具，并提供品茶及茶艺服务，批发兼零售，欢迎广大茶友来电咨询洽谈、订购！
产品："八马"铁观音、普洱、大红袍
地址：福建省福清市阳光锦城后门6号楼87、88、89店
负责人：郑兰清 邮 编：350300
法 人：郑仁文
Tel：0591－85110966
Fax：0591－85110966
网址：www.bamatea.com
E-mail：bamat@163.com

## 政和县建阳炒货店
业务：瓜子、白果、核桃等炒货
地址：福建省南平市政和县铁山中心街邮政支局2号店
负责人：高银风 邮 编：353000
法 人：高银风
Tel：0599－3276299
15306900033

## 福州市鼓楼区黄国新肉包店
业务：包子
地址：福建省福州市鼓楼区东泰路碧玉花园沿街一层29号店面
负责人：黄国新 邮 编：350000
法 人：黄国新
Tel：13015769468

## 寿宁县鳌阳镇齐贵副食品店
业务：副食品零售
地址：福建省宁德市寿宁县鳌阳镇东部新区38号
负责人：刘齐贵 邮 编：352000
法 人：刘齐贵
Tel：13905039848
0593－5568225

## 霞浦县康旺食品加工厂
业务：海带系列、紫菜系列产品加工、销售
产品：盐渍海带、烘干海带丝、烘干海带结、烘干紫菜、大饼紫菜等
地址：福建省宁德市霞浦县长春镇洪江村中心街13号
负责人：郜玉招 邮 编：355100
法 人：郜玉招
Tel：13905939028
15959120062

## 长乐市潭头长顺酒业商行
业务：酒类批发
产品：华夏五千年葡萄酒、金威啤酒、嘉士伯啤酒、沉缸黄酒
地址：福建省福州市长乐市潭头镇厚东村寺后131号
负责人：林天华 邮 编：350001
法 人：林天华
Tel：13615007661
0591－28900082
Fax：0591－28900082

## 霞浦县三沙缤纷小镇休闲吧
业务：经营各类休闲食品：烧烤、汉堡、套餐、果汁
地址：福建省宁德市霞浦县三沙镇缤纷小镇
负责人：汪玮沫 邮 编：355101
法 人：陈珍珍
Tel：0593－8695997
13559606657
13859601187

**厦门益斯麦食品有限公司**
地址：福建省厦门市同安县区大同居安里1号楼（吉安楼）804室
负责人：章小龄
Tel：0592－5331555

嘉兴市顺康投资咨询有限公司
从事投资咨询、开发养老、养生产业、经济贸易咨询等业务。
电话：0573－82618340
地址：浙江省嘉兴市建国南路15号301－302号



## 城厢区隆祥食品商行

本公司成立于2007年，主要經營食品。

客户所需，我之所做；我之所做，客户所需，是我們一貫堅持的宗旨，我們將竭誠爲您服務。

联系人：朱建雄
13062291980

电话/传真：0594－2286289 6193988
邮编：351100
地址：福建省莆田市城厢区学园路758弄23号

## 福建建瓯颖食物产有限公司

福建建瓯颖食物产有限公司创建于2000年，拥有三个分公司，十六家加工场，一家制罐厂，有机笋竹基地2000公顷，目前已形成果蔬罐头、真空包装、保鲜食品和保健、药用竹笋提取物，40多个品种。产品出口日本、美国及东南亚等地。

公司不论是国内或国外市场都秉持“诚为上、信为本”之经营理念，“专业、品质、诚信”一直是我们对企业管理追求的目标。公司在稳定发展过程中至诚希望各界人士交流、合作、投资。

联系人：李德兴
电话：0599－3838399 3838299 传真：0599－3861855
地址：福建省建瓯市城关水南中渡开发区 邮编：3531

## 东埔生态茶庄

东埔生态茶庄成立于2008年，位于福建省莆田市湄洲湾北岸经济开发区。本茶庄主要经营名茶名酒。我厂秉持“诚信、优质、平价、稳步”的宗旨，东埔生态茶庄给天下百姓带来绵绵福泽！

联系人：李文清 13599015811
电话：0594－5908066 传真：0594－5908066
地址：福建省莆田市湄洲湾北岸经济开发区东埔镇东埔街生态茶庄 邮编：351153

## 福建省福清市龙田忠发名茶店

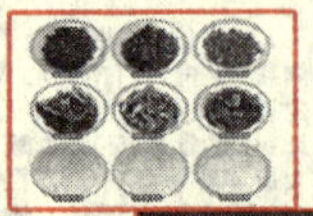

福建省福清市龙田忠发名茶店成立于2008年，本店经营各类优质名茶，包括铁观音、红茶、绿茶、花茶等及精美茶具，并提供品茶及茶艺服务，批发兼零售，欢迎广大茶友来电咨询洽谈、订购！

联系人：高敬坤 15960082678 电话：0591－86012059
地址：福建省福清市龙田镇龙达路178号 邮编：350315

## 福安市一艺贸易有限公司

福安市一艺贸易有限公司于2008年成立，专营乳制品、预包装食品。公司所代理的品牌众多，产品丰富，有黑龙江飞鹤牌奶粉、江中牌初元、厦门鹰君。

公司一直秉承"诚信至上,用心经营"的理念，自成立以来，受到多家合作商家的青睐。

电话：0593－6358550 6565650
联系人：阮金花
传真：0593－6565650
地址：福建省福安市上城河66号 邮编：355000

## 福建省霞浦县海盛食品有限公司

福建省霞浦县海盛食品有限公司成立于2008年，主要从事紫菜、海带的加工与销售。“以质量求生存，以信誉求发展”，竭诚欢迎您的光临与惠顾！

联系人：杨阿表
电话：0593-8692866、15859385676、13338221788
地址：福建省宁德市霞浦县三沙镇西澳村委会 邮编：352100

## 福鼎市管阳沈青家新副食品经营部

本经营部主要以销售副食品为主，其中以批发各类品牌白酒、饮料、预包装食品等为主。

秉承诚信经营、质量为本、顾客至上的经营理念,不断为消费者提供更多更好的产品，在经营十几年的时间里，赢得了众多消费者的认可和信赖。

联系人：陈家新
电话：0593－7652100 13509598380
地址：福建省福鼎市管阳镇沈青78号 邮编：355200

## 福建振华副食品公司

福建振华副食品公司专业生产和销售挂面，我厂一贯坚持“以诚信为本，技术领先，互利互惠”的经营方针，竭诚为广大客户服务，欢迎您的来电！

联系人：许原进 手机：13905976336
电话：0595-86931859 86938289 电子邮件：125404535@QQ.COM
地址：福建省南安市水头镇南侨杏宅村 邮编：362300

## 福鼎市龙腾粮食加工厂

本加工厂成立于2004年,专业从事大米加工,同时有糯米的加工和出售。

我厂本着“锐意进取,客户至上”的原则,坚持客户至上,竭诚为客户提供最优质的产品和良好的服务。

联系人：林守勇
电话：0593-7293562 手机：13706042798
地址：福建省福鼎市店下镇河尾（原粮站米厂） 邮编：410014

## 福州市晋安區雲貴花卉飲品經營部

本部主营各种保健花卉饮品、安溪铁观音、花草茶、绿茶、红茶、云南普洱茶、武夷岩茶等。

品种齐全，常年供货，批零兼营，本着信誉第一，质量可靠，价格最优为原则，热忱欢迎您的光临惠顾！

联系人：詹锦希
13600818130
电话：0591－83653790
传真：0591－83196226
邮编：350000
地址：福建省福州市晋安区五里亭立交桥西南3号

## 福州永利茶业有限公司

本公司成立于1997年，主要经营有关泡茶、饮茶的器具和部分茶叶，主要产品有烧水电器、各类材质的泡茶器及其附属部件。

诚邀有志之士加盟永利茶具，团结协作，双赢共生，和谐发展，共创辉煌！

联系人：吴永全 13015772706
电话/传真：0591-83992080 83651568 83664791
网址：www.yonglichaju.com
电子邮件：fzylcj@163.com
地址：福建省福州市晋安区连江中路海峡茶都二楼
邮编：350014

## 晋江市安海镇桂香茶叶店

本公司成立于2005年，主要经营茶叶（铁观音）。

我们一向秉着“以质量赢天下，以诚信得天下”的宗旨，竭诚为您服务。

联系人：吴孔成
13599279589
13505906512
邮编：362200
地址：福建省晋江市安海鸿江东路158号

## 福州裕王酒业有限公司

本公司主要以进口原装葡萄酒为主，白酒及等酒类为辅的独立法人公司。现拥有法国原装进口的拉菲、凯维斯、朗施尼、卡斯特等系列产品，公司本着以共赢的原则为基础，以质量为准则；以人性化管理及市场运作为导向！积极推动市场品位与品质，把国际著名的传世佳酿引向国内市场，公司自成立以来以“质量第一、诚信第一”为宗旨，以质最优、价廉为方针政策，以优质便捷的服务，以诚相待。

联系人：郑裕浪
电话：0591-87898606 13313755599 传真：0591-87899345
地址：福建省福州市台江区学军路56号B区204 邮编：350000

## 连城县莲峰合顺酒业经营部

本公司成立于2007年，主要销售烟、酒、茶叶。

本公司奉行质量第一，以客户为中心的服务，质量第一、服务第一、信誉第一为宗旨。

联系人：冯六妹 13806990520
电话：0597-8928599
地址：福建省龙岩市连城县莲峰镇西台小区7幢4号店
邮编：366200

## 惠安县崇武陇兴鱼卷食品加工厂

惠安县崇武陇兴鱼卷食品加工厂于2008年1月成立。本公司主要经营鱼卷、鱼丸、鱼产品。

本公司秉诚“以人为本、以质为先、持续创新、客户满意”的宗旨，以高质量的产品和优质的服务赢得广大消费者的信赖和支持。竭诚欢迎各新老朋友精诚合作、共创美好未来。

联系人：李志江 13905087651
电子邮件：13905087651@139.com
电话：0595-87697930 87356979
地址：福建省惠安县崇武镇惠崇路霞西北路 邮编：362131

## 连江县凤城镇弘威茶庄

本公司成立于2006年，主要经营茶叶销售（铁观音）。一贯以“质量保证、信誉第一”为本茶庄的服务宗旨，赢得了全国各地海内外人士的信赖和赞誉。

联系人：杨兴文
电话：0591-26235777、13600845668
地址：福建省福州市连江县凤城镇莲荷西路5号楼 邮编：350001

## 惠安县杨家鲜肉行

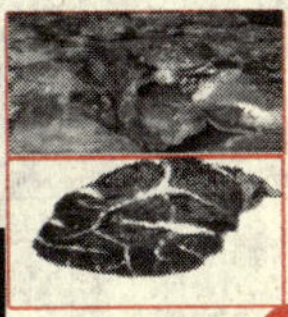

惠安县杨家鲜肉行于2005年成立。惠安县杨家鲜肉行是一家集生产加工、经销批发的私营企业，主营产品有猪肉、牛肉、羊肉。

本鲜肉行以“质量第一，顾客至上”的企业精神，愿与各界朋友携手合作，共创更加辉煌灿烂的明天。

电话：0595-87368228 87198558
联系人：杨玉山 13859773558
地址：福建省泉州市惠安县中心花园59号楼2号店面3号店 邮编：362100

## 龙海市榜山金贵肉制品厂

本公司成立于2008年，主要经营猪肉制品加工、销售。服务宗旨是：质量第一、信誉至上；诚信为本、公平交易，竭诚为客户提供优质的服务。

联系人：方金松
电话：0596-6592142、13055962142
地址：福建省龙海市榜山镇崇福村下井7号 邮编：363100

## 惠安县紫山伟铭食杂店

本店主要经营海鲜、蔬菜、烟酒。我们认为，诚信、准确、到位地把握客户的需要是服务成功的关键。重视和客户之间的良好的沟通。认真、耐心、准确地听取客户意见。

联系人：金伟铭
电话：0595-87331210、13505073855
地址：福建省泉州市惠安县紫山镇林口村 邮编：362000

## 龙海市榜山雅味达食品厂

本公司成立于2008年，主要生产皮蛋鸭卷、海鲜鸭卷、鸡肉串、皮蛋、真空咸蛋、绿茶饼、新虾卷。服务宗旨：诚信为本，热情微笑，待客为荣，欢迎您的光临。

联系人：洪建忠
电话：0596-6596513、15959670423
地址：福建省龙海市榜山镇文苑村洪厝4号 邮编：363100

## 龙海市国酒茅台专卖店

龙海市国酒茅台专卖店创办于2007年，主要经营高档的茅台年份酒、纪念酒、单瓶茅台及王子，迎宾等茅台系列酒。

本店自开业以来，秉承“质量保证，价格合理”的理念，积极为广大客户提供最完善的服务，热忱欢迎新老客户垂询惠顾！

电话/传真：0596-6528760
联系人：陈永明 13306030285
网址：www.haiqinlong.com
电子邮件：chenyongminghq@sina.com
地址：福建省龙海市石码镇紫光路22-6
邮编：363100

## 明溪县城关杜氏特香包

本公司成立于2006年，主要经营蛋糕，面包及各类甜点。高效的服务，坚持诚信双赢，全心全意为客户着想并为客户提供优质的服务。

联系人：黄快乐
电话：13626010278、13850894976
地址：福建省三明市明溪县雪峰镇农化路6号 邮编：365000

## 龍海市九湖森輝福食品廠

公司成立于2007年，主要生产<旺佳味>牌：梅菜笋丝、香油脆笋、五香酱豆、五香花生、鱼味笋丝等。

我们以绿色食品为导向，面向世界参与市场，质量为金，信誉为心，我们竭诚为您提供优质的产品及服务。

联系人：黄元森 13860888588 电话：0596-6635555 6633666
电子邮件：shfwjwspc@126.com 传真：0596-6673555
地址：福建省龙海市九湖镇埔美山村 邮编：363118

## 南安市皇家堡饼屋

南安市皇家堡饼屋成立于2007年，南安市皇家堡饼屋位于泉州市南安市福官南路，专业从事加工、销售蛋糕、面包、饼干。南安市皇家堡饼屋实力雄厚，重信用、守合同、保证产品质量，以多品种经营特色和薄利多销的原则，赢得了广大客户的信任。

联系人：徐文钦
电话：0595-86807333 邮编：362300
地址：福建省泉州市南安市福官南路145号

## 龙海市石码豪客来冷冻食品

本公司成立于2006年。
主要生产和销售冷冻食品。
质量优良，产品稳定。
深获客户的认可!

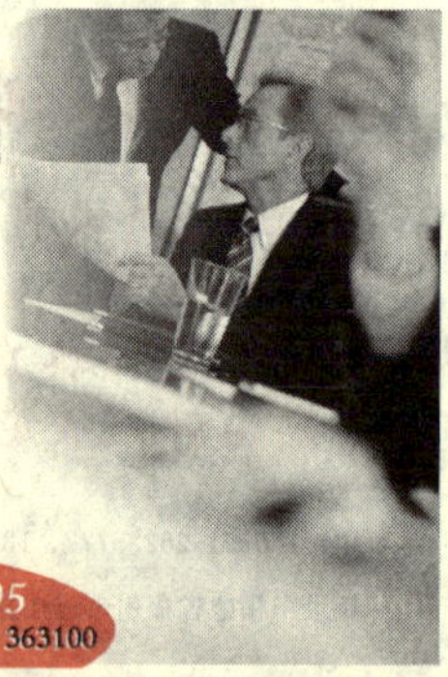

联系人：陈志明 13709350795
电话：0596－6520639 6115795
地址：福建省龙海市石码镇农贸街51号 邮编：363100

## 南安市水头镇诚达烟酒商行

本公司成立于2008年，主要销售烟、酒。

服务宗旨是：物美价廉，批发为主，零售为次，抵制假货。我们秉承质量第一，服务第二，利润第三的宗旨，为您服务。

联系人：黄继龙 13959700226
电话：0595－86930299
邮编：362300
地址：福建省南安市水头镇厦盛路409号

## 龙海志勇冷冻食品店

本公司成立于1998年，主要经营冷冻产品，猪肉，鸡鸭鱼，水产，火锅料批发零售。我们的服务理念：以专业的服务态度对待每一位顾客我们以顾客满意为服务宗旨。欢迎光临！

联系人：郭志勇
电话：0596-6551713、13806957213
地址：福建省龙海市石码镇农贸街63号 邮编：363000

## 南靖县盛泉食品有限公司

南靖县盛泉食品有限公司成立于2007年，主要从事于腌制蔬菜，农副产品的加工、销售。

本公司欢迎各客户单位前来洽谈业务。我们将竭诚为您提供最优质的产品、最优良的服务。顾客的信任是我们发展的动力源泉，本公司将一如既往的保证产品质量，改进和增加产品口味及品种，迈向更广阔的明天！

联系人：吴爱国 13799048310
电话：0596－7561936 传真：0596－7563638
地址：福建省漳州市南靖县金山镇河墘村吴坑 邮编：363603

## 龙岩市新罗区雅馨礼品行

本公司成立于2003年。
主要批发和零售茶叶、烟酒。
本公司将一如既往地恪守“至真、至诚、至善、至美”的服务宗旨。
热忱欢迎新老客户光临惠顾！

联系人：汤友强
13959061233 电话：0597－2219860
地址：福建省龙岩市新罗区中城凤凰路38号红建小区8号店 邮编：364000

## 南平市延平区司司茶烟酒

本公司成立于2003年，专营各类优质名茶、烟、酒及部分茶具，批发兼零售，主要产品有武夷山大红袍、安溪铁观音、红茶。以信誉第一，质量可靠，价格最优为原则，真诚期待您的光临。

电话：0599-8888898、13860076921 联系人：陈彩凤
地址：福建省南平市进步路74号 邮编：353000

## 莆田富寶食品有限公司

莆田富宝食品有限公司成立于1998年，本公司主要从事禽蛋深加工，专业生产“仙宝”牌无铅松花皮蛋、红心咸蛋。“仙宝”牌松花蛋采用当代最先进的无铅生产工艺，主要指标均达到或超过国家标准，其环境卫生、食品卫生指标和产品均居国家同类企业领先水平，堪称皮蛋系列珍品。

联系人：游国富 13905943913
电话：0594-82903133
传真：0594-8276833
邮编：341200
地址：福建省莆田市仙游县鲤城镇北宝峰开发区

## 石狮市骄凡商贸有限责任公司

石狮市骄凡商贸有限责任公司自成立以来，本公司专业从事法国骄凡系列葡萄酒的销售。主要有骄凡干红、干白葡萄酒系列。公司坚持以人为本，诚信经营，以产品质量第一，服务第一为宗旨，以创新求发展，不断努力完善自我，诚挚期盼与有志之士合作，共求进步，共谋发展，共创辉煌美好的明天！

联系人：王立新
电话：0595-88727666 传真：0595-88729777 邮编：362700
地址：福建省石狮市八七路661号 网址：www.jiaofan999.com

## 莆田市涵江區城涵糕餅場

本公司成立于1995年，主要經營糕餅加工銷售，主要產品有鲍氏牌系列糕餅（香酥餅、香酥禮餅、月餅），花生再加工產品（花生米、糖塊花生）等。服務宗旨用戶至上，信譽第一，誠實守信。

电话：13607560220 联系人：郭[illegible]
地址：[illegible] 邮编：351111

## 石狮市文华面粉店

本店主要加工、销售面粉、大米、食用油。

本店以消费者致上，让商家满意，让消费者满意。

联系人：傅文华 13799231227
电话：0595-88586148 88219148
地址：福建省石狮市灵秀石灵路132号 邮编：362700

## 琪庄(厦门)酒业有限公司

作为集团公司的大陆进口总经销——琪庄（厦门）酒业有限公司，座落在中国最美丽并最具有发展潜力的经济特区——厦门，将继续恪守“诚信第一、品质至上”的企业誓言，积极开拓、共创发展。两岸携手，共同打造“台湾名酒之源”。

电子邮件：SQ@QIZHUANG.TW
联系人：舒琪 13074806260 网址：www.qizhuang.tw
电话：0592-5810621 5812680 邮编：361004
地址：福建省厦门市思明区金榜路凯旋广场63号写字楼503-504

## 厦门金五峰酒业有限公司

厦门金五峰酒业有限公司成立于2008年，主要从事各种酒类产品的代理服务。

本公司将始终如一的坚持以客户为中心的理念、秉承“诚信为本，顾客至上，品质为尊，共拓双赢”的经营理念，不断创新、追求卓越。

期待新老客户的光临！

联系人：陈金丛 13906020687 电话：0592-7050606
邮编：361000
地址：福建省厦门市同安区大同镇城西市场J座仓任

## 泉州经济技术开发区伍氏特香包专卖店

本公司成立于2006年。

主要经营面包、糕点的制作及各类饮品的销售。

本店本着质量第一、诚信为本的指导思想，为各位客户提供优质产品与服务。

欢迎各位光临。

联系人：杨献斌 13905050159
电话/传真：0595-22493369 邮编：362000
地址：福建省泉州市经济技术开发区德泰路188-190#

## 仙游县鲤城天成冻品批发部

仙游县鲤城天成冻品批发部成立于2008年，位于福建省莆田市仙游县鲤城街道。本批发部主要经营冷冻食品。本公司秉承“顾客至上，锐意进取”的经营理念，坚持“客户第一”的原则为广大客户提供优质的服务。欢迎广大客户惠顾！

联系人：陈金添
电话：13808594185 0594-8267638
地址：福建省莆田市仙游县鲤城街道
邮编：351100

## 泉州市丰泽区顺安水产加工厂

泉州市丰泽区顺安水产加工厂成立于2007年。主要从事于水产品加工、销售。

公司自成立以来，一贯秉持“客户至上、服务第一”的宗旨，为广大用户提供最优质的产品和良好的服务。

电话：0595—22778908 22660279
联系人：林进安 13805929018
地址：福建省泉州市丰泽区顺安水产加工厂
邮编：362000

## 玉田丽明面粉店

玉田丽明面粉店成立于1999年，本公司主要经营批发、零售面粉。玉田丽明面粉店本着“客户第一，诚信至上”的原则，与多家企业建立了长期的合作关系。热忱欢迎各界朋友前来参观、考察、洽谈业务。

联系人：郑丽明
电话：0591-28960123 13805069980
地址：福建省长乐市玉田镇洋中路1号
邮编：350203

## 漳浦县古雷镇燕平副食品商行

漳浦县古雷镇燕平副食品商行成立于2003年，本商行主要经营批发、零售副食品。有烟、酒、粮油、大米、紫菜等等。漳浦县古雷镇燕平副食品商行实力雄厚，重信用、守合同、保证产品质量，以多品种经营特色和薄利多销的原则，赢得了广大客户的信任。

联系人：林燕平　邮编：363216
电话：0596-3693441 13959629616　传真：0596-3693441
地址：福建省漳州市漳浦县古雷镇西辽村29号

## 政和县锦屏遂应茶业专业合作社

政和县锦屏遂应茶业专业合作社成立于1998年，主要从事于茶叶的种植、加工、销售。主要有政和功夫红茶系列、遂应野生绿茶系列。

公司秉承"顾客至上，诚信守约"的经营理念，诚信交易，只为换来您的满意。

欢迎新老客户光临惠顾！

邮编：353603
地址：福建省南平市政和县岭腰乡锦屏村

联系人：叶功园
13859456126

## 江西省/jiangxi Province

**元和蛋品厂**
地址：江西省丰城市筱塘集镇
负责人：陈元孔
Tel：0795－6703588
13850031398

**金溪县大丰收果业开发有限公司**
业务：金溪县大丰收果业开发有限公司成立于2003年，主要从事于果业开发、家禽养殖、水产养殖。欢迎新老客户光临、惠顾！
地址：江西省抚州市金溪县陈坊乡
负责人：方樟福　邮编：344800
法人：方樟福
Mobile：13970435128

**抚州市新日鲜食品有限公司**
业务：生产与销售各类糕点
产品：沙琪玛、芝麻片、西饼、江米条等各类糕点
地址：江西省抚州市金巢开发区创业园A1栋
负责人：汤志泉　邮编：344000
法人：汤志泉
Tel：13307942478
0794－8219788

**东乡县红星酵母食品有限公司**
地址：江西省抚州市东乡县红星（省级）经济开发区
负责人：张文杰
Tel：13807941588

**江西味之丰食品工业有限公司**
地址：江西省抚州市东乡县红星工业园区
负责人：许志向
Tel：0794－4380968

**好口福西饼屋**
业务：糕点制作
地址：江西省赣州南康市夜市街中心转盘处
负责人：柯彰雄　邮编：341400
法人：柯彰雄
Tel：0797－6611117

**潭口凯凯食品厂**
地址：江西省赣州南康市潭口镇金牛大道22号
负责人：赖维凯
Tel：0797－6651708
13617070957

**赣县沙地三顺板鸭厂**
业务：生产和销售板鸭
产品：板鸭
地址：江西省赣州市赣县沙地镇沙地村
负责人：刘英明　邮编：341111
法人：刘英明
Tel：13707075681
13970735282

**赣县金峰食品科技开发有限公司**
业务：赣县金峰食品科技开发有限公司成立于2000年，主要生产"金峰"牌啤酒。口感好，质量保证，价格合理，热诚欢迎新老客户惠顾。
地址：江西省赣县县城章贡路66号
邮编：341100
法人：钟敦金
Tel：0797－4434919
Fax：0797－4434919

**茂生粮油加工厂**
地址：江西省赣州市大余县池江镇池圩老街上
负责人：王茂生
Tel：0797－8791588
13970118570

**大余县赣江源饮料厂**
地址：江西省赣州市大余县池江镇工业园
负责人：王水龙
Tel：0797－8791888

**瑞金市穗兴米业有限公司**
业务：大米加工、销售
地址：江西省赣州市瑞金市谢防镇新建村
负责人：范先生　邮编：341000
法人：邹瑞生
Tel：13879749939

**江西红军桥天然营养食品厂**
业务：江西红军桥天然营养食品厂位于赣州市红旗大道上，主要生产粉干，它以松软爽口、营养丰富、食用方便而被广大群众所喜爱。欢迎各方客户惠顾、洽谈业务、共同合作！
地址：江西省赣州市红旗大道冶勘二队8栋103
邮编：341000
法人：李建平
Tel：0797－8222238
Mobile：13767719171
Fax：0797－8222238
网址：http://jxhjq.chinapyp.com

**永昌板鸭食品厂**
地址：江西省赣州市大余县南安镇梅山村
负责人：黄学辉
Tel：0797－8728343
13979759611

**吉安县大冲乡养鸭专业合作社**
业务：养殖和销售肉鸭
产品：肉鸭
地址：江西省吉安市吉安县大冲乡库下村委会北坑村36号
负责人：彭忠文　邮编：343000
法人：彭忠文
Tel：13979603068

**胜仙米面食品有限责任公司**
地址：江西省赣州市定南县县城良富工业区
负责人：胡小明
Tel：0797－4291395
13907973061

**江西九二盐业有限责任公司**
地址：江西省赣州市会昌县筠门岭镇
负责人：谢祚珍
Tel：13970134706

**赣州祥龙食品有限公司**
业务：赣州祥龙食品有限公司以生产销售食品为主，欢迎新老客户来电洽谈业务。
地址：江西省赣州市会昌县惠城路27号
负责人：陈先仁　邮编：342600
法人：陈先仁
Tel：0797－5629010
8553333

**吉安市吉州区贵祥米粉厂**
业务：专业从事米粉、年糕加工销售，选用国内先进设备，原料均选用当地优质大米，无任何防腐剂，增白剂，为天然绿色食品。我们将以最优质的产品和服务期待您的光临！
产品：米粉，年糕
地址：江西省吉安市吉州区吉福路三公桩
负责人：万桂祥　邮编：343000
法人：万桂祥
Tel：13607969971

**京丰食品厂**
地址：江西省赣州市信丰县大塘埠镇
负责人：付信英
Tel：0797－3239152
13979749411

**遂川县福缘腊味食品厂**
业务：腊味食品加工、销售
产品：江西板鸭、腊肉、香肠
地址：江西省吉安市遂川县珠田乡草溪村路前组47号
负责人：刘福生　邮编：343900
法人：刘福生
Tel：0796－6266298
13576804823
15307061888

**恒隆麦饭石产品销售有限公司**
地址：江西省赣州市信丰县嘉定镇水东街61号
负责人：徐汉平
Tel：0797－3368888
3366196
3311789

**金豆食品厂**
地址：江西省赣州市章贡区湖边镇西湖山
负责人：曾爱庆
Tel：0797－8253688
13979707898

**武宁县同发名酒经营部**
业务：洋河蓝色经典、红酒、烟
地址：江西省九江市武宁县建昌路62号
负责人：朱帮仁　邮编：332300
法人：朱帮仁
Tel：13970268825
0792－2787229
Fax：0792－2787229

**赣州沙地板鸭有限公司**
业务："沙地板鸭，辣味一生"曾荣获国宴的辣味之王，省著名商标。是您和家人品尝佳肴，馈赠朋友的首选礼品
地址：江西省赣州市沙地镇
邮编：341113
法人：谢金平
Tel：0797－4450018
Fax：0797－4450018

**高安市祥符粮油加工厂**
地址：江西省高安市祥符镇
负责人：章爱平
Tel：0795－5772378
13907152852

**江西省武宁县长寿诀功能食品开发中心**
业务：致力于天然生态保健功能食品开发与研制，集种植、研发、生产及销售为一体，主要研究及开发项目有：鲜葛系列深加工项目
产品：菜用鲜葛、雪莲果、葛粉、复方葛粉丝、葛酒、葛片茶、葛花茶
地址：江西省九江市武宁县罗坪镇洞坪村
负责人：张国镇　邮编：332319
法人：张国镇
Tel：13037263349
0792－2810218
Fax：0792－2810218
E-mail：zhang_gz@126.com

**振祥粮油加工厂**
地址：江西省高安市祥符镇政府对面
负责人：黄特然
Tel：0795－5772261
13607951661

**南昌新赣菜特色原料商行**
业务：生产食品
地址：江西省南昌市东湖区右营街21－1（门市部）、江西省新建县19工桩（工厂）
负责人：万志华　邮编：330013
法人：万志华
Tel：0791－2199127
13767122032
Fax：0791－2199127
网址：www.jxmcw.com

**红泉山泉水厂**
地址：江西省贵溪市周坊镇
负责人：邵东升
Tel：13870186222

**赣州康福隆食品贸易有限公司**
业务：赣州康福隆食品贸易有限公司成立于2006年，主要经营保健食品。欢迎新老客户光临、惠顾！
地址：江西省赣州市章南贸易广场南街8号
负责人：黄华荣　邮编：341000
法人：黄华荣
Tel：0797－7021751
Fax：0797－8137978
网址：www.mtw50208.chinapyp.com

**泰和县稻香酒业有限公司**
地址：江西省吉安地区泰和县城南门
负责人：徐昭宏
Tel：0796－5360769

**新建县公园小陆烟酒商行**
业务：名烟名酒，王老吉，滕王阁食品等品牌零售，批发。
地址：江西省南昌市新建县长堎镇解放路243号
负责人：陆明强　邮编：330100
法人：胡淑梅
Tel：0791－3748482
13970880528

**吉水县康鸿天然香料油厂**
地址：江西省吉安市吉水县城南上垅路45号
负责人：刘招香
Tel：0796－3537928

**福星水麻粮油食品有限公司**
地址：江西省吉安市新干县城北工业园（金川北大道122号）
负责人：邹金根
Tel：0796－2620133
13907065582

**高安市文昌大米加工厂**
业务：本公司成立于2001年，拥有17名员工。主要经营：大米的加工与销售。
地址：江西省高安市瑞州街办文昌村
邮编：330800
法人：宋金根
Tel：0795－5269304

**新建县天顺食品厂**
业务：糕点类食品生产销售
地址：江西省南昌市新建县长堎镇邹家村
负责人：杨义进　邮编：330013
法人：杨义进
Tel：0791－3753376
Fax：0791－3753376

**文峰豆制品加工厂**
地址：江西省井冈山市茨坪新市场路
负责人：周文平
Tel：0796－6554170
13970657215

**九江市糖酒副食品总公司天外天商场二电超市**
地址：江西省九江市滨江路二电厂内经一路
负责人：廖世华
Tel：0792－8532128

**宝顺油脂厂**
地址：江西省九江市德安县磨溪乡粮管所
负责人：化和冬
Tel：13970282836

**莲花县江山村水厂**
业务：桶装水供应
地址：江西省萍乡市莲花县坊楼镇江山村
负责人：谭纪林　邮编：337100
法人：谭纪林
Tel：13317094008
0799－7241382
Fax：0799－7241382

**九江市庐山鹿土特产有限责任公司**
地址：江西省九江市荷花垅地段综合楼
负责人：章秀明
Tel：13870278297

**吉安县锦源曾氏火腿厂**
业务：吉安县锦源曾氏火腿厂成立于2003年，专业从事肉类腌制品、蔬菜腌制品的加工及脱水蔬菜的加工。欢迎来电定购、洽谈业务。
地址：江西省吉安县永和镇锦源村
邮编：342121
法人：李平
Tel：0796－8764589
Fax：0796－8764652

**鄱阳县珠玉食品有限公司**
业务：生产与销售河粉、线粉、面条、面粉
产品：河粉、线粉、面条、面粉
地址：江西省上饶市鄱阳县珠湖农场珠湖制药厂厂区内
负责人：程洪力　邮编：334000
法人：程洪力
Tel：13698082999
0793－6601666
13979332201
网址：http://www.51zzt.com/user/zzt35765

**丰花食品饮料厂**
地址：江西省九江市永修县新城西一路

负责人:淦风生
Tel:0792－3229355
13037264743

**江西省无糖食品开发有限公司**
地址:江西省南昌市东湖区八一大道 357 号 B－2904 号
负责人:李水平
Tel:13870839577

**南昌市洪燕发展有限公司经营部**
地址:江西省南昌市东湖区民德路 495 号
负责人:巩克明
Tel:0791－6703372

**上饶市建升食品有限公司**
业务:生产、销售食品(饼干、糕点)
地址:江西省上饶市信州区灵溪镇张家村
负责人:甘荣顺　邮　编:334000
法　人:甘荣顺
Tel:0793－8066566
Fax:0793－8066566

**江西乐平安派食品有限公司**
业务:江西乐平安派食品有限公司成立于 2000 年,生产销售糕点,远销全国各地,欢迎新老客户来电洽谈业务。
地址:江西省乐平市人民中路 106 号
负责人:占伟华　邮　编:333300
法　人:占伟华
Tel:0798－6833681
Fax:0798－6833396

**茂名市君临果业有限公司南昌分公司**
地址:江西省南昌市东湖区中山路 65 号
负责人:李春刚
Tel:13707082083

**恒发副食品批发部**
地址:江西省南昌市洪城大市场 D 区 12 栋 33 号
负责人:程集幸
Tel:0791－6501749
13065152199

**分宜县梦镇湖益寿山泉水厂**
业务:生产、销售桶装饮用水
地址:江西省新余市分宜县凤阳西坑
负责人:钟晚生　邮　编:338025
法　人:钟晚生
Tel:13607901287
13979061956

**群星食品**
地址:江西省南昌市洪城大市场 D 区 6 幢 12 号
负责人:魏琴忠
Tel:0791－6574263
13177805023

**南昌县绿玉大米加工厂**
业务:南昌县绿玉大米加工厂位于南昌市近郊,交通便利,厂区环境优美,生产技术、设备、工艺先进,产品品质优良。主导产品绿玉昂牌系列大米,系引进泰国良种,中国种植,经过精工水磨,精选抛光加工而成。用该大米煮成的饭,香软可口、营养,欢迎来电洽谈业务!
地址:江西省南昌市南昌县三汇镇粮管所
邮　编:330205
法　人:涂建平
Tel:0791－5083508
Mobile:13607089875

**天顺粮油经营部**
业务:粮油批发销售
地址:江西省新余市通济北路章家村(水果市场旁边)
负责人:周春根　邮　编:338000
法　人:周春根
Tel:0790－9229573

**江西味元食品有限公司**
地址:江西省南昌市南昌县莲塘沿河路 96 号
负责人:罗秋华
Tel:13870983746

**弋阳县南岩寺饮料厂(弋阳县益众吹塑厂)**
业务:本厂专业生产《南岩圣泉》瓶(桶)装饮用水;水源取自世界地质公园～龟峰(南岩寺)风景名胜区山脉峡谷岩孔裂隙的地下一百多米深层好水,水质清澈透明,口感纯正、甘洌,无任何污染,连续十年经质检部门检验合格,现已扩大生产规模;本厂宗旨:"以人为本、质量第一"销售部兼营五加仑饮用水桶。
地址:江西省弋阳县南岩寺风景区内,销售部地址:弋阳县弋江镇胜利路 259 号
负责人:祝锦英　邮　编:334400
法　人:郑济林
Tel:13767372277
0793－5887171
5889399
13707035919

**琼果营养食品厂**
地址:江西省南昌市南昌县塘南镇柘林街
负责人:李慎忠
Tel:0791－5831999
13870853189

**丁坊粮食加工厂**
地址:江西省南昌市南昌县向塘镇新村
负责人:万良荣
Tel:13803508977

**江西南科食品有限公司**
地址:江西省南昌市青山湖区北京东路 171 号
负责人:龚健民
Tel:13607047958

**南昌大伟食品有限公司**
业务:本公司主要加工销售凉拌菜、卤菜等食品。种类齐全,味道鲜美。热忱欢迎新老客户光临惠顾!
地址:江西省南昌市青云谱区井冈山大道 639 号
负责人:芦江琨　邮　编:330000
法　人:芦江琨
Tel:0791－8450371

**南昌市江兰米业有限公司**
地址:江西省南昌市青山湖区罗家罗武路(电力厂旁)
负责人:张任香
Tel:13970018372

**养生油脂有限公司**
地址:江西省南昌市青山湖区南昌大学科技园
负责人:刘少林
Tel:0791－8653082
13907099585

**铭顶食品厂**
地址:江西省南昌市青山湖区杨子洲乡滕洲村 25 号
负责人:陶书铭
Tel:0791－8671213
13330060585

**南昌铁路卷烟经营部**
业务:南昌铁路卷烟经营部主要经营国产卷烟、雪茄烟,欢迎新老客户光临惠顾!
地址:江西省南昌市天佑路 7 号
负责人:徐新华　邮　编:330002
Tel:0791－6114783
6114781

**鹰潭伟祥酱菜加工厂**
业务:加工和销售各种酱菜
产品:酱菜
地址:江西省鹰潭市伟祥酱菜加工厂
负责人:钱伟祥　邮　编:312000
法　人:钱伟祥
Tel:0701－6286666

**永达冷冻产品经营部**
地址:江西省南昌市青云谱区肉联厂市场内 A－27 号
负责人:刘淑华
Tel:0791－8461025
13007228673

**江西美丽东方食品销售有限公司**
地址:江西省南昌市西湖区桃苑住宅区 9 栋 6 单元
负责人:杨爱金
Tel:13767199547

**江西海浩鄱阳湖水产有限公司**
业务:江西海浩鄱阳湖水产有限公司成立于 2005 年 12 月,主要从事龙虾、烤鱼、蚬肉、干燥虾、元宝虾及其水产制品的出口加工、冷冻,该企业获得国家出路境检验检疫局验证(HACCP)。
地址:江西省南昌县小兰经济开发区鑫维大道 98 号
邮　编:330200
法　人:万国才
Tel:0791－5988389
Fax:0791－5989000

**金鼎食品有限公司**
地址:江西省南昌市小兰工业园 1946 号
负责人:张六泉
Tel:0791－5761618
13807033179

**绿世界油脂有限公司**
地址:江西省南昌市新建县新国路前卫 1 号
负责人:万怡丰
Tel:0791－3705861
13870637083

**铅山县黄岗山有机资源开发有限公司**
业务:铅山县黄岗山有机资源开发有限公司主要经营武夷云毫、武夷云芽、武夷云片、武夷云针、武夷云翠、武夷云露、武夷云玉等七个"武夷玉枝"牌系列茶叶产品,并已经通过了中绿华夏有机食品认证中心(COFCC)的有机条认证,其中"武夷云毫"获得了 2006 年全省名优茶评比银奖。
地址:江西省铅山县武夷山镇黄岗山西坑
负责人:姜维平　邮　编:334500
法　人:姜维平
Tel:0793－5466118

**家家乐酱油厂**
地址:江西省南康市金鸡镇东山村
负责人:曾远宾
Tel:0797－6633645
13970734035

**金兴粮油加工厂**
地址:江西省南康市潭口镇代卫村 105 国道旁
负责人:陈荣金
Tel:0797－6651168
13907076359

**万年县万年红食品有限公司**
地址:江西省上饶地区万年县丰收工业园区
负责人:顾慧娟
Tel:13396815833

**鄱阳县珠湖银鱼有限公司**
业务:鄱阳县珠湖银鱼有限公司成立于 2000 年,主要养殖珠湖银鱼、黄颡鱼、鳜鱼、青虾、野生甲鱼、河蟹、斑点叉尾鮰鱼等各种鱼类。产品销往国内外。欢迎各方客户来电来人洽谈业务,共同合作。
地址:江西省上饶市鄱阳县白沙洲
邮　编:333100
法　人:周志勇
Tel:0793－6811196

**铅山县湖坊镇双龙粮油加工厂**
地址:江西省上饶市铅山县湖坊镇吴家村杨家
负责人:沈志波
Tel:13970350191

**东园泉山泉水厂**
地址:江西省上饶市万卓县梨树坞乡周家村
负责人:陈万生
Tel:13970313758

**晨露副食品经营部**
地址:江西省上饶市信州区信江中路 337 号
负责人:郑建国
Tel:0793－7080139
13319309811

**弋阳县花亭年糕食品厂**
地址:江西省上饶市弋阳县花亭乡花亭大道 3 号
负责人:孙江东
Tel:0793－5855777
13970300889

**江西珊娜果业有限公司**
业务:江西珊娜果业有限公司成立于 1998 年,是一家集科研、生产、销售、加工、种苗为一体的大型农业综合开发公司。主要产品有蜜橘、蜜梨。欢迎广大客商考察、洽谈业务。
地址:江西省新余市吉新路秀水花园
邮　编:338025
法　人:李华学
Tel:13807908888
Fax:0790－6209798

**豪门万家乐炒货厂**
地址:江西省新余市抱石大道
负责人:鄢小珠
Tel:0790－6310868
13320006168

**金鹏冻米糖厂**
地址:江西省宜春市丰城市赣江大桥经济开发区
负责人:徐新云
Tel:13707001868

**高安市云峰食品厂**
地址:江西省宜春市高安市高丰路 120 号
负责人:朱少华
Tel:13979582180

**德利君实业有限公司**
地址:江西省宜春市明月南路 135 号
负责人:易志诚
Tel:0795－3281582
13807958079

**樟树市家宝乐食品有限公司**
地址:江西省宜春市樟树市昌付镇兴昌路 8 号
负责人:张小珍
Tel:0795－7833268

**江西嘉鸿食品工业有限公司**
业务:江西嘉鸿食品工业有限公司后产"嘉鸿"牌系列面制品,质优价廉倍受广大客户的喜欢,欢迎新老客户惠顾!
地址:江西省星子县金鹿工业园区
负责人:徐森琨　邮　编:332800
法　人:徐森琨
Tel:0792－2653789
2653788

**赣南仙风客家食品有限责任公司**
地址:江西省宜都县罗坳镇峡山
负责人:许小锋
Tel:0797－6246053
13707070746

**月湖区金山奔冷饮经销部**
业务:伊利、蒙牛、天冰等全国各大品牌冷饮、目前是鹰潭市成立有 20 多年的唯一老店、兼营速冻产品。
地址:江西省鹰潭市月湖区金山弄 28 号店铺
负责人:陈建强　邮　编:335000
法　人:陈建强
Tel:13807017072
0701－6239531

**南华山饮用天然矿泉水有限公司**
地址:江西省宜黄县黄陂镇
负责人:江玉英
Tel:0794－7768158
13870472962

**龙虎山泸溪食品厂**
地址:江西省鹰潭市龙虎山仙水岩
负责人:舒文
Tel:13006227986

**麻辣香调味品厂**
地址:江西省鹰潭市胜利西路 148－6 号
负责人:邹虎标
Tel:13617018489

**南华山饮用天然矿泉水有限公司**
业务:南华山饮用天然矿泉水有限公司成立于 1999 年,从事矿泉水、饮料的生产、批发及配送一条龙服务。公司将秉承"质量第一、服务至上"的宗旨,竭诚为广大客户服务。
地址:江西省宜黄县黄陂镇
邮　编:360004
法　人:江玉英
Tel:0794－7768158
Fax:0794－7768158

**宜春市隆昌粮油加工厂**
地址:江西宜春市袁州区泗洲寺路 3 号
地址:谢昌积
Tel:0795－3275764
13907959340

## 井冈山市文峰豆制品加工厂

井冈山市文峰豆制品加工厂成立于1999年，专业从事豆制品加工和销售，主要产品是豆腐乳。

我公司本着"锐意进取，客户至上"的原则，竭诚为客户提供优质的产品和良好的服务。欢迎惠顾！

联系人：周文平

电话：0796-6554170 13970657215

地址：江西省井冈山市茨坪新市场路 邮编：343600

## 弋阳县赛军酿造厂

弋阳县赛军酿造厂始建于1990年，是2007年江西省第12批黄酒酿C级资质现专门从事黄酒加工和销售。我公司承蒙广大客户支持和信赖，并继续以"质量第一、服务第一、信誉第一"的优良传统服务客户，欢迎惠顾！

联系人：何赛军

手机：13607031587

传真：0793-5855056 邮编：334400

地址：江西省弋阳县弋江镇大树徐家村

## 泉水岭纯净水有限责任公司

泉水岭纯净水有限责任公司成立于2000年，主要从事纯净水的生产与销售。

竭诚欢迎新老客户光临惠顾！

电话：0798-2692825 联系人：洪金平

13707983275

地址：江西省景德镇市昌江区吕蒙村 邮编：333000

## 上饶市昌彪食品有限公司

上饶市昌彪食品有限公司成立于1996年，本公司专业从事休闲食品生产、加工与销售，产品有豆鼓果、南瓜条、茄子干、红椒脯、南瓜干、豆角干、五香豆等。

"为全人类幸福，生产绿色健康食品"，是本公司最基本的经营理念。热忱欢迎新老客户前来参观、洽谈业务。

联系人：陈教洪

邮编：334000

电话/传真：0793-8158899

地址：江西省上饶市信州区茅家岭乡车头畲族村委会下车头

## 世纪食品原料供应站

世纪食品原料供应站成立于1992年，主要从事食品原料的销售。我公司秉承诚信务实的经营理念，始终坚持以最低的价格、最优的质量、最快捷的服务满足广大客户。

希望海内外有识之士来电来函洽谈业务。

电话：0798-8281948 13907987160

联系人：余世煌 邮编：333000

地址：江西省景德镇市十八桥商城15栋19-20号

## 思源水业有限责任公司

思源水业有限责任公司成立于2004年，主要从事纯净水的生产与销售。竭诚欢迎新老客户光临惠顾！

电话：0799-3687198 联系人：欧阳耀财

13807993515

13979914298 邮编：337013

地址：江西省萍乡市上栗县桐木镇黄图村

## 山东省/Shandong Province

**兴安街办王十里村东侧**

地址：山东省安丘市兴安街办王十里村东侧

负责人：闫发升

Tel：0536－4283868

13335253989

**山东省滨州市北方茶叶有限责任公司**

业务：北方茶叶有限责任公司建于一九九三年，是一家专业生产和销售茶叶的企业。生产的"北茗"牌花茶香气浓郁，口感清爽。系列产品分高中低档三大系列一百余个品种，包括花茶，绿茶及乌龙茶普洱茶产品，并分别销往山东、河北及东北三省等地区，经营理念：做人诚实守信，做茶精益求精。

地址：山东省滨州市荣昌街181号

邮　编：256600

法　人：王海玉

Tel：0543－3373997

Fax：0543－3373997

网址：www.beimingtea.com

**河东区盛源油坊**

业务：芝麻油，出口韩国

地址：山东临沂市河东区太平办事处前姚庄村

负责人：姚明庆　邮　编：276000

法　人：姚明庆

Tel：13793901011

0539－8755899

**无棣雪来红枣业有限公司**

地址：山东省滨州市无棣县棣新四路1号

负责人：蔡林

Tel：0543－6325513

**金瓜果酒有限公司**

地址：山东省昌邑市城西开发区

负责人：高鸿志

Tel：0536－7221200

7129295

**山东省乐陵市鸿通棉油有限公司**

业务：山东省乐陵市鸿通棉油有限公司成立于2003年，从事棉花的收购、加工、销售；棉籽剥绒；棉籽油加工。

地址：山东省德州市乐陵市黄夹镇苏李纸坊村

邮　编：253600

法　人：苏绍庆

Tel：0534－6843228

Fax：0534－6843222

**安丘市宝晟食品有限公司**

业务：生产加工胡萝卜、大姜和鸡肉串制品

地址：山东省安丘市凌河镇皂角树村

负责人：王宝山　邮　编：261041

法　人：王宝山

Tel：15053694777

0536－4565111

**乃克食品有限公司**

地址：山东省昌邑市围子镇

负责人：王立智

Tel：0536－7822198

7828388

7089688

**滨州食为天工贸有限公司**

业务：生产、销售食品

产品：桃酥

地址：山东省滨州市黄河四路渤海九路路口西50米（北京桃酥王）

负责人：李浔　邮　编：256600

法　人：李浔

Tel：13905438581

15954311806

E-mail：bzlixun@sina.com

**乐陵万家食品有限公司**

地址：山东省德州乐陵市富民路58号

负责人：田志强

Tel：0534－6225658

13853466000

**庆云鲁丰食品科技有限公司**

业务：庆云鲁丰食品科技有限公司成立于2004年，从事果品、蔬菜的加工及销售。我公司始终信守"信誉第一、顾客至上"的信条，本着互惠互利的原则，热诚地欢迎广大海内外的新老朋友前来洽谈、合作、共创灿烂辉煌的美好未来。

地址：山东省德州市庆云县迎宾路东首

邮　编：253700

法　人：陈志亮

Tel：0534－3220677

Fax：0534－3221700

**山东省阳信志强伟业肉类有限公司**

业务：肉类加工和销售

地址：山东省滨州市阳信县鲁信花园

负责人：张志强　邮　编：256619

法　人：张志强

Tel：13396495858

0543－8291828

**星光糖业有限公司**

地址：山东省德州乐陵市经济技术开发区

负责人：曹永兴

Tel：0534－6292996

13905446438

**德州市德城区志刚水果批发部**

业务：时令水果批零

地址：山东省德州市德城区德运果品粮油批发市场大任果业

负责人：任志刚　邮　编：253012

法　人：任志刚

Tel：15965999799

0534－2416083

2419669

网址：http://www.51zzt.com/user/zzt29879

**新康源食品饮料有限责任公司**

地址：山东省德州乐陵市市中街道办事处三里庄

负责人：卜祥星

Tel：0534－6228583

13573401988

**成武县天和利蒜业有限公司**

业务：本公司主要生产保鲜大蒜和大蒜脱水系列（蒜片、蒜粒、蒜粉），公司在不断发展的同时，尤其重视企业的良好形象。诚信经营，广交四海朋友。成武县天和利蒜业有限公司特以优质的产品，良好的口碑与您携手发展！

地址：山东省荷泽市成武县田集镇程楼（经济园内）

负责人：程源东　邮　编：274200

法　人：程源东

Tel：0530－8775177

**陵县滋镇思孝面粉厂**

业务：加工面粉

地址：山东省德州市陵县滋镇兴东村

负责人：赵思孝　邮　编：253514

法　人：赵思孝

Tel：0534－8806321

**德华鸡食品厂**

地址：山东省德州市德城区黄河崖镇

负责人：赵振华

Tel：0534－2715090

13001768168

**平原县立健禽肉加工厂**

业务：加工白条鸡

地址：山东省德州市平原县腰站镇王双堂村

负责人：王立见　邮　编：253012

法　人：王立见

Tel：0534－4656509

13181372846

**朝珍草原兴发系列产品经销店**

地址：山东省德州市德城区商贸开发区长虹市场内

负责人：马朝珍

Tel：0534－2874141

13180003583

**金珊食品水产有限公司**
地址：山东省德州市德城区新华工业园
负责人：赵全善
Tel：0534－2602688
13605341700

**山东省都庆股份有限公司**
业务：山东省都庆股份有限公司成立于1992年，是国家大型二级企业，本公司主要生产植脂末、低聚异麦芽糖粉、麦芽糊精等产品，广泛用于乳制品、保健品等行业。
地址：山东省荷泽市定陶县陈集镇
邮　编：274108
法　人：张洪臣
Tel：0530－2796006
2791146
Fax：0530－2793030

**齐河县潘店镇春雨纯净水有限公司**
业务：生产、销售纯净水
地址：山东省德州市齐河县潘店镇洪张村
负责人：王宗阳　邮　编：253012
法　人：王宗阳
Tel：15092570966

**天天食品枣业有限公司**
地址：山东省德州市乐陵市红枣市场168号
负责人：李振国
Tel：0534－6292808
13053441148

**龙辉制粉有限公司**
地址：山东省德州市临邑理合工业园
负责人：李广辉
Tel：0534－4822050
13562489377

**山东乾源酒业有限公司**
业务：山东乾源酒业有限公司是一家致力于挖掘、整理、传承并光大祖国传统中医保健文化宝藏的现代化高科技公司。2002年，公司挖掘古方，在宫中沿用百年的宫廷御用长寿壮阳酒秘方基础上，配以近30种名贵动植物药材，潜心研究，不断创新，将传统工艺与现代生物工程技术相结合，开发出中国乾源御用保健酒产品。
地址：山东省济南市历下区历山路2号
负责人：朱兴国　邮　编：250013
法　人：朱兴国
Tel：0531－86959111
Fax：0531－88350197
网址：www.cnqianyuan.com
E-mail：jnservice@mainone.cn

**临邑南方食品有限公司**
地址：山东省德州市临邑县临盘镇工业园
负责人：蔡利津
Tel：0534－4283819

**东君植物油有限公司**
地址：山东省德州市临邑县临盘镇后仓
负责人：杜风山
Tel：0534－4287518
13355348902

**德州福庆油脂有限公司**
业务：食用油、棉粕、棉短绒
地址：山东省德州市武城县老城镇东环路
负责人：齐炳山　邮　编：053304
法　人：齐炳山
Tel：0534－6312060
13723924666

**鱼台县龙鑫食品厂**
业务：鱼台县龙鑫食品厂成立于2003年，现有员工110余人，从事各种挂面的生产及销售。产品质量保证，价格合理，服务周到，欢迎来电垂询。
地址：山东省济宁市鱼台县王鲁镇刘庄村
邮　编：272300
法　人：刘义法
Tel：0537－6159876
Fax：0537－6224498

**浩田面粉有限公司**
地址：山东省德州市临邑县翟家乡工业园
负责人：董立田
Tel：0534－4852617
13705349146

**聊城茂源肉食品有限公司**
业务：聊城茂源肉食品有限公司成立于2006年，生产销售哈尔滨红肠系列产品，欢迎新老客户来电洽谈业务！
地址：山东省聊城市东昌府区凤凰工业园纬三路南
负责人：焦宗贵　邮　编：252000
法　人：焦宗贵
Tel：0635－8578908

**夏津县金宏源油脂有限公司**
业务：油脂加工，棉壳
地址：山东省德州市夏津县新盛店镇西季庄村
负责人：葛明朝　邮　编：253012
法　人：葛明朝
Tel：13082762688
0534－3548936
Fax：0534－3548936

**谷神生物科技集团有限公司**
地址：山东省德州市陵县经济开发区中段谷神工业园
负责人：李秀萍
Tel：0534－8321437

**宁津县浩雪面粉厂**
地址：山东省德州市宁津县长官镇北街
负责人：张民峰
Tel：0534－5731196

**山东莘县聚鑫食品有限公司**
业务：山东莘县聚鑫食品有限公司成立于2005年，从事冻鸡（西装鸡、白条鸡、三黄鸡）、乡巴佬鸡蛋、肉食系列休闲食品的加工及销售。欢迎来电垂询。
地址：山东省聊城市莘县莘亭镇工业园
邮　编：252411
法　人：张同聚
Tel：0635－7510818
Fax：0635－7510818

**凯希食品有限公司**
地址：山东省德州市宁津县宁津镇高李村
负责人：石国庆
Tel：0534－5231212
13905440030

**德州中普啤酒饮料有限公司**
地址：山东省德州市平原县恩城镇经济开发区
负责人：栗洪涛
Tel：0534－4546999
13706399111

**东营区意达食品经营部**
业务：青岛品牌啤酒、黑啤系列、芒果汁、糖果、景阳酒等
地址：山东省东营市东营区北二路工农村
负责人：薛金旗　邮　编：257000
法　人：薛金旗
Tel：13561055841
13561063448

**蒙阴蒙山贺家食品有限公司**
业务：蒙阴县贺家鸡店是该县炒鸡行业的龙头企业，其注册品牌“贺家鸡”远近驰名，在齐鲁地方名吃中独树一帜。总店现有固定资产200多万元，占地面积6666平方米，拥有职工40余名，在省内外有加盟店50多家，是蒙阴规模最大、辐射范围最广的炒鸡连锁店。
地址：山东省临沂市蒙阴县蒙阴镇东住佛村
负责人：贺万柱　邮　编：276200
法　人：贺万柱
Tel：0539－4838188
网址：www.mtw28349.chinapyp.com

**国强制粉有限公司**
地址：山东省德州市平原县前曹镇小李家寨村西
负责人：张秀成
Tel：0534－4385363
13969206996

**玉皇阁酿酒饮料有限公司**
地址：山东省德州市齐河县焦庙镇驻地
负责人：宋现国
Tel：0534－5741023
13953425791

**齐河京福酿酒厂**
地址：山东省德州市齐河县县城迎宾路南首路东
负责人：王学明
Tel：13853425689

**东营市英民烟酒商行**
业务：烟酒
地址：山东省东营市东营区黄河路9号运吉商务楼108号
负责人：杜英民　邮　编：257000
法　人：杜英民
Tel：13954669096
0546－8788362

**沂水伊星清真食品厂**
业务：沂水伊星清真食品厂成立于2005年，主要生产糕点。公司以“质量求生存、信誉求发展”，欢迎广大用户光临惠顾！
地址：山东省临沂市沂水县马站镇皮毛城
负责人：马家志　邮　编：276400
法　人：马家志
Tel：0539－2662900
Mobile：13675390881

**鲁翼面粉厂**
地址：山东省德州市齐河县赵官镇邱庄村
负责人：林秀全
Tel：0534－5837409
13305349358

**恒兴油脂有限公司**
地址：山东省德州市夏津县夏津镇栾庄村北
负责人：孟令臣
Tel：0534－3597777
13869266666

**青岛莱西市万客来商贸有限公司**
业务：青岛莱西市万客来商贸有限公司成立于2001年，主要销售食品类。欢迎新老客户惠顾。
地址：山东省青岛莱西市望城镇迎宾路4号
邮　编：266601
法　人：徐洪福
Tel：0532－88414881
Fax：0532－88414881

**明涛喜糖批发部**
业务：喜糖批发
地址：山东省东营市东营区济南路刘家批发市场173号
负责人：刘晓明　邮　编：246000
法　人：刘晓明
Tel：0546－7171888
7612666

**夏津县恒泉浸出油厂**
地址：山东省德州市夏津县夏津镇南关村
负责人：温殿玺
Tel：0534－3885118

**康源生物科技发展有限公司**
地址：山东省德州市禹城市南环路
负责人：张玉臣
Tel：0534－7353888
13589910388

**青岛海润发食品有限公司**
业务：本公司成立于2005年，主要从事肉制品加工销售。
地址：山东省青岛市李沧区四流中支路3号西院
负责人：姜云法　邮　编：266000
法　人：姜云法
Tel：0532－84669900

**双佳食品有限责任公司**
地址：山东省东营市东营区西三路100号
负责人：许威用
Tel：0546－8718019
13356621996

**垦利县顺达农副产品加工厂**
地址：山东省东营市垦利县西宋乡西宋村
负责人：宋春胜
Tel：0546－2322111

**东营区天齐调料经营部**
业务：酱菜调味品批发
地址：山东省东营市东营区潍坊路以北东营村753号
负责人：齐建辉　邮　编：257000
法　人：齐建辉
Tel：13864702987

**日照宏旺食品贸易有限公司**
业务：日照宏旺食品贸易有限公司成立于2006年，代理“双汇”食品，欢迎新老客户来电洽谈业务！
地址：山东省日照市新瑞食品城二期工程网点1－2层B18＃
负责人：张守坤　邮　编：276800
法　人：张守坤
Tel：0633－2209678

**利津新光棉籽油加工有限公司**
地址：山东省东营市利津县陈庄镇驻地
负责人：王翠然
Tel：0546－5651200

**利津易顺油料加工有限公司**
地址：山东省东营市利津县利津镇北于村
负责人：于学良
Tel：0546－5369978

**山东茂福祥粮油食品有限公司**
业务：山东茂福祥粮油食品有限公司成立于2006年3月，主要从事食用油的加工与销售。质量上乘，是您健康的呵护，愿与社会各界朋友一起，携手共进，共创辉煌！
地址：山东省泰安市东平县经济开发区东侧
负责人：李茂付　邮　编：271500
法　人：李茂付
Tel：0538－2895888
Fax：0538－6350099

**利津县伟兴肉制品有限公司**
地址：山东省东营市利津县盐窝镇新村
负责人：王耀南
Tel：0546－5323109

**河口区天地源新疆特产店**
业务：销售新疆特产
地址：山东省东营市河口区海盛路市场东门凤凰城2－5号
负责人：赵敦平　邮　编：257000
法　人：赵敦平
Tel：13176625998
0546－8661036
3862792

**东营市河口朝志面粉加工有限责任公司**
地址：山东省东营市太平乡
负责人：李朝志
Tel：0546－3288837

**高密市振兴酿酒厂**
业务：高密市振兴酿酒厂成立于1995年，这里气候宜人，交通十分便利。以优质的红高粱、小麦为原料，采用传统工艺.精心酿造灌装白酒。本酒具有窖香突出、绵甜、爽净之特点。欢迎广大新老客户，共同开发订购我厂产品。
地址：山东省潍坊高密市蒋庄镇鹏家城子村
邮　编：261506
法　人：彭金民
Tel：0536－2733052

**东营市民丰蔬果经营中心**
地址：山东省东营市西三路黄河蔬菜批发市场
负责人：李华富
Tel：0546－8225115

**白杨山冷藏食品有限公司**
地址：山东省高密市柏城镇单家庄村后
负责人：赵多锡
Tel：0536－2576068
13606464188

**潍坊北海食品有限公司**
业务：潍坊北海食品有限公司成立于2006年，专业从事水产品、干货调料、肉制品、面食品、豆制品等食品的加工与销售，公司以“质量第一，信誉至上”为宗旨，热忱欢迎各界朋友前来洽谈业务。
地址：山东省潍坊市奎文区宏伟南路15号
负责人：吴方文　邮　编：261041
法　人：吴方文
Tel：0536－8509820
8803683

**金阳食品有限公司**
地址：山东省高密市城北工业园十里铺村
负责人：迟慧明
Tel：0536－2867198
13864606658

**友生食品有限公司**
地址：山东省高密市阚家镇初家工业园
负责人：岳友生
Tel：13905364909

**潍坊市周秀芬火鸡食品有限公司**
业务：潍坊市周秀芬火鸡食品有限公司成立于2004年8月，从事火鸡种苗繁育、火鸡养殖，真正实现了产、供、销一条龙服务。欢迎广大新老客户考察、指导、洽谈业务。
地址：山东省潍坊市潍城区共建路西首路南
邮　编：261053
法　人：周秀芬
Tel：0536－8710799
Fax：0536－8139797

**肥城五洋食品有限公司**
业务：生产销售粉条、粉丝、淀粉
地址：山东省肥城市孙伯镇工业园
负责人：贾明军　邮　编：271600
法　人：贾明军
Tel：13655386155
0538－3783333
Fax：0538－3783222

**山东密水葡萄酿酒有限公司**
地址：山东省高密市康成大街中段
负责人：刘宝昌
Tel：0536－2352988

**吉祥植物油有限公司**
地址：山东省高密市周戈庄经济园区
负责人：徐占祥
Tel：0536－2720008
13905361511

**高新技术产业区永遇乐食品厂**
业务：高新技术产业区永遇乐食品厂成立于1998年，专业生产、销售酱菜、虾油、鱼露、虾酱及各种包装酱菜等。本厂产品价廉物美，方便卫生，欢迎广大客户前来光临、指导。
地址：山东省烟台市福山区高新技术产业区永福园
邮　编：265500
法　人：初运辉
Tel：0535－6329117

**鲁源制粉厂**
地址：山东省菏泽市曹县古营集镇陈集行政村
负责人：王志敬
Tel：0530－3459286
13181571695

**鲁浩野味食品厂**
地址：山东省菏泽市曹县位湾镇位湾村
负责人：张喜波
Tel：0530－3771266
13869780722

**曹县油脂加工六厂**
地址：山东省菏泽市曹县闫店楼镇杨双庙村
负责人：张丛军
Tel：13583026999

**莱阳韩美食品有限公司**
业务：莱阳韩美食品有限公司成立于2005年，从事冷冻保鲜蔬菜，果品，调味食品，面食制品，物鲜价廉，欢迎来电洽谈业务！
地址：山东省烟台市莱阳市凤凰路1号
负责人：孙成功　邮　编：265202
法　人：孙成功
Tel：0535－7383518
Fax：0535－7318566
网址：www.hanmeigood.com
E-mail：chenggongsf@163.com

**成武晓东生物科技有限公司**
业务：生产与销售糖稀
产品：糖稀
地址：山东省荷泽市成武县古城街东段南侧
负责人：迟永良　邮　编：274000
法　人：迟永良
Tel：0530－8653036
Fax：0530－8657901

**山东立兴罐头食品有限公司**
地址：山东省菏泽市单县郭村镇
负责人：王永和
Tel：13563853733

**龙王庙东村面粉厂**

地址：山东省菏泽市单县龙王庙乡龙王庙东村
…… 负责人：刘海运
…… Tel：0530－4341048
13853069336

**曹州调味品厂**
地址：山东省菏泽市定陶县白土山路B段
…… 负责人：张存良
…… 负责人：0530－2218248
13605304628

**山东东明县七福旺食品有限公司**
地址：山东省菏泽市东明县黄河路南段
…… 负责人：杨会发
…… Tel：0530－7668998
13365309985

## 烟台海福特食品有限责任公司
业务：烟台海福特食品有限责任公司成立于2003年，主要从事酱菜、蔬菜、野菜的加工销售，海产品、调味品的销售。品种齐全、口味多样，深受广大消费者的喜爱！
地址：山东省烟台市牟平区姜格庄镇林北村东
…… 邮 编：264114
…… 法 人：曲永茂
…… Tel：0535－4601002

## 山东聚鑫农副产品加工有限公司
业务：农副产品加工、销售
产品：小麦、玉米
地址：山东省菏泽市单县开发区南樊路西段路北
…… 负责人：张亚兵 邮 编：274000
…… 法 人：张亚兵
…… Tel：15990959399
15806748589

**新宇油脂有限公司**
地址：山东省菏泽市巨野县麒麟镇国庄村
…… 负责人：国庆珠
…… Tel：0530－8263555
13854059877

**占友制粉有限公司**
地址：山东省菏泽市鄄城县气象局北500米
…… 负责人：王占友
…… Tel：0530－2421304
13953055860

**山东牛太太乳业有限公司**
地址：山东省菏泽市开发区人民路南端
…… 负责人：曹松林
…… Tel：0530－5712666
13176108688

**中科生物制品有限公司**
地址：山东省菏泽市开发区岳程办事处
…… 负责人：王志强
…… Tel：0530－5109888
13954041128

**荷泽三象果酒开发有限公司**
地址：山东省菏泽市牡丹区高新技术工业园
…… 负责人：刘鑫
…… Tel：0530－5462366
13235308588

## 定陶县民生食品有限公司
业务：加工、销售鸭产品
地址：山东省荷泽市定陶县北环路东段路南
…… 负责人：陈爱民 邮 编：274000
…… 法 人：陈爱民
…… Tel：13665300588

## 枣庄东大阿胶制品有限公司
业务：枣庄东大阿胶制品有限公司是一家保健食品开发、生产、销售于一体的专业性现代化公司，其生产的"鱼山牌"阿胶浆、阿胶口服液等系列产品，行销全国各地。公司以绿色、健康为理念，诚心为各方客户精诚合作，互惠互利、携手共荣、共创未来。
地址：山东省枣庄市山亭经济开发区南京路西首
…… 邮 编：277210
…… 法 人：蒋景森
…… Tel：0632－8862666
8861066
…… Fax：0632－8861088
…… 网址：www.sddd.chinapyp.com

**李魏制粉有限公司**
地址：山东省菏泽市牡丹区高庄镇高庄村
…… 负责人：李文志
…… Tel：0530－5890186
13605308346

**牡丹面粉厂**
地址：山东省菏泽市牡丹区小留镇小留行政村
…… 负责人：吴允义
…… Tel：0530－5862168
13012692688

## 定陶县天方鸭业有限公司
业务：鸭子的加工和销售
地址：山东省荷泽市定陶县济阴路中段路北（原南关老皮厂院内）
…… 负责人：杨俊庭 邮 编：274000
…… 法 人：杨俊庭
…… Tel：15305406916
0530－2212469
… 网址：http://www.51zzt.com/user/zzt31204

**三友调味品厂**
地址：山东省菏泽市郓城县盘沟路179号
…… 负责人：丁明堂
…… Tel：0530－6520713
13905405823

**郓城县三羊食品进出口有限有限公司**
地址：山东省菏泽市郓城县郓北区潘渡镇
…… 负责人：王彦军
…… Tel：0530－6781658
13905409185

**万兴食品有限责任公司**
地址：山东省菏泽市郓城县郓城镇东庄
…… 负责人：王继勋
…… Tel：0530－6918888
13953015458

**济南锦食汇食品有限公司**
地址：山东省济南市高新开发区新宇路751号大学科技园发展中心B—201室
…… 负责人：李霞
…… Tel：0531－88015345

**人人福生物工程有限公司**
地址：山东省济南市槐荫区阳光新路汇统花园
…… 负责人：宋承玉
…… Tel：0531－87908082
13854160882

**济阳县宏丰棉油加工厂**
地址：山东省济南市济阳县仁风镇北街
…… 负责人：曲庆民
…… Tel：0531－84401499

**济南酒神实业有限公司**
地址：山东省济南市历城区工业北路幸福柳广场西200米路南
…… 负责人：崔志鹏
…… Tel：0531－88886896
13969154369

## 菏泽亿宝食品有限公司
业务：休闲食品、优酸乳
地址：山东省菏泽恒盛大市场A区3栋15号
…… 负责人：李建强 邮 编：274000
…… 法 人：李建强
…… Tel：13665409111
0530－5358686
…… 网址：www.hzybsp.cn

**名泉酿酒有限公司**
地址：山东省济南市历城区仲宫镇刘家村
…… 负责人：胡方振
…… Tel：0531－82899199
13505418756

**济南福瑞得粮油有限公司**
地址：山东省济南市天桥区洛口马家庄100号
…… 负责人：潘明
…… Tel：0531－85760660

**济南爱家人食品有限公司**
地址：山东省济南市辛祝路38号
…… 负责人：王瑞云
…… Tel：0531－88912143

**高官寨副祯三食门市部**
地址：山东省济南章丘市高官寨镇高官寨村
…… 负责人：李祯三
…… Tel：0531－83581292
13356687516

**茂发食品有限公司**
地址：山东省济南章丘市明水明堂路南首杨胡村
…… 负责人：张宝山
…… Tel：0531－83266006
13605419373

## 菏泽开发区香一坊熟食店
业务：经营各种熟食
地址：山东省菏泽市菏泽开发区和平路北段路东
…… 负责人：李广新 邮 编：274000
…… 法 人：李广新
…… Tel：13954008618
0530－3968188

**孔府家养生酒业有限公司**
地址：山东省济宁曲阜市静轩西路9号孔府家院内
…… 负责人：孔凡敏
…… Tel：0537－4412009
13705474988

**书院毕家村圣地酱菜厂**
地址：山东省济宁曲阜市书院毕家村南首
…… 负责人：毕启瑞
…… Tel：0537－4918561
13012609815
13705474884

**济宁大运河果蔬有限公司**
地址：山东省济宁市高新区机电一路西首
…… 负责人：张书生
…… Tel：0537－2232566

**金地大厦大酒店**
地址：山东省济宁市洸河路147号金地大厦1206室
…… 负责人：付长胜
…… Tel：0537－3157777
13964934322

**绿源冷食厂**
地址：山东省济宁市嘉祥县城职业中专向西500米
…… 负责人：岳增国
…… Tel：0537－6826836
6858688
13863755888

## 济南泉娃饮用水有限公司
业务：专业从事桶装、瓶装饮用水生产、加工、销售，源水取自济南七十二名泉之一白泉水系地下500多米的岩层，经过先进的水处理工艺提炼，水质甘甜、爽口宜人，水质呈天然弱碱性、富含锶、偏硅酸等矿物质和微量元素。
产品：(瓶)桶装饮用天然水
地址：山东省济南市马鞍山路18－1号
…… 负责人：陈建海 邮 编：250010
…… 法 人：国爱文
…… Tel：0531－88683856
15318833079
…… Fax：0531－85993583
…… 网址：www.quanwa.com
…… E-mail：jnquanwa@126.com

**华美蒜业保健食品有限公司**
地址：山东省济宁市金乡县金乡镇北
…… 负责人：张景涛
…… Tel：13853736538

**阳光食品有限公司**
地址：山东省济宁市金乡县经济开发区（泰华贸易有限公司）
…… 负责人：叶继承
…… Tel：0537－8750018
13792314999

**山东省金乡县德兴农贸有限公司**
地址：山东省济宁市金乡县马庙乡
…… 负责人：孟凡玺
…… Tel：0537－8051314
13705474410

**宏远冷藏加工公司**
地址：山东省济宁市金乡县马庙镇周沙沃村
…… 负责人：乔联合
…… Tel：0537－8052196
13953748985

**山东圣花实业有限公司**
地址：山东省济宁市开发区黄屯镇驻地
…… 负责人：邱昭旭
…… Tel：0537－3716456
13905375198

## 济南龙花源食品有限公司
业务：莱香花生油、龙花源花生油等生产销售
地址：山东省济南市市中区十六里河镇西十六里河099号
…… 负责人：张延龙 邮 编：250001
…… 法 人：张延龙
…… Tel：0531－82773368
… 网址：http://www.51zzt.com/user/zzt31375

**浒泊制粉有限责任公司**
地址：山东省济宁市梁山县韩岗镇小窑村
…… 负责人：赵成武
…… Tel：0537－7626999
7626192
13905476689

**水泊酿造厂**
地址：山东省济宁市梁山县黑虎庙乡政府驻地
…… 负责人：高成福
…… Tel：0537－7555555
13563799011

**山东梁山舒月制曲有限公司**
地址：山东省济宁市梁山县寿张集乡徐坊村
…… 负责人：徐淑月
…… Tel：0537－7570059
13605374259

**徐坊制曲厂**
地址：山东省济宁市梁山县寿张集乡徐坊村
…… 负责人：徐恩振
…… Tel：0537－7570060
13563726321

**徐旭生物工程有限公司**
地址：山东省济宁市梁山县寿张集乡徐坊村
…… 负责人：徐炳章
…… Tel：0537－7570061
13805479725

## 济南海亮商贸有限公司
业务：销售各种干果和坚果果仁
产品：核桃仁、大枣、葡萄干等果仁和干果
地址：山东省济南市天桥区文苑花园济齐路14－9、14－10号第一栋1单元201号
…… 负责人：张继长 邮 编：250001
…… 法 人：张继长
…… Tel：0531－88330810
0531－85668606
…… Fax：0531－85668606

**白雪面粉厂**
地址：山东省济宁市市郊区李营镇孙庄村
…… 负责人：孙宝顺
…… Tel：0537－2031305
13518650313

**宏达饲料酵母厂**
地址：山东省济宁市市郊区三贾办事处中贾村
…… 负责人：孙胜建
…… Tel：0537－2080805
13508978658

**果品批发市场**
地址：山东省济宁市市中区东站东路32号
…… 负责人：张建国
…… Tel：0537－2314356
13605371798

**泗水大安酒业有限公司**
地址：山东省济宁市泗水县城珍珠泉路8号
…… 负责人：张艳坤
…… Tel：0537－4232666
13791726999

**泗水县明星淀粉厂**
地址：山东省济宁市泗水县黄沟乡东庄村
…… 负责人：刘里
…… Tel：0537－4281102
13953737841

## 金乡县金联糕点有限责任公司
业务：生产，销售糕点
地址：山东省济宁市金乡县王丕镇工业园
…… 负责人：贾桂华 邮 编：272200
…… 法 人：贾桂华
…… Tel：13954776166
0537－8896666

**泗水永杰淀粉制品有限公司**
地址：山东省济宁市泗水县苗馆镇马家井村
…… 负责人：罗永杰
…… Tel：0537－4141888
13905470588

**泗水鲁发调味品有限公司**
地址：山东省济宁市泗水县中册镇工业园
…… 负责人：张维法
…… Tel：0537－4345111
13954708111

**两城乡黄山面粉厂**
地址：山东省济宁市微山县两城乡黄山一村
…… 负责人：辛仰彬
…… Tel：0537－8450111
13563709333
13563760640

**微山盐业公司西平分公司**
地址：山东省济宁市微山县西平乡驻地
…… 负责人：魏衍东
…… Tel：0537－8341322
13863759555

## 梁山县华斌酒水商行
业务：小东北白酒系列、梁山义酒系列、青岛清爽系列、奶、食品系列
地址：山东省济宁市梁山县梁山镇吕屹口村121号（小学对面）
…… 负责人：李传斌 邮 编：272600
…… 法 人：李传斌
…… Tel：13173178756

**旺鑫食品科技开发有限公司**
地址：山东省济宁市汶上县苑庄镇西贾柏村
…… 负责人：何树香
…… Tel：0537－7208999
13905475467

**济宁发达面业有限公司**
地址：山东省济宁市县城105国道西经济开发区内
…… 负责人：徐山元
…… Tel：0537－8732688

**鱼台县鲁泉春酒厂**
地址：山东省济宁市鱼台县谷亭镇周堂村
…… 负责人：卢修全
…… Tel：0537－6206169
13053768800

**三友面粉厂**
地址：山东省济宁市鱼台县老砦乡双河村
…… 负责人：袁续珂
…… Tel：0537－6352346
13791774219

**唐王面粉有限公司**
地址：山东省济宁市鱼台县唐马乡
…… 负责人：张玉连
…… Tel：0537－6280207
13953766366

## 济宁市市中区吉祥酱鸭店
业务：生产、销售酱鸭
地址：山东省济宁市市中区樱花园小区54号楼
…… 负责人：林玉峰 邮 编：272000
…… 法 人：林玉峰
…… Tel：0537－2510109

**益群农副产品贸易有限公司**
地址：山东省济宁市鱼台县邮政局西邻
…… 负责人：于勇
…… Tel：0537－6034999
13505471059

**腾达食品有限公司**
地址：山东省济宁市鱼台县鱼城镇西关
…… 负责人：许向军
…… Tel：0537－6106089
13508973788

**鸿远蒜粉厂**
地址：山东省济宁市鱼台县鱼城镇西关
…… 负责人：沙起华
…… Tel：0537－6106788
13964988919

**邹城市双源面业有限公司**
地址：山东省济宁市邹城市平阳寺镇横河村
…… 负责人：杭士安
…… Tel：0537－5554266

**圣地山泉纯净水厂**
地址：山东省济宁市邹城市中心店镇迎河村西
…… 负责人：郝成军
…… Tel：0537－5516266

13054980858

**泗水县金庄镇良朋粮油超市**
业务：销售粮油、副食品
地址：山东省济宁市泗水县金庄镇西音义村
负责人：单良朋 邮编：272000
法人：单良朋
Tel：0537－4261212
13791721524

**春旺食品有限公司**
地址：山东省济宁兖州市东桥南路
负责人：栾昌平
Tel：0537－3404399
13345188188

**源泉花生制品有限公司**
地址：山东省济宁兖州市谷村镇安丘府
负责人：张伟
Tel：0535－2399110
13853708768

**绿源食品有限公司**
地址：山东省济宁兖州市颜店镇工业园
负责人：高恩凯
Tel：0537－3792513
13863789468

**盛会酱菜销售处**
地址：山东省济宁邹城市开发区6排32号
负责人：张敏
Tel：0537－5345001
13605379735

**华源食品有限公司**
地址：山东省济宁邹城市平阳寺镇驻地
负责人：孙平丽
Tel：0537－5559378
13695470782

**微山县欢城镇富源豆制品加工厂**
业务：腐乳生产
地址：山东省济宁市微山县欢城镇田陈生活区
负责人：丁行峰 邮编：272133
法人：丁行峰
Tel：15318187388
0537－3183888
网址：http://www.51zzt.com/user/zzt30157

**圣母食品厂**
地址：山东省济宁邹城市田黄镇石山伍村
负责人：张宜芝
Tel：0537－5770067
13963756388

**好日子食品有限公司**
地址：山东省胶州市台湾工业园
负责人：李树海
Tel：0532－88107088
13808992510

**山丹丹花生油厂**
地址：山东省莱芜市莱城区辛庄镇上陈村
负责人：陶夕亮
Tel：0634－6415049
13806342651

**青岛天泰饮乐多食品有限公司莱州营业部**
地址：山东省莱州市光州路居民区1号楼车库北
负责人：潘瑞春
Tel：0535－2215951

**梁山县木蓝淀粉厂**
地址：山东省梁山县黑虎庙乡赵水坑村
负责人：于目兰
Tel：0537－7550039
13355166118

**汶上县笑笑副食批发部**
业务：副食品批发
地址：山东省济宁市汶上县城尚书路西段文明街034号
负责人：龚连根 邮编：272133
法人：龚连根
Tel：15963710778
网址：http://www.51zzt.com/user/zzt35343

**金杜冷藏厂**
地址：山东省聊城市茌平县冯屯镇金杜村
负责人：杜怪山
Tel：0635－4518018
13606354666

**东阿华云粮食制品有限公司**
地址：山东省聊城市东阿县高集镇西娄开发区
负责人：娄西华
Tel：0635－3320596
13396256388

**聊城市高马面粉厂**
地址：山东省聊城市东昌府区道口铺
负责人：高纪武
Tel：0635－8671066
13963589081

**百宴福酒厂**
地址：山东省聊城市东昌府区侯营镇南工业区
负责人：张玉芳
Tel：0635－8561293
13562078291

**聊城市丰源果业食品有限公司**
地址：山东省聊城市东昌府区柳园北路56号
负责人：杨伟波
Tel：0635－6975303

13508934766

**金乡恒裕果蔬有限公司**
业务：大蒜、圆葱等种植、销售；脱水蔬菜、调味品的生产、销售
产品：大蒜、圆葱、脱水蔬菜、调味品
地址：山东省济宁市乡县羊山镇满庄村
负责人：满正清 邮编：272119
Tel：0537－8822338
Fax：0537－8822338

**新生蔬菜加工有限公司**
地址：山东省聊城市东昌府区闫寺镇铁屯村
负责人：陈保旺
Tel：0635－8711338
13336359618

**高唐县全兴发酵制品有限公司**
地址：山东省聊城市高唐县姜店乡王楼
负责人：秦绪峰
Tel：0635－3775568

**高唐县强英蔬菜保鲜有限公司**
地址：山东省聊城市高唐县块寺镇恒温库
负责人：马强芝
Tel：0635－3756256
13963563928

**高唐天宇饮品有限公司**
地址：山东省聊城市高唐县尹集镇私营工业园
负责人：林俊岭
Tel：13969583258

**虹宇海产品店**
业务：批发、零售海产品
地址：山东省莱芜市高新区（大桥南路倪老二饺子城东300米）兴华园小区南门沿街楼
负责人：高圣杰 邮编：271100
法人：高圣杰
Tel：13561727605
15163418805

**莘县十八里铺镇于屯食为天制粉有限公司**
地址：山东省聊城市莘县十八里铺镇于屯
负责人：于书义
Tel：0635－7356528
13396350718

**山东莘县阳平调味品有限公司**
地址：山东省聊城市莘县莘城镇王升公村
负责人：任全月
Tel：0635－7356068

**山东莘县阳平调味品有限公司**
地址：山东省聊城市莘县莘城镇王升公村
负责人：任全月
Tel：0635－7356068
13906357731

**瑞祥食品有限公司**
地址：山东省聊城市阳谷县安乐镇刘庙
负责人：辛庆朝
Tel：0635－6779260
6778605

**酒丰酒业有限公司**
地址：山东省聊城市阳谷县李台镇
负责人：李同军
Tel：0635－6874279
13963556519

**莱芜市莱城区高盛酒水经营部**
业务：经营茅台、乾隆杯、郎酒等
地址：山东省莱芜市莱城区石花园美食街
负责人：程伟 邮编：271100
法人：程伟
Tel：13506347742
13616348856

**潍坊市三乐食品有限公司**
地址：山东省临沂安丘市潍徐路（集贸中心西）
负责人：李卫国
Tel：0536－4239678
13863623999

**纪成调味品厂**
地址：山东省临沂蒙阴县由由商城14号
负责人：武纪成
Tel：0539－4279478
13325085268

**苍山丰宝食品有限公司**
地址：山东省临沂市苍山县城焰桥路7段
负责人：宋沂蒙
Tel：0539－5289785
13562951299

**兰陵镇东关白酒厂**
地址：山东省临沂市苍山县横山乡官庄村东关白酒厂
负责人：张汉修
Tel：0539－5591177
13573953799

**莱城区旭康蛋糕店**
业务：生日蛋糕、面包、糕点
地址：山东省莱芜市莱城区杨庄镇杨庄村阜丰路18号
负责人：李峰 邮编：271163
法人：李峰
Tel：13676347808
13605446294

**南莱园蔬菜食品有限公司**
地址：山东省临沂市苍山县兰陵镇艾曲商场
负责人：刘时虎
Tel：0539－5581026
13341277388

**平远酒厂**
地址：山东省临沂市苍山县兰陵镇横山一村
负责人：宋平远
Tel：0539－5591882
13954917976

**同聚昌酒厂**
地址：山东省临沂市苍山县兰陵镇南仲村
负责人：李玉标
Tel：0539－5582150

**兰陵笑笑生酒厂**
地址：山东省临沂市苍山县兰陵镇驻地
负责人：张琳
Tel：0539－5581728
13583993098

**鲁南蔬菜运输有限公司**
地址：山东省临沂市苍山县鲁南蔬菜批发市场
负责人：郭洪山
Tel：0539－5451118
13305493632

**南苑蔬菜食品有限公司**
地址：山东省临沂市苍山县南桥镇驻地
负责人：李玉坤
Tel：0539－5529818
13355059999

**苍山县永丰源食品有限公司**
地址：山东省临沂市苍山县神山镇后杨官庄
负责人：李瓜田
Tel：0539－5511110

**苍山县越洋食品有限公司**
地址：山东省临沂市苍山县神山镇后杨官庄村
负责人：李凤志
Tel：0539－5511112
13805498425

**茌平县颐生堂阿胶制品有限公司**
业务：阿胶制品
地址：山东省聊城市茌平县广平乡东街
负责人：洋付朋 邮编：252052
法人：洋付朋
Tel：15965757555
0635－4961955

**鲁汇油料厂**
地址：山东省临沂市苍山县县城北大市场
负责人：陈桂堂
Tel：0539－5211000
13864905600

**苍山县富农蔬菜食品有限公司**
地址：山东省临沂市苍山县县城埝桥路东段
负责人：朱建东
Tel：0539－5211135

**金源泉副食有限公司**
地址：山东省临沂市苍山县县城文化路南段
负责人：宋学芝
Tel：0539－5212183

**苍山县天扶蔬菜食品有限公司**
地址：山东省临沂市苍山县向城镇后姚村
负责人：张修习
Tel：0539－5459688
13854917068

**金海王酒水经销有限公司**
地址：山东省临沂市费县大田庄乡东渐富村
负责人：董志绥
Tel：13969960588

**费县食品公司郝家村食品站**
地址：山东省临沂市费县良秋镇郝家村
负责人：刘福海
Tel：0539－5961036
13954971331

**东阿县铜城佳欣副食部**
业务：旺旺、黑牛、施恩等品牌副食品代理经营
地址：山东省聊城市东阿县宋楼村
负责人：陈茂智 邮编：252000
法人：陈茂智
Tel：0635－6923156

**临沂金鑫米业有限公司**
地址：山东省临沂市河东区郑旺镇官坊路东
负责人：王清建
Tel：0539－8818268

**玉佳花生食品有限公司**
地址：山东省临沂市莒南县城西外环路中段
负责人：庄令尊
Tel：0539－7275978

**天湖花生米筛选加工厂**
地址：山东省临沂市莒南县大店镇响河崖村
负责人：王中启
Tel：0539－7839529
13341282579

**金果粮油食品有限公司**
地址：山东省临沂市莒南县大西环路北段
负责人：曹佃浩
Tel：0539－7236166
13954923099

**顺翔食品有限公司**
地址：山东省临沂市莒南县岭泉镇驻地
负责人：孙祺
Tel：13325090235

**东阿县铜城井信酒水批发部**
业务：经营扳倒井高中低档酒
地址：山东省聊城市东阿县县城聊滑路中段路北
负责人：杜景伟 邮编：252200
法人：杜景伟
Tel：15095060918
13375609918
0635－3196609

**大山空纯净水有限公司**
地址：山东省临沂市莒南县坪上镇大山空村
负责人：厉永亮
Tel：13605492800

**万翔油脂有限公司**
地址：山东省临沂市莒南县十字路镇朝阳居委
负责人：张玉洪
Tel：13345081198

**临沂福瑞龙祥酒业有限公司**
地址：山东省临沂市莒南县天桥路386号
负责人：工龙祥
Tel：0539－7231726
13905390181

**德庆食品有限公司**
地址：山东省临沂市莒南县汀水镇驻地
负责人：陈德庆
Tel：0539－7773165
13505393226

**华润花生制品有限公司**
地址：山东省临沂市莒南县文疃镇魏家柳沟村
负责人：朱理华
Tel：0539－7859356
13854977808

**山东春林食品有限公司**
地址：山东省临沂市莒南县文疃镇驻地
负责人：牟善莲
Tel：0539－7863688
13791560529

**鼎盛花生食品有限公司**
地址：山东省临沂市莒南县相邸镇驻地
负责人：杜升之
Tel：13884889188

**万胜食品加工厂**
业务：鸡产品等冷冻产品加工
地址：山东省聊城市阳谷县阿城镇庞楼村
负责人：刘福振 邮编：252000
法人：刘福振
Tel：13506351491
13869520998
Fax：0635－8225825

**皇华油脂有限公司**
地址：山东省临沂市莒南县新西环路南段
负责人：许长飞
Tel：0539－7650066
13563918896

**蒙香花生油有限公司**
地址：山东省临沂市临沭县店头镇官庄街
负责人：陈传楼
Tel：0539－6972186
13605395386

**汇发饮料厂**
地址：山东省临沂市临沭县临沭镇李蒿科村
负责人：李贞西
Tel：0539－6093158
13953909605

**通盛果菜食品厂**
地址：山东省临沂市临沭县南石镇庙贺城村
负责人：杨宝启
Tel：0539－6352876
13853958630

**善和米酒厂**
地址：山东省临沂市临沭县南台镇供销社
负责人：李善和
Tel：0539－6360825
13608906341

**阳谷县狮子楼路美乐超市**
业务：主营：名烟名酒，糕点现做，订做生日蛋糕，粮油百货，批发零售
地址：山东省聊城市阳谷县阳谷北关花园东侧
负责人：付保民 邮编：252300
法人：付保民
Tel：0635－2155617

**兴盛粮油制品有限公司**
地址：山东省临沂市临沭县石门镇前庄街驻地
负责人：王广军
Tel：0539－6930811
13905493866

**金沂蒙酒业有限公司**
地址：山东省临沂市临沭县兴大西街99号
负责人：赵斌
Tel：0539－6268039
13864971933

**金源酒业有限公司**
地址：山东省临沂市蒙阴县常路镇驻地
负责人：薛西丙
Tel：0539－4538168
13905490633

**艾氏食品厂**
地址：山东省临沂市蒙阴县光隆大世界
负责人：艾绪才

……Tel:13953997445

**蒙阴县巨丰面粉厂**
地址：山东省临沂市蒙阴县蒙阴镇刘官庄村
……负责人：高祥增
……Tel:0539－4758719
13173071989

**阳谷县阿城镇洪源冷库**
业务：兔肉、兔肉串的加工
地址：山东省聊城阳谷县阿城镇阿东村
……负责人：刘万云 邮 编：252000
……法 人：张学峰
……Tel:0635－6752910
13806356049
13686354189
……Fax:0635－6752910

**蒙山九州果品有限公司**
地址：山东省临沂市蒙阴县蒙阴镇小田庄村
……负责人：赵玉春
……Tel:0539－4820968
13953937248

**四季商贸有限公司**
地址：山东省临沂市蒙阴县土产公司院内046号
……负责人：姜涛
……Tel:13869925389

**明珠食品有限公司**
地址：山东省临沂市平邑县地方镇工业园区120号
……负责人：杨松格
……Tel:13176998456

**中海食品有限公司**
地址：山东省临沂市平邑县地方镇火车站西150米
……负责人：谢明海
……Tel:0539－4398999
13905490020

**全发食品有限公司**
地址：山东省临沂市平邑县地方镇进展村
……负责人：高树春
……Tel:0539－4391222
13905494212

**苍山县新大蔬菜产销专业合作社**
业务：蔬菜种、销，蔬菜加工，蔬菜冷藏
产品：黄瓜、白菜、茄子、辣椒、大蒜、蒜苔、牛蒡、萝卜
地址：山东省临沂市苍山县层山镇沙埠西村蔬菜批发市场
……负责人：任猛 邮 编：277734
……法 人：任猛
……Tel:0539－5569999
……Fax:0539－5569999

**绿之秋食品有限公司**
地址：山东省临沂市平邑县地方镇经济开发区
……负责人：田玉才
……Tel:0539－4393226
4391226
13905494199

**果源食品有限公司**
地址：山东省临沂市平邑县地方镇三合村
……负责人：郭庆山
……Tel:0539－4391127
13605395911

**临沂市佰亿佳食品有限公司**
地址：山东省临沂市平邑县地方镇义兴庄
……负责人：孙玉泉
……Tel:0539－4398729
13705393949

**口口乐食品有限公司**
地址：山东省临沂市平邑县地方镇义兴庄
……负责人：臧洪臣
……Tel:0539－4398761
13341288128

**锦上添花食品有限公司**
地址：山东省临沂市平邑县地方镇驻地
……负责人：张宝富
……Tel:0539－4391126
13705499008
13805397718

**山东省临沂市兰山区粮润食品厂**
业务：食品的加工和销售
地址：山东省临沂市兰山区白山埠镇尤新村
……负责人：李恩军 邮 编：276000
……法 人：李恩军
……Tel:0539－2710555

**平邑沂蒙山特产专卖中心**
地址：山东省临沂市平邑县莲花山路中段183号
……负责人：廉士铸
……Tel:13954910715

**明光寺山泉水有限公司**
地址：山东省临沂市平邑县明光寺林场
……负责人：赵博
……Tel:13153937817

**中山酒水销售有限公司**
地址：山东省临沂市平邑县县城南环路
……负责人：杨中山
……Tel:0539－4225230
13345087099

**汇丰面粉有限公司**
地址：山东省临沂市平邑县仲村镇工贸园区
……负责人：谢光伟
……Tel:0539－4425698
13563973578

**宝源果品加工厂**
地址：山东省临沂市平邑县仲村镇开发区
……负责人：谢荣忠
……Tel:0539－4411489
13573918008

**苍山县银德食品有限公司**
业务：保鲜蔬菜加工、销售
地址：山东省临沂市神山镇西河头村
……负责人：焦洪国 邮 编：276000
……法 人：焦洪国
……Tel:13969977376
0539－5177089

**临沂康得利银杏食品有限公司**
地址：山东省临沂市胜利乡驻地
……负责人：徐祗栋
……Tel:0539－6731987

**郯城县田边绿色食品有限责任公司**
地址：山东省临沂市郯城县港上镇工业小区
……负责人：纪秀銮
……Tel:0539－6221955
13002792323

**郯城县归义粮食贸易中心**
地址：山东省临沂市郯城县归义乡驻地
……负责人：左志安
……Tel:0539－6861058
13583913899

**郯城县康达食品厂**
地址：山东省临沂市郯城县马头镇
……负责人：姜德刚
……Tel:0539－6771199
13505496001

**虹宝糖果厂**
业务：软糖生产销售
地址：山东省临沂市沂水县龙家圈工业园
……负责人：牛纪生 邮 编：276000
……法 人：牛纪生
……Tel:13953918231
0539－2322526

**金康食品有限公司**
地址：山东省临沂市郯城县马头镇南元街
……负责人：程志文
……Tel:0539－6771093
13954923349

**郯城通宝蔬菜有限公司**
地址：山东省临沂市郯城县胜利乡南新庄村
……负责人：王寿棚
……Tel:13791535666

**丰润食品有限公司**
地址：山东省临沂市沂南县城振兴路11号
……负责人：张永安
……Tel:13505393282

**彩蒙植物油有限公司**
地址：山东省临沂市沂南县双堠镇涝滩村
……负责人：田相贵
……Tel:0539－3383169
13969948369

**金元肉类加工有限公司**
地址：山东省临沂市沂南县县城朝阳路中段
……负责人：李西贞
……Tel:0539－3253008
13562920666

**沂水县昕馨园食品厂**
业务：糖果、酥糖果
地址：山东省临沂市沂水县龙家圈乡杨家庄子村
……负责人：牛纪红 邮 编：276400
……法 人：牛纪红
……Tel:0539－2320558
13954418128
……网址：http://www.51zzt.com/user/zzt30482

**东升食品厂**
地址：山东省临沂市沂南县辛集镇驻地
……负责人：李克营
……Tel:13505393062

**乾龙食品有限责任公司**
地址：山东省临沂市沂水县北环路向阳村
……负责人：张秀玲
……Tel:0539－2316599
13341286257

**临沂市金海食品有限公司**
业务：食品加工、销售
产品：生姜、胡萝卜、芋头、大蒜、圆葱、土豆等
地址：山东省临沂市沂水县姚店子镇吉子山村
……负责人：潘正军 邮 编：276000
……法 人：潘正军
……Tel:0539－2559007
2559181
13854985537

**双泉食品有限公司**
地址：山东省临沂市沂水县泉庄乡驻地
……负责人：张希忠
……Tel:0539－2691279

13864914883

**陈王食品有限公司**
地址：山东省临沂市沂水县沂博路前石良036号
……负责人：陈允先
……Tel:0539－2316168
13365495802

**山东玉康营养食品有限公司**
地址：山东省临沂市沂水县沂博路前石良1号
……负责人：徐强
……Tel:0539－2316810
13791583888

**富浩食品饮料有限公司**
地址：山东省临沂市沂水县沂博路西
……负责人：秦照民
……Tel:13869938788

**宏旺食品厂**
地址：山东省临沂沂水县沂水镇前石良村
……负责人：刘长青
……Tel:0539－2316388
13805494992

**麦香翠面食店**
地址：山东省青岛市城阳区城阳街道北曲前村390号
……负责人：朱红翠
……Tel:0532－87731656
13061366370

**沂水县鹏达食品厂**
业务：生产、销售油炸类糕点
产品：沙琪玛
地址：山东省临沂市沂水县沂水镇西朱家庄村
……负责人：许相彪 邮 编：276000
……法 人：许相彪
……Tel:13583936282
0539－2314606

**海韵通酒水配送中心**
地址：山东省青岛市城阳区人民医院西药房
……负责人：邵丽
……Tel:0532－87737999
13361276150

**青岛明泰食品有限公司**
地址：山东省青岛市高科园丽海花园二期13号楼2－102
……负责人：李峰
……Tel:0532－85921987

**华欧集团香茗苑有限公司**
地址：山东省青岛市胶南市海青镇
……负责人：仪英策
……Tel:0532－87181777

**珠山泉纯净水厂**
地址：山东省青岛市胶南市灵山卫镇山子西村
……负责人：陈亮业
……Tel:0532－83189060
13854223182

**龙口市福源泉净水设备有限公司**
业务：净水设备生产销售
地址：山东省龙口市港城大道88号（原城关镇西张家沟村）
……负责人：王永想 邮 编：265701
……法 人：王斌
……Tel:15269500351
13953569477

**富雅食品有限公司**
地址：山东省青岛市胶南市铁山路西端
……负责人：赵廷刚
……Tel:0532－88165880
13905428695

**青岛春盛食品有限公司**
地址：山东省青岛市胶州市北京路西128号
……负责人：李宝跃
……Tel:0532－82210213
13506425169

**正道食品有限公司**
地址：山东省青岛市胶州市胶东镇前店口村
……负责人：兰玲芝
……Tel:0532－87906398

**广顺酒类经营部**
地址：山东省青岛市胶州市营海镇姜家村
……负责人：王希广
……Tel:0532－85271856
13805429162

**兴伟面粉厂**
地址：山东省青岛市胶州市赵家园村前
……负责人：周玉建
……Tel:0532－87275397
13806420460

**龙口市天丰食品有限公司**
业务：代理西王玉米胚芽油
地址：山东省龙口市龙口经济开发区梁家矿东路南
……负责人：解居新 邮 编：265703
……法 人：解居新
……Tel:13506456522
0535－8857407
8844367

**康维肉食品有限公司**
地址：山东省青岛市经济技术开发区前湾港路西

……负责人：李先生
……Tel:0532－86810606

**莱玉食品有限公司**
地址：山东省青岛市莱西市南墅镇
……负责人：仇经理
……Tel:0532－83432177
13808979739

**惠德花生制品有限公司**
地址：山东省青岛市莱西市望城开发区
……负责人：张波
……Tel:0532－88412705
13001683819

**天宝面粉厂**
地址：山东省青岛市莱西市夏格庄镇三村160号
……负责人：李仁民
……Tel:0532－86431758
13791945036

**上海荣港工贸发展有限公司青岛分公司**
地址：山东省青岛市崂山区香港东路238号蔚蓝海岸
……负责人：叶峻饶
……Tel:0532－88976213

**栖霞市韵祥果品专业合作社**
业务：收购、储藏、销售苹果
产品：红富士、乔纳金、金帅
地址：山东省栖霞市官道镇喜祥果蔬
……负责人：孙喜祥 邮 编：264010
……法 人：孙喜祥
……Tel:0535－5381888
13697627736
……Fax:0535－5386888

**青岛海王子啤酒有限公司**
地址：山东省青岛市李沧区滨河路1607室
……负责人：王宗泰
……Tel:0532－87631927

**春生发酒水商行**
地址：山东省青岛市李沧区华中蔬菜批发市场
……负责人：尹德芳
……Tel:0532－88639569

**英华行商贸有限公司**
地址：山东省青岛市辽源路335号
……负责人：宋鹏翔
……Tel:0532－85696499
13969807391

**青岛双岛绿色食品有限公司**
地址：山东省青岛市平度仁兆镇工业园
……负责人：衣强
……Tel:0532－83388888
13335038909

**大众制粉有限公司**
地址：山东省青岛市平度市崔家集镇北高戈庄村
……负责人：李爱国
……Tel:0532－82376052
13806393829

**栖霞市鲜洁酱菜批发部**
业务：各种调味品、批发
地址：山东省栖霞市金岭路烟草公司对面向北150米
……负责人：孙国雯 邮 编：265300
……法 人：孙国雯
……Tel:15098639279
0535－5263166
……Fax:0535－5263166

**双星葡萄酒有限公司**
地址：山东省青岛市平度市麻兰镇七里山
……负责人：张建军
……Tel:0532－88351500
13806394329

**鑫永顺食品有限公司**
地址：山东省青岛市市北区福州路168号
……负责人：徐建国
……Tel:0532－85693311
13606347656

**青岛市市南区东宝王海味商行**
地址：山东省青岛市市南区莘县路23号
……负责人：张旭
……Tel:0532－82807681

**鹏达伟业经贸有限公司**
地址：山东省青岛市市南区漳州二路54号香港花园B－0704室
……负责人：荣坚
……Tel:13176520206

**青岛市九州方圆贸易有限公司**
业务：茅台、五粮液、长城干红，户外装备，服装
地址：山东省青岛市平度市红旗路59－1号
……负责人：李连海 邮 编：266700
……法 人：李连海
……Tel:0532－88330567
……Fax:0532－87365988

**味林轩食品有限公司**
地址：山东省青岛市四方区都昌路4号
……负责人：宋镇
……Tel:0532－84871101
88631562

**潘家烤鸡食品有限公司总店**
地址：山东省青岛市四方区人民一路4号
……负责人：潘少亮

……Tel:0532－83779298
13906485868

**欣星啤酒公司**
地址:山东省青州市高柳镇南石塔村
……负责人:徐显玉
……Tel:0536－3866888
13053696908

**青州市山里红食品有限公司**
地址:山东省青州市王坟镇王家场村
……负责人:王有艾
……Tel:0536－3739157

**春汇肉联厂**
地址:山东省日照市东港区后村镇驻地
……负责人:陈祥春
……Tel:0633－8831277
13792032826

**青州市谭坊镇河子头村瓜菜专业合作社**
业务:无公害水果蔬菜
产品:无公害水果蔬菜
地址:山东省青州市谭坊镇河子头村
……负责人:张元超　邮　编:262519
……法　人:张元超
……Tel:13854436369
0536－3871855
…网址:http://www.51zzt.com/user/zzt36314

**宏伟果品有限公司**
地址:山东省日照市东港区三庄镇三庄一村
……负责人:申作宏
……Tel:0633－8812666
13863336888

**华夏食品有限公司**
地址:山东省日照市东港区西湖镇大花崖村
……负责人:焦自新
……Tel:0633－8851966
13356330109

**钦元食品有限公司**
地址:山东省日照市东港区西湖镇驻地
……负责人:焦建钦
……Tel:0633－8852668
13706338131
13562353186

**日照市金诚粮油有限公司**
地址:山东省日照市高科园北环路中段北侧
……负责人:孙成友
……Tel:0633－3281088

**日照盛发农业科技有限公司**
业务:无公害茶叶的生产、加工与销售
产品:"金露"、"香萱"、北方乌龙茶
地址:山东省日照市东港区日照职业技术学院格物楼4楼A区402
……负责人:陈总发　邮　编:276800
……法　人:陈总发
……Tel:0633－8172278
……Fax:0633－8172379

**日照东辰茶业有限公司**
地址:山东省日照市海曲西路155号
……负责人:郑世伟
……Tel:0633－3996839

**俊达食品有限公司**
地址:山东省乳山市诸往镇姚家埠村
……负责人:丛书江
……Tel:13356312278

**清香园茶业有限公司**
地址:山东省寿光市渤海611号
……负责人:孙志君
……Tel:0536－5221593
13953694871

**瑞源淀粉糖业有限公司**
地址:山东省泰安市东平县城稻香街西首
……负责人:张同勇
……Tel:0538－2858566
13905480595

**红春酒水批发站**
地址:山东省泰安市东平县城西海城中心西楼2号
……负责人:吕宏春
……Tel:0538－2850667
13905380783

**安东卫丰源水产行**
业务:水产批发及零售
地址:山东省日照市岚山区安东卫街道南门外村
……负责人:王盖华　邮　编:276800
……法　人:王盖华
……Tel:13806339420
0633－2611969

**龙泉酱菜调味品有限公司**
地址:山东省泰安市康复路18号
……负责人:索彦泉
……Tel:0538－8285018
13853809792

**泰安鲁旭饮品有限公司**
地址:山东省泰安市泰山区迎胜南路
……负责人:潘殿敏
……Tel:0538－6898669
13002778039

**泰安市金兰清真食品有限公司**
地址:山东省泰安市夏张镇
……负责人:金兰英
……Tel:0538－6513888

**馨康面粉厂**
地址:山东省泰安新泰市楼德镇泰良路西侧
……负责人:张斌
……Tel:0538－7642836
13954899299

**荣成市海川食品有限公司**
业务:水产品销售与包装
产品:裙带梗丝,各种鱼排等
地址:山东省荣成市石岛湾龙雨路126号
……负责人:董冠伶　邮　编:264300
……法　人:董冠伶
……Tel:13406499633
……Fax:0631－7865398
……网址:dongguanling168.com.cn
……E-mail:dongguanling168@126.com

**滕州市木石镇桥口村高新面粉厂**
地址:山东省滕州市木石镇桥口村
……负责人:梁殿举
……Tel:0632－2358317
13361100196

**龙玺冷藏厂**
地址:山东省威海荣成市成山镇小西村
……负责人:李京城
……Tel:0631－7839887
13906306378

**明祥食品有限公司**
地址:山东省威海荣成市俚岛工业园区
……负责人:王士明
……Tel:13706498681

**荣成俚岛水产有限公司**
地址:山东省威海荣成市俚岛镇俚岛村
……负责人:李经理
……Tel:0631－7669999

**泰安市岱岳区粥店忠鹏挤奶厅**
业务:牛奶、销售优良高产奶牛
地址:山东省泰安市岱岳区粥店办事处下旺村
……负责人:李忠鹏　邮　编:271000
……法　人:李忠鹏
……Tel:0538－8411173

**明华冷藏加工厂**
地址:山东省威海荣成市人和镇
……负责人:张庆礼
……Tel:0631－7950678
13806313063

**山东华王集团有限公司威海鱼粉厂**
地址:山东省威海荣成市人和镇大疃刘家村
……负责人:缪秋兰
……Tel:0631－7451147
13863029031

**新富冷藏厂**
地址:山东省威海荣成市石岛镇东山村
……负责人:毕可新
……Tel:0631－7332388
13506302799
13326302799

**顺源冷藏厂**
地址:山东省威海荣成市石岛镇吴家村
……负责人:王树明
……Tel:13336301698

**山东东平金豆来生物科技有限公司**
业务:速冻食品有包心鱼丸、包心狮子头、肉燕、鸡肉丸、鱼肉卷、包心虾丸、三鲜丸、香菇贡丸、包心贡丸等二十多种产品,豆制品系列有鸡翅、羊肉串、牛排、虾条、鸡脯肉等多种产品
地址:山东省泰安市东平县沙河站镇经济开发区
……负责人:李新东　邮　编:271508
……法　人:李新东
……Tel:0538－2715666
……Fax:0538－2715666
……E-mail:sdjindoulai@126.com

**山东奥斯特斯诺奶业发展有限公司**
业务:专业从事奶酪及其相关奶制品的研发,提供著名澳洲及欧洲品牌干酪生产专有技术,产品技术遥遥领先拥有极高的品牌知名度和美誉度,供应海外和中国市场。
产品:奶酪及其相关奶制品的研发、果奶饮料等
地址:山东省泰安市肥城市泰临路上海世纪城8层(车站对面)
……负责人:高鸽　邮　编:271600
……法　人:李传达
……Tel:0538－6387999
15020822888
……Fax:0538－6381599
……网址:http://www.aust-sino.com
……E-mail:lichuanda2009@163.com

**汇鑫冷藏厂**
地址:山东省威海荣成市石岛镇下谭家村
……负责人:许祖齐
……Tel:13508916188

**海燕水产食品有限公司**
地址:山东省威海乳山市城区街道办事处桥东庄村

……负责人:姜桂海
……Tel:0631－6670277
13306310093

**威海市鸿福调味食品有限公司**
地址:山东省威海市古寨东路112附1号
……负责人:单武山
……Tel:0631－5809887
5813653

**威海威金山贸易有限公司香港竹家庄避风塘威海店**
地址:山东省威海市海滨中路16号楼106室
……负责人:孙培成
……Tel:0631－5332972
13606498099

**振山调味品店**
地址:山东省威海市经济技术开发区威峰市场1068室
……负责人:耿振山
……Tel:0631－5993667
13153571957

**东丽贸易商行**
地址:山东省威海市美食街102号
……负责人:刘玉红
……Tel:0631－2856920
13361190698

**威海市馨娟阁蛋糕西点屋**
地址:山东省威海市饮村路10号西北山
……负责人:刘凤芹
……Tel:0631－2663999
13361167228

**荣成市佳成水产食品有限公司**
地址:山东省威海市荣成市宁津镇马家寨村
……负责人:张晓
……Tel:0631－7341371

**泰安市泰山区大洋海货行(安井食品泰安总代理,金华火腿泰安总代理)**
业务:各类海货,干货,金华火腿的代理销售
地址:山东省泰安市泰山区五马肉类水产批发商城干货市场2排28号
……负责人:徐家庆　邮　编:271000
……法　人:徐家庆
……Tel:13695385002
0538－8221386

**佳成水产食品有限公司**
地址:山东省威海市荣成市宁津镇马家寨村
……负责人:张晓
……Tel:0631－7341371
13863115866

**乳山市海洲水产食品有限公司**
地址:山东省威海市乳山市海阳所镇姜格村
……负责人:姜兴波
……Tel:0631－6758938

**乳山市海宇水产食品有限公司**
地址:山东省威海市乳山市乳山口镇乳山口
……负责人:杨文成
……Tel:0631－6761042
13906309539

**文登市口泉罐头厂**
地址:山东省威海文登市大水泊镇辛庄头村
……负责人:王生
……Tel:0631－8631121
13792798668

**海迅水产养殖食品加工厂**
地址:山东省威荣成市宁津镇后海崖村
……负责人:周本杰
……Tel:13806313119

**滕州绿香园食品厂**
业务:生产,销售固体饮料、液体饮料
地址:山东省滕州市鲍沟镇吕坡村
……负责人:吕栋梁　邮　编:277500
……法　人:吕栋梁
……Tel:13906370937
13561199806
0632－2654888
2654666
……Fax:0632－2654777

**鲁胜食品有限责任公司**
地址:山东省潍坊安丘市关王镇李家下埠村
……负责人:李云胜
……Tel:0536－4338278
13606366783

**安丘美华食品加工厂**
地址:山东省潍坊安丘市关王镇尧洼村
……负责人:陈志刚
……Tel:0536－4339093
13864607128

**滕州市慧铭商贸有限公司**
业务:销售日用调味调料以及各类食品干货
产品:日用调味调料以及各类食品干货
地址:山东省滕州市杏花村市场综合商务楼东南B01－02号
……负责人:朱绍洪　邮　编:277101
……法　人:朱绍洪
……Tel:13963299111
0632－5522668

**慧鑫食品有限公司**
地址:山东省潍坊安丘市黄旗堡镇西门口西村

……负责人:王曙光
……Tel:0536－4518868
13605365001

**昌邑市老徐酱园有限公司**
地址:山东省潍坊昌邑市都昌街办西安家埠村
……负责人:徐学才
……Tel:0536－7120777
13001548777

**昌邑市丰源盐场**
地址:山东省潍坊昌邑市柳疃镇前青村(青乡)
……负责人:陈乃江
……Tel:13506469188

**龙河食品有限公司**
地址:山东省潍坊高密市柴沟镇驻地
……负责人:孙洪波
……Tel:0536－2667988
13355361589

**东岭肉制品厂**
地址:山东省潍坊高密市朝阳街办许家庄中心路
……负责人:魏学波
……Tel:13780811588

**振兴酿酒厂**
地址:山东省潍坊高密市河崖镇驻地西首
……负责人:彭金民
……Tel:0536－2777668
13806471873

**福高酒娘酿酒厂**
地址:山东省潍坊高密市密水区向阳巷26号
……负责人:闫磊
……Tel:0536－2356000
13583638599

**潍坊育成食品有限公司**
业务:生产、销售食品
地址:山东省潍坊市
……负责人:王振升　邮　编:261041
……Tel:0536－8686198
13964673703

**山东省高密市友善工贸有限公司**
地址:山东省潍坊高密市姚哥庄镇单家荒村
……负责人:杜明善
……Tel:0536－2588788
13906463528

**诚信盐业有限公司**
地址:山东省潍坊青光市岔河路口西辛沙路北
……负责人:刘华春
……Tel:0536－5398098
13606463589

**威亚葡萄酒业有限公司**
地址:山东省潍坊青州市东坝镇东阳河村工业路888号
……负责人:尚希玉
……Tel:0536－3536777
13806460815

**益丰油脂有限公司**
地址:山东省潍坊青州市东坝镇西建德村
……负责人:符少奇
……Tel:0536－3537597
3537591
13356762123

**寿光市食全味美食品机械有限公司**
业务:加盟连锁熟食,生产、销售熟食食品机械
产品:加盟连锁,蒸、烤、炸多功能一体机(用煤气操作,并且是流动式的)
地址:山东省潍坊市寿光市广场街路南西首
……负责人:范旭　邮　编:262700
……法　人:范旭
……Tel:15963672345

**新奥食品厂**
地址:山东省潍坊青州市南环路1058号
……负责人:赵俊超
……Tel:0536－3201520
13506462608

**嘉禾食品有限公司**
地址:山东省潍坊青州市王坟镇涝洼村
……负责人:赵立海
……Tel:13356729857

**青州八喜饮料有限公司**
地址:山东省潍坊青州市云门山南路3888号
……负责人:吕会田
……Tel:0536－3812655
13806465197

**山东诸城颐康食品有限公司**
地址:山东省潍坊山东省诸城市昌城镇道口
……负责人:孙夕高
……Tel:0536－6401115
13606461591

**威海东泰食品有限公司**
业务:罐头食品加工、销售
地址:山东省文登市河右路98号
……负责人:林东元　邮　编:264200
……法　人:林东元
……Tel:0631－8454108
13906318006

**绿丰园食品有限公司**
地址:山东省潍坊山东省诸城市林家村镇驻地
……负责人:娄运娟
……Tel:0536－6531195
13869613583

**弘园食品有限责任公司**
地址：山东省潍坊山东省诸城市市场街 40 号
负责人：万星亮
Tel：0536－6212456
13335255628

**诸诚市光浩工贸有限公司**
地址：山东省潍坊山东省诸城市辛兴镇开发区
负责人：王东江
Tel：13963671555

**安丘市金田食品有限公司**
地址：山东省潍坊市安丘兴安街办三里店子村南
负责人：荆田
Tel：0536－4221180
4216001
4267760
13806366718

**文登市姜英涛大桶水店**
业务：大桶食用矿泉水经营
地址：山东省文登市昆嵛路 4 号（老车站院内）
负责人：姜英涛　邮编：264400
法人：姜英涛
Tel：0631－8265878

**潍坊瑞海食品有限公司**
地址：山东省潍坊市昌乐县崖头工业园
负责人：丁建军
Tel：0536－6946788
13606366739

**富尔食品有限公司**
地址：山东省潍坊市昌乐县朱刘镇工业园
负责人：田怀华
Tel：0536－6715008
13869610960

**昌邑市阳光制卤有限公司**
地址：山东省潍坊市昌邑市柳疃镇灶户村北
负责人：王恒日
Tel：0536－7802080

**凯凯食品厂**
地址：山东省潍坊市昌邑市夏店镇
负责人：朱卫国
Tel：0536－7835666
13053612166

**新泰市中新福源糖果城**
业务：糖果销售
地址：山东省新泰市东关社区中心路中段
负责人：张新田　邮编：271200
法人：张新田
Tel：13953805848
0538－7221901

**信泰食品有限公司**
地址：山东省潍坊市高密市人民大街东首
负责人：刘效仁
Tel：0536－2322541
2323691
13906463125

**曲酒厂潍坊市分装厂**
地址：山东省潍坊市寒亭区丰华路 8 号
负责人：李宝森
Tel：0536－7282289
13335253848

**潍坊康瑞经贸有限公司**
地址：山东省潍坊市健康东街 173 号飞行通风机场内院
负责人：李月常
Tel：0536－8795258
13806491898

**潍坊鸿丰食品有限公司**
地址：山东省潍坊市奎文区胜利街 381 号
负责人：张志军
Tel：13906469820

**新泰市新汶三奇花生油坊**
业务：加工销售花生油，花生饼；购销花生米；专业来料加工
地址：山东省新泰市新汶良庄西岭市场对过
负责人：曲兆伟　邮编：271200
法人：曲兆伟
Tel：15853869398
15153829835

**潍坊绿园蜂产品有限公司**
地址：山东省潍坊市奎文区幸福街中段
负责人：王宪良
Tel：0536－8225992
8819868

**临朐县启源果品配送有限公司**
地址：山东省潍坊市临朐县上林镇洼子村
负责人：孙炳相
Tel：0536－3421997
13853382966

**临朐鲁英冷藏有限公司**
地址：山东省潍坊市临朐县五井镇下五井西村
负责人：高举光
Tel：0536－3611165
13505364138

**坤发肉制品有限公司**
地址：山东省潍坊市临朐县冶源镇冯王舍村
负责人：张明坤
Tel：0536－3631493
13386366536
13791870388

**烟台市以勒食品加工部**
业务：麻辣制品、麻辣牛筋等食品生产销售
地址：山东省烟台市福山区门楼镇斗余驻地
负责人：刘洋　邮编：264000
法人：刘洋
Tel：13573555091
0535－6481568
E-mail：ly666666666@163.com

**香福来肉食品加工厂**
地址：山东省潍坊市青州市庙子镇大牟村
负责人：田硕昌
Tel：0536－3781199
13806335093

**青州华园九龙食品厂**
地址：山东省潍坊市青州市王坟镇南圳头村
负责人：王法东
Tel：0536－3732666
13806493295

**潍坊时空经贸有限公司**
地址：山东省潍坊市鸢飞路 569 号
负责人：鞠成武
Tel：0536－8222950
8222951

**振亮经贸有限公司**
地址：山东省潍坊寿光市渤海路 501 号
负责人：刘振亮
Tel：13806465289

**烟台市芝罘区圆梦蛋糕店**
业务：蛋糕制作经营
地址：山东省烟台市芝罘区三道街 1－3 号/山东省烟台市芝罘区文化宫西街/山东省烟台市芝罘区通市路附近惠安小区
负责人：姜福广　邮编：264000
法人：姜福广
Tel：13863831342
13854545834
13854504348

**天成宏利食品有限公司**
地址：山东省潍坊寿光市莱都路 82 号
负责人：桑燮昌
Tel：0536－5226048
13906465813

**振兴蔬菜加工有限公司**
地址：山东省潍坊寿光市化龙镇务本村
负责人：李振生
Tel：0536－5891326
13863625862

**润泽生化有限公司**
地址：山东省潍坊寿光市王高镇政府驻地
负责人：刘欣玲
Tel：0536－5719666
13589155988

**文登市冷冻综合加工厂**
地址：山东省文登市初家园街东 8 号
负责人：于庆水
Tel：0631－8451805
13806315675

**烟台市芝罘富国粮油经销部**
业务：销售、批发粮油
产品：大米、杂粮、大豆
地址：山东省烟台市芝罘区幸福十一村南街 362 号
负责人：陈芝国　邮编：264010
法人：陈芝国
Tel：13053512766
0535－6813017

**新泰市鲁汶粮酒厂**
地址：山东省新泰市新汶办事处大寺山村
负责人：李保民
Tel：0538－7311107
13562815285

**鑫源食品加工厂**
地址：山东省烟台莱阳市经济技术开发区四真庄村
负责人：于胜远
Tel：0535－7318154
13605452017

**莱阳新绿洲食品有限公司**
地址：山东省烟台莱阳市食品工业园
负责人：宋志星
Tel：0535－7710176
7708852
13906452576

**城厢蔡春食品干果加工分装厂**
地址：山东省烟台莱阳市西至泊小学东（芝水街）
负责人：蔡庭宝
Tel：0535－7260729
13655351256

**烟台西海岸水产食品有限公司**
业务：干海产品、海鲜
地址：山东省烟台市芝罘区迎祥路付 16 号
负责人：王太平　邮编：264000
法人：王太平
Tel：0535－2963288
Fax：0535－2963288
网址：http://www.51zzt.com/user/zzt34928

**华康商贸有限责任公司**
地址：山东省烟台莱阳市小商品市场东门内左边第二门
负责人：吴仕贤
Tel：0535－7266577
13375451187

**梁郭丰良调味品厂**
地址：山东省烟台莱州市朱桥镇梁郭张官刘家村
负责人：刘丰良
Tel：0535－2285699
13954587028

**索尼果蔬有限公司**
地址：山东省烟台龙口市诸由观镇索家村
负责人：沙凤仙
Tel：0535－8566588
13306458038

**汇源食品有限公司**
地址：山东省烟台蓬莱市北沟镇北王绪村
负责人：田俊娟
Tel：0535－5911026
13706452155

**禹城市金锣冷肉食批发站**
业务：批发、零售金锣冷鲜肉
地址：山东省禹城市建筑公司家属院内
负责人：张路　邮编：251200
法人：张路
Tel：15963366088
13853439044

**海阳市宏达果品保鲜有限公司**
地址：山东省烟台区海阳市郭城镇东庄村
负责人：迟春湖
Tel：0535－3656119
13963861726

**烟台山村果园绿色食品集团有限公司**
地址：山东省烟台市福山区高新技术产业区
负责人：关照雷
Tel：0535－6303166
13361386677

**高新技术产业区永遇乐食品厂**
地址：山东省烟台市福山区永福园高新技术产业区
负责人：初运辉
Tel：0535－6329117
13606452117

**加宝食品有限公司**
地址：山东省烟台市开发区长江路 277 号
负责人：汪世峰
Tel：0535－6371953
13853577966

**山亭区山城办王氏油坊**
业务：销售翼云山牌花生油
地址：山东省枣庄市山亭区山城办事处农贸市场
负责人：王成俊　邮编：277200
法人：李艳丽
Tel：13963244887
0632－5181117

**莱州市鑫海包装制品有限公司**
地址：山东省烟台市莱州市开发区开宝路
负责人：王锡文
Tel：13705359228

**东方肉食加工厂**
地址：山东省烟台市莱州市万通商贸经济园区（南十里姜家疃）
负责人：曲强
Tel：0535－2230051
13706450708

**栖霞市田霖果蔬食品有限公司**
地址：山东省烟台市栖霞市迎宾路民营经济园
负责人：李永军
Tel：0535－5205988
13054556457

**烟台润丰果酒有限公司**
地址：山东省烟台市烟台开发区珠江路 32 号
负责人：王德利
Tel：13589866203

**贾氏粮油店**
业务：销售粮油
地址：山东省枣庄市市中区青檀北路 54 号北沿街门市
负责人：贾康　邮编：277100
法人：贾康
Tel：0632－3216298

**海忠商贸有限公司**
地址：山东省烟台市芝罘区大海阳路 95 号 10－6
负责人：茅海忠
Tel：13326381988

**烟台中裕国际贸易有限公司**
地址：山东省烟台市芝罘区幸福十一村百胜聚安脂厂院内
负责人：杨秉勤
Tel：0535－6873565
13355353699

**枣庄市丰盛粮油有限公司**
地址：山东省枣庄市君山西路车站居委会院内
负责人：张家宝
Tel：0632－3399204

**诚誉果蔬保鲜有限公司**
地址：山东省枣庄市市中区郭里集乡前小湾村
负责人：王刚
Tel：0632－3711194
13906328608

**宏程乳业有限公司**
地址：山东省枣庄市市中区渴口镇大刘庄村
负责人：梁克玉
Tel：0632－3748185
13376320669

**农家盛圆面粉有限公司**
地址：山东省枣庄市薛城区陶庄镇周楼村
负责人：田曾谢
Tel：0632－4818866
13791406899

**枣庄市天水乳业食品饮料有限公司**
地址：山东省枣庄市薛城区天山路西侧
负责人：刘同世
Tel：0632－4410179
13806370910

**微山县惠铭豆制品加工厂**
业务：专业生产销售豆制品，安全、放心、绿色，品味健康生活，我们期待与您真诚合作！
产品：腐竹、豆皮、豆丝
地址：山东省枣庄微山县欢城镇田陈煤矿生活区
负责人：宋政君　邮编：277606
法人：岳喜光
Tel：0632－4053101
13589639489

**辉翔食品有限公司**
地址：山东省枣庄滕州市东郭镇屯里村
负责人：张敬国
Tel：0632－2525528
13906325888

**淇康冷食厂**
地址：山东省枣庄滕州市界河镇 104 国道西侧
负责人：郑家芳
Tel：0632－2739299
13863210818

**滕州市长青调味品加工厂**
地址：山东省枣庄滕州市龙山路开发区 9 号
负责人：范宝臣
Tel：0632－5514116

**全鑫福酒厂**
地址：山东省枣庄滕州市羊庄镇胡村
负责人：范祥伍
Tel：0632－2921289
13561103079

**滕州市兴谷面粉有限公司**
地址：山东省枣庄滕州市张汪镇大宗村
负责人：宗兆地
Tel：0632－2819626

**日康食品有限公司**
地址：山东省诸城市东外环南首路东
负责人：隋炳明
Tel：0536－6062415
6055776
13964667988

**馨牛食品有限公司**
地址：山东省淄博市博山区源泉镇源泉村淄博二中校园院内
负责人：刘杰
Tel：0533－4810335

**高青金星面粉有限公司**
地址：山东省淄博市高青县高城镇港澳台工业区
负责人：孙维利
Tel：13708943878

**鸿安恒温冷藏厂**
地址：山东省淄博市桓台县超凤镇辛泉村
负责人：李鸿臣
Tel：13706433218

**九龙面粉厂**
地址：山东省淄博市桓台县果里镇前埠村
负责人：张士华
Tel：0533－8401844
13964331260

**学先面粉厂**
地址：山东省淄博市桓台县唐山镇后七村
负责人：张学先
Tel：0533－8512000
13355337309

**皇城镇明镜油脂厂**
地址：山东省淄博市临淄区皇城镇后下村
负责人：王明镜
Tel：0533－7801205
13505337407

**怡和经贸有限公司**
地址：山东省淄博市临淄区齐园路 20 号
负责人：张承军
Tel：0533－7183691
13869300998

**山东兔巴哥食品有限公司**
地址：山东省淄博市临淄区梧台镇（齐城农业高新技术开发区）
负责人：王立义
Tel：0533－7667288

**临淄区粮食收储中心**
地址：山东省淄博市临淄区晏婴路 189 号
负责人：杨在德
Tel：0533－7181581
13853383758

**淄博康之源乳业有限公司**
地址：山东省淄博市临淄区朱台镇西单村
负责人：耿庆伟

…………………………… Tel:0533－7785066

**海达食品有限公司**
地址:山东省淄博市沂源县城沿河东路 88 号
…………………………… 负责人:张新文
…………………………… Tel:0533－3228888

**沂源县吴记食品有限公司**
地址:山东省淄博市沂源县城振兴路
…………………………… 负责人:吴树记
…………………………… Tel:0533－3225128

**沂蒙山植物油厂**
地址:山东省淄博市沂源县大张庄镇驻地
…………………………… 负责人:秦昌田
…………………………… Tel:0533－3617598
13853373361

**中意果蔬食品有限公司**
地址:山东省淄博市沂源县中庄镇胡家庄村
…………………………… 负责人:孙崇刚
…………………………… Tel:0533－3485777

**高发保鲜食品厂**
地址:山东省淄博市张店区房镇张店畜牧良种厂院内
…………………………… 负责人:李高发
…………………………… Tel:0533－3882097

**凯斯丰商贸有限公司**
地址:山东省淄博市张店区张店水厂 39 号
…………………………… 负责人:车献凯
…………………………… Tel:0533－3126558

**茂坤瓜子厂**
地址:山东省淄博市周村区萌水镇西衣村
…………………………… 负责人:安茂坤
…………………………… Tel:0533－6889158
13505336758

**山东淄博市周村蒲壶宴酒业有限公司**
地址:山东省淄博市周村区丝绸路北首开发区
…………………………… 负责人:夏应祥
…………………………… Tel:0533－8772479

**淄博高新技术产业开发区凤泉水厂**
地址:山东省淄博市淄博高新技术产业开发区四宝山街道办事处凤凰村
…………………………… 负责人:解维刚
…………………………… Tel:0533－3988438

**四川省泸州国宾酒厂章丘分厂**
业务:生产与销售泸州国宾酒
产品:泸州国宾酒
地址:山东省章丘市刁镇王福村
……… 负责人:周玉明　　邮　编:250001
…………………………… 法　人:周玉明
………… Tel:0531－83517999

**淄博本峰食品有限公司**
地址:山东省淄博市淄博高新区大张村农村信用社院内
…………………………… 负责人:李风本
…………………………… Tel:0533－3812327

**淄川蟠龙植物油厂**
地址:山东省淄博市淄川区罗村镇河东村
…………………………… 负责人:李强
…………………………… Tel:13964468988

## 艾氏食品厂

艾氏食品厂主要加工销售核桃仁、核桃果、苦杏仁、花生果、黑白芸豆、板栗、大枣及各种果脯，口感良好，深受消费者欢迎。

我厂以"质量是企业的生命，信誉是企业发展的基础"为兴业原则，并真诚希望与海内外客商协手共进，共谋发展。

电话：0539-7141278
联系人：支绪才 13953997445
地址：山东省临沂市蒙阴县新城路县医院对过　　邮编：276000

## 德州市宁津县张甲副食批发部

德州市宁津县张甲副食批发部成立于2007年，本批发部主要经营副食品批发、零售：豆奶粉、水果罐头、酒水类。我们的精神：团结拼搏、求真务实，争创名牌。我们的宗旨：以质量求生存，以信誉求发展。

联系人：张甲
电话：15865922525
地址：山东省德州市宁津县大苏村　　邮编：253000

## 东平县瑞源淀粉糖业有限公司

我公司主要生产玉米淀粉、蛋白粉、玉米油、胚芽、玉米浆、饲料等6种产品，主导产品是"瑞源"牌玉米淀粉，"质量第一，信誉至上"是我厂的服务宗旨，竭诚欢迎新老客户惠顾！

联系人：张同勇
电话：0538-6358118　　手机：13905480595
地址：山东省泰安市东平县105国道东首　　邮编：271000

## 安丘市金田食品有限公司

本公司成立于2002年4月，主要从事生猪屠宰，熟食加工和销售，产品主要是兴田牌肉制品。本公司以"以人为本，人尽其才"为基础，不断追求，持续改进，以最大程度地满足客户需求，欢迎惠顾！

联系人：荆田
电话：13806366718 0536-4256199
地址：山东省潍坊市安丘兴安街办三里店子村南　　传真：0536-4250672

## 东营区鸿业酒水总汇

东营区鸿业酒水总汇成立于1997年，主要销售名烟名酒。本公司本着质量第一、顾客至上，以质量求生存，诚信为先的良心品质。公司以周到的服务、优质的品质和良好的商业道德赢得了广大的消费者的认可。

联系人：张英业　　电话：0546-8985586
地址：山东省东营市东营区淄博路辛店商贸城　　邮编：257000

## 苍山县永丰源食品有限公司

苍山县永丰源食品有限公司始建于1988年，公司主要从事保鲜、速冻、盐渍、脱水等，大蒜系列蔬菜产品的生产、　加工、出口和国内各大市场的蔬菜加工经营。公司1996年获全国乡镇企业系统基础管理工作一级合格证书。1997年，公司被农业部确认为全国大型二档乡镇企业。公司凭借苍山大蒜资源优势，认真负责的食品卫生意识，产品质量至上的生产理念，诚信、准时、热情待客的经营品质，深受国内外客户的好评，公司现已发展成为集　"农工贸"为一体的综合性蔬菜生产加工出口企业。

联系人：李瓜田
电话：0539-5511110　　传真：0539-5518565
网址：www.yfyfood.com　　电子邮件：yfy5511110@163.com
地址：山东省临沂市苍山县神山镇后杨官庄　　邮编：277722

## 高密市顺华工贸有限公司

高密市顺华工贸有限公司（原高密市顺华副食品有限公司），是一家以加工糕点为主的私营企业，自1985年建厂以来，在继承、发扬传统产品的基础上，结合现代工艺，努力创造新产品，共有一百多个。

1995年成立了公司以后，产品质量稳定，销往全国各地，特别是本公司生产的高密特产"鲁特牌"大蜜枣、小蜜枣、以及花生板、芝麻板等系列产品成为我们的拳头产品，质量一流，货真价实，深受好评。先后荣获"质量信得过单位"、"山东风味名吃"、"世界蓝天杯十大驰名精品"等荣誉称号。我们将再接再历，回报广大消费者的厚爱。

联系人：张木林 13853692773　　电话：0536-2362198
地址：山东省潍坊高密市凤凰大街家纺路交汇处向北50米路西　邮编：261500

## 茌平县明星糕点加工厂

本公司成立于1982年，主要生产销售各式糕点、月饼、油炸类、焙烤类食品，主要产品有羊角蜜、蜜汁条、马蹄酥、酥三刀、酥皮月饼、提浆月饼、千层酥煎饼等十多个品种。以最优惠的价格，最优质的产品和最完善的服务来满足广大用户的需求。

电话：0635-4889331、13969591536　　联系人：张国英
地址：山东聊城茌平县胡屯乡半天张村北　　邮编：252121

## 广合缘商贸有限公司

广合缘商贸有限公司成立于2000年，本公司主要经营茅台习酒、泸州老窖、国窖1573、青岛琅琊台白酒、郎酒、五粮液五龙宾、法国红酒。我公司一直致力于现代化企业管理系统的建设和ISO9000质量体系的认证工作，着力发展一支高素质的营销队伍，以专一、热情、诚信为客户提供尽善尽美的服务。愿以我们优质的产品和热忱的服务助您达到更高的目标。

联系人：姜淑芳
电话：0532-87614001　　传真：0532-87897352
地址：山东省青岛市李沧区向阳二支路29-8号
电子邮件：ghygs@vip.163.com　　邮编：266100

## 海陽市勝傑果蔬有限公司

本公司位于发城镇工业园，属于民营企业，冷藏保存果品、加工蔬菜并销售本公司自产产品。专业种销苹果，品种有红富士、嘎拉、金帅、秦冠、红将军、乔纳金等。口感甜脆，欢迎品尝！

联系人：王胜旺 13697858188 电话：0535－3892828
地址：山东省烟台市海阳市发城镇工业园 邮编：265100

## 鄄城县吉祥食品厂

鄄城县吉祥食品厂成立于2008年，从事油炸食品生产销售，产品有：炸虾、鱼、蛹、螃蟹等。

欢迎新老客户品尝！

联系人：史光祥
电话：13615308205 0530-2448231
地址：山东省菏泽市鄄城县什集经济开发区 邮编：274606

## 菏泽市巨野县巨野镇舒祥粮油门市部

菏泽市巨野县巨野镇舒祥粮油门市部成立于1997年，本门市部主要经营批发、销售大豆油。本门市部秉承“以诚待人，以信誉求发展，以质量求生存”的经营理念，坚持“客户第一”的原则为广大客户提供优质的服务。

联系人：舒长国 邮编：274900
电话：0530-8217103 15864666000
地址：山东省菏泽市巨野县巨野镇县城文苑路东段路北

## 莱阳龙福食品有限公司

我公司是一家专业生产冷冻果蔬的工厂，有着多年的生产经验专业的管理团队，为火腿肠、肉圆、水饺提供原料，年生产冷冻水果和蔬菜上百个品种，年加工出口产品三千余吨，欢迎新老客户来电洽谈业务！

联系人：王高涛
电话：0535-7328756 13905457185
地址：山东省莱阳市古柳镇街道办事处中古城村
邮编：271100

## 菏泽市牡丹区李魏制粉有限公司

菏泽市牡丹区李魏制粉有限公司成立于2002年，专业从事面粉、次粉、麸皮的生产、加工和销售。我公司秉承“服务为本，客户至上”的原则，竭诚为新老客户服务！

联系人：李广春
电话：0530-5891386
13365309468
传真：0530-5890186
地址：山东省菏泽市牡丹区高庄镇高庄村
邮编：274000

## 萊陽市永泰果蔬專業合作社

莱阳市永泰果蔬专业合作社是一家主要从事全国各地水果批发，运输的企业。

公司一直坚持“高起点、高标准、高品质、高信誉”的经营理念，坚持“重合同、守信誉”的营销理念。多年来一直得到广大客户的青睐和称赞，公司将热情欢迎海内外有识之士前来参观考察，洽谈业务，共创美好明天。

联系人：任永庆
电话：0535－7299236 7335766 13905457168
地址：山东省莱阳市龙门西路106号 邮编：264010

## 济南市历城区丰之润面粉厂

本厂设计工艺先进，设备采用无锡布勒磨粉机，进口清粉机、高方筛，面粉质量上乘，能满足高中低档客户的要求。经营理念是：讲诚信、守信誉，互惠互利。愿新老客户携手合作、共创辉煌。

联系人：姚继河
电话：0531-88202409 83123388
地址：山东省济南市历城区董家镇王新村 邮编：250100

## 聊城市东昌府区堂邑镇栾庄村瑞康食用菌加工厂

本公司成立于2007年，专业从事食用菌加工销售，对平菇、草菇等十余种菌类进行深加工，主要产品有盐渍平菇、鸡腿菇、香菇等菇类，脱水平菇、香菇。本着诚信、求实、互惠的原则，期待与各界朋友的合作。

电话：0635-8659268、13082789918 联系人：骆怀生
地址：山东省聊城市东昌府区堂邑镇栾庄村86号 邮编：252034

## 济宁市王立平食品有限公司

本公司从事生产销售具有独自特色的细条馓子、麻花，我公司现为客户产、销、售后一条龙服务，让客户得到最大程度满意。

联系人：王立平 13406273721
电话：0537-2328962 传真：0537-2328962
地址：山东省济宁市市中区半截阁街73号 邮编：272000
网址：www.wlpsp.chinapyp.com 电子邮件：wlp988@yahoo.cn

## 临清市君博食品有限公司

临清市君博食品有限公司成立于2007年，经营三黄土鸡、中装鸡、西装鸡、鸡翅、鸡腿等。

公司全体员工上下一心，团结拼搏，求实进取、不断创新，以企业精神来指导生产经营管理和提升企业形象。我们提倡“以人为本，发扬团队精神；脚踏实地，把事情做细做实，保质保量”的企业精神。

联系人：刘军然 电话：0635-2694513 2697138
地址：山东省临清市尚店岩庄 邮编：252600

随州市曾都区殷店塔儿山风景区旅游开发中心
从事于旅游开发、旅游自然开发。
电话：0722－3673448
地址：湖北省随州市曾都区殷店塔儿山风景区梨苑楼





## 临朐县香江食品有限公司

临朐县香江食品有限公司的主要产品是熟肉加工。

客户遍及全国各地。公司本着科技创新、科学管理、精密制造、共同发展的指导方针，愿与各界朋友精诚合作、携手并进，共创美好未来。

联系人：周卫 13953602377 电话：0536－3399803
地址：山东省潍坊市临朐县华信路9号 邮编：262600

## 鲁浩野味食品厂

鲁浩野味食品厂成立十几年来，
一直从事野兔的加工及销售；
优质的品质，真诚的服务；
欢迎您的光临！

联系人：张喜波
电话：0530－3771266 13869780722
地址：山东省荷泽市曹县位湾镇位湾村 邮编：274000

## 临沂市大明肠衣有限公司

临沂市大明肠衣有限公司成立于2001年，公司的主要产品是山羊肠衣和绵羊肠衣，年加工原肠900000根，肠衣成品产量为1600多桶，产值1600余万元。产品畅销日本、德国、法国、意大利、比利时、西班牙等十几个国家。公司总经理马凤波协全体员工诚挚欢迎国内外客户和我们加强合作，共创未来。

联系人：马凤波
电话：0539-8531090
传真：0539－8536090
网址：www.dmcasing.cn
电子邮件：sales@dmcasing.cn
地址：山东省临沂市工贸开发区南道村
邮编：276012

## 鲁翼面粉厂

鲁翼面粉厂成立于2003年12月，主要从事面粉、挂面的生产与销售。我们真诚希望与您建立良好的战略合作伙伴关系，以我们专业的水平，合理的价格，优质的服务成为您最佳的合作伴侣。

联系人：杜秀全
电话：0534-5837409 15054164960 13305349358
地址：山东省德州市齐河县赵官镇邱庄村 邮编：253000

## 临沂市平邑县好运来蛋糕城

临沂市平邑县好运来蛋糕城成立于1999年，本店专业承做大型蛋糕、糕点、月饼、面包等。

公司秉承“顾客至上，锐意进取”的经营理念，坚持“客户第一”的原则为广大客户提供优质的服务。欢迎惠顾！

联系人：杜忠坤
电话：0539-4212822
地址：山东省临沂市平邑县莲花3路中段159号 邮编：276000

## 蒙阴鲁蒙花食品有限公司

鲁蒙花食品有限公司是一家集花生油加工、榨油机械研发、发掘民间原生态（新、特、优）绿色食品开发与推广的新型公司。我公司生产的花生油已经为干煸肉丝创出正确方向，用该纯花生油生产出的多种产品已经名扬海外。蒙阴鲁蒙花食品有限公司开发的全自动蒸炒机，从入榨水份到温度调节上堪称智能机器。生物高效节能蒸汽炉，在节约能源降低成本方面效果显著。

最新220T全自动液压榨油机，以优质、高效、出油率高、稳定性好得到了用户的一致好评。

联系人：张忠红
电话：0539－4724228 13583936988
地址：山东省临沂市蒙阴县旧寨乡沈家庄 邮编：276212

## 临沂市全发食品有限公司

临沂市全发食品有限公司成立于1993年，公司座落在山东平邑县地方镇罐头城，主营水果罐头制作销售，产品多样化，有苹果、梨、橘子、山楂、桃、杨梅、什锦罐头等。

公司凭借先进管理，从品检，卫生，包装等各个环节都有非常严格的经验及标准。

公司本着真诚与合作的态度与海内外各公司合作，并一起打开海内外市场，共创商业商机！

联系人：高树春 13905494212
电话：0539－4391222
邮编：276000
地址：山东省临沂市平邑县地方镇进展村

## 品鑫水产批发中心

品鑫水产批发中心成立于1997年，专营国内、外各类高、中、低档海产品，如代理南美对虾、各种大虾、大闸蟹等，批零兼营，还直接为各大宾馆、饭店、酒楼、超市提供商品及配送服务。

竭诚为各饮食业提供品质高，价格低的优质水产品。欢迎广大新老客户光顾！

联系人：袁竹林 15806302399
电话：0631－5861821
传真：0631－5866966
地址：山东省威海市环翠区石河街3号 邮编：264200

## 刘家山禽食品有限公司

刘家山禽食品有限公司成立于2003年，主要从事烧鸡的生产与销售。我公司秉承诚信务实的经营理念，始终坚持以最低的价格、最优的质量、最快捷的服务满足广大客户。希望海内外有识之士来电来函洽谈业务。

电话：0632-8815159 13963262936 联系人：刘开胜
地址：山东省枣庄市山亭区山亭镇东山亭松山路958号 邮编：277000

## 青岛富雅食品有限公司

本公司于2003年，主要加工水产品，冷冻调理食品，烘干鸡胸肉类宠物食品及冷冻蔬菜等。

我公司秉承“顾客至上，锐意进取”的经营理念，坚持“客户第一”的原则为广大客户提供优质的产品。欢迎惠顾！

联系人：赵廷刚
电话：0532-88165880 85181185 手机：13905428695
地址：山东省青岛市胶南市铁山路西端 传真：0532-85183537

## 日照市东港区天天饮用水经销处

日照市东港区天天饮用水经销处成立于2008年，本经销处主要经销饮水机、银杏山泉、卧佛山泉、泉露山泉的桶装水。

产品投放市场多年，以技术领先、品质优良、性能稳定、服务优质而享誉业界，深受广大用户欢迎！

联系人：苑寿军 13793411088
电话：0633-2212886
地址：山东省日照市海滨二路南首路西 邮编：276800

## 山东京杭恒丰茶叶有限公司

山东京杭恒丰茶叶有限公司是一家专业从事茶叶销售的企业。公司秉承"顾客至上，诚信守约"的经营理念，诚信交易，只为换来您的满意。欢迎新老客户光临惠顾！

电话：0632-5668110 5668888
联系人：王金安 13806376719
地址：山东省滕州市荆河路18号恒丰大厦 邮编：277500

## 荣成市人和鎮宏波水產食品廠

荣成市人和镇宏波水产食品厂成立于2008年，本厂主要经营海产品，调味鱼干，干海产品的销售和加工。

公司秉承"诚信，尊重，专业和创新"的经营宗旨，宏波水产食品厂全体员工一直致力于为海内外人民奉献更多健康美味的食品，并立志将宏波水产食品建设成为世界一流的健康食品专业生产企业。

联系人：丁镇杰 13475130888
电话：0631-7951028 传真：0631-7951028
地址：山东省荣成市人和镇千军石村 邮编：264300

## 山东快乐老王食品有限公司

山东快乐老王食品有限公司成立于2008年，本公司专业从事休闲食品的加工与销售。

本公司秉承"顾客至上，锐意进取"的经营理念，坚持"客户第一"的原则为广大客户提供优质的服务。欢迎惠顾！

联系人：王强 邮编：256500
电话：0543-2388208 13465092488
地址：山东省滨州市博兴县胜利二路489号（老王家炒货专卖店）

## 乳山市泰福昌水产食品有限公司

乳山泰福昌水产食品有限公司始建于2003年，主要从事水产品的加工出口，产品主要销往日本、韩国等亚洲国家。

本公司秉承"顾客至上，锐意进取"的经营理念，坚持"客户第一"的原则为广大客户提供优质的服务。欢迎广大客户惠顾 。

联系人：王恒生 电话：0631-6756888
地址：山东省威海市乳山市海阳所镇南宏北村东538号 邮编：264200

## 山东青州高柳蔬菜购销有限公司

山东青州高柳蔬菜购销有限公司成立于2002年，本公司主要经营"高柳牌" 有机农产品西红柿、西葫芦、长茄、辣椒、甜椒、芸豆、黄瓜、土豆、大姜、山药、菠菜、大葱、甘蓝、韭菜、菜花、圆葱、豆角、萝卜、香菜。高柳蔬菜远销北京、天津、内蒙、山西、河北、东北三省及济南、青岛等城市。

联系人：程金亭
电话：0536-3861081 13153633777
地址：山东省青州市高柳镇冯家村
邮编：262508

## 乳山市祥余水产食品有限公司

乳山市祥余水产食品有限公司成立于2007年，主要经营冷冻章鱼、冰鲜章鱼、切断章鱼、鹰爪虾、红筋虾冷冻、盐渍小笔管、小梭蟹、银鱼、大口鱼、安康鱼等各种出口海产品。

为实现企业的永续经营，公司以客户为中心、以质量为生命、以员工为根本，产品得到新老客户的一致好评。

联系人：孙杰 电话：0631-6721368
地址：山东省乳山市白沙滩镇驻地第六中学东 邮编：264504

## 山东省东平县瑞恒粮油有限责任公司

瑞恒粮油有限公司前身系东平县粮食局花生油厂，始建于1958年"裕民油厂"。2006年12月改制为：集食用油生产、粮食收购、储藏，销售为一体的综合性股份制企业。

公司生产的"恒馨"牌系列食用油投放市场后，受到广大消费者青睐。

联系人：马学民 电话：0538-2422199 2421058
网址：www.ruihengliangyou.com.cn 电子邮件：maxuemin123@sina.com
地址：山东省东平县彭集镇园道路118号 邮编：271509

## 山东家佳祥食用油有限公司河口分公司

山东家佳祥食用油有限公司河口分公司成立于1998年，主要从事花生油、色拉油等产品的加工与销售。欢迎广大客户来电来函洽谈。

联系人：韩宗符
电话：0546-3882246、13356630805
地址：山东省东营市河口区八吕村东侧 邮编：257093

## 山东省鲁香源食品有限公司

山东省鲁香源食品有限公司从事速冻食品研发、生产和销售。主要产品有速冻水饺、汤圆、麻球、丸子、粽子、肉串、小笼包等系列快餐型食品，其中水饺皮薄馅大，香而不腻；汤圆洁白晶莹，光滑爽口。

公司热忱欢迎广大用户惠顾合作，共同缔造美好的明天！

联系人：刘景生 13954079985
电话：0530-5391988 5390027 网址：www.lxysp.com
邮编：274000 电子邮件：lxyfood@yahoo.cn
地址：山东省菏泽市牡丹区何楼办事处北肖庄

## 山东莘县东辉食品有限公司

本公司成立于2007年，专业从事畜禽宰杀、排酸、速冻、冷藏等业务，主营：猪肉分割、（肉卷、1#、2#、3#、4#）、三黄土鸡、中装、西装鸡、乌鸡等产品。

本公司热忱欢迎与您展开业务合作！

联系人：曾子东
15315739799
15314183699
电话：0635-7519999
地址：山东省聊城市莘县莘亭镇曹楼村　邮编：252411

## 潍坊中昊粮油食品有限公司

潍坊中昊粮油食品有限公司成立于2007年。

主要从事于粮油、面粉、专用粉的生产与销售。

我们真诚希望与您建立良好的战略合作伙伴关系，以我们专业的水平，合理的价格，优质的服务成为您最佳的合作伙伴。

联系人：吴中军
电话：0536-7281877
地址：山东省潍坊市寒亭区民主街317号　邮编：261041

## 山东莘县利群食品有限公司

山东莘县利群食品有限公司始建于2005年，是以肉类加工为主业，集收购、加工、销售为一体的私营企业，主要生产羊肉、鸡肉系列产品。

公司建立了科学完善的肉类卫生质量管理体系，快捷的交货和售后服务得到了广大客户的好评。"质量第一，信誉至上"是公司生存与发展的根本，打造"一流的生态品牌，走绿色食品路"是公司的追求。开拓进取的"山东莘县利群食品有限公司"，欢迎国内外客商光临指导，共创未来。

联系人：闫根群
电话：0635-7718299　13561257788
地址：山东省聊城市莘县朝城镇顺河街93号　邮编：252423

## 夏津县润超油脂有限公司

夏津县润超油脂有限公司是一家专业从事精装散装棉籽油、棉粕、短绒、棉皮、加工、销售的企业。

公司全体员工热忱欢迎各界朋友前来参观、考察、洽谈业务。

联系人：贾荣全　13905346798
电话：0534-2197958　3582399
邮编：253219
地址：山东省德州市夏津县宋楼镇西屯工业园区

## 台儿庄区利民商贸中心

台儿庄区利民商贸中心成立于2005年，本中心主要经营副食、酒水批发、零售。台儿庄区利民商贸中心本着"客户第一，诚信至上"的原则，与多家企业建立了长期的合作关系。热忱欢迎各界朋友前来参观、考察、洽谈业务。

联系人：闫吉民
电话：0632-6601119 6617438　传真：0632-6617438
地址：山东省枣庄市台儿庄区驻地　邮编：277400

## 谢记冷冻鸡鸭产品批发部

谢记冷冻鸡鸭产品批发部成立于2004年，本批发部主要经营冷冻鸡鸭产品批发。本公司秉承"顾客至上，锐意进取"的经营理念，坚持"客户第一"的原则为广大客户提供优质的服务。欢迎广大客户惠顾！

联系人：谢业所
电话：0534-2424598　13205348999　13791335318
地址：山东省德州市黑马农贸市场水产冷库区7号
邮编：253000

## 泰华食品有限公司

网址：www.taihuafood.com

泰华食品有限公司成立于2000年，以加工出口速冻果蔬为主，目前生产经营的速冻、保鲜果蔬品种有30多个，包括菠菜、青豆、草莓、青刀豆、甜玉米、胡萝卜、菜花等，主要出口欧洲、韩国、东南亚、美洲、阿拉伯等国家和地区。

近年来，遵循"公司+基地+标准化"生产管理模式，走上规模化、集约化发展之路，现有标准化生产基地1.5万亩。公司董事长刘效仁先生、总经理郑华女士秉承"诚信共荣、和谐发展"的经营理念，愿与海内外客商真诚合作，携手发展！

联系人：刘效仁
电话：0536-2322541　2323691　2897289
传真：0536-2897289
邮编：261500
地址：山东省高密市人民大街东首

## 兖州市利尔康食品有限公司

兖州市利尔康食品有限公司成立于2007年12月。
以生产加工生、熟肉制品为主。
公司产品质量可靠、价格优惠。
欢迎各广大客户来电垂询。

联系人：沈丰坤　电话：0537-3962528
地址：山东省兖州市中御桥北路40号　邮编：272100

## 天成宏利食品有限公司

本公司创建于1981年，是以蔬菜种植、研发、销售于一体的农副产品加工出口龙头企业及省农业产业化重点龙头企业。主打系列产品有康润元牌特色水饺、汤圆、粽子等。

公司将继续坚持"求实、创新、团结、奉献"的企业精神，贯彻"品高质优赢宾客"，欢迎来电洽谈业务！

联系人：秦斐昌
电话：13906465813 0536-5196296　http://www.tianchengfood.cn/
地址：山东省寿光市金光街　传真：0536-5109909　邮编：262700

## 鱼台县居春精米加工厂

鱼台县居春精米加工厂成立于1991年，本厂主要经营大米，大米加工及圣塞牌精米的销售。鱼台人将继续坚持"质量第一，诚信为本"的基本原则，竭诚欢迎新老用户前来考察，洽谈业务。

联系人：李居春
电话：0537-6202176　13953766368　邮编：272000
地址：山东省济宁市鱼台县谷亭镇双韩村

## 河南省/Henan Province

**河南省安阳县康力面粉厂**
地址：河南省安阳市安阳县白璧镇梁固路南
负责人：李凤生
Tel：0372－2630139
13569039637

**安阳县三和面粉厂**
地址：河南省安阳市安阳县曲沟镇武旺村
负责人：马三志
Tel：0372－5688673

**红旗面粉厂**
地址：河南省安阳市滑县老店乡马兰集
负责人：张福兵
Tel：0372－8349237

### 国隆食品有限公司
业务：国隆食品有限公司成产于2001年，位于郑州市航海路华中食品城。本公司是省级总代理商，代理：洽洽、顶好、福马、旺旺、卡都九州等凉果系列。
地址：河南省郑州市航海路华中食品城52台3号4号29号
邮　编：450005
法　人：陈梅英
Tel：0371－68750583
68741886
Fax：0371－68750380
网址：www.zzgl.chinapyp.com

**安阳市万泉湖饮业商贸有限公司**
地址：河南省安阳市临淇镇石门寺万泉湖景区
负责人：闫进才
Tel：0372－6739688
13938682128

**面粉厂**
地址：河南省安阳市文峰区宝莲寺镇黎元村
负责人：卫文海
Tel：0372－2743610
13513729509

**鑫源面粉厂**
地址：河南省焦作孟州市南庄镇南庄一村
负责人：武松林
Tel：0391－8592136
13938131068

### 河南省丰盛粮油食品有限公司
业务：河南省丰盛粮油食品有限公司成立于1997年，主要从事面粉、挂面的加工与销售。“质量可靠，价格合理”，热诚欢迎您的光临与惠顾！
地址：河南省驻马店市西平县宋集乡宋集街
负责人：余明胜……邮　编：463943
法　人：范坤志
Tel：0396－6388339
Fax：0396－6388339
网址：www.fsjt.net
E-mail：fslyjt@yahoo.com.cn

**焦作市洋江食品有限公司**
地址：河南省焦作市博爱县清化镇中山路15号
负责人：杨海江
Tel：0391－8683483

**焦作市拓海酒业商行**
地址：河南省焦作市解放区和平西街5—11号（大杨树商业街东段）
负责人：王海
Tel：0391－2929977

**河南天香面业有限公司**
地址：河南省焦作市温县人民大街
负责人：李强
Tel：0391－6199789

### 河南省濮阳县隆祥饴糖股份有限公司
业务：河南省濮阳县隆祥饴糖股份有限公司成立于2002年，主要从事高麦芽糖浆、啤酒专用糖浆、玉米淀粉及副产品（玉米纤维、玉米胚芽、玉米蛋白）等。
地址：河南省濮阳市濮阳县两门镇开发区
邮　编：457184
法　人：李富磊
Tel：0393－3806760
Fax：0393－3806696

**开封市纪涛米厂**
地址：河南省开封市开封县杜良乡米寨村
负责人：孙广伟
Tel：0378－6628345

**河南开封天天米业有限责任公司**
地址：河南省开封市开封县开封县杜良乡开发区
负责人：张进
Tel：0378－6628888

### 河南省永城市春原面粉有限公司
业务：河南省永城市春原面粉有限公司成立于2001年，现有员工100余人，从事面粉加工及销售。欢迎全国各地厂家，经销商前来洽谈。
地址：河南省永城市永富路向东500米
邮　编：476600
法　人：马井标
Tel：0370－5266594
Fax：0370－5266594

### 鑫盛源食品厂
业务：水果糖、奶糖等中高档糖果生产
地址：河南省濮阳市濮阳县海通乡沙窝村
负责人：张银书　邮　编：457182
法　人：张银书
Tel：13849319259
15839325169

**西姜砦经纬面粉厂**
地址：河南省开封市开封县西砦乡苏岗村
负责人：张景武
Tel：0378－6731666
13949436287

**通许县竖岗乡红星面粉厂**
地址：河南省开封市通许县竖岗镇裴庄村
负责人：张全亮
Tel：0378－4221368
13569520540

### 潢川县明业食品有限责任公司
业务：米粉加工销售
地址：河南省信阳市潢川县魏岗乡经济开发区
负责人：李明……邮　编：465117
Tel：0376－5749235

**洛阳健喜食品有限公司**
地址：河南省洛阳市廛河回族区下园路1号
负责人：方喜民
Tel：0379－63582109

**洛阳市银达水产品有限公司**
地址：河南省洛阳市老城区中原农贸城海鲜区27号
负责人：王秋娟
Tel：0379－63581111

### 洛阳宫廷居食品有限公司
业务：我公司成立于2005年6月，主要经营酱菜、韩国泡菜、火锅底料，我公司坚持以”一流的服务品质、一流的产品质量“的经营宗旨，竭诚为广大客户服务。
地址：河南省洛阳市西工区定鼎南路华源财富广场7－2－1404号
负责人：史瑞贞……邮　编：471000
Tel：0379－62857816

**伊川县永康面粉厂**
地址：河南省洛阳市伊川县江左乡上王村
负责人：仝留康
Tel：0379－68590003

**福州豪峰食品有限公司临颍分公司**
地址：河南省漯河市临颍县铁西工业园
负责人：刘国建
Tel：0395－8889598
13783955378

### 洛阳市柿王醋业有限公司
业务：洛阳市柿王醋业有限公司主要生产销售柿子醋，柿子醋饮料，柿叶茶等。质量保证，价格合理，热诚欢迎各方客户光临惠顾。
地址：河南省栾川县白土乡马超营
邮　编：471544
法　人：周敏生
Tel：0379－66719219
Fax：0379－66718219

**方城县城关龙泉食品厂**
地址：河南省南阳市方城县南环路下货台67号
负责人：袁天德
Tel：13137783952

**金橄榄植物油有限公司**
地址：河南省南阳市南阳市中州西段
负责人：王东良
Tel：13837779798

**永兴面粉厂**
地址：河南省南阳市社旗县兴隆镇街
负责人：祁士平
负责人：0377－67753889
13938985314

### 内黄县昌盛花生购销有限责任公司
业务：内黄县昌盛花生购销有限责任公司成立于2002年8月，主要经营花生果、花生米、尖椒、大蒜等。欢迎新老客户惠顾。
地址：河南省安阳市内黄县城关镇南长固村
邮　编：456300
法　人：崔水堂
Tel：0372－7766661
Fax：0372－7766607

**南阳市宛城区红泥湾锦骠面粉厂**
地址：河南省南阳市宛城区红泥湾镇老街29号
负责人：申长知
Tel：13949397514

**东诚食品有限公司**
地址：河南省南阳市西峡县双龙镇双龙街
负责人：张永山
Tel：13503875163

### 郑州市劲松食品有限公司
业务：休闲小食品
地址：河南省郑州市管城区小湖村
负责人：毛劲松　邮　编：450000
法　人：毛劲松
Tel：0371－62385212
62385213

### 平舆县平皇精制小磨油厂
业务：本厂始建于1988年，是专业生产“平皇”牌小磨油的厂家。产品鲜艳透明，回味悠长，在河南驻马店地区评为名特产品。热忱欢迎您的光临与惠顾！
地址：河南省驻马店市平舆县东皇庙乡邓桥
负责人：邓运科……邮　编：463400
法　人：邓运科
Tel：0396－5393028

**南阳市宛城区方园肉类联合加工厂**
地址：河南省南阳市仲景北路（净土庵村委会边）
负责人：赵正华
Tel：0377－63283068

**宏福食品厂**
地址：河南省宁陵县南京路中段代庄村1号
负责人：黄宝健
Tel：13592313885

### 濮阳市万民糖酒有限公司
业务：经营：糖酒及农产品、主要：豆制品（腐竹）生产销售
地址：河南濮阳市京开大道南段71号
邮　编：457000
法　人：张俊锋
Tel：0372－7951198

**九七面粉厂**
地址：河南省平顶山市郏县龙山大道中段
负责人：李辉杰
Tel：0375－5163509
13503750827

**万源茂红酒酿造厂**
地址：河南省濮阳市濮阳县清河头乡东村
负责人：王相杰
Tel：0393－3504383
13839399983

### 濮阳县两门诚新源食品厂
业务：濮阳县两门诚新源食品厂成立于2002年，位于河南省濮阳，西临哈深高速，东临106国道，交通便利，主要生产各种糖果（硬糖、奶糖、水果糖、酥糖），本厂以诚信创新为本，以诚新源为主品商标，产品以优质，物美，价廉，供货快捷，欢迎新老客户前来洽谈业务。
地址：河南省濮阳市濮阳县两门镇姚家村
邮　编：457184
法　人：张永生
Tel：0393－3806797
Fax：0393－3806212

**河南清丰县瓦屋头镇新世纪面粉厂**
地址：河南省濮阳市清丰县瓦屋头镇四公司开发区路北
负责人：董冠杰
Tel：0393－7762518
13703832307

**振华香油厂**
地址：河南省三门峡市渑池县海路北街76号
负责人：陈振华
Tel：0398－4815557
13939802988

### 杞县兰英酱菜厂
业务：杞县兰英酱菜厂主要生产各种酱菜，杞县特产，川中辣酱。我厂以“质量求生存、信誉求发展”，欢迎广大用户光临惠顾。
地址：河南省开封市杞县城关镇北惠路118号
负责人：程向阳……邮　编：475200
法　人：杨兰英
Tel：0378－8960187
8955860
网址：www.mtw27869.chinapyp.com

**民权运通葡萄酒业有限公司**
地址：河南省商丘市民权县城关镇断堤头村
负责人：李法起
Tel：0370－8588111

**永发糕点加工厂**
地址：河南省商丘市睢县榆厢乡榆厢村
负责人：申金魁
Tel：0370－8450023
13598309786

### 郑州市惠济区长兴食品厂
业务：食品加工及销售
产品：休闲、麻辣小食品
地址：河南省郑州市惠济区综合投资区
负责人：张华　邮　编：450003
法　人：张华
Tel：13014567165
0371－68221949

**柘城县华汇食品有限公司**
地址：河南省商丘市柘城县起台镇北街
负责人：李心杰
Tel：0370－7491018

**永健谷朊粉有限公司**
地址：河南省项城市城郊乡老君庙村
负责人：任永生
Tel：0394－4263878
4206998
13903877511

### 强身宝食品饮料有限公司
业务：我公司是一家集产品开发、生产、销售于一体的专业饮料公司，主要生产强身宝饮料、强身宝纯净水、茗阳啤酒。热诚欢迎有志之士与我公司联系业务，共创大业。
地址：河南省信阳南湾强身宝食品饮料有限公司供应部
邮　编：464000
法　人：赵杰
Tel：0376－6884802
Fax：0376－6884802

**舒尔康山楂系列食品厂**
地址：河南省新乡市获嘉县中和镇东街
负责人：史玉明
Tel：0373－4895689
13938707458

**康源食品饮料厂**
地址：河南省新郑市新兴一巷22号
负责人：张保建
Tel：13803856816

### 清真寺调味品厂
业务：清真寺调味品厂成立于2004年，主要生产麻辣十八鲜、包子饺子料、炖汤料、炖鱼料、炖排骨料、火锅底料、凉拌料、烧烤料、糊辣汤料、胡椒粉、孜然粉、花椒粉、辣椒粉等调味品。热诚欢迎新老客户惠顾。
地址：河南省驻马店市平舆县庙湾镇
邮　编：463400
法　人：辛宝山
Tel：0396－5364980

**利民面粉厂**
地址：河南省信阳市息县包信镇街村
负责人：李靖
Tel：13937684999

### 汝州市福利淀粉厂
业务：汝州市福利淀粉厂成立于1995年，主要从事玉米淀粉的生产与销售。我厂一直以质量求生存，以服务求发展，坚持“客户第一、信誉无价、服务至上”的经营理念，客户的需求是我们不懈的永久追求！欢迎广大客户朋友光临指导，共同发展！
地址：河南省汝州市东环路造纸厂院内
负责人：付显义……邮　编：467500
法　人：付显义
Tel：0375－6898539

**鑫业特种润滑油脂厂**
地址：河南省兴濮阳市范县辛庄乡张桥村
负责人：张友运
Tel：0393－5898148
13603432826

**巩义市伊麦食品有限公司**
地址：河南省郑州市巩义市人民路105号
负责人：张红喜
Tel：0371－64355188

### 瑞丰小麦淀粉有限公司
业务：濮阳县瑞丰小麦淀粉有限公司成立于2000年，是一家以小麦深加工为主的龙头企业。主要产品有小麦面粉、小麦淀粉、小麦谷朊粉、麸皮、次粉等。热诚欢迎广大新老客户光临惠顾。
地址：河南省濮阳市濮阳县两门村西环中路
邮　编：457000
法　人：田平朝
Tel：0393－3806263
Fax：0393－3806597

**国隆食品有限公司**
地址：河南省郑州市万客来食品城西二楼43号45号
负责人：陈梅英
Tel：13603711877

**新郑中冠外加剂有限公司**
地址：河南省郑州市新郑市辛店镇辛店村西侧
负责人：李锁定
Tel：0371－62521776

**郑州荥阳万山乳业有限公司**
地址：河南省郑州市荥阳市广武镇董庄
负责人：杨长安
Tel：0371－64818009

**上蔡县银丰面粉粮油有限公司**
业务：上蔡县银丰面粉粮油有限公司成立于2005年，主要从事面粉的加工，粮油购销。"质量保证，价格合理"，热诚欢迎新老客户光临惠顾！
地址：河南省驻马店市上蔡县韩寨乡韩寨集南
负责人：郭银合……邮　编：463800
法　人：郭银合
Tel：0396－6465888

**贵人葡萄酒厂**
地址：河南省郑州市中牟县白沙镇白沙村（310国道南）
负责人：闫书杰
Tel：0371－62362000 13503814965

**中牟县诚信面粉有限公司**
地址：河南省郑州市中牟县刘集乡工业园区
负责人：闫庆林
Tel：0371－62391086

**台前县山峰清真食品有限公司**
业务：本公司成立于2004年，拥有40多名员工，主要经营牛、羊肉分割、加工、销售、冷藏。
地址：河南省濮阳市台前县打渔陈乡王堂村
邮　编：457600
法　人：李太峰
Tel：0393－2677068

**郑州市磨之都调味食品有限公司**
业务：本公司成立于2006年，主要生产销售香油（芝麻油，芝麻酱，食用油，调味品）。以质量求生存，以信誉求发展。热忱欢迎新老客户来电洽谈业务！
地址：河南省郑州市惠济区清华园路中段281号
负责人：张庆永……邮　编：450044
法　人：张庆永
Tel：0371－63783288

**郑州金龙食品有限公司**
地址：河南省郑州市中原区天下路10号
负责人：谭金霞
Tel：0371－66545971

**郑州市中原区须水镇邓记叫化鸡店**
业务：郑州市中原区须水镇邓记叫化鸡店主要从事餐饮类，本店叫化鸡、五香猪蹄口感美，质量上乘，热诚欢迎广大新老客户光临惠顾。
地址：河南省郑州市中原区郑上路与西四环交叉口南200米路东
邮　编：450000
法　人：邓胜利
Tel：0371－67810996
Fax：0371－67810996

**红卫红枣果品加工厂**
地址：河南省郑州新郑市孟庄镇南常口村
负责人：常永杰
Tel：0371－66622777
13803714878

**息县穗丰粮食制品有限责任公司**
业务：本公司成立于1996年，主要从事面粉系列加工。以质量求生存、以信誉求发展，竭诚欢迎新老客户光临、惠顾！
地址：河南省市息县煤建路28号
负责人：张春林……邮　编：464300
法　人：张春林
Tel：0376－5851375

**丁集双麦挂面厂**
地址：河南省周口项城市丁集镇南街
负责人：王志东
Tel：0394－4362482
13939496845

**偃师市钦明油脂食品有限公司**
业务：偃师市钦明油脂食品有限公司成立于1995年占地30亩，各类专业技术人员25人，技术力量雄厚，质量检测设备齐全，生产全流程监控，内部管理制度严格。年产优质小磨香油3500吨，产品三十余个品种，覆盖全国深受广大客户好评。
地址：河南省偃师市首阳山镇市场
负责人：付钦明……邮　编：471943
法　人：付钦明
Tel：0379－67551294
Fax：0379－67551294
网址：www.lyqinming.com
E-mail：lyqinming@126.com

**郑州华豫面业有限公司**
业务：郑州华豫面业有限公司座落在郑州市新郑市龙王，创建于2005年，主要业务是加工面粉，欢迎广大新老客户来电垂询！
地址：河南省郑州市新郑市龙王乡龙王村
邮　编：451100
法　人：王铁炉
Tel：0371－62544086
Mobile：13503824536
Fax：0371－62544086
网址：www.zzhy.chinapyp.com

**金鑫梅食品饮料厂**
地址：河南省驻马店市上蔡县县城西环路中段271号
负责人：訾红军
Tel：0396－6923418
13603806912

**任店镇宏盛面粉厂**
地址：河南省驻马店市确山县任店镇任店街供销社院内
负责人：连新保
Tel：0396－7262088
13603494212

**郑州源醇商贸有限公司**
业务：白酒，红酒代理
地址：河南省郑州市郑东新区庐山路东渭水二路北（鑫苑中央花园）3幢10层22号
负责人：尹召翼　邮　编：450000
法　人：尹召翼
Tel：0371－69195089
网址：www.ycsm.com

**永城市善忠粮食购销有限公司**
业务：永城市善忠粮食购销有限公司成立于2004年，专业从事粮食的收购、销售，欢迎新老客户光临惠顾。
地址：河南省商丘市永城市演集镇311国道汇龙水泥厂对门
负责人：李善忠……邮　编：476600
法　人：李善忠
Mobile：13803971096

**正阳县慎东食品有限公司**
地址：河南省驻马店市正阳县慎水乡
负责人：刘建军
Tel：0396－8910489
13503963298

**河南大森林面业有限公司**

本公司成立于2005年4月，主要经营面粉制品仓储、物流。

我们秉承诚信团结的服务宗旨，热情的为您提供优质的服务。

联系人：王丙申
13673951288
电话：0394－2486799
邮编：466000
地址：河南省西华县奉北工业区

**河南省新郑市新星枣业有限公司**

网址：www.zzksy.com.cn

集红枣种植、加工和销售于一体，专业从事红枣加工销售，研制开发了五大系列，六十多个品种。产品都经过多道加工工序，精致加工，包装精美，营养丰富，致力与打造河南省红枣加工产业的龙头地位。

联系人：马桂武
13503852002
电话：0371－62468876　62466592　传真：0371－62466592
地址：河南省新郑市新郑国际机场开发区孟庄镇　邮编：451161

**红旗面粉厂**

红旗面粉厂成立30多年来，一直从事面粉加工及销售。

我们秉承"顾客至上，锐意进取"的经营理念，坚持"客户第一"的原则为广大客户提供优质的服务。欢迎广大客户惠顾！

联系人：耿峰涛
电话：0372－8349237
地址：河南省安阳市滑县老店乡马兰集　邮编：456480

**安阳市永振大豆功能因子有限公司**

本公司成立于2007年。

主要经营大豆、玉米、小麦的加工，主要产品有大豆色拉油、大豆粕、大豆纤维、大豆高蛋白、大豆皂甙、大豆异黄酮、大豆核酸、大豆低聚糖、系列夹馅方便面、葡萄糖针剂、药品和淀粉。

我公司将以"质量第一，信誉第一，服务第一"为宗旨，打造创办一个有特色、有活力的企业。

联系人：王永振
13525824098　13526198895
电话：0372－2522153　传真：0372－2133331
地址：河南省安阳市高新区长江大道西段北侧　邮编：455000

**濮阳市伍钰泉面业集团有限公司**

濮阳市伍钰泉面业集团成立于2004年，本集团是一个由4家民营股份制面业和食品有限公司组成的大型粮食加工企业，本公司专业从事面粉生产经营。

公司坚持"诚信经营，质量至上，健康人类"的宗旨和"经营的是品质，销售的是信誉"的理念，不断提高产品质量和服务水平，受到广大消费者的一致好评。欢迎各界朋友到公司参观、考察，诚邀商界同仁加盟伍钰泉，共铸辉煌。热情欢迎国内外经营者及用户各界人士光临惠顾、真诚合作。

联系人：谢克让
电话：0393－7563555　7200333
传真：0393－7563555
地址：河南省濮阳市清丰县人民路工业园区
网址：www.pywyq.com
电子邮件：pyqfwyq@tom.com
邮编：457000

**好想你枣业股份有限公司**

好想你枣业股份有限公司创建于1993年，是一家集红枣科技示范种植、冷藏保鲜、科研开发、规模加工、出口贸易、文化生态旅游为一体的综合型加工企业。产品有鸡心人参枣、去核鸡心枣、好想你枣片、香枣、枣生果、红枣粉、红枣神茶、新郑红酒等。公司的经营理念是诚信、认真、积极，以科技创新、开发新品、追求持续发展，满足顾客需求为方针。

本公司诚邀各界有志之士，携手合作，共铸新的辉煌。

电话：0371－62489198　网址：www.haoxiangni.cn
传真：0371－62489189　邮编：451161
地址：河南省郑州市新郑市国际机场工业区
联系人：张五须

**濮阳县海通乡兄弟食品厂**

濮阳县海通乡兄弟食品厂创办于2003年，主要从事海丝素鸡、海丝素肉、韩式素鸡等熟食类食品的生产销售。

厂子发展到今天也离不开这么多年客户的不离不弃，风雨同舟、"精诚所至，金石为开"，我们将始终不渝的贯彻手握手的承诺、心贴心的服务精神，恪守诚实待人，严格律己的原则，结交更多的朋友。热忱欢迎各界朋友与我们共同谋求财富之路，铸就辉煌人生！

联系人：任增善
电话：0393－3806159　13949740583
地址：河南省濮阳市濮阳县海通乡沙窝村　邮编：457182

## 濮阳县隆祥饴糖有限公司

公司现有日产饴糖120吨和日产玉米淀粉100吨的生产线各一条，主要产品有：饴糖（高麦芽糖浆、冷饮专用糖浆、液体葡萄糖）和玉米淀粉；副产品有：玉米纤维、胚芽、蛋白粉。产品质量均达到国家标准（GB/T8885-1988）和中华人民共和国轻工部行业标准（QB/T2347-97）。饴糖和玉米淀粉并双双获得河南省质量技术监督局颁发的食品生产许可证（即QS证）。

电话：0393-3806760 13703837016 联系人：李富磊
地址：河南省濮阳市濮阳县两门镇东路北 邮编：457000

## 上蔡县源丰面粉有限责任公司

上蔡县源丰面粉有限责任公司成立于2005年，专业从事小麦粉加工销售。公司已获得食品生产许可证，公司设备先进，有专业的生产线。

我们秉承“信誉为本，质量服务并重”的经营理念，欢迎新老客户惠顾！

联系人：夏军伟 13938343301
电话：0396-6577008
邮编：463800
地址：河南省驻马店市上蔡县百尺集

## 濮阳县清河头乡龙源粉条厂

濮阳县清河头乡龙源粉条厂创办于2003年。

主要从事龙源牌粉条产品的生产销售。

联系人：凡向领 13839360021 13633938640
地址：河南省濮阳市濮阳县清河头乡鲁五星村 邮编：457170

## 沈丘恒裕贸易有限公司

沈丘恒裕贸易有限公司成立于2001年，主要从事黄白芝麻的加工与销售。“以质量求生存，以信誉求发展”，竭诚欢迎您的光临与惠顾！

联系人：张健
电话：0394-5525098 13608610988
地址：河南省周口市沈丘县李老庄乡南张楼村 邮编：466000

## 濮阳县庆祖镇濮大粮油商行

主要以销售食用油为主。
质量可靠，价格合理。
欢迎广大新老客户光临、惠顾。

联系人：孟东岭
电话：0393-3971117 13781319188
地址：河南省濮阳市贸易路66号 邮编：457181

## 喜波面业农民专业合作社

原阳县喜波面业农民专业合作社成立于2007年，专业从事面粉加工、生产和销售。

我合作社将以最好的产品和服务来回馈广大客户的支持与厚爱，欢迎来电洽谈，来料加工！

联系人：娄茂盛
电话/传真：0373-7521371 手机：13569882326
地址：河南省新乡市原阳县葛埠口乡葛庄村 邮编：453000

## 汝阳杜康酒宗酒业有限公司

是专业生产与销售汝阳杜康酒的白酒生产企业。
公司本着服务客户，客户盈利的宗旨。
竭诚希望与更多有识之士合作，共创美好未来！

电话：0379-68117188
联系人：王柏群
地址：河南省洛阳市汝阳县蔡店乡杜康村 邮编：471241

## 张店乡顺和面粉厂

张店乡顺和面粉厂成立于2000年，主要从事加工面粉，主要产品有：馒头粉、特一粉、上白粉、标准粉、二粉、鱼粉、夫皮。

本厂秉承“顾客至上，锐意进取”的经营理念，坚持“客户第一”的原则为广大客户提供优质的服务。欢迎广大客户惠顾！

联系人：崔平
电话：0375-5090839 13721876840
邮编：467300
地址：河南省平顶山市鲁山县张店乡申庄村新公安局对面

## 商丘市广益食品有限公司

商丘市广益食品有限公司成立于2007年，本公司专业从事果蔬食品的出口。广益食品公司以雄厚的实力、合理的价格、优良的服务与多家企业建立了长期的合作关系。

热忱欢迎各界前来参观、考察、洽谈业务。

联系人：赵民强
电话：13592331697 0370-3801488
地址：河南省商丘市睢阳区坞墙乡李油坊村 邮编：476000

## 张弓酒业有限公司

张弓酒业公司是以生产“张弓”品牌优质酒为主的白酒生产企业，为中国著名酿酒企业。张弓酒始于商，兴于汉，盛于今，具有悠久的历史渊源和丰富的文化内涵。

联系人：魏经仁 13803701606
电话：0370-7608888 7609999 7602200
地址：河南省宁陵县张弓镇 邮编：476700

## 湖北省/Hubei Province

**大冶市真有味食品有限公司**
地址：湖北省大冶市陈贵镇陈贵村
……负责人：熊定伟
……Tel：13707236656

**诚灵果品经营部**
业务：诚灵果品经营部自成立以来，以"诚信为本，客户至上"的经营宗旨，以一流的产品质量，及时的信息沟通，赢得了广大客商及贸易公司的好评，公司为多个大型超市提供干果及鲜果，质优价廉倍受广大客户的喜欢。
地址：湖北武汉市洪山区（余家湖）沙湖果品批发市场西区特3号
……邮　编：430060
……法　人：陈叔林
……Tel：027－87258735
……Fax：027－87258752

**友联酒业有限责任公司**
地址：湖北省大冶市城西路139号
……负责人：曹秋莲
……Tel：13907237813

**鄂州市三江春天然食品研究所**
地址：湖北省鄂州市临江乡临江村
……负责人：张云堂
……Tel：13995818989

**湖北花果山工贸有限公司**
地址：湖北省恩施建始县业州镇人民大道59号
……负责人：赵西选
……Tel：13329838666

**崇阳县冰丰食品有限公司**
业务：崇阳县冰丰食品有限公司成立于1992年，从事雪糕、冰淇淋、棒棒冰的生产及销售。欢迎新老客户光临。
地址：湖北省咸宁市崇阳县青山镇团头咀工业区16号
……邮　编：437500
……法　人：骆子成
……Tel：0715－3686439
……Fax：0715－3686998

**石牌湖食品有限公司**
地址：湖北省恩施市建始县三里乡石牌村一组
……负责人：胡长斌
……负责人：0718－3655450
13971871041

**双龙粮油有限公司**
地址：湖北省高安市高安大道588号1－03室
……负责人：朱光明
……Tel：0795－5282588
13907950858

**黄梅总经销陈敏副食批发部**
地址：湖北省黄冈市黄梅县黄梅镇人民大道民营街口斜对面
……负责人：陈敏
……Tel：0713－3327131
13397250669

**大悟县悟道茶叶有限责任公司**
业务：我公司成立于2003年，我公司集茶叶种植与茶叶技术传授服务为一体，主要从事茶叶、茶机械、茶农药、茶系列产品的生产与销售。
地址：湖北省孝感市大悟县城关镇兴华路
……负责人：谈汉波……邮　编：432800
……Tel：0712－7236766
……Fax：0712－7210470

**佑成食品有限责任公司**
地址：湖北省黄冈市黄州大道5号
……负责人：王勇
……Tel：0713－8697682
13995932019

**湖北省龙感湖天丰粮油购销有限公司**
地址：湖北省黄冈市龙感湖长青西路
……负责人：王剑峰
……Tel：13907255299

**大冶市罗桥顺安调味品厂**
业务：大冶市罗桥顺安调味品厂成立于2004年，主要生产销售"顺安"牌粉丝，"阳逻大桥"牌味精和蒸肉米粉，生粉等。质量第一，价格合理，欢迎各方客户惠顾。
地址：湖北省大冶市罗桥大道6号
……邮　编：435100
……法　人：李顺安
……Tel：0714－6259617
8755138
……Fax：0714－6259617

**华夏商贸有限责任公司**
地址：湖北省黄冈市蕲春县漕河镇蕲阳中路232号
……负责人：夏雄兵
……Tel：0713－7221533
13307254489

**蓝天豆制品厂**
地址：湖北省黄冈武穴市（第二看守所内）
……负责人：郭和望
……Tel：13971718748

**公安县银祥棉贸有限公司**
业务：本公司成立于2003年，主要从事棉花收购、加工。以质量求生存、以信誉求发展，竭诚欢迎新老客户来电洽谈业务！
地址：湖北省公安县斗湖堤
……负责人：张发练……邮　编：434300
……法　人：张发练
……Tel：0716－5230599
5231599

**龙坪珍珠油厂**
地址：湖北省黄冈武穴市龙坪镇朱河村
……负责人：朱治民
……Tel：0713－6572689
13807251163

**上窑冯氏饼业中心**
地址：湖北省黄石市石灰窑区上窑街口冯氏饼业
……负责人：冯钢平
……Tel：0714－6247866
13971752668

**金虹食品厂**
地址：湖北省黄石市西塞山区花园路21号
……负责人：卫云龙
……Tel：0714－6331661
13995972662

**湖北楚都酒业有限公司**
业务：楚瓶贡系列白酒生产与销售。
地址：湖北省宜城市小河镇王旗营
……邮　编：441400
……法　人：王鹏
……Tel：0710－4335338
……Fax：0710－4335338

**青岛啤酒黄石有限公司**
地址：湖北省黄石市下陆区肖铺路8号
……负责人：柯尊交
……Tel：0714－6359625
13907237978

**沙洋县禾香米业有限公司**
地址：湖北省荆门市沙洋县毛李镇瞄集乡
……负责人：王卫东
……Tel：13085177075

**友联粮油加工厂**
地址：湖北省荆门市沙洋县五里镇友联村
……负责人：李维勋
……Tel：0724－2421676
13972886080

**湖北房陵南瓜食品有限公司**
业务：湖北房陵南瓜食品有限公司成立于2005年，主要从事南瓜食品的加工。产品质量、品牌声誉良好，深受客户的好评和信任！
地址：湖北省十堰市房县城关镇晓阳工业园区
……负责人：张国银……邮　编：442100
……Tel：0719－3106528

**宝龙啤酒有限公司**
地址：湖北省荆州市公安县杨家厂镇蓝天大道1号
……负责人：林晓敏
……Tel：0716－5393810
13972140068

**鲜盛高科技开发有限公司**
地址：湖北省荆州市江陵县郝穴镇
……负责人：廖圣坤
……Tel：0716－8404986
13972344273

**湖北老河口市莲花井米业有限责任公司**
业务：湖北老河口市莲花井米业有限责任公司主要从事大米的生产与加工。"质量上乘，价格合理"，热诚欢迎新老客户光临惠顾！
地址：湖北省襄樊市老河口市竹林桥镇三同碑
……负责人：田野……邮　编：441806
……Tel：0710－8641088

**香妹调味品厂**
地址：湖北省荆州市荆州区荆北村十三组
……负责人：张祥平
……Tel：13872220076

**精诚魔芋有限责任公司**
地址：湖北省利川市东城办事处杨柳
……负责人：刘光永
……Tel：0718－7230561
13135835151

**宝发面粉厂**
地址：湖北省十堰丹江口市迎宾桥
……负责人：王文华
……Tel：0719－5229587
13508672145

**湖北省孝感市文昌泉饮用纯净水厂**
业务：湖北省孝感市文昌泉饮用纯净水厂成立于2005年，主要从事纯净水的生产与销售。我们以"诚信为本、客户至上"的服务态度竭诚为您提供快捷、高效、安全的服务。
地址：湖北省孝感市城站路32号
……负责人：厉柏高……邮　编：432000
……法　人：厉柏高
……Tel：0712－2824864

**房县华盛豆制品加工厂**
地址：湖北省十堰市房县城关镇桃园村
……负责人：柯华
……Tel：13872827984

**天森食品有限公司**
地址：湖北省十堰市房县城关镇晓阳村工业园区
……负责人：王天森
……Tel：0719－3222889
13886824665

**湖北省应城市光明大市场畜禽水产批发部**
业务：批发各种淡水鱼类，及提供各种淡水鱼苗信息！欢迎进入本站 www.hbgm.chinapyp.com 联系电话 0712－3241022
地址：湖北省应城市光明大市场
……邮　编：432400
……法　人：周洪斌
……Tel：0712－3241022
……网址：www.hbgm.chinapyp.com

**金鹏展食品厂**
地址：湖北省随州市曾都区洪山镇食品工业区
……负责人：张国鹏　张天友
……Tel：13607284248

**武汉生花食品有限公司**
地址：湖北省武汉市蔡甸区永安街永安堡
……负责人：方景芬
……Tel：027－84877771

**湖北宜昌湘宜水产品有限公司**
业务：本公司成立于2004年，拥有400多名员工。主要经营水产品出口。二年以来，以卓越的品质，优质的服务，湘宜水产品有限公司在水产品业开创了一片新天地。
地址：湖北省宜昌枝江市安福寺镇工业园区
……邮　编：443211
……法　人：苏斌
……Tel：0717－4463388
……Fax：0717－4463388

**润田食品饮料有限公司**
地址：湖北省武汉市汉南区汉南大道
……负责人：廖郑森
……Tel：027－84759916
13986119301

**华联米粉加工厂**
地址：湖北省武汉市汉阳区铁桥村（陈家湾41号）
……负责人：覃正锋
……Tel：027－84614135
13871542375

**武汉市伟福食品有限责任公司**
地址：湖北省武汉市洪山区联盟路16号
……负责人：朱益明
……Tel：027－86555569

**火车站建华房县黄酒厂**
业务：火车站建华房县黄酒厂主要从事黄酒的生产与销售。我厂以其稳定的质量、上乘的包装、可靠的卫生保障深受消费者青睐！
地址：湖北省十堰市北京路刘家沟口1773信箱
……负责人：陈立华……邮　编：442000
……法　人：陈立华
……Tel：0719－8883117

**武汉华工食品有限责任公司**
地址：湖北省武汉市洪山区路瑜路1037号
……负责人：刘宏伟
……Tel：027－87557364

**新艾莉芬饮食发展有限公司**
地址：湖北省武汉市江岸区台北路188号
……负责人：徐国华
……Tel：027－2119948

**荆门市五三圆妮米业有限公司**
业务：荆门市五三圆妮米业有限公司成立于2003年，加工销售大米，产品远售全国各地，欢迎新老客户来电洽谈业务。
地址：湖北省荆门市汉宜公路易家岭
……负责人：邹国联……邮　编：448000
……法　人：邹国联
……Tel：0724－7496066
……网址：mtw25890

**武汉原萱食品有限公司**
地址：湖北省武汉市江汉区新华下路站北二村96号
……负责人：李映萱
……Tel：027－62208669

**武汉市江汉区环发副食调料批发部**
地址：湖北省武汉市江汉区沿河大道25号－1
……负责人：徐银环
……Tel：027－85701525

**南漳县王遵才榨油厂**
业务：湖北省南漳县王遵才榨油厂，位于襄樊市第一大镇武安镇绿色基地，是一家百年老作坊，主要生产、销售"芝麻油，花生油，菜籽油"并注册包装精制芝麻油
地址：湖北省襄樊市南漳县武安镇小洲子村37号

……………………………… 邮　编：441509
……………………………… 法　人：彭家波
……………………………… Tel：0710－5374359
……………… 网址：www.hbzc.chinapyp.com

**武汉味多美食品有限公司**
地址：湖北省武汉市乔口区宝庆三街 168 号
……………………………… 负责人：赵秀
……………………………… Tel：027－81949100

**武汉长生源养生用品有限公司**
地址：湖北省武汉市武昌区中南路鹏程时代 11 楼 12 号
……………………………… 负责人：夏露
……………………………… Tel：027－87821799

## 天门市楚天香酒业有限公司
业务：我公司成立于 1976 年，主要从事白酒的酿造与销售。我厂始终奉行“质量是企业生命”的宗旨，不断学习先进的生产技术和质量检测技术，产品深受消费者的青睐！
地址：湖北省（直辖）天门市拖市镇人民路 54 号
………… 负责人：虞响伟……邮　编：431700
……………………………… 法　人：虞响伟
……………………………… Tel：0728－4766119

**武穴市南泉粮油购销有限公司**
地址：湖北省武穴市梅川镇居杠
……………………………… 负责人：宋哲华
……………………………… Tel：13593687319

**武穴市两路粮油购销有限公司**
地址：湖北省武穴市梅川镇游墒
……………………………… 负责人：吴和国
……………………………… Tel：13508652628

**嘉鱼县振兴酒业饮品厂**
地址：湖北省咸宁市嘉鱼县潘湾镇头墩路 18 号
……………………………… 负责人：黄德华
……………………………… Tel：0715－6611061
13807241133

## 天门市杨场酱制品有限公司
业务：本公司成立于 1985 年，主要生产酱腌菜。产品有：香辣牛肉酱、珍珠牛肉酱、麻辣脆脆鲜、风味豆豉、红油豆瓣、八宝菜等。公司经过十几年的发展壮大，产品已远销全国各地，受到消费者的欢迎。
地址：湖北省天门市杨场新街 2 号
……………………………… 邮　编：431700
……………………………… 法　人：潘杨荣
……………………………… Tel：0728－4791888
……………………………… Fax：0728－4791188

**从军油脂厂**
地址：湖北省襄樊老河口市仙人渡镇汉十路 12 号
……………………………… 负责人：李从军
……………………………… Tel：13507272808

**樊城欣盛粮油加工厂**
地址：湖北省襄樊市牛首镇竹条樊城欣盛粮油加工厂
……………………………… 负责人：熊解忠
……………………………… Tel：13886256169

## 团风鸿鹄粮油有限公司
业务：团风鸿鹄粮油有限公司成立于 2007 年，从事农副产品加工销售，有大米，小麦，食用油等，热忱欢迎新老客户来电洽谈业务！
地址：湖北省黄冈市团风县总路咀镇粮管所内
………… 负责人：郑加明……邮　编：438800
……………………………… 法　人：郑加明
……………………………… Tel：0713－6052518

**永信面粉厂**
地址：湖北省襄樊枣阳市兴隆镇
……………………………… 负责人：王信保
……………………………… Tel：0710－6653340
13972059509

## 襄樊富发兴调味品有限公司
业务：我公司成立于 1998 年 10 月，主要经营食品原料，调味品干杂等。销售对象面向襄樊市辖区各县市乡镇，十堰和荆州部分地区。农贸市场，超市和副食店均属我公司的固定客户。
地址：湖北省襄樊市长虹北路长虹干菜城 D 区 16 号
………… 负责人：刘曙成……邮　编：441017
……………………………… Tel：0710－3344573
3070458
……………………………… Mobile：13797639189
………… 网址：www.mtw30619.chinapyp.com

**新华饮料厂**
地址：湖北省孝感市孝昌县花园镇 107 国道边
……………………………… 负责人：宋汉民
……………………………… Tel：0712－4763570
13972659548

**楚利麻糖食品厂**
地址：湖北省孝感市孝南区卧龙乡八埠口村
……………………………… 负责人：李小平
……………………………… Tel：0712－2347830
13508690072

## 枣阳市银鑫米面加工厂
业务：枣阳市银鑫米面加工厂成立于 2000 年，主要从事面粉加工、销售。产品无公害、无污染，是您生活的首选。
地址：湖北省襄樊市枣阳市平林镇
……………………………… 邮　编：441200
……………………………… 法　人：涂清文
……………………………… Tel：0710－6751888
……………………………… Fax：0710－6751809

**国庆麻糖食品厂**
地址：湖北省孝感市孝南区卧龙乡八埠口特 9 号
……………………………… 负责人：张国庆
……………………………… Tel：0712－2347532
13972660118

## 孝昌县陡山粮食购销公司
业务：陡山粮食购销公司成立于 1993 年 6 月，占地面积 2000 平方米.员工 50 人，技术人员 10 人，固定资产 1100 万元，流动资金 1500 万元，生产设备日产 100 吨的大型联合碾米机及附属设备一套.年生产能力 10000 吨.年产值 5000 万.利税 30 万元.建立了 3 万亩绿色食品原料生产基地.
地址：湖北省孝昌县陡山国道口街 1 号
………… 负责人：段大飞……邮　编：432912
……………………………… 法　人：段大飞
……………………………… Tel：0712－4878327

**珍珠面粉厂**
地址：湖北省孝感市云梦县城关镇西环路 2 号
……………………………… 负责人：柳本国
……………………………… Tel：0712－4222678
13907294858

## 宜城市恒力面粉厂
业务：宜城市恒力面粉厂成立于 2001 年，主要从事面粉、大米的加工，粮油购销。“以质量求生存，以信誉求发展”，热诚欢迎广大新老客户惠顾。
地址：湖北省宜城市小河乡联盟村
……………………………… 邮　编：441401
……………………………… 法　人：谭锡红
……………………………… Tel：0710－4226942
……………………………… Fax：0710－4226942

**长阳巴土绿色产业发展有限公司**
地址：湖北省宜昌市长阳土家族自治县龙舟坪镇白氏坪村
……………………………… 负责人：曾庆红
……………………………… Tel：0717－5308208
13508601558

## 宜昌市联益副食经营部
业务：宜昌市联益副食经营部成立于 1995 年，主要经营白酒、副食品类，欢迎新老客户光临惠顾。
地址：湖北省宜昌市伍家岗区外滩市场 21－23 号
………… 负责人：蒋宇航……邮　编：443001
……………………………… 法　人：蒋宇航
……………………………… Tel：0717－6227462

**天鑫食品加工厂**
地址：湖北省宜昌市西陵区摇湾乡沙河村五组
……………………………… 负责人：王丰文
……………………………… Tel：13872530309

**宜城市天宜食品有限公司**
地址：湖北省宜城市随南路 18 号
……………………………… 负责人：齐玉楼
……………………………… Tel：0710－4255368
13972205915

## 宜昌天将食品饮料有限公司
业务：宜昌天将食品饮料有限公司专业从事食品饮料的生产与销售；主要产品：纯净水系列、碳酸饮料、果味饮料，品种齐全、价格合理，热诚欢迎新老客户前来咨询、订购！
地址：湖北省宜昌枝江市董市镇董平街 79 号
………… 负责人：孟凡云……邮　编：443414
……………………………… 法　人：0717－4103626

## 随州市曾都区殷店塔儿山风景区旅游开发中心

从事于旅游开发、旅游自然开发。

电话：0722－3673448
地址：湖北省随州市曾都区殷店塔儿山风景区梨苑楼

## 荆州市东旭食品有限公司

本公司是一家集养殖、加工、销售为一体的企业，公司经营范围涵盖农贸市场的开发、农副产品精细深加工、牲畜养殖、国家牲畜定点屠宰。公司引进了先进的自动化牲畜屠宰生产线，拥有大中型保鲜、冷藏、冷冻库房五栋，自动传输流线型肉品分割车间，保鲜、冷冻、物流冷藏配送车等完善的配套设施。公司主导产品："润申"牌系列冷鲜肉制品。

公司唯一宗旨就是让消费者"看了顺心、听了舒心、吃了放心"，为谋求企业的更加发展壮大，公司竭诚希望与社会各界有识之士，精诚合作、携手共进、力争双赢、精心打造国家放心食品。

东旭 冷鲜肉

联系人：葛英清 13972348555

电话：0716-8832888 传真：0716-8834111 邮编：434000
地址：湖北省荆州市荆州区太湖管理区集镇

## 武汉市金德戈糖业有限公司

本公司成立于2001年，主要加工、销售果脯糖、高果糖浆、麦芽糖、蛋白粉。

秉承"质量第一，信誉至上"的服务宗旨，为您提供良好的服务。

电话/传真：027-83940715 83940624
网址：www.jindege.com
邮编：430023
地址：湖北省武汉市汉口将军四路七號

联系人：范小华 13971547588

## 潜江市广华皇冠蛋糕

成立于1995年10月1日，主要生产、加工、销售面包、蛋糕、月饼。

经过多年的发展与完善，现有六间直营连锁店，都以统一明亮的店面、优雅清新的购物环境、热情周到的服务和精益求精的产品，充分展示皇冠蛋糕的企业形象与产品特色。

联系人：陈献忠

电话：0728-6516651 13972198372

地址：湖北省(直辖)潜江市广华商贸城皇冠蛋糕 邮编：427000

## 武汉友谊副食品商业有限责任公司

本公司主要经营具有世界（雀巢系列、卡夫系列、美赞臣系列、李锦记系列、人头马、轩尼诗、马爹利、芝华士、杰克丹尼、温沙、珍宝等洋酒系列、巴黎、伊云矿泉水、进口糖果巧克力等）及国内（茅台、五粮液、剑南春、王朝、长城、喜力啤酒系列酒、雅培奶粉、北京丘比果酱、上海梅林罐头、屈臣氏饮品、崂山矿泉水等）先进管理水平公司的优质副食品，以及仓储、装卸、货物运输、物流加工和信息服务等业务。

联系人：张汉发
网址：www.whyyfs.cn
电子邮件：whyyfs@163.com
地址：湖北省武汉市江岸区保成路6号楼 邮编：430014

027-82784763
82844392

## 强氏禽蛋有限公司

强氏禽蛋有限公司成立于2005年，专业从事禽蛋收购与加工。主要产品有：土鸡蛋、咸蛋、皮蛋、种鸡蛋、放养鸭蛋、红心咸蛋、松花皮蛋等系列产品。

由于我公司全体员工的不懈努力，对产品质量精益求精，本公司已获得无公害农产品产地认证，欢迎新老客户惠顾！

电话：0716-4766791
联系人：强新玉 13886604054 传真：0716-4766791
地址：湖北省荆州市江陵县滩桥镇新龙桥集镇 邮编：434111

## 襄樊连昌瓜子厂

襄樊连昌瓜子厂成立于1998年。

主要从事加工销售炒货、糖果。

精挑细选，科学配方，做工考究，色香味美。

联系人：闫连昌 13098457388

电话：0710-3377388 3539995 3534967

地址：湖北省襄樊市襄城区鼓楼巷昌华瓜子厂 邮编：441021

## 沙洋县五里镇友联粮油加工厂

沙洋县五里镇友联粮油加工厂于1995年建厂，主营粮食加工收购，加工的大米销往全国各地。我厂以质量求生存，以信誉求发展，竭诚为广大客户服务，欢迎来电洽谈、来料加工。

联系人：李继勋

电话：0724-2421676、13972886080
地址：湖北省荆门市沙洋县五里镇友联村 邮编：448000

## 宜昌市西陵区康泰调味品经营部

宜昌市西陵区康泰调味品经营部成立于2003年，主要经营各类调味品及土特产零售。我经营部秉承"顾客至上，锐意进取"的经营理念，坚持"客户第一"的原则为广大客户提供优质的产品。欢迎惠顾！

联系人：戴远梅
电话：0717-6770603 13986766580
地址：湖北省宜昌市西陵区陶珠路市场地下室西大门第一间
邮编：443000

## 应城市中盛商贸有限责任公司

应城市中盛商贸有限责任公司成立于2005年，批发零售味中有食品（集团）是专业从事肉制品精深加工、销售的现代食品企业，主要产品有猪肉制品，"双汇"系列产品等。

我们将以优质的产品，良好的服务，诚招天下客，信交八方朋！

联系人：陈 明 13307299428
电话：0712-3233968 传真：0712-3185182
地址：湖北省应城市育才路23号 邮编：432400

## 宜昌五峰成丰食品厂

宜昌五峰成丰食品厂采用现代科学食品加工工艺，秉承二千多年的土家传统特色。产品不仅具有浓郁的土家地道风味，而且食品厂还请来专门熏制技术人员，主要产品是五峰柴埠溪烟熏腊肉。欢迎品尝！

联系人：祝峰

电话：0717-5758390 手机：13317208808 13377983358
地址：湖北省宜昌市五峰土家族自治县渔洋关镇 邮编：443000

## 湖南省/Huana Province

**浏阳市荣昌海味行**
地址:湖南省长沙浏阳市工业品综合大市场二十一栋四号门面
负责人:黄海杰
Tel:13508483378

**长沙县心怡饮品有限公司**
业务:长沙县心怡饮品有限公司位于长沙县高桥镇高桥村,是一家生产销售饮用山泉水的公司。主要产品有水牛湾山泉水。欢迎新老客户惠顾。
地址:湖南省长沙市长沙县高桥镇高桥村
邮 编:410145
法 人:周学军
Tel:0731－6153988
Fax:0731－6158328

**勃兴食品厂**
地址:湖南省长沙浏阳市荷花办事处杨家弄村长田组
负责人:高传秋
Tel:0731－83660666
13517311624

**永安味中香食品厂**
地址:湖南省长沙浏阳市永安镇万家村
负责人:王圣兵
Tel:13507468777

**湖南省长沙市芙蓉区元润堂食品商行**
业务:健康食品
地址:湖南省长沙市芙蓉区黄兴中路168号新大新A栋17楼F－F座
负责人:欧阳志平 邮 编:410000
法 人:欧阳志平
Tel:0731－82939728

**长沙食来运转食品有限公司**
业务:本公司成立于2005年,现在有80多名员工。主要经营食品的加工与销售。
地址:湖南省长沙市长沙县跳马乡石桥村
邮 编:410123
法 人:曾满军
Tel:0731－6983888
Fax:0731－6983388

**湘佳面业制品厂**
地址:湖南省长沙市长沙县安沙镇唐田粮库湘
负责人:郑满祥
Tel:0731－86467058
13874912358

**长沙市鹿海食品有限责任公司**
地址:湖南省长沙市开福区东风路144号地税四分局宿舍4栋一门502房
负责人:聂学海
Tel:0731－84510176

**长沙望城彭氏饵料厂**
业务:湖南长沙望城彭氏饵料厂产品线以生产加工传统的钓鱼饵料和钓具小配件两大系列为基础,自行研制开发三十多个品种。在经营理念上,公司确立了"以市场为导向,以品牌为龙头,以质量为根本"的企业发展战略,并一直在观念、体制、管理、生产、经营、服务等方面严格强调执行标准,重视现代化企业制度建设,重视规范服务,创建品牌形象,提高员工素质,不断提升企业的核心竞争能力。
地址:湖南省长沙市河西学士开发区
负责人:彭建科 邮 编:410208
法 人:彭建科
Tel:0731－8530098
Fax:0731－8530888
网址:www.ps918.com

**新兴肉类冷冻加工厂**
地址:湖南省长沙市宁乡县横市镇横市村
负责人:谢芬兵
Tel:0731－87650102
13107319814

**长沙金鲨王食品有限公司**
地址:湖南省长沙市宁乡县经济技术开发区
负责人:蔡卫东
Tel:0731－87806555
13908499545

**长沙市芙蓉区思辉食品商行**
业务:名烟名酒
地址:湖南省长沙市芙蓉区晚报大道时速风标裙楼106号
负责人:吴思辉 邮 编:
法 人:吴思辉
Tel:0731－5116686

**湖南长沙喜又丰食品有限公司**
业务:长沙市喜又丰食品有限公司是一家民营个体食品生产的企业。公司主要经营的产品有"野哥"、"喜又丰"、"喜丰浪"、"流沙裕丰"等多种系列的果味爽食品,包括水果幕司、果冻条、果子爽、果肉果冻、吸吸冻、布丁派、早餐奶、八宝粥等各种袋装、罐装果味爽食品,能给广大客户提供更丰富的选择。
地址:湖南省长沙市望城廖家坪工业区
负责人:周岳野 邮 编:410209
法 人:周岳野
Tel:0731－8370022

**宁乡县食用菌研究会**
地址:湖南省长沙市宁乡县玉潭镇一环南路B13号
负责人:黄山
Tel:0731－87827125
13507433523

**望城县建辉肉食品有限公司**
地址:湖南省长沙市望城县白若铺乡
负责人:邹建
Tel:0731－88565471

**雨花区金沙甜酒经营部**
业务:雨花区金沙甜酒经营部位于湖南省长沙市雨花区桂花二村附41栋2门304号,成立于2001年。几年来经营甜酒、糯米加工、糕点加工等。
地址:湖南省长沙市雨花区桂花二村附41栋2门304号
邮 编:410007
法 人:贺元贞
Tel:0731－5956569
Fax:0731－5956569

**湖南皇室食品工业有限公司**
地址:湖南省长沙市望城县高塘岭镇环西路68号
负责人:陈经荣
Tel:0731－88073168

**罗蒂公主直营店(长沙市罗蒂公主食品有限公司)**
业务:罗蒂公主食品生产直销
地址:湖南省长沙市黄兴中路80号(苏宁电器左侧第四间铺面)、湖南省长沙市长沙县暮云镇
负责人:陈根才 邮 编:410100
法 人:陈根才
Tel:13677312198
0731－86908900

**喜旺糖果厂**
地址:湖南省长沙市雨花区高桥大市场12栋104号
负责人:曾庆词
Tel:13975166087

**吉利星糖果厂**
地址:湖南省长沙市雨花区高桥大市场1栋28号
负责人:曾王强
Tel:13974826276

**常德市鼎城新纯沅食品酒业有限公司**
业务:常德市鼎城新纯沅食品酒业有限公司成立于1997年,主要生产销售纯净水,白酒,质量保证,价格合理,欢迎新老客户惠顾。
地址:湖南省常德市鼎城区武陵常沅路96号
邮 编:415101
法 人:龚佑华
Tel:0736－7372866
Fax:0736－7390331

**湘北粮油有限公司**
地址:湖南省常德市安乡县城关镇东效仓库
负责人:雷伟
Tel:13807421133

**长沙市雨花区湖南高桥大市场正湘食品商行**
业务:糖果、果冻、月饼包装
地址:湖南省长沙市雨花区高桥大市场新一区22栋19号
负责人:杨武香 邮 编:410000
法 人:杨武香
Tel:0731－4695194

**食用菌研究所**
地址:湖南省常德市鼎城区武陵镇红云村10村民组
负责人:高德典
Tel:0736－7388814
2581962
13762621729

**常德市鼎城鸿飞棉业有限公司**
业务:本公司成立于2002年,主要从事棉花收购加工纺织原料纺织品经营。竭诚欢迎新老客户来电洽谈业务!
地址:湖南省常德市鼎城区中河口镇同德村
负责人:沈国清 邮 编:415121
法 人:沈国清
Tel:0736－7571988
Fax:0736－7571988

**津市白衣镇天门食品厂**
地址:湖南省常德市津市市白衣镇
负责人:卜茂贤
Tel:13974226428

**刘聋子粉馆**
地址:湖南省常德市津市市三洲驿
负责人:黄辉
Tel:13973665719

**湖南省桃源渔父茶厂**
业务:湖南省桃源渔父茶厂成立于1976年,现有员工20余人,从事绿茶、红茶的种植、加工、销售。欢迎新老客户光临!
地址:湖南省常德市桃源县漳江镇
邮 编:415700
法 人:张茂源
Tel:0736－6610683
Fax:0736－6615515

**红湖食品厂**
地址:湖南省常德市澧县小渡口镇沙河村
负责人:池志明
Tel:13873606791

**成霞糖酒有限责任公司**
地址:湖南省常德市石门县楚江镇澧阳路31号
负责人:伍成支
Tel:0736－5323042
13508465588

**黄金台猪饺总店**
业务:黄金台猪饺总店主要从事猪饺餐饮。
地址:湖南省常德市武陵区建设西路黄金台饮食城
邮 编:415000
法 人:匡艳斌
Tel:0736－7238338

**久旺食品厂**
地址:湖南省常德市桃源县黄甲镇乡墟场
负责人:杜运友
Tel:13875071386

**黄石农副食品经营部**
地址:湖南省常德市桃源县黄石镇供销社
负责人:张新跃
Tel:13807365955

**长沙市雨花区长信冷冻食品经营部**
业务:冷冻食品、鸡产品、鸭产品、鱼产品
地址:湖南省长沙市雨花区红星冷库11栋186号
负责人:张祥圣 邮 编:410000
法 人:张祥圣
Tel:0731－5695283

**衡东县自来水公司兴衡矿物质饮用水厂**
业务:衡东县自来水公司兴衡矿物质饮用水厂成立于2000年,主要生产销售纯净水、矿泉水,兼营饮水机、饮水桶。"质量保证,价格合理,服务周到",广大消费者可放心使用。
地址:湖南省衡阳市衡东县兴衡东路26号
负责人:夏新年 邮 编:421400
法 人:夏新年
Tel:0734－5226778

**湖南省桃源县马宗岭镇拉丝粉厂**
地址:湖南省常德市桃源县马宗岭镇沙堰村
负责人:钟桃初
Tel:0736－6485340
13928811958

**理想食品原辅料超市**
地址:湖南省常德市武陵区火车站糖酒副食城E区130号
负责人:谭本明
Tel:0736－7810111
13875111987

**津市市津奇食品饮料厂**
业务:饮料生产、销售
地址:湖南省常德市津市市汤家湖储运公司仓库西头
负责人:周祥 邮 编:415000
法 人:周祥
Tel:13762601878
0736－4219190

**德祥肉食制品厂**
地址:湖南省常德市武陵镇玉霞路商贸城对面
负责人:王兰香
Tel:0736－7383332
13575168611

**衡阳市蒸湘兴隆制酱厂**
业务:蒸湘兴隆制酱厂位于湖南省衡阳市华新开发区,成立于1994年,是一家专业生产酱油、蚝油、料酒、风味豆豉等调味料的企业,本企业集产品研发、生产、销售于一体。
地址:湖南省衡阳市华新开发区长胜七队
负责人:周才舒 邮 编:421101
法 人:周才舒
Tel:0734－8248289

**湖南西湖兄弟粮油加工厂**
地址:湖南省常德市西湖镇东湖路
负责人:邹联斌
Tel:0736－2823806 13017250817

**安吉尔纯净水厂**
地址:湖南省郴州市嘉禾县人民南路52号
负责人:李水生
Tel:0735－6627677
13973535318

**石门县都得利粉厂**
业务:米粉系列的加工制作及销售
地址:湖南省常德市石门县楚江镇中渡社区(卓氏食品厂内)
负责人:侯延齐 邮 编:415300
法 人:侯延齐
Tel:13317366839

**栗江食用菌产业协会**
地址:湖南省衡阳市衡南县栗江镇白石村
负责人:贺向辉
Tel:13787737193

**祁东县吉祥食品有限公司**
业务:祁东县吉祥食品有限公司成立于1998年,主要从事于薯粉加工。欢迎新老客户光临、惠顾!
地址:湖南省衡阳市祁东县黄土铺镇
负责人:谢富生 邮 编:421621
法 人:谢富生
Tel:13875679838
Fax:0734－6360552

**湖南祁东黄花集团有限公司**
地址:湖南省衡阳市祁东县石亭镇
负责人:杨宝林
Tel:0734－7860098
13973430079

**河西金华食品加工厂**
地址:湖南省怀化市河西商贸城新村二幢8号
负责人:舒友义
Tel:0745－2313875
13787545466

**郴州市金瓶酒业商行**
业务:拉菲尔干红代理,销售白酒、烟
地址:湖南省郴州市龙泉路湘南风情康居园8B幢12号
负责人:陈德平 邮 编:423000
法 人:陈德平
Tel:15873504689
0735－2335386

**衡阳市天下食品有限公司**
业务:衡阳市天下食品有限公司成立于1990年,主要经营食品类(喜之郎果冻、亨氏米粉、美赞臣奶粉、稻花香白酒等),质量保证,价格合理,欢迎新老客户惠顾!
地址:湖南省衡阳市石鼓区五一大市场26栋5号
邮 编:421005
法 人:黄衡生
Tel:0734－8523339
Fax:0734－2566591
网址:www.hntxsp.chinapyp.com

**怀化市红星旺达食品饮料厂**
地址:湖南省怀化市红星路
负责人:蒲学云
Tel:13874491298

**佳顺食品厂**
地址:湖南省怀化市盈口乡职业中专旁
负责人:谢文山
Tel:13034872586

**怀化市贵龙食品有限公司**
业务:怀化市贵龙食品有限公司成立于2000年4月,主要从事食用猪皮的生产加工。热诚欢迎广大新老客户惠顾。
地址:湖南省怀化市副食批发城右7栋12号
邮 编:418000
法 人:丁龙贵
Tel:0745－2274818
Fax:0745－2274818

**衡阳市珠晖区茗格佳惠食品原料经营部**
业务:珍珠奶茶原料、茶、咖啡、冷饮原料、食品添加剂,香精香料批零
地址:湖南省衡阳市珠晖区衡州大市场
负责人:刘满平 邮 编:421000
法 人:刘满平
Tel:0734－8355598
2452227
2432227
Fax:0734－8355598

**淮川名河食品厂**
地址:湖南省浏阳市集里马鞍山小区149#
负责人:张谱新
Tel:0731－83640072
13975835811

**双峰县梧生无公害精炼茶油有限公司**
地址:湖南省娄底市双峰县五里牌科技工业园
负责人:赵悟生
Tel:0738－6881088
13875437888
13875437288

**点滴康饮用水厂**
业务:饮用水经营(桶装、瓶装)
地址:湖南省怀化市溆浦县卢峰镇长兴街010号(自来水公司旁边)
负责人:武长剑 邮 编:418000
法 人:武长剑
Tel:0745－3331818

**湖南省耒阳市余庆黄花菜购销公司**
业务:湖南省耒阳市余庆黄花菜购销公司成立于1996年,从事玉竹片的购销及黄花菜种植、加工、销售一条龙服务。"质量第一,信誉第一"是我们公司的经营宗旨,欢迎广大客户考察、指导、来电来涵洽谈业务。
地址:湖南省耒阳市余庆乡
邮 编:421000
法 人:谭才荣
Tel:0734－4240188
Fax:0734－4240188

**宝庆肉类联合加工有限公司**
地址:湖南省邵阳市东区塔北路 88 号
负责人:李玉常
Tel:0739－5197999
5191988

**贺仙泉纯净水厂**
地址:湖南省邵阳市洞口县又兰镇
负责人:杨大群
Tel:13973914069

**西部牛仔食品有限公司**
地址:湖南省邵阳市工业街 105 号
负责人:李自安
Tel:0739－5290888
13507391083

## 长沙吉美食品有限公司
业务:长沙吉美食品有限公司成立于 2005 年,从事辣椒、风味豆豉的和产及销售。我们愿与各公司,人士建立业务往来。携手合作,共同发展。
地址:湖南省宁乡县白马经济开发区白马大市场 9 幢 283 号
邮　编:410600
法　人:徐谷良
Tel:0731－7836018
Fax:0731－7827501

## 苞谷粑粑食品店
业务:苞谷粑粑制作销售
地址:湖南省吉首市永顺县青坪镇
负责人:彭吉付　邮　编:416000
法　人:彭吉付
Tel:13574384773
15074310352
15274327709

**邵阳市美味食品饮料厂**
地址:湖南省邵阳市邵东县黄陂桥工业区
负责人:黄晓明
Tel:0739－2623016
13973925325

**邵阳市双清区立军食品厂**
地址:湖南省邵阳市双清区龙须塘水泥厂旁边
负责人:张立军
Tel:0739－5195190
13975910348

**春生食品厂**
地址:湖南省邵阳市绥宁县瓦屋塘乡瓦屋塘村
负责人:贺春生
Tel:13973575267

**湘味王食品加工厂**
地址:湖南省邵阳市新宁县金石镇藕塘路 39 号(大兴阁)
负责人:李社清
Tel:13973936675

## 韶山市长久食品有限公司
业务:韶山市长久食品有限公司成立于 2005 年,现有员工 100 余人,从事生猪屠宰、肉类加工。
地址:湖南省韶山市如意镇
邮　编:411300
法　人:刘长林
Tel:0732－5676288
Fax:0732－5676288

## 湖南省邵阳市北塔区紫玉米湖湘总经销门市部
业务:紫玉米系列
地址:湖南省邵阳市北塔区江北大市场 14 栋杨医师诊所
负责人:杨光灿　邮　编:422000
法　人:杨光灿
Tel:0739－6923500
0739－5620876
Fax:0739－5620876

**白玉食品厂**
地址:湖南省湘潭韶山市永义乡
负责人:余灿阳
Tel:0731－55666406
13786254058

**鸿益食品添加剂有限公司**
地址:湖南省湘潭市雨湖区宝丰一街 9 栋 15 单元 606 门窗
负责人:孙永聪
Tel:0731－82345800
13574079888

**白云糕粉厂**
地址:湖南省湘潭市雨湖区高岭路 100 号
负责人:姜斌
Tel:13786200835

## 洞口县高沙粮站大米厂
业务:收购稻谷与销售大米
产品:大米
地址:湖南省邵阳市洞口县高沙镇高武路
负责人:林江军　邮　编:422000
法　人:林江军
Tel:13973943247
0739－7255809

**湘潭市天元粮油调运有限责任公司**
地址:湖南省湘潭市雨湖区云塘街道湖头岭
负责人:齐念党
Tel:0731－58390243

## 韶山市白玉食品厂
业务:韶山市白玉食品厂成立于 1998 年,主要生产蛋糕、油炸食品等。"质量保证,价格合理",热诚欢迎新老客户光临惠顾。
地址:湖南省韶山市永义乡
邮　编:411302
法　人:余灿阳
Tel:0732－5666406

**湖南省湘潭市巧媳妇食品加工厂**
地址:湖南省湘潭市岳塘区板塘铺摇泉村
负责人:杨颢
Tel:13975210341

**鑫旺饼干厂**
地址:湖南省湘潭市岳塘区荷塘乡团山铺
负责人:倪秀桐
Tel:13907324076

## 湘潭县谭家山宏发大米厂
业务:大米
地址:湖南省湘潭市湘潭县谭家山镇金泉村
负责人:唐临文　邮　编:411200
法　人:唐临文
Tel:13975292763
13786264077

**郎舅槟榔店**
地址:湖南省湘潭湘乡市桑梅路 4 号
负责人:刘国平
Tel:0731－56779875
13607321748

## 邵阳市帮民食品厂
业务:邵阳市帮民食品厂成立于 2002 年,主要从事豆制品的生产与销售。质量上乘,产品深受广大消费者的喜爱!
地址:湖南省邵阳市大祥区罗市镇
负责人:李雄平　邮　编:422000
法　人:李雄平
Tel:0739－5370777

**龟王酒厂**
地址:湖南省湘西土家族苗族自治州保靖县迁陵镇喜阳桥
负责人:向纹饷
Tel:0743－7726612
13762152788

## 湘潭市岳塘区群力水产品养殖专业合作社
业务:主营淡水鱼养殖、批发、饲料、渔药技术服务等一体化的农业龙头企业。拥有养殖水面 100 多亩,绿色无公害,绿色无污染,优质、营养的产品是我们对您永恒的承诺。热诚欢迎新老客户的光临和惠顾!
产品:鱼、虾、甲鱼等
地址:湖南省湘潭市岳塘区荷塘乡群力村委会
负责人:周正明　邮　编:411103
法　人:周正明
Tel:0731－58213616
13574086419
Fax:0731－53581163
网址:www.51zzt.com/user/zzt41516

**贾氏姜糖厂**
地址:湖南省湘西自治州凤凰县沱江镇正街
负责人:贾光文
Tel:0743－3225129
13762126491

**首市古苗河酱油厂**
地址:湖南省湘西自治洲吉首市砂子坳四合院内
负责人:龙老刚
Tel:13037429875

## 湖南玉乡集团邵阳宝庆肉类联合加工有限公司
业务:本公司是湖南省农业产业化龙头企业,主要从事猪、牛、羊及制品加工的肉类食品加工企业,主导产品有:易龙鲜猪肉系列,易龙冻猪肉系列,易龙冻中乳猪系列,易龙烤中乳猪系列,易龙腊制品系列,共计 50 多个品种。品质卓越,绿色环保。
地址:湖南省邵阳市塔北路 88 号
邮　编:422000
法　人:李玉常
Tel:0739－5191988
Fax:0739－5191988

## 益阳市赫山区华一精品干肠衣厂
业务:专业经营各种大小规格的精品干肠衣,适用于风干香肠、热狗肠等香肠产品
地址:湖南省益阳市龙光桥镇清溪村
负责人:徐长喜　邮　编:413046
法　人:徐长喜
Tel:13873719512
0737－6670075

**益阳市赫山区春叶无铅皮蛋厂**
地址:湖南省益阳市赫山区龙光桥镇全丰村
负责人:邹文兵
Tel:13973681498

**双龙食品饮料厂**
地址:湖南省益阳市赫山区龙光桥镇叶家河村
负责人:叶尚贤
Tel:13973690128

**昌盛粮食加工厂**
地址:湖南省益阳市兰溪镇金塘村陈家湾
负责人:陈再昌
Tel:0737－4682485
13973747303
13973734648

## 平江县恒盛粮食购销有限公司
业务:平江县恒盛粮食购销有限公司成立于 2003 年,主要从事于粮食收购、储藏、加工、销售。欢迎新老客户光临、惠顾!
地址:湖南省岳阳市平江县长寿镇将军路 76 号
负责人:肖经伟　邮　编:410400
法　人:肖经伟
Tel:0730－6674969

## 永州市冷水滩区宁林九味鸭脖跃进店
业务:鸭脖
地址:湖南省永州市冷水滩区跃进生产小区对面
负责人:陈翠林　邮　编:425000
法　人:陈翠林
Tel:13974620306
13974678718

**南州华强纯净水厂**
地址:湖南省益阳市南县南洲镇湘鄂边东侧
负责人:文桂华
Tel:13762705688

**乡里香土菜食品有限公司**
地址:湖南省益阳市资阳区茈湖口镇白池村
负责人:陈宗德
Tel:0737－4666119
13337271188

## 平江县城关镇旺辉食品厂
业务:本公司成立于 1996 年,拥有 400 名员工,主要经营熟食食品的生产。十年以来,以卓越的品质为广大客户竭诚服务。
地址:湖南省岳阳市平江县城关镇首家坪旺辉食品厂
邮　编:414500
法　人:徐望辉
Tel:0730－6303999
Fax:0730－6300288

## 岳阳县湘香食品有限公司
业务:食品生产销售
产品:欧记食品
地址:湖南省岳阳市岳阳县新墙镇十二公里(农业工业园内)
负责人:欧阳湘莲　邮　编:414000
法　人:欧阳湘莲
Tel:0730－7519999
Fax:0730－7519999

**大丰贸易有限公司**
地址:湖南省永州市冷水滩区零陵北路冷库果蔬大市场 2－111 号
负责人:杨勇
Tel:0746－8466159
13707460598

**佳佳乐纯净水厂**
地址:湖南省永州市宁远县舜陵镇福禄淌村九嶷山城
负责人:邹家旺
Tel:0746－7227656
13707466559

**舜星饮料厂**
地址:湖南省永州市宁远县舜陵镇罗坝头村
负责人:李加顺
Tel:0746－7229876
13974640987

## 岳阳市许氏土特产收购部
业务:岳阳市许氏土特产收购部们于岳阳县城关镇钢木家具厂门口,交通十分便利。自成立以来,从事中药材的种植、收购、加工、销售。欢迎广大朋友惠顾。
地址:湖南省岳阳市岳阳县城关镇钢木家具厂门口
邮　编:414100
法　人:许东波
Tel:0730－7634270
Fax:0730－7634270

**祁阳县湘妹食品厂**
地址:湖南省永州市祁阳县七里桥镇沅塘村
负责人:周太平
Tel:13874652503

**百惠食品有限公司**
地址:湖南省沅江市祁阳县百惠商业广场琼湖路 260 号
负责人:罗积仲
Tel:0737－2812688
13507374858

## 张家界康肴食品有限公司
业务:食品加工,月饼、面包、蛋糕
地址:湖南省张家界市桑植县澧源镇何家坪村建材大市场
负责人:支丙贝　邮　编:427100
法　人:支丙贝
Tel:13974415577
0744－6250358

**闽惠油脂有限公司**
地址:湖南省岳阳市城陵矶冷库内
负责人:张政全
Tel:13873097348

**岳阳岳菲海产品有限公司**
地址:湖南省岳阳市南湖东游路南湖旅游度假区办公楼 208、210 室
负责人:张亚繁
Tel:0730－8841020

**阿龙食品厂**
地址:湖南省岳阳市平江县城关镇开发区三阳乡
负责人:朱国龙
Tel:0730－6302677
13874966729

**万仙亚星食品厂**
地址:湖南省岳阳市平江县城关镇首家坪
负责人:周万仙
Tel:0730－6300457
13574005879

**云林食品厂**
地址:湖南省岳阳市岳阳楼区枫桥湖
负责人:余云林
Tel:13707303023

**许氏土特产收购部**
地址:湖南省岳阳市岳阳县中相街 380 号 2
负责人:许东波
Tel:0730－7634270
13707402591

**华兴斋食品厂**
地址:湖南省株洲市醴陵市城郊石子岭村洲上
负责人:王春
Tel:13707413441

## 湖南省株洲县保鲜笋厂
业务:湖南省株洲县保鲜笋厂成立于 1997 年 3 月,是湖南省竹笋重要生产厂家之一。所产之竹笋鲜嫩可口,甲于诸蔬,令人食而难忘,是我市竹笋类的一大宗传统产品。另外还经营山野菜(微菜、蕨菜)。上市以来,便受到顾客的青睐,产量供不应求。竹笋作主料的一道地方菜,特点是常吃不腻,鲜嫩味美,营养价值高!
地址:湖南省株洲市株洲县金田镇荷塘
邮　编:412107
法　人:贺金生
Tel:0733－7250113
Fax:0733－7250113

## 茶陵县龙凤食品有限责任公司
业务:乳制品批发零售、乳制品包装批发零售
地址:湖南省株洲市茶陵县炎帝中路体委旁边
负责人:汪吉龙　邮　编:412000
法　人:汪吉龙
Tel:13975385528
0733－5227097
25262598
Fax:0733－25262598

**连发食品厂**
地址:湖南省株洲市芦淞区建宁乡南华小学内
负责人:张学文
Tel:0731－28521889
13973363151

**龙峰副食有限责任公司**
地址:湖南省株洲市芦淞区建设南路木材公司仓库
负责人:刘福官
Tel:13507330722

## 長沙市喜又豐食品有限公司

长沙市喜又丰食品有限公司成立于2000年，主要从事果冻的生产与销售。以“质量第一，客户至上”为经营宗旨，欢迎新老客户光临、惠顾！

电话：0731－88370022 88837388
联系人：谢清弟 15116453288
地址：湖南省长沙市望城县黄金乡廖家坪村 邮编：430000

## 湖南省克明面业有限公司

克明面业股份有限公司创建于1984年，公司秉承“诚信勤勉，求实创新”的经营理念，选用定点厂家生产的优质面粉为原料，采用自行设计并获得4项国家专利的制面设备生产的“陈克明”牌营养、强力、如意、高筋、礼品、儿童等6大系列，共200多个挂面规格品种推向市场，以其“柔韧、细腻、口感好；易熟、耐煮、不糊汤”的独特品质，赢得了广大消费者的好评。

联系人：孟专
网址：www.kemen.net.cn
电子邮件：kemen@kemen.net.cn
地址：湖南省益阳市南县兴盛大道工业园1号
电话：0737－5215128
传真：0737－5245567
邮编：225300

## 长沙市雨花区苍宇食品厂

长沙市雨花区苍宇食品厂成立于2008年，本厂专业从事生产、销售休闲食品。主要产品有“乡巴佬”鸡鸭。公司以完善的管理，优良的品质，最佳的信誉，竭诚盼望与海内外朋友精诚合作，共创未来！

联系人：蒋信青
电话：0731－85816348 传真：0731－85819048
邮编：444300
地址：湖南省长沙市雨花区黎托乡潭阳村十三组蒋建秋房屋

## 湖南省梧生无公害精炼茶油有限公司

本公司成立于2001年，专业生产无公害精炼茶油，年产量约3000吨，也加工菜油、豆油、花生油、调和油等植物油和皂素。

我公司本着“锐意进取，客户至上”的原则，竭诚为客户提供优质的产品和良好的服务。欢迎选购我们的产品！

联系人：赵梧生
手机：13875437888 13875437288
电话：0738－6881088
地址：湖南省娄底市双峰县科技工业园
传真：0738－6881708

## 长沙湘西部落饮食有限公司

湘西部落成立2002年3月11日，是一家以弘扬民族特色饮食文化、创建民族特色餐饮第一品牌为己任，集湘西民俗表演、湘西美食经营、湘西文化传播与原生态食品生产加工于一体的大型餐饮连锁企业。

通过几年的发展，在国内已拥有40多家直营与合作加盟店，并被中国烹饪协会授予“中国十佳湘菜名店”。

我们着眼于品牌建设和管理，愿与您携手并进，共创辉煌！

联系人：龚水清 13908451677
电话：0731－88807588 86627888
邮编：410000
地址：湖南省长沙市岳麓区桐梓坡路290号

## 怀化市中玉酒业有限公司

怀化市中玉酒业有限公司成立于2002年，本公司专业从事酒类市场的经营。经营茅台王子酒、茅台迎宾酒、茅台葡萄酒的湖南总代理。公司本着成己达人、成人达己的企业理念。与经销商共赢共荣，与消费者共荣共存，达到和谐发展的经营理念。

联系人：李玉春
电话：0745－2310013
地址：湖南省怀化市河西商贸城8号楼27号门面 邮编：418000

## 诚泰粮油食品有限公司

诚泰粮油食品有限公司成立于2007年，主营粮姐姐米、面、油。热忱欢迎新老客户光临、惠顾。

联系人：唐波 13517392551 13975905831
电话：0739－4223590
邮编：422400
地址：湖南省武冈市踏家塘

## 澧县方圆鸭王

澧县方圆鸭王成立于1999年，澧县方圆鸭王专业从事酱板鸭系列熟食加工、销售。主要有酱板鸭、鸭脖子、鸭爪、鸭头等。鸭的营养价值很高，属凉性，科学的食用具有滋润养胃，平肝去火，健体美颜，益气养血，除湿去烦，开胃健脾，醒目安神，活血化淤，滋阴益肾之功效，深受人们青睐。

酱板鸭即可作为休闲小吃，又可作为酒席上的特色菜肴，开袋即食可品尝冷食的鲜美，加热可享受传统热食的风味，是四季养生保健、宴请宾朋尝鲜、走亲访友馈赠、看望病人、孝敬长辈的首选上乘美食佳肴。

电话：0736－3125268
联系人：杜方元 13973627730
地址：湖南省常德市澧县澧阳镇解放中路 邮编：415000

## 湖南美加仑食品有限公司

本公司拥有国内最先进的棒棒糖生产线两条，主要生产中、高档双色浇注牛奶味棒棒糖，口感可与国际品牌阿尔卑斯媲美。本公司已通过食品安全生产许可，通过ISO9001－2000国际质量管理体系认证。

联系人：孙景全
电话：0734－6269111 6279222
邮编：421600
地址：湖南省衡阳市祁东县[illegible]工业园

## 彭老大食杂调料经营部

本公司成立于1995年。主要销售调味品。我们的服务宗旨是以质量求生存，以诚信求发展，以优质的服务热忱地欢迎新老客户的到来。

联系人：彭贤振 13974379848
电话：0743－8567316
传真：0743－8567422
邮编：416000
地址：湖南省吉首市[illegible]

## 平江县梦圆食品有限公司

本公司生产销售面粉制品、豆制品、肉制品、熟食，产品有臭干子、牛板筋、小豆筋等等，欢迎新老客户来电洽谈业务！

联系人：余雄伟
电话：0730-6228555 13037308525
地址：湖南省岳阳市平江县寺前工业小区 邮编：414000

## 永兴县银利乐冷饮食品厂

永兴县银利乐冷饮食品厂成立于2000年，专业从事冷饮食品的生产和销售。生产冰淇淋、刨冰、雪糕、速冻食品，并提供配送服务，我厂设备先进，工艺考究，“质量第一，客户至上”，竭诚为广大客户服务，欢迎咨询洽谈。

联系人：史廷己 手机：13808445905
电话：0735-5852229
地址：湖南省郴州市永兴县马田镇兴隆街 邮编：423000

## 武冈市湘都速冻食品加工厂

武冈市湘都速冻食品加工厂成立于2008年，主要从事肉食品、鱼食品的生产与销售。以“质量第一，客户至上”为经营宗旨，欢迎新老客户光临、惠顾！

联系人：李立华
电话：13574938767、0739-4274177
地址：湖南省邵阳市武冈市工业园春光路1号 邮编：422400

## 永州市雅大科技实业有限公司

永州市雅大科技实业有限公司成立于1999年，本公司是一家集酿酒技术研发、培训、转让、咨询、中介服务、酿酒设备制造、酿酒发酵剂生产、异蛇豪酒系列产品生产及销售于一体的省级民营科技型企业，本公司研制的“乡村发现”牌“永州异蛇鞭酒、永州异蛇豪酒”名扬海内外，畅销全国及东南亚，还提供保健酒、白酒的生产技术。

我公司追求诚信、创新、敬业的精神，愿与各界朋友携手并肩，将保健酒、酿酒机械产业做大做强，共同创造美好的明天，竭诚欢迎各界朋友来公司考察、洽谈业务。

联系人：胡盛 13337261688
网址：www.yadajiuye.com
电话：0746-6368128 电子邮件：yada838@sina.com
地址：湖南省永州市零陵区永州工业园18号 邮编：425000

## 西部牛仔食品有限公司

本公司专门从事开发生产宝庆风味地方传统食品，主要产品为宝庆丸子、宝庆风味卤腊制品、风味豆制休闲食品。“传承特色工艺，发展现代美食”是我们的战略目标，竭诚为广大客户提供不一样的味觉享受，欢迎惠顾！

联系人：李自安
电话：0739-5290888 13507391083
地址：湖南省邵阳市工业街105号 邮编：422000

## 沅江市百惠商业广场

沅江市百惠商业广场主要从事食品、副食品、饮料、保健品及日用百货的批发零售，我们以“真诚服务，质量第一”为服务宗旨，千百种的商品，实惠的价格等着您的光临！

联系人：罗积仲 手机：13507374858
电话：0737-2812688 传真：0737-2812198
地址：湖南省沅江市琼湖路 邮编：413100

## 湘潭市雨湖区顶俏食用添加剂厂

湘潭市雨湖区顶俏食用添加剂厂于1996年成立，主营食品添加剂，着色剂，焦糖色等。

本公司以实惠顾客作为大前提，本着服务加品质的经营理念，力求为广大顾客引入更多健康方便的食品作料，给顾客带来美味是我的荣幸，祝大家吃嘛嘛香！

电话：0731-82925945 传真：0731-82888719
联系人：冷德春 13873170672 邮编：410000
地址：湖南省长沙市高桥火焰大市场调料城8区6栋8号

## 岳阳市天润油脂有限公司

岳阳市天润油脂有限公司成立于2007年，以生产食用油及油菜籽、棉籽的购销为主。

公司本着“做大做强”的发展理念，真诚与社会各界朋友广泛合作，同创共赢，欢迎光临公司参观指导。

联系人：黄文革
13762088915 13807404602
地址：湖南省君山区钱粮湖镇常春路 邮编：414005

## 湘乡市湘潭郎舅槟榔店

我店专业从事槟榔加工销售，产品涵盖青果、黑果两大类，拥有纯香坊、醉、纯、清爽、咖啡醇、果香布丁、黑布丁为代表的系列产品等数十种香型。“卫生安全，诚信服务”是我们的经营理念，欢迎惠顾！

联系人：刘国平 电话：0731-56779875 13607321748
地址：湖南省湘潭湘乡市桑梅路4号 邮编：411100

## 岳阳市岳阳楼区子一食品厂

岳阳市岳阳楼区子一食品厂多年来从事酱料食品的加工及销售，主要产品有珍辣红系列酱干，香干（熟食制品），豆制品，鱼仔，酱菜等。

口感纯正，品质保证。

联系人：周耀东
13975026054
地址：湖南省岳阳市岳阳楼区奇家村大赵组 邮编：414000

## 芷江渲丰薯业有限公司

芷江渲丰薯业有限公司以红薯加工为主。公司秉承"顾客至上，锐意进取"的经营理念，坚持"客户第一"的原则为广大客户提供优质的服务。

欢迎惠顾！

联系人：田小银
电话：0745－6611249 13762913047
邮编：419105
地址：湖南省芷江侗族自治县新店坪镇新田村

## 广东省/Guangdong Province

### 深圳市宝安区龙华花好月圆西饼屋
业务：西饼、生日蛋糕、面包的加工与销售
产品：西饼、生日蛋糕、面包
地址：广东深圳市宝安区龙华街道清湖新村东区三巷一号 101
负责人：罗汉周 邮　编：518000
法　人：罗汉周
Tel：0755－29412689

### 潮安金山珠宝食品有限公司
业务：棉花糖、蜜饯、膨化食品(珠宝牌)
地址：广东省潮州市潮安县庵埠镇梅溪村上沟北片
负责人：洪笃鹏 邮　编：515638
法　人：洪笃鹏
Tel：0768－5912009

### 饶平径新食品有限公司
业务：生产、销售蜜饯，凉果，肉制品，冷冻食品
地址：广东省潮州市饶平县钱东镇径新村
负责人：钟武昌 邮　编：525726
法　人：钟武昌
Tel：0768－8705158
13502618884

### 饶平县无疆食品有限公司
业务：食品的加工和销售
地址：广东省潮州市饶平县钱东镇兴星大道 16 号
负责人：许双武 邮　编：521000
法　人：许双武
Tel：0768－8712506
13802307255
网址：http://www.51zzt.com/user/zzt34358

### 东莞市长安林森牛肉店
业务：销售鲜牛肉、活牛
地址：广东省东莞市长安镇长安综合市场牛肉档 104 号
负责人：廖林森 邮　编：523000
法　人：廖林森
Tel：13711972678
13686651389

### 东莞市长安鼎丰粮油副食店
业务：工厂和餐厅的大米、油类、调料等的配送
地址：广东省东莞市长安镇霄边鸿明路 35 号
负责人：吴纪鼎 邮　编：523003
法　人：吴纪鼎
Tel：0769－85537151
13450052520
Fax：0769－85307030

### 深圳市家耀实业有限公司
地址：广东省深圳市南山区学府路仓前锦福苑 06 栋 1203 室
负责人：蒋雪萍
Tel：0755－26076235
13823337773

### 深圳市咪喜食品有限公司
地址：广东省深圳市西海湾 3 栋 12 室
负责人：安长文
Tel：13509642685

### 东莞市湘粉老店饮食管理有限公司
业务：销售常德米粉、长沙手工粉，各种小炒、干锅、凉菜、蒸菜、炒饭、面条、木桶饭、水饺
产品：常德米粉、长沙手工粉，各种小炒、干锅、凉菜、蒸菜、炒饭、面条、木桶饭、水饺
地址：广东省东莞市常平镇板石村板石大道
负责人：全育宏 邮　编：523003
法　人：全育宏
Tel：13712881118
0769－82206992
Fax：0769－82206992
网址：http://www.dgxfld.cn
E-mail：504556607@qq.com

### 富锦贸易有限公司
地址：广东省佛山市南海区盐步三眼桥货场西侧贰号铺
负责人：石付军
Tel：0757－85752298
13971265288

### 广东省佛山市南海区港城食品厂
地址：广东省佛山市南海区桂城叠北村关工业区 78 号
负责人：张伟浩
Tel：13902412044

### 东莞市常平香味坊百货店
业务：经营百货、烟酒等
地址：广东省东莞市常平镇朗贝常泰新村
负责人：赖冠辉 邮　编：523003
法　人：赖冠辉
Tel：0769－83939062
13662960288

### 东莞市常平兴泉面粉经营部
业务：面粉销售
地址：广东省东莞市常平镇霞坑村东站东迅货场
负责人：李朝红 邮　编：523003
法　人：李朝红
Tel：13602379346
0769－83976318
83976756
Fax：0769－83976756

### 东莞市大岭山合华面包店
业务：生产销售面包
地址：广东省东莞市大岭山镇鸡翅岭村永鹏厂对面 6 巷 1 楼
负责人：杨延江 邮　编：523000
法　人：杨延江
Tel：13712584278
0769－85637969

### 佛山市南海区黄岐唯佳食品厂
业务：佛山市南海区黄岐唯佳食品厂成立于 2001 年，多年来一直生产销售休闲食品，产品有地瓜干、花生、凉果等，主要以地瓜干为主。
地址：广东省佛山市南海区黄岐海北三乡路 18 号
邮　编：528428
法　人：刘贻博
Tel：0757－85999133
Fax：0757－81136503
网址：www.gdwjsp.chinapyp.com

### 东莞市东城盟盛烟酒
业务：烟酒代理
地址：广东省东莞市东城区立新居民委员会立新综合市场 A11 号
负责人：刘志诚 邮　编：523003
法　人：刘志诚
Tel：0769－22882198
13713185008
Fax：0769－27280766

### 东莞市东城宝源饮用水店
业务：桶装水
地址：广东省东莞市东城区桑园圃园西路都市升园 A08 号铺
负责人：伍永车 邮　编：523000
法　人：伍永车
Tel：13532781286
0769－27197850
22015783

### 南海市大沥雅瑶泗兴酒饼厂
地址：广东省佛山市南海市大沥雅瑶中心村一巷八号
负责人：黎淑姬
Tel：0757－85554532

### 东莞市凤岗陈悦饮用水店
业务：经营桶装饮用水(肇鼎山泉水、美星、水谷三大品牌饮用水)，活动期间。凡在本店一次性购买任一品牌饮用水十桶，另赠送两桶。为客户送货上门，服务周到，欢迎广大客户光临。
地址：广东省东莞市凤岗镇三联村鹤祥里 10－8 号铺
负责人：黄礼贺 邮　编：523003
法　人：黄礼贺
Tel：0769－82860498

### 东莞市横沥昌辉百货店
业务：批发珠江啤酒、新威啤酒、副食饮料等
地址：广东省东莞市横沥镇三江工业区后门旁
负责人：焦广辉 邮　编：523003
法　人：焦广辉
Tel：13240692408
0769－82329880

### 成山食品有限公司
地址：广东省佛山市顺德区大良街道红英路 100 号之府又市场 12 号
负责人：刘立邦
Tel：0757－28326938
13702488635

### 东莞市横沥湘川商行
业务：粮油、粉条、大料、干货等销售
地址：广东省东莞市横沥镇中心市场边桃园大楼 25 号
负责人：俞伟杰 邮　编：523000
法　人：俞伟杰
Tel：13412961470
0769－81180677

### 东莞市厚街华平饼家
业务：制作面包、糕点
地址：广东省东莞市厚街镇白濠村源兴街东五巷 9 号
负责人：曾王平 邮　编：523000
法　人：曾王平
Tel：13926807087
0769－85997918

### 广州市白云区太和富源绿宝麻油分装厂
业务：广州市白云区太和富源绿宝麻油分装厂始创建于 2002 年，主营花生油、芝麻油、食用调和油的生产、分装、销售。本厂秉承着不断创新的精神，愿与全国各地广大客户及各界同仁精诚合作，共创辉煌！
地址：广东省广州市白云区太和兴和市场北路 2 街 1 号
邮　编：510540
法　人：王维胜
Tel：020－87437891
Fax：020－62674838

### 东莞市厚街香贝坊蛋糕连锁店
业务：销售蛋糕
地址：广东省东莞市厚街镇厚街村吉祥路 80 号，厚街镇兴隆路 104 号 0769－85892001、厚街镇三庄路 37 号 0769－85899234、厚街镇北环路 16 号 0769－85829080、厚街镇新塘村新塘 2 路 0769－81521881、厚街镇吉祥路 80 号 0769－85994800
负责人：刘伟坤 邮　编：523003
法　人：刘伟坤
Tel：0769－85892001
85899234
85994800
Fax：0769－85887396
E-mail：xb060701@163.com

### 东莞市厚街三瑞蛋糕店
业务：各类蛋糕、面包等
地址：广东省东莞市厚街镇三屯村富怡花园 B107 号铺
负责人：江瑞岗 邮　编：523941
法　人：江瑞岗
Tel：0769－85898530

### 顺泰食品厂有限公司
地址：广东省佛山市顺德杏坛镇新冲北河工业区
负责人：黎培伟
Tel：0757－27777096
13703010181

### 东莞市厚街怡田桶装水店
业务：桶装水、怡宝、景田百岁山、娃哈哈
地址：广东省东莞市厚街镇三屯村三屯商业街富华街 B101 铺
负责人：张世杰 邮　编：523000
法　人：张世杰
Tel：13790208810
0769－85910813

### 东莞市虎门名城轩酒业商行
业务：茶、烟酒的批发及零售
地址：广东省东莞市虎门镇北栅商业区 G 座 115 号铺位
负责人：梁应怀 邮　编：523000
法　人：梁应怀
Tel：13798768288
0769－82886088

### 广州沪亚食品开发有限公司
地址：广东省广州市白云区同和镇白水塘 38 号西街 4 楼
负责人：徐仁初
Tel：020－37356306

### 广东省东莞市虎门湖畔美食店
业务：美食销售
产品：鸡、鸭、鹅等美食
地址：广东省东莞市虎门镇大宁麒麟西路大塘石九墩池塘边
负责人：谭乐欢 邮　编：523000
法　人：谭乐欢
Tel：0769－85387823

### 东莞市虎门祥寿食品店
业务：经销：面包、辣条、杂货等
地址：广东省东莞市虎门镇东风新圩东路 2 号铺位
负责人：阮祥寿 邮　编：523000
法　人：阮祥寿
Tel：13790315588
0769－82911775

### 茂名市翠园食品连锁店
业务：茂名市翠园食品连锁店成立于 1991 年，主要生产面包、西饼、蛋糕等
地址：广东省茂名市茂南开发区 13－15 号
负责人：郑锦坤 邮　编：525000
法　人：郑锦坤
Tel：0668－2800301－801
2808621

### 东莞市赐旺食品有限公司
业务：小包装食用油、22L 餐饮包装油的生产、销售
产品："贺禧"、"惠唛"、"施乐福"、"丰收年"、"喜贵人"等品牌花生油、调和油、大豆油等
地址：广东省东莞市黄江镇板湖村板湖路 31 号
负责人：何万右 邮　编：523003
法　人：何万右
Tel：15989682988
0769－83843622
Fax：0769－83843622

### 东莞市黄江城发面包加工店
业务：面包，糕点制作
地址：广东省东莞市黄江镇龙见田村一队 113 号
负责人：周金树 邮　编：523000
法　人：周金树
Tel：0769－83666856

### 广州市从化杨荷米粉面经营部
地址：广东省广州市从化太平镇太平路 84 号
负责人：高显明
Tel：13808860183

### 东莞市阿尔卑斯小食店
业务：生产、销售冷饮
地址：广东省东莞市南城区鸿福中信新天地 3 号楼 8 号铺
负责人：周安桃 邮　编：523000
法　人：周安桃
Tel：13266089489
0769－22821096

### 东莞市企石俊发豆腐制品厂
业务：生产、销售豆制品
地址：广东省东莞市企石镇莫屋工业区
负责人：刘成俊 邮　编：523000
法　人：刘成俊
Tel：13058588378

### 广州酒类专卖店连锁有限公司盈德分店
地址：广东省广州市东山区东华东路 662 号地下
负责人：陈伟明
Tel：020－83373448

**东莞市清溪荣金冷饮店**
业务:冷饮批发
地址:广东省东莞市清溪镇厦坭榕树路45号一楼
负责人:张荣金 邮编:523003
法人:张荣金
Tel:13559735552
13538330303
13414344008
0769-82990130

**冰泉饮水店**
业务:桶装水、饮水机专营店,批零兼营,并设有五加仑桶装水、支装水配送服务
产品:矿泉水
地址:广东省东莞市清溪镇谢坑村
负责人:李从彬 邮编:523652
Tel:13662782359

**陆河县金叶发展公司**
业务:本公司成立于2002年,主要从事物业管理、生产销售"南山松"优质天然矿泉水,热忱欢迎新老客户光临、惠顾!
地址:广东省汕尾市陆河县城人民路218号
负责人:朱明理 邮编:516700
法人:朱明理
Tel:0660-5528640
Fax:0660-5528640

**东莞市晨农食品贸易有限公司**
业务:销售和代理各地休闲食品
产品:休闲食品
地址:广东省东莞市石碣镇水南沙地工业区
负责人:谢东 邮编:523003
法人:谢东
Tel:13712363670
0769-89776118
Fax:0769-86368069

**东莞市石排在英副食商店**
业务:经营副食品
地址:广东省东莞市石排镇李家坊村李横大道
负责人:柏在英 邮编:523003
法人:柏在英
Tel:13112835459
0769-81851093

**广州市番禺区志盈食品商行**
地址:广东省广州市番禺区石基镇岐山中路10号
负责人:阮志娟
Tel:020-33961983

**东莞市塘厦温记副食店**
业务:糖烟酒等副食品零售
地址:广东省东莞市塘厦镇林村龙头岭20号
负责人:温水生 邮编:523003
法人:温水生
Tel:0769-26072618
82063607

**东莞市味点食品有限公司**
业务:烧腊食品
地址:广东省东莞市塘厦镇石鼓契爷石二巷7-8号
负责人:张伟强 邮编:523003
法人:张伟强
Tel:13066142111
0769-87726195

**广州市紫蔷薇健康食品有限公司丽分店**
地址:广东省广州市番禺区市桥街丽路194号铺
负责人:黄苹
Tel:020-61917000

**东莞市塘厦中意华夏贸易行**
业务:代理中意华夏红酒,经营国内、国外洋酒、白酒
地址:广东省东莞市塘厦镇塘天北路43-B号
负责人:赖妙贤 邮编:523003
法人:余勇建
Tel:0769-82992588
82992278
13450006888

**东莞市中堂绪友便利店**
业务:销售副食品
地址:广东省东莞市中堂镇槎滘工业园
负责人:彭绪友 邮编:523000
法人:彭绪友
Tel:13544848696
13538802169

**广州精博生物技术有限公司**
地址:广东省广州市芳村区南教西南路6号
负责人:李恒颂
Tel:020-81611728

**东莞市中堂信禾酒类食品经营部**
业务:酒类和食品
地址:广东省东莞市中堂镇鸿富花园东二区9号
负责人:陈建祥 邮编:523003
法人:陈建祥
Tel:13556718222
0769-88117828

**东莞市中堂洪达饮料批发部**
业务:批发、零售各种饮料、啤酒、烟酒、多样副食品等等。
地址:广东省东莞市中堂镇湛翠市场往实验中学方向直80米处(湛凤路旁)
负责人:张浩坤 邮编:523220
法人:张浩坤
Tel:13600283111/
0769-88896117

**深圳市康之源食品蔬菜配送行**
业务:本公司成立于1995年,主要供应工厂、食堂食品和蔬菜。
地址:广东省深圳市宝安区沙井镇中心批发市场88号
负责人:戴明华 邮编:518104
法人:戴明华
Tel:0755-61126748

**洪达饮料批发部**
业务:饮料、副食零售批发
产品:各种饮料,酒水,副食品
地址:广东省东莞市中堂镇湛翠综合市场后50米(即湛凤路旁)
负责人:张浩坤 邮编:523003
法人:张浩坤
Tel:0769-88896117
13600283117

**佛山市禅城区酩汇轩烟酒商行**
业务:青岛华东专园葡萄酒系列(干红、干白、赤霞珠);青岛崂山苏打水、蛇草水;茅台酒、茅台镇系列酒、茅台集团系列酒;辽宁道光25年;进口酒、名烟名茶等等
地址:广东省佛山市禅城区湖景路26号首层商铺P81号
负责人:王华平 邮编:528000
法人:王华平
Tel:0757-83785800
Fax:0757-83785800

**成记烧腊店**
地址:广东省广州市花都区花山镇平山成记烧腊店
负责人:潘金荣
Tel:020-86848959

**禅城区谭坤全猪肉档**
业务:生猪肉销售
地址:广东省佛山市禅城区石湾镇街道黎明二路北侧湾华农贸市场首层猪肉区5号
负责人:谭坤全
法人:谭坤全
Tel:13543640493
13202434739

**佛山市高明区兆和粉葛购销部**
业务:"马尾水"合水粉葛、土特产
地址:广东省佛山市高明区更合镇合水香山圩
负责人:朱兆均 邮编:528000
法人:童惠连
Tel:13702951218
13138235777
0757-88877228
88195233

**花都区大森林山泉天然饮用水厂**
地址:广东省广州市花都区梯面高百丈自然保护区内
负责人:曾秀欢
Tel:020-86851757

**佛山市南海区大沥酷家饮料商行**
业务:销售各种饮料
地址:广东省佛山市南海区大沥城南新区金雅轩侧第四座5,6号
负责人:林木义 邮编:528000
法人:林木义
Tel:0757-85594884
13516578092

**佛山市南海区大沥温从纯食品经营部**
业务:纯食品的销售
地址:广东省佛山市南海区大沥沥东芦村新铺53号商铺
负责人:温从纯 邮编:528000
法人:温从纯
Tel:0757-81182188
13129188777

**旺燕燕窝食品有限公司**
地址:广东省广州市花都区新华镇东镜村君望庄
负责人:蔡添发
Tel:020-36850290

**佛山市南海区大沥春耕豆类经营部**
业务:主营黄豆和各种豆类及其豆制品辅料
产品:销售各种豆类(红豆,绿豆,黄豆等)
地址:广东省佛山市南海区大沥水头蛇龙牌坊15号
负责人:郭宗华 邮编:528200
法人:郭宗华
Tel:13415582558
0757-85554335
13630108676

**佛山市南海区丹灶镇超宁佳豆腐店**
业务:豆腐
地址:广东省佛山市南海区丹灶城区富民花园编号11-2住宅地面101铺
负责人:占超 邮编:528000
法人:占超
Tel:15302927717

**广州市天河元岗瑞丰河粉加工厂**
地址:广东省广州市天河区岑村么棣堂
负责人:谢功明
Tel:020-87239787
13501504653

**佛山市南海区沙头乐迎水店**
业务:零售百氏桶装水、屈臣氏支装水、百塔峰桶装水
地址:广东省佛山市南海区九江镇沙头沙龙公路水南段供电站对面铺位
负责人:关团兴 邮编:528000
法人:关团兴
Tel:13794072964
0757-86919995

**佛山市南海区铭丰汇冷冻食品有限公司**
业务:冷冻食品
地址:广东省佛山市南海区罗村东西大道乐安路段中南农产品交易中心冻品区13号
负责人:邓喜文 邮编:528000
法人:邓喜文
Tel:13804572988
0757-81265888
Fax:0757-81261777
网址:http://www.51zzt.com/user/zzt33076

**明华诚贸易行**
地址:广东省广州市天河区东圃车陂大塘中街29号
负责人:谢志文
Tel:020-82329353
13602715926

**佛山兴和餐饮管理有限公司**
业务:餐饮管理,饭堂承包
地址:广东省佛山市南海区罗村乐城三路富安花园B区富宏阁富业阁首层商铺01号
负责人:杨海林 邮编:528227
法人:杨海林
Tel:0757-88778688
Fax:0757-88773299

**佛山市三水区白坭镇文林豆腐加工店**
业务:生产、销售豆腐
地址:广东省佛山市三水区白坭镇文华街7号对面(旧邮电局对面)
负责人:虞章敏 邮编:528000
法人:虞文林
Tel:13450857481
0757-87567893
87556793

**古香云吞面店**
业务:古香云吞面店是一家全国连锁的私营企业。主要经营云吞面。云吞嫩滑、面质爽、味香而不腻。热忱欢迎新老客户光临、惠顾!
地址:广东省肇庆市端州区华英新城盈翠苑25卡3铺
负责人:岑炳权 邮编:526040
法人:岑炳权
Tel:0758-2329442

**佛山市三水区南边薛大姐副食店**
业务:烟酒、饮料、副食、日用百货等批发零售
地址:广东省佛山市三水区乐平镇南边中学铺位第5,6号
负责人:薛平 邮编:528000
法人:薛平
Tel:13652274526
0757-87314475

**佛山市顺德乐从镇鼎辉酒类商行**
业务:专营"密洛陀"野生葡萄酒系列产品,厂价直销,现密洛陀牌已深入人心,得到消费者的青睐和认可,我们将继续努力,致力以优质的产品,优良的服务,热忱恭候您的光临!
产品:广西都安密洛陀野生葡萄酒
地址:广东省佛山市顺德区乐从镇乐从居委会桂华路A65号
负责人:邓家军 邮编:528316
法人:邓家军
Tel:0757-28366339
13600322231
18923222098
Fax:0757-28366339
网址:www.dinghuihongjiu.cn
www.51zzt.com/user/dhui/index.htm
E-mail:288668983@qq.com

**广州市天河天平南通购销部**
地址:广东省广州市天平日杂批发市场44号(09)
负责人:田素川
Tel:020-87227076
13925175588

**佛山市顺德区乐从镇夏新斌冷冻食品档**
业务:冰鲜冷冻品、火锅料、烧烤料、礼品包装的马友鱼(现包装送礼专用)、湛江咸鱼干(送礼专用)
地址:广东省佛山市顺德区乐从镇腾兴路四街乐泰居市场D2号
负责人:夏新斌 邮编:528000
法人:夏新斌
Tel:0757-82409801
15017738094

**广东省高要市品尝食品厂**
业务:生产销售糕点(中西式糕点)
产品:鲜蛋卷,欧式蛋糕,欧式软面包,大福饼,绿豆饼,等
地址:广东省高要市莲塘镇官塘村新思公路边
负责人:钟爱民 邮编:526114
法人:钟爱民
Tel:0758-8467415
Fax:0757-81132216
网址:www.pinchang.jqw.com

**美心食品(广州)有限公司环球东浚广场分店**
地址:广东省广州市越秀区人民北路829-831号首层A1-4铺
负责人:李天鹏
Tel:020-37621992

**高州市强牌果品有限公司**
业务:桂圆、荔枝、桂圆肉加工及销售
地址:广东省高州市根子镇公垌西坑村
负责人:何以锋 邮编:525247
法人:何以锋
Tel:13543376588
0668-6890068
Fax:0668-6890068

**高州市润信食品有限公司**
业务:生产、加工与销售桂圆干、荔枝干、罗非干
产品:桂圆干、荔枝干、罗非干
地址:广东省高州市沙田镇文卫路12号(粮所内)
负责人:卢志旋 邮编:525200
法人:卢志旋
Tel:13535935496
0668-6305678
Fax:0668-6389689

**广州市禾盈酒业有限公司**
地址:广东省广州市越秀区越秀北路222号1603-1607室
负责人:梁乃铭
Tel:020-83552315

食品饮料酿酒行业

**广州市白云区太和容森猪肉档**
业务：经营猪肉
地址：广东省广州市白云区太和镇米龙村
负责人：古秋娣 邮 编：510130
法 人：古秋娣
Tel：020－87421310
13535384872

**广州哆嘻唧食品有限公司市桥东涌路分公司**
业务：食品加工、销售
产品：月饼、糕点、面包等
地址：广东省广州市番禺区市桥街东涌路72号
负责人：罗铎尧 邮 编：510130
法 人：罗铎尧
Tel：020－39212421
61933171

**广州市中酒实业有限公司**
地址：广东省广州市增城市荔城街百花林水库（荔枝楼）
负责人：邓文华
Tel：020－82711988

**广东李冠成食品股份有限公司**
业务：食品生产销售
地址：广东省广州市番禺区星河湾荟心园1－1－802
负责人：李锐鹏 邮 编：526040
Tel：13866691888
15887026883

**东源县柳城好帮手肉丸店**
业务：加工肉丸
地址：广东省河源市东源县柳城镇红星南路市场侧旁
负责人：张乔武 邮 编：517554
法 人：张乔武
Tel：13435367102
0762－8601576

**广州市增城耀晖凉粉草加工厂**
地址：广东省广州市增城市派潭镇汉湖村
负责人：周耀强
Tel：020－82821526

**东源县盛润商店**
业务：烟酒销售
地址：广东省河源市东源县仙塘镇新圩镇D1－20号之二
负责人：彭伟勇 邮 编：517001
法 人：彭伟勇
Tel：0762－8816559
15876227827

**和平县绿元盛豆制品有限公司**
业务：生产，销售豆腐、腐竹、豆腐干
地址：广东省河源市和平县大楼村
负责人：徐焕灵 邮 编：517001
法 人：徐焕灵
Tel：0762－5651329
5688329
13376782908

**广州市澳之风食品有限公司**
地址：广东省广州市增城市中新镇九和工业区（即九和村新新公路边）
负责人：冒东升
Tel：020－82867368

**连平县忠信镇鸿记饼店**
业务：主营绿豆饼，批发各种包装饼
地址：广东省河源市连平县忠信镇上坐村
负责人：王伟佳 邮 编：517139
法 人：王伟佳
Tel：0762－4556613
13536763643

**龙川县摇调达人冷饮店**
业务：冷饮的销售
地址：广东省河源市龙川县老隆镇先烈路7号楼3号
负责人：魏志军 邮 编：517001
法 人：魏志军
Tel：15811619992
0762－6887001

**龙川县靖泰贸易商行**
业务：可比克、三辉麦风、郎郎、丽丽、变色龙等品牌代理，饼干、蛋黄派、方便面、果冻、月饼、雪饼及各种食品批发和销售
地址：广东省河源市龙川县龙发花园首层
负责人：王耀 邮 编：517000
法 人：王耀
Tel：0762－6896306
13539111978
Fax：0762－6896306

**金樱花食品厂**
地址：广东省江门市荷塘镇唐溪工业区
负责人：梁成刚
Tel：0750－3955168
3955122
13902837344

**花井才强榨油店**
业务：专营纯正花生油及小百货，质优价廉，批零兼营，欢迎广大顾客前来选购！
产品：纯正花生油，茶油（高山油），黄豆，大米等
地址：广东省河源市龙川县龙母镇环江二路28号
负责人：邱才强 邮 编：517358
法 人：邱才强
Tel：0762－6961215

**壹杯通有限公司**
地址：广东省汕头市金沙东路汕融大厦14F
负责人：傅键泳
Tel：0754－88719091
13058292448

**河源市源城区盛宇商行石坪店**
业务：烟酒专卖
地址：广东省河源市新江二路石坪路口
负责人：王宣文 邮 编：517001
法 人：王宣文
Tel：0762－3383570
Fax：0762－3383570

**河源市源城区源乐食品批发部**
业务：可口可乐等其它食品
地址：广东省河源市源城区河源大道北（白岭头292对面）
负责人：吴永辉 邮 编：517000
法 人：吴永辉
Tel：0762－3391188
13829385400

**汕头市派斯顿酒业有限公司**
地址：广东省汕头市金园区长平路中源大厦704室
负责人：黄壁明
Tel：0754－88606433
13502944775

**鹤山市鹤城镇绿星食品厂**
业务：食品加工、销售
地址：广东省鹤山市鹤城镇坪山水心村72号
负责人：钟良 邮 编：529020
法 人：钟良
Tel：13822391472
0750－8381508

**惠来县惠城镇裤头方凉茶惠来分店**
业务：凉茶
地址：广东省惠来县惠城镇惠东路11号
负责人：杨畅帆 邮 编：515200
法 人：杨畅帆
Tel：13715928199

**金源福贸易有限公司**
地址：广东省汕头市龙湖区长平路118号韩江大厦1104室
负责人：林洁
Tel：0754－88844192

**博罗县龙溪镇锦润干果海味店**
业务：干果、鱿鱼、冬菇、木茸、猴头菇、茶树菇等干货
地址：广东省惠州市博罗县龙溪镇振兴路
负责人：童炳亮 邮 编：516001
法 人：童炳亮
Tel：13829956225
13719693196

**新振源粮油店**
业务：我店经营各种系列食用油，精致大米，优质面粉，物美价廉，品质一流，诚实守信，服务到家，欢迎新老客户光临选购。
产品：米、面、油、各种杂粮
地址：广东省惠州市博罗县罗阳镇四角楼
负责人：周建军 邮 编：516171
法 人：周建军
Tel：0752－6832022
13202339777
Fax：0752－6832587

**粮油综合发展公司**
地址：广东省汕头市龙湖区珠池路33号
负责人：詹潮钦
Tel：13809657018

**博罗县粒粟香板粟店**
业务：销售生熟板栗、油栗
地址：广东省惠州市博罗县罗阳镇新世纪市场C座9号
负责人：杨文 邮 编：516100
法 人：杨文
Tel：0752－6855564
13631912824

**博罗县罗阳镇信鑫茶烟酒商店**
业务：名烟名酒
地址：广东省惠州市博罗县罗阳镇中园一路43座一楼西一号
负责人：张信桃 邮 编：516001
法 人：张信桃
Tel：13414551541
0752－8610075

**新安兴业粮油面粉商行**
地址：广东省深圳市宝安区宝城44区兴华一路八巷九号一楼
负责人：倪耀青
Tel：0755－27887975
13603027748

**惠州市惠城区好佳包点食品店**
业务：食品生产经营
地址：广东省惠州市惠城区陈江街道办事处白云山村43号
负责人：郑文水 邮 编：516001
法 人：郑文水
Tel：0752－3173399
2628780

**惠州市惠城区兴宝翔食品商行**
业务：食品销售
地址：广东省惠州市惠城区水口大湖溪湖西一路九街9号
负责人：刘发源 邮 编：516001
法 人：刘发源
Tel：13719621550
0752－2076879

**兴茂粮油商店**
地址：广东省深圳市宝安区福永镇兴围村9巷6号
负责人：黄秋茂
Tel：0755－27502206
13602516293

**惠东县大岭镇四川鲜面店**
业务：经营四川鲜面
地址：广东省惠州市惠东县大岭镇新安市场
负责人：王秋强 邮 编：516000
法 人：王秋强
Tel：13421685748

**惠州市惠阳区淡水裕源房地产置业有限公司润泰商店**
业务：销售副食品
地址：广东省惠州市惠阳区淡水草洋西路一巷富达楼1楼
负责人：卢佛生 邮 编：516001
法 人：卢佛生
Tel：13824250928
0752－3821168

**封开县江口镇贵盛食品有限公司**
业务：封开县江口镇贵盛食品有限公司成立于2005年，现有员工80余人，是一家从事食品（波纹面、碗面）生产及销售的企业。欢迎来电垂询！
地址：广东省肇庆市封开县江口镇贺江二路108号
邮 编：526500
法 人：钟培桂
Tel：0758－6665178
Fax：0758－6665178

**惠州市惠阳区淡水华祥苑茗茶店**
业务：专营各类优质名茶，以铁观音为主，并提供品茶及茶艺服务，浓郁香茶、品香生活，不防来华祥苑茗茶店座座！
产品：茶叶、茶具、茶食品专卖
地址：广东省惠州市惠阳区淡水演达三路金碧雅苑5号店铺
邮 编：516200
法 人：曾奕萍
Tel：0752－3252166
E-mail：hz－huaxiangyuan@163.com

**惠州市惠阳区平潭添记榨油店**
业务：榨油
地址：广东省惠州市惠阳区平潭镇光辉村委会乌塘村48号
负责人：郑添水 邮 编：516001
法 人：郑添水
Tel：13112607663
0752－3301713

**龙门县好口味点心加工店**
业务：面包、蛋糕等西点及粽子、点心等加工销售
地址：广东省惠州市龙门县龙城街道王坪村26号
负责人：廖后德 邮 编：516001
法 人：廖后德
Tel：0752－7788279
13414703729

**深圳市宝安区公明镇海龙粮油副食商店**
地址：广东省深圳市宝安区公明镇综合市场南门口对面
负责人：林玉海
Tel：13509689334

**龙门县龙城七彩豆腐坊**
业务：七彩果蔬豆腐、七彩果蔬豆浆、七彩果蔬面条。绿色加营养等于健康。
地址：广东省惠州市龙门县龙城镇石巷口（原城内派出所）首层第一间
负责人：余文宇
法 人：余文宇
Tel：13068236711
13556252537

**光明山泉纯净水厂**
地址：广东省深圳市宝安区光明农场粮油仓库内
负责人：陈联群
Tel：13713826007

**龙门县永汉镇永华商行**
业务：销售糖、烟、酒、茶
地址：广东省惠州市龙门县永汉镇增龙路（移动公司对面）
负责人：黄金水 邮 编：516001
法 人：黄金水
Tel：0752－7611378
13725019859

**惠州市惠城区海波豆腐坊**
业务：海波豆腐坊，专业从事豆制品类、面制品类、米制品类等多种类经营，各类特色豆腐、豆浆、豆花现制现卖，品种繁多、绿色健康，倍受现代消费者的喜爱。
产品：豆腐、河粉、面条、肉丸、糕点类
地址：广东省惠州市桥东市场鲜鱼档B3号
负责人：黄海波 邮 编：516000
法 人：黄海波
Tel：13794588591
0752－2225009
Fax：0752－2225009

**龙华华兴食品批发行**
地址：广东省深圳市宝安区龙华街道办事处文化街8号
负责人：谢汉卫
Tel：0755－28106349

**惠州市惠城区君信烟酒商行**
业务：烟酒销售
地址：广东省惠州市义乌小商品批发城二期1楼016、017号
负责人：郑木军 邮 编：516000
法 人：郑木军
Tel：13433447998
0752－2048666

**惠州市惠城区裕兴发食品贸易行**
业务：食品贸易
地址：广东省惠州市义乌小商品批发城二期1楼5街B期091、092号
负责人：缪忠奎 邮 编：516000
法 人：缪忠奎
Tel：13542720638
13622795969

**南发粮油店**
地址：广东省深圳市宝安区龙华镇布九窝内部队内
负责人：黄建南
Tel：0755－28127579
13825264968

**恩平市邓老凉茶店**
业务：凉茶
地址：广东省江门市恩平市恩新路50号首层铺位
负责人：张远武 邮 编：529020
法 人：吴小茶
Tel：0750－7886938

**江门市江海区永兴冻肉店**
业务：冻肉销售
地址：广东省江门市江海区桥东新村江南农贸市场第63号摊位
负责人：马平冲 邮 编：529020
法 人：马平冲
Tel：13432211706
13725907211

**平平健康饮用水店**
业务：桶装水销售
地址：广东省江门市江海区外海麻三古巷中路7巷3号
负责人：何长平 邮 编：529000
法 人：何长平
Tel：13664916137
0750－6950227

**威利餐料批发行**
地址：广东省深圳市宝安区龙华镇龙华市场楼下 34－49 号
负责人：邱娘仕
Tel：0755－27746632
13808831027

**江门市蓬江区金洪记食品批发行**
业务：批发、零售冷冻食品
地址：广东省江门市蓬江区江会路 65 号之一 51 号铺
负责人：杨辉文　邮　编：529020
Tel：13432276738
0750－3539548

**深圳市宝安区龙华龙军鲜奶销售部**
地址：广东省深圳市宝安区龙华镇桃苑新村 6 栋 1 楼
负责人：刘备
Tel：0755－28103863

**江门市蓬江区春燕糖水店**
业务：糖水加工
地址：广东省江门市蓬江区棠下镇周郡村民委员会海滩围房屋 16 号
负责人：唐瑞豪　邮　编：529164
法　人：唐瑞豪
Tel：13422613901
13257504251

**广东穗鑫隆有限公司**
业务：加工销售大米
地址：广东省揭阳市东山区
负责人：林穗丰　邮　编：514021
Tel：0663－8231852
8129558
Fax：0663－8129558

**深圳市宝安区石岩镇新风副食店**
地址：广东省深圳市宝安区石岩镇官田工业区侧
负责人：郑灿伟
Tel：0755－27605958
13590416159

**普宁市洪阳聚兴旺食品厂**
业务：猪肉丸、牛肉丸、热狗肠等肉制食品的加工、销售
地址：广东省揭阳市普宁市洪阳镇鸣港村
负责人：方厂长　邮　编：515300
法　人：方国安
Tel：13510344563
13502878930
0663－2193768

**雷州市忠发糖业经销部**
业务：生产冰糖、冰片糖、黄片糖、包装其它食品
地址：广东省雷州市 207 国道（雷南大道路口往北上约 300 米）
负责人：郭兆忠　邮　编：524200
法　人：郭兆忠
Tel：13802348242
0759－8814182
8881382
Fax：0759－8881382

**深圳市龙唛食品有限公司**
地址：广东省深圳市宝安区松岗街道燕川路星辉工业城
负责人：孙良
Tel：13823684758

**连州市东陂镇江美腊味厂**
业务：腊肠、鸭
地址：广东省连州市东陂镇大江村
负责人：谭定强　邮　编：511500
法　人：谭定强
Tel：0763－6268201

**连州市东陂镇鼎丰腊味厂**
业务：主要包括腊肉、腊肠、腊鸭和腊狗等 20 多个品种
地址：广东省连州市东陂镇经济开发区
负责人：谭记东　邮　编：513400
法　人：谭记东
Tel：13539507191
18902359171
网址：http://hgcpy2008.cn.alibaba.com

**连州市东陂潘氏腊味厂**
业务：肉制品（腌腊肉制品）
地址：广东省连州市东陂镇五文岗开发区
负责人：潘水业　邮　编：513401
法　人：潘水业
Tel：0763－6269073
13539509343

**琪轩饼家**
地址：广东省深圳市宝安区西乡大道宝源商城 504 号
负责人：庄宝强
Tel：0755－27909980
13510001397

**连州市瑶安乡长烽碳厂**
业务：环保机制碳的生产和销售
产品：环保机制碳
地址：广东省连州市瑶安乡 701 桥头（即原瑶安中学对面）
负责人：李江　邮　编：513400
法　人：李江
Tel：13922619806
0763－6332233
网址：http://www.yacftc.cn/

**深圳市宝安区西乡金藤贸易商行**
地址：广东省深圳市宝安区西乡福中福广场 B 区群楼第一层 58 号
负责人：刘文辉
Tel：0755－27925315
13352960163
13352961885

**陆丰市东海信之诚茶店**
业务：茶叶、烟、酒
地址：广东省陆丰市东海镇人民路对面埔十一巷 1 号
负责人：张镇标　邮　编：516601
法　人：张镇标
Tel：0660－8828378

**新香琪饼家**
地址：广东省深圳市宝安区西乡镇大道宝源商业城
负责人：张宝权
Tel：0755－27914881
13823278486

**梅县杨子名酒坊**
业务：经营洋酒
地址：广东省梅州市梅县大新城半步行街新贵路 120 号
负责人：杨海芳　邮　编：514700
法　人：杨海芳
Tel：0753－2514456
13823844456

**茂名汇昌乳业经营部**
业务：销售食品、生活用品
地址：广东省茂名市厂前东 12 号
负责人：汪亚帝　邮　编：525000
法　人：汪亚帝
Tel：13288983026
13423588066

**金泉米业有限公司**
地址：广东省深圳市保安区石岩镇上屋大道金泉工业园
负责人：游启前
Tel：0755－26559713
13923797088

**蕉岭县复新酒厂**
业务：生产、销售酒
地址：广东省梅州市蕉岭县蕉城镇龙安村新一
负责人：黄眼芬　邮　编：514021
法　人：黄眼芬
Tel：0753－7889196

**梅州市彬芳大道金利来时尚步行街 58 度手调创意饮品店**
业务：手调饮品、奶茶
地址：广东省梅州市梅江区彬芳大道金利来时尚步行街 D25 号店铺
负责人：王坚　邮　编：514021
法　人：王坚
Tel：0753－2199293

**丰顺县留隍镇虎山泉自来水厂**
业务：生产、销售山泉水
地址：广东省梅州市丰顺县留隍镇北洞村虎山泉
负责人：陈千付　邮　编：514021
Tel：0753－6430232
13502533265

**恒泰烘焙原料商行**
地址：广东省深圳市布吉农产品中心批发市场 D 座 330 号
负责人：高亮
Tel：13903029910

**蕉岭县信孚饮料厂**
业务：果汁饮料、纯净水生产、销售
地址：广东省梅州市蕉岭县长潭镇长潭大道金融街 3 号
负责人：马宝文　邮　编：514021
法　人：马宝文
Tel：13632690508

**深圳市可口派福实业有限公司**
地址：广东省深圳市福田区福华路 151 号 504 室
负责人：王胜旗
Tel：0755－83372311
13823132236

**梅州市康裕来贸易有限公司**
业务：凉茶、冷热饮品、副食品
产品：凉茶、草药、豆制品、凉茶店连锁加盟
地址：广东省梅州市梅新路 196 号
负责人：廖思访　邮　编：514021
法　人：廖思访
Tel：020－37238329
Fax：020－37238329
E-mail：kjsblc@163.com

**兴宁市欧北奶茶店**
业务：奶茶
地址：广东省梅州市兴宁市兴城兴东路 140 号
负责人：黄威雄　邮　编：514500
法　人：黄威雄
Tel：15089478889

**龙轩实业有限公司**
地址：广东省深圳市福田区福华三路恒运豪庭 2 栋 17C
负责人：邱建龙
Tel：0755－83023683
13603002628

**普宁市洪阳怀博茶叶经营部**
业务：主营三和茶、溪黄茶王、八宝茶等
地址：广东省普宁市洪阳镇德安西路 86 号
负责人：黄建周　邮　编：515300
法　人：黄建周
Tel：13502664013
0663－2840801

**金橡酒窖**
业务：销售红酒、批发红酒、团购红酒、市内免费送货
地址：广东省普宁市流沙锦绣园西附属楼 13 号
负责人：蔡秀贞　邮　编：515300
法　人：蔡秀贞
Tel：13580242121
0663－2929609

**深圳市好宗蛋品批发行**
地址：广东省深圳市福田区农产品批发市场三楼 16 号
负责人：作秋庄
Tel：0755－83179343
13714008133

**连州市耿修春豆腐作坊**
业务：豆腐
地址：广东省清远连州市三古滩（原白云山制药厂连州分厂）
负责人：耿修春　邮　编：511500
法　人：耿修春
Tel：13922618736
0763－6500296

**佛冈县高岗联城酒厂**
业务：主要从事酒类生产，纯粮精酿而成，口感纯正独特，回味绵甜悠长。欢迎新老客户光临、惠顾。
产品：精装、散装观音山米酒
地址：广东省清远市佛冈县高岗镇高镇村委
负责人：李启法　邮　编：511600
法　人：李启法
Tel：0763－4516268
13509250893
Fax：0763－4291221

**深圳市福田区香记食品门市部**
地址：广东省深圳市福田区农科中心花卉总汇
负责人：陈永森
Tel：13670228037

**清远市清城区酷炫音乐冰室**
业务：销售饮料
地址：广东省清远市清城区下廓街新五座二层北边 3－4 号
负责人：范建聪　邮　编：511500
法　人：范建聪
Tel：13726966148
0763－3333136

**清新县石潭镇贵香油厂零售店**
业务：香油批发零售
地址：广东省清远市清新县石潭镇西民北街 65 号/清新县石潭镇金狮开发区
负责人：翁其光　邮　编：511500
法　人：翁其光
Tel：0763－5621118

**清新县太和鸿发食品厂**
业务：加工与销售鱼类、肉类产品
产品：香肠、腊肠、肉丸、鱼丸等鱼肉类加工食品
地址：广东省清远市清新县太和镇迳口工业区
负责人：欧木为　邮　编：511800
Tel：0763－5811302

**四季饮水经营部**
地址：广东省深圳市福田区上沙 48 栋一巷 9 号首层
负责人：张苏喜
Tel：0755－83874815
25084588

**清新县太平镇超群蛋糕店**
业务：面包、糕点加工制作
地址：广东省清远市清新县太平镇邮政局斜对面
负责人：董科垣　邮　编：511500
法　人：董科垣
Tel：13415208083
0763－5775562

**安徽全椒谷丰源粮油食品有限公司深圳市办事处**
地址：广东省深圳市福田区上沙村东苑 2 栋 403 室
负责人：徐森杨
Tel：13302459998

**阳山县阳城诚真烟酒商行**
业务：销售烟酒
地址：广东省清远市阳山县阳城镇文塔路文体大厦 9 号（阳中附近）
负责人：叶敬文　邮　编：511500
法　人：叶敬文
Tel：13620533918
0763－7887200

**汕头市澄海区壮雄薄壳米店**
业务：贝壳肉（已烤熟）销售
地址：广东省汕头市澄海区盐鸿镇国道 324 线上厝路段
负责人：林群壮　邮　编：515000
法　人：林群壮
Tel：0754－85778466
13825868040

**源利饮食有限公司**
地址：广东省深圳市福田区上沙工业区 16 栋一楼
负责人：许树鹏
Tel：0755－83305421
13808838279

**汕头市龙湖区旺梓食品商行**
业务：旺旺系列产品、光明牛奶、方便面、薯片
地址：广东省汕头市龙湖区珠池路邮电局西侧原丽水市场内
负责人：金勇　邮　编：515000
法　人：金勇
Tel：13600135359
0754－88696455

**汕头市龙平水产食品有限公司**
业务：农副产品、预定包装食品、鲜滑水产品
地址：广东省汕头市龙眼园 5 栋 101－102
负责人：邹楚平　邮　编：515000
法　人：邹楚平
Tel：13809292081
0754－88633778
Fax：0754－88639812
网址：www.lbfood.net
E-mail：lp@lpfood.net

**深圳市福田区老四川食品批发部**
地址：广东省深圳市福田区下梅林福田农批市场——楼 B28、B33、B35 号
负责人：许东
Tel：13723456756

**福建省安溪县健安茶厂驻汕尾市鸿神茶业**
业务：红心观音、潮州茶具、奇兰香、高山铁观音、大叶乌茶、白叶单枞、木山茶、铁观音王、台湾参茶、乌龙茶、黄旦茶、梅占茶、大红袍茶、牛蒡茶等各种名茶批发，零售送货上门，欢迎订货。
地址：广东省汕尾市城南路尾春苑商业街对面
负责人：王川林　邮　编：516600
Tel：0660－3203599
3999882

**陆丰市东海帝利商行**
业务：销售烟、茶、酒
地址：广东省汕尾市陆丰市东海镇金驿市场一排十二幢 1 号
负责人：郑晓立　邮　编：516500
法　人：郑晓立
Tel：0660－8817077
13929377786

**怡景食品饮料有限公司**
地址：广东省深圳市龙岗区布吉填木棉湾木棉 38 号怡景大厦
负责人：林潜
Tel：0755－28886716
13322989828

**大越红蛋品加工厂**

地址：广东省深圳市龙岗区布吉镇甘坑村臻翰路凉帽山工业区第二座一楼
负责人：李家彬
Tel：0755－28558158 13903025083

### 南雄市飞龙酒厂
业务：酒的生产和销售
地址：广东省韶关市南雄市雄州街道河南街80－2号
负责人：蒲书伟 邮编：512000
法人：蒲书伟
Tel：13509856920 0751－3838806

### 南雄市雄州街道古驿道贸易商行
业务：烟酒贸易
地址：广东省韶关市南雄市雄州街道沿江东路2号
负责人：涂玲 邮编：512400
法人：涂玲
Tel：0751－3888615

### 韶关市曲江区徐其修凉茶铺1388店
业务：凉茶
地址：广东省韶关市曲江区韶钢西区商业街2号
负责人：张永桂 邮编：512000
法人：张永桂
Tel：13828516626

### 乳源瑶族自治县云髻益草堂凉茶店
业务：凉茶王、感冒茶
地址：广东省韶关市乳源县乳城镇文昌路［地税局斜对面］
负责人：龚萍英 邮编：512000
法人：龚萍英
Tel：13531498220 13542276853

**坂田永隆粮油店**
地址：广东省深圳市龙岗区布吉镇岗头村中心八巷1号
负责人：黄雄辉
Tel：0755－89952280 13922873868

### 始兴县顿岗镇安定腐竹坊
业务：腐竹加工制作及销售
地址：广东省韶关市始兴县顿岗镇农科所
负责人：胡斯堂 邮编：512529
法人：胡斯堂
Tel：15992976917 13640076338

### 始兴县联谊茶烟酒商行
业务：名烟名酒名茶经营
地址：广东省韶关市始兴县太平镇九龄商业步行街富丽华广场首层33号商铺
负责人：陈万洋 邮编：512500
法人：陈万洋
Tel：0751－3325038 18927824223

**深圳市老谢食品厂**
地址：广东省深圳市龙岗区布吉镇衙通工业城5栋1楼
负责人：谢泳发
Tel：0755－28576882 13802277254

### 新丰县雲髻益草堂凉茶铺
业务：凉茶、龟苓膏、诚邀加盟
地址：广东省韶关市新丰县丰城街道新东路6号
负责人：潘兴鑫 邮编：511100
法人：潘兴鑫
Tel：13927807872 0751－2193308

### 萬通贸易商行
业务：包装食品、卡士牛奶、酒类
地址：广东省韶关市浈江区粤辉日用品批发市场C19－20号
负责人：李世辉 邮编：512000
法人：丘添灵
Tel：13727594000 0751－8216669
Fax：0751－8216661

### 味食尚老汤砂锅店
业务：餐饮
地址：广东省深圳市宝安区福永街道福永大道国惠康商场二楼
负责人：王海青 邮编：518000
法人：王海青
Tel：0755－27398006

**深圳市龙岗区布吉镇品茗饮用水厂**
地址：广东省深圳市龙岗区布吉镇下朗村下李北路13号1楼
负责人：吴景阳
Tel：0755－84031899 13802262192

### 深圳市唐正生物科技有限公司
业务：食品添加剂生产、销售
地址：广东省深圳市宝安区观澜镇观澜大道152号福民竹村工业区
负责人：宋乐云 邮编：518000
Tel：0755－27999928

**鑫达蛋品经销店**
地址：广东省深圳市龙岗区布吉镇新龙路35号一楼
负责人：王内刚
Tel：13928431938

### 深圳市翔红食品有限公司
业务：食用油分包装
地址：广东省深圳市宝安区龙华街道和平西路龙军工业区八栋2楼
负责人：李连友 邮编：518102
法人：肖忠
Tel：0755－81717722
Fax：0755－81717733
E-mail：xianghongfoods@163.com

### 伊利蒙牛冰淇淋批发部
业务：批发伊利蒙牛雪糕
地址：广东省深圳市宝安区沙井街道湖滨路13号
负责人：谢骏生 邮编：518000
法人：谢骏生
Tel：0755－29908579

**恒兆达食品行**
地址：广东省深圳市龙岗区布吉镇中心区华昱花园4栋304
负责人：何亚平
Tel：0755－61269908 13332987812

### 华山泉松岗经营部
业务：纯净水、矿泉水、蒸馏水
地址：广东省深圳市宝安区松岗镇沙头红花新村44栋
负责人：陈敏 邮编：518000
法人：陈敏
Tel：0755－27090776 29909266

### 宝安蒙牛雪糕代理
业务：批发蒙牛雪糕
地址：广东省深圳市宝安区新安街道新安47区和丰4巷7号
负责人：林伟滨 邮编：518000
法人：林伟滨
Tel：0755－27825274 27362345 13502858245

**深圳市艳阳天矿泉水有限公司**
地址：广东省深圳市龙岗区横岗西坑山寮路99号
负责人：孔少宗
Tel：0755－28669688

### 深圳市福田区圣德路酒坊
业务：销售澳洲红酒
地址：广东省深圳市福田区景田北街东海景田银座101之112号铺
负责人：刘江宇 邮编：518000
法人：刘江宇
Tel：0755－83145311 83849896
Fax：0755－83849896

### 权盛饮料副食店
业务：销售饮料、烟、酒、糖
地址：广东省深圳市福田区上梅林中康路天源居8号商铺
负责人：陈荣超 邮编：518000
Tel：0755－83315785 83316180

**深圳市龙岗区横岗镇湘迎副食店**
地址：广东省深圳市龙岗区横岗镇安良市场门店7号
负责人：傅生鹏
Tel：13923406155

### 广州黄振龍凉茶有限公司
业务：凉茶
地址：广东省深圳市龙岗区布吉下水径大排工业区6栋1楼
负责人：潘丽华 邮编：518112
Tel：0755－84170963
Fax：0755－84170964
网址：www.wongchunloong.com
E-mail：sz.wongchunloong@163.com

**金泰食品烘焙商场**
地址：广东省深圳市龙岗区龙岗镇第一市场大门左侧13号
负责人：庄铭雄
Tel：0755－28838593 13760157179

### 深圳市金鸿副食品行
业务：销售副食品
地址：广东省深圳市龙岗区平湖镇新风北街15号盘
负责人：黄岳武 邮编：518111
法人：黄岳武
Tel：0755－28452663 13808855561

### 广利商行
业务：经营食品、副食品
地址：广东省深圳市龙岗区坪山街道横岭塘段东纵路378号
负责人：罗剑东 邮编：518118
法人：罗剑东
Tel：13714834054 0755－84604691

### 顶好食品有限公司
业务：顶好牌面包、西点、生日蛋糕等食品
地址：广东省深圳市罗湖区金稻田路1139号1栋2楼
负责人：李长河 邮编：518019
法人：李先生
Tel：0755－25679836 25678226

**深圳市嘉伟盛实业有限公司**
地址：广东省深圳市龙岗区龙岗镇龙岗村大桥头4号
负责人：郑木泉
Tel：13502831586

### 深圳市罗湖区水产嘉兴商行
业务：生猛海产品销售
产品：龙虾、鲍鱼等
地址：广东省深圳市罗湖区罗芳南路罗湖水产综合批发市场二楼A25号
负责人：林朝麟 邮编：518003
法人：林朝麟
Tel：13802708139 0755－25128629

### 深圳市五丰食品有限公司清水河肉类联合加工厂
业务：屠房和鲜肉供应
地址：广东省深圳市罗湖区清水河一路82号
负责人：黄小波 邮编：518000
Tel：0755－22316910 83280501

**统和饮食服务有限公司**
地址：广东省深圳市龙岗区龙岗镇同乐村主力小学南边97号
负责人：郑文健
Tel：0755－84293286 13828816648

### 建信烟酒商行
业务：糖果烟酒
地址：广东省四会市东城区龙凤路十二座3号首层
负责人：陈建伟 邮编：526200
法人：陈建伟
Tel：0758－3127953

### 台山市汶村镇鸿福苑食品坊
业务：百年传统金丝冬蓉、海产品、代加工星级酒店月饼、烘焙产品、高级糕点、龙凤礼饼、手信礼盒、百年手工海鲜粽、手工油角、手工沙琪玛、鸡仔饼、年货类、进口酒店中西餐料、冷冻食品、乳品类、烘焙产品原料研发推广、新西兰奶粉、奶油、芝士类
地址：广东省台山市汶村镇横山冷动产内
负责人：马坚刚 邮编：529020
法人：马坚刚
Tel：13725960278 0750－5720138
Fax：0750－5720678

**深圳市龙岗区明际副食店**
地址：广东省深圳市龙岗区平湖镇荔香街23号
负责人：江明好
Tel：0755－28450959

### 湛江市华丰源烟酒连锁店
业务：高档名烟名酒
地址：广东省湛江市霞山区人民大道南42号城市广场10号
负责人：汤士振 邮编：524038
法人：汤建华
Tel：0759－22962222

**创生粮油店**
地址：广东省深圳市龙岗区平湖镇平湖村
负责人：吴喜升
Tel：0755－28854284 28005332

### 信宜市大仁山鸿福果品厂
业务：果品加工
地址：广东省信宜市东镇镇北逻村居委会三楼
负责人：钟均伟 邮编：525000
法人：钟均伟
Tel：13553673003 13543371324

### 信宜市钱排镇新兴烟酒茶商行
业务：批发、零售（烟、酒、茶、茶具等
地址：广东省信宜市钱排镇钱排村
负责人：梁水荣 邮编：525000
法人：梁水荣
Tel：0668－8258410

### 兴宁市四海羊肉批发部
业务：羊肉批发及零售
地址：广东省兴宁市城南猪肉档侧（城南市场）
负责人：陈雄辉 邮编：514021
法人：陈雄辉
Tel：0753－3337088

**三本达粮油副食品经营部**
地址：广东省深圳市龙岗区平湖镇平湖广场2号
负责人：黄德土
0 Tel：755－28452677 13902478932

### 广东省兴宁市鹏飞副食店
业务：副食品批发
产品：调味品、榨菜等
地址：广东省兴宁市新兴大道75号
负责人：曾翠平 邮编：514500
法人：曾翠平
Tel：0753－3390884

### 三十六字号烟酒商行
业务：批发、零售烟、酒
地址：广东省阳江市江城区安宁路44号
负责人：吴观宝 邮编：529500
法人：吴观宝
Tel：13926361798 0662－8823588

**平湖镇超仑冻品店**
地址：广东省深圳市龙岗区平湖镇平湖市场一楼冻品档339.342号
负责人：陈秋生
Tel：0755－28451039 28450118

### 阳江市江城城西滴滴香花生加工厂
业务：加工、零售、批发花生油
地址：广东省阳江市江城区沿江南西三路29号
负责人：罗少怀 邮编：529525
法人：罗少怀
Tel：13926306297 0662－3500284

### 美蝶轩面包加工厂
业务：糕点、面包加工销售
产品：西点
地址：广东省阳江市潭塘州公路旁
负责人：徐金堂 邮编：529500
Tel：13926317768 0662－8885030
Fax：0662－8885030

**深圳市新兴粮油有限公司**
地址：广东省深圳市龙岗区中心城天健花园9－10栋首层
负责人：官德欢
Tel：13902441895

### 阳春市惠福多酒业商行
业务：高档洋酒、鱼翅、鲍鱼、冬虫夏草、美国花旗参、燕窝
地址：广东省阳江市阳春市春城朝南路39号
负责人：李孔文 邮编：529600
法人：李孔文
Tel：13829862289 0662－7888456

### 阳春市彬彬粮油经销部
业务：金龙鱼花生油，国粹酒
地址：广东省阳江市阳春市春城同心路31号
负责人：陈彬 邮编：529525
法人：陈彬
Tel：0662－7778573 13829891733
Fax：0662－7778573

**深圳市金大地实业有限公司**
地址：广东省深圳市罗湖区爱国路东湖1街1号怡临大厦601室
负责人：余庆祥
Tel：0755－25422899
28757612
013715374912

## 阳东县东城镇辉恒多士店
业务：经营食品、副食品、烟酒
地址：广东省阳江市阳东县东城镇裕东三路31号
负责人：刘国辉 邮 编：529525
法 人：刘国辉
Tel：13794751910
0662－8867430

## 阳西县儒洞镇苏大献食品店
业务：珍珠奶茶及原料的销售
产品：奶茶，双皮奶，烧仙草等
地址：广东省阳江市阳西县儒洞镇人民中路
负责人：苏大献 邮 编：529525
法 人：苏大献
Tel：13534785068

**深圳市昌裕实业有限公司鸿运食品分公司**
地址：广东省深圳市罗湖区布吉路农产品批发市场2楼D座428号
负责人：李奕鸿
Tel：0755－25850462
13802222202

## 阳西县沙扒镇南粤海味店
业务：零售鱼干
地址：广东省阳江市阳西县沙扒镇环城路12号
负责人：赖崧华 邮 编：529525
法 人：赖崧华
Tel：13192595446

## 阳西县天天诚食品有限公司
业务：食品
地址：广东省阳江市阳西县塘口镇潭溪公路边(马角岭)
负责人：薛大崧 邮 编：529525
法 人：薛大崧
Tel：0662－86422162
13827627422
Fax：0662－86422162

**益添食品批发行**
地址：广东省深圳市罗湖区布吉农产品中心批发市场C座311号
负责人：施心鸿
Tel：0755－25854365
13924630388

## 英顺酒行
业务：名烟名酒代理经营
地址：广东省英德市英城峰光西路湖景花园第8卡
负责人：张辉洪 邮 编：513000
Tel：0763－2277300
13926630144

## 新兴县新城镇超群食品烘焙作坊
业务：糕点经营
地址：广东省云浮市新兴县新城镇南街166－168号(第二幢)首层
负责人：谢武严 邮 编：527300
法 人：谢武严
Tel：0766－2890443

**洪兴水果连锁超市**
地址：广东省深圳市罗湖区乐园路60号
负责人：沈兴迎
Tel：13823221693

## 新兴县新城镇竹缘豆乡七彩果蔬豆腐坊
业务：七彩豆腐，面点以及早餐供应
地址：广东省云浮市新兴县新城镇南外新街(体育中心门口旁)
负责人：梁海琳 邮 编：527300
法 人：梁海琳
Tel：13729710664
0766－2921018

## 湛江开发区锦兴食品厂
业务：欧式馨香包、欧式蛋糕、冰绿豆饼
地址：广东省湛江开发区人民大道中上坡塘村西路139号
负责人：吴金明 邮 编：524038
法 人：吴金明
Tel：13724721646
0759－3657779

**深圳市森照实业有限公司**
地址：广东省深圳市罗湖区莲塘第一工业园区101栋四楼西
负责人：陈水雄
Tel：13602599588
0755－25708923

## 湛江市赤坎区富兴海味
业务：各类海产品批发、零售
地址：广东省湛江市赤坎区海田海产干货批发城B栋09－10号
负责人：邓永芳 邮 编：524038
法 人：邓永芳
Tel：0759－3871098
13414902179

## 湛江市华丰源烟酒连锁店
业务：高档名烟名酒
地址：广东省湛江市赤坎区沃尔玛超市
负责人：汤土振 邮 编：524038
法 人：汤建华
Tel：0759－32078863

**镇滨矿泉水纯净水商店**
地址：广东省深圳市罗湖区莲塘派出所东侧门店6号
负责人：邱振金
Tel：0755－25701649
13662676098

## 廉江市城北鸿天酒业
业务：长城红酒、泸州老窖二曲系列
地址：广东省湛江市廉江市罗州大道中39号
负责人：林巧 邮 编：524400
法 人：林巧
Tel：13827128808
13824813888
0759－6688488

## 廉江市营仔叶振安花生油加工店
业务：花生油加工，大米、饲料销售
地址：广东省湛江市廉江市营仔镇下洋圩
负责人：叶土胜 邮 编：524446
法 人：叶土胜
Tel：0759－6833256
6832168
13824814256
Fax：0759－6832168

**水产悦发商行**
地址：广东省深圳市罗湖区罗芳路口冶七幢205花园
负责人：李健
Tel：0755－25126138
25662156
13902473618

## 湛江市霞山区华丰源茗茶行
业务：大红袍、铁观音、普洱等各种名茶
地址：广东省湛江市霞山区人民大道南42号城市广场第一层第7号铺
负责人：汤土振 邮 编：524038
法 人：汤建华
Tel：13902506897
0759－2296222
2296379
13763090999

## 湛江市华丰源烟酒连锁店
业务：高档名烟名酒
地址：广东省湛江市霞山区沃尔玛超市
负责人：汤土振 邮 编：524038
法 人：汤建华
Tel：0759－2296379

**深圳市华信卷烟材料有限公司**
地址：广东省深圳市罗湖区清平路深勘楼首层1号
负责人：詹金硕
Tel：0755－25416408

## 湛江开发区君昌食品店
业务：黄振龙凉茶
地址：广东省湛江市湛江开发区海景路173号荣基花园E栋4号
负责人：张红新 邮 编：524038
法 人：李小冲
Tel：0759－3620902
13590041299
Fax：0759－2328366

## 肇庆市鼎湖区广利镇怡鼎山泉饮用水厂
业务：山泉饮用水生产、销售
地址：广东省肇庆市鼎湖区广利办事处桥林村口
负责人：陈国坤 邮 编：526073
法 人：陈国坤
Tel：0758－2697788
2697777
13534967722

## 肇庆市端州区盈香粮油店
业务：经营粮油
地址：广东省肇庆市端州区76区棠岗路天籁之星淳韵轩13卡
负责人：稠卓标 邮 编：526000
法 人：稠卓标
Tel：13432471727
13425368570

**深圳市龙泰安实业有限公司**
地址：广东省深圳市罗湖区清水河第五路五号澳昌冷库大厦三楼
负责人：吴桂贤
Tel：13902969419

## 肇庆市端州区丰泰酒业商行
业务：酒、烟、茶、包装食品
产品：洋酒，进口红酒，台湾高山茶
地址：广东省肇庆市端州区翠庭蒯轩东北角首层6－8卡商铺
负责人：梁建明 邮 编：526000
法 人：梁建明
Tel：0758－2859783
Fax：0758－2859781
E-mail：zqfengtai@163.com

## 一品轩饼家
业务：面包糕点
地址：广东省肇庆市高新区曙光街138－140号
负责人：彭可阳 邮 编：526238
法 人：彭可阳
Tel：0758－3131800

**漳州伊莱福食品有限公司深圳市办事处**
地址：广东省深圳市罗湖区人民南路发展中心大厦903室
负责人：丛梅
Tel：0755－25186666
13189770386

## 怀集县中洲镇行葆日用品综合商店
业务：卷烟、酒、饮料、日常用品、副食品等经营
地址：广东省肇庆市怀集县中洲镇马岗村新村路口
负责人：莫树行 邮 编：526040
法 人：莫树行
Tel：0758－5612505

## 中山市东区三福通百货商行
业务：有机绿色食品、地方特产
地址：广东省中山市东区恒信花园B区银通街第8幢一、二层70卡商铺
负责人：邹群 邮 编：528400
法 人：邹群
Tel：0760－88883416

## 中山市东区库充伟发水果店(中山市石岐区勇胜水果店)
业务：进口高档水果及国内各类时鲜水果
地址：广东省中山市东区库充大商铺45卡(广东省中山市石岐区厚兴市场)
负责人：卢木广
法 人：卢木广
Tel：13424568255
13822776680

**韩泉食品(深圳)有限公司**
地址：广东省深圳市罗湖区太宁路百仕达花园东郡吉之岛百货东湖店L1－01，L1
负责人：韩基弘
Tel：0755－25000850

## 中山市东升镇郭相忠三鸟档
业务：销售白鸽、水鸭
地址：广东省中山市东升镇三鸟批发市场
负责人：郭相忠 邮 编：528400
法 人：郭相忠
Tel：13610478381

## 中山市东升镇俊欣饼家
业务：饼，面包销售
地址：广东省中山市东升镇同茂路111号
负责人：朱林寿 邮 编：528403
法 人：朱林寿
Tel：13923342082
0760－88505426

## 广东省中山市港口镇力国副食店
业务：零售：定型包装食品
产品：副食，直饮水
地址：广东省中山市港口镇翠港新村一巷3号
负责人：胡学国 邮 编：528447
法 人：胡学国
Tel：13928182205
网址：www.yueshanquan.cn
E-mail：1056805414@qq.com

**深圳可颂食品有限公司东湖分店**
地址：广东省深圳市罗湖区太宁路百仕达花园四期东郡吉之岛东湖店L01－02号商
负责人：高道军
Tel：0755－26735306

## 中山市港口镇迎喜副食店
业务：经营食品、副食品
地址：广东省中山市港口镇美景东路侧康城花园文源阁首层第1卡商铺
负责人：郑天顺 邮 编：528403
法 人：郑天顺
Tel：13549850548
0760－85840384

**深圳市雄鹏品种盐有限责任公司**
地址：广东省深圳市罗湖区田贝三路八号2栋1楼
负责人：甘伟国
Tel：0755－25508113

## 中山市南朗镇立华豆腐店
业务：加工制作豆腐
地址：广东省中山市南朗镇永兴南路南朗市场C12号
负责人：龚立华 邮 编：528403
法 人：龚立华
Tel：13420369158
15917256988

## 中山加多宝食品有限公司
业务：食品饮料生产经营
地址：广东省中山市南头镇家电创新中心501号
负责人：王付生 邮 编：529020
法 人：王付生
Tel：0750－23234988
18923308966
网址：www.lwljjt.com

**爽又爽桂林米粉厂**
地址：广东省深圳市罗湖区梧桐山坑背村54号
负责人：张俊杰
Tel：0755－25712956
13148821209

## 中山市三乡镇国普百货商行
业务：绵酒王中山总代理，烟、茶、酒等批发零售
地址：广东省中山市三乡镇前陇村小横岭商住楼A1、5号首层
负责人：黄月林 邮 编：528403
法 人：黄月林
Tel：13415350580

## 中山市三乡镇万红葡萄酒行
业务：经营进口红葡萄酒、白葡萄酒
地址：广东省中山市三乡镇雅居乐花园柏丽广场三期R幢A49号铺
负责人：黄绍辉 邮 编：528403
法 人：黄绍辉
Tel：13702357873
0760－85883133

**深圳市罗湖区得宝业商店**
地址：广东省深圳市罗湖区沿河南路1181号瑞丰大厦一楼东侧
负责人：陈吉秋
Tel：0755－82340670
13714227468

## 添福薯坊
业务：薯饼、薯条、薯片等番薯食品
地址：广东省中山市沙溪镇宝珠西路60号之1卡
负责人：潘伟忠 邮 编：528471
法 人：潘伟忠
Tel：0760－87819759
Fax：0760－87819759

## 中山市沙溪镇一品香烧味店
业务：批发零售烧味熟食
产品：烧鸭、叉烧、白切鸡、烧金猪、烧鹅
地址：广东省中山市沙溪镇沙溪南路57号龙瑞农产品市场7档
负责人：吴彪 邮 编：528400
法 人：吴彪
Tel：13424546260

## 中山市石岐区澳业酒业贸易商行
业务：经营红酒
产品：华夏葡萄酒、长城葡萄酒等
地址：广东省中山市石岐区大信南路2号大润发二楼19B柜位
负责人：余少生 邮 编：528403
法 人：余少生
Tel：13632480873
13631237234

**新恒香饼店**
地址：广东省深圳市罗湖区中兴路108号
负责人：王国元
Tel：0755－82225357
81389330

13316862971

## 中山市石岐区阿云饮品站

业务：饮料经营
地址：广东省中山市石岐区莲塘街和平里 4 号 105 房 1 卡
负责人：吴敦云　邮　编：528403
法　人：吴敦云
Tel：0760－88829179

**新合兴果品行**
地址：广东省深圳市南崇山峻岭区中山园路农批市场 7 号
负责人：郑赛琴
Tel：0755－26512408
13802237654

## 中山市坦洲镇志成豆腐坊

业务：豆腐的加工和销售
地址：广东省中山市坦洲镇七村英利街 19 号对面
负责人：曾志成　邮　编：528400
法　人：曾志成
Tel：13543003396
15919201098

## 广东省中山市坦洲镇妍晶商行

业务：订塑食品
地址：广东省中山市坦洲镇十四村芳草街二巷 6 号之二
负责人：蔡建武　邮　编：528400
法　人：蔡建武
Tel：13411401011
0756－3861565

**深圳市永鲜宝实业有限公司**
地址：广东省深圳市南山区福光工业区 C 区十三幢二楼
负责人：杨晓东
Tel：0755－86002021
13008802059

## 中山市西区亿易鑫百货商行

业务：西区总代理洋河蓝色经典、华夏好汉、白酒、洋酒、红酒、烟批发、零售总汇。寻找合作伙伴，有意者来电洽谈业务。
地址：广东省中山市西区富华道 27 号 1 号楼（荣泰商业大厦 A1－015 卡）
负责人：朱开秀　邮　编：528400
法　人：朱开秀
Tel：13924999482
0760－88631206

## 中山市小榄镇本兴副食店

业务：副食品的销售
地址：广东省中山市小榄镇绩西广成路 24 号之一
负责人：陈本　邮　编：528403
法　人：陈本
Tel：15914688988
0760－22233979

**兴隆粮油店**
地址：广东省深圳市南山区后海批发市场 4 号店
负责人：吴金双
Tel：0755－26831251
13077892693

## 中山市小榄镇隆前副食商店

业务：豆类、花生、黑白芝麻、东北杂粮、香料、辣椒、海带、海味汤料、药材、干货
地址：广东省中山市小榄镇小榄副食品批发市场 A13 号
负责人：李隆前　邮　编：528415
法　人：李隆前
Tel：0760－22289578
13824785341

## 中山市小榄镇米广粮油商店

业务：经营粮油
地址：广东省中山市小榄镇新市大涌边横巷 1 号
负责人：米仁广　邮　编：528403
Tel：13420389699
0760－22884524

**四海鹏旺食品（配送）批发行**
地址：广东省深圳市南山区后海批发市场一楼 59 号
负责人：蔡辉晓
Tel：0755－26831525
13603070618

## 中山市小榄镇吕霞熟食加工店

业务：销售熟食
地址：广东省中山市小榄镇竹源潮源中路小榄镇食品生产基地 C 幢熟 17 号
负责人：葛宏春　邮　编：528403
法　人：葛宏春
Tel：13422822496
13590779677

**深圳市雪儿食品实业发展有限公司**
地址：广东省深圳市南山区华侨城香山村香山餐厅 302
负责人：韩明春
Tel：0755－26923040
13823614441

## 斗门区白藤雄达水产店

业务：海鲜等水产品销售
地址：广东省珠海市斗门区白藤湖农产品物流中心市场 D11、D12、D13 号
负责人：姚达英　邮　编：519000
法　人：姚达英
Tel：13532207687
0756－3928173

**梅香实业有限公司**
地址：广东省潮州市潮安县庵埠镇梅溪工业区
负责人：陈小姐
Tel：0768－5911539

## 斗门区白藤头水产店

业务：南美白对虾
地址：广东省珠海市斗门区城南藤达二路 26－28 号
负责人：庄仕全　邮　编：519000
法　人：庄仕全
Tel：13902539708
0756－7262708

## 珠海市斗门区白藤创域水产贸易部

业务：海味干制品、水产加工品
产品：海味干货、水产加工品
地址：广东省珠海市斗门区城南藤湖街 169－173 商铺
负责人：黄伽文　邮　编：519000
法　人：黄伽文
Tel：0756－7264801
Fax：0756－7264802
E-mail：wentaizi@163.com

**深圳皇香西饼面包花园**
地址：广东省深圳市南山区南光路龙坤居
负责人：魏良鸿
Tel：0755－26521382
13602504453

## 斗门区井岸卓生包点店

业务：零售兼批发包点、定货、承接酒楼、围餐包点
地址：广东省珠海市斗门区井岸镇朝福路 427 号
负责人：卓康平　邮　编：519000
法　人：卓康平
Tel：13543001668

## 斗门区井岸卓生包点店

业务：零售兼批发包点、定货、承接酒楼、围餐包点
地址：广东省珠海市斗门区井岸镇新民路 334 号
负责人：卓康平　邮　编：519000
法　人：卓康平
Tel：13543001668

**深圳市昌丰企业有限公司金橄榄啤酒城**
地址：广东省深圳市南山区南油文化广场 B 区一楼东侧
负责人：陈云先生
Tel：13554942401

## 斗门区乾务镇吉兆水店

业务：龙潭泉桶装水
地址：广东省珠海市斗门区乾务镇乾南市场
负责人：陈良清　邮　编：519175
法　人：陈良清
Tel：18902860323
0756－5579130

## 珠海市拱北万树园商行

业务：烟、酒、茶
地址：广东省珠海市拱北水湾路 110 号 A1 铺
负责人：黄能柱　邮　编：519000
法　人：黄能柱
Tel：0756－8152893
8875613
13702572139

**天然佳食品（深圳市）有限公司**
地址：广东省深圳市南山区太子路海上世界广场 70、71 号铺
负责人：马图
Tel：0755－26850910
13501596107

## 珠海市金湾区百伟合粮油杂货店

业务：粮油批发零售
地址：广东省珠海市金湾区南水镇金洲花园 11 号铺
负责人：魏和利　邮　编：519000
法　人：刘秀叶
Tel：0756－7268748

**深圳市南山区大快乐食品加工场**
地址：广东省深圳市南山区向南村大板桥下 3－5 号
负责人：方笑萍
Tel：13008866280

## 珠海市金湾区溢香商行

业务：茶叶、烟、酒经营
地址：广东省珠海市金湾区三灶镇琴石路谭家围综合楼 2 号商铺
负责人：方俊虎　邮　编：519000
法　人：方俊虎
Tel：0756－3988828

## 珠海市嘉盈餐饮管理服务有限公司

业务：经营、承包和管理食堂
地址：广东省珠海市金湾区三灶镇映月路 445 号 1 栋 4 单元 301 房
负责人：曾禄光　邮　编：519000
Tel：0756－7517698

## 珠海市金湾区鑫鸿福综合商行

业务：食品配送（工厂饭堂、餐厅、酒楼等）
地址：广东省珠海市三灶镇唐人街市场 1－013 号商铺
负责人：陈勇争　邮　编：519000
法　人：陈勇争
Tel：0756－7768664
Fax：0756－7768818

## 珠海市金鼎甜心饼屋

业务：糕点，面包
地址：广东省珠海市香州区翠前北路 166 号
负责人：梁玉兰　邮　编：519000
法　人：梁玉兰
Tel：0756－6133926
8619413

## 珠海市香洲罗记川湘特产商行

业务：干货批发零售
地址：广东省珠海市香洲区南溪市场水产档 22、23 号
负责人：罗会财　邮　编：519000
法　人：罗会财
Tel：15913266532

**深圳市金丰康肉类食品有限公司**
地址：广东省深圳市南山区中山园路 233 号综合楼 305、306 室
负责人：房金球
Tel：0755－26512113
13808850228

**琦华食品有限公司**
地址：广东省深圳市西乡麻布轻铁花园西临街 818 号 5 楼
负责人：张先生
Tel：0755－27901266
13802264438

**海鲜批发市场利成海产店**
地址：广东省深圳市盐田区盐田海鲜批发市场 11 号
负责人：陈日盛
Tel：0755－25202868
13802701296

## 前山香之都食品厂

业务：生产、加工、销售西饼、面包、生日蛋糕为一体
地址：广东省珠海市香洲区前山镇明珠南路 2029 号一层 一店：广东省珠海市香洲区前山镇明珠南路翠微巴士站（惠发楼下） 二店：广东省珠海市香洲区前山镇南溪村中洲百货 三店：广东省珠海市香洲区前山镇界冲村惠发百货 四店：广东省珠海市香洲区前山镇造贝村福湾超市 A 店 五店：广东省珠海市香洲区前山镇岱山路 72、74 号一楼（惠发百货）
负责人：罗先生　邮　编：519000
法　人：罗先生
Tel：0756－3888448
0756－3888118
0756－3888498
0756－3888499
0756－3888234
0756－3888218
Fax：0756－8513613

**紫英生物科技有限公司**
地址：广东省珠海市金湾区平沙镇振平西路 36 号
负责人：黄子平
Tel：0756－7754929
7266283
13823007432

## 佛山市顺德区金奥德冷冻水产贸易有限公司

本公司主要经营日式烤鳗及相关延伸产品。

本公司秉承“顾客至上，锐意进取”的经营理念，坚持“客户第一”的原则为广大客户提供优质的服务。

欢迎广大客户惠顾！

联系人：刘舒球
电话：13302569529　0757－26673910
电子邮件：haozhiwe@yahoo.com.cn　邮编：528000
地址：广东省佛山市顺德区北滘镇林港创业园新业二路10铺

## 广州市天河元岗瑞丰河粉加工厂

广州市天河元岗瑞丰河粉加工厂成立于2002年，专业从事河粉、面条等食品加工、批发和零售。我厂一贯坚持“以诚信为本，技术领先，互利互惠”的经营方针，竭诚为广大用户服务，欢迎您的来电！

联系人：林振龙　手机：13725215711
电话：020-87239787
地址：广东省广州市天河区岑村么樟堂　邮编：510000

## 广东省东莞市广鑫食品加工厂

广东省东莞市广鑫食品加工厂自成立以来，以豆制品、粉条的加工与销售为主。

我厂以质量第一，价格合理为经营宗旨，欢迎新老客户光临、惠顾。

联系人：刘建同　13620066599
邮编：523003
地址：广东省东莞市大岭山镇鸡翅岭村工业区（原广南猪场内）

## 海丰县澳兰果场有限公司澳健矿泉水厂

海丰县澳兰果场有限公司澳健矿泉水厂主要生产“澳健牌”矿泉水。

水质纯净，口感甘甜。

我们始终与消费者一道创造卓越，坚持以发展为大局，聚精会神谋发展。

欢迎您的合作！

联系人：黎道雄　13229693189
电话：0660-6280333　传真：0660-6280456
地址：广东省汕尾市海丰县海城镇富城花园物业管理处　邮编：516600

## 广东省佛山市南海区里水澄港食品厂

广东省佛山市南海区里水澄港食品厂成立于2007年，生产销售：饮料、果浆、浓缩果汁、高域、康民风味糖浆（果露，浓缩果汁）等。

欢迎您的光临！

联系人：陈信联　13076807663
电话：0757-89965378　85617273
传真：0757-85617273
电子邮件：cwl_lian@yanoo.com.cn
地址：广东省佛山市南海区里水镇里官路福南新工业区二幢　邮编：528244

## 汕頭市濠江區同樂食品廠

汕头市濠江区同乐食品厂成立于2008年，糖果，是一家专业从事食品生产销售的企业。

以“客户至上，信誉第一”为理念，欢迎您的光临！

联系人：王昌耀　13502506988
电话：0754-87881666　87881555　邮编：515071
地址：广东省汕头市濠江区马滘和社麦田肚（马滘大众路尾段）

## 广东省开平市春浩贸易有限公司

广东省开平市春浩贸易有限公司成立于2007年，以猪、牛、羊肉类制品，禽蛋食品的销售为主。

公司以诚信第一，顾客至上为宗旨，服务于广大客户。

聯系人：梁賀全
13902551666
电话：0750－2363285　2363585
电子邮件：chunhaoqq@126.com
邮编：529300
地址：广东省开平市长沙三联管区敢鱼嘴

## 深圳市华声贸易有限公司

深圳市华声贸易有限公司是一家专门销售洋酒、红酒的企业，主要品牌有：人头马、轩尼诗、马爹利、芝华士、黑牌、杰克丹尼、伏特加。

联系人：夏尤田
电话：0755-26491911　13923495948
邮编：518054
地址：广东省深圳市南山区内环路以南汇滨广场汇嘉阁16C室

## 广东湛江市霞山强威饼业有限公司

广东湛江市霞山强威饼业有限公司成立于2004年，专业从事饼干的生产和销售。供应“强威”牌桃酥饼、威化饼等各类饼干糕点。

我公司秉承“顾客至上，锐意进取”的经营理念，坚持“客户第一”的原则为广大客户提供优质的产品。

欢迎广大客户惠顾！

联系人：尤庆佑
13802827398
电话：0759－2831228　2831227
传真：0759－2359323
邮编：524000
地址：广东省湛江市霞山区百红东2号

## 深圳市盟润酒业有限公司

深圳市盟润酒业有限公司成立于2007年，本公司主要经营国外原装进口葡萄酒，洋酒代理与批发。

本公司真挚邀请国内外客户共谋发展之道，“您所关心的，正是我所关注的”，真诚希望与您携手共创美好健康的未来！

联系人：郝英州
15986692418
电话：0755－82666731
传真：0755－82666503
网址：www.bsaooo.cn
地址：广东省深圳市罗湖区笋岗东路2008号嘉宝田花园宝雅阁4C
邮编：518029

## 广西壮族自治区/Guangxi Zhuang Autonomous Region

### 北海袁氏酒业有限公司
业务：北海袁氏酒业有限公司为贵州茅台国宝酒业全国总代理，目前有200余家专卖店，现向全国部份省市招商，投资少，见效益，望有识之士莫失良机！全国招商热线：0779－2025089
地址：广西北海市文明南路93号
…… 邮　编：536000
…… 法　人：袁中槐
…… Tel：0779－2025089
…… Fax：0779－2035389
…… 网址：www.gxysjy.chinapyp.com

**向家食品加工厂**
地址：广西省凭祥市北环路115号
…… 负责人：潘东海
…… Tel：0771－8593642

**广西德保酒厂服务公司**
地址：广西壮族自治区百色市德保县城关镇南隆大街100号
…… 负责人：吕其明
…… Tel：0776－3821825
13307763429

### 广西横县纯正蚂蚁粉厂
业务：本公司是一家专业从事野生蚂蚁产品的研究、开发并集生产和销售于一体的保健食品企业。主要产品有："家"牌纯正山蚁粉胶囊，系列产品有："家"牌纯正山蚁粉、"家钾"牌纯正山蚁干。本厂竭诚欢迎国内外客户购买！
地址：广西横县横州镇城司街378号
…… 负责人：李家钾……邮　编：530300
…… 法　人：李家钾
…… Tel：0771－7223710
…… 网址：www.jia－jia.com

**北海市金强酒庄**
业务：酒水经营
地址：广西北海市深圳路16号
…… 负责人：李育强　邮　编：536000
…… 法　人：李育强
…… Tel：0779－2069779

**乐业县逻西乡鸿发桐油厂**
地址：广西壮族自治区百色市乐业县逻西乡逻西街上
…… 负责人：黄元光
…… Tel：0776－7881138
13517566471

**晶晶糕点加工厂**
地址：广西壮族自治区百色市右江区江滨路B47号
…… 负责人：覃立锋
…… Tel：0776－2895438
8880716

**广西合浦大洋藻胶制品有限公司**
地址：广西壮族自治区北海市合浦县廉州镇廉东大道三巷78号
…… 负责人：吴时昌
…… Tel：0779－7217823
13907898951

**湛丰精米厂**
业务：大米的加工和销售
地址：广西贵港市湛江镇湛丰精米厂
…… 负责人：符绍列　邮　编：537000
…… 法　人：符绍列
…… Tel：0775－4702340
13878594388

### 广西柳州市雅发糖果饼业有限公司
业务：本公司成立于1985年，拥有40多名员工。主要经营：月饼、年货、柳州特产云片糕等食品的生产与销售。
地址：广西柳州市柳江第三工业开发区永兴西路12号
…… 邮　编：545100
…… 法　人：黄春发
…… Tel：0772－3253078
…… Fax：0772－3255500

**广西北海市泰清天然饮料有限公司**
地址：广西壮族自治区北海市水利工程管理处牛尾岭水库
…… 负责人：钟喜样
…… Tel：13807893957

**崇左市左江淀粉酒业有限责任公司**
地址：广西壮族自治区崇左市江州区丽江路32号
…… 负责人：吴训昭
…… Tel：13878105978

### 广西环江九万山食品有限责任公司
业务：公司地处全国生态示范区、国家级自然保护区。其产品选用当地纯自然、无污染的珍稀特农产品为原料，用科学配方和工艺精制而成。主要产品：①广西特产环江香猪、菜牛、香牛等腊制品、保鲜品，肉干；②果蔬类罐头、干制品，果脯，果汁；③饮料系列。
地址：广西省环江县大才经济开发区
…… 邮　编：547100
…… 法　人：谭勇
…… Tel：0778－8760188
8760010
…… Fax：0778－8760188
8821557
…… 网址：www.gxjws.chinapyp.com

**桂平市华侨保健酒厂**
地址：广西壮族自治区贵港市桂平市南木乡思宜工业园
…… 负责人：何超平
…… Tel：13977551689

**平乐县嘉庆冷饮食品经营部**
业务：各厂家冰淇淋、汤圆、水饺
地址：广西桂林平乐县平乐镇正北街（华升小区）
…… 负责人：王志　邮　编：541000
…… 法　人：王志
…… Tel：15677372009
0773－7880772

**桂林市绿建食品有限公司**
地址：广西壮族自治区桂林市叠彩区环城北一路3号玉龙花园1#一层13号
…… 负责人：刘艺群
…… Tel：13918332524

**广西荔浦志超罐头食品有限公司**
地址：广西壮族自治区桂林市荔浦县荔城荔金路16号
…… 负责人：孙志超
…… Tel：0773－7235297
13907833517

### 优禾大米饲料加工厂
业务：本公司成立于2003年，拥有30多名员工。主要经营：大米加工，销求各种优质大米，饲料的生产。
地址：广西省南宁市五里亭
…… 邮　编：530003
…… 法　人：唐正文
…… Tel：0771－3826426
…… Fax：0771－2320966

**桂林市临桂镇竹泉酒厂**
地址：广西壮族自治区桂林市临桂县临桂镇桂康新城竹泉酒厂
…… 负责人：徐文强
…… Tel：0773－5594229
13707835905

**祥隆糖烟酒百货批发部**
业务：经营糖、烟、酒、百货
地址：广西桂林市灵川县八里街
…… 负责人：敬俶强　邮　编：541000
…… 法　人：敬俶强
…… Tel：0773－6592974
13507835645

**桂林市灵川县兴隆酒厂**
地址：广西壮族自治区桂林市灵川县龙头岭开发区
…… 负责人：代大志

Tel:13768231246

**灵川县永兴天然淡泉水有限公司**
地址:广西壮族自治区桂林市灵川县潭下镇蔡岗堡里村
负责人:陈永贵
Tel:13317849384

## 藤县吴氏父子香料有限公司
业务:藤县吴氏父子香料有限公司成立于2003年,主要经营桂皮,八角等香料。我公司以高起点、高标准、高品质和先进的销售模式,配以优秀的营销、技术团队,本着"诚以待人,毅以处事"的原则,为广大客户提供质量上乘、价格合理、安全稳定的优质产品。
地址:广西藤县藤州镇结义街9号
负责人:吴明汉 邮编:530022
法人:吴明汉
Tel:0771-2586798
Fax:0771-5889883

**广西巴马万岗红酒业有限责任公司**
地址:广西壮族自治区河池市巴马瑶族自治县巴马镇工业园区
负责人:廖克文
Tel:13877811658

## 系果道奶茶店
业务:奶茶的销售
地址:广西省北海市四川北路2号
负责人:冼华炎 邮编:536000
法人:冼华炎
Tel:0779-3073778
8667732

**柳州市春潮酒业有限公司**
地址:广西壮族自治区柳州市城中区高新南路15号津龙苑11号门面
负责人:陈春潮
Tel:13707828127

**柳州市顶呱呱风味食品有限公司**
地址:广西壮族自治区柳州市柳南区城站路菜园屯75号银兴小区7栋1-2号
负责人:潘明
Tel:13607828211

## 乐业县粮食购销管理中心
业务:乐业县粮食购销管理中心成立于2006年,从事粮食收购、储备、批发和供应的网点,形成集团化经营,降低经营风险,提升市场竞争能力。
地址:广西壮族自治区百色市乐业县同乐镇三乐街354号
负责人:农汉克 邮编:533200
法人:农汉克
Tel:0776-7922200
2552778

**广西鹿寨县宝乐食品厂**
地址:广西壮族自治区柳州市鹿寨镇建中西路甜蜜小区
负责人:漆令标
Tel:0772-6811701
13907828270

**丹桂天然茶油加工厂**
地址:广西壮族自治区柳州市三江侗族自治县丹洲镇板必村大岭屯
负责人:兰颖群
Tel:13878212190

## 北流市何十河粉加工厂
业务:河粉加工
地址:广西省北流市甘村
负责人:何明桂 邮编:537400
法人:何明桂
Tel:0775-6358538
13977516300

**富禄乡鸿兴食品厂**
地址:广西壮族自治区柳州市三江侗族自治县富禄乡河西街5号
负责人:朱政斌
Tel:0772-8721046
13977242845

**南宁市绿爽酒业有限责任公司**
地址:广西壮族自治区南宁市城北区衡阳路衡秀里宇达花园C座201号座
负责人:任惠平
Tel:13507718100

**南宁市冰港冷冻食品有限公司**
地址:广西壮族自治区南宁市城北区荔园路9号
负责人:黄记文
Tel:13877134888

## 新丰供销社食品加工厂
业务:食品加工
产品:饼干、糕点
地址:广西省北流市新丰镇荔丰街3号
负责人:梁海祥 邮编:537400
法人:梁海祥
Tel:0775-6515911
15994539898

## 广西凌云县浪伏茶业有限公司
业务:广西凌云县浪伏茶业有限公司主要经营浪伏牌凌云白毫茶系列产品,本公司以健康为导向,以质量作保证,诚信经营,热忱欢迎新老客户光临惠顾。
地址:广西壮族自治区百色市凌云县城大茶壶购物广场二楼经理办

负责人:韦宝松 邮编:533100
Tel:0776-7616199
Fax:0776-7617707

**南宁市绿晨食品有限责任公司**
地址:广西壮族自治区南宁市城北区鲁班路1号
负责人:陆斌
Tel:13977169689

**南宁市创天面条加工厂**
地址:广西壮族自治区南宁市城北区心圩镇振兴村2队
负责人:杨敏
Tel:13878182700

**南宁市范记食品有限责任公司**
地址:广西壮族自治区南宁市城北区友爱南路1号
负责人:范文荣
Tel:13077719983

## 广西省柳州市望旺食品商店
业务:食品经营(分店如下:东门超市0772-2859508东门电器市场一楼,雅儒店:0772-2813872雅儒路金水池湾,跃进店:0772-2523881跃进路景秀园顺风区一楼7号,铁路店:0772-3613200鹅山路三区1号铁路局正门旁边)
地址:广西省柳州市鹅山路三区1号铁路局正门旁边
负责人:蔡永霞 邮编:545000
法人:蔡永霞
Tel:0772-2523881
2859508
2813872
3613200

**广西南宁市芭蕉芋食品有限责任公司**
地址:广西壮族自治区南宁市江南区五一西路物流市场F栋16-17
负责人:韦德恒
Tel:13977115717

## 合浦县廉大植物油厂
业务:合浦县廉大植物油厂成立于1996年,主要从事压榨花生油、芝麻油等。热诚欢迎新老客户惠顾。
地址:广西壮族自治区北海市合浦县定海南路县油厂内
邮编:536100
法人:劳业勋
Tel:0779-7203233
Fax:0779-7260218

**南宁市万三土特产经营部**
地址:广西壮族自治区南宁市江南区五一中路丽江村9栋3单元305号房
负责人:林朝军
Tel:13877180433

**隆安县康宁淀粉厂**
地址:广西壮族自治区南宁市隆安县乔建镇乔建村
负责人:潘思发
Tel:13978136757

**隆安县鸣浩淀粉厂**
地址:广西壮族自治区南宁市隆安县乔建镇儒浩村
负责人:梁荣开
Tel:13707861951

## 中国新时代健康产业国珍专营240店
业务:国珍系列保健食品、营养食品、日用保洁用品、美容护肤系列专营
产品:国珍松花粉、国珍竹康宁、国珍松花参宝等系列产品;香兰阁活肤养颜系列产品
地址:广西省柳州市小南路1号银龙大厦10楼8号房
负责人:邓雪燕 邮编:545000
法人:颜丽珠
Tel:0772-2853037
7352496
13132752885
Fax:0772-2853037
网址:www.5dgz.com

## 港南区南山米业加工厂
业务:港南区南山米业加工厂成立于2001年,主要从事大米的销售。产品主要销往广州、深圳等地的大型超市。欢迎广大客商来电垂询。
地址:广西壮族自治区贵港市二桥附近
邮编:537100
法人:梁超杰
Tel:0775-4292321
Fax:0775-4552598

**统一东糖服务有限责任公司(东江糖厂)**
地址:广西壮族自治区南宁市武鸣县府城镇
负责人:陆天美
Tel:0771-6355188
13807818706

**广西武鸣县皎龙酒能源有限公司**
地址:广西壮族自治区南宁市武鸣县锣圩镇建设北街11号
负责人:于健波
Tel:0771-6363248

**南宁乔老爷食品有限公司**
地址:广西壮族自治区南宁市武鸣县南宁华侨投资区建设北段
负责人:罗小红
Tel:13877119789

## 梧州市创鹏酒业
业务:中国四大名酒—西凤酒,汾酒,杏花村,泸州老窖
地址:广西省梧州市两广市场C区13栋10号
负责人:程敏玲 邮编:543000
法人:程敏玲
Tel:0774-3833355
13877467881

## 桂平市桂丰麦饭石厂
业务:桂平市桂丰麦饭石厂主要生产销售麦饭石。欢迎新老客户光临、惠顾!
地址:广西壮族自治区贵港市桂平市蒙圩镇
负责人:梁健新 邮编:537200
法人:梁健新
Tel:0775-3180107

**广西元润饲料淀粉有限公司**
地址:广西壮族自治区南宁市武鸣县南宁伊岭经济技术开发园区平陆农副产品加工区
负责人:花杰
Tel:13768406110

**广西南宁市武鸣弘兴淀粉厂**
地址:广西壮族自治区南宁市武鸣县玉泉乡玉泉村
负责人:梁妹兰
Tel:13132602648

**南宁市雪尔饼业有限责任公司二分公司**
地址:广西壮族自治区南宁市新城区长岗路101-16号
负责人:陈碧红
Tel:13977161786

## 广西兴安县食品脯料厂
业务:广西兴安县食品脯料厂成立于1996年,主要生产糖桂花、糖玫瑰、糖桔饼、红绿丝、果馅类等等。生产的产品销往全国各地,深受广大消费者的喜爱,欢迎新老客户惠顾!
地址:广西壮族自治区桂林地区兴安县兴安镇城台路175号
邮编:541300
法人:王本财
Tel:0773-6222789

## 藤县好再来饼家
业务:加工制作及批发零售好再来月饼、面包、蛋糕
地址:广西省梧州市藤县河东长虹街127号
负责人:吴金锋 邮编:543300
法人:吴金锋
Tel:13367609886
0774-7296221

**南宁市翠子源粮油食品有限责任公司**
地址:广西壮族自治区南宁市新城区长岗路60号
负责人:莫庆规
Tel:13557801988

**森僖酒业有限责任公司**
地址:广西壮族自治区南宁市新城区古城路13号13幢2单元101室
负责人:黄宝
Tel:0771-2852255
13607887889

**昆明德克士食品开发有限公司南宁办事处**
地址:广西壮族自治区南宁市新城区古城路9号梦之岛商务楼403号
负责人:魏应行
Tel:0771-2815458

## 桂林市好又华食品有限公司恒华饼家
业务:桂林市好又华食品有限公司恒华饼家成立于1995年,从事西点、面包、糕点的生产及销售。欢迎来电订购!
地址:广西壮族自治区桂林市叠彩区中山北路346号
邮编:541001
法人:廖月华
Tel:0773-2611032
Fax:0773-2601147

## 厨宝食品酱油厂
业务:生产、销售酱油、香油、蚝油
地址:广西省玉林市博白县人民北路麦屋路口
负责人:冯承礼 邮编:537000
法人:冯承礼
Tel:0775-8305882
13788158720

**湛江市霞山区天鸿酒业有限公司南宁分公司**
地址:广西壮族自治区南宁市新城区桃源路2号
负责人:王其青
Tel:0771-2802312

**南宁市现代联华超市有限责任公司桃源路分公司**
地址:广西壮族自治区南宁市新城区桃源路41号
负责人:周加发
Tel:0771-2195648

**南宁市共好酒类有限公司**
地址:广西壮族自治区南宁市新城区星湖路39号45栋1单元1层2号房
负责人:董小平
Tel:13507888859

**南宁市彩琼酸粉加工场**
地址:广西壮族自治区南宁市新城区燕子岭正街13号
负责人:王乾保
Tel:0771-2159558
5637691
13878883758

## 桂林联发食品有限公司
业务:桂林联发食品有限公司成立于2003年,从事干鲜水果、土特产加工、销售及出口贸易。产品主要出口到美国、韩国、日本、欧州等国家,欢迎广大新老客户光临、考察、指导、洽谈业务!
地址:广西壮族自治区桂林市恭城瑶族自治县燕新工业开发区
邮编:542500
法人:陈允成
Tel:0773-8219197
Fax:0773-8219197

## 华致酒行(中国高档酒品连锁专卖店)
业务:销售五粮液等各种高档酒品
地址:广西省玉林市江滨路464号
邮编:537000
Tel:0775-2809989

**南宁通泰糖业有限公司**
地址:广西壮族自治区南宁市新城区竹溪路19号新兴苑小区18栋3单元402房
负责人:何安平
Tel:13317714944

**南宁市晨鲜食品有限公司**
地址:广西壮族自治区南宁市兴宁区华西路13号1栋5单元509号房
负责人:韦武平
Tel:13878809687

**南宁市美点饼业食品有限责任公司万达店**
地址:广西壮族自治区南宁市兴宁区青云路18号万达广场
负责人:周小凡
Tel:0771-2624881

**南宁味一香食品有限公司邕武分公司**
地址:广西壮族自治区南宁市兴宁区邕武路18号
负责人:刘尚书
Tel:13707881311

## 玉林市大院水果店
业务:水果批发
地址:广西省玉林市区教育路师专附中正对面
负责人:潘美海 邮编:537000
法人:潘美海
Tel:0775-2803366

## 桂林市福星米粉店
业务:福星米粉店成立于1986年,经历了二十多年的风雨历程,现已成为桂林市区最大的米粉连锁企业之一,现共有分店5家,配送中心一家。本公司目前正处于高速发展期,欢迎各位有识之士加入!这里有广阔的发展空间等待您!
地址:广西壮族自治区桂林市观音阁中山北路44-2号
负责人:龚自华 邮编:541001
法人:龚自华
Tel:0773-5695918

**南宁市合志淀粉厂**
地址:广西壮族自治区南宁市永新区富庶乡合志村
负责人:江日平
Tel:13978111062

**梧州市绿欣食品有限责任公司**
地址:广西壮族自治区梧州市长洲区新兴二路201号A区12号楼31号
负责人:张艺
Tel:13878406484

## 东兴市瑞凤实业有限公司
业务:专业从事畜禽产品、水产品购销、屠宰、深加工等业务,新建分割、包装生产线,采用先进技术设备对肉类进行深度加工利用,提高产品档次及产品附加值。致力打造生态、环保、绿色产品。
产品:猪、牛、鸡、鸭肉品,水产品
地址:广西壮族自治区东兴市江州路3巷
负责人:曹凤艳 邮编:538100
法人:曹凤艳
Tel:0770-7694122
13217707617
Fax:0770-7694122

## 南宁糖业股份有限公司东江糖厂
业务:本厂成立于1999年,主要生产"古府"牌白砂糖。产品质量保证、信誉第一、价格

合理，欢迎新老客户来电洽谈业务！
地址：广西壮族自治区南宁市武鸣县府城镇
………… 负责人：陆天美……邮　编：530100
…………………………… 法　人：0771－6355188
6355228

**梧州小尾羊火锅餐饮连锁店**
地址：广西壮族自治区梧州市蝶山区新兴一路236号二层东侧
……………………………… 负责人：陈平雄
……………………………… Tel：13838468688

**合山市仁一堂茶业有限公司**
业务：生产、加工、销售袋泡茶（护眼养神茶、洁血康脉茶、护肝泄毒茶
地址：广西壮族自治区合山市里兰商业街28号
………… 负责人：陈敢　　邮　编：546508
……………………………… 法　人：陈敢
…………… Tel：0772－8958023
13377402063

**桂林印象金八桂葡萄酒有限公司**
业务：桂林印象金八桂葡萄酒有限公司成立于2006年，主要从事葡萄酒、果汁及果汁饮料、奶制品的生产与销售。您的认可和满意就是我们的目标和追求，让我们共同努力实现双赢战略，共同为人类的健康奉献出我们至真至诚的爱。我们热忱欢迎各界同仁参观、指导工作、洽谈业务。

地址：广西壮族自治区桂林市邻桂县长岛十六区308号
………… 负责人：李景华……邮　编：541002
……………………………… 法　人：李景华
……………………………… Tel：0773－5595659

**龙潭西牛自来水厂**
地址：广西壮族自治区玉林市博白县龙潭镇大坝路005号
……………………………… 负责人：李海华
……………………………… Tel：0775－8522130
13977533158

**横县裕茂饼家**
业务：油炸糕点（油条、鸡腿、绿豆饼、面包）
地址：广西壮族自治区南宁横县横州镇龙首村委闸贤村
……… 负责人：蔡爱洪　　邮　编：530000
……………………………… 法　人：蔡爱洪
…………… Tel：13257720382

**桂林市汇丰大米加工厂**
业务：桂林市汇丰大米加工厂成立于2003年，从事大米加工及销售。谒诚欢迎新老客户光临、惠顾。
地址：广西壮族自治区桂林市平乐县沙子镇中华街40号
……………………………… 邮　编：542400
……………………………… 法　人：潘小俊
……………………………… Tel：0773－7683198

## 北海原香坊酿造食品有限公司

北海原香坊酿造食品有限公司成立于2006年，主要从事调味品的生产和销售，主要产品有醋、蚝油、酸梅酱和茄汁。我公司秉承“服务为本，客户至上”的原则，竭诚为新老客户服务！

联系人：李文生

电话：0779-2057303、13807893183　　传真：0779-2057303
地址：广西北海市高平路粮油食品厂院内　　邮编：536000

## 广西三泰园生物工程有限公司

网址：www.santaiyuan.com

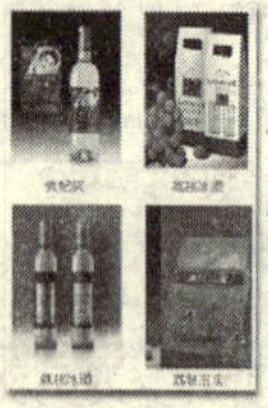

广西三泰园生物工程有限公司成立于2006年10月，公司秉持“传承南国荔枝文化”的企业理念，倡导“卓越品质，卓越生活”的品牌精神，实行“培养卓越精神，激发卓越才能，开创卓越事业”的人性化、开放式管理，推行“卓越伙伴，发展共赢”的合作模式，全心全意为客户提供“至真至诚”的“卓越服务”！

联系人：杨卫雄
13807876168
电话：0771-5859658 5855658
传真：0771-5859658
电子邮件：yy6168@163.com
地址：广西壮族自治区南宁市东葛路68号青秀大厦1502室　　邮编：530022

## 南宁彩琼酸粉加工场

南宁彩琼酸粉加工场成立于1996，是专业生产南宁名小吃——宾阳酸粉的供应商。我们加工的产品选料上乘，手工制作，别具一格。口感韧滑酸爽，有提神、消暑、止渴、开胃、祛湿除热功效。

百闻不如一尝，我们真诚欢迎您光临、品尝！

电话：0771-2159558 5637691
邮编：530000
联系人：王乾保 13878883758
地址：广西壮族自治区南宁市兴宁区新城区燕子岭正街17号

## 农垦糖业集团金光制糖有限公司

广西农垦糖业集团金光制糖有限公司始建于1976年，制糖生产采用压榨法提汁，亚硫酸法清净工艺。主要产品“三冠牌”白砂糖先后荣获全国亚法糖质量评比第二名、自治区优质食品奖，产品销往全国各地，是全国食品加工行业500强企业！

http://www.jgfarm.com
电话：0771-3355316 3355400 3355424
地址：广西壮族自治区南宁市永新区坛洛镇　　邮编：530000

## 海南省/Hainan Province

**保亭天禾裕肉豆蔻开发有限公司**
地址：海南省保亭黎族苗族自治县国营新星农场三分场一队
……………………………… 负责人：黄文
……………………………… Tel：13907699916

**海南岛之源生物科技有限公司**
地址：海南省澄迈县金江镇环城西路159号
……………………………… 负责人：李青
……………………………… Tel：13907549838

**海南昌之茂食品有限公司**
业务：海南昌之茂食品有限公司创建于1997年，是一家集农业开发，生产、经营海南特色的农、渔、土特产为主导业务的现代化企业。多年来，在广大客户的关爱及公司员工的努力下，公司发展颇具规模。至今，公司厂区占地6000多平方米。农业基地1000多亩，现有员工300多名，其产销量在海南同行业中名列前茅。公司根据市场需求，现已推出独具海参南特色、符合广大消费者口味的一系列食品，分为海鲜干货、热带水果制品、海洋珍品礼盒、休闲食品、调味品、椰子粉、咖啡七大系列，共二百多个品种。中国加入WTO后，为确保广大消费者的健康消费，我们以“质量第一、顾客至上”为企业宗旨，建立了完善的质量保证体系及售后服务机构。让昌茂食品在大众心中树六名牌形象，让海南特色产品推广到国际市场，这是昌茂企业的崇高目标。相信我们，我们一直在努力。
地址：海南省海口市海濂路25号
……………………………… 邮　编：570311
……………………………… 法　人：黄昌茂
……………………………… Tel：0898－68968888
……………………………… Mobile：13907593101
……………………………… Fax：0898－68961688
……………………………… 网址：www.hncmsp.com.cn
……………… E-mail：changmaoshipin@sina.com

**海南高远食品有限公司**
地址：海南省定安县定城镇塔岭开发区
……………………………… 负责人：徐祥海
……………………………… Tel：13863173578

**三亚和鑫冻品商行**
业务：肉食品、蘑菇
地址：海南省三亚市胜利路洪港农副业综合批发市场内D栋30号
……… 负责人：吴建阳　　邮　编：572000
……………………………… 法　人：吴建阳
………… Tel：0898－38285778
13158999871
………… Fax：0898－38285778

**美兰万寿食品加工厂**
地址：海南省海口市桂林洋经济开发区
……………………………… 负责人：黄和平
……………………………… Tel：0898－65715070
65715071
13907536120

**海口叶氏面条厂**
业务：海口叶氏面条厂成立于1994年，专业从事面条的加工及销售。“质量保证、价格合理”，热诚欢迎广大新老客户光临惠顾！
地址：海南省海口市秀英大道18号
………… 负责人：叶存兴……邮　编：570311
……………………………… 法　人：叶存兴
……………………………… Tel：0898－68652242
……………………………… Fax：0898－68620180

**海南男霸天酒业有限公司**
地址：海南省海口市海口保税区海口港三区保税仓办公楼D房
……………………………… 负责人：冯子根
……………………………… Tel：0898－68668957

**海南双盈科技开发有限公司**
地址：海南省海口市海盛路金楚小区2号楼115号铺面
……………………………… 负责人：周乐发
……………………………… Tel：0898－68625477

**海南红八喜酒业有限公司**
地址：海南省海口市海秀路120号顺发新村25栋202房
……………………………… 负责人：王国祥
……………………………… Tel：0898－68926486

**海口秀英千里香食品厂**
业务：海口秀英千里香食品厂成立于1991年，从事冷冻食品（鱼、肉制品）加工及销售。热诚欢迎新老客户来人、来电洽谈业务。
地址：海南省海口市秀英区白水塘路（省扶贫开发区内）
……………………………… 邮　编：570001
……………………………… 法　人：林银石
……………………………… Tel：0898－68648743
……………………………… Fax：0898－68648743

**海口桂冠食品有限公司**
地址：海南省海口市海秀路金牛新村4单元101房
……………………………… 负责人：桂雪军
……………………………… Tel：13006016750

**海南泰林食品有限公司**
地址：海南省海口市和平大道15号银谷苑1座12C
……………………………… 负责人：李泰雨
……………………………… Tel：0898－66787137

**海南绿旺食品有限公司**
地址：海南省海口市红城湖干休所兴发公寓区1号楼北侧
……………………………… 负责人：彭玉莲
……………………………… Tel：0898－66242413

**文昌市跃进椰垫加工厂**
业务：文昌市跃进椰垫加工厂成立于1992年，主要生产加工椰子果、椰棕制品等。热诚欢迎各方客户来电咨询，惠顾。
地址：海南省文昌市会文镇荟华新区
……………………………… 邮　编：571300
……………………………… 法　人：梁其才
……………………………… Tel：0893－63462360
……………………………… Fax：0893－63462360

**海口仙之味食品有限公司**
地址：海南省海口市金垦路9号公寓楼1509房
……………………………… 负责人：梁启明
……………………………… Tel：13178984128

**海南阿里郎食品有限公司**
地址：海南省海口市金龙路美食街丙栋9－9号
……………………………… 负责人：钟晓碧
……………………………… Tel：0898－68553768

**海口龙华鹏有酒行**
地址：海南省海口市龙昆北路25号千禧郎大厦105号
……………………………… 负责人：符硬
……………………………… Tel：13976004343

**海南美邦科技有限公司**
地址：海南省海口市龙昆北路海外大厦5楼
……………………………… 负责人：周维珍
……………………………… Tel：0898－68718598

**海南椰妹酒业有限公司**
地址：海南省海口市龙昆北路龙园别墅柏园雅居A5幢
……………………………… 负责人：钱世湖
……………………………… Tel：0898－65328028

**海口琼山国兴海达冰淇淋经销部**
地址：海南省海口市龙昆南路七号昌东园A座909室
……………………………… 负责人：李美生
……………………………… Tel：0898－66768451

**海南惠三隆食品有限公司**
地址：海南省海口市沿江三东路金星城七号楼第三层521＃
……………………………… 负责人：钟四娣
……………………………… Tel：0898－68536019

**琼海嘉积江南面包加工店**
地址：海南省琼海市嘉积镇登仙岑路北巷21号
……………………………… 负责人：叶江南
……………………………… Tel：0898－62839996

**琼海嘉积海儒阁商场**
地址：海南省琼海市嘉积镇银海路王一平铺
……………………………… 负责人：李件生
……………………………… Tel：0898－62928488

**海南天泽贸易有限公司琼海海南热带产品展销中心**
地址：海南省琼海市银海路新鸿基大酒店
……………………………… 负责人：王裕基
……………………………… Tel：0898－62920915

**三亚椰晶纯净水厂**
地址：海南省三亚市河东区华厦新村B－6
……………………………… 负责人：赵文阳
……………………………… Tel：0898－88239116
13034975678

## 海南海兴隆商贸有限公司

海南海兴隆商贸有限公司成立于2007年，本公司专业从事泸州老窖特曲、泸州老窖精品头曲、泸州老窖老酒坊、古越龙山花雕酒、会稽山花雕的销售。

公司秉承“顾客至上，锐意进取”的经营理念，坚持“客户第一”的原则为广大客户提供优质的服务。欢迎惠顾！

联系人：余瑞浦

电话：0898-68586911　68586511（传真）
地址：海南省海口市文华南路9号天龙阁A1栋2楼E室　　邮编：570105

## 四川省/Sichuan Province

**茂县太平羌山新月牦牛肉加工厂**
地址：四川省阿坝藏族羌族自治区茂县太平乡
负责人：伍永明
Tel：0837－7441818
13547733721

**巴山通江野生食品开发有限公司**
业务：巴山通江野生食品开发有限公司主要经营具有大巴山通江特色的土特产（通江银耳、天然黑木耳、野生香菇、笋干等）及全国各地名、优、新、奇土特产品（竹笋、桂圆干、红枣、枸杞等）。
地址：四川省成都市成华区保和乡东升村十组
邮　编：610051
法　人：杨吉
Tel：028－88856162

**九寨沟县九露食品有限公司**
地址：四川省阿坝藏族羌族自治州永丰新区
负责人：何开明
Tel：0837－7730187
13518439702

**从龙油类加工厂**
地址：四川省巴中市平昌县新庙乡在街
负责人：杨从龙
Tel：0827－6956010
13881691822

**成都金堂永久冷食品厂**
业务：本公司成立于1998年，主要生产销售碳酸饮料系列，果蔬汁饮料系列，矿物质水，薄荷水系列产品。“质量保证，价格合理”。欢迎新老客光临惠顾！
地址：四川省成都市金堂县清江镇双江路
负责人：范林久　邮　编：610400
法　人：范林久
Tel：028－84901461

**四川省科威果业有限责任公司平昌分公司**
地址：四川省巴中市平昌县星光食品工业园区星光一社
负责人：陈代建
Tel：0827－6296439

**成都光明乳业有限公司**
地址：四川省成都市成华区龙潭乡
负责人：张华富
Tel：028－87671543

**成华区唐水果鲜卖店**
地址：四川省成都市成华区驷马路12号13－15号（水果市场内）
负责人：唐彪
Tel：13981818108

**成都市春晖食品厂**
业务：本公司成立于2004年，拥有30多名员工。主要经营：芝麻油、花椒油、辣椒油、火锅香油、香水鱼、保鲜花椒、味精等的生产与销售。“调味用春晖，让餐桌生辉。”
地址：四川省成都市郫县犀浦镇双林村六组
邮　编：611731
法　人：刘君贵
Tel：028－87850266
Fax：028－87850266

**黑水县圣洁冰川食品有限责任公司**
业务：生产银丝粉、苦荞自发粉、淀粉
地址：四川省阿坝州黑水县
负责人：李阳波　邮　编：625600
法　人：李阳波
Tel：13882497696
13990409883

**凤鑫普通食品经营部**
地址：四川省成都市成华区跳蹬河北支路211号
负责人：陈云才
Tel：028－84124388

**成都市惠丰食品有限公司**
地址：四川省成都市大邑县上安镇新水村
负责人：李安林
Tel：028－88719953

**成都市锦江区新艺食品厂**
业务：成都市锦江区新艺食品厂主要生产全蛋沙琪玛、汉堡、面包、娃娃蛋糕、瓜子脆、桃酥、月饼等。我们“以质量求生存、以信誉求发展”，将产品以高质量、适中的价格投放市场、远销各省市，获得了广大客户的信任及好评。
地址：四川省成都市锦江区琉璃乡槎子树村7组
邮　编：610063
法　人：宋从根
Tel：028－85910278
Fax：028－85910278

**成都福财酒厂**
地址：四川省成都市大邑县唐场镇蔡山村
负责人：洪福全
Tel：13980568815

**都江堰市金色阳光果品有限责任公司**
地址：四川省成都市都江堰市宝瓶花园
负责人：刘华
Tel：13981722653

**成都市康美食品厂**
业务：成都市康美食品厂成立于2003年，从事芝麻糊、核桃粉、营养粉的生产。欢迎新老客户来电洽谈业务！
地址：四川省成都市青白江区玉虹乡泉龙村
邮　编：610306
法　人：白美刚
Tel：028－83686388
Fax：028－83686388

**安徽洽洽食品有限公司成都办事处**
地址：四川省成都市高新技术开发区芳草街2号江南苑1－5－3
负责人：徐希庆
Tel：028－85122944

**成都高新区健和水果蔬菜经营部**
地址：四川省成都市高新技术开发区农产品中心批发市场
负责人：叶应昌
Tel：028－85315568

**成都市新牛食品有限公司**
业务：成都市新牛食品有限公司，始建于1989年，公司现有总资产1000余万元，占地面积约7000平米，产值达1000万元的中型企业。公司在管理上，充分发挥人才效益，研制出一代又一代的“新牛”牌系列产品，科学的配方，精心的研制，严格的管理，产品受到广大客户、消费者的称赞。特别是“新牛”牌月饼已销往全省各地，产品供不应求，部分精品装已销往全国各地。
地址：四川省成都市新都区新民镇金牛村二组
邮　编：610507
法　人：雷春
Tel：028－83075218
Fax：028－83075618
网址：www.cdxn.chinapyp.com

**双流县老庄府食品厂**
业务：饼干、月饼、麻花、麻饼系列。老庄府食品厂将以“诚信、敬业、坚韧、创新”的企业精神为宗旨，真诚欢迎海内外有识之士与我们进行商务往来和项目合作，共同发展。
地址：四川省成都市双流县合江镇汇源街58号
负责人：庄先生　邮　编：610213
法　人：庄仁华
Tel：13666210660
028－85668595
网址：http://www.lzfsp.cn
E-mail：sccdlzf@126.com

**东广食品加工店**
地址：四川省成都市金牛区洞子口乡踏水村八组
负责人：林学霖
Tel：028－83133050
13709007432

**四川省绵王酒业有限责任公司**
地址：四川省成都市金牛区二环路北三段68号学堂南苑1－2－17号
负责人：徐海龙
Tel：13568231088

**金牛区盛兴源副食品店**
地址：四川省成都市金牛区府青路一段30号第5号房屋
负责人：张成发
Tel：13808077989

**城南有才糖酒批发部**
业务：城南有才糖酒批发部成立于1994年，十多年来从事各类糖酒、五金机电的批发及销售。讲信用，重诚信，欢迎各界朋友洽谈业务，共图发展！
地址：四川省内江市资中县城南综合市场进口左面
邮　编：641200
法　人：刘栋位
Tel：0832－5601146
Fax：0832－5608263

**大众小吃**
地址：四川省成都市金牛区荷花池市场糖酒综合市场2幢300号
负责人：钟秀琼
Tel：13547906711

**成都阿尔卑斯啤酒制造有限公司**
地址：四川省成都市金牛区黄金路99号
负责人：李富祥
Tel：13880332133

**达州市浩龙粮油食品有限责任公司**
业务：本公司成立于2006年，主要从事大米、食用油加工销售。产品质量保证、价格合理，竭诚欢迎广大客户光临惠顾！
地址：四川省达州市通川区西外镇五店村八组
负责人：王龙波　邮　编：635000
法　人：王龙波
Tel：0818－2530111

**成都市甜头营养食品有限公司**
业务：生产“甜头”牌糖果、月饼
地址：四川省成都市双流县黄甲大道文庙段180号
负责人：李先生　邮　编：610017
Tel：028－85780008
Fax：028－85780068
网址：http://www.candychina.net/co.asp?id=1347
E-mail：tiantou@126.com

**成都湘蓉食品有限责任公司**
地址：四川省成都市金牛区圃园路南二路3号丽景湾1幢4单元3号
负责人：邓前军
Tel：13608095754

**金牛区顺利副食品经营部**
地址：四川省成都市金牛区蜀通街89号8幢9号
负责人：纪昌全
Tel：13982281143

**大邑县裕华食品厂**
业务：大邑县裕华食品厂成立于2005年，主要生产麻花。产品口感好，质量保证，价格合理，热诚欢迎新老客户光临惠顾。
地址：四川省成都市大邑县韩场镇郑杨村
邮　编：611300
法　人：徐德明
Tel：028－88335091
Fax：028－88335091

**金牛区长斌副食店**
地址：四川省成都市金牛区天回乡大湾村5组
负责人：刘长兵
Tel：028－66123789

**德阳调元食府**
业务：为了使传统川菜与现代菜品完美结合，同时创新出更加丰富美味的佳肴，调元食府专门注册设立了德阳调元可以说；调元食府就是德阳的代表菜品，同时为川菜在同行业中赢得好评起了积极的作用。德阳调元同时开设茶楼，棋社等娱乐。
地址：四川省德阳市佛山街166号
负责人：张有华　邮　编：618000
法　人：张有华
Tel：0838－2504188
网址：www.mtw26419.chinapyp.com

**金牛区雷氏禽蛋加工厂**
地址：四川省成都市金牛区天回镇杜家碾村6组
负责人：雷自强
Tel：028－83573668

**成都熙正食品有限公司**
地址：四川省成都市金牛区兴盛村5组
负责人：李涵
Tel：028－88163894

**四川佳谷食品科技有限公司**
业务：食品技术咨询
地址：四川省成都市双流县蛟龙工业港蛟龙大道16座
负责人：周子淳　邮　编：610000
Tel：13183888989
028－85730585

**德阳市旌阳区孝泉仁马清真食品厂**
业务：我公司经营：清真食品及肉制品加工，我们以“质量第一，信誉至上”为宗旨，为广大客户服务。
地址：四川省德阳市旌阳区孝泉镇半边街33号
负责人：马文骞　邮　编：618005
Tel：0838－3601111

**成都市胡记串串香有限公司**
地址：四川省成都市金牛区星辉东路6号
负责人：胡宇涛
Tel：028－83319236

**四川山土味食品有限公司**
地址：四川省成都市锦江区琉璃乡槎子树村二组
负责人：李连杰
Tel：028－88872788

**大名府小磨香油坊**
地址：四川省成都市龙泉驿区龙泉镇航天综合市场
负责人：许奎峰
Tel：028－84850772
89025036

**映明豆办厂**
地址：四川省成都市郫县安德镇兴隆村
负责人：李映明
Tel：028－87996068
13541261540

**根建酿造厂**
地址：四川省成都市郫县唐昌镇战旗村二组
负责人：林根建
Tel：13551107648

**德阳市区鑫兴面业厂**
业务：鑫兴面业厂，主要加工鲜面，抄手，水饺及干面等业务。诚信第一，顾客至上，热诚欢迎新老客户惠顾！
地址：四川省德阳市旌阳区火车北站黄山路一段75号
负责人：周光伦　邮　编：618000
法　人：周光伦
Tel：0838－2403882
2420196
Fax：0838－2401335
网址：西南粮油.cn

**成都天韵味业有限公司**
业务：生产加工复合调味料
地址：四川省成都市双流县蛟龙工业港蛟龙大道16座
负责人：曹钧　邮　编：610000
Tel：18980084997
028－85730585

**恒丰和豆瓣厂**
地址：四川省成都市郫县团结镇白马村7组
负责人：薛道元
Tel：028－87951075

**鲜颜食品厂**
地址：四川省成都市青白江区城厢镇西门外
负责人：张昌林
Tel：028－83633388

**五勤从光机面加工厂**
地址：四川省成都市青白江区大同镇五勤村
负责人：周从光
Tel：028－83625771
13881877200

**康美食品厂**
地址：四川省成都市青白江区玉虹乡十五里村
负责人：白美刚
Tel：028－84935363
13980461166

**长兴食品有限公司**
地址：四川省成都市青羊区忠烈祠东街50号
负责人：张发军
Tel：028－86615729
13808056328

**富顺县飞龙乡大山酒厂**
业务：富顺县飞龙乡大山酒厂成立于1990年，主要从事白酒生产销售。欢迎新老客户光临、惠顾！
地址：四川省自贡市富顺县飞龙乡大山村一组
负责人：周世富　邮　编：643200
法　人：周世富
Tel：0813－7470022

**成都双流胡福记食品厂**
地址：四川省成都市双流县黄水镇保河村三社
负责人：胡明辉
Tel：028－85783382
13980516243

**四川科华新技术研究院**
业务：酒处理、水处理设备
产品：电脑全自动高精密过滤机、复合型多功能酒处理机、纯水装置
地址：四川省成都市学道街81号中电大厦8楼G座
负责人：沈祖志　邮　编：610016
法　人：沈祖志
Tel：028－86666857
13908005163
Fax：028－86665698
网址：http://www.sckehua.com
E-mail：sichuankehua@126.coms

**四哥食品有限公司**
地址：四川省成都市双流县九江镇大井社区8组
负责人：陈诚
Tel：028－85751802
13547959204

**兴隆米厂**
地址：四川省达州市开江县广福镇德圣街兴隆米厂

负责人：唐斌
Tel：0818－8251625
13982852655

### 犍为县清溪镇兴旺花茶厂

业务：犍为县清溪镇兴旺花茶厂成立于1989年，是一家从事花茶、绿茶种植、加工、销售的企业。欢迎新老客户来电洽谈业务！
地址：四川省乐山市犍为县清溪镇
邮　编：614404
法　人：包荣秀
Tel：0833－4375450
4902989

**达县川江粮食加工厂**
地址：四川省达州市麻柳镇街道
负责人：王维元
Tel：0818－3244379
13518248199

**沿口天河糕点厂**
地址：四川省广安市武胜县沿口镇下西街
负责人：谢波
Tel：0826－6226273
13320624648

**江油市云集酒厂**
地址：四川省江油市云集场镇
负责人：左庆勇
Tel：0816－3736102
8915779

### 开德豆制品加工厂

业务：开德豆制品加工厂成立于1993年，主要从事豆制品的加工、销售。"诚信经营，质量保证，价格合理"，热诚欢迎新老客户惠顾。
地址：四川省南充市营山县朗池镇城附乡火箭村9组
邮　编：637791
法　人：尹开德
Tel：0817－8079889
8227751

### 资中县代代传商贸有限责任公司

业务：乳制品等食品的代理
地址：四川省内江市资中县城区粮站
负责人：张颖达　邮　编：641200
法　人：张颖达
Tel：0832－5611418

**茨竹乡天马酒厂**
地址：四川省乐山市沐川县茨竹乡街道
负责人：祝晓林
Tel：0833－4672060
13096056272

**四川省会理县味源酿造厂**
地址：四川省凉山彝族自治州会理县果元乡九椮村一组
负责人：季顺虎
Tel：0834－5627453
13708143712

### 乐山市三峨茶叶有限责任公司

业务：乐山市三峨茶叶有限责任公司成立于1998年，主要生产销售"三峨"牌纯天然云雾茶叶。"质量可靠，价格合理"，竭诚欢迎广大客户来电来人洽谈业务，共同合作。
地址：四川省乐山市沙湾区沙湾镇石沟巷3号
邮　编：614900
法　人：付永贵
Tel：0833－3431928
3441928

**四川泸州池明天下酒业有限公司**
地址：四川省泸州市邻玉镇漕溪村
负责人：陈荣忠
Tel：0830－3890305
13808287253

**泸州龙之队酒业有限公司**
地址：四川省泸州市龙马潭区特兴镇
负责人：唐义勇
Tel：0830－2750168
3119231
13982712222

**塔水孙家油厂**
地址：四川省绵阳市安县塔水镇朝新街147号
负责人：孙兴金
Tel：0816－4691298
13018141613

### 凉山州兴宏食品开发有限责任公司

业务：凉山州兴宏食品开发有限责任公司成立于2005年，从事苦荞茶的生产及销售。欢迎全国各地的销售精英与我们合作，本着双赢的原则，最大限度地向销售商让利，提供周到的、全方位的支持与帮助，携手共创辉煌的明天。
地址：四川省凉山彝族自治州西昌市青年路
邮　编：615000
法　人：苏兴炬
Tel：0834－3281808
Fax：0834－3281808

**英利荷糕点饼屋**
地址：四川省绵阳市涪城区临江市场28号
负责人：胡敬中
Tel：0816－2310507
13708124167

**绵阳市涪城区凤祥食品厂**
地址：四川省绵阳市涪城区效乡元通村四社
负责人：翁卿表
Tel：0816－2372407
13608128863

### 罗江县弘伟糖酒饮料商贸部

业务：本公司成立于1995年。主要经营饮料、啤酒、白酒、葡萄酒等各大品牌的300多个品种。
地址：四川省德阳市罗江县综合市场37号
邮　编：628200
法　人：梁光伟
Tel：0838－3202612
Fax：0838－3202612

**平武县平通青梅酒厂**
地址：四川省绵阳市龙安镇南街18号
负责人：何铭
Tel：13981165618

**三台县金鼓梁氏粮油加工厂**
地址：四川省绵阳市三台县金鼓乡场镇
负责人：梁勇
Tel：13608116856

### 绵阳市葡露保健食品有限公司

业务：绵阳市在四川省的西北部，是一个新兴的科技城、电子城。在积淀了历史的今天，绵阳融合了成都的时尚和重庆的火辣，迅速发展成为一座开放的现代化城市。承载了文明和健康理念的绵阳市葡露保健食品有限公司就在这里发展。公司占地面积38000平方米，生产、办公、检验用房面积达10000平方米以上，绿化面积达40%以上，是一个绿数成荫的天然健康食品生产基地。公司在安县、北川、江油等地建有大规模的魔芋生产基地，保证了魔面原材料资源在质与量上的供给优势。同时公司还拥有最先进的生产线和国际先进技术，一贯秉承"健康为民"的生产观念，生产完全和世界健康的趋势同步进行，在业内获得了一致好评！
地址：四川省绵阳市经济开发区南湖北街
负责人：杨顺兵　邮　编：621000
法　人：杨顺兵
Tel：0816－6393266
Fax：0816－6390493

**内江市东兴区飞虹桥大米加工厂**
地址：四川省内江市东兴区高梁镇
负责人：唐绍兵
Tel：0832－2801362
13990558706

**上美食品厂**
地址：四川省内江市隆昌县金鹅镇康复西路45号
负责人：张小同
Tel：0832－3990777
13608252728

### 攀枝花市大高蔬菜经营部

业务：攀枝花市大高蔬菜经营部成立于2004年，是以经营农副产品为特色的批发企业。主营新鲜蔬菜、水果，热忱欢迎广大种植商户、新老顾客及社会各界加盟，共同发展、共奔小康！
地址：四川省攀枝花市仁和区第一农贸市场
邮　编：617000
法　人：高国文
Tel：0812－2990075

### 遂宁市鑫益商贸有限责任公司

业务：销售酒水、饮料
地址：四川省遂宁市城区和平西路二巷二栋4号楼59号
负责人：梁登全　邮　编：629000
法　人：梁登全
Tel：0825－2225380

**喻两水油房**
地址：四川省内江市内江市东兴区椑木镇胜利街170号
负责人：西水
Tel：0832－64111302
13890577213

**威远县威龙咸杂加工厂**
地址：四川省内江市威远县向义镇大冲村6组
负责人：骆光旭
Tel：0832－8535928
15913101680

**金川五龙须食品厂**
地址：四川省内江市威远县向义镇中冲村
负责人：王身焱
Tel：0832－8535918
13112918138

### 攀枝花市富明粮食加工厂

业务：攀枝花市富明粮食加工厂成立于2002年，从事玉米饲料的加工及销售、大米加工及销售。竭诚欢迎广大新老客户来电洽谈业务。
地址：四川省攀枝花市东区密地粮油批发市场1号门市
邮　编：617063
法　人：邬昌宇
Tel：0812－6681978
Fax：0812－6681978

**资中香缘食品厂**
地址：四川省内江市银山银杨街84号
负责人：何刚
Tel：0832－5453703
13990545268

### 宜宾市翠屏区君山竹笋加工厂

业务：宜宾市翠屏区君山竹笋加工厂成立于2003年，专业从事竹笋加工，主要产品有竹笋、山野菜、蕨菜及农副产品，物美价廉，热诚欢迎新老客户光临惠顾，洽谈业务。
地址：四川省宜宾市翠屏区西郊建新村跃进社68号
负责人：吕货强　邮　编：644000
法　人：吕货强
Tel：0831－7813095
Mobile：13036481025

**李芝强生猪定点宰杀点**
地址：四川省南充市嘉陵区蚂蝗堰
负责人：李芝强
Tel：0817－63700502
13990898771

**攀枝花市富明粮食加工厂**
地址：四川省攀枝花市东区密地粮油批发市场1号门市
负责人：邬昌宇
Tel：0812－6681978
13882328804

### 攀枝花市海和糖酒有限责任公司

业务：公司位于四川省成都市，公司一向视产品质量为生命，生产的"金童洗衣粉""海浪洗衣粉""新汰洗衣粉"是以生产销售为一体的商业企业，公司代理全国上百家名优产品，信誉为金，满意为兴，客户至上，欢迎来电垂讯！
地址：四川省攀枝花市西区矿务局
邮　编：617066
法　人：蒲海和
Tel：0812－5523889
Fax：0812－5523889
网址：www.schh.chinapyp.com

**彭州银裕食品厂**
地址：四川省彭州市致和镇复兴村二组
负责人：陈富玉
Tel：028－83750168
13608228311

### 四川自贡佳家卤美味食品调料厂

业务：主要经营调料、卤料、火锅底料、各种卤菜。
地址：四川省自贡市钟树计卤味烧辣专卖店
邮　编：643000
法　人：钟树文
Tel：0813－8958633
2628105

**邛崃市回澜食品厂**
地址：四川省邛崃市临邛镇马坝村5组17号
负责人：杨光明
Tel：13882133028

**遂宁市市中区利民粮油加工厂**
地址：四川省遂宁市安居镇三合碑村
负责人：田代见
Tel：0825－8661839
13882561385

### 四川宜宾巴蜀液酒厂

业务：四川宜宾巴蜀液酒厂成立于1972年，是一家专业生产优质五粮型基础酒、调味酒的厂家。热诚欢迎各方客户惠顾，共同合作。
地址：四川省泸州市纪念标公交建材市场四栋八号
邮　编：646000
法　人：蒲秀强
Tel：0830－3177949
Fax：0830－3177949

### 攀枝花市仁和区泰莱丝食品厂

业务：四川省攀枝花市仁和区泰莱丝食品厂，其前身为遂宁市食品厂驻攀枝花市泰瓜子分厂，是攀枝花市唯一一家专业从事瓜子系列炒货厂，已有二十几个品种。拥有先进技术和现代先进设备，由全自动电脑控制生产流水线，集研发，生产，销售和技术为一体。
地址：四川省攀枝花市仁和区四十九公里泰莱丝食品厂
邮　编：617000
法　人：久小军
Tel：0812－2903161
Fax：0812－2903161
网址：www.pzhtls.chinapyp.com

**新津县花桥川蜀酱菜食品厂**
地址：四川省新津县花桥镇焦严村一组
负责人：郑学英
Tel：028－82461870
13076063118

### 四川省通江县绿野食品有限公司

业务：通江县绿野食品有限公司位于四川东北郊，中国银耳之乡—通江，主要从事通江银耳、木耳、野生香菇、野生食用菌等全国各地名优土特产品的生产，加工，销售为一体的专业公司。欢迎各方朋友惠顾，质量保证，价格合理，共同合作。
地址：四川省巴中市通江县涪阳镇、成都办事处：四川省成都市金牛区营门口营兴街
邮　编：636700
法　人：龙文奎
Tel：0827－7213277
028－87767576
Fax：0827－7213277
028－87767576

**屏山任氏永兴酿造厂**
地址：四川省宜宾屏山县屏山镇东正街9号
负责人：任朝弟
Tel：0831－5722458

### 攀枝花市盐边县鸿丰水果有限责任公司

业务：攀枝花市盐边县鸿丰水果有限责任公司成立于1998年，多年来主要销售芒果、柑桔、荔枝、龙眼、石榴等水果，蜂蜜、蜂皇浆，养殖销售种牛、种羊、肉羊等。"质量保证，价格合理"，欢迎新老客户惠顾。
地址：四川省攀枝花市盐边县红格镇
邮　编：617112
法　人：刀鸿
Tel：0812－8781688

**宜宾市翠屏区益阳春酒厂**
地址：四川省宜宾市白沙湾白塔东路电厂对门
负责人：刘生琼
Tel：0831－3582988

### 四川省通江山霸王野生食品有限公司

业务：四川省通江山霸王野生食品有限公司主要从事开发、研制、加工、生产、购销通江银耳、黑木耳、野生香菇、野生食用菌、名贵中药材、各类野生山珍、通江银耳茶、通江银耳功能性食品、保健食品、饮品等全国各地名优土特产的专业公司。
地址：四川省通江县诺江镇诺江中路855号
邮　编：636700
法　人：曾安
Tel：0827－7211999
7210666
Fax：0827－7211999

**江安县油菜籽加工**
地址：四川省宜宾市江安县四面山乡龙泉村
负责人：陈明宏
Tel：0831－2869109
13990931642

### 四川省邛崃市红花酒业有限公司

业务：四川省邛崃市红花酒业有限公司是集白酒的研制、开发、生产、销售为一体的公司。公司以生产一流的产品，提供一流的服务，创造一流的效益为目标，产品畅销全国各地，深受广大消费者的青睐！
地址：四川省成都市邛崃市临邛镇胜利村三队
负责人：叶世文　邮　编：611530
法　人：叶世文
Tel：028－88741031

**南溪县九舟酒业有限公司**
地址：四川省宜宾市南溪县汪家镇
负责人：肖六飞
Tel：0831－3250099

### 郫县源广利食品厂

业务：郫县源广利食品厂成立于1990年，主要从事郫县豆办、调味制品的生产销售。质量保证，价格合理，热诚欢迎新老客户光临惠顾。
地址：四川省成都市郫县合作镇胜利村
邮　编：611731
法　人：兰基远
Tel：028－87955958
Fax：028－87956958

**白显杰酒厂**
地址：四川省宜宾市兴文县大河乡
负责人：白显杰
Tel：0831－8869031
13989200212

### 四川省攀枝花市米易县红福园饮料食品厂

业务：四川省攀枝花市米易县红福园饮料食品厂主要生产销售饮料，"阳光冰泉"瓶装水、桶装水等纯净水。公司坚持"以诚信为本、以质量取胜"为企业理念，竭诚与广大新老客户携手共进。
地址：四川省攀枝花市米易县丙谷镇橄榄村
邮　编：617201
法　人：朱维文
Tel：0812－8100528
Fax：0812－8100528

**林凤精米加工厂**
地址：四川省资阳市安岳县林凤镇后林街村
负责人：何明前
Tel：0832－4870135
13982990761

### 三台县新鲁仙鹤面粉厂

业务：我厂建立于1983年，主要从事于面粉的加工与销售。我厂以"质量第一，客户至上"为经营宗旨。欢迎新老客户光临惠顾！
地址：四川省绵羊市三台县新鲁场镇鲁南街16号
负责人：罗云　邮　编：621105
法　人：罗云
Tel：0816－5592503
网址：www.mtw30863.chinapyp.com

**龙海米厂**
地址：四川省资阳市安岳县龙台大桥村
负责人：吴崇志
Tel：0832－4882123
4882214
4881337
13982992346

### 四川省名山县禹贡蒙山茶叶有限责任公司

业务：本公司主要生产绿名茶、绿茶、特种茉莉花茶、茉莉花茶、老鹰茶、苦丁茶、中国道茶等系列产品。公司竭诚为广大消费者服务，欢迎各界有识之士来我司合作开发蒙山茶，共谋发展，携手聚财！

地址：四川省雅安市名山县蒙山镇虎啸路 99 号
………… 负责人：施友权……邮　编：625100
…………………………………… 法　人：施友权
………………………………… Tel：0835－3220669
………………………… 网址：www. yg－tea. com

**安岳县长康米厂**

地址：四川省资阳市安岳县龙台镇大桥村
…………………………………… 负责人：汪德明
………………………………… Tel：0832－4881640
13982901316

## 四川成都涵春茶厂

业务：四川成都涵春茶厂成立于 2003 年，主要从事茶叶的生产加工。注册商标为“涵春”牌。“以质量求生存，以信誉求发展”，热诚欢迎新老客户惠顾。

地址：四川省成都市新都区桂湖西路 143 号
…………………………………… 邮　编：610015
…………………………………… 法　人：彭显龙
………………………………… Tel：028－8396054

## 四川宁南金沙江糖业有限公司

业务：四川宁南金沙江糖业有限公司地处金沙江北岸，其前身为四川省凉山州华弹糖厂，是攀西地区糖业骨干。公司拥有专业技术人员 45 人，员工 280 人，从事生产白砂糖，医（食）用酒精的制造和销售。企业97 年 4 月通过 ISO9002 国际质量体系 认证，产品白砂糖 97 年 12 月被评为四川省名牌产品。

地址：四川省凉山州宁南县华弹镇
…………………………………… 邮　编：615416
…………………………………… 法　人：陈德俊
………………………………… Tel：0834－4591008
………………………………… Fax：0834－4591008

**安岳县精品香油房**

地址：四川省资阳市安岳县岳阳镇建设街市场 6 号门市
…………………………………… 负责人：胡正芳
………………………………… Tel：0832－64235023
13982997011

## 四川南充市川柏腌腊制品加工厂

业务：四川南充市川柏腌腊制品加工厂成立于 2004 年，主要经营腌腊制品。以“质量第一，客户至上”的经营宗旨。欢迎新老客户光临、惠顾！

地址：四川省南充市高坪区望城居委会一组
………… 负责人：胡通林……邮　编：637100
…………………………………… 法　人：胡通林
………………………………… Tel：0817－3566858
3369253
………… 网址：www. mtw50761. chinapyp. com

## 贵州省/Guizhou Province

### 安顺市元顺商贸有限公司

业务：伊利牛奶、蜡笔小新果冻
地址：贵州省安顺市西秀区太平村308号
负责人：梁元 邮编：561000
法人：梁元
Tel：13765322111
0853－3359758

### 贵州利华酒业有限公司

地址：贵州省安顺市平坝县平黎路5号
负责人：陈丽华
Tel：0853－4227719
13908530825

### 普定夜郎湖食品有限公司

地址：贵州省安顺市普定县城关镇富强路
负责人：邓道明
Tel：0853－8222679
13508535412

### 道真自治县宏福茶业发展有限公司

业务：道真自治县宏福茶业发展有限公司于2003年成立，主要从事茶叶生产、加工、销售。注册商标为"仡佬山"。是道真县茶叶行业的龙头企业。竭诚欢迎各界有识之士与公司携手合作，共谋发展，实现双赢。
地址：贵州省道真自治县民族路13号
负责人：杨志福 邮编：563500
法人：杨志福
Tel：0852－5822583
5827599

### 赤水市九龙酒业有限公司

地址：贵州省贵阳市赤水市客运站对面
负责人：卞小莉
Tel：0852－2823738
13312331107

### 贵阳好阿妈食品有限公司

地址：贵州省贵阳市花溪大道北段303号
负责人：黎永强
Tel：13885110973

### 关岭自治县老伯妈食品厂

业务：关岭自治县老伯妈食品厂加工销售食品，糊辣椒、辣椒面、豆沙包、豆食五香、五香葵花，欢迎来来洽谈业务。
地址：贵州省安顺市关岭布依族苗族自治县断桥
负责人：陈章 邮编：561305
法人：陈章
Tel：0853－7762306

### 贵阳花溪山泉水业有限公司

地址：贵州省贵阳市花溪区花溪乡杨中村马庄
负责人：左正达
Tel：13037879348

### 贵州久圣酒业有限责任公司

业务：贵州久圣酒业有限责任公司成立于2006年，代理销售茅台醇（柔和型）酒，欢迎各方客户来电洽谈业务。
地址：贵州省贵阳市云岩区三桥下五里新村98号
负责人：周玉平 邮编：550003
法人：周玉平
Tel：0851－4848792
Fax：0851－8102159
网址：www.gzjiusheng.com
E-mail：gzjiusheng@sina.com

### 龙凤亚洲红酒业有限公司

地址：贵州省贵阳市南明区花溪大道北段194号
负责人：郑传高
Tel：0851－5665325
13885005232

### 欣园食品加工厂

地址：贵州省贵阳市南明区见龙路85号
负责人：王金玉
Tel：0851－5525257
13609413355

### 贵州康泰生物科技有限公司

业务：贵州康泰生物科技有限公司成立于2006年，主要从事木瓜蛇宝酒的生产与销售。"质量可靠，信誉第一"，竭诚欢迎广大客户来电来人洽谈业务，共同合作！
地址：贵州省贵阳市南明区朝阳巷89号2单元附15号
负责人：周训祥 邮编：550002
法人：周训祥
Tel：0851－5754883

### 贵州独山石牛食品有限责任公司

业务：食品加工、销售
产品：糖果、饼干、糕点等
地址：贵州省都匀市独山县麻万工业园区
负责人：杜文师 邮编：558200
法人：杜文师
Tel：13885411098
0854－3360058

### 英锅食品厂

地址：贵州省贵阳市三桥综合批发市场B樟397号
负责人：陈教英
Tel：0851－4843981
13985581988

### 贵州五福坊食品有限公司

地址：贵州省贵阳市乌当区春天大道114号
负责人：徐瑞芳
Tel：0851－6317319
6317886
13885073167

### 贵州辣又香食品有限公司

业务：本公司是一家辣椒专业生产企业，生产油辣椒系列、青椒系列、红皮大蒜系列、酸辣系列产品。产品质量上乘，可根据客户和消费者的要求生产加工各种口感、口味的调味品。我们真诚欢迎全国各地、世界各地的朋友莅临指导、精诚合作。
地址：贵州省贵阳市经济技术开发区（小河平桥）
邮编：550009
法人：林定雄
Tel：0851－3807328
Fax：0851－3807318

### 贵州能辉酒业有限公司

业务：本公司成立于2006年7月，专业生产经销贵州省仁怀县茅台镇生产的优质酱香型、浓香型白酒，品牌"七味坊"。质量上乘，绿色环保。欢迎来电、来函联系、咨询、考察。
地址：贵州省贵阳市南明区花溪大道北段3号（能辉大厦）十九层1901室
负责人：黄薇 邮编：550002
法人：阮晓刚
Tel：0851－5898708
Fax：0851－5898707

### 兴义市太阳红味精制造有限公司

业务：本公司是专业从事味精及调味品系列生产、销售的厂家。公司决策层以铸就"太阳红"品牌为立足点，公司目前是贵州省乃至中国西南地区唯一的味精专业化程度高的首家生产企业。"太阳红公司"热忱欢迎各界人士垂询光临！
地址：贵州省兴义市马岭镇龙井工业开发区
邮编：562400
法人：钟秀会
Tel：0859－3410522
Fax：0859－3410331

### 贵阳市乌当区黄盛酒厂

地址：贵州省贵阳市乌当区朱昌镇朱昌街上
负责人：黄盛
Tel：0851－4361489
13985168879

### 贵阳云岩齐味香食品厂

地址：贵州省贵阳市永安寺街45号
负责人：吴剑辛
Tel：0851－6618538

### 贵州仁怀市茅台镇酒乡窖酒厂

业务：茅台镇酒乡窖酒厂位于"中国酒都"—仁怀市赤水河畔，始建于1978年，开发了具有大众口感的怀冠酒系列、怀冠牌酒乡酒和酒乡窖系列产品，我厂多年来坚持"以质量求生存，向管理要发展"为经营主体，以"立足市场见效益，追求客户最大满意"为经营理念。为塑造酒都形象，弘扬中国悠久的白酒文化而做出贡献。
地址：贵州省仁怀市鲁班镇
负责人：杜富杰 邮编：564507
Tel：0852－2341016
Fax：0852－2341296
网址：www.mtjxjj.com

### 贵阳六甲食品有限公司云岩分公司

地址：贵州省贵阳市宅吉路473号
负责人：黄德福
Tel：0851－6618733

### 贵州省铜仁市锦江冰厂

业务：贵州省铜仁市锦江冰厂成立于1990年，位于贵州省铜仁市清水大道27号，是一家专业生产冰淇淋的厂家。公司自成立以来，一直致力于提高产品质量，完善卫生、服务等为了更好的服务于广大客户。我们将会一直本着"急您所需"的工作宗旨更好的服务于大众、方便大众。我们真诚的欢迎广大新老客户到我公司参观指导，并提出宝贵意见。
地址：贵州省铜仁市清水大道27号
邮编：554300
法人：贺昌贵
Tel：0856－5226104
Fax：0856－5226104

### 茅台镇贵宝酒厂

地址：贵州省仁怀市信用社大水井分社
负责人：张艳
Tel：0852－2223290
13708506676
13985258345

### 魔芋精粉厂

地址：贵州省务川仡佬族苗族自治县黄都镇
负责人：徐海航
Tel：0852－5471470
13713390196

### 黔东南州芳溪山泉水有限公司

业务：本公司成立于2006年，主要加工销售山泉水。本着以质量求生存，以诚信求发展，竭诚欢迎新老客户光临惠顾！
地址：贵州省黔东南苗族侗族自治州凯里市环城北路小龙井
负责人：许志芳 邮编：556000
法人：许志芳
Tel：0855－8570079

### 赤水市长期镇家德大米加工厂

地址：贵州省遵义市长期镇箭滩
负责人：张家德
Tel：0852－2941445

### 习水县奇味肉制品厂

业务：习水县奇味肉制品厂成立于1987年，多年来加工腊肉系列产品，我厂生产的腊肉制品均采用传统工艺，独特配方，精选原料精制而成，具有口感好，清香不腻，高营养的食品。诚信经营，不求产量高，但求质量好。欢迎广大商家咨询联系。
地址：贵州省遵义市习水县东皇镇天生路轻机巷11号
邮编：564600
法人：王昌荣
Tel：0852－2521041
Fax：0852－2521041

### 清镇市百花湖水厂

业务：清镇市百花湖水厂成立于1989年，供应百花湖乡居民生活用水。
地址：贵州省清镇市百花湖乡街
邮编：551400
法人：李文祥
Mobile：13368692903

### 清镇市味希副食厂

业务：清镇味希副食厂是中西部地区首家规模生产苕粉系列产品的生产厂家，中国质量诚信促进会"AAA质量诚信单位"，国家合格评定质量达标放心食品，贵州省"绿色消费品牌"。
地址：贵州省清镇市红枫湖星坡路
邮编：551400
法人：肖友桥
Tel：0851－2622727
Fax：0851－2622382
网址：www.gzwxfs.chinapyp.com

### 习水县回龙粮油收储公司

业务：习水县回龙粮油收储公司长期从事粮油收购．本地交通方便，农业资源丰富．以质量求生存，靠信誉来发展．诚信交易，欢迎各界新老客户联系业务．
地址：贵州省习水县回龙镇街上
负责人：陈贤玉 邮编：564613
法人：陈贤玉
Tel：0852－2790016

### 贵州盛事达酒业销售有限公司

业务：本公司系贵州茅台国酱酒系列全国总经销，贵州茅台礼品酒业个性酒订制总部，我们将秉承"以诚为先，以德为重"的经营理念。真诚为您服务！
产品：国酱酒个性订制中心，全国总部
地址：贵州省贵阳市南明区富水南路123号富都大厦2单元7楼
负责人：徐明洪 邮编：550002
法人：徐明洪
Tel：0851－8590540
8590541
13639043988
Fax：0851－8590542
E-mail：402390115@qq.com

### 谢氏火烤鸡蛋糕经营部

地址：贵州省遵义市红花岗区子尹路（遵义会址对面）
负责人：卢祥碧
Tel：0852－8921933
8127079
13308528809

### 天柱县民族特色商品发展有限公司

业务：本公司销售地方民族特色产品（天然珍品山茶油，侗家奇液保健品，"天黔"牌三蛇、五蛇系列酒，高酿天子米，侗乡纯米酒）、民族工艺美术精品（民族服饰、蜡染工艺品、浮雕玻璃工艺品、竹木根雕工艺品）、文化艺术作品、奇石。
地址：贵州省凯里市天柱县凤城镇电信路
邮编：556600
法人：杨绍月
Tel：0855－3856688
Fax：0855－3856688

## 云南省/Yunnan Province

**谢华果脯厂**
地址:云南省保山市腾冲县和顺镇十字路村李家巷晒厂
负责人:谢华
Tel:0875－5140977
13987543966

### 安宁海湾茶业有限责任公司勐海原料收购发酵基地
业务:安宁海湾茶业有限责任公司勐海原料收购发酵基地成立于 2005 年,在当地大量收购优质茶叶,欢迎来电来函洽谈业务!
地址:云南省西双版纳傣族自治州勐海县勐海镇曼尾村勐宋公路口旁
负责人:邹晓华……邮 编:666200
法 人:马力
Tel:0691－5162162
Mobile:13988122838

**小西洞村酒厂**
地址:云南省保山市腾冲县小西镇洞党村
负责人:杨德强
Tel:13094351398

**昆明一条龙经贸有限公司**
地址:云南省呈贡县云南省呈贡县七甸乡头甸
负责人:庞林
Tel:0871－7451039
7451018
13908873799

**金凤面条加工厂**
地址:云南省楚雄市果园路 13 号
负责人:张梅
Tel:13908787951

### 保山市隆阳区沙河迷你冷饮食品厂
业务:保山市隆阳区沙河迷你冷饮食品厂成立于 1999 年,本厂以生产经营各种冷饮食品为主,产品包括冰淇淋、雪糕、棒冰等。多年来,我厂以“质量第一、用户至上、互惠互利”为目标,一如既往地为客户提供优质服务,力求满足客户需求 。
地址:云南省保山市隆阳区汉庄镇大沙河
邮 编:678013
法 人:田学明
Tel:0875－2161168
Fax:0875－2880888

**佳乐粉丝厂**
地址:云南省楚雄市万家坝(森茂有限责任公司生活区内)
负责人:魏少武
Tel:13987813959

**德大红糖厂**
地址:云南省楚雄彝族自治州元谋县物茂乡德大村
负责人:肖家茂
Tel:0818－7323081
8352358
13778647699

### 花花溜溜糕点店
业务:花花溜溜糕点店成立于 2001 年,从事西式糕点的生产及销售。欢迎新老客户光临、惠顾。
地址:云南省丽江市古城区东界河 1 号
邮 编:674100
法 人:郭付翠
Tel:0888－5168449
6634899

**新禧绿色食品工贸有限公司**
地址:云南省楚雄州禄丰县金山镇南门新禧大街西侧
负责人:毕金兰
Tel:0878－4142398
13987884198

**辽源山泉有限公司**
地址:云南省红河州个旧市宝华路公园商场 4 号
负责人:张彬
Tel:0873－2181922
13887320680

### 会泽县粮油工贸公司
业务:会泽县粮油工贸公司成立于 2005 年,公司大量购销大米、玉米、食用油、家资等产品。
地址:云南省曲靖市会泽县金钟镇西内街 93 号
负责人:赵世平……邮 编:654200
法 人:赵世平
Tel:0874－5126209

**洪祥绿色食品厂**
地址:云南省红河州蒙自县草坝镇十六村
负责人:肖洪祥
Tel:13887389751

### 云南通海东成食品有限公司
业务:云南通海东成食品有限公司主要加工糖果、糕点,主要有豆末糖、松仁糕等产品,公司将坚持创新求进,努力研发更多有益于人体健康的产品。
地址:云南省玉溪市通海县秀山镇万家三组
负责人:周存敏……邮 编:652700
Tel:0877－3802164

**中以则酒厂**
地址:云南省红河州弥勒县弥阳镇中以则上村
负责人:姜祖文
Tel:0873－6331915
13987306638

### 景谷县大有为食品有限公司
业务:本公司成立于 1994 年,拥有 60 多名员工。主要经营各种食品、饮料生产与销售。多年以来,本公司以诚信为宗旨竭诚为广大新老朋友服务。
地址:云南省思茅地区景谷傣族彝族自治县威远路 68 号
邮 编:666400
法 人:杨志
Tel:0879－5111213
9256939
Fax:0879－5111213

**林氏驴肉食品加工厂**
地址:云南省红河州屏边县玉屏镇新城区
负责人:林重瑾

### 云南泰昌清真食品有限公司
业务:云南泰昌清真食品有限公司成立于 1996 年,主要生产加工清真肉类食品。产品肉质鲜美,口感极佳,欢迎各商家来电来函洽谈业务、指导工作,共创美好未来!
地址:云南省开远市大庄乡大庄村
邮 编:661102
法 人:马子辉
Tel:0873－7359288
Fax:0873－7358462

**高老四腐皮加工厂**
地址:云南省红河州石屏县陶村镇松村村委会冲门口二社 76 号
负责人:高伟明
Tel:0873－4863473
13887356205

### 昆明和顺糖业有限公司
业务:昆明和顺糖业有限公司成立于 2006 年,主要为广大糖业客户服务!
地址:云南省昆明市西苑立交桥旁丰宁家园 4 幢 1 单元 301 号
负责人:邱云洪……邮 编:650100
Tel:0871－8335029

**安宁融达调味食品厂**
地址:云南省昆明安宁市草铺镇麒麟 72 号
负责人:薛建生
Tel:13708793544

### 昆明市呈贡祥胜酒曲厂
业务:昆明市呈贡祥胜酒曲厂成立于 1998 年,主要从事酒曲(生产白酒用的发酵材料)、甜酒曲的生产销售。“以质量求生存,以信誉求发展“,欢迎广大客户来电来人订购。
地址:云南省昆明市呈贡县马金铺乡高登村
邮 编:650503
法 人:赖祥欣
Tel:0871－7441828

**昆明市凉亭粮食交易批发市场分场**
地址:云南省昆明市东郊凉亭
负责人:常云保
Tel:0871－3924516
13529380389

### 云南省玉溪市秀乾山泉有限责任公司
业务:玉溪秀乾山泉有限责任公司于 1999 年建成投产,水源经地表岩层的天然净化,独具“清、活、轻,甘,洌”的优良品质,被誉为“天然软水”。产品质量稳定,欢迎广大消费者品尝,使用。本公司经营范围:桶、瓶装水生产,经营及销售。
地址:云南省玉溪市红塔区刺桐关七七四处
邮 编:653100
法 人:李红燕
Tel:0877－2024659
2066439

**富民龙然矿泉水厂**
地址:云南省昆明市富民县大营镇沙锅村
负责人:高峰
Tel:0871－8830513
13354616628

### 昆明市官渡区兴湘调料食品经营部
业务:昆明市官渡区兴湘调料食品经营部成立于 2002 年,主要经营老干妈辣酱、豆豉、佳佳酱油、太太乐鸡精等调味品,质优价平,欢迎新老客户惠顾。
地址:云南省昆明市官渡区华丰批发市场 1－5－24 号
邮 编:650228
法 人:郑永红
Tel:0871－4581790
Fax:0871－4581790

**云南昆明市鸿运调味品厂**
地址:云南省昆明市官渡区阿拉乡小石坝村 109 号
负责人:石金虎
Tel:0871－7209648
13114225675

### 云南省陇川县金泰茶厂
业务:云南省陇川县金泰茶厂成立于 1986 年,主要从事茶叶的生产、加工与销售。热诚欢迎各方朋友来我公司参观、指导、洽谈业务!
地址:云南省德宏州陇川县城子镇棒景街 6 号
负责人:番世金……邮 编:678701
法 人:番世金
Tel:0692－7183428
Fax:0692－7183408

**思德乐食品厂**
地址:云南省昆明市官渡区福海乡庄稼塘村 8 号
负责人:黄德辉
Tel:0871－4594071
4597152
13888905068

### 昆明市晓东酒厂
业务:昆明市晓东酒厂成立于 1992 年,位于昆明市官渡区。从事散装白酒的生产。欢迎新老客户来电垂询!
地址:云南省昆明市官渡区小板桥镇晓东村
邮 编:650214
法 人:尹燕芳
Tel:0871－7267281
Fax:0871－7267281
网址:www. xdjc. chinapyp. com

**新起点酒水经营部**
地址:云南省昆明市官渡区广丰市场 14－2 号
负责人:曾晓燕
Tel:0871－4579345
13908864223

### 云南省个旧立丹淀粉糖业有限责任公司
业务:云南省个旧立丹淀粉糖业有限责任公司成立于 2004 年,主要生产木薯淀粉、淀粉糖浆等。产品质量稳定,深受用户的欢迎。我公司全体员工竭诚欢迎广大用户前来洽谈业务!
地址:云南省个旧市蛮耗镇
邮 编:661014
法 人:曾元标
Tel:0873－2881716
Fax:0873－2881736

**余公食品厂**
地址:云南省昆明市官渡区倪家弯 197 号
负责人:余正贵
Tel:0871－3545513
13606685906

### 昆明天隆润糖烟酒有限公司五华分公司
业务:昆明天隆润糖烟酒有限公司五华分公司创建于 2005 年,销售糖、名烟、名酒。欢迎各类合作伙伴与我们共创美好的未来.
地址:云南省昆明市龙翔街 8 号
邮 编:650031
法 人:聂正毅
Tel:0871－5386943
Fax:0871－5387275

**飞龙腌腊食品厂**
地址:云南省昆明市官渡区前卫镇金河二社
负责人:廷国权
Tel:0871－4315151
13908860296

### 云南国辉神农茶业有限公司
业务:本公司是一家集生态种植、初制、精制、生产加工开发、销售为一体的现代化茶园基地。普洱茶、滇红、滇绿、茉莉茶四个系列,356 个品种在国际国内市场形成了良好的销售态势。
地址:云南省昆明市盘龙区张官营 7 号
负责人:丁先生……邮 编:650224
法 人:丁云国
Tel:0871－5717934
Fax:0871－5721475
网址:www. zhpuer. cn
E-mail:zh@zhpuer. cn

**昆明威庆食品有限公司**
地址:云南省昆明市官渡区前卫镇孙家湾 20 号
负责人:苏志强
Tel:0871－4588982
13888480685

### 潞西市孔雀之乡茶业有限责任公司
业务:潞西市孔雀之乡茶业有限责任公司成立于 2004 年,主要从事“孔雀之乡”牌茶叶的生产加工。“以质量求生存,以信誉求发展”,热诚欢迎广大新老客户来电来人洽谈业务,共同合作。
地址:云南省德宏州潞西市勐戛镇勐稳村
邮 编:678405
法 人:董宝权
Tel:0692－2952086

### 云南滇普茶堂经贸有限公司
业务:云南滇普茶堂经贸有限公司专业从事云南本土普洱茶的生产、销售与包装;茶具经营,公司本着信誉至上,诚信经商,以人为本的经营原则,热诚期待与您的亲切接触,为您提供货真价实的商品。
地址:云南省昆明市新嘉园茶文化城 A60606
负责人:刘泽宏……邮 编:650000
法 人:刘泽宏
Tel:0871－8062520

**永华火腿厂**
地址:云南省昆明市官渡区前卫镇宣宾路 3 号
负责人:何永华
Tel:0871－4595518
13888535875

**海成醋厂**
地址:云南省昆明市官渡区小石坝村 6 号
负责人:罗保儿
Tel:13987100895

### 云南保山潞江新城高黎贡咖啡加工厂
业务:云南保山潞江新城高黎贡咖啡加工厂于 2003 年成立,坐落在云南省保山市潞江新城。自成立以来,专业从咖啡种植、加工、销售。质量保证、价格合理,欢迎前来参光、洽谈业务!
地址:云南省保山市潞江新城
邮 编:678000
法 人:李东明
Tel:0871－6609563
0875－2814661

**阳光行生物技术有限公司**
地址:云南省昆明市盘龙区穿金路 5＃
负责人:段丽丽
Tel:0871－5893149
13888258030

### 马关县华龙肉联厂
业务:本公司成立于 2003 年,主要加工销售猪肉、牛肉。“质量保证,价格合理”,热忱欢迎新老客户光临惠顾!
地址:云南省文山州马关县马白镇河边村
负责人:林柱方……邮 编:663700
法 人:林柱方
Tel:0876－7123184

**昆明圣然亚壳西食品有限公司**
地址:云南省昆明市盘龙区穿金路菠萝村 599 号
负责人:林增军
Tel:0871－5613049
13888628796

### 元江县红桥自来水有限公司
业务:本公司成立于 2004 年,是一家以生产销售自来水的企业。多年以来,我们以“提供优质的产品和服务,追求卓越的品质和精神”的质量方针,众志成城,以建设创新型、科技型、服务型、可持续发展的供水企业为目标,为居民生活安全用水作不懈的努力。
地址:云南省玉溪市元江哈尼族彝族傣族自治县澧江镇者嘎梁子
负责人:张国建……邮 编:653100
法 人:张国建
Tel:0877－6049204

**木老爷酒业有限公司**
地址:云南省丽江市古城区光义街光碧巷 67 号
负责人:王立东
Tel:0888－5125779
13988829347

### 勐海县兴隆傣家饮食发展有限公司
业务:本公司地处西双版纳州勐海县佛双路,拥有着西双版纳州最大规模纯傣式建筑的傣家酒楼。公司秉着:“规范经营、诚信为本,顾客第一、持续改进”的方针。主要以经营正宗傣味为主,其次并设有傣味夜市烧烤、茶室、住宿等服务为一体。
地址:云南省西双版纳傣族自治州勐海县佛双路
负责人:刀剑……邮 编:666200
法 人:刀剑
Tel:0691－5126111
Fax:0691－5126111

**新超面粉厂**
地址:云南省丽江市永胜县金官镇
负责人:吴能金
Tel:13988845011

### 勐捧版纳源桶装饮用水加工厂
业务:本厂成立于 2001 年 8 月,主要生产销售桶装饮用水。本着“质量是企业的生命,服务是企业的未来”的经营理念和质量方针,为广大用户提供优质的饮用水!
地址:云南省西双版纳傣族自治州勐腊县勐捧农场车队
负责人:李春平……邮 编:666307
法 人:李春平
Tel:0691－8836360

**永胜精良绿色食品开发有限责任公司**
地址:云南省丽江市永胜县永北镇灵源路 12 号
负责人:史绍荣
Tel:13508880119

### 玉龙精制豆腐皮丝厂
业务:玉龙精制豆腐皮丝厂成立于 1983 年,主要销售“玉龙”牌云丝精品,“玉龙”牌豆腐皮等豆制品系列。热诚欢迎各界朋友来我厂洽谈业务,共同合作!
地址:云南省红河州石屏县异龙镇环城东路 16 号
邮 编:662200
法 人:邵建平
Tel:0873－4858314
Fax:0873－4858314

**荞三香食品厂**
地址:云南省陆良县三岔河镇太家头 8 社
负责人:潘页生
Tel:13987496826

### 孟连利丰普洱茶深加工工贸有限责任公司
业务:本公司成立于 2006 年,主要从事于普洱茶深加工,销售。欢迎新老客户光临、惠顾!
地址:云南省普洱市孟连县县城东路 95 号
负责人:王元明……邮 编:665800

……………………法　人：王元明
……………………Tel：0879－8721480
……………………Fax：0879－8721480

**华晨蔬菜有限责任公司**
地址：云南省罗平县富乐镇正大街
……………………负责人：李崇华
……………………Tel：0874－8731221
13987410369

## 永胜精良绿色食品开发有限责任公司

业务：永胜精良绿色食品开发有限责任公司成立于1999年，本公司有3万亩无公害农产品种植基地，有国家级认定证书。主要从事优质香米的收购、加工和销售，梅花鹿训养、繁殖、经营，并提供梅花鹿系列产品和鹿种。
地址：云南省丽江市永胜县永北镇灵源路12号
……………………邮　编：674200
……………………法　人：史绍荣
……………………Tel：0888－6526654

**西华糕点厂**
地址：云南省曲靖市陆良县中枢镇西华寺
……………………负责人：王东纪
……………………Tel：0874－6221162
13187786996

## 弥勒县合众饮业有限公司

业务：弥勒县合众饮业有限公司主要从事果汁、果酒的生产与销售。我们以其稳定的质量、上乘的包装、可靠的卫生保障赢得消费者的青睐！
地址：云南省红河哈尼族彝族自治州弥勒县弥阳镇环城东路108号
…………负责人：平小聪……邮　编：652300
……………………Tel：0873－6123210

**云罗菜油蜂蜜食品厂**
地址：云南省曲靖市罗平县罗雄镇观音街140号
……………………负责人：刁阳
……………………Tel：0874－8212684
13887479506

**红源调味品厂**
地址：云南省曲靖市麒麟区珠街乡赵家村
……………………负责人：翟兴亮
……………………Tel：0874－3112318
13988962297

## 普洱茶叶协会

业务：普洱茶叶协会成立于2004年，主要负责普洱茶证明商标。
地址：云南省思茅市普洱哈尼族彝族自治县宁洱镇茶源广场
…………负责人：王树生……邮　编：665100
……………………法　人：王树生
……………………Tel：0879－3230640

## 盈江县太平祖和碾米加工厂

业务：本厂成立于2002年，主要从事大米加工销售。本厂生产的大米，米粒均匀饱满，晶莹如玉。蒸饭清香适口，营养丰富，赢得了广大消费者的信赖和支持。本厂以质量为本，以诚信为第一，竭诚欢迎新老客户光临、惠顾！
地址：云南省德宏傣族景颇族自治州盈江县太平镇太平街
…………负责人：李祖和……邮　编：679300
……………………法　人：李祖和
……………………Tel：0692－8911087

**美食蛋糕厂**
地址：云南省思茅市普洱县西门巷59号（县政府旁）
……………………负责人：刘荣
……………………Tel：0879－3238471
3231465
13887991548

## 神州峰酒厂

业务：神州峰酒厂成立于1997年，主要生产销售“云福春”牌白酒。“以质量求生存，以信誉求发展”，热诚欢迎广大新老客户光临指导。
地址：云南省昆明市西山区
……………………邮　编：650100
……………………法　人：宋相全
……………………Tel：0871－4572334
……………………Fax：0871－8893826

**山里香食品有限责任公司**
地址：云南省玉溪地区易门县浦贝乡浦贝村委会新街子19号
……………………负责人：杨海泉
……………………Tel：0877－4751009
13908899959

**富康榨油厂**
地址：云南省玉溪市澄江县凤麓镇红枫路
……………………负责人：段永林
……………………Tel：0877－6919053
13354612226

## 石屏县仁和豆制品厂

业务：石屏县仁和豆制品厂主要从事豆制品的生产加工。我公司以优质的产品赢得了消费者的青睐。热诚欢迎新老客户惠顾。
地址：云南省红河州石屏县异龙镇罗家庄村
……………………邮　编：662200
……………………法　人：李伟春
……………………Tel：0873－4857882

**江源水电有限责任公司马脖子泉水厂**
地址：云南省玉溪市通海县西浅街青青水门市部
……………………负责人：雷军
……………………Tel：0877－3802494
13518779322

## 祥云县富源绿特食品开发有限公司

业务：祥云县富源绿特食品开发有限公司是一家专营绿色食品的公司，本公司坚持质量第一，信誉第一，服务第一。诚信经营，关爱群众，为消费者提供安全、营养、健康的绿色食品回报社会。
地址：云南省大理白族自治州祥云县米甸镇米甸街
…………负责人：王忠富……邮　编：671109
……………………法　人：0872－3325288
3325308

**万家榨油厂**
地址：云南省玉溪市通海县秀山镇
……………………负责人：陈宝河
……………………Tel：0877－3803199
13988450999

## 武定丰华经贸有限公司

业务：武定丰华经贸有限公司成立于2006年，生产销售蜂蛹、食用菌，产品质量保证，价格合理，欢迎新老客户来电洽谈业务！
地址：云南省楚雄彝族自治州武定县狮山镇古柏村委会古柏村
…………负责人：罗湖……邮　编：651600
……………………法　人：罗湖
……………………Tel：0878－8722288
……………………Fax：0878－8723375

**金泰果品有限公司**
地址：云南省玉溪市新平县水塘镇
……………………负责人：马健华
……………………Tel：0877－7085002
13887768628

## 香格里拉县圣宝食品进出口有限责任公司

业务：香格里拉县圣宝食品进出口有限责任公司成立于2004年，现有员工400余人，从事松茸进出口贸易，产品主要销往日本、韩国、香港等地。
地址：云南省迪庆洲香格里拉县环城东路松茸产业园区
……………………邮　编：674400
……………………法　人：赵久恩
……………………Tel：0887－8228858
……………………Fax：0887－8222598

**绿源生物开发有限公司**
地址：云南省昭通市昭阳区南顺城街148号
……………………负责人：李才晴
……………………Tel：0870－2121188
13308709188

## 西双版纳鑫鑫商贸有限责任公司

业务：本公司成立于2006年6月，主要从事旺旺食品、阿尔卑斯食品、雅客食品等系列副食品的销售。“质量保证，价格合理”，热诚欢迎您的光临、惠顾！
地址：云南省西双版纳傣族自治州景洪市江北曼斗新村
…………负责人：刘兴平……邮　编：666100
……………………法　人：刘兴平
……………………Tel：0691－2201698

## 富源县聚农绿色食品开发有限公司

富源县聚农绿色食品开发有限公司

成立于2008年，从事核桃的深加工。

我们秉承“顾客至上，锐意进取”的经营理念，坚持“客户第一”的原则为广大客户提供优质的服务。

联系人：邹真
电话：0874－4621078　15974645188
地址：云南省曲靖市富源县金城北路510号　邮编：655500

## 花琪食品实业有限责任公司

花琪食品实业有限责任公司主要经营花琪蛋糕、面包、月饼。

本公司秉承“顾客至上，锐意进取”的经营理念，坚持“客户第一”的原则为广大客户提供优质的服务。

欢迎广大客户惠顾！

联系人：杨国锋　13908703492
电话：0870－2120845
邮编：657000
地址：云南省昭通市昭阳区北顺城街半圆楼175号

## 景东彝族自治县三益祥茶业加工厂

本厂是云南省普洱市境内唯一一家传统全手工制茶作坊，自有生态古茶园基地，依古法石模压制，纯手工制作。主要生产普洱茶(生茶)，357克七子饼，1公斤至3公斤大饼，8克至250克小砖，500克至2000克大砖等产品，毛料收购，毛料（类）代收购，代加工，加工销售。欢迎广大茶友来电咨询洽谈、订购！以茶之道陶冶情操，品味人生！本厂的宗旨是诚实走得更远！

联系人：张景洲

网址：http://mtw20710.chinapyp.com　电子邮件：jdsyxcy1@126.com
电话：0879 9264333　6224533　13577923766　邮编：676200
地址：云南省普洱市景东彝族自治县锦屏镇前所村造大坝社

## 澜沧江啤酒企业集团茶房酒基二车间

澜沧江啤酒企业集团茶房酒基二车间主营玉米酒加工和销售，我车间严把质量关，具有香气浓郁、酒体甘醇、风味独特、营养丰富等特点，是人们喜爱的一种低度酒。欢迎来电洽谈业务！

联系人：刘守祥　电话：0883-3850303 13759368488
地址：云南省临沧市云县茶房乡马街村　邮编：677000

## 洱源县国有粮食购销公司

洱源县国有粮食购销公司成立于2005年，主营粮食品种、大米、稻谷、杂豆。企业实力强劲，技术力量雄厚，严把生产质量关。同时秉承诚信为本的经营方针，所经营的产品质量可靠，价格合理。深受广大用户的好评，拥有众多的长期合作伙伴。愿借助此平台结交有识之士，共创美好未来。

联系人：杨国亮
电话：0872－5343151　传真：0872－5343195
地址：云南省大理白族自治州洱源县三营镇三营街
邮编：671202

## 乾龙腐皮厂

乾龙腐皮厂是一家从事生产豆制品的专业厂家。主要产品有豆腐丝、豆腐皮、豆腐结。以“质量第一，客户至上”为经营宗旨，欢迎新老客户光临、惠顾！

电话：0873－4856073
13908738562
13308734130
联系人：何俊荣
邮编：662200
地址：云南省红河州石屏县陶村乡陶村村公所小老卫寨村80号

## 西藏自治区/Xizang Autonomous Region

**昌都地区粮油贸易中心议价粮油店**
地址:西藏自治区昌都地区昌都西路
……负责人:向巴措姆
……Tel:0895－4821810

**西藏度嘎土特产品购销有限公司**
地址:西藏自治区昌都县中路150号
……负责人:曲加
……Tel:0895－4828228

### 昌盛饮料厂
业务:昌盛饮料厂位于昌都地区昌都县深圳路199号，是一家专业生产各类碳酸饮料的厂家。公司拥有一批高素质的研发人才，拥有先进的生产设备，科学的工艺，所有产品是采用天然优质植物提取，原汁原味，经过高温灭菌，质量保证，营养丰富，把优质的产品奉献给广大消费者。我们将牵手一切愿与我们合作的有志之士和经销商，共同打造醋饮料行业的强势品牌。
地址:西藏自治区昌都地区昌都县深圳路199号
……邮　编:854000
……法　人:彭江红
……Tel:0895－4842648

**西藏正和吉玛科技有限公司**
地址:西藏自治区拉萨市北京中路
……负责人:刘女士
……Tel:0891－6830210

### 西藏益的园食品有限公司
业务:西藏益的园食品有限公司创建于1996年，十年来专业生产调味品，主要产品包括酱油、醋等系列产品。公司以“诚信为本，质量取胜”为企业宗旨。热忱欢迎新老客户洽谈合作、共同发展！
地址:西藏自治区拉萨市堆龙羊达乡朗冲村
……邮　编:851400
……法　人:周强
……Tel:0891－6153928
……Mobile:13322591650
……Fax:0891－6153928

**西藏子豪茶业有限公司成都办事机构**
地址:西藏自治区拉萨市北京中路37号
……负责人:曾炳诚
……Tel:0891－6884899

**西藏藏缘青稞酒业有限公司**
地址:西藏自治区拉萨市达孜工业区
……负责人:浦沈权
……Tel:0891－6143888

**山东鲁花集团有限公司(拉萨办事处)**
地址:西藏自治区拉萨市达孜县娘热路
……负责人:李良
……Tel:0891－6920229

**西藏珠思仓生物工程有限公司**
地址:西藏自治区拉萨市大昭寺八角街143号
……负责人:叶子
……Tel:0891－6332768

**西藏雪山矿泉水有限公司**
地址:西藏自治区拉萨市夺底北路北段
……负责人:朱向阳
……Tel:0891－6356370

**西藏拉萨意特实业发展有限公司**
地址:西藏自治区拉萨市夺底路10号
……负责人:罗盛康
……Tel:0891－6861311

**西藏拉萨国家粮食储备库**
地址:西藏自治区拉萨市夺底路46号
……负责人:陈怀林
……Tel:0891－6383990

**西藏自信商贸有限公司**
地址:西藏自治区拉萨市江苏路
……负责人:袁飞
……Tel:0891－6320189

**西藏红山药泉饮品有限公司**
地址:西藏自治区拉萨市金珠西路90#
……负责人:杨武
……Tel:0891－6805206

**西藏牦牛王生态食品开发有限公司**
地址:西藏自治区拉萨市空指路
……负责人:肖洪
……Tel:0891－6805064

**西藏山珍馆有限公司**
地址:西藏自治区拉萨市纳金路11#、
……负责人:丁健辉
……Tel:0891－6881400

### 西藏山南藏益堂土特产品营销连锁总部
业务:本公司经营冬虫夏草、藏红花、雪莲花、红景天、野生天麻、贝母、野生手掌参、鹿茸、龙胆草(花)、松茸、狼肚菌、藏茵陈、灵芝、麝香、熊胆、熊掌、羚羊角等各种名贵藏药材及追风祛湿、补肾壮阳特制泡酒、配件、礼盒以及西藏琼结玉石产品、名间古玩、藏文化工艺品，且组合大小礼盒、西藏土特产品、藏药材的收购、加工、销售及藏工艺品。长年开设邮购业务，诚招各地连锁加盟店。另江苏南通店还兼经营海鲜冻品系列、礼品系列、休闲礼品系列的批发零售。
地址:西藏自治区山南地区湖北大道德吉小区门面房70号
……负责人:蔡标……邮　编:856000
……Mobile:13638936528
15908113722
……网址:www.mtw50094.chinapyp.com

**西藏域珍虫草酒业有限公司**
地址:西藏自治区拉萨市纳金路18号(雪域山珍馆内)
……负责人:黄显彬
……Tel:0891－6351555

**西藏藏北牦牛肉制品有限公司**
地址:西藏自治区拉萨市娘热路2号(藏北牦牛肉专卖店)
……负责人:王英才
……Tel:0891－6329111

**曲水圣洁食品饮料有限公司**
地址:西藏自治区拉萨市曲水县公路段院内
……负责人:黄斌武
……Tel:0891－6162312

**西藏自治区拉萨卓依玛绿色食品有限公司**
地址:西藏自治区拉萨市色拉路15号
……负责人:何雪萍
……Tel:0891－6363181

**西藏冈底斯矿泉水有限公司**
地址:西藏自治区拉萨市色拉路安居园
……负责人:平阳
……Tel:0891－6274486

**堆龙德庆县吉祥饮料厂**
地址:西藏自治区拉萨市西郊加油站(普信公司院内)
……负责人:德吉央宗
……Tel:0891－6988892

**堆龙雪原食品厂**
地址:西藏自治区拉萨市县老医院内
……负责人:许世中
……Tel:0891－6151367

**西藏旭日商贸有限公司**
地址:西藏自治区拉萨市中和国际城圣马广场2楼B坐12号
……负责人:孙锦锋
……Tel:0891－6824447

**宏发干味商行**
地址:西藏自治区拉萨市宗角禄康菜市场
……负责人:戴清源
……Tel:0891－6915081

**西藏枭龙藏文化传播有限公司**
地址:西藏自治区拉萨中和国际城建行退休基地30号
……负责人:王勇
……Tel:0891－6905898

**西藏林芝亚圣食品工业有限公司**
地址:西藏自治区林芝地区八一新村公仲村
……负责人:彭丁
……Tel:0894－5821275

**西藏林芝工布江达县石川食品有限公司**
地址:西藏自治区林芝地区巴河镇丁当村
……负责人:涂国勇
……Tel:0894－5413243

**西藏香巴拉工布江达酒业有限公司**
地址:西藏自治区林芝地区工布江达县巴河
……负责人:韩艳

Tel:0894－5413480

**工布藏香猪销售处**
地址:西藏自治区林芝地区工布江达县川藏北路7号工布江达县乡镇企业局
负责人:涂林
Tel:0894－5412802

**波密县粮食局**
地址:西藏自治区林芝地区扎木路26号
负责人:次仁加措
Tel:0894－5422158

**藏江南山野菜加工厂**
地址:西藏自治区林芝市林芝县米瑞乡
负责人:程金朝
Tel:0894－5991554

**江洛康萨正堂食品综合有限公司**
地址:西藏自治区日喀则市城北江洛康萨105号
负责人:格桑次旺
Tel:0892－8821838



## 陕西省/Shanxi Province

**恒乐油脂厂**
地址:陕西省安康市汉滨区恒口镇恒叶路48号
负责人:杨甲根
Tel:0915－3615508
13309155538

**镇汉酿造厂**
地址:陕西省安康市汉阴县城关镇麒麟村三组
负责人:蒋友健
Tel:0915－5218487
13992597767

### 安康市南方酒业有限责任公司
业务:安康市南方酒业有限责任公司位于安康市西郊大同工业开发区32号，交通十分便利。本公司是一家专业从事白酒、饮料、果酒、葡萄酒的生产及销售。欢迎光临、惠顾。
地址:陕西省安康市西郊大同工业开发区32号
邮　编:725019
法　人:张波
Tel:0915－3693456
Fax:0915－3693735

### 白氏土特产经营部
业务:陕北大枣、核桃、核桃仁、木耳、猕猴桃、宁夏枸杞等土特产
地址:陕西省宝鸡市曙光路197－1号
负责人:白加强　邮　编:721000
法　人:白加强
Tel:0917－3516852
13709173203

**田辉酒厂**
地址:陕西省安康市平利县八仙镇松鸡百好河二组
负责人:田辉
Tel:0915－5929258
13109299378

**陕西凯莱威健康食品有限公司**
地址:陕西省宝鸡市眉县首善镇眉城街西段
负责人:任义哲
Tel:13709293005

### 凤翔县金凤酒业营销有限公司
业务:凤翔县金凤酒业营销有限公司主要销售"水沟"牌凤酒、金凤酒。产品畅销于省内外广大市场，在消费者中享有良好的口碑。
地址:陕西省宝鸡市凤翔县陈村镇水沟村
负责人:白立仁　邮　编:721405
法　人:白立仁
Tel:0917－7525129

**雪荣果品有限责任公司**
地址:陕西省宝鸡市岐山县五丈原镇南星村
负责人:严玉成
Tel:0917－8777364
13571786927

### 洛南县平洋酒业有限责任公司
业务:酒业的制造和销售
地址:陕西省商洛市洛南县寺耳镇寺耳街
负责人:龚平娃　邮　编:726000
法　人:龚平娃
Tel:13991429965
13309149599

**月亮茶行**
地址:陕西省汉中地区汉中市将坛中路75号
负责人:王凤朋
Tel:0916－2528351
13992650177

### 南郑县荣富淀粉制品厂
业务:南郑县荣富淀粉制品厂座落在陕西省汉中市南郑县湘水镇，主要生产红薯淀粉、红薯粉条、蕨根粉丝、橡果淀粉。欢迎各方客户惠顾，洽谈业务，共同合作！
地址:陕西省汉中市南郑县湘水镇盘龙庵村十二组
邮　编:723104
法　人:刘荣富
Tel:0916－5459048
Fax:0916－5459048
网址:www.sxrf.chinapyp.com

**新恒粮食加工厂**
地址:陕西省汉中市城固县三合乡龙王庙村
负责人:童光明
Tel:0916－7292811
13892647095

**鑫源福康面粉厂**
地址:陕西省汉中市汉台区大坝村七组鑫源开发区
负责人:刘宗勇
Tel:0916－2315826
13369252306

**佳加酿造厂**
地址:陕西省汉中市汉台区南郑县城关镇南湖路
负责人:沈甲进
Tel:0916－5515232
13891625168

### 洛南县广金食用菌开发部
业务:洛南县广金食用菌开发部成立于1999年，主要从事食用菌栽培，购销，菌种研制，制作，销售及信息服务。先进设备、传统技术，创造出质量优良的产品。我公司承诺质量、信誉第一！竭诚欢迎新老客户前来参观、选购！
地址:陕西省商洛市洛南县高耀乡三岭村
邮　编:726106
法　人:黄广金
Tel:0914－7587198
Fax:0914－7587578

**贵明魔芋制品厂**
地址:陕西省汉中市南郑县城关镇白家湾6组（贵明魔宇制品厂）
负责人:赵贵明
Tel:0916－5694218
13991621789

**新集华荣面粉厂**
地址:陕西省汉中市南郑县新集镇北环路东段
负责人:李良荣
Tel:0916－5562828
13571646176

### 镇安县仙果酒业有限公司
业务:镇安县仙果酒业有限公司成立于2004年，现有员工80余人，从事桑椹酒、桑椹饮料、桑椹醋的生产、销售。欢迎来电垂询！
地址:陕西省商洛市镇安县青槐村
邮　编:711500
法　人:吴相林
Tel:0914－5336278
5587488
Fax:0914－5336278

**福利酿造厂**
地址:陕西省商洛市丹凤县城丹江桥南10号
负责人:靳家厚
Tel:0914－3370140
13909143930

**商州区丰展酿造厂**
地址:陕西省商洛市商州区西郊林涧村
负责人:梅曹娃
Tel:0914－2326653
13038536184

### 渭南市临渭区东迎定点屠宰场
业务:生猪屠宰、毛猪收购
地址:陕西省渭南市临渭区向阳办孟家村
负责人:李东庆　邮　编:714000
法　人:李东庆
Tel:13892518385

### 大荔县范家镇华原酿造厂
业务:大荔县范家镇华原酿造厂成立于1998年，主要从事酱油、醋、调味品、豆制品的生产加工。"大荔县康元棉业有限公司"是我厂的一个下属分公司。
地址:陕西省渭南市大荔县范家镇
邮　编:715100
法　人:张康元
Tel:0913－3784363
3784013
Fax:0913－3784389

**绿源面粉厂**
地址:陕西省渭南市澄城县王庄镇南街
负责人:常忠海
Tel:0913－6962488
13891342288

**志源酿造厂**
地址:陕西省渭南市大荔县许庄镇北农坑职工医院
负责人:刘明星
Tel:0913－3641637
13571353510

### 西安市新城区闵华海味干果调料店
业务:西安市新城区闵华海味干果调料店主要销售干果、调料品等。"质量可靠，价格合理"，热诚欢迎广大新老客户光临、惠顾！
地址:陕西省西安市新城区西一路鲜鑫市场四区142－143号
负责人:苏海龙　邮　编:710004
法　人:苏海龙
Tel:029－87440838

**金荣修造厂**
地址:陕西省渭南市临渭区交斜西街
负责人:温金荣
Tel:0913－2655163
13892378289

**酱菜厂**
地址:陕西省渭南市临渭区辛市镇刘田村四组
负责人:田建武
Tel:0913－2944159
13891369504

### 陕西金枫工贸有限公司
业务:对超市的供货，农副产品的加工与包装，小食品的生产加工
产品:各类农副产品与小食品
地址:陕西省西安市灞桥区十里铺周家坡小区50号
负责人:魏秋学　邮　编:710003
法　人:魏秋学
Tel:13347469168
Fax:029－86303936

### 咸阳家友缘食品有限公司
业务:本公司近期推出的张黑子、盐叶子系列产品是已失传的民间肉食制品。产品有蛋茸鸭卷，五香猪耳、猪蹄、猪嘴，张黑子牛肉、驴肉，盐叶子牛肉、驴肉。产品方便卫生、风味独特、营养丰富、即开即食，深受广大消费者青睐。
地址:陕西省咸阳市南郊开发区阳光大道东段
邮　编:712046
法　人:马永良
Tel:029－33810890
33818333
Fax:029－33818333

**忠林茶庄**
地址:陕西省渭南市临渭区中林贸易商行
负责人:韩中林
Tel:0913－2028251
13992359635

**金桥果库**
地址:陕西省渭南市蒲城县罕井镇
负责人:樊社平
Tel:0913－7575519
13892315155

**凤辉烧鸡加工厂**
地址:陕西省渭南市蒲城县县城南塬变电站西邻
负责人:曹凤辉
Tel:0913－7211797
13992313976

### 陕西省延安地区黄龙县干果公司
业务:陕西省延安地区黄龙县干果公司成立于1992年，主要生产销售"圣龙"牌核桃系列产品。热诚欢迎各方客户惠顾。
地址:陕西省延安地区黄龙县环城南路100号
邮　编:715700
法　人:许鑫平
Tel:0911－5622197
Fax:0911－5622197

**新一佳粮食加工厂**
地址:陕西省西安市灞桥区纺织城电厂东路13号
负责人:武国红
Tel:029－83512716
13363917728

**冷饮批发部**
地址:陕西省西安市长安区杜曲街道沙石管理站一楼
负责人:尤辉锋
Tel:029－85937729
13992863971

**西安秦选贸易有限责任公司**
地址:陕西省西安市大兴西路10号国亨食品批发商A区一排54－58号
负责人:师文选
Tel:029－84418906
13186069311

**陕西太白广运酒业有限公司**
地址:陕西省西安市高陵县通远镇杜家村
负责人:王刚印
Tel:029－86913460

### 陕西鑫福长河食品有限公司
业务:鲜双孢菇，草菇等盐渍双孢菇，草菇
地址:陕西省咸阳市泾阳县中张镇张庄村
负责人:周文平　邮　编:710000
法　人:周文平
Tel:029－36698777
13892940473
Fax:029－36698777

**西安广文实业有限公司**
地址:陕西省西安市户县草堂工业开发区
负责人:田真华
Tel:029－84951146
13359188268

**西安香再来调味品厂**
地址:陕西省西安市户县草堂镇草堂营村
负责人:李正年
Tel:029－84953109
13772090164

**西安浅水湾饮食服务有限公司**
地址:陕西省西安市户县人民路邮政大厦一楼
负责人:牛海斌
Tel:029－84880002

**西瑞油脂有限责任公司**
地址:陕西省西安市莲湖区丰禾路56号
负责人:王义明
Tel:029－84418830
84410135
13909265216

### 榆林市新田源集团富元淀粉有限公司
业务:榆林市新田源集团富元淀粉有限公司主要生产马铃薯精淀粉、精制粉皮、粉条、荞麦淀粉、荞麦精粉、荞麦仁等系列产品，竭诚欢迎国内外客商前来考察合作，洽谈业务。
地址:陕西省榆林市靖边县西郊陆家山
负责人:高雯友　邮　编:718500
法　人:高雯友
Tel:0912－4631366

**鑫利达副食商贸有限公司**
地址:陕西省西安市莲湖区丰庆路解家村31号
负责人:王延杰
Tel:029－84282353
84206332
13119166169

**陕西振彰食品有限公司高新分店**
地址:陕西省西安市莲湖区高新路33号新汇大厦一层0116号
负责人:杨伟鹏
Tel:029－88326119

**陕西一诺商贸有限公司**
地址:陕西省西安市莲湖区劳动南路市场72号A－8号
负责人:魏红娟
Tel:029－84333354
13572092901

### 佳县宏达枣业有限公司
业务:代收、加工、销售有机红枣，佳县油枣等
地址:陕西省榆林市佳县螅镇乡牛草村
负责人:任振斌　邮　编:719000
Tel:13572647333
0912－6852736

**西安金燕航空旅游食品有限公司**
地址:陕西省西安市未央区红光路和平村工业园1路38号
负责人:何万明
Tel:029－84368303

**兴旺果蔬冷藏保鲜库**
地址:陕西省西安市未央区经济开发区技术开发区生态园车站
负责人:龚玉明
Tel:029－86672700
13384933479

**西安凯深特食品有限公司**
地址:陕西省西安市西大街时代百盛大厦一层内
负责人:罗强
Tel:029－87618487

**西安香正食品工业有限公司**
地址:陕西省西安市雁塔区科技路10号
负责人:闫保洲
Tel:029－88228178
13519156988

**陕西金龙系统工程有限责任公司**
地址:陕西省西安市雁塔区西安市高新区科技

四路 198 号 82 排 8 号南窑头西区
…………负责人：马志斌
…………Tel：029－88452375

**阳光食品厂**
地址：陕西省西安市雁塔区鱼化寨西晁村 9 号
…………负责人：吴正东
…………Tel：029－88512377
13359233584

**三大生物食品工程设备制造厂**
地址：陕西省咸阳市三原县大程镇大程村
…………负责人：党建祥
…………Tel：13509101127

**陕西神木枣业发展有限公司**
业务：红枣的生加工
产品：红枣
地址：陕西省榆林市神木县东兴街麟洲宾馆院内 1 单元 302 室
…………负责人：刘奶生　　邮　编：719300
…………法　人：刘奶生
…………Tel：0912－8329991

**三宝酱醋酿造厂**
地址：陕西省延安市宝塔区杨家岭
…………负责人：高德伟
…………Tel：0911－2330398
13992129558

**特种油品有限公司**
地址：陕西省榆林地区神木县大柳塔镇柳兴街东叉路口
…………负责人：高志荣
…………Tel：0912－8412603
13809129747

**天斌瓜子食品厂**
地址：陕西省榆林地区子州县城东
…………负责人：曹永斌
…………Tel：0912－7231717
13389121368

**山田果蔬食品有限责任公司**
地址：陕西省榆林市神木县神木镇西沟头道河村
…………负责人：王振军
…………Tel：13154008859
13119290698

**子洲县悠久粉条销售农民专业合作社**
业务：加工、销售粉条
地址：陕西省榆林市子洲县周硷镇双庙湾村
…………负责人：刘利　　邮　编：718400
…………法　人：刘利
…………Tel：0912－7510563

**天源纯净水有限公司**
地址：陕西省榆林市榆阳区西沙王家楼村寨城庄
…………负责人：张树忠
…………Tel：0912－3898777
13772958666

**三原德发食品有限公司**
三原德发食品有限公司成立于2008年，是一家以加工、销售香油、芝麻酱、麻辣油、红油、花椒油的企业。
真诚、团结、信誉、创新和超越是德发倡导的企业精神，新世纪德发将一如既往致力于开拓更高水准的产品，与您共享德发好产品带来的每一份快乐！
联系人：毕永军
电话：029－32591629　32591688
地址：陕西省咸阳市三原县城关镇大李村　　邮编：713800

**陕西三秦面业有限公司**
三秦面业有限公司成立于 2005 年，我公司拥有一流的设备和一流的服务，是集面粉，麸皮，次粉购销为一体的中型企业。
公司本着“细配精制、品质领先、追求卓越、顾客满意”的理念，公司制定了“立足陕西，走向全国”的发展战略，坚持规模经营，可持续发展。
欢迎您的光临！
聯系人：張春發
13991683696
电话：0913-6061456
邮编：714000
地址：陕西省渭南市澄城县雷家洼乡里庄村

**白水县盛隆果业有限责任公司**
白水县盛隆果业有限责任公司是一家专业从事各种冷库水果外贸、加工、代购、代销的企业。
公司秉承“超越自我，追求卓越”的企业精神，热忱欢迎海内外新老客户前来洽谈。
联系人：侯保智
电话：0913-6188880 13468905888
邮编：715600
地址：陕西省渭南市白水县北井头乡李家卓村

**商州区丰展酿造厂**
商州区丰展酿造厂是一家专业生产醋的厂家。以“质量第一，客户至上”为经营宗旨。欢迎新老客户光临、惠顾！
联系人：梅曹娃
电话：0914-2326653　13038536184
地址：陕西省商洛市商州区刘湾乡元明村　　邮编：726000

**大荔縣闖利棗業有限公司**
大荔县闯利枣业有限公司是一家专业生产、销售金丝蜜枣、红枣、黄花菜、花生的企业。
公司本着“客户第一，诚信至上”的原则，与多家企业建立了长期的合作关系。热忱欢迎各界朋友前来参观、考察、洽谈业务。
联系人：陈发林
电话：0913-2606258　13992329348
地址：陕西省渭南市大荔县张家乡朝阳村　　邮编：715100

**吴堡县宏大枣业有限公司**
吴堡县宏大枣业有限公司成立于2006年，现在年产值已达到500万，我公司致力于红枣保健系列产品的开发、加工、生产和销售。枣能润心肺、止咳、补五脏、治虚损，除肠胃癖。
我公司枣产品品质优良，口感极好，绿色环保。热忱欢迎客户选用我公司的产品。
联系人：薛永东　13324603988
地址：陕西省榆林市吴堡县林业局
邮编：718200

**凤辉肉食品有限公司**
凤辉肉食品有限公司成立于2005年，主要从事酱卤制品加工及销售。
我们秉承“顾客至上，锐意进取”的经营理念，坚持“客户第一”的原则为广大客户提供优质的服务。
欢迎广大客户惠顾！
联系人：曹凤辉
电话：0913-7211797　7230319
地址：陕西省渭南市蒲城县县城南塬食品工业园　　邮编：714000

**米脂县禾丰粮油购销有限公司**
米脂县禾丰粮油购销有限公司成立于2008年，从事粮油购销，欢迎新老客户来电洽谈业务！
电子邮件：YLMZLSJ005@yahoo.com.cn
电话：0912-6223325 6223099　　联系人：常锦瑞
地址：陕西省榆林市米脂县粮食局（米脂县龙镇镇21号）　　邮编：718100

**西安市未央区伊顺祥清真食品厂**
西安市未央区伊顺祥清真食品厂主要从事蛋糕及糕点的加工制作。
公司视“质量是企业的根本，信誉是企业的保证”为宗旨，欢迎各界人士光临指导！
联系人：马建忠　13088984062　13572542655
地址：陕西省西安市未央区阁老门村　　邮编：710030

## 甘肃省/Gansu Province

**景泰县粮食公司北滩粮库**
地址：甘肃省白银市景泰县喜泉镇北滩村
负责人：张得祖
Tel：0943－5465520

**甘肃凯龙淀粉有限公司**
地址：甘肃省定西市陇西县东郊七里铺
负责人：何清吉
Tel：0932－6622225

**会宁县惠农粮油有限公司**
业务：粮油加工和销售，羊毛羊肉销售
地址：甘肃省白银市会宁县白草塬乡街道
负责人：李维全　邮　编：730721
法　人：李维全
Tel：0934－3660334
13639303249

**野麻湾粮油加工厂**
业务：野麻湾粮油加工厂成立于 2000 年，从事面粉加工、销售。公司以质量求生存，信誉求发展的原则。
地址：甘肃省嘉峪关市新城镇野麻湾二组
邮　编：735100
法　人：陶进刚
Tel：0937－6382014

**陇西县金马粮油食品有限责任公司**
地址：甘肃省定西市陇西县巩昌镇园艺农贸市场
负责人：康顺国
Tel：0932－6616589

**玉门市齐润饮料食品有限责任公司**
业务：生产与销售以纯净水为主的瓶装饮料
产品：以纯净水为主的瓶装饮料
地址：甘肃省玉门市新市区永宁路南侧汇元小区
负责人：朱振国　邮　编：735100
法　人：朱振国
Tel：0937－3362123
15009488896
Fax：1937－3362789

**青海世界屋脊牛科技开发股份有限公司玛曲清真肉食品厂**
地址：甘肃省甘南藏族自治州玛曲县建设路 141 号
负责人：张巨会
Tel：0941－6123328

**嘉峪关市金翼糖酒副食中心**
地址：甘肃省嘉峪关市祁连东路北侧
负责人：张玉贵
Tel：0937－6224291

**金塔县康富粮油综合加工有限公司**
业务：金塔县康富粮油综合加工有限公司成立于 1996 年，主要从事于面粉加工。欢迎新老客户光临、惠顾！
地址：甘肃省酒泉市金塔县东坝镇烽火坪
负责人：王开明　邮　编：735300
法　人：王开明
Mobile：13359395365

**酒泉市德康脱水食品有限责任公司**
地址：甘肃省酒泉市肃州区南郊工业园区
负责人：马世格
Tel：13893787086

**玉门饮马啤酒花有限责任公司**
地址：甘肃省酒泉市玉门市玉门镇饮马农场
负责人：乔建勇
Tel：0937－3346018

**白银维康农业发展有限公司**
业务：生产加工销售工业奶粉、大枣粉
地址：甘肃省白银市靖远县五合乡白茨林村
负责人：刘正君　邮　编：730900
法　人：刘正君
Tel：13085905888
0943－7260386

**武威市凉州区发放镇小路辣椒运销专业合作社**
业务：种植与销售辣椒，代收代销辣椒，辣椒加工
产品：辣椒
地址：甘肃省武威市凉州区发放镇小路村
负责人：李正明　邮　编：737100
法　人：李正明
Tel：13830510778
13993508381

**甘肃中粮可口可乐饮料有限公司兰州七里河办事处**
地址：甘肃省兰州敦煌路 349 号
负责人：朱晓辉
Tel：0931－2357956

**皋兰家喜乐禾尚头面业有限责任公司**
业务：皋兰家喜乐禾尚头面业有限责任公司成立于 2006 年，主要从事于长寿面的加工、销售。用优良的品质，合理的价格，完善的服务，竭诚为用户服务！
地址：甘肃省兰州市皋兰县石洞镇北辰路 549 号
负责人：杨元文　邮　编：730200
法　人：杨元文
Tel：0931－5721291
网址：www.lzxwzq.com

**西安顶津食品有限公司兰州生产分公司**
地址：甘肃省兰州市安宁区枣林路 72 号
负责人：李胜家
Tel：0931－8477884

**兰州麦浪食品有限公司**
地址：甘肃省兰州市城关区雁儿湾路 248 号
负责人：王锋
Tel：0931－8699458

**秦安县培育综合加工厂**
业务：加工、销售粉条、粉丝
地址：甘肃省天水市秦安县叶堡乡叶堡村
负责人：秦良良　邮　编：741600
法　人：秦良良
Tel：13893800099
0938－6281331

**甘肃陇原情肉制品有限公司**
业务：本公司成立于 2000 年，拥有 60 多名员工。主要经营：各种肉制品的生产与销售。
地址：甘肃省陇西县巩昌镇二渠村北坛门
邮　编：748100
法　人：焦志斌
Tel：0932－6624269
5966228
Fax：0932－6611861

**兰州市七里河区华仁土特产品加工厂**
地址：甘肃省兰州市七里河区魏岭乡小山口村大湾
负责人：甘有仁
Tel：0931－2363492
13109351731

**甘肃大禹酒业有限责任公司**
地址：甘肃省临夏回族自治州和政县城关镇后寨子村
负责人：孔令旭
Tel：0930－5521930

**甘肃龙腾雄业商贸有限公司**
业务：销售酒
产品：五粮液甘肃总代理
地址：甘肃省兰州市城关区金昌南路 361 号
负责人：白洪銮　邮　编：730000
法　人：白洪銮
Tel：13893416999
0931－4966988

**平凉市云翔面业有限责任公司**
地址：甘肃省平凉地区崆峒区柳湖乡王坪路 15 号
负责人：钟光芋
Tel：0933－8622926

**平凉市伊壮食品有限公司**
地址：甘肃省平凉地区崆峒区玄鹤北路备战桥东
负责人：陈刚
Tel：0933－8717555

**神龙山矿泉水有限责任公司**
业务：神龙山矿泉水有限责任公司位于甘肃省庆阳市华池县南梁乡荔园堡村，生产经营“神龙山”牌矿泉水。欢迎广大新老客户惠顾！
地址：甘肃省庆阳市华池县南梁乡荔园堡村
邮　编：745600
法　人：王昭前
Tel：0934－5371199
Mobile：13993412182

**西和县嘉禾山珍产业开发有限公司**
业务：生产、销售山野菜
产品：蕨菜、乌龙头等
地址：甘肃省陇南市西和县兴隆乡季阳村
负责人：李二红　邮　编：742500
法　人：李二红
Tel：13830907996
13830967003

**兰州福牛乳业有限公司**
业务：专业生产新鲜乳及乳制品企业，新鲜营养、绿色天然，我们将以优质的产品质量、良好的合作信誉，竭诚为您服务！
产品：福拉多纯牛奶，起点（饮品），乳果搭档（饮品）
地址：甘肃省兰州市七里河区彭家坪 35 号
负责人：崔富裕　邮　编：730050
法　人：崔富裕
Tel：0931－2681110
13893615315

**镇原县新千年食品有限责任工司**
地址：甘肃省庆阳市镇原县东街 4 号
负责人：贾养峰
Tel：0934－7121297
13321235744

**庆阳市北地红调味食品有限公司**
业务：庆阳市北地红调味食品有限公司成立于 2002 年，是目前我市惟一一家以辣椒、洋姜等蔬菜深加工为主导产业的大型调味食品企业。产品有火锅底料、豆瓣酱、泡菜等。
地址：甘肃省庆阳市西峰区旱地农业综合开发示范区
邮　编：745000
法　人：刘颖阁
Tel：0934－8481838
Fax：0934－8481836

**张掖市鸿隆糖酒副食有限责任公司嘉华经营部**
地址：甘肃省张掖市甘州区青年西街 68 号
负责人：马丽霞
Tel：0936－8250398

**甘谷县飞佳瓜子厂**
业务：甘谷县飞佳瓜子加工厂成立于 1993 年，主要从事于葵花籽的加工、销售。欢迎新老客户光临、惠顾！
地址：甘肃省天水市甘谷县富强路
负责人：何飞佳　邮　编：741200
法　人：何飞佳
Tel：0938－5621302

**武威市玉海粮油商贸有限责任公司**
地址：甘肃省武威市凉州区北关建材市场 4 区 6 号
负责人：赵玉海
Tel：0935－2251431

**陇南市世外油橄榄开发有限公司**
业务：油橄榄加工、销售
产品：橄榄油精包装、简包装
地址：甘肃省陇南市武都区城郊乡潘家湾间沟坝
负责人：段尚财　邮　编：742500
法　人：段尚财
Tel：13689399812
0939－8219535

**甘肃宝泉酒厂**
业务：生产“通河粮液”白酒、传统工艺、固态发醇、通粮酿造
地址：甘肃省兰州市永登县河桥镇
负责人：李相业　邮　编：730300
法　人：李相业
Tel：13893672013
0931－6440976
Fax：0931－6440976

**张掖市菜香酒家**
地址：甘肃省张掖市甘州区县府街 11 号
负责人：陈瑞民
Tel：0936－8217080
13909360256

**永靖县太极神泉饮料有限公司**
业务：“望崖”牌纯天然矿泉水，不加任何防腐剂，含锶、锂、偏硅酸、碘化物、溴化物等九种元素、具有活血化瘀促进骨骼生长，长期使用能是肝硬化状况转好
地址：甘肃省临夏回族自治州永靖县太极镇四沟村
负责人：孔尕喜　邮　编：731100
法　人：孔尕喜
Tel：0930－8857161
13830123186

**玉门宏宇食品有限公司**
业务：本公司是集生产、加工、销售各类脱水蔬菜的综合性食品企业。产品已远销韩国、德国、美国、日本等，深受国内外用户的好评，公司已获得中华人民共和国海关总署颁发的出口许可证。公司目前主要产品有脱水洋葱、大蒜等，并从事蕃茄、土豆等蔬菜的收购销售。
地址：甘肃省玉门市玉门镇工业园区
邮　编：735211
法　人：曹洪亮
Tel：0937－3361894
Fax：0937－3363630

## 青海省/Qinghai Province

**大通回族土族自治县塔尔社会福利食品厂**
地址：青海省大通回族土族自治县塔尔镇塔尔湾
负责人：马双龙
Tel：0971－2821035

**青海鸿森豆业有限公司**
业务：本公司成立于2006年，主要加工销售大豆、食用油、油菜籽。
地址：青海省西宁市城北区柴达木路162号
负责人：杨有华……邮 编：810028
法 人：杨有华
Tel：0971－5218860

**佳诚食品商行**
地址：青海省大通回族土族自治县西宁海湖路批发市场
负责人：李佳诚
Tel：0971－4390303

**青海省都兰县菜牛羊定点屠宰厂**
地址：青海省都兰县屠宰厂
负责人：小霍
Tel：0977－8231553

**刚察县仙女湾肉食品公司**
地址：青海省刚察县东大街141号
负责人：刘聚方
Tel：0970－8851777

**青海省格尔木草原绿色食品专卖店**
地址：青海省格尔木市青海省格尔木市民族巷东头
负责人：阿尔索龙
Tel：0979－8465680

**青海省果洛州雪域珍宝有限责任公司**
地址：青海省果洛州玛沁县拉加镇
负责人：桑德杰布
Tel：0971－8218291

**西宁康能达工贸有限公司**
业务：本公司成立于1997年，是一家生产加工青海地方特产的公司。公司"能达"牌系列产品已被认定为消费者放心产品（品牌）。本公司提供冬虫夏草、草原黄菇、鹿茸、雪莲花、枸杞、藏红花等。公司热忱欢迎各界同仁前来与我们合作，共同开拓更好更多的青海特色产品。
地址：青海省西宁市城西区西关大街52号
负责人：刘会宁……邮 编：810001
法 人：刘会宁
Tel：0971－6108408

**青海互助青稞酒有限公司**
地址：青海省海东地区互助土族自治县威远镇西大街6号
负责人：郭守明
Tel：0971－8216292

**青海省互助县威达青稞酒厂**
地址：青海省海东地区互助县威远镇大寺路村
负责人：车志站
Tel：0972－8325878

**青海省雪驰清真肉食品开发有限公司**
地址：青海省海东地区循化县黄河东路013号
负责人：马成德
Tel：0972－8812286
0972－8813661

**循化撒拉族自治县浓缩果汁有限责任公司**
地址：青海省海东地区循化县积石镇胜利湾村
负责人：马先生
Tel：0972－8896598

**青海省循化县仙红辣椒开发有限公司**
地址：青海省海东地区循化县街子乡南街村
负责人：韩文成
Tel：0972－8896919

**青海世界屋脊牛科技开发股份有限公司兴海清真肉食品厂**
地址：青海省海南藏族自治州兴海县子科滩镇建设路9号
负责人：赵九天
Tel：0974－8581344

**天峻甘龙食品有限责任公司**
地址：青海省海西州天峻县天棚路23号
负责人：孙小光
Tel：0977－8266376

**同仁粮油贸易公司**
地址：青海省同仁县隆务街解放南路31号
负责人：马利克
Tel：0973－8722323

**青海藏源食品有限公司**
地址：青海省乌兰县茶卡镇
负责人：丁文宾
Tel：0977－8240368

**青海贝尔旗绿色保健食品有限公司**
地址：青海省西宁经济技术开发区东新路
负责人：刘长印
Tel：0971－8012885

**青海雪域食品开发有限公司**
地址：青海省西宁市滨河南路6号5号楼212室
负责人：李欣锐
Tel：0971－8135308

**青海鸿森豆业有限公司**
地址：青海省西宁市柴达木路162号
负责人：杨有华
Tel：0971－5218860

**西宁海俩里食品有限公司**
地址：青海省西宁市城东区八一路
负责人：妥琰
Tel：0971－8179896

**青海省宁食奥一奇食品分公司**
地址：青海省西宁市城东区八一路派出所对面
负责人：郭辉明
Tel：0971－8801072
0971－5316887

**西宁城东隆盛源酒类贸易商行**
地址：青海省西宁市城东区滨河南路2号
负责人：齐广科
Tel：0971－8123326

**西宁雪蕃商贸有限公司**
地址：青海省西宁市城东区大众街12－2号
负责人：谢成文
Tel：0971－8173827

**青海雪顿乳业有限公司**
地址：青海省西宁市城东区德令哈路82号
负责人：王先生
Tel：0971－8213999

**西宁玉珠源肉食品有限责任公司**
地址：青海省西宁市城东区互助东路94号
负责人：陈明金
Tel：0971－8081527

**西宁伊品园食品有限公司**
地址：青海省西宁市城东区下滨河路113号
负责人：韩晓龙
Tel：0971－8145528
8176334

**西宁凤凰寺食品有限公司**
地址：青海省西宁市城东区韵家口镇
负责人：马索非亚
Tel：0971－8143745

**青海肉食集团高原绿色食品开发有限公司**
地址：青海省西宁市城东区韵家口镇政府互助中路92号
负责人：马先生
Tel：0971－8084272

**西宁祥源农副产品开发有限责任公司**
地址：青海省西宁市城东区朱家庄村
负责人：马海祥
Tel：0971－8013036

**西宁天益乳制品有限公司**
地址：青海省西宁市城西区互助东路12号
负责人：刘先生
Tel：0971－8136123

**西宁雪利源营养食品有限公司第二分公司**
地址：青海省西宁市城西区昆仑路1号
负责人：李清军
Tel：0971－6242423

**西宁星嘉星食品有限责任公司**
地址：青海省西宁市城西区南川西路67号
负责人：刘文芳
Tel：0971－6254108

**西宁天煜食品有限公司**
地址：青海省西宁市城西区苏家河湾村256号
负责人：田堪良
Tel：0971－6303499

**西宁利华商贸有限公司**
地址：青海省西宁市城西区五四大街2号
负责人：王晓龙
Tel：0971－6109888

**西宁润达制水有限公司**
地址：青海省西宁市城西区新海路22号
负责人：李先生
Tel：0971－6133249

**大通巨丰油脂工业有限公司**
地址：青海省西宁市大通回族土族自治县桥头镇解放路241号
负责人：白紫川
Tel：0971－2813367

**大通县西凉熏醋厂**
地址：青海省西宁市大通县黄家寨镇上陶村
负责人：谢俊
Tel：0971－2786583

**青海雪峰牦牛乳业酪蛋白公司**
地址：青海省西宁市黄河路2号
负责人：张炜
Tel：0971－6138630

**青海白牡丹工贸有限责任公司**
地址：青海省西宁市湟水路1号
负责人：白民福
Tel：0971－5216688

**湟中县通发农畜产品有限责任公司**
地址：青海省西宁市湟中县多巴镇
负责人：罗贵邦
Tel：0971－2276930

**青海裕泰食品有限公司**
地址：青海省西宁市经济技术开发区东新路4号
负责人：马文忠
Tel：0971－8818726

**青海百力肉食品公司**
地址：青海省西宁市乐家湾55号
负责人：马先生
Tel：0971－3937542

**青海光信生物科技有限公司**
地址：青海省西宁市南川西路25号
负责人：秋香
Tel：0971－5318296

**海开心源食品有限公司**

地址：青海省西宁市宁张路43号(生物园区)
……负责人：冯波
……Tel：13109713009

**临夏市什锦清真食品有限责任公司**
地址：青海省西宁市七一路344号26号楼3单元0801室
……负责人：文占宁
……Tel：0971－8231304

**青海小西牛生物乳业有限公司**
地址：青海省西宁市生物产业园
……负责人：莫国荣
……Tel：0971－5316086

**青海威思顿粉业科技开发有限公司**
地址：青海省西宁市生物科技产业园经二路58号
……负责人：辛文才
……Tel：0971－5317821

**鑫鑫有限公司**
地址：青海省西宁市五四大街37号18号楼131室
……负责人：杨领娇
……Tel：0971－6142008

**青海华西矿泉水厂**
地址：青海省西宁市新宁路34号
……负责人：何致才
……Tel：0971－6151789

**伊品圆食品有限公司**
地址：青海省省西宁城东区下滨河路113号
……负责人：尹志民
……Tel：0971－8145528

**青海三江薯业有限责任公司**
地址：青海省省西宁市城北区生物科技产业园区经二路56号
……负责人：唐光峰
……Tel：0971－5226537

**青海恒业食品商贸公司**
地址：青海省省西宁市城东区民和路创业大厦6层
……负责人：曹勇
……Tel：0971－8818883

**西宁吕记麻花厂**
地址：青海省省西宁市城东区团结桥路53号
……负责人：张彦龙
……Tel：0971－8015031

**青海华辉商贸有限公司**
地址：青海省省西宁市城中区南大街营房巷3号
……负责人：张辉
……Tel：0971－8253678

**爱健食品公司**
地址：青海省省西宁市七一路
……负责人：陶振国
……Tel：0971－8459602

**青海益加益粮油贸易有限公**
地址：青海省省西宁市新城大道220号
……负责人：马佳
……Tel：0971－8589260

## 宁夏回族自治区/Ningxia Hui Autonomous Region

**方兴淀粉有限责任公司**
地址：宁夏固原市开城镇峡口村
……负责人：卢旗
……Tel：0954－2081111
13909541789

### 石嘴山市腾达信誉商贸有限公司
业务：本公司成立于2006年，主要从事康师傅茶饮料、双汇火腿肠等批发与零售。"质量保证，价格合理"，热诚欢迎您的光临、惠顾！
地址：宁夏回族自治区石嘴山市大武口区解放东街154号
……负责人：程继阳……邮　编：753000
……法　人：程继阳
……Tel：0952－2651226

**固原银雪薯业有限责任公司**
地址：宁夏回族自治区固源地区固原县火车站桥西东郊供电所西侧
……负责人：赵雄
……Tel：0954－2070315
13995041643

### 银川市涪银榨菜有限公司
业务：银川涪银榨菜有限公司成立于2000年3月，其前身是银川市金凤区涪银榨菜厂。公司主要以制售榨菜及芥菜为主，其他调味品为辅，生产销售一条龙服务，欢迎各界朋友惠顾。
地址：宁夏回族自治区银川市金凤区丰登镇街道
……邮　编：750200
……法　人：张文素
……Tel：0951－8960600
……Fax：0951－8960448



## 新疆维吾尔自治区/Xinjiang Wei We Er Autonomous Region

**阿克苏市金湖油品有限责任公司**
地址：新疆维吾尔自治区阿克苏地区阿克苏市市至阿瓦提路10公里处
……负责人：何心春
……Tel：13199971677

### 喀什市夏乡志高饮料食品厂
业务：喀什市夏乡志高饮料食品厂成立于2003年，专业从事纯净水、饮料的生产，欢迎新老客户前来参观考察、洽谈业务。
地址：新疆维吾尔自治区喀什地区喀什市夏乡工业区
……负责人：潘志高……邮　编：844000
……法　人：潘志高
……Tel：0998－2554198

**拜城县同维盐业有限责任公司**
地址：新疆维吾尔自治区阿克苏地区拜城县解放西路38号
……负责人：黄维江
……Tel：0997－8621809

**北屯金山食品厂**
地址：新疆维吾尔自治区阿勒泰地区北屯一八八团三连新区
……负责人：黄传华
……Tel：0906－3373953
3351683
3183502

**福星面粉加工厂**
地址：新疆维吾尔自治区阿勒泰地区吉木乃县河滨街
……负责人：张保福
……Tel：0906－6182111
13809967515

### 新疆热非克吾买尔乳业有限公司
业务：新疆热非克吾买尔乳业有限公司成立于2004年10月12日，位于新疆维吾尔自治区乌鲁木齐市天山区胜利路领馆巷11号。主要加工、销售乳制品，产品有牛乳、酸乳等。质量第一、价格合理，竭诚为广大消费者服务。
地址：新疆维吾尔自治区乌鲁木齐市天山区胜利路领馆巷11号
……邮　编：830001
……法　人：阿布力米提
……Tel：0991－2881011
……Fax：0991－2881011

**新疆新奥果汁有限公司**
地址：新疆维吾尔自治区昌吉回族自治州昌吉市长宁路6号
……负责人：胡永芹
……Tel：13999141043

**和田石榴酒业科技开发有限公司**
地址：新疆维吾尔自治区和田地区和田县吐沙拉乡浙江工业开发区
……负责人：王伟善
……Tel：0903－2033568

**墨玉县绿香源食品加工厂**
地址：新疆维吾尔自治区和田地区墨玉县其乃巴格路17号
……负责人：杨红霞
……Tel：0903－6511118

### 新源县森利来西饼屋
业务：新源县森利来西饼屋成立于1996年，一家以生产面包、糕点为主的特色的老店，坐落在风景秀美的新疆维吾尔自治区伊犁市新源县，交通十分便利。经过多年的努力，本店产品品种繁多有面包、蛋糕、糕点、咖啡、比萨饼等其它休闲系列，品质纯正，营养丰富，价格实惠，是旅游、休闲及馈赠亲友之佳品，多年来迎得了广大消费者的一致好评。我们坚持"质量第一"、"顾客满意"、"科学管理"、"竭诚服务"的宗旨，为更多广大消费者服务，把更多价廉物美、口味独特的健康休闲食品带给广大消费者，共享特色美食，品尝本地风味。我们也真诚欢迎新老客户光临指导，共谋发展。
地址：新疆维吾尔自治区伊犁市新源县
……邮　编：835800
……法　人：李树森
……Tel：0999－5021698
……Mobile：13709995058
……Fax：0999－5026618

**额敏县敏丰粮油工贸有限公司加尔布拉克销售部**
地址：新疆维吾尔自治区塔城地区额敏县加尔布拉克农场
……负责人：宋增志
……Tel：0901－3342695

**沙湾县老沙湾镇赵氏粮油加工厂**
地址：新疆维吾尔自治区塔城地区老沙湾镇黄沙梁村
……负责人：赵建柱
……Tel：0993－6924268
13999732968

**新疆嘉佳食品有限公司**
地址：新疆维吾尔自治区乌鲁木齐市健康路47号
……负责人：伍长寿
……Tel：0991－2326519

### 察布查尔县康健粮油加工厂
业务：察布查尔县康健粮油加工厂成立于2002年，我厂常年为广大客户供应优质面粉、优质大米、植物油，欢迎来人来涵洽谈，我们的宗旨是：质量第一，互惠互利。
地址：新疆维吾尔族自治区察布查尔县八乡
……邮　编：835300
……法　人：桑希山
……Tel：0999－3867668

**乌鲁木齐市天山区美克奶提食品加工厂**
地址：新疆维吾尔自治区乌鲁木齐市马市小区11号楼10号门面房
……负责人：麦日叶木·克比尔
……Tel：0991－8284842

**乌鲁木齐市众鑫合食品有限公司**
地址：新疆维吾尔自治区乌鲁木齐市前进街5号
……负责人：彭泽林
……Tel：0991－2693959

### 伊犁县天山精粉厂
业务：伊犁县天山精粉厂始创于1994年，10多年以来从事面粉加工及销售。我厂以良好的信誉，周到的服务和优质的产品，赢得了广大客户的赞誉和信赖。我们真诚邀请全国各地的经销商前来光临、洽谈指导，欢迎各界有识之士垂询指导，共谋发展，共创伟业。
地址：新疆伊犁地区一八公路38公里处
……邮　编：835100
……法　人：李爱莲
……Tel：0999－4320769
……Fax：0999－4320022

**乌鲁木齐市伊珠酒业有限公司**
地址：新疆维吾尔自治区乌鲁木齐市扬子江路42号红十月小区
……负责人：范岩
……Tel：0991－4506308

**乌鲁木齐天之蓝酒业有限公司**
地址：新疆维吾尔自治区乌鲁木齐市友好北路10号
……负责人：任毅
……Tel：0991－4828976

**察布查尔县红运面粉加工厂**
地址：新疆维吾尔自治区伊犁地区察布孙扎齐牛录乡
……负责人：王玉明
……Tel：0999－3948175
13899705221

**芦草沟飞马粮油加工厂**
地址：新疆维吾尔自治区伊犁地区霍城县芦草沟农贸市场左侧
……负责人：马小云
……Tel：0999－3265264
3265263
13899706165
13094060336

**莫乎尔永乐面粉厂**
地址：新疆维吾尔自治区伊犁地区霍城县莫乎尔牧场农田二队
……负责人：丁常建
……Tel：0999－3170181
13899715939

# 行业品牌展示窗

## 遵化御汤泉旅游开发有限公司

遵化御汤泉旅游开发有限公司主要以旅游度假开发为主。

我们以“崇高的信誉，合理的价格，一流的服务”为广大的客户提供最优质的吃、住、行、玩、购等一条龙综合服务。

联系人：张友志

电话：0315-6950909 13933363333

地址：河北省遵化市汤泉旅游度假开发区 邮编：064200

## 重慶逸樂賓館

重庆逸乐宾馆成立于2005年。

拥有员工30余人，从事住宿服务。

我们以“宾客至上，服务第一”为经营宗旨。

诚心恭候您的光临！

联系人：杨秀刚

电话：023-85353199 13509400319

地址：重庆市永川区渝西大道东段69号 邮编：402160

## 遵义市荣杰酒店用品有限责任公司

本公司是一家销售酒店用品、生产加工厨房用品的企业。

我们将以“卓越的产品，一流的服务”欢迎各商界朋友前来洽谈业务，携手并进，共创辉煌！

联系人：胡建荣

电话：0852-8828658

地址：贵州省遵义市红花岗区沙河小区华南商贸城B栋

邮编：563000

## 云南天丽化妆品有限公司

云南天丽化妆品有限公司成立于2003年，经营品牌：欧莱雅、兰寇、羽西、SK-II、雅诗兰黛、资生堂、蝶妆、美宝莲等。

每天因你而美丽，欢迎新老客户来电洽谈业务！

电话：0871-5310178-9876

联系人：杨伟宏 13888027517

地址：云南省昆明市大观商业城佳华苑15楼

邮编：650000

# 行业品牌展示窗

## 黄冈市万泰丰商贸有限公司

黄冈市万泰丰商贸有限公司成立于2007年，是一家经营调味品、干鲜果品、副食品的企业，主要产品：海天酱油、陶华碧酱系列、太太乐鸡精、武穴美雅酥糖等。

竭诚欢迎新老客户 光临惠顾！

联系人：兰友良

电话：0713-8616754 13597579846

地址：湖北省黄冈市黄州宝塔路温州商贸城9栋15号-18号 邮编：438000

## 湖北赤壁中华水浒城有限公司

本公司成立于1996年，主要是陆水湖旅游度假区的整体开发、建设、经营，高科技产品开发经营等，是国家AAA级景区。欢迎您的光临。

联系人：潘德超 电话：0715-5232285 13036182768

传真：0715-5236853 地址：湖北省赤壁市书院街35号龙泉大酒店内水浒城

## 开封中韵乐器有限责任公司

本公司专业生产、销售古筝、古琴、琵琶等乐器。

以质量求生存，以信誉求发展。

竭诚欢迎广大客户来电咨询洽谈！

电话：0378-6261328 6261198

联系人：徐会民

邮编：475312

地址：河南省开封市兰考县固阳镇工业园区

## 江阴市怡乡春竹餐饮有限公司

江阴市怡乡春竹餐饮有限公司成立于2007年，主要从事于火锅，中餐，点心制售等。

公司秉承怡乡春竹“诚信、廉洁、服务”的企业文化理念，树立创新的企业精神，拥有高素质的管理团队、竞争实力和赢利能力，在酒店业激烈的市场竞争中，取得了所管理酒店全部获得可观赢利的不凡成绩。

联系人：孙志刚

邮编：214431

电话：0510-86417876 86417879

地址：江苏省江阴市澄江中路270号

# 行业品牌展示窗

## 道县世代休闲山庄有限责任公司

道县世代休闲山庄有限责任公司成立于2004年，是集钓鱼休闲服务，水果种植，家畜养殖于一体的休闲山庄。

依山傍水，风景秀丽，是您休闲旅游的好去处。

电话：0746-5232161

联系人：胡前进　　邮编：425300

地址：湖南省永州市道县清塘镇大塘村漯源湖水库

## 灌云县灌西四通宾馆

四通宾馆是一家提供高效优质的服务，设施先进齐备的休息场所，房间设计新颖，建筑华丽，装璜典雅，设施完善。

是您居家旅行最好的下榻之处。

联系人：徐友清 13003460380　电话：0518-88601085

地址：江苏省连云港市灌云县灌西盐场　　邮编：222000

## 佛山市顺德区阳日餐饮管理咨询服务有限公司

佛山市顺德区阳日餐饮管理咨询服务有限公司成立于2007年，主要从事餐饮管理服务及咨询。检讨今日面向明天，我们服务队伍的全体员工始终以“顾客要求为导向，以员工满意、领导们放心为目标，真诚为企业服务”。用“卫生、诚信、优质”的承诺做企业后勤的好帮手，再接再厉，人有我优，人优我新的创新理念，为企业后勤工作保驾护航。

电话：0757-26600921 26337001　　联系人：黄冠日

地址：广东省佛山市顺德区北滘工业园威奇电工材料有限公司转食堂　邮编：528000

## 长乐昆仑大饭店有限公司

福建省长乐市昆仑大饭店系外商独资企业，四星级管理，主楼共15层。有豪华大堂、商务中心、欧式风格的西餐厅、咖啡厅、棋牌室、大型中餐厅、VIP豪华包厢，能容500人大型宴会。有桑拿、豪华KTV包厢。6-15层系客房，设有豪华大套房和总统套房，共130多间。是宾客餐饮、娱乐、休闲的最理想场所。

电话：0591-28833888　28833699　28833618

联系人：郑玉官

地址：福建省长乐市西洋中路247号　　邮编：350200

# 行业品牌展示窗

## 汾阳市建昌农工贸公司

汾阳市建昌农工贸公司成立于2005年，主要从事于旅游开发。

公司理念：诚信为先、游客为主、全程服务、创造快乐、新的旅程。

联系人：王利德

电话：0358-8808988 7503639 电邮：lr19831217lr@163.com

地址：山西省吕梁市汾阳市文峰街道办事处建昌村 邮编：032200

## 昆山神州大酒店有限公司

昆山神州大酒店有限公司是一家从事餐饮住宿康乐会议服务的高档综合娱乐性商务酒店，建设规模为投资30万元，经营面积425平方米。酒店外观华贵典雅，酒店设施齐全，装修细致精美，为您营造了一个完全温馨，放松，自然，舒适，甜美的家。

联系人：谢兴银

传真：0512-55191102 电话：0512-57931777 57767668 57767998

地址：江苏省昆山市玉山镇城北北门路1018号 邮编：215300

## 黎川吧嘉吧娱乐有限公司

黎川吧嘉吧娱乐有限公司成立于2006年。

位于江西省抚州市黎川县新大桥旁，交通十分便利。

主要从事酒吧、KTV、足疗服务。

欢迎新老客户光临、惠顾。

联系人：查春成

电话：0794-7506777 13507943888

地址：江西省抚州市黎川县新大桥旁 邮编：344600

## 哈尔滨汇康禽业养殖基地

哈尔滨汇康禽业养殖基地成立于2007年，是一家从事蛋鸡养殖、蛋品深加工的企业。

汇康品质、引领未来、无公害鸡蛋营养健康。真诚欢迎全国各地更多的朋友加入养殖业的行列，一道携手共同发展！

联系人：刘刚 13796025168

地址：哈尔滨市哈肇公路31.5公里处 邮编：150500

# 行业品牌展示窗



## 浙江省临海市长城艺术团

临海市长城艺术团成立于2006年，主要从事于配合政府文化下乡、宣传法治、新农村建设等；各部门、各企事业单位订货会、开业典礼、地基仪式、厂庆等服务；是一个松散形、公益性的民办非企事业文艺团体。现该团正拟奋步前进，一方面不断提高自己的艺术造诣，一方面为创建社会主义和谐社会、创建临海文明城市做出贡献。

联系人：王瑛

电话：13073828870　0576-85180202

地址：浙江省临海市古城办事处北塔小区2-1栋1单元201室　邮编：317000

## 上海科美化妆品有限公司

公司成立于2000年，专业从事化妆品的生产、销售及售后服务。科学创造美丽，欢迎新老客户来电洽谈业务！

联系人：张洁

电话：021-56553809　56557208

地址：上海市闸北区中山北路198号2518室　邮编：200071

## 山西同缘盛酒店

公司成立于2006年，主要从事于餐饮服务。我们信奉顾客是上帝的宗旨，以最优质的服务赢得顾客。竭诚欢迎海内外客户光临本酒店，参观、指导！

联系人：方耀升

电话：13466849393　0351-7334888

地址：山西省太原市小店区长治路120号大同煤矿1楼2楼　邮编：030006

## 常州金玉满堂餐饮有限公司

金玉满堂经营以“金鲍玉翅”、“平价海鲜”、“经典川菜”、“农家传菜”为特色的餐饮和服务，荣获“江苏餐饮名店”，“全国绿色餐饮企a业”，“江苏省食品卫生等级A级单位”等称号。是常州人气最旺盛的饭店。金玉满堂以脍炙人口的美味佳肴，大众实惠的价格，宾至如归的热情服务，赢得了人们的喜爱，在消费者中树立了良好的口碑。

联系人：陶鸿

手机：13182077777　13912347041

地址：江苏省常州市天宁区劳动中路123号　邮编：213000

# 行业品牌展示窗

## 漠河宾馆

漠河宾馆是位于漠河县中心繁华地段的二星级旅游涉外饭店，毗邻县政府、连心广场、松苑公园和商业街，位置优越，交通便利。宾馆外观具有浓郁的现代特色，内部装修华丽，设施完备，具有先进的管理和热情周到的服务。是中外商客、旅游者的理想下塌之地。诚邀四方宾客光临惠顾！

联系人：赵海波
13846568888 电话：0457-2885444
地址：黑龙江省大兴安岭地区漠河县西林吉镇26区 邮编：165300

## 南安市水头马老清手工米粉店

本公司成立于2006年。
主要从事手工米粉的加工等餐饮服务。
欢迎新老客户前来参观洽谈业务！

联系人：蔡土火生
电话：0595-86006936 13774862354
地址：福建省南安市水头镇鑫顺街115号 邮编：362300

## 拉萨市蕃韵文化传播有限公司

本公司成立于2007年，主要从事西藏音乐制作、TV制作、包装歌手、晚会策划及创作。

"创作具有市场价值的作品"是我们一惯的目标，"没有最好，只求更好，积极务实一切从客户的根本利益出发"是我们的宗旨；"用心做好每一件事"是我们追求卓越的态度。我们深知在每一件成功作品的背后都凝聚着团队的智慧与力量、凝聚着客户的期望和信任。所以我们永远要求自己不能错过一点一滴的灵感、永远要求不断超越与完美。

联系人：旦巴坚参 电话：0891-6334511
地址：西藏自治区拉萨市扎基中路藏医学院安居院 邮编：850000

## 赣州益足堂保健有限公司

自成立来，专业提供玉石滚背、足底走罐、香薰耳烛，有中草药足浴，另有专业按摩师，为您消除疲劳。

劳累了一天后，益足堂是您休闲放松最好的选择！

联系人：刘东北
电话：0797-8339099 13767724729
邮编：341000
地址：江西省赣州市章江北大道30-31号

# 行业品牌展示窗

## 新建县东方城餐饮娱乐有限公司

新建县东方城餐饮娱乐有限公司成立于2006年，主要从事于餐饮、娱乐服务。东方城人在多年的经营发展中总结了一个至上的理念就是——一直最真诚，永远最诚信的服务理念，在这个理念的驱动下我们广交了朋友，得到了友善，取得了发展，坚固了团队。我们东方城企业的口号就是——全力以赴、团结一致我与东方城共发展。我们更愿与有识之士共谋美好的明天！

联系人：胡铁

电话：0791-3735757　3751888　3746666

地址：江西省南昌市新建县长镇新建大道518号　邮编：330100

## 七里龙旅游开发有限公司

金溪漂流农家乐景区位于千年古镇马金镇大淤村，毗邻安徽黄山、淳安千岛湖和江西的三青山，自古拥有双溪古渡、七里晴岚等名胜，至今还完整的保存着全县独有的40余亩河滩风景林。这里民风纯朴，山光明媚、水色秀丽；这里青山携金溪起舞，激情与闲适同行。整个景区拥有农家土菜馆、休闲垂钓区、市民农园、卵石林公园、果蔬采摘园、金溪漂流等景点。旅游休闲活动项目十分丰富，可以置身竹筏中，与白鹭同戏；可以手握一垂竿，品百味人生；可以坐牛车，乡村怀古；可以住原生态小木屋，品农家菜，体现农事生活……核心景区——七里垅：两岸青山环抱，溪可见底，流水不断，环境十分悠雅，是休闲旅游的胜地。沿马金溪畔白沙滩头至青山坝建游览道2000米，撑竹筏、徒步或坐旅游车观赏七里山水风光，品龙涧清泉，享天然氧吧。

联系人：叶友忠　13587026788　电话：0570-6688366

地址：浙江省衢州市开化县马金镇大淤村　邮编：324307

## 围场满族蒙古族自治县明兴大酒店有限公司

公司成立于1982年。自成立以来，从事餐饮、住宿、洗浴为一体的一条龙服务。公司全体员工竭诚迎您的光临和下榻。

联系人：纪春明

电话：0314-7518898　13903149498　传真：0314-7521114

地址：河北省承德市围场县围场镇围场宾馆　邮编：068450

## 南充市嘉陵区大蓉和酒楼

大蓉和酒楼南充店位于美丽的嘉陵江畔，斥资1000万元重金打造，营业面积4000平方米，拥有30多个豪华气派的包间，浪漫温馨的卡座，大气典雅的宴会厅，休闲舒适的茶坊，可同时容纳一千多人就餐，可停放车辆200台次。伫立于宽敞的观景平台，极目远眺，八百里如画江山尽收眼底。美食与美景同在，大蓉和南充店是您商务宴请、亲朋聚会的优选场所。“大蓉和”即“大融合”，一如其名，海纳百川，有容乃大，以川菜为根基，融合中、外佳肴之精粹，创新当代美食文化潮流。

联系人：颜华　电话：0817-3880999　3881170

地址：四川省南充市嘉陵区滨江路南二段　邮编：638150

# 行业品牌展示窗

## 丽江市古城区巴哩岛阿拉丁户外旅游有限公司

阿拉丁户外旅游公司于2007年5月正式登陆丽江，重磅出击，带来全新的品质旅游新概念及与现行旅游截然不同的超值精神享受，坚持以户外的精神和品质引领中国品质旅游新概念。公司有一群热爱生命，追求高品质生活，执着于理想，梦想的年轻旅游界精英！我们致力于为追求高品质人生的您提供高品质的旅游全方位服务。

联系人：沈恒林 13988889599 电话：0888-5139234
地址：云南省丽江市古城区玉河走廊A1-1幢 邮编：674100

## 剑河县商贸有限责任公司

本公司成立于2007年，主要經營超市、酒店以及娛樂場所。公司秉承“顧客至上，銳意進取”的經營理念，堅持“客户第一”的原則爲廣大客户提供優質的服務。歡迎廣大客户惠顧！

聯系人：劉興劍
电话：0855-5221975 13985833780
地址：贵州省黔东南苗族侗族自治州剑河县新县城6号建设区 邮编：556000

## 内蒙古鄂尔多斯市丽都酒店

内蒙古鄂尔多斯市丽都酒店是按四星级标准修建的大型商务酒店，于2007年9月成立。酒店拥有各具特色的豪华客房，商务中心，咖啡厅。欢迎全国各地的宾客莅临丽都酒店，体验至尊至上的超值享受，体验丽都人“真情付出，用心服务”带给您的快乐！

联系人：朱家荣
电话：0477-8581000 8581008 8581009 邮箱：nmglido@sina.com
地址：内蒙自治区鄂尔多斯市康巴什新区公安局指挥中心辅楼 邮编：010308

## 达州市莱斯达航空服务有限公司

莱斯达航空服务有限公司总公司在深圳，07年在达州成立分公司。主要经营民航国际、国内票务预订；酒店订房以及旅游、货运等。

我们将以最合理的价格，提供最良好的服务！

联系人：胡兵
电话：0818-2225555 15882925555
地址：四川省达州市通川区城市中心广场第2层B174号 邮编：635000

# 行业品牌展示窗

## 安徽省桐城市四星大酒店

桐城四星宾馆位于市火车站广场南侧，八层大楼，气势雄伟壮观。宾馆设计、装饰尽显时尚流行与品位。拥有全市一流的大浴场、停车场等服务设施。

四星宾馆热忱欢迎您的光临！

联系人：汪斌

13205568999

Tel:0556-5610888

地址：安徽省桐城市火车站南侧　传真：0556-5610886

## 灵宝市艺苑民间文化传承有限责任公司

灵宝市艺苑民间文化传承有限责任公司成立于2006年，主要从事于剪纸制作销售。近年来开发的剪纸挂历、画轴、礼品册、镜框等系列产品使剪纸这一工艺更上新台节，我们大胆借鉴其他艺术门类之技法，不断苛求进步，技艺求精求新，经营以诚为本，本着严谨、开放、平和、吸纳的心态期待您的合作与加盟！真诚欢迎新老客户光临惠顾。

联系人：靳文山

电话：0398-8822818　2563777

地址：河南省三门峡市灵宝市尹庄镇小中原村　邮编：472500

## 营口东方明珠钢琴有限公司

本公司主要生产钢琴及钢琴配件，"DOFAMIZU"、"SINUO"等系列品牌钢琴以其优良的声学品质在国内钢琴制造业中别具一格。以其优良的性价比，为广大用户所接受。公司必将以"创新 诚信"的经营理念，"质量第一，用户至上"的市场战略，以自己的不懈努力和不断进步，真正成为钢琴王国里一颗璀璨的明珠！

Contact：王彬　电话：0417-2839433

Http://www.mz-piano.cn

地址：辽宁省营口市老边区路南镇大水塘村　E-mail：mz-piano@126.com

## 卢龙县六峪沟农林生态观光园

卢龙县六峪沟农林生态观光园成立于2006年，主要从事于绿色种植、特色养殖、观光旅游。公司理念：诚信为先、游客为主、全程服务、创造快乐、新的旅程。

联系人：张胜利　电话：0335-7012289

地址：河北省秦皇岛市卢龙县陈官屯乡上梨峪村北　邮编：066000

# 酒店旅游餐饮娱乐

## 北京市/Zhuhai Municipality

**北京雀丰娱乐器材有限公司**
地址：北京市朝阳区安贞西里三区 26 号浙江大厦南大门
负责人：梁云青
Tel：010－64453054

**北京市丝竹琴大酒楼**
地址：北京市朝阳区朝阳区工体西路 8 号
负责人：徐新术
Tel：010－65539168

**北京希肯国际模特经纪有限公司**
地址：北京市朝阳区工体北路 58 号楼
负责人：安庭
Tel：010－64173972

**北京凯希餐饮服务有限责任公司**
地址：北京市朝阳区首都机场 2 号航站楼地下食街 2 号厅
负责人：边洪达
Tel：010－63293607

**北京湘特美餐厅**
地址：北京市朝阳区首都机场 359 总站旁
负责人：肖莲花
Tel：010－64575791

**北京天府姐妹餐厅**
地址：北京市朝阳区首都机场西平街 9 号
负责人：杨武松
Tel：010－64567337

**北京姜珉嫱美容美发有限公司**
地址：北京市朝阳区望京 A4 区三组团商住综合楼 2 层
负责人：姜珉嫱
Tel：010－64745737

**北京太阳谷康体休闲中心**
地址：北京市朝阳区望京南湖中园路 130 号 4 层
负责人：王少兵
Tel：010－64723338

**北京千禧美神美容有限公司**
地址：北京市朝阳区西坝河东里 14 号楼（北京实华饭店）2209 室
负责人：王惠玲
Tel：010－64028224

**北京紫色星空咖啡厅**
地址：北京市朝阳区延静西里 2 号华商大厦 306 室
负责人：范立娟
Tel：010－65083133

**北京华林实业公司紫晨餐饮部**
地址：北京市大兴区长子营镇政府东侧 100 米
负责人：侯建华
Tel：010－69299396

**北京旺达钟记咖啡设备销售有限公司钟记豪仕咖啡厅**
地址：北京市东城区朝阳门北大街 8 号（富华大厦 D 座 1 层）
负责人：吕晓娜
Tel：010－65543650

**北京市惠丰旅行社**
地址：北京市东城区礼士胡同 18 号 716 室
负责人：张播
Tel：010－83605972

**北京三希堂艺术馆**
地址：北京市东城区沙滩南巷 43 号楼 103 号
负责人：许建洲
Tel：010－64062838

**北京首都京华企业家俱乐部**
地址：北京市东城区演乐胡同 15 号
负责人：张军
Tel：010－65276618

**北京市房山区花卉盆景协会**
地址：北京市房山区良乡元武屯
负责人：顾金锁
Tel：010－69353141

**北京欣福良苑假日酒店有限公司**
地址：北京市房山区良乡镇苏庄东街 9 号
负责人：赵建京
Tel：010－69372004

**北京东方哈雷露雅旅游发展有限公司**
地址：北京市房山区周口店镇车厂村
负责人：刘大振
Tel：010－69300077

**北京淼三姐罐罐香酒家**
地址：北京市丰台区三路居第五分公司戏曲学院路西 10 米
负责人：刘爱萍
Tel：010－63336096

**北京泉涌洗浴中心**
地址：北京市海淀区海淀通惠寺 3 号（海乾大厦东侧）
负责人：李朝忠
Tel：010－62555714

**北京楚园饭店有限公司**
地址：北京市海淀区花园北路 25 号小关（厂南区）
负责人：周加芹
Tel：010－62051082

**北京北平楼花园路酒楼**
地址：北京市海淀区花园路 1 号院内南平房
负责人：吕长亮
Tel：010－62058245

**北京甘露泉健身服务中心**
地址：北京市海淀区建清园小区 9 号楼 9 门 202 室
负责人：安黎明
Tel：010－62927609

**北京一炖香餐饮中心**
地址：北京市海淀区四道口路大钟寺村 13 号一层
负责人：郑岩茹
Tel：010－62112823

**北京流行先锋美容美发中心**
地址：北京市海淀区四道口路四道口村 70 号二区平房 1－2 室
负责人：李志清
Tel：010－62219649

**北京灿烂天使美容中心**
地址：北京市海淀区知春路锦秋知春花园 3 号楼 3 层 G 号
负责人：郭丽珍
Tel：010－62521320

**北京星月鑫旅店**
地址：北京市怀柔区滨湖小区 104 号
负责人：钟秀乐
Tel：010－69646040

**北京市霞光迎宾酒家**
地址：北京市怀柔区迎宾路 8 号
负责人：孙林杰
Tel：010－69658636

**北京金飞扬旅游咨询有限公司**
地址：北京市怀柔县怀柔镇滨湖小区 306 号
负责人：于春江
Tel：010－69625668

**北京安采堂化妆品有限公司**
地址：北京市门头沟区滑石道大街 124 号 131 室
负责人：张宴
Tel：010－64931830

**北京灵之秀茶艺馆**
地址：北京市门头沟区门头沟路 10 号
负责人：张建芝
Tel：010－69859093

**北京仙潭饭庄**
地址：北京市门头沟区潭柘寺镇鲁家滩村
负责人：赵玉瑛
Tel：010－60861557

**北京喜来缘文化艺术中心**
地址：北京市门头沟区中门寺街 69 号 8－116 室
负责人：王振云
Tel：010－69844143

**北京梅艳古丽新疆风味餐厅**
地址：北京市密云县宾阳西里 A8－107
负责人：梁秋云
Tel：010－69050390

**北京世纪阳光假日酒店**
地址：北京市密云县滨河路（原民政局院内）
负责人：司怀良
Tel：010－69069488

**北京首创工贸有限公司大酒店分公司**
地址：北京市密云县新南路华远市场对面
负责人：程立新
Tel：010－69040016

**北京时新餐饮有限公司**
地址：北京市顺义区奥竺储运中心商务楼一层商务中心
负责人：龚红
Tel：010－64566853

**北京欧庭餐饮有限公司**
地址：北京市顺义区新顺东大街路南（顺义食品总厂院内）
负责人：许淑惠
Tel：010－69469141

**北京京发祥餐饮服务有限公司**
地址：北京市通州区次渠镇（供销社大餐厅）
负责人：何军
Tel：010－69506951

**北京市凯旋门洗浴中心**
地址：北京市通州区运河西大街 11 号楼
负责人：景海燕
Tel：010－60520900

**北京紫玉东酒店用品商贸中心**
地址：北京市西城区穿堂门胡同 10 号
负责人：訾玉东
Tel：010－62232014

**北京草原肥羊府餐饮有限公司**
地址：北京市西城区德外大街 12 号 8 号楼
负责人：赵维扬
Tel：010－62038328

**北京市东方锦华旅游咨询有限公司**
地址：北京市西城区阜外大街 2 号 A 座 2507 室
负责人：万杰
Tel：010－64156402

**北京富雅桌球城**
地址：北京市宣武区广安门外大街广华轩小区 4 号楼 2 层
负责人：富京
Tel：010－63402397

**北京特外乐快餐有限公司**
地址：北京市宣武区马连道路 11 号地下一层
负责人：王晖
Tel：010－63473837

**北京顺缘庄川菜酒楼**
地址：北京市宣武区西草厂街 74 号
负责人：丁立武
Tel：010－63104946

**北京乔林旅游开发有限公司**
地址：北京市延庆县八达岭特区熊乐园内
负责人：刘盛花
Tel：010－69173568

## 天津市/Tianjin Municipality

**天津东启大酒店**
地址：天津市东丽区大毕庄镇徐庄村
负责人：赵治起
Tel：022－26782222

**北京艾瑞儿文化发展有限公司天津分公司**
地址：天津市和平区南京路 209 号吉利大厦 5 楼东侧
负责人：杨文娅
Tel：022－27212827

**天津市东方神韵文化艺术交流中心**
地址：天津市和平区张自忠路 231 号
负责人：王秀芳
Tel：13396393267

**天津市香君美容中心**
地址：天津市河北区金田道 20 号
负责人：梁士军
Tel：13512036759

**天津市千寻网吧**
地址：天津市河北区四马路日远里底商 12－1
负责人：崔惟
Tel：13034308069

**天津如家快捷酒店有限公司**
地址：天津市河东区大王庄七纬路 104 号
负责人：梁日新
Tel：022－81373820

**天津市泽润餐饮有限公司**
业务：本公司成立于 2005 年，主要从事酒店经营及管理咨询。我们将以特色的菜肴和优质的服务，热忱欢迎新老客户光临惠顾！
地址：天津市大港区油田幸福路 802 号
负责人：王成　邮　编：300280
法　人：姜光跃
Tel：022－63961899
网址：www. tjzerun. com. cn

**天津市君圣酒店有限公司**
地址：天津市河东区华昌大街 47 号
负责人：邸敬欣
Tel：13752009292

**天津世纪骑士美发美容有限公司**
地址：天津市河东区华昌大街华鑫公寓 22 号楼底商
负责人：林长连
Tel：13352089680

**天津金永因特娱乐餐饮有限公司**
地址：天津市河西区南京路 20 号金皇大厦
负责人：金泰钟
Tel：022－23029319

**天津春天娱乐有限公司**
地址：天津市河西区南京路 35 号亚太大厦 3001 号
负责人：鲍罗
Tel：022－83831212

**天津市盛佳酒店有限公司**
地址：天津市红桥区丁字沽二号路风貌里小区综合楼
负责人：王建民
Tel：022－86521398

**天津市融辉餐饮服务有限公司**
地址：天津市南开区川府小区金川西里 8 号楼后平房
负责人：黄瑞安
Tel：13752222929

**天津兵人狂热休闲酒吧**
地址：天津市南开区南马路 708 号－1 号
负责人：王美娟
Tel：13820240584

**美丽她（天津）美容有限公司**
地址：天津市南开区天塔路上谷 A 座 515 室
负责人：李炫尚
Tel：022－27425828

**天津市西青区天兆花卉经营中心**
地址：天津市西青区曹庄花卉市场北厅 40 号
负责人：李立有
Tel：13132068981

## 上海市/Shanghai Municipality

**上海宝琪旅店管理有限公司**
地址：上海市宝山区沪太路 8889 号
负责人：朱明伟
Tel：021－56879988

**上海鸿宇餐饮管理有限公司**
业务：餐饮外烩服务、承办各种宴会上门服务
地址：上海市嘉定区鹤霞路 600 弄 70 号 102 室
负责人：薛仕青　邮　编：200000
法　人：薛仕青
Tel：021－39511461
网址：www. hongyucy. com

**上海宝友大酒楼有限公司**
地址：上海市北京东路 230 号
负责人：屠家良
Tel：021－53081896

**九江润扬旅游客运有限公司**
业务：九江润扬旅游客运有限公司成立于 2005 年 6 月 16 日，从事华东六省一市旅游客运服务。公司将本着“诚信合作、追求卓越”的宗旨欢迎各大公司来电垂询各种事宜！
地址：上海闵行区黄桦路 85 弄 27 号 102
邮　编：201103
法　人：王宝强
Tel：021－64492297
Fax：021－64029399

**上海万谷宾馆有限公司**
地址：上海市长安路 1088 号一、二、四层
负责人：崔宝修
Tel：021－51015666

**上海怡昕餐饮管理有限公司**
业务：餐饮、供应快餐、外包企业食堂
地址：上海市嘉定区马陆镇彭封路 138 号 2 幢
负责人：陈忠　邮　编：201801
法　人：陈忠
Tel：13917596445
021－59102663
59150161
Fax：021－59150161
网址：http://www. 51zzt. com/user/zzt31477

**上海新锦江大酒店有限公司**
地址：上海市长乐路 161 号
负责人：顾永才
Tel：021－64151188

**上海嘉展餐饮娱乐管理有限公司**
地址：上海市长宁区北虹路 1129 号 830 室
负责人：孙妍妍
Tel：021－52195986

**上海神声民族乐器有限公司**
业务：上海神声民族乐器有限公司专业生产“神声”牌古筝，精选一流的进口材料，精益求精，生产各种不同型号的优质古筝，“神声”古筝以其独特的音质，以精致的外观深受乐器爱好者青睐。近年来，“神声”古筝已被为中国知民乐器十佳品牌及中国著名品牌。
地址：上海市奉贤区四团镇沈家村九组
负责人：唐正飞　邮　编：201412
法　人：唐正飞
Tel：021－57530263
Fax：021－57530263
网址：www. ssshgz. com

**上海亲子乐园旅行社有限公司**
地址：上海市长宁区长宁路 780 号（中山公园亲子乐园内）
负责人：倪粉喜
Tel：021－62332769

**上海思原农家乐专业合作社**
业务：农庄，农家乐生态
地址：上海市金山区漕泾镇水库村
负责人：李勇　邮　编：200000
法　人：李勇
Tel：13795328251
021－57259977
网址：http://www. 51zzt. com/user/zzt31346

**上海邱竟美容有限公司第二分公司**
地址：上海市长宁区长宁路 823 号三层
负责人：邱竟
Tel：021－62522756

**上海香榭轩美容有限公司**
业务：美容、美体
地址：上海市金山区卫清东路 2970 号
负责人：黎萍　邮　编：200000
法　人：黎萍
Tel：13801962214
021－33699000

**上海昊亘餐饮管理有限公司第一分公司**
业务：餐饮服务、餐饮管理
地址：上海市闵行区联友路 2360 弄 55 号
负责人：邹爵中　邮　编：200000
法　人：邹爵中
Tel：13817937158
021－62960001

**上海广益餐饮管理有限公司**
地址：上海市长宁区法华镇路 681 弄 2 号甲
负责人：谢静
Tel：021－62802813

**上海姬路餐饮有限公司**
业务：上海姬路餐饮有限公司成立于2003年，我们本着"诚信、专业、热忱"的宗旨，不断完善餐饮服务质量，提高员工素质，热诚欢迎您的光临！
地址：上海市黄浦区福州路666号金陵海欣大厦2楼
负责人：沈婵　邮编：200001
法人：沈婵
Tel：021－63917016

**上海宝鹏旅店管理有限公司**
地址：上海市长宁区哈密路2010号底层
负责人：姚寿峰
Tel：13901984088

**上海哆格屋宠物用品有限公司**
业务：批发、零售宠物用品
地址：上海市浦东新区城西路181号
负责人：刘晓枫　邮编：200000
法人：刘晓枫
Tel：13564305926
021－58981627

**上海铭家餐饮管理有限公司**
地址：上海市长宁区哈密路2010号一楼A室
负责人：张勇
Tel：13817358800

**上海浦东新区沸点娱乐有限公司**
业务：卡拉ok包房
地址：上海市浦东新区川沙新镇华夏二路701－709号
负责人：顾青　邮编：201200
法人：顾青
Tel：021－33824558

**上海相知餐饮管理有限公司**
地址：上海市长宁区淮阴路485号202室
负责人：任琪
Tel：021－62386624

**上海劲欣休闲健身有限公司**
业务：集休闲、娱乐、健身、运动于一体的时尚会所，设健身、桑拿、台球、乒乓、棋牌等休闲娱乐设施，针对不同学员，开设不同层次的训练班，是都市人强身健体、放松心情的好去处！
产品：跆拳道、瑜迦、街舞、普拉提、有氧拉丁、肚皮舞、动感单车、球操、散打等有氧训练课程。
地址：上海市浦东新区东波路258号3楼
负责人：刘先生　黄玉鼎
邮编：200129
Tel：021－33823313
18918932489
13122229039
E-mail：jinxin_gym@sina.com

**上海华茜招待所**
地址：上海市长宁区水城路736号
负责人：杨德凤
Tel：13052458252

**上海如家和美长宁酒店有限公司**
地址：上海市长宁区武夷路11号
负责人：梁日新
Tel：021－52373939

**上海美雷娱乐管理有限公司**
地址：上海市长宁区新渔东路295号地下一层
负责人：张家懋
Tel：021－62375380

**上海金之源旅行社有限公司**
地址：上海市长宁区兴义路48号A308室
负责人：唐峰
Tel：13801929563

**上海金芳美容美发有限公司**
业务：上海金芳美容美发有限公司已开业5年，内设足疗按摩房，环境优雅，干净整洁，结合，中式，台式，泰式等专业手法，足疗保健让每个人的身体更健康、年轻、美丽。
地址：上海市浦东新区东方路1298号
负责人：李敏　邮编：200127
法人：李敏
Tel：021－58890209
Fax：021－58890348
网址：www.mtw51261.chinapyp.com

**南京兰慕化妆品有限公司上海分公司**
地址：上海市长宁区延安西路719号701－B室
负责人：李承林
Tel：021－62137674

**上海缘华美发有限公司**
地址：上海市东余杭路750号101室
负责人：张德明
Tel：021－65863103

**上海阿友餐饮管理有限公司**
地址：上海市福建中路215号
负责人：肖元有
Tel：021－63229911

**上海九鼎餐饮有限公司**
地址：上海市共和新路435号4层
负责人：陈济臻
Tel：021－56635911

**上海桥东旅馆有限公司**
地址：上海市桂林东街257号3楼
负责人：陈铭忠
Tel：13061621843

**上海名乐娱乐有限公司**
业务：KTV、休闲会所
地址：上海市松江区车墩镇影视路35、37、39号1－3层
负责人：王建农　邮编：201611
法人：王建农
Tel：13818504208
021－57602928

**上海金水湾大酒店有限公司**
地址：上海市恒丰路308号
负责人：周祯
Tel：021－63536300

**上海必胜客有限公司宝隆餐厅**
地址：上海市虹口区逸仙路70号2号楼一层
负责人：张雯
Tel：021－65174151

**上海携程翠明国际旅行社有限公司淮海路营业部**
地址：上海市淮海东路99号1009室
负责人：刘龙禧
Tel：021－53828387

**上海双龙记餐饮有限公司**
地址：上海市黄浦区南京东路720号三楼
负责人：姚晓波
Tel：13032109962

**上海展悦酒店管理有限公司**
地址：上海市霍山路170号1075室
负责人：汤荣根
Tel：021－65379502

**上海避风塘美食有限公司常熟路店**
地址：上海市静安区常熟路98号一、二层
负责人：程简
Tel：021－53960368

**上海大班休闲健身服务有限公司**
地址：上海市静安区大沽路370号店铺
负责人：陶慧敏
Tel：021－63400366

**上海必胜客有限公司久光餐厅**
地址：上海市静安区南京西路1618号一层
负责人：吴桑
Tel：021－62883087

**上海锦美化妆品有限公司**
业务：上海金芳美容美发有限公司已开业5年，内设足疗按摩房，环境优雅，干净整洁，结合，中式，台式，泰式等专业手法，足疗保健让每个人的身体更健康、年轻、美丽。
地址：上海市浦东新区东方路1298号
负责人：李敏　邮编：200127
法人：李敏
Tel：021－58890209
Fax：021－58890348
网址：www.mtw51261.chinapyp.com

**上海碧塘酒店管理有限公司**
业务：酒店咨询、培训、托管
地址：上海市松江区九亭镇盛龙路379号6幢
负责人：王林典　邮编：201615
法人：王林典
Tel：021－37820168

**上海仙踪林餐饮有限公司南京店**
地址：上海市静安区南京西路887号一楼、二楼
负责人：吴伯超
Tel：021－63553568

**上海卡麦奇餐饮管理有限公司**
地址：上海市静安区陕西北路925号一层店铺
负责人：张修平
Tel：021－62666412

**上海华颖酒店管理有限责任公司**
地址：上海市康健路135号C座121室
负责人：李国强
Tel：021－64083353

**上海青友汽车美容服务部**
地址：上海市老沪闵路130弄10号－12号
负责人：邱和平
Tel：13801782759

**上海麦乐迪娱乐有限公司**
地址：上海市龙华西路585号1－3层
负责人：杨祎
Tel：021－64279608

**上海来德坊餐饮有限公司**
地址：上海市卢湾区淮海中路300号203室
负责人：吴德美
Tel：021－53827063

**上海新天地湖庭餐饮有限公司**
地址：上海市卢湾区黄陂南路383号
负责人：王英伟
Tel：021－63861818

**上海井上烧烤餐饮有限公司**
地址：上海市卢湾区瑞金南路1号A－302室
负责人：郑日永
Tel：021－64223768

**上海丝绸商厦有限公司爱丝娱乐厅**
地址：上海市南京东路588号6－7层
负责人：赵伟
Tel：021－63223926

**上海仁和旅行社有限公司**
地址：上海市浦东大道2056号102室
负责人：庄辉忠
Tel：021－58522137

**上海宁川罐罐鸡餐饮有限公司**
地址：上海市浦东南路855号B1－8号商铺
负责人：刘桂梅
Tel：021－58823375

**上海金秋之星旅馆第一分部**
地址：上海市浦东新区昌里东路71弄89号202室
负责人：邱秋光
Tel：13818780668

**高东镇小桥酒楼**
地址：上海市浦东新区高东镇杨园镇南路11号
负责人：杜兰亭
Tel：021－68481573
13501951586

**上海美妆实业有限公司**
业务：化妆品生产、销售
产品：生活时尚品牌化妆品
地址：上海市松江区新松江路905号化妆品区2号
负责人：董德胜　邮编：201620
法人：董德胜
Tel：021－37793167
Fax：021－67826271
网址：www.mzsss.com

**上海梦莱特娱乐有限公司**
地址：上海市浦东新区高桥镇夏碧路316号
负责人：刁文妹
Tel：13817539502

**上海汁光美业美容美发有限责任公司第一分公司**
地址：上海市浦东新区崮山路200号一层
负责人：王瑾
Tel：021－58523008

**上海蔚蓝海岸娱乐有限公司**
地址：上海市浦东新区浦建路111号二楼
负责人：丁伟
Tel：021－58818313

**上海樱枫酒店管理有限公司**
地址：上海市浦东新区乳山路227号101－87室
负责人：荒井喜良
Tel：021－53011426

**上海信泰酒店经营管理有限公司**
地址：上海市浦东新区沈家弄路650号3606室
负责人：高安国
Tel：021－58855858－22

**上海锦江国际旅游股份有限公司旅游汽车分公司**
地址：上海市浦东新区杨高南路889号208室
负责人：陆根明
Tel：021－50504888

**上海蓝纳美容美发有限公司**
地址：上海市浦东新区张杨路2058号甲
负责人：郁丽娟
Tel：021－68530933

**上海恒银金属材料有限公司乐器分公司**
地址：上海市普陀区澳门路356号1402室
负责人：陆伟杰
Tel：021－62778289

**上海文宸旅行社有限公司**
地址：上海市普陀区曹杨路1040弄2号1106、1108室
负责人：卢洪国
Tel：021－52669397

**上海大器投资发展有限公司**
业务：云南省、贵州省、四川省、广东省旅游景点通票，销售全自动咖啡饮水机、水宜生杯等促销礼品
地址：上海市徐汇区漕宝路80号902室
负责人：孙洪顺　邮编：200000
法人：孙洪顺
Tel：15000835885
021－64327877
64327966
Fax：021－64327123
网址：www.kltt.cn
E-mail：pangchaomating@163.com

**上海潮隆餐饮管理有限公司**
地址：上海市普陀区铜川路990弄6区28号
负责人：赖妙娟
Tel：021－62571874

**上海捌点半餐饮娱乐管理有限公司**
地址：上海市普陀区真北路3370号4楼416座
负责人：李海鹰
Tel：13764304218

**上海岩居餐饮有限公司**
地址：上海市四平路571号1号楼1层
负责人：黄晓璐
Tel：13701795588

**上海新雁荡旅馆管理有限公司**
地址：上海市四平路571号1号楼2－5层
负责人：黄成胜
Tel：021－65750335－8001

**上海鑫盟美容有限公司**
地址：上海市天目西路218号1109室
负责人：王珏静
Tel：021－63801909

**上海清一娱乐休闲坊**
地址：上海市西江湾路378弄6号
负责人：陆昶
Tel：021－56964810

**上海星野旅行社有限公司**
地址：上海市徐汇区东平路15号B区401室
负责人：彭希喜
Tel：021－54666880
13501956606

**上海茗友休闲有限公司**
地址：上海市杨浦区眉州路300号综合楼底层
负责人：范宏
Tel：021－65438560－2111

**上海杨鹏旅馆**
地址：上海市杨浦区平凉路1398号29号楼
负责人：叶志芳
Tel：021－65192316

**上海陈凯艺术原创工作室有限公司**
地址：上海市杨浦区平凉路1398号916室
负责人：陈凯
Tel：13601837116

**上海文苑之星大酒店有限公司**
业务：餐饮、客房
地址：上海市杨浦区政立路509号
负责人：孟根山　邮编：200433
法人：孟根山
Tel：021－55071000

**上海伍爱足足部保健休闲屋**
地址：上海市杨浦区延吉东路581号
负责人：陈黎
Tel：13817376999

**上海异香人沐浴休闲有限公司**
地址：上海市杨浦区扬州路300号
负责人：杨启明
Tel：021－65790427

**上海市南市影剧院建苑咖啡屋**
地址：上海市迎勋路98号
负责人：周剑民
Tel：13816509090

**上海缘依娱乐有限公司**
业务：卡拉OK
地址：上海市徐汇区虹梅南路108号105室
负责人：谢宝如　邮编：200000
法人：谢宝如
Tel：13901857600
021－64762021

**上海早晨餐饮管理有限公司**
地址：上海市肇嘉浜路1111号B1－9室
负责人：刘奇
Tel：021－64267301

**上海携程翠明国际旅行社有限公司浙江中路门市部**
地址：上海市浙江中路229号108室
负责人：刘龙禧
Tel：021－63611070

**上海红虎餐饮有限公司杨浦分公司**
业务：餐饮、餐饮管理
地址：上海市杨浦区杨树浦路1267号27幢2楼2室
负责人：邓国建　邮编：200000
法人：邓国建
Tel：021－55212787
55212618

**上海携程翠明国际旅行社有限公司外滩门市部**
地址：上海市中山东二路331号
负责人：刘龙禧
Tel：021－63282455

## 上海洛漫餐饮有限公司

上海洛漫餐饮有限公司成立于2007年，是一家专门从事食堂管理（非实物方式）的企业。

公司本着“以质量求生存，以信誉求发展”的宗旨，欢迎广大新老客户光临！

13564475206
联系人：刘玉才
邮编：201405
地址：上海市奉贤区金汇镇泰日大叶路6818综合楼3楼

## 上海蜜缘鲜果种植专业合作社

上海蜜缘鲜果種植專業合作社成立于2008年，有農家樂，錦綉黄桃、翠冠梨、臍橙等鲜果種植和銷售。

歡迎廣大新老客户光臨、惠顧。

电话/传真：021-57585932
邮编：201415
地址：上海市奉贤区金汇镇光辉村七组
联系人：邵奇龙
13162838031

## 上海欧亚钢琴乐器有限公司

上海欧亚钢琴乐器有限公司成立于2000年，专业从事门德尔松牌立式、卧式钢琴的生产销售。

欧亚公司坚持“质量第一，用户第一”的市场拓展战略，实行“以人为本，开拓创新，灵活多变，以客为尊”的质量方针。产品设计秉承欧式风格，融入中国传统元素，不仅具有古典主义的细腻，也深谙现代风格的豪华，外形简约而精致，音准稳定，触感轻快灵动，音色清澈醇厚。目前产品营销网络不断拓展，期待与您的合作！

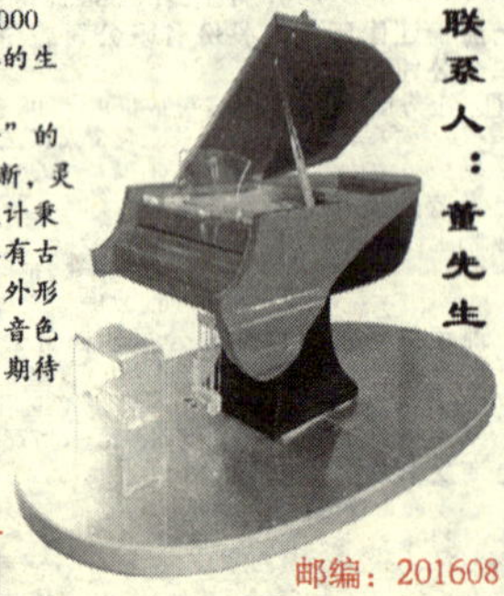

联系人：董先生
电话：021-57885858 13524357220
传真：021-57885800
地址：上海松江张泽民发经济城浦亭路88号
邮编：201608

## 上海一片天快餐有限公司

我们是一家专业从事企业快餐外送、食堂承包、食堂托管、团膳配送、食堂管理咨询及厨师输送的快餐公司。公司具备完善的设施，现代化的管理，人性化的服务。秉承“以优质服务为基础，以顾客满意为目的”的经营理念，受到众多企业与员工的肯定与好评！欢迎大家来电咨询相关业务！

联系人：俞学智
电话：021-39502277 13918384738
网址：www.yptsh.cn 电子邮件：yptsh@sohu.com
地址：上海市嘉定区安亭镇墨玉北路288弄19栋
邮编：201804

## 上海御香海餐饮管理有限公司

本公司成立于2000年，是一家专营日式料理的餐饮连锁公司，主要以日本火锅为主，料理为辅。

凭借“质量为先，服务为先”的经营理念，发展为在上海知名度高，口碑良好的日式餐饮品牌。

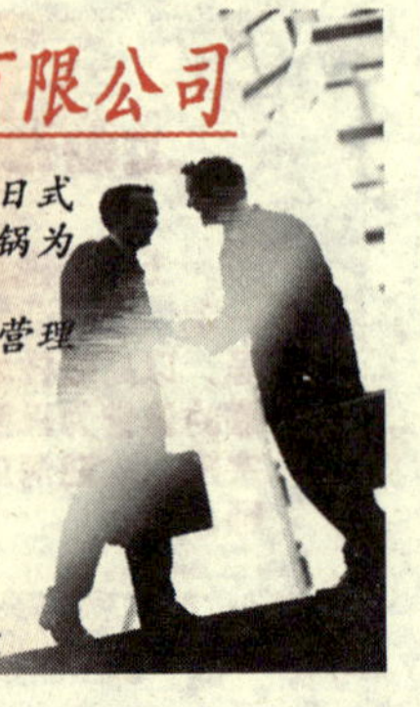

联系人：李丽群 13661996219
电话：021-64745558
传真：021-62825490
邮编：200030
地址：上海市徐汇区华山路1765弄2号楼6F室

# 重庆市/Chongqing Municipality

### 重庆三妹大酒楼
业务：餐饮服务
地址：重庆市渝北区龙溪花园新村松石大道43号
负责人：戴胜利 邮编：404000
法人：戴胜利
Tel：13808371221
023－67606095

### 跃华青少年体育俱乐部
地址：重庆江津市几江大同路80号
负责人：吴跃华
Tel：023－47552266
47909218
13509491026

### 托尼盖剪王店
业务：剪发
地址：重庆市渝北区双龙大道62号广播电视局一楼托尼盖剪王店
负责人：王坚钢 邮编：400000
法人：王坚钢
Tel：13368282228
023－67816889

### 重庆市万州区宜万餐厅
地址：重庆市北山小区渝东步行街26号楼一段1号门面
负责人：郭于容
Tel：023－58351233

### 陈群火锅店
业务：餐饮服务
地址：重庆市北碚区云泉路49号
负责人：陈群 邮编：400700
Tel：023－68132609
68296130

### 重庆市开县露丹旅游产业开发有限责任公司
业务：主要经营：旅游项目开发引进，房屋建筑工程，市政工程，建筑装修、装饰的施工，钢材销售，建筑机械、矿山机械设备出租，百货、五金、日杂的批发与销售。
地址：重庆市开县新城烟草公司内
邮编：405400
法人：唐家政
Tel：023－52254338
Fax：023－52254338

### 重庆市北碚区赛源娱乐有限公司
地址：重庆市碚峡路204号B座7－4号
负责人：叶锋
Tel：023－68869436

### 璧山县锦州饮食有限公司
业务：餐饮宾馆
地址：重庆市璧山县青杠白云大道147号
负责人：王文会 邮编：632700
法人：王文会
Tel：023－41785668

### 璧山县祥瑞大酒店
地址：重庆市璧城天怡步行街
负责人：张茗建
Tel：023－41414600

### 加枫淋浴房
业务：洗浴
地址：重庆市渝中区得意装饰城1楼204号
负责人：唐亚丽 邮编：404000
法人：唐亚丽
Tel：023－63797485
67398962
60816169

### 重庆天宇旅游有限公司
业务：承接各类旅游和代订机票等业务，并提供商务考察、疗休养、订车、订房等服务，细节决定成败，品质成就未来
产品：旅游、会展服务、网站制作
地址：重庆市渝中区上清寺美专校街66号鑫隆达大厦B18－2
负责人：任琼 邮编：400015
法人：秦晓鸿
Tel：023－63606666
13883606666
Fax：023－63600777
网址：www.skyt.cn
E-mail：qsky666@hotmail.com

### 重庆市高新技术产业开发区玉斌望夫餐饮鱼庄
地址：重庆市高新区渝新路106号
负责人：文永芳
Tel：023－66609860

### 重庆长江国际旅游公司荣昌门市
地址：重庆市昌元镇滨河路
负责人：赵成举
Tel：023－46745686

### 缘圆酒楼
业务：黑山羊、黄辣丁、承办各种高中低档筵席
地址：重庆市丰都县从兴乡街上
负责人：杨玉炳 邮编：404000
法人：杨玉炳
Tel：023－70688135

### 杜公酒楼
业务：餐饮特色：酥肉、牛滚水、霸王骨、桑拿贵妃鲶
地址：重庆市云阳县双江镇青龙路59号（三峡风正对面）
负责人：王金兰 邮编：404500
法人：王金兰
Tel：023－55188578
85867999
13594439893
13709445338

### 重庆市高新技术产业开发区杨岚化妆品经营部
地址：重庆市高新区重庆市科园一路B2－16－8号
负责人：杨岚
Tel：023－66816580

### 云阳县惠居楼汤锅店
业务：汤锅类制售
产品：烧鸡公
地址：重庆市云阳县云江大道1543号
负责人：张小姐 邮编：404508
法人：周兴江
Tel：023－55122278

### 重庆紫罗兰美容化妆品有限公司
地址：重庆市桂溪镇北苑小区B座
负责人：熊芳
Tel：023－74522456

### 鸭棚子老鸭汤奉节店
业务：餐饮服务
产品：老鸭汤
地址：重庆市奉节县夔州大道经协大厦2楼金夫人景楼房
负责人：李健 邮编：404000
法人：王刚强
Tel：023－56563581

### 重庆帝都大酒店有限公司
地址：重庆市桂溪镇工农路八一桥
负责人：蒲孝洪
Tel：023－74669333

### 重庆新闻旅行社彭水营业部
地址：重庆市汉葭镇石嘴街
负责人：栾继红
Tel：023－78442195

### 重庆乡村田坎饮食文化有限公司
业务：重庆乡村田坎饮食文化有限公司源于明末清初南山古驿道边一小火锅店历经百年灶火不熄.是全国首家生态田园式火锅。其经营场所面积1500平方米，有100张餐桌，包间14个，可同时容纳1000人用餐。在汤料配制上匠心独具，取南山清泉，配祖传之秘方.其汤色红亮，麻辣不燥，醇和香远，鲜美异常.而公司所选用的主要的菜品均来自南山的农家，清新自然，绿色保键，田园餐饮自成一派.
地址：重庆市南岸区黄桷垭金竹高东寺
邮编：400065
法人：李应志
Tel：023－62480678
Fax：023－62480678
网址：www.cqtk.chinapyp.com

### 岐黄堂私家经络健康馆
业务：岐黄堂私家经络健康馆专业从事于岐黄酒足道、岐黄艇角保养、按摩、推拿，是把养生之道和经络医疗理念推向千家万户，让每个市民都有一个健康向上的身躯。
地址：重庆市九龙坡区杨家坪西城天街A座23楼
负责人：唐思诗 邮编：400000
Tel：023－63629992

### 重庆肯德基有限公司北城餐厅
地址：重庆市建新北路60号北京华联商厦2、3层
负责人：陈浩权
Tel：023－67869005

### 重庆零距离酒廊
地址：重庆市科园三路52号附3－3号
负责人：何延芳
Tel：023－68880038

### 重庆南方君临酒店有限公司
地址：重庆市科园四路259号
负责人：冉娅玲
Tel：023－68521111

### 重庆珊瑚文化娱乐有限公司石桥铺分公司
地址：重庆市科园一街74－76
负责人：李娜
Tel：023－68621900

### 重庆空港旅行社有限公司

地址：重庆市两路双龙大道 248 号
负责人：肖顺友
Tel：023－67828485

## 重庆新菲特酒店有限公司
业务：酒店住宿，提供早餐服务
地址：重庆市九龙坡区杨家坪珠江路 48 号 3 幢 11 楼 1 至 20 号
负责人：刘其先　邮　编：400050
法　人：刘其先
Tel：023－68126111
68126069

**重庆新闻旅行社大足门市部**
地址：重庆市龙岗街道办事处北街 73＃
负责人：宋家明
Tel：023－43789999

## 石柱黄水避暑山庄
业务：餐饮、住宿
地址：重庆市石柱县黄水镇黄水湖畔
负责人：黎莺　邮　编：409108
法　人：黎莺
Tel：023－73392568

**重庆市渝北区天润酒店用品经营部**
地址：重庆市龙溪街道花卉园西一路 14 号 2 单元 1－1 号
负责人：高天友
Tel：023－67907757

## 两江水岸茶餐厅
业务：茶座休闲、餐饮
地址：重庆市黔江区新华大道中央大街二楼
负责人：段伟　邮　编：404000
法　人：段伟
Tel：023－79249666

**重庆阿兴记餐饮有限公司**
地址：重庆市龙溪街道五人路洋河新区 33 号流星花园红黄路 228 号
负责人：刘英
Tel：023－61889900

## 岩口山庄
业务：餐饮、住宿
产品：烤全鸡、烤全羊
地址：重庆市石柱县鱼池镇
负责人：崔治安　邮　编：404000
Tel：023－73384027
13452276645

**重庆市渝北区道雅足浴城**
地址：重庆市龙溪新牌坊一路 109 号
负责人：邓小华
Tel：023－67539068

## 米记泰安鱼庄（竹林鱼村姊妹店）
业务：精品泰安鱼，大河鱼系列，各种江湖特色菜
地址：重庆市潼南县恩威职中斜对面
负责人：米祖勇　邮　编：404000
法　人：米祖勇
Tel：023－44550555
13677617688

**重庆市渝北区水秀天乡餐饮娱乐有限公司**
地址：重庆市龙溪镇黄龙路 39 号天人居二楼
负责人：叶正坤
Tel：023－67083859

## 三鑫商行
业务：销售鲜花、婚庆礼仪
地址：重庆市潼南县正兴街 77 号
负责人：钱易　邮　编：402672
法　人：钱易
Tel：023－44565753
13062332733

**重庆巴芮丝化妆品有限公司**
地址：重庆市南坪东路 39 号
负责人：姜涛
Tel：023－66950938

## 涂姐鲜花店
业务：鲜花销售
地址：重庆市万州区白岩路 246 号
负责人：涂大菊　邮　编：404000
法　人：涂大菊
Tel：023－58244414
13372748576

## 曾诚全羊火锅
业务：全羊火锅
地址：重庆市万州区甘家院路 6 号、重庆市万州区新茂美食城 2 号楼 B 栋
负责人：曾诚　邮　编：404000
法　人：曾诚
Tel：023－58135250
58325768

**重庆康华旅业有限公司**
地址：重庆市南坪街道重庆市南坪西路 3 号 8 楼 5 号
负责人：刘妍
Tel：023－62986729

## 乌江水寨饭店
业务：餐饮、住宿
产品：特色菜：江口鱼
地址：重庆市武隆县汉口镇武隆大厦副一楼、武隆县仙女镇雪岭香山对面芳草地旁边
负责人：盛渝　邮　编：404000
法　人：盛渝
Tel：023－77722067
77745888
13996888199

**重庆汇丰国际旅行社有限公司南坪门市部**
地址：重庆市南坪西路 23 号金台大厦
负责人：邹文飚
Tel：023－68612323

## 黄桷树农家乐
业务：餐饮休闲，特色：泉水豆花、正宗乌江鱼、水煮鱼
地址：重庆市武隆县江口镇黄桷村
负责人：舒金虎　邮　编：404000
法　人：舒金虎
Tel：023－77741918
13896629566
Fax：023－77741918

**重庆市南岸区益仁宾馆**
地址：重庆市南坪西路 3 号 16 楼
负责人：徐永莲
Tel：023－62837649

## 薛家余鱼庄
业务：鱼火锅等以鱼为主打的菜品
地址：重庆市秀山县 319 线
负责人：曹应槐　邮　编：404000
法　人：曹应槐
Tel：13452255038
023－76867567

**重庆德隆酒楼**
地址：重庆市南坪正街 1 号
负责人：潘文俊
Tel：023－62608267

## 重庆博宇旅游开发有限责任公司
业务：旅游开发
地址：重庆市酉阳县钟多镇西山路 3 号
负责人：任永丰　邮　编：400000
法　人：任永丰
Tel：15223135789
023－75718501

**重庆万友国际旅行社有限责任公司万州门市部**
地址：重庆市万州区白岩路 125 号
负责人：周宁
Tel：023－87509788

## 重庆香叶酒楼
业务：餐饮
地址：重庆市渝北工业园区
负责人：叶文春　邮　编：400000
法　人：叶文春
Tel：13996043683
023－86011688

**重庆市中国旅行社有限公司万州门市部**
地址：重庆市万州区白岩路 242 号
负责人：李敏
Tel：023－58232666

## 哑巴兔餐馆
业务：红烧兔肉，干烧兔肉，水煮兔肉，酸菜兔肉，番茄兔肉，辣子兔肉，泡椒兔肉，青椒兔肉
地址：重庆市渝北区滨港路 49 号
负责人：王光辉　邮　编：404000
法　人：王光辉
Tel：13677677533
023－67825258

**重庆山川旅业有限公司**
地址：重庆市武隆县仙女镇明星村
负责人：凌健
Tel：023－77790222
13101218342

## 王侨食府
业务：餐饮服务
地址：重庆市渝北区空港大道 15 号
负责人：姚廷菊　邮　编：404000
法　人：陈启军
Tel：13883511662
023－67489333

**重庆骄阳旅游开发有限公司**
地址：重庆市南坪福红路 46 号 2 层 1 号
负责人：杨勇
Tel：023－62929262

## 綦江县欣怡庄饮食文化有限公司
业务：綦江县欣怡庄饮食文化有限公司成立于 2006 年 9 月，主要从事餐饮服务。我公司以“出品上乘，服务优良，卫生清洁，环境舒适”为经营宗旨。欢迎广大新老客户光临品尝！
地址：重庆市綦江县大同路
负责人：唐羽　邮　编：401420
法　人：邹胜莲
Tel：023－85899666
85899777
网址：www.mtw30931.chinapyp.com

# 河北省/Hebei Province

## 围场满族蒙古族自治县明兴大酒店有限公司
业务：围场满族蒙古族自治县明兴大酒店有限公司成立于 1982 年，自成立以来，从事餐饮、住宿、洗浴为一体的一条龙服务。公司全体员工诚迎您的光临和下榻。
地址：河北省承德市围场县围场镇围场宾馆
邮　编：068400
法　人：纪春明
Tel：0314－7518898
Fax：0314－7521114

## 沧州临港爱农农作物种植专业合作社
业务：种植与销售冬枣，粮食加工与储存，农药化肥、农资供应与销售。相关技术人员的培训，相关技术咨询，传递农民所需信息
产品：冬枣，各类农资
地址：河北省沧州市黄赵公路北中捷水泵厂向东 120 米
负责人：傅文冠　邮　编：61001
法　人：傅文冠
Tel：13131708868
Fax：0317－5482522

## 孟村回族自治县葆仁堂
业务：保健按摩、足道养生
地址：河北省沧州市孟村回族自治县县城北环路
负责人：赵策　邮　编：061001
法　人：赵策
Tel：13931777444
0317－6602818
E-mail：zhaoce168@163.com

## 沧州市新华区四通饭店
业务：餐饮
地址：河北省沧州市民族路南 46 号
负责人：肖艳霞　邮　编：061000
法　人：马金钢
Tel：13001488040

## 宽城满族自治县蓝色盛典网络会所
业务：快餐、网吧
地址：河北省承德市宽城满族自治县城北路 1 号畜牧局胡同
负责人：赵杨洁　邮　编：067000
法　人：赵杨洁
Tel：13831472888
13333399266
15343147900

## 兴隆县雾灵山顶峰宾馆
业务：客房、餐饮
地址：河北省承德市兴隆县 05 转播台
负责人：陈福珍　邮　编：067300
法　人：陈福珍
Tel：13932441031
15133852118
0314－8782118

## 美国加州牛肉面大王
业务：招商加盟
地址：河北省保定市安新县北大街
负责人：高世科　邮　编：071000
法　人：高世科
Tel：13513223086

**十美美容美发有限公司**
地址：河北省保定市北市区环西北延 4 区 130 号
负责人：卢春来
Tel：0312－5978989
13032067708

## 涿州市伊口秀喷泉冰激淋
业务：伊口秀标准店，主要经营各种冷、热饮、炸食、冰淇淋，还有汉堡、薯条、可乐等各种西式套餐，动感时尚，浓香诱人！
产品：休闲美食
地址：河北省保定市涿州市广场西侧
负责人：陈世帅　邮　编：072759
法　人：陈世帅
Tel：15930256255

## 秦皇岛市海港区名典咖啡语茶厅
业务：秦皇岛咖啡语茶厅，这里以追求、健康、时尚为主题，把西餐的高雅、咖啡的浪漫、铁板烧的品味融为一体，是您商务洽谈，人际沟通，朋友聚会的高雅休闲场所，名典咖啡全体员工欢迎您的光临！
地址：河北省秦皇岛市海港区人民广场康乐街 9－11 号
邮　编：066000
法　人：何俊强
Tel：0335－3268588
3262266
Fax：0335－3022878

## 兴隆县青松岭旅游开发有限责任公司
业务：旅游开发
地址：河北省承德市兴隆县青松岭镇青松岭村
负责人：李相民　邮　编：067000
法　人：李相民
Tel：13933385793

## 邯郸市丛台绿和禾餐饮有限公司
业务：餐饮、绿色蔬菜
地址：河北省邯郸市丛台区滏河北大街 130 号
负责人：欧洪斌　邮　编：56000
法　人：欧洪斌
Tel：0310－3088222
3089222

## 邯郸市丛台区以马内利烫染店
业务：剪发、烫染、美容
地址：河北省邯郸市丛台区五金街商住小区 6 号楼 3 门市
负责人：郝和平　邮　编：056000
法　人：郝和平
Tel：13935575448

## 邯郸市丛台区木林森美发厅
业务：美发
地址：河北省邯郸市黎明街与和平路交叉口北行 100 米路西
负责人：何运成　邮　编：056000
法　人：何运成
Tel：13171781186
0310－2050084

## 衡水市故城县魏家羊汤府
业务：提供餐饮服务，热门菜品羊汤，无论大碗小碗，一律肉满汤厚，口味独特，经济实惠！
产品：全羊火锅、羊汤、大饼、驴肉火烧、猪肉饼卷、炒菜
地址：河北省衡水市故城县郑口镇广交路转盘东 100 米路北
负责人：魏延超　邮　编：253800
法　人：魏延超
Tel：0318－5392589

## 固安县固安镇本色园酒店
业务：餐饮
地址：河北省廊坊市固安县新源街南林业局西侧
负责人：李军　邮　编：065500
法　人：李军
Tel：13663267058
0316－6190558

## 廊坊市广阳区建设北路悦来食府
业务：餐饮
地址：河北省廊坊市广阳区建设北路 68 号
负责人：刘峻铭　邮　编：065000
法　人：刘峻铭
Tel：0316－2191233

## 廊坊市广阳区北路万兴酒楼
业务：餐饮，特色菜肴
地址：河北省廊坊市广阳区银河北路（南尖塔村南口）
负责人：陈允全　邮　编：O65000
法　人：陈允全
Tel：0316－5205678

## 廊坊市安次区广阳西道碧蓬兰铁锅柴鸡店
业务：京城四大名吃之一，木柴炖煮铁锅内土鸡，加以多种药膳精致而成，肉嫩味鲜、香而不腻！
产品：铁锅鸡、熏狗肉、酱猪蹄等
地址：河北省廊坊市广阳西道自然公园对过
负责人：翟可生　邮　编：065000
法　人：翟可生
Tel：15303366858

**沧州市运东黄鹤楼文化城**
地址：河北省沧州州新华区交通大街 16 号

……负责人:陈乐章
……Tel:0317－3039998
3589777
13930759998

**文安县永亨楼大馅饺子城**
业务:餐饮服务
地址:河北省廊坊市文安县北环路商业街永亨楼
……负责人:杨微微　邮　编:065000
……法　人:杨微微
……Tel:0316－5281983
13513007276

**鹿泉市金和大酒店**
业务:餐饮、洗浴、歌厅
地址:河北省鹿泉市开发区昌盛大街8号
……负责人:裴治军　邮　编:050200
……法　人:裴治军
……Tel:13803394259
0311－82190946

**迁安市迁安镇新天鹤洗浴城**
业务:洗浴,桑拿
地址:河北省迁安市昌盛大路中段路西
……负责人:范义凤　邮　编:64400
……法　人:范义凤
……Tel:0315－7886170

**迁安市木厂口镇昕梦缘酒店**
业务:餐饮
地址:河北省迁安市木厂口镇宗佐村
……负责人:李建伟　邮　编:064400
……法　人:李建伟
……Tel:0315－7056182

**秦皇岛开发区品点湘菜王饭店**
业务:餐饮服务
地址:河北省秦皇岛开发区长江东道46号
……负责人:安策　邮　编:066000
……法　人:安策
……Tel:0335－8064888

**秦皇岛北戴河国都宾馆有限公司**
业务:五一、十一期间提供客房与餐饮服务
地址:河北省秦皇岛市北戴河区保二路19号
……负责人:张来华　邮　编:66100
……法　人:张来华
……Tel:0335－4041238
13903339165
……Fax:0335－4043005

**秦皇岛市祥瑞海上大酒店有限公司**
业务:餐饮、客房、歌厅、游艇俱乐部、商务会馆
地址:河北省秦皇岛市滨海城21幢1单元3号
……负责人:刘靠松　邮　编:066000
……法　人:刘靠松
……Tel:13315683456
13503350123

**抚宁县响水峡谷自然风景区旅游有限责任公司**
业务:旅游开发
地址:河北省秦皇岛市抚宁县石门寨响水村
……负责人:陈志田　邮　编:066300
……法　人:陈志田
……Tel:13731796999
13703359158

**秦皇岛东南海鲜楼**
业务:餐饮、海鲜
地址:河北省秦皇岛市海港区范家店西五段(红旗路路西)
……负责人:黄建平
……法　人:黄建平
……Tel:0335－3084588

**植秀堂美容馆**
业务:美容服务
产品:植物秀八白散
地址:河北省秦皇岛市海港区广场西路84号
……负责人:杨薇　邮　编:066000
……法　人:杨薇
……Tel:0335－3200822
……Fax:0335－3200822

**三河市梦迪理容有限责任公司**
业务:三河市梦迪理容有限责任公司成立于1995年,公司主要业务是美容、美发;学员培训,欢迎新老客户光临惠顾!
地址:河北省三河市贤人街华信小区东5号门面
……负责人:马长城……邮　编:065200

……法　人:赵海超
……Tel:0316－3133119

**引导线国际烫染设计中心**
业务:美发
地址:河北省秦皇岛市青龙满族自治县青龙镇富国街
……负责人:王赵飞　邮　编:066500
……法　人:王赵飞
……Tel:13483388860
0335－7882341

**三河市鼎泰基源保健按摩馆**
业务:肩周炎,颈椎病,腰椎肩盘突出,椎管狭窄,强直性脊椎炎,股骨头坏死,更年期综合症,痛经,顽固性头痛,失眠,面瘫,半身不遂……
地址:河北省三河市燕郊开发区学院路怡景苑
……负责人:刘向军　邮　编:065200
……法　人:刘向军
……Tel:0316－3310082

**石家庄市长安德意园花卉**
业务:主要经营高中低档花卉、花盆批发零售;承揽园林绿化工程及大中小型庆典用花;企事业单位及家庭长短期租摆养护业等
产品:花卉
地址:河北省石家庄市长安白佛花鸟鱼虫市场花市45－48号
……负责人:何龙涛　邮　编:050000
……法　人:何龙涛
……Tel:13180087722
13230133772
……网址:deyiyuan.net.cn

**石家庄市桥西区金石门牛肚王饭店**
业务:饭店
地址:河北省石家庄市桥西区中华南大街505号
……负责人:张勇　邮　编:050091
……法　人:张勇
……Tel:13933195958
0311－87219295
……Fax:0311－87219295

**石家庄市新华区丁是丁卯是卯饭店**
业务:饭店、餐饮
地址:河北省石家庄市市庄路71号
……负责人:张相云　邮　编:050000
……法　人:张相云
……Tel:15031128663

**石家庄市香琳化妆品经销处**
业务:化妆品销售
地址:河北省石家庄市裕华区燕港新村10－4－602
……负责人:杨云丽　邮　编:050023
……法　人:杨云丽
……Tel:13315112953
13931885346

**赵县友谊宾馆有限公司**
业务:住宿、餐饮、洗浴服务
地址:河北省石家庄市赵县升华街121号
……负责人:李香敏　邮　编:051530
……法　人:李香敏
……Tel:0311－84946267

**唐山市圣亚哥西餐有限公司**
业务:西餐牛排、云南过桥米线
地址:河北省唐山市路南区新华西道2号(世博大厦5层)
……负责人:周福元　邮　编:063000
……法　人:周福元
……Tel:13784140777
0315－3739908
……Fax:0315－7759948

**唐海镇唐海路宾馆**
业务:标间、普间、单人间、三人间、高中低档应有尽有,星级服务、百姓价格。电视、网络、电话、空调、饮水机、淋浴热水24小时、暖气、磁卡锁
地址:河北省唐山市唐海镇唐海路北段东侧81号
……负责人:李学萍
……法　人:韩玉梅
……Tel:0315－8787111
……Fax:0315－8787102

**万利洁酒店用品有限公司**
地址:河北省石家庄市裕华西路249号
……负责人:张建红
……Tel:0311－87038880
13780404088

**武安市活水乡桃花山庄**
业务:旅游、住宿、饭店
地址:河北省武安市活水乡常王庄村
……负责人:张海军　邮　编:056300
……法　人:张海军
……Tel:13171545778
13930082888
0310－5976888

**新郑市薛店镇老土鸭火锅店**
业务:鸭味特色火锅
地址:河北省新郑市薛店镇岳庄大道南段西侧
……负责人:苏国喜　邮　编:451100
……法　人:苏国喜
……Tel:13598418388
13592691326

**邢台市桥西宠世情缘宠物用品店**
业务:本店为您的爱犬、爱猫精心准备了各种品牌犬粮、猫粮及洗涤用品,并出售健康幼犬,对您的狗狗提供婚配服务等
地址:河北省邢台市郭守敬南路守敬南小区345－32号门市
……负责人:张红岚　邮　编:054000
……Tel:0319－2690500
15075933300

**伊荟得利女子美容专业护肤中心**
业务:美容护肤
地址:河北省张家口市赤城县赤城镇政府东街
……负责人:郝秀红　邮　编:75000
……法　人:郝秀红
……Tel:13911054615
0313－8195188

**康保县利宏旅游服务有限公司**
业务:旅游
产品:中国第一大草原生态滑草旅游区、全国首例滑道滑冰旅游、训练基地、草原CS野战风景区
地址:河北省张家口市康保县城关镇三面井牧场
……负责人:祁啸空　邮　编:075061
……法　人:祁啸空
……Tel:13722337308
0313－2046699

**安新县白洋淀异国风情园有限公司**
业务:安新县白洋淀异国风情园有限公司位于白洋淀安新景区内,北临鸳鸯岛,南临休闲岛,园内有地道纯真的泰国舞蹈、勇猛骠悍欧洲女子泥跤,触目心惊的泰国斗鳄、出神入化的海豹、狮子捕食表演等。欢迎海内外朋友前来光观旅游!
地址:河北省保定市安新县白洋淀景区
……负责人:赵重乐……邮　编:071600
……Tel:0312－5330918

**秦皇岛求仙旅游文化传播有限公司**
业务:求仙旅游文化传播有限公司成立于2006年,是秦皇岛市唯一专业策划旅游同业广告,操做大型会议,会展活动的知名企业。公司下设《求仙旅游商情》广告编辑部,《示仙旅游会仪、会展》中心,《求仙旅游》咨询服务中心,求仙人愿与广大同行携手共创旅游业的辉煌,美好的末来属于你我他。
地址:河北省秦皇岛市海港区建设大街73号
……负责人:张天昊……邮　编:066000
……法　人:张天昊
……Tel:0335－3635876
……Fax:0335－7925028
……网址:www.qiuxianlvyou.com.cn
……E-mail:qiuxianlvyou@163.com

**涿州市雲香居饭店**
业务:餐饮
产品:特色:东北菜
地址:河北省涿州市华阳东路
……负责人:孙永军　邮　编:071000
……法　人:孙永军
……Tel:13910705841
0312－5520086

**泊晶瀚大酒楼、泊晶瀚洗浴中心**
业务:餐饮、洗浴、住宿、停车
地址:河北省张家口市桥西区长青路39号
……负责人:马涛　邮　编:075000
……法　人:张振明
……Tel:0313－8028114
8037234
8029999

**蔚县南留庄乌龙宾馆**
业务:住宿、餐饮
地址:河北省张家口市蔚县南留庄镇南留庄村
……负责人:陈富　邮　编:071000
……法　人:陈富
……Tel:0313－7281918
7282288
7281919

**宣化区唐楼茶道馆**
业务:茶楼
地址:河北省张家口市宣化区上谷现代城8号底商
……负责人:姚素芳　邮　编:075100
……法　人:姚素芳
……Tel:13403336633
0313－3173969

**张家口市天缘宾馆有限公司**
业务:张家口市天缘宾馆有限公司包括住宿、洗浴,优越的地理位置、便捷的交通、舒适的食宿环境和实惠的价格,全体员工将以周到的服务,良好的信誉,真诚欢迎各界朋友光临。
地址:河北省张家口市桥西区平门路97号
……负责人:李秀玲……邮　编:075000
……Tel:0313－5917999

## 围场满族蒙古族自治县明兴大酒店有限公司

围场满族蒙古族自治县明兴大酒店有限公司是一家专业从餐饮、客房的企业。环境、格调幽雅，星级服务，尊贵享受，让顾客忘却一天疲劳，宾至如归的感觉油然而生。

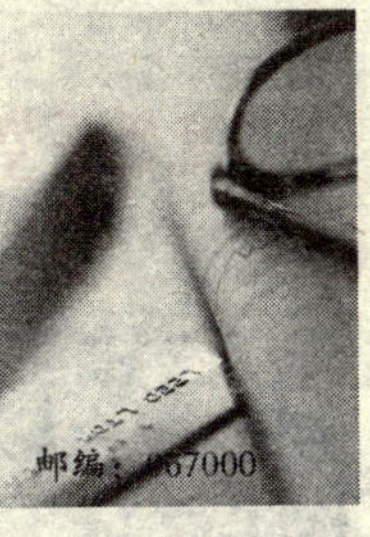

联系人：纪春明
电话：0314-7869266 13903149498
地址：河北省承德市围场县围场镇围场宾馆 邮编：067000

## 涿州市鑫安洁农业观光园有限公司

涿州市鑫安洁农业观光园有限公司以农家乐为特色服务。

公司秉承"顾客至上，锐意进取"的经营理念，坚持"客户第一"的原则为广大客户提供优质的服务。

欢迎广大客户惠顾！

联系人：韩书贵
电话：0312-3700715 13070589772
地址：河北省涿州市百尺竿镇大泉庄村 邮编：071000

## 山西省/Shanxi Province

**长治市城区青青草鲜花店**
地址：山西省长治市城区解放东街137号
……负责人：连秦丽
……Tel：0355－3027482

**永济市富悦轩商务休闲会所**
业务：休闲会所
地址：山西省运城市永济市市府西街
……负责人：苏兵兵 邮 编：044500
……法 人：苏兵兵
……Tel：13934090272
0359－6330508
6330509

**长治市楠湾国际休闲广场有限公司**
业务：长治市楠湾国际休闲广场有限公司成立于2006年。主要从事于餐饮，洗浴，住宿，KTV等休闲娱乐。环境、格调幽雅，星级服务，尊贵享受，让顾客忘却一天疲劳，宾至如归的感觉油然而生。
地址：山西省长治市南街转盘东南角
……负责人：李书民……邮 编：046000
……法 人：李书民
……Tel：0355－3506666
3787777
……网址：www.mtw51740.chinapyp.com

**长治市城区韵味女人养生馆**
业务：美容、美体
地址：山西省长治市云步街4号楼14－15室
……负责人：韩满和 邮 编：046000
……法 人：韩满和
……Tel：0355－2169391

**闻喜县城镇王牌胡卜城**
业务：热菜、凉菜、主食、酒类
地址：山西省运城市闻喜县县城西湖小区东侧
……负责人：邓瑾瑾 邮 编：043800
……法 人：邓瑾瑾
……Tel：0359－7032266
15835256022

**大同市浑源县通和酒家**
业务：鲍鱼锅、蹄花锅、豆腐锅等餐点
地址：山西省大同市东大街继材厂隔壁
……负责人：孟佛启 邮 编：037000
……法 人：孟佛启
……Tel：13111121095
13133422381

**长治市城区喜来登酒店**
地址：山西省长治市城区解放东路淮北小区
……负责人：高芝云
……Tel：0355－2025336

**金师博饮食文化有限公司**
地址：山西省长治市东大街51号
……负责人：卢晋川
……Tel：0355－2056691
13503556596

**霍州市阳光绿洲生态有限责任公司**
业务：霍州市阳光绿洲生态有限责任公司成立于2005年，经营生态酒店，餐饮住宿，会议接待，休闲，三拿，洗浴。
地址：山西省大运高速霍州出口500米
……负责人：张建英……邮 编：031400
……法 人：张建英
……Tel：0357－5650888
5650999

**(1)佳和时代削面 (2)世杰风味削面馆**
业务：各种削面、牛、羊、猪肉梢子、羊杂等大同地方特色食品
地址：山西省大同市站车大街北辰小区外围16号 (2)山西省大同市新建南路半导体厂家属楼商铺
……负责人：李先生 邮 编：037000
……法 人：李世杰
……Tel：13133124939
15934259804

**武乡红色旅游产品开发有限公司**
地址：山西省长治市武乡县太行街
……负责人：李成旺
……Tel：0355－6386877

**晋城市三江源酒店**
地址：山西省晋城市建设北路
……负责人：董文平
……Tel：0356－2022496

**霍州市白龙民间文化艺术团**
业务：歌舞晚会、鼓乐演出
地址：山西省霍州市白龙镇白龙村
……负责人：樊贵锁 邮 编：031400
……法 人：樊贵锁
……Tel：13934719203
0357－5605712

**晋城市常青化妆品店**
地址：山西省晋城市汪洋家俱大门西侧
……负责人：杨熙英
……Tel：13935694564

**运城市盐湖区北城东恒化妆品经销店**
业务：美容美体
地址：山西省运城市解放北路御庭苑B座1504房
……负责人：王恒 邮 编：044000
……法 人：王恒
……Tel：15535918305
0359－2150131

**吕梁市金瑶池大酒店**
业务：金瑶池大酒店于2005年正式挂牌成立，地处吕梁市离石莲花新区，交通便利。本酒店于餐饮、桑拿、住宿、娱乐为一体的综合性酒店。金瑶池大酒店永远期待着各位贵宾的光临！
地址：山西省吕梁市离石莲花新区
……邮 编：033000
……法 人：康风生
……Tel：0358－8210000
……网址：www.sxycjd.chinapyp.com

**平遥县明清街昌颐丰宾馆**
地址：山西省晋中市平遥县明清街102号
……负责人：张金平
……Tel：0354－5680285

**山西省晋城市城区蜀香阁美食坊**
业务：餐饮服务(川菜、烧烤、火锅、夜宵)
地址：山西省晋城市城区黄华街(白云社区新华巷城南三小对面)
……负责人：马珊珊 邮 编：048000
……法 人：马珊珊
……Tel：0356－2086345

**临汾市日月红餐饮服务有限责任公司**
地址：山西省临汾市区秦蜀路75号
……负责人：孙永华
……Tel：0357－2889616

**临汾市玄天寺旅游开发有限公司**
地址：山西省临汾市区西赵村6排7号
……负责人：高金平
……Tel：13934692127

**运城市盐湖区东城重庆刘一手火锅红旗东街店**
业务：火锅
产品：刘一手毛肚、刘一手香豆腐、刘一手脆皮肠、刘一手香禾米糕
地址：山西省运城市红旗东街凰金苑二楼(运城广播电视台正对面)
……负责人：张雷宏 邮 编：044000
……法 人：张雷宏
……Tel：0359－2061112

**临汾市嘉年华文化娱乐有限公司**
地址：山西省临汾市迎春街18号
……负责人：文晶
……Tel：0357－2013030

**怀仁县怀仁宾馆**
业务：怀仁县怀仁宾馆山西省朔州市，宾馆成立于2003年，以餐饮、住宿为主。宾馆视服务质量为酒店的生命，在运营工作中彰显精品意识。打造"让客人满意，使客人感动"的一流服务。
地址：山西省朔州市怀仁县怀仁宾馆
……邮 编：038300
……法 人：张祝
……Tel：0349－3024935
……网址：www.hrbg.chinapyp.com

**山西省晋城市丘中乔黑发育发全国连锁晋城总代理**
业务：丘中乔黑发育发，7－15天止脱发，35天生新发，45天白发转黑，无效退款
地址：山西省晋城市太洛路晋煤集团大门口对面
……负责人：李小姐 邮 编：048000
……法 人：李凝
……Tel：13835609550
0356－2111444

**天伦俱乐部有限责任公司**
地址：山西省朔州市开发北路
……负责人：刘建军
……Tel：0349－2163055转0
2163100

**朔州月楼集团**
地址：山西省朔州市平鲁区胜利南路
……负责人：徐宏
……Tel：0349－6066000
13934190000

**阳泉市矿区宝祥饭莊**
业务：餐饮
地址：山西省阳泉市矿区日潭小区物业办公楼一层
……负责人：吴德强 邮 编：045000
……法 人：吴德强
……Tel：13403530145
13223638255

**太原唐源休闲娱乐有限公司**
地址：山西省太原市晋源区乱石滩88号
……负责人：杨爱萍
……Tel：0351－6945308

**阳城县鑫时泰商贸有限公司**
业务：餐饮、住宿、停车、桑拿、住宿
地址：山西省晋城市阳城县北留镇坨村村
……负责人：李建军 邮 编：048000
……法 人：李建军
……Tel：13834061188
0356－4859555
……Fax：0356－4859555

**福来特大酒店**
地址：山西省太原市胜利街529号
……负责人：吕楷
……Tel：0351－3188888
13935175727

**太原市万柏林区三人行饰品花行**
地址：山西省太原市万柏林区和平南路渤海湾楼下
……负责人：张秀廷
……Tel：13007021076

**阳泉市郊区蜀南酒家**
业务：川菜
地址：山西省阳泉市郊区义井村(南大东街)
……负责人：肖代后 邮 编：045000
……法 人：甘学华
……Tel：13994510838
0353－2165699

**太原市万柏林区爱琴海酒店**
地址：山西省太原市万柏林区南内环西街中段
……负责人：丁爱玲
……Tel：0351－6551665

**太原圣百扬文化发展有限公司**
地址：山西省太原市万柏林区漪汾街2号太原电视台1203室
……负责人：李钟艳
……Tel：0351－6161415

**介休市城区海鲜自助**
业务：海鲜自助
地址：山西省晋中市介休市南大街(二轻医院北30米处)
……负责人：和军 邮 编：032000
……法 人：和军
……Tel：15035605508
15003543055

**太原市牛中王饮食有限公司**
地址：山西省太原市小店区长风街路北215号
……负责人：王燕
……Tel：0351－7188989

**原平市天之香酒楼**
业务：餐饮
地址：山西省忻州市原平市京原南路
……负责人：赵锁川 邮 编：034000
……法 人：赵锁川
……Tel：0350－8587598

**太原灵星宠物饲养有限公司**
地址：山西省太原市小店区黄陵乡大吴村南大街34号
……负责人：白昌斌
……Tel：0351－7345901

**偏关县塞北春酒店有限责任公司**
业务：集旅业、餐饮、住宿、桑拿、娱乐、休闲为一体的多功能酒店，地处繁华地段，交通便利，我们始终奉行"诚信为本、顾客至上、服务一流"的经营宗旨和发展理念，竭诚为您提供最优质的服务！
地址：山西省忻州市偏关县南门外西侧西城墙对面
……负责人：何军 邮 编：036400
……法 人：王建国
……Tel：0350－7628348
13935022408

**迎海娱乐有限公司**
业务：迎海娱乐有限公司成立于2004年，是一家以娱乐休闲为主的公司。管理、服务一流，设施、装备豪华，让每一位顾客都有超值享受。热诚欢迎各界朋友光临惠顾。
地址：山西省太原市万柏林区瓦窑路
……邮 编：030022
……法 人：张国保
……Mobile：13935166611

**山海芸酒店**
业务：餐饮
地址：山西省晋中市寿阳县北大街31号
……负责人：尚存保 邮 编：045400
……法 人：尚存保
……Tel：0354－4601296

**太原清徐人家晋韵楼餐饮文化发展有限公司**
地址：山西省太原市小店区亲贤村永康街综合楼
……负责人：毛江涌
……Tel：0351－7322777

**定襄县永丰大众浴池**
业务：洗浴服务
地址：山西省忻州市定襄县水利街15号
……负责人：李艳云 邮 编：034000
……法 人：李艳云
……Tel：0350－6022045

**外滩风尚西餐咖啡厅**
业务：披萨、牛排、纯正意大利粉、蓝山咖啡等各式西点、西餐、环境优雅，热忱服务。
地址：山西省太原市迎泽区迎泽大街338号二层唐都正对面
……负责人：柴强 邮 编：30000
……法 人：柴强
……Tel：0351－4163335

**山西缘和大饮食文化有限公司**

地址:山西省太原市小店区体育路1号楼
负责人:马烈
Tel:0351－7580999

## 洪洞县阳光博士太阳能工程安装有限责任公司

业务:太阳能大、小工程安装;桑拿、洗浴、KTV
产品:太阳能热水器
地址:山西省临汾市洪洞县赵城镇大富豪宾馆
负责人:张亮亮　邮　编:041000
法　人:张亮亮
Tel:13935754333
0357－3457388
0537－3457999
3457888
E-mail:zll4333@126.com

**太原市三和旅行社有限公司**
地址:山西省太原市杏花岭区府东街82号2层
负责人:李建军
Tel:13903419536

## 太原垣曲饭店

业务:中餐、面粉、图书
产品:中餐、面食、60面粉、70面粉、全麦粉、图书
地址:山西省太原市迎泽区桥东街33号
负责人:雪岩　邮　编:030001
法　人:雪岩
Tel:13546720292
13903517381
Fax:0351－4111686
网址:雪氏山庄.中国
E-mail:xueshishanzhuang@sina.com

**山西新概念旅游文化发展有限责任公司**
地址:山西省太原市杏花岭区府西街24号梅山宾馆四层
负责人:宋建中
Tel:0351－4158743

**太原市缇俐美发造型店**
地址:山西省太原市迎泽区柴市巷70幢底商111号
负责人:吴学朋
Tel:0351－4084388

## 太原市迎泽区福音琴行

业务:批发、零售西洋乐器及配件,乐器维修服务
产品:电木吉他、架子鼓、黑管、长笛、小号、萨克斯、长号等
地址:山西省太原市迎泽区解放南路48号(原230号)01号门面房
负责人:靳慧　邮　编:030000
法　人:靳慧
Tel:0351－3697596
13038085098

**太原中悦金酷肥牛饮食有限公司**
地址:山西省太原市迎泽区南内环街217号(引黄工程管理局院内)
负责人:徐红光
Tel:0351－5687887

## 山西省临汾市曲沃县一方美容美发店

业务:美容、美发、补发、销售各种美容美发产品
产品:祖传的美白,祛痘,保湿,修复类产品
地址:山西省临汾市曲沃县府西街石油公司楼下
负责人:王喜梅　邮　编:043400
法　人:王喜梅
Tel:13467182631
网址:www.yifang.chinapyp.com

**太原龙城洗浴有限公司**
地址:山西省太原市迎泽区五龙口街1号
负责人:李向东
Tel:13068079384

## 太原市小店区康洁保固体蜡厂

业务:用于酒店、宾馆和火锅店的固体蜡、固体酒精、果冻酒精的加工、销售和技术转让
地址:山西省太原市小店区许东村
负责人:王爱军　邮　编:30082
法　人:王爱军
Tel:13007009040
0351－7835799

## 太原市万柏林区福泉泳馆

业务:游泳、客房、会议、餐饮
地址:山西省太原市万柏林区神堂沟村
负责人:刘玲燕　邮　编:030021
法　人:刘玲燕
Tel:0351－6342187
13603564333

**五台山风景名胜区假日旅行社有限公司**
地址:山西省忻州市五台县五台山台怀镇杨林街
负责人:闫建平

Tel:0350－6545606
13803449091

**忻州市忻府区梧桐岭火锅店**
地址:山西省忻州市忻府区七一北路师院附中对面
负责人:赵书昌
Tel:0350－3165333

**忻州市华苑酒店有限公司**
地址:山西省忻州市忻府区气象北巷
负责人:王超
Tel:0350－3305986

## 顺华肥牛大酒店

业务:餐饮
产品:中餐、火锅
地址:山西省吕梁市离石区龙凤南大街永安家园
负责人:王彦廷　邮　编:033000
法　人:王彦廷
Tel:15069238888
0358－8328777
8328999

**阳泉市名媛轩化妆品销售服务中心**
地址:山西省阳泉市城区东风剧场
负责人:张小华
Tel:0353－2023515

## 太原市万柏林区金秋火锅城

业务:火锅
地址:山西省太原市万柏林区千峰北路学院国际西三号底商
负责人:王月华　邮　编:030000
法　人:王月华
Tel:15003415988
0351－5280345

**阳泉市小安(穆斯林)饭店**
地址:山西省阳泉市城区新建路
负责人:王喜仙
Tel:0353－2015551

## 太原市万柏林区里人黄河情小吃店

业务:餐饮,小吃
地址:山西省太原市万柏林区晋祠路南上庄村
负责人:高云平　邮　编:30027
法　人:高云平
Tel:13099001273
13485373511

**阳泉市矿区竹荪鹅火锅店**
地址:山西省阳泉市矿区日潭小区
负责人:李树槐
Tel:0353－4235166

## 山西省柳林县凤雲阁大酒店

业务:餐饮、住宿
地址:山西省吕梁市柳林县孟门镇孟门村
负责人:薛艳平　邮　编:033303
法　人:薛艳平
Tel:0358－4035222
13111212227

## 太原市迎新街圆圆饺子馆

业务:饺子、炒菜、凉菜
地址:山西省太原市尖草坪区迎新街迎新路1号(一部)
负责人:郭爱玲　邮　编:030000
法　人:郭爱玲
Tel:0351－3159936
3056818

## 山西省朔州市朔城区私府家宴

业务:提供中式餐饮服务,主营私房菜系及各地名菜,搭配新颖,口味独到,每道菜带着家常的味道,同时还有着非常“家常”的价格,热诚欢迎新老朋友光临惠顾!
产品:中餐、烟、酒、饮料
地址:山西省朔州市朔城区翠丰园小区
负责人:王新　邮　编:036002
法　人:王新
Tel:0349－6888855
15834301222
Fax:0349－5663318
E-mail:792896437@qq.com

## 太原市迎新街圆圆饺子馆

业务:饺子、炒菜、凉菜
地址:山西省太原市尖草坪区迎新街南2巷、南3巷99号
负责人:郭爱玲　邮　编:030000
法　人:郭爱玲
Tel:0351－3159936
3056818

**运城市盐湖区中城聚宝大酒店**
地址:山西省运城市凤凰路91号
负责人:郭晋生
Tel:0359－2064499

**平定县冠山镇重庆老字号火锅城**

地址:山西省阳泉市平定县农机公司后院
负责人:白红飞
Tel:0353－6072998

**运城市玉媛化妆品有限公司**
地址:山西省运城市西花园一巷21号
负责人:席爱萍

Tel:0359－2266953

**永济市大唐饮食有限责任公司**
地址:山西省运城市永济市银杏东街(逸夫中学西侧)
负责人:唐文学
Tel:0359－8038388

## 内蒙古自治区 /InnerMongolia AutonomousRegion

**内蒙古阿盟沙漠王酒店**
地址：内蒙古自治区阿拉善盟阿拉善左旗土尔扈特南路
…… 负责人：沙漠王
…… Tel：0483－8332869

**内蒙古自治区阿拉善盟沙漠王酒店实业有限公司**
地址：内蒙古自治区阿拉善盟阿拉善左旗土尔扈特南路40号
…… 负责人：胡生博
…… Tel：0483－8336647

**包头市福清渔港餐饮有限公司**
业务：包头市福清渔港餐饮有限公司成立于2001年，是一家专门从事餐饮的公司。
地址：内蒙古包头市昆区青年路民族幼儿园底店
…… 邮　编：014010
…… 法　人：林朝辉
…… Tel：0472－2118601
…… Fax：0472－2160900

**皇冠大酒店**
地址：内蒙古自治区巴彦淖尔盟磴口县
…… 负责人：王晶
…… Tel：0478－8317962
8311748

**巴彦淖尔市福华餐饮有限公司**
地址：内蒙古自治区巴彦淖尔盟临河区八一街景观花园
…… 负责人：马建国
…… Tel：0478－8291111

**巴彦淖尔市蜀相府餐饮有限公司**
地址：内蒙古自治区巴彦淖尔盟临河区利民街
…… 负责人：石勇
…… Tel：0478－8282233

**巴彦淖尔蒙鲜王饮食业有限责任公司**
地址：内蒙古自治区巴彦淖尔盟临河区庆丰东街
…… 负责人：王俞龙
…… Tel：0478－8285556

**巴彦淖尔市蓝宇饭店**
地址：内蒙古自治区巴彦淖尔盟临河区胜利北路
…… 负责人：宋国平
…… Tel：0478－2259061
2259630

**海德酒店**
地址：内蒙古自治区包头市白云矿区钢铁大街56号
…… 负责人：李志强
…… Tel：0472－5365555

**熊津化妆品（沈阳）有限公司呼和浩特分公司**
地址：内蒙古自治区包头市白云矿区盘古商务中心5楼502室
…… 负责人：刘海燕
…… Tel：0472－2295600

**包头市工会宾馆**
地址：内蒙古自治区包头市白云矿区青山区钢铁大街1号
…… 负责人：宫克
…… Tel：0472－3143088

**包头市东河区黄河名仕酒店制服门市部**
地址：内蒙古自治区包头市东河区站北路东官房
…… 负责人：刘军
…… Tel：0472－4133842
5141388
13848234084

**内蒙古包头市鑫如意旅行社有限责任公司**
地址：内蒙古自治区包头市九原区水务宾馆（三楼）
…… 负责人：张总经理
…… Tel：0472－5131060

**包头市恒隆酒店管理有限责任公司**
地址：内蒙古自治区包头市昆都仑区
…… 负责人：莫
…… Tel：0472－5188089

**内蒙古包头市海德酒店**
地址：内蒙古自治区包头市昆都仑区钢铁大街56号
…… 负责人：王宁
…… Tel：0472－5365561
5365888

**神华国际大酒店**
地址：内蒙古自治区包头市昆区阿尔丁大街1号
…… 负责人：刘建清
…… Tel：0472－5368888

**昆区大众酒店用品店**
地址：内蒙古自治区包头市昆区民族西路15号
…… 负责人：杨喜宝
…… Tel：0472－2261661
2100868

**包头市东河区京广酒店用品行**
地址：内蒙古自治区包头市青山区6＃街坊161号
…… 负责人：郝永东
…… Tel：0472－3122810
2285046
3143262

**马沃雷克大酒店**
地址：内蒙古自治区包头市青山区富强路5街坊
…… 负责人：张 梅
…… Tel：0472－5833040
3326605

**包头明石速8酒店**
地址：内蒙古自治区包头市青山区少先路
…… 负责人：所雁飞
…… Tel：0472－6918188
6918111

**内蒙古包头市屹林商务酒店**
地址：内蒙古自治区包头市青山区团结大街31
…… 负责人：吕先生
…… Tel：0472－5907555
5907558
5907586

**西蒙手绘**
地址：内蒙古自治区赤峰市古城街发展小区3号
…… 负责人：朱立庆
…… Tel：0476－6300182

**赤峰百特宾馆酒店用品公司**
地址：内蒙古自治区赤峰市红山区哈达街红山宾馆东
…… 负责人：高卫东
…… Tel：0476－8238658
2227858

**赤峰九州旅行社有限公司**
地址：内蒙古自治区赤峰市红山区南新街办事处花园小区4号楼三楼
…… 负责人：刘敏艳
…… Tel：13304765008

**赤峰辽河大酒店餐饮有限公司**
地址：内蒙古自治区赤峰市红山区新华路西辽河工程局1－3楼
…… 负责人：刘学军
…… Tel：0476－8344888

**赤峰富龙路桥投资经营有限责任公司喀喇沁旗分公司司乘之家酒店**
地址：内蒙古自治区赤峰市喀喇沁旗四十家子乡四十家子村
…… 负责人：景明辉
…… Tel：0476－3773352

**金盛和大酒店**
地址：内蒙古自治区赤峰市林西县
…… 负责人：李俊峰
…… Tel：0476－5802887
2360841

**鄂尔多斯市森威大酒店**
地址：内蒙古自治区鄂尔多斯市东胜区天骄路1号
…… 负责人：王晓春
…… Tel：0477－3994942

**万兴隆大酒店**
地址：内蒙古自治区鄂尔多斯市东胜区铁西
…… 负责人：夏许
…… Tel：0477－5589925

**玄峰大酒店**
地址：内蒙古自治区鄂尔多斯市东胜区西街
…… 负责人：王涛
…… Tel：0477－8325062

**察罕苏力德酒店**
地址：内蒙古自治区鄂尔多斯市乌审旗
…… 负责人：金海
…… Tel：0477－7220666
7220518

**呼和浩特市金果实酒店用品商行**
地址：内蒙古自治区呼和浩特市大学东路医药研究所3－3－313
…… 负责人：王主任
…… Tel：0471－4360606
13947115139

**悦嘉商务汇通酒店**
地址：内蒙古自治区呼和浩特市和林格尔县新华大街49号
…… 负责人：刘慧力
…… Tel：0471－6655888

**呼和浩特市山泰宠物食品有限责任公司**
地址：内蒙古自治区呼和浩特市回民区
…… 负责人：梁久亮
…… Tel：0471－6114401

**金羽达宾馆酒店用品公司**
地址：内蒙古自治区呼和浩特市回民区公园西路塞宝大厦门楼板号61号信箱
…… 负责人：周胜军
…… Tel：0471－6914797

**华辰大酒店**
地址：内蒙古自治区呼和浩特市清水河县海拉尔大街801号
…… 负责人：陈飞颖
…… Tel：0471－6622668

**兰山莜面大王大酒店**
地址：内蒙古自治区呼和浩特市清水河县机场路
…… 负责人：徐谦心
…… Tel：0471－4601576

**大天酒店**
地址：内蒙古自治区呼和浩特市清水河县锡林北路58号
…… 负责人：叶心清
…… Tel：0471－2263888

**鸿福酒店**
地址：内蒙古自治区呼和浩特市赛罕区
…… 负责人：王新胜
…… Tel：0471－2875116

**内蒙古水木年华大酒店**
地址：内蒙古自治区呼和浩特市赛罕区呼伦南路
…… 负责人：何文忠
…… Tel：0471－5258888

**宾悦大酒店**
地址：内蒙古自治区呼和浩特市赛罕区农业大学南
…… 负责人：韩伟
…… Tel：0471－6605555
4310808

**内蒙古大正置业集团**
地址：内蒙古自治区呼和浩特市石羊桥西路3号
…… 负责人：肖春光
…… Tel：0471－5951889
5955882

**内蒙古金仕顿大酒店**
地址：内蒙古自治区呼和浩特市土默特左旗海拉尔东路15号
…… 负责人：周江帆
…… Tel：0471－6629555

**内蒙古托克托县水煮羊大酒店**
地址：内蒙古自治区呼和浩特市托克托县电场南门
…… 负责人：亢瑞
…… Tel：0471－8624268

**琪嘉商旅酒店**
地址：内蒙古自治区呼和浩特市温州步行街北口（奥威洗浴城路北）
…… 负责人：艾建宇
…… Tel：0471－6397711
6397701

**世纪新元大酒店**
地址：内蒙古自治区呼和浩特市乌兰察布东街102号
…… 负责人：郭小磊
…… Tel：0471－4903366

**内蒙古呼和浩特市利顺酒店用品**
地址：内蒙古自治区呼和浩特市新城区
…… 负责人：王连文
…… Tel：13500617110

**金仕顿大酒店**
地址：内蒙古自治区呼和浩特市新城区海东路15号
…… 负责人：黄江水
…… Tel：0471－6629766

**敕勒歌餐饮有限责任公司**
地址：内蒙古自治区呼和浩特市新城区新华大街33号内蒙古劳动培训中心三楼
…… 负责人：马英杰
…… Tel：0471－3380620

**焱火烽名酒城**
地址：内蒙古自治区呼和浩特市新城区兴安北路
…… 负责人：曹静涌
…… Tel：0471－4974839

**内蒙古宝鼎酒店设备用品有限公司**
地址：内蒙古自治区呼和浩特市新城区艺术厅南街95号
…… 负责人：马玉田
…… Tel：0471－6920283

**金岁大酒店**
地址：内蒙古自治区呼和浩特市兴安南路
…… 负责人：于文斌
…… Tel：0471－6606688
6606699

**内蒙古食全食美股份有限公司**
地址：内蒙古自治区呼和浩特市玉泉区
…… 负责人：吴文霞
…… Tel：0471－3359888

**呼和浩特市玉泉区大召广场健康茶庄**
地址：内蒙古自治区呼和浩特市玉泉区大东街1＃5室
…… 负责人：任怀瑞
…… Tel：0471－6301988
6301676
13514810666

**内蒙古西部王酒业有限责任公司**
地址：内蒙古自治区呼和浩特市玉泉区新天地广场
…… 负责人：龙经理
…… Tel：0471－2886369
13848519598

**假日酒店**
地址：内蒙古自治区呼和浩特市中山西路185号
…… 负责人：依兰
…… Tel：0471－6351888

**鄂伦春嘎仙宾馆有限责任公司**
地址：内蒙古自治区呼伦贝尔市鄂伦春自治旗阿里河镇
…… 负责人：赵荣
…… Tel：0470－5628938

**满洲里江南大酒店**
地址：内蒙古自治区呼伦贝尔市满洲里市二道街8号
…… 负责人：高振江
…… Tel：0470－6222583

**天泽大酒店**
地址：内蒙古自治区通辽市科尔沁区
…… 负责人：小丫
…… Tel：0475－8233333

**乌海奥美林保洁酒店用品公司**
地址：内蒙古自治区乌海市海勃湾区
…… Tel：0473－2060078

**鄂尔多斯东泽圆投资有限公司**
业务：我公司对煤碳、电力、冶金、化工、交通、建筑、房地产、纺织等进行中长期或短期投资，实行互惠、互利、平等、快捷、方便、优质的服务。
地址：内蒙古自治区鄂尔多斯市东胜区鄂东街20号
…… 邮　编：017000
…… 法　人：武建平
…… Tel：0477－8333385
…… Fax：0477－8323206
…… 网址：www.nmgyd.chinapyp.com

**世纪元大酒店**
地址：内蒙古自治区乌海市海勃湾区
…… 负责人：李杰
…… Tel：0473－6991130
6998888

**康大酒店有限公司**
地址：内蒙古自治区锡林郭勒盟二连浩特市前进路2号康大酒店
…… 负责人：陈飞
…… Tel：0479－7521291

## 辽宁省/Liaoning Province

**兴海区伊冠园餐厅**
地址：辽宁省鞍山海城市哈达路富奎酒店路西
…… 负责人：赵玉庆
…… Tel：13898021928

**鞍山市阿二餐饮有限公司**
地址：辽宁省鞍山市铁东区工农街27－24号
…… 负责人：金梁
…… Tel：0412－5516828

**丹东市振兴区燕之屋燕窝加盟店**
业务：销售、加工燕窝
地址：辽宁省丹东市振兴区江城大街28－6号
…… 负责人：郑禹 邮 编：118000
…… 法 人：郑禹
…… Tel：0415－2160666

**世纪牌匾刻字美术社**
地址：辽宁省本溪市明山区消防街15环消防车站
…… 负责人：李莹
…… Tel：0414－3881622
13942473603

**华兴宾馆**
地址：辽宁省朝阳市建平县富山镇
…… 负责人：李海明
…… Tel：0421－7413457
13504212727

**大连市金州区汇海酒楼**
地址：辽宁省大连市金州区站前街道盛滨花园13号楼6号公建
…… 负责人：刘俊霞
…… Tel：0411－85918777

**碧海旅行社有限公司**
地址：辽宁省大连市开发区槐林里5－1－2－1号
…… 负责人：齐春利
…… Tel：0411－87645100
13009437893

**大连市沙河口区金丰苑浴场**
地址：辽宁省大连市沙河口区香周路301号
…… 负责人：刘煜
…… Tel：0411－82136699

**沈阳珊瑚鱼水族用品有限公司**
业务：我公司是一家专业经销海洋生物，海洋维生系统工程设计制造，海水水族箱相关耗材销售等业务为一体的综合性专业海水水族公司，公司以"倡导海水养殖专业化，创造最完美海水养殖"为宗旨，为客户提供专业、周到的售前、售中、售后服务。
地址：辽宁省沈阳市铁西区兴工北街121号甲1
…… 负责人：刊登：汪小姐韩成嵘
…… 邮 编：110021
…… Tel：024－85861300
85861303
…… Fax：024－85861303
…… 网址：http://www.ph83.com/
…… E-mail：hcr_007@163.com

**沈阳市宏大奇轩酒店用品有限公司**
业务：专业从事后厨设计，酒店洁具、节能产品及配套销售。提供从设计到安装一条龙服务，致力为您打造经典的酒店用品的配置。相信我们的专业、专心、诚信，将得到您的满意。
产品：厨房设备、酒店用品、食品机械、节能蒸炉、炒炉
地址：辽宁省沈阳市和平区十三纬路37号甲1
…… 负责人：孙明涛 邮 编：110013
…… 法 人：孙明涛
…… Tel：024－62669373
…… Fax：024－62669374
…… E-mail：sunmingtao_hdqx@126.com

**大连诺亚小动物乐园有限公司**
地址：辽宁省大连市瓦房店市谢屯前进经济园区
…… 负责人：栾月
…… Tel：0411－85224088

**大连怀博美甲彩妆用品有限公司**
地址：辽宁省大连市中山区民建街14号
…… 负责人：陈颖
…… Tel：0411－86949819

**大连百事特餐饮娱乐有限公司**
地址：辽宁省大连市中山区五惠路29号2－18－4
…… 负责人：林琳
…… Tel：0411－82310688

**大连斯达巴克餐饮有限公司**
地址：辽宁省大连市中山区中南路中景园5－2号
…… 负责人：吴珍
…… Tel：0411－82736822

**大东区仙悦楼温泉康乐园**
地址：辽宁省丹东东港市东港路商业一条街
…… 负责人：王成武
…… Tel：0415－7120615
13942565555

**海王府酒店**
地址：辽宁省丹东市宽甸满族自治县宽甸镇中心路南门西街2号
…… 负责人：王德平
…… Tel：0415－5184444
13081259999

**沈阳快乐族网苑**
地址：辽宁省沈阳市大东区东陵西路28号
…… 负责人：刘南希
…… Tel：024－82888777

**沈阳金色艺术团有限公司**
地址：辽宁省沈阳市和平区安图北街1号
…… 负责人：季勇
…… Tel：024－81898981

**沈阳松陵加油站食杂店**
地址：辽宁省沈阳市皇姑区黄河北大街83号
…… 负责人：吴琦
…… Tel：024－86525765

**沈阳市盛申昌电器有限公司**
业务：电动餐桌转盘(3)，电动展示转盘(18)
地址：辽宁省沈阳市于洪区怒江北街29号
…… 负责人：张志国 邮 编：110031
…… 法 人：张志国
…… Tel：024－86171630
024－86172009
13998120360
…… Fax：024－86171630

**沈阳诚心健身俱乐部**
地址：辽宁省沈阳市皇姑区怒江街111－21号
…… 负责人：吕跃青
…… Tel：024－81569211

**沈阳世博益发娱乐有限公司**
地址：辽宁省沈阳市棋盘山水库宾馆H2045房间(沈阳棋盘山风景区内)
…… 负责人：王坤
…… Tel：024－81155249

**沈阳世纪明珠管理有限公司泰玉宫俱乐部**
地址：辽宁省沈阳市铁西区北滑翔路6号
…… 负责人：贡丹
…… Tel：024－25916666

**飞火美发用品专卖店**
地址：辽宁省沈阳市铁西区重工南街50号
…… 负责人：马俊石
…… Tel：024－25714718
13940359701

**沈阳市声远食品有限公司**
地址：辽宁省沈阳市于洪区于洪乡丁香村
…… 负责人：佟声远
…… Tel：024－24861549

## 吉林省/Jilin Province

**抚松镇富海洗浴**
业务：洗浴中心
地址：吉林省抚松县抚松镇抚松大街如意胡同
…… 负责人：丁富海 邮 编：134500
…… 法 人：丁富海
…… Tel：13894046500
0439－5093999

**洮南市大旅社**
地址：吉林省白城市洮南市富文西路36号
…… 负责人：高光列
…… Tel：0436－6252291

**和龙市大草原炭火烤羊腿店**
业务：烤羊腿的销售
地址：吉林省和龙市创业街27号
…… 负责人：赵建国 邮 编：133500
…… 法 人：季小姐
…… Tel：13596587555
13596586977

**抚松县长白山林海漂流山庄有限责任公司**
地址：吉林省白山市抚松县松江河镇维东
…… 负责人：李国君
…… Tel：13500939858

**长春市车永玉医疗美容诊所**
地址：吉林省长春市朝阳区同光路7号
…… 负责人：车永玉
…… Tel：0431－85988905

**敦化市美格菲健康体验馆**
业务：健身休闲
地址：吉林省敦化市渤海街林海委12组
…… 负责人：张琦 邮 编：133700
…… 法 人：张琦
…… Tel：15834722816
15526790704

**桦甸市时尚欧亚化妆品店**
业务：化妆品经营
地址：吉林省桦甸市大兴街
…… 负责人：王秀红 邮 编：132400
…… 法 人：王秀红
…… Tel：0432－6271888
6264888

**吉林省百利洗浴休闲有限公司**
地址：吉林省长春市宽城区东七条街12号
…… 负责人：谢罗定
…… Tel：0431－82844773

**吉林市吉铁华兴经营开发处二道江铁路浴池**
地址：吉林省吉林市昌邑区二道江铁宅2776号
…… 负责人：潘德洋
…… Tel：0432－66121571

**磐石市东宁街可乐吧西餐冷饮厅**
业务：西餐、冷饮等经营
地址：吉林磐石市建材市场西侧门市
…… 负责人：白向春 邮 编：132300
…… 法 人：白向春
…… Tel：0432－5796999

**吉林省东方国际旅行社**
业务：吉林省东方国际旅行社成立于2003年，主要从事国内旅游及自助游，边境旅游(北朝鲜、俄罗斯风情游)，长白山四季游，代办商务会议，代办机票和车票。
地址：吉林省延吉市延西街37号邮政大厦一楼
…… 邮 编：133000
…… 法 人：许尚源
…… Tel：0433－2765111
…… Fax：0433－2720006

**吉林市北方旅行社有限责任公司**
地址：吉林省吉林市昌邑区文庙文化市场28号
…… 负责人：白冰
…… Tel：0432－62450017

**大安市烧锅镇四季缘饭店**
业务：餐饮
地址：吉林省大安市烧锅镇来福邮局对过
…… 负责人：干春雨 邮 编：131322
…… 法 人：干春雨
…… Tel：0436－5690010
13843639904

**辽源市名人美容有限责任公司**
地址：吉林省辽源市长寿街213号
…… 负责人：孔凯
…… Tel：0437－3238848

**四平市泰安生态庄园有限公司泰安兴酒店**
地址：吉林省四平市铁西区仁兴街爱民委59号
…… 负责人：齐学利
…… Tel：0434－5011005

**吉林省新能燃料有限公司吉林市分公司**
业务：液体燃料
地址：吉林省吉林市丰满发电厂行政事务部
…… 负责人：赵理 邮 编：132001
…… 法 人：赵理
…… Tel：0432－8582248
13944242458
…… Fax：0432－4605433

**通化市云峰旅行社有限公司**
地址：吉林省通化市东昌区东昌路5号
…… 负责人：汪旭
…… Tel：0435－3338886

**双阳区七色花歌厅**
业务：KTV
地址：吉林省长春市双阳区三河镇七色花KTV歌厅
…… 负责人：张辉 邮 编：130000
…… 法 人：张辉
…… Tel：0431－84361990

**前郭县吉拉吐乡老七农家饭店**
业务：餐饮
地址：吉林省松原市前郭县吉拉吐乡锡伯屯
…… 负责人：刘国峰 邮 编：138000
…… 法 人：刘国峰
…… Tel：0438－2340202

## 名伦美容美体生活馆
业务：瑜伽，拉丁舞，肚皮舞，美容美体服务
地址：吉林省长春市高新园区怡众名城怡城会馆(三楼)光谷大街2008号
负责人：孙娜 邮编：130000
法人：孙娜
Tel：13596198521
0431－87022500

## 吉林省白城市通榆县乌兰花镇李志鲲宴会大厅
业务：举行宴会、同学聚会、婚庆包宴
地址：吉林省白城市通榆县乌兰花镇乌兰街西侧
负责人：李志鲲 邮编：137000
法人：李志鲲
Tel：0436－4758567
15944648020

**宁波市江北桑莱特旅游用品有限公司敦化分公司**
地址：吉林省延边朝鲜族自治州敦化市开发区工业园区
负责人：高翔军
Tel：0433－6237225

**敦化市阳光旅行社有限公司**
地址：吉林省延边朝鲜族自治州敦化市青山大厦名品街二楼
负责人：李红宇
Tel：0433－6266616

**珲春文化餐饮娱乐服务有限公司**
地址：吉林省延边朝鲜族自治州珲春市新安街
负责人：王春艳
Tel：0433－7561380

## 延吉市福成肥牛火锅城
业务：肥牛火锅
地址：吉林省延吉市长白山东路11－3号
负责人：林敏 邮编：133000
法人：林敏
Tel：0433－2805577

**通化市公交旅行社有限公司**
地址：吉林省通化市东昌区建设大街4629号
负责人：栾法泰
Tel：0435－3652005

**通化市新月西餐咖啡厅**
地址：吉林省通化市东昌区民庆路花园小区9801栋1－6号门市
负责人：王月
Tel：0435－3266767

**辉南县鉴月泉宾馆**
地址：吉林省通化市辉南县朝阳镇朝阳大街65－4号
负责人：张文胜
Tel：0435－8242977

**延边康复国际旅行社有限公司**
地址：吉林省延边朝鲜族自治州延吉市参花街238号
负责人：朴明淑
Tel：0433－2536789

**延边东方剧场鸿波电子游戏厅**
地址：吉林省延边朝鲜族自治州延吉市朝阳街
负责人：赵君平
Tel：13943372121

## 吉林省白山市长白朝鲜族自治县翔云生态休闲中心
业务：餐饮、住宿、鸭绿江飘流、热气球、生态休闲
地址：吉林省白山市长白朝鲜族自治县十四道沟镇民俗村(望天鹅景区入口处)
负责人：金东云 邮编：134400
法人：俞翎
Tel：13943429605
13351590098
0439－6199913
6198053
Fax：0439－6198053

## 吉林省延吉市支点酒店管理有限公司
业务：职业经理培训，职业经理中介，酒店投资顾问，酒店委托管理，酒店营销策划，酒店人力资源开发，酒店用品销售，行业新项目的研发研究，酒店设计与改造，酒店诊病治疗
地址：吉林省延吉市朝阳街解放路1060－3－9号
负责人：杨天宇 邮编：133000
法人：杨天宇
Tel：0433－2538853
13620705988
E-mail：yangtianyu168@yeah.net

**延吉市朝鲜族象棋协会**
地址：吉林省延边朝鲜族自治州延吉市烟集街9－6－4号
负责人：洪性彬
Tel：0433－2973734

## 抚松县药仙园旅游服务有限公司
抚松县药仙园旅游服务有限公司成立于2006年，本公司专业从事旅游服务。主要有餐饮、住宿、人生文化、动物园、孙良的庙和墓、仙人洞、人生展览馆、山货庄、野山生采挖基地、百草园。

本公司秉承"顾客至上，锐意进取"的经营理念，坚持"客户第一"的原则为广大客户提供优质的服务。欢迎惠顾！

联系人：苏胜普
手机：15943955222
地址：吉林省白山市抚松县药仙园旅游服务有限公司 邮编：134504

## 黑龙江省/Heilongjiang Province

**大庆市银盾犬业有限公司**
地址：黑龙江省大庆市让胡路区喇嘛甸镇富兴开发小区
负责人：王忠良
Tel：0459－6729026

**大庆市新明月饮食服务有限公司**
地址：黑龙江省大庆市萨尔图区东风路大庆宾馆院内
负责人：魏之麟
Tel：0459－6375312

**大庆高新区贝诗珂曼美容院**
地址：黑龙江省大庆市萨尔图区高新区纬二路9－13号
负责人：高波
Tel：0459－6297178

## 鸡西市皇冠家园餐饮有限公司
业务：鸡西市皇冠家园餐饮有限公司成立于2005年，从事餐饮服务及管理，您的满意是我们的追求，热忱欢迎您的光临惠顾！
地址：黑龙江省鸡西市鸡冠区王府东路碧苑春1#楼(1－3)门市
负责人：黄冠强 邮编：158100
法人：黄冠强
Tel：0467－2882228
2882227
Fax：0467－2726718

**哈尔滨市刘老五熬鱼餐饮有限责任公司**
地址：黑龙江省哈尔滨市道里区群力乡城西村小西屯
负责人：刘文忠
Tel：13030025178

**哈尔滨食为天中央大酒店有限公司**
地址：黑龙江省哈尔滨市道里区西五道街37号
负责人：李建军
Tel：0451－82625464

**哈尔滨世纪花园洗浴有限公司**
地址：黑龙江省哈尔滨市南岗区松花江街18－4号
负责人：王治富
Tel：0451－53670156

## 哈尔滨英杰饮食文化传播有限公司
业务：餐饮策划、餐饮传播教学
地址：黑龙江省哈尔滨市政府世纪大道1号
负责人：侯述杰 邮编：150010
法人：侯述杰
Tel：13945167908
0451－84623593

**哈尔滨昆仑花园健康俱乐部有限责任公司**
地址：黑龙江省哈尔滨市平房区江南中环路46公里处
负责人：许志刚
Tel：0451－86509839

**佳木斯市晓云婚介交友俱乐部**
地址：黑龙江省佳木斯市向阳区光复路东段
负责人：荆刚
Tel：0454－6503199

**东宁县宏达旅行社**
地址：黑龙江省牡丹江市东宁县东宁镇团结路南1号
负责人：赵亮绩
Tel：0453－3622154

## 德林商务酒店
业务：德林商务酒店座落于美丽的兴凯湖畔，营业面积近万平方米，内部设施先进，配套齐全。饱口福而怡然自得，汇集粤菜和淮扬带来的南国情韵以及特色东北菜肴带来的豪爽风情。房间视野开阔，安逸静谧，是您理想的休闲、旅游、商务和会议的下榻之处！
地址：黑龙江省密山市铁西开发区
负责人：刘桂芹 邮编：158300
法人：刘桂芹
Tel：0467－5297000
Fax：0467－5297222

**牡丹江环宇旅行社有限公司**
地址：黑龙江省牡丹江市西安区光华街107号
负责人：刘书岭
Tel：13945366637

**齐齐哈尔绿色家园有限公司**
地址：黑龙江省齐齐哈尔市龙沙区永青4号楼
负责人：贾永田
Tel：0452－5962864

**齐齐哈尔绿地天天餐饮有限公司**
地址：黑龙江省齐齐哈尔市龙沙区中环广场B座101室
负责人：谷洪涛
Tel：0452－2465858

**绥化绿之源游客服务有限公司**
地址：黑龙江省绥化市哈伊路北朝电小区西侧
负责人：王刚
Tel：0455－8397727

**绥化圣龙大酒店有限责任公司**
地址：黑龙江省绥化市绥兰公路路口
负责人：毕思根
Tel：13904856666

**铁力亚伦酒店**
地址：黑龙江省伊春市铁力市文化街
负责人：王彩兰
Tel：0458－2285555

## 江苏省/Jiangsu Province

**溧阳市翠谷庄园农业生态休闲有限公司**
地址：江苏省常州市溧阳市横涧镇徐家□村村委房屋
负责人：常宝
Tel：13328168008

## 珠海先进(印度)小厨加工有限公司常州分公司
业务：印度餐饮
地址：江苏省常州市汉江路290号
负责人：谢小姐 邮编：213000
Tel：0519－85155757

**常州北海休闲娱乐有限公司**
地址：江苏省常州市天宁区锦绣东苑29幢二层(东)
负责人：杨文献
Tel：13182580071

## 吴江盛天龙国际酒店发展有限公司
业务：餐饮、住宿
地址：江苏省吴江市盛泽镇市场路东方花园31幢东三区8号
负责人：吴荣元 邮编：215228
法人：吴荣元
Tel：13901555556
0512－63536761

**常州文景餐饮有限公司**
地址：江苏省常州市新北区黄山路400－25号
负责人：嵇道敏
Tel：13951230770

## 沛县保胜南四湖老渔村
业务：餐饮、住宿
地址：江苏省徐州市沛县东风路一运公司开发楼
负责人：刘保胜 邮编：221600
法人：刘保胜
Tel：0516－86383278
89001087

## 常熟凯悦国际酒店有限公司
业务：常熟凯悦国际酒店是一家集餐饮、住宿、娱乐、健身为一体的东南文化休闲中心。拥有四星级标准商务房、套房，标准房共计160套，另外还有中餐厅、咖啡吧、日式料理、商务中心、国际商务会所、标准游泳馆、高尔夫练习球场等大型的娱乐、健身、商务洽谈场所。竭诚欢迎您的光临惠顾！
地址：江苏省常熟市东南经济开发区金都路1号
负责人：金积盈 邮编：215500
法人：金积盈
Tel：0512－52998888
Fax：0512－52832888
网址：www.cskyhotel.com
E-mail：changshukaiyue@126.com

## 常州市莱欧美发用品商行
业务：莱欧美发用品批发
地址：江苏省常州市天宁区丽宝第花苑1幢甲单元101室
负责人：王中信 邮编：213000
法人：王中信
Tel：0519－86909133

**四季旅行社有限公司**
地址：江苏省东台市新东西路1号国贸大厦3楼
负责人：周兆祥
Tel：13851300069

## 盐城悠闲一站餐饮管理有限公司
业务：餐饮管理服务及茶餐厅加盟
地址：江苏省盐城市建湖县城人民北路明珠花园B幢13号
负责人：陶卫明 邮编：224005
法人：陶卫明
Tel：0515－86119777
4008879719

**海门市锦港大酒店**
地址：江苏省海门市解放东路203－1号
负责人：成锦生
Tel：13506282919

## 上海顾山餐饮管理有限公司
业务：餐饮管理，承包饭堂
地址：江苏省盐城市建湖县审计局一楼
负责人：顾山 邮编：224005
法人：顾山
Tel：0515－86239800

**淮安易搜文化发展有限公司**
地址：江苏省淮安市清河区北京北路38号4幢605室
负责人：李静
Tel：13851377060

## 仪征市真州镇瑞道跆拳道馆
业务：跆拳道
地址：江苏省仪征市真州西路中央花园7幢304室
负责人：丁瑞 邮编：211400
法人：丁瑞
Tel：0514－82666510

## 金坛市茅峰旅游开发有限公司
业务：金坛市茅峰旅游开发有限公司成立于2004年12月，主要从事旅游开发，休闲，观光景点，道教文化。热诚欢迎各界朋友来电咨询。
地址：江苏省金坛市薛埠镇茅东林场南海知青点
邮编：213245
法人：张忙伢
Tel：0519－2481338

**连云港西双湖旅游开发有限公司**
地址：江苏省连云港市东海县农业高科技开发区
负责人：刘凤桂
Tel：0518－87265188
87269296
13186618109

**太白涧旅游开发有限公司**
地址：江苏省连云港市经济技术开发区朝阳镇
负责人：张名来
Tel：13705138577

## 常州市枫盈楼酒家
业务：餐饮服务
地址：江苏省常州市武进区横山桥兰陵路
负责人：杨锋 邮编：213119
法人：杨锋
Tel：0519－88661977

## 宜兴市伊诺炉业有限公司
业务：专业从事烧烤碳炉系列开发、生产、销售的一体化企业，产品具有高效、节能、安全、绿色环保的绝对优势，售后服务完善，常年出口日本，欢迎各界人士前来洽谈业务！并以足够的生产能力、完善的质量管理系统以优质、优价和及时的交付期来确保满足广大用户的每一项需要。
产品：烧烤碳炉的制作
地址：江苏省宜兴市丁蜀镇工业园区
负责人：王永明 邮编：214221
法人：王永明
Tel：0510－87448307
13906153290
Fax：0510－87448817

**吉合园大酒店**
地址：江苏省连云港市连云区海棠北路180－2号
负责人：封士威
Tel：0518－82325666

**南京永大旅行社有限公司**
地址：江苏省南京市白下区白下路 362 号 1 单元 1403 室
负责人：郑尧连
Tel：025－84695536

**南京申绅餐饮娱乐有限公司**
地址：江苏省南京市白下区解放路 46 号
负责人：陈兵
Tel：025－86596666

**昆山誉兴大酒店有限公司**
业务：昆山誉兴大酒店有限公司成立于 2004 年，从事会议接待、餐饮服务、娱乐、咖啡休闲等，热忱欢迎您的光临！
地址：江苏省昆山市玉山镇合兴路 555 号
负责人：虞阿二……邮　编：215300
法　人：虞阿二
Tel：0512－57886666
网址：www.mtw51859.chinapyp.com
E-mail：mtw51859

**魏记十三香龙虾店**
业务：龙虾，特色炒菜
地址：江苏省海门市海门镇镇中路 109 号
负责人：魏扬　邮　编：226100
法　人：魏扬
Tel：0513－82262262
15950897888

**南京金峦娱乐有限公司**
地址：江苏省南京市白下区中山南路 101 号
负责人：张国宪
Tel：025－84515874

**中国康辉南京国际旅行社有限责任公司大行宫营业部**
地址：江苏省南京市白下区中山南路 239 号
负责人：潘山
Tel：025－84501421

**海阔天空沐浴有限公司**
地址：江苏省南京市高淳县北岭路 52 号大市场对面
负责人：丁三福
Tel：025－57314888
13905196998

**高淳县鸿鹄宾馆**
地址：江苏省南京市高淳县古柏集镇
负责人：丁小平
Tel：025－57355543

**资生堂丽源化妆品有限公司南京河西分店**
地址：江苏省南京市鼓楼区草场门大街 99 号
负责人：王圣存
Tel：025－86795123

**溧阳市天目湖花果山农庄**
业务：溧阳市天目湖花果山农庄主要从事于四季果园、兰花盆景、农家餐饮等。欢迎新老客户光临、惠顾！
地址：江苏省溧阳市天目湖镇花果山果园
负责人：雷义芳……邮　编：213333
法　人：雷义芳
Tel：0519－87980558

**淮安市白鹭湖山庄餐饮管理有限公司**
业务：餐饮、住宿、洗浴
地址：江苏省淮安市清河区新区宁连公路 194－195 段（中国石油对面）
邮　编：223001
Tel：0517－83571999
83571000

**南京塔可餐饮管理有限公司**
地址：江苏省南京市鼓楼区广州路 228 号－3 号
负责人：周莉
Tel：025－83231981

**南京西海楼餐饮娱乐有限公司**
地址：江苏省南京市鼓楼区虎踞关 1 号
负责人：陈志刚
Tel：025－83363999

**南京超妍美容中心黑龙江路分店**
地址：江苏省南京市鼓楼区汇林绿洲花园 2 号 2－5 室
负责人：董凯
Tel：025－83417199

**南京中保龙大酒店有限公司**
地址：江苏省南京市建邺区茶南拓园 24 号南部 1－7 层
负责人：闻爱平
Tel：025－52206888

**淮安市老重庆胡子餐饮服务有限公司**
业务：餐饮、火锅
地址：江苏省淮安市清浦区锦伦汇景园
负责人：梁江　邮　编：223002
法　人：梁江
Tel：13626187866
15061285558

**南京伟华广告传播有限公司顿雅美容中心**
地址：江苏省南京市建邺区南湖车站南村 1 号－1－102 室
负责人：张梅
Tel：025－86430817

**南京溧水县聚星娱乐城有限责任公司**
地址：江苏省南京市溧水县永阳镇通济街商业中心 5 号楼
负责人：石志强
Tel：025－57429869

**联福娱乐有限公司**
业务：联福娱乐有限公司成立于 2005 年，经营娱乐游艺机、各种模拟机等。"以质量求生存，以信誉求发展"，竭诚欢迎广大新老客户光临、惠顾！
地址：江苏省苏州市工业园唯亭镇锦丰商业广场三楼 3305 号
负责人：杨宝星……邮　编：215000
法　人：杨宝星
Tel：0512－62860188

**南京丽豪大酒店**
地址：江苏省南京市六合区雄州镇雄州南路 1 号
负责人：严益敏
Tel：13813398588

**南京东部饮食发展有限公司**
地址：江苏省南京市栖霞区马群街道马群街
负责人：何从彬
Tel：025－84364537

**南京星之港商务酒店有限公司**
地址：江苏省南京市栖霞区迈皋桥街道和燕路 251 号 1 幢 15158 室
负责人：王星
Tel：025－85551106

**连云港九州旅行社有限公司**
业务：从事旅游业务的招揽、接待及配套服务
地址：江苏省连云港市连云区东园路 6 号汇恒五矿大厦一楼
负责人：王晓勇　邮　编：222042
法　人：王晓勇
Tel：0518－82230115
85622088
85622089
85622090
Fax：0518－82238782
网址：http://www.lookchina.net

**南京百千群化妆品有限公司**
地址：江苏省南京市栖霞区燕子矶街道新燕街 53－1 号
负责人：陆云
Tel：13905194388

**南京悦团汽车服务俱乐部有限责任公司**
地址：江苏省南京市秦淮区大明路 280 号
负责人：朱雪珍
Tel：025－52631118

**南京雅骊文化有限公司**
地址：江苏省南京市秦淮区贡院街 188 号
负责人：王斌
Tel：025－52236372

**南京七友文化发展有限公司**
地址：江苏省南京市玄武区百子亭 4 号 A009 室
负责人：朱守国
Tel：025－86892330

**苏州市平江区大师乐器制作室**
业务：苏州市平江区大师乐器制作室成立于 2001 年，主要从事二胡、吉它、古筝等乐器的生产与销售。产品规格齐全、制作精良、音色优美、音准稳定，在市场上受到专家和用户的广泛青睐。
地址：江苏省苏州市嘉业阳光城 73 幢 103 室
负责人：蒋新文……邮　编：215008
法　人：蒋新文
Tel：0512－65554916
65324030

**南京润中餐饮管理有限公司**
业务：高校、企业食堂承包管理，食堂托管，厨房设计
地址：江苏省南京栖霞区仙林大学城应天学院第三食堂
负责人：杨光正　邮　编：210008
Tel：15850535830
025－66033008
13155045600

**江苏省人文东方有限公司**
地址：江苏省南京市玄武区北京东路 31 号 7 楼
负责人：丁捷
Tel：025－83285333

**南京朝晖美容连锁有限公司高楼门分公司**
地址：江苏省南京市玄武区高楼门 5 号三楼
负责人：周静
Tel：025－83352707

**南京瑞欣阳餐饮有限公司**
业务：餐饮
地址：江苏省南京市白下区瑞阳街 1－3 号
负责人：沈金荣　邮　编：210008
法　人：沈金荣
Tel：13851877212
025－84513598

**南京吾饮良品餐饮有限公司**
地址：江苏省南京市玄武区洪武北路 188 号长发数码大厦 101、102 室
负责人：姚舜禹
Tel：13905191913

**南京足心道足部保健服务有限公司**
地址：江苏省南京市玄武区太平门街 5 号－12A001 室
负责人：吴元森
Tel：025－84814206

**南京雨麓浪淘沙网吧有限公司**
地址：江苏省南京市雨花台区共青团路 21 号
负责人：华钢
Tel：025－83204108

**南京古城旅行社有限公司**
地址：江苏省南京市雨花台区普德村 153 号
负责人：汪学东
Tel：025－52444800

**南京百分百餐饮管理服务有限公司**
地址：江苏省南京市雨花台区铁心桥街道宁丹路 300 号
负责人：林春霞
Tel：13645167378

**苏州工业园区恒昌假期商务服务有限公司**
业务：本公司拥有一批精通国际、国内航空机票、旅游、酒店代理的专业人才，备有多套航空订票及商旅系统，包括中国民航、阿姆迪斯、阿贝克斯、伽利略等，以竞争力强的折扣价格、足可信赖的旅行顾问，为您提供全方位的超值服务，并可提供准时免费送票及特制旅行计划等服务。提供服务折扣机票：代理世界及国内各大航空公司的单程、往返程、联程国际国内特价机票。旅游咨询：代办国内旅游，出境旅游服务咨询，并为单位出游订制专业的旅行计划。我们将以朝气蓬勃的朝气、锐意进取的锐气、正直诚信的正气成为您永恒真诚的朋友！
地址：江苏省苏州市金阊区彩香路 6 号 A 座 609 室
负责人：夏阳……邮　编：215000
法　人：邱允曦
Tel：0512－68663057
66990068
Fax：0512－68660796
E-mail：qiu165@hotmail.com

**南京塞天皇星餐饮娱乐服务有限责任公司**
业务：洗浴桑拿、保健推拿
产品：洗浴桑拿、保健推拿
地址：江苏省南京市鼓楼区清凉门大街 68 号
负责人：林守清　邮　编：210036
Tel：025－86308588
Fax：025－86308799

**南京锦桓酒店有限公司**
地址：江苏省南京市雨花台区雨花西路 35 号
负责人：申世荣
Tel：13913913909

**苏州肯德基有限公司南通莲花店**
地址：江苏省南通市崇川区工农南路西侧红星路路口易初莲花超市一层
负责人：包莹瑞
Tel：13506137910

**南通兰台文化用品有限公司**
地址：江苏省南通市崇川区金龙花苑附 1 幢二层西
负责人：毛晋成
Tel：13615229392

**南通丽人坊化妆品有限公司**
地址：江苏省南通市崇川区南园路 15 号
负责人：钱爱红
Tel：13962956858

**渝源餐饮管理有限公司**
地址：江苏省南通市崇川区青年中路 73－1 号
负责人：姜经理
Tel：13862924389

**新萍酒家**
业务：中式餐饮
地址：江苏省南通市城桥乡河口村通城路天玺花苑
负责人：高德新　邮　编：226300
法　人：高德新
Tel：0513－85431979

**美罗城餐饮娱乐总汇**
地址：江苏省南通市崇川区人民中路 97 号
负责人：朱晓晴
Tel：0513－85801285

**江苏省南通市崇川区如意宾馆**
地址：江苏省南通市崇川区任港路 22 号－4
负责人：孙美华
Tel：0513－85853053
85526521

**苏州建发电子实业公司**
业务：本公司成立于 1995 年，主要生产销售美容指甲套，死皮铲，指甲锉，脚锉等（修甲工具）、塑料模具、塑料旗杆。欢迎新老客户来电洽谈业务！
地址：江苏省苏州市吴中区木渎镇谢巷工业区
负责人：沈永法……邮　编：215000
法　人：沈永法
Tel：0512－66257830
Fax：0512－66365970

**新香澳大酒店**
地址：江苏省南通市崇川区外环西路 29 号
负责人：吴小梁
Tel：0513－83538018
13901480185

**飘之杰美容美发有限公司**
地址：江苏省南通市海安县海安镇宁海北路 4－1 号
负责人：苏如桂
Tel：13584705555

**周家嘴食府**
业务：餐饮服务，以海鲜为主。内设豪华包厢，环境优雅，服务周到，价格合理，适合各种聚餐活动。
地址：江苏省南通市段家坝路 18 号三德大酒店向南 100 米
负责人：黄建芹　邮　编：226300
法　人：黄建芹
Tel：0513－85864290
85525179

**尤妮香水（海门）有限公司**
地址：江苏省南通市海门市开发区淀海西路 88 号
负责人：哈立德.尔.巴达维
Tel：13916227587

**向阳美术用品厂**
地址：江苏省南通市启东市向阳镇新阳村
负责人：陆平
Tel：0513－83461555
13706283555

**苏州新岛食品有限公司新岛大酒楼分公司**
地址：江苏省苏州市沧浪区凤凰街 370 号
负责人：陈振益
Tel：0512－65159777

**苏州风车王儿童文化发展有限公司**
地址：江苏省苏州市沧浪区民治路 6－1 号
负责人：蒋忠
Tel：0512－67795010

**苏州名城旅行社有限公司**
地址：江苏省苏州市沧浪区南环东路 340 号
负责人：羊纪平
Tel：13862020286

**苏州市九龙宾馆有限公司**
地址：江苏省苏州市沧浪区人民路 187 号
负责人：朱建良
Tel：0512－65317055

**江阴市长山金利来餐厅**
业务：江阴市长山金利来餐厅成立于 1997 年，多年来从事于餐饮服务，欢迎您的光临惠顾！
地址：江苏省无锡市江阴市滨江开发区长山渡江路 15 号
负责人：王莲花……邮　编：214429
法　人：王莲花
Tel：0510－86191298
网址：www.mtw51175.chinapyp.com

**南通市崇川天目湖鱼馆**
业务：提供餐饮服务，环境高雅舒适，多种热菜、酒水提供，以天目湖沙锅鱼头为主打，肉质细腻鲜嫩，汤汁浓厚。是品尝湖鲜的好地方！
产品：天目湖砂锅鱼头
地址：江苏省南通市濠北路 8 号
负责人：陈吉英　邮　编：226001
法　人：王新
Tel：0513－85500508

**上海必胜客有限公司苏州瑞富餐厅**
地址：江苏省苏州市沧浪区人民路 28 号一层
负责人：方莘
Tel：0512－65107101

**苏州市奥林春天商务酒店有限公司**
地址：江苏省苏州市沧浪区西环路 899 号
负责人：张全有
Tel：0512－68625000

**苏州市沧浪区锦山宾馆**
地址：江苏省苏州市沧浪区迎春路 3 幢 398 号
负责人：徐德华
Tel：0512－65136075

**常熟市中悦餐饮服务部**
地址：江苏省苏州市常熟市常熟经济开发区金融服务中心附楼 108 号
负责人：吴永刚
Tel：13052864888

**常熟市烟雨大酒店**
地址：江苏省苏州市常熟市甸新路 58 号
负责人：吴爱莲
Tel：0512－52227888

**常熟市常昭宾馆**
地址：江苏省苏州市常熟市方塔东街 5 号楼三、四层
负责人：李伟明
Tel：0512－52225858

**南通市劳动人民文化宫**
业务：为职工群众提供文化娱乐活动
地址：江苏省南通市环西路 1 号
负责人：吴叔儒　邮　编：226000
法　人：吴叔儒
Tel：0513－85529522
85112683
85512830

**常熟市南国酒家**
地址：江苏省苏州市常熟市方塔街 39 号

负责人:苏钰萍
Tel:13706238888

**常熟市铭港海鲜大酒楼**
地址:江苏省苏州市常熟市海虞南路49号
负责人:王国华
Tel:0512－52771111

**常熟市喜洋洋宾馆**
地址:江苏省苏州市常熟市红旗南路35号
负责人:王建南
Tel:13906239970

**常熟市兴福休闲浴场**
地址:江苏省苏州市常熟市虞山林场兴福寺旁
负责人:胡菊英
Tel:0512－52859681

**上海忠昌餐饮管理有限公司**
业务:上海忠昌餐饮管理有限公司成立于2005年9月,从事企业食堂承包、经营超市、劳务中介服务。
地址:江苏省吴江市芦墟镇四方商场402室
邮　编:215211
法　人:江忠吕
Tel:0512－68876215
Fax:0512－68876215

**安居酒店**
业务:酒店餐饮,特色菜肴:江鲜、海鲜
地址:江苏省南通市建设路33号
负责人:陈先生　邮　编:226401
法　人:陈华
Tel:0513－85529185

**常熟市三恒宾馆**
地址:江苏省苏州市常熟市珠江路450号
负责人:朱惠明
Tel:0512－51537888

**苏州山塘旅游发展有限公司玉涵堂分公司**
地址:江苏省苏州市金阊区山塘街玉涵堂
负责人:顾立新
Tel:0512－65331887
13706211575

**昆山市荣明乐器厂**
地址:江苏省苏州市昆山市巴城镇正仪街道通澄村
负责人:高友明
Tel:13506260132

**昆山裕泰餐饮有限公司**
地址:江苏省苏州市昆山市淀山湖镇东大街85－86号
负责人:章志宏
Tel:13606268952

**昆山三维园艺有限公司**
地址:江苏省苏州市昆山市国家农业示范区创业中心大楼(千灯镇)
负责人:胡艺春
Tel:0512－57467355

**洪盛生态酒店**
业务:餐饮服务
地址:江苏省南通市金沙镇开发区沿河路34号
负责人:洪进军　邮　编:226000
法　人:洪进军
Tel:13901469698
0513－86105779

**昆山金品餐饮有限公司**
地址:江苏省苏州市昆山市开发区金色港湾商铺5号楼7－11室
负责人:江华
Tel:13906266628

**新城市酒店**
业务:餐饮服务
地址:江苏省南通市开发区北海南路848号
负责人:赵善冲　邮　编:226300
法　人:赵善冲
Tel:0513－83597771
13328092771

**昆山新昌餐饮有限公司**
地址:江苏省苏州市昆山市开发区李箕路19－2号
负责人:许妙英
Tel:13331877080

**昆山市中源大酒店有限公司**
地址:江苏省苏州市昆山市开发区青阳路111号
负责人:张强生
Tel:0512－86160800

**夜上海酒家**
业务:中餐
地址:江苏省南通市青年东路73号
负责人:魏春曦　邮　编:226007
法　人:魏春曦
Tel:0513－85221522
Fax:0513－85219060

**苏州蓝天客运旅游有限公司昆山分公司**
地址:江苏省苏州市昆山市开发区玉龙东村18号楼004室
负责人:翁建林
Tel:0512－67298127

**昆山市锐乐膳食有限公司**
地址:江苏省苏州市昆山市玉山镇超华商贸城D区17号楼16号
负责人:胡宪斌
Tel:0512－55229709

**昆山市全通池上餐饮有限公司城北店**
地址:江苏省苏州市昆山市玉山镇城北紫竹路308号
负责人:余惠萍
Tel:0512－57591322

**新沂瑞丰酒店管理有限公司**
业务:新沂瑞丰国际酒店位于市中心繁华商业区,是一家四星级多功能商务型酒店。酒店坐落于利民路11号(原政府招待所),酒店主楼建筑面积12300平方米。设有标准间、豪华套房,共计168间。副楼设有商务间55间。酒店融旅游、商务、餐饮、客房、娱乐、等于一体,中西餐厅、大堂酒吧、各类标准会议厅、商场、商务中心、多功能厅、贵宾桑拿汤屋、美容美发、健身房、夜总会等一应俱全。是目前新沂地区规模档次最高的一家酒店。
地址:江苏省徐州市新沂市利民路11号
负责人:韩志勇　邮　编:221400
Tel:0516－88066666
88055555
网址:www.ruifenghotel.com
E-mail:ruifeng@ruifenghotel.com

**老房子火锅店**
业务:干锅牛蛙等中式餐饮
地址:江苏省南通市青年西路(江苏省南通市工农路135号)
负责人:陈树林　邮　编:226000
法　人:陈树林
Tel:0513－85220683
83555077

**苏州市蓝色快舟城市旅店有限公司**
地址:江苏省苏州市平江区临顿路302号
负责人:蒋雪峰
Tel:0512－67025221

**苏州金银岛足道有限公司**
地址:江苏省苏州市平江区乔司空巷28－38号101室
负责人:顾谨
Tel:13812601616

**苏州怡家宾馆有限公司**
地址:江苏省苏州市平江区温家岸51－53号
负责人:周颖斐
Tel:13013883686

**太仓市淘乐网吧**
地址:江苏省苏州市太仓市城厢镇人民南路3号二楼
负责人:陈如东
Tel:0512－53527658

**江苏省南通市崇川区恋歌娱乐城**
业务:这里有豪华包厢、液晶电视、触摸电脑、一流的音响设备、曲目齐全。恋歌引领K歌新潮流,欢迎前来欢唱。
地址:江苏省南通市桃坞路2号友谊大厦一楼
负责人:夏晓珊　邮　编:226001
法　人:蒋琴
Tel:0513－85108111
Fax:0513－85109111

**太仓天马国内旅行社有限公司**
地址:江苏省苏州市太仓市城厢镇体育东路38号
负责人:庞建农
Tel:0512－66110808

**万佳洪泽湖生态旅游度假区有限公司**
地址:江苏省宿迁市泗洪县龙集镇东咀村
负责人:张克祥
Tel:0527－86454278
13852832888

**小媳妇快餐**
业务:餐饮
地址:江苏省南通市姚港路68号－28
负责人:杨美琴　邮　编:226000
Tel:0513－83556667
83552227

**雅馨园茶业馆**
地址:江苏省徐州市彭城南路古玩城1－35号
负责人:王伟
Tel:0516－83800618
13776796388

**苏州青年旅行社股份有限公司三多巷营业部**
业务:国内、国际旅游
地址:江苏省苏州市沧浪区东大街488号
负责人:蔡军华　邮　编:215002
法　人:蔡军华
Tel:13013776186
0512－65119002
网址:www.33ly.com

**徐州市旅游服务有限公司**
地址:江苏省徐州市黄河新村79号3号楼4单元102室
负责人:叶红波
Tel:0516－85835252
83765234
13013999211

**盐城书城图书有限公司**
地址:江苏省盐城市解放北路凌桥小区28号楼
负责人:沈凯斌
Tel:13905112225

**沭阳县金色巴黎商务宾馆**
业务:提供住宿服务
地址:江苏省宿迁市沭阳县迎宾大道巴黎新城F座四至十一层
负责人:丁前金　邮　编:223800
法　人:丁前金
Tel:0527－83995555
Fax:0527－88933779

**夏威夷休闲俱乐部**
地址:江苏省扬州市高邮市文游中路168号
负责人:朱兵
Tel:13952559888

**扬州市音美尔民族乐器有限公司**
地址:江苏省扬州市湾头镇联合村陈庄组(老联合小学内)
负责人:刘庆阳
Tel:0514－87293658
87293058
13815821529

**沭阳县好必和美食城**
业务:餐饮业
地址:江苏省宿迁市沭阳县迎宾大道浙江商城A1幢一层5－7号
负责人:陆成军　邮　编:223800
法　人:陆成军
Tel:0527－83938777
83061777

**仪征市路南佳鑫庄旅游用品厂**
地址:江苏省仪征市大仪镇工业园区南侧
负责人:赵加高
Tel:0514－83865987
13301456148

**欣扬野营用品有限公司**
地址:江苏省镇江市丹阳市窦庄镇
负责人:张春华
Tel:0511－86414111
86414222
13806108001

**镇江御景湾大酒店有限公司**
业务:镇江御景湾大酒店有限公司成立于2004年,主要从事餐饮类。公司始终坚持"宾客至上,服务第一"的经营宗旨,不断追求卓越,以严谨、高效的管理和真诚的服务为海内外宾客提供一个舒适的家外之家。
地址:江苏省镇江市镇扬汽渡口
邮　编:212017
法　人:徐生兵
Tel:0511－5630777
Fax:0511－5630555

**泰兴市庆云酒店管理有限公司**
业务:四星级酒店,提供住宿、餐饮、KTV、桑拿服务
地址:江苏省泰兴市国庆西路29号
负责人:郭根进　邮　编:225500
法　人:郭根进
Tel:13182258866
13182250066

**翰林轩燕翅鲍食府**
业务:餐饮
地址:江苏省无锡市站前商贸城汉昌西街6号
负责人:卢经理　邮　编:214000
Tel:0510－82325188
82325288

**泰州市官河大酒店有限公司**
业务:餐饮、住宿
地址:江苏省泰州市寺巷镇鲍九路9号
负责人:王金森　邮　编:225300
法　人:王金森
Tel:0523－86843066

**怡宾酒家**
业务:餐饮服务
地址:江苏省通州市五接镇五接派出所旁边
负责人:朱永军　邮　编:226300
法　人:朱永军
Tel:0513－86748881

**一网倾情网吧**
地址:江苏省镇江市丹阳市皇塘镇新丰街28号
负责人:荆平不
Tel:0511－86633300
13706103156

## 东台磊达国际大酒店有限公司

东台磊达国际大酒店有限公司成立于2006年，本公司总建筑面积4.8万平方米，拥有客房306间（套），多功能厅10个，一次性可同时接待3000人会议或商务活动。主大厅可容纳1800人的会议或1400人宴会，两个中厅可分别容纳560人和380人的会议或宴会，设有86个大小包间和具备460人的零售自助餐厅，配套建有咖啡厅、大堂吧、健身房、商务中心、休闲中心、室内外游泳池、大型停车场等设施。热忱欢迎新老客户观临！

联系人：周恒阳
电话：0515-85555555 传真：0515-85106666
网址：www.leida.com.cn 电子邮件：hotel@leida.com.cn
地址：江苏省东台市东园路99号 邮编：224200

## 靖江市金石宾馆

靖江市金石宾馆位于靖江市中心繁华地段，闹中取静、紧临公园，宾馆全新装璜，设施齐全，标准间、大套间、中套间、棋牌室、钟点房、简餐、保健脚疗应有尽有，是您旅游，会友的理想场所！

电话：0523-84987222 82664593
联系人：薛桂章 13615188850
地址：江苏省靖江市人民北路40弄4号（人民公园西大门南侧） 邮编：214500

## 建湖县大世界娱乐会所

建湖县大世界娱乐会所自成立以来，主要经营KTV娱乐项目，本所的服务宗旨是客户至上、服务第一，建湖县大世界娱乐会所全体员工热忱欢迎广大客户光临惠顾！

联系人：李容刚
电话：0515-86237888
地址：江苏省盐城市建湖县东方广场 邮编：224000

## 昆山市米兰商务酒店

本公司成立于2006年，主要经营餐饮家务。"用完美的技术服务，满足顾客要求"是我们的经营理念；"高品质、精确、快捷、实惠"是我们的制作准则；"为顾客营造美丽温馨家园，为企业塑造良好形象"是我们的服务宗旨。

联系人：颜富滨
电话：0512-57502177、57511688、13013750828 传真：0512-57992813
地址：江苏省昆山市南街19号 邮编：215300

## 江阴定山湖美食山庄

定山湖美食山庄是一家集农家美食、商务会议、野外烧烤、野外体育拓展训练、垂钓、茶室、住宿休闲为一体的综合性生态美食总汇。

山庄坐落于风景秀丽、依山傍水的云亭定山孟家村山麓处，集餐饮、旅游、健身、娱乐、休闲于一体。我们秉承"宾客至上，服务第一，用我的真诚换您的真心"的服务理念，以周全的服务恭候您的到来！

联系人：潘玉昌 电话：0510-86157778 86157779
网址：www.jydshmssz.com 传真：0510-86013608
地址：江苏省江阴市云亭镇定山孟介村 邮编：214422

## 昆山市玉山镇鸿瑞酒店

昆山市玉山镇鸿瑞酒店成立于2007年，本酒店专业从事住宿、中餐等服务。

我们将以不懈的努力为您提供卓越的服务。热忱欢迎您惠顾！

联系人：郁建新
电话：0512-57188778 13809063015
地址：江苏省昆山市玉山镇城北北门路1253号 邮编：215300

## 金湖县黎城镇欣氏上海汤包馆

本公司成立于2000年，主要经营早点销售。公司宗旨是品德为先，以诚取信；勤暖万家，服务永恒。

联系人：欣欣
电话：15952323000、0517-86981179
地址：江苏省淮安市金湖县健康西路西苑小区55号-2 邮编：223001

## 昆山誉兴大酒店

酒店开业时间2004年9月19日，是一家集餐饮、娱乐、住宿于一体的大型商务酒店，地处昆山市中心合兴路柏庐路交汇处，毗邻火车站，距高速公路出口处仅二公里，交通便捷，环境幽雅。

酒店拥有各类设施完善的商务标准房、商务单间、商务套间及豪华套间共166间，中西餐位1000余个。酒店坚持以诚取信，以客为先的服务宗旨，将为您提供周到、满意的服务。

联系人：虞阿二 13806261268
电话：0512-57886666 传真：0512-57886600
地址：江苏省昆山市玉山镇合兴路555号 邮编：215300

## 金坛市华城百度娱乐城

本公司成立于2008年，主要经营KTV。

我们本着"开心、舒心、贴心"的服务宗旨竭诚为您服务，您的满意就是我们的目的。

欢迎您的光临！

联系人：朱炳强
13906146565
电话：0519-82798999
邮编：213200
地址：江苏省金坛市北环市路118号

## 连云港市百一咖啡西餐厅

连云港市百一咖啡西餐厅是一家集中西餐为一体的高级商务会所，中餐以"飘水鱼"为特色，此菜具有浓厚的四川地方风味，深受港城人的喜爱，西餐主要以牛排为主，还有煲仔饭、铁板饭、商务套餐等。

欢迎光临。

联系人：孙婷
电话：0518-85481288 13675212888
邮编：222002
地址：江苏省连云港市新浦区通灌南路银城旺角名座58号

## 连云港市连云区海雁居海鲜馆

本公司成立于2006年，主要经营餐饮、住宿、观光，主要有野生活海鲜（鱼、虾、贝类）、吃渔家菜、住渔家房、坐渔家船、观海上日出。以“价廉物鲜”“顾客至上”为服务宗旨。

联系人：杨华成

电话：0518-82600112、13912153824 电子邮件：haiyaju@126.com
地址：江苏省连云港市连云区连岛海滨浴场中心街 邮编：222000

## 南京意冰私房菜馆

本公司主要经营餐饮服务。一直遵循“顾客至上、服务第一”的宗旨，以优质服务赢得了顾客的满意。

联系人：王文斌

电话：025-83751707、13815446928
地址：江苏省南京市鼓楼新村9号102 邮编：210000

## 涟水县王者酒楼

本公司成立于2007年，主要经营餐饮。

客人至上－对客人的服务永远排在工作的第一位。主动热情－以真诚的爱心为宾客提供优质的服务。礼貌微笑－是每一个工作人员对宾客服务应具备的基本要求。

联系人：王洪林 13357963595
电话：0517－82388777
邮编：223001
地址：江苏省淮安市涟水县常青路北涟州桥南

## 南通市港闸区业展源菜馆

本公司成立于2008年。
主要经营餐饮。
我们菜馆一直遵循“顾客至上、服务第一”的宗旨，以优质服务赢得了顾客的满意。

联系人：陆汉生
13906291861
电话：0513－85827660 邮编：226000
地址：江苏省南通市秦灶街道秦灶村十一组80号

## 刘大烤鹅店

刘大烤鹅店专业从事熟食加工经营，产品不同，配方不同，工艺不同，欢迎新老客户光临品尝！

联系人：刘厚大

电话：13951373226 0527-85291267
地址：江苏省宿迁市泗阳县解放南路 邮编：223653

## 世纪王朝酒店有限公司

世纪王朝酒店有限公司成立于2003年，主要从事餐饮、客房。公司秉承“诚信、廉洁、服务”的企业文化理念，树立创新的企业精神，拥有高素质的管理团队、竞争实力和赢利能力，在酒店业激烈的市场竞争中，取得了不凡的成绩。

电话：0510-87700777
联系人：朱和平 13806152788
地址：江苏省无锡宜兴市宜城镇阳泉西路103号 邮编：214200

## 南京栖凤居食府

本食府主要经营餐饮。食府本着顾客至上，尽心尽力的服务宗旨为就餐者提供绿色、卫生、营养的食品和整洁、舒适、优雅的就餐环境。

联系人：汪涛

电话：15952053809、13376052584 邮编：210000
地址：江苏省南京市江宁经济技术开发区江南青年城青楚门1幢102

## 洪县食佳酒楼

本公司成立于2002年，主要经营餐饮、客房、烟酒副食。“优质服务，宾至如归”是我们酒楼的服务宗旨。

联系人：陈军
电话：0527-86880886、86261699、89883789、86887799 传真：0527-86222065
地址：江苏省宿迁市泗洪县东盛大都会E3栋21至22号 邮编：223900

## 南京市烟雨阁茶楼有限公司

烟雨阁茶楼是一家以茗茶为主，集多功能于一体的休闲茶社，拥有豪华包间，设施一流：自动化桌、平板电视，主要经营茶，简餐。服务宗旨：热情周到，干净舒适，热烈欢迎您的光顾。

联系人：周进明
电话：025-86200860、86380818、13809000953
地址：江苏省南京市鼓楼区江东北路388-7号 邮编：210000

## 苏州高新区天赐佳人美发店

苏州高新区天赐佳人美发店成立于2001年，苏州高新区天赐佳人美发店位于苏州市高新区馨泰花园，本店专业经营美容美发。本着顾客至上诚信第一的原则，希望能以优质的产品、合理的价格，为广大新老嘉宾提供优良的服务。

联系人：王凡
电话：0512-68411388 邮编：215000
地址：江苏省苏州市高新区馨泰花园管理中心一楼

## 泰兴市紫藤苑大酒店

泰兴市紫藤苑大酒店创建于1990年，泰兴市紫藤苑大酒店位于泰州市泰兴市泰兴镇中兴大道。大酒店主要以餐饮为主，大酒店只提供中餐。我们相信，家庭的欢乐、朋友的相聚、师生的感情以及您事业上的成就是我们不断进步的动力。我们竭力为您提供最温馨的服务。我们努力让酒店的每一位员工都感受到集体的温暖，同时充分发挥团队合作的精神；员工的成长是我们的骄傲。

联系人：赵俊勤
电话：0523-87760876
地址：江苏省泰州市泰兴市泰兴镇中兴大道22号
邮编：225400

## 盐城建湖县华业饭店

盐城建湖县华业饭店于2008年10月成立，盐城建湖县华业饭店位于盐城市建湖县城湖中南路，本饭店主要经营餐饮、客房。盐城建湖县华业饭店本着“客户第一，诚信至上”的原则，与多家企业建立了长期的合作关系。热忱欢迎各界朋友前来参观、考察、洽谈业务。

联系人：陶德　　邮编：224700
电话：0515-86218777　86222277　86229188
地址：江苏省盐城市建湖县城湖中南路

## 泰州市海陵区泰福楼酒店

温泰州市海陵区泰福楼酒店成立于2007年，泰州市海陵区泰福楼酒店位于泰州市海陵区东方花园，主要从事餐饮服务。客户至上、服务第一，热忱欢迎新老客户光临惠顾！

联系人：曹永高　　邮编：225300
电话：15850859777　0523-86271538
地址：江苏省泰州市海陵区东方花园B公建102室

## 扬中市鸿景江度假村

扬中市鸿景江度假村成立于2008年，集餐饮、客房、旅游、垂钓为一体。鸿景江渡假村是旅游观光、健体养身、休闲度假、江鲜品尝、商务洽谈、会议培训的理想场所。

我们将以一流的环境、一流的服务带给你温馨的家的感觉，让你在这里的每一刻都快乐无比，也让这里的每一处景点都给你留下温馨的回忆！

联系人：薛佩华
网址：www.hjjdjc.com
电子邮件：447878502@qq.com
地址：江苏省扬中市国土公园内
电话：0511-82687878 88368878
传真：0511-88265488
邮编：212200

## 无锡市前进净水剂厂

无锡市前进净水剂厂成立于1987年，主要提供净水剂，是生产水处理材料的专业厂家，并且技术力量雄厚，生产设备先进，检测手段齐全，原料选择优良，产品性能稳定，其各项指标均达到国家标准。

我们秉承“顾客至上，锐意进取”的经营理念，坚持“客户第一”的原则为广大客户提供优质的服务。欢迎广大客户惠顾！

联系人：曹国清 13606198475
电话：0510-88793319　　传真：0510-88786758
地址：江苏省无锡市锡山区东港镇南林村　　邮编：214196

## 扬中市三茅镇恒发渔港

扬中市三茅镇恒发渔港成立于2005年，扬中市三茅镇恒发渔港位于扬中市三茅镇二墩港新闸北，主要经营餐饮，主要有江鲜菜等等。生活的享受，来自每一刻小小的满足，我们深知这一点，所以恒发渔港精选优质江鲜原料，加入百分百的热情，制作出真正令人愉快和享受的江鲜美食。

联系人：汤加春
电话：0511-88395757　88395779　　邮编：212200
地址：江苏省扬中市三茅镇二墩港新闸北

## 吴江市盛泽镇大谢酒店

本公司成立于2008年。

主要经营餐饮服务。

公司的服务宗旨是“德行天下、诚信则立”，全方位提供人性化的服务，以满足客户的需求，并以此作为我们服务的最终目的。

联系人：黄建风
13862521128
电话：0512－63991677
地址：江苏省吴江市盛泽镇三环路　　邮编：215228

## 银和饭店

银和饭店成立十几年，银和饭店位于江苏省兴化市垛田镇杨荡村。本店主要以餐饮为主。银和饭店本着“客户第一，诚信至上”的原则，与多家企业建立了长期的合作关系。热忱欢迎各界朋友前来参观、考察、洽谈业务。

联系人：陈爱年
电话：13914514769　0523-83486287
地址：江苏省兴化市垛田镇杨荡村
邮编：225700

## 吴江天马国内旅行社有限公司汾湖开发区营业部

本公司精心组织和接待中国公民在国内的观光旅游、商务考察、休闲渡假以及各类商务、学术会议活动；同时还开展散客接待，包机，代订客房，代办车、船、机票等业务。

联系人：马雪强　　13962587712
电话：0512-63270122　63274828
地址：中国江苏省吴江市汾湖开发区芦莘大道115号
电子邮件：maxueqiang2008@163.com　　邮编：215211

## 张家港市南丰镇时代天使美容美发休闲中心

张家港市南丰镇时代天使美容美发休闲中心成立于2005年，本中心主要经营美容美发。时代天使美容美发休闲中心以雄厚的实力、合理的价格、优良的服务与多家企业建立了长期的合作关系。时代天使美容美发休闲中心热忱欢迎各界前来参观、考察、洽谈业务。

联系人：陈全
电话：13951132596　13915704858　13862215099
地址：江苏省张家港市南丰镇南路57号
邮编：215600

## 浙江省/Zhejiang Province

### 永嘉县表山乡界岩农家菜馆
业务:烤全羊、喝农家酒汗、吃本地鸡、野味、野生石蛙、本地田鱼、内有农家菜地供客人自摘各种蔬菜订餐电话:0577－67055606
地址:浙江省温州市永嘉县表山乡石匣村界岩自然村
负责人:郑卿岳　邮　编:325000
法　人:郑卿岳
Tel:13989724058
0577－67055606
67055616

### 永嘉县鹤盛乡岩上林居农家乐
业务:餐饮服务、住宿
地址:浙江省温州市永嘉县鹤盛乡岩上村
负责人:李寿南　邮　编:325114
法　人:李寿南
Tel:13868869175
0577－67191617

### 康之源专业中医推拿
业务:针灸整脊推拿足疗等
地址:浙江省温州市永嘉县桥下镇陆岙村大桥东路13号
负责人:叶继秀　邮　编:325000
法　人:叶继秀
Tel:13676484602
13706780955

### 永嘉县上塘镇胡师傅全自动麻将机店
业务:全自动扑克牌桌,麻将桌销售、维修
地址:浙江省温州市永嘉县上塘镇环城西路407号
负责人:胡红伟　邮　编:325100
法　人:胡红伟
Tel:13626534772
0577－67257135

### 永嘉县上塘镇牛佬黄牛骨店
业务:农家菜
地址:浙江省温州市永嘉县上塘镇学前路36－38号(中塘小学上面)
负责人:洪孙良　邮　编:325100
法　人:洪孙良
Tel:13588921838
0577－67202577

### 永嘉县乌牛镇刘敏台球室
业务:台球
地址:浙江省温州市永嘉县乌牛镇西湾村山下东路33号
负责人:刘敏　邮　编:325000
法　人:刘敏
Tel:0577－67301626

### 新龙门酒家(神锋剑餐馆)
业务:餐饮
地址:浙江省温州市永嘉县岩头镇下日川村
负责人:周昌丰　邮　编:325000
法　人:周昌丰
Tel:13968993908
0577－67177997
Fax:0577－67177998
网址:www.xlmkz.cn
E-mail:canyin@xlmkz.cn

### 永嘉县岩头镇乐可可冰淇淋店
业务:主要经营各种冰淇淋的销售
地址:浙江省温州市永嘉县岩头镇振兴街113号
负责人:谢玲爱　邮　编:325000
法　人:谢玲爱
Tel:13968958395
15068286829
0577－670017

### 义乌市国尊保健按摩服务部
业务:保健按摩服务
地址:浙江省义乌市北苑望道路15号
负责人:黄拥军　邮　编:322000
法　人:黄拥军
Tel:0579－85117986

### 浙江省义乌市夏松韩国料理店
业务:韩式料理
地址:浙江省义乌市江东街道江东南路311号
负责人:柳华荣　邮　编:322000
法　人:柳华荣
Tel:0579－85453007

### 义乌市塘坞梅花鹿养殖场/鹿义山庄
业务:餐饮、梅花鹿养殖
地址:浙江省义乌市大陈镇红旗村龙山景区
负责人:陈延生　邮　编:321000
法　人:陈延生
Tel:0579－85992488
85993288

### 义乌市蔡瑛美容院
业务:生活美容服务(瑞士高科技荷尔蒙再生权威专家,让57岁以前非正常停经女性重来月经,恢复正常生理代谢)
地址:浙江省义乌市宾王商贸区五街102号三楼
负责人:蔡英　邮　编:321100
法　人:蔡英
Tel:13957951788
0579－85553856

### 温州海澜门商务宾馆
业务:宾馆、客房
产品:商务单间、豪华单间、商务标间、豪华标间、豪华套房
地址:浙江省温州市站前东小区锦源路1－2号
负责人:沈云平　邮　编:325000
法　人:吴传利
Tel:0577－85695888
Fax:0577－85697779
E-mail:27332373@qq.com

### 妃儿美化妆品商行
业务:化妆品经营
地址:浙江省义乌市世纪商城六街80号
负责人:陈建军　邮　编:322000
法　人:陈建军
Tel:0579－83058582

### 义乌市柏奥化妆品商行
业务:不锈钢美容工具,修甲工具,修脚工具
产品:眉夹,眉钳,美容剪,睫毛夹,美容针,修眉刀,修甲工具,脚锉,抛光锉等
地址:浙江省义乌市中国小商品城国际商贸城3区西53号门三楼
负责人:王学申
法　人:王学申
Tel:0579－85192104
85166708
13566793468
Fax:0579－85192104
85166708
网址:www.baolmrgj.com
E-mail:baol@baolmrgj.com

### 义乌市温锦保健按摩服务部
业务:按摩
地址:浙江省义乌市中心小区11幢11号
负责人:欧扬忠　邮　编:321000
法　人:欧扬忠
Tel:13757916229

### 永嘉县渠口乡塘垮村嘉园农家餐馆
业务:集农业开发、旅游餐饮于一体,提供旅游餐饮、住宿等一系列服务。以农家菜为主打,选用天然无公害山珍蔬果,精心烹制,让您真正品尝到农家的绿色美味。
地址:浙江省永嘉县渠口乡塘垮村
负责人:郑福纯　邮　编:325108
法　人:郑福纯
Tel:13587765612

### 余姚市临山蓝海丽人
业务:美容服务,美容产品
地址:浙江省余姚市临山镇临城村迎风路98－100号
负责人:王女士　邮　编:315000
法　人:王彩芬
Tel:0574－62050167
62053165

### 热度酒吧
业务:酒吧
地址:浙江省杭州市萧山区所前镇十字路口
负责人:黄庆丰　邮　编:311203
法　人:徐关莉
Tel:13296765558

### 舟山市定海好乐迪娱乐会所
业务:KTV娱乐
地址:浙江省舟山市定海芙蓉洲路122号
负责人:李晓燕　邮　编:316000
法　人:李晓燕
Tel:13666588956
0580－2600088

### 余姚市泗门麦田咖啡馆
业务:许可经营项目:西式餐(不含水果切配)的供应。一般经营项目:棋牌服务。
地址:浙江省余姚市泗门镇镇北路137号
负责人:谢益萍　邮　编:315000
法　人:谢益萍
Tel:0574－62125577
62125578

### 舟山市定海立达餐饮店
业务:快餐
地址:浙江省舟山市定海区芙蓉洲路80号－11
负责人:徐绪三　邮　编:316000
法　人:徐绪三
Tel:0580－2608365
2608392
2967093

### 舟山市定海区时尚芭莎造型美发中心
业务:美发服务
地址:浙江省舟山市定海区芙蓉洲南路23号－2
负责人:陈龙　邮　编:316000
法　人:陈龙
Tel:0580－2041659
13666580880

### 舟山市定海英雄煮麻辣烫小吃店
业务:百汇餐饮加盟店
产品:英雄煮
地址:浙江省舟山市定海西大街41号
负责人:夏国定　邮　编:316000
法　人:夏国定
Tel:0580－2049129

### 渔老伯网络便当店
业务:便当订购,煲仔饭
地址:浙江省舟山市普陀区东港街道灵秀街71号
负责人:俞忠　邮　编:316100
法　人:俞忠
Tel:0580－3824012
3992628

### 舟山市普陀区六横镇水之恋足浴房
业务:足浴
地址:浙江省舟山市普陀区六横镇龙山中心村西浪咀小区
负责人:黄金钗　邮　编:316000
法　人:黄金钗
Tel:15858085590
13884315112

### 舟山市普陀区沈家门百乐门夜总会
业务:KTV
地址:浙江省舟山市普陀区沈家门街道滨港路33号2楼
负责人:黄海红　邮　编:316000
法　人:黄海红
Tel:13868212286
0580－3052789

### 舟山市普陀区沈家门华清池桑拿浴室
业务:桑拿、足疗、浴室
地址:浙江省舟山市普陀区沈家门街道中兴路86号
负责人:柳忠芳　邮　编:316000
法　人:柳忠芳
Tel:13706806243
0580－3022958

### 舟山市普陀区勾山小天惠美食
业务:快餐,小炒等餐饮服务
地址:浙江省舟山市普陀区沈家门街道舟渔公司职工医院旁兴海路
负责人:刘华年　邮　编:306101
法　人:刘华年
Tel:13967235604
0580－8102782

### 海力生商务会所
业务:KTV
地址:浙江省舟山市普陀区食品厂路38号
负责人:林海刚　邮　编:316000
法　人:林海刚
Tel:0580－3015299
3013799
13567658288

### 舟山市普陀区展茅宏图宾馆
业务:住宿
地址:浙江省舟山市普陀区展茅街道沙井村柴家文化路51号
负责人:张毛年　邮　编:316000
法　人:张毛年
Tel:0580－6021866

### 舟山市普陀区朱家尖蜈蚣峙码头恩光海鲜餐厅
业务:餐饮
地址:浙江省舟山市普陀区朱家尖蜈蚣峙码头
负责人:吴海舟　邮　编:316000
法　人:吴海舟
Tel:0580－6638102

### 舟山市普陀山息耒素斋馆
业务:素斋馆
地址:浙江省舟山市普陀山香华街3号
负责人:庄文毫　邮　编:316000
法　人:庄文毫
Tel:0580－6094580

### 嵊泗县菜园镇友谊宾馆
业务:住宿、停车
地址:浙江省舟山市嵊泗县菜园镇沙河路128号
负责人:崔士兵　邮　编:202450
法　人:崔士兵
Tel:0580－5088888

### 诸暨市半亩方塘休闲鱼庄
业务:饭店,主要是特色鱼
地址:浙江省诸暨市暨阳街道浣纱南路150号
负责人:郭鑫儿　邮　编:312000
法　人:郭鑫儿
Tel:0575－87181778
13175273888

### 海宁市长安镇庆锋大酒店
业务:餐饮、住宿、停车
地址:浙江省海宁市长安镇修川路851号二楼
负责人:周长德　邮　编:314400
法　人:周长德
Tel:0573－87406856

### 杭州萧山董华大灶头酒店
业务:餐饮服务
地址:浙江省杭州市萧山区宁围镇市心北路708号
负责人:黄敏　邮　编:310026
法　人:黄敏
Tel:13291813888
0571－83897788
83897979
Fax:0571－83897979

### 杭州萧山蜀山阿锋农庄
业务:餐饮、垂钓、烧烤、棋牌
地址:浙江省杭州市萧山区蜀山街道向阳社区
负责人:徐小姐　邮　编:311203
法　人:徐燕燕
Tel:13867145577
0571－82707979

### 杭州余杭区仓前镇王国强羊锅
业务:火锅,餐饮
地址:浙江省杭州市余杭区仓前镇葛巷村杨家河(20)号
负责人:王国强　邮　编:310000
法　人:王国强
Tel:0571－88620230

### 杭州余杭区仓前镇周全永饭店
业务:餐饮
地址:浙江省杭州市余杭区仓前镇葛巷村杨家河(28)号
负责人:周全永　邮　编:310026
法　人:周全永
Tel:0571－88620261

### 杭州余杭区仓前镇严荣祥饭店
业务:羊肉,羊锅
地址:浙江省杭州市余杭区仓前镇葛巷村杨家河(36)(37)(41)号
负责人:严荣祥　邮　编:310026
法　人:严荣祥
Tel:13003655673
0571－88611197

### 富阳市天府休闲娱乐有限公司
地址:浙江省富阳市市心北路80号东成大厦1楼
负责人:范斌东

Tel:0571－63322119
13758173168

**章建卫饭店**
业务：销售羊角
地址：浙江省杭州市余杭区仓前镇葛巷村杨家河 32 号
负责人：章建卫 邮 编：310000
法 人：章建卫
Tel：13634113938
0571－88620229

**慈溪市庵东荣和足浴房**
业务：足浴、中医推拿保健按摩服务
地址：浙江省慈溪市庵东镇七二三北大街 12 号
负责人：胡荣和 邮 编：315000
法 人：胡荣和
Tel：13586718691
15968983905

**海宁星港文化娱乐有限公司**
业务：主营豪华 KTV、慢摇吧、影院多元化发展，我们将竭诚为您提供最优质服务，最时尚健康的休闲娱乐空间。星港期待您的光临
地址：浙江省海宁市长安镇盐仓星星港湾花园锦带湾广场 21 号
负责人：王建明 邮 编：314423
法 人：王建明
Tel：0573－87968988
Fax：0573－87570555

**杭州市余杭区仓前镇寿明羊锅饭店**
业务：本店提供餐饮服务，主打菜品掏羊锅、冷板羊肉，是地地道道的仓前羊锅，口味独特、消费实惠！
产品：掏羊锅、冷板羊肉、羊杂汤等
地址：浙江省杭州市余杭区仓前镇葛巷村杨家河 10、11 号
负责人：陈寿明 邮 编：311002
法 人：陈寿明
Tel：0571－88619319
88611157
13184210032

**杭州余杭区良渚康祥酒家**
业务：餐饮服务
地址：浙江省杭州市余杭区良渚镇金家渡路 137－141 号
负责人：王晓雷 邮 编：310026
法 人：王晓雷
Tel：13486129039
0571－88750867

**杭州余杭区临平街道馨缘宾馆**
业务：住宿、茶楼、餐饮
地址：浙江省杭州市余杭区临平街道汀洲路 124—158 号
负责人：方峰明 邮 编：310026
法 人：方峰明
Tel：0571－26262999
86203999

**诸暨市八度琴行**
业务：销售各种品牌中西乐器，开设音乐培训。我们愿本着教学、销售、服务三位一体的经营理念，竭诚为大家服务。八度琴行，带您走进艺术殿堂。
产品：查伦、卡瓦伊、托雅玛钢琴，塞尔玛、柳泽、托雅玛、泰山、瑞顿管乐，星晨吉他、金音古筝，电子琴，小提琴等
地址：浙江省诸暨市暨阳街道江东路 32－14 号
负责人：张谢君 邮 编：311800
法 人：张谢君
Tel：0575－88593222
13906859852
E-mail：zxj_0124@163.com

**诸暨市瑞美特勇杰健身馆**
业务：常年开设：跆拳道散打，少儿武术，女子防身术，瑜珈健美操，专业减肥班，肚皮舞，拉丁舞，街舞
地址：浙江省诸暨市暨阳街道人民南路 172 号南门菜场对面
负责人：段训勇 邮 编：312000
法 人：段训勇
Tel：0575－87125118

**诸暨市静燕汗蒸馆**
业务：汗蒸（诚招加盟商）
地址：浙江省诸暨市暨阳街道永福路 6－2－3 号
负责人：吴静燕 邮 编：311800
法 人：吴静燕
Tel：13567581601
0575－87976868

**诸暨市 365 舞专业女子健身会所**
业务：专业高温瑜珈，拉丁舞，爵士舞，肚皮舞，健身操培训，韩式汗蒸等
地址：浙江省诸暨市暨阳街道望江一路 10－7、10－8 号
负责人：周洁 邮 编：311800
法 人：周洁
Tel：0575－87356999
87271234
E-mail：zhoujie104004518@126.com

**诸暨市山下湖香越宾馆**
业务：宾馆套房服务
地址：浙江省诸暨市山下湖镇西杨龙村
负责人：钱水明 邮 编：312000
法 人：钱水明
Tel：0575－87681818

**诸暨市鸿豪大酒店**
业务：餐饮服务
地址：浙江省诸暨市陶朱街道铁路新客站北侧
负责人：方再松 邮 编：312000
法 人：方再松
Tel：0575－88118018
13806767068

**温州市浙南农副产品中心市场思楠美甲用品商行**
业务：批发美甲全部的产品以及纹身，技术免费指导
地址：浙江温州浙南农贸市场二区 230－232 号
负责人：张磊 邮 编：325000
法 人：张磊
Tel：0577－88550610
13095774080

**温岭市城东晨辉面馆**
业务：供应各式面食、糕类小吃，种类多，选择多，口味正宗，并提供免费送餐服务。我们始终以"卫生、廉价、营养、美味、快捷"为宗旨，诚信经营，深受食客的青睐！欢迎您的光临！
地址：浙江省温岭市城东街道九龙汇商业街 258、260 号；分店：温岭市星光中路 195 号
负责人：代德权 邮 编：317500
法 人：代德权
Tel：0576－86136177
0576－86376975

**杭州余杭区临平街道紫荆花鲜花店**
业务：主营鲜花、盆景制作，承接单位会议用花、绿化、养护、花木盆景出租
地址：浙江省杭州市余杭区临平街道星火南路 38－40 号
负责人：梁炎东 邮 编：311100
法 人：梁炎东
Tel：13336083733
13073600386
0571－86143789

**杭州余杭区仁和镇龙虾鱼丸馆**
业务：供应：中式餐（不含冷菜）
地址：浙江省杭州市余杭区仁和镇獐山社区石欣路
负责人：施恩 邮 编：311007
法 人：施恩
Tel：13738100931
0571－86397977

**杭州余杭区闲林欧梦兰休闲足浴馆、欧梦兰休闲足浴馆闲富分店**
业务：足浴
地址：浙江省杭州市余杭区闲林镇闲林中路 94 号、闲林镇闲富中路 127 号
负责人：张玉辉 邮 编：310026
法 人：张玉辉
Tel：0571－88685208
88683750

**杭州代红美容美发有限公司滨江分公司**
地址：浙江省杭州市滨江区长河街道长河村（长兴路 171 号）
负责人：孔代红
Tel：0571－86625228

**慈溪市龙山零捌饭店**
业务：经营酸菜鱼、麻辣鱼等家常菜
地址：浙江省慈溪市慈东工业区兴东路 3—4 号
负责人：彭盛祥 邮 编：315000
法 人：彭盛祥
Tel：0574－23865500

**杭州邦德餐饮管理有限公司**
地址：浙江省杭州市滨江区南环路 4179 号
负责人：周德兴
Tel：0571－86674777

**杭州余杭区余杭镇云雾阁茶楼**
业务：茶艺休闲
地址：浙江省杭州市余杭区余杭镇凤凰山路
负责人：蒋忠惠 邮 编：310026
法 人：蒋忠惠
Tel：0571－88671578

**杭州市西湖区栋之秀发型设计室**
业务：发型设计、美发服务
地址：浙江省杭州西湖区小和山高教园 2K 地块营业用房一楼最右边 2 店；嘉兴市嘉善县车站北路 131、133 号
负责人：王万林 邮 编：310000
法 人：王万林
Tel：0571－88868920

**杭州余杭区黄湖镇登山饭店**
业务：各种野味、野菜
地址：浙江省杭州余杭区黄湖镇王位山村 6 组 5 号
负责人：陈月芳 邮 编：310026
法 人：汪成方
Tel：0571－88513057
13735503780

**杭州余杭区良渚桐庐外祖母土菜馆**
业务：正宗桐庐土菜、千岛湖有机鱼、深山野味
地址：浙江省杭州余杭区良渚镇勾庄村勾庄路 37 号
负责人：金有明 邮 编：310026
法 人：金有明
Tel：15258865118

**杭州余杭区良渚余会祥土菜馆**
业务：餐饮
地址：浙江省杭州余杭区良渚镇金家渡村朱家路 78－80 号
负责人：余会祥 邮 编：310026
法 人：余会祥
Tel：0571－88756940

**海宁市阿伟发艺**
业务：剪发、烫发、染发、造型设计
地址：浙江省海宁市盐官镇丰兴路 168 号/海宁市长安镇修川路老派出所（金陵大酒店对面）
负责人：蒋永伟 邮 编：314000
法 人：蒋永伟
Tel：13586310898
0573－87755566

**杭州西子旅游社有限公司淳安千岛湖营业部**
地址：浙江省杭州市淳安县千岛湖镇梦菇塘
负责人：李广财
Tel：0571－64831488

**颐康美容院**
业务：美容服务
地址：浙江省慈溪市古塘街道北二环东路 108 号
负责人：高建孟 邮 编：315300
法 人：高建孟
Tel：0574－63031813

**杭州余杭区南苑望幽岛主题休闲吧**
业务：休闲、餐饮、喝茶
地址：浙江省杭州余杭区南苑街道世纪大道 202－204 号
负责人：李奇超 邮 编：310026
法 人：李奇超
Tel：15968824373
0571－89281222

**安吉小宝龙虾馆**
业务：餐饮
地址：浙江省湖州市安吉县递铺镇步行街延伸段（上郎村）
负责人：刘小宝 邮 编：313000
法 人：刘小宝
Tel：0572－5865021
15957254184

**安吉瓯南海鲜大排档**
业务：经营海鲜
地址：浙江省湖州市安吉县递铺镇天荒坪中路
负责人：吴昌庆 邮 编：313000
法 人：吴昌庆
Tel：0572－5674513

**安吉临港大饭店**
业务：提供餐饮，承接各类宴席
地址：浙江省湖州市安吉县梅溪镇龙翔社区务前新大桥旁
负责人：陈建兵 邮 编：313000
法 人：陈建兵
Tel：0572－5088667

**安吉昌顺休闲农庄**
业务：昌顺休闲农庄位于浙江安吉"天下银坑"景区，交通方便，景色宜人，集旅游、休闲、竹海漂流、餐饮、住宿于一体，欢迎来此领略游历高山流水的惬意，品尝丰富土特产，享农家风味。
地址：浙江省湖州市安吉县天荒坪镇银坑村杨柳桥
负责人：金德成 邮 编：313302
法 人：金德成
Tel：0572－5043138
5041779
13738227698
网址：www.cszhpl.com

**安吉县山（石）韵人家农家乐饭店**
业务：餐饮、住宿、娱乐与一体，附带停车场
地址：浙江省湖州市安吉县章村镇长潭村大溪自然村 4 号
负责人：储春荣 邮 编：313000
法 人：徐财宝
Tel：0572－5070078
13754237707

**湖州白雀乡育新浴室**
业务：洗浴服务
地址：浙江省湖州市白雀乡金家兜村七家田 43 号
负责人：沈建方 邮 编：313000
法 人：沈建方
Tel：0572－2201819

**杭州市余杭区康寿托老所**
业务：杭州市余杭区康寿托老所成立于 2006 年，休闲、托老、农家乐，我们是家庭方式养老，环境好、价优，欢迎来电垂询，热忱为您服务！
地址：浙江省杭州市余杭区百丈镇泗溪村上村九组 60 号
负责人：徐云玲 邮 编：311118
法 人：徐云玲
Tel：0571－88566160

**杭州经济技术开发区围垦大酒店（鼎味厨坊餐厅）**
业务：供应（饮食业）：中式餐（含冷菜）
地址：浙江省杭州经济技术开发区 3 号大街 23 号一层
负责人：沈国强 邮 编：310026
法 人：沈国强
Tel：13305713790
0571－86875557
86876155

**长兴水口江排农家乐饭店**
业务：供应中式餐（不含冷菜）
地址：浙江省湖州市长兴县前中街 356 号
负责人：李晓青 邮 编：313000
法 人：李晓青
Tel：13905825168
0572－6025285

**克丽缇娜长兴丽妍店**
业务：美容
地址：浙江省湖州市长兴县县前东街 61－63 号（通宝城）
负责人：邵美丽 邮 编：313000
法 人：邵美丽
Tel：0572－6071998

**长兴雉城天姿美发店**
业务：造型美发
地址：浙江省湖州市长兴县雉城镇长海路 333 号
负责人：常胜 邮 编：313000
法 人：常胜
Tel：13705829312
0572－6031255
E-mail：971332856@qq.com

**长兴清福农家乐饭店**
业务：餐饮、住宿、停车
地址：浙江省湖州市长兴县雉城镇川步村
负责人：章淦年 邮 编：313100
法 人：章淦年
Tel：13136539999
13757258277

**杭州千岛湖新概念旅游开发有限公司**
地址：浙江省杭州市淳安县千岛湖镇新安南路 16 号

负责人：丁守清
Tel：13968103999

### 长兴好旺角商务宾馆
业务：餐饮、住宿
地址：浙江省湖州市长兴县雉城镇解放西路58号
负责人：王诚　邮　编：313000
法　人：王诚
Tel：0572－6577666

### 俏江南足浴休闲会所
业务：休闲洗浴
地址：浙江省慈溪市古塘街道浒崇公路220－224号
负责人：闫宏威　邮　编：315300
法　人：焦龙新
Tel：0574－63030777

### 浙江雀友科技发展有限公司—雀圣麻将机专卖店
业务：雀圣麻将机专卖
地址：浙江省湖州市长兴县雉城镇狮虎路31－33号
负责人：沈先生　邮　编：313000
法　人：沈先生
Tel：0572－6227088

### 德清兔头麻辣烫
业务：特色麻辣小吃
地址：浙江省湖州市德清县洛舍镇老直街（中心学校德华楼对面）
负责人：舒才沛　邮　编：313000
法　人：舒才沛
Tel：15157210849
15167207484

### 金川火锅店
业务：本店主营正宗川味火锅及川菜，其价格合理，菜品实惠，服务周到。是家人团聚，朋友聚会，生日庆祝的好去处。品川味火锅，领巴蜀风情！
产品：火锅
地址：浙江省湖州市德清县乾元镇南街174号
负责人：唐虹　邮　编：313200
法　人：唐虹
Tel：0572－8429977

### 德清县武康镇聚贤堂足浴部
业务：足浴保健
地址：浙江省湖州市德清县武康镇群益街627－635号
负责人：张银荣　邮　编：313000
法　人：张银荣
Tel：15967235799
0572－8662666

### 德清武康魔石泡泡鱼火锅店
业务：石头锅、麦饭石，三百度高温烘烤，因麦饭石对人体有益的微量元素，加秘制调料，石鱼共沸逐成魔石泡泡鱼
地址：浙江省湖州市德清县武康镇余英坊57幢4－7号
负责人：张小毅　邮　编：313000
Tel：0572－8085556
13335822022

**富阳市新泰宾馆有限公司**
地址：浙江省杭州市富阳市富春街道体育场路228号
负责人：陈敏
Tel：0571－63378680

### 杭州经济技术开发区沙元足浴馆
业务：足浴按摩服务
地址：浙江省杭州经济技术开发区白杨街道4号大街8－4号
负责人：沈利明　邮　编：310000
法　人：沈利明
Tel：13018981180

**杭州春雨餐饮管理有限公司**
地址：浙江省杭州市拱墅区大关西五苑5幢6号303室
负责人：张春维
Tel：13857113315

### 德清县新市新宝宾馆
业务：住宿
地址：浙江省湖州市德清县新市镇邮电路
负责人：屠水宝　邮　编：313000
法　人：屠水宝
Tel：0572－81800988

### 瑞豪宾馆
业务：住宿
地址：浙江省湖州市凤凰路297号
负责人：费建强　邮　编：313000
Tel：0572－2108555

### 湖州市康友足浴中心
业务：足浴，按摩
地址：浙江省湖州市凤凰路73号
负责人：娄金伟　邮　编：313000
法　人：娄金伟
Tel：0572－2103037
13454296098

### 和孚镇妍佳美容美体馆
业务：美容、养生
地址：浙江省湖州市和孚镇重兆路末龙饭店对面2楼
负责人：朱慧丽　邮　编：313000
法　人：朱慧丽
Tel：0572－3961668

### 吴兴挺乃儿乳疗吧美容院
业务：专业女子绿色丰胸乳疗、不手术、不吃药 不注射、无激素
地址：浙江省湖州市红丰苑3幢红丰一路80号
负责人：朱国营　邮　编：313000
法　人：朱国营
Tel：15868242429
0572－2038857

### 湖州四季旅游有限公司
业务：承接国内旅游业务，并提供商务考察、疗休养、订车、订房等优质的人性化服务，让您充分享受旅游休闲的快乐！
产品：国内旅游、浙江精品地接
地址：浙江省湖州市龙溪北路275号
负责人：郑志鹏　邮　编：313000
法　人：钱晔
Tel：0572－2759888
2759889
Fax：0572－2759886
网址：www.hzsjly.chinapyp.com
E-mail：zjajzzp@163.com

### 湖州南浔钻石年代俱乐部
业务：酒吧、KTV及休闲、娱乐为一体的服务
地址：浙江省湖州市南浔镇同心路506号
负责人：沈金元　邮　编：313000
法　人：沈金元
Tel：0572－3028666
7351666

### 安吉荷花山漂流服务站
业务：漂流服务
地址：浙江省湖州市天荒坪镇余村村
负责人：胡加兴　邮　编：313000
法　人：胡加兴
Tel：13505827631
0572－5041026

### 慈溪市古塘美丽人生棋牌会馆
业务：棋牌、休闲
地址：浙江省慈溪市古塘街道孙塘北路1014－1016号
负责人：赵永士　邮　编：315300
法　人：赵永士
Tel：13867845678
15888062558

**杭州杭信餐饮管理有限公司**
地址：浙江省杭州市拱墅区和睦新村24－1号215室
负责人：卓建发
Tel：13958192762

### 杭州彦韵旅游咨询有限公司
业务：订房、订餐、用车、订票、景区策划、商务会议
地址：浙江省杭州经济技术开发区白杨街道怡乐路23号之江铭楼705室
负责人：王贤　邮　编：310018
法　人：王贤
Tel：0571－86842705
13429140014
Fax：0571－86842707
E-mail：wangxian－3808@163.com

### 湖州织里丽都休闲娱乐中心
业务：客房、棋牌、桑拿、足浴
地址：浙江省湖州市吴兴区织里镇富民南路298号
负责人：陆月星　邮　编：313008
法　人：陆月星
Tel：13083929999
0572－3210000

### 湖州织里姚贵平湘菜馆
业务：餐饮
地址：浙江省湖州市织里镇珍贝路420号
负责人：姚贵平　邮　编：313000
法　人：姚贵平
Tel：0572－2829808

### 嘉兴麻将机大卖场
业务：主要经营麻将机
地址：浙江省嘉兴市320国道与广穹路交叉口物资调剂市场B2区20幢201号
负责人：余燎原　邮　编：314000
法　人：余燎原
Tel：13486321007
0573－83669966

### 嘉兴市南湖区城西水中月浴室
业务：桑拿洗浴
地址：浙江省嘉兴市城北路百花综合市场北侧
负责人：陈阿三　邮　编：314000
法　人：陈阿三
Tel：13515735668

### 海盐县百步镇聚宝楼酒店
业务：主要经营餐饮
地址：浙江省嘉兴市海盐县百步镇百联村汪家堰
负责人：徐建平　邮　编：314000
法　人：徐建平
Tel：13819066988
0573－86770979

### 海盐县沈荡镇祥意粗菜馆
业务：餐饮服务
地址：浙江省嘉兴市海盐县沈荡镇董司村海王公路旁
负责人：庄惠英　邮　编：314000
法　人：庄惠英
Tel：13656621166
13666751798

### 海盐县娟平专业祛痘护肤馆
业务：祛痘、祛痣
地址：浙江省嘉兴市海盐县武原镇海滨东路62号
负责人：姜凤鸣　邮　编：314300
法　人：姜凤鸣
Tel：13705834726
0573－86975028

### 嘉善永琪美容美发店
业务：发型设计、美发服务
地址：浙江省嘉兴市嘉善县罗星街道施家南路414、416号
负责人：钱士海　邮　编：314000
法　人：叶益雄
Tel：0573－84223535
84125758

### 嘉善山珍煲餐厅
业务：餐饮服务
地址：浙江省嘉兴市嘉善县罗星街道亭桥南路485、487号
负责人：李月红　邮　编：314000
法　人：李月红
Tel：0573－84969906

### 嘉善县魏塘镇江南水乡酒家
业务：中式餐饮、农家菜系列
地址：浙江省嘉兴市嘉善县魏塘镇环西南路121号
负责人：吴士兴　邮　编：314100
法　人：吴士兴
Tel：15958377159

**杭州百胜酒店设备有限公司**
地址：浙江省杭州市拱墅区和睦新村24－1号二楼
负责人：潘剑锋
Tel：13958183373

### 慈溪市古塘相屹丽尊美容会所
业务：美容服务
地址：浙江省慈溪市古塘街道孙塘北路771号
负责人：陆夏丽　邮　编：315000
法　人：徐江
Tel：0574－63017728
13777041148

**杭州新恒大餐饮有限公司**
地址：浙江省杭州市拱墅区上塘路386号3－4楼
负责人：邢伟飙
Tel：13606815835

### 嘉善县魏塘镇新重庆人家酒楼
业务：餐饮服务
地址：浙江省嘉兴市嘉善县魏塘镇施家北路68号底层北起2、3、4间
负责人：李新春　邮　编：314000
法　人：李新春
Tel：15669358888
0573－84271999

### 嘉善县魏塘镇食滋快餐店
业务：快餐外卖：针对（工厂、写字楼、单位等）
地址：浙江省嘉兴市嘉善县魏塘镇浙江.嘉善国际农商城14幢3号
负责人：何开斌　邮　编：314100
法　人：何开斌
Tel：15958361257
0573－84672177

### 浙江省嘉兴市嘉善县国际农商城小南国粗菜馆
业务：餐饮服务
地址：浙江省嘉兴市嘉善县魏塘镇浙江嘉善国际农商城二区44幢10－19号
负责人：陈建龙　邮　编：314000
法　人：陈建龙
Tel：13625868689
0573－84066777
84066558

### 嘉善县西塘镇风雅颂商务会所
业务：茶座、住宿、民间工艺品
地址：浙江省嘉兴市嘉善县西塘镇烧香港北街64号
负责人：谢静　邮　编：314000
法　人：谢静
Tel：0573－84562180
Fax：13615738579

### 嘉兴市西湖爱情之都美容美发连锁机构
业务：美容美发服务
产品：浙江省嘉兴市嘉兴和兴路766号（中山店：中山路锦都景苑 和兴北路店：和兴北路1092号 城南店：城南路车菱梅花花园 三水湾店：南溪路望江路花园）
负责人：汪卫星　邮　编：314000
法　人：汪卫星
Tel：13967381599
0573－82070590
82723955
82218180
82618183
82815918

### 杭州经济技术开发区闻潮足浴店
业务：足浴
地址：浙江省杭州经济技术开发区清雅苑1幢文津路53号1－2层
负责人：朱国兴　邮　编：310006
法　人：朱国兴
Tel：13606801845
13666612233

**杭州舒曼旅行社有限公司**
地址：浙江省杭州市拱墅区温州路40号
负责人：吴毓
Tel：13606803220

### 全雍城烧烤店
业务：烧烤
地址：浙江省慈溪市浒山街道孙塘南路250号
负责人：吴伟平　邮　编：315300
法　人：吴伟平
Tel：0574－63883277

### 嘉兴市秀洲区新城街道荣贵足浴会所
业务：洗浴，桑拿
地址：浙江省嘉兴市江南摩尔东区东四层
负责人：章先生　邮　编：314000
法　人：张新荣
Tel：13967394777
0573－82770788
Fax：15967811328

### 嘉兴市经开城南街道梁林帆浴场
业务：休闲洗浴、客房住宿
地址：浙江省嘉兴市经开城南街道文昌路1679号
负责人：叶建忠　邮　编：314000
法　人：叶建忠
Tel：0573－82751811

### 嘉兴市经开城南街道芳雁饭店
业务：餐饮
地址：浙江省嘉兴市经开城南街道新气象路1131号
负责人：朱正荣　邮　编：314000
法　人：朱正荣
Tel：0573－82883418

**嘉兴市金兰美发**
业务：韩式美发
地址：浙江省嘉兴市名人国际花园1幢商铺洪兴路605号
负责人：金笑宇 邮 编：314000
Tel：0573－82112773

**嘉兴市南湖区城东临安酒楼**
业务：餐饮服务
地址：浙江省嘉兴市南湖区海盐塘路161号
负责人：周洪泉 邮 编：314000
法 人：周洪泉
Tel：15306736872
15306736873

**嘉兴市南湖区城西福源楼酒店**
业务：餐饮服务
地址：浙江省嘉兴市南湖区禾兴南路1243号（原川味观）
负责人：陈永生 邮 编：314000
法 人：陈永生
Tel：0573－82221858

**嘉兴市南湖区东栅好又来杂货店**
业务：食品、饮料、日用品
地址：浙江省嘉兴市南湖区泾水公寓一期商铺3幢7号
负责人：王占锋 邮 编：314000
法 人：王占锋
Tel：13732562397

**嘉兴市南湖区草本家园营养早餐吧**
业务：低热量高营养21世纪新概念早餐
地址：浙江省嘉兴市南湖区探花苑沿街公建B1段110号商铺
负责人：吴丹莉 邮 编：314000
法 人：吴丹莉
Tel：0573－82821763
13656622898
13957338415

**嘉兴市南湖区城东久霸推拿店**
业务：推拿、刮痧、拔火罐、走罐
地址：浙江省嘉兴市南湖区探花苑沿街公建B1段116号
负责人：方久花 邮 编：314000
法 人：方久花
Tel：13738285008

**嘉兴市南湖区余新镇江南韵味私家美食**
业务：餐饮服务
地址：浙江省嘉兴市南湖区余新镇南北湖大道西侧
负责人：周金良 邮 编：314000
法 人：周金良
Tel：0573－83166789

**嘉兴市南湖区城西童人杰书艺馆**
业务：书画，篆刻
产品：书法，篆刻，中国画，销售培训等
地址：浙江省嘉兴市南湖区月河街区中基路以南小猪廊下商铺35号
负责人：童人杰 邮 编：314000
法 人：童人杰
Tel：0573－82223738
Fax：0573－82223738

**嘉兴市群惠餐饮管理有限公司**
业务：餐饮服务、餐饮管理
地址：浙江省嘉兴市南湖区越秀南路56号
负责人：蓝两辉 邮 编：314000
法 人：蓝两辉
Tel：13757395688

**平湖市卡都宾馆**
业务：宾馆服务
地址：浙江省嘉兴市平湖市当湖街道环北二路456－458号
负责人：周冬 邮 编：314000
法 人：任亚华
Tel：0573－85016818

**杭州赛拉文化艺术策划有限公司**
业务：展览、展示的策划
地址：浙江省杭州经济技术开发区怡乐路23号之江铭楼323室
负责人：吴何甬 邮 编：310018
法 人：吴何甬
Tel：15858282260
0571－86848483

**杭州市滨江区哈尼亚意式休闲西餐厅**
业务：本餐厅环境优雅、服务周到；餐厅主营：比萨、牛排、意大利面、焗饭、炒饭、咖啡、奶昔，冰沙、果醋、鸡尾酒、下午茶等。
地址：浙江省杭州市滨江高教园区1路2路交叉口（紧靠垃圾街）
负责人：陈坤飞 邮 编：310026
法 人：陈坤飞
Tel：0571－86618758

**平湖市全塘镇千神麻将台商店**
业务："千神"牌全自动麻将机、扑克牌批发销售
地址：浙江省嘉兴市平湖市全塘镇星华村1组
负责人：罗红香 邮 编：314204
法 人：罗红香
Tel：15968356336
0573－85806769

**嘉兴市港区金色港湾海鲜馆**
业务：海鲜
地址：浙江省嘉兴市平湖市乍浦镇山湾村91号（原6号）
负责人：梅花平 邮 编：314200
法 人：梅花平
Tel：13656619278
0573－85521777

**桐乡市梧桐振东永富快餐配送中心**
业务：快餐配送及外卖，承接企事业单位、学校、个人订餐业务
地址：浙江省嘉兴市桐乡市梧桐街道（振东新区）禾兴路112号
负责人：陈兵 邮 编：314000
法 人：陈兵
Tel：13819037412
0573－88138987

**桐乡市梧桐振东潮汕砂锅粥馆**
业务：砂锅，特色粥
地址：浙江省嘉兴市桐乡市梧桐街道（振东新区）和平路70号
负责人：沈惠峰 邮 编：314000
法 人：沈惠峰
Tel：13806711444
0573－88111151

**桐乡市乌镇漫步云端咖啡休闲广场**
业务：休闲
地址：浙江省嘉兴市乌镇镇新华路中段小商品市场二楼
负责人：陈志强 邮 编：314000
法 人：陈志强
Tel：0573－88718777

**海盐县丰华园海梢鱼鸡店**
业务：无量雄鸡，铜锅鱼，丰华口袋鸡，响西烤鱼，露天式自制烧烤，本地风味与云南风味两种口味
地址：浙江省嘉兴市武原镇长安中路131号
负责人：张华根 邮 编：314000
法 人：张华根
Tel：13736835252
0573－86127977
86217933

**杭州千岛湖新概念旅游开发有限公司办事处**
地址：浙江省杭州市杭大路15号嘉华国际商务中心1106室
负责人：韩广明
Tel：0571－28811288

**嘉兴市群惠餐饮管理有限公司**
业务：餐饮
地址：浙江省嘉兴市秀洲区越秀路56号嘉兴学院美食城
负责人：蓝两辉 邮 编：314000
法 人：蓝两辉
Tel：13757395688
13385831098

**嘉兴市南湖区城西鸿盛家贵富侨足浴店**
业务：足浴服务
地址：浙江省嘉兴市越秀北路与东升路交叉口花园公寓一至二层商铺
负责人：刘锏银 邮 编：314000
法 人：刘锏银
Tel：13185364592
0573－82825999

**嘉兴市乍浦镇胡须子酸菜鱼排档**
业务：酸菜鱼、小龙虾
地址：浙江省嘉兴市乍浦镇长安桥村电厂零号路口
负责人：朱长亮 邮 编：314000
法 人：朱长亮
Tel：15857345030
0573－85320991

**慈溪市浒山港轩茶餐厅**
业务：炖品、甜品、饮料及面点等各种休闲餐点
地址：浙江省慈溪市浒山街道中央大厦北楼3楼301
负责人：董嘉敏 邮 编：315300
法 人：董嘉敏
Tel：0574－63801277
63896777

**嘉兴市乍浦镇天心阁酒店**
业务：餐饮服务
地址：浙江省嘉兴市乍浦镇荷花池6号（雅山中路路径大院北门东侧）
负责人：李水强 邮 编：314201
法 人：李水强
Tel：13067628181
0573－85266777

**嘉兴市秀洲区新城街道腾鼎清洁用品商行**
业务：专业销售清洁用品、酒店用品、物业用品，产品质优良、品种齐全，面向各大企业、酒店、机关、清洁公司等客户，提供一站式供应服务和咨询服务。热忱欢迎新老客户光临惠顾！
产品：清洁机械、清洁工具、清洁剂、指示牌、座地烟灰盅、垃圾桶等
地址：浙江省嘉兴市中山西路968号
负责人：宋利民 邮 编：314000
法 人：宋利民
Tel：0573－82971407
Fax：0573－82712885
QQ：1271465628

**建德市大同镇宝官酒楼**
业务：中式餐供应（不含冷菜）
地址：浙江省建德市大同镇上马
负责人：饶兴平 邮 编：311614
法 人：饶兴平
Tel：0571－64590579

**建德市航头镇庭庭排档**
业务：餐饮服务
地址：浙江省建德市航头镇灵栖村
负责人：鲍水平 邮 编：310026
法 人：鲍建兵
Tel：13185032643
0571－64569840

**建德市新安江街道真川味饭店**
业务：餐饮服务
地址：浙江省建德市新安江街道田坞口
负责人：张国兵 邮 编：311600
法 人：张国兵
Tel：13777473103
13588351805
15967170356

**杭州市滨江区纤巧美容美体生活馆**
业务：美容美体、美胸、瘦身
地址：浙江省杭州市滨江区长河街道月明路1122－1124号
负责人：郭生学 邮 编：310052
法 人：王小姐
Tel：15988898586
0571－87380489

**建德市杨村桥镇清风茶楼**
业务：品茶、棋牌
地址：浙江省建德市杨村桥镇贸街1号
负责人：洪磊 邮 编：310026
法 人：罗秀珍
Tel：0571－64158277

**江山市良华土菜馆**
业务：供应各种中式菜肴，欢迎品尝
地址：浙江省江山市凤林镇外仓坂大花路7号
负责人：祝良华 邮 编：324115
法 人：祝良华
Tel：13857009923
15857063389
13626708913

**杭州伊特耐尔美容咨询有限公司**

地址：浙江省杭州市江干区华景北苑9幢3单元202室
负责人：刘思龙
Tel：0571－86027283

**东阳市青松茶室**
业务：棋牌、茶水、特色饮品、休闲食品
地址：浙江省金华市东阳市南市路152号
负责人：金正芳 邮 编：322100
法 人：金正芳
Tel：0579－86633393
13857932049
Fax：0579－86633393

**金华市金磐开发区爱来福速食店**
业务：中式快餐厅（登上转让）
地址：浙江省金华市金磐开发区永康街887－891号
负责人：钱崇品 邮 编：321000
法 人：钱崇品
Tel：0579－83251511
82723777

**兰溪市良子休闲会所**
业务：足浴、各类推拿、茶吧、棋牌
地址：浙江省金华市兰溪市和平路219号营业房
负责人：王晓斌 邮 编：321100
法 人：王晓斌
Tel：0579－88838318
88836918

**杭州新座丽豪城市酒店有限公司**
地址：浙江省杭州市江干区双菱路102－104号
负责人：谢建华
Tel：0571－86713096

**兰溪市小桃红婺剧团**
业务：婺剧演出服务
地址：浙江省金华市兰溪市游埠镇倪家村97号
负责人：倪先生 邮 编：321000
法 人：倪根泉
Tel：13185121901
15167970170

**金华市婺城区高艳芳土菜馆**
业务：餐饮、农家乐
地址：浙江省金华市罗店镇石墙脚村
负责人：戚信军 邮 编：321000
法 人：戚信军
Tel：13516969626
15105899137

**浦江县白马镇喜乐饭店**
业务：餐饮
地址：浙江省金华市浦江县白马镇石渠口村二区48号
负责人：于红喜 邮 编：321000
法 人：倪美英
Tel：0579－84300377

**浦江县村夫烤鱼饭店**
业务：餐饮，烤鱼
地址：浙江省金华市浦江县新华西路126号
负责人：薛荣甫 邮 编：322200
法 人：薛荣甫
Tel：13606795830
0579－83305089

**杭州市滨江区日记咖啡馆**
业务：咖啡
地址：浙江省杭州市滨江区江南大道4356号
负责人：蔡明 邮 编：310000
法 人：蔡明
Tel：13067755069
0571－86808076

**慈溪市周巷聚福园土菜馆**
业务：餐饮
地址：浙江省慈溪市周巷镇平王社区开发路287号
负责人：方贤仓 邮 编：315000
法 人：方贤仓
Tel：0574－63304808

**浦江县金海岸浴场**
业务：桑拿、棋牌、足疗
地址：浙江省金华市浦江县月泉西路320号
负责人：徐献忠 邮 编：321000
法 人：徐献忠
Tel：13665852784

**武义跃平农庄**
业务：武义跃平农庄为市民提供生态游览、自然观光、休闲度假、民居餐饮、健身运动、科普教育等服务项目，精心打造古镇"农家乐"风格。跃平农庄利用田园景观、自然

生态及环境资源，通过农业生产、农业经营活动、农村文化及农家生活，将旅游与休闲紧密结合，促进人与自然的和谐统一。
地址：浙江省金华市武义县泉溪镇巩宅村
负责人：高跃平 邮编：321000
Tel：0579－87726688

## 金华市婺城区派乐西餐厅
业务：中西餐
地址：浙江省金华市区人民东路原卫校门诊楼23－25号
负责人：吕璟勋 邮编：321000
法人：吕璟勋
Tel：15858956758

## 金华市婺城区徽商人家鱼府饭店
业务：餐饮，汤煲
地址：浙江省金华市寺前垦社区祥云巷2号
负责人：吴志模 邮编：321000
法人：吴志模
Tel：0579－83921059
83921547
13967478084

## 武义县东方名剪发型设计中心
业务：专业设计发型作品
地址：浙江省金华市武义县壶山街道俞源街44－47号
负责人：沈德清 邮编：321200
法人：沈德清
Tel：0579－87676898
13575695878

## 武义壶山婺剧团
业务：婺剧演出
地址：浙江省金华市武义县熟溪街道南湖村
负责人：钟方清 邮编：321000
法人：钟方清
Tel：13967961824
13958473579

## 武义县王宅镇甜湾休闲浴场
业务：洗浴，桑拿
地址：浙江省金华市武义县王宅镇下巨口村桥头
负责人：何子飞 邮编：321200
法人：何子飞
Tel：13806775338
0579－87798338

## 金华市婺城区翰龙食府
业务：餐饮
地址：浙江省金华市婺城区环城北路道院塘村南侧
负责人：陈宣龙 邮编：321000
法人：陈宣龙
Tel：0579－82421002

## 金华市婺城区螺蛳小酌餐馆
业务：中餐、小炒螺蛳、羊排、烤鱼。螺蛳一碟，尝世间小鲜，小酌两杯，品筷意人生，螺蛳小酌欢迎您！
地址：浙江省金华市婺城区双馨路427号14、15
负责人：王旭华 邮编：321000
法人：王旭华
Tel：13857990061
0579－82381697

## 金华市婺城区金生园土菜馆
业务：特色菜肴，餐饮服务
地址：浙江省金华市婺城区苏孟乡西埠头村
负责人：朱齐水 邮编：321000
法人：朱齐水
Tel：13216261738
0579－82459078

## 杭州市滨江区域天1228酒吧
业务：本酒吧以多元化音乐为主题，给娱乐一族提供休闲的好去处！
地址：浙江省杭州市滨江区浦沿街道东信大道1228号
负责人：潘慧新 邮编：310053
法人：潘礼勇
Tel：0571－86557079

## 淳安县金茂农庄
业务：住宿、餐饮
地址：浙江省杭州市淳安县千岛湖镇金竹牌林场边
负责人：金有木 邮编：311700
法人：金有木
Tel：13588332274
0571－64872035

## 金华市婺城区爱怡旅馆
业务：住宿
地址：浙江省金华市婺城区新狮街道高村金棠街16号
负责人：蒋林君 邮编：321000
法人：蒋林君
Tel：0579－82288076

## 义乌市万惠山庄
业务：各种旅游观光项目采摘、钓鱼、吃饭一条龙服务
地址：浙江省金华市义乌市北苑街道万村
负责人：万承奕 邮编：321000
法人：万承奕
Tel：0579－85676300

## 义乌市樱泉餐饮管理有限公司
业务：餐饮、中日泰三大菜系融合
地址：浙江省金华市义乌市城中北路99－1号
负责人：龚先生 邮编：322000
法人：何凌琦
Tel：13588697783
13967422223

## 永康市东城五谷杂粮面馆
业务：经营杂粮为主的面食
地址：浙江省金华市永康市东城街道东塔路291号
负责人：张小良 邮编：321000
法人：张小良
Tel：15967902826
15867924652

## 永康市圣天使西餐厅
业务：西餐
地址：浙江省金华市永康市西城龙川中路52号
负责人：胡光永 邮编：321000
法人：胡光永
Tel：13806772674
0579－88357777

**杭州守望天使美容美发有限公司**
地址：浙江省杭州市上城区滨江家苑8幢1层－2
负责人：沈艳
Tel：13958186119

## 浙江省乐清市虹桥金旺足浴休闲中心
业务：足浴，按摩
地址：浙江省乐清市虹桥镇名品街A23号4楼
负责人：金炳旺 邮编：325600
法人：金炳旺
Tel：0577－62377018
62371718
62377017

## 乐清市虹桥五丰遮阳篷厂
业务：制造、生产遮阳篷
地址：浙江省乐清市虹桥镇南工业区（虹南路321号后面）
负责人：黄嘉华 邮编：325608
法人：黄嘉华
Tel：13968725071
0577－62368220
Fax：0577－57115220
网址：www.yqwfpy.cn

## 坚凤韩式汗蒸养生会所
业务：韩式汗蒸养生服务
地址：浙江省乐清市虹桥镇西街159号二楼
负责人：黄坚凤 邮编：325600
法人：黄坚凤
Tel：13587455676
15057777335

## 乐清市乐成佰佳美食城
业务：餐饮服务
地址：浙江省乐清市乐成镇丹霞路108号
负责人：叶荣华 邮编：325600
法人：叶荣华
Tel：13706770745
13566135960
0577－62537377

## 乐清市大世界商务娱乐有限公司
业务：豪华KTV，高档商务客房
地址：浙江省乐清市乐成镇汇丰路28号（浙江超越五金化工有限公司内）
负责人：谢青业 邮编：325000
法人：谢青业
Tel：0577－62556622

## 乐清市乐成唯琳化妆品商行
业务：经营化妆品
产品：相宜本草、京润珍珠、欧莱雅、玉兰油、VOV彩妆等
地址：浙江省乐清市乐成镇清远路156－158号
负责人：连加凯 邮编：325600
法人：连加凯
Tel：0577－62076038

## 慈溪市元安堂美容连锁店
业务：专业减肥：不吃药、不打针、不反弹、五天无效全额退款；专业丰胸、专业美容
地址：浙江省慈溪市周巷镇兴业南路24号、2店 慈溪市东山路231路
负责人：杜利芳 邮编：315000
法人：杜利芳
Tel：0574－63306359
23690969

**杭州丰汇大酒店有限公司**
地址：浙江省杭州市上城区建国中路7号4－6楼
负责人：徐芳
Tel：13067723552

## 乐清市柳市东屋宾馆
业务：住宿
地址：浙江省乐清市柳市镇团结西路10号
负责人：周高平 邮编：325600
法人：周高平
Tel：13968736381
0577－62771522
62771422

## 乐清市七里港假日大酒店
业务：餐饮
地址：浙江省乐清市七里港镇七里港大道156号
负责人：郑云财 邮编：325600
法人：郑云财
Tel：0577－61677666

## 乐清市四都丽洋马术健身会所
业务：集休闲、娱乐、健身、运动于一体的时尚会所，设有专业马术教学课程，是都市人休闲度假、运动健身的好去处
地址：浙江省乐清市四都乡丁岙村白马坦
负责人：胡春雷 邮编：325608
法人：胡春雷
Tel：0577－62390202
E-mail：pcsnq@163.com

## 景宁畲乡大酒店有限公司
业务：酒店
地址：浙江省丽水市鹤溪镇团结西路129号
负责人：吴春明 邮编：323000
法人：吴春明
Tel：0578－5811188
13017921888
网址：http://www.51zzt.com/user/zzt31870

## 丽水市古今足浴馆
业务：足浴服务
地址：浙江省丽水市江滨小区153－161号
负责人：陈先生 邮编：323006
法人：陈延义
Tel：13967082296
0578－2663588
13735922275

## 缙云县五云镇稻香村快餐店
业务：餐饮服务
地址：浙江省丽水市缙云县五云镇碧仙路2号
负责人：施瑞吐 邮编：323000
法人：施瑞吐
Tel：15105783363
0578－3185813

## 缙云县农家黄牛馆
业务：黄牛系列风味小吃，卤汁香浓、皮肉筋斗、弹性十足、口感韧滑，是您朋友聚餐的好去处
产品：牛卵、牛鞭、牛肚、牛肉等
地址：浙江省丽水市缙云县五云镇官店村139号
负责人：王跃杰 邮编：321400
法人：王跃杰
Tel：0578－3340449

## 淳安县湖亭酒楼
业务：订餐、餐饮
地址：浙江省杭州市淳安县千岛湖镇开发路53号
负责人：张德华 邮编：310026
法人：张德华
Tel：0571－64882779

**杭州君阳大酒店**
地址：浙江省杭州市上城区江城路744号2－7楼
负责人：孙学军
Tel：13675872263

## 缙云县韩美味韩国料理
业务：湿式点心供应
产品：五花肉石锅拌饭、杂酱面、泡菜火锅、韩式辣炒年糕、秘制牛肉、韩式蒸排骨、牛尾汤、高丽参鸡汤、炸蔬菜、海鲜葱饼、泡菜饼、韩式凉拌面、海鲜火锅等。
地址：浙江省丽水市缙云县五云镇寺后东路43号
负责人：姚斌辉 邮编：323000
法人：姚斌辉
Tel：0578－3121324
E-mail：yaobinhui258@163.com

## 缙云县五云镇吕记潮汕砂锅粥店
业务：特色砂锅，特色粥品
地址：浙江省丽水市缙云县五云镇仙都大道24－1号
负责人：虞淑慧 邮编：321400
法人：虞淑慧
Tel：0578－3311198

## 缙云县品味人生茶楼
业务：茶楼，休闲娱乐
地址：浙江省丽水市缙云县五云镇旭山路2－22号二层
负责人：王建灵 邮编：323000
法人：王建灵
Tel：13666571668
0578－3990999

## 缙云县新区小俊美容中心
业务：美容
地址：浙江省丽水市缙云县五云镇紫薇路23幢3号
负责人：金小俊 邮编：323000
法人：金小俊
Tel：13606691203
0578－3215298

## 缙云县宣和自动麻将桌店
业务：自动麻将桌经营
地址：浙江省丽水市缙云县紫薇路88号
负责人：江少会 邮编：323000
法人：江少会
Tel：13625787925
0578－3886679

## 丽水市鹤城商务宾馆
业务：餐饮、住宿
地址：浙江省丽水市开发路829号
负责人：厉飞雄 邮编：323000
法人：厉飞雄
Tel：0578－2567898

## 龙泉市大转盘野味菜馆
业务：提供各类野味菜肴
产品：各类野味菜肴
地址：浙江省丽水市龙泉市中山东路79号10－12
负责人：苏国辉 邮编：323000
法人：叶月琴
Tel：13857051218
13575393882
0578－7120338

## 淳安县解家庄饭店
业务：餐饮服务
地址：浙江省杭州市淳安县千岛湖镇康盛路225、227
负责人：陈建英 邮编：311700
法人：陈建英
Tel：13083987176
0571－65036688

**杭州万隆餐饮有限公司**
地址：浙江省杭州市上城区平海路3号
负责人：诸雅根
Tel：0571－87074112

## 青田县绿野农家乐餐馆
业务：餐饮
地址：浙江省丽水市青田县船寮镇戈溪村公路108号
负责人：贾红芬 邮编：323000
法人：贾红芬
Tel：13957075028
0578－6621458

## 青田县在水一方康体会所
业务：桑拿
地址：浙江省丽水市青田县鹤城镇江南大道136号华光大厦二楼
邮编：323000
Tel：0578－6888178
13967083783

### 青田县流行美饰品店
业务：发饰品和化妆品的销售
产品：发饰品和化妆品
地址：浙江省丽水市青田县鹤城镇涌金街16号
负责人：杨英选 邮编：318000
法人：杨英选
Tel：0576－88815509
6839093

### 青田县圣多斯咖啡馆
业务：咖啡馆
地址：浙江省丽水市青田县鹤城镇涌金街2号上9号
负责人：傅会芬 邮编：323000
法人：傅会芬
Tel：13575369895
0578－6097889

### 丽水市青田县金点休闲茶吧
业务：茶水、咖啡
产品：浙江省丽水市青田县温溪镇温中路28号二楼
负责人：郑忠溪 邮编：323903
Tel：0578－6856888

### 青田县来好运饭庄
业务：农家菜
地址：浙江省丽水市青田县章旦乡章旦村国师路16号二楼
负责人：刘祖海 邮编：323000
法人：刘祖海
Tel：0578－6907137

### 东阳市白云湘亲湘爱饭店
业务：餐饮、住宿
地址：浙江省东阳市白云街道中山路308号
负责人：徐冠军 邮编：322100
法人：徐冠军
Tel：0579－86818321
86831555

### 庆元县嘉仕博酒吧
业务：咖啡、酒、茶水
地址：浙江省丽水市庆元县松源镇横城南路聚丰商铺65－66号
负责人：林清 邮编：323800
法人：林霞
Tel：0578－6129020
6229239
Fax：0578－6229239

### 松阳县杨记休闲山庄
业务：餐饮、住宿、休闲娱乐
地址：浙江省丽水市松阳县西屏镇丁山头村坛下社公山
负责人：曾建森 邮编：323000
法人：曾建森
Tel：13757828857

### 大山漂流农庄
业务：漂流、餐饮服务
地址：浙江省丽水市遂昌县垵口乡大山村
负责人：杨樟喜 邮编：323000
法人：杨樟喜
Tel：13957068417
0578－8347168
QQ：930744090

### 遂昌县金竹小区农家饭庄
业务：经营；土鸡、土鸭、土鹅、鱼、肉、自养山鸡、各类土菜
地址：浙江省丽水市遂昌县金竹镇下山脱贫小区A－79号
负责人：朱万森 邮编：323000
法人：朱万森
Tel：13575388597
15990473057
13186760869

### 遂昌濂竹木偶剧团
业务：木偶剧演出
地址：浙江省丽水市遂昌县濂竹乡瓦窑岗
负责人：郑根成 邮编：323000
法人：郑根成
Tel：13575388372
13732552028
15157846362

### 遂昌金氏汗蒸美容店
业务：汗蒸美容
地址：浙江省丽水市遂昌县妙高镇西街33、35号二楼
负责人：金美香 邮编：323000
法人：金美香
Tel：15990888507
13506504427

### 淳安县王氏好食上大酒店
业务：餐饮、住宿、KTV娱乐
地址：浙江省杭州市淳安县千岛湖镇新安东路558号第3－4间营业房
负责人：王美红 邮编：310000
法人：王美红
Tel：0571－64817798

### 遂昌炭缘客栈
业务：相聚炭缘，一生有缘！炭缘客栈座落于“中国生态旅游县”遂昌县上江中国竹炭博物馆内，是国内“最佳竹炭环保休闲客栈”；客栈供应：自助早餐、光纤上网，棋牌室、桌面游戏、书吧、影视厅、自煮咖啡、自助烧烤、大型停车场、土特产购物一条街、炭历史文化展、会议室、美食酒楼、炭窑酒吧、茶馆、户外拓展训练、真人CS野战……
地址：浙江省丽水市遂昌县上江飞龙路58号炭缘客栈
负责人：叶剑威 邮编：323300
法人：叶剑威
Tel：0578－8185218
Fax：0578－8185518
网址：13857047717.17u.com
qq：475370992

### 遂昌福地文化旅游发展有限公司
业务：企业策划、旅游咨询
地址：浙江省丽水市遂昌县文明路3号
负责人：樊树芳 邮编：323000
Tel：13732552801
13666567105

### 云和县樟树人家农家乐
业务：老土鸡、老土鸭、土家菜、农家乐、休闲娱乐
地址：浙江省丽水市云和镇大坪村12号
负责人：梅长来 邮编：323000
法人：梅长来
Tel：13967048056
13282595520

### 丽水市新大地美发休闲沙龙
业务：美发
地址：浙江省丽水市中东路658号
负责人：江爱英 邮编：323000
法人：江爱英
Tel：0578－2323688
13666559970

### 丽水市英雄煮麻辣烫店
业务：餐饮，麻辣烫制作、销售
产品：麻辣烫
地址：浙江省丽水市中山街444号
负责人：黄明光 邮编：323000
Tel：0578－2116680

### 杭州市淳安县金丰茶楼
业务：茶饮，棋牌娱乐
地址：浙江省杭州市淳安县千岛湖镇新安南路6－8、9号
负责人：徐忠平 邮编：311700
法人：徐忠平
Tel：13357173636
0571－24817412

**杭州天宴酒店管理有限公司**
地址：浙江省杭州市上城区清泰街507号富春大厦15层D座
负责人：徐俊
Tel：13958078688

### 杭州康肴餐饮管理有限公司
业务：学校餐饮
地址：浙江省东阳市广福路3号浙江广厦职业技术学院教工餐厅
负责人：余礼颜 邮编：322100
法人：余礼颜
Tel：13868976684
0579－86668936

### 临安论剑酒家
业务：餐饮
地址：浙江省临安市锦城街道回龙村
负责人：潘军可 邮编：311300
法人：潘军可
Tel：13758299462
13905622252

### 临海市意初恋花鲜花店
业务：各种鲜花零售以及婚车装饰
地址：浙江省临海市杜桥镇府前街286号（章医师骨科医院对面）
负责人：吴荣跃 邮编：317016
法人：吴荣跃
Tel：15167627801
0576－85663792

### 临安市浅水湾小宾馆
业务：住宿
产品：海波宾馆浙江省临安市锦城街道临天路二弄12号（两个地址名称全刊）0571－63703777
地址：浙江省临安市锦城街道临天路三弄16号
负责人：李海波 邮编：311300
法人：李海波
Tel：13073682222
0571－63716222

### 临安逗逗龙亲子乐园
业务：儿童乐园
地址：浙江省临安市锦城街道石镜街685号
负责人：唐元 邮编：311300
法人：唐元
Tel：13917444422
0571－61065105

### 临海市老高小炒店
业务：提供各类小炒
产品：各类小炒
地址：浙江省临海市杜桥镇下街菜场西门2号
负责人：王高平 邮编：317000
法人：王高平
Tel：13958555869
13989671966

**杭州瑞博餐饮管理有限公司**
地址：浙江省杭州市上城区仁和路76号
负责人：何煜南
Tel：0571－87152731

### 淳安县楼苔鱼庄
业务：主要经营千岛湖有机鱼美食
地址：浙江省杭州市淳安县千岛湖镇斋上村3号
负责人：洪跃进 邮编：310026
法人：洪跃进
Tel：13357171377
0571－64841377

### 临海市御足堂休闲中心
业务：足浴、洗澡
地址：浙江省临海市古城街道大桥路101号
负责人：李欠华 邮编：317000
法人：李欠华
Tel：13606655570
0576－85229588

### 龙泉市青龙刀剑有限公司
业务：生产销售龙泉宝剑、宝刀，武术健身用的刀剑，代理加盟
产品：中国名剑青龙剑，武术太极剑等系列产品
地址：浙江省龙泉市水利局水电大楼底层第3号店
负责人：吴伟琴 邮编：323700
Tel：13575379386
0578－7212021
Fax：0578－7211782
网址：www.lqqldj.com.cn
E-mail：lqfydj@163com

### 奉化兴电宾馆，小新电宾馆
业务：宾馆服务
地址：浙江省宁波奉化市锦屏街道东门路64号，浙江省宁波奉化市锦屏街道东门路85号
负责人：董定夫 邮编：315000
法人：董定夫
Tel：13857434957
0574－88964410
88970902

### 宁波市全国连锁诸葛烤鱼饭店
业务：闽菜
产品：特色：诸葛烤鱼、周瑜霸王排、刘备椒香鸡、关羽奇香鸭
地址：浙江省宁波市北仑区高凤路238弄11－12号
负责人：徐纪明 邮编：315000
法人：徐纪明
Tel：0574－86867799

### 浙江省宁波市北仑区小港幸福观赏鱼店
业务：销售观赏鱼
地址：浙江省宁波市北仑区小港街道红联竺山头江南新村2幢102室
负责人：李红勇 邮编：315000
法人：李红勇
Tel：0574－26865011
13566349110

**杭州酒仙楼餐饮有限公司**
地址：浙江省杭州市上城区吴山8号
负责人：沈有国
Tel：13306525769

### 宁波市北仑区新（石契）外婆家茶馆
业务：提供中式餐饮服务
产品：宁波菜、福建菜
地址：浙江省宁波市北仑区新（石契）街道长江路613号
负责人：袁志高 邮编：315100
法人：袁志高
Tel：0574－86863008
E-mail：gakiss@163.com

### 宁波市北仑乡村基餐饮管理服务有限公司
业务：承包学校、企业等单位的餐饮
地址：浙江省宁波市北仑区新大路1069号
负责人：乐红军 邮编：315800
法人：乐红军
Tel：13396630888
0574－86891518
Fax：0574－86891518
网址：http://www.51zzt.com/user/zzt123544

### 宁波市北仑区新碶外婆家茶馆
业务：提供茶水，中式餐饮服务
地址：浙江省宁波市北仑区新碶街道长江路613号
负责人：袁志高 邮编：315100
法人：袁志高
Tel：0574－86863008

### 宁波市北仑区新碶街道江林美容美发店
业务：美容、美发、美体
地址：浙江省宁波市北仑区新碶街道明州路570号
负责人：何芳 邮编：315000
法人：何芳
Tel：0574－86867626

### 宁波市北仑区新碶聚友饭店
业务：团体订餐配送
地址：浙江省宁波市北仑区新碶街道珠江路438号（赛力公司内）
负责人：罗中全 邮编：315000
法人：罗中全
Tel：15088817129
15168160005

### 杭州市上城区菲芘酒吧
业务：休闲娱乐酒吧，致力于传播慢摇音乐文化，引领娱乐最新潮流，打造复古、动感、高贵、迷幻的顶级House氛围，是您领略独特夜晚激情的最佳选择。
产品：酒吧
地址：浙江省杭州市上城区湖滨路46号（与长生路交叉路口）
负责人：林文铭 邮编：310026
法人：林文铭
Tel：15267055669
Fax：0571－87246380
E-mail：nyfz_hz@126.com

### 富阳市富春街道明星台球馆
业务：台球、棋牌娱乐
地址：浙江省杭州市富阳市富春街道体育场路178号第4层
负责人：徐明锋 邮编：310026
法人：徐明锋
Tel：0571－63326555

### 宁波市镇海区老乡餐饮服务中心
业务：餐饮服务
地址：浙江省宁波市城关镇五里牌村319号
负责人：来先云 邮编：315200
法人：来先云
Tel：13646627957
13484279136

### 慈溪市观海卫丰佳饭店
业务：餐饮服务
地址：浙江省宁波市慈溪市观海卫镇贞观路贞观大厦1－18、19、20号
负责人：沈松林 邮编：315000
法人：沈松林
Tel：13805827732
0574－63612177

### 慈溪市逍林良友棋牌室
业务：棋牌服务
地址：浙江省宁波市慈溪市逍林镇福合院村樟新北路108号
负责人：岑焕良 邮编：315000
法人：岑焕良
Tel：13968263119
0574－63504088

## 慈溪市周巷碧塔海保健按摩院
业务：保健按摩服务、足浴服务、棋牌
地址：浙江省宁波市慈溪市周巷镇开发路528号
负责人：徐军伟 邮编：315324
法人：徐军伟
Tel：0574－63306268
13566076333
13606888577

## 慈溪市百年凯连锁姗姗美容院
业务：美容，主要经营面部护理
地址：浙江省宁波市慈溪市周巷镇兴业北路15号大治桥阿迪达斯2楼
负责人：杨银桂 邮编：315000
法人：杨银桂
Tel：0574－63459349
13777168023

## 东阳市横店宝岛休闲宾馆
业务：客房、餐饮、休闲娱乐
地址：浙江省东阳市横店华夏大道375号（横店二小旁）
负责人：吕财有 邮编：322100
法人：吕财有
Tel：0579－86566111
15957901799

## 杭州市上城区叶章权火锅店
业务：餐饮
地址：浙江省杭州市上城区浣纱路238号
负责人：叶章权 邮编：310000
法人：叶章权
Tel：0571－87081096

## 宁波大榭开发区香墁美容美体生活馆
业务：美容美体服务
地址：浙江省宁波市大榭开发区海湾路27弄68号
负责人：吴润香 邮编：315812
法人：吴润香
Tel：0574－86762683
13857468981

## 奉化市蟹满楼煲庄
业务：餐饮服务
地址：浙江省宁波市奉化市锦屏街道桥西岸路264－265
负责人：吕东镳 邮编：315000
法人：吕东镳
Tel：15906519555
0574－88571119

## 宁波海曙区小张观赏鱼经营部
业务：观赏鱼、水族箱、水族器材批发零售
地址：浙江省宁波市海曙区段塘西路88号三市花鸟市场22号摊位
负责人：张育龙 邮编：315000
法人：张育龙
Tel：13429373108
0574－87450273

## 宁波市海曙怡缘瑜伽馆
业务：以最专业、系统的瑜伽教学，让您在宁静、舒缓的气氛中享受瑜伽带来的健康、美丽、自信与快乐；为您量身塑造一个崭新的自己！
地址：浙江省宁波市海曙区青林湾街6号三楼
负责人：郑亚 邮编：315000
法人：郑亚
Tel：0574－87505601

## 宁波海曙红熙宾馆
业务：住宿服务
地址：浙江省宁波市海曙区新芝路19－2号二楼
负责人：庞茂军 邮编：314000
法人：庞茂军
Tel：0574－87267316
13081995242

## 宁波市江北知味堂酒家
业务：餐饮
地址：浙江省宁波市江北区慈城镇东门村
负责人：王平杰 邮编：315000
法人：王平杰
Tel：0574－87595777

## 象山丹城鑫亚宾馆
业务：单间，标间，套房住宿
地址：浙江省宁波市象山县丹西街道丹河路102－106号
负责人：吴光辉 邮编：315000
法人：吴光辉
Tel：15824221545
0574－65773999

## 宁波市江北洪塘蜀缘火锅店
业务：火锅
地址：浙江省宁波市江北区洪塘镇52号蜀缘火锅店
负责人：肖年学 邮编：315000
法人：肖年学
Tel：15869377428
15168138333

## 宁波市江东天地秀男子水疗SPA馆
业务：男士SPA按摩、养生会馆
地址：浙江省宁波市江东区百丈东路758－762号（现代大酒店正对面）
负责人：孙志良 邮编：315040
法人：孙志良
Tel：15058294218
0574－87391119

## 宁波市江东杰妮宠物用品店
业务：宠物用品销售
地址：浙江省宁波市江东区中山东路876号
负责人：何杰 邮编：315000
法人：何杰
Tel：0574－87819808
13105749602

## 杭州市上城区怡都美容院
业务：生活类美容的服务
地址：浙江省杭州市上城区平海路58号705室
负责人：王春龙 邮编：310026
法人：王春龙
Tel：13904674422
0571－87035363

## 风雅集生活美容馆
业务：集美容、美体、修身、养生、护肤于一体的高档女子会所，我们一直秉着领先、时尚、流行、创新品质的服务理念，用最优质的服务，最精湛的技术服务于每一位顾客。
产品：法国shuyis，香港修身堂
地址：浙江省杭州市上城区清江路138号四季星座501
负责人：林晓微 邮编：310006
法人：蔡伶俐
Tel：15958120965
Fax：0571－86520463
网址：www.fengyaji.com
E-mail：hmily238674@sohu.com

## 杭州市上城区冯冰美容厅
业务：美容、瘦身
地址：浙江省杭州市上城区复兴南街247号
负责人：冯冰 邮编：310000
法人：冯冰
Tel：13336191663
0571－85567506

## 宁波象山新桥穿越火线野外拓展活动服务部
业务：野外团队训练、野外拓展合作
地址：浙江省宁波市象山县滨海影视城内怡春院对面
负责人：鲍明军 邮编：315000
法人：鲍明军
Tel：13566379422
0574－65910260

## 东田造型美发会所
业务：美容、美发
地址：浙江省宁波市象山县丹城镇靖南大街666号
负责人：周刚 邮编：315000
法人：周刚
Tel：13968361488
0574－65008668

## 象山丹城大长今饭店
业务：餐饮
地址：浙江省宁波市象山县丹东街道天安路119弄33号
负责人：金哲浩 邮编：315000
法人：金哲浩
Tel：13989343666
0574－65717158

## 象山伯爵娱乐有限公司
业务：KTV
地址：浙江省宁波市象山县丹西街道丹南路269号
负责人：郑宏卫 邮编：315000
法人：郑宏卫
Tel：13968383558
0574－65001111
网址：http://www.51zzt.com/user/zzt32699

## 象山丹城唯一概念发型设计室
业务：发型设计、烫染
地址：浙江省宁波市象山县丹西街道天安路80－9号
负责人：周月梅 邮编：315000
法人：周月梅
Tel：13780070818
13777960855

## 象山兰陵大酒店有限公司
业务：酒店、宾馆
地址：浙江省宁波市象山县丹西街道象山港路408号
负责人：冯金彩 邮编：315000
法人：冯金彩
Tel：0574－65610000
13336881168
Fax：0574－65610009

## 象山县石浦金凯瑞宾馆
业务：住宿、各种高中档单间、套件
地址：浙江省宁波市象山县石浦南屏路295号
负责人：梁军安 邮编：315731
法人：梁军安
Tel：13566501515
0574－65963888
Fax：0574－65979090

## 杭州鹿鸣村餐饮有限公司
地址：浙江省杭州市上城区延安路286号第八层
负责人：周桂英
Tel：13606640173

## 象山县石浦蓬莱岛足浴休闲会所
业务：足浴、推拿、拔火罐、燕足、刮痧、火疗。专业高级推拿技师治疗风湿、颈椎有特效，常年招收技师
地址：浙江省宁波市象山县石浦镇南屏路北侧1层
负责人：张平 邮编：315731
法人：张平
Tel：13486069909
0574－65962708

## 宁波市鄞州东吴大岙明君饭店
业务：主要经营餐饮服务
地址：浙江省宁波市鄞州区东吴镇南村大岙大坟湾
负责人：蔡维达 邮编：315000
法人：蔡维达
Tel：13336893780
0574－83035577

## 宁波市鄞州古林丝缘美发店
业务：美发
地址：浙江省宁波市鄞州区古林镇联丰中路227号（薛家村）
负责人：余赛君 邮编：315000
法人：余赛君
Tel：13685825373
0574－88185850

## 宁波市鄞州集士港帝威名士会所
业务：美容、美发、美体及培训
地址：浙江省宁波市鄞州区集士港镇人民医院对面（帝威总部）附近各区都有直营连锁店
负责人：顾先生 邮编：315171
法人：顾水君
Tel：0574－88429117

## 宁波市鄞州下应婷婷花行
业务：销售鲜花、仿真花
地址：浙江省宁波市鄞州区下应街道新佳苑商一24号
负责人：邹传才 邮编：315000
法人：邹传才
Tel：15336657039
13175959130

## 宁波市鄞州中河京洲美发
业务：以剪烫染为主美容美发沙龙，专业的烫染、美发服务、形象设计以及安利系列产品销售咨询服务，为您实现美丽梦想！
产品：一楼美发部，二楼安利系列产品咨询服务
地址：浙江省宁波市鄞州区中河街道凤凰新村85幢106室
负责人：刘秋良 邮编：315192
法人：刘秋良
Tel：0574－88205746
13957810428

## 宁波市鄞州钟公庙绿色养生堂
业务：足浴、按摩、汗蒸、刮痧、面膜等服务
地址：浙江省宁波市鄞州区钟公庙街道后庙路269号
负责人：伊连 邮编：315000
法人：伊连
Tel：15869355551
0574－83056069

## 宁波市鄞州钟公庙克丽缇娜万达店
业务：主要针对问题性肌肤，以保养为主，美容美体以及养身
地址：浙江省宁波市鄞州区钟公庙街道后庙路64号
负责人：陈招红 邮编：315000
法人：陈招红
Tel：0574－88127551
13819887037

## 余姚市张海平饭店
业务：餐饮服务
地址：浙江省宁波市余姚市河姆渡镇车厩村（南区8号）
负责人：张海平 邮编：315000
法人：张海平
Tel：13486050022
0574－62965766

## 余姚市一品花行
业务：鲜花的批发、零售
产品：鲜花
地址：浙江省宁波市余姚市舜水南路34－1号
负责人：闫飞龙 邮编：315400
法人：闫飞龙
Tel：13586769474
0574－62612129

## 富阳市新登镇新宇食府
业务：餐饮、酒席、宴席
地址：浙江省杭州市富阳市新登镇新兴街35号
负责人：黄国军 邮编：311404
法人：黄国军
Tel：13968145874
0571－23286277

## 宁波市镇海区南易商务宾馆
业务：宾馆服务
地址：浙江省宁波市镇海区骆驼南一西路22号
负责人：徐天炬 邮编：315000
法人：徐先生
Tel：13806635909
0574－86567777

## 平湖市韩罗苑饭店
业务：中式、韩式餐饮
地址：浙江省平湖市当湖街道环北二路505号
负责人：金天 邮编：314000
法人：金天
Tel：0573－85077088

## 平湖市当湖泓润美容美体院
业务：美容美体
地址：浙江省平湖市当湖街道十字弄65号
负责人：郁华英 邮编：314200
法人：郁华英
Tel：0573－85355858
13857310344

## 平湖市全塘镇三新饭店
业务：中式餐（含冷菜）、海鲜
地址：浙江省平湖市老沪杭公路边上晨光电缆厂西侧
负责人：何雪军 邮编：314204
法人：何雪军
Tel：13957310320
0573－8552898

## 平湖市博一阁大酒店
业务：餐饮、娱乐
地址：浙江省平湖市平湖经济开发区环城西路461号
负责人：陆加华 邮编：314000
法人：陆加华
Tel：0573－85021777
85156666

## 常山县聚味阁酒楼
业务：中式餐饮
地址：浙江省衢州市常山县天马镇定阳北路355号
负责人：吴小礼 邮编：324002
法人：吴小礼
Tel：0570－5570999

## 平湖市新花都娱乐会所有限公司
业务：KTV娱乐
地址：浙江省平湖市平湖经济开发区环城西路461号三层
负责人：陆加华 邮编：314000
法人：陆加华
Tel：0573－88515666

## 阿光专业美发会所
业务：专业从事美发设计及烫染造型研究的美发机构，我们的专业团队将为每位爱美人士量身打造时尚个性化发型
地址：浙江省平湖市新仓镇新庙陶瓷街33－35号
负责人：张宝儿 齐光
邮编：314200
法人：张宝儿
Tel：13567308979 13586459587

## 杭州北斗星琴行
业务：各类中西乐器销售，音乐、舞蹈、美术培训
产品：原装进口YAMAHA、KAWAI钢琴，电子琴，小提琴，二胡，吉他，架子鼓
地址：浙江省杭州市三墩三和街42号（亲亲家园小区一期）
负责人：朱天罡 邮编：310012
法人：朱天罡
Tel：0571－89009967 13484031166
网址：www.0571music.com
E-mail：01ztg@163.com

## 常山县状元楼鱼馆
业务：提供中式餐饮服务，主营特色野味菜肴，山珍蔬果，野生鱼、农家菜，风味鲜美，独家配制，热诚欢迎新老朋友惠顾！
产品：野味、山珍、野生鱼、农家菜
地址：浙江省衢州市常山县天马镇法院街7－11号
负责人：江小将 邮编：324200
法人：江小将
Tel：0570－5012919 13587023958

## 常山县猪佬狗肉馆
业务：经营特色狗肉、野鸡、野鸭、野兔等野味。
地址：浙江省衢州市常山县天马镇朱家坞村
负责人：胡伟明 邮编：324002
法人：胡伟明
Tel：0570－5132079 13905702747

## 江山市米兰假日宾馆
业务：住宿
地址：浙江省衢州市江山市解放路147号
负责人：王振娟 邮编：324002
法人：王振娟
Tel：0570－4019082 13735057013

## 衢州市柯城女人蜜语女子生活馆
业务：女子皮肤护理
地址：浙江省衢州市柯城区百岁苑79号
负责人：郑莉莉 邮编：324002
法人：郑莉莉
Tel：13282072121 0570－8522798

## 衢州市柯城天和老年活动中心
业务：棋牌室
地址：浙江省衢州市柯城区北门街109号
负责人：周林波 邮编：324000
法人：周林波
Tel：15057054477 13857030593

## 衢州市柯城万田坞石农家饭店
业务：餐饮、住宿、KTV娱乐
地址：浙江省衢州市柯城区万田乡坞石村（陷井山岗）
负责人：盛国祥 邮编：324002
法人：盛国祥
Tel：0570－8887796

## 衢州市柯城红满天石锅鱼庄
业务：石锅系列菜肴
地址：浙江省衢州市体育场路143－145号
负责人：徐先生 邮编：324000
法人：徐金明
Tel：13957002860 15257018817

## 杭州龙井山园茶文化村旅游开发有限公司
地址：浙江省杭州市上茅家埠212－214号
负责人：俞鸣
Tel：0571－87963318

## 衢州市柯城县西街石室野生鱼庄（祝家鱼庄）
业务：餐饮
地址：浙江省衢州市柯城区县西街237－251号
负责人：祝慧勤 邮编：324002
法人：祝慧勤
Tel：13819018674 0570－8887777

## 富阳市春江街道顺安旅馆
业务：住宿
地址：浙江省杭州市富阳市造纸工业区临江村华共组
负责人：李雪平 邮编：310026
法人：李雪平
Tel：0571－23227222

## 杭州经济技术开发区财林旅馆
业务：住宿服务
地址：浙江省杭州市经济技术开发区学林街605号
负责人：叶传华 邮编：310000
法人：叶传华
Tel：0571－87662516 89006453 89900317 15888835199

## 瑞安市雅客来运动保健院
业务：足浴
地址：浙江省瑞安市安阳街道安康路340－342号
负责人：陈贤峰 邮编：325200
法人：陈贤峰
Tel：0577－80680968 66803037
E-mail：971986984@qq.com

## 瑞安市可丽可心国际减肥俱乐部
业务：至高荣誉：中国国际减肥大会唯一指定标志品牌，产后肥胖者，全身肥胖者，局部肥胖者，多次减肥失败者，体质顽固特殊者，将军肚啤酒肚，一个月减20斤，2个月减40斤，三个月减60斤，一次花钱10年免费享受（一日三餐正常饮食）经约减20斤，减者只减19斤，全额退款
地址：浙江省瑞安市安阳街道拱瑞山路147－149号
负责人：余莉莉 邮编：325200
法人：余莉莉
Tel：13221128781 0577－25616956
Fax：0577－25616956

## 瑞安市缘之秀健康美容养生馆
业务：护肤、保养
地址：浙江省瑞安市安阳街道隆山东路468－472号
负责人：陈瑞 邮编：325200
法人：陈瑞
Tel：13395877658 0577－66808190

## 瑞安市宠乐园宠物医院
业务：宠物美容、用品销售、医疗
地址：浙江省瑞安市拱瑞山南路85号
负责人：陈晓慧 邮编：325200
法人：陈晓慧
Tel：13958868168 0577－65870909

## 瑞安市山皇古寨风景旅游开发有限公司
业务：旅游开发、投资、管理
产品：山皇古寨
地址：浙江省瑞安市汀溪办事处山皇村村委会办公楼
负责人：郑圣育 邮编：325200
Tel：13205779812 0577－58895247

## 瑞安市星王台球休闲会所
业务：台球
地址：浙江省瑞安市锦湖街道锦湖大厦二层
邮编：325200
法人：夏海伟
Tel：0577－65065556 65665899

## 瑞安市道存足道馆
业务：足浴、足穴按摩、洗脚，纯正规营业，特邀西双版纳专业技师，瑞安市消费最低，档次最高，服务员经正规培训，礼貌服务，欢迎光临！
地址：浙江省瑞安市马屿镇56省道安置房2号楼第1至10间（马屿新消防队后面）
负责人：戴道存 邮编：325208
法人：戴道存
Tel：13780137753 13868824088

## 瑞安市汇美坊美发会所
业务：美容、美发服务
地址：浙江省瑞安市汀田镇汀二村商业街143号
负责人：尤晓女 邮编：325200
法人：尤晓女
Tel：13017848968 13115873766

## 杭州市上城区西隆阁足道
业务：足浴服务
地址：浙江省杭州市上城区清泰街497号
负责人：章奕乐 邮编：310026
法人：章奕乐
Tel：0571－56332284

## 三门县亿万家餐饮有限公司杭州分公司
业务：中式快餐
地址：浙江省杭州市上城区秋涛路489号1楼北侧
负责人：包红广 邮编：310026
法人：包红广
Tel：13906551691 0571－86061189

## 老俞鸟笼店
业务：销售各类竹制、铁制鸟笼及配件，各类鸟饲料
产品：各类竹制、铁制鸟笼及配件，各类鸟饲料
地址：浙江省杭州市上城区望江家园东园22－2－2号左1营业房
负责人：阮伟成 邮编：310000
法人：阮伟成
Tel：13065710824 0571－86804487

## 东阳市横店奇星瑜珈器材健身会所
业务：瑜珈、健美操、拉丁舞等健身业务
地址：浙江省东阳市横店万盛南街1号
负责人：马先生 邮编：321000
法人：马顺丁
Tel：0579－86580339

## 杭州市江干区艺足堂
业务：足道理疗休闲会所
地址：浙江省杭州市江干区九盛路35号（易购超市二楼）
负责人：夏加争 邮编：310026
法人：夏加争
Tel：0571－86726569

## 瑞安市珀莱雅化妆品店
业务：化妆品零售、美容
地址：浙江省瑞安市莘塍镇东街A3幢409号
负责人：董善法 邮编：325206
法人：董善法
Tel：0577－65127827

## 瑞安市码头海鲜城
业务：海鲜餐饮。经营时间：上午10：00—凌晨3：00
地址：浙江省瑞安市玉海街道滨江大道7－16号
负责人：张微芬 邮编：325000
法人：张微芬
Tel：0577－65008899 65602288

## 上虞市百官街道环美发艺沙龙
业务：美发、美脚、化妆、美甲
地址：浙江省上虞市百官街道市民大道688号上百万和城内
负责人：何宁 邮编：312300
法人：何宁
Tel：0575－82086669

## 上虞市曹娥街道海中舟海鲜城
业务：海鲜
地址：浙江省上虞市曹娥街道渡江路144号
负责人：许波 邮编：312000
法人：许波
Tel：0575－82083777 13606575438

## 上虞市渔得水象山海鲜楼
业务：各种海鲜菜肴
地址：浙江省上虞市曹娥街道越秀东路244－7号
负责人：史久能 邮编：312000
法人：史久能
Tel：0575－82332777 82332888

## 上虞市岭南乡蒋家农庄
业务：集养殖、种植、垂钓、餐饮、休闲旅游为一体，农庄山清水秀，环境优美，各项服务齐全，真诚欢迎您的光临
产品：农家菜，土鸡，土鸭，猪，牛，羊
地址：浙江省上虞市岭南乡蒋山村6－20号
负责人：蒋仁中 邮编：312300
法人：蒋仁中
Tel：0575－82916052 13819537006

## 上虞市小越镇虞北农庄
业务：餐饮服务
地址：浙江省上虞市小越镇冯村山村
负责人：马高铨 邮编：312000
法人：马高铨
Tel：0575－82071717 13754379909

## 绍兴市镜湖新区央茶湖九华堂庄园饭店
业务：以餐饮为主，提供各类当地特色菜
地址：浙江省绍兴市灵芝镇林头村（镜湖湿地公园群贤路中段）
负责人：钱金龙 邮编：312000
法人：钱金龙
Tel：0575－85387979

## 上虞市曹娥街道天成客房
业务：提供住宿
地址：浙江省绍兴市上虞市曹娥街道舜秀路47号
负责人：吴永江 邮编：312000
法人：吴永江
Tel：0575－82130311

## 上虞市丰惠镇东门饭店
业务：餐饮服务
地址：浙江省绍兴市上虞市丰惠镇东门村东郊大路观弄11－1号
负责人：许高荣 邮编：312000
法人：许高荣
Tel：0575－82297878 82827979 13967536589

## 上虞市崧厦镇舜水茶楼
业务：棋牌、自助餐
地址：浙江省绍兴市上虞市崧厦镇紫金苑B幢商住楼101－103营业房
负责人：罗国峰 邮编：312000
法人：罗国峰
Tel：0575－82067734 15857532300

## 绍兴县柯桥十里名媛美容美体SPA生活馆
业务：美容美体、香薰泡澡以及养身保健咨询服务
地址：浙江省绍兴市绍兴县柯桥蓝天华都宛3幢1601室
负责人：罗水娟 邮编：312000
法人：罗水娟
Tel：13867586288 0575－85686828

## 绍兴县钱清小老鼠农庄
业务：供应中式餐（含冷菜）及垂钓休闲、餐饮于一体
产品：农家菜
地址：浙江省绍兴市绍兴县钱清镇顾家荡村
负责人：陆兴夫 邮编：312000
法人：陆兴夫
Tel：13606752445 0575－88705299 88705077

## 杭州萧山所前三泉休闲农庄
业务：棋牌娱乐、垂钓、餐饮等
地址：浙江省杭州市所前镇三泉王村安桥西
负责人：孙永钢 邮编：310026
法人：孙永钢
Tel：13967156710 0571－82722977

## 杭州聚悦楼餐饮有限公司
地址：浙江省杭州市西湖区教工路1号20号楼
负责人：徐建义
Tel：13857190888

## 桐庐县分水镇晓满小吃店
业务：经营各种小吃
地址：浙江省杭州市桐庐县分水镇武盛街 275 号
负责人：陈晓满　邮　编：310000
法　人：陈晓满
Tel：13758237710
13968015671

## 滋缦美容美体生活馆
业务：美容美体
地址：浙江省杭州市拱墅区金华路锦昌文华苑 106 号
负责人：潘燕飞　邮　编：310000
法　人：潘燕飞
Tel：0571－85158997

## 杭州市江干区九意酒家
业务：餐饮、住宿、停车
地址：浙江省杭州市江干区九堡镇老街 41 号
负责人：陈文云　邮　编：310026
法　人：陈文云
Tel：0571－86700258

## 嵊州市（丽缘）京艺形象设计中心
业务：集专业美容、美发、化妆、整体形象设计于一体的专业机构，我们一直秉着领先、时尚、流行、创新品质的经营理念，用最优质的服务，最精湛的技术服务于每一位顾客。为您度身塑造最独一无二的个性魅力！
产品：男士面膜（帝娃、艾盟），韩国美发产品
地址：浙江省绍兴市嵊州市剡湖街道官河路 216－6 号
负责人：谢正华　邮　编：312400
法　人：谢正华
Tel：15068553331
15067555668

## 新昌县南明街道回味轩餐馆
业务：中式餐饮以及特色菜肴
地址：浙江省绍兴市新昌县南明街道江滨路 349－350 号
负责人：李政杰　邮　编：312500
法　人：李政杰
Tel：13588563852
15968520281

## 浙江省绍兴市新昌县七星街道豪都宾馆
业务：集住宿、电脑房、标准房、棋牌房
产品：住宿、长短途电话免费、网线免费
地址：浙江省绍兴市新昌县七星街道新昌大道中路 83 号
负责人：张小平　邮　编：312000
法　人：张小平
Tel：0575－86256288
13758508123

## 玫瑰之约美容美体养身 SPA 馆
业务：集美白、祛斑、修眉、漂唇 SPA、减肥于一体的高档女子会所，我们真诚为您服务，以最专业的技术，为您量身定制完美肌肤计划，轻松打造自信的魅力女人！
产品：法国伊奴养身（中华名店）、法国名牌产品芝蔓护肤、中国式 SPA 浴瑶第一家
地址：浙江省绍兴市越城区环城西路毓兰华庭 12 幢 13 号
负责人：陈国萍　邮　编：312000
法　人：陈国萍
Tel：0575－85132276
15957593775
Fax：0575－85132276

## 绍兴市越城区全雍城烧烤店
业务：烧烤
地址：浙江省绍兴市越城区解放北路 158 号
负责人：严继成　邮　编：312000
法　人：严继成
Tel：13957895859
0575－88909077

## 绍兴东海渔嫂海鲜店
业务：海鲜干品、海鲜冻品、海鲜小吃和海鲜礼包的批发和零售
产品：海鲜干品、海鲜冻品、海鲜小吃和海鲜礼包
地址：浙江省绍兴市越城区玛格丽特商业中心西区 A3 幢一层 12－13 号
负责人：傅信炜　邮　编：312000
法　人：卢峰
Tel：13587322477
0575－88013335
E-mail：99219752@qq.com

## 绍兴市越城区蒂诺咖啡店
业务：咖啡
地址：浙江省绍兴市越城区润和苑 7 幢 1－01 号
负责人：蔡良兴　邮　编：312000
法　人：蔡良兴
Tel：13957595328
0575－88320707

## 诸暨市城东圣圣餐馆
业务：秘制卤鸭、野生水产、多种鱼头制作
地址：浙江省绍兴市诸暨市暨阳街道浣东北路 105 号
负责人：黄圣　邮　编：312000
法　人：黄圣
Tel：0575－88102667
15257541857

## 诸暨市珀莱雅化妆品店
业务：经营以珀莱雅化妆品为主的各类化妆产品。
地址：浙江省绍兴市诸暨市暨阳街道暨阳路 71 号
负责人：吴人强　邮　编：312000
法　人：吴人强
Tel：0575－87122157

## 诸暨市赵家外宣餐馆
业务：主营：本地土菜，各种小炒
地址：浙江省绍兴市诸暨市赵家镇宣家山村外宣 102 号
负责人：宣仲林　邮　编：312000
法　人：宣仲林
Tel：0575－87487952
13758582441

## 嵊州市和天下大酒店
业务：餐饮服务
地址：浙江省嵊州市三江街道惠民街 282 号
负责人：童军　邮　编：312400
法　人：童军
Tel：0575－83008877

## 狮山农庄
业务：烧烤，餐饮包厢
地址：浙江省东阳市马宅镇长庚伏狮山休闲农庄
负责人：厉益民　邮　编：322100
法　人：厉益民
Tel：15167912331
13989401213

## 海宁市长安镇云彬珍味楼
业务：餐饮服务
地址：浙江省海宁市长安镇（农发区）之江路 14 号
负责人：张持彬　邮　编：314400
法　人：张持彬
Tel：13018919819
15167323627

## 嵊州市金氏紫砂茶艺馆
业务：紫砂壶、紫砂杯、紫砂花盆、茶具、茶叶、养身壶等
地址：浙江省嵊州市剡湖街道艺术村内
负责人：钱科丽　邮　编：312400
法　人：钱科丽
Tel：0575－83999789
13588511630
13967518222

## 杭州萧山蜀山豪盛休闲中心
业务：足浴、推拿、棋牌、美容、美发
地址：浙江省蜀山街道山水苑社区潘水路 795、797、799 号
负责人：赵益丹　邮　编：311253
法　人：华庆欢
Tel：0571－82681966

## 台州经济开发区新贵娱乐俱乐部
业务：娱乐休闲
地址：浙江省台州市东环大道 296－306 号（三至五层）
负责人：潘江兴　邮　编：318000
法　人：曹喜保
Tel：0576－88599666

## 台州市州洋旅行社有限公司
业务：国内旅游
地址：浙江省台州市椒江区中山西路 482 号
负责人：卢金标　邮　编：318000
法　人：梁海啸
Tel：0576－88891923
13616699997
Fax：0576－88891923

**杭州清悠谷休闲娱乐有限公司**
地址：浙江省杭州市西湖区龙坞镇叶埠桥村
负责人：王晋滨
Tel：13336066166

## 喜可登西式快餐店
业务：经营西式快餐，有汉堡、炸鸡、饮品等
地址：浙江省台州市黄岩区劳动南路 61 号、二店：浙江省台州市路桥区银座街 98 号、三店：台州市南官大道 132 号、四店：台州市富仕路 161 号、五店：台州市路桥区邮电路 54 号、六店：台州市路桥区金林路 162 号
负责人：张万里　邮　编：315000
法　人：张万里
Tel：13736367979
0576－84282946
82456062
82443317
82886466

## 台州市梁记砂锅店
业务：砂锅
地址：浙江省台州市路桥区马铺路 512 号
负责人：梁建兵　邮　编：318000
法　人：梁建兵
Tel：15067672900
0576－82234080

## 台州市路桥区元安堂专业女子美容护肤店
业务：专业减肥、丰胸
地址：浙江省台州市路桥区南官大道 148 号
负责人：肖云法　邮　编：318000
法　人：陈贞
Tel：0576－82641560

## 台州市路桥埃菲尔美发会所
业务：美发服务
地址：浙江省台州市路桥区商海南街 532－542 号
负责人：陈国芳　邮　编：318000
法　人：陈国芳
Tel：0576－82415662

## 三门县香溢便当
业务：中式快餐
地址：浙江省台州市三门县海游镇上洋路 131 号
负责人：卢为育　邮　编：318000
法　人：卢为育
Tel：0576－83235881
83235882

## 桐庐县江南镇阿珍农家乐饭店
业务：农家菜
地址：浙江省杭州市桐庐县江南镇窄溪村大园里（中心大道）
负责人：王艳伟
法　人：王艳伟
Tel：15068813903

## 泰龙饭店
业务：餐饮服务
地址：浙江省杭州市桐庐县桐君街道下洋洲车站
负责人：徐文林　邮　编：315000
法　人：徐文林
Tel：13173600257
0571－69962550

## 临安市湍口三石榭饭庄
业务：农家乐：餐饮、钓鱼、土鸡养殖
地址：浙江省杭州市湍口镇湍口村
负责人：郑磊平　邮　编：311325
法　人：郑磊平
Tel：0571－63618188
13588232121

## 杭州市西湖区章氏足浴馆
业务：足浴、推拿
地址：浙江省杭州市西湖区古墩路 298 号 2：浙江省杭州市江干区天运路 80－81 号 3：浙江省杭州市下城区中山北路 171 号观巷 5 号
负责人：章鹏　邮　编：310000
法　人：章鹏
Tel：13003615082
0571－88989519

## 杭州西湖区慧之吃得饱小吃店
业务：中式快餐连锁经营
地址：浙江省杭州市西湖区教工路 189－1 号
负责人：马少华　邮　编：310000
法　人：马少华
Tel：0571－88255105

## 柯甫亲化妆品店
业务：销售欧莱雅化妆品、薇姿化妆品
地址：浙江省台州市三门县花桥镇花桥村
负责人：柯甫亲　邮　编：317105
法　人：柯甫亲
Tel：13058662663
15306765521

## 三门县金鼎宾馆
业务：住宿服务
地址：浙江省台州市三门县六敖镇南大街 177 号
负责人：陈先生　邮　编：318000
法　人：陈邦强
Tel：0576－83260108

## 天台县 ABC 美发
业务：美发服务
地址：浙江省台州市天台县赤城街道环城东路 53 号
负责人：王磊　邮　编：318000
法　人：王磊
Tel：0576－83885093
13586234501

## 温岭市滨海新金榜美发店
业务：美发
地址：浙江省台州市温岭市滨海镇东楼村 155 号
负责人：欧邦豪　邮　编：317500
法　人：欧邦豪
Tel：13736264550
0576－86546919

## 温岭市大溪波师弯按摩院
业务：按摩院
地址：浙江省台州市温岭市大溪镇商业街 218 号
负责人：任虹　邮　编：318000
Tel：13958618002
0576－88426686

## 温岭市横峰长人小炒店
业务：提供各类小炒
产品：各类小炒
地址：浙江省台州市温岭市横峰街道延庆路 67 号
负责人：叶文斌　邮　编：318000
法　人：叶文斌
Tel：13058839836
0576－86951329

## 温岭市太平雅典台球会所
业务：台球会所
地址：浙江省台州市温岭市太平街道中华路 305 弄 9 号
负责人：徐海卫　邮　编：318000
法　人：徐海卫
Tel：13705866555
0576－86517033
13586254112

## 仙居县张胡李龙虾馆
业务：提供杭帮菜，特色龙虾
地址：浙江省台州市仙居县南峰街道建设西路 400 号
负责人：张永平　邮　编：318000
法　人：张永平
Tel：0576－87777779

## 玉环县时尚百变 365 美式可丽饼店
业务：主营：美式可丽饼，日式铜锣烧，各种饮料等。诚招：台州市境内加盟商
地址：浙江省台州市玉环县南一路步行街口
负责人：张锦海　邮　编：318000
法　人：张锦海
Tel：13906548963
0576－87218469

## 玉环县清港阿峰棋牌室
业务：棋牌
地址：浙江省台州市玉环县清港镇下湫村瓦窑塘 13－1
负责人：吴战峰　邮　编：318000
法　人：吴战峰
Tel：13989630503

## 杭州市江干区安雅客栈
业务：住宿
地址：浙江省杭州市江干区九堡镇九堡家苑二区四排 21－25 号
负责人：方焕明　邮　编：310026
法　人：方焕明
Tel：0571－86902033
15057157628

**富阳市富春街道丽波岛休闲餐厅**
业务：中西餐供应
地址：浙江省富阳市富春街道孙权路209号（大润发商店街2号）
负责人：卓建新 邮编：310026
法人：卓建新
Tel：0571－23287013

**杭州西湖风景名胜区半瓶子餐厅（半瓶子餐厅旅社）**
业务：餐饮、住宿
地址：浙江省杭州市西湖区莲花峰路17号
负责人：金蕊华 邮编：310026
法人：金蕊华
Tel：0571－87794178
87217736

**杭州福禧缘科技有限公司**
业务：餐饮、茶餐厅
地址：浙江省杭州市西湖区申花路789号B座（2幢）2楼
负责人：张炯 邮编：310000
法人：张炯
Tel：0571－88962788
E-mail：zhangjiong1986@sina.com

**浙江省杭州市西湖区张李美发店**
业务：美容美发
地址：浙江省杭州市西湖区世纪新城3幢3号商铺17号
负责人：包云飞 邮编：310000
法人：包云飞
Tel：0571－89931321

**杭州市西湖区焱鑫菜馆**
业务：餐饮服务
地址：浙江省杭州市西湖区天目山路388号（国力大酒店1楼）
负责人：倪梦良 邮编：310026
法人：倪梦良
Tel：13336098990
0571－85021188
2288

**玉环观光国际酒店有限公司**
业务：餐饮、住宿、停车
地址：浙江省台州市玉环县玉塘路34号
负责人：沈崇德 邮编：318000
法人：沈崇德
Tel：0576－87211133
0576－81733333

**玉环县妙手足浴店**
业务：足底按摩及泡脚服务
地址：浙江省台州市玉环县珠港镇城关玉潭路7号
负责人：华孝利 邮编：318000
Tel：13506866480
15157668819

**玉环县都市商务宾馆**
业务：宾馆、棋牌室
地址：浙江省台州市玉环县珠港镇城关玉兴西路（原商业大楼）
负责人：曾俊风 邮编：318000
法人：曾俊风
Tel：13858628828
0576－87128666

**玉环县元安堂美容店**
业务：瘦身、美容
地址：浙江省台州市玉环县珠港镇大麦屿西港街
负责人：张婵 邮编：318000
法人：张婵
Tel：0576－87557865

**温岭市太平梦芭黎婚纱馆**
业务：婚纱摄影
地址：浙江省台州温岭市购物中心柏林路80号
负责人：张玲燕 邮编：318000
法人：王溢辉
Tel：13586277902

**温州苍南龙港晓苏美容院**
业务：集美容美体、瘦身养身为一体的高档会所，我们将以精湛的技术，良好的服务，优雅舒适的环境，竭诚为您服务！
地址：浙江省温州市苍南县龙港镇宫后路376号一楼
负责人：王文想 邮编：325800
法人：王文想
Tel：0577－64257913

**桐乡市崇福胡家斗大块头饭店**
业务：餐饮服务
地址：浙江省桐乡市崇福镇开发区世纪大道
负责人：张忠强 邮编：314500
法人：张忠强
Tel：0573－88222277

**桐乡市龙翔舅妈煲店**
业务：餐饮
地址：浙江省桐乡市龙翔街道桐乌路西侧1号店面（龙翔福生煲店）
负责人：张福生 邮编：314000
法人：张福生
Tel：13867366751

**桐乡市濮院永琪美容美发店**
业务：美容、美发、美体等全套服务
地址：浙江省桐乡市濮院朝晖路12号
负责人：朱卫民 邮编：314000
Tel：0573－88822683
13857323385

**桐乡市乌镇九江楼饭店**
业务：餐饮
地址：浙江省桐乡市乌镇镇东大街古戏台旁边关前街64号
负责人：朱月明 邮编：314000
法人：谭勤能
Tel：0573－88716799
13857349148

**桐乡市梧桐振东直峰美容美发店**
业务：美容美发、美容美发培训、美容美发学校
地址：浙江省桐乡市梧桐街道润丰步行街72号，浙江省桐乡市梧桐大街261号
负责人：徐伟光 邮编：314500
法人：徐伟光
Tel：13585766988
0573－88119908
88113178
E-mail：fang138@sohu.com

**杭州市西湖区香又来奶茶店**
业务：小吃、奶茶
地址：浙江省杭州市西湖区五联西苑258号
负责人：高广国 邮编：310000
法人：高广国
Tel：15888832050

**杭州招商国际旅游公司武林门营业部**
地址：浙江省杭州市西湖区体育场路580号
负责人：吕隽
Tel：0571－85215687

**杭州市拱墅区老东粥皇餐厅**
业务：粤菜、中餐、以粥为主
地址：浙江省杭州市拱墅区湖墅南路118号文晖大厦三楼
负责人：李泳怡 邮编：310000
法人：叶伟萍
Tel：0571－88377987
Fax：0571－85372230

**温岭市城东阿卡迪亚法式西餐厅**
业务：西餐、中餐
产品：西餐（铁板烧）、中餐（台湾特色菜）
地址：浙江省温岭市城东街道九龙汇商业街D区363号
负责人：叶丹枫 邮编：315000
法人：叶丹枫
Tel：0576－86019977

**台州诗美婷化妆品连锁**
业务：零售化妆品
产品：宜美坊、诗婷露雅、美肤宝、凯芙兰（彩妆）、婷美
地址：浙江省温岭市泽国镇泽南路（泽国购物中心内）
负责人：周胜春 邮编：317500
法人：周胜春
Tel：13282688190
0576－86487876
网址：www.smthzp.com

**苍南县灵溪光头水煮鱼店**
业务：餐饮、主要特色菜：水煮鱼
地址：浙江省温州市苍南县灵溪镇江湾路529号
负责人：戴毅然 邮编：325800
法人：戴毅然
Tel：0577－68710519
26869019
15858023946

**瑞安市塘下时代豪庭商务宾馆**
业务：商务宾馆
地址：浙江省温州瑞安市塘下镇邵宅村塘下大道
负责人：邵建辉 邮编：325000
法人：邵建辉
Tel：13758761898
0577－25889999

**老萧美食一城中泡菜**
业务：经营泡菜、美食
产品：温州特色小吃
地址：浙江省温州市苍南县防疫站一楼
负责人：萧若想 邮编：325000
法人：萧若想
Tel：13566102978
0577－26665733

**苍南县灵溪常仙芝化妆品店**
业务：化妆品经营
地址：浙江省温州市苍南县灵溪镇莲池路174号
负责人：李方党 邮编：325000
法人：李方党
Tel：0577－26818116

**苍南县龙港独品美发（二店）**
业务：美发会所
地址：浙江省温州市苍南县龙港镇百有六街50－54号一层
负责人：庄志锋 邮编：325800
法人：庄志锋
Tel：0577－26667373
13738777078

**东阳市南马贤洪美甲店**
业务：指甲护理服务
地址：浙江省东阳市南马镇振兴东路88号
负责人：邵贤洪 卢小姐
邮编：321000
法人：邵贤洪
Tel：15924229553
15924220863

**景文假日旅馆**
业务：客房
地址：浙江省杭州市西湖区学院路156号
负责人：金富国 邮编：310000
法人：金富国
Tel：0571－88065882

**晓苏美容美体中心**
业务：美容
地址：浙江省温州市苍南县龙港镇宫后路376号一楼
负责人：王文想 邮编：325000
法人：王文想
Tel：0577－64257913
13858713668

**苍南县龙港独品美发连锁机构**
业务：美发会所
地址：浙江省温州市苍南县龙港镇宫后路57－59号
负责人：庄志锋 邮编：325800
法人：庄志锋
Tel：0577－26897373
13738777078

**苍南县龙港水星宾馆**
业务：住宿、汽车租赁、免费停车场
地址：浙江省温州市苍南县龙港镇龙湖路95－107号
负责人：林守钻 邮编：325000
法人：林守钻
Tel：0577－26668888

**杭州市西湖区天芝道足浴馆**
业务：推拿、刮痧、足浴服务
地址：浙江省杭州市西湖区益乐路14号（二楼）
负责人：李坤潮 邮编：310012
法人：李坤潮
Tel：0571－85852297

**温州市鹿城区黄龙新云鼎大酒店**
业务：中餐、西餐
地址：浙江省温州市黄龙郑桥锦园1幢1－3层
负责人：石瑜 邮编：325000
法人：石瑜
Tel：0577－88008888
89770003
Fax：0577－89770003

**苍南县龙沙滨海海鲜楼**
业务：经营：各种海鲜
地址：浙江省温州市苍南县龙沙乡沙坡环海路44－46号
负责人：林天辉 邮编：325000
法人：林天辉
Tel：13506531537
0577－64632177

**苍南县沿浦镇沙岭农家乐酒家**
业务：餐饮服务
地址：浙江省温州市苍南县沿浦镇
负责人：陈为纲 邮编：355200
法人：陈为纲
Tel：0577－64676258
13950510928

**新逸旅馆**
业务：客房
地址：浙江省杭州市西湖区益乐新村北一区3号
负责人：金富国 邮编：310000
法人：金富国
Tel：0571－88911851

**苍南县宜山环城农家乐酒店**
业务：餐饮
地址：浙江省温州市苍南县宜山镇环城北路四季花园北大门正对面60米处
负责人：梁义讯 邮编：325000
法人：梁义讯
Tel：0577－68516888

**苍南县鲤鱼山庄农家乐酒店**
业务：特色农家菜制作、销售
地址：浙江省温州市苍南县云岩乡鲸头村鲤鱼山（紫荆路120号后面）
负责人：罗上甫 邮编：325000
Tel：0577－64307722
13706629777

**皇朝休闲茶吧**
业务：铁观音茶饮等，茶艺
地址：浙江省温州市洞头县北岙镇新城区城南大道33－41号
负责人：曾志岗 邮编：325000
法人：曾志岗
Tel：0577－63380166

**鑫腾旅馆**
业务：客房
地址：浙江省杭州市西湖区益乐新村北一区6号
负责人：金富国 邮编：310000
法人：金富国
Tel：0571－88911851

**杭州市江干区老汪鲜辣馆**
业务：餐饮服务
地址：浙江省杭州市江干区格畈南苑1排7号
负责人：汪伟建 邮编：310026
法人：汪伟建
Tel：13757192048
13208044501

**杭州萧山瓜沥雅园足道馆**
业务：足浴服务
地址：浙江省杭州市萧山区瓜沥镇永福村东灵北路
负责人：胡志刚 邮编：310026
法人：胡志刚
Tel：0571－82576198
82576555

**乐清市爱彼西商务宾馆**
业务：商务宾馆
地址：浙江省温州市乐清市北白象镇交通中路157－163号
负责人：黄进义 邮编：325000
法人：黄进义
Tel：0577－61808999
Fax：0577－61898600

**杭州萧山楼塔镇再红化妆品商行**
业务：零售化妆品、护肤品（品牌：玫琳凯），并提供销售咨询
地址：浙江省杭州市萧山区楼塔镇楼英村后溪弄5号，萧山区恒龙广场B座806室
负责人：董再红 邮编：310026
法人：董再红
Tel：15058190668
18967105286

### 乐清市姐妹足浴保健会所
业务：足浴、保健按摩
地址：浙江省温州市乐清市乐成镇民丰路 104 号
负责人：黄天赐　邮　编：325600
法　人：黄春娥
Tel：13695879560

### 温州市龙湾瑶溪文明棋牌室
业务：下棋、休闲、喝茶
地址：浙江省温州市龙湾区瑶溪镇金岙村全龙超市旁边
负责人：管文明　邮　编：325000
法　人：管文明
Tel：15869470051
13957706852

### 温州藏蒸堂生物科技有限公司
业务：集医学研究开发、生产销售为一体的高科技企业，藏蒸堂养生馆、足道馆、蒸浴馆、足浴馆、桑拿馆连锁招商，销售养生馆等配套药包及设备（包括整店输出）
产品：养生藏药、中药、蒸浴房、桶、箱、负离子熏蒸、化妆品、保健品
地址：浙江省温州市龙湾区状元镇横街东路 295 号
负责人：朱招余　邮　编：325011
法　人：朱招余
Tel：0577－86538848
86555780
13806876768
Fax：0577－86538848
E-mail：coolzhu1986@163.com

### 温州市龙湾状元康侨足浴店
业务：足浴
地址：浙江省温州市龙湾区状元镇平阳路 37 号
负责人：孙淑娟　邮　编：325000
法　人：孙淑娟
Tel：15857772847
15888747499

### 红山农场怡雨斯美容美发室
业务：美容美发
地址：浙江省杭州市萧山区红山农场二分场（杭州吉华化有限公司工商业房）
负责人：杨兴山　邮　编：310000
法　人：杨兴山
Tel：13967182317
13867113666

### 杭州萧山进化镇家富棋牌室
业务：棋牌
地址：浙江省杭州市萧山区进化镇下坂底村 210 号
负责人：张国富　邮　编：310026
法　人：张国富
Tel：13600529774
0571－82461275

### 温州市鹿城区湘得意新派湘菜（南浦店）
业务：餐饮服务
地址：浙江省温州市鹿城区春晖路 229 号
负责人：叶孜正　邮　编：325000
法　人：叶孜正
Tel：0577－88678001
8867002

### 温州市鹿城区市中伯仁推拿室
业务：推拿、足疗、理疗、经络疏导、慢性病康复（中风、癌症、疑难杂症等）、健康咨询、营养养生
地址：浙江省温州市鹿城区飞鹏巷 72 号
负责人：刘珠华　邮　编：325000
法　人：刘珠华
Tel：13336990566
0577－89990796

### 温州市鹿城区黄龙邹江立棋牌室
业务：棋牌、超市
地址：浙江省温州市鹿城区黄龙下岭新村 11 幢 1 号
负责人：邹江立　邮　编：325000
法　人：邹江立
Tel：13676716071
0577－89769413

### 杭州市上城区舒绿足浴店
业务：足浴
地址：浙江省杭州市建国南路 108 号
负责人：陈宗亮　邮　编：310026
法　人：陈宗亮
Tel：0571－85971473
86791826

### 温州市鹿城区大南马永胜马氏牛肉拉面
业务：牛肉拉面
地址：浙江省温州市鹿城区莲花锦园 B－05 号（2）苍南县龙港镇人民路 374 号（3）苍南县江湾路 365 号（4）苍南县建兴路 108 号（5）瑞安市船下广场中路 130 号
负责人：马永胜　邮　编：325000
法　人：马永胜
Tel：0577－88686005
68697835
68700340
68701030

### 温州市鹿城区洪殿英豪娱乐会所
业务：KTV、娱乐休闲
地址：浙江省温州市鹿城区上陡门浦边一、二层（江滨路江滨大桥东南侧）
负责人：邓先生　邮　编：325003
法　人：邓卫国
Tel：13868802758
0577－55551188

### 温州市鹿城区莲池爵色酒吧
业务：酒吧
地址：浙江省温州市鹿城区望江东路 141 号
负责人：谈卫忠　邮　编：325000
法　人：谈卫忠
Tel：13777773037
0577－88179777

### 温州市鹿城区双屿李锋棋牌室
业务：棋牌室、游戏机、休闲娱乐
地址：浙江省温州市鹿城区温金路 136 弄 12－6 号
负责人：李锋　邮　编：325000
法　人：李锋
Tel：0577－88785684

### 富阳市富春街道极力跆拳道馆
业务：跆拳道
地址：浙江省富阳市富春街道市心北路 12 号二楼
负责人：程仙云　邮　编：311400
法　人：程仙云
Tel：0571－63325339

**杭州友泰室内高尔夫健身有限公司**
地址：浙江省杭州市西湖区文新路 111 号
负责人：张海莹
Tel：0571－85029607

### 温州市鹿城区大南福客面馆
业务：面条
地址：浙江省温州市鹿城区小南路 32 号
负责人：黄伶峰　邮　编：325000
法　人：黄伶峰
Tel：13758856270
0577－88578828

### 温州市瓯海梧田甘心亭化妆品店
业务：化妆品销售
产品：自然堂、美素、欧莱雅
地址：浙江省温州市瓯海
负责人：彭先生　邮　编：325000
Tel：13205770066
0577－86737854

### 温州市瓯海茶山翰林酒店
业务：餐饮服务
地址：浙江省温州市瓯海茶山高教园区中心区高教园区商务中心一期 401 室南首
负责人：包杰　邮　编：325000
法　人：包杰
Tel：13758838068
0577－85771088

### 温州市瓯海茶山胜宝农家乐菜馆
业务：农家菜
地址：浙江省温州市瓯海茶山罗山村（大茶山）
负责人：管洪宝　邮　编：325000
法　人：管洪宝
Tel：0577－85771387
86691387

### 温州市瓯海丽岙凤娟棋牌室
业务：棋牌室
地址：浙江省温州市瓯海丽岙叶宅村永丰路 118 号
负责人：陈凤娟　邮　编：325000
法　人：陈凤娟
Tel：15067859188

### 温州市瓯海娄桥汇泉农家园饭店
业务：水煮鱼、老鸭煲等特色风味、开设中、小型包厢
地址：浙江省温州市瓯海娄桥街道上汇村前岸新路 52 号
负责人：陶程泉　邮　编：325000
法　人：陶程泉
Tel：0577－56763933

### 温州市瓯海潘桥粒粒香饭庄
业务：中式快餐
地址：浙江省温州市瓯海潘桥镇华亭村荣宁街 35 号
负责人：张仁义　邮　编：325000
法　人：张仁义
Tel：15868757767
0577－86163555
86171500
Fax：0577－86171500

### 温州市瓯海仙岩维我空间理发店
业务：理发
地址：浙江省温州市瓯海仙岩河口塘村河滨中路 66 号
负责人：李东琴　邮　编：325000
法　人：李东琴
Tel：13958867852
0577－56766186

**杭州凯歌餐饮娱乐有限公司**
地址：浙江省杭州市西湖区曙光路与教工路交叉西北角
负责人：张仲凯
Tel：13336105518

### 温州市瓯海仙岩利羽羽毛球馆
业务：羽毛球
地址：浙江省温州市瓯海仙岩岩二村景山东路（公园边）
负责人：苏良杰　邮　编：325062
Tel：0577－85326123
85301330
Fax：0577－85301330

### 平阳县华美美发美容中心
业务：美发美容
地址：浙江省温州市平阳县敖江镇天元公寓 C 幢 36 号
负责人：陈华美　邮　编：325000
法　人：陈华美
Tel：13906774854
0577－63622367

### 平阳县水头镇幼幼洗灸堂
业务：小儿体灸（湿疹、感冒、咳嗽、腹泻、保健、厌食、各种皮肤病），产妇药蒸，成人药蒸、保健，婴儿游泳、抚触，婴儿理发、胎毛笔、胎毛发。
地址：浙江省温州市平阳县水头镇东川中路 182－184 号
负责人：苏志苗　邮　编：325000
法　人：苏志苗
Tel：13868558383
网址：http://www.yyxjt.com

### 阿阳馄饨店
业务：提供馄饨、饺子、小笼包等特色小吃
产品：馄饨、饺子、小笼包等特色小吃
地址：浙江省杭州市下城区德胜东村 63 幢东面
负责人：刘鑫添　邮　编：310000
法　人：刘鑫添
Tel：15058163818

### 杭州市下城区双助饭店
业务：经营餐饮业
地址：浙江省杭州市下城区水车路 81 号
负责人：程发强　邮　编：310026
法　人：程发强
Tel：15258877506
13306516318

### 金牛足浴馆
业务：足浴、棋牌
地址：浙江省杭州市下城区文晖路 119 号
负责人：张乃钧　邮　编：310000
法　人：张乃钧
Tel：13018944676
13758231756
0571－85889777

**杭州银都休闲健身有限公司平海路分公司**
地址：浙江省杭州市上城区平海路 76 号 7 楼
负责人：钱斌虎
Tel：13003686778

### 浪剪发型连锁
业务：美容美发
地址：浙江省杭州市下城区载歌巷 8 号（二店）；浙江省杭州市下城区水印康庭重工路四座一号商铺（一店）
负责人：付照清　邮　编：310000
法　人：付照清
Tel：15990194448
0571－85803211
89900816

### 杭州萧山党湾镇巨天理发店
业务：美发
地址：浙江省杭州市萧山党湾镇政和路 100 号
负责人：潘永贵　邮　编：310000
法　人：潘永贵
Tel：0575－85372783
88726161
13588591629

### 新士海美发沙龙
业务：美发美容
地址：浙江省温州市平阳县水头镇江山花园 28 号
负责人：黄光远　邮　编：325000
法　人：黄光远
Tel：15088905077
0577－63866080

### 声源乐器
业务：经营各种民族乐器、西洋乐器、打击乐器的销售与批发，长期开设各类乐器培训、承接户内外大小型演出。
产品：钢琴，电子琴，西洋乐，打击乐
地址：浙江省温州市上陡门七组团 20 幢 103 室
负责人：徐可人　邮　编：325000
法　人：徐可人
Tel：0577－86668827
13868606708
Fax：0577－86668827

### 泰顺县滩林农家乐酒店
业务：农家酒店
地址：浙江省温州市泰顺县岭北乡村尾村水尾
负责人：雷子华　邮　编：325000
法　人：雷子华
Tel：13017839858
0577－67573387

### 泰顺县紫荆花宾馆
业务：住宿
地址：浙江省温州市泰顺县罗阳镇爱民路 60 号
负责人：吴振清　邮　编：325000
法　人：吴振清
Tel：13606877452
0577－67580010

### 泰顺县旺一角饮食店
业务：餐饮服务
地址：浙江省温州市泰顺县罗阳镇公园路 136－138 号
负责人：林祥锋　邮　编：325000
法　人：林祥锋
Tel：13958995286
0577－67595156

### 泰顺县皇马咖啡美食屋
业务：餐饮服务
地址：浙江省温州市泰顺县罗阳镇公园路 140 号
负责人：欧坚　邮　编：325000
法　人：欧坚
Tel：13906779285
0577－67626666

### 藤桥永丰豆浆
业务：豆浆、面条、炒菜、牛排、汉堡
地址：浙江省温州市藤桥镇泰新街 268 号
负责人：叶松友　邮　编：325000
法　人：叶松友
Tel：0577－86485285
56878588

### 文成县畲山旅游项目开发有限公司
业务：旅游项目
地址：浙江省温州市文成县富岙乡培头村
负责人：钟松夏　邮　编：325000
法　人：钟松夏
Tel：13676719228
13868695768

## 泰顺县味中味羊肉馆

业务：主要经营羊肉
地址：浙江省温州市泰顺县罗阳镇泰景路车站门口
……… 负责人：郑延新　　邮　编：325000
…………………………………… 法　人：郑延新
…………Tel：13157731968
0577－67590722

## 温州市鹿城区南浦黄大叔酸菜鱼馆

业务：餐饮，特色菜有酸菜鱼、香辣虾、康熙豆腐、手抓羊排等
产品：酸菜鱼、香辣虾、康熙豆腐、手抓羊排等
地址：浙江省温州市温迪路61、63号
……… 负责人：李建成　　邮　编：325000
…………………………………… 法　人：李建成
…………Tel：13736368111
0577－88309882
88665550

## 重庆红福鱼庄

业务：川菜
产品：川菜
地址：浙江省温州市文成县大岇镇城南路86号
……… 负责人：古先生　　邮　编：325000
…………Tel：0577－67815922

## 宁波市鄞州五鑫旅游用品有限公司

业务：宁波市鄞州五鑫旅游用品有限公司成立于2006年，主要生产销售休闲桌椅、旅游帐篷及五金配件。欢迎新老客户光临、惠顾！
地址：浙江省宁波市鄞州区邱隘镇汇头村工业园区
………… 负责人：王连东……邮　编：315105
…………………………………… 法　人：史海高
…………………………………… Tel：0574－88163191
…………………………………… Fax：0574－88163013
…………………………………… E-mail：tfeizhou@126.com

## 杭州古天楼酒店管理有限公司

地址：浙江省杭州市拱墅区信义坊商街100号
…………………………………… 负责人：徐伟民
…………………………………… Tel：13355712883

## 文成县SMILE化妆品商行

业务：化妆品系列；法国欧莱雅，韩国兰芝、贝贝可，日本资生堂，法国葛菲娜，法兰西诱惑，植美春。各种国际香水：香奈儿（Chanel），Dior，Boss，Armani，Adidas等。法国欧莱雅洗发用品，特效祛豆二月白、一清堂护肤品及各种减肥茶。
地址：浙江省温州市文成县大岇镇二新街38号
……… 负责人：许笑笑　　邮　编：325300
…………………………………… 法　人：张女士
…………Tel：13906770865

## 杭州丽府餐饮有限公司

地址：浙江省杭州市南山路8号
…………………………………… 负责人：朱明虬
…………………………………… Tel：0571－87926069

## 楠香楼农家乐酒店

业务：为您提供野味饮食，休闲娱乐一条龙服务，包您乘兴而来，尽兴而归！
地址：浙江省温州市永嘉楠溪江狮子岩景区
……… 负责人：周星樨　　邮　编：325000
…………Tel：13336922336
13676769188
13957737588
13505774568
0577－67177588

## 湖州新国际旅行社有限公司

业务：湖州新国际旅行社有限公司主要经营国内外旅游业务，是湖州地区一家规模较大的旅游企业。汇集了一批经验丰富、有较高业务水准的管理队伍和一支朝气蓬勃的高素质导游队伍，以优质、诚信为服务宗旨，湖州国旅将为您提供优质、高效、舒适、安全的服务。
地址：浙江省湖州市观凤路238号
………… 负责人：张勤……邮　编：313000
…………………………………… 法　人：陈忠
…………………………………… Tel：0572－2706666
2706001
…………………………………… Fax：0572－2210144

## 杭州雅淇餐饮管理有限公司

杭州万信贸易有限公司成立于2002年现更名为杭州雅淇餐饮管理有限公司，是一家专业从事珍珠、奶精、广东凉茶、花果茶、咖啡豆、果汁、果味粉、冰淇淋粉、台湾小吃、西餐原料配送和设备器具安装，公司总代理上海茗晟食品有限公司、上海根莱食品有限公司、上海盾皇食品有限公司、新加坡超级公司、饮之健食品产品系列。公司以经营管理、培训、开业营销策划、厨房吧台培训、采购装修，员工培训业务。至2007年成立雅淇茶餐厅连锁加盟部，现在对外加盟（联营）中，敬请关注。雅YQ淇“贵族”等您加入。

联系人：廖明明
电话：0571-85381293 13335817381 15858258278
地址：浙江省杭州市拱墅区永庆路11号4[illegible]9室
网址：www.hzyaqi.cn
邮编：310000

## 湖州斌盛食品贸易有限公司

公司专营食品添加剂、食品包装、食品加工机械。

公司自成立以来深受客户信赖，我们将以最周到的服务，最低廉的价格，最优质的产品，竭诚为您服务！

联系人：龚学斌　13587292311
电话：0572-2267598　　传真：0572-2267597
地址：浙江省湖州市红丰路26幢兴业路609-611号(粮油市场)　　邮编：313000

## 东阳市横店程记农家乐饭店

程记农家乐饭店座落于素有“影视城之乡“的浙江省东阳横店影视城，依托当地旅游资源优势，创办农家乐饭店，为游客提供餐饮、住宿服务，交通便捷，价廉味美，服务至上，是您品味农家特色菜肴，悠闲游乐的最佳选择！

联系人：程建成 13858895l698
电话：0579－86547132
地址：浙江省东阳市横店清明上河图路142号
邮编：322100

## 湖州苏万仓酒店用品批发部

湖州苏万仓酒店用品批发部自成立以来，专业从事批发厨房用品、酒店用品、酒店餐具。公司贯以推崇经营理念：精诚合作，用户至上，服务第一．我们竭诚欢迎国内外新老客户来电来函洽谈业务。

联系人：苏伟康
电话：0572-2031839　2576238　　传真：0572-2031839
地址：浙江省湖州市环城西路188号　邮编：313000

## 嘉兴市爱情之都美容美发店

本公司成立于2008年，主要经营美容美发。

我们的服务宗旨是：“客人永远是对的，我们的一切都是为了让客人满意”，我们有着优质的服务，竭诚为您服务。

联系人：姜华安 15821727013
电话：0573-82218180
邮编：314000
地址：浙江省嘉兴市禾兴北路1092号

## 杭州相会机电有限公司

本公司从事生产和销售麻将机及麻将机的配件，以质量求生存，信誉求发展，欢迎新老客户来电洽谈业务！

联系人：王世君　　电话：0571-22910315　82695717
地址：浙江省杭州市萧山区宁围镇原野汽配五金市场3幢38号
邮编：311200

## 杭州萧山衙前老四川平头酸菜鱼馆

本店主要经营餐饮服务，主要有特色酸菜鱼等菜品。我们的服务宗旨：您的满意是我们的心愿！

联系人：莫桂林
电话：0571-82900177、13107748487
地址：浙江省杭州市萧山区衙前镇104国道旁边　　邮编：310026

## 嘉兴市海盐县于城松茂洋农家菜

嘉兴市海盐县于城松茂洋农家菜饭店成立于2008年8月，本店专业从事餐饮、垂钓、休闲娱乐等服务。

本馆服务宗旨是“服务第一、客户至上”。

热忱欢迎新老客户惠顾！

电话：0573-86452579 13666777209　　联系人：徐张良
地址：浙江省嘉兴市海盐县于城镇构塍村玉带组　　邮编：314000

## 江山市保安仙霞岭大酒店

本酒店主要经营农家乐，提供餐饮住宿。

我们坚持以市场需求为导向，面向社会广大客户，坚持“诚信经营，用心服务”的宗旨，不断提高服务水准，努力打造“规范管理，人性服务”的亚龙品牌，受到了社会上新老客户的广泛赞誉。

电话：0570-4811999
邮编：324118
地址：浙江省江山市保安乡保安村

联系人：刘平英
13967000152

## 桥心阁大酒店

桥心阁大酒店位于泰顺县泗溪镇古廊桥边，风景秀丽，环境优雅，酒店设有豪华客房及餐厅，日接待量可达1500人次，汇集地方各式美食特色—尽显烹饪技术：集餐饮住宿，旅游休闲于一体的综合性酒店。

热烈欢迎各界朋友到来。

电话：0577-67643999
联系人：陈志刚 13958988816
传真：0577-67641336
地址：浙江省温州市泰顺县泗溪镇泗水西路59号
邮编：325004

## 宁波经济技术开发区海之悦咖啡店

本公司成立于2008年8月，主要经营餐饮、娱乐、休闲。

让您高兴而来，满意而归，是我们的服务宗旨，欢迎您的光临！

联系人：陈海伟
13566545555
电话/传真：0574-86227777 86222223
邮编：315801
地址：浙江省宁波市北仑区戚家山街道科苑路17弄13-15号1幢1层

## 衢州市柯城风波庄酒楼

衢州市柯城风波庄酒楼成立于2008年，衢州市柯城风波庄酒楼是一家以主题餐饮为主，集原料生产，食品研制，教学培训，营销咨询等为一体，专业从事特色饮食推广运营的加盟连锁管理公司。

我们相信“有人就有江湖，有江湖就有风波，有风波就有风波庄。愿与天下胸怀鸿鹄之志的各位江湖知己，携手并肩，精诚合作，共创远大的前程”。

联系人：江建毅
电话：0570-8575757
地址：浙江省衢州市柯城区新桥街89号
邮编：324000

## 宁波市东方夜城国际娱乐会所

宁波市东方夜城国际娱乐会所成立于2009年1月，宁波市东方夜城国际娱乐会所主要经营歌舞，娱乐，休闲，沟通聊天等。

宁波市东方夜城国际娱乐会所本着“客户第一，诚信至上”的原则，与多家企业建立了长期的合作关系。热忱欢迎各界朋友前来参观、考察、洽谈业务。

联系人：张赛宇 13003760507
电话：0574-88118555
邮编：315000
地址：浙江省宁波市鄞州区天童北路929号（新霓虹宾馆内）

## 瑞安市一家人中式快餐厅

瑞安市一家人中式快餐厅成立于2006年，瑞安市一家人中式快餐厅主要经营中式快餐服务、外卖服务。

全新的用餐环境，更贴心的用餐服务，让您放心享用，更添实惠。致力于为瑞城消费者提供舒适且周全的日常用餐是我们不懈的追求，机构各连锁餐厅将一如既往，竭力为您服务，竭诚欢迎您的惠顾。

联系人：郑万好 13806859499
电话：0577-66602700 65917511 66801311 65911411
地址：浙江省瑞安市玉海街道东涌村青松路58号-62号
邮编：325200

## 宁波市鄞州高桥川人烧菜火锅店

本公司成立于2008年。

主要经营川味烧菜，特色火锅。

本店始终顾客第一，奉公守法，饭真菜实，经济实惠，微利长远。

联系人：张镜学 13586564858
电话：0574-88446104
地址：浙江省宁波市鄞州区高桥镇联丰村
邮编：313000

欢迎来电

## 上虞市百官街道动幻谷溜冰场

上虞市百官街道动幻谷溜冰场创建于2008年，本场主要经营溜冰及其它游乐项目。主要项目有溜冰、台球、电子多媒体游乐、儿童游乐（爱儿岛、儿童转马、钓鱼、画吧）。

为您提供最佳和最理想的娱乐服务、您们需求是我们发展的依据，服务精诚、热情、周到是我们的工作作风，务实、力求完美是我们共同的奋斗目标。

联系人：周军卫 13906850884
地址：浙江省上虞市市民大道688号上百万和城四楼
邮编：312300

## 普陀区东港茵子化妆品店

普陀区东港茵子化妆品店于1996年成立，本店主要经营护肤、彩妆、洗涤用品、家居系列，含盖所有女性日化用品。

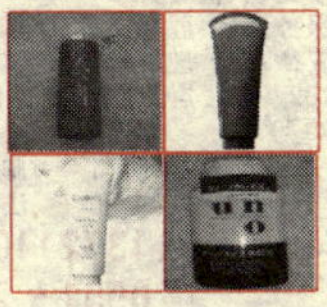

公司愿以一流的产品，合理的价格，完善的服务竭诚为您服务！东港茵子，全面呵护您的美丽！

联系人：刘定波 13115809118
电话：0580-3016343 3807791
传真：0580-3807791
电子邮件：ptlbb@163.com
地址：浙江省舟山市普陀区东港街道金城街233号
邮编：316100

## 桐庐县桐君街道麦香村餐厅

本公司成立于1999年。

主要经营中，西餐，冷热饮。

公司以“为客户提供整体服务”为宗旨、以“让客户百分百满意”为服务理念，在创新中不断发展。

联系人：祝建伟 15867176588
电话：0571-64625596
邮编：310000
地址：浙江省杭州市桐庐县桐庐君街道迎春街22号

## 桐庐云海生态农庄

桐庐云海生态农庄成立于2004年，是一家休闲观光场所。本农庄提供游人和学生开展野餐，帐篷露宿的设施场地。云海生态农庄是一块休闲观光的处女地，农庄使有识之士和游人舒心品尝农家饭，住农家居，能洗尽都市游人的疲劳，尽享田园风光，反朴归真。

**联系人：毛云海**

电话：0571-64262926

地址：浙江省杭州市桐庐县凤川镇大源村西毛坞自然村　　邮编：311505

## 温州市龙湾永中进强饭摊

本公司成立于2007年，主要经营餐饮。

客人至上-对客人的服务永远排在工作的第一位，主动热情-以真诚的爱心为宾客提供优质的服务。

联系人：朱进强

电话：0577-86629889　　13868848786

地址：浙江省温州市龙湾区永中街道龙水中路71号　　邮编：325000

## 现代永和中式美食一店
## 现代永和中式美食二店

现代永和中式美食一店、现代永和中式美食二店自成立以来，主要以中式快餐为主。现代永和中式美食店凭着良好的信用、优良的服务与多家企业建立了长期的合作关系。现代永和中式美食店热忱欢迎各界朋友前来参观、考察、洽谈业务。

联系人：蓝爱娟

电话：0570-3032568　0570-3073999

地址：浙江省衢州市仁德路7　浙江省衢州市荷花东路144号

邮编：324000

## 浙江省温州泰顺县枫树梢农家乐酒店

浙江省温州泰顺县枫树梢农家乐酒店成立于2008年，主要经营餐饮服务。本酒店本着"客户第一，诚信至上"的原则，与多家企业建立了长期的合作关系。热忱欢迎各界朋友前来参观、考察、洽谈业务。

联系人：彭佳桥

电话：0577-67588116　传真：0577-83757855

地址：浙江省温州市泰顺县罗阳镇下交洋枫树梢5号

邮编：325500

## 安徽省/Anhui Province

### 铜陵县西联乡天水农家乐饭店

业务：本老母鸡，本鸡蛋，炖老鸡，炒子鸡，炒鸡蛋等特色农家菜，本饭店山清水秀，鸟语花香，四季水果丰富。欢迎来选购本母鸡，本鸡蛋，子公鸡，垂钓。

地址：安徽省铜陵市铜陵县西联乡星光村八队 188＃

负责人：赵奎松　邮　编：244100

法　人：赵奎松

Tel：13856289189

0562－8331090

### 安庆市红方圆护肤品经营部

地址：安徽省安庆市程墩路南一巷 6－2－403

负责人：方红

Tel：0556－3159679

### 安庆市宿松县烨哲山庄生态农业发展有限公司

业务：农家乐、餐饮、客房、垂钓、苗圃、休闲

地址：安徽省安庆市宿松县九姑乡白马村

负责人：孙利平　邮　编：246500

法　人：孙利平

Tel：15655600000

0556－7910999

### 五河县兴平鲜面店

业务：面条

地址：安徽省蚌埠市五河县金贸园内

负责人：朱兴平　邮　编：233300

法　人：朱兴平

Tel：0552－5050038

15855742678

### 安庆市玉林阁美食城

地址：安徽省安庆市工农街小区 6 号楼 68 号

负责人：胡美英

Tel：13956504977

### 红玫瑰花店

业务：鲜花经营

地址：安徽省宣城市旌德县旌阳镇和平路

负责人：徐慕霞　邮　编：242000

法　人：徐慕霞

Tel：0563－8601478

### 安庆航天旅行社有限公司

地址：安徽省安庆市集贤南路 11 号

负责人：杨吉彬

Tel：0556－5320227

### 和县阁临宾馆

业务：住宿、娱乐

地址：安徽省巢湖市和县和城团塘路 106 号

负责人：严艾青　邮　编：238200

法　人：严艾青

Tel：0565－5338999

### 安庆市阳光旅行社有限责任公司

地址：安徽省安庆市开发区回祥生活区 17 栋附楼 2－3 号

负责人：王艳艳

Tel：0556－5336387

### 安徽省国会客隆酒店有限公司

业务：住宿、餐饮、KTV、足浴、洗浴、棋牌室

地址：安徽省宣城市宣州区状元北路

负责人：缪再虹　邮　编：242000

法　人：娄女

Tel：0563－5222333

15155572779

Fax：0563－5226888

E-mail：miaohong0580@163.com

### 岳西县瑞康旅游用品有限公司

业务：本公司成立于 2005 年，主要生产销售办公用品、文体用品、旅游用品、塑料中高档包装。热忱欢迎新老客户光临惠顾！

地址：安徽省安庆市岳西县天堂镇建设东路罗形巷 4 号

负责人：胡传节　邮　编：246600

法　人：胡传节

Tel：0556－2170970

Fax：0556－2172195

E-mail：yxrk2006@163.com

### 安徽省巢湖市和县康伽美健身会所

业务：舞蹈、健身、休闲运动

地址：安徽省巢湖市和县嘉和名苑步行街

负责人：胡先生　邮　编：238200

法　人：胡俊亮

Tel：0565－5333388

### 安庆市旅行社协会

地址：安徽省安庆市龙山路 95 号

负责人：汪谦慎

Tel：0556－5542742

### 亚星美容美发沙龙

业务：美容美发

地址：安徽省池州市东至县张溪镇

负责人：陈永胜　邮　编：247100

法　人：陈永胜

Tel：0566－8242396

13645667606

### 安庆市避风港茶楼有限公司

地址：安徽省安庆市人民路 577 号二楼

负责人：吴文昌

Tel：0556－5581278

13705561018

### 东至县观鹤艇渔庄（普通合伙）

业务：餐饮、住宿、会议、垂钓 、汽艇、一般娱乐

地址：安徽省池州市东至县张溪镇沉团村

负责人：燕正祥　邮　编：247200

法　人：燕正祥

Tel：15956254485

0566－8298198

### 桐城市明珠旅行社有限公司

地址：安徽省安庆市桐城市文化大楼一楼

负责人：洪升全

Tel：0556－6125560

### 胜和小笼汤包店

业务：小笼包、快餐

产品：服务宗旨：胜和品牌 良心品质。

地址：安徽省合肥市城隍庙淮河路 381 号 102 室、二店：安徽省合肥市青阳路 39 号

负责人：张胜和　邮　编：230000

法　人：张胜和

Tel：13721109796

0551－2620197

### 蚌埠市东海渔港餐饮有限公司

地址：安徽省蚌埠市工农路口光彩大市场北四区 2 栋 203 号

负责人：程建东

Tel：0552－3268888

### 丽人美容美发用品有限公司

业务：主营法国罗蔓琳美容系列，巴黎欧莱雅美容美发系列，加拿大纯之采美容系列、资生堂美容系列……沙宣、威娜、黑人头美发系列

地址：安徽省阜阳市千百亿对面新世纪东苑

负责人：王允　邮　编：236000

法　人：王允

Tel：0558－2266607

13865585893

### 蚌埠市海洋之心浴业有限公司

地址：安徽省蚌埠市淮河路 513 号蚌埠大厦三楼

负责人：陈敬

Tel：0552－3962222

### 安徽省五河皇都大酒店

业务：安徽省五河皇都大酒店成立于 2006 年，主要从事于客房、餐饮、桑拿娱乐等。环境、格调幽雅，星级服务，尊贵享受，让顾客忘却一天疲劳，宾至如归的感觉油然而生。我们运用了严谨务实的管理，符合现代人的要求，带给您精致舒适的空间，贴心真诚的服务。

地址：安徽省蚌埠市五河县国防路 28 号

负责人：林先生　邮　编：233300

Tel：0552－5888888

### 老土灶饭店

业务：精心烹饪第一餐，优质服务每一天，精心烹饪农村家常煎菜。招牌菜：牛气冲天，酱牛肉，烧土鸡，秘制野生甲鱼汤，带皮肉烧鱼块，欢迎新老顾客光临品尝。

地址：安徽省阜阳市太和县解放中路 N7 号楼 109－110

负责人：李敏　邮　编：236000

法　人：李敏

Tel：0558－8518567

### 安徽省中原餐饮有限公司

地址：安徽省蚌埠市延安路与淮河路交汇处西南角

负责人：张满意

Tel：0552－3077378

### 青阳县新世纪旅行社有限责任公司

地址：安徽省池州市青阳县九华西路 75 号

负责人：叶霞

Tel：0566－5022201

### 安徽九龙宾馆旅游有限公司

地址：安徽省池州市石台县七里镇仙寓路

负责人：张君良

Tel：13905660163

### 阜阳市金涛商贸有限公司

业务：汗蒸房

地址：安徽省阜阳市颍东区幸福西路南侧（颍东商业街 7＃楼）

负责人：王治轮　邮　编：236000

法　人：王治轮

Tel：13966575376

13641537288

网址：http://www.51zzt.com/user/zzt31049

### 滁州市圣凯龙浴场

地址：安徽省滁州市琅琊区会峰西路 58 号

负责人：俞晓燕

Tel：0550－2128088

### 滁州市文化艺术传播中心

地址：安徽省滁州市琅琊区南谯北路 615 号

负责人：黄若雪

Tel：0550－3036380

### 阜阳市张氏百货

业务：经营各种品牌的洗、护系列，广东中山凯达系列，上海蜂花护发系列，上海百雀羚护发系列。

地址：安徽省阜阳市颍泉区皖西北商贸城

负责人：张炳忠　邮　编：236000

法　人：张炳忠

Tel：0558－2616068

2617868

### 合肥黛丽丝美容技术有限责任公司

业务：美容

地址：安徽省合肥经济技术开发区繁华大道南合安路东繁华世家阳光苑 5 幢 804 室

负责人：汪晓勇　邮　编：230001

法　人：汪晓勇

Tel：13637056650

0551－5513865

### 阜阳市金玫瑰餐饮有限公司

业务：阜阳市金玫瑰餐饮有限公司成立于 2005 年，主要经营新派徽菜，提供高品质服务，同时拥有广告管理咨询，管理输出等多元化业务，欢迎光临指导。

地址：安徽省阜阳市颍州区一道河中路 51 号

负责人：张建　邮　编：236000

法　人：张建

Tel：0558－2118833

Fax：0558－2118780

网址：mtw25746

**滁州市日月潭休闲浴场**
地址:安徽省滁州市琅琊区育新西路78号
负责人:宣炳春
Tel:0550－3524699

**阜阳市艳阳天美容咨询服务部**
地址:安徽省阜阳市人民西路工会二楼
负责人:嵇艳
Tel:0558－3288433

**安徽富泰发品有限公司**
地址:安徽省阜阳市太和县城关镇工业园
负责人:刘磊
Tel:0558－8661368

**安徽汉丰渔港餐饮有限公司**
地址:安徽省阜阳市一道河路36号
负责人:谢丹丹
Tel:0558－2189888

**同福商务会所**
业务:宾馆、棋牌、咖啡、会议商务
地址:安徽省合肥市包河工业区包河花园A区1号楼门面房1－4层
负责人:王华龙 邮 编:230000
法 人:王华龙
Tel:13955106488
0551－3478788

**金寨县醉仙阁餐饮有限公司**
业务:环境幽雅、服务周到、欢迎新老客户光临惠顾!
地址:安徽省六安市金寨县斑竹园镇街道
负责人:李光明 邮 编:237300
Tel:0564－7632111

**阜阳菲雀旅行社有限公司**
地址:安徽省阜阳市颍上县管仲公园
负责人:李群
Tel:0558－4418166

**诚丰餐饮原材料配送部**
业务:蔬菜、水产、家禽、粮油及农副产品配送
地址:安徽省合肥市包河区马鞍山南路399号柏林春天5幢202室
负责人:程传明 邮 编:230000
法 人:程传明
Tel:13965148508
0551－3432326

**阜阳市张氏凤凰美容有限公司**
地址:安徽省阜阳市颍州区颍州南路257号
负责人:张春华
Tel:0558－2587733

**安徽朗润文化传播有限公司**
地址:安徽省合肥市包河区芜湖路239号2幢306室
负责人:韩力均
Tel:0551－2889988

**桃花镇大食堂**
业务:提供餐饮服务
地址:安徽省合肥市肥西县经济开发区桃花镇
负责人:张道伦 邮 编:230000
法 人:张道伦
Tel:13966655997
13515650633

**长丰县丰蜀饮食服务有限公司**
地址:安徽省合肥市长丰县水湖镇长寿路
负责人:邓忠东
Tel:0551－6692777

**合肥庐阳区都市万锦宾馆**
业务:宾馆、地方特色餐饮
产品:安徽省合肥市庐江路108号、合肥市庐淮河路301号、合肥市瑶海区胜利路29号、合肥市包河区马鞍山路68号、合肥庐阳区石门路5号、黄山市火车站附近
负责人:刘永红 邮 编:230000
法 人:刘永红
Tel:13866196368
0551－2257000
2646230
2258000
2265000
2250500
0559－2350000

**肥西县小庙镇雁城酒楼**
业务:徽菜、地方土菜等餐饮
地址:安徽省合肥市肥西县小庙镇王拐岗街道
负责人:王克柱
法 人:王克柱
Tel:0551－8504888

**安徽省风筝运动协会**
地址:安徽省合肥市城隍庙跳灶市场401室(淮河西路478号)
负责人:陶维武
Tel:0551－2630662
13956966498

**安徽金海港大酒楼有限责任公司**
地址:安徽省合肥市阜南路166号
负责人:潘文华
Tel:0551－2834801
5100903

**安徽白云假日旅行社有限公司**
地址:安徽省合肥市金寨路322号金通写字楼618室
负责人:李龙
Tel:0551－2849191

**马鞍山市君德利美容美发器材有限公司**
业务:马鞍山市君德利美容美发器材有限公司成立于2006年,代理销售美容美发器材、化妆品,热忱欢迎来电来函洽谈业务!
地址:安徽省马鞍山市花山区中岗二村10栋107
负责人:丁学友 邮 编:234000
法 人:丁学友
Tel:0555－2324268

**安徽省山水人文旅游资源投资有限公司**
地址:安徽省合肥市金寨路7字楼
负责人:刘东先
Tel:0551－2824724

**淮北市红火山庄**
业务:以酒会友,以文会友,自动酒具,纯粮系列酒,自煮咖啡,品欧州花茶(全国招商)
地址:安徽省淮北市高岳镇紫荆花园B栋102
负责人:张德全 邮 编:235000
法 人:张德全
Tel:13155613666
0561－3186058

**金色海岸沐浴餐饮有限公司**
地址:安徽省合肥市龙岗综合经济开发区
负责人:宋斌
Tel:0551－4328066
4320777

**安徽京徽黄文化传播有限公司**
地址:安徽省合肥市蜀山区琥珀山庄95幢607号
负责人:崔卫国
Tel:13339106013

**安徽万事如意餐饮有限公司**
地址:安徽省合肥市蜀山区潜山北路凤凰城家家景园5#－9#综合楼
负责人:卢新雷
Tel:0551－2322333

**潘集区伊斯兰农庄**
业务:餐饮、娱乐
地址:安徽省淮南市潘集区长江路南圩村路口
负责人:李方俊 邮 编:232000
法 人:李方俊
Tel:0554－4978338

**合肥金桂宾馆**
地址:安徽省合肥市蜀山区蜀河路12号
负责人:姚晓庆
Tel:0551－5129506

**鹏程宾馆**
地址:安徽省合肥市新站区嘉山路22号
负责人:肖杨明
Tel:0551－5525563
5617975
13805513410

**合肥聚雅文化娱乐有限公司**
地址:安徽省合肥市瑶海区长江东路589号
负责人:张军
Tel:13956988444

**黄山市徽州区芳妍美容生活馆**
业务:美容、美体
地址:安徽省黄山市徽州区黄山路249号
负责人:洪芳 邮 编:242700
法 人:洪芳
Tel:0559－3585668

**淮北阳光旅游有限责任公司**
地址:安徽省淮北市古城西路南建安南路东侧
负责人:孙海堂
Tel:0561－3888099

**华阳旅行社有限责任公司**
地址:安徽省淮南市凤台县商贸城
负责人:童波
Tel:0554－8628689
13505549418

**黄山市屯溪区政通宾馆**
业务:住宿
地址:安徽省黄山市屯溪区前园北路21号
负责人:胡大彬 邮 编:242500
法 人:胡大彬
Tel:13905598361
0559－5206622
5206588
Fax:0559－2113322

**安徽省绩溪县串山宾馆**
业务:安徽省绩溪县串山宾馆设施完备,有豪华、标准、普通客房30余间,会议室、娱乐室、接待室、超市等一应俱全。我们以星级管理,一流的服务为理念,竭诚为宾客提供吃、住、行、游、购、乐等一条龙服务,做到“来者高兴,住者放心,走者满意”,欢迎您的光临。
地址:安徽省宣城地区绩溪县华阳镇南路串山开发区
邮 编:245300
法 人:章基坤
Tel:0563－8162395
Fax:0563－8160888

**沁悦楼宾馆**
地址:安徽省淮南市田家庵区安成镇
负责人:陈方四
Tel:0554－6412559
13956400966

**天河旅行社有限责任公司**
地址:安徽省淮南市田家庵区淮舜南路218号
负责人:叶建雄
Tel:0554－2683950
13605544969

**黄山旅游发展有限公司北海宾馆**
地址:安徽省黄山市黄山风景区北海宾馆
负责人:王玉求
Tel:0559－5582555
13905598377

**霍邱县华安达旅游制品有限公司**
业务:生产、销售帐蓬
地址:安徽省六安市霍邱县临水镇
负责人:胡怀平 邮 编:237006
法 人:胡怀平
Tel:0564－6368388
6368111
Fax:0564－6368222

**黄山旅游发展股份有限公司排雲楼宾馆**
地址:安徽省黄山市黄山风景区排雲楼宾馆
负责人:骆晓勇
Tel:0559－5581558
3329133

**威尔旅行社有限公司**
地址:安徽省黄山市黄山区汤口镇
负责人:张文武
Tel:0559－5562025
13805592508

**万里红宾馆**
地址:安徽省黄山市屯溪区前园北路21号
负责人:王宝良
Tel:0559－2524198
13955955753

**安徽省红杜鹃文化艺术传播有限公司**
业务:歌舞、戏剧演出、广告发布、文化传播
地址:安徽省六安市金寨县梅山镇青山路红军广场
负责人:李家阳 邮 编:237300
法 人:李家阳
Tel:0564－7063265
13329191326

**六安钟基商贸有限公司**
业务:主营烟酒、食品、饮料、百货、日杂销售,兼营:量贩式KTV、飙歌城的综合贸易公司,我们始于客户需求,终于客户满意,致力为客户提供最优质的产品和最满意的服务!
产品:烟酒、食品、饮料、百货、日杂销售;量贩式KTV、飙歌城
地址:安徽省六安市淠河路北塔公园西侧1号楼
负责人:张纯洁 邮 编:237009
法 人:孙磊
Tel:0564－3286429
Fax:0564－3286429
E-mail:zhang602007@qq.com

**黄山金鹰文化发展有限公司**
地址:安徽省黄山市屯溪新园南路40号皖储宾馆(三楼)
负责人:曹嘉宁
Tel:0559－2120625

**霍山县万年青健身俱乐部**
地址:安徽省六安市霍山县衡山镇中兴南路(衡山商场二楼)
负责人:石姝
Tel:0564－5033318

**大家乐快餐配送中心**
地址:安徽省马鞍山市经济技术开发区福达工业园二期2－9号
负责人:张兆和
Tel:0555－2108275
13955550769

**炮楼大酒店**
地址:安徽省宁国市水泥厂壹号路
负责人:彭木秀
Tel:0563－4830179
13956594818

**宿州凯撒宏富生态旅游园有限公司**
地址:安徽省宿州市曹村雁山风景区
负责人:邱凯
Tel:0557－3913644

**泗县虹发餐饮有限责任公司**
地址:安徽省宿州市泗县泗城镇中城街
负责人:薛宏
Tel:0557－7018825

**舒城县晓天宾馆**
业务:餐饮、住宿、桑拿、KTV
地址:安徽省六安市舒城县晓天宾馆
负责人:陈得 邮 编:231350
法 人:陈荣树
Tel:15609647766
0564－8447188
8347766
Fax:0564－8447188

**铜陵市世豪餐饮有限责任公司**
地址:安徽省铜陵市淮河北路1号民政大楼
负责人:梅林
Tel:0562－2871038

**芜湖市连邦瑞洛酒店管理有限公司**
地址:安徽省芜湖市镜湖区中二街柳春园小区2层16号门面房
负责人:高峰
Tel:0553－3886899

**芜湖山河水艺术设计有限公司**
地址:安徽省芜湖市马塘区新时代商业街B12幢四单元301室
负责人:孙修君
Tel:0553－4223156

**宁国市津北伍神仙土菜馆**
业务:提供清水石斑鱼,飘香小麻鸭,农妇煎饼,乡村小扣碗,山林童子鸡等各类土菜
产品:清水石斑鱼,飘香小麻鸭,农妇煎饼,乡村小扣碗,山林童子鸡等各类土菜
地址:安徽省宁国市宁国大道广源巷8号
负责人:赵清云 邮 编:242300
Tel:0563－4036828

**芜湖国栋旅游和开发有限公司**
地址:安徽省芜湖市南陵县何湾镇西山
负责人:曾桓松
Tel:0553－6417998
13966365908

**齐龙友武术馆**
业务:中国空手道、跆拳道、武术散打、健身
地址:安徽省桐城市文昌街道龙眠西路
负责人:齐龙友 邮 编:231400
法 人:齐龙友
Tel:13215566246

**宣城市快乐旅行社有限责任公司**
地址:安徽省宣城市宣州区环城西路7－1号
负责人:姚正禄
Tel:0563－2107568

**名人韩国料理**
业务:餐饮
地址:安徽省天长市秦栏路
负责人:朱安康 邮 编:239300
法 人:朱安康
Tel:0550－7696777

**宣城文苑大酒店有限公司月牙湾分店**
地址:安徽省宣城市宣州区月牙湾(报社大楼)
负责人:杨志梅
Tel:0563－2827777

## 固镇县谷阳酒店

固镇县谷阳酒店是一家集餐饮、住宿为一体的酒店。

环境优雅、格调幽雅、星级服务、尊贵享受、让顾客忘却一天疲劳，宾至如归的感觉油然而生。

联系人：胡业民　电话：0552-6026666　6022222

地址：安徽省蚌埠市固镇县浍河路206号　邮编：233700

## 黄山旅游发展股份有限公司北海宾馆

黄山旅游发展股份有限公司北海宾馆成立于1958年，主要经营宾馆服务。

我们秉承“顾客至上，锐意进取”的经营理念，坚持“客户第一”的原则为广大客户提供优质的服务。欢迎广大客户惠顾！

联系人：王泽洲　电话：0559-5582555　55821708

地址：安徽省黄山市黄山风景区北海景区　邮编：242700

## 金小小餐饮有限责任公司

金小小餐饮有限责任公司成立于1996年，金小小专注于特色食品的研发、生产和销售，是一家集特色连锁店、特色烘焙食品、特色节日食品于一体的知名企业。

金小小坚持品质第一的理念、专业的工厂、专业的烘焙设备、专业的管理技术，使企业在2006年通过ISO9001国际质量体系认证，并被授予“AAA级全国质量信用企业”。品牌来自产品，又高于产品，金小小品牌，来源于不断创新的特色产品和营销，拥有数个品牌，逐渐在国内市场上享有知名度。

联系人：王秀芳　13605511638　电话：0551-4662449　邮编：230000

地址：安徽省合肥市宣城路19号

## 天长市我家商务酒店

天长市我家商务酒店成立于2008年，以住宿服务为主。

我们秉承“顾客至上，锐意进取”的经营理念，坚持“客户第一　”的原则为广大客户提供优质的服务。

欢迎惠顾！

電話：0550-7933888

郵編：239300

地址：安徽省天長市天賓路198號

## 铜陵县井湖大酒店

铜陵县井湖大酒店是一家集餐饮、住宿、娱乐、休闲服务为一体的综合性酒店。

酒店设施齐全、装修典雅，拥有多种类型的客房。酒店以“宾客至上，服务第一”为经营宗旨，采用了科学的经营机制和管理方法，不断追求卓越，得到了社会的认可。

诚心恭候您的光临！

联系人：凌琴

电话：0562-8822777

邮编：244100

地址：安徽省铜陵市铜陵县南湖路35号

## 福建省/Fujian Province

### 南平市延平区你的饭店

业务：餐饮服务

地址：福建省南平市延平区江滨南路126号1幢7号店

负责人：陈木生　邮编：353000

法人：陈木生

Tel：0599－8605789

### 福建省建瓯市吉阳镇志高酒家

业务：餐饮

地址：福建省建瓯市吉阳镇市场内

负责人：叶志高　邮编：353106

法人：叶志高

Tel：0599－3542734

### 德客来餐厅

地址：福建省长乐市河下街兴隆楼3A2楼

负责人：黄新国

Tel：0591－28800111　13627096027　13705015810

### 建瓯市几回味餐厅

业务：餐饮服务

地址：福建省建瓯市通济路20号

负责人：余悦　邮编：353100

法人：余悦

Tel：13850906565　0599－3863737

### 长乐航城妆琦化妆品店

业务：化妆品、护肤品、洗洁用品；提供化妆服务

地址：福建省长乐市航城街道长山湖购物广场C1－1#东面一半&C1－9号店

负责人：陈天官　邮编：350001

法人：陈天官

Tel：15960132388　0591－28800379

### 大碗香酒楼

业务：餐饮

地址：福建省南平市延平区马坑路7号创世纪B区7幢一层9号

负责人：郭瑞钦　邮编：353000

法人：郭瑞钦

Tel：0599－8638767　8638878

### 南平市延平区阿斌庄园美食苑

业务：餐饮

地址：福建省南平市延平区三元二路50号

负责人：王开胜　邮编：353000

法人：王开胜

Tel：0599－8629997　13860091007

### 满堂红画廊

地址：福建省福州市鼓楼区湖东路76号－6

负责人：郭永生

Tel：0591－87846755　13809501081

### 建阳市好外婆牛肉粉面馆

业务：牛肉粉面、炒饭

地址：福建省建阳市水南五交化大楼14号店

负责人：蔡有平　邮编：354200

法人：蔡有平

Tel：13799102190　0599－5836578

### 多客多煲仔餐厅

业务：餐饮服务

地址：福建省建瓯市丰源世纪城7号楼3号

负责人：叶阳鑫　邮编：353100

法人：叶阳鑫

Tel：13859355407　0599－3728890

### 迎嘉饮食城

业务：餐饮、火锅、小吃美食

地址：福建省南平市政和县胜利街10号

负责人：黄文中　邮编：353000

法人：黄文中

Tel：15859917558　0599－3331306

### 福安市凤玉日用品店

业务：专卖雅姿化妆品

地址：福建省宁德市福安市鹤兴中路76号

负责人：施凤玉　邮编：352000

法人：施凤玉

Tel：13105938555　0593－6653656

### 福州富豪阿翁鲍鱼酒家

业务：富豪阿翁鲍鱼酒家是香港、澳门的连锁分店。主要经营鲍鱼、鱼翅、燕窝及特色粤菜。主打的鲍鱼有日本吉品鲍、大网鲍、窝麻鲍等，并由香港、广东的专业师傅烹调。酒家拥有豪华的包厢和宴会大厅，为客户提供一流的服务。

地址：福建省福州市古楼区五一中路18号正大广场7层701

负责人：张立才　邮编：350000

法人：张立才

Tel：0591－83333268

### 古田县鎏金岁月韩式汗蒸会所

业务：主营韩式汗蒸

地址：福建省宁德市古田县城西614路480号四层406

负责人：林彤　邮编：352100

法人：林仁忠

Tel：18959330880　13178108999　0593－3889288　13859639809

### 古田县红翻天酒楼

业务：餐饮服务

地址：福建省宁德市古田县城西跃进路72号二层

负责人：魏观和　邮编：352100

法人：魏观和

Tel：13859632237　0593－3566222

### 福安胖子鸭母老店

业务：餐饮服务

产品：鸭母煲

地址：福建省宁德市蕉城区都市商厦123号

负责人：阮振坤　邮编：352000

法人：阮振坤

Tel：0593－2669330

### 建阳市喜相逢酒店

业务：餐饮服务

地址：福建省建阳市童游街道东桥东路19号

负责人：潘建军　邮编：353000

法人：潘建军

Tel：0599－5611008　13459951562

### 长乐市航城喜羊羊酒馆

业务：餐饮

地址：福建省长乐市航城街道吴航路363号（龙门村）

负责人：欧耕平　邮编：350001

法人：欧耕平

Tel：0591－28663666　28785777

### 福建闽侯县大湖龙洋寺

地址：福建省福州市闽侯县大湖乡洋山村

负责人：释传来

Tel：0591－22911856　13950363385

### 宁德市蕉城区蕉南魔发师发型工作室

业务：美发

地址：福建省宁德市蕉城区立业新村125号

负责人：陈碧珍　邮编：352000

法人：陈碧珍

Tel：0593－2963364　13950544443

### 宁德市蕉城区蕉南金海潮足浴城

业务：洗脚，足底按摩服务

地址：福建省宁德市蕉城区西山路5号2楼

负责人：陈朋新　邮编：352100

法人：陈朋新

Tel：13859602855　13859668321

### 屏南县黄万松牛肉店

业务：餐饮

产品：牛肉面，牛肉熟食小吃

地址：福建省宁德市屏南县古峰镇城南路溪坪环岛

负责人：陈春兰　邮编：352000

Tel：0593－3382081　13850342629

### 大自然饭庄

业务：餐饮、KTV娱乐

地址：福建省建瓯市城关东湖新村13排

负责人：张小兴　邮编：353100

法人：张小兴

Tel：0599－3830977　3835977

### 晋江市青阳金筷子食府
业务：餐饮服务
地址：福建省晋江市青阳和平中路阳光时代广场 F 幢三楼
负责人：黄建庆　邮　编：362200
法　人：黄建庆
Tel：0595－82117917
82038866
82038877
82038855

### 屏南县金喜酒楼
业务：代办酒席、餐饮服务
地址：福建省宁德市屏南县古峰镇花亭路宏祥新村 17 号
负责人：陆华眉　邮　编：352300
法　人：陆华眉
Tel：13959311876
0593－3320008

### 屏南县乐乐福酒店
业务：住宿、餐饮
地址：福建省宁德市屏南县古峰镇佳垅环岛
负责人：陆泽兴　邮　编：352000
法　人：陆泽兴
Tel：13959310021
0593－3382798
3382766

### 宁德市屏南县温州五星美发店
业务：美发
地址：福建省宁德市屏南县古峰镇县府路 24 号
负责人：陈居贵　邮　编：352300
法　人：陈居贵
Tel：13706026429
13860303558

### 晋江市青阳好想来川菜馆
业务：川菜
地址：福建省晋江市青阳洪宅安文华路 87 号
负责人：陈耀辉　邮　编：362200
法　人：陈耀辉
Tel：13774844645
0595－85611848

### 长乐金峰漳港弟鱼丸店
业务：鱼丸、扁肉等
地址：福建省长乐市金峰镇第三公路东侧胪峰综合大楼底层 II－069
负责人：林雪勇　邮　编：350211
法　人：林雪勇
Tel：13015780276
15859153899
13015775999

**芭芭拉美容美发店**
地址：福建省晋江市青阳镇融星路 1 排 14 号
负责人：陈玉宽
Tel：0595－88335772
13960316370

### 屏南县双溪镇久久酒家
业务：特色餐饮服务
地址：福建省宁德市屏南县双溪镇双溪村环西新村 004 号
负责人：张志明　邮　编：352100
法　人：张志明
Tel：0593－3457699

### 寿宁县鳌阳镇胭脂化妆品店
业务：胭脂化妆品零售
地址：福建省宁德市寿宁县鳌阳镇工业路 8 号(工商局家属宿舍楼)
负责人：叶竹敏　邮　编：355500
法　人：叶竹敏
Tel：0593－5508315

### 晋江市青阳艾玛美容生活馆
业务：美容、美体、水疗、中医养生
地址：福建省晋江市青阳街道交通服务中心 D74 号
负责人：韩四凤　邮　编：362000
法　人：韩四凤
Tel：0595－82006768
88258118

### 长乐金峰老友记餐厅
业务：各类点心、各种卤味、各种菜品的制作与销售，承办各类酒席
产品：各类点心、各种卤味、各种菜品
地址：福建省长乐市金峰镇华阳旧街[菜市场斜对面]
负责人：郑国飞　邮　编：350200
法　人：郑国飞
Tel：15880499339
13763845865

**红梅萧笛厂**
地址：福建省龙岩市长汀县馆前镇九三路 96 号
负责人：饶钦球
Tel：0597－6642391

**台江渔人水族店**
地址：福建省福州市台江区福州花鸟艺术城 125 号
负责人：陈昊
Tel：00591－83295560
13960839935

### 寿宁县芎坑旅游开发有限公司
业务：瀑布旅游、休闲
地址：福建省宁德市寿宁县坑底乡芎坑村村委楼
负责人：吴宝乾　邮　编：352100
法　人：吴宝乾
Tel：13850372508
0593－5437508

### 柘荣县王瑞平碧波美容美发店
业务：专业纹绣、纹身、各类皮肤诊断、皮肤美白；令你倍感烦恼的皮肤问题，在我们这里，都可以为您轻松解决；给我一次机会，还你一生美丽
地址：福建省宁德市柘荣县双城镇柳城西路 15 号
负责人：王瑞平　邮　编：352000
法　人：王瑞平
Tel：13809578200
0593－8363586
8359811
Fax：0593－8363586

### 晋江市青阳老五川闽美食王
业务：餐饮
地址：福建省晋江市青阳街道莲屿西宫 193 号
负责人：肖廷全　邮　编：362000
法　人：肖廷全
Tel：0595－85071004

### 喜聚菜馆
业务：餐饮、住宿
地址：福建省福州市永泰县岭路乡寨下村二楼
负责人：陈凤城　邮　编：350700
法　人：陈凤城
Tel：13774581882
0591－24501051

**新源书店**
地址：福建省三明市梅列区双园新村 33 栋底层
负责人：王永铝
Tel：0598－8220288
8690836

### 周宁县鲤鱼溪饭店
业务：饭店
地址：福建省宁德市周宁县浦源镇新街 22 号
负责人：叶华　邮　编：352000
法　人：叶华
Tel：0593－5738594
13459311706

### 莆田市城厢区欢唱天缘娱乐城
业务：KTV
地址：福建省莆田市城厢区荔城大道凤凰别墅山庄路口
负责人：柯余斌　邮　编：351100
法　人：柯余斌
Tel：0594－2630366
2632166

### 晋江市青阳好又来餐馆
业务：餐饮
产品：姜母鸭
地址：福建省晋江市青阳曾井泉安中路 134 号(晋江市五星花园城)
负责人：朱贵平　邮　编：362200
法　人：朱贵平
Tel：0595－82005687
15859536968

### 长乐首占桂湘台球店
业务：台球
地址：福建省长乐市首占镇三叉经广单层
负责人：郑桂湘　邮　编：350200
法　人：郑桂湘
Tel：0591－28981011

### 福州市台江区名妆化妆品店
业务：欧莱雅、玉兰油、资生堂、泊美、Za、梦妆(韩国爱茉莉)
地址：福建省福州市台江区中亭街利生苑 A1－86 号
负责人：林金香　邮　编：350000
法　人：林金香
Tel：0591－83221633

**金凯圣醒狮团**
地址：福建省石狮市蚶江镇溪前村溪后片 5 号
负责人：蔡奕品
Tel：0595－88911803
13599999668

### 春秋国际旅行社(莆田分公司)
业务：提供散客、团体国内国际旅游，并承办旅游咨询、护照、签证、国际国内机票订房等一切相关的旅游服务，本社将以热情的服务，为您提供优质的'心'级服务，您的满意是我们最大的心愿，春秋人真诚期待于您的携手相聚！
产品：国内游、处境游、自驾游、户外拓展、汽车租赁、CS 野战
地址：福建省莆田市城厢区荔城中大道 460 号
负责人：郑志远　邮　编：351100
法　人：郑永贞
Tel：0594－2600678
2800678
13905949902
18905949903
Fax：0594－2210678
网址：www.tx678.cn
E-mail：13055685100@126.com

### 莆田市涵江区飘逸休闲吧
业务：棋牌服务，台球，以及茶叶销售
地址：福建省莆田市涵江区工业街 1923 号
负责人：姚志阳　邮　编：351100
法　人：姚志阳
Tel：13859854902
0594－3285802

### 晋江市深沪镇仁权棋牌室
业务：棋牌、休闲
地址：福建省晋江市深沪镇东山村东埔头 42 号
负责人：林仁权　邮　编：362246
法　人：林仁权
Tel：0595－88228225

**厦门市海沧区香蕾化妆品商行**
地址：福建省厦门市海沧区沧林路 322 号 301 室
负责人：陈小香
Tel：0592－6582129

### 莆田市涵江区庄边饮后思饭店
业务：饭店
地址：福建省莆田市涵江区庄边镇庄边街道
负责人：黄美霞　邮　编：351100
法　人：陈承富
Tel：0594－3010231
13055689548

### 莆田市荔城区新度万隆桌球台厂
业务：乒乓球桌、台球桌、台球桌配件
地址：福建省莆田市荔城区新度新街门牌 8 号
负责人：郭玉华　邮　编：351100
法　人：郭玉华
Tel：13905947606
0594－2997606

### 晋江市深沪镇顺通棋牌室
业务：棋牌服务
地址：福建省晋江市深沪镇金屿北环路 357 号
负责人：朱元生　邮　编：362200
法　人：朱元生
Tel：13959775733
0595－88295338

### 福州市台江区英豪酒店用品公司
业务：专业生产销售客房布草、客用一次性用品及客房散件，公司以品牌质优、价格合理、经营品种丰富和服务高效为宗旨，赢得客户经久的信赖！
产品：台布、口布、椅套、床单、被套、枕芯、被子、床裙、桑拿服及一次性用品浴巾、面巾、地巾、小方巾
地址：福建省福州市台江区建新市场二期美佳楼 A1－4 号
负责人：崔先生　邮　编：350000
法　人：崔鹤松
Tel：0591－83280735
13635297469
Fax：0591－83286705

### 仙游县榜头好客来饭店
业务：餐饮服务
地址：福建省莆田市仙游县榜头镇九鲤中街 248 号
负责人：郑雪清　邮　编：351100
法　人：郑雪清
Tel：0594－7711667
15080153456

### 仙游县榜头九鲤饭店
业务：餐饮服务
地址：福建省莆田市仙游县榜头镇镇府路 706 号
负责人：黄朝山　邮　编：351100
法　人：黄朝山
Tel：0594－7711599

### 晋江市英林镇洪记牛肉店
业务：经济小吃、菜式口味：牛肉
地址：福建省晋江市英林镇捷龙酒店一楼
负责人：洪连续　邮　编：362256
法　人：洪连续
Tel：0595－85487010

**厦门宏日鑫工贸有限公司**
地址：福建省厦门市湖里区殿前社三组嘉禾工贸大厦后四楼
负责人：王日和
Tel：0592－5600694
5686111
13063058970

### 仙游县郊尾唐城烤鸭店
业务：烤鸭、烤鸡、鸡翅膀、鸭翅膀、鸭头、鸭爪、鸡爪、鸡腿、鸭肾、猪皮、五花肉、牛肉、牛肚、大肠、小肠等等
地址：福建省莆田市仙游县郊尾镇梅糖村下街 9 组 1991 号
负责人：林永坤　邮　编：351100
法　人：林永坤
Tel：0594－7363011
13859874062

### 仙游县赖店镇南丰饭店
业务：餐饮服务
地址：福建省莆田市仙游县赖店镇南丰南街 188 号
负责人：陈其辉　邮　编：351100
法　人：陈其辉
Tel：0594－8689959
13860949777

### 龙海市海澄星光戏曲文化用品商行
业务：戏曲文化用品的销售，主要产品有二胡、古筝、锣鼓、佛具用品等
地址：福建省龙海市海澄镇西环工业区路边店面五、六号
负责人：林勇平　邮　编：363000
法　人：林勇平
Tel：0596－6759997
13799703996
13559285618

### 长乐市潭头太忠鱼丸店
业务：鱼丸、肉面、鱼面、鱼饺
地址：福建省长乐市潭头镇潭头村人民路
负责人：彭太忠　邮　编：350200
法　人：彭太忠
Tel：13635282395

### 仙游县兴明生态农业开发有限公司
业务：仙游县兴明生态农业开发有限公司成立于 2001 年，主要从事茶叶、果树、淡水鱼、畜牧业等业务。多年来一直坚守"以诚信为本"的原则，欢迎各方客户惠顾，洽谈业务，共同合作！
地址：福建省莆田市仙游县鲤南镇象林村后埔山
邮　编：351264
法　人：林双林
Tel：0594－8195755
Fax：0594－8189998
网址：www.fjxm.chinapyp.com

### 仙游县旺城足浴城
业务：足浴、按摩
地址：福建省莆田市仙游县鲤城街道鲤洪街 14－14 号
负责人：付阴明　邮　编：351100
法　人：付阴明
Tel：0594－8611555
13706077317
网址：http://www.51zzt.com/user/zzt34656

### 仙游县鲤南实惠饭店
业务：饭店
地址：福建省莆田市仙游县鲤南石苍集资房
负责人：郭加建　邮　编：351100
法　人：郭加建
Tel：13559812085

### 丰泽区港运饮品店
业务：特色奶茶饮品
地址：福建省泉州市丰泽区华大学生街 4 号楼 2 号店
负责人：陈港运　邮　编：362000
法　人：陈港运
Tel：0595－22678208

**漳州新笋帮(文化团体)**
业务：演出(去过金门，澎湖，新加坡)
地址：福建省龙海市石码打石街36号，福建省漳州市文昌门南4栋-6号
负责人：林鸿儒　邮编：363400
法人：黄惠叶
Tel：13806903537
13400988829

**福州绿原小肥羊餐饮有限公司厦门分公司**
地址：福建省厦门市湖里区华昌路189号
负责人：杨文君
Tel：0592-5683719

**福州市台江区创新娱乐俱乐部**
业务：夜总会
地址：福建省福州市台江区工业路193号宝龙城市广场二期迪厅1-3层01店
负责人：张国海　邮编：350001
法人：张国海
Tel：15980651020
0591-88826888

**福建省泉州市远记面线糊**
业务：面线糊系泉州特色小吃，味道鲜美，清甜爽滑！我们始终以"卫生、廉价、营养、美味、快捷"为宗旨，诚信经营，深受食客的青睐！
产品：面线糊、猪血汤、各种小菜，味道可口、色彩鲜艳
地址：福建省泉州市/总店 西郊宝龙花园店/二分店 东美世纪巨星店/三分店 基溷小区店/四分店 新华中路店/五分店 田淮路老年大学店
负责人：李云忠　邮编：362000
法人：李云忠
Tel：0595-22177882

**安溪县感德岐阳茶业有限公司**
业务：铁观音的生产与销售
产品：铁观音
地址：福建省泉州市安溪县二环路修正药业大门口正对面
负责人：王财旺　邮编：362000
法人：王财旺
Tel：0595-23161888
4006668918

**福建省龙海市石码悦荣美食酒楼**
业务：提供中式餐饮服务，主营特色野味菜肴、土家菜，风味鲜美、独家配制，热诚欢迎新老朋友惠顾！
产品：石斛炖蛇汤、天山雪莲汤(甜汤)
地址：福建省龙海市石码镇港林别墅新村B8幢
负责人：李巧云　邮编：363100
法人：甘国辉
Tel：0596-6591122

**福安市阿品米粉店**
业务：提供特色风味小吃，还有各种西式套餐，让您享尽美味与欢乐！
产品：手工米粉、汉堡、鸡腿、鸡翅、奶茶
地址：福建省福安市城北冠后路华联园2号楼101号
负责人：陈文希　邮编：355000
法人：陈文希
Tel：15059288866
网址：www.faapmf.chinapyp.com

**泉州市安溪县金谷新鑫鑫饭店**
业务：饭店
地址：福建省泉州市安溪县金谷镇金东茶叶市场内
负责人：蔡东水　邮编：362000
法人：蔡东水
Tel：13788835765
0595-26078198

**泉州市鲤城区阮记田螺小吃店**
业务：餐饮
地址：福建省泉州市城西路金色华园二号楼204
负责人：阮煌尧　邮编：362000
法人：阮煌尧
Tel：13506041255
0595-22882465

**龙海市石码创星形象设计沙龙**
业务：美容美发、形象设计
地址：福建省龙海市石码镇工农路运辉花园10幢15号
负责人：蔡志良　邮编：363100
法人：蔡志良
Tel：15880580685
0596-6558838

**平潭县城关高扬峰鱼丸店**
业务：鱼丸的销售
地址：福建省福州市平潭县潭城镇龙里路新华榕超市门口6号店
负责人：高扬峰　邮编：350001
法人：高扬峰
Tel：13960997358
0591-24166606

**厦门市湖里区天吉珓日用品经营部**
地址：福建省厦门市湖里区南山路177号601室
负责人：郭莉莉
Tel：0592-5667008

**德化县八号音乐会所**
业务：休闲酒吧，我们是德化第一家音乐娱乐会所，是朋友聚会的好去处，里面有最经典的欧美音乐！
地址：福建省泉州市德化县进城大道6号楼23-26号
负责人：赖传星　邮编：362000
法人：赖传星
Tel：0595-23639888

**德化县福都大酒家**
业务：酒家
地址：福建省泉州市德化县龙浔镇进城大道6号楼B座
负责人：林渊德　邮编：362000
法人：林渊德
Tel：13805936413
0595-23521838
23526838
23527838

**回龙溪鱼店上杭分店**
业务：河鱼
地址：福建省龙岩市上杭县临城镇公安局对面
负责人：石建龙　邮编：364209
Tel：0597-3992859

**平潭县流水海边海鲜楼**
业务：各类海鲜餐饮
地址：福建省福州市平潭县流水镇五星村沃仔底5-1号
负责人：李华　邮编：350407
法人：李华
Tel：0591-24462777
13015731333

**荣兴达旅游用品有限公司**
地址：福建省厦门市集美北部工业区天阳路12-16号
负责人：毛建华
Tel：0592-6155263
6155233
13606025263

**长汀县龙赣大旅馆**
业务：住宿
地址：福建省龙岩市长汀县环城西路22号
负责人：蒋国林　邮编：366300
法人：蒋国林
Tel：0597-6826662
6897030

**德化县鹿回头水族馆**
业务：销售各种观赏鱼，鱼缸；假山制作工程；专业制作海鲜池；承接园林绿化工程及相关配件
地址：福建省泉州市德化县龙浔镇隆中路40号
负责人：苏银山　邮编：362500
法人：苏银山
Tel：0595-23548555
23513179
13906094129

**泉州市丰泽区城东华大紫荆园后面学生街雅芳专卖店**
业务：化妆品、美容护肤、长期招聘雅芳直销员
地址：福建省泉州市丰泽区城东法花美社区60号
负责人：张女士　邮编：362000
法人：王仪捷
Tel：13665936126
0595-28255197
15880904928

**福安市清真马氏牛肉面店**
业务：餐饮服务
地址：福建省福安市城南金山南路3号
负责人：马发槐　邮编：355000
法人：马发槐
Tel：13685096460
15059384504

**海港大酒楼有限公司**
地址：福建省厦门市江头南路98号天地美食城2-3楼
负责人：林妮
Tel：0592-5530603
5511388
13850084266

**泉州市丰泽区菜根香饭店**
业务：牛鞭炖番鸭，干锅羊肉，姜母鸭，水煮活鱼等各种川菜，闽南菜
地址：福建省泉州市丰泽区华大街道法花美社区130号
负责人：魏志忠　邮编：362000
法人：魏志忠
Tel：0595-22853007
22979680

**长汀县馨悦盐浴休闲会所**
业务：休闲娱乐
地址：福建省龙岩市长汀县汀州镇环城北路61号
负责人：屈武　邮编：366300
法人：屈武
Tel：13959012469
0597-6599388

**闽侯县上街汇雄商务宾馆**
业务：商务宾馆，主要经营住宿
地址：福建省福州市闽侯县上街镇金屿村余盛1-1号
负责人：刘国李　邮编：350001
法人：刘国李
Tel：0591-62081818
62081919
62081717

**厦门市思明区热情飞越化妆品商行**
地址：福建省厦门市思明区槟榔路255号401室
负责人：李晓腾
Tel：13606912071

**泉州市丰泽区七公江湖烤翅店**
业务：无烟烧烤食品
产品：烤鱼、烤肉、烤翅等
地址：福建省泉州市丰泽区津淮街西段北侧(六册路)F6-38号
负责人：黄先生　邮编：362000
Tel：0595-28786685

**泉州市丰泽区新华菲美容店**
业务：专业瘦身、美容、抗衰老
地址：福建省泉州市丰泽区明鑫中心明珠阁1号店
负责人：林玉云　邮编：362000
法人：林玉云
Tel：0595-28065567
22175155

**龙岩市长汀县金发黎美发店**
业务：美发美容
地址：福建省龙岩市长汀县汀州镇怡景苑3-11号
负责人：肖秀煌　邮编：366300
法人：肖秀煌
Tel：0597-6879117

**连江县晓沃海馨园酒楼**
业务：餐饮服务
地址：福建省福州市连江县晓沃镇道沃村车站旁
负责人：林朝保　邮编：350500
法人：林朝保
Tel：0591-26349266
13960882928

**丰泽区王记香辣馆**
业务：主要经营餐饮。营业时间：下午6点—凌晨5点
地址：福建省泉州市丰泽区前坂新兴宿舍B#-2号店
负责人：王伟　邮编：362000
法人：王伟
Tel：0595-22266662

**泉州市丰泽区兴霞棋牌室**
业务：围棋、黑白子
地址：福建省泉州市丰泽区霞福路27号
负责人：肖碧志　邮编：362000
法人：肖碧志
Tel：0595-28911567
28818218

**惠安县崇武镇听涛海味馆**
业务：海味馆
地址：福建省泉州市惠安县崇武镇大岞新码头东侧
负责人：张连德　邮编：362000
法人：张连德
Tel：13559501639
0595-87696257

**厦门市思明区盈祥宾馆**
地址：福建省厦门市思明区风屿路16号
负责人：吴小明
Tel：0592-3118088

**连城县龙鑫大酒店**
业务：中餐服务
产品：川菜、火锅、素菜、客家菜、闽菜、家常菜、牛系列菜、鱼系列菜等
地址：福建省龙岩市连城县莲峰镇党校综合大楼5号店
负责人：曹井妹　邮编：364000
Tel：0597-8918891
13605901866
Fax：0597-8918891

**惠安县蕾曼婷娜美容美体养生馆**
业务：美容、美体、养生、化妆品
地址：福建省泉州市惠安县螺城镇中新花园花二环路75-76号店
负责人：苏亲镜　邮编：362100
法人：苏亲镜
Tel：0595-27303722
87387344

**鲤城区欧细兵棋牌室**
业务：棋牌娱乐
地址：福建省泉州市鲤城区浮桥坂头路口义文堂店面
负责人：欧细兵　邮编：362000
法人：欧细兵
Tel：13107811164

**鲤城区培新招待所**
业务：住宿
地址：福建省泉州市鲤城区金龙街道后坑社区培新招待所
负责人：吴清腾　邮编：362000
法人：吴清腾
Tel：13850790840
0595-22487428

**福安市韩都汗蒸休闲会馆**
业务：电气石汗蒸，托玛琳汗蒸
地址：福建省福安市得福家园2号楼101号
负责人：郭熙
法人：郭熙
Tel：0593-2186888
6151111

**鲤城区恒信海鲜酒楼**
业务：餐饮服务
地址：福建省泉州市鲤城区南环路恒信水果批发市场56号旁
负责人：黄章愿　邮编：362000
法人：黄章愿
Tel：15159590050
0595-22997699

**云昇西街烧烤店(烤全鱼)**
业务：烤全鱼及各种烧烤(下午5点以后营业)
地址：福建省泉州市鲤城区西街市场5号楼6号店
负责人：黄世梁　邮编：362000
法人：黄世梁
Tel：13859797157
0595-22851097

**泉州市鲤城区圆大素食小吃店**
业务：圆融机巧亦会过去，大餐一顿只为填饥，小吃即可。饭类：特色素食饭、套餐(五菜一汤)均衡搭配)粥，素肉粥、杂粮稀饭；面食，素鲁拌面，素食汤面；小吃：香粽、养生豆浆、养生米糊、南瓜糕、萝卜糕、糯米糕、芋头糕。以上价格均为2-8元，素食快炒类5-28元。突出营养，自然健康，美味的素食新风尚。
地址：福建省泉州市鲤城区学府路北一区2号楼6号店(崇福寺侧门对面党校公交车站牌旁)
负责人：郑辉甫　邮编：362000
法人：郑辉甫
Tel：15160314633
13805922631

**泉州市洛江区双阳老渔夫石锅坊**
业务：餐饮、酒店特色菜配送
地址：福建省泉州市洛江区双阳阳光路与侨福街交叉口综合楼
负责人：赵红林　邮编：362000
法人：何光
Tel：0595-28201678
13850723206

**厦门市扁食妹餐饮服务有限公司鼓浪屿分店**
地址：福建省厦门市思明区鼓浪屿龙头路66号

负责人:邹雪
Tel:0592－5256853

### 连城县庙前荣生兰花圃
业务:专业从事兰花种植及销售,批零兼营。秉承绿化大地、保护环境、服务社会、造福人类的宗旨去缔造人类文明的蓝天绿野。
产品:有春兰、建兰、细叶寒兰三大品种、细叶寒兰所占比例较大
地址:福建省龙岩市连城县庙前镇江畲村主井
负责人:罗世灿　邮编:366215
Tel:0597－8320078
13459750113

### 苔菉镇华港海鲜酒楼
业务:酒楼、餐饮,特色菜:海鲜
地址:福建省福州市连江县苔菉镇后巷西南路第一排 7－8 号
负责人:刘善武　邮编:350517
法人:刘善武
Tel:13067411701
0591－26485959

### 泉州市泉港养兴棋牌室
业务:自动麻将、象棋、五子棋、围棋等
地址:福建省泉州市南埔镇邱厝村部
负责人:邱养兴　邮编:362000
法人:邱养兴
Tel:0595－87750959

### 泉州市泉港区桃舟铁观音茶行
业务:生产和销售铁观音
产品:铁观音
地址:福建省泉州市泉港区中心工业区华龙商住楼 2 幢 111 号
负责人:张清林　邮编:362000
法人:张清林
Tel:15160409660
15960568388

### 泉州市泉港区川都会餐厅
业务:餐饮服务
地址:福建省泉州市泉港区庄园中心商贸城 2 号楼
负责人:朱小平　邮编:362000
法人:朱小平
Tel:0595－87785988
13959711532

### 建宁县溪口镇枧头昌春食杂店
业务:餐饮服务
地址:福建省三明市建宁县溪口镇枧头村
负责人:唐昌春　邮编:365000
法人:唐昌春
Tel:0598－3965652
13960512350

### 将乐县金津老鸭粉丝馆
业务:老鸭粉丝汤
地址:福建省三明市将乐县古镛镇东大街(解放村村部)
负责人:廖南宗　邮编:365000
法人:廖南宗
Tel:13666967595
13666967503

### 三明市梅列区小宠当家宠物用品店
业务:经营宠物及宠物用品
地址:福建省三明市梅列区崇桂新村 62 幢 1116 号
负责人:郑凌文　邮编:365000
法人:郑凌文
Tel:13950900666
0598－5102065

### 三明市梅列区仙客来快餐店
业务:餐饮
地址:福建省三明市梅列区崇桂新村 77 幢一楼 15－16 号
负责人:彭秀治　邮编:365000
法人:彭秀治
Tel:0598－5183186

### 三明市梅列区原家小吃和仁店
业务:卤味类、套餐类、营养炖罐类、小吃类、上汤营养面、上汤营养粉、小菜类、馄饨类
地址:福建省三明市梅列区和仁新村 16 幢一层 26 号
负责人:杨起森　邮编:365000
法人:杨起森
Tel:13960579773
0598－8268895

**厦门市思明区羊公馆餐厅**
地址:福建省厦门市思明区禾祥西路 141 号
负责人:胡美兰
Tel:0592－2216227

### 三明市梅列区华莘菜馆
业务:餐饮
地址:福建省三明市梅列区绿岩新村 101 幢 103 号
负责人:李正亮　邮编:365000
法人:李正亮
Tel:0598－8894678

### 三和商务宾馆
业务:住宿,卫生间、空调、电视、淋浴、电话
地址:福建省龙岩市连城县朋口镇冠豸山火车站站前新村 A4 栋 19－20 号
负责人:黄新妹　邮编:366211
法人:黄新妹
Tel:0597－8368828

### 福安市甘棠镇慷美地带美容美体会所
业务:化妆品销售、SPA、护肤
地址:福建省福安市甘棠镇农贸市场 8 号楼 L18 号 3 楼
负责人:缪颖　邮编:355000
法人:缪颖
Tel:0593－6088800

### 三明市梅列区小虎牛排馆
业务:各味牛排、台湾小吃
地址:福建省三明市梅列区阳光城时代广场二层 2111－1－B 号店
负责人:刘政武　邮编:365000
法人:刘政武
Tel:0598－8268168

### 宁化县佳宜宾馆
业务:宁化县佳宜宾馆位于宁化南大街繁华地段,南至新汽车站 150 米,交通便利。系公寓式商务宾馆,设有豪华、标准单、双人间,宽带上网、液晶电视、冷暖空调、停车场等,设施齐全,环境优雅,卫生舒适。
地址:福建省三明市宁化县翠江镇南大街 224 号
负责人:李小姐　邮编:365400
法人:王经理
Tel:0598－6688628

### 宁化县石壁吉祥大酒店
业务:足浴住宿餐饮(婚宴.团队)
地址:福建省三明市宁化县石壁镇石碧村公路边
负责人:张远富　邮编:365000
法人:张远富
Tel:0598－6659688
6658888

### 回龙溪鱼店
业务:河鱼
地址:福建省龙岩市上杭官庄回龙大桥头
负责人:石建龙　邮编:364209
Tel:0597－3531278

### 福安市友口福酒店
业务:提供中式餐饮服务,主营主食、热菜、特色炒、煮,服务周到,价格优惠,是您相聚会餐的好选择,诚挚欢迎您的光临!
产品:海鲜、肉类、清菜
地址:福建省福安市棠兴路棠旺街 17 号凯兴小区 2 号楼 21 号店
负责人:陈金漳　邮编:355000
法人:陈金漳
Tel:13055590619

### 清流县大路口鑫惠土味馆
业务:餐饮服务
地址:福建省三明市清流县龙津大路口曾茄顶
负责人:贾建明　邮编:365000
法人:贾建明
Tel:13960582393
15059011677

### 清流县龙津望江源酒楼
业务:餐饮服务
地址:福建省三明市清流县龙津镇凤翔街环保局一楼店面
负责人:王粉兰　邮编:365300
法人:王粉兰
Tel:13850885403

### 清流县供销宾馆
业务:住宿
地址:福建省三明市清流县龙津镇龙城街 23 栋
负责人:傅漫洲　邮编:365300
法人:傅漫洲
Tel:0598－5322835
Fax:0598－53228335

### 上杭县绿叶花坊
业务:经营鲜花及干花、商务用花、庆典用花、婚庆礼仪、时尚花束、生日用花、气球门及新娘化妆、礼服出租
地址:福建省龙岩市上杭县临江镇人民路 81－1 号
负责人:古桃花　邮编:364000
法人:古桃花
Tel:13599622303
0597－5233356

### 连江县黄岐镇嘉福莱海鲜酒楼
业务:海鲜,中餐
地址:福建省福州市连江县黄岐镇新城西二座二层
负责人:陈勇　邮编:350001
法人:陈勇
Tel:0591－26782660
13067291333

**厦门市思明区晓溪日用品经营部**
地址:福建省厦门市思明区湖滨东路 2 号第七层 K 及 L 单元
负责人:何荔昊
Tel:0592－5980815

### 清流县鑫民风味小吃店
业务:烧烤、麻辣烫
地址:福建省三明市清流县龙津镇文化街 21 幢 3 号
负责人:邹新民　邮编:365000
法人:邹新民
Tel:13960521606
0598－5321887

### 天伦莱缘美容时尚吧
业务:十字绣、洗头、洗脸、美甲、化妆、纹身、纹眉、纹眼线、出租婚礼套系
地址:福建省三明市沙县步行街 10 幢 5 号
负责人:许丽英　邮编:365000
法人:许丽英
Tel:0598－5699121
13859150758

### 沙县粮全其美手抓饼店
业务:经营手抓饼,奶茶
地址:福建省三明市沙县府西路 82 号店面
负责人:黄智容　邮编:365000
法人:黄智容
Tel:0598－5851987
13859150863
13806966977

### 沙县城关赛英餐厅
业务:餐饮服务
地址:福建省三明市沙县鸿图花园 45 幢 B6 号
负责人:张赛英　邮编:365000
法人:张赛英
Tel:15959834239
0598－8856509

### 龙岩市上杭县江南大饭店
业务:餐饮
地址:福建省龙岩市上杭县南岗开发区
负责人:曾老板　邮编:364200
法人:曾九英
Tel:0597－3962929

### 福鼎市店下宝玉美容美体
业务:主要经营女子美容美体。治疗反反复复的物理性皮肤(如:痘痘,红血丝,过敏性皮肤等等),配有专业医师,具有 12 年的治疗过敏性皮肤的经验。
地址:福建省福鼎市店下象山西路 5 号
负责人:谢宝玉　邮编:352100
法人:谢宝玉
Tel:0593－7292369
13859691326

### 沙县和鑫商务宾馆
业务:提供住宿服务
地址:福建省三明市沙县新城中路 60、62 号
负责人:张铃　邮编:365000
法人:张铃
Tel:13859192011
0598－5556888
Fax:0598－5697881

### 泰宁县城关阿兴饭庄
业务:餐饮服务
产品:土家菜
地址:福建省三明市泰宁县杉城镇金湖西路 110－6 号
负责人:邹永兴　邮编:365000
法人:邹永兴
Tel:13850895738

**厦门阳光风采旅行社有限公司**
地址:福建省厦门市思明区湖滨南路 258 号鸿翔大厦 19A－2
负责人:李昌兴
Tel:0592－5186555

### 明溪县城关幸福大酒店
业务:住宿、餐饮、会议代办
地址:福建省三明市溪县雪峰镇东新路绿色家园宝发大厦三楼
负责人:杨小姐　邮编:365000
法人:张运群
Tel:0598－2870099
2817966
Fax:0598－2868886

### 武平县岩前国文饭店
业务:饭店餐饮服务
地址:福建省龙岩市武平县岩前镇煤检站 205 线旁
负责人:王国文　邮编:364302
法人:钟汉义
Tel:0597－4584492
13515913353

### 福州市晋安区古城山酒楼
业务:酒水、餐饮服务
地址:福建省福州市晋安区新店镇福飞北路(原收费站西侧)
负责人:黄民良　邮编:350001
法人:林淑玉
Tel:0591－88060821
13805063976

**厦门市思明区欣玉麟阁大酒楼**
地址:福建省厦门市思明区湖滨南路 619 号 SOHO 大厦二楼东侧
负责人:曾继忠
Tel:0592－5333366

### 永安市锦泰馨阑酒楼
业务:餐饮服务
地址:福建省三明市永安市锦泰秀水(巴溪大道 765 号 21 栋楼下)
负责人:钟新兰　邮编:360000
法人:钟新兰
Tel:0598－3869918
13906083339

### 永安市森兴饭店
业务:特色小炒
地址:福建省三明市永安市上吉山村口 5 号店
负责人:刘先生　邮编:366000
法人:刘礼森
Tel:15960959840
13859139447

### 尤溪县今与昔美容美体生活馆
业务:美容、美体、颈椎理疗、乳腺、卵巢保养、减肥
地址:福建省三明市尤溪县城关镇建设东街 24 号
负责人:林金燕　邮编:365000
法人:林金燕
Tel:0598－6338684
13850807168

### 福建省三明市尤溪县南望餐馆
业务:餐饮
地址:福建省三明市尤溪县城关镇水南文公桥南岸 3 号楼 3 号店
负责人:林昭党　邮编:365100
法人:林昭党
Tel:13774728216
0598－6330933

### 龙岩市清逸斋画廊
业务:销售名家字画等艺术品
地址:福建省龙岩市新罗区北环西路裕锦园 2 号楼 106、108 号
负责人:陈雪奎　邮编:364000
法人:陈雪奎
Tel:0597－2285166

### 福鼎市海琴花艺店
业务:鲜花经营
地址:福建省福鼎市龙山南路 51 号
负责人:胡琴　邮编:352100
法人:胡琴
Tel:0593－7880188

**武夷山十八寨旅游投资发展有限公司**
业务:武夷山十八寨旅游投资发展有限公司成立于 2004 年,现有员工 20 余人,从事武夷山十八寨旅游开发,欢迎广大游客光观、旅游。
地址:福建省武夷山市星村镇桐木村 23 号
邮编:354315

法　人:傅华兴
Tel:0599－5272102
Fax:0599－5272136

## 尤溪县洋中镇天都酒楼
业务:餐饮、特色菜肴
地址:福建省三明市尤溪县洋中镇洋中村洋中路 65 号
负责人:罗先生　邮　编:365000
法　人:罗仁汉
Tel:0598－6224168

## 六千馆欢聚餐厅
业务:餐饮服务
地址:福建省石狮市八七路 888 号 1－2 楼
负责人:蔡正茂　邮　编:362700
法　人:蔡正茂
Tel:0595－83116000
83866000

## 石狮市天海棋牌室
业务:棋牌
地址:福建省石狮市琼林北路 115－117 号
负责人:刘德海　邮　编:362000
法　人:刘德海
Tel:13055676697
0595－88705726

## 石狮市源义海鲜厅
业务:主营海鲜
地址:福建省石狮市祥芝镇芝山中路祥运村村部
负责人:陈亚义　邮　编:362700
法　人:陈亚义
Tel:0595－88922880

## 龙岩市新罗区域方推拿保健室
业务:专业推拿按摩,刮痧、拔罐、中药足疗、足底按摩、精油松骨等
地址:福建省龙岩市新罗区登高西路 C1 栋安置小区 207 室
负责人:郭先生　邮　编:364000
法　人:郭志岩
Tel:13950808510
15159056797

## 福州市晋安区家华美容化妆品
业务:亿爱汀香薰精油系列法国萱尔雅香薰精油系列——19 大精油养身项目,欧泊莱碟寇护肤系列——强大的医学美容背景,德国欧丽格护肤系列——极度缺水、敏感肌肤的福音,日本紫藤萝纹绣艺术——不掉色、上色快、色泽鲜艳,台湾爱思妮内衣——中华体雕第一品牌,韩国御春汉方——用北韩的雪色唤醒肌肤水润生命力,给你想要的白晶皙御之泉——洗护系列
地址:福建省福州市晋安区华林路 303 铂金时代 1018 室
负责人:詹芳　邮　编:350000
法　人:詹芳
Tel:13055527782
13067368882
0591－87959722
87952911
Fax:0591－87952911

## 龙岩市新罗区年年有余鱼庄
业务:餐饮
地址:福建省龙岩市新罗区登高西路香樟名都 2 号楼四商场
负责人:黄建峰　邮　编:364000
法　人:黄建峰
Tel:13605916939
0597－2191911

**厦门广通旅行社有限公司**
地址:福建省厦门市思明区湖滨南路 819 号宝福大厦 21E
负责人:康刷隆
Tel:0592－5161686

## 武夷山市东方红娱乐有限公司
业务:歌舞表演
地址:福建省武夷山市度假区武夷印象 A 座第三层
负责人:刘道炎　邮　编:354300
法　人:刘道炎
Tel:0599－5258899

## 武夷山市天平山庄
业务:有客房 45 间(115 个床位),空调、音响、IDD 直拨电话、冷热水供应、大中小餐厅、卡拉 OK 歌舞厅、美容厅、商场、大小会议室
地址:福建省武夷山市度假区玉女峰路
负责人:朱先生　邮　编:354300
法　人:朱永新
Tel:13509513535
0599－6930666

## 武夷山红山文化发展有限公司
业务:养生文化,茶叶的种植、加工、销售
产品:武夷岩茶、武夷红袍等
地址:福建省武夷山市渡假区玉女峰路 28－6
负责人:陈日彬　邮　编:354300
法　人:陈日彬
Tel:0599－5250456
Fax:0599－5250343
E-mail:chenribin@163.com

## 龙岩市新罗区芳云园山庄餐馆
业务:餐饮、住宿、垂钓、烧烤、登山等
地址:福建省龙岩市新罗区江山乡村美水库大坝旁
负责人:傅和深　邮　编:364000
法　人:傅和深
Tel:13959035115
0597－2230633

## 福鼎市威龙美发美容店
业务:美容美发
地址:福建省福鼎市南大路一建大楼 E 栋 201 号
负责人:翁芳芳　邮　编:355200
法　人:翁芳芳
Tel:0593－7823200

**厦门市思明区荣记鱼粥餐厅湖东分店**
地址:福建省厦门市思明区湖滨四里 64 号之一第 1－2 层
负责人:林也好
Tel:0592－5158181

## 武夷山市阳光花艺店
业务:鲜花销售
地址:福建省武夷山市体育馆 B 幢 B06 号(体育馆大门口)
负责人:徐家琴　邮　编:354300
法　人:徐家琴
Tel:0599－5300329

## 皮皮鲁宠物之家
业务:销售宠物、饲料、宠物用品,宠物医疗、美容
地址:福建省厦门市莲前东路 29 号
负责人:刘荣　邮　编:361000
Tel:0592－2085566

## 永安市巴溪阿雄粿条店
业务:特色小吃
产品:粿条
地址:福建省永安市巴溪市场左侧
负责人:陈志雄　邮　编:365000
法　人:陈志雄
Tel:13850853738
0598－3635935

## 福建省永安市邦福全自动麻将桌店
业务:麻将桌的销售及其维修
地址:福建省永安市东门路 358 号
负责人:张邦福　邮　编:366000
法　人:张邦福
Tel:13107900484
13960578108

## 龙岩市新罗区柔兰阁保健中心
业务:推拿、足浴
地址:福建省龙岩市新罗区解放北路柔兰阁 1－2 号店
负责人:蒋晶　邮　编:364000
法　人:蒋晶
Tel:0597－2300025

## 福州市晋安区旺哥牛排馆
业务:牛排,牛内脏等熟食
地址:福建省福州市晋安区鼓山镇连江路 589 号
负责人:陈敏旺　邮　编:350000
法　人:陈敏旺
Tel:0591－83611717

## 永安市红宝石足浴城
业务:中药泡脚足浴、推拿、推油、按摩
地址:福建省永安市晏公南路 23－1 号楼 96 #、99 #、104 #
负责人:蒋明彪　邮　编:366000
法　人:蒋明彪
Tel:13860545785
13859446042

## 漳平市好欣晴养生馆
业务:美容护肤品
地址:福建省漳平市解放路 141 号
负责人:严月琴　邮　编:364400
法　人:严月琴
Tel:0597－7520196

## 漳平市永福花都娱乐城
业务:休闲娱乐
地址:福建省漳平市永福花都娱乐城
负责人:陈赞铭　邮　编:364400
法　人:陈赞铭
Tel:13859546661
0597－7888666
13515917075

**厦门市新渝酒店有限公司**
地址:福建省厦门市思明区莲明路 116－118 号武警水电大楼三楼
负责人:谢桂明
Tel:0592－5090365

## 龙海市角美星海 183KTV
业务:包厢、酒水、娱乐
地址:福建省漳州龙海市角美镇霞屿村 147 号(国道 324 线边)一至四层
负责人:陈秋生　邮　编:363000
法　人:陈秋生
Tel:0596－6778399
6778299

## 东山县西埔镇舒心餐饮店
业务:餐饮
地址:福建省漳州市东山县西埔镇白石街泽园路 344－5 号
负责人:曾蜈生　邮　编:363000
Tel:0596－5880285
13605051685

## 东山县西埔镇好清香煲仔饭店
业务:粥、煲仔饭、小炒等餐饮
地址:福建省漳州市东山县西埔镇中兴街埔顶巷 299 号
负责人:王汉松　邮　编:363000
法　人:王汉松
Tel:0596－5895009
13063131009

## 漳州市龙海市榜山福轩饭店
业务:餐饮
地址:福建省漳州市龙海市榜山镇平宁村村部店面 89 号
负责人:杨港川　邮　编:363000
法　人:杨港川
Tel:0596－6518777

## 靓颜坊化妆品店
业务:化妆品销售
地址:福建省龙岩市新罗区九一南路中国银监会龙岩监管分局大楼一层 11 号店
负责人:陈旭　邮　编:364000
法　人:陈旭
Tel:13626035151
0597－2252685

## 福州市晋安区永峰老鸭粉丝汤店
业务:鸭汤粉丝
地址:福建省福州市晋安区茶园街道华林路 366 号隆盛小区 11 # 楼 A 区、B 区连体 06 店面
负责人:唐德美　邮　编:350000
法　人:唐德美
Tel:13696898171
0591－63365120

## 龙海市紫泥众民戏剧用品经营部
业务:戏剧用的灯光、乐器、服饰、鞋帽、化妆品等
地址:福建省漳州市龙海市紫泥镇干部楼 19－20 号店面
负责人:林众民　邮　编:363000
法　人:林众民
Tel:15959603095
0596－6501961

## 群忠盐鸡饭店
业务:餐饮
产品:特色菜:盐鸡
地址:福建省漳州市龙文区云洞岩山下停车场左第一间店
负责人:蔡群忠　邮　编:363005
法　人:蔡群忠
Tel:13960026965
15859690840

## 南靖县鱿鱼饭店
业务:饭店
地址:福建省漳州市南靖县靖城镇 319 线 250 号之二店面
负责人:王跃民　邮　编:363000
法　人:王跃民
Tel:0596－7663769
7661030

## 怡卿化妆品
业务:化妆品销售
地址:福建省漳州市水仙大街温泉佳苑 3 幢 103 室
负责人:洪青全　邮　编:363000
法　人:洪青全
Tel:13386957599
0596－2668132

## 漳州市芗城区广东煲仔饭
业务:煲仔饭、肠粉、套餐
地址:福建省漳州市芗城区东南商贸城东区 8－10 幢内街 11 号
负责人:关德荣　邮　编:363000
法　人:关德荣
Tel:0596－2366600
2096602

## 漳州市芗城区惊世理发店
业务:美容美发
地址:福建省漳州市芗城区古塘路新城佳园 3 幢 1 号店面
负责人:孙成华　邮　编:363000
法　人:孙成华
Tel:13159102181
0596－2119222

## 漳州市芗城区陈少林理发店
业务:烫发、染发及发型设计
地址:福建省漳州市芗城区华元小区 13 幢 6 号店面
负责人:陈少林　邮　编:363000
法　人:陈少林
Tel:13850553401
13960174772

## 龙岩市新罗区欧美露时尚馆
业务:提供脸部护理、补水保湿、美白去斑、眼部护理、专业健胸、卵巢保养、颈椎保养、肩周炎、控油消痘、纹眉点痣、化妆品销售等服务
地址:福建省龙岩市新罗区双泉路 78 号恒宝豪庭 1 号楼 80 号店
负责人:范爱华　邮　编:364000
法　人:范爱华
Tel:13599348656
15959725816

## 福鼎市御美丽女子健康养生坊
业务:美容美体
地址:福建省福鼎市天裕大厦二梯 503 室
负责人:廖书平　邮　编:352100
法　人:廖书平
Tel:0593－7895986

**厦门陆通旅行社有限公司**
地址:福建省厦门市思明区莲花香秀里 62 号九州商社 9F
负责人:孙兴普
Tel:0592－5557123

## 缘梦酒吧
业务:休闲娱乐,提供酒吧服务
地址:福建省漳州市芗城区解放路嘉鑫花园 1 幢 20 号
负责人:陈黄鹏　邮　编:363004
法　人:陈黄鹏
Tel:13799818016
0596－2882572

## 漳州市芗城区樱花亭日本料理餐饮店
业务:日本神户牛肉、金枪鱼、三文鱼、澳洲大鲍、挪威青花鱼、招牌豆腐、银鳕鱼、冰岛多春鱼、冰鱼、朴叶牛肉、阿拉斯加帝王蟹、鳕蟹、法国鹅肝等等特色菜肴
地址:福建省漳州市芗城区清华园 3 号店
负责人:叶建东　邮　编:363000
法　人:叶建东
Tel:0596－2957577
Fax:0596－2957577

## 漳州市芗城区何记小吃店
业务:煎包、肉包、小笼包、粽子、豆浆、花生汤、炖品、生滚小吃
地址:福建省漳州市芗城区新浦花园 1 幢 116 号
负责人:何庆文　邮　编:363000
法　人:何庆文
Tel:0596－2685953
6364849

## 南安市梅山宝树棋牌室
业务:休闲、棋牌
地址:福建省南安市梅山水口长堤 31 号
负责人:谢振灿　邮　编:362000
法　人:谢振灿
Tel:0595－86590578

### 漳州市芗城区鑫龙小区中式套餐
业务：餐饮、套餐
地址：福建省漳州市芗城区鑫龙小区31幢2号店面
负责人：林文栋　邮编：363000
法人：林文栋
Tel：0596－2954588

### 永定县顺盛牛特餐馆
业务：餐饮
产品：炒牛八脆、牛头骨、白灼牛肉
地址：福建省龙岩市永定县凤城镇九一东路36号
负责人：简师傅　邮编：364000
Tel：13906071611
0597－5838039

### 福建平潭县农保生态度假有限公司
业务：提供生态度假服务
地址：福建省福州市金山区金山明珠16号楼701
负责人：陈国宝　邮编：350001
法人：陈国宝
Tel：13950346666
0591－83051555

**厦门市思明区翊翔化妆品商行**
地址：福建省厦门市思明区莲前东路762号106室
负责人：黄翊
Tel：0592－5910316

### 漳州市芗城区皇冠桑拿中心
业务：洗浴、足浴、保健
地址：福建省漳州市芗城区延安北路36号商业大厦8楼
负责人：郑启明　邮编：363000
法人：郑启明
Tel：0596－2058988

### 漳州市芗城区好脊柱保健中心
业务：采用牵引、理疗、拔罐、针灸、推拿等对颈椎病，腰椎间盘突出症，骨质增生症、截瘫、偏瘫、各种关节炎进行专业康复及保健按摩。
地址：福建省漳州市芗城区延安北路金福大厦11号底层店面
负责人：郑明阳　邮编：363000
法人：郑明阳
Tel：0596－2266350
13960080118

### 漳州市芗城区名兴川菜火锅城
业务：川菜火锅
地址：福建省漳州市芗城区芝山镇上坂金港商贸二楼
负责人：杨春　邮编：363000
法人：刘加玲
Tel：13055361880
13559679418

### 永定县高头乡高北村天助餐馆
业务：主营餐饮，有农家菜，以客家特色为主
地址：福建省龙岩市永定县高头乡高北村
负责人：江培洋　邮编：364000
法人：江培洋
Tel：0597－5571885
13062202638

### 旺渔舟海味馆
业务：餐饮、海鲜类
地址：福建省福清市海口镇原水产冷冻厂码头
负责人：王廷淋　邮编：350300
法人：王朝光
Tel：13959159297
0591－85557717
13805000035

### 漳浦县古雷镇品鲜楼饭店
业务：特色菜肴，餐饮服务
地址：福建省漳州市漳浦县古雷镇龙口公路东
负责人：洪辉明　邮编：363000
法人：洪辉明
Tel：0596－3690000
3297555

### 漳浦县金浦芗剧团
业务：文艺演出
地址：福建省漳州市漳浦县沙西镇逢山村
负责人：陈海滨　邮编：363217
法人：陈海滨
Tel：13489618559
13960141338
0596－3816558

### 福建省漳浦县绥安镇津鑫牛肉馆
业务：牛肉火锅、牛肉小吃
产品：牛肉
地址：福建省漳州市漳浦县绥安镇大亭路25号
负责人：吴志雄　邮编：362000
法人：吴志雄
Tel：0596－3102533
13959658533
Fax：0596－3102533

### 诏安县珍味快餐店
业务：快餐
地址：福建省漳州市诏安县四都镇山后村98号
负责人：李程明　邮编：363000
法人：李程明
Tel：0596－3592243
13063004129

### 龙海市角美天鹅湖足浴休闲馆
业务：足浴、桑拿等
地址：福建省漳洲市龙海市角美镇文圃商城2幢202号
负责人：黄启奇　邮编：363100
法人：蔡发弟
Tel：0596－6779659

### 永定县古竹农家饭庄
业务：主菜、炒菜
地址：福建省龙岩市永定县古竹乡乡政府大门左侧100米
负责人：曾标　邮编：364108
法人：曾标
Tel：0597－5522456

### 福州市鼓楼区天欲休闲坊
业务：推拿保健
地址：福建省福州市湖东路218号锦绣温泉一层
负责人：陈国强　邮编：350000
法人：陈国强
Tel：0591－83215566

**厦门市武夷酒店有限公司**
地址：福建省厦门市思明区莲岳路189号武夷工贸11号楼
负责人：马宝增
Tel：0592－8065877

### 永定县华鼎大酒店
业务：客房、餐饮
地址：福建省龙岩市永定县湖坑镇下东背
负责人：赖总　邮编：364000
法人：胡春兰
Tel：13850656443
0597－5536666
5536065

### 福清市悠悠美容SPA馆
业务：集美容、美体、SPA水疗、皮肤保养于一体的高档女子会所，我们一直秉着领先、时尚、流行、创新品质的经营理念，用最优质的服务，最精湛的技术服务于每一位顾客。
地址：福建省福清市音西街道音西村溪前翔辉花园1号一层
负责人：郭瑜洪　邮编：350001
法人：郭瑜洪
Tel：0591－85276651
15060177776
网址：www.youyouspa.cn
E-mail：youyouspa@qq.com

### 福州市美名扬美发连锁
业务：美容、美发
地址：福建省福州市鼓楼区杨桥西路长春花园3座06店面；2分店－福建省福州市仓山区临江街道六一南路东侧南台都市1－2号连体02店面；3分店－福州市晋安区远洋路钱隆世家9座13号店面
负责人：朱华斌　邮编：350001
法人：朱华斌
Tel：0591－83532393
83795786
83962190

### 福州市寿山旗峰旅游有限公司
业务：景点开发，旅游接待，寿山石等旅游产品开发
地址：福建省福州市晋安区寿山乡寿山村
负责人：黄日庭　邮编：350022
法人：黄日庭
Tel：13705083647
15606936187

### 茵子氧生美容馆
业务：茵子氧生美容馆已成立三年多，经营状况良好，主打产品为国际品牌“雅斯兰黛”，“雅斯兰黛”凭借领先科技和卓越功效在全球赢得广泛美誉，本院有固定的顾客群体，高级舒适的环境，在客户心中口碑极佳，深得高端客户喜爱，管理成熟规范，有熟练的美容师和顾问。
地址：福建省永安市南门商厦7楼701－706
二店：福建省永安市巴溪大道景泰秀水一楼1－3号
负责人：朱小英　邮编：366000
法人：朱小英
Tel：13960541088
0598－3869296
3611100

**厦门鹭江海璟餐饮有限公司**
地址：福建省厦门市思明区鹭江道第三码头原址
负责人：万璟
Tel：0592－2397261
13906044864

### 永定县春顺酒楼
业务：餐饮服务
地址：福建省龙岩市永定县虎岗乡虎岗街
负责人：林春顺　邮编：364000
法人：林春顺
Tel：0597－5611096
13959098739

### 福州市鼓楼区盛世经典餐厅有限公司
业务：餐饮
地址：福建省福州市鼓楼区衣锦华亭一区一座2204/鼓楼区黎明街1号/台江区万象城工业路宝龙对面/台江区宝龙广场内部
负责人：何宗灿　邮编：350001
法人：何宗灿
Tel：0591－87626162

**厦门市思明区圣馨化妆品商行**
地址：福建省厦门市思明区松柏小区长青北里26幢504室
负责人：朱芳
Tel：0592－6011931

### 永定县突发奇响美发沙龙
业务：美发
地址：福建省龙岩市永定县坎市先富西街
负责人：卢汉林　邮编：364000
法人：卢汉林
Tel：13959095601
13105921005

### 福清市景观大酒楼
业务：餐饮、KTV服务
地址：福建省福清市音西街道元洪路18号景观豪庭1号楼二层
负责人：林凡　邮编：350300
法人：林凡
Tel：0591－85981777
15806052888

### 南安市水头康乐棋牌室
业务：象棋、围棋、军棋、自动麻将
地址：福建省南安市水头镇西锦工业区康利石材公司仓储室
负责人：程秋木　邮编：362000
法人：程秋木
Tel：15060481879

### 福州创鑫展示设计有限公司
业务：化妆品专柜
地址：福建省福州市仓山区盖山镇跃进光桥27号
负责人：任庆兵　邮编：350026
法人：任庆兵
Tel：13850152257
0591－87788571
Fax：0591－87788571

**厦门市思明区凌锋日用品商行**
地址：福建省厦门市思明区厦禾路844号中厦国际大厦15A
负责人：卢婉凌
Tel：0592－5805170

### 福建省南平市建瓯市爱情魔发师
业务：美容美发产品贸易
地址：福建省南平市建瓯市县前路104号、福建省南平市建瓯市新区建贸路23号（新店）
负责人：吴聪聪　邮编：353000
法人：吴聪聪
Tel：0599－3856644
372664

### 福州市鼓楼区放心推拿服务部
业务：推拿服务
地址：福建省福州市鼓楼区五凤街道泉塘村泉塘山庄三期10号楼4号店面
负责人：陈铭燊　邮编：350000
法人：陈铭燊
Tel：13705088034

**厦门市扁食妹餐饮服务有限公司文灶分店**
地址：福建省厦门市思明区厦禾路849－9号店面
负责人：黄妙珠
Tel：0592－5256853

### 建瓯市津享宾馆
业务：宾馆
地址：福建省南平市建瓯市中山西路246号
负责人：陈娟　邮编：353100
法人：陈娟
Tel：0599－3727888

### 福州市仓山区斗牛世家牛排馆
业务：牛排
地址：福建省福州市仓山区上三路85号欣隆盛世A2号二层
负责人：陈明旺　邮编：350000
法人：陈明旺
Tel：13799991156
13205919577
0591－26608889

**厦门市思明区荣记鱼粥餐厅**
地址：福建省厦门市思明区厦禾路871号之九店面
负责人：林也好
Tel：0592－5176199

### 哒头小嗳宠物用品店
业务：宠物用品专卖店
地址：福建省南平市进步路19号401室
负责人：林铭　邮编：353000
法人：林铭
Tel：0599－8325770

### 福州市鼓楼区千里走单骑音乐餐厅
业务：餐饮、娱乐、休闲为一体服务
地址：福建省福州市鼓楼区六一北路267号
邮编：350001
Tel：0591－87220708

**厦门雅蒂歌蕾美容有限公司**
地址：福建省厦门市思明区仙岳路456号永升海联大厦5楼A座
负责人：苏缘缘
Tel：0592－5051333

### 浦城县大洲瑞丰休闲山庄
业务：餐饮、休闲、娱乐、旅游一条龙服务
地址：福建省南平市浦城县富岭镇瑞安村大洲自然村
负责人：叶先生　邮编：353000
法人：叶安勇
Tel：0599－2792452

### 福州市鼓楼区云腾门娱乐中心
业务：ktv娱乐
地址：福建省福州市鼓楼区华林路211号轻安大厦三层
负责人：高可淡　邮编：350001
法人：高可淡
Tel：15606019999
0591－83182999
网址：http://www.51zzt.com/user/zzt35341

**厦门肯德基有限公司宏辉餐厅**
地址：福建省厦门市思明区中山路308号宏辉大厦一层及夹层
负责人：赵文欣
Tel：0592－5810166

### 浦城县刘效伟拉面店
业务：餐饮服务
地址：福建省南平市浦城县南浦街道安华广场62号店
负责人：刘效伟　邮编：353000
法人：刘效伟
Tel：0599－2828373

### 均悦纤体美容连锁店
业务：脸部护理、补水保湿、美白祛斑、眼部护理、专业健胸、卵巢保养、颈椎保养、肩周炎、控油消痘、纹眉点痣、化妆品销售等服务
地址：福建省福州市长乐市吴航街道郑和中路91号锦绣公寓17号店
负责人：张立宏　邮编：350001
法人：张立宏
Tel：15259138820
0591－28281166

**利安奈（厦门）日用品有限公司**
地址：福建省厦门市同安区莲花镇美埔村

……………………………… 负责人：黄明卿
……………………………… Tel：13306009865

**厦门巨鸣酒店设备有限公司第一分公司**
地址：福建省厦门市思明区莲前西路莲福阁 7－8 号
……………………………… 负责人：王银梅
……………………………… Tel：0592－5939882

**顺昌县晨曦饭庄**
业务：各种绿色农副产品、鸡、鸭、河鲜、冬天有火锅、水煮活鱼等
地址：福建省南平市顺昌县城南东路 11 号
……… 负责人：胡金雄　　邮　编：353000
……………………………… 法　人：胡金雄
……………Tel：13960656184

**厦门采芝林保健品有限公司**
地址：福建省厦门市思明区洪文石村洪何路兴廊 3 号厂房
……………………………… 负责人：林贵裕
……………………………… Tel：0592－3977053

**厦门市思明区苏海航日用品经营部**
地址：福建省厦门市思明区禾祥西路 33 号 506 室
……………………………… 负责人：苏海航
……………………………… Tel：13606001004

**厦门市思明区佳而信日用品经营部**
地址：福建省厦门市思明区金榜路 14 号 302 室
……………………………… 负责人：邱宜彬
……………………………… Tel：0592－8957077

**福州市鼓楼区振团游泳池、网球场**
业务：游泳池、网球场
地址：福建省福州市鼓楼区洪山镇乌山西路 126 号
……… 负责人：李振团　　邮　编：350001
……………………………… 法　人：李振团
……………Tel：13799955521
13075924346

**漳州市牧羊世家小肥羊餐饮有限公司**
业务：本公开司成立于 2004 年，主要从事火锅餐饮。热忱欢迎新老客户光临、惠顾！
地址：福建省漳州市芗城区东南商贸城灯具市场 A 段店 17、19 号
………… 负责人：黄兆进……邮　编：363000
……………………………… 法　人：黄兆进
……………………………… Tel：0596－2930158

**顺昌县水南黄兴羊食杂店**
业务：餐饮服务（小吃）
地址：福建省南平市顺昌县城南西路 8 号
……… 负责人：黄兴羊　　邮　编：353000
……………………………… 法　人：黄兴羊
……………Tel：0599－7856092
13459910364

**厦门丰泽华化妆品有限公司**
地址：福建省厦门市思明区西林西里 81 号 208 室
……………………………… 负责人：银杰
……………………………… Tel：0592－5197175

**厦门市思明区京诚宾馆**
地址：福建省厦门市思明区厦禾路 840 号金榜大厦 A 幢九楼
……………………………… 负责人：刘国星
……………………………… Tel：0592－5884188

**福清市阿虹美容美体**
业务：美容美体服务，口服美容药品，修眉，整形
地址：福建省福州市福清市成龙步行街 4 号楼 2 层（农业银行斜对面二层）
……… 负责人：刘小燕　　邮　编：350001
……………………………… 法　人：刘小虹
…………Tel：0591－28383851
85228143
85218017
…………Fax：0591－28383851

**福州市鼓楼区章光 101 东街专卖店**
业务：章光 101 系列产品的销售和服务，生发、养发、防脱发 3 个系列的 20 多个品种，满足了不同层次、不同类型脱发者的需求。常年有专业的咨询师，免费检测，为您提供理疗、穴位按摩并为您制定生发方案、解答疑难问题。
产品：章光 101 系列防脱发、再生发产品和系列洗发水及各种保健品
地址：福建省福州市鼓楼区八一七北路 15 号苏宁电器一层东南角
……… 负责人：张润富　　邮　编：350001
……………………………… 法　人：张润富
…………Tel：0591－87568101
13235911173
……………………… 网址：www.fzzg101.cn
…………………… E-mail：zhangrf@126.com
……………………………… QQ：394298187

**万亨网吧服务有限公司**
地址：福建省厦门市演武路 63 号普达广场 B 栋三层
……………………………… 负责人：黄佳庆
……………………………… Tel：0592－2087678
13505069029

**南平市延平区澳德士安丰连锁店**
业务：澳德士快餐连锁
地址：福建省南平市延平区安丰路 28 号店
………… 负责人：王伟　　邮　编：353000
……………………………… 法　人：王伟
……………Tel：13459940401
0599－8813756

**厦门市湖里区扈美丽日用品经营部**
地址：福建省厦门市湖里区吕岭路 73 号 606 室
……………………………… 负责人：扈美丽
……………………………… Tel：0592－5596178

## 福鼎市半岛咖啡美食

福鼎市半岛咖啡美食成立于2008年，内设有午餐，下午茶，晚餐及音乐酒吧，经营时间：上午10点到午夜2点。主要有咖啡、西餐、中西餐等。热忱欢迎新老客户惠顾！

联系人：李胜勇　　邮编：355200
电话：0593-7888577　7827899　7819699
地址：福建省福鼎市温州商城主楼三层

## 福鼎市创美组合理发店

福鼎市创美组合理发店成立于2005年，主要经营美发。本店本着“客户第一，诚信至上”的原则，与多家企业建立了长期的合作关系。热忱欢迎各界朋友前来参观、考察、洽谈业务。

联系人：唐文章
电话：0593-7861166　13459397599
传真：0593-7861166
地址：福建省福鼎市太姥大道240-244号
邮编：355200

## 福建长汀县长征第一村旅游服务有限公司

福建长汀县长征第一村旅游服务有限公司成立于2006年，长汀县中复村的红色旅游资源十分丰富，松毛岭阻击战指挥部旧址、红军桥、抗日宣传漫画群等遗址见证了中国革命不凡的历史。我们以打造红色旅游品牌为己任，提供包您满意的旅游服务，让您不虚此行。

联系人：范春森
电话：0597-6805566　13507530600　传真：0597-6805566
地址：福建省龙岩市长汀县南山镇中复村　邮编：366300

## 安溪县魁斗陈宝山饮食店

安溪县魁斗陈宝山饮食店成立于1996年，安溪县魁斗陈宝山饮食店位于泉州市安溪县魁斗镇魁斗街。本店主要以餐饮为主。我们这里有家常可口的小菜，更有特色野味菜肴，我们将以最优质的服务、最低廉的价格欢迎您的光临！

联系人：陈宝山
电话：0595-23377115　15859551599
地址：福建省泉州市安溪县魁斗镇魁斗街18号　邮编：362000

## 福建闽侯县大湖龙洋寺

福建闽侯县大湖龙洋寺于2004年经县宗教局批准为监院。目前“龙洋寺”已初具规模，在此真诚希望佛界长老，八方信士鼎力相助，以期上述建筑能尽快臻善，早日成为八闽信士朝拜、旅游观光之胜地。

联系人：释传来　　手机：13950363385
电话：0591-22911856　　网址：www.foofaa.com.cn
地址：福建省福州市闽侯县大湖乡洋山村　邮编：350000

## 长汀县梦都慢摇酒吧

本公司成立于2006年，主要经营KTV、舞厅、酒吧。客人至上对客人的服务永远排在工作的第一位，主动热情—以真诚的爱心为宾客提供优质的服务，礼貌微笑—是每一个工作人员对宾客服务应具备的基本要求。

联系人：胡天宝
电话：0597-6515666、13859526368、13559992113
地址：福建省龙岩市长汀县火车站站前广场　邮编：364000

## 豪记砂锅

豪记砂锅成立于2007年，本店主要经营砂锅类、炒菜类的销售。

本店的服务宗旨是：客户至上、服务第一。热忱欢迎新老客户惠顾！

联系人：洪燕
电话：0595-88765757　88762199
地址：福建省石狮市八七路1093号　邮编：362700

## 京都酒楼

京都酒楼成立于2007年，京都酒楼位于三明市大田县上京镇京中路，本酒楼主要经营餐饮服务。京都酒楼秉承"顾客至上，锐意进取"的经营理念，坚持"客户第一"的原则为广大客户提供优质的服务。欢迎广大客户惠顾！

联系人：陈春锦
电话：0598-7369597 邮编：366102
地址：福建省三明市大田县上京镇京中路（喜登超市后面）

## 闽侯县上街金桥锦园居私人会所

本公司成立于2009年，主要提供餐饮服务，以私房菜为主。客人至上一对客人的服务永远排在工作的第一位。主动热情一以真诚的爱心为客户提供优质的服务。

联系人：徐碧芳 邮编：350000
电话：0591-23506686、13959177839
地址：福建省福州市闽侯县上街镇金桥花园欧洲街26号

## 连江县凤城镇生产队海鲜楼

连江县凤城镇生产队海鲜楼成立于2007年，海鲜楼位于福州市连江县永得利花园，专业从事海鲜餐饮为主。服务宗旨是"客户至上、服务第一"。热忱欢迎新老客户惠顾！

联系人：牛钦祥
电话：0591-27358111、27358222
地址：福建省福州市连江县永得利花园10#楼5号 邮编：350500

## 南安市洪濑镇红毛鸡爪小吃店

南安市洪濑镇红毛鸡爪小吃店自成立以来专业从事各种卤料制作，在多年的经营制作中，本店结合闽南传统和卤料制作方法，经过多次研究与试验，制作出风味奇佳的系列卤料，成为新华都购物广场指定消费食品，深受闽南地区和东南亚一带人们的喜爱。红毛鸡爪选料上乘，配方独特，运用纯熟技术手工制作。其成品质地饱满、颜色鲜艳，吃起来嫩中有脆，香中带辣。热忱欢迎新老客户惠顾！

联系人：徐浙江
电话：0595-86687069
地址：福建省南安市洪濑镇洪南大街2-3号 邮编：362331

## 龙海市角美锦宅美食城

本公司成立于2007年，主要经营餐饮。

服务宗旨：顾客第一，奉公守法，假真菜实，经济实惠，微利长远。

欢迎您的光临！

电话：0596-6718821
邮编：363100
地址：福建省龙海市角美镇锦宅村
联系人：何俊忠
13960087078

## 南安市梅山杨塘垅凯凯乐娱乐城

本公司成立于2008年，主要经营歌舞厅，餐饮服务等。

我们本着"开心、舒心、贴心"的服务宗旨竭诚为您服务，您的满意就是我们的目的，衷心欢迎您的光临！

电话：0595-86575188
邮编：362000
地址：福建省南安市梅山镇竞丰村杨塘垅商业区8幢
联系人：戴志生
13159001588

## 龙岩市新罗区李永林冬粉鸭肉店（2店）

本公司成立于2008年，主要经营冬粉鸭肉系列风味小吃，卤制品。卫生快捷是本店的服务宗旨，欢迎您的惠顾。

联系人：李永林
电话：0597-2289829、3288826、3119968、13605908894
地址：福建省龙岩市新罗区龙腾路恒兴嘉苑D区6号店 邮编：364000

## 平潭縣城關清浴休閑城

平潭县城关清浴休闲城成立于2004年，本休闲城从事足疗推拿。在繁忙的工作之余给一份轻松和活力，让每位顾客满意而归。

平潭县城关清浴休闲城将不断改进服务品质，并以整洁的环境、专业的技艺，亲切的服务以及公道的价格营造了一个与众不同的按摩场所。

联系人：林强 15005087333
电话：0591-24366663
地址：福建省福州市平潭县潭城镇政府路台胞接待站 邮编：350400

## 龙岩市新罗区玉浪子发型设计室

本公司成立于1993年，主要经营美容、美发、销售洗发水、护发产品。一直以真诚、热情的服务宗旨对待每一位顾客。

联系人：章庭浪
电话：0597-5265926、13055853588
地址：福建省龙岩市新罗区解放北路5号龙达花园3幢-14号店 邮编：364000

## 莆田市城厢区木兰居饭店

莆田市城厢区木兰居饭店成立于2003年，本店主要经营天然活鲜、山野小炒，风味独特。

本店秉承"顾客至上，锐意进取"的经营理念，坚持"客户第一"的原则为广大客户提供优质的服务。欢迎惠顾！

联系人：方俊 13950791928 电话：0594-2638628
地址：福建省莆田市城厢区华林工业园区 邮编：351100

## 江西省/jiangxi Province

### 资溪县绿岛宾馆
业务：资溪县绿岛宾馆成立于2000年，是一家集客房、餐饮、娱乐为一体的现代化标准宾馆。绿岛宾馆的员工彬彬有礼，服务周到，下榻绿岛宾馆，会使您感到安全、舒适、方便，带给您宾至如归之感。
地址：江西省抚州市资溪县鹤城镇沙苑湾
邮　编：335300
法　人：许资堂
Tel：0794－5788288
Fax：0794－5785599

### 东乡县麦佳基餐饮有限公司广昌分公司
地址：江西省抚州地区广昌县解放路民政局隔壁
负责人：张敦耿
Tel：0794－3614777

### 广昌县新莲商务宾馆
业务：宾馆
地址：江西省抚州市广昌县旴江镇沿江路116号
负责人：方早庆　邮　编：344900
法　人：方早庆
Tel：0794－3628688

### 赣州市高信酒店设备工程有限公司
地址：江西省赣州地区章贡区八一四大道27号
负责人：高文斌
Tel：0797－8127888

### 赣州市新名流大酒店
地址：江西省赣州市章贡区青年路45号
负责人：赖亮
Tel：0797－8273178

### 定南苏荷酒吧
业务：酒吧休闲
地址：江西省赣州市定南县历市镇金桥文化广场
负责人：钟华　邮　编：341900
法　人：钟毅强
Tel：0797－4296199
15979740999

### 南昌铁路局南昌工务段吉安铁路宾馆
地址：江西省吉安地区火车站北侧
负责人：谭锦宇
Tel：0796－8106100

### 广场化妆品店
地址：江西省吉安市吉州区广场南路农行门面
负责人：刘恒盈
Tel：13133297090

### 江西省吉安市吉州区方草地化妆品总汇
业务：江西省吉安市吉州区方草地化妆品总汇成立于1998年，多年来一直从事各种化妆品的批发与零售。在吉安市共有三家分店。质量可靠，价格合理，欢迎新老客户惠顾。
地址：江西省吉安市吉州区北门街24号/西肖家巷10－7号/广场南路1号
邮　编：343000
法　人：刘恒盈
Tel：0796－8887090
Mobile：13907966377
Fax：0796－8327281

### 赣州市龙凤大酒店有限公司
业务：餐饮、土家菜、山珍野味
地址：江西省赣州市章贡区水南镇瑞金路南桥新村东四区22号
负责人：钟本奎　邮　编：341000
法　人：钟本奎
Tel：0797－8406638

### 吉安凯福莱大酒店
地址：江西省吉安市吉州区鹭洲东路3号
负责人：林良军
Tel：0796－7038588

### 吉安市恒新健身美体乐苑有限公司
地址：江西省吉安市吉州区人民广场东侧工人文化宫三楼
负责人：杨志明
Tel：0796－8214020

### 南昌万家人发展有限公司
业务：酒店、餐饮
地址：江西省南昌市八一大道436号1102室
负责人：万仁里　邮　编：330013
法　人：万仁里
Tel：0791－6819159

### 吉安市新贵族中西餐厅
地址：江西省吉安市吉州区阳明商城E1－41－43
负责人：王金友
Tel：0796－8289955

### 江西核工业九华实业有限公司
地址：江西省吉安市新干县城南开发区
负责人：任新华
Tel：0796－2676082

### 景德镇市昌南半岛酒店有限公司
地址：江西省景德镇市昌江区瓷都大道597号
负责人：张君琦
Tel：0798－8528383

### 赣州市海若湾投资管理有限公司
业务：沐足保健、保健推拿、按摩、香精推油、刮痧、拔罐服务
地址：江西省赣州市章江北大道108号帝景豪园二栋二楼
负责人：李贤洲　邮　编：341000
法　人：李贤洲
Tel：13507070503
0797－8168586

### 景德镇市江南旅游汽车服务有限公司
地址：江西省景德镇市昌江区迎宾大道368号（锦绣昌南瓷园1栋120号）
负责人：秦小柏
Tel：0798－8565666

### 景德镇市罗玛煌宫洗浴休闲广场有限公司
业务：本公司成立于2005年，主要从事桑拿、棋牌、保健、按摩等服务。环境优雅、服务周到，我们将一如既往的为您提供最优质的服务，热忱欢迎您的光临与惠顾！
地址：江西省景德镇市浙江路117号
负责人：赵少秋　邮　编：333000
法　人：赵少秋
Tel：0798－8278968

### 进贤县皇庭大酒店有限公司
业务：酒店餐饮、住宿
地址：江西省南昌市进贤县名典咖啡语茶二店
负责人：周玉梅　邮　编：330013
法　人：周玉梅
Tel：13870082498
13970978738
网址：http://www.51zzt.com/user/zzt32084

### 景德镇市信天游网吧
地址：江西省景德镇市昌江区鱼山镇（鱼山供销社商厦二楼）
负责人：陈灵辉
Tel：13979830584

### 天竹山生态农庄
地址：江西省景德镇市浮梁县王港乡高沙村
负责人：洪天志
Tel：13979866615

### 新野雅轩土菜坊
业务：土菜、野味
地址：江西省南昌市庐山中大道1098号
负责人：邹电华　邮　编：330013
法　人：喻保平
Tel：13870909655
0791－3901379

### 景德镇市中函艺联画室
地址：江西省景德镇市陶瓷大世界中央商场
负责人：胡忠胜
Tel：0798－8221522
13879827823

### 九江市金钱豹娱乐有限公司
地址：江西省九江市九瑞大道昌平大厦二层
负责人：黄林传
Tel：0792－8811208

### 广丰县雅蔻营养减肥俱乐部
业务：采用专业细胞营养专利，减肥、增重、保健、调理亚健康、三高、糖尿病、肠道、皮肤等问题。
地址：江西省上饶市广丰县永丰街道新天地2220号
负责人：李叔兵　邮　编：334600
法　人：李叔兵
Tel：15079381977
13979388676

### 九江敏子度假山庄有限公司
地址：江西省九江市庐山通远庐台别墅区10栋
负责人：山冈敏子
Tel：13807026688

### 广丰县和平时尚酒店有限公司
业务：提供住宿、饮食服务、其他食品零售的筹建，矿产品销售
地址：江西省上饶市广丰县月兔广场东侧（沿河路）
负责人：胡茂伞　邮　编：334600
法　人：邓秀芳
Tel：13767376588
15879303999

### 鄱阳县富临居酒店
业务：住宿，娱乐，餐饮
地址：江西省上饶市鄱阳县环湖路东湖公园（园盘处）
负责人：何林杨　邮　编：333100
法　人：何林杨
Tel：0793－6217819

### 江西新太子餐饮管理有限公司杰世民酒店
地址：江西省九江市十里大道108号

负责人:帅斌
Tel:0792－8133080

**九江花鸟大市场开发有限公司**
地址:江西省九江市十里大道 1388 号
负责人:徐浩
Tel:13907009611

**九江市海外旅行社有限公司**
地址:江西省九江市浔阳东路 177 号
负责人:周源
Tel:0792－8560201

**东湖金海湾休闲中心**
地址:江西省南昌市东湖区福州路 99 号
负责人:李伟如
Tel:13065167173

**婺源县理源乡村酒吧**
业务:特色水果酒;餐饮、酒水,住宿一条龙服务
地址:江西省上饶市婺源县沱川乡理坑村
负责人:余春华　邮　编:333202
法　人:余春华
Tel:13879313713
0793－7247878

**南昌市三合餐饮管理有限公司**
地址:江西省南昌市东湖区上沙窝 97 号 4 栋 1 单元 601 室
负责人:胡俊斌
Tel:13607068738

**新建县凯福来实业有限公司**
业务:新建县凯福来实业有限公司成立于 2006 年,从事餐饮服务、休闲娱乐、销售建材,从事国内贸易,欢迎新老客户来电洽谈业务!
地址:江西省南昌市新建县长麦路福满楼大酒店
负责人:程应柳　邮　编:330100
法　人:程应柳
Tel:0791－3748822

**江西鸿雁国际旅行社有限公司**
地址:江西省南昌市东湖区省府大院东三路 5 号
负责人:罗小健
Tel:13707910909

**南昌万家灯火餐饮管理有限公司**
地址:江西省南昌市东湖区象山北路 371 号
负责人:魏意恒
Tel:0791－6610120

**南昌西直门餐饮有限责任公司**
地址:江西省南昌市洪都北大道 209 号(银湖大厦边)
负责人:梅盛
Tel:13317919999

**南昌市青山湖餐饮娱乐有限公司**
地址:江西省南昌市郊区湖滨东路 8 号
负责人:郝国安
Tel:13870811217

**江西省开心假日旅行社有限公司**
地址:江西省南昌市进贤县城胜利中路
负责人:辜玮
Tel:13807914223

**翰林青鱼馆**
业务:餐饮,特色青鱼
地址:江西省新余市仙来东大道 226 号
负责人:欧阳伟　邮　编:338000
法　人:欧阳伟
Tel:13755719998
15979899619

**青山江龙实业有限责任公司**
地址:江西省南昌市井冈山大道 289 号新悦华大酒店
负责人:刘江荣
Tel:0791－8458006

负责人:胡春林
Tel:13907080306

**南昌环球嘉年华餐饮娱乐有限公司**
地址:江西省南昌市青云谱区洪城路 2 号国贸大厦 B 区 1－3 楼
负责人:黄祖渊
Tel:13307009228

**南昌肯德基有限公司江铃餐厅**
地址:江西省南昌市青云谱区三店西路 319 号好友多生活广场一层
负责人:杨大勇
Tel:0791－6397507

**南昌市象湖风景区旅游开发有限公司**
地址:江西省南昌市青云谱区象湖风景区内
负责人:朱麟琪
Tel:13517003528

**江西省萍乡市九龙宫旅游总公司**
业务:江西省萍乡市九龙宫旅游总公司成立于 2002 年,现有 20 余人,从事九龙宫旅游开发服务。欢迎广大游客光观、旅游。
地址:江西省萍乡市跃进北路 18 号
邮　编:337055
法　人:李掊鑫
Mobile:13155950121
13086190121

**江西天沐旅游管理有限公司**
地址:江西省南昌市青云谱区沿江南大道(青云谱乡三店村京山)
负责人:黄志敏
Tel:13879270702

**南昌市四方餐饮管理有限公司**
地址:江西省南昌市青云谱区沿江南路象湖威尼斯花园
负责人:齐北楠
Tel:13077981888

**江西瑞成旅行社有限公司**
地址:江西省南昌市湾里区竹山路 8 号
负责人:胡强
Tel:0791－3765432

**江西红叶生态景观有限公司**
地址:江西省南昌市西湖区北京西路 208 号 16 栋 3 单元
负责人:叶卫红
Tel:0791－8055327

**南昌市东升大酒楼有限公司**
地址:江西省南昌市西湖区建设西路 99 号星加坡花园 2 栋 A 单元 1－2 号
负责人:徐东升
Tel:13970074139

**南昌市海通旅游汽车服务有限公司**
地址:江西省南昌市西湖区南昌宾馆停车场
负责人:吴赣
Tel:13330126839

**萍乡万通国际大酒店有限公司**
地址:江西省萍乡市秋收起义广场东北区
负责人:彭合连
Tel:13707993976

**玉山县三清天马旅行社有限责任公司**
地址:江西省上饶市玉山县 320 国道边
负责人:谭兰英
Tel:0793－2550313

**玉山县怀玉山庄**
业务:本山庄集旅游、会议、住宿、餐饮、娱乐为一体,是全国爱国教育基地,是您旅游,休闲的好去处。
地址:江西省上饶市玉山县
负责人:曾茂风　邮　编:334700
法　人:曾茂风
Tel:0793－2100021
2100688

**江西麦可将实业有限公司**
地址:江西省上饶市玉山县三清山旅游服务区
负责人:连安妮
Tel:0793－2569993



8458138
13970003755

**南昌市青山湖区青少年体育俱乐部**
地址:江西省南昌市青山湖区罗家镇中心小学
负责人:王香贵
Tel:0791－8102601

**江西省南昌市饭是钢大酒店有限公司香江分公司**
地址:江西省南昌市青山湖区香江家居建材城下九路步行街 92 号

## 山东省/Shandong Province

**滨州市滨城区阿牛网吧**
地址:山东省滨州市渤海九路北首
负责人:荆玉进
Tel:0543－3961266

**肥城市潮泉镇柳沟避暑山庄酒店**
业务:中式餐饮
地址:山东省泰安市肥城市潮泉镇柳沟村
负责人:王伟　邮　编:271000
法　人:王伟
Tel:13468021037
15253858797

**宁阳县海洋水族馆**
业务:观赏鱼,鱼缸销售
地址:山东省泰安市宁阳县城金阳大街(县卫生局办公楼 1 楼)
负责人:刘振　邮　编:271400
法　人:刘振
Tel:0538－5618198

**德州靓燚诺化妆品有限公司**
地址:山东省德州市德城区兆日小区 3 号楼主楼下南户
负责人:回佳芝
Tel:0534－2341111

**莒南县好运来花卉园艺场**
业务:专业从事各类花草种植及销售,批零兼营。秉着对美的事业,美的追求,美的奉献,愿竭诚与您携手共建美好家园。
产品:一串红、万寿菊、千头菊、矮牵牛、火炬鸡冠花、彩叶草、三色堇、羽衣甘蓝、孔雀草等
地址:山东省临沂市莒南县大店镇薛家窑村
负责人:庄绪来　邮　编:276612
法　人:庄绪来
Tel:0539－7819085
13869979362

**青岛晨光宾馆有限公司**
业务:青岛晨光宾馆有限公司成立于 2007 年,主要从事于旅游、住宿、餐饮等。环境、格调幽雅,星级服务,尊贵享受,让顾客忘却一天疲劳,宾至如归的感觉油然而生!
地址:山东省青岛市市南区广州路 45 号甲
负责人:李宣魁　邮　编:266002
法　人:李宣魁
Tel:0532－82616000
82626171

**临沂市罗庄区娱人码头健身城**
业务:电玩、台球、篮球、KTV
地址:山东省临沂市罗庄区罗庄街道罗五路与龙潭路交汇处向南 100 米路西
负责人:孙洪祥　邮　编:276000
法　人:孙洪祥
Tel:0539－3122189

**东营市棕海洗浴会所有限公司**
地址:山东省东营市东营区西二路 257 号
负责人:焦炳义
Tel:0546－8331282

**宁阳县福润饭店**
业务:特色菜、传统四八、自主佳肴
地址:山东省泰安市宁阳县伏山镇开元寺村
负责人:陈永山　邮　编:271400
法　人:陈永山
Tel:0538－5172165

**东营零点网吧**
地址:山东省东营市燕山路 C 段 4 号
负责人:何本军
Tel:0546－8201806

**岱崮全羊大酒店**
业务:岱崮全羊系列特色餐饮
地址:山东省临沂市蒙阴县云蒙路 256 号
负责人:公茂普　邮　编:276000
法　人:公茂普
Tel:13181209668
0539－4819197

**菏泽大福餐饮有限公司**
地址:山东省菏泽市开发区中华东路 70 号
负责人:杨惠
Tel:0530－5967588

**泰安市泰山区静思旅游观光垂钓中心**
业务:旅游观光垂钓服务
地址:山东省泰安市省庄镇羊楼西村
负责人:刘汝富　邮　编:271000
法　人:刘汝富
Tel:13905385001
0538－6511395

**济南名门酒店管理有限公司**
业务:酒店咨询、培训、托管以及酒店会议代办
地址:山东省滨州市滨城区黄河四路 533 号
负责人:高国安　邮　编:256618
法　人:高国安
Tel:13561578997
0543－2215016

**济南市长清区塞外春肥羊府**
地址:山东省济南市宾谷街东段路南
负责人:卢涛
Tel:0531－87218189

**济南市历下区成思园面馆**
地址:山东省济南市大明湖路 266 号
负责人:朱传城
Tel:0531－86083674

**泰安市泰山区金龙盛世酒店管理有限公司**
业务:客房、餐饮、大型婚宴大厅
地址:山东省泰安市泰山区红门路 16 号
负责人:王利伟　邮　编:271000
法　人:赵先生
Tel:0538－6289999
6199999

**济南荣源形象策划有限公司**
地址:山东省济南市槐村街 25 号
负责人:方恒荣
Tel:0531－82066928

**鲍沟镇海豹犬舍**
业务:销售宠物
地址:山东省滕州市鲍沟镇候楼村 546 号
负责人:赵曰源　邮　编:277500
法　人:赵曰源
Tel:18906379068
0632－2666287

**济南大丰娱乐设备有限公司**
地址:山东省济南市解放路七家村 3 号 2－2－202 室
负责人:郑美才
Tel:0531－86985977

**滨州绿原餐饮有限公司**
业务:餐饮服务加盟连锁
地址:山东省滨州市彭李办事处渤海十路东菜刘居委会 5 号楼
负责人:张鑫钰　邮　编:256619
法　人:赵建更
Tel:13561543333
0543－3361908
Fax:0543－3361908

**济南旗帜旅行社有限责任公司**
地址:山东省济南市经十一路 6 号
负责人:姜连俊
Tel:0531－82621598

**小梅烩面小梅粥吧**
业务:烩面、粥品
地址:山东省威海时代广场地下美食城 一分店:山东威海经济技术开发区齐鲁商城 2073(二楼美食广场) 二分店:山东威海光明路 117 号大世界 三分店:山东威海青岛街 3 号 四分店:山东威海古陌路 3 号。
负责人:梅涛　邮　编:264200
法　人:梅涛
Tel:0631－5219951
5925616

**济南泉华美容美发用品销售中心**
地址:山东省济南市经四小纬二路 37 号
负责人:包道华
Tel:0531－86051958

**富城洗浴店**
业务:主要是洗浴服务
地址:山东省滨州市沾化县富城路
负责人:董学峰　邮　编:256600
法　人:董学峰
Tel:15066992226
15065432880

**黑蜻蜓大饭店**
地址:山东省济南市历城区郭店镇锦平村
负责人:陈建秋
Tel:0531－88998349
13854176811

**威海市环翠区人来人往餐馆**
业务:餐饮
地址:山东省威海市环翠区孙家疃镇远遥村
负责人:张振国　邮　编:264200
法　人:张振国
Tel:13508911537
13061159840

**济南福满齐鲁旅行社有限公司**
地址:山东省济南市历下区燕子山路 26 号
负责人:姜庆
Tel:0531－85788799

**威海市环翠区西草沟料理店**
业务:木炭烧烤、韩国料理
地址:山东省威海市环翠区新威路 128－23 号
负责人:林明　邮　编:264200
法　人:林明
Tel:0631－5198088

**济南长箭天一餐饮娱乐有限公司**
地址:山东省济南市龙泉街中段路北

负责人：刘广国
Tel：0531－87217176－811

**大东北乡村菜馆**
业务：经营东北菜，保持东北原有特色，主打东北野生绿色食品，东北八大碗传统菜系，各种花色主食，水饺等。菜馆以"诚信经营"为宗旨，以"传播东北文化"为理念，诚挚欢迎您的光临！
产品：东北山珍、朝鲜狗肉、蒙古羊肉、农家杀猪菜、柴鸡炖蘑菇
地址：山东省滨州市沾化县富城路电厂加油站西行50米路南
负责人：王爱军 邮编：256700
法人：王爱军
Tel：0543－2172220
13375430676
Fax：0543－2172220

**日照华园旅游开发有限公司**
业务：日照华园旅游开发有限公司成立于2006年，主从事于土木建筑工程，旅游开发，建材，室内外装修。欢迎新老客户光临、惠顾！
地址：山东省日照市青岛路中段陶家村
负责人：刘照金 邮编：276826
法人：刘照金
Tel：0633－8311299

**宏悦宾馆**
业务：宾馆服务
地址：山东省威海市青岛中路188号泰浩大厦附楼四至五层
负责人：刘经荣 邮编：264200
法人：刘经荣
Tel：13963100877
0631－5923606
5923604

**金瀚鼎酒店管理有限责任公司**
地址：山东省济南市市中区八里洼南路10号14号楼4单元303室
负责人：赵书泉
Tel：0531－82730129
13173051209

**乳山市太阳美业连锁有限公司**
业务：专业美发
地址：山东省威海市乳山市城区向阳小区7－8号北23号
负责人：王春 邮编：264500
法人：王春
Tel：0631－3601778

**曲阜市石门山风景区旅游开发有限公司**
地址：山东省济宁曲阜市董庄石门山
负责人：伊新民
Tel：0537－4866513
13953776100

**沾化县金福缘餐饮有限公司**
业务：提供各类餐饮服务，承接宴请等宴会服务
地址：山东省滨州市沾化县富国镇打磨李村
负责人：胡圣博 邮编：256619
Tel：13686302555
0543－7356669

**济宁开发区沂蒙山草鸡店**
地址：山东省济宁市高新区海关路西首
负责人：孙西安
Tel：0537－2316222

**青州市长运旅游有限公司**
业务：全国旅游
地址：山东省潍坊市青州市瓜市北巷1号
负责人：吕相华 邮编：262500
法人：吕相华
Tel：0536－3256162
Fax：0536－2138655

**丽浓日化有限公司**
地址：山东省济宁市嘉祥县疃里镇前贾村
负责人：贾西贤
Tel：0537－6971276
13605479416

**新泰市东兴楼饭店**
业务：餐饮、饭店
地址：山东省新泰市楼德镇东村市场东
负责人：卢立刚 邮编：271200
法人：卢立刚
Tel：0538－6329921

**新梦圆大酒店**
地址：山东省济宁市市中区光河路165号
负责人：王玉海
Tel：13863777787

**德州市德城区仙洞林餐厅**
业务：餐饮服务
地址：山东省德州市德城区湖滨北路温泉小区
负责人：王月华 邮编：253000
法人：王月华
Tel：13184106866
0534－2325000

**鲁抗围棋俱乐部**
地址：山东省济宁市市中区太白西路173号
负责人：郭祥民
Tel：13608918333

**新泰市新汶欧缦宾馆洗浴广场**
业务：客房、洗浴、餐饮、棋牌等一系列娱乐项目
地址：山东省新泰市新汶老粮所向西188米处
负责人：王西坤 邮编：271000
法人：王西坤
Tel：13953869974
0538－6378266
Fax：0538－6378266
网址：http://www.51zzt.com/user/zzt30194

**泗水旅行社**
地址：山东省济宁市泗水县光明路27号
负责人：杨尚海
Tel：0537－4235776
13341208776

**德州市德城区阿松饺子楼**
业务：经营以饺子为主的各类餐点，菜品齐全，欢迎加盟连锁
地址：山东省德州市德城区天衢中路南龙国际花园2号楼SA－22房（一店），德城区德兴大道第九中学路口（二店）
负责人：庞阿松 邮编：253000
法人：庞阿松
Tel：13805341561
0534－2257066

**莱芜市扬宇金都餐饮娱乐有限公司**
地址：山东省莱芜市凤凰南路006号
负责人：徐加兵
Tel：0634－6126777

**新泰市鑫鑫足疗城**
业务：足疗、推拿、按摩
地址：山东省新泰市银河路南段东侧151号
负责人：韩明卫 邮编：271200
法人：韩明卫
Tel：15153820911

**京福德肥牛餐饮有限公司**
地址：山东省莱芜市莱城区文化南路27号
负责人：高学民
Tel：0634－6282222
5608678
13563421888

**东营区独一味鸽子窝**
业务：餐饮，鸽肉菜肴
地址：山东省东营市东营区北二路488号工农村东 山东省东营市府前大街194号
负责人：刘伟民 邮编：257000
法人：刘伟民
Tel：13287380050
13006540012

**华夏旅行社有限公司**
地址：山东省莱芜市莱城区汶阳东大街（兰馨园综合楼）
负责人：陈立伟
Tel：0634－8895971
13863414287

**新源渔家乐**
业务：提供垂钓、餐饮、住宿、农业观光等一系列服务，品原始风味，体验休闲渔家乐！
地址：山东省烟台市长岛县南长山镇黑石嘴村388号
负责人：吴长秋 邮编：265800
Tel：0535－3909929
15954966665

**聊城市东昌府区伊兰化妆品销售中心**
地址：山东省聊城前许街东3号
负责人：李淑芳
Tel：0635－8899161

**山东雅轩餐饮有限公司**
业务：餐饮、住宿、副食品加工、销售
地址：山东省东营市东营区汾河路333号
负责人：张连波 邮编：257093
法人：张连波
Tel：0546－8362006

**聊城市东阿王美食城有限公司**
地址：山东省聊城市振兴东路4号交通技校院内
负责人：张和平
Tel：0635－8322399

**牧乡园火锅城**
业务：火锅
地址：山东省烟台市开发区黄河路16号
负责人：王先生 邮编：264000
法人：王玉喜
Tel：0535－6377287

**美而美生物技术有限公司**
地址：山东省临沂市广场世纪城AA座601室
负责人：丁涛
Tel：0539－8072503
8324583

13325098988

**莱山区美心美发店**
业务：美发
地址：山东省烟台市莱山区银海路554号
负责人：石文彬 邮编：264000
法人：石文彬
Tel：15853586003
0535－6701218

**临沂假日旅行社有限公司**
地址：山东省临沂市开阳路3号九重天大厦1楼
负责人：薛彦辉
Tel：0539－8131288
13605398767

**山东省东营市东营区梁记新川味餐馆**
业务：餐饮服务
地址：山东省东营市东营区济南路向阳街2号
负责人：梁小涛 邮编：257000
法人：梁小涛
Tel：0546－8701939

**临沂南苑餐饮有限公司**
地址：山东省临沂市兰山区八一路65－13号
负责人：周向举
Tel：0539－8119128
13001578001

**烟台市芝罘区亮丽女人泊薇美容苑**
业务：化妆品、生活用日、美容美体、水疗、SPA、瑜珈等
地址：山东省烟台市芝罘区万光幸福家园附32号
负责人：于浩亮 邮编：264000
法人：于浩亮
Tel：13105288880
15854585782

**大富豪国际娱乐有限公司**
地址：山东省临沂市兰山区八一路南段
负责人：付文斗
Tel：0539－3033333
13969933333

**君盛烧烤店**
业务：原料新鲜，现串现烤，涮海鲜
地址：山东省烟台市芝罘区幸福中路70－116号
负责人：刘廷涛 邮编：264000
法人：刘廷涛
Tel：13505354399
13655457756

**新宇宾馆配套用品有限公司**
地址：山东省临沂市兰山区大陆商业村沿街47－48号
负责人：徐新才
Tel：0539－8211336
13176969289

**东营市红火烧烤淄博路店**
业务：餐饮服务
地址：山东省东营市东营区淄博路121号
负责人：李洪伟 邮编：257000
法人：李洪伟
Tel：13054699939
0546－8210678

**新世纪旅行社**
地址：山东省临沂市蒙阴县刘洪路汽车站转盘往北
负责人：公衍亮
Tel：0539－4278315
13508993388

**兖州市舒华健身会馆**
业务：成人健身，少儿培训，体育器械专卖
地址：山东省兖州市中御桥北路体育中心院内
负责人：魏建 邮编：272133
法人：魏建
Tel：13012636966
0537－3482111
网址：http://www.51zzt.com/user/zzt123491

**沂河宠物用品有限公司**
地址：山东省临沂市郯城县黄山镇文化路12号
负责人：颜廷才
Tel：0539－6781158
13325090158

**广饶县大码头乡南堤快餐**
业务：快餐
地址：山东省东营市广饶县大码头乡南堤村
负责人：李华国 邮编：257000
法人：李华国
Tel：0546－6619928

**丽都化妆品有限责任公司**
地址：山东省临沂市沂南县县城人民路
负责人：杨学军
Tel：0539－3253170
13365498698

**沂水东普桑拿设备有限公司**
业务：桑拿设备、桑拿房、汗蒸房、托玛琳产品
地址：山东省沂水县高桥镇胡庄村
负责人：秦润增 邮编：276000
法人：秦润增
Tel：0539－2814789
15194075888
Fax：0539－2814788

**福润来美食城**
地址：山东省青岛市城阳区河套街道政府驻地
负责人：刘承松
Tel：0532－87822688
86920088

**利津县陈庄绿原小毛驴加盟店**
业务：经营以驴肉为主并配以当地特色菜系的各种高、中档菜品，口味绝佳的驴肉、美味的菜品
地址：山东省东营市利津县陈庄镇新世纪商城
负责人：韩吉云 邮编：257000
法人：赵德功
Tel：13176618777
0546－5652666

**青岛金华康餐饮服务有限公司**
地址：山东省青岛市胶州市胶州湾工业园海尔大道汽展中心2楼
负责人：王克荣
Tel：0532－85269161
13325012773

**白云宾馆**
业务：宾馆
地址：山东省沂水县中心街南段变电所对面，山东省沂水县中心街中段师范后巷
负责人：张磊 邮编：276400
法人：张磊
Tel：0539－2211656
0539－2218859

**兴昆教育书店有限公司**
地址：山东省青岛市经济技术开发区第一中学
负责人：张坤文
Tel：13708962685

**海阳市初记羊羯子火锅店**
业务：特色火锅
地址：山东省海阳市温州商贸城
负责人：安云德 邮编：265100
法人：姜美艳
Tel：0535－3181577
15098621577

**如意新安大酒店有限公司**
地址：山东省青岛市经济技术开发区淮河西路586号
负责人：范积朋
Tel：0532－86820177
13706306277

**枣庄高新区二零五全羊馆**
业务：餐饮 特色：手抓羊肉、手掰羊肉、红烧羊肉
地址：山东省枣庄市高新区兴仁街道办事处泰山中路1642号学庄居委会
负责人：王培忠 邮编：277000
法人：王培忠
Tel：0632－4446205
4420205
6099205

**老渔翁海鲜府**
地址：山东省青岛市平度市常州路164号
负责人：李松刚
Tel：0532－87367279
13012550292

**曹县磐石街道办事处贵族宾馆**
业务：客房
地址：山东省菏泽市曹县磐石街道办事处珠江东路农行对过
负责人：赵保臣 邮编：274000
法人：吴庆德
Tel：15020267555
0530－6125568

**天池山泉商贸有限公司**
地址：山东省青岛市市北区长春路12号
负责人：梅珍
Tel：0532－82600978
83022928

**九星电玩城**
业务：电玩娱乐休闲
地址：山东省枣庄市市中区君山路39号
负责人：许斌斌 邮编：277000
法人：许斌斌
Tel：15006733773

**枣庄市名仕商务酒店**
业务：枣庄市名仕商务酒店集客房、餐饮、商务、娱乐为一体的现代商务酒店；下设：名仕

咖啡西餐厅、永和豆浆店等，"把满意加惊喜的服务和舒适的环境奉献给每一位来宾"的服务宗旨，蕴含着我们的庄重承诺。
地址：山东省枣庄市薛城区临山路1号(枣庄火车站斜对面)
负责人：杜传富 邮编：277100
Tel：0632－4169777
4169555

**郓城县佳艺琴行**
业务：各种乐器
地址：山东省菏泽市郓城县西门街中段
负责人：张金 邮编：274300
法人：张金
Tel：13791478023
0530－6998783
Fax：0530－6992269

**青岛天府老妈餐饮连锁有限公司**
地址：山东省青岛市市南区江西路29号乙
负责人：黄彬
Tel：0532－85837555

**枣庄市市中区君山道口羊肉汤馆**
业务：餐饮火锅
地址：山东省枣庄市市中区君山商城铁道口北侧
负责人：尹克虎 邮编：277000
法人：尹克虎
Tel：0632－7281976

**日照将帅毛竹园旅游开发有限公司**
地址：山东省日照市日照街道将帅毛竹园
负责人：杨林涛
Tel：0633－8253983

**济南金美特餐饮管理有限公司**
业务：集食品研究与技术开发、餐饮项目运营、餐饮咨询与策划服务为一体的综合性餐饮发展企业。专注于特色小吃加盟、技术研发推广、餐饮管理、项目培训、社会经济咨询，让您尽情领略餐饮新概念、新文化的魅力。
产品：金美特面馆、金美特无烟烧烤、金美特手抓饼、关东煮、金美特梅花糕等
地址：山东省济南市长清区峰山路交警大队南180米路东
负责人：王可常 邮编：250300
法人：王可常
Tel：0531－87213666
Fax：0531－87212299
网址：www.xiaochi66.com
E-mail：jinmeite@163.com

**日照海之旅旅行社有限公司**
地址：山东省日照正阳路15号
负责人：王军
Tel：0633－2221298

**枣庄市市中区福客家饭店**
业务：饭店
地址：山东省枣庄市市中区孟庄镇峨山口村
负责人：王立勇 邮编：277000
法人：王立勇
Tel：13153436889
0632－3823223

**泰安市泰山区新新东方酒家**
地址：山东省泰安市老泰莱路西首唐王街77号
负责人：孙兆亮
Tel：0538－8507608

**金乡县鸡黍镇顺香大酒店**
业务：餐饮，特色菜肴
地址：山东省济宁市金乡县鸡黍镇马集村(105国道东侧)
负责人：孟庆顺 邮编：272000
法人：孟凡涛
Tel：0537－8871986

**泰山锦绣谷旅游开发有限公司**
地址：山东省泰安市泰山区大津口乡翠枕村
负责人：徐军
Tel：13953809719

**枣庄市市中区馨茂源酒店**
业务：酒店
地址：山东省枣庄市市中区永安乡驻地
负责人：刘茂喜 邮编：277100
法人：刘茂喜
Tel：13906371536
0632－3277799

**威海雅惠餐饮有限公司**
地址：山东省威海市古陌路6号
负责人：邓晓彬
Tel：0631－5226021
13306301819

**微山县生态湖旅游开发有限公司**
业务：生态湖旅游开发
地址：山东省济宁市微山县韩庄镇八街村
负责人：陈健 邮编：272119
法人：陈健
Tel：13605375861
13905471879

**威海雅惠餐饮有限公司**
地址：山东省威海市古陌路6号
负责人：邓晓彬
Tel：0631－5226021
13306301819

**威海金桥旅行社有限公司**
地址：山东省威海市海滨北路112号
负责人：秦总
Tel：0631－5326768
13356316680

**山东凤鸣湖国际酒店有限公司**
业务：酒店、餐饮服务；会议接待；展览及商务服务；日用百货销售
地址：山东省枣庄新城黄山路
负责人：丁延栋 邮编：277800
法人：丁延栋
Tel：0632－5193333
Fax：0632－5193333
网址：www.santuogroup.com
E-mail：santuogroup@163.com

**矿泉宾馆洗浴中心**
地址：山东省威海市环翠区宝泉路8号
负责人：李树云
Tel：0631－5221638
13336319618

**兖州市璇哲商务宾馆**
业务：酒店住宿，提供早餐服务
地址：山东省济宁市兖州市龙桥南路309号
负责人：刘伟 邮编：272110
法人：刘伟
Tel：0537－3899777
Fax：0537－3899777

**威海市菊缘升宾馆有限公司**
地址：山东省威海市纪念路35－1号
负责人：李生
负责人：0631－5211258
13606491535

**东营区聚源楼海鲜自助火锅店**
业务：本店主营海鲜火锅，集健康、营养、美味于一体，我们将以独特的口味、一流的服务、全新的形象，让您在品尝后余味无穷，留恋往返。
产品：各种海鲜、羊肉、牛肉
地址：山东省东营市燕山路一品花园对过；二店：东营区北一路1076号(青岛路)
负责人：滕家红 邮编：257032
法人：滕家红
Tel：13589988987

**高泉艺术博物馆**
地址：山东省威海市孙家疃镇远遥村
负责人：高泉
Tel：0631－5129208
13361161618

**鱼台县中心副食城**
业务：餐饮
地址：山东省济宁市鱼台县清河镇清河村北首路东
负责人：刘遵路 邮编：272000
法人：刘遵路
Tel：0537－6015666

**威海高技术产业开发区西河北意和酒楼**
地址：山东省威海市田村办事处西河北
负责人：吕廷仁
Tel：0631－5254123
13013588696

**威海高技术产业开发区西河北意和酒楼**
地址：山东省威海市田村办事处西河北
负责人：吕廷仁
Tel：0631－5254123
13013588696

**钢城区志诚洗化部**
业务：销售洗化用品
地址：山东省莱芜市钢城区里市镇棋山大街莱钢商场化妆部
负责人：李国华 邮编：271100
法人：李国华
Tel：15006824321
15006822600

**威海市海林宾馆**
地址：山东省威海市统一路146号
负责人：杨明成
Tel：0631－5222543
5224931
13508912749

**梦金滩娱乐度假村有限公司**
地址：山东省威海市外运大厦905室
负责人：张景强
Tel：0631－5303276
13326303679

**占官园酒楼**
业务：餐饮、特色菜肴
地址：山东省莱芜市莱城区长勺北路粮油市场3号楼15号
负责人：赵廷连 邮编：271100
法人：赵廷连
Tel：0634－8886168
6175938

**梦金滩娱乐度假村有限公司**
地址：山东省威海市外运大厦905室
负责人：张景强
Tel：0631－5303276
13326303679

**广信旅行社有限公司**
地址：山东省威海市文化中路80－1号
负责人：于京君
Tel：0631－5898128
13806318844

**奥达宾馆洗浴城**
业务：提供客房、洗浴服务
地址：山东省聊城市在平县顺河街北首
负责人：刘吉华 邮编：252000
法人：刘吉华
Tel：0635－4289978
13563571318

**文城南星美容理发工具城**
地址：山东省威海文登市昆嵛路中段(商业宾馆一楼)
负责人：黄业产
Tel：0631－8477661
13326315661

**晖林美食城**
地址：山东省威海文登市龙山办七里水头村
负责人：王培林
Tel：0631－8088128
13906317233

**金凤凰小吃部**
业务：小吃小炒
地址：山东省聊城市东昌府区振兴西路(实验中学西100米路南)
负责人：张德文 邮编：252000
法人：张德文
Tel：0635－8999805

**心连心大酒店**
地址：山东省潍坊安丘市人民路西首路南
负责人：张兴财
Tel：0536－4252968
13356363618

**山东省高密市工艺美术厂**
地址：山东省潍坊高密市双羊路111号
负责人：李慧
Tel：0536－2856099，13791607957

**东昌府区天源商务宾馆**
业务：住宿
地址：山东省聊城市建设路阳光花园2号商业401号房
负责人：杨秋垒 邮编：252000
法人：杨秋垒
Tel：0635－2116577

**诸城市宏信理发美容用品有限公司**
地址：山东省潍坊山东省诸城市龙都街道大栗元村
负责人：娄兆华
Tel：0536－6180222
13964655212

**汇海大酒店有限责任公司**
地址：山东省潍坊山东省诸城市密州路19号
负责人：孙著森
Tel：0536－6361777
6563855
6563851

**阳谷县博济路老乡村农家院快餐**
业务：餐饮
地址：山东省聊城市阳谷县博济路
负责人：张永其 邮编：252000
法人：张永其
Tel：0635－2954886

**潍坊北海旅行社有限公司**
地址：山东省潍坊市北海路699号
负责人：李胜利
Tel：0536－8650588
13608952678

**临朐县黑虎山生态旅游有限公司**
地址：山东省潍坊市临朐县县城衡里路村西
负责人：刘佃升
Tel：0536－3736334
13573639989

**聊城市东昌府区阳谷天源羊肉馆**
业务：羊肉火锅、特色烧烤、家常小菜
地址：山东省聊城市振兴西路13号楼
负责人：赵学雷 邮编：252000
法人：赵学雷
Tel：13793050153
13963596177

**昌乐博森乐器有限公司**
地址：山东省潍坊市唐吾工业园
负责人：李文哲
Tel：0536－6615866
13361558922

**安尚秀化妆品有限公司**
地址：山东省潍坊市潍城区向阳大厦606室
负责人：刘丰
Tel：0536－8382161

13791898817

**天地跆拳道俱乐部**
业务：跆拳道培训和销售跆拳道服装及器材
地址：山东省临清市御临苑小区
负责人：李友波 邮编：252600
法人：李友波
Tel：13869522979
0635－2885799

**永新酒店设备有限公司**
地址：山东省潍坊市潍城区青年路19号
负责人：王永
Tel：0536－8560722
13605361191

**新泰电影院**
地址：山东省新泰市金斗路
负责人：王福龙
Tel：0538－7222670
13853819989

**临沂市穆锦宾馆用品有限公司**
业务：销售：床上用品，窗帘，洗涤用品，家居用品、宾馆配套用品，公司以品牌质优、价格合理、经营品种丰富和服务高效为宗旨，赢得客户经久的信赖！
地址：山东省临沂市兰山区解放路与临西二路交汇路北10米
负责人：李雪梅 邮编：276000
法人：李雪梅
Tel：18905393935
Fax：0539－2020901

**通天合宾馆**
地址：山东省烟台市莱阳市龙门西路(花城对面)
负责人：谢一华
Tel：0535－7233535
13791186785

**登州新蕾书画摄影部**
地址：山东省烟台市蓬莱市教委一楼
负责人：孙小龙
Tel：0535－5646905
13706452073

**郯城阳光酒店有限公司**
业务：洗浴，酒店，客房
地址：山东省临沂市郯城经济开发区阳光国际酒店
负责人：王宝玉 邮编：276000
法人：王宝玉
Tel：0539－6127333
Fax：0539－6127333
网址：http://www.51zzt.com/user/zzt33585

**烟台市万和大酒店有限公司**
地址：山东省烟台市环山路付8号
负责人：邵祯祥
Tel：0535－6893388

**烟台市牟平区夏盛大酒店**
地址：山东省烟台市经济开发区牟新路西九发街北
负责人：木光兴
Tel：0535－4262599

**沂南县铭香佳饮食服务有限公司**
业务：饮食服务
地址：山东省临沂市沂南县卧龙学校院内
负责人：刘春敏 邮编：276000
法人：刘春敏
Tel：13583960958
0539－3267373

**烟台开发区海亚餐饮管理有限公司**
地址：山东省烟台市开发区丹阳小区9－1－2号
负责人：张伟
Tel：0535－7128613

**海风宾馆**
地址：山东省烟台市开发区衡山路福莱商城203楼2002号房
负责人：舒桂玉
Tel：0535－6100018
7126189
13589835189

**青岛圣客林酒店管理有限公司**
业务：以客房为主，住宿，一般会议、培训的接待，提供餐饮服务、培训服务
地址：山东省青岛经济技术开发区长江中路519号
负责人：郝世来 邮编：266400
法人：郝世来
Tel：0532－68972666
0532－68972277

**青岛康美源餐饮服务有限公司**
业务：餐饮服务、餐饮信息交流、食堂托管
地址：山东省青岛市崂山区中韩镇午社区
负责人：任光寿 邮编：266102
法人：任光寿
Tel：0532－88897180
88966651
网址：www.0532kmy.com
E-mail：kmy@0532kmy.com

**龙口市海缘旅行社有限公司**

地址：山东省烟台市开发区振兴路 86 号
……负责人：张东亮
……Tel：13053529258

**烟台市铭凯餐饮管理有限公司**
地址：山东省烟台市三站市场（建设路付 17 号－1 号四楼）
……负责人：刘铭辉
……Tel：0535－6660555

**烟台市莱山区泰莱乐天大酒店有限公司**
地址：山东省烟台市盛泉工业园
……负责人：孙振义
……Tel：0535－6880326

**烟台水上人间娱乐有限公司**
地址：山东省烟台市芝罘区环山路 198 号
……负责人：蒋金达
……Tel：0535－6669888

**青岛嘉华琴行有限公司**
业务：各类乐器的销售及培训服务
地址：山东省青岛市市北区福州北路 133－13 号 1 层
……邮　编：266000
……Tel：0532－85677786
85699987

**菊菊餐饮有限公司**
地址：山东省烟台市芝罘区解放路 162 号 1 楼
……负责人：王学平
……Tel：0535－6634233
13305358105

**森成实业（枣庄）有限公司**
地址：山东省枣庄市市中区文化西路 68 号
……负责人：李成哲
……Tel：0632－3289988
13386371777

**日照市东港区怡然居大酒店**
业务：酒店
地址：山东省日照市东港区涛雒镇涛雒七村 61 号
……负责人：郑涛　　邮　编：276800
……法　人：郑涛
……Tel：0633－8651162
13066051162

**嘉年华餐饮娱乐有限公司**
地址：山东省枣庄市市中区兴华路 4 号
……负责人：张轮
……Tel：0632－3687777
13563210888

**淄博国润氡泉山庄有限公司**
地址：山东省淄博市博山区南博山镇张家台村
……负责人：阎象吉
……Tel：0533－2187112

**五莲县瑞福饭店**
业务：红烧羊排、九仙全羊、各种野生山菇、山鸡等等。
地址：山东省日照市五莲县松柏乡驻地
……负责人：王瑞福　　邮　编：276800
……Tel：0633－5511395

**淄博市赛犬协会**
地址：山东省淄博市张店区东四路 67 号
……负责人：孟庆远
……Tel：0533－2116177

**淄博张店兴业付家全驴宴**
地址：山东省淄博市张店区付家镇付家村
……负责人：付道武
……Tel：0533－2900888
13705330898

**梦都美奇佗产品专销处**
业务：美奇佗功能性化妆品
地址：山东省乳山市市区建设街西段东风华关小区 1－4 号
……负责人：于文祥　　邮　编：264500
……法　人：于文祥
……Tel：0631－6639598
6189222

**艺术研究院**
地址：山东省淄博市张店区柳泉路 64 号二楼
……负责人：孟繁水
……Tel：0533－2286967

**山东铝业公司山铝宾馆**
地址：山东省淄博市张店区南定花园路 10 号
……负责人：张慧
……Tel：0533－2945523

**乳山众诚旅行社有限公司**
业务：旅游
地址：山东省乳山市银滩颐和花园 35－16 号
……负责人：孙建强　　邮　编：264500
……法　人：孙建强
……Tel：13696315718
0631－6775718
……Fax：0631－6775719

**淄博金梦园海鲜大酒楼有限公司**
地址：山东省淄博市张店区新村西路 186 号
……负责人：付勇
……Tel：13805336936

**月芽楼茶庄**
业务：茶叶、饮茶
地址：山东省泰安市东平县城稻香街
……负责人：刘鲁伟　　邮　编：271000
……法　人：刘鲁伟
……Tel：13734427111
15066712000

**潍坊市桑氏餐饮管理有限公司**
业务：餐饮
地址：山东省寿光市文家街道桑家营子村东北角
……负责人：桑硕德　　邮　编：261041
……法　人：桑硕德
……Tel：13953685538
0536－5283786

**美得艺壁画经营部**
地址：山东省淄博市淄川区建材城月庄市场一街南头
……负责人：田秀红
……Tel：13082707346

## 昌乐清林餐饮有限公司

昌乐清林餐饮有限公司成立于2003年，主要从事餐饮、客房服务。公司秉承“诚信、廉洁、服务”的企业文化理念，树立创新的企业精神，拥有高素质的管理团队、竞争实力和赢利能力，在餐饮业激烈的市场竞争中，取得了不凡的成绩。

联系人：田清林
电话：0536-6270008、6276888、13906360811
地址：山东省潍坊市昌乐县城昌盛街西首路南　　邮编：262400

## 长岛县兴世酒店

本公司成立于2008年，主要是餐饮、住宿服务。酒店内设施齐全，服务周到，是您理想的选择。

联系人：白世波
电话：0535-3211371　3111777　3215747
地址：山东省烟台市长岛县府街12号（公路局接待处）
邮编：265800

## 德州市金信酒家有限公司

我公司自成立来，以家常菜、开口水饺为主的餐饮公司。

公司秉承“诚信、创新、持续改进的经营理念和“全心全意为客户服务”的宗旨。热忱欢迎新老客户光临惠顾！

联系人：张志刚
电话：0534-2627935　2185689
邮编：253000
地址：山东省德州市德城区解放中大道31号

## 半岛港湾商务宾馆有限公司

半岛港湾商务宾馆有限公司从事2008年，从事餐饮、住宿、娱乐等服务，欢迎新老朋友光临、惠顾！

联系人：刘伯党
电话：0532-81726888　80860218
地址：山东省青岛市市南区漳州二路宝门公寓半岛投资
邮编：266200

## 迪迪汉堡一店、二店

本公司成立于2004年，2店在2006年成立，主要经营各类汉堡，饮品等西式快餐服务。

我们将竭诚为您服务，欢迎您的光临。

联系人：曲利强
15106383333
电话：0535-2912016
地址：山东省烟台市牟平区文兴路597号　　邮编：264100
二店：宁海大街635号汇龙湾购物广场一楼

## 苍山县周末心情度假村

苍山县周末心情度假村成立于2007年，主要经营住宿、餐饮、休闲娱乐、运动。苍山县周末心情度假村秉承"顾客至上，锐意进取"的经营理念，坚持"客户第一"的原则为广大客户提供优质的服务。欢迎惠顾！

联系人：刘新
电话：0539-5480111　13563917888　　邮编：277712
地址：山东省临沂市苍山县尚岩镇白水牛石前村

## 费县大田庄紫藤山庄美食园

本公司成立于2007年，主要经营餐饮、客房。

服务宗旨：顾客第一，奉公守法，饭真菜实，经济实惠，微利长远，欢迎您的惠顾。

邮编：276000
联系人：张宝华
电话：0539-5829129　5829888
地址：山东省临沂市费县大田庄乡周家庄村

## 高泉艺术博物馆

高泉艺术博物馆成立于2000年，依山傍海，乃画家一己之力所，本馆分为绘画厅和文物厅，绘画厅陈列的是除各大博物馆和国内外收藏家收藏及被盗丢失的作品。博物馆的文物厅，藏品涉猎范围广泛，从地球生物化石，到纪录人类社会发展的石器、陶器、青铜器、铁器、漆器、兵器及各时期的民俗器具等，有很高的文化艺术价值。从这里人们可以看到，威海不仅仅是一个美丽的城市，还是一个有着深厚文化底蕴的城市。正如高泉先生的建馆理念——传世文化说。高泉艺术博物馆正在为威海这座城市注入越来越深刻的文化内涵。

联系人：高泉
电话：0631-5129281　传真：0631-5128338
地址：山东省威海远遥128号　邮编：264201

## 琪彩美容美体连锁机构

本公司成立于2005年，集美容、美体塑形等多种项目为一体的专业美容机构，主要有化妆品销售，包括御肤兰妮系列化妆品、邦定美肤霜系列化妆品等。我们的服务宗旨：顾客的满意我们的工作理念。

联系人：高朝阳　网址：www.sdyufulanni.cn
电话：13563357173、0546-8095138　传真：0546-8095138
地址：山东省东营市东城安泰北区42#-1-102　邮编：257091

## 河口区仙河镇华东美食苑

河口区仙河镇华东美食苑自成立以来，本美食苑主要经营餐饮服务。山东人将继承创新，为求发展而不断努力；为山东的餐饮增光添色。热忱欢迎新老客户惠顾！

联系人：张海涛
电话：0546-3985116　邮编：257200
地址：山东省河口区仙河镇桩西作业大队对面

## 乾源工艺品有限公司

乾源工艺品有限公司成立于2004年。主要从事宠物用品的生产与销售。欢迎各大厂商前来考察，我们将真诚与您合作。

联系人：张荣良
13905398034
电话：0539-6769188
传真：0539-6769038
邮编：276112
地址：山东省临沂市郯城县沙墩镇株柏开发区

## 临沂市兰山区李开谦地锅鸡店

临沂市兰山区李开谦地锅鸡店成立于2006年，本店位于临沂市兰山区义堂镇堰西村村西，本店主要经营餐饮服务，有地锅鸡。临沂人将继续坚持"质量第一，诚信为本"的基本原则，竭诚欢迎新老用户前来考察，洽谈业务。

联系人：李开谦　电话：13605390924　0539-8432355
地址：山东省临沂市兰山区义堂镇堰西村村西　邮编：276000

## 日照百信保健养生健康会所

日照百信保健养生健康会所自成立以来，专业从事竹纤维家纺织品、保健食品、洗涤化妆用品、健康养生资讯。日照百信保健养生健康会所本着"客户第一，诚信至上"的原则。热忱欢迎新老客户惠顾！

联系人：李培信
电话：13963316758　邮编：276800
地址：山东省日照市兴海路123号

## 马兰屯镇后枣庄杨树林饭庄

本公司成立于2006年，主要经营餐饮，垂钓，棋牌。我们一直遵循'顾客至上、服务第一'的宗旨，以优质服务赢得了顾客的满意。

联系人：邵泽瑞
电话：13563280589、15906323006
地址：山东省枣庄市马兰屯镇后枣庄村　邮编：277000

## 泰安市泰山区贵盛宾馆

泰安市泰山区贵盛宾馆成立于2008年，泰安市泰山区贵盛宾馆位于泰安市泰山大街。泰安市泰山区贵盛宾馆主要经营住宿。我们热忱为广大客户提供最好的服务，最舒心的环境。欢迎光临！

联系人：牛世貴
电话：0538-8490378
地址：山东省泰安市泰山大街东首鲁中商城
邮编：271000

## 平邑县荣腾阁大酒店

平邑县荣腾阁大酒店创建于2005年，荣腾阁大酒店主要经营餐饮、宾馆。

酒店装饰豪华，设施一流，特聘请了特级厨师，所有服务员经过星级管理培训，是您接待、聚会、举行婚宴的首选。酒店全体员工热忱欢迎您的光临！

联系人：吴国磊 13686397799
电话：0539-4291789
地址：山东省临沂市平邑县兴水社区对过　邮编：223001

## 泰安市泰山区缘之秀美容馆

泰安市泰山区缘之秀美容馆创建于2008年8月，本馆专业从事女性美容，护肤，护理服务等。缘之秀美容馆是一种全新的、自然的女性充电站，倡导女性健康美的新概念，全方位打造女性的整体形象，铸就女性的完美一生。缘之秀美容馆已经成为女性减压和美化心情的重要生活相关场所，带给女性以整体的美容生活新体验！劳累之余流连缘之秀美容馆，如梦如幻、全神放松，静静的品位那芬芳、神奇的自然气息，让思绪在轻柔的流水中漂向远方，肌肤向玫瑰花瓣柔滑细腻，那属于传说中的美丽，终于不再遥不可及。

联系人：王桂花
电话：0538-6992028　15853879380
地址：山东省泰安市泰山区长城路明珠商务大厦对面（山东省泰安市泰山区南关大街火神庙斜对过）　邮编：271000

## 河南省/Henan Province

**安阳风情旅行社有限责任公司**
地址：河南省安阳市龙安区文明大道中段龙腾宾馆一楼
……负责人：钱军胜
……Tel：0372－3918899

**新郑市龙湖镇乔记饺子城**
业务：经营特色饺子
地址：河南省新郑市龙湖镇中山路龙湖广场斜对角
……负责人：乔永森　邮　编：451191
……法　人：乔永森
……Tel：13603997796
15890155169

**安阳市邺风琴行有限责任公司**
地址：河南省安阳市文峰区东风路中段
……负责人：周宝全
……Tel：0372－2990225

**麦享克汉堡店**
业务：经营中西快餐的开发生产和销售，主营汉堡、薯条、脆皮炸鸡、公司培训汉堡从业人员，开发国内汉堡加盟店以及加盟店的门面装潢设计和设备采购及原料上的配送，麦享克餐饮连锁企业。
地址：河南省郑州市高新区瑞达路中段
……负责人：田长江　邮　编：450001
……法　人：田长江
……Tel：0371－61320338
0371－68105821
13653811677

**安阳市永昌旅行社有限责任公司**
地址：河南省安阳市殷都区文峰大道西段（人寿培训中心14楼）
……负责人：杜志宏
……Tel：0372－3912688

**鹤壁迎宾娱乐有限公司**
地址：河南省鹤壁市淇滨区鹤煤大道中段
……负责人：杨金明
……Tel：0392－3371156

**赫博斯国际大酒店**
业务：一楼设有中西餐厅、卡拉OK包间、咖啡厅、酒吧等，厨师力量雄厚，技术高超，可品尝名师主理的正宗粤菜、川菜、豫莱，并可预订各类规格的宴席；二楼康乐中心设有美容美发厅、健身房、桑拿浴、医疗保健按摩房、歌舞厅、KTV包间、台球室、棋牌室等多种健身娱乐设施，并配备了全自动麻将桌5台，是集健身娱乐、餐饮购物、各类会议、社会活动及住宿为一体的理想场所，是各界人士休闲娱乐、商务洽谈的理想下榻之处
地址：河南省林州市太行路49号
……负责人：付清燕……邮　编：456550
……法　人：付清燕
……Tel：0372－6816889

**修武县聚龙旅行社有限公司**
地址：河南省焦作市修武县环城北路中段
……负责人：张爱菊
……Tel：0391－7198100

**河南省郑州市管城区华尔街咖啡厅**
业务：中西餐
地址：河南省郑州市管城区金成国贸1楼60号
……负责人：孙佩佩　邮　编：450000
……法　人：孙佩佩
……Tel：0371－66283366

**修武县缘之旅旅行社有限公司**
地址：河南省焦作市修武县环城东路南段新华宾馆斜对面
……负责人：张庆国
……Tel：0391－7110666

**栾川县青云寺休闲度假山庄**
地址：河南省洛阳市栾川县城兴华西路
……负责人：张建国
……Tel：0379－66831948

**河南西泰山长寿星疗养院**
地址：河南省洛阳市汝阳县付店镇后坪村
……负责人：李洪恩
……Tel：0379－68281097

**内乡县博鑫源水利水电建设旅游开发有限公司**
地址：河南省南阳市内乡县县衙街2号
……负责人：吴凤鸣
……Tel：13663774977

**郑州市金水区福德开煲酒店**
业务：餐饮
地址：河南省郑州市金水区红专路辅仁大厦东侧一层
……负责人：李江　邮　编：450000
……法　人：李江
……Tel：0371－60906777

**南阳市卧龙区桂梅饮料厂**
地址：河南省南阳市卧龙区青华镇民金营
……负责人：李桂三
……Tel：13700770469

**平顶山市信号旗户外运动用品有限公司**
地址：河南省平顶山市新华区建设路中段104号
……负责人：刘建伟
……Tel：0375－2919136

**濮阳市福聚德餐饮有限公司**
地址：河南省濮阳市建设路西段
……负责人：马建中
……Tel：0393－6661558

**河南省郑州市金水区许氏美容院**
业务：集美容、汗蒸、针灸、埋线减肥、足疗、SPA于一体的高档会所，我们将以精湛的技术、良好的服务、优雅舒适的环境，欢迎您的光临惠顾
地址：河南省郑州市金水区文化路76号院2号楼4单元43号
……负责人：许女士　邮　编：450000
……法　人：许先生
……Tel：0371－63522966
13253350917

**伊川县九皋山庄开发有限公司**
业务：洛阳市九皋山庄位于伊川县酒后乡路庙村，主要以观光旅游、休闲度假及林果业开发和特种养殖为一体的综合性企业。公司本着"以诚信经营、服务大众为已任"的服务宗旨，热忱欢迎您的到来！
地址：河南省洛阳市伊川县酒后乡路庙村
……负责人：路玉保……邮　编：471300
……法　人：路玉保
……Tel：0379－68491116
68492225
……Mobile：13838441116
……Fax：0379－68491783
……网址：www.9gaoshan.com
……E-mail：www.9gaoshan@163.com

**濮阳市渠村鱼汤餐饮有限公司**
地址：河南省濮阳市建设路中段（张海娱乐厅楼下）
……负责人：王仁随
……Tel：0393－4437825

**濮阳市中路文体娱乐器材有限公司**
地址：河南省濮阳市金堤路北段巴黎街26号
……负责人：苏清霞
……Tel：0393－4695199
13939359055

**濮阳市宋都饺子楼有限公司**
地址：河南省濮阳市昆吾路中段路西
……负责人：王珂
……Tel：0393－4422786

**濮阳市风光旅行社有限公司**
地址：河南省濮阳市人民路48号
……负责人：宋忠胜
……Tel：0393－4435589

**濮阳市贯虹面业有限公司**
地址：河南省濮阳市胜利西路西段（天坤皮革厂）
……负责人：李志飞
……Tel：0393－8951779

**濮阳市白罡阳餐饮服务有限公司**
地址：河南省濮阳市胜利西路综合楼北门西50米
……负责人：范欧平
……Tel：0393－4436122

**郑州市二七区火车站广场德克士餐厅**
业务：德克士餐厅
地址：河南省郑州市郑州火车站南出口站北侧一楼
……负责人：赵秋生　邮　编：450000
……法　人：赵秋生
……Tel：13803719991
0371－69326132

**驻马店铜山香港纽菲尔旅游有限公司**
业务：驻马店铜山香港纽菲尔旅游有限公司成立于2002年，主要以景区旅游为主，有国家级铜山湖森林公园、旅游直升飞机场等景点。热诚欢迎全国各地游客来铜山湖风景区观光旅游，乘坐我们的直升飞机。
地址：河南省驻马店市泌阳县铜山湖风景区
……邮　编：463100
……法　人：王保国
……Tel：0396－7676008
……Fax：0396－7676008

**卢氏县龙祥旅游开发有限公司**
地址：河南省三门峡市卢氏县狮子坪乡柳村湾村新四街
……负责人：岳卫国
……Tel：0398－7400107

**三门峡仰韶旅行社有限公司**
地址：河南省三门峡市渑池县仰韶大街中段
……负责人：平艳艳
……Tel：0398－4812360

**伊川县汇丰大酒店**
业务：伊川县汇丰大酒店是当地集餐饮、住宿、洗浴、休闲娱乐于一体的服务宾馆。酒店装饰典雅，设施齐全，管理规范，设备先进，价位合理，诚信待客，环境温馨、品位时尚，欢迎惠顾！
地址：河南省洛阳市伊川县豫岗大道西段
……负责人：郭新粉……邮　编：471300
……法　人：郭新粉
……Tel：0379－68336333
68368799
……Fax：0379－68368796

**三门峡市阿里山寨米面食府**
地址：河南省三门峡市文明路与六峰路交叉口
……负责人：丁小莹
……Tel：0398－2931191

**三门峡市出水芙蓉女子美容美体中心**
地址：河南省三门峡市永兴街中段
……负责人：赵霁
……Tel：0398－2593777

**河南黄河旅游开发有限公司**
业务：河南黄河旅游开发有限公司成立于2002年，从事对河南黄河旅游资源开发建设；旅游游乐场所开发建设；园艺建设的投资与管理；旅游产品的开发、生产、销售；花卉苗木销售、咨询服务等。欢迎广大客商考察、指导、洽谈业务。
地址：河南省郑州市金水区金水路12号
……邮　编：450003
……法　人：林彦春
……Tel：0371－66402418
……Fax：0371－66402419

**新乡市全诚餐饮有限公司**
地址：河南省新乡市红旗区人民路158号富达花园11号、12号
……负责人：王思民
……Tel：0373－3033366

**新乡市坤丰食品有限公司**
地址：河南省新乡市辉县市辉薄路东段路北
……负责人：李光华
……Tel：0373－6233885

**新乡市蓝天高空艺术团**
业务：业务：大型高空花样走钢丝艺术、武术、杂技、民族民间舞蹈、特技飞车及其它综合性节目表演。另可为公园景区及各种大型节庆活动策划提供各种相应的艺术活动项目。产品：火箭模型及航天科普器材研制生产，极限项目研制改造（速降、蹦极、攀岩等）。
地址：河南省新乡市凤泉区区府路文物局办公楼
……负责人：秦新平……邮　编：453800
……法　人：秦新平
……Tel：0373－4584845
……Fax：0373－5960528
……网址：www.mtw50134.chinapyp.com
……E-mail：kejiaoxingguo@tom.com

**郑州市中原区兰花草足浴服务部**
业务：足浴
地址：河南省郑州市中原区西站路东段路南6号
……负责人：沙凯　邮　编：450000
……法　人：沙凯
……Tel：0371－67521717

**高空飞车艺术团**
地址：河南省新乡市获嘉县亢村镇王官营村
……负责人：姬同德
……Tel：0373－4593504
13803736148

**襄城文化旅行社有限责任公司**
地址：河南省许昌市襄城县文化广场西侧
……负责人：王瑞红
……Tel：0374－3599966

**商丘市黄焱餐饮服务有限公司八一路分公司**
业务：本公司成立于2001年，主要从事中式餐饮。公司秉诚"诚信为本、客户至上"的经营理念，竭诚欢迎新老客户光临惠顾！
地址：河南省商丘市梁园区八一路中段黄森脊骨
……负责人：黄森……邮　编：476000
……法　人：黄森
……Tel：0370－2585199
……Fax：0370－2585199

**河南丽群化妆品有限公司**

地址：河南省郑州市二七区航海路93号北楼4号
…………负责人：刘亚群
…………Tel：0371—66776184

**河南春意餐饮有限公司**
地址：河南省郑州市金水区经三路79号
…………负责人：段俊杰
…………Tel：0371—65710059

## 三门峡黄河明珠旅游开发有限责任公司
业务：三门峡大坝风景区属国家AAA级旅游区。三门峡大坝诞生于1957年，是建国后我国在黄河上兴建的第一座大型水利枢纽工程，被誉为"万里黄河第一坝"，工程发挥了防洪，防凌，灌溉，供水，发电等方面的显著作用和综合效益。来到三门峡大坝风景区，您可饱览"不尽黄河滚滚来"的雄伟气势！
地址：河南省三门峡市大坝风景区
…………负责人：杨曙光……邮　编：472000
…………法　人：杨曙光
…………Tel：0398—2992070

**郑州大华餐饮有限公司**
地址：河南省郑州市金水区市民新村北街5号
…………负责人：薛社龙
…………Tel：0371—66280328

## 南阳市温州湾酒店有限公司
业务：南阳市温州湾酒店有限公司成立于2005年，从事餐饮、住宿服务。"诚迎天下客，广交八方友"，酒店全体员工将以安全周到、优质服务、准确高效的标准竭诚为您提供服务，诚迎您的光临和下榻。
地址：河南省南阳市卧龙区工业路124号
…………邮　编：473000
…………法　人：郑明坤
…………Tel：0377—66098055
…………Fax：0377—66089899

## 汝州旅行社有限公司
业务：汝州旅行社成立于1992年，是汝州市成立最早的旅游机构，以组团为主，拥有旅游本科毕业、长期从事旅游行业、经验丰富的管理人员和旅游专业毕业、责任心强的优秀导游人员，是我市持证导游最多的旅行社，可为游客提供"吃、住、行、游、购、娱"等一条龙服务。
地址：河南省平顶山市汝州市广成东路8号信用联社楼下
…………负责人：宋运增……邮　编：467500
…………法　人：宋运增
…………Tel：0375—3325018
…………Fax：0375—6884357
…………网址：www.harzlx.ccoo.cn

**河南嵩阳旅行社有限公司**
地址：河南省郑州市中原区嵩山北路28号
…………负责人：祝建禄
…………Tel：0371—67975230

## 鲁山县东方宾馆
业务：鲁山县东方宾馆成立于1999年，从事餐饮、住宿、洗浴、娱乐等服务。竭诚欢迎海内外各界人士光临
地址：河南省平顶山市鲁山县鲁阳镇沙河路东关转盘200米路西交警队斜对面
…………邮　编：467300
…………法　人：许长明
…………Tel：0375—5053457
…………Mobile：13937514581

**驻马店市唐阁大酒店有限公司**
地址：河南省驻马店地区文明路北段
…………负责人：方志成
…………Tel：0396—3655888

# 湖北省/Hubei Province

**恩施实华宾馆有限责任公司**
地址：湖北省恩施土家族苗族自治州恩施市凤凰大道23号
…………负责人：周金龙
…………Tel：13971879789

## 鄂州市佳佳基餐厅
业务：鄂州市佳佳基餐厅成立于2002年，从事连锁餐厅经营，物美价廉，欢迎您的光临！
地址：湖北省鄂州市武昌大道229号
…………负责人：高志……邮　编：436000
…………法　人：高志
…………Tel：0711—3255877

**黄冈市海华旅行社有限公司**
地址：湖北省黄冈市八一路28号宝塔大酒店4楼
…………负责人：何国桦
…………Tel：0713—8360370
8666660
13907258091

**黄冈市刘嫂餐饮有限公司**
地址：湖北省黄冈市八一路新村(金色年华旁)
…………负责人：刘清
…………Tel：13508659011

**江南宾馆**
地址：湖北省荆州市公安县中心部
…………负责人：甘辉武
…………Tel：0716—5239524
13807214344

## 利川市阿富饮食服务有限公司
业务：利川市阿富饮食服务有限公司成立于1999年，从事餐饮服务及餐饮管理，欢迎新老客户来电洽谈业务！
地址：湖北省恩施土家族苗族自治州利川市清江大道249号
…………负责人：向莨辅……邮　编：445400
…………法　人：向莨辅
…………Tel：0718—7260420

**荆州市范家渊生态园经营管理有限公司**
地址：湖北省荆州市江津东路范家渊
…………负责人：何于坤
…………Tel：13972151539

**荆州凯利花园酒店有限公司**
地址：湖北省荆州市沙市区长港路(蛇人山公园旁)
…………负责人：迈克刘
…………Tel：13908618898

**荆州市嘉荟化妆品有限责任公司**
地址：湖北省荆州市沙市区江汉路60号1栋
…………负责人：刘天玲
…………Tel：13997629009

**房县听雨山庄**
地址：湖北省十堰市房县桥上乡杜川村野人洞风景区
…………负责人：唐维先
…………Tel：0719—3611202
13907289508

## 广水市蓝箭大酒店有限责任公司
业务：提供住宿、餐饮、公司坚持以诚为本、以诚为信的宗旨为广大客户服务。
地址：湖北省广水市应山三里河
…………负责人：雷晓燕……邮　编：432700
…………Tel：0722—6266618

**十堰市良友篮球俱乐部**
地址：湖北省十堰市张湾区车城南路16号
…………负责人：梁新贵
…………Tel：13593723107

**十堰神农氏户外运动有限公司张湾分店**
地址：湖北省十堰市张湾区公园路39号
…………负责人：舒淼
…………Tel：13907285950

**随州市金色假日旅行社有限公司**
地址：湖北省随州市沿河大道168号
…………负责人：刘华利
…………Tel：13308662058

**武汉西威体育休闲有限公司**
地址：湖北省武汉市东湖开发区关东科技工业园1号地
…………负责人：毛团结
…………Tel：13971173579

**武汉市花木公司柏泉古井度假村**
地址：湖北省武汉市东西湖区柏泉农场红星大队月塘角
…………负责人：方新阶
…………Tel：027—83237218

## 京山天安宾馆有限公司
业务：京山天安宾馆有限公司成立于2006年，经营餐饮住宿、足疗、洗浴、商务，欢迎新老客户来电订购。
地址：湖北省荆门市京山县新市镇交通路38号
…………负责人：彭福华……邮　编：431800
…………法　人：杨兵
…………Tel：0724—7239688
…………Fax：0724—7226118

**水云间美食城**
地址：湖北省武汉市东西湖区将军路47号
…………负责人：王琴
…………Tel：027—83941917
13808661120
13886148198

**武汉金山农庄有限责任公司**
地址：湖北省武汉市东西湖区径河街道办事处18号
…………负责人：李琳
…………Tel：13507164803

**武汉市鑫宇酒店管理有限公司**
地址：湖北省武汉市汉南区纱帽街南郊宾馆
…………负责人：王忠华
…………Tel：027—84852060

**武汉合你意餐饮管理有限公司**
地址：湖北省武汉市汉阳区玫瑰园路特1号
…………负责人：彭安春
…………Tel：13971538898

## 荆州市荆州区大都会酒轩
业务：荆州市荆州区大都会酒轩主要从事餐饮服务、欢迎新老客户光临惠顾！
地址：湖北省荆州市荆州区南湖路1号石油学院前行200米红楼大都会酒轩
…………负责人：潘桂花……邮　编：434000
…………Tel：0716—8989397
8487088

**武汉市潮舟酒店管理有限公司**
地址：湖北省武汉市汉阳区玫瑰园西路特1号
…………负责人：杨炎虎
…………Tel：027—85424201

**武汉馥淼美容咨询服务部**
地址：湖北省武汉市洪山区SBI创业街1幢404号
…………负责人：张文
…………Tel：13871537739

**武汉美华餐饮服务有限公司**
地址：湖北省武汉市洪山区关山三路68号(华中科技大学文华学院内)
…………负责人：吴文刚
…………Tel：027—87539799

**武汉标榜发型美容管理咨询有限公司珞瑜路分店**
地址：湖北省武汉市洪山区珞瑜路312号
…………负责人：章涛
…………Tel：027—82704327

**百胜餐饮(武汉)有限公司广埠屯店**
地址：湖北省武汉市洪山区珞喻路312号武商量贩珞瑜店
…………负责人：杨大勇
…………Tel：027—85448817

## 天门市皂市文化馆
业务：天门市皂市文化馆成立于2000年，主要从事旅游开发。"信誉第一，客户至上"，热诚欢迎各界朋友光顾。
地址：湖北省天门市皂市镇白龙寺西路
…………邮　编：431703
…………法　人：罗文华
…………Tel：0728—4811595

**武汉风云酒店管理有限公司**
地址：湖北省武汉市洪山区泰格生态公寓1栋1楼
…………负责人：朱慧斌
…………Tel：027—87387177

**武汉市合和大唐沐足洗浴有限公司**
地址：湖北省武汉市洪山区雄楚大街191号
…………负责人：张光强
…………Tel：13971114517

**武汉市达福瑞酒业有限责任公司**
地址：湖北省武汉市江岸区建设大道959号4楼C2号
…………负责人：刘福安
…………Tel：027—82618531

**武汉市土色土香土菜饮食有限公司**
地址：湖北省武汉市江岸区解放大道2058号
…………负责人：段文漫
…………Tel：027—82304532

**武汉兰桂坊娱乐有限公司**
地址：湖北省武汉市江岸区武汉港客运码头(沿江大道)
…………负责人：徐彪
…………Tel：027—82723317

## 金茂宾馆
业务：金茂宾馆是按三星级标准设计建造的新型的经济型宾馆，拥有可泊各种型号车辆的停车场。宾馆座落于武汉市汉口最繁华的解放大道与新华路的交汇处，东靠江汉路步行街，西邻全国著名的国际会展中心、武汉广场、世贸中心，正对新华路汉口长途汽车客运站，邻中山公园、新华路体育场、协和医院，处于汉口购物、休闲的核心地带。
地址：湖北省武汉市江汉区解放大道784号
…………邮　编：430020
…………法　人：胡正萍
…………Tel：027—68851208
…………Mobile：13098836810
…………Fax：027—85838801
…………网址：www.whjm.chinapyp.com

**武汉市新天地旅行社有限责任公司**
地址：湖北省武汉市江岸区新丽大厦3层A1室
…………负责人：郭静
…………Tel：027—82855855

**武汉市国民半条鱼饮食有限责任公司**
地址：湖北省武汉市江岸区中山大道1127号
…………负责人：王国兰
…………Tel：027—82720443

**武汉恒峰餐饮管理有限公司**
地址：湖北省武汉市江汉区常青三路66号
…………负责人：聂天宝
…………Tel：027—82634543

**武汉川江号子餐饮发展有限公司**
地址：湖北省武汉市江汉区发展大道207号
…………负责人：褚健
…………Tel：027—62226644

**武汉银湖酒店管理有限公司新华家园三五酒店**
地址：湖北省武汉市江汉区姑嫂树路9号(新华家园三楼)
…………负责人：周友林
…………Tel：027—65665517

**武汉谢先生娱乐发展有限公司金融分店**
地址：湖北省武汉市江汉区建设大道548号
…………负责人：詹倩
…………Tel：027—85427197

**武汉市首选美容美发有限公司**
地址：湖北省武汉市江汉区香港路 396 号
…… 负责人：王银明
…… Tel：027－59208448

**武汉神采飞扬娱乐发展有限公司**
业务：武汉神采飞扬娱乐发展有限公司在武汉开设高档电玩游乐中心，采用统一的装修，引进国外最新的游艺设备，向武汉市民提供高尚的休闲娱乐服务。服务范围有：音乐机区、赛车机区、枪机区、礼品彩票机区和高档街机区。神采飞扬将逐步吸纳国内外多种健康有益的娱乐元素，形成更具特色的游乐中心，引导市民时尚的消费潮流。
地址：湖北省武汉市江汉区民生路万达商业广场 B 座一楼
…… 邮　编：430014
…… 法　人：韦军
…… Tel：027－82791006
…… Fax：027－82791006

**武汉市超迪化妆品有限公司**
地址：湖北省武汉市江汉区新华路 314 号
…… 负责人：胡俊红
…… Tel：027－85734851

**武汉市江汉区新永安招待所**
地址：湖北省武汉市江汉区中山大道 401 号
…… 负责人：罗开志
…… Tel：027－85832658

**武汉中天商旅资讯有限责任公司**
地址：湖北省武汉市乔口区解放大道 1037 号
…… 负责人：詹俊
…… Tel：027－83602564

**武汉超人旅游用品有限公司**
地址：湖北省武汉市乔口区营房北村 3 栋 3－1－2 号
…… 负责人：彭绍斌
…… Tel：027－83614925

**武汉市硚口区逸仙居招待所**
地址：湖北省武汉市乔口区永庆二巷 1 号 1－2 层
…… 负责人：何少兵
…… Tel：027－85650187

**武汉上岛两岸饮食有限公司**
地址：湖北省武汉市桥口区崇仁路 93－1 号
…… 负责人：马波
…… Tel：027－83776626

**武汉市云龙酒店管理有限责任公司**
地址：湖北省武汉市青山区和平大道三弓路口
…… 负责人：余瑞云
…… Tel：027－86568966

**武汉市雨芝林娱乐有限公司洗浴中心**
地址：湖北省武汉市青山区红钢城建七路 6 号
…… 负责人：代明
…… Tel：027－86852860

**武汉市鸿福餐饮有限公司**
地址：湖北省武汉市武昌区洪山体育馆路 2 号
…… 负责人：李学斌
…… Tel：027－87320636

**武汉威龙美容美发用品有限公司**
业务：武汉威龙美容美发用品有限公司成立于 1996 年，主要从事美容美发用品的销售。我们本着："诚信经营，质量第一"的经营理念，产品品种繁多，质量可靠，热诚欢迎您的光临、惠顾！
地址：湖北省武汉市江汉区青年路 155 号长源大厦 7 楼 A 座 701 室
…… 负责人：宋军胜……邮　编：430030
…… Tel：027－83648410
…… Fax：027－83632520

**武汉故宫酒业销售有限公司**
地址：湖北省武汉市武昌区湖北省武汉市武昌中北路 148 号（天源城小区天仙阁 A 座 2 单元 701 号）
…… 负责人：张慧灵
…… Tel：027－87261979

**武汉乐百味饮食文化传播有限公司**
地址：湖北省武汉市武昌区梅苑小区 112 栋 7 层 3 室
…… 负责人：康厚望
…… 负责人：027－87830672

**武汉市新建力按摩休闲有限公司**
地址：湖北省武汉市武昌区民主路 718 号
…… 负责人：谢青山
…… Tel：027－87307307

**湖北中旅商务国际旅行社有限责任公司**
地址：湖北省武汉市武昌区体育馆路 1 号
…… 负责人：陈育才
…… Tel：027－87320095

**湖北守敬书院文化旅游有限公司**
地址：湖北省武汉市武昌区武珞路 543－2 号
…… 负责人：陈诺
…… Tel：027－87861026

**武汉市三杯两盏酒店**
地址：湖北省武汉市武昌区中北路 103－50 号
…… 负责人：徐娜蓉
…… Tel：027－87824330

## 鄂州盛昌大酒店有限公司

本酒店主要从事于餐饮、住宿，环境、格调幽雅，星级服务、尊贵享受，让顾客忘却一天疲劳，宾至如归的感觉油然而生。

联系人：杨先兵
电话：0714-6323788　6323799
地址：湖北省鄂州市花湖镇黄石迎宾大道　邮编：436000

## 湖北爱樂樂團

湖北爱乐乐团是武汉地区高等院校爱好音乐的教师和部分专业音乐工作者组成的交响乐团。

乐团是经省文化厅批准，在省民政厅注册的非企业单位。现有七十名团员，其中在高等院校从事教育科研工作的教师四十余人，其他均为音乐专业人士。乐团是文化部、教育部和财政部指定的高雅艺术进校园活动的演出单位。

联系人：李行健　13986153516
电话：027-87563810　62628635　电子邮件：aiyueltz@163.com
地址：湖北第二师范学院卓刀泉校区　邮编：430072

## 湖北省武穴市舒城大酒店

舒城大酒店又名大别山下鱼头城（97 年被湖北日报社领导授名）酒店创办于 1991 年春，以地方大自然水库鲜活胖头鱼为主料，横岗山佛泉圣水为汤汁，高山云雾无公害生姜、山药、豆果、苕粉条、豆腐等为辅料，用原始的土锅、土灶精工巧作，打造出富有地方特色的鱼头火锅系列菜肴，深受全国南来北往顾客的好评。酒店现已发展到武汉、黄冈、九江、黄梅、武穴、余川等地，以吃住、购销、娱、会、游为一体的综合型全方位中国二星级饭店。酒店曾多次接待和荣获了中央电视台、省地方电视台、人民日报社、省地方日报社、国家工商局、中央有关部委办领导、港澳台商及外商和影视明星的采访和好评。荣获：全国诚信消费得过的单位、湖北省消费者满意单位、黄冈市诚信维权先进单位、武穴市优秀创业先进单位、鱼头系列菜肴荣获中国国际旅游美食节"金鼎奖"、中南地区首届特色美食文化节"极品菜肴奖"、武穴市首届广济绿色食品"美食一等奖"、"鱼头系列菜肴"被市政府列入非物质文化遗产保护名录。

电话：0713-6229587　3865767　6882095
联系人：舒谷成　13807250995　地址：湖北省武穴市民主路77号
传真：0713-6230743　邮编：435400

## 湖北省襄樊市金渝饮食服务有限公司

我公司专营大、中专院校学生食堂，高中学生食堂及企业员工食堂、超市等。

我们将以最周到的服务，最低廉的价格，最优质的产品，竭诚为您服务！

欢迎新老客户来电！

联系人：钟开陆
13377975735　13635803863
邮编：441021
地址：湖北省襄樊市襄城环山路机电工程学校食堂

## 湖北四斗粮餐饮管理有限责任公司

湖北四斗粮餐饮管理有限责任公司成立于2006年，主要从事餐饮连锁服务。欢迎广大客户来电来函洽谈。

联系人：刘拥军
电话：0714-8739000、13986591489
地址：湖北省黄石市大冶市湛月花园９－２７号　邮编：435100

## 荆州市公安县埠河镇镇江寺

荆州市公安县埠河镇镇江寺寺庙有一百多年的历史，这里的特色建筑和文化遗产吸引了各地的不少游客。

本寺欢迎各位香客的光临，这里永远是您红尘中的一方净土！

联系人：梁相荣
电话：13797673347　13797273347　15927704623
地址：湖北省荆州市公安县埠河镇外洲　邮编：434300

## 龙　发　农　庄

龙发农庄成立于2006年。
主要从事于餐饮、住宿、旅游、休闲。
龙发人将以饱满热情的态度、细致周到的服务、随时恭候您的光临！

联系人：周传发
电话：0716-6500666　13972102930
地址：湖北省松滋市新江口镇西流村8组　邮编：434200

## 潜江市纽宾凯大酒店

潜江市纽宾凯大酒店拥有多种规格的客房，可容纳60辆车位的大型后花园停车场、220人左右的高档会议室，酒店内有精致后花园和观赏园、所有房间均可免费宽带上网、配套设施先进，装饰优雅、环境舒适，使您忙里偷闲，松弛精神，获得极大享受。酒店还拥有设施完备的商务中心、商场、棋牌室，满足您商务之需。欢迎您的来电！

联系人：严开富
电话：0728-6955566　13307228832
地址：湖北省潜江市章华南路33号　邮编：433100

## 湖南省/Huana Province

**衡东鑫旺家常菜馆**
业务：酒家、餐饮
地址：湖南省衡阳市衡东县城关镇沿江大道
负责人：邓冬林 邮编：421400
法人：邓冬林
Tel：15873482788
0734－5222168

**长沙市华美酒店有限公司**
地址：湖南省长沙市芙蓉区车站北路111号
负责人：阳光辉
Tel：0731－82218877

**长沙市六二一八餐饮有限公司**
地址：湖南省长沙市芙蓉区芙蓉中路二段115号
负责人：叶亮
Tel：13187073080

**长沙县黄兴镇加佳美食府**
业务：土鸡等农家菜肴
地址：湖南省长沙市长沙县黄兴镇光达村
负责人：李加良 邮编：410000
法人：李加良
Tel：13908479038
13873140894

**韶山市红太阳假日酒店**
业务：酒店
地址：湖南省湘潭市韶山市竹鸡段
负责人：胡家良 邮编：411300
法人：胡家良
Tel：13807323679
0731－55687666
Fax：0731－55687368

**长沙画中画旅游开发有限公司**
地址：湖南省长沙市芙蓉区德政园怡心苑6栋701号
负责人：梁建
Tel：13308452338

**湘潭县易俗河志成大酒店**
业务：餐饮、住宿
地址：湖南省湘潭市湘潭县易俗河镇大鹏路129号
负责人：黄晓波 邮编：411100
法人：黄晓波
Tel：0732－7359888
7833588

**琴岛KTV**
业务：点歌，供应酒水，糖果
地址：湖南省衡阳市衡山县开云镇先农花园青云东路20号
负责人：文小伟 邮编：421001
法人：文小伟
Tel：15873442288
0734－5820868
网址：http://www.51zzt.com/user/zzt33114

**长沙爱可化妆品有限公司**
地址：湖南省长沙市芙蓉区韶山路39号维一星城1栋301房
负责人：叶庆松
Tel：13574808118

**福建名饺芙蓉店**
业务：饺子、营养炖汤、特色面条及米粉、卤菜。
地址：湖南省湘潭市岳塘区建设南路74号附5号门面
负责人：陆克煌 邮编：411100
法人：陆克煌
Tel：13789327319
0731－55187422

**长沙县星沙镇风雅老树咖啡餐饮文化有限公司**
业务：经营咖啡、各类中西餐
地址：湖南省长沙市长沙县星沙开元大道商业乐园A栋3楼（易初莲花超市对面）
负责人：朴光日 邮编：410100
法人：朴光日
Tel：0731－2391186

**长沙亿意休闲设备有限公司**
业务：长沙亿意休闲设备有限公司于1996年创建，位于长沙市韶山北路39号维一星城天琴座302房。从事热泵热水器、休闲设备、医疗设备、泳池设备的代理。产品质量可靠，深受广大用户的认可和信赖！
地址：湖南省长沙市韶山北路39号维一星城天琴座302房
邮编：410005
法人：卓德华
Tel：0731－4898102
Mobile：13807485838
Fax：0731－4896531

**湘潭市岳塘区煮全楼酒店**
业务：餐饮、住宿
地址：湖南省湘潭市岳塘区下摄司307号
负责人：周卫兵 邮编：411100
法人：周卫兵
Tel：0732－8626379

**湘乡市龙洞镇韶峰山五星艺术山水馆**
业务：主要经营艺术展览，有艺术品的销售
地址：湖南省湘潭湘乡市龙洞镇石塘村
负责人：陈五星 邮编：411300
法人：陈五星
Tel：13017154736
0731－55652105

**湖南丰永宾馆有限公司**
地址：湖南省长沙市开福区东风路1号
负责人：王联福
Tel：0731－84402480

**衡阳市天瑜瑜伽健身会所**
业务：健身
地址：湖南省衡阳市珠晖区东风路103号（铁路医院对面）
负责人：刘艳阳 邮编：421001
法人：刘艳阳
Tel：0734－8161288
网址：www.0734huolieniao.cn

**阿香口味鸡**
业务：主要经营湘式口味鸡，味道正宗，服务周到热情，价格公道合理。除了招牌菜口味鸡，还有多种菜品供顾客选择，是您好友小聚、家庭聚餐的最佳选择，欢迎广大顾客光临惠顾。
地址：湖南省湘乡市步行街2栋107门面
负责人：张红香 邮编：411400
Tel：13973224698

**湖南海峡旅行社有限公司长沙分公司**
地址：湖南省长沙市开福区迎宾路15号501房
负责人：许陆明
Tel：13908469062

**湘乡市金石镇客运站大酒店**
业务：主要经营餐饮服务
地址：湖南省湘乡市金石镇金安村
负责人：王建军 邮编：411400
法人：王建军
Tel：15873298182
15007329026

**浏阳市金坑终极假日村开发有限公司**
地址：湖南省长沙市浏阳市达浒镇达正南路
负责人：汤代和
Tel：0731－83959128

**湘乡市泉塘镇金坪渔村**
业务：垂钓、餐饮、农家乐等休闲娱乐
地址：湖南省湘乡市泉塘镇双鲤村
负责人：欧阳健 邮编：411100
法人：欧阳健
Tel：0732－6242988

**长沙市芙蓉区清水王饭店**
业务：餐饮、特色：水鱼和乌龟
地址：湖南省长沙市芙蓉区人民东路香堤雅境114－115号
负责人：周卫星 邮编：410016
法人：周卫星
Tel：13574861788
0731－84672522

**东方城大酒店**
地址：湖南省长沙市宁乡县富豪山庄C座一栋
负责人：胡鹏
Tel：0731－87870333
13308417725

**湘乡市新湘路鸿云轩酒楼**
业务：餐饮服务
地址：湖南省湘乡市新湘路
负责人：章鸿云 邮编：411400
法人：章鸿云
Tel：15898551888
0731－56951888

**衡阳市珠晖区好吃村菜馆**
业务：经营范围：湖鲜野味，家常土菜
地址：湖南省衡阳市珠晖区湖南路后侧65号门面
负责人：王杰德 邮编：421000
法人：王杰德
Tel：13873414540
13875624163

**长沙九鑫科技发展有限公司爵士厨房中西餐厅**
地址：湖南省长沙市天心区黄兴中路王府井商业广场A座第七层北侧
负责人：张浩
Tel：0731－82228666

**道县皇朝大酒楼**
业务：烧鸡、东安鸡、活鱼、口味蛇、洪塘营腊肉
地址：湖南省永州市道县潇水中路广业三楼
负责人：何红兴 邮编：425000
法人：何红兴
Tel：13107269777
0746－5222215

**蓝山县鑫都宾馆**
业务：住宿.
地址：湖南省永州市蓝山县塔峰镇湘粤路207号
负责人：谭冬华 邮编：425800
法人：谭冬华
Tel：18907463288
0746－2227288

**长沙金色年代美食娱乐有限公司**
地址：湖南省长沙市天心区劳动路（新世纪体育文化中心）
负责人：陈一君
Tel：13874935466

**长沙市0731面粉馆**
业务：提供餐饮服务，正宗长沙风味的手工面和手工粉，色美味鲜、撩人胃口
产品：原汤面粉、盖码饭
地址：湖南省长沙市开福区中山西路315号
负责人：罗云芽 邮编：410000
法人：罗云芽
Tel：0731－4390077
15874298888

**中扬宾馆有限公司**
地址：湖南省长沙市雨花区劳动西路128号
负责人：王剑云
Tel：13808457298

**长沙市金菜园餐饮有限公司**
地址：湖南省长沙市雨花区劳动中路24号
负责人：刘光明

Tel:13908465527

**永州市零陵区创意思艺发型创作**
业务:美容、美发、我店有高档设备,一流技术,五星级的美容美发服务,本店特邀上海、深圳资深设计师长年留驻我创意思艺美发店。
地址:湖南省永州市零陵区黄古山中路43号
负责人:奉永华 邮编:425000
法人:奉永华
Tel:15897488646
0746－6239836

**湖南省怀化市沅陵县盈龙宾馆**
业务:经营范围:宾馆内设有电梯、商场
地址:湖南省怀化市沅陵镇迎宾南路96号
负责人:王本盈 邮编:418000
法人:王本盈
Tel:15096294618
0745－4322428

**张家界市武陵源区天子足浴店**
业务:足浴、保健、按摩
地址:湖南省张家界武陵源天子街2栋3楼
负责人:徐纪明 邮编:427000
法人:徐纪明
Tel:0744－6118668
15974414318

**凤凰县山江冬就苗族文化村**
业务:旅游,景区开发
产品:冬就古苗寨,雷公洞,情人谷三大景点
地址:湖南省吉首市凤凰县建设路62号
负责人:易声建 邮编:416000
法人:易声建
Tel:0743－3225512
15874352280

**湘林酒店有限公司**
地址:湖南省长沙市雨花区梓园路338号
负责人:王检
Tel:13807310088

**株洲县渌口吉祥粉馆**
业务:手工粉、木桶饭、早中晚24小时营业
地址:湖南省株洲市株洲县渌口镇瀌浦路
负责人:黄超 邮编:412000
法人:黄超
Tel:13007459681
0733－27690988

**湖南湖大集贤宾馆有限公司**
地址:湖南省长沙市岳麓区麓山南路1号湖南大学内
负责人:庚铁男
Tel:0731－88821938

**宁乡县玉潭镇水晶宫商务宾馆**
业务:宾馆服务
地址:湖南省长沙市宁乡县玉潭镇金桂路15号
负责人:陈勇 邮编:410600
法人:陈勇
Tel:13973198400
0731－82750866

**临澧县太平山庄有限公司**
地址:湖南省常德市临澧县太平开发区
负责人:覃道任
Tel:0736－5585058

**湘西自治州大华旅行社有限责任公司**
业务:地接服务、组团服务、票务服务
地址:湖南省吉首市人民北路123号(州交警支队斜对面)
负责人:高绪位 邮编:416000
法人:高绪位
Tel:13974389816
0743－8229816
2113558
Fax:0743－2113558
网址:www.xxdhly.com

**郴州市开发区桃花源酒店**
地址:湖南省郴州市开发区环城南路
负责人:曹美芳
Tel:0735－2165888
13907352712

**醴陵市耶士咖啡店**
业务:咖啡休闲
地址:湖南省株洲醴陵市左权路东风60号/湖南省株洲醴陵市李畋西路A栋22——23号
负责人:陈钢 邮编:412000
法人:陈钢
Tel:0731－23210999
23210888

**宜章君泰实业有限公司君泰大酒店**
地址:湖南省郴州市宜章县城关宜兴路
负责人:史章军
Tel:0735－3760988

**宁乡县红景天足浴**
业务:足浴
地址:湖南省长沙市宁乡县玉潭镇一环北路
负责人:文勇锋 邮编:410600
法人:文勇锋
Tel:0731－7891079

**衡阳市南岳名山旅行社有限责任公司**
地址:湖南省衡阳市南岳区金沙路29号
负责人:周杨勋
Tel:0734－5677676

**永顺县蹀变女子俱乐部**
业务:主要是卖化妆品及化妆品服务咨询,以教学美容护肤为主,销售为辅。
地址:湖南省吉首市永顺县灵溪镇校场路技术监督局门面
负责人:张艳萍 邮编:416700
法人:张艳萍
Tel:13974343941
0743－6159857

**衡阳市地带咖啡餐饮文化有限公司**
地址:湖南省衡阳市石鼓区蒸阳北路99号
负责人:邓建国
Tel:0734－8213666

**芷江侗族自治县盘龙寨渡假休闲中心**
地址:湖南省怀化地区芷江侗族自治县木叶溪地婆溪
负责人:田光明
Tel:13789264707

**望城县新康乡竹秀蓝湾生态农庄**
业务:绿色垂钓,农家土菜,棋牌休闲,温馨住宿,宴席,会务,卡拉OK,农产品选购,结伴出队。
地址:湖南省长沙市望城县新康乡谭家湖村
负责人:李国富 邮编:410200
法人:李国富
Tel:0731－88520898
88521288

**怀化市硬笔书法家协会**
地址:湖南省怀化市城北武陵路
负责人:梁雅白
Tel:0745－2184447
13974519970

**罗湘林个体经营**
业务:饭店、餐饮
地址:湖南省江华瑶族自治县沱江镇长征路403号
负责人:罗湘林 邮编:425500
法人:罗湘林
Tel:13789237059
13762979326

**四方旅行社有限责任公司**
地址:湖南省吉首市人民南路团结广场
负责人:田昌秀
Tel:0743－8561718
13787916639

**湖南华天国旅娄底旅行社有限公司**
地址:湖南省娄底市娄星区氐星路
负责人:扶亮
Tel:13973871597

**长沙市雨花区金昌大酒店**
业务:商务、住宿、休闲、娱乐
地址:湖南省长沙市雨花区洞井镇鄱阳村
负责人:吴先生 邮编:410004
法人:吴志军
Tel:0731－8615188

**龙城宾馆有限公司**
地址:湖南省邵阳市邵东县两市镇兴和大道
负责人:许长和
Tel:0739－2628988
13973588899

**江华瑶族自治县紫云宾馆**
业务:宾馆
地址:湖南省江华瑶族自治县沱江镇阳华路
负责人:鄢学军 邮编:425500
法人:鄢学军
Tel:0746－2321198

**佳丽美容美发设备厂**
业务:专业从事洗头床研发、生产及销售,并以其优越的性能、合理的价钱、优良的售后服务,赢得广大客户的赞誉。
产品:洗头床
地址:湖南省长沙市雨花区黎托乡川河村粉壁塘组黎新罗房屋
负责人:杨泽 邮编:410000
法人:杨泽
Tel:0731－85957083
Fax:0731－85957083

**湘潭裕丰宾馆有限公司**
地址:湖南省湘潭市湘潭县易俗河镇凤凰路88号
负责人:刘建雄
Tel:0731－57805999

**黄茅洲金穗宾馆**
地址:湖南省益阳沅江市黄茅洲镇
负责人:廖明
Tel:0737－2111888
13607374888

**湖南省耒阳市天福韵酒店白云路分店**
业务:酒店、餐饮
地址:湖南省耒阳市白云路
负责人:曹孝军 邮编:421800
法人:曹孝军
Tel:0734－4378999

**郴州市临武县秀岩旅游开发有限公司**
业务:郴州市临武县秀岩旅游开发有限公司成立于2005年,主要从事旅游开发和管理。开发的内容有:水上乐园、重建寺院、洞中垂钓、古道跑马、文人宝墨长廊,重点开发以自然风光、考察探险为主题的地下溶洞群区。
地址:湖南省郴州市临武县南强乡
邮编:423800
法人:蔡先生
Tel:0736－6241569
网址:www.jgylqx.chinapyp.com

**池海浮漂厂**
地址:湖南省岳阳临湘市桃林镇坪上村
负责人:李建明
Tel:0730－3560988
13907400193

**长沙市雨花区莲盛盛记海鲜酒楼**
业务:餐饮服务
地址:湖南省长沙市雨花区人民路294号
负责人:何霞英 邮编:410000
Tel:0731－84119111

**华天宾馆**
地址:湖南省岳阳市临湘市南正街
负责人:李水生
Tel:0730－3729933
13874030009

**湖南省耒阳市天福韵酒店人民路总店**
业务:酒店、餐饮
地址:湖南省耒阳市人民路
负责人:曹孝军 邮编:421800
法人:曹孝军
Tel:13187346985
0734－4311799

**相思湾旅游开发有限公司**
地址:湖南省岳阳市岳阳县相思乡相思山公园
负责人:李牧童
Tel:0730－7125900
7125808
7125868
13055072119

**张家界景区环保旅游客运有限公司**
地址:湖南省张家界市武陵源区索溪峪镇
负责人:祝超文
Tel:0744－5611788
5619866
13574416999

**湖南省长沙市岳麓区沁美化妆品店**
业务:经营梦妆(韩国)、Za(资生堂)、时尚生活(天然护肤品)、卡资兰(法国)、玛丽黛佳(法国)、卡楠菲(香港)
地址:湖南省长沙市岳麓区麓山南路744号
负责人:向丽华 邮编:410000
法人:向丽华
Tel:0731－2855096

**新邵县酿溪镇湘中人家饮食店**
业务:餐饮服务
地址:湖南省邵阳市新邵县酿溪镇新阳路
负责人:徐秋红 邮编:422000
法人:徐秋红
Tel:13973912048
0739－3603777

**文正交通旅游开发有限公司**
地址:湖南省张家界市永定区大桥路52号
负责人:付文辉
Tel:13807445679

**常宁市永和豆浆大王**
业务:早、中、晚餐、营养套餐、各种小吃
地址:湖南省常宁市宜阳镇青阳中路111号
负责人:陈福军 邮编:421500
法人:陈福军
Tel:0734－7266989

**郴州市悦来温泉旅游度假山庄**
业务:悦来温泉旅游度假山庄隶属郴州市唯一一家上市公司——湖南郴电国际发展股份有限公司。占地800亩,总投资5300多万元。它是一座集温泉疗养、冷泉戏水、机动游乐、美食、会议和度假于一体的国家AAA级旅游度假区。
地址:湖南省郴州市永兴县悦来乡
邮编:423301
法人:彭永宏
Tel:0735－5701189
5700777
Fax:0735－5700070

**湖南省长沙县星沙镇轩草茶楼**
业务:茶座、下棋等休闲娱乐
地址:湖南省长沙县星沙镇城西小区B11栋118号
负责人:鲍仲春 邮编:410100
法人:鲍仲春
Tel:13787245388
13739096677

**安乡县玫琳凯工作室**
业务:色彩诊断和皮肤美容指导
地址:湖南省常德市安乡县城关镇文艺中路(老营嘉旁)
负责人:杨燕妮 邮编:415600
法人:杨燕妮
Tel:13973646396
0736－6213596

**凤城大酒店**
地址:湖南省株洲市石峰区清水路28号
负责人:胡凤京
Tel:13807330519

## 长沙县星沙镇明源大酒店

长沙县星沙镇明源大酒店成立于2008年，本酒店专业从事住宿服务。

我们将以不懈的努力为您提供卓越的优质服务。热忱欢迎您惠顾！

联系人：易洪斌
邮编：410005
电话：0731-84652988
地址：湖南省长沙市长沙县星沙镇经贸西路290号

## 湘潭市雨湖区鹤岭大酒店

湘潭市雨湖区鹤岭大酒店成立于2008年，大酒店内设有四楼客房部：中、高档客房40套。室内装饰豪华，配套设施高档齐全，设有地下停车场。电梯上下，设中央空调，客房电话国内长途无论通话多长一律免费。大众消费，星级享受。三楼餐饮部：大、中豪华包厢。餐厅服务员热情周到，训练有素。并聘请全国名厨吕孝详师傅主理。真正的星级享受，普通的消费。您的要求是我们的追求；您的满意是我们的满足；您的信赖是我们的信心。

电话：0731－57215988　57212988　联系人：王彬
电子邮件：xtcx11315@163.com
地址：湖南省湘潭市雨湖区鹤岭镇鹤岭大厦　邮编：411100

## 长株潭城市群资源节约型和环境友好型建设综合配套改革试区湘潭昭山示范区

昭山示范区于2009年6月8日正式挂牌成立，其前身是昭山旅游经贸开发区，1992年被省人民政府批准为省级开发区，规划面积68平方公里。昭山示范区凭借独特的交通区位优势，以打造"生态绿谷、创意之都"为功能定位，以旅游休闲产业为经济发展支柱，按照"两型社会"建设综合配套改革试验区的总体要求，努力把昭山示范区建成经济发展的增长极、生态保护样板区、高端产业汇集区、人与自然和谐宜居区和湖湘文化展示区，为科学跨越发展提供经验示范。

联系人：谭秋阳　13907329596
电话：0731-53583891　传真：0731-53583891
地址：湖南省湘潭市株易路口　邮编：411100

## 湘潭市雨湖区米萝咖啡九汇店

湘潭市雨湖区米萝咖啡九汇店成立于2008年3月，营业面积约1200个平方，楼层2层，有11个包厢，46张桌子，256个座位。主要经营中西快餐、花草茶、咖啡、牛扒、煲仔饭。还特别聘请湘菜师傅制作许多精美可口的菜肴。与众不同的并不是超凡的工作，而是做得非常出色的普通工作，令我们的服务变得与众不同。——这是我们的服务理念。我们的服务准则是以顾客满意为宗旨！

联系人：周琪
电话：0731-52533636 52533618
电子邮件：981949551@qq.com　邮编：411000
地址：湖南省湘潭市雨湖区雨湖路316号九汇大厦二楼、三楼

## 二毛家菜馆

二毛家菜馆成立于2002年，本馆专业从事餐饮服务。

本馆服务宗旨是"服务第一、客户至上"。

热忱欢迎新老客户惠顾！

电话：0731-85521168　联系人：毛文武
地址：湖南省长沙市雨花区梓园路435号　邮编：410000

## 张家界江垭温泉度假村有限公司

张家界江垭温泉度假村是张家界第一家温泉度假村，也是目前湘西唯一一家仿古式半露天温泉。集温泉、餐饮、客房、会务、健身、娱乐、桑拿、美容等经营项目于一体，特别适宜于休闲、度假、娱乐、疗养、会议、培训和商务活动。

江垭温泉以其丰厚的温泉沐浴文化，加上热情、周到、温馨、细腻的服务，尽显温泉神奇魅力，吸引了众多追求健康、钟情美丽的高尚人士，构成了悠闲舒适、安全健康的休闲、度假、旅游新天地。

联系人：姚建军　13574443729　电话：0744-3355888　3355623
地址：湖南省慈利县江垭镇
邮编：427221
网址：www.zjjwq.com

## 耒阳市福临舫餐馆

本公司成立于2003年，主要经营餐饮服务。微笑亲情的服务"以顾客满意为中心"，欢迎您的惠顾。

联系人：谢光毅
电话：13974784788、13873434270　邮编：421800
地址：湖南省耒阳市五一广场杜甫公园旁福临舫餐馆

## 乌石风景区经济开发区有限公司

乌石风景区经济开发区有限公司成立于2003年，主要从事旅游开发。公司秉承"以市场为导向、精益求精、诚实守信、互惠共赢"的经营理念，竭诚为客户提供优质的服务。

联系人：成冬明
电话：0732-7538488　13574086280
地址：湖南省湘潭市湘潭县乌石镇乌石村　邮编：411100

## 广东省/Guangdong Province

**大沥星悦之韵游艺场**
地址：广东省佛山市南海区大沥步行街南区三楼
…… 负责人：唐敏峰
…… Tel：0757－85584888
13078170766

**深圳市南山区盛旺面食馆**
业务：面食、快餐
地址：广东深圳市南山区龙珠四路本钢大厦（1楼103）
…… 负责人：唐中盛　邮　编：518000
…… 法　人：唐中盛
…… Tel：13725599649
0755－26792648

**潮安县庵埠镇麦佳基西餐店**
业务：西式快餐
地址：广东省潮州市潮安县庵埠镇文里市场四幢乙向1－3号
…… 负责人：林曦　邮　编：515600
…… 法　人：林曦
…… Tel：0768－6610513
13827311666

**飞腾高尔夫企业有限公司**
业务：本公司已有二十年生产国内外知名高尔夫品牌的历史。同时还有高尔夫球、球包、枪包、衣物袋、伞、手套、袜子、TEE、布帽、草帽、羊皮手套、细布手套、高密度纯棉袜等一系列高尔夫产品。
地址：广东省东莞市东城区东城西路101号东城风情步行街A69幢
…… 邮　编：523000
…… 法　人：廖书玲
…… Tel：0769－22346105
22346457
22340062
…… Mobile：13559774188

**广州伊丽莱化妆品有限公司**
地址：广东省广州市白云区解放北路1000号金桂园C4栋201－202室
…… 负责人：陈进顺
…… Tel：020－86197282
87479640

**潮安县集香来西餐茶吧**
业务：西餐、咖啡、茶吧
地址：广东省潮州市潮安县城区安盛新园10－13号
…… 负责人：温世明　邮　编：521000
…… 法　人：温世明
…… Tel：0768－5813822

**潮安县金石镇美香乐西式快餐厅**
业务：西式快餐
地址：广东省潮州市潮安县金石镇金石大道中段南侧（金石水厂北侧）
…… 负责人：余章旺　邮　编：521000
…… 法　人：余章旺
…… Tel：0768－6611001

**饶平县融信投资咨询有限公司**
业务：旅游项目，金融项目，健身娱乐
地址：广东省潮州市饶平县黄冈镇上林居委会步上路3号之一
…… 负责人：郑素清　邮　编：521000
…… 法　人：郑素清
…… Tel：0768－8887886
…… Fax：0768－8887886

**广东省市靓梦化妆品有限公司**
地址：广东省广州市白云区人和镇高增村高和北街8号
…… 负责人：周世英
…… Tel：020－36020593

13710340028

**广州市中森会饮食有限公司东湖分公司**
地址：广东省广州市东山区东湖路143号东山湖公园内
负责人：杨志辉
Tel：020－83790078

**中青旅广州国际旅行社有限公司豪贤路门市部**
地址：广东省广州市东山区豪贤路101号六楼
负责人：吴光强
Tel：020－61135800

**潮州市湘桥区王志强小吃店**
业务：小吃
地址：广东省潮州市湘桥区新桥西路510号
负责人：王永金　邮　编：521000
法　人：王永金
Tel：0768－2381832
3856790
13217683580

**广州市心怡轩餐饮有限公司**
地址：广东省广州市东山区华乐路青龙坊47－100号广怡大厦M层
负责人：黄家驹
Tel：020－83887012

**广州市成顺旅行社有限公司**
地址：广东省广州市东山区环市东路417号5楼C房
负责人：蔡宇彤
Tel：020－85522859

**东莞市长安味天使餐饮店**
业务：餐饮
地址：广东省东莞市长安镇长青南路303号长安商业广场一区一层1032号
负责人：陈永强　邮　编：523003
法　人：陈永强
Tel：0769－81158118

**东莞市双利餐饮服务有限公司**
业务：双利餐饮服务有限公司成立于2006年，是一家专业的饮食服务公司，主要为各企业配送中、西点，并兼营团体饮食。公司秉承"诚信、创新、持续改进的经营理念和"全心全意为客户服务"的宗旨。热忱欢迎新老客户光临惠顾！
地址：广东省东莞市寮步镇新旧围商业街2巷15号
负责人：王小军　邮　编：523400
法　人：王小军
Tel：0769－88950022
88950066
网址：www.dgshuangli.com

**广州市羊城国际旅行社有限公司黄花岗营业部**
地址：广东省广州市东山区先烈中路92号黄花岗剧院外侧一楼
负责人：易欣
Tel：020－87624122

**东莞市长安科尼雨花西餐厅**
业务：各种西餐
地址：广东省东莞市长安镇长青南路303号之怡安百货一、二楼西区
负责人：颜小姐　邮　编：523003
Tel：0769－81877628

**湛江鸡皇**
业务：粤菜
地址：广东省东莞市长安镇锦厦横安路88号A铺
负责人：曾国伟　邮　编：523000
法　人：曾国伟
Tel：13829296752
0769－85419403

**广州红色快线餐饮管理有限公司**
地址：广东省广州市东山区先烈中路92号院7号楼
负责人：刘福来
Tel：020－85599111

**东莞市长安壹湘馆新派湘菜馆**
业务：订餐、餐饮
地址：广东省东莞市长安镇厦边振安西路118号一层
负责人：黎敏　邮　编：523003
法　人：黎敏
Tel：0769－89996888
89999988

**荔枝柴烧鹅大排档**
业务：荔枝柴烧鹅，以及各种风味小吃。
地址：广东省东莞市长安镇咸西泽池街6号铺
负责人：张志军　邮　编：523003
法　人：张志军
Tel：13433099919
0769－81889038

**广州市海南城海鲜风味酒家云山分店**
地址：广东省广州市东山区先烈中路云鹤北街8号主楼
负责人：曾聪

Tel：020－38377343

**熊津化妆品店**
业务：化妆品，美容产品
地址：广东省东莞市长安镇霄边上新村十三巷6号
负责人：李芳芳　邮　编：523000
法　人：李芳芳
Tel：0769－81589139

**东莞市长安大锅大湘菜馆**
业务：主营：石锅菜式，传统农家湘菜，特色石锅系列，石锅鱼，石锅牛杂等
地址：广东省东莞市长安镇新安上盛路1336号
负责人：吴志勇　邮　编：523003
法　人：吴志勇
Tel：13925500633
0769－85095366

**广州市东山区佳欣酒店**
地址：广东省广州市东山区中山四路116号二楼
负责人：刘介明
Tel：020－83329188

**东莞市常平李秀豆浆店**
业务：豆浆、餐点
地址：广东省东莞市常平镇木棆综合市场一楼商铺区1064号档
负责人：陈余光　邮　编：523588
法　人：陈余光
Tel：0769－26938500

**东莞市大朗耀堂饭店**
业务：餐饮
地址：广东省东莞市大朗镇巷尾村富丽东路93号
负责人：陈耀堂　邮　编：523003
法　人：陈耀堂
Tel：13712631688
0769－81066138

**广州市番禺福海酒家**
地址：广东省广州市番禺区桥兴大道431号
负责人：朱海颂
Tel：020－34816888

**东莞市大朗章记潮州大排挡**
业务：餐饮、小吃
地址：广东省东莞市大朗镇巷尾社区长盛北路188号
负责人：林锐辉　邮　编：523000
法　人：林锐辉
Tel：13694985333
13268963388

**德乐满香精香料（广州）有限公司**
地址：广东省广州市广州经济技术开发区东区宏景路段66号
负责人：张燕
Tel：020－62985005
62985116

**东莞市大岭山辉记餐厅**
业务：招牌特色：客家酱油鸡、客家酱油鸡、客家狗肉、客家羊肉、姜葱炒生鱼片
地址：广东省东莞市大岭山镇连平村园岭仔连马路旁边
负责人：江文辉　邮　编：523003
法　人：江文辉
Tel：13723561238
0769－85632113

**东莞市馨米兰美甲有限公司**
业务：手脚护理、彩绘、水晶、光疗甲等各种美甲服务
地址：广东省东莞市东城区东城南路联和大厦6楼605室
负责人：单丽霞　邮　编：523003
法　人：单丽霞
Tel：0769－22308212

**东莞市馨米兰美甲**
业务：手脚护理、彩绘、水晶、光疗甲等各种美甲服务
地址：广东省东莞市东城区东湖花园沃尔玛2楼2076－2077号
负责人：单丽霞　邮　编：523000
法　人：单丽霞
Tel：0769－22342913

**东莞市金菠萝膳食管理服务有限公司**
业务：东莞市金菠萝膳食管理服务有限公司于5年前开始进入团体膳食事业发展，主要承接工厂、企业、学校、机关等集体食堂的团膳业务，本公司以通过ISO9001：2000质量认证，本公司将立足"珠海"面向全国发展团膳业务，欢迎广大朋友来电咨询！
地址：广东省东莞市石碣镇新城区东风南路128号
负责人：李芬　邮　编：511700
Tel：0769－86635635
86634937

Fax：0769－86634937
网址：www.dgjbl.cn
E-mail：mtw.50830.chinapyp.com

**东莞市真有骨气钙骨馆总店**
业务：火锅（钙骨汤）
地址：广东省东莞市东城区花园新村横岗大街10号
负责人：方财兵　邮　编：523003
法　人：方财兵
Tel：13728359555
0769－27287579
网址：www.zhenyouguqi.com
E-mail：zhenyouguqi168@163.com

**石溪娱乐城**
地址：广东省广州市海珠区石溪村冲边街40号
负责人：朱国庆
Tel：020－84359803

**东莞市馨米兰美甲**
业务：手脚护理、彩绘、水晶、光疗甲等各种美甲服务
地址：广东省东莞市东城区新世纪花园（金色未来幼儿园旁）
负责人：单丽霞　邮　编：523129
法　人：单丽霞
Tel：0769－23397081

**东莞市东坑顺天票务服务部**
业务：机票、酒店、旅游、货运、签证
地址：广东省东莞市东坑镇东兴中路133号启隆酒店商务中心一楼
负责人：吕理国　邮　编：523000
法　人：吕理国
Tel：0769－83695160

**广州市风记美食发展有限公司海珠分公司**
地址：广东省广州市海珠区怡乐路81号
负责人：谢科风
Tel：020－84402295

**东莞市厚街御理饮食店**
业务：餐饮
地址：广东省东莞市东莞市厚街镇宝屯村北环路
负责人：潘坤明
法　人：潘坤明
Tel：0769－85596185

**东莞市凤岗石芽顶林园农庄**
业务：农家菜，主要有豆腐、窑鸡、鸭、鱼
地址：广东省东莞市凤岗镇凤深路延长线清溪路路口
负责人：房新亮　邮　编：523708
法　人：房新亮
Tel：0769－82629138

**广州市花都区花东蝙蝠石山庄**
地址：广东省广州市花都区花东镇联安蝙蝠石水库西侧
负责人：候永祥
Tel：020－86775288
13926288771

**东莞市横沥伊梅美容中心**
业务：治疗顽固性斑点，顽固性痘痘，骨质增生、腰椎间盘突出、老伤痛，顽固性盆腔炎等。
地址：广东省东莞市横沥镇半仙山村桃园路七巷8号
负责人：尹东国　邮　编：523460
法　人：尹东国
Tel：13922961581
0769－85066585

**广州市花都区阳光酒店**
地址：广东省广州市花都区新华镇建设北路119号
负责人：叶志勇
Tel：020－86886794

**东莞市凤岗鸿光酒店**
业务：住宿、休闲娱乐
地址：广东省东莞市凤岗镇金凤凰工业区金凤凰大道
负责人：柯玫飘　邮　编：523003
法　人：柯玫飘
Tel：0769－87551888
82102133

**木桶饭**
业务：木桶饭是一家以中餐制售为主的新型都市连锁餐厅，特色鲜明、经济实惠
产品：农家一碗香、农家喷蛋、秘制鱼头、老干妈三丁饭等特色菜品
地址：广东省东莞市凤岗镇雁田村镇田中路17号中国农业银行后面
负责人：沈林　邮　编：523000
法　人：沈林
Tel：0769－82030610

**广州市花都区新华世家海鲜美食城一分店**
地址：广东省广州市花都区新华镇建设北路南菱汽车城侧

负责人：陈秀萍
Tel：020－36996893

**东莞市横沥长乐客家园饭店**
业务：餐饮服务
地址：广东省东莞市横沥镇创业路78号
负责人：刘玉德　邮　编：523003
法　人：刘玉德
Tel：13509232501
0769－83720283

**东莞市厚街甜又美饮料店**
业务：主要经营各种饮料
地址：广东省东莞市厚街镇宝屯新村板屯路7号
负责人：梁超　邮　编：523003
法　人：梁超
Tel：13763103885
15812860296

**广州市花都区茗苑酒家**
地址：广东省广州市花都区新华镇新街大道东
负责人：徐惠芳
Tel：020－61801622

**东莞市厚街海南东山羊庄**
业务：全羊火锅
地址：广东省东莞市厚街镇湖美村体育路
负责人：黄显学　邮　编：523960
法　人：黄显学
Tel：0769－81269577

**东莞阿凤美甲店**
业务：美甲、手部护理、指甲增长、艺术绘画、泡脚
地址：广东省东莞市厚街镇南贸中心华润超级广场S137－138号
负责人：凡生　邮　编：523000
Tel：13728257536
网址：www.a－feng.com.cn

**佳佳美发有限公司**
业务：本公司成立于2005年，现有200多名员工。主要经营美容、美发，足浴按摩，企业管理咨询等。
地址：广东省深圳市福田区赤尾村一坊15号
邮　编：518031
法　人：庞正磊
Tel：0755－83614321
Fax：0755－83614321

**东莞市虎门珩美美容养生会馆**
业务：美容SPA
地址：广东省东莞市虎门镇港口路康乐大厦三楼
负责人：赵小姐　邮　编：523003
Tel：0769－82883555

**东莞市南城米可丝化妆品店**
业务：化妆品，日化产品
地址：广东省东莞市南城区鸿福路90号嘉信茂广场02层03、04号铺
负责人：周秋辉　邮　编：523000
法　人：周秋辉
Tel：0769－21757360
13728128849

**广州市花都区君林大酒店**
地址：广东省广州市花都区新华镇新街工业大道18号
负责人：常伟青
Tel：020－86860866

**东莞市南城农娃娃水煮鱼店**
业务：餐饮，特色水煮鱼菜肴
地址：广东省东莞市南城区莞太路胜和路段22号福民大厦北楼1层105铺
负责人：杨林　邮　编：523003
法　人：杨林
Tel：0769－23397477

**秀山楼大酒店**
地址：广东省广州市环市中路272号
负责人：吴镇东
Tel：020－83543852

**东莞市企石七味坊农家菜馆**
业务：餐饮服务
地址：广东省东莞市企石镇振兴路5号
负责人：姚振邦　邮　编：523003
法　人：姚振邦
Tel：0769－86729177

**东莞市桥头冰蓝酒廊**
业务：酒类零售、休闲娱乐
地址：广东省东莞市桥头镇宏达中路2、6、8、10、12、16号一、二楼
负责人：罗先生　邮　编：523003
法　人：罗晓云
Tel：13556699188
13602321098

**岚山咖啡有限公司**
地址：广东省广州市黄村福元北路荔景花苑第三幢一层二号
负责人：林小姐

Tel:020-82363641

### 东莞市湘中阁湘菜馆
业务：餐饮
地址：广东省东莞市清溪镇三中村委会下围村顺峰路8号一楼
负责人：邓伟男 邮编：523000
法人：邓伟男
Tel:0769-82773518
87362313

### 东莞市石碣审美国际美发桌球俱乐部
业务：美发、桌球
地址：广东省东莞市石碣镇石碣村石单路53号
负责人：尹大伟 邮编：523003
法人：尹大伟
Tel:13071329221
13790269828

**广州市艺鸣商旅服务有限公司**
地址：广东省广州市机场路33号中央酒店商业楼4楼1719室
负责人：赵军
Tel:020-86358821
86358827
13005166264

### 东莞市石碣恒毅火锅店
业务：特色火锅
地址：广东省东莞市石碣镇涌口宝丰路
负责人：李树权 邮编：523000
法人：李恒毅
Tel:0769-81386063

### 东莞市石龙发易坊
业务：美发
地址：广东省东莞市石龙镇新城区裕兴路聚龙湾湾景台首层商铺27号
负责人：王威 邮编：523003
法人：王威
Tel:0769-81389118

**广州市东山区鑫姿美容中心西湾分店**
地址：广东省广州市荔湾区西湾路38号首层自编5号
负责人：邓余花
Tel:020-86476879

### 东莞市塘厦萱姿化妆品店
业务：萱姿品牌化妆品专卖
产品：萱姿品牌化妆品
地址：广东省东莞市塘厦镇田心亨达百货二楼
负责人：何伟杰 邮编：523003
Tel:0769-22377083
82012163
82085913

### ★★★★★A·米兰美甲店
业务：光疗树脂甲、水晶甲、指甲画花、镶钻、手脚增白护理、古法线拉毛等多种的服务。
地址：广东省东莞市莞城东湖花园西大堂4楼平台3栋345号店铺
负责人：董燕 邮编：523003
法人：庄永才
Tel:0769-88772296

**华桑生物工程有限公司**
地址：广东省广州市萝岗区沙湾路联和街6号
负责人：李微霖
Tel:020-89239639
13926452332

### 东莞市莞城盛顿快餐店
业务：中、西式快餐。
地址：广东省东莞市莞城金牛路八达花园A4区一层1B铺
负责人：周代树 邮编：523200
法人：周代树
Tel:0769-89779370

### 东莞市谢岗家园饮食店
业务：客家风味
地址：广东省东莞市谢岗南面新屋下村38号一楼
负责人：林伟红 邮编：528403
法人：林伟红
Tel:13922979823
0769-82333178
Fax:0769-82333178

### 鑫利宾馆
业务：宾馆、客房
地址：广东省东源县仙塘镇中心市场侧门
负责人：陈雄辉 邮编：517000
法人：陈雄辉
Tel:13539106963
0762-8817888
Fax:0762-4613918

**广东省民族旅行社**
地址：广东省广州市三元里搞英大街64号四楼
负责人：杨拯华
Tel:020-86361721
13802973868

### 佛山市禅城区星湾旅馆
业务：提供住宿服务，将以优质的服务、优美的环境，合理的价格，以热情和诚信恭候您的光临。星湾旅馆给您家一样的感觉！
产品：房间干净舒适，设施齐全，设有电视、空调，24小时备有热水
地址：广东省佛山市禅城区江湾一路青海路3号
负责人：王存林 邮编：528000
法人：王存林
Tel:0757-86170951

**广州市丽景国际旅行社华景新城门市部**
地址：广东省广州市天河区华景新城北区翠景园C 203房
负责人：王金萍
Tel:020-83579977

### 佛山市禅城区星志理发店
业务：美容美发
地址：广东省佛山市禅城区金华路1-5号之28号铺
负责人：李明兴 邮编：528000
法人：李明兴
Tel:13433297454
13534426914

### 佛山市禅城区颜鑫养生馆
业务：养生治疗：风湿、颈椎、失眠、头晕、头痛等症状
地址：广东省佛山市禅城区金华路7-11号之19、20号铺
负责人：杨俊珍 邮编：528000
法人：杨俊珍
Tel:13726335169
0757-83935255
18902800876

### 佛山市禅城区叶赞快餐店
业务：为企事业单位配送中式快餐服务
地址：广东省佛山市禅城区新三中16号
负责人：叶路赞 邮编：528000
法人：叶路赞
Tel:0757-83931015
83931016

### 佛山市高明区荷城强盛发大夫化妆品店
业务：化妆品销售，美发
地址：广东省佛山市高明区荷城街道星河路158号之29、30铺
负责人：李坚成 邮编：528000
法人：李坚成
Tel:0757-88661488
13923060146

**广州飞航商旅服务有限公司**
地址：广东省广州市天河区麓景路7号广东发展大厦东楼1311房
负责人：胡育承
Tel:020-88264918

### 佛山市高明区荷城坚挺化妆品店
业务：销售：化妆品
地址：广东省佛山市高明区荷城街道中山路明仕居107号铺
负责人：李仕连 邮编：528000
法人：李仕连
Tel:0757-88236657

### 佛山市南海区里水镇祥逸宾馆
业务：住宿
地址：广东省佛山市里水镇夏塘路华苑一街8号
负责人：张国祥 邮编：528000
法人：张国祥
Tel:13703076847
0757-85618989
85668383

**广州市越秀区君宜美发工作室**
地址：广东省广州市越秀区北京路374号首层
负责人：杨瑞英
Tel:020-81240202

### 佛山市南海区大沥芙之秀美容院
业务：美容护理
地址：广东省佛山市南海区大沥游苑路名汇苑首层商铺12号
负责人：刘菊荣 邮编：528000
法人：刘菊荣
Tel:0757-81183590

**增城市荔枝沟旅游园**
地址：广东省广州市增城区正果镇兰溪村

### 佛山市南海区纤瑟趣卉化妆品店
业务：化妆品
地址：广东省佛山市南海区黄岐岐丰市场二层164号铺
负责人：卢志旺 邮编：528000
法人：卢志旺
Tel:13686577839

### 佛山市南海九江沙口渔家港湾小食店
业务：餐饮
地址：广东省佛山市南海区九江镇沙口街16号
负责人：梁伟权 邮编：528000
法人：梁伟权
Tel:0757-86580196
13927714821

### 佛山市南海区里水巴黎理发店
业务：美发
地址：广东省佛山市南海区里水镇新天地广场星辉苑1018、1019号商铺
负责人：王纪满 邮编：528000
法人：王纪满
Tel:13630196908
0757-85656378

**广州东方国际旅行社有限公司解放北营业部**
地址：广东省广州市越秀区解放北路603号广东省迎宾馆六榕楼2206房
负责人：俞先生
Tel:020-83395816

### 佛山市金宴海鲜酒家
业务：海鲜酒家
地址：广东省佛山市南海区罗村桂丹路联和段北侧沥口村前综合楼
负责人：李洁娟 邮编：528000
法人：李先生
Tel:0757-86440999

### 佛山市南海区狮山浪人专业剪发城
业务：专业剪发、染烫、护理以及提供专业化妆（日妆、晚妆等）
地址：广东省佛山市南海区狮山广场A座首层外铺A033-A034号
负责人：谭光辉 邮编：528225
法人：谭光辉
Tel:13724627849
13060766463

**广州市超味盏饮食有限公司中山五路分公司**
地址：广东省广州市越秀区中山五路68号负一层B103铺
负责人：徐永昌
Tel:020-81300968

### 佛山市三水区龙盘山生态园有限公司
业务：旅游开发、农家乐
地址：广东省佛山市三水区白坭镇
负责人：陆雄辉 邮编：528000
法人：陆雄辉
Tel:13709602818
0757-87565668

### 佛山市三水区西南街萝欧美食城
业务：中、西式餐、甜品、饮料，顺德大良特产双皮奶
地址：广东省佛山市三水区西南街货场路1号铺
负责人：于锦洪 邮编：528000
法人：于锦洪
Tel:0757-87784818
87784828
Fax:0757-87784828

**广州市越秀区永盈茶餐店第一分店**
地址：广东省广州市越秀区中山五路与吉祥路东北角时尚商业城03号铺、二层
负责人：陈奕颜
Tel:020-83331910

### 佛山市顺德区北滘镇俊王酒店
业务：客房服务
地址：广东省佛山市顺德区北滘镇北滘居委会跃进北路祥福楼一、二座3、4、5层
负责人：黄辉荣 邮编：528000
法人：王庭卫
Tel:0757-22395658
22395669
13539311299
Fax:0757-22395669

负责人：潘灶良
Tel:020-82816888
13928972473

### 佛山市顺德区乐从镇名永画店
业务：创作画及销售名人字画
地址：广东省佛山市顺德区乐从镇腾冲康德路26号
负责人：刘昭南 邮编：528000
法人：刘昭南
Tel:15986059890
0757-28906829

### 横琴蠔苑海鲜餐厅
业务：餐饮服务
地址：广东省佛山市顺德区龙江镇沙富村委会沙富食街3号
负责人：李海全 邮编：528000
法人：李海全
Tel:0757-23633362

### 高要市南岸天天超市
业务：食品、饮料、日用品
地址：广东省高要市南岸城东市场
负责人：李健福
法人：李健福
Tel:0758-8396199

**广州市环城饮食服务有限公司**
地址：广东省广州市增城市荔城街城丰路47号（原城丰韭菜园路804房）（本住所）
负责人：罗兆棋
Tel:020-82614934

### 高要市南岸南园酒家
业务：餐饮、野味、特色菜肴
地址：广东省高要市南岸桂源路富华楼首层东南卡商铺
负责人：黄晨旭 邮编：526040
法人：黄晨旭
Tel:0758-8388980

### 高州市冰茸食馆
业务：餐饮，宵夜（凌晨4点）
地址：广东省高州市南关街138号
负责人：卢均全 邮编：525000
法人：卢均全
Tel:0668-6676933

**惠阳金叶大酒店**
地址：广东省惠州市惠阳区淡水镇开城大道南9号
负责人：谢正锋
Tel:0752-3822666
13502576988

### 广州名华餐饮管理有限公司
业务：餐饮管理、餐饮技术指导
产品：甜品培训、甜品、糖水、糖水培训
地址：广东省广州市从化市太平镇神棋路神岗村大桥东面房屋
负责人：林生 邮编：510780
法人：林均强
Tel:020-87828578
Fax:020-87828600
网址：www.020tp.net
E-mail:room123m@yahoo.com.cn

### 广州八喜酒店管理有限公司番禺南村分公司
业务：集客房、沐足、棋牌、按摩为一体的多功能酒店，我们始终奉行"诚信为本、顾客至上、服务一流"的经营宗旨和发展理念，竭诚为您提供最优质的服务
产品：客房、沐足、棋牌、按摩
地址：广东省广州市番禺区迎宾路163号
负责人：徐瑞 邮编：511442
Tel:020-34692888
15818810078
Fax:020-34692828
E-mail:592158632@qq.com

**潮阳市雪亮化妆品有限公司**
地址：广东省汕头市潮阳市峡山镇汕尾工业楼东区二街四栋1-2号
负责人：李泽东
Tel:0754-87795578
87762010
13822808288

### 广州市嘉尔登大酒店有限公司
业务：集旅业、中西餐厅、夜总会、网吧、游艺、桑拿沐足为一体的多功能酒店，我们始终奉行"诚信为本，顾客至上，服务一流"的经营宗旨和发展理念，竭诚为您提供最优质的服务
地址：广东省广州市花都区曙光大道与宝华路交界处
负责人：李亚刚 邮编：510800
法人：张少强
Tel:020-36802888
Fax:020-36809930

**汕头市华丽斯日用化妆品有限公司**
地址：广东省汕头市护堤路龙美工业园区四座

负责人：洪学勇
Tel：0754－82490819
13829656331

**广州欧碧缘生物科技有限公司**
业务：化妆品、保健品
地址：广东省广州市越秀区广园西路 121 号安华美博城主楼第四层 42 号铺
负责人：李宏　邮编：510130
法人：李宏
Tel：13719295068
020－61145500

**广州李先生餐饮管理有限公司第一分店**
业务：餐饮服务及管理
地址：广东省广州市越秀区环市西路 155 号之三 207 铺
负责人：刘富强　邮编：510130
法人：刘富强
Tel：020－86665709

**东源县豫东餐厅**
业务：餐饮
地址：广东省河源市东源县仙塘镇新街 70 号
负责人：吕永军　邮编：517583
法人：王甜密
Tel：13690919165
0762－8817219

**金都大酒店**
地址：广东省深圳市宝安 75 区新安四路 188 号
负责人：叶先生
Tel：0755－27942888
27943888

**东源县家乐宾馆**
业务：住宿
地址：广东省河源市东源县仙塘镇中心市场
负责人：刘春林　邮编：517001
法人：刘春林
Tel：0762－8817068
Fax：0762－8817068

**鱼米之乡酒楼**
地址：广东省深圳市宝安区 34 区雅豪轩对面建安 1 路
负责人：邓丽君
Tel：0755－27853318
13510219083

**连平县城情缘正货行**
业务：美肤宝、自然堂、温碧泉、博士、法兰琳卡、卡丝兰等品牌化妆品专卖
地址：广东省河源市连平县城南街 53 号
负责人：李能　邮编：517001
法人：李能
Tel：020－87814736

**龙川县老隆镇胡正烧腊总店**
业务：烧腊、卤味等
地址：广东省河源市龙川县老隆镇长安路 110 号
负责人：胡立新　邮编：517300
法人：胡立新
Tel：0762－6887882

**深圳市金谷饮食管理有限公司**
地址：广东省深圳市宝安区宝城 22 区新安三路宝恒贸易综合楼五楼左侧 1 号
负责人：李敏新
Tel：0755－27591798

**龙川县老隆镇胡正烧腊第二分店**
业务：烧腊、卤味等
地址：广东省河源市龙川县老隆镇龙江一路 1 号
负责人：胡立新　邮编：517001
法人：胡立新
Tel：0762－6890008

**龙川县老隆镇胡正烧腊第四分店**
业务：烧腊、卤味等
地址：广东省河源市龙川县老隆镇下泡水一路（电厂宿舍楼 B 栋）
负责人：胡立新　邮编：517300
法人：胡立新
Tel：0762－6890720

**龙川县老隆镇胡正烧腊第三分店**
业务：烧腊、卤味等
地址：广东省河源市龙川县老隆镇小河南 41 号
负责人：胡立新　邮编：517300
法人：胡立新
Tel：0762－6896782

**新安舞缘舞蹈用品店**
地址：广东省深圳市宝安区宝城 2 区前进一路 38 栋 2－2 号
负责人：黄海英
Tel：0755－27873321
13828710849

**龙川县粤客风味酒店**
业务：餐饮、住宿
地址：广东省河源市龙川县水贝开发区金马商务酒店二楼
负责人：邬南京　邮编：517300
法人：邬南京
Tel：13650697178
0762－6386123

**深圳市宝安区富盈招待所**
地址：广东省深圳市宝安区宝城 73 区流塘路 330 号 B 栋二楼
负责人：黄文星
Tel：0755－27669528

**河源市源城区湛江菜馆**
业务：餐饮
地址：广东省河源市源城区宝源桥头[滨江金利大酒店旁]
负责人：李志东　邮编：517001
法人：李志东
Tel：13650677833
0762－3396168
3396228

**河源市源城区深井烧鹅王快餐店**
业务：餐饮
地址：广东省河源市源城区大桥南路 33 号 A 栋第 5－6 卡门店
负责人：程兆燊　邮编：517001
法人：何仕
Tel：0762－3280000

**深圳市龙岗区横岗大厦龙堡酒店**
业务：深圳市龙岗区横岗大厦龙堡酒店成立于 1998 年，主要从事酒店经营、管理。我们信奉顾客是上帝的宗旨，以最优质的服务赢得顾客。竭诚欢迎海内外客户下榻本酒店，参观、指导！
地址：广东省深圳市龙岗区横岗镇松柏路
负责人：江涛　邮编：518115
法人：江涛
Tel：0755－28862328

**河源市源城区圣柏拉咖啡厅**
业务：西式牛扒、咖啡、红酒、奶茶饮料，粤式精炒、点心、雪蛤、燕窝、XO 酒系列。另还准备建立河源市法国一品牌红酒总代理。
地址：广东省河源市源城区大同路长城世纪华府 14 号
负责人：廖敬倡　邮编：517001
法人：廖敬倡
Tel：13544348689
13553206880

**河源市源城区麦得士汉堡店**
业务：提供西式快餐
产品：西式快餐
地址：广东省河源市源城区卫星南直街东十巷 7 号
负责人：王基华　邮编：517000
法人：王基华
Tel：0762－3331677

**深圳市宝安区东来顺饭庄**
地址：广东省深圳市宝安区宝城宝民一路 69 号 2 楼 201、202 室
负责人：游杰夫
Tel：0755－27873238

**河源市源城区菲梵经典美容院分院**
业务：美容美体
地址：广东省河源市源城区文明路 212－5 号
负责人：王丹　邮编：517000
法人：王丹
Tel：0762－3823899
3823799

**紫金县凤安下石山乡情美食庄园**
业务：特色餐饮、旅游
地址：广东省河源市紫金县凤安镇下石村
负责人：陈志权　邮编：517001
法人：陈志权
Tel：0762－7404888
13332763383

**紫金县古竹腾雀麻雀店**
业务：腾雀麻将机零售
地址：广东省河源市紫金县古竹镇竹港北西二路 15 号
负责人：曾展华　邮编：517400
法人：曾建军
Tel：0762－7186522
15907626382

**福永楼海鲜酒家**
地址：广东省深圳市宝安区福永镇怀德南福中路 90 号
负责人：黄先生
Tel：0755－27386001
26141444

**博罗县石湾镇御龙湾酒店**
业务：经营住宿、餐饮服务
地址：广东省惠州市博罗县石湾镇永石大道滘吓路口
负责人：陈盛铭　邮编：516127
法人：陈盛铭
Tel：0752－6925888

**永记海鲜酒楼**
地址：广东省深圳市宝安区公明镇公园路 6 号
负责人：陈总
Tel：0755－27106788

**逆水舟乐器**
业务：本公司集中西乐器生产、销售、教学于一体，立足创新，追求卓越，并以最优质的产品，最专业的服务，最好的信誉为追求目标，逆水舟乐器愿与您共普辉煌新乐章！
产品：吉他
地址：广东省惠州市东湖花园二区 36 号铺
负责人：陈志强　邮编：516001
法人：王少峰
Tel：13825436423
E-mail：qiang5158@yahoo.com.cn
QQ：469878077

**惠州市惠城区逆水舟琴行**
业务：琴行，培训
地址：广东省惠州市东湖花园二区 36 号铺
负责人：陈志强　邮编：516000
法人：王少峰
Tel：13825436423
13422913332

**大华饮食服务**
地址：广东省深圳市宝安区公明镇田寮村第一工业区
负责人：白建华
Tel：0755－27107305
13802558387
13714102870

**金草帽韩国料理**
业务：韩国料理
地址：广东省惠州市东湖西路之永旺惠州购物中心 R105
负责人：金成和　邮编：516001
法人：金成和
Tel：0752－2358062

**惠州市惠城区真味涮火锅店**
业务：火锅
地址：广东省惠州市东湖西路之永旺惠州购物中心 R106
负责人：金成和　邮编：516001
法人：金成和
Tel：13378669680
0752－2358063

**皇后化妆品（深圳）有限公司**
地址：广东省深圳市宝安区观澜镇君子布田心村统一工业园 5 号
负责人：黄喜润
Tel：0755－28855258

**惠州市惠城区金伯爵酒店**
业务：卡拉 OK 娱乐服务
地址：广东省惠州市惠城区陈江街道办事处白云山路金茂商业广场四楼
负责人：蔡运青　邮编：516229
法人：蔡运青
Tel：0752－3173968
Fax：0752－3173736

**惠州市惠城区外记餐厅**
业务：经营客家菜、河鲜、野味
地址：广东省惠州市惠城区河南岸 34 号小区群芳苑第六栋 18A 号
负责人：张文彪　邮编：516001
法人：张文彪
Tel：0752－2514961
15812541813

**光明农场光明酒楼**
地址：广东省深圳市宝安区光明农场光明大街水利公司综合楼
负责人：刘雨燕
Tel：0755－27402168
13544177755

**惠州市惠城区横沥镇金沙饭店**
业务：餐饮服务
地址：广东省惠州市惠城区横沥镇黄沙洞村
负责人：刘运平　邮编：516001
法人：刘运平
Tel：15917781633
0752－3203382

**惠州市惠城区荣晟餐馆**
业务：餐饮、住宿服务
地址：广东省惠州市惠城区马安新乐大道
负责人：潘正荣　邮编：516001
法人：潘正荣
Tel：13680813368
13680813696

**华龙酒店用品有限公司**
地址：广东省深圳市宝安区龙华镇上塘松仔园 122 号 302 室
负责人：曾伟龙
Tel：0755－28132688
13825720888

**惠州市惠城区海门成兴海鲜酒家**
业务：餐饮
地址：广东省惠州市惠城区麦地南路 24 号之 12
负责人：姚欣强　邮编：516001
法人：姚欣强
Tel：0752－2151899

**广东省惠州市小母里日本料理**
业务：以正宗的日本怀石料理为主，特聘日本东京名厨主理，主营各类日本美食、寿司、刺身、天妇罗等
地址：广东省惠州市惠城区麦兴路 8 号惠华楼第一层 4－5 号门市
负责人：郑志龙　邮编：516001
法人：郑志龙
Tel：0752－2278505

**深圳市宝安区沙井镇凯悦招待所**
地址：广东省深圳市宝安区沙井镇东环路 148 号二层
负责人：蔡钢星
Tel：0755－27296998
13600188818

**惠州市惠城区丰宝源农庄**
业务：美食、休闲娱乐、垂钓等
地址：广东省惠州市惠城区汝湖镇虾村八组惠民大道边
负责人：邱苑妮　邮编：516001
法人：邱苑妮
Tel：0752－2763018
2763028

**惠州市惠城区润圆饭店**
业务：餐饮服务
地址：广东省惠州市惠城区仲恺高新区金宝创业家园 A－116 铺
负责人：陈耀辉　邮编：516001
法人：陈耀辉
Tel：0752－2621668
13502295679

**富华文体城**
地址：广东省深圳市宝安区沙井镇新沙路东塘街 7－9 号
负责人：黄太
Tel：0755－27201537
13502829396

**惠东县平山金山路美食烧烤**
业务：碳烧生蚝、带子、蛏子、王元贝等，牛仔骨、羊排骨等特色，艇仔粥等
地址：广东省惠州市惠东县华侨城 50 米大道路口
负责人：朱保东　邮编：516001
法人：朱保东
Tel：13631914699
0752－8820598
8823958
8557238
13631914696

**惠东县平山阳光茶座**
业务：主营啤酒、冷热饮、风味小吃、夜宵、火锅等。环境幽雅、舒适、惬意，极大满足了人们在品位型休闲上的需求。
地址：广东省惠州市惠东县平山华锦路
负责人：胡喜运　邮编：516300
法人：胡喜运
Tel：0752－8525588
Fax：0752－8525578
E-mail：178053741@qq.com

**惠东县稔山镇水绿方饭店**
业务：餐饮服务
地址：广东省惠州市惠东县稔山镇大埔屯村广汕路边（变电站斜对面）
负责人：钟军亮　邮编：516347
法人：钟军亮
Tel：0752－8311228
8311238
13829966879
Fax：0752－8311238

**深圳市康乐顺饮食服务有限公司**
地址：广东省深圳市宝安区石岩镇北环路桃园居 104
负责人：邱俊波
Tel：0755－29835988
29835288
13632953838

**惠东县平山元记茶果店**
业务：奶茶、果茶、咸茶
地址：广东省惠州市惠东县平山南湖路 19 号
负责人：何汉南　邮　编：516001
法　人：何汉南
Tel：0752－8892599

**深圳市白兰净化妆品有限公司**
地址：广东省深圳市宝安区松岗镇楼岗商业步行街二楼 203 号
负责人：陈世勇
Tel：0755－27097269

**惠东巽寮镇美食街鸿星海鲜酒家**
业务：餐饮服务
地址：广东省惠州市惠东县巽寮美食街
负责人：黄妙华　邮　编：516001
法　人：黄妙华
Tel：0752－8336899

**惠东县巽寮海逸珍珠场度假村酒店**
业务：海水珍珠养殖场、旅业、餐饮
产品：珍珠手饰品、贝壳工艺品、日用品、副食
地址：广东省惠州市惠东县巽寮镇巽寮湾黄竹洋村
负责人：王淑珍　邮　编：516367
法　人：王城耀
Tel：0752－8337234
Fax：0752－8337234
网址：www.xunliaopearlfarm.com

**宝源饮食服务有限公司**
地址：广东省深圳市宝安区西乡镇宝民路流塘大厦 2002 室
负责人：王卓辉
Tel：0755－27930233
13828878928

**惠州市惠东县平山江汇中西餐厅**
业务：中西餐
地址：广东省惠州市惠东县银基大道昌盛小区 2 栋 4－5 号
负责人：李茂龙　邮　编：516000
法　人：李茂龙
Tel：13542709767
0752－8551216

**惠州市惠阳区淡水拾味馆砂锅骨汤店**
业务：各类骨头汤、砂锅
地址：广东省惠州市惠阳区淡水嘉信茂广场二楼 25－26－28B 号
负责人：谢军　邮　编：516000
法　人：谢军
Tel：0752－3801335

**黑伦假日中西餐厅**
地址：广东省深圳市宝安区西乡镇臣田村委对面
负责人：蕉黑佬
Tel：0755－27582816
13602693258

**惠州市惠阳区淡水惠阳美发城**
业务：剪发、烫发、染发及其护理、美容
地址：广东省惠州市惠阳区淡水南门大街
负责人：何晚钦　邮　编：516001
法　人：何晚钦
Tel：0752－3996300
13192836483

**惠州市惠阳区镇隆龙胜宾馆**
业务：客房
地址：广东省惠州市惠阳区镇隆大华小区
负责人：谢斌龙　邮　编：516001
法　人：谢斌龙
Tel：0752－3132666
3132663

**惠州市尚天然文化有限公司**
业务：中国龙门农民画的展览和销售、大型会议、宴会厅、多功能厅
地址：广东省惠州市龙门县龙田镇赖屋村
负责人：李涌生　邮　编：516001
法　人：李涌生
Tel：13502223788
0752－7333333
7981030

**西乡镇江宝石餐厅**
地址：广东省深圳市宝安区西乡镇固戍村上围园新村 176 号
负责人：姜有忠
Tel：13502830963

**龙门县龙城常乐鱼具店**
业务：渔具销售、鱼饵、鱼饲料
地址：广东省惠州市龙门县县城中心市场西下 7 号
负责人：王惠芬　邮　编：516001
法　人：王惠芬
Tel：0752－7781438
13719640094
13502221124

**深圳市红百合饮食管理有限公司**
地址：广东省深圳市宝安区西乡镇三围村中路 10 市场一楼
负责人：刘少义
Tel：0755－27140978
13823205133
13602696781

**惠州市惠城区南坛舞茶道饮品店**
业务：各种茶品、咖啡饮品。营业时间上午 10：00－晚上 12：00，商家折扣一次性买五杯送一杯，特色简介：严选最好的食材与设备，做出最养生健康的饮品，用心、专心、细心、贴心的呈现每一杯健康美味的茶饮，坚持品质，提升品味，坚持给消费者最好的价值。
地址：广东省惠州市南坛大路（下埔大道）一号政府宿舍一栋一楼商场之 3
负责人：韩存哲　邮　编：516001
法　人：韩存哲
Tel：0752－2118017

**惠州市惠城区贝贝美甲店**
业务：美甲、美容、纹秀、日妆、新娘化妆、团体化妆、舞台妆、光疗甲、电睫毛、架接睫毛、水晶雕花等服务。
地址：广东省惠州市南坛东路 17 号美博城二楼 2321、2322、2323、2325 号铺
负责人：谷丹妮　邮　编：516001
法　人：谷丹妮
Tel：13414506312
0752－7831238

**麦当劳餐厅（深圳）有限公司宝安万家甜品店**
地址：广东省深圳市宝安区新安街道办宝民路东侧华润万家商场首层人口处
负责人：陈金发
Tel：0755－27754296

**广东省惠州市惠城区水木年华酒吧**
业务：休闲娱乐
地址：广东省惠州市下埔二路 26 号（九中斜对面）
负责人：贺斌　邮　编：516000
法　人：贺斌
Tel：0752－2111703
21117706

**惠东县吉隆皇廷商旅酒店**
业务：酒店宾馆
地址：广东省惠州市惠东县吉隆镇鞋城三十米大道
负责人：刘绪强　邮　编：516001
法　人：刘绪强
Tel：0752－8699322
8699222
13600100129
Fax：0752－8630999

**深圳市东方二十一文化发展有限公司**
地址：广东省深圳市保安南路 2056 号国都花园 3 楼
负责人：付江
Tel：0755－25561669
13602637546

**美之最护肤美容院**
业务：护肤、美容美体
地址：广东省江门市白石大道 132 号 110 铺
邮　编：529000
法　人：刘美兰
Tel：0750－3931278
3131028

**开平市三埠区怡沁坊专业瘦身美容院**
业务：健康美容纤体
地址：广东省江门市开平市三埠区长沙沿江西路 36 号 3 幢首层 101 房
负责人：邝艳芬　邮　编：529020
法　人：邝艳芬
Tel：0750－2319828

**深圳市福田区东都亭餐厅**
地址：广东省深圳市福田区爱华南路 32 号
负责人：白凤敏
Tel：0755－83631565
013825265558

**开平市三埠区强兴美食店**
业务：餐饮
地址：广东省江门市开平市三埠区横岭开发区 B 区公路边铺位
负责人：黄述强　邮　编：529020
法　人：黄述强
Tel：0750－2993339
2392789

**江门市新会区大泽镇回味鸡快餐厅**
业务：快餐
地址：广东省江门市龙湾高速路口
负责人：张满庭　邮　编：529020
法　人：张满庭
Tel：13823513339
13928512315

**深圳市心源化妆品商行**
地址：广东省深圳市福田区彩田南路福建大厦 1011 室
负责人：杨健
Tel：0755－28045367

**广东省江门市蓬江区古井烧味店**
业务：烤肉、烤鹅、猪排等
地址：广东省江门市蓬江区良化里 80 号之 13
负责人：伍举　邮　编：529000
法　人：伍举
Tel：13652747221
13427207386

**江门市蓬江区邑咪邑咪涮涮锅店**
业务：涮涮锅经营
地址：广东省江门市蓬江区水南路泰富城一座 1 号二楼 V01
负责人：黄汉坚　邮　编：529020
法　人：黄汉坚
Tel：0750－3188221

**塔里木河大酒楼有限公司**
地址：广东省深圳市福田区东园路东园市场二楼
负责人：胡霞
Tel：0755－25870698
13714688661

**江门市蓬江区好之味．锋仔食店**
业务：餐饮
地址：广东省江门市蓬江区梧岗里 72 号首层第二卡
负责人：李健庭　邮　编：529020
法　人：李健庭
Tel：0750－3366448

**福建福州华莱士（餐饮）有限连锁公司**
业务：华莱士连锁餐饮直营店，主要经营各种冷、热饮、汉堡、炸鸡、薯条等各种西式套餐，动感时尚，浓香诱人！美味实惠尽在华莱士！
产品：汉堡、炸鸡、薯条等
地址：广东省江门市新会区会城东庆北路 8 号首层 110
负责人：张为钦　邮　编：529000
Tel：0750－6111558
3330758
6113635
Fax：0750－6113635

**开平市春浩酒楼**
业务：餐饮、停车
地址：广东省开平市长沙区三联管理区敢鱼咀
负责人：梁贺全　邮　编：529300
法　人：梁春浩
Tel：0750－2360777
2360738

**广东省开平市春浩酒楼**
业务：提供中式餐饮服务，主营新鲜猪杂、以猪产品为特色的美食及鲍、参、翅等名品菜肴，广东厨师的纯正的粤菜口味，欢迎您的光临品尝！
地址：广东省开平市长沙三联管理区敢鱼嘴
负责人：梁春浩　邮　编：529300
法　人：梁春浩
Tel：0750－2360779
2360777
Fax：0750－2363585
E-mail：chunhao99@126.com

**深圳市得美健科技发展有限公司**
地址：广东省深圳市福田区红荔路群星广场 B 座 1302 室
负责人：翁志新
Tel：0755－83975183
13760315888

**雷州市雷城麦肯基西餐厅**
业务：餐饮服务
地址：广东省雷州市雷城群众大道建行大厦一楼
负责人：严明光　邮　编：524038
法　人：严明光
Tel：13822558787
0759－8817889

**茂名禾田商行**
业务：经营日本料理、日本寿司、日本铁板烧
地址：广东省茂名市官山四路 8 号 601 室
负责人：华俊清　邮　编：525000
法　人：华俊清
Tel：13380803111

**深圳市福田区华发北重庆快餐店**
地址：广东省深圳市福田区华发北路 416 栋一层 4 号
负责人：刘其元
Tel：18922817668

**茂名功夫小子快餐店**
业务：餐饮
地址：广东省茂名市西粤中路 8 号嘉信茂广场 1 层 01－27/28/29/30
负责人：何德源　邮　编：525000
法　人：何德源
Tel：0668－2966656
18902541992

**茂名长源食府**
业务：餐饮
地址：广东省茂名市新福一路 1 号
负责人：黄礼深　邮　编：525000
法　人：黄礼深
Tel：0668－3331099
3331088

**福田中医院停车场有限公司**
地址：广东省深圳市福田区景田北 6001 号
负责人：林英平
Tel：0755－83097789
13823772618

**信宜市东镇宝丰商务宾馆**
业务：住宿服务
地址：广东省茂名市信宜市东镇新尚路 7 号
负责人：罗宝辉　邮　编：525000
法　人：罗宝辉
Tel：13727819766
0668－8811222

**信宜市富丽商务宾馆**
业务：住宿服务
地址：广东省茂名市信宜市人民南路 119 号
负责人：罗宝辉　邮　编：525000
法　人：罗宝辉
Tel：13727819766
0668－8825111

**东北春饼饮食服务有限公司**
地址：广东省深圳市福田区景田北路中国茶宫东北村酒楼 2 楼
负责人：张绍义
Tel：0755－83155562
13923798282

**信宜市东镇佳坊烧味快餐厅**
业务：经营特色砂锅煲仔饭系列，烧味饭系列，荷叶蒸饭系列，快餐，提供外卖服务
地址：广东省茂名市信宜市新里二路 34 号
负责人：罗关飞　邮　编：525300
法　人：罗关飞
Tel：13542368590
0668－8887555

**辉煌餐厅**
业务：野味、河鲜、客家风味、广东粤菜
地址：广东省梅州市大埔县大东镇新街 58 号
负责人：罗作义　邮　编：514000
法　人：罗作义
Tel：0753－5711388

**深圳市虹美佳实业有限公司**
地址：广东省深圳市福田区景田西 5 栋 704
负责人：唐良建
Tel：0755－26368288
83903898

**大埔县农庄炉中驴餐室**
业务：中餐制售
地址：广东省梅州市大埔县湖寮镇岭下村委综合楼一楼
负责人：赖小姐　邮　编：514200
Tel：13622473186
13622475186

### 丰顺县品源农家菜馆
业务:餐饮
地址:广东省梅州市丰顺县汤西镇新湖颖川路 172 号
负责人:陈柳藏 邮编:514021
法人:陈柳藏
Tel:0753－6856715

**深圳市丽辉化妆品贸易商行**
地址:广东省深圳市福田区莲花西路金色家园二期 G11 号商铺
负责人:张涛
Tel:13006660625

### 梅县世纪大道雀友自动麻将桌店
业务:自动麻将桌销售
地址:广东省梅州市梅县新城办事处世纪大道 D25 栋 5 号
负责人:黄国尚 邮编:514021
法人:黄国尚
Tel:13539199768

### 梅州市梅江区东港渔村饭店
业务:特色全鱼宴、海鲜、河鲜、客家菜等;代办各婚庆宴席业务
地址:广东省梅州市梅州三路小花园 18 号之一汉东楼右后第二间
负责人:梁友钟 邮编:514021
法人:梁友钟
Tel:0753－2218660

**深圳市明星琴行有限公司**
地址:广东省深圳市福田区梅林一村润裕苑 1 幢 203－204
负责人:韦国
Tel:0755－82985262
26113151

### 平远县石正镇南台山荣珍饭店
业务:饭店
地址:广东省梅州市平远县石正镇南台山乐湖寺
负责人:凌荣珍 邮编:516000
法人:凌荣珍
Tel:13075112713
0753－8289835

### 五华县新凯逸酒店有限公司
业务:客房、KTV
地址:广东省梅州市五华县水寨镇华侨直街 58 号
负责人:李剑锋 邮编:514400
法人:李剑锋
Tel:13826608188
0753－4323888

**深圳市旭升足球俱乐部有限公司**
地址:广东省深圳市福田区上步北路广东省深圳市体育场三区十三号
负责人:曾国强
Tel:0755－83240071
13802220756

### 五华县水寨镇雀健娱乐器材经销店
业务:销售自动麻将机
地址:广东省梅州市五华县水寨镇华一路
负责人:李崇威 邮编:514400
法人:李崇威
Tel:13723676718
0753－4428066

### 兴宁市坭陂镇明新农家美食店
业务:农家各种美食
地址:广东省梅州市兴宁市坭陂镇柑子村
负责人:黄银新 邮编:514021
法人:黄银新
Tel:0753－3721693
13802365273

### 兴宁市木子推拿店
业务:专业按摩、刮痧、拔火罐等
地址:广东省梅州市兴宁市兴城怡兴路木子推拿店
负责人:何仕群 邮编:514021
Tel:13719976382

### 苏氏会馆招待所/苏氏助学楼旅馆
业务:住宿,旅业
地址:广东省南雄市老城维新路/广东省南雄市八一大街 180 号
负责人:苏中平 邮编:512400
法人:苏中平
Tel:0751－3871139
3875309
Fax:0751－3832137

**梨范苑饮食有限公司**
地址:广东省深圳市福田区上步工业区 202 幢一楼
负责人:金龙洙
Tel:0755－83229028
13603083581

**康辉旅行社有限公司观光部**
地址:广东省深圳市福田区深纺大厦 C 座 5 楼
负责人:杨凯欧
Tel:0755－83050412
83777702
13502809900

### 清远市清城区龙塘镇银泉商务酒店
业务:客户服务
地址:广东省清远市清城区龙塘镇银盏村委会综合楼二至五层
负责人:黄镜全 邮编:511500
法人:黄镜全
Tel:0763－6812348
13553966132
Fax:0763－6812348

### 清远市清城区珠玑人家
业务:中式餐饮、订餐
地址:广东省清远市清城区人民二路白石村 141 号
负责人:高龄宝 邮编:511500
法人:高龄宝
Tel:0763－3377488

**深圳市杰民达实业发展公司**
地址:广东省深圳市福田区深南大道 4013 号兴业银行大厦 609－613
负责人:彭佐雄
Tel:0755－83026938
83026968
83255998

### 清远市清城区石角镇珍宝美食轩
业务:特色餐饮服务
地址:广东省清远市清城区石角镇清三公路塘头路口北首层
负责人:林镇球 邮编:511500
法人:林镇球
Tel:0763－3203366

### 清远市清城区新城龙港酒家
业务:餐饮
地址:广东省清远市清城区新城东 12 号区北江一路金海湾豪庭综合市场二楼
负责人:黄劲勇 邮编:511518
法人:黄劲勇
Tel:0763－3376688
Fax:0763－3876788

**喜年大酒楼有限公司**
地址:广东省深圳市福田区深南路与泰然九路交办喜年中心大厦 2－3 楼
负责人:梁建波
Tel:0755－83459988
13924619168

### 清远市清城区新城方圆三角理发店
业务:理发、染发、美容
地址:广东省清远市清城区新城东 14 号区尚景峰大厦首层 09 号
负责人:陈少华 邮编:511500
法人:陈少华
Tel:0763－3550177

### 清远市清城区小市金粤海鲜酒楼
业务:餐饮服务
地址:广东省清远市清城区新城西二号区永安路与凤城路交界西一座一、二层
负责人:张维权 邮编:511500
法人:张维权
Tel:0763－3855938
13922604281

### 清新县太和镇迪斯奈溜冰场
业务:溜冰场
地址:广东省清远市清新县太和镇环城路 119 号广硕花园综合楼
负责人:梁伟波 邮编:511500
法人:陈先生
Tel:0763－5857722
13802961493
Fax:0763－5858951

### 清新县广硕文化广场
业务:娱乐、餐饮
地址:广东省清远市清新县太和镇环城路 119 号广硕文化广场
负责人:陈佩平 邮编:511800
法人:梁伟波
Tel:0763－5858793
0763－5858000

**海联旅行社有限公司**
地址:广东省深圳市福田区深南中路电子科技大厦 C 座 44 层 B1
负责人:王鹏世
Tel:13715373003

**国爱文化发展有限公司**
地址:广东省深圳市福田区松岭路南园大楼东座 4 楼
负责人:张德润
Tel:0755－83636548
82445912
13802200989

### 清新县太和镇伟达饭店
业务:经营连州风味菜。
地址:广东省清远市清新县太和镇乐园管理区 107 国道边(中信加油站侧首层)
负责人:刘卫平 邮编:511500
法人:刘卫平
Tel:0763－5850748

### 永亮宾馆
业务:住宿,休闲
地址:广东省清远市清新县太和镇新城路 29 号信和居 B 栋 1003－1004 号
负责人:苏永华 邮编:511800
法人:陈杏云
Tel:0763－5813008
Fax:0763－5831228
E-mail:yonglingbinguan@163.com

**深圳市利鸿实业有限公司**
地址:广东省深圳市福田区新沙路 1 号建发大厦七楼西
负责人:陈利雄
Tel:0755－83408856
13501583113

### 清远市鑫嘉圆餐饮服务有限公司
业务:专业承包工厂、学校、医院、企事业单位、工业园食堂厨房设备投资与经营、餐饮管理、营养配餐、蔬菜粮油配送、餐饮服务等食堂管理一体化的连锁经营企业。本着诚信、优质的经营原则,得到各服务企业领导与员工的肯定与好评。
地址:广东省清远市新城连江路金沙商务大厦第 7 层 A02a 号
负责人:苏红梅 邮编:511500
法人:罗松柏
Tel:0763－3123678
3123789
3123918
15089726222
15089731222
Fax:0763－3123678
E-mail:xinjiayuancanyin@yahoo.cn

### 阳山县阳城七公烤翅店
业务:经营烤翅、风味小吃,提供外卖
地址:广东省清远市阳山县阳城大街旭阳商业城(来来超市侧)
负责人:谢绍欢 邮编:513100
法人:谢绍欢
Tel:13417251057
13160563624

### 广州市森茂酒店日用品有限公司
业务:我公司成立于 1994 年,主要经营酒店旅游用品,如:筷子,牙签,调酒棒,竹签,吸管等酒店用品。产品远销欧洲、美国、意大利等国家,优良的品质和实在的价格,欢迎各广大顾客前来询问和购买。
地址:广东省广州市天河区龙口西路 76 号 306
负责人:于洋 邮编:510630
法人:于洋
Tel:020－87580209
网址:www.china－senmao.com

### 英德市英城经典理发店
业务:美发
地址:广东省清远市英德市英城建设东街兴怡居首层 104 号
负责人:欧卓文 邮编:511500
法人:凌泽琼
Tel:13729627693
13727126962

### 汕头市潮南区翠竹丽休闲美容美发、翠竹丽休闲美容美发分店
业务:休闲美容美发
地址:广东省汕头市潮南区峡山峡华二街七号首层、广东省汕头市潮南区商贸中心十五街 609 室
负责人:倪少春 邮编:515000
法人:姚巡凤
Tel:0754－87777551
13502912551

**上沙市场海鲜档**
地址:广东省深圳市福田区新洲九街新河雅居 A 座 1304
负责人:罗家明
Tel:0755－83845497
13590223198

### 汕头市澄海区啊永牛肉店
业务:牛肉火锅,牛肉丸等牛肉食品
地址:广东省汕头市澄海区凤翔头份兴达工业区莱美路旁
负责人:王创勇 邮编:515000
法人:王创勇
Tel:13502742868
0754－85516866

### 和贵大排档
业务:餐饮,小炒、火锅
地址:广东省汕头市澄海区莲华镇东铁路
负责人:张天桂 邮编:515000
法人:张天桂
Tel:13670424171
0754－85306414

**深圳市康利矿泉浴疗中心**
地址:广东省深圳市福田区燕南路 98 号西栋 203 室
负责人:叶锋强
Tel:0755－83247055
13902954551

### 海丰县附城慧成宾馆
业务:旅业
地址:广东省汕尾市海丰县(国际酒店对面)西苑巷
负责人:刘仁仕 邮编:516400
法人:刘仁仕
Tel:0660－6287868

### 海丰县城海联发食府
业务:餐饮
地址:广东省汕尾市海丰县城莲花新望管区海莲路边
负责人:陈富坤 邮编:516601
法人:陈富坤
Tel:13650610666
0660－6728666

**深圳市天成燕翅鲍茶艺轩**
地址:广东省深圳市福田区益田路合正佳园第二层
负责人:陈廷真
Tel:0755－26608888

### 海丰县城甲丽净灰指甲店
业务:主治手足癣、皮肤癣、甲沟炎、脚臭、鸡眼、手足干裂脱皮等
产品:甲丽净(一周去病甲、半月长新甲)
地址:广东省汕尾市海丰县海丽大道 87 号
负责人:周进富 邮编:516400
法人:周进富
Tel:0660－3919597
13680909416

### 韶关市曲江区银沙娱乐城
业务:卡拉 OK、桑拿、足浴
地址:广东省韶关市曲江区马坝镇沿堤三路江畔花园第二十八栋
负责人:尹月贵 邮编:512000
法人:尹月贵
Tel:0751－6693339

**山天饮食连锁有限公司**
地址:广东省深圳市福田区银湖路口三九机电大厦四楼
负责人:杨力
Tel:0755－25926111

### 韶关市涂氏餐饮管理有限公司
业务:餐饮管理
地址:广东省韶关市曲江区马坝镇沿堤一路聚贤楼 902 房
负责人:涂德元 邮编:512000
法人:涂德元
Tel:13112040080
0751－6663062

### 始兴县大福酒店
业务:内设 40 多间套房,都可光纤上网 总台订房电话:0751－3337333 3327666 订餐电话:0751－3327777
地址:广东省韶关市始兴县太平镇永安大道公路局大楼
负责人:曾先生 邮编:512000
Tel:0751－3337333
3327666
3327777

**凯泰茶餐厅**
地址:广东省深圳市福田区渔农村海华阁 0102 号铺
负责人:陈新华
Tel:0755－83870699
13600193043

### 翁源县万里香商务宾馆
业务:标准间、普通间、棋牌间、套间等
地址:广东省韶关市翁源县官渡镇华榕大道
负责人:王夫庭 邮 编:512625
法 人:王夫庭
Tel:0751－2886668

### 翁源县新贵族花卉种植有限公司
业务:种植和销售仙鹤花、兰花
产品:仙鹤花、兰花
地址:广东省韶关市翁源县江尾镇(仙鹤花卉种植基地)内
负责人:游妙圣 邮 编:512000
法 人:游妙圣
Tel:0751－2511373

**深圳市福田区爱心盲人脚部按摩中心**
地址:广东省深圳市福田区园岭新村 105 栋 106 室
负责人:徐兵
Tel:13714515269

### 翁源县沙宣理发店
业务:主要经营美发
地址:广东省韶关市翁源县龙仙镇镇政府对面
负责人:陈国梁 邮 编:512000
法 人:陈国梁
Tel:13680067444
15819229799

### 武江区鸿御康乐休闲会所
业务:娱乐服务
地址:广东省韶关市武江区工业东路 19 号
负责人:戴鹤稳 邮 编:512000
法 人:戴鹤稳
Tel:0751－8336759
13826351660

**深圳市友谊国际旅行社有限公司振华营业部**
地址:广东省深圳市福田区振华路 45 号汽车大厦 A402－1
负责人:李宏勇
Tel:0755－61340088

### 武江区罗马王室美容生活馆
业务:美容美体、水疗、SPA、瑜珈、韩式汗蒸等
地址:广东省韶关市武江区工业西路 26 号山水华府旭月园 1 栋 101/韶关市浈江区和平路 75 号浪琴居罗马心殿 401
负责人:王元珍 邮 编:512000
法 人:王元珍
Tel:0751－8731998
8732998
8899589

### 一品土窖烧鸡园二分店
业务:韶关首家柴火烧鸡
地址:广东省韶关市武江区工业西路交叉路口小杨屋村
负责人:蒋海军 邮 编:512000
法 人:蒋海军
Tel:0751－8732877
15875107116

**深圳市世代无限文化发展有限公司**
地址:广东省深圳市福田区振华路富怡雅居 D 栋 9A
负责人:郭学文
Tel:0755－61283166

### 武江区巴提雅休闲中心
业务:休闲、娱乐
地址:广东省韶关市武江区金福园小区金山楼
负责人:汤先生 邮 编:512000
法 人:汤威
Tel:0751－8535999

### 新丰县雪山林苑
业务:农家乐:烧烤、棋牌、钓鱼
地址:广东省韶关市新丰县丰城镇朱洞村
负责人:陈小河 邮 编:511100
法 人:陈小河
Tel:0751－2297177

### 韶关市浈江区乐巢酒吧
业务:酒吧
地址:广东省韶关市浈江区风度中路 35 号 5 楼
负责人:林志斌 邮 编:512000
法 人:林志斌
Tel:13826333346
13580142205

**深圳市福田区名艺名发廊**
地址:广东省深圳市福田区振华路深纺大厦 C 座 1 楼
负责人:廖茂森
Tel:0755－83002648

13902947816

### 星夜西餐厅
业务:中西餐餐饮服务
地址:广东省韶关市浈江区南郊三公里金沙汽车总站斜对面
负责人:邹双喜 邮 编:512000
法 人:邹双喜
Tel:13570779608
0751－8287210

**北海渔村饮食服务有限公司**
地址:广东省深圳市福田区振华路十四号之四
负责人:莫景波
Tel:0755－83347564
13138886871

### 福永乡下菜
业务:菜系:广东菜/粤菜;湖南菜/湘菜;特色菜:木桶鸡;烧鸡;白切鸡
地址:广东省深圳市宝安区福永街道福永大道怀德村翠岗工业园一区
负责人:潘银香 邮 编:518103
法 人:潘银香
Tel:13642348298
0755－27331500

### 龙凤园大酒楼
业务:餐饮
地址:广东省深圳市宝安区新安街道 25 区普安工业园 C 栋 1 楼
负责人:赖鹏飞 邮 编:518000
法 人:赖鹏飞
Tel:0755－27857268

**三湘人家实业有限公司**
地址:广东省深圳市福田区振兴路 16 号
负责人:杨耿华
Tel:0755－83232388
13352952588

### 韩派发型连锁店
业务:美容美发、造型、形象设计
地址:广东省深圳市宝安区新安街道 43 区兴华一路 107 号
负责人:左昌华 邮 编:518101
法 人:左昌华
Tel:13826516122
0755－27862446

### 豪都海鲜酒楼
业务:餐饮服务(广东粤菜)
地址:广东省深圳市福田区莲花路润鹏花园北侧 1－2 层
负责人:余志林 邮 编:518026
法 人:余志林
Tel:0755－83902633

**深圳市世纪陆港酒店用品有限公司**
地址:广东省深圳市福田区振兴路华美大厦东座 5 楼 509 室
负责人:彭及港
Tel:0755－83259222
13602633598

### 香荔绿洲会所
业务:休闲娱乐
地址:广东省深圳市福田区农坊路香荔绿州花园
负责人:李晓伟 邮 编:518000
法 人:李晓伟
Tel:0755－82034125
13537700730

**深圳市金利饮食服务管理有限公司**
地址:广东省深圳市龙岗区布吉布沙 106 路粤强公司 1 号厂房二楼
负责人:郭飞金
Tel:0755－28709755

### 深圳市东南亚印度小厨
业务:印度餐饮
地址:广东省深圳市福田区振华路 42 号(2 楼 219 房间)
负责人:萨达木 邮 编:518000
法 人:萨达木
Tel:0755－83327822
13143416641

### 深圳市审计学会教育基地(六月海酒店)
业务:旅业,客房,中餐
地址:广东省深圳市龙岗区大鹏街道下沙金沙湾度假区
负责人:蔡伟保 邮 编:518120
Tel:0755－84310031
Fax:0755－84310019
84310686
网址:www.junesea.com

**深圳市禾木美容连锁有限责任公司坂田分公司**
地址:广东省深圳市龙岗区布吉街道办坂田北路 97 号二楼部份
负责人:曾艳霞
Tel:0755－28894816

### 南澳大酒店
业务:餐饮、客房、会议培训、娱乐休闲
地址:广东省深圳市龙岗区南澳镇水头沙海滨
负责人:孟川平 邮 编:518000
法 人:钟寿多
Tel:0755－84428666
84428000
84428308
Fax:0755－84428642

**宝龙休闲中心**
地址:广东省深圳市龙岗区布吉镇宝龙路 32 号人保大厦二楼
负责人:陈国章
Tel:13902936586

### 深圳市龙岗区坪地国威饮食店
业务:粉面
地址:广东省深圳市龙岗区坪地街道中心社区深惠路 292－1 号 102 铺
负责人:孟国威 邮 编:518100
法 人:孟国威
Tel:13410290863

### 深圳市大户人家餐厅
业务:燕、翅、鲍等特色中式餐饮
地址:广东省深圳市罗湖区桂园路雅馨居 2 楼
负责人:洪明理 邮 编:518000
法 人:洪明理
Tel:0755－25946833

**千婷化妆用品有限公司**
地址:广东省深圳市龙岗区布吉镇大芬村友联花园 3 栋 104
负责人:林焕芝
Tel:0755－28708395
13652405073

### 深圳市铧宝轩酒楼
业务:餐饮服务
地址:广东省深圳市罗湖区莲塘街道国威路鹏兴花园综合楼 2 楼 B
负责人:廖贵华 邮 编:518000
法 人:廖贵华
Tel:13825267223
0755－82383383

### 深圳市罗湖区跃龙快餐店
业务:餐饮
地址:广东省深圳市罗湖区人民南路罗湖村 48 号 102
负责人:黄跃龙 邮 编:518000
法 人:黄跃龙
Tel:13723795712
0755－82333344

**华达蛇餐馆**
地址:广东省深圳市龙岗区布吉镇挤华路 217 号
负责人:姚旋
Tel:13502818533

### 台山市台城名淑坊美容院
业务:面部护理、身体护理
地址:广东省台山市台城北郊路嘉华苑 7 号楼 103 卡
负责人:李结云 邮 编:529020
法 人:李结云
Tel:0750－5535138
15992155363
Fax:0750－5669390

### 信宜市东镇杨记田七鸡汤美食城
业务:田七鸡汤等特色菜肴
地址:广东省信宜市新兴路
负责人:杨洪文 邮 编:525000
法 人:杨洪文
Tel:0668－3887025
8838222
8838799

### 兴宁市鑫达商行(鑫达商贸有限公司)
业务:专营酒店用品、一次性用品、客房用品等,产品质量上乘,服务及时,深受广大客户的好评。秉承"顾客至上,锐意进取"的经营理念,坚持"客户第一"的原则为广大客户提供优质的服务。
产品:一次性餐饮用具用品,客房部用品,酒店、酒吧用品,各种广告餐巾纸,酒吧专用纸,园竹筷,牙签,塑料杯
地址:广东省兴宁市石光街 125 号
负责人:陈斯 邮 编:514500
法 人:曾利嫦
Tel:13286785338
Fax:0753－3329320

### 兴宁市金桥宾馆
业务:提供住宿服务
地址:广东省兴宁市兴城管汕二路 63 号
负责人:罗志谋 邮 编:514500
法 人:罗志谋
Tel:0753－3351138

**深圳市君逸酒店有限公司万寿宫酒楼**
地址:广东省深圳市龙岗区横岗四联村横岗外商服务大楼第二层
负责人:赵秀兰
Tel:0755－28660298

### 大台北烧仙草奶茶店
业务:冷饮零售,饮品采用进口原料调制,口感新鲜、味美、现场调制。
产品:1. 烧仙草奶茶,2. 奶酪,3. 烧烤,4. 刨冰,5. 果汁类
地址:广东省兴宁市兴城环城北路 140 号
负责人:方光常 邮 编:514500
法 人:方光常
Tel:0753－3324498
13670818569

### 兴宁市爱家堡中西餐厅
业务:中餐,西餐
地址:广东省兴宁市兴城兴田一路 43 号
负责人:罗先生 邮 编:514500
法 人:罗新远
Tel:0753－3329855

**万利通实业有限公司老地方宾馆**
地址:广东省深圳市龙岗区横岗镇坝心村第二市场旁边
负责人:毛继娣
Tel:0755－28868666
13802574807

### 兴宁市兴城闻君酒吧
业务:酒吧
地址:广东省兴宁市兴城兴新一路 30 号
负责人:罗民波 邮 编:514021
法 人:罗民波
Tel:0753－3335658
13723639999

### 阳春市老赖不赖(美发城)
业务:美发
地址:广东省阳春市春城松竹路 24 号
负责人:熊兰 邮 编:529600
法 人:熊兰
Tel:0662－8810168
13829880890

**深圳市巴比伦蛋糕屋**
地址:广东省深圳市龙岗区横岗镇四联路 170 号一楼
负责人:罗石德
Tel:0755－28693321
13823252602

### 阳春市马水温泉食庄
业务:农家菜
地址:广东省阳春市马水镇石田村委会
负责人:覃国林 邮 编:529600
法 人:覃国林
Tel:13542697861
0662－7863334

### 1. 阳江市江城区新天地美发东风店 2. 阳江市江城区纤手新天地美发店
业务:美发服务
地址:广东省阳江市江城区东风三路新乐苑商铺 D1—之 10 2;广东省阳江市江城区南安路
负责人:陈仙 邮 编:529525
法 人:陈仙
Tel:13432585979
0662－3632266

**新端华乳鸽王饮食服务有限公司**
地址:广东省深圳市龙岗区葵涌镇溪涌盐村综合楼
负责人:袁建东
Tel:13714383339

### 阳江市江城区富源宾馆
业务:提供住宿及服务
地址:广东省阳江市江城区西平北路 305 号
负责人:邢益荣 邮 编:529500
法 人:谢克娟
Tel:13808812933
0662－3195888

### 阳西县古瑶山蒸足馆
业务:保健足浴服务
地址:广东省阳江市阳西县城广场路 27 号
负责人:梁谋硕 邮 编:529800
法 人:梁谋硕
Tel:0662－5550318
13719894711

**龙福酒店有限公司**
地址：广东省深圳市龙岗区龙岗镇龙平东路旁边1为一6层
负责人：欧阳创德
Tel：0755－28921529
13510356698

## 阳西县沙扒镇养记海鲜大排档
业务：海鲜排档及住宿
地址：广东省阳江市阳西县沙扒镇工业大道25号
负责人：杨月养　邮　编：529500
法　人：杨月养
Tel：13794792977
0662－5588813

## 阳西县新圩镇东水山龙潭渡假村
业务：提供住宿和餐饮服务
地址：广东省阳江市阳西县新圩镇东水村委会
负责人：李维　邮　编：529525
法　人：李维
Tel：0662－5360299

**东山户外活动中心**
地址：广东省深圳市龙岗区南澳镇东山村东山市场2号
负责人：黄绍辉
Tel：13823396270

## 阳江市闸坡镇时尚工作室
业务：美发设计
地址：广东省阳江市闸坡镇东风一路72号
负责人：黄业顺　邮　编：529520
法　人：黄业顺
Tel：15819156894

## 英德市白沙镇汶罗河旅业
业务：住宿服务
地址：广东省英德市白沙镇太平街新华路
负责人：陈祥局　邮　编：511500
法　人：潘秀理
Tel：0763－2811631
2811633
13602939262

**深圳市姿逸化妆品有限公司**
地址：广东省深圳市龙岗区同乐吓坑第二工业区第五栋
负责人：林英祥
Tel：0755－84299889
13510341899

## 英德市英城龙汇酒家
业务：餐饮服务
地址：广东省英德市英城茶园路东茶园小区B栋一座一楼
负责人：贺淑芳　邮　编：511500
法　人：赖绍清
Tel：0763－2281108

## 英德市英城彩珠楼宾馆
业务：标间，套房
地址：广东省英德市英城英州大道旺达花园B1栋
负责人：黄新和　邮　编：511500
法　人：周秀梅
Tel：0763－2289099
13902352308

**深圳市原野酒店管理有限公司**
地址：广东省深圳市罗湖区爱国路1052号金通大厦A座12层03室
负责人：蒋顺玉
Tel：0755－25526679

## 元记烧味餐厅
业务：餐饮
地址：广东省云浮市新兴县新城镇建设南路64号首层
负责人：梁炎源　邮　编：527300
法　人：梁炎源
Tel：13672557283
0766－2884066

## 新艾然美容护肤中心
业务：集美容护肤、瘦身、养生、水疗SPA于一体的高档女子会所，我们以精湛的技术，热情的服务恭候您的光临
产品：新艾然产品
地址：广东省云浮市新兴县新城镇南外果园路彭桂长房屋首层(南外竹根塘)
负责人：黎伙生　邮　编：527400
法　人：黎伙生
Tel：0766－2891622
13672576660
E-mail：460958468@qq.com

**深圳市柯娟燕化妆品商行**
地址：广东省深圳市罗湖区布心路东乐花园41A栋5A
负责人：柯娟燕
Tel：13006668611

## 云浮市云城区云楼毛记山庄
业务：提供中式餐饮以及各种家常菜肴
产品：中式餐饮以及各种家常菜肴
地址：广东省云浮市云城区云楼电站(即原云楼管理区)
负责人：陈景杰　邮　编：527300
法　人：陈景杰
Tel：0766－8829300

## 湛江市赤坎区欧洁蔓美容院
业务：面部、身体美容、瘦身
地址：广东省湛江市赤坎区军民路8号金沙湾新城海怡园1幢A23号
负责人：邓小珍　邮　编：524038
法　人：邓小珍
Tel：13360709169
0759－3167129

**瑞立实业有限公司**
地址：广东省深圳市罗湖区蔡屋围丽晶大厦南座904室
负责人：陈咏坤
Tel：0755－25833710
25833712
13825214225

## 湛江开发区金酒园酒家
业务：餐饮、海鲜
地址：广东省湛江市开发区龙潮东路南侧幕本村新村场
负责人：梁春　邮　编：524038
法　人：梁春
Tel：0759－2329311

## 廉江市龙翔大厦
业务：休闲会所，住宿
地址：广东省湛江市廉江市中山四路13号
负责人：陈伟强　邮　编：524038
法　人：陈伟强
Tel：13827135159
0759－6699888
6611518

**广东省三浩酒店管理服务有限公司深圳市分公司**
地址：广东省深圳市罗湖区草埔崔55号106房
负责人：刘耀红
Tel：13924622616

## 遂溪县遂城粤西快餐店
业务：中西式快餐的销售，外卖热线：0759－7788266
地址：广东省湛江市遂溪县遂城东山路百汇超市侧边
负责人：苏兵　邮　编：524038
法　人：苏兵
Tel：13413672968
0759－7788266

## 湛江市瑞丰膳食管理服务有限公司
业务：膳食管理，饭堂管理
地址：广东省湛江市霞山区人民大道56－57号附属医院职工饭堂
负责人：黄经理　邮　编：524038
法　人：林勇
Tel：0759－2387648

**深圳市超天化妆品有限公司**
地址：广东省深圳市罗湖区东门南路3002号西武大厦22街
负责人：胡敏
Tel：13823330053

## 湛江市霞山区天之娇美容院
业务：专治青春痘，无效退款。专利号：2008100268819
地址：广东省湛江市霞山区人民大道南45号第五栋第6层A座6B12
负责人：张又善　邮　编：524038
法　人：张又善
Tel：13232680199
0759－2361662

## 湛江市霞山区铭大化妆品商业有限公司
业务：销售化妆品
地址：广东省湛江市霞山区人民大道南45号国贸大厦B座10楼A03号
负责人：黄铭　邮　编：524000
法　人：黄铭
Tel：13600386855
0759－2660611
2660622
2660811
Fax：0759－2660633

**深圳市唐人高尔夫用品实业有限公司**
地址：广东省深圳市罗湖区东门南路西银座公寓二楼
负责人：夏放
Tel：13823124442

## 徐闻县曲界怡苑酒楼
业务：餐饮服务
地址：广东省湛江市徐闻县曲界镇公坡路
负责人：吴学广　邮　编：524038
法　人：吴学广
Tel：13827189877
13542072322
13702695907
0759－4300896

## 肇庆市端州区月韵美容院
业务：美容服务
地址：广东省肇庆市端州区芙蓉西路芙蓉轩小区C幢第102号
负责人：李菊芬　邮　编：526040
法　人：李菊芬
Tel：0758－2826923

**深圳市芭伊娜化妆品有限公司**
地址：广东省深圳市罗湖区东晓路布心特力工业区五栋六楼602
负责人：李海军
Tel：0755－25510586

## 端州区顺德农庄
业务：经营各类野味，顺德农家菜，招牌菜“顺德黄金鱼”，特色菜：金牌爽鳝，鲍汁粉葛焖蛇，乡下蒸全猪，水晶鸡，药膳浸乳鸽，枣茸蒸牛腩，拆鱼粥，风味南瓜烙等。农庄内设烧烤场，亭台楼阁，小溪流水潺潺，绿树成阴，鸟语花香，环境优雅，堪称天然氧吧。
地址：广东省肇庆市端州区黄岗镇石牌村东坑
负责人：何永顺　邮　编：526040
法　人：何永顺
Tel：18922623863
0758－2797363

## 肇庆市端州区烨华山庄
业务：渔夫晒网，农夫惊问：“闲？”“不忙！今季鲈鱼少了。你忙？”“瞧我这70斤的鹧鹄拉了一车水鸭呱呱叫。烨华山庄：冰镇水鸭仔13元/只或清蒸游水鲈鱼13元/条。渔夫大喊：“等等我！”鹧鹄全宴，砂锅鱼头，回味猪首，森山天凤鸡，各式各样的特色小菜，农家健康菜，无公害食品
地址：广东省肇庆市端州区七星路星湖名郡七星苑S1幢南
负责人：梁权　邮　编：526040
法　人：欧永泉
Tel：0758－2160622

**深圳市南明化妆品进出口有限公司**
地址：广东省深圳市罗湖区红岭中路国际信托大厦1608室
负责人：胡先生
Tel：0755－33382800
13802566530

## 肇庆市端州区徐记湘西世家饮食店
业务：餐饮
地址：广东省肇庆市端州区桥北路玫瑰园第14－16幢1层07卡
负责人：徐家生　邮　编：526040
法　人：徐家生
Tel：0758－2917727

## 肇庆市端州区毛家饭店
业务：餐饮连锁，毛家红烧肉，米豆腐，小炒黄牛，手撕包菜等招牌菜
地址：广东省肇庆市端州四路北牌坊广场东侧星湖国际广场第四层
负责人：何赛球　邮　编：526000
法　人：何赛球
Tel：0758－2213998
2213993
Fax：0758－2213996

## 封开县罗董镇甜蜜小食店
业务：甜品、雪糕、果汁、炖品、小吃等
地址：广东省肇庆市封开县罗董镇二桥头
负责人：李耀文　邮　编：526539
法　人：李耀文
Tel：0758－6513147

## 广宁县坑口镇信昌酒家
业务：酒家
地址：广东省肇庆市广宁县坑口镇坑口圩136号
负责人：马昌荣　邮　编：526040
法　人：马昌荣
Tel：0758－8850219
13672301482

**深圳市海韵旅行社有限公司美荔园营业部**
地址：广东省深圳市罗湖区红岭中路美荔园11C8
负责人：刘运才
Tel：0755－25948445

**深圳市湖晖宾馆**
地址：广东省深圳市罗湖区湖贝路2208号
负责人：李兰花
Tel：13612878412

## 和众客家风味食馆
业务：客家风味小吃，大埔特色，小吃，品种齐全
地址：广东省肇庆市柳园南路12号首层第9－10卡商场
负责人：蓝峰　邮　编：526040
法　人：蓝峰
Tel：0758－2268920
18902361114

## 肇庆市新光酒家
业务：餐饮
地址：广东省肇庆市体育中心北门西侧
负责人：覃松青　邮　编：526040
法　人：覃松青
Tel：0758－2859133
2899599
13030262727
13059362626

**珠海市友亨高尔夫发展有限公司深圳市君之旅分公司**
地址：广东省深圳市罗湖区嘉宾路2002号东佳大厦2606室
负责人：任琼芬
Tel：13602696563

## 中山火炬开发区伊丽缘美容中心
业务：美容美体服务
地址：广东省中山火炬开发区港城路32号逸翠华庭B幢4－5卡商铺
负责人：李慧
法　人：李慧
Tel：15913447279
0760－88118848

## 中山市东区一品棋牌室
业务：棋牌
地址：广东省中山市东区鳌长公路105号
负责人：申屠赛花　邮　编：528400
Tel：13925351111
13702535278

**深圳市旅之友商务旅游有限公司**
地址：广东省深圳市罗湖区嘉宾路海燕大酒店6楼612室
负责人：潘锡明
Tel：0755－83660688
13713902318

## 中山市东区音羽日式料理店
业务：日本料理
地址：广东省中山市东区怡华街恒信花园A区一、二层78卡商铺
负责人：叶林坚　邮　编：528403
法　人：叶林坚
Tel：13549887797
0760－88309518

## 中山市东区发炫美发中心
业务：美发
地址：广东省中山市东区雍景园三期A2－25、26号商铺
负责人：邓志平　邮　编：528403
法　人：邓志平
Tel：0760－88263311

**深圳市千百媚化妆品有限公司**
地址：广东省深圳市罗湖区蛟湖路34号
负责人：杜久胜
Tel：13922856898

## 中山市港口镇源发饮用水商行
业务：饮用水销售
地址：广东省中山市港口镇乐民新村北七巷1号首层
负责人：黄伟才　邮　编：528400
法　人：黄伟才
Tel：13531864463
13528111503

## 中山市横栏镇富临门饮食店
业务：主营中餐、夜宵，有川菜、粤菜、湘菜特色菜类，特色野味等
地址：广东省中山市横栏镇新茂村围头工业区新河边综合楼A幢一楼9－12卡
负责人：毛象泉　邮　编：528403
法　人：毛象泉
Tel：0760－87666318
Fax：0760－87666319

**世纪鹏城文化艺术表演有限公司**
地址：广东省深圳市罗湖区连塘国围路C小区7幢705
负责人：温汉良

Tel:0755－25732348
13828761643

### 中山旺昌饮食管理服务有限公司
业务:配餐服务、工厂餐厅承包,餐饮服务及餐饮咨询
地址:广东省中山市火炬高新区集体新建区新达街12号
负责人:杨波 邮 编:528403
法 人:杨波
Tel:13702507561
0760－86512308
Fax:0760－86505308

### 中山市辉之煌饮食管理有限公司
业务:饮食管理,饮食配餐
地址:广东省中山市火炬开发区张家边四村尾下街88号商铺第3卡
负责人:高树清 邮 编:528403
法 人:高树清
Tel:13286397373
0760－85332063
Fax:0760－85332063

**深圳市家家荣实业有限公司龙记桂林米粉莲塘店**
地址:广东省深圳市罗湖区莲塘路128号
负责人:余燕
Tel:0755－25727025

### 中山市南头镇醉和春川菜馆
业务:餐饮服务
地址:广东省中山市南头镇民安村民安路153号
负责人:卢林 邮 编:528427
法 人:卢林
Tel:13005508988
0760－87832775
15876031899

### 中山市三角镇翔鸽酒楼
业务:酒楼
地址:广东省中山市三角镇平安路157号首层
负责人:吴鉴辉 邮 编:528403
法 人:吴鉴辉
Tel:0760－22818918
13702321301
Fax:0760－22818918

**深圳市薰衣草商贸有限公司**
地址:广东省深圳市罗湖区莲塘罗沙南路名骏豪庭骏星阁6A
负责人:张赛
Tel:0755－25647126
13066862027

### 中山市水晶贝尔化妆品有限公司
业务:生产和销售各种胶原蛋白面膜、眼膜及各类套装产品
产品:各种胶原蛋白面膜、眼膜及各类套装产品
地址:广东省中山市三乡镇古鹤村第三截二号楼5楼(工业区路口左侧第二间)
负责人:徐永学 邮 编:528403
法 人:徐永学
Tel:13902876953
0760－86381662
0760－86381163
Fax:0760－23804589

### 中山市三乡镇德戚海鲜火锅酒家
业务:海鲜火锅
地址:广东省中山市三乡镇金涌大道雅居乐花园D3幢3号一、二层(雅居乐一期会所旁)
负责人:徐其雷 邮 编:528403
法 人:徐其雷
Tel:0760－86363209

**深圳市海鸥琴行有限公司**
地址:广东省深圳市罗湖区莲塘畔山路富宝厂房四楼
负责人:游海平
Tel:0755－25703879
13602500873

### 中山市三乡镇亿百度烧肉店
业务:烤肉
地址:广东省中山市三乡镇雅居乐新城二期C5幢63号、65号铺
负责人:吕伟光 邮 编:528400
法 人:吕伟光
Tel:0760－86692837

**深圳市罗湖区旭川日本料理餐饮店**
地址:广东省深圳市罗湖区南湖路国贸商住大厦首层北侧3009号
负责人:李晓
Tel:0755－82257797
13602653621

### 中山市沙溪镇晶口日式料理城
业务:日本料理
地址:广东省中山市沙溪镇宝珠中路2号御隆廷A13幢185号
负责人:李伟初 邮 编:528471
法 人:李伟初
Tel:13809878788
0760－86238878

### 中山市沙溪镇渝川理发店
业务:主要经营美发服务
地址:广东省中山市沙溪镇港园村港头大街44号
负责人:曾世成 邮 编:528403
法 人:曾世成
Tel:13249001168
13590906119

### 中山市沙溪镇兴隆酒店
业务:提供住宿,中西餐,早点、棋牌,足浴中心等服务
地址:广东省中山市沙溪镇岐江公路乐群路段61号
负责人:侯博宇 邮 编:528471
法 人:侯博宇
Tel:0760－87398888
Fax:0760－87399911
网址:http://www.zsxinglong.com

**深圳市宝安中国旅行社有限公司**
地址:广东省深圳市罗湖区人民南路3009号新安大厦6楼
负责人:冯文辉
Tel:0755－82252508

### 中山市沙溪镇新时代川菜
业务:川菜
地址:广东省中山市沙溪镇云汉村青云路52号之2卡
负责人:杜昌银 邮 编:528400
法 人:陶甫莲
Tel:13527118666
13527196665

### 中山市神湾镇翠隆禾虫培殖场
业务:饭店,大排档
地址:广东省中山市神湾镇竹排村广隆饭店、中山市神湾镇竹排村河边
负责人:陈金焕 邮 编:528403
法 人:陈金焕
Tel:0760－86609099
13823028122

**好彩餐饮(深圳)有限公司**
地址:广东省深圳市罗湖区人民南路金光华广场第L6层L6－001号
负责人:何永健
Tel:13025433323

### 萧帆演艺琴行
业务:乐器的销售和培训以及演出服务
地址:广东省中山市石岐区天鸿路10号4B卡
负责人:肖守东 邮 编:528400
法 人:肖守东
Tel:13178676786
0760－88368689
网址:http://zhekou.365goba.com/1918/0/22_0_7244_ShopperDetail.html

### 中山市坦洲镇君婷美容护肤中心
业务:美容、养生
地址:广东省中山市坦洲镇碧涛花园C幢A、B、C、D商铺
负责人:王经理 邮 编:528467
法 人:王经理
Tel:13924504362
0760－86213033
15913314739

**深圳市鹏运国际旅行社有限公司**
地址:广东省深圳市罗湖区人民南路新安大厦10楼D
负责人:陈海江
Tel:0755－82435057
82292666

### 中山市中外湘饮食服务管理有限公司
业务:工厂、学校 企业单位饭堂、厨房、餐厅规划设计及大中小酒店经营
地址:广东省中山市西区105国道旁国会大酒店
负责人:刘莉 邮 编:528400
法 人:刘莉
Tel:0760－88667799
13286341551

### 中山市小榄镇川香楼食店
业务:中餐饮食
地址:广东省中山市小榄镇绩东二太安街3号
负责人:袁从海 邮 编:528403
法 人:袁从海
Tel:0760－22552688

**翠竹烧腊商店**
地址:广东省深圳市罗湖区水贝市场翠竹烧腊商店
负责人:徐显颂
Tel:0755－25809935
13902974098

### 中山市小榄镇合味道粉面店
业务:小吃、糕点
地址:广东省中山市小榄镇竹源宝源路(物业二区32号)
负责人:麦德汉 邮 编:528403
法 人:麦德汉
Tel:0760－22272052
13531892633

### 斗门区斗门镇焦点发艺美容美发美甲连锁机构
业务:美容,美发,美甲
地址:广东省珠海市斗门区斗门镇兴门路1号二楼右边
负责人:梁满军 邮 编:519000
法 人:梁满军
Tel:13427763697
0756－5796198

**皓磊实业有限公司**
地址:广东省深圳市罗湖区笋岗路同乐大厦同庆阁20D
负责人:黄皓
Tel:0755－82191981
13902999694

### 斗门区井岸镇海洋水族馆
业务:专业承接大中小型海水、淡水工程。销售水族资料,水族器材及售后服务等
地址:广东省珠海市斗门区井岸镇江湾中路266号
负责人:黄伟鹏 邮 编:519000
法 人:黄伟鹏
Tel:13825681223
0756－5536128

### 斗门区井岸镇焦点发艺美容美发美甲连锁机构
业务:美容,美发,美甲
地址:广东省珠海市斗门区井岸镇井湾路723号[中国银行15层对面]
负责人:梁满军 邮 编:519000
法 人:梁满军
Tel:13075660013
0756－6223806

**深圳市翠安实业有限公司**
地址:广东省深圳市罗湖区太安路138号新港花园17栋三楼
负责人:刘裕云
Tel:0755－25782720
26154183

### 斗门区井岸镇回味湘菜馆
业务:餐饮服务、湘菜
地址:广东省珠海市斗门区井岸镇西埔村大三角C区26号第一间
负责人:方武年 邮 编:519100
法 人:方武年
Tel:13005791222
0756－6228158

### 斗门区井岸镇永红大碗菜馆
业务:餐饮,特色菜肴
地址:广东省珠海市斗门区井岸镇西埔村环山东侧商业广场128号
负责人:赵永红 邮 编:519000
法 人:赵永红
Tel:13928031740
0756－5123998

### 珠海市拱北清秀养生美容院
业务:特色项目是:中医治疗美容、强效祛斑、祛痘、祛刀疤、烫伤疤、剖腹产疤、妊娠纹及减肥、丰胸等,签约式服务,无效全额退款。欢迎美容院加盟我们的特色项目,我们将以一流的技术和服务恭侯您的光临
地址:广东省珠海市拱北国防路101号粤海国际花园20栋底层商铺之一
负责人:刘洁 邮 编:519000
法 人:刘洁
Tel:13431583210

**榕兴客家餐厅**
地址:广东省深圳市罗湖区田贝一路建材公司综合楼1栋一层D区
负责人:邓勇文
Tel:0755－25683555
13902315186

### 珠海市拱北永兴花店
业务:盆栽、蝴蝶兰
地址:广东省珠海市拱北口岸市场住宅楼105号
负责人:廖国兴 邮 编:519000
法 人:廖国兴
Tel:13318963623
13318963618

**箐禾配餐实业有限公司**
地址:广东省深圳市南山区大冲工业市场F栋4号
负责人:刘杰
Tel:13823358249

### 亮珠广场芬芬美甲专店
业务:手脚护理、水晶、光疗甲、按摩、脱毛等
地址:广东省珠海市拱北莲花路亮珠广场2楼6号
负责人:何慧 邮 编:519000
法 人:何慧
Tel:13229760939

### 珠海市夏湾都市狗狗宠物用品店
业务:宠物美容、宠物用品
地址:广东省珠海市拱北前河路122号商铺
负责人:陈世伟 邮 编:519000
法 人:陈世伟
Tel:13825628919
0756－8188795

**深圳市莱茵河饮食管理有限公司**
地址:广东省深圳市南山区工业八路翠微园19号楼一层商铺101－102号
负责人:张尊明
Tel:0755－26824780

### 珠海市吉莲韩一饮食店
业务:韩国料理
地址:广东省珠海市拱北侨岭商业街7号铺之一
负责人:金正范 邮 编:519000
法 人:金正范
Tel:0756－8316060

### 珠海市横琴大滋味鸡饭店
业务:湛江白切鸡、湛江白切鸭、黄金蚝、阳江鹅火锅、羊肉、卤肉、各种海鲜、早茶、中餐、晚餐正宗天然海产品、吃稻谷的正宗土鸡、服务周到,价格便宜,味道鲜美!
地址:广东省珠海市横琴宝兴路45号(公共汽车总站旁边)
负责人:许和平 邮 编:519000
法 人:许和平
Tel:13250046148
0756－8841560

**大自然奇石馆**
地址:广东省深圳市南山区华侨城深圳华侨城洲际大酒店(原深圳湾大酒店)东侧
负责人:杨志伟
Tel:0755－26600111－8802
13923429868

### 珠海市横琴五邑鹅庄
业务:餐饮、以鸡鸭鹅为特色菜
地址:广东省珠海市横琴二号桥
负责人:黄明生 邮 编:519000
法 人:黄明生
Tel:0756－2340088

### 珠海美科尔化妆品有限公司
业务:化妆品
地址:广东省珠海市吉大景山路105幢1101
负责人:胡雅丽 邮 编:519000
法 人:胡雅丽
Tel:0756－3369917
13823043494

**九龙山高尔夫工程有限公司**
地址:广东省深圳市南山区龙珠大道梅州大厦1609室
负责人:李飞
Tel:0755－86097010
27981900

### 东盛食堂管理服务中心
业务:专业承包食堂与经营、餐饮管理、营养配餐、蔬菜粮油配送、餐饮服务等食堂管理一体化的后勤服务公司。本着诚信、优质的经营原则,为广大新老客户提供优质高效的餐饮管理服务。
地址:广东省珠海市金湾区
负责人:包智忠 邮 编:519040
法 人:包智忠
Tel:0756－7767710
13543047511
Fax:0756－7767028

**珠海市金湾区友记农庄**
业务：特色餐饮
地址：广东省珠海市金湾区三灶镇金海岸码头
负责人：欧结有 邮 编：519000
法 人：欧结有
Tel：13431561688
0756－7612448

**南山区沙宣发型创作室**
地址：广东省深圳市南山区梅园路 8 号前海华庭 101、102
负责人：王代贵
Tel：0755－26427681

**珠海市南屏开虎面馆**
业务：经营面食为主
产品：杂酱面、牛肉面等
地址：广东省珠海市南屏镇北山商业街 27－28 号
负责人：罗开虎 邮 编：519000
法 人：罗开虎
Tel：13417834453
13450857386

**珠海市南屏金福记猪肚鸡餐厅**
业务：胡椒猪肚鸡煲、胡椒老鸽煲等
地址：广东省珠海市南屏镇坪岚路 65 号 C1 区 36、5、6 号商铺
负责人：潘金辉 邮 编：519000
法 人：潘金辉
Tel：13326690288
0756－8685988

**尹家酸辣粉店**
地址：广东省深圳市南山区南产路粤海综合市场 B100 号
负责人：尹建灵
Tel：0755－26492307
13538190868

**珠海市香洲大禾迴转寿司店（珠海市香洲拱北迴转寿司店）**
业务：迴转寿司
地址：广东省珠海市溪所香洲前山三台路东则仁恒星园商业街一楼 467、469 二楼 483－214 号商铺（广东省珠海市香洲区拱北口岸购物广场 B 一层 B3 区 025－32 号）
负责人：卓鸿鹏 邮 编：519000
法 人：卓鸿鹏
Tel：1. 0756－2608123
26086632
3880066
8189995

**广州市潮荣酒家有限公司第一分店**
地址：广东省广州市天河区黄埔大道赛马场内美食街潮荣酒家
负责人：杜曙兵
Tel：020－87539193
13543464483

**广州市越秀区婵娟化妆品商行**
地址：广东省广州市越秀区大新路元锡巷永宁里 13 号
负责人：黄丽娟
Tel：020－88387518

**珠海市夏湾羊家庄烧腊店**
业务：羊煲
地址：广东省珠海市夏湾豪骏市场一楼北区 16、17 号铺
负责人：胡婷 邮 编：519000
法 人：胡婷
Tel：13543084660
13286089000
0756－8712820

**珠海市香洲悦来兴酒家**
业务：餐饮
地址：广东省珠海市香洲区前山明珠中路外贸工业区内
负责人：杨建谋 邮 编：519000
法 人：杨建谋
Tel：13727881088
0756－8665555

**珠海市香洲芳芳鲜花店**
业务：鲜花、干花、盆栽、工艺品等产品经营
地址：广东省珠海市香洲区前山市场一楼临铺 8 号（前山市场侧门门口）
负责人：张嘉佳 邮 编：519000
法 人：张嘉佳
Tel：0756－8535448
8533798
网址：www. zh－FFHD. cn/
QQ：1031844320

**奥德曼琴行**
地址：广东省深圳市南山区前海路星海名城二组团 21 铺
负责人：刘雅军
Tel：0755－26497948
13008815262

**品味醇香燕鲍翅**
地址：广东省深圳市南山区蛇口工业区榆园 1 栋 101
负责人：沈晓川
Tel：0755－26888128
13902951088

**深圳市龙岗区布吉美好城旅馆**
地址：广东省深圳市龙岗区布吉镇粤宝路 85 号
负责人：刘杰明
Tel：18923858893

**珠海市夏湾东北一家人家常菜馆**
业务：提供东北家常菜、东北家常水饺、东北羊肉火锅等黑龙江特色风味
地址：广东省珠海市香洲区粤海中路 2324（南油花园 1009 号商铺）
负责人：薛超江 邮 编：519000
法 人：薛超江
Tel：0756－8665607
8586158

**珠海市香洲钓具工坊**
业务：海钓用品生产销售，代理日本品牌海钓用品
地址：广东省珠海市香洲银桦路 433 号
负责人：古嘉麒 邮 编：519000
法 人：古嘉麒
Tel：0756－2609328
Fax：0756－2609328

**深圳市华利联实业有限公司**
地址：广东省深圳市南山区蛇口工业五路南水工业村别墅楼
负责人：李松藩
Tel：0755－26890568
13802576382

**香洲宝典美容院**
业务：美容服务，美容产品
地址：广东省珠海市香洲紫荆路 189 号金宝路商业广场一楼 C28 号
负责人：童仕秀 邮 编：519000
法 人：童仕秀
Tel：13016372761
0752－2220787

**东莞市馨米兰美甲**
业务：手脚护理、彩绘、水晶、光疗甲等各种美甲服务
地址：广东省东莞市南城沃尔玛（嘉信茂三楼电梯入口处）
负责人：单丽霞 邮 编：523000
法 人：单丽霞
Tel：0769－21685672

**真心屋日本料理店**
地址：广东省深圳市南山区蛇口海湾商业中心号
负责人：袁树强
Tel：0755－81068592

**平华化妆品科技有限公司**
地址：广东省深圳市福田区福星路福滨新村 18 栋 3 单元 406 室
负责人：王细平
Tel：13612919079

**东莞市馨米兰美甲**
业务：手脚护理、彩绘、水晶、光疗甲等各种美甲服务
地址：广东省东莞市世博广场 K 区 101 号
负责人：单丽霞 邮 编：523000
法 人：单丽霞
Tel：0769－88988369

**中山市三乡镇辣点子酸辣粉店**
业务：酸辣粉
地址：广东省中山市三乡镇华丰花园 8 区 20 号商铺 二店：广东省中山市三乡镇绿榕居 2 号商铺
负责人：段江 邮 编：528400
法 人：段江
Tel：0760－86687980
86369070

**荆楚人家菜馆**
业务：正宗湖北菜肴
产品：油焖大虾、沔阳三蒸、烤活鱼、杜甫鸡、秘制孜然骨、武汉热干面、清蒸武昌鱼等
地址：广东省珠海市金鼎金峰中路 39 号
负责人：贺发军 邮 编：519000
法 人：贺发军
Tel：0756－3821528
13192212376

**翠竹亭实业有限公司**
地址：广东省深圳市南山区蛇口后海路景园大厦北座 16B 室
负责人：叶怀国
Tel：0755－26869698
13113603752

**深圳市新贵妃美容美发城**
地址：广东省深圳市南山区水湾路 52 号（近招商大厦）
负责人：张建新
Tel：0755－26828499
13902963770

**东莞市麦客士餐饮管理有限公司**
业务：是一家集食品研究、技术开发、餐饮项目、餐饮咨询、策划服务为一体的综合性发展企业，致力于饮食文化的传播与推广，立志打造全国最有“钱”途的加盟连锁品牌。
地址：广东省东莞市南城区袁屋边三和路三巷 9 号；加盟地址：广东省中山市沙溪镇乐群商业步行街 D 区 11 号
负责人：林高斌 邮 编：523003
Tel：15603008855
0760－86238299
Fax：0760－86238598
网址：www. mks88. cn

**深圳市西丽湖度假村**
地址：广东省深圳市南山区西丽湖度假村市场部
负责人：梁经理
Tel：13823322727

**深圳市金色时代娱乐餐饮有限公司**
地址：广东省深圳市人民南路 3005 号深房广场 7 楼
负责人：王主任
Tel：0755－82253011

**深圳市大百川文化艺术发展有限公司**
地址：广东省深圳市深南中路统建大楼 2 栋 1502 号
负责人：于朝晖
Tel：0755－83630638
13823010010

**深圳市味处日本料理有限公司**
地址：广东省深圳市深圳市南山区蛇口工业二路明华国际会议中心一期明阁厅
负责人：杨海波
Tel：0755－26814411
13828757431

**大梧桐旅游有限公司**
地址：广东省深圳市梧桐路 2002 号网球协会二楼
负责人：郭耀忠
Tel：0755－25350695

**东煌饮食有限公司**
地址：广东省深圳市盐田区盐田海鲜美食街第一期 A 座
负责人：何小春
Tel：0755－25200988
13902958605

**贝嘉文美容用品有限公司**
地址：广东省深圳市银湖路齐明别墅公寓楼齐富阁 6B
负责人：刘晓娟
Tel：0755－82266869
13902445333

**开平市水口镇声剪雅美容美发中心**
业务：美容美发
地址：广东省开平市水口镇新市南路 13 号 8 栋 分店：广东省开平市水口镇新华路 39－1 号首层 1 号、2 号铺位
负责人：麦波 邮 编：529020
法 人：麦波
Tel：13536057711
13630407115

**巧仪美容塑金制品有限公司**
地址：广东省阳江市城西东岈工业区
负责人：冯添
Tel：0662－3509878
13703058152

**阳光油画材料厂**
地址：广东省增城市荔城镇光明东路 13 号地下
负责人：蔚隆
Tel：020－82733962
13922376889

## 广西壮族自治区 /Guangxi Zhuang Autonomous Region

### 北海康辉旅行社有限公司
业务：国内旅游、出入境旅游
地址：广西北海市北海大道中鼎大楼时代空间2单元8层
负责人：何金凝 邮 编：537000
法 人：何金凝
Tel：0779－3065888
13807799928

### 桂林市中国旅行社
业务：我公司常年接待国内外及海外来桂的宾客(团队、散客)根据不同的需求，为游客"量身订做"在桂期间最佳的"吃、住、行、游、娱、购"为您节省开支。本部常年组织团体、散客，赴全国各地旅游观光，旅游线路幅射全国。同时办理周边国家(地区)出境游业务，伴您领略异国民俗风情。
地址：广西省桂林市解放东路137号五楼(文化大厦)
负责人：蒋云松 邮 编：541000
Tel：0773－2802823
2802863
Mobile：13077668720
网址：www.glcit.com

### 合浦县十字第一家
业务：豆浆等早点的销售
地址：广西北海市合浦县十字路乡镇高速公路口往湛江方向300米
负责人：庞大 邮 编：537000
法 人：庞大
Tel：0779－5400027
13768298128

### 百色国际大酒店有限公司
地址：广西壮族自治区百色市右江区中山二路23号
负责人：向荣
Tel：0776－2887332

### 半岛酒店
业务：餐饮住宿
地址：广西北海市侨港镇港口路
负责人：葛先生 邮 编：537000
法 人：葛志义
Tel：0779－6858752
3881708

### 北海舒创会议服务有限公司
地址：广西壮族自治区北海市海城区北京路珠城花园C－14幢三楼
负责人：朱青松
Tel：13977977336

### 北海市金海湾渔业乐园
业务：主营特色餐饮、锺钓、别墅渡假客房
产品：环境舒适，空气清新，远离闹市，回归海归小岛的恬静，拥有古典别致大小别墅客房，享受星级服务，免费光纤上网，休闲锺钓的渡假乐趣，生猛海鲜特色餐饮文化，乐园锺钓面积500多亩，拥有流动的淡水游泳池，拥有豪华餐厅，能提供800多人同时就餐，是休闲渡假，商务旅游好去处！
地址：广西北海市银海区横路山村委大王埠海湾
负责人：潘明秋 邮 编：524000
法 人：赵景德
Tel：0779－2090188

### 北海海阳城餐饮娱乐有限公司
地址：广西壮族自治区北海市外沙海鲜岛东区16－17号
负责人：黄就伟
Tel：0779－2087299

### 东兴海通宾馆
业务：宾馆
地址：广西东兴市民族路33号
负责人：黄家辛 邮 编：538100
法 人：黄家辛
Tel：0770－7665328

### 桂林市精通桑拿水疗中心
业务：水疗、中医按摩、足浴
地址：广西桂林市叠彩区中山北路1号
负责人：唐晟峰 邮 编：541001
法 人：唐晟峰
Tel：0773－2862626

### 桂林恭城广源酒楼
地址：广西壮族自治区桂林市恭城镇太平街81号
负责人：李石勤
Tel：0773－8218161
13635160068

### 凌云县迎晖宾馆
业务：凌云县迎晖宾馆主要经营餐饮、住宿，您的满意就是我们的宗旨，热忱欢迎光临惠顾！
地址：广西壮族自治区百色地区凌云县迎晖宾馆
负责人：徐有明 邮 编：533400
法 人：徐有明
Tel：0776－7618190
Mobile：13877674588
网址：www.mtw28284.chinapyp.com
E-mail：mtw28284

### 桂林市兴元旅馆
业务：住宿
地址：广西桂林市七星区朝阳乡合心村委半塘尾村
负责人：陆昌兴 邮 编：541000
法 人：陆昌兴
Tel：15907887588
0773－5878146

### 临桂县义江旅游开发有限责任公司
地址：广西壮族自治区桂林市临桂县五通镇泗江村委沙角
负责人：杨俊
Tel：13317839986

### 促成酒店
业务：餐饮、住宿
地址：广西桂林市兴安县志玲路公安局旁边
负责人：唐军玲 邮 编：541000
Tel：0773－6214239
6217686

### 桂林素华化妆品经营部
地址：广西壮族自治区桂林市七星区骖鸾路7号5栋
负责人：刘素华
Tel：13977326219

### 来宾市避风港酒楼
业务：餐饮服务
地址：广西来宾市桂中大道西1号
负责人：李昱平 邮 编：546100
法 人：李昱平
Tel：0772－4299088

### 桂林市汇城娱乐有限责任公司
地址：广西壮族自治区桂林市七星区朝阳路21号奇峰小筑
负责人：石长习
Tel：13100599888

### 威威发艺沙龙
业务：美容美发
地址：广西省百色市太平街90号
负责人：凌维清 邮 编：533000
法 人：凌维清
Tel：0776－2855226
13977626418

### 桂林市翡翠酒吧
地址：广西壮族自治区桂林市七星区朝阳路大学生公寓城1－8号
负责人：陈林凯
Tel：13807736566

### 陶园私房菜酒楼
业务：餐饮
地址：广西省北海大道西28号(云南路口往西100米)
负责人：李小姐 邮 编：536000
法 人：李玉珍
Tel：0779－3900088
3900099

### 桂林市越秀会展有限公司
地址：广西壮族自治区桂林市七星区穿山东路1号七星花园园中苑1号楼
负责人：孙淑英
Tel：13807739113

### 北海风情旅行社有限公司
业务：国内旅游、入境旅游、会展服务(会议接待)
地址：广西省北海市北海大道明丽商务大厦B栋302室
负责人：常兴杰 邮 编：536000
法 人：常兴杰
Tel：13807890717
0779－3078866
3066550
3033939
网址：www.bhfq.cn

### 二哥佬美食店(广东路美食店)
业务：餐饮、美食
产品：菜系：川菜、粤菜、广西菜、香港菜、澳门菜
地址：广西省北海市广东路气象局大门口左侧
负责人：黄润海 邮 编：536000
法 人：黄润海
Tel：0779－2075238

### 崇左市仙柔化妆品厂
业务：崇左市仙柔化妆品厂主要从事仙柔牌洗发露、沐浴露、日用化妆品等。新颖的设计，高品质的产品，合理的价格为我公司赢得了良好的声誉。
地址：广西壮族自治区崇左市壶新路122号
邮 编：532200
法 人：陈桂宏
Tel：0771－7820653
Fax：0771－7832738

### 桂林光琴化妆品经营部
地址：广西壮族自治区桂林市七星区空明西路7号29栋101
负责人：杨光琴
Tel：13978312795

### 二哥佬美食店(湖海路路美食店)
业务：餐饮、美食
产品：菜系：川菜、粤菜、广西菜、香港菜、澳门菜
地址：广西省北海市湖海路21号
负责人：黄润海 邮 编：536000
法 人：黄润海
Tel：0779－2075238

### 桂林市宝龙旅游置业有限责任公司
地址：广西壮族自治区桂林市七星区毅峰路20号
负责人：赵志忠
Tel：13977370999

### 上海立明牌全自动麻将机
业务：自动麻将机的销售
地址：广西省防城港市防城区防港路28号广播电视局旁边
负责人：秦萍 邮 编：538021
法 人：秦萍
Tel：0770－3259128
13977039965

### 桂林市美希化妆品经营部
地址：广西壮族自治区桂林市象山区崇信路安厦世纪城安泰园5栋3－202号
负责人：孟美希
Tel：13977319695

### 贵港市美味螺丝粉店
业务：小吃面食
地址：广西省贵港市马胖岭开发区0579号
负责人：姚玉容 邮 编：543000
法 人：姚玉容
Tel：0775－4554536

### 桂林可圆旅游开发有限公司
地址：广西壮族自治区桂林市象山区西城路二巷4号
负责人：卢培钧
Tel：13977386892

### 松鹤富丽花堤坊健康美容管理中心
业务：绿色整体抗衰老系列、养生系列
地址：广西省贵港市中山路聚龙城1号楼427号
负责人：刘爱芳 邮 编：537100
法 人：刘爱芳
Tel：0775－4251838
4251828
Fax：0775－4251878

### 广西河池市金福企业有限责任公司怀群旅游分公司
地址：广西壮族自治区河池市罗城仫佬族自治县怀群镇伦洞村
负责人：周吉福
Tel：13907780163

### 金桥酒店宾馆用品商行
业务：专业配送酒店布草、一次性耗品、标牌、服装、窗帘
地址：广西省桂林市叠彩商贸城9幢22号
负责人：祝景华 邮 编：541000
法 人：祝景华
Tel：0773－2561436
3968834

### 来宾龙洞山旅游开发有限公司
地址：广西壮族自治区来宾市长梅路
负责人：杜锦宁
Tel：13217827753

### 桂林市老屋食坊
业务：餐饮、小吃
地址：广西省桂林市东江路56号东江路小学附近
负责人：贺八秀 邮 编：541000
法 人：贺八秀
Tel：0773－5875956
3952696

### 柳州市虞美人化妆品经营部
地址：广西壮族自治区柳州市城中区立新路44号1单元5－1号
负责人：虞慧蓉
Tel：13317886226

### 南宁市欧爵咖啡餐饮有限公司
地址：广西壮族自治区南宁市城北区北湖南路10号第二层
负责人：李永杰
Tel：13807711989

### 荔浦湘中人家
业务：餐饮，承接酒席、婚宴、喜宴、寿宴
产品：湘菜、粤菜、海鲜类
地址：广西省桂林市荔浦县中心广场都会公寓楼
负责人：梁其胜 邮 编：541000
法 人：梁其胜
Tel：0773－7210608
13977468588
13877383999

### 新春天美容美体中心、新春天名媛店
业务：美容美体
地址：广西省桂林市榕荫路32号(桂林中学对面)、广西省桂林市中山中路38号桂林大世界四楼
负责人：唐小姐 邮 编：541000
法 人：唐歆怡
Tel：0773－2833592
5825363
2833522

### 南宁燕佳化妆品有限公司
地址：广西壮族自治区南宁市城北区衡阳西路27号柳铁教委南宁培训中心1113
负责人：彭志鹏
Tel：13977187363

### 华娅化妆品店
业务：经营化妆品、女性用品
地址：广西省桂林市象山区中山中路4号701室
负责人：赵子颉 邮 编：541000
法 人：赵子颉
Tel：15807739873
0773－3959293

### 南宁亚联会展服务有限公司
地址：广西壮族自治区南宁市城北区科园东五路#四号标准厂房五楼
负责人：段钦来
Tel：13397715066

### 小茂饭店
业务：餐饮服务
地址：广西省桂林市兴安县迎宾路
负责人：张小茂 邮 编：541000
法 人：张小茂
Tel：0773－6227329
15078922918

### 南宁海格拉斯酒店有限公司
地址：广西壮族自治区南宁市城北区中华路76号12楼20号房
负责人：黄伟红
Tel：13367612026

### 桂林市乡韵苑休闲山庄
业务：餐饮、住宿、休闲、娱乐为一体
地址：广西省桂林市雁山区山镇黄宿村
负责人：李旺息 邮 编：541000
法 人：李旺息
Tel：0773－3569183

### 广西南宁东星旅游咨询服务有限公司
地址：广西壮族自治区南宁市新城区长岗路29号荣和花园B栋2单元602号房
负责人：钟敢
Tel：13917781119

### 阳朔县发星园大酒店
业务：住宿
地址：广西省桂林市阳朔县大村门开发区
负责人：廖桥荣 邮 编：541000
法 人：廖桥荣
Tel：0773－8810699

### 桂林蓝翔旅游航空服务有限公司
业务：桂林蓝翔旅游航空服务有限公司成立于2006年，主要从事于航空旅游咨询、机票代售等。公司以"质量求生存、信誉求发展"，欢迎广大用户光临惠顾！
地址：广西壮族自治区桂林市七星区花桥饮食街一号楼
负责人：刘文星 邮 编：541004
法 人：刘文星
Tel：0773－5801000
5856000
Fax：0773－5815920

### 金城江区叶式健康美容会所
业务：健康美容
地址：广西省河池市金城江区新建路45－7号
负责人：叶广生 邮 编：547000
法 人：叶广生
Tel：0778－2112833

### 南宁市全草堂美容美发有限公司
地址：广西壮族自治区南宁市新城区长湖路武警三支队左侧
负责人：吕锐良

Tel:13517713665

**融安县神龙宾馆**
业务：宾馆
地址：广西省柳州市融安县大桥东路56号
负责人：王秀勤 邮 编：545000
法 人：王秀勤
Tel:0772－8138888
18977251050

**南宁市金龙寨餐饮业有限公司**
地址：广西壮族自治区南宁市新城区东葛路92号
负责人：赵拥政
Tel:0771－2283773

**融水县朝阳快餐店**
业务：快餐、小炒、火锅
地址：广西省柳州市融水县融水镇朝阳东路26号
负责人：梁艳然 邮 编：545000
法 人：梁艳然
Tel:0772－5129799
2966426

**鹏升海鲜酒楼有限公司**
地址：广西壮族自治区南宁市新城区锦春路10号
负责人：肖桂英
Tel:0771－5310226
13807806618

**南宁市三秦面馆新竹店(分店)**
业务：风味小吃制售(面条与米粉)、零售瓶装酒、定型饮料
产品：陕西风味面食、凉菜、肉夹馍
地址：广西省南宁市南一里振宁房地产开发公司一层
负责人：张玉 邮 编：530000
法 人：张建
Tel:0771－8076939

**南宁卡多利亚餐饮有限公司**
地址：广西壮族自治区南宁市新城区七星路125号华星城C座三楼
负责人：林武人
Tel:0771－2097842

**南宁市新豪门宴大酒家**
业务：饭店
地址：广西省南宁市长湖路君悦大酒店侧门二楼
负责人：蒋燕 邮 编：530000
法 人：敗林
Tel:0771－5752533
5752511

**南宁市老年人武术协会**
地址：广西壮族自治区南宁市新城区桃源路62号
负责人：张雪芳
Tel:0771－2525350

**南宁市粉都源米粉店金州分店**
业务：经营米粉
地址：广西省南宁市金州路11号金旺角一层2、3号(南梧分店：南梧路300号第三、四间铺，虎丘分店：虎丘东路83号，桃源分店：桃源路82－2号，五一分店：五一路综合大楼新屋菜市场对面，华东分店：华东路52号，葛村分店：葛村路老城都旁边，麻村分店：麻村菜市场旁边)
负责人：候有林
法 人：候有林
Tel:13877152072
0771－2301223

**南宁华都大酒店有限公司**
地址：广西壮族自治区南宁市新城区望园路15号武警广西边防总队综合楼
负责人：詹忠全
Tel:0771－2025211

**南宁市三秦面馆金洲店(分店)**
业务：风味小吃制售(面条与米粉)、零售瓶装酒、定型饮料
产品：陕西风味面食、凉菜、肉夹馍
地址：广西省南宁市金洲路11号金旺角商住楼一层16、17号铺面
负责人：张玉 邮 编：530000
法 人：张玉
Tel:0771－6109601

**南宁市三秦面馆望园店(总店)**
业务：风味小吃制售(面条与米粉)、零售瓶装酒、定型饮料
产品：陕西风味面食、凉菜、肉夹馍
地址：广西省南宁市望园路8号安宇花园一层铺面
负责人：张玉 邮 编：530000
法 人：张建
Tel:0771－5705801

**南宁御鲲商务有限责任公司**
地址：广西壮族自治区南宁市新城区新民路34－18号中明大厦二层办公室A8室
负责人：斯颖

Tel:13077796887

**南宁市长喜保洁服务有限责任公司长洲风味食馆**
地址：广西壮族自治区南宁市兴宁区共和路147号
负责人：韩吉芳
Tel:13607863983

**南宁市大东宾馆**
业务：客房
地址：广西省南宁市仙葫经济开发区富兴路88号
负责人：陈科良 邮 编：530000
法 人：陈科良
Tel:0771－4703986

**广西德宜餐饮管理有限公司**
地址：广西壮族自治区南宁市兴宁区望州路304－3号2楼
负责人：宾彬彬
Tel:13978853365

**顶典美容美发连锁旗舰店**
业务：美容、美发
地址：广西省梧州市新兴三路3号
负责人：黄启杰 邮 编：543000
法 人：黄启杰
Tel:0774－6023948

**梧州市华升美食馆**
地址：广西壮族自治区梧州市长洲区新兴二路124号
负责人：刘健华
Tel:13097741998

**五湖大排档**
业务：餐饮，特色菜：牛排、海鲜、田螺、鸡煲
地址：广西省玉林市教育中路157号
负责人：李火娟 邮 编：537000
法 人：李火娟
Tel:13877522690
0775－2669929

**城南饭店**
业务：餐饮
地址：广西省玉林市陆川县火车站对面
负责人：杨志昇 邮 编：537000
法 人：杨志昇
Tel:0775－7228833

**玉林恒丽美容美发用品商行**
业务：销售美容、美发产品
地址：广西省玉林市区教育西路117号
负责人：覃万鸿 邮 编：537000
法 人：覃万鸿
Tel:0775－2891086
15977993350

**梧州市老渝州川菜酒家**
地址：广西壮族自治区梧州市万秀区大东下路38号
负责人：邓茹允
Tel:13977489865

**百色市右江区田阳美味姐妹烤鸭店**
业务：烤鸭、熟菜、早餐等
地址：广西壮族自治区百色市右江区拉域市场
负责人：殷日莲 邮 编：533000
法 人：覃美念
Tel:15878637881
13517765621
E-mail:goodyirong@163.com

**森之源鲜花批发店**
业务：大型鲜花批发及花材
地址：广西壮族自治区南宁市七星路一巷220号
负责人：黄世俊 邮 编：530000
法 人：黄世俊
Tel:13877108417
15994497108

**老榨海鲜大排档**
业务：海鲜
地址：广西壮族自治区北海市云南南路环保局旁边
负责人：彭涛 邮 编：536000
法 人：彭涛
Tel:0779－3035199

**泰鹏化妆品商行**
业务：销售化妆品
产品：白大夫、美素、上海媚兰、上海兰君
地址：广西壮族自治区贺州市向阳路85号
负责人：叶素琼 邮 编：542800
法 人：叶素琼
Tel:0774－5293760
13132873780
13978426578

**玉林市东方世纪大酒店有限责任公司**
地址：广西壮族自治区玉林市江岸路98号

负责人：谢宝良
Tel:0775－2885235

**南宁市阳光不锈主题餐吧**
业务：咖啡，果汁，套餐，西餐
地址：广西壮族自治区南宁市火炬路一号创业大厦第三层A座
负责人：覃瑞伟 邮 编：530000
法 人：覃瑞伟
Tel:13077751352
0771－3820918

**梧州军用供应站招待所**
地址：广西壮族自治区梧州市蝶山一路37号
负责人：严海绵
Tel:0774－3856844
3831228
13097743598

**梧州市张尧晴美食店**

地址：广西壮族自治区梧州市万秀区四坊井路仁秀里15号地层
负责人：张佩贤
Tel:13607741758

**梧州富祥宾馆有限公司**
地址：广西壮族自治区梧州市万秀区西江二路11号
负责人：李国传
Tel:13877401366

**梧州市蒙山县蓬莱牛系列山庄**
业务：梧州市蒙山县蓬莱牛系列山庄位于蒙山县新圩镇，公司成立于1994年，以餐饮服务为主。多年来，公司一直本着"以质量求生存，以管理求效益"的经营理念服务于大众。
地址：广西壮族自治区梧州市蒙山县新圩镇
邮 编：546700
法 人：冯家意
Tel:0774－6116239



## 海南省/Hainan Province

**澄迈大金庄酒店有限公司**
地址：海南省澄迈县金江镇华兴路
负责人：庄严
Tel:0898－67611333

**儋州中鑫旅业有限公司**
地址：海南省儋州市农垦路四号泰山大厦
负责人：黄元香
Tel:13307692878

**东方八所八青酒店**
地址：海南省东方市八所镇友谊北路
负责人：柳波秀
Tel:0398－25521685

**海口忠誉文体乐器有限公司**
地址：海南省海口市博爱北路44号
负责人：何剑杨
Tel:13178982881

**海口华发热带雨林酒店管理有限公司**
地址：海南省海口市大同路25号华发大厦A栋2505房
负责人：夏莲君
Tel:13807696790

**海南棋院文化有限公司**
地址：海南省海口市海甸岛人民大道55号
负责人：夏广龙
Tel:13078911603

**海南嘉州餐饮管理服务有限公司**
地址：海南省海口市海甸三东路1号京海花园A栋
负责人：赵保平
Tel:13976091878

**海南鲁青旅业有限公司**
地址：海南省海口市海府路12号亚希大厦1505
负责人：孙路
Tel:13707568699

**海口千腾餐饮有限公司好百年海鲜广场**
地址：海南省海口市海府路140号
负责人：蒙科龙
Tel:13036090182

**海南丰收岛贸易有限公司海口丰收园食庄**
地址：海南省海口市海府路米铺水厂北侧90米处
负责人：李启胜
Tel:13198998798

**海南博铭嘉合旅业有限公司**
地址：海南省海口市海秀大道22号瑞宏大厦A2－504室
负责人：王海波
Tel:0898－66755399

**海南富通明珠餐饮娱乐广场有限公司**
地址：海南省海口市海秀路15号明珠广场第9层
负责人：孔亮
Tel:13307688988

**海南菲诗娱乐有限公司**
地址：海南省海口市海秀路54号钱柜酒店一楼
负责人：张经念
Tel:0898－66502345

**海南军辉彩弹射击娱乐有限公司**
地址：海南省海口市海秀路金牛岭C区
负责人：张振行
Tel:13976300008

**海南省友好文艺交流中心**
地址：海南省海口市和平南路省文联大院
负责人：战友
Tel:0898－65367477

**海南椰晖餐饮服务有限公司**
地址：海南省海口市华海路4号椰晖大厦首层
负责人：周兴伦
Tel:0898－66728133

**海口神奇宝贝儿童游艺城有限公司**
地址：海南省海口市解放路15号
负责人：文明
Tel:0898－66788390

**海南竹园阁餐饮服务有限公司**
地址：海南省海口市金龙路20号
负责人：朱春科
Tel:0898－68537705

**海口金碧辉煌餐饮娱乐有限公司**
地址：海南省海口市蓝天路25号欣怡综合楼C商铺面第二、三层
负责人：王运利

Tel:13876023333

**海口恒亿旅游开发有限公司**
地址:海南省海口市龙华路41号
负责人:郑旺
Tel:13016203060

**海口雨禾美容咨询中心**
地址:海南省海口市龙华路45号鑫海公寓A栋901号
负责人:马秀兰
Tel:13807589089

**海南永庆度假文化发展有限公司**
地址:海南省海口市龙昆北路2号帝都大厦10楼AD座
负责人:刘宏本
Tel:0898－68589505

**海口锦虹环境艺术有限公司**
地址:海南省海口市龙昆北路2号龙珠新城11幢102室
负责人:马勇
Tel:0898－68581259

**海南茜美饮食有限公司**
地址:海南省海口市龙昆南路华新商业大厦C1105房
负责人:赵小玲
Tel:13198990366

**海南都市阳光酒店管理有限公司海口文化演艺中心**
地址:海南省海口市龙昆南路中国城三楼
负责人:罗方
Tel:0898－65888888

**海南省民族旅行社**
地址:海南省海口市龙舌路10号龙富大厦314室
负责人:陈琴
Tel:0898－65350193
65367622
13322030333

**海南华源置业有限公司华源皇冠滨海温泉酒店**
地址:海南省海口市美兰区广场路1号
负责人:汪启来
Tel:13876078998

**海口景晖酒店管理有限公司**
地址:海南省海口市南海大道边检站培训中心509房
负责人:邢丽

**海口东鸿电子游艺有限公司**
地址:海南省海口市五指山路25号康业花园商业中心(阳光商贸城)一层D、E、F
负责人:王绍宁
Tel:0898－65381718

**海口金公牛游艺乐园有限公司**
地址:海南省海口市五指山路29号新兴大饭店
负责人:张勇
Tel:13005007220

**海南久赏长寿国际老人度假村有限公司**
地址:海南省临高县政府大院(总商会)
负责人:邱昌阳
Tel:13876900364

**琼海泉水渡假村有限公司**
地址:海南省琼海市温泉官塘大道北M1－11号
负责人:于道平
Tel:13501191566

**三亚新万利茗茶文化有限公司**
地址:海南省三亚市大东海瑞海购物广场饮食城首层09号
负责人:叶甫盖尼
Tel:13976183857

**三亚白鹭银河温泉度假村有限公司**
地址:海南省三亚市二环路瑞海花园紫荆园5座904号
负责人:白贵忠
Tel:13835156898

**三亚威林旅业有限公司**
地址:海南省三亚市港门上村临春河路十巷1号
负责人:叶显良
Tel:13036063777

**三亚永太康乐有限公司**
地址:海南省三亚市河东路碧海大厦三楼
负责人:王永太
Tel:13876760563

**三亚足源堂美容美发有限公司**
地址:海南省三亚市河西路南国骏园A座四层4A号
负责人:潘伟强
Tel:13907639677

**海南三亚国宾馆有限责任公司**
地址:海南省三亚市鹿岭路5号
负责人:侯卫军
Tel:13807506903

## 海南拾味馆餐饮连锁管理有限公司

网址:www.shiweiguan.com

海南拾味馆餐饮连锁管理有限公司于2004年诞生在海南省海口市,是一家全国性的连锁餐饮企业。

公司自创立以来,便以拾味骨汤为其特色主打菜品,并以“拾味点滴,品味关爱的幸福”作为品牌价值的核心诉求。如今,拾味馆餐饮品牌已成为全国知名的砂锅骨汤连锁品牌,并且依靠精准的品牌定位得到了众多消费者的认同与支持。

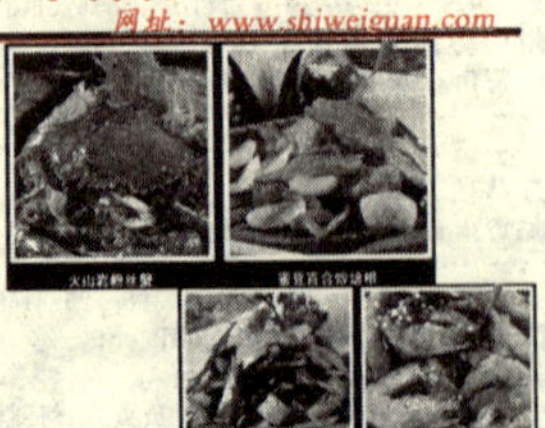

联系人:龚季龙 13976734888
电话:0898-68567000 68567363
电子邮件:szy@shiweiguan.com.cn
邮编:570101
传真:0898-68567367
地址:海南省海口市国贸大道嘉陵国际大厦二楼

Tel:13876344999

**百胜餐饮(深圳)有限公司肯德基海口海甸餐厅**
地址:海南省海口市人民大道12号民博大厦第一、二楼
负责人:朱国华
Tel:0898－68599311

**洋浦金茂酒店管理有限公司海口金茂海润大酒店**
地址:海南省海口市文明东路25号12层
负责人:吴曙明
Tel:0898－68551657

**海南军旅户外拓展俱乐部**
地址:海南省海口市五指山路25号康业花园A栋1层C座
负责人:施丁华
Tel:0898－65330696

## 四川省/Sichuan Province

**成都铁道青年旅行社有限公司**
业务:旅游、票务代理服务
地址:四川省成都市火车北站汉都大酒店1楼
负责人:刘辉 邮编:610081
法人:宋明良
Tel:028－83199760
Fax:028－83418615

**四川红星领地酒庄有限公司**
地址:四川省阿坝藏族羌族自治州茂县红星领地大道龙腾梁
负责人:陈泽民
Tel:0837－7412999

**成都市成华区杰英特酒店用品经营部**
地址:四川省成都市成华区电子科大宾馆205号
负责人:何志勇
Tel:028－83203820

**黄龙瑟尔嵯寨宾馆**
业务:黄龙瑟尔嵯宾馆以典型的藏寨式建筑外观和浓郁的藏民族装饰风格,特色的民族餐饮、娱乐、购物成为了黄龙景区人文文化景观的一部分。“宾客至上,服务第一”是宾馆服务的宗旨,“真实感、朴实感、亲切感、热情感”是宾馆服务风格,瑟尔嵯宾馆热情欢迎各地游客光临!
地址:四川省阿坝州藏族羌族自治州松潘县黄龙乡瑟尔嵯寨
负责人:何旭 邮编:623300
法人:何旭
Tel:0837－7249092

**四川康辉国际旅行社有限公司望平街门市部**
地址:四川省成都市成华区望平街滨河路10号附18号
负责人:蒋培英
Tel:028－86710202

**崇州市崇阳重庆刘一手毛肚火锅店**
地址:四川省成都市崇州市崇阳镇滨河路琴鹤花园2号B楼
负责人:张崇琼
Tel:028－88916786

**崇州市崇阳辉煌化妆品经营部**
地址:四川省成都市崇州市崇阳镇石羊巷
负责人:甘文辉
Tel:028－82382369

**成都白兰鸽休闲娱乐管理有限公司**
地址:四川省成都市大石西路237号
负责人:谢芃
Tel:13072885939

**四川天翼飞行俱乐部有限公司**
地址:四川省成都市都江堰市青城大桥中段
负责人:邱焱
Tel:13308002953

**成都白芙蓉宾馆**
业务:成都白芙蓉宾馆是一家由四川省电力公司投资兴建、四川启明星旅游产业开发有限公司主管的集客房、餐饮、娱乐、商务为一体的星级旅游涉外饭店。宾馆设计新颖、建筑华丽、装潢典雅、设计先进。白芙蓉宾馆是宾客下榻的食、住、游、购、娱一条龙服务的理想场所。
地址:四川省成都市金牛大道营门口路107号
邮编:610031
法人:吴奉芝
Tel:028－87677080
87658044
Fax:028－87658155

**都江堰水晶香茶楼有限公司**
地址:四川省成都市都江堰市幸福大道都江堰花园二期综合楼2楼4号
负责人:李素萍

**成都利杰登酒店设计有限公司**
地址:四川省成都市高新技术开发区芳草街6号王府花园6A－15C
负责人:郭毅
Tel:028－85484368

**四川银河假期商务有限责任公司**
地址:四川省成都市高新技术开发区高升桥东路19号13－4幢13号
负责人:吴新琴
Tel:13111883881

**成都都市乐章娱乐投资管理有限公司**
地址:四川省成都市高新技术开发区神仙树8号
负责人:张丽
Tel:028－85104567

**成都燕宾楼餐饮有限公司**
地址:四川省成都市高新技术开发区神仙树北路2号
负责人:林洁
Tel:13982002001

**宜宾市三才环境策划有限公司**
业务:城镇公寓、别墅、园林风水、环境策划、阴阳宅风水吉利鉴定、命理肆柱、奇门预测、公司厂矿商铺择吉、企业单位命名、出生婴儿命名、信息咨询、培训、代理颁发国学文化等级证书等服务。
地址:四川省宜宾市长宁县长宁镇中坝街18号
负责人:黄维金 邮编:644300
法人:黄维金
Tel:0831－4760638
4628736
13198841143
网址:http://138356.21yp.com

**荣乐化妆品(成都)有限公司**
业务:荣乐是国内最大的美容化妆品集团之一,在近十年的发展历史中,真诚服务于全球女性,兢兢业业于美的事业。荣乐旗下的采秀品牌,在护肤品、保健品领域的卓越表现,早已成为浪漫唯美与高贵的象征。
地址:四川省成都市青羊区顺成大街308号冠场广场9F－C座
邮编:610017
法人:唐果
Tel:028－86528810
Fax:028－86527912
网址:www.rolor.com.cn

**成都羲和雅居餐饮文化有限公司**
地址:四川省成都市高新技术开发区神仙树路139号
负责人:郑燕红
Tel:028－85189943

**成都绿野山珍生态餐饮娱乐有限公司**
地址:四川省成都市高新技术开发区石羊场裕民村三组
负责人:吴士河
Tel:028－85317208

**南亚风情餐饮娱乐有限公司**
地址:四川省成都市高新技术开发区石羊裕民四组
负责人:邝才洋
Tel:028－85318318
13709016179

**成都巴蜀老汉餐饮管理有限公司**
地址:四川省成都市高新技术开发区紫荆北路86号1－1幢2号
负责人:冯华
Tel:13982288188

**成都蜀珍家宴餐饮管理有限公司**
地址:四川省成都市高新技术开发区紫荆南路23号9－1幢13号
负责人:刘鸣镝
Tel:13908009089

**成都九龙港餐饮管理有限公司**
地址:四川省成都市高新技术开发区紫荆西路8号附6号
负责人:罗保秀
Tel:028－85147333

**广元市天宝家乐旅游开发有限责任公司**
业务:广元市天宝家乐旅游开发有限责任公司主要从事于旅游的接待、旅游产品开发。欢迎新老客户光临、惠顾!
地址:四川省广元市朝天区曾家镇
负责人:韩贵臣 邮编:628014
法人:韩贵臣
Tel:0839－8675102

**成都奥斯卡叔叔餐饮有限责任公司**
地址:四川省成都市高新技术开发区紫竹北街85号
负责人:陈蓉军
Tel:028－88824818

**明珠旅行社责任有限公司**
地址:四川省成都市解放北路329号明珠国际酒店6楼601室
负责人:曾令华
Tel:028－89820430
13808229337

**成都安祺高酒店有限公司**
地址:四川省成都市金牛区北一环路四段213号
负责人:黄德
028－83313176

**金牛区星星化妆品经营部**
地址:四川省成都市金牛区北站西二路四小区3栋79号
负责人:陈琨
Tel:028－86430063

**成都紫云景餐饮有限公司**
地址:四川省成都市金牛区茶店子南街综合市场A区2楼
负责人:任建
Tel:13980715587

**成都万里招待所**
地址:四川省成都市金牛区二环路北二段8号
负责人:杨平兴
Tel:028－87681206

**三台县黄金农业综合开发有限公司**
业务:三台县黄金农业综合开发有限公司集娱乐、垂钓、餐饮为一体,为游乐、会议、婚宴承办宴席,是您休闲旅游的好去处。
地址:四川省绵阳市三台县乐安镇黄林一村
邮编:621100
法人:张思金
Tel:0816－5487777
3183966

**成都市金国宾馆有限公司**
地址:四川省成都市金牛区二环路北四段68号
负责人:粟金国
Tel:13881965521

**成都市袁氏餐饮娱乐有限公司**
地址:四川省成都市金牛区交大路101号新材大厦
负责人:袁贵新
Tel:028－87629431
82987106
13808062490

**成都市高山来茶营销中心**
地址:四川省成都市金牛区金仙桥路9号2－6－19
负责人:王彬
Tel:028－66389858

**成都七星缘休闲娱乐有限公司**
地址:四川省成都市金牛区九里堤北路44号
负责人:廖登贵

Tel：13908088791

**成都金罗西咖啡有限公司**
地址：四川省成都市金牛区马家花园2号通锦大厦7楼719－720号
负责人：顾胜利
Tel：13880356532

**成都春随人意风味酒楼**
地址：四川省成都市金牛区蜀蓉路5号
负责人：邓一平
Tel：028－87527676

**成都市千丽荷美容产品开发有限公司**
地址：四川省成都市金牛区羊西线金港空中花园329号
负责人：童玉兰
Tel：028－89695299

**成都舒雅客栈**
地址：四川省成都市金牛区一环路北三段48号
负责人：舒旭
Tel：028－88188965

**四川麦当劳餐厅食品有限公司双桥子餐厅**
地址：四川省成都市锦江区大田坎街68－190号
负责人：郑竟成
Tel：028－86673018－190

**成都市润婵美容文化传播有限公司**
地址：四川省成都市锦江区红星路三段106号2楼
负责人：何坚
Tel：13678290017

## 宝鼎生态旅游开发有限公司
业务：宝鼎猕猴山庄是一座集休闲、娱乐、会议为一体的、具有浓郁彝族特色的山庄，在这里您不仅可以领略到山野自然奇趣的田园风光，还可以去参拜暮鼓晨钟的宝鼎金山寺，更可以去和这里的200多只大大小小的猕猴来一个“亲密接触”。
地址：四川省攀枝花市仁和区太平乡大坝村仓房社猕猴山庄
邮　编：617061
法　人：周小利
Mobile：13982367190

**北京浩沙健与美健身俱乐部锦江分部**
地址：四川省成都市锦江区上东大街新良大厦3楼
负责人：张远
Tel：028－86663413

**成都市青白江区日新互惠花庄**
地址：四川省成都市青白江区日新太山二组
负责人：曾念祥
Tel：13982092089

**会杰琴行**
地址：四川省成都市十二南街7#附2#
负责人：张捷
Tel：028－85459305
13308060780

**蓝天国酒茅台专卖店**
地址：四川省成都市武侯区新南路44号附29号
负责人：李柏青
Tel：13684010363

**成都铁路工务工程服务总公司职工培训中心**
地址：四川省成都市新都区新都镇火车站家属区
负责人：王利
Tel：028－83971329
80166682

**凌云茶庄**
地址：四川省峨眉山市书院街七十六号
负责人：阮国华
Tel：0833－5520523
13508153345

**甘孜州康定情歌大酒店有限责任公司**
地址：四川省甘孜州东大街156号
负责人：李永刚
Tel：0836－2813333
13086358848

**康定跑马山宾馆**
地址：四川省甘孜州康定县炉城镇光明路3号
负责人：罗布
Tel：0836－2835888
13508290888

**美源美容美发用品中心**
地址：四川省绵阳市安昌路70－6号
负责人：孙成虎
Tel：0816－2307325
13981160758

**攀枝花市关乐林快餐厅**
地址：四川省攀枝花市邮政收投站1－193号
负责人：何淑祥
Tel：13808145850

**万源市金山茶庄**
地址：四川省万源市太平镇新华路
负责人：熊林
Tel：0818－8602301
13808246236

## 贵州省/Guizhou Province

**九龙山国家森林公园**
地址：贵州省安顺市西秀区双土九龙山国家森林公园
负责人：董文字
Tel：0853－3524458
13595330888

**贵州汽车客运有限公司贵阳交通宾馆**
业务：提供客房、餐饮服务，洗浴中心
地址：贵州省贵阳市黄金路118号
负责人：罗中伦　邮　编：550000
法　人：罗中伦
Tel：0851－6510675
Fax：0851－6510675

**毕节市天工大酒店**
地址：贵州省毕节地区毕节市洪山路60号
负责人：沈正平
Tel：0857－8292119

**贵阳白云新世纪电子娱乐有限公司**
地址：贵州省贵阳市白云区龚家寨龚西路农贸市场二楼
负责人：林宝明
Tel：13984189686

## 贵阳市花溪区电力管理所职工活动中心（玉和楼）
业务：玉和楼主营餐饮、住宿，为您提供高品质服务，欢迎光临惠顾！
地址：贵州省贵阳市花溪区青岩镇交通路（玉和楼）
负责人：王富强　邮　编：550025
法　人：王富强
Tel：0851－3200765
Fax：0851－3201309
网址：www.mtw50296.chinapyp.com

**贵阳云岩华美整形美容门诊部**
地址：贵州省贵阳市电台街91号（省邮电医院五楼）
负责人：李光明
Tel：0851－5252193

**贵州黔辉伦美容品有限公司**
地址：贵州省贵阳市富水北路天恒城市花园天景园A－9－2号
负责人：代风伦
Tel：0851－5212097

**贵州金芦笙黔菜馆有限公司**
地址：贵州省贵阳市公园路8号
负责人：赵力
Tel：0851－5870639

**贵阳花溪丰彩调味品厂**
地址：贵州省贵阳市花溪孟关乡红星村
负责人：刘小贤
Tel：0851－3960960

**贵阳路通餐饮服务有限公司**
地址：贵州省贵阳市南明区蟠桃宫路（蟠桃园小区）8幢3单元6层3号
负责人：沈国强
Tel：13985175138

**贵阳市南明区米兰红菜园酒楼**
地址：贵州省贵阳市南明区青云路304号（大门及辅助用房1－5层）
负责人：李兰
Tel：0851－5948789

**清镇市北部湾海鲜城**
地址：贵州省贵阳市清镇市云岭大街中段
负责人：周小燕
Tel：0851－2601098

**贵阳金钻豪庭大酒楼**
地址：贵州省贵阳市瑞金南路新桥头
负责人：刘筑林
Tel：0851－8650999
13608593802

## 贵州源森酒店用品有限公司
业务：贵州源森酒店用品有限公司成立于2004年，主要销售酒店用品。欢迎新老客户光临、惠顾！
地址：贵州省贵阳市云岩区宝山北路401号宝山新业家居市场A－2号
负责人：温元生　邮　编：550001
法　人：温元生
Tel：0851－6768799

**贵州神舟酒业销售有限公司**
地址：贵州省贵阳市友谊路186号
负责人：马亚平
Tel：0851－6740689

**遵义市海龙囤旅游咨询服务部**
业务：旅游咨询服务，工艺品销售
地址：贵州省遵义市汇川区汇川2路
负责人：宋启珍　邮　编：563000
法　人：宋启珍
Tel：13518528899
13511807138

**贵阳云岩诚章书店**
地址：贵州省贵阳市云岩区宝山北路180号师大附中对面
负责人：林文献
Tel：0851－5938631
13595111698

**贵阳侗家食府有限公司**
地址：贵州省贵阳市云岩区北京路242号
负责人：米运建
Tel：0851－6507186
13885050411

**贵州回归西餐酒吧有限公司**
地址：贵州省贵阳市云岩区富水北路66号天恒城市花园天恒大厦南座2层2号
负责人：张敏
Tel：0851－5212070

**贵阳云岩东方新乐园娱乐有限公司**
地址：贵州省贵阳市云岩区陕西路26号
负责人：邓筑生
Tel：13885051688

**凯里苗岭酸汤鸡鱼城**
地址：贵州省贵阳市云岩区省府路
负责人：安健
Tel：0851－5255291
13595021596

**贵阳云岩涛涛宏化妆品经营部**
地址：贵州省贵阳市云岩区头桥服务车站10号门面
负责人：朱涛
Tel：13595059033

**雷山县雷公山旅游发展有限责任公司**
地址：贵州省雷山县丹江镇解放东路武装部3楼
负责人：杨昌安
Tel：0855－3334979
13985807543

**六盘水大唐歌飞饮食娱乐有限公司**
地址：贵州省六盘水市荷城花园商务广场A座二楼
负责人：唐萌
Tel：0858－8971333

**香阁酒店**
地址：贵州省六盘水市六枝特区那平路补林新村
负责人：杨华松
Tel：0858－5312898
13098586888

**贵州夜郎酒肆饮食文化有限公司**
地址：贵州省六盘水市南环路路24号
负责人：罗克林
Tel：13885810808

**贵龙宾馆**
地址：贵州省六盘水市人民中路173号
负责人：李金娥
Tel：0858－2117777
13985388707

**贵州南风旅游开发有限公司**
地址：贵州省六盘水市塔山西路21号（西秀区政府招待所内）
负责人：黄永一
Tel：13984361111

**凯里市凯铁大酒店有限公司**
地址：贵州省黔东南苗族侗族自治州清江路197号
负责人：李绍军
Tel：0855－3811999

**都匀市时代文化娱乐有限公司**
地址：贵州省黔南布依族苗族自治州都匀市广惠路筑匀大厦B栋四楼
负责人：赵永丽
Tel：0854－8253900

**荔波县樟江旅行社有限责任公司**
地址：贵州省黔南布依族苗族自治州荔波县樟江中路9号
负责人：蒙强武
Tel：0854－3619999

## 六盘水市兴月茶楼
业务：兴月茶楼自2002年10月开业以来，深受新老客户好评。兴月茶楼位于六盘水市钟山开发区南环路段，茶楼环境优美，设施齐全，管理水平一流，员工茶艺高超，是家人欢聚，朋友聚会的好去处。
地址：贵州省六盘水市凉都大道
负责人：蒋开志　邮　编：553000
法　人：蒋开志
Tel：0858－8691888

**贵州神奇啤酒有限公司**
地址：贵州省黔南布依族苗族自治州龙里县龙山镇水桥村
负责人：张之君
Tel：0854－5633450

**兴义宾馆有限公司**
地址：贵州省黔西南布依族苗族自治州兴义市桔山办瑞金南路
负责人：书建兵
Tel：0859－3111278

**遵义市国美旅游资源投资开发有限公司**
地址：贵州省遵义地区红花岗区海尔大道海风2号小区C栋二楼
负责人：陈朝宣
Tel：0852－8629555

**遵义市建新天津狗不理饮食店**
地址：贵州省遵义市汇川区宁波路工商局一楼
负责人：李建新
Tel：0852－8652138

## 贵州铜仁市雪萍美容美发服务有限公司
业务：贵州铜仁市雪萍美容美发服务有限公司成立于2003年，从事美容、美发、足疗服务及培训。以诚信的服务深受当地顾客的喜爱。
地址：贵州省铜仁市环东路（保险公司大楼）
邮　编：554300
法　人：周雪萍
Tel：0856－5224982
Fax：0856－5235239

**遵义市京腾丽湾酒店管理有限公司**
地址：贵州省遵义市中华北路536号
负责人：李洪
Tel：13087870676

## 云南省/Yunnan Province

**兴华大酒店**
地址：云南省保山市腾冲县腾越镇六街小团坡56号
负责人：杨德宽
Tel：0875－5132688
13987055220

**云宇鲜美食城**
地址：云南省楚雄市鹿城镇西路35号果园路11号
负责人：张国金
Tel：0878－3138488
13987825138

**水玲珑服务有限责任公司**
地址：云南省会泽县金钟镇钟屏西路178号
负责人：杜福常
Tel：13988945666

**云南柏联和顺旅游文化发展有限责任公司**
业务：云南柏联和顺旅游文化发展有限责任公司成立于2003年11月，现有员工200余人，从事房地产开发、境内旅游服务。欢迎来电垂询！
地址：云南省保山市腾冲县和顺镇
邮　编：679100
法　人：张翠芬
Tel：0875－5158666
5150010
Fax：0875－5150010

**吉人茶宴楼有限公司**
地址：云南省昆明市翠湖北路68号
负责人：熊柴明
Tel：0871－5337886
6569755

**紫藤阁食府**
地址：云南省昆明市大富春街51号
负责人：罗宁
Tel：0871－3624908
13312548388

**锦绣大酒店**
业务：锦绣大酒店创建于1998年，现有员工70余人，主要经营餐饮、客房等服务。竭诚欢迎海内外各界人士光临
地址：云南省西双版纳州勐腊县勐腊正街62号
邮　编：666300
法　人：肖斌
Tel：0691－8122716
Fax：0691－8128788

**天叶花卉经营部**
地址：云南省昆明市官渡区北大门花鸟市场1栋110－113号
负责人：舒党先
Tel：0871－5642882
13312553999

**法华旅游开发有限公司**
地址：云南省昆明市环城南路108号东来大厦705室
负责人：邓定书
Tel：0871－6660795
3310288
3311160

**昭通渔洞会议中心有限公司**
业务：本公司成立于2006年，主要从事餐饮、住宿、会议、休闲、娱乐服务。本着"信誉第一，顾客至上"的服务宗旨，热忱欢迎新老客户光临惠顾！
地址：云南省昭通市昭阳区渔洞水库
负责人：赵昆　邮　编：657008
法　人：赵昆
Tel：0870－2866599
2866570
Fax：0870－2161771

**大理国检苍海宾馆**
业务：大理国检苍海宾馆是一家以住宿、餐饮、会议为一体的综合性服务宾馆，管理规范，设施齐全，设备先进，价位合理，诚信待客，环境温馨，品位时尚，欢迎惠顾！
地址：云南省大理白族自治州大理市大丽路大理出入境检验检疫局院内
负责人：唐斌　邮　编：671000
法　人：唐斌
Tel：0872－2209780

**建水县兴富酒店**
业务：建水县兴富酒店成产于2003年，座落在建水县临安镇323线碗窑路口，地理位置优越，交通便利。酒店内设各类高档客房、餐饮服务，是休闲、大型会议接待、商务活动、婚礼宴庆的最佳选择。
地址：云南省红河州建水县临安镇323线碗窑路口
邮　编：654300
法　人：王兴富
Tel：0873－7620599
Fax：0873－7614647
网址：http://ynxfjd.chinapyp.com

**温泉东霖大浴场有限公司**
业务：本浴场成立于2001，拥有游泳池、桑拿服务。以诚信经营，热情服务的宗旨为您竭诚服务
地址：云南省曲靖市麒麟区三宝镇温泉
法　人：尹以林
Tel：028－83081139
Fax：0874－3982497

**同仁靓菜房餐厅**
地址：云南省昆明市同仁精品步行街C幢3、4楼
负责人：潘川
Tel：0871－3635222

3636444
13888227788

**建设老茶所**
业务：本公司成立于2000年，现拥有10几个员工，主要经营茶业销售。是您理想的品茶、聊天、休闲场所。
地址：云南省临沧地区沧源佤族自治县岩帅镇建设村
邮　编：677000
法　人：赵志明
Tel：0883－7331368

**康乐小吃**
业务：康乐在人间，小吃亦过年，一壶老普洱，十两新酒前，笑谈江湖事，常嗟旧时天，酒仙呼茶费，茶圣给酒钱
地址：云南省西双版纳景洪市勐巴路15号
负责人：李国忠　邮　编：666100
法　人：李兴君
Tel：13708611896
0691－2148911

**昆明天河云舟浴业有限公司**
业务：昆明天河云舟浴业有限公司，是一家加盟连锁服务企业，主要服务于国内洗浴行业企业，其创办的天河云舟药浴技术研究所，开展专业药浴疗法，服务于社会。公司携十余年浴业管理经验，整合行业资源，提炼祖国博大精深的浴业养生文化，依托"中国浴业网"平台，倾力打造、推广药浴养生传统项目的健康赢利模式。
地址：云南省昆明市北京路灵光街61号
负责人：丁圣权　邮　编：650051
法　人：丁圣权
Tel：0871－5121530
Fax：0871－5121530
网址：www.thyz.cc
E-mail：dsq@chnayyw.net

**鸿志名特花木有限公司**
地址：云南省丽江市古城区祥和丽城文智社区
负责人：沈志洪
Tel：0888－5179501
13988879978

**昆明市五华区家家酒店用品经营部**
业务：昆明市五华区家家酒店用品经营部成立于1992年，位于昆明市五华区大观街45号，交通十分便利。主要经营床上用品、餐具、一次性用品及厨房杂件。欢迎新老客户光临。
地址：云南省昆明市五华区大观街45号
邮　编：650031
法　人：袁艳飞
Tel：0871－5330525
Fax：0871－4593728

**张记老字号美食城有限公司**
地址：云南省曲靖市麒麟区南宁北路北石江电机厂桥头旁
负责人：张雄
Tel：0874－3145811
13808741182

**丽江古城区凯达大酒店**
业务：丽江古城区凯达大酒店成立于2006年，"信誉第一，客户至上"，竭诚欢迎您的光临与惠顾！
地址：云南省丽江市古城区长水路金凯广场
负责人：杨东华　邮　编：674100
法　人：杨东华
Tel：0888－3102684

## 西藏自治区/Xizang Autonomous Region

**西藏阿里地区扎西茶馆**
地址:西藏自治区阿里地区格桑路
负责人:尼吉卓嘎
Tel:0897－2825491

**西藏昌都友谊酒店**
地址:西藏自治区昌都市昌都县昌都西路21号
负责人:潘旭明
Tel:0895－4831888

**紫薇化妆品连锁机构**
地址:西藏自治区昌都市昌都县贸易公司2号门面
负责人:谢叶东
Tel:0895－4830381

**昌都县友谊酒店**
地址:西藏自治区昌都市昌都县西路21号
负责人:余久军
Tel:0895－4846888

**西藏巴松措旅游开发有限公司**
地址:西藏自治区拉萨市巴松措
负责人:欧阳旭
Tel:0891－6339150

**流星雨网吧**
地址:西藏自治区拉萨市北京东路
负责人:刘平
Tel:0891－6339688

**拉萨市医学整形美容中心**
地址:西藏自治区拉萨市北京中路
负责人:周明
Tel:0891－6326599

### 四海经贸有限公司
业务:四海经贸有限公司成立于2004年，是一家经营餐饮类的公司。主要经营海鲜、粤菜、川菜、藏菜等。质量保证，价格合理，服务至上，欢迎新老客户惠顾。
地址:西藏自治区拉萨市罗布林卡路4号四海海鲜酒楼
邮　编:850000
法　人:田晓梅
Tel:0891－6270199
Fax:0891－6270199

**西藏茶马古道国际旅行社**
地址:西藏自治区拉萨市北京中路41号(布达拉宫西门)
负责人:郑国海
Tel:0891－6996135

**拉萨市城关区雪藏戏队**
地址:西藏自治区拉萨市城关北京中路
负责人:洛桑
Tel:0891－6326504

**拉萨市棒恩餐饮有限公司**
地址:西藏自治区拉萨市城关区小昭寺路大门1号二楼
负责人:杨浩东
Tel:0891－6346328

**拉萨市盛德网吧**
地址:西藏自治区拉萨市当热路一百零九一百一十号
负责人:代彪
Tel:0891－6915184

**西藏俊诚工贸有限公司世纪休闲中心**
地址:西藏自治区拉萨市德吉路(三中旁)
负责人:吕会容
Tel:0891－6821406

**新东方会馆**
地址:西藏自治区拉萨市德吉南路16号
负责人:钟勇
Tel:0891－6920451

**拉萨市城关区团结农业旅社**
地址:西藏自治区拉萨市夺底路一百零八号
负责人:尼玛阿旺
Tel:0891－6329930

**雅鲁藏布大酒店**
地址:西藏自治区拉萨市贡布塘路阳城广场
负责人:徐晓琴
Tel:0891－6300689

**西宁纵横实业商贸有限责任公司西藏克莱德曼琴行分公司**
地址:西藏自治区拉萨市江苏路3号附6号
负责人:王恩平
Tel:0891－6342866

**拉萨市城关区民族旅馆**
地址:西藏自治区拉萨市金珠东路
负责人:普布次仁
Tel:0891－6323331

**西藏雷丽美容美体有限公司**
地址:西藏自治区拉萨市康昂东路八号(商业宾馆四楼写字楼)
负责人:雷丽
Tel:0891－6345350

**西藏惠通陆华足球俱乐部有限公司**
地址:西藏自治区拉萨市林廓东路十号
负责人:张晔
Tel:0891－6336173

**拉萨福朋喜来登酒店**
地址:西藏自治区拉萨市林廓东路一巷5号
负责人:佘江华
Tel:0891－6348888

**西藏圣地旅游有限公司**
地址:西藏自治区拉萨市纳金路36号
负责人:黄文军
Tel:0891－6543752

**西藏雅江经贸培训中心管理有限公司**
地址:西藏自治区拉萨市娘热路二十号
负责人:王德生
Tel:0891－6332666

**西藏金桥饭店**
地址:西藏自治区拉萨市色拉北路40号
负责人:白玛
Tel:0891－6389000

**万金旅游咨询服务有限公司**
地址:西藏自治区拉萨市色拉路
负责人:刘先生
Tel:0891－6816110

**拉萨雕刻时光网吧**
地址:西藏自治区拉萨市色拉路(市公安局商品房)
负责人:章青云
Tel:0891－6341319

**央宗批发部**
地址:西藏自治区拉萨市色拉路央宗私房
负责人:央宗
Tel:0891－6388998

**新鼎大酒店**
地址:西藏自治区拉萨市太阳岛2路
负责人:陈小姐
Tel:0891－6808555

**拉萨香巴拉小院家庭旅馆**
地址:西藏自治区拉萨市团结新村东区4号
负责人:范俊
Tel:0891－6925589

**西藏闽泰酒店有限公司**
地址:西藏自治区拉萨市宇拓路17号
负责人:黄忠贵
Tel:0891－6304492
6306111

**西藏红山饭店**
地址:西藏自治区拉萨市中心(布达拉宫西侧)
负责人:罗美琳
Tel:0891－6925666－8003

**苏州颜如玉天然美容品有限公司拉萨分公司**
地址:西藏自治区拉萨宇拓路女人街
负责人:王琳清
Tel:0891－6330826

**西藏工布江达县工布旅游开发有限公司**
地址:西藏自治区林芝地区光明路西11号
负责人:付宪梅
Tel:0894－5412366

**西藏林芝花园酒店**
地址:西藏自治区林芝市林芝县八一镇珠海路与澳门路交叉
负责人:伍冬萍
Tel:0894－5886558

**西藏林芝嘉龙酒店有限公司**
地址:西藏自治区林芝市林芝县林芝镇八一新村厦门路体育场左侧对面
负责人:罗全德
Tel:0894－5822087

**日喀则地区劳动和社会保障局工会招待所**
地址:西藏自治区日喀则地区黑龙江中路
负责人:佟珠次仁
Tel:0892－8839505

**西藏日喀则地区金龙实业发展有限公司金龙宾馆**
地址:西藏自治区日喀则地区上海中路10号
负责人:曹边生
Tel:0892－8830888

**雅砻河酒店**
地址:西藏自治区山南市乃东县湖北大道18号
负责人:严先生
Tel:0893－7800398

**新创艺浴足城**
地址:西藏自治区山南市山南格桑桥
负责人:康云川
Tel:0893－7833345

## 陕西省/Shanxi Province

**西安市灞桥区满江红海鲜酒楼**
地址:陕西省西安市灞桥区洪庆街道办田洪街特字一号
负责人:李胜胜
Tel:029－83605558

### 凤翔县雍城商务酒店
业务:住宿餐饮
地址:陕西省宝鸡市凤翔县城南环路中段
负责人:刘军强　邮　编:721000
法　人:刘军强
Tel:0917－7212888

### 西安艺达酒店用品有限公司
业务:西安艺达酒店用品有限公司成立于2003年，公司经营范围:酒店客房一次性易耗品:牙具，梳子，香皂，拖鞋，洗发沐浴液，针线包，剃须刀，擦鞋器，礼品袋，洗衣袋，垃圾袋等.床上用品及四巾:床单，床罩，棉被，被套，枕芯，枕套，保护垫，浴巾，面巾，地巾，方巾，台布，口布等.清洁剂和洗衣房专用粉剂:洁厕净，浴缸净，全能水高泡地毯水，静电去尘液，面蜡，低蜡，起蜡水，增白洗衣粉，强力洗衣粉，油污柔顺剂，浆粉，干洗油、有偿用品:牛奶泡泡浴、温泉盐浴、情之浴、男用清洗液、女用清洗液、压缩毛巾、保保健袜、保健内裤、商务套装、消毒和谐液等等。“艺达”人凭着认真负责的工作态度和真诚的服务，为众多的客户提供了各种物美价廉的产品及优质的服务给酒店增色添彩。
地址:陕西省西安市北关青门村43号
邮　编:710016
法　人:李明
Tel:029－86295501
Mobile:13992880909
Fax:029－86266586

### 凤翔县大海子名味烧烤庄
业务:手抓羊肉、清炖羊肉、红焖羊肉、烤腿烤排、烤全羊、烤肉串、优质羊汤、羊肉水饺，羊肉包子等、住宿、娱乐、棋牌、蒙古包、停车场等服务设施
地址:陕西省宝鸡市凤翔县尹家务乡大海子村二组名味烧烤庄
负责人:曹乖祥　邮　编:721000
法　人:曹乖祥
Tel:0917－7526397

**西安市灞桥区娱乐行业协会**
地址:陕西省西安市灞桥区文体中心东二楼
负责人:谢涛
Tel:029－83524596

**西安胭脂阁化妆品经销部**
地址:陕西省西安市碑林区德福巷东区20号2101
负责人:张凡
Tel:029－81911550

### 咸阳老段家餐饮有限公司
业务:咸阳老段家餐饮有限公司成立于1984年，主要经营西府小吃、西餐面，味道可口、价格合理，欢迎新老客户光临惠顾！
地址:陕西省咸阳市渭城区乐育北路3号
负责人:段恩义……邮　编:712000
法　人:段恩义
Tel:0910－33211099

**西安市碑林区信诚酒店用品配送服务部**
地址:陕西省西安市碑林区德福巷小区D14－3－402
负责人:苏克东
Tel:029－83764049

**陕西东海龙船餐饮有限公司**
地址:陕西省西安市碑林区东大街395号
负责人:朱玲
Tel:029－87262171－8005

**陕西福客临洗浴有限公司**
地址:陕西省西安市碑林区东关正街9号
负责人:李学民
Tel:13991131230

### 扶风大佛文化旅游产业投资有限责任公司
业务:旅游开发、投资
产品:东方大佛宫景点
地址:陕西省宝鸡市扶风县城新区金马花园5号楼
负责人:张宏社　邮　编:721000
法　人:张宏社
Tel:0917－5219777
13609276950

**西安市碑林区都成平价川菜馆**
地址:陕西省西安市碑林区东木头市168号
负责人:潘峰
Tel:029－87271616

**西安阳光雨露小羔羊餐饮有限公司**
地址:陕西省西安市碑林区交大二村33号
负责人:杨文波
Tel:029－82661166

**北京亚新斯美容美发用品有限公司西安分公司**
地址:陕西省西安市碑林区骡马市16号副4号1－2层
负责人:梁鹏
Tel:029－87233003

**陕西金盾文化艺术有限公司**
地址:陕西省西安市碑林区明胜街31号
负责人:彭光
Tel:029－87895484

**重庆刘一手饮食文化有限公司西安分公司**
地址:陕西省西安市碑林区南关正街89号
负责人:孙达梯
Tel:029－87818248

**陕西华夏旅游规划设计有限公司**
地址:陕西省西安市碑林区太白北路229号
负责人:郝心华
Tel:029－88302490

**西安天上人间餐饮娱乐有限公司**
地址:陕西省西安市碑林区文艺南路106号之德亚商厦二、三层
负责人:董新民
Tel:029－87880111

**西安凯新酒店**
地址:陕西省西安市碑林区友谊西路165号
负责人:李政
Tel:029－82121236

**西安盛唐宾馆有限公司**
地址:陕西省西安市北二环九号城北客运站西临市场
负责人:李应义
Tel:029－82107678

**内蒙古小肥羊餐饮连锁有限公司西安长乐西路店**
地址:陕西省西安市长乐西路99号
负责人:高文华
Tel:029－85215955

**西安圣方丹复合式餐饮有限公司**
地址:陕西省西安市东大街446号三层
负责人:芦淑花
Tel:029－87433384

### 咸阳欢乐频道娱乐有限公司
业务:咸阳欢乐频道娱乐有限公司是一所集茶秀、台球、棋牌、电玩为一体的休闲娱乐中心，提供最好的娱乐设施设备 创造无限美好娱乐生活，欢迎惠顾！
地址:陕西省咸阳市渭城区新兴北路新苑小区二号楼二层
负责人:李光禧……邮　编:712000
法　人:0910－3760762

**西安市雅典茶屋**
地址:陕西省西安市东门柿园路东方星座C座C－10
负责人:雍小忙
Tel:13909252767

**陕西刘一手餐饮管理有限公司**
地址:陕西省西安市沣镐东路316号

……负责人:孙达梯
……Tel:029－87814284

**西安天美旅游文化艺术设计有限责任公司**
地址:陕西省西安市含光路南段1号怡和国际A幢X座20层2003号房
……负责人:苏媛
……Tel:13488225956

**广东会馆**
业务:餐饮
产品:粤菜、潮菜
地址:陕西省西安市丰登南路9号(丰庆公园西北角)
……负责人:杨端阳 邮 编:710000
……法 人:杨端阳
……Tel:15902980788
029－84286688
……Fax:029－84282740

**西安市雅黛美容美发有限公司**
地址:陕西省西安市户县沣京路38号
……负责人:柳庚斌
……Tel:029－84810117

**陕西阳光丽都大剧院有限公司**
地址:陕西省西安市环城南路东路29号
……负责人:白绍俊
……Tel:029－87861723

**西安阳光青少年体育俱乐部**
地址:陕西省西安市吉祥路21号吉祥路小学内
……负责人:胡素云
……Tel:029－88234603

**西安湘香餐饮有限责任公司**
地址:陕西省西安市劳动南路39号
……负责人:龚红兵
……Tel:029－88472233

**西安文苑旅行社有限公司**
地址:陕西省西安市临潼区东三叉东风大楼三层
……负责人:张小林
……Tel:029－83823375

**西安关中风情旅行社有限公司**
地址:陕西省西安市临潼区人民南路劳动大厦
……负责人:宁福宏
……Tel:029－83829302

**西安金伟业酒店用品配套有限公司**
地址:陕西省西安市南二环东段西北新闻大厦A座12层A12－E号
……负责人:张长伟
……Tel:029－82111666

**西安七里香餐饮有限公司**
地址:陕西省西安市太白北路256号太白商厦南侧
……负责人:冯晟
……Tel:029－81080392

**西安市青少年游泳俱乐部**
地址:陕西省西安市西五路26号游泳馆内
……负责人:曾亚文
……Tel:029－87451401

**西安市新城区佛跳墙火锅城**
地址:陕西省西安市新城区东五路57号
……负责人:林家麟
……Tel:13759900129

**西安市鹅掌门酸辣汤锅店**
地址:陕西省西安市新城区东五路59号
……负责人:罗永
……Tel:029－87683960

**西安百草堂餐饮娱乐城**
地址:陕西省西安市新城区咸宁东路40号
……负责人:宁新院
……Tel:029－82623456

**西安长城明珠康体娱乐有限责任公司**
地址:陕西省西安市新城区咸宁中路156号
……负责人:高意飞
……Tel:029－82214328

**陕西瑞联文化传播有限责任公司**
地址:陕西省西安市新城区新民街3号
……负责人:马凌霄
……Tel:029－87616765

**西安嘉惠酒店设备用品有限公司**
地址:陕西省西安市兴庆路34号副5号
……负责人:马昌奇
……Tel:029－83225181

**西安市阎良区洞庭人酒楼**
地址:陕西省西安市阎良区胜利路61号
……负责人:李腊兰
……Tel:029－86867988

**西安香怡茶苑有限公司**
地址:陕西省西安市雁塔区电子正街286号2楼
……负责人:张殷
……Tel:029－88210697

**陕西川嫂红餐饮管理有限公司**
地址:陕西省西安市雁塔区吉祥路129号
……负责人:黄原风
……Tel:029－82195555

**西安市长常乐美食娱乐有限公司**
地址:陕西省西安市雁塔区吉祥路66号门面房
……负责人:张俊芳
……Tel:029－88210106

**西安黄大妈餐饮有限责任公司高新店**
地址:陕西省西安市雁塔区科技路25号
……负责人:许向军
……Tel:13991993299

**陕西我家酒楼有限公司**
地址:陕西省西安市雁塔区明德门杨家村街景改造房5号
……负责人:谢芳兰
……Tel:029－83115108

**西安饮食(集团)股份有限公司同盛祥饭庄东仪路分店**
地址:陕西省西安市雁塔区沙呼沱村南一街1号
……负责人:马明军
……Tel:029－87253540

**西安丰采会议中心有限公司**
地址:陕西省西安市雁塔区西万路甲字一号
……负责人:郭根明
……Tel:029－88586517

**西安韩村餐饮有限公司**
地址:陕西省西安市朱雀大街杨家村市场南邻
……负责人:李珍和
……Tel:029－85336226

**西安食话食说泼妇鱼庄**
业务:鱼香生意好,多你一个不多,少你一个不少,爱来不来,电话地址,小问我,我脾气不好,要问去问114,没吃过泼妇鱼,你就别说你吃过鱼!
地址:陕西省西安市政府小区－018
……负责人:杨贵飞……邮 编:710000
……法 人:杨贵飞
……Tel:029－83029777
……Fax:029－88231350
……网址:www.pofuyu.com
……E-mail:pofuyu@126.com









## 甘肃省/Gansu Province

**白银兴盛寓宾馆服务有限公司**
地址:甘肃省白银市长征北路
……负责人:张惠芳
……Tel:0943－6658532

**白银市平川区缘海网吧**
业务:网吧
地址:甘肃省白银市平川区宝积路总医院斜对面缘海网吧
……负责人:白海平 邮 编:730900
……法 人:白海平
……Tel:13649301999
0943－6635333

**陇西县兴蕊花卉有限责任公司**
地址:甘肃省定西市陇西县文峰镇安家门
……负责人:鲜文
……Tel:0932－6696588

**甘肃香巴拉风情旅游有限责任公司**
地址:甘肃省甘南藏族自治州合作市人民街53号
……负责人:赵晶
……Tel:0941－8213222

**正元旅行社**
业务:正元旅行社成立于2004年,从事全国各地境内旅游服务。欢迎来电垂询。
地址:甘肃省酒泉市瓜州县县府街榆林宾馆一楼
……邮 编:736100
……法 人:龙正元
……Mobile:13909375346
……Fax:0937－5529247

**甘南州嘉元(名酒世界一有限责任公司)**
地址:甘肃省甘南藏族自治州合作市腾志街75号(州安全局楼下)
……负责人:董瑞斌
……Tel:0941－8218818

**甘南雪岩矿泉水有限责任公司**
地址:甘肃省甘南州合作市南郊(州畜牧综合实验场)
……负责人:赵莉萍
……Tel:0941－8212109

**嘉峪关市花苑餐饮有限责任公司**
地址:甘肃省嘉峪关市曙光街一号
……负责人:董玉新
……Tel:0937－6286299

**甘肃湘鸭村餐饮有限公司**
业务:餐饮服务
产品:鸭味火锅
地址:甘肃省兰州市永登县城关团结街130号
……负责人:余鹏 邮 编:730030
……法 人:余鹏
……Tel:13919049933
0931－6425698

**甘肃通信服务公司金昌移动宾馆**
地址:甘肃省金昌市公园路
……负责人:刘廷虎
……Tel:13993565555

**金昌天宇乐保龄球馆**
地址:甘肃省金昌市金川路89号
……负责人:王淑红
……Tel:0933－8213352

**金昌市一中青少年体育俱乐部**
地址:甘肃省金昌市延安路110号
……负责人:张清能
……Tel:0933－8213807

**永昌华奥酒店**
地址:甘肃省金昌市永昌县城关镇北大街
……负责人:曹孔元
……Tel:0933－7525303

**酒泉飞天电影有限责任公司**
地址:甘肃省酒泉市东大街58号
……负责人:刘海鹰
……Tel:13909376789

**兰州精英名酒商行**
地址:甘肃省兰州秦安路122号
……负责人:高华
……Tel:0931－8829022

**华亭县华砚宾馆有限责任公司**
业务:华亭县华砚宾馆有限责任公司成立于2004年,主营餐饮、住宿、洗浴、娱乐等,欢迎新老客户光临。
地址:甘肃省平凉市华亭县仪州大道中段
……负责人:李怀仁……邮 编:744100
……法 人:李怀仁
……Tel:0933－7728966
……Fax:0933－7728989

**环县海燕文化产业有限责任公司**
业务:文化产业经营
地址:甘肃省庆阳市环县环洲商贸城5C－09号
……负责人:刁海燕 邮 编:745000
……法 人:刁海燕
……Tel:0934－3667098

**兰州金葵餐饮服务有限责任公司**
地址:甘肃省兰州市城关区闵家桥41号
……负责人:李虎山
……Tel:0931－8124623

**兰州肯德基有限公司南昌餐厅**
地址:甘肃省兰州市城关区南昌路982号
……负责人:萧世杰
……Tel:0931－8882608

**甘肃兰风餐饮有限公司**
地址:甘肃省兰州市城关区平凉路286号
……负责人:赵和训
……Tel:0931－4562299

**兰州一相逢家宴馆**
地址:甘肃省兰州市城关区秦安路194号
……负责人:冠小梅
……Tel:0931－4569266

**瓜州县双塔湖实业开发有限公司**
业务:水产养殖、餐饮服务、水上休闲、娱乐服务
地址:甘肃省酒泉市瓜州县双塔水库
……负责人:石生云 邮 编:736100
……法 人:石生云
……Tel:0937－5528591
13993705510

**甘肃丝路观光旅游有限责任公司**
地址:甘肃省兰州市城关区小稍门外280号

……………………………… 负责人:王惠玲
……………………………… Tel:0931－8886872

**兰州菜香源餐饮有限公司**
地址:甘肃省兰州市定西路241号
……………………………… 负责人:王建喜
……………………………… Tel:0931－8616992

**兰州东联酒店企业商务服务有限责任公司**
地址:甘肃省兰州市福兴路98号
……………………………… 负责人:邢锐
……………………………… Tel:13321229100

**兰州生物源鹿王餐饮有限公司**
地址:甘肃省兰州市陇西路大众市场八角楼
……………………………… 负责人:尤建中
……………………………… Tel:0931－8404723

**兰州云峰餐饮有限责任公司分公司**
地址:甘肃省兰州市庆阳路245号
……………………………… 负责人:马建基
……………………………… Tel:0931－8434664

**一品红精品民俗火锅**
地址:甘肃省兰州市西固区中街43号
……………………………… 负责人:张铖
……………………………… Tel:0931－7362899
13088765555

**好食多(兰州一餐饮有限公司西站店)**
地址:甘肃省兰州市西津西路76号
……………………………… 负责人:卫广
……………………………… Tel:0931－8437047

**兰州高源餐饮有限公司**
地址:甘肃省兰州市小达坪
……………………………… 负责人:高黑喜
……………………………… Tel:13088714978

**兰州南海餐饮娱乐有限责任公司**
地址:甘肃省兰州正宁路61－68号
……………………………… 负责人:栾志坚
……………………………… Tel:0931－8485088

**兰州鸿福源商务宾馆**
业务:住宿
地址:甘肃省兰州市城关区中山路201号4楼兰州鸿福源商务宾馆
……… 负责人:刘兴渝　　邮　编:730000
……………………………… 法　人:刘兴渝
…………… Tel:0931－4566055

**兰州东航饮品有限公司**
地址:甘肃省兰州中川机场
……………………………… 负责人:梁万举
……………………………… Tel:13321225978

**陇南环城金属制品工贸有限公司玉祥斋餐厅**
地址:甘肃省陇南城关盘旋路建设巷水保局一楼
……………………………… 负责人:马玉梅
……………………………… Tel:0939－8265595

**天水谊通宾馆有限公司**
地址:甘肃省天水市秦州区解放路1号
……………………………… 负责人:王宏凌
……………………………… Tel:0938－8211161

**武威市科教图书馆**
地址:甘肃省武威市凉州区西关街公园路
……………………………… 负责人:董润兰
……………………………… Tel:0935－2211362



## 青海省/Qinghai Province

**青海宏都青稞酒业有限公司**
地址:青海乐都县乐都县东门巷30号
……………………………… 负责人:邓春晖
……………………………… Tel:0972－8267236

**乐都县华西宾馆有限责任公司**
地址:青海省海东地区乐都县古城大街95号
……………………………… 负责人:晏尚伦
……………………………… Tel:0972－7419888

**西宁阳光假日宾馆有限公司**
地址:青海省西宁市城东区大众街25号
……………………………… 负责人:张福诚
……………………………… Tel:13519776399

**西宁城东源盛旅社**
地址:青海省西宁市城东区德令哈路50号
……………………………… 负责人:马志国
……………………………… Tel:0971－8174922

**青海藏羚羊商贸有限公司**
地址:青海省西宁市城东区东关大街170号7号铺
……………………………… 负责人:马明君
……………………………… Tel:0971－4113411
7117333

**青海神鹰旅游有限公司**
地址:青海省西宁市城东区建国路为民巷2号
……………………………… 负责人:程萍洁
……………………………… Tel:0971－8143278

**西宁环湖宾馆有限公司**
地址:青海省西宁市城东区祁连路314号
……………………………… 负责人:马占秀
……………………………… Tel:0971－3975276

**青海鼎鑫餐饮有限责任公司海鲜火锅店**
地址:青海省西宁市城西区胜利路10号
……………………………… 负责人:杨庆霞
……………………………… Tel:0971－6164493

**青海纪原旅行社**
地址:青海省西宁市城西区胜利路28号
……………………………… 负责人:吕尚贤
……………………………… Tel:0971－6155089

**西宁鑫海丰商务宾馆**
业务:西宁鑫海丰商务宾馆主要包括餐饮、茶艺、住宿、桑拿等一系列服务,宾馆风格简约别致设施齐全舒适,展现的是一个“精致、温馨”的住宿环境。
地址:青海省西宁市城北区柴达木路322号(西川检查站东侧)
……… 负责人:张新凤……邮　编:810017
……………………………… 法　人:0971－5219718

**西宁城西青藏高原网吧**
地址:青海省西宁市城西区胜利路59号
……………………………… 负责人:陈鹏
……………………………… Tel:0971－6100770

**兰州肯德基有限公司肯德基新宁餐厅**
地址:青海省西宁市城西区五四大街45号万通中心一层
……………………………… 负责人:萧世杰
……………………………… Tel:0971－6118822

**青海育才车友俱乐部**
地址:青海省西宁市城西区五四大街62号
……………………………… 负责人:赵海龙
……………………………… Tel:0971－4123328
13897601749

**西宁众享斋餐饮有限责任公司**
地址:青海省西宁市城中区七一路328号
……………………………… 负责人:刘百利
……………………………… Tel:0971－8450906



## 新疆维吾尔自治区/Xinjiang Wei We Er Autonomous Region

**阿克苏南疆酒业有限责任公司**
地址:新疆维吾尔自治区阿克苏地区阿克苏市乌喀路
……………………………… 负责人:殷群
……………………………… Tel:0997－2515199

**库车县鑫川酒店**
地址:新疆维吾尔自治区阿克苏地区库车县民航路商运司北
……………………………… 负责人:胡洪光
……………………………… Tel:13150280383

**库尔勒聚福大楼餐饮有限公司**
地址:新疆维吾尔自治区巴音郭楞蒙古自治州库尔勒市巴音东路
……………………………… 负责人:于瑞红
……………………………… Tel:13899041888

**精河县小升酒业有限公司**
地址:新疆维吾尔自治区博尔塔拉蒙古自治州精河县城伊犁路
……………………………… 负责人:蒲东英
……………………………… Tel:0909－5332049

**精河县鸿兴楼大酒店**
地址:新疆维吾尔自治区博尔塔拉蒙古自治州精河县乌鲁木齐路7号
……………………………… 负责人:吴晓丽
……………………………… Tel:0909－5320077

**新疆国际大巴扎开发有限公司**
业务:将新疆民族歌舞、文化、饮食结为一体的国际大巴扎宴艺大剧院是目前新疆最大的具备大型歌舞表演的剧院,可同时可容纳上千人用餐。由专业设计师制作的旅游纪念品荟萃了新疆各民族的特色文化,每一样工艺品都承载了深厚的文化底蕴,质量上乘,极具有收藏价值。
地址:新疆维吾尔自治区乌鲁木齐市解放南路8号
……… 负责人:曹玉泽……邮　编:830002
……………………………… 法　人:曹玉泽
……………………………… Tel:0991－8558333
……………………………… Fax:0991－8553640
……………………………… 网址:www.gjdbz.com

**昌吉市丽娜形象设计部**
地址:新疆维吾尔自治区昌吉回族自治州昌吉市健康西路14号
……………………………… 负责人:孙丽娜
……………………………… Tel:0994－2996257

**石河子开发区东源服务有阴公司康乐旅馆**
地址:新疆维吾尔自治区石河子市33小区北二路158栋54－61号
……………………………… 负责人:罗贤英
……………………………… Tel:0993－2368399

**石河子市柏翎餐饮有限责任公司**
地址:新疆维吾尔自治区石河子市北环路46栋40号(1小区)
……………………………… 负责人:李俊
……………………………… Tel:13709932668

**石河子市天虫网吧**
地址:新疆维吾尔自治区石河子市东一路23小区63栋20号
……………………………… 负责人:赵晖
……………………………… Tel:0993－2027512

**乌鲁木齐玖金工贸有限公司沙海绿珠海洋世界**
地址:新疆维吾尔自治区乌鲁木齐经济技术开发区迎宾路13号
……………………………… 负责人:张杰
……………………………… Tel:0991－3730887

**乌鲁木齐市京伊顺饭店**
地址:新疆维吾尔自治区乌鲁木齐市和平南路209号
……………………………… 负责人:王峰
……………………………… Tel:0991－8609034

**新疆鑫汇福餐饮管理有限公司**
地址:新疆维吾尔自治区乌鲁木齐市红山东路171号
……………………………… 负责人:陈少战
……………………………… Tel:0991－8833356

**乌鲁木齐指尖缘网吧**
地址:新疆维吾尔自治区乌鲁木齐市红山路118号
……………………………… 负责人:王建明
……………………………… Tel:0991－2665167

**乌鲁木齐三味仙火锅城**
地址:新疆维吾尔自治区乌鲁木齐市碱泉街2号
……………………………… 负责人:李春亮
……………………………… Tel:0991－2638581

**新疆明星模特开发中心**
地址:新疆维吾尔自治区乌鲁木齐市碱泉一街16号
……………………………… 负责人:黄永明
……………………………… Tel:0991－2886581

**乌鲁木齐经济技术开发区天丽池桑拿广场**
地址:新疆维吾尔自治区乌鲁木齐市开发区中亚南路小区12号(惠源电力大楼内)
……………………………… 负责人:王玲
……………………………… Tel:0991－3738538

**乌鲁木齐华亚齐酒店管理有限责任公司**
业务:乌鲁木齐华亚齐酒店管理有限责任公司主要从事酒店管理及贸易,公司始终坚持“以服务为主导,以管理为基础,以人才作保证”的服务管理理念,真诚欢迎您的到来。
地址:新疆维吾尔自治区乌鲁木齐市延安路32号
……… 负责人:刘华寿……邮　编:830000
……………………………… 法　人:刘华寿
……………………………… Tel:0991－2557573
……………………………… Fax:0991－2577560

**霍尔果斯火炬天润大酒店有限公司**
地址:新疆维吾尔自治区伊犁哈萨克自治州霍尔果斯口岸建设路3号
……………………………… 负责人:李延明
……………………………… Tel:0999－8791999

**伊宁市华龙招待所**
地址:新疆维吾尔自治区伊犁哈萨克自治州伊宁市英阿亚提街109号
……………………………… 负责人:樊国彬
……………………………… Tel:0999－7883530

# 行业品牌展示窗

## 广西华龙投资有限公司

对房地产、工程建筑、农牧业、林业、制造业、文化教育、医疗卫生、交通能源、饮食、娱乐、影视服务、金融、旅游业、高新技术的投资；国内贸易、进出口贸易（国家有专项规定除外）；房地产信息咨询；物业管理（取得资质证书后方可在其资质等级许可的范围内开展经营活动）

电话：0771-3998588　2093580-808
电邮：1033319910@qq.com
联系人：蒙世民　13907718588
地址：广西壮族自治区南宁市桃源路43号福满地大酒店11楼　邮编：530021

## 陕西唐源矿业投资有限公司

公司成立于2007年，企业总投资20多个亿人民币，业务范围涉及矿业、酒店，房地产的投资与管理，矿山机械销售等行业。唐源国际大酒店是集住宿、餐饮、会议、文化交流及全程服务于一体的超高层五星级综合性酒店。

联系人：刘福安　13891836238　电话：029-88372307　88372154
地址：陕西省西安市高新区沣惠南路华晶广场A栋401　邮编：710075

## 广西宇海隆产权交易中心有限公司

广西宇海隆产权交易中心有限公司是于2007年在广西经过政府、工商局批准注册成立的国际性专业投融资管理咨询及产权交易机构。

注册资本金：5000万人民币。

本公司经营项目主要以资本运作及产权交易为主，包括：金融融资、国际贸易、能源、基础设施、高科技等领域各类项目的投资服务。

联系人：俞西林　13768888688　电话：0771-5529028
地址：广西壮族自治区南宁市青秀区双拥路40-1号东方明珠花园1幢A1402　邮编：530000

## 山东宏辉投资担保有限公司

山东宏辉投资担保有限公司专业从事投资担保服务。
诚信为本！
欢迎新老客户来电洽谈业务！

联系人：邵夫荣
电话：0537-3330677　13705373249
地址：山东省济宁市兖州市建设路271号（信用社大楼东侧）　邮编：272000

# 行业品牌展示窗

# 金融行业

## 北京市/Zhuhai Municipality

**神箭投资有限公司**
地址：北京市北京经济技术开发区同济北路6号202室
负责人：李清河
Tel：010－68756614

**北京福来因投资顾问有限公司**
地址：北京市北京经济技术开发区永昌北路3号商务中心A10室
负责人：罗素
Tel：010－69403913

**北京金连利登记注册代理事务所**
地址：北京市朝阳区西大望路甲27号东(南楼)110室
负责人：胡光
Tel：010－65677512

**华裕投资有限公司**
地址：北京市朝阳区亚运村汇园国际公寓F座1004室
负责人：李关宝
Tel：010－64981666

**北京汇洋经纪事务所**
地址：北京市大兴区黄村镇兴政街图书馆三楼
负责人：张艳
Tel：010－69238211

**北京万泰华联投资有限责任公司**
地址：北京市房山区窦店镇窦店村
负责人：王亮
Tel：010－69392101

**北京市盛世明智投资咨询有限责任公司**
地址：北京市海淀区知春东里10号楼201室
负责人：孙冀伟
Tel：010－68911923

**北京首创上城投资有限公司**
地址：北京市海淀区知春路76号北京翠宫饭店有限公司六层
负责人：夏永德
Tel：010－64689010

**北京信益兴会计师事务所有限公司**
地址：北京市怀柔县青春路22号
负责人：雷会泉
Tel：010－69696644

**北京奉天宏韵投资顾问有限公司**
地址：北京市门头沟区雁翅镇政府院内236号
负责人：赵粱
Tel：010－68630947

**北京路路通畅投资咨询有限公司**
地址：北京市密云县溪翁庄镇溪翁庄村
负责人：王志辉
Tel：010－69012257

**北京中兴瑞泰投资发展有限公司**
地址：北京市平谷县滨河民营科技园平祥路3号
负责人：张秋生
Tel：010－64012832

**北京新世纪鸿基投资有限公司**
地址：北京市平谷县平谷镇府前西街2号(外贸公司大院内)
负责人：李晓军
Tel：010－64428630

**北京鑫月亮登记注册代理事务所**
地址：北京市通州区新华大街100号神剑招待所206室
负责人：张俊英
Tel：010－69542320

**北京千网摩杰投资顾问有限公司**
地址：北京市通州区张家湾镇政府院内
负责人：高敬东
Tel：010－69572770

**北京市中建宇律师事务所**
地址：北京市宣武区马连道11号一商大厦603室
负责人：姚文军
Tel：010－63341519

## 天津市/Tianjin Municipality

**天津市天骄科技投资有限公司**
地址：天津市北辰区普济河道
负责人：尚玉海
Tel：022－26532938

**天津市赵虎庄投资发展有限公司**
地址：天津市北辰区赵虎庄
负责人：赵文杰
Tel：022－26910295

**天津福信保险代理有限公司**
地址：天津市河东区真理道华光里1号楼福信大厦首层
负责人：张云太
Tel：022－26473089

**中国民生银行股份有限公司天津分行**
地址：天津市河西区围堤道125号天信大厦首层、十一、十二层
负责人：韩峰
Tel：022－28408832

**天津市融海川科技投资有限公司**
地址：天津市南开区白堤路184号301室(科技园)
负责人：么恩远
Tel：13802064655

## 上海市/Shanghai Municipality

**上海誉洋企业登记代理事务所**
地址：上海市宝山路888弄12号908室
负责人：李传锋
Tel：021－65874597

**上海金弗班克投资咨询有限公司**
地址：上海市长宁区长宁支路274号A室
负责人：曲江尚玛
Tel：021－62919799

**上海运旺企业管理咨询有限公司**
业务：大额资金贷款，中小企业的贷款、咨询
地址：上海市浦东大道1139栋慧扬大厦2号801室
负责人：黄雷　邮　编：200000
法　人：黄雷
Tel：18962981619
13601963421
E-mail：leiming3377@126.com

**上海商景投资管理有限公司**
业务：上海商景投资管理有限公司主要从事国际贸易，石油化工产品进出口，工业地产开发。主要产品有：基础油，橡胶填充油，添加剂，葡萄酒，工业园区等。
地址：上海市静安区南京西路580号南证大厦3505室
邮　编：200041
法　人：王颂军
Tel：021－62185959
Fax：021－62180753

**上海海神保险公估有限公司**
业务：保险标的承保前的检验，估价及风险评估，出险后的查勘，检验，估算，理赔等
地址：上海市浦东新区浦东大道1089号五牛城启泰阁17C座
负责人：姜晶晶　邮　编：200135
法　人：王付红
Tel：021－58522607
Fax：021－58217152
E-mail：wfhsurveyor@163.com

**上海华顺保险代理有限公司**
地址：上海市长宁区新华路365弄6号1号楼404室
负责人：张颖华
Tel：13901955288

**上海山德财务咨询管理有限公司**
地址：上海市高阳路245号8010室
负责人：周奋
Tel：021－65590906

**上海陈海杰律师事务所**
地址：上海市河间路61号
负责人：陈海杰
Tel：021－65204096

**上海兴融投资管理有限公司**
业务：给企业，个人提供投资咨询、投资担保
地址：上海市松江区文翔路1000号松云银座1504室
负责人：李益　邮　编：201600
法　人：李益
Tel：15800611997
021－37703458

**上海中智财务咨询有限公司**
地址：上海市衡山路922号1803室
负责人：查文浩
Tel：021－54594545

**上海乾门投资管理咨询有限公司**
地址：上海市金山区石化地区松南支路48号－594座
负责人：宿东美
Tel：13816105269

**上海信弘财务咨询有限公司**
地址：上海市静安区新闸路1250号A座048室
负责人：马姝娟
Tel：021－62159336

**上海海腾投资咨询管理有限公司**
地址：上海市卢湾区浏河口路88号217室B
负责人：班耀
Tel：13901672389

**上海凯达投资有限公司**
地址：上海市卢湾区绍兴路17弄3号－4号底室G5室
负责人：郭震
Tel：021－64400980

**富民私营经济开发区管委会**
地址：上海市卢湾区徐家汇路518号5楼
负责人：徐险峰
Tel：021－64151108

**上海匡益劳务服务有限公司**
业务：我公司专业从事劳务派遣，劳务输出、代理企业人才招聘和劳务管理等业务。从事劳动人事保险，能准确及时地协助合作单位办理各项业务，公司本着"以人为本、诚信服务"的宗旨，塑造一流的企业形象，建立一流的管理队伍，提供一流的服务水准，力争将公司建成全国一流的劳务服务管理的企业。
地址：上海市松江区环城路123－131号2楼
负责人：陆子明　邮　编：201613
法　人：陆子明
Tel：021－67740001
67830000
Fax：021－57830152
网址：www.kuangyi.com.cn

**江泰保险经纪有限公司华东分公司**
地址：上海市卢湾区永嘉路41号703室
负责人：江群
Tel：021－54657388

**第一证券有限公司上海民生路证券营业部**
地址：上海市民生路1286号11楼
负责人：龚娟
Tel：021－61001936

**上海舒博投资管理咨询有限公司**
地址：上海市秣陵路50号309－19室
负责人：王慧芳
Tel：021－63543323

**上海诺维律师事务所**
地址：上海市浦东大道138号11楼B
负责人：叶柳华
Tel：021－58822907

**上海浦东国有资产投资管理有限公司本部工会委员会**
地址：上海市浦东东方路428号4楼
负责人：马燕琴
Tel：021－58881594

**上海裕安投资有限公司**
地址：上海市浦东新区东方路738号2706－2709室
负责人：孙志人
Tel：021－58206010

**上海捷婷投资管理有限公司**
业务：投资管理
地址：上海市松江区小塔前46号
负责人：周保根　邮　编：201600
法　人：周保根
Tel：021－57717016
13020223538
Fax：021－57717016
网址：http://www.51zzt.com/user/zzt35119
E-mail：807119849@qq.com

**国信人寿保险股份有限公司**
地址：上海市浦东新区富城路99号25层
负责人：严峰
Tel：021－58884888

**上海源恺投资发展有限公司**
地址：上海市浦东新区航津路658号829室
负责人：李从恺
Tel：021－68975932



**上海航城企业登记代理事务所**
地址：上海市浦东新区浦东大道814号304室
负责人：郭巍存
Tel：021－58312394

**德国普乐福尼克·迪特布什股份公司上海代表处**
地址：上海市浦东新区商城路800号斯米克大厦5楼05室
负责人：冯斌
Tel：021－58359145

**中国农业银行上海市外高桥支行**
地址：上海市浦东新区外高桥保税区加枫路18号
负责人：吴建荣
Tel：021－58610356

**日综(上海)投资咨询有限公司**
地址：上海市浦东新区银城东路101号汇丰大厦18楼123室
负责人：奥山俊一
Tel：021－64714900

**中国银河证券有限责任公司驻上海办事处[地区总部]**
地址：上海市浦东源深路305号
负责人：姜鸣
Tel：021－68538888

**上海肖氏云中投资管理有限公司**
地址：上海市普陀区曹杨路1426号大楼7号
负责人：肖云中
Tel：021－64585254

**上海翔飞投资咨询服务有限公司**
地址：上海市普陀区南石四路1号209室
负责人：陈小龙
Tel：13916178259

**上海森峰投资发展有限公司**
地址：上海市普陀区绥德路1弄1号208室
负责人：蔡海峰
Tel：021－66081138

**上海宗基承投资咨询有限公司**
地址：上海市普陀区真北路3370号4楼480座
负责人：吴宗方
Tel：13701771792

**上海天予通投资管理咨询有限公司**
地址：上海市四川北路1755号副楼105E室
负责人：李莉霞
Tel：021－64850937

**上海晋能投资有限公司分公司**
地址：上海市四平路200号905室
负责人：宋达仁
Tel：021－65086306

**上海鸿图建筑师事务所徐汇分部**
地址：上海市田林东路360弄1号3楼
负责人：姚玉麟
Tel：021－64840435

**上海君盛投资发展有限公司**
地址：上海市祥德路302号A－364室
负责人：王晟
Tel：021－65076022

**上海维港信息咨询事务所**
地址：上海市杨浦区国泰路127弄复旦科技园1号楼底层1577室
负责人：顾培龙
Tel：13701736939

**上海东盛投资管理有限公司**
地址：上海市杨浦区佳木斯路72号43幢218室
负责人：陈国强
Tel：021－65482512

**上海恒控投资咨询有限公司**
地址：上海市杨浦区双阳路181号东大楼204－2室
负责人：季秀英
Tel：021－65194477

**上海比蓝投资管理有限公司**
地址：上海市杨浦区杨树浦路2310号103－2室
负责人：李洛纲
Tel：021－65395700

**上海浚泷房产经纪事务所**
地址：上海市营口路802号甲底层
负责人：祝翔宇
Tel：021－55221537

**上海君鼎律师事务所**
地址：上海市张杨路707号901室
负责人：刘卫东
Tel：021－58361838

## 重庆市/Chongqing Municipality

**重庆必扬律师事务所**
地址：重庆市北区路55号盛世嘉园16楼A－C号
负责人：魏焕廷
Tel：023－89034690

**重庆贝汇投资咨询有限公司**
业务：重庆贝汇投资咨询有限公司是一家拥有雄厚资金实力资源及众多项目的专业投资咨询公司。我们拥有国际资本市场运作的丰富经验，与国内近百家金融机构、知

名企业保持了良好的合作关系，对投融资市场进行系统化的研究，使企业在最短的时间内解决各种资金问题。
地址：重庆市江北区建新南路16号西普大厦15楼8号
负责人：戚光武　邮　编：400020
法　人：戚光武
Tel：023－89079833

**重庆国联投资有限公司**
业务：超赢数据软件销售，融资贷款服务，资产托管服务，资金理财咨询，银行承兑汇票贴现
地址：重庆市九龙坡区袁家岗兴隆湾141号华宇五环大厦A座9－2号
负责人：唐山　邮　编：400039
法　人：唐山
Tel：15802317816
023－89239112
Fax：023－86378780
网址：http://www.51zzt.com/user/zzt30052

**重庆天值资产评估有限公司荣昌分公司**
地址：重庆市昌元镇海棠路
负责人：任勇
Tel：023－62968089

**重庆道通投资有限公司**
业务：诚心录好项目合作/专业从事法律允许的项目投资，福建范围内担保业务，公司秉承诚信、远见、合作、创新的经营理念为您提供创业、投资、理财服务，携手与您共创辉煌。
产品：利用自有资金从事对外投资业务
地址：重庆市北部新区人和双宁路120号11栋2单元502
负责人：易途明　邮　编：401121
法　人：易途明
Tel：023－86873993
15223058966
Fax：023－86873993
网址：www.dttzyxgs.cn
E-mail：dttzyxgs@163.com

**天安保险股份有限公司重庆分公司荣昌营销服务部**
地址：重庆市昌元镇莲花广场商贸中心
负责人：左兵
Tel：023－46743166

**重庆渝开律师事务所**
地址：重庆市汉丰镇内西街37号
负责人：舒城
Tel：023－52222731

**中国人民财产保险股份有限公司彭水支公司**
地址：重庆市汉葭镇插旗山三号
负责人：李清云
Tel：023－78845542

**重庆市乡镇企业信用担保有限责任公司**
地址：重庆市建新北路二支路2号
负责人：刘洪林
Tel：023－67515001

负责人：李俊峰
Tel：023－43789187

**重庆永正投资咨询有限公司**
业务：抵押贷款、中小型企业无抵押贷款、个体工商户贷款、短期拆借、代办工商营业执照、办理信用卡
地址：重庆市永川区商贸城E区1－10号
负责人：罗江梅　邮　编：402160
法　人：罗江梅
Tel：13609424919
023－49801488
Fax：023－49680566
网址：http://www.51zzt.com/user/zzt33025

**重庆市黔鑫资产管理咨询有限公司**
业务：非国有资产经营管理咨询及受委托管理（国家法律、行政及国务院决定禁止的不得经营，国家法律，行政法规及国务院决定应经审批而未获审批前不得经营）。欢迎来电来函咨询。
地址：重庆市黔江区解放路南海鑫城
负责人：曾勇　邮　编：404000
法　人：曾勇
Tel：023－79240699
79243208
79237589
Fax：023－79237500
网址：mtw25080

**重庆市渝北区顶真会计咨询服务有限公司**
地址：重庆市龙溪镇松石支路15号5幢8单元2－2
负责人：秦柏春
Tel：023－67613932

**中华联合财产保险公司重庆分公司万州营销服务部**
地址：重庆市万州区白岩路53号佳庆大厦第5层
负责人：邓中华
Tel：023－58132885

## 河北省/Hebei Province

**承德市开发区曹妃甸临港投资有限公司**
业务：对土地的投资
地址：河北市承德市开发区管委会办公室
负责人：杨文东　邮　编：067000
法　人：杨文东
Tel：0315－8718710

**易县建华职业服务有限公司**
业务：本公司成立于1995年，专门从事出国劳务和境外就业介绍、信息咨询、技能培训及协助办理出国手续等业务。
地址：河北省易县城内靖远北大街111号
负责人：李建华　邮　编：074200

**晋中亿信拍卖有限责任公司**
地址：山西省晋中市榆次榆太路32号
负责人：高红兰
Tel：0354－2433688

**山西现代保险代理有限公司临汾分公司**
地址：山西省临汾市鼓楼西大街财保公司住宅小区南楼
负责人：杨军
Tel：13703559858

**山西保兴保险代理有限公司**
地址：山西省临汾市尧都区信合东路45号
负责人：李晓军
Tel：0357－2398777

**上海晋能投资有限公司山西分公司**
地址：山西省太原市南肖墙12号
负责人：宋达仁
Tel：0351－4012820

**鑫融担保有限公司**
地址：山西省太原市平阳路14号26幢22层
负责人：洪波
Tel：0351－7555555
13073568888
Fax：0351－7555003

**山西博盈投资管理有限公司**
地址：山西省太原市万柏林区千峰南路鸿峰花园10号楼
负责人：张友红
Tel：0351－8689096

**山西同领商标专利事务所（有限公司）**
地址：山西省太原市文源西巷24号
负责人：李晋春
Tel：0351－4130003

**山西恒信担保有限公司**
地址：山西省太原市小店区高新区长治路476号办公楼2#
负责人：李晖
Tel：0351－3535333

**山西众通创业投资咨询有限公司**
地址：山西省太原市迎泽区双塔西街安业商务楼515室
负责人：陈富平
Tel：0351－8717218

**山西融安保险代理有限公司**
地址：山西省太原市迎泽区新建南路115号一层
负责人：柴勇
Tel：0351－4086661

**代县雁门村镇规划设计事务所**
地址：山西省忻州市代县建设局三楼
负责人：刘培观
Tel：0350－5223761

## 内蒙古自治区/InnerMongolia AutonomousRegion

**内蒙古巴彦淖尔市泰宝担保有限公司**
地址：内蒙古自治区巴彦淖尔盟临河区
负责人：何福江
Tel：0478－7906784

**包头市傲卓科技发展有限责任公司**
地址：内蒙古自治区包头市白云矿区神华国际公寓
负责人：武永峰
Tel：0472－2285325
7145066

**福缘祥（中国）健康文化事业发展商行**
地址：内蒙古自治区赤峰市红山区
负责人：崔红雷
Tel：0476－8624575

**鄂尔多斯市和平华瑞投资集团**
地址：内蒙古自治区鄂尔多斯市东胜区
负责人：姚忠元
Tel：0477－8373990

**内蒙古诚心个人投资咨询公司**
地址：内蒙古自治区呼和浩特市新城区保合少街19号
负责人：何志恒
Tel：0471－4170105

**霍林郭勒市城市投资经营有限责任公司**
地址：内蒙古自治区通辽市霍林郭勒市友谊路北段
负责人：王琳
Tel：0475－2275955

## 辽宁省/Liaoning Province

**鞍山明士联合会计师事务所**
地址：辽宁省鞍山市铁东区前进路48号
负责人：王玉萍
Tel：0412－2228190

**大连隆新劳动事务所**
地址：辽宁省大连市沙河口区星海街100号
负责人：崔光德
Tel：0411－84309255

**大连富达中小企业信用担保有限公司**
地址：辽宁省大连市瓦房店市岗店办事处老皮铺村
负责人：宋福杰
Tel：0411－85570117

**辽宁国银金融投资有限公司**
业务：产业投资、中小企业担保、企业资产管理
地址：辽宁省沈阳市沈河区哈尔滨路128－1号（1－11－13室）
负责人：冯德润　邮　编：110013
法　人：冯德润
Tel：13700008997
024－22595305

**大连大地房地产评估事务所有限公司**
地址：辽宁省大连市瓦房店市西环街三段19号
负责人：贾玫
Tel：0411－85687289

**沈阳金杯申华汽车投资有限公司**
地址：辽宁省沈阳经济技术开发区中央大街18号
负责人：何国华
Tel：024－24119515



**重庆展图律师事务所**
地址：重庆市建新南路12号田野大厦9－1号
负责人：翁光敏
Tel：023－67866505

**天安保险股份有限公司重庆分公司江北营销服务部**
地址：重庆市建新南路16号西普大厦20楼
负责人：黄鹤
Tel：023－89036738

**新华人寿保险股份有限公司重庆分公司江北营销服务部**
地址：重庆市建新西路4号拓展大厦9楼
负责人：文洪
Tel：023－67862637

**重庆市大足县司法鉴定所**
地址：重庆市龙岗街道办事处北环西路18号
负责人：胡显彪
Tel：023－43723224

**重庆金地资产评估有限责任公司大足分公司**
地址：重庆市龙岗镇南环路安居工程16、17号门市

法　人：李建华
Tel：0312－8216918
Fax：0312－8216919

## 山西省/Shanxi Province

**晋中市鹏程建设工程担保有限公司**
地址：山西省晋中市榆次区北山路东
负责人：刘巨荣
Tel：13333541888

**朔州市鑫宇小额贷款有限责任公司**
业务：发放小额贷款
地址：山西省朔州市山阴县城
负责人：王忠成　邮　编：038500
法　人：赵岗
Tel：13111024409
13191025231

## 吉林省/Jilin Province

**洮南市农村信用合作联社车力信用社**
地址：吉林省白城市洮南市车力乡
负责人：孙志成
Tel：0436－6742322

**吉林省农村信用社联合社白城办事处**
地址：吉林省白城市中兴西大路 42 号
负责人：黄真久
Tel：0436－3345352

**吉林虹桥税务师事务所有限公司**
地址：吉林省长春市朝阳区隆礼北和光胡同 20 号 605 室
负责人：于淼
Tel：13314310800

**延边金易商务咨询有限公司**
业务：投资咨询、投资接待、招商引资
地址：吉林省延吉市河南街 18 号（国际商务中心 B 座 901 室）
负责人：朴金锡　邮　编：133000
法　人：朴金锡
Tel：0433－5089322
Fax：0433－5083307

**吉林省易达财务代理有限公司**
地址：吉林省长春市朝阳区南湖大路 20 号
负责人：吕静
Tel：13944109868

**吉林省安平财务代理有限公司**
地址：吉林省长春市南关区重庆小区 10 号
负责人：孙丽文
Tel：0431－88136352

**榆树市富澳中小企业担保有限公司**
地址：吉林省长春市榆树市五棵树现代农业产业开发区吉港大街
负责人：李文波
Tel：13304391159

**天安保险股份有限公司长春分公司吉林中心支公司**
地址：吉林省吉林市吉林大街 12 号八一大厦 B 座 5 楼
负责人：吴迪
Tel：0432－62486907

**舒兰市二道信用社一马路储蓄所**
地址：吉林省吉林市舒兰市吉舒一马路西五交化北侧
负责人：朱学会
Tel：0432－68814426

**舒兰市舒郊信用社商业大楼储蓄所**
地址：吉林省吉林市舒兰市商业大楼一楼
负责人：云景艳
Tel：0432－68218536

**舒兰市舒郊信用社供销大楼储蓄所**
地址：吉林省吉林市舒兰市舒兰供销大楼一楼
负责人：房春英
Tel：0432－68218539

**吉林省福阳保险代理有限公司**
地址：吉林省辽源市西宁大路 59 号
负责人：王殿文
Tel：0437－3233864

**通化县人民政府移民基金**
地址：吉林省通化市通化县快大茂镇东安北街 24 号
负责人：吴思志
Tel：0435－5232929

## 黑龙江省/Heilongjiang Province

**交通银行哈尔滨分行汇融分理处**
地址：黑龙江省哈尔滨市道里区买卖街 92 号
负责人：张柏英
Tel：0451－84688294

**黑龙江久龙缘投资管理有限责任公司**
地址：黑龙江省哈尔滨市道里区上游街 3 号天通大厦 B 栋
负责人：田思忠
Tel：13339407890

**齐齐哈尔红岸担保有限公司**
地址：黑龙江省齐齐哈尔市富拉尔基区和平路中段（城市信用社东二层西侧）
负责人：宋德臣
Tel：0452－6884534

**宾县建民劳务服务有限公司**
业务：宾县建民劳务服务有限公司针对性地挑选本联盟学校及网络资源库、为各招聘受理中心提供人员，组织人员面试、考核、体检等。欢迎来电咨询。
地址：黑龙江省哈尔滨市宾县鸟河乡万发村柳家屯
负责人：赵国君……邮　编：150400
法　人：赵国君
Tel：0451－57974505

**齐齐哈尔市商业银行股份有限公司永安支行**
地址：黑龙江省齐齐哈尔市龙沙区永安大街 66 号
负责人：朱立明
Tel：0452－2146792

**哈尔滨市商业银行股份有限公司双鸭山分行**
地址：黑龙江省双鸭山市尖山区新兴大街中段
负责人：吴传振
Tel：0469－4237004

**绥化市裕泰拍卖有限责任公司**
地址：黑龙江省绥化市南二西路 67 号（春雷街 7 委）
负责人：徐力菲
Tel：0455－8260794

## 江苏省/Jiangsu Province

**常州华融投资担保有限公司溧阳分公司**
地址：江苏省常州市溧阳市溧城南安新村 1 号楼 107、207
负责人：陈建华
Tel：13082508532

**大丰市金鑫投资有限公司**
业务：主要从事个人和企业融资（贷款）、资产（资金）委托管理、资本运作代理、资金过桥、短期资金周转、招商引资服务
地址：江苏省大丰市裕华镇黄海南路
负责人：李国余　邮　编：224100
法　人：李国余
Tel：13401779288
13915567083

**连云港市财茂担保服务有限公司**
地址：江苏省连云港市连云区中华路 14 号东方小区 7 号楼 303 室
负责人：张祖舜
Tel：13705135803

**江苏志浩投资发展有限公司三仓分公司**
业务：投资理财及专业咨询
地址：江苏省东台市龙晶花园 4 号楼 1 单元 401 室
负责人：鲁世宽　邮　编：224200
法　人：鲁世宽
Tel：13770298222
0515－85626308

**江苏固纯投资发展有限公司**
地址：江苏省南京市高淳县固城镇工业园区 116 号
负责人：周小纯
Tel：13706118678

**连云港市轩峰投资有限公司**
业务：对超市和宾馆的投资
地址：江苏省连云港市东海县牛山镇利民西路 8 号新天地商业广场 1
负责人：徐勤昆　邮　编：222300
法　人：徐勤昆
Tel：0518－87063333

**江苏亿城投资有限公司**
地址：江苏省南京市鼓楼区金贸花园 10 幢 20、21 号
负责人：李彤
Tel：025－52644515

**南京天源会计师事务所有限公司**
地址：江苏省南京市六合经济开发区
负责人：陈德兵
Tel：025－58129668

**赣榆县汇鑫理财投资咨询有限公司**
业务：理财投资咨询服务
地址：江苏省连云港市赣榆县班庄镇驻地工业路
负责人：杨绪栋　邮　编：222002
法　人：杨绪栋
Tel：0518－86515788

**上海纽顿投资咨询有限公司苏州分公司**
业务：上海纽顿投资咨询有限公司苏州分公司成立于 2004 年，从事债务清理、投资咨询，欢迎来电垂询！
地址：江苏省苏州市竹辉路 527 号 3 号楼 302 室
负责人：刘宏洲　唐建明
邮　编：215007
Tel：0512－65189752
65189753

**徐州金源投资理财管理有限公司**
业务：投资理财管理服务
地址：江苏省徐州市丰县名仕雅园商铺
负责人：李团结　邮　编：221000
法　人：李团结
Tel：13852114218
15252118705

**华创证券经纪有限责任公司南京和燕路证券营业部**
地址：江苏省南京市下关区和燕路 5 号 3 楼
负责人：桂晓刚
Tel：025－85089628

**连云港隆龙理财投资咨询有限公司**
业务：投资咨询
地址：江苏省连云港市赣榆县欢墩镇驻地
负责人：张思清　邮　编：222002
法　人：张思清
Tel：15861286999
0518－86539699

**中融信担保有限公司苏州分公司**
地址：江苏省苏州市沧浪区干将东路 879 号 203－205（瑞基大厦 210 号房）
负责人：王鹏
Tel：0512－65153966

**江苏宏金矿业投资有限公司七都分公司**
业务：投资与资产管理
地址：江苏省吴江市七都镇人民东路 8 号
负责人：杨林　邮　编：215234
法　人：梁立蔷
Tel：0512－63056186
63056286

**江泰保险经纪有限公司苏州分公司**
地址：江苏省苏州市沧浪区干将东路 879 号 406 室
负责人：王富强
Tel：13914078576

**连云港金沃土投资发展有限公司**
业务：实业投资、房地产投资、金融理财、无抵押贷款、珠宝首饰团购优惠
地址：江苏省连云港市新浦区解放西路 17 号港利新城 5 号楼三层 01 号
负责人：易涛　邮　编：222006
法　人：杨正春
Tel：0518－85459729
Fax：0518－85459719
网址：www.lygjwt.cn
E-mail：lygjwt@163.com

**昆山京顺商标事务所有限公司**
地址：江苏省苏州市昆山市周市镇新镇长江花园 10 号楼 202
负责人：张广伟
Tel：0512－51331978

**泰州市海陵区力天投资咨询有限公司**
业务：投资咨询
地址：江苏省泰州市海陵区青年公寓 C425 号
负责人：周海建　邮　编：225300
法　人：周海建
Tel：15062996901
15062999625

**苏州和基投资有限公司**
地址：江苏省苏州市平江区诗巷 80 号
负责人：张和清
Tel：0512－65222009

**南京笑傲投资担保有限公司**
业务：为中小型企业提供融资及调头业务及代办公司注册税务代理
地址：江苏省南京市下关区黄家圩路 40－1 号 2 栋 307 室
负责人：梁焱妮　邮　编：210008
法　人：梁焱妮
Tel：025－85520202
Fax：025－85502800
网址：http://www.51zzt.com/user/zzt30415

**苏州新纪元会计师事务所有限公司**
地址：江苏省苏州市平江区园林路 2 号
负责人：韦东方
Tel：0512－67279566

**宿迁市和谐投资理财服务有限公司**
业务：投资理财
地址：江苏省宿迁市义乌商贸城 1 街 2 楼 20002 号
负责人：卞俊强　邮　编：223800
法　人：卞俊强
Tel：13235106933
0527－84340062

**怡信天成投资顾问有限公司**
地址：江苏省无锡市隐秀路 901 号联创大厦 A 幢 17 楼
负责人：芮华
Tel：0510－82731899
13861531516

## 浙江省/Zhejiang Province

### 浙江省东阳市宏远投资有限公司
业务：投资
产品：房地产、金融、汽车
地址：浙江省东阳市人民路19号
负责人：卢军 邮编：321000
法人：卢军
Tel：0579－86380333

### 余姚市金锁经济信息咨询有限公司
业务：金融投资、融资等经济信息咨询
地址：浙江省宁波市余姚市玉立路60号
负责人：董国祥 邮编：315000
法人：董国祥
Tel：0574－62836855

### 淳安县联兴投资有限公司
地址：浙江省杭州市淳安县千岛湖镇南山曙光路98号
负责人：方玉龙
Tel：0571－64948005

### 杭州蓝杉投资咨询有限公司
业务：外汇黄金、白银保证金交易的开户、咨询等业务
地址：浙江省杭州市滨江区江陵路88号6幢309室
负责人：汤铭辉 邮编：310051
法人：汤铭辉
Tel：13738007692
Fax：0571－88857265
网址：http://www.skylicai.cn
E-mail：ilytg@163.com

### 杭州蓝海企业管理咨询有限公司
业务：杭州蓝海企业管理咨询有限公司是以中国管理科学研究院终身研究员、高级咨询/培训专家 姚仲达 先生为首席顾问的专家团队组建的。公司旨在帮助目前在“红海”中搏击的我国各类企业如何摆脱日益激烈的恶性竞争，通过“价值创新”，开创自己的“蓝海”策略提供顾问及教练式服务。
地址：浙江省杭州市西湖区文一西路219号15幢201室
负责人：姚仲达 邮编：310012
法人：姚仲达
Tel：0571－85091563
Fax：0571－88257089
网址：www.hzlanhai.com
E-mail：hzlanhai@126.com

### 杭州国雅投资咨询有限公司
业务：投资咨询，企业管理咨询，企业形象设计，经济信息咨询，市场营销策划，房地产信息咨询，商业管理咨询，财务信息咨询，企业事务代理
地址：浙江省杭州市萧山区靖江镇南桥文化路85号
负责人：吕国盈 邮编：311223
法人：吕国盈

### 富阳鋆通投资有限公司
地址：浙江省杭州市富阳市富春街道天河路11号
负责人：张文虎
Tel：13968161666

### 象山丹城元盛调剂商行
业务：旧货销售、抵押、融资
地址：浙江省宁波市象山县丹东街道天安路119弄48号
负责人：马宝良 邮编：315700
法人：马宝良
Tel：0574－65004569

### 杭州富恒投资管理有限公司
地址：浙江省杭州市拱墅区蚕花园永和坊9－2号
负责人：康忙妮
Tel：13336098286

### 江山市鑫洋投资理财咨询服务部
业务：投资理财咨询服务
地址：浙江省衢州市江山市新塘边镇新兴东路17号
负责人：周强 邮编：324000
法人：周强
Tel：13626707163
0570－4775368

### 都邦财产保险股份有限公司浙江分公司临海市营销服务部
业务：本公司成立于2005年，主要经营机动车辆保险、财产损失险、责任保险、信用保险和保证保险、短期健康保险和意外伤害保险，以及上述业务的再保险业务；国家法律、法规允许的保险资金运用业务，经保监会批准的其他业务。您的一次选择，就是一份信任的重托。都邦保险以向客户提供完善的保险服务为已任，努力打造百年老店，与您共赢未来。
地址：浙江省台州市临海市巾山东路159号
负责人：葛锋 邮编：317000
法人：葛锋
Tel：0576－85481111
Fax：0576－85187910
网址：www.dbic.com.cn

### 信达期货有限公司台州营业部
业务：期货服务
地址：浙江省台州市路桥区银安街679号501－510室
负责人：程俊良 邮编：318000
法人：程俊良
Tel：0576－82696333
13588189606

### 宁波海曙随缘典当调剂商行
业务：房产抵押、汽车、黄金首饰抵押、手提电脑抵押
地址：浙江省宁波市海曙区望童路154号1－64室
负责人：陆启军 邮编：315000
法人：陆启军
Tel：13757491470
0574－87144056

### 衢州裕丰隆交通投资管理有限公司
业务：公路建设项目的投资、管理服务；建材销售
地址：浙江省台州市天台县天都花园A8号楼2单元101室
负责人：王邦毛 邮编：318000
法人：王邦毛
Tel：15867620111
0576－83898805

### 杭州文发投资咨询有限公司
业务：投资咨询
地址：浙江省杭州市萧山区商业城太平洋广场商恒街13号
负责人：文长秋 邮编：310000
法人：文长秋
Tel：13967129555
0571－82676528

### 杭州利图投资咨询有限公司
地址：浙江省杭州市上城区金隆花园金梅轩1006室
负责人：谭蔚
Tel：13588712687

### 温州荣详投资有限公司
业务：对房地产、旅游业、教育业、农业、采矿、文化娱乐业、餐饮业、宾馆、交通运输、能源开发、市政工程建设及市场开发项目的投资(不含法律、法规禁止和限制经营的项目)
地址：浙江省温州市苍南县灵溪镇东方景园商办楼2号楼4064
负责人：郑友敏 邮编：325800
法人：郑友敏
Tel：0577－68857288
13819782333
Fax：0577－68857288

### 八达控股有限公司
地址：浙江省杭州市上城区望江路69号
负责人：王昌培
Tel：0571－86809981

### 苍南县龙港象北投资有限公司
业务：房地产投资及开发，门面出租
地址：浙江省温州市苍南县龙港镇龙翔南路1965号
负责人：王木东 邮编：325800
法人：王木东
Tel：13091986656
0577－64192456

### 浙江舜杰担保有限公司
业务：浙江舜杰担保有限公司成立于2004年，主要从事于投资、担保业务。我们以严守“诚信、务实、开拓”的舜杰精神，贯彻“服务为主、激活市场、控制风险”的方针，努力打造“经营信用、管理风险、树信用平台”这一经营理念，本着认真负责、文明经营的工作风格，真情为中小企业和个人创业融资提供信用担保服务。
地址：浙江省上虞市舜杰路508号
负责人：陈小龙 邮编：312300
法人：陈小龙
Tel：0575－82606666
Fax：0575－82214187

### 杰泰进出口有限公司义乌代表处
业务：杰泰进出口有限公司义乌代表处成立于2004年，是一家从事进出口贸易的公司。主要出口各类毛毯、休闲用品、床上用品、小商品等。欢迎各方客户来电来人洽谈业务，共同合作！
地址：浙江省义乌市桥东一区11幢2号302室
邮编：322000
法人：金锦芳
Tel：0579－3803337
5633928
Fax：0579－5385912

### 杭州中浩投资管理有限公司
地址：浙江省杭州市上城区海潮路53号105室
负责人：盛炳桥
Tel：13388612590

### 嘉兴雄鹰投资咨询有限公司
业务：投资理财
地址：浙江省嘉兴市秀洲区高照街道洪高路1505号三楼朝北103号
负责人：颜梅方 邮编：314000
法人：颜梅方
Tel：0573－83923961
83923891
15888361873
Fax：0573－83923891
网址：www.jxxiongying.com

### 杭州财富担保有限公司
地址：浙江省杭州市西湖区文三路20号52幢203室
负责人：方黎波
Tel：13968099293

### 杭州华鹏伟业投资管理有限公司
地址：浙江省杭州市西湖区文苑路606号2013室
负责人：陈刚
Tel：13606619888

### 杭州余杭区径山镇精捷会计服务站
业务：代理记帐、会计咨询等服务
地址：浙江省杭州余杭区径山镇潘板宏丰路21号
负责人：戚荣雄 邮编：310026
法人：戚荣雄
Tel：0571－88585249

### 杭州远东投资咨询有限公司
业务：本公司专门从事注册杭州公司，杭州公司注册代理，省际公司，海外公司及投资指南咨询，主要咨询内容涉及到工商、税务、财务等方面，为客户做好投资、注册前的一切准备工作和精确的政策指导。
地址：浙江省杭州市下城区朝晖路京都苑42幢1301室
邮编：310000
法人：董海青
Tel：0571－85455710
85600071
Mobile：13216182200
Fax：0571－85455710

### 浙江利恒实业有限公司
业务：浙江利恒实业有限公司主要从事实业投资；化纤、机械设备、百货、金属材料、通信设备、电子产品的销售，企业管理咨询服务。
地址：浙江省杭州市下城区密渡桥路2号白马大厦29楼B座
负责人：翁渭清 邮编：310000
法人：翁渭清
Tel：0571－85812105
Fax：0571－85812176

### 宁波市江东诚讯投资信息咨询有限公司
业务：宁波市江东诚讯投资信息咨询有限公司主要从事企业抵押贷款，各类助业贷款，厂房、土地、设备抵押，企业注册等业务咨询。
地址：浙江省宁波市江东中山首府A座1003
负责人：陈玮 邮编：315040
法人：陈玮
Tel：0574－27865662

### 长兴广通担保有限公司
业务：为企业、个人提供担保业务
地址：浙江省湖州市长兴县水木花都东大门31号
负责人：翁国华 邮编：313000
法人：翁国华
Tel：13705826130
0572－6527777
Fax：0572－6527771

### 益泰投资有限公司
地址：浙江省丽水市遂昌县妙高镇环城南路9号
负责人：吴雄鹰
Tel：0578－8180208
13305786617

### 嘉兴市顺康投资咨询有限公司
嘉兴市顺康投资咨询有限公司成立于2007年，主要从事投资咨询，开发养老、养生产业，经济贸易咨询等业务。公司坚持“互惠互利、诚信共赢”的经营理念，热忱欢迎各界人士来电咨询、洽谈业务！
联系人：潘金康
电话：0573-82618340、13666791166 邮编：314000
地址：浙江省嘉兴市建国南路15号301-302号

### 宁波飞皇投资咨询有限公司
宁波飞皇投资咨询有限公司成立于2005年，专业从事实业投资咨询。我公司秉承诚信、快速、专业、合理的经营理念，以客户创造最大的价值为已任。欢迎您来电垂询！
联系人：欧吉敏
电话：0574-87880060 13586891929
地址：浙江省宁波市百丈东路上东国际1号楼201室
邮编：315500

### 桐庐荣兴投资有限公司
桐庐荣兴投资有限公司2007年，为解决中、小型企业资金困难。
公司秉承“顾客至上，锐意进取”的经营理念，坚持“客户第一”的原则为广大客户提供优质的服务。欢迎惠顾！
联系人：王永强
电话：0571-69966810 13173633788
地址：浙江省杭州市桐庐县桐君街道国贸大厦906室 邮编：310026

## 安徽省/Anhui Province

**蚌埠市天源旧机动车鉴定评估事务所有限公司**
地址：安徽省蚌埠市大庆路107号
负责人：耿学荣
Tel：0552－3140220

**安庆宜丰投资咨询有限公司**
业务：致力于为投资者和企业提供专业的金融咨询服务，以其先进的理财理念、专业的金融知识、敏锐的投资洞察力、强大的后台服务，竭诚为每位客户打造理想的投资理财咨询平台。
产品：期货、外汇、证券等金融咨询和服务
地址：安徽省安庆市双井街72号
负责人：宁小丰 邮编：246003
法人：宁小丰
Tel：0556－5592769
13955631741
Fax：0556－5592769
网址：hexun.com/aqyf
E-mail：584144755@qq.com

**安徽井中集团亳州市天良保险代理有限公司**
地址：安徽省亳州市谯城区环城南路23号
负责人：杨玉芹
Tel：0558－5517388

**安徽亿银担保投资有限公司**
业务：投资担保
地址：安徽省合肥市包河区万江东路136号
负责人：陈传国 邮编：230001
法人：陈传国
Tel：15855184688
0551－3647280

**天安保险股份有限公司亳州中心支公司**
地址：安徽省亳州市魏武大道东侧新华书店北
负责人：高方远
Tel：0558－5123907

**巢湖市中诚机动车经纪有限公司**
地址：安徽省巢湖市长江东路56号
负责人：曾朝辉
Tel：0565－2314334

**巢湖市鑫诚旧机动车鉴定评估有限公司**
地址：安徽省巢湖市长江东路56号
负责人：沈晓明
Tel：0565－2316859

**巢湖市鑫诚招标事务所有限公司**
地址：安徽省巢湖市健康路城管大厦三楼
负责人：张自钰
Tel：0565－2117607

**安徽永丰投资担保有限公司**
业务：为企业和个人提供投资担保服务；贷款中介服务；项目投资及投资管理；垫资过桥；金融咨询；个人投资理财；二手房交易等相关业务
地址：安徽省合肥市高新区黄山路601号802室
负责人：何光华 邮编：230088
Tel：0551－5350199
5360018

**巢湖远洲建设监理有限公司**
地址：安徽省巢湖市世纪新都中心会馆
负责人：方小云
Tel：0565－2328777

**阜阳市通汇投资有限公司**
地址：安徽省阜阳市颍州区文德街1号楼702室
负责人：许世勋
Tel：0558－2238877

**合肥黎明会计服务有限责任公司**
地址：安徽省合肥市包河区淝河路南海达小区15幢408室
负责人：樊家美
Tel：0551－4676698

**合肥金手指财务管理有限公司**
地址：安徽省合肥市包河区骆岗镇王大郢新村B区8幢509室
负责人：沈培永
Tel：0551－4663133

**宁国市龙腾投资有限公司**
业务：为个人、企业代理各种投资、理财项目
地址：安徽省宁国市滨河路龙腾投资有限公司
负责人：张良 邮编：242300
法人：张良
Tel：13655664666
0563－4111426

**安徽恒兴拍卖有限责任公司**
地址：安徽省合肥市包河区宣城路佐爱城市花园一栋一号
负责人：张孝新
Tel：0551－4675588

**合肥安智科技投资有限公司**
地址：安徽省合肥市长江西路669号海关路K－1号
负责人：宋礼华
Tel：0551－5318811

**合肥联隆营销管理咨询有限公司**
地址：安徽省合肥市庐阳区五河路8幢101室
负责人：张亚兵
Tel：0551－5618602

**安徽致远投资有限公司**
地址：安徽省合肥市美菱大道47－49号1幢712室
负责人：何斌
Tel：0551－4672288
4679933
13305607579

**安徽省昊澎造型艺术有限公司合肥分公司**
地址：安徽省合肥市明光路48号
负责人：谢慢
Tel：13956966738

**芜湖江信投资理财有限公司**
业务：投资咨询、理财策划
地址：安徽省芜湖市长江长现代城16幢2单元1503室
负责人：朱法明 邮编：241000
法人：朱法明
Tel：0553－4227952
Fax：0553－4225915
网址：www.jxtzgl.com

**安徽荣辉投资管理有限公司**
地址：安徽省合肥市蜀山区长江西路怡秀山庄2幢304室
负责人：丁张帅
Tel：13855165553

**安徽银河财务咨询管理有限公司**
地址：安徽省合肥市芜湖路323号建工大厦1218室
负责人：张学荣
Tel：13855197698

**泾县四通投资开发有限公司**
业务：以农业、工业项目综合开发、投资及工商注册代理、广告发布为一体的多元化公司。公司本着"诚意者广、诚心者顺、诚信者昌"的经营理念，愿与客户建立真诚友好，长期稳定的合作关系，携手共创美好未来
地址：安徽省宣城市泾县经济开发区管委会大楼
负责人：杜敢锋 邮编：242520
法人：杜敢锋
Tel：0563－5090099
Fax：0563－5090011
E-mail：djhyjy999@163.com

**芜湖市华林财务咨询管理有限公司**
地址：安徽省芜湖市镜湖区文化路1号1单元1－301室
负责人：张翠林
Tel：0553－3118033

**淮北市商业银行相城支行**
地址：安徽省淮北市孟山路城市广场大厦一楼
负责人：郑灵莉
Tel：0561－3882573



## 福建省/Fujian Province

**福建省南平市延发担保有限公司**
地址：福建省南平市杨真新区45号
负责人：魏荣明
Tel：0599－8607866
13905092369

**福建龙岩市闽恒投资有限公司**
业务：可行性项目投资
地址：福建省龙岩市新罗区三华城市花园古龙酒业
负责人：邱志强 邮编：364000
法人：邱志强
Tel：13515906618
0527－2898872

**国安投资发展有限公司**
地址：福建省沙县国安工业小区内
负责人：周晓健
Tel：0598－5829999
5826666
5882288

**厦门泰坤投资有限公司**
地址：福建省厦门市湖里区湖里街27号504室
负责人：李飞宇
Tel：0592－6803452

**厦门卓正会计代理有限公司**
地址：福建省厦门市湖里区嘉禾路506号605室
负责人：黄秀玉
Tel：0592－8811587

**日本121FX株式会社福州代表处**
业务：日本121FX株式会社福州代表处成立于2006年，主要从事境外投资。
地址：福建省福清市龙田镇上薛村凤凰山99号
负责人：薛国燕 邮编：350300
法人：薛国燕
Tel：0591－86005906
85775910

**厦门达尔惠财务管理有限公司**
地址：福建省厦门市湖里区金尚路336号607室
负责人：吴强
Tel：0592－8950170

**龙岩众银担保有限公司**
业务：担保
地址：福建省龙岩市新罗区西城人民路北侧龙津花园东楼西侧七楼
负责人：陈俊卿 邮编：364000
Tel：0597－2962166

**厦门诚益达会计代理有限公司**
地址：福建省厦门市湖里区南山路542号503室
负责人：丁春红
Tel：0592－5667133

**厦门精恒终端营销管理有限公司**
地址：福建省厦门市思明区长青路怡祥花园91号403室
负责人：邱建波
Tel：0592－5763950

**政和弘晟投资有限公司**
业务：矿山投资、房产投资、金融投资
地址：福建省南平市政和县东平镇护田村来龙街25号
负责人：杨世锋 邮编：353602
法人：杨世锋
Tel：13950663157
0599－3339890
Fax：0599－3339890
网址：http://www.fjzhhhs.cn/

**厦门市炎能投资有限公司**
地址：福建省厦门市思明区东浦路22号二楼东侧之一
负责人：侯刚顺
Tel：13606058888

**厦门会丰拍卖有限责任公司**
地址：福建省厦门市思明区湖滨南路6号三楼C单元
负责人：李昕
Tel：0592－2217011

**福建金美投资管理有限公司**
业务：投资管理
地址：福建省南平市中山路313号四层
负责人：雷美琴 邮编：353000
法人：雷美琴
Tel：0599－8867268

**厦门润川税务师事务所有限公司**
地址：福建省厦门市思明区嘉莲里26号
负责人：杨文胜
Tel：0592－5566191

**厦门市鹭正财务咨询服务有限公司**
地址：福建省厦门市思明区厦禾路839号汇成商业中心902、903室
负责人：张胜忠
Tel：0592－5852382

**福建泛华信恒保险代理有限公司大田营业部**
业务：全面代理各项意外、医疗、养老、分红、财产等保险业务
地址：福建省三明市大田县均溪镇宝山路111号邮政大楼6层602、603、609
负责人：张先万 邮编：366100
Tel：13950926916
15159112963
0598－7337389
网址：www.cninsure.net

**厦门旺鑫龙市场开发有限公司**
地址：福建省厦门市思明区站南路19号
负责人：陈丽珍
Tel：0592－8889872

# 正大新景（厦门）投资有限公司

正大新景（厦门）投资有限公司成立于2008年，主要从事对房地产业、建筑业、旅游业、农牧业的投资。

客户是新景公司发展之源；员工是新景公司存在之本。塑造最优秀的团队；发展成为时代的骄子。公司将致力于：提供客户期望的项目和服务，让客户满意。提供员工期望的发展空间和报酬，让员工满意。提供投资者期望的回报，让投资者满意。提供社会期望的价值，让新景走向成功。

联系人：钟文坚 13950181718
电话：0592－5582888　传真：0592－5559113
地址：福建省厦门市湖里区嘉禾路396号新景地大厦九层　邮编：361009

## 江西省/jiangxi Province

**江西金穗税务师事务所有限公司吉安营业部**
地址：江西省吉安市吉州区井冈山大道122－1号门面
……负责人：王水龙
……Tel：0796－8220059

**江西亚美投资有限公司**
地址：江西省南昌市东湖区八一大道财富广场A座2202室
……负责人：袁志英
……Tel：13879157267

**江西亿通投资有限公司**
地址：江西省南昌市东湖区福州路183号
……负责人：周胜英
0791－6818323

**上饶县亿兴投资担保有限责任公司**
业务：投资、担保服务，小额信贷
地址：江西省上饶市上饶县五府山镇工会大楼一楼
……负责人：李万高　邮　编：334122
……法　人：李万高
……Tel：13517031291

**江西精盛投资顾问有限公司**
地址：江西省南昌市东湖区上营坊040号1单元302室
……负责人：赵美贞
……Tel：13077977770

**江西省博邦投资有限公司**
地址：江西省南昌市东湖区省府大院东二路13号
……负责人：邬宇龙
……Tel：0791－6222141

**江西省恒威投资发展有限公司**
地址：江西省南昌市高新开发区高新大道466号10栋1单元1501室
……负责人：张锋莉
……Tel：13667168827

**江西海大科技投资发展有限公司**
地址：江西省南昌市高新开发区高新大道466号10栋1单元1501室
……负责人：金建刚
……Tel：13970087898

**江西康富投资管理有限公司**
地址：江西省南昌市高新开发区火炬大道125号
……负责人：左文才
……Tel：0791－8102625

**富国保险经纪有限公司**
地址：江西省南昌市四纬路29号富国大道
……负责人：徐永生
……Tel：13177889511

**江西省鑫远投资建设有限公司**
地址：江西省南昌市西湖区八一大道99号洪城广场富城阁801室
……负责人：林金来
……Tel：13870882234

**南昌中天房产投资顾问有限公司**
地址：江西省南昌市西湖区广场东路127号1单元102室
……负责人：朱皖民
……Tel：13970935506

**江西百业旺财务咨询有限公司**
地址：江西省南昌市西湖区广场南路12号物资大楼三楼
……负责人：郑风娇
……Tel：13707088857

**江西蓝洋会计师事务所有限责任公司**
地址：江西省南昌市西湖区孺子路197号2栋402室
……负责人：许文胜
……Tel：13870886975

**新余东隆投资开发有限公司**
地址：江西省新余市仙来中大道142号
……负责人：吴秋生
……Tel：0790－6440999

**江西金穗税务师事务所有限公司宜春营业部**
地址：江西省宜春市袁州区袁山大道中路18号市博物馆2楼
……负责人：游犁
……Tel：0795－3262828

### 丰城市丰泽苑市场经营管理有限公司

丰城市丰泽苑市场经营管理有限公司成立于2006年，专业从事市场金融管理和物业管理业务。我公司秉承“顾客至上，锐意进取”的经营理念，坚持“客户第一”的原则为广大客户提供优质的服务。欢迎您的来电！

联系人：杨冬圣　13870577317
电话：0795-6606188　传真：0795-6606188
地址：江西省丰城市人民医院对面丰泽苑内005号
邮编：331100

### 银邦担保投资有限公司

邮编：330002

银邦担保投资有限公司成立于2009年，本公司主要经营企业担保、企业投资、企业个人担保、国内贸易。欢迎广大投资者前来咨询和考察，我们将以热情的服务和专业的团队为您打造安全、稳定、灵活、高效的理财计划，让您的资金“赚”起来！

联系人：王明燮
传真：0791-6531682
电话：0791-6530728　6531682
地址：江西省南昌市西湖区子安路88号新世界广场B座1801室

## 山东省/Shandong Province

**聊城东昌府区天通投资咨询有限公司**
业务：创业投资、理财规划等相关服务的投资咨询
地址：山东省聊城市香江二期西经三街119号
……负责人：张风菊　邮　编：252000
……Tel：0635－8333660
13001755272

**德州市人保公司综合部**
地址：山东省德州市工青团路68号
……负责人：王德友
……Tel：0534－2383763
13605345581
13969283859

**山东鑫脉投资有限公司**
业务：农业基础建设项目投资
地址：山东省聊城市兴华西路60号
……负责人：韩耀贞　邮　编：252000
……法　人：韩耀贞
……Tel：0635－2129949
……Fax：0635－2129949
…网址：http://www.51zzt.com/user/zzt30017

**济南建友税务师事务所有限公司**
地址：山东省济南市历下区山大南路56号
……负责人：楼天联
……Tel：0531－86401946

**和讯财经涨停先锋股民训练营**
业务：我公司是北京和讯全国股道服务中心之一，是滨州地区唯一的一家专业从事股票，期货，外汇等金融产品的投资咨询及培训的专业化机构。我们希望通过此平台为广大股民营造一个全面的炒股技巧培训和炒股技巧交流的良好空间。本着教您赢利教您解套的经营思路，为股民提供一个更为及时的，准确的股票投资决策，提高投资准确率，避免投资失误率，更多的获取投资收益。
地址：山东省滨州市滨城区黄河三路渤海六路联邦商务港202室
……负责人：张超　邮　编：256617
……法　人：张超
……Tel：0543－3312897
3778697
3775917

**山东龙融招投标代理有限公司**
地址：山东省济南市市中区乐山北区1号楼1－204号
……负责人：郎淑云
……Tel：0531－86561727

**莒南县益民投资有限公司**
业务：投资
地址：山东省临沂市莒南县城滨海路中段北侧百合花园1号楼501室
……负责人：吴纪礼　邮　编：276000
……法　人：吴纪礼
……Tel：13355076681
0539－7223344

**中太安康保险代理有限公司**
地址：山东省济宁曲阜市静轩西路80号
……负责人：孔凡猛
……Tel：0537－4483538
13053701039

**巨赢理财金融投资联盟机构**
业务：计算机软件的开发与销售
产品：股票分析系统及股票荐股系统，期货分析系统
地址：山东省滨州市滨城区黄河三路渤海六路联邦商务港202室
……负责人：张超　邮　编：256600
……法　人：张超
……Tel：0543－3312897
3778697
3775917
15266703337
……E-mail：xizhouren_02@163.com

**济宁市天成会计咨询服务有限责任公司**
地址：山东省济宁市开发区王因镇商业街
……负责人：蔡淑宝
……Tel：0537－3652769

**山东老虎资产管理有限公司**
业务：本公司创立于2006年，是国内领先的金融衍生品交易商和先进的金融衍生品交易系统提供商。
地址：山东省济南市历下区解放路30－1号5号楼1单元1301室
……负责人：王盛田……邮　编：250013
……法　人：王盛田
……Tel：0531－88388550
……Fax：0531－88388893

**青岛益途投资咨询有限公司**
业务：贷款咨询、民间借贷
地址：山东省青岛即墨市香蓝路957号314室
……负责人：吴新诚　邮　编：266200
……法　人：吴新诚
……Tel：0532－88551969
88552397
86036829
……Fax：0532－86036829

**青岛祥坤瑞矿业投资开发股份有限公司**
业务：矿业投资
地址：山东省青岛市市南区宁夏路288号青岛软件园2号楼16层
……负责人：邹志勇　邮　编：266001
……法　人：邹志勇
……Tel：13156889788

**羲成投资担保有限公司**
业务：为中小企业、个人提供贷款担保（融资性担保除外）、项目理财投资、经济信息咨询（不含金融、证券投资咨询），房屋、车船交易中介服务，凭许可证经营。
地址：山东省枣庄市台儿庄区兴中路北首
……负责人：宋涛　邮　编：277400
……法　人：宋涛
……Tel：0632－6605569
13153322836
……Fax：0632－6605569
……E-mail：yichengtouzi@163.com

**泰安财源商标事务所有限公司**
地址：山东省泰安市委党校院内
……负责人：郭红
……Tel：0538－2190979

**肥城市鸿瑞投资理财信息咨询服务中心**
业务：金融、保险、投资、理财
地址：山东省肥城市明桂花园西门沿街楼
……负责人：李庆文　邮　编：271600
……法　人：李庆文
……Tel：13853821555
0538－3363377

**威海广泓会计咨询事务所**
地址：山东省威海市建材宾馆419、420室
……负责人：姜笑颖
……Tel：0631－5228191

**日照市宏丰典当有限公司**
业务：1、动产质押典当业务；2、财产权利抵押业务；3、房地产抵押典当业务；4、限额内绝当物品的变卖；5、鉴定评估及咨询服务；6、商务部依法批准的其它典当业务
地址：山东省日照市太公三路商业街教授花园三期621B沿街
……负责人：陈修山　邮　编：276800
……法　人：陈修山
……Tel：13963067999
0633－8890123
……Fax：0633－8890123
……E-mail：chenxiushan521@163.com

**新泰市巍巍投资有限公司**
业务：对外投资
地址：山东省新泰市银河东路北首
……负责人：王国强　邮　编：271000
……法　人：王国强
……Tel：15853833988
0538－7777772
……Fax：0538－7777772
…网址：http://www.51zzt.com/user/zzt32047

**济南荣岱诺鼎投资咨询有限公司**
业务：投资咨询服务
产品：信用卡全套服务、融资放贷、出国深造、劳务输出、产寿险销售、理赔一条龙服务
地址：山东省济南市历下区泉城路342号6楼603室
……负责人：吴玉伟　邮　编：250001
……法　人：吴玉伟
……Tel：13064010206
0531－86100258

**诸城市神州会计信息咨询有限责任公司**
地址：山东省潍坊山东省诸城市和平街27号
……负责人：姜永元
……Tel：0536－6127835
6162277
6899911

**山东鑫昊投资担保有限公司**
业务：为企业、个人提供贷款担保
地址：山东省潍坊市奎文区潍州路以东、胜利东街以北金融服务区 1 号楼 C 幢 2602 室
……… 负责人：赵学哲　　邮　编：261041
…………………………… 法　人：赵学哲
……………Tel：13854477888
0536－6103300

**永安财产保险股份有限公司济宁中心支公司兖州营销服务部**
业务：企业财产，建筑工程，机动车辆，团体人身，家庭财产，船泊等保险业务。
地址：山东省济宁市兖州市北护城河路 92 号
……… 负责人：陈雪峰　　邮　编：272100
…………………………… 法　人：陈雪峰
……………Tel：13791796368
0537－3495502
……………Fax：0537－3166608
…………… E-mail：yabxgsyzyxb@163.com

**新泰市恒鑫置业投资有限公司**
业务：投资
地址：山东省新泰市新汶大街西段（火车站对过）
……… 负责人：陈振精　　邮　编：271000
…………………………… 法　人：陈振精
……………Tel：13455486111
0538－7331911

**山东济宁信诚投资担保有限公司**
业务：小额贷款，各种企业投资担保，房产抵押，阳光理财，民间借贷等等
地址：山东省济宁市金宇路置城国际 C 座 1606 室
……… 负责人：刘全水　　邮　编：272119
…………………………… 法　人：刘全水
……………Tel：15020788968
0537－3281591
3281592
……………Fax：0537－3281593

**潍坊龙文工程造价事务所有限公司**
地址：山东省潍坊市东明路 361 号（潍坊开发区内）
…………………………… 负责人：李大伟
…………………………… Tel：0536－8890016

**山东省烟台鲁信产权交易中心有限公司**
地址：山东省烟台市华茂街 21 号
…………………………… 负责人：赵清雪
…………………………… Tel：0535－6611106

## 河南省/Henan Province

**安阳县设计审查事务所**
地址：河南省安阳市文峰区永明路中段（温泉馆内）
…………………………… 负责人：程卫红
…………………………… Tel：0372－2534371

**河南帝都律师事务所**
地址：河南省洛阳市涧西区黄河路 3 号
…………………………… 负责人：何玉坤
…………………………… Tel：0379－64858148

**南阳北斗星联合会计师事务所**
地址：河南省南阳市卧龙区七一路 1177 号
…………………………… 负责人：邹欣
…………………………… Tel：0377－63076683

**濮阳市中盛联合会计师事务所**
地址：河南省濮阳市开州路 15 号
…………………………… 负责人：韩文献
…………………………… Tel：0393－4427698

**舞阳县兴耀劳务服务有限公司**
业务：舞阳县兴耀劳务服务有限公司成立于 2005 年，主要从事劳务输出、职业介绍等业务。“诚信为本，信誉第一”，热诚欢迎各界人士来我公司洽谈业务！
地址：河南省漯河市舞阳县舞泉镇海南路南段附 126 号
………… 负责人：郭廷耀……邮　编：462400
…………………………… 法　人：郭廷耀
…………………………… Tel：0395－7121266

**诚信担保公司**
地址：河南省禹州市滨河大道中段 26 号
…………………………… 负责人：肖长有
…………………………… Tel：13903995888

**东方企业投资担保有限公司**
地址：河南省郑州市高新区冬青街 12 号
…………………………… 负责人：陈云
…………………………… Tel：0371－67896846

**河南华德会计师事务所有限公司**
地址：河南省郑州市金水区纬五路 29 号附 12 号
…………………………… 负责人：李天玉
…………………………… Tel：0371－63850318



## 湖北省/Hubei Province

**黄石市忠诚招标投标代理咨询有限公司**
地址：湖北省黄石市黄石港区黄石大道 825 号
…………………………… 负责人：程莉
…………………………… Tel：13872106201

**武汉卓尔投资有限公司**
地址：湖北省武汉市东西湖区湖北省武汉市东西湖养殖场姑李路
…………………………… 负责人：付高潮
…………………………… Tel：027－82787510

**武汉文锦房地产投资顾问有限公司**
地址：湖北省武汉市汉阳区腰路堤嘉怡苑 19 号
…………………………… 负责人：李荣九
…………………………… Tel：027－84623251

**湖北军信投资有限公司**
地址：湖北省武汉市洪山区珞瑜路洪山电影院五楼
…………………………… 负责人：李爱元
…………………………… Tel：027－87816631

**武汉瑞尔投资咨询有限公司**
地址：湖北省武汉市江岸区建设大道 965 号 1 栋
…………………………… 负责人：王文君
…………………………… Tel：027－82600268

**湖北实德拍卖有限公司**
地址：湖北省武汉市江岸区江大路 163－171 号
…………………………… 负责人：袁俊平
…………………………… Tel：027－82654331

**武汉创捷投资有限公司**
地址：湖北省武汉市江汉区台北一路 17－19 号环亚大厦 B 座 1402 室
…………………………… 负责人：倪熙朝
…………………………… Tel：027－85740701

**湖北万豪拍卖有限公司**
地址：湖北省武汉市江汉区新华下路 21 号南达大厦 12 楼
…………………………… 负责人：范莉华
…………………………… Tel：027－85878867

**武汉宜通投资有限公司**
地址：湖北省武汉市江夏区纸坊街青龙路 4 号
…………………………… 负责人：余木德
…………………………… Tel：027－62971510

**武汉众鑫森商业投资管理有限公司**
地址：湖北省武汉市武昌区东湖路 10 号
…………………………… 负责人：刘烈江
…………………………… Tel：027－87128269

**湖北金慧税务师事务有限责任公司**
地址：湖北省武汉市武昌区东湖路 7－8 号
…………………………… 负责人：张金才
…………………………… Tel：027－87820091

**湖北金诚拍卖有限公司**
地址：湖北省武汉市武昌区洪山路 4 号
…………………………… 负责人：柯海军
…………………………… Tel：027－87316899

**武汉安信担保有限公司**
地址：湖北省武汉市武昌区徐东路文彩阁 D－202 号
…………………………… 负责人：冯维雯
…………………………… Tel：027－85802839

**北京德恒律师事务所武汉分所**
地址：湖北省武汉市武昌中北路 156 号长源大厦 609－617 室
…………………………… 负责人：李明
…………………………… Tel：027－59810700

## 湖南省/Huana Province

**湖南和光投资发展有限公司**
地址：湖南省长沙市芙蓉区留园路 200 号和光公寓
…………………………… 负责人：吴小芳
…………………………… Tel：0731－82288588
13974880709

**望城县中小企业信用担保有限公司**
地址：湖南省长沙市望城县高塘岭镇劳动东路
…………………………… 负责人：刘建科
…………………………… Tel：0731－88082133

**湘西吉凤投资开发有限责任公司**
业务：本公司积极推崇并遵循以诚为本、恪守承诺、业精于勤、合作双赢的经营理念，主要从事高新技术产业开发、市政基础设施建设、土地开发、招商引资、物业管理、商业服务及政策范围内的其他相关业务。
地址：湖南省吉首市人民南路 69 号
…………………………… 邮　编：416000
…………………………… 法　人：刘佳敏
…………………………… Tel：0743－8532226
…………………………… Fax：0743－8532819

**永州市中小企业信用担保有限责任公司**
业务：本公司本着诚信、服务、稳健、共赢的经营理念为永州市内中小企业各种融资方式提供担保服务
产品：贷款担保、投资、资本运营、管理咨询等
地址：湖南省永州市冷水滩区凤凰路凤凰园招商大厦 4 楼
……… 负责人：邓绍松　　邮　编：425000
…………………………… 法　人：邓绍松
……………Tel：0746－8221688
……………Fax：0746－8221359
………… 网址：dengshaosong.2008red.com
………………… E-mail：dss8168@163.com

**方正证券有限责任公司长沙人民中路证券营业部**
地址：湖南省长沙市雨花区人民中路 245 号雨花大厦 5 楼
…………………………… 负责人：彭界明
…………………………… Tel：0731－85168615

**长沙兴邦保险代理有限公司**
地址：湖南省长沙市雨花区韶山北路 355 号宏景名居 A 栋 1903 房
…………………………… 负责人：夏富成
…………………………… Tel：0731－82220178

**深圳市中深汉华担保投资有限公司长沙分公司**
地址：湖南省长沙市雨花区韶山中路砂子塘一村 19 栋 207 室
…………………………… 负责人：刘栋
…………………………… Tel：0731－85069728

**桃源县桃花源红慧财会有限责任公司**
地址：湖南省常德市桃源县漳江镇武陵西路
…………………………… 负责人：刘慧聪
…………………………… Tel：0736－6618355

**中国人民财产保险股份有限公司郴州市分公司开发区营销服务部**
地址：湖南省郴州市开发区招商广场大楼
…………………………… 负责人：张仁满
…………………………… Tel：0735－2188515

**邵阳市凯达投资担保有限责任公司**
地址：湖南省邵阳市北塔区江北五金汽配城 2 栋 1、2 号门面
…………………………… 负责人：袁再国
…………………………… Tel：13574969998

**永州市金锤拍卖有限公司**
地址：湖南省永州市冷水滩区翠竹路 14 号
…………………………… 负责人：李丽梅
…………………………… Tel：0746－8366536

**娄底市项目投资全程代理服务中心**
业务：代表市政府为外来投资企业全程办理需要在市直各职能部门办理前置审批，注册登记，生产经营和建设改造过程中的各种手续，代收代缴有关费用
地址：湖南省娄底市娄星区乐坪东街 18 号政务大楼
…………………………… 邮　编：417000
…………………………… 法　人：周永东
…………………………… Tel：0738－8227680
…………………………… Mobile：13807384970
…………………………… Fax：0738－8226451
………… 网址：www.hndlfw.chinapyp.com

**湖南正赢律师事务所**
地址：湖南省永州市冷水滩区零陵北路 11 号 4 楼
…………………………… 负责人：蒋双生
…………………………… Tel：0746－8412568

**湘融投资有限公司**
地址：湖南省株洲市政物中心三楼
…………………………… 负责人：周山定
…………………………… Tel：0731－28111111
13908430848

## 广东省/Guangdong Province

**国浩投资有限公司**
地址：广东省佛山市顺德区大良凤山东路 6 号德业大厦 3 楼
…………………………… 负责人：周宣吉
…………………………… Tel：0757－22222333
22312121

**东莞市清溪六顺粮油店**
业务：粮油销售、另为平安保险代理业务
地址：广东省东莞市清溪镇银河市场 A32 号
……… 负责人：邓六顺　　邮　编：523003
…………………………… 法　人：邓六顺
…………Tel：0769－87339058
13652665609

**广州君明投资理财咨询有限公司**
地址：广东省广州市东山区环市中路 316 号金鹰大厦 2814 室
…………………………… 负责人：陈锦添
…………………………… Tel：020－83883528

**佛山市顺德区鸿骏投资担保有限公司**
业务：金融投资、担保服务
地址：广东省佛山市顺德区大良环市北路国信大厦首层 4 铺
……… 负责人：黄顺根　　邮　编：528000
…………………………… 法　人：黄顺根
…………Tel：0757－22269669

**香港多福投资有限公司广州代表处**
地址：广东省广州市东山区建设六马路宜安广场 2504 室
…………………………… 负责人：刘铁兵
…………………………… Tel：020－87591381

**惠州富安康保险代理有限公司**
业务：根据保险公司的委托代理相关业务的损失、勘查与理赔，代理与销售保险产品，代理收取保险费
地址：广东省惠州市博罗县罗阳镇商业街东段置信花园 B 座 3 栋 1－4 号
……… 负责人：黄伟浩　　邮　编：516100
…………………………… 法　人：黄伟浩
……………Tel：13502201886
0752－6268911
……………Fax：0752－6268311
…………… E-mail：hz－fuankang@163.com

**广州市导向投资咨询有限公司**
业务：广州市导向投资咨询有限公司主要从事项目可行性研究，项目招商引资，区域规划研究，园区规划研究，园区经济发展咨询，企业战略规划，投资融资策划，商业、文化、旅游投资运营策划及市场推广，新产品开发及市场整 合推广等业务。
地址：广东省广州市体育西路 133 号天河大厦 3815－3817 室
………… 负责人：向新多……邮　编：510620
…………………………… 法　人：向新多
…………………………… Tel：020－38812262

**蓬江区富航快运中心**
业务：门到门递送和运输服务
地址：广东省江门市蓬江区白石大道 27 号 105 室
……… 负责人：陈先生　　邮　编：529020
…………………………… 法　人：陈国标
……………Tel：0750－3116937

**广州市盈丰投资有限公司**
地址：广东省广州市东山区竹丝岗二马路 72 号之四 17 层
…………………………… 负责人：谢建华
…………………………… Tel：13711259638

**广州金泽生投资管理有限公司**
地址：广东省广州市海珠区新滘黄埔村环秀里一巷 4 号
…………………………… 负责人：金生
…………………………… Tel：020－33533260

**花都投资建设发展中心**
地址：广东省广州市花都区新华镇车城大道 1 号
…………………………… 负责人：张克彬
…………………………… Tel：020－36805068

**广州国为财务管理咨询有限公司**
地址：广东省广州市花都区新华镇龙珠路 11 号 4 楼
…………………………… 负责人：杨惠红
…………………………… Tel：020－36890868

**广州乐欣投资有限公司**
地址：广东省广州市天河区石牌西直街 32 号 402 房
…………………………… 负责人：欧阳少林
…………………………… Tel：13005121233

**广东中恒信会计师事务所有限公司**

地址：广东省广州市天河区天府路233号华建大厦19楼
负责人：李泽科
Tel：020－85564529

## 深圳市智慧赢家投资管理有限公司

业务：深圳市智慧赢家投资管理有限公司是一家以证券投资管理服务、投资管理咨询、软件开发与销售、实业投资等经营业务为主体的投资管理公司。
地址：广东省深圳市福田区园岭新村康泰娱乐城南国大厦一幢10楼
负责人：夏树强 邮 编：518000
法 人：夏树强
Tel：0755－82405169
82663436
Fax：0755－25923049
网址：www.winwiz.cn
E-mail：winwiz@163.com

## 茂名首诚保险公估有限公司

业务：保险标地的的评估、勘验、鉴定、估损、理算等业务
地址：广东省茂名市油城七路65号502室
负责人：尤国伟 邮 编：525000
法 人：尤国伟
Tel：13326577633
0668－2192999
Fax：0668－2307818
E-mail：shouchengbx@163.com

**长宏投资有限公司**
地址：广东省广州市天河区中山大道华港北街10号302－303室
负责人：吴松德
Tel：020－38769879
38768976
13903063128

**兴业证券股份有限公司**
地址：广东省广州市越秀区东风中路300号之一金安大厦东侧三楼
负责人：易建军
Tel：020－83637997
13802920212

**广州中广信税务师事务所有限公司**
地址：广东省广州市越秀区东风中路300号之一金安商务大厦17楼
负责人：汤锦东
Tel：020－83637824

**广州市银瑞税务师事务所有限公司**
地址：广东省广州市越秀区小北路113号702房
负责人：关詠谊
Tel：020－83566078

**广州雅盛财税顾问有限公司**
地址：广东省广州市越秀区中山五路193号903室
负责人：卢劲文
Tel：020－83649822

**广州市乐诚财税咨询有限公司**
地址：广东省广州市增城市新塘镇群星村黄瓜岭（即卫山路35号）
负责人：潘嘉明
Tel：020－82691826

**梅州市运兴信用担保有限公司**
地址：广东省梅州市梅江二路82号
负责人：饶富强
Tel：0753－2336223

**太平洋财产股份有限公司佛冈营销服务部**
地址：广东省清远市佛冈县石角镇振兴中路217号
负责人：朱继帮
Tel：0763－4293688
4294409
13302354409

**潮阳市大明发实业有限公司**
地址：广东省汕头市潮阳市谷饶茂广公路边
负责人：张镇标
Tel：0754－87618039

**旭利泰实业有限公司**
地址：广东省深圳市宝安23区洪浪北路21号展宝大厦6楼
负责人：贺友鹏
Tel：0755－27848291

**深圳益华会计师事务所**
地址：广东省深圳市宝安区2区湖滨路29号办公楼4楼
负责人：郭世江
Tel：18922896839

**深圳市多频投资顾问有限公司**
地址：广东省深圳市宝安区2区龙井路62号602房
负责人：王展鹏
Tel：0755－27759448

**深圳华硕会计师事务所**
地址：广东省深圳市宝安区30区前进路冠利达大厦一栋1713室
负责人：东月红
Tel：0755－27811358

**深圳市兴晖投资发展有限公司机场货运营业部**
地址：广东省深圳市宝安区宝安机场物流沿国内货运村213.214单元
负责人：林玉升
Tel：0755－27773460

13602697895

**明金海投资有限公司**
地址：广东省深圳市宝安区宝城39区1幢201
负责人：陈楷彬
Tel：0755－27899888
13714790193

**深圳楚才会计师事务所**
地址：广东省深圳市宝安区宝城洪浪北路碧涛居4－204
负责人：喻弛
Tel：0755－26938547

**深圳捷信会计师事务所**
地址：广东省深圳市宝安区宝城龙井二路58号大楼506至508
负责人：赖楚敏
Tel：0755－27872529

**中熙投资有限公司**
地址：广东省深圳市宝安区翻身路宝城48区宝华花园A幢201号
负责人：许明钦
Tel：0755－27815888
13802205828

## 中税佳税务师事务所有限公司

业务：从事涉税鉴证业务
地址：广东省汕头市东厦路东厦花园一期19栋114房
负责人：刘家盛 邮 编：515000
法 人：刘家盛
Tel：0754－88942366
83182168

## 深圳市领峰保富企业管理顾问有限公司

业务：我公司成立于2006年，主要从事企业管理咨询。我们愿与客户精诚合作，设计出与客户意愿相一致的管理方案，满足并超越客户的要求，为企业提供专业化，更具效率的顾问服务，助您的企业走上发展的快车道。
地址：广东省深圳市龙岗区平湖街道凤凰大道西段商会大厦二楼A座
邮 编：518111
法 人：杨帆
Tel：0755－84683887

**深圳市昊林投资咨询有限公司**
地址：广东省深圳市宝安区福永街道福永大道深彩大道510
负责人：赵红霞
Tel：0755－61502268

**深圳清华会计师事务所**
地址：广东省深圳市宝安区公明街道长春路宏汇阁1栋A302
负责人：刘述清
Tel：0755－27731399

**广东宏安信律师事务所深圳分所**
地址：广东省深圳市宝安区湖滨路13号宝华楼一楼
负责人：邓永超
Tel：0755－29994022

**深圳鼎诚会计师事务所**
地址：广东省深圳市宝安区龙华街道办和平路金庸阁A栋A2座203房
负责人：张宝柱
Tel：0755－28103597

**深圳明华会计师事务所**
地址：广东省深圳市宝安区龙华街道东环二路美丽365花园G2栋108号
负责人：高义桃
Tel：0755－27678642

**深圳万达会计师事务所**
地址：广东省深圳市宝安区龙华街道民治大道建材广场2栋301
负责人：刘传科
Tel：0755－28183075

**深圳鹏都会计师事务所**
地址：广东省深圳市宝安区龙华街道人民路和平大厦3楼358室
负责人：刘和文
Tel：0755－27704993

**深圳华堂会计师事务所**
地址：广东省深圳市宝安区龙井路1号东江豪苑28A
负责人：郭荣堂
Tel：0755－29992612

**深圳正宏会计师事务所**
地址：广东省深圳市宝安区前进路冠利达大厦906房
负责人：颜萍
Tel：0755－27809308

**深圳市游镇福实业有限公司**
地址：广东省深圳市宝安区石岩镇水田乌石龙地段7房一层
负责人：游镇波
Tel：0755－27623913
13809862291

**东方建福实业有限公司**
地址：广东省深圳市宝安区四十七自由路东方建福大厦7楼
负责人：谢先生
Tel：0755－27826111
13502873118
13809891036

**深圳华勤会计师事务所**
地址：广东省深圳市宝安区西乡街道宝民二路流塘贤基大厦四楼415室
负责人：颜家万
Tel：0755－27931163

**深圳市家洪达投资有限公司**
地址：广东省深圳市宝安区西乡街道宝民路物业商住大厦一栋203
负责人：王家洪
Tel：0755－27662002

**深圳惠恒会计师事务所**
地址：广东省深圳市宝安区新安23区海关大楼12楼第L、X、K号
负责人：郑阳
Tel：0755－27848091

**深圳市万隆会计事务所**
地址：广东省深圳市宝安新桥新沙路180号星光大厦A501房
负责人：王静华
Tel：0755－27295858
13556859277
13502879277

**深圳市中盛华普税务师事务所有限公司**
地址：广东省深圳市福田区八卦岭八卦路众鑫科技大厦1609A
负责人：吴大青
Tel：0755－25884201

**深圳市中科智科技集团有限公司**
地址：广东省深圳市福田区滨河大道5022联合广场A栋14楼
负责人：李松涛
Tel：0755－82944899
13510880086

**欧亚投资发展有限公司**
地址：广东省深圳市福田区福虹路世贸广场C座22A
负责人：丁波
Tel：0755－83679717
13316935166

**北京市隆安律师事务所深圳分所**
地址：广东省深圳市福田区江苏大厦B1319室
负责人：徐家力
Tel：0755－25176776

**枫桦会计师事务所**
地址：广东省深圳市福田区深南大道6006华丰大厦1206
负责人：陈明凤
Tel：0755－83916456
13808855478

**中天华正会计师事务所**
地址：广东省深圳市福田区深南中路爱华大厦13楼
负责人：伍粤
Tel：0755－83662286
13802565408

**贵翔投资咨询有限公司**
地址：广东省深圳市福田区深南中路东风大厦668－10
负责人：王仕冰
Tel：0755－83210441
13510864080

**美森投资有限公司**
地址：广东省深圳市福田区深南中路国际文化大厦1303
负责人：许树鹏
Tel：0755－83663744
83663743
13823379922

**深圳市世纪金诚投资发展有限公司**
地址：广东省深圳市福田区深南中路西丽大酒店1712室
负责人：张群
Tel：0755－83632347

**深圳天鹏会计师事务所**
地址：广东省深圳市龙岗区布吉罗岗路2号加州花园E1701室
负责人：石书刚
Tel：13028885003

**深圳汇正会计师事务所有限公司**
地址：广东省深圳市龙岗区布吉新城区中兴路吉政巷布吉社区大楼九楼902室
负责人：刘海胜
Tel：0755－28536872

**深圳龙达信会计师事务所有限公司**
地址：广东省深圳市龙岗区横岗红棉一路丽晶中心七楼
负责人：张建华
Tel：0755－28656698

**深圳鹏达会计师事务所**
地址：广东省深圳市龙岗区龙城俪景鸿都8栋D座1204
负责人：宛斌
Tel：0755－28905059

**美国友邦保险有限公司深圳分公司龙岗营销服务部**
地址：广东省深圳市龙岗区龙翔路志联佳大厦12层03#、03B#、05#、06
负责人：沈延乐
Tel：0755－28939766

**深圳东方正大会计师事务所**
地址：广东省深圳市龙岗区中心城紫薇花园东03栋307308房
负责人：余汉强
Tel：0755－28959963

**深圳市普盛投资发展有限公司**
地址：广东省深圳市罗湖区春风路庐山大厦B座12楼E2房
负责人：田博
Tel：0755－82322688
13902936765

**中国人民财产保险股份有限公司深圳市分公司车险营业部**
地址：广东省深圳市罗湖区罗芳路122号南方大厦A座6楼
负责人：荆晖
Tel：0755－25175885
13602689926

**中印投资发展有限公司**
地址：广东省深圳市罗湖区中兴路外贸大厦14楼中印集团
负责人：黄资农
Tel：0755－82202011
13670033580

**深圳市亨利盈通投资发展有限公司**
地址：广东省深圳市南山区南光村南光商业街1栋2楼201号
负责人：王昌顺
Tel：0755－26650249

**恒生银行有限公司深圳南海大道支行**
地址：广东省深圳市南山区南海大道四达大厦首层03室
负责人：黄汉才
Tel：0755－26420388

**好足一百分贸易有限公司**
地址：广东省深圳市南山区深南大道科技园广东省深圳市湾汇景豪苑海逸阁14A
负责人：刘宇红
Tel：0755－26966030

## 深圳金百利典当有限公司

深圳金百利典当有限公司成立于2007年，专业从事房产、汽车、金银、珠宝、钻石、名表等的质押、抵押业务。

我公司秉承“顾客至上，锐意进取”的经营理念，坚持“客户第一”的原则为客户提供最优质的产品。欢迎您来电垂询！

联系人：文生 13798555533
电话：0755－29898329 传真：0755－29898327
地址：广东省深圳市宝安区松岗镇褚官路13号
邮编：518105

## 深圳九华鑫投资有限公司

深圳九华鑫投资有限公司专业从事房地产开发、基础建设、担保、租赁，财务公司投资、融资交通、能源、旅游等业务，您的满意是我们的追求，欢迎来电咨询、洽谈业务！

联系人：欧华
电话：0755－25128299 25122099 传真：0755－25128299
地址：广东省深圳市罗湖区文华大厦东座15D 邮编：518000
网址：www.huaxinvest.com 电子邮件：Huaxin_edwardou@126.com

## 阳光财产保险股份有限公司佛山中心支公司大沥营销服务部

阳光财产保险股份有限公司佛山中心支公司大沥营销服务部于2007年成立，从事财产保险服务。

欢迎新老客户光临、惠顾。

联系人：雷山青 13902415960
地址：广东省佛山市南海区大沥镇吉祥路1号首层
邮编：528000

## 中国人民人寿保险股份有限公司湛江市中心支公司

中国人民人寿保险股份有限公司湛江市中心支公司以人寿保险为主。

公司秉承“顾客至上，锐意进取”的经营理念，坚持“客户第一”的原则为广大客户提供优质的服务。欢迎惠顾！

联系人：罗争
电话：0759－2116838 13828239188
地址：广东省湛江市湛江开发区海滨大道南62号 邮编：524000

## 广西壮族自治区 /Guangxi Zhuang Autonomous Region

**广西华越经贸投资有限公司**
地址：广西壮族自治区防城港市东兴市北仑大道325－2号
负责人：周伟灿
Tel:13768105598

**桂林市桂鸿投资咨询有限公司**
地址：广西壮族自治区桂林市七星区骖鸾路2号金桂苑3#楼金逸轩6－4号
负责人：程米町
Tel:13907837022

**桂林市天宇拍卖有限公司**
地址：广西壮族自治区桂林市象山区民主路72号
负责人：凌宗荣
Tel:13707738170

**中国人寿保险股份有限公司桂平支公司白沙镇营销服务部**
业务：对营销员开展培训日常管理，收取营销员代收的保险费。
产品：分红险，健康险，养老险，平安险
地址：广西壮族自治区桂平市白沙镇白沙街土地所旁
负责人：陆秀芳 邮编：537221
法人：陆秀芳
Tel:0775－3470089
15807897233
E-mail:baisha168@163.com

**桂林市中信工程招投标代理有限公司**
地址：广西壮族自治区桂林市秀峰区翊武路24号
负责人：马翠平
Tel:13707830710

**桂林市金宏投资管理咨询有限公司**
地址：广西壮族自治区桂林市秀峰区翊武路68号(桂峰小区10#)
负责人：马桂玉
Tel:13807838793

**环球银丰投资担保(武汉)有限公司武宣分公司**
地址：广西壮族自治区来宾市武宣县武宣镇书山路35号
负责人：李家和
Tel:13878208998

**广西振华交通投资有限公司**
业务：主要经营：对机场建设、交通能源、公路、港口、码头、水利发电、农业、海洋、生物技术、化工业高科技、房地产、文化娱乐、宾馆、环保项目的投资；农副土特产品的销售。
地址：广西壮族自治区南宁市新民路4号华星时代广场名仕阁2513号房
邮编：530000
法人：王金宝
Tel:0771－2022637
Fax:0771－2022617

**广杰律师事务所**
业务：法律咨询、案件代理
地址：广西壮族自治区柳州市飞鹅路302号富源酒店801、802室
负责人：张澄 邮编：545007
法人：张澄
Tel:13317887798
0772－3620987
Fax:0772－3934618
E-mail:uangjie_66@126.com

**柳州拜科投资管理咨询有限公司**
地址：广西壮族自治区柳州市阳和工业新区地产综合楼
负责人：邓晓彤
Tel:13907897932

**广西亚太置业投资有限责任公司**
地址：广西壮族自治区南宁市城北区北湖路东二里12号1栋1单元401号
负责人：欧炳雄
Tel:13878850387

**南宁业新投资咨询有限责任公司**
地址：广西壮族自治区南宁市城北区大学路36号广西大学农机厂内
负责人：吴善光
Tel:13036817162

**广西南宁华银拍卖有限公司**
地址：广西壮族自治区南宁市城北区高新区工业园科德路科莱穗南楼7033号
负责人：杨奇勋
Tel:13907861979

**广西金利桥融资担保有限公司**
地址：广西壮族自治区南宁市城北区火炬路1号创业大厦第7层A座
负责人：李业荣
Tel:13607883508

**广西铭润投资有限公司**
业务：房产投资；建筑材料销售
地址：广西壮族自治区南宁市金湖路59号地王国际商会中心3322室
负责人：陈先生 邮编：530012
Tel:15177163989
0771－5593385
Fax:0771－5593385

**南宁闽商咨询有限公司**
地址：广西壮族自治区南宁市城北区万秀村第一组
负责人：林宽西
Tel:0771－2232889

**南宁华侨投资区创一方投资咨询有限责任公司**
地址：广西壮族自治区南宁市武鸣县南宁华侨投资区创一方投资咨询有限公司
负责人：朱济全
Tel:13321608444

**南宁华侨投资区青商开发建设有限公司**
地址：广西壮族自治区南宁市武鸣县南宁华侨投资区管委会东楼
负责人：韦志鹏
Tel:13307860787

**广西天意投资有限责任公司**
地址：广西壮族自治区南宁市新城区滨湖路46号国海大厦803室
负责人：李伟
Tel:0771－2662906

**广西南宁君鼎投资管理有限责任公司**
地址：广西壮族自治区南宁市新城区建政路49号
负责人：吕靖
Tel:13977100589

**广西明信置业投资有限责任公司**
地址：广西壮族自治区南宁市新城区金浦路7号世纪商都1615室
负责人：郭灵冬
Tel:13977130080

**广西中银信用担保有限公司**
地址：广西壮族自治区南宁市新城区民族大道92号1栋独单元1001号房
负责人：闭柳昭
Tel:13707807623

**广西克洛克投资咨询有限公司**
地址：广西壮族自治区南宁市新城区桃源路43号
负责人：杨旭
Tel:13878859119

**广西华润通投资顾问有限公司**
地址：广西壮族自治区南宁市新城区新民路22号205室
负责人：雷子杰
Tel:0771－2983071

**广西安信拍卖有限责任公司**
地址：广西壮族自治区南宁市新城区新民路59号太阳广场B座1105室
负责人：向育宁
Tel:0771－2822232

**广西春生拍卖有限责任公司**
地址：广西壮族自治区南宁市新城区新民路59号太阳广场第A栋27层2703号
负责人：罗春生
Tel:13788110999

**广西创业投资促进会**
地址：广西壮族自治区南宁市新城区新竹路20号
负责人：陈友初
Tel:0771－2270530

**广西京业铁路投资有限公司**
业务：对地方铁路、公路、港口、城市基础设施、水电等项目投资；投资管理咨询。公司根据国家产业政策，利用铁路垄断经营平台，可以在钦州和北海港区承接最长5年内收回投资的铁路专用线及配套项目，欢迎有实力的投资商进行投资合作开发。
地址：广西壮族自治区南宁市明秀东路238号原南地公安局办公楼第二层
负责人：王建华 邮编：530001
法人：李和平
Tel:0771－3126996
3801052
13877187996
Fax:0771－3109851
网址：www.gxjytt168.com
E-mail:gxjytt168@163.com

**广西和业投资咨询有限公司**
地址：广西壮族自治区南宁市新城区星湖路32号区测试中心B座603室
负责人：蒙毅
Tel:13807713800

**南宁市海富企业策划咨询有限责任公司**
地址：广西壮族自治区南宁市新城区星湖路34号081号房
负责人：曾植
Tel:13597002550

**广西万诚拍卖有限公司**
地址：广西壮族自治区南宁市新城区园湖南路16号1楼703、704号
负责人：刘三铭
Tel:13317710803

**广西广樯建设投资有限公司**
地址：广西壮族自治区南宁市兴宁区新民路59号太阳广场A栋2203室
负责人：李广樯
Tel:13978115443

## 广西桂东灵长类开发实验有限公司

本公司成立于2004年，主要经营食蟹猴、猕猴等实验动物的驯养、繁殖、销售。目前公司的养殖的食蟹猴、猕猴存栏约3100只，并建有养殖区、繁殖区，隔离区、检疫区等一系列基础设施，欢迎前来参观、指导和洽谈！

联系人：杨名义 手机：13978411888
电话：0774-2666303 传真：0774-2666908 5223888
地址：广西壮族自治区梧州市苍梧县二顶 邮编：543100

## 海南省/Hainan Province

**海南玉利投资咨询有限公司**
地址：海南省海口市工业大道东 19 号永南苑 1002 房
……负责人：田兴真
……Tel：0898－68100921

**海南新万宝投资有限公司**
地址：海南省海口市工业大道豪苑路 1 号亚洲豪苑逸湖阁 2# 楼
……负责人：林海明
……Tel：13006012345

**海南杨氏兆业投资有限公司**
地址：海南省海口市海甸岛福海路 5 号第 9 栋别墅
……负责人：冯志伟
……Tel：13322001110

**海南仲哲投资咨询有限公司**
地址：海南省海口市海甸岛四东路 14－2 号大成商务度假公寓叁层
……负责人：盛玲
……Tel：13907595811

**海南天九投资有限公司**
地址：海南省海口市海甸岛五西路南希别墅 A2 栋
……负责人：郑体才
……Tel：13316318333

**海南智胜达专家村项目投资有限公司**
地址：海南省海口市海南大学邵逸夫学术交流中心
……负责人：林强
……Tel：0898－66538765

**海口金博财务咨询有限公司**
地址：海南省海口市海秀路 120 号顺发新村 20 栋 202 室
……负责人：王世波
……Tel：0898－68919636

**海口方顺财务会计有限公司**
地址：海南省海口市金垦路 59 号金牛小区 14 幢 504 室
……负责人：刘方
……Tel：13876015335

**海南沃德天成投资有限公司**
地址：海南省海口市金贸区国贸北路 10 号 F1405
……负责人：李雄
……Tel：0898－68590053

**海南富润丰投资管理有限公司**
地址：海南省海口市金贸区金融花园 D 座 1902 房
……负责人：刘春波
……Tel：13909824191

**海南港博投资有限公司**
地址：海南省海口市金贸区玉沙路中盐大厦 19 层
……负责人：梅洪芳
……Tel：13707568699

**海南学富教育投资有限公司**
地址：海南省海口市龙华路 5 号 2 楼 205 室
……负责人：黄忠
……Tel：0898－66213568

**海南和盟实业有限公司**
地址：海南省海口市龙华路财盛大厦 9 层 C 区
……负责人：杨建
……Tel：13637582170

**海南鑫安泰保险代理有限公司**
地址：海南省海口市龙昆北路 19 号景瑞大厦 24 层
……负责人：金光俊
……Tel：0898－66511157

**海南致丰投资有限公司**
地址：海南省海口市龙昆北路 2 号珠江广场帝豪大厦 1205 室
……负责人：郑晓红
……Tel：0898－68581618

**海口时宏财务有限公司**
地址：海南省海口市龙昆南路 50 号昌茂花园新大洲公寓 A1202 室
……负责人：李章红
……Tel：0898－68113501

**海口维佳安泰投资咨询有限公司**
地址：海南省海口市龙昆南路 9 号振海小区 5 栋 102 室
……负责人：冯地致
……Tel：0898－66793852

**海口德丰杰投资有限公司**
地址：海南省海口市美兰区瓦灶村白龙公寓 1 栋 202 房
……负责人：李东明
……Tel：13976683934

**海口海涟泓锦投资信息服务有限公司**
地址：海南省海口市美兰区下洋路检察院宿舍 901 号
……负责人：明涛
……Tel：13907690091

**海口嘉丰投资咨询有限公司**
地址：海南省海口市南沙路 25 号昌茂花园 2 栋 902 室
……负责人：宋争鸣
……Tel：0898－66731063

**海南天策投资管理有限公司**
地址：海南省海口市南沙路 29 号昌茂澳洲园 2 栋 509 号房
……负责人：徐光祯
……Tel：0898－66515308

**海南老年城国际投资有限公司**
地址：海南省海口市文华路 19 号文华大酒店 505 室
……负责人：王社明
……Tel：0898－68559301

**海南京粤拍卖有限公司**
地址：海南省海口市义龙西路 15 号
……负责人：李中华
……Tel：0898－66501598

**海口迅茂投资咨询服务有限公司**
地址：海南省海口市玉沙路傍海小区 2 号楼 242 房
……负责人：李心成
……Tel：13876260900

**海南海岛投资有限公司**
地址：海南省海口市玉沙路中盐大厦 21 楼 A1 号
……负责人：杨淑菊
……Tel：13976508630

## 四川省/Sichuan Province

**成都润信投资管理有限公司**
地址：四川省成都市成华区望平街 2 号
……负责人：唐小燕
……Tel：13808074359

### 四川加加连锁投资管理有限公司
业务：四川加加连锁投资管理有限公司是一家大型连锁企业，目前主要以连锁保健品超市经营国内外各种保健品、保健器材。公司力争"做全国保健品超市的航母"，竭诚欢迎各界朋友惠顾。
地址：四川省成都市科华北路 58 号
……邮　编：610016
……法　人：王旭
……Tel：028－66261700
……Fax：028－66261700

**乘风投资管理有限公司**
地址：四川省成都市东珠市街 27－28 号四单元 4 号
……负责人：许乘风
……Tel：028－86915301
13308065265

**成都赢龙投资有限公司**
地址：四川省成都市高新技术开发区高新大道创业路 18 号高新大厦 10－1
……负责人：乐蕴玉
……Tel：13060005918

**成都信源信电子工程有限公司**
地址：四川省成都市高新技术开发区科园二路 1 号 506#
……负责人：牛跃贵
……Tel：13084456067

### 四川民众投资有限公司
业务：四川民众投资有限公司成立于 2001 年，主要经营项目有：城市建设投资、投资管理、项目投资、置业担保。本公司多年来一直坚守"以诚信为本"的原则，欢迎新老客户来电洽谈业务！
地址：四川省成都市同和路 66 号
……邮　编：610036
……法　人：穆华富
……Mobile：13808059993
……Fax：028－86247156
……网址：www.cdmz.chinapyp.com

**国海证券有限责任公司成都神仙树北路证券营业部**
地址：四川省成都市高新技术开发区神仙树北路 6 号三楼
……负责人：潘勇
……Tel：028－85142358

**成都天坤投资有限公司**
地址：四川省成都市高新技术开发区神仙树南路 8 号
……负责人：王波

**成都锦汇投资有限公司**
地址：四川省成都市高新技术开发区永丰路 32 号
……负责人：张济明
……Tel：028－85159043

**成都康成机电投资担保有限公司**
地址：四川省成都市金牛区洞子口乡金府路 218 号 2 栋 3 楼 2－3 号
……负责人：邹德康
……Tel：028－86517779

**成都市天同投资有限公司**
地址：四川省成都市金牛区二环路北一段 111 号
……负责人：刘斌
……Tel：13881760344

**成都市竑钿投资管理有限公司**
地址：四川省成都市金牛区二环路西三段 181 号
……负责人：张立昌
……Tel：13693409667

### 广安市鑫丰达农业信用担保有限责任公司
业务：本公司成立于 2005 年，拥有 10 几名员工，主要经营投资、信用担保。
地址：四川省广安市麻纺厂 B 栋
……邮　编：635000
……法　人：荣春
……Tel：0826－2343778

**成都盛和泰达投资管理有限公司**
地址：四川省成都市金牛区抚琴西路 215 号
……负责人：夏军
……Tel：13881992299

**四川瑞麟市场投资经营管理有限公司**
地址：四川省成都市金牛区农垦凤凰山农场朱家坡分场
……负责人：洪金德
……Tel：13076090988

**成都新恒创投资管理有限公司**
地址：四川省成都市金牛区三洞桥路 8 号槐树商住楼 5 楼
……负责人：刘丽霞
……Tel：13666193193

**四川华昌强能投资有限公司**
地址：四川省成都市金牛区蜀汉路 208 号
……负责人：杨介体
……Tel：13086697580

**四川荷花鑫池市场投资经营管理有限公司**
地址：四川省成都市金牛区泰宏街 105－107 号
……负责人：张桂堂
……Tel：13388166701

**成都鑫江投资管理有限公司**
地址：四川省成都市金牛区西青路 98 号
……负责人：吴金鲜
……Tel：028－87731051

**四川百兴投资管理咨询有限公司**
地址：四川省成都市金牛区乡农市街 20 号黄金岛大楼 3F12 号
……负责人：苏丁
……Tel：028－85512799

**成都通安达投资有限公司**
地址：四川省成都市金牛区一环路北三段顺沙巷 23 号
……负责人：杜云
……Tel：028－83388309

### 盐源县双河信用社
业务：盐源县双河信用社位于盐源县双河乡，现在员工 5 人，常年主营存、贷款业务。
地址：四川省凉山彝族自治州盐源县双河乡
……邮　编：615700
……法　人：李明祥
……Tel：0834－6361942

### 民生人寿保险股份有限公司凉山彝族自治州中心支公司
业务：本公司从事个人意外伤害保险，个人定期死亡保险，个人两全保险，个人终身保险，个人年金保险，个人短期健康保险，个人长期健康保险，团体意外伤害保险，团体定期寿险，团体终身保险，团体年金保险，团体短期健康保险，团体长期健康保险，经中国保险监督管理委员会批准的其他人身保险业务。
地址：四川省西昌市健康南路中段民体园 4 幢 2 楼
……邮　编：615000
……法　人：朱德鹏
……Tel：0834－6122201
……Fax：0834－6122000

**成都市蓉城电力与信息管线投资有限公司**
地址：四川省成都市锦江区天仙桥南街 1 号成都国际商务大厦 C 栋 12 楼
……负责人：叶长海
……Tel：13568881330

**宏达金融投资责任有限公司**
地址：四川省成都市天成街 19 号
……负责人：刘志军
……Tel：028－86780050
13111877661

**四川省佐券融资顾有限责任公司**
地址：四川省成都市一环路西三段 106 号有色金属大厦 315
……负责人：何罡
……Tel：028－87733576
13060030378

### 中华双龙国际集团投资有限公司四川代表处
业务：咨询、考察、商议
地址：四川省绵阳市长虹大道北段玉龙街 12 号
……邮　编：621000
……法　人：唐耿必
……Tel：0816－2682862
……Mobile：13890459392
……Fax：0816－2682862

**金裕担保投资有限公司**
地址：四川省泸州市白招牌 83 栋 3 单元 2 层
……负责人：黄建文
……Tel：13882766187



## 贵州省/Guizhou Province

**贵阳花溪中小企业信用担保投资有限公司**
地址：贵州省贵阳市花溪区磊花路口
……负责人：何小勇
……Tel：0851－3622489

**贵阳可佳艺术品项目投资发展有限公司**
地址：贵州省贵阳市南明区市南路石岭街 1 号金豪大厦附 1 楼
……负责人：胡萍萍
……Tel：0851－5521111

**贵州环宇通投资策划有限公司**
地址：贵州省贵阳市云岩区延安中路 1 号虹祥大厦
……负责人：李忠华
……Tel：13984857966

### 贵州衡润投资有限责任公司
业务：金融投资、房产投资、融资服务
地址：贵州省贵阳市云岩区陕西路创世纪新城南楼 B 座 19 层 5(E)
……负责人：代天勇　邮　编：550001
……法　人：代天勇
……Tel：0851－6684017
6684366

**贵州晨光经济担保有限公司**
地址：贵州省贵阳市云岩区友谊路 49 号
……负责人：彭先明
……Tel：13984377722

**思南县宏发合伙税务师事务所**
地址：贵州省铜仁地区思南县思唐镇府后街
……负责人：李北兰
……Tel：0856－7224602

**务川仡佬族苗族自治县国家税务局信息中心**

地址：贵州省遵义市都濡镇中大街
……负责人：李贤强
……Tel：0852－5625660

**遵义市金援担保有限责任公司**
地址：贵州省遵义市汇川区香港路通达楼
……负责人：黄逊
……Tel：0852－8239559

## 云南省/Yunnan Province

**中国银行昆明市南窑支行**
地址：云南省昆明市环城南路 305 号
……负责人：钟祥山
……Tel：0871－3183929
13888378169

**云南力邦财务管理有限公司**
地址：云南省昆明市盘龙区白龙路 265 号
……负责人：陈凯
……Tel：0871－3326148
13095309686

**永安财产保险股份有限公司楚雄中心支公司**
业务：本公司成立于 2005 年，主要有企业、家庭财产保险、机动车辆保险、货物运输、船舶保险、建筑安装工程一切险、航空航天保险、保证保险责任、能源保险、短期健康险、意外保险。
地址：云南省楚雄市经济技术开发区广电中心综合楼一楼、二楼
……负责人：温楚明……邮 编：675000
……法 人：温楚明
……Tel：0878－8980666

**护义律师事务所**
地址：云南省昆明市西山区马街北路法院对面
……负责人：骆泽起
……Tel：0871－8105695
13033371643

**方正税务师事务所**
地址：云南省玉溪市高新区秀山路 33 号（红塔文体中心对面）
……负责人：王会元
……Tel：13987799816

**玉溪方正税务师事务所**

玉溪方正税务师事务所是经国家税务局审批成立的专门从事税务代理、纳税签证和税务咨询服务的社会中介机构。我们会为您提供专业、热情、周到的服务，热忱欢迎您的来电！

联系人：王会元　　手机：13987799816
电话：0877-2052529 2056828　　传真：0877-2058118
地址：云南省玉溪市东风中路26号6楼　　邮编：653100

**云南国信拍卖有限公司**
**普洱分公司**

云南国信拍卖有限公司普洱分公司是国有控股企业，业务涉及破产企业、房地产、金融不良资产等，可拍卖委托人委托的依照法律法规可以处分的物品或财产权利。

公司经营业绩连续三年名列省内同行业前茅，我们以良好的信誉为您提供优质放心的服务！

联系人：李洪源 13987962809
电话：0879-2165883
地址：云南省普洱市思茅区林源路市财政局二楼　　邮编：665000

## 西藏自治区/Xizang Autonomous Region

**西藏泓昊实业投资有限公司**
地址：西藏自治区拉萨市藏热路（纳金乡社区服务中心）
……负责人：伊永胜
……Tel：0891－6991089

**西藏宝贝矿产资源投资有限公司**
业务：我公司是由中国宝贝国际投资集团在西藏投资的一家以经营矿产资源为主的具有独立法人资格的有限公司。公司成立于 2006 年 8 月，全称为"西藏宝贝矿产资源投资有限公司"，公司全体员工在集团创始人、董事长卞洪登先生的领导下，决心做西藏的宝贝、做全球的宝贝，开发南亚 7 国大市场，打造全球出击的西藏民族企业品牌。
地址：西藏自治区拉萨市金珠西路 131 号宝贝大厦 4 楼
……负责人：朱辉……邮 编：850000
……Tel：0891－6869391
……Fax：0891－6869392
……网址：www.xzbbei.com

**西藏华立会计师事务所有限公司**
地址：西藏自治区拉萨市江苏东路二十二号（市审计局办公楼一楼）
……负责人：王晓泉
……Tel：0891－6350142

**西藏青少年发展基金会**
地址：西藏自治区拉萨市金珠东路 31 号
……负责人：呢吗次仁
……Tel：0891－6325670

**西藏润鑫投资有限公司**
地址：西藏自治区拉萨市金珠西路 75 号（自治区商务部 14 层东区）
……负责人：余小红
……Tel：0891－6810189

**西藏意泽投资有限公司**
地址：西藏自治区拉萨市林芝县八一镇
……负责人：李国祥
……Tel：0891－6930887

**西藏林芝地区财政局**
地址：西藏自治区林芝市八一镇深圳大道 10 号
……负责人：贺建冬
……Tel：0894－5822636

**西藏天衡拍卖有限公司**

西藏天衡拍卖有限公司成立于2006年9月，是经西藏自治区商务厅批准、区工商局注册登记的一家可提供综合性拍卖业务的独方法人企业。

"客户是发展伙伴，双赢是企业生命"的经营理念，以促进社会主义市场经济发展和维护委托人、竞买人合法利益为自身使命，竭诚为社会各界服务。

联系人：孙计刚 13908981561　　电话：0891-6375225
地址：西藏自治区拉萨市慈松塘路8号　　邮编：850000

## 陕西省/Shanxi Province

**韩城市新龙门投资有限公司**
地址：陕西省渭南市韩城市新城办坡底村
……负责人：王家祥
……Tel：0913－5215069

**西安逸洋投资实业有限公司**
地址：陕西省西安市碑林区红缨路 88 号 1 号楼 101－106 室
……负责人：周逸平
……Tel：029－83153689

**西安创达投资咨询有限公司**
地址：陕西省西安市碑林区乐居场 8 号 1 幢 701 室
……负责人：蓝定国
……Tel：029－82211591

**陕西亚世通投资管理有限公司**
地址：陕西省西安市碑林区文艺南路 16 号艺宝大厦 6 层
……负责人：张誉龄
……Tel：029－81051960

**西安华邦不动产顾问有限公司**
地址：陕西省西安市雁塔区西影路西影村 19 号楼 2 单元 1 层 1 号
……负责人：鲁兆明
……Tel：029－88505020

**甘肃大九洲投资管理有限公司**
地址：甘肃省兰州市城关区平凉路 503 号
……负责人：秦玮
……Tel：0931－8811368

**兰州金算盘财务有限公司**
地址：甘肃省兰州市城关区中山路
……负责人：李育英
……Tel：0931－8406060

**天安保险股份有限公司甘肃省分公司庆阳营销服务部**
地址：甘肃省庆阳市西峰区广场南路 13 号智林大厦
……负责人：杨涛
……Tel：0934－8689388

**庆阳市国有资产经营有限公司**
业务：经营性国有资产整合、开发、租赁
地址：甘肃省庆阳市西峰区世纪大道东侧庆阳市财政局办公楼附二楼 203 室
……负责人：金振国　邮 编：745000
……法 人：金振国
……Tel：0934－8687398
13359345181

**甘肃国信会计师事务所**
地址：甘肃省武威市凉州区西大街 122 号
……负责人：李发升
……Tel：13893596839

**阳光财产保险股份有限公司府谷支公司**

阳光财产保险股份有限公司府谷支公司成立于 2005 年，主要从事于财产损失保险、责任保险、信用保险（出口保险除外）、货物运输保险、意外伤害保险、短期健康保险、保证保险等保险业务。

阳光保险秉承"打造最具品质和实力的保险公司"的公司愿景，以"共同成长"为使命，把"诚信、关爱"、"创造价值"作为核心价值观，坚持"激情与理性"、"创新与执行"、"团队与个人"三个方面高度统一，发扬"战胜自我"的企业精神，以崇高的道德水准、高效健全的管理和高素质、高境界、高度职业化的员工队伍，为客户提供优质稳定的服务，成为高成长性的公司，成为客户首选的公司，成为优秀人才向往的公司。

联系人：姬飞 13992218630　　电话：0912-8725355
地址：陕西省榆林市府谷县府谷镇河滨西路161号　　邮编：719400

## 甘肃省/Gansu Province

**白银市民商信用担保有限公司**
地址：甘肃省白银市白银区人民路 100 号
……负责人：张强
……Tel：0943－8242863

**金川职工工资基金管理中心**
地址：甘肃省金昌市金川路 98 号
……负责人：吴国贤
……Tel：0933－8812195

**兰州中钞信达金融设备有限公司**
地址：甘肃省兰州市白银路 173 号
……负责人：马喜国
……Tel：0931－8156922

**兰州智源财务咨询有限责任公司**
地址：甘肃省兰州市城关区大雁滩 508 号
……负责人：丁治明
……Tel：13893137399

**庆阳市同辉典当有限公司**
业务：抵押货款
地址：甘肃省庆阳市华宇名城商铺 30－7 号
……负责人：李志永　邮 编：745000
……法 人：李志永
……Tel：0934－8452888
8618668

**甘肃广合会计师事务有限公司**
地址：甘肃省兰州市城关区东岗西路 450 号
……负责人：郭倩峰
……Tel：0931－8275518

**甘肃国瑞税务师事务有限公司**
地址：甘肃省兰州市城关区东岗西路 450 号
……负责人：刘建斌
……Tel：13893119251

**兰州赛博财务咨询有限公司**
地址：甘肃省兰州市城关区皋兰路 20 号
……负责人：刘芳
……Tel：13321218219

**甘肃金贸大地易货交易经纪有限公司**
地址：甘肃省兰州市城关区静宁路 100 号
……负责人：刘素红
……Tel：0931－8885566

**甘肃三昇投资有限公司**
地址：甘肃省兰州市城关区临夏路 57 号－801 室
……负责人：董有明
……Tel：13609396438

**甘肃中强会计师事务有限公司**
地址：甘肃省兰州市城关区民主西路 97 号
……负责人：张学强
……Tel：13893173788

## 青海省/Qinghai Province

**青海理泉联合会计师事务所**
地址：青海省西宁市胜利路一号华瑞写字楼青海理泉联合会计师事务所 402 室
……负责人：韩志明
……Tel：0971－8146343

**大通利民劳务派遣有限公司**
业务：本公司成立于 2004 年，主要从事劳务派遣。
地址：青海省西宁市大通回族土族自治县桥头镇园林路 549 号
……负责人：黎成才……邮 编：810100
……法 人：黎成才
……Tel：0971－2734977

**青海融正投资咨询公司**
地址：青海西宁市城西区西关大街 49 号永和大厦 10 楼
……负责人：屈立龙
……Tel：0971－4388631

## 新疆维吾尔自治区/Xinjiang Wei We Er Autonomous Region

**库车县省鑫财务咨询有限公司**
地址：新疆维吾尔自治区阿克苏地区库车县新城友谊路北 15 号
……负责人：瞿彬
……Tel：0997－7135663

**库尔勒卓越财务咨询服务有限责任公司**
地址：新疆维吾尔自治区巴音郭楞蒙古自治州库尔勒市建国北路广厦小区 2 栋 1 单元 2
……负责人：沈国新
……Tel：13565016997

**新疆世杰能源投资有限公司**
业务：投资煤矿
地址：新疆维吾尔自治区乌鲁木齐市友好北路 225 号宏远大厦 23 楼
……负责人：窦世杰　邮 编：830000
……法 人：窦世杰
……Tel：0991－4829503
13899887851

**新疆福光投资有限责任公司**
地址：新疆维吾尔自治区昌吉市宁边西路 7 号
……负责人：袁振民
……Tel：13565319333

# 行业品牌展示窗

# 行业品牌展示窗

## 徐州大亚自动装备有限公司

徐州大亚自动装备有限公司成立于2001年，是中国最早研发和生产开窗机的企业。在国内拥有最早的开窗机专利。

以质量求生存，以信誉求发展。

竭诚欢迎您的光临、惠顾！

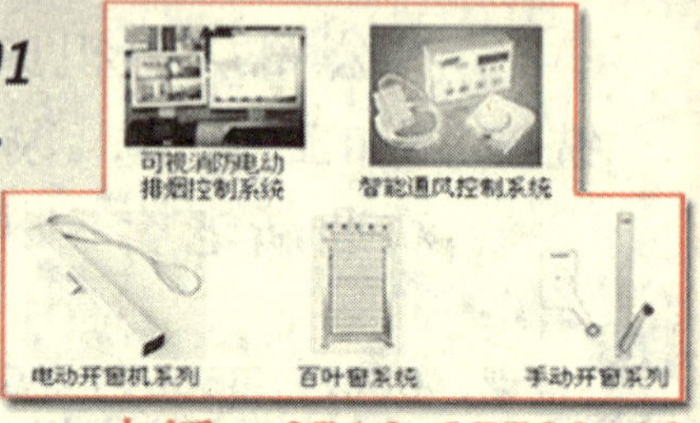


网址：www.ylong.com

联系人：单金龙 13805219327

电话：0516-87739188

地址：江苏省徐州市金山桥开发区杨山路21-2

邮编：221000

## 盐城市建业机械厂

本厂成立于2001年，拥有员工300余人，主要从事机械零部件生产、加工，农业机械的销售。我厂全体员工将秉承“以市场为准则，以科技为先导”的经营理念，发扬“只有创新，才有竞争力和活力”的公司精神，举振兴产业大旗，在高新技术道路上与各界朋友一道开拓进取，共同发展，共创美好明天。

电话：0515-88729069 13962001198

邮编：224015

地址：江苏省盐城市盐都区张庄街道成庄村

联系人：王建华

## 重庆弘愿压缩机制造有限公司

重庆弘愿工具集团创建于1993年，下辖弘愿工具、弘愿压缩机制造、弘愿动力设备制造、弘愿制钉等四家企业，集团是目前国内最大的集开发、生产、销售于一体的气动工具专业厂家，在国内市场占有率居首位，并已批量出口欧美、东南亚等数十个国家和地区，享有“中国钉枪大王”的美誉。

弘愿压缩机制造主要从事研制开发、制造、销售空压机、发电机、气动设备、清洗机械、园林机械、货物及技术进出口。我公司始终以“求实创新”为企业理念，立志走高品质、专业化的发展道路，坚持引进先进技术、先进设备，奉献给广大用户优质产品，适宜的价格，完善服务，以求发展壮大，更好地回馈社会。

联系人：陈家骐

电话：023-62578186 62578187 62578185

网址：www.hybest.com

电邮：hybest@cta.cq.cn

地址：重庆市巴南区花溪镇特色工业园区

邮编：400054

## 浙江衢州煤矿机械总厂有限公司压力容器分公司

公司成立于2003年，主要从事于压力容器的生产。公司始终以“以人为本，科技领先，诚信经营，创知名品牌”为宗旨，一如既往为客户提供可靠的产品，完善的服务，共同发展，共创佳绩。

欢迎国内外新老客户光临，互利互惠、携手共进！

电话：0570-3680637 13705703753

联系人：程慧靖

地址：浙江省衢州市龙化路530号

邮编：324000

# 行业品牌展示窗

## 丹阳市阳宏矿山机械设备有限公司

本公司主要经营矿山机械环保设备、水泥机械等。
努力开拓市场，真诚为客户服务。
我们期待着您的关注，期待着与您共舞。

联系人：袁国良
电话：0511-86397034　13952821795
地址：江苏省丹阳市后巷镇高桥村　邮编：212316

## 佛山市南海区大沥美杰五金配件厂

本公司成立于2007年，专业加工、销售不锈钢排铰、合页等。本厂的宗旨:以优质廉价求生存，以诚实创新求发展。

联系人：高强
电话：0757-85576153　13928662157
地址：广东省佛山市南海区大沥奇槎仇边工业区　邮编：528231

## 东莞市鸿旭五金制品有限公司

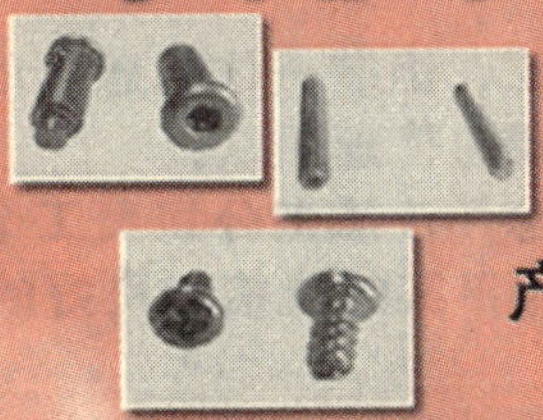

本公司成立于2007年。
主要从事生产批发螺丝，五金制品，
产品为螺丝、螺帽、特殊螺丝、介子、鸡眼等五金件。

联系人：刘伟锋　13790383380
电话：0769-81822237　81822239　传真：0769-81822239
地址：广东省东莞市茶山镇卢边村卢边工业区　邮编：523376

## 常州市源通机械设备厂

常州市源通机械设备厂成立于2007年。
专业从事电子元器件、注塑件、冲压件、五金件、机械零部件的制造和加工。
欢迎新老客户光临、惠顾。

联系人：钟明华　13382852993　电话：0519-83400078　83400352
地址：江苏省常州市新北区罗溪镇　邮编：213136

# 行业品牌展示窗

# 行业品牌展示窗

# 行业品牌展示窗

# 行业品牌展示窗



## 沧州市恒泰机床附件有限公司

沧州市恒泰机床附件有限公司是一家集研究、创新、开发、生产和销售机床附件产品为一体的大型私营企业。专业生产各种拖链、防护罩、防护套、垫铁、工作灯、排屑机。

公司凭借优质的产品，优良的服务和良好的信誉，深受客户一致好评。

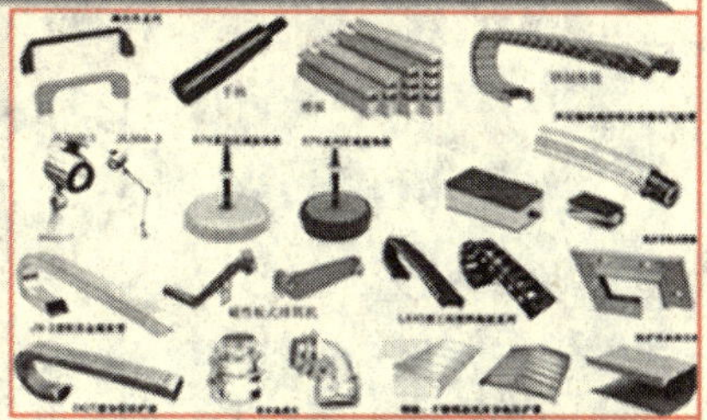

联系人：李欣玲

电话：0317-3095616 3092161

地址：河北省沧州市经济技术开发区恒泰花园沿街门市37-38号 邮编：061000

## 富阳达益精密铸造有限公司

富阳达益精密铸造有限公司专业从事铸件加工、五金精密加工。富阳达益一直在“以人为本，以质为先，以客为尊”的经营理念指导下茁壮成长。富阳达益愿与您携手并进，共创美好未来！

联系人：郭宵明

电话：0571-63418187 13175055988

地址：浙江省杭州市富阳市受降镇施家园村 邮编：311422

## 费县明德翔宇铸造有限责任公司

费县明德翔宇铸造有限责任公司成立于2007年。主营农机配件，阀泵类铸件，水泥矿山易磨损件。欢迎您来电垂询。

联系人：高学文

电话：0539-5061289 13563902283

地址：山东省临沂市费县费城镇员外庄村 邮编：273400

## 广州金动机电设备有限公司

本公司是一家专业从事发电机组GOEM厂家，占地面积9000平方米，拥有现代化的标准厂房，同时成为当前中国地区经营进出口柴油发电机组，风力发电机，太阳能发电机组，天然气发电机组，船用发电机，船用推进主机主要供应商和成套厂。

网址：kingpowergz.com

联系人：张廷卫 电话：020-87283684 87283584

地址：广东省广州大道北云景名都3栋403室 邮编：510510

# 行业品牌展示窗

江苏恒力

## 盐城恒信机械铸锻有限公司

盐城恒信机械铸锻有限公司是集合了研制、生产制造、网络销售和市场销售为一体的企业。现有铸钢、锻造、机加三大车间，铸造车间可铸最大铸钢件1T；锻造车间最大锻件1T；机加车间可加工制造各类机械设备以及配件。公司多次被评为质量信得过先进企业和质量达标产品单位！我们将坚持不懈的努力追求可靠的产品和优质的服务。热忱欢迎新老客户的光临！

联系人：华东升 13305109539　　电话：0515-88177050 88506908

传真：0515-85501766　　网址：www.ychxjx.com

地址：江苏省盐城市小海北路2号　　邮编：224001

## 天津市源然静电涂装设备加工厂

联系人：杨九林

天津市源然静电涂装设备加工厂成立于2003年，主要生产涂装生产线设计安装，打砂机，抛丸机，防腐设备等。

我公司愿以精湛的技术和优质的服务同国内外用户携手合作，为您的产品在激烈的市场竞争中享有盛名做出我们的贡献。

电话：022-28877789　68879589

地址：天津市静海县唐官屯中国农业银行对面　　邮编：301608

## 太谷县新兴铸件厂

本厂交通便利，资源充足，专业生产、加工玛钢管件多年，可供应各种规格型号的产品，还可以生产、加工各种可锻铸铁、球墨铸件、灰铁铸件。

质量保证、价格从优、服务周到快捷，是您合作的理想伙伴，欢迎来电来访，我们将以“诚实守信、求真务实”的理念竭诚欢迎新老朋友惠顾！

电话：0354-6370103　　联系人：要明只

地址：山西省晋中市太谷县阳邑乡郭里村　　邮编：030800

## 香王制香设备有限公司

公司成立于2001年，专业从事全自动制香设备制造销售，附属产品：广西粘木粉、云南粘木粉、香木粉、木粉、香精香料、染料、闪光料、玻璃纸、热缩膜、香标、各种规格香机。欢迎您的惠顾。

电话：0378-7336075　13460788199　　联系人：张永生

地址：河南省开封市尉氏县蔡庄镇香王开发区三组　　邮编：475509

# 行业品牌展示窗

## 丹阳市金云锁业有限公司

本公司是生产各种规格的抽屉锁、汽车上的各种锁具和其配件的专业企业。

成立于2006年，本公司一贯坚持科技是第一生产力，五年的创业，现已完成了从原料投入到产品出厂的现代化生产流程，从产品开发生产、销售的整体框架，形成了完整的产业链。我们的产品以优质，实惠的价格赢得了消费者的美誉。

联系人：陈金连 13905292073

电话：0511-86469978

地址：江苏省镇江市丹阳市访仙镇访粮路南（苗猪市场内） 邮编：212321

## 福建省泉州市丰泽艺峰模具厂

本公司成立于1994年，我厂是橡塑模具制造的专业企业，从事模具制作开发及生产销售，主要产品有一次注射模具、橡胶底模、EVA传统模具。

我们秉持着以顾客的最大需求为目标，以诚信求发展，欢迎新老客户前来洽谈惠顾。

联系人：吴志峰 13905080116

电话：0595-22101006 传真：0595-22100562

地址：福建省泉州市丰泽区北峰霞美工业区西侧

## 东营恒顺机械有限责任公司

东营恒顺机械有限责任公司成立于2003年，主要从事于精密铸造、机械加工。

“质量优良，价格合理，售后保障”仍然是我们的一贯追求，我们把它看作是经营中的一个不可分割的部分。确保我们的用户感受到在得到高质量服务的同时，没有后顾之忧。责任心让我们十几年如一日，这理念不会改变。永远不会改变。

联系人：付崇斌

电话：0546-8766756 8766759 13356609776

地址：山东省东营市东营区西一路18号 邮编：257000

## 广州市誓必好机电电子产品有限公司

本公司成立于2004年，主要生产机电电子产品等。

公司始终以质量求生存，以诚信求发展，坚持以人为本，自主创新不断发展与壮大。公司以质优价廉，最诚挚服务来答谢社会各界的支持和新老客户的厚爱。

联系人：焦叶红

电话：020-84846868 13711008325

地址：广东省广州市番禺区石楼镇关桥村工业区 邮编：511483

# 行业品牌展示窗

## 上海申福電子元件廠

公司于1988年成立。

多年来致力于打造五金知名品牌，从事针织服装，五金冲件，塑料制品，模具机械的销售，主要的产品有抽底自走式烤漆滑轨10寸-24寸，各种铰链，直径6mm以下各种铆钉，500克以下塑料制品。款式新颖，欢迎广大客商的加盟。

联系人：陆建礼

电话：021-69444702 13816312831

地址：上海市崇明县中兴镇东首 邮编：202163

## 深圳市龙岗区平湖诚信通模具五金商行

本公司成立于2000年，主要从事模具五金配件，钢材，刀具生产等，产品为螺丝，弹簧，钢材，刀具，磨具。

本公司秉承“顾客至上，锐意进取”的经营理念，坚持“客户第一”的原则为广大客户提供优质的服务。

欢迎广大客户惠顾！

电话：0755-84697522

联系人：李石蛋 13138899555 电邮：rongsheng0522@163.com

地址：广东省深圳市龙岗区平湖街道鹅公岭社区大竹园五巷四号一楼 邮编：518111

## 天津市天创机电设备有限公司

本公司有着十多年机电设备的销售与安装经验，承接国内各种大中型中央空调设备的销售与安装。

公司成立以来，始终坚持“共享共赢，创新创造”的价值观，以雄厚的技术、人才、设备优势，竭诚为广大客户服务。欢迎新老客户来电洽谈业务！

联系人：胡玉刚

電話：022-25879100

傳真：022-25879456 電郵：huyu7274@yahoo.com

地址：天津市北城區京津公路秦來道金鳳裹4棟1門302室 郵編：300457

## 四川省万通机械工程有限公司

本公司从事机械工程施工、劳务输送等业务，服务第一，欢迎新老客户来电洽谈业务，我们坚持以质量第一、服务第一、信誉第一为宗旨，服务于社会各界。

电话：0833-7667038 13890365989 联系人：万开元

地址：四川省眉山市彭山县武阳乡天宫村7组（彭山县木马加油站） 邮编：620800

# 行业品牌展示窗

# 行业品牌展示窗

## 麻城纳福传动机械有限公司

本公司成立于2006年，主要经营联轴器，机器设备制造，造纸机械，轧钢设备，锻压设备，矿山设备。

"客户所需，我之所做；我之所做，客户所需"是我们公司一贯坚持的宗旨。

联系人：邹树林　13972712758

电话：0713-2991898　2991088

传真：0713-2992989

地址：湖北省麻城市黄金桥经济开发区工业园

邮编：438300

## 重庆锋仪机械制造有限公司

本公司主要经营机械制造。我们本着“以质量求生存，以信誉求发展，以诚待客，敬业求效，以人为本，以德兴业，以高科技为龙头，为您服务。

联系人：谭勇

电话：023-49406588　13509480600　传真：023-49834866

地址：重庆市永川区大安镇铁山村　邮编：402160

## 济南方冶商贸有限公司

本公司主要经营鑫鲁驰、渝鑫道套缸，摩托车发动机配件，欢迎广大用户来电咨询、洽谈。

联系人：孟德文

电话：0531-81263688　13964047000

地址：山东省济南市北二环摩托车大市界西门隆鑫发动机专卖店　邮编：250000

## 昆山市开发区三佳机械经营部

昆山市开发区三佳机械经营部成立于2007年。

从事空气压缩机、除水干燥机、过滤器及周边设备零售与维修服务。

竭诚欢迎广大客户来电洽谈业务！

联系人：赵玮铭

电话：0512-57612212　57618696　电邮：xinchangwu@yahoo.com.cn

地址：江苏省昆山市蓬朗镇蓬溪中路23号　邮编：215300

# 行业品牌展示窗

## 奉化市驰迪五金厂

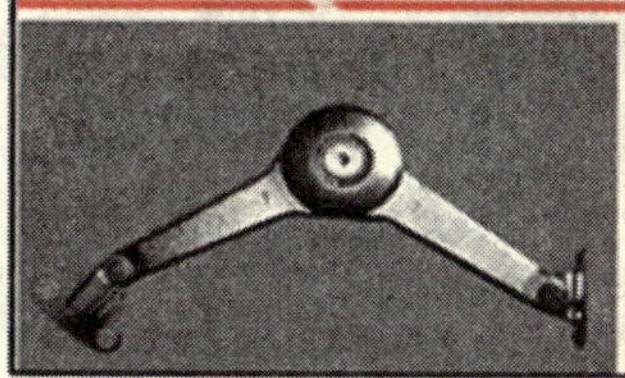

我厂成立于2007年，专业生产各种规格汽杆、汽弹簧连杆、减震器连杆，用于支撑家居各种厨柜门的随意停，有意者请联系本厂。

联系人：邬国忠　13336614989
电话：0574-88971193　88970948
地址：浙江省宁波市奉化市锦屏南路512号　邮编：315500

## 海宁市兴达刀剪有限公司

海宁市兴达刀剪有限公司成立于1993年，拥有员工100余人，是一家以生产、销售剃须刀片为主的企业。

我们将以一流的质量、及时的交货时间，为您提供优质的服务。

欢迎新老客户光临、洽谈业务。

联系人：张月兴　13806701785
电话：0573-87617088　87616508　网址：www.txdfafa.com　电邮：xingde088@sina.com
地址：浙江省嘉兴市海宁市盐官镇春熙路104号　邮编：314411

## 广东省佛山市禅城区金奥德焊接器材厂

佛山市金奥德焊接器材厂是专业生产焊割配件的生产厂家。生产工艺先进、装备精良，检测手段齐全，可以根据客户的要求，订做不同型号、规格、长度焊割枪线。我厂本着“技术领先，质量取胜，重视服务”的宗旨，在产品的设计开发上，始终不断地坚持创新，掌握最新信息，融入最新的技术进展，与世界先进水平保持同步发展。公司全体员工热忱欢迎广大客商指导工作，洽谈合作！

联系人：杨正银
电话：0757-82107226　13724645670　网址：www.fsjad.cn
地址：广东省佛山市禅城区张槎镇大富村水厂路14号　邮编：528000

## 杭州余杭区高艺制衣整烫设备商行

杭州余杭区高艺制衣整烫设备商行是一家专业从事整烫设备，制衣机械的维修和销售的企业。我们诚挚欢迎海内外各行各界，同行好友致电致函，我们将以诚信的经营理念，热情的经营态度，为我们将来的合作成功谱写出绚美的华章！

联系人：胡智毅
电话：0571-89161818　89161895　89161808
地址：浙江省杭州市余杭区东湖街道经济开发区华鼎工业园华鼎公寓营业房
电邮：eddy@kaotakhk.com
邮编：310000

# 行业品牌展示窗

## 瑞安市洋光机械制造有限公司

地处浙南沿海，是一家专业生产聚乙烯气垫膜机组，气泡膜制袋机，高低压吹膜机，电脑热封冷切制袋机，高速光控自动封切机、多功能电脑热切制袋机、电脑横切机系列，凹版彩印机和配套设备塑料包装机械的厂商。

热忱欢迎新老客户光临！

联系人：张黎光 13396967878
电话：0577-65138399
地址：浙江省瑞安市上望黎明工业区薛东路666号
网址：www.zj-yg.cn
电邮：zj-yg@163.com
邮编：325200

## 南京双高建筑设计有限公司

南京双高建筑设计有限公司是一家专业从事建筑工程设计，工程勘察的企业。

公司以质量为基石，诚信为根本，客户满意为宗旨。

欢迎新老客户来电洽谈业务。

联系人：唐兴龙
电话：025-56229601 56229603 56229605
地址：江苏省南京市溧水县珍珠南路荣昌花园东大门
电邮：njsgsj@163.com
邮编：211200

## 洛阳四达农机有限公司

本公司专业从事农牧机械的研制、开发、生产和销售。主要产品有饲料粉碎机、青贮铡草机、小麦脱粒机、秸秆揉丝机、割草机、棉秆切碎机等六大类三十多种；四达农机在全国三十多个省、市、自治区设有代理商，负责该地区的产品营销和售后服务。并自主出口新西兰、南非、澳洲等地区，深受用户好评。

公司始终遵循“一切为用户着想”的宗旨，以“造行业精品，创时代业绩”为目标，竭诚为国内外客户提供优质的产品，满意的服务。

联系人：闫站业
电话：0379-67913226 67917531
地址：河南省孟津县黄河路西口
邮编：471000

## 宁波市鄞州开山机械设备有限公司

宁波市鄞州开山机械设备有限公司主要从事于空压机，潜孔钻机，凿岩机，压力容器的制造，产品有螺杆空压机，潜孔钻机，凿岩机，压力容器，橡塑制品及配件。公司以创新核心技术为根本，以销售渠道建设为核心，以振兴民族工业为已任。将公司建设成为一个拥有核心技术和核心竞争力的多元化企业。

联系人：王 礼
电话：0574-83032826 83032825
地址：浙江省宁波市江东兴宁路1191-1193号 邮编：315040

# 行业品牌展示窗

## 杭州静财轴承有限公司

我公司成立于2001年，专业从事轴承生产和销售。公司始终以质量、信誉、服务为宗旨，以合作、双赢为经营理念，以高标准，严要求，强管理为动力，推动着公司迅速发展。公司凭着良好的信誉，博得国内外众多厂商的青睐。

电话：0571-85862186　85862187　联系人：毛建均

电子邮箱：jingcaizhoucheng@163.com

地址：浙江省杭州市下城区长浜路沈家南苑110幢101室　邮编：310004

## 南京夏寿海五金机械加工部

南京夏寿海五金机械加工部是一家专业从事五金机械加工的单位，我们不断吸纳文化素质高，思想品德好的技术及管理人才。

我们真诚希望得到您的支持和帮助，热忱欢迎各界人士与我们合作，携手并进，共创美好明天。

电话：025-85156305　联系人：夏青海

地址：江苏省南京市下关区方家营261号　邮编：210000

## 汉记五金塑胶工艺（深圳）有限公司

网址：www.mgt.com.cn

本公司实力雄厚，设备先进，技术精湛，专业生产各类电脑不锈钢配件、电器配件、漏电开关面板、工业机箱、机柜、液晶显示器背板、汽车雨刷配件、精密冲压五金件、精密车床加工件等。同时还销售各类SUS301、304、430、BA、2B等不锈钢（卷）料及AL1100、AL1050、AL5052等铝板（卷）母材。

电话：0755-84126636 84127366　联系人：黄辰兴

地址：广东省深圳市龙岗坑梓镇沙田田脚村宝田工业区　邮编：518122

## 广州市举益达机械设备有限公司

本公司成立于2006年，主要从事于纸箱成形机、热收缩膜包装机、贴标机、热收缩炉。

公司始终以“以人为本，科技领先，诚信经营，创知名品牌”为宗旨，一如既往为客户提供可靠的产品，完善的服务，共同发展，共创佳绩。欢迎国内外新老客户光临，互利互惠、携手共进！

联系人：颜宜春

13822268705　电话：020-61821768

地址：广东省广州市花都区新华街东镜村市场南面　邮编：510800

# 行业品牌展示窗

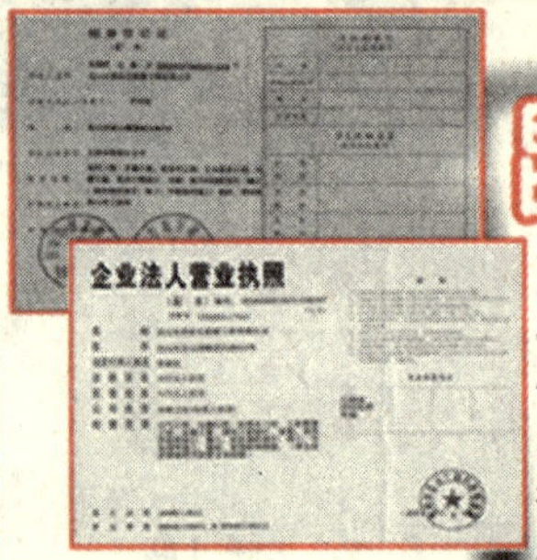

## 昆山丰鼎机电装修工程有限公司

本公司成立于2006年，主要从事于机电安装及装修工程。在公司迅速发展的同时，我们更注重企业自身素质的提高与管理的完善，公司特别强调以人为本，倡导人性化管理，给员工提供宽松的环境和优越的工作条件。公司规范化理念和个人品德，不断吸纳文化素质高，思想品德好的技术及管理人才。我们真诚希望得到您的支持和帮助，热忱欢迎各界人士与我们合作，携手并进，共创美好明天。

联系人：罗先生 13912697020

电话/传真：0512-57489195　网址：www.ksfdjd.com

地址：江苏省苏州市昆山市淀山湖镇淀辉锦园8号606　邮编：215345

## 黄石市金冠机械制造有限公司

本公司成立于2006年，主要经营化工机械，环保机械。本着：质量第一、信誉第一、客户第一、服务第一的服务宗旨，竭诚为您服务。

联系人：李福顺 13986591296 13597693796 电话：0714-6370896

地址：湖北省黄石市沿湖路635号　传真：0714-6363895　邮编：435000

## 洪江区开拓线材机械厂

本公司成立于2000年，主要经营线材机械。本公司以创新的精神，以“质优、诚信、价宜”为企业服务宗旨，欢迎您的光临。

联系人：周庆国 13517454889 电话：0745-7625660 传真：0745-7692070

地址：湖南省怀化市洪江区长寨　邮编：418000

## 河南开封富兴磁选机厂

河南开封富兴磁选机厂主要生产销售磁选设备。我厂秉承质量第一、信誉第一、售货服务第一的宗旨，竭诚为您服务，富兴与你时时相伴，祝您事业成功！

联系人：朱福建

电话：0378-5682373　13937861622

地址：河南省开封市古楼区勤农后街17号　邮编：475000

# 行业品牌展示窗

# 行业品牌展示窗

## 漯河鹏通工贸有限公司

漯河鹏通工贸有限公司成立于2007年，主要从事于电料，钢材，压力容器，建材加工销售。

“以科技为先导，以质量求发展”是我们的宗旨。“客户至上，信誉第一”是我们的原则。我公司坚持遵循以“质量第一，诚信第一”为追求目标，深受用户的广泛赞誉。我公司以诚信为本，一切为了用户，热忱欢迎国内外各商家与我厂携手合作，共同发展。

联系人：郑大威

电话：0395-2602388

网址：http://www.wanguanyuan.cn

地址：河南省漯河市高新区燕山路中段 邮编：462000

## 河北省高碑店市云方模型厂

河北省高碑店市云方模型厂成立于1984年，多年来专业从事模型，模具制造及机床加工。

本着顾客至上、诚信第一的原则，欢迎新老客户参观订购！

联系人：方军球

13803288560

电话：0312-2814100

地址：河北省高碑店市站北胡同48号 邮编：074000

## 合肥湘电长泵销售有限公司

合肥湘电长泵销售有限公司成立于2005年，主要从事于水泵、电机、阀门和相关配套产品的生产。

公司以优良的品质、完善的服务、合理的价格回报广大客户的支持和信赖。同时我们热忱欢迎广大新老客户和各界友人莅临指导。

联系人：晏国明

电话：0551-5609585 13705699308

地址：安徽省合肥市明光路425号省建二招大院新三楼 邮编：230041

## 杭州诺盾过滤机械有限公司

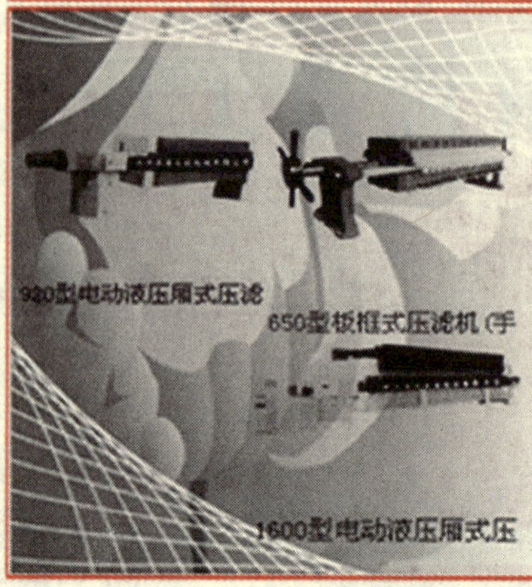


杭州诺盾过滤机械有限公司是一家设备齐全、技术工艺领先，实力雄厚，检测手段健全，产品质量优良的过滤、分离机械专业公司。

本公司生产的压滤机其应用范围之广，供选择规格之多，工作适用性之强，产品质量优，在同行业中均处于领先地位。

联系人：许成福 13858015282

电话：0571-88114559 88112086 网址：www.hznuodun.com

地址：浙江省杭州市私营经济开发区笕丁路426号 邮编：310021

# 行业品牌展示窗

## 陕西陕飞维科航空装备有限公司

本公司是从事飞机地面保障设备、随机设备、试验设备、航空非标准（专用）设备等研制和国际航空零备件仓储、包装发运的专业单位。本公司为陕西飞机工业集团中型运输机和特种飞机的唯一地面保障设备和飞机工艺设备的制造商，属西部地区航空保障装备领域势力最强的企业之一。

陕西陕飞维科航空有限公司座落在风光旖旎的陕西省汉中市，通信便利，交通发达，竭诚欢迎国内外同行进行技术、资金项目合作，共同开发航空地面支持保障设备的大市场！

联系人：杨文波　13992678516
电话：0916-2885512　2186600
地址：陕西省汉中市陕西飞机（集团）有限公司辖区内
网址：sfweike.com
邮编：723000

## 呼和浩特市汉骅机械制造有限责任公司

本公司成立于2007年，主要经营机械制造和加工。我公司遵循“客户至上，诚信为本”的服务宗旨，为您提供优质的服务。

联系人：段永禄　13847196641　电话：0471-3974504　3684893
地址：内蒙古自治区呼和浩特市回民区县府街县府家园3号楼一1层3号

## 山东莱芜曾升超硬材料有限公司

公司成立于2007年，主要从事于各种钻具和刀具材料的销售。按和谐创新的理念发展企业，以奉献地质的胸怀，以真挚、热情的态度，以严谨、快速反应的机制服务于辛勤工作的员工，是公司成功发展的经验。

电话：0634-6464358　13605443678
联系人：亓升笃
地址：山东省莱芜市钢城区颜庄镇西沟村
邮编：271103

## 文登市东盛金属制品有限公司

本公司从事不锈钢厨房设备，水产食品加工设备，电子加工设备，无菌车间的制作与安装，轻钢结构的制作与安装，通风、除尘、换气设备的制作与安装等业务，服务第一，品质第一，欢迎新老客户来电洽谈业务！

联系人：刘新东
电话：0631-8665466　13963133379
地址：山东省威海市文登市文登营镇教场东村
邮编：264413

# 行业品牌展示窗

## 长葛市奥元有色铸造有限公司

本公司自2006年成立以来。
从事各种压铸件生产、销售。
公司全体员工热忱欢迎国内外朋友来公司考察、指导。

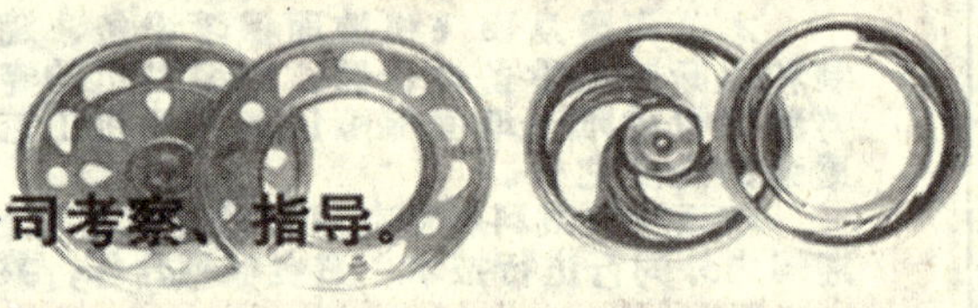

φ 205蝴蝶轮16"－18"　φ 205凤凰轮16"－18"

联系人：王涛　13938913100
电话：0374-6660300　网址：www.ayyszz.com
邮编：4615070
地址：河南省长葛市大周工业园

## 普辉实业有限公司

本公司成立于2007年，是专业从事五金锁具生产、销售的企业。我公司凭借过硬的质量、合理的价格、新颖的款式，受到越来越多客户的青睐。公司全体员工竭诚欢迎海内外客商来函来电，洽谈合作。

联系人：李圣华
电话：0791-3499088　3499087
地址：江西省南昌市安义县凤凰山工业园　邮编：330500

## 常州市腾蛟机械厂

本公司主要生产销售涂料油墨化工机械，公司以质量第一、信誉第一、服务第一的宗旨服务于广大客户，以诚实守信的品格与您共同谋求发展

联系人：汤伟英　www.tengjiaojx.com
电话：0519-88651371　88651171　电邮：tengjiaojx@tengjiaojx.com
地址：江苏省常州市芙蓉镇双庙村矮凳桥92号　邮编：213118

## 瑞宝工贸有限公司

公司成立于2006年，主要从事于机械加工。主要产品有钢球。我厂以“质量第一，用户至上，求实创新”的经营宗旨，赢得广大用户的一致好评。我们继续保持好的优势并开拓进取，不断强化质量管理、企业信誉，致力开发国内外市场，努力提供最优质的产品与售后服务，望广大用户朋友鼎力支持共创辉煌事业。

联系人：张瑞保
电话：0634-6871769　13326222232
地址：山东省莱芜市钢城区艾山办事处清泥沟村　邮编：271104

# 行业品牌展示窗



## 合肥鼎盛激光切割有限公司

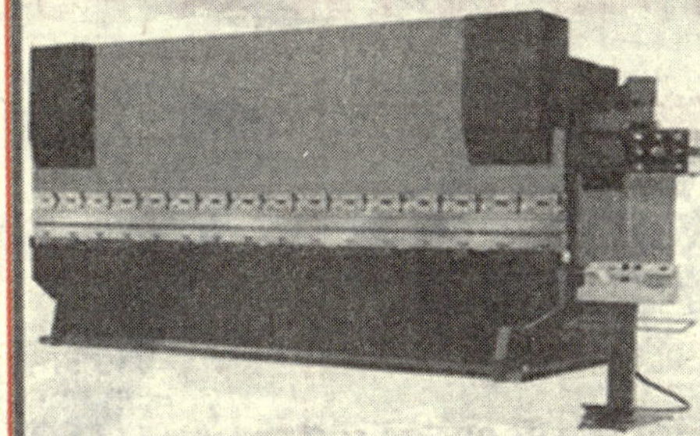

本公司成立于2007年12月份，专业精密钣金加工、激光切割、从下料到各种钣金壳体和结构件的总成，一站式加工服务。

热忱欢迎各界朋友前来洽谈业务和参观指导！

联系人：姚德林　13155186320
电话：0551-4841657　4841650
网址：mtw75162.chinapyp.com
地址：安徽省合肥市包河工业区纬三路28号　邮编：230000

## 三河市科达科技有限公司

我公司建于七十年代初期，主要生产汽车配件，制造烘干机及全熨斗，装订书刊，承印表格。公司主要产品为：GJY-3型光导液位计、KS系列超声波物位计、KYGS-2型油料装车控制及管理系统、GWJ型输油、气管线防盗检测系统、KWJ型超声波油水界面仪。我公司愿与各企业合作，我们会为您提供最优良的产品，最满意的服务。

联系人：李福瑞
电话：0316-3652323　3652628　3652368
地址：河北省三河市杨庄镇不老淀　邮编：065200

## 宁波永冠重工机械有限公司

本公司成立于2007年，专业从事风力发电设备的制造和销售。我们的目标就是致力于开发更高层次，科技含量更高的风力发电设备，争创国际一流的产品、一流的服务、一流的企业、直到用户满意为止。诚邀广大用户、海内外客商莅临指导，合作愉快。

联系人：刘爵嘉
电话：0574-86228866　86229582　13736077618
地址：浙江省宁波市北仑区黄海路95号　邮编：223800

## 深圳市宝安区西乡俊诚兴五金模具加工厂

本公司成立于2005年，主要生产绕线机，印刷机，输送机，搓牙机，剪脚机及各种非标设备五金工装治具和模具，齿轮，曲轮及各种设备零配件加工。我公司本着以"质量求生存，信誉求发展"为宗旨，竭诚欢迎新老客户来图、来电洽谈。

联系人：丁佐生
电话：0755-27696906　13713863173
传真：0755-27696906　网址：www.mtw21484.chinapyp.com
地址：广东省深圳市宝安区西乡街道崩山工业区14栋A8号　邮编：218102

# 行业品牌展示窗

# 行业品牌展示窗

## 靖江市科隆机械有限公司

靖江市科隆机械有限公司是一家从事棒线材，冶电机械，耐磨耐热钢，连轧导位产品及配件生产的企业。
以质量求生存，以信誉求发展。
欢迎新老客户来电洽谈业务！

联系人：陈明福 13801475651
电话：0523-82952888 82952999
地址：江苏省泰州市靖江市新桥工业园区 邮编：214537
网址：www.jjkelong.com

## 山西新钢机械设备制造有限公司

本公司于1995年创建。
从事冶金机械设备制造，非标制作，换热器设计、制作。
始终以满足客户需要为第一目标，坚持想客户所想、急客户所急。
竭诚为新老客户提供高质量的产品和良好的售后服务。

联系人：牛建平 13903461488 电话：0351-6101632 6036891
地址：山西省太原市尖草坪区柴村街道办事处杨家村西 邮编：030023

## 合肥开天机电制造有限公司

合肥开天机电制造有限公司成立于2006年，主要从事于机电产品制造、金属制品加工销售、胀紧连接套、新型联轴器、超越离合器等。公司秉承“国际品质，一流服务”经营宗旨，竭诚为广大用户服务。

网址：www.hfktjd.com
电话：0551-4321065 7702132
地址：安徽省合肥市肥东县店埠镇龙泉西路劳动大厦402室
联系人：王用尚
13033007768
邮编：231601

## 常熟市虞山镇李小清制冷配件店

联系人：
李小清
电话：0512-52873525
13962374793
邮编：215500

常熟市虞山镇李小清制冷配件店经营各种规格制冷配件，产品齐全，价格公道，是您理想的和合作伙伴。
诚挚欢迎您来电来函！

地址：湖南省常德市汉寿县洋淘湖镇

# 行业品牌展示窗



## 南通建明锻压机床有限公司

南通建明锻压机床有限公司是液压机及各类锻压机床的专用制造厂家。有通用液压机、高性能磁性材料成型液压机、稀土永磁成型液压机、粉末冶金成型液压机、薄板拉伸成压机、单柱校直液压机、玻璃纤维制品成型液压机、电动机压装专用液压机等主导产品。

企业以可靠的产品质量，合理的产品价格，专用的设计制造，一流的售后服务，为满足您的需求而不断努力，竭诚欢迎国内外广大客户莅临指导！

联系人：周明
电话：0513-88518182 传真：0513-88518182 地址：江苏省如皋市白蒲镇
网址：www.ntdy.org 电邮：zhouming88518182@163.com 邮编：226511

## 云南申江化工设备有限公司

公司是一家专业从事化工设备及配件的生产及销售的企业。主要产品有压缩机配件等。以“诚实守信，公平合理”的原则，“热情周到，优质高效”的服务态度，取得众客户的信赖。

联系人：印国平
电话：0871-3518688 3528688 13908868000
地址：云南省昆明市金海路13号金海豪园C-10 邮编：650200

## 洛阳川渝精工车桥有限公司

洛阳川渝精工车桥有限公司地处河南省洛阳市偃师市岳滩镇工业园区洛河桥南。公司于2007年3月份成立，是一家主要从事普通机械零部件加工、销售，货物和技术进出口业务的股份制公司。公司致力于抓住机遇，发挥自身优势，为广大用户提供更完善、更精美的一流产品，使“川渝精工”品牌做成三轮摩托车零部件制造业中的知名品牌，为国家和地方经济的发展作出新的更大的贡献。

联系人：余琨
电话：0379-67620226 13683865393
地址：河南省洛阳市偃师市岳滩镇工业园区洛河桥南 邮编：471921

## 深圳市龙岗区正飞达五金厂

本公司主要经营油泵。
服务宗旨：以人为本，
以质量为基础，
以顾客需求为向导。

联系人：罗志平 电话：0755-28946928 13823280655
地址：广东省深圳市龙岗区爱联嶂背二村 邮编：518172

# 行业品牌展示窗



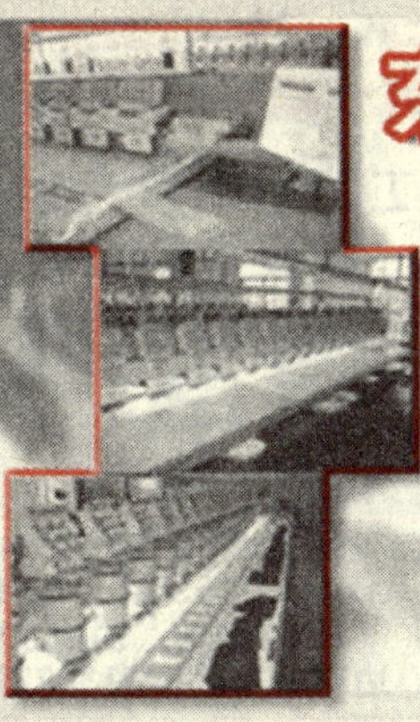

## 东莞市大朗致诚电脑绣花机商行

公司成立于2003年8月份，从事牙刷绣、植绒绣及经营新科绣花机，高档、高速绣花机、亮片机、帽绣绣花机、混合绣及二手日本田岛、百灵达和傲宇、飞亚、北方天鸟、经纬、宝伦等各种品牌和各种规格的多头电脑绣花机及亮片机。经营各种原产进口田岛、百灵达、国产绣花机零配件。产品远销全国各地，本公司以诚信为理念，以提供售前绣花技术人才培训和售后服务为宗旨，质量保证，信誉第一。

本公司竭诚为广大新老客户提供优质、优价的产品。

联系人：左先宏

电话：0769-81116857 13712727260

地址：广东省东莞市大朗镇新马莲村新塘围21号一楼 邮编：523790

## 宏顺建筑机械有限公司

本公司成立于1999年。

专业生产建筑机械。

欢迎新老客户来电来人洽谈业务！

联系人：张建平

电话：0350-6558506 13304716487

地址：内蒙古自治呼和浩特市玉泉区范家营村东500米处 邮编：010070

## 深圳市本日五金制品有限公司

深圳市本日五金制品有限公司是一家专业生产精密数控车床、CNC加工中心、自动车床加工的企业。

公司采用先进的现场管理和企业管理理念，确保为客户提供及时高效的服务，生产完全满足客户要求的高精密产品，全力为客户的蓬勃发展作出自己的贡献。

联系人：张精兵 传真：0755-33659706

电话：0755-33659702 33659703 邮编：518105

地址：广东省深圳市宝安区松岗燕川朝阳路北方永发科技园9栋1楼南

## 沈阳鑫鼎机械设备有限公司

沈阳鑫鼎机械设备有限公司始建于八十年代，是一家以研制生产铡草机设备为主的企业。已有多年研制、生产各种铡草机的历史。公司具有多名高级机械工程师，并拥有最先进的生产设备，技术力量雄厚，产品质量可靠，畅销全国各地。新的征途中，“鑫鼎”人仍将继续坚持“质量铸就品牌”的企业宗旨，悉心学习研究新科技，致力最新科技成果转化，竭诚为广大客户提供超值服务。

电话：024-88072367 联系人：岳文华

地址：辽宁省沈阳市东陵区前进乡大志村 邮编：110000

# 行业品牌展示窗

## 深圳市伟记机械有限公司

本公司主要经营美国卡特彼勒，日本小松等各国进口工程机械配件以及发电机组，电子产品，五金交电的购销及其它国内商业，物资供销业，并从事货物及技术的进出口业务等。

联系人：黄练平　13823320883
电话：0755-25686462　25686069
传真：0755-25686365
网址：www.cat-weiji.com
电邮：jxyhlp.163@163.com
邮编：518003
地址：广东省深圳市罗湖区布心边防住宅区A幢1302室

## 佛山市南海威而峰五金加工厂

我公司主导产品是实木家具成套设备，集梳齿接木、镂铣、高速载断锯，三大类系列设备，20余个产品，产品畅销全国各地，还远销澳大利亚，俄罗斯等国，深受用户喜爱。

我厂宗旨是“诚”为本，“信”为誉。我们期待：以我们优质实惠的新产品，完善高效的售后服务必能带来您我的真诚合作。

联系人：刘衍福　13760912098
电话：0757-86902290
地址：广东省佛山市南海区沙头工业园路口
邮编：528208

## 诸暨市矿山机械厂

网址：www.zjkuangji.com

本厂创办于1985年，系日处理量30-3000吨选矿工程设备的专业制造厂家。30多年的制造经验、优秀的专业技术和大型的现代加工设备，使本厂在粉碎、磨矿、分级、给矿、输送、浮选、磁选、浓缩、脱水、过滤、烘干、污水与粉煤灰处理等领域居领先地位。其中，新型浮选机、过滤机、捣浆机、高效浓密机达到国际先进水平。99年通过GBISO9002质量体系认证。本厂吸收国内外先进技术，研究开发制造高效节能的选矿设备是本厂的指导思想，以诚相待、以优取胜、一流产品、优惠价格是本厂的经营宗旨。

竭诚欢迎新老朋友来西施故里——诸暨做客指导！”

联系人：黄钦林
13906858266　电话：0575-87091276
传真：0575-87092340
地址：浙江省绍兴市诸暨市璜山镇上市村育才路118号
邮编：311800

## 苏州市峻鹰精密模具有限公司

苏州市峻鹰精密模具有限公司成立于2005年10月，是一家专业从事精密连接器、接插件模具、电脑连接器模具加工的企业。

欢迎新老客户光临、惠顾。

联系人：杨明军　13962559389
电话：0512-65974986　65971286
电邮：jy_mould@126.com
地址：江苏省苏州市吴中区郭巷六丰村
邮编：215124

# 行业品牌展示窗

## 莆田市涵江区丰达机械有限公司

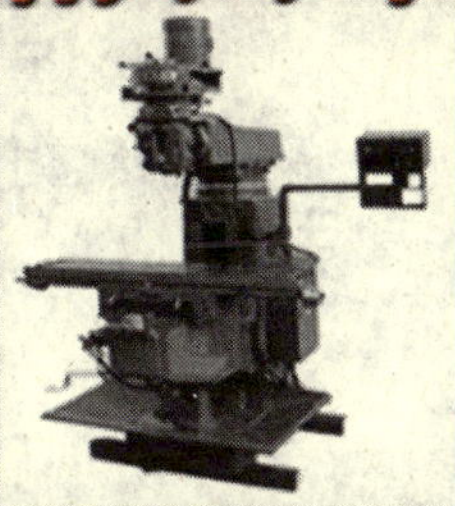

莆田丰达机械是一家致力于高品质机床设备的研发、销售和服务的工贸结合的专业公司。专业制造台湾摇臂铣床M3型、M4型和M5型系列产品；专业制造顶针切割机；批发台湾铣床零件等；承接机床大、小维修。

我公司历来以“客户至上、质量第一”为宗旨，以“信誉为本、服务至诚”为经营方针，来赢得客户，赢得市场。

联系人：林丽萍
电话：0594-3789333　传真：0594-3797333　地址：福建省莆田市涵江区江口镇石东村顶旧厝
网址：www.ptfanta.com　电邮：ptfanta@163.om　邮编：351100

## 小港恒鑫源五金厂

我厂是专业加工五金冲压件，五金烤漆，五金喷粉；位于交通便利的宁波市北仑区，工厂集设计开发生产销售于一体，产品全部出口至美洲、欧洲、中东、非洲等地。为满足不同的客户需求，我们可以按客户来样订制订做，不断的开发新产品，形成品种、规格齐全的系列化产品，我们以高品质、重服务、守信用深受世界市场的青睐，我们将以更诚挚的态度、务实的作风、雄厚的实力、完善的服务与您携手共进。

联系人：易小军　电话：0574-86196102　86196103
地址：浙江省宁波市北仑区小港街道丁家山村　邮编：315000

## 如皋市开发区学平锅炉修理服务部

本公司主要生产电瓷机械设备。以全国“五.一劳动奖章”获得者刘介球工程师开发的一系列电瓷修坯设备为主要产品。

公司在刘介球工程师领导下，开拓创新，以一流产品竭诚为用户服务。

联系人：刘介球
电话：0733-3237165　13974185203
传真：0733-3237165　电邮：YJDUX@163.COM
地址：湖南省醴陵市南郊滴水井村106国道1778公里牌　邮编：412000

## 河南省项城市三立工业有限公司

河南省项城市三立工业有限公司成立于1989年，主要从事于农业机械、工程机械、木工机械、特种钢带、弹簧钢带、带锯条的生产、销售。公司始终奉行“以质量求发展，以信誉求生存”的经营理念，依靠严格的质量管理，高标准的质量要求和完善的售后服务，赢得了广大客户的信赖和赞誉。

电话：0394-4322906　联系人：赵海民　手机：13273008766
地址：河南省项城市青年路南段　邮编：466200

# 行业品牌展示窗

## 南通华英传动设备有限公司

南通华英传动设备有限公司成立于2007年，主要从事于滑触线生产、安装 、销售及起重机附件、印花机械的销售。滑触线主要用于：造船厂、钢结构业、大型起重机输电工程。

欢迎新老客户来电洽谈业务。

联系人：夏建国
电话：0513-86760358 13951323598
邮编：226361
地址：江苏省南通市通州市五接镇王北圩村十二组

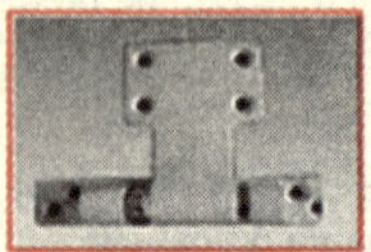

## 江都市时代华远机械厂

本公司成立于2001年。主要经营五金冲压件，主要产品有长排铰链，防滑板，管夹系列。

服务宗旨：顾客至上，信誉第一。

联系人：尹如成 13511719989
电话：0514-86971702 86884460
传真：0514-86884460
网址：www.zhyjx.com
电邮：zhyixpj@sina.com
邮编：225200
地址：江苏省江都市仙女镇友谊路88号

## 佛山市南海区大沥镇业裕铝合金加工厂

本厂集铝合金型材产品设计、绘图、模具制造、生产、加工、表面精处理、销售为一体，专业生产各类工业用铝合金型材制品和高难度及‘超大型截面’铝型材产品，并可直接完成铝合金材料的深加工及表面花色品种的处理，为客户量身定做所需要提供的铝制品服务。我厂致力于发展铝材深加工，积累充足经验，配合各铝型材厂进行来高光车削，折弯机等机械加工方式，生产效率高，使产品一步到位，从而加速铝制品的试样起货快捷，获取订单及时性，满足国内外客户产品的高精度及表面美观要求。

联系人：舒永平
电话：0757-85527195 86982517 85531545
地址：广东省佛山市南海区大沥镇太平冲表工业区2号仓
邮编：528231

## 黄骅市环宇五金厂

黄骅市环宇五金厂成立于1999年9月19日，主要从事于建筑网、隔离网、牧场畜栏系列。

企业奉行“科技兴厂，自强不息，质量第一，客户至上”的企业宗旨，以最优的价格为每一位客户提供更优质的产品。

联系人：孙德峰 电话：0317-5680471 5323078
地址：河北省沧州市黄骅市六里街
邮编：061106

# 行业品牌展示窗

# 行业品牌展示窗

# 行业品牌展示窗

## 海口龙华天海钻机配件商行

海口龙华天海钻机配件商行成立于2007年，主要从事于钻机配件，地质专用配件。本厂以先进的设备、现代化的管理，高质量的产品，完善的售后服务机制，受到了广大用户的好评和认可。质量、价格、服务让您满意是我们坚定不渝追求的宗旨。本企业以全新的经营理念、完善服务体系欢迎各界同仁来厂参观、指导、洽谈。

联系人：邵忠华

电话：0898-66818503　13807683380

地址：海南省海口市南沙路98号龙华公安局办证中心3号铺面　邮编：570206

## 沧州帅辰五金制品有限公司

公司成立于2007年8月16日，并于2008年1月24日取得了ISO9001:2000质量体系认证。主要加工五金冷冲压件，散热器配件、电子元件、汽车配件、模具组装等业务。

“永恒的质量，合理的价位，及时的供货时间”。

欢迎新老客户光临惠顾！

联系人：张耀德　网址：www.czscwj.cn　地址：河北省沧州市南皮县风翔村156号

电话：0317-8732127　8731692　电邮：zhangyaode@foxmail.com　邮编：061501

## 泰安恒瑞机械有限公司

公司成立于1986年，多年来从事矿山机械设备及配件制造，销售，修理。主要产品有带式输送机、刮板输送机、耙斗装岩机、喷射机、矿车、调度绞车、减速机、洒水车等。

公司遵循“以质量求生存，凭诚信拓市场，靠科技求发展”的质量方针，欢迎新老客户的惠顾。

联系人：李雷　15169865168

电话：0538-7838067　7822057　传真：0538-7822057

地址：山东省泰安市新泰市汶南镇　邮编：271202

## 南通市赛思达机械有限公司

南通市赛思达机械有限公司成立于2007年，专业制造、销售船用热交换器。

公司始终以“以人为本，科技领先，诚信经营，创知名品牌”为宗旨，一如既往为客户提供可靠的产品，完善的服务，共同发展，共创佳绩。

欢迎国内外新老客户光临，互利互惠、携手共进！

联系人：余学建　13814609038　电话：0513-86685536

地址：江苏省南通市江通路1086号　邮编：241000

机械行业

# 行业品牌展示窗

## 福州宏玮实纪机械有限公司

福州宏玮实纪机械有限公司属（台湾）宏玮机械有限公司在福建最大的合作伙伴，本公司采用台湾最精湛的机械生产技术，招揽众多优秀机械技术人才，齐心协力共同打造机械生产行业的高端。目前已拥有宽阔的生产基地，更有国内外友好长期的合作伙伴，受到新老客户的诸多好评。

联系人：黄理实 13805069527 网址：www.fzhwsj.com
电话：0591-83500199 83500015 电邮：hwsjjx@hwsjjx.com
地址：福建省福州市仓山区城门镇绍岐村工业区2号 邮编：350019

## 宝鸡市孝千工贸有限责任公司

宝鸡市孝千工贸有限责任公司成立于2005年，主要以经销知名品牌的工程机械设备为主，如：厦工、厦鑫工程机械设备及车辆油料，工业油料，特种设备油料。

公司立足于销售、服务于一体的经营理念，为客户提供优良的产品和人性化的服务。

联系人：高峰 网址：www.bjxqgm.com
电话/传真：0917-3436865 电邮：gflxg@vip.sohu.com
地址：陕西省宝鸡市陈仓大道卧龙寺丁字路口向东300米 邮编：721000

## 大连金森石化机械设备有限公司

*我公司成立于2007年，主要从事密封件、法兰、管件的加工。*

*我们“以优质的产品取信用户，以热情的态度接待用户，以完善的服务回报用户”。*

*欢迎有意的新老用户光临指导。*

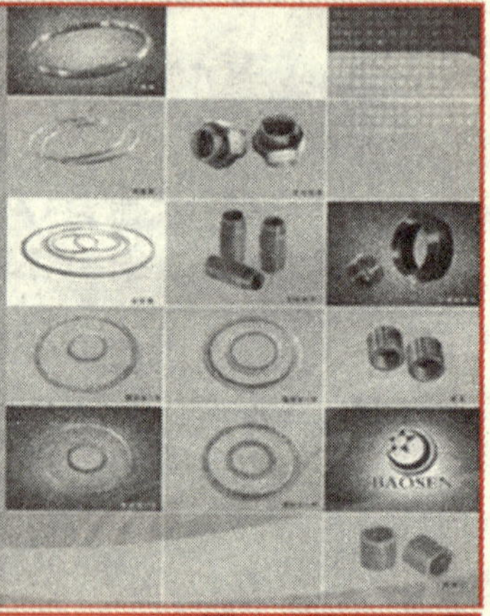

联系人：王宝坤
电话：0411-87397636 87397662
地址：辽宁省大连市金州区二十里堡镇刘半沟村 邮编：116102

## 山西鑫锐机电设备有限公司

山西鑫锐机电设备有限公司成立于2007年，主要从事于矿山机械设备、冶金设备、采煤设备、润滑液压设备、舞台成套设备、齿轮传动设备、高精度具轮箱、管泵材轧制设备的设计、生产、制造。公司以“诚信经营、客户满意”为宗旨，与新老客户共同发展、再创辉煌！

联系人：赵旻 电话：0351-3077378
地址：山西省太原市杏花岭区胜利街17号 邮编：030009

# 行业品牌展示窗

## 无锡晨研机械有限公司

网址：WWW.WX-CY.COM

本公司系属综合性技术企业，在建设机械方面，作为沥青路面施工机械、混凝土施工机械及其配套机械的制造厂，以其先进的技术和卓越的产品，供应着国内外用户；主要产品有QLB-500型、QLB-1000型、QLB-1500型、QLB-2000型、QLB-2500型、QLB-3000、QLB-4000、QLB-5000型沥青混凝土搅拌设备、QX系列导热油加热沥青设备、WCD稳定土厂拌设备，乳化沥青设备、改性沥青设备、沥青脱桶设备以及大型沥青库。

联系人：陈斌
电话：0510-85365005　85368070
地址：江苏省无锡市新华路129号梅村段　邮编：214138

## 东乡县顺诚机械制造有限公司

东乡县顺诚机械制造有限公司是一家专业饲料机械设备、化工设备、干法变性淀粉设备的企业。本公司坚持"用户至上、质量第一、信守合同、服务周到"的经营思想，竭诚为新老客户提供优质的服务。

联系人：刘来顺　13707043768
电话：0794-4417687　传真：0794-4233789
地址：江西省抚州市东乡县江西磷肥厂　邮编：331800

## 玉环县欧胜阀门厂

玉环县欧胜阀门厂是一家专业从事阀门生产与销售的厂家。我们以产品质量为企业的生命线，恪守信用、优质服务，为顾客提供质优价廉的产品，真诚期待您的合作。

联系人：林人华　13506864765　电话：0576-87413441　87413442
地址：浙江省台州市玉环县楚门镇马山村　邮编：317605

## 山西中康化工机械有限公司

山西中康化工机械有限公司成立于2007年，专业经营机械设备、化工产品、电子产品、防腐材料、五金交电。我公司本着诚信为本的原则、提供最优质的服务、欢迎来电咨询。

联系人：韩国增

电话：0351-6999287　地址：山西省太原市万柏林区西矿街143号　邮编：030024

# 行业品牌展示窗

## 四川乐山市犍为县鸿川机械制造有限公司

四川乐山市犍为县鸿川机械制造有限公司成立于2006年，主要从事于矿山设备，机电设备，喷码机，耗材的制造销售。主要产品有YBC型链条式切煤机及配件，锚杆，锚固剂，矿用标准道岔，道夹板。

随着中国市场的日益国际化，公司将更新观念，开拓创新，一如既往的为广大新老客户提供最优质的产品和最完善的服务。

电话：0833-4171899
网址：www.mtwl6925.chinapyp.com
地址：四川省乐山市犍为县岷东乡沙嘴村七组
联系人：陈鸿林 13056625366
邮编：614400

## 湖南帝隆重科有限公司

本公司成立于2007年，专业从事各类工程机械、矿山机械、农用机械等机械产品的研制、销售、租赁及维修服务。公司生产的集十多项自产知识产权的拖式混凝土输送泵，包括电动机与柴油机动力S管阀及闸板阀等两大私法列二十多种类型，已全面获得ISO9001质量管理体系认证。

施工现场图片

联系人：刘祖平 13875035111
电话：0736-5697666 5697999
地址：湖南省常德市临澧县合口镇迎宾路1号
网址：www.dilonggroup.com
电邮：liuzuping@263.net
邮编：415213

## 河北鑫隆铸造有限公司

河北鑫隆铸造有限公司是专业从事各种制动鼓、轮毂、沟槽管件、炊具的生产厂家。

公司始终坚持科技创新，以优质的产品，满意的服务，持续提升的质量水准，满足顾客的要求。我们真诚欢迎与新老朋友建立良好的业务关系，共同赢得国内外市场。

联系人：张立波
电话：0319-7517858
地址：河北省任县光明街88号
邮编：055150

## 长明三禾机械制造有限公司

长明三禾机械制造有限公司成立于2007年，主要从事于模具，焊接件，钢材的制造。我们的品牌是：保证钢材质量和加工质量，交货迅速、价格合理。我们的目标是：持续经营，诚信服务。

联系人：顾志刚
电话：0519-85912880 85912868 传真：0519-85912880
地址：江苏省常州市新北区新桥镇新安路230号 邮编：213032

# 机械行业

## 北京市/Zhuhai Municipality

**北京盛威金属制品有限责任公司**
地址:北京市大兴区黄村镇海户新村柳林路南原绿波机械厂院内
负责人:马晓东
Tel:010－69267936

**北京达瑞兴金属制品有限公司**
地址:北京市大兴区埝坛工业开发区
负责人:李敬民
Tel:010－69242062

**北京大华伟业机电设备有限公司**
地址:北京市东城区隆福寺街 95 号(东四福苑宾馆 201 室)
负责人:任志刚
Tel:010－64021547

**北京龙源隆机械制造有限公司**
地址:北京市怀柔区怀柔镇张各长村民委员会前院
负责人:肖云福
Tel:010－69651657

**北京大福机械施工有限公司**
地址:北京市怀柔县凤翔科技开发区
负责人:徐红生
Tel:010－61678369

### 顺登模具科技(北京)有限公司
业务:顺登公司从事设计制作模型专职多年。本着高品质,高效率之理念,以责任、荣誉为目标,建立客户售后服务。以专业,严谨,诚实,谦虚的工作态度为客户提供完美的产品。完美的产品来自完美的技术,为客户提供最好的品质是顺登公司所坚持的责任与荣誉!
地址:北京市通州区马驹桥镇房辛店村 255 号
邮　编:101102
法　人:郑丁祥
Tel:010－60505584
60598108
Fax:010－60500374
网址:www. sdmx. com. cn

**北京京南洋阀门有限公司**
地址:北京市门头沟区月季园 25 楼 Z－20 室
负责人:陈莉
Tel:010－63830021

**北京东佳阀门有限公司**
地址:北京市密云县滨河工业开发区
负责人:邱绍鹏
Tel:010－61087881

**北京诚瑞达机电设备有限公司**
地址:北京市石景山区金顶街二区(老办事处院内)
负责人:孙茜
Tel:010－68885911

**北京英迈特矿山机械有限公司**
地址:北京市顺义区马坡聚源工业区
负责人:艾伦
Tel:010－65668019

**北京可润佳铸化材料有限公司**
地址:北京市通州区梨园镇高楼金村南
负责人:樊征
Tel:010－69575870

**北京保利驰机械设备有限公司**
地址:北京市通州区梨园镇高楼金村西
负责人:刘永强
Tel:010－61503986

**北京北起百莱玛机械有限公司**
地址:北京市通州区永乐经济开发区
负责人:陆大明
Tel:010－64053039

**北京康威尔机械工程咨询有限公司**
地址:北京市西城区新德街 35 号楼 5 单元 203 号
负责人:吕燕熙
Tel:010－68671229

**北京中瑞联轴承有限公司**
地址:北京市宣武区三义东里 2－20 号
负责人:马英君
Tel:010－63463902

**北京箭亭聚源混凝土工程机械设备租赁有限公司**
地址:北京市延庆县刘斌堡乡经济开发区工业园 33 号
负责人:王昭
Tel:010－69143142

## 天津市/Tianjin Municipality

**天津市大港区龙新石油机械制造有限公司**
地址:天津大港油田港南矿区光明大道
负责人:张兵
Tel:022－63963777

**天津市天马伟业隆机械厂**
地址:天津市北辰区津坝公路北侧百通食品中心院内
负责人:韩玉荣
Tel:13002212997

**天津市鲁克自动化仪表阀门有限公司**
地址:天津市北辰区津保公路南侧
负责人:李金跃
Tel:022－86872515

### 天津市鑫鸿达园林机械设备销售有限公司
业务:天津市鑫鸿达园林机械设备销售有限公司成立于 2006 年 2 月,主要从事园林机械设备,喷泉喷灌设备、装饰材料、鲜花办公设备、文具用品、五金交电的批发兼零售;园林绿化工程、花卉租赁、劳保服务、机械维修,热忱欢迎新老客户来电来函、咨询业务。
地址:天津市河西区珠江道四季馨园西侧第二排 3－4 号
负责人:卢翰英　邮　编:300222
法　人:刘金伟
Tel:022－28342376

### 天津富顺阀门有限公司
业务:阀门
地址:天津市东丽区无瑕街道大杨庄村南
负责人:邓才伟　邮　编:300301
法　人:邓才伟
Tel:13820873669
022－24352929

**天津市凯凯伯乐机械制造有限公司**
地址:天津市北辰区双口镇后丁庄村
负责人:于克斌
Tel:022－84892763

**天津市鑫洋机械厂**
地址:天津市北辰区天穆镇马庄村北大堤
负责人:宋骏
Tel:022－26811029

**天津市名光锻压机床开发有限公司**
地址:天津市北辰区宜兴埠宜赵路北
负责人:袁永利
Tel:13820221932

**天津新锐精密模具有限公司**
地址:天津市东丽经济开发区一经路新立街水利管理站园内
负责人:徐铭
Tel:022－24984227

### 天津优百特热处理有限公司
业务:天津优百特热处理有限公司成立于 2006 年,主要从事于模具热处理。真诚合作,不断创新,以优良的品质,崇高的信誉,完善的管理,优质的服务,愿您们的事业腾飞的同时,给我们真诚合作的机会。
地址:天津市津南区经济技术开发区双桥河镇新旺 16 号
负责人:段先生　邮　编:300000
Tel:022－88659708
Fax:022－88659301

**天津市晶鑫模具制造有限公司**
地址:天津市东丽区程林街小王庄村
负责人:于国臣
Tel:022－24726999

**天津长冈机电设备制造有限公司**
地址:天津市东丽区大毕庄镇天津电解铜厂院内
负责人:孟振生
Tel:022－86313434

**天津市福泉机械制造有限公司**
地址:天津市东丽区津塘公路北、新立村(福田锅炉有限公司内)
负责人:秦洪福
Tel:022－24993637

**天津德龙旺阀门有限公司**
地址:天津市东丽区军粮城镇原杏林食品厂西库
负责人:王洪春
Tel:022－24910300

**天津市博石通业机械设备发展有限公司**
地址:天津市东丽区新立街小东庄村铁路南
负责人:董长春
Tel:13512215816

**天津市利友机械制造有限公司**
地址:天津市东丽区新立街窑上村
负责人:南长海
Tel:022－84990261

**天津市洁通锅炉设备有限公司**
地址:天津市东丽区新立街翟庄村
负责人:黄云山
Tel:13002206356

### 天津市天标紧固件制造有限公司
业务:天津市天标紧固件制造有限公司主要从事于高强度大元角头螺栓,异型螺栓,机械加工。我们以"质量第一,客户至上"的经营宗旨。欢迎新老客户光临、惠顾!
地址:天津市静海县唐宫屯南工业区
负责人:刘金祥　邮　编:301608
法　人:刘金祥
Tel:022－68875947
网址:www. mtw29342. chinapyp. com

**天津市动宜机电设备销售有限公司**
地址:天津市河北区张兴庄大道北 5 号
负责人:姚茂玉
Tel:13802168990

**天津远东泵业有限公司**
地址:天津市河东区红星路 178 号市政楼 1 号楼部分
负责人:陶春霞
Tel:022－24513912

**天津市雄杰通用机械有限公司**
地址:天津市河东区津塘公路二号桥(热合机厂内)
负责人:王洪浩
Tel:13702163726

**天津市峰光机床配件有限公司**
地址:天津市河东区卫国道 95 号翰林园 7 号楼 103 号
负责人:谢连贵
Tel:022－24349940

**天津市增翔机械加工中心**
地址:天津市红桥区丁字沽三号路 22 号
负责人:李德林
Tel:022－26653196

### 天津柯美风通风设备有限公司
业务:本公司主要经营通风设备的生产与销售。
地址:天津市西新区中北工业园汪庄工业区福润路 6 号
邮　编:300380
法　人:贾世俊
Tel:022－60462776
58390518
Fax:022－58390511

**天津市红桥区顺鑫达模具加工部**
地址:天津市红桥区咸阳路 8 号
负责人:邬慰茂
Tel:022－27329038
13702145945

**天津市津南区正大阀门厂**
地址:天津市津南区小站镇营盘圈村
负责人:郑大佑
Tel:022－28610343

**天津市桂红五金机电销售中心**
地址:天津市南开区南马路五金城东区 47 栋 10 号
负责人:孟桂红
Tel:022－27595778

**天津市金海博模具厂**
地址:天津市南开区渭水道 17 号
负责人:许立军
Tel:13502068497

**天津山建建筑机械销售有限公司**
地址:天津市南开区宜宾道 6 号
负责人:汤雪斌
Tel:13032273319

**天津长泰机电设备安装工程有限公司**
地址:天津市天津港保税区海滨十一路 166 号 3－213－1 室
负责人:刘崑
Tel:022－89999721

**天津市鑫亿达机械有限公司**
地址:天津市西青区外环线西青道立交桥东侧陈塘铁路支线西侧
负责人:王福趁
Tel:13034397986

**天津市华强盛标准件有限公司**
地址:天津市西青区王稳庄镇王稳庄村东
负责人:张广财
Tel:13332036316

**天津市西青区远顺五金制品加工厂**
地址:天津市西青区杨柳青镇柳口路与津静公路交口西侧
负责人:乐仕斌
Tel:13323379605

**天津市友利五金加工厂**
地址:天津市西青区杨柳青镇柳口路与津静公路交口西侧
负责人:李志田
Tel:13332088056

**天津市联发机械加工有限公司**
地址:天津市西青区张家窝镇古佛寺村
负责人:王怀强
Tel:13323309512

**天津市德盛源弹簧有限公司**
地址:天津市西青区中北工业园内
负责人:李健
Tel:13820736815

**天津欧力特机械设备制造有限公司**
地址:天津市西青区中北镇西姜井村
负责人:严文华
Tel:13602176894



## 上海市/Shanghai Municipality

### 上海兰尔电讯设备工程服务有限公司
业务:上海兰尔电讯设备工程服务有限公司成立于 2004 年,主要承接通讯工程,包括(电信、移动、联通、网通、军通、铁通等),公司为上海市政工程建设做了不少贡献。并经营通讯器材,业务咨询等业务。
地址:上海市闵行区春申路 2980 号
邮　编:201100
法　人:林关胜
Tel:021－54385162

### 上海申凌塑料模具有限公司
业务:集设计、研发、制造为一体,专业从事塑料制品、模具制造加工,技术专业,经验丰富,设备精良,对外承揽加工制作业务。我们秉承诚实、守信、专业、共赢的经营理念竭诚为您服务。
产品:模具、治具、塑料制品(化妆品、文具、日用品等)
地址:上海市宝山城市工业园柳园路 358 号
负责人:顾小兵　邮　编:200444
法　人:顾小兵
Tel:021－69175248
13564229422
Fax:021－69175248
E-mail:13564229422sl@163. com

**上海汉虹精密机械有限公司**
地址:上海市宝山城市工业园区真陈路 1000 号 515 室
负责人:山村章
Tel:021－36161810

**上海旭午建筑机械设备租赁有限公司**
地址:上海市宝山区宝山十村 17 号 B 层北 9－3 室
负责人:应英
Tel:021－56572118

### 上海武氏冶金机械有限公司
业务:冶金机械
地址:上海市宝山区罗南新村 24 号 102 室
负责人:武向东　邮　编:200000
法　人:武向东
Tel:13761130263
13764778415

### 上海朗士机电工程有限公司
业务:上海朗士机电工程有限公司成立于 2005 年,专业从事机电工程的设计、施工及相关设备的销售、安装和维护保养。主营业务:中央空调工程、无尘室工程、工业及民用建筑水电工程,空调工程的维护与保养。欢迎来电咨询!
地址:上海市徐家汇三江路 88 弄 21 号 801 室
邮　编:200030
法　人:王耀
Tel:021－64360457
Fax:021－64360457－12

**上海富森金属材料有限公司分公司**
地址:上海市宝山区宝杨路 2000 号
负责人:徐国建
Tel:021－56170057

### 上海巨屹阀门有限公司
业务:阀门代理销售
地址:上海市保山区杨行镇杨泰路 345 弄 7 号楼 501 室
负责人:王鸿波　邮　编:200000
法　人:王鸿波
Tel:021－33199613
60911176
网址:www. largestand. com

**上海旭业工业炉有限公司**
地址:上海市宝山区江杨南路 425 号 E－3

负责人:陈海俊
Tel:021－56462028

**上海长南五金机械厂工会委员会**
地址:上海市长江南路 791 号
负责人:徐伟明
Tel:021－56820178

**吉恒锋机械刀模制造有限公司**
业务:吉恒锋机械刀模制造有限公司成立于2004 年,主要从事包装机械配件的生产销售。本公司拥有先进的生产工艺和雄厚的技术力量,追求优质的产品,完善的服务,热诚欢迎国内外新老客户光临指导,洽谈业务,共同发展!
地址:上海市南翔镇翔江路 515 号
邮　编:201802
法　人:陈小林
Tel:021－69125243
59129478
Fax:021－69125243

**上海金臣楼梯有限公司**
业务:五金装饰、楼梯配件
地址:上海市奉贤区奉城镇海淀路 198 号
负责人:林俊臣　邮　编:200000
法　人:林俊臣
Tel:021－57515879
Fax:021－57515869
网址:www.shanghaijinson.com
E-mail:lafatiye@163.com

**常熟星和电机有限公司上海办事处**
地址:上海市长宁区仙霞路 317 号 910 室
负责人:平野信一
Tel:13524534871

**瓦房店工业冶金轴承制造有限公司上海分公司**
地址:上海市海宁路 830 号 120 幢楼下
负责人:马光庆
Tel:021－63062501

**上海龙乾起重设备安装有限公司**
业务:上海龙乾起重设备安装有限公司是上海最大的吊车租赁公司。本公司擅长地基基础、道路桥涵、厂房安装、楼房建筑、设备就位在现场施工中,积累了丰富的吊装经验。以"保证质量、用户满意"作为永恒的追求和郑重的承诺。
地址:上海市宝山区真陈路 1606 号
邮　编:200436
法　人:柴乃利
Tel:021－36161695
Fax:021－36161695

**上海连佳机械设备厂**
业务:机械加工:电机箱,油箱,不锈钢制品,环保设备
地址:上海市奉贤区奉城镇太平村 630 号
负责人:钱军
法　人:钱军
Tel:021－57526192
网址:http://www.51zzt.com/user/zzt29872

**南京肯信精密机器制造有限公司上海分公司**
地址:上海市恒丰路 600 号 3 幢 1021、1023 室
负责人:李进
Tel:021－63178900－1023

**上海建隆液压气动有限公司黄浦分公司**
地址:上海市黄浦区北京东路 851 号 1 层 7 室
负责人:夏林平
Tel:021－63223669
13817249624

**上海立伟叉车配件有限公司**
业务:叉车及叉车配件的维修、租赁与销售
产品:叉车及叉车配件
地址:上海市奉贤区南奉公路光明湾张村褚家 678 号
负责人:金伟　邮　编:201300
法　人:金伟
Tel:021－37527358
18917906698
Fax:021－37527358

**上海 IMI**
地址:上海市黄浦区西藏中路 18＃港陆广场1005＃
负责人:李杰峰
Tel:021－53852698
13817389703

**上海华彩机械厂**
地址:上海市嘉定区华亭镇澄浏公路 1107 号
负责人:顾德武
Tel:021－59973624
13611979490

**上海衡建机械设备有限公司**
业务:超声波焊接机、机械手等机械设备的生产与销售
地址:上海市奉贤区南桥镇体育场路 20 号内 622
负责人:郭书增　邮　编:201108
法　人:郭书增
Tel:021－64893339

**上海祁焕友五金机电设备有限公司**
业务:上海祁焕友五金机电设备有限公司成立于 2004 年,专业经营汽车保修设备。主要产品有千斤顶、举起机、烤漆房、五金工具等。竭诚欢迎新老客户来电垂询。
地址:上海市宝山区一二八纪念路 257 号
邮　编:200435
法　人:祁建春
Tel:021－66206552
Fax:021－66206552

**上海钢蕊机械工程有限公司**
地址:上海市嘉定区徐行镇前曹路 15 号
负责人:王丽瑛
Tel:021－59940135
13701907096

**上海皑睦皑斯帝机械设备有限公司**
业务:上海皑睦皑斯帝机械设备有限公司成立于 2004 年 4 月,主要从事机械设备及零部件的生产、加工、销售。热诚欢迎各界新老客户来人来电咨询、洽谈业务!
地址:上海市闵行区沪闵路北桥南新春路189 号
邮　编:201109
法　人:吕雪芬
Tel:021－64908830
Fax:021－64908835

**上海岳泽机械制造有限公司**
地址:上海市闵行区虹梅南路 3293 号 4 幢
负责人:顾其金
Tel:021－54289132

**上海精敏制冷设备有限公司**
业务:制冷设备销售、安装、维修
地址:上海市虹口区四平路 97 弄 64 号 2 楼
负责人:姚会青　邮　编:200086
法　人:姚会青
Tel:13917668735
网址:http://www.51zzt.com/user/zzt34711

**上海电气液压气动有限公司液压泵厂**
地址:上海市闵行区虹梅南路 998 号
负责人:周国刚
Tel:021－64540098

**顾南模具五金厂**
地址:上海市闵行区七宝镇联明村中联路 9 号
负责人:马梓林
Tel:021－54854296
13331889878

**上海乃玺起重设备有限公司**
业务:专业生产、加工经销吊装索具,品种齐全,专业的技术人员为用户按要求设计生产。欢迎新老客户光临指导工作。我们会以可靠的质量、满意的售后服务来回报广大用户
产品:专业生产各种规格的吊装带,柔性吊带,安全带,收紧器,捆紧器,牵引器,捆物器,起顶机,坦克车,搬运车,起重工具,钢丝绳,链条,不锈钢金属制品
地址:上海市黄浦区福建中路 516 号－518 号
负责人:庞君爱　邮　编:200001
法　人:庞君爱
Tel:021－63500498
Fax:021－63522383
网址:tiancifu88888.cn.alibaba.com
E-mail:tiancifu88888@yahoo.com.cn

**上海荣钱玻璃机模制造有限公司**
业务:上海荣钱玻璃机模制造有限公司成立于2001 年,主要从事玻璃压杯机、烘口机等玻璃设备的制造与销售。"以质量求生存,以信誉求发展",竭诚欢迎广大新老客户来我公司洽谈业务,共同合作!
地址:上海市宝山区逸仙路 3233 弄 8 号
负责人:曹海江　邮　编:200439
法　人:曹海江
Tel:021－56448278
Mobile:13044143994
Fax:021－56448278

**上海南睿减速机有限公司**
业务:集研发、生产、销售、服务于一体,专业生产减速机、变速机等传动机械设备的专业生产厂家。公司拥有现代化的厂房,先进制造加工和检测设备,技术力量雄厚。我们期待与您的真诚合作!
产品:减速机、变速机、齿轮减速机、蜗轮减速机等系列产品
地址:上海市嘉定区安亭镇大众经济工业园区
负责人:魏宗民　邮　编:200070
法　人:魏巧
Tel:021－56703776
13564046628
Fax:021－56703786
网址:www.sh－nanrui.com
E-mail:nanrui@sh－nanrui.com

**菱大机电设备(上海)有限公司**
地址:上海市浦东新区外高桥保税区奥纳路188 号
负责人:许明光
Tel:021－58681543
13917055348

**上海正统贸易有限责任公司**
地址:上海市浦东新区张杨路 1589 号 401 室
负责人:武正朴
Tel:021－58521629
68536037
13671920204

**上海标光阀门厂**
业务:上海标光阀门厂成立于 2005 年,主要生产销售阀门。公司以"质量求生存、信誉求发展",欢迎广大用户光临惠顾!
地址:上海市普陀区交通路 2419 号
负责人:王添宝　邮　编:200965
法　人:王添宝
Tel:021－66109988

**上海凯跃金属制品有限公司**
地址:上海市浦东新新德路 785 弄 12 号 401 室
负责人:龚志飞
Tel:021－58592505
13818078560

**上海锐龙焊接设备有限公司**
业务:本公司成立于 2005 年,是一家专营各种焊接设备生产加工生产的专业公司。产品系列整齐,规格众多,并能按照客户要求提供特殊要求、规格的产品,我们热情欢迎社会各界的朋友前来交流合作,共同发展!
地址:上海市嘉定区江桥镇华江路 1025 号
负责人:陈齐海　邮　编:201803
法　人:周和旦
Tel:021－69111311
Fax:021－59143122

**上海正田模具有限公司**
地址:上海市普陀区华联路 130 弄 32 号 1 楼
负责人:陈学贤
Tel:021－66263481

**上海族阳建筑安装工程有限公司**
业务:钢管、钢管扣件、脚手架、外墙保温材料
地址:上海市嘉定区博园路 5999 号皇冠假日酒店高尔夫球场
负责人:石丙仁　邮　编:200000
法　人:石丙仁
Tel:13482888878
13127573929

**上海申杰锻造厂经销部**
地址:上海市普陀区交通路 2749 号
负责人:刘秀平
Tel:021－56611636

**上海新专件机械有限公司**
地址:上海市普陀区南大路 2888 号三区 17 座
负责人:王小牛
Tel:021－66958888

**上海逢颖机械制造有限公司**
业务:上海逢颖机械制造有限公司是专业生产锤片式粉碎机等饲料机械相关产品的企业。公司设备精良,工艺先进,并有着科学的测试手段和严格质量监控体系,可根据客户要求特别设计制造。目前我公司生产有 SFY－B－2、SFY－K－2、SFY－B－4 粉碎机系列。
地址:上海市奉贤区新寺镇新林路 1869 号
邮　编:201416
法　人:祝红春
Tel:021－57493989
Fax:021－57494098

**上海如圣机电有限公司**
业务:机电工程、弱电工程
地址:上海市嘉定区和静路 85 号 202
负责人:邵李圣　邮　编:200000
法　人:邵李圣
Tel:13917337081
021－59579845

**上海矩时工程机械有限公司**
地址:上海市普陀区祁连山路 689 号 2 号楼214 室
负责人:张大举
Tel:021－62500172

**上海昆博机电设备有限公司**
业务:上海昆博机电设备有限公司成立于 2003 年,从事刀具、刀柄、非标刀具、量具的加工及代理"成都森泰英格数控刀具有限公司"的产品。本公司技术力量雄厚,设备精良,员工素质高,经营方式灵活,欢迎新老客户来电来函洽谈订购。
地址:上海市杨浦区控江路 2061 号 613 室
邮　编:200091
法　人:王全纯
Tel:021－65017447
Mobile:13501727312
Fax:021－65017447

**上海团结沙工程机械设备安装有限公司**
业务:上海团结沙工程机械设备安装有限公司,是一家承担吊装运输和机械施工任务的企业.机械施工能力强大.尤其是大型吊装工程设备.机械齐全,实力雄厚,在全国不少省份均有出色的工程实例.如上海磁悬浮列车的大梁运输及吊装.宝钢三期建设的大型钢结构安装运输及全国各大钢厂的钢结构.高炉的吊装运输.上海新国际展览中心吊装等等.重大工程的大型机械租赁业务.公司以"起于至诚""止于至善"为服务理念.信守承诺.竭诚为客户提供满意服务.
地址:上海市宝山区铁力路 2491 号
邮　编:201900
法　人:许吉标
Tel:021－36215080
36215206
Fax:021－36212085
网址:www.tjsga.com/

**上海江振五金标准件有限公司**
地址:上海市普陀区真北路 3370 号 4 楼 491 座
负责人:诸葛洪力
Tel:13761130936

**上海宇君机械有限公司**
业务:机械制造、模具制造
产品:热模锻模具、冷挤压模具、大型机械加工
地址:上海市嘉定区嘉戬公路 258 号
负责人:葛卫龙　邮　编:201800
法　人:葛卫龙
Tel:13501788085
021－59906786
59902769
59902808
8001
Fax:021－59902769
E-mail:shanghaiyujun@sina.com

**上海伟集机械设备有限公司**
业务:专业生产各种配件
地址:上海市浦东新区红同路 506 号
负责人:陆强　邮　编:200125
Tel:021－50859304
Fax:021－50656201
E-mail:shwjjx@alibaba.com.cn

**上海新专件机械有限公司分公司**
地址:上海市普陀区真陈路 58 号
负责人:王小牛
Tel:13801676877

**上海科泛实业有限公司**
业务:本公司是专业生产阀门的公司,主要产品是工业阀门与给排水配套阀门,产品包括闸阀、截止阀、球阀、蝶阀、水利控制阀系列等,材质、碳钢、球墨铸铁、不锈钢、目二钛等。阀门标准:国标、API、K 级等。
地址:上海市闸北区长安路 1001 号长安大厦 1号楼 1512、1513 室
邮　编:200071
法　人:蒋建国
Tel:021－63534039
Fax:021－63172163

**上海日发阀门制造有限公司**
地址:上海市青浦区赵屯镇工业园区天一路458 号
负责人:项公其
Tel:021－59228687
13311701756

**上海希捷科技有限公司**
业务:本公司成立于 1999 年,拥有 20 多名员工,主要经营模具成形制造、加工。多年以来,以优越的品质,先进的技术为广大客户竭诚服务。
地址:上海市闵行区北吴路 220 弄 15 号
邮　编:200241
法　人:蒋利军
Tel:021－54872218
54870844
Fax:021－54872318

**上海诺星机电制冷设备有限公司**
业务:冷库、冷冻设备、大型中央空调、环境实验设备的生产与销售
产品:冷库、冷冻设备、大型中央空调、环境实验设备
地址:上海市嘉定区江桥镇江翔路 365 号 3幢 165 室
负责人:宋海龙　邮　编:200000
法　人:宋海龙
Tel:021－59136532
15221106812
13818075454
Fax:021－59136533

**上海霞江金属材料有限公司**
地址:上海市曲阳路 851 弄 8 号 2906 室
负责人:王振林
Tel:021－55382258

**上海赣江机电有限公司**
业务:上海赣江机电有限公司成立于 2003 年,现有员工 20 余人,承接整流器成套装置、可控硅整流原件、浮充电池柜及机电的制造、加工、提供服务(配品、配件现场维修)。我们诚信向顾客提供满意的产品及周到的服务。
地址:上海市闸北区芷江中路 258 弄 1 号 505 室
邮　编:200071
法　人:何国平
Tel:021－63073858
Fax:021－56311192

**上海美本机电有限公司**
地址:上海市四平路 198 号 1908 室

负责人：陈晓明
Tel：021－65758578－11

### 上海翔冠金属材料有限公司
业务：本公司成立于 2004 年，拥有 10 多个员工，主要经营各种金属材料的销售。
地址：上海市普陀区中山北路 2790 号 905 室
邮　编：200000
法　人：万希坚
Tel：021－52667086
Fax：021－52666985

### 宁波震飞塑机辅机（上海办事处）
业务：专营化工设备、干燥设备、制冷设备、粉碎设备、筛分设备及机床附件，诚信务实、精益求精是我们公司的宗旨，我们将为您提供品质、性能兼优的产品和诚信高效的服务！
产品：震飞干燥机、送料机、全自运粉末填料机、自动模温控制机、粉碎自动回收机；海天注塑机、粉碎机
地址：上海市嘉定区南翔镇翔黄公路 110 号
负责人：戎岳生　邮　编：201802
法　人：戎岳生
Tel：021－59122257
18916105723
Fax：021－59122257
网址：www.chinanbzf.com
E-mail：rcf888@163.com

### 上海杰能五金有限公司
地址：上海市松江区佘山镇陶泾村
负责人：沈杰
Tel：021－57653698
13601910595

### 上海凯科阀门制造有限公司
业务：上海凯科阀门制造有限公司成立于 2002 年，从事各种规格阀门的生产及销售。欢迎新老客户来电洽谈业务。
地址：上海市嘉定区世盛路 999 号
邮　编：201815
法　人：王忠芳
Tel：021－59963268
Fax：021－59963738

### 上海朋禧机电设备有限公司第二分公司
地址：上海市吴兴路 277 号 1508A 室
负责人：朱涛
Tel：021－64647155

### 上海齐耀螺杆机械有限公司
业务：螺杆压缩机的制造与销售
产品：螺杆压缩机
地址：上海市闵行区华宁路 3111 号
负责人：陈瑾　邮　编：200000
法　人：陈瑾
Tel：021－31310219

### 上海鑫铃机电设备有限公司
业务：上海鑫铃机电设备有限公司成立于 2006 年，加工销售机械零部件、细长轴，承接不锈钢工程，欢迎新老客户来电洽谈业务！
地址：上海市闵行区龙吴路 5300 弄 16 号
负责人：刘华玲　邮　编：200241
法　人：刘华玲
Tel：021－54872236
Mobile：13917349943
网址：http://shxinling.cn.alibaba.com
E-mail：yn0797@126.com

### 上海建二机械施工有限公司工会委员会
地址：上海市翔殷路 250 号
负责人：叶伯平
Tel：021－65484835

### 上海严龙机电设备有限公司
业务：上海严龙机电设备有限公司成立于 2002 年，主要生产销售配电箱。欢迎新老客户光临、惠顾！
地址：上海市浦东曹路镇东田市场 13 号
负责人：李智信　邮　编：201206
法　人：李智信
Tel：021－58630741

### 上海振华工程机械有限公司联合工会委员会
地址：上海市斜土路 540 号
负责人：蔡振明
Tel：021－63018703

### 上海涵晟金属制品厂
业务：铝制品氧化、工作台流水线
地址：上海市青浦区白鹤镇白石公路 3288 号 N 座
负责人：安士付　邮　编：200000
法　人：安士付
Tel：13917571196
021－59218358

### 上海亿仟洋机电设备有限公司
业务：上海亿仟洋机电设备有限公司是从事物流仓储设备开发、设计、制造的专业厂家。是一家为工厂企业提供自动化物流输送系统、工业流水线设备、仓储货架设备以及为企业提供整体物流系统方案规划、技术咨询的现代化企业。
地址：上海市嘉定区南翔镇德力西路南侧 1 号
邮　编：201802
法　人：陈远征
Tel：021－69175990
Fax：021－69175990

### 上海精蝶阀门厂
业务：上海精蝶阀门厂创建于九十年代，是一家集蝶阀、闸阀、球阀、截止阀、调节阀、多功能水利控制阀等二十多个通用阀门系列产品设计、开发、制造、销售于一体的创新实业型股份制企业。畅销全国各地，并远销中东、东南亚、欧美等十多个国家和地区，深得用户的好评和信赖。
地址：上海市嘉定区南翔镇翔乐路 68 号
邮　编：201802
法　人：苏福生
Tel：021－69125588
Fax：021－69125500

### 上海映镇兆阳医疗器械有限公司
地址：上海市新市南路 960 弄 20 号三楼
负责人：金东范
Tel：021－55396608

### 上海名毅机械有限公司
地址：上海市徐汇东安路 271 弄 2 号楼 206 室
负责人：王梨名
Tel：021－64222305
13916813021

### 上海容光机电设备有限公司
业务：机电设备
地址：上海市青浦区城中南路 48 号 1 号楼
负责人：康宏阳　邮　编：200000
法　人：康宏阳
Tel：021－60829189
Fax：021－60829189

### 万丰电机（宁波）有限公司上海办事处
地址：上海市徐汇区宜山路 508 号 9 楼 F 室
负责人：卫如琪
Tel：021－64279799

### 上海港日吸塑机箱厂
业务：上海港日吸塑机箱厂（原上海沪港五金电器厂）是专业手工制作塑料外壳的企业，我厂多年同上海理工大学、东华大学的外形设计、结构设计教授进行合作，拥有多名经验丰富的制作师傅。我厂还承接各种金属制品，如电器箱板金加工、铁壳等五金零件。诚信守约，保证质量是我厂的宗旨，永远追求卓越是我们的目标！
地址：上海市南汇区老港镇大河村沈中路 125 号
邮　编：201302
法　人：张龙官
Tel：021－58055687
Fax：021－58055687 转 807
网址：www.shgrxs.com

### 上海技润金属制品有限公司
地址：上海市杨浦区丹阳路 141 号
负责人：仲正明
Tel：021－65117116

### 万林机修厂
业务：万林机修厂主要从事挖掘机的修理，我厂以其精湛的维修技术和一流的维修质量、优良的产品技术性能和优质的技术服务，长期受到顾客的青睐。我们热忱地欢迎新老用户来我厂考察、指导工作。
地址：上海市浦东新区金桥镇金明村五队 80 号
邮　编：201206
法　人：阎万林
Tel：021－58348603
Fax：021－58348603

### 上海冰垒机械设备制造有限公司
业务：机械产品加工，冷冻设备制造、维修，冷库安装、维修，及各种飞镖冷冻设备制造维修
地址：上海市杨浦区国胜东路浣纱 5 村 21 号 102 室
负责人：李晶
法　人：李晶
Tel：021－65500312
13917487638

### 上海虹宇轴承有限公司
业务：上海虹宇轴承有限公司成立于 2006 年，生产销售轴承，我们通过直接向客户提供符合行业标准技术的产品和服务，不断地致力于提供最佳的客户体验。
地址：上海市青浦区虬江路 1368 弄 2 号 18D
负责人：许继项　邮　编：200070
法　人：许继项
Tel：021－56632249

### 上海飞彪特种焊割机具有限公司
地址：上海市杨浦区黄兴路 1 号 1713 室
负责人：沈以成
Tel：021－65194477

### 上海东耀金属制品有限公司
地址：上海市杨浦区佳木斯路 72 号新厂房底楼
负责人：刘淑婷
Tel：13601727382

### 上海小魏烘炉维修部
地址：上海市杨浦区控江路 665 号 137 幢 234 室
负责人：魏仁福
Tel：13641738341

### 上海弘联模具有限公司
业务：本公司成立于 2006 年，主要加工销售橡胶模具、塑胶模具、五金件。公司秉诚"以质量求生存，以信誉求发展"的经营理念，竭诚欢迎新老客户来电洽谈业务！
地址：上海市青浦区新镇华徐路秀龙村电台路 980 号
负责人：刘宏军　邮　编：201705
法　人：刘宏军
Tel：021－69798662

### 上海沧誉管件有限公司
业务：集研究、开发、生产、销售、服务于一体的管件企业，是"河北省高新技术企业"，拥有自营进出口权企业，是中石油燃气集团公司、中石化总公司和国家电力公司资源市场供应网络成员单位
地址：上海市闸北区灵石路 733 弄 36 号 302 室
负责人：季艳峰　邮　编：200000
法　人：季艳峰
Tel：021－56611359
网址：http://shguanjian.china.mainone.com

### 上海世在机械制造有限公司分公司
地址：上海市杨浦区宁武路 264 号
负责人：许伟
Tel：021－65800575

### 浙江均和金属材料有限公司
业务：浙江均和金属材料有限公司成立于 2005 年，是一家集钢材贸易、加工配送、物流仓储业和商品进出口于一体的综合性贸易公司。我们始终坚持"诚信合作、学习创新、以人为本、务实敬业"的精神，在中国钢铁行业全面融入全球一体化的历史机遇中，形成优秀团队。
地址：上海市逸仙路 661 号 17 楼浙江均和金属材料有限公司
邮　编：200434
法　人：张立坦
Tel：021－65605668
Mobile：13764514796
Fax：021－65605668

### 上海腾建起重吊装有限公司第三分公司
地址：上海市杨浦区世界路 133 号
负责人：徐国传
Tel：021－59601317

### 上海伊铭增压器制造有限公司
地址：上海市杨浦区翔殷路 1059 弄 8 号
负责人：陈荣彪
Tel：021－51098181－801

### 上海韵铎机电科技有限公司
地址：上海市杨浦区扬州路 464 号南大楼二楼
负责人：王向阳
Tel：13816107246

### 上海顾峰工业刀具有限公司
业务：本公司是一家以日本技术、日本管理、德国原料、适合国内价格体系的非标刀具的生产厂家，如麻花钻、阶梯钻、抛光钻、铰刀、成型（车、铣）刀、推刀等等。并承接各类刀具的再修磨。公司以快速、方便、质量取信于客户。
地址：上海青浦区赵屯镇白石公路 3338 号
邮　编：201711
法　人：顾峰
Tel：021－59218285
59218286
Fax：021－59218285
网址：www.shgufeng.com

### 上海弘捷模具有限公司
业务：公司成立 2004 年，主要从事汽车模具设计、制造，加工钣金件，冲压件，金属制品。欢迎新老客户来电洽谈业务！
地址：上海市嘉定区南翔工业园区惠裕路 553 号
负责人：胡朗云　邮　编：201802
法　人：胡朗云
Tel：021－69171832

### 上海鲁奥机电设备有限公司
地址：上海市中山北路 972 号 A 座 2－26 室
负责人：林飞
Tel：021－63243217

## 上海福源智业投资集团有限公司

上海福源智业投资集团有限公司成立于1993年，本公司专业从事货物和技术的物流，实业投资、资产管理，汽车配件，机械模具、检具。上海福源智业投资集团有限公司本着“客户第一，诚信至上”的原则，与多家企业建立了长期的合作关系。热忱欢迎各界朋友前来参观、考察、洽谈业务。

联系人：陈树田
电话：021-57134567
传真：021-57136678
邮编：200000
地址：上海市奉贤区奉城镇洪庙洪朱路20号

## 上海斯高蕊机械设备有限公司

上海斯高蕊机械设备有限公司致力于研发和专业制造高精度、全自动机械式粉末成型机、精整设备、碳刷设备的高科技企业。产品有机械式全自动碳刷、粉末冶金压机、精整机、中模固定式成型机、中模浮动式成型机、埋线设备等。

公司秉着“诚意技术为本，品质交期至上”的理念，来为客户提供服务，并热忱欢迎您亲临参观指导。

联系人：王子龙
13301622982

电话：021-57175548 57175108
网址：www.sh-sigaorui.com
电子邮件：13301622982@133sh.com
邮编：201411
地址：上海市奉贤区奉城镇东湖路28号

## 上海宏潮五金有限公司

上海宏潮五金有限公司是一家专业生产金属配件的企业，有20多台冲压设备和切削设备、有多名专业技术人员、长期为上海大众、通用及一级配件企业配套、质量稳定可靠。

联系人：庄建国
电话：021－58081856
传真：021－58083373
邮编：200030
地址：上海市南汇大团镇海潮

## 上海隧英机械有限公司

上海隧英机械有限公司始建于1983年，有着二十多年隧道工程机械的制造经验，产品在广大客户群中有着良好的信誉及口碑。我公司将一如既往，为您提供最优质的服务。

欢迎您的合作！

联系人：朱永飞
电话：021－57133538 13331819566 传真：021－57130889
地址：上海市奉贤区奉城镇川南奉公路9125号 邮编：210000

## 上海磊友成套机械设备有限公司

上海磊友成套机械设备有限公司始建于1986年，最初致力于耐磨材料的研发和生产型企业，现已逐渐进入到具有自主生产大型破碎机械能力和提供完美解决方案的一家股份制企业。

联系人：李志富 13636361453
电话：021－37566070
传真：021－37566077
地址：上海市浦东奉贤区金会工业路585号
邮编：201404

## 上海育椿机电有限公司

本公司是台湾明椿电机大陆独家供应商。

追求卓越品质，服务创造价值，公司将一如既往地为新老客户提供优质的产品和完善的服务。

联系人：刘程泉 13611875077
电话：021－59177921
邮编：200042
地址：上海市嘉定区南翔镇惠平路14弄4号

## 上海胜轩紧固件制造有限公司

上海胜轩紧固件制造有限公司主要生产加工紧固件、标准件，机械零件加工，产品有螺母、螺栓、螺柱、螺钉、自攻螺钉、铆钉、组合件等，产品全部出口。

公司坚持“至诚至信、尽善尽美”的经营理念，始终坚持“安全生产、质量兴业”，坚持立足本地，面向外埠。我们奉行互信、互惠、互助、互进的宗旨，望广大新老朋友一如既往地给予支持和合作，让我们共创明天的辉煌！

联系人：吴建平
网址：www.shjingujian.cn
地址：上海市清浦镇外青松公路7636号
电话：021-69208982
传真：021-69208982
邮编：201700

## 上海裕鼎機電設備安裝工程有限公司

我公司主营机电设备安装可承接800万元以下一般工业、公共、民用建设项目的设备、线路、管道安装；同时可承揽非标准钢结构件制作、安装。

2007年2月通过ISO900：2000国际质量体系认证，同时取得上海市建筑施工企业安全生产许可证，公司以信誉打造品牌，以创新追求成长，以业绩回报信任。

联系人：顾德明
电话：021－65603607 65361067
传真：021－65603607
地址：上海市虹口区新市南路861号201室 邮编：200434

## 上海斯安德切基机电制造有限公司

上海斯安德切基机电制造有限公司是一家专业从事各种工业机械生产制造的企业，主要有轻纺针织、袜机等一系列产品。

公司成立以来，始终坚持“共享共赢，创新创造”的价值观，以雄厚的技术、人才、设备优势，竭诚为广大客户服务。

联系人：林在忠
电话：021－54822073 13701982115
地址：上海市徐汇区老沪闵路1446号301室 邮编：200237

## 上海中超刀具有限公司

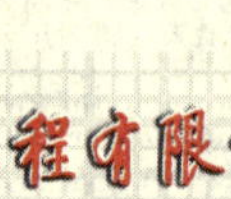

上海中超刀具有限公司成立于1995年，是以整体刀具解决方案服务为主的公司，主要产品有铣刀。

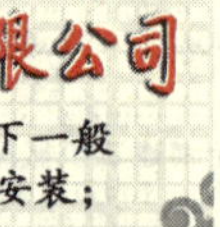

公司拥有经验丰富的工程人员，能为制造类企业提供刀具相关的一整套服务。欢迎来电洽谈业务！

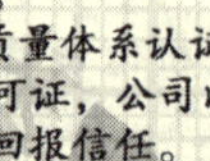

联系人：肖军 13701979609
电话：021－62842166
传真：021－62847260
邮编：200331
地址：上海市普陀区常和路１９８号3号厂房

## 重庆市/Chongqing Municipality

**重庆市北人安建经贸有限公司**
地址:重庆市北部新区人和镇人兴支路237号
负责人:张军
Tel:023-67643338

**重庆聚艺光电制造有限公司**
地址:重庆市北部新区人和镇邢家桥2号2幢1-5-1号
负责人:严红
Tel:023-67538695

**大足县升隆机械制造有限公司**
业务:大足县升隆机械制造有限公司成立于2002年,主要生产销售汽车配件、摩托车配件、电力产品等。欢迎新老客户惠顾,来电洽谈业务。
地址:重庆市大足县龙水镇幸光六组
邮编:402368
法人:邓修葵
Tel:023-43640868
Fax:023-43620888

**重庆市长嘉沙石开发有限公司**
地址:重庆市北区路30号A幢20楼
负责人:赵允
Tel:023-63827599

**重庆市北碚区利宏五金经营部**
地址:重庆市北温泉镇金华路10号
负责人:朱丽红
Tel:023-86027001

**重庆市秀美机械有限公司**
业务:机械加工,以汽车配件和机电配件为主
产品:汽车配件、机电配件
地址:重庆市巴南区界石镇公平街上
负责人:付依明 邮编:401346
法人:付依明
Tel:13908265235
Fax:023-66418969

**重庆博迪机电有限责任公司**
地址:重庆市北温泉镇金龙湖工业园区世纪灯具公司内
负责人:蓝晓翔
Tel:023-68290264

**璧山县璧城镇红齐刀具厂**
地址:重庆市璧城甘棠村二社(住重庆市璧城镇甘棠村三社)
负责人:李文齐
Tel:023-41433116

**重庆弘恒机械有限公司**
业务:重庆弘恒机械有限公司是一家有着多年研制和生产机械的历史的专业企业,地处巴南区界石镇,交通十分便利,信息灵通。本厂主要生产不同规格、不同型号的弹簧,欧式、美式管接头、快换接头等。产品质量严格按行业标准制,产品畅销全国各地,深受广大客商的好评。更以完善周到的售后服务而著称。
地址:重庆市发篮区界石镇腊梅村岩口社内
邮编:401346
法人:蒋大全
Tel:023-66418056
Fax:023-66429391

**重庆市北碚区长泰机械厂**
地址:重庆市蔡家岗镇农林村苦竹林社
负责人:周勇
Tel:023-68323733

**重庆跨渝农业机械配件有限公司**
业务:农业机械汽摩配加工制造
产品:从事三轮车,农三、四轮车取力后桥总成生产销售
地址:重庆市巴南区李家沱红光大道66号
负责人:龙远伟 邮编:400054
法人:龙远伟
Tel:13102320790
Fax:023-62596692

**重庆市北碚区碚风机械厂**
地址:重庆市蔡家岗镇三溪村银向湾社
负责人:王晓勇
Tel:023-68322568

**重庆经纬机电设备有限责任公司**
地址:重庆市沧白路17号南楼22-7#
负责人:陈登升
Tel:023-63704433

**重庆腾升塔式起重机有限公司**
地址:重庆市茶园新城区玉马池工业园区11号
负责人:马翔
Tel:023-62456118

**重庆远琼机械有限公司**
业务:生产通机气门导管、气门座圈
地址:重庆市北碚区蔡家镇灯塔街4号
负责人:彭胡强 邮编:400707
法人:彭胡强
Tel:13883999698

**彭水县建煌机械制造有限公司**
业务:彭水县建煌机械制造有限公司主要从事机械配件、降氟炉具、建工建材、城市基础设施的铸造。公司本着"追求卓越,创造一流"的企业精神,愿以自信,努力来回报社会各界新老客户的厚爱,让我们携起手来共同发展,再创辉煌。
地址:重庆市彭水苗族土家族自治县汉葭镇东门街
邮编:409600
法人:谢堂海
Tel:023-78446616

**重庆都成荣锋机械制造有限公司**
地址:重庆市昌元镇板桥工业园区
负责人:敬松
Tel:023-89091277

**重庆鲁天机械有限公司**
地址:重庆市昌元镇昌州中段174号
负责人:李道刚
Tel:023-46738886

**上虞市志凌通风设备有限公司重庆分公司**
地址:重庆市长江一路66号
负责人:吴国华
Tel:023-89081230

**重庆市北碚区戴贝机械厂**
业务:塑钢、塑铁、机械加工
地址:重庆市北碚区水土镇三汇村
负责人:彭纯 邮编:400714
法人:彭纯
Tel:13508335591
023-68310794
Fax:023-68310794
E-mail:pengchun1966@163.com

**重庆凯瑞恩消防工程设备有限公司**
地址:重庆市长江一路77号D栋平街五层4号房
负责人:高燕
Tel:023-66157557

**重庆建宁景隆机电制造有限公司**
业务:重庆建宁景隆机电制造有限公司专业从事通用机械零部件制造,主要生产曲轴,本着"质量第一、用户至上、信誉为本"的宗旨,真诚欢迎社会各界新老朋友前来联系、垂询、洽谈。
地址:重庆市沙坪坝区井口南溪村檬梓堡组
负责人:任健 邮编:400033
法人:任健
Tel:023-65159001
Fax:023-65159001

**四川省南部嘉陵泵业制造有限公司重庆直销分公司**
地址:重庆市陈家坪西站机电市场B3-27
负责人:马琳
Tel:023-61586072

**重庆华之杰机械有限公司西站机电门市**
地址:重庆市陈家坪一城新界西站机电市场平街负一层B区外围门面
负责人:黄代平
Tel:023-68966028

**重庆友擘机械制造有限公司**
业务:机械加工
产品:汽车、摩托车冲压件
地址:重庆市璧山县青杠街道来凤村七组
负责人:陈明友 邮编:402760
法人:陈英臬
Tel:023-41470227
13228659638

**宁夏银起重型机器股份有限公司重庆分公司**
地址:重庆市陈家坪一城新界西站机电市场平街一层A2-26号
负责人:李相国
Tel:023-61580532

**河南省矿山起重机有限公司重庆分公司**
地址:重庆市陈家坪一城新界西站机电市场平街一层A-3-34
负责人:胡平亮
Tel:023-61560620

**重庆明乾久机械制造有限公司**
业务:重庆明乾久机械制造有限公司专业从事环境污染治理;生产环保设备、普通机械、钢结构件、汽车配件、电子原件,本着"诚信为本 求实创新 品质兼优 服务至上"的宗旨,真诚欢迎广大新老客户来电咨询。
地址:重庆市沙坪坝区覃家岗镇新桥村石梯沟
负责人:李同明 邮编:400037
法人:李同明
Tel:023-65206867
Fax:023-65209602

**重庆元亨利机械配件有限责任公司**
业务:生产、销售机械
地址:重庆市大足县龙水镇工业园区电镀小区2-2号
负责人:唐永柱 邮编:400000
法人:唐永柱
Tel:13883339067
023-43621099

**重庆科业动力机械制造有限公司**
地址:重庆市大渡口区八桥镇互助村九组
负责人:李明芳
Tel:023-68955399

**重庆龙琼机械厂**
地址:重庆市大渡口区八桥镇民乐村七社
负责人:陈金龙
Tel:023-68558028

**重庆晶炎鑫机电厂**
地址:重庆市大渡口区八桥镇桥梓塘村四社
负责人:赵东翔
Tel:023-68932322

**重庆庆军机电有限公司**
地址:重庆市大渡口区八桥镇桥梓塘村一社
负责人:李祖军
Tel:023-68610691

**大足县天瑞商贸有限公司**
业务:钢材
产品:热轧板、冷轧板
地址:重庆市大足县龙水镇西部交易城二期C3-10、11号
负责人:邓海 邮编:402360
法人:邓海
Tel:023-43648977

**重庆市高新技术产业开发区渝兆气动液压设备经营部**
地址:重庆市高新区陈家坪公交车站临时门面459号
负责人:姜宏明
Tel:023-68616976

**重庆市高新技术产业开发区世固五金标件经营部**
地址:重庆市高新区达飞苑C栋603号
负责人:何世元
Tel:023-61560282

**重庆市高新技术产业开发区钦王食品包装机械商行制造厂**
地址:重庆市高新区石桥铺石新路27号
负责人:谢钦王
Tel:023-68631861

**重庆市久忠五金工具有限公司**
业务:钢楸、二锤、十字镐等五金类工具的生产、销售。
地址:重庆市大足县龙水镇永益路59号
负责人:张久忠
法人:张久忠
Tel:13908397112
023-43640178

**重庆市高新技术产业开发区康伦机电销售部**
地址:重庆市高新区石桥铺石杨路40号简易门面
负责人:秦淑华
Tel:023-68639045

**重庆市高新技术产业开发区三富水处理设备销售部**
地址:重庆市高新区石新路48号-1号
负责人:杨冬梅
Tel:023-68637690

**重庆市高新技术产业开发区世维套丝机经销部**
地址:重庆市高新区石杨路40号(C2区9号)
负责人:袁长明
Tel:023-61591031

**重庆圣石牛建材有限公司**
业务:石材加工、工程机械租赁、小五金、五金交电
地址:重庆市涪陵区义和镇兴义南路8号
负责人:韩世力 邮编:408104
法人:张敏
Tel:13996769901
13896793339

**重庆市高新技术产业开发区巨峡电器经营部**
地址:重庆市高新区石杨路44号附65号
负责人:何存林
Tel:023-61561616

**重庆市高新技术产业开发区飞粤焊接器材经营部**
地址:重庆市高新区渝州交易城渝成街275号-6
负责人:吕世萍
Tel:023-61560333

**重庆加满机械制造有限公司**
业务:集铸造、机械加工为一体,专业生产销售汽配、摩配、机械部件等系列产品,我们以专业的品质、优质的服务,真诚期待与您合作!
产品:汽车飞轮、摩托车配件、机械零部件等
地址:重庆市合川区土场镇西进街201号
负责人:姚善贵 邮编:401533
法人:周加满
Tel:023-42418403
Fax:023-42418416
E-mail:zjm051263@163.com

**重庆市高新技术产业开发区拓展五金门市**
地址:重庆市高新区渝州路79-9号
负责人:邓兴华
Tel:023-68573802

**重庆市丰收农机制造有限公司**
业务:本公司专业制造、销售:清水泵、吸沙泵、污水泵、汽油机水泵、电机水泵、农业机械及配件。年产水泵30000台,铸件1000余吨,配件20万件。我们将生产出更多适用于农业、节能省力的水泵及农业机械,建立更加完善的销售服务网络,服务于社会,促进农业机械化健康、快速发展。
地址:重庆市潼南县双江镇大礼堂
邮编:402675
法人:陈彪
Tel:023-44860389
Fax:023-44860301

**重庆奥雪制冷工程有限公司冷库冷冻设备厂**
地址:重庆市歌乐山镇金刚村新庙经济合作社
负责人:余恩民
Tel:023-63910099

**重庆市宇一机械有限公司**
地址:重庆市歌乐山镇山洞村坪上经济合作社
负责人:冉泽环
Tel:023-65530104

**重庆林洲机械制造有限公司**
地址:重庆市歌乐山镇重庆市歌乐山村黄花园
负责人:王艳
Tel:023-66122999

**重庆良明机械厂**
业务:生产多功能磨浆机
地址:重庆市江津区先锋镇水井湾街
负责人:敖荣明 邮编:402273
法人:敖荣明
Tel:13996110312
023-47611886
Fax:023-47611803

**开县三鑫商贸有限责任公司**
地址:重庆市汉丰镇新城育才路
负责人:薛奉斌
Tel:023-52252983

**重庆市巴南区永贵模具厂**
地址:重庆市花溪镇先丰村10组
负责人:叶永贵
Tel:023-62579647

**重庆裕昌纺织有限公司**
地址:重庆市回龙坝镇梁滩桥村15社
负责人:杨世才
Tel:023-65652008

**重庆市厦工机械销售有限公司配件分公司**
地址:重庆市机动车交易市场协信自由大道2栋14、15号
负责人:鞠泰
Tel:023-62831012

**重庆茂涛机械制造厂**
业务:农业机械及配件生产销售
地址:重庆市九龙坡区华岩镇新政村七社
负责人:朱勇 邮编:400000
法人:朱勇
Tel:13452036381

**重庆通达模具有限公司**
地址:重庆市建新东路310号
负责人:袁红
Tel:023-67722142

**重庆光奥贸易有限公司**
地址:重庆市建新南路16号19-5
负责人:黄光美
Tel:023-67766364

**重庆市江北区双江建筑模型制作部**
地址:重庆市建新西路17号侧楼
负责人:江云红
Tel:023-67750905

**重庆市伦凯荣士机械厂**
业务:切割机
地址:重庆市九龙坡区石板镇黄家堰村七社
负责人:刘世伦 邮编:400000
法人:刘世伦
Tel:023-65703629
13883127268

**重庆市鑫武机械制造有限公司**
地址:重庆市九龙乡盘龙村四组
负责人:黄益斌
Tel:023-89063101

**重庆力宏物资有限公司九龙分公司**
地址:重庆市九龙园区火炬大道9号B12-18号
负责人:聂福庆
Tel:023-61789116

**重庆市高新技术开发区蒋庄五金经营部**
业务:KBG、JDG穿线管,电缆桥架,金属软管,各种消防安装配件。
地址:重庆市九龙坡区石桥铺机电市场7-3号
负责人:何义粱 邮编:404100
法人:何义粱
Tel:023-68885058

**重庆市九龙坡区龚记爱康阀门经营部**
地址:重庆市九龙园区火炬大道9号B14-27号

……………………………… 负责人：龚德松
……………………………… Tel：023－68158314

**重庆市沙南商贸有限公司鑫云分公司**
地址：重庆市九龙园区火炬大道 9 号 B15－27 号
……………………………… 负责人：徐伟
……………………………… Tel：023－65317598

**重庆广隆物资有限公司**
地址：重庆市九龙园区火炬大道 9 号 B15－28 号
……………………………… 负责人：叶锦林
……………………………… Tel：023－61789301

**重庆市九龙坡区沪江阀门经营部**
地址：重庆市九龙园区火炬大道 9 号 B3－2 号
……………………………… 负责人：蒋道英
……………………………… Tel：023－68158699

## 重庆科格力液压机械有限公司

业务：液压元件、液压泵、液压系统、辅件等/集研究、设计、开发为一体，专业生产液压元件，并以合理的价格标准，优良的质量保证，良好的售后服务受到用户的普遍青睐和欢迎。
产品：液压元件、液压泵、液压系统、辅件等
地址：重庆市开县新城滨湖中路香榭水岸 4 栋 3－A
……… 负责人：游繁然 邮 编：200040
……………………………… 法 人：游繁然
…………… Tel：023－86836979
…………… Fax：023－86836987
……………… E-mail：youfanran@126.com

## 石柱土家族自治县沿溪农机专业合作社

业务：销售农用机械、维修，技术服务
地址：重庆市石柱土家族自治县沿溪镇中心街
……… 负责人：张世权 邮 编：409113
……………………………… 法 人：张世权
…………… Tel：13635346867

**重庆明驰运输有限公司**
地址：重庆市科园二路 126 号 5－4－3
……………………………… 负责人：杨友权
……………………………… Tel：023－68799116

**重庆升荣科技有限责任公司**
地址：重庆市科园三街 139 号附 33 号
……………………………… 负责人：李晓东
……………………………… Tel：023－68614062

**重庆市高新技术产业开发区足宝五金工具经营部**
地址：重庆市老顶坡汽摩综合市场 A 区 12－3 号
……………………………… 负责人：陈朝德
……………………………… Tel：023－89063643

## 重庆双湖机电设备有限公司

业务：专业从事机电、五金、机械、日杂的销售，提供完善售后服务、维修、安装及配件供应，追求卓越品质，服务创造价值，公司将一如既往地为新老客户提供优质的产品和完善的服务。
产品：矿山、通风、汽车、锻压、机电产品等
地址：重庆市双桥区双路镇镇政府 2 楼 9208 房
……… 负责人：吕光英 邮 编：400900
……………………………… 法 人：辜群力
…………… Tel：023－43334661
13883894423
…………… Fax：023－43334662

**重庆市北碚区明耀机械厂**
地址：重庆市龙凤路 13 号
……………………………… 负责人：李星渝
……………………………… Tel：023－68264190

**重庆新兴齿轮有限公司**
地址：重庆市龙凤桥镇重庆市龙凤一村 195 号
……………………………… 负责人：李兴明
……………………………… Tel：023－68262013

**重庆方立科贸有限公司**
地址：重庆市龙溪街道花卉园西一路 10 号 9－1
……………………………… 负责人：刘丽芳
……………………………… Tel：023－67612583

## 潼南县智慧农机厂

业务：农机生产销售
地址：重庆市潼南县双江镇智慧办事处
……… 负责人：张成龙 邮 编：432675
……………………………… 法 人：张成龙
…………… Tel：023－44862308
13983936316

**重庆依波特经贸有限公司**
地址：重庆市龙溪街道加州花园 A4 幢 13－7＃
……………………………… 负责人：冯国友
……………………………… Tel：023－67627076

## 重庆欧斯铭模具制造有限公司

业务：模具加工、设计
地址：重庆市渝北区双龙湖街道兰馨大道 6 号重庆国际五金机电城 5 幢 12
……… 负责人：吴成渝 邮 编：400000
……………………………… 法 人：吴成渝
…………… Tel：13500382108
023－67191719

**重庆明坤物资有限公司**
地址：重庆市龙溪街道加州花园 A6 幢 25－6 号
……………………………… 负责人：张明河
……………………………… Tel：023－67909812

## 重庆永义汇机电设备制造有限公司

业务：集研发、制造、销售、售后服务、维修、安装及配件供应于一体，专业生产机电设备、矿山设备、防爆器材，公司生产设备精良，技术力量雄厚，产品质量优良，深得客户好评！真诚期待与您合作！
产品：CCG3.0 防爆柴油机车、CCG5.0 防爆柴油机车、机车零部件
地址：重庆市渝北区双凤桥街道新华村九社（松林工业园 B 区）
……… 负责人：张文明 邮 编：401120
……………………………… 法 人：朱友
…………… Tel：023－67160110
13290006263
…………… Fax：023－67160200
……………… 网址：www.yyhjdsb.cn
……………… E-mail：840022561@qq.com

**重庆豪盾机电设备有限公司**
地址：重庆市龙溪街道松北支路 28 号
……………………………… 负责人：任云菊
……………………………… Tel：023－66618811

**重庆市文斯特贸易有限公司**
地址：重庆市龙溪街道武陵路 224 号
……………………………… 负责人：张晓文
……………………………… Tel：023－67917505

## 重庆市意门装饰工程有限公司

业务：承接室内、外设计装潢装饰工程，大型活动策划，房地产开发工程，市政工程，道路建设，道路施工，批发零售各类建筑材料
地址：重庆市万州区王牌路 252 号
……… 负责人：陈建设 邮 编：404000
……………………………… 法 人：陈建设
…………… Tel：13709432559
023－58113979

**重庆飞泉物资有限公司**
地址：重庆市南坪东路 581 号 2 单元
……………………………… 负责人：庞亨满
……………………………… Tel：023－62942102

**重庆百川机电设备维修有限公司**
地址：重庆市南坪南路 321 号 1 单元
……………………………… 负责人：唐勇
……………………………… Tel：023－63619285

## 重庆市渝北区茨竹农机专业合作社

业务：农机服务
地址：重庆市渝北区茨竹镇街道
……… 负责人：蒋左贤 邮 编：401132
……………………………… 法 人：蒋左贤
…………… Tel：023－67210235

**重庆比快特电梯有限公司**
地址：重庆市南坪南路 82 号 1 单元 12－4 号
……………………………… 负责人：叶健
……………………………… Tel：023－62800368

**重庆嘉尔达商贸有限公司**
地址：重庆市南坪西路 28 号 5－5 房
……………………………… 负责人：李琪
……………………………… Tel：023－62600871

## 重庆市永川区太盛机械设备制造有限责任公司

业务：煤车
地址：重庆市永川区三教镇开发区山川路 28 号
……… 负责人：刘自中 邮 编：400000
……………………………… 法 人：刘自中
…………… Tel：023－49353556

**重庆汉科商贸有限责任公司**
地址：重庆市南坪响水路 23 号 1 单元 6－11 号
……………………………… 负责人：万姣
……………………………… Tel：023－62922088

## 重庆旋力机械厂

业务：机械零部件加工、销售
地址：重庆市永川区三教镇云龙村张家老院子村民小组
……… 负责人：余和斌 邮 编：400000
……………………………… 法 人：余和斌
…………… Tel：13320287126
… 网址：http://www.51zzt.com/user/zzt34287

**重庆市九龙坡区安强水暖器材经营部**
地址：重庆市九龙园区火炬大道 9 号 B8－25 号
……………………………… 负责人：林安强
……………………………… Tel：023－68158073

**重庆市九龙坡区远沪阀门经营部**
地址：重庆市九龙园区火炬大道 9 号 B9－14 号
……………………………… 负责人：武红峰
……………………………… Tel：023－68158172

## 重庆市渝电汽车弹簧有限公司

业务：专业生产汽车钢板弹簧的私营企业。年产达 10000 吨，品种：红岩（金刚），斯太尔（王），铁马，奔驰，沃尔沃，金龙，宇通，江淮，杭汽，大宇，广骏，东风，解放，导向臂，吊车等；配套厂：重庆宇通，四川长起，航天军车。大量出口德国，意大利……。热情欢迎国内外客商友好合作，共创辉煌。
地址：重庆市永川市胜利路塘皇坝
……………………………… 邮 编：402160
……………………………… 法 人：欧祖孝
……………………………… Tel：023－49839346
49839555
49839988
49839966
……………………………… Fax：023－49839606

**重庆华尊机电设备有限公司**
地址：重庆市南坪重庆市南坪西路 23＃1 栋 13 层
……………………………… 负责人：秦通才
……………………………… Tel：023－66669200

## 重庆持恒模具有限公司

重庆持恒模具有限公司成立于2004年12月，公司位于重庆市九龙坡区。是一家从事高精密注塑模具，汽车检具，工装夹具于一体的高效团队。公司坚持以"持之以恒"的发展理念，力争为客户交付最好的产品。为广大客户做好后勤工作。热忱欢迎新老客户亲临指导！

联系人：李元果 13896018563
电话：023-68679562 传真：023-68679562
网址：www.cqchiheng.com 电子邮件：chiheng_mould@188.com
地址：重庆市九龙坡区袁家岗151号技术中心 邮编：400050

## 重庆凯罗尔机械配件有限公司

重庆凯罗尔机械配件有限公司成立于2008年，从事汽车配件、摩托车配件、通机发电机组配件的生产及销售。

"以诚待人，开拓创新，处事守信，精益求精"是我们始终如一的追求，我们愿与各界朋友一起，携手共创美好的未来。

联系人：胡学光 电话：023-43629883 15823891240
地址：重庆市大足县邮亭镇通桥村1舍 邮编：402368

## 重庆美东机械有限责任公司

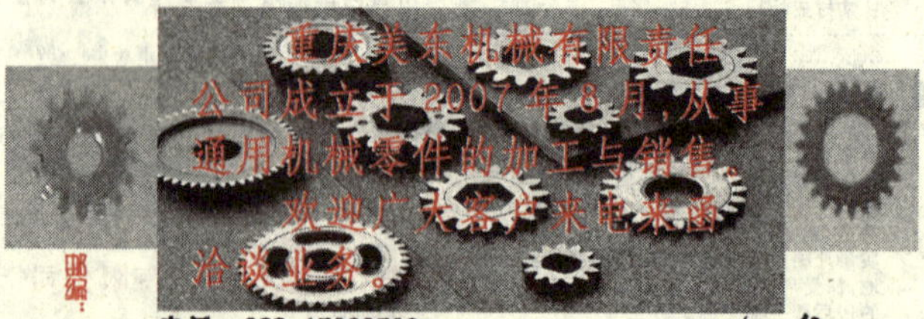


邮编：402284
电话：023-47833722
传真：023-47843638
地址：重庆市江津区德感陕石村
联系人：邹晓东
13883775860

## 重庆綦丰齿轮有限责任公司

重庆綦丰齿轮有限责任公司成立于2008年，主要从事于汽车变速箱、齿轮、轴承、副箱轴承的生产与销售。

公司将以一流的服务，一流的产品，一流的质量和一流的信誉与海内外宾客携手共进。

联系人：陈峰 电话：023-48606366
13389610858 13389608707 传真：023-48606366
地址：重庆市江津市广兴镇彭桥工业园区 邮编：402227

## 重庆市渝北区圣湖机械设备经营部

重庆市渝北区圣湖机械设备经营部成立于2007年，主要从事于机械设备的经营。

公司始终以"以人为本，科技领先，诚信经营，创知名品牌"为宗旨，一如既往为客户提供可靠的产品，完善的服务，共同发展，共创佳绩。

欢迎国内外新老客户光临，互利互惠、携手共进！

联系人：吴志文 13883962415 电话：023-66380007
地址：重庆市渝北区龙兴街31号4单元6-4号 邮编：401120

## 河北省/Hebei Province

**霸州市东杨庄艳涛塑料五金制品厂**
业务：加工塑料五金件
地址：河北省霸州市东杨庄乡刘南庄村
负责人：胡艳涛　邮　编：065700
法　人：胡艳涛
Tel：13833681809
0316－7378698
Fax：0316－7378698

**涞水县众鑫矿山机械配件经销部**
业务：大小型，破碎机及选矿设备生产，销售，维修。
地址：河北省保定市涞水县魏村
负责人：曹亚东　邮　编：071000
法　人：曹亚东
Tel：13643224269

**承德松立通用机械制造有限公司**
业务：通用机械制造、销售，检测仪器，自动化仪表生产与制造，各种输送机，汽车机械密码锁，积放车，各种试验机
地址：河北省承德市开发东区
负责人：慈国良　邮　编：067000
法　人：慈国良
Tel：0314－2120019
Fax：0314－2120283
Tel：www.ciguoliang.cn.alibaba.com
E-mail：adsongli@163.com

**保定市南市区学全传动轴校验部**
业务：传动轴
地址：河北省保定市南市区南二环路南（民通公司门脸）
负责人：王学全　邮　编：071000
法　人：王学全
Tel：13582261538
0312－8913319

**曲阳县华烁电动工具有限公司**
业务：生产、销售电动工具，磨料磨具
地址：河北省保定市曲阳县雕刻城30号
负责人：孙茹欣　邮　编：073100
法　人：孙茹欣
Tel：0312－4217118
13933210175

**丰源轴承有限公司**
地址：河北省临西县河西镇常屯村
负责人：张善龙
Tel：0319－8541466
13932967058

**唐县牵手兄弟线缆有限公司**
业务：各型号电线电缆生产、销售
地址：河北省保定市唐县三曲庄村
负责人：刘红涛　邮　编：072350
法　人：刘红涛
Tel：0312－6427878

**泊头市昊烨铸造有限公司**
业务：专业铸造
地址：河北省泊头市寺门村镇顾码头北
负责人：邢庆云　邮　编：061001
法　人：邢庆云
Tel：0317－8093899

**邯郸市驰衡机电设备有限公司**
业务：邯郸市驰衡机电设备有限公司成立于2005年，主要生产销售机电设备。欢迎新老客户光临、惠顾！
地址：河北省邯郸市东柳西街17号2号楼4单元6号

负责人：李飞　邮　编：056000
法　人：李飞
Tel：0312－5276063

**农机配件**
地址：河北省保山市满源县汽车站西行200米腾飞旅社楼下农机配件
负责人：马志红
Tel：0312－7327780
13932254350

**泊头市前冯机械制造有限公司**
业务：机械制造
地址：河北省泊头市洼里王镇工业小区（宏晟机械铸造有限责任公司）
负责人：冯先生　邮　编：062150
法　人：冯汝洪
Tel：0317－8098899
13803233206

**孟村回族自治县兆兴高压法兰厂**
业务：高压件、法兰生产销售
地址：河北省沧州市孟村回族自治县辛店
负责人：丰兆兴　邮　编：061400
法　人：丰兆兴
Tel：0317－6832088

**邯郸县孙庄五金制品厂**
业务：邯郸县孙庄五金制品成立于1994年，主要生产扁钢、建筑用预埋件、小块中板等。欢迎新老客户惠顾，来电来人洽谈业务。
地址：河北省邯郸市邯郸县南堡乡孙庄村
邮　编：056001
法　人：闫克河
Tel：0310－8116081
Fax：0310－3165123

**烁奇纸箱机械制造有限公司**
地址：河北省沧州市东光县连镇镇四维工业区
负责人：李峰
Tel：0317－7759577
13754538888

**孟村回族自治县军腾法兰厂**
业务：各种规格法兰
地址：河北省沧州市孟村县高寨镇高寨村
负责人：任腾腾　邮　编：061000
法　人：任腾腾
Tel：13932748581
0317－6821113

**南皮县茂林五金制造有限公司**
业务：汽车、五金、冲压件
地址：河北省沧州市南皮县洪辛村
负责人：王洪义　邮　编：061001
法　人：朱谚蓉
Tel：0317－8781296
13932738890
Fax：0317－8782360

**沧州明远机械有限公司**
业务：机械、配件
产品：皮带机、托辊、支架、密封件、轴承座、冲架件、注塑机
地址：河北省沧州市献县南河头乡抛庄
负责人：刘景志　邮　编：062250
法　人：刘景志
Tel：13833999340
0317－4645771
Fax：0317－4645456

**保定东盛机床制造有限责任公司**
业务：本公司是国内数控铣床（数控铣雕机系列）、组合机床及动力部件系列生产规模较大、品种规格最为齐全的厂家之一，是河北省机械工业龙头企业。欢迎国内外客户惠顾，我们将竭诚为您服务。
地址：河北省保定市南市区东二环东盛路39号
负责人：刘立鑫　邮　编：071000
Tel：0312－2191666
2191678
网址：www.bdjcc.cn

**立和焊丝有限责任公司**
地址：河北省东光县东光镇建设路26号
负责人：谭立和
Tel：13932733768

**沧州聚宝鑫金属材料有限公司**
业务：专业从事电机电器、吊车配件的生产、销售，公司生产设备精良、技术力量雄厚、生产工艺先进，深得客户好评！
产品：电机用碳刷、集电环、电刷架、吊车用滑板、滑线
地址：河北省沧州市新华区张家坟村
负责人：苏中来　邮　编：061000
法　人：苏中来
Tel：0317－3599401
13513489199
Fax：0317－3599401
网址：www.chi.nrp.ort.gcv.cn

**永年县良印索具制造有限公司**
业务：永年县良印索具制造有限公司成立于2003年，是一家产供销一体化的企业。主要生产花篮螺丝、卸扣、卡头等索具类产品，质量保证，价格合理，热诚欢迎各方客户惠顾。
地址：河北省邯郸市永年县河北铺标准件商城东2排一号
邮　编：057150
法　人：赵良印
Tel：0310－6862081
6893081

**惠德机械工具厂**
地址：河北省藁城市商贸城东盛巷13号
负责人：张书林
Tel：13503202156

**邯郸市邯山区日鑫五金土产门市**
业务：五金土产销售
地址：河北省邯郸市邯山区南大街81号
负责人：高国兵　邮　编：056000
法　人：高国兵
Tel：0310－3138007
13700303114

**邯郸市三重起重机械有限公司**
业务：销售起重机械
地址：河北省邯郸市和平路500号东苑小区东环二层1－6号门市
负责人：石元三　邮　编：056000
法　人：石元三
Tel：13730072727
0310－8018700

**故城县起发硬质合金工具有限公司**
业务：主要经营名种硬质合金的制造、加工与销售。
地址：河北省衡水市故城县建国镇东冯村
邮　编：253805
法　人：秦令起
Tel：0318－5453219
Fax：0318－5455219
网址：www.qifahj.com

**锦麒机电设备维修有限公司**
地址：河北省邯郸市丛台区人民路东段路南（东升饭店149号）
负责人：陈木楠
Tel：0310－3080804
13803209928

**邯郸市农丰管业有限公司**
业务：生产、销售塑料管材
地址：河北省邯郸市鸡泽县
负责人：侯建庭　邮　编：057350
法　人：侯建庭
Tel：13930001002
0310－7599588

**邱县皓天自行车配件有限公司**
业务：生产与销售自行车配件
产品：自行车配件
地址：河北省邯郸市邱县古城营村南
负责人：李凤刚　邮　编：057450
法　人：李凤刚
Tel：13785089333
0310－8228658

**河北巨鑫输送工程有限公司**
业务：本公司是专业生产成套输送机械的厂家。我公司坚持"质量兴业"的创业思想、奉行"用户满意"的服务宗旨，以"诚信用、实事求是"为经营之本。竭诚欢迎广大客户来电洽谈业务！
地址：河北省衡水市枣强县崔庄工业区
负责人：李毅　邮　编：051300
法　人：李发金
Tel：0318－8438222
Fax：0318－8438485
网址：www.hbjuxin.com

**恒大矿业机械有限责任公司**
地址：河北省邯郸市大名县三里店桥东路北
负责人：李培昱
Tel：0310－6569521

13932071145

**邯郸市启信钢材市场晨雕锯床经销处**
业务：经销"晨雕"锯床、锯条
地址：河北省邯郸市五仓街11号市场东门门市5号
负责人：叶海洋　邮　编：056000
法　人：叶海洋
Tel：13739674767
15930026042

**武安市奈克物资经销部**
业务：销售空气压缩机、凿岩机、钻头钻杆
产品：空气压缩机、凿岩机、钻头钻杆
地址：河北省邯郸市武安市工矿机电设备市场3排8号
负责人：李崇贞　邮　编：056300
Tel：0310－5176130
13603103595
Fax：0310－7890035
网址：www.wankwu.cn
E-mail：lichongzhen20@163.com

**冀州市曜荣玻璃设备厂**
业务：主要经营：玻璃钢设备（玻璃钢缠绕机等）的生产与制造。
地址：河北省冀州市工业园区开元路英华网格布厂院内
邮　编：53200
法　人：王文革
Tel：0318－8660621
8616121
Fax：0318－8616121

**秦皇岛市抚宁金实机械制造有限公司**
地址：河北省秦皇岛市抚宁镇骊城大街头东侧249号
负责人：李纯JI
Tel：0335－6686881
13903338856

**永宁县天赐毛栓厂**
业务：专营毛栓，各种四方、斗型丝、鹅蛋丝、单头、双头、地脚丝、毛栓规格8－60、长度80－500，订做各种异型件
地址：河北省邯郸市永年县河北铺新商城西5号
负责人：未社奇　邮　编：057150
法　人：未社奇
Tel：13722382266
0310－6708248

**邯郸市弟兄紧固件制造有限公司**
业务：紧固件加工制造
地址：河北省邯郸市永年县刘营乡龙曹村西
负责人：董朋科　邮　编：057150
法　人：董朋科
Tel：13831024507
0310－6868664
6799586
Fax：0310－6799586

**秦皇岛市金夕机械设备有限公司**
业务：秦皇岛市金夕机械设备有限公司成立于2003年，从事机械加工、机械配件、钢结构制作、安装。公司本着平等互利为基础，真诚合作为原则；以高素质、低价位的经营方式，一如既往的加强与新老客户的合作，携手共创美好的明天！
地址：河北省秦皇岛市海港区北港镇街里村南
邮　编：066013
法　人：侯雨先
Tel：0335－3890959
Fax：0335－3890959

**三河市星宇矿山设备有限公司**
地址：河北省三河市新集镇
负责人：夏富
Tel：0316－3552818
13803169826

**新源紧固件厂**
业务：膨胀螺丝系列，6至20到200，可按客户要求定制，电梯系列
地址：河北省邯郸市永年县卢对营村
负责人：赵伟周　邮　编：057150
法　人：赵伟周
Tel：13730056086
15832058778
0310－5609173
6726821
Fax：0310－6726821

**红祥机件加工厂**
业务：经营铸件模具、各种铸件
地址：河北省邯郸市永年县南杜村
负责人：郭红祥　邮　编：056000
法　人：郭红祥
Tel：0310－6802226

**秦皇岛市嘉泰五交化有限公司**

## 厨具分公司

业务：本公司成立于 1985 年，主要销售五金交电、厨具。以质量求生存，以信誉求发展，热忱欢迎新老客户光临、惠顾！
地址：河北省秦皇岛市海港区河北大街 303 号
负责人：李成钢 邮　编：066000
法　人：李成钢
Tel：0335－3034774
5912948

## 保定市卓远液压机电设备制造有限公司

业务：我公司是专业生产液压泵站、液压成套设备及各种机械设备的专业厂家，并承揽机械加工、金属结构件的焊接制造及非标设备的制造、装配。曾先后为冶金行业、煤炭行业、铁路系统、电力系统以及焊管等行业配置了成套液压机机械设备，并深受用户好评。
地址：河北省保定市南市区三丰东路 325 号
负责人：陈英惠 邮　编：071000
法　人：陈英惠
Tel：0312－2110074
Fax：0312－8929116

## 河间市双兴硬质合金模具有限公司

业务：定制和销售各类合金模具
产品：合金模具
地址：河北省河间市北石槽乡邢庄村
负责人：魏尚楠 邮　编：061001
法　人：魏尚楠
Tel：0317－3821769

## 河间市南大齐拉丝模具厂

业务：拉丝模具、五金机械模具及各种非标模具
产品：各种硬质合金模具、拉管拉棒、冲压六角四方及各种非标异型模具、国产进口钻石模具、专业制作焊丝模具、高晶、表晶、异形模具、拉丝模具
地址：河北省河间市南大齐
负责人：张大淹 邮　编：062459
法　人：张运峰
Tel：0317－3831312
Fax：0317－3835322
E-mail：daqi_die@sina.com

## 福瑞紧固件制造有限公司

地址：河北省沙河市桥西办事处曹庄二村
负责人：薛瑞民
Tel：13903199369

## 安平县盛秦滤清器厂

业务：专业从事各种滤清器，滤芯研制和生产销售服务，本厂有现代化滤清器生产设备，先进的技术力量和高素质技工人员，满足用户对各种过滤器的需求。
产品：滤清器三滤、高压油管、胶铸滤芯
地址：河北省衡水市安平县南白沙庄村
负责人：秦亚芳 邮　编：053600
法　人：秦亚章
Tel：0318－7715523
13994262737
Fax：0318－7715299

## 安平县昊达五金制品有限公司

业务：矿筛，矿机配件，锚杆
地址：河北省衡水市安平县南王庄村
负责人：李涛 邮　编：053000
法　人：李涛
Tel：0318－7627337
Fax：0318－7626977

## 康保县汇通机电

业务：经营各种电料、电机、电动工具
地址：河北省张家口市康保县劳动服务局底商
负责人：魏生兵 邮　编：075000
法　人：魏生兵
Tel：13931323843
15128360266

## 凯德利五金机电有限责任公司

地址：河北省商碑店市火车站迎宾大楼一楼
负责人：王彪
Tel：0312－2810116
13503323019

## 安平县联德五金网业有限公司

业务：生产、销售金属丝网，聚脂丝网、装饰网、护栏网
地址：河北省衡水市安平县正饶路北（王各庄村段）消防大队对面
负责人：孟文杰 邮　编：053600
法　人：孟文杰
Tel：0318－7978896
13903287523

## 石家庄市天润机电设备有限公司

业务：石家庄市天润机电设备有限公司成立于 2003 年，从事机电产品（仪表、电频器）的销售。欢迎来电垂询！
地址：河北省石家庄市建设北大街 132 号和美大厦 423 房间
邮　编：050011
法　人：陈国强
Tel：0311－85526281
Mobile：13323116231

## 阜城县金立机电配件有限公司

业务：生产、销售电机配件
地址：河北省衡水市阜城县码头镇驻地
负责人：祁金立 邮　编：053703
法　人：祁金立
Tel：0318－4868829
13831864180

## 河北省唐山市丰南区憬衡机械加工厂

业务：河北省唐山市丰南区憬衡机械加工厂主要从事白灰的生产与加工。产品以质量求生存，以效益求发展，建厂以来产品一直供不应求，希望各界人士随时光临。
地址：河北省唐山市丰南区小集镇郑庄子村
负责人：郑廷国 邮　编：063303
法　人：郑廷国
Tel：0315－8598037

## 徐水县日力吊索具有限公司

业务：各种规格钢丝绳、吊装带、索具等
产品：钢丝绳、吊装带、索具等
地址：河北省徐水县振兴东路 68 号
负责人：袁会广 邮　编：072550
法　人：袁会广
Tel：0312－8683004
Fax：0312－8691761
网址：www.hbrldsj.com
E-mail：hbrldsj@163.com

## 张家口市飞腾机械传动设备有限公司

业务：本公司成立于 1998 年，是销售代理减速机电机系列产品。主要经营的产品是减速机电动滚筒电机等及其设备配件，我们经营的产品以"质量为生命，信誉为准则，用户至上"的经营理念，不断创新，追求卓越。
地址：河北省张家口市宣化区地道桥西马道 12 号楼 23 号
负责人：薄永飞 邮　编：075100
法　人：薄永飞
Tel：0313－3082368
Fax：0313－7961625
网址：www.ftjxcd.com

## 清河县科举模具厂

业务：各种模具制造
地址：河北省邢台市清河县三羊西街南侧
负责人：安连科
法　人：安连科
Tel：13131988770
0319－8185482

## 河北冬日锅炉制造有限公司

地址：河北省石家庄市行堂县郚河桥工业开发区（锅炉厂）
负责人：耿根堂
Tel：0311－82985888
82988444
13513383888

## 故城县三朗金双铸造厂

业务：电机壳、刻皮机牙板
地址：河北省衡水市故城县三朗乡张田村
负责人：王金双 邮　编：053000
Tel：13703185321
0318－5580066
Fax：0318－5580066

## 景县智龙金属软管加工部

业务：金属软管、胶管、接头、四佛管加工
地址：河北省衡水市西苑路东侧景城饭店南
负责人：潘志龙 邮　编：053500
法　人：潘志龙
Tel：0318－7159592

## 邢台天工电子衡器有限公司机械制造分公司

业务：专业从事剪板机、折弯机、卷板机、矿山建筑环保设备等通用器械制造销售，对外承揽加工制作业务。我们秉承诚实、守信、专业、共赢的经营理念竭诚为您服务。
地址：河北省邢台市桥东区新华南路电厂路口北路东
负责人：王强 邮　编：054001
法　人：王强
Tel：0319－7338678
Fax：0319－3111889

## 河北河间市精工拉丝模具厂

业务：河北河间市精工拉丝模具厂成立于 2002 年，主要从事拉丝模具的生产销售。我厂可根据客户的需求进行生产加工。"诚信为本，信誉第一"，竭诚欢迎各方客户来电洽谈业务，共同发展。
地址：河北省沧州市河间市留古寺镇南大齐村
邮　编：062453
法　人：马庆胜
Tel：0317－3833002
Fax：0317－3836030

## 河北省肃宁县天源刃具厂

地址：河北省肃宁县万里镇工业区
负责人：毛鹤振
Tel：0317－5080359
13932730818

## 衡水市桃城区鑫海焊接部

业务：设备及管道的焊接
地址：河北省衡水市中华北大街（煤场南邻）
负责人：王新海 邮　编：053000
法　人：王新海
Tel：13131853627
0318－2103538

## 鑫发法兰

业务：法兰制作、弯头管件销售
地址：河北省黄骅市常郭镇前尚村
负责人：崔树发 邮　编：061100
法　人：崔树发
Tel：13784723601
15031713704

## 隆尧县冀工建筑机械厂

业务：生产、销售建筑机械配件
产品：搅拌机配件
地址：河北省邢台市隆尧县莲子镇耿家庄村
负责人：张社群 邮　编：054000
法　人：张社群
Tel：0319－6591070
13930930738

## 黄骅市金鑫五金制品有限公司

业务：黄骅市金鑫五金制品有限公司成立于 2004 年，主要从事汽车配件、自行车配件、带钢的销售。"诚信经营，质量保证，价格合理，服务周到"，热诚欢迎广大新老客户惠顾。
地址：河北省沧州市黄骅市常郭镇马子札村
邮　编：061112
法　人：吴月强
Tel：0317－5965818
Fax：0317－5965788

## 辛集市方兴泡塑机械厂

业务：泡塑机械生产
地址：河北省辛集市天宫营乡天宫村西
负责人：吴建伟 邮　编：050011
法　人：吴建伟
Tel：0311－83400998
网址：http://fangxing66.bmlink.com

## 张家口市塞北机械有限公司

业务：张家口市塞北机械有限公司始建于 1989 年，主要从事机械加工、大型结构件制造，以质量求生存、信誉求发展，欢迎广大客商前来咨询、洽谈业务。
地址：河北省张家口市桥西区孤石村 2 号
负责人：张存德 邮　编：075500
法　人：张存德
Tel：0313－8065020

## 河北省玉田县海通线材制造有限公司

业务：钢丝，铁丝，镀锌丝，五金机电等
产品：各种型号弹簧丝，钢丝，镀锌丝
地址：河北省唐山市玉田县鸦鸿桥镇瑞丰五金机电
负责人：韩立志 邮　编：064102
法　人：李文怀
Tel：0315－6559788
13373156098
Fax：0315－6559788

## 任县金都机械制造有限公司

地址：河北省刑台市任县刑湾工业区
负责人：贾江华
Tel：0319－7585056
13831996459
13930900906

## 黄骅市东升电气焊维修部

业务：电气焊维修、保护焊加工、专业半挂车、自卸车维修
地址：河北省黄骅市建材市场
负责人：孙安明 邮　编：061100
法　人：孙安明
Tel：15030785001
15128717727

## 沧州奥麒麟五金制品有限公司

业务：沧州奥麒麟五金制品有限公司成立于 2006 年，主要生产销售各种材质的冷轧薄板，光亮带，黑带。"诚信经营、质量保证、价格合理、服务周到"，热诚欢迎广大新老客户来电来人洽谈业务，共同合作。
地址：河北省沧州市南大港管理区
邮　编：061103
法　人：刘兴隆
Tel：0317－5893777
Mobile：13463708777
Fax：0317－5893222
网址：www.mtw29251.chinapyp.com

## 黄骅市台科精密五金加工厂

业务：精密五金加工
地址：河北省黄骅市模具城
负责人：郑以林 邮　编：061100
法　人：郑以林
Tel：15830800788
0317－5861709
Fax：0317－8881709

## 滦南县睿智机械厂

业务：加工制造矿山设备、民用机械
产品：多种型号井架、矿车、焦化选矿、烧结、轧钢及全配件
地址：河北省唐山市滦南县马城镇米庄村
负责人：李若民 邮　编：063500
法　人：李若民
Tel：13903154360
0315－4473588
Fax：0315－4483588

## 临城县齐兴机械有限公司

地址：河北省邢台市临城县南中皋村南
负责人：张小兵
Tel：13930914809

## 大城县诚信模具厂

业务：主要承揽注塑，挤塑，压铸，橡胶等各种模具及车床，洗床线切割加工业务。
地址：河北省廊坊市大城县北位乡位吉村（位吉加油站对面）
负责人：刘胜刚 邮　编：065000
法　人：刘胜刚
Tel：13503240459

## 文安县祥盛模具厂

业务：模具注塑、模具设计
地址：河北省廊坊市文安县城南关
负责人：任柏祥 邮　编：065000
法　人：任柏祥
Tel：13731629127
0316－7828658

## 唐海龙创煤矿设备制造有限公司

业务：本公司主要生产销售：煤矿专用设备、刮板运输机、带式输送机。热忱欢迎新老客户来电洽谈业务！
地址：河北省唐山市唐海县八农场
负责人：陈博 邮　编：063200
法　人：陈博
Tel：0315－8881666

## 唐山市路南恒通五金经销处

业务：经营弯头、法兰、不锈钢管件
地址：河北省唐山市路南区五交化市场 D1 座 25 号
负责人：赵文正 邮　编：063000
法　人：赵文正
Tel：0315－2878213
13012012826

## 唐山市爱福森工业炉技术有限公司

业务：工业炉、工业炉配件、工业炉维修
地址：河北省唐山市高新区大庆道 106 号
负责人：赵绍仲 邮　编：063020
法　人：赵绍仲
Tel：13784098109
0315－5371083
Fax：0315－3109162
网址：http://www.51zzt.com/user/zzt30073

## 永清县三圣口兴旺五金加工厂

业务：加工电子器件，镶件，接线柱，各种非标件
地址：河北省廊坊市永清县三圣口乡张家场村
负责人：刘庄 邮　编：65000
法　人：刘庄
Tel：0316－6553108
13082050023
Fax：0316－6553108

## 任丘市恒达焊接设备有限公司

业务：生产、销售焊接设备
地址：河北省任丘市吕公堡镇颜家村
负责人：李建国 邮　编：062550
法　人：李建国
Tel：0317－2839219
13932738622

## 青县同顺电器设备厂

业务：青县同顺电器设备厂于 1999 年创建，坐落在交通便利的河北省沧州市青县马厂镇杨官店三村。多年来专业生产、销售电力机柜（机箱、机柜），质量是企业的生命，用户是我们的上帝，狠抓产品质量，努力提高技术水平，现代化的管理是我们永无止境的追求，我们的口号是："开拓进取、

振兴企业、求实创新、拼搏发展”。
地址：河北省沧州市青县马厂镇杨官店三村
…………邮　编：062650
…………法　人：李玉昆
…………Tel：0317－4375875
…………Mobile：13315712543
…………Fax：0317－4375828

**邢台义隆冶金设备有限公司**

地址：河北省邢台市桥东区中兴东大街亿德隆商务公寓1号楼308号
…………负责人：于新云
…………Tel：13231912436

**唐山市硕鑫机械设备维修有限公司**

业务：水泥机械设备维修、大型设备安装
地址：河北省唐山市丰润区岔河镇大荣各庄南街152号
………负责人：黄维苓　邮　编：063000
…………法　人：黄维苓
…………Tel：13930581653
13313295287

**邢台市广通橡塑密封件有限公司**

业务：本公司生产PVC管道密封件，规格直径50－630，各式给水管胶圈、排水管伸缩节胶垫，立检口胶垫活接头胶圈等。下属机械配件厂（副厂）生产矿山机械橡胶件，铸铝件，液压及气动件。欢迎各界光临指导，共创辉煌。
地址：河北省邢台市任县辛店镇辛庄
…………邮　编：055153
…………法　人：孔令周
…………Tel：0319－7565610
…………Fax：0319－7639700

**唐山市丰南区嘉鹏石粉经销站**

业务：生产、销售石粉
地址：河北省唐山市丰南区黄各庄镇红花园村东
………负责人：左春伟　邮　编：063300
…………法　人：左春伟
…………Tel：13832555559
13832555968

**石家庄永洁机电设备有限公司**

业务：冶金、机械设备（特种设备除外）液压润滑气动设备、电力工程设备、起重设备、五金交电、化工产品（不含：危险化学产品及其它前置性行政许可证项目）的销售
地址：河北省石家庄桥西区西三教盛世华庭梅林园7－3－101号
…………负责人：杨勇　邮　编：050011
…………法　人：杨勇
…………Tel：0311－85933867
…………Fax：0311－85933867

**沧州恒星服装机械有限公司**

业务：沧州恒星服装机械有限公司主要加工机械及配件。欢迎新老客户光临、惠顾！
地址：河北省沧州市青县四沃头工业区
…………负责人：谭中锋……邮　编：062600
…………法　人：谭中锋
…………Tel：0317－4163328

**灵寿县晟冉铸造有限公司**

业务：加工与销售各种铸件
产品：各种铸件
地址：河北省石家庄市灵寿县宅头乡水峪村
………负责人：路小军　邮　编：50505
…………法　人：路小军
…………Tel：15097305777
0311－82603018

**河北经纬机械制造有限公司**

业务：本公司成立于2006年，是一家致力于工业自动化产品的开发设计、生产和销售的大型技术型公司。主要产品有工程塑料拖链、纲制拖链、导管防护套、工作灯、软管、软管接头、机床垫铁、防护罩等系列产品。
地址：河北省盐山县白庙开发区
…………负责人：胡连军……邮　编：261302
…………法　人：胡连军
…………Tel：0317－6169331
…………Fax：0317－6169332

**行唐县园硕机械配件有限公司**

业务：汽车、柴油机、拖拉机、种植机械、收获及综合利用机械零件的铸造及加工
地址：河北省石家庄市行唐县南宅营乡南石庄村
………负责人：王建会　邮　编：050600
…………法　人：王建力
…………Tel：13930487996
0311－82756025
…………Fax：0311－82756025
…………E-mail：maqingze@126.com

**河北省石家庄市赵县华盛不锈钢制品门市**

业务：承揽各种不锈钢设计与安装工程，专业、一流的施工队伍，竭诚为您服务！
产品：电动伸缩门、旗杆、广告牌、防盗门、窗，各种铁艺栏杆、防盗网、围墙、景观大门的设计与安装
地址：河北省石家庄市赵县自强路
………负责人：陈现任　邮　编：051530
…………法　人：陈现任
…………Tel：13933041365

**滦南县振杰五金工具制造有限责任公司**

业务：本公司成立于2003年，是河北省农具产品主要生产厂家，我厂主要生产农具品牌：双狼、118、金羊牌农具。本厂主要生产各种型号的机制钢锨，滚锻钢叉两大系列，几十种规格产品。本着“信誉第一，企业的追求是用户满意”的服务宗旨，竭诚欢迎海内外用户来电洽谈业务，建立永久的业务合作伙伴！
地址：河北省唐山市滦南县宋道口镇刘庙村北
…………负责人：鲁振杰……邮　编：063500
…………法　人：鲁振杰
…………Tel：0315－4287588

## 宽城碾子峪满鑫铸造厂

宽城碾子峪满鑫铸造厂成立于2005年，专业从事球磨机零部件的铸造、销售。主要产品有钢球、锻球、衬板等。我公司秉承“顾客至上，锐意进取”的经营理念，坚持“客户第一”的原则为广大客户提供优质的产品。欢迎来电洽谈业务！

联系人：邱满 13832419501
电话：0314-6916631 传真：0314-6916631
地址：河北省承德市宽城满族自治县碾子峪镇榆树峪村
邮编：067000

## 任丘市凯晟石油机械制造有限公司

任丘市凯晟石油机械制造有限公司以生产各种油套管接箍、油壬、盘根盒、抽油杆扶正器等钻采配件为主。

我公司秉承“顾客至上，锐意进取”的经营理念，坚持“客户第一”的原则为广大客户提供优质的服务。欢迎广大客户惠顾！

联系人：尤卫星
电话：0317－2769639 2769993
地址：河北省任丘市华北石油运输永丰小区16号1单元 邮编：062552

## 满城县众工挖掘机配件门市部

联系人：张勇生
13753171136

本公司成立于2007年，主要经营挖掘机配件。

从公司成立至今我们一直强调经营高品质的优质配件，诚实专业的服务宗旨，致力解决客户后顾之忧为目标，竭诚为您服务。

电话：0312-7196606
邮编：071000
地址：河北省保定市满城县中山东路西马村北

## 三河市燕南钻具加工厂

三河市燕南钻具加工厂专业生产、加工钻具系列产品，代表产品有螺旋转杆，我们有十多年的生产加工经验，产品质量过硬，值得信赖。

我们将秉承“质量第一，顾客至上”的宗旨，恭候您的光临选购！

联系人：张殿祥 13831663176 电话：0316－3353554
地址：河北省廊坊市三河市燕郊南杨庄村委会 邮编：065201

## 南皮县军信冲压弹簧厂

地址：河北省沧州市南皮县南皮镇北街

南皮县军信冲压弹簧厂成立于1998年，本公司专业从事生产、销售各种五金冲压件，弹簧，铆钉。

公司以“品质至上，优质服务”为宗旨；以“务实创新，不断进取”为目标。热忱欢迎各界朋友前来参观、考察、洽谈业务。

传真：0317-8862116
联系人：陈国军
邮编：061500
电话：0317-8858116 8862116 13582703671

## 石家庄市豪晔硅钢片制品有限公司

石家庄市豪晔硅钢片制品有限公司成立于2008年，是一家专门从事生产电机、电动机、发电机、水泵等定转子的专业厂家，主要生产Y系列电机铁芯并加工各种转子铸铝。

本公司秉承“顾客至上，锐意进取”的经营理念，坚持“客户第一”的原则为广大客户提供优质的服务。

欢迎广大客户惠顾！

联系人：张永宾 13503337953 电话：0311-85712886 85712887
地址：河北省石家庄市无极县郝庄乡东中郝庄村 邮编：050000

## 南皮县明泰五金制造有限公司

本公司拥有精良的生产设备，一流的专业技术人员，以及良好的生产环境，根据不同客户的需求，可以生产各种精密冲压件、注塑件、电表封铅、电机配件、电力配件，同时重视技术，重视人才，不断强化内部管理，狠抓产品质量。保证了向顾客提供高质量的产品。已先后与许多客商建立了长期、稳定的互利合作关系。

热忱欢迎新老客户来公司参观指导！

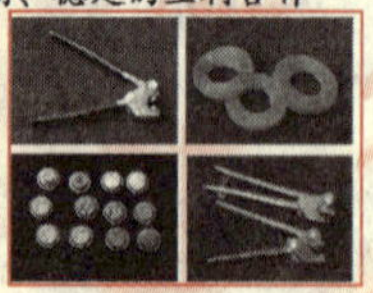

联系人：盛明太 13722717818
电话/传真：0317－8867938
网址：www.npmingtai.cn
地址：河北省南皮县南皮镇西三里 邮编：061500

## 唐海县四农场建友建筑机械经销处

唐海县四农场建友建筑机械经销处成立于2007年，出租龙门架、吊篮、室外电梯。

以优质的服务，获得广大新老客户的好评，欢迎您的来电，我们将竭诚为您服务！

联系人：唐汝真
13230856588
邮编：063204
地址：河北省唐山市唐海县四农场场部商业楼南头

## 秦皇岛市良鑫机械制造有限公司

本公司是以机械加工为主的加工型企业，加工设备齐全。主要设备有普通冲床、数控冲床、普通车、铣、刨、磨床和数控车床、线切割、电火花、精雕机床等。

本公司的质量方针是“质量第一，顾客满意”。经营宗旨是：以人为本、以质为根、以信为荣、以客为尊，团结协作、互惠互利、共同发展。

秉承“顾客至上，锐意进取”的经营理念，坚持“客户第一”的原则为广大客户提供优质的服务。

欢迎天下客户惠顾！

联系人：齐忠良 13903357941
电话：0335－5172998 5156325
邮编：066200
地址：河北省秦皇岛市山海关区关城东路30号

## 辛集市标新泡塑机械有限公司

辛集市标新泡塑机械有限公司成立于2006年，是一家集自主研发、生产、销售和服务于一体的泡沫塑料机械专业制造企业，产品有100多种不同规格的泡塑机械和模具。

公司始终秉承“以质量为本，以市场为导向，以信誉求发展”的方针，贯彻“质量第一，用户至上”的理念。产品先后通过ISO9001－2000国际质量体系认证和CE认证，欢迎新老客户光临选购！

联系人：刘冲 13081079390
网址：www.bxpsjx.cn
电子邮件：www.bxpsjx.cn
地址：河北省石家庄市辛集市张古庄镇南吕村
电话：0311－83279946
传真：0311－83279946
邮编：052360

## 山西省/Shanxi Province

### 潞发工具厂
地址：山西省长治潞城市古南关社区
…… 负责人：张敏杰
…… Tel：13834051506

### 长治市城区三星机电建材物资供应站
业务：长治市城区三星机电建材物资供应站主要销售五金工具，建筑材料，水暖器材等。“质量保证，价格合理”，热诚欢迎广大新老客户光临惠顾！
地址：山西省长治市惠丰12院2号楼10号网店
…… 负责人：张立法……邮　编：046020
…… 法　人：张立法
…… Tel：0355－3916123

### 德胜锅炉安装有限公司
地址：山西省长治市长治县韩店镇柳林村
…… 负责人：崔德胜
…… Tel：0355－8088892
13903453236

### 博杰减速机销售中心
地址：山西省长治市城西路79号
…… 负责人：刘庚勇
…… Tel：0355－2047855
13935589311

### 大同市晶易五交化有限责任公司
业务：五交化产品的流通贸易
地址：山西省大同市矿区同煤矿务局煤校对面三角地
…… 负责人：王富堂　邮　编：037000
…… 法　人：王富堂
…… Tel：0352－7061889

### 长治市惠广精密机械加工有限公司
地址：山西省长治市惠丰街厂门北
…… 负责人：宋建刚
…… Tel：0355－2138415

### 大连大起配件维修有限公司太原分公司
业务：本公司成立于2002年，主要从事起重机配件的生产与销售。我公司始终坚持以发展为先导、以制度为准则、以人才为根本的建企思想，秉承“务实、求精、开创、创新”的公司精神，遵循“创一流产品，让用户满意”的公司宗旨，努力把公司建成一流的现代型企业。
地址：山西省太原市尖草坪区涧河路142号4栋3单元54号
…… 负责人：刘宝玉……邮　编：030003
…… 法　人：刘宝玉
…… Tel：0351－3133180

### 长治市永成工程机械有限公司
地址：山西省长治市太西路261号
…… 负责人：马长文
…… Tel：0355－2066153

### 长治高新区宏达模具厂
地址：山西省长治市太行西路
…… 负责人：郝天福
…… Tel：0355－2112742

### 长治市华宁机电设备有限公司
地址：山西省长治市紫金西街景上书苑D座201号
…… 负责人：李保平
…… Tel：0355－5923220

### 定襄县缙云法兰经销部
业务：缙云法兰经销部专业经营：1.卧式，双立柱系列，自动，半自动带锯床以及锯床零配件。2.德国，日本，瑞典，本溪等各种型号进口带锯条及锯条焊接业务。3.经星HX系列永磁吊装器。4.销售各种高中低压法兰盘，国标，非标法兰各种大小型锻件及机加工件。专业精心，质量第一，一丝不苟，全心服务。
地址：山西省忻州市定襄县铁路南街21号
…… 邮　编：035400
…… 法　人：周来明
…… Mobile：13935025728
…… Fax：0350－8790227
…… 网址：www.jyfljxb.chinapyp.com

### 南郊区新达排风管道铁皮大全
业务：加工，销售，安装空调通风管道
地址：山西省大同市南郊区西水磨村
…… 负责人：郭连锡　邮　编：037000
…… 法　人：郭连锡
…… Tel：13835228222
0352－2096441

### 大同市矿区安泰机电设备经销部
地址：山西省大同市矿区新区里11栋1单元1号
…… 负责人：杨证
…… Tel：13191287212

### 大同市新荣区利达五金机电经销部
地址：山西省大同市新荣区长城西街
…… 负责人：赵志强
…… Tel：0352－3070966

### 大同市新荣区君发机电配件经销部
地址：山西省大同市新荣区新荣镇
…… 负责人：郝君
…… Tel：0352－3073762

### 定襄县凯达机械有限公司
业务：定襄县凯达机械有限公司成立于2002年，主要生产法兰、锻件、轴、齿轮、压力容器法兰等。“质量保证，价格合理”，热诚欢迎各方客户光临惠顾。
地址：山西省忻州市定襄县光明街西山巷6号
…… 邮　编：035400
…… 法　人：乔建平
…… Tel：0350－6021107
…… Fax：0350－6021107

### 龙泉精密铸造有限公司
地址：山西省汾阳市峪道河镇旧化肥厂内
…… 负责人：罗志军
…… Tel：13934358088

### 风雷机械厂
地址：山西省侯马市上马办事处史店村
…… 负责人：杨海龙
…… Tel：0357－4093131
13835754078

### 三晋五交化批发零售部
地址：山西省侯马市五交化北区18号
…… 负责人：吕启建
…… Tel：0357－4227721
13753761318

### 高平市文军铸造厂
业务：承接各种铸造加工业务，主要产品有钢球、钢锻、铸管、井盖等，我们信奉用户至上的原则，以专业的品质、优质的服务，真诚期待与您合作！
产品：钢球，钢锻，铸管，井盖
地址：山西省高平市马村镇东宅村
…… 负责人：冯文军　邮　编：048400
…… 法　人：冯文军
…… Tel：0356－5827488
13935686279

### 高平市河西鑫达矿山机械修造厂
业务：鑫达矿山机械修造厂成立于1997年、从事机械制造及机械维修。我厂坚持以诚为本、以诚为信的宗旨为广大客户服务。
地址：山西省晋城市高平市河西镇下庄村
…… 负责人：郭志忠……邮　编：248400

### 长沙市华中工业风机厂侯马销售部
地址：山西省侯马市新田东路
…… 负责人：贺仲湘
…… Tel：0357－4229947
13935779800

### 宇峰铸造厂
地址：山西省晋城市城区北石店镇小张村
…… 负责人：朱建堂
…… Tel：0356－2104556
13703560239

### 锦惠达工程机械有限公司
地址：山西省晋城市城区黄华街瑞信小区7号楼1单元602
…… 负责人：张广亮
…… Tel：0356－2232159
13835669888

### 古交市迎宾路矿伟机电配件门市部
业务：矿伟机电配件门市部经营机电配件及售后服务，质量可靠，欢迎来电垂询。
地址：山西省太原市古交市迎宾路
…… 负责人：邓矿伟……邮　编：030200
…… 法　人：邓矿伟
…… Tel：0351－2995388
…… 网址：www.mtw27899.chinapyp.com

### 晋城市晨星机电设备有限公司
地址：山西省晋城市瑞丰北路
…… 负责人：张凤云
…… Tel：0356－3039326

### 晋城地源科技应用有限公司
地址：山西省晋城市太行北路太行加油站斜对面
…… 负责人：高东奎
…… Tel：0356－2058232

### 晋城市翔腾工贸有限公司
业务：销售挖掘机配件
地址：山西省晋城市沁水县柿庄镇杨庄村
…… 负责人：张军　邮　编：048000
…… 法　人：张军
…… Tel：13834323312

### 阳城县益华铸造有限公司
地址：山西省晋城市阳城县润城镇王家庄
…… 负责人：李军奎
…… Tel：13191166468

### 河北省枣强县胶带运输机械制造厂
业务：河北省枣强县胶带运输机械制造厂专业生产固定式胶带输送机、波状挡边大倾角带式输送机、移动式散包两用胶带输送机、转向式皮带输送机、伸缩带式输送机、钢绳芯胶带输送机、螺旋输送机、斗式提升机、FU型链式输送机系列、埋刮板输送机系列。欢迎新老客户来电洽谈业务！
地址：山西省小马村市府路府南二巷108号
…… 负责人：陈记富……邮　编：053100
…… 法　人：李贯琴
…… Tel：0318－8438294

Fax:0357－4220336

**介休市腾升起重设备经贸有限公司**
地址:山西省晋中市介休市义安村
负责人:王志林
Tel:13834853485

**介休市城区飞达装载机配件部**
地址:山西省晋中市介休市迎翠街
负责人:董增民
Tel:0354－3531162

**榆次开发区新永久铸造厂**
地址:山西省晋中市开发区南六堡村
负责人:李秋喜
Tel:0354－2457218

**山西省平遥县鑫瑞机械有限公司**
地址:山西省晋中市平遥县卜宜乡靳村
负责人:梁生星
Tel:0354－5979819

**河津市世亮泵阀机电有限公司**
业务:河津市世亮泵阀机电有限公司成立于2006年,经营水泵、阀门、机电等产品,欢迎新老客户来电洽谈业务。
地址:山西省河津市四方物资机电城
负责人:张世亮 邮编:043300
法人:张世亮
Tel:0359－5365333
Fax:0359－5365369
网址:www.mtw28576.chinapyp.com

**平遥县北三狼朝柱模具有限公司**
业务:电机模具
地址:山西省晋中市平遥县中都乡北三狼村
负责人:梁学仁 邮编:031100
法人:梁学仁
Tel:0354－5778160
13994550951

**山西省平遥县恒辉铸造有限公司**
地址:山西省晋中市平遥县南政乡李家桥村
负责人:曹忠良
Tel:0354－5801070

**山西省平遥县恒鼎铸造有限公司**
地址:山西省晋中市平遥县闫良庄村
负责人:王定海
Tel:0354－5819966

**祁县淳杉机械厂**
地址:山西省晋中市祁县城友谊西路215号
负责人:刘春山
Tel:0354－5280589
13603544268

**祁县茂祥机械配件厂**
地址:山西省晋中市祁县六支乡南社村
负责人:乔清泽
Tel:0354－5040123

**介休市城区金绿机械厂**
业务:本厂是集机械加工,铸造为一体的高新产业厂,我厂设备先进,技术力量雄厚,企业始终坚持"诚信为本,服务至上,质量第一,追求生存,以创新求发展"的企业精神,诚心为广大客户着想,热情周到为广大客户服务。
地址:山西省介休市南张家庄村口
负责人:马连生 邮编:032000
Tel:0354－7257378
Fax:0354－7257378

**晋铭通用机械厂**
地址:山西省晋中市寿阳县尹灵芝镇晓庄村
负责人:李金钦
Tel:0353－4090511
13703536891

**太谷北起工程机械维修有限公司**
地址:山西省晋中市太谷县108国道34号
负责人:胡继明
Tel:0354－6229442
13835436881

**太谷县天宇铸造有限公司**
地址:山西省晋中市太谷县胡村镇北阳村
负责人:张二明
Tel:0354－3520188

**晋铭通用机械厂**
业务:晋铭通用机械厂成立于1996年,从事机械铸造、加工、汽车配件、前持车转盘、农机配件、建筑机械等。欢迎广大客商考察、洽谈业务。
地址:山西省晋中市寿阳县尹灵芝镇晓庄村工业区
邮编:045400
法人:李金钦
Tel:0353－4090511
Fax:0353－4090511

**榆次琴意锅炉经销部**
业务:锅炉配件的代理销售
地址:山西省晋中市榆次府兴路
负责人:姚宏 邮编:030600
法人:姚宏
Tel:13603540096

**山西太谷县宏远铸造有限公司**
地址:山西省晋中市太谷县胡村镇敦坊村
负责人:李福明
Tel:0354－6325111

**电力玛钢金具有限公司金具分公司**
地址:山西省晋中市太谷县阳邑乡
负责人:白宏斌
Tel:0354－6370666

13903446908

**麦特机械制造有限公司**
地址:山西省晋中市榆次工业园区6号路
负责人:郭俊生
Tel:0354－2666189
13903449308

**晋中新宇电光源机械制造有限公司**
地址:山西省晋中市榆次区安宁南街108号
负责人:周建清
Tel:0354－6868068

**平陆圣火炉料有限公司**
业务:平陆圣火炉料有限公司成立于2004年,从事焦炭、煤、生铁的经营。我们以优越质量和满意的服务赢得广大客户一致好评。竭诚欢迎海内外同仁和广大客户光临洽谈和合作,共建宏图,同创辉煌。
地址:山西省运城市平陆县
邮编:044300
法人:王代创
Tel:0359－3999519
3565229
Fax:0359－3565115

**洪洞县县城瑰啷啦咪锅炉专卖店**
业务:瑰啷啦咪锅炉
地址:山西省临汾市洪洞县县城古槐北路
负责人:佟林 邮编:031600
法人:佟林
Tel:13753771300
15935707111

**利新液压件企业有限公司**
地址:山西省晋中市榆次区北窑路西街24号
负责人:刘窝昂
Tel:0354－2426142
13903444780

**远大液压件厂**
地址:山西省晋中市榆次区柳南街附16号
负责人:张效文
Tel:0354－2428161
13835423648

**晋中平方机械制造有限公司**
地址:山西省晋中市榆次区使赵村南卫东巷03号
负责人:赵翠平
Tel:0354－3280318

**榆次长江液压设备有限公司**
地址:山西省晋中市榆次区榆太路52号
负责人:乔雷生
Tel:0354－2426797
13903444896

**祁县融新建材机械厂**
业务:本厂拥有全套选矿机械生产设备,技术力量先进,管理水平高超。主要生产的产品有:球磨机、颚式破碎机、锤式破碎机、提升机、螺旋输送机、皮带输送机、成球盘、碳化炉、磁选机、磁聚机、分级机、浮选机、单筒冷却机、装载机以及各类零配件等。
地址:山西省晋中地区祁县新建南路206号(火车站旁边)
邮编:030900
法人:刘润香
Tel:0354－5226546
5223656
Fax:0354－5223656

**襄汾县新城世杰液压气动总汇**
业务:液压配件、除尘配件、液压修理
地址:山西省临汾市襄汾县县城龙山路西汽车站南200米
负责人:张世杰 邮编:041000
法人:张世杰
Tel:13593516341
0357－3627692
Fax:0357－3627692

**榆次鑫盛机电经销部**
地址:山西省晋中市榆次区裕鑫广场A区－105A号
负责人:成建宁
Tel:0354－3289573

**山西同丰纤维机械有限公司**
地址:山西省晋中市榆次区张庆乡南营村
负责人:刘燕军
Tel:0354－2786866
13903443089

**环宏宇机械加工厂**
地址:山西省晋中市榆太路使赵段榆次开发区
负责人:王文红
Tel:0354－2443601
13935408690

**山西吉县华隆建材中心链条厂**
地址:山西省临汾地区吉县华隆建材物资中心
负责人:加有平
Tel:0357－7922935
7888185
13903477705

**山西辰通泵业有限公司**
业务:山西辰通泵业有限公司成立于2006年,主要生产销售水泵、电机。产品质量保证,价格从优。欢迎新老客户光临、惠顾!
地址:山西省运城市安邑南街
负责人:扆伟红 邮编:044000
法人:扆伟红

Tel:0359－8652888

**太原市晋源区波涛水泵机电销售部**
业务:销售水泵
地址:山西省太原市晋源区万水机电城特三区3号
负责人:杨荔生 邮编:030000
法人:杨荔生
Tel:13834586258
0351－6330485

**侯马经济技术开发区恒鑫机械加工厂**
地址:山西省临汾市侯马工路中段
负责人:常向东
Tel:13935735422

**侯马市鑫亚机械设备有限公司**
地址:山西省临汾市侯马市晋都路11号
负责人:严双有
Tel:0357－8661362

**天正集团临汾销售公司**
地址:山西省临汾市尧都区晋国机电城七区7301－1号
负责人:林安丰
Tel:0357－3361351
13703579319

**山西海盟机械有限公司**
业务:山西海盟机械有限公司位于汾阳市冀村镇仁岩村,成立于2002年,主要生产刹车盘、刹车鼓等铸造件。
地址:山西省汾阳市冀村镇仁岩村
邮编:032200
法人:余水儿
Tel:0358－7533188
Fax:0358－7533888

**清徐县超豪五金经销部**
业务:五金、螺丝,工矿配件等
地址:山西省太原市清徐县凤仪街
负责人:陈凯 邮编:030400
法人:陈凯
Tel:13753491516
0351－5202359

**卫华起重机经销部**
地址:山西省临汾市翼城县翔翼大街农机局楼下
负责人:石迁天
Tel:0357－4927079
13835396019

**天泽泵业有限公司**
地址:山西省吕梁市地区临县城庄镇城庄村
负责人:高二丑
Tel:0358－4475024
13593413877

**安定鑫宇焊接厂**
地址:山西省吕梁市交城县安定村
负责人:白尚珍
Tel:0358－3906218
13934013500

**正泰机械制造有限公司**
地址:山西省吕梁市交城县东关工业区
负责人:王健
Tel:0358－3516899
13803488464

**山西省孝义市光明机械厂**
业务:山西省孝义市光明机械厂成立于80年代末,是一家从事不同规格系列启动、自动卸煤安全防附罐笼、矿用皮带及刮板运输车、矿用非标设备设计与制造的企业。欢迎来电垂询。
地址:山西省孝义市南二环四号
邮编:32300
法人:刘金荣
Tel:0358－2135026
Fax:0358－2135026

**华泰矿用机械有限公司**
地址:山西省吕梁市文水县凤城镇东旧村
负责人:牧占明
Tel:0358－3090135
13503586704

**新型铆焊结构厂**
地址:山西省吕梁市文水县凤城镇岳村307国道西面
负责人:王焕
Tel:0358－3021927
13934016473

**山西凯峰机械设备有限公司**
业务:普通机械设备、成套机电设备的设计、研发、销售
产品:螺旋焊管机组,直缝焊管机组,水压机、矩管机、纵横剪设备
地址:山西省太原市杏花岭区解放路223号银和苑1幢1408
负责人:严永平 邮编:030009
法人:严永平
Tel:0351－3031095
Fax:0351－3031055
网址:www.k－feng.com
E-mail:yinyongping1969@163.com

**平遥县盛良铸造有限公司**
地址:山西省平遥县中都乡侯冀村
负责人:邓树良
Tel:13700556887

**金丰农机制造有限公司**
地址:山西省太原古交市河口镇古钢厂内
负责人:郭建光
Tel:13934515677

**高振设备制造有限公司**
地址:山西省太原市和平北路210号
负责人:高景祺
Tel:13753175551

**上海阀门厂太原经销处**
地址:山西省太原市和平北路天秀苑6栋4单元1号
负责人:周小东
Tel:0351－6295988
13007046666
13703516661

**山西省孝义市光明机械厂**
业务:山西省孝义市光明机械厂成立于1987年,主要从事煤矿机械的制造。"质量保证,信誉第一",热诚欢迎广大新老客户来我公司洽谈业务,共同合作!
地址:山西省孝义市南二环四号
负责人:刘金荣 邮编:032300
法人:刘金荣
Tel:0358－2135026

**山西石阀环球阀门制造有限公司**
地址:山西省太原市晋源区化工路1号G区
负责人:姜彤
Tel:0351－6091225

**五寨县远豪电动伸缩门销售部**
业务:电动伸缩门、道闸、交通设施
产品:电动门、道闸、岗亭、智能系统、交通设施等
地址:山西省五寨县兴达巷
负责人:刘华 邮编:036200
法人:刘华
Tel:13191207935
Fax:0350－8975095

**太原千路工程机械配件有限公司**
地址:山西省太原市晋源区旧晋祠路南屯中段57号
负责人:赵纪广
Tel:13191080329

**伯铎禄煤气化设备有限公司**
地址:山西省太原市科技市场西区21A
负责人:雷辰
Tel:0351－6182877
13503518856

**太原市恒昌达液压件制造有限公司**
地址:山西省太原市农科南路2号
负责人:王兆贤
Tel:0351－7125549
13803403383

**寿阳县方泰采暖设备制造有限公司**
业务:本公司成立于2006年,主要从事锅炉、暖气片的制造与销售。"以质量求生存,以信誉求发展",竭诚欢迎广大新老客户来人来电洽谈业务,共同合作!
地址:山西省晋中市寿阳县宗艾镇
负责人:郝明祥 邮编:045400
Tel:0354－4700999

**东方发动机研究所**
地址:山西省太原市千峰南路鸿峰花园东民科技大厦425房间
负责人:郑国璋
Tel:0351－6584659
13934245010

**太原市征远机械有限公司**
地址:山西省太原市清徐县东于镇东高白村
负责人:张昌宝
Tel:0351－5993496

**河曲县鑫玉工矿物资总汇**
业务:经营工矿配件、劳保用品、五金工具、机电产品、建筑材料等
地址:山西省忻州市河曲县文笔镇向阳大街联社东
负责人:张艳芳 邮编:034000
法人:张艳芳
Tel:0350－7221007

**晋通机械有限公司**
地址:山西省太原市清徐县凤仪街98号
负责人:段兵兵
Tel:0351－5727588
5930105
13834161800

**太原第一机床厂机床配件服务部**
业务:经营通用机床配件
地址:山西省太原市南内环街38号
邮编:030012
法人:马驰
Tel:0351－7040895
Fax:0351－7040195

**晋宝机械设备安装有限责任公司**
地址:山西省太原市胜利西街6号
负责人:李恭义
Tel:0351－6652472
13803497424

**太原华琛达机械设备有限公司**
地址:山西省太原市万柏林区和平北路214号3层
负责人:赵改英
Tel:13903469249

**太原市万柏林区利丰机械设备厂**
地址：山西省太原市万柏林区后王村东 20 号
负责人：王瑞
Tel：0351－6067501

**山西建力工程机械销售有限公司**
地址：山西省太原市万柏林区旧晋祠路南屯中段 31 号
负责人：黄育荣
Tel：0351－6070448

**车床加工部（精诚模具厂）**
业务：专业从事模具加工（数控铣床加工、工业产品造型），对外承揽加工制作业务。技术专业，经验丰富，设备精良，竭诚为新老客户提供完善优质的服务。
产品：汽车内饰件，摩托车塑件，家用电器，日用品塑件，塑料用软管，吹塑等大中小模具
地址：山西省运城市关公像东 50 米路南运城学院
负责人：王猛　邮　编：044000
法　人：王猛
Tel：13096512838

**太原杰慧仪表机电有限公司**
业务：太原杰慧仪表机电有限公司成立于 2002 年，主要生产销售仪器仪表、电线电缆、阀门管件、工业自动化测控仪表和机电相关产品设备。产品销往全国各地，公司以可靠的质量，热情的服务，深受用户的信赖。
地址：山西省太原市建设路 229 号
邮　编：030012
法　人：郭文勤
Tel：0351－4295331
Fax：0351－4295331

**太原振跃康机械设备有限公司**
地址：山西省太原市万柏林区千峰北路兴华北小区绿荫 3 号楼 8 单元 3 号
负责人：董亚雯
Tel：0351－6376382

**太原市德士力机械配件有限公司**
地址：山西省太原市万柏林区前进路西侧楼中楼西 4 号
负责人：赵巧娥
Tel：13015446307

**山西卓亚机电设备有限公司**
地址：山西省太原市万柏林区瓦窑街 6 号 2 幢 2 号
负责人：孙小兰
Tel：13834505648

**太原市隆瑞达簧业有限公司**
业务：太原隆瑞达弹簧厂座落在太原风景秀丽的小店区，是我国弹簧专业制造企业之一，主要新产品有碟形弹簧、异形弹簧、开槽形碟形弹簧、园柱螺旋弹簧、蛇形弹簧、钢板宝塔弹簧。广为机械、冶金、电力、石油化工、矿山等行业服务，用户遍及全国各地，多年来，为国有大型企业、中外合资、外企、民营龙头企业等大型企业配套，同时为减速机、电动阀门、钢铁等行业替代进口，并有部分产品随核电主机配套出口东南亚等国。
地址：山西省太原市小店区北格镇西北格村南
负责人：郝存明　邮　编：030062
法　人：郝存明
Tel：0351－7951363

**太原市小店区力川加工中心**
地址：山西省太原市小店区北格路
负责人：程力
Tel：0351－7194775
13073505055

**太原市飞力机械制造有限公司**
地址：山西省太原市小店区北营晋阳东街 35 号
负责人：贺正福
Tel：0351－7128035
13903516484

**山西同和电机设备制造有限公司**
地址：山西省太原市小店区高新区旭然园小区产业路 39 号 13 幢 2 单元 18 号
负责人：常喜平
Tel：0351－4017460

**太原市信联智盈机械装备有限公司**
地址：山西省太原市小店区黄陵路 5 号（冠丰机械有限公司）
负责人：戴建敏
Tel：0351－7126765
13503513761

**绛县永鑫精铸厂**
业务：生产销售
产品：钢管脚手架扣件
地址：山西省运城市绛县郝庄乡南永青村
负责人：曹小明　邮　编：044000
法　人：曹小明
Tel：0359－6726221
13466936111
15903489711

**太原市小店区忠兴机械加工厂**
地址：山西省太原市小店区刘家堡乡南马村
负责人：王振雄
Tel：0351－7956894

**山西捷事达矿山机电设备有限公司**
地址：山西省太原市小店区平阳路 130 号 1 幢 3 号
负责人：韩天虎
Tel：13015485679

**山西华宁机电设备有限公司太原分公司**
地址：山西省太原市小店区人民北路农资市场 123 号 5 号中
负责人：李保平
Tel：13835183402

**太原市下元工程机械综合配件经销部**
业务：本公司成立于 1990 年，主要销售各种二手车、贵阳挖掘机、厦工、德工、成都、宜春装载机配件。
地址：山西省太原市万柏林区和平南路 69 号
负责人：刘喜明　邮　编：030024
法　人：刘喜明
Tel：0351－6041512

**太原市重联达机械加工有限公司**
地址：山西省太原市杏花岭区北圪洞街 27 栋 1 单元 8 号
负责人：杨桂梅
Tel：13933188173

**太原弘川机械设备有限公司**
地址：山西省太原市杏花岭区教场巷 28 号 1－5－11 号
负责人：孙川廷
Tel：13303430820

**劲亨工具机械有限公司**
地址：山西省太原市杏花岭区胜利路 494 号
负责人：席劲松
Tel：0351－3185284
13934152622

**诚兴方达机械制造有限公司**
地址：山西省太原市学府街 361 号
负责人：王玉明
Tel：0351－7660331
13513611157

**福隆泰机械有限公司**
地址：山西省太原市迎春街 39 号（山西无线电厂）
负责人：宋吉庆
Tel：0351－4425439
13834578015

**山西瑞捷机械设备有限公司**
地址：山西省太原市迎泽区郝庄镇桃园沟 1 号院
负责人：李运彩
Tel：13313433663

**代县龙腾铸造厂**
地址：山西省忻州市代县平城
负责人：班秀俊
Tel：13934441248

**定襄县亚峰机加工厂**
地址：山西省忻州市定襄县季庄乡后营开发区
负责人：杜建军
Tel：0350－6032031

**榆次东华电机修理厂**
业务：本公司成立于 2000 年，拥有 40 多个员工，主要经营电机配件、电机修理、电压器、电压器修理。
地址：山西省晋中市榆次区南外环（王村村口）
邮　编：030600
法　人：张卫华
Tel：0354－2404832
Fax：0354－2464332

**定襄县机械锻造有限公司**
地址：山西省忻州市定襄县晋昌镇董村路
负责人：赵俊富
Tel：0350－6093092

**定襄县瑞翔法兰销售有限公司**
地址：山西省忻州市定襄县晋昌镇云灌路 117 号
负责人：高有田
Tel：0350－6021508

**定襄县佳宁锻造有限公司**
地址：山西省忻州市定襄县神山乡崔家庄
负责人：智虎年
Tel：0350－6082006

**缙云法兰经销部**
地址：山西省忻州市定襄县晋昌镇忻阜路 288 号
负责人：周来明
Tel：13935025728

**鑫泉机械厂**
地址：山西省阳泉市荫营镇上白泉村
负责人：王珠宏
Tel：0353－5032325
13935332043

**川南铸造厂**
地址：山西省阳泉市平定县水磨湾
负责人：李光华
Tel：0353－6111500
13097503594

**嘉达工贸有限公司**
地址：山西省阳泉市盂县路家村镇闫家沟村
负责人：王保忠
Tel：0353－8041679
13503535855

**阳泉市海红机电设备有限公司**
地址：山西省阳泉市育才路东山区 4 号
负责人：王海燕
Tel：0353－2020796

**原平通风机厂**
地址：山西省原平市永兴北路
负责人：王建昌
Tel：0350－8244318
13803448184

**山西盛佳通风设备有限公司**
地址：山西省运城市安邑办庙村
负责人：张志杰
Tel：13935978186

**华电阀门销售有限公司**
地址：山西省运城市河东西街 264 号
负责人：陈忠良
Tel：0359－2022064
13903594159

**绛县南凡模具制造处**
地址：山西省运城市绛县南凡
负责人：葛锁山
Tel：0359－6587449

**芮城县益源液压机械有限公司**
地址：山西省运城市芮城县永乐南路果汁厂对面
负责人：董运哲
Tel：0359－3025904

**恒力机械厂**
地址：山西省运城市闻喜县凹底镇辛村
负责人：张志刚
Tel：0359－7365333
13935985840

**奥隆物资有限责任公司**
地址：山西省运城市闻喜县东镇大运路旁西段
负责人：高新捷
Tel：13994893811

**屯留县城镇顺祥五金器材商行**
业务：五金器材经营
地址：山西省长治市屯留县城镇建设北路
负责人：张荣军　邮　编：046000
法　人：张荣军
Tel：13835578165
15803555925

**山西鑫距重型机械制造有限公司**
地址：山西省运城市闻喜县太风西路 90 号
负责人：王新义
Tel：0359－7060760

**永济市东城聚星锅炉销售服务部**
地址：山西省运城市永济市市府东街
负责人：冯宜林
Tel：13303596966

**永济胜强模具厂**
地址：山西省运城市永济市涑水西街康复中心院内
负责人：安武胜
Tel：0359－8028293

## 麦特机械制造有限公司

麦特机械制造有限公司是一家专业从事采煤机生产、销售的企业。"以质求胜、以诚待客"为经营理念，造就了一大批高素质的员工。我们真诚的欢迎海内外各界朋友，前来参观考察、指导合作、共图大业！

联系人：刘义 13935177370
电话：0354-2666181 2666182
网址：www.changshang.com
地址：山西省晋中市榆次区兴业街 邮编：030600

## 上海阀门厂太原经销处

上海阀门厂太原经销处成立于2002年，专业从事高中压阀门的批发零售，产品均来自上海东方明珠之称的龙头阀门产品制造的大型企业——上海立诺阀门有限公司，大品牌，技术力量雄厚，质量有保证，售后服务完善，欢迎广大客户光临惠顾！

电话：0351-6281578 传真：0351-6281578
联系人：周小东 13703516661 邮编：030000
地址：山西省太原市千峰北路85号漪汾华苑北区1栋1单元1302

## 山西博达机械制造有限公司

山西博达机械制造有限公司成立于2008年。
主要从事于机械制造、加工。
细致、严谨、更高的质量是我们的追求。
技术创新是我们发展的动力源泉。
客户的满意是我们的生存之本。
欢迎广大客户来电、来函洽谈！

联系人：安兰英
电话：0351-6127596 13453152083
地址：山西省太原市万柏林区北寒外环路011号 邮编：030053

## 寿阳县晋铭通用机械厂

寿阳县晋铭通用机械厂成立于1998年，专业从事全挂车转盘、汽车配件、建筑机械铸造加工。我公司秉承"顾客至上，锐意进取"的经营理念，坚持"客户第一"的原则，为您提供最优质的产品，欢迎来电洽谈！

联系人：李金钦 13703536891
电话：0353-4090511 传真：0354-4615166
地址：山西省晋中市寿阳县尹灵芝镇晓庄村 邮编：030600

## 山西锐锋设备有限公司

电子邮件：sxruifeng@163.com 联系人：张晓华

山西锐锋设备有限公司成立于二00六年七月，本公司主要经营带锯床、带锯条、强磁起重器，孔加工刀具、螺纹刀具、硬质合金刀具、超硬刀具、涂层刀具、齿轮刀具、铣铰刀具、拉削刀具、刀柄刀杆、量具，手动、电动及轨道式葫芦，锻件、钢材等。同时，公司还承揽钢材锯切、带锯条焊接、非标刀具加工等业务。

"质量第一，服务至上"是我们的经营理念；"创造一流企业，打造卓越品牌"是我们的经营目标。锐锋公司愿与广大新老客户通力合作，携手共创美好明天！

电话：0351-5634760 传真：0351-5634760 邮编：030001
地址：山西省太原市万柏林区漪汾街10号麦特摩尔商务楼913室

## 朔州华宇工程机械销售有限公司

朔州华宇工程机械销售有限公司成立于2008年，专业代理销售柳工装载机及原厂配件，并提供专业维修保养。

我们将以优质的产品、合理的价格、诚信的服务期待您的光临！

联系人：仝志宇 13303495557
电话：0349-2107833
邮编：036000
地址：山西省朔州市朔城区蒯上村

## 山西三龙工程机械销售有限公司

山西三龙工程机械销售有限公司是一家专门销售三一挖掘机、配件及售后服务的企业。

公司本着追求品质、公正准确、及时的宗旨，竭诚为广大客户提供优质服务。

联系人：欧中平
电话：0351-5261009 13835128908
邮编：030021
地址：山西省太原市万柏林区旧晋祠路南屯中段99A号

## 太原市飞力机械制造有限公司

太原市飞力机械制造有限公司成立于2002年，主要从事液压机械的生产与销售。本公司一贯坚持"开拓、创新、求实、进取"的企业精神，保证"质量第一，用户至上"的企业宗旨。

电话：0351-7848199 联系人：贺正福
传真：0351-7848559 13903516484
地址：山西省太原市小店区北营晋阳东街35号 邮编：030000

## 山西天力环保设备有限公司

山西天力环保设备有限公司成立于2003年，是一家专业从事脱硫除尘器布袋，脱硫除尘器，防腐，保温等材料的企业。

本着"质量第一，信誉至上"的原则，我们将竭诚为您服务！

13603550093 13546785507 13935150850
联系人：詹长云 邮编：030000
地址：山西省太原市杏花岭区肖墙路9号御花园假日广场B座9-18号

## 太原重型机器厂广业公司新光机械厂

太原重型机器厂广业公司新光机械厂创办于1989年，专业从事机械加工、制造和销售。主要产品有轧钢机和连续式光亮淬火炉。公司以质量求生存、以信誉求发展。竭诚欢迎广大客户前来洽谈业务！

联系人：樊榆平 13903411894
电话：0351-6363699 传真：0351-6363699
地址：山西省太原市万柏林区和平北路97号
邮编：030027

## 内蒙古自治区/InnerMongolia AutonomousRegion

**巴彦淖尔市逐鹿机械制造有限公司**
地址：内蒙古自治区巴彦淖尔盟杭锦后旗临河区马道桥增光九社
…………负责人：郑忠义
…………Tel：0478—8323155

**杭锦后旗荣盛农机有限责任公司**
地址：内蒙古自治区巴彦淖尔盟杭锦后旗汽车站南100米
…………负责人：艾占荣
…………Tel：0478—6622695
6631199

**内蒙古喜羊羊机械制造有限公司**
地址：内蒙古自治区巴彦淖尔市临河区临河区临五路五公里处
…………负责人：李海东
…………Tel：0478—2253211
2253298

### 鹿灵机械有限责任公司
业务：鹿灵机械有限责任公司成立于1994年，从事北方奔驰汽车卧铺、汽车模具及非标设备制造，欢迎新老客户来电垂询。
地址：内蒙古自治区包头市开发区稀土路17号
…………邮　编：014000
…………法　人：吴存良
…………Tel：0472—5830419
…………Fax：0472—3117572

**包头科发新型高技术食品机械有限责任公司**
地址：内蒙古自治区包头市东河区包头稀土高新区校园路38号
…………负责人：王换玉
…………Tel：0472—5300975

**赤峰田丰农林机械工程公司**
地址：内蒙古自治区赤峰市阿鲁科尔沁旗火车站西铁路中学南
…………负责人：张强
…………Tel：0476—8369319

**便携吊运机专业研究生产基地—建平富达机电设备厂**
地址：内蒙古自治区鄂尔多斯市东胜区天骄北路颐景园16#楼502室
…………负责人：陈建平
…………Tel：13947700993

### 鄂尔多斯市冬尧工程机械有限责任公司
业务：我公司成立于2006年，从事工程机械销售、租赁、承揽土石方工程施工，矿山露天采掘、剥离，担保与反担保业务及工程测绘（GPS）等业务，公司坚持以诚为本、以诚为信的宗旨为广大客户服务。
地址：内蒙古自治区鄂尔多斯市东胜区乌审东街98号
…………负责人：邬冬……邮　编：017000
…………Tel：0477—8500994
…………Fax：0477—8500994

**呼和浩特市回民区齐昌轻工机械厂**
地址：内蒙古自治区呼和浩特市回民区金海工业园区
…………负责人：亢福喜
…………Tel：13171040886

### 察右后旗金城供热有限责任公司
业务：本公司成立于2005年，拥有20多名员工，一年以来，以诚信方式为广大客户提供优质的供热服务。
地址：内蒙古自治区乌兰察布市察哈尔右翼后旗白音察干镇
…………邮　编：12400
…………法　人：乔志辉
…………Tel：0474—6207581
6207580

**中国农机院呼和浩特分院饲草料加工机械研究所**
地址：内蒙古自治区呼和浩特市回民区昭乌达路506号
…………负责人：廉仁
…………Tel：0471—6284844

**呼和浩特吉昌制冷设备有限公司**
地址：内蒙古自治区呼和浩特市赛罕区呼伦北路124号（农业大厦一楼）
…………负责人：张锦斌
…………Tel：0471—6933821
6914893

### 鄂尔多斯市西贝工程机械有限责任公司
业务：鄂尔多斯市西贝工程机械有限责任公司成立于2004年，主要从事煤炭开采、能源深加工、路桥施工、工程机械租赁、生态治理、餐饮娱乐等。"诚信为本，信誉第一，客户至上"，热诚欢迎新老客户惠顾。
地址：内蒙古自治区鄂尔多斯市康巴什新区
…………邮　编：17000
…………法　人：贾军
…………Tel：0477—2212095

**呼和浩特志鑫酒店设备有限责任公司**
地址：内蒙古自治区呼和浩特市文化宫街11号锦华公寓6单元101
…………负责人：曹彬
…………Tel：0471—6673175

**呼和浩特市冰峰制冷设备工程有限公司**
地址：内蒙古自治区呼和浩特市玉泉区西街
…………负责人：唐健峰
…………Tel：0471—5973450
5967896

### 通辽市科海机械有限公司
业务：科海机械有限公司创建于1990年，其主导产品是电动车，现有员工100余人，其中技术研发26人，年生产能力3000台，我公司坚持"以质量求生存，以科技求发展，以诚信求用户"的理念，采用最先进的配置，最实用的材料，最低廉的价格，最优质的服务，欢迎各方客户来人来函订购。
地址：内蒙古自治区通辽市经济技术开发区
…………邮　编：028000
…………法　人：赵国文
…………Tel：0475—8628566
…………Fax：0475—8628566

**乌兰浩特市申鹭达水暖阀门有限公司**
地址：内蒙古自治区兴安盟乌兰浩特市铁西北大路63号
…………负责人：洪振宇
…………Tel：0482—3990188
8318000
8312001

### 鄂尔多斯市多渊化商贸有限责任公司
鄂尔多斯市多渊化商贸有限责任公司是一家经营机械设备及配件的企业。
主要产品有：矿山机电设备、化工设备、电厂等相关设备。
欢迎新老客户光顾！
联系人：赵玉林　电话：0477—8525892
传真：0477-8520192　邮编：017000
地址：内蒙古自治区鄂尔多斯市东胜区达拉特南路36号中磊会计事务所5楼504

### 奈曼旗凤翔石英砂经销站
奈曼旗凤翔石英砂经销站创立于1990年，主要从事油田压裂石英砂、引流剂等的生产销售。
公司秉承"顾客至上，锐意进取"的经营理念，坚持"客户第一"的原则为广大客户提供优质的服务。
欢迎惠顾！
联系人：王凤来　13904756511
电话：0475-4557288　传真：0475-4558518
地址：内蒙古自治区通辽市奈曼旗治安镇　邮编：028324

### 乌海市中进矿山设备有限公司
乌海市中进矿山设备有限公司成立于2005年，主要销售矿山设备和工程机械设备。产品有采煤机、刮板机、皮带机、输送带、液压支架等等。
我公司秉承"顾客至上，锐意进取"的经营理念，坚持"客户第一"的原则为广大客户提供最优质的产品和最满意的服务。
中进矿山设备有限公司
联系人：吴进
电话：0473-3886803　3886804　传真：0473-3886802
地址：内蒙古自治区乌海市海拉南路89—4号　邮编：016000

## 辽宁省/Liaoning Province

**春风筛片厂**
地址：辽宁省鞍山海城市牛庄镇西头村
…………负责人：康春田
…………Tel：0412—3660266
13904924625

**兴海区天顺干燥设备制造厂**
地址：辽宁省鞍山海城市铁西街原农机厂院内
…………负责人：高光徐
…………Tel：0412—3300079
13604123328

### 鞍山晓峰生物质研发设备有限公司
业务：秸杆颗粒机、秸杆高效节能燃气炉
产品：秸杆颗粒、秸杆碎沫（6—12）毫米
地址：辽宁省鞍山市台安县新开河镇常兴村三组
…………负责人：张广丰　邮　编：114105
…………法　人：张广丰
…………Tel：15140835111
…………Fax：0412—4605739

### 大连经济技术开发区昌盛五金工具经销处
业务：大连经济技术开发区昌盛五金工具经销处主要从事数控刀具、铣刀的销售；加工中心刀柄；定做合金铣刀、飞标刀具等，欢迎新老客户光临惠顾！
地址：辽宁省大连市开发区昌临大厦4楼五金商场
…………负责人：杨玉香……邮　编：116600
…………法　人：鲍箭
…………Tel：0411—87639075

**鞍山市振兴矿山设备制造有限公司**
地址：辽宁省鞍山市海城市东四方台温泉管理区东四方台村
…………负责人：张仲英
…………Tel：0412—3577041

### 北票市东风机械制造有限公司
业务：生产铸件
地址：辽宁省北票市大三家乡小三家村
…………负责人：崔福祥　邮　编：122000
…………法　人：崔福祥
…………Tel：0421—5750231

**明军成套设备制造厂**
地址：辽宁省鞍山市海城市牛庄镇向阳村
…………负责人：张洪斌
…………Tel：0412—3662650
13889702650

**验军区振霄机械厂**
地址：辽宁省鞍山市海城市验军管理区验军村
…………负责人：赵振霄
…………Tel：0412—3361556
13842282575

### 大连东木泵业有限公司
业务：大连东木泵业有限公司位于大连市旅顺口区，本公司可按客户需求生产各种化工流程泵，同时生产各种泵配件及密封。
地址：辽宁省大连市旅顺口区江西街道
…………邮　编：116041
…………法　人：隋锡龙
…………Tel：0411—86221360
…………Fax：0411—86220789

**鞍山昊翔机械制造有限公司**
地址：辽宁省鞍山市立山区奖工街2号
…………负责人：张军
…………Tel：0412—6639538

**鞍山市恒通电抗器厂**
地址：辽宁省鞍山市千山区达道湾镇达道湾村
…………负责人：张林
…………Tel：0412—8437255

**鞍山佳瑞通风机配套有限公司**
地址：辽宁省鞍山市千山区大孤山镇大孤山街
…………负责人：谷雪瑞
…………Tel：0412—7662292

### 大连申和铆焊机械有限公司
业务：大连申和铆焊机械有限公司主要经营铆焊机械加工、船舶技术开发与服务，国内一般贸易，竭诚欢迎全国各地厂家与我们携手合作，共创美好未来！
地址：辽宁省大连市西岗区金海西园39号2—1—1号
…………负责人：陈泽卫……邮　编：116021
…………法　人：陈泽卫
…………Tel：0411—84492218

**鞍山市广达机电有限公司**
地址：辽宁省鞍山市千山区东鞍山镇科技路5号
…………负责人：刘海龙
…………Tel：13050019339

### 本溪市振兴农机制造厂
业务：农业机械制造，农机零件加工
产品：日光温室卷帘机
地址：辽宁省本溪市明山区文化路112号
…………负责人：金文秀　邮　编：117022
…………法　人：王卫星
…………Tel：0414—4837445
4846255
…………Fax：0414—4838607
…………E-mail：bxnjtgz@163.com

**马驿机械配件厂**
地址：辽宁省鞍山市千山区东鞍山镇马驿屯村
…………负责人：邱绵海
…………Tel：13130196806

**鞍山腾龙电机制造厂**
地址：辽宁省鞍山市千山区宁远镇
…………负责人：张文婷
…………Tel：0412—8236178

### 抚顺良邦石化机械厂
业务：本公司专业生产锻件、不锈钢、高温合金、蒙乃尔、缠绕垫片、齿型垫片、波齿垫、加氢反应器配套的八角垫、椭园垫、法兰、内构件、泡罩、各种弯头、三通等，欢迎来电洽谈业务！
地址：辽宁省抚顺市清原柴河路6号
…………负责人：刘姗姗……邮　编：113300
…………法　人：于俊良
…………Tel：0413—3043333
3043399
…………Fax：0413—3043388
…………网址：www.liangbang.net
…………E-mail：liangbangjixie@163.com

**兴达液压传动机械制造有限公司**
地址：辽宁省鞍山市千山区齐大山镇桃山村
…………负责人：赵庆福
…………Tel：0412—6487098
6481188
13804207618

**申阔机械制造有限公司**
地址：辽宁省鞍山市铁西区兴盛路81号
…………负责人：董哲
…………Tel：0412—8250199
13941219606

**岫岩满族自治县玉城工具厂**
地址：辽宁省鞍山市岫岩满族自治县岫岩镇二里卜
…………负责人：张丽
…………Tel：0412—7822171

### 喀左县政通工程机械修理厂
业务：专业承修国内外生产：挖掘机，装载机，压路机，摊铺机，平地机，吊车及翻斗车等各种工程机械。原厂配件
地址：辽宁省朝阳市喀左县大城子镇东环路
…………负责人：郝占雨　邮　编：122000
…………法　人：郝占雨
…………Tel：13008246986
…………E-mail：412113875@qq.com

### 西柳盛群缝纫设备商店
业务：本公司主要代理：日森本，日本兄弟，日本重机，台湾宝狮，台湾安机，台湾日新，台湾星菱，力梭等国内外知名品牌。
地址：辽宁省海城市西柳服装市场一区007号
…………负责人：胡晓峰……邮　编：114200
…………Tel：0412—3858641
…………Fax：0412—3821348
……网址：http://chengqun.b2b.youboy.com/
…………E-mail：shengqun0623@163.com

**汇丰五交化经销部**
地址：辽宁省本溪市平山区新民街45栋15号

负责人：李延飞
Tel：0414－2346903
13804143603

**世恒机床有限责任公司**
地址：辽宁省本溪市溪湖区彩北路23号
负责人：于贵
Tel：0414－5892521
13842476988

**龙城区宏盛铸钢厂**
地址：辽宁省朝阳市龙城区七道泉子镇公皋村委会院内
负责人：陈起
Tel：0421－3931232
13050935868

## 辽宁省沈阳市中意电机配套厂
业务：辽宁省沈阳市中意电机配套厂成立于1989年，主要生产电机Y2定转子等电机配件。“以质量求生存，以信誉求发展”，热诚欢迎新老客户惠顾。
地址：辽宁省沈阳市黄沟区金川江街50号杨子江邮政服务处
邮　编：110031
法　人：周延明
Tel：024－8930923
86221405

**诚信金刚石刀具经营部**
地址：辽宁省大连普兰店市双塔镇福全村
负责人：李文华
Tel：13942631918

**大连黑石礁电工机械设备有限公司**
地址：辽宁省大连市大连市甘井子区辛寨子镇前革村
负责人：于连生
Tel：0411－86734772

## 朝阳市双塔区健业工程机械维修服务站
业务：叉车配件及工程车辆轮胎，车用及工业润滑油
产品：国内各品牌厂生产的叉车配件，美孚，车用及工业用润滑油
地址：辽宁省朝阳市双塔区友谊大街一段30－4号
负责人：季志业　邮　编：122000
法　人：季志业
Tel：0421－2809799
13130853356
Fax：0421－2809799

**大连市粤龙义齿加工厂有限公司**
地址：辽宁省大连市甘井子区华东路50号大化招待所二楼
负责人：周群香
Tel：0411－86588141
13940970791

**大连众益万成机械有限公司**
地址：辽宁省大连市甘井子区华东路94号－1
负责人：吴家成
Tel：0411－86527996

## 沈阳市金三星施封锁厂
业务：我厂是施封锁专业生产厂家，创建于1988年，建厂十几年来本着“以顾客为中心，以质量求生存，以科技求进步，以管理求效益”的宗旨，集研发、设计、生产及销售为一体的综合能力较强的中型企业。
地址：辽宁省沈阳市辽中县冷子堡镇
负责人：李云勃　邮　编：110202
法　人：李云勃
Tel：024－87981409
Fax：024－87985606
网址：www.syjsx.com

**大连泽铭机械化施工有限公司**
地址：辽宁省大连市甘井子区椒房街9号
负责人：王立民
Tel：0411－83790829

**大连欧科泵业有限公司**
地址：辽宁省大连市甘井子区营城子镇前牧村
负责人：邢永春
Tel：0411－86750881

**大连丰丰有机产品有限公司**
地址：辽宁省大连市高新园区西安路90号
负责人：权伍哲
Tel：0411－85862388

## 大石桥市富辉连铸机械有限公司
业务：连铸机优质备品备件的专业生产厂家，产品加工周期短、交货快、价格低、质量好，诚邀国内外钢铁同仁光临，共同发展。
产品：连铸设备备件、喷嘴
地址：辽宁省大石桥市黄土岭镇吕王村
负责人：王柏馥　邮　编：115108
法　人：王柏馥
Tel：0417－5290386
Fax：0417－5290199

**金州新运钢木加工厂**
地址：辽宁省大连市金州区二十里堡镇三房身村
负责人：赵荣枝
Tel：0411－87394299
13940803852

## 沈阳恒晨磨料磨具有限责任公司
业务：本公司成立于2006年，主要生产销售陶瓷结合剂、树脂结合剂、金属结合剂、CBN砂轮，欢迎来电洽谈业务！
地址：辽宁省沈阳市苏家屯区清州街林盛工业园
负责人：高惠卿　邮　编：110108
法　人：高惠卿
Tel：024－89489013
Fax：024－89488436
网址：www.hengchen.net
E-mail：ghq3000@126.com

**义良铸工有限公司**
地址：辽宁省大连市金州区友谊街道兴民村
负责人：陈永良
Tel：0411－87811967
13998636049

**金元机械制造有限公司**
地址：辽宁省大连市金州区站前街道民和村
负责人：张亚明
Tel：0411－62310412
13322231331

**大连大西洋精密制造有限公司**
地址：辽宁省大连市开发区41#工业区
负责人：王德亮
Tel：0411－82305777

**旅顺华炜耐酸泵厂**
地址：辽宁省大连市旅顺口区江西街道隋家村
负责人：潘大澄
Tel：0411－86220576
13009470651

## 大石桥市恒兴锅炉辅机设备有限公司
业务：生产、销售锅炉辅机
地址：辽宁省大石桥市周家镇大沟村
负责人：罗忠　邮　编：115003
法　人：罗忠
Tel：13941778813
0417－5446498

**大连传术节能泵有限公司**
地址：辽宁省大连市旅顺口区九三路50号
负责人：胡传术
Tel：0411－86630246

## 瓦房店三林锯带厂
业务：瓦房店三林锯带厂成立于2001年，属机械行业。主要生产双金属带锯条、磨齿机、分齿机等。公司以先进的技术和稳固的产品质量服务于广大客户，深得用户信赖。
地址：辽宁省瓦房店市岗店办事处北王村
邮　编：116300
法　人：林德军
Tel：0411－85619906
Fax：0411－85619906

**大连圣宝机械有限公司**
地址：辽宁省大连市旅顺口区奶牛场英歌石村
负责人：马麟
Tel：0411－86289028

**大连君成机械有限公司**
地址：辽宁省大连市旅顺口区三涧堡镇
负责人：刘朝君
Tel：0411－86279358
13940837810

**大连健达塑料机械有限责任公司**
地址：辽宁省大连市旅顺口区三涧堡镇石灰窑村
负责人：乔建
Tel：0411－86268999
86268009
13604081095

**有岩塑料机械厂**
地址：辽宁省大连市旅顺口区三涧铺土城子村
负责人：冯有岩
Tel：0411－86263089
13842633918

## 凤城市宝山振兴机械制造有限公司
业务：农机销售与维修
地址：辽宁省丹东市凤城市宝山镇岔路村一组
负责人：唐殿国　邮　编：118123
Tel：15842502777
0415－8901567
网址：http://www.51zzt.com/user/zzt33111

**大连天兴源机械有限公司**
地址：辽宁省大连市旅顺口区双岛湾镇曲家村
负责人：韩天兴
Tel：0411－86247248

**世世宽塑料机械厂**
地址：辽宁省大连市旅顺口区水师营街道第四居民委
负责人：乔元昭
Tel：0411－86236397
13609852931

**大连头田开关设备有限公司**
地址：辽宁省大连市旅顺口区水师营街道火石岭村
负责人：刘国勇
Tel：0411－81862058

**大连晟合机械制造有限公司**
地址：辽宁省大连市旅顺口区水师营街道沈家村
负责人：李志宏
Tel：0411－86238622

**大连旅顺通福模具厂**
地址：辽宁省大连市旅顺口区铁山街道杨树沟村
负责人：张艳琴
Tel：0411－86217124

**大连钰和液压有限公司**
地址：辽宁省大连市普兰店市丰荣办事处和尚社区
负责人：姜升和
Tel：0411－83119331

## 凤城市增鑫源机械制造有限公司
业务：铸件加工，机械加工，生产与销售增压器蜗壳
产品：增压器蜗壳
地址：辽宁省丹东市凤城市边门镇汤河村五组
负责人：王成录　邮　编：118000
法　人：王成录
Tel：0415－8075888
Fax：0415－8075888

## 瓦房店大晋轴承设备厂
业务：瓦房店大晋轴承设备厂成立于2000年，主要生产各种热处理设备（淬火炉、渗碳炉），轴承用清洗机。
地址：辽宁省瓦房店市文兰办事处祝丰村
邮　编：116300
法　人：刘振铭
Tel：0411－85664389
Mobile：13019443158
Fax：0411－85560557

**普兰店市华新机械厂**
地址：辽宁省大连市普兰店市南山办事处南荒村
负责人：曲乃本
Tel：0411－83182436

**大连中冶轴承制造有限公司**
地址：辽宁省大连市普兰店市元台镇前元村
负责人：曲行敏
Tel：0411－83350353

**大连新菱机电设备有限公司**
地址：辽宁省大连市沙河口区鞍山路丽都园43号1单元2层2号
负责人：孙桂华
Tel：0411－84526705

**大连光福消防机电设备有限公司**
地址：辽宁省大连市沙河口区成仁街11号15－10
负责人：王忠光
Tel：0411－82923896

**铁华液压成套销售中心**
地址：辽宁省大连市沙河口区华北路323号
负责人：张杰
Tel：0411－84446118
13804952480

## 丹东市振兴区海洋防腐机械厂
业务：机械加工、设备防腐
地址：辽宁省丹东市振兴区纤维街58号
负责人：孙成全　邮　编：118002
法　人：孙成全
Tel：13842598218
0415－6192767

**大连机电产品批发市场海隆机械配套设备经销部**
地址：辽宁省大连市沙河口区华北路364号6－11
负责人：王海明
Tel：0411－86667241
82934667

**大连三环宏利轴承有限公司**
地址：辽宁省大连市沙河口区华北路园丁巷26号5－5－1
负责人：高宏丽
Tel：0411－86644678

**宏顺五金标准件经销部**
地址：辽宁省大连市沙河口区机电产品批发市场
负责人：赵丙刚
Tel：0411－86662177
81798113

## 辽宁金鼎起重磁电设备有限公司
业务：专业从事除铁器、矿山设备、起重机设备及其配件、塑料机械等的生产及销售
产品：除铁器、磁选机、磁力滚筒、螺旋分级机、给料机、真空永磁过滤机、磁力脱水槽等矿山设备、单双梁起重机、起重机配件、各种塑料机械
地址：辽宁省抚顺市经济开发区
负责人：黄经理　邮　编：113001
法　人：黄玉珍
Tel：13841392229
Fax：0413－6422859
网址：www.lnjdcd.com
E-mail：lnjdcd@126.com

**大连安贞泵业有限公司**
地址：辽宁省大连市沙河口区南沙街道麻子沟西沟
负责人：张伯春
Tel：0411－83693273

**大连科新机油过滤设备有限公司**
地址：辽宁省大连市沙河口区沙城街19号5层3号
负责人：刘辑
Tel：0411－84924923

**旅顺晟鑫机械厂**
地址：辽宁省大连市水师营街道小南村东沟居民组
负责人：张林
Tel：0411－86233115
13942670257

**大连宝晟机械制造有限责任公司**
地址：辽宁省大连市瓦房店市东长春路二段83号
负责人：逄玉贞
Tel：0411－85658958

**瓦房店光明铸造有限公司**
地址：辽宁省大连市瓦房店市岗店办事处太阳沟村
负责人：阎超
Tel：0411－85573157

**大连凯乐机械有限公司**
地址：辽宁省大连市瓦房店市工业园区
负责人：王衡慧
Tel：0411－85665958

**大连银泰机械有限公司**
地址：辽宁省大连市瓦房店市太阳元宝工业园区B区
负责人：闫天仁
Tel：0411－85366788

**大连输站瓦房店市泵站转宏业制钉厂**
地址：辽宁省大连市瓦房店市五一路一段八三泵站院内
负责人：孙文贤
Tel：0411－85660198
13998518983

**瓦房店市亿鑫机械有限公司**
地址：辽宁省大连市瓦房店市杨家满族乡单家村
负责人：刘明增
Tel：0411－85388029

**瓦房店鑫煜冶金轴承制造有限公司**
地址：辽宁省大连市瓦房店市祝华办事处三家村
负责人：王国清
Tel：0411－86080222

## 营口惠峰轻钢彩板设备有限公司
业务：生产，销售彩板设备、沥青油泵
地址：辽宁省盖州市西海工业园区
负责人：于学锋　邮　编：115200
法　人：于学锋
Tel：13941790808
0417－7852155
7852655

**瓦房店金阳光轴承制造有限公司**
地址：辽宁省大连市瓦房店市祝华办事处三家子村
负责人：王增波
Tel：0411－85521289

**瓦房店沃尔德重型机床制造有限公司**
地址：辽宁省大连市瓦房店市祝华办事处杨树房
负责人：于进辉
Tel：0411－85623591

**瓦房店英伦轴承制造有限公司**
地址：辽宁省大连市瓦房店市祝华办事处张屯村
负责人：时维家
Tel：0411－85575575

**大连三轮机械设备有限公司**
地址：辽宁省大连市中山区港湾街7号
负责人：林大伟
Tel：0411－82798058

**瓦房店市农丰农机厂**
地址：辽宁省大连瓦房店市驼山乡胡屯村
负责人：吕俊勇
Tel：0411－85140074
13941137472

**三久铸造有限公司**
地址：辽宁省大连瓦房店市杨家乡杨家村
负责人：郭桂屹
Tel：0411－85382398
13840904073

**大石桥市虎庄镇腰林工矿机械厂**
地址：辽宁省大石桥市虎庄镇腰林村
负责人：吴龙
Tel：0417－5322334
13841799469

## 锦州百澄金属制品有限公司
业务：铁钉、镀锌铁线生产、加工、销售
地址：辽宁省锦州市黑山县江城镇
负责人：周百杰　邮　编：121000
法　人：周百杰
Tel：13941674999
0416－5662999

**合鑫增压器叶轮厂**
地址：辽宁省丹东凤城市凤凰城管理区凤北路775号
负责人：杜可强
Tel：0415－8668926

13941542571

**寒中乐常压锅炉厂**
地址：辽宁省丹东凤城市红旗镇沈甸村六组
负责人：刘家富
Tel：0415－8083594
13332178002

**顺天锅炉厂**
地址：辽宁省丹东凤城市鸡冠山镇前街 26 号
负责人：赫天玲
Tel：0415－8190254
13332172119

**宏旺铸造厂**
地址：辽宁省丹东凤城市通远堡镇老堡村三组
负责人：于在纯
Tel：0415－8511039
13942524821

**兴达电焊机厂**
地址：辽宁省丹东市振安区五龙背镇和平村
负责人：李振录
Tel：0415－4102885
13050320733

**丹东金鼎压缩机有限公司**
地址：辽宁省丹东市振兴区花园东路 144 号
负责人：李卫东
Tel：0415－2253449

**农业机械厂**
地址：辽宁省凤城市大堡镇大堡村三组
负责人：刘文峰
Tel：0415－8641023
13841574814

**锦州恒特机械设备有限责任公司**
业务：挖掘机、挖掘配件
地址：辽宁省锦州市南广路 2－13 号
负责人：尹飞飞 邮 编：121000
法 人：尹飞飞
Tel：0416－3781899
13853461708
Fax：0416－3782899

**天翔机械加工厂**
地址：辽宁省凤城市凤山经济管理区头台子村
负责人：周震林
Tel：0415－8269923
13704952923

**抚顺弘业机械加工有限公司**
地址：辽宁省抚顺市东洲区青年路东段 23 号
负责人：丁晓光
Tel：0413－2565998

**抚顺森惠冶金机电设备有限公司**
地址：辽宁省抚顺市抚顺县海浪乡松树村
负责人：侯凤春
Tel：0413－7599605

**抚顺市顺盛压缩机冷却器制造厂**
地址：辽宁省抚顺市浑河北路 78 号
负责人：杨凤龙
Tel：0413－7710729
2635504
13941348888

**抚顺市得力机械厂**
地址：辽宁省抚顺市开发区高湾经济区高湾村东万飞厂二区
负责人：冯宝彬
Tel：13504262040

**光明蜡烛机制造厂**
地址：辽宁省抚顺市顺城区戈布东街 20－13 号
负责人：崔绍岭
Tel：0413－7137569
13130321538

**辽阳市弓长岭区利仁备件厂**
业务：专业从事机械备件铸造加工，产品具有使用周期延长，高温不变形等特点。本厂技术力量雄厚，机械加工设备先进，测试手段完善。我们以专业的品质、优质的服务，真诚期待与您合作！
产品：耐磨球磨机用衬板、各种规格钢球锻
地址：辽宁省辽阳市弓长岭区汤河镇小录村
负责人：隋晶 邮 编：111008
法 人：隋晶
Tel：0419－5606008
13019906201
Fax：0419－5606008

**抚顺市顺意弹簧厂**
地址：辽宁省抚顺市顺城区将军街矿灯厂社区
负责人：孙占山
Tel：0413－7705076
13841337231

**抚顺衍业工程机械厂**
地址：辽宁省抚顺市顺城区瑷大路 2 号
负责人：尚淑珍
Tel：0413－7641734

**抚顺市成龙砂轮制造有限公司**
地址：辽宁省抚顺市望花区鞍山路东段 8 号
负责人：刘浩
Tel：0413－6671678

**抚顺隆成金材机械制造厂**
地址：辽宁省抚顺市望花区建设街鞍山路西段 2 号
负责人：何大成
Tel：0413－2549699
2548555
13904237749

**鸿运农机经销站**
地址：辽宁省抚顺市新宾满族自治县永陵镇
负责人：何晓民
Tel：0413－5156691
13904133352

**东方牧业机械厂**
地址：辽宁省阜新市细河区四河桥北粉丝厂院内
负责人：梁东旭
Tel：13941806258
13065316548

**万利五金水暖批发站**
地址：辽宁省海州区新立街大集门前道北
负责人：宋吏
Tel：0412－3210678
3213905
13130072555

**盘锦正华节能产品研发有限公司**
业务：热风炉研发、生产、销售
地址：辽宁省盘锦市大洼县二界沟镇尤家村
负责人：藏树正 邮 编：124010
法 人：藏树正
Tel：13030766550
0427－8838476

**新利模具厂**
地址：辽宁省锦州市古塔区汉口街 31－53 号
负责人：李新利
Tel：13941664962

**中国长城起重设备公司**
地址：辽宁省凌源市大西街 89 号
负责人：赵汉军
Tel：0421－6820027
13504216239

**圣通机电商行**
地址：辽宁省盘锦市双台子区高家铁东旧货物市场
负责人：常海
Tel：0427－3892202
13008231392

**宇和轴承有限公司**
地址：辽宁省普兰店市瓦窝工业园区
负责人：关世和
Tel：0411－85506722
13084150628

**辽宁恒力工程机械销售有限公司修配厂**
地址：辽宁省沈阳经济技术开发区沈辽路 108 号
负责人：周永新
Tel：024－25380082

**沈阳市固特精密螺栓有限公司**
地址：辽宁省沈阳市大东区北海街 3 号
负责人：张密林
Tel：024－88337598

**沈阳市恒安工程机械配件厂**
地址：辽宁省沈阳市大东区长安路 113－1－5
负责人：赵水娟
Tel：024－24328251
13940356082
13940132594

**沈阳三驰机械制造有限公司**
地址：辽宁省沈阳市大东区东北大马路 272 号
负责人：戈学忠
Tel：024－81551668

**商德通风制造有限公司**
业务：集研发、设计、生产、安装调试及工程承包为一体，专业生产通风管道、消音器、通风机，产品质量优良，服务诚信周到，欢迎新老客户前来订购！
产品：设计低噪音通风工程
地址：辽宁省盘锦市潘山县双台子区东风街
负责人：王占春 邮 编：124010
法 人：王占春
Tel：0427－3814929
13942705409

**沈阳吾泉机电设备有限公司**
地址：辽宁省沈阳市大东区津桥路二甲金香山大厦 601 号
负责人：张荣君
Tel：024－82699656

**沈阳临工工程机械销售服务有限公司**
地址：辽宁省沈阳市大东区联合路 176 号
负责人：宋明奎
Tel：024－24831786

**祥泰工程机械配件经销处**
地址：辽宁省沈阳市大东区联合路 186 号 1－2 门
负责人：黄祥宽
Tel：024－88901767
13066635179

**沈阳铁钊盛机电设备有限公司**
业务：机电设备销售
地址：辽宁省沈阳市大东区东北大马路 291 号 123－1 幢 212 室
负责人：马忠东 邮 编：110013
法 人：马忠东
Tel：15840362081

**沈通传动机械厂**
地址：辽宁省沈阳市大东区文贸路 45 号
负责人：张伟
Tel：024－88257589

13840384800

**沈阳国思工程机械制造有限公司**
地址：辽宁省沈阳市东陵区八里卜东新路 12 号
负责人：赵国禄
Tel：024－24602032

**沈阳天丰机械制造厂**
地址：辽宁省沈阳市东陵区东陵路 90 号
负责人：孙宗国
Tel：024－88416450

**沈阳红阳干燥设备有限公司**
地址：辽宁省沈阳市东陵区满堂乡辉山村
负责人：卢扬
Tel：024－24156749

**沈阳旭日辉建筑机械有限公司**
地址：辽宁省沈阳市东陵区天坛一街 12 巷 8－1 #－411 号
负责人：张军
Tel：024－81862445

**沈阳双通电子机械有限公司**
地址：辽宁省沈阳市东陵区新立堡东街 65 号
负责人：赵巍
Tel：024－88446013

**利达电动工具制造有限公司**
地址：辽宁省沈阳市东陵西路 10 号
负责人：赵云风
Tel：024－88410958
13940068296

**万丰机械制造有限公司**
地址：辽宁省沈阳市东新路 12 号
负责人：苗万奇
Tel：024－88482991
13998390650

**沈阳锐盈机械设备有限公司**
业务：汽车零部件生产、销售
产品：模具，冲压件设备
地址：辽宁省沈阳市东陵区东陵路 62 号
负责人：吴国杰 邮 编：110000
法 人：李强
Tel：13516043577
13386853321
024－88444636
Fax：024－88444636

**沈阳尼柯机电有限公司**
地址：辽宁省沈阳市法库县叶茂台镇叶茂台村
负责人：王宏
Tel：024－87191029

**沈阳洁源空调设备技术有限公司**
地址：辽宁省沈阳市和平区南京北街 21 号
负责人：赵存芳
Tel：024－81338111

**沈阳北苑金刚石机械设备制造有限公司**
地址：辽宁省沈阳市和平区三好街 90－2 号
负责人：吴岚岚
Tel：024－86533069

**沈阳弗艾特机械技术发展有限公司**
地址：辽宁省沈阳市和平区三好街 90－5 号 2－10－3 室
负责人：张毅
Tel：024－83992655

**沈阳圣油研液压设备有限公司**
地址：辽宁省沈阳市皇姑区昆山西路 46 号
负责人：李颖
Tel：024－86735553

**沈阳凯利元技术有限公司**
业务：起重设备技术开发，技术服务
地址：辽宁省沈阳市皇姑区崇山中路 63 号 409 室
负责人：秦立波 邮 编：110013
法 人：秦立波
Tel：024－86224596
15840492225
Fax：024－86224596
网址：http://www.51zzt.com/user/zzt31859

**恒昌乳品机械厂**
地址：辽宁省沈阳市皇姑区陵北街 33 号
负责人：陈孝棣
Tel：024－86540350
0516－3876599
13218540489

**健岩水泥机械厂**
地址：辽宁省沈阳市皇姑区陵北街 96 号
负责人：谢健
Tel：024－86548252
13998820219

**沈阳高新区庆利机床配件厂**
地址：辽宁省沈阳市浑南新区白塔街二甲 16 号
负责人：李庆平
Tel：024－23782900
13998389994

**沈阳巨谷装备制造有限公司**
地址：辽宁省沈阳市浑南新区浑南产业区东区 34 号－2
负责人：刘景堂
Tel：024－86783633

**沈阳科锐机电设备厂**
地址：辽宁省沈阳市浑南新区营南西一街 45 号 1632
负责人：段红军
Tel：024－84821458

**韩台村金属加工厂**
地址：辽宁省沈阳市辽阳县沙岭镇韩台村
负责人：王明学
Tel：0419－7149141
13188496994

**沈阳斯瑞重型机械制造有限公司**
地址：辽宁省沈阳市辽中县满都户镇满东村
负责人：吕英凡
Tel：024－87901017

**沈阳安重信传动设备有限公司**
业务：传动设备及零部件
产品：减速机、联轴器、轧机轴承座、刮板机、输送机、混合机等
地址：辽宁省沈阳市辽中县辽中镇商业街 57－1 号
负责人：苏新 邮 编：110200
法 人：李占军
Tel：024－87802018
Fax：024－62901308
网址：syazx.com
E-mail：azxcdsb@gmail.com

**沈阳福昌噪声控制设备有限责任公司**
地址：辽宁省沈阳市沈河区热闹路 134 号
负责人：王善福
Tel：024－24133211

**陈相兆强机械加工厂**
地址：辽宁省沈阳市苏家屯区陈相屯镇柳匠屯村
负责人：郭兆强
Tel：024－89583005
13940500631

**兴盛塑料机械厂**
地址：辽宁省沈阳市苏家屯区桂花街 240 号
负责人：蔡春生
Tel：024－89814720
13704006434

**沈阳市飞浩减速机制造有限公司**
地址：辽宁省沈阳市苏家屯区红菱镇南红村
负责人：刘飞
Tel：024－89827505

**沈阳腾远焚化设备制造厂**
地址：辽宁省沈阳市苏家屯区林盛镇林盛村
负责人：冯新源
Tel：024－89827371

**工星砂轮厂**
地址：辽宁省沈阳市苏家屯区乔松路 159 号
负责人：王广学
Tel：024－89195136
13998384919

**沈阳市沈北新区沈城模具厂**
业务：生产、销售模具
地址：辽宁省沈阳市沈北新区杭州路海天家园 6 号楼 121
负责人：郑爱民 邮 编：110013
法 人：郑爱民
Tel：024－89867080
13840014189

**沈阳呼和众环机电设备有限公司**
地址：辽宁省沈阳市铁西区爱工北街 20－1 号
负责人：陈景仁
Tel：024－25653717

**沈阳军兴机械有限公司**
地址：辽宁省沈阳市铁西区北四西路 5 号
负责人：关革
Tel：024－25871568

**沈阳众意机床配件有限公司**
地址：辽宁省沈阳市铁西区北四中路 5 号
负责人：王凤荣
Tel：024－25867987

**沈阳惠宇供热有限责任公司**
地址：辽宁省沈阳市铁西区贵和街 49 号
负责人：王宗信
Tel：024－25863178

**沈阳翰驰高强度紧固件有限公司**
地址：辽宁省沈阳市铁西区南七中路 82 号
负责人：刘仁海
Tel：024－25615430

**沈阳标准件有限公司异型件厂**
地址：辽宁省沈阳市铁西区启工街 3 号
负责人：陈连众
Tel：024－25822830

**沈阳鑫振亚标准件有限公司**
地址：辽宁省沈阳市铁西区启工街 7 号
负责人：周亚英
Tel：024－81995185

**沈阳嘉群机械制造有限公司**
业务：机械制造
地址：辽宁省沈阳市新民市胡台镇机匠村
负责人：李群 邮 编：110013
法 人：李群
Tel：024－87724222
13504002712
网址：http://www.51zzt.com/user/zzt33331

**沈阳诚合成套设备有限公司**
地址：辽宁省沈阳市铁西区兴华南街 87 号
负责人：徐秀斌
Tel：024－25843126

**兰天机械修理厂**
地址：辽宁省沈阳市铁西区重工北街 22 号（辽宁省医疗器械研究所）
负责人：姜秀敏
Tel：13066552056

**沈阳市宗鑫铸造厂**
地址：辽宁省沈阳市新城子区望滨乡望滨村
…… 负责人：刘景贤
…… Tel：024－89770228

**沈阳日通机械有限公司**
地址：辽宁省沈阳市于洪区北陵乡和平村
…… 负责人：田勇
…… Tel：024－25311031

**沈阳利天重矿机械厂**
地址：辽宁省沈阳市于洪区高花镇高花村
…… 负责人：常利
…… Tel：024－25317682

**沈阳吉兴机械铸造有限公司**
地址：辽宁省沈阳市于洪区马三家子镇永安桥村
…… 负责人：李红
…… Tel：024－89228413

**辽宁得尼西节能设备有限公司**
业务：专业从事换热设备研发、制造、安装、维护及橡胶密封垫片制造销售的高新科技企业，公司有完善的生产工艺和严格的质量保证体系，并以优质的产品、合理的价格、诚信服务于各界人士。
产品：板式换热器、压力容器、橡胶密封垫、热交换机组、管壳式换热器
地址：辽宁省铁岭市昌图县老四平工业园区
…… 负责人：李俊文 邮 编：112509
…… 法 人：李学会
…… Tel：0410－5035588
13941011820
…… Fax：0410－5035588
…… E-mail：lndnc@sina.com

**沈阳乔润机床附件厂**
地址：辽宁省沈阳市于洪区沙岭镇沙岭村
…… 负责人：胡健
…… Tel：024－89376788

**潮流农机配件经销处**
地址：辽宁省沈阳市于洪区沙岭镇沙岭村
…… 负责人：刘高潮
…… Tel：024－89374080
87721526
13889396557

**沈阳耀登木工机械有限公司**
地址：辽宁省沈阳市于洪区沈大路 14 号
…… 负责人：曹庆越
…… Tel：024－25318599

**源兴五交化物资供应站**
地址：辽宁省沈阳市于洪区沈辽路 165 号三隆璧桂园十门
…… 负责人：王之佑
…… Tel：024－25281328
25814924
13940511615

**沈阳亚斯特机电设备有限公司**
地址：辽宁省沈阳市于洪区鸭绿江街 28－2 号
…… 负责人：窦宁
…… Tel：024－86890971

**沈阳义明电工专用设备制造有限公司**
地址：辽宁省沈阳市于洪区杨士乡大卜村
…… 负责人：魏毅
…… Tel：024－82815836

**沈阳良精开维喜机械有限公司**
地址：辽宁省沈阳市于洪区造化镇白家村
…… 负责人：关福全
…… Tel：024－25440073

**沈阳创拓轮胎通用机械有限公司**
地址：辽宁省沈阳市于洪区造化镇小转湾村
…… 负责人：袁野
…… Tel：024－86372821

**开原宝泉内燃机配件有限公司**
地址：辽宁省铁岭市开原市八宝镇
…… 负责人：付刚
…… Tel：0410－3010023

**开原市宏大机械有限公司**
地址：辽宁省铁岭市开原市城东乡城东村
…… 负责人：赵云坤
…… Tel：0410－3161117

**铁岭光大机械配件有限公司**
地址：辽宁省铁岭市银州区龙山乡后八里村
…… 负责人：邓淑贤
…… Tel：0410－7308848

**金恒机械有限公司**
地址：辽宁省瓦房店市祝华办事处三家村 1 组
…… 负责人：刘德伟
…… Tel：0411－85509435
13942874935

**沈阳嘉盛机械制造有限公司**
地址：辽宁省新民市新柳街园林委
…… 负责人：蒋风
…… Tel：024－87530166

**盖州市轻工厂**
地址：辽宁省营口盖州市清河大街 2 号
…… 负责人：卢长文
…… Tel：0417－7650858
13504173538

## 吉林省/Jilin Province

**大安市金属回收物资经销处鑫利有色金属铸造厂**
地址：吉林省白城市大安市两家镇
……负责人：滕永波
……Tel：13804365598

**洮南市创建机械有限公司**
地址：吉林省白城市洮南市兴隆西路 76 号
……负责人：李晓明
……Tel：13943612445

**长春市新发发电设备厂**
业务：长春市新发发电设备厂是吉林省内唯一一家生产发电机系列产品的专业厂家。本厂生产的系列发电机以先进的生产设备、优良的动态性能、及时的售后服务、良好的信誉口碑得到了客户的认可。
地址：吉林省长春市净月潭旅游经济开发区新立城镇齐家村
……邮编：130119
……法人：李国
……Tel：0431－4527088
……Fax：0431－4527088

**长春泰洋机械设备有限公司**
业务：轮胎机械设备生产制造
地址：吉林省长春市高新开发区硅谷大街超达创业园 18 号楼 515－1 室
……负责人：谢文成　刘得民
……邮编：130000
……法人：谢文成
……Tel：13610726910
0431－87051004

**白山市聚财风机制造有限公司**
地址：吉林省白山市八道江区北安大街 138 号
……负责人：杨建强
……Tel：0439－3379917

**吉林和事通数控刀具有限公司**
地址：吉林省长春市朝阳区红旗街 1768 号长影商务景都 51704 室
……负责人：张卫华
……Tel：13304331519

**吉林省鹏程电器消防设备有限公司**
地址：吉林省长春市朝阳区锦水路 18－22 号
……负责人：朱彦鹤
……Tel：0431－85305602

**吉林省长春市农安县伏龙泉镇万忠机械加工部**
业务：机械加工
地址：吉林省长春市农安县伏龙泉镇伏永路
……负责人：李万忠　邮编：130000
……Tel：13174355055
0431－83542426

**吉林省金宇重工机械有限责任公司**
地址：吉林省长春市朝阳区卫星路 7089 号
……负责人：金成纯
……Tel：0431－85305680

**长春市朝阳区安华装载机配件行**
地址：吉林省长春市朝阳区西开运街松宇花园十一号楼
……负责人：徐怀安
……Tel：0431－86191876

**吉林市洁爽空气热泵热水器科技有限公司**
业务：吉林市洁爽空气热泵热水器科技有限公司成立于 2006 年，生产销售水暖件，五金、机电、化工产品，欢迎新老客户来电洽谈业务。
地址：吉林省吉林市吉林大街 168－－4 号
……负责人：赵顺利……邮编：132011
……法人：赵顺利
……Tel：0432－5074302
5074303
……Fax：0432－5074301

**长春市鼎洋机械制造有限公司**
业务：农用装载机
地址：吉林省长春市农安县杨树林乡街内（粮库西侧 50 米处）
……负责人：张海水　邮编：130061
……法人：张海水
……Tel：0431－83122367

**吉林省金龙机械加工有限公司**
地址：吉林省长春市二道区金钱村金钱堡
……负责人：初和
……Tel：13331669918

**德惠市胜利街卓越五金机电商行**
业务：销售五金机电
地址：吉林省德惠市龙德金街 5 号楼 6－9 号
……负责人：张文卓　邮编：130300
……法人：张文卓
……Tel：0431－87224450
……Fax：0431－87215010

**吉林省合众铸造有限公司**
地址：吉林省长春市二道区荣光路 59 号
……负责人：王勇刚
……Tel：13159771058

**长春瑞成模具厂**
地址：吉林省长春市宽城区团山街 82－1 号
……负责人：孔庆余
……Tel：13843173983

**烟台开发区三创机电有限公司长春分公司**
地址：吉林省长春市绿园区和平大街 2491 号
……负责人：赵春光
……Tel：13596466227

**长春市祥赫机电有限公司**
地址：吉林省长春市南关区东六马路 9－1 号
……负责人：鲍彦含
……Tel：0431－88131563

**长春市伟德精密机械厂**
地址：吉林省长春市南关区幸福乡光明村张家店
……负责人：刘晓会
……Tel：0431－88937340

**桦甸市通用农机修理部**
业务：农机修理，机械加工，铰传动轴，焊各种油箱，修理各种千斤顶铝制品加工，发动机缸体，缸盖，焊接修补，铜铝焊接
地址：吉林省桦甸市永吉街五中道口
……负责人：秦贵福　邮编：132400
……法人：秦贵福
……Tel：0432－6223440
13196096528

**和龙市宝盈机械设备制造有限公司**
地址：吉林省和龙市龙王山庄
……负责人：宫有民
……Tel：0433－4235628

**吉林市虹运暖风机厂**
地址：吉林省吉林市昌邑区虹园一队
……负责人：高海英
……Tel：0432－62736598

**吉林市威特机械制造有限责任公司**
地址：吉林省吉林市船营区德胜街安顺小区鞍山 11 号 P－R4 号
……负责人：王一童
……Tel：13019266699

**珲春市大山机械厂**
业务：专业从事机械零部件车加工、钻孔、刨削、电焊、气焊，对外承揽加工制作业务。我们秉承诚实、守信、专业、共赢的经营理念竭诚为您服务。
产品：岩石劈开器
地址：吉林省珲春市新安街（批发市场北）
……负责人：郭天文　邮编：133300
……法人：郭天文
……Tel：13630675559
13944359779

**吉林市格林纳森自动化设备有限公司**
地址：吉林省吉林市船营区青岛街光华园 7 号楼 1 层 12 号
……负责人：鞠艳华
……Tel：0432－62052558

**鑫诚塑料制品厂**
地址：吉林省吉林市船营区致和街卧云胡同一 1 号
……负责人：赵福成
……Tel：0432－62130362
67843748

**吉林市凯捷机电设备有限公司**
地址：吉林省吉林市高新区创业园 C 座 6 层 3 号
……负责人：陈希武
……Tel：0432－64854132

**磐石市黑石镇富万家农机专业合作社**
业务：农业机械经营及维修
地址：吉林省磐石市黑石镇文化村卫星屯
……负责人：杨树林　邮编：132300
……法人：杨树林
……Tel：0432－5633053

**富士自动化工程有限公司**
地址：吉林省吉林市怀德街 7 号
……负责人：王湖南
……Tel：0432－62483452

**吉林市四通防腐设备有限责任公司**
地址：吉林省吉林市吉林经济技术开发区三号道
……负责人：宁永林
……Tel：0432－63451375

**吉林市科瑞空调工程有限公司**
业务：吉林市科瑞空调工程有限公司成立于 2001 年，是集净化工程、中央空调工程设备销售、空调工程安装及售后服务为一体的专业化工程公司。本公司将以更高的品质、更好的服务、更新的理念、更灵活的经营方式从严做起，真诚、守信、求实、发展。
地址：吉林省吉林市龙潭区湘潭街 25－1 号
……邮编：132021
……法人：贾立华
……Tel：0432－5077438
……Fax：0432－5077458

**吉林市光明龙潭机械制造有限责任公司**
地址：吉林省吉林市龙潭区黎明路 26 号
……负责人：潘启忠
……Tel：0432－63039390

**四平纵横风机有限公司**
业务：工业炉用高温风机，水泥窑用高温风机，冶金行业用烧结风机、大型除尘风机，煤气鼓风机，化工用防腐风机，电厂用循环硫化床风机，煤粉风机，水泥厂用篦冷机冷却风机、斜槽风机，气固两相流风机，一般锅炉用鼓引风机及其它通用风机
地址：吉林省四平市铁东区联合化路 48 号
……负责人：李洪波　邮编：136000
……法人：李洪波
……Tel：0434－3535559
……Fax：0434－3526669
……网址：www.jlspzhfj.cn
E-mail：spzhfj@163.com

**吉林市永虹金属表面处理厂**
地址：吉林省吉林市龙潭区龙潭乡顺山路
……负责人：郑连颖
……Tel：0432－63902808

**辽源市泰锋选矿机械厂**
地址：吉林省辽源市工农乡友谊村五组（气象站南侧）
……负责人：李宏宽
……Tel：0437－3192508

**辽源市鑫通冶金重矿机械厂**
地址：吉林省辽源市西安区太安街康泰社区 178 号
……负责人：王素金
……Tel：0437－2977725

**松原市东引机电设备有限公司**
业务：各种机电设备、化工产品的销售
产品：各种机电设备、化工产品
地址：吉林省松原市宁江区乌兰大街 3139 号
……负责人：王晗　邮编：138000
……法人：王晗
……Tel：13904388219
0438－2187775
……Fax：0438－2187775

**辽源平安电机经销处**
地址：吉林省辽源市西安区仙城街前缸窑
……负责人：沈洪滨
……Tel：0437－3610007

**辽源市中机重型机器销售有限公司**
地址：吉林省辽源市西宁大路 273 号
……负责人：陈林
……Tel：0437－3170916

**公主岭市农业机械经销有限公司**
地址：吉林省四平市公主岭市东七道街 56 号
……负责人：崔静晗
……Tel：0434－6227066

**吉林省东亚机械制造有限公司**
业务：机械制造
地址：吉林省松原市乾安县财政局
……负责人：杨明利　邮编：138000
……法人：杨明利
……Tel：13704479000
0438－8222047

**四平市范家屯经济开发区盛荣工装模具厂**
地址：吉林省四平市公主岭市范家屯经济开发区西新兴大街 23 号

……负责人：潘伟
……Tel：13029022425

**四平市恒远机械制造有限公司**
地址：吉林省四平市铁东区平东大路 5 号
……负责人：李凤海
……Tel：13604349595

**四平市生达机械设备有限公司**
地址：吉林省四平市铁东区平东街平东大街 113 号
……负责人：王耀国
……Tel：13904355723

**吉林省金桥农机有限责任公司松原分公司**
业务：销售农机
地址：吉林省松原市铁西街 888 号
……负责人：刘双　邮编：138000
……Tel：13604380774
0438－6185454
13614481731

**四平市绿洲饺子人家餐饮有限公司**
地址：吉林省四平市铁东区一马路路口
……负责人：李燕玲
……Tel：0434－6129777

**万万利五金锁具**
业务：五金加工、锁具销售
地址：吉林省延吉市北大建材市场 3 区 126－1 号
……负责人：叶学明　邮编：133000
……法人：叶学明
……Tel：0433－2637885
2628772

**通化市华力机电设备销售有限公司**
地址：吉林省通化市东昌区建设大街 4669 号
……负责人：林花萍
……Tel：0435－3610207

**通化市利达自动化设备有限公司**
地址：吉林省通化市二道江区二道江交行五楼
……负责人：谢长利
……Tel：13944583567

**洮南市李晓文锅炉水暖配件经销处**
业务：锅炉水暖配件
地址：吉林省洮南市万宝镇三街
……负责人：李晓文　邮编：137100
……法人：李晓文
……Tel：0436－6926466
6666669

**通化市东昌区宝华清大兴农气化炉厂**
业务：加工销售高效节能秸秆气化炉
地址：吉林省通化市东昌区明兴村四组
……负责人：赵宝华　邮编：134001
……法人：赵宝华
……Tel：15944587659
0435－3319189

**潍坊蓝盾电子机械有限公司延边分公司**
地址：吉林省延边朝鲜族自治州延吉市光明街 49－1 号
……负责人：纪家军
……Tel：0433－2569982

## 黑龙江省/Heilongjiang Province

**大庆奥林匹亚机械设备制造有限公司**
地址：黑龙江省大庆市大同区八井子乡八井子村
…………负责人：金洪斌
…………Tel：13904863992

**大庆市成高阀门销售有限公司**
地址：黑龙江省大庆市杜尔伯特蒙古族自治县一心乡政府所在地
…………负责人：洪春地
…………Tel：0459－5105195

**哈尔滨道尔电力设备有限公司**
业务：本公司专业生产高、低配电设备和装置，电站设备，电气自动化设备，环保节能设备，机械加工。我们确保向用户提供稳定、可靠、优质的产品。公司奉行“质量第一、顾客至上、完善自我、共同提高”的质量方针服务于用户。竭诚欢迎新老客户光临惠顾。
地址：黑龙江省哈尔滨市香坊区幸福镇新香坊村工业园区
…………负责人：尹道烈……邮　编：150038
…………法　人：尹道烈
…………Tel：0451－55139566

**大庆奥弗特尔石油机械设备制造有限公司**
地址：黑龙江省大庆市让胡路区西杨路2号油厂院内
…………负责人：江振双
…………Tel：13352590000

**大庆功天机械设备有限公司**
地址：黑龙江省大庆市萨尔图区高新区建设路8号
…………负责人：孙庆功
…………Tel：13039853585

**大庆鑫鑫红星保温材料制造有限公司**
地址：黑龙江省大庆市萨尔图区胜利二村
…………负责人：刘胜军
…………Tel：0459－6654783

**洛阳精密轴承集团有限公司大庆瑞轴分公司**
地址：黑龙江省大庆市萨尔图区友谊大街商服楼二栋12号
…………负责人：蔡景光
…………Tel：0459－6654701

**东方模具厂**
地址：黑龙江省哈尔滨市阿城市舍利乡平冈村
…………负责人：车成德
…………Tel：0451－53883766
13030091259

**上海中航泵业制造有限公司哈尔滨分公司**
地址：黑龙江省哈尔滨市道里区经纬二道街20号1号楼10－4
…………负责人：林森
…………Tel：13796615188

**哈尔滨远达路桥检验检测有限责任公司**
地址：黑龙江省哈尔滨市道里区前进路71号
…………负责人：岳宝昌
…………Tel：0451－82646596

**亿达暖气片经销处**
地址：黑龙江省哈尔滨市道外区海员街1－5号龙港水暖器材市场北区1号
…………负责人：闫新民
…………Tel：0451－88903350

**黑龙江永庆工程机械销售有限公司**
地址：黑龙江省哈尔滨市道外区南直路352号
…………负责人：陈治岩
…………Tel：0451－86906178

**呼兰运通焊接设备厂**
地址：黑龙江省哈尔滨市呼兰区开发13号楼1－6门
…………负责人：胡志明
…………Tel：0451－57329055
13703682242

**齐齐哈尔永钊机械设备有限公司**
业务：本公司专业从事金切机床大修、改造、设计、专用通用零部件制造，欢迎新老客户来电洽谈业务！
地址：黑龙江省齐齐哈尔市龙沙区电业局小区1#楼00单元01层07号
…………负责人：刘忠民……邮　编：161005
…………法　人：刘忠民
…………Tel：0452－2810717

**龙发工具制造有限公司**
地址：黑龙江省哈尔滨市香坊区化工路化四街1号
…………负责人：魏鸣
…………Tel：0451－55163336
13703603635

**山西新星泵业有限公司鹤岗分公司**
地址：黑龙江省鹤岗市南山区五指山花园小区综合楼2栋109户（铁西路中段）
…………负责人：井秋伏
…………Tel：0468－3350430

**鹤岗市龙海煤矿机械制造有限公司**
地址：黑龙江省鹤岗市向阳区团结路
…………负责人：邵井孝
…………Tel：13039738478

**鹤岗市鑫友矿山设备安装有限责任公司**
地址：黑龙江省鹤岗市兴安区正欣路1号
…………负责人：唐玉民
…………Tel：0468－6784778

**孙吴县农发农业机械有限公司**
地址：黑龙江省黑河市孙吴县交通街126号
…………负责人：张修春
…………Tel：13904567077

**鸡西市宇隆机械制造有限公司**
地址：黑龙江省鸡西市城子河区物资城
…………负责人：马同礼
…………Tel：0467－2435587

**佳木斯东海工程机械有限公司鸡西分公司**
地址：黑龙江省鸡西市鸡冠区红星四队（南星街108号）
…………负责人：杨文杰
…………Tel：0467－2388719

**鸡西宝实华机械制造有限公司**
地址：黑龙江省鸡西市鸡冠区兴国东路13号
…………负责人：宋华
…………Tel：13846028989

**抚远县天泰五金家电有限责任公司**
地址：黑龙江省佳木斯市抚远县抚远镇新区七委
…………负责人：张青山
…………Tel：0454－2136999

**哈尔滨冰城齿轮刀具有限公司**
业务：主要生产和经营各种工量刀具、机床刀具、五金工具、汽车专用刀具及发动机拉刀、轴瓦拉刀等。
产品：格里森铣刀、弧铣刀及刀头、镶片滚刀、齿轮滚刀、插齿刀、剃齿刀、拉刀等各种非标订货
地址：黑龙江省哈尔滨市道外区南马路85号2楼
…………负责人：高文海　　邮　编：150020
…………法　人：高文海
…………Tel：0451－88372701
…………Fax：0451－88372225
…………E-mail：hljbingcheng@126.com

**同江市方园计量器具维修服务中心**
地址：黑龙江省佳木斯市同江市大直路西段
…………负责人：林柏
…………Tel：0454－2924776

**佳木斯富鑫激光数控有限公司**
地址：黑龙江省佳木斯市向阳区中山路中段
…………负责人：张兴洲
…………Tel：13836602255

**牡丹江市爱民区春芳日用五金商店**
地址：黑龙江省牡丹江市爱民区天安路
…………负责人：滕春雪
…………Tel：13089893321

**牡丹江市龙兴工程机械有限责任公司**
地址：黑龙江省牡丹江市爱民区西地明街
…………负责人：李立明
…………Tel：13304139695

**牡丹江市新华通机电物资有限公司**
地址：黑龙江省牡丹江市东安区东二条路
…………负责人：李燕
…………Tel：0453－6232812

**牡丹江市奥贝尔工业炉有限公司**
地址：黑龙江省牡丹江市海林市林海广场1区15室
…………负责人：赵松鹤
…………Tel：0453－8868898

**隆泰农机制造厂**
地址：黑龙江省牡丹江市林口县林口镇原县农机修造厂内
…………负责人：郑学忠
…………Tel：0453－3534629
13845323300

**众鑫通用机械厂**
地址：黑龙江省牡丹江市阳明区机车路前进一道街3号
…………负责人：李惠然
…………Tel：0453－6827112
13804827112

**齐齐哈尔富兴锻冶设备制造有限公司**
地址：黑龙江省齐齐哈尔市富拉尔基区花园街4栋1门
…………负责人：王传新
…………Tel：0452－8363322

**齐齐哈尔焱升机械制造有限公司**
地址：黑龙江省齐齐哈尔市富拉尔基区新华路188号
…………负责人：毕建伟
…………Tel：13359758222

**齐齐哈尔冰城工程机械有限公司**
地址：黑龙江省齐齐哈尔市龙沙区安顺路90号
…………负责人：郑学君
…………Tel：0452－2816558

**齐齐哈尔市嫩江机械加工有限公司**
地址：黑龙江省齐齐哈尔市龙沙区冰场街
…………负责人：孙振英
…………Tel：13206613299

**齐齐哈尔市鑫龙机械锻造有限公司**
地址：黑龙江省齐齐哈尔市龙沙区大民镇新光村
…………负责人：张文江
…………Tel：0452－2344314

**齐齐哈尔市丰泽石油机械配件有限责任公司**
地址：黑龙江省齐齐哈尔市龙沙区新城路93号
…………负责人：高峰
…………Tel：0452－2342455

**集贤县兴源酿造厂**
地址：黑龙江省双鸭山市集贤县福利镇前进社区31委204－2号
…………负责人：杨书贞
…………Tel：0469－4671567

**双鸭山天龙机电设备有限公司**
地址：黑龙江省双鸭山市尖山区一马路机电厂综合楼
…………负责人：陈余建
…………Tel：0469－4220133

**双鸭山恒晖机电有限公司**
地址：黑龙江省双鸭山市双鸭山尖山区一马路中段
…………负责人：崔酒岳
…………Tel：0469－4013716

**友谊县鑫佳机械工程有限公司**
地址：黑龙江省双鸭山市友谊县友谊镇东直路中段
…………负责人：张兴祥
…………Tel：0469－5851898

**黑龙江省青冈县长发常压锅炉制造厂**
业务：专业从事常压热水锅炉的制造、安装、服务，该炉结构先进、环保节能，热效率高，操作简单、维修方便，适用于各种水质。我们秉承着质量第一、信誉第一、客户至上的服务宗旨，欢迎各界朋友光临我厂洽谈业务！
产品：CYGL常压锅炉，立式热水锅炉
地址：黑龙江省绥化市青冈县四粮店小区
…………负责人：姜广平　　邮　编：151600
…………法　人：陶惠卿
…………Tel：13009926896

**哈尔滨汉威阀门销售有限公司伊春汉威分公司**
地址：黑龙江省伊春市伊春区红升办事处治安街八一小区
…………负责人：陈开展
…………Tel：0458－3613719

## 江苏省/Jiangsu Province

**常熟市中英机电设备有限公司**
地址:江苏省常熟市练塘镇练南工业区
负责人:孙伟忠
Tel:0512－52788578
52428185
13906232579

**宝应县华达印染机械厂**
业务:宝应县华达印染机械厂是一家专业从事印染机械、部件及配套的生产,我厂坚持以用户为先,信誉第一的经营宗旨,树立高标准、高品质的质量方针,致力于用户提供满意的产品。
地址:江苏省扬州市宝应县广洋湖镇西首工业园区
邮　编:225818
法　人:丁国华
Tel:0514－8851573
Fax:0514－8853668

**双惠机械制造有限公司**
地址:江苏省常熟市杨园镇沿河街 4 号
负责人:吴春云
Tel:0512－52477500
13806235711

**亿洋轴承有限公司第一分公司**
地址:江苏省常州市常州市湖塘长虹村凌塘工业园
负责人:徐春年
Tel:13506116801

**金坛市腾远机械配件有限公司**
业务:专业从事汽轮机叶片加工、销售的厂家,配套生产 2.5 万－13.5 万/20 万/30 万/60 万机组的动静叶片,我们秉承以人为本、科技创新、客户至上理念,欢迎各界新老朋友光临惠顾!
产品:汽轮机叶片
地址:江苏省常州金坛市丹阳门北路 9 号(红太阳科技园内 K 座)
负责人:陈月芳　王传华
邮　编:213200
法　人:王传华
Tel:0519－82881563
13912322296
13915840873
Fax:0519－82881563
E-mail:wang_jiadong_hi@126.com

**常州联合锅炉容器有限公司**
地址:江苏省常州市高新区环保产业园环保八路号
负责人:韩寿平
Tel:0519－85860778

**常州埃特法斯工具有限公司**
业务:本公司专业生产整体硬质合金钻头、阶梯钻、复合铣铰刀、立铣刀、镗刀、螺旋立铣刀、油槽钻、左旋铰刀、PCB 钻头、数控铣刀、木工修边刀套装、木工铣刀、HSS 直钻、HSS 立铣刀、台阶钻。摩托车、压缩机、热水器专用刀具,并可为加工中心配套各种刀具。
地址:江苏省常州市新北区西夏墅镇浦河南街 128 号
邮　编:213022
法　人:张正良
Tel:0519－3462622
Fax:0519－3462058
网址:www.cnatfs.com

**金坛市腾翔机械加工厂**
地址:江苏省常州市金坛市朱林镇五连村
负责人:闵仁亮
Tel:13776388058

**溧阳市万正饲料机械有限公司**
地址:江苏省常州市溧阳市溧城镇南村三巷 177 号
负责人:杨琴仙
Tel:13906140114

**河南起重集团有限公司驻常州分公司**
业务:经营部主要经营:电动单双梁桥式、门式,起重机及各种配件,品种齐全、价格优惠,我们将以最优质的产品和服务竭诚期待您的光临!
地址:江苏省常州市武进东青村委对面
负责人:赵俊　邮　编:213100
法　人:赵俊
Tel:13776841018
Fax:0519－88962316

**溧阳市保洁仕环保机械有限公司**
地址:江苏省常州市溧阳市天目湖工业园
负责人:林志才
Tel:13801494399

**常州市远东康机电有限公司**
地址:江苏省常州市戚墅堰区潞城镇后潘村 218 号
负责人:陆慷
Tel:13016859453

**常州市福昊电机厂**
地址:江苏省常州市戚墅堰区戚电讯 1 幢乙单元 301 室
负责人:张绍福
Tel:13306120278

**常州市拓洋减速机厂**
业务:生产,销售 B、X 系列摆线针轮,8000 系列蜗轮、蜗杆,行星齿轮,S/F/K/R 系列减速机
地址:江苏省常州市武进经济开发区长汀村标准厂房 A 区 11 号
负责人:袁学飞　邮　编:213145
法　人:袁学飞
Tel:13815044505
0519－88319169
83662869
E-mail:fornewlife@126.com

**常州高尔登模具制造有限公司**
业务:我公司主要以模具的制造,通用机械零部件的加工,模具材料,五金,金属材料,塑料制品的销售,欢迎广大客户前来洽谈业务!
地址:江苏省常州市新北区新桥镇郭塘村
负责人:杨伟明……邮　编:213032
Tel:0519－85911972
Fax:0519－85911972

**青龙建工风机有限公司**
地址:江苏省常州市青龙乡桐家工业园
负责人:崔国平
Tel:0519－85500881
13585339488

**常州韩荣机电有限公司**
地址:江苏省常州市天宁区采菱路 36 号
负责人:梁荣哲
Tel:13961123790

**常州市力凯模具有限公司**
地址:江苏省常州市天宁区茶山荡南冯家村 88 号
负责人:陈旭启
Tel:13626248645

**常州宽奥焊接设备有限公司**
地址:江苏省常州市天宁区常锡路 79 号
负责人:蒋宏伟
Tel:13685265010

**常州市益普精密机械有限公司**
业务:生产、销售精密机械
地址:江苏省常州市武进区礼嘉镇嘉盛花园 6 甲 601
负责人:郑学青　邮　编:213176
法　人:郑学青
Tel:13915035976
13815049002

**常州市创恒机械有限公司**
地址:江苏省常州市天宁区关河东路 22－4、22－5 号
负责人:苏伟中
Tel:13861064570

**常州四新船用设备有限公司**
地址:江苏省常州市天宁区红梅街道东风村委工业园 28 号
负责人:庞春芳
Tel:13706112111

**常州市常壬机械配件厂**
业务:常州市常壬机械配件厂成立于 1991 年,主要从事标准件与非标准件,弹簧,冲压件、车加工制造,机械制造等。我们愿与各界朋友一起,秉持"以诚待人,开拓创新,处事守信,精益求精"的经营理念,携手共创美好的未来。
地址:江苏省常州市武进区礼嘉镇蒲岸村桥北
邮　编:213165
法　人:王勇
Tel:0519－6736176
Fax:0519－6736187

**巨龙机械有限公司**
地址:江苏省常州市天宁区兰陵路 41－7 号常州三院对面
负责人:陈建东
Tel:0519－86691521
13951232632

**常州市凡亨机械有限公司**
地址:江苏省常州市天宁区青龙街道三里工业大道 8 号
负责人:张星路
Tel:13906124576

**常州市明达图书设备用品厂**
业务:档案柜、书架、工具柜、工具车
地址:江苏省常州市武进区牛塘镇卢西工业园 3 号路 2 号
负责人:周小峰　邮　编:213168
法　人:周小峰
Tel:13775026545
0519－86350686

**上海开维喜阀门有限公司常州分公司**
地址:江苏省常州市天宁区同济花园 1 幢－6 号
负责人:魏春友
Tel:13901502769

**常州顶真精密模具有限公司**
地址:江苏省常州市天宁区新堂北路 297 号
负责人:吕新
Tel:13906121390

**常州市德胜模具厂**
业务:常州市德胜模具厂是一家集生产、销售塑料管材扩口设备及售后服务于一体的综合生产企业,热忱欢迎中外客商前来定制选购洽谈!
地址:江苏省常州市新北区薛家镇漕河工业园建业路 10 号
负责人:陈刚……邮　编:213125
法　人:陈刚
Tel:0519－85953400
网址:www.czdesheng.com
E-mail:sales@czdesheng.com

**常州市华拓机械配件有限公司**
地址:江苏省常州市武进区奔牛镇顾庄村
负责人:刘纪平
Tel:13951233869

**常州介程机械厂**
业务:线牌、刀牌的加工
地址:江苏省常州市武进区雪堰镇漕桥黄墅村高田上 10 号
负责人:陆加元　邮　编:213171
法　人:陆加元
Tel:13921513865
0510－83956890

**峥嵘医疗器械有限公司**
地址:江苏省常州市武进区漕桥镇杨桥村
负责人:王全俊
Tel:0519－86131116

**常州市盛景液压件有限公司**
地址:江苏省常州市武进区漕桥镇原汽车站北常漕公路西
负责人:许加荣
Tel:13801505561

**常州方胜机房设备有限公司**
地址:江苏省常州市武进区横林镇共庆村
负责人:张进海
Tel:13806110110

**常州市吕墅五金塑料厂**
业务:本厂成立于 1989 年,是一家专业从事鸡眼、蓬布扣、蓬圈、汽眼、窗帘扣、窗帘带等的生产,主要配套用于蓬布、汽车油布、帐篷、建筑网、三角网、橄榄网、沙滩椅、吊床、吊椅、集装箱布、罗马式窗帘、体育用品、箱包等。竭诚欢迎国内外客商前来洽谈业务,交流信息,共同开拓市场。
地址:江苏省常州市薛家镇丁家村
负责人:冯小红……邮　编:213125
法　人:冯小红
Tel:0519－83188050
83189500

**常州亚特兰金程机械制造有限公司**
业务:集设计、研发、制造为一体,专业从事普通机械制造、机械零部件加工、销售,对外承揽加工制作业务。我们秉承诚实、守信、专业、共赢的经营理念竭诚为您服务。
产品:液压胀管机、胀杆、开槽器、各类焊机等
地址:江苏省常州市武进区邹区镇工业集中区大巷
负责人:金哲峰　邮　编:213144
法　人:金哲峰
Tel:0519－83359238
13813589032
Fax:0519－83359238
网址:www.ytljc.cn
E-mail:dlanquan@163.com

**常州凯森光电有限公司武进分公司**
地址:江苏省常州市武进区横山桥镇省庄村四组
负责人:徐耀平
Tel:13906120412

**常州市宏硕轴承制造有限公司**
地址:江苏省常州市武进区湖塘镇东升村工业园
负责人:周宏
Tel:13706120519

**常成热力设备有限公司**
地址:江苏省常州市武进区洛阳镇工业园区
负责人:杭国夫
Tel:0519－88551440

**常州爱恩机械制造有限公司**
业务:五金冲压的制造和销售
产品:汽车座椅配件
地址:江苏省常州市钟楼经济开发区北港街道北港村委木桥村民
负责人:朱君健　邮　编:213023
法　人:朱君健
Tel:13961294996
Fax:0519－83282639
E-mail:zhujunjian_1978@163.com

**常州科瑞焊接机具有限公司**
地址:江苏省常州市武进区洛阳镇瞿家村
负责人:虞留方
Tel:13775098638

**常州市久达机械厂**
地址:江苏省常州市武进区洛阳镇友谊村
负责人:张和克
Tel:13961497755

**太湖电机电器厂**
地址:江苏省常州市武进区潘家镇周桥村
负责人:朱伟
Tel:0519－86546119

**丹阳市江东机电有限公司**
业务:机电产品
地址:江苏省丹阳市大桥新村 1 幢 37、38 号门市
负责人:陈云平　邮　编:212300
法　人:陈云平
Tel:13862686608
0511－82299990

**常州市圣乐工程机械有限公司**
业务:常州市圣乐工程机械有限公司成立 20 余年,主要生产工程机械配件及零部件,各类机械金属结构件等。欢迎新老客户光临惠顾!
地址:江苏省常州市武进区东安镇东丰路 18 号
负责人:汤德良……邮　编:213155
法　人:汤德良
Tel:0519－83731087
Fax:0519－83732087

**新南数控设备有限公司**
地址:江苏省常州市武进区遥观镇新南村
负责人:符瑞琴
Tel:0519－88354366
13328190513

**建光工具厂**
地址:江苏省常州市西夏墅镇工业园微山湖路 61 号
负责人:张经理
Tel:0519－83434750

**常州市全锋标准件有限公司**
地址:江苏省常州市新北区衡山路 29 号
负责人:周剑妹
Tel:13861039963

**汤庄铸造厂**
业务:专业生产空压机配件,锅炉配件、冲压件、剪板、折弯
地址:江苏省丹阳市珥陵镇镇北
负责人:陈慧军　邮　编:212362
法　人:陈慧军
Tel:0511－86692233
18951275221
Fax:0511－86692925
网址:www.dytzjx.com
E-mail:44634215@qq.com

**常州中强机电有限公司**
地址:江苏省常州市新北区黄河东路 88 号江南五金机电城 10 幢 05 号
负责人:张志敏
Tel:13306282420

**常州市圣茂炉业制造有限公司**
业务:本公司为国内机电行业金属热处理及加热设备生产厂家之一,集研发、制造、销售、服务与一体。公司具有雄厚的技术力量和设计生产能力,拥有完整的质量保证体系。专业生产工业燃料炉、电阻炉及各种非标设备。
地址:江苏省金坛市金城工业集中区施家棚路 10 号
负责人:汪志林……邮　编:213200
法　人:汪志林
Tel:0519－82818285
Fax:0519－82818235
网址:www.czsmly.com

**常州绅齐工具厂**
地址:江苏省常州市新北区罗溪镇高巷村
负责人:蒋腊方
Tel:13915861419

**徐工机械设备有限公司**
地址:江苏省常州市新北区太湖东路 307 号商务楼 A
负责人:高景炜
Tel:13906146350

**丹阳市鑫津五金冲件厂**
业务:五金冲压件
地址:江苏省丹阳市访仙镇访南村
负责人:蒋四尔　邮　编:212321
法　人:蒋四尔
Tel:0511－86028961
Fax:0511－86028961

**常州永蓝机械厂**
地址:江苏省常州市新北区薛家镇北环东路 44 号
负责人:顾勇文
Tel:13813571265

**常州市恒扬工程机械配件厂**
地址:江苏省常州市新北区薛家镇吕北路
负责人:徐金法
Tel:13961153392

**常州市双泽金属制品有限责任公司**
业务:常州市双泽金属制品有限责任公司成立于 2000 年,座落在美丽的常州市洛阳镇,紧邻长虹路和沪宁高速。主要产品有:集装箱各种配件(耳片、绳钩、不锈钢压条、锁杆)。竭诚欢迎国内外新老客户惠顾、垂询!
地址:江苏省常州市武进区洛阳镇谈家头工业园区
邮　编:213104
法　人:谈继伟

Tel:0519－8796572
Fax:0519－8521002

**华康五金厂**
业务:五金制品配套加工
地址:江苏省丹阳市访先镇访高北路
负责人:孙小康 邮 编:212300
法 人:孙小康
Tel:13706102161
0511－86462372

**明光焊割工具有限公司**
地址:江苏省常州市新区河海东路阳光社区
负责人:周良兴
Tel:0519－85120851
13861077358

**常州标点机械有限公司**
地址:江苏省常州市钟楼区陆家弄 3 号
负责人:蒋劲伟
Tel:13685229111

**常州市泽力机电有限公司**
地址:江苏省常州市钟楼区木材路北(五星新农村委)
负责人:刘飞佳
Tel:13775633118

**常州珏康商贸有限公司**
地址:江苏省常州市钟楼区世纪明珠园 33 幢甲单元 901 室
负责人:周晔
Tel:13327880808

**常州市志协机电有限公司**
地址:江苏省常州市钟楼区太平巷 30 号
负责人:程志可
Tel:13906112254

**丹阳市苏辉工程机械配件厂**
业务:工程机械用不锈钢配件生产
地址:江苏省丹阳市司徒镇
负责人:谢书和 邮 编:212000
法 人:谢书和
Tel:13806103107
0511－86807032

**常州市万吉五金厂**
业务:本厂成立于 1998 年,主要生产各种规格不同材质的铝带,为制冷设备厂配套生产冷风机,冷凝器的各种规格的散热片,及各种规格经编机上的吊架、凸轮摆臂、压铸件并承接各种压铸产品。本厂以质量为生命,坚持"质量第一,用户至上,诚信服务"欢迎新老朋友来厂做客!
地址:江苏省常州市武进区南夏墅镇港桥村
负责人:周道磊 邮 编:213167
法 人:周国立
Tel:0519－86462980
Fax:0519－86462980
网址:www.czwanji.cn
E-mail:sales@czwanji.cn

**常州市灵创机电设备有限公司**
地址:江苏省常州市钟楼区五星乡五星村委谢家村 104 号
负责人:李网宝
Tel:13801500651

**常州豪泰机械制造有限公司**
地址:江苏省常州市钟楼区西林路 30 号
负责人:秦荣华
Tel:13809077596

**浩天焊割设备厂**
地址:江苏省常州市钟楼区西林乡东岱村 57 号
负责人:邹浩
Tel:0519－83882301

**常州市彩杰模具材料有限公司**
地址:江苏省常州市钟楼区新闸镇唐家村连江桥村组
负责人:包敏杰
Tel:13179309505

**丹阳市丰源涂装设备有限公司**
业务:各种材质表面处理设备研发,设计,销售,安装,售后服务;环保设备
地址:江苏省丹阳市云阳镇开发区振新路
负责人:戴卫兴 邮 编:212300
法 人:戴卫兴
Tel:15050886788
13912848563

**大丰市华升铸机有限公司**
地址:江苏省大丰市白驹镇七里桥村
负责人:肖爱军
Tel:0515－83614061
13705747763

**常州市武滚轴承有限公司**
业务:常州市武滚轴承有限公司(原武进滚针轴承厂)创建于 1972 年,是全国轴承行业开发生产滚针轴承较早的厂家之一,是中国汽车工业总公司、轴承协作配套联合成员单位,是全国汽车工业协会转向协会、工程机械协会会员单位,公司具有精良的生产设备,雄厚的技术开发能力及完善的检测手段,专业生产各种汽车、工程机械、动力转向器、纺织机械用滚针轴承、圆柱滚子轴承等各类精密轴承,多年来享有较高的声誉,深受用户信赖。
地址:江苏省常州市新北区黄河西路 228 号
负责人:刘有光 邮 编:213125
法 人:刘有光
Tel:0519－85951209
Fax:0519－85950807
网址:www.wugun.cn
E-mail:office@wugun.cn

**丹阳建材机械有限公司**
地址:江苏省丹阳市吕城镇圣旨西路 92 号
负责人:张秉喜
Tel:0511－86476108
13806108632

**龙信模具厂**
地址:江苏省东台市时堰镇南区
负责人:孙映龙
Tel:0515－85513981
13851308861

**淮安市永平锅炉机械设备安装队**
地址:江苏省淮安市楚州区淮城古运河西路 5 号(淮安市第二农业机械厂院内)
负责人:葛兆诚
Tel:13505245241

**扬州市金泽齿轮制造有限公司**
业务:齿轮制造
地址:江苏省高邮市高邮镇海潮东路
负责人:凌九海 邮 编:225002
法 人:凌九海
Tel:13952557880
0514－84663738
网址:http://www.51zzt.com/user/zzt30180

**天裕机械制造厂**
地址:江苏省淮安市楚州区南门大街 101 号
负责人:李元奇
Tel:0517－85938168
13605230246

**常州天博重工机械有限公司**
业务:本公司占地 15755 平方米,营业及生产用房 18000 平方米。是徐工、常林等集团工程机械销售代理。集配件制造、销售;机械维护、维修和租赁于一体。同时制造商品混凝土搅拌设备。
地址:江苏省金坛市新常溧路 10 号
邮 编:213200
法 人:高景炜
Tel:0519－2288341
Fax:0519－2828341

**洪泽县汽车半轴制造有限公司**
地址:江苏省淮安市洪泽县蒋坝镇淮宁路 70 号
负责人:李步权
Tel:0517－87801561
13952391879

**金农机械制造有限公司**
地址:江苏省淮安市金湖县卞塘镇油田路 82 号
负责人:陈从阳
Tel:0517－86825188
13915193228

**涟水慧丰机电有限公司**
地址:江苏省淮安市涟水县工业新区(制药厂新厂区对面)
负责人:朱华林
Tel:13301401521

**南通泰格动力机械有限公司**
业务:生产、销售、研发汽油发电机
地址:江苏省海门市经济开发区定海路 288 号
负责人:陈立清 邮 编:226100
法 人:陈维加
Tel:0513－82325678
82325908
82325009
82327779
网址:www.Nttiger.com

**淮安业兴机械制造有限公司**
地址:江苏省淮安市清河区清河民营工业园兴业路 5 号
负责人:华友福
Tel:13770359677

**大丰市速博精密机械制造有限公司**
业务:大丰市速博精密机械制造有限公司成立于 2005 年,主要从事机械零部件制造、加工。产品有:精密钢管等。
地址:江苏省盐城市大丰市经济开发区
邮 编:224100
法 人:吕银华
Tel:0515－3855166
Fax:0515－3855861

**淮安市托力机电有限公司**
地址:江苏省淮安市清河区师专路五号楼 602 室
负责人:姜锦威
Tel:13064932515

**建湖县液压油管厂**
地址:江苏省建湖县民营工业园区一号路 59 号
负责人:夏正湖
Tel:0515－86112677
13801411930

**鑫发建筑机械有限公司**
地址:江苏省江都市新区私营工业区(建筑大厦对面)
负责人:高明
Tel:0514－86884466
13305250602

**淮安市西尔尼龙制品有限公司**
业务:生产销售工程机械配件
产品:尼龙滑轮
地址:江苏省淮安市楚州区工业园 A 区 1 号
负责人:颜伟 邮 编:223001
Tel:15252305555
0517－85202018

**江阴市益鸣机电设备有限公司**
地址:江苏省江阴市利港美加工业园
负责人:曹鸣
Tel:0510－86631204

**江阴市龙星液力成套设备有限公司**
地址:江苏省江阴市利港镇北郭庄村南路 288 号
负责人:倪建平
Tel:0510－86605688

**丹阳市红蕾五金电器厂**
业务:本厂始建于 1985 年,生产电视机的室内外天线,节能灯,电子整流器,吸顶灯,支架,风力,水力发电机等,质量上乘,本厂通过了 ISO9001 认证,欢迎各方客户惠顾,洽谈业务,共创我们的辉煌。
地址:江苏省丹阳市埤城镇
邮 编:212311
法 人:王金贤
Tel:0511－6333988
2315988
Fax:0511－6347898
网址:www.cnhonglei.cn

**弘诺机械设备制造有限公司**
地址:江苏省江阴市利港镇滨江路 70 号
负责人:陈小法
Tel:0510－86092528
86631860

**江阴市恒威轴承有限公司**
地址:江苏省江阴市通江南路 102－2 号
负责人:张永亭
Tel:0510－86891591
13701524681

**淮安市楚州区登丰机械厂**
业务:生产齿轮,链轮,滑轮,联轴器,皮带轮,车床的加工与铸造
产品:齿轮,链轮,滑轮,联轴器,皮带轮
地址:江苏省淮安市楚州区席桥镇高付村五组 21 号
负责人:葛登丰 邮 编:223001
Tel:13770371273
0517－85457269
Fax:0517－85457269
网址:http://gdf588.cn.alibaba.com/

**东盛药化机械有限公司**
地址:江苏省江阴市西石桥镇澄路 88 号
负责人:周逸荣
Tel:0510－86601018
86601790
13961658369

**江阴市南顺五金有限公司**
地址:江苏省江阴市霞客镇
负责人:张南成
Tel:0510－86538823

**江阴市中橡机械有限公司**
地址:江苏省江阴市霞客镇璜塘环南路
负责人:华金虎
Tel:0510－86913586
13901518517

**丹阳市陵口永庆五金配件厂**
业务:丹阳市陵口永庆五金配件厂成立于 2001 年,主要生产销售五金配件。欢迎新老客户光临、惠顾!
地址:江苏省镇江市丹阳市陵口镇庙段村
负责人:张云庆 邮 编:212353
法 人:张云庆
Tel:0511－86669288

**江阴市富贝轴承有限公司**
地址:江苏省江阴市祝塘镇文林工业区
负责人:陈兴祥
Tel:0510－86342838
13906168915

**江苏通圆回转支承有限公司**
业务:生产和销售回转支承
产品:回转支承
地址:江苏省淮安市洪泽县东双沟镇工业集中区泰山北路东侧
负责人:吕成涛 邮 编:223001
法 人:吕成涛
Tel:0517－87517888
Fax:0517－87517888

**姜堰市珈俐德染整设备有限公司**
地址:江苏省姜堰市苏陈镇工业园区
负责人:窦华丽
Tel:13801421668

**宏强紧固件制造有限公司**
地址:江苏省靖江市西来工业园区龙家路 1 号
负责人:孙铭松
Tel:0523－84230414
13815989578

**昆山市千灯镇伟创精密机械厂**
地址:江苏省昆山市大市大新村委内
负责人:黄发祥
Tel:0512－57256733
13358057568

**昆山市开发区天赞研磨机械材料行**
地址:江苏省昆山市开发区蓬朗镇蓬钱路
负责人:陈民喜
Tel:0512－57610659
13913130998

**淮安尔斯倍优司机械有限公司**
业务:起重机械,输送机,机械生产销售
产品:气动平衡器,助力机械手,自动/半自动机械手上下料,悬挂车轨道安装等
地址:江苏省淮安市洪泽县三河镇三油东路农科所
负责人:周志洋 邮 编:223125
法 人:周海
Tel:0517－87412819
Fax:0517－87412819
网址:www.zhouzhiyang2009.com.cn
E-mail:esbysjixie@126.com

**昆山翔宇电子五金厂**
地址:江苏省昆山市蓬朗马塘路
负责人:李维来
Tel:0512－57811553
13806261169

**昆山市同达工模咬花厂**
地址:江苏省昆山市玉山镇城北模具中路 59 号
负责人:刘钦棠
Tel:0512－50663089
57750833
57750933
13902614378

**丹阳市鑫伟机械配件厂**
业务:丹阳市鑫伟机械配件厂于 2003 年成立,专业加工电梯配件、油管接头、弯头、机械配件等。凭着高质量,低价格和良好的信誉,深受国内外客户的青睐。
地址:江苏省镇江市丹阳市导墅镇大华村后大麦桥
邮 编:212361
法 人:姜阿听
Tel:0511－6687191
Fax:0511－6686000

**昆山博奥机械有限公司**
地址:江苏省昆山市周市镇青阳支路 38 号
负责人:缪建华
Tel:0512－57628366
13962655096

**江都市阳泰涂装设备制造有限公司**
业务:生产、销售涂装设备
地址:江苏省江都市小纪镇老舍村
负责人:王玉春 邮 编:225242
法 人:王玉春
Tel:0514－86145146
15952574983

**连云港市胜利起重机械厂**
地址:江苏省连云港市东海县驼峰乡工业园
负责人:马胜强
Tel:0518－87318366
13151767755

**八金铸造厂**
地址:江苏省连云港市赣榆县城西镇东朱堵村
负责人:柏峰
Tel:13082534012

**顺泰金属制品厂**
地址:江苏省连云港市灌南县大圈乡闸北村泡花碱厂内
负责人:吕存石
Tel:0518－83731678
13812449979

**江阴市柱力起重机械制造有限公司**
业务:起重机械的制造与销售
产品:起重机械
地址:江苏省江阴市澄江街道山观石山路 70 号
负责人:许忠柱 邮 编:214001
法 人:许忠柱
Tel:0510－86137000
Fax:0510－86993700

**连云港市港旋机械厂**
地址:江苏省连云港市灌云县陡沟乡马蹄村
负责人:张明军
Tel:13815672265

**东台市富安木工机械厂**
业务:江苏省东台市机械二厂是一个有四十多年生产木工机械产品的专业厂家。主要产品有:MJ3212 型、MJ3210 型、MJ319 型、MJ317 型木工带锯机及其配套的全自动跑车、半自动跑车、手推跑车、以及锯条修磨设备,包括自动磨锯机,锯条辊压机、锯焊接机、锯条开机。
地址:江苏省东台市富安镇中大街 2 号
邮 编:224222
法 人:申道俊
Tel:0515－5571483
Fax:0515－5571483
网址:www.jsfajx.chinapyp.com

**灌云县铸钢厂**
地址:江苏省连云港市灌云县通冷路 100 号
负责人:赵放明

Tel:0518－88815089
13851221650

**连云港市经纬铸造有限公司**
地址:江苏省连云港市灌云县伊山镇头庄村通榆路南侧
负责人:周美红
Tel:13812435788

**江阴市苏澄发展有限公司**
业务:油漆,轴承,工量具,五金等
地址:江苏省江阴市环城南路2－2号
负责人:季霞　邮　编:214400
法　人:徐立军
Tel:0510－86897928
Fax:0510－86897928

**永鸿机械化工程有限公司**
地址:江苏省连云港市经济技术开发区朝阳镇朝阳路131号
负责人:魏引华
Tel:0518－85063719
85063720
85760387
13805130816

**连云港市伏羲机电有限公司**
地址:江苏省连云港市新浦区东湾路4#车间厂房二层小楼
负责人:杨勇
Tel:13056058559

**良精集团阀门有限公司南京销售分公司**
地址:江苏省南京市白下区虎踞南路98号3幢2单元401室
负责人:潘春有
Tel:025－52259084

**无锡力擎液压气动设备有限公司**
业务:生产液压缸、液压系统
地址:江苏省江阴市徐霞客镇马镇环镇北路170号
负责人:任雪龙　邮　编:214406
法　人:任雪龙
Tel:13771283396
0510－86520537
Fax:0510－86520537

**阜宁县精通阀门制造厂**
业务:阜宁县精通阀门制造厂专业生产阀门,质量可靠,价格合理,欢迎来电垂询。
地址:江苏省盐城市阜宁县康宁工寓2号楼一单元401室
负责人:胡飞……邮　编:224400
法　人:胡飞
Tel:0515－87232359
Fax:0515－87212359

**南京博益机电工程技术有限责任公司**
地址:江苏省南京市白下区砂珠巷小区04幢3109室
负责人:余克华
Tel:025－52333750

**南京柏康机电科技有限公司**
地址:江苏省南京市鼓楼区东柏果园48号
负责人:翟明圣
Tel:025－84518545

**南京创有机电设备有限公司**
地址:江苏省南京市鼓楼区南瑞路80号龙门居01幢401室
负责人:刘妍
Tel:13951911500

**江阴市神虎机电有限公司**
业务:各类交、直流电机维修,保养及配件
地址:江苏省江阴市姚家湾108号
负责人:周丽君　邮　编:214400
法　人:周丽君
Tel:0510－80621299
86281449
Fax:0510－80621299

**南京贝通五金机械有限公司**
地址:江苏省南京市建邺区江东南路28－8号
负责人:阮春波
Tel:025－52308625

**南京宁奥鼓风机有限公司**
地址:江苏省南京市建邺区兴隆路9号
负责人:马兵
Tel:025－86404534

**江苏省埃迪机电设备实业有限公司**
地址:江苏省南京市江宁区江宁经济技术开发区鑫泰国际广场2幢601、604室
负责人:李勇健
Tel:025－52470069

**江阴市军平机械制造有限公司**
业务:加工汽车零部件
地址:江苏省江阴市云亭镇云顾路2号
负责人:薛军平　邮　编:214400
法　人:薛军平
Tel:13338152171
0510－86012158

**高科生物化学有限公司**
业务:高科生物化学有限公司成立于2003年,从事医药中间体、农药中间体、酮系列产品、精细化工品的进出口贸易。产品出口印度、韩国、欧州、美国、日本等国家。
地址:江苏省金坛市儒林镇工业园
邮　编:213225
法　人:陈锁洪
Tel:0519－2516989
2516589
Fax:0519－2512341

**南京力源起重设备有限公司**
地址:江苏省南京市江宁区经济技术开发区中新路
负责人:丁相虎
Tel:13357718885

**南京市金涛建设机械厂**
地址:江苏省南京市溧水县东屏集镇金湖路
负责人:陈延涛
Tel:025－57493810

**高邮市如意电动工具有限公司**
业务:高邮市如意电动工具有限公司成立于2000年,主要生产销售电动工具端盖及配件,铸件加工,机械加工。"以质量求生存,以信誉求发展",竭诚欢迎新老客户来电来人洽谈业务,共同合作。
地址:江苏省高邮市车逻镇特平村
邮　编:225606
法　人:张传桃
Tel:0514－4565057
Fax:0514－4565057

**南京市溧水县伟业有色金属铸造有限公司**
地址:江苏省南京市溧水县经济开发区荷花居委会
负责人:张伟
Tel:025－57219931

**靖江市益鼎紧固件厂**
业务:自攻螺丝,精密螺丝,弹簧,非标定制,缝纫机螺丝,不锈钢螺丝制造
地址:江苏省靖江市江阴经济开发区靖江园区
负责人:董德华　邮　编:214500
法　人:董德华
Tel:0523－84639818
85482888
13615196655
Fax:0523－84639818

**南京溧盛机械工具制造厂**
地址:江苏省南京市溧水县石湫镇工业园区
负责人:潘荣飞
Tel:025－57271895

**南京鹏翔刀模机械有限公司**
地址:江苏省南京市溧水县石湫镇同心村
负责人:陈遵武
Tel:13805149965

**南京安源机电工程有限公司**
地址:江苏省南京市六合经济开发区
负责人:朱福银
Tel:025－57114838

**靖江市精瑞锻造有限公司**
业务:生产锻件
地址:江苏省靖江市靖城镇木金寺北首
负责人:袁贵荣　邮　编:214500
法　人:袁贵荣
Tel:13801429238
0523－84690799
84690789

**南京永佳齿轮厂一分厂**
地址:江苏省南京市六合经济开发区
负责人:鲍柯城
Tel:13705171525

**谷阳镇富林五金铸造厂**
业务:富林五金铸造厂在过去的十多年中,以优质的服务,先进的技术,为五金铸造开创了一份新的天地.
地址:江苏省镇江市丹徒区谷阳镇
邮　编:张富林
Tel:0511－4451170
Fax:0511－4451170

**友禾环保设备有限公司**
地址:江苏省南京市六合区雄州镇红星村
负责人:周立明
Tel:025－857511449
857502446
13705178479

**南京际标机械制造有限公司**
地址:江苏省南京市浦口区顶山街道珍珠街36号
负责人:张新伟
Tel:025－58852864

**靖江市西郊化工电镀厂**
业务:本厂专业加工镀铬、镀铜、镀镍、滚镀锌、吊镀槽、不锈钢电解抛光、钢铁件磷化处理、价格合理,交货及时。
地址:江苏省靖江市靖城镇友仁村
负责人:卢月章　邮　编:214500
法　人:钱汉金
Tel:13961085991
0523－84500181
Fax:0523－84500181

**南京劲能不锈钢标准件厂**
地址:江苏省南京市栖霞区靖安镇飞花村东滩9号
负责人:王巧平
Tel:025－85714685

**南京何氏泵业有限责任公司**
地址:江苏省南京市栖霞区靖安镇三江口工业园2区
负责人:何大文
Tel:13022577282

**南京冠擎工程机械有限公司**
地址:江苏省南京市栖霞区迈皋桥长营村36幢413室
负责人:宋执政
Tel:025－85322876

**靖江市恒盛泵阀制造有限公司**
业务:泵阀制造、销售
地址:江苏省靖江市新桥镇利工北路168号
负责人:李红兵　邮　编:214500
法　人:李红兵
Tel:13901425272
0523－84319903

**海安县西场镇金田机械厂**
业务:海安县西场镇金田机械厂成产于1999年,本厂是一家专业制造加工机械的厂家,主要产品有剪板机、折弯机、卷板机、饲料粉碎机。公司以优良的产品,周到的服务满足客户要求,竭诚欢迎客户光临指导.
地址:江苏省南通市海安县西场镇人民中路17号
邮　编:226621
法　人:刘培岩
Tel:0513－88313446
Fax:0513－88313446

**南京创力传动机械有限公司**
地址:江苏省南京市秦淮区长乐路74号
负责人:黄志娟
Tel:025－52217786

**南京优马机电设计开发有限公司**
地址:江苏省南京市秦淮区长乐路74号
负责人:陶玉琴
Tel:13851589573

**南京厚博机电工程服务有限公司**
地址:江苏省南京市秦淮区剪子巷47号2－702室
负责人:孙云儿
Tel:025－85419180

**靖江市良成冶电机械制造有限公司**
业务:化工泵,液下泵,砂浆泵,自吸泵,塑料泵等经营
地址:江苏省靖江市新桥镇南环路西首龙力泵阀制造有限公司
负责人:赵仁良　邮　编:225300
法　人:赵仁良
Tel:0523－82952293
网址:http://www.51zzt.com/user/zzt30072

**南京杰冠机械制造厂**
地址:江苏省南京市秦淮区中和桥路59－1号
负责人:朱晓燕
Tel:025－83371615

**南京齐鲁泵业经销部**
地址:江苏省南京市下关区建宁路263号第四层
负责人:翟魁
Tel:025－58804225

**南京松涛机械工程有限公司**
地址:江苏省南京市新街口东方民苑B座607
负责人:刘丽
Tel:025－85983216
85983088

**靖江市东顺冶金机械制造有限公司**
业务:生产与销售钢管设备、电力设备、泵阀系列产品
产品:耐热耐磨钢
地址:江苏省靖江市新桥镇文东村三墩子8－1
负责人:王冬　邮　编:214500
法　人:王冬
Tel:13951167875
0523－84338605
Fax:0523－84338605

**海门市胜雄机械配件厂**
业务:本公司成立于1995年,主要生产销售:电脑绣花机配件、驱动直线导轨、各种小车、滑块总成、压板、带轮和其它各种零部件。以质量求生存,以信誉求发展,竭诚欢迎广大客户来电洽谈业务!
地址:江苏省南通市海门市德胜镇银才村五组
负责人:刘胜雄……邮　编:226101
法　人:刘胜雄
Tel:0513－82287185
82363385

**南京俊东机械电子制造有限公司**
地址:江苏省南京市玄武区大石桥19号南楼
负责人:顾华俊
Tel:025－83204332

**南京海尔斯曼特科技实业有限公司**
地址:江苏省南京市玄武区大栅门1号
负责人:童宁
Tel:025－84437972
13382032748

**靖江市诚通泵业有限公司**
业务:集研发、制造、销售、服务于一体的高新科技企业,致力于各种工业用泵制造销售。公司技术力量雄厚、工艺先进,产品质量优良,服务诚信周到,欢迎新老客户前来订购!
产品:离心泵、自吸泵、碱泵、耐腐蚀泵等
地址:江苏省靖江市新桥镇务本村中匡18号
负责人:周平贵　邮　编:214537
法　人:周平贵
Tel:0523－84325979
Fax:0523－84325979
网址:www.ctbyzpg.com
E-mail:ctjxzpg@yahoo.cn

**南京耐调机电有限责任公司**
地址:江苏省南京市玄武区东箭道31号A001室
负责人:沈士勇
Tel:025－51567167

**南京华典建筑设备租赁有限公司**
地址:江苏省南京市玄武区洪武北路188号长发数码大厦14楼D座
负责人:嵇翠华
Tel:025－84719355

**南京恺捷昂机电技术有限公司**
地址:江苏省南京市玄武区珠江路455号政务中心北一楼A001室
负责人:孙明
Tel:025－84825711

**江苏三耐特钢有限公司**
业务:耐热耐磨钢制品,金属管道,陶瓷复合管,复合耐磨管,波纹管,泵阀及备品备件制造销售。有色金属材料,黑色金属材料销售。
地址:江苏省靖江市新桥镇新亚北路258号
负责人:丁纪章　邮　编:226300
法　人:丁纪章
Tel:0523－84319968
84319969
Fax:0523－84319969

**华科机械设备有限公司**
业务:本公司成立于2004年,现在100多名员工。主要经营电动吊篮、升降平台。
地址:江苏省无锡市锡山开发区安镇公业园胶西路
邮　编:214105
法　人:张功元
Tel:0510－8782152
Fax:0510－88533840

**南京菲林德机电技术研发有限公司**
地址:江苏省南京市玄武区珠江路杨家胡同85号
负责人:戴桐
Tel:13605177805

**南京奇钢耐磨机械有限公司**
地址:江苏省南京市沿江工业开发区杨新路252号－48
负责人:苏良玉
Tel:13851535356

**南京隆安机械机电产品有限公司**
地址:江苏省南京市中山市东路482号711室
负责人:郑荫朋
Tel:13605152861

**苏州益嘉达机电设备有限公司**
业务:机械设备、五金交电及电器产品、橡塑制品、金属制品的批发和零售
产品:机械设备、五金交电及电器产品、橡塑制品、金属制品
地址:江苏省昆山市开发区日月星城国际商务中心3号楼702
负责人:杭马林　邮　编:215300
法　人:李纪锋
Tel:0512－81860501

**南通长三角机电泵阀有限公司**
地址:江苏省南通市崇川区工农路282号
负责人:杨正华
Tel:13358062818

**昆山广建金属有限公司**
业务:生产与销售螺纹钢、线材、H型钢、角钢、槽钢、方管、镀锌管、焊管、工字钢、中板、开平板等各类金属建材
产品:螺纹钢、线材、H型钢、角钢、槽钢、方管、镀锌管、焊管、工字钢、中板、开平板等各类金属建材
地址:江苏省昆山市周市镇东澳钢材现货交易市场H3号
负责人:吴谢康　邮　编:215002
法　人:吴谢康
Tel:0512－57668059
Fax:0512－55108185

**南通新科环保防腐设备有限公司**
地址:江苏省南通市崇川区观音山镇朝东埭村
负责人:何正明
Tel:0513－85274752

**江通机电有限公司**

地址：江苏省南通市崇川区华威园5幢101室
负责人：魏军
Tel：0513－85103040
85823317

**南通瑞兴机械有限公司**
地址：江苏省南通市崇川区青年中路15号段家坝商办楼第三间
负责人：沈义新
Tel：13901484681

**淮安市农友农机有限公司**
业务：经营范围：农业机械，运输机械，工程机械及配件，批发零售，公司一贯遵循"信誉第一，客户至上"，欢迎来电垂询。
地址：江苏省淮安市清河区桑园路17－19号
负责人：曹银忠 邮 编：223001
Tel：0517－83928260
网址：www.mtw52514.chinapyp.com

**顺发锅炉配套有限公司**
地址：江苏省南通市崇川区任港小园64号
负责人：洪炳秋
Tel：0513－83532583
13906295703

**鑫纺器材厂**
地址：江苏省南通市崇川区文峰街道厂南村
负责人：王跃
Tel：0513－85517079
13338067751

**时代铸造厂**
地址：江苏省南通市港闸区秦灶镇
负责人：张年生
Tel：0513－85677345
13338066658

**溧阳市双利链业有限公司**
业务：专业生产链条、链轮及传动件的高新技术企业，已成功开发制造千余种链传动产品。
产品：链条，链轮，齿轮，齿条及相关传动件
地址：江苏省溧阳市溧城镇仙麓路186号
负责人：房建敏 邮 编：213372
法 人：房建敏
Tel：0519－87188808
Fax：0519－87186118
网址：www.lyslly.com

**华洋铁木机械有限公司**
地址：江苏省南通市港闸区秦灶镇富美路59＃
负责人：朱新华
Tel：0513－85663481
13328061196

**淮安市瑞丰机械厂**
业务：淮安市瑞丰机械厂成立于1991年，现有员工40余人，从事减速机、升降机的制造及销售。热诚欢迎新老客户来人、来电洽谈业务。
地址：江苏省淮安市淮阴区香港路
邮 编：223300
法 人：朱自红
Tel：0517－4919270
Fax：0517－4919270

**鑫锐磨床厂**
地址：江苏省南通市港闸区秦灶镇桥东村二组
负责人：黄建新
Tel：0513－88126888

**南通宏宇通用机械有限公司**
地址：江苏省南通市港闸区唐闸西市街210号
负责人：陈智
Tel：13962948899

**溧阳市众星环保机械有限公司**
业务：环境污染防治专用设备制造
产品：高速公路石料除尘器、垃圾焚烧除尘器、各种离心式通引风机、防腐防爆风机、消声器、输送机、提升机、化工机械及非标产品的设计安装
地址：江苏省溧阳市天目湖工业园区勤业路12号
负责人：崔洪彬 邮 编：213003
Tel：13601597469
0519－87201212

**神鹏贸易有限公司**
地址：江苏省南通市港闸区闸西乡国庆村港闸路88号
负责人：周鹏
Tel：0513－85282349
85588736
13814608337

**顺业机械设备制造厂**
地址：江苏省南通市海安县城东镇葛家桥村
负责人：秦德明
Tel：13906278031

**河北沧州管件办事处**
业务：销售化工管道配件
地址：江苏省连云港市新浦区人民东路208号银泰花苑2号楼D商107室
负责人：张新涛 邮 编：222000
法 人：张新涛
Tel：13056090904
0518－85626070

**海安鑫华特种构件制造有限公司**
地址：江苏省南通市海安县海安工业园区江海西路68号
负责人：郁立方
Tel：13775794333

**建湖县红花工具厂**
业务：我厂是热锻压件生产厂家，自86年建厂生产工具以来，已有工程技术人员8人，批量生产双头呆板手，两用扳手，单头扳手，各种套筒扳手，年生产量600万支件，我厂以质量求生存，诚信为宗旨，热忱欢迎新老客户海外朋友洽谈业务！
地址：江苏省盐城市建湖县山岗镇岗湖路38号
邮 编：224731
法 人：杨素珍
Tel：0515－6410969
Fax：0515－6413498

**兰菱机电设备有限公司**
地址：江苏省南通市海安县海安镇河滨西路8号
负责人：顾斌
Tel：0513－8852418
13506279565

**苏中设备安装有限公司**
地址：江苏省南通市海安县海安镇江海西路70－108号
负责人：吴钢钟
Tel：0513－88855628
13073209859
13309916108

**青山锻造厂**
地址：江苏省南通市海安县海安镇通榆北路81号
负责人：桑小秋
Tel：0513－88866849
13063554659

**南京权伟建筑机械有限公司**
业务：生产建筑机械
地址：江苏省南京市江宁区东山街道高桥门300号
负责人：杨永权 邮 编：312000
法 人：杨永权
Tel：025－84616264
13062558728
18901592155

**海安鑫泰五金制造有限公司**
地址：江苏省南通市海安县胡集工业园区
负责人：孙海彬
Tel：13921623815

**黄海弹簧厂**
地址：江苏省南通市海安县曲塘镇龙池村十二组
负责人：黄宝礼
Tel：0513－88645092
13962768891

**建湖县宏伟铸型尼龙厂**
业务：建湖县宏伟铸型尼龙厂成立于1998年，从事工程塑料件、金属制品的生产及销售。主要产品有：大型齿轮、蜗轮、轴承、起车吊索绞盘蜗轮、滑轮等。欢迎广大新老客户来电来函咨询，洽谈业务。
地址：江苏省协城市建湖县城冠华东路技校巷31－10
邮 编：224700
法 人：黄思军
Tel：13961901565
Fax：0515－6166968

**瑞鑫机械制造有限公司**
地址：江苏省南通市海安县仁桥工业园区
负责人：张瑞荣
Tel：13806274183

**南京市江宁区鑫罡机械制造有限公司**
业务：模具制造、钣金、机械制造、车、钳、铣、刨、磨、剪板、折弯
地址：江苏省南京市江宁区秣陵街道九竹路2号
负责人：王鑫 邮 编：211122
法 人：王鑫
Tel：025－57916970
13951662208
Fax：025－57916970

**华冠建机阀门有限公司**
地址：江苏省南通市海安县双楼镇工业园区
负责人：杨生平
Tel：0513－88790646
13912858659

**金晟元特种阀门有限公司**
地址：江苏省南通市海安县双楼镇向阳中路52号
负责人：毛金根
Tel：0513－88792988
13901472085

**建湖县盛恒液压机械厂**
业务：本公司专业生产分体式高压法兰、各类法兰、法兰盖、锻钢制承插焊弯头、三通、四通、管帽、管箍、锻钢制螺纹弯头、三通、四通、管塞、管帽、管箍等，欢迎新老客户来电洽谈业务。
地址：江苏省盐城市建湖县裕丰村树西23号
负责人：凌立松 邮 编：224700
法 人：凌立松
Tel：0515－86119222
86119333

**佳华真空设备有限公司**
地址：江苏省南通市海门市开发区亚环路18号
负责人：吴建刚
Tel：13901479191

**江宁区雨晨机械加工厂**
业务：机械加工、焊接
地址：江苏省南京市江宁区汤山街道麒麟门社区冯家村6号
负责人：高世全 邮 编：210000
法 人：高世全
Tel：025－84198076

**海门市燎原紧固件厂**
地址：江苏省南通市海门市三和镇三南村16组
负责人：袁振球
Tel：13951332875

**江海农机配件有限公司**
地址：江苏省南通市经济技术开发区农场江海镇长江路88号
负责人：周平
Tel：0513－85991042
13328096019

**江苏省常熟市市政机械配件经营部**
业务：江苏省常熟市市政机械配件经营部成立于1997年，主要从事工程机械设备及配件的销售。"质量保证，价格合理"，热诚欢迎广大新老客户光临惠顾！
地址：江苏省常熟市青墩塘路20号
负责人：徐云龙 邮 编：215500
法 人：徐云龙
Tel：0512－52729860

**启东市鑫利达机械有限公司**
地址：江苏省南通市启东市大兴镇汉威村
负责人：高继华
Tel：13338095770

**南京天奇机械制造厂**
业务：木材削片机、刨片机、及各类、冶金、林业、塑胶、造纸刀片
地址：江苏省南京市溧水县
负责人：张武林 邮 编：210008
法 人：张武林
Tel：13770335082

**一鼎五金拉丝厂**
地址：江苏省南通市启东市东海镇新造工商街195号
负责人：樊锦冲
Tel：0513－83759539
13906283771

**宇通机电设备有限公司**
地址：江苏省南通市启东市汇龙镇河南中路829号
负责人：周云冲
Tel：0513－83328920
13101995500

**启东市百隆风动工具厂**
地址：江苏省南通市启东市汇龙镇惠阳路800号
负责人：顾春卫
Tel：13861979742

**赛克斯德机电制造有限公司**
地址：江苏省南通市启东市汇龙镇人民西路3125号
负责人：徐春飞
Tel：0513－83851828
13706282315

**南京恒荣铸钢有限公司**
业务：铸造
地址：江苏省南京市溧水县服装厂住宅楼2幢104
负责人：臧能斌 邮 编：211200
法 人：臧能斌
Tel：15251798475
025－57218273

**江苏省淮安市涟水县丰源五金制品厂**
业务：江苏省淮安市涟水县丰源五金制品厂主要从事各种铆钉、铆扣的生产销售。"以质量求生存，以信誉求发展"，热诚欢迎广大新老客户来电来人洽谈业务，共同合作。
地址：江苏省淮安市涟水县高沟镇中桥南路26＃
邮 编：223411
法 人：姜波
Tel：0517－2427690

**吕四天力压铸件厂**
地址：江苏省南通市启东市吕四港镇太阳庙村
负责人：李金忠
Tel：0513－83418506
13962839229

**启东苏洋机电工具有限公司**
地址：江苏省南通市启东市吕四海洋经济开发区
负责人：杜水军
Tel：13338090888

**启东奥斯达机械制造有限公司**
地址：江苏省南通市启东市启东经济开发区人民西路2308号
负责人：毛继华
Tel：13338090081

**南京天健五金电器有限公司**
业务：本公司主要生产制造五金工具，电焊钳，钢卷尺
地址：江苏省南京市六合经济开发区龙华西路
负责人：王合伟 邮 编：210000
法 人：王合伟
Tel：025－66603134

**江苏省靖江市通亚模具制造有限公司**
业务：江苏省靖江市通亚模具制造有限公司成立于1995年，主要从事塑胶、铝压铸模具制造，机械加工。拥有完善的质量控制和售后服务质量跟踪体系。用户可来图来样订制模具。
地址：江苏省靖江市工农路36号
邮 编：214500
法 人：赵爱明
Tel：0523－4868119
Fax：0523－2056881

**南方润滑液压设备有限公司**
地址：江苏省南通市启东市启东经济开发区纬二路236－238号
负责人：张爱东
Tel：0513－83110190

**启东市通祥电动工具厂**
地址：江苏省南通市启东市天汾镇念四总村15组
负责人：张水娣
Tel：13813706642

**启东盛宏机械制造有限公司**
地址：江苏省南通市启东市向阳镇工业园区
负责人：胡铭
Tel：13962900001

**南京贝特暖通空调设备有限公司**
业务：空调设备
产品：水处理设备、自动供水设备、过滤器
地址：江苏省南京市浦口区黄桃工业区营盘路26号
负责人：邹彩云 邮 编：210031
法 人：邹彩云
Tel：025－58866352
13814511080
Fax：025－57077228
网址：http://www.beite/nt.com
E-mail：btntkt@126.com

**江苏省连云港市新浦区群力五交化供应站**
业务：江苏省连云港市新浦区群力五交化供应站成立于2003年，主要经营五金工具、金属材料、手动工具、电动工具、机械设备等。质量保证，价格合理，热诚欢迎新老客户惠顾。
地址：江苏省连云港市新浦区解放东路115号
邮 编：222003
法 人：徐建国
Tel：0518－5463867
Fax：0518－5471454

**南通金茂机械有限公司**
地址：江苏省南通市启东市向阳镇工业园区
负责人：施振兵
Tel：13806284584

**久盛有色金属铸造厂**
地址：江苏省南通市启东市新安镇
负责人：林世文
Tel：13813614170

**江苏恒源液压有限公司**
地址：江苏省南通市启东市新安镇工业园区68号
负责人：杜小泉
Tel：0513－83748988

**南京明宇净化设备科技发展有限公司**
业务：专业研发、制造、销售和售后服务于一体的健康饮用水设备企业
地址：江苏省南京市栖霞区和燕路381号小庄大厦5楼
负责人：黄晓明 邮 编：210008
法 人：黄晓明
Tel：025－85317933

**南通第二机床厂门市部**
地址：江苏省南通市任港路24号
负责人：陈小姐
Tel：0513－88812869
85586976
85932918

**新佳机电有限公司**
地址：江苏省南通市如东县兵房镇工业园区
负责人：沈浩男
Tel：0513－84203588
84502568
84203688
84204888
13906373722

**江苏省通州市三余镇华能工具厂**
业务：江苏省通州市三余镇华能工具厂成立于2003年，主要生产各种非标刀具，油嘴、油泵系列各种刀具，来料加工各种产品

零件。
地址：江苏省通州市三余镇忠义蓝桥向西80米
邮 编：226331
法 人：江海华
Tel:0513－86965818
Fax:0513－86965818

**南通骏驰模具有限公司**
地址：江苏省南通市如东县河口镇立新桥居委会
负责人：曹俊
Tel:13511599558

**如东县协诚机械有限公司**
地址：江苏省南通市如东县掘港镇掘西村
负责人：姜亚平
Tel:13073227868

**如皋市恒业机械制造有限公司东远分公司**
业务：销售转扬机、打砖机、玻纤设备等
地址：江苏省南通如皋市如城镇城东居十五组5号
负责人：何细林 邮 编：226500
法 人：何细林
Tel:15190899666
13338071568
0513－87277965
Fax:0513－87277965

**如皋市华丰机械厂**
地址：江苏省南通市如皋市东陈镇东陈西路三号
负责人：季本华
Tel:0513－87541429
13625236988

**华联罐头食品机械有限公司**
地址：江苏省南通市如皋市九华镇马桥村经济区十组
负责人：田海建
Tel:0513－87571174

**江苏省盱眙县金盛矿山机械厂**
业务：江苏省盱眙县金盛矿山机械厂专业从事矿山机械设备制造，主要产品有破石机整套设备、振动筛、铸钢件、铸铁件，"诚信为本，用户至上"。热诚欢迎四海宾客前来我公司参观、考察！
地址：江苏省淮安市盱眙县淮河东路18巷1号
负责人：刘景 邮 编：211700
法 人：刘景
Tel:0517－88892873

**南通怡通风机有限公司**
地址：江苏省南通市如皋市磨头镇高庄村
负责人：龚非
Tel:13962727266

**如皋市宏康机械制造有限公司**
地址：江苏省南通市如皋市如城镇福寿东路5－1号
负责人：夏建华
Tel:13358070528

**南通市崇川区综合服务公司机电设备分公司**
业务：经营减速机，无级变速，调速电机，链条，水泵，阀门，进口乳胶丝。
地址：江苏省南通市崇川区人民中路223号
负责人：王美芳 邮 编：226000
Tel:0513－85518953
85520568
13809089589

**鑫宇塑料化工机械厂**
地址：江苏省南通市如皋市新生路99号
负责人：王汉川
Tel:0513－87287858
87089515
138062795115

**通州市正冈机械制造有限公司**
地址：江苏省南通市通州市五接镇中心桥
负责人：沐正刚
Tel:13906289385

**韩洋乡农机管理服务站**
地址：江苏省南通市洋蛮河镇洋蛮河村八组
负责人：吴夕来
Tel:0513－88362017
13901477814

**鑫源五金机电经营部**
业务：销售五金标准件、机电产品
地址：江苏省南通市港闸区唐闸镇南市街76号
负责人：施建元 邮 编：226002
法 人：施建元
Tel:0513－85545970
13606298490

**江苏省扬州浩斯机电有限公司**
业务：江苏省扬州浩斯机电有限公司从事铝压铸件、浇铸件、电热电器、仪表控制的制造。欢迎来电垂询！
地址：江苏省扬州市宝应县开发区金湾路208号
邮 编：225800
法 人：杨书松
Tel:0514－8983968
Fax:0514－8983928

**吴江市荣松铸件厂**
地址：江苏省平望镇顾扇村小龙口往北150米
负责人：徐松年
Tel:13901557175

**长江有色铸造厂**
地址：江苏省启东市惠丰庙角开发区
负责人：陈辊球
Tel:0513－83693000
83694000
13962813939

**明康电动工具有限公司**
地址：江苏省启东市四港镇工业园区A座
负责人：毛明康
Tel:0513－83415550
83418550
13773878888

**南通市金山货架有限公司**
业务：专业生产万能角钢货架，花卉车
地址：江苏省南通市海安县西场镇工业园
负责人：仲从宁 邮 编：226000
法 人：仲从宁
Tel:13951384141
0513－88320028
88320018
Fax:0513－88320018

**怡诚精工齿轮制造厂**
地址：江苏省启东市天汾科技五金工业园
负责人：潘永林
Tel:0513－83291789
13901466567

**盛如精密铸造有限公司**
地址：江苏省如皋市城西乡何保村3组红星桥西1公里路南姜生铁
负责人：冒素梅
Tel:13962722368

**江苏时创机械有限公司**
业务：江苏时创机械有限公司，位于江苏省中部，全国著名的鱼米之乡，兴化市经济开发区。公司主要生产"时创"牌各类散装闸门、阀门、系列电液推杆犁式卸料器、重型卸料车、电液回转器（转角器）、液压自动调整跑偏装置等产品。时创公司热忱欢迎社会各界有识人士，携手协作，共创辉煌明天！
地址：江苏省兴化市经济开发区楼房工业园
邮 编：225700
法 人：樊建华
Tel:0523－3498188
Fax:0523－3498099

**九华电镀厂**
地址：江苏省如皋市九华镇马桥村
负责人：吴仕新
Tel:0513－87570501
13506275623

**南通川成电动工具有限公司**
业务：电动工具制造
地址：江苏省南通市海门市刘浩镇工业园
负责人：汤水华 邮 编：226001
法 人：汤水华
Tel:0513－82775099
82898778
Fax:0513－82775100

**苏州中杰贸易有限公司**
地址：江苏省苏州高新区苏福路港隆装饰城内
负责人：陈贵恩
Tel:13776005655

**苏州工业园区浦沃贸易有限公司**
地址：江苏省苏州工业园金鸡福路下园新村30－605室
负责人：李金扬
Tel:0512－67606602

**苏州宇3货运有限公司**
地址：江苏省苏州市沧浪区道前街56号
负责人：吉小芳
Tel:0512－68672389

**苏州联益微型泵有限公司**
地址：江苏省苏州市沧浪区养蚕里新村84幢205室
负责人：罗国林
Tel:13306202705

**南通华伟机械有限公司**
业务：生产和销售高牌号灰铸铁，球墨铸铁，耐磨合金铸件。
产品：高牌号灰铸铁，球墨铸铁，耐磨合金铸件
地址：江苏省南通市秦灶镇新河口村二组
负责人：钱顺华 邮 编：226000
法 人：钱顺华
Tel:13626270032
0513－85662168
Fax:0513－85662168
网址：http://b2b.mainone.com/company/400/13/63/nthwjx

**江苏天和工程机械有限公司苏州分公司**
业务：我公司是江苏乃至全国一家实力强大的工程机械代理商，是北京现代，常州现代江苏省一级代理。现代控机我们有常机销售。配件服务，技术咨询的优质服务。
地址：江苏省苏州市吴东路419号
负责人：龚国华 邮 编：215000
Tel:0512－65967657
Fax:0512－65967656
E-mail:flumaoyuan86@sohu.com

**常熟市东南通运机械设备有限公司**
地址：江苏省苏州市常熟市东南大道1号
负责人：曹国忠
Tel:13328023673

**常熟市精益机电设备贸易有限公司**
地址：江苏省苏州市常熟市海虞商品市场3－2
负责人：张秋田
Tel:0512－52782516

**常熟市金胜五金制品厂**
地址：江苏省苏州市常熟市海虞镇新肖桥村
负责人：赵忠明
Tel:13962330091

**南通市燕通液压油管经营部**
业务：液压油管经营
地址：江苏省南通市人民西路281号长安花鸟市场208号
负责人：钱友华 邮 编：226300
Tel:0513－83533358
13222140585

**江阴市真超机械有限公司**
业务：我公司的主要产品有：单、双梁吊总成，驱动装置，单、双梁走轮组，CH型电缆传导滑车，各种防尘盖、通用盖、轨道垫块、橡胶缓冲器、聚氨脂缓冲器等产品。本厂以诚信为本、互利双赢的原则，愿同社会各界朋友共同协作发展。
地址：江苏省无锡市江阴市申港镇申兴村戴君桥102－2号
负责人：汤宏健 邮 编：214443
法 人：汤宏健
Tel:0510－86624012
网址：www.jyzcjx.com

**常熟市特锐机械设备厂**
地址：江苏省苏州市常熟市练塘镇工业集中区西区
负责人：刘国壮
Tel:13771988888

**常熟市鸿祥工具制造厂**
地址：江苏省苏州市常熟市练塘镇工业集中区西区
负责人：唐正飞
Tel:0512－52421892

**常熟市三维机电有限公司**
地址：江苏省苏州市常熟市练塘镇练南村
负责人：张维安
Tel:13092629659

**如皋华林机械厂**
业务：机械加工
地址：江苏省南通市如皋市福寿东路659号
负责人：周盆林 邮 编：226000
法 人：周盆林
Tel:0513－87535622
87536820

**常熟市迅达机械制造有限公司**
地址：江苏省苏州市常熟市练塘镇张桥东旺村
负责人：朱杏根
Tel:0512－52464818

**姜堰市华星不锈钢标准件厂**
业务：姜堰市华星不锈钢标准件厂成立于2002年，主要生产不锈钢标准件，包括：螺丝、螺帽、挂件、驳接头、驳接爪等不锈钢制品。
地址：江苏省姜堰市兴泰镇薛何村
邮 编：225539
法 人：李承斌
Tel:0523－8632618
Fax:0523－8637618
网址：www.jshxbxg.chinapyp.com

**常熟市天文马铁铸造有限公司**
地址：江苏省苏州市常熟市梅李镇何村村
负责人：陶文军
Tel:13358023456

**常熟市新宝机械配件有限公司**
地址：江苏省苏州市常熟市王庄镇工业园西区
负责人：徐敬新
Tel:13801577688

**如皋市彬彬机械制造有限公司**
业务：捏合机械制造、销售；通用机械零配件加工、销售
产品：捏合机械、通用机械零配
地址：江苏省南通市如皋市袁桥镇袁桥村18组19号
负责人：张兵 邮 编：226001
Tel:13511586585
0513－87813618

**常熟市嘉德机械有限公司**
地址：江苏省苏州市常熟市王庄镇冶塘工业园区
负责人：范培良
Tel:13182692230

**常熟市杰顺机械制造有限公司**
地址：江苏省苏州市常熟市辛庄工业园
负责人：刘建中
Tel:13906230608

**苏州常峰五金材料有限公司**
地址：江苏省苏州市常熟市辛庄镇杨园工业园
负责人：王建峰
Tel:0512－52471204

**南通世达包装机械有限公司**
业务：集生产、销售包装机械、包装材料于一体的专业性公司，公司技术力量雄厚，产品质量稳定可靠，秉承以"质量第一、信誉至上"为宗旨，竭诚为广大用户服务！
产品："四达牌"半自动及全自动打包机、封箱机、裹包机、包装材料等
地址：江苏省南通市碳素路29号
负责人：沈红庆 邮 编：226006
法 人：刘红玉
Tel:0513－85657678
13901489412
Fax:0513－85657659
网址：www.sidapack.com/sidapack.cn.alibaba.com
E-mail:sidapack@qq.com

**常熟市华杰林业机械制造有限公司**
地址：江苏省苏州市常熟市新港镇（浒浦）浒西村
负责人：郭胜
Tel:13701578011

**姜堰市华志工业炉厂**
业务：我公司专业生产销售工业炉，公司坚持以诚为本、以诚为信的宗旨为广大客户服务。
地址：江苏省泰州市姜堰市张甸镇蔡官工业集中区
Tel:0523－88549739

**常熟市利通机械配件厂**
地址：江苏省苏州市常熟市虞山镇方浜村
负责人：金辉
Tel:13901577344

**常熟市合丰五金加工厂**
地址：江苏省苏州市常熟市虞山镇合丰村
负责人：张晓东
Tel:0512－52844879

**南通名鼎机床有限公司**
业务：系研发、设计、制造系列立式车床设备的专业生产企业，产品具有设计先进、性能可靠、操作简便、维修方便等特点，是工业制造加工企业首选设备。我们将以最优质的产品，最优惠的价格竭诚为您服务！
产品：单，双柱立式车床及配件
地址：江苏省南通市兴仁镇三庙工业园区
负责人：孙福华 邮 编：226011
法 人：孙福华
Tel:0513－81601008
Fax:0513－81601008

**常熟市兴鑫五金机械厂**
地址：江苏省苏州市常熟市虞山镇莫城三塘村
负责人：姚兴兴
Tel:13151622085

**常熟市三和五金制品有限公司**
地址：江苏省苏州市常熟市虞山镇三塘村
负责人：陈廷亮
Tel:13115123337

**金方圆变压器配件有限公司**
业务：主要经营：变压器配件的生产与销售。
地址：江苏省盐城市大星工业园
邮 编：224001
法 人：沈家文
Tel:0515－8227598
8227989
Fax:0515－8227221

**常熟市天晟精密铸造有限公司**
地址：江苏省苏州市常熟市支塘镇窑镇村
负责人：魏文清
Tel:13182620131

**启东市嘉田钻石工具有限公司**
业务：生产钻石工具
地址：江苏省启东市天汾镇工业园区
负责人：段东梁 邮 编：226000
法 人：段东梁
Tel:0513－83290587
83290577
E-mail:js－jiatian@163.com

**苏州高新区奋发精密模具有限公司**
地址：江苏省苏州市高新区浒关分区文昌路
负责人：顾志勇
Tel:0512－66710390
13601546837

**凯达机电有限公司**
地址：江苏省苏州市工业园区娄葑北区扬清路23号
负责人：徐德泉
Tel:13915577888

**苏州市红翔合金工具厂**
地址：江苏省苏州市虎丘乡金星村金巷桥65号
负责人：汪翠萍
Tel:0512－67222827
13915588207

**苏州昌恒五金有限公司**
地址：江苏省苏州市金阊虎丘村花神浜31号
负责人：徐礼庆
Tel:0512－67260325
67425066

13806201726

### 苏州长风机电销售有限公司
业务:长风牌系列产品的销售
地址:江苏省苏州市东北街59号
负责人:阙争雄 邮编:215000
法人:阙争雄
Tel:0512－67575420
67575489
13063780879
Fax:0512－67540993

### 金湖县金生油泵厂
业务:金湖县金生油泵厂成立于1995年,主要生产输油泵、手压泵、各种油泵配件、机械加工、橡胶密封件等。"以质量求生存,以信誉求发展"热诚欢迎新老客户惠顾。
地址:江苏省淮安市金湖县黎城镇黎东村
邮编:211600
法人:施文彬
Tel:0517－6854510
Fax:0517－6854520

### 苏州市方圆链传动有限公司
地址:江苏省苏州市金阊区白洋湾街道新渔村
负责人:华洪伟
Tel:13906204230

### 苏州鑫俊电子机械有限公司
地址:江苏省苏州市金阊区干将西路699号
负责人:马俊
Tel:13962174405

### 苏州文昌五金机械有限公司
地址:江苏省苏州市金阊区虎丘立交桥北口(昌华集团大院内)
负责人:何寒芳
Tel:13951180226

### 苏州富世利达经贸有限公司
业务:机械设备、五金交电及电子产品的进出口贸易
产品:全自动油冷却过滤设备、砂轮周转机、抛光机
地址:江苏省苏州市工业园区唐庄路88号
负责人:蒋萍 邮编:215000
法人:蒋萍
Tel:13913568916
0512－69560155
Fax:0512－69560157

### 苏州宝通精密机械有限公司
地址:江苏省苏州市金阊区虎丘镇新益村
负责人:叶尚林
Tel:0512－66866695

### 靖江市创进冶化设备厂
业务:我厂拥有精湛的加工艺,一流的生产条件,合格的检测手段及良好的售后服务,建立了完善的质量保证体系。产品的开发设计和工艺编制全部采用CAD、CAPP新技术。
地址:江苏省泰州市靖江市红光镇红光桥南首
负责人:侯银进 邮编:214535
法人:侯银进
Tel:0523－84351097
84352048
E-mail:mtw25362

### 昆山市昌坚铸造有限公司
地址:江苏省苏州市昆山市巴城镇民营工业区
负责人:仇昌顺
Tel:13809061118

### 昆山博雅精密五金有限公司
地址:江苏省苏州市昆山市巴城镇石牌联民村
负责人:闫梅
Tel:13962635869

### 昆山荣鑫精密模具有限公司
地址:江苏省苏州市昆山市淀山湖镇安上村
负责人:屈荣元
Tel:13706260889

### 苏州鸿嘉自动化系统有限公司
业务:自动化生产线、立体仓库、分检机、整厂自动化系统规划与集成的生产
产品:分检机
地址:江苏省苏州市吴中区宝带西路111号城龙大厦16楼
负责人:翁守辉 邮编:215128
法人:翁守辉
Tel:13962193888
0512－65131573
Fax:0512－65131573
E-mail:antony3288@hotmail.com

### 昆山诚建粉末五金制品厂
地址:江苏省苏州市昆山市淀山湖镇红星村
负责人:凌哲成
Tel:13809068955

### 靖江市泓顺锻造有限公司
业务:靖江市泓顺锻造有限公司是一家专业生产各种规格锻件及管道法兰、非标法兰五金加工的制造商,本公司位于靖江市环城路口,南依长江,西有广靖高速公路,地理位置十分优越,水陆交通便利。愿与海内外同仁携手合作,共同发展!
地址:江苏省泰州市靖江市江平路386号
负责人:顾汉金 邮编:214500
法人:顾汉金
Tel:0523－84500976

Fax:0523－84588665
网址:www.jshsdz.com
E-mail:master@jshsdz.com

### 昆山市淀山湖镇日兴电炉五金厂
地址:江苏省苏州市昆山市淀山湖镇杨湘村
负责人:童鹏
Tel:0512－57481580

### 昆山磐石精密机械有限公司
地址:江苏省苏州市昆山市国家现代化农业示范区南吉山村
负责人:洪志国
Tel:13962651723

### 昆山海虹机械设备有限公司
地址:江苏省苏州市昆山市花桥镇蓬善村
负责人:刘春才
Tel:0512－57697327

### 大杰机械有限公司,上海大锦机械有限公司
业务:注塑机专业制造,整修
产品:翻新,高价收购旧机,注塑机零件销售,节能工程维修保养服务,二手注塑机委托买卖,置换
地址:江苏省苏州市吴中区东吴南路90号
负责人:田芝刚 邮编:215128
法人:叶政德
Tel:15062327226
Fax:0512－63379896
网址:www.dajinjixie.com
E-mail:dajin@dajinjixie.com

### 昆山丰瑞机电设备有限公司
地址:江苏省苏州市昆山市开发区朝阳西路16－1号楼304室
负责人:孙娟
Tel:0512－57355120

### 昆山快克捷特精密机床有限公司
地址:江苏省苏州市昆山市开发区高科园模具区五联路
负责人:杨益芳
Tel:0512－57780856

### 昆山众凌机械制造有限公司
地址:江苏省苏州市昆山市开发区景王路958号
负责人:程新
Tel:13390858518

### 荣轮机械(昆山)有限公司
地址:江苏省苏州市昆山市开发区昆嘉路南高鼎路6号
负责人:小林大裕
Tel:0512－57614618

### 苏州热拓机械设备制造有限公司
业务:专业生产与销售热处理设备
产品:网带炉、托辊炉、井式炉、有马弗、无马弗
地址:江苏省苏州市吴中区角直镇角胜路30号－12
负责人:周建明 邮编:215127
法人:周建明
Tel:13812753841
13402634168
0512－66028155
Fax:0512－66028156
网址:www.retuodl.com
E-mail:qianmin843@163.com

### 靖江市焱盛车辆配件厂
业务:靖江市焱盛车辆配件厂成立于2005年,专业生产五金制品,产品有辐条、小五金等,欢迎新老客户来电洽谈业务!
地址:江苏省泰州市靖江市西来镇永莫村
负责人:朱兰荣 邮编:214516
法人:朱兰荣
Tel:0523－84226999

### 昆山风能机电设备有限公司
地址:江苏省苏州市昆山市开发区娄邑小区37号楼203室
负责人:伍佩莉
Tel:13706264451

### 昆山恒祥塑料五金制品有限公司
地址:江苏省苏州市昆山市开发区蓬朗陈家浜路西侧
负责人:徐雪林
Tel:13706260586

### 昆山市毅飞塑胶五金制品厂
地址:江苏省苏州市昆山市开发区蓬朗马塘村
负责人:秦方义
Tel:0512－50518195

### 苏州福聚金属制品有限公司
业务:模具钢材、铜材
地址:江苏省苏州市吴中区木渎镇木东公路50－1号
负责人:张志成 邮编:215002
法人:张志成
Tel:0512－66389196
Fax:0512－66583160

### 昆山市银河精密模具有限公司
地址:江苏省苏州市昆山市开发区蓬朗营区
负责人:张黎黎
Tel:13913216909

### 昆山浩扬涂装机械设备有限公司
业务:昆山浩扬涂装机械设备有限公司成立于2006年,主要生产塑胶生产线、粉体涂装设备,环保涂装设备,平面输送设备,无尘净化设备。欢迎新老客户前来考察。
地址:江苏省昆山市巴城镇茅沙塘南(公路)东侧
负责人:潘新友 邮编:215311
法人:潘新友
Tel:0512－57654098
50773188
Fax:0512－57657497

### 昆山市钱龙五金磨具机电有限公司
地址:江苏省苏州市昆山市开发区蓬朗邵泾村
负责人:邓玉柱
Tel:0512－51369511

### 昆山明熙模具有限公司
地址:江苏省苏州市昆山市开发区青阳南路161号
负责人:顾明虎
Tel:0512－50554213

### 昆山嘉上精工模具有限公司
地址:江苏省苏州市昆山市开发区青阳南路75号
负责人:张勇
Tel:0512－57641873

### 苏州永建精密模具有限公司
业务:生产与销售各类模具,半自动化设备的制造与加工,塑胶模具的设计与开发,夹具、治具的设计与开发
产品:各类模具和半自动办公设备
地址:江苏省苏州市吴中区胥口镇灵山路679号
负责人:秦曲笑 邮编:215002
Tel:13914030586
E-mail:yongjian_2008@126.com

### 昆山钜贸机电设备有限公司
地址:江苏省苏州市昆山市开发区雍景湾3区42幢308号房
负责人:蔡雄英
Tel:13151155236

### 昆山兴正机电安装有限公司
地址:江苏省苏州市昆山市开发区祝家库9－303号
负责人:杨兴荣
Tel:0512－57358695

### 昆山市金敏机械模压件厂
业务:昆山市金敏机械模压件厂成立于2005年,主要从事模具的制造,冲压件的加工与制造。"以质量求生存,以信誉求发展",热诚欢迎广大新老客户来我公司洽谈业务,共同合作!
地址:江苏省昆山市陆家镇陆丰路44号
负责人:赵金元 邮编:215337
法人:赵金元
Tel:0512－88841095
Fax:0512－57282982

### 昆山倚天精密模具有限公司
地址:江苏省苏州市昆山市千灯镇石浦民营区利都路
负责人:贾国泰
Tel:0512－57400062

### 苏州泰强精密五金有限公司
业务:加工销售五金件、各类环、柱、轴、套、铆钉、螺丝、螺帽、小五金自动车削加工、非标件、制具设计、制造、加工
地址:江苏省苏州市相城区太平街道工业园顺乐路3号
负责人:万强 邮编:215137
法人:万强
Tel:15995492145
0512－61238150
Fax:0512－65716349

### 昆山浩仁机械工程有限公司
地址:江苏省苏州市昆山市玉山镇城北柏庐北路149号
负责人:陈聪海
Tel:0512－57798906

### 昆山盛群机械五金有限公司
地址:江苏省苏州市昆山市玉山镇城北柏庐北路377号
负责人:张发能
Tel:0512－57754363

### 昆山市福旺机电设备有限公司
地址:江苏省苏州市昆山市玉山镇城北富贵花园10号楼408室
负责人:吴日全
Tel:0512－57777313

### 江苏鸿瑞矿用设备有限公司
业务:带式输送机、矿用设备的制造与销售
产品:带式输送机、矿用设备
地址:江苏省宿迁市经济开发区发展大道西侧鸿瑞路特种运输机械制造有限公司
负责人:赵惠 邮编:223800
法人:赵惠
Tel:0527－84563010
15261296200
Fax:0527－84563009
E-mail:bhj013@163.com

### 昆山市开发区建鸿印刷机械经营部
业务:建鸿印刷机械经营部成立于1998年,从事印刷机械销售、维修、售后服务,欢迎新老客户来电洽谈业务!
地址:江苏省昆山市开发区庆丰东路329－331号
负责人:石祖超 邮编:215300
法人:石祖超
Tel:0512－57727353
网址:www.mtw28629.chinapyp.com
E-mail:mtw28629

### 昆山艺盛达精密模具有限公司
地址:江苏省苏州市昆山市玉山镇城北高科技工业园339省道南侧
负责人:姜海楼
Tel:13862615522

### 昆山闽发模具钢有限公司
地址:江苏省苏州市昆山市玉山镇城北广福村
负责人:徐金煌
Tel:0512－57755986

### 昆山驭能机电工程有限公司
地址:江苏省苏州市昆山市玉山镇城北昆北路653号
负责人:王晓芳
Tel:0512－57782068

### 沭阳县佳荣木工机械经营部
业务:木工机械经营
地址:江苏省宿迁市沭阳县贤官镇
负责人:殷正荣 邮编:223800
法人:殷正荣
Tel:0527－83353199
13705240241
13905240241

### 昆山同聚丰精密机械有限公司
地址:江苏省苏州市昆山市玉山镇城北景苑小区杏园10号楼706室
负责人:颜小燕
Tel:0512－57767255

### 昆山沪裕模具工业有限公司
地址:江苏省苏州市昆山市玉山镇城北民营三区中环西路富城南路口
负责人:林正雪
Tel:13205159799

### 昆山市陆家镇永丰机械厂
业务:昆山市陆家镇永丰机械厂成立于2000,从事五金加工、模具加工、木工机械配件、木工机械制造,欢迎新老客户来电洽谈业务。
地址:江苏省昆山市陆家镇富泾路46号
负责人:徐荣生 邮编:215300
法人:徐荣生
Tel:0512－57876379
Fax:0512－57876379

### 昆山市嘉翔精密模具有限公司
地址:江苏省苏州市昆山市玉山镇城北民营中路38号
负责人:侯红军
Tel:13862668982

### 宿迁绿洁空气净化设备有限公司
业务:空气净化设备生产、销售、安装
产品:柔性吸气臂、焊接烟雾净化器、吸烟折曲臂
地址:江苏省宿迁市泗阳县长春路10号
负责人:周亮 邮编:223700
法人:周亮
Tel:13511789777
0527－85239058
Fax:0527－85239058
网址:http://jsljzu.goepe.com/

### 昆山联达顺五金机械有限公司
地址:江苏省苏州市昆山市玉山镇城北胜利村富士康路1026
负责人:李培保
Tel:13390857825

### 太仓精硕模具有限公司
业务:集设计、研发、制造为一体,专业从事螺丝模具制造加工及技术转让,采用台湾进口生产设备,完善的检测设施,优良的产品质量,我公司将以真诚的服务与您共同协作。
产品:标准和非标准六片模、六角模、主模、冲模、剪刀、剪模、其它螺丝模具及技术转让
地址:江苏省太仓市经济开发区北京西路6号
负责人:张惠锋 邮编:215400
法人:张惠锋
Tel:0512－53375881
18962629881
13862281809
Fax:0512－53375882
E-mail:zhangweif7@hotmail.com

### 镇江市丹徒区中友工具厂
业务:镇江市丹徒区中友工具厂成立于2002年,主要生产麻花钻头、三尖木工钻、机工钻,销售干烧剂等。欢迎各方客户来电洽谈业务,共同合作。
地址:江苏省镇江市石桥茂华村
邮编:212135

法　人：蒋国忠
Tel:0511－3751688
Fax:0511－3751688

**昆山市震烨机电设备有限公司**
地址：江苏省苏州市昆山市玉山镇城北水秀路西侧小河岸路北侧
负责人：刘振明
Tel:13306233608

**昆山创科行机电工程有限公司**
地址：江苏省苏州市昆山市玉山镇城北萧林路183号
负责人：许建雄
Tel:0512－57785877

**昆山华顺机电设备有限公司**
地址：江苏省苏州市昆山市玉山镇城北萧林路631号
负责人：王弟
Tel:0512－57799056

**张家港市新港五金铜件厂**
业务：张家港市新港五金铜件厂生产五金铜件，来料加工等，热忱欢迎新老客户来电洽谈业务！
地址：江苏省张家港市大新镇朝东圩港村
负责人：王桂平　邮　编：215600
法　人：王桂平
Tel:0512－58760215

**昆山远沪阀门销售部**
地址：江苏省苏州市昆山市玉山镇城北萧林路699号
负责人：汤海建
Tel:13962441524

**昆山市商洋钣金厂**
业务：昆山市商洋钣金厂是一家专业生产钣金的厂家，产品质量可靠，价格合理，愿与您真诚合作，共创新天地！
地址：江苏省昆山市张浦镇吴家村
负责人：李华林　邮　编：215300
法　人：李华林
Tel:0512－57449743
57449218

**昆山富士达五金机械有限公司**
地址：江苏省苏州市昆山市玉山镇城北紫荆花园7号楼503室
负责人：王海
Tel:0512－57753552

**泰兴市华龙热镀锌厂**
业务：热镀锌对外加工
产品：高速公路护栏板、通讯塔、电力塔、船用管件等热镀锌加工
地址：江苏省泰兴市开发区新港路
负责人：沈余华　邮　编：225400
法　人：沈余华
Tel:0523－87671131
13801439836

**昆山市日新五金厂**
地址：江苏省苏州市昆山市玉山镇虹桥路620号
负责人：张伟
Tel:0512－57755780

**昆山市铭沣五金机电有限公司**
地址：江苏省苏州市昆山市玉山镇盆渎村68号楼201室
负责人：陈建栋
Tel:13506267660

**张家港市塘桥瑞鑫模具厂**
业务：本厂成立于2000年，专业生产和制造各种包装容器、吹塑模具、精密注塑模具。"以质量求生存，以信誉求发展"，竭诚欢迎广大新老客户来人来电洽谈业务，共同合作！
地址：江苏省张家港市塘桥镇南京东路
负责人：张绘林　邮　编：215611
法　人：张绘林
Tel:0512－58437389
Fax:0512－58437389

**昆山天路机械设计有限公司**
地址：江苏省苏州市昆山市玉山镇绣峰新村1号楼2室
负责人：殷志明
Tel:0512－50631910

**泰兴市志兴机械制造厂**
业务：2.5米立车金属切削加工，2米36模立式滚齿机，可加工齿轴达4米以上，可加工重量15T.全新设备，质量保证.
地址：江苏省泰兴市兴燕路198号
负责人：陈金忠　邮　编：225400
法　人：陈金忠
Tel:0523－87731022

**昆山庆翔精密机械有限公司**
地址：江苏省苏州市昆山市张浦镇花苑路东侧
负责人：连志坚
Tel:0512－57450587

**昆山市玉山镇四友精密模具厂**
业务：四友精密模具配件公司是一家具有实力的模具配件专业加工企业，在模具配件的生产加工、工艺流程等方面积累了多年的行业经验。公司一贯秉承"以客为尊，客户至上"的经营理念，对产品和服务精益求精，"工欲善其事，必先利其器"本着"一次就做到最好、要做就做到不退货"的原则，公司以最合理的价格，最好的品质，最快的交期，最佳的服务，力求达到客户满意的效果。我公司坚信凭借"四友人"的勤劳智慧一定会在同行出类拔萃。四友真诚希望与您携手前进，共创美好的明天。
地址：江苏省昆山市玉山镇城北四方路9号
负责人：谭义华　邮　编：215300
法　人：谭义华
Tel:0512－57760509
Fax:0512－57171085
网址：www.mtw52871.chinapyp.com

**昆山市颖明机械有限公司**
地址：江苏省苏州市昆山市张浦镇南港新南路73号
负责人：许学礼
Tel:0512－57429675

**张家港市黔江机电开发有限公司**
业务：张家港市黔江机电开发有限公司主要经营机电设备，公司引进日本先进技术，本着""不求数量最多，但求质量更好""的宗旨.全心全意为客户服务！欢迎广大新老客户来公司考察，指导！
地址：江苏省张家港市塘桥镇鹿苑海天内
负责人：钱昆　邮　编：215000
法　人：钱昆
Tel:0512－56927523
Fax:0512－56927533

**江苏欧普焊割机械有限公司**
业务：生产、销售数控等离子切割机
地址：江苏省泰兴市兴燕路204号
负责人：曹家驱　邮　编：225400
法　人：曹家驱
Tel:13505265962
0523－87736229

**昆山亚恒精密模具有限公司**
地址：江苏省苏州市昆山市张浦镇赵陵村(村委会对面)
负责人：徐向阳
Tel:0512－62033375

**昆山星耀五金有限公司**
地址：江苏省苏州市昆山市周市镇陆杨民营开发区富强路东侧
负责人：蒋海青
Tel:13706261999

**张家港市华尔机械有限公司**
业务：公司主要产品有集中供料系统、系列干燥机、自动加料机、单/双螺杆挤出机、粉料高速混合机、粒料混合机、螺旋上料机、牵引机、切割机、离心脱水机、化纤团粒机、全自动扩口机、全自动计量混合装置、破碎机、磨粉机、冷水机、模温机、管材、型材、板材、PVC管材、PP－R管材、PE供水燃气管材、中空壁缠绕管材、硅芯管材生产线，双管挤出电工穿线管材、造粒等全套生产线设备。
地址：江苏省张家港市乐余经济开发区
邮　编：215621
法　人：颜玉祥
Tel:0512－58602448
Fax:0512－58609219
网址：http://huaerjx.com

**昆山周市镇百瑞精密模具厂**
地址：江苏省苏州市昆山市周市镇陆杨友谊南路100号
负责人：王黎萍
Tel:0512－57765529

**泰州市开发区飞翔液压机械制造有限公司**
业务：生产和销售千斤顶、升降平台等液压机械
产品：液压千斤顶、电动试压泵、液压扳手、液压拉马、液压拔轮器、轴承加热器、轴承起拔器、液压升降机等系列工具
地址：江苏省泰州市凤凰街道新大街61号
负责人：谢云翔　邮　编：225317
法　人：谢云翔
Tel:0523－86864892
13365235179
Fax:0523－86864892
网址：www.jsfxjx.com
E-mail:jstzfxjx@163.com

**昆山鸿志精密机械有限公司**
地址：江苏省苏州市昆山市周市镇新浦路186号
负责人：陶军
Tel:13806265581

**昆山市张浦镇人和五金机械配件商行**
业务：昆山市张浦镇人和五金机械配件商行成立于2002年，主要经营慢走丝线切割耗材及配件。"以质量求生存，以信誉求发展"，热诚欢迎广大新老客户光临惠顾！
地址：江苏省昆山市张浦镇七桥村
负责人：郑军　邮　编：215321
法　人：张建丽
Tel:0512－57452130
Fax:0512－57452261

**苏州胜迪机电科技有限公司**
地址：江苏省苏州市平江区北环东路60－82号
负责人：温启胜
Tel:13801545694

**张家港市港业机柜制造有限公司**
业务：张家港市港业机柜制造有限公司成立于2006年，专业设计制造各种标准机箱机柜及各种机械，操作台，非标柜。欢迎新老客户光临、惠顾！
地址：江苏省张家港市经济开发区杨舍镇塘市街道办事处伟业电气
负责人：李虎　邮　编：215618
法　人：李虎
Tel:0512－58160578
网址：www.mtw26660.chinapyp.com

**苏州工业园区腾蛟机电设备有限公司**
地址：江苏省苏州市平江区干将东路636号1－311室
负责人：陈云娟
Tel:13913120369

**泰州市天罡精密铸造有限公司**
业务：各种牌子的铸钢，铸铁，铸铜，铸铝
产品：汽车配件，收割机配件，纺织机械，曲轴，通用机配套件等
地址：江苏省泰州市海陵区罡杨镇工业园
负责人：徐国荣　邮　编：225500
法　人：夏淦成
Tel:0523－88768106
Fax:0523－88768109

**张家港市大新华宝精密五金制品厂**
业务：张家港市大新华宝精密五金制品厂成立于1993年，主要从事剪刀配件的生产与销售。"以质量求生存，以信誉求发展"，竭诚欢迎广大新老客户来我公司洽谈业务，共同合作！
地址：江苏省张家港市大新镇长丰村
负责人：李明华　邮　编：215636
法　人：李明华
Tel:0512－58761091

**苏州米柯工具有限公司**
地址：江苏省苏州市平江区梅花三村8幢103室
负责人：张智超
Tel:13606133601

**苏州亚克焊切设备有限公司**
地址：江苏省苏州市平江区平家巷20号
负责人：刘静芳
Tel:13182605074

**昆山市张浦镇星杰热处理厂**
业务：本厂成立于2000年，是一家以真空热处理加工为主的专业热处理厂。主要从事真空，氮化，盐浴，调质，高频，发墨，正火，退火等热处理。我厂奉行"以信誉求效益"的服务宗旨。在确保质量的前提下，在进度、服务等各方面保证客户满意。
地址：江苏省昆山市张浦镇俱进工业园俱进路
负责人：付铭　邮　编：215321
法　人：付铭
Tel:0512－57449935
57449937
网址：www.ksxingjie.cn

**苏州天奕机电设备有限公司**
地址：江苏省苏州市平江区平门外青春园内
负责人：周淼
Tel:13205199928

**泰州市海陵区华光液压机械制造有限公司**
业务：专业从事液压千斤顶、五金工具制造销售，产品性能稳定、售后服务完善，公司以"质量第一、诚信为本"的服务理念，竭诚为工厂与商家提供满意产品和最佳的服务！
产品：液压拉马，分离式液压千斤顶(5T－1000T)
地址：江苏省泰州市海陵区苏陈镇前窦村六组33号
负责人：胡网根　邮　编：225300
法　人：胡网根
Tel:0523－89684988
15152613656
Fax:0523－89684988

**张家港盛美机械有限公司**
业务：本公司是台湾盛美机械股份有限公司投资的企业，台湾盛美机械股份有限公司(即总公司)创建于一九六五年，专业生产"飞虎牌"毛衣编织机器，行销全球，声名享誉世界各地，总公司设在台湾省台北县，其关系企业及分公司遍及海内外各地。三十多年来，总公司秉执着永续经营的理念和宗旨，在不进步就是落伍的原则下，不断地创新与超越，从早期制造销售各式手摇编织机，至一连串自行开发出全新、全自动、多功能的电脑自动编织机及提花机，跃居为世界一流水准的电脑毛及编织机制造厂
地址：江苏省张家港市妙桥镇人民东路243号
负责人：程登洲　邮　编：215615
Tel:0512－58812000
58460663

**苏州工业园区思达德阀门有限公司**
地址：江苏省苏州市平江区胜浦镇工业园区胜浦工业区常胜路1号
负责人：陈浩民
Tel:0512－62822229
62829626
13906218812

**苏州工业园区唯亭复兴机械厂**
地址：江苏省苏州市平江区唯亭镇苏州工业园区唯亭复兴村
负责人：
Tel:0512－65079237
13951103826

**宜兴市苏旺达机械有限公司**
业务：宜兴市苏旺达机械有限公司成立于2004年，主要生产过滤、给排水、搅拌、环保、紧固件设备、干燥设备、磨料机、非标紧固件等设备。欢迎各方客户来电洽谈业务，共同合作！
地址：江苏省宜兴市芳桥镇扶风村
邮　编：214265
法　人：苏水平
Tel:0510－87546126
Fax:0510－87546126

**苏州亿升五金工具有限公司**
地址：江苏省苏州市平江区西海岛一弄7号
负责人：潘卫忠
Tel:0512－67779680

**苏北电机厂配件维修经营部**
业务：柴油发电机组生产，透明、乳白石英管销售；二手柴油发电机组调剂；柴油机修理
地址：江苏省泰州市江洲北路森北住宅新区10号楼
负责人：周效和　邮　编：225300
法　人：周效和
Tel:0523－86559208

**苏州华瑞轴承科技有限公司**
地址：江苏省苏州市平江区中街路168号
负责人：高幼菊
Tel:0512－67776800

**溧阳市威联传动机械有限公司**
业务：公司原名江苏省溧阳市鸿达传动机械厂，是一家专业从事生产JM;ML;MX系列联轴器和I系列胀紧联结套的企业。公司本着以"一流的产品，一流的服务"为宗旨，不断完善和改进产品的质量，因此公司的产品在投放市场以来，就赢得了广大客户的好评和信赖。
地址：江苏省溧阳市别桥镇
邮　编：213321
法　人：李成生
Tel:0519－7871756
Fax:0519－7876926
网址：www.cz－wl.com

**宜兴市鸿锦水处理设备有限公司**
业务：宜兴市鸿锦水处理设备有限公司是从事水处理的专业公司，公司致力于引进世界先进水平的水处理设备和技术，并进行相关水处理设备的研发、生产和销售。服务于中国的水处理事业，以推动水处理事业的进步和发展。
地址：江苏省宜兴市和桥镇南新工业区
负责人：余三洪　邮　编：214215
法　人：余三洪
Tel:0510－87871132

**太仓横河机电有限公司**
地址：江苏省苏州市太仓市城厢镇204国道西侧商住楼1#楼4#、5#
负责人：沈鸿滨
Tel:0512－53518889

**欣旺金属制品(太仓)有限公司**
地址：江苏省苏州市太仓市城厢镇城北村
负责人：杨仲彦
Tel:0512－56651190

**姜堰市江宇船用阀门厂**
业务：船用阀门、法兰及其铸件制造、加工
地址：江苏省泰州市姜堰市俞垛镇俞叶路1号
负责人：姜大龙　邮　编：225300
法　人：姜大龙
Tel:13775679610
0523－88642289

**扬州永达动力设备有限公司**
业务：扬州永达动力设备有限公司主要经营动力设备销售，主要包括柴油机、齿轮箱、发电机组，质量保证、价格合理，热诚欢迎新老客户光临惠顾。
地址：江苏省扬州市江阴西路123号
负责人：张根宝　邮　编：225000
法　人：张根宝
Tel:0514－87949800
87948000
Fax:0514－87949000

**太仓博文机械有限公司**
地址：江苏省苏州市太仓市城厢镇城区工业园
负责人：张丽面
Tel:0512－53507906

**艾诺捷机电工程有限公司**
地址：江苏省苏州市桐泾南路锦绣新苑门面2号
负责人：刘秋来
Tel:0512－65559890

**苏州市寿星五金厂**
地址：江苏省苏州市吴中区东山镇摆渡口村
负责人：徐福根
Tel:0512－66280798
13606134363

## 兴化市三科机械制造有限公司

业务：精密铸造、砂型铸造、耐热、耐磨钢、不锈钢、碳素钢铸造加工、销售
产品：冶金行业，电力行业，石油化工，机械，泵阀及其它精密铸造件，砂型铸造件
地址：江苏省泰州市兴化市经济开发区开发村孙金
负责人：李加好 邮编：225700
法人：李加好
Tel：0523－83270682
Fax：0523－83270682
网址：www.skjxzz.com
E-mail：web@skjxzz.com

## 扬州市三水精密机械厂

业务：扬州市三水精密机械厂成立于2003年，专业从事数控机床生产、改造、大修及CM数控车床、非标机床制造。
地址：江苏省扬州市竹西路58号
邮编：225007
法人：薛久刚
Tel：0514－7624128
Fax：0514－7624128

## 苏州市恒康机械有限公司

地址：江苏省苏州市吴中区东山镇科技工业园
负责人：顾永明
Tel：13182612968

## 南京特起起重设备销售中心

业务：我公司主要经营销售起重设备，主要产品：行车、电动葫芦、手拉葫芦、环链葫芦。产品质量保证，价格合理。
地址：江苏省南京市莫愁路68号－5
负责人：杨时来 邮编：210004
法人：杨时来
Tel：025－52338590
Fax：025－52330583
网址：www.mtw28654.chinapyp.com

## 龙辉电子机械厂

地址：江苏省苏州市吴中区郭巷镇郭新南路88号
负责人：李经理
Tel：0512－65973058

## 中国苏州永基精密五金制品有限公司

地址：江苏省苏州市吴中区角直镇联升路8号
负责人：曹兰震
Tel：0512－65049572
65049774
13506131385

## 泰州创为数控机床有限公司

业务：生产制造销售数控机床
产品：雕铣机、快走丝线切割机床
地址：江苏省泰州市兴泰路58号
负责人：殷宝莉 邮编：225300
法人：高荣江
Tel：0523－86299598
Fax：0523－82092560
网址：http://www.cwcnc.com
E-mail：cwcnc@126.com

## 扬州市广陵区金三角水暖电器经营部

业务：扬州市广陵区金三角水暖电器经营部成立于2000年，主要经营阀门、管道、消防器材等水暖设备。质量保证，价格合理，欢迎新老客户惠顾！
地址：江苏省扬州市广陵区福运门五金交电批发市场5幢9－10#
邮编：225003
法人：丁仙清
Tel：0514－7824183
Fax：0514－5113622

## 厦门艺顺机械设备有限公司苏州分公司

地址：江苏省苏州市吴中区角直镇陶浜工业园鸣市路重村钢模对面
负责人：蔡先生
Tel：0512－65047885
13812623987

## 苏州汉升精密机械有限公司

地址：江苏省苏州市吴中区木渎镇金枫路189号
负责人：许伟麟
Tel：13771764054

## 无锡市欣润粉体设备制造有限公司

业务：开发和制造粉体机械设备
产品：超细磨、卧式砂磨机、搅拌球磨机、循环式搅拌球磨机、卧式球磨机、八角球磨机、搅拌桶、V型混料机、混料机、压滤机、震动筛、对辊机、机械融合一颗粒包覆设备、振实机等系列产品
地址：江苏省无锡惠山经济开发区前洲配套区新石路
负责人：冯煜东 邮编：214181
法人：冯煜东
Tel：13861858388
0510－83386908
Fax：0510－83398858
网址：http://xinrunzhm.51pla.com/index.htm

## 扬中市协全机械配置件有限公司

业务：我公司成立于2006年，专业生产汽车、工程机械内饰件消音隔热减振系列和冰箱、空调、电脑、热水器、微波炉等密封件及仪表工具内包装等。我公司将始终坚持"以质取胜，以诚取信"的发展战略和服务宗旨，开发生产出更好的高科技产品，竭诚为新老客户服务。热忱欢迎各界人士光临指导工作，洽谈业务，共谋大业，共同发展！
地址：江苏省扬中市三麻镇长江民营工业区
负责人：张锦松 邮编：212214
法人：张锦松
Tel：0511－88488988
Fax：0511－88486836

## 苏州市协信机械有限公司

地址：江苏省苏州市吴中区木渎镇西街177号
负责人：李伟
Tel：0512－66518581
13063808892

## 苏州鸿图金属压铸厂

地址：江苏省苏州市吴中区浦庄马舍村
负责人：何惠明
Tel：0512－66537133
13862021181

## 南京逸振机电有限公司

业务：南京逸振机电有限公司设籍于文化古都南京市，公司专业从事日、美、欧及台湾传动器材的代理和销售。公司主要服务对象为外资、合资企业。机械设备机械制造，流水线制造是我公司重点服务对象。公司代理的主要品牌有：阪神（TPG）、日精（NISSEI）、椿本（TSUBAKI）、希迪（SI-TD）、北泽（PE－ED）、昭和（SHOWA）、松下（PANASONIC）等等。公司骨干拥有10年销售代理进口传动器材的经验。公司主要客户有：海尔、上海通用、上海大众、日野发动机、平田机工、奇瑞汽车、哈飞、宁波吉利等等。公司拥有工学硕士、本科学历的专业人材，可为客户提供良好的技术支持和优良的售后服务。公司客户遍布全国各地，库存充足，在多年的销售中赢得了客户的好评！
地址：江苏省南京市集庆路198号1120座
邮编：210036
法人：张玉才
Tel：025－52263012
Fax：025－52260438

## 盛昌机械有限公司

地址：江苏省苏州市相城区黄埭镇潮林村
负责人：毛文忠
Tel：0512－65718346

## 无锡市科力特精密液压机械厂

业务：气动液压机床，气动液压机械
地址：江苏省无锡惠山经济开发区堰桥配套区堰裕路15号
负责人：刘利冰 邮编：214174
法人：刘利冰
Tel：13812028002
0510－80229628
Fax：0510－85471568

## 扬中市防腐绝缘材料厂

业务：本厂是专业从事防腐绝缘产品的生产，主要产品有酚醛模塑件、酚醛树脂等各种型号，在原有产品的基础上，进一步利用原有产品深加工玻璃钢阀门、管道、弯头、三通、贮罐、玻璃钢其他产品等。热忱欢迎新老客户光临惠顾，本厂本着"用户至上，质量第一"的宗旨，在未来的道路上不断创新，不断发展。
地址：江苏省镇江市扬中市兴隆镇三跃街
负责人：李立伟 邮编：212214
法人：李立伟
Tel：0511－88483117
Fax：0511－88486015
网址：www.js－ff.com
E-mail：llw@js－ff.com

## 苏星链传动有限公司

地址：江苏省苏州市相城区黄桥镇大庄村
负责人：徐林英
Tel：0512－65460005
13382101390

## 苏州台菱机电设备有限公司

地址：江苏省苏州市相城区陆慕齐陆路华美花园45幢二单元402号
负责人：廖华
Tel：0512－65757916

## 扬中市长丰仪表阀门厂

业务：本企业是中国石化总公司定点企业，专业生产高、中压仪表阀门、工程机械高压管接头、液压机械高压管接头、三阀组、五阀组、多种自控管路连接件，产品形式多样，结构新颖，连接牢靠，强度密封性好，畅销全国各地，远销国外三十多个国家和地区，深受国内外用户的好评。
地址：江苏省扬中市油坊镇长旺北街
邮编：212216
法人：丁纪明
Tel：0511－8523787
Fax：0511－8525986
网址：www.changfeng.name

## 苏州市乐成橡塑五金厂

地址：江苏省苏州市相城区渭塘镇渭南村
负责人：时乐平
Tel：0512－65906686

## 无锡凯程轻工机械制造有限公司

业务：专业生产系列冷弯型钢设备
地址：江苏省无锡市安镇镇安西村
负责人：黄建初 邮编：214000
法人：黄建初
Tel：0510－88781474
88781460
13606172491

## 南通博精机械制造有限公司

业务：南通博精机械制造有限公司位于江苏省通州市平潮镇工业园，地理位置优越，交通十分便利。公司从事化工机械设备的制造，产品广泛应用于粮食、食品、制药、化工染料、轻工、建材、陶瓷、冶炼、环保等行业。公司一贯奉行"质量第一、用户至上"的原则，优良的产品和完善的售后服务赢得了广大用户的赞誉。
地址：江苏省通州市平潮镇工业园
邮编：226362
法人：陈荣华
Tel：0513－86720987
Mobile：13862932087
Fax：0513－86712038

## 盐城怡人空调设备有限公司

业务：盐城怡人空调设备有限公司成立于2006，专业从事中央空调末端设备的生产、销售、安装，售后服务，热诚欢迎您的来电。
地址：江苏省盐城市江动南苑3号楼103室
负责人：刘松林 邮编：224000
法人：刘松林
Tel：0515－88799666
Fax：0515－88319258

## 苏州市博扬精密五金有限公司

地址：江苏省苏州市相城区元和镇众泾村
负责人：蔡文伟
Tel：0512－65767840

## 苏州市万成链传动有限公司

地址：江苏省苏州市新区滨河路288号4幢404室
负责人：钱保根
Tel：0512－65335610
13606202065

## 盐城市中材环保机械有限公司

业务：我公司生产环保机械，环保设备，化工设备，电力设备，水泥设备，输送机等。欢迎来电洽谈！
地址：江苏省盐城市盐都区龙冈镇龙乘路16号
负责人：倪庆华 邮编：224011
Tel：0515－88704388
88700235
Fax：0515－88700235

## 苏州上研磨具有限公司

地址：江苏省苏州吴中经济开发区尹西路
负责人：徒强
Tel：0512－65139440

## 无锡利丰机械铸造有限公司

业务：机械铸造
地址：江苏省无锡市东北塘严埭村工业园区
负责人：王南兴 邮编：214000
法人：李先生
Tel：13906182409
0510－83853168

## 盐城市美达涂装设备有限公司

业务：本公司是集涂装设备设计，制造，安装，调试一条龙服务的专业工厂，承建了国内各种汽车，拖拉机，工程机械，塑料件，工艺品等。阴极电泳，阳极电泳，自泳近百条涂装生产线，工艺精湛，技术先进，设备齐全，热忱为广大客户服务。
地址：江苏省盐城市人民北路236附1号
邮编：224003
法人：张辉田
Tel：0515－8113726
Fax：0515－8558159

## 太仓市金沙工程机械配件经贸部

地址：江苏省太仓市沙溪镇沙东一号桥
负责人：浦雪元
Tel：13806242451

## 太仓众信机械制造有限公司

地址：江苏省太仓市沙溪镇新北西路87号
负责人：石美庆
Tel：0512－53212038
13358047738

## 南通德鑫数控机床有限公司

业务：南通德鑫数控机床有限公司是专门生产活塞环、轴瓦等型号及数控机床、汽车配件的专业公司，根据客户要求、开发和研制具有较高技术含量产品，热诚欢迎海内外朋友惠顾，携手合作，共同发展，创造更加辉煌的明天！
地址：江苏省南通市港闸区城港路89号
负责人：顾德泉 邮编：226003
法人：顾德泉
Tel：0513－85603958
85603858

## 利众机械厂

地址：江苏省太仓市祝塘文林北湾村
负责人：田仿伟
Tel：13338049808

## 江阴琪君自动化工控设备经营部

业务：机电设备
地址：江苏省无锡市江阴市清阳镇长三角五金商贸城17幢113号
负责人：杨先生 邮编：214000
法人：杨琪君
Tel：0510－81611790

## 盐城金东亚包装机械有限公司

业务：本公司主要生产全自动模切机、全自动糊盒机、全自动裱纸机、全自动贴窗机、全自动打包机等包装机械。公司以一流的产品质量、良好的售后服务、可靠的商业信誉，为广大客户提供了高品质的包装设备和完善的售后服务。
地址：江苏省东台市富安镇东大街1号
邮编：224222
法人：庞春华
Tel：0515－5976500
Fax：0515－5571028

## 江苏泰兴市春雷金属铸造有限公司

地址：江苏省泰兴市新街镇管凤村墩
负责人：叶春雷
Tel：0523－87866890
13914426389

## 徐州市智新环保节能设备有限公司

业务：本公司是一家经营环保设备、水处理设备、空调设备、供暖管道、通风管道销售、安装的；主要承接土木建筑工程、市政建设工程、室内外装饰工程、园林绿化工程、防腐保温工程、钢结构工程设计、施工等。
地址：江苏省徐州市淮海西路段庄362－1号
负责人：王志新 邮编：221003
法人：王志新
Tel：0516－82570239

## 正天机械设备厂

地址：江苏省泰州市塘湾镇孙塘村8组
负责人：许新林
Tel：0523－85631747
13961074988

## 新建成模具有限公司

地址：江苏省通州市金沙镇北二环路南侧
负责人：瞿建林
Tel：13773735858

## 南通固邦五金有限公司

业务：南通固邦五金有限公司成立于2005年，主要从事五金交电、金属材料的销售，标准件及非标件的生产与销售。"质量可靠，价格合理"，竭诚欢迎您的光临、惠顾！
地址：江苏省南通市任港路2－106室
负责人：蔡栋锋 邮编：226001
法人：蔡栋锋
Tel：0513－88101626
Fax：0513－88101656

## 无锡市北塘区亚都管道配件经营部

业务：管件、弯头批发，零售
地址：江苏省无锡市锡澄路258号（B区）
负责人：高卫月 邮编：214001
法人：高卫月
Tel：13861810466
0510－81026785

## 徐州市协盛鑫工程机械有限公司

业务：本公司成立于2006年，主要加工各种机械、液压油箱、低压控制柜。竭诚欢迎广大客户来电洽谈业务，共求发展！
地址：江苏省徐州市云龙区潘塘办事处柳集村干桑村东组
负责人：赵浩 邮编：221111
法人：赵浩
Tel：0516－83292977

## 杨扬螺丝厂

地址：江苏省通州市平潮镇平西村24组
负责人：杨海泉
Tel：0513－83571830
13801481971

## 通州市意达港口机械有限公司

地址：江苏省通州市石港镇新貌街
负责人：王跃中
Tel：13806294485

## 无锡晶文五金机电有限公司

业务：五金标准件系列产品的销售
产品：五金标准件系列产品
地址：江苏省无锡市锡山区东北塘锡通村（汇坚国际五金机电城内5幢1211）
负责人：徐德文 邮编：214001
法人：徐德文
Tel：13814255226
0510－83506687
Fax：0510－68939866

## 徐州华亚机械制造有限公司

业务：徐州华亚机械制造有限公司成立于2005年，专业从事矿山机械配件的加工、销售，以质量求生存，以信誉求发展，热忱欢迎新老客户前来参观考察、洽谈业务。
地址：江苏省徐州市铜山县马坡镇和畅村北沟
负责人：秦西州 邮编：221144
法人：秦西州

Tel:0516－85066088

**南通鑫坤建筑机械有限公司**
地址:江苏省通州市张芝山镇工业园区北区兴源路18号
负责人:曹红梅
Tel:13962774118

**无锡市达江机电销售有限公司**
地址:江苏省无锡市28号地块(欣发实业公司内)
负责人:席荣华
Tel:0510－82623137

**南通华晨净化空调工程有限公司**
业务:本公司专业从事各类净化产品的研究,制造及复合彩钢夹心板的制造、销售,承接净化厂房、空调系统工程的设计、安装调试。具有空调净化电子工程二级资质。本公司的宗旨:一切为客户着想,从客户的立场出发,选择合理、经济的方案为用户服务。
地址:江苏省南通市海门市经济技术开发区嘉陵江路888号
邮编:226100
法人:张重康
Tel:0513－82269789
Fax:0513－82265533

**徐州丰荣机械有限责任公司**
业务:徐州丰荣机械有限责任公司成立于2006年,专业从事工程机械铸造、加工,欢迎新老客户前来参观、洽谈业务。
地址:江苏省徐州市沛县汤沐路明珠园小区8号楼2单元101
负责人:李德勇　邮编:221600
法人:李德勇
Tel:0516－89650078

**无锡市星卫星机械科技有限公司**
业务:毛纺后整理设备生产销售
地址:江苏省无锡市堰桥仓桥村工业区
负责人:卫民　邮编:214000
法人:卫民
Tel:0510－83741171
83742171
网址:www.wxwpf.com
E-mail:wxwpf@pub.wx.jsinfo.net

**无锡市世标精密机械制造有限公司**
地址:江苏省无锡市滨湖区陆典桥北码头
负责人:鲍继光
Tel:0510－85108040
85108741
13861867387

**无锡市特能机电有限公司**
地址:江苏省无锡市广瑞路54号3号楼217室
负责人:钱永祥
Tel:0510－88796036

**兴化市兴工纺织机械厂**
业务:兴化市兴工纺织机械厂是一家集生产、研究、开发于一体的国有转制企业,专业生产槽筒式络筒机、捻线机及其相关的配套产品。本厂严格按ISO9000标准模式进行品质管理,有着近二十多年的生产、管理经验。储备了雄厚的技术力量和技术人才,并已初步形成了比较完善的销售、安装及售后服务网络。我们的经营宗旨是价格公道、服务一流、质量取胜。通过多年来不懈的努力,"兴工牌"络筒机赢得了广大用户的信任和青睐。
地址:江苏省泰州市兴化市等开发区西首(100米)
负责人:刘成勇　邮编:225700
法人:刘德君
Tel:0523－83260258
Fax:0523－83272418
网址:www.xinggong.net
E-mail:web@xinggong.net

**无锡市广靖金属材料有限公司**
地址:江苏省无锡市槐古路12号(江南中专内)
负责人:孙永法
Tel:0510－88157383
82828265

**宜兴市神威阀业有限公司**
业务:工业管道阀门
产品:蝶阀、止回阀等
地址:江苏省无锡市宜兴市芳桥镇后村
负责人:周能　邮编:214263
法人:周能
Tel:13601536375
0510－87587637
87587638
Fax:0510－87587639
网址:www.yxswfm.com
E-mail:web@yxswfm.com

**无锡市南宏机械厂**
地址:江苏省无锡市惠山区玉祁镇黄泥坝村
负责人:周宏伟
Tel:0510－83330970
83331861
13606185757

**兴化市天龙金属铸件厂**
业务:兴化市天龙金属铸件厂成立于2005年7月,主要从事铜制品、铜铸件、铜板的加工销售一条龙服务。我厂凭着"质量第一,信誉至上"的原则,为广大客户提供高质量的产品,赢得广大客户的信赖。
地址:江苏省泰州市兴化市安丰镇万刘村工业区
邮编:225766
法人:王殿珠
Tel:0523－3550598

**江阴市新腾炼化电力设备有限公司**
地址:江苏省无锡市江阴市新桥镇马嘶村
负责人:惠建龙
Tel:0510－86126636

**无锡市汉森机械有限公司**
地址:江苏省无锡市蠡园开发区标准厂房A6楼
负责人:范小燕
Tel:0510－85114469
85114622
13861770112

**无锡市夕阳红给排水设备有限公司**
地址:江苏省无锡市钱桥路蒋巷8号
负责人:袁洪祥
Tel:0510－85868785

**无锡市清云机械配件厂**
业务:通用零部件制造及机械修理
地址:江苏省无锡市玉祁镇礼舍村
负责人:薛云清　邮编:214183
法人:薛云清
Tel:0510－83888218

**新欣德涂装输送设备商行**
业务:新欣德涂装输送设备商行主要经营、开发涂装设备、传动输送设备系列配件产品。我们本着"优质、创新、诚信、及时"的经营理念,竭诚与您携手并进,成为生意上最佳的合作伙伴。
地址:江苏省泰仓市燕山路万鸿公寓23幢205室
负责人:陶文锋　邮编:215300
法人:陶文锋
Tel:0512－50600024
53106716

**汉诺商贸有限公司**
地址:江苏省无锡市锡澄路278号－6－7
负责人:陈高
Tel:0510－83140027
13093092990

**无锡市宝捷机械制造有限公司**
地址:江苏省无锡市锡澄路五号桥
负责人:胡惠
Tel:0510－83743309
13506193840

**南通开发区金利机械设备有限公司**
业务:南通开发区金利机械设备有限公司成立于2004年,主要从事于拉丝机设备的销售。欢迎新老客户光临、惠顾!
地址:江苏省南通市新开镇长桥港村
负责人:顾金理　邮编:226010
法人:顾金理
Tel:0513－83595549
Fax:0513－83595549

**无锡市豪誉机械制造厂**
业务:机械加工,阀门配件生产、销售
地址:江苏省无锡市玉祁镇中路
负责人:刘国贤　邮编:214183
法人:刘国贤
Tel:13861824052
0510－80226108

**无锡市同发表面处理设备厂**
地址:江苏省无锡市堰桥镇西漳蚕种场
负责人:高进才
Tel:0510－83503695
13961811979

**吴江市菀坪永生零件加工厂**
业务:本厂成立于1993年,主要加工缝纫机零件。产品质量保证,价格合理,竭诚欢迎广大客户来电洽谈业务!
地址:江苏省吴江市菀坪镇王焰村7组
负责人:韩有　邮编:215223
法人:韩有
Tel:0512－63390510
Fax:0512－63138156

**无锡市龙珠模具制造有限公司**
地址:江苏省无锡市扬名高新技术产业园B区038号
负责人:何乃宇
Tel:0510－85165774
81007845
13382210601

**菀坪轩达机械厂**
业务:小加工件
地址:江苏省吴江市横扇镇
邮编:215200
Tel:0512－63399808
63399806
63399809
63339233
63398992

**认知精密制造(苏州)有限公司**
地址:江苏省吴江市经济开发区三淞路
负责人:袁小勇
Tel:0512－63439770

**吴江市松陵镇大力五金商行**
业务:本公司成立于2000年,主要经营:不锈钢管子,标准件及不锈钢配件。热诚欢迎新老客户光临惠顾!
地址:江苏省吴江市松陵镇云梨路1935－1937号
负责人:吴建衡　邮编:215200
法人:吴建衡
Tel:0512－63418095
61552887
Fax:0512－63418096
E-mail:sasa－23@163.com

**鑫润机械厂**
地址:江苏省兴化市丰收南路葛家路口工业园区
负责人:唐凡斌
Tel:13775778111

**徐州强力过滤机械有限公司**
地址:江苏省徐州市鼓楼区三环路下淀工业园
负责人:陈刚
Tel:13305216636

**吴江市黎里新达五金电器厂**
业务:吴江市黎里新达五金电器厂成立于2003年4月,主要经营五金电梯部件
地址:江苏省吴江市黎里镇浦西工业小区
负责人:张峥嵘　邮编:215211
法人:张峥嵘
Tel:0512－63622748
Fax:0512－63619638

**吴江市春晓玻钢设备有限公司**
业务:专业生产冷却塔,各种玻璃钢制品,工艺品,环保设备,塑料容器
地址:江苏省吴江市平望镇莺湖村
负责人:左金海　邮编:215221
法人:潘晓春
Tel:0512－63661786
13506253353
Fax:0512－63663314
网址:www.cxbg.com
E-mail:wangjun@cxbg.com

**浩瀚滚动轴承有限公司**
地址:江苏省徐州市鼓楼区中山北路170号物质市场6号厅617号
负责人:杜志民
Tel:0516－83517348
13705201058

**徐州铭健工矿机电制造有限公司**
地址:江苏省徐州市郊区淮海西路延长段(淮海节能机械厂院内)
负责人:马昭莲
Tel:0516－85825055
82206878

**南通明胜四氟防腐设备有限公司**
业务:南通明胜四氟防腐设备有限公司成立于2005年6月,制造、销售化工防腐设备。公司将本着"一切为了客户"的经营理念,为广大客户提供更优质的产品,并提供更完善的售后服务。至诚欢迎国内外各界人士光临公司指导、洽谈业务。
地址:江苏省南通市崇川区观音山镇二桥村十九组
邮编:226014
法人:翟广明
Tel:0513－5270688
Fax:0513－5270588

**无锡虞鸿金属制品厂**
业务:无锡虞鸿金属制品厂成立于1994年,是专业生产电动自行车、山地自行车等各种系列减震器前叉、双后减震等产品,经质检部门检测,产品质量符合国家及行业标准要求,受到了广大客户的欢迎。本厂可根据用户的特殊要求进行开发设计,提供最佳服务。
地址:江苏省无锡市钱桥镇藕塘盛峰村
邮编:214153
法人:虞学良
Tel:0510－83295866
Fax:0510－83291069

**卡特彼勒(徐州)有限公司**
地址:江苏省徐州市金山桥开发区南区
负责人:黄先生
Tel:13905204869

**兴化市鼎盈机械制造有限公司**
业务:公司致力于开发和制造耐热耐磨合金钢铸件,拥有先进的生产和检测设备,产品广泛应用于热电厂、电厂、水泥厂,产品质量稳定,价格合理,欢迎新老客户前来洽谈业务
产品:筛板、挂板、护板
地址:江苏省兴化市科技工业园紫荆河路
负责人:顾小平　邮编:225753
法人:顾小平
Tel:0523－83458998
13401213799
Fax:0523－83451799

**徐州一力机械设备有限公司**
地址:江苏省徐州市九里区火花村李巷矿山西路1幢
负责人:王军
Tel:0516－85852203

**无锡盐建给水设备有限公司**
业务:本公司成立于2003年,拥有20多名员工,主要经营不锈钢水箱、供水设备、玻璃钢化粪池及环保设备。
地址:江苏省无锡市北塘区豫康里九号
邮编:214041
法人:徐阿富
Tel:0510－83112909
82989139
Fax:0510－83112909
83409852

**华瑞机械锻造加工厂**
地址:江苏省徐州市九里区吴屯村铁路立交桥西
负责人:李计叶
Tel:0516－85887857
13013988013

**徐州汉鼎矿山机械有限公司**
地址:江苏省徐州市沛县大屯镇大屯村
负责人:朱杰武
Tel:13905227811

**无锡市阳科机械制造厂**
业务:本公司成立于2001年,主要从事输送机械,清洗机,通用机械,非标金属结构件的制造加工。欢迎来电洽谈业务!
地址:江苏省无锡市惠山区阳山镇陆区陆中北路86号
负责人:高祖法　邮编:214156
法人:高祖法
Tel:0510－83957783
Fax:0510－83051783

**徐州赛普高端路桥机械制造有限公司**
地址:江苏省徐州市铜山新区华夏路铜山车管所南100米
负责人:刘钰
Tel:0516－83916138
13305203005

**徐州晨皓矿山设备科技有限公司**
业务:专业从事煤矿安全生产监测监控类设备的研发、生产以及相关安装工程、服务。公司坚持科技创新,协助矿山企业实现安全生产、节能减排、减岗提效,并改善煤矿职工生产环境条件,提升企业形象。
产品:矿山机械设备、液压附件、工业自动化、全矿综合自动化、PLC集控销售式进罐操车设备、矿用各种门类产品
地址:江苏省徐州市解放南路中国矿业大学科技城国家大学科技园313室
负责人:张伟　邮编:221008
法人:张伟
Tel:0516－83990158
Fax:0516－83990771
网址:www.xzchks.com
E-mail:xzchkj2009@163.com

**龙桥农修铸造厂**
地址:江苏省盐城大丰市刘庄镇龙桥村
负责人:束快华
Tel:0515－83630383
13196637359

**无锡市金达源清洗设备厂**
业务:无锡市金达源清洗设备厂成立于2007年,主要从事于清洗机、机电工业机械、五金的制造销售。欢迎新老客户光临、惠顾!
地址:江苏省无锡市惠山区堰桥工业园区堰锦路15号
负责人:朱金华　邮编:214174
法人:朱金华
Tel:0510－83572809
Mobile:13861738950
Fax:0510－83572809
网址:www.mtw51794.chinapyp.com

**江苏省盐城市盛亿达铸造机械有限公司**
地址:江苏省盐城大丰市西团镇大龙工商路6号
负责人:束成
Tel:0515－83755088
13705113686

**徐州龙腾机械设备安装有限公司**
业务:水泥设备的安装与维修
地址:江苏省徐州市巨龙水泥集团院内
负责人:杜庆伟　邮编:221000
法人:杜庆伟
Tel:13905216889
0516－87188808
Fax:0516－87188808

**南通雅斯杰弹簧有限公司、南通惠达斯机械电力弹簧制造有限公司**
业务:本公司成立于1990年,是专业生产弹簧的厂家。本厂生产的产品有,圆柱螺旋弹簧、矩形螺旋弹簧、蝶形弹簧、扁钢弹簧(板簧)、特种不锈钢弹簧、特种异型弹簧进口设备调弦簧等。弹簧最大丝径φ90毫米。
地址:江苏省南通市海安县胡集工业园区
负责人:徐建恒　邮编:226600
法人:王惠
Tel:0513－88707066

88830878
Fax:0513－88707088

**金太阳机械制造有限公司**
地址:江苏省盐城江苏省东台市时堰镇安时路15号
负责人:黄美芽
Tel:0515－85511095
13851302666

## 无锡市金昌石化配件有限公司
业务:无锡市金昌石化配件有限公司主要生产各种金属缠绕垫、包复垫、增强石墨垫、椭圆垫、八角垫、透镜垫、过滤器、阻火器、视镜、钢制法兰等。
地址:江苏省无锡市滨湖区胡埭镇环镇西路
邮　编:214161
法　人:赵建昌
Tel:0510－85599893
Fax:0510－85599291

**庆海石油机械有限公司**
地址:江苏省盐城市滨海县经济技术开发区(工业支路南侧)
负责人:韩正海
Tel:0515－84107000
13199077772

**海达机械厂**
地址:江苏省盐城市城区新兴镇三英村一组6号
负责人:郭金安
Tel:0515－88553308
13004481152

## 徐州迅邦电泳涂料涂装设备有限公司
业务:专业生产阴极电泳漆,涂装设备
地址:江苏省徐州市南三环津浦铁路立交桥北
负责人:陈遵山　邮　编:221000
法　人:陈遵山
Tel:13705225310
0516－83880009
83880005
E-mail:xzxbtl@yahoo.com.cn

## 无锡市惠燕机械制造有限公司
业务:本公司位于风景秀丽的江南名城——无锡。公司生产各种摩托车减震器、冲压件、护罩,各种电动自行车前叉及冲压件、护罩等。质量保证,信誉第一,欢迎全国客户咨询,订购!
地址:江苏省无锡市惠山区洛社镇杨市勤余村
邮　编:214154
法　人:丁燕荣
Tel:0510－83552843
Fax:0510－83550326

**盐城市振伟液压机械厂**
地址:江苏省盐城市城森达东路
负责人:葛荣伟
Tel:0515－86216328
13505119848

**鑫磊机械厂**
地址:江苏省盐城市大丰市大龙工业园区
负责人:陈玉芝
Tel:0515－83967134
13905112488

## 启东海德利机电设备制造有限公司
业务:启东海德利机电设备制造有限公司成立于2003年,从事液压润滑设备、管路附件的制造及销售。欢迎新老客户来电垂询!
地址:江苏省启东市汇龙镇城东工业园区
邮　编:226200
法　人:周勇
Tel:0513－83668220
Fax:0513－83668798

## 徐州市鑫星电镀有限公司
业务:硬镀铬、镀锌、法兰、发黑、磷化
地址:江苏省徐州市铜山县刘集镇棉布工业园
负责人:赵汝锋　邮　编:221147
法　人:赵汝锋
Tel:15952184651
0516－85197397
85197391
Fax:0516－5197397

## 无锡市海泉轴承厂
业务:无锡市海泉轴承厂属独资企业,是生产SS不锈钢轴承、O类深沟轴承、不锈钢外球面轴承、轴承钢外球面轴承、各类不锈钢非标轴承、不锈钢薄壁轴承的专业工厂。产品广泛用于:食品机械、医疗器械、化工设备、海上船舶、摩托车、电机等,80%的产品销往北美、欧、东南亚和台湾地区。精诚合作,共创辉煌是海泉与您共同的愿望。热忱欢迎海内外客户来我厂洽谈业务。
地址:江苏省无锡市惠山区阳山镇安阳山村工业园区
负责人:华锡泉……邮　编:214156
法　人:华锡泉
Tel:0510－83957786
Fax:0510－83956572
网址:www.hqzc.cn

**盛亿达机械有限公司**
地址:江苏省盐城市大丰市西团镇大龙工业园区
负责人:陈美华
Tel:0515－83752529
13814308888

**飞花砂轮有限公司**
地址:江苏省盐城市东台市海丰镇南首
负责人:曹勇
Tel:0515－85470909
13905110532

## 无锡市海建石化机械设备有限公司
业务:我公司主要生产换热设备,反应设备,分离设备,电力设备,储运设备。我公司自创建以来一贯坚持“诚信敬业、以人为本”的企业精神和“为用户创造效益”的经营理念。质量是企业的生命,信誉是合作的基础。本着""用户满意是我们所追求的,""高标准的质量,优惠的价格,诚信的售后服务""的企业宗旨。竭诚欢迎新老客户咨询、洽谈、合作!我们将以们的热情欢迎专家学者和广大新老宾朋来电、来函咨询或者莅临考察指导。
地址:江苏省无锡市滨湖区滨湖镇吴塘村
负责人:王明海……邮　编:214084
法　人:王明海
Tel:0510－85557682
网址:www.mtw26962.chinapyp.com

## 盐城市润祥机械有限公司
业务:生产和销售柴油机零件
产品:飞轮壳、离合器壳、油底壳
地址:江苏省盐城市盐都区潘黄镇华悦工业小区
负责人:刘国祥　邮　编:224055
法　人:刘国祥
Tel:13851097378
0515－88466989
Fax:0515－88466989

**华阳玻纤有限责任公司**
地址:江苏省盐城市东台市何垛北路28号
负责人:史玉庆
Tel:0515－85213068
85888090

**阜新石化机械阀门厂**
地址:江苏省盐城市阜宁县4026信箱
负责人:印桂华
Tel:0515－87217175
13805117476

## 无锡市甘露丰华五金机械加工厂
业务:无锡市甘露丰华五金机械加工厂位于甘露镇蔡湾工业园,公司成立于1995年,生产销售摩托车,电动自行车,二轮、三轮摩托车的制动器。多年来一直受广大客户的好评!
地址:江苏省无锡市甘露镇蔡湾工业园
邮　编:214117
法　人:冯华
Tel:0510－88753790
Fax:0510－88751967
网址:www.jsglfh.chinapyp.com

**能工阀门厂**
地址:江苏省盐城市阜宁县阜城镇北山花园39号4072
负责人:何华
Tel:0515－87214096
13805117654

## 扬中市彩凤玻纤设备有限公司
业务:高温合金、玻纤设备、橡塑制品、桥架母线
产品:通道、铂金拉丝构件、附件、专用件、橡塑制品、桥架、母线制造
地址:江苏省扬中市三茅镇三沙路188号
负责人:唐长华　邮　编:212200
法　人:刘林
Tel:0511－85929428
85928900
85929575
Fax:0511－85923890
85925975
88229575
网址:www.china－caifeng.com
E-mail:st3968@126.com

## 启东巨松冶金机电有限公司
业务:启东巨松冶金机电有限公司生产电器成套设备、冶金设备,质量保证,欢迎新老客户来电洽谈业务!
地址:江苏省南通市启东市汇龙镇人民西路1278号
负责人:黄锦冲……邮　编:226200
法　人:黄锦冲
Tel:0513－83300273

## 无锡隆宇机械制造有限公司
业务:我公司拥有金属切削、线切割、数控激光切割、精密剪折边机等设备50台,员工80人,技术人员9人。本公司有专业技术人员组成一个从设计、制造、安装、调试、售后服务的完整的质量保证体系,公司现成为无锡希捷、苏州迈拓、无锡松下、无锡小天鹅、无锡约克等大型跨国公司指定供应商。
地址:江苏省无锡市滨湖区华庄镇苏锡东路92号
邮　编:214131
法　人:承兴伟
Tel:0510－85602287
85608315
Fax:0510－85602287

**阜阀阀门有限公司**
地址:江苏省盐城市阜宁县阜城镇大东门石字路103号
负责人:孙古标
Tel:13805117700

## 无锡浩超特种铸业有限公司
业务:无锡浩超特种铸业有限公司成立于2005年,是一家专业铸造防爆电器上用的零件和电炉上用的零件。企业以质量第一,诚信服务为宗旨,赢得了广大客户的信誉。
地址:江苏省无锡市锡山区东北塘镇农坝村
邮　编:214191
法　人:宋碧君
Tel:0510－3775858
Fax:0510－3779088

**海泱球阀厂**
地址:江苏省盐城市阜宁县阜城镇条河工业区
负责人:吴万海
Tel:0515－87216754
13951551577

## 扬中市吉阳玻璃钢制品厂
业务:玻璃钢阀门、管道、三通、弯头、法兰、贮罐的销售,非标制品的制作与销售
产品:为酚醛玻璃钢阀门、管道、三通、弯头、离心泵、视镜、异经大小头、槽车、贮罐
地址:江苏省扬中市新坝镇新跃农场中心区
负责人:陈桂宏　邮　编:212001
法　人:陈桂宏
Tel:13805296585
0511－88223223
Fax:0511－88426426
网址:http://www.jsyzjy.cn
E-mail:cgh@jsyzjy.cn

**盐城沃尔阀业有限公司**
地址:江苏省盐城市阜宁县阜城镇条河工业区
负责人:蔡希鹏
Tel:0515－87219400
13905117559

## 通州市平潮镇锋棋模具厂
业务:通州市平潮镇锋棋模具厂成立于2000年,是一家专业生产精铸模、铁模、铝模、木模等铸造模具的公司。欢迎各方客户来电洽谈业务,共同合作!
地址:江苏省通州市平潮镇团圆村十三组
邮　编:226300
法　人:陈志峰
Tel:0513－86721838
Fax:0513－86721655
网址:www.jsfq.chinapyp.com

**阜宁同仁电站阀门厂**
地址:江苏省盐城市阜宁县阜城镇新港11号
负责人:陈同仁
Tel:0515－87284363
13961925925

**隆达阀门管件厂**
地址:江苏省盐城市阜宁县沟墩镇向阳路2号
负责人:李容达
Tel:0518－87451817
13961925699

## 启东市宏达阀门厂
业务:启东市宏达阀门厂主要从事阀门、橡胶密封圈的生产销售。本厂产品工艺先进、检测设备齐全。长期以来一直以过硬的产品质量、完善的售后服务、良好的企业信誉得到广大客户的信赖。
地址:江苏省启东市南阳镇工业开发区
邮　编:226200
法　人:郁维彬
Tel:0513－83331222
Fax:0513－83331100

## 扬州市邗江精华线切割加工厂
业务:模具线切割加工
地址:江苏省扬州市邗江区酒甸镇邗江第六运输公司内
负责人:卢永军　邮　编:225000
法　人:卢永军
Tel:0514－87657292

**中冶液压件有限公司**
地址:江苏省盐城市阜宁县经济开发区窑湾
负责人:闻忠
Tel:13905117500

## 泰州市明丰机械有限公司
业务:本公司是国家铸造机械部门指定的生产基地,""明丰""牌商标为泰州市知名商标,江苏省著名商标企业,建有雄厚有效的质量体系。主要产品有:Q31、Q32、Q35、Q36、Q37、Q38、Q69,QH系列等各种抛丸清理机,S11系列混砂机,各种型号的特种合金耐磨铸件、配套件。
地址:江苏省兴化市经济开发区204国道东侧18号
邮　编:225700
法　人:吴余明
Tel:0523－3815888
3885888
Fax:0523－3815999
网址:www.jstzmf.com

**飞球机械厂**
地址:江苏省盐城市阜宁县经济开发区窑湾村
负责人:顾宝银
Tel:0515－87219406
87992406

**高特阀业有限公司**
地址:江苏省盐城市阜宁县开发区刘阳路
负责人:李友秀
Tel:0515－87231878
13914652588

**大化阀门厂**
地址:江苏省盐城市阜宁县通榆北路99－4号
负责人:陈超
Tel:0515－87237311
13601416843

## 扬州市邗江李典挂机厂
业务:生产制造挂桨机
地址:江苏省扬州市邗江李典镇伏固村
负责人:王恭祥　邮　编:225600
法　人:王恭祥
Tel:0514－87555500

## 泰兴市宏宇工具厂
业务:泰兴市宏宇工具厂成立于2003年,主要生产销售丝锥、板牙、钻头。竭诚欢迎新老客户来电洽谈业务!
地址:江苏省泰州市泰兴市大生镇三联村严沟组
负责人:施押山……邮　编:225441
法　人:施押山
Tel:0523－87599208
Fax:0523－87685572

**天工阀门有限公司**
地址:江苏省盐城市阜宁县汶河路康宁公寓6号楼2单元303
负责人:李红英
Tel:0515－87235888
13801419636

**新海阀门厂**
地址:江苏省盐城市阜宁县新沟镇新东村
负责人:秦得胜
Tel:0515－87533438
13092154778

## 如东县盛恒食品机械厂
业务:如东县盛恒食品机械厂成立于2002年,位于江苏省南通市如东县马塘镇,地理位置优越,交通便利。专业生产、销售食品机械,产品有搅肉机、食品搅拌机、和面机、压面机及其它食品加工、销售。本厂愿以一流的技术、完善周到的服务,为您提供最优质的产品,解除您的后顾之忧,为我国食品行业的发展贡献力量。
地址:江苏省南通市如东县马塘镇
邮　编:226401
法　人:钱加华
Tel:0513－84549309
Fax:0513－84549309

## 宜兴市联宜泵业有限公司
业务:齿轮泵、离心泵、隔膜泵、球形转子泵、过滤器等
地址:江苏省宜兴市万石镇
负责人:高志翔　邮　编:214212
法　人:高志翔
Tel:0510－81700557
81700554
13338751185
Fax:0510－81700554
网址:www.cnbeng.cn
E-mail:cnbeng@163.com

**环通石油化工机械有限公司**
地址:江苏省盐城市建湖县城人民南路585号
负责人:恩长福
Tel:0515－85116789
13801411909

## 泰兴市海盛研磨密封材料有限公司
业务:泰兴海盛研磨密封材料有限公司是生产磨料磨具及各种金属、非金属垫片的专业企业,公司生产的海盛牌砂轮、油石、切割片、磨光片、金属垫片、非金属垫片,畅销全国,并出口到东南亚十几个国家和地区。
地址:江苏省泰州市泰兴市横垛镇谢荡村南谢三组
邮　编:225300
法　人:周海林
Tel:0523－7381517
Fax:0523－4881483
网址:www.txhaisheng.com

**城中液压附件厂**
地址:江苏省盐城市建湖县丰收西路108－26号
负责人:李加书
Tel:0515－86071096
86929560
13805116895

**建湖金峰机械有限公司**
地址:江苏省盐城市建湖县建湖镇老城区17栋302室(办公室)
负责人:李加洲

Tel:0515－86292683
86187578
13801411793

**盐城市谦益机械橡塑有限公司**
地址:江苏省盐城市建湖县建阳工业园区马厂村
负责人:董飞
Tel:0515－86390288
86390680
13912533151

**宜兴市世纪机械设备有限公司**
业务:机械设备
地址:江苏省宜兴市万石镇余庄华东石材市场7号入口处
负责人:蒋凌军 邮 编:214200
Tel:0510－81700508
81700561
13914235351

**太仓市沙溪镇化工设备经营部**
业务:太仓市沙溪镇化工设备经营部成立于1996年,主要从事各种规格化工设备的销售。质量可靠,信誉第一,热诚欢迎您的光临、惠顾!
地址:江苏省太仓市沙溪镇百花村
负责人:吴万里 邮 编:215421
法 人:吴万里
Tel:0512－53210516

**同力机械有限公司**
地址:江苏省盐城市建湖县近湖镇工业园区(明珠西路8号)
负责人:徐汉青
Tel:0515－86270868
13901410085

**龙祥液压总成厂**
地址:江苏省盐城市建湖县近湖镇严桥村
负责人:何绍祥
Tel:0515－86291428
13705116973

**如皋市如城镇袁海机械配件厂**
业务:本公司成立于1997年,主要生产清洁机配件、纺织机械配件。以质量求生存,以信誉求发展,竭诚欢迎新老客户来电洽谈业务,共求发展!
地址:江苏省南通市如皋市如城镇城南居委二组
负责人:袁如海 邮 编:226500
法 人:袁如海
Tel:0513－87657332

**镇江武峰机械有限公司**
业务:机械制造
地址:江苏省镇江市丹徒区高资镇正东村
负责人:陈耘武 邮 编:212114
法 人:陈耘武
Tel:15850458658
0511－88967668
网址:http://www.51zzt.com/user/zzt30171

**盐城华隆达机械有限公司**
地址:江苏省盐城市建湖县经济开发区永兴路55号
负责人:钟德琪
Tel:0515－86251598
13801411598

**太仓市恒庆金属制品有限公司**
业务:本公司创建于2004年,是专业设计、生产铁丝类、五金类等金属制品的企业。一直恪守"质量第一,信誉第一"的原则,靠质量占领市场,靠信誉求得发展。我们一直恪守"诚心为本"的原则,为您提供优良的产品,完美的服务,广结海内外新老朋友,携手发展,共创佳绩。
地址:江苏省太仓市双凤镇新湖湖川村10组
负责人:龚广志 邮 编:215412
法 人:龚广志
Tel:0512－53415619

**凤华生物工程机械制造有限公司**
地址:江苏省盐城市建湖县南华工业园区
负责人:曹兆军
Tel:0515－86397565
13016509577

**镇江市润州景程标牌有限公司**
业务:生产铝制、铜制、不锈钢、喷砂、氧化等标牌和线路板、不干胶、PC、PVC产品的专业厂家。在新产品、新工艺的开发上,有独到之处能满足顾客对产品的各种需求。价格合理,交货及时,欢迎广大客户来电来函洽谈。
地址:江苏省镇江市润州工业园区大桥村五摆渡
负责人:高素静 邮 编:212001
法 人:高素静
Tel:0511－85620478
13952873185
Fax:0511－85620478

**圣威机械制造有限公司**
地址:江苏省盐城市建湖县森达东路108号
负责人:季大林
Tel:0515－86233809
86291336
13801410315

**红花工具厂**
地址:江苏省盐城市建湖县上冈镇冈合路38号
负责人:花红
Tel:13601429936

**苏州艺科机械有限公司**
业务:苏州艺科机械有限公司成立于2005年,主要生产工程机械液压接头,加工范围从机加、酸洗、磷化到喷塑、喷漆实行一条龙服务。
地址:江苏省苏州市吴中区浦庄大道和安路
负责人:张文明 邮 编:215105
法 人:席福根
Tel:0512－66201125
Fax:0512－66399755
网址:www.sz－ykjx.com

**建湖县宏业塔式起重机安装有限公司**
地址:江苏省盐城市建湖县向阳西路彩大新村5号楼103室
负责人:唐为才
Tel:0515－86113887
13327983599

**盐城神华机械制造有限公司**
地址:江苏省盐城市建湖县颜单镇工业集中区(沈杨村)
负责人:张小伟
Tel:0515－86500566

**镇江市华宇吊装服务有限公司**
业务:大型设备吊装
地址:江苏省镇江市桃花坞新村三区32号503室
负责人:汤华 邮 编:212001
法 人:汤华
Tel:13906100710
0511－88888938
Fax:0511－84436598

**上海达洋气压件有限公司**
业务:上海达洋气压件有限公司是专业生产QD系列气弹簧、支撑杆、座椅减震器、阻尼缸、座椅调角器的专业厂家。本公司秉承"诚信为本,顾客至上,质量第一,全员参与,持续改进,追求卓越"的企业宗旨。公司承诺:求索进取,以客户为核心,以质量为生存,诚以"优良的品质,合理的价格,超值的服务"期待您考察指导与真诚合作。
地址:江苏省泰州市莲花一区7号楼404室
负责人:周志飞 邮 编:262200
Tel:0523－82119760
网址:www.dyqyj.com
E-mail:dyqyj@shli.net

**赛龙环保机械设备有限公司**
地址:江苏省盐城市开发区兴益路182号
负责人:孙长年
Tel:0515－88427878
13805102772

**苏州迅通精密机械科技有限公司**
业务:苏州迅通精密机械科技有限公司成立于2005年,主要从事机械加工。公司以稳定的品质,优质快捷的服务在业界享有良好的声誉!
地址:江苏省苏州市平江区城北公路金光路39号
负责人:戴建 邮 编:215031
法 人:戴建
Tel:0512－67220307

**天目探伤机械制造有限公司**
地址:江苏省盐城市射阳县合德镇人民路70号
负责人:葛太强
Tel:13961967428

**镇江惠升机械有限公司**
业务:主营润滑油、机械设备、机床刀具、工具等,兼营叉车整机销售,机械维修
地址:江苏省镇江市新区大港镇通港路88号－28号
负责人:李意平 邮 编:212000
法 人:李意平
Tel:0511－86019796
86019795

**鑫达探伤机厂**
地址:江苏省盐城市射阳县县城解放西路38号
负责人:乔保干
Tel:0515－82345168
13805114268

**悦群风机械制造厂**
地址:江苏省盐城市亭湖区便仓工业园
负责人:薛群
Tel:0515－88832898
88959176

**苏州西亚特热力系统有限公司**
业务:本公司成立于2004年,主要生产销售法国CIAT集团全系列制冷空调设备,冰蓄冷空调系统,地源热泵空调系统。
地址:江苏省苏州市高新区何山花园31幢C座
负责人:赵鲁英 邮 编:215011
法 人:赵鲁英
Tel:0512－62218618
Fax:0512－68254929
网址:www.ciat－china.com

**佳丽科技开发有限公司**
地址:江苏省盐城市五星开业园区
负责人:周才凤
Tel:0515－88230777
13851069529

**射阳县阳益真空泵厂**
业务:射阳县阳益真空泵厂成立于2001年,主要生产真空泵。我厂产品质量可靠,性能稳定,供货及时,并竭诚做好售前、售中、售后服务。欢迎新老客户光临、惠顾!
地址:江苏省盐城市射阳县陈洋镇七埠原小学内
负责人:裔传军 邮 编:224361
法 人:裔传军
Tel:0515－82808939
Fax:0515－82808938
网址:www.mtw50760.chinapyp.com

**锐龙特种焊割商行**
业务:焊割设备销售
地址:江苏省镇江市中山西路49
负责人:江建平 邮 编:212000
法 人:江建平
Tel:0511－85216258
15862935688

**胜日钣金加工厂**
地址:江苏省盐城市响水县七套乡七套居委会
负责人:汤中华
Tel:13611520116

**九州传动件有限公司**
地址:江苏省盐城市响水县运坎河路1号
负责人:林旺东
Tel:0515－86868989
13905119028

**盐城市龙鑫石油机械厂**
地址:江苏省盐城市盐都区北龙港镇龙潭东路45号
负责人:胡德荣
Tel:0515－88670690
13905105381

**苏州市永昌消声器有限公司**
业务:本公司成立于2002年,以雄厚的资金实力,先进的生产工艺保证了产品的品种质量,生产摩托车、农用车消声器,金属制品等。竭诚欢迎国内外客户来人来电洽谈业务,共同发展!
地址:江苏省苏州市相城区黄埭镇永昌村
负责人:任庆丰 邮 编:215143
法 人:任庆丰
Tel:0512－65717139

**佳诚机械有限公司**
地址:江苏省盐城市盐都区秦南工业园区1号
负责人:张继根
Tel:0515－86890666
13905103209

**全锋制鞋机械厂**
地址:江苏省盐城市盐都县大冈镇郭猛镇护西村
负责人:龚正春
Tel:0515－88800993
13851075584

**盛兴隆物资经销处**
业务:盛兴隆物资经销处成立于2004年,主要经营机电设备、起重机设备。产品质量保证,价格合理,竭诚欢迎新老客户来电洽谈业务!
地址:江苏省徐州市生产资料市场中山北路17号14厅－13号
负责人:赵猛 邮 编:221000
法 人:赵猛
Tel:0516－82380242
82380257

**沪盛真空设备厂**
地址:江苏省盐城市盐都县大冈镇西滩阳巷
负责人:葛根红
Tel:0515－88852911
13914622965

**苏州市新林铝合金升降机械厂**
业务:本厂生产的铝合金升降平台是吸收消化国内外同类产品严格按照国家JG/T5103－1998<桅柱式高空作业平台>标准经长期探索研究,开发而专业设计生产的新一代产品。本公司设备先进齐全,技术力量雄厚独特,对产品精益求精,工艺合理安全可靠。全部产品经苏州市质量技术监督局检测通过。本公司在严把质量的同时,做到诚心服务,以"品质为本,服务至上"做到不合格产品不出厂。只要你订购了本公司的产品将会得到终身的服务。欢迎各界新老客户来函、来电、来人洽谈!
地址:江苏省苏州市相城区望亭镇问渡路30号
负责人:徐昌 邮 编:215155
法 人:徐昌
Tel:0512－66707551

**郭猛超亚机械电器材厂**
地址:江苏省盐城市盐都县郭猛镇蒋庄工业园区
负责人:蒋美华
Tel:0515－88492330
13056151193

**华翠涂装机械厂**
地址:江苏省盐城市盐都县楼王镇新楼六组
负责人:王中华
Tel:0515－88650611
13186449792

**扬州赛尔达尼龙制造有限公司**
地址:江苏省扬州市宝应县安宜工业园宝泰路5号
负责人:张爱平
Tel:0514－88246538
13801440628

**苏州长盛精密模具有限公司**
业务:本公司成立于2006年,主要从事各种模具加工设计与制造。欢迎新老客户来电洽谈业务!
地址:江苏省苏州市相城区经济开发区澄阳路28号
负责人:苏国平 邮 编:215131
法 人:郑贤文
Tel:0512－82143088

**盐城市韩宇克机械制造有限公司**
业务:致力于汽车零部件的开发、生产和销售,并承接各种铸造业务及加工,公司生产设备精良,技术力量雄厚,产品质量优良,深得客户好评!
产品:汽车配件
地址:江苏省盐城市经济开发区东区拥军路2号
负责人:严祥中 邮 编:224000
法 人:严祥中
Tel:0515－88113789
Fax:0515－88114789
E-mail:HYKyanxiangzhong@yahoo.cn

**凯旋机电汽配厂**
地址:江苏省扬州市宝应县射阳湖镇文明路28号
负责人:王仁虎
Tel:0514－88524525
13301440418

**水利建设工程总公司机电设备安装公司**
地址:江苏省扬州市广陵运河北路1号
负责人:毛恒进
Tel:0514－87204804
13301450692

**苏州市相城区庆华五金制品厂**
业务:我厂制造加工铁件产品,现有固定资产60万,冲床10T－63T8台,65T－120T4台,折板机2台,剪板机2台,保护焊8台,点焊机10台。产品包括:冲压件、模具、网格、工具箱、喷塑、展示资料架、各种五金加工
地址:江苏省苏州市相城区黄埭镇下堡工业区
负责人:王庆华 邮 编:215143
法 人:王庆华
Tel:0512－65481043
Mobile:13013817868
13913581558
Fax:0512－65481043

**华宇动力设备厂**
地址:江苏省扬州市江都区淮扬路88号
负责人:赵荣
Tel:0514－86291832
13852197159

**江都市智达农机物资有限公司轴承分公司**
地址:江苏省扬州市江都区龙城路31号不锈钢门市部
负责人:翟爱军
Tel:0514－86559316
13004327558

**苏州东吴运输发展有限公司机械设备安装分公司**
业务:苏州东吴运输发展有限公司机械设备安装分公司成立于1992年,从事各类机械设备的安装。在多年的工程项目实践中,我们积累了丰富的工作经验,培养了一支技术精良、作风硬朗的技术队伍,所完成的项目深得客户和同行的好评。
地址:江苏省苏州市吴中区太湖东路285号
邮 编:215128
法 人:朱火云
Tel:0512－65252563
Mobile:13906139790
Fax:0512－65283593

**恒力碟形弹簧厂**
地址:江苏省扬州市平山堂北首
负责人:乔中安
Tel:13179776832

**新鑫热镀锌有限公司**
地址:江苏省扬州市天山镇南工业园区
负责人:陈宝山
Tel:0514－84228788
13705257595

**东方链传动有限公司平升机械厂**
地址:江苏省扬州市仪征市曹山路32号
负责人:倪开军
Tel:0514－83429001
13705253669

**杨州市捷瑞机械制造厂**
地址:江苏省扬州市邗江区瓜洲高桥新村60号
负责人:毛熊兵
Tel:13912140388

**苏州市吴中区角直腾达精密模具厂**
业务:苏州市吴中区角直腾达精密模具厂成立于2002年,主要生产冲压件。"以诚待人、客户至上、质量第一"。欢迎新老客户光临惠顾!
地址:江苏省苏州市吴中区角直镇鸣市路181号
负责人:袁君 邮 编:215127
法 人:袁君

……………………………… Tel:0512－65046951
………… 网址:www.mtw27789.chinapyp.com

**平升机械厂**
地址:江苏省仪征市平升机械厂(曹山路 32 号)
………………………………… 负责人:倪开军
……………………………… Tel:0514－83429001

**宜兴市中威环水设备有限公司**
地址:江苏省宜兴市高塍镇花园浜歌湖路 60 号
………………………………… 负责人:王中伟
……………………………… Tel:0510－87899270

## 苏州富溢精密模具有限公司
业务:苏州富溢精密模具有限公司成立于 2006 年,主要从事各类五金冲压件,板金数控加工件,各类模具加工、设计、制造。欢迎新老客户光临、惠顾!
地址:江苏省苏州市浒墅关经济开发区大新科技园南区 8 栋
…………… 负责人:文兴……邮 编:215151
………………………………………… 法 人:文兴
……………………………… Tel:0512－66160269
……………………………… Fax:0512－66160256
………… 网址:www.mtw27358.chinapyp.com

## 苏州市胜家电脑刺绣设备有限公司
业务:本公司拥有 100 多名员工,主要经营电脑刺绣机的生产与销售。十多年以来,精益求精、追求卓越是我们的目标,你的满意是我们永恒的追求。
地址:江苏省苏州市金光路 68－2 号
………………………………………… 邮 编:215008
………………………………………… 法 人:朱华
……………………………… Tel:0512－67210063
……………………………… Fax:0512－67210228

**宜兴市鼎通环保设备有限公司**
地址:江苏省宜兴市和桥镇鹅州路 104 号
………………………………… 负责人:谈亚文
……………………………… Tel:0510－87807238

**张家港市华隆机械有限公司**
地址:江苏省张家港经济开发区杨舍镇城北村委
………………………………… 负责人:杜惠中
……………………………… Tel:0512－58187326
13806227102

**鹿南电镀材料有限公司**
地址:江苏省张家港鹿苑镇徐湾村
………………………………… 负责人:徐天放
……………………………… Tel:0512－58351309
13806223161

**金秋五金工具有限公司**
地址:江苏省张家港市大新镇龙华村
………………………………… 负责人:陈秋平
……………………………… Tel:0512－58768028
13962215192

**大通空压系统有限公司**
地址:江苏省张家港市公园新村 27 幢 304 室
………………………………… 负责人:张德祥
……………………………… Tel:0512－58181689
13914919170

## 苏州市欧嘉机电设备安装工程有限公司
业务:本公司成立于 2006 年,主要从事给排水、电气、工艺管道、采暖、净化空调、装饰工程等各类工业设备安装和市政工程。
地址:江苏省苏州市吴中区水香街 123 号建行三楼
………… 负责人:殳春权……邮 编:215128
………………………………………… 法 人:殳春权
……………………………… Tel:0512－65853600
……………………………… Fax:0512－65853886

**立天炉料有限公司**
地址:江苏省张家港市金港镇后塍袁家桥村
………………………………………… 负责人:高峰
……………………………… Tel:0512－58289288
13906246288

**恒升机械有限公司**
地址:江苏省张家港市金港镇南沙东山村
………………………………… 负责人:王建刚
……………………………… Tel:0512－58087626
13962220853

## 苏州晋友五金有限公司
业务:苏州晋友有限公司是以经营中高档紧固件为核心,专业从事冷墩紧固件、冲压紧固件、压铆紧固件以及精加工的销售企业,以优质的品质和服务赢得了众多客户赞誉。
地址:江苏省苏州市平江区娄门路 290 号
………… 负责人:殷世亮……邮 编:215001
………………………………………… 法 人:殷世亮
……………………………… Tel:0512－67660956

## 苏州市江南石化机械有限公司
业务:公司成立于 1978 年,主要从事石油、化工行业立式储罐,球罐的消防冷却水幕、水雾保护装置。以及工业炉、塔内件的设计和制造。公司以"为用户提供最先进可靠的技术和优质产品与服务"为宗旨,竭诚为广大客户提供最优质的产品。
地址:江苏省苏州市吴中区苏蠡路 62 号
………… 负责人:朱雪玲……邮 编:215128
………………………………………… 法 人:朱炳根
……………………………… Tel:0512－65254436
……………………………… Fax:0512－65136843
…………………………… E-mail:jnshjx@sina.com

**张家港市华彤机械密封有限公司**
地址:江苏省张家港市金港镇永兴路
………………………………… 负责人:朱永华
……………………………… Tel:0512－58753055
58726559
13962456055

**张家港市三德五合机械有限公司**
地址:江苏省张家港市锦丰镇永德村
………………………………… 负责人:陈雨忠
……………………………… Tel:0512－58536100
13601563459

## 苏州市鸿创机械制造有限公司
业务:苏州市鸿创机械制造有限公司主要从事于机械制造、加工。我们以质量求生存,信誉求发展。欢迎新老客户光临、惠顾!
地址:江苏省苏州市吴中区藏书镇前锋村 8 组
………… 负责人:杨洪元……邮 编:215000
………………………………………… 法 人:杨洪元
……………………………… Tel:0512－66932936

**张家港市永兴微电机厂**
地址:江苏省张家港市南丰镇北路
………………………………… 负责人:黄永良
……………………………… Tel:0512－58625635
13328033208

**张家港市佳裕饮料机械厂**
地址:江苏省张家港市三兴西界港粮站
………………………………… 负责人:蒋卫东
……………………………… Tel:0512－58536133
13701563243

**同兴机械有限公司**
地址:江苏省张家港市塘桥镇禄荡村
………………………………… 负责人:李旭东
……………………………… Tel:0512－58433506
13801561230

## 苏州精瑞诚螺丝模具厂
业务:苏州精瑞诚螺丝模具厂成立于 2001 年,主要生产螺丝模具。欢迎新老客户光临、惠顾!
地址:江苏省苏州市吴中区角直镇鸣市路 181 号
………… 负责人:刘卫军……邮 编:215127
………………………………………… 法 人:刘卫军
……………………………… Tel:0512－65029281
65029280

**镇江市顺天矿机制造有限公司**
地址:江苏省镇江市丹徒区上党镇
………………………………… 负责人:姜长顺
……………………………… Tel:0511－84461080
84466188
13952855378

**浩威接插件厂**
地址:江苏省镇江市丹徒区姚桥镇百乐村 8 号
………………………………… 负责人:韩国林
……………………………… Tel:0511－83753546
13179479193

**镇江市丹徒区伟诚工具厂**
地址:江苏省镇江市丹徒区姚桥镇石桥镇南巷 32 号
………………………………… 负责人:孙九娣
……………………………… Tel:0511－83754110
82134110

**华腾五金工具厂**
地址:江苏省镇江市丹阳市后巷镇华阳村
………………………………… 负责人:朱新川
……………………………… Tel:0511－86312869
13606105965

## 苏州市大惠五金有限公司
业务:苏州市大惠五金有限公司成立于 2001 年,位于江苏省苏州市吴中区角直镇甫澄中路 36 号。专业生产刀片。本公司有完善的品质制度,以品质求生存,以诚信求发展是我们一贯的宗旨,我们做到"始于客户要求,终于客户满意",高品质的产品、竞争的价格、卓越的服务、最快的交货期是我们的工作方针,创造更好的商业远景是我们的工作任务,我们期待与您精诚合作,共创美好的未来。
地址:江苏省苏州市吴中区角直镇甫澄中路 36 号
………………………………………… 邮 编:215127
………………………………………… 法 人:邱雪昌
……………………………… Tel:0512－65010206
……………………………… Fax:0512－65013688

**华和塑料五金制品厂**
地址:江苏省镇江市丹阳市后巷镇民有村 21 号
………………………………… 负责人:张银良
……………………………… Tel:0511－86316396
13606109296

**长虹滚镀锌厂**
地址:江苏省镇江市丹阳市界牌镇安乐化工园区(双丰路东侧至长江边)
………………………………… 负责人:蔡八斤
……………………………… Tel:0511－86388146
13952896108

## 苏州上飞泵业设备有限公司
业务:苏州上飞泵业设备有限公司专业制造工业泵系列产品,当前主要有九大类产品,125 个品种,445 个规格,即耐磨矿用排水泵、高层建筑供水;消防泵、锅炉给水泵、电站用泵、船用泵、化工泵、油田注水泵、热水泵;水涡轮机组等。
地址:江苏省苏州市平江区西中市 66 号
………… 负责人:张介民……邮 编:215003
……………………………… Tel:0512－67277793

**永盛弹簧有限公司**
地址:江苏省镇江市丹阳市运河镇西符村
………………………………… 负责人:王书青
……………………………… Tel:0511－86455473
82219557

慈利县金冬电热炉具厂

独家生产冬季取暖的专利产品金冬电热炉。

电话：0744—3260037　2136029
地址：湖南省慈利县零阳镇

## 常熟市勤伟金属制品厂

本厂成立于1993年，主要经营五金冲压件、铝制冲压件、各种散热器、电泳涂装。秉承"客户至上，质量第一"的服务宗旨，竭诚为国内外客商提供热忱的服务。

联系人：吴水根

电话：0512-52482267、52487267、13801575823　邮编：215555
地址：江苏常熟辛庄镇合泰村　传真：0512-52487267

## 常州市超力均质泵厂

江苏常州市超力均质机厂，专业生产高压均质机GJB0.03T/h至8T/h，压力有25MPa至80MPa的系列产品，以及300升冰淇淋凝冻机。

畅销国内外，欢迎广大客户来电来函咨询洽谈业务！

联系人：陈志发　网址：www.cljzb.com
电话：0519-88796886　13606118827　传真：0519-88790568
地址：江苏省常州市洛阳镇工业开发区　邮编：213104

## 常熟市辛庄镇宏远五金厂

常熟市辛庄镇宏远五金厂成立于2007年，从事电动车配件生产。

以先进的技术，可靠的质量，经济的价格为各界朋友服务！

联系人：易家旭
13861861519　13585089290
邮编：215500
地址：江苏省常熟市辛庄镇卫家塘村

## 常州市光忠干燥机械配件厂

常州市光忠干燥机械配件厂专业生产一次成型不锈钢压制烘盘，烘盘尺寸：460*640*45（单位：mm）及各类干燥设备配件，主要产品有直边不锈钢压制盘、卷边不锈钢压制盘、卷边压制铝盘、手工网盘、不锈钢压制冲眼盘、手工烘箱小方盘、翻盖式按瓶盘，插口式按瓶盘、散热器等（以上烘盘都可以来料加工），我们衷心期待各界朋友的来临指导！

联系人：吴岳　13775173622
电话：0519-88906167　传真：0519-88906761
地址：江苏省常州市武进区焦溪镇查家湾谢家村10号
电子邮件：market@czgzbj.com　邮编：213003

## 常州荣顺机械有限公司

本公司成立于2006年，是一家独特的精锻企业，专业锻造各种齿轮毛坯及各种疑难杂件等毛坯，其毛坯精密度高、加工余量少、省原材料。

本公司以质量求生存，信誉求发展，不断开发新产品，采用新工艺为手段，充分发挥锻造优势，愿与海内外同仁进行合作，热情欢迎国内外人士前来洽谈。

联系人：杨洪兴　13382868866
电话：0519-85970811　传真：0519-85970899
地址：江苏省常州市安家镇黄城墩工业园　邮编：213000

## 常州市弘盛机械有限公司

本公司成立于1993年，常州市弘盛机械有限公司是电机轴、齿轮箱、涡轮、蜗杆、齿轮、齿轴加工等产品专业生产加工的有限责任公司，公司总部设在常州市洛阳镇，常州市弘盛机械有限公司拥有完整、科学的质量管理体系。

常州市弘盛机械有限公司的诚信、实力和产品质量获得业界的认可。欢迎各界朋友莅临常州市弘盛机械有限公司参观、指导和业务洽谈。

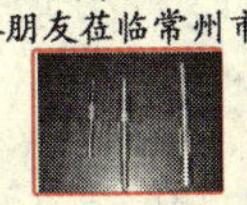

联系人：顾达明
电话：0519-88792403　88522252　传真：0519-88522252
地址：江苏省常州市武进区洛阳镇虞桥村　邮编：213104

## 常州赛迪电气制造有限公司

常州赛迪电气制造有限公司成立于1998年，本公司是一家专业生产电动工具的企业。主要产品有电锤、打蜡机、电铲、园林工具等。

本公司以"优质的服务，精湛的技术，为用户解决一切能解决的问题"是公司的服务宗旨，公司热诚欢迎国内外各界人士前来洽谈业务，技术合作，科技研发。

联系人：杨庆大
13806118858
电话：0519-83268228
传真：0519-83263988
邮编：213000
地址：江苏省常州市钟楼区新闸镇新龙路18号

## 常州市沪城起重设备经营部

常州市沪城起重设备经营部成立于2005年，本经营部主要销售及维修起重设备。企业要发展，人才是关键，质量是根本，诚信是靠山。

我们以一流的素质、一流的产品、一流的服务，为客户提供满意的需求。

联系人：王超林　13861217522
电话：0519-86765320
地址：江苏省常州市运河路34号　邮编：213002

## 常州市常魏钢锉厂

本公司成立于2000年，专业生产什景锉、金钢锉、钳工锉。

本公司成立以来、以着以人为本的企业管理理念、以客户为上帝为服务宗旨、凭着良好的信誉、高端的品质为您提供良好的服务。

聯系人：曹亞剛
13092592862
电话：0519-85711359　88888877
邮编：213127
地址：江苏省常州市新北区春江镇魏村镇南

## 常州市聚乐干燥设备有限公司

常州市聚乐干燥设备有限公司是从事干燥设备和制粒机械的研究、开发及制造的专业性厂家，是目前国内生产干燥设备品种较多、规格较全的企业。

热忱欢迎新老客户、国内外各界朋友莅临指导，携手共进，共创未来！

网址：www.juledry.com

联系人：沈聚诚　13961221152
电话：0519-88677628　88673737
传真：0519-88673737　邮编：213115
地址：常州市武进区三河口工业区东塘路1号

## 常州市武进区郑陆中州起重设备经营部

本公司成立于2007年，主要经营单双梁起重机。

信誉第一、用户至上是公司的神圣宗旨，用户的意见是公司的追求目标，质优价廉、一流服务是公司的经营方针，欢迎您的光临。

联系人：赵俊
13776841018

电话/传真：0519－88962316
邮编：213000
地址：江苏省常州市武进区郑陆镇东青街村委对面

## 大豐市竹港機械廠

大丰市竹港机械厂成立于2003年，本厂专业生产空压机配件。主要产品包括空压机各类气缸，皮带盘，箱体等等，我厂的产品也得到了广大客户的青睐。如客户需要大量生产某产品我厂也可按照实际情况为广大客户开模生产，真诚希望我们的合作能够成功。谢谢。

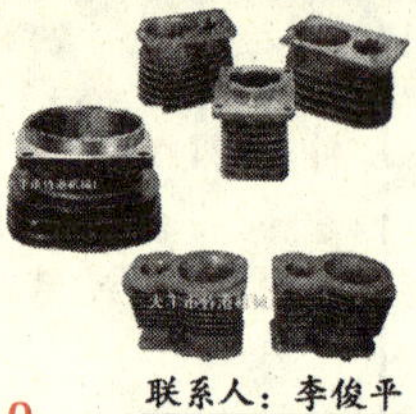

联系人：李俊平
13770286501

电话/传真：0515－83372319
电子邮件：lq19871220@163.com
地址：江苏省大丰市草庙镇竹港村 邮编：224100

## 常州市宇勇电源有限公司

本公司成立于2003年，主要生產蓄電池。

公司遵循"不斷挑戰自我，超越自我，即製造優良產品，又培育優秀人才，造福于社會"的服務宗旨，全心爲您服務。

电话：0519－88498399
邮编：213000
地址：江苏省常州市横玉路103号

联系人：冯宇
13506111300

## 丹徒区荣炳蒲圩布轮厂

丹徒区荣炳蒲圩布轮厂主要从事布轮的来料加工。

我们秉承"顾客至上，锐意进取"的经营理念，坚持"客户第一"的原则为广大客户提供优质的服务。

欢迎广大客户惠顾！

联系人：凌留保

电话：0511－84351746 13805289423
地址：江苏省镇江市丹徒区荣炳镇 邮编：224000

## 常州市云龙起重机配件修理厂

常州市云龙起重机配件修理厂成立于2007年，本厂专业从事起重机配件的修理。

公司秉承"顾客至上，锐意进取"的经营理念，坚持"客户第一"的原则为广大客户提供优质的服务。欢迎惠顾！

联系人：常云龙
电话：0519－82060370
传真：0519－88011370
地址：江苏省常州市新北区新庆路77号 邮编：213000

## 丹阳建材机械有限公司

丹阳市建材机械（集团）有限公司（由丹阳市建材机械有限公司、中港合资丹阳恒兴建材机械有限公司组成）始建于1979年6月，是我国生产水泥制品机械的骨干企业，主要产品有：管桩钢模、离心机、电杆钢模、各种定制模具及配件。

本公司在同行业中首家通过了ISO9001：2000质量管理体系认证。今后，我们还将一如既往、不断努力，为我国的建材行业的发展作出应有的贡献。竭诚欢迎全社会各界朋友光临本公司指导！

联系人：张秉喜 13806108632
网址：www.danyang-cmm.com.cn
地址：江苏省丹阳市吕城镇圣子西路92号

电话：0511－86476108
传真：0511－86476192
邮编：212300

## 常州先锋工具制造有限公司

常州先锋工具制造有限公司自成立以来，本公司专业从事刀具的生产销售。公司本着"客户第一、质量第一、诚信至上"的经营方针，严把质量关，与多家企业建立了长期的合作关系。热忱欢迎各界朋友前来参观、考察、洽谈业务。

联系人：陈秀琴 传真：0519－83431923
电话：0519－83435799 83431923 83434699 邮编：213135
地址：江苏省常州市新北区西夏墅镇工业园区微山湖路80号

## 丹阳市华厦包装有限公司

丹阳市华厦包装有限公司成立于2006年，公司主要经营工具包装，五金机械，电器配件制造销售。产品有钻头工具盒，五金加工件，冲压件，折弯件。

我厂生产的各种产品一直受到客户好评！厂现有各类机床30余台，欢迎来样加工，来电洽谈！

联系人：傅华 0511－86682028 传真：0511－86656598
地址：江苏省丹阳市导墅镇蔡巷村 邮编：212361

## 常州永安新峰电子电器配件厂

本公司成立于1996年，专业生产各种型号的电机端盖及各种电器金属冲压件。

公司将以优良的品质，合理的价格，周到的服务为企业经营宗旨，诚信为本是我们不懈的精神。

电话：0519－88792516
传真：0519－88790788
地址：江苏省常州市武进区洛阳镇洛阳村

联系人：沈玉荣
13906117043

邮编：213104

## 丹阳市凌飞工具有限公司

丹阳市凌飞工具有限公司成立于2009年，本公司专业生产金刚石锯片是根据GB／11270－89标准执行，选用世界著名的"GE"、"dB"金刚石及国内优质高强镀膜金刚石，产品不仅切削效率高而且具有寿命长的优点。本厂可以根据客户所在地区生产的矿石来生产相对应的切削片。本厂位于具有"中国工具之乡"的后巷镇，北临长江南枕沪宁铁路，水陆交通便捷，热忱欢迎国内外新老客户光临指导。

联系人：朱阿林
电话：0511－86322619 传真：0511－86312278
地址：江苏省丹阳市后巷镇朱家村 邮编：212300

欢迎来电

## 慈利县金冬电热炉具厂

独家生产冬季取暖的专利产品金冬电热炉。

电话：0744－3260037　2136029
地址：湖南省慈利县零阳镇

## 阜宁县恒鑫石化机械厂

阜宁县恒鑫石化机械厂创立与2001年，主要从事石油机械及石化阀门的设计与制造，是中国石油物资装备总公司、中国石化物资装备总公司石油钻采配件供应网络成员单位。连年被评为重合同守信用、质量信得过单位。

主产品采油气井口装置、钻井管汇、浆泵配件等油田机械，我们视“顾客满意”为宗旨，“持续改进”为目标，“诚信经营”为理念，竭诚欢迎您的光临！

联系人：薛山　13909959372
网址：www.hxjx999.com
电子邮件：hxjx@hxjx999.com
电话：0515-87401588
传真：0515-87401298
地址：江苏省盐城市阜宁县施庄镇通榆路8号　邮编：224431

## 海门伽玛星探伤设备有限公司

海门伽玛星探伤设备有限公司是专业的无损检测和热处理专业生产厂商，主要产品包括γ射线探伤机，射线器材、防护大门系列，热处理温控设备，加热器，超声波试块、探头，辐射报警系统等。本公司注重质量、坚守信誉，并提供优质的售后服务，向用户承诺产品终身保修制度。

联系人：何正兵
电话：0513-82665761　13901479475
传真：0513-82665825　网址：www.tssbc.com
地址：江苏省南通市海门市三阳镇建设街64号　邮编：226134

## 高邮市鑫远机械厂

高邮市鑫远机械厂成立于2004年，专业从事五金加工。本厂一直以“务实图强、创新求进、诚信互惠”为企业方针，不断得到广大客户的信任和支持！

本厂热诚期待赢得更多的客户，共创互惠互利、共求美好发展，携手同创美好未来。

欢迎来电咨询，来料加工！

联系人：冯士山　13773458849
电话：0514-84733341
邮编：225600
地址：江苏省扬州市高邮市郭甲镇郭楼村

## 海门市亨特利紧固件厂

本公司主要制造、销售紧固件，主要产品有螺丝。以“一切以客户需求为中心”为宗旨，诚信第一、质量第一、服务第一、顾客第一。

联系人：朱胸任
电话：0513-85387181、82281687、13706280227
地址：江苏省海门市江海路北首德胜工业园区　邮编：226100

## 海安华信叉车服务部

本公司成立于2007年，主要经营叉车零件批发零售，整车销售。有叉车零件，杭州叉车。

我们竭诚为您服务，您的满意是我们永远的追求。

联系人：黄成华　13962702642
电话：0513-68822001
邮编：226000
地址：江苏省南通市海安县通榆中路92号

## 横扇小李五金

横扇小李五金成立于2007年，本公司主要经营五金工具，机电电器。我们秉着“客户第一、质量第一、信誉第一”的经营理念，不断提升自身技术，完善品质管理，为客户提供超值的产品与服务！

联系人：李群　电话：0512-63693317
地址：江苏省吴江市横扇镇南举路716号　邮编：215000

## 海安青山锻造厂

海安青山锻造厂是专业从事锻造加工业的企业。我厂常年承接各种锻造加工和机械加工业务。

始终贯彻“品质就是生命，品牌就是发展”的理念，制定质量目标责任制，对产品实施严格的工艺监督和测量，我们愿以优质的产品和真诚的服务与国内外客户精诚合作，共拓市场、共创辉煌。

联系人：桑小秋　13063554659
电话：0513-88866849
邮编：226000
地址：江苏省南通市海安县海安镇通榆北路81号

## 富莅五金（昆山）有限公司

本公司成立于2000年，专业制造各种高强度螺丝，主要产品有各种高强度螺丝、工具。

本公司秉着“以人为本，以质取胜，客户至上”的公司理念。不断提高产品质量提升公司竞争力，最大满足客户需求。

聯系人：余群芳
网址：www.tuz.com.cn
电子邮件：sales@tuzscrew.com
电话/传真：0512-57605550　57606380
地址：江苏省昆山市花桥镇花安路1518号　邮编：215332

## 海安縣五馬鐵鏈有限公司

海安县五马铁链有限公司成立于1995年，主要生产铁链、PVC塑料粒子。

本公司秉承“顾客至上，锐意进取”的经营理念，坚持“客户第一”的原则为广大客户提供优质的服务。欢迎广大客户惠顾！

联系人：仲跻生
电话：0513-88343839　88343841
传真：0513-88343841
地址：江苏省南通市海安县西场镇壮志村三组　邮编：226621

## 建湖连宇液压附件厂

建湖连宇液压附件厂成立于1988年，本厂专业从事生产液压附件，主要有管件、工程机械配件、胶管、钢制管夹、塑料管夹。

公司始终将坚持以优质的产品、完善的服务以及良好的信誉与海内外各界朋友合作并求共同发展。

电话：13912533209　0515-86281913
地址：江苏省盐城市建湖县近湖镇　联系人：左学连

## 建湖县宝利机械制造厂

建湖县宝利机械制造厂从事机械加工、机械配件生产销售，以质量求生存，信誉求发展，欢迎新老客户来电洽谈业务！

联系人：邵套科
电话：0515-86166929
地址：江苏省盐城市建湖县宝塔镇前庄居委会祁庄组19号
邮编：224743

## 江都市美捷气压件有限公司

QD系列：气弹簧、支撑杆
江都市美捷气压件有限公司
YQ系列：气弹簧、支撑杆
www.mjqyj518.cn

江都市美捷气压件有限公司成立于2007年，本公司专业生产系列气动件，技术力量雄厚，集开发、生产、制造、销售于一体。主要产品有：直伸式无源气动撑杆、阻尼器、可控调节升降气弹簧、角调器、缓慢式减震器四大系列，上百个品种，规格齐全，并可代为设计式样。

公司秉承“顾客至上，锐意进取”的经营理念，坚持“客户第一”的原则为广大客户提供优质的服务。

欢迎惠顾！

联系人：龚小林 15905252148
电话：0514-86488123 86488278
网址：www.mjqyj518.cn
电子邮件：mjqyj518@126.com
地址：江苏省江都市大桥镇昔岔村
邮编：225200

## 建湖县龙祥液压总成厂

本厂主要是生产各种冶金、工程、车辆、船舶全系列低、中、高压液、压油缸，管接头、胶管总成，液压泵站系统的专业厂家并已通过ISO9001质量管理体系认证。技术力量雄厚，产品规格齐全，检测手段完善。

联系人：何绍祥
电话：0515-86291428 13705116973　邮编：224000
地址：江苏省盐城市建湖县近湖镇严桥村　网址：http://72508.bzjw.com

## 江苏广成建设发展有限公司

江苏广成建设发展有限公司成立于2005年，本公司是集研制、设计、生产于一体的抛丸、清砂、除锈设备的专业生产厂家，主要产品有Q31、Q32、Q35、Q36、Q37、Q69等系列抛丸清理设备及大型通过式预处理设备；S11系列混砂机及各种型号的混砂配件；同时配套生产特种合金耐磨铸铁、铸钢件、热处理设备、耐热钢件以及各种材质型号的钢丸。

公司可向客户提供整机整线的成套设备，也可根据客户的特殊要求进行设计。产品销售全国20多个省市。公司以“成就来自于锻炼，品质服务于未来”为质量宗旨，“以质量第一，用户至上，开拓进取，争创一流”为质量方针，坚持“以人为本，以质取胜”的治厂方针。

联系人：孙广成 15851000222
电话：0515-88856222　网址：www.jsgcfz.com
传真：0515-88856980　电子邮件：jsgcfz@188.com
地址：江苏省盐城市盐都新区万胜村　邮编：224000

## 江都市晨光专用设备厂

江都市晨光专用设备厂主要从事农业机械配件、纺织机械配件、太阳能热水器、玻纤布制造、加工。我厂将依照“质量是生命，信誉是根本”的服务宗旨，本着互惠互利的原则，愿与各新老客户合作，共创辉煌。

联系人：王红霞　手机：13805259527
电话：0514-86562307　传真：0514-86562307
地址：江苏省江都市宜陵镇南陵路15号　邮编：225200

## 江苏华澄重工有限公司

江苏华澄重工有限公司成立于2008年，本公司专业从事生产风力发电设备、港口起重机械、船舶配套件、钢结构件、机电设备，销售自产产品并提供产品相关的安装维修及售后服务。

公司秉承“顾客至上，锐意进取”的经营理念，坚持“客户第一”的原则为广大客户提供优质的服务。欢迎惠顾！

联系人：陈铭
电话：0523-84693135 84693131
传真：0523-84693158
地址：江苏省靖江市惠丰镇联心路　邮编：214400

## 江都市丁沟宏达纺织机件厂

江都市丁沟宏达纺织机件厂主要经营纺机配件，五金制造加工，纺织、服装、皮革工业专用设备制造业。

我们拥有专业的生产制造团队，凭借精湛的技艺和完善的售后服务，我厂在纺机配件市场上已占有了一席之地，我们将精益求精，创造宏达的美好明天！

电话：0514-86389632
联系人：韩洪刚 13805259810　传真：0514-86389448
地址：江苏省扬州市江都市丁沟镇韩银工业区　邮编：225235

## 江苏华锐冶矿电力机械有限公司

本公司主要经营冶金矿山电力机械生产。

完全满意，全面服务，是我公司的服务宗旨，我们将兢兢业业得为您提供优质服务，欢迎您的光临。

联系人：李明荣 13809011031
电话/传真：0523-84319601 84319688 84312399
邮编：214537
地址：江苏省靖江市新桥镇光芒路68号

## 江都市利君工具有限公司

江都市利君工具有限公司成立于2007年，本公司主要经营五金工具，主要产品有内六角扳手、月牙扳手、呆扳手。薄利多销是我们的生产经营宗旨，现有产品远销各地，深受外商青睐；同时，热忱欢迎客商提供设计，信守承诺，共同开发国际、国内市场。

联系人：邹利军　传真：0514-86884678
电话：0514-86890167 86884678　邮编：225212
地址：江苏省江都市仙女镇正谊村张纲工业园

## 江苏金凯锐科技发展有限公司

本公司主要从事冶金机械设备的研发、设计、制造、销售为一体。公司正在开发研制的复合陶瓷、耐磨、耐热、耐腐系列产品，博采了国内外精密陶瓷工业方面的新技术，新工艺，精心打造复合陶瓷产品提供给各行各业。金凯锐愿与国内外朋友在更广阔的领域携手合作，共创繁荣。

电话：0523-84560066 84561155
地址：江苏省靖江市孤山镇孤山路96号
网址：www.jsjkr.cn　邮编：214522
联系人：徐建红

## 江苏省常熟市良盛金刚石工具厂

常熟市良盛金刚石工具厂是一家专业生产金刚石磨具的企业，2004年成立，坐落于世界主要工具生产基地之一——中国江苏常熟。

本厂有多年历史，技术力量雄厚，有一定的生产规模，可生产品种繁多，具有一定的出口量和可配套生产能力。本厂热忱欢迎与中外经销商和配套客户结为伙伴。

联系人：周云良　13962305838
网址：www.ls-jgsgj.com
电子邮件：zyl@ls-jgsgj.com
地址：江苏省常熟市支塘镇长桥北境
电话：0512-52512083
传真：0512-52301386
邮编：215531

## 江阴市顺盛液压机械有限公司

江阴市顺盛液压机械有限公司是一个具有大型液压机械十多年制造历史的专业生产企业，专业生产Y81系列液压金属打包机，Y82系列非金属液压打包机，Y83系列液压屑并机，Q43系列鳄鱼式剪切机，YJ32系列四柱液压机，YI-1200钢管延伸机，NY-180钢瓶热旋收口机，G60多模头锻造单元，L35铝灰搅拌机等各种非标设备。

欢迎社会各界朋友前来订购，洽谈业务，共创美好未来！

网址：www.ssjyjx.com.cn
电子邮件：ssjyjx@163.com
邮编：214001
地址：江阴市周庄镇山泉村一工区96号
联系人：徐荷军　13358152688
电话：0510-80278258
传真：0510-80278268

## 无锡市智圣机械制造有限公司

无锡市智圣机械制造有限公司成立于1993年，本公司专业从事冷拔精密钢管、小口径精密管、精密钢管、冷拔钢管、小油管、活塞杆。本公司多年来坚持以人为本，追求科技领先，以客户需求为导向，努力开发新产品，不断为客户提供高质量、低价位的产品，真诚回报社会。无锡市智圣机械制造有限公司全体员工竭诚欢迎各界朋友、新老用户，来厂考察指导，洽谈合作，携手共进，共创辉煌！

联系人：唐建国
电话：0510-83237756　13961896038　传真：0510-83237756
地址：江苏省无锡市钱桥镇胜丰村　邮编：214000

## 江阴腾马工具制造有限公司

江阴腾马工具制造有限公司（江阴市腾马热处理公司）建立于1990年，公司主要产品有各种规格的搓丝板、丝锥、滚丝轮、切边模和精冲，还可根据用户需要承接各种特殊螺纹工具。我们本着保质量、讲效率、守信誉的原则，坚持做到使用户满意，热忱欢迎新老客户订购。公司承接热处理加工业务，竭诚为广大用户提供最佳服务。

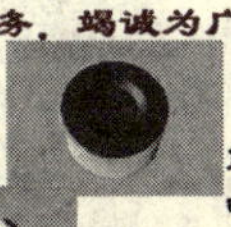

联系人：吴国栋
电话：0510-86161588　86160678
传真：0510-86162379　网址：www.jytengma.com
地址：江苏省江阴市夏港镇镇澄路202号　邮编：214400

## 江苏省兴化汇鑫机械厂

江苏省兴化汇鑫机械厂是一家专门从事机械配件锻造加工、齿轮生产、标准件制造加工销售的企业。

欢迎广大新老客户来电洽谈业务！

网址：www.xhhuixin.com
电话：0523-83102128
联系人：黄海明　13179377118
地址：江苏省兴化经济开发区向阳村北首
邮编：225700

## 介美精密五金厂

介美精密五金厂成立于2006年，主要从事五金的销售。

欢迎广大客户来电来函洽谈！

电话：0513-83289121　13706285308
联系人：沈介平　邮编：226000
地址：江苏省南通市启东市少直镇永兴村

## 江苏中跃涂装设备有限公司

本公司成立与2004年，主要产品有：喷漆涂装系列、喷粉涂装系列、阴极电泳、阳极电泳系列、输送设备系列等。

本公司以雄厚的经济、技术实力、优良的产品、一流的服务态度，赢得了用户高度评价。

我们真诚地与您握手，江苏中跃涂装设备有限公司将是您最理想的合作伙伴！

电话：0515-88853399
邮编：224000
地址：江苏省盐城市盐东镇庆丰工业园
联系人：朱大育　13770065999

## 金湖县华丰模具厂

本企业专业生产卫生巾、婴儿尿裤、成人尿裤、护垫、产妇垫、宠物垫等卫生用品辊切刀具、辊压花模的生产厂家。

经过多年来的努力已形成规模化生产，华丰人始终奉行“质量是我们的生命，信誉是我们的根本”这一经营宗旨，将以更优质的产品，快捷的时效，良好的信誉竭诚为广大用户提供满意的服务，欢迎新老客户来电来函洽谈。

联系人：吴学华　13801404336
电子邮件：jhwxh@163.con
地址：江苏省淮金湖县建设东路102-8号
电话：0517-86886062
传真：0517-86886062
网址：www.jhhfmj.cn
邮编：211644

## 江阴市百顺传动机械制造有限公司

本公司主要經營紡織空調，除塵，物流車輛，減速機傳動設備，主要產品有紡織除塵，空調，物流車輛，擺綫針輪減速機。我們的質量讓客户放心，服務讓客户滿意，心情與客户相通，利益與客户共享。

联系人：刘新良
电话：0510-86991198、86136318、13801521101　传真：0510-86136318
地址：江苏省江阴市新城东开发区寿山头1号　邮编：214437

## 精诚机械设备有限公司

本公司专业从事抛丸清理设备和混砂设备的生产和销售。

承蒙广大客户支持和信赖，并继续以“质量第一、服务第一”的优良传统服务客户。

联系人：黄爱国

tel: 0515-85863456 13801416181　fax: 025-84717000
add: 江苏省盐城市东台市新曹农场　p.c.: 224000

▲机械行业▼

## 靖江恒立暖通净化设备有限公司

靖江恒立暖通净化设备有限公司成立于1992年，专业从事暖通系列设备的生产、销售。主要产品有各种风机、通风管道、除尘器、空调末端配件等。"诚信为本，质量第一"，我们将一如既往的为您提供一流的产品和完善的服务。

联系人：陈满松
电话：0523-84261868 13852631828
地址：江苏省靖江市西来镇土桥南首 邮编：214500

## 靖江市顺发泵阀制造有限公司

本公司成立于2007年，主要从事泵阀制造，主要产品有化工泵、不锈钢泵。我们忠诚为您服务，实力强，以高效快捷，信誉第一客户至上为服务宗旨，以价格实惠质量保证求生存。

联系人：陈伟
电话：0523-84388577、13914532018 传真：0523-84388577
地址：江苏省靖江市生祠镇东进村普济安埭19号 邮编：214500

## 靖江市朝阳紧固件厂

本厂主要经营标准紧固件的生产与销售。

本公司坚持"科技创新、以人为本、质量至上、诚信经营"的宗旨走创新发展之路。

联系人：王刚
13338894268
电话：0523-84598234 邮编：214500
地址：江苏省靖江市靖城镇柏木（汤家村苗木场内）

## 靖江市天力泵业有限公司

靖江市天力泵业有限公司成立于2003年，本公司专业从事生产、制作、加工、销售"天力"牌WFB系列无密封自控自吸泵。

公司的宗旨是："质量第一、用户至上、以信为本、以诚取信"。"天力"诚挚希望与国内外客户、分包商坦诚合作，携手共进。

网址：www.tianliby.cn
联系人：吴三林 13605260964
电话：0523-84593116 传真：0523-84598950
地址：江苏省靖江市靖城镇先锋路西 邮编：214500

## 靖江市恒盛泵阀制造有限公司

江市恒盛泵阀制造有限公司的主要产品是泵类，本公司拥有丰富的制造经验、雄厚的技术力量、检测手段完善、品种规格齐全、价格低廉实惠，质量稳定可靠。

本公司生产的泵类品种有齿轮油泵、不锈钢齿轮油泵、导热油泵、磁力泵、深井泵、无密封自控自吸泵、送料泵，空调泵，管道泵，螺杆泵，氟塑料重泵，液体泵，不锈钢耐腐泵、污水泵及工业泵等等。

热忱欢迎各界新老朋友来我厂实地考察、指导，洽谈合作。

联系人：李红兵 13901425272 电子邮件：jjhsbf@126.com
电话：0523-84319903 84323903
地址：江苏省靖江市新桥镇利工北路168号 邮编：214537

## 昆山嘉隆模具钢材有限公司

昆山嘉隆模具钢材有限公司成立于1988年，本公司专业生产、销售、加工为一体的模具钢材企业。

公司自创办以来，一直以"以诚为本，质量至上"为经营理念，以"客户第一，最大限度满足客户需求"为宗旨。

联系人：廖国辉 13776312358
电话：0512-57811382-52 57811388 57811389
传真：0512-57811399
邮编：215333
地址：江苏省昆山市开发区蓬朗新星路5号

## 靖江市红光洪跃紧固件厂

靖江市红光洪跃紧固件厂专业生产各种规格的不锈钢紧固件，我厂秉承自主生产、快速配送的经营模式，降低你的采购成本，节约你的时间。我们真诚地期待着能够成为你最佳的战略合作伙伴，采购联盟！

联系人：季洪平 电话：0523-84351430 13705260821
地址：江苏省泰州市靖江市红光镇涨公 邮编：225300

## 昆山金发液压机械有限公司

昆山金发液压机械有限公司公司始建于1976年，是液压马达、气弹簧国家标准主要起草单位。液压马达有四大系列五十多个品种规格，广泛应用于冶金、矿山、石油勘探、起重、船舶、化工、轻机、国防等行业。气弹簧有三大系列六十多个品种规格，广泛应用于汽车后门，发动机盖等机构的开启、支撑和提升。产品大部分出口美国，用于汽车和游艇。

热忱欢迎国内外朋友来电垂询洽谈业务。

联系人：吴益峰 网址：www.ksjfhm.cn
电话：0512-57304356 57303282 传真：0512-57302655
地址：江苏省昆山市庆丰西路555号 邮编：215300

## 靖江市林龙电机制造有限公司

本公司生产产品有：罩极电机、风机用罩极电机、罩极电机、风机用罩极电机等，需要采购相关产品的采购商请速联系。

电话：0523-84802330 13901429953 联系人：刘建林
地址：江苏省靖江市靖城街道办虹兴北路98号 邮编：225300

## 昆山市亿业弹簧有限公司

昆山市亿业弹簧有限公司成立于2005年，专业生产矩形、扁形系列模具弹簧，主要用于注塑模、塑料模、金属压铸模、冲压模和其他各种精密机械设备，与一般圆柱弹簧不同，它具有体积小、钢度大、弹性好、精度高，疲劳寿命特长等优点。亿业模具弹簧已成为标准化、系列化生产厂家，产品系列数千种规格，弹簧外形美观、分色喷涂、质量优越，是各种模具最理想的弹性部件。

联系人：王为东

欢迎各界朋友莅临参观、指导和业务洽谈。

电话：0512-57400335 传真：0512-57400336
地址：江苏省昆山市千灯镇石浦[illegible]川路18号 邮编：215343

## 慈利县金冬电热炉具厂

独家生产冬季取暖的专利产品金冬电热炉。

电话：0744－3260037　2136029
地址：湖南省慈利县零阳镇

## 昆山太得隆机械有限公司

本公司成立于2003年5月，主要从事造纸机械、轻工机械的加工、制造、销售，机械设备的安装，主要产品有造纸机械、水泥机械、冶金机械。自成立以来一直为客户提供优质，高效的服务，我们的服务贴心，制造精心，价格称心，令客户放心。

联系人：顾卫东
电话：0512-57898897、57899917、13812896938
邮箱：tdl@tdlmachine.com　传真：0512-57899917
地址：江苏省昆山市正仪（巴城镇）民营开发区明珠路8号　邮编：215347

## 连云港市海华化工设备有限公司

连云港市海华化工设备有限公司成立于2007年，本公司专业从事化工设备的销售，主要产品有化工阀门、水泵、防腐材料、管件、法兰、弯头等。

公司秉承"顾客至上，锐意进取"的经营理念，坚持"客户第一"的原则为广大客户提供优质的服务。欢迎惠顾！

联系人：王海
手机：13705139885　传真：0518-85522901
地址：江苏省连云港市新浦区东方纽约城16号楼3单元402室　邮编：222000

## 昆山欣元橡塑五金制品有限公司

本公司成立于2006年，本公司专业从事橡胶、塑料制品、五金配件的生产，加工，开发销售。主要产品有1-850mm橡胶制品及特种橡胶制品，PE袋，五金冲压件。

公司从创建以来，从由小到大，由弱到强的一个发展历程，为客户提供最新最好的产品，一个电话，一个传真，一条短信，我们的服务就会到您身边。

网址：www.xy-ks.com.cn

联系人：查丽敏
电话：0512-57611449
传真：0512-57610336
地址：江苏省昆山市蓬朗镇石牌村三组　邮编：215333

## 连云港市继银贸易有限公司

连云港市继银贸易有限公司自成立以来，本公司主要经营日本洋马柴油机、常州底盘、轴承、螺丝、三角带、润滑油、工具、三轮、四轮、弥雾机、汽油泵、挂浆机、洋马、久保田、收割机配件等。欢迎新老客户光临惠顾！

联系人：马继银
电话：0518-88831560　邮编：222000
地址：江苏省连云港市灌云县振兴路农机监理所南侧

## 磊鑫磨具厂

磊鑫磨具厂主营产品：网格砂布，金刚石砂带，砂布，砂带卷。公司专业技术力量雄厚，管理模式先进，检测手段齐全。

公司秉承质量第一，顾客至上的原则，竭诚为国内外广大客户朋友提供优质的服务，希望通过我们的真诚与努力能够成为您长期的合作伙伴，愿与您共创辉煌！

联系人：丁林　13236105918
电话：0515-85426680
邮编：224217
地址：江苏省盐城市东台市五烈镇合义村（合义公路西侧200米处）

## 隆达阀门管件厂

隆达阀门管件厂成立于1997年，主要从事油田高中压阀门、井口装置的生产与销售。

竭诚欢迎新老客户光临惠顾！

联系人：李容达
电话：0515-87455628　13961925699
地址：江苏省盐城市阜宁县沟墩镇向阳路2号　邮编：224433

## 溧阳市飞跃机电有限公司

公司创建于1987年，目前公司业务主要覆盖电梯，轨道交通，新能源3大领域，正筹备进入航空、重工领域。服务宗旨：至真至诚努力让顾客感动；服务目标：满分产品，满分安装，满分服务；服务方针：热情周到，一步到位。

联系人：彭阿金　邮编：213314
电话：0519-87394998、87390198、87398199、[illegible]6145728
传真：0519-87398199　地址：江苏省溧阳市上黄镇镇南路8号

## 南京宏坤压缩机配件销售中心

本中心成立于2007年，主要从事压缩机配件的销售。顾客的满意是我们服务的宗旨！我们的目标是创造一流的服务、一流的效益、一流的企业！欢迎您的光临！

联系人：金坤
电话：025-52251006、13645177129　传真：025-52251006
地址：江苏省南京市秦淮区双乐园3幢10号101室　邮编：210004

## 连云港圣鼎锅炉制造有限公司

连云港圣鼎锅炉制造有限公司成立于2006年，专业从事常压热水锅炉设计，制造和维修。主要产品有产水和供暖同时进行的浴池专用锅炉、为花卉、蔬菜养殖提供供暖作用的锅炉及供暖及洗浴、供暖两用型锅炉。我公司秉承"质量为本、客户至上"的原则，竭诚为广大客户服务！

联系人：王雨军
电话：0518-83514999　传真：0518-83510599
地址：江苏省连云港市灌南县张店镇工业区　邮编：222533

## 南京力乐液压机电设备有限公司

本公司成立于2005年，主要经销国内外各种液压、气动元件，设计制造液压系统。

务实创新，质量第一。

我们将与业内人士密切交流合作，持续改进，向广大客商提供满意的产品，过硬的质量，无忧的售后服务，与您共谋发展。

地址：江苏省南京市建邺西路止马营39-1
联系人：张立敏　13915988237
电话/传真：025-58073385　52330919
邮编：210004

## 南京双奥建设工程有限公司

南京双奥建设工程有限公司成立于2008年，从事石油化工设备的安装以及钢结构的制作。本着“质量第一、用户满意、诚实守信”的原则，为广大客户提供优质的服务。

联系人：李优林

电话：025-58985680 手机：13905178828

电子邮箱：a13905178828@163.com

地址：江苏省南京市栖霞区红枫街51号 邮编：210033

## 南通市南方润滑液压设备有限公司

本公司是国内生产润滑液压设备的专业企业，并已成为国内冶金行业各大钢厂、建材行业各大主机厂主要供应商。通过十多年的积累，产品覆盖面广，设计制造能力强，并承接各类非标润滑、液压系统的设计制造。公司决心再接再厉，以“指南”为商标，争做润滑行业指南！

电话：0513-83110060 13806286363

地址：江苏省南通市启东市启东经济开发区纬二路236-238号 联系人：张爱华

网址：www.nfry-china.com

## 南通丰佳机电设备有限公司

本公司成立于2007年，主要经营不锈钢五金。公司恪守“质量第一、用户至上”的经营服务宗旨，竭诚欢迎您的光临。

联系人：姜能文

电话：0513-83517129、13809088823

地址：江苏省南通市人民西路316号 邮编：226000

## 南通通纳智能机械有限公司

南通通纳智能机械有限公司成立于2008年，是一家专业从事液压系统设计制造，液压机械制造加工的公司。

欢迎您的来电，我们将竭诚为您服务！

联系人：王立新

电话：0513-82591698 13228854061

邮编：226001

地址：江苏省南通市通州石港镇渔湾路39号

## 南通聚精机械有限公司

南通聚精机械有限公司成立于2006年，本公司专业从事大小齿轮加工、销售。主要产品有减速机、球磨机大小齿轮、船用齿轮、模具齿轮、矿山齿轮等。聚精公司承诺：生产“优质”的产品给客户，让客户能享受售后的“无忧”服务，最后能获得客户“优秀”的评价。我们真诚期待与您能建立长期稳定的合作关系，与您一起共创美好未来！

联系人：吴道明 邮编：226561

电话：0513-87091006 87516506 15996519911

传真：0513-88509991 电子邮件：ntjj@163.com

地址：江苏省如皋市搬经镇工业园区

## 南通新科环保防腐设备有限公司

南通新科环保防腐设备有限公司成立于2002年，专业从事电力防腐设备的生产、安装与维修。

我公司始终坚持“以质量求生存，以信誉求发展”的企业精神，竭诚为广大客户服务，欢迎您的来电！

联系人：何正明

电话：0513-85274752 13962992740 传真：0513-85271025

地址：江苏省南通市崇川区观音山镇朝东埭村 邮编：315000

## 南通市博斯恩润滑设备有限公司

南通市博斯恩润滑设备有限公司成立于2001年，本公司是液压、润滑设备的专业生产企业。公司主要产品：40MPa及以下压力等级干油润滑系统及配套用各种规格润滑泵、分配器、加油泵；XYZ、XHZ标准稀油润滑系统及各种非标稀油润滑系统和液压系统；列管式冷却器、过滤器、管路连接件等50多个品种1000多个规格。公司本着“质量第一、客户至上、信守合同、价格公平、供货及时、服务周到”的宗旨，真诚为广大客户提供一流的产品和优质的服务。热忱欢迎广大客户来电洽谈业务！

联系人：陆燕平

电话：0513-83821180 83821181 网址：www.bserh.cn

传真：0513-83821182 电子邮件：bserh@163.com

地址：江苏省启东市经济开发区精工路11号 邮编：226200

## 南通义利达机电制造有限公司

南通义利达机电制造有限公司成立于2005年，本公司专业生产精密滚珠丝杠。公司始终贯彻高起点、高品质、重服务、用户至上的宗旨，公司坚持以质量求生存，用户第一为前提，竞争质量，争创精品为目标。欢迎国内外用户参观指导、洽谈业务。

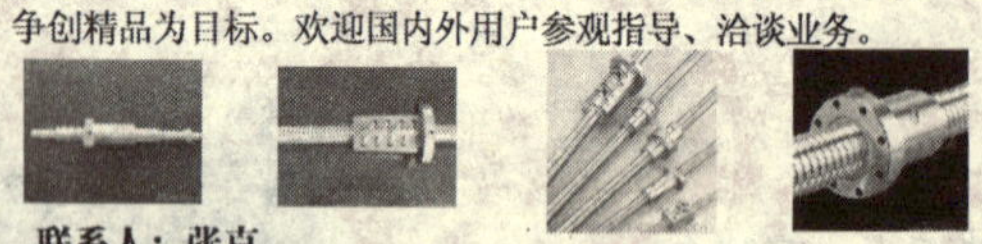

联系人：张克 网址：www.ntyld.com.cn

电话：0513-83782688 传真：0513-83782988

地址：江苏省启东市惠萍镇工业园8号 邮编：226255

## 南通市东鑫重工发展有限公司

本公司成立于2004年，主营经营大型船用钢结构件：船舶分段、舱口盖、舱口围板等，兼经营工业设备、港口起重机械钢结构、民用钢结构的制作安装和劳务输出。

我们将竭诚为您服务。

联系人：黄建 13814725216

电话/传真：0513-86796098 86796598

网址：www.ntdxzg.com 电子邮件：qjd@ntdxzg.com

地址：江苏省南通市通州市平东镇 邮编：226361

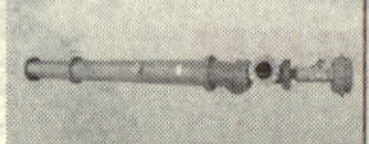

## 能达热泵厂

能达热泵厂成立于1988年，本厂专业从事泵业的生产销售。主要产品有蒸汽喷射泵。

公司秉承“顾客至上，锐意进取”的经营理念，坚持“客户第一，质量保证”的原则，为广大客户提供优质的服务。

欢迎来电来函接洽！

联系人：高才介

电话/传真：0510-83399719

地址：江苏省无锡市前洲镇邓巷工业园 邮编：214181

## 慈利县金冬电热炉具厂

独家生产冬季取暖的专利产品金冬电热炉。

电话：0744—3260037　2136029
地址：湖南省慈利县零阳镇



## 沛县旭光铸造有限公司

沛县旭光铸造有限公司是一家专业从事电机铸件、台钳、砂轮机外壳等机械铸件的铸造的企业。

本公司将始终如一的坚，持以客户为中心的理念、秉承“诚信为本，顾客至上，品质为尊，共拓双赢”的经营理念，不断创新，追求卓越。

期待新老客户的光临！

联系人：江同分
电话：0516-89896882　13813268838
地址：江苏省徐州市沛县杨屯镇旧姚桥村南　邮编：221612

## 上海天泉泵业制造有限公司南通办事处

本公司是国内大型水泵制造企业，制销各类工业、民用水泵及控制系统。

公司全体员工以信誉做保证、以质量求发展，有效保障每位客户的利益，树立：“全力以赴，真诚服务”服务理念。

电话：0513-85152119
邮编：226000
地址：江苏省南通市通达大厦407、503
联系人：李建峰　13815204708

## 邳州市振发五金经营部

本公司成立于2006年。

主要经营模具。

本公司自开业以来，本着质量为本、信誉第一的服务宗旨业务范围逐渐扩大。

联系人：吴全常　15862102268
电话：0516-86235816　86699589
邮编：221300
地址：江苏省邳州市大运河装饰城B栋6单元412室

## 沭阳县盛阳机械制造厂

沭阳县盛阳机械制造厂成立于2007年，本厂专业从事机械制造。沭阳县盛阳机械制造厂的诚信、实力和产品质量获得业界的认可。

欢迎各界朋友莅临泉州市鸿鑫机械制造厂参观、指导和业务洽谈。

联系人：许效彬
电话/传真：0527-83329399　83329558
地址：江苏省宿迁市沭阳县扎下镇工业园区　邮编：223800

## 启东市精工热处理厂

本厂专业从事生产精密机加工，热处理加工，已有二三十年的经验了。工艺设备先进，保证了本地区中大型机械企业的产品质量。

我厂秉承“锐意进取，客户第一”的经营理念，竭诚为广大客户提供最可靠的技术和最满意的服务！

联系人：张松
电话：0513-83314411　13862893097
地址：江苏省南通市启东市启东经济开发区南苑西路891号　邮编：226200

## 思达德阀门有限公司

苏州工业园区思达德阀门有限公司是一家从事工业用高中压阀门产品设计、制造和销售的专业公司。产品广泛用于石油、石油化工、电力、化纤等工业领域。年销售收入2800万美元。我公司以质量求生存，以信誉求发展，竭诚为广大客户服务！

联系人：陈浩民　手机：13906218812
电话：0512-62822229　传真：0512-62822033　62822227
地址：江苏省苏州市苏州工业园区胜浦常胜路　邮编：215126

## 启东市万事能机械配件有限公司
## 启东市万事通建设工程有限公司

启东市万事能机械配件有限公司、启东市万事通建设工程有限公司成立于2006年，本公司专业从事机械配件代理销售，土石方工程，室内外装潢。

“以诚待人，开拓创新，处事守信，精益求精”是我们始终如一的追求，我们愿与各界朋友一起，携手共创美好的未来。

联系人：黄雪冲　13506290341
电话：0513-83112120　传真：0513-83112120
地址：江苏省启东市汇龙镇林洋路666号　邮编：226200

## 苏州工业园区跨塘恒春空调制冷商行

苏州工业园区跨塘恒春空调制冷商行成立于2008年，本商行专业从事松下、大金、三菱、新龙、新手一系列家用电器，以及大金、美的、三菱电机、三星中央空调特约经销，并提供相关设备的安装及维修服务。

凭着品质优良品种齐全价格合理来服务于广大客户公司以质量第一信誉至上交货及时让利客户为原则，以客户满意为宗旨。诚挚欢迎各界朋友光临垂询，洽谈合作！建设互惠互利的双赢关系，共谋发展，同创辉煌！

联系人：徐民　13962124030
电话：0512-62745155　62995155　传真：0512-62995155
地址：江苏省苏州市工业园区跨塘镇蠡塘路114号　邮编：215122

## 启东市兴辉机械厂

启东市兴辉机械厂成立于1995年，主要从事人造板机械的生产与销售。“以质量求生存，以信誉求发展”，热忱欢迎广大客户来电来人洽谈业务，共同合作！

电话：0513-83250307　83660077　83660566
联系人：蒋辉　13906283113
地址：江苏省南通市启东市城东工业区　邮编：226200

## 苏州工业园区鹏威精密机械有限公司相城分公司

苏州工业园区鹏威精密机械有限公司相城分公司是一家专业从事开发、设计、制造模具，机械产品，非标设备的厂家。我们以质量求生存，以服务求发展，创新拼搏，持续改进；以可靠的质量优质的技术和完善的售后服务，迎接广大新老客户。

联系人：严雪峰
电话：13912611980　0512-65406663
地址：江苏省苏州市相城区渭塘镇凤凰村泾村委会对面
邮编：215134

## 苏州汉升精密机械有限公司

苏州汉升精密机械有限公司成立于2003年，专业从事机械设备制造和零部件的加工及销售。我公司秉承“质量第一，客户至上”的原则，竭诚为您提供最优质的产品，欢迎您的来电！

联系人：张俊

电话：0512-66367099、13451558318 传真：0512-66368121

地址：江苏省苏州市吴中区胥口镇孙武路300号4栋 邮编：215000

## 苏州晟英空压系统设备有限公司

苏州晟英空压系统设备有限公司成立于2006年，本公司是一家专业从事空压机整机、后处理及配件的销售和服务的企业。同时我公司还承担着对各种螺杆式空气压缩机，储气罐，冷冻式干燥机，冷干机，吸附式干燥机，吸干机，精密过滤器，压缩机油，压缩机滤芯，各种品牌精密过滤器滤芯，自动排水器，电子排水器的售后维修工作。本公司是柳州富达空压机（隶属阿特拉斯空压配件集团）的苏州总代理。主营产品：空压机专用油、富达空压机配件、空压机油、阿特拉斯空压机。苏州晟英空压系统设备有限公司本着“以人为本、诚信合作、客户至上、服务第一”的宗旨。不断自我创新的改革精神。努力为各界朋友提供高效优质的产品与服务。

联系人：王以明

电话：0512-82122960 传真：0512-82122959

www.szsyky.com 地址：江苏省苏州市吴中区吴中商城12幢B09 邮编：215000

## 苏州华阳纺织机械有限公司

苏州华阳纺织机械有限公司成立于2005年，本公司专业生产、销售纺织机械。主要产品有棉纺机、二手纺机设备。

本公司宗旨：密切关注顾客要求，持续寻求产品改进，创新科学管理，引进先进技术，生产一流产品，提供优质服务。热忱欢迎国内外客商联系洽谈业务！

联系人：翁建伟 13506133577 传真：0512-66313022

电话：0512-66313022 电子邮件：jianweiweng@yahoo.cn

地址：江苏省苏州市吴中区胥口镇灵山路23号（胥江工业园） 邮编：215101

## 苏州市贝尔不锈钢紧固件有限公司

苏州市贝尔不锈钢紧固件有限公司成立于2006年，专业生产不锈钢外六角、内六角、沉头内六角、半圆头内六角、机械螺钉、自攻螺钉、螺母、弹垫、马车螺钉等产品。我厂已通GB/T19001-2000--ISO9001：2000质量管理体系认证。产品销往全国各地省、市、自治区。我公司愿意竭诚为用户加工订制各种不锈钢非标件。为用户提供齐全的产品，做好一站式服务，一直是贝尔努力追求的目标。

联系人：朱德明 网址：www.szbeier.com

电话：0512-66161653 66161645 传真：0512-66161652

地址：江苏省苏州市高新区文昌路18号 邮编：215000

## 蘇州佳宏精密五金有限公司

苏州佳宏精密五金有限公司成立于1994年，本公司专业从事热处理、电镀。公司位于中国江苏苏州市苏州市吴中区甪直镇淞浦村东关工业坊。

苏州佳宏精密五金有限公司本着“客户第一，诚信至上”的原则，与多家企业建立了长期的合作关系。热忱欢迎各界朋友前来参观、考察、洽谈业务。

联系人：石东阳 13285191229

电话：0512-66027819 66027818

电子邮件：jiahongjingmiwujin@163.com

地址：江苏省苏州市吴中区甪直镇淞浦村（东关工业区） 邮编：215000

## 苏州市沧浪区齐心机械加工厂

本公司成立于2007年，主要经营精密机械加工，制造，主要产品有各类非标法兰，阀杆。以质量服务第一的宗旨，为广大新老客户提供满意的产品。

联系人：丁永焕

电话：0512-68555019、15862486855 传真：0512-68555019

地址：江苏省苏州市胥江路235号 邮编：215002

## 蘇州凱悦精密五金有限公司

苏州凯悦精密五金有限公司成立于2006年，位于江苏苏州市吴中区，本公司专业生产精密五金配件。

公司秉承“顾客至上，锐意进取”的经营理念，坚持“客户第一”的原则为广大客户提供优质的服务。欢迎惠顾！

联系人：沈春林 13584838418 传真：0512-65022623

电话：0512-65049551 邮编：215127

地址：江苏省苏州市吴中区甪直镇淞浦村宝强南路

## 苏州市昊源精密模具有限公司

本公司主要生产加工销售：模具、五金治具，主要产品有模具、五金治具，冲压件、线切割加工。我们一贯坚持"质量第一,客户至上"的服务宗旨。

联系人：程春苗 电话：0512-65683577、65687177、13776016209

传真：0512-65687177 邮箱：hyjmmj@vip.163.com

地址：江苏省苏州市吴中经济开发区兴南路8号 邮编：215000

## 苏州龙源电气设备厂

本厂主要生产制造销售电气设备及成套装置，主要产品有箱变，高、低压开关成套设备及“三箱”类产品。

公司以“质量第一、安全第一、以人为本”为己任，本着“以市场为导向、以科技为动力”的宗旨，为你服务。

联系人：顾文明 13706218099

电话/传真：0512-66657675 68050296

电子邮件：szlongyuan@126.com

邮编：215011

地址：江苏省苏州市新区华枫路68号

## 苏州市金洪五金塑料机械配件厂

苏州市金洪五金塑料机械配件厂成立于1992年，至今已走过十七个春秋，我厂主要加工销售五金，塑料制品，纺机配件，塑料成品加工。

我们的服务宗旨是“品质第一，客户至上”，我们的经营理念是提供极具吸引力高质量服务与产品，以满足市场上最高质量水平为目标，站在顾客的立场上确保质量！

电话：0512-65390854 66712749

联系人：张金法 13962106986 传真：0512-65390854

地址：江苏省苏州市浒墅关香桥新村37号4-5 邮编：215151

## 苏州市胜能弹簧五金制品有限公司

本公司成立于1998年，主要经营设计、生产、制造、销售五金冲压件，弹簧，主要产品有五金冲压件、弹簧。

公司本着：质量第一，客户至上的宗旨，不断开拓创新，加强管理，以优质服务、上乘的质量和优质的产品服务于新老客户。

联系人：陆文荣 13906132833
电话/传真：0512-68230288 68133617
网址：www.shengneng.com
电子邮件：shengneng@shengneng.com
邮编：215011
地址：江苏省苏州市高新区狮山工业园黄浦街6号

## 苏州市依莱特机电有限公司

苏州市依莱特机电有限公司专业生产、销售电线电缆，照明器材，开关面板等机电产品。

“以质量求生存，以信誉求发展”是我们始终贯彻的理念，欢迎新老客户光临惠顾！

电话：0512-68121316
联系人：过杰 13338706938
地址：江苏省苏州市南环西路润达新村21-3　　邮编：215007

## 苏州市斯特瑞沃精密铸造汽车部件有限公司

本公司成立于2005年，主要经营不锈钢精密铸造出口。

公司一贯遵循“客户至上，至善至美”之经营理念，致力于为客户提供迅速，周到的服务。

电话：0512-82124882 13806206385
联系人：徐越
地址：江苏省苏州市木渎镇木东路398号
邮编：215101

## 苏州新联机械设备有限公司

苏州新联机械设备有限公司位于苏州市相城区东桥镇爱民路，自成立以来专业从事机械设备、五金配件。苏州新联机械设备有限公司将秉持“以诚相待、以信为本、以优取胜”的经营理念，“以科技求发展、以质量求生存”的质量方针。“真诚互沟通、服务无止境”的服务精神，把最好的、高效的、可持续发展的包装自动化产品和方案提供给广大客户。

联系人：徐春华
电话：0512-66163666
传真：0512-66163666
邮编：215000
地址：江苏省苏州市相城区东桥镇爱民路6号

## 蘇州市同新模具廠

本公司成立于2004年，主要经营模具的加工销售，有铝型材挤压模具。

公司以“求实创新”为理念以“顾客满意是我们最高荣誉”为宗旨，竭诚为广大客户服务！

联系人：王福明 13806212256
电话/传真：0512-65763746 65781127
地址：江苏省苏州市相城区元和镇众泾村　　邮编：215131

## 苏州耀邦机电设备有限公司

苏州耀邦机电设备有限公司成立于2005年，本公司专业从事机电设备、五金刀具。我公司一直以最大程度地满足客户的需求为宗旨，为广大客户提供一条龙服务。

聯系人：邱唯一

电话：0512-68051628、68051638　　传真：0512-68051638
地址：江苏省苏州高新区滨河路588号4B48　　邮编：215000

## 苏州市相城区渭塘金属压铸厂

苏州市相城区渭塘金属压铸厂于1985年创立，已通过了ISO9001质量管理体系，专业生产铝压铸件、锌压铸件及冲压件等，为汽车行业家电行业及电动工具提供配套产品。

我们秉承“信誉第一，客户至上”的原则竭诚为您服务！

联系人：徐坤元 13862080521　　电话：0512-65401165 65900118
电子邮件：wtdc@pub.sz.jsinfo.net　　传真：0512-65402876
地址：江苏省苏州市渭塘骑河村　　邮编：215134

## 宿迁世文工程机械有限公司

宿迁世文工程机械有限公司成立于1998年，本公司专业从事生产工程机械配件、建筑机械工具。

我们将以优质的产品质量，合理的价格，完善、及时的售前售后服务，竭诚为您提供最佳的服务！

联系人：李世文
邮编：223800
电话：0527-84559258 88108708 13625251333
地址：江苏省宿迁市蔡集镇黄安工业园区

## 苏州市新诚五金机械厂

苏州市新诚五金机械厂成立于2007年，以机械加工为主。公司秉承“顾客至上，锐意进取”的经营理念，坚持“客户第一”的原则为广大客户提供优质的服务。欢迎广大客户惠顾！

联系人：龚建新
电话：0512-66028559　　手机：13812660382
地址：江苏省苏州市工业园区莲花新村二区19幢301室　　邮编：215002

## 太仓市共和冲压件厂

太仓市共和冲压件厂成立于1995年，本厂主要生产各类规格的冲压件、汽车零部件、空调零部件、热板加工、不锈钢板材、电焊、冷板、镀锌板等产品，是一家集模具开发及制造，到生产出最终产品的私营独资企业。

厂拥有完整、科学的质量管理体系，我们以诚信、实力和产品质量获得业界的认可。欢迎各界朋友莅临太仓市共和冲压件厂参观、指导和业务洽谈。

电话：0512-53414778
联系人：蔡小龙　　传真：0512-53410285
邮编：215400
地址：江苏省太仓市双凤镇新湖新闻村

## 无锡瑞昌精密铸造有限公司

无锡瑞昌精密铸造有限公司成立于2006年，无锡瑞昌精密铸造有限公司位于江阴市顾山镇锡张路。本公司专业从事涡轮和叶轮。无锡瑞昌精密铸造有限公司严格恪守“质量第一、客户至上”的宗旨，视质量为企业的生命，替客户着想、为客户解难、听客户意见、让客户满意。我们愿以上乘的质量、优质的服务、合理的价格、最佳的信誉和准确的交货时间与国内外广大客户建立业务关系；以更高的产品质量，更优的售前、售中、售后服务奉献于国内外广大客户。

联系人：张云飞
电话：0510-86326823　传真：0510-86326823
地址：江苏省江阴市顾山镇锡张路88号　邮编：214400

## 无锡市胜成模具钢经营部

本公司成立于2007年，主要经营模具钢材料零售、批发，主要产品有Cr12、Cr12MoV、H13等模具材料。以忠诚的态度，诚信为本，服务更进、追求无止尽为服务宗旨。

联系人：冯加胜
电话：13376219283、13912390432、0510-88531256　传真：0510-88531256
地址：江苏省无锡市安镇镇锡沪路粮站路路口　邮编：214105

## 无锡市超然商贸有限公司

无锡市超然商贸有限公司2005年，本公司主要经营磨料磨具、电动工具销售。本公司秉承“顾客至上，锐意进取”的经营理念，坚持“客户第一”的原则为广大客户提供优质的服务。欢迎惠顾！

联系人：高纪芳
电话：0510-83100174　13812526916
传真：0510-83151948　邮编：214000
地址：江苏省无锡市锡城路257号-2-7

## 无锡市晟斐机械设备制造有限公司

本公司成立于1996年，主要制造各类铜管、铝管、黑色金属生产设备，主要产品有半自动多工位拉管机；铜铝切割机；半自动液压切割机；冷拔拉管机；扁管机；简易拉管机；液压缩头机；扁管切割机；换热器用管设备；铝棒铸造机；铜管大螺纹机；试压机；校直机（矫直机）；铜铝内外螺纹机；扁管机成套设备；自动刷毛机；打头机；铜铝外螺纹机。

欢迎您的光临！

联系人：庄维成
13806198321

电话/传真：0510-85616321　85600000　85606090
邮编：214131
地址：江苏省无锡市大通路507号

## 无锡市大唐干燥设备厂

无锡市大唐干燥设备厂是一家专业从事喷雾干燥设计及制造厂家。本厂以科研为先导，在以前干燥技术的基础上，同国内多家科研院所密切合作，自行研制、博采众长、开拓创新、开发生产各种类型的喷雾干燥设备，主要涉及化工、医药、食品、陶瓷、生化、造纸环保等几十个行业。通过正确的计量、严格的质量保证体系，以及一流的售后服务，确保“质量第一、诚信第一、服务第一、客户第一”的经营宗旨成为现实。无锡市大唐干燥设备厂，热忱欢迎广大客户莅临指导，并不断为满足客户对现代化干燥设备的需求竭诚服务。

联系人：唐逸平　13906188438
电话：0510-83582259
网址：www.wxdtgz.cn　电子邮件：dtgz[illegible]126.com
地址：江苏省无锡市惠山区前洲镇堰玉西路1008号　邮编：214181

## 无锡市新宇模具材料厂

无锡市新宇模具材料厂自成立以来，专业从事模具材料的分割加工；模具及模具配件的制造、加工；锻件、锻坯的销售。

本厂本着“客户第一，诚信至上”的原则，与多家企业建立了长期的合作关系。热忱欢迎各界朋友前来参观、考察、洽谈业务。

联系人：孙冠军
电话：0510-83503773
地址：江苏省无锡市堰桥镇西漳25路　邮编：214000

## DS 德生化工 无锡市德生化工设备厂

无锡市德生化工设备厂创建于一九七二年，是生物、化工、制药设备及配套金属结构产品制造的专业工厂。公司以现代科学管理为先行，产品质量为前提，科学进步为导向，科技人才为根本，优良的售后服务为天职，不断开拓市场。我们热忱欢迎海内外各界人士、朋友前来洽谈、合作，共图发展，携手共创辉煌的明天。

电话：0510-85180079　85190396　13951518576　联系人：郁德生　邮编：214125
地址：江苏省无锡市滨湖区太湖镇板桥村工业园　网址：www.dshgsb.com

## 无锡中安工程设备制造有限公司

本公司成立于2003年，主要经营给排水设备，水工机械，主要产品有无负压供水设备。公司秉承适应第一、服务第一、质量取胜的宗旨。

联系人：张挺　网址：www.wxzhongan.com
电话：0510-83071990、83071989、13961803661　传真：0510-83071989
地址：江苏省无锡市江海西路金山北工业园B区10号　邮编：214037

## 无锡市力丰电机制造有限公司

无锡市力丰电机制造有限公司成立于2007年，本公司专业生产Y、Y2、YVP、YEJ、YD等非标电机。

公司本着“以质量求生存，以诚信赢顾客，以品质创市场，以市场求发展”的企业发展方针，取得了快速、稳定的发展。

热忱欢迎中外企业界朋友、客商前来考察指导，洽谈业务。

电话：0510-83569080　联系人：金建福　网址：www.wxlifeng.cn
传真：0510-83568730　电子邮件：wxlifeng123@163.com
地址：江苏省无锡市洛社镇杨市勤余村58号　邮编：214000

## 吴江市金鑫冷暖設備制造有限公司

本公司成立于1996年，主要经营冷却设备。

诚信服务为本，心系您的冷暖！我们将竭诚为您提供良好的服务，欢迎您的到来！

联系人：金兴才
13862527533

电话：0512-63661852
邮编：215200
地址：江苏省吴江市平望镇平西新运河大桥西堍

## 吴江市松陵镇八坼佳旺塑胶模具厂

本公司成立于2005年，主要经营塑胶模具制作、加工，塑胶产品成型。

我们本着“一流品质，合理价格，诚信为本”的经营理念，为您服务。

電話/傳真：0512-63363965
郵編：215200
地址：江蘇省吳江市松陵鎮八坼服務區
联系人：石社文 13606259319

## 兴化市振威机械配件厂

本厂主要经营螺丝。

我们本着顾客至上、诚信为先的服务宗旨，极力打造成行业内最具知名度的企业，竭诚为您服务，欢迎广大新老客户光临。

联系人：刘凤玉 13801479335 电话：0523-83556899
地址：江苏省兴化市安丰镇黄庄村 邮编：225700

## 吴江市松陵镇一品精密机械厂

本公司成立于2006年，主要经营专用机械设备，高精密自动化设备，精密机械零配件设计制造。坚持“质量第一，信誉至上”的宗旨，真诚的服务于顾客。

联系人：欧阳儒友 电子邮件：yipin_168@vip.163.com
电话：0512-63032206、63032205、13584283098 传真：0512-63032205
地址：江苏省吴江市经济开发区二二七复线西侧长龙电器厂内 邮编：215200

## 徐州市三和机械零部件有限公司

徐州市三和机械零部件有限公司成立于2006年，本公司专业从事生产机械零部件、液压配件、锻压加工及各种机械加工。主要有导向套、法兰、活塞、杆头、缸底、缸头。

公司信守：以诚为本，以质为命的企业宗旨，以优质的产品，一流的服务，与国内外客户精诚合作。

徐州三和
XUZHOU SANHE
机械零部件有限公司
MACHINE FITTINGS CO LTD

联系人：戴杰
电话：0516-87122000 87122333 传真：0516-87122333
地址：江苏省徐州市贾汪区青山泉镇马庄村 邮编：221000

## 吴江市天塑机械有限公司

吴江市天塑机械有限公司成立于2003年，专业从事各种规格塑料挤出机螺杆、机筒的生产、销售，产品皆采用优质材料，耐腐耐磨性能好，我公司秉承“信誉为本、质量第一”的原则，期待与您携手并进！

联系人：周建忠
电话：0512-63690181 传真：0512-63691181
地址：江苏省苏州市吴江市横扇镇针纺织园域水路228号
邮编：215224

## 徐州市盛豪机械配件加工有限公司

徐州市盛豪机械配件加工有限公司是以铸造、机械加工为一体的生产加工模式，主要产品有：柴油机大瓦盖、各种铸件等。

欢迎您的光临，我们将竭诚为您服务！

联系人：王爱杰
电话：0516-83182198 13505206213
地址：江苏省徐州市铜山县张集镇李村4组 邮编：221114

## 鑫磊機械廠

鑫磊机械厂成立于2000年，是铸造机械行业金属表面清理成套设备，工程方案设计和技术服务的专业生产厂家之一。主要产品有：Q31、Q32、Q35、Q36、Q37、LQ系列抛丸清理机、S11、S12系列混砂机等。

企业本着“以人为本，共创未来”的企业理念；遵循“以科技保证品质、以服务赢得信赖”的宗旨；信奉“诚信、团结、拼搏、求实、开拓创新”的企业精神。

联系人：陈玉智
电话：0515-83752737 13905112488
地址：江苏省盐城大丰市西团镇大龙工业园区 邮编：224000

## 盐城华达液控设备有限公司

盐城华达液控设备有限公司成立于2005年，专业从事气动，液压控制系统设备的设计、生产及销售为一体专业型公司。公司的主导产品有："节流管汇控制箱"系列、"作业防喷器液控台"系列、"泵冲计数器"、"远程控制台压力变送器"等。高品质的产品，专业化的技术支持，热情周到的服务，良好的信誉使我们赢得了众多客户。公司本着“诚信、专业、品质、创新”的宗旨，继续为广大客户提供优质的产品、合理的价格、完善的服务而不懈努力！

联系人：廉青本 13815548718
电话：0515-86313723 传真：0515-86313723
网址：www.ychdyk.com 电子邮件：lgb@ychdyk.com
地址：江苏省盐城市建湖县建阳镇建阳路18号 邮编：224751

## 兴化市晨鑫电炉修造厂

本公司主要经营电窑炉制造、工矿机械配件，铸钢配件，电窑炉，机械安装，修造，高温耐火材料，主要产品有电阻带，五金电器销售。质量第一，用户至上，欢迎您选购。

联系人：张文美
电话：0523-83801191、13961075539 传真：0523-83801191
地址：江苏省兴化市合陈镇工业园区东路 邮编：225743

## 盐城市标丽喷丝板厂

以诚交友、以质赢友、以信交友、全新的思想、全新的管理、全新的产品、全新的营销、

联系人：潘仁汉
电话：0515-88417077、13905104573
传真：0515-88439101
网址：www.ycbiaoli.com
电子邮件：bl@ycbiaoli.com
地址：江苏省盐城市世纪大道188号 邮编：224055

## 盐城市和欣化工机械有限公司

盐城市和欣化工机械有限公司成立于1976年，是专业从事化工机械设备、压力容器、化工机械配件和石油机械设备及配件生产销售的资深企业。

我们的方针：用一流的管理，确保产品质量。用先进的设备和高超的工艺，提高产品质量。"诚信、创新、守信"是我们的经营理念。顾客永远满意是我们的服务理念。欢迎您的来电！

联系人：彭文海　13327983131
电话：0515－88904426
传真：0515－88550870
邮编：224003
地址：江苏省盐城市人民北路83号

## 扬中市红日磨具有限公司

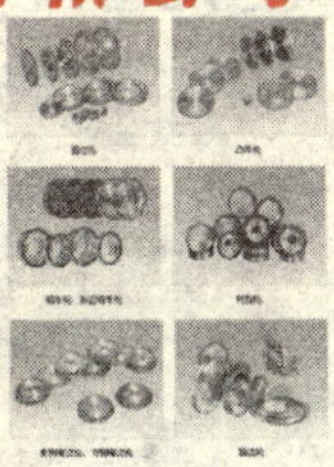

扬中市红日磨具有限公司创办于九十年代中期，过多年的发展，生产的青铜结合剂，树脂结合剂，橡胶结合剂三大系列磨轮，已成为玻璃斜边机，直边机，异形机，钻孔机及手工磨机等深加工机械的最佳搭配。

产品品种规格齐全，涵盖玻璃深加工各道工序，质量已达国内先进水平。您的满足是我们不懈的追求。

联系人：施瑞凤　13705292371
电话：0511－88553305　传真：0511－88553405
网址：www.yzhrmj.cn　电子邮件：114669845@qq.com
地址：江苏省扬中市八桥镇利民村东15组

## 盐城市华东制鞋机械有限公司

www.zghdjx.com

盐城市华东制鞋机械有限公司成立于2004年，现已形成裁断、片削、制邦、揎平、烫印、压合、复合、流水线等8大系列产品，主导产品大吨位全自动精密裁断机、下料机，卷材设备和冲裁设备规格齐全，产品质量过硬，值得信赖，热忱欢迎您的来电！

联系人：朱东华　手机：13770018666
电话：0515-88808666　传真：0515-88853866
地址：江苏省盐城市盐都区大冈镇冶金工业园区　邮编：224000

## 扬中市兴达仪表阀门厂

本公司成立与1998年，主要经营仪表管阀件、电器配件、塑料制品、玻璃钢制品、桥架、母线、防爆产品，主要产品有高中压仪表阀门、高压管接头、液压管接头、截止阀、三阀组、自控管路连接件、高压球阀、切换阀等。

欢迎您的光临！

地址：江苏省扬中市油坊镇长旺积善村
电话：0511－88521779　88525988
传真：0511－88527988
邮编：212216

聯系人：藏桂根　13905285207
网址：www.js-xd.com
電子郵件：xinda@js-xd.com

## 盐城市金鸿牧业有限公司

盐城市金鸿牧业有限公司成立于2000年，本公司主要经营长年经营各种品牌、各种型号弥雾机、喷雾器及其配件。金鸿公司人庄严宣告：我们依然以人为本、以诚为基、以信取誉、以真求实，大踏步地超越自我，创造更优秀的产品，与畜牧业同仁共创辉煌！

联系人：董全宏
电话：0515-88530016　88530526　13814381316　邮编：224054
地址：江苏省盐城市亭湖区

## 扬中市王杰特种密封件厂

我公司成立于2006年，现有工人50多名，技术人员10名，各种机器20余台。主要经营各种橡胶制品、尼龙、四氟制品、聚甲，出口产品有大小密封圈。

我公司本着"客户第一，诚信至上"的原则，与多家企业建立了长期的合作关系。热忱欢迎各界朋友前来参观、考察、洽谈业务。

联系人：蔡孝玉　13921568013
电话：0511－88550087
传真：0511－88530919
电子邮件：caixiaowu.66313@163.com
邮编：212218
地址：江苏省扬中市油坊镇太平村

## 盐城市康玉化纤电器制造厂

本厂成立于2004年，主要经营电加热器和化纤清洗设备。以诚交友、以质赢友、以信招友，是我们一贯的作风，我们愿以全新的思维，全新的产品，全新的宗旨，与更多的客户建立长期合作关系。

联系人：吕根华
电话：0515-88661850　13905106776　http://kyjx.fibreinfo.cn
传真：0515-88667776　地址：江苏省盐城市义丰镇鹏程路

## 扬州市宝应县范水东风农机销售部

本公司成立于2002年，主要经营农用机械及配件销售，有久保田系列收割机、沃得牌系列收割机、常柴牌系列柴油机、东风牌迎丰牌手扶拖拉机、福田雷沃欧豹、东方红、上海纽荷兰等中型拖拉机以及各类配套农机具。

我们本着全心全意为人民服务的宗旨，勇于创新，热情服务。

联系人：陈国良　13921919519　13013723861
电话：0514－88427725　88425064　传真：0514－88427725
地址：江苏省扬州市宝应县范水运河北路46号　邮编：225819

## 盐城市盐都区永翔机械制造厂

本公司成立于2000年。
主要经营机械加工、水泵、联轴器。
以人为本、脚踏实地、求实存真、与时俱进、客户至上、奉献社会。

联系人：李勇　15961940370
电话：0515－88500370　传真：0515－880[illegible]
地址：江苏省盐城市盐城区东仓路东升创业园　邮编：[illegible]

## 扬州市新天河绳业有限公司

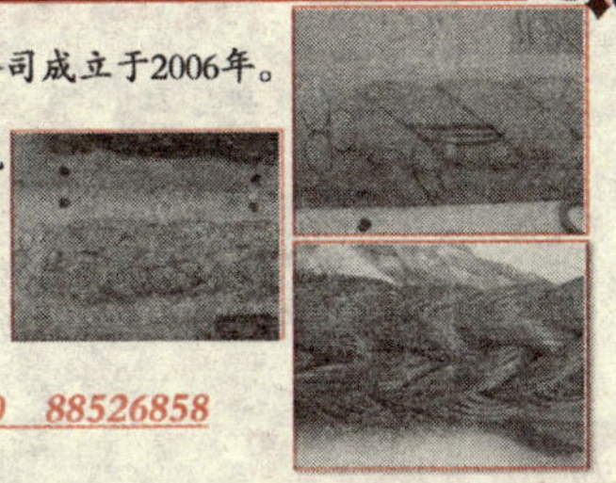

扬州市新天河绳业有限公司成立于2006年。主营绳，网制造等。

公司秉承"顾客至上，锐意进取"的经营理念，坚持"客户第一"的原则为广大客户提供优质的服务。

欢迎惠顾！

电话：0514-88526870　88526858
联系人：吴立洪　13064982656　电子邮件：yzxth8526870@163.com
地址：江苏省扬州市宝应县射阳湖镇工业集中区　邮编：225814

## 浙江省/Zhejiang Province

### 余姚市双周五金机械厂

业务：集科研开发、生产经营为一体，以生产摩擦焊机为主的厂家。我们将以先进的设备、成熟的技术、优惠的价格、优质的产品为客户提供真诚服务

产品：摩擦焊机

地址：浙江省余姚市丈亭镇凤东村周家山南区21号

负责人：周思均

法　人：周思均

Tel：0574－62992250

网址：www.yyszwj.cn

E-mail：shuangzhou@yyszwj.cn

### 慈溪市长河长龙线切割加工店

业务：模具线切割加工

地址：浙江省慈溪市长河镇大牌头村倪家舍头9号

负责人：冯金金　邮　编：315300

法　人：冯金金

Tel：0574－63419962
15967844180

### 慈溪市崇寿百惠五金配件厂

业务：五金加工、制造、销售

产品：瓶阀，汽车配件，小五金

地址：浙江省慈溪市崇寿镇健民村同兴片182号

负责人：陈信惠　邮　编：315300

法　人：陈信惠

Tel：13706747702
0574－63292701

Fax：0574－63292701

### 悦风精密模具

业务：专业从事精密模具加工制造，本厂生产设备精良，技术力量雄厚，产品质量诚信，精益求精，我们以专业的品质、优质的服务，真诚期待与您合作！

产品：各类精密连续冲压模（级进模）

地址：浙江省慈溪市长河镇芦庵公路216号

负责人：陈东风　邮　编：315326

法　人：陈东风

Tel：0574－63405585
13777263213

网址：yfjmmj.51.com

E-mail：dcmjd@sina.com

### 慈溪市崇寿申涨五金配件厂

业务：生产五金配件

地址：浙江省慈溪市崇寿镇相公殿村

负责人：奕申涨　邮　编：315300

法　人：奕申涨

Tel：13454742307

### 慈溪市附海迪锋五金配件厂

业务：五金配件加工

地址：浙江省慈溪市附海镇东港村四百路129号

负责人：方迪锋　邮　编：315300

法　人：方迪锋

Tel：13957459880
0574－63561906

### 慈溪市观海卫腾日五金配件厂

业务：五金配件生产加工

地址：浙江省慈溪市观海卫镇上横街村大通桥北河沿2号

负责人：陆冉淑　邮　编：315000

法　人：陆冉淑

Tel：13567415487
0574－63606063

**杭州宏凌塑胶五金有限公司**
地址：浙江省杭州市滨江区浦沿街道大浦路52号
负责人：凌焕彤
Tel：0571－86618075

**慈溪市奥通五金配件厂（普通合伙）**
业务：家具五金、机械五金配件、小家电生产
产品：各类家具五金、仪表、机械五金、电器配件、小家电生产
地址：浙江省慈溪市附海镇东海村韩家路南184号
负责人：王聪年 邮编：315332
法人：王聪年
Tel：0574－63568696
Fax：0574－23698216

**杭州沁源建筑机械有限公司**
地址：浙江省杭州市滨江区浦沿街道山二村
负责人：周立祥
Tel：13805714417

**杰挺电器厂**
业务：模具制造及注塑产品加工
地址：浙江省慈溪市横河工业园区横彭公路30号
负责人：胡建挺 邮编：315318
法人：胡建挺
Tel：0574－63978908
Fax：0574－63805333

**慈溪市横河西朱金属制品厂**
业务：金属制品加工
地址：浙江省慈溪市横河镇秦堰村西朱4号
负责人：孙项君 邮编：315000
法人：孙项君
Tel：0574－63268679

**慈溪市横河振宇弹簧厂**
业务：弹簧、电感线圈加工、销售
产品：电感线圈
地址：浙江省慈溪市横河镇孙家境村
负责人：黄其浩 邮编：315000
Tel：0574－63264466
13003764427

**慈溪市鸿翱阀门配件厂**
业务：专业从事阀门配件、金属制品制造、加工，本厂具有一定的产品设计开发能力，拥有高效的生产设备，完善的检测设施，优良的产品质量，我们将以真诚的服务与您共同协作。
产品：中央空调电动二通阀、电动执行器、混控器
地址：浙江省慈溪市横河镇童吞村
负责人：余良丰 邮编：315300
法人：余良丰
Tel：0574－62611168
13780022528
Fax：0574－62611168
网址：http://hacontrols.cn.alibaba.com
E-mail：hacontrols@alibaba.com.cn

**长兴卫星机械设备有限公司**
业务：本公司是国内较早致力于金属（非金属）零件表面抛整新技术、新材料、新设备的研制、开发、生产和推广的专业厂家。本公司集机械制造与化工助剂生产于一体，产品现有抛丸清理机、研磨机、PU聚氨脂制品、磨料抛丸粒、磨液光亮剂等五大系列100多个品种。
地址：浙江省长兴县洪桥镇工业区
邮编：313106
法人：卫建平
Tel：0572－6268444
Fax：0572－6268833

**慈溪市锦越轴承有限公司**
业务：生产轴承
地址：浙江省慈溪市横河镇乌玉桥村
负责人：龚洪锋 邮编：315000
法人：龚洪锋
Tel：13606740315
0574－63264838

**慈溪市新浦士能五金厂**
业务：五金加工
地址：浙江省慈溪市新浦镇六塘南村六塘西路190号
负责人：应士能 邮编：315300
法人：应士能
Tel：0574－63588071

**慈溪市掌起群佳五金厂**
业务：凉冲件
地址：浙江省慈溪市掌起镇陈家村永林路49号
负责人：毛国其 邮编：315000
法人：毛国其
Tel：0574－63743035
13958262987

**慈溪市掌起奇峰五金配件厂**
业务：生产与销售电子连接器
地址：浙江省慈溪市掌起镇戎家村慈洋路58号
负责人：戎奇峰 邮编：315313
法人：戎奇峰
Tel：0574－63749338
63741414

**杭州力得工具制造有限公司**
地址：浙江省杭州市滨江区浦沿街道杨家墩村
负责人：韩重洋
Tel：0571－66612470

**慈溪市掌起鹍鹏五金配件厂**
业务：汽车配件，五金配件，承揽金属五金配件订单
地址：浙江省慈溪市掌起镇五姓点村淞浦路14号
负责人：张鹍鹏 邮编：315000
法人：张鹍鹏
Tel：0574－63703446

**慈溪市周巷周庆五金配件厂**
业务：铁皮周转箱生产销售
地址：浙江省慈溪市周巷镇长胜市村段头湾16号
负责人：周庆 邮编：315000
法人：周庆
Tel：0574－63490303

**慈溪市周巷源灏模具配件加工店**
业务：模具配件加工
地址：浙江省慈溪市周巷镇大古塘村大路陈82号
负责人：方先生 邮编：315000
法人：方炜
Tel：13566618260
15858483291

**慈溪市周巷汇星五金配件厂**
业务：五金配件制造、加工、销售
产品：冲棒
地址：浙江省慈溪市周巷镇潮塘新村潮塘中路36号
负责人：陈泽君 邮编：315300
法人：陈泽君
Tel：15857449180
0574－63319630
Fax：0574－63319630

**杭州飞驰汽轮机叶片有限公司**
地址：浙江省杭州市滨江区西兴街道北塘路北南厂房
负责人：来国炎
Tel：0571－66681395

**慈溪市周巷超拓电焊工具厂**
业务：电焊工具生产销售
地址：浙江省慈溪市周巷镇兴业北路485号（康达酒店旁）
负责人：许铄光 邮编：315324
法人：许铄光
Tel：0574－63309879

**慈溪市宗汉东跃模具厂**
业务：集设计、研发、制造为一体，专业从事硬质合金模具制造加工，对外承揽加工制作业务。我们秉承诚实、守信、专业、共赢的经营理念竭诚为您服务。
产品：钨钢模具、压铸模具、冲压模具等
地址：浙江省慈溪市宗汉大道69号
负责人：褚开平 邮编：315301
法人：褚开平
Tel：0574－63215332
13003755282
Fax：0574－63215332

**慈溪市宗汉日驰五金配件厂**
业务：五金配件的生产，加工，销售
地址：浙江省慈溪市宗汉街道新界村
负责人：孙旦
法人：孙旦
Tel：0574－63228029

**东阳市宝光机械设备有限公司**
业务：根据客户需要设计、制造各类非标准自动化专业设备及生产线，压缩机内专用设备，自动化设备、螺钉伺服拧紧机的生产和销售
产品：压缩机内专用设备、自动化设备、螺钉伺服拧紧机
地址：浙江省东阳市六石工业区
负责人：王桂跃 邮编：322104
法人：王桂跃
Tel：13735770261
13735775362
0579－86768066
Fax：0579－86768077
网址：wgy1013@163.com

**宁波华正轴承保持器有限公司**
业务：宁波华正轴承保持器有限公司是一家全自动生产轴承保持器的厂家，公司采用日本先进的生产工艺，保证产品的精度，是国内最大的微小型保持器的生产厂家之一。公司以"优质及时供货，确保顾客满意"为宗旨，诚信为本，共谋发展！
地址：浙江省宁波市慈溪市浒山新城大道721弄8号
邮编：315300
法人：黄华军
Tel：0574－63022909
Fax：0574－63022909

**奉化市浦发园林机械厂**
业务：冲件，园林工具配件，修枝机刀片，齿条等产品生产加工
地址：浙江省奉化市江口街道浦口王村后桥头
负责人：王旭 邮编：315000
法人：王旭
Tel：0574－88556942

**奉化市奔腾轴业厂**
业务：电机、电机轴、精密微型轴等
地址：浙江省奉化市岳林街道东郊开发区圆峰路48号
负责人：王峰宏 邮编：315500
法人：王峰宏
Tel：13506699090
0574－88969999
88900000
Fax：0574－88902555
网址：www.fhptzy.cn

**富阳鸿诚五金厂**
业务：五金配件加工、销售
地址：浙江省富阳市洞桥镇洞桥村卸坞里
负责人：朱鸿烈 邮编：311400
法人：朱鸿烈
Tel：13968169325
0571－63273681

**海宁诺森机械制造有限公司**
业务：机械制造
地址：浙江省海宁农业对外综合开发区中堤路8号
负责人：刘春梅 邮编：314000
法人：刘春梅
Tel：18957351888
0573－87961666

**富阳红良五金塑料厂**
地址：浙江省杭州市富阳市东洲街道张家村
负责人：张正良
Tel：13968182492

**海宁市海昌顺城空压机商行**
业务：螺杆式空气压缩机、活塞式空气压缩机配件零售及维修
地址：浙江省海宁市海昌街道文苑路399号百汇海隆广场E098号
负责人：沈云峰 邮编：314000
法人：沈云峰
Tel：0573－87395550

**海宁市黄湾镇大齐模具厂**
业务：拉丝模具、五金机械模具及各种非标模具
产品：各种硬质合金模具、拉管拉棒、冲压六角四方及各种非标异型模具，国产进口钻石模具、专业制作焊丝模具、高品衣晶、异形模具，拉丝模具
地址：浙江省海宁市黄湾镇尖山新村23组
负责人：张大淹 邮编：314400
法人：张运峰
Tel：0573－87953235
Fax：0573－87953235
E-mail：daqi_die@sina.com

**海宁市硖石迅达电机修理部**
业务：维修电动机、电动工具
地址：浙江省海宁市硖石街道南苑路46弄105室店面
负责人：贾炳奇 邮编：314400
法人：贾炳奇
Tel：13819370924

**富阳市东鑫压铸有限公司**
地址：浙江省杭州市富阳市富春街道东山路19号
负责人：申屠春民
Tel：0571－63357808

**海宁市许村益群农机经纪服务所**
业务：专业收购出售，农用车，拖拉机
地址：浙江省海宁市许村镇永福村24组1号
负责人：张相玉 邮编：314400
法人：张相玉
Tel：13511369938
0573－87721006

**海宁市盐官超完美冲压件厂**
业务：小五金配件
产品：箱包配件、门窗配件、锁具
地址：浙江省海宁市盐官镇郭店村22组11号
负责人：许超 邮编：314000
法人：许超
Tel：13511281799
0573－87680508
Fax：0573－87682242

**丰庆五金店**
业务：电动工具、五金类销售
地址：浙江省杭州市淳安县千岛湖镇新安北路39号3幢15号
负责人：方庆丰 邮编：311700
法人：方庆丰
Tel：0571－64831128
13456786206

**富阳市洞桥镇百盛五金厂**
业务：各类五金配件加工及销售
产品：各类五金配件
地址：浙江省杭州市富阳市洞桥镇洞桥村假山头
负责人：吴百荣 邮编：311400
法人：吴百荣
Tel：13968159567
15167171921

**宁波市江北三禾兴业物资有限公司**
业务：本公司成立于2006年，主要从事五金、机械配件批发、零售。产品质量保证，价格合理，热忱欢迎新老客户光临、惠顾！
地址：浙江省宁波市江北区洪塘工业区A区
负责人：彭艳军 邮编：315000
法人：彭艳军
Tel：0574－87632523
87635059

**富阳市万业五金交电有限公司**
地址：浙江省杭州市富阳市富春街道龙山路38号
负责人：屠华春
Tel：0571－63312622

**杭州市拱墅区巴杜水处理设备经营部**
业务：水处理设备销售
地址：浙江省杭州市拱墅区文一路5号405
负责人：傅潮瑞 邮编：310000
法人：傅潮瑞
Tel：13646853889
13606611903

**临安太阳承志牧业机械厂**
业务：生产养猪设备
地址：浙江省杭州市临安市太阳镇上太阳村上王家12号
负责人：王建钟 邮编：311314
法人：王建钟
Tel：13819460932
0571－63831214

**杭州南方机电市场立地建筑机电经营部**
业务：经营建筑机械配件
地址：浙江省杭州市沈半路201号杭州南方机电市场一区9通道5113号
负责人：翁仁侯 邮编：310026
法人：翁仁侯
Tel：13067983769
0571－88037095
85539064

**桐庐县桐君街道金木农机经营部**
业务：农业机械经营、维修
地址：浙江省杭州市桐君街道排门山下坞
负责人：吴金木 邮编：310026
法人：吴金木
Tel：0571－64225227

**杭州盘古五金有限公司**
业务：专业经营五金，机电设备，塑料制品，木制品，建材化工，钢材等，本着以市场为向导，以诚信谋发展的经营理念，赢得广大新老客户信赖
产品：沙发金属制品
地址：浙江省杭州市萧山区商业城机电商场8号楼8－9
负责人：陈亦忠 邮编：311200
法人：陈亦忠
Tel：0571－83075785
13868725586
Fax：0571－82989663
网址：www.51zzt.com/user/zzt27980
E-mail：hzpgwj@yeah.net

**慈溪市德合模具厂**
业务：本公司成立于2004年，拥有200多名员工。主要经营：集成线路板、塑料模具、小家电。
地址：浙江省慈溪市附海新城
邮　编：315332
法　人：岑焕尚
Tel：0574－63563858
Fax：0574－63564318

**桐庐县宏丰机械制造厂**
业务：集产品开发、生产、销售、服务于一体，专业制造拉丝机、调直机的企业，多品种多型号可供用户选择，质量可靠，价格低廉，售后服务及时，欢迎来人来函来电咨询选购！
产品：滑轮式、直进式、水箱式拉丝机，五金用钢筋调直机，切断机及辅助设备
地址：浙江省杭州市桐庐县富春江镇横山村庄头44号
负责人：徐中华　邮　编：311504
法　人：徐中华
Tel：0571－64654056
13396535178
Fax：0571－64654056
E-mail：xuzhonghua1025@163.com

**桐庐县钟山乡勇军五金店**
业务：销售五金
地址：浙江省杭州市桐庐县钟山村吴宅莱市场边
负责人：吴勇军　邮　编：310026
法　人：吴勇军
Tel：0571－64688911
13758234679

**杭州市下城区蒙星轴承商行**
业务：轴承批零
地址：浙江省杭州市下城区德胜中路443号
负责人：程一　邮　编：310026
法　人：程一
Tel：0571－85163510

**杭州古月机电设备有限公司**
业务：机电设备
地址：浙江省杭州市下城区善贤路3号3幢1层
负责人：胡惠民　邮　编：310026
法　人：胡惠民
Tel：13355781636
0571－85364989
Fax：0571－85364989

**富阳金秋工程机械配件有限公司**
地址：浙江省杭州市富阳市富春街道秋丰村
负责人：鲁建根
Tel：13567121688

**杭州长城机电市场永庆五金商行**
业务：主营建筑五金、小五金，批零兼营，品种繁多、种类齐全，价格优惠，品质保证，欢迎新老客户光临惠顾！
地址：浙江省杭州市下城区石桥路274号（杭州长城五金市场）营业房241、243号
负责人：张永庆　邮　编：310000
法　人：马东芳
Tel：0571－86949001

**杭州萧山庄氏五金机电经营部**
业务：销售磨料、模具、五金工具
地址：浙江省杭州市萧山区宁围镇杭州原野汽配五金市场19幢42、44号
负责人：庄虔团　邮　编：310000
法　人：庄虔团
Tel：0571－83711371

**杭州萧山宁围镇卫娟五金装潢店**
业务：五金百货
地址：浙江省杭州市萧山区宁围镇盈二市场内52号
负责人：吴建国　邮　编：311215
法　人：吴建国
Tel：13967128163
0571－82604601

**杭州萧山浦阳镇灿杰机械修理部**
业务：机械修理
地址：浙江省杭州市萧山区浦阳镇新河口村2组4号
负责人：谢灿杰　邮　编：310000
法　人：谢灿杰
Tel：13656679311
0571－82402246

**宁波市镇海尚志机械厂**
业务：宁波市镇海尚志机械厂成立于2000年，主要从事五金机械的生产、加工。我们本着"质量至上，诚信为本"的原则，欢迎各界人士来电、来函、来人洽谈业务，共同合作。
地址：浙江省宁波市镇海区骆驼街道尚志村
邮　编：315202
法　人：胡国光
Tel：0574－56213126
Fax：0574－86581312

**杭州萧山新塘超发起重设备店**
业务：单、双梁门式、桥式起重机，各种电动葫芦及起重配件，维修、保养、安装
地址：浙江省杭州市萧山区新塘街道行头村
负责人：徐发行　邮　编：311201
法　人：徐发行
Tel：13588252100
0571－22856099
Fax：0571－83719192

**杭州金忠祥五金建材有限公司**
业务：专业从事建筑材料、五金生产、加工、销售，公司秉承客户至上，质量第一、诚信为本的宗旨，以过硬的产品，热情的服务，受到广大用户的称赞与好评！
产品：各种国标，非标，规格直经3－38mm弹簧垫圈
地址：浙江省杭州市余杭区仁和镇栅庄桥村莫家门9号
负责人：金忠祥　邮　编：310000
法　人：金忠祥
Tel：13905819415
Fax：0571－86396197

**杭州余杭区仁和镇奥龙工程机械配件经营部**
业务：混凝土泵机租赁及配件的销售
地址：浙江省杭州市余杭区仁和镇东塘村王家塘组12号
负责人：詹昌林　邮　编：310026
法　人：詹昌林
Tel：0571－86300020
86300630
15267433395
网址：www.zjchanghong.com
E-mail：cl@zjchanghong.com

**安吉县锦程钢材有限公司**
业务：钢材、五金、竹木制品、塑料制品、水泥批发，零售。（说明：经营范围中涉及许可证的项目凭证经营）
地址：浙江省湖州市安吉县递铺镇天荒坪南路西侧28号
负责人：赵劲松　邮　编：313000
法　人：赵劲松
Tel：0572－5239326

**安吉县顺发缝纫设备商行**
业务：缝纫设备
地址：浙江省湖州市安吉县晓墅茶馆弄3号
负责人：邵培华　邮　编：313000
法　人：邵培华
Tel：0572－5099368

**长兴县东方电炉制造厂**
业务：电炉制造
地址：浙江省湖州市长兴县林城镇方中开发区
负责人：潘国良　邮　编：313000
法　人：潘国良
Tel：13355825000
0572－6877868
6878028
Fax：0572－6878028

**德清欧耐科涂装机械设备有限公司**
业务：静电粉末涂装机生产、研发、销售，脉冲阀、电子元器件、其它静电涂装设备及配件销售。（以上经营范围中涉及行政许可的项目，凭行政许可证件经营）
地址：浙江省湖州市德清县武康镇上柏村
负责人：孟凡国　邮　编：313000
法　人：孟凡国
Tel：0572－8329605
Fax：0572－8329860

**德清钟管广进配件商行**
业务：五金配件、电器配件零售
地址：浙江省湖州市德清县钟管镇环城南路206、208号
负责人：姚建刚　邮　编：313000
法　人：姚建刚
Tel：0572－8677353
13754222254

**富阳市金茂轴承有限公司**
地址：浙江省杭州市富阳市鹿山街道工业功能区（春安村）
负责人：沈金松
Tel：0571－63489577

**富阳保凤阀门经营部**
地址：浙江省杭州市富阳市富春街道文教西苑4幢202室
负责人：冯保凤
Tel：13968156956

**安吉天畅转椅配件厂**
业务：转椅配件的生产和销售
地址：浙江省湖州市递铺镇转椅市场1204号
负责人：黄绍平　邮　编：313000
法　人：黄绍平
Tel：13905820836
0572－5231620

**奥玛机械制造有限公司**
业务：来料加工
地址：浙江省湖州市开发区杨家埠镇
负责人：马新建　邮　编：313005
法　人：马中秀
Tel：0572－2350062
13706526780

**湖州双林明明机械刀具厂**
业务：机械刀具、模具
产品：剪板机刀片、折弯机模具、塑料机械刀具
地址：浙江省湖州市双林镇西新大桥南堍
负责人：张明明　邮　编：313012
法　人：张朝寨
Tel：0572－3621687
Fax：0572－3625750
网址：www.hzmmdj.com
E-mail：sales@hzmdj.com

**富阳三禾勘探设备有限公司**
地址：浙江省杭州市富阳市迎宾北路203号
负责人：王定富
Tel：0571－23225895

**南浔澳泰研磨设备厂**
业务：生产、销售抛光机
地址：浙江省湖州市双林镇西周家兜村
负责人：蔡新华　邮　编：313000
法　人：蔡新华
Tel：0572－3628027

**湖州织里凌培兴钥匙店**
业务：钥匙，开锁，配锁、锁配件
地址：浙江省湖州市织里镇人民路61号－3号
负责人：凌培兴　邮　编：313008
法　人：凌培兴
Tel：0572－7323580

**湖州织里新豪螺丝厂**
业务：五金配件
地址：浙江省湖州市织里镇汤溇村北1千米太湖边
负责人：顾建新　邮　编：313008
法　人：顾建新
Tel：15957218885
0572－3251595

**海宁市许村镇国华密封轴承配件厂**
业务：加工、制造密封轴承配件
地址：浙江省嘉兴市海宁市许村镇巷东村一组22号
负责人：许国平　邮　编：314000
法　人：许国平
Tel：0573－87900535
15967307077

**海宁市袁花镇星路太阳能热水器配件厂**
业务：不锈钢弹簧卡加工，制作
地址：浙江省嘉兴市海宁市袁花镇西村封马场13号
负责人：蒋振卫　邮　编：314000
法　人：蒋振卫
Tel：15067377073
13957355423
0573－87881547

**海盐奇异机械有限公司**
业务：机械制造、加工；钢结构制作、管道工程
地址：浙江省嘉兴市海盐武原镇大刘村（振宏标准件）
负责人：顾晓军　邮　编：314000
法　人：顾晓军
Tel：0573－86081660
13456330688
Fax：0573－86081550

**德利达铁艺厂**
业务：德利达铁艺厂成立于2001年，主要从事铁制工艺品，产品销往全国各地，部分产品销往国外。我厂具备很强的设计能力及生产能力，我们本着诚信至上的原则，欢迎国内外的朋友前来洽谈业务。
地址：浙江省台州市仙居县白塔镇东村村
邮　编：317317
法　人：朱小燕
Tel：0576－7039315
Fax：0576－7039314

**海盐佳宏五金厂**
业务：五金加工
地址：浙江省嘉兴市海盐县西塘桥镇集镇粮油路（原西塘粮站7号仓）
负责人：何新红　邮　编：314000
法　人：何新红
Tel：13456331363
0573－86852941

**嘉善盘石滑动轴承有限公司**
业务：生产销售滑动轴承、无油润滑材料、模具配件，机械零配件
地址：浙江省嘉兴市嘉善县干窑镇范泾村北范泾14号
负责人：詹兴洪　邮　编：314115
法　人：詹兴洪
Tel：0573－84519980
13625837660

**杭州嘉业冶金炉料有限公司**
地址：浙江省杭州市拱墅区半山镇临半路130号
负责人：吴淑芬
Tel：0571－88144345

**嘉善永顺木工机械经营部**
业务：木工机械及零部件销售
地址：浙江省嘉兴市嘉善县魏塘街道外环东路259号
负责人：付永周　邮　编：314000
法　人：付永周
Tel：13625732622
0573－84189396
Fax：0573－84189396

**嘉善县魏塘镇枫嘉五金加工厂**
业务：五金加工
地址：浙江省嘉兴市嘉善县魏塘镇枫南村枫南集镇三角洲
负责人：孙祥明　邮　编：314100
法　人：孙祥明
Tel：0573－84711036

**嘉兴嘉诚精密模具有限公司**
业务：模具钢材，模具钢、模具材料
地址：浙江省嘉兴市嘉善县魏塘镇环城东路8号南起1－3间
负责人：王煜　邮　编：314000
法　人：王煜
Tel：0573－84809988
Fax：0573－84806688
网址：http://www.51zzt.com/user/zzt31050

**嘉兴新川机械有限公司**
业务：机械设备生产
地址：浙江省嘉兴市南湖区凤桥镇凤篁公路西
负责人：沈志因　邮　编：314000
法　人：沈志因
Tel：13757307882
13758078235
0573－83133668

**嘉兴市南湖区城东永年机床经营部**
业务：机床
地址：浙江省嘉兴市南湖区广益路1319号中创电气商贸园20幢S23室
负责人：曹永年　邮　编：314000
法　人：曹永年
Tel：13905738241
0573－82667667
Fax：0573－82667667

**嘉兴市南湖区余新新兴华根农机修理厂**
业务：农机修理服务
地址：浙江省嘉兴市南湖区余新镇镇北路31号
负责人：张华根　邮　编：314009
法　人：张华根
Tel：13967322538
0573－83163028

**平湖市大同机械制造有限公司**
业务：平湖市大同机械制造有限公司成立于2005年8月，主要生产销售锻件，法兰，管件轴承，五金配件等。公司可根据客户需求进行来料加工。欢迎各方客户来电洽

谈业务，共同合作。
地址：浙江省嘉兴市平湖市林埭镇东方红村2组
邮　编：314202
法　人：冯永林
Tel：0573－5926753

## 嘉兴市旺业不锈钢机械制造有限公司

业务：集设计、研发、制造为一体，专业从事不锈钢厨房设备、食品机械、洗涤、印染设备制造及零部件加工、销售，对外承揽加工制作业务。我们秉承诚实、守信、专业、共赢的经营理念竭诚为您服务。
产品：吊染、成衣染色机，打样机，洗衣机，脱水机，烘干机，另定做加工食品机械（洗碗碟机、制冰机、搅拌机、二门/四门/六门雪柜系列、烟熏车、肉车、可倾式稀饭锅）
地址：浙江省嘉兴市秀洲区新塍镇沙家浜村（新塍镇工业园区东侧）
负责人：陈建伟　邮　编：314015
法　人：陈建民
Tel：0573－83400518
13276733698
13967396787
Fax：0573－83400518
网址：www.jxwangye.cn
E-mail：cjw－33698@163.com

## 嘉兴农产品市场苏衡衡器店

业务：批发零售电子秤，板秤，计重计数秤，电子台秤
地址：浙江省嘉兴市中环南路与320国道交叉口西侧水果市场D3区137号停车厂旁边
负责人：项晓惠　邮　编：314000
法　人：施鸿章
Tel：15067314155
0573－82668326
15988390177
Fax：0573－82668327

**杭州国海水处理设备有限公司**
地址：浙江省杭州市拱墅区半山镇石塘村（临半路126号）
负责人：张国亮
Tel：13357100600

## 嘉兴市秀洲区新城街道腾鼎清洁用品商行

业务：专业销售清洁用品、酒店用品、物业用品，产品品质优良、品种齐全，面向各大企业、酒店、机关、清洁公司等客户，提供一站式供应服务和咨询服务。热忱欢迎新老客户光临惠顾！
产品：清洁机械、清洁工具、清洁剂、指示牌、座地烟灰盅、垃圾桶等
地址：浙江省嘉兴市中山西路968号
负责人：宋利民　邮　编：314000
法　人：宋利民
Tel：0573－82971407
Fax：0573－82712885
QQ：1271465628

## 江山市龙富矿山设备经营部

业务：破碎机配件，钢球，钢锻，锰钢配件等经营
地址：浙江省江山市虎山街道景星路2栋2号
负责人：颜龙富　邮　编：324002
法　人：颜龙富
Tel：0570－4389979

## 东阳市江北吉华五金店

业务：天蝎插座 ，五金配件
地址：浙江省金华市东阳市江北街道山口村
负责人：邱星旭　邮　编：321000
法　人：邱星旭
Tel：0579－86350062

## 金华市婺城区宏力木工机械厂

业务：木工机械制造、销售
产品：全自动宽带砂光机、自动单面压刨机
地址：浙江省金华市河盘桥路330号
负责人：潘双红　邮　编：321000
法　人：潘双红
Tel：0579－82270977
13586987268

## 金华市金东区华鑫弹簧厂

业务：生产、销售弹簧
地址：浙江省金华市金东区傅村镇山头下村（03省道6号）
负责人：康计华　邮　编：321000
法　人：康计华
Tel：13867912619
0579－82911289

**杭州朗汛机电设备有限公司**
地址：浙江省杭州市拱墅区蚕花园永和坊9－2号
负责人：章朝训
Tel：13705715131

## 兰溪市禾森五金配件经营部

业务：主营：园林工具、锁线机配件等五金配件
地址：浙江省金华市兰溪市云山街道徐尚源村
负责人：徐志军　邮　编：321100
法　人：徐志军
Tel：0579－83865293
88802388
Fax：0579－88802388

## 磐安县金民五金商店

业务：日用五金、建筑五金零售
地址：浙江省金华市磐安县安文镇黄山路29号
负责人：陈金民　邮　编：322300
法　人：陈金民
Tel：15557946380
0579－84888885

## 浦江跨爵进出口有限公司

业务：五金工具、钢丝刷、塑料刷、塑料制品
地址：浙江省金华市浦江县白马镇长地村128号
负责人：傅龙山　邮　编：321000
法　人：傅龙山
Tel：13906791964
0579－84290567
Fax：0579－84290569
网址：www.zjkuajue.cn
E-mail：admin@pvkuajue.cn

## 平阳福莱特传动机械有限公司

业务：本公司是一家专业生产减变速机的企业，主要产品有R系列斜齿轮减速机、S系列斜齿轮减速机、K系列斜齿轮减速机、F系列平行轴斜齿轮减速机、T系列螺旋锥齿轮换向器、MB系列无级变速机、RV系列蜗轮减速机、X、B、JXJ、WB系列摆线针轮减速机等八大系列。
地址：浙江省温州市平阳县敖江镇望雁街121号
邮　编：325401
法　人：陈日岳
Tel：0577－63193388
Fax：0577－63193688
网址：www.cnflt.com

## 浦江县鸿利来五金厂

业务：五金加工：生产衣服架、铁架、裤夹
地址：浙江省金华市浦江县黄宅镇后江村中区85号
负责人：洪民强　邮　编：321000
法　人：洪民强
Tel：0579－84268545
13506584770

## 浦江县旭日五金工艺厂

业务：五金工艺
地址：浙江省金华市浦江县郑宅镇前店村四区103号
负责人：王利　邮　编：321000
法　人：王利
Tel：13600697190
0579－84289992

## 浦江县顺辉工程配套五金专卖店

业务：主要经营配套五金专卖
地址：浙江省金华市浦江县中山南路建材市场A010号
负责人：周金虎　邮　编：321000
法　人：周金虎
Tel：18967971826
0579－84139826

## 浦江县银汉锁厂

业务：25mm灰铁挂锁、25mm－75mm仿青铜挂锁、25mm彩色挂锁、25mm钛金挂锁、32mm灰铁挂锁、32mm仿青铜挂锁、32mm彩色挂锁、32mm钛金挂锁、38mm灰铁挂锁、38mm仿青铜挂锁、38mm彩色挂锁、38mm钛金挂锁、50mm灰铁挂锁、50mm仿青铜挂锁、50mm彩色挂锁、50mm钛金挂锁、63mm灰铁挂锁、6mm仿青铜挂锁、63mm彩色挂锁、32－50mm亚光挂锁
地址：浙江省金华市浦江县中余乡中余村其杆园丁路48号
负责人：王旭锋　邮　编：322209
法　人：王旭锋
Tel：0579－84398241
13646590309

**杭州胜利机电设备有限公司浙江时代电子商城分公司**
地址：浙江省杭州市拱墅区登云路428号浙江时代电子商城内
负责人：刘伟
Tel：0571－88271035

## 金华瑞发五金制品有限公司

业务：五金加工、销售
产品：冲压件、小铁环、D形扣、三角扣、超市推车、毛巾架
地址：浙江省金华市秋滨街道蟠龙村
负责人：吴桂田　邮　编：321000
法　人：吴桂田
Tel：0579－82738558
13185169208
E-mail：jiahewuguitian@126.com

## 武义金盛园林工具厂

业务：汽油锯、割草机等园林工具的制造与销售
地址：浙江省金华市武义县茭道镇下茭道村
负责人：项斌　邮　编：321200
法　人：项斌
Tel：13858919459
0579－87951231

## 秋高机械加工厂

业务：加工和销售五金制品
产品：五金制品
地址：浙江省金华市婺城区宾虹西路668号
负责人：张卫正　邮　编：321000
法　人：张卫正
Tel：15905899798
0579－82270769
E-mail：953189719@qq.com

## 金华市婺城区爱德邦炉具厂

业务：炉具的生产和销售
地址：浙江省金华市婺城区罗埠镇山下龚村
负责人：龚德荣　邮　编：321000
法　人：龚德荣
Tel：13454907947
0579－82615500

**杭州德源标准件有限公司**
地址：浙江省杭州市拱墅区广利普金家园2幢附1
负责人：葛国林
Tel：13958008797

## 金华市婺城区下新村能强电机厂

业务：电机修理、组装
地址：浙江省金华市婺城区秋滨街道下新村
负责人：胡明亮　邮　编：321000
法　人：胡明亮
Tel：13957961129
0579－82206941

## 金华市婺城区山联推土机配件经营部

业务：推土机配件销售、二手推土机中介、大修、中修、小修，日常保养
地址：浙江省金华市新狮街道方井头村（二环北路从南新建店面）
负责人：苏宝利　邮　编：321000
法　人：苏宝利
Tel：13173861443
0579－82413031
Fax：0579－82413031

## 义乌市胡新开二手印刷机械

业务：专业买卖二手、国产、进口05机、08机、罗兰印刷机、海德堡印刷机、压痕机、自动复膜割纸机、上光机
地址：浙江省金华市义乌市苏溪镇胡宅村兰畈A区
负责人：胡新开　邮　编：321000
法　人：胡新开
Tel：13175521112
18967901287
0579－85910813

## 永康市石柱丰特五金橡塑制品厂

业务：吹尘枪、胎压枪、五金制品、风动工具制造、加工
地址：浙江省金华市永康市石柱镇下里溪村里溪街17弄1号
负责人：章家图　邮　编：321304
法　人：章家图
Tel：13758985378
0579－83845628
87358668
Fax：0579－87358668

## 东阳市威尔德焊业有限公司

业务：本公司成立于2004年，主要生产二氧化碳气保焊丝，产品广泛应用于造船、集装箱、汽车、石油、化工、桥梁、建筑、锅炉等行业产品的焊接。本产品采用先进的镀铜工艺，焊丝表面光滑平整，镀铜均匀牢固。
地址：浙江省东阳市广福路月亮湾小区
邮　编：322100
法　人：陈国荣
Tel：0579－6355812
Fax：0579－6355810

**杭州锦和机电设备有限公司**
地址：浙江省杭州市拱墅区和睦新村24－1号202室
负责人：李娟
Tel：13958102711

## 兰溪市倪春苟机械维修部

业务：抓斗式起重机（装卸船只；沙子、石子、煤矿）
地址：浙江省兰溪市香溪镇里家坞村
负责人：倪砚新　邮　编：321000
法　人：倪春苟
Tel：0579－88400808
15888978693
Fax：0579－88400808

## 乐清市加洲紧固件有限公司

业务：紧固件生产销售
地址：浙江省乐清市白石镇凤凰工业区西路2号
负责人：金加洲　邮　编：325600
法　人：金加洲
Tel：0577－62687755

## 乐清市科冠机电厂

业务：专业制造高速无刷差速电机，其产品品种有：250W－1000W高速差速电机、调速电机、力矩电机等，广泛应用于电动三轮车、高尔夫球、旅游观光车、电动喷雾器、绕线机械等应用性领域。
地址：浙江省乐清市北白象镇车岙村
负责人：蔡银建　邮　编：325600
法　人：蔡银建
Tel：0577－2895387

## 乐清市威成电动工具实业公司

业务：开发、生产、销售五金工具、电动工具、钻头等
地址：浙江省乐清市虹桥镇界屿村兴发路90号
负责人：赵宏　邮　编：325608
法　人：余海成
Tel：0577－62290068
Fax：0577－62290078
网址：www.cnbonai.com
E-mail：alex1970yu@126.com

## 瑞安市华东冲压机械厂

业务：瑞安市华东冲压机械厂成立于2002年。地处浙江省瑞安市，交通便利。是一家专业冲压汽车零部件的厂家，也可以为客户加工特殊规格冲压产品。热情欢迎广大新老客户光临合作！
地址：浙江省瑞安市塘下镇镇东村标准厂房B区
邮　编：325200
法　人：王碎每
Tel：0577－65273590
Mobile：13958829081
网址：http://zjhdjx.chinapyp.com

## 乐清市传扬机械配件厂

业务：机械配件制造、加工、销售
地址：浙江省乐清市乐成镇万岙村文兴路13号
负责人：郑品孟　邮　编：325000
法　人：郑品孟
Tel：0577－61376819
13235770320
网址：http://www.51zzt.com/user/zzt32906

## 乐清市伟铭自动化机械制造有限公司

业务：生产、制造华司组合自动化设备
地址：浙江省乐清市柳市镇环城东路钢铁市场g幢18－19号
负责人：余维明　邮　编：325604
法　人：余维明
Tel：13868647675
0577－27872892

## 浙江乐清市宝源电气厂

业务：塑料模具、尼龙扎带模具、钢钉线卡模具、接线端子模具、金具高低压铸造模具、塑料件加工、五金加工
产品：尼龙扎带模具、塑料模具、金具模具
地址：浙江省乐清市柳市镇屏山路88号
负责人：姚云海　邮　编：325064
法　人：姚云海
Tel：13757755167
0577－27837169
Fax：0577－27870367
网址：http://www.hmold.com.cn
E-mail：yyn5167@126.com.cn

**杭州舜能机电设备有限公司**

地址：浙江省杭州市拱墅区和睦新村 24－1 号 209 室
负责人：吴益撑
Tel：13305819913

**乐清市金珊气动机械有限公司**
业务：气动机械生产与销售
产品：粉碎机、干燥机
地址：浙江省乐清市七里港镇曹田后村
负责人：彭祖国 邮编：325000
法人：彭祖国
Tel：0577－62841671
13868797095

**乐清市清江亮光锁具厂**
业务：生产、销售防盗锁
地址：浙江省乐清市清江镇西街 8 号
负责人：林庆寿 邮编：325600
法人：林庆寿
Tel：13867776837
0577－62276388

**浙江兴邦机械制造有限公司**
业务：本公司专业从事户内外高压真空断路器 ZW7、ZW8、ZN28、VS1 等系列铝支架及压铸机对外加工，我们将以先进的设备、成熟的技术、优质的产品，为客户提供真诚的服务
产品：ACB 断路器，弹簧操运机构
地址：浙江省乐清市翁垟工业区东方路东段
负责人：王卓飞 邮编：325606
法人：王新飞
Tel：0577－62817399
Fax：0577－62817599
网址：www.xbdq.cc
E-mail：xbdq@xbdq.cc

**温州市龙湾海城万鸿直线轴承配件厂**
业务：轴承
地址：浙江省丽水市灯塔工业区 113 号
负责人：涂洪武 邮编：323000
法人：涂洪武
Tel：0578－2659881
15957815827
15925790883

**缙云县奥凯煌缝制设备有限公司**
业务：家用缝纫机生产销售
地址：浙江省丽水市缙云县壶镇镇项宅村南路 18 号
负责人：项勇亮 邮编：321404
法人：项勇亮
Tel：0578－3544066
Fax：0578－3544801

**杭州印科机电有限公司**
地址：浙江省杭州市拱墅区上塘路 573 号大关标牌分厂内
负责人：陈国旗
Tel：13175113718

**缙云县舒洪镇强手刀锯厂**
业务：刀锯加工
地址：浙江省丽水市缙云县舒洪镇姓王村振兴东路
负责人：李伟群 邮编：323000
法人：李伟群
Tel：13106285486
13587140830

**青田县胖子不锈钢店**
业务：不锈钢加工、铝合金门窗制作安装
地址：浙江省丽水市青田县鹤城镇水南村头 96 号地下室
负责人：夏国彬 邮编：323000
法人：夏国彬
Tel：13506828486
15305787797

**松阳县大东坝桥梁波纹管厂**
业务：生产销售桥梁预应力波纹管
地址：浙江省丽水市松阳县大东坝横樟村
负责人：包德隆 邮编：334000
法人：包德隆
Tel：13059614501
0793－5181684

**云和县隆达微电机厂**
业务：马达
产品：手机振动马达、玩具马达
地址：浙江省丽水市云和县
负责人：季方仁 邮编：323600
法人：季方仁
Tel：0578－5381158
Fax：0578－5381128
E-mail：loda.5188@163.com

**台州骐达耀阀门有限公司（玉环骐达耀阀门有限公司）**
业务：我公司专业生产各类铜制阀门、管件和制冷暖通设备配件，拥有强大的自主开发能力，以产品质量为企业的生命线，恪守信用、优质服务，为顾客提供质优价廉的产品，真诚期待您的合作。
地址：浙江省台州市玉环县楚门镇蒲田工业区
负责人：钟金兵 邮编：317600
法人：钟金兵
Tel：0576－87425388
Fax：0576－87425377
网址：www.alqcn.com
E-mail：info@alqcn.com

**临海市科顺机械厂**
业务：机械制造
地址：浙江省临海市大洋街道三溪岗
负责人：梁荣伟 邮编：318000
Tel：13326089521
15967062818

**临海市宏宇金属加工厂**
业务：专业从事各种船用配件生产、销售，产品以各种船用配件为主，本厂生产设备精良、技术力量雄厚、生产工艺先进，深得客户好评，让我们精诚合作，互惠双赢，共谋发展！
产品：制造各种船用配件加工、休闲用品制造
地址：浙江省临海市古城街道许墅村 3－31 号
负责人：林华 邮编：317000
法人：林华
Tel：0576－85381261
85381262
13175488666
13058888037
13738603385
13616848111
Fax：0576－85283685

**冠澳冲件厂**
业务：冲件加工
地址：浙江省龙湾区状元镇甘岙中路 218 号
负责人：陈先生 邮编：325000
法人：陈建飞
Tel：0577－86554217

**宁波市北仑兴曹金属制品厂**
业务：专业从事塑料及五金制品生产的企业，并承接注塑加工业务。以质取信，诚信守约，锐意创新和追求卓越为公司宗旨，欢迎广大用户垂询
产品：金属塑料五金件、钢模
地址：浙江省宁波市北仑区柴桥街道东六房村 286 号
负责人：曹显 邮编：315800
法人：曹显
Tel：13806639138
E-mail：caoyu138@126.com

**宁波北仑榕盛机械厂**
业务：专业致力于衡器、钢制弹性体的研制、开发、生产和销售，本厂拥有精干专业的技术人才及精良的生产设备，产品质量优良，服务诚信周到，欢迎新老客户前来订购！
产品：衡器、钢制弹性体
地址：浙江省宁波市北仑区大碶街道宁穿西路 262 号
负责人：祁红川 邮编：315806
法人：祁红川
Tel：13738463051
Fax：0574－86111655

**宁波市北仑区大碶鑫亿模具厂**
业务：压铸模具制造与产品加工，以路灯、汽车配件为主
产品：路灯、汽车配件
地址：浙江省宁波市北仑区大碶街道青林村二号桥 91 号
负责人：李玉方 邮编：315806
法人：李玉方
Tel：13958321866
15952950698
Fax：0574－86148108

**慈溪市观海卫凯力弹簧厂**
业务：专业生产各种规格"凯凯"牌矩形截面模具弹簧
地址：浙江省宁波市慈溪市观海卫镇杜家桥村罗鸣公路 248 号
负责人：管军达 邮编：315315
法人：管军达
Tel：0574－63636445
63636041
Fax：0574－63636341
网址：www.kaijiespring.cn
E-mail：kaijiespring@yahoo.cn

**杭州普利通五金机电有限公司**
地址：浙江省杭州市拱墅区沈半路 201 号
负责人：范雪峰
Tel：0571－28919898

**慈溪市坎墩迪锋齿轮加工厂**
业务：齿轮、五金配件加工、制造
地址：浙江省宁波市慈溪市坎墩街道坎中村红元弄 32 号
负责人：马渭明 邮编：315000
法人：马渭明
Tel：13777197817
0574－63285188

**奉化市卓越金属制品有限公司**
业务：奉化市卓越金属制品有限公司成立于 2004 年，专业从事五金制品的生产与销售，主要产品有绞肉刀、绞肉盘，产品质优价廉欢迎国内外各界朋友来公司洽谈业务，互惠双利，实现双赢！
地址：浙江省宁波市奉化市东郊开发区圆峰路 46 号
负责人：王建恩 邮编：315500
法人：王建恩
Tel：0574－88916513

**慈溪市范市名鸿模具厂**
业务：生产压铸模具，橡胶模具，代加工塑料产品
地址：浙江省宁波市慈溪市龙山镇范市三区模具市场
负责人：钱烨 邮编：315000
Tel：13685873326
0574－63704967
网址：http://www.51zzt.com/user/zzt33108

**宁波市海曙成鲜五金加工厂**
业务：水暖表面抛光
地址：浙江省宁波市海曙区鄞奉路 565 号水暖厂抛光车间
负责人：俞成选 邮编：315000
法人：俞成选
Tel：13867897839
13023727829

**宁波市江北欣龙砼泵服务站**
业务：集砼泵、配件提供、设备租赁、维修服务为一体的服务性公司。为客户提供优质价廉的产品、服务及系列解决方案。
产品：砼泵租赁：泵车，车载泵，拖泵；砼泵配件：三一、中联、鸿得利、大象等系列；砼泵维修：三一、中联、鸿得利、大象等系列，高压胶管制作：工程机械系列
地址：浙江省宁波市江北区庄桥宁慈东路 818 号
负责人：周楚根 邮编：315010
法人：周楚根
Tel：0574－88165287
13777028388
Fax：0574－88165117

**熊亮铝合金加工店**
业务：铝合金不锈钢、塑钢加工
地址：浙江省宁波市江东区白鹤街道紫鹏新村 24 幢 1－3 号
负责人：熊亮 邮编：315000
法人：熊亮
Tel：13185959541
13777110194

**杭州本份机电设备有限公司**
地址：浙江省杭州市拱墅区沈半路 201 号
负责人：姜祥靖
Tel：13805736119

**双林线切割加工店**
业务：线切割、电脉冲
地址：浙江省宁波市鲛川街道迎周村老周 4 号
负责人：杨秋 邮编：315000
法人：杨秋
Tel：0574－86454562

**宁波市江北区路灵五金批发部**
业务：主营五金批发
地址：浙江省宁波市路林综合市场百货交易区 148 号摊位
负责人：庄时军 邮编：315000
法人：周洁芳
Tel：13957889241
0574－87605657

**象山方洲机械厂**
业务：铸件、液压产品、托辊、机械加工
地址：浙江省宁波市象山示范工业园区象山河路 46 号（乐亚汽修对面）
负责人：鲍国平 邮编：315000
法人：鲍国平
Tel：13777030071
0574－65755477

**杭州南方光宏机电设备有限公司**
地址：浙江省杭州市拱墅区沈半路 201 号
负责人：吕军
Tel：0571－28919665

**象山合佳模具厂**
业务：集设计、研发、制造为一体，专业从事铸造模具制造加工，对外承揽加工制作业务。技术专业，经验丰富，设备精良，秉承诚实、守信、专业、共赢的经营理念竭诚为您服务。
产品：热芯盒、冷芯盒、重力浇铸、低压浇铸、砂型以及造型线等铸造模具
地址：浙江省宁波市象山县大徐镇新京亭工业区
负责人：何蒋建 邮编：315706
法人：何蒋建
Tel：0574－65625669
13095912559
Fax：0574－65625669
网址：www.china－hejia.com
E-mail：hjjmj503@126.com

**象山丹城永强起重经营部**
业务：起重机及其配件的销售
地址：浙江省宁波市象山县丹西街道丹河路 25 号
负责人：王铁军 邮编：315000
法人：王铁军
Tel：13456111239
13968363125

**象山丹城仁俊叉车配件经营部**
业务：销售叉车配件，维修叉车
地址：浙江省宁波市象山县丹西街道丹河路商业街 2 幢 26 号
负责人：杨仁俊 邮编：315000
法人：杨仁俊
Tel：13646683488
0574－65003717

**象山斯特郎升降设备修理部**
业务：升降设备，门锁，电机，电梯的修理
地址：浙江省宁波市象山县丹西街道桃园路 15 幢 101
负责人：朱世军 邮编：315000
法人：朱世军
Tel：13566376316
0574－65007668

**象山恒业机械厂（普通合伙）**
业务：机械加工
地址：浙江省宁波市象山县定塘镇后北村 178 号
负责人：黄敏 邮编：315728
法人：黄敏
Tel：0574－65911233
13136378568

**象山县石浦满昌机械修理部**
业务：工程机械维修、出售二手挖土机
地址：浙江省宁波市象山县石浦镇东边村军民路
负责人：项满昌 邮编：315000
法人：项满昌
Tel：13306666088
13858294993

**象山锦衡机械制造有限公司**
业务：机械加工、医疗机械、机械模具加工与制造
产品：各类机械
地址：浙江省宁波市象山县天安路 12 弄 49 号汇金商城
负责人：孔万成 邮编：315000
法人：孔万成
Tel：13819833880

**杭州浙仙机电设备有限公司**
地址：浙江省杭州市拱墅区沈半路 201 号
负责人：王苏华
Tel：13805744008

**象山县贤庠双立模具厂**
业务：精铸模，翻沙模，壳芯模
地址：浙江省宁波市象山县贤庠镇海墩村西泽
负责人：黄立位 邮编：315701
法人：黄立位
Tel：13957488870
Fax：0574－65641173
网址：www.8870@168.cn
E-mail：abcd88688@yahoo.Cn

**杭州国超五金材料有限公司**
地址：浙江省杭州市拱墅区沈半路 2 号（建华五金机电市场 1－102、103 号）
负责人：潘文革
Tel：0571－28822669

## 宁波市光华电机修理有限公司
业务：本公司是修理电机电器设备的专业厂家，专修高压电机、交直流电机、潜水泵、电磁调节电机等，设备先进技术雄厚，本公司坚持"优质快捷"的方针，深得各地、各界、各企业的好评。
产品：电机修理
地址：浙江省宁波市小港街道新政工业区龙山苗圃旁
负责人：郑志光　邮　编：315000
法　人：郑志光
Tel：0574－87888016
87933833
13906684962
Fax：0574－87933600
网址：www.nbghdj.com
E-mail：guanghua7888@163.com

## 宁波市鄞州赛盛机械制造有限公司
业务：衡器制造
地址：浙江省宁波市鄞州区高桥镇陈家村19号
负责人：陈伟浩　邮　编：315174
法　人：陈伟浩
Tel：18957815650
0574－88171490
网址：http://www.51zzt.com/user/zzt41316/coinfo.htm

## 宁波市鄞州高桥可邦机械经营部
业务：机械的销售
地址：浙江省宁波市鄞州区高桥镇高峰村盛世郦都169号
负责人：曾号兵　邮　编：315000
法　人：曾号兵
Tel：13957432256
0574－88009469
Fax：0574－88009481

## 宁波沁纬机电科技有限公司
业务：研发、设计、制造中速走丝线切割机床
地址：浙江省宁波市鄞州区集仕港镇工业园区集丰路120号
负责人：叶挺　邮　编：315000
法　人：叶挺
Tel：13777286328
0574－88227227

## 浙江省宁波市鄞州姜山海跃模具加工店
业务：模具加工
地址：浙江省宁波市鄞州区姜山镇环镇北路1号
负责人：王海军　邮　编：315000
法　人：王海军
Tel：0574－88098547

## 宁波市鄞州铨亿机械有限公司
业务：从事专用机床设计、制造及零部件制造，可依据客户的加工要求设计制造，公司技术专业，经验丰富，设备精良，拥有优秀的设计人才和坚强的制造能力。欢迎新老客户前来洽谈惠顾！
产品：多功能组合机床、机床零部件（动力头、攻牙动力头、搪孔头等）、油压类零部件
地址：浙江省宁波市鄞州区姜山镇南大东路150号
负责人：章国元　邮　编：315100
法　人：章国元
Tel：0574－28822898
Fax：0574－28822899
E-mail：qyjxyxgs@163.com

## 宁波市鄞州邱隘盛洋五金旋压厂
业务：专业生产五金灯具配件，各种工艺品烛台，家具五金配件
产品：工艺品烛台、电器五金配件
地址：浙江省宁波市鄞州区邱隘镇后新村小后新屋62号
负责人：王华勇　邮　编：315100
法　人：王华勇
Tel：13884440210
0574－56672053
网址：http://whywswswws.cn.b2b168.com/home.aspx
E-mail：whyws@126.com

## 宁波市鄞州创建电机厂
业务：专业生产同步电机
地址：浙江省宁波市鄞州区石碶街道西杨村
负责人：陈建波　邮　编：315000
法　人：陈建波
Tel：13738838387
0574－88273772

## 杭州尤兴机电设备有限公司
地址：浙江省杭州市拱墅区沈半路201号
负责人：尤官正
Tel：0571－28927619

## 宁波市鄞州湾松国际贸易有限公司
业务：五金，阀门
地址：浙江省宁波市鄞州区天童北路1501号1218室
负责人：万珺　邮　编：315000
法　人：万珺
Tel：0574－88183790
Fax：0574－88183080

## 宁波市鄞州五乡学义电机修理店
业务：电机修理
地址：浙江省宁波市鄞州区五乡镇天童庄村日兴公园旁
负责人：王学义　邮　编：315000
法　人：王学义
Tel：15967842527
0574－28820414

## 爱峰阀门配件经营部
业务：经营阀门及配件
地址：浙江省宁波市鄞州区下应街道华东物资城王家弄市场A168－169号
负责人：白志平　邮　编：315000
法　人：白志平
Tel：0574－87922151
87403297

## 杭州志高机电设备有限公司
地址：浙江省杭州市拱墅区沈半路201号
负责人：周建斌
Tel：13957165559

## 冠兴机械厂
业务：机械加工，零部件定做
地址：浙江省宁波市鄞州区下应街道小花园村
负责人：马军　邮　编：315000
法　人：马军
Tel：15888540228
13736181803

## 余姚市临山华锋通风设备厂
业务：通风设备
地址：浙江省宁波市余姚市临山镇湖堤村湖堤
负责人：闻华锋　邮　编：315000
法　人：闻华锋
Tel：0574－62061628
Fax：0574－62061628

## 大陆钣金店
业务：电焊、气焊生产
地址：浙江省宁波市余姚市泗门村泗北村宋家
负责人：赵大陆　邮　编：315000
法　人：赵大陆
Tel：13175982443
13736025531

## 宁波市镇海鑫发电镀设备厂
业务：生产与销售电镀设备、空气净化设备、废气净化设备
产品：电镀设备、空气净化设备、废气净化设备
地址：浙江省宁波市镇海蛟川街道陈家村大件路俞范中学旁
负责人：陆华建　邮　编：315000
法　人：陆华建
Tel：15867364896
0574－86368890
Fax：0574－86368890
网址：http://www.ddsbc.cn
E-mail：xinfa.ddsbc@163.com

## 杭州长城机电市场亚华管业经营部
业务：杭州长城机电市场亚华管业经营部从事不锈钢软管、补偿器的经营，欢迎广大新老客户光临、惠顾！
地址：浙江市杭州市长城机电市场442柜
邮　编：310000
法　人：付佰球
Tel：0571－85357449
Fax：0571－85357449

## 宁波镇海丰力高强度紧固件制造有限公司
业务：螺帽、紧固件
地址：浙江省宁波市镇海九龙湖镇西经堂村
负责人：翁跃丰　邮　编：315000
法　人：翁跃丰
Tel：13567431368
0574－86533538

## 宁波市镇海纵林机械厂
业务：生产、销售热处理设备
地址：浙江省宁波市镇海清水浦村金元路208号4幢
负责人：邬国治　邮　编：315000
法　人：邬国治
Tel：13336617799
0574－86596756

## 宁波市镇海摩马轴承厂
业务：本厂集设计、开发、制作于一体，专业生产轴承配件、塑料制品、五金配件，可根据图纸和实样加工各种非标轴承，并以精良的设备，雄厚的技术，完善的测试手段，优惠的价格和迅速的交货期赢得客户的好评。
产品：轴承，滑轮，汽车配件
地址：浙江省宁波市镇海区骆驼工业区
负责人：马树亮　邮　编：315202
法　人：马树亮
Tel：0574－86564920
13867801329
Fax：0574－56877367
网址：www.mombearing.com
E-mail：mombearing@hotmail.com

## 宁波市镇海区骆驼奔球五金加工厂
业务：代工、加工五金，小配件
地址：浙江省宁波市镇海区骆驼清水湖张家108号
负责人：罗金富　邮　编：315000
法　人：罗金富
Tel：18958301461
13484249598

## 杭州南方泓杰机电设备有限公司
地址：浙江省杭州市拱墅区沈半路201号
负责人：周建平
Tel：13857128681

## 平湖市和田精密机械有限公司
业务：模具设计、制造、销售，冲压件加工
地址：浙江省平湖市经济开发区段墅路68号
负责人：潘景文　邮　编：314213
法　人：潘景文
Tel：13567373503
0573－85988676
Fax：0573－85988675
网址：http://hetianjingmi.cn.alibaba.com
E-mail：hetianjingmi@163.com

## 常山县才盛电机维修部
业务：电机维修、旧电机回收、买卖
地址：浙江省衢州市常山县天马镇新都工业园区新都纸箱厂边
负责人：廖才盛　邮　编：324002
法　人：廖才盛
Tel：13735084785
13282075555

## 浙江山之杉印花机械有限公司
业务：专业生产平网印花机械
产品：J07型全自动双轨平网印花机，E07型全自动平网印花机，C07型全自动磁棒平网印花机，Z07型全自动植绒印花机，M07型裁片连四合一两用印花机，P07型裁片及成衣印花机，S07型双幅连四平网印花机
地址：浙江省衢州市东港一路8号1幢
负责人：温泉　邮　编：324401
法　人：温泉
Tel：13735090888
0570－8888828
网址：http://www.szsyh.com/about.asp

## 衢州市柯城超明水泵机电经营部
业务：批发，零售水泵、电动机、风机
地址：浙江省衢州市柯城区蝴蝶路102号
负责人：王明　邮　编：324000
法　人：王明
Tel：15805708478
0570－8564808

## 衢州市柯城嵩润五金丝网商行
业务：五金丝网、护栏网零售
地址：浙江省衢州市柯城区蝴蝶路91号
负责人：王松林　邮　编：324000
法　人：王松林
Tel：13587000299
0570－8504040
8594981

## 温州联众五金有限公司
业务：温州联众五金有限公司成立于2005年，专业生产五金标准件、紧固件。我们本着"诚信、效实、开拓、创新"的企业宗旨，竭诚欢迎国内外各界同仁前来惠顾。热忱期盼与您携手共创美好明天！
地址：浙江省温州市温州大道1613号
邮　编：325014
法　人：吴兆微
Tel：0577－86777777
Fax：0577－86772288

## 衢州市衢江区创兴机械厂
业务：机械制造
地址：浙江省衢州市衢江区横路乡西垅口村
负责人：占红波　邮　编：324002
法　人：占红波
Tel：0570－2837505

## 衢州宏安达紧固件有限公司
业务：防盗螺母，紧固件等生产经营
地址：浙江省衢州市衢江区振兴西路二巷163号
负责人：江海春　邮　编：324002
法　人：江海春
Tel：13957018356
0570－2830798

## 瑞安市凌峰阀门配件有限公司
业务：阀门配件生产销售
地址：浙江省瑞安市碧山镇龟岩村
负责人：凌忠河　邮　编：325000
法　人：凌忠河
Tel：0577－65961510
13057715870

## 温州多德利气动元件有限公司
业务：本公司主要生产：气缸系列、电磁系列、接头系列、气源处理件、PU管。一流的设备、一流的技术、一流的管理、一流的团队、在"以质量求生存，以信誉求发展"的经营理念指引下，多德利正昂首阔步地向您走来。诚邀海内外朋友携手合作，共创辉煌明天！
地址：浙江省温州市龙湾区瑶溪镇河浜工业区前岸南路88号
负责人：黄和勇　邮　编：325000
法　人：黄和勇
Tel：0577－86619777
86627776

## 瑞安市华屹液压机械厂
业务：四柱液压机；弯头机；平板硫化机；防盗门液压机；
地址：浙江省瑞安市飞云镇林垟办事处工业区八达路47号
负责人：黄本根　邮　编：325200
法　人：黄本根
Tel：0577－65593332
65593336
网址：www.rahuayi.com.cn

## 小江模具三维造型设计中心
业务：专业测绘抄数、三维造型、模具设计、制造加工及培训中心，本中心技术专业，经验丰富，设备精良，能够提供和接受客户的各种格式的图档，竭诚为新老客户提供完善优质的服务。
产品：汽车零部件、工艺品、生活用品、机械零部件或整体
地址：浙江省瑞安市锦湖街道锦湖北路23弄3幢2单元24号
负责人：彭川江　邮　编：325200
法　人：彭川江
Tel：13002696676
E-mail：P6972035@sina.com

## 瑞安市瑞诚线切割附件店
业务：一般经营项目：线切割配件零售
地址：浙江省瑞安市锦湖街道瓦窑村瑞湖路536号
负责人：曾为培　邮　编：325000
法　人：曾为培
Tel：0577－66601709

## 浙江东风塑料机械厂
业务：塑料机械、印刷机械、包装机械
地址：浙江省瑞安市瑞湖路红旗工业区东风路1号
负责人：刘爱国　邮　编：325200
法　人：彭希旺
Tel：13868386353
0577－65662011
65662290
Fax：0577－65668724
网址：www.chinadf.com
E-mail：dfpmf@wz.zj.cn

## 瑞安市奥泽标准件加工厂
业务：标准件、加工件
地址：浙江省瑞安市塘下镇罗凤中南村繁新北路133号
负责人：徐亮　邮　编：325000
法　人：徐亮
Tel：0577－65333035
13806845059

**瑞安市塘下新久五金厂**
业务：五金、锁具、铰链制造
地址：浙江省瑞安市塘下镇鲍田高普村移民点
负责人：周上兴 邮 编：325000
法 人：周上兴
Tel：0577－25650938
65207907
13777790938
网址：www.xinjiuwujin.com

**瑞安市鑫锐机械设备有限公司**
业务：专业制造热交换器机械设备及模具（产品：口琴管、全自动校直、定尺切断机、全半自动平行流（水箱散热器）、芯体装配机、塑料水室扣压机、涨管式水箱散热器成套生产线设备、全自动集流成形机等）
地址：浙江省瑞安市塘下镇场桥五方工业区
负责人：葛建明 邮 编：325215
法 人：葛建明
Tel：13758784116
0577－65295116
65261781

**杭州友好机电设备有限公司**
地址：浙江省杭州市拱墅区沈半路2号（建华五金机电市场4－102号）
负责人：洪平元
Tel：13957113175

**瑞安市宏伟电镀设备厂**
业务：电镀设备
地址：浙江省瑞安市塘下镇凤胜村瑞凤北路158号104国道边
负责人：温宏伟 邮 编：325200
法 人：温宏伟
Tel：13736704358
0577－65322812
Fax：0577－65323944

**瑞安市互利五金加工厂**
业务：五金制品加工、生产晾衣架配件
地址：浙江省瑞安市塘下镇罗凤银备村南京路8号
负责人：陈海峰 邮 编：325000
法 人：陈海峰
Tel：13705788922
0577－65333861

**杭州恒强机电设备有限公司**
地址：浙江省杭州市拱墅区沈半路2号（浙江建华五金机电市场2－2052）
负责人：曹德荣
Tel：0571－28822388

**界首市展望金属铸造有限公司瑞安分公司**
业务：专业生产销售各种型号的国标、非标铝锭及铝制品，可按用户需求定制，品种齐全、技术先进，诚实守信是我们经营的根本，我们期待与您的真诚合作！
产品：各种型号国标\非标铝锭：ADC－12、ZLD101A、102、104、108、111、302
地址：浙江省瑞安市塘下镇上潘村西二大街
负责人：潘升福 邮 编：325204
法 人：潘升福
Tel：0577－66000885
15805770668
Fax：0577－66000885

**瑞安市珍发泡沫模具厂**
业务：泡沫模具、泡沫机械
地址：浙江省瑞安市汀田镇宣前村利民路16号
负责人：李珍发 邮 编：325000
法 人：李珍发
Tel：13567783472
0577－65111262
Fax：0577－65111262
网址：http://shop.ebdoor.com

**上虞市百官街道东升液压气动配件经营部**
业务：液压气动配件经营
地址：浙江省上虞市百官街道凤山路259号
负责人：邵建锋 邮 编：312300
法 人：邵建锋
Tel：0575－82316826

**杭州东欣精密轴承有限公司**
业务：杭州东欣精密轴承有限公司成立于2004年12月，是轴承行业的一个以技术型、信息化为特征的高新技术企业。公司积极推行现代化的科学管理制度，具有健全、科学、完善的质量保证体系，使每套产品都能体现我公司的品质，产品广泛应用于机械、冶金、石油、矿山、塑料、印刷、电力等国内工业领域。我公司将以诚信、务实的态度，以先进的技术，可靠的质量，经济的价格为各界朋友服务。

地址：浙江省杭州市萧山区北干街道兴议村
邮 编：311200
法 人：施建军
Tel：0571－82834075
Fax：0571－82834075

**上虞市小海自动化设备有限公司**
业务：塑胶机械的生产与销售
产品：塑胶机械
地址：浙江省上虞市百官街道假山路20号203室
负责人：肖军 邮 编：312000
法 人：肖军
Tel：13362590585
0575－80286291
E-mail：915396105@qq.com

**上虞市锋宇食品机械有限公司**
业务：专业从事各类水产、果蔬、速冻前处理生产线，各类速冻设备，果蔬加工设备，超声波清洗机，虾分级及各类冷库的制造、安装。我们始终坚持"质量第一、开拓创新"的宗旨，谦迎各位厂商垂询洽谈！
产品：螺旋速冻机、液态化、隧道速冻机、冷风机、毛豆剥壳机、超声波清洗机
地址：浙江省上虞市东关街道工业园区（104国道联星段）
负责人：马春锋 邮 编：312352
法 人：马春锋
Tel：0575－82567368
Fax：0575－82567358
网址：www.syfengyu.com
E-mail：syfengyu@syfengyu.com

**上虞市小越春宏五金经营部**
业务：经营五金制品
地址：浙江省上虞市国际汽车机电广场A区1050号
负责人：蔡晓灿 邮 编：312300
法 人：蔡晓灿
Tel：13905849479
0575－81268899

**杭州大奔机电设备有限公司**
地址：浙江省杭州市拱墅区沈半路2号（浙江建华五金机电市场2－3、4、5号）
负责人：胡秋阳
Tel：0571－28822606

**上虞市小越镇锋利锻件五金厂**
业务：加工五金制品
地址：浙江省上虞市小越镇田家村前田五五公路旁
负责人：田格丰 邮 编：312300
法 人：田格丰
Tel：13754373865
0575－82032576

**上虞市小越镇杰龙五金厂**
业务：五金制品生产、加工、销售
地址：浙江省上虞市小越镇吴山村（吴家）
负责人：罗国军 邮 编：312367
法 人：罗国军
Tel：0575－82030574
13858547041
Fax：0575－82030574

**上虞市隧通风冷设备有限公司**
业务：射流风机、隧道风机、地铁风机的配件销售
地址：浙江省绍兴市上虞市上浦镇大善小坞村
负责人：徐新渝 邮 编：312375
法 人：徐新渝
Tel：13819571856
0575－82360582
Fax：0575－82360582

**温州市飞船阀门有限公司**
业务：温州市飞船阀门有限公司主要经营球阀门，蝶阀，闸阀，美标阀。产品质量保证，价格低廉。欢迎新老客户光临、惠顾！
地址：浙江省温州市永嘉县瓯北东方工业区
负责人：林跃 邮 编：325102
法 人：林跃
Tel：0577－67362222

**浙江名庄能源设备有限公司**
业务：太阳能热水器生产制造、销售
产品：太阳能热水器、空气能热水器
地址：浙江省绍兴市绍兴县柯桥柯西工业区山阴路1518号
负责人：徐贤胜 邮 编：312000
法 人：徐贤胜
Tel：13735288888
0575－81180958
81180960
Fax：0575－81180959

**杭州克拉伊机电设备有限公司**

地址：浙江省杭州市拱墅区沈半路2号（浙江建华五金机电市场3区29、30号）
负责人：倪明明
Tel：13958126081

**绍兴县漓渚明军五金厂**
业务：五金加工和销售
地址：浙江省绍兴市绍兴县漓渚镇朱家坞村
负责人：朱明军 邮 编：312000
法 人：朱明军
Tel：057584017122
13335788448
网址：http://www.51zzt.com/user/zzt31453

**新昌县博成机械有限公司**
业务：机械加工
地址：浙江省绍兴市新昌县七星街道下石岩村
负责人：赵孝锋 邮 编：312500
法 人：赵孝锋
Tel：13588562929
0575－86290229

**新昌县七星街道航铁不锈钢阀门厂**
业务：不锈钢阀门生产、销售
地址：浙江省绍兴市新昌县七星街道新昌大道西路213号
负责人：王乐平 邮 编：312000
法 人：王乐平
Tel：13858595518

**台州经济开发区水风机电加工厂**
业务：生产、加工、销售水冰风地冷风机
地址：浙江省台州经济开发区南岸里村卫生室旁机场路145－11号
负责人：郭士建 邮 编：318000
法 人：郭士建
Tel：13018869250
0576－88760060
网址：www.shuibingfeng.com

**台州市黄岩宇亚模具设计工作室**
业务：模具设计
地址：浙江省台州市黄岩区大桥路717号（凯翔机械内）
负责人：饶有娇 邮 编：318000
法 人：饶有娇
Tel：13777676066
0576－84051193

**杭州超亚机电设备有限公司**
地址：浙江省杭州市拱墅区沈半路2号（浙江建华五金机电市场三区58－59号）
负责人：雷玉仙
Tel：13605719321

**台州市黄岩鲁宏机械加工厂**
业务：专业生产加工塑料机械
产品：各式吹瓶机、模具
地址：浙江省台州市黄岩区东城街道王西路46号
负责人：董玉鹏 邮 编：318000
Tel：15858687118
0576－84123766
网址：http://www.51zzt.com/user/zzt32486

**台州市黄岩愿将塑料模具厂**
业务：承揽模具加工业务
地址：浙江省台州市黄岩区高桥街道车下洋村169号
负责人：陈建兴 邮 编：318000
法 人：陈建兴
Tel：13345761566
0576－84884729

**台州市黄岩源隆机械经营部**
业务：数控加工中心、数控深孔钻机床销售维修，深孔零部件加工
地址：浙江省台州市黄岩区西城街道二环西路481号
负责人：梁成 邮 编：318020
法 人：梁成
Tel：0576－84298957
84298958
84298959
13989617557
13989682552
13989613553
Fax：0576－84298957
84298959

**欣晨涂装设备厂**
业务：我公司成立于2005年，主要生产静电高压发生器，烘箱，烘灶，流水线，静电喷漆，五金机械等涂装设备。技术过硬，品种齐全，质量上乘，我们以优良的品质，满意的售后服务，赢得了广大用户的信赖。
地址：浙江省嵊州市崇仁镇升四村
邮 编：312473
法 人：马建善
Tel：0575－3098736

**台州市黄岩殷福真空上料机制造厂**
业务：真空上料机
地址：浙江省台州市黄岩区江口街道境岸村
负责人：林根福 邮 编：318000
法 人：林根福
Tel：0576－84162677
13606822772

**台州市凯澄起重设备经营部**
业务：起重设备销售
地址：浙江省台州市黄岩区西城街道西苑社区复元西路23号
负责人：娄华兴 邮 编：318020
法 人：娄华兴
Tel：13957607979
0576－84737079

**台州市黄岩德恩塑料机械商行**
业务：专营"辉源""嘉源"塑料机械设备及其配套设备，批零注塑机零部件，并提供完善的售后服务，受到用户的普遍青睐和欢迎。
产品：注塑机，机械手，模温机，冷水机，吸料机，干燥机，粉碎机，混色机，空压机，模具架，注塑机电脑，马达，油泵，电机，蝶杆，料筒，油针，电子尺，电磁阀，比例阀，O型阀，压力阀，流量阀，接解器，解码器，加热圈，联轴器等部件
地址：浙江省台州市黄岩区西城街道新城路1111号
负责人：赵德恩 邮 编：318020
法 人：赵德恩
Tel：0576－84021916
13634018558
Fax：0576－84021916
网址：www.vmaxtechnology.com
E-mail：zhao1979en@126.com

**台州市黄岩雅吣测绘店**
业务：模具测绘服务
地址：浙江省台州市黄岩区西城街道新堂村黄长路231号
负责人：金李斌 邮 编：318000
法 人：陈先生
Tel：13616865583
0576－84112597

**杭州西霸电力设备有限公司**
地址：浙江省杭州市拱墅区沈半路2号（浙江五金机电市场2区181号）
负责人：陈国平
Tel：0571－28822317

**台州市黄岩鹏腾模具厂**
业务：瓶坯模具制造、加工
地址：浙江省台州市黄岩区西城街道新堂村中兴路205号
负责人：肖政钢 邮 编：318020
法 人：肖政钢
Tel：13634019599
15968642226

**台州市黄岩迈盛模具厂**
业务：精做各种PET管坯模具，瓶盖模具，吹瓶模具
地址：浙江省台州市黄岩区印山路188号
负责人：朱永才 邮 编：318000
法 人：朱永才
Tel：13676682703
0576－84127752
Fax：0576－84127752
网址：http://www.zjmsmj.com/
E-mail：zjmsmj@zjmsmj.com

**星辉机械设备经营部**
业务：机械设备的销售，主要产品有注塑机、中空机、吹瓶机、模具等
地址：浙江省台州市黄岩区印山路482号
负责人：应辉杰 邮 编：318000
法 人：应辉杰
Tel：13116575556
0576－84022266
84022277
Fax：0576－84022277
E-mail：821146280@qq.com

**永嘉县誉达阀门制造有限公司**
业务：永嘉县誉达阀门制造有限公司主要生产美标、日标、国标、闸阀、截止阀和止回阀，本公司生产的产品性能稳定，质量可靠，设备精良，工艺先进，检测设备完善。公司始终"以质量求生存，以信誉求市场，以科技求发展，以价格求客户"为经营宗旨。为广大用户提供优质产品和一条龙服务，竭诚欢迎新老客户惠顾，真诚与各界朋友

携手合作，共创辉煌的未来。
地址：浙江省温州市永嘉县瓯北镇塘头村芦桥
负责人：黄方算 邮 编：325400
法 人：王益忠
Tel：0577－67999817
Fax：0577－67999608
网址：www.yuda－valve.com
E-mail：yudavalve@163.com

## 台州市椒江丁氏机械厂
业务：电动车、汽车、摩托车配件加工
地址：浙江省台州市椒江区洪家街道山头墩村
负责人：丁仁 邮 编：318000
法 人：丁仁
Tel：13326005555
0576－88032795
Fax：0576－88032795

## 台州市椒江起步五金加工厂
业务：专业从事五金冲件加工、冷冲模具制造，产品包括眼镜盒模具、包皮模、包皮机等，我们以专业的品质、优质的服务，真诚期待与您合作
产品：洁具配件，眼镜盒模具，包皮模，包皮机
地址：浙江省台州市椒江区三甲街道利益村521号
负责人：王依钱 邮 编：318000
法 人：王依钱
Tel：13616688613

## 台州市椒江盈日模具配件厂
业务：模具配件
地址：浙江省台州市椒江区三甲街道优胜村300号
负责人：张从国 邮 编：318000
法 人：张从国
Tel：0576－88129207

## 台州市金清增氧机有限公司
业务：生产销售增氧机
产品：水车式、叶轮式、推流吸气式（潜水式）、喷水式等各种系列增氧机及浮水泵
地址：浙江省台州市路桥区金清双西村（金清增氧机有限公司）
负责人：罗华文 邮 编：318058
Tel：13957632638
0576－82892077
Fax：0576－82892012
网址：http://www.zjzyj.com/

## 台州市路桥通旺叉车经营部
业务：叉车，柴油、汽油发电机及发电机配件，电瓶车车架等生产销售
地址：浙江省台州市路桥区东路桥大道796－798号
负责人：施田生 邮 编：318000
法 人：施田生
Tel：0576－82790666

**杭州华宇阀门有限公司**
地址：浙江省杭州市拱墅区沈塘桥路19号601室
负责人：徐远红
Tel：0571－85617525

## 台州市鸿天电气设备有限公司
业务：电气设备加工
地址：浙江省台州市路桥区螺洋街道南山村十一区
负责人：罗保连 邮 编：318000
法 人：罗保连
Tel：0576－82360293

## 台州市路桥区宇淼拉丝有限公司
业务：各种钢筋拉丝的加工与销售
产品：各种钢筋拉丝
地址：浙江省台州市路桥区桐屿街道杜番村3区188号
负责人：蔡学兵 邮 编：318000
法 人：蔡学兵
Tel：13958584777
0576－82322077
Fax：0576－82322077

## 台州市仁晖弹簧厂
业务：各种规格弹簧的生产、销售
地址：浙江省台州市路桥区桐屿街道屿城路531号
负责人：廖斌 邮 编：318000
法 人：廖斌
Tel：15157678098
15967679153
0576－82331195

## 杭州飞驰汽轮机叶片有限公司
业务：杭州飞驰汽轮机叶片有限公司创建于1988年，是杭州汽轮集团定点生产汽轮机叶片厂家。专业为电站汽轮机、工业汽轮机、燃气轮机、大型压缩机、发电机等设备提供成套及维修用各类叶片。
地址：浙江省杭州市滨江区西兴街道北塘路
邮 编：310051
法 人：来国炎
Tel：0571－56690188
Fax：0571－56690098

## 台州市路桥小路油泵调试修理部
业务：油泵调试、维修服务
地址：浙江省台州市路桥区新安西街272号
负责人：路富臣 邮 编：318000
法 人：路富臣
Tel：13606667736
0576－82566867

## 三门县精诚起重电器部件厂
业务：生产起重机配件及机械加工
地址：浙江省台州市三门县海游镇上枫村开元路6号
负责人：梅方健 邮 编：317100
法 人：梅方健
Tel：13058777097
0576－83310223

## 天台星烨模具有限公司
业务：模具生产和销售
地址：浙江省台州市天台县赤城街道人民东路延伸段（祥和公司6号厂房）
负责人：王华明 邮 编：317200
法 人：王华明
Tel：0576－83966028
13362666581
Fax：0576－83966056

## 温岭市安峰冲件厂
业务：机械冲件加工
地址：浙江省台州市温岭市大溪镇伦丝洋村211号
负责人：叶海军 邮 编：318000
法 人：叶海军
Tel：13958662262

## 浙江金硕阀门有限公司
业务：五金、阀门
地址：浙江省台州市玉环县楚门镇吴家村
负责人：金鑫 邮 编：318000
法 人：金鑫
Tel：13666840000
0576－87427772
Fax：0576－8742771

**杭州富电康柴油发电机有限公司**
地址：浙江省杭州市江干区采荷小区玉荷邨17幢2号
负责人：张念满
Tel：13336011061

## 玉环县坎门万佳紧固件机械厂
业务：专业生产以及加工各种汽配、摩配；中炭高强度螺丝、螺母；各种四方、圆、法兰、槽型、防松、自锁、焊接螺母；各类标准非标准紧固件，我厂拥有专业的技术人才及精良的生产设备，产品质量优良，服务诚信周到，欢迎新老客户前来订购！
产品：各种汽配，摩配及中炭高强度螺丝，螺母
地址：浙江省台州市玉环县科技工业园区
负责人：蔡景松 邮 编：317600
法 人：蔡景松
Tel：0576－87554854
13906548427
Fax：0576－87557957

## 台州铭泰阀门有限公司
业务：铜阀门
地址：浙江省台州市玉环县珠港镇安置小区78幢202室
负责人：许菜妹 邮 编：318000
法 人：许菜妹
Tel：13967653845
0576－87202879
Fax：0576－7200319
网址：http://www.51zzt.com/user/zzt35676

## 玉环晶固机械有限公司
业务：炊具配件、紧固件、汽车配件、模具、弹簧、橡胶制品、塑料制品、水暖配件制造及加工
地址：浙江省台州市玉环县珠港镇陈屿青年路3号
负责人：刘晓鹏 邮 编：318000
法 人：刘晓鹏
Tel：13906549118
0576－87335117

## 永康市鑫昱五金配件厂
业务：永康市鑫昱五金配件厂成立于1967年，现有员工30余人。几十年来从事五金配件（电动工具配件）加工及销售。欢迎广大新老客户光临、考察、指导、洽谈业务！
地址：浙江省永康市江南街道白云工业生产基地
邮 编：321300
法 人：应佩芳
Tel：0579－7192138
Fax：0579－7192138

## 玉环县博富机械厂
业务：紧固件、汽车配件、摩托车配件加工
地址：浙江省台州市玉环县珠港镇城关塘里村
负责人：马文博 邮 编：318000
法 人：马文博
Tel：13600572832
0576－87280307
Fax：0576－87280240

## 玉环科邦机械制造有限公司
业务：专业生产各类缝纫机、折缝机、割草机，风动工具系列设备配件：伞形、弧形齿轮及齿坯精加工；振动冲击夯系列设备配件偏心齿轮、振动杆、连杆等相关配套件；汽车电机配件：定位套、调整套、挂角衬套、支承套、风扇垫片；汽车分电器传动齿轮
地址：浙江省台州市玉环县珠港镇城关西滩62号
负责人：庞孔志 邮 编：317600
法 人：庞孔志
Tel：13305860336
0576－87201782
Fax：0576－87223729
网址：www.zjkebang.cn

## 玉环彬玻五金工具商行
业务：五金、工量、量刃具、刀具
地址：浙江省台州市玉环县珠港镇坎门水龙村榴岛大道19号
负责人：范彬玻 邮 编：317600
Tel：13758635521
0576－87563896
Fax：0576－87563896

## 玉环拓邦机械有限公司
业务：汽车配件、摩托车配件、环境污染防治专用设备、紧固件、阀门、水暖管件制造
地址：浙江省台州市玉环县珠港镇西青西村环北小区第3幢
负责人：汪大华 邮 编：317600
法 人：汪大华
Tel：0576－81726968
Fax：0576－81726958

## 玉环县苑博金刚石工具有限公司
业务：玻璃开孔器、金刚石开孔器的生产与销售
地址：浙江省台州市玉环县楚门镇中山村新塘里7号
负责人：梁兆水 邮 编：318000
法 人：梁兆水
Tel：13276769876
0576－87445462

**杭州文兴机械有限公司**
地址：浙江省杭州市江干区丁桥镇三义村三组
负责人：王文兴
Tel：13173658457

## 台州工鹰机械有限公司
业务：机械零部件制造、加工、销售［农机配件、汽车易损件、直齿、斜齿、伞齿及各种非标、轴类、法兰等］并承接各种铸造业务及加工，让我们精诚合作，互惠双赢，共谋发展！
产品：农机配件、汽车易损件、直齿、斜齿、伞齿及各种非标 轴类、法兰等
地址：浙江省温岭市滨海镇四青村400号
负责人：颜妙友 邮 编：317503
法 人：颜妙友
Tel：15605866000
Fax：0576－86519636
网址：http://gongyingjx.cn.alibaba.com/
E-mail：15605866000@163.com

## 杭州安怡特机电有限公司温岭分公司
业务：生产，销售各种工业风机、电机、水泵
地址：浙江省温岭市大溪镇青香村
负责人：叶福云 邮 编：317523
Tel：13503886328
13958662189
0576－86350115

**杭州天桥电焊条有限公司**
地址：浙江省杭州市江干区丁桥镇赵家村三组
负责人：屠恩光
Tel：13906525109

## 温岭市椿量机电有限公司
业务：机电，水泵
地址：浙江省温岭市大溪镇大乔村
负责人：项思春 邮 编：318000
法 人：项思春
Tel：15967620055
0576－86302380
网址：http://www.51zzt.com/user/zzt123569

## 台州越霸机电有限公司
业务：电机、水泵、风机、磨浆机、切割机、空压机、电焊机、砂轮机、电动工具制造、加工和销售，货物进出口，技术进出口服务
产品：电机、水泵、风机、磨浆机、切割机、空压机、电焊机、砂轮机、电动工具
地址：浙江省温岭市大溪镇大洋工业区
负责人：赵清伟 邮 编：317500
法 人：赵清伟
Tel：15868656666
0576－81670065
Fax：0576－81670075
E-mail：chenmin862000@sina.com

## 温岭市博浪机电有限公司
业务：风机、电机、水泵制造、加工、销售
地址：浙江省温岭市大溪镇塔岙村
负责人：郑力宇 邮 编：317525
法 人：郑力宇
Tel：13750686111
0576－81678007

## 温岭市立任输送设备有限公司
业务：用于电器行业和涂装行业的各种形式输送机及输送设备生产、销售
产品：皮带输送生产线、板链生产线、差速输送生产线、电风扇测试线、辊道输送生产线、电动工具测试线等
地址：浙江省温岭市松门镇南咸田村林石路北侧
负责人：张余立 邮 编：318000
法 人：张余立
Tel：13758653344
13906568683
0576－82855553
Fax：0576－86678361
网址：http://www.wlliren.com.cn/

## 温岭市金镝机械配件厂
业务：生产与销售摩托车化油器配件，五金件、外向轮
产品：摩托车化油器配件，五金件，外向轮
地址：浙江省温岭市太平街道香底胡路38号
负责人：陈耿 邮 编：317500
法 人：陈耿
Tel：13566688933
0576－86201961

**杭州飞豪五金加工厂**
地址：浙江省杭州市江干区丁桥镇赵家村一组
负责人：沈卫忠
Tel：0571－88111653

## 温岭科宇自动化设备有限公司
业务：公司集设计、生产、销售于一体，专业从事自动车床、铣床及机床附件制造，公司秉承全程服务，服务客户，为您提供优质的产品及服务！
产品：自动车床、铣床
地址：浙江省温岭市太平街道山下金村
负责人：应王军 邮 编：318000
法 人：周庆锋
Tel：0576－86216028
Fax：0576－86216038

## 苍南县顶盛五金店
业务：经营铝合金配件，玻璃胶，小五金、移门配件、泡沫胶
地址：浙江省温州市苍南县灵溪镇东仓小区1－32幢8号
负责人：王宜伟 邮 编：325000
法 人：王宜伟
Tel：15168766189
15168766929

## 苍南县佳居装饰五金店
业务：销售门锁、五金
地址：浙江省温州市苍南县灵溪镇东仓小区32幢24－26号
负责人：杨玉明 邮 编：325800
法 人：杨玉明
Tel：0577－68850008

## 杭州华纳斯五金制造有限公司
业务：杭州华纳斯五金制造有限公司成立于2006年，公司主要生产自攻螺钉，钻尾钉，丝螺钉，螺母，弹垫，平垫和一些非标件。产品广泛用于各大机械制造业，电子行业，家电行业及通信行业，远销美国和欧盟。

地址:浙江省杭州市余杭区闲林镇民丰村缸窑桥
负责人:吴洪良 邮编:311122
法人:吴洪良
Tel:0571－89080708
Fax:0571－89080718
E-mail:huanasiwujin@sina.com

### 苍南食品机械有限公司
业务:生产销售食品机械
地址:浙江省温州市苍南县灵溪镇站前一街78号
负责人:陈期 邮编:325800
法人:陈期
Tel:13185836363
0577－68707231
4008167758
Fax:0577－26655908
网址:www.zjwzfy.com

### 平阳县方兴包装机械厂
业务:生产包装机械
地址:浙江省温州市苍南县钱库镇振兴东街71号
负责人:方以沛 邮编:325800
法人:方以沛
Tel:13906776477
0577－64256420

### 浙江维兰特流体科技有限公司
业务:泵、阀门、管件、污水处理
地址:浙江省温州市海滨街道海滨工业区江一路
负责人:叶雪洁 邮编:325024
法人:孙建维
Tel:0577－86853885
86853886
Fax:0577－86853887
网址:www.cnvolant.com
E-mail:volant@cnvolant.com

### 温州市欧德啤酒设备制造公司
业务:啤酒设备生产销售
地址:浙江省温州市黄龙马坑新街69号
负责人:郑如力 邮编:325000
法人:郑如力
Tel:0577－89761258
13777785797

### 温州市上标标准件厂
业务:专业定做:各种非标、园螺帽、油管螺帽、轮胎螺帽、特别加厚螺帽、反牙英制等各种螺帽。
地址:浙江省温州市紧固件市场2排23号、龙湾区状元石坦南路125号
负责人:林上标 邮编:325000
法人:林上标
Tel:13806881309
0577－86502567
Fax:0577－86502567

### 永康市中景金属制品有限公司
业务:本公司是一家专业生产、销售不锈钢厨具、家用产品的企业,主要产品有:"中景"牌不锈钢油格、不锈钢网篮、食品夹、地漏、防爆盖等系列产品,产品畅销全国各地,部份产品出口到欧美、东南亚等国家和地区。
地址:浙江省金华市永康市象珠镇三井头村
邮编:321313
法人:俞大勇
Tel:0579－7327329
Fax:0579－7327595
网址:www.zjwjzp.com

### 温州经济技术开发区晓春标准件店
业务:生产标准件
地址:浙江省温州市紧固件市场5排32号
负责人:季晓春 邮编:325000
法人:季晓春
Tel:0577－86528312
13336933568

### 温州欣霸瓦机电有限公司
业务:空压机代理经营
地址:浙江省温州市经济技术开发区汤家桥路28号
负责人:王琮玮 邮编:325000
法人:王琮玮
Tel:0577－85500162

### 乐清市乐达金属制品厂
业务:铝合金、不锈钢、铁件加工
地址:浙江省温州市乐清市乐成镇北大街173号
负责人:张献树 邮编:325600
法人:张献树
Tel:0577－62532575

### 杭州华东化工装备实业有限公司
地址:浙江省杭州市江干区艮山西路78号(东门大厦)18E座
负责人:程治方
Tel:13805746510

### 乐清市瑞云电气有限公司
业务:刀开关、闸门(HK1和HK2系列)
地址:浙江省温州市乐清市柳市镇长寿路99弄3号
负责人:孙友义 邮编:325604
法人:孙友义
Tel:0577－61756968
15088979012

### 温州忠辉机械有限公司
业务:化工设备、食品设备
产品:反应锅、换热器、贮存罐、冷却器、杀菌锅、浓缩锅等
地址:浙江省温州市龙湾区海滨街道北新村宁城东路153
负责人:邱忠辉 邮编:325024
法人:邱忠辉
Tel:0577－86882138
13587669985
Fax:0577－86882137
网址:www.wzzhjxygs.cn
E-mail:wzzh_machinery@126.com

### 温州市龙湾海滨成义丝扣配件加工场
业务:丝扣配件加工
产品:丝扣管件,丝扣配件,非标配件
地址:浙江省温州市龙湾区海滨街道宁城街155号
负责人:徐成义 邮编:325013
法人:徐成义
Tel:0577－28907100
Fax:0577－28907100

### 温州市龙湾海城铭宝卫浴厂
业务:专业从事洁具及配件研发生产,我们拥有最先进生产设备及检测工艺,产品质量优良,服务诚信周到,欢迎新老客户前来订购!
产品:水龙头、浴室挂件、铜阀芯、三角阀、地漏、水槽、喷头等
地址:浙江省温州市龙湾区海城办事处屿门红山路54号
负责人:王建枢 邮编:325055
法人:王建枢
Tel:0577－85231988
13968877268
Fax:0577－85239977
网址:www.wzmingbao.com
E-mail:wjshu168@163.com

### 温州市龙湾海城鸿鑫源洁具加工厂
业务:专业生产和销售焊接龙头
产品:焊接龙头
地址:浙江省温州市龙湾区海城街道西北街118号
负责人:高智明 邮编:325000
法人:高智明
Tel:15168794959
15068262911

### 杭州双盛金属物资回收销售有限公司艮山西路收购站
地址:浙江省杭州市江干区艮山西路运河路1号
负责人:方国祥
Tel:0571－88280018

### 温州市龙湾海城帝壹阀芯厂
业务:生产阀芯
地址:浙江省温州市龙湾区海城街道中星村钱宅巷60号
负责人:徐朝祥 邮编:325000
法人:徐朝祥
Tel:13958866221
0577－85221340

### 温州市龙湾蒲州天盛白铁冷作店
业务:镀锌板冷作加工
产品:通风管道,除尘,给氧,排油烟,环保空调管道等
地址:浙江省温州市龙湾区蒲州街道创新路55号
负责人:叶锡南 邮编:325011
Tel:13106125158

### 余姚市金海星模具塑料厂
业务:余姚市金海星模具塑料厂成立于2003年,专业生产塑料制品、模具制造,本厂坚持以质量开拓市场,以服务占领市场,为了确保质量,公司制定了一套完整的操作规程和内部管理规定,在设计、生产、检测等环节严格控制,确保产品质量,坚持以人为本,质量第一,用户至上,诚信为本的经营原则,与用户忠诚使用,共同走向辉煌的明天!
地址:浙江省宁波市余姚市陆埠镇钟山北路13号
负责人:徐畅波 邮编:315000
法人:徐畅波
Tel:0574－62382035

### 温州市正丰五金厂
业务:锁具生产销售
地址:浙江省温州市龙湾区蒲州街道蒲东路94、96、98号
负责人:朱建道 邮编:325000
法人:朱建道
Tel:13777771870
0577－86529927
86525927
Fax:0577－86525927

### 温州市龙湾蒲州驰宇紧固件厂
业务:紧固件加工
地址:浙江省温州市龙湾区蒲州街道上江村新江路315号
负责人:崔泽羽 邮编:325000
法人:崔泽羽
Tel:13676432819

### 温州市龙湾沙城彭心东阀门加工厂
业务:阀门生产、加工、销售
地址:浙江省温州市龙湾区沙城镇八甲村邮车巷62弄9号
负责人:彭心东 邮编:325000
法人:彭心东
Tel:15869600849

### 温州市龙湾沙城圣通液位计厂
业务:生产液位计
地址:浙江省温州市龙湾区沙城镇七一村中宁街后
负责人:项光道 邮编:325000
法人:项光道
Tel:13858870950
0577－86997748

### 温州市龙湾沙城威龙机械配件厂
业务:四段变速器,锻压配件,锻压模具
地址:浙江省温州市龙湾区沙城镇五甲街110弄28－2号
负责人:章财 邮编:325000
法人:章财
Tel:0577－86822166
15957782588
Fax:0577－28901497

### 威龙机械配件厂
业务:锻压,机械配件加工、制造
产品:四段变速机,张力枪,下联板,铁齿及各种定制锻造产品,模具
地址:浙江省温州市龙湾区沙城镇五甲街110弄28－2号
负责人:章财 邮编:325000
法人:章财
Tel:0577－86822166
13002682818
Fax:0577－28901479
网址:www.wl－lw.cn

### 杭州塘沽阀门有限公司
地址:浙江省杭州市江干区观音塘小区静怡花苑4幢306室
负责人:卓金德
Tel:13906509280

### 温州市龙湾沙城赛邦模具加工厂
业务:塑料模具
地址:浙江省温州市龙湾区沙城镇烟台街61号
负责人:刘里国 邮编:325000
法人:刘里国
Tel:15988720886
15868587800

### 温州市龙湾沙城正强机电设备厂
业务:电焊机
地址:浙江省温州市龙湾区沙城镇烟台街四甲工业区
负责人:郝修海 邮编:325000
法人:郝修海
Tel:13221185830
0577－28875811
Fax:0577－28875811
网址:http://www.51zzt.com/user/zzt31577
E-mail:WZzhengqiang@qq.com

### 杭州杭昌特种机绣有限公司
地址:浙江省杭州市江干区杭海路888号(三楼)
负责人:郑成
Tel:0571－86702130

### 温州市龙湾沙城伏加特流体设备厂
业务:不锈钢阀门、管道连接、卫生级清洗设备等
产品:卫生级不锈钢清洗球、卫生级取样阀、活接头、弯头等管道配件
地址:浙江省温州市龙湾区沙城镇永福村永福东路10号
负责人:项光肖 邮编:325200
法人:项光肖
Tel:0577－86826899
Fax:0577－86826899
网址:wzfujiate.cn.alibaba.com
E-mail:adowyang@yahoo.cn

### 温州市龙湾沙城建慧蝶阀厂
业务:生产销售各种型号规格的硬密封蝶阀
产品:电动硬密封蝶阀、气动硬密封蝶阀、手动硬密封蝶阀、蜗轮式硬密封蝶阀
地址:浙江省温州市龙湾区沙城镇永庆路工业区
负责人:项建慧 邮编:325000
法人:项建慧
Tel:13567787118
0577－28872250
13057775118
Fax:0577－28875252
网址:http://wzjianhui.cn.china.cn
E-mail:wzjianhuidf@163.com

### 温州市龙湾沙城戴辉虎仪表加工厂
业务:五金锁具配件加工、销售
地址:浙江省温州市龙湾区沙城镇油车西路46号
负责人:戴辉虎 邮编:325000
法人:戴辉虎
Tel:13858846246
15805872012
13858894193

### 温州泽鑫管道机械有限公司
业务:生产,销售不锈钢法兰、不锈钢球阀阀体
地址:浙江省温州市龙湾区天河镇司南村塘下路32号
负责人:王长青 邮编:325025
法人:王长青
Tel:0577－86805550

### 温州市龙湾天河利民模具加工场
业务:模具加工
地址:浙江省温州市龙湾区天河镇天津村文化路14号
负责人:林伟杰 邮编:325025
法人:林伟杰
Tel:0577－86814880
13777779728

### 温州市龙湾天河鑫友包装机械店
业务:包装机械零售
地址:浙江省温州市龙湾区天河镇永强大道1318号
负责人:王孝用 邮编:325000
法人:王孝用
Tel:13957759901
0577－86814118

### 温州市龙湾瑶溪展鸿阀门配件加工厂
业务:生产和销售硬密封丝扣闸阀、截止阀、止回阀、过滤器等不锈钢阀门系列,可按顾客要求生产各种非标阀门
产品:硬密封丝扣闸阀、截止阀、止回阀、过滤器等不锈钢阀门系列
地址:浙江省温州市龙湾区瑶溪镇淡底村龙淡路101号
负责人:李顺奎 邮编:325000
法人:李顺奎
Tel:0577－86613109
Fax:0577－86613109
网址:http://www.51zzt.com/user/zzt41355/index.htm

### 玉环县富方阀门厂
业务:本厂生产各种黄铜、不锈钢阀门、管道附件,欢迎新老客户惠顾!
地址:浙江省台州市玉环县干江工业园区
负责人:赵中夫 邮编:317610
法人:赵中夫
Tel:0576－87458345
Fax:0576－87458346
网址:www.mtw26999.chinapyp.com
E-mail:2250920@163.com

## 温州市龙湾天河德庆轻工机械厂

业务：轻工机械
地址：浙江省温州市龙湾区天河镇庄泉村
负责人：朱德庆　邮　编：325000
法　人：朱德庆
Tel：0577－86811682
13806543182
Fax：0577－86991682

## 杭州鑫佳五金桥架有限公司

地址：浙江省杭州市江干区笕桥镇东新弄 25 号
负责人：陈岩福
Tel：13082836592

## 温州市龙湾瑶溪太武五金标准件店

业务：五金标准件批发、零售
地址：浙江省温州市龙湾区瑶溪镇龙东标准件集散中心 11 排 7 号
负责人：郑良　邮　编：325000
法　人：郑良
Tel：13004733118
0577－86651128

## 温州市龙湾瑶溪景华仪表加工场

业务：五金加工
产品：螺丝、机械零配件、汽车零配件
地址：浙江省温州市龙湾区瑶溪镇龙东村东兴路 130 号
负责人：吴小华　邮　编：325000
法　人：吴小华
Tel：15057788169

## 温州市龙湾永兴宏发铝材经营部

业务：铝金、铝材
地址：浙江省温州市龙湾区永兴街道乐一北路 1 幢 136、137 号
负责人：张瑜　邮　编：325000
法　人：张瑜
Tel：13004729598
15990738399

## 温州市龙湾永兴成强阀门厂

业务：生产球阀、截止阀的专业厂家，产品材质有不锈钢 201、301、304、316 等，我厂生产的产品性能稳定、质量可靠，深受广大用户的信赖和好评
产品：四 1、16 压力、球阀、截止阀（球阀一带阀兰片、规格 15－125，截止阀 15－100 规格、其它规格也可订制）
地址：浙江省温州市龙湾区永兴街道榕树下村下垟街 351 弄 1 号
负责人：季强　邮　编：325000
法　人：季强
Tel：13968870135

## 温州市龙湾永兴华隆法兰厂

业务：法兰、法兰视镜
地址：浙江省温州市龙湾区永兴街道下兴工业区
负责人：张福弟　邮　编：325000
法　人：张福弟
Tel：0577－86917268
Fax：0577－86917686
网址：http://www.51zzt.com/user/zzt32146

## 杭州乐卫机械加工厂

地址：浙江省杭州市江干区笕桥镇弄口村 4 组 83 号边
负责人：韦钟瑶
Tel：13868132732

## 温州市龙湾海滨创新食品机械厂

业务：纯净水生产线、热灌装生产线、含气饮料灌装生产线、牛奶生产线、浓酱生产线、含果肉果汁生产线等等
地址：浙江省温州市龙湾区永中海滨工业区
负责人：朱家成　邮　编：325000
法　人：朱家成
Tel：0577－86887619
Fax：0577－86887609

## 温州市龙湾永中青峰空气锤专卖店

业务：空气锤配件、空气锤维修、出售整台空气锤
地址：浙江省温州市龙湾区永中街道镇标路 185 号
负责人：刘青峰　邮　编：325000
法　人：刘青峰
Tel：13967711293
0577－28865647

## 杭州文炬机电设备有限公司

业务：杭州文炬机电设备有限公司成立于 2004 年 12 月，经营电动工具、建筑机械、合金锯片、建筑水泥、五金工具；各种名优机床、磨床；线切割机，发电机等。本公司以优良的品质、完善的服务、合理的价格回报广大客户的支持和信赖。同时我们热忱欢迎广大新老客户和各界友人莅临指导。
地址：浙江省杭州市沈半路 2 号 4 区 33 号
邮　编：310015
法　人：陶文娟
Tel：0571－28905295
Fax：0571－28905972

## 温州市龙湾永中凯立气动元件店

业务：销售气动元件
地址：浙江省温州市龙湾区永中街道镇标路 53 号
负责人：陈杰　邮　编：325000
Tel：15057326667
0577－86866061

## 温州市龙湾永中华燕车床加工厂

业务：加工配件
地址：浙江省温州市龙湾区永中镇十八湾沧上路 1 号
负责人：郑炳华　邮　编：325300
法　人：郑炳华
Tel：13057726710
15325029752

## 长春高中压阀门有限责任公司杭州销售处

地址：浙江省杭州市江干区凯旋路 201 号华家饭店 609 室
负责人：卓炳炎
Tel：0571－86024276

## 温州市龙湾蒲州胜武机械加工场

业务：主营：型腔、芯子、电铸、铜极、电极、铜棒、阀芯、阀体、导柱、导套、套管、各种机械配件、汽模配件以及定做各种进口材料配件、各种模具。秉承"质量第一，用户至上，诚实守信"的宗旨，为用户提供最优质的产品及服务。
地址：浙江省温州市龙湾区屿田村史宅路 18 弄 2 号
负责人：林胜武　邮　编：325000
法　人：林胜武
Tel：13758718908
13115889851
Fax：0577－86554320
网址：www.swjxjg.cn

## 温州市彩武螺帽加工场

业务：紧固件加工
产品：紧固件、螺母
地址：浙江省温州市龙湾区状元镇御史桥东路 104 号
负责人：朱彩武　邮　编：325000
Tel：0577－86353238
13857703339

## 杭州旭东液压密封件经营部

地址：浙江省杭州市江干区凯旋路 258 号 51 幢 105 室
负责人：陈旭东
Tel：0571－86033456

## 温州市龙湾沙城金榜管件厂

业务：生产和销售制药、食品、乳品、生化设备、卫生流体配件等设备
产品：各类管件、球阀、闸阀、截止阀、人孔、法兰、视镜、接头、不锈钢管件、卫生级管件
地址：浙江省温州市龙湾沙城工业区
负责人：王永杨　邮　编：325000
Tel：13017821118
0577－86813289
Fax：0577－86813289
网址：http://www.chinajinbang.cn
E-mail：chinajinbang@126.com

## 温州市三环封头厂

业务：压制各种型号各种材质的封头，如椭圆形封头，锥形封头，碟形封头，平封头，U 形圈，冲孔封头等。所制造的封头销售全国各地。
产品：各种封头
地址：浙江省温州市龙湾沙城烟台工业区 B28 号
负责人：孔德杰　邮　编：325025
法　人：孔德杰
Tel：0577－85828281
13600676137
13989757988
Fax：0577－86376308
网址：www.wzshft.com
E-mail：ayfang2005@sina.com

## 浙江辉耀机电设备有限公司

业务：浙江辉耀机电设备有限公司成立于 2006 年 9 月，本单位以生产，滚柱和铜保为主，与各大轴承厂配套，货换货，所以在价格和质量方面有一定的优势和保障。
地址：浙江省湖州市长兴县稚城镇解放东路 157－159 号
邮　编：313100
法　人：李云
Tel：0572－6237569
Fax：0572－6237529

## 浙江省温州市龙湾状元炳荣手推翻斗车加工厂

业务：手推翻斗车的生产制造
地址：浙江省温州市龙湾状元镇状元桥村茅川杨宅巷 2 号
负责人：陈炳荣　邮　编：325011
法　人：陈炳荣
Tel：13957777851
0577－86386988

## 温州市鹿城区临江星炜标准件加工厂

业务：各种金属材料，紧固件产品
产品：不锈钢、合金钢、黄铜、黑铁、十字、一字、紧定螺丝
地址：浙江省温州市鹿城区临江镇选岙村隆鑫路 88 号
负责人：金仲伟　邮　编：325000
法　人：金仲伟
Tel：0577－86458101
13758491108
Fax：0577－86458101
网址：www.xwjgj.com
E-mail：jzw0810@163.com

## 杭州川空阀门有限公司

地址：浙江省杭州市江干区凯旋路 268 号
负责人：陈剑非
Tel：13306507992

## 温州市鹿城区临江益仲五金加工厂

业务：标准件加工、销售
地址：浙江省温州市鹿城区临江镇庄岩新村 4 幢 2 号
负责人：林鹿仲　邮　编：325000
法　人：林鹿仲
Tel：15957713813
0577－86457722
86457711
Fax：0577－86457711

## 温州市鹿城区君敏锁头厂

业务：专业生产各种葫芦型锁头、锁芯及各种锁具配件
地址：浙江省温州市鹿城区上戍乡戴宅路 1 号
负责人：黄君敏　邮　编：325019
法　人：黄君敏
Tel：15867792175
0577－86412066

## 温州市鹿城区双屿干生五金加工场

业务：五金拉手，配件加工
地址：浙江省温州市鹿城区双屿镇屿头南路 72 号
负责人：叶干生　邮　编：325000
法　人：叶干生
Tel：13738718599
0577－88785571

## 杭州欧特莱阀门机械有限公司

地址：浙江省杭州市江干区南肖埠庆春苑 23 幢 2 单元 401 室
负责人：卓火帛
Tel：13905713879

## 温州市亿家乐锁业有限公司

业务：一般经营项目：制造、加工、销售五金锁具。（法律、行政法规禁止的项目除外；应经审批的未获审批前不得经营）
地址：浙江省温州市瓯海经济开发区双堡西路 87－11 号（第 1、2 层）
负责人：王云龙　邮　编：325000
法　人：王云龙
Tel：13806871887
0577－86731222

## 浙江建华五金机电市场上官五金机电经营部

业务：本公司成立于 2004 年，座落于美丽的城市一浙江杭州，以批发为主体兼零售，主营产品正泰开关、电器，杭州梅兰日兰电器，长期销售有鸿雁、松下、四通等多种品牌开关，电视箱、电话箱、多媒体箱、PZ30 空开箱、电视线、电话线、电脑线等多种商品。我们本着"质量第一 诚信服务 薄利多销"的经营理念，以"顾客是上帝"为宗旨，如果这里有您需要的产品请联系我们，我们在收到你的询问后会在第一时间给您一个满意和合理的回复，竭诚希望与您的合作！
地址：浙江省杭州市沈半路 2 号建华五金机电市场第四交易区 49－50 号
负责人：曾小红　邮　编：310015
法　人：官水明
Tel：0571－28822010
Fax：0571－28905584
网址：www.hzjhsc.chinapyp.com
E-mail：xiaohong.zi@163.com

## 温州市瓯海娄桥安民仪表配件加工场

业务：专业从事各类机械配件、各种锁具（3－45）加工，拥有整套完整的生产检测设备、完善的组织机构和一批高素质的专业技术人员，产品质量过硬，受到了广大用户的称赞与好评。另承接来料加工业务。
产品：小蜗杆
地址：浙江省温州市瓯海娄桥街道圻东村陆宅路 13 号
负责人：刘安民　邮　编：325000
法　人：刘安民
Tel：13646557384
Fax：0577－86295257

## 温州市瓯海娄桥阿浩线切割加工店

业务：模具加工、产品加工
地址：浙江省温州市瓯海娄桥街道圻东村前甲路 10 号
负责人：陈浩　邮　编：325000
法　人：陈浩
Tel：0577－86297391

## 温州市瓯海南白象阿明五金抛光加工厂

业务：五金抛光加工
地址：浙江省温州市瓯海南白象横河 53 号
负责人：周石明　邮　编：325000
法　人：周石明
Tel：15857756318
15167488959

## 温州市瓯海南白象登康五金抛光加工场

业务：五金抛光加工
地址：浙江省温州市瓯海南白象霞坊村门前泱 19 号
负责人：姚登康　邮　编：325000
法　人：姚登康
Tel：13587425645

## 温州市瓯海南白象新辉五金加工场

业务：锁具配件加工
地址：浙江省温州市瓯海南白象霞坊村上邱 28－1 号
负责人：鲁常义　邮　编：325000
法　人：鲁常义
Tel：13968839373
0577－56602099

## 杭州振杭五金纺织机械有限公司

地址：浙江省杭州市江干区彭埠镇红五月村五组
负责人：宋坤荣
Tel：0571－86011152

## 温州市瓯海潘桥时宜五金加工厂

业务：专业从事五金制品设计、制造、加工，可来图来样订做加工。我们拥有精密自动车床、数控车床，产品精密高，品质优良，交货及时。竭诚为您提供优质、高效的服务！
产品：各种样式手电筒，电子烟配件，风火轮车灯，各种铜件、锌件、铝件等
地址：浙江省温州市瓯海潘桥镇华亭村上花三弄 15 号
负责人：罗春滚　邮　编：325018
法　人：罗春滚
Tel：13806692329
Fax：0577－86177768
网址：www.wzsywj168.cn
E-mail：laser.2007@yahoo.com.cn

## 温州市瓯海潘桥圣源锁具厂

业务：制造、加工、销售锁具
地址：浙江省温州市瓯海潘桥镇焦下村大门路 49 号
负责人：宋丙国　邮　编：325000
法　人：宋丙国
Tel：13757899003
0577－86290030
Fax：0577－86290030

## 杭州之江度假区华帝装饰五金商行

业务：杭州之江度假区华帝装饰五金商行销售水电材料及五金材料、欢迎新老客户光临回顾！
地址：浙江省杭州市转塘镇良户村郑龙虎家中
负责人：郑胜华　邮　编：310024
Tel：0571－56199736

**温州市瓯海郭溪太明冷风机厂**
业务：专业生产冷风机
地址：浙江省温州市瓯海区郭溪镇郭南村温瞿西路 553 号
负责人：朱明华　邮　编：325000
法　人：朱明华
Tel：13819710821
0577－86126856

**温州市瓯海三垟春光标准件厂**
业务：生产螺丝、螺帽等各种紧固件
地址：浙江省温州市瓯海三垟黄屿村 D 地块标准件生产基地 3 幢 1 号
负责人：吴和光　邮　编：325014
法　人：吴和光
Tel：13605777588
0577－86529880

**温州市瓯海梧田飞跃五金模具加工店**
业务：五金模具设计、加工，家具、汽车摩托车配件生产，来图来样订作
地址：浙江省温州市瓯海梧田北村村前岸路 257 号
负责人：蒋超明　邮　编：325000
法　人：蒋超明
Tel：0577－28992089

**杭州三得利暖通工程有限公司**
地址：浙江省杭州市江干区彭埠镇新塘村五组方家塘路 2 号
负责人：姚剑峰
Tel：13336169922

**双赢自动仪表车床加工厂**
业务：车床加工
地址：浙江省温州市瓯海梧田大堡底村前河路 2 号、4 号
负责人：汤礼西　邮　编：325000
法　人：汤礼西
Tel：0577－86768067

**温州市瓯海梧田青松五金加工场**
业务：五金加工(电器开关柜门锁配件)
地址：浙江省温州市瓯海梧田林村下林路 38 弄 11 号
负责人：宋春松　邮　编：325000
法　人：宋春松
Tel：13857790538
13868310930
0577－88602563

**温州市瓯海梧田鑫龙木工机械销售部**
业务：销售木工机械、配件、刀具及售后服务
产品：销售木工机械、配件、刀具
地址：浙江省温州市瓯海梧田南堡村南堡路 87 号
负责人：刘昌根　邮　编：325000
法　人：刘昌根
Tel：15825675882
Fax：0577－86728682

**杭州欧德五交化有限公司**
地址：浙江省杭州市江干区秋涛北路 128 号(省家电市场老一楼 A052 号)
负责人：陆伟娟
Tel：13018918528

**温州市瓯海梧田观明模具加工店**
业务：模具加工
地址：浙江省温州市瓯海梧田梧埏街村汇头路 38 弄 26 号对面
负责人：钟观明　邮　编：325000
法　人：钟观明
Tel：13968875254
0577－86753149

**浙江省温州市瓯海仙岩林刚仪表加工场**
业务：紧固件
地址：浙江省温州市瓯海仙岩岩一村门前巷 10 号
负责人：卢林刚　邮　编：325300
法　人：卢林刚
Tel：13634295138
15868095046

**浙江省平阳县鑫泰塑料机械制造有限公司**
业务：本公司是专业生产塑料包装机械成套设备的公司，所生产的"鑫泰"牌遮阳网经编机、圆织机、拉丝机、收卷机、圆筒网眼机等系列产品，畅销国内外市场，深受广大用户好评。
地址：浙江省温州市平阳县鳌江镇园林东路(种玉工业园区)
负责人：冯克锦　邮　编：325401
法　人：冯克锦
Tel：0577－63636996
Fax：0577－63639996
网址：www.xintaisuji.com

**温州市瓯海仙岩洪大锁具加工场**
业务：生产自行车锁、摩托车锁、玻璃门锁
地址：浙江省温州市瓯海仙岩渔潭村黎明路 49 号
负责人：曾德铃　邮　编：325000
法　人：曾德铃
Tel：15068457793
15167486298

**浙江省平阳县典力传动机械有限公司**
业务：专业从事传动机械及其他机械设计、制造
产品：传动机械、高杆灯专用卷扬机
地址：浙江省温州市平阳县鳌江镇钢材市场 15－8 幢
负责人：金先生　邮　编：325401
法　人：金办
Tel：0577－63667083
13588907675
Fax：0577－63666906

**浙江省平阳县华强机械有限公司**
业务：专业生产销售塑编机械、包装机械、塑料机械，我们秉承诚实、守信、专业、共赢的经营理念竭诚为您服务。
产品：生产销售，圆织机，拉丝机，全套机械设备及配件
地址：浙江省温州市平阳县鳌江镇贵德新路 101 号
负责人：蔡简总　邮　编：325400
法　人：蔡简总
Tel：0577－63695885
Fax：0577－63691089
网址：http://zjhqjx.com
E-mail：775388839@qq.com

**平阳县凤兴金属结构件厂（原平阳县凤卧铸件厂）**
业务：专业从事精密铸件加工销售，可根据用户需要来图纸样品定做加工，质量保证、交货及时，敬请新老客户洽谈订货
产品：电熨斗底，各种铸件
地址：浙江省温州市平阳县凤卧镇垟头村
负责人：周淑妃　邮　编：325405
法　人：黄兆樟
Tel：0577－63866006
13868577883
网址：www.kukii.cn
E-mail：fwzjc@126.com

**杭州乾通机电有限公司**
地址：浙江省杭州市江干区三里亭路 32 号 302
负责人：方建良
Tel：13588803888

**平阳县丰收环保设备管道安装厂**
业务：环保专用通风管道制作、安装，服务于纺织厂
地址：浙江省温州市平阳县昆阳镇平瑞路 413 号
负责人：蔡丰收　邮　编：325000
法　人：蔡丰收
Tel：0577－83728302

**平阳县一铸机械配件厂**
业务：油压机、液压机铸件加工；各种机械的零部件铸件加工
地址：浙江省温州市平阳县宋桥镇金阳村浦前自然村
负责人：李友义　邮　编：325400
法　人：李友义
Tel：13355885735
0577－63770716
Fax：0577－63770716

**瑞安市旺发食品机械厂**
业务：食品机械制造、销售
地址：浙江省温州市瑞安市马屿镇湖头村菜市场后面
负责人：徐利光　邮　编：325000
法　人：徐利光
Tel：0577－65782298
13088690039

**杭州祥元机电设备有限公司**
地址：浙江省杭州市江干区石桥路 198 号浙江德胜汽配市场内
负责人：马翔
Tel：0571－87222253

**平阳县金玉五金批发部**
业务：经营门锁、门吸、轨道、合页、密码锁、高档防盗锁
地址：浙江省温州市平阳县宋桥镇章桥村粮油西路 1 号
负责人：邱金玉　邮　编：325400
法　人：邱金玉
Tel：13868598083
0577－63775511

**浙江省台州玉环县含鑫机械厂**
业务：浙江省台州玉环县含鑫机械厂成立于 2004 年，是一家专业从事机械加工各种零配件的企业。诚信、求实的"康立"人，将继续奉行"用户至上，质量第一"的宗旨，与您携手共进美好未来。
地址：浙江省台州市玉环县珠港镇后郊村
邮　编：317600
法　人：陈青海
Tel：0576－7242792
Fax：0576－7242791

**瑞安市永力高强度标准件厂**
业务：专业生产以及加工标准紧固件和非标件，拥有精干专业的技术人才及精良的生产设备，产品质量优良，服务诚信周到，欢迎新老客户前来订购！
产品：标准紧固件和非标紧固件
地址：浙江省温州市瑞安市汀田镇联盟村岑歧工业区
负责人：叶晓蝶　邮　编：325206
法　人：叶晓蝶
Tel：0577－65117979
13306776870
Fax：0577－65116969
网址：www.rayl365.com
E-mail：yonglibolt@163.com

**瑞安众信工具有限公司**
业务：生产销售各类装柄成品锤；锻压铸造各类锤头、汽车配件；各类螺丝、螺帽、螺钉！
地址：浙江省温州市瑞安市下湾村联大工业区
负责人：张健　邮　编：325200
法　人：张先生
Tel：0577－65626527
13506650822

**瑞安市祥龙机械厂**
业务：专业化规模化生产气胀轴、套
产品：板片式气胀轴，键式气胀轴，气胀轴配件等
地址：浙江省温州市瑞安市玉海街道竹排头沿江西路 1 弄 3 号
负责人：赵丹丹　邮　编：325000
法　人：赵丹丹
Tel：13645872553
0577－65068263
网址：www.rafeiyang.com
E-mail：fy@rafeiyang.com

**杭州友高精密机械有限公司**
地址：浙江省杭州市经济技术开发区三号路 15 号工行北二楼 212 室
负责人：陈向荣
Tel：0571－82831393

**永嘉县勃勃泵阀有限公司**
业务：设计、制造销售耐腐蚀水泵
地址：浙江省温州市永嘉县马道东路 54 弄 7 号
负责人：郑洪佐　邮　编：325000
法　人：郑洪佐
Tel：0577－67335596
13868627159
网址：www.555b.cn

**永嘉县奥通气动阀门厂**
业务：气动执行器，及阀门成套装置
产品：AW、AW－S，GT，SQZ，QGB，QZ，气动刀型闸阀
地址：浙江省温州市永嘉县瓯北浦西
负责人：余乐波　邮　编：325105
法　人：翁智慧
Tel：0577－57777511
Fax：0577－67988730

**永嘉卓泰阀门制造有限公司**
业务：生产、销售阀门
地址：浙江省温州市永嘉县瓯北镇蔡桥村江北街 165 号
负责人：陈和超　邮　编：325000
法　人：陈和超
Tel：13588920537
0577－21810805

**杭州经济技术开发区宏泰机电修理厂**
地址：浙江省杭州市经济技术开发区下沙镇中沙村三组户主(缪宝泉)住宅房内
负责人：刘泰
Tel：0571－86935735

**永嘉县江海阀门厂**
业务：阀门
地址：浙江省温州市永嘉县瓯北镇和一村共和路 82 号
负责人：陈利泉　邮　编：325000
法　人：陈利泉
Tel：0577－67311301
13456017036
Fax：0577－67950301

**永嘉县双特阀门制造有限公司**
业务：主要生产各种锻钢、铸钢类阀门以及闸阀(平板闸阀，刀型闸阀)、截止阀、止回阀、球阀、低温阀、减压阀、调节阀(电动调节阀，气动调节阀)、电站阀、美标阀、蝶阀、节流阀、疏水阀、针型阀等系列阀门产品。
地址：浙江省温州市永嘉县瓯北镇江北街
负责人：李佰章　邮　编：325000
法　人：李佰章
Tel：0577－67962223
13757726160
网址：http://www.51zzt.com/user/zzt40539/

**丽威液控阀门厂**
业务：生产液控阀
地址：浙江省温州市永嘉县瓯北镇林垟村
负责人：叶成森　邮　编：325000
法　人：叶成森
Tel：13758733193
0577－67318798
67318797
Fax：0577－67318797

**浙江省诸暨市海斌电子机械设备有限公司**
业务：我公司成立于 2000 年，主要生产海斌牌多头多针电脑刺绣机及特种绣花机国产绣花机零部件、打版软件。同时开设绣花机疑难杂症的咨询服务业务。
地址：浙江省绍兴市诸暨市枫桥镇工业区
负责人：阮海斌　邮　编：311811
Tel：0575－87423288
Fax：0575－87426188
网址：这个/www.haibingroup.com/
E-mail：haibin@haibingroup.com?

**永嘉县嘉祥阀门厂**
业务：生产、销售球阀
产品：球阀
地址：浙江省温州市永嘉县瓯北镇塘头村(繁华东路 17 号)
负责人：朱嘉仁　邮　编：325000
法　人：朱嘉仁
Tel：0577－57992821
13758739928
Fax：0577－57992821
网址：www.jiaxiangv.com
E-mail：jiaxiangv@163.com

**永嘉县建富阀门厂**
业务：阀门加工、销售
地址：浙江省温州市永嘉县瓯北镇塘头村大浃
负责人：李建付　邮　编：325000
法　人：李建付
Tel：13587749478
0577－67353244
21813303

**浙江卡瑞龙阀门有限公司**
业务：球阀
地址：浙江省温州市永嘉县瓯北镇五星工业区
负责人：周经理　邮　编：325000
Tel：0577－57766888

**杭州苏阀达尔阀门销售有限公司**
地址：浙江省杭州市上城区郭东园巷 8 号中闽大厦 1206 室
负责人：周文灿
Tel：13859989696

**永嘉县飞特阀门厂**
业务：过滤器
地址：浙江省温州市永嘉县瓯北镇向阳大街 103 号
负责人：叶晓　邮　编：325000
Tel：0577－67993211
21810777
21810778
Fax：0577－21810778
网址：www.ft－valve.com

**杭州扬帆自动化控制设备有限公司**
地址：浙江省杭州市上城区兴隆路 20 号东楼

116 室
负责人:杨金霞
Tel:13093754388

## 永嘉县上浙阀门厂
业务:阀门生产、加工与销售
地址:浙江省温州市永嘉县瓯北镇张堡
负责人:谷建龙　邮　编:325000
法　人:谷建龙
Tel:15958727100
0577－67950756

## 永嘉县胜泰阀门有限公司
业务:各种型号的不锈钢阀门的生产和销售
产品:不锈钢球阀、闸阀等各种阀门
地址:浙江省温州市永嘉县鸥北镇码道西路27弄5－7号
负责人:金战峰　邮　编:325102
法　人:金战峰
Tel:13736976677
0577－67339699
Fax:0577－67339885

## 永嘉县桥头镇楠江饰品厂
业务:塑料饰品、小五金的加工
地址:浙江省温州市永嘉县桥头镇桥西北路197号
负责人:陈黎勇　邮　编:325000
法　人:陈黎勇
Tel:0577－67480578
13868607091
Fax:0577－67480578

## 温州澳美特轻工机械有限公司
业务:阀门(用于食品、医药行业)
地址:浙江省温州市永兴镇富康路165号
负责人:孙作龙　邮　编:325000
法　人:张文
Tel:0577－86822388

## 象山贤庠双立模具厂
业务:模具制造
产品:精铸模、脱腊模、翻沙模、壳芯模
地址:浙江省象山县贤庠镇西泽36号
负责人:黄立位　邮　编:315701
法　人:黄立位
Tel:13957488870
Fax:0574－65641173
网址:www.8870168.cn
E-mail:abcd88688@yahoo.cn

## 义乌市力泰五金压铸厂
业务:生产、销售拉链,拉链头,箱包配件,五金配件
地址:浙江省义乌市赤岸镇乔亭村606号
负责人:阚绪思　邮　编:322000
法　人:阚绪思
Tel:0579－85777024
85777124

## 义乌市力拓五金工具有限公司
业务:主营:组合工具,工具包、工具组套、螺丝批、组合螺丝批、电蚊拍、五金工具及配件、电瓶夹、套筒、批头
地址:浙江省义乌市稠城荷叶塘工业区龙岗路二街12号
负责人:方树良　邮　编:321000
法　人:方树良
Tel:13586968008
0579－85956617

## 义乌市冯志注塑加工厂
业务:模具、塑料产品、注塑机加工
地址:浙江省义乌市稠江街道经济开发区三期(高新北路6号)
负责人:冯志　邮　编:322000
法　人:冯志
Tel:0579－85238069
13732420629
Fax:0579－85238069

## 北山五金制品厂
业务:生产、加工不锈钢
产品:不锈钢非标件
地址:浙江省永康市东城街道溪碧山村
负责人:王健　邮　编:321300
法　人:王健
Tel:13605899992
0579－87151990

**杭州逸永机械制造有限公司**
地址:浙江省杭州市西湖区留下镇留下村
负责人:杜逸松
Tel:13305717651

## 豪旺金属制品厂
业务:豪旺金属制品厂成立于2003年,本厂专业生产五金冲压件,产品有酒吧系列桌椅。本厂秉承""真诚待客,质量至上,用户至上""的宗旨,挚诚欢迎广大客商携手合作,共同发展。
地址:浙江省湖州市安吉县递铺镇义士塔村
邮　编:313300
法　人:俞国平
Tel:0572－5019788
Fax:0572－5013488

## 永康市乐飞五金炊具厂
业务:五金炊具,主营炒锅制造及加工
地址:浙江省永康市石柱镇泉湖工业区305号
负责人:韩安立　邮　编:321000
法　人:韩安立
Tel:13306897510
0579－87353802
Fax:0579－87353801

## 永康市万成工具厂
业务:五金工具的制造与销售
地址:浙江省永康市石柱镇新店村工业区
负责人:李子成　邮　编:321000
法　人:李子成
Tel:15857992969
E-mail:www.wcgj2006@sina.com

## 奇思工艺品厂
业务:专业从事五金、塑料制品、工艺品制造加工,可根据客户要求开模订制,技术先进,设备精良,诚实守信是我们经营的根本,我们期待与您的真诚合作!
产品:滑板车、铝铁锅、沙滩车
地址:浙江省永康市唐先镇长川村永东街203号
负责人:许明思　邮　编:321300
法　人:许明思
Tel:0579－87025007
13235798820
Fax:0579－87025007

## 浙江省永康市可一气动磨具厂
业务:磨具加工
地址:浙江省永康市西城李店二村
负责人:翁益胜　邮　编:321300
法　人:翁益胜
Tel:13705898337
0579－87256400
Fax:13705898337

## 永康市安普数控技术服务中心
业务:机床改装、维修服务
地址:浙江省永康市西城路525号
负责人:胡松庆　邮　编:321300
法　人:胡松庆
Tel:13588612737
15058660088
0579－87365551

**杭州君安动力机械技术有限公司**
地址:浙江省杭州市西湖区塘苗路24号2楼
负责人:何群
Tel:0571－81808766

## 永康市东城法兰锻造厂
业务:锻造法兰
地址:浙江省永康市香格里拉14幢1单元601室
负责人:胡海勇　邮　编:321000
法　人:胡海勇
Tel:0579－87601193

## 余姚市盈盈模具厂
业务:模具的加工、制造
产品:模具产品、CNC雕铣、雕刻、模具设计与制造、产品研发及设计(开关、插座、灯具)
地址:浙江省余姚市低塘街道汤家闸村新洋公路32号
负责人:沈峥波　邮　编:315491
法　人:沈峥波
Tel:13905844621
Fax:0574－62268941
网址:www.zjyingying.cn
E-mail:nbob849@sina.com

## 余姚市明和模具加工场
业务:模具加工
地址:浙江省余姚市低塘街道郑巷村(徐家岙)
负责人:严银江　邮　编:315000
法　人:严银江
Tel:0574－62232512
15557019606

## 浙江省诸暨市振华液压科技有限公司
业务:本公司成立于2005年,主要从事研究、开发、设计、制造、销售:液压设备和气动力机械及配件,制冷设备及配件,水暖,汽车,五金配件。公司以质量求生存、以信誉求发展,欢迎来电洽谈业务!
地址:浙江省绍兴市诸暨市枫桥镇钟瑛新村100号
负责人:陈振华　邮　编:311811
法　人:陈振华
Tel:0575－87165585
Fax:0575－87165586

**杭州欣瑞机电设备有限公司**
地址:浙江省杭州市西湖区天目山路7号东海宾馆816房
负责人:刘兵
Tel:0571－85211189

## 余姚市奋发自动化机械设备厂
业务:生产、销售全自动压帽机、全自动搓丝机、全自动攻丝机、冲床自动送料机,不锈钢振动盘
地址:浙江省余姚市低塘街道郑巷村郑巷南路5号
负责人:肖文波　邮　编:315000
法　人:肖文波
Tel:13373898458
0574－62294808
网址:http://xiaowenbofa.cn.alibaba.com

## 余姚市金荣钣焊加工厂
业务:电焊产品,钣焊加工
地址:浙江省余姚市凤山街道永丰村(金邵7号)
负责人:张金荣　邮　编:315400
法　人:张金荣
Tel:0574－22688891

## 湖州宝峰皮革机械有限公司
业务:本公司成立于2000年,拥有20多名员工。主要经营:皮革机械、喷浆机、绷板机的生产与销售。多年以来,我们以卓越的品质,优质的服务竭诚为您服务。
地址:浙江省湖州市菱湖镇公园南路116号
邮　编:313018
法　人:章宋壮
Tel:0572－3946168
Fax:0572－3946168

## 余姚市兴泰精工塑模厂
业务:模具生产、加工
产品:塑料件、五金件
地址:浙江省余姚市富巷北路7弄2号
负责人:潘国新　邮　编:315000
法　人:潘国新
Tel:13958361583
0574－62814839
Fax:0574－62637123

## 余姚市中鼎机械制造厂
业务:机械配件铸造.金属制品加工.机械制造
地址:浙江省余姚市河姆渡
负责人:陈乾新　邮　编:315000
法　人:陈乾新
Tel:0574－88011772
13071986351

## 余姚市黄家埠亦诚同步带轮厂
业务:生产和销售同步带轮
产品:同步带轮
地址:浙江省余姚市黄家埠镇韩夏村韩夏南路13号
负责人:章洪光　邮　编:315000
法　人:章洪光
Tel:0574－62021132
15867350765
Fax:0574－62021132

**杭州昊天工业自动化设备有限公司**
地址:浙江省杭州市西湖区文二路206号金地大厦1201室
负责人:李井宽
Tel:13305711295

## 余姚舜禹环保设备有限公司
业务:研发、制造水处理设备
产品:过滤器
地址:浙江省余姚市经济开发区城东新区邵南路以南
负责人:耿建平　邮　编:315000
法　人:耿建平
Tel:15888099919
13777930069
0574－82298970
Fax:0574－62232939
网址:www.yy－sy.com
E-mail:shunyu@yy－sy.com

## 余姚市宏威冲件厂
业务:生产水暖冲压件、压力表外壳、豆浆机冲件
地址:浙江省余姚市兰江街道丰杨河村
负责人:郭定坤　邮　编:315408
法　人:郭定坤
Tel:0574－62592045

**杭州佳和机械科技有限公司**
地址:浙江省杭州市西湖区文二路235－1号1号楼303室
负责人:王建
Tel:0571－85186716

## 余姚市创发塑料模具有限公司
业务:塑料制品、五金件、汽车配件、模具的制造、加工
地址:浙江省余姚市兰江街道谭家岭村
负责人:邵建其　邮　编:315400
法　人:邵建其
Tel:13486442057
0574－62779332

## 余姚市祥烨五金厂
业务:生产与销售五金配件,以汽配、摩托车配件为主
产品:汽配、摩托车零配件
地址:浙江省余姚市陆埠镇江南村(应家闸62号)
负责人:李祥波　邮　编:315000
法　人:李祥波
Tel:0574－62391669
13958363853

## 余姚市乐亿机械配件厂
业务:机械配件、五金件的制造、加工
地址:浙江省余姚市陆埠镇蒋岙村(3队257号)
负责人:蒋乐焕　邮　编:315000
法　人:蒋乐焕
Tel:0574－62318061
13071902365

## 诸暨市神涂机械制造有限公司
业务:诸暨市神涂机械制造有限公司成立于2005年9月,是专业生产各种高压无气喷涂机,高压软管,工程机械,特殊接头等系列产品.完善的售后服务是我们一贯秉承的服务理念,您的满意是我们最大的欣慰,是赐于我们的最高奖赏,我们永远将为您提供最优质的产品与服务。创新、务实、高效、追求卓越"我们致力于这一经营理念,遵照现代化企业模式进行管理,通过不断强化内部管理来提高综合实力,愿与各界同仁互惠互利,共创辉煌灿烂的明天。
地址:浙江省绍兴市诸暨市店口镇小山坞村
邮　编:311835
法　人:袁方明
Tel:0575－7651367
Fax:0575－7651367

**杭州欣凯自动化工程有限公司**
地址:浙江省杭州市西湖区文苑路2号726室
负责人:陈琰琰
Tel:13735516833

## 余姚市荣利管件厂
业务:油管总成、液压接头
产品:液压配件
地址:浙江省余姚市丈亭镇新民北路54－20号
负责人:孙爱武　邮　编:315000
法　人:孙爱武
Tel:13777176058
0574－62971865
Fax:0574－62971865

## 浙江省玉环县海创机械厂
业务:专业从事装饰卫浴、电子电器、眼镜链、机械零部件设计、加工、销售,我们拥有精干专业的技术人才及精良的生产设备,产品质量优良,服务诚信周到,欢迎新老客户前来业务洽谈!
产品:眼镜配件、电器配件、锁体配件等异型材料
地址:浙江省玉环县珠港镇大麦屿棉花塘工业区
负责人:王小明　邮　编:317604
法　人:王小明
Tel:13073861082
Fax:0576－87339586
E-mail:ttzv125@126.com

## 舟山市双象橡塑机械有限公司
业务:料筒、螺杆及其他塑料、橡胶加工机械制造、加工
地址:浙江省舟山市定海区金塘镇新道西路120号
负责人:贺国梁　邮　编:316000
法　人:贺国梁
Tel:0580－8043930
13957220155

## 诸暨市店口众盈佳模具厂
业务:模具设计、加工
地址:浙江省诸暨市店口镇振兴路60—11—12号
负责人:冯伟建　邮　编:312000
法　人:冯伟建
Tel:0575－87068177
15988282767

**杭州凯城机电设备安装有限公司**
地址:浙江省杭州市西湖区文苑路606号1168室

负责人：徐新华
Tel：13336019221

**桐庐永宏水暖件厂**
业务：本公司成立于2001年，拥有50多名员工。主要经营加工水暖配件（也与多家国外厂家常期全作）。本公司拥有最先进的设备和技术，多年以来，精益求精，追求卓越是我们的目标。
地址：浙江省杭州市桐庐县瑶琳镇东琳村杨家
邮 编：311500
法 人：徐永庆
Tel：0571－64372707
Fax：0571－64372707

**诸暨市鸿川管业有限公司**
业务：水暖配材管件、五金机械及配件、汽车零部件、Pp－R管材管业、PE管材管业等品种专业生产
地址：浙江省诸暨市店口镇中里村里市坞188号
负责人：姚柏庆 邮 编：311835
法 人：姚柏庆
Tel：0575－87619879
87619925

**诸暨市木林森台板厂**
业务：绣花机台板
地址：浙江省诸暨市暨阳街道邱村347号
负责人：侯云飞 邮 编：312000
法 人：侯云飞
Tel：13567524148
0575－80703016
Fax：0575－80703012

**诸暨市江辉机械配件厂**
业务：五金配件
地址：浙江省诸暨市阮市镇大白浦村
负责人：金江辉 邮 编：312000
法 人：金江辉
Tel：13675762062
0575－87625113
Fax：0575－87625113

**杭州科联机电设备有限公司**
地址：浙江省杭州市西湖区文苑路606号1173室
负责人：吴志明
Tel：0571－86976150

**杭州祥瑞电子机械有限公司**
地址：浙江省杭州市西湖区文苑路606号2001室
负责人：周雯
Tel：13336096156

**湖州宝峰皮革机械有限公司**
业务：本公司是专业生产皮革机械研制，开发制造的企业，是皮革机械行业重点骨干企业。十多年来，本公司致力与皮革机械新产品开发，至今已开发生产出全自动电脑喷浆机，链带式绷平干燥机，削匀机，滚熨机，磨革机，通过式熨平机等16种机型30余种产品。公司愿为您提供优良的产品和优质的服务，并将不断推出新型适合猪，牛，羊皮，整饰皮革加工服务设备，以满足制革生产工艺的要求。热忱欢迎您的选购，使用我公司产品，为此表示衷心感谢！
地址：浙江省湖州市菱湖镇公园南路116号
负责人：章荣壮 邮 编：313018
法 人：章荣壮
Tel：0572－3946168
Fax：0572－3946168

**余姚市双燕模具加工店**
业务：模具加工、产品加工
地址：浙江省余姚市模具城金盛二路137号
负责人：陈旭名 邮 编：315400
法 人：陈旭名
Tel：13586752388
0574－22706865

**杭州川田起重设备有限公司**
地址：浙江省杭州市西湖区文苑路606号2028室
负责人：赵纪才
Tel：0571－85103623

**杭州绿绵安特分析系统装备有限公司**
地址：浙江省杭州市西湖区西溪路525号A楼西区318室
负责人：瞿海斌
Tel：0571－87178257

**杭州焊一焊接设备有限公司生产分公司**
地址：浙江省杭州市西湖区西溪路884号
负责人：蔡绪忠
Tel：0571－88936947

**金华市磐安县双赢弹性元件厂**
地址：浙江省金华市磐安县安文镇月山路152号
负责人：吴立明
Tel：13905893736

**浙江省余姚市信质塑模厂**
业务：生产塑料模具
地址：浙江省余姚市模具城金型路107－16号、17号
负责人：黄世列 邮 编：315400
法 人：黄世列
Tel：13958374467
0574－62772992

**黄岩兴华塑料五金厂**
业务：黄岩兴华塑料五金厂专业生产汽车、摩托车配件，产品质量保证，深受客商青睐和好评。本厂宗旨："以质量求生存，以品种求发展"。全厂员工竭诚欢迎更多的国内外客商前来洽谈贸易，共同发展。
地址：浙江省台州市黄岩区城关印山路320号
邮 编：318020
法 人：胡正财
Tel：0576－4190552
Fax：0576－4190552

**宁波震励机械有限公司**
地址：浙江省宁波市经济技术开发区大港工业城南海路67号
负责人：罗士良
Tel：0574－86863851
13586581680

**瑞安市友泰机械有限公司**
地址：浙江省瑞安市飞云镇林垟大桥村
负责人：陈奇
Tel：0577－65599985
13566152524

**遂昌永辉机电设备五交化有限公司**
地址：浙江省遂昌县妙高镇凯恩路20号
负责人：张云岳
Tel：0571－85364732
13958067941

**汇发电刷镀成套设备有限公司**
业务：汇发电刷镀成套设备有限公司成立于2005年，主要生产电刷镀。"诚信为本，信誉第一，客户至上"，热诚欢迎各方客户惠顾。
地址：浙江省温州市飞霞南路海螺龟湖商住小区4幢112室
邮 编：325000
法 人：叶树荣
Tel：0577－88892883
Fax：0577－88890877

**玉环县端永机械厂**
地址：浙江省台州市珠港镇城关前塘工业区
负责人：郑端永
Tel：13018884428

**乐清市耀林工控设备有限公司**
业务：乐清市耀林工控设备有限公司专业代理销售全球知名品牌的工业自动化产品，集产品销售、技术开发和服务于一体。公司具有丰富的国外产品代理经验，多年来与世界各国的著名厂商相继建立了良好的合作关系，代理销售产品多为国际知名品牌，主要产品为各种变频器、plc、人机界面、伺服、传感器、自控元器件等，这些产品已广泛应用于国内各工业领域，公司依仗品牌的优势，以灵活的经营方式，多渠道，全方位地为客户提供世界先进的自动化产品。
地址：浙江省清市柳市镇长虹路56号
负责人：郑洁云 邮 编：325604
法 人：郑洁云
Tel：0577－62750744

**正达五金工具厂**
地址：浙江省温岭市温桥镇古井路1－3号
负责人：李如正
Tel：0576－86969095
86966374
13605868199

**余姚市绍明管件加工厂**
业务：管件加工
地址：浙江省余姚市丈亭镇寺前王胡家47号
负责人：胡绍明 邮 编：315410
法 人：胡绍明
Tel：15258377143
13989321530

**精强机坯厂**
地址：浙江省温岭市新河镇娄坳村
负责人：梁夏秋
Tel：0576－86565219
13306868059

**嘉善超亿紧固件有限公司**
业务：嘉善超亿紧固件有限公司成立于2005年，是一家生产紧固件及其制品的专业企业，公司集产品的制造、销售、服务于一体，引进台湾进口的螺丝生产设备，采用正规厂家生产的优质原材料进行生产；以质量求生产，以信誉求发展，满足客户需求。目前我公司生产范围：墙板钉、纤维板钉、自攻螺丝及其他非标产品等。本着诚信经营的理念，欢迎新老客户来电来函！
地址：浙江省嘉兴市嘉善县里泽工业园区湘家路80号
邮 编：214117
法 人：王强
Tel：0573－4779668
Fax：0573－4779669

**温州市中特锁业有限公司**
地址：浙江省温州市高新产业园区（前街段）
负责人：张惠中
Tel：0577－86912788
13566275587

**乐清市恒泰模具厂**
业务：乐清市恒泰模具厂是一家专业制造注塑模具、五金冲压模具、铝模、胶木模具的生产厂家。模具出口远销美国、以色列、土耳其、伊朗等国家和地区，得到了国内外客户的一致好评。
地址：浙江省乐清市虹桥镇振兴西路255号
邮 编：325608
法 人：刘尧华
Tel：0577－62325570
Fax：0577－62325571
网址：www.ht－mold.com

**田兵模具加工场**
业务：模具加工
地址：浙江省温州市龙湾永兴街道水潭村永强大道3729号
负责人：田兵 邮 编：325000
法 人：田兵
Tel：13957728401

**温州市储信管业有限公司**
地址：浙江省温州市龙湾区永中罗东景院南12幢305室
负责人：张积储
Tel：0577－86885554
13587967805

**温州市胜利电镀厂**
地址：浙江省温州市前程电镀基地二路2号
负责人：何进良
Tel：0577－88772309
88760190

**缙云县求精缝纫配件厂**
业务：缙云县求精缝纫配件厂成立于2000年，是一家集生产与销售缝纫机配件为一体的厂家。热忱欢迎广大新老客户光临、惠顾！
地址：浙江省丽水市缙云县壶镇工联吕花园
负责人：卢干勤 邮 编：321400
法 人：卢干勤
Tel：0578－3152328

**瑞安市黄锦满建筑机械厂**
业务：专业从事大型建筑机械加工、生产、销售，本厂拥有精干专业的技术人才及精良的生产设备，产品质量优良，服务诚信周到，欢迎新老客户前来订购！
产品：350型搅拌机、立式搅拌、切割机、300型搅拌机
地址：浙江省温州瑞安市芳庄乡
负责人：黄锦满 邮 编：325213
法 人：黄锦满
Tel：13626588338

**温州金钥匙锁业有限公司**
地址：浙江省温州市梧田镇慈湖路687栋6号
负责人：沈海录
Tel：0577－86728911
13957729688

**万顺机械厂**
地址：浙江省温州市永嘉县桥下镇塘坑村
负责人：唐后国
Tel：0577－67352535
13777719198

**嘉兴市振琪塑料五金有限公司联星分公司**
业务：嘉兴市振琪塑料五金有限公司联星分公司成立于2005年，从事塑料气泡膜的生产及销售。本着"信誉第一，质量至上，交期快捷，价格优惠"的企业经营理念，追求及做到"尽善的品质＋尽美的服务＝您的选择！"。
地址：浙江省嘉兴市南湖区余新镇工业园
邮 编：314009
法 人：徐文荣
Tel：0573－3169082
Mobile：13757323130

**诸暨市亿涛五金厂**
业务：水暖配件
地址：浙江省诸暨市阮市镇横阔村甘溪坞77号
负责人：周马江 邮 编：311826
法 人：周马江
Tel：0575－87697881
13185759283

**台州市黄岩亚大塑料模具厂**
业务：本厂是一家专业设计制造各类大小塑料模具的厂家，全部采用cad/cae/cam一体化制造技术，主要从事汽车配件、摩托车、家用电器，日用品，周转箱、等注塑模以及各种拉伸模具。本企业以""科技兴厂，质量取胜，价格合理，恪守信誉""为宗旨。完善的质量管理体系，良好的售后服务，赢得客户的广泛信赖。竭诚欢迎国内外新老客户考察指导！
地址：浙江省台州市黄岩西城罗家汇
负责人：方林吉 邮 编：318020
法 人：方林吉
Tel：0576－84278116

**缙云县力帅吊装设备有限公司**
业务：缙云力帅吊装设备有限公司是LS永磁吊装器（又称永磁吸盘，永磁吸吊器，永磁起重器）等磁性设备的专业化生产，研发厂家。本厂设备精良，检测手段完备，工艺先进，体制健全。产品已遍布全国各地，深受新老客户好评。
地址：浙江省丽水市缙云县壶镇工联工业区5号
负责人：杜蒙军 邮 编：321404
法 人：杜蒙军
Tel：0578－3266567
Fax：0578－3263799
网址：www.cnlishuai.com
E-mail：lscy3266567@126.com

**永康市柿后国信工业炉制造厂**
地址：浙江省永康市芝英街道柿后村
负责人：胡国旗
Tel：0579－87434241
8435332
87432280
13858901161
13506597548

## 嘉善县苏达机械有限公司

嘉善县苏达机械有限公司成立于1994年，专业从事机械锻压铸造，拥有2500T模锻线的设备。

公司本着以“以质量求生存，以信誉求发展，打造精品”为宗旨，一直凭着优质的产品质量和良好的信誉，赢得了广大客户的信赖和认可。

欢迎新老客户光临指导，洽谈业务。

联系人：潘斌 13857339777
电话：0573－84647388 地址：浙江省嘉兴市嘉善县惠民工业区惠诚路85号
传真：0573－84647390 邮编：314112

## 臨安杭昱機械設備有限公司

临安杭昱机械设备有限公司成立于2009年，主要从事于节能灯、螺旋灯设备和模具的加工。

公司始终以“以人为本，科技领先，诚信经营，创知名品牌”为宗旨，一如既往为客户提供可靠的产品，完善的服务，共同发展，共创佳绩。

欢迎国内外新老客户光临，互利互惠、携手共进！

联系人：黄浩军 13868001219
电话：0571－61060838 传真：0571－61060838
地址：浙江省临安市高虹镇高虹大街8号 邮编：311300

## 建德市仕洋机械铸造有限公司

本公司专业从事机械加工，始终为顾客提供满意的产品和服务是我们的追求。我们愿与各界人士、八方朋友携起手来，共同创造我们明天美好的生活、辉煌的事业。

联系人：林时垟
电话：0571-64186186
地址：浙江省建德市三都镇镇头村 邮编：310026

## 宁波鼎华实业有限公司

鼎华实业位于有“中国模具之乡”和“中国文具之都”称号的宁波。公司拥有现代化精密模具生产和综合性办公用品生产二大产业，正在建立集生产、研发、培训于一体的“鼎华工业园”，为公司规模化发展提供了广阔的空间。重视和加强技术改造、技术创新和产品结构调整，积极开拓国内外市场，以严格的质量管理、先进的技术设备、完善的服务，生产更加优质的产品，为客户创造价值最大化，推动中国模具和文具行业发展而努力。

联系人：娄士超 13516880728
电话：0574－65330366 网址：www.chinadinghua.com
地址：浙江省宁波市斗门张村 邮编：315000

## 坎墩一特五金配件有限公司

公司成立于2005年，主要经营五金，家具，机械配件及各类配件，为广大客户提供“优质的产品，称心的服务”是我们一直不懈追求的目标！

电话：0574-63285997 63281876
联系人：史凡 传真：0574-63281876
地址：浙江省宁波市慈溪市坎墩街道直塘村 邮编：315300

## 宁波市鄞州浩达工具厂

宁波市鄞州浩达工具厂成立于2005年，专业生产螺丝刀刀杆，一字螺丝刀杆，十字螺丝刀杆，产品质量可靠，拥有先进的管理方法。我们将以最具市场竞争力的价格和服务与您合作以达到互惠互利！ www.nbhaoda.net.cn

联系人：胡明浩
手机：13957859467
传真：0574-88466880 邮编：315000
地址：浙江省宁波市鄞州区小城春秋26栋306室

## 乐清史利得工具有限公司

本公司主要产品有M42双金属开孔器、H.S.S高速钢开孔器、T.C.T合金开孔器、木工开孔器、螺丝批咀系列、以及飞机型、球型系列。集研发设计、生产销售于一体，专业开发生产了九个系列的产品，并能按照用户需要生产各种特殊规格的产品。技术先进，质量稳定，管理科学，以最优的性价比，真诚面对每一个客户。

联系人：陈芝松
电话：0577-62258222、62259397、13780113344 传真：0577-62259397
地址：浙江省乐清市南塘镇东山工业区 邮编：325600

## 宁波市鄞州邱隘欣日锯条修配店

宁波市鄞州邱隘欣日锯条修配店成立于2008年，本店主要经营批发、零售、修配各种规格带锯条。

主要产品有木工锯、像佩锯、双金属带锯。本店热忱欢迎国内外有识之士、新老客户、经销商垂询、惠顾，携手合作，共创明日辉煌！

联系人：易铭惠 13857401784 电话：0574-88162790
地址：浙江省宁波市鄞州区邱隘镇盛垫泗港路 邮编：315101

## 丽水市钰力机电有限公司

丽水市钰力机电有限公司成立于2006年，本公司专业制造：pu/pvc合成皮干式制造设备/附属加工设备，pu合成皮湿式制造设备/附属加工设备，pvc发泡壁纸制造设备/附属加工设备，尼龙布上胶制造设备/附属加工设备，pvc发泡止滑垫制造设备/附属加工设备，pu/pvc合成皮后处理制造设备/附属加工设备，合成革设备专业维修/配件专卖，合成革设备专业改造/搬迁。

本公司秉承“顾客至上，锐意进取”的经营理念，坚持“客户第一”的原则为广大客户提供优质的服务。欢迎广大客户惠顾！

联系人：许文斌
电话：0578-2952928 13901495455 邮编：323000
传真：0578-2951080 地址：浙江省丽水市莲都区水阁街道埠店村91号

## 浦江县老马水晶机械加工厂

浦江县老马水晶机械加工厂成立于2008年8月，以机械加工为主。公司秉承“顾客至上，锐意进取”的经营理念，坚持“客户第一”的原则为广大客户提供优质的服务。欢迎惠顾！

联系人：马德元
电话：0579-84178418 手机：13600698848
地址：浙江省金华市浦江县仙华街道项宅村后宅新区 邮编：321000

## 盛昌金属拉管厂

本公司成立于2005年，专业从事滑动轴承、铝管拉伸等加工销售(用于化妆品、圆珠笔、冰箱、工艺品等产品的铝管)。

以质量求生存，以信誉求发展，欢迎新老客户来电来函洽谈业务！

联系人：韩小军　13738408861
电话/传真：0574－62058577
邮编：315400
地址：浙江省余姚市临山镇东城南路22－5号

## 台州市黄岩诚达涂装设备厂

台州市黄岩诚达涂装设备厂成立于2007年，本厂主要经营定制工业流水线。公司本着“客户第一、质量第一、诚信至上”的经营方针，严把质量关，与多家企业建立了长期的合作关系。热忱欢迎各界朋友前来参观、考察、洽谈业务。

联系人：韩君成　邮编：318000
电话：13777635440　0576-84180052
地址：浙江省台州市黄岩区南城民建村286号

## 台州市黄岩汉鑫工贸有限公司

台州市黄岩汉鑫工贸有限公司是位于民营经济比较活跃的东海之滨，公司本着“以客户为中心、坚持团队合作、诚信正直、不断改进与创新”的核心理念，坚持“按QCD要求，确立经营基础；培养人才，促进企业自立；质量第一，加速企业发展”的企业行动要素，追求企业的可持续发展。目前为海内外多家客户进行产品开发设计。

电话：0576－84085060　13905763721　联系人：任文仲
地址：浙江省台州市黄岩区拱新大道32号　邮编：318000

## 桐乡市濮院挺伟针织机械配件销售商行

本公司成立于2007年，主要经营针织机械配件，五金工具的代理销售业务。

本着顾客至上、质量第一的服务宗旨，热情欢迎广大客户前来参观。

联系人：李下
15958307838
13586243600
电话：0573-88698206
邮编：314000
地址：浙江省桐乡市濮院大道399号（濮院针织机械辅料城1206号）

## 浙江省开化县银鑫玻雕

本公司成立于2000年，主要经营建材，五金，装饰玻璃。

公司本着“品质第一，诚信至上”的服务宗旨，竭诚为您服务。

联系人：郑海军　13567020666
电话/传真：0570－6161662
邮编：324300
地址：浙江省开化县回滩新区

## 王江泾东东五金电焊店

王江泾东东五金电焊店于2004年成立，本店专业承接五金、板材焊加工，我们本着服务至上、诚实守信的原则，以过硬的技术，公平的价格，欢迎新老客户的光临。

联系人：李东东　13967326996　邮编：314000
地址：浙江省嘉兴市秀洲区王江泾镇长虹村纺机市场B栋7号

## 温岭市永博机械设备厂

永博自动化是专业生产制造YB－32型自动车床，本机床采用先进的数控系统及PLC工控技术，可视化的人机控制界面，使操作简便、快捷、可代替工人加工各种圆型、方型、六角帽等阀门水暖配件及汽车、摩托车配件、大大提高了生产效率。永博向客户郑重承诺：用第一时间的速度，竭诚为您服务。

联系人：颜希艇
电话：13906565773　0576-86519117
地址：浙江省温岭市滨海镇中海工业区
网址：www.tzyongbo.com
邮编：317503

## 温州复兴锻造有限公司

网址：www.forsung.com

公司成立于1998年，提供各种吊钩、各种形状尺寸的模具、汽车、齿轮坯等各种铸件，主要产品有各种拖车钩、拉紧器钩、齿轮坯、法兰、辊芯等各种锻件。

企业一直以“质量第一，信誉至上”的方针和“一切以顾客为中心”的思想作为核心指导，热忱欢迎五湖四海的朋友来司洽谈合作。

联系人：葛晓特　13587494363
电话：0577-65170025
传真：0577-65527600
邮编：325206
电子邮件：gexiaote@163.com
地址：浙江省瑞安市莘塍镇东新工业园

## 温州市苍南县曹光夫氧化电镀厂

温州市苍南县曹光夫氧化电镀厂成立于2005年，本厂专业从事铜、铝牌商标、各种电镀的生产与销售。

我们将以优质的产品质量，合理的价格，完善、及时的售前售后服务，竭诚为您提供最佳的服务！

联系人：曹光夫　邮编：325000
电话：0577-82719540　13958788123
地址：浙江省温州市苍南县金乡镇电镀园区A幢17号

## 温州市龙湾海城星力压铸厂

温州市龙湾海城星力压铸厂成立于1999年，温州市龙湾海城星力压铸厂位于温州市龙湾区海城街道。本厂专业从事生产电动工具配件。公司秉承“顾客至上，锐意进取”的经营理念，坚持“客户第一”的原则为广大客户提供优质的服务。质量是企业的生命，所以我们始终将其放在生产的第一位。欢迎广大商友惠顾！

联系人：戴贤国
电话：13968898699　0577－85223852
地址：浙江省温州市龙湾区海城街道新兴路22号　邮编：325000

## 温州市龙湾沙城顺勤模具厂

温州市龙湾沙城顺勤模具厂，历史悠久技术力量雄厚，致力于浇铸失蜡模具，是本地区较早的生产厂家，具有丰富的经验。

本公司专业制造各种阀门、水泵、机械件等，精铸失腊铝型模具。另：数控铣对外加工、弯头、三通、异径、汽车门窗模具等。我厂生产的模具工艺合理，脱模方便，产品技术性能达到行业标准，建厂以来始终以“顾客的满意是我们志高的荣幸”为宗旨，热情迎新老客户来人来函来电洽谈业务，携手并进。

联系人：王荣勤
电话：0577－86810103 81881378
地址：浙江省温州市龙湾区沙城镇北工业区八甲段香江路4号
网址：www.wzsqmj.cn 邮编：325025

## 雁荡山机械工具厂

雁荡山机械工具厂成立于1987年，本厂专业生产电锤钻头、开孔器等系列产品。现有主导机械产品：自动仪表车床、车台肩、车削长，轴类有导套、自动螺纹专用铣床：有数控的、有模拟电路的、自螺钻等有螺纹的产品。全自动立式、卧式、专用铣床。能铣三角、四角、五角等多面体。自动双头铣床：能铣两面对称一次同时做完。自动磨床：能磨高速钢开孔器、自动分度、多齿全磨制一次做完。

本厂以诚信的服务，科技创新的力量为主体，与时共进，创新永恒。厂长施亨庆和全体员工，欢迎新老客户光临惠顾，忠诚为您服务。

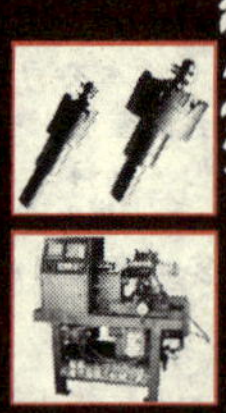

联系人：罗秀萍 13396873111 网址：www.ydzt.com
电话：0577－62171118 62172100 传真：0577－62172100
地址：浙江省温州市乐清市雁荡山镇靖西路53号 邮编：325613

## 温州市龙湾永中阿仁法兰加工厂

温州市龙湾永中阿仁法兰加工厂成立于2006年，本公司是一家法兰、法兰盘等法兰产品的专业生产加工厂家。公司拥有先进、专业的生产设备、现代化的制造车床设备。产品广泛于国内各类建筑行业。产品畅销国内市场。欢迎各界朋友莅临指导、参观和业务洽谈。

联系人：黄昌仁
手机：1370665428 传真：0577-86933718
地址：浙江省温州市龙湾区永中街道朱垟村 邮编：325000

## 永嘉县建胜锻业有限公司

是一家专门从事阀门的企业。

热忱欢迎各界朋友来电洽谈业务！

联系人：王兴建 13588919529
电话：0577-67293335 67293869
邮编：325100
地址：浙江省温州市永嘉县瓯北镇碧莲村育英路20号

## 温州市瓯海郭溪强康锁具厂

温州市瓯海郭溪强康锁具厂成立于2008年。

一家专门从事锁具生产销售的企业。

欢迎广大新老客户光临！

电话/传真：0577-86125337

## 永嘉县瓯北镇金明阀门配件厂

永嘉县瓯北镇金明阀门配件厂是一件专业生产封圈，闸板，阀杆螺母，螺栓，填料压套等阀门配件美标式的企业。

欢迎新老客户洽商！

联系人：唐金明
电话：0577-67361147 传真：0577-67960860
邮编：325105
地址：浙江省温州市永嘉县瓯北镇东方村东方路62号

## 温州市震华电器厂

温州市震华电器厂主要生产直流齿轮减速电机。

我们秉承“顾客至上，锐意进取”的经营理念。

坚持“客户第一”的原则为广大客户提供优质的服务。

欢迎广大客户惠顾！

联系人：金中秋 13806689941
传真：0577-86722988
电话：0577-86722987 86722988
邮编：325000
地址：浙江省温州市牛山沙门路126号

## 余姚市盛达轴承厂

余姚市盛达轴承厂成立于1998年，目前生产微小型轴承，年生产轴承近1500万套，拥有国内先进的轴承专业生产制造设备和完善的检验设备，具有先进的工艺方法和检验手段。深受国内客户好评。

工厂面对激烈的市场竞争，始终以“质量第一，信誉至上”为宗旨，竭诚为每一个客户提供一流的产品，一流的服务，以互惠互利的原则真诚合作，谋求共同发展。愿我们成为永久的伙伴，欢迎新老客户来信、来电、来人洽谈业务。

联系人：鲁韩均 13905847828 传真：0574-62298089
电话：0574-62298388 62298089 网址：www.yysdzc.com.cn
地址：浙江省余姚市朗霞街道 邮编：315480

## 新昌县南明街道瑞武机械厂

联系人：潘瑞林

## 玉环县九龙五金机电有限公司

玉环县九龙五金机电有限公司成立于2006年，本公司专业从事高低压电器、电线电缆、高低压成套设备的销售。公司秉承"顾客至上，锐意进取"的经营理念，坚持"客户第一"的原则为广大客户提供优质的服务。欢迎惠顾！

联系人：林林举

电话：0576-87333968 传真：0576-87379833
地址：浙江省台州市玉环县珠港镇大麦屿龙山路108号 邮编：317604

## 浙江海盐县通元元丰五金厂

浙江海盐县通元元丰五金厂成立于2007年，专业生产各种规格全螺纹牙条（丝杆），地脚栓。质量可靠，价格合理，热忱欢迎新老客户惠顾！

联系人：姜建军
电话：0573-86611872　13706831578
地址：浙江省嘉兴市海盐县通元镇工业园区
邮编：314306

## 舟山市新城荣康船舶配件经营部

舟山市新城荣康船舶配件经营部成立于2008年，本经营部经销进口柴油发动机配件、二手及全新发动机。主要产品有康明斯配件、卡特彼勒配件、三菱、劳斯莱斯配件、船用陆用二手及全新发动机和发电机组、专用润滑油同滤芯器。

舟山市新城荣康船舶配件经营部本着"以人为本、科技兴厂"的发展理念，始终坚持"品质第一"为宗旨，真诚期待与您携手共创辉煌。

联系人：阳军　18967232828
电话：0580-2085048
传真：0580-2085348
电子邮件：728424440@qq.com　邮编：316000
地址：浙江省舟山市船用品市场30幢东十一路7号合东十二路10号

## 浙江华业塑料机械有限公司

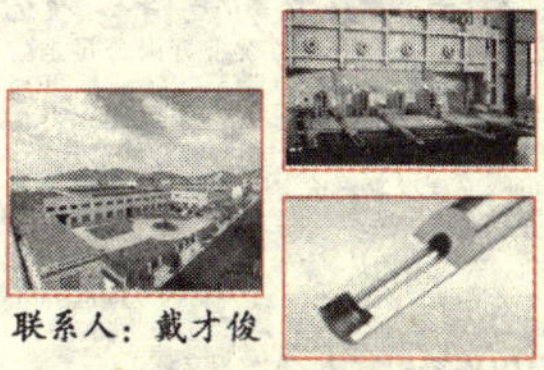

浙江华业塑料机械有限公司是目前国内最大生产精密螺杆、机筒、锥形、平行双螺杆，双孔机筒及附件的专业生产基地之一，是首家引进国际先进的技术与设备、全自动流水线的企业，生产的产品，远销国内外。

欢迎您的惠顾，我们将竭诚为您服务！

联系人：戴才俊
电话：0580-8050286　8052060
传真：0580-8052060
网址：www.huaye-machinery.com
邮编：316032
地址：中国浙江省舟山市金塘镇沥港工业区

## 诸暨市恒大数控机床厂

www.hengdask.com

诸暨市恒大数控机床厂是专业从事数控机床的研发生产，及专用数控机床的设计制造。已自主开发出CK、CJK系列0625、0630、0636、400、6136、6140、6150型数控车床及CNCM4型数控铣床等系列品种。竭诚欢迎国内外朋友与本厂联系、洽谈业务、增进了解。恒大与您共创辉煌，走向未来！

联系人：赵帅　手机：13567572598
电话：0575-87183988　传真：0575-87215378
地址：浙江省诸暨市城西工业经济开发区昌平路15号　邮编：311800

## 浙江汇德纺机有限公司

浙江汇德纺机有限公司创建于1995年，是一家专业生产纺织机械产品的企业。

经过十多年的发展，成功开发出各类高性能无梭织机，HD系列织机已遍及国内外市场，我们坚持"质量第一，信誉第一，服务第一"的宗旨。

热忱欢迎四海宾客惠顾！

联系人：俞先生
电话：0571-82591516　传真：0571-82592516
网址：www.hz-hlfj.com　电子邮件：hdboss@hd-zj.com
地址：浙江省杭州市萧山区益农镇新东公路南　邮编：311245

## 浙江申达集团新登塑料机械有限公司

浙江申达集团新登塑料机械有限公司成立于1998年，本公司专业生产塑料注射成型机（注塑机）、水晶机械、遍销全国各省市场。公司为满足客户需求，提供完善及时的售后服务："质量第一，用户至上，价格合理"是公司永恒的方针。竭诚欢迎广大用户光临选购指导！

联系人：钱林方
电话：0571-63251322　传真：0571-63252400
地址：浙江省杭州市富阳市新登镇工厂路108号
网址：www.suliaojixie.com　邮编：3114[illegible]

## 浙江省台州市璐琪机械有限公司

浙江省台州市璐琪机械有限公司成立于2007年，是摩托车铝轮、电动车铝轮及电动车配件的生产基地。产品采用领先的加工工艺，生产系列产品从"180W、356W、500W"有刷无刷电摩端盖，鼓刹各种配件。欢迎新老朋友前来洽谈、愿我们精诚合作，携手并进！

联系人：张金娟
电话：0576-82734512　15824009999　e-mail：sales@tzhuaqing.com
传真：0576-82734881　http://www.tzluqi.com
地址：浙江省台州市路桥区蓬街镇新市村三区81号　邮编：318000

# 安徽省/Anhui Province

### 马鞍山市晨旭机械制造有限公司

业务：本公司是一个中等规模配套型企业，生产设备齐全，技术力量雄厚，具有3吨、1吨、750公斤、200公斤设备锻造能力范围的锻件和胎膜锻件及较齐全的机械加工设备，锻造钢种涉及碳钢、合金钢、冷、热工模具钢、不锈钢、耐热钢、等多种高合金钢锻件；以及生产各种轧钢刀、元盘剪冷轧辊、不锈钢环件、法兰、机械零配件和成套设备等。
地址：安徽省马鞍山市当涂县新市工业园区
…… 邮　编：243141
…… 法　人：成思福
…… Tel：0555－6971182
…… Fax：0555－6970856

### 太湖县立诚五金机械制造有限责任公司

地址：安徽省安庆市太湖县东河路1号
…… 负责人：刘木根
…… Tel：0556－4186200

### 马鞍山市当涂园林机械刀片厂

业务：马鞍山市绿友园林刀片厂位于马鞍山市东效博望经济特区，交通十分便利。本厂专业生产剪草机刀、绿篱剪、割灌机系列刀片、高尔夫球场专用刀片等。至今已有十多年的研制历史。本厂产品的各项性能指标均达到国内领先水平受到用户的一致好评。我厂本着"质量第一、信誉至上"的服务宗旨，以市场求生存，以质量求发展。本厂热忱欢迎国内外客户惠顾，洽谈合作。
地址：安徽省马鞍山市当涂县博望镇三官巷14号
…… 邮　编：243131
…… 法　人：芮小林
…… Tel：0555－6762671
6768671
…… Fax：0555－6769971
…… 网址：www.ahdtyl.chinapyp.com

### 滁州开发区天祥液压胶管经营部

业务：加工销售液压油管，销售工业润滑油，车辆润滑油
地址：安徽滁州市滁定路9号北关工商所对面（安徽省滁州市丰乐南路86号、会峰山庄31幢山水人家店铺39号）
…… 负责人：藏如祥　邮　编：239000
…… 法　人：藏如祥
…… Tel：13866901170

### 蚌埠市财和金属制品厂

地址：安徽省蚌埠市凤阳东路143号
…… 负责人：张彩何
…… Tel：0552－3281217
13956378027

### 安徽褚氏机械施工有限责任公司

业务：安徽褚氏机械施工有限责任公司主要从事桥梁工程施工、道路工程施工。我们真诚的期望与贵公司合作，我们将保质量、保工期、保安全的完成合作工程。
地址：安徽省合肥市马鞍山南路文景雅居14幢104
…… 负责人：褚绪清……邮　编：231000
…… 法　人：褚绪清
…… Tel：0551－3459139

### 巢湖华成铸造机械有限公司

地址：安徽省巢湖市含山县林头镇
…… 负责人：胡成邵
…… Tel：0565－4718666
4353666
13805658565

### 人和工矿设备机电经营部

地址：安徽省巢湖市庐江县城关镇军二路
…… 负责人：郝进堂
…… Tel：0565－7327333
13856538639

### 马鞍山市海鹏机械制造有限公司

业务：马鞍山市海鹏机械制造有限公司成立于2006年，从事机械加工，模具设计制作，欢迎新老客户来电洽谈业务！
地址：安徽省马鞍山市金家庄区慈湖乡林里开发区
…… 负责人：陈之金……邮　编：243000
…… 法　人：陈之金
…… Tel：0555－8281128
8282239

### 安庆金翼电子科技有限公司

业务：主要经营印刷，能源，金融，医疗，教育五大核心高新技术新领域。开发国际亮化及健康城项目咨询、综合服务。
产品：金融系列：银行智能回单箱，ATM存取款机、多媒体查询机、电子显示屏等医疗系列：B超、心电图、血液透析机、监护仪器、投资咨询及维修。能源系列：太阳能设备、发电设备、燃油设备、特种照明。软件系列：智能管理软件，PACS医疗系统，综合应用软件 工程系列：媒体信息工程、电子集成工程、自动化工程、人居环境及机械设计。
地址：安徽省安庆市开发区康来特家苑26号楼205室
…… 负责人：徐锦华　邮　编：246000
…… 法　人：徐锦华
…… Tel：0556－5308638
…… Fax：0556－5308638
…… 网址：www.jinyinet.cn
…… E-mail：jinyi0556@163.com

### 金马压缩机有限公司

地址：安徽省巢湖市庐江县经济技术开发区
…… 负责人：吴进武
…… Tel：0565－7307281
13305653228

### 安徽省阜阳市可汗机械厂

业务：安徽省阜阳市可汗机械厂成立于2001年7月，自创建以来专业从事农机、建筑机械制造销售。其主要产品：悬挂式饲料粉碎机系列、小四轮配套铲装机系列、玉米脱粒机系列。我厂以诚信开拓市场，以质量保证市场，以品质扩大市场的原则，向用户提供最优质的服务，愿与各界同仁携手

并肩、共创辉煌！
地址：安徽省阜阳市颍泉区周棚办事处育才路26号
邮　编：236000
法　人：储怀刚
Tel：0558－3511026
Mobile：13905587697
Fax：0558－3513026

**池州市大正机械制造有限责任公司**
地址：安徽省池州市贵池区涓桥镇桂畈村
负责人：汪红梅
Tel：13866579789

**迪蒙德模具制造有限公司**
地址：安徽省滁州市东后街1号（第四中学边面货公司仓库院内）
负责人：朱余宏
Tel：0550－3110777
13855000029



## 安庆万发机械有限责任公司
业务：2000－3200、3500－1500道轨（龙门）行走式收排放线架，1250－3150无轴式收排放线架，1250－2500有轴式收排放线架
地址：安徽省安庆市迎江区大栏门街11栋301单元
负责人：杨先生　邮　编：246003
法　人：杨来发
Tel：0556－5200181
13966428800
Fax：0556－5200580

## 马鞍山市恒毅机械制造有限公司
业务：马鞍山市恒毅机械制造有限公司成立于2004年，座落在安徽省马鞍山市当涂县龙山桥镇工业园区。从事机械设备制造、印刷设备制造、工矿备件加工、石材加工等。我们愿与国内外各界建立技术等多方面合作关系，携手共进，振兴民族工业！
地址：安徽省马鞍山市当涂县龙山桥镇工业园区
邮　编：243181
法　人：王保贵
Tel：0555－6673485
Fax：0555－6673485

**顺达机床设备附件厂**
地址：安徽省滁州市琅琊区南台村10号
负责人：程文武
Tel：0550－3043013

## 安徽省含山县正大机械配件厂
业务：本公司成立于2005年，主要从事生铁铸件生产销售；机械配件加工销售。本着“以质量求生存，以信誉求发展”的经营理念，竭诚欢迎新老客户来电洽谈业务！
地址：安徽省巢湖市含山县林头镇胡疃村
负责人：胡家军　邮　编：236181
法　人：胡家军
Tel：0565－4713234

**滁州市南谯桃源铸造厂**
地址：安徽省滁州市南谯区担子管理区万里村
负责人：王立志
Tel：0550－3952084

**滁州市九星传动设备厂**
地址：安徽省滁州市南谯区腰铺工业园
负责人：魏一祥
Tel：0550－3184457

## 马鞍山市申马机械制造有限公司
业务：本公司成立于2005年，主要从事镜面辊、轧辊、托辊以及工矿机械配件制造、修复。欢迎来电洽谈业务！
地址：安徽省马鞍山市花山区霍里镇张杨路中段
负责人：方长春　邮　编：243000
法　人：吴葆莲
Tel：0555－2783558
2783288

## 岳西县清源机械配件加工厂
业务：机械配件加工、销售
产品：机械加工、金属加工、各类零件加工
地址：安徽省安庆市岳西县天堂镇木冲村隆兴组14号
负责人：王业泉　邮　编：246600
法　人：王业泉
Tel：0556－2187785
15178699912

**滁州市海达模具制造有限公司**
地址：安徽省滁州市南谯区腰铺镇南谯工业园
负责人：贺力
Tel：0550－3022512

## 安徽省舒城县诚信农用机械配件厂
业务：安徽省舒城县诚信农用机械配件厂成立于2003年，主要生产销售农资配件、液压件等，热诚欢迎各方客户来电来人洽谈业务，共同合作。
地址：安徽省六安市舒城县城关镇俱乐部新村3栋2号
邮　编：231300
法　人：邓春桂
Tel：0564－8732188
Fax：0564－8710987

**华宝动力机械有限公司**
地址：安徽省滁州市全椒县南屏乡万寿路公电巷39号
负责人：佟芝明
Tel：0550－5016890
13905508635

## 蒙城县传君机械设备租赁有限公司
业务：蒙城县传君机械设备租赁有限公司成立于2006年，从事工程机械及钢管租赁，欢迎新老客户来电洽谈业务！
地址：安徽省亳州市蒙城县蒙涡路63号交通汽修厂商住楼210室
负责人：代传军　邮　编：233500
法　人：代传军
Tel：0558－7663857

## 含山县陈墩宏达农机服务专业合作社
业务：收割、播种等农机服务
地址：安徽省巢湖市含山县林头镇陈墩行政村将庄村37号
负责人：郭传来　邮　编：238000
法　人：郭传来
Tel：0565－4350007
Fax：0565－4350007

**全椒全福动力机械有限公司**
地址：安徽省滁州市全椒县十字工业园区
负责人：张国福
Tel：0550－5185808

**全椒县武昌机械厂**
地址：安徽省滁州市全椒县襄河镇长安街道
负责人：魏守武
Tel：0550－5190612
13955056248

## 安徽双力机床制造有限公司
业务：本公司主要生产“双力”牌系列折弯机、剪板机及刃模具等产品，产品销售全国各地，出口到东南亚等地区。公司用现代企业的管理方法，立足于产品的质量管理，以其优秀的品质，新颖的设计，合理的价格，完善的售后服务赢得了广大客户的一致好评，并获得“全国用户产品质量满意，售后服务满意示范单位”荣誉称号。
地址：安徽省马鞍山市博望经济特区工业园
负责人：曹兰　邮　编：243131
法　人：曹兰
Tel：0555－6768858
网址：www.ahshuangli.com

**滁州市中诺设备模具制造有限公司**
地址：安徽省滁州市全椒县襄水东路
负责人：孙礼奎
Tel：13505507447

**天长市天沂机电成套厂**
地址：安徽省滁州市天长市杨村镇杨村街道天铜路胡庄村民组东侧
负责人：范方龙
Tel：0550－7762261

## 巢湖市顺天泵业有限公司
业务：农用潜水电泵
地址：安徽省巢湖市和县经济开发区
负责人：李妙顺　邮　编：238000
法　人：李妙顺
Tel：0565－5327739
13805653609
网址：http://www.51zzt.com/user/zzt34847

## 明光市嘉山电炉烘箱厂
业务：明光市嘉山电炉烘箱厂是生产热处理设备专业厂，位于京沪线明光市，北临104国道，交通十分便利。该厂可为用户提供各种型号（或非标）氮化炉、渗碳炉、碳氮共渗炉、高中低温台车炉、少氧化箱式电阻炉、加热炉、井式回火电阻炉、高中温井式加热炉、振底炉、铝合金、铜合金淬火、回火炉、坩埚熔化、保温炉、埋入式盐浴炉，预抽真空炉、实验炉、推杆炉、各种燃料炉、烘箱等。经营宗旨：精湛的技术、一流的质量、优质的产品、诚信的承诺、热忱为用户服务，欢迎新老用户来函来厂指导与合作。
地址：安徽省滁州市明光市二中路汽修厂院内
邮　编：239400
法　人：赵善明
Tel：0550－8156958
Mobile：13965975698
Fax：0550－8156958

**阜阳颍东区阜阳市江南农机批发部**
地址：安徽省阜阳市沙河南路
负责人：祝杰
Tel：0558－2211122
3281288

## 巢湖市通达锅炉厂
业务：巢湖市通达锅炉厂成立于1998年，生产销售工业锅炉，竭诚欢迎国内外客商和我们洽谈业务，促进共同发展！
地址：安徽省巢湖市襄安镇教子湾
负责人：耿俊方　邮　编：238341
法　人：耿俊方
Tel：0565－6089218
6088618

**飞龙机械修造厂**
地址：安徽省阜阳市太和县经济技术开发区张庄
负责人：田什俊
Tel：0558－8652063
13805676563

## 阜阳市众旺机械有限公司（阜阳齿轮厂）
业务：生产农业机械
地址：安徽省阜阳市河滨路156号
负责人：杜超　邮　编：236000
法　人：杜超
Tel：0558－2575486
2572004

## 全椒县小集拖车厂
业务：全椒县小集拖车厂成立于1995年，主要生产销售小型农机具、各式拖车。竭诚欢迎广大客户来我公司洽谈业务，共同合作。
地址：安徽省滁州市全椒县小集镇南街70号小集拖车厂
邮　编：239534
法　人：李功兵
Tel：0550－5291044
Fax：0550－5293288

**太和县富民农机经营部**
地址：安徽省阜阳市太和县经济开发区太亳路农机二厂楼下北头
负责人：胡国旗
Tel：0558－8631879
13956762829

## 三菱液压管件有限公司
业务：三菱液压管件有限公司成立于1993年，从事液压管件头的生产及销售。欢迎广大新老客户来电来函咨询，洽谈业务。
地址：安徽省滁州市来安县舜山乡复兴街
邮　编：239000
法　人：汪传根
Tel：0550－5771884
Fax：0550－5771884

**安徽江淮自动化装备有限公司**
地址：安徽省合肥市包河区包河工业区
负责人：戴茂方
Tel：13866163648

## 上海精嘉阀门制造有限公司宿州销售处
业务：上海精嘉阀门制造有限公司宿州销售处是集销售和服务于一体的"精嘉"阀门直属机构，主营各类高中压阀门，广泛应用电力工矿企业及大型给排水工程中！
地址：安徽省宿州市宿怀路238－252号
邮　编：234000
法　人：陈荣祥
Tel：0557－2165555
Fax：0557－3050771

## 阜阳市盛家钢丝绳五金经营部
业务：钢丝绳，手扳葫芦，千斤顶，扣件，五金等。
地址：安徽省阜阳市开发区一道河东路
负责人：盛加学　邮　编：236000
法　人：盛加学
Tel：0558－2274598
13305587566

**合肥顺恒机电科技开发有限公司**
地址：安徽省合肥市包河区东流路27号南凌小区9号楼
负责人：李长顺
Tel：0551－3435806

## 滁州兴达机电有限公司
业务：滁州兴达机电有限公司成立于2000年4月，是一家集铸造、精加工、研发为一体的中外合资企业。公司固定资产总值2500万元，资信等级AA级，是安徽省新世纪首批重合同、守信誉企业之一，并通过了ISO9002认证。
地址：安徽省滁州市全椒县古河镇育才路88号
邮　编：239500
法　人：黄发奎
Tel：0550－5303188
5304888
Fax：0550－5302107

**安徽天使洗衣房设备有限公司**
地址：安徽省合肥市包河区凤巢园14幢103室
负责人：吴华亭
Tel：13965026301

## 舒城县行友机械制造有限公司
业务：舒城县行友机械制造有限公司成立于1998年，现有员工30余人，从事变型拖拉机的生产及销售。欢迎广大客商来电来涵垂询。
地址：安徽省六安市舒城县城关镇七里村
邮　编：231380
法　人：刘行友
Tel：0564－8688258
Fax：0564－8688688

**合肥广益机电有限公司**
地址：安徽省合肥市包河区望江东路金江小商品市场1幢4、5号
负责人：史凌云
Tel：13956928537

**合肥市华皓机械厂**
地址：安徽省合肥市采石路152号冶金技校内
负责人：张新贝
Tel：0551－4402058
13013082792

## 特尔机械设备有限公司
业务：特尔机械设备有限公司成立于2002年，主要从事金属加工、机械制造等。“诚信为本，质量可靠，信誉至上”，竭诚欢迎各界朋友来电来人洽谈业务，共同合作。
地址：安徽省马鞍山市佳山乡东湖村
邮　编：234000
法　人：印志军
Tel：0555－2762757
Fax：0555－2761706

## 阜阳市鸿盛机械有限公司
业务：生产、销售玉米脱粒机、扬场机、制香机
地址：安徽省阜阳市颍东区新华办事处辛桥集阜胡路北侧
负责人：巫义亮　邮　编：236000
法　人：巫义亮
Tel：0558－2375688
15855581159

**宏伟食品机械经营部**
地址：安徽省合肥市东市区明光路218号
负责人：陈宏锡
Tel：0551－4297485
13905699761

## 定远县天源传动设备有限公司
业务：定远县天源传动设备有限公司是生产联轴器的专业性制造厂家。非标可来图订做。欢迎广大新老客户惠顾，共同发展。质量第一，信誉至上，服务满意。
地址：安徽省滁州市定远县炉桥镇魏庄
邮　编：233290
法　人：刘升敏
Tel：0550－4341218
Fax：0550－4341218

**合肥华茂机械制造有限公司**
地址：安徽省合肥市肥东县龙塘镇新安村
负责人：席华
Tel：0551－7311189

## 天长市天福机械配套厂
业务：天长市天福机械配套厂成立于1992年，主要从事泵阀及其配件的生产与销售。“以质量求生存，以信誉求发展”，竭诚欢迎广大新老客户来我公司洽谈业务，共同合作！
地址：安徽省滁州市天长市桥湾街道西路
负责人：韩彪　邮　编：239300
法　人：韩彪
Tel：0550－7785675

**合肥市铁鹏起重机械厂**
地址：安徽省合肥市肥东县王铁乡
负责人：龚有建
Tel：13866756777

## 天长市天元泵阀配套厂
业务：天长市天元泵阀配套厂是皖东地区一家专业生产泵用和釜用机械密封企业，是中国液体密封协会和机械密封技术委员会会员单位。多年来一直以优质的服务，稳定的性能，可靠的质量等优点来适应市场的需求，博得了众多企业的信赖和支持。本产品广泛适用于石油化工，电力，轻工，冶金，矿业，造纸，酿造，医药，淀粉，制糖，食品，污水处理等工业领域的各种流体机械旋轴的跑、冒、滴、漏等厂家。
地址：安徽省天长市建设东路118号
邮　编：239300
法　人：陶文忠
Tel：0550－7038498
Mobile：13955076668
Fax：0550－7025949
网址：www.tcty.cn
E-mail：web@tcty.cn

## 安徽丰华工贸集团有限公司
业务：汽车叉车配件、叉车生产、销售
地址：安徽省合肥市肥东县龙塘工业园
负责人：席跃坤　邮　编：231603
法　人：席庆放
Tel：0551－7313761
－800
7317068
Fax：0551－7317068
网址：www.ahclcc.cn
E-mail：yshaof@163.com

**合肥长伟机械加工有限公司**
地址：安徽省合肥市肥东县新城开发区
负责人：唐长兵
Tel：13956925662

## 凤台县辉宏机械制造有限公司
业务：凤台县辉宏机械制造有限公司成立于2005年，主要从事机械、水泵系列的制造加工。欢迎各方客户来电洽谈业务。
地址：安徽省淮南市凤台县凤城大道
邮　编：232100
法　人：李红
Tel：0554－8683956

**安徽黄埔机械有限公司**
地址：安徽省合肥市肥西县上派镇包公大道
负责人：吴大文
Tel：0551－8841526

## 涡阳县泰康电子制冷设备有限责任公司

业务：涡阳县泰康电子制冷设备有限责任公司主要经营空调制冷设备，公司将以质量为第一和诚信服务于客户，希望在未来的日子里能得到更多朋友的支持，携手共创明天。
地址：安徽省涡阳县城关青年路41号
负责人：陈毅 邮 编：233600
法 人：陈毅
Tel：0558－7215283

**肥西威力铸造厂**
地址：安徽省合肥市肥西县上派镇肥光村
负责人：许勇进
Tel：13856908999

**靖江市东方空调机械制造公司合肥第二分公司**
业务：承接通风空调安装工程，生产与销售有机无机玻璃钢风管，玻镁复合风管，镀锌钢板风管，节能软管，空调器，消防排烟通风机组，排烟阀，防火阀，多叶调节阀，各种型号风口等
产品：有机、无机玻璃钢风管、风机、风阀、风口、各种型号风管、机械配件、玻鉢钢管、镀锌钢板风管
地址：安徽省合肥市蜀山镇十八岗新庄村民组
负责人：潘勤山 邮 编：230000
法 人：潘勤山
Tel：13115262272
Fax：0551－5386629
网址：http://www.51zzt.com/user/zzt31782

**芜湖红阳密封件有限公司**
业务：芜湖红阳密封件有限公司专业生产汽车密封件，位于芜湖经济开发区，地理位置佳，员工100人，真诚欢迎新老客户来电咨询，洽谈业务。
地址：安徽省芜湖市鸠江区湾里镇电子部件工业园
负责人：潘正华 邮 编：241000
法 人：潘正华
Tel：0553－2262136
Fax：0553－2223053

**安徽省创星机电有限公司**
地址：安徽省合肥市高新区Y2－2地块科创投资大厦405室
负责人：牛家胜
Tel：13956934016

**华艺发酵工程技术有限公司**
地址：安徽省合肥市高新区天波路天仪国际商务中心副楼404号
负责人：石玉
Tel：0551－5317505
5515259

**合肥鸿昌轻工机械有限公司**
地址：安徽省合肥市庐阳区宿州路76号宏图大厦908号
负责人：项公选
Tel：0551－2638707

**阜阳市广银机械有限公司**
业务：本公司生产各种铸造产品，拥有一台三吨冲天炉，1000平方米的现代化生产车间，承接三吨以下的铸造件，主要产品有市政设备用专利防盗井盖，井蓖，球磨铸铁的生产销售，欢迎新老客户惠顾。
地址：安徽省阜阳市颍州区王店镇南阳大道东侧唐郢村
负责人：胡广银 邮 编：232606
法 人：胡广银
Tel：0558－2112990
Fax：0558－2112990

**合肥市华塔建筑机械有限公司**
业务：塔机销售、改装、维修、安装、拆卸
地址：安徽省合肥市双河路6号2幢210室
负责人：许明岗 邮 编：230001
法 人：许明岗
Tel：13013065883
0551－3433041

**明新轴承有限责任公司**
地址：安徽省合肥市蜀山区金寨路17号
负责人：田维新
Tel：0551－2117638
13905698734

**合肥拓联机电设备有限公司**
地址：安徽省合肥市蜀山区梦园小区倚云居12－2－502室
负责人：李俊
Tel：13866197773

**芜湖市金业建筑机械设备有限公司**
业务：我公司成立于2004年，主要从事起重设备租赁，安装，维修。我们将向所有外墙施工工程、大楼翻修工程、大楼幕墙工程、大楼清洗工程等提供最先进的高空设备和最一流的租赁服务，让我们的客户真正得到全方位的专业服务、专业设备和专业的技术方案。
地址：安徽省芜湖市弋江区澛港新镇广场
负责人：姚士金 邮 编：241000
法 人：姚士金
Tel：0553－4823908
Fax：0553－4823909

**合肥市泰富机械施工有限公司**
地址：安徽省合肥市蜀山区清溪路翠竹园小区西南4#
负责人：耿润生
Tel：13905608939

**许昌万里传动轴配件合肥销售处**
业务：各种轻重型传动轴零部件（前，后花键轴头，突元叉，焊节叉，伸缩叉，中突元等），万峰万向节，过桥轴承，胶套，二轴突元，角赤突元，盖板卡簧，另外还经营传动轴类校直机，平衡机。
地址：安徽省合肥新站区铜陵北路汽摩配市场B区332、333室
负责人：尚卫果 邮 编：230000
法 人：尚卫果
Tel：0551－2118090
4686651
Fax：0551－2118090

**合肥佳豪制冷设备有限公司**
地址：安徽省合肥市蜀山区蜀山学府花园恢复楼1楼207室
负责人：黄新春
Tel：13956053079

**安华锅炉配件经营部**
地址：安徽省合肥市望江西路224号
负责人：刘克安
Tel：0551－5584427
13956087191

**合肥弛峰机械有限公司**
业务：合肥弛峰机械有限公司成立于2006年元月，位于安徽省合肥市肥东新城开发区，地理位置优越，交通十分便利。本公司从事机械加工汽车零部件，以可靠的质量、优惠的价格、完善的售后服务赢得客户的好评。公司本着诚信合作的原则，愿与所有同仁携手共创金色前程！
地址：安徽省合肥市肥东新城开发区
邮 编：231600
法 人：刘金勇
Tel：0551－7723638
Fax：0551－7723638

**平达机电有限公司**
地址：安徽省合肥市西市区潜山路 潜山路271号东4－501室
负责人：祖平
Tel：0551－5569581
13955102556

**合肥宏兴机械刀具厂**
地址：安徽省合肥市瑶海区长江东路655号
负责人：王金彬
Tel：0551－5117401

**颍上县永昌机械厂**
业务：颍上县永昌机械厂专业从事五金索具、供电系统、电力器材、金属材料表面处理，热诚欢迎有意之士前来参观考察，洽谈业务。
地址：安徽省阜阳市颍上县慎城镇颍王路西侧轮窑厂院内
负责人：童永昌 邮 编：236200
法 人：童永昌
Tel：0558－4412157

**潘集区袁庄诚信电器部**
业务：耐美特太阳能，五金建材，矿工机械
地址：安徽省淮南市潘集区九华山路61号
负责人：顾宫 邮 编：232000
法 人：顾宫
Tel：15055409006
0554－4977668

**丰力起重吊装有限公司**
地址：安徽省合肥市瑶海区城东乡塘桥村合裕村庄小组
负责人：赵红专
Tel：0551－4539098
13705600721

**淮南市瑞美贸易有限责任公司**
业务：专业从事矿山机械销售、维修、安装及配件供应一条龙服务。并承接巷道掘进、巷修、建筑结构工程等。我们将以优质的产品，合理的价格，诚信的服务期待您的光临！
产品：矿山机械设备及配件
地址：安徽省淮南市田家庵区山水居4栋102室
负责人：王海丹 邮 编：232001
法 人：王海丹
Tel：0554－2219986
15055433678
Fax：0554－2219986

**合肥杰克龙阀门销售有限公司**
地址：安徽省合肥市瑶海区大通路安美商业街E号楼112号
负责人：程永祥
Tel：13349119389

**合肥华银机械铸件厂**
业务：本公司成立于2002年，主要从事机械加工、金属材料加工。热忱欢迎新老客户来电洽谈业务！
地址：安徽省合肥市肥东县新城区前委大道中段
负责人：岳卫华 邮 编：236000
法 人：岳卫华
Tel：0551－7744851

**海太塑料机械经营部**
地址：安徽省合肥市瑶海区合裕路1086号付7－8号
负责人：朱仁义
Tel：0551－4490397
13866161889

**合肥飞达气体充灌设备有限公司**
地址：安徽省合肥市瑶海区银屏路长淮新村B幢109室
负责人：徐乃学
Tel：0551－5564796

**淮北市丽雅达精密油缸制品有限责任公司**
地址：安徽省淮北市东山路市消防队北院
负责人：陶宾
Tel：0561－3094527

**景泰来工贸有限责任公司**
地址：安徽省淮北市矿山集镇B2－122幢403室
负责人：陈龙林
Tel：0561－4901568
13966157555

**界首市宏源工程机械设备有限公司**
业务：锅炉安装维修、新旧锅炉销售及其成套工程。设备、工艺、安全防护设计，施工。环保工程及脱硫除尘设备等
地址：安徽省界首市中原西路989号（化肥厂西侧）
负责人：段培俊 邮 编：236033
法 人：段培俊
Tel：13705682652
0558－4817795

**志诚物资有限公司**
地址：安徽省淮北市濉溪县海孜煤矿西部井
负责人：贺标
Tel：0561－7891111
13309612111

**合肥金海康五金机械制造有限公司**
业务：合肥金海康五金机械制造有限公司成立于2006年5月，是专业从事五金模具设计，制造，五金零件生产，机械零件加工民营企业，公司主要产品涉及家用电器，通讯电子，汽车零件，工程机械等
地址：安徽省合肥市长江西路583号
负责人：陈勇章 邮 编：230000
法 人：陈勇章
Tel：0551－5563757
Fax：0551－5568240
网址：www.mtw25719.chinapyp.com
E-mail：HFJMTGM@163.COM

**六安市金安区施桥镇仁和机械设备厂**
业务：金属切削加工、专机配件、铸钢制造加工、标准件加工.
地址：安徽省六安市金安区施桥镇工业园区
负责人：刘仁和 邮 编：237000
法 人：刘仁和
Tel：13965492468
0564－2511000
Fax：0564－2511000

**胡氏泵业制造厂**
地址：安徽省淮南市凤台县铁锅厂院内
负责人：胡俊陆
Tel：0554－8912264
13705548711

**茂盛空压机总汇**
地址：安徽省淮南市田家庵区新长途汽车站东88米
负责人：李传松
Tel：0554－2696891
2673852
13956416298

**淮南市德宝机电设备制造有限公司**
地址：安徽省淮南市田家庵区姚家湾原市塑料一厂院内
负责人：马玉怀
Tel：13956400506

**胜全机电安装维修部**
业务：机械设备工程安装，电气工程安装、调试，并提供技术支持设备维修保养
地址：安徽省马鞍山花山工业园银杏大道秀山变电站对面
负责人：朱胜全 邮 编：243000
法 人：朱胜全
Tel：0555－2256755
13721221858
E-mail：zsq666888999@qq.com

**宝泰冶矿机械设备有限公司**
地址：安徽省淮南市谢家集区蔡新南路
负责人：刘玉生
Tel：0554－5712381
13956435798

**合肥联动发电设备有限公司**
业务：合肥联动发电设备有限公司成立于2002年，本公司是以生产、经营柴油机和柴油发机组为主体的专业化工厂。同时，为各种用户进行有关发电设备的技术咨询、机房设计、技术培训和调试等工作，还为用户提供本厂生产的各种发电设备零配部件。
地址：安徽省合肥市蜀山区蜀山经济技术开发区众邦路6号
负责人：黄国怀 邮 编：230000
法 人：黄国怀
Tel：0551－5312730

**山岭配件加工厂**
地址：安徽省淮南市谢家集区卧龙山西路
负责人：王廷岭
Tel：0554－5687347
13956400702

**马鞍山市福良金属物资有限公司**
业务：金属制品、化工产品、水渣、钢材、建材、机电设备、机电产品、电线电缆、矿产品、劳动服务
产品：金属制品
地址：安徽省马鞍山市花山区解放路12号1栋312室
负责人：孙三宝 邮 编：243001
法 人：孙三宝
Tel：13205554398
0555－2474398
Fax：0555－2481621

**东山农机公司**
地址：安徽省黄山市歙县徽城镇
负责人：赵晓升
Tel：0559－6518610
13515591876
13955976696

**久林机械有限责任公司**
地址：安徽省六安市粮食局第一粮油仓库
负责人：林治金
Tel：13905641280

**六安市鸿圣铸造有限责任公司**
地址：安徽省六安市苏埠镇万寿村
负责人：徐国方
Tel：13966248292

**合肥南山机电设备有限公司**
业务：合肥南山机电设备有限公司成立于1996年，主要销售钢材、机电、机械、建筑材料等。"诚信经营，信誉第一，客户至上"，热诚欢迎广大新老客户光临惠顾。
地址：安徽省合肥市东市区明光路131号
邮 编：230031
法 人：黄贤丰
Tel：0551－4694789
Fax：0551－4694789

**安徽省宁国万和耐磨配件有限公司**
业务：耐磨材料配件，井式回火炉，台式回火炉
地址：安徽省宁国市河沥工业集中区
负责人：吉志明 邮 编：242000
法 人：吉志明
Tel：0563－4430988
Fax：0563－4430988

**马鞍山市五星刃模具有限公司**
地址：安徽省马鞍山市当涂县博望镇三杨开发区
负责人：陈文粱
Tel：13806168725

**马鞍山市鸿天内燃机配件有限公司**
地址：安徽省马鞍山市当涂县博望镇石家村
负责人：芮志英
Tel：13057188076

**中泰机械制造有限公司**
地址：安徽省马鞍山市当涂县新市工业园区
负责人：夏克通
Tel：0555－6970938
6970708
13805550238

**宿州市惠通净水设备有限公司**
业务：生产与销售各种水处理设备，反渗透纯净水设备，大桶灌装机，小瓶灌装机
产品：矿泉水设备、纯净水设备、高纯水设备、反渗透设备、化验室设备、灌装机设备、水处理设备配件、水泵设备、家用纯水设备、软化水设备
地址：安徽省宿州市汴河路财富广场8栋408室
负责人：刘学海 邮 编：234000
法 人：刘学海
Tel：13093596411
0557－3027754
13014001223
Fax：0557－3690980
网址：http://www.ahht168.com
E-mail：ahht@ahht168.com

**安徽沪森液压成套设备有限公司**
地址：安徽省马鞍山市当涂县新市镇
负责人：胡起武
Tel：13705553688

**合肥神风中央空调设备厂** *
业务：本厂是设计生产与安装中央空调设备、配件于一体的专业厂家，本厂采用优质材料

精心制作，可根据各种工程的需要生产各种规格及型号的铝合金、不锈钢封口、无机阻燃复合风管、消声器、静压箱、风机、初、中、高效送风口、风管止回阀、风管蝶阀、防火阀、排烟防火阀、多叶对开调节阀及阻燃节能软管和铝薄保温软管。
地址：安徽省合肥市蜀山区东至路5号总参干休所南院
邮　编：230031
法　人：龚元林
Tel：0551－5577784
Fax：0551－5768842

**鸿远华东五金家电总汇**
地址：安徽省马鞍山市花山区湖北东路499号门面房
负责人：杜友林
Tel：0555－2452933
13155555988

**上海安麦机电技术工程有限公司马鞍山分公司**
地址：安徽省马鞍山市花山区杏苑4—202
负责人：陈建
Tel：0555－8218485

**宿州市恒特机械设备销售有限公司**
业务：挖掘机销售
地址：安徽省宿州市汇源大道西侧（汇源新村对面）
负责人：李伟　邮　编：234000
法　人：李伟
Tel：13195572226
13791385066

**志丰金属制品厂**
地址：安徽省马鞍山市佳山乡宋山村小九华路
负责人：陈家志
Tel：0555－2100408
13805556865

**合肥市机电机械大市场**
业务：合肥市机电机械大市场成立于2005年，主要以市场管理及租赁为主
地址：安徽省合肥市明光路395号
负责人：郜平……邮　编：230011
法　人：郜平
Tel：0551－2111688
4291698
Fax：0551－4291366
网址：www.mtw30223.chinapyp.com

**马鞍山市吉泰机械制造有限公司**
地址：安徽省马鞍山市金家庄区高潮工业园
负责人：王桂文
Tel：13956221573

**芜湖源鑫机械有限公司**
业务：锅炉压力容器配套生产销售
地址：安徽省芜湖市长江路221＃2－3－104
负责人：董海洋　邮　编：241000
法　人：董海洋
Tel：13966011986
0553－5845370

**马鞍山市天盛机械加工有限责任公司**
地址：安徽省马鞍山市金家庄区昭明路（马钢合力公司院内）
负责人：叶成连
Tel：13905556720

**马鞍山朋成机电设备有限公司**
地址：安徽省马鞍山市雨山区红旗中路4号
负责人：江勇
Tel：0555－2218775

**马鞍山市联创机械制造有限责任公司**
地址：安徽省马鞍山市雨山区向山镇向阳村大东队
负责人：吴泰民
Tel：13855503322

**和县恒大粮食机械厂**
业务：和县恒大粮食机械厂成立二十多年来，一直生产提升机、输送机、绞轮、刮板等粮食机械。热诚欢迎新老客户来电咨询，洽谈业务。
地址：安徽省巢湖地区和县历阳镇和城轧花厂内
邮　编：238200
法　人：夏明学
Tel：0565－5314188
Fax：0565－5319489

**芜湖拓新物资设备销售有限公司**
业务：工程机械设备
地址：安徽省芜湖市鸠江区官陡街道神东社区58号（安徽工程科技学院东大门对面）
负责人：笪炳虎　邮　编：241000
法　人：笪炳虎
Tel：15955386888
15955350808

**马鞍山市青春机械厂**
地址：安徽省马鞍山市雨山区益丰路37号
负责人：吴运存
Tel：0555－2101242

**红桥电镀厂**
地址：安徽省宁国市中溪镇红桥电镀厂
负责人：章志国
Tel：0563－4690038
13905639557

**创盛机电设备泵阀有限公司**
地址：安徽省天长市建设东路23号
负责人：陈金练
Tel：0550－7032867
13909602695

**正鸿精密模具有限公司**
业务：精密模具设计制作
地址：安徽省芜湖市鸠江区清水工业园
负责人：孙平　邮　编：241100
法　人：孙平
Tel：0553－2713261

**华宝动力机械有限公司**
业务：华宝动力机械有限公司成立于2002年8月，从事小型拖拉机、冲压配件的生产及销售。欢迎来电垂询。
地址：安徽省全椒县万寿路公电巷39号
邮　编：239500
法　人：王芳
Tel：0550－5199888
Fax：0550－5199888

**安徽帅旗实业有限公司**
地址：安徽省桐城市孔城镇
负责人：汪存龙
Tel：0556－6513828
13905566286

**安源环保机械制造厂**
地址：安徽省铜陵市东市开发区（铜都阀门总公司对面）
负责人：苏来
Tel：0562－6861589
13956258898

**兴盛机械厂**
业务：机械零部件、汽车配件、液压件、制冷零部件、加工、销售
地址：安徽省芜湖市南陵县许镇镇龙潭村
负责人：吕道友　邮　编：241306
法　人：吕道友
Tel：0553－6270050
Fax：0553－6270050

**富友机械有限责任公司**
地址：安徽省铜陵市七坝路商北155栋109号
负责人：武必火
Tel：0562－2874006
2867057
13063251998

**铜陵市金久机械加工厂**
地址：安徽省铜陵市铜都天马硫金矿选矿厂旁
负责人：焦健
Tel：0562－5170305

**淮南市金恒生煤机配件加工有限公司**
业务：淮南市金恒生煤机配件加工有限公司主要从事于煤矿机械的零配件加工、标准件、有色金属、硬质合金、机电产品销售、DJ11.4－DJ55各种调度绞车、掘进机、皮带输送机、配件加工。欢迎新老客户光临、惠顾！
地址：安徽省淮南市田家庵区舜耕东路223号
负责人：王俊……邮　编：232000
法　人：王俊
Tel：0554－6645528

**宣城锡华重型机械有限公司**
业务：卸车机、金属构件
地址：安徽省宣城市郎溪工业区郎宁路1号
负责人：冯伯念　邮　编：242100
法　人：冯伯念
Tel：13606180779
网址：www.wxzxjx.com
E-mail：web@wxzxjx.com

**铜陵市巨宏机电修造厂**
地址：安徽省铜陵市铜官东路（东方红小学对面）
负责人：方菊红
Tel：0562－2875843

**新大铜业有限责任公司**
地址：安徽省铜陵市铜陵县官塘一路55号
负责人：刘海
Tel：0562－2822005
13705622789

**铜陵市永发土产五金批发部**
地址：安徽省铜陵市五松新村121栋3号网点
负责人：朱丽红
Tel：0562－2820138
13083252288

**博克机电有限公司**
地址：安徽省芜湖市长江路197号院内
负责人：李国忠
Tel：0553－5870786
13605599459

**龙村铸造厂**
地址：安徽省芜湖市繁昌县孙村镇龙华村
负责人：吴报友
Tel：0553－7253965
13956182188

**霍山县康平锅炉燃料节能经营部**
业务：霍山县康平锅炉燃料节能经营部成立于2006年，主要从事锅炉节能改造技术服务，技术转让。“以质量求生存，以信誉求发展”，热诚欢迎广大新老客户来我公司洽谈业务！
地址：安徽省六安市霍山县衡山镇迎驾厂香料厂内
负责人：刘胜康……邮　编：237200
法　人：刘胜康
Tel：13879394526

**皖江经营部**
地址：安徽省芜湖市江岸路23号
负责人：张旭
Tel：0553－3835684
13905530661

**宁国市志同机械配件销售有限公司**
业务：销售各种机械配件、五金配件、电器元器件、电子元件、气动元件、液压阀等
产品：各类液压阀、气动元件、电子元件
地址：安徽省宣城市宁国市宁阳东路创业楼119号
负责人：布志敏　邮　编：242000
法　人：布志敏
Tel：13705635386
0563－4015586
Fax：0563－4031929
E-mail：ngztjxgs@soho.com

**金桥水泥机械有限公司**
地址：安徽省芜湖市鸠江区大桥镇桥北工业区
负责人：严永生
Tel：0553－5312222
13805537539

**芜湖新环热处理有限公司**
地址：安徽省芜湖市鸠江区褐山路115号（发电厂内）
负责人：刘慧根
Tel：0553－5202366

**江南液压设备有限公司**
业务：我公司成立于1993年，主要生产快速接头、旋转接头、液压润滑接头、欢迎新老客户来电洽谈业务！
地址：安徽省马鞍山市金家庄工业园
邮　编：243100
法　人：夏绍玉
Tel：0555－3506055
Fax：0555－3506066

**芜湖中冷机电工程有限公司**
地址：安徽省芜湖市鸠江区银湖北路香格里拉花园22幢202室
负责人：徐浩
Tel：0553－5730577

**芜湖宏景大件吊装运输有限公司**
地址：安徽省芜湖市旅游商品园管委会
负责人：周和生
Tel：0553－5866898
13305530417

**芜湖众绅机械制造有限公司**
地址：安徽省芜湖市芜湖县芜湖机械工业园
负责人：陈方日
Tel：0553－8766771

**萧县农业机械化服务公司**
地址：安徽省萧县310国道黄口镇20号
负责人：任猛
Tel：0557－5667566
13855796367

**六安市叶集四方农业机械销售有限责任公司**
业务：六安市叶集四方农业机械销售有限责任公司成立于2000年，位于安徽省六安市叶集区四方塘。经营农业机械销售，产品有农用车（三轮、四轮、六轮）、小型农机具、小型农业机械等。我们竭诚为广大用户服务，热忱欢迎光临惠顾。
地址：安徽省六安市叶集区四方塘
邮　编：237431
法　人：李纪军
Tel：0564－6496517
Fax：0564－2722116

**绩溪县永诚机械厂**
地址：安徽省宣城市绩溪县长安镇大谷村
负责人：戴忠永
Tel：0563－8511968

**宁国市南方模具有限公司**
地址：安徽省宣城市宁国市环城西路
负责人：高芳泽
Tel：0563－4184858

**马鞍山力达科技有限责任公司**
业务：马鞍山力达科技有限责任公司新技术，新产品推广应用；机电产品研制、加工，主要产品有烧结点火器，燃烧器，钢包烘烤器，加热炉设备及控制系统等，竭诚欢迎广大有志之士来电来函咨询。
地址：安徽省马鞍山市雨山区山埠村2栋202号
负责人：李辉……邮　编：243005
法　人：李辉
Tel：0555－8339078

慈利县金冬电热炉具厂

独家生产冬季取暖的专利产品金冬电热炉。

电话：0744—3260037　2136029
地址：湖南省慈利县零阳镇



## 滁州兴达机电有限公司

兴达机电成立于2000年，“兴达”是一家集科研、设计、汽车配件、机电产品加工制造及产品销售为一体的多元化企业集团。本公司是致力于各类多缸汽油机、柴油机机体的技术开发、设计、精加工的中外合资企业；近年来公司又为奇瑞汽车开发生产汽油发动机缸体及其它零部件。目前公司拥有三条缸体生产线（液压自动、半柔性、柔性），可生产四缸及以下的所有机型缸体。同时兴达机电在汽车配件、柴油机配件、机械零部件及健身器材等行业也有着长足的发展。聘用了在业内从业多年、具有资深经验的专家，专家团队为客户提供优质技术服务和咨询；与国内多所知名院校在相面有密切合作，及时更新技术，培养专业人才。

联系人：武经理
电话：0550-5303188 5304888 5304909　网址：www.xingdah.com
传真：0550-5302107 5304909　电子邮件：xingda@xingdah.com
地址：安徽省滁州市全椒县古河镇育才路　邮编：239541

## 马鞍山市江南林业机械刀片厂

本厂成立于1998年，主要经营机械刀片、刀具。我厂本着“质量第一、信誉至上”的服务宗旨，以市场求生存以质量求发展。本厂热忱欢迎新老客户惠顾洽谈合作。

联系人：陈治华
电话：0555-6061288、6062888、13905551201　传真：0555-6061288
地址：安徽省当涂县博望镇工业园区　邮编：210000

## 繁昌县孙村金立机械铸造厂

繁昌县孙村金立机械铸造厂成立于2007年，主要承接各种牌号铸铁件及其模具的加工，我厂具有一支掌握普通及数控机床设计、制造的科技队伍，可满足客户的不同需求，欢迎来样，我们会根据您的产品图纸做到您满意为止！

联系人：张文胜 13966005276　电话：0553-7258852
网址：www.fcjlzz.cn　传真：0553-7254852
地址：安徽省芜湖市繁昌县孙村镇梅冲村　邮编：241206

## 全椒县锻压件厂

全椒县锻压件厂创办于2000年，专业从事金属锻压、铸造。产品包括钩头螺栓、四齿耙、扒钉、道镐、枕木夹钳、弹簧钩子、大锹、钢轨夹钳、摇头扳手、呆扳手、螺纹道钉、道钉锤、弹簧扳手、平板车、除锈铲刀、石工锤、剁斧、除锈小锤、喷砂枪套（头）、异型鱼尾螺栓、除锈铲刀。拥有现代化生产厂房及生产设备。我公司秉承“顾客至上，锐意进取”的经营理念，坚持“客户第一”的原则，竭诚为您服务！

联系人：刘传凤
电话：0550-5210369　13965962839
地址：安徽省滁州全椒县陈浅街道　邮编：239516

## 凤台县辉宏机械制造有限公司

凤台县辉宏机械制造有限公司成立于2006年，专业生产、销售吸沙泵系列、水泵系列产品，产品畅销全国，并可按客户要求设计制造。

“以质量求生存，以信誉求发展”是我们坚守的信念。欢迎新老客户光临选购！

联系人：李红　传真：0554-8683956
电话：0554-8683956 13013054095 13365543222
地址：安徽省淮南市凤台县凤城大道　邮编：232000

## 腾达机箱有限责任公司

腾达机箱有限责任公司成立于2002年，主要从事控制机柜设计、制造，铆焊、机械加工，金属制品表面处理(除电镀)，公司拥有实力雄厚的技术研发队伍及先进完备的制造、加工一条龙数控生产线，不断开发新型实用的产品。

产品的研发、生产均经过严格的质量测试，我们将以优质的品牌产品、成熟的技术、竭诚为您服务！

联系人：吴正中 13605512615　電話：0551-3367973
傳真：0551-3367973
地址：安徽省合肥市包河区包河苑　邮编：230000

## 和县濮集振兴标准件厂

和县濮集振兴标准件厂成立于1981年，本公司专业从事螺丝、螺帽加工与生产。本公司实行“平等互利、薄利多销、履约守信、热情服务的精神，精益求精，共创大业。一流的品质、合理的价格、满意的服务”，“振兴”感谢与您的友好合作！

联系人：黎福胜　13956636435
电话：0565-5510774　传真：0565-5513583
地址：安徽省巢湖市和县濮集乡濮集东街133号　邮编：238000

## 铜陵市见金矿山物资经营部

铜陵市见金矿山物资经营部成立于1994年，专门经营矿山设备，机电，五金，水暖器材，皮带输送机，破碎机，球磨机等，多年来我们以优质的产品和服务赢得了不少客户。

我经营部将秉承“顾客至上，锐意进取”的经营理念，坚持“质量第一，信誉为本”的原则为广大客户提供最优质的产品和服务。欢迎新老客户惠顾！

电话：0562-2605088
联系人：周晓军 13905625260　传真：0562-2605089
地址：安徽省铜陵市铜陵大市场　邮编：244000

## 胡氏泵业制造厂

胡氏泵业制造厂成立20多年来，一直从事吸沙泵的制造与销售。

我们秉承“顾客至上，锐意进取”的经营理念，坚持“客户第一”的原则为广大客户提供优质的服务。

欢迎广大客户惠顾！

联系人：胡多春 13955449836　电话：0554-8912264
地址：安徽省淮南市凤台县毛集镇梁巷村　邮编：232000

## 芜湖市创新机械有限公司

芜湖市创新机械有限公司主要成立于2006年，专业从事机械制造、有色金属铸造和矿山机械的生产销售。

我们秉承“顾客至上，锐意进取”的经营理念，坚持“服务第一，信誉为本”的原则为广大客户提供优质的服务。欢迎广大客户惠顾！

联系人：汤功路 13955320313
电话：0553-4817676 4824149　传真：0553-8437572
地址：安徽省芜湖市芜湖县方村镇天城工业区　邮编：241000

## 福建省/Fujian Province

### 福建省晋江市安海镇力兴机械制造厂

业务：福建省晋江市安海镇力兴机械制造厂成立于 2002 年，是一家专业生产冷热式压铸机的厂家。"质量可靠，服务周到"，竭诚欢迎各方客户来电咨询，惠顾。
地址：福建省晋江市安海镇社坛工业区
邮　编：362261
法　人：颜呈毅
Tel：0595－85727058
Fax：0595－85727078

### 福州闽东恒达机电设备有限公司

业务：机电设备
地址：福建省长乐市吴航街道郑和东路 363 号
负责人：李勤燕　邮　编：350000
法　人：李勤燕
Tel：0591－28829666

### 福安市塽兴机械设备有限公司

业务：机械设备、电动工具、五金类
地址：福建省福安市后垅 99 号南闽字第 1597－J3、4 栋
负责人：刘惠庚　邮　编：352100
法　人：刘惠庚
Tel：0593－6570308
网址：http://www.51zzt.com/user/zzt33017

### 红五环空气动力成套设备有限公司

地址：福建省福州市工业路 71 号庭芳苑二号楼 185 店面
负责人：王则武
Tel：0591－83250875
13906918744

### 福鼎市海弟五金店

业务：销售五金
地址：福建省福鼎市白琳镇银河路 50 号
负责人：蔡海弟　邮　编：355213
法　人：蔡海弟
Tel：0593－7373129

### 福清市宏路新融工程机械配件店

业务：装载机、挖掘机配件
地址：福建省福清市宏路镇福夏路 52 公里处（中平旅社对面）
负责人：林明强　邮　编：350001
法　人：林明强
Tel：13015715110
0591－85389987
Fax：0591－85378987

### 日宏五金机械有限公司

地址：福建省福州市晋安区福新路 141 号福会新村 2 号楼 01 号店面
负责人：魏祖光
Tel：0591－83676889
83925398
13906936208

### 福建省福清市钟信矿产品贸易有限公司

业务：矿产品贸易，经营矿产机械设备，回收矿产所有机械设备
地址：福建省福清市三山镇三元路 100 号
负责人：钟木水　邮　编：350318
法　人：钟木水
Tel：0591－85903888
Fax：0591－85901866

### 福州市仓山区高杰五金机械配件厂

业务：工厂加工：紧固件，五金冲压件，汽车配件，建筑配件等
地址：福建省福州市仓山区盖山镇高湖棋杆工业区
负责人：陈杰　邮　编：350001
法　人：陈杰
Tel：13860602611
0591－83411573
Fax：0591－83411573

### 精工电机制冷设备修配部

地址：福建省福州市晋安区鼓山福兴投资区上洋亭 233 号
负责人：林良通
Tel：0591－83625000
87230118
13906925359

### 福州亨通机械有限公司

业务：福州亨通机械有限公司成立于 1995 年，主要从事钣金、模具、机械的加工，并可根据客户来图来样进行加工。技术力量雄厚，生产设备先进，检测手段齐全，所生产的产品质量稳定可靠。
地址：福建省福州市则徐大道 368 弄仓山工业小区 7 号楼
邮　编：350007
法　人：林智礼
Tel：0591－83414341
Fax：0591－83428044

### 闽源电力机电设备经营部

地址：福建省福州市晋安区鼓山镇连江路南（省林业总公司综合仓库）
负责人：林存辉
Tel：0591－83674482
13960705912

### 福州市仓山区润恒丰抛光机械经营部

业务：五金抛光工具
地址：福建省福州市仓山区盖山镇郭宅村上洲 1 号
负责人：曹利英　邮　编：350007
法　人：曹利英
Tel：0591－83013051
13459447757

### 福州市仓山区雷诺萨斯机电设备经营部

业务：销售机电设备
地址：福建省福州市仓山区盖山镇尚保村 134 号
负责人：孙映飞　邮　编：350001
法　人：孙映飞
Tel：0591－87266650
13805081810

### 永锭铸业有限公司

地址：福建省福州市台江区连江中路 243 号
负责人：郭晓斌
Tel：0591－22623355
83911303

### 福州市仓山区山田工程机械配件店

业务：工程机械配件代理销售
地址：福建省福州市仓山区连江南路 124 号富华家园 1 号楼 03 店面
负责人：谢建文　邮　编：350000
法　人：谢建文
Tel：0591－88034862
Fax：0591－88034862

### 浙江开山集团福州办事处

业务：主营开山牌集团全套矿山采掘系统、全套压缩系统，批零兼营，并为工矿企业提供专业的压缩系统的配套与方案提供以及后期维护。
产品：开山牌螺杆机、潜孔钻车、钻机、风镐、钻头及配件
地址：福建省福州市晋安区连江北路 558 号世纪东方 18 号店
负责人：叶军　邮　编：350000
法　人：叶军
Tel：0591－83643233
13860620996
Fax：0591－83642833

### 建阳市联合收割机作业协会

地址：福建省建阳市北门江滨大道 158 号公路局综合楼一楼
负责人：丁晓峰
Tel：0599－5840599

### 连江县苔菉镇琇邦礼梅机修店

业务：捕鱼机械生产销售
地址：福建省福州市连江县苔菉镇琇邦村海滨路 70 号
负责人：卞礼梅　邮　编：350000
法　人：卞礼梅
Tel：0591－26481738

### 罗源县腾辉工程机械配件部

业务：工程机械配件经营
地址：福建省福州市罗源县起步镇港头村国道边
负责人：陈培昆　邮　编：350001
法　人：陈培昆
Tel：0591－26807396

### 敏发五金建材经营部

业务：钢材，木材，PVC、PPZ 管材，油漆，防水涂料，灯具，洁具，瓷砖，电线电缆，五金土木，电动工具各种螺丝等
地址：福建省福州市马尾区快安名城港湾 37 栋 38 栋 16 至 19 号店
负责人：王命发　邮　编：350000
法　人：王命发
Tel：0591－83973744
83973492
Fax：0591－83970337

### 福州市宝源风机厂

业务：本厂是一家集设计、生产、销售于一体的综合型企业。生产的产品齐全，有各种罗茨鼓风机，高、中、低压离心通风、引风机，各类轴流风机，不锈钢耐腐蚀风机，空调、空气净化环保风机，各种特殊要求的防腐、防尘、耐磨等非标风机近二十九个系列，三百多种规格产品。
地址：福建省福州市闽侯县上街镇马保村
邮　编：350100
法　人：谢伟
Tel：0591－22883250
22883137
Fax：0591－22883250
网址：www.fzby.cn

### 福州利锐机电设备有限公司

业务：各种电梯、中央空调的销售、安装和维保、发电设备、停车设备、楼宇自动化设备、环保设备和各种电子设备、承接网络工程通讯器材的批发、代购代销。
产品：电梯及电梯配件、楼宇自动化设备、电子产品等
地址：福建省福州市台江区广达路汇多利 7 层
负责人：张于斌　邮　编：350001
法　人：王跃华
Tel：0591－83284166
28352780
Fax：0591－83284166
E-mail：83284166@163.com
fuzhouliruijidian@163.com

### 鸿达电力器材贸易有限公司

地址：福建省晋江市安海镇小商品市场 127 号
负责人：王建民
Tel：0595－85798168
13808558168

### 建阳市福达竹木机械制造厂

业务：生产木工机械：圆木多片锯、旋切机系列、无卡机系列、磨刀机系列、香芯一机械、刷柄一机械、竹串一机械
地址：福建省建阳市东桥东路 58 号
负责人：揭兴福　邮　编：354200
法　人：揭兴福
Tel：0599－5620666
5627316
13509518058
Fax：0599－5627316
网址：www.5620666.cn

### 晋江市东石和平电镀有限公司

业务：电镀加工汽车、轮胎、螺栓、紧固件、冲件，承接外贸精品
地址：福建省晋江市东石镇华懋电镀集控区 D1－3
负责人：李和平　邮　编：362200
法　人：李和平
Tel：13905971272
0595－85521972
Fax：0595－85521970
E-mail：9184666@qq.com

### 永新塑料机械商行

地址：福建省龙海市颜厝镇路边浦尾 13－15 号
负责人：曾福新
Tel：0596－6650713
13806946713

### 晋江金华达模具有限公司

业务：模具制造、五金配件、热塑模制造等模具的生产与销售
产品：主要从事 EVA 一次性拖鞋模具，平拖，邦拖，凉鞋，吹气模，射出中底模具 EVA＋RB
地址：福建省晋江市东石镇时新药品厂
负责人：黄金时　邮　编：362000
法　人：黄金时
Tel：13055678888
0595－85585822
0595－85589928
Fax：0595－85592928
网址：http://www.jhd－mould.cn
E-mail：sj－fz@126.com

### 华工五金店

业务：针车配件及五金零售
产品：电线，空气开关，水电配件
地址：福建省晋江市深沪镇华山村沟东 59 号
负责人：施泽界　邮　编：362246
法　人：施泽界
Tel：0595－85287053
13506098053

### 惠安县旭海石材机械有限公司

业务：本公司综合国内外同类型石材机械产品优点，研制成独特产品，专业生产各类型石材加工机械，有龙门大切、磨石机、切边机、钻空机、手拉切、定厚机、双柱转头中切机、倒角机、单臂切石机等一系列产品。
地址：福建省泉州市惠安县螺阳镇盘龙工业区
邮　编：362100
法　人：肖东平
Tel：0595－87300032
Fax：0595－87306823
网址：www.qzxuhai.com

### 厦门永上阀门有限公司漳州销售处角美店

业务：阀门的销售
地址：福建省龙海市角美镇文圃大道（原四十二米街）温泉花园 6 幢 5 号
负责人：梁辉煌　邮　编：363100
法　人：梁辉煌
Tel：0596－6111465
13960089897

### 海丰五金交电

地址：福建省龙岩市武平县平川镇东大街金源宾馆楼下
负责人：吴兆林
Tel：0597－4883931
4835879
4833296

### 上杭县工程机械服务部（上杭县旧县良发建材店、上杭良发服装厂）

业务：工程机械、建材批发、服装
地址：福建省龙岩市上杭县旧县市场
负责人：陈良才　邮　编：364200
法　人：陈良才
Tel：13806992622
0597－3561568

### 武平县发添不锈钢材料装饰配件店

业务：各种不锈钢材料装饰配件
地址：福建省龙岩市武平县平川镇草鞋陂坑
负责人：饶兆丁　邮　编：364000
法　人：饶兆丁
Tel：13859580702
0597－4832462

### 旋风机械厂

地址：福建省龙岩市新罗区针织厂（果园新村 114 号）
负责人：廖荣兆
Tel：0597－2224720
13062252559

### 龙岩市新罗区兄弟五金机电经营部

业务：钢筋机械设备
地址：福建省龙岩市新罗区罗桥地矿大厦一楼 4 号店
负责人：陈海红　邮　编：364000
法　人：陈海红
Tel：15860101119
0597－3115887

### 闽清县白樟玉银陶瓷机械服务部

业务：陶瓷机械维修
地址：福建省闽清县白樟镇白樟新街 97 号
负责人：纪玉银　邮　编：350800
法　人：纪玉银
Tel：13850162860
13860650121

### 晋江市安海镇华利五金工艺厂

业务：晋江市安海镇华利五金工艺厂成立于 1996 年，是一家生产各种各样的蚊香架及小五金冲件的厂家。
地址：福建省晋江市安海镇鸿东一里 80 号
邮　编：362200
法　人：高丽珍
Tel：0595－85789386
Fax：0595－85709386

### 南安市洪濑镇苏世奕铁件经营部（玻璃店）

业务：经营各种玻璃、铁件
地址：福建省南安市洪濑镇东大路 A2509 号
负责人：苏世奕　邮　编：362300
法　人：苏世奕
Tel：0595－86679839
86682007

### 南安市水头西湖机械修配厂

地址：福建省南安市水头镇南桥村西湖开发区
负责人：吕火炉
Tel：0595－86931902
13506961902

### 洪明发五金电料店

业务：销售五金电料
地址：福建省南安市码头镇镇府街 36 号
负责人：洪明发　邮　编：362312
法　人：洪明发
Tel：0595－86468011
13505016606

### 泉州市易光石材工具有限公司

业务：泉州市易光石材工具有限公司成立于 2000 年，主要生产销售金刚石工具。欢迎新老客户光临、惠顾！
地址：福建省泉州市惠安县螺阳大红埔雕艺城 8 栋 104 室

负责人：庄金山……邮　编：326100
法　人：庄金山
Tel：0595－87328570

**南安市美林耐利磨具厂**
业务：抛光蜡
地址：福建省南安市美林办事处李东旧村12号
负责人：董东旭　邮　编：362300
法　人：董东旭
Tel：13805948325
0595－86368325

**申达机电厂**
地址：福建省宁德市福安市城阳乡岩湖村
负责人：阮长申
Tel：0593－6379396
13706021476

**南安市水头镇鑫汇石材工具经营部**
业务：生产刀头、焊接刀头、销售石材工具、石材护理
地址：福建省南安市水头镇滨海大道五洲大酒店楼下店面20号
负责人：刘礼富　邮　编：362000
法　人：刘礼富
Tel：0595－26933678

**星火五金商行**
地址：福建省莆田市涵江区小商品批发城港城路31号S
负责人：陈文飞
Tel：0594－3898816
13950759726

**福建南安市华天机械有限公司**
业务：机械、金钢石工具的生产与销售
产品：金钢石工具
地址：福建省南安市水头镇五里桥工业区（巷内村）
负责人：李天发　邮　编：362000
法　人：李天发
Tel：0595－86992575
Fax：59586992575

**柯煌水暖洁具厂**
业务：水暖洁具
地址：福建省南安市溪美镇山村工业路65号
负责人：洪先生　邮　编：362300
法　人：洪先生
Tel：13636961913
0595－86312075
Fax：0595－86311075

**泉州市丰泽大兴工程机械配件厂**
业务：泉州市丰泽大兴工程机械配件厂是一家专业开发、生产各种进口、国产挖掘机、推土机等工程机械零配件。本厂以科技为导，致力开发生产“DLF”高品质的挖掘机驱动齿、推土机D系列驱动齿块。为广大用户提供全新的服务欢迎新老客户光临指导。
地址：福建省泉州市丰泽区北峰镇招联井山75号
邮　编：362000
法　人：王大清
Tel：0595－22883032
Fax：0595－22883083

**南安市双海机械配件有限公司**
业务：各类型号机械配件
产品：水暖机械配件
地址：福建省南安市溪美镇山街工业路30号
负责人：陈学习　邮　编：362300
法　人：陈学习
Tel：0595－86312563
13805900418
Fax：0595－86312563

**南安市远程五金电子厂**
业务：生产与销售五金配件，电子元件，五金压铸，以汽配、摩托车配件为主
产品：五金配件，电子元件，汽配、摩托车配件
地址：福建省南安市霞美镇霞美村凤庵2号
负责人：曾勇　邮　编：362300
法　人：曾勇
Tel：13489215199

**建阳市金鑫机械设备服务有限公司**
业务：重型工程机械设备服务
地址：福建省南平市建阳市火车站站前区B幢1楼
负责人：谢红良　邮　编：351200
法　人：谢红良
Tel：0599－5622059
5821059
13950690999
Fax：0599－5622059

**三和茶叶机械厂**
地址：福建省泉州市安溪县凤城镇大同路896号
负责人：刘宜和
Tel：0595－23257992
13505035029

**雄辉机械有限公司**
地址：福建省泉州市鲤城区江南新塘工业区
负责人：吴辉华
Tel：0595－22453399
22323919

**浦城县黄初才五金店**
业务：经营五金制品
地址：福建省南平市浦城县城西百华商住楼1号楼101号店
负责人：黄初才　邮　编：353400
法　人：黄初才
Tel：0599－2843011
13859301561

**泉州市丰泽通政机械有限公司**
业务：福建省泉州市丰泽通政机械有限公司（原泉州市丰泽鹏华机器有限公司）是专业生产用于橡塑发泡材料PE、EVA的加工的剖切机械设备 — 高速带刀塑料切片机和塑料熔接机产品的民营企业。
地址：福建省泉州市丰泽区清源环清工业小区
邮　编：362000
法　人：刘少华
Tel：0595－22769622
Fax：0595－22769633

**京红注塑机维修部**
业务：专业从事各种注塑机的维修、保养、改装、翻新、二手机械买卖等业务。另外经营各种注塑机配件和注塑机周边设备。欢迎新老客户垂询！
产品：各种注塑机配件、二手注塑机、专业啤高压油管
地址：福建省南平市浦城县生态工业园京龙电器内
负责人：郑华红　邮　编：353400
法　人：郑华红
Tel：0599－2830193
13860049960
Fax：0599－2833010
网址：http://jhzsj.chinapyp.com

**五金机电商城物业管理有限公司**
地址：福建省泉州市洛江区安吉路中段中园泉州五金机电商城内
负责人：汪流川
Tel：0595－22337677
13859722647

**浦城县鑫辉机械厂**
业务：工业机械设备加工制造
地址：福建省南平市浦城县武装部培训基地对面（浦城县南浦车队内）
负责人：曾少华　邮　编：353000
法　人：曾少华
Tel：0599－2823071
13950670329
Fax：0599－2833693

**远洋冷作店**
地址：福建省三明市梅列区乾龙新村169幢603室
负责人：詹小明
Tel：0598－8292300
13906985504

**福安市隆惠电机有限公司**
业务：汽车发电机销售
产品：发电机及发电机组配件
地址：福建省宁德市福安市城南金马水产市场4号楼10号
负责人：杨惠贵　邮　编：352100
法　人：杨惠贵
Tel：13850336676
0593－2183098
Fax：0593－6564929
E-mail：251276779@qq.com

**许丽明水暖五金店**
地址：福建省石狮市石永路143号
负责人：许丽明
Tel：0595－88887238
13805982238

**宁德市蕉城区蕉南金龙铁件加工店**
业务：铁件加工
地址：福建省宁德市蕉城区鹤峰路64－3号一层
负责人：王金龙　邮　编：352000
法　人：王金龙
Tel：13509555826
0593－2263826

**厦门霍克工业设备制造有限公司**
地址：福建省厦门市湖里区殿前一组江西公寓旁
负责人：王胜春
Tel：0592－5882776

**屏南县张龙矿山机械配件经营部**
业务：矿山设备、空压机、抽水机、工程设备
地址：福建省宁德市屏南县古峰镇城北路136号
负责人：张龙　邮　编：352300
法　人：张龙
Tel：15060288666
0593－3380932

**霞浦县燕芳五金加工店**
业务：加工铝合金、不锈钢、铁锭
地址：福建省宁德市霞浦县松港街道万豪4号楼506室
负责人：吴燕芳　邮　编：352000
法　人：吴燕芳
Tel：13860316160
0593－8897947

**厦门港达兴机械有限公司**
地址：福建省厦门市湖里区东渡路250号金龙大厦A座9B
负责人：陈传伟
Tel：0592－5616375

**霞浦县溪南镇惠民五金店**
业务：五金、“光明”油漆、渔具
地址：福建省宁德市霞浦县溪南镇溪南村昌新街
负责人：张世润　邮　编：355107
法　人：张世润
Tel：13959374414
0593－8796288
E-mail：zhangshirun879@163.com

**厦门云展螺丝有限公司**
地址：福建省厦门市湖里区枋湖安兜208#
负责人：陈朝叶
Tel：0592－5770963

**周宁县文强五金经营部**
业务：销售五金配件
地址：福建省宁德市周宁县咸村镇永川路19号
负责人：谢文强　邮　编：352000
法　人：谢文强
Tel：0593－5867160

**厦门市铂源机械制造有限公司**
业务：本公司成立于2006年，是一家集设计、生产、销售及售后服务于一体的专业企业。经过多年的研究和反复试验开发出新一代多功能适用型采茶机获得国家专利并填补了该项目的国内空白。自创建以来，一贯以“和睦相处，共同富裕”为经营理念，以“诚信为本，信誉第一”为经营宗旨，敬人，重质，重诚信，始终视用户为上帝，通过不断提高产品技术水平、完善产品质量来满足用户的需求。
地址：福建省厦门市集美区苑东路518号
负责人：黄峰……邮　编：361000
法　人：黄峰
Tel：0592－5108691
6077848
网址：www.xmbyjx.com

**霞浦县牙城镇廷作五金店**
业务：五金
地址：福建省宁德霞浦县牙城镇罗伍村鹿新街137号
负责人：阙廷作　邮　编：352000
Tel：13850332736
0593－8658098

**厦门市成海龙机械设备有限公司**
地址：福建省厦门市湖里区华昌路古龙公寓1#楼109
负责人：黄迁成
Tel：0592－5763283

**莆田市城厢区吓忠车床维修店**
业务：车床维修
地址：福建省莆田市城厢区广化路755号
负责人：曾静巍　邮　编：351100
法　人：曾静巍
Tel：0594－2683891

**厦门智中精密研磨科技有限公司**
地址：福建省厦门市湖里区火炬高新区火炬光耀楼北三层
负责人：郑炜
Tel：0592－5619609

**莆田市涵江区坚固电机维修中心**
业务：工业电机及发电机维修
地址：福建省莆田市涵江区涵华东路937号
负责人：吴金帮　邮　编：351111
法　人：吴金帮
Tel：0594－3396115

**厦门原享机械工业有限公司**
地址：福建省厦门市湖里区火炬高新区新丰三路11号3层S1之三
负责人：陈明宗
Tel：0592－3923066

**莆田市荔城区黄石益嘉制冷通风设备销售部**
业务：制冷设备的生产销售
地址：福建省莆田市荔城区黄石南洋东大道1518号
负责人：朱加福　邮　编：351100
法　人：朱加福
Tel：0594－2127555
2122121

**厦门市春昶工贸有限公司**
业务：厦门市春昶工贸有限公司成立于2006年，主要从事金属表面处理、电镀设备制造、模具加工、机械配件加工等。我们竭诚为新老客户提供过硬的产品和优质的服务，得到了广大客户的肯定和信任。
地址：福建省厦门市集美区灌口镇先锋电镀区11号厂房5F
负责人：金发文……邮　编：361000
Tel：0592－6091283

**莆田市荔城区黄石七境钱塘机械修配店**
业务：机电安装，配件加工、销售
地址：福建省莆田市荔城区黄石镇七境村钱塘142号
负责人：彭永贵　邮　编：351100
法　人：彭永贵
Tel：13860967520
0594－2195777
Fax：0594－2195777

**厦门市湖里区兴灿华机械销售部**
地址：福建省厦门市湖里区南山路（广兴新村）375#301室
负责人：汤陈帮
Tel：0592－5663002

**莆田市荔城区晋源铜板有限公司**
业务：59#铜
地址：福建省莆田市荔城区镇海镇海中街182弄59号
负责人：陈强　邮　编：351100
法　人：陈强
Tel：13859844477
0594－2728878

**厦门鑫捷丰制造有限公司**
地址：福建省厦门市湖里区乌石浦二里51号
负责人：肖朝仁
Tel：0592－5523477

**福建莆田荔城龙盛达精密模具有限公司**
业务：模具销售，模具加工
地址：福建省莆田市南门平安街186号
负责人：苏开元　邮　编：351100
法　人：苏开元
Tel：0512－53454886
0594－2513590
Fax：0512－53454891
0594－2513590

**厦门市金达胜五金制品有限公司**
业务：本公司的生产经营项目：专业承接各公司的锌铝压铸件及各类精密压铸模具制造和机械零配件的批量加工。另有CNC数控车床加工。
地址：福建省厦门湖里区围里村社129号102室
负责人：陈克明……邮　编：361009
Tel：0592－5795267
5795287
Fax：0592－5795287
网址：http://999jds.cn.alibaba.com
E-mail：ckm999888@163.com

**泉州经济技术开发区国隆焊割配件经营部**
业务：主营焊割设备、配件、易损件及材料销售，批零兼营，售后服务完善，并将以优质的产品、合理的价格、一流的服务、为您提供满意的服务及产品。
产品：二氧化碳电焊机配件、切割机配件、等压式机用割咀、焊接材料及相关耗材
地址：福建省泉州经济技术开发区诺林商城3号楼137号
负责人：陈永隆　邮　编：362000
法　人：陈永隆
Tel：0595－68252139
13860737476
13067177773
Fax：0595－22356609
E-mail：13860737476@139.com

**厦门市怡茂机械设备有限公司**
地址：福建省厦门市湖里区兴湖路86号二楼
负责人：黄怡
Tel：0592－6032388

**厦门高恒信机电工程有限公司**
地址：福建省厦门市湖里区宜宾路万景花园78之一604号

负责人:刘群
Tel:13178270059

### 福建省安溪县长发机械有限公司
业务:茶叶机械
地址:福建省泉州市安溪县感德镇霞中村
负责人:汪进洹 邮 编:362413
法 人:汪进洹
Tel:0595－23165667
13850704641

### 窑业模具研究所
业务:模具、陶瓷制作
产品:水泥石膏、模具石膏
地址:福建省泉州市德化县浔中镇后山洋(雨亭后)
负责人:郭文彬 邮 编:362000
Tel:13960333203
13960311291

### 厦门钇祥金属制品有限公司
业务:厦门钇祥金属制品有限公司成立于2004年,现有员工50余人,专业从事铝锭的加工。欢迎广大新老客户垂询。
地址:福建省厦门市集美区灌口镇坑内化工厂内
邮 编:361023
法 人:潘顺元
Tel:0592－6386777
Fax:0592－6387666

### 敏龙氩气焊店
业务:专业模具焊接,各种金属产品点焊,对外承揽加工制作业务。我们秉承诚实、守信、专业、共赢的经营理念竭诚为您服务。
地址:福建省泉州市丰泽区北峰送客亭18号
负责人:吴捷敏 邮 编:362200
法 人:吴捷敏
Tel:13599779913
13665969913

### 厦门市龙液机电发展有限公司
地址:福建省厦门市集美区灌口武警农场12号营区
负责人:吉建梅
Tel:0592－6093308

### 泉州市丰泽区宏丰富轨五金商行
业务:五金的销售
地址:福建省泉州市丰泽区温陵南路商业城2号店
负责人:李明标 邮 编:362000
法 人:李明标
Tel:0595－22660263
15959523698
28071689
22361796
22203538

### 厦门英鹏机械设备有限公司
地址:福建省厦门市集美区灌口镇深青村
负责人:李英军
Tel:0592－5287469

### 惠安县山霞清盛工具修配店
业务:工具修配
地址:福建省泉州市惠安县山霞镇山霞村新街南侧
负责人:杨国清 邮 编:362000
法 人:杨国清
Tel:0595－27310100

### 厦门台杨机械有限公司
地址:福建省厦门市集美区杏林内茂里3号602室
负责人:杨国文
Tel:0592－8675627

### 晋江市池店镇建川针车贸易商行
业务:经营针车二手车的批发
地址:福建省泉州市晋江市池店新店村高山路口
负责人:彭金乐 邮 编:362000
法 人:彭金乐
Tel:0595－85062748
Fax:0595－885983008

### 金鹏筛网商店
业务:各种丝网,窗纱,不锈钢网,护拦网,尼龙网,铜丝网,镀锌网,钢板网,圆孔板,黑丝布。
地址:福建省泉州市鲤城区义全街262号
负责人:任延慈 邮 编:362000
法 人:任延慈
Tel:0595－22202690
13636928316
Fax:0595－22202690

### 泉州市鲤城区宏宇焊割五金机电总汇
业务:焊割设备代理销售
地址:福建省泉州市鲤城区义全街93号
负责人:李建刚 邮 编:362000
法 人:李建刚
Tel:0595－22812866
13599204118

### 兆阳精工机器有限公司
地址:福建省厦门市嘉禾路301号27B
负责人:胡翠荣
Tel:0592－5061502
13859958117

### 泉州市洛江区万安鑫光五金店
业务:阀门
地址:福建省泉州市洛江区五金机电商城1幢116－117号
负责人:洪光炳 邮 编:362000
法 人:洪光炳
Tel:0595－22650757
15880903723
Fax:0595－22650757

### 厦门市东力机电设备工程有限公司
地址:福建省厦门市思明区阿里山大厦11层B号
负责人:钟福全
Tel:0592－5539111

### 南安市官桥岚风机电店
业务:经营各种传动机械
地址:福建省泉州市南安市官桥镇中国粮食城交易街300#307室
负责人:邹勇强 邮 编:362000
法 人:邹勇强
Tel:13559086648
15860571298

### 厦门市微度数控机械有限公司
地址:福建省厦门市思明区东浦路22号南侧G单元
负责人:王宏其
Tel:0592－8370066

### 泉州市泉港区峰尾镇鑫实矿山机械经营部
业务:矿山机械销售
地址:福建省泉州市泉港区峰尾镇峥嵘村埭岸头
负责人:郑忠必 邮 编:362802
法 人:郑忠必
Tel:13655970778
0595－87763300

### 厦门大地联网广告有限公司
地址:福建省厦门市思明区故宫路94号之四608室
负责人:黄芝献
Tel:0592－2226058

### 石狮市安固五交商店
业务:五金批发兼零售
地址:福建省泉州市石狮市八七路2332号
负责人:邱允固 邮 编:362700
Tel:0595－88553915
15959591116

### 厦门市东煜机电设备有限公司
地址:福建省厦门市思明区禾祥西路19之5号1105室
负责人:谢东青
Tel:0592－2285178

### 大田县建设镇俊花五金商行
业务:生产销售铁丝、铁钉、焊条
地址:福建省三明市大田县建设镇建设街道
负责人:俞孙丘 邮 编:365000
法 人:高绿花
Tel:13860588989
15859837116
0598－7402244
7409684
Fax:0598－7409684

### 益得制鞋机械有限公司
业务:益得制鞋机械有限公司成立于1996年,主要生产压底机、打磨机等各种鞋业机械设备。公司本着优良的品质,完善的售后服务,合理的价格,深获广大客户的信赖。
地址:福建省莆田市涵江区国欢镇新坡村塔桥路36号
邮 编:351111
法 人:郑得森
Tel:0594－3368886
Fax:0594－3393863

### 腾飞挖掘机配件
业务:销售"腾飞"挖掘机配件
地址:福建省三明市大田县均溪镇香山路2幢6号店
负责人:陈金辉 邮 编:366100
法 人:陈金辉
Tel:0598－7305456

### 久田工贸有限公司
地址:福建省厦门市思明区洪文社区一组沟头片段
负责人:田遇超
Tel:0592－5960836
13606061007

### 三明市三元区龙升五金商行
业务:经营家用五金
地址:福建省三明市三元区东霞新村20幢4号
负责人:高政 邮 编:363000
法 人:高政
Tel:13616935123

### 厦门龙环工控设备有限公司
地址:福建省厦门市思明区龙昌里16号301室
负责人:魏尚丰
Tel:0592－5512715

### 三明市三元区万兴矿山机械电器经营部
业务:矿山机械,劳保用品
地址:福建省三明市三元区下洋新村19幢一层16号
负责人:游上洋 邮 编:365000
法 人:游上洋
Tel:13950903127
0598－8583086

### 厦门易示空间展示器材有限公司
地址:福建省厦门市思明区吕岭路250号401室
负责人:朱朋
Tel:0592－5534450

### 泰宁县城关小牛五金店
业务:水管、洁具、灯饰等的销售
地址:福建省三明市泰宁县杉城镇建材市场4号(华鑫电器市场旁边)
负责人:李渊 邮 编:365000
法 人:李渊
Tel:13806973221
13859106115

### 厦门亿腾正泰电气有限公司
地址:福建省厦门市思明区厦禾路1126号富兴大厦1304室
负责人:王绍信
Tel:0592－5816777

### 尤溪县盛达机械配件经营部
业务:哈尔滨轴承、瓦房店轴承、洛阳轴承、皮带等机械配件
地址:福建省三明市尤溪县城西新区城西街139号(气象局旁边)
负责人:詹先煌 邮 编:365000
法 人:詹先煌
Tel:13960519234
0598－6311112
6311151

### 厦门永天长机电工程安装有限公司
地址:福建省厦门市思明区厦禾路839号19层03室
负责人:吴益忠
Tel:0592－5174009

### 福建石狮市宝城柴油机设备经营部
业务:柴油机配件
产品:广柴、无锡、宁动、陕柴配件、船舶配套工具
地址:福建省石狮市蚶江镇石湖港口大道石渔村55号
负责人:郭焕崖 邮 编:362700
法 人:郭焕崖
Tel:0595－88655158
13505085159
Fax:0595－88655159
网址:www.bccb.com
E-mail:bccb2007@126.com

### 武夷山市星达电动工具商行
业务:电动工具,油锯,割草机的代理销售
地址:福建省武夷山市五九中路11号
负责人:杨文达 邮 编:354300
法 人:杨文达
Tel:0599－5301379

### 厦门铧江机电设备有限公司
地址:福建省厦门市思明区香莲里32号307室
负责人:郭霁芳
Tel:0592－5556287

### 漳州市鲁崎临机械设备有限公司
业务:塔吊、电梯租赁
地址:福建省漳州市漳浦县绥安镇工业区工业南路益延楼201号
负责人:苏瑞学 邮 编:363000
法 人:苏瑞学
Tel:0596－3686296
15960648088

### 厦门市闽宏达机械有限公司
业务:专业制造工业电阻炉:工业电炉设备制造及维修,零配件供应,电热鼓风,干燥设备的设计制造及改造,承接各种五金制品渗碳调质热处理,满足客户的需求。本厂专程为您提供接送服务。
地址:福建省厦门市湖里区禾山后坑筑盛工业园
负责人:许锦涛 邮 编:361009
法 人:许锦涛
Tel:13806087998
0592－3832698
5217955
Fax:0592－3832698
网址:http://xmmhd188.cn.gongchang.com

### 漳浦县赤土乡陈建新电机店
业务:水泵、电机的销售及其维修
地址:福建省漳州市漳浦县赤土乡万安村道班4号
负责人:陈建新 邮 编:363000
法 人:陈建新
Tel:13860819521
0596－3861562

### 宏隆兴水暖配件加工厂
地址:福建省厦门市同安区五显镇宋宅村宋宅
负责人:叶亚东
Tel:0592－7300255
13860403785

### 泉州市洛江区东炜庭电机办事处/厦门市东炜庭电机工业有限公司
业务:电机制造,小型电机,中型电机,传动元器件
产品:AC、DC小型减速调速马达
地址:福建省厦门市同安区五显镇西洋路79号
负责人:王娟 邮 编:361100
法 人:李素云
Tel:13850024147
0595－22639179
0592－7894969
0592－5612549
Fax:0595－22639279
0592－5612649
网址:www.xmtwt.com
www.888twt.com
E-mail:QQ550968058@qq.com

### 漳浦县赤湖镇石材机械配件店
业务:石材机械配件,起重机械配件、轴承等
地址:福建省漳州市漳浦县赤湖镇达志中学公路边
负责人:陈艺明 邮 编:363000
法 人:陈艺明
Tel:0596－3702092
13599698280

### 厦门川富机械有限公司
地址:福建省厦门市同安县区汀溪镇隘头村
负责人:傅琼慧
Tel:0592－7157118

### 平和县霞寨镇木全铁件加工场
业务:建筑五金加工
地址:福建省漳州市平和县霞寨镇兴霞路48号
负责人:黄木全 邮 编:363000
法 人:黄木全
Tel:0596－5562689
13358303689

### 福建省仙游县榜头镇林金灿五金店
业务:五金工具经营
地址:福建省仙游县榜头镇镇府路91号
负责人:林金灿 邮 编:351200
法 人:林金灿
Tel:0594－7799002

### 龙海市龙池和合五金配件加工场
业务:五金配件、电镀加工
地址:福建省漳州市龙海市龙池开发区华清五金四栋一楼
负责人:张诗雄 邮 编:363000
法 人:张诗雄
Tel:13505023288
0596－6265858

### 辉煌铸造有限公司
地址:福建省永安市黄历燕桂3号
负责人:杜其新
Tel:0598－3837136

## 慈利县金冬电热炉具厂

独家生产冬季取暖的专利产品金冬电热炉。

电话：0744－3260037　2136029
地址：湖南省慈利县零阳镇

13806979587

## 漳州市东山县华翔机械设备有限公司

业务：叉车、电动叉车及物流设备的整车销售和售后维修服务
地址：福建省漳州市东山县西埔镇东埔街石林巷 143 号
负责人：林才华　邮　编：363000
法　人：林才华
Tel：0596－6972818
13850517057
Fax：0596－6972815
E-mail：huaxiangchache@163. com

## 亚隆电机厂

业务：亚隆电机厂成立于 2004 年，是一家以有二十多年电机生产技术的企业。产品有：发电机、水泵、电动机等，欢迎来电垂询。
地址：福建省福安市城阳乡溪东商贸街 168 号
邮　编：赵圣维
Tel：0593－6579193
Fax：0593－6391955

## 中发三福（厦门）机械有限公司

地址：福建省厦门市集美区杏林杏西路 30 号
负责人：林素贞
Tel：0592－6212131

## 玉杰旋转接头金属软管有限公司

业务：本公司成立于 1996 年，现有 90 多名员工。主要经营旋转接头、金属软管的生产与销售。
地址：福建省泉州市丰泽区登洲村厚田社 41 号
邮　编：362000
法　人：朱斌
Tel：0595－23938110
22201044
Fax：0595－22201034

## 福清市宏路东兴液压管件

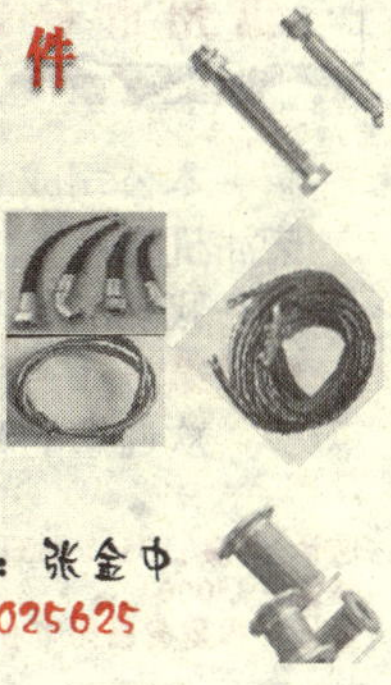

福清市宏路东兴液压管件成立于 2007 年，专业从事液压管件、液压配件的生产与销售。

本公司秉承"顾客至上，锐意进取"的经营理念，坚持"客户第一"的原则为广大客户提供优质的服务。

欢迎广大客户惠顾！

电话/传真：0591-85372498
邮编：350300
地址：福清市宏路街道东坪村122号
联系人：张金中
13859025625

## 东山县陈城镇沃角村信仪柴油机修配厂

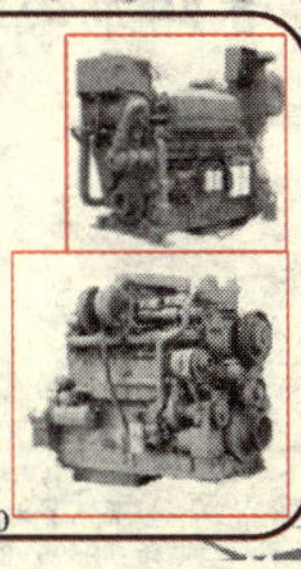

本厂是一家以康明斯发动机品牌为主的柴油发动机配件经营及维修的企业。专业从事康明斯KT系列、NT系列的技术维修，同时还配备一套目前世界上最先进的康明斯PT泵和喷油器校验台，能够对各种类型的PT泵及喷油器进行精准调试和校验，并于2009年5月20日开始对广大用户进行实验调试工作，敬请需要维修校验的新老用户莅临我厂观看洽谈。

联系人：孔酒顺　13605058506
电话/传真：0596－5792608
地址：福建省漳州市东山县陈城镇沃角村　邮编：363400

## 福清市石竹海力叉车店

福清市石竹海力叉车店是集叉车批发、销售、维修、保养、配件于一身的大型综合性叉车经营公司，代理经营无锡合力、杭州叉车、吉鑫祥等名牌叉车。

本着"以质取胜，以客为尊"的经营宗旨，赢了广大用户的支持和信任，我们期待与您的真诚合作！

联系人：林喜　15980281303
电话：0591-28387587　传真：0591-85366153
地址：福建省福清市石竹街道跃进村上杭街24号　邮编：350300

## 东山县利航船舶机械修配厂

我厂专业从事船舶机械维修、渔船甲板机械制造、安装、销售。

本着安全第一、质量为本的服务宗旨为您提供各类价格合理、信誉保证的船舶工程，为您提供细致、周到、快速、全面的服务。

联系人：陈建平　13906951565
电话：0596-5681567
邮编：343601
地址：福建省漳州市东山县铜陵镇大沃路19号

## 福州海宇达水暖机电有限公司

福州海宇达水暖机电有限公司成立于1998年，从事高、中、低档阀门配件的生产与销售。

公司秉承"顾客至上，锐意进取"的经营理念，坚持"客户第一"的原则为广大客户提供优质的服务。

联系人：林灵峰　13763888882
电话：0591-83207597
地址：福建省福州市晋安区鼓山镇横屿村龙安北路368号
邮编：350001

## 福安市川飞轴承厂

本公司创建于2006年，集研发设计、生产销售于一体，承接以下：国标微型轴承、非标微型轴承、铜非标轴承、不锈钢微型轴承，型号：625轴承、695轴承、MR84轴承。

我们以丰富的生产经验和精良的装备、不懈的追求、与日俱进的精神，真诚欢迎新老客户惠顾！

电话：0593-6811456　6894688
传真：0593-6894688　邮编：355009
地址：福建省福安市甘棠镇南大路36号
联系人：刘川飞
13515079222

## 福州华铁工程机械设备有限公司

福州华铁工程机械设备有限公司是较具规模的衬砌刚模板台车和隧道专业设备生产厂家，产品面向广大施工单位，从事工程机械和建筑机械设计，生产，销售的专业公司。

经过多年的发展和创新，华铁公司已成为一个以技术为先，质量与效益并存的企业，培养了一批技术过硬的设计制造人员和售后服务人员，产品销售遍布全国。

联系人：张德基
15291489998　13488188899
邮编：350501
地址：福建省福州市连江县琯头镇华星花园3楼705

## 福建省大田县鸿力机械制造有限公司

福建省大田县鸿力机械制造有限公司专业从事机械制造、铸钢、铸铁件。

公司全体员工竭诚欢迎各界朋友、新老用户，考察指导，洽谈合作，携手共进，共创辉煌！

联系人：林光榔　13806978072　电话：0598-7268648
地址：福建省三明市大田县均溪镇玉田村门后坑　邮编：366100

## 福州市台江区（力易得）榕发五金配件经营部

福州市台江区（力易得）榕发五金配件经营部成立于2008年，本经营部专业从事五金配件的销售。公司秉承"顾客至上，锐意进取"的经营理念，坚持"客户第一"的原则为广大客户提供优质的服务。欢迎惠顾！

联系人：钱冬桂
电话：0591-83271629　传真：0591-83271629　邮编：350000
地址：福建省福州市台江区银湘浦新村连接体一层102店面亚细亚广场旁

▲机械行业▼

## 福州市台江区福机柴油机配件供应部

本公司成立于2001年，主要经营柴油机配件。

我们的服务宗旨："顾客至上、信誉第一"，我们将竭诚为您服务。

欢迎您的光临！

联系人：林观寿 13685003118

电话/传真：0591－83120185 83181343
邮编：350004
地址：福建省福州市台江区西二环南路107号福机新村25座第10间店铺

## 晋江市毅岌机械制造有限公司

本公司专业生产各种石材加工机械设备，本公司顺应石材行业的需求和支援，不断的探索设备技术，研制石材所需的加工机械，生产出结构合理、外形美观、功能齐全的品种，公司秉承"顾客至上，锐意进取"的经营理念，坚持"客户第一"的原则为广大客户提供优质的服务。欢迎惠顾！

电话：13906999267 13959854644　联系人：张革江
地址：福建省晋江市东石镇清透村　邮编：362000

## 黄石建材机械厂

黄石建材机械厂创办于1989年，是一家专业制造环保机械的企业，我公司环保机械包括环保制砖机、垃圾焚烧炉、环保制砖机一机多用其更换模具可生产空心砖、多孔砖、道路砖等；焚烧炉主要用了工业、生活医疗等垃圾的焚烧。"敬业、求精、开拓、创新"是我们的经营理念，"质量第一、诚实信誉、周到服务"是我们的经营方针。热忱欢迎各界领导朋友莅临指导、咨询、洽谈，共同加盟这项造福子孙后代的绿色环保工程。

联系人：吴春平
电话：0595－22423855　传真：0595－22451435
地址：福建省泉州市鲤城区浮桥镇黄石村
网址：www.qzhshs.com.cn　邮编：362000

## 晋江市远程矿山石材设备贸易有限公司

晋江市远程矿山石材设备贸易有限公司，是一家专业经营矿山设备与石材厂设备批发兼零售的企业。本公司经营门类齐全，矿山工具有：[illegible]

详细内容请查询网站或来电、来人咨询。

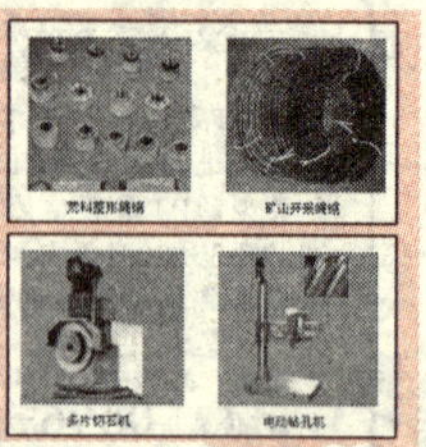

联系人：林婉秋 13805957362　网址：www.yc6666.com
电话：0595－88082362 88070362　传真：0595－88088362
地址：福建省晋江市永和镇邵厝村东区15号　邮编：362235

## 惠安县黄塘镇新华兴五金店

惠安县黄塘镇新华兴五金店成立于2007年，本店主要经营综合五金、五金配件、水暖五金、电料。如果您选择了新华兴，是我们的幸运！因为我们可以为您服务。如果您拒绝了新华兴，是我们的幸运！因为我们明白还需提高。如果您不知道新华兴，是您我的损失！因为我们是最佳的互助伙伴！

联系人：王水木　电话：0595-87285111
地址：福建省泉州市惠安县黄塘镇黄塘村新街　邮编：362000

## 灵秀墩煌五金挂具厂

灵秀墩煌五金挂具厂成立于1997年，主要从事挂具的生产与销售。我们将秉承"质量第一，用户至上，诚实守信"的宗旨，为用户提供最优质的产品及高水平的售后服务。

您的满意将是我们永远的追求！

电话：0595－85233239
传真：0595－85233237
邮编：362700
地址：福建省石狮市钞坑新墩64号
联系人：蔡美玉
13805983553
13850786678

## 惠安县添兴锻造加工厂

本厂主要从事锻件的铸造、加工。我们始终坚持"质量第一、信誉至上，为用户提供优质服务"的市场服务宗旨。

联系人：姜添财

电话：13506000781、0595-87288235
地址：福建省泉州市惠安县黄塘镇埔兜村82号　邮编：362000

## 龙海力拓达工贸有限公司

本公司目前的镀种有：铝氧化着色、镀铬、镀镍、镀青铜、枪色、雾镍、雾铬、镀金、拉丝等。给客户一个全方位服务，避免客户因镀种不全而重复寻找电镀供应商。

联系人：黄生金

电话：0596-6786215、13159171367　邮编：363000
地址：福建省龙海市角美开发区

## 晋江市池店镇霞福村钜宏鞋机店

本店主要经营鞋机。

本店秉承的是"质量第一，信誉至上"的服务宗旨，务求给客户最好的产品、最及时的供货。

联系人：王树金 13959773925
电话/传真：0595－85162886 85957172
邮编：362000
地址：福建省泉州市晋江市池店镇霞福村159号

## 龙岩红炭山机械有限公司

龙岩红炭山机械有限公司成立于2002年9月，系原永定煤矿机械厂和龙岩矿务局机械厂通过资产重组改制组建的企业，隶属省红炭山矿业有限责任公司，生产各种矿用机械、矿车、道叉和制砖机及铸钢件等。2005年，矿车生产量达1245部，实现产值875万元。

我公司秉承"顾客至上，锐意进取"的经营理念，坚持"质量第一，信誉为本"的原则为广大客户提供最优质的产品和服务。欢迎广大客户惠顾！

联系人：曾维昌 13959047962　电话：0597-5666445
传真：0597-5662054
地址：福建省永定县坎市镇马东　邮编：364100

## 慈利县金冬电热炉具厂

独家生产冬季取暖的专利产品金冬电热炉。

电话：0744—3260037 2136029

地址：湖南省慈利县零阳镇

## 龙岩华天机电设备有限公司

成立于2006年，主要代理经销全球知名工控、配电、矿山机电设备等产品。

公司经过几年的发展，目前集科、工、贸于一体，形成了良好的技术服务团队、销售团队和营销网络。公司在自动化项目改造和机电产品售后维修服务等方面有着丰富的经验，随时为您提供技术支持！

联系人：林学文 电话：0597-2533595

13599329088 18959018888 传真：0597-2532595

地址：福建省龙岩市闽西交易城财富旺角阳明楼A2-608号 邮编：364000

网址：www.fjlyht.com

## 平和縣周海泉五金店

平和县周海泉五金店于2007年成立，本店专业从事五金材料，配件及各种品牌太阳能的销售。

自开业以来，恪守质量第一、信誉第一、客户第一的经营宗旨，以诚信为本、顾客至上、精益求精、不断提高产品品质，优化服务，全方面满足客户的需求！无论在质量、信誉方面均会以最优良的方式向您服务，愿在日后协作中能相互的、更好的原则，增加效益，携手共进，共创美好的蓝天。

联系人：周嘉东 13860800372

电话：0596-5292240 电子邮件：jia00152@163.com

地址：福建省漳州市平和县文峰镇文峰圩底1号 邮编：363000

## 泉州山友工程机械设备

本公司专业维修破碎锤，销售各种液压破碎锤配件：主要产品包括：各种规格的钎杆、活塞、前后缸体、内外套、螺栓等，销售NSB（黑金钢）及RT（海瑞）各种规格破碎锤、挖掘机、装载机、快速连接器以及零售批发油封，管路等。

本公司一贯坚持“以诚为本，示精务实”的企业精神，为新老客户提供质优价廉的产品和满意的服务。完善的售后服务期待您的选择

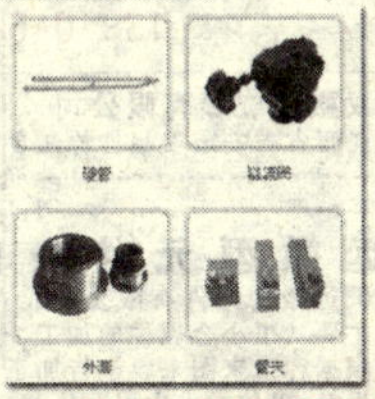

联系人：杨伦辉 15960734611 13799550241 电话：0595-85898287

地址：泉州晋江紫帽镇紫帽新村2号工业区 邮编：362200

## 泉州市鲤城区仕川机械配件厂

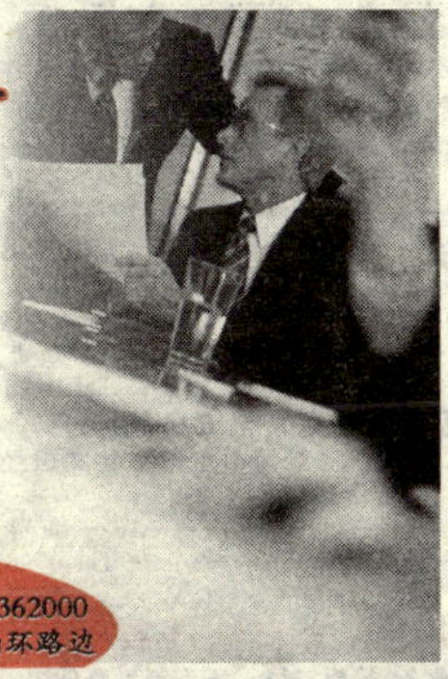

本公司成立于2007年。

主要经营冲压件加工。

我厂本着质量第一、价格合理、服务周到的宗旨，服务全国市场。

联系人：杨仕川 13055668096

电话：0595-22455922 邮编：362000

地址：福建省泉州市鲤城区金龙街道古店社区南环路边

## 泉州市新兴杰机械配件有限公司

泉州市新兴杰机械配件有限公司创办于2005年，专业从事各型号挖掘机配件的生产及销售。

我们以专业的制作经验、领先的制造技术、优秀的设备质量、诚信的经营理念，赢得了新老客户的肯定和支持，诚挚欢迎您的来电来函咨询！

联系人：杨洪流

电话：0595-22421390 13799890018 邮编：362000

地址：福建省泉州市鲤城区常泰街道新宅社区芙蓉街136号

## 三明市梅列区金盛园通风设备经营部

三明市梅列区金盛园通风设备经营部成立于1999年，本经营部主要经营：通风设备及配件、风管制作。

本经营部对所有产品实行“保质一年”的服务承诺，坚持“用户至上，信誉第一”的宗旨，始终如一的贯彻“生产一流的产品、执行合理的价格、提供真的服务、进行有效的竞争”四大原则，用全体员工的敬业奉献，努力增加客户的满意度。

联系人：朱盛妙 电话：0598-8244153 8955909

地址：福建省三明市梅列区新禾路10-11号店 邮编：365000

## 明市三元区兴达选矿设备经营

本经营部创建于1996年，主要生产选矿设备，输送机械及配件等。主要产品有浮选机、提升机、磁选机、输送机、砂泵、渣浆泵、浮选机叶轮盖板、振动筛板\网等各种型号浮选机配件。

本经营部十几年本着“诚信”理念，以“质量”赢得客户的赞誉。

联系人：宋建军 13806964778 电话：0598-8586268

网址：www.hb-huayu.com 传真：0598-8586269

电子邮件：huayu@xh2008.net

地址：福建省三明市三元区江滨南路下洋新村14幢5号 邮编：365001

## 邵武市绿欣农林机械经营部

本公司成立于2008年，要经销农林机械、园林机械、园艺工具、灌溉用品、植保用品，主要产品有割草机、绿篱机、油锯、草坪机、打孔机、打药机、“坪安”除草剂、“标典”大树移栽系列产品。服务宗旨：质量第一，用户至上，注重信誉，广交朋友，并竭诚为新老用户服务。

联系人：李春新

电话：15892193982、0599-6017750 传真：0599-6017750

地址：福建省邵武市白渚路34号 邮编：354000

## 石狮市鑫利达机械有限责任公司

我公司提供针织大圆机系列产品，有罗纹万能机、高速单、双面大提花机、高速单 、双面针织大圆机、正反包毛巾机、单面卫衣机等。

秉承“质量第一，信誉为本”的经营理念，竭诚为您服务！

电话：0595-88601213

联系人：吴修扎 13906991461 传真：0595-88605213

地址：福建省石狮市永宁镇山边村４０号 邮编：362700

## 松溪县光寿机电维修中心

松溪县光寿机电维修中心成立于2005年，本中心专业从事电机维修、旧电机、电机、漆包线、电机配件销售，专车接送。

松溪县光寿机电维修中心的诚信、实力和产品质量获得业界的认可。欢迎各界朋友莅临松溪县光寿机电维修中心参观、指导和业务洽谈。

联系人：罗光寿 13859328661 13799123076

电话：0599-2323785

地址：福建省南平市松溪县松源镇工农西路13号 邮编：353500

## 漳州市芗城区华友五金配件厂

本公司成立于2006年，主要经营五金配件加工。

公司以“诚信为本、与时俱进”的经营理念，“质量至上,追求卓越”的服务宗旨。

竭诚欢迎各界新老朋友惠顾，共赢发展!

联系人：林溪河 13960029268 13605080075
电话：0596-6307169 6307160
传真：0596-6307160
地址：福建省漳州市芗城区金峰村西院路口
邮编：363000

## 庄浦工程机械修配厂

庄浦工程机械修配厂成立于2002年，公司主营工程机械配件、整机销售及维修。主要产品有挖掘机、装载机铲斗、高压油管。

庄浦工程机械修配厂本着“客户第一，诚信至上”的原则，与多家企业建立了长期的合作关系。热忱欢迎各界前来参观、考察、洽谈业务。

联系人：黄兆庄 13599187738 邮编：355100
地址：福建省霞浦县东怡仓储物流停车厂

# 江西省/jiangxi Province

**银山矿业机械制造有限公司**
地址：江西省德兴市银城北路 90 号
负责人：李吉庆
Tel：0793－7503146
13607035173

**鼎丰五金有限公司**
业务：温州鼎丰五金有限公司是一家集研发、设计、生产、销售及售后服务为一体的专业家具五金配件制造企业，主要以生产各类档次锌、铝合金、不锈钢、铜为主的卫浴配件、橱柜拉手、玻璃门拉手、淋浴房支撑、合页、隔断以及一系列高档树脂拉手、水晶拉手等.温州鼎丰五金有限公司——愿与各界人士携手合作，共创事业辉煌!
地址：江西省鹰潭市锦江工业区
邮　编：335203
法　人：张先庆
Tel：0701－5811396
5812038
网址：www.wzdfwj.cn
E-mail：wzdfwj@163.com

**万事达矿山机械有限公司**
地址：江西省赣州市大余县南安镇梅关桥头
负责人：廖湛华
Tel：0797－8722206

**兆森纳米环保设备制配厂**
地址：江西省赣州市东胜山路 48 号 2 单元 602 房
负责人：黄琴根
Tel：13970783289

**红旗建筑机械有限公司**
地址：江西省赣州市赣南贸易广场西区一街 37、39 号
负责人：林少东
Tel：0797－8122365
13803578501

**赣州动力机器制造有限公司**
地址：江西省赣州市赣县县城赣新路 79 号
负责人：曾日春
Tel：0797－4445063

**赣州市田生农机有限公司**
业务：农机、发电机、粉碎机的销售
产品：农机、发电机、粉碎机
地址：江西省赣州市贸易广场西区三街附 12 号
负责人：雷施全　邮　编：341000
法　人：雷施全
Tel：13576744239
0797－8135222
Fax：0797－8135222

**东乡县锐锋五金制造有限公司**
业务：公司技术力量雄厚、产品质量上乘、外观新颖独特，价格公平实惠，公司宗旨：质量第一，顾客至上！欢迎新老客户来电洽谈业务。
地址：江西省抚州市东乡县东红工业开发区
负责人：饶浪万……邮　编：331801
Tel：0794－4316088

**蟠龙铁器加工厂**
地址：江西省赣州市黄金开发区蟠龙镇蟠龙村
负责人：刘周清
Tel：0797－8321109
8321904
13707079264

**顺荣工业炉有限公司**
地址：江西省赣州市章贡区二康庙 7 号
负责人：曾宣秀
Tel：13707978978

**东宝机械有限公司**
地址：江西省赣州市章贡区红旗大道 122 号（南方冶院内）
负责人：刘卫东
Tel：0797－8316125
13607978736

**赣州市智信实业有限公司**
地址：江西省赣州市章贡区红旗大道 21 号物资大楼 7 楼
负责人：范国平
Tel：0797－8125543
8133329
13807979997

**兴国县川渝农机有限公司**
业务：插秧机、收割机等农田作业机械销售
地址：江西省赣州市兴国县五福路 81 号
负责人：陈跃华　邮　编：341000
法　人：陈跃华
Tel：0797－7055899
5317751

**吉安县生利精密模具厂**
业务：销售端子机，剥皮机裁线机等电线末端加工设备
产品：专业制造设计 AC、DC 电脑类插头、塑胶钢模、插座电木工模、端子铆刀、剥皮裁线刀模、分线开叉刀模等端子压著卡座，JET 在线测试机，ICT 针床，FCT 针床，ATE 针床，各种探针，以 IN、GUN 为主，各类五金、不锈钢电木治具
地址：江西省吉安市吉安县工业园区
负责人：王祥利　邮　编：343000
法　人：王祥利
Tel：18907062591
13926869527
0796－8447189
Fax：0796－8447128
E-mail：wangnianli2006@126.com

**广丰县兴盛滑动轴承有限公司**
业务：本公司是专业制造并销售无油自润滑轴承的实体企业。主要生产 SF－1 无油自润滑轴承（DU），边界润滑轴承（DX），JF800 双金属轴承系列，JDB 固体镶嵌轴承 500＃、650＃，FB090 青铜卷制轴承，FZ 型直线轴承、EP 树脂系列轴承、FR 四氟软带、FD 填充四氟材料等十大系列。
地址：江西广丰县五都镇前山经济开发区
负责人：俞方建……邮　编：334605
法　人：俞方建
Tel：0793－2783370
2783406
网址：www.mtw50257.chinapyp.com

**赣州有色冶金机械有限公司锅炉机电设备安装分公司**
地址：江西省赣州市章贡区红旗大道 94 号
负责人：鲍建民
Tel：0797－8171360

**孔明五金塑胶电器厂**
地址：江西省赣州市章贡区沙河工业园
负责人：李孔明
Tel：0797－8186518
13870733571

**赣州联发机械制造有限公司**
地址：江西省赣州市章贡区沙河工业园 9 号
负责人：宗赣红
Tel：13979768421

**贵溪市凡尔顿机械制造有限公司**
业务：贵溪市凡尔顿机械制造有限公司成立于 2006 年，主要生产销售空气压缩机、电动自行车，欢迎新老客户来电洽谈业务！
地址：江西省贵溪市工业园区
负责人：刘德……邮　编：335000
法　人：刘德
Tel：0701－3339071

**赣州宏达正华机电设备有限公司**
地址：江西省赣州市章贡区文明大道 35 号－A6
负责人：王振才
Tel：0797－8118121
13970755805

**赣州四海水泵有限公司**
地址：江西省赣州市章贡区文明大道 6 号
负责人：刘榕柯
Tel：0797－7025466

**吉安市阿贝尔液压机械有限责任公司**
地址：江西省吉安地区吉州区韶山西路 38 号
负责人：周昌学
Tel：13970656251

**吉水县福源农业机械制造厂**
业务：农业机械、动力拖粒机
地址：江西省吉安市吉水县城南工业园区原三剑渔具厂内
负责人：欧阳全宝　邮　编：331600
法　人：欧阳全宝
Tel：13766261902
13970464728

**江西双赢螺旋藻有限公司**
地址：江西省吉安市安福县竹江乡矮屋村
负责人：林克服
Tel：13907967373

**恒远微型元件有限公司**
业务：恒远微型元件有限公司成立于 2003 年，主要从事小金属件的加工、车销加工。可根据客户来图来料进行加工。“以质量求生存，以信誉求发展”，热诚欢迎各方客户来电来人洽谈业务，共同合作。
地址：江西省鹰潭市余江县锦江镇兴安街 133 号
邮　编：335203
法　人：胡寒泉
Tel：0701－5811189
Fax：0701－5810232

**景德镇市鸿泰五金制品有限公司**
地址：江西省景德镇市珠山区新厂东路（景陶瓷厂内）
负责人：林官煌
Tel：0798－8500611

**景德镇万安制冷压缩机配件厂**
地址：江西省景德镇市珠山区新厂东路 28 号
负责人：彭莲玉
Tel：0798－8470271

**万千粮油食品化工机械厂**
地址：江西省景岗山市泰和县文田经济开发区吉泰路
负责人：谢云生
Tel：0796－5372093
13707968611

**峡江县金科铸造有限公司**
业务：轧板、衬板、锤头等耐磨件
地址：江西省吉安市峡江县金坪民族乡朝阳分厂
负责人：陈武科　邮　编：343000
法　人：陈武科
Tel：15970221868
13979623193

**德安建宏五金机械厂**
地址：江西省九江市德安县宝塔工业园西区
负责人：余铸
Tel：13650359781

**吉安井冈电气自动化有限公司**
业务：吉安井冈电气自动化有限公司成立于 2007 年，从事发电机控制、励磁设备、自动化电气的研发及电气商品加工销售，欢迎新老客户来电洽谈业务！
地址：江西省吉安市高新技术产业开发区
负责人：朱巧生……邮　编：343100
法　人：朱巧生
Tel：0796－8402949

**浔阳农机汽车工程机械有限公司**
地址：江西省九江市甘棠北路 42 号
负责人：于佩红
Tel：0792－8555314
13707928229

**九江远程机械厂**
地址：江西省九江市浔阳区三里街 158 号
负责人：王远来
Tel：0792－8561081
13907927183

**南昌市嘉禾纺织机械有限公司**
地址：江西省南昌市安义县龙津镇曹操山
负责人：徐邦选
Tel：0791－3427362

**日月明实业有限公司**
地址：江西省南昌市北京东路 171 号
负责人：蔡玉辉
Tel：0791－8312929
8325683

**江西赣新砂轮厂**
业务：江西赣新砂轮厂成立于 1995 年，主要生产树脂螺栓紧固砂轮、金刚石珩磨刀具等。“以质量求生存，以信誉求发展”，热诚欢迎广大新老客户来我公司洽谈业务，共同合作！
地址：江西省吉安市新干县金川北大道 125 号
负责人：易祖平……邮　编：331300
法　人：易祖平
Tel：0796－2620634

**正升机械厂**
业务：模具制作、设计、销售，管子坡口机
地址：江西省九江市庐山区莲花镇新桥新村
负责人：查正生　邮　编：332000
法　人：查正生
Tel：0792－8325008
15870864848

**江西省燕兴农机有限公司**
地址：江西省南昌市鼎湖镇工业区
负责人：范勇
Tel：0791－3410120

**上海东方泵业（集团）有限公司江西分公司**
地址：江西省南昌市东湖区胜利路 1 号 801 室
负责人：李全兵
Tel：13870833993

**江西泉峰机电有限公司**
地址：江西省南昌市高新大道 466 号怡兰苑 9 幢 202 室
负责人：甘和平
Tel：13870832800

**江西立新机液化设备制造有限公司**
业务：江西立新机液化设备制造有限公司成立于 2006 年，主要产品有快速接头、旋转接头、调整垫片、联轴器、气缸等进口设备国产化制作，欢迎新老客户来电洽谈业务！
地址：江西省上饶市工业园区龙大路 3 号
负责人：邵立新……邮　编：325000
法　人：吴景泽
Tel：0793－7055750
7056529
Fax：0793－8461283
网址：www.jxlixin.com
E-mail：lixinjyh@163.com

**瑞昌市晟达工程机械有限公司**
业务：农机、工程机械生产销售
地址：江西省九江市瑞昌市马头镇王家新村第六排
负责人：董洪生　邮　编：332000
Tel：13870238899

**长胜精密铸造有限公司**
地址：江西省南昌市高新区昌东镇长胜村
负责人：卢盛堂
Tel：13807035105

**海美实业有限公司**
地址：江西省南昌市洪城路五华批发市场壹区 107 号
负责人：甘海清
Tel：0791－6517401
13803512367

**江西金桥电机有限公司**
地址：江西省南昌市建设西路中段江西联信大市场 A 区 1 栋 16 号
负责人：林金桥
Tel：13803502707

**南昌市青山湖区罗家国胜砖瓦机械厂**
业务：生产销售砖瓦机械、破碎机
产品：砖瓦机械、破碎机
地址：江西省南昌市青山湖区罗家板簧厂店面
负责人：郭国胜　邮　编：330012
Tel：13576993091
0791－8371873
网址：http://www.51zzt.com/user/zzt34263

**江西省方圣科技有限公司**
地址：江西省南昌市江大南路 19 号
负责人：胡智
Tel：13330068859

**江西省安义县南星磨具有限公司**
业务：本公司专业生产磨具：如陶瓷带柄磨头及

电动工具配套系列磨头，砂布，橡胶，海绵，羊毛，各种抛光磨头，陶瓷砂轮。专业生产海绵机械配套杯形砂轮、碗形、碟形各种异型砂轮。
地址：江西省南昌市安义县华光路14号
负责人：包静　邮　编：330500
Tel：0791－3425045
7191469
Fax：0791－3416045

**南昌市永雄实业有限公司**
地址：江西省南昌市郊区青山北路79号
负责人：刘永来
Tel：13902834626

**众诚农牧机械厂**
地址：江西省南昌市南昌县省种鸡场内
负责人：肖前兵
Tel：13607006108

**华伟精铸**
地址：江西省南昌市南昌县塔城乡
负责人：彭美华
Tel：13767029918

**南昌泉顺机电科技有限公司**
地址：江西省南昌市南昌县向阳路609号
负责人：李根泉
Tel：13807030122

## 江西省奉新万锋工具厂
业务：万锋工具厂是专业生产机械刀具，刃具及机械配件综合性制造厂，主要产品有各种铰刀，铣刀，深孔钻，锥面钻，模架用导柱、导套等
地址：江西省宜春市奉新县奉干路黄溪村旁
邮　编：330700
法　人：万显贵
Tel：0795－4613308
Fax：0795－4602557
网址：www.jxwf.chinapyp.com

## 南康鑫瑞压铸厂
业务：铝合金压铸，锌合金压铸
产品：AC散热风机，摩托车配件，摄像头支架
地址：江西省南康市东山街办上垅村龙凤坳
负责人：王世梅　邮　编：341400
法　人：刘志勇
Tel：0797－6620288
15879757175
Fax：0797－6620288
E-mail：13033256131@126.com

**江西国泰机械制造有限公司**
地址：江西省南昌市南昌县小蓝工业园内
负责人：任朝盛
Tel：13617003611

**南昌昌海高中压阀门制造有限公司**
地址：江西省南昌市青山湖区丹霞路3号
负责人：廖水土
Tel：13970012506

**江西红盛机械有限公司**
地址：江西省南昌市青山湖区蛟桥镇范家村
负责人：范红生
Tel：13907092784

**宏发五交化经销部**
地址：江西省南昌市青山湖区京东镇月坊村
负责人：王建发
Tel：0791－8336901
13807912202

**南昌麦克赛尔实业有限公司**
地址：江西省南昌市青山湖区南钢路
负责人：曾荣辉
Tel：13707910218

## 南康三星制冷设备维修服务中心
业务：制冷设备安装、维修、保养
地址：江西省南康市蓉江购物中心9栋217－219号
负责人：林万金　邮　编：341400
法　人：林万金
Tel：13870707427
0797－6606094
Fax：0797－6606094

## 江西省力丰机床城
业务：江西省力丰机床城成立于1994年，位于江西省南昌市井岗山大道536号，交通十分便利。多年业从事机床附件的销售，以“服务第一”、“信誉第一”为用户提供满意的服务，并热诚与国内外同仁广为合作，为发展数控配套产品做出贡献。
地址：江西省南昌市井岗山大道536号
邮　编：330001
法　人：王学鹏
Tel：0791－5217644
Fax：0791－5210817

**晋亿实业股份有限公司南昌分公司**
地址：江西省南昌市青云谱区井冈山大道410号
负责人：蔡永龙
Tel：13879188005

**强力热镀锌有限公司**
地址：江西省南昌市青云谱区前万居委会
负责人：谈长贵
Tel：13707918053

**江西省二建机械工程有限责任公司**
地址：江西省南昌市青云谱区沿江南路226号
负责人：刘守国
Tel：0791－5214012

**江西凌格风压缩机有限公司**
地址：江西省南昌市青云谱区迎宾大道389号
负责人：李军
Tel：13970060717

## 江西省瑞金市焊条厂
业务：专业生产销售各种型号焊条，本厂有着丰富的生产经验和完善的工艺配方，生产的焊条以质量优、型号齐全、服务周到，深受广大拥护的信赖。
产品：结构钢焊条、耐磨焊条、铸铁焊条等
地址：江西省瑞金市城郊
负责人：毛泽瑞　邮　编：342500
法　人：毛泽瑞
Tel：13170819005

## 江西省瑞昌市码头通达矿山机械厂
业务：本公司成立于2001年，主要经营：矿山机械制造、各类带式输送机、斗式提升机、破碎机的设计、加工、维修。竭诚欢迎广大客户来电洽谈业务！
地址：江西省瑞昌市码头镇
负责人：陈世谦　邮　编：332207
法　人：陈世谦
Tel：0792－4888189

**南昌市五华市场宏欣五金批发部**
地址：江西省南昌市桃花商业街E栋14号
负责人：姜经宏
Tel：0791－6525326
2873667

**江西省永安起重吊装有限公司**
地址：江西省南昌市西湖区朝阳小区2栋4单元2楼东
负责人：王纪光
Tel：13879133712

## 上饶市德亨轴承有限公司
业务：轴承生产
地址：江西省上饶市上饶县七六西大道（上饶经济开发区旭日片区）
负责人：赵勇　邮　编：334000
法　人：赵勇
Tel：0793－8461418

**江西峰华科技有限责任公司**
地址：江西省南昌市西湖区二七南路495号1幢1单元708室
负责人：刘小云
Tel：13037220808

**南昌欧力塑机销售有限公司**
地址：江西省南昌市西湖区广场南路12号五层
负责人：杨蓉晖
Tel：13006200192

## 江西省瑞昌市码头通达矿山机械厂
业务：本公司成立于2001年，主要经营：矿山机械制造、各类带式输送机、斗式提升机、破碎机的设计、加工、维修。
地址：江西省瑞昌市码头镇
邮　编：332207
法　人：陈世谦
Tel：0792－4888189
Fax：0792－4888189

**江西省潍柴动力设备有限公司**
地址：江西省南昌市西湖区洪城路558号1－3号
负责人：胡杰
Tel：13807060998

## 上饶市信州区三锋光学仪器厂
业务：来料加工、数控车床
地址：江西省上饶市信州区荷家岭3号
负责人：夏礼锋　邮　编：334000
法　人：夏礼锋
Tel：13607939724
网址：http://www.51zzt.com/user/zzt35673

**南昌赣能机电设备有限公司**
地址：江西省南昌市西湖区洛阳东路小区第9栋
负责人：胡云华
Tel：13037248515

**南昌浩英齿轮箱制造有限公司**
地址：江西省南昌市新建县长堎镇长征路361号
负责人：李光文
Tel：0791－3755866
13907915719

## 余干县粮机经营部
业务：粮机的厂家直销
地址：江西省上饶市余干县城西路
负责人：汤加火　邮　编：335100
法　人：汤加火
Tel：13879365057
15870909466

**亚威机械电子设备制造有限公司**
地址：江西省南昌市新溪桥洪都大院内二号门旁
负责人：万义贵
Tel：0791－8432787
13767038328

**名盛家具发展有限公司**
地址：江西省萍乡市丹江街农用车辆厂内
负责人：张嵘捷
Tel：13907993099

## 江西鑫通机械制造有限公司
业务：江西鑫通机械制造有限公司成立于2002年，现有员工150余人，从事隧道成套设备制造，欢迎来电咨询，洽谈业务。
地址：江西省萍乡市高新技术工业园北区
邮　编：337005
法　人：李小祥
Tel：0799－3671121
Fax：0799－3671121

**晨晖机械制造有限公司**
地址：江西省萍乡市湘东区萍钢厂区内
负责人：罗友平
Tel：0799－3499495
13607999091

**鑫德机械制造有限公司**
地址：江西省上饶市德兴市银城镇新营
负责人：舒礼树
Tel：13807930217

## 新余市亿丰铸造有限公司
业务：拖拉机、收割机的零部件和成套设备的铸造加工
产品：拖拉机、收割机配件、箱体等，铸铁、铜、铝、钢等
地址：江西省新余市北湖西路908号
负责人：李秋根　邮　编：338025
法　人：李秋根
Tel：13807908470
0790－6367072
Fax：0790－6341050
网址：http://www.51zzt.com/user/zzt34265

**上饶市江心锅炉有限公司**
地址：江西省上饶市凤凰工业园区西民主路
负责人：黄元明
Tel：0793－8271018
13576319688

**江西铜业集团钻具制造有限公司**
地址：江西省上饶市铅山县永平铜矿主干道
负责人：李文忠
Tel：0793－5372252

**江西际洲机械工程有限公司**
地址：江西省上饶市信州区抗建南路2号
负责人：孙勇
Tel：13879311958

## 九江市永嘉机械设备有限公司
业务：九江市永嘉机械设备有限公司成立于2003年，主要从事于机械加工销售。主要产品有汽车配件、非标设备制作、农用机械配件。欢迎新老客户光临、惠顾！
地址：江西省九江市德安县宝塔工业园西区
负责人：胡庆华　邮　编：330400
法　人：胡庆华
Tel：0792－4369596
Fax：0792－4369596

## 新余鑫龙五金制品有限责任公司
业务：生产、销售各种规格镀锌铁丝、铁钉、钢钉
地址：江西省新余市渝水区河下镇（镇政府斜对面）
负责人：黄秋平　邮　编：338025
法　人：黄秋平
Tel：13907900667
0790－6858988
网址：WWW.51zzt.com/user/ZZt37299/

**上饶市信州区锦鑫筑炉处**
地址：江西省上饶市信州区五三大道46号2单元401室
负责人：徐真生
Tel：0793－8202760

**中顺科贸有限公司**
地址：江西省新余市北湖西路51号长红机械厂内
负责人：钟金苟
Tel：0790－6341036
13907909022

**江西长龙泵业有限责任公司**
地址：江西省新余市北湖西路长林工业园
负责人：刘冬初
Tel：0790－6369966

**城西铸钢厂**
地址：江西省新余市城北办富塘村委环山村
负责人：习海根
Tel：0790－6277638
13320009018

## 矿山起重机有限公司贵溪市分公司
业务：本公司专业从事单、双梁起重机、铸造起重机、门式起重机及各种非标起重机设计，各种型号电动葫芦，承包各类防腐工程。我们拥有经验丰富的科技人员和技术队伍，技术力量雄厚，生产设备精良，工艺先进，检测手段齐全，产品畅销全国各地，深受用户好评和信赖！
地址：江西省贵溪市建设大道王家村125号
负责人：陶保建　邮　编：335400
法　人：陶保建
Tel：0701－3326087
Mobile：13870182862

**新余市立盛设备制造有限公司**
地址：江西省新余市良山镇
负责人：孙来贵
Tel：13807902085

## 樟树市福春铸造有限公司
业务：铸件铸造
地址：江西省宜春市樟树市林业局
负责人：吴宋生　邮　编：331200
法　人：吴宋生
Tel：0795－7361864

**新余市华理机械铸造有限公司**
地址：江西省新余市五金工业区
负责人：刘海华
Tel：0790－6454968

**江辉金属制品有限公司**
地址：江西省新余市五一南路（原江西电工厂内）
负责人：丁小雄
Tel：13879057808

**新辉实业发展有限公司**
地址：江西省宜春地区铜鼓县三都工业园区
负责人：刘云
Tel：0795－8772488
13870542999

## 南昌浩英齿轮箱制造有限公司
业务：南昌浩英齿轮箱制造有限公司地处南昌昌北经济技术开发区，京九铁路、昌九高速公路中心带。是有着十多年历史的专业生产硬齿面减速箱独资企业。技术力量雄厚，加工、检测设备精良，管理体系完善。产品畅销全国二十多个省市、地区。公司主营橡胶、塑料、化纤、挤出设备专用硬齿面减速机，橡胶密炼机、加压式捏炼机专用硬齿面减速机，大规格非标箱体齿轮轴类零件。
地址：江西省南昌市昌新建县昌北开发区
负责人：向标　邮　编：330100
法　人：黎斐
Tel：0791－3771666
Fax：0791－3771668

**江西省丰城市赣丰手扶拖拉机厂**
地址：江西省宜春市丰城市剑邑大道577号
负责人：张国顺
Tel：0795－6404061

**高安市攀峰熔化设备有限公司**
地址：江西省宜春市高安市湘赣路（东方红工业区）
负责人：罗杰攀
Tel：13707952908

## 萍乡市赣西变压器有限责任公司
业务：萍乡市赣西变压器有限责任公司是国内专业从事变压器设备制造厂家，本公司可按客户要求定制各类型变压器，赣西变压器质优价廉、送货上门、服务到位。
地址：江西省萍乡市上栗县彭高镇高速挂线处
邮　编：337005
法　人：甘启生
Tel：0799－6392666

**上高县瑞阳印刷机械有限公司**
地址：江西省宜春市上高县科技工业园
负责人：蔡锦者
Tel：13958879888

**哲峰非标设备制造有限公司**
地址：江西省宜春市上高县站前路238号
负责人：黎哲峰
Tel：0795－2524710
13086174615

## 萍乡金源恒业火工科技有限公司
业务：萍乡金源恒业火工科技有限公司成立于2006年，主要从事特殊行业的包装机械的设计与制造。“以质量求生存，以信誉求发展”，热诚欢迎广大新老客户来我公司洽谈业务，共同合作！
地址：江西省萍乡市安源区华源路（原一汽服务站内）
负责人：黄文明　邮　编：337000
法　人：黄文明
Tel：0799－6831488
Fax：0799－6831488

## 鹰潭市鑫和精密件制造有限公司
业务：鹰潭市鑫和精密件制造有限公司是精密微型元件加工专业化生产厂商，主要对外承接标准件或非标准件的机械加工，技术力量雄厚，生产能力强，竭诚为广大新老客户提供优质高效的服务
地址：江西省鹰潭市余江县锦江开发区
负责人：冯传和　邮　编：335203
法　人：冯传和
Tel：0701－5811265
Fax：0701－5813666
网址：www.jxzyjt.com
E-mail：jxzyjt@163.com

**宜春风动有限公司**
地址：江西省宜春市珠泉路26号
负责人：凌军
Tel：0795－3251377
3251378
3251399
13576187966

**冰溪五金器材厂**
地址：江西省玉山县工业园区
负责人：王国钱
Tel：0793－2462888
2556688

13177935188

**闽东铸造厂**
地址：江西省樟树市磷肥厂铸造车间
…… 负责人：林瑞全
…… Tel：13799432132

**萍乡市安源节能风机厂**
业务：本公司成立于 1998 年，拥有 30 多名员工。主要经营机砖厂节能风机的生产与销售。
地址：江西省萍乡市白源镇
…… 邮　编：337039
…… 法　人：刘树基
…… Tel：0799－6651808
…… Fax：0799－6651808

## 山东省/Shandong Province

**潍坊兴岳泵业有限公司**
地址：山东青州市东方路南首弥河工业园
…… 负责人：刑玉顺
…… Tel：0536－3811878
13706463451

**山东惠能工业设备有限公司**
业务：山东惠能工业设备有限公司成立于 2005 年 3 月，主要生产工业配管，经营各种型号材质无缝钢管等。"以质量求生存，以信誉求发展"，热诚欢迎新老客户来电来人洽谈业务，共同合作。
地址：山东省滨州市博兴县博城五路
…… 邮　编：256500
…… 法　人：王占田
…… Tel：0543－2322756
…… Fax：0543－2322976

**宋庄农机修造厂**
地址：山东省长治市屯留县麟绛镇宋庄村
…… 负责人：张三林
…… Tel：0355－7625026
13303458738

**国强电渡材料有限公司**
地址：山东省德州乐陵市枣城北大街 450 号
…… 负责人：汪春贵
…… Tel：13953414358

**齐河晏子精密铸造有限公司**
地址：山东省德州齐河县经济开发区晏子大街 1 号
…… 负责人：宋春田
…… Tel：0534－5677340
5676540
13181383255

**五莲龙源铸造有限公司**
业务：集精密铸造、商品铸造为一体的专业铸造厂家，主要有机械部件、汽车零部件、五金工具等系列产品，我们以专业的品质、优质的服务，真诚期待与您合作
产品：端盖、透盖、轴承座等机械部件及汽车零部件铸造加工
地址：山东省日照市五莲县高泽工业园
…… 负责人：郑召生　邮　编：262300
…… 法　人：郑召生
…… Tel：0633－6155789
…… Fax：0633－6155793

**陵县永兴拔丝厂**
业务：陵县永兴拔丝厂主要从事拔丝的生产与销售。公司以信誉求生存、以真诚换合作，不断地给客户提供更优质的产品及服务。竭诚欢迎新客户来电来函洽谈业务，希望我们能为大家创造更多的商机！
地址：山东省德州市陵县神头镇永兴 80 号
…… 负责人：康荣亭……邮　编：253500
…… 法　人：康荣亭
…… Tel：0534－8668189

**金宇机械有限公司**
地址：山东省德州市德城区德兴北路 18 号
…… 负责人：王国霞
…… Tel：0534－2343814
2745032

**明亮工程机械有限公司**
地址：山东省德州市德城区东风东路汽配城 2 栋 21 号
…… 负责人：王中明
…… Tel：0534－2684253
13305347166

**诚信起重设备安装租赁有限责任公司**
地址：山东省德州市德城区东风西路花园口商场内 2 号楼
…… 负责人：孙庆岭
…… Tel：13853407127

**德州征宇精密机械有限公司**
业务：公司自成立以来，以铣床夹具为主，在机械同行业中享有良好口碑，本公司以市场需求为导向，投入大量资金、人才、技术。公司以合理销售、品质卓越、专业服务、技术开发为公司宗旨，为客户提供大量的精致产品。欢迎国内外新老用户前来观光旅游、洽谈业务、共谋发展。
地址：山东省德州市平原县桃园工业经济开发区
…… 负责人：王连宝……邮　编：253100
…… 法　人：王连宝
…… Tel：0534－4613871

**广饶县开发区常徐社区增良车床加工部**
业务：零部配件，非标设备自行设计制造，可按客户要求定制
地址：山东东营广饶县开发区常徐社区
…… 负责人：常增良　邮　编：257300
…… 法　人：常增良
…… Tel：13864716748
0546－6487118

**德州金诺机电设备有限公司**
地址：山东省德州市德城区东风西路南侧
…… 负责人：商利
…… Tel：0534－2482863
2443639

**鑫隆机械有限公司**
地址：山东省德州市德城区黄河涯镇二十里铺
…… 负责人：尹玉吉
…… Tel：0534－2714958
2601968
13805347860

**精锐机械有限公司**
地址：山东省德州市德城区解放北路北首（长庄乡水利站内）
…… 负责人：刘洪新
…… Tel：0534－2238676
13853490976

**凯华液压机具有限公司**
地址：山东省德州市德城区顺河西路 2 号
…… 负责人：袁宗亮
…… Tel：0534－2480366
2873159

**庆云鸿瑞机床部件制造厂**
业务：本厂成立于 1997 年，专业从事机床防护罩、钢制拖链、工程拖链、机床排屑机的生产与销售。"以质量求生存，以信誉求发展"，竭诚欢迎广大客户来人来电洽谈业务，共同合作！
地址：山东省德州市庆云县机车市场 180 号/河北省盐山县前堂工业园 168 号
…… 负责人：张付荣……邮　编：253700
…… 法　人：张付荣
…… Tel：0534－3220987
0317－6341282
…… Fax：0317－6341282

**永泰机械电子有限公司**
地址：山东省德州市德城区铁西南路 54 号
…… 负责人：时德才
…… Tel：0534－2419045
2885117

**惠民县圣洁阀门有限责任公司**
业务：圣洁牌阀门生产销售
地址：山东省滨州市惠民县何坊乡孟家村
…… 负责人：孟祥俊　邮　编：251702
…… 法　人：孟祥俊
…… Tel：15154337596
0543－5447808

**宏顺铸造厂**
地址：山东省德州市德城区运河办事处运河工业园
…… 负责人：唐保国
…… Tel：0534－2462948
13181386082

**宝鼎液压机械有限公司**
地址：山东省德州市德州经济开发区大街晶华路
…… 负责人：王桂清
…… Tel：0534－2561019
13905341126

**德州市三嘉机器制造有限公司**
地址：山东省德州市德州经济开发区蒙山路北端
…… 负责人：石宇
…… Tel：0534－2758599
13583466663

**华奥精铸金属制品有限责任公司**
业务：公司网址：http://www.huaaocasting.com 东营华奥精铸金属制品有限责任公司是一家在不锈钢、合金钢、碳钢精密铸造方面非常著名的生产商。我们尤其在不锈钢产品的电抛光、手工抛光和机加工方面具有优势，我们的产品范围包括：机械配件、船用五金、导叶轮、球阀、管接头等。最低的价格、最高的质量是我们的服务宗旨。
地址：山东省东营市东营区西四路
邮　编：257067
法　人：曹光亮
Tel：0546－8616206
Fax：0546－8676207

**鸿信锅炉安装维修处**
地址：山东省德州市德州经济开发区齐庄村
负责人：王忠信
Tel：13053456333
13792225633

**德州市德城区隆丰机床加工厂**
业务：提供机床加工业务
地址：山东省德州市德城区黄河涯镇小于庄村外环里北街东30米
负责人：宋立营　邮　编：253012
法　人：宋立营
Tel：13583496876
0534－2716983

**东方机械有限责任公司**
地址：山东省德州市宁津县城东外环路
负责人：韩文广
Tel：0534－5217768
13705434098

**宁津县宏业机械制造有限公司**
地址：山东省德州市宁津县城宁德路12号（原钢管家俱厂院内）
负责人：李学军
Tel：0534－5212284
13355446676

**东营市渤海机械厂**
业务：本公司成立于1980年，拥有100多名员工，主要经营机械加工、制造，机电维修，精细化工。
地址：山东省东营市河口区孤岛镇
邮　编：257200
法　人：黄成亮
Tel：0546－3698625
Fax：0546－3691777

**天华网带有限公司**
地址：山东省德州市宁津县宁津镇大祁村
负责人：祁天勇
Tel：0534－5533388
5533777
13705498599

**山东省宁津县东风机械制造有限公司**
地址：山东省德州市宁津县银河开发区
负责人：苑宝胜
Tel：0534－5421720

**山东华鑫机械设备有限公司**
地址：山东省德州市齐河县潘店镇务头驻地
负责人：潘忠延
Tel：0534－5762195
13791386888

**德州市车床加工修配厂**
业务：经营各种车床加工，型号有：6130、6150、6136、D665等
地址：山东省德州市经济开发区赵虎镇辛庄村
负责人：张运涛　邮　编：253000
法　人：张运涛
Tel：13792245152
0534－5561412

**高密市益兴锻压机床有限公司**
业务：我公司主要生产各种型号龙门刨床、龙门铣床。企业坚信："以质量占领市场获生存；以管理及高科技求效益；以顾客为上帝，在为顾客服务中发展自己。"公司真诚希望与省内外朋友建立良好的贸易合作关系，并期待有更多机会为您提供优质产品和良好的服务。
地址：山东省高密市长安大道中段仁和工业园
负责人：张谦勇　邮　编：261500
法　人：张谦勇
Tel：0536－2716786
2557809

**齐河平顺机械工艺厂**
地址：山东省德州市齐河县晏城镇东宋村
负责人：李明山
Tel：0534－5758036
5758567
13505344986

**金水机械有限公司**
地址：山东省德州市庆云县机车市场52号
负责人：闫金水
Tel：0534－3326916
13953402469

**庆云宏程机床附件有限公司**
地址：山东省德州市庆云县鑫盛工业园2号
负责人：李自剑
Tel：0534－3428560
13953427760

**高密市双华五金制品有限公司**
业务：高密市双华五金制品有限公司成立于2005年，从事瓦楞钉、普通圆钉的生产及销售。以质为本、诚信经营，欢迎各位朋友前来洽谈业务！
地址：山东省高密市家纺路北首地质队西侧
邮　编：261500
法　人：鞠兵
Tel：0536－2309506
2558396
Fax：0536－2891878

**北方沥青加温设备制造厂**
地址：山东省德州市武城县科技工业园
负责人：董友刚
Tel：0534－6691779
13853446900

**临邑临盘万德商行**
业务：销售五金电料、节能灯具
地址：山东省德州市临邑县临盘韩武街
负责人：张凯　邮　编：251507
法　人：张凯
Tel：13953400302
0534－4283239

**保喜棉花机械服务中心**
地址：山东省德州市夏津县建设街
负责人：程保喜
Tel：0534－3882556
13053433106

**瑞鑫轴承保持器厂**
地址：山东省德州市夏津县夏津镇拐里二村
负责人：候福新
Tel：0534－3505698
13326272366

**郓城县奥星钢球有限公司**
业务：本公司成立于2006年，主要生产各种材质的钢球、球架、轴承、小五金；水泥预制件机械设计、销售。热忱欢迎广大客户来电洽谈业务！
地址：山东省菏泽市郓城县李集乡胡广屯村
负责人：朱道云　邮　编：274712
法　人：潘振明
Tel：0530－6797189
Fax：0530－6797189

**华乐机床配套有限公司**
地址：山东省东营市东营区西四路五千桥南
负责人：张秀刚
Tel：0546－8612499
13013562498

**广饶县永涛模具厂**
地址：山东省东营市广饶县大码头乡
负责人：徐泳涛
Tel：0546－6617025

**垦利县汇元试采配件有限责任公司**
地址：山东省东营市井下作业处金桥公司大院
负责人：李可钦
Tel：0546－8642197
13001560177

**山东省武城县鸿翔通风空调设备有限公司**
业务：通风、排烟、空调产品
产品：各种通风排烟风机、防火阀、铝合金风口、各种通风管道、空调机组、冷却塔、SMC组合水箱、能量回收机组
地址：山东省德州市武城县鲁权屯三联开发区
负责人：王振田　邮　编：253308
法　人：王振田
Tel：0534－6356228
Fax：0534－6358628
网址：www.httfkt.com
E-mail：web@httfkt.com

**济南霸王龙力液压机械有限公司**
业务：济南霸王龙力液压机械有限公司成立于1982年，主要从事液压升降机、登车桥、电瓶车的生产与销售。我们将不断提高管理水平，不断改进产品质量，愿与各界人士和朋友共谋发展，交流合作，携手共进，同创最佳效益。
地址：山东省济南市济阳县孙耿开发区2号
负责人：王四山　邮　编：251402
法　人：牛传凤
Tel：0531－84557777
Fax：0531－84550666
网址：www.jnlongli.com.cn
E-mail：jnlongli@126.com

**东营九洲奥华化工有限责任公司**
地址：山东省东营市胜利工业园
负责人：王保玉
Tel：0546－8180006

**大力机械制造有限公司**
地址：山东省东营市胜车路南首路西
负责人：张茂京
Tel：0546－8991832
13081412537

**东营市河口区恒信农机有限责任公司**
地址：山东省东营市太平乡双泉村
负责人：赵延令
Tel：0546－3281863

**济南市历城区海波机械加工厂**
业务：济南市历城区海波机械加工厂成立于2006年，生产成套灰浆泵、350型号搅拌机，欢迎新老客户来电洽谈业务。
地址：山东省济南市历城区唐王镇刘六务村
负责人：徐延波　邮　编：250000
法　人：徐延波
Tel：0531－88700198
网址：www.mtw30694.chinapyp.com

**东营市峰达工程机械有限公司**
地址：山东省东营市西四路六干桥南
负责人：高洪亮
Tel：0546－8162769

**武城县鑫牛机械制造有限公司**
业务：生产与销售农用机械，主营小型玉米收割机
产品：农用机械，主营小型玉米收割机
地址：山东省德州市武城县中南集团有限公司
负责人：牛俊富　邮　编：253300
法　人：牛俊富
Tel：15953431777
13583409333
Fax：0534－6546755

**肥城市新地建材机械有限公司**
地址：山东省肥城市聚商城112号
负责人：阴建国
Tel：0538－3219056

**容大机械厂**
地址：山东省高密市柴沟镇工业园
负责人：付联强
Tel：0536－2666167
13506474513

**济南鑫金源传动机械有限公司**
业务：本公司长期开发、生产、经营鑫金源品牌的传动系列产品并以其高端的质量、全方位的机制、优异的售后服务多年来广泛服务于全国各地及海外各国的客户。公司长期以来秉承"人品传承仁品，精品传动精彩"的经营理念，时刻为广大消费者提供最便利全面服务，使鑫金源的品牌在业内外好评如潮，具备了良好的社会口碑。
地址：山东省济南市天桥区历山北路198号国际五金机电城F区165号
邮　编：250100
法　人：张洪华
Tel：0531－88626769
Fax：0531－88602861
网址：www.xjycd.com

**同力铸钢有限公司**
地址：山东省高密市城北工业园A区60号
负责人：张凤岐
Tel：0536－2307786
13506499503

**高密市立祥五金制品有限公司**
地址：山东省高密市姜庄镇驻地
负责人：范立丰
Tel：0536－2736578
13964606991

**德州隆诺机床制造有限公司**
业务：深孔机床、数控机床
地址：山东省德州市夏津县经济开发区彩虹工业园
负责人：李刚　邮　编：253200
法　人：李刚
Tel：15965992491
0534－2191996
网址：www.dzlnjc.com

**海阳市利达精密铸压厂**
地址：山东省海阳市工业园
负责人：周纯仁
Tel：0535－3158027

**济宁市恒达工程机械有限公司**
业务：济宁市恒达工程机械有限公司成立于2005年，位于交通便利的济宁市中区车站东路46－12号。自成立以来，从事工程机械配件的销售。
地址：山东省济宁市中区车站东路46－12号
邮　编：272100
法　人：梅汝昌
Tel：0537－2314586
Mobile：13805378035
Fax：0537－3151269

**利建砖瓦机械制造有限公司**
地址：山东省菏泽市成武县县城古城街1039号
负责人：郭德成
Tel：0530－8659111
13395408266

**山东定陶振华工程机械有限公司**
地址：山东省菏泽市定陶开发区
负责人：姜瑞英
Tel：0530－2216239

**金泰超重配件厂**
地址：山东省菏泽市东明县菜园集乡高村
负责人：魏海林
Tel：13953031068

**横河机械厂**
业务：横河机械厂成立于1986年，是一家集科研、开发、生产、经营为一体的产业化实体，已经形成国内铸造机械成套装备工程中心，产品设计全部采用CAD计算机辅助设计，具有年生产2000台套能力，是中国铸造机械行业品种最全，技术含量最高的生产铸造机械生产基地和技术开发中心。
地址：山东省胶南市藏南镇横河川村
负责人：李西胜　邮　编：266411
法　人：李西胜
Tel：0532－84161196

**德州卓凡轴承有限公司**
业务：销售轴承，各种机电产品，汽车配件，机床配件，五金钢材，化工产品
产品：轴承，各种机电产品，汽车配件，机床配件，五金钢材，化工产品
地址：山东省德州市运河经济开发区铁西大道粮苑名居A31号
负责人：刘凯　邮　编：253012
法　人：刘凯
Tel：13884692552
Fax：0534－6034169

**德园工贸有限公司**
地址：山东省菏泽市郓城县黄集乡沙岭村
负责人：曹务明
Tel：0530－6773929
13853060278

**郓城县宏发机械厂**
地址：山东省菏泽市郓城县南赵楼乡
负责人：王秀宽
Tel：0530－6449188
13508909803

**三鑫机械制造有限公司**
地址：山东省即墨市环秀街道办事处后东城村
负责人：吕听钢
Tel：0532－88597808

**山东华源莱动内燃机有限公司装备分公司**
业务：山东华源莱动内燃机有限公司装备分公司成立于2006年，从事专用机床设计、制造、模具、刀具、量具加工、设备改造、加工业务，欢迎来电洽谈业务！
地址：山东省莱阳市五龙北路40号
负责人：李建军　邮　编：265200
法　人：李建军
Tel：0535－7293004
7293014
7293950

**瑞兴机械配件厂**
地址：山东省即墨市田横岛省级旅游度假区
负责人：董修瑞
Tel：0532－85572388
85569688
13864261033

**东营区润河水泵经营部**
业务：轴流泵、电潜泵整体以及配件
地址：山东省东营市东营区八分场红绿灯东150米路南
负责人：田伯平　邮　编：257000
法　人：田伯平
Tel：13854634102
13181955228

**济南平阴正邦铸造材料厂**
地址：山东省济南市长清区西三里村
负责人：邵华
Tel：0531－87877573

**济南西格玛海大机器销售有限公司**
地址：山东省济南市工业开发区兴业路8号
负责人：周健郡
Tel：0531－85768362

**福星保持器厂**
业务：福星保持器厂成立于1996年，主要生产轴承、保持器、平垫、农机配件等。热诚欢迎各方客户惠顾，来电来人洽谈业务，共同合作。
地址：山东省聊城市东昌府区郑家镇郭子祥村
邮　编：252035
法　人：郭佃福
Tel：0635－8635061
Fax：0635－8636698

**济南新步一机机床配件有限公司**
地址：山东省济南市郎茂山路4号13号楼503室
负责人：郭文海
Tel：0531－82272757

**雷姆焊接技术有限公司**
地址：山东省济南市历下区济南高新技术开发区华阳路69号留学人员创业园2号楼421房
负责人：墨德善
Tel：0531－86703220
13646400581

**东营区会友水泵维修部**
业务：水泵维修
地址：山东省东营市东营区济南路176－1号
负责人：崔宝岭　邮　编：257000
法　人：崔宝岭
Tel：0546－8999301
13561073655

**耐尔液压技术有限公司**
地址：山东省济南市历下区历山路2－2号海右商务大厦225室
负责人：马志平
Tel：0531－82593933
13505310512

**聊城鸿顺达安装起重机械有限公司**
业务：本公司成立于2003年，是一家专业从事

机械安装、脚手架安装、拆卸(特种设备除外)。
地址:山东省聊城市建设西路鸿顺花园小区4－2三单元1楼东户105室
负责人:张树冬 邮 编:252000
法 人:张树冬
Tel:0635－8466306

**广达金属制品厂**
地址:山东省济南市商河县商中路29号
负责人:张永顺
Tel:0531－84880168
13335176079

**济南大鹏链传动设备有限公司**
地址:山东省济南市天桥区北园大街700号
负责人:陈宪荣
Tel:0531－85828587

**济南三阖赛维斯设备有限公司**
地址:山东省济南市遥墙镇临港西路2号
负责人:徐光南
Tel:0531－86766042

**东营区长统气动元件经销部**
业务:专业销售气动元件、过程控制元件、热采锅炉配件、水处理配件,产品性价比高,并以合理的价格标准,优良的质量保证,良好的售后服务受到用户的普遍青睐和欢迎。我们衷心期待您的光临惠顾!
产品:气缸、电磁阀、机械阀、快速接头、高低压卡套、PU管、气动阀、仪表阀、优特净材
地址:山东省东营市东营区商河路10－1号长统气动
负责人:张斌 邮 编:257000
法 人:张斌
Tel:13954676050
Fax:0546－7782880
网址:dychangtongqidong.cn.alibaba.com
E-mail:sxnqzhangbin@163.com

**蒙阴县塑料机械模具厂**
业务:蒙阴县塑料机械模具厂成立于1992年,主要生产塑料波纹管、塑料挤出机等。"诚信经营,质量可靠,服务周到",热诚欢迎新老客户光临,洽谈业务。
地址:山东省临沂市蒙阴县岱崮镇尹家洼工业园
邮 编:276216
法 人:公练东
Tel:0539－4658229
Fax:0539－4658229

**大润通工贸有限公司**
地址:山东省济南章丘市党家镇润通路1号
负责人:陈军善
Tel:0531－83615666

**通达铅笔机械配件厂**
地址:山东省济南章丘市明水王西村
负责人:石凤德
Tel:0531－83209022
13905419492

**桑园铸造厂**
地址:山东省济南章丘市相公庄镇桑园村
负责人:刘彬
Tel:0531－83832959
13969107034

**青岛新和机电有限公司**
业务:青岛新和机电有限公司成立于2005年,主要生产销售自动化设备。欢迎新老客户光临惠顾!
地址:山东省青岛市城阳区城阳街道西田村城东工业园
负责人:郑玉花 邮 编:266109
法 人:郑玉花
Tel:0532－87754245
Fax:0532－87754255
网址:www.mtw28871.chinapyp.com

**东营市嘉瑞机电设备有限责任公司**
业务:机电,钢材等
产品:轴承
地址:山东省东营市东营区西三路南苑新区二区18号楼2单元601室
负责人:王刚 邮 编:257000
法 人:王尚玉
Tel:0546－8617225
Fax:0546－8617529

**瑞兴机械有限公司**
地址:山东省济南章丘市枣园大街10号
负责人:刘合军
Tel:0531－83651197
13605413555

**申宝机械厂**
地址:山东省济宁市高新技术开发区柳行办事处小屯村
负责人:王新力
Tel:13953760065

**勇峰电加工服务中心**
地址:山东省济宁市洸河办事处王庄村委
负责人:张勇
Tel:0537－2166130
13953799617

**青岛嘉鑫佳金属制品有限公司**
业务:本公司是专业从事马口铁冲拔拉伸罐的生产经营企业,本公司凭借丰富的生产经验,先进的制造工艺,精良的技术设备,高效的管理模式,完善的服务体系,多年来以优质的产品和周到的服务,赢得了广大客户的好评。
地址:山东省青岛市即墨市北安街道办事处营西村
邮 编:266221
法 人:于永雷
Tel:0532－87508138
Fax:0532－87508138
网址:www.qdjiaxinjia.com

**济宁成合机电工具有限公司**
地址:山东省济宁市建设北路汽车北站对过
负责人:秦玉莲
Tel:0537－2222579

**山东省垦利县恒达机械有限公司**
业务:生产与销售各类型号的挂浆机
产品:12马力、20马力、28马力、38马力、50马力、70马力挂浆机
地址:山东省东营市垦利县黄河口镇政府驻地
负责人:唐衍光 邮 编:257509
法 人:唐衍光
Tel:13906479582
0546－2621616
Fax:0546－2621538

**燕兴油管有限公司**
地址:山东省济宁市金乡县消队队西一百米路北
负责人:燕晓春
Tel:0537－8751601
13854707182

**金乡县粮食机械厂**
地址:山东省济宁市金乡县兴隆乡
负责人:徐晓东
Tel:0537－8081218
13562750538

**青岛精泰机械制造有限公司**
业务:青岛精泰机械制造有限公司成立于2006年,主要生产销售纺织机械。公司以"质量求生存、信誉求发展",欢迎广大用户光临惠顾!
地址:山东省青岛市胶南市滨海办事处瓦屋村
负责人:杨世亮 邮 编:266400
法 人:杨世亮
Tel:0532－85137906
88165878

**长青机床配件厂**
地址:山东省济宁市开发区王因镇中仁美村东
负责人:王长青
Tel:0537－3860888
13608912268

**济宁市市中区恒兴工程机械厂**
地址:山东省济宁市开发区香港西路西首
负责人:刘宗章
Tel:0537－2600129

**济宁市现坡机械设备安装有限公司**
地址:山东省济宁市科苑路126号
负责人:常义
Tel:0537－2368143
13505371584

**巨野中选盛嘉设备维修运营有限责任公司**
业务:各种洗选设备,机电设备维修,普通机械及配件,五金工具销售,企业管理信息咨询服务
地址:山东省河泽市巨野县龙堌镇闫庄村
负责人:王智仁 邮 编:274000
法 人:王智仁
Tel:0530－8488619

**青岛世吉顺机械电器有限公司**
业务:青岛世吉顺机械电器有限公司成立于2003年1月,主要生产青钢结构、配电设备等。技术力量雄厚,售后服务周到,竭诚欢迎各方客户来电洽谈业务,共同发展。
地址:山东省青岛市李沧区瑞金路19号
邮 编:266043
法 人:刘世年
Tel:0532－84813431

**济宁市梁山县梁山金桥机械加工厂**
地址:山东省济宁市梁山县拳铺镇后杨楼村
负责人:陈玉东
Tel:0537－7768528
13964975399

**曲阜市焊王焊接切割设备厂分厂**
地址:山东省济宁市曲阜市孔府酒庄院内
负责人:张洪梅
Tel:0537－4486188

**曲阜市世发非标准件厂**
地址:山东省济宁市曲阜市王庄乡辛庄村
负责人:王世发
Tel:13012925929

**五莲县皓史机械厂**
业务:五莲县皓史机械厂是以真空助力器、制动泵的生产为主,以质量求生存、信誉求发展,竭诚欢迎新老客户来电来函、洽谈业务。
地址:山东省日照市五莲县许孟镇宋家庄子
负责人:史顺波 邮 编:262315
法 人:史顺波
Tel:0633－5478788
Fax:0633－5478788

**华玮机电有限公司**
地址:山东省济宁市任城区南张镇
负责人:张金伟
Tel:0537－2119966
13805478746

**山三欣亚工程机械有限公司**
地址:山东省济宁市市郊区经济技术开发区
负责人:秦德文
Tel:13605373570

**任城区常运工程机械厂**
地址:山东省济宁市市郊区许庄办事处常利村
负责人:魏玉砜
Tel:13964973966

**巨野县成社农业机械专业合作社**
业务:农业机械
产品:农业机械
地址:山东省荷泽市巨野县龙固镇唐庄村
负责人:宋成社 邮 编:274928
法 人:宋成社
Tel:0530－8223386

**潍坊市晟华机械厂**
业务:潍坊市晟华机械厂成立于2001年,专业从事机械加工销售及热处理,以质量求生存、以信誉求发展,竭诚欢迎广大新老客户来电来函、咨询洽谈。
地址:山东省潍坊市经济开发区胜通街
负责人:丁义德 邮 编:261031
法 人:丁义德
Tel:0536－8652506

**济宁市市中区天源五金制品包装厂**
地址:山东省济宁市市中区常青路38号
负责人:宋金忠
Tel:0537－2229976
13853705337

**金麒麟焊业有限责任公司**
地址:山东省济宁市市中区济安桥北路
负责人:张文革
Tel:0537－2171616
13012654998

**太顺泵业有限公司**
地址:山东省济宁市市中区济安桥北路红星西路交叉口
负责人:赵宝金
Tel:0537－2277741
2821234

**晟华机械厂**
业务:晟华机械厂成立于2001年,现有员工100余人。从事机械加工FT300、FT400、FT650、FT700的型号拖拉机配件。谒诚欢迎新老客户光临、惠顾。
地址:山东省潍坊市经济开发区胜通街
邮 编:261031
法 人:丁义德
Tel:0536－8652506
Fax:0536－8652506

**鑫安机械厂**
地址:山东省济宁市市中区济安桥南路50号
负责人:李安
Tel:0537－2273202
13518677232

**山东郓城恒顺轴承有限公司**
业务:轴承、钢球、小五金冲压制品
地址:山东省荷泽市郓城县黄集乡伟庄行政村
负责人:王贵立 邮 编:274000
法 人:王贵立
Tel:0530－6771988
13459538008
Fax:0530－6772321

**众一机械设备有限公司**
地址:山东省济宁市市中区开发区海南东路2号
负责人:詹方银
Tel:0537－2329757
13012936169

**旭光科技有限公司**
地址:山东省济宁市市中区王母阁路168号
负责人:李存启
Tel:13181318406

**菏泽开发区晋鹏机械加工厂**
业务:机械加工
地址:山东省菏泽开发区广州路中段路西(樱花五金公司对面)
负责人:赵文庆 邮 编:274000
法 人:赵文庆
Tel:15020500777
0530－5313801

**临朐县箕子山机械厂**
业务:临朐县箕子山机械厂成立于1981年,主要生产铁艺栏杆、电动门、不锈钢制品,产品质量可靠品种齐全,畅销全国各地及配套出口,深受广大用户欢迎和信赖。
地址:山东省潍坊市临朐县寺头镇箕子山村
负责人:王志福 邮 编:262626
法 人:王志福
Tel:0536－3771102
3771232

**山东省泗水新奇微特电机厂**
地址:山东省济宁市泗水县城西经济开发区
负责人:朱永军
Tel:0537－4257999
4256868
13605475957

**金庄正园农机公司**
地址:山东省济宁市泗水县金庄镇金庄村
负责人:袁桂彬
Tel:0537－4031233
13905470709

**金马机械厂**
地址:山东省济宁市泗水县马家庄乡马家庄村
负责人:杨兆庆
Tel:0537－4191348
13953745227

**圣乐机械厂**
地址:山东省济宁市泗水县泉村镇南铺子泉林
负责人:王庆新
Tel:0537－4016089
13505372312

**菏泽市花都商埠平军五金工具经营部**
业务:五金工具、标准件经营
地址:山东省菏泽市花都商埠铝材市场西区031号
负责人:金平军 邮 编:274000
法 人:金平军
Tel:0530－5522822
Fax:0530－5522822

**诸城市同业造纸机械厂**
业务:本厂是一家集科研、生产、销售应用于一体的,专业生产制浆造纸机械及污水处理设备的高新技术企业。主导产品包括制浆、筛选、造纸、污水处理四大系列几十个品种。我们以最快的速度,最好的质量,最优质的服务,将国内外先进设备推向市场。
地址:山东省潍坊诸城市密州街道办事处北石桥17号
邮 编:262200
法 人:王钢
Tel:0536－6082233
Fax:0536－6082220

**兴达工具制造有限公司**
地址:山东省济宁市泗水县泉林镇泉林村
负责人:肖传明
Tel:0537－4011188
13905470505

**泗水泉源机床附件有限公司**
地址:山东省济宁市泗水县泉林镇泉林村
负责人:吴聿伟
Tel:0537－4011818
13305475088

**强力模压制品有限公司**
地址:山东省济宁市微山县韩庄镇北首
负责人:陈玉利
Tel:13791770317
13953743168

**微山县众鑫矿山机械配件厂**
地址:山东省济宁市微山县鲁桥镇五村
负责人:仲伟跃
Tel:0537－8681197

**郓城县恒基工程机械有限公司**
业务:工程机械配件;汽车零部件(曲轴类)等来图加工定做
地址:山东省菏泽市郓城县工业园区
负责人:樊庆国 邮 编:274000
法 人:郑洪波
Tel:0530－6320666
6320888
Fax:0530－6320777

**海阳市世纪马针织机械有限公司**
业务:海阳市世纪马针织机械有限公司主要经销针织机械、毛衫辅料。"以质量求生存,以信誉求发展",竭诚欢迎广大新老客户来电来人洽谈业务,共同合作!
地址:山东省烟台市海阳市市区榆山街44号
负责人:张朋田 邮 编:265100
法 人:张朋田
Tel:0535－3238664

**潍柴柴油机产品销售服务有限公司**
地址:山东省济宁市微山县夏镇奎文西路(汽车二队院内)
负责人:张建国
Tel:0537－8297558
13963787969

**青岛成豪机械有限公司**
业务:生产、制造冲压模具
地址:山东省即墨市北安办事处辛庄三村
负责人:孙立章 邮 编:266200
法 人:孙立章
Tel:13656428450
0532－87519187

**微山县长江机械厂**
地址:山东省济宁市微山县夏镇戚城街北首
负责人:常开安
Tel:0537－8296261
13608917257

**顺义机械制造有限公司**
地址:山东省济宁市汶上县城广场路 2 号
负责人:陈凡义
Tel:0537－7237572
13705372628

**汶上县矿用机电设备厂**
地址:山东省济宁市汶上县汶上镇东关村驻地
负责人:孙祥寅
Tel:13705372626

## 烟台芝罘东泰焊接材料有限公司
业务:烟台芝罘东泰焊接材料有限公司成立于2000 年,主要生产焊接材料,机械加工制造。欢迎各方客户来电洽谈业务,共同合作。
地址:山东省烟台市芝罘区黄务镇朱家塘
邮　编:264000
法　人:陶仁东
Tel:0535－6746044
Fax:0535－6239398

**汶上县陈事达机械有限公司**
地址:山东省济宁市汶上县汶上镇周村
负责人:陈红忠
Tel:0537－7208666

**邹城市欣政工贸实业有限公司**
地址:山东省济宁市邹城市太平镇西张村
负责人:李建军
Tel:0537－5452188
13355475777

## 青岛甬慈模具厂
业务:模具制造,生产销售
产品:塑料模具,压铸模,注塑
地址:山东省即墨市烟青路小韩村工业园
负责人:屠友国　邮　编:266200
法　人:屠友国
Tel:0532－88563761
Fax:0532－88563761
E-mail:toyouguo1@163.com

**新强建材机械制造有限公司**
地址:山东省济宁邹城市北宿镇北屯村
负责人:孟凡孝
Tel:0537－5415739
13853702076

**中联泵业有限公司**
地址:山东省济宁邹城市宏达路 139 号
负责人:吴长庚
Tel:0537－5315636
5341499
13905373258

## 烟台隆信制冷工程有限公司
业务:本公司创立于 2002 年,主要从事制冷设备安装、装饰材料、土产杂品、化工原料(不含国家有专项规定的商品)批发、零售。本企业"以人为本,求新求实",要求员工以实现自我价值为最高境界,"质量卓越,口啤相传"的企业精神,本着"平等互利、履约守信、客户至上"的原则,竭诚为客户服务。
地址:山东省烟台市芝罘区珠玑村北三巷 70 号
负责人:季勇军……邮　编:264001
法　人:季勇军
Tel:0535－6813916
Fax:0535－6825281

**存鑫矿用设备制修有限公司**
地址:山东省济宁邹城市唐村镇驻地
负责人:刘宪河
Tel:0537－5476299
13853776299

**人民机电设备有限公司**
地址:山东省济宁邹城市铁山路 15 号
负责人:葛留春
Tel:0537－5214751
13705471698

**煤机物资开发公司**
地址:山东省莱芜市凤城西大街 329 号
负责人:张圣琛
Tel:13806341901

## 济南明拓展合工贸有限公司
业务:专业承接机械加工及纸制品、印刷材料销售,我们本着服务至上、诚实守信的原则,以过硬的技术,公平的价格,欢迎新老客户的光临!
产品:光油、镭射膜、糊盒胶、覆膜胶、生活用纸
地址:山东省济南市历城区开源路北首冷水沟村兴泉工业园 B 区 8 号
负责人:丁辉　邮　编:250100
法　人:丁辉
Tel:0531－88905098
Fax:0531－88905098
E-mail:kkkk918@163.com

**迎新机械有限公司**
地址:山东省莱芜市钢城区艾山街道办事处逯家庄村
负责人:乔安玉
Tel:0634－6891499
13863481787

**莱芜市永信轴业有限公司**
地址:山东省莱芜市钢城区里辛镇冯家庄村
负责人:李军祥
Tel:13863494887

## 荣泰抛丸机械有限公司
业务:诸城市荣泰抛丸机械有限公司座落在中共一大代表王尽美的家乡,美丽的诸城市枳沟镇。东距青岛 130 公里,西距临沂130 公里,南距日照 70 公里,北距潍坊100 公里。是 206 国道和烟汕路的交汇处,地理环境优越,交通十分便利。我公司从事铸造机械多年,技术力量雄厚,生产设备先进,检测手段完备齐全。所生产的各类铸造机械设备及配件性能优越,质量稳定,深受广大用户的好评。被长春一汽、二汽、临沂电力金具等大型企业评为"优秀供应商"。"交的是朋友,铸的是真诚",总经理李荣泰携全体员工向广大客户郑重承诺:本公司产品质量优良,价格公道,服务一流。热忱欢迎国内外企业惠顾,精诚合作,共创企业美好明天。
地址:山东省诸城市枳沟镇乔庄村
邮　编:262202
法　人:李荣泰
Tel:0536－6451043
Fax:0536－6451043
网址:http://www.rongtaizhuji.com/

**森阳工程机械有限公司**
地址:山东省莱芜市经济开发区鹏泉西大街210 号
负责人:孙丰林
Tel:0634－6134089
13306349763

## 济南林青铸造技术有限公司
业务:铸造技术、铸造设备,进出口业务
产品:混砂机、发生器、射芯机、芯盒
地址:山东省济南市历城区王舍人镇张马屯小区(东方丽苑)4 号楼 3 单元 401 室
负责人:冯新林　邮　编:250101
法　人:冯新林
Tel:13606406168
0531－88681647
Fax:0531－88681647
E-mail:linqin_890207@yahoo.cn

**万通机械有限公司**
地址:山东省莱芜市经济开发区园山南路 1#
负责人:吴慧勤
Tel:0634－8888868

**铭瑞控制索有限公司**
地址:山东省莱芜市莱城长勺北路 168 号
负责人:李丽
Tel:13906348599

**科力自动化塑机业有限公司**
地址:山东省莱芜市莱城区凤城街道办事处邹家埠村
负责人:刘训波
Tel:0634－6421085
0634－6421066

## 淄博泰来机械制造有限公司
业务:淄博泰来机械制造有限公司成立于 2005 年,专业从事减速机及配件,机械胀紧连接套加工生产及销售,本公司产品质量可靠,跟踪服务,热忱欢迎海内外客商前来订购!
地址:山东省淄博市博山经济开发区东域城工业园
负责人:冯强……邮　编:255213
法　人:冯强
Tel:0533－4149577

## 济南友孝土石方工程有限公司
业务:挖掘基础工程、园林绿化
地址:山东省济南市市中区阳光舜城中十三区 13 号楼 1－113
负责人:杨友孝　邮　编:250000
法　人:杨友孝
Tel:15820001001
13031736552

**莱芜奔牛机械工程有限公司**
地址:山东省莱芜市莱城区高庄街道办事处对仙门村北
负责人:毕研国
Tel:0634－6097323
13561728888

**大众机械铸造有限公司**
地址:山东省莱芜市莱城区口镇赵家村
负责人:王皓
Tel:0634－8551799

**立强轻工机械厂**
地址:山东省莱芜市鹏泉东大街鹏程工业园7 号
负责人:宋立强
Tel:0634－8807926
13906345420

**莱芜市泰山齿轮厂**
地址:山东省莱芜市新甫路 011 号
负责人:路建
Tel:0634－6115599

## 济宁嘉禾节能设备有限公司
业务:节能设备经营
地址:山东省济宁市金乡县清真街北首路西
负责人:许建　邮　编:272133
法　人:许建
Tel:0537－8782226
网址:http://www.51zzt.com/user/zzt31874

**莱州市通达机械有限公司**
地址:山东省莱州市大原路 757 号
负责人:刘云正
Tel:0535－2480070
2480488

**莱州市金事达机电设备有限公司**
地址:山东省莱州市平里店镇淳于村
负责人:郝成刚
Tel:0535－2610073

## 淄博友信机械压铸有限公司
业务:淄博友信机械压铸有限公司始建于 2004 年,主要从事压铸型铝制品,浇铸型铝制品及各种规格电机制造,公司以"技术第一,市场第一"为宗旨,竭诚欢迎各界商朋光临惠顾。
地址:山东省淄博市张店区马尚镇班家村
负责人:张俊……邮　编:255000
法　人:张俊
Tel:0533－2801467

**临清市宏宇电机有限公司**
地址:山东省聊城临清市东环路东首
负责人:候长城
Tel:0635－2435096

**龙业轴承有限公司**
地址:山东省聊城临清市潘庄镇
负责人:魏师玉
Tel:0635－2834556
2857801
13706353425

**锡鲁轴承有限公司**
地址:山东省聊城临清市潘庄镇潘北村
负责人:李玉铎
Tel:0635－2834788
13869552468

## 济宁市任城区同兴机械厂
业务:机械机加
地址:山东省济宁市任城区长沟镇季庙村
负责人:季现同　邮　编:272000
法　人:季现同
Tel:0537－2778677

**犇牛高科机床附件有限责任公司**
地址:山东省聊城临清市曙光路北段
负责人:李钢
Tel:0635－2422221
13869592988

**荣盛轴承有限公司**
地址:山东省聊城临清市烟店工业园
负责人:曹荣海
Tel:0635－2854006
13562052566

**鲁杭汽车轴承有限公司**
地址:山东省聊城临清市烟店工业园
负责人:孙永贵
Tel:0635－2857078
13963002856

**汇丰轴承有限公司**
地址:山东省聊城临清市育新路奥运酒楼305 室
负责人:梁玉刚
Tel:0635－2418888
03198598044
13506353520

**鲁西铸造有限公司**
地址:山东省聊城市东阿县科技工业园
负责人:李更刚
Tel:0635－3266099
13563569888

## 济宁市任城区为先工程机械维修中心
业务:挖掘机零配件的维修和销售
产品:挖掘机零配件
地址:山东省济宁市任城区接庄镇八里营村济州路光府河桥东 1 华里路南
负责人:徐玉杰　邮　编:272133
法　人:徐玉杰
Tel:13863799239
15264797387

**聊城市东昌府区中大精密铸造有限公司**
地址:山东省聊城市东昌府区凤凰工业园
负责人:张飚
Tel:0635－8579688

**昌远动力机械有限公司**
地址:山东省聊城市东昌府区凤凰工业园
负责人:吕兴旺
Tel:0635－8578198

**鑫发轴承配件厂**
地址:山东省聊城市东昌府区张炉集工业园
负责人:刘彦奎
Tel:0635－8641333
13906358333

## 金利恒源五金加工部
业务:塑料膨胀钉、纱角、付档、钻尾钉等塑料五金的加工与销售
产品:料膨胀钉、纱角、付档、钻尾钉等塑料五金
地址:山东省济宁市市中区车站西路 108 号
负责人:王兆学　邮　编:272000
法　人:王兆学
Tel:13563700582
0537－2858776

**鸿远机械有限公司**
地址:山东省聊城市东昌府区张炉集镇驻地
负责人:张思玉
Tel:0635－8641046
13508921306

**乘风配件厂**
地址:山东省聊城市东昌府区郑家镇大孙村
负责人:孙广恩
Tel:0635－8639666
13963018966

## 张店金坤陶瓷机械加工部
业务:张店金坤陶瓷机械加工部主要从事陶瓷机械加工。"以质量求生存,以信誉求发展",竭诚欢迎您的光临与惠顾!
地址:山东省淄博市张店区南定镇田家村
负责人:邹光申……邮　编:255000
法　人:0533－2989556
Mobile:13705339384

**宇通轴承实业有限公司**
地址:山东省聊城市东昌府区郑家镇工业园
负责人:莫洪阳
Tel:13869500818

**福星保持器厂**
地址:山东省聊城市东昌府区郑家镇郭子祥村
负责人:郭佃福
Tel:0635－8635061
13706350836

## 泗水县济河办会平挖掘机配件经销部
业务:挖掘机配件销售、维修
地址:山东省济宁市泗水县济河办济河路东段(东环路口向西 100 米)
负责人:曹会平　邮　编:273200
法　人:曹会平
Tel:13054971787
0537－4221338

**冠县哈轴机电有限公司**
地址:山东省聊城市冠昌冠宜春西路 13 号
负责人:王秋玲
Tel:0635－5231218
13806355138

**山东省冠县小鹰风机制造有限公司**
地址:山东省聊城市冠县北环路鲁西新世纪工业园
负责人:栾胜军
Tel:13863525077

**三鑫轴承有限公司**
地址:山东省聊城市冠县北陶镇南关村
负责人:赵子亮
Tel:0635－5672566
13561455777

**顺达福利轴承厂**
地址:山东省聊城市冠县清水镇小郭寨杜行村
负责人:陈庆尧
Tel:0635－5640268
13356357766

## 微山县兴潮机械设备加工厂
业务:机械设备的加工
地址:山东省济宁市微山县赵庙乡赵庙村西
负责人:李现民　邮　编:272000
法　人:李现民
Tel:13270365558
0537－8411389

**山东哈鲁轴承股份有限公司**
地址:山东省聊城市临清市烟店工业园
负责人:张立祥
Tel:0635－2854300
13806352356

**华美机械有限公司**
地址:山东省聊城市郑家镇驻地
负责人:郭凤良
Tel:0635－8637666
13562030585

**聊城鸿远机械有限公司**
地址:山东省聊城张炉集镇驻地
负责人:张善龙
Tel:0635－8641046

**天健机械有限公司**
地址:山东省临清市外环路南首路西
负责人:张金华
Tel:0635－2556788
2419568

## 济宁市如泰仓储设备有限公司
业务:工矿设备配件及仓储设备的加工销售。
产品:工矿设备配件,仓储设备
地址:山东省济宁市鱼台县清河镇石集村
负责人:张会东　邮　编:272119
法　人:张会东
Tel:0537－6148777
6148988
Fax:0537－3163535

**临清市宏鑫达专用轴承有限公司**
地址:山东省临清市烟店镇刘烟店村
负责人:刘宗臣
Tel:0635－2103189

**苍山县嘉鑫工贸发展有限责任公司**
地址:山东省临沂市苍山县县城南环路中段
负责人:张进甲
Tel:0539－5235213
13953917068

**临沂陆成物资有限公司**
地址:山东省临沂市河东区钢材市场 439 号
负责人:陆西伟

Tel:13605498001

**临沂申博五金工具有限公司**
地址:山东省临沂市河东区九曲工业园
负责人:郁家环
Tel:0539－8096992
13969901228

**青岛佳禾农业机械有限公司**
业务:农业自动化机械及园艺机械制造
产品:多功能田园管理机
地址:山东省胶州市胶莱镇沙梁一村
负责人:曹明山　邮　编:266315
法　人:曹明山
Tel:13553059119
Fax:0532－88228918
网址:www.qingdaojiahe.com
E-mail:qingdao.jiahe@163.com

**久阳五金工具制造有限公司**
地址:山东省临沂市河东区九曲镇褚庄工业园
负责人:郁家启
Tel:0539－8091219
13805398319

**盛德五金工具有限公司**
地址:山东省临沂市河东区九曲镇前进宾馆
负责人:解为龙
Tel:13705390321

**莱芜市莱城区凤阳制钉厂**
业务:铁钉、冷拔丝的加工销售
产品:铁钉、冷拔丝
地址:山东省莱芜市莱城区牛泉镇东凤阳村
负责人:李群　邮　编:271100
法　人:李群
Tel:0634－6739728
13468269866
网址:http://www.51zzt.com/user/zztl23470

**万宝工具有限公司**
地址:山东省临沂市河东区民航路东段北侧
负责人:李培春
Tel:0539－8082888
13805399868

**临沂新瑞丰铸造有限公司**
地址:山东省临沂市河东区芝麻墩镇秦家岭村
负责人:孙洪学
Tel:13573989998
13805493231

**祥磨具有限公司**
地址:山东省临沂市莒南县大店镇王家坡子村
负责人:王振林
Tel:0539－7816686
13953915676

**昌泰磨具有限公司**
地址:山东省临沂市莒南县大店镇新村
负责人:曹佃刚
Tel:0539－7817168
13705399819

**康华磨具有限公司**
地址:山东省临沂市莒南县大店镇许家滩井村
负责人:曹现华
Tel:13705399642

**莱芜市和谐水泵销售处**
业务:和谐水泵专卖
地址:山东省莱芜市鲁中新大街正顺新东方华庭
负责人:魏功君　邮　编:271100
法　人:魏功君
Tel:0634－6227116
13805317547

**莒南县汇宇冷轧带钢有限公司**
地址:山东省临沂市莒南县丽山路南首
负责人:刘长森
Tel:0539－7230118
13562963655

**恒丰铸造有限公司**
地址:山东省临沂市莒南县十字路镇东赤十沟村
负责人:史克恒
Tel:13705399835

**莒南县永和五金交电有限公司**
地址:山东省临沂市莒南县天桥路153号
负责人:宋刚
Tel:0539－7213697
13001571506

**金浪五金工具有限公司**
地址:山东省临沂市莒南县筵宾镇团埠子村
负责人:汪天海
Tel:13791560639

**莱州市城港路街道良信机械厂**
业务:生产和销售铜基粉末冶金
产品:铜基粉末冶金
地址:山东省莱州市城港路街道开元路西
负责人:王立杰　邮　编:264010
法　人:王立杰
Tel:13954542640

**宇洋五金工具有限公司**
地址:山东省临沂市莒南县壮岗镇演马乡
负责人:曹现宝
Tel:13589689157

**临沂华昌机械制造有限公司**
地址:山东省临沂市开阳路103号梨杭工业园
负责人:付昌花
Tel:0539－8885017

**临沂南华机电焊割设备有限公司**
地址:山东省临沂市兰山区蒙山大道兰田电动工具市场10－11号
负责人:张春永
Tel:0539－8060659
13608908802

**宇星机械有限公司**
地址:山东省临沂市兰山区南坊镇单家庄村
负责人:全红日
Tel:0539－2950766
13563905066

**莱州市烟潍路鸿瑞液压件经销处**
业务:维修、安装、销售液压件
产品:上海型、榆次型、广研所系列、力士乐系列、油泵、马达、各种液压件等
地址:山东省莱州市烟潍路个体车站路北
负责人:赵永杜　邮　编:261400
法　人:杨彦香
Tel:13708917207
0535－2230164
Fax:0535－2228385
网址:www.hryy.wanye65.com
E-mail:525257802@qq.com

**光明食品机械有限公司**
地址:山东省临沂市兰田厨具市场395号
负责人:刘岩
Tel:0539－8065318
13853983618

**金欣工具有限公司**
地址:山东省临沂市临沭县曹庄镇常林村
负责人:郭荣龙
Tel:13969987135

**临沭县创伟铸造厂**
地址:山东省临沂市临沭县店头镇陈北村
负责人:陈伟
Tel:0539－6978100

**隆昌农机配件有限公司**
地址:山东省临沂市临沭县临沭镇井店中村
负责人:辛国华
Tel:13969942384

**鼎力铸造厂**
业务:铸件,铸造
地址:山东省聊城市东昌府区许营乡朱庄村
负责人:朱法伦　邮　编:252000
法　人:朱法伦
Tel:0635－8595870
15966204036

**临沭县九楼机械有限公司**
地址:山东省临沂市临沭县临沭镇前杨楼
负责人:马稚广
Tel:0539－6256138
13805499785

**鑫泰机电设备有限公司**
地址:山东省临沂市临西五路中段水暖市场5－6号
负责人:尚立建
Tel:0539－8151108
13325099666

**万友塑料机械有限公司**
地址:山东省临沂市临西一路44号
负责人:蒋仁平
Tel:13954412789

**万事和机械有限公司**
地址:山东省临沂市蒙阴县常路镇田家岭工业园区
负责人:霍德圣
Tel:0539－4538576
13805495928

**东昌府区昌兴机械配件厂**
业务:轴承保持器,各种冲压件等产品生产销售
地址:山东省聊城市东昌府区郑家镇西邱村
负责人:邱敬昌　邮　编:252000
法　人:邱敬昌
Tel:13506351983
13356354788

**天兴矿用工具有限公司**
地址:山东省临沂市蒙阴县城北环路东首
负责人:周长军
Tel:0539－4832298
13954938701

**聊城市东昌府区郑家镇新意冲压件厂**
业务:离合器轴承外壳生产销售
地址:山东省聊城市东昌府区郑家镇张楼村
负责人:张书林　邮　编:252000
法　人:张书林
Tel:13869568708
0635－8633870

**宝石龙工具有限公司**
地址:山东省临沂市平邑县城浚河西路97号
负责人:林清银
Tel:0539－4212896
13705393668

**临沂工程机械平邑县配件厂**
地址:山东省临沂市平邑县县城西郊
负责人:张如意
Tel:0539－4282179
13805399776

**红泉机电有限责任公司**
地址:山东省临沂市沂水县城长安路中段
负责人:武广全
Tel:13953918311

**宏金机床设备配套供应站**
地址:山东省临沂市沂水县城沂新路145号
负责人:马晓栋
Tel:0539－2262185
13954911750

**沂水县袁家庄田丰农机经销处**
地址:山东省临沂市沂水县许家湖袁家庄村路口
负责人:徐从军
Tel:0539－2361271
13655393598

**玉功轴业有限责任公司**
地址:山东省临沂市沂水县裕丰商城南前城农机配件厂院内
负责人:李玉功
Tel:0539－2515344
13395493633

**高唐县苏中内燃机配件批发部**
业务:内燃机配件、起动机
地址:山东省聊城市高唐县滨湖南路东
负责人:李秀岭　邮　编:252000
法　人:李秀岭
Tel:13963593585
0635－3686168
Fax:0635－3993698

**龙口市华超机械有限公司**
地址:山东省龙口市北马镇安家村北
负责人:赵经超
Tel:0535－8986728

**龙口市顺德机械厂**
地址:山东省龙口市黄城区东莱街道西张家沟村
负责人:曹民德
Tel:0535－8509875

**富利达机械制造有限公司**
地址:山东省蓬莱市登州工业园南首
负责人:袁阁秋
Tel:0535－5651701
13853575187

**瑞永正工贸有限公司**
地址:山东省青岛市城阳区棘洪滩金岭工业园
负责人:王学安
Tel:0532－87706128
13176858718

**聊城市东昌府光明电线电缆经销部**
业务:销售工程用电线电缆
产品:工程用电线电缆
地址:山东省聊城市香江市场东经七街58号
负责人:谢洪瑞　邮　编:252000
法　人:谢洪瑞
Tel:0635－2116933

**德通五金设备厂**
地址:山东省青岛市城阳区流亭街道仙家寨村西重庆北路38号
负责人:唐兴贵
Tel:0532－66916554
13792826008

**塔富士机电有限公司**
地址:山东省青岛市城阳区流亭街道赵哥庄308国道东侧361号
负责人:陈龙华
Tel:0532－87788099

**新美海绵机械制造有限公司**
地址:山东省青岛市城阳区西部工业园
负责人:闫新生
Tel:0532－87755602
13608963598

**阳谷东润建筑机械有限公司**
业务:建筑机械制造、销售
地址:山东省聊城市阳谷侨润建筑工程有限公司
负责人:朱月成　邮　编:252300
法　人:朱月成
Tel:15163511666
0635－6362299

**韩鹏程机械厂**
地址:山东省青岛市海尔工业园对面西
负责人:刘鹏程
Tel:0532－87971629
13608989977

**薛家岛兴工机械配件加工部**
地址:山东省青岛市黄岛区薛家岛镇安子码头
负责人:刘发存
Tel:0532－86991227
13863918605

**隆源鑫金属表面处理设备有限公司**
地址:山东省青岛市即墨市环秀街道办事处国家泊子村
负责人:许秀花
Tel:0532－88561201

**山东青岛信特铸造机械厂**
地址:山东省青岛市即墨市环秀街道办事处离家土桥头村
负责人:杨帅佳
Tel:0532－87522977

**山东省临清市神力电机厂**
业务:生产、销售:电动机、配件
地址:山东省临清市大辛庄办事处仁和居委会167号
负责人:闫志忠　邮　编:252600
法　人:闫志忠
Tel:13869522496
13561222392
0635－2551456
Fax:0635－2551156

**兴华焊割工具有限公司**
地址:山东省青岛市即墨市环秀街道办事处孙家官庄
负责人:邹广先
Tel:0532－88559157
13905329700

**青岛惠尔铸造科工贸有限公司即墨分公司**
地址:山东省青岛市即墨市经济开发区中障村
负责人:王家锡
Tel:0532－82530222
13506423470

**临清市唐元镇明全轴承铜保持器厂**
业务:铜保持器生产销售
地址:山东省临清市唐元镇东尚庄村
负责人:汪明全　邮　编:252660
法　人:汪明全
Tel:0635－2814733

**青岛德源索具厂**
地址:山东省青岛市即墨市龙山街道办事处石龙庄村
负责人:王同运
Tel:0532－86582592

**鑫建铁塑制品厂**
地址:山东省青岛市即墨市南泉镇挪城王村
负责人:王存江
Tel:0532－82578182
13953235660

**永成金属制品厂**
地址:山东省青岛市即墨市通济街道办事处辛家庄
负责人:于荣华
Tel:0532－88566380

**欣德利机械配件厂**
地址:山东省青岛市即墨市通济街道办事处于家庄村
负责人:梁孔杰
Tel:0532－82515053
13963906319

**南方模具有限公司**
地址:山东省青岛市即墨市烟青路258号
负责人:陈银土
Tel:0532－88563694
13553023244

**青岛沧海铸造机械有限公司**
地址:山东省青岛市胶南市藏南镇芙蓉路东端
负责人:孟祥喜
Tel:0532－84176191
13361272638

**临清市鸿泽轴承有限公司**
业务:销售轴承
地址:山东省临清市烟店工业园轴承市场
负责人:汪华伟　邮　编:252052
法　人:汪华伟
Tel:13884842289
0635－6900400

**隆盛昌机电有限公司**
地址:山东省青岛市胶南市海滨工业园阡上路
负责人:宋慎彩
Tel:0532－88139882
13964296366

**增林机械有限公司**
地址:山东省青岛市胶南市红石崖镇大窑
负责人:闫林
Tel:0532－83161606
13335077165

**东恒祥铸造机械有限公司**
地址:山东省青岛市胶南市人民西路143号
负责人:丁昌芹
Tel:0532－88165767
13869671226

**临清市烟店镇华威磨具销售部**
业务:磨具、磨料代理
地址:山东省临清市烟店镇老汽车站
负责人:王万华　邮　编:252600
法　人:王万华
Tel:0635－2855319
2103319
Fax:0635－2103319

**创新园机械制造有限公司**
地址:山东省青岛市胶南市王台石梁唐工业园
负责人:李连亮
Tel:0532－83132020

13864239700

**合田工资有限公司**
地址：山东省青岛市胶州市惠州路小区 12 号网点
负责人：候存春
Tel：0532－87215845
13505325065

**巨星机械模具有限公司**
地址：山东省青岛市胶州市南关工业园
负责人：王玉明
Tel：0532－82231126
13808970298

**德鑫机械加工厂**
地址：山东省青岛市胶州市南关扬州路中段
负责人：石先生订王宝磊收
Tel：0532－82221907
13963980996

**瑞德塑料机械厂**
地址：山东省青岛市胶州市中云工业园西宋南首
负责人：谭光德
Tel：0532－87271279
13606309069

**浙江慈溪子涵轴承山东总代理**
业务：主要经营慈溪 0 类轴承、无锡 7 类轴承
地址：山东省临清市烟店镇汽车站内 32 号
负责人：都俊博　邮　编：252600
Tel：0635－5160828
15066352586
15954165266
Fax：0635－5160828

**联泓机械设备有限公司**
地址：山东省青岛市经济技术开发区前湾港路鸿业综合楼 3 号网点
负责人：陈成光
Tel：0532－86763556
13361281212

**东港五金制品有限公司**
地址：山东省青岛市崂山区王哥庄街道办事处港东村
负责人：刘元录
Tel：0532－87913566

**青岛澳尔信精密配件有限公司**
地址：山东省青岛市李沧区东李村宾川路 60 号
负责人：翟惠中
Tel：0532－87660508
87660506
13905329557

**松本包装机械有限公司**
地址：山东省青岛市李沧区崂山区宾馆东
负责人：吴峰
Tel：0532－87637339
13853296003

**临沂宝马五金磨具有限公司**
业务：切割片、磨光片五金工具
地址：山东省临沂市河东区太平办事处尹寨村
负责人：尹春太　邮　编：276000
法　人：尹春太
Tel：0539－8094164
8757848

**鑫枫叶机械工程有限公司**
地址：山东省青岛市南区山东路 48 号
负责人：施振杰
Tel：0532－88259735
13905327690

**良力精铸有限公司**
地址：山东省青岛市平度市店子镇工业园
负责人：段经理
Tel：0532－84329159
13396396311

**青岛方正精密铸造有限公司**
地址：山东省青岛市平度市店子镇工业园
负责人：孙泽青
Tel：0532－85311168
13606397506

**金海川制冷设备有限公司**
地址：山东省青岛市平度市经济技术开发区南姜家庄 27 号
负责人：贾成寿
Tel：0532－88388574
13606396512

**莒南县金水泉机械厂**
业务：机械零部件配套加工
地址：山东省临沂市莒南县城淮海路西段南侧
负责人：王世平　邮　编：276000
法　人：王世平
Tel：15806936023

**青岛科瑞特锅炉辅机有限公司**
地址：山东省青岛市平度市开发区衡山路南端
负责人：姜忠岭
Tel：0532－88385218

**鑫和精铸制品有限公司**
地址：山东省青岛市平度市麻兰镇人民路 91 号
负责人：刘先生
Tel：0532－84361999
13708975340

**华青安倍五金制造厂**
地址：山东省青岛市平度市青沙路向北 300 米路西
负责人：李汉绍
Tel：0532－88351891
13806393509

**鑫舵铸造机械厂**
地址：山东省青岛市平度市仁兆镇东沟村
负责人：赵学竹
Tel：0532－83386598
13589210168

**临沂市金耐动力机械有限公司**
业务：生产小型动力机械配件
产品：植保机械、园林机械、通用汽油机、曲轴箱、缸体、各种型号主机配件
地址：山东省临沂市兰山区南坊办事处前小寺村
负责人：倪明方　邮　编：276037
法　人：倪明方
Tel：0539－8610855
Fax：0539－8602152
网址：www.lyjinnai.cn
E-mail：lyjinnai@163.com

**威龙锅炉辅机有限公司**
地址：山东省青岛市平度市同和工业园
负责人：张小姐
Tel：0532－87311699

**德胜佳工贸有限公司**
地址：山东省青岛市平度市张戈庄镇驻地
负责人：王洪德
Tel：0532－88391588
13853260006

**青岛宽宇技术有限公司**
地址：山东省青岛市市北区保张路 7 号
负责人：王文箫
Tel：0532－88993557

**青岛益凯多轴钻床有限公司**
地址：山东省青岛市四方区长沙路 103 号
负责人：王淑华
Tel：0532－84879632

**峰昌阀门**
业务：经营各类阀门
地址：山东省临沂市兰山区水暖管件市场 2126 号
负责人：曾行斌　邮　编：276000
法　人：曾行斌
Tel：15964822688
0539－8771228

**青岛大青精工有限公司**
地址：山东省青岛市四方区大沙路 13 号
负责人：吴革民
Tel：0532－84890921
13708980321

**青岛元通源经贸有限公司**
地址：山东省青岛市四方区嘉善路 7 号 1 单元 101 户
负责人：于锡平
Tel：13706424080

**瑞日精轴承有限公司**
地址：山东省青岛市四方区温州路 1 号乙－1
负责人：杨建广
Tel：0532－83766988
83742178
13805422210

**新浩希镭尔塑胶设备有限公司**
地址：山东省青岛市四方区重庆南路 146 号 303 室
负责人：崔绍琳
Tel：0532－85615487
13061403710

**蒙阴县中赢铸造有限公司**
业务：铸造用石英砂，汽车配件，钻机，空心砖机配件
产品：铸钢专用石英砂，汽车底盘平衡轴壳回转支座，钻机各种铸件，接手，空心砖机振动箱
地址：山东省临沂市蒙阴县野店镇驻地
负责人：姜怀文　邮　编：276200
法　人：姜怀文
Tel：18905497567
13395491985
Fax：0539－7146398
E-mail：jianghuaiwen8686@163.com

**山东青岛瑞源机械设备制造有限公司**
地址：山东省青岛市重阳区流亭三园路 5 号
负责人：牛修光
Tel：0532－84717818

**永昌工贸有限公司**
地址：山东省青州市东环路王桑路口
负责人：杨致和
Tel：0536－3291656
13505364823

**青州恒日机械有限公司**
地址：山东省青州市经济开发区中心路 2777 号
负责人：李海光
Tel：13953665376

**青州市迪威机械有限公司**
地址：山东省青州市口埠镇南王村
负责人：张银
Tel：0536－3551312
13964717809

**平邑县鸿运机电有限公司**
业务：机电设备
地址：山东省临沂市平邑县蒙山大道北段
负责人：胡清运　邮　编：273300
法　人：胡清运
Tel：13954955959
0539－2993548
Fax：0539－4282717

**青州市康达机械有限公司**
地址：山东省青州市青州经济开发区
负责人：董亮
Tel：0536－3281425

**金茂锻造有限公司**
地址：山东省日照市东港区日照街道小莲村南 204 国道西侧
负责人：杨茂金
Tel：13396235576

**日照经济开发区鑫源轴承有限公司**
地址：山东省日照市经济开发区奎山街道奎安路 133 号
负责人：戴玉鹏
Tel：0633－8211117

**龙口市华福阀门有限责任公司**
业务：阀门，五金机电，化工建材
产品：各种高中低压阀门，五金机电，电线电缆，化工材料，上下水配件
地址：山东省龙口市龙口经济开发区龙东路 20 号
负责人：洪宗扬　邮　编：265701
法　人：洪宗扬
Tel：0535－8523298
Fax：0535－8523298

**华昌机械有限公司**
地址：山东省荣成市荫子镇北流水村
负责人：张福龙
Tel：0631－7626002
7633259
13356815653

**乳山双连电镀有限公司**
地址：山东省乳山市海峰街西首
负责人：姜涛
Tel：0631－6623406

**神华自动化设备有限公司**
地址：山东省寿光市圣城东街（立交桥东 100 米路北）
负责人：王恩生
Tel：0536－5108599
13793649969

**泰西机电机械有限公司**
地址：山东省泰安肥城市石横镇石横开发区
负责人：刘吉文
Tel：0538－3662948
13805483653

**肥城东益工贸有限公司**
地址：山东省泰安肥城市新城私营工业园区工业三路
负责人：李恒利
Tel：0538－3301806
13181823001

**龙口市信德机电有限公司**
业务：机电设备
地址：山东省龙口市龙口经济开发区水产批发市场综合大楼 3 号
负责人：步绍峰　邮　编：264010
法　人：步绍峰
Tel：13963860916
0535－8812790

**瑞丰经贸有限公司**
地址：山东省泰安山新泰市西张庄镇
负责人：尹延章
Tel：0538－7573138
13953897291

**泰安市山口宏远锅炉辅机厂**
地址：山东省泰安市岱区山口镇工业园
负责人：国亮
Tel：0538－8611220
13355380826

**华阳煤矿支护设备有限公司**
地址：山东省泰安市岱岳区徂徕镇西埠前村
负责人：孙兆文
Tel：0538－8758091
13705385050

**全兴金属制品厂**
地址：山东省泰安市岱岳区房村镇周全村
负责人：王洪国
Tel：0538－8299585
13053835897

**青岛澳斯特食品机械有限公司**
业务：食品机械
地址：山东省青岛即墨市北安办事处李家岭村
负责人：李孝寿　邮　编：266001
法　人：李孝寿
Tel：13806398129
0532－83533786

**泰鑫五金制品有限公司**
地址：山东省泰安市东华县民营工业园区
负责人：周锋
Tel：0538－2833999
13345295919

**瓦泰轴承配件有限公司**
地址：山东省泰安市高新区汶苑工业园
负责人：李生云
Tel：13953838139

**山口行星锅炉机械厂**
地址：山东省泰安市山口镇东村
负责人：冯孝财
Tel：0538－8611492
13954888867

**泰安登峰焊材销售有限公司**
地址：山东省泰安市泰山区灵山大街青年路南头路东第一家
负责人：周长凤
Tel：0538－8207386
13515383528

**青岛丰海金属制品有限公司**
业务：金属零部件加工
地址：山东省青岛即墨市北安办事处南方戈庄
负责人：魏仁风　邮　编：266200
法　人：魏仁风
Tel：0532－83539129

**泰安华利机床工程机械有限公司**
地址：山东省泰安市泰山区龙潭路 53－5 号
负责人：高承敏
Tel：0538－8226000
13053817576

**泰安名泉机电供水设备有限公司**
地址：山东省泰安市泰山区南关路路东南关村委北邻
负责人：武萍
Tel：0538－8238358
13953833417

**泰安锐利普机械工具有限公司**
地址：山东省泰安市泰山区上高镇宁家结庄（泰山家俱园）
负责人：蔡馨普
Tel：0538－2107166

**泰安市同力机电设备有限公司**
地址：山东省泰安市泰山区泰佛路中段路西
负责人：张继会
Tel：0538－6118223
13305385910

**青岛鼎艺金属制品有限公司**
业务：专业从事五金制品、工艺品、机械配件的生产销售，公司具有一定的产品设计开发能力，拥有高效的生产设备，完善的检测设施，优良的产品质量，我公司将以真诚的服务与您共同协作。
产品：压铸铝制品、汽车配件、工艺品等
地址：山东省青岛即墨市北安办事处烟青路西侧下疃村
负责人：任丕钦　邮　编：266200
法　人：王山
Tel：0532－87517620
13808974306
Fax：0532－87517620
网址：www.51zzt.com/user/zzt39437
E-mail：dingyizhizao@163.com

**裕隆矿山配件有限公司**
地址：山东省泰安市泰山区通天街 214 号
负责人：杨宪明
Tel：0538－8331276
13561752808

**泰安云海工程机械配件中心**
地址：山东省泰安市泰山区迎喧大街 178 号
负责人：田宝国
Tel：0538－6110054
13953816059

**山东泰山起重机械有限公司**
地址：山东省泰安市新泰市羊流工业园区
负责人：朱法昌
Tel：0538－7442312

**新汶机械配件有限公司**
地址：山东省泰安新泰市新汶火车站西
负责人：李天堂
Tel：0538－7332298
13355487022

**青岛龙振机床有限公司**
业务：集研发、设计、生产、销售于一体，专业生产数控机床、普通机床、机械设备及配件加工，公司技术力量雄厚，机械加工设备先进，测试手段完善。我们以专业的品质、优质的服务，真诚期待与您合作！（注：原盛信机床由于公司解体，现改名青岛龙振机床有限公司）
产品：数控机床、普通机床系列及龙门刨立车等
地址：山东省青岛即墨市环秀办事处西山前村
负责人：江芹　邮　编：266201
法　人：刘海波
Tel：0532－87528139
87874181
13668848136
Fax：0532－87529127
网址：www.shengxin－china.cn
E-mail：qdlongzhen99@126.com

**山利铸造有限公司**

地址：山东省威海荣成市上庄镇西上庄村
负责人：张俭新
Tel：0631－7411799
13706498208

**威海天成医药化工设备有限公司**
地址：山东省威海市技术产业开发区滨洲北街44号206室
负责人：张金良
Tel：0631－5684396
13963146643

**威顺达五金经营部**
地址：山东省威海市建材市场28号
负责人：张宏静
Tel：0631－5920530
13386304886

**威海利民有限公司**
地址：山东省威海市青岛市南路198－10号
负责人：高立永
Tel：0631－5920587
13706311387

**青岛金泓源机械有限公司**
业务：各类机械加工
地址：山东省青岛即墨市龙泉镇汪河水北村公路西侧
负责人：徐修峰　邮　编：266001
法　人：徐修峰
Tel：15064221222
Fax：0532－85591032

**荣成市宁津桐兴金属制品厂**
地址：山东省威海市荣成市宁津镇南夏家村
负责人：夏文
Tel：0631－7342640
13863098018

**荣成市崖头鑫盛机械配件厂**
地址：山东省威海市荣成市崖头镇道南姜家村
负责人：彭润福
Tel：0631－7565115
13361163115

**益兴机械厂**
地址：山东省威海市文山路75号
负责人：姜波
Tel：0631－8160828
13906308917

**威海市茂源液压机械厂**
地址：山东省威海市羊亭镇羊亭村
负责人：刘茂昌
Tel：0631－5765010

**青岛建林冲压机械有限公司**
业务：加工与销售汽车配件、模具
产品：汽车刹车片，配件、钢背
地址：山东省青岛胶南市经济开发区珠山西六路以西滨海五路以北
负责人：聂杰　邮　编：266400
法　人：聂杰
Tel：15865324738
0532－89052167
E-mail：xyniejie@163.com

**金德模具厂**
地址：山东省威海市张村镇福德庄村西
负责人：陈华飞
Tel：0631－5758677
5759319
13706310019

**威海市金工铸造有限公司**
地址：山东省威海市张村镇刘家疃
负责人：刘新栋
Tel：0631－5756239
13326311265

**文登市昌平挂具加工厂**
地址：山东省威海文登市豹山路18号
负责人：刘昌萍
Tel：0631－8253527
13176812523

**鸿泰金属有限公司**
地址：山东省威海文登市米山路145号
负责人：苏荣良
Tel：0631－8256739
13863181828

**青岛鑫光正钢结构有限公司**
业务：生产和销售各种岩棉．聚苯乙烯．聚氨酯复合板，彩钢瓦，数控H型钢，C型钢，Z型钢，承揽钢结构安装工程，生产和销售压力机，起重机及机加工零件
产品：各种岩棉．聚苯乙烯．聚氨酯复合板，彩钢瓦，数控H型钢，C型钢，Z型钢
地址：山东省青岛平度市三城路268号
负责人：孙炯光　邮　编：266727
法　人：孙炯光
Tel：0532－83308888
Fax：0532－83303718
网址：http://xiaohouye.putop.com

**万达农机配件经销处**
地址：山东省威海文登市棋山路甲21－3号
负责人：梁万忠
Tel：0631－8463763
13606315175

**安丘市恒星造纸机械有限公司**
地址：山东省潍坊安丘健康路东首
负责人：于存良
Tel：0536－4261707
13964625691

**广隆机械有限公司**
地址：山东省潍坊安丘市关王镇驻地
负责人：庞玉溪
Tel：13573646876

**茂源铸造有限公司**
地址：山东省潍坊安丘市王家庄镇
负责人：马如龙
Tel：0536－4751678
13505368729

**青岛涵杰模具有限公司**
业务：塑料模具加工
产品：压铸模、塑料、塑料膜
地址：山东省青岛市城阳区城阳街道西郭庄社区
负责人：邵光钱　邮　编：266000
法　人：邵光钱
Tel：13553001820
0532－87740596
13206472908

**安丘甘泉轻工机械有限公司**
地址：山东省潍坊安丘市潍安路104号
负责人：张永红
Tel：0536－4289056
13853615159

**鸿发铸材有限公司**
地址：山东省潍坊昌邑市太保庄乡
负责人：张发义
Tel：0536－7730058
13606467268

**山东省高密市勇利机械有限公司**
地址：山东省潍坊高密市姜庄镇李仙村
负责人：张光明
Tel：0536－2733424
13705367394

**潍坊同兴机械有限公司**
地址：山东省潍坊青州市东夏镇东夏村
负责人：曲志礼
Tel：0536－3511276
13806465056

**青岛金叶精密机械有限公司**
业务：本公司集研发、设计、制造为一体，从事精密机床、机电设备、包装机械的专业性加工，技术专业，经验丰富，设备精良，竭诚为新老客户提供完善优质的服务。
产品：螺旋刀切纸机、螺旋刀切铝板机
地址：山东省青岛市城阳区夏庄街道丹山社区仙山东路30号
负责人：宋小红　邮　编：266000
法　人：宋小红
Tel：0532－88088771
80699699
Fax：0532－88088772
80699699
E-mail：jinyejixie@126.com

**永义机械有限公司**
地址：山东省潍坊青州市东夏镇曲于村
负责人：潘凤义
Tel：0536－3550919
13793688999

**九华包装机械有限公司**
地址：山东省潍坊青州市范公亭东路4609号
负责人：赵庆华
Tel：0536－3204886
3208166
13806498868

**康达机械有限公司**
地址：山东省潍坊青州市青州经济开发区
负责人：孙杰
Tel：0536－3281425
13011697516

**云河铸钢厂**
地址：山东省潍坊青州市云河乡宋阁村
负责人：刘明福
Tel：0536－3810240
13583693783

**青岛润博重工机械有限公司**
业务：重工机械设计、制造、销售
产品：挖掘机
地址：山东省青岛市城阳区夏庄街道后古镇社区
负责人：赵永纲　邮　编：266107
法　人：赵永纲
Tel：13465860398
0532－89651283

**圣阳机械有限公司**
地址：山东省潍坊山东省诸城市百尺河镇驻地
负责人：钟明亮
Tel：0536－6519018
13306462506

**诸城市富昌机械厂**
地址：山东省潍坊山东省诸城市昌城镇咸家河岔村
负责人：咸在富
Tel：0536－6401695
13806470019

**龙光工贸有限公司**
地址：山东省潍坊山东省诸城市龙都街道办事处韩戈庄村北
负责人：刘光春
Tel：0536－6110980
13562660898

**山东贝斯克机械工业有限公司**
地址：山东省潍坊山东省诸城市龙都街道办事处小庄子村
负责人：齐玉宾
Tel：0536－6211707
13906363839

**青岛嘉和塑料机械有限公司**
业务：生产销售塑料机械
地址：山东省青岛市胶州市胶州西路（汽配城）
负责人：崔炳学　邮　编：266000
法　人：崔炳学
Tel：0532－82219363

**同业造纸机械厂**
地址：山东省潍坊山东省诸城市密州街道办事处北石桥17号
负责人：王钢
Tel：0536－6082220
6082233
13606476056

**华盛机械厂**
地址：山东省潍坊山东省诸城市密州街道办事处南黄疃村
负责人：张华亮
Tel：0536－6061376
13964707807

**青岛进利达塑料模具厂**
业务：塑料模具设计、制造、销售
地址：山东省青岛市李沧工业园海氧之家
负责人：史久进　邮　编：266001
法　人：史久进
Tel：13665423937
13583253488

**汉通机械有限公司**
地址：山东省潍坊山东省诸城市南外环路中段
负责人：王希刚
Tel：0536－6218640
13705360796

**纺织标准件厂**
地址：山东省潍坊山东省诸城市相州镇曹家泊
负责人：赵培良
Tel：0536－6490244
13615365248

**新丰机械有限公司**
地址：山东省潍坊山东省诸城市尤都街道办事处兰家村
负责人：吴贞河
Tel：0536－6114216
13806473753

**荣泰机械厂**
地址：山东省潍坊山东省诸城市枳沟镇乔庄村
负责人：李荣太
Tel：0536－6451043
13081672568

**山东翔远集团安丘农机有限公司**
地址：山东省潍坊市安丘市南苑路69号
负责人：张志坚
Tel：0536－4267777
13853619888

**青岛丰吉大型高低压电机修造有限公司**
业务：大型高低压电机制造及修理
地址：山东省青岛市四方区傍海南路21号
负责人：侯圣斌　邮　编：266100
法　人：侯圣斌
Tel：13953271438

**昌乐宏润机械有限公司**
地址：山东省潍坊市昌乐县城南外环路南侧
负责人：刘庆录
Tel：13705367839

**潍坊佳潍机筛有限责任公司**
地址：山东省潍坊市坊子区北海南路129号
负责人：王洪诚
Tel：0536－7603112
7900006
13606368150

**潍坊光博机械有限公司**
地址：山东省潍坊市坊子区眉村镇下房村
负责人：房崇欣
Tel：0536－7682567
13905365067

**潍坊市潍城昌润机械厂**
地址：山东省潍坊市符山镇李家村
负责人：李廷贤
Tel：0536－8119810

**莒县天宇机械加工厂**
业务：探矿设备、配件
地址：山东省日照市莒县夏庄镇前屯村
负责人：左世刚　邮　编：276800
法　人：左世刚
Tel：0633－6864888
Fax：0633－6864888

**山东省潍坊市高密兴盛精密器械有限公司**
地址：山东省潍坊市高密市李家营镇小沟头村
负责人：王彦光
Tel：0536－2642986
13573658897

**永丰印刷机械设备有限公司**
地址：山东省潍坊市高新技术开发区清池街办
负责人：王乐信
Tel：0536－7614669
13791867931

**潍坊圣川动力装置有限公司**
地址：山东省潍坊市高新区东风东街与新华路路口欣泰大厦一楼
负责人：李秀芳
Tel：0536－8186071

**青岛万能通飞轮齿圈制造有限公司潍坊分公司**
地址：山东省潍坊市寒亭区开元街办南张氏村
负责人：刘太良
Tel：0536－7397181
7396646
13053672909

**五莲县茂向挖掘机配件零售处**
业务：各种挖掘机配件经营，润滑油经营，专业维修专业服务
地址：山东省日照市五莲县富强路北段（环卫汽修厂商品房）
负责人：何茂向　邮　编：276800
法　人：何茂向
Tel：13468351888
0633－6152566

**润鑫机械有限公司**
地址：山东省潍坊市寒亭区开元街办张氏工业街
负责人：孙敬之
Tel：0536－7397182
13181689208

**潍坊市寒亭区永顺金属表面处理厂**
地址：山东省潍坊市寒亭区齐家埠村
负责人：王成俊
Tel：0536－7278346
13356721705

**潍坊三维机器制造有限公司**
地址：山东省潍坊市寒亭区通亭街298号
负责人：李献礼
Tel：0536－7276666

**金机电设备有限公司**
地址：山东省潍坊市奎文区北宫东街339号内1－6
负责人：武清松
Tel：0536－8209605
13606469397

**五莲县宏佳畜牧机械厂**
业务：生产、销售养鸡设备
地址：山东省日照市五莲县洪凝镇冯家坪村
负责人：郑成海　邮　编：262300
法　人：郑成海
Tel：13806331455
0633－5576388

**山东引春纺织机械有限公司**
地址：山东省潍坊市奎文区卧龙东街东段（潍坊高新区内）
负责人：顾建农
Tel：0536－8862203

**宏泰齿轮厂**
地址：山东省潍坊市奎文区玄武东街103号
负责人：谭兆太
Tel：0536－8660895
13806368258

**潍坊祥元铸造材料有限公司**
地址：山东省潍坊市奎文区庄检路北段
负责人：辛磊
Tel：13791850078

**新浪园工业微控设备有限公司**
地址：山东省潍坊市临朐县临区路北首
负责人：郭法永
Tel：0536－3159239
13356739618

**荣成市环宇铜铝铸造厂**
业务：铜铝铸造，销售
产品：各种船用铜，推进器，铜套，铜瓦，铝件的铸造加工
地址：山东省荣成市滕家镇鲍村
负责人：王政军　邮　编：264300
法　人：王政军
Tel：0631－7683858
13869001889

**传明塑料五金门市部**
地址：山东省潍坊市临朐县临朐路157号
负责人：陈作栋
Tel：0536－3111649
13306367388

**永昌铸造机械厂**
地址：山东省潍坊市临朐县临朐路188号
负责人：王立成
Tel：0536－3219898
13963639205

**巨立机械设备厂**
地址：山东省潍坊市临朐县临朐路中段
负责人：王健伟
Tel：0536－3116923
13853657561

**金诺机电设备制造有限公司**
地址：山东省潍坊市临朐县七贤镇竹寺沟村北
负责人：王复彬
Tel：13583617220

**泰安市岱岳区山口海岭机床加工厂**
业务：机床加工生产
地址：山东省泰安市岱岳区山口镇大马庄村东边
负责人：翟海岭 邮编：271000
法人：翟海岭
Tel：0538－6781078

**志永机电科技有限公司**
地址：山东省潍坊市临朐县县城朐阳路18号
负责人：张志永
Tel：0536－3150296
13606479515

**临朐佳益工程机械有限公司**
地址：山东省潍坊市临朐县杨善镇工业园
负责人：王庆华
Tel：0536－3213679
13953602326

**华伟机械有限公司**
地址：山东省潍坊市青州市东夏镇堂子村
负责人：杨中林
Tel：0536－3517029
13806493528

**泰安市岱岳区粥店永锐钻机配件经营部**
业务：钻机配件生产销售
地址：山东省泰安市岱岳区粥店办事处过驾院村
负责人：李和永 邮编：271000
法人：李和永
Tel：0538－8499178
13468073420
Fax：0538－8499178

**青州市新科电镀厂**
地址：山东省潍坊市山东省青州市东坝镇小吴村
负责人：李广科
Tel：0536－3533568
13869627837

**亨通铸造机械有限公司**
地址：山东省潍坊市山东省诸城市舜王街道办事处官庄村
负责人：高玉良
Tel：0536－6011183
13336360708

**晟华机械厂**
地址：山东省潍坊市生物开发区胜通街
负责人：丁义德
Tel：0536－8652506
8669656
13605360071

**潍坊市潍城区胜英锅炉辅机厂**
地址：山东省潍坊市望留镇庄头村
负责人：孙传胜
Tel：0536－8909650

**东平县斑鸠店镇传峰机电维修厂**
业务：机电维修
地址：山东省泰安市东平县斑鸠店镇大蒜市场
负责人：李传峰 邮编：271000
法人：李传峰
Tel：13705488959
0538－2681555

**亿隆机械有限公司**
地址：山东省潍坊市潍城区长松路西首
负责人：于登礼
Tel：0536－8168858
13853660288

**诺达机械有限公司**
地址：山东省潍坊市潍城区长松南路288号院内
负责人：谭维钢
Tel：13964653778

**潍坊阿德包装机械有限公司**
地址：山东省潍坊市潍城区福寿西街与潍德路交叉口
负责人：王晓刚
Tel：13356755880

**潍坊永隆阀门制造有限公司**
地址：山东省潍坊市潍城区健康西街135号向阳大厦722室
负责人：金林海
Tel：0536－8774088

**郓城衍华农机专业合作社**
业务：集种植与农机作业服务于一体，主营小麦联合收割机、玉米收获机、秸秆还田，合作社以科技服务为先导，服务三农为宗旨，促进农业增效，农民增收。
地址：山东省泰安市东平县接山乡郓城新村
负责人：徐衍华 邮编：271500
法人：徐衍华
Tel：0538－2312478

**潍坊市申工机电设备有限公司**
地址：山东省潍坊市潍城区健康西街87号
负责人：牛喜峰
Tel：0536－8324805
13053679798

**亚油机械有限公司**
地址：山东省潍坊市潍城区前进街19号
负责人：王勇军
Tel：0536－8556080
13606365561

**潍坊生建石油机械有限公司**
地址：山东省潍坊市潍城区胜利西街252号
负责人：徐方东
Tel：0536－8181061
13306461681

**万成化工机械厂**
地址：山东省潍坊市潍城区胜利西街西首南小圩河村
负责人：葛树强
Tel：0536－8906086
13863699937

**宁阳县众信五金交电商行**
业务：五金交电、电线电缆、通信器材、照明灯具的销售
产品：五金交电、电线电缆、通信器材、照明灯具
地址：山东省泰安市宁阳县城松园小区管委会王主任收
负责人：刘端岭 邮编：271000
法人：刘端岭
Tel：15153808852
15153803030

**山东潍坊汇盛精密机械有限公司**
地址：山东省潍坊市潍城区向阳路北首凉子工业园
负责人：张志全
Tel：0536－8953617
8774388

**潍城区华中铸造厂**
地址：山东省潍坊市潍城区杏埠镇韩家村
负责人：陈明田
Tel：0536－8179901
13863636792

**潍坊三江玻璃机械有限公司**
地址：山东省潍坊市新元路17号（潍坊市经济技术开发区内）
负责人：李学君
Tel：0536－8669852

**诸城市鸿昌机械有限责任公司**
地址：山东省潍坊市诸城市棉织街北首路西
负责人：高安平
Tel：0536－6213115

**滕州市永耀机械加工厂**
业务：各种矿山配件，机床配件
地址：山东省滕州市鲍沟镇前皇甫村（公路站北100米）
负责人：邢启辉 邮编：277522
法人：邢启辉
Tel：13173327575
13863215955
网址：http://www.51zzt.com/user/zzt31722

**春发机械电器有限公司**
地址：山东省潍坊寿光市开发区东升路中段
负责人：王丽丽
Tel：13325254138

**文登市天一标准件厂**
地址：山东省文登市米山镇长讲村
负责人：丘献松
Tel：0631－8878788
13356802288

**佳鑫塑料机械厂**
地址：山东省烟台莱州市沙河镇侯家村
负责人：候升武
Tel：0535－2341768
13806454678

**大丰机械设备有限公司**
地址：山东省烟台莱州市沙河镇沙河路198号
负责人：马贞新
Tel：0536－2311986
13905452017

**滕州市金耀矿山机械制造有限公司**
业务：矿山机械
产品：锚杆托盘、凹型卡兰矿用道夹板
地址：山东省滕州市南沙河镇魏村东首
负责人：孟凡营 邮编：277500
法人：孟凡营
Tel：0632－5956662
13062028099

**莱州市朱桥镇大王家铸造厂**
地址：山东省烟台莱州市朱桥镇大王家村
负责人：于学省
Tel：0535－2392534
13723952870

**莱州市志祥冲压管件厂**
地址：山东省烟台莱州市土山镇顾家村
负责人：于志祥
Tel：13953547698

**烟台正太集团有限公司**
地址：山东省烟台市福山区东阳堂空港科技园
负责人：唐功胜
Tel：0535－6489205
13605350379

**烟台东方轴承有限责任公司**
地址：山东省烟台市开发区长江路161号
负责人：顾兴岗
Tel：0535－6396861

**威海日盛金属制品有限公司**
业务：机械制造，金属制品的生产与销售
产品：金属制品
地址：山东省威海市高技区潍坊路39号
负责人：胡佩友 邮编：264200
法人：胡佩友
Tel：0631－3669891

**烟台市莱山区昌霖铸钢有限公司**
地址：山东省烟台市莱山区解甲庄镇北沙子村
负责人：沙克训
Tel：0535－6751502

**烟台好马机械有限公司**
地址：山东省烟台市莱山区胜泉工业园东海园区8号
负责人：刑范涛
Tel：0535－6720456

**龙口市铠月机械厂**
地址：山东省烟台市龙口市北马镇于庄村
负责人：赵常波
Tel：0535－8986598
13305456768

**龙腾机械厂**
地址：山东省烟台市龙口市东江镇西江村
负责人：王浩岩
Tel：0535－8619549
13306456692

**威海市环翠区鑫泰铸造厂**
业务：压铸件的来样加工、铸造
地址：山东省威海市环翠区羊亭镇曲家河村（成大路北光华化工厂厂房）
负责人：张庭峰 邮编：264204
法人：张庭峰
Tel：13287808880

**烟台市牟平区武宁镇国琪金属制修厂**
地址：山东省烟台市牟平区武宁镇直格庄村
负责人：李国旗
Tel：0535－4715038
13325150899

**鲁东机械制造有限公司**
地址：山东省烟台市牟平区西关路北首
负责人：翟宝旭
Tel：0535－4268708
13606451012

**烟台艾森金属制品有限公司**
地址：山东省烟台市栖霞市光路70号
负责人：张富行
Tel：0535－5269800
13780916963

**栖霞市三鑫机电产品经销有限公司**
地址：山东省烟台市栖霞市民营经济园
负责人：孙建义
Tel：0535－5260070

**昌乐玉荣机械加工厂**
业务：专业从事矿山机械配件、钢球等机械加工，本厂拥有精干专业的技术人才及精良的生产设备，产品质量优良，服务诚信周到，欢迎新老客户前来订购！
产品：破碎锤、钢球等
地址：山东省潍坊市昌乐县唐吾镇金山村
负责人：苗贵君 邮编：262409
法人：苗贵君
Tel：0536－6616996
15966125389
网址：www.51zzt.com/user/zzt41710

**招远永联机械设备厂**
地址：山东省烟台市招远市金城路355号
负责人：赵同芬
Tel：0535－8225679

**赛业煤焦运销有限公司**
地址：山东省兖州市振华北路路东
负责人：周伟玲
Tel：13954789709

**山东省禹城市超进内燃机配件有限公司**
地址：山东省禹城市禹石商贸街158号
负责人：方俊艳
Tel：13569282109

**长青机械制造有限公司**
地址：山东省枣庄市市中区建华西路
负责人：方建义
Tel：0632－3986566
3256260
13869461555

**高密市金源机械制造厂**
业务：集精密铸造、机械加工为一体，本厂生产设备精良，技术力量雄厚，我们将以专业的品质、优质的服务，真诚期待与您合作！
产品：汽车配件，船用五金，及各种精密铸件等
地址：山东省潍坊市高密市文昌街1号
负责人：殷培东 邮编：261500
法人：殷培东
Tel：0536－2332817
13853671836
Fax：0536－2332817
E-mail：ypd9999@163.com

**胜华机电设备配套有限公司**
地址：山东省枣庄市市中区君山西路119号
负责人：杨道亮
Tel：0632－3396568
13969461508

**华兴工矿成套设备有限公司**
地址：山东省枣庄市市中区龙头路24号
负责人：赵杰
Tel：0632－3351870
3187888
13589607166

**业华机械厂**
地址：山东省枣庄市市中区齐村镇侯宅子村
负责人：孙业华
Tel：0632－3666357
13606323556

**枣庄乌金机电有限公司**
地址：山东省枣庄市市中区青檀北路113号
负责人：高玉芹
Tel：0632－3203213
13863287501

**潍坊顺风电器制造有限公司**
业务：各类冲压件，焊接件，镀锌件等
地址：山东省潍坊市寒亭区固堤镇
负责人：魏腾起 邮编：261000
法人：魏腾起
Tel：0536－7566278
15965030355

**隆密封件有限公司**
地址：山东省枣庄市市中区振兴南路
负责人：贾章龙
Tel：0632－3220108
13062050736

**鑫慧机械设备有限公司**
地址：山东省枣庄市薛城区常庄工业园（阳光能源设备厂内）
负责人：李刚
Tel：0632－4453229
13562249988

**枣庄市薛城区锻造厂**
地址：山东省枣庄市薛城区沙沟镇驻地
负责人：曹继安
Tel：0632－4911032
13806324038

**章丘市立信模锻厂**
地址：山东省章丘市相公庄镇桑园村
负责人：刘生
Tel：0531－83288358

**临朐县伟顺弹簧厂**
业务：生产、销售弹簧
地址：山东省潍坊市临朐县冶源镇傅家李召村
负责人：傅振海 邮编：262601
法人：傅振海
Tel：0536－3470089
13964768281

**昌达机电科技有限公司**
地址：山东省诸城市城关镇沙戈庄村南
负责人：孙建平
Tel：0536－6186782

**三浦食品机械有限公司**
地址：山东省诸城市东外环路南首路西
负责人：隋焱富
Tel：0536－6084788
13583649669

**益源机械厂**
地址：山东省诸城市皇华镇朱家村
负责人：赵加山
Tel：0536－6580278
13053682797

**泰瑞汽车机械电器有限公司**
地址：山东省诸城市九台镇驻地
负责人：张波
Tel：0536－6488959
6489167
13806478105

**临朐众望矿山工具厂**
业务：生产、销售各种钻头、钻杆，各种煤矿用具
地址：山东省潍坊市临朐县冶源镇驻地
负责人：马山 邮编：262605
法人：马山
Tel：13864676708
Fax：0536－3336608

**全龙铸造机械有限公司**
地址：山东省诸城市龙都街道办事处大水泊村
负责人：陈祥波
Tel：0536－6185516
13964711598

**诸城市永全机械有限公司**
地址：山东省诸城市龙都街道办事处小栗元村南
负责人：张维忠
Tel：13562623856

**启峰农机制造厂**
地址：山东省诸城市龙都街道办杨家庄子村后
负责人：王文宁
Tel：0536－6353656

**治军机械制造厂**
地址：山东省诸城市吕标镇大化村
负责人：李治军

Tel:0536－6448812
13864688321

**潍坊翰隆机械有限公司**
业务:普通机械加工,不含铸造;分装销售润滑油,不含加工;销售防冻液
地址:山东省潍坊市潍城区于河街办前王村
负责人:王春霞 邮 编:261041
法 人:王春霞
Tel:13563657332
0536－8171219
Fax:0536－8171219

**山东建能大族激光再制造技术有限公司**
业务:采煤机、(边双链、中单链、中双链)刮板机、综采液压支架、皮带机、桥式转载机、调度绞车、卡轨车、耙装机、电机车等矿山采、掘、运、洗选系列设备;煤粉锅炉;JZK系列双级真空硬塑制砖机及配套产品,脱硫除尘器等建材环保设备;干式变压器、立柱千斤顶、仪器仪表、旅行房车;装载机、压路机、夯实机、叉车等工程机械;机械电器设备修理安装,氧气生产,气瓶检验,锅炉修理、安装等。
地址:山东省新泰市东都镇泰山建能集团公司
负责人:杨庆东 邮 编:271000
法 人:范劲松
Tel:0538－7837348
网址:www.tsjnjt.com

**诸城市金元模具厂**
地址:山东省诸城市罗家铁沟
负责人:李加财
Tel:0536－6082092
13806475263

**日通机械有限公司**
地址:山东省诸城市南外环路中段南侧
负责人:刘成滨
Tel:0536－6089755
13608959610

**和顺机械厂**
地址:山东省诸城市舜王街道办事处445号
负责人:车玉和
Tel:0536－6011045
13806473976

**国鑫热处理厂**
地址:山东省诸城市舜王街道办事处大泮庄村
负责人:韩佃秀
Tel:0536－6439116
13356369539

**顺德机械有限责任公司**
地址:山东省诸城市西外环路南首(韩戈庄村北)
负责人:张华
Tel:0536－6169088
13506461691

**开隆机械有限公司**
地址:山东省诸城市辛兴镇驻地
负责人:隋术林
Tel:0536－6520686
13791893928

**新泰市谷里镇光明农机配件商场**
业务:农机配件,三角带,瓦盒,五金电动工具,润滑油,链条,螺丝,汽车灯具及其它电器;三角、中威、成山等品牌轮胎;洛阳,哈尔滨,万向等品牌轴承;五征、时风、光明、巨力、双力、中亿等三轮车五轮车配件;常柴、莱动、巨菱、时风、全柴、峨眉等各种单缸、多缸柴油机配件
地址:山东省新泰市谷里镇府前街十字路口向西298米
负责人:和法宏 邮 编:271215
法 人:和法宏
Tel:0538－7765298

**双庆机械厂**
地址:山东省诸城市兴华东路153号
负责人:张崇芹
Tel:0536－6064029
13963673609

**山东泰安众通机械有限公司**
业务:汽车配件、五金交电、电线电缆、建材、水暖器材、钢材等制造销售。
产品:矿山机械及配件、单体液压支柱、换向阀、三用阀、金属顶梁、液压支架、立柱千斤顶、乳化液泵、矿用刮板输送机、锚杆机。
地址:山东省新泰市新汶大街西段路北
负责人:丁启光 邮 编:271200
法 人:丁启光
Tel:13505481317
0538－7333111
Fax:0538－73311518

**持柱陶瓷机械厂**
地址:山东省淄博市博山区八陡镇福山村东
负责人:刘持柱
Tel:0533－4467948

**升泰泵业有限公司**
地址:山东省淄博市博山区白塔工业园
负责人:高绪军
Tel:0533－4683488

**圣泰环保机械有限公司**
地址:山东省淄博市博山区白塔工业园
负责人:孙建卫
Tel:0533－4688996

**山东博山华鲁油泵厂**
地址:山东省淄博市博山区白塔镇簸箕掌村
负责人:焦裕琳
Tel:0533－4230835

**金龙弹簧制造有限公司**
地址:山东省淄博市博山区白塔镇国阜村
负责人:孙国祥
Tel:0533－4680225

**博山双诚通用设备制造厂**
地址:山东省淄博市博山区白塔镇国家村
负责人:李慎双
Tel:0533－4681275

**博山博真真空泵厂**
地址:山东省淄博市博山区白塔镇国家村
负责人:闫先淼
Tel:0533－4685031

**山东巨能起重机械有限公司**
业务:制造各种单、双梁桥式、门式起重机承接安装、维修业务;生产CD1、MD1型电动葫芦经营防爆葫
地址:山东省新泰市羊流工业北路188号
负责人:吴建平 邮 编:271208
法 人:吴建平
Tel:13064063177
13156136577
0538－7444588

**淄埔博山华晟弹簧制造有限公司**
地址:山东省淄博市博山区白塔镇因浮村
负责人:张在君
Tel:0533－4685595

**博山博富来制泵有限公司**
地址:山东省淄博市博山区白塔镇饮马村
负责人:白玲
Tel:0533－4684889

**淄博博山红金工业陶瓷厂**
地址:山东省淄博市博山区白塔镇饮马村西首
负责人:阎承国
Tel:0533－4680805

**颖佳机械厂**
地址:山东省淄博市博山区北博山镇朱东村
负责人:丁建国
Tel:0533－4545726

**莱州市晓光农机专业合作社**
业务:农机的销售
地址:山东省烟台市莱州市郭家店镇吴家村
负责人:叶晓光 邮 编:264010
法 人:叶晓光
Tel:13361373838
0535－2547666

**博山桂鹏机械厂**
地址:山东省淄博市博山区东域城化工站内
负责人:赵桂鹏
Tel:0533－4180467

**润通达真空泵制造有限公司**
地址:山东省淄博市博山区峨嵋山路64号
负责人:吴改凤
Tel:0533－4168816

**山东汽车齿轮总厂锻造二分厂**
地址:山东省淄博市博山区崮山镇东崮山村
负责人:徐德兴
Tel:0533－4820072

**淄博神州泵业有限公司**
地址:山东省淄博市博山区崮山镇南崮山北村
负责人:焦念颖
Tel:0533－4822369

**龙口市丛兴机械设备有限公司**
业务:机械设备
地址:山东省烟台市龙口市诸由观镇丛林院
负责人:姜建梁 邮 编:264010
法 人:姜建梁
Tel:0535－8560229
8566299
Fax:0535－8566299
网址:http://www.51zzt.com/user/zzt35350

**邦普制泵有限公司**
地址:山东省淄博市博山区宏乔电泵厂博山开发区中段
负责人:益中
Tel:0533－4146777

**荣耀机械有限公司**
地址:山东省淄博市博山区经济开发区
负责人:陈广
Tel:0533－4651696

**凯峰机械厂**
地址:山东省淄博市博山区开发区蕉汪村
负责人:孙兆峰
Tel:0533－4657113

**淄博恒瑞铸造机械有限公司**
地址:山东省淄博市博山区开发区张庄村
负责人:庞荣
Tel:0533－4657844

**淄博博山万嘉业机械密封件厂**
地址:山东省淄博市博山区李家窑中街
负责人:王金生
Tel:0533－4146888

**山东省招远市长城起重设备经销处**
业务:龙门吊、起重机械、电动葫芦、单双梁桥式起重机
地址:山东省烟台市招远市开发区后柳行
负责人:刘本传 邮 编:264000
法 人:刘本传
Tel:13791206917

**威通机械有限公司**
地址:山东省淄博市博山区两平村西庄
负责人:房田
Tel:0533－4122798

**淄博威业煤矿机械制造租赁有限公司**
地址:山东省淄博市博山区山头镇樵岭前村
负责人:彭建训
Tel:0533－4430061

**鑫马缸套厂**
地址:山东省淄博市博山区石马镇东石村东兴街260号
负责人:白雪峰
Tel:0533－4567506

**淄博市博山瑞杭精密机械厂**
地址:山东省淄博市博山区石马镇中石村
负责人:谢杭谟
Tel:0533－4566098

**兖州市小孟镇银芝五金商行**
业务:五金建材,有玻璃、油漆等
地址:山东省兖州市小孟镇西桑园村
负责人:李方园 邮 编:272100
法 人:李方园
Tel:0537－3842779
13465799157

**淄博美丰机械厂**
地址:山东省淄博市博山区夏家庄后峪村东
负责人:张敦伟
Tel:0533－4201189

**东建机械有限责任公司**
地址:山东省淄博市博山区新博路118号
负责人:孙栋
Tel:13864479111

**淄博华菱重型机械厂**
地址:山东省淄博市博山区颜北路134号
负责人:杨舰
Tel:0533－4173808

**杰和机械制造厂**
地址:山东省淄博市博山区域城镇小峪口村
负责人:刘新和
Tel:0533－4650309

**枣庄金昊机械制造有限公司**
业务:生产销售造纸机械、矿山设备、粮食输送机
产品:造纸机,压滤机,软辊压光机,卫生纸机,矿山设备和粮食输送机
地址:山东省枣庄市台儿庄区华阳路
负责人:付清山 邮 编:277400
法 人:付清山
Tel:13906376001
0632－5280666
网址:http://www.51zzt.com/user/zzt123531

**淄博博山汝良铸造厂**
地址:山东省淄博市博山区域城镇姚家峪村
负责人:张汝良
Tel:0533－4123299

**明亿机械制造有限责任公司**
地址:山东省淄博市博山区域城镇袁家村
负责人:陈明先
Tel:0533－4657518

**聚丰机械有限公司**
地址:山东省淄博市桓台县索镇宫家村
负责人:耿家东
Tel:0533－8018088
13355216399

**同泰橡胶机械厂**
地址:山东省淄博市桓台县新城镇城东村
负责人:耿庆亮
Tel:0533－8885877
13869310710

**诸城市吴昊机械有限公司**
业务:机械加工、销售
地址:山东省诸城市舜王街道前营马村
负责人:吴建军 邮 编:262200
法 人:吴建军
Tel:13806366331
0536－6482206

**庚金炉具加工厂**
地址:山东省淄博市临淄区齐都镇韶院村211号
负责人:王洪涛
Tel:0533－7830652
13853350292

**圣泓工贸有限公司**
地址:山东省淄博市临淄区朱台镇大柳村北
负责人:李洪强
Tel:0533－7785938
13964307777

**山东博山大桥建材设备长**
地址:山东省淄博市山区开发区大桥村
负责人:刘同新
Tel:0533－4291302

**永昌机电配件有限公司**
地址:山东省淄博市商场西街74号
负责人:李春丽
Tel:0533－2866345
13355208809

**大高阀门有限公司**
地址:山东省淄博市辛店街西侧沿街房2号
负责人:单志维
Tel:0533－7110099
7110066

**沂源县华正机电设备有限公司**
地址:山东省淄博市沂源县城历山路36－9号
负责人:陈安正
Tel:0533－3243592
13953378688

**沂源县宝源精密铸钢有限公司**
地址:山东省淄博市沂源县土门镇政府驻地
负责人:唐慎刚
Tel:0533－3680168

**淄博恒益制冷设备服务有限公司**
地址:山东省淄博市张店区北西五路21号金丽大厦310室
负责人:刘伟杰
Tel:0533－3112863

**淄博猛牛电机有限公司**
地址:山东省淄博市张店区昌国路猪龙河西贾庄建安公司院内
负责人:姚洪民
Tel:0533－2880322
13953356598

**丰盛誉乳品机械有限公司**
地址:山东省淄博市张店区良乡工业园6号路4号
负责人:孙启国
Tel:0533－2765627
13355245627

**德华机械有限公司**
地址:山东省淄博市张店区柳泉路97号310室
负责人:曹昕
Tel:0533－3156148

**邹城市力泰起重安装有限公司**
业务:起重运输、搬运就位、安装调试、定期维护、技改修配
地址:山东省邹城市北兴路北兴东九巷3号
负责人:张友志 邮 编:272100
法 人:张友志
Tel:13465799666
0537－3139677

**海福工贸有限公司**
地址:山东省淄博市张店区世纪路植物园西门对过
负责人:房梅昌
Tel:13708949328

**温州市凯达紧固件有限公司淄博分公司**
地址:山东省淄博市张店区杏园东路22号
负责人:张仲武
Tel:0533－2160885

**创恒工程机械有限公司**
地址:山东省淄博市张店区中心路265号
负责人:刘谈
Tel:13355211112

**淄博亿喜动力机械有限公司**
地址:山东省淄博市张店杏园路22号宏沿机电城D－82号
负责人:韩彬
Tel:0533－2166673

**淄博云奇工程机械设备有限公司**
地址:山东省淄博市中心路188号107室
负责人:张涛
Tel:0533－3587200

**淄博市周村管庄小学五金厂**
地址:山东省淄博市周村区北郊镇管庄村
负责人:聂永芳
Tel:0533－6180695
13964491266

**陈桥机械厂**
地址:山东省淄博市周村区城北办事处陈桥村
负责人:李强
Tel:0533－6183846
13953321628

**大生泵业有限公司**
地址:山东省淄博市周村区萌水镇萌四村
负责人:左保云
Tel:0533－6887521
13355332816

**三金玻璃机械配套有限公司**
地址:山东省淄博市周村区新建中路81号
负责人:张敦华
Tel:0533－6185248
13964319378

**淄博中山水泥机械有限公司**
地址:山东省淄博市淄博开发区宝山路南段
负责人:谢天红
Tel:0533－3982987

**淄博山成金属制品有限责任公司**
地址:山东省淄博市淄博开发区裕民路45号
负责人:朴明
Tel:0533－3917788

**淄博晟安机电有限公司**
地址:山东省淄博市淄川区般阳东路109号
负责人:王光伟
Tel:0533－5755216

13853390762

**仲超铸钢厂**
地址：山东省淄博市淄川区磁村镇磁村
……………… 负责人：康仲超
……………… Tel：0533－5557368
13355330802

**洪山建强金属制品加工厂**
地址：山东省淄博市淄川区洪山镇洪山村
……………… 负责人：曹建强
……………… Tel：0533－5814251
13853378385

**淄川国泰锻造厂**
地址：山东省淄博市淄川区黄家铺镇夏庄村
……………… 负责人：田韬
……………… Tel：0533－5410847
13355211665

**淄博市淄川区大昆仑耐火材料机械厂**
地址：山东省淄博市淄川区昆仑镇大昆仑村
……………… 负责人：罗兴成
……………… Tel：0533－5781803
13506441471

**昆仑康兴铸造厂**
地址：山东省淄博市淄川区昆仑镇康家坞村南
……………… 负责人：王训亮
……………… Tel：0533－5782638
13305332819

**元丰机械制造有限公司**
地址：山东省淄博市淄川区昆仑镇西笠山村
……………… 负责人：张莉
……………… Tel：0533－5780662
5786425

**宏杰机械厂**
地址：山东省淄博市淄川区龙泉镇龙三村
……………… 负责人：李永坤
……………… Tel：0533－5885125
13869385188

**淄博市淄川星光焊接设备厂**
地址：山东省淄博市淄川区商家镇东官村东首
……………… 负责人：周绵彬
……………… Tel：0533－5430615

**淄博市淄川日弘机械厂**
地址：山东省淄博市淄川区商家镇王家村西
……………… 负责人：王厚平
……………… Tel：0533－5431635

**淄川锁具配件厂**
地址：山东省淄博市淄川区商家镇西马村
……………… 负责人：王思忠
……………… Tel：0533－5540588
13853355399

**淄博市淄川鹏泰五金胶塑厂**
地址：山东省淄博市淄川区商家镇西商村
……………… 负责人：曹恺远
……………… Tel：0533－5431066

**华泰煤矿设备配件厂**
地址：山东省邹城市太平镇南城村
……………… 负责人：孟宪民
……………… Tel：0537－5450082
13805470556

## 济南泰兴锻铸有限公司

济南泰兴锻铸有限公司始建于2005年，是各种铸造、精密铸造及锻造的专业厂家，技术力量雄厚，检测设备齐全，检验技术精湛。具有产品设计、模具制作、铸造、机械加工，热处理一条龙生产加工系统。可按照用户要求铸造各种金属材质的毛坯件，加工各类成品部件。

公司宗旨：以顾客为中心，持续改进产品质量，努力做到顾客满意。

电话：0531－84210811　84211516　联系人：赵斌
邮编：251400
地址：山东省济南市济阳县济阳镇官坊村北邻（原农机实验厂）

## 莱芜市钢城区硕丰建材经营部

本公司成立于2004年，主要从事角铁、槽钢、方管、焊管、圆钢、大型车床的加工（八零数控机床加工）。欢迎新老客户光临，我们将一如既往的为您提供优质的服务并竭诚为您提供最优质的产品！

电话：0634-6871002、13563437888　联系人：马胜学
地址：山东省莱芜市钢城区艾山办事处清泥沟村　邮编：271100

## 济宁固德数控设备有限公司

本公司从事数控机床加工、专用车床、非标设备、数控切割机和焊接工装等业务，以质量求生存，欢迎新老客户来电洽谈业务！

联系人：李贵维　电话：0537-2483966　2483988
地址：山东省济宁市高新区柳行办事处南营村东
电子邮件：GD3966@163.com　邮编：272000

## 莱州市沙河镇聚福钣金厂

本公司成立于2004年，主要生产06、08、10、12、15、16、18、20、30型装载机，驾驶室。

我们始终坚持“至真至纯，质量取胜，科技领先，追求卓越”的质量方针，以“满足顾客要求”为服务宗旨，真诚的希望与新老朋友合作。

电话：0535-2310058
邮编：261423
地址：山东省莱州市沙河镇李家庄村
联系人：李晓明
13791214466

## 佳益工程机械有限公司

佳益工程机械有限公司成立于2004年，本公司专业从事修理、道路工程施工、水利工程施工。公司秉承“顾客至上，锐意进取”的经营理念，坚持“客户第一”的原则为广大客户提供优质的服务。欢迎惠顾！

联系人：王庆华
电话：0536-3395716　传真：0536-3395716
地址：山东省潍坊市临朐东城开发区　邮编：262600

## 聊城神绘激光设备有限公司

本公司自1990年建立以来，专业致力于激光设备的研发、生产与销售。公司拥有一流的总装生产线，配备了先进的检测仪器和实验室。并可依据客户的不同要求，为客户量身定做不同型号不同规格的激光设备。欢迎光临！

联系人：张洪军
电话：0635-8531668　13906355597　传真：0635-8535199
地址：山东省聊城市经济开发区黄河路28号　邮编：719000

## 莒南县顺盛农用车配件有限公司

本公司从事农用车、铝机、五金工具、变速箱体、分动箱体、卷扬机总成等铸钢产品、减速机配套产品加工销售，以质量求生存，欢迎新老客户来电洽谈业务！

联系人：鲁守俭
电话：0539-7555385
地址：山东省临沂市莒南县坪上镇工商所对面
邮编：276000

## 临沭县盛鑫铸造厂

临沭县盛鑫铸造厂成立于2002年，本厂专业从事生产、销售依维柯自动盘、依维柯自动壳、依维柯刹车盘、旋耕机配件。

本公司秉承“顾客至上，锐意进取”的经营理念，坚持“客户第一”的原则为广大客户提供优质的服务。欢迎惠顾！

联系人：杨来化
手机：13954904658
传真：0539-6905868　邮编：276707
地址：山东省临沂市临沭县大兴镇杨家岭村

## 莒南县兴工磨具有限公司

莒南兴工磨具有限公司，建立在交通发达的临沂磨具砂轮产地，主要从事陶瓷砂轮、磨料磨具的生产销售，有着先进的工艺技术，优质的产品，合理的价格。

本公司建立于2001年，本着诚信的经营理念，欢迎广大的客户前来公司洽谈业务。

联系人：曹际传　13705498991　电话：0539-7834056
传真：0539-7833388
地址：山东省临沂市莒南县大店镇陡山开发区　邮编：276634

## 临沂市恒德机械有限公司

临沂市恒德机械有限公司是一家专业从事液压油缸、汽车凸轮轴生产销售的企业。

我们一直坚持质量第一，信誉第一的原则，并实行严格的内部管理制度。我们深信：客户永远是最好的。

欢迎来电来函咨询。

联系人：高本山　13869978902　电话：0539-3278699
传真：0539-3380799
地址：山东省沂南县澳柯玛大道西首西外环处　邮编：276300

## 慈利县金冬电热炉具厂

独家生产冬季取暖的专利产品金冬电热炉。

电话：0744—3260037　2136029
地址：湖南省慈利县零阳镇

## 龙口市铠月机械厂

www.lkkyjx.com

龙口市铠月机械厂是一家从事柴油机用喷油泵、喷油器零部件的生产企业，公司为山东康达、鑫亚、华星、恒远、龙泵等几大油泵油嘴公司配套，产品质量和性能得到了用户的好评。“以用户满意为中心，以优质服务为保障”是企业的经营理念，欢迎您的来电！

联系人：赵常波　手机：13305456768
电话：0535—8986598　传真：0535-8986867
地址：山东省烟台市龙口市北马镇于庄村　邮编：264000

## 山东德州腾飞空调设备有限公司

山东德州腾飞空调设备有限公司成立于2007年，本公司主要经营中央空调组合式机组，吊式空调机组，各类消防排烟风机，轴流、离心风机，热回收机组，恒温、恒湿空调机组，玻璃钢通风管道，镀锌铁板风管及各种复合通风管道等。

山东德州腾飞空调设备有限公司将为客户提供更可靠、更便捷的服务，保证客户称心如意！

联系人：刘传平　13153462061
电话：0534-2176158　传真：0534-2176158
地址：山东省德州市滕庄镇银行街南首　邮编：253309

## 平阴县鑫盛机械配件加工厂

平阴县鑫盛机械配件加工厂从事机械配件，加工，销售，有冲压件，机加工件，冲压机械设备，电器，各种车辆等配件，欢迎新老客户来电洽谈业务！

联系人：葛成刚
电话：0531-87869912　15969693007
地址：山东省济南市平阴县平阴镇于庄村　邮编：224000

## 山东省济宁市热镀锌厂

山东省济宁市热镀锌厂成立于1993年，新增热镀锌生产线，锌锅全长12.5米，宽1.6米，深1.8米。能够满足各种热镀锌材料加工需求。电力铁塔、灯塔、标志杆、电力设备构件等产品广泛用于电力、交通、建筑、制冷等行业。并把最先进的吹镀工艺引进到该条生产线。凡是定尺型材如圆钢、扁钢、角钢、槽钢、工字钢等热镀锌。本厂始终奉行“质量第一，用户至上”的宗旨。做到24小时来料加工。免费食宿，竭诚欢迎广大新老客户光临！

联系人：王敦海
电话：0537-2899658 2899758
传真：0537-2899658
网址：www.sdjnrdxc.com.cn
电子邮件：jnrdc@163.com
地址：山东省济宁市济安桥南路　邮编：272100

## 青岛韶德五金机电有限公司

青岛韶德五金机电有限公司成立于2006年，主要从事焊接材料的批发零售。

我公司以一流的技术，一流的工艺，一流的质量，完善的售后服务保障，全面实施品牌战略，热忱欢迎新老客户来电洽谈！

联系人：纪谦清　13361282882
电话：0532-87233963　传真：0532-87233963
地址：山东省胶州市惠州北路103号原老火车站　邮编：266300

## 山東陽穀格發機械有限公司

山东阳谷格发机械有限公司成立于2008年。

主要从事于机械制造和加工各种机械配件。

公司始终以“以人为本，科技领先，诚信经营，创知名品牌”为宗旨，一如既往为客户提供可靠的产品，完善的服务，共同发展，共创佳绩。

歡迎國內外新老客户光臨，互利互惠，攜手共進！

联系人：赵孝民
电话：0635－6780848　13863529958
地址：山东省聊城市阳谷县七级镇前郎村　邮编：252324

## 日照市岚山超越工程机械有限公司

日照市岚山超越工程机械有限公司是一家专业经营挖掘机、吊车等工程机械的企业。

公司秉承“顾客至上，锐意进取”的经营理念，坚持“客户第一”的原则为广大客户提供优质的服务。

欢迎广大客户惠顾！

电话：0633-3977888　13287411111
联系人：韩兵　邮编：276806
地址：山东省日照市岚山区虎山镇韩家营子村

## 山东诸城市华盛机械厂

本厂专业从事机械零部件的生产、加工和销售，主要产品是机械皮套。

本公司以诚为本、以客为尊，愿与国内外客商与有志之士共同合作创造美好明天。

联系人：张华亮
电话：0536-6061376 15963467025
地址：山东省潍坊诸城市密州街道办事处南黄疃村

## 三星制针有限公司

三星制针有限公司成立于2003年，主要从事各类编织用针类的生产。本公司将竭诚为您服务，期盼着您的认同与合作，敬请来样订制或承购，欢迎惠顾。

电话：0631-8087772
联系人：卞成焕　13573700266
地址：山东省威海文登市经济开发区九龙路中段

## 山东淄博博山玉豹机械有限公司

山东淄博博山玉豹机械有限公司自成立以来，本公司是专业生产减速机，电动滚筒，破碎机，水泵的厂家。是集设计，研制，生产，贸易于一体的企业。企业技术力量雄厚，设计手段先进，加工设备精良，检测设备齐全。其生产的各种机型畅销全国各地。

电话：0533-4668333 4652780

公司以信誉第一为宗旨，服务周到，供货及时，愿与您携手合作，共创美好未来。

联系人：吕善虎
传真：0533-4652780
地址：山东省淄博市博山区开发区张庄村　邮编：255000

## 深圳奥凌（临沂）焊接设备有限公司

本公司成立于2008年，主要生产ZX7400A，500A逆变弧焊机，CO2气体保护焊机，等离子切割机，埋弧焊机等特种焊机及配件。

公司一贯坚持“质量第一，用户至上，优质服务，信守合同”的宗旨，竭诚与国内外商家双赢合作，共同发展，共创辉煌！

联系人：吴兴龙 13953986868

地址：山东省临沂市临沭县馨原小区物业办
邮编：276000
电话：0539-8114868

## 滕州市精密旋转接头有限公司

本公司专业从事金属软管，旋转接头和波纹补偿器的生产和销售。我们坚持“以人为本，以科技创新求发展”的经营理念，竭诚为广大客户提供最优质的产品，欢迎您的来电！

联系人：蒋保峰

电话：0632-5521757 13906370702

地址：山东省滕州市大同北路5号 邮编：277500

## 顺达福利轴承有限公司

冠县顺达福利轴承有限公司是一家集生产加工、经销批发的有限责任公司，轴承套圈、轴承、轴承配件加工、钢材购销、各种异型锻件、钢材、不锈钢锻件、各种自由锻件、轴承钢钢管、合金轴承钢、不锈钢轴承钢、轴承附属件、套圈、轴承锻造圈、各种自由锻件产品、高碳铬轴承钢、实体套圈滚针轴承、深沟球轴承套圈、轴承是我们的主营产品。冠县顺达福利轴承有限公司以雄厚的实力、合理的价格、优良的服务与多家企业建立了长期的合作关系。

热忱欢迎各界前来参观、考察、洽谈业务。

电话：0635-5640268 13356357766 联系人：陈庆尧

地址：山东省聊城市冠县清水镇小郭寨杜行村 邮编：252000

## 威海市凯旭精密机件厂

威海市凯旭精密机件厂成立于2005年，专业从事精密量具配件的加工和销售。我厂全体员工坚持“质量第一、服务第一、信誉第一”的原则，竭诚为您服务！

联系人：黄礼玉 邮编：264200

手机：13081497058 传真：0631-5368278

地址：山东省威海市文化中路81号

## 泰安市泰山钢球厂

泰安市泰山钢球厂创建于1978年6月，现有职工118人，其中高级工程师2人，技术人员32人。公司本着“质量第一，用户至上”的质量方针，以质量稳定的优势，占领每一个市场。并开发新产品扩大市场的体系模式，以满足不同客户的要求。

电话：0538-6582106 13805385756 联系人：焦学广

网址：www.taishangq.com

地址：山东省泰安市泰山区省庄镇李家店村 邮编：271000

## 潍坊光博机械有限公司

潍坊光博机械有限公司成立于2005年，本公司专业从事铸造、加工、销售机械配件。潍坊光博机械有限公司秉承天时、地利、人和之优势，在物竞天择、充满机会的时代，愿与大家一起努力，实现我们的共同价值！

联系人：房崇欣

电话：0536-7682567 传真：0536-7682567

地址：山东省潍坊市坊子区眉村镇下房村 邮编：261000

## 泰安云海工程机械配件中心

泰安云海工程机械配件中心成立于1990年，专营吊车配件销售与维修，吊车租赁，高压胶管制作，挖掘机配件，高压油泵（柱塞泵）修理。技术专业，经验丰富，设备精良。

我们秉承诚实、守信、专业、共赢的经营理念竭诚为您服务。

电话：0538-6110054 13583831380 传真：0538-6110054

邮编：271000 联系人：巩斌

地址：山东省泰安市迎暄大街178号 电子邮件：tayunhai1380@163.com

## 五莲县新顺工贸中心

五莲县新顺工贸中心成立于2008年，是一家专门从事模具制造，生产独立柱（TU、TUB、TUR）、滑动导向件、白钢冲针（SKB11、SKB51）聚氨酯棒和聚氨酯板的企业。

欢迎广大新老客户来电洽谈业务！

联系人：贾顺翔 13863330144 电话/传真：0633-5336516

地址：山东省日照市五莲县洪凝镇同谷村 邮编：262300

## 滕海食品机械厂

滕海食品机械厂始建于1984年，是集科研、开发、设计、制造为一体的专业食品机械生产企业，主要产品“滕海”牌煎饼机是由我厂技术人员协同上海科技人员共同研制成功的产品，同时我厂又开发了导热油节能烤箱、炒瓜子、洗麦片、石磨等多样产品。滕海食品机械厂有一支年青精锐的安装队伍，能及时优质的为广大用户安装、调试、维修、解除客户对产品的后顾之忧。本厂愿以优质的产品，满意的价格，快捷的售后服务，诚交天下朋友，共创辉煌未来。

联系人：王广裕

电话：0632-5583090 13869444900 传真：0632-5695938

网址：www.tztenghai.com 电子邮件：guangyu2006@qq.com

地址：山东省枣庄滕州市龙泉路冯村工业区 邮编：277500

## 鑫明农机部

本公司成立于2008年。

主要经营洋马单缸发动机，洋马专用零配件的批发和零售。

以服务“三农”为宗旨，以增加农民收入为落脚点，以提高农机装备水平，发展农业。

联系人：冯振合

15954165888 13863506209 电子邮件：fzh3932@163.com

地址：山东省聊城市高唐县滨湖路西民政局楼下 邮编：252000

## 鑫鑫叉车工程机械有限公司

我公司成立于1995年，目前已发展成为已拥有日照开发区北京总部，连云港叉车工程机械修理厂等多处分部的大型公司。

公司本着“以人为本，做事先做人”的原则，有信必守，有诺必践，顾客满意是我们的夙愿！

联系人：于国迎

电话：0633-8303318　13963329217

地址：山东省日照市日照开发区连云港中路　邮编：276800

## 禹城市红日机械制造有限公司

山东禹城市红日机械制造有限公司成立于2006年，是一个集农业机械研发与销售为主的高科技有限公司。主要产品有圆盘犁、圆盘耙，及各种型号耙片、犁片、松土铲等。公司的宗旨：“信誉第一，质量为本”，热忱欢迎广大客户来电洽谈业务！

联系人：高伟

电话：0534-7440222　13562497868

传真：0534-7440333

地址：山东省禹城市十里望工业园

邮编：251200

## 兴业通风空调设备厂

兴业通风空调设备厂成立于1988年，本公司主要生产SMC组合式水箱、不锈钢水箱、热镀锌水箱、SMC水箱模压板片材产品及模压井盖；各种风机阀和铝合金风口等。生产设备齐全，配有各种模压、冲压、检测设备。公司本着技术第一、服务至上的宗旨，从客户的利益及需求出发，发挥自身技术优势，全方位为客户提供最经济、最高效、最安全、最可靠的空调产品。欢迎各界朋友莅临指导、参观和业务洽谈。

联系人：秘子兴　13573409188

电话：0534-6361753　传真：0534-6361753

地址：山东省德州市武城县腾庄镇驻地

电子邮件：demfh@163.com　邮编：253000

## 枣庄联达印染机械有限公司

枣庄联达印染机械有限公司成立于1999年，专业从事印染机械及其配件生产和销售，主要产品有褪、煮、漂联合机，水洗机，丝光机和染色机。产品系统结构简单、使用方便、故障率极低，为印染企业创造更大的利润。欢迎选购我公司的产品！

联系人：刘春雷　传真：0632-5198716　电话：0632-4424958　13506328918

地址：山东省枣庄市高新区茂园路706号　邮编：277000

## 烟台三和气动液压有限公司

我公司专业生产销售气动液压元件。以合理的价格标准，优良的质量保证，良好的售后服务受到用户的普遍青睐。

欢迎您的惠顾！

联系人：曹建军　杨元强

电话：0535-6838063　6835273

传真：0535-6835273

地址：山东省烟台市芝罘区环海路16号

邮编：264001

## 枣庄天马数控机床制造有限公司

我公司主导产品有：XK系列数控铣床、X系列万能/立式升降台铣床、XQ系列万能回转头铣床、ZX系列多功能钻铣床、Z系列摇臂钻床、铣夹头、各种型号机用平口钳、万能分度头、立铣头等。

公司始终坚持“以人为本、以德为贵、精益求精、争创一流”的兴企立企方针，取得了令人瞩目的业绩，目前已与国内外众多的机电公司和知名企业建立了广泛的业务关系。

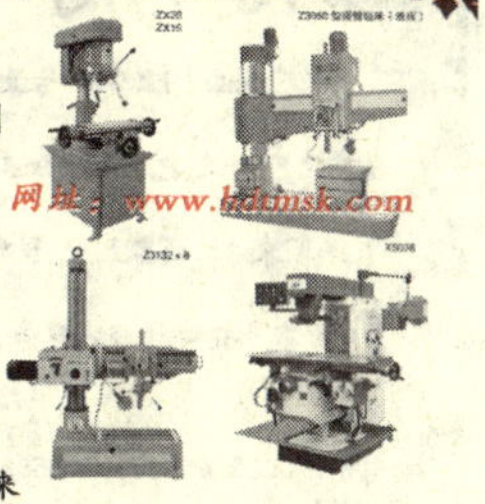

网址：www.hdtmsk.com

联系人：许西来

电话：0632-5055499　13561119281　电子邮件：hdtmsk@163.com

地址：山东省枣庄市滕州市龙泉街道前大庙村　邮编：277500

## 沂水县宝丰液压机械厂

沂水县宝丰液压机械厂成立于2005年，主要从事液压油缸及配件的生产与销售。我们将以优质的产品，合理的价格，诚信的服务期待您的光临！

联系人：种发瑞

电话：0539-2315377、13805494705

地址：山东省临沂市沂水县沂水镇马山官庄村　邮编：276400

## 章丘市金秋机械配件有限公司

本公司集铸造、机械加工为一体，致力于重型汽车零部件的开发、生产和销售，有斯太尔、斯太尔王、豪沃、底盘配件，焊接件，轻型汽车前桥及配件等，公司生产设备精良，技术力量雄厚，产品质量优良，深得客户好评！

联系人：姜风飞

电话：0531-83836381　83203178

地址：山东省章丘市相公庄镇

邮编：250203

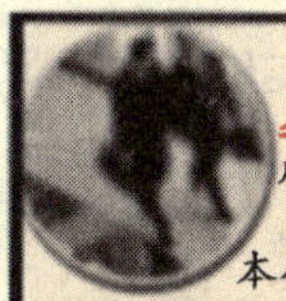

## 永义机械有限公司

成立于2000年。

主要生产农机配件、小型装载机。

本公司秉承“顾客至上，锐意进取”的经营理念，坚持“客户第一”的原则为广大客户提供优质的服务。欢迎广大客户惠顾！

联系人：潘凤义　电话：0536-3550919　3550648

地址：山东省潍坊青州市东夏镇尚于村　邮编：262100

## 章丘市益丰模具厂

章丘市益丰模具厂成立于1995年，专业从事PVC管件模具，PPR模具，及各种塑料模具，拉挤模具的设计、制造。

欢迎来电洽谈业务。

电话：0531-83208109

邮编：250200

地址：山东省章丘市明水镇侯家开发区

联系人：程贯龙

13356682580

## 河南省/Henan Province

**安阳县水冶铁东机修厂**
地址：河南省安阳市安阳县水冶镇茶棚村
…… 负责人：杨秀堂
…… Tel：0372－5886163
13703464903

**古槐机械厂**
地址：河南省安阳市安阳县水冶镇永兴路北段
…… 负责人：宁向伟
…… Tel：0372－5862792
13937218436

**安阳市龙马机电有限公司**
地址：河南省安阳市北关区灯塔路68号
…… 负责人：宋凤珍
…… Tel：0372－5913010

### 长葛市双溪机械配件制造有限公司
业务：长葛市双溪机械配件制造有限公司成立于2006年，主要生产销售机械配件。产品质量保证，价格合理，欢迎来电洽谈业务！
地址：河南省许昌市长葛市董村镇口王村
…… 负责人：王国亮……邮　编：461508
…… 法　人：王国亮
…… Tel：0374－6681275

**巩义市林兴机械厂**
业务：液压机、轮胎模具
地址：河南省巩义市新中镇温常村6组
…… 负责人：周发群　邮　编：451200
…… 法　人：周发群
……Tel：13849061694
0371－64188899

**永兴五金加工厂**
地址：河南省安阳市高新区小吴村
…… 负责人：崔运喜
…… Tel：0372－2990201

13603727900

**林州市东恒机械制造有限公司**
地址：河南省安阳市林州市城郊乡胡家庄村
…… 负责人：侯平玉
…… Tel：0372－6809975

**林州市亚冠工矿配件厂**
地址：河南省安阳市林州市龙山区西街村
…… 负责人：李朝杰
…… Tel：0372－6828480

**安阳市金海予制构件有限公司**
地址：河南省安阳市龙安区东风乡赵张村西100米
…… 负责人：杜金海
…… Tel：0372－3970605

### 范县宏光橡塑密封元件厂
业务：范县宏光橡塑密封元件厂成立于2005年，是一家生产橡胶制品的厂家。主要生产橡胶密封件等橡胶杂品。欢迎各方客户惠顾，来电洽谈业务。
地址：河南省濮阳市范阳市范县杨集乡姚坊村
…… 邮　编：457500
…… 法　人：徐洪亮
…… Tel：0393－5859298
…… Fax：0393－5859298

**星光橡塑机械厂**
地址：河南省安阳市内黄县二安乡政府街西头路北
…… 负责人：郭志贤
…… Tel：0372－7951028
13937224199

**汤阴县东方振动机械厂**
地址：河南省安阳市汤阴县永通路西段路南物质局院内
…… 负责人：张军平
…… Tel：0372－6208620

**安阳市广济工程机械有限责任公司**
地址：河南省安阳市殷都区安钢大道中段
…… 负责人：高广
…… Tel：0372－3925381

### 扶沟县华瑞动力机械有限公司
业务：扶沟县华瑞动力机械有限公司是集汽缸盖科研、生产、销售于一体的专业单位。营销网络遍及全国各地，产品质量、价格及售后服务都得到了客户的信赖与支持。
地址：河南省周口市扶沟县西关化肥厂院内
…… 负责人：李继成……邮　编：461300
…… 法　人：李继成
…… Tel：0394－6228030
…… Fax：0394－6225160
…… 网址：www.fugouhuarui.com.cn
…… E-mail：huaruijijie@126.com

**安阳市郊山阳富凤双枪金属改制厂**
地址：河南省安阳市殷都区范家庄
…… 负责人：肖文斌
…… Tel：0372－3968288
13083728338

**新展金属加工厂**
地址：河南省长葛市大周镇小谢庄村
…… 负责人：梅四军
…… Tel：0374－6868388
13837497526

**浚县黎庆采暖器材有限公司**
地址：河南省鹤壁市浚县卫贤镇西街
…… 负责人：吴文国
…… Tel：0392－5677318

**鹤壁市鑫泽紧固件有限公司**
地址：河南省鹤壁市淇滨区站前街北段路东
…… 负责人：蔡红英
…… Tel：0392－3325666

### 河南省长兴设备防护涂料有限公司
业务：河南省长兴设备防护有限公司（前身河南省濮阳市设备防护公司）成立于2003年，公司业务范围：承包境内外防腐保温工程、境内国际招标工程，境外防腐保温施工所需人员，材料出口。
地址：河南省濮阳市北环路西段路南
…… 邮　编：457000
…… 法　人：姚学文
…… Tel：0393－4561100
…… Fax：0393－8130977
…… 网址：www.echangxing.com

**金鑫矿山设备厂**
业务：生产各种型号矿用绞车，定做各种非标型矿用绞车
地址：河南省鹤壁市山城区汤鹤公路小寨沟村路北
…… 负责人：张保民　邮　编：458000
…… 法　人：张保民
……Tel：0392－2560386

**鹤壁鑫镕铸业有限责任公司**
地址：河南省鹤壁市山城区车站路3号
…… 负责人：牛玉花
…… Tel：0392－2911752
13839237571

**济源中兴机械制造有限公司**
地址：河南省济源市河南兴华机械制造厂内
…… 负责人：温慧鑫
…… Tel：0391－6800714

**胜利造纸机械厂**
地址：河南省焦作沁阳市太行区亢庄村
…… 负责人：王胜利
…… Tel：13803912210

**虹桥制动器有限公司**
地址：河南省焦作市大虹桥乡南虹桥工业区18号
…… 负责人：荆明中
…… Tel：0391－7541888
13598536666

**焦作市幸运星减速机有限公司**
地址：河南省焦作市解放区上白作乡小庄村
…… 负责人：王海全
…… Tel：0391－2628867

### 河南省开封市开利空分设备集团公司
业务：河南省开封市开利空分设备集团公司成立于1998年，主要生产制氧设备。"诚信为本，信誉第一，客户至上"，竭诚欢迎新老客户惠顾。
地址：河南省开封市南关区猴庄1号
…… 邮　编：475003
…… 法　人：殷福进
…… Tel：0378－2689888
2689999
…… Fax：0378－2689888
2689999

**焦作市子翔矿山机械有限公司**
地址：河南省焦作市解放区太行路煤矿设备厂院内
…… 负责人：岳邦振
…… Tel：0391－2858004

**群英机械制造有限责任公司铸造分公司**
地址：河南省焦作市解放中路397号
…… 负责人：詹小土
…… Tel：0391－3932877
13782766901

**焦作市凯盛矿山机器制造有限公司**
地址：河南省焦作市山阳区焦东南路市技校门面房
…… 负责人：韩振明
…… Tel：0391－3995000

**温县东方机械铸造有限公司**
地址：河南省焦作市温县南张羌镇杨沟村南
…… 负责人：马胜利
…… Tel：0391－6593888

**焦作市万新减速机厂**
地址：河南省焦作市武陟县乔庙乡冯丈村
…… 负责人：薛国利
…… Tel：0391－7661081

### 河南省洛阳市栾川县丰收机械建材有限公司
业务：河南省洛阳市栾川县丰收机械建材有限公司成立于2006年，主要从事矿山机械、建材的销售。"质量可靠、价格合理"，竭诚欢迎新老客户光临惠顾！
地址：河南省洛阳市栾川县兴华北路
…… 负责人：曲延收……邮　编：471500
…… 法　人：曲延收
…… Tel：0379－66824009

**精工铸造厂**
地址：河南省焦作市武陟县乔庙乡韩村
…… 负责人：杨春明
…… Tel：13903897759

**武陟县旭光机械制造有限公司**
地址：河南省焦作市武陟县谢旗营镇后牛村
…… 负责人：李有福
…… Tel：0391－7289758

**中泉路桥设备有限公司**
地址：河南省开封市晋安路26号
…… 负责人：张秀臣
…… Tel：13007643863

**鑫汇阀门有限公司**
地址：河南省开封市尉氏县朱曲镇刘庄
…… 负责人：郑占庭
…… Tel：0378－7342059
13937835758

### 河南省上街区金剑实业有限公司
业务：河南省上街区金剑实业有限公司成立于2003年，从事机械加工，代购代销等来务，愿与各界朋友真诚合作，携手共创新天地。
地址：河南省郑州市登丰路南段
…… 负责人：王鹏飞……邮　编：450041
…… 法　人：王鹏飞
…… Tel：0371－68924742

**金禅锻造有限公司**
地址：河南省洛阳市高新开发区孙旗屯乡小所村
…… 负责人：陈智民
…… Tel：13703499053

**洛阳璞盛机械有限公司**
地址：河南省洛阳市涧西区华山路北段
…… 负责人：刘春辉
…… Tel：0379－65165037

**安乐升达铸造加工厂**
地址：河南省洛阳市洛龙区安乐镇水磨村
…… 负责人：王利民
…… Tel：13803883551

**伟英容器配件有限公司**
地址：河南省洛阳市洛龙区辛店镇太后庄村工业园
…… 负责人：孙家穆
…… Tel：0379－64110569
13703491834

**洛阳市孟津县常兴机械厂**
地址：河南省洛阳市孟津县常代常代街
…… 负责人：张寄云
…… Tel：0379－67840259

### 河南天润矿山起重机有限公司
业务：河南天润矿山起重机有限公司成产于2002年，生产成套起重机，欢迎前来洽谈业务。
地址：河南省新乡市封丘县尹岗工业区
…… 负责人：苗进中……邮　编：453322
…… 法　人：苗进中
…… Tel：0373－8415666
8415333

**洛阳璐鑫标准件制造有限公司**
地址：河南省洛阳市孟津县朝阳师庄村
…… 负责人：姚战胜
…… Tel：0379－67870228

**隆冶铸造有限公司**
地址：河南省洛阳市彭婆镇彭婆村
…… 负责人：黄水高
…… Tel：13700816309

**洛阳市程大机电设备有限公司**
地址：河南省洛阳市西工区五金机电市场
…… 负责人：方慧荣
…… Tel：0379－63187098

**偃师市隆鑫铸造有限公司**
地址：河南省洛阳市偃师市顾县镇李湾村
…… 负责人：赵西龙
…… Tel：0379－67525628

**天轮焊接材料有限公司**
地址：河南省洛阳市伊川县城北滬涧工业区
…… 负责人：赵改伟
…… Tel：0379－69575678
68304888
13592008199

### 河南新野纺织集团机电服务有限公司
业务：本公司成立于1998年，拥有60多名员工，主要经营机电产品、塑料编织。信实诚招天下客。
地址：河南省新野纺织股份有限公司
…… 邮　编：473500
…… 法　人：张显平
…… Tel：0377－66235199
66218896

**新乡市起重机有限公司新密分公司**
业务:起重机销售
地址:河南省新密市嵩山大道东段
负责人:马思波　邮　编:452370
法　人:马思波
Tel:0371－69810327
13938238433
Fax:0371－69810327

**南阳市派创机电设备有限公司**
地址:河南省南阳市高新路30号门面房
负责人:李东奇
Tel:13937779879

**郑州重科机械设备有限公司**
业务:郑州重科机械设备有限公司成立于2002年,专业生产各种型号、全自动、高节能液压卷板机。产品价优、质量可靠、跟踪服务。
地址:河南省郑州市中原区须水镇铁炉村大街197号
邮　编:450065
法　人:赵国强
Tel:0371－67845866
Fax:0371－67845866

**唐河县湖阳镇新新钢梨厂**
地址:河南省南阳市唐河县湖阳镇新店村
负责人:何海青
Tel:0377－68776269
13838715591

**鲁山县保温帽口厂**
地址:河南省平顶山市鲁山县城北环刘营
负责人:娄保
Tel:0375－5027848
13803758737

**郑州市立刚换热设备有限公司**
业务:本公司成立于2006年初,主要生产销售聚四氟乙烯系列换热器,内翅管换热器,外翅管换热器,特殊换热器。竭诚欢迎新老客户来电洽谈业务!
地址:河南省郑州市新郑市新村镇郑新路88号
负责人:孙振立……邮　编:451100
法　人:孙振立
Mobile:13938233036
13803715396

**杨村保温帽口厂**
地址:河南省平顶山市鲁山县滚子营乡杨东村
负责人:罗国峰
Tel:0375－5839358
13703402368

**金兴机械加工厂**
地址:河南省平顶山市湛河区北渡镇北渡村
负责人:孙金山
Tel:13103659988

**辉县市德隆机械制造有限公司**
业务:辉县市德隆机械制造有限公司主要从事铸造配件、机械加工。欢迎新老客户光临、惠顾!
地址:河南省新乡市辉县市孟庄镇郭村
负责人:姚光昊……邮　编:453600
法　人:姚光昊
Tel:0373－6069199

**三威机械厂**
地址:河南省沁阳市沁伏路北
负责人:邹立富
Tel:13938157907

**三门峡市朝阳机械厂**
地址:河南省三门峡市大岭路北段
负责人:连小润
Tel:0398－2905266

**郑州矿区精密铸造厂**
业务:郑州矿区精密铸造厂主要从事机械配件、大齿轮、小齿轮的铸造。"以质量求生存,以信誉求发展",热诚欢迎广大新老客户来我公司洽谈业务,共同合作!
地址:河南省郑州市新密市矿区管委
负责人:刘贵……邮　编:452370
法　人:刘贵
Tel:0371－69783807

**渑池县耿通机电发展有限责任公司**
地址:河南省三门峡市渑池县耿村矿区四号区
负责人:王宜洛
Tel:0398－5876947

**新乡市高远起重机械有限公司**
地址:河南省新乡市长垣县起重工业园区纬二路6号
负责人:王林生
Tel:0373－8927336

**郑州市惠济区金阳光货架总汇**
业务:生产销售各种超市、仓储、货架、精品柜
地址:河南省郑州市惠济区北环路与南阳路东侧
负责人:邢俊伟　邮　编:450000
Tel:0371－63729399
13083608845

**辉县市瑞昌电碳制品厂**
业务:辉县市瑞昌电碳制品厂自成立十多年来,一直从事石墨模具的加工。我公司技术力量雄厚,在价格、质量上做到价廉质好,热诚欢迎广大新老客户来电来人洽谈业务,共同合作!
地址:河南省新乡市辉县市南寨镇北流村
负责人:李章山……邮　编:453648
法　人:李章山
Tel:0373－6736659
Fax:0373－6736659

**郑州江宇机械有限公司**
业务:本公司对外加工各种锻压件,锯机下料,热处理、探伤、化验。经营各种优质钢、碳结钢、普钢。对外机械加工:拥有CA5116EX10/5型单柱立式车床、CW61100B卧式车床、M1450B型万能外圆磨、TPX6111/B型剷床、数控车床、平面磨、立磨、外圆磨、刨床、20、30、50车床数台、滚齿机等机械设备。本公司历来以质量求生存、以信誉求发展、以信誉求发展,赢得社会和各界兄弟厂家的信任和支持。
地址:河南省荥阳市广武镇孙砦村
负责人:王振江……邮　编:450103
法　人:王振江
Tel:0371－64816118
Fax:0371－64816228
网址:www.zzjyjx.cn

**新乡市亿丰起重设备有限公司**
地址:河南省新乡市长垣县位惱路中段
负责人:李喜宾
Tel:0373－8735858

**振兴吊具有限公司**
地址:河南省新乡市长垣县位庄东了工业区
负责人:杨芝学
Tel:0373－8618839
13503734506

**郑州华源焊接设备有限公司**
业务:本公司主要从事各种焊接设备的生产和维修。设备品种齐全,制造精良,可满足不同档次投资规模的需求,并为用户提供最佳的设备及配置方案,免费安装、调试设备。本厂的产品质量、完善周到的售后服务,深得广大用户的青睐与好评。
地址:河南省郑州高新技术开发区长椿路莲花街交岔口处(沟赵办事处丁楼村)
邮　编:450066
法　人:毛合林
Tel:0371－67791085
Fax:0371－67791085

**明珠滑东有限公司**
地址:河南省新乡市长垣县位庄镇工业区
负责人:胡鸿强
Tel:0373－8618394
13703436571

**新乡市豫翔起重机有限责任公司**
地址:河南省新乡市长垣县位庄镇韩了市场
负责人:韩爱民
Tel:0373－8712059
13707658206

**焦作市华意矿冶机械有限公司**
业务:本公司成立于1997年,是一家从事机械加工的公司。"品质为本、诚信经营、顾客至上"是我们的创业宗旨,一流的产品,周到的服务是我们追求的目标。竭诚欢迎广大新老客户莅临参观指导,洽谈业务,共谋发展!
地址:河南省焦作市林园路268号
邮　编:454000
法　人:周仲债
Tel:0391－2617016
Fax:0391－2617016

**郑州恒盛磨具材料有限公司**
业务:我公司长期经营炭化硅,刚玉系列有过硬的技术和丰富的经验,我公司1997年建厂,是具有9年磨料磨具生产经营活动的著名企业,我公司主导产品有黑碳化硅、绿碳化硅白刚玉、棕刚玉等各种型号微粉,产品执行标准有ISO国际标准,JIS日本标准和83国际,可按用户要求标准供货。
地址:河南省郑州市高新技术开发区
邮　编:450066
法　人:贾广林
Tel:0371－67847241
Fax:0371－67847177
网址:www.zzhx.chinapyp.com

**新乡市宏鑫泵业石化机械有限责任公司**
地址:河南省新乡市封丘县城幸福路南段
负责人:范三明
Tel:0373－8258182

**新乡市通海石化设备泵阀有限公司**
地址:河南省新乡市封丘县赵岗镇开发区府前街6号
负责人:孙红荣
Tel:0373－8392852

**郑州昌盛电力设备有限公司**
业务:郑州昌盛电力设备有限公司成立于2005年,从事电力设备(风门、补偿器、滤水器、滤油器)、分离器、电厂负极设备的制造。欢迎来电垂询。
地址:河南省郑州市郑上路西岗村
邮　编:450042
法　人:张九香
Tel:0371－67822177
Fax:0371－67822177

**新乡市新川模型有限公司**
地址:河南省新乡市红旗区五一路27号
负责人:马占亭
Tel:0373－5054292

**新乡市华恒机械设备有限公司**
地址:河南省新乡市获嘉县大呈工业园区
负责人:梁道明
Tel:0373－4551222

**焦作市新力螺钉厂**
业务:焦作市新力螺钉厂成立于1984年,主要生产销售木螺丝、标准件。质量保证。价格从优。欢迎新老客户光临、惠顾!
地址:河南省焦作市温县番田镇西南马村
负责人:张卫红……邮　编:454891
法　人:张卫红
Tel:0391－6566238

**广源机械有限公司**
地址:河南省新乡市获嘉县黄堤镇南马厂村
负责人:李光军
Tel:0373－4908038
13803700799

**获嘉县西闸口第一模锻厂**
地址:河南省新乡市获嘉县西闸口
负责人:宋学顺
Tel:0373－4595667
13598685831

**禹州市冠华机械制造有限公司**
业务:禹州市冠华机械制造有限公司成立于2002年,专业从事模具、机床铸造;生铁铸造、实型铸造、离心浇铸、标号铸铁、球墨铸件、合金铸件、可浇铸11吨以下缸套、二十吨以下铸件,竭诚欢迎广大客户前来咨询,洽谈业务。
地址:河南省禹州市方山镇程庄村
负责人:程相杰……邮　编:452500
法　人:程宏杰
Tel:0374－8646759

**新乡市天诚矿山设备有限公司**
地址:河南省新乡市南环路西段
负责人:张福国
Tel:0373－5096121
5096291
13603932656

**宏伟机械制造有限公司**
地址:河南省新乡市卫辉市工农路87295空后院内
负责人:徐伟
Tel:0373－4411418
13803734588

**禹州市工业机械水泵厂**
业务:禹州市工业机械水泵厂成立20多年来,一直从事水泵及配件的生产销售。"以质量求生存,以信誉求发展",热诚欢迎新老客户惠顾。
地址:河南省禹州市古城工业区
邮　编:461673
法　人:魏定恩
Tel:0374－8621759
Fax:0374－8623888

**新乡沃隆流体设备机械制造有限公司**
地址:河南省新乡市卫辉市后河工业区
负责人:王金勇
Tel:0373－4293232

**郑州博友机械设备有限公司**
业务:粉剂、颗粒,液体定量灌装,规格:5g～2000g
地址:河南省郑州市金水区国基路消防队后金印花园19号楼4单元604
负责人:武松帅　邮　编:450000
法　人:武松帅
Tel:13223032602
0371－60228723
Fax:0371－60228723

**金鑫矿山设备厂**
业务:鹤壁市金鑫矿山设备有限公司位于河南省北部,鹤壁市郊东,东临京广铁路、珠高速公路、107国道,交通十分便利。主要生产销售绞车、普通胶带输送机、刮板、输送机及相关配件。我公司将竭诚为各界朋友提供优质的产品和优良的服务,欢迎来人来函洽谈业务。
地址:河南省鹤壁市山城区汤鹤公路小寨沟村路北
负责人:温海民……邮　编:458000
法　人:张保民
Tel:0392－2560386
Fax:0392－2563387

**虞城县稍岗乡新建尺带厂**
业务:本公司成立2001年,在这几年中,我们一直为钢卷纸与量具行业提供优质的加工服务
地址:河南省商丘市虞城县稍岗乡范庄村委
法　人:杨新亭
Tel:0370－4618966

**河南省冰源散热器有限公司**
地址:河南省新乡市卫辉市孙杏村镇张武店村
负责人:刘会勇
Tel:0373－4099318

**新乡县合河乡贾桥国有制钉厂**
地址:河南省新乡市新乡县合河乡
负责人:赵常有
Tel:0373－5430310
13703732691

**鄢陵华润机电设备有限责任公司**
业务:本公司常年经营散热设备,机电产品,防腐保温,化学清洗,产品质量保证,价格合理,欢迎新老客户光临惠顾!
地址:河南省许昌市鄢陵县建新街西段311国道路东
负责人:潘培军……邮　编:461200
法　人:潘培军
Tel:0374－7638051

**新乡全新机械有限公司**
地址:河南省新乡市新乡县七里营镇107国道676公里处
负责人:王方瑞
Tel:0373－5697249

**新乡市威远机械有限公司**
地址:河南省新乡市新乡县翟坡镇工业路西
负责人:李绍奎
Tel:0373－5598398

**开封市豫生热力设备有限公司**
业务:开封市豫生热力设备有限公司成立于1971年,现有员工100余人,从事管道伸缩器、热交换器、除氧器、空气压缩机、管道设备、砖瓦机械设备制造。
地址:河南省开封市北郊柳园口乡王周庄村
邮　编:475021
法　人:李应昌
Tel:0378－2895726
Fax:0378－2895726



**许昌卓美饲料有限公司**
地址:河南省许昌经济技术开发区
负责人:王涛
Tel:0374－3181556

**河南正宇阀门有限公司**
地址:河南省许昌市长葛市大周镇丁夏路20号
负责人:周勤忠
Tel:0374－6662777

**长葛市水昌机械厂**
地址:河南省许昌市长葛市董村镇岗孙村
负责人:孙水昌
Tel:0374－6681498

**信阳市平桥区豹子珍珠岩设备制造厂**
业务:主要生产珍珠岩膨胀设备及配套除尘设备,欢迎新老客户光临惠顾!
地址:河南省信阳市平桥区平桥镇中山村
邮　编:464100
法　人:成祥洲
Tel:0376－37988178
Fax:0376－3793976

**长葛市春风机械制造有限公司**
地址:河南省许昌市长葛市市区双岳路东段
负责人:付凤云
Tel:0374－6221822

**许昌市老晁机械制造有限公司**
地址:河南省许昌市魏都区健康路50号
负责人:黄迎燕
Tel:0374－4362181

**洛阳费特斯工业装备有限公司(炉业)**
业务:公司由洛阳机械部四院工业炉厂转化而来,集科研、设计、制造、安装及调试一体的专业公司,已在锻造、铸造、热处理、有色金属、建材等多行业,工程总承包了上千台套各种设备。
地址:河南省洛阳市涧西区文兴现代城A702号
邮　编:471039
法　人:杨先生
Tel:0379－64832328
Fax:0379－64832329
网址:www.hngyl.chinapyp.com

**禹州市荣盛磨料有限公司**
地址:河南省许昌市禹州市西三里焦寨村
负责人:张现荣
Tel:0374－8994881

**喜迎轴承有限公司**
地址:河南省鄢陵县县城南关街顺兴路
负责人:田喜廷
Tel:0374－7126668
7981309

**新乡市中原起重机设备总厂有限公司**
业务:企业技术力量雄厚、检测手段齐全、工艺装备完善、售后服务优良。专业生产各种型号的单双梁桥式、门式起重机系列产品;绝缘、防爆、慢速、电磁、抓斗、电厂专用架空轨道起重机系列产品;CD1型、MD1型电动葫芦系列产品。企业坚持科学管理,诚信为本,以质取胜,产品畅销全国二十多个省、市、自治区,深受顾客的好评,部分产品远销国外。
地址:河南省新乡市长垣县东关工业区
邮　编:453400
法　人:杨德印
Tel:0373－8810894
Fax:0373－8812060

**易升磨料磨具有限公司**
地址:河南省义马市天山路西
负责人:吕文超
Tel:0398－5626693
13030385432

**龙金机械厂**
地址:河南省郑州巩义市北山口镇铁匠路村
负责人:王建民
Tel:0371－64118818
13503999595

**洛阳汉润提升机齿轮传动有限公司**
业务:本公司主要经营加工提升机所用减速器系列产品及设备配件的制作维护,整机的

技术指导安装所生产的齿轮系列有：行星减速机 XL－800，XL－1000，XL－30，XL－630，XL－710 等。平行轴系列：115，130，150，170，轴承式，轴瓦式，并根据客户不同的需求，可设计提供不同类型的减速器，以满足不同用户的需求。
地址：河南省洛阳市涧西区科技工业园南路
…… 负责人：韩小涛……邮　编：471003
……法　人：韩小涛
……Tel：13837941617

**孝义光华机械厂**
地址：河南省郑州巩义市火车站西 150 米三三九国库
……负责人：付晓攀
……Tel：0371－64355375
13938291528

**河南三江冷气工程设备有限公司**
地址：河南省郑州市东风路 20 号
……负责人：刘小娟
……Tel：0371－66900001

**郑州信易电热设备有限公司**
地址：河南省郑州市二七区代庄西街 1 号 2 号楼 3 单元 29 号
……负责人：柏建国
……Tel：0371－68719218

**新乡市心连心吊装有限公司**
业务：新乡市心连心吊装有限公司创建于 1975 年，主要从事大中型机械设备吊装、厂房吊装。吊装能力强大，拥有各种型式的汽车式起重机器，适宜于各种情况的野外作业，工厂检修。
地址：河南省新乡市新乡县小冀镇青年路南段
……邮　编：453731
……法　人：龚子彪
……Tel：0373－5598677
……Mobile：13903803654
……Fax：0373－5598677

**郑州沃华机械有限公司**
地址：河南省郑州市二七区京广南路 32 号付 13 号 5 楼
……负责人：彭子彪
……Tel：0371－66967181

**巩义市万鑫机械厂**
地址：河南省郑州市巩义市腾飞路
……负责人：王淑兰
……Tel：0371－64388655

**洛阳市中区机电设备有限公司**
业务：洛阳市中区机电设备有限公司成立于 1998 年 10 月，主要经营机械设备，焊接材料，焊接设备，电线电缆，轴承，工具，阀门等。"以质量求生存，以信誉求发展"，竭诚欢迎各方客户惠顾，洽谈业务，共同合作。
地址：河南省洛阳市西工区解放路 22 号
……邮　编：471000
……法　人：李玉国
……Tel：0379－63193725
……Fax：0379－63193725

**河南金源冷暖设备有限公司**
地址：河南省郑州市管城区紫荆山路 69 号
……负责人：李殿平
……Tel：0371－63319533

**新乡市牧野区豫丰水泵厂**
业务：新乡市牧野区豫丰水泵厂成立于 2003 年，从事水泵的生产及销售，客户满意是我们的追求，欢迎新老客户来电洽谈业务！
地址：河南省新乡市牧野区丰乐里东北方（新乡市第二十八中后面）
…… 负责人：郭要林……邮　编：453700
……法　人：郭要林
……Tel：0373－3329882
3388078

**河南顺诚机床有限公司**
地址：河南省郑州市惠济区兴隆铺路 2 号附 1 号
……负责人：孙净东
……Tel：0371－63768699

**河南齐力达机械设备有限公司**
地址：河南省郑州市金水区红专路 52 号
……负责人：刘娅平
……Tel：0371－63921866

**新乡市黄河标准件厂**
业务：新乡市黄河标准件厂成立于 1995 年，专业生产标准件螺栓，我厂生产设备先进，技术力量雄厚，我们秉成质量求生存、信誉求发展的经营方式，不断向前迈进。
地址：河南省新乡市封丘县王村汪贾开发区
…… 负责人：汪守芳……邮　编：453300
……法　人：汪守芳
……Tel：0373－8579336

**郑州市华胜净化设备有限公司**
地址：河南省郑州市金水区商城东路 8 号广告材料市场 22 排 10 号
……负责人：孙建荣
……Tel：0371－66520428

**河南省宏强机电设备有限公司**
地址：河南省郑州市金水区宋砦北街 2 号楼 5 号
……负责人：郭强
……Tel：0371－63673922

**漯河市科力工贸有限公司**
业务：漯河市科力工贸有限公司成立于 2005 年，主要从事电器设备的经销与安装。欢迎新老客户光临惠顾！
地址：河南省漯河市柳江路 169 号院
…… 负责人：高枫……邮　编：462000
……法　人：高枫
……Tel：0395－3169586
…… 网址：www.mtw50051.chinapyp.com

**河南创力电力工程设备有限公司**
地址：河南省郑州市金水区纬五路东段 66 号
……负责人：刘跃杰
……Tel：0371－65688292

**新密市永兴耐火材料厂**
地址：河南省郑州市新密市岳村镇
……负责人：牛天保
……Tel：0371－69839819

**新乡市环美振动机械有限公司**
业务：新乡市环美振动机械有限公司是从事冶金，矿山等矿业设备生产的专业性企业，拥有一流的各种大型机械加工设备，国际最先进的 CAD 计算机辅助设计系统，并拥有最科学的振动参数检测设施，产品覆盖 28 个省、市自治区，并通过外贸销往朝鲜，俄罗斯等周边几个国家，环美人永远本着"诚信为本，追求卓越"的企业理念，以"创新求发展"的企业精神服务于用户和社会！
地址：河南省新乡市小冀经济开发区
……邮　编：453731
……法　人：王来中
……Tel：0373－5592481
5581908
……Fax：0373－5581908
……网址：www.xxhmzd.com

**郑州宝来特钢机械制造有限公司**
地址：河南省郑州市新密市岳村镇芦沟
……负责人：张改香
……Tel：0371－63137111

**亚达工业设备有限公司**
地址：河南省郑州市荥阳市城关乡三十里铺
……负责人：张振亚
……Tel：0371－64953639
13603992107

**南阳普诺瓦印刷设备有限公司**
业务：南阳普诺瓦印刷设备有限公司成立于 2004 年，主要从事各种印刷设备的生产与销售。公司以良好的信用，上乘的质量赢得了广大消费者的青睐！
地址：河南省南阳市车站南路 1899 号
…… 负责人：徐金方……邮　编：473000
……法　人：徐金方
……Tel：0377－63327100
……Fax：0377－63327100

**天龙机械有限公司**
地址：河南省郑州市荥阳王村镇李村 181 号
……负责人：李海勇
……Tel：0371－64858866
13803851800

**郑州市华豫磨料磨具有限公司**
地址：河南省郑州市中原区大岗刘冯湾村
……负责人：冯全玉
……Tel：0371－67614578

**新乡市鼎汇金属有限公司**
业务：新乡市鼎汇金属有限公司成立于 2003 年，主要从事包装钢带、金属铝合金的生产。公司本着"以人为本，顾客至上，锐意进取，共同发展"的经营理念，热诚与社会各界有识之士合作。
地址：河南省新乡市长垣县浦西区
……邮　编：453400
……法　人：牛培强
……Tel：0373－8920288
……Fax：0373－8867456

**郑州石羊磨料磨具有限公司**
地址：河南省郑州市中原区大岗刘乡石羊寺村
……负责人：王国强
……Tel：0371－67638606

**郑州显达磨料磨具有限公司**
地址：河南省郑州市中原区大岗刘乡闫垌村六队
……负责人：薛增辉
……Tel：0371－68610490

**南阳市弘梓机电物资有限公司**
业务：本公司主要从事五金交电，二、三类机电，轴承的销售。公司本着"用最优的价格回报我们的客户"的经营理念，竭诚为新老客户提供过硬的产品和优质的服务，得到了全国各地广大客户的肯定和信任。
地址：河南省南阳市车站北路与八一路交叉口广厦一楼
…… 负责人：张云路……邮　编：473003
……法　人：张云路
……Tel：0377－63131072

**郑州九鼎磨料磨具有限公司**
地址：河南省郑州市中原区段庄村
……负责人：程雪玲
……Tel：0371－67820443

**新密市泰固机械制造有限公司**
业务：新密市泰固机械制造有限公司位于河南省新密市来集镇，交通十分便利。我公司创建于 2002 年，是一家专业生产煤矿机械设备的企业，主营产品有：刮板输送机、带式输送机、全液压坑道钻机等。以科学的管理，优质的服务，良好的信誉不断满足顾客需求。
地址：河南省新密市来集镇陈沟村北
……邮　编：452382
……法　人：楚顺利
……Tel：0371－63161677
……Fax：0371－63161813

**中原保利砂轮厂**
地址：河南省郑州市中原区顺水镇南仗村 4 号
……负责人：宋保利
……Tel：0371－67828615
13014650096

**郑州市东华机械制造有限公司**
地址：河南省郑州市中原区须水镇东陈伍寨村
……负责人：余华伟
……Tel：0371－65285378

**夏邑县会亭镇梁玉芝模具厂**
业务：夏邑县会亭镇梁玉芝模具厂成立于 2004 年，主要从事模具制造、加工、销售。欢迎新老客户光临、惠顾！
地址：河南省商丘市夏邑县会亭镇西二公里工业区
…… 负责人：崔永华……邮　编：476431
……法　人：梁玉芝
……Tel：0370－6582299
……Mobile：13383702599
…… 网址：www.mtw30921.chinapyp.com

**金龙食品机械有限公司**
地址：河南省郑州市中原区须水镇址刘工业园
……负责人：钟红志
……Tel：0371－67857788
13603823461

**西平县翊鑫机械制造有限责任公司**
业务：西平县翊鑫机械制造有限责任公司成立于 2003 年，专业从事机械制造。主要产品有：农用机械、塑料机械、养殖机械、免烧砖机械等。
地址：河南省驻马店市西平县原机械厂院内
……邮　编：463900
……法　人：李国芃
……Tel：0396－6221592
……Fax：0396－6233111

**平顶山煤业（集团）保安风筒制品厂**
业务：平顶山煤业（集团）保安风筒制品厂技术力量雄厚，质量上乘。主要生产强力风筒、伸缩风筒、双抗风筒、阻燃风筒、普通风筒及风筒配件，雨衣、劳保工作服、手套等。热忱欢迎单位和个人前来洽谈业务。
地址：河南省平顶山市新华区西市场七矿路西
……邮　编：467092
……法　人：王秀英
……Tel：0375－2811290
2737154
……Fax：0375－2811290

**超化第一铸造厂**
地址：河南省郑州新密市超化镇超化村
……负责人：晁遂林
……Tel：0371－69230596
13653839133

**温县融鑫建筑机械配件厂**
业务：温县融鑫建筑机械配件厂成立于 1998 年，主要生产软管、振动棒、电机、平板振动器、振动棒配件等。欢迎各方客户来电来人洽谈业务，共同合作。
地址：河南省焦作市温县祥云镇大尚工业区
……邮　编：454881
……法　人：王苗梅
……Tel：0391－6537989
……Fax：0391－6537635

**金源矿山机械有限公司**
地址：河南省郑州新密市牛店镇潭村湾村
……负责人：司喜全
……Tel：0371－63100355
13903826017

**明月五金有限责任公司**
地址：河南省郑州新密市嵩山大道 10 号（东城门）
……负责人：刘书明
……Tel：0371－69820531
13703988368

**尉氏县永兴金属加工厂**
业务：尉氏县永兴金属加工厂成立于 2005 年 8 月，专业从事铝粉、铝粒的加工及销售。本厂拥有具有多年经验的技术人员"保证质量，价格合理，交货快捷"是本厂一贯的宗旨，长期以来，得到广大客户的支持，确保低成本、高质量的产品结构，竭诚为新老客户贡献成就。
地址：河南省开封市尉氏县永兴镇东黎岗村
……邮　编：475506
……法　人：赵峰
……Tel：0378－7297968
……Fax：0378－7297969

**振中建筑机械厂**
地址：河南省郑州荥阳市高村乡真村
……负责人：刘全英
……Tel：0371－64909199
13803990805

**河南省环宇机械有限公司**
地址：河南省周口地区淮阳县西关后孙庄
……负责人：雷燕勤
……Tel：0394－2664645
13608619756

**平顶山煤业（集团）天成机电修造厂**
业务：平顶山煤业（集团）天成机电修造厂成立于 1994 年，从事电石设备制造、高低压配电设备、煤矿电器维修，欢迎新老客户来电洽谈业务！
地址：河南省平顶山市卫东区新华路北段东 200 米
…… 负责人：王苏江……邮　编：467023
……法　人：王苏江
……Tel：0375－3886988

**卫辉市豫鑫散热器有限公司**
业务：卫辉市豫鑫散热器有限公司主要生产汽车、拖拉机、工程机械、柴油发电机组的水、油散热器。公司将以良好的信誉和质量为各方朋友提供服务。
地址：河南省新乡市卫辉市南站
…… 负责人：张先生……邮　编：453100
……Tel：0373－4307022
4306301

**华亨机械有限责任公司**
地址：河南省周口市沈丘县工业区北环路 68 号
……负责人：窦新华
……Tel：13838672929

**濮阳市亚华燃控设备有限公司**
业务：本公司是集机械制造和自动化控制研究于一体的高新技术企业，主要从事：石油、化工、钢铁冶金、燃气电厂、油田天然气处理站、天然气管道阀站等行业放空火炬的燃烧控制装置的整体工艺设计及产品制造。公司以"质量第一、用户至上"为宗旨，不断加强与用户的合作。
地址：河南省濮阳市黄河路西段创业服务中心 9 号
……邮　编：457000
……法　人：尚俊修
……Tel：0393－8951789
……Fax：0393－8951786

**三门峡市美乐福大豆加工专用设备有限公司**
业务：本公司是一个具有 20 年历史的专业开发、制造大豆、花生深加工设备的企业。最新成果——"素瘦肉"和"花生素瘦肉"分别获得国家发明专利。我们销售的不仅是设备，更是我们的信誉、先进技术和实事求是的工作作风。热诚欢迎国内外各界朋友来我公司考察洽谈！
地址：河南省三门峡市湖滨区崤山东路 3 号
……邮　编：472000
……法　人：刘丁山
……Tel：0398－2581928
……Fax：0398－2581389

**河南省豫园锅炉机电有限公司**
地址：河南省驻马店市汝南县城北关
……负责人：刘广涛
……Tel：0396－8080999

**三保机电物资有限公司**
地址：河南省驻马店市驿城区乐山路北段 266 号
……负责人：刘保利
……Tel：0396－2613610

**濮阳源锋钎具有限公司**
业务：濮阳源锋钎具有限公司成立于 2006 年，主要销售各种钎具。公司以"质量求生存、信誉求发展"，欢迎广大用户光临惠顾！
地址：河南省濮阳市台前县
…… 负责人：崔向阳……邮　编：457600
……法　人：崔向阳
……Tel：0393－2209788

▲ 机械行业 ▼

## 蒲光特种金属制品有限公司

蒲光特种金属制品有限公司成立于1994年，主要有橡胶软管增强用钢丝、镀黄铜钢丝、钢丝轮刷、钢丝刷、子午轮胎钢帘线、镀锌钢绞线、镀锌钢丝、胶管用钢丝绳、履带用钢丝绳等。公司全体员工竭诚与新老客户多元化交流，广领域合作，实现利益双赢，确保共同发展。

电话：0373-8889669 8885555 13603736654 联系人：张军安
地址：河南省新乡市长垣县建蒲路中段 邮编：453000

## 新密市超化第一铸造厂

新密市超化第一铸造厂专业从事矿山冶金建筑专用设备和铸造配件制造，我厂以"质量求生存，信誉求发展"为办厂宗旨，竭诚为您提供优质的产品和满意的服务！

联系人：晁遂林

电话：0371-69230596、13653839133 传真：0371-69230596
地址：河南省郑州新密市超化镇超化村 邮编：452370

## 清丰县兴业石油机械有限公司

清丰县兴业石油机械有限公司是一家专业从事石油采油井口，钻井配件的企业，信誉至上，质量第一是我们的经营理念，欢迎广大新老客户来我公司考察！

联系人：寇中增 13323930336
电话：0393-7830187
邮编：457326
地址：河南省濮阳市清丰县柳格乡工贸区南600米

## 新乡市航天振动器厂

新乡市航天振动器厂专业从事插入式振动器和平板式振动器的生产和销售，兼营起重配件。售前当好参谋，售后搞好服务，是我公司经营销售的一贯宗旨，我们期望与您携手共进。欢迎您的来电！

联系人：韩国伟

电话：0373-8791554 13603736780 传真：0373-8791318
地址：河南省新乡市长垣县位庄镇工业区 邮编：276800

## 尉氏县三星阀门机械厂

尉氏县三星阀门机械厂是一家专门生产阀门的企业。

本着"以信誉求发展，以质量求生存"的原则，竭诚为广大新老客户服务。

欢迎您的来电！

联系人：李志春
电话：0378-7347896 13837876996
邮编：475510
地址：河南省开封市尉氏县朱曲镇黄庄村

## 信阳市锅炉压力容器修理厂

信阳市锅炉压力容器修理厂成立于1989年，本公司主要经营锅炉、压力容器安装修理等；采暖设备的设计与安装；立式卧式锅炉消烟除尘设计、安装；环保项目的设计、改造、安装；小型城市生活用水的水处理设备安装、设计；工业锅炉的扶机设备的修理、安装、改造。公司秉承"顾客至上，锐意进取"的经营理念，坚持"客户第一"的原则为广大客户提供优质的服务。欢迎全国广大客户惠顾！

联系人：孙全林 电话：0376-6691290 13603761681
传真：0376-6691290
地址：河南省信阳市河南路60号 邮编：464000

## 温县荣鑫建筑机械配件厂

温县荣鑫建筑机械配件厂成立于1999年，专业生产混凝土振动器、振动棒系列产品及配件。

公司本着"锐意进取，客户至上"的原则，竭诚为客户提供优质的产品和良好的服务。欢迎惠顾！

联系人：侯武祥

电话：0391-6537989 13503914808
地址：河南省焦作市温县祥云镇大尚 传真：0391-6537635 邮编：454150

## 信阳市平桥区豹子珍珠岩设备制造厂

信阳市平桥区豹子珍珠岩设备制造厂是从事珍珠岩设备生产的专业厂家，拥有数十年的珍珠岩膨胀设备的生产经验，设备型号齐全，设备产量高，污染小，能耗低，设备不但畅销国内，而且出口到东南亚市场！

我们将始终秉持"质量第一，信誉第一，客户第一"的原则，热忱欢迎国内外客户来厂咨询考察！

邮编：464100
联系人：成祥洲 13503766882
电话/传真：0376-3793976
地址：河南省信阳市平桥区中山村

## 香花建国装卸队

香花建国装卸队成立于2008年。主要从事于大型装卸、铁路工程。公司将本着"热情、安全、专业、快速"的经营理念，以客户为中心，以诚信为准则，以满意为宗旨，与客户携手共进，合作双赢，共创美好的明天。

联系人：王建国 13949386966
电话：0377-63082285
邮编：474450
地址：河南省南阳市百里西路146号

## 禹州市冠华机械制造有限公司

禹州市冠华机械制造有限公司成立于2004年，专业从事生铁铸造、实型铸造、离心浇铸，可浇铸11吨以下缸套、二十吨以下铸件，主要产品有标号铸铁、球墨铸件、合金铸件等。

我们将以"专业、敬业、爱业"的宗旨竭诚为您服务，欢迎您的来电！

联系人：程帅飞 13782238890
电话：0374-8646759 传真：0374-8646759
地址：河南省许昌市禹州市方山镇程庄村 邮编：461670

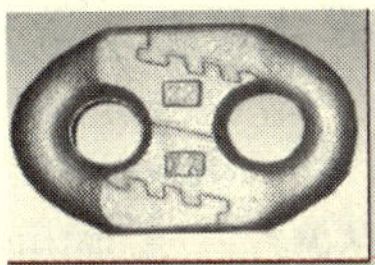

## 湖北省/Hubei Province

**三星机电制造厂**
地址：湖北省黄冈市黄州区新港路140号
……负责人：杨剑
……Tel：0713－8350190
13339977696

**黄石市瑜龙机械厂**
地址：湖北省黄石市黄石港区延安路76号
……负责人：王志明
……Tel：13971751807

**安陆市琦丰铸锻有限公司**
业务：我公司专业生产铸钢件，耐模件以及齿轮，轴承，耐模具，模具造型等各机械配件，公司重质量，讲信誉。欢迎各商客前来洽谈业务，共谋发展！
地址：湖北省孝感市安陆市李店镇坦塘村
……负责人：王国庆……邮　编：432600
……法　人：王国庆
……Tel：0712－5563888

**黄石锻压剪板机有限公司**
地址：湖北省黄石市西塞山区沿湖路489号
……负责人：游建军
……Tel：13707236097

**武汉汉峰实业发展有限公司**
业务：生产、销售、安装起重机械及售后服务，钢结构
地址：湖北省武汉市洪山区青菱乡长征工业园
……负责人：江世木　邮　编：430065
……法　人：江世木
……Tel：13807152467
027－88114405

**荆州市精达机械设备制造有限公司**
地址：湖北省荆州市沙市区北京东路143号
……负责人：叶卫东
……Tel：13972317799

**荆州市远航刀具有限公司**
地址：湖北省荆州市沙市区朝阳街办红星居十号公路53栋
……负责人：朱志林
……Tel：13886589458

**大冶市蓬莱机械制造厂**
业务：本厂建于1983年。是一家以设计、开发、机械制造为一体的综合性企业。专业生产矿山设备、齿轮以及各类机械零件的加工。本厂拥有现代化管理，雄厚的技术力量，完善的售后服务，所生产的节能设备技术先进、质量可靠，产品销往全国各地，深受广大用户好评。欢迎新老客户光临我厂选购，共创伟业。
地址：湖北省大冶市大冶大道126号
……邮　编：435100
……法　人：刘海泉
……Tel：0714－8765851
……Fax：0714－8765514
……网址：www.hbpl.chinapyp.com

**十堰伟孚机电设备有限公司**
地址：湖北省十堰市茅箭区白浪东路80号
……负责人：吕宏
……Tel：13636183725

**炼站宝兴机电经销部**
地址：湖北省十堰市茅箭区施洋路1号(实房路口)
……负责人：葛成家
……Tel：0719－8889728
13872759306

**十堰天涯零部件制造有限公司**
地址：湖北省十堰市茅箭区武当路37号
……负责人：李明友
……Tel：13807285155

**鄂州攀峰刀具有限公司**
业务：鄂州攀峰刀具有限公司成立于1998年，现在员工50余人，从事金刚石制品的生产、销售。主要产品有：直径300－600MM大理石刀片、T14－22MM带锯小刀头。欢迎新老客户光临、惠顾。
地址：湖北省鄂州市南浦路邬家嘴村13号
……邮　编：436000
……法　人：范志超
……Tel：0711－3252678
……Fax：0711－3223789

**东亚博奥工贸有限公司**
地址：湖北省十堰市汽配城大明区C区3栋1036号
……负责人：徐平
……Tel：0719－8313448
13986898048

**红卫圣辉线切割加工部**
地址：湖北省十堰市张湾区红卫装备部单身楼一楼
……负责人：石义辉
……Tel：0719－8262737
13593726127

**粮食加工厂**
地址：湖北省武汉市蔡甸区柏林镇
……负责人：夏长兴
……Tel：027－69741866
13707121484

**鄂州市红旗橡胶机电有限公司**
业务：我公司是一家橡胶制品的专业生产厂家，产品用于电力、化工、汽车、治金机械等制造行业配套。我们将以一流的技术质量、一流的服务宗旨竭诚为广大客户服务。
地址：湖北省鄂州市鄂城区泽林长岭大桥旁
……负责人：方承华……邮　编：435060
……Tel：0711－3380379

**武汉市新顺机械设备制造有限公司**
地址：湖北省武汉市蔡甸区新农汉新街附3号
……负责人：李四平
……Tel：027－84925515

**武汉创达机械设备有限公司**
地址：湖北省武汉市东西湖区慈惠农场慈惠大队
……负责人：金跃
……Tel：13872253720

**武汉市乐力液压机械有限公司**
地址：湖北省武汉市东西湖区水产养殖场将军四路特1号
……负责人：曾汉生
……Tel：027－85499649

**恩施市景辉机电物资有限公司**
业务：恩施市景辉机电物资有限公司位于湖北省恩施市航空大道40－1号，成产于2006年，原名是江升辉机电。本公司经营水泵、电机、风机、发电机、电焊机、柴油机等。谒诚欢迎新老客户光临！
地址：湖北省恩施市航空大道40－1号
……邮　编：445000
……法　人：江升辉
……Tel：0718－8285901
……Fax：0718－8285901

**武汉德高机械工业有限公司**
地址：湖北省武汉市东西湖区吴家山吴南里55号
……负责人：周敏
……Tel：13907118889

**长泰锻造有限公司**
地址：湖北省武汉市汉口硚口区额头湾工业园
……负责人：邓忠焱
……Tel：027－83892585
13707153038

**湖北省大冶市永力冶金机械制造有限公司**
业务：湖北省大冶市永力冶金机械制造有限公司2002年，从事冶金机械制造、加工、维修、安装。本公司历来以诚信为本。欢迎各界客户光临惠顾。
地址：湖北省大冶市金湖工业园
……邮　编：435102
……法　人：刘道奎
……Tel：0714－8045242
……Fax：0714－8045242

**天生机械设备配件加工有限公司**
地址：湖北省武汉市汉南区汉南大道322号
……负责人：丁峰
……Tel：027－84758979
13871301866

**武汉展威机电设备有限公司**
地址：湖北省武汉市汉阳区邓甲村丽湖花园东二号
……负责人：李祥光
……Tel：027－84816167

**湖北省石首市东方鑫鹏机械厂**
业务：本公司成立于1996年，主要生产食品机械。以质量求生存，以信誉求发展，竭诚欢迎新老客户来电洽谈业务！
地址：湖北省荆州市石首市笔架办事处东方街郭家路80号
……负责人：李良银……邮　编：434400
……法　人：李良银
……Tel：0716－7228163

**武汉恒星能源设备有限公司**
地址：湖北省武汉市汉阳区汉阳大道139号
……负责人：尹端
……Tel：027－59409128

**武汉翔晟机电设备有限公司**
地址：湖北省武汉市汉阳区汉阳大道468号
……负责人：邱新发
……Tel：027－84672490

**武汉同川特种设备制造有限公司**
地址：湖北省武汉市汉阳区琴断口米粮新村140号
……负责人：李青松
……Tel：027－62888687

**湖北省随州市钱乐模具有限责任公司**
业务：公司位于湖北随州市厉山镇创建于1994年，注册资金300万元，主要设计制作各种模具，生产汽车横梁总成，汽车门锁链等系列配件产品。公司拥有数控加工中心等先进设备，是一家从设计开发到生产销售的综合型企业。
地址：湖北省随州市厉山东镇钱乐公司
……邮　编：441309
……法　人：钱开启
……Tel：0722－4573234
……Fax：0722－4573234

**武汉康乐纯净水设备技术开发有限公司**
地址：湖北省武汉市汉阳区琴台路386号
……负责人：马默江
……Tel：13098831158

**武汉新瑞建筑机械设备有限公司**
地址：湖北省武汉市汉阳区永丰乡磨山村虾吧咀261号
……负责人：宋新娥
……Tel：13507104515

**武汉明科电气设备有限公司**
地址：湖北省武汉市洪山区关山二路虹景豪庭A座1201室
……负责人：刘永士
……Tel：13808667202

**湖北省小港石化设备有限公司**
业务：湖北省小港石化设备有限公司成立于1989年，主要从事石化设备制造，金属、五金、填料的生产销售。热诚欢迎各方客户来电洽谈业务，共同合作。
地址：湖北省洪湖市小港
……邮　编：433213
……法　人：陈泽林
……Tel：0716－2713199
……Fax：0716－2713388

**武汉博力瑞通机电设备有限责任公司**
地址：湖北省武汉市洪山区关山一路保利花园1栋1单元504
……负责人：冯军
……Tel：13971057074

**武汉银长鑫机电经营部**
地址：湖北省武汉市洪山区和平乡团结村王家墩61号
……负责人：丁琳莉
……Tel：027－51152333

**京山华中电力机械有限公司**
业务：京山华中电力机械有限公司成立于2006年，专业从事锅炉吹灰器的生产及销售，公司时刻加强企业管理，吸收国内外高新技术，研制开发新产品。公司的宗旨是：“以一流的质量，一流的信誉服务于客户。”全体员工本着不断进取，时刻追求完美的企业精神，与各界朋友共创辉煌。
地址：湖北省荆门市京山县雁门口镇雁鸣路
……负责人：郝新荣……邮　编：431819
……法　人：郝新荣
……Tel：0724－7594087
……Fax：0724－7594086

**武汉市伟华机电工程有限公司**
地址：湖北省武汉市洪山区建设乡群力村
……负责人：杨伟民
……Tel：13016498532

**武汉柏泰机电设备有限公司**
地址：湖北省武汉市洪山区珞瑜路333号东湖名居小区2－802
……负责人：张孝军
……Tel：13971637105

**京山天顺机电设备工贸有限公司**
业务：本公司成立于2003年，主要经营机电产品、钢材、润滑油、汽车配件。产品质量保证，价格合理，竭诚欢迎新老客户光临、惠顾！
地址：湖北省荆门市京山县新阳小区1栋1单元
……负责人：任东平……邮　编：431800
……法　人：任东平
……Tel：0724－7327861

**武汉威汉机电贸易有限责任公司江北分公司**
地址：湖北省武汉市黄陂区湖北省武汉盘龙城经济开发区特1号
……负责人：冯守明
……Tel：027－68841006

**武汉天宏桥涵钢模厂**
地址：湖北省武汉市黄陂区罗汉街
……负责人：吴宏恩
……Tel：027－61635398

**荆州市沙市塑料机械配件经营部**
业务：荆州市沙市塑料机械配件经营部成立于1997年，主要生产销售各种塑料机械。公司秉承“科技先导、以人为本、开拓创新、服务大众”的企业观念，以先进的技术和稳固的产品质量服务于广大客户，深得用户信赖。
地址：湖北省荆州市沙市区太师渊路143号
……邮　编：434000
……法　人：温端华
……Tel：0716－8238587
……Fax：0716－8218113

**武汉市正诚模具有限责任公司**
地址：湖北省武汉市江岸区六合路4号
……负责人：李陈

…… Tel:027－82722668

**武汉东科泰机电设备有限公司**
地址:湖北省武汉市江岸区三阳路128号三阳广场B1809室
…… 负责人:张可运
…… Tel:027－82742221

**罗田县永丰模具有限责任公司**
业务:本公司成立于2006年,主要加工砖机模具及配件,并可来样加工。竭诚欢迎广大客户来电洽谈业务!
地址:湖北省黄冈市罗田县凤山镇
…… 负责人:方祖华……邮　编:438600
…… 法　人:方祖华
…… Tel:0713－5058376

**武汉恒翔机电设备工程有限公司**
地址:湖北省武汉市江岸区三阳路太平街101－296号A座6层01号房
…… 负责人:夏高阳
…… Tel:027－82701178

**武汉西子石川岛停车设备工程有限公司**
地址:湖北省武汉市江岸区中山大道707号数码港八楼
…… 负责人:丁忠安
…… Tel:027－82810401

**铭涛化工设备安装工程有限责任公司**
业务:铭涛化工设备安装工程有限责任公司成立于2005年,现有员工200余人,技术力量雄厚,承接各类压力容器设备安装工程。公司本着"服务社会、追求完美、不断超越、与时俱进"的企业精神,不断向更好的方向发展。欢迎新老客户来电来人联系、咨询、洽谈。
地址:湖北省宜昌市西陵区沿江大道68号世纪欧洲城
…… 邮　编:443000
…… 法　人:唐宝
…… Tel:0717－3282678
…… Fax:0717－3282678

**武汉民和平机电设备有限责任公司**
地址:湖北省武汉市江汉区常青街金磊大厦3层C41室
…… 负责人:刘伟民
…… Tel:027－85617203

**武汉新普泰工程机械制造有限公司**
地址:湖北省武汉市江汉区常青路上牯牛洲特1号
…… 负责人:熊普恩
…… Tel:027－85874070

**武汉市瑞婕机械工程有限公司**
地址:湖北省武汉市江汉区马场角路105号
…… 负责人:刘耀
…… Tel:027－62867802

**蕲春德兴模具材料有限公司**
业务:蕲春德兴模具材料有限公司生产模具钢材、过滤网、耐火材料、铜板、铜坯、石英砂,您的满意我们的追求,欢迎新老客户来电洽谈业务!
地址:湖北省黄冈市蕲春县横车镇老街
…… 负责人:张远友……邮　编:435400
…… 法　人:张远友
…… Tel:0713－7647958

**武汉市力士液压设备有限公司**
地址:湖北省武汉市江汉区马场一路5号
…… 负责人:谢福昌
…… Tel:027－85601561

**武汉鼎业机械设备制造有限公司**
地址:湖北省武汉市江汉区民权路147号
…… 负责人:刘唤
…… Tel:027－85633266

**蕲春县芝麻山轴瓦有限责任公司**
业务:蕲春县芝麻山轴瓦有限责任公司由原湖北轴瓦厂改制而成。公司主要从事汽油机、柴油机、农用机械的轴瓦的生产和销售。欢迎广大客户前来洽谈业务,共同合作!
地址:湖北省黄冈市蕲春县漕河镇蕲阳北路102号
…… 邮　编:435300
…… 法　人:王超群
…… Tel:0713－7238508
…… Fax:0713－7238508

**湖北武汉银西轴承有限公司**
地址:湖北省武汉市江汉区民意一路86－3号
…… 负责人:游珠俤
…… Tel:027－85415321
13875021913

**武汉机械工艺研究所有限责任公司**
地址:湖北省武汉市江汉区民主街49号
…… 负责人:胡本炎
…… Tel:027－83941421

**十堰市红卫日月线切割加工部**
业务:十堰市红卫日月线切割加工部成立于1995年,承揽线切割加工各种模具零件、汽车零件。热忱欢迎新老客户光临。
地址:湖北省十堰市红卫车城西路263号
…… 邮　编:442000
…… 法　人:姚辉建
…… Tel:0719－8261001
8238251
…… Fax:0719－8238251

**武汉新银河星制冷设备有限公司**
地址:湖北省武汉市江汉区前进四路217号
…… 负责人:吴焱
…… Tel:027－85891086

**武汉市江汉区桥南五金商店**
地址:湖北省武汉市江汉区清芬三路56号
…… 负责人:周南桥
…… Tel:027－85662069

**天门市宏发铸造有限责任公司**
业务:矿热电炉调配各种铸造件加工件各种金属材料销售
地址:湖北省天门市竟陵前进路172号
…… 邮　编:431700
…… 法　人:王西堂
…… Tel:0728－5223975
…… Fax:0728－5223975

**武汉宏浩机械贸易有限公司**
地址:湖北省武汉市江汉区新华路139号凯盟大厦
…… 负责人:刘巧
…… Tel:027－85723146

**武汉华美通现代机电技术有限公司**
地址:湖北省武汉市江汉区新华下路133号1单元802号
…… 负责人:文晓东
…… Tel:027－61305086

**威龙泵业有限责任公司**
业务:威龙泵业有限责任公司成立于2000年,主要生产水环真空泵、立式长轴泵、离心泵等。我公司奉行"待人以诚,合作以信,服务以专,互利共赢"的企业信条,多年来为众多的用户提供了质优价廉的产品,博得了用户的一致好评和肯定。
地址:湖北省武汉市汉阳大道642号
…… 邮　编:430051
…… 法　人:杨志忠
…… Tel:027－84695536
…… Fax:027－84833827

**武汉新和诚汽车设备有限公司**
地址:湖北省武汉市江夏区庙山开发区庙山村
…… 负责人:吴连欢
…… Tel:027－83602707

**武汉超顺锅炉成套设备制造有限公司**
地址:湖北省武汉市江夏区庙山民营工业园
…… 负责人:李社洲
…… Tel:027－87655926

**武汉复兴液压成套设备有限公司**
业务:武汉复兴液压成套设备有限公司主要生产销售液压油缸、液压指挥系统。欢迎新老客户光临、惠顾!
地址:湖北省武汉市江汉区贺家墩村复兴五村156号
…… 负责人:陈凌……邮　编:430000
…… 法　人:陈凌
…… Tel:027－83526177
…… Mobile:13071212206

**武汉琦林机电设备有限公司**
地址:湖北省武汉市乔口区建设大道8号
…… 负责人:李志祥
…… Tel:027－83885046

**武汉内燃机厂**
地址:湖北省武汉市桥口区古田路67号
…… 负责人:车世平
…… Tel:027－83835798
13971479139

**武汉润驰机电设备有限公司**
业务:本公司主要经营:机电设备、金属材料、炉料的生产与销售。
地址:湖北省武汉市青山区红钢城12街34门1号
…… 邮　编:430080
…… 法　人:张前念
…… Tel:027－86334322
…… Fax:027－86334322

**武汉安捷机电设备有限公司**
地址:湖北省武汉市桥口区汉西路下双墩55号3栋2单元3－1号
…… 负责人:杨晶慧
…… Tel:027－85807839

**武汉倪明机电设备安装有限公司**
地址:湖北省武汉市青山区厂前路1号
…… 负责人:倪兵
…… Tel:027－86336562

**武汉市汉阳区江大机电维修服务部**
业务:本公司成立于1989年,拥有30多名员工。主要经营机电配件、机电维修服务。十多年来,以卓越的品质,优质的服务竭为广大新老客户服务。
地址:湖北省武汉市汉阳区翠微横路52号
…… 邮　编:430050
…… 法　人:王全文
…… Tel:027－84773861
…… Fax:027－84773861

**武汉诚远机电设备成套有限公司建材分公司**
地址:湖北省武汉市青山区红钢城101街坊
…… 负责人:秦金友
…… Tel:027－86841596

**武汉珩圣机械制造有限公司**
地址:湖北省武汉市青山区青王路57号
…… 负责人:曹珩
…… Tel:027－86805345

**武汉天灵工贸有限公司**
业务:本公司成立于2004年,主要经营五金交电。质量保证、信誉第一。欢迎新老客户光临惠顾!
地址:湖北省武汉市武昌区马蹄营41号怡博苑6－1－8－2号
…… 负责人:徐宜……邮　编:430000
…… 法　人:徐宜
…… Tel:027－86529425
88860495

**武汉启明鑫机械制造有限公司**
地址:湖北省武汉市武昌区白沙洲178号
…… 负责人:胡少青
…… Tel:027－88159739

**咸宁市宏达印刷物资有限公司**
业务:咸宁市宏达印刷物资有限公司成立于2000年,主要从事印刷设备的经营、印刷物资的销售,热诚欢迎各界朋友光临惠顾。
地址:湖北省咸宁市温泉交通路108号
…… 负责人:魏关义……邮　编:437100
…… 法　人:魏关义
…… Tel:0715－8273879

**武汉博诚机械工程有限公司**
地址:湖北省武汉市武昌区白沙洲堤后街416号
…… 负责人:周谟林
…… Tel:027－88868957

**咸宁市金缘五交化物资有限公司**
业务:本公司成立于2006年,经营五金交电、家用电器、消防器材、摩托车、水暖器材、机械配件、劳动保护用品、机械设备、电子产品、室内外装饰材料、纺织品、针织品、文具用品、体育用品、玩具、化工产品(不含危险化学品),欢迎来电洽谈业务!
地址:湖北省咸宁市咸安区永安怀德路178号
…… 负责人:汪光权……邮　编:437000
…… 法　人:汪光权
…… Tel:0715－8328741
…… Fax:0715－8348608

**湖北扬子江泵业有限责任公司武汉销售分公司**
地址:湖北省武汉市武昌区中北路158号
…… 负责人:刘毅钊
…… Tel:027－86783383

**武汉航天晨光机电销售有限公司**
地址:湖北省武汉市武昌区中北路24号龙源大厦A栋二单元18层5号房
…… 负责人:胡宁生
…… Tel:027－85412831

**襄樊明超机械制造有限公司**
业务:襄樊明超机械制造有限公司现有员工100余人,从事汽车零配件制造及销售。产品质理保证、价格合理,欢迎光临、惠顾。
地址:湖北省襄樊市襄城区隆中办事处花木店
…… 邮　编:441052
…… 法　人:伍继超
…… Tel:0710－3570568
…… Fax:0710－3563252

**武汉建丰机电有限责任公司**
地址:湖北省武汉市武昌区中山路515号
…… 负责人:贾雄峰
…… Tel:027－62913977

**襄樊市潘氏机电设备有限公司**
业务:襄樊市潘氏机电设备有限公司成立于2006年,主要经营五金、机电设备、机床工具等,产品齐全、价格合理,欢迎新老客户光临惠顾!
地址:湖北省襄樊市大庆东路24号
…… 负责人:潘昌太……邮　编:441000
…… 法　人:潘昌太
…… Tel:0710－3056458
3452406
…… Fax:0710－3059220

**枝江市科维机电设备厂**
业务:本厂成立于2005年,是引进美国先进技术专业生产医用敷料设备的厂家,产品主要有各种型号全自动纱布折叠机、纱布卷切割机、不折边产品折布机、铺棉机、二、四、六折折卷机、曲缩绷带机、挤片机、无纺布开口机、卷绕机、卷布机、上胶机、牙塞卷机、单片包装机、分切机、压片机、转向架等主、辅设备,无纺布床单机,产妇垫机。热忱欢迎广大客户来电洽谈业务!
地址:湖北省枝江市马家店镇迎宾大道76号
…… 负责人:孙玉华……邮　编:443200
…… 法　人:孙玉华
…… Tel:0717－4244777
4244333

**金穗粮油食品机械厂**
地址:湖北省咸宁市咸安区永安怀德路2号
…… 负责人:郭建忠
…… Tel:13367155519

**襄樊市松发水暖有限公司**
业务:本公司主要经营:五金工具,水暖器材,阀门,管材,管件,电力器材。热忱欢迎新老客户光临惠顾!
地址:湖北省襄樊市长虹路与建设路交汇处(物流所旁)
…… 负责人:姚华玉……邮　编:441000
…… 法　人:刘于芹
…… Tel:0710－3228311

**东达机械厂**
地址:湖北省襄樊市谷城县城关镇龙湾村一组
…… 负责人:石堂超
…… Tel:0710－7248720
13871653942

**襄樊新天鑫五金机电化工有限公司**
业务:本公司专业从事提供五金机电等产品经营管理服务的企业,是襄樊市首家经营进口五金机电的专业公司,专业为鄂西北地区各类工矿企业和基础建设工程提供产品服务.
地址:湖北省襄樊市邓城大道1号华中光彩大市场40幢16－17号
…… 负责人:康雪春……邮　编:441000
…… Tel:0710－3336319
3336329
…… Fax:0710－3336329
…… 网址:http://cn.sm160.com/Company/Home/1－000－0097－760.html
…… E-mail:kangxuechun@sohu.com

**蓝翔机械设备厂**
地址:湖北省宜昌市猇亭区商业街二巷32号
…… 负责人:唐源澜
…… Tel:0717－6511646
8682002

**襄樊天帆机电有限公司**
业务:本公司成立于2006年,主要从事电器柜设计生产销售、汽车零部件生产销售、钢结构制作安装。以质量求生存、以信誉求发展,竭诚欢迎广大客户来电洽谈业务!
地址:湖北省襄樊市人民西路198号
…… 负责人:刘厚旺……邮　编:441000
…… 法　人:刘厚旺
…… Tel:0710－3115388

## 湖北登峰高强螺栓有限公司

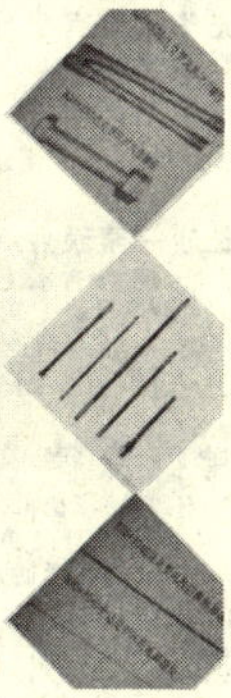

湖北登峰高强螺栓有限公司成立于1967年，本公司专业配套生产各类大中型柴油机高强螺栓、钢结构用高强螺栓连接副以及其它高强螺栓紧固件。我公司生产的各类柴油机连杆螺栓、主轴承螺栓、气缸盖螺栓、钢结构用大六角头及扭剪型螺栓连接副以及铁路螺栓、建机螺栓和风电、水电、核电用高强度螺栓等主导产品。

公司将始终坚持“质量第一，客户至上”的服务理念，热忱欢迎广大客户光临惠顾，同时以更高的信誉，更优的服务与新老客户携手合作，共谋发展，共创未来。

联系人：張潤華　13995983625

电话：0714-8636562
传真：0714-8634851　网址：www.hubeiqiangli.com.cn
地址：湖北省黄石市大冶市大冶大道73号　邮编：435100

## 京山县恒达铸造厂

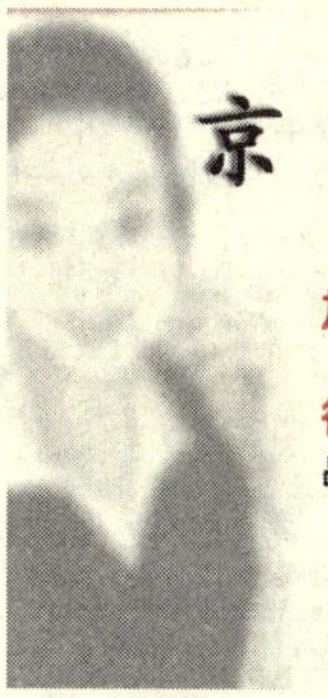

京山县恒达铸造厂创办于1982年，主要从事机械加工，汽车配件销售，有色金属铸造等。

我厂的宗旨是：以质量取得效益，以效率赢得市场，以诚信赢得顾客。为客户生产出优质的产品。真诚欢迎与您的合作！

电话：0724-7220908
联系人：雷旭春　13997942678
地址：湖北省荆州市京山县新市镇鸭山路23号　邮编：431800

## 湖北金恒机械有限公司

公司是在原国营企业经改制后创建的，继承原企业的全部市场和技术优势并具有更加灵活的管理体制和经营方式，主要从事捣炉机、开堵眼机、电极提升机、卷扬机、钢屑破碎机、卷管机、吹灰器、出铁小车等系列产品的开发、制造。集技术改造和服务于一体的冶炼设备的专业制造厂家。

公司产品全液压捣炉机的技术含量走在了同行业的前列。

网址：www.jinghengjixie.com

联系人：邓冰
电话：0724-7221289
传真：0724-7227248　13972883277　13329786388
地址：湖北省荆门市京山县新市机械工业园区　邮编：431800

## 十堰华昌达机电有限公司

十堰华昌达机电有限公司成立于2003年，是一家专业从事汽车自动化生产装备系统研发、设计、制造、安装，并提供升级、改造和维护保养服务的高新技术企业，先后为东风公司、郑州日产、湖南长丰、东风本田、上海大众等国内知名汽车厂家设计制造了具备一流技术与工艺的自动化生产系统。热诚欢迎各界朋友光临指导，携手合作，共创辉煌！

联系人：林孝武

电话、传真：0719-8231455　邮编：442004　网址：www.hchd.com.cn
地址：湖北省十堰市张湾区西城路31号　电子邮件：hchd@tom.com

## 黄石市军达机械有限公司

黄石市军达机械有限公司从事潜孔钻机生产销售。

本公司生产的产品突出质量管理，让顾客买得放心，用得安心。

联系人：柯政军　13117029776　电话：0714-6363308
地址：湖北省黄石市胡家湾345号　邮编：435000

## 武汉市硚口区洪明工程机械经营部

洪明工程机械经营部专营成工品牌装载机，集整机销售、配件零部件销售、安装及售后技术咨询服务为一体，主要供应的机型为：zl系列zl30、zl50等型号。

品种繁多，规格齐全，企业以质量第一，信誉至上为经营原则，以务实创新为企业精神，让我们精诚合作，互惠双赢，共谋发展！

联系人：黄代辉
电话：027-83983392　13871137607　传真：027-83880045
地址：湖北省武汉市硚口区建一路18-3号　邮编：430034

## 家家乐五金制品厂

家家乐五金制品厂成立于2004年。

主要经营不锈钢脸盆架、衣帽架等家用五金系列产品的制造及销售。

我们一直坚持质量第一，信誉第一的原则，并实行严格的内部管理制度。我们深信：客户永远是最好的。欢迎来电来函咨询。

联系人：代传和　13808698022
电话：027-84066888
传真：027-84066777
地址：湖北省汉川市西江乡家家乐五金制品厂　邮编：430070

## 襄樊汉博汽车轴承有限公司

襄樊汉博汽车轴承有限公司成立于2006年。

主要从事汽车轴承的生产与销售。

欢迎广大新老客户来电洽谈业务！

联系人：张国汉
电话：0710-3577695　13987133068

## 江陵县雄峰弹簧有限公司

本公司从事各种样式弹簧生产销售，产品有压缩弹簧、拉伸弹簧、扭转弹簧、涡卷弹簧、异形弹簧、其他弹簧类，欢迎新老客户来电来函洽谈业务！

联系人：唐天雄
电话：0716-4730020
地址：湖北省荆州市江陵县郝穴镇新跃村八组
邮编：434100

## 芝麻山轴瓦有限责任公司

芝麻山轴瓦有限责任公司成立于2003年，主要生产加工汽油机、柴油机、农用机的轴瓦。

我们秉承“顾客至上，锐意进取”的经营理念，坚持“客户第一”的原则为广大客户提供优质的服务。欢迎广大客户惠顾！

联系人：王超群
电话/传真：0713-7238508
邮编：435300
地址：湖北省黄冈市蕲春县蕲阳北路318号

## 湖南省/Huana Province

**迪威特焊接技术有限公司**
地址：湖南省长沙经济技术开发区开元鑫城1009号
负责人：邹湘衡
Tel：0731－84650708
13975887070

**枫树机械厂**
地址：湖南省长沙市长沙县麻林乡枫树村
负责人：陈文革
Tel：0731－86101407
13507454207

**中兴机械配件厂**
业务：中兴机械配件厂成立于1980年，多年业专业加工、销售鼓风机配件。规格齐全，质量保证，价格合理欢迎来电垂询！
地址：湖南省长沙市长沙县北山镇青田村
邮　编：410154
法　人：屈先武
Tel：0731－6770551
Fax：0731－6770295

**雄远冶金机械制造有限公司**
地址：湖南省长沙市芙蓉区东岸乡西垅村
负责人：周雄
Tel：0731－84680048
13908451328

**建林铸管经营部**
地址：湖南省长沙市芙蓉区东岸乡张公岭2组
负责人：刘建林
Tel：0731－84613211
13807490951

**长沙鑫龙电机附件厂**
业务：长沙鑫龙电机附件厂成立于2004年，位于湖南省长沙市长沙县路口镇。本厂有着多年电机附件生产经验，产品销往全国各地。质理保证、价格合理，欢迎广大顾客来电来信商谈。
地址：湖南省长沙市长沙县路口镇
邮　编：410143
法　人：彭长庚
Tel：0731－6170598
Fax：0731－6170598

**韩力液压机械经营部**
业务：专业从事各种进口、国产混凝土搅拌运输车、拖泵、泵车、车载泵液压泵、液压马达、减速机总成、配件与维修及减速机壳体修复。
地址：湖南省长沙市长沙县星沙镇中南汽车世界G32栋123号
负责人：罗学　　邮　编：410100
法　人：罗学
Tel：13874961792
0731－84088632

**煌星工具行**
地址：湖南省长沙市芙蓉区南湖五金机电市场8栋20号
负责人：文星杰
Tel：13507315499

**优品工具设备有限公司**
地址：湖南省长沙市芙蓉区南湖五金机电市场9栋5号
负责人：周冠仁
Tel：0731－82181649
13807483964

**湖南长沙格瑞电气自控成套设备厂**
业务：湖南长沙格瑞电气自控成套设备厂成立于2003年，主要从事水泵、风机、电加热及其它自动控制设备的设计与制造。"以质量求生存，以信誉求发展"，竭诚欢迎广大新老客户来我公司洽谈业务，共同合作！
地址：湖南省长沙市金贫岭广厦新村
负责人：黄永生　　邮　编：410002
法　人：黄永生
Tel：0731－5421058
Fax：0731－5421058

**长沙安宝丝网有限公司**
地址：湖南省长沙市芙蓉区三湘南湖五金机电水暖市场B8栋9－11号
负责人：付玉霞
Tel：0731－82207500
13308471199

**长沙中意机电贸易有限公司**
地址：湖南省长沙市芙蓉区五一东路7号A栋4503号
负责人：石震宇
Tel：13317486268

**湖南省紫继超速机械有限公司**
业务：湖南省紫继超速机械有限公司是专业设计制造制冷机组及大型中央空调、表面处理电镀、涂装、热处理设备冷却系统的实业公司，公司拥有30多种新产品，已广泛应用于我国航空、航天、兵器、电子、交通、冶炼、铝箔、热镀锌、化工、医药、食品等行业。
地址：湖南省长沙市开福区四方坪98号时代先锋A栋A座2301号
邮　编：410012
法　人：杜文生
Tel：0731－4834581
4834583
Fax：0731－4834582
网址：www.zijics.com

**长沙森宇机电贸易有限公司**
地址：湖南省长沙市芙蓉区杨家山东方之珠商住大厦428房
负责人：肖岚
Tel：0731－84697389

**兴达机电服务部**
地址：湖南省长沙市桂花路385号（铁路东站内）
负责人：贾仕
Tel：0731－82610436
13308494518

**湖南省量具工业公司**
业务：湖南省量具工业公司成立于1979年，主要生产大型装配平台、平板平尺、方箱、V型架、防震垫铁等量具系列产品。热诚欢迎新老客户惠顾。
地址：湖南省长沙市宁乡县巷子口
邮　编：410629
法　人：陈基良
Tel：0731－7300268
7300051
Fax：0731－7300492

**华杰医疗器械有限公司**
地址：湖南省长沙市开福区芙蓉路海东青大厦1802房
负责人：周经理
Tel：0731－84315218
13308413688
13170410451

**长沙市雨花区中沅工程机械配件经营部**
业务：代理中联重科汽车起重机、履带式起重机等工程机械配件
地址：湖南省长沙市雨花区芙蓉南路3段613号
负责人：张笑直　　邮　编：410000
法　人：闪保健
Tel：0731－4671500
4671505
4876256

**长沙奥林斯特机电设备有限公司**
地址：湖南省长沙市芙蓉区芙蓉中路一段119号长泰大厦2004房
负责人：刘东红
Tel：0731－82891088

**浏阳市五星农业机械有限公司**
地址：湖南省长沙市浏阳市金沙南路117号
负责人：许秋生
Tel：0731－83670167

**长沙市华中工业风机厂**
业务：长沙市华中工业风机厂从事工业风机的生产及销售。生产的产品共有四十多个系列、五百多种规格，广泛应用于机械、电力、化工、铸造、煤炭、建材、粮食、轻工、环保等各种行业。产品畅销国内外，深受用户的信赖，在市场上树立了良好的"华中"品牌信誉。我厂全体员工将以不断进取、不懈努力的姿态，为广大用户提供满意的产品和周到的服务。
地址：湖南省长沙市跳马石燕铺工业区
邮　编：410123
法　人：陈四海
Tel：0731－6963628
Fax：0731－6963668

**天塘阀门销售有限公司**
地址：湖南省长沙市马王堆滩头坪火炬4片39栋西3门301室
负责人：周德亮
Tel：0731－82184844
13808422000

**深圳市红门机电设备有限公司湖南办事处**
地址：湖南省长沙市南湖市场海威大厦117号
负责人：张水彬
Tel：0731－2191212
2191211

**金明通用机械厂**
地址：湖南省长沙市宁乡县玉潭镇东纬路68号
负责人：田金明
Tel：0731－87826953
13907490310

**常德喷锚机械厂**
业务：本厂是专业生产混凝土，矿山洗选，物料输送等机械设备。主要产品有HPZU、HP、HPZ型系列混凝土喷射机，JQ系列强制式搅拌机，XJ系列浮选机，FG系列螺旋分级机，GX、LS系列螺旋输送机，TD系列胶带输送机，QBG系列轻型板式给料机等七个系列几十个品种。欢迎新老客户惠顾，洽谈业务，共同合作。
地址：湖南省常德市德山东沿路21号
邮　编：415001
法　人：唐建军
Tel：0736－7310328
7312360
Fax：0736－7312360
网址：www.pmjxc.com

**宁乡县振翅机械厂**
地址：湖南省长沙市宁乡县玉潭镇一环路
负责人：李才能
Tel：13787035930

**光华机电有限公司**
地址：湖南省长沙市三湘五金水暖市场D6栋3号
负责人：屈门榻
Tel：0731－82207387
13974869415

**长沙一泵泵业有限公司**
地址：湖南省长沙市天心区芙蓉中路3段409号
负责人：芦新华
Tel：0731－85230929
13507311844

**常德深德液压气动有限公司**
业务：常德深德液压气动有限公司成立于2000年，主要从事液压气动及机械配件的生产销售。竭诚欢迎新老客户来电来人洽谈业务。
地址：湖南省常德市青年路面条厂对门
邮　编：415000
法　人：李建国
Tel：0736－7952559
Fax：0736－7952559

**郴州市宏桥铸造设备厂**
业务：铜铸造，生铁铸造，收购各种旧机械设备
地址：湖南省郴州市万华岩镇郴贵高速公路收费站往贵阳方向50米
负责人：雷跃宏　　邮　编：423000
法　人：雷跃宏
Tel：13973527517
0735－2798016

**康健科学仪器有限公司**
地址：湖南省长沙市天心区西湖路33号鸿信大厦北幢A1601室
负责人：李春江
Tel：0731－85154176
85123872
13973133621

**望城县华安机械设备厂**
地址：湖南省长沙市望城县丁字镇双桥村11号
负责人：谢国强
Tel：0731－88406084

**长沙麓山电焊条厂**
地址：湖南省长沙市望城县高塘岭镇白芙塘
负责人：朱金刚
Tel：0731－88080168

**郴州大锋设备制安有限公司**
业务：各类化工、冶金，矿山通用设备制造，非标设备制作、安装，大型汽车吊吊装，机械设备及配件加工，塑料设备制作安装，电气仪表安装及防腐保温等。
地址：湖南省郴州市工业大道60号
邮　编：423000
法　人：喻炳高
Tel：0735－2832563
Mobile：13907359160
Fax：0735－2832563

**麦克机电进出口有限公司**
地址：湖南省长沙市五一大道98号五楼
负责人：李跃辉
Tel：0731－82285427
82282578
13808456634

**长沙雨花区亚成机电服务有限公司**
地址：湖南省长沙市杨家山宏达花园5－5幢107室
负责人：刘亚成
Tel：0731－85015796
13974872073

**长沙市湘林刀锯钢带有限公司**
地址：湖南省长沙市雨花区（湖南雨花五金机电市场C区9栋101号门面）
负责人：文春林
Tel：0731－85017939

**湖南郴州大锋设备制安有限公司**
业务：湖南郴州大锋设备制安有限公司创建于1993年，专业从事化工设备、矿山设备制作、安装的厂家。热忱欢迎新老朋友垂询！
地址：湖南省郴州市工业大道60号
邮　编：423000
法　人：喻炳高
Tel：0735－2832563
Fax：0735－2832563

**长沙市新长起重机械有限责任公司**
地址：湖南省长沙市雨花区（雨花五金机电大市场A区9栋110号）
负责人：夏德磊
Tel：0731－85017856

**长沙郑禹机电贸易有限公司**
地址：湖南省长沙市雨花区长沙市雨花五金机电市场B区4栋110号门面
负责人：武仙梅
Tel：0731－85656817

**郴州金箭焊料有限公司**
业务：郴州金箭焊料有限公司成立于1997年，专业研发、制造、销售"金箭"牌无铅焊料、无铅焊膏、无铅助焊剂等系列产品。产品畅销全国，并出口到欧洲、美国、韩国、香港等国家和地区。
地址：湖南省郴州市经济技术开发区科技工业园
邮　编：423000
法　人：邓永红
Tel：0769－86269688
0735－2184929
Fax：0769－87792937
0735－2184939

**金属包装厂**
业务：订制与销售货车车厢
产品：货车车厢
地址：湖南省吉首市大田湾大田村（金属包装厂内）
负责人：吴亚军　　邮　编：416000
法　人：吴亚军
Tel：13974315432
13085453633

**国庆化工机械配件经营部**
地址：湖南省长沙市雨花区洞井商贸城12区4号
负责人：李国庆
Tel：0731－85052222
13908458058

**长沙市海印机电设备有限公司**
地址：湖南省长沙市雨花区劳动东路177号3栋402房
负责人：廖其戈
Tel：0731－85459123

**衡阳市明信工程机械有限公司**
业务：衡阳市明信工程机械有限公司成立于2004年，从事工程机械产品（起重装载机、挖掘机、压路机）及配件的零售、机械维修。"一切为了用户，一切源于创新"是我公司的经营方针。本公司将一如继往地以优质的产品质量、诚实守信的服务为广大新老用户提供更新、更好的产品和服务。欢迎新老朋友与我公司携手发展，共创美好未来。
地址：湖南省衡阳市石鼓区松木乡外环路口
邮　编：421001
法　人：刘超
Tel：0734－8524156
Fax：0734－8524156

**长沙弘达工程机械设备租赁有限公司**
地址：湖南省长沙市雨花区南大路明珠大楼5楼
负责人：张荃
Tel：0731－82822065

**华联机电维修部**
地址：湖南省长沙市雨花区五金机电大市场A区14栋117号
负责人：卜森林
Tel：0731－85017583
13607447452

**长沙信德工程机械有限公司**
地址：湖南省长沙市雨花区新中路口008栋（南二环二段12号）
负责人：陈越球
Tel：0731－85013802

**衡阳市变压器制造厂**
业务：衡阳市变压器制造厂是一家专业生产电力变压器的厂家。工厂产品畅销全国各地，以"一流的技术，一流的产品，一流的服务"为宗旨，竭诚为用户的需要尽心尽力。
地址：湖南省衡阳市雁峰区白沙洲工业园
邮　编：421001
法　人：余汉生
Tel：0734－8401717
Fax：0734－8491534

**国庆机械厂**
地址：湖南省长沙市岳麓区麓山南路134号
负责人：王琦
Tel：0731－88851384
13908478736

**飞腾机电新技术实业有限公司**
地址：湖南省长沙市岳麓区潇湘大道岳麓山国家大学科技园F1058
负责人：俞全明
Tel：13973187718

**湖南长沙联兴铸造有限公司**
地址：湖南省长沙县黄花镇大路村
负责人：王汉春
Tel：13507412455

**龙山县里耶建平五金工具配件总汇**
业务：五金、电器、工具配件、化工
地址：湖南省吉首市龙山县里耶镇长沙街
负责人：何建平　　邮　编：416000
法　人：何建平
Tel：15874387676
0743－6614118

**衡阳市新兴运输机械有限公司**
业务：衡阳市新兴运输机械有限公司主要生产TD75型固定式带式输送机，DJ型波状挡边大倾角带式输送机，DY移动式胶带机，LS型、GX型螺旋输送机。我公司提供成套设备的同时为了满足用户的需要，同时提供各种运输机械配件。
地址：湖南省衡阳市雁峰区芝麻塘1号
邮　编：421008
法　人：刘弟新
Tel：0734－8413179
Fax：0734－8470509

**德山五一机械制造有限责任公司**

地址：湖南省常德市德山镇五一工业园
负责人：陈锡彪
Tel：0736－7306666
13507366170

**常德市鼎城区建国金具厂**
地址：湖南省常德市鼎城区武陵镇鼎城路
负责人：黄建国
Tel：0736－7390955
13508411191

**子玺精密铸业有限公司废旧物资分公司**
地址：湖南省常德市临澧县九里乡泉水村
负责人：乔光玉
Tel：0736－5683288
13807425109

## 醴陵市四达轻工机械制造有限公司
业务：本公司成立于 2003 年，拥有 100 多名员工，主要经营机械加工。
地址：湖南省醴陵市大桥北路 1 号
邮　编：412200
法　人：邬云俊
Tel：0733－3239868
Fax：0733－3239868

**明慧科仪工贸有限公司**
地址：湖南省常德市人民西路 203 号（五中旁）
负责人：管代清
Tel：0736－7282908
13007367989

**桃源县四通机械厂**
地址：湖南省常德市桃源县漳江镇尧河
负责人：刘志勇
Tel：13974231155

**肉联机械厂**
地址：湖南省常德市武陵区德山仙桥路 32 号
负责人：孙孝泽
Tel：0736－7310227
13973650181

## 涟源市双荣机械厂
业务：涟源市双荣机械厂主要从事于矿山机械设备生产、矿灯等电器生产。欢迎新老客户光临、惠顾！
地址：湖南省涟源市芙蓉北路（芙蓉广场向北 2 公里）
负责人：易荣东　邮　编：417100
法　人：易荣东
Tel：0738－4852808
Mobile：13875402498

**东鼎动力机械有限公司**
地址：湖南省常德市武陵区河伏镇工业区
负责人：高克松
Tel：0736－7078999
7079507
13575220888

## 耒阳市雄辉批零部
业务：五金批发和零售
地址：湖南省耒阳市德泰隆路
负责人：刘冬芽　邮　编：421800
法　人：刘冬芽
Tel：0734－4320386

**环宇焊接设备维修中心**
地址：湖南省常德市武陵区宅果路中房公司 46 号门面
负责人：刘美林
Tel：13974268648

**湖南省嘉禾县袁家镇舒播铸造厂**
地址：湖南省郴州市嘉禾县袁家镇
负责人：肖顺东
Tel：0735－6667116
6724116

## 湖南省星龙机械有限责任公司第七分公司
业务：我公司从事土砂石开采业、大理石加工，碎石加工及劳务加工等. 我们将以高品位的质量，良好的服务，优惠的价格及时为您提供所需产品、欢迎来电洽谈。
地址：湖南省娄底市娄星区大科乡三元村
负责人：皮用斌　邮　编：417000
Tel：0738－8816057

**金锚矿山机械有限公司**
地址：湖南省郴州市下湄桥（郴嘉铁路管理处内）
负责人：张柳泰
Tel：0735－2820430
13017351742

**郴州宏达地矿机械有限公司**
地址：湖南省郴州市下湄桥工业大道 11 号
负责人：兰民全
Tel：0735－2836296

**常宁市众鑫机械有限公司**
地址：湖南省衡阳市常宁市宜阳镇南市村
负责人：张华军
Tel：0734－7242536

## 娄兴工贸有限公司
业务：娄兴工贸有限公司成立于 2003 年，从事机电加工、制造；销售机电产品，产品畅销全国各地，深得用户的信赖和欢迎。我们深信："专业、诚信、务实、创新"是我们所能带给用户的最有价值的东西。本着这种精神，恒佳公司正一天天稳步的向前发展。我们热忱欢迎与您合作，愿我们携起手来，共创辉煌前程！
地址：湖南省娄底市青山娄兴北路
邮　编：417000
法　人：邓楚齐
Tel：0738－8650992
Mobile：13907380864
Fax：0738－8650992

## 邵东县仙槎桥镇名扬五金工具店
业务：五金工具经营、钳子生产
地址：湖南省邵阳市邵东县仙槎桥镇荷吕村 240 号
负责人：李杨民　邮　编：422000
法　人：李杨民
Tel：0739－2222228
2777898

**锱晟机械制造有限公司**
地址：湖南省衡阳市衡南县向阳镇白杨路 26＃
负责人：黄启修
Tel：0734－8746456
13603093505
13875711137

**福安市闽东革新电机有限公司驻衡经销处**
地址：湖南省衡阳市石鼓区中湘五金机电大市场 16 栋 19 号
负责人：饶蓓健
Tel：0734－8589152

**鸿峰机电设备有限公司**
地址：湖南省衡阳市雁城路 17 号
负责人：李文文
Tel：0734－8291055
13875683870

## 长沙方圆冶金设备有限公司
业务：本公司成立于 1998 年，现有 50 多名员工。主要经营冶金机械制作加工及金属材料销售。"方圆冶金、争创一流"
地址：湖南省宁乡县夏托铺工业园
邮　编：410600
法　人：蔡跃武
Tel：0731－7950937
Fax：0731－7953138

**恒升机械加工厂**
地址：湖南省衡阳市雁峰区白沙洲香江村五队（香江小学旁边）
负责人：刘洲杞
Tel：0734－8499053
13575128561

**衡阳鼎鑫机电设备配件有限公司**
地址：湖南省衡阳市雁峰区黄白路 128 号
负责人：刘彦红
Tel：13973406430

**衡阳市南雁锅炉有限公司**
地址：湖南省衡阳市雁峰区南三角线 56 号
负责人：夏和平
Tel：13707343634

## 湘潭鑫强通用机械制造有限公司
业务：机械制造、锻造
地址：湖南省湘潭市郊荷塘乡清水村铁铺组
负责人：张长林　邮　编：411100
法　人：张长林
Tel：0731－55582798
13257328688
Fax：0731－55582798

## 湖南省邵阳市北塔电机配件有限公司
业务：湖南省邵阳市北塔电机配件有限公司主营产品有：电机绝缘材料、y 系列、y2 系列、螺母套、ycp 系列、水轮发电机、密封件、接线板、连接片、磁极托板、2715 漆管、硅胶管、风叶、轴套、绑扎带等。欢迎新老客户惠顾，共创财富！
地址：湖南省邵阳市北塔区状元洲槐树村
邮　编：422000
法　人：罗益堂
Tel：0739－5620999
5622588
Fax：0739－5622127

**衡阳市雁峰鸿昌精机设备厂**
地址：湖南省衡阳市雁峰区奇峰村部
负责人：谭运桂
Tel：0734－8400165

**双雁拖拉机改装厂**
地址：湖南省衡阳市雁峰区湘江乡塑田村
负责人：王泽霞
Tel：13317348719

**鑫诚和重型机械设备制造有限公司**
地址：湖南省衡阳市珠晖区东风路 125 号
负责人：刘良栋
Tel：0734－8349168
13707344528

## 邵东县中南锻压工具制造有限公司
业务：邵东县中南锻压工具制造有限公司成立于 1989 年，从事五金工具（梅花扳手、呆头扳手）的生产及销售。公司宗旨"诚信为本，用户至上"，热忱欢迎海内外新老朋友惠顾。
地址：湖南省邵阳市邵东县魏家桥乡包留村
邮　编：422802
法　人：张志华
Tel：0739－2700690
Fax：0739－2700690

## 湘潭市雨湖区能立机械电器加工厂
业务：生产、加工和销售电器、机械设备
产品：取暖器、机械设备
地址：湖南省湘潭市雨湖区先锋乡中心村
负责人：刘大伦　邮　编：411100
法　人：刘大伦
Tel：13107221427

**衡阳衡冶重机特种焊接工程有限公司**
地址：湖南省衡阳市珠晖区东风路 1 号
负责人：刘改
Tel：0734－8352346

**衡阳金象锅炉有限公司**
地址：湖南省衡阳市珠晖区东阳渡七一 0 厂内
负责人：曾小芳
Tel：13975426353

**衡阳市富特机械设备有限公司**
地址：湖南省衡阳市珠晖区凤凰村 74 号
负责人：唐邵平
Tel：0734－8320049

## 邵东县仙槎桥镇兴鑫工具厂
业务：本公司成立于 1996 年，主要以活动扳手锂鱼钳为主。本着"质量第一，信誉至上"的宗旨，热忱欢迎新老朋友光临指导，共创更加灿烂辉煌的明天！
地址：湖南省邵阳市邵东县仙槎桥镇邵仙南路 14 号
负责人：刘兴和　邮　编：422804
法　人：刘兴和
Tel：0739－2776429
Fax：0739－2778868
网址：www.xingxintools.cn.alibaba.com
E-mail：yangxiaoyun818@yahoo.com.cn

**衡阳五環冶金重型机械设备制造有限公司**
地址：湖南省衡阳市珠晖区苏洲湾 25 号
负责人：刘建华
Tel：0734－8349168

**华意机械有限公司**
地址：湖南省衡阳市珠晖区粤新路 5 号
负责人：阎胜永
Tel：0734－8374136
13873402899

**湘维有限公司化工机械厂**
地址：湖南省怀化市江口镇
负责人：余善福
Tel：0745－3587095
13973095596

## 邵阳市邵东县兴鑫工具厂
业务：邵阳市邵东县兴鑫工具厂始建于 2002 年，座落在享誉国内外的"五金之乡"——仙槎桥，与省城 200 公里高速公路相连，交通方便。现以活动扳手锂鱼钳为主，附产市场相关的手工工具，是多家出口单位理想的生产基地。在不断扩大发展的市声竞争中我们坚持以诚信为本同，热忱欢迎新老朋友光临指导，共创更加灿烂辉煌的明天。
地址：湖南省邵阳市邵东县仙槎桥镇元塘村
邮　编：422804
法　人：刘兴和
Tel：0739－2776429
Fax：0739－2778868

## 新田精艺铸造业有限公司
业务：铸造
产品：锻压机械
地址：湖南省永州市新田县龙泉镇工业小区陶然路
负责人：周芳华　邮　编：425700
法　人：周芳华
Tel：13787613753
0746－47115219

**利群机械厂**
地址：湖南省涟源市石马山镇新城南路 150 号
负责人：周群香
Tel：13973887532

**娄底市圣镱炉料有限公司**
地址：湖南省娄底市娄星区春园北路
负责人：李国良
Tel：13907381085

**湖南娄底子午工业有限公司**
地址：湖南省娄底市娄星区涟滨东街清潭
负责人：许子木
Tel：0738－8227853

## 福源金属材料有限公司
业务：福源金属材料有限公司成立于 2003 年，主要从事钢材回收，对回收后的废钢、废铁进行加工利用，治炼成钢材，后加工成螺纹钢、园钢、方钢等钢材。
地址：湖南省邵阳市双清区火车乡栗山工业区 320 国道 1349 公里处
邮　编：422001
法　人：李国庆
Tel：0739－5282088
Fax：0739－5280229

**正鑫铸造有限责任公司**
地址：湖南省娄底市双峰县三塘铺镇东方村
负责人：朱珑华
Tel：0738－6622248
13973806201

**富源建筑机械设备租赁有限公司**
地址：湖南省娄底市物资局 103 仓库（火车站附近）
负责人：刘助美
Tel：0738－8363789
13907388789

**方圆冶金机械有限公司**
地址：湖南省宁乡县玉谭镇花明路
负责人：蔡跃武
Tel：13874975258

## 湖南省邵阳市安达水电设备制造有限责任公司
业务：湖南省邵阳市安达水电设备制造有限责任公司成立于 2003 年，现有员工 120 余人，从事冲机式、斜机式、混流式水电设备制造。欢迎来电垂询。
地址：湖南省邵阳市五里牌
邮　编：422300
法　人：尹显安
Tel：0739－2317533
Fax：0739－5103099

## 邵东县周官桥奥旺五金加工厂
业务：生产各种规格的钢球钢锻，配重船厂用的，车辆厂用的铁丸，钢球钢锻用于水泥厂和有色金属如铅锌矿球磨所用
产品：钢球钢锻，车辆厂用的铁丸
地址：湖南市邵阳市邵东县周官桥乡文公祠村
负责人：李利生　邮　编：422808
法　人：李利生
Tel：13973918478
0739－2142838

**闽隆空压机经营部**
地址：湖南省邵阳市隆回县桃洪镇横江村
负责人：刘金枝
Tel：0739－8235459
13707398480

**华伟五金工具有限公司**
地址：湖南省邵阳市邵东县黄陂桥乡工业小区
负责人：刘刚成
Tel：0739－2617969
13907392032

**正大贸易有限公司**
地址：湖南省邵阳市邵东县两市镇家电城二路 49 号
负责人：李福林
Tel：0739－2622110
13973990000

## 湘潭湘机轻工机电厂
业务：我厂是专业维修各类进口、国产大中型交/直流电机以及生产制造电机配件的厂家，主要产品有电机定/转子线圈、电机槽器、接头、集电环、刷架等。我们始终坚持质量为本、客户第一的原则，为各位用户提供优质的产品，欢迎各位朋友前来指导联系。
地址：湖南省湘潭市岳塘区电工北路 53 号
负责人：皮宪君　邮　编：411101
法　人：李宇飞
Tel：0732－8610980
Fax：0732－8610980

**第三工业水泵厂**
地址：湖南省邵阳市邵东县灵官殿镇山竹村
负责人：罗得元
Tel：0739－2789448
13607473579

**新邵县兴旺铸造厂**
地址：湖南省邵阳市新邵县雀塘镇雀塘村
负责人：潘国亮
Tel：13874265028

**武冈市勒石铸钢厂**
地址：湖南省武冈市司马冲勒石村 13 组
负责人：王位品
Tel：0739－4300423
13973585428

## 湖南省新化县新洋电炉配件铸造厂
业务：湖南省新化县新洋电炉配件铸造厂成立于 2006 年，专业从事电炉配件铸件，欢迎来电洽谈业务。
地址：湖南省新化县洋溪镇古塘村
负责人：曾志华　邮　编：417628
法　人：曾志华
Tel：0738－3828336
网址：www.mtw30103.chinapyp.com

**满中轴承经营部**
地址：湖南省湘潭市建设路口河东大道新坡塘一栋一楼四号门面
负责人：俞满中
Tel：0731－52519336
13875207991

**水泵机电经营部**
地址：湖南省湘潭市韶山西路昭潭服装厂 5 号门面
负责人：胡新光
Tel：0731－52324642
13517325067

**湘潭正凯机械制造有限公司**
地址：湖南省湘潭市雨湖区车站路货场巷 5 号
负责人：邱承英
Tel：13007317312

## 益阳市圆锥齿轮制造有限公司
业务：益阳市圆锥齿轮制造有限公司成立于 2003 年，从事齿轮、农机配件、机械产品、

轴承产品制造、销售。欢迎新老客户光临、洽谈业务。
地址：湖南省益阳市龙州路1号
邮　编：413000
法　人：易立军
Tel：0737－4219364
Fax：0737－4245978

**桐梓机械配件制造厂**
地址：湖南省湘潭市雨湖区先峰乡桐梓村
负责人：石海斌
Tel：0731－58270807
13507320247

**湘潭汉民模具有限公司**
地址：湖南省湘潭市岳塘区下摄司街
负责人：殷岚
Tel：13308471608

**新研铁合金加工厂**
地址：湖南省湘潭湘乡市人民乡城103区2栋15号
负责人：谭启文
Tel：0731－56783998
13973219460

## 永州市西北变压器有限责任公司
业务：永州市西北变压器有限责任公司（原湖南省祁阳变压器）创建于1972年，是一家省电力公司定点生产配电变压器专业厂家，目前拥有固定资产580万元，年产值1800万元，主要生产和销售电力变压器、电炉变压器、干式变压器及输变电配套设备，兼营电机电器维修线路器材，其产品性能优良，质量可靠，价格合理，售后服务热忱，深受广大用户欢迎。
地址：湖南省永州市冷水滩区长安路5号
邮　编：425100
法　人：李北方
Tel：0746－8442950
Fax：0746－8440578

**保靖宏业铁合金厂**
地址：湖南省湘西土家族苗族自治州保靖县复兴镇复兴村
负责人：邱金先
Tel：13574388649

**益阳赫山链条制造有限公司**
地址：湖南省益阳市赫山区秀峰路10号（原湖南链条厂）
负责人：彭万程
Tel：0737－4207727

## 永州湘南机动车销售有限公司
业务：本公司成立于2007年，主要以机动车销售为主。欢迎广大新老客户光临惠顾！
地址：湖南省永州市芝山区零陵大道市机动车检测中心北侧
负责人：谢三定……邮　编：425000
法　人：谢三定
Tel：0746－6368758
网址：mtw25060

**桃江县正茂铸造有限公司**
地址：湖南省益阳市桃江县灰山港
负责人：魏红艳
Tel：0737－8117353

**桃江县鸿达机械科技开发有限公司**
地址：湖南省益阳市桃江县建设东路17号
负责人：殷定红
Tel：0737－8217697

## 湖南省沅江市轴承座厂
业务：本厂主要生产15系列，16系列轴承座和部分型号外球面轴承座，并定做各种异型轴承座。产品销往全国10多个省市，并有一定数量出口。
地址：湖南省沅江市三眼塘镇南路街58号
邮　编：413101
法　人：黄明辉
Tel：0737－2958182
2958183
Fax：0737－2958182
网址：www.hnzc.chinapyp.com

**湖南宇华工业器材有限公司**
地址：湖南省益阳市资阳区长春工业园资阳路3号
负责人：胡小辉
Tel：0737－3802777

**环卫机械厂**
地址：湖南省永州市冷水滩区凤凰北路（凤凰园交警大队对面）
负责人：秦锦国
Tel：0746－8225288
13973490096

## 湖南沅江宇环实业有限公司
业务：湖南沅江宇环实业有限公司成立于1997年，从事数控机床的制造。欢迎广大客户来电来涵洽谈业务。
地址：湖南省沅江市石矶湖大桥路12号
邮　编：413100
法　人：许世雄
Tel：0737－2721348
Fax：0737－2720063

**岳阳维尔机械有限公司**
地址：湖南省岳阳市洞庭苎麻纺织印染厂内
负责人：汤五星
Tel：0730－8780461

**龙发机械铸造加工厂**
地址：湖南省岳阳市汨罗市汨罗镇
负责人：郭伯仲
Tel：13808401502

**华容水泵厂**
地址：湖南省岳阳市华容县城关镇靖状元街117号
负责人：刘格慧
Tel：0730－4102954
13874062266

## 汨罗市环保设备制造总公司
业务：本公司成立于89年，现有400多人。主要经营：高效拓流除尘剂。
地址：湖南省岳阳市汨罗市大震北路2号乡政企业局3楼
邮　编：414400
法　人：吴实培
Tel：0730－5242555
5222761
Fax：0730－5242555

**凌峰燃烧机器有限公司**
地址：湖南省岳阳市岳阳楼区梅溪乡
负责人：陈震
Tel：13637301114

**华立阀门电机经营部**
地址：湖南省岳阳市岳阳楼区五里牌工业品大市场C栋1号
负责人：蔡良才
Tel：0730－8246198
13873000587

**株洲德力龙机电有限公司**
地址：湖南省株洲市荷塘区汽车城C区2栋1号、31号
负责人：谭子洲
Tel：13973375866

## 兴农机械有限公司
业务：兴农机械有限公司成立于2003年，主要生产小型履带式收割机。我们本着“质量第一，信誉为本”的理念，一如既往地竭诚为广大用户服务！
地址：湖南省岳阳市湘阴县西林乡西林港
邮　编：414600
法　人：龙启发
Tel：0730－2870428
Fax：0730－2870428

**荷塘区天工机械厂**
地址：湖南省株洲市荷塘区整流器厂院内
负责人：杨长清
Tel：0731－22461164
13786371379

## 攸县云峰机械制造总厂
业务：攸县云峰机械制造总厂从事于铸造件，农用机械及配件加工。欢迎新老客户光临、惠顾！
地址：湖南省株洲市攸县皇图岭镇火车站侧
负责人：彭政……邮　编：412309
法　人：彭云伟
Tel：0733－4881077
网址：www.mtw27049.chinapyp.com

**明峰实业有限公司**
地址：湖南省株洲市建设北路100号
负责人：刘亮明
Tel：0731－28330618
13908435079

## 岳阳市华立阀门电机经营部
业务：岳阳市华立阀门电机经营部成立于2000年，主要经营各种高、中压阀门及管件。欢迎新老客户来电来涵洽谈业务！
地址：湖南省岳阳市岳阳楼区五里牌工业品大市场C栋1号
邮　编：414000
法　人：蔡良才
Tel：0730－8246198
Fax：0730－8246198

**株洲市步先机械制造有限公司**
地址：湖南省株洲市芦淞区曲尺乡谭家段村王家冲
负责人：殷五满
Tel：0731－28283349

## 攸县湘化机金属结构制造公司
业务：攸县湘化机金属结构制造公司专业从事金属机械加工、销售；为生产性企业的机械产品油漆防腐服务，热诚欢迎新老客户光临惠顾！
地址：湖南省株洲市攸县城关镇化机路74号
负责人：夏笃庆……邮　编：423000
法　人：夏笃庆
Tel：0733－4239106

**株洲华宏机械制造有限公司**
地址：湖南省株洲市芦淞区株董路25号
负责人：易彦
Tel：0731－22655705

## 湖南株洲市九州四维实业有限公司
业务：我公司生产各种精密齿轮、花键轴、变速箱等、欢迎新老客户来电洽谈业务！
地址：湖南省株洲市荷塘区戴家岭
负责人：田秋武……邮　编：412003
Tel：0733－8403167
8781012
Fax：0733－8781000
网址：www.zz－chinaswell.com
E-mail：0733zzcs@zz－chinaswell.com

**同心电焊机制造有限公司**
地址：湖南省株洲市石峰区果园小区旁
负责人：彭超峰
Tel：0731－28630871
28630892
13975304132

## 湖南省工业设备安装公司物资租赁分公司
业务：湖南省工业设备安装公司物资租赁分公司成立于2006年，主要从事机械设备的租赁。公司本着“诚信经营、服务第一”的理念，科学规范的管理以及丰富的经验与技术实力相结合，全心全意为用户提供优质的产品，完善的服务。我们真诚欢迎各界朋友前来交流、指导，与我们携手共进，同创辉煌。
地址：湖南省株洲市建湘路中旺大厦
负责人：曹红旗……邮　编：412000
法　人：曹红旗
Tel：0733－8212728

## 株洲市华业焊接设备厂
业务：本厂是聚焊接设备研究、设计、制造及销售为一体的厂家。我厂产品工艺先进、性能优良、结构合理、造型新颖，真正为你提供一台最具创新，节约成本的高品质焊接设备。
地址：湖南省株洲市建设中路66号
邮　编：412000
法　人：刘晓矛
Tel：0733－2204797
Fax：0733－2204797
网址：www.zz－huaye.com

**环宇工程机械配件经销部**
地址：湖南省株洲市物资商贸城3号楼1号门面
负责人：徐敏
Tel：0731－22202659
13973313389

## 株洲市冠亿砂轮销售有限责任公司
业务：株洲市冠亿砂轮销售有限责任公司专业生产直径750mm以内，厚度3mm－20mm之间各种规格陶瓷砂轮，年生产能力可达4000吨。热诚欢迎海内外客商光临惠顾，洽谈业务！
地址：湖南省株洲市荷塘区新华西路44号
负责人：祝赣……邮　编：412000
法　人：祝赣
Tel：0733－8166781
8164999
Fax：0733－2960110
网址：www.zzgysl.cn

## 株洲市明翔工贸有限责任公司
业务：本公司成立于2006年，主要从事机车配件、塑料制品、建筑材料、金属材料、化工产品（需专项审批的除外）电力通讯设备、电工设备配件、电线电缆、空调设备、五金交电、计算机、办公用品、一般劳保用品、阀门管件销售、非标设备及机械零部件加工销售。
地址：湖南省株洲市荷塘区明照乡大丰村28号
负责人：赵民……邮　编：412000
法　人：赵民
Tel：0733－2495618
Fax：0733－2493196

## 慈利县金冬电热炉具厂

独家生产冬季取暖的专利产品金冬电热炉。

电话：0744—3260037　2136029
地址：湖南省慈利县零阳镇

## 湖南省郴州市嘉禾鸿源矿山机械购销部

本部成立于2007年，本部经营各种矿山机械成套设备及配件、碓碴双功能（二合一）破碎机及配套设备。

我们将以优惠的价格、真诚的服务，竭诚欢迎您的光临！

传真：0735-6636171
电话：0735-6627688　13574530228　13787760228　联系人：李学义
地址：湖南省郴州市嘉禾县嘉禾大道与桂嘉公路交汇处　邮编：424500

## 西南创业机械制造有限公司

西南创业机械制造有限公司主要经营多功能省力卷板机，液压多功能卷板机，普通机床等。

公司秉承“顾客至上，锐意进取”的经营理念，坚持“客户第一”的原则为广大客户提供优质的服务。欢迎惠顾！

联系人：刘梅秋
电话：0745-2363476　13807459253
邮编：418000
地址：湖南省怀化市鹤城区红星南路钢铁市场门口
欢迎来电

## 湖南湘乡市新湘路金海市场天龙五金店

本公司成立于1998年，主要经营五金制品、热水管。本店奉行“质量第一，客户至上”，以市场为导向，满足客户要求为宗旨，全心全意为客户服务。

联系人：李志军
电话：0732-6823776、13786226959
邮编：411400
地址：湖南省湘乡市新湘路办事处工贸新区烟酒副食大市场32-8

## 兴达机电服务部

兴达机电服务部成立于2002年，专业从事家用电器，冷作机械维修。我服务部秉承“以人为本，做事先做人”的原则，有信必守，有诺必践，顾客满意是我们的最大的心愿！

联系人：贾林
电话：0731-2610436　13308494518
地址：湖南省长沙市雨花区赤新路4号　邮编：410100

## 涟源市湘源机电有限公司

涟源市湘源机电有限公司（原涟源市特种电源厂）成立于1992年，主要生产铅酸、镍氢、锂电、冷光源矿灯，矿灯充电架、防爆开关，综合保护装置，发爆器，风筒，隔离变压器，铰车等矿山产品。

“质量第一，信誉为本，价优物美，增进友谊，共同发展”是公司的经营宗旨，我们热忱欢迎各界朋友惠顾合作。

联系人：彭和求　13508445889
电话：0738-4820830　4822168
地址：湖南省涟源市石马山镇新城南路242号　邮编：417500

## 益阳赫山链条制造有限公司

益阳赫山链条制造有限公司专业从事链条输送带的设计、生产和销售，我们的产品广泛应用于汽车制造、甘蔗制糖、水泥制造、钢铁制造等行业。我公司以质量求生存，以信誉求发展，愿与广大客户互惠互利，携手并进！

手机：13873710777
电话：0737-4688288　联系人：彭万程　传真：0737-4688928
地址：湖南省益阳市赫山区龙岭工业园　邮编：413000

## 娄底市娄星区常信工程机械配件经营部

娄底市娄星区常信工程机械配件经营部成立于2006年，本公司主要经营福田、雷沃、重工经销商、福田柳工、厦工、晋工、徐工、成工、龙工、常林、WD615维柴、D6114、6135上柴、玉柴6108配件批发。公司秉承“顾客至上，锐意进取”的经营理念，坚持“客户第一”的原则为广大客户提供优质的服务。欢迎惠顾！

联系人：刘樊杰
电话：13107280661　0738-8214222
传真：0738-8214222　邮编：417000
地址：湖南省娄底市娄涟公路旁280移民安置基地2栋3号

## 永浩机电有限公司

永浩机电有限公司成立于2002年，主要生产机械和汽车配件。

本公司秉承“顾客至上，锐意进取”的经营理念，坚持“客户第一”的原则为广大客户提供优质的服务。

欢迎广大客户惠顾！

联系人：刘增华　13707340849
电话：0734-8364647　8361461　传真：0734-3160855
地址：湖南省衡阳市珠晖区东阳渡南村37号　邮编：[illegible]

## 韶山恒欣电气有限公司

韶山恒欣电气有限公司是一家准也的矿产电气、煤矿防爆电气产品、煤矿架空乘人装置的生产企业。

公司一贯坚持“质量第一，用户至上，优质服务，信守合同”的宗旨，凭借着高质量的产品，良好的信誉，优质的服务，产品畅销全国。

联系人：肖公平
电话：0732-5672012　13807322336
地址：湖南省湘潭市韶山市永泉科技园　邮编：411100

## 株洲盛华精密机械有限责任公司

株洲盛华精密机械有限责任公司成立于2007年12月，以数控机床加工为主及模具、机械加工服务。“以技术的创新打造卓越品牌，以良好的信誉取信市场，以真诚的服务赢得顾客”是盛华人的永恒追求。

联系人：罗咸连　13873310407　15096383397
地址：湖南省株洲市芦淞区五里墩乡道田村道田三塘坳　邮编：412000

## 广东省/Guangdong Province

**金石塑胶机械厂**
地址：广东省潮州市潮汕公路中段金石大道路口
负责人：翁小刚
Tel：0768－6557414
0768－6550693

**众富针车行**
业务：针车经销
地址：广东佛山市顺德区均安镇百安南路26号
负责人：蒋周全　邮　编：528000
法　人：蒋周全
Tel：0757－25381499

**川洋通风设备配件厂**
地址：广东省东莞市长安镇上角社区民企路12号
负责人：孔永良
Tel：0769－85092278
13509206807

**东城镇精亮五金厂**
业务：我厂位于阳江市阳东县裕东二路工业区，专业生产不锈钢刀具、厨具，儿童餐具，餐具系列，奶油刀片及抛光材料，数控车床加工件等。自建厂以来，经过三年的迅猛发展，现有数控车床30台及铸床、铣床、车床等配套设备。
地址：广东省阳江市阳东县民营工业村裕东2路
邮　编：529531
法　人：关志雄
Tel：0662－6602803
Fax：0662－6602232
网址：ydjlwj.cn.alibaba.com

**吴川市大山江简振球模压模具厂**
业务：专业制造模压模具
地址：广东省[湛江市]吴川市大山江建材市场
负责人：简振球　邮　编：524038
法　人：简振球
Tel：13543577578
0759－5565587

**长安业圣模具加工店**
地址：广东省东莞市长安镇厦港福海路汇佳超市背面
负责人：隋守周
Tel：0769－85376729
13600291605

**索科精密五金有限公司**
地址：广东省东莞市长安镇增田工业区
负责人：陈雷环
Tel：0769－85420828
13332687866

**潮安县彩塘镇申创雅光研磨材料厂**
业务：不锈钢抛光
地址：广东省潮州市潮安县彩塘镇院前小商品市场6栋3号
负责人：陈铿轩　邮　编：515644
法　人：陈铿轩
Tel：0768－6688378
13502503010

**东大五金灯饰配件（深圳）有限公司**
业务：东大五金灯饰配件（深圳）有限公司成立于2002年，现有员工200余人，从事灯饰及灯饰配件的生产及销售。欢迎新老客户光临、惠顾！
地址：广东省深圳市宝安区松岗镇罗田村第三工业区
邮　编：518015
法　人：温荫东
Tel：0755－27063502
Fax：0755－27063501

**金键弹簧加工店**
地址：广东省东莞市常平镇横江厦村
负责人：袁伟强
Tel：0769－83396963
13509020722

**常夏东莞丰裕机械电机有限公司**
地址：广东省东莞市常厦镇青湖头管理区
负责人：张照荣
Tel：0769－87902888
13823181636

**潮安县龙湖镇涛艺五金厂**
业务：专业从事五金制品设计、生产加工，亦可来图样订做。我们以诚信务实，质量为本的经营理念，与您共同跨越精彩未来！
产品：五金、不锈钢架
地址：广东省潮州市潮安县龙湖镇市头村新街巷头
负责人：刘旭涛　邮　编：515636
法　人：刘旭涛
Tel：0768－6598812
13715836328
Fax：0768－6598022

**东莞清溪先达盛昌五金电器厂**
业务：本公司自行研制开发、生产塑胶类连接器，电子线材、螺丝等产品。高品质是我们的使命，高效率准交货是我们的承诺，客户百分百满意是我们的追求。欢迎您的来电，我们与您共发展、共创辉煌。
地址：广东省东莞市清溪镇渔梁围
邮　编：523649
法　人：洪敏丽
Tel：0769－87730353－801
87611068
Fax：0769－87739778

**裕盈机械厂**
地址：广东省东莞市凤岗镇南岸工业区
负责人：刘芳丽
Tel：0755－28959129

**东莞市茶山立兴模具加工店**
业务：模具抛光，五金模具抛光省模抛光
地址：广东省东莞市茶山镇京山村工业区（茶山路口）
负责人：张国文　邮　编：523003
法　人：张国文
Tel：13559727911
0769－89203016

**展图金属制品厂**
地址：广东省东莞市凤岗镇油柑埔清塘面工业区
负责人：廖先生
Tel：0769－87501882

**峰骏金属制品厂**
地址：广东省东莞市厚街镇河田第二工业区
负责人：方国欣
Tel：0769－85584189

**东莞市茶山乐源五金加工店**
业务：模具加工
地址：广东省东莞市茶山镇京山村石大路第二排
负责人：陈宏冰　邮　编：523003
法　人：陈宏冰
Tel：0769－88650080

**东莞市安龙压铸材料有限公司**
业务：本公司成立于2001年，主要生产销售压铸耗材。本着“以质量求生存、以信誉求发展”的目标，竭诚为广大客户提供最优质的品。
地址：广东省东莞市黄江镇宝湖山庄叠翠居
负责人：刘达平……邮　编：511700
法　人：刘达平
Tel：0769－83602020
Fax：0769－83601466

**长城机电设备有限公司**
地址：广东省东莞市南城区莞太大道白马路段438号
负责人：罗莺莺
Tel：0769－22900001

**东莞市茶山捷科五金电器店**
业务：销售五金电器
地址：广东省东莞市茶山镇南社村茶南大道
负责人：李史快　邮　编：523003
法　人：李史快
Tel：13712518385
0769－86175859
Fax：0769－86175859

**富怡电脑机械有限公司**
地址：广东省东莞市南城区雅园管理区7路7号2楼
负责人：刘金华
Tel：0769－22822357
13602399069

**东莞市长安乾丰五金机械经营部**
业务：东莞市长安乾丰五金机械经营部成立于2004年，主要经营高速冲床周边自动化设备、送料机、整平机等机械设备。公司坚持“互惠互利、诚信共赢”的经营理念，热诚欢迎您的光临、惠顾！
地址：广东省东莞市长安镇下岗第四工业区金马创立工业园
负责人：聂小林……邮　编：511700
法　人：聂小林
Tel：0769－85642339
Fax：0769－85643390

**东莞市亿灿电镀设备器材有限公司**
业务：销售电镀设备器材
产品：电镀设备器材
地址：广东省东莞市长安镇锦厦新村锦新街十三巷9号
负责人：周奇亿　邮　编：523003
法　人：周奇亿
Tel：0769－85412687
Fax：0769－85412687

**桥头同进机电设备厂**
地址：广东省东莞市桥头镇田新村三环路36号
负责人：钟建伟
Tel：0769－83425956
13686282871

**东莞市鼎方五金模具有限公司**
业务：专业设计与制作注吹与注拉吹模具
产品：注吹与注拉吹模具
地址：广东省东莞市长安镇沙头南区振安中路262号
负责人：刘春初　邮　编：528403
法　人：刘春初
Tel：13592719743
Fax：0769－86071078
E-mail：dgdf_mold@163.com

**协顺五金加工厂**
地址：广东省东莞市清溪镇荔横村委会横湖村
负责人：黄炳坤
Tel：0769－87730747
13903030135

**东莞市长安纬圣五金机械加工店**
业务：东莞市长安纬圣五金机械加工店主要从事五金机械、冲床周边设备的加工，本公司一直坚持“质量第一，真诚守信”的原则服务于社会。
地址：广东省东莞市长安镇沙头东大路东6巷1号
负责人：曹艳华……邮　编：523850
法　人：曹艳华
Tel：0769－85351060

**东莞市长安上玮五金加工厂**
业务：五金热处理
产品：紧固件、弹簧、弹片
地址：广东省东莞市长安镇上角新居路2号
负责人：万发喜　邮　编：523003
法　人：万发喜
Tel：0769－85300248
13712715381

**基业电气设备有限公司**
地址：广东省东莞市万江严屋工业区汾溪路360号
负责人：胃苍材
Tel：0769－22273666

**东莞市长安国创机电安装工程部**
业务：机电安装、零配件零售
地址：广东省东莞市长安镇上沙区中强路五巷七号
负责人：夏国民　邮　编：523870
法　人：夏国民
Tel：13538328872

**正昱塑胶五金有限公司**
地址：广东省东莞市中堂镇袁家涌工业区
负责人：孙枫
Tel：0769－88892582

**信睦五金制品厂**
地址：广东省東莞市石碣镇新城区同富路西
负责人：杨伟
Tel：0755－86312051

**东莞市长安多达模具加工店**
业务：电铸模具
产品：音响按钮、手机按键、笔筒、车灯反光牌、商标、导光板、蜗杆等，光洁度、精密度高，长狭而不易抛光，模具铸件
地址：广东省东莞市长安镇厦边江边十二巷12号之一铺
负责人：卜树林　邮　编：523003
法　人：卜树林
Tel：0769－26694115
85092893
Fax：0769－85321444
E-mail：dongda@163.com

**东莞市大朗恒贵五金加工店**
业务：东莞市大朗恒贵五金加工店成立于2004年，主要从事于五金加工。我们以“质量求生存、信誉求发展”，欢迎广大用户光临惠顾！
地址：广东省东莞市大朗镇黄草朗大路头区65号
负责人：谭纪成……邮　编：523787
法　人：谭纪成
Tel：0769－86263850
Fax：0769－86263851
E-mail：hengguicnc@163.com

**东莞市长安缘璐模具加工部**
业务：专业从事粉末冶金模具、磁性材料模具加工，对外承揽加工制作业务。技术专业，经验丰富，设备精良，竭诚为新老客户提供完善优质的服务。
产品：粉末冶金模具、电脑连接器模具、精密配件冶金加工、精密研磨放电
地址：广东省东莞市长安镇厦边银城振兴一街23号
负责人：刘光文　邮　编：523800
法　人：刘光文
Tel：0769－89040897
15602648163
13543798548
Fax：0769－89040753
E-mail：yuanlu2558@126.com

**南海区大沥邓伟五金磨光厂**
地址：广东省佛山市南海区大沥邓西工业区
负责人：邓伟
Tel：13709657161

**东莞市政亿机械制造有限公司**
业务：塑胶包装机械、抽板机、切片机、高周波、超声波、圆筒刷胶机、卷边机、折盒刷胶机等
地址：广东省东莞市常平镇白石岗工业区
负责人：苏峰波　邮　编：523003
法　人：刘植森
Tel：0769－82983838
13642986309
Fax：0769－82983938
网址：www.dgzhengyi.cn
E-mail：wang_niu@126.com

**金沙东联华爵五金制品厂**
地址：广东省佛山市南海区金沙镇东联拾陈开发区
负责人：陈苏华
Tel：0757－86617028
13902819927

**东莞市常平湘宝五金店**
业务：五金销售
地址：广东省东莞市常平镇板石大街120－122号
负责人：粟明祥　邮　编：523000
法　人：粟明祥
Tel：0769－81187979
13751348818
Fax：0769－81187979

**高海领业五金厂**
地址：广东省佛山市南海区金沙镇高海工业区领业五金厂
负责人：杜少玉
Tel：0757－86606452
13709660983

**东莞市常平泰斗五金店**
业务：主要经营磨床砂轮、高粗生钢、等五金产品的批发及零售
地址：广东省东莞市常平镇桥沥村马屋常黄路路段
负责人：邓广新　邮　编：523000
法　人：邓广新
Tel：13903051498
0769－83900082

**东莞市黄江粤鑫五金制品厂**
业务：公司创建于2000年。是一家内地独资企业。本厂具备自动车床、冲床、钻床、铣床、打孔机、攻牙机、滚牙机，专业生产（加工）电子、电器、玩具、汽车等，五金配件。热诚欢迎来电洽谈业务。
地址：广东省东莞市黄江镇田心村6组67号
负责人：汪小明……邮　编：511700

Tel:0769－83849881

**建联五金厂**
地址：广东省佛山市南海区金沙镇联沙工业开发区
负责人：胡其辉
Tel:0757－87802633
13302811448

**东莞市常平嘉跃模具厂**
业务：塑胶模具设计、加工
地址：广东省东莞市常平镇土塘村红花岭地段
负责人：王东海 邮编：523003
法人：王东海
Tel:13825746698
0769－82202459

**佛山市南海区金沙联沙永华五金制品厂**
地址：广东省佛山市南海区金沙镇联沙沙墩洗
负责人：冼伟耀
Tel:0757－86610866

**东莞市匹利五金塑胶有限公司**
业务：五金产品经营
地址：广东省东莞市常平镇袁山贝村小龙工业区
负责人：熊友广 邮编：523003
法人：熊友广
Tel:0769－82836948
82327368

**联沙翔彭五金制品厂**
地址：广东省佛山市南海区金沙镇联沙下良村
负责人：梁锜祥
Tel:0757－86607870
13709661384

**湖州和孚刀具有限公司南海经销处**
地址：广东省佛山市南海区罗村镇南湖一路宝珠楼
负责人：平建生
Tel:0757－86449008
13802460656

**东莞市大朗利鑫五金加工厂**
业务：生产、销售五金制品
地址：广东省东莞市大朗镇黄草朗社区双鹰路5号一楼
负责人：汪海波 邮编：523003
法人：汪海波
Tel:15920654159
0769－81160768

**东莞市南城好运机电经营部**
业务：东莞市南城好运机电经营部主要批发及销售节能日光灯、电机节能器、节能U型灯、电子镇流器、低压电器、工控类、气动元件、液压元件等，公司以质量保证，信誉第一，顾客至上，的宗旨，来满足新老客户的要求。
地址：广东省东莞市莞城博厦泥田街18号
负责人：张冲林 邮编：511700
法人：张冲林
Tel:0769－22246398
22337535

**平洲中江五金制品店**
地址：广东省佛山市南海区平洲平江沙园大道玉器街职中对面
负责人：张明龙
Tel:0757－86768159
13074279418

**东莞市大朗制益五金机械加工店**
业务：五金加工
地址：广东省东莞市大朗镇沙步村金朗南路433号一楼
负责人：姚礼锋 邮编：523003
法人：姚礼锋
Tel:13058500122
0769－83682493
82606553
Fax:0769－83842993
网址：www.dgguancheng.cn
E-mail:dc@dgguancheng.cn

**小塘华伟达五金塑料厂**
地址：广东省佛山市南海区小塘狮岭岗圩
负责人：邓伟雄
Tel:0757－81135586
13902242695

**东莞市大朗星展精密模具配件加工厂**
业务：模具配件加工
地址：广东省东莞市大朗镇石厦村龙苑二街30号一楼
负责人：邓秋菊 邮编：523003
法人：邓秋菊
Tel:0769－83205263
13006809385

**东莞市清溪超群涂装设备有限公司**
业务：本公司成立于1996年，主要生产销售五金塑胶喷涂烤漆线，欢迎新老客户来电洽谈业务！
地址：广东省东莞市清溪镇三星管理区
负责人：黄超群 邮编：523656
法人：黄超群
Tel:0769－88504506
Fax:0769－87898785
网址：www.cqtzjx.com
E-mail:cqtzjx@cqtzjx.com

**南海盐步科盛源模具厂**
地址：广东省佛山市南海区盐步盐秀路聚龙桥侧
负责人：何灿东
Tel:0757－85792072

**东莞市浩瑞五金制品有限公司**
业务：家具拉手、合叶、五金冲压件、压铸装饰产品
产品：拉手、合叶
地址：广东省东莞市大朗镇犀牛陂村大冚塘正街153－1号
负责人：曾艳芳 邮编：523778
法人：曾艳芳
Tel:0769－82970316
Fax:0769－82970296
网址：http://www.dghaorui.com
E-mail:sunnyzengyihe@126.com

**益胜装饰五金制品厂**
地址：广东省佛山市南海区盐步佛西工业大道兴隆工业区
负责人：黄长益
Tel:0757－85700180
13590687484
Fax:0757－85706369

**东莞市大岭山明扬木工机械经营部**
业务：本部专业从事全国各地木工机械的回收、销售、维修及电路设计、PLC编程、代客规划、设计生产流程。凭着优质的木工机械产品，完善周到的售前售后服务体系，合理的价格及良好的职业素养取信于广大客户，欢迎新老用户友好合作和支持！
产品：进口和国产各种木工机械设备，如：四面刨、双端铣、砂光机、裁板机等，及各种木工机械配件。
地址：广东省东莞市大岭山镇107国道旁太公岭路段
负责人：杨健 邮编：523000
法人：杨健
Tel:0769－85600586
13717359866
Fax:0769－85600586
网址：www.mywoodworking.cn
E-mail:631731145@qq.com

**宇昌实业有限公司**
地址：广东省佛山市顺德区大良街道办事处凤山西路23号
负责人：苏荣发
Tel:0757－22239003
13531352666

**东莞市大岭山永成炉具厂**
业务：生产、维修气化炉
地址：广东省东莞市大岭山镇大岭村东纵路355号
负责人：钟春根 邮编：523003
法人：钟春根
Tel:13712326612
0769－86979131

**东莞市清溪金旺模具厂**
业务：东莞市清溪金旺模具厂是五金模具民营企业，主要经营模具加工业务，公司坚持""以质量求生存、以客户为导向、以信誉求发展、以管理创效益的经营理念，致力推行现代科学管理体系，不断进行内部创新，积极为客户提供质优价廉的产品。
地址：广东省东莞市清溪土桥村香山工业区
负责人：夏华发 邮编：523658
法人：夏华发
Tel:0769－87365008
Fax:0769－87365006

**贯宝模具制造厂**
地址：广东省佛山市顺德区勒流镇政和南路2号骏越灯具厂内
负责人：傣旺桥
Tel:0757－25537168
26211626

**东莞市大岭山华源模具加工店**
业务：电脑雕刻，铜模，铝模，浮雕模及模具加工
产品：烫金浮雕模具，凹凸浮雕模，折光压纹版，吸塑浮雕，鞋模，铜公等
地址：广东省东莞市大岭山镇上场村上场牌坊斜对面
负责人：陈德超先生 邮编：523800
法人：刘容
Tel:0769－82761979
Fax:0769－82761979
E-mail:hydiaoke@126.com

**佛山市顺德区玮嘉琦机械有限公司**
地址：广东省佛山市顺德区伦教街道羊额工业区明洋染厂后面
负责人：张起连
Tel:0757－27336029
13600328135

**东莞市道滘东绍五金制品厂**
业务：五金制品加工，如：员工铁床
地址：广东省东莞市道滘镇小河工业区
负责人：叶绍均 邮编：523003
法人：叶绍均
Tel:13902640339
0769－88836333

**东莞市中堂聚利机械有限公司**
业务：东莞市中堂聚利机械有限公司成立于2003年，主营业务有机械设备制造、钢结构安装工程、C型钢、彩瓦等。
地址：广东省东莞市中堂镇袁家涌金源钢材市场17－18号
邮编：523200
法人：黎润康
Tel:0769－88181318
Fax:0769－88186768

**陇头合强塑胶机械厂**
地址：广东省广东省汕头市金平区陇头村
负责人：吴宏
Tel:0754－82487587
13902730649

**东莞市东城利钢刀模厂**
业务：专业从事各类刀模加工兼售刀模材料，批零兼营，我们将以最优的产品，最优惠的价格竭诚为您服务
产品：鞋模斩刀，花模，向天模，皮具模，箱包，手袋模加工；刀模材料及刀模厂设备销售
地址：广东省东莞市东城区桑园金龙路F幢13号铺位
负责人：何正发 邮编：523119
法人：何正发
Tel:0769－22015819
13712725519
Fax:0769－22015819

**武汉龙翔航空机械设备有限公司广州分公司**
地址：广东省广州市白云区松柏东街17号地下一、二层商场1090铺
负责人：田立新
Tel:020－86121049
13503032303

**东莞市东城杰明五金加工店**
业务：五金加工
地址：广东省东莞市东城区同沙工业区沿河二街彤懋塑胶厂旁
负责人：赖日明 邮编：523003
法人：赖日明
Tel:13829106684
0769－23168184

**联兴五金经营部**
地址：广东省广州市白云区同德街横窖大街南中2巷3号
负责人：黄志常
Tel:020－86482085
83623625

**东莞市凤岗华兴隆刀模厂**
业务：主要订做、加工刀模
地址：广东省东莞市凤岗镇官井头村鸡仔寮C302号
负责人：许春华 邮编：523003
法人：许春华
Tel:13790338597
0769－87561209

**佛山市禅城区鸿源顺五金木箱加工厂**
业务：我厂主要承接各类金属及五金加工、我们将以一流的技术质量、一流的服务宗旨竭诚为广大客户服务。
地址：广东省佛山市禅城区澜石奇槎北一村旧工业区二排1号厂房
负责人：邓继红 邮编：528000
Tel:0757－83875535

**恒盈五金厂**
地址：广东省广州市白云区同和镇永平街东恒东英街4号
负责人：王顺民
Tel:020－86167780
13760189828

**东莞市凤岗佳域五金表壳厂**
业务：五金表壳生产、加工
地址：广东省东莞市凤岗镇官井头村龙井路第2栋4号
负责人：樊春凤 邮编：523003
法人：樊春凤
Tel:0769－87844550

**诚信五金厂**
地址：广东省广州市白云区新市嘉禾街黄边村七社水仙塘工业区
负责人：陈德如
Tel:020－86172383
13710606952

**其记五金加工厂**
业务：专业生产五金冲压、五金车件产品，可来图来样订做加工。拥有精密自动车床、数控车床，实力雄厚、品质优良，竭诚为您提供优质、高效的服务！
产品：五金车件、MP4游戏机金属外壳、手机金属外壳
地址：广东省东莞市凤岗镇官井头村小布工业区
负责人：徐焕其 邮编：523705
法人：徐焕其
Tel:0769－21039234
13669888630
Fax:0769－87770055
E-mail:13669888630@163.com

**广州三启机械设备有限公司**
地址：广东省广州市从化市街口镇河东北105国道东边之一
负责人：邹锐明
Tel:020－87981482

**东莞市凤岗维科五金加工店**
业务：专业生产五金车件产品，拥有精密自动车床、数控车床，实力雄厚，品质优良，竭诚为您提供优质、高效的服务！
产品：专业制造及维修项目：胶板眼镜机器、金属眼镜机器、钛架眼镜制造、高频焊机CNC眼镜电脑锣、各种眼镜刀具、五金加工、铍铜铸造、蚀字雕刻
地址：广东省东莞市凤岗镇金凤凰工业区第80栋一楼
负责人：方灿照
法人：方灿照
Tel:0769－26067273
13556646360
Fax:0769－87298009
网址：http://www.we－force.cn/
E-mail:weforceco@yahoo.com.cn

**广州市玉帆制冷设备有限公司**
地址：广东省广州市东山区共和路共和六巷52号502房
负责人：傅啟坤
Tel:13054401739

**东莞市凤岗良靖五金加工部**
业务：五金加工服务
地址：广东省东莞市凤岗镇五联工业区
负责人：谢克粮 邮编：523695
法人：谢克粮
Tel:0769－87776601

**喜开理（上海）机器有限公司广州办事处**
地址：广东省广州市东山区环市东路339号广东国际大酒店A附楼24C室
负责人：大见俊明
Tel:020－83313461

**东莞市凤岗鑫森五金厂**
业务：五金冲压件
地址：广东省东莞市凤岗镇雁田村石蚧工业区
负责人：王根荣 邮编：523003
法人：王根荣
Tel:13728335683
13450060495

**上海基越工业设备有限公司驻广州办事处**
地址：广东省广州市东山区水荫二横路27号16A08房
负责人：薛春国
Tel:020－37598311

**东莞市凤岗三林量具经营部**
业务：量具、刀具、刃具、仪器仪表
地址：广东省东莞市凤岗镇油甘埔村东深公路段凤岗五金城G幢第7号
负责人：李恩林 邮编：523000
法人：李恩林
Tel:13790116476
0769－87566926
Fax:0769－87566936

**广州市东山区东坚五金交电商行**
地址：广东省广州市东山区寺右新马路与寺右二马路交界名雅商贸城首层A14号铺
负责人：张元架
Tel:020－87161310

**东莞市凤岗铭洋五金模具加工店**
业务：五金模具设计、制做冲压。办公、休闲、家用铁艺编藤家具、可按照片或图纸定做
地址：广东省东莞市凤岗镇油甘埔村虾公潭组沙墩二巷9号地铺
负责人：魏先生 邮编：523003
法人：魏先生
Tel:0769－82629887

**广州市东山区泓信机电经营部**
地址：广东省广州市东山区先烈中路83号凯城华庭B座2609室

负责人：王静
Tel：020－37660216

**佛山市南海竣耀塑料模具有限公司**
业务：本公司是一家具产品设计、开发、模具制造到注塑形成一条龙生产的专业化生产企业。公司专业生产化妆品、医药等日化塑料包装系列产品、电器产品的模具。
地址：广东省佛山市南海区罗村联和工业区中区朗新大道7号
邮编：528000
法人：张卫国
Tel：0757－86192899
Fax：0757－86488597

**东莞市海陆通五金制品有限公司**
业务：五金制品，高频焊管
地址：广东省东莞市高埗镇宝莲社区透东厂房
负责人：张健　邮编：523003
法人：张健
Tel：13510389148
0769－81302643
网址：http://www.51zzt.com/user/zzt33302

**广州市维邦机电设备有限公司**
地址：广东省广州市东山区先烈中路云鹤北街26巷1号202房
负责人：邱延
Tel：020－38376689

**佛山市南海区嘉佳顺液压机械厂**
业务：佛山市南海区嘉佳顺液压机械厂成立于2002年，专业从事液压机械设备的制造，产品多用于橡胶、五金等行业。欢迎广大客商光临、指导。
地址：广东省佛山市南海区盐步河西新桂工业区黄洛
邮编：528000
法人：李晓湘
Tel：0757－81100238
Fax：0757－81100238

**东莞市高埗东祥机械设备制造厂**
业务：集设计、研发、制造为一体，专业从事机械设备、夹具、治具、零件加工，对外承揽加工制作业务。我们秉承诚实、守信、专业、共赢的经营理念竭诚为您服务。
产品：精密机械、设备、零件
地址：广东省东莞市高埗镇高龙路冼沙三坊第三工业区
负责人：黄海带　邮编：523285
法人：黄海带
Tel：0769－81339123－601
81339368
Fax：0769－81339128
网址：www.51zzt.com.zzt36436
E-mail：dongxiangcompony@126.com

**广东省明珠集团广州销售有限公司**
地址：广东省广州市东山区永福路永福西约101号之四自编号25号
负责人：肖竹山
Tel：020－85172260
13925009873

**东莞市横沥辉煌工业设备公司（欢达五金机械加工店）**
产品：1、专业生产各种热处理设备（电熔解炉、箱式炉、少氧化仿真空炉、真空氮化炉、真空离子氮化炉、盐浴氮化炉、高频淬火车床）2、承接各种非标工业电炉设计制造、旧设备改造（压铸机配件，燃油炉改电炉及大修）供电阻丝耐热铸件等所有电炉配件 3、专业氮化处理。
地址：广东省东莞市横沥镇骏马路第二工业区
负责人：范建芝　邮编：523460
法人：范建芝
Tel：0769－83379665
85781662
Fax：0769－85637545
网址：www.dg－huihuang.cn

**广州市赛迪欧制冷设备有限公司**
地址：广东省广州市番禺区大岗镇岭东村荔枝湾4号厂房第三层
负责人：杜振声
Tel：020－34619322

**东莞市横沥泰康模具厂**
业务：专业加工锌、铝合金模具和塑胶模具
地址：广东省东莞市横沥镇田头村兴业大道1号B区07栋11－13号
负责人：孙昌友　邮编：523003
法人：孙昌友
Tel：0769－81177227
13642853598

**潭洲中信机械厂**
地址：广东省广州市番禺区大岗镇南沙村牌坊侧
负责人：吴樟明
Tel：020－34992366

**东莞市厚街贵宇机械加工店**
业务：卫生纸加工设备及各类零配件，车、铣、磨、线割等设备
地址：广东省东莞市厚街镇赤岭村赤岭工业区果园路8号
负责人：李又军　邮编：523960
法人：李又军
Tel：13238397038
0769－85835867

**佛山市南海区力海机械厂**
业务：佛山市南海区力海机械厂主要从事于大型机械加工，铣、镗床、磨床加工，钢结构焊接件制造，加工。我们的宗旨是：急客户之所急、想客户之所想。以质量求生存、以微利求发展。
地址：广东省佛山市南海区平洲夏西工业区
负责人：黎泳海　邮编：528200
法人：黎泳海
Tel：0757－86760121
网址：www.mtw27405.chinapyp.com

**广州粤城五金制造有限公司**
地址：广东省广州市番禺区大石镇大兴村沿江中路29号
负责人：石明生
Tel：020－84794858

**东莞市厚街同森五金加工店**
业务：鞋类五金
地址：广东省东莞市厚街镇河田村南朗
负责人：刘绍育
法人：刘绍育
Tel：0769－85873552

**广州市番禺大石伟森五金加工厂**
地址：广东省广州市番禺区大石镇南浦东乡永闸边
负责人：梁伟林
Tel：020－84542220
13503085311

**东莞市厚街俊维机电维修店**
业务：数控机床维修、二手数控机床买卖等
地址：广东省东莞市厚街镇桥头村祠边新村
负责人：李世俊　邮编：523003
法人：李世俊
Tel：0769－85903821
85580922
Fax：0769－85580922

**番禺大石华雄五金脚轮经营部**
地址：广东省广州市番禺区大石镇下教村南华二街18号
负责人：王平
Tel：020－34501568
13926092419

**东莞市厚街文鸿五金加工店**
业务：五金加工
产品：箱包、手袋、鞋材五金
地址：广东省东莞市厚街镇汀山村坑口市场路10号
负责人：王家文　邮编：523943
法人：王家文
Tel：13437391218
0769－81569927

**佛山市顺德区联剑五金制品有限公司**
业务：佛山市顺德区联剑五金制品有限公司是一家生产不锈钢制品、冲压件、拉伸件的公司，于2005年成立，落在交通便利的佛山市顺德区大梁红岗工业区。公司技术力量雄厚，设计水平先进，产品款式多样，规格齐全设计新颖、物美价廉。产品畅销全国各地及世界各地，深受广大客商的欢迎。
地址：广东省佛山市顺德区大梁红岗工业区
邮编：528300
法人：曾剑峰
Tel：0757－26135378
Mobile：13302837585
Fax：0757－26135379

**广州市番禺区南村美宜塑料五金厂**
地址：广东省广州市番禺区南村镇南村湾头大街18号
负责人：邬志坚
Tel：020－84560398
13602261342

**东莞市黄江恒嘉五金加工店**
业务：五金模具加工
地址：广东省东莞市黄江镇旧村华业路6号铺位
负责人：刘刚　邮编：523763
法人：刘刚
Tel：13829105863
0769－83517785

**广州诚屹燃烧设备制造有限公司**
地址：广东省广州市番禺区南村镇塘埗东村立丰街1号之2
负责人：叶青
Tel：020－34824451

**东莞市黄江鸿胜模具机械加工店**
业务：模具抛光、咬花
地址：广东省东莞市黄江镇田美村向南七街三巷51号一楼
负责人：陈浩　邮编：523003
法人：陈浩
Tel：13827213332
0769－89120492

**广州市番禺区创利螺丝五金制品厂**
地址：广东省广州市番禺区南双玉工业一路北排第三号
负责人：袁仲贤
Tel：020－34815711

**佛山市顺德区铭雄塑料机械有限公司**
业务：铭雄塑料机械有限公司位于塑料机械业发达的广东省佛山市顺德区，属中外合资企业，借鉴西欧同类机器的先进技术，结合国内塑料原料适应性要求，不断技术改进，规模化、专业化生产气泡膜机械系列，所生产的机器技术国内领先、配置高档、功能齐备，机器整体性能具备与韩国、台湾同类机器的竞争能力。
地址：广东省佛山市大良街德胜西路大岗头工业区2号
负责人：徐长勇　邮编：528437
Tel：0757－22801782
Fax：0757－22801783

**东莞市寮步汇鹏五金厂**
业务：生产和销售铁、铝、不锈钢冲压、旋压、拉伸、折弯、焊接五金配件
产品：五金配件
地址：广东省东莞市寮步镇横坑南门第二工业区
负责人：王志军　邮编：523003
法人：王志军
Tel：0769－83162055

**广州市华景物业管理有限公司**
地址：广东省广州市番禺区沙头街捷进路4号
负责人：何兆成
Tel：020－84878100

**东莞市寮步荣超产品抄数公司**
业务：抄数
地址：广东省东莞市寮步镇横坑莞樟路商铺62号
负责人：李小波　邮编：523000
法人：李小波
Tel：0769－88981851
Fax：0769－88981852
E-mail：rongchao.good@163.com

**广州市明悦五金有限公司**
地址：广东省广州市番禺区沙湾镇福涌村沙湾东村
负责人：蔡淑华
Tel：020－84933138

**东莞市寮步钢盛机械配件经营部**
业务：经营直线轴承、直线导轨、滚动丝杆
地址：广东省东莞市寮步镇泉塘村围仔西121号
负责人：张鲜道　邮编：523000
法人：张鲜道
Tel：0769－81102935
81102936

**广州市力晟工贸有限公司**
地址：广东省广州市番禺区石基镇傍江东村江城路
负责人：余永杰
Tel：020－84850680

**东莞市寮步南宝金钢石砂轮厂**
业务：金刚石砂轮、工业砂轮等
地址：广东省东莞市寮步镇下岭贝村工业区
负责人：张海良　邮编：523411
法人：张海良
Tel：0769－81113337
Fax：0769－83224273

**高升模型制作室**
业务：本公司成立于2003年，现在员工40多名。主要经营模型加工。
地址：广东省深圳市宝安区石岩镇第三工业区3幢2楼
邮编：518108
法人：李树林
Tel：0755－29827091
Fax：0755－29827091

**松展机电科技有限公司**
地址：广东省广州市番禺区石基镇东怡新区2街37号
负责人：张华军
Tel：020－84647941
13711022085

**广州瑞麟净化设备制造有限公司**
地址：广东省广州市番禺区石基镇汉基大道14号（汉基工业区内）
负责人：刘伟峰
Tel：020－84631337

**东莞宏旺机电轴承油封总汇**
业务：各种进口国产、世界品牌轴承、特大轴承、带座轴承、滚针、塑料、不锈钢等轴承系列，各品牌机械密封件，台湾TTO骨架油封批发，进口高温黄油（NSK、SKF、FAG）专业销售各种高温轴承，本公司提供各种非标特殊、偏、奇、异形轴承
地址：广东省东莞市麻涌镇广麻公路麻三红绿灯路口
负责人：李玉光　邮编：523003
法人：李玉光
Tel：0769－22948678
88235867
13070920678
Fax：0769－22948678
网址：www.dghwzc.cn

**广东市新合五金制品有限公司**
业务：本公司现在20多个员工，主要经营各种紧固件的生产。以人为本、以客为尊、以质取胜、信誉至上是我们的企业精神。
地址：广东省广州市番禺区沙湾镇沙湾大桥收费站旁
邮编：511400
法人：周国平
Tel：020－39961385
Fax：020－39961385

**东莞市南城吉广隆模具厂**
业务：激光刀模、雕刻模、腐蚀模、五金模以及模具材料销售
地址：广东省东莞市南城区蛤地大新路南二街8号B幢一楼
负责人：黄吉　邮编：523003
法人：黄吉
Tel：13360688849
13592791493
0769－23190064

**广州市千得工业设备有限公司第一分厂**
地址：广东省广州市番禺区市桥市新路番禺宝江电子实业公司厂房
负责人：秦广华
Tel：020－34803556

**东莞市南城汇志自动化设备经营部**
业务：公司集设计、生产、销售于一体，主营自动化设备、产品全自动组装设备、流水线设备、夹治具、机械类标准件及代客设计机械等。公司秉承全程跟踪，服务客户，为您提供优质的产品及服务！
产品：自动化设备、夹治具、机械类标准零配件
地址：广东省东莞市南城区雅园工业区15号铺
负责人：谭亚军　邮编：523000
法人：谭亚军
Tel：0769－21008054
13421925308
Fax：0769－22886432
网址：www.zcjx888.cn
E-mail：sheji_jixie@zcjx888.cn

**广州市番禺区鑫锋机电设备厂**
地址：广东省广州市番禺区市桥镇大平经济发展公司工业街27号
负责人：郭先锋
Tel：020－84626249
13570706090

**东莞市桥头鸿时五金加工店**
业务：五金件加工
地址：广东省东莞市桥头镇桥头村杨公朗新路30号三楼
负责人：刘银戈　邮编：523000
法人：刘银戈
Tel：0769－81026657
87254490

**广州沛联机械设备有限公司**
地址：广东省广州市广州南沙开发区塘坑村马山仔
负责人：黎沛权
Tel：020－84989657

**东莞市清溪华台华诚通用机械设备经营部**
业务：自动喷涂机器人
地址：广东省东莞市清溪镇荔横村荔横路四区89号一楼
负责人：刘俊　邮编：523003
法人：刘俊
Tel：0769－87306877

**广东永光刀剪集团有限公司深圳分公司**
业务：广东永光刀剪集团有限公司深圳分公司本公司素有“中国小刀中心”之美誉，以

刀，剪，家庭用品，厨房用品及家居装饰用品生产为主，本公司素来重视产品品质问题，产品均为高档商品。
地址：广东省深圳市福田区深南大道 7008 号银座国际大厦 701 室
负责人：王艺志 邮 编：518000
法 人：王艺志
Tel：0755－82872150

**上海迪凯分离机械实业有限公司广州分公司**
地址：广东省广州市海珠区东晓南路 1439＃爱都商务中心 D 座 701
负责人：蔡明辉
Tel：020－84060691
13809654506

**广州得汇模具配件制品有限公司**
地址：广东省广州市花都区花东镇永光村
负责人：商永光
Tel：020－86763288

**东莞市清溪精勤模具加工店**
业务：模具加工
地址：广东省东莞市清溪镇清厦村清渔路 72 号一楼
负责人：周继武 邮 编：523000
法 人：周继武
Tel：0769－82067279

**广州经济技术开发区荣业五金厂**
业务：专营高层建筑安装钢制电线管，各种电气装置附属配件。各种铝合金接头，各规格快速接头
地址：广东省广州市开发区东区
邮 编：510640
法 人：黄观荣
Tel：020－87077836
Fax：020－87077906
网址：www.gzrywj.chinapyp.com

**伟力加工店**
地址：广东省广州市花都区花山镇花城新庄路
负责人：莫先生
Tel：020－86956602
13922353723

**东莞市清溪精发模具加工店**
业务：模具加工
地址：广东省东莞市清溪镇三中金城街
负责人：彭清学 邮 编：523000
法 人：彭清学
Tel：0769－87368617
Fax：0769－87368617

**广州市昌辉五金制品有限公司**
地址：广东省广州市花都区花山镇两龙墟
负责人：黎标昌
Tel：020－86847438

**广州市花都区新华永晟五金加工店**
业务：广州市花都区新华永晟五金加工店成立于 2005 年，主要加工销售手袋、服装、鞋类五金配件。
地址：广东省广州市花都区新华镇大布村 12 队
负责人：胡久璋 邮 编：510800
法 人：胡久璋
Tel：020－36872269
Fax：020－36872269
E-mail：huwenxuan20060820@126.com

**东莞市清溪强荣五金加工店**
业务：模具开发制作，机械维修，小五金加工
产品：模具开发制作，机械配件加工，自动，桌上，CNC 车床加工
地址：广东省东莞市清溪镇铁松松围长心东路一巷 10 号
负责人：李明龙 邮 编：523660
法 人：李明龙
Tel：0769－82094089
Fax：0769－82094089

**广州市花都区花山烨通五金加工厂**
地址：广东省广州市花都区三东大道新和村二队
负责人：李锋
Tel：020－86958321
13707286969

**狮岭华兴五金综合商店**
地址：广东省广州市花都区狮岭镇龙泉路 25 号
负责人：冯海深
Tel：020－86913077

**东莞市清溪益兴模具维修店**
业务：五金模具、塑胶模具、电子模具维修
地址：广东省东莞市清溪镇谢坑村谢坑路 202 号一楼
负责人：孟朝海 邮 编：523003
法 人：孟朝海
Tel：13058588148
0769－87895581

**广州市友恒机电设备有限公司**
业务：我公司成立于 2005 年，主要生产制造机电设备、热诚欢迎新老客户来电洽谈合作！
地址：广东省广州市花都区商业道 102 号
负责人：梁耀平 邮 编：510800
Tel：020－36811926

**泰杨五金标准件厂**
地址：广东省广州市花都区新华镇镜湖路石塘工业区
负责人：赵绪泉
Tel：020－86449919
36850668
13602237893

**广州市花都区新华志达五金店**
地址：广东省广州市花都区新华镇新华路 74 号之一
负责人：曹炳志
Tel：020－86819778
13622858988

**东莞市沙田卓凡五金加工店**
业务：家具五金配件、五金冲压件、不锈钢五金、不锈钢工程
地址：广东省东莞市沙田镇福禄沙村福二队福裕路
负责人：王小姐 邮 编：523991
法 人：张金云
Tel：0769－88805715
15019131123

**广州市南沣电子机械有限公司经营部**
地址：广东省广州市花都区新华镇云山大道南第三间商铺
负责人：邹铭波
Tel：020－86875627

**国享五金（深圳）有限公司**
业务：国享五金（深圳）有限公司成立于 1992 年，现有员工 150 人，专业从事五金制品的加工、生产及销售。本着"信誉第一，客户至上"的原则，为广大用户实行全方位的配套服务。
地址：广东省深圳市宝安区石岩镇观田村阳台山工业区
邮 编：518108
法 人：廖金益
Tel：0755－27606830
Fax：0755－27763482

**新达五金厂**
地址：广东省广州市花都区雅瑶镇新村
负责人：李大旺
Tel：020－86164100
13076892033

**东莞市沙田海洲五金加工店**
业务：灯饰五金及工艺，浴室，家私五金
地址：广东省东莞市沙田镇齐沙村福隆路口 1 号
负责人：高苏建 邮 编：523980
法 人：高苏建
Tel：13424719936
0769－26518322

**广东湘机电机维修有限公司**
地址：广东省广州市黄埔区大沙镇梨园山吉山机电仓库
负责人：张进
Tel：020－82060821
82060393

**广州市黄埔区顶佳机电配件经营部**
地址：广东省广州市黄埔区黄埔东路 3655 号
负责人：欧阳先生
Tel：020－82247939
13697445560

**东莞市石碣同盛五金制品厂**
业务：本厂主要生产不锈钢实心项链、手链、表带，品种规格多样化、工艺精湛、品质上乘，还可以提供设计、起模业务！
产品：手带、手链、项链、吊坠等
地址：广东省东莞市石碣镇桔洲第二工业区
负责人：付生 邮 编：523000
法 人：付继林
Tel：0769－86369899
Fax：0769－86365859

**顺达建筑机械经营部**
地址：广东省广州市黄埔区文冲猪头索商业街 9 号
负责人：蔡阳均
Tel：020－32398226
13802786187

**东莞俊弘自动化给料设备厂**
业务：专业生产振动盘、振动料仓、底盘、胶垫的专业生产厂家，本厂技术力量雄厚，产品质量稳定可靠，我们已具备根据不同客户的不同要求，自主研发产品的能力。期待与您的竭诚合作！
产品：振动盘
地址：广东省东莞市石碣镇刘屋甲塘六街
负责人：郭强 邮 编：523000
法 人：郭强
Tel：0769－86382309
13922535440
Fax：0769－86382709
网址：www.dgjhzdhusbc.cn
E-mail：gqfyy8@163.com

**惠州市创隆精密部件有限公司**
业务：本公司成立于 2005 年，主要加工销售：手机天线、PB 罩、不锈钢接触片、精密五金配件。产品质量保证，价格合理。欢迎新老客户来电洽谈业务！
地址：广东省惠州市仲恺高新技术开发区双叶电子厂对面
负责人：李永生 邮 编：516001
法 人：李永生
Tel：0752－2622698
2623628

**文华机械配件加工店**
地址：广东省广州市经济技术开发区罗岗刘村荷村三街 1 号楼
负责人：梁文华
Tel：020－82266386
13016069801

**广州市越秀区华越机电工程有限公司第一分公司**
地址：广东省广州市荔湾区克山三街 17 号楼 103 房
负责人：梅劲富
Tel：020－86515480

**东莞市石碣泽南五金制品厂**
业务：专业生产钟表、电子、玩具配件，丰富的经验与专业技术为你提供优质的产品与服务，期待与您真诚的合作，共图发展，共谋双赢！
产品：螺丝，自动车床件
地址：广东省东莞市石碣镇石碣第三工业区
负责人：曹胜利 邮 编：523000
法 人：曹胜利
Tel：0769－86389101
Fax：0769－86389102
E-mail：jenlongok@126.com

**金生能源环境设备有限公司**
业务：金生能源环境设备有限公司是一家以高新技术为导向的大型热水器制造企业。专业生产空气源热泵、太阳能热水器、常压热（开）水炉三大系列。公司以"质量求生存，信誉求发展"，欢迎广大用户光临惠顾！
地址：广东省惠州市东城区牛山创副工业区
负责人：吴松华 邮 编：511700
Tel：0769－22615566
23032168
Fax：0769－22480708
网址：www.china－kingsun.cn

**广州董华机电设备有限公司**
地址：广东省广州市荔湾区中山七路维庆里 18 号首层
负责人：马朝华
Tel：020－86484516
13925136919

**东莞市石碣铭翔机械厂**
业务：五金制品
地址：广东省东莞市石碣镇水南彩虹路
负责人：郑洪春 邮 编：523000
Tel：0769－86017988

**横沥精誉电镀设备厂**
地址：广东省广州市南沙区义沙村大安围收费站旁
负责人：苏守进
Tel：020－84966692
13332855913
13332855913

**广州维远工业控制设备有限公司**
地址：广东省广州市天河北路华标广场荟华阁 2805 房
负责人：马宝安
Tel：020－38472740
38472741
13903056483

**东莞市石碣俊凯电子五金经营部**
业务：专营电子工具、劳保用品、仪器仪表、五金配件、静电产品、净化产品，本经营部秉承"全程跟踪，服务客户"的经营宗旨，竭诚提供优质的产品与满意的服务
产品：烙铁吧、焊台、卡尺（量具）、点胶机以及周边设备配件、防静电系列、测试仪、电批、风批以及各类生产辅材
地址：广东省东莞市石碣镇水南翠明珠山庄 A45 号
负责人：陈齐俊 邮 编：523290
法 人：王培塔
Tel：0769－86289764
Fax：0769－86289763
E-mail：sc7065629@163.com

**茂名市鹰鹏机电设备有限公司**
业务：本公司主要进行储罐调合系统，储罐自动清洗系统，自动罐装（包装）系统的开发设计，制造。同时经营石化机械配件，组件加工制造，主营专利产品：SL 型射流式喷射搅拌器。
地址：广东省茂名市文光小区 45 号大院之四号
邮 编：525000
法 人：何宏鹰
Tel：0668－2830782
Fax：0668－2830791
网址：www.gdmmjd.chinapyp.com

**江鹰机械有限公司**
地址：广东省广州市天河区中山大道东圃镇黄村西路 18 号 119 房
负责人：钟日强
Tel：020－82582873

**荣江五金厂**
业务：五金加工
地址：广东省东莞市石碣镇水南脉洲
负责人：周云华 邮 编：523000
Tel：13412288478
0769－84246004

**广州新亿铸造有限公司**
地址：广东省广州市天河区珠村矮岗瀛联工业园 6 号
负责人：陈军
Tel：13688896107

**深圳晨瑞数控加工店**
业务：本公司成立于 2006 年，承接精密机械零件，五金配件加工。竭诚欢迎新老客户光临惠顾！
地址：广东省深圳市布吉镇雪象村吉华高新科技园 14 号
负责人：阳蒲瑞 邮 编：518129
法 人：阳蒲瑞
Tel：0755－28793170

**东莞市石碣裕新模具加工店**
业务：模具加工
地址：广东省东莞市石碣镇涌口村嘉怡街一巷 30 号
负责人：苏佐恩 邮 编：523000
法 人：苏佐恩
Tel：0769－86301676

**钟茂企业有限公司**
地址：广东省广州市新塘镇港口大道 140 号
负责人：谢小姐
Tel：020－82763677
13054405086

**广州市经济技术开发区荣业五金厂**
地址：广东省广州市燕岭元岗南兴花园康馨阁 903 号
负责人：李细妹
Tel：020－37083743

**东莞市石排张记机械加工店**
业务：机械加工
地址：广东省东莞市石排镇沙角工业区
负责人：张洪 邮 编：523003
法 人：张洪
Tel：0769－81360103
E-mail：zhanghongyf@163.com

**广州市康博传动机械有限公司**
地址：广东省广州市越秀区越秀北路 434 号五楼
负责人：张淑玲
Tel：020－83517679

**深圳市凤凰建设机械城有限公司**
业务：深圳市凤凰建设机械城有限公司主要产品有挖土机、推土机等建设机械类。欢迎各方客户惠顾。
地址：广东省深圳市宝安区罗湖区美景大厦南座 23H
邮 编：518020
法 人：林界群
Tel：0755－25625830
Fax：0755－61182599

**广州市金中机电工程有限公司**
地址：广东省广州市增城市荔城街荔兴路 51 号 102 号之一
负责人：莫志雄
Tel：020－82647088

**东莞市塘厦明权模具加工厂**
业务：模具设计、加工
产品：航模、头盔模具
地址：广东省东莞市塘厦镇龙背岭幸福路（北）129 号
负责人：刘绍明 邮 编：523003
法 人：刘绍明
Tel：0769－82001762
82001763
13825798052
Fax：0769－82001761

**广州市增城新塘屹峰五金电动工具经营部**
地址：广东省广州市增城市新塘镇碧桂园凤凰城凤仪苑 1 街 13 幢 303 房
负责人：张海
Tel：020－82801492
13928911791

**国泰五金加工部**
地址：广东省惠州市惠城区陈江镇胜利牛岭村
负责人：苏带好
Tel：0752－3797599

**东莞市塘厦佳杰塑胶模具厂**
业务：塑胶模具加工
地址：广东省东莞市塘厦镇石马韩屋 1 号
负责人：赖焕朋 邮 编：523003
法 人：赖焕朋
Tel：0769－87980328

**深圳市海德威五金制品有限公司**

业务：本公司专业生产五金冲压件、自动车床加工件、锌合金压铸件、标准及非标准螺丝、螺母等五金配件。"品质，服务，诚信"是我们不断追求完善的企业理念，并且始终贯穿于产品开发设计，生产制造，装配检查，直到合格的产品及时送到您手中。
地址：广东省深圳市龙岗区南约联和工业区A23幢
负责人：孙侠……邮　编：518116
法　人：孙侠
Tel：0755－89900180
Fax：0755－89901375

**惠州毅隆焊接机械设备工程公司**
地址：广东省惠州市惠城区水口镇大湖溪大湖花园
负责人：卢义
Tel：0752－2304540
13928305658

**东里中兴缝纫机配件厂**
地址：广东省汕头市澄海区东里镇
负责人：吴顺海
Tel：0754－85752901

**东莞市塘厦新古塑胶五金制品加工厂**
业务：塑胶五金制品加工、销售
地址：广东省东莞市塘厦镇石马莲塘角工业区25A号
负责人：蒙青余　邮　编：523003
法　人：蒙青余
Tel：13650425305
0769－82037566

**澄海华虹真空镀膜厂**
地址：广东省汕头市澄海区凤翔街道东湖池仔角
负责人：林耀华
Tel：13902702468

**深圳市久辉五金制品有限公司**
业务：深圳市久辉五金制品有限公司成立于2005年，从事各种规格螺丝的生产及销售。欢迎来电垂询！
地址：广东省深圳市龙岗区横岗安良三角龙工业区安兴路5号1楼
邮　编：518155
法　人：陈安华
Tel：0755－28860278
Fax：0755－28682254

**恒隆五金制品有限公司**
地址：广东省汕头市澄海区盐鸿镇下洋顶片工业区
负责人：林悦欢
Tel：13502716101

**金茂弹簧加工店**
业务：五金、弹簧（手机弹簧、相机弹簧、家用电器弹簧等）加工及销售
地址：广东省东莞市塘厦镇石潭埔塘虱龙北街35－36号
负责人：魏伴权　邮　编：523000
法　人：魏伴权
Tel：13929233878
0769－82626831
82626813
Fax：0769－82626831

**松美五金制罐有限公司**
地址：广东省汕头市金平区金华街2号
负责人：杨育美
Tel：0754－88673886
13829618468

**金园区东兴佳利模具厂**
地址：广东省汕头市金园区南墩工业区41幢一座16－20格
负责人：汤利
Tel：0754－88678933

**东莞雄鹰油漆调色喷涂机械翻新服务公司**
业务：专业上门服务：注塑机、发电机、车床、流水线、铝合金、新旧机械等，专业喷漆、翻新工程，专业承接汽车砂板喷漆、快速修补、快速全车翻新。
地址：广东省东莞市塘厦镇塘厦西路160号
负责人：古云华　邮　编：523003
法　人：古云华
Tel：13751294116
13202686619
0769－82991089
Fax：0769－82019126

**深圳市奇岳机电工程技术有限公司**
业务：深圳市奇岳机电工程技术有限公司主营中央空调工程、照明系统工程、发电机全自动供电系统工程，及机电设备的销售、维修保养服务。竭诚为新老客户提供最满意的产品和更贴心的服务。
地址：广东省深圳市宝安区龙华民治农贸市场3楼－301室
负责人：王明……邮　编：518131
法　人：王明
Tel：0755－28169263
21135547

网址：mtw28906

**汕头市达诚机械有限公司**
地址：广东省汕头市升平工业区安居路28号（安居工程后面）
负责人：卢臻辉
Tel：0754－82518856
13076367586

**东莞市莞城廖辉机电经营部**
业务：主要以日本三菱、ABB、施耐德、士林、电器、梅兰日兰为主
地址：广东省东莞市莞城环中路86号
负责人：廖亚辉　邮　编：523003
法　人：廖亚辉
Tel：13827236172
0769－22311442
网址：http://www.dgliaohui.com/

**双美印刷机械商行**
地址：广东省深圳市宝安43区安路工业园B幢首层
负责人：王志金
Tel：0755－27889743
13502868771

**和信精密器材激光刀模**
地址：广东省深圳市宝安82区自由六队工业区4幢3楼西侧
负责人：张江河
Tel：0755－27367577
13825245658

**东莞市万江中原启动机械经营部**
业务：0.5到300吨电动单双梁起重机，电动葫芦零配件
地址：广东省东莞市万江区石美社区高基楼15号一楼铺位
负责人：王金向　邮　编：523003
法　人：王金向
Tel：13650477358
0769－22710695

**四会市鹰头五金制品有限公司**
业务：本公司主要生产"鹰头牌"卫浴洁具，畅销海内外。公司以自行开发、设计、生产、销售为一体。还专业生产锌基合金材料，配备压铸、静电喷涂及各类五金产品加工。坚持"以人为本，以质取胜"的宗旨，不断发展，不断创新，深受客户好评。欢迎恳谈合作与来料加工。
地址：广东省四会市南江工业园南江大道鹰头五金制品有限公司
负责人：刘满华……邮　编：526241
法　人：刘满华
Tel：0758－3138321
网址：www.yingtou.gd.cn

**深圳市拓邦特机电有限公司**
地址：广东省深圳市宝安区30区前进路冠利达大厦2101室
负责人：巩丽娜
Tel：0755－27789056

**东莞市望牛墩浩瀚模具厂**
业务：模具生产、加工、销售
产品：头盔模、安全帽
地址：广东省东莞市望牛墩镇下漕村望洪路段
负责人：郑红阳　邮　编：523003
法　人：郑红阳
Tel：13922883565
0769－88562092

**深圳市百英激光科技有限公司**
地址：广东省深圳市宝安区44区兴华一路1号五楼B
负责人：田勇
Tel：13044359250

**创光五金交电总汇**
地址：广东省深圳市宝安区49区东山收燕对面
负责人：张立乔
Tel：13077838889

**广东省东莞市谢岗粤桂刀模加工厂**
业务：专业从事各类刀模加工兼售刀模材料，我们将以最优质的产品，最优惠的价格竭诚为您服务
产品：印刷木样刀模（激光刀模），精密电子刀模，蚀刻模，雕刻模等
地址：广东省东莞市谢岗镇大龙工业区
负责人：钟记英　邮　编：523000
法　人：吴胡其
Tel：0769－87632181
Fax：0769－87632181
E-mail：fujian.6888@163.com

**添富五金制品厂**
业务：本厂成立于2005年，主要加工销售铆钉、螺丝。产品质量保证，价格合理，欢迎新老客户来电洽谈业务！
地址：广东省东莞市长安镇冲头工业区龙泉路3－4号
负责人：黄敬彬……邮　编：523851
法　人：黄敬彬
Tel：0769－22940003
Mobile：13620057683

**裕信自动化设备（深圳）有限公司**

地址：广东省深圳市宝安区72区留仙三路甲岸工业大厦A座1楼
负责人：周志文
Tel：0755－27865520

**东莞市谢岗发勇五金配件加工店**
业务：五金配件加工
产品：衣帘挂钩，窗帘挂钩
地址：广东省东莞市谢岗镇第三工业区
负责人：邱发勇　邮　编：523003
法　人：邱发勇
Tel：13412497998
0769－87136648

**深圳市宝安区沙井旺泰精密模具加工厂**
地址：广东省深圳市宝安区9区宝民一路白金酒店公寓2118室
负责人：汪建军
Tel：13501572506

**深圳市宝安区鸿翔兴五金机电经营部**
地址：广东省深圳市宝安区宝城34区弘雅花园16栋706号
负责人：孙文让
Tel：0755－27852039

**东莞市樟木头人合模具五金加工店**
业务：经营各种模具配件、模具、各种刀具、机器用油砂轮等
地址：广东省东莞市樟木头镇圩镇泰安路183号一楼
负责人：李长建　邮　编：523000
法　人：李长建
Tel：13215181111
0769－87703548
87706549

**新力五金厂**
业务：新力五金厂主要销售铰链，历所来一直得到客户好评。我厂产品"价格实惠，选材优质"，欢迎新老客户光临，惠顾！
地址：广东省高要市金利镇江边工业区
邮　编：526100
法　人：唐庆祥
Tel：0758－8598033
Fax：0758－8598133
网址：www.mtw25814.chinapyp.com

**成虎精密模具塑胶制品厂**
地址：广东省深圳市宝安区宝城35区A5栋一楼
负责人：杨智成
Tel：0755－27966529
13823243185

**东莞市樟木头信昊电脑锣加工店**
业务：电脑锣加工
地址：广东省东莞市樟木头镇裕丰石壁村1巷13号
负责人：黄有志　邮　编：523003
法　人：黄有志
Tel：13751385316
0769－87182036

**新安裕豪五金商行**
地址：广东省深圳市宝安区宝城35区新安四路102号
负责人：林俊斌
Tel：0755－27670828
81556528

**新安晶矽科技有限公司**
地址：广东省深圳市宝安区宝城40区2号厂房A栋三楼
负责人：付志刚
Tel：0755－27883274
27883273
13352977553

**佛山市禅城区创胜五金电气服务部**
业务：五金电气经营
地址：广东省佛山市禅城区东升田边街3号首层之二
负责人：李定胜　邮　编：528000
法　人：李定胜
Tel：0757－82292321
Fax：0757－82292321

**佛山市禅城区恒斯美克五金厂**
业务：五金加工、制作、销售
产品：卫浴、家用用的不锈钢支架，商场货架
地址：广东省佛山市禅城区张槎街道大江江海横路2号
负责人：罗伟雄　邮　编：528000
法　人：罗伟雄
Tel：13543671662
0757－82010373
Fax：0757－82010373

**新圩建伦五金制品厂**
业务：新圩建伦五金制品厂是一家专业从事五金制品制造及销售的企业，主要产品有餐桌椅、电视柜等。欢迎来电洽谈业务。

地址：广东省惠州市惠阳区新圩镇红卫村
邮　编：512600
法　人：梁益义
Tel：0752－5999193
Fax：0752－3622955

**新安振雄模具经营部**
地址：广东省深圳市宝安区宝城73区1栋303号
负责人：何志荣
Tel：13602501511

**新安华贸五金制品厂**
地址：广东省深圳市宝安区宝城82区华丰科技园第5区
负责人：肖小姐
Tel：0755－27447852

**佛山市高明区杨和镇潍鑫达机电维修部**
业务：机电维修
地址：广东省佛山市高明区杨和镇独岗开发区牌坊侧
负责人：曾祥育　邮　编：528000
法　人：曾祥育
Tel：13535713646

**阳春市天成五金机电有限公司**
业务：阳春市天成五金机电有限公司主要经营五金交电、机械配件、橡胶制品，欢迎新老顾客来函来电垂询！
地址：广东省阳江市阳春市南新大道73号
负责人：赖明道……邮　编：529600
法　人：赖明道
Tel：0662－6162101
6162398

**新安合立五金配件经销部**
地址：广东省深圳市宝安区宝城82区裕丰十三巷2号一楼东铺
负责人：虞鲁杰
Tel：0755－27958952
13715215296

**佛山市南海区大沥泽恩金属材料经营部**
业务：金属材料批发零售
地址：广东省佛山市南海区大沥广佛路凤池装饰市场二期F2座4号
负责人：王锐杰　邮　编：528000
法　人：王锐杰
Tel：0757－81188538

**铭德五金精密加工部**
地址：广东省深圳市宝安区福永镇白石厦西区北环路29号
负责人：杨万华
Tel：0755－27372135
13823618971

**协诚动力机电贸易行**
地址：广东省深圳市宝安区福永镇白石厦西区北环路30号
负责人：谭术林
Tel：0755－27383415
13928435089

**佛山市南海区大沥红胜铝材设备厂**
业务：生产与销售铝材切割机
产品：铝材切割机
地址：广东省佛山市南海区大沥桂和路水头段东侧商铺北起第三间
负责人：康毅　邮　编：528231
法　人：康毅
Tel：13794002655
Fax：0757－85511411
E-mail：91259352@qq.com

**阳东县广华刀剪实业有限公司**
业务：本公司专业生产剪刀、美容器械、塑料产品，具有多年生产五金产品的经验，产品品种繁多，工艺先进，品质上乘。产品远销国内、外等30多个国家，深受客户的喜爱，欢迎各界客户洽谈业务。
地址：广东省阳江市阳东县第三民营工业小区XJ3－2
邮　编：529500
法　人：黄光参
Tel：0662－6112038
Fax：0662－6112039
网址：www.ghklkl.com

**新安自强五金弹簧厂**
地址：广东省深圳市宝安区福永镇白石巷新潭工业区第二栋一楼
负责人：屈义刚
Tel：13609611438

**佛山市南海区大沥陆荣五金店**
业务：五金日用品
地址：广东省佛山市南海区大沥游中李潘电器街39号铺
负责人：范志达　邮　编：528000
法　人：范志达
Tel：13824539368
0757－83666396

**嘉宝达弹簧五金厂**
地址：广东省深圳市宝安区福永镇翠岗工业园1区6栋2楼

负责人:吴长春
Tel:0755－27332886
13714268075

**同心模具厂**
地址:广东省深圳市宝安区福永镇凤凰村第二工业区 A03 栋首层
负责人:杨映
Tel:0755－27360922
13714547219

**佛山市南海区盛誉电动设备厂**
业务:电镀设备
产品:滚镀,挂镀,PP 槽,PVC 槽,整流机,冷水机
地址:广东省佛山市南海区大沥镇凤雅工业区 32 号
负责人:陈华辉　邮　编:528200
法　人:陈华辉
Tel:13923167662
Fax:0757－85526601

**阳东县凯腾五金制品有限公司**
业务:公司始建于 1997 年,从事五金制品的专业生产企业,主要生产小刀系列产品,热诚欢迎海内外客商来函、来样定制,并随时恭候阁下莅临参观和洽谈业务。
地址:广东省阳江市阳东县东城镇金山小区 HF4 号
负责人:庞健雄　邮　编:529931
法　人:庞健平
Tel:0662－6610000
Fax:0662－6610999

**和盛五金压铸厂**
地址:广东省深圳市宝安区福永镇桥头村万延工业区榕树路 351 号
负责人:周飞跃
Tel:0755－27305124
13823178093

**广东省佛山市南海区丹灶谢平五金厂**
业务:专业生产五金饰品,产品包括各类撞钉、鸡眼、帆布圈及手袋、鞋类、服装、玩具、皮包、皮带、家具等五金配件,欢迎广大客户来电洽谈订购,来图订做,谢谢!
地址:广东省佛山市南海区丹灶横江心溪
负责人:谢平　邮　编:528216
法　人:谢平
Tel:0757－85430252
13630151897
Fax:0757－85430252

**金裕仁实业有限公司**
地址:广东省深圳市宝安区福永镇桥头榕树路工业区 1 栋
负责人:苏小姐
Tel:0755－27304499

**深圳市连发机电设备有限公司**
地址:广东省深圳市宝安区福永镇西沙河路白夏大厦 621 室
负责人:雷子军
Tel:0755－27362783

**佛山市南海区丹灶镇凯贵模具厂**
业务:铝合金、锌合金、塑料模具加工
地址:广东省佛山市南海区丹灶镇东联向南村 2 号
负责人:旦凯　邮　编:528216
法　人:旦凯
Tel:13528955704
0757－86607403
18675714899

**东仕达机床有限公司**
地址:广东省深圳市宝安区福永镇新田村稔田塘仔工业区 B 幢一层
负责人:杨华
Tel:13316955388

**盛兴隆五金店**
地址:广东省深圳市宝安区福永镇兴围村 4 队兴业街 118 号
负责人:江崇钦
Tel:0755－27459080
13129589467

**佛山市南海区丹灶品力五金制品厂**
业务:出口篮球架、烫发工具;加工家具配件小五金
产品:篮球架、烫发工具
地址:广东省佛山市南海区丹灶镇荷村跃龙工业区
负责人:杨猛　邮　编:528000
法　人:杨猛
Tel:13435465561
0757－85414606
Fax:0757－85414606
E-mail:yangmen@163.com

**阳东县铭恒刀剪制品有限公司**
业务:阳东县铭恒刀剪制品有限公司是专业生产高质量文用剪、花边剪、打孔器等五金塑料制品的专业厂家。产品美观耐用,深受消费者喜爱。年生产能力为 2000 万把,产品 90% 远销欧美、日韩、港奥台地区。为使中国五金剪刀在世界制造业中竞到一席之地,公司致力于提升自身的管理水平和产品质量,导入 ISO9001:2000 质量管理体系对公司进行系统化管理,向更新更高的层次迈进。
地址:广东省阳江市阳东县雅韶镇前进工业区外众山
负责人:梁树伟　邮　编:529943
法　人:梁树伟
Tel:0662－6793611

**深圳市宝安区恒益顺精密模具厂**
地址:广东省深圳市宝安区福永镇兴围村工业 1 路 3 号
负责人:汪建祥
Tel:0755－27457826

**阳江市飞鹅雪茄刀剪实业有限公司**
业务:本公司是是国内一家专业雪茄刀剪及烟斗工具生产厂家,款式设计新颖、品种多样化,产品不断推陈出新,赢得了国内外广大客户的信赖与好评,产品遍布全国各地以及世界各地。竭诚与各贸易界人士友好合作共赢,共求发展。
地址:广东省阳江市雅韶镇前进工业区
邮　编:529500
法　人:袁里红
Tel:0662－6793288
Fax:0662－6793222

**佛山市南海区丹灶镇久流五金加工店**
业务:五金制品加工
地址:广东省佛山市南海区丹灶镇金沙联沙沙墩胡村开发区铺位 A7 号
负责人:陈汉才　邮　编:528000
法　人:陈汉才
Tel:0757－88727912

**深圳市泰升电业有限公司**
地址:广东省深圳市宝安区公明街道长圳村长兴工业城 2 栋 4 楼
负责人:霍毅
Tel:0755－27179209

**深圳市工大贸易有限公司**
地址:广东省深圳市宝安区公明镇长春花园 29 幢 502 室
负责人:王昭斐
Tel:0755－27734891
13809899175

**佛山市南海区丹灶利久五金制品厂**
业务:加工产销五金制品
产品:专业撞钉,蘑菇钉,鸡眼,爪珠,合金,手袋,皮革配件
地址:广东省佛山市南海区丹灶镇金沙联沙上良掘岭地东边第 4 号
负责人:李利光　邮　编:528223
法　人:李利光
Tel:0757－86604289
Fax:0757－86604289

**宏源五金电器店**
地址:广东省深圳市宝安区公明镇长春路 53 号
负责人:朱秋碧
Tel:0755－27101662

**义锋数控设备厂**
业务:我厂是一家中台合资专业数控机械制造企业,是集研发,制造成数控车床的专业厂家,公司实力雄厚,拥有一支掌握先进专业技术的队伍。借鉴国内外先进制造技术,利用精密加工设备,制造成各类型具有高效就绪,高性价比,高稳定性的精密数控车床。
地址:广东省中山市小榄镇永宁菊城大道西中永第二工业区
负责人:冶朝阳　邮　编:528415
Tel:0760－2262529
2262856
Fax:0760－2262856
网址:http://www.yifeng－cnc.com/

**佛山市南海区丹灶镇吕力五金厂**
业务:生产、加工和销售钥匙圈、钥匙配饰、链条、扭线扣
产品:钥匙圈、钥匙配饰、链条、扭线扣
地址:广东省佛山市南海区丹灶镇金沙联沙中洲开发区
负责人:吕裕锋　邮　编:528000
法　人:吕裕锋
Tel:0757－86608622
网址:http://ll980.cn.alibaba.com

**新兴华五金厂**
地址:广东省深圳市宝安区公明镇茨田埔村松明工业区
负责人:谢易
Tel:0755－27411266
13823711546

**科美五金行**
地址:广东省深圳市宝安区公明镇合水口柏溪路一楼 26 号
负责人:王冰
Tel:0755－27730319
13714526216

**佛山市南海区丹灶镇连洪压铸机配件店**
业务:压铸机配件生产、批发、维修
地址:广东省佛山市南海区丹灶镇金沙联沙洲地大街 48 号
负责人:廖洪伟　邮　编:528000
法　人:廖洪伟
Tel:0757－85437244

**深圳市宝安区益升五金制品开发部**
地址:广东省深圳市宝安区公明镇合水口工业区 735 号
负责人:黄健
Tel:0755－27111647

**中山市古镇博得兴五金加工厂**
业务:本厂成立于 2005 年,主要加工、销售五金灯饰。我们愿与业界各位精诚合作,一起携手共创辉煌。因为有您的支持,我们会更专业的为您服务!
地址:广东省中山市古镇曹二工业区东岸东路 33 号
负责人:谭华荣　邮　编:528400
法　人:谭华荣
Tel:0760－6985055
Fax:0760－6985055

**佛山市南海区丹灶镇曙添模具加工店**
业务:承接:各种塑料、压铸模具设计制造,塑料、压铸产品生产加工
地址:广东省佛山市南海区丹灶镇联沙洲头工业区南北大道 8 号铺
负责人:梁承峰　邮　编:528000
法　人:梁承峰
Tel:13543622907
0757－85439517
Fax:0757－85439517

**裕荣兴王金拉链(深圳市)有限公司**
地址:广东省深圳市宝安区公明镇甲子塘村第二工业区第四幢
负责人:蔡荣山
Tel:0755－27173381
13332931338

**聚鑫五金制品加工厂**
地址:广东省深圳市宝安区公明镇甲子塘二巷 12 号
负责人:李大军
Tel:0755－27173385

**佛山市南海区丹灶镇龚友才五金加工店**
业务:专业车件加工及销售:灯饰、拉手、家具、汽车配件等
地址:广东省佛山市南海区丹灶镇罗行杜家高田开发区麦惠珠商铺 3 号
负责人:龚友才　邮　编:528233
法　人:龚友才
Tel:15815654189
0757－88728482

**闽辉五金电器有限公司**
地址:广东省深圳市宝安区公明镇建设西路供销社工业区
负责人:李碧潭
Tel:0755－27105155
13823797135

**中山市黄圃镇利和塑料五金厂**
业务:我公司座落在交通便利的珠江三角洲城市－中山市,主要生产电风扇、电压力锅、电磁炉、抽油烟机等小家电的电源线配件。我们热忱希望与广大客户进行合作!我们将以优质的产品质量和优良的服务,为您的产品提供有利保障!
地址:广东省中山市黄圃镇大雁工业区神飞路
负责人:董友平　邮　编:528429
Tel:0760－3224188

**佛山市南海区丹灶聪胜五金制品厂**
业务:五金制品的生产和销售
地址:广东省佛山市南海区丹灶镇上安村中坊开发区
负责人:欧阳胜建　邮　编:528000
法　人:欧阳胜建
Tel:0757－86600428
13760978798

**深圳市宝安区公明盛业五金店**
地址:广东省深圳市宝安区公明镇将石村将围
负责人:孙建琻
Tel:0755－27131654
13692160866

**顺益五金厂**
地址:广东省深圳市宝安区公明镇将石村南庄工业园 2 幢
负责人:李岳文
Tel:0755－27127012
13502827762

**中山市南区奇鸣华五金机械加工厂**
业务:本公司成立于 2003 年,是一家主要生产中空板机、气珠膜机、吹膜机、印刷机等塑料包装机械的厂家。竭诚欢迎广大客户来电洽谈业务!
地址:广东省中山市南区恒美恒洋中路 36 号
负责人:王均国　邮　编:528455
法　人:王均国
Tel:0760－8687526
8317526

**佛山市南海区丹灶卓发模具加工店**
业务:集研发、设计、制造为一体,专业从事机械模具加工制作业务。技术专业,经验丰富,设备精良,我们秉承诚实、守信、专业、共赢的经营理念竭诚为您服务。
产品:金属压铸模具,锌合金压铸模具,铝合金压铸模具,塑料、五金模具
地址:广东省佛山市南海区丹灶镇西联村西联开发区前排北起第一座
负责人:刘玉发　邮　编:528200
法　人:刘玉发
Tel:0757－85418256
13690172498
Fax:0757－85418256
E-mail:lieyifa@163.com

**深圳市隆吉维斯五金有限公司**
地址:广东省深圳市宝安区公明镇将石村下石家恒兴工业城第 14 栋低层
负责人:蒋锡林
Tel:0755－27555650
13502882013

**佛山市南海区丹灶盈和达五金制品厂**
业务:五金冲压、加工
产品:灯饰
地址:广东省佛山市南海区丹灶镇中安村中安小学西工业小区
负责人:麦永欣　邮　编:528000
法　人:麦永欣
Tel:13902426900
0757－86603310

**宏源五金模具店**
地址:广东省深圳市宝安区公明镇将石村新围 106 号
负责人:朱小行
Tel:0755－27127863
13662685515

**富翔五金模具制品厂**
地址:广东省深圳市宝安区公明镇将石石围坪岗工业大道 24 号第一栋
负责人:陈宁华
Tel:0755－27131836
13510290041

**佛山市南海区官窑广晟祥不锈钢厂**
业务:加工与销售不锈钢产品
产品:加工压延不锈钢制管带、抛光带、冲压带、弹簧带、元棒、无缝管、配件等
地址:广东省佛山市南海区官窑沙头路口(佛山特殊钢有限公司厂内)
负责人:李卜兴　邮　编:528000
法　人:李卜兴
Tel:0757－85800671

**中山市三角镇健邦清垢防垢设备厂**
业务:中山市三角镇健邦清垢防垢设备厂成立于 2004 年,专业从事清垢防垢器的生产、销售、安装一条龙服务,以质量求生存,以信誉求发展,竭诚欢迎广大有意之士来电来函、咨询订购!
地址:广东省中山市三角镇东润华庭盈逸台 1 栋 101 号
负责人:谢美洲　邮　编:528445
法　人:谢美洲
Tel:13078693328
Fax:0760－5401592

**将升模具设计部**
地址:广东省深圳市宝安区公明镇将围村第二排十一号
负责人:刘奎希
Tel:0755－27157586
13714767459

**佛山市南海区灿狼五金制品有限公司**
业务:散热器、功放面板、灯饰、音响外壳、卫浴
产品:铝制品配件
地址:广东省佛山市南海区桂城三山大坊工业区
负责人:梁镜成　邮　编:528251
法　人:杨峰
Tel:13060760169
0757－81275098
Fax:0757－81275063
网址:fscanlang.cn.alibaba.com
E-mail:yugu

**普兰机电设备有限公司**
地址:广东省深圳市宝安区公明镇蒋石蒋围新

村 11 号
负责人：应海泉
Tel：0755－27540445
13802559507

**深圳市宝安区公明百事通模具销售部**
地址：广东省深圳市宝安区公明镇经济发展总公司第三工业区 6 幢一楼
负责人：刘建文
Tel：0755－27157209
27739509
13316555859

## 佛山市南海区金昕五金制品厂
业务：锁、铝制品等五金制品生产销售
地址：广东省佛山市南海区黄岐泌冲地磅后面自编 16 号
负责人：王映军 邮编：528248
法人：王映军
Tel：13927738712
0757－85914899

**中山市小榄镇建大锁具制品厂**
业务：本公司成立于 2004 年，主要生产销售各种高级不锈钢，铜材豪华执手锁，磁卡，密码锁，球型门锁。竭诚欢迎新老客户来电洽谈业务！
地址：广东省中山市小榄镇民安北路北区工业 B 区 7 号之三
负责人：莫增执 邮编：528415
法人：莫增执
Tel：0760－2101526
Fax：0760－2101576

**永屹电机有限公司**
地址：广东省深圳市宝安区公明镇经济发展总公司第一工业区第四号
负责人：王长鹏
Tel：0755－27731609
13501579871

## 佛山市南海九江长鑫五金加工厂
业务：五金加工
地址：广东省佛山市南海区九江镇上东村新建队
负责人：肖长青 邮编：528000
法人：肖长青
Tel：13690516798
13790027946

**公明太工机械厂**
地址：广东省深圳市宝安区公明镇李松朗桥头太工机械厂
负责人：郝太平
Tel：0755－27126901
13600441282

**深圳市华伦电机有限公司**
地址：广东省深圳市宝安区公明镇马山头第六工业区 2A 栋 3 楼
负责人：胡福根
Tel：0755－27111449
13823157981

## 泉利五金制品厂
业务：自动车床五金件加工，可根据客户需求订做各种非标螺丝、螺母，品种齐全，技术先进，诚实守信是我们经营的根本，我们期待与您的真诚合作！
产品：压铆螺母、螺母柱、螺丝、种焊螺母柱等系列产品
地址：广东省佛山市南海区里水里广路 23 号
负责人：陈亦建 邮编：528244
法人：郭英莲
Tel：0757－89966369
Fax：0757－85617220
E-mail：shijingfeng@163.com

**邦钰紫外线机械设备经销部**
地址：广东省深圳市宝安区公明镇上村园山工业区
负责人：卢启荣
Tel：13686471453

**中山市小榄镇鑫正机械销售部**
业务：中山市小榄镇鑫正机械销售部成立于 2004 年，主要从事于机械销售。欢迎新老客户光临，惠顾！
地址：广东省中山市小榄镇绩东一小榄德来村商业楼 B 座鑫正机械
负责人：陈晓 邮编：528415
法人：陈晓
Tel：0760－2106951
Fax：0760－3824258

## 佛山市南海区里水泉利五金制品厂
业务：五金制品
地址：广东省佛山市南海区里水镇里广公路 23 号
负责人：石金峰 邮编：528000
法人：石金峰
Tel：13923205204
0757－89966369

**深圳市宝安区公明佳俊五金加工厂**
地址：广东省深圳市宝安区公明镇塘家村塘兴路 40 号
负责人：吴盛斌

Tel：13502873019

## 佛山市南海正弘五金机械制造有限公司
业务：五金、机械制造
地址：广东省佛山市南海区罗村工业园麒岭路 7－2 号
负责人：李建勋 邮编：528000
法人：李建勋
Tel：13925943839
15820636233
网址：http://www.51zzt.com/user/zzt123694

**公明艾立德模具厂**
地址：广东省深圳市宝安区公明镇塘尾村塘祠路 2 号楼一楼
负责人：龙华丽
Tel：0755－27176586

## 佛山市南海铭发机械厂
业务：生产销售纸类包装设备
产品：纸类包装设备
地址：广东省佛山市南海区罗村桂丹路峨嵋墩公路站侧
负责人：何华存 邮编：528000
法人：何华存
Tel：13794097629
0757－86443469
Fax：0757－86443495

**深圳市宝安区公明镇百威锅炉配件服务部**
地址：广东省深圳市宝安区公明镇塘尾村鱼种塘二号 201 室
负责人：先志德
Tel：0755－27176718
13501567785

## 佛山市南海智多精五金机械厂
业务：生产，销售弯管机、卷板机
地址：广东省佛山市南海区罗村朗沙上朗工业园
负责人：王泽军 邮编：528000
法人：王泽军
Tel：13679734684
0757－86139552

**万峰正隆五金模具热处理厂**
地址：广东省深圳市宝安区公明镇田寮村第六工业区 27 幢
负责人：艾学文
Tel：13823241959

**珠海市星威五金制品有限公司**
业务：珠海市星威五金制品有限公司专业生产五金、钣金、五金模具、各种机箱、五金冲压件、不锈钢加工、机械加工，欢迎广大有意之士前来参观考察、洽谈业务。
地址：广东省珠海市香洲区前山镇南溪工业区 C9 栋
负责人：田磊 邮编：519000
法人：田磊
Tel：0756－2611759

## 佛山市南海区史润五金制品厂
业务：生产，销售活动板房、金属构件、金属制品
地址：广东省佛山市南海区狮山镇官窑七甫"石牛牯"（即永安大道东）
负责人：史路功 邮编：528000
法人：史路功
Tel：13690496668
0757－81190363

## 佛山市康迪盛汽车空调配件有限公司
业务：集科研开发、生产经营为一体，以生产汽车空调配件为主的厂家。我们将以先进的设备、成熟的技术、优惠的价格、优质的产品为客户提供真诚服务
产品：空调冷凝器、蒸发器、水箱
地址：广东省佛山市南海区狮山镇松岗大坑庄
负责人：张志军 邮编：528200
法人：饶学高
Tel：0757－85213316
Fax：0757－85213316－806
网址：www.hsautopart.com.cn
E-mail：K－D－S@163.com

## 佛山市雄麟焊业有限公司
业务：销售各种焊接材料
地址：广东省佛山市南海区狮山镇松岗大道南 13 号金叶阳光新城 36 座 A39 号
负责人：张志雄 邮编：528000
法人：张志雄
Tel：13288302283
0757－85224083

**鸿盛机械配件部**
地址：广东省深圳市宝安区公明镇田寮龙湾路 1 号
负责人：余向锋
Tel：13590252227

**安达精密机械零件加工厂**

地址：广东省深圳市宝安区公明镇田寮祥发气修厂 2 楼
负责人：项美海
Tel：0755－27197433

**铭源五金工艺制品厂**
地址：广东省深圳市宝安区公明镇西田第一工业区第一栋
负责人：刘世波
Tel：0755－27112619

**虹明五金模具经营部**
地址：广东省深圳市宝安区公明镇新围新村 39 号
负责人：沈宏
Tel：0755－27547417
13924658692

## 佛山市南海区西樵志业纺织机械配件店
业务：纺织机械配件经营
地址：广东省佛山市南海区西樵百东旧樵丹公路百东路 1 至 48 号铺
负责人：杨志伟 邮编：528000
法人：杨志伟
Tel：13702659578
13690303887

**深圳市兴永嘉五金制品有限公司**
地址：广东省深圳市宝安区观兰街道松元华侨之家
负责人：陈伏生
Tel：0755－21188560

## 佛山市南海区西樵琴辉五金厂
业务：生产、加工、销售五金产品，包括家具五金配件，汽车零配件，电子配件
产品：家具五金配件，汽车零配件，电子配件
地址：广东省佛山市南海区西樵联新八队
负责人：余会超 邮编：528000
法人：余会超
Tel：13590676881
0757－86857858
E-mail：943938288@qq.com

**深圳市宝安区榕煜五金制品厂**
地址：广东省深圳市宝安区观澜牛湖村裕新路南岳工业城
负责人：李辉煜
Tel：0755－27992387

**强记小五金**
地址：广东省深圳市宝安区观澜腾龙工业区
负责人：谢秀泳
Tel：0755－28058536
13602536113

## 佛山市南海富闰机械厂
业务：普通机械
产品：塑料机械、皮革机械、印刷机械、切割机械、压纹机械、壁纸机械、涂布机械
地址：广东省佛山市南海区西樵新河开发区
负责人：杨世和 邮编：528000
法人：杨世和
Tel：0757－88320061
Fax：0757－83623631
网址：http://www.51zzt.com/user/zzt36418

**深圳市宝安区观澜正大木工刀具加工店**
地址：广东省深圳市宝安区观澜镇大水坑观光路格黄工业区对面
负责人：袁晓东
Tel：0755－28164117
28054448
13510805391

## 佛山市南海区锦鹏机械厂
业务：专业致力于拉链中心线编织机及其零部件的研制、开发、生产和销售，提供售后服务及其它相关配套业务。本厂拥有精干专业的技术人才及精良的生产设备，产品质量优良，服务诚信周到，欢迎新老客户前来订购！
产品：拉链中心线编织机
地址：广东省佛山市南海区盐步横江沙海工业区 7 号
负责人：张鹏程 邮编：528200
法人：张鹏程
Tel：0757－81107778
13702993732
Fax：0757－81107779
E-mail：359499980

**深圳市宝安区观澜致远五金电子电线厂**
地址：广东省深圳市宝安区观澜镇大水坑佳田工业园务
负责人：刘经理
Tel：0755－28164051
13825242761

## 佛山市南海区里水辉业机电制冷维修工程部
业务：机电制冷维修
地址：广东省佛山市南海区里水镇和顺石塘大码头北街 1 号
负责人：李巧辉 邮编：528000
法人：李巧辉
Tel：0757－85105893
13760950999

**中港机电维修部**
地址：广东省深圳市宝安区观澜镇观澜大道 551 号
负责人：杨今庆
Tel：0755－27982617
13603035922

## 佛山市三水区西南街创达业五金厂
业务：服装纽扣
地址：广东省佛山市三水区金本州边三村南 11 巷 1
负责人：邓兴新 邮编：528000
法人：邓兴新
Tel：13690360888
0757－87571182

**华信机电工程公司**
地址：广东省深圳市宝安区观澜镇观平路观澜段 386 号一楼
负责人：黄元庆
Tel：13802224857

## 佛山市三水区乐平镇金阶彪五金店
业务：模具配件、五金交电、机用刀具、消防器材、劳保用品、电动、气动工具
地址：广东省佛山市三水区乐平镇三江大道 16 号首层 1、2、3 号铺
负责人：邓兰阶 邮编：528137
法人：邓兰阶
Tel：18928559448
0757－87386105
Fax：0757－87386105

**深圳市宝安区观澜荣星五金制品厂**
地址：广东省深圳市宝安区观澜镇桂花村庙溪工业区
负责人：胡翘腾
Tel：0755－27988787
13602654643

## 佛山市三水区西南街晨博五金厂
业务：制作与销售服装辅料、工字扣、合金、面板、订扣、五金、五铸件等等
产品：服装辅料、工字扣、合金、面板、订扣、五金、五铸件等等
地址：广东省佛山市三水区西南街金本洲边二村大园甘泉坑一巷 9 号之三
负责人：诸大琼 邮编：528000
法人：诸大琼
Tel：13724916558
0757－87511778
Fax：0757－87511768

**永盛隆五金部**
地址：广东省深圳市宝安区观澜镇横坑河四石场路 3 号
负责人：秦军
Tel：0755－28053949
13923758341

## 佛山市顺德区龙江镇勇吉五金店
业务：家具边角配件
地址：广东省佛山市顺德区 325 国道龙江段 102 号之二亚洲国际家具材料交易中心 C 区 2 排 31 号
负责人：王孝吉 邮编：528000
Tel：0757－28793226
28793225

**超达精密模具加工店**
地址：广东省深圳市宝安区观澜镇君子布君新路 128 号二楼
负责人：官旭明
Tel：0755－28161159
13600414615

## 佛山市顺德区北滘镇加利叉车配件经营部
业务：叉车配件零售
地址：广东省佛山市顺德区北滘镇广珠公路林头路段顺达楼 18 号铺
负责人：谢树才 邮编：528000
法人：谢树才
Tel：0757－22133949
22396650
13825571083
Fax：0757－22396650

## 欧凯气动元件经营部
业务：气动元件经营
地址：广东省佛山市顺德区大良金华一街二巷 1 号
负责人：朱增宇 邮编：528000
法人：朱增宇
Tel：13825563837
0757－22206357

**皇昌五金制品（深圳市）有限公司**
地址：广东省深圳市宝安区观澜镇牛湖村大水

田黄泥凹段
负责人:陈先生
Tel:0755－27987877
13929229167

### 佛山市顺德区陈村镇稚程模具厂

业务:生产、加工模具
产品:铝型材模具、工业类、家电类异型材模具、散热器模具等
地址:广东省佛山市顺德区陈村镇赤花居委会广隆工业区兴业三路2号之一
负责人:甘朝卫　邮编:528000
法人:甘朝卫
Tel:13531363348
Fax:0757－23817951
网址:www.51zzt.com/user/zzt32800
E-mail:zcmj238@163.com

**昌泰五金模具店**
地址:广东省深圳市宝安区观澜镇松元大布345号地下
负责人:李晓明
Tel:0755－29817780
13823500082

**坚锐木工刀具经营部**
地址:广东省深圳市宝安区观澜镇新田村新怡街18号
负责人:邓小霞
Tel:0755－27993206
13922814455

**合旺五金厂**
地址:广东省深圳市宝安区观澜镇新田麒麟工业区
负责人:叶栋良
Tel:0755－28056428
13530227329

### 佛山市顺德区大良跃新五金机械厂

业务:本厂是一家专业生产和销售辘骨《咬口》机,中、薄板放料机,收料机,校平《平直》机,电、手动折边机,电、手动卷板机,电、手动压筋机、电,手动绞边机,和非标机械等设计与制造。欢迎各界用户和朋友光临指导!
地址:广东省佛山市顺德区大良镇红岗甘源工业区五街五号
负责人:罗治兵　邮编:528300
法人:罗治兵
Tel:0757－22612420
22612410
Fax:0757－22612410
网址:http:www.fsyxwjjx.cn
E-mail:fsyxwjjx@163.com

**泰华五金店**
地址:广东省深圳市宝安区光明街道东区70栋1－2号
负责人:丘志华
Tel:0755－27409288
13502894220

**立冠机械配件商行**
地址:广东省深圳市宝安区建安路文汇农贸广场综合楼M栋M5－503房
负责人:郭勇
Tel:0755－27803752

### 佛山市顺德区均安镇翔兴整烫机械配件经营部

业务:机械配件的销售
地址:广东省佛山市顺德区均安镇星槎村长安路7号
负责人:陈绍军　邮编:528000
法人:陈绍军
Tel:13923231126
0757－25598897

**万通兴业金属材料有限公司**
地址:广东省深圳市宝安区经发大厦1210室
负责人:王奕务
Tel:13602684413

### 佛山市顺德区乐从镇雄仔五金加工厂

业务:五金加工
地址:广东省佛山市顺德区乐从镇腾冲兴业路3号
负责人:莫志雄　邮编:528000
法人:莫志雄
Tel:13724660563
0757－28781305
Fax:0757－28781305

### 佛山市顺德区勒流仁意模具加工店

业务:五金、塑料
地址:广东省佛山市顺德区勒流光大工业区
负责人:龚仁球　邮编:528000
法人:龚仁球
Tel:13727350100
0757－25556963

**富源昌五金经营部**
地址:广东省深圳市宝安区龙华大浪谭罗村鸿锦工业园1楼
负责人:欧阳本善
Tel:0755－29042115
29045549
13802581854

**泰达铭机械设备有限公司**
地址:广东省深圳市宝安区龙华街道办事处同胜社区上横朗第四工业区第二栋
负责人:梁新友
Tel:13501584243

**深圳市宝安区创益泾五金厂**
地址:广东省深圳市宝安区龙华街道大浪华盛工业区第一栋第二层
负责人:李计兵
Tel:0755－28105688

### 佛山市顺德区勒流桦壤五金机械厂

业务:生产、加工、销售
产品:环保空调机架、变压器线圈
地址:广东省佛山市顺德区勒流新安村新启杏良中路25号
负责人:曾培煜　邮编:528000
法人:曾培煜
Tel:13928281732
0757－23668591
Fax:0757－23668596

**龙华衡兴五金行**
地址:广东省深圳市宝安区龙华上油松村荔苑路93号
负责人:刘永良
Tel:0755－28066052
13332912102

**瑞华诚机电有限公司**
地址:广东省深圳市宝安区龙华镇赤岭头新一村12巷3号二楼
负责人:陈从斌
Tel:18926072658
28127565

### 佛山市顺德区伦教银滔木工机械厂

业务:专业生产涂胶机等木工机械
地址:广东省佛山市顺德区伦教三洲工业区
负责人:霍顺潮　邮编:528000
法人:霍顺潮
Tel:13434828868
0757－27735116

### 佛山市顺德区伦教和丰隆五金商行

业务:销售五金配件
地址:广东省佛山市顺德区伦教熹涌三坊路金钗街二巷1号
负责人:彭及向　邮编:528000
法人:彭及向
Tel:0757－28798113

**广东省深圳市宝安区龙华璐华模具五金店**
地址:广东省深圳市宝安区龙华镇大浪村华旺路商住楼三角地27号
负责人:龚德远
Tel:13590499798

**兴联达五金加工部**
地址:广东省深圳市宝安区龙华镇大浪村浪口二区88栋第一层之二
负责人:王华明
Tel:0755－28105589
13715386076

### 佛山市顺德区海创五金制造有限公司

业务:加工五金制品
地址:广东省佛山市顺德区容桂海尾见龙见兴路5号
负责人:何伟根　邮编:528000
法人:何伟根
Tel:13060778633
0757－28390322

**深圳市洪星华五金制品有限公司**
地址:广东省深圳市宝安区龙华镇大浪工业区美宝路68号(高速公路旁)
负责人:罗锦鸿
Tel:0755－28112299

### 佛山市顺德区通徽五金有限公司

业务:家具小配件
产品:橱柜、家具配套类走珠滑轨
地址:广东省佛山市顺德区容桂南区发昌路四横路3号首层
负责人:刘贤发　邮编:528000
法人:刘贤发
Tel:0757－26113181
Fax:0757－26108197

**深圳市宝安区龙华鑫隆精密五金制品厂**
地址:广东省深圳市宝安区龙华镇大浪金盈新村104号一楼
负责人:项鑫
Tel:0755－28174231
13077866013

**深圳市金泰兴精密五金模具配件厂**
地址:广东省深圳市宝安区龙华镇二上早新村369号
负责人:刘志辉
Tel:0755－28116570

### 佛山市顺德区容桂润兴五金塑料经营部

业务:专营生铁粉、生铁铸件、生铁铸造兼营各种塑料制品
地址:广东省佛山市顺德区容桂容里云端大街29号首层之一
负责人:杨自昭　邮编:528000
法人:杨自昭
Tel:13927256196
0757－26118369
Fax:0757－26118369

**瑞丰达精密五金元件厂**
地址:广东省深圳市宝安区龙华镇工业东路139号厂房二三楼
负责人:李义华
Tel:0755－28151164
13925295597

**海天五金机件配件门市部**
地址:广东省深圳市宝安区龙华镇锦绣花园A栋111号
负责人:陈恒香
Tel:0755－27707089
13622321308

### 佛山市顺德区容桂壮锋不锈钢制品经营部

业务:炉具配件销售
地址:广东省佛山市顺德区容桂镇新地塘大围路8号
负责人:张壮锋　邮编:528000
法人:张壮锋
Tel:13715437901
0757－26113358
Fax:0757－26113358

**龙华同胜友联五金塑胶厂**
地址:广东省深圳市宝安区龙华镇赖屋山村
负责人:黄炳贵
Tel:0755－28176318
13823191302

**佳诺佳模具厂**
地址:广东省深圳市宝安区龙华镇龙观东路聚才大厦旁特发信息厂房
负责人:王学军
Tel:0755－28114958
13322933626

### 盈利达金属制品厂

业务:专业生产五金制品,丰富的经验与专业技术为你提供优质产品与配件,期待与您真诚的合作,共图发展、共谋双赢!
产品:浴室夹、玻璃门配件、淋浴房配件
地址:广东省高要市金利镇金二工业区
负责人:黄志敏　邮编:526105
法人:黄志敏
Tel:0758－6123303
13827535111
Fax:0758－8575303

**深圳市宝安区龙华精密达弹簧五金厂**
地址:广东省深圳市宝安区龙华镇龙观西路135号
负责人:陈振兴
Tel:0755－27043117
13651485847

**天威工业器材有限公司**
地址:广东省深圳市宝安区龙华镇龙胜A区第8幢1楼
负责人:胡天天
Tel:0755－28104271
13802569472

### 高要市金利镇豪程金属制品厂

业务:家具五金配件的加工与销售,冲压件加工
产品:拉手
地址:广东省高要市金利镇金三工业区
负责人:唐少英　邮编:526100
法人:唐少英
Tel:0758－8570612
8574335

**业嘉五金(深圳市)有限公司**
地址:广东省深圳市宝安区龙华镇龙胜村正坑尾工业区
负责人:郭碧华
Tel:0755－28126299
13825226973

**龙华东圣五金压铸厂**
地址:广东省深圳市宝安区龙华镇龙胜工业区侧一号(胜华小学斜对面)
负责人:周凌云
Tel:0755－28145796
13923460742

### 高要市金利镇永超五金厂

业务:五金
产品:楼梯、扶手
地址:广东省高要市金利镇新中心城区
负责人:潘基生　邮编:526040
法人:潘基生
Tel:0758－8593698
13822638871
Fax:0758－8593697

**志成达机床设备配件商行**
地址:广东省深圳市宝安区龙华镇牛地埔村东区41栋3楼
负责人:吴贵志
Tel:0755－28062617
13544027629

**深圳市宝安区龙华冠艺模具厂**
地址:广东省深圳市宝安区龙华镇鹊山工业区
负责人:王福权
Tel:13509676070

### 高要市金利镇精成线割厂

业务:模具加工
地址:广东省高要市金利镇新中心城区材料街
负责人:陈美银　邮编:526100
法人:陈美银
Tel:13824611505
0758－8594298

**荣华五金店**
地址:广东省深圳市宝安区龙华镇人民路保龄球广场斜对面荣华五金店
负责人:林荣海
Tel:0755－27700056
13802235342

**腾达模具五金店**
地址:广东省深圳市宝安区龙华镇三合村石观工业区
负责人:滩金和
Tel:0755－28136796
13602548586

### 高州市宝光正毅防护劳保五金工具购销部

业务:劳保五金购销售
地址:广东省高州市宝光路46号
负责人:梁永滔　邮编:525000
法人:梁永滔
Tel:0668－6586718
Fax:0668－6612070
网址:http://xyzhenlong.cn.alibaba.com
E-mail:LY8322773@sina.com

**利盛五金螺丝模具厂**
地址:广东省深圳市宝安区龙华镇三联村联弓路17号3楼
负责人:孙吉生
Tel:13077855102

**利源五金电热设备经营部**
地址:广东省深圳市宝安区龙华镇上塘村路旁第四间
负责人:肖和生
Tel:0755－28107327
81390376
13828734399

### 广州华成机电设备安装有限公司

业务:机电设备安装
地址:广东省广州经济技术开发区普晖大街33号102室
负责人:周玉春　邮编:510730
法人:周玉春
Tel:13902281604
13798098488
020－82208600

**曙光机电配件贸易行**
地址:广东省深圳市宝安区龙华镇上油松村荔业新村B－17号
负责人:童江鹏
Tel:0755－28066537
13823659558

**深圳市振恺塑胶五金电子厂**
地址:广东省深圳市宝安区龙华镇上早村工业区
负责人:王莲
Tel:0755－28108981
28108982
13600405918

### 广州市白云区兴旺精饰五金加工厂

业务:精饰五金表面加工
地址:广东省广州市白云区江高镇大岭村大岭南路一横路3号
负责人:李少磊　邮编:510450
Tel:13535417717
13642760779

**旭辉机械加工部**
地址:广东省深圳市宝安区龙华镇上早村上早路5叼
负责人:刘志成

Tel:13823531546

**龙华荣诚五金厂**
地址:广东省深圳市宝安区龙华镇潭罗村商住楼 211
负责人:刘汉文
Tel:0755－28137662

**广州市花都区楷文五金厂**
业务:生产、加工、销售
产品:手袋、箱包五金配件
地址:广东省广州市花都区狮岭镇前进村老谢屋经济社黄泥潭
负责人:郑其 邮编:510130
法人:郑其
Tel:13632427118
020－80515262
Fax:020－86992571

**深圳市宝安区龙华华利达五金制品厂**
地址:广东省深圳市宝安区龙华镇同胜村赖屋山工业区第三栋一楼
负责人:江建华
Tel:0755－28072102
13602537827

**深圳市宝安区龙华新龙五金电热加工部**
地址:广东省深圳市宝安区龙华镇下早工业区
负责人:黄霖
Tel:0755－28136367
13826576617

**广州国电基伊埃换热科技有限公司**
业务:换热科技,板式换热器
地址:广东省广州市花都区新华街商业大道东 1 号
负责人:周先生 邮编:510130
Tel:13600067791
020－38291281

**美佳源塑胶五金制品厂**
地址:广东省深圳市宝安区龙华镇下早工业区 A 栋一楼
负责人:吴先生
Tel:0755－27043123

**深圳市龙岗区布吉镇爱威特商行**
地址:广东省深圳市宝安区龙华镇油松水斗老围村南蛇坑商铺 16－17 号
负责人:李妙丹
Tel:0755－89950178
13510019568

**广州市花都区金创五金制品加工厂**
业务:专业生产钟表、饰品配件,品种规格多样化、工艺精湛,我们愿以丰富的经验与专业技术为你提供优质部品与配件,期待与您真诚的合作!
产品:钟表、饰品配件、真空镀膜
地址:广东省广州市花都区新华街新街工业大道 107 国道旁桥西 2 号
负责人:王振岭 邮编:510180
法人:王振岭
Tel:020－36860258
Fax:020－36860258
E-mail:wanghengchao23@163.com

**东南盛模具五金钢材有限公司**
地址:广东省深圳市宝安区龙华镇元芬村布龙公路旁第二栋 3、4、5 间首层
负责人:翁永建
Tel:0755－28110142

**深圳市宝安区龙华宝源精密机械厂**
地址:广东省深圳市宝安区龙华镇元芬羊龙新村宝源楼 8 号
负责人:张小姐
Tel:0755－28030111
13631559469

**广州鑫中航机电设备有限公司**
业务:不锈钢皮带、自动称重机、全自动称重灌装机、高速电主轴维修
地址:广东省广州市黄埔区南湾工业村 11 栋厂房一楼之二
负责人:关中飞 邮编:510130
法人:关中飞
Tel:13719361985
020－62254291
Fax:020－62254292

**永佳祥五交商行**
地址:广东省深圳市宝安区明治塘水围 1 区 13 栋 1 楼 101 室
负责人:郑镇强
Tel:0755－28193181
25089610

**广州市鸿荣五金制品有限公司**
业务:制造、加工、销售:五金制品
地址:广东省广州市黄埔区夏园石场路 2 号自编 D 栋厂房一楼
负责人:魏少能 邮编:510130
法人:魏少能
Tel:020－82050422

**唯易电机(中国)有限公司**
地址:广东省深圳市宝安区沙井新桥芙蓉工业区第八栋厂房二楼
负责人:杨启才
Tel:0755－27284091

**林坤机电安装维修店**
地址:广东省深圳市宝安区沙井镇博岗大道 150 号
负责人:林文坤
Tel:13502854223
13509651212

**荷利数控科技(深圳)有限公司**
地址:广东省深圳市宝安区沙井镇和一工业区第 2 栋第 1、2 层
负责人:谭志坤
Tel:0755－27224028

**广州市越秀区诚雄气动元件商行**
业务:气动元件、纺织机械配件
产品:上海新益气动元件、三和气动元件
地址:广东省广州市越秀区海珠中路 174 号首层
负责人:招晖 邮编:510120
法人:招晖
Tel:020－81092608
Fax:020－81092608
网址:www.fs－cx.com
E-mail:postmaster@fs－cx.com

**群霖五金配件行**
地址:广东省深圳市宝安区沙井镇黄埔南洞村东环路 C042 号
负责人:盛单林
Tel:0755－27298308
13501599573

**深圳市妙辉机电设备有限公司**
地址:广东省深圳市宝安区沙井镇兰洞村央田南路 1 号
负责人:王永申
Tel:0755－29861435
13501573074

**陈师傅五金店**
业务:五金,瓷片
产品:各种瓷片,水电线,管,灯具
地址:广东省河源市东源县叶潭镇
负责人:陈建康 邮编:516576
法人:陈建康
Tel:0762－8365671
13553266437
Fax:0762－8360160

**佳怡模具五金配件店**
地址:广东省深圳市宝安区沙井镇南环路 300 号
负责人:刘勇君
Tel:0755－27235955
13544020085

**深圳市龙腾五金制品有限公司**
地址:广东省深圳市宝安区沙井镇南环路蚝三马安山工业区第 5 栋 1－3 层
负责人:赵惠香
Tel:0755－27263888

**东源县义合新兴五金交电店**
业务:拖拉机配件,排污管代理
地址:广东省河源市东源县义合镇街镇 2 号
负责人:缪国标 邮编:517000
法人:缪国标
Tel:0762－8882283

**雄昌五金加工厂**
地址:广东省深圳市宝安区沙井镇南康达尔工业城 A 区 B5 东 4 楼
负责人:曹必雄
Tel:0755－27271676
13902925233

**铭奕机械有限公司**
地址:广东省深圳市宝安区沙井镇沙井路 221 号厂房第三层
负责人:陈建诚
Tel:0755－27266674
13823363006

**连平县忠信镇坚固铁艺**
业务:承接铁艺工程、护栏、楼梯扶手、大门,零售铁艺家俬
地址:广东省河源市连平县忠信镇忠信大道 169 号
负责人:刘树坚 邮编:517001
法人:刘树坚
Tel:13536771967
0762－4580838

**南呈机电销售部**
地址:广东省深圳市宝安区沙井镇沙头村东园小区 32 栋三楼
负责人:萧高开
Tel:13603064621

**宏基注塑机服务部**
地址:广东省深圳市宝安区沙井镇上寮村
负责人:陈春旭
Tel:0755－27297162
13500050360

**深圳市宝安区沙井镇永益五金厂**
地址:广东省深圳市宝安区沙井镇上南康达尔工业区鸡场内
负责人:李清娥
Tel:0755－27293283

**鹤山市桃源镇南兴模具厂**
业务:塑料模具、压铸模具、吹瓶模、瓶杯模等设计和制造
地址:广东省鹤山市桃源镇建设路 7 号
负责人:郑铭林 邮编:529020
法人:郑铭林
Tel:0750－8852386
8218577
13822391928
Fax:0750－8852386
网址:http://www.51zzt.com/user/zzt31524

**华鸿五金加工厂**
地址:广东省深圳市宝安区沙井镇上寮林坡工业区
负责人:闫海鸿
Tel:0755－27290148

**鹤山市雅瑶镇鑫灏模具热处理厂**
业务:各类模具淬火、调质退火、氮化、渗碳以及有色金属热处理
地址:广东省鹤山市雅瑶镇江沙公路旁石湖上西村
负责人:李骏 邮编:529700
法人:李骏
Tel:0750－8960591
Fax:0750－8960592

**成智五金制品厂**
地址:广东省深圳市宝安区沙井镇松山工业区
负责人:李进
Tel:0755－27232056
13714203826

**深圳市深和兴合金实业公司**
地址:广东省深圳市宝安区沙井镇万丰商业街六栋后侧
负责人:张力成
Tel:0755－27462303
13138887927

**鹤山市址山镇顺宝五金抛光厂**
业务:金属表面处理
地址:广东省鹤山市址山镇东溪开发区 A 区
负责人:农文顺 邮编:529020
法人:农文顺
Tel:13555647651
13680460836

**三兴五金店**
地址:广东省深圳市宝安区沙井镇西环路茭塘工业区第一幢宿舍底层第 4－5 间铺
负责人:肖美华
Tel:0755－27266141
7771355
13590411633

**精艺模具加工部(精艺模具石刻)**
地址:广东省深圳市宝安区沙井镇新沙路上星段上光工业区第四栋 B102
负责人:何建平
Tel:0755－27295881
27298358
13828791087

**鹤山市址山镇阳光五金配件厂**
业务:生产铜材、铜棒、铜锭、电解铜,回收废铜
产品:铜材、铜棒、铜锭
地址:广东省鹤山市址山镇东溪开发区东头村白山口
负责人:宋世湘 邮编:529020
法人:宋世湘
Tel:13824023866

**志诚塑胶五金店**
地址:广东省深圳市宝安区沙牛镇西环路东三下 11 号
负责人:肖绪国
Tel:0755－27238016
13510024981

**永大机械(深圳)有限公司**
地址:广东省深圳市宝安区石岩街道水田居委石观路边 3 号
负责人:陈世昌
Tel:0755－27641243

**博罗县罗阳镇旭佳机械加工厂**
业务:加工五金配件系列、宝石机件系列、气动自动化机器系列
产品:五金配件,宝石机件,气动自动化配件
地址:广东省惠州市博罗县罗阳镇小金四角楼金龙路
负责人:刘自庚 邮编:516001
法人:刘自庚
Tel:15976239608
13670048359
E-mail:lzg123168@tom.com

**祺达五金店**
地址:广东省深圳市宝安区石岩镇坳背龙 86 号
负责人:敖福斌
Tel:0755－27649271

**宝吉塑胶机械经营部**
地址:广东省深圳市宝安区石岩镇官田村发展公司 11 小区二巷 4 栋
负责人:刘捡宝
Tel:0755－27604785
13510376848

**博罗县石湾镇兄弟机电贸易部东成电动工具总代理**
业务:(马达、螺旋、活塞)空压机、发电机、干燥机、深水泵、电焊机、空调、冷冻机、金刚石钻孔机、钻头、电动弧螺(马达、电动工具、空压机及配件)进口 NPN 组成,鸿力组成。
地址:广东省惠州市博罗县石湾镇北路(石湾汽车站往石龙方向 200 米)
负责人:张辉 邮编:516000
法人:张辉
Tel:13829931085
13669516541
0752－6913085

**盛威精密五金厂**
地址:广东省深圳市宝安区石岩镇官田村官田一路 27 号
负责人:王一平
Tel:0755－27600127
13600406262

**协诚兴五金制品厂**
地址:广东省深圳市宝安区石岩镇官田村新时代工业区
负责人:金蓉蓉
Tel:13691661457

**博罗县石湾镇一利五金加工店**
业务:五金加工
地址:广东省惠州市博罗县石湾镇宏明西路
负责人:罗吉 邮编:516000
法人:罗吉
Tel:13542742155
0752－6907349

**金富达五金经营部**
地址:广东省深圳市宝安区石岩镇官田西四下 2 号 1 楼
负责人:王合龙
Tel:13823768184

**石岩正发家私配件五金店**
地址:广东省深圳市宝安区石岩镇官田新村 7 行 4 巷 41 号
负责人:宋文金
Tel:0755－27608094
13823524745

**博罗县石湾镇启辉五金加工厂**
业务:来图来样定做加工五金表带、首饰
地址:广东省惠州市博罗县石湾镇里波水第一工业区
负责人:颜飞 邮编:516001
法人:颜飞
Tel:0752－6900269
13600105532
Fax:0752－6613753

**深圳市宝安区石岩康力达机电配件部**
地址:广东省深圳市宝安区石岩镇官田新村东五巷 8 号
负责人:赵永强
Tel:0755－27605422
·13823591858

**创毅模具厂**
地址:广东省深圳市宝安区石岩镇浪心村粮所旁边
负责人:龙新
Tel:0755－27608918
13828862957

**博罗县园洲镇渝鸿五金加工店**
业务:五金冲压件加工
产品:五金冲压件
地址:广东省惠州市博罗县园洲镇白耀前村福兴工业区
负责人:胡金元 邮编:516001
法人:胡金元
Tel:13509029464
0752－6826586
Fax:0752－6826589

**千平鑫光五金(电镀)制品厂**
业务:专业承接光电通讯、航空航天、医疗器械、微波通信、计算机、汽车等行业的精密零部件的表面处理或加工,专业环保电镀,包含镀金、银、锡、镍、化学镍、铜、锌、铝铬酸盐处理等功能性表面处理。热忱欢迎各界朋友光临指导,携手合作,共创辉煌!
地址:广东省惠州市博罗县园洲镇九潭长寿路振峰工业园 A2
负责人:郑昌球 邮编:516100
法人:赵正祥
Tel:0752－6915512
13725082329
Fax:0752－6915539
E-mail:zhengo@126.com

**恒源五金商行**
地址:广东省深圳市宝安区石岩镇浪心村洋山仔港湖花园 1 号铺

……负责人：戴景辉
……Tel：0755－27606268
13802589231

**深圳市朋兴程电子机械有限公司**
地址：广东省深圳市宝安区石岩镇润腾工业园A2栋2楼
……负责人：杜茂芬
……Tel：13715026924

**精益精机电经营部**
地址：广东省深圳市宝安区石岩镇上屋大道25幢东1巷
……负责人：唐士东
……Tel：0755－27644821
13923805468

**圣的利模具五金行**
地址：广东省深圳市宝安区石岩镇上屋新村三号
……负责人：蔡俊勇
……Tel：0755－27600263
13631671777

**惠州市惠城区陈江腾泰五金制品厂**
业务：生产精密风扇轴心，精密马达轴心，精密铜部件，精密铁部件，螺丝，螺母
地址：广东省惠州市惠城区陈江街道办事处罗群村罗大路
……负责人：陈孝明　邮　编：516029
……法　人：陈孝明
……Tel：0752－3172569
13532142949
……Fax：0752－3172469
……E-mail：hzttcheng@126.com

**深圳市宝安区石岩镇建筑机械维修部**
地址：广东省深圳市宝安区石岩镇水田村国兴大厦后面
……负责人：江国华
……Tel：13828751735

**深圳市宝安区石岩鸿鹏发电机服务部**
地址：广东省深圳市宝安区石岩镇应人石村福景新村9巷6栋501房
……负责人：彭红伟
……Tel：13662670206

**惠州市惠城区陈江正阳液压气动经营部**
业务：气动元件、液压元件，机械配件的销售
产品：气动元件、液压元件，机械配件
地址：广东省惠州市惠城区陈江街道办事处仲恺六路124号一楼
……负责人：翁泽洋　邮　编：516001
……法　人：翁泽洋
……Tel：13725089626
0752－3251226
……Fax：0752－3261226

**深圳市宝安区石岩长达五金塑胶加工厂**
地址：广东省深圳市宝安区石岩镇洲石路边新光饮料厂东侧
……负责人：郭振兰
……Tel：13902963493

**深圳市华展机械有限公司**
地址：广东省深圳市宝安区松岗东方路159号
……负责人：陈善平
……Tel：0755－29896365

**惠州市惠城区俊业达模型制品厂**
业务：铝合金模型加工制作
地址：广东省惠州市惠城区河南岸湖山村何罗村小组
……负责人：叶俊斌　邮　编：516000
……法　人：叶俊斌
……Tel：13923638691
13631941939

**深圳市永安五金有限公司**
地址：广东省深圳市宝安区松岗街道办溪头第二工业区贤达路5号
……负责人：蒋文虎
……Tel：0755－27469995

**深圳市新永明五金商行**
地址：广东省深圳市宝安区松岗街道松江山庄A栋102号铺
……负责人：王海明
……Tel：0755－27830069

**惠州市惠城区鑫联兴五金加工部**
业务：不锈钢、铝合金、铁等五金加工
地址：广东省惠州市惠城区河南岸马庄沙梨园八巷
……负责人：王远锋　邮　编：516000
……法　人：王远锋
……Tel：13542731183
0752－2377879

**精诚叉车机械有限公司**
地址：广东省深圳市宝安区松岗松明大道144号
……负责人：张勇
……Tel：13828844081

**深圳市宝安区松岗金力塑胶五金配件店**
地址：广东省深圳市宝安区松岗镇东方八队工业区地铺
……负责人：徐定阳
……Tel：13802573761

**惠东县平山伟盛五金店**
业务：零售五金交电、建材用品、水暖器材、油漆化工、传动皮带、各种锁类、劳保用品、热镀水管、排污水管、引用水管等
地址：广东省惠州市惠东县平山镇红岭大道1号
……负责人：陈喜钦　邮　编：516300
……法　人：陈喜钦
……Tel：13531680808
0752－8861235

**松岗锡铝五金厂**
地址：广东省深圳市宝安区松岗镇东方派出所后面
……负责人：黄礼若
……Tel：0755－27081806
13603008088

**宝骏起重设备总汇**
地址：广东省深圳市宝安区松岗镇广深路314号
……负责人：曹勇
……Tel：0755－27553788
27084908

**惠州市惠城区利云五金模具加工厂**
业务：五金夹具、治具、自动化设备、测试机架、塑胶手板
地址：广东省惠州市惠环大岭背村35号侧一楼
……负责人：陶秋林　邮　编：516001
……法　人：陶秋林
……Tel：13928322546
0752－2603855

**瑞行科技有限公司**
地址：广东省深圳市宝安区松岗镇红星大朗工业区A1幢
……负责人：刘宝荣
……Tel：0755－27429755
13332933939

**深圳市宝安区松岗诚信镇二家具五金配件店**
地址：广东省深圳市宝安区松岗镇红星温室工业村24号
……负责人：毛刚
……Tel：0755－27417147
27417001
13828725472

**惠州市惠阳区秋长万达精密模具维修店**
业务：模具线切割加工、细孔放电
地址：广东省惠州市惠阳区秋长白石村秋宝路
……负责人：黄万棋　邮　编：516001
……法　人：黄万棋
……Tel：13510013587
0752－3877959
……Fax：0752－3877959

**深圳市新盛弹簧制品厂**
地址：广东省深圳市宝安区松岗镇洪桥头工业区海滨路17号
……负责人：谢建国
……Tel：0755－27057776
13923864812

**合亿五金部**
地址：广东省深圳市宝安区松岗镇花果山A巷九号
……负责人：彭国勇
……Tel：13509698669

**惠州市惠阳区秋长创科龙五金加工店**
业务：生产五金冲压件、模具
地址：广东省惠州市惠阳区秋长白石村谢屋小组
……负责人：冼建平　邮　编：516001
……法　人：冼建平
……Tel：15976145168
0752－3062873
……Fax：0752－3113621

**惠州市惠阳区秋长信德兴五金加工部**
业务：五金塑胶喷油、五金喷粉、各种丝印的加工与销售
产品：五金塑胶喷油、五金喷粉、各种丝印
地址：广东省惠州市惠阳区秋长秋宝路蒋田村
……负责人：郭彬　邮　编：516000
……法　人：郭彬
……Tel：0752－3726848
……Fax：0752－3726848

**文龙五金商行**
地址：广东省深圳市宝安区松岗镇花果山街8巷10号1楼
……负责人：张国统
……Tel：0755－27716902
13602602848

**深圳市宝安区松岗新富模具加工部**
地址：广东省深圳市宝安区松岗镇沙江路（权兴洗车隔壁）新富模具加工部
……负责人：张朝林
……Tel：0755－27135429
13500043698

**深圳市宝安区松岗宏轩五金经营部**
地址：广东省深圳市宝安区松岗镇沙埔一村明月阁
……负责人：岑轩
……Tel：0755－27066964
13802206117

**松岗九和工业设备销售部**
地址：广东省深圳市宝安区松岗镇松白路52号中原医疗旁边新汽车站斜对面
……负责人：贝红桔
……Tel：0755－27718026
13714262952

**惠州市群祥五金制品厂**
业务：工模开发与制作、冲压、烧焊、磨光、钢线钢直、自动、车床、桌面车床等五金配件加工，诚信为本，专业服务！
地址：广东省惠州市惠阳区秋长维布村（村委会公路旁过去150米）
……负责人：常兴　邮　编：516000
……法　人：常兴
……Tel：13542740835
0752－3770651
……Fax：0752－3770652
……E-mail：Www，qunxiangchang@21cn.com

**震鸿机械五金商行**
地址：广东省深圳市宝安区松岗镇松涛花园胜利一街11号402
……负责人：李治华
……Tel：0755－27090870
13502897850

**德渊商用机器有限公司**
地址：广东省深圳市宝安区松岗镇潭头村第四工业园A18栋
……负责人：刘忠历
……Tel：0755－27145131

**惠州市惠阳区秋长至锋锐木工刀具加工厂**
业务：木工刀具、锯片、钻头
地址：广东省惠州市惠阳区秋长新塘村鸿泰小组
……负责人：谢文明　邮　编：516000
……法　人：谢文明
……Tel：0752－3113110

**开华五金模具材料经营部**
地址：广东省深圳市宝安区松岗镇潭头村金刚石厂内侧
……负责人：李庆兵
……Tel：0755－27091663

**深圳市坤展塑胶五金有限公司**
地址：广东省深圳市宝安区松岗镇塘下涌村洋涌路第七幢
……负责人：吴仕明
……Tel：0755－27051467

**广东省惠州市联誉五金有限公司**
业务：本公司专业经营五金制品、床上用品、家私辅料，诚实守信是我们经营的根本，我们期待与您的真诚合作！
产品：床垫、床网弹簧、家私坐垫弹簧、海棉、再生棉
地址：广东省惠州市惠阳区秋长镇白石村塘井工业区
……负责人：张小姐　邮　编：516221
……法　人：陆荣春
……Tel：0752－3561060
……Fax：0752－3561059
……网址：www.likkei.com
……E-mail：likkei－furniture@mailcenter.com.cn

**深圳市宝安区松岗兴益五金装配店**
地址：广东省深圳市宝安区松岗镇溪头村第八工业区57号
……负责人：马良富
……Tel：13828862615

**惠州市惠阳区新圩镇诚诺精密五金加工部**
业务：螺丝、针车配件、手箱包、门窗、幕墙
地址：广东省惠州市惠阳区新圩镇产径村
……负责人：谭俊　邮　编：516001
……法　人：谭俊
……Tel：13724334866
0752－3531248
……Fax：0752－3531348

**深圳市一鑫精密五金有限公司**
地址：广东省深圳市宝安区松岗镇燕川村燕罗工路星辉工业城7栋3楼
……负责人：谭竹薪（女）
……Tel：0755－33862061
13760302261

**宝诚机电有限公司**
地址：广东省深圳市宝安区松岗镇燕川环胜工业城A1栋
……负责人：吕佳
……Tel：0755－27070327
13631626787

**达盛精密模具厂**
地址：广东省深圳市宝安区松岗中裕路147号
……负责人：徐志高
……Tel：0755－29944118
13823118715

**惠州市华伟超高压水切割加工厂**
业务：本厂多台进口超高压水割设备、专业加工1－100mm玻璃、铜、铝、铁和各种金属，非金属材料任意弧线切割。
地址：广东省惠州市惠阳区镇隆楼下工业区
……负责人：王先生　邮　编：516000
……法　人：王伟根
……Tel：0752－3959035
3959036
3959037

**深圳科域泰机械制造有限公司**
地址：广东省深圳市宝安区西乡固戍红湾工业区3号1－2楼
……负责人：周敏
……Tel：0755－29920728

**深圳市龙翔伟业数控设备有限公司**
地址：广东省深圳市宝安区西乡固戍仁生利工业区C栋1、2楼
……负责人：刘婷
……Tel：0755－27493256

**开平市水口镇鸿发五金厂**
业务：主营快开阀芯、水龙头、配件等五金制品
地址：广东省江门开平市水口镇水暖城中兴路3号
……负责人：池宣祥　邮　编：529321
……法　人：池宣祥
……Tel：13822360313
0750－2731245

**深圳市宝安区蓝博模具厂**
地址：广东省深圳市宝安区西乡街道宝源大道宝盛工业园A栋一楼（东侧）
……负责人：李勇
……Tel：0755－27581718

**万载水泵销售部**
地址：广东省深圳市宝安区西乡新安五路河东花园九巷一号
……负责人：王振明
……Tel：13825265962

**江门市蓬江区本丰精密机械厂**
业务：专业从事五金机械加工、销售，产品以摩托车配件为主，并承接各种铸造业务及加工，让我们精诚合作，互惠双赢，共谋发展！
产品：气缸体
地址：广东省江门市杜阮镇龙溪工业区2号汇华创业园内A13－1
……负责人：尹北平　邮　编：529000
……法　人：尹北平
……Tel：0750－3957097
……Fax：0750－3957100

**炬丰五金制品厂**
地址：广东省深圳市宝安区西乡镇固戍上围园新村1巷
……负责人：黄祖强
……Tel：0755－27495699
13714703682

**富力模具五金行**
地址：广东省深圳市宝安区西乡镇固戍村上围园新村路旁
……负责人：邓孟阳
……Tel：0755－27490262
13714171668

**蓬江区翔骏五金加工厂**
业务：我厂专业从事五金铁件工艺黑坯生产、加工，主要产品有筷子筒、果篮系列。欢迎各界朋友来电来函洽谈业务。
地址：广东省江门市杜阮镇龙溪市场大铺
……负责人：胡祥军　邮　编：529000
……法　人：胡祥军
……Tel：13424931646
13534826445

**江海区金易发五金加工场**
业务：工艺五金加工
地址：广东省江门市江海区外海七东工业区内二排之二厂房
……负责人：蒙环深　邮　编：529020
……法　人：蒙环深
……Tel：13823958612
15875046981
0750－3796658

**震联科技有限公司**
地址：广东省深圳市宝安区西乡镇南沙新村西

一巷二号 4F
负责人:杜清凯
Tel:13632800582

**宏达五金修理店**
地址:广东省深圳市宝安区西乡镇双龙花园停车场 121 号
负责人:熊新友
Tel:13823107301

**精工模具经营部**
地址:广东省深圳市宝安区西乡镇亿瑞村第三工业区 B 宿舍第 17、18 铺位
负责人:彭玉泉
Tel:13823243078

**开平市三埠区恒光五金加工店**
业务:五金加工及维修
地址:广东省江门市开平市三埠区中和路风采花园思始铺位第 11－12 卡
负责人:余挺民　邮　编:529020
法　人:余挺民
Tel:13725991996
13680449004



**东莞市麒麟机械有限公司宝安分公司**
地址:广东省深圳市宝安区新安四路 79 区天桥边首层
负责人:黄志彪
Tel:0755－27931122

**深圳市万达尔工业设备有限公司**
地址:广东省深圳市宝安三区东江 17 楼 A1B1
负责人:王淑华
Tel:0755－27692431
13112490026

**江门市蓬江区鑫瑞五金加工店**
业务:涂装设备、烤箱、烤炉
地址:广东省江门市蓬江区荷塘镇南华东路篁湾工业区华昌楼第 14 间
负责人:侯幸华　邮　编:529020
法　人:侯幸华
Tel:15875601918
0750－3714525

**恒进五金制品有限公司**
地址:广东省深圳市布吉镇雪象村下雪雪岗南路 17 号一层
负责人:张乐红
Tel:0755－28794647
13148756273

**深圳市雨洲激光技术发展有限责任公司**
地址:广东省深圳市福田区保税区凤凰路万利工业大厦三期西座五楼
负责人:梁雨田
Tel:13014998808

**台山市白沙镇鸿源五金电器厂**
业务:五金电器、配件生产销售
地址:广东省江门市台山市白沙镇三八里边降冲小学内
负责人:彭隆柱
法　人:彭隆柱
Tel:13528315438
0750－5869783

**深圳市云达五金店**
地址:广东省深圳市福田区彩田南路彩虹新都彩荟阁 15D
负责人:黄泽辉
Tel:0755－26219795

**嘉兴利实业有限公司**
地址:广东省深圳市福田区福华三路星河国际 C1 栋 11B
负责人:郑春利
Tel:0755－82036615
13600189366

**江门市蓬江区海强五金制品有限公司**
业务:五金电镀
产品:五金、灯饰、卫浴
地址:广东省江门市西区工业路 70 号东柏电渡厂 23＃车间
负责人:严海强　邮　编:529020
法　人:严海强
Tel:0750－3966192
Fax:0750－3966192
网址:http://www.51zzt.com/user/zzt35474

**江门市新会区大泽方圆五金加工厂**
业务:五金加工
地址:广东省江门市新会区大泽镇莲塘村西贤村小组随田角
负责人:叶顽春　邮　编:529020
法　人:叶顽春
Tel:13632058453
0750－6800199
Fax:0750－6800199

**今瑞五金(深圳)有限公司**
地址:广东省深圳市福田区景田北路景西大厦 1106 室
负责人:季云翔
Tel:0755－28751270

**铭诚五金商店**
地址:广东省深圳市福田区梅林梅华路经梅苑 1 栋 11－12 号
负责人:刘思贤
Tel:0755－83101853
13602695824

**广东省深圳市劳特思机电工程有限公司**
地址:广东省深圳市福田区梅林四村梅林阁首层南
负责人:饶建平
Tel:0755－83978381
13823154521

**深圳市恒安冷气机电有限公司**
地址:广东省深圳市福田区上步中路 2 号工会大厦 B 座 1411
负责人:李永年
Tel:0755－83283856

**江门市新会区罗坑周鸿铁料加工场**
业务:废铁加工
地址:广东省江门市新会区罗坑镇芦冲统边前围
负责人:廖劲　邮　编:529020
法　人:廖劲
Tel:13078683888
0750－6470008

**深圳市福田区金鑫五金加工店**
地址:广东省深圳市福田区上梅林凯丰路凯丰门店 48 号
负责人:林楚开
Tel:0755－83112509
13113622668

**深圳市裕璀昌机电有限公司**
地址:广东省深圳市福田区深南中路 2201
负责人:卜阵养
Tel:0755－82870691
13902613228

**江门市新会区风顺五金厂**
业务:不锈钢、不锈铁抛光、砂光
地址:广东省江门市新会区司前镇前锋工业区富德五金厂
负责人:丰云顺　邮　编:529020
法　人:丰云顺
Tel:13827000166

**深圳市大东科技开发有限公司**
地址:广东省深圳市福田区深南中路 3037 号南光捷佳大厦 2110 室
负责人:杨德运
Tel:0755－83981370
13682591896

**威特历五金工具有限公司**
地址:广东省深圳市福田区泰南工贸大厦 210 栋 A4 铺位
负责人:黄少慧
Tel:0755－83653651
13510898968

**揭阳市东山区磐东裕兴喷漆喷塑厂**
业务:喷漆喷塑
地址:广东省揭阳市东山区磐东潭角村
负责人:许裕勇　邮　编:522000
法　人:许裕勇
Tel:0663－8837669
13592936611

**深圳市满泰科技发展有限公司**
地址:广东省深圳市福田区天安数码城创新科技广场 2 期东座 802 室
负责人:陈蔓悦
Tel:0755－88353075
83571295

**宏峰机械配件店**
地址:广东省深圳市福田区香梅路 1070 号
负责人:闫如宏
Tel:0755－83900661
13870712036

**揭阳市东山区磐东祺达五金厂**
业务:合页
地址:广东省揭阳市东山区磐东肇沟村大路下片
负责人:陈永城　邮　编:522000
法　人:陈永城
Tel:0663－8837737

**揭东县锡场镇奥帝五金厂**
业务:五金装潢系列
产品:门吸、合页、板拖、插销
地址:广东省揭阳市东县锡场镇锡东深岭大道
负责人:林晓典　邮　编:515549
法　人:林晓典
Tel:13828184388
0663－3482788

**深圳市宇锋机电工业有限公司**
地址:广东省深圳市福田区燕南路豪工大厦 7 楼 B
负责人:陈义忠
Tel:0755－83204082
13316969932

**快捷机械设备有限公司**
地址:广东省深圳市福田区越众股份有限公司招待所
负责人:魏洪海
Tel:0755－83524047
13808807562

**深圳佳东信科技有限公司**
地址:广东省深圳市福田区中航路都会电子城 1B106
负责人:洪少璇
Tel:0755－83740033
13828819139

**佳豪兴五金电子加工部**
地址:广东省深圳市福永镇桥头村商业街 A 区一号
负责人:戴生华
Tel:13510523158

**惠来县靖海镇嘉华五金交电经营部**
业务:五金交电的销售
地址:广东省揭阳市惠来县靖海镇火电厂路口
负责人:黄荣洽　邮　编:515200
法　人:黄荣洽
Tel:0663－6866777
13632855778
Fax:0663－6865766

**康铨机电有限公司**
地址:广东省深圳市横岗区横岗镇 228 工业区四联工业邨 1 号 1－5 层
负责人:胡浩
Tel:0755－28653888 转 3196
28653661
13302310126
13249891761

**恒辉五金制品厂**
地址:广东省深圳市龙岗南联罗瑞合瑞丽路(龙岗汽车站对面)
负责人:吴木辉
Tel:0755－84087171
84296673
13902932495

**揭东县霖磐镇美居五金加工厂**
业务:窗帘配件的生产和销售(包括塑料制的窗帘配件)
产品:窗帘配件
地址:广东省揭阳市揭东县霖磐镇德中村新厝
负责人:陈若群　邮　编:522000
法　人:陈若群
Tel:0663－3543358
13413928555
Fax:0663－3543358
E-mail:ruoqun899@163.com

**深圳市信嘉高周波设备有限公司**
地址:广东省深圳市龙岗区布吉布沙路粤强公司 1 号厂房二楼
负责人:杨秀霞
Tel:0755－28714928

**深圳市科荣机电有限公司**
地址:广东省深圳市龙岗区布吉贸业城帝景峰 3 栋 23A 区
负责人:刘荣记
Tel:0755－28726549
13826558229

**揭阳市旭泰橡胶机械有限公司**
业务:生产、销售橡胶机械
地址:广东省揭阳市揭东县砲台镇光智街 61.63.65 号首层
负责人:吴伟聪　邮　编:555900
法　人:吴旭钊
Tel:13822048712
0663－3376111

**兴泰利塑胶五金制品(深圳)有限公司**
地址:广东省深圳市龙岗区布吉沙湾百门前工业区 1 栋 4 楼
负责人:张雅丽
Tel:13602651680

**中南机诚精密制品(深圳)有限公司**
地址:广东省深圳市龙岗区布吉镇坂田五和雅园路中南工业园 6 栋厂房二层
负责人:陈锦松
Tel:0755－28887867

**揭东县月城新美之达五金塑料加工厂**
业务:五金塑料
地址:广东省揭阳市揭东县月城镇西头村
负责人:梁海涛　邮　编:522000
法　人:梁海涛
Tel:0663－3558555
13580171555

**日胜五金店**
地址:广东省深圳市龙岗区布吉镇布沙路 87 号
负责人:陈国钦
Tel:0755－28752488
28046318
13923427525

**深圳市峻松塑胶五金制品有限公司**
地址:广东省深圳市龙岗区布吉镇甘坑凉帽山工业区第三栋一楼南侧
负责人:谭胜午
Tel:0755－61261057

**揭东县月城镇锦通五金厂**
业务:五金的加工和销售
地址:广东省揭阳市揭东县月城镇月南公路边北侧
负责人:李焕锦　邮　编:522000
法　人:李焕锦
Tel:13687475111
0663－3558553
网址:http://www.51zzt.com/user/zzt34474

**海悦明实业有限公司**
地址:广东省深圳市龙岗区布吉镇吉华路嘉豪大厦 901、902
负责人:郝海泉
Tel:0755－28275471
13802250013

**深圳市联创机电有限公司**
地址:广东省深圳市龙岗区布吉镇李朗大道联创科技园五栋三楼
负责人:龚立新
Tel:0755－84150468
13802589675

**揭西县棉湖锦捷塑胶模具厂**
业务:塑胶模具、塑胶产品
地址:广东省揭阳市揭西县棉湖镇湖西工业区
负责人:林伟全　邮　编:522000
法　人:林伟全
Tel:0663－5218436
13828129955
Fax:0663－5218436
E-mail:www88888@139.com

**荣华信德机电有限公司**
地址:广东省深圳市龙岗区布吉镇沙湾沙塘南路 10 号
负责人:黄金文
Tel:0755－28745896
13902967642

**长江齿轮厂**
地址:广东省深圳市龙岗区布吉镇上水径商业街 13 号一楼
负责人:徐原谷
Tel:0755－89974039
13530257691

**揭阳市中微电机技术有限公司**
业务:设备及技术的研发、生产、加工、销售微型电机及零配件、五金配件、不锈钢制品
地址:广东省揭阳市榕城区榕东街旧寨工业区
负责人:林立伟　邮　编:522000
法　人:林立伟
Tel:13822991533
0663－8699388
Fax:0663－8687238

**建华小五金店**
地址:广东省深圳市龙岗区布吉镇下水径一街 61 号一楼
负责人:李建华
Tel:13502890026

**钦盛五金商店**
地址:广东省深圳市龙岗区布吉镇厦村综合楼前
负责人:柯博钦
Tel:0755－28753288
13600411936

**揭阳市蓝绿园林机械经营部**
业务:专营园林机械、园林绿化用品,代理销售进口及国产等系列产品,并提供完善的售后服务,致力于为广大用户提供最适用的产品和解决方案。
产品:割灌机、草坪机、打药机、油锯、水泵、挖坑机、铡草机等
地址:广东省揭阳市榕城区仙桥屯埔 S236 线路边
负责人:陈树标　邮　编:522000
法　人:陈树标
Tel:0663－8860100
13322757758
Fax:0663－8860100
网址:www.lan－lu.com
E-mail:jy7758@gd165.com

**益康五金加工店**
业务:五金加工
地址:广东省开平市水口镇大兴路 135 号
负责人:候星锋　邮　编:529321
法　人:候星锋
Tel:0750－2716890
Fax:0750－2716890

**深圳市科业五金交电有限公司**
地址:广东省深圳市龙岗区布吉镇雪岗南路上雪村 48 号紫东阁 1、2、3、10 楼
负责人:黄水池

Tel:0755—28638833

**力升塑胶五金制品(深圳)有限公司**
地址:广东省深圳市龙岗区横岗安良三角龙工业区安平街13号
负责人:莫苏经
Tel:0755—28614579

**深圳市冠亚五金制品有限公司**
地址:广东省深圳市龙岗区横岗六约深坑路39号一楼
负责人:彭立
Tel:0755—28637959

**超艺五金厂**
地址:广东省深圳市龙岗区横岗镇安良村安良路154号1—3楼
负责人:黄君哲
Tel:0755—28615838
13509623851

**开平市水口镇银都水暖卫浴产品技术创新中心**
业务:节能环保龙头
地址:广东省开平市水口镇东乐路226号A1
负责人:卢汉平　邮　编:529020
法　人:卢汉平
Tel:0750—2739200

**铸锐五金店**
地址:广东省深圳市龙岗区横岗镇安良五村富坑路71号
负责人:李美霞
Tel:0755—28614367
13823161932

**深圳市龙岗区横岗镇万方五金厂**
地址:广东省深圳市龙岗区横岗镇保安188工业区13—A栋一楼
负责人:杨龙勇
Tel:00755—28866518
13502890269

**开平市水口镇溢荣塑料五金店(厂)**
业务:生产、加工、销售:塑料五金制品
地址:广东省开平市水口镇华阳路91号、厂址:广东省开平市水口镇华阳村
负责人:郭华灿　邮　编:529020
法　人:郭华灿
Tel:0750—2721990
2722259
13902552221

**威尔五金交电店**
地址:广东省深圳市龙岗区横岗镇保安村深惠路908号
负责人:李建球
Tel:13640910560

**志成挂具厂**
地址:广东省深圳市龙岗区横岗镇保安村志成挂具厂
负责人:何志斌
Tel:0755—28681892
13602632731

**开平市水口镇鑫利电炉机械厂**
业务:电炉制造与销售
产品:专业生产系列铜铝锌熔炼炉、电炉配件、全套上引、水平连铸等
地址:广东省开平市水口镇嘉兴工业区永祥东路14号
负责人:李康雄　邮　编:529300
法　人:李康雄
Tel:0750—2022920
13590545655
Fax:0750—2022923

**深圳市龙岗区横岗镇信利丰模具厂**
地址:广东省深圳市龙岗区横岗镇保安窝肚新村工业区家华路21号一楼
负责人:利耀锦
Tel:13823391878

**伟成模具五金行**
地址:广东省深圳市龙岗区横岗镇城市中心花园9栋2D
负责人:陈国良
Tel:0755—28656998
13823750198

**开平市水口镇震环数控机床经营部**
业务:震环数控机床销售
地址:广东省开平市水口镇民福路213号第七幢首层1号
负责人:王少冰　邮　编:529020
法　人:王少冰
Tel:13926833235
0750—2739309
2739209
Fax:0750—2739309

**深圳市科为气动液压有限公司**
地址:广东省深圳市龙岗区横岗镇六约深坑工业区深竹小区3巷2号201房
负责人:张金龙
Tel:0755—28638516
13510392633

**鑫恒精密模具有限公司**
地址:广东省深圳市龙岗区横岗镇排榜腾昌一路87号一楼
负责人:蔡天秀
Tel:0755—28642788
13902983785

**开平市水口镇孟斌五金抛光店**
业务:不锈钢弯管,专业五金抛光
地址:广东省开平市水口镇新市北路(原炳南摩托车配件旧厂)
负责人:周孟斌　邮　编:529020
法　人:周孟斌
Tel:13426731070

**凯旋电动工具专修行**
地址:广东省深圳市龙岗区横岗镇深会路839号
负责人:曹凯
Tel:0755—28623401
13502885841

**怡兴发模具五金行**
地址:广东省深圳市龙岗区横岗镇新亚洲广场新景燕F1—1
负责人:蔡妹妹
Tel:0755—28629666
13316820888

**乐昌市张相荣机械配件修理店**
业务:机械及配件修理
地址:广东省乐昌市梅花镇坪乳线国税大楼边
负责人:张相荣　邮　编:512200
法　人:张相荣
Tel:13570799788

**深圳市龙岗区坑梓镇隆兴螺丝五金批发商行**
地址:广东省深圳市龙岗区坑梓镇金沙村深汕路1038号
负责人:王林国
Tel:13828741453

**珠海富阳精密机械有限公司**
业务:机械加工、数控车床加工
地址:广东省珠海市香洲前山界涌圣利路10号后段
负责人:唐正科　邮　编:519000
法　人:王丽平
Tel:13172667551
0756—3912003
Fax:0756—8610663
E-mail:zhfy008@126.com

**嘉力起重设备经营部**
地址:广东省深圳市龙岗区坑梓镇深汕路374号一楼
负责人:薛来华
Tel:13510878976

**陆丰市博美镇得丰新旧柴油机发电机组维修厂**
业务:销售和维修发电机组、机电设备
产品:电动机、水泵
地址:广东省陆丰市博美镇霞绕村安达油站向东500米
负责人:林载就　邮　编:516601
法　人:林载就
Tel:0660—8262585
13828992121

**梓兴五交化机店**
地址:广东省深圳市龙岗区坑梓镇市场对面437号
负责人:林伟峰
Tel:0755—84133496
13809891312

**珠海市香洲环钲五金脚轮商行**
业务:五金角轮
地址:广东省珠海市香洲翠香路157号之一
负责人:庄志雄　邮　编:519000
法　人:庄志雄
Tel:0756—2259689
2236493
Fax:0756—2236493

**洪记五金店(洪发轻质砖厂)**
地址:广东省深圳市龙岗区葵涌镇葵镇路洪记五金店(政府斜对面)
负责人:詹洪川
Tel:0755—84208077
13902974889

**陆河县城黄西钩机配件店**
业务:挖掘机配件维修
地址:广东省陆丰市陆河县城人民南路砂坑
负责人:黄少西　邮　编:516500
法　人:黄少西
Tel:13929302339
0660—5515291

**学历五金厂**
地址:广东省深圳市龙岗区龙岗镇爱联村金荣街二号
负责人:陈来德
Tel:0755—28987239
13823528370

**珠海市金鼎金峰五金加工部**
业务:抛光、五金加工,五金零售
地址:广东省珠海市唐家湾镇金鼎外沙烂园北起至南第二铺
负责人:于利　邮　编:519000
法　人:于利
Tel:13543066769
0756—6895362

**凌丰机电设备有限公司**
地址:广东省深圳市龙岗区龙岗镇爱联蒲排南路31号
负责人:姜果青
Tel:0755—28993613
28993623
28993817
13602658150

**罗定市素龙镇宏兴砖机配件店**
业务:砖机配件,电动拉坯车,盖砖防雨布等
地址:广东省罗定市罗城迎宾三路51号[山九大酒店对面]
负责人:梁永鸿　邮　编:527300
法　人:梁永鸿
Tel:0766—3784130
13826775901

**科翔机电经销部**
地址:广东省深圳市龙岗区龙岗镇爱联萱吓村102号龙城医院对面
负责人:黄伟平
Tel:13509664336

**珠海科赢五金制品有限公司**
业务:五金、塑料加工,生产
地址:广东省珠海市人民西路880号科利大厦411房
负责人:王刘杰　邮　编:519000
法　人:王刘杰
Tel:0756—8620541

**雄荣五金铁器加工厂**
地址:广东省深圳市龙岗区龙岗镇龙东工业区10号
负责人:钟经理
Tel:0755—84863832
13509619261

**梅州市东兴制砖机械厂**
业务:制砖机研发、生产、经营,多年来致力于水泥砖机研制
地址:广东省梅州市大埔县枫朗镇黄沙壹号
负责人:罗勇年　邮　编:514241
法　人:罗勇年
Tel:0753—5742584
Fax:0753—2310784
网址:www.mzdxzj.com
E-mail:47337045.qzone.qq.com

**远东机械设备厂**
地址:广东省深圳市龙岗区龙岗镇龙东兰水坐三区18号
负责人:刘文鉴
Tel:0755—84882755
13925240290

**珠海市南屏通城风管经营部**
业务:主要生产消防,排烟风管,空调风管,空调配件,通风设施,防火阀,调解阀,铝合金百叶,风管配件,镀锌管等
地址:广东省珠海市南屏镇珠海大道辅助道旁边108号E区03号
负责人:唐绍通　邮　编:519000
法　人:唐绍通
Tel:13702941640
0756—8679128

**忠耀模具厂**
地址:广东省深圳市龙岗区龙岗镇龙西村对面岭西路12号
负责人:钱忠勤
Tel:13502870601

**梅县雄燕五金配件加工场**
业务:专业生产五金车件产品,拥有精密自动车床、数控车床,实力雄厚、品质优良,竭诚为您提供优质、高效的服务!
产品:汽车排气管配件,机械五金配件,家私配件,电子五金件,冲压五金件
地址:广东省梅州市梅县扶大高新区铁炉桥扶大路口
负责人:邓小雄　邮　编:514795
法　人:邓小雄
Tel:0753—2513041
13923010458

**珠海市南屏新异机械部**
业务:机械的销售
地址:广东省珠海市南屏镇碧湾大酒店东楼底层14号商铺
负责人:许金龙　邮　编:519000
法　人:许金龙
Tel:13544901504
15812645115

**深圳市龙岗区龙岗镇富诚机电配件店**
地址:广东省深圳市龙岗区龙岗镇龙兴街68号
负责人:冯杰明
Tel:0755—84831438
13924593828

**永和盛木工刀具有限公司**
地址:广东省深圳市龙岗区龙岗镇南联黄牛塘村怡丰巷3号
负责人:廖建华
Tel:0755—84805245

**梅县华侨城水之源滤水设备行**
业务:代理"水之源"滤水设备
地址:广东省梅州市梅县新城办事处华侨城宪梓大道B区29号
负责人:凌建国　邮　编:514021
法　人:凌建国
Tel:0753—2527778
13302787888
13823858599

**泰峰机电设备有限公司**
地址:广东省深圳市龙岗区龙岗镇南联深惠路龙岗段700号二楼
负责人:胡锋
Tel:13924661586

**中营五金机电商行**
业务:主营手动工具、气动工具、电动工具、发电机、五金器材的销售,经营的品种繁多、品质优良、售后服务完善,我们衷心期待您的惠顾!
产品:五金器材、电动工具
地址:广东省珠海市金湾区红旗镇
负责人:陈中银　邮　编:519090
法　人:陈中银
Tel:0756—7790186

**飞腾五金加工厂**
地址:广东省深圳市龙岗区龙岗镇南联银珠岭村银珠岭路2号
负责人:王守建
Tel:0755—89759228
13823691762

**梅州市梅江区信诚电动工具维修店**
业务:电动工具、机电维修及销售
地址:广东省梅州市三角地中环路
负责人:林壬源　邮　编:514021
法　人:林壬源
Tel:13411256126
13620397120

**富发电度电热设备厂**
地址:广东省深圳市龙岗区龙岗镇三各村东巷7—1号
负责人:吴有生
Tel:0755—84802451
13828806790

**中山市小榄镇文锋模具厂**
业务:模具的设计、生产,注塑
地址:广东省中山市小榄镇竹源第二工业区源兴路28号
负责人:郑松青　邮　编:528403
法　人:郑松青
Tel:15914602146
0760—22273385

**盛兴五金行**
地址:广东省深圳市龙岗区龙岗镇尚景花园2栋1单元302
负责人:周建君
Tel:0755—28960031
13332931101

**五华县水寨镇华力抽沙机总汇**
业务:生产销售抽沙机
地址:广东省梅州市五华县水寨镇七都村西山岭路口
负责人:吕坤如　邮　编:514400
法　人:吕坤如
Tel:13826617025
0753—4437258

**深圳市龙岗区龙岗镇凌昌模具钢材五金销售部**
地址:广东省深圳市龙岗区龙岗镇深汕公路同乐段黄屋村376—1516号
负责人:黄双兴
Tel:13077879618

**清远市清城区新广盛五金店**
业务:五金批发兼零售
地址:广东省清远市清城区东城增强东大街32号
负责人:黄会新　邮　编:511500
法　人:黄会新
Tel:0763—3399869
18926621625
15816227628

**剑南五金机械加工部**
地址:广东省深圳市龙岗区龙岗镇盛平工业区盛龙路36号厂房1层东边
负责人:曾署

Tel:13006662918

**中山市旺宝喷涂设备有限公司**
业务：从事喷涂设备生产，零配件销售
地址：广东省中山市小榄镇永宁菊城大道西中永第一工业区
负责人：彭检生 邮编：528403
法人：彭检生
Tel：13923305581
0760－22263262

**志祥五金制品厂**
地址：广东省深圳市龙岗区龙岗镇同乐坑尾村
负责人：黄伟颜
Tel:0755－84892608
13713990965

**志诚五金机械模具**
业务：专业生产销售蓄电池机械设备，集设计、制造、安装调试以及优质的售后一条龙服务，可根据客户的需要提供技术咨询、设计方案。我公司将以真诚的服务与您共同协作。
产品：机铸模，零件模，工装夹具，分板机，蓄电池各种设备
地址：广东省清远市清城区龙塘镇银源开发区瑞强五金制品宿舍楼21号首层
负责人：陈仕奎 邮编：511500
法人：陈仕奎
Tel：13160581518
13610505040

**天诚五金制品厂**
地址：广东省深圳市龙岗区龙岗镇同乐吓坑兰水路工业区
负责人：梁士球
Tel:0755－84294418
13682508234

**中山市小榄镇鼎强车件五金加工店**
业务：车件加工、五金加工
地址：广东省中山市小榄镇埒西一四村工业区A栋2号
负责人：陈国华 邮编：528416
法人：陈国华
Tel：13715688698
13411687696

**深圳市宏泰鼎五金制品有限公司**
地址：广东省深圳市龙岗区龙岗镇新生低山村西区15号
负责人：张雄兵
Tel:0755－84843095
13823505678

**清远市清城区源潭镇顺成陶机配件部**
业务：陶瓷机械及配件经营
地址：广东省清远市清城区源潭镇建陶工业城服务配套中心55－56号
负责人：张玉林 邮编：511500
法人：张玉林
Tel：0763－3251803

**深圳市龙岗区龙岗镇建鸿五金机械加工部**
地址：广东省深圳市龙岗区平地镇汇都山庄A15幢
负责人：谭万洪
Tel:0755－84082366
13502877565

**阳山县城南白铁制作工程部**
业务：不锈钢板材加工、销售
地址：广东省清远市阳山县阳城镇教育路奔康楼东第四间
负责人：梁时新 邮编：511500
法人：梁时新
Tel：0763－7331743
7895280

**广东省深圳市昌鸿机电设备经营部**
地址：广东省深圳市龙岗区平湖大街159号
负责人：刘永富
Tel:0755－28457819

**中山市小榄镇鹏鑫抛光材料厂**
业务：生产、销售抛光材料
产品：麻轮、布轮
地址：广东省中山市小榄镇九洲基第三物业区
负责人：王德群 邮编：528400
法人：王德群
Tel：13085886991
0760－86961831
86961832

**契益通机械配件有限公司**
地址：广东省深圳市龙岗区平湖镇鹅公岭宝鹅工业区B8栋3楼
负责人：周冠印
Tel:13827407261

**精强塑胶五金加工部**
地址：广东省深圳市龙岗区平湖镇凤凰大道402－408号
负责人：钟先生

Tel:0755－28451732
13823534868

**新启华机械配件加工**
业务：批量轴类加工
地址：广东省汕头市潮阳区和平双凤工业区音像城A3幢3－6号
负责人：刘维滨 邮编：515000
法人：刘维滨
Tel：13726534960
0754－82270846
Fax：0754－82256504
网址：www.轴业.cn
E-mail:xinqihua88@163.com

**中山市小榄镇力道金属制品厂**
业务：门锁
地址：广东省中山市小榄镇绩东一郑文工业区第4幢星棚
负责人：黄玲芳 邮编：528403
法人：黄玲芳
Tel：0760－22255647
Fax：0760－22255647

**成达威五金制品有限公司**
地址：广东省深圳市龙岗区平湖镇鹅公岭病况德路83号一、二楼
负责人：黄丽琼
Tel:13502856528

**华顺塑料竹篾厂**
业务：五金，塑料
地址：广东省汕头市金环西路金园工业城
负责人：李广华 邮编：515000
法人：李广华
Tel：0754－88226121

**中山市小榄镇博荣模具加工店**
业务：五金模具对外加工，五金模具雕刻
地址：广东省中山市小榄镇绩东一聚福街3号
负责人：吴爱国 邮编：528400
法人：吴爱国
Tel：13420368458
13527198444

**华星隆实业有限公司**
地址：广东省深圳市龙岗区平湖镇辅城坳村嘉湖巷9号
负责人：黄先生
Tel:0755－84015430
13828819299

**汕头市金平区蓝兴机械厂**
业务：板金加工与机械制造
地址：广东省汕头市下岐路西北侧厂房
负责人：张国东 邮编：515000
法人：张国东
Tel：13536857873
0754－82123738
Fax：0754－88206383

**深圳市晨龙五金钢材有限公司**
地址：广东省深圳市龙岗区平湖镇富安街118号
负责人：蔡金枝
Tel:13827449028

**中山市小榄镇正宏五金加工店**
业务：专业从事五金制品、冲压件产品加工，五金件剖沟等，可根据客户需求订做。加工品种齐全、价格实惠。
产品：五金配件
地址：广东省中山市小榄镇东区1村沿河大街蟠龙工业楼第4号商铺
负责人：杨冬生 邮编：528415
法人：杨冬生
Tel：13422845930
Fax：0760－22180736

**海丰县附城潘记五金店**
业务：五金加工、销售
产品：不锈钢门窗
地址：广东省汕尾市海丰县附城襟德路136号
负责人：潘胡平 邮编：516600
法人：潘胡平
Tel：13539542716
13432762586

**中山市小榄镇会贤五金加工店**
业务：五金上色，环氧树脂胶水销售
地址：广东省中山市小榄镇宝丰桑枝围八街40号
负责人：钟美英 周先生
邮编：528416
法人：钟美英
Tel：0760－23917790
13824737638

**深圳市佳威五金制品厂**
地址：广东省深圳市龙岗区平湖镇平湖村石巷路4号
负责人：王学曾

Tel:0755－84019366
84656332
13602543102

**快捷风铃配件厂**
地址：广东省深圳市龙岗区平湖镇后园路9号二楼
负责人：高忠
Tel:0755－28852122
13692247561

**同升五金机电销售**
业务：五金机电维修业务
地址：广东省汕尾市马宫街道水产码头边
负责人：陈向升 邮编：516600
法人：陈向升
Tel：13650635237
18927970788

**泰达五金模具加工店**
地址：广东省深圳市龙岗区平湖镇水门路120号商铺
负责人：王辉
Tel:13828801475

**中山市坦洲镇珠相刀模加工部**
业务：主要经营刀模加工
地址：广东省中山市坦洲镇同胜大街17号之十
负责人：刘金宇 邮编：528403
法人：刘金宇
Tel：13726093534
0760－23536710

**深圳市华广进精工五金有限公司**
地址：广东省深圳市龙岗区平湖镇新路路182号
负责人：江新雄
Tel:13902958832

**武江区钰兴五金电器经营部**
业务：批发零售五金、电器、管槽兼营博奥地板砖、陶瓷
地址：广东省韶关市西郊七公里阳山综合市场对面
负责人：徐钰城 邮编：513125
法人：徐钰城
Tel：13719746530
0751－8136358
13415663879

**深圳市成达威五金制品有限公司**
地址：广东省深圳市龙岗区平湖镇新南村水门宗其坑工业区第二座
负责人：郁伶俐
Tel:0755－28497098
28496768
13510867979

**中山市石岐区伟诚五金塑料制品厂**
业务：来图加工和销售五金配件，用于家用电器、灯饰制品、电器配件
产品：五金配件
地址：广东省中山市石岐区岐港路（原屠宰厂）9－10卡
负责人：胡香梅 邮编：528403
法人：胡香梅
Tel：0760－88706228
Fax：0760－88706287

**森立兴五金加工部**
地址：广东省深圳市龙岗区平湖镇新厦工业城168区富昌街17号
负责人：杨奕堂
Tel:0755－28458720
13600401491

**深圳市华安五金厂**
业务：生产、销售五金配件
地址：广东省深圳市宝安区大浪街道黄麻埔工业区黄档路42号
负责人：杨华 邮编：518109
法人：杨华
Tel：0755－29041086
13510884840

**深圳市龙岗区平湖镇裕鑫五金塑胶厂**
地址：广东省深圳市龙岗区平湖镇新厦工业城第77栋1楼
负责人：涂志华
Tel:13302473550

**中山市三乡镇一鑫五金加工厂**
业务：五金加工
地址：广东省中山市三乡镇三星双语学校旁边2－9号
负责人：肖小明 邮编：528463
法人：肖小明
Tel：13543842808
0760－86389055

**泰源塑胶五金制品厂**
地址：广东省深圳市龙岗区坪地惠深路山塘尾工业区（顺德家具城左侧直入50米）
负责人：利泳仪
Tel:0755－84845678
13602558633

**深圳新智模具有限公司**
业务：塑胶模具制造、销售
地址：广东省深圳市宝安区大浪街道上横朗白云山新村
负责人：黄国 邮编：518109
法人：黄国
Tel：0755－28179816
28070490
13316851908

**深井水泵店**
地址：广东省深圳市龙岗区坪地镇深井水泵店
负责人：黄金谷
Tel:13602696189

**中山市三乡镇陆隆五金制品加工部**
业务：专业从事五金制品加工、维修，可根据客户需求订做。加工品种齐全、技术先进，我们将以一流的品质、合理的价位、完美的服务为广大客户提供更多更好的产品。
产品：五金制品
地址：广东省中山市三乡镇前陇村嘉华路20号一楼
负责人：文泽中 邮编：528463
法人：文泽中
Tel：0760－86695287
13715558119

**深圳市龙岗区坪山镇思源五金加工厂**
地址：广东省深圳市龙岗区坪山镇金田路66号
负责人：田利
Tel:13510072321

**永隆衣车行**
业务：缝纫机设备及配件经营
地址：广东省深圳市宝安区福永街道白石下东区福丰达工业园
负责人：陈辉平 邮编：518103
法人：陈辉平
Tel：0755－27308037

**华恒五金店**
地址：广东省深圳市龙岗区坪山镇六联村深汕路（坪山段）19号1楼
负责人：戴炳光
Tel:0755－84638143
13827421198

**中山市三乡镇巨源模具加工店**
业务：各种模具加工
地址：广东省中山市三乡镇前陇村恒安十四巷10号首层
负责人：刘进 邮编：528403
法人：刘进
Tel：0760－86967786

**协盛五金加工厂**
地址：广东省深圳市龙岗区坪山镇坪环工业村左2栋
负责人：沈国正
Tel:0755－28823089

**深圳市成功伟业机械设备有限公司**
业务：工业PCB电镀、五金电镀生产线及周边设备
地址：广东省深圳市宝安区福远街道白石夏东区文明路22号
负责人：康国领 邮编：518000
法人：康国领
Tel：0755－27322893
13823104852
Fax：0755－27322894
网址：www.cgwy.com
E-mail:cgwykang@126.com

**中山市锋君机械设备有限公司**
业务：商品的批发、零售（不含许可经营项目）
产品：接纸机及所属零配件
地址：广东省中山市三乡镇平南村园林仔金岛街17号
负责人：余延峰 邮编：528463
法人：余延峰
Tel：0760－86698889
Fax：0760－86749831
网址：www.fengjunjixie.cn.alibaba.com
E-mail:fengjunjixie@fengjuncn.com

**敏捷成量工具经营部**
业务：成量工具批零
地址：广东省深圳市宝安区龙华大浪南路墩背村群发商住楼319号
负责人：廖化 邮编：518000
法人：廖化
Tel：0755－27524746

**深圳市嵩恒升实业有限公司**
地址：广东省深圳市龙岗区坪山镇汤坑村马峦工业小区一区十七栋
负责人：何学文
Tel:0755－89935209
13902487905

**雄达五金塑胶模具厂**
地址：广东省深圳市南山区大冲路阮屋村36号一楼
负责人：刘红
Tel:0755－26740875
13924604846

**中山市三角镇勋海五金制品厂**
业务：生产、加工、销售
产品：冰箱制冷配件
地址：广东省中山市三角镇平安路188号之二首层
负责人：周文金 邮 编：528403
法 人：周文金
Tel：13450970785
18928143962
0760－22813962

**新星火五金针车行**
地址：广东省深圳市龙岗区梓镇金沙青排村
负责人：邹树喜
Tel:0755－84128559
13925262794

**达成五金挂具厂**
业务：电镀挂具
地址：广东省深圳市宝安区松岗街道溪头村第二工业区6号
负责人：张永文 邮 编：518000
法 人：岳远檀
Tel：0755－27714200
13632633477

**新生机电修理店**
地址：广东省深圳市龙岗镇莱英路2号
负责人：张俊奎
Tel:0755－89755189
13509661799

**中山市黄圃镇祥华喷砂厂**
业务：承接金属喷砂加工业务
地址：广东省中山市黄圃镇新地村岗头涌水闸旁
负责人：吕宝华 邮 编：528400
法 人：吕宝华
Tel：13702830894

**精怡制鞋机械厂**
地址：广东省深圳市龙岗镇龙东村大埔打石岭路
负责人：涂先生
Tel:0755－84862725
13802294812

**金艺盛实业公司**
业务：二手电镀设备销售及回收
产品：二手电镀设备
地址：广东省深圳市宝安区松岗镇松罗大道9号百货工业区A栋
负责人：黄小姐 邮 编：518000
法 人：张笑天
Tel：0755－27066707
Fax：0755－27718086
网址：www.jyssy.chinapyp.com
E-mail:hang215yan@163.com

**深圳市龙岗区横岗镇裕发五金交电经营部**
地址：广东省深圳市龙岗镇深线惠横岗段1048号
负责人：陈士民
Tel:0755－28601382

**中山市黄圃镇天迈五金电子工具商行**
业务：销售五金工具、电子工具及辅料
产品：电子秤、磅秤、热风枪、电批、风批、批咀、电烙铁、热风枪、胶枪、钳类
地址：广东省中山市黄圃镇大岑工业区成业大道7号之一
负责人：张廷辉 邮 编：528000
法 人：张廷辉
Tel：0757－28629789
15899837383
Fax：0757－28629789
网址：www.tianmaidianzigongju.cn
E-mail:zstianmai@126.com

**深圳市宝安区西乡兴发筛网商店**
业务：销售筛网、过滤网
地址：广东省深圳市宝安区西乡大门107国道旁
负责人：高雨 邮 编：518102
法 人：高雨
Tel：0755－27928896
27515843
13410909929
Fax：0755－27515843

**志力机械设备服务行**
地址：广东省深圳市龙岗中心城长江花园C栋2单元302
负责人：郑先志

Tel:13924679050

**深圳市宝安区龙华港峰模具五金商店**
地址：广东省深圳市龙华镇赖屋山新村三巷八号一楼
负责人：蔡春华
Tel:0755－28176717
13925230875

**深圳市宝安区龙华恒得通五金商行**
地址：广东省深圳市龙岗区同乐格树吓4号铺
负责人：叶汉方
Tel:0755－89908537
13922884309

**深圳市龙岗区恒嘉五金公司**
地址：广东省深圳市龙岗区中心城紫薇花园东8幢207室
负责人：蔡新国
Tel:0755－28916758
13823599885

**广东省中山市横栏镇全利模具厂**
业务：本厂专业生产五金冲压模、拉深模、电池拉塑模，集研发设计、生产销售于一体，我们以丰富的生产经验和不懈的追求、与日俱进的精神，真诚欢迎新老客户惠顾！
地址：广东省中山市横栏镇三沙村长安北路157号
负责人：陈保权 邮 编：528400
法 人：陈保权
Tel：0760－87680396
13250496770
Fax：0760－87680396
E-mail:583035026@qq.com

**龙华天利液压器材商店**
地址：广东省深圳市龙华镇龙观西路150号1楼第1间
负责人：聂青如
Tel:0755－27748625
27705427

**深圳市鑫利瑞五金科技有限公司**
业务：五金冲压、弹簧成型、电子产品、电压器、电源线
地址：广东省深圳市宝安区西乡街道办鹤洲社区东区工业园7栋1楼C
负责人：黄伟锋 邮 编：518027
法 人：黄伟锋
Tel：0755－29966312
29966311

**龙华亚西机械配件经营部**
地址：广东省深圳市龙华镇三合村三座楼7－8号
负责人：苏亚军
Tel:0755－28176240
13823792210

**深圳市顺之盈模具有限公司**
业务：模具制造及塑胶
地址：广东省深圳市宝安区西乡街道庄边工业区一路七号
邮 编：518000
法 人：周春桥
Tel：0755－27934535
27935528
Fax：0755－27586791

**东精精密设备（上海）有限公司深圳市办事处**
地址：广东省深圳市罗湖区春风路3002号金碧酒店606室
负责人：祈研
Tel:13923730497

**中山市古镇楚都模具五金加工厂**
业务：五金件冲压加工、模具加工
地址：广东省中山市古镇海洲华光螺沙路6号之4
负责人：谢荆江 邮 编：528421
法 人：楼霄
Tel：13432190949
13631119647
0760－22360670

**深圳市福田区华联发五金商店**
业务：销售五金电器
产品：五金电器
地址：广东省深圳市福田区新沙尾路综合楼6号五金批发部
负责人：李志越 邮 编：518000
法 人：李志越
Tel：13312988230
0755－88290184

**深圳市罗湖区嘉信商店**
地址：广东省深圳市罗湖区东昌路今日家园明青轩6L
负责人：陶勇
Tel:0755－25510686
25803705

25513705
13923747260

**群力机电设备有限公司**
地址：广东省深圳市罗湖区华瑞大厦B座16F
负责人：吴迪文
Tel:0755－25856543
13509815113

**中山市古镇来华胜螺丝总汇**
业务：螺丝、灯饰配件
地址：广东省中山市古镇古一村长尾涌南4巷1号首层之1
负责人：陈利明 邮 编：528403
法 人：陈利明
Tel：0760－22329585
22329586
Fax：0760－22329586

**深圳市罗湖区广和五金商店**
地址：广东省深圳市罗湖区人民北路3001号
负责人：唐仲和
Tel:0755－82222821
13802222104

**永光晖塑胶模具有限公司**
业务：塑胶模具
地址：广东省深圳市光明新区公明街道合水口旭发工业园3号
负责人：郭三高 邮 编：518000
法 人：郭三高
Tel：0755－26979848
13828827920

**扇谷兴业（香港）有限公司深圳市代表处**
地址：广东省深圳市罗湖区人民南路嘉里中心2306室
负责人：孙国春
Tel:0755－25181522

**中山市古镇光锐五金弯管加工部**
业务：弯管、锥管加工
地址：广东省中山市古镇古三泰裕工业大道二路8号第10卡
负责人：马建成 邮 编：528421
法 人：马建成
Tel：13715618231
0760－22394458

**东丰源实业有限公司**
地址：广东省深圳市罗湖区梧桐山坑背村197号
负责人：叶晓林
Tel:0755－25711336
13808831263

**松祥五金店**
业务：五金销售
地址：广东省深圳市龙岗区布吉街道金运路92号
负责人：李勇 邮 编：518000
法 人：李松祥
Tel：0755－28534774
13728754787

**大顺机械设备维修有限公司**
地址：广东省深圳市南山后海路蔚蓝海岸二期23幢17C
负责人：凌玉娟
Tel:0755－26438602

**深圳市龙岗区港怡气动液压元件商行**
业务：专业销售各种气动液压元件
地址：广东省深圳市龙岗区龙岗街道深惠路997号
负责人：倪仕峰 邮 编：518116
法 人：倪仕峰
Tel：0755－84833565
13828701779

**中山市古镇速立成模具线割加工店**
业务：冲压模、旋压模、线割加工
地址：广东省中山市古镇古三工业大道东南二路1号首层之3
负责人：林小界 邮 编：528421
法 人：林小界
Tel：13129226333
13790725733

**深圳市友兴五金制品厂**
业务：五金制品加工
产品：手机外壳
地址：广东省深圳市龙岗区龙岗街道新生村恒昌路8号
负责人：叶明 邮 编：518000
法 人：叶明
Tel：0755－84618916
84889736

**蒲江机电有限公司**
地址：广东省深圳市南山区创业路口东方海雅居雅典阁4C

负责人：唐小兵
Tel:13825200885

**森源模具五金机械厂**
地址：广东省深圳市南山区大冲工业市场B栋16号－17号
负责人：刘松源
Tel:0755－26741979
13926521144

**中山市古镇煊发五金灯饰配件加工店**
业务：五金灯饰加工、旋压加工、灯用电器附件及其他照明器具
地址：广东省中山市古镇冈东美利围工业区美利路29号首层之2
负责人：李海 邮 编：528421
法 人：李海
Tel：15907651929
0760－22359149

**易丰精密电子机械厂**
地址：广东省深圳市南山区关口正街169号家品厂9栋后一楼
负责人：易堂清
Tel:0755－26087108
22010248
13714610188

**宏兴五金商行**
业务：五金交电批发
地址：广东省深圳市龙岗区平湖街道上木古社区平新南路20号
负责人：赖育宏 邮 编：518000
法 人：赖育宏
Tel：0755－89699689
13922818851

**深圳市华意隆实业发展有限公司**
地址：广东省深圳市南山区桂庙路北头村1坊17号
负责人：李耀岐
Tel:13827451658

**中山市古镇鲁广顺发五金加工厂**
业务：金属制品制造
地址：广东省中山市古镇曹二东岸中路南5号
负责人：张春健 邮 编：528421
法 人：张春健
Tel：0760－2327687

**深圳市南山区易通冷气机电经营部**
地址：广东省深圳市南山区红花路建管楼首层105B
负责人：姚禹平
Tel:0755－26730596
13902971457

**坪山镇金丰五金厂**
业务：五金加工
地址：广东省深圳市龙岗区坪山街道金碧路379号
负责人：郑志飞 邮 编：518000
Tel：13902967187
0755－89931998

**深圳市灵感岛模型设计有限公司**
地址：广东省深圳市南山区华侨城深南大道新浩城浩华楼1楼A座
负责人：何直达
Tel:0755－26938185
13602629458

**中山市港口镇共通五金机械加工部**
业务：五金机械加工
地址：广东省中山市港口镇下南村大汕路口西街73号对面
负责人：赖建彬 邮 编：528400
法 人：赖建彬
Tel：13420471999
13715610041

**兆劲机电设备有限公司**
地址：广东省深圳市南山区科技工业园北区活力宝公司院内仓库二楼
负责人：孙兆春
Tel:0755－26980481
13602691196

**深圳市利诚兴五金制品有限公司**
业务：加工纺织机，手套机，拉链机零配件
产品：纺织机，手套机，拉链机及缝纫机零配件
地址：广东省深圳市龙岗区坪山镇沙坐陈屋村八巷2号
负责人：袁志兴 邮 编：518118
法 人：袁志兴
Tel：0755－28821458
13510478816
Fax：0755－89928879
E-mail:lichengxing2009@126.com

**添益五金店**

地址：广东省深圳市南山区龙城路龙滨花园1栋103号
负责人：周恩岱
Tel：0755－26643646
13715209693

### 中山市艺神五金制品有限公司

业务：化妆品包装外壳五金（香水盖、粉盒外壳、镜盒、首饰）
地址：广东省中山市阜沙镇丰联村11组（长祥兴街13号）首层
负责人：倪平祥　邮　编：528403
法　人：倪平祥
Tel：0760－23408622
13622320024
Fax：0760－23408622
网址：www.ngaisen.com
E-mail：john.ni@ngaisen.com

**禹成机械设备有限公司**
地址：广东省深圳市南山区龙珠3路15号
负责人：唐灿奇
Tel：0755－26759408
13510351458

### 晨昇弹簧五金制品厂

业务：专业生产汽车及摩托车各种减震弹簧、汽门簧、打火簧、汽车无线电天线、回力弹簧、衣夹、文具配件、体育用品、首饰、全套照相机用各类弹簧、车件、车轴、钢球及五金冲压配件等
地址：广东省深圳市龙岗镇吉祥南路1号龙腾工业区创兆科技园
负责人：朱迎喜　邮　编：518000
法　人：朱迎喜
Tel：0755－84827308
89728679
Fax：0755－84615671

**深圳市联裕五金制品有限公司**
地址：广东省深圳市南山区麻磡工业西区C区37栋四楼
负责人：安成燕
Tel：13066871341

### 中山市东升镇精利达五金真空热处理厂

业务：模具热处理
地址：广东省中山市东升镇裕民村"广丰围"
负责人：陈宗欢　邮　编：528414
法　人：陈宗欢
Tel：0760－22213081

**深圳市凯信自控设备有限公司**
地址：广东省深圳市南山区麻雀岭工业区麻雀岭8号楼505室
负责人：周爱珍
Tel：0755－26836910

### 强盛机械修配

业务：机械加工、维修，零配件加工、五金配件
地址：广东省深圳市龙岗镇坪山镇金碧路426号
负责人：李国强　邮　编：518118
法　人：李国强
Tel：0755－89930877
13434435108

**深圳市普耐斯机电设备有限公司**
地址：广东省深圳市南山区南新路荔源大厦十楼1068室
负责人：姜婷
Tel：0755－26443680

### 中山市东升镇东沥五金加工店

业务：专业从事五金零配件、CNC数控加工，可来图来样订做加工。拥有精密自动车床、数控车床，价格合理、品质优良，竭诚为您提供优质、高效的服务！
产品：五金件加工
地址：广东省中山市东升镇联胜南路顷二街联兴巷2号
负责人：祝启兵　邮　编：528414
法　人：祝启兵
Tel：18928121752
Fax：0760－88500175

**金承诺实业有限公司**
地址：广东省深圳市南山区南油大道保利大厦1808房
负责人：赵利聘
Tel：0755－26421888
13923744588

### 东鑫海五金塑胶制品有限公司

业务：五金冲压、信号线、充电线
地址：广东省深圳市龙港区布吉街道京南路科林伦大厦1楼
负责人：王兵舰　邮　编：518000
法　人：王兵舰
Tel：13713555818
0755－28887988

**深圳市瀚翔工业设计有限公司**
地址：广东省深圳市南山区南油大道金晖大厦B2306房
负责人：曲航涌
Tel：0755－26459266

### 中山市东升镇骏博五金变压器厂

业务：专业生产五金变压器
地址：广东省中山市东升镇葵兴大道39号三楼右侧
负责人：邹钟良　邮　编：528403
法　人：袁建华
Tel：0760－88501091
88501089

**深圳市智信达数控系统有限公司**
地址：广东省深圳市南山区南油大道粤海大厦B座18A
负责人：王勇
Tel：0755－26435569

### 湖北玉立砂带股份有限公司深圳分公司

业务：砂纸，砂带，抛光材料
地址：广东省深圳市深汕公路727号
负责人：徐书龙　邮　编：518000
法　人：徐书龙
Tel：0755－84133508
13798564588

**标特隆精密模具制品有限公司**
地址：广东省深圳市南山区南油第一工业区3栋二楼东面
负责人：卢海标
Tel：0755－26868899
13802288967

### 中山市东升镇兴旺兴抛光厂

业务：各种五金，灯饰抛光
地址：广东省中山市东升镇白鲤村同裕路五巷路尾（白鲤旧饭堂侧）
负责人：高文远　邮　编：528400
法　人：高文远
Tel：13420431588
0760－88505952

**深圳市金智机电技术有限公司**
地址：广东省深圳市南山区侨洲花园2栋
负责人：舒健
Tel：0755－26138265

### 健胜隆精密五金制造（深圳）有限公司

业务：机械五金设备
产品：五金车削件，螺丝，机械配件，电动车自行车配件
地址：广东省深圳市松岗镇朗下村沙江路314号
负责人：黄强　邮　编：518000
法　人：梁琦
Tel：0755－27137316
13725589609
Fax：0755－27137317

**深圳市中集重型机械有限公司**
地址：广东省深圳市南山区蛇口工业区港湾大道2号中集集团研发中心
负责人：孙春安
Tel：0755－26691130
13825293252

### 中山市东凤镇周工五金加工店

业务：五金异形水壶模具检验制造、设计、加工，各种高难度五金拉伸异形模具设计及制造
地址：广东省中山市东凤镇同乐工业区玉峰路（厂房B）
负责人：周前勇　邮　编：528403
法　人：周前勇
Tel：13425479688
0760－23603976

**蛇口华康五金商店**
地址：广东省深圳市南山区蛇口海滨东路海虹苑41B号
负责人：江荣华
Tel：0755－26810315
13823201865

### 火王氩焊店

业务：氩焊，激光焊，塑胶模具，五金模具，五金产品，铜，铝，钛，精密焊接
地址：广东省深圳市新安四路136号
负责人：钟方存　邮　编：518000
法　人：钟方存
Tel：13058081575
0755－27854209

### 金锐五金制品有限公司

业务：五金制品
地址：广东省深圳市新园工业区
负责人：刘可　邮　编：518000
Tel：0755－84008497
84006913

**深圳市宏发五金机电有限公司**
地址：广东省深圳市南山区蛇口海滨东路马楼首层62号
负责人：林高行
Tel：0755－26683211
13603065925

**意达五金商店**
地址：广东省深圳市南山区蛇口海昌街55号
负责人：黎范
Tel：0755－26681025
13714320719

### 中山市东凤镇赣都弹簧五金加工店

业务：弹簧五金冲压
产品：弹簧冲压
地址：广东省中山市东凤镇同安大道西（恒业玻璃侧）
负责人：汪洋　邮　编：528400
法　人：汪洋
Tel：13427089646
0760－86170020
Fax：0760－86170130

**深圳市瑞其机械有限公司**
地址：广东省深圳市南山区蛇口新街蛇口大厦18楼1805室
负责人：黄瑞勇
Tel：0755－26683266
26687244
13802212329

### 台山市台城余翠丽牙科诊所

业务：牙科诊所
地址：广东省台山市台城祥龙二路2号105号
负责人：余翠丽　邮　编：529200
法　人：余翠丽
Tel：0750－5508732

**深圳市海天力机电有限公司**
地址：广东省深圳市南山区蛇口招商路水湾大厦305室
负责人：马清
Tel：0755－26888006
13500062566

### 中山市大涌镇凯德木雕机经营部

业务：凯德木雕机专卖
地址：广东省中山市大涌镇旗山路39号富城山庄C幢32卡
负责人：卢立华　邮　编：528403
法　人：卢立华
Tel：13528193358
0760－87122571
Fax：0760－87122571

**顺泰模具机械厂**
地址：广东省深圳市南山区田寥村田寥大厦1楼
负责人：张先文
Tel：0755－26010826
13923798760

### 阳江市江城区大华模具加工厂

业务：全自动、半自动五金模具
地址：广东省阳江市江城区创业北路（圣丰五金工艺厂内第17号铺）
负责人：吴益华　邮　编：529500
法　人：吴益华
Tel：13794788485
0662－2811023
QQ：386824367

**同力精密冲压制品有限公司**
地址：广东省深圳市南山区西丽麻勘百顺工业园6栋2楼
负责人：段志超
Tel：0755－29826908
13823302196

### 中山市大涌镇壹强商行

业务：法兰销售
地址：广东省中山市大涌镇德政路（清平市场侧）
负责人：郑胜强　邮　编：528403
法　人：郑胜强
Tel：0760－87772900

**钻通机电设备开发有限公司**
地址：广东省深圳市南山区西丽平山工业区19栋
负责人：刘文亮
Tel：0755－26622466

### 阳江市江城区华鸿五金机电经销部

业务：经营五金机电、配料、配件
地址：广东省阳江市江城区华鸿花园D5－6
负责人：陈仲如　邮　编：529525
法　人：陈仲如
Tel：0662－3333459
13542676662
E-mail：huahongwj@163.com

**深圳市盛西源机械构件有限公司**
地址：广东省深圳市南山区西丽镇长源工业区108号
负责人：刘卫国
Tel：0755－26979868
13809860885

### 阳东县东城镇宇晖刀具厂

业务：小刀
地址：广东省阳江市江城区华侨新村3路13号
负责人：林良清　邮　编：529500
法　人：林良清
Tel：13924396889
0662－3416176
Fax：0662－6603873

**深圳市安龙机械设备制造有限公司**
地址：广东省深圳市南山区西丽镇福光工业区B5栋
负责人：陆海平
Tel：0755－26587382 转 801
0755－86180382

### 中山市东区华源机械加工店

业务：五金塑胶模具制造、五金模具、数控加工、线切割、专业对外加工，电火花，穿小孔、并承接五金件加工。
地址：广东省中山市白沙湾中沙街十九巷7号
负责人：任剑华　邮　编：528400
法　人：任剑华
Tel：13794186975
0760－88360736
Fax：0760－88360736

**立峰五金机械热处理厂**
地址：广东省深圳市南山区西丽镇官龙村旧工业区四栋一楼（西）
负责人：肖太忠
Tel：0755－26749699
13682465313

### 阳江市江城区达成五金电动工具店

业务：产家直销百威狮品牌五金工具、宇邦电动工具：手电钻、角磨机、云石机。各类麻花钻咀、冲击钻咀、玻璃钻咀、金刚石锯片、合金锯片、合金开孔器、批咀、量具、利新A－100刀片、玻璃系列工具等各种品种。
地址：广东省阳江市江城区金鸡路10号
负责人：李建国　邮　编：529525
法　人：李建国
Tel：0662－3688788
Fax：0662－3688788

**深圳市南山区永立五金店**
地址：广东省深圳市南山区西丽镇丽苑二村五栋104号
负责人：涂鹏飞
Tel：0755－26701386
26628990
13823296149

### 阳江市江城区富龙五金刀剪厂

业务：五金刀剪
地址：广东省阳江市江城区坪郊狗山丘7号
负责人：梁龙华　邮　编：529500
法　人：梁龙华
Tel：13432551872
0662－2816189
Fax：0662－2816189

### 怀集县怀城镇兴达机械设备加工厂

业务：镗缸、磨曲轴、铰磨气门、镗瓦座、光古光碟、磨平面、铰链杆铜套，车床加工、平面磨床加工、铣床加工、烧焊
地址：广东省肇庆市怀集县怀城镇幸福三路82号（右侧第二卡）
负责人：蔡达周　邮　编：526040
法　人：蔡达周
Tel：0758－5553836
13556568077

### 浩波五金车件厂

业务：专业从事五金、塑料制品加工，本厂拥有整套完整的生产检测设备和一批高素质的专业技术人员，产品质量过硬，受到了广大用户的称赞与好评。另承接来料加工业务。
产品：车件加工：电筒、汽车配件、标准件、非标件
地址：广东省阳江市阳东县东城镇工业三区广源西路边
负责人：陈天波　邮　编：529900
法　人：陈天波
Tel：0662－6881923
Fax：0662－6881913
E-mail：hbo1966@21cn.com

**贝思特机电设备有限公司**
地址：广东省深圳市南山区西丽镇沙河西路鼎新大厦西座906室

…………负责人:王乐进
…………Tel:0755—26528802
13603095404

**凹凸五金制品有限公司**
地址:广东省深圳市南山区西丽镇塘朗工业区C区25栋二层
…………负责人:陈健军
…………Tel:0755—86007266
13590482262

**深圳市南山区恒昌表业五金加工厂**
地址:广东省深圳市南山区直升机场院内
…………负责人:黄恩湫
…………Tel:0755—26971035
13714607979

**高要市金利镇宏高五金厂**
业务:生产,销售家具脚、沙发脚、家具拉手
地址:广东省肇庆市高要市金利镇西围管理区梓里南队
………负责人:潘远生　邮　编:526000
…………法　人:潘远生
…………Tel:13827533377
0758—8598448

**深圳市美斯发动机有限公司**
地址:广东省深圳市南山区中山园路58号中山苑B座109室
…………负责人:朱艳根(男)
…………Tel:13823377945

**阳东县东城镇荣亨五金厂**
业务:烧烤盘、酒精炉、捞盘、瓜刨、其它五金杂件
地址:广东省阳江市阳东县东城镇那味村委立正村20号房屋
………负责人:柳荣卫　邮　编:529525
…………法　人:梁丽结
…………Tel:0662—6900383
13168194199
…………Fax:0662—6890893
…网址:http://www.51zzt.com/user/zzt30359
…………QQ:377181058

**肇庆市高新区伟业五金交电批发行**
业务:五金、电线、电动工具、水管
地址:广东省肇庆市高新区如意花园10号商铺
………负责人:陈正军　邮　编:526040
…………法　人:陈正军
…………Tel:0758—3601301
3628089
13602995782
…………Fax:0758—3601301

**深圳市宝安区龙华四毛精密模具厂**
地址:广东省深圳市宝安区龙华镇大浪村华盛工业区华盛路栋第一层
…………负责人:胡红英
…………Tel:0755—28151066
13602523767

**龙华盐都钛电热制品加工部**
地址:广东省深圳市宝安区龙华镇大浪村华旺工业区A栋102号
…………负责人:方志宏
…………Tel:0755—27043978

**伟丰五金商行**
地址:广东省深圳市南山区珠光路西丽体育中心综合楼底层十三号铺
…………负责人:刘英
…………Tel:13510228419

**英德市东华镇鱼湾华达农机经营部**
业务:穗隆牌农用机械代理经营
地址:广东省英德市东华镇鱼湾教育路
………负责人:钟上华　邮　编:511500
…………法　人:钟上华
…………Tel:13727177708
15975863160

**创新五金厂**
地址:广东省深圳市平地镇新兴村新兴工业区
…………负责人:李军元
…………Tel:13925281878

**郁南县南江口镇南阳电脑校油泵**
业务:油泵、油嘴、增压器、曲轴、凸轮轴、汽车滤清器
地址:广东省云浮市郁南县南江口镇云苍大道聚龙山庄旅店旁
………负责人:周永浩　邮　编:527300
…………Tel:13824698944
15819535177

**耀辉精密五金制品厂**
地址:广东省深圳市平湖镇山厦杉坑工业区B4三楼
…………负责人:张仁耀
…………Tel:0755—84695216
13509602651

**吉顺发机械设备有限公司**

地址:广东省深圳市深圳市西丽镇大堪村关口工业区8号
…………负责人:黄自军
…………Tel:0755—26548278
13600438460

**云浮市云城区庆永起重机配件经销部**
业务:经营龙门吊、天车、电动葫芦、及各种起重机配件
地址:广东省云浮市云城区安塘镇夏洞牌坊对面
………负责人:王庆永　邮　编:527300
…………法　人:王庆永
…………Tel:15811788587
0766—8552158

**湛江市麻章区太富机电商场**
业务:农机、五金、液压搬运车、堆高车
产品:广洋水泵、科亚汽油机、水带、喷带、柴油机、发电机、高压泵、喷药泵、抽沙泵、增压泵、增氧机、清洗机、空压机、打包机
地址:广东省湛江市麻章区瑞云中路52号
………负责人:刘安平　邮　编:524038
…………法　人:刘安平
…………Tel:0759—2709625
13922093811
13432869632
…………Fax:0759—3623628

**深圳市联谊工具批发公司**
地址:广东省深圳市石岩镇官田新风路1号201室
…………负责人:张国梁
…………Tel:0755—27605518
13828726517

**坤新机械加工店**
业务:机械加工服务
地址:广东省肇庆市高新区嘉富华庭E09号商铺
………负责人:陈德鲁　邮　编:526000
…………法　人:陈德鲁
…………Tel:15119853288
13560933248

**鹏兴五金交电商场**
地址:广东省深圳市松岗镇蚌岗村广深路旁
…………负责人:谭顺规
…………Tel:0755—27096987
13670286327

**储文五金厂**
地址:广东省深圳市龙岗区平湖镇李仔园村福星一巷2号一楼
…………负责人:林良彬
…………Tel:0755—28490300
13602512478

**湛江市坡头区德隆制钉厂**
业务:生产、销售铁钉
地址:广东省湛江市坡头区坡头镇博立村长岭
………负责人:许真德　邮　编:524038
…………法　人:许真德
…………Tel:0759—2112942
3833096
13702872942

**深圳市东洋真空技术有限公司**
地址:广东省深圳市松岗镇塘下涌村S1160号
…………负责人:金哲
…………Tel:13510023460

**封开县长岗镇合利五金工具行**
业务:五金工具
地址:广东省肇庆市封开县长岗镇长岗街
………负责人:艾军强　邮　编:526040
…………法　人:艾军强
…………Tel:0758—6571288

**遂溪县恒海防腐技术有限公司**
业务:防腐工程、保温工程(锅炉、设备管道)
地址:广东省湛江市遂溪县邮电局旁
………负责人:陈进佑　邮　编:524038
…………法　人:陈进佑
…………Tel:13702697957
0759—7712215

**肇庆市鼎湖区广利兴丰五金加工厂**
业务:五金冲压件加工、模具加工
地址:广东省肇庆市鼎湖区广利办事处新广路121号
………负责人:关庆仪　邮　编:526070
…………法　人:关庆仪
…………Tel:13652942666
0758—2682288
…………Fax:0758—2682288

**富盛机械设备修理厂**
地址:广东省中山市民众镇番中公路多宝路口
…………负责人:李卫东

…………Tel:13925371195

**湛江市霞山区泰珠五金加工部**
业务:专业从事不锈钢板材的机械加工,并承接各种不锈钢工程制作及安装,合理的价格;诚信的服务,真诚期待您的光临.
产品:不锈钢大门,防盗网,扶手,扶栏。铝合金窗,电动车库门,电动澳式卷闸门等等
地址:广东省湛江市霞山区海新装饰材料市场C61—62号
………负责人:高明文　邮　编:524000
…………法　人:高明文
…………Tel:0759—2310089
13543503372
…………Fax:0759—2310089

**万里达脚轮金属制品厂**
地址:广东省中山市小榄镇永宁东村永福工业区
…………负责人:岑德华
…………Tel:0760—2280428

13824706668

**金瑞五金制品厂**
地址:广东省珠海市斗门区井岸镇西铺工业区上兴企业内
…………负责人:彭国林
…………Tel:13702949389

**佛山市南海区弘州液压机械厂＊**
业务:我厂多年来从事研究与开发新型油压机,并结合客户实际生产需要采用先进的液压和电路控制系统,生产出品种规格齐全、精度高、效率高、能耗低的油压机。我厂主要生产四柱油压机拉伸机系列,四柱单动和框架型油压机系列等产品,广泛应用于五金橡胶,首饰品,家用电器,摩托汽配,砂轮,不锈钢制品等行业
地址:广东省佛山市南海区桂城石肯鸿兴钢铁综合市场G2号
…………邮　编:528200
…………法　人:侯全昌
…………Tel:0757—86367359
…………Fax:0757—86367169
…………网址:www.fs—hz.com

山东天欣木业有限公司
以木制刷柄、刷子、家具、婴儿床等木制品加工为主。
电话：0534－5691588
地址：山东省德州市齐河县恒力大道中段路北





## 东莞市长安振隆电子设备厂

东莞市长安振隆电子设备厂是一家专门从事电子设备、五金设备、涂装设备的企业。

愿与社会各界有志之士，携手共进，共创辉煌！

联系人：宋紫庆 13929258289
电话：0769－85097499 85479851
网址：www.dgzhenlong.com
电子邮件：zhenlong.288@163.com
地址：广东省东莞市长安镇新安横中路 邮编：523000

## 佛山市顺德区恒澳微电机有限公司

网址：www.fshengao.com.cn

佛山市顺德区恒澳微电机有限公司是一家专业研发、生产、销售、罩极电机的制造企业，产品广泛用于空调、风扇、电暖器、微波炉、光波炉、电烤箱、电壁炉、横流风机、齿轮减速电机、揉巾机、自动售货机、医疗器械等家用电器。

公司以良好的基础设施，雄厚的技术实力，优质的专业产品，周到的优质服务，力求顾客满意，促进公司发展，本着“诚信双赢、服务至上、品质第一”的经营理念，坚信“以制度化、人性化管理相结合的管理理念”，衷心欢迎各业界朋友来电来函或莅临指导，我们愿与您携手共创美好未来！

联系人：李扬勇
电话：0757－25510281 13790087175 传真：0757－25510280
地址：广东省佛山市顺德区均安镇菱溪太平工业区恒丰泰纺织大楼4楼 邮编：528329

## 东莞市驰铭五金有限公司

东莞市驰铭五金有限公司成立于2007年，主要从事于数控车床、自动车床制品、精密五金冲压。

公司宗旨：让客户的利益最大化。不断深化“务实、诚信、拼搏、创新”的企业精神。目前正向现代化型的企业战略目标迈进。我们深信我们良好的信誉和高品质的产品定会赢得您的信任。诚挚欢迎新老客户与我们携手共进，再创辉煌！

联系人：乔安军
电话：0769－81223068 81223069 81223059
邮编：523069
地址：广东省东莞市凤岗镇雁田村布垅工业区3巷1路11号

## 固力标准件制造有限公司

固力标准件制造有限公司成立于2005年，本公司是专业生产、经营各种摩托车五金标准件及非标件的螺栓、螺母、垫片等紧固件的企业；可根据客户的需求及图纸加工定做，目标是以客户为中心，为客户提供高品质的产品和持续、高效的服务，从而为客户创造利益，一致贯彻“以质量求生存，以信誉求发展”的经营理念，不断创新与完善，以最优的价格、最好的质量、最好的服务竭诚为您服务！

联系人：钱时亮 13702282004
电话：0750－3218585 3218575
传真：0750－3218575
电子邮件：guli-jm@163.com
地址：广东省江门市江沙收费站侧篁庄沙冲围工业城J幢
邮编：529000

## 东莞市君山机电科技有限公司

本公司从事真空镀膜、电脑手机数据线、防静电片材、精密仪器、模具等，我们将以一流的产品，一流的服务，竭诚让所有新老客户满意！

联系人：任家进
电话：15916912588 0769－82760669
地址：广东省东莞市大岭山镇杨屋社区君山科技园 邮编：523000

## 广东江门市蓬江区健年五金铁桶加工店

本店成立于2008年，主要销售0.2至0.33厘米铁皮，并大量回收废油漆桶。服务宗旨：质量为本、信誉第一、顾客至上。

电话：13672908980、0750－3595149
联系人：宋小年
地址：广东省江门市蓬江区棠下镇迳口村后山咀工业区 邮编：529000

## 东莞市良誉实业有限公司

本公司专业从事塑胶模具设计与制造、塑胶产品设计与开发、注塑成形、汽车模具、灯饰模具、电脑周边产品模具，欢迎新老客户来电来函洽谈业务，共同发展！

联系人：李勇均
电话：0769－83713918 83713938 83721215
地址：广东省东莞市横沥镇村头综合开发区
电子邮件：lyli92@126.com 邮编：523000

## 广东丽光机电工业有限公司

广东丽光机电工业有限公司是浙江丽光摩托有限公司投资兴建的独资企业，于2005年投产，占地面积30余亩，建筑面积26000多平方米，现有员工600余人。

本公司专业生产摩托车闸把开关总成，包括三十余系列，一百多种产品。为了保证产品质量，公司不但引进了成套的进口生产设备，还建立了完善的品质监控系数，从材料进厂到产品出货每道工序均按ISO9000标准要求进行运作，别是建有各类实验室，可按相关产品标准要求检测产品性能，更以雄厚的技术力量为依托，建立技术服务中心，直接拥有遍布全国多处市场销售和技术服务网络体系。高科技，高起点，高品质，高效率，高信誉是丽光人永恒的追求，生产一流产品，提供一流服务，是丽光人对您的承诺。愿我们不懈的努力，与您携手共进，共创辉煌。

联系人：姜育兴 电话：0750－3633588 3633522
地址：广东省江门市江海区礼乐镇永兴街27号 邮编：529000

## 佛山市南海区仁字精密机械配件厂

佛山市南海区仁字精密机械配件厂是一家专业从事机械配件、遥控器电池配件的生产的企业。

竭诚欢迎各界客户光临惠顾，我们愿与您建立长期友好有合作伙伴关系，一起开拓，共同发展！

联系人：吴孙仁
13923183691
电话：0757－89966398 传真：0757－85704491
地址：广东省佛山市南海区里水镇新联南边工业区11栋 邮编：528000

## 广东湘机电机维修有限公司

广东湘机电机维修有限公司成立于1996年，拥有整套先进的机电检测试验设施，主要承接国内外各种交直流电机、同步电机、发电机及特种电机的维修服务。

“客户至上，技术为本”，欢迎惠顾！

联系人：王伟 手机：13924212908
电话：020－82060821
地址：广东省广州市黄埔区大沙镇梨园山吉山机电仓库 邮编：510000

## 广州市白云区益顺五金电子厂

本公司从事电子元件、五金制品、戳花铁轴、五金冲压件、拨动开关等产品生产销售，以质量求生存，信誉求发展，欢迎新老客户光临、惠顾！

联系人：张炳健　电话：020-87451311　87451896
地址：广东省广州市白云区金盆北路398号
电子邮件：gzresun@21cn.com　邮编：510440

## 河源市明利塑胶模具厂

河源市明利塑胶模具厂成立于2004年。

从事注塑加工，塑胶模具设计、开发、制造。

求真，务实是我们公司追求的原则，努力交给客户一个更满意的产品。

联系人：丘云星　13829319039
电话：0762-3837828　邮编：517000
地址：广东省河源市源城区源南镇凤光工业园

## 广州市黄埔区永祥五金厂

广州市黄埔区永祥五金厂成立于2006年，本厂生产设备先进，技术力量雄厚，检测手段齐全。专业为用户加工和销售：五金、不锈钢制品、铝、铝合金制品。

主要产品有：模具制造五金冲压、自动车床加工、不锈钢制品加工、机械配件、线切割等五金，并为用户提供技术改造中所需的非标准设备，特殊工艺流程及机械设备的五金配件。

联系人：唐红勇　020-32070460　传真：020-62665187
电子邮件：sales@sxhong.com　网址：www.sxhong.com
地址：广东省广州市黄埔区荔联街沧头中路一号　邮编：510760

## 佳威脚轮有限公司

广州佳威脚轮是美国科顺脚轮集团于2005年在中国投资设立的第二家全资子公司，主要生产佳威（jarvis)品牌系列脚轮及承接科顺集团内姐妹公司的订单。佳威脚轮用途广泛，如超市购物车，运送餐具食品用的服务小车，敏感的电子医疗设备等，是各式人力推拉设备的得力助手。我们将以诚信为本，致力于为客户提供高品质价格适中的脚轮产品！

联系人：吕海浪　13928997466
网址：www.jarvischina.com　电话：020-82860208
电子邮件：tiger.lv@jarvischina.com　传真：020-82860788
地址：广东省广州增城市中新镇团结村农垦工业区　邮编：511365

## 广州市劲成超声波设备有限公司

劲成超声波设备有限公司是一家集生产、研制、开发为一体的大型超声波工业设备企业。引进国外最新工艺技术、世界各国品牌原材料、元器件、设计制造出十几大系列，百余种规格的各类单槽式、多槽式、气相及电脑控制机械臂等各种品种齐全的超声波清洗机。可根据客户不同要求设计制造大型非标高品质超声波清洗机。公司以环保清洗为发展方向，推出新一代环保超声波清洗设备。

公司以质量求生存、以服务树品牌、以科技求进步、以诚信促发展。完善的售后服务，努力为客户创造价值。

联系人：蒋青华
电话：020-61815581　61815582
网址：www.gzjcu.comv　传真：020-61815583
地址：广东省广州市花都区新华街红棉大道官禄工业园A一栋　邮编：510000

## 揭东县月城镇双演五金厂

本厂从事不锈钢月牙锁、幕墙配件生产销售，生产产品质量可靠，产品销往全国各地，欢迎各方客户来电洽谈业务，共同合作。

联系人：郑凯龙
电话：0663-3551339
地址：广东省揭阳市揭东县月城镇棉洋美园工业区
邮编：522000

## 广州市联通电机厂

广州市联通电机厂成立于1998年，主要生产线路板。

本公司秉承“顾客至上，锐意进取”的经营理念，坚持“客户第一”的原则为广大客户提供优质的服务。

欢迎广大客户惠顾！

联系人：刘锡均　13570167277
电话：020-84647371　传真：020-82922470
邮编：510000
地址：广东省广州市增城区石滩镇麻车开发区联通电机厂

## 揭阳市榕城区海发五金厂

揭阳市榕城区海发五金厂成立于2008年6月，主要从事于五金制品的加工、销售，回收、销售生产性、非生产性废旧金属。

永恒的质量，合理的价位，及时的供货时间。

欢迎新老客户光临惠顾！

联系人：潘海城
电话：0663-8879986　8864936　13828178328
地址：广东省揭阳市榕城区仙桥4号路
邮编：522000

## 广州市鑫旺机械设备有限公司

广州市鑫旺机械设备有限公司是一家专业加工五金制品，机械零配件的厂家。

我们“以诚相待、以信为本、以优取胜”的经营理念。

欢迎各界人士前来考察，洽谈业务。

联系人：李厚民　电话：020-62213105　62213115
地址：广东省广州市天河区沐陂西街18号118房　邮编：510600

## 揭阳市鑫展起重机械制造有限公司

揭阳市鑫展起重机械制造有限公司成立于2005年，集设计、制造、安装、维修服务于一体，主要有四大系列产品：桥式起重机系列、门式起重机系列、载货电梯系列、固定旋转式港口起重机系列，另有吊具、机械抓斗、液压抓斗。我公司恪守“质量第一，服务至上”的原则，不断创新，愿为广大用户提供更优质的产品和服务！

联系人：吴鸿辉　13927024468
电话：0663-3286939　传真：0663-3286969
地址：广东省揭阳市揭东县曲溪镇港美广元三街一幢20号
邮编：522000

## 朗诺五金制品厂

朗诺五金制品厂成立于1997年。
一家专门从事锁具，卫浴装饰，五金制造的企业。
欢迎广大新老客户来电洽谈业务！

联系人：钟明辉
电话：0760－2129193 13702305619
地址：广东省中山市小榄镇竹源公路300号之四 邮编：528415

## 深圳市宝安区公明华业机械模具加工部

我公司全部使用目前市场上较为先进的全新生产AC/DC钢模，测试仪器 端子机，卡模，刀片，冲压治具，气动，电热剥皮机，AC/DC电脑插头钢模，弯折试验机，测试仪器等。

我们始终信奉"品质卓越、顾客满意"作为我厂商的追求，全心全意为各厂商提供优质的服务！

电话:0755－27547669 传真：0755－27127319
联系人：黄振华 13714216539 邮编：518106
地址：广东省深圳市宝安区公明镇蒋石新围第三工业区4排7#

## 利容五金厂

利容五金厂成立于2007年，本厂专业从事生产、销售五金配件。

公司秉承质量第一，顾客至上的经营理念，追求精益求精是我们的服务宗旨！竭诚提供一流的产品给新老客户！

联系人：胡永洪 13590845664
电话/传真：0760－85329885
地址：广东省中山市古镇冈南工业中心道西一路3号 邮编：528400

## 深圳市宝安区龙华新龙五金电热加工部

深圳市宝安区龙华新龙五金电热加工部创立于1998年，本厂起初生产涂装设备，自动化物流及电热等设备为主。随着电镀行业的迅速发展，本厂从事开发生产各种钛制品。如：钛蓝(袋)，钛碟，钛挂具，钛冷却管，先烈板包胶挂具，制造工艺精良，质量保证，售后服务完善。我们承诺，以最合理的价格，最信得过的质量和最优质的服务满足您的要求。

电话：0755－27707836 13828714312
地址：广东省深圳市宝安区龙华镇龙城工业区 邮编：518000 联系人：黄霖

## 锐利五金制品厂

中山市锐利五金制品厂是一家专业生产锁具的企业，本厂生产的锐利，英皇系列锁具产品，以其卓越的品质，高雅的外观造型，先进的表面处理，稳定的质量赢得消费者的一致好评，是用户工程首选品牌。

本公司实力雄厚，拥有多年专业制锁经验，集锁具研发、生产、销售于一体，质量保证，深受顾客的喜爱，热情欢迎新老客户光临洽谈！

联系人：李小姐
13822717121 13702503774 电话：0760－22289121
地址：广东省中山市小榄镇竹园物业一区150－2号 邮编：528415

## 深圳市德亚科精密设备有限公司

网址：www.dayluck.com.cn

深圳市德亚科精密设备有限公司是专业从事轴承自动装配及检测设备的研发、制造与销售的高新技术企业，长期致力于自动化设备的研究。公司已通过ISO9001:2000质量管理体系认证。我公司的主导产品包括全自动保持架装配机、全自动合套仪、全自动内圈内径测量仪、全自动保持架铆钉机、全自动注脂压盖机以及成品的系列包装机等。产品已在轴承行业得到大量客户的应用与认可。

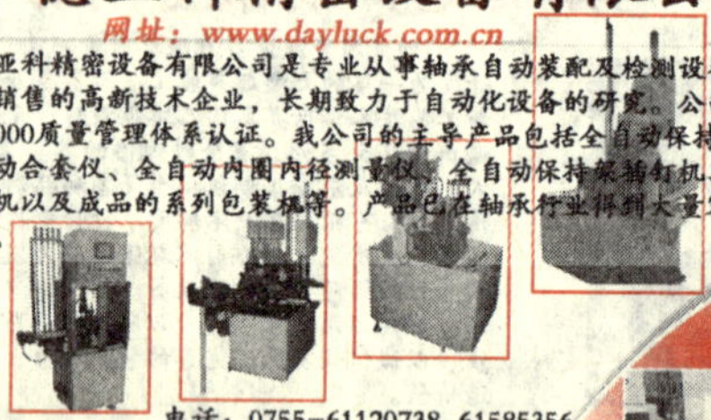

电话：0755－61120738 61585356
传真：0755－61120725
邮编：518109
联系人：党振铎
地址：广东深圳宝安区大浪街道办华昌路鸿源工业园C栋一楼

## 深圳华宏通科技有限公司

公司成立于2000年，专业从事生产模具配件、模具开发、冲压加工、喷粉烤漆加工为一体的五金加工厂，既有长期从事研究开发工作的科技人员，也有长年奋战在生产第一线的工程师，更有一家由专业人士指导的五金加工厂。

本公司集产品设计、开发、生产、销售于一体。现以烤漆/丝印/冲压/旋压/钣金/车床/机加为主的五金加工基地，我们真诚的为新老客户服务，把这个行业推向更高的境界。

欢迎国内、国外商贸企业来人、来电洽谈。

联系人：李建东
电话：0755-27197224 29093983 传真：0755-29093935
网站：www.huahongkj.com 邮箱：sz-huhong@126.com
地址：广东省深圳市宝安区公明镇上石家金谷动力科技园 邮编：518132

## 深圳市鼎森五金制品有限公司

深圳市鼎森五金制品有限公司是一家专门销售与生产五金配件及五金蚀刻加工、精密五金高光CD纹加工的企业。

以质量求生存，以信誉求发展。

欢迎您的光临，我们将竭诚为您服务！

联系人：高金梅 13760120588
电话：0755－29726890 29726893
邮编：518105
地址：广东省深圳市宝安区松岗镇罗田广发工业园A栋一楼

## 深圳市百利得机电有限公司

深圳市百利得机电有限公司是以开拓创新的精神，坚持"以人为本、客户至上、高科技为先导"的宗旨，注重于员工素质的不断提高，凝聚了一大批富有朝气和战斗力的专业技术人才及高水准的管理人才，同时也锻炼出一支施工安装的高素质工程技术队伍，公司70%的高层技术及管理人员都是在改革开放初期(1984年)进入中央空调安装工程行业，有着丰富的施工及管理、设备维护、维修经验以及商用、家用空调设备、材料的贸易经验，确保了每项工程的品质及其技术的领先地位。

电话：0755－28570168 25844519 13902936569 联系人：梁峰
地址：广东省深圳市福田区八卦三路荣生大厦818号 邮编：518029

## 深圳市吉茂科技有限公司

深圳市吉茂科技有限公司成立于2006年，本公司专业从事代理NSK、NMB、FU微型轴承、控制元件的销售。

公司本着"品质第一、客户至上"的经营理念。热忱欢迎新老客户前来参观、考察、洽谈业务！

联系人：胡守约
邮编：518105
电话：0755－27094189 15818788176 传真：0755－27089376
地址：广东省深圳市宝安区松岗街道山美新村新区第五栋401

## 深圳市捷硕合金电子有限公司

深圳市捷硕合金电子有限公司成立于2004年，产品主要有自动车床、车刀，硬质合金、棒、管、块、工具，钻头。我公司秉承“锐意进取，客户第一”的经营理念，坚持客户至上，竭诚为广大客户提供一流的产品和满意的服务。

联系人：李芬

电话：0755-27473586、13530664483　传真：0755-27473510
地址：广东省深圳市宝安区西乡镇76区富盈门花园A栋A1座907号　邮编：518000

## 深圳市深联发精密科技有限公司

深圳市深联发精密科技有限公司成立于2002年，本公司专业从事高端自动化精密电镀设备及相关配套设备的开发，设计，制造，销售及服务为一体的高新技术企业。

我公司的经营宗旨：以人为本，凭品质生存，靠信誉发展。愿与广大客户精诚合作，共同发展！

联系人：聂效勇

电话/传真：0755-[illegible]　[illegible]
电子邮件：web@uc.net.cn
地址：广东省深圳市龙岗区坪地街道坪西社区吉祥一路84号
邮编：518172

## 深圳市力强达自动化设备厂

深圳市力强达自动化设备厂是一家专门从事机械设备、五金塑胶电子产品的开发、设计生产及销售的企业。

以质量求生存，以信誉求发展。

欢迎您的来电，我们将竭诚为您服务！

联系人：杨志强
13392163916
电话：0755-28035817　27993550
传真：0755-27993550
邮编：518110
地址：广东省深圳市宝安区观澜街道南大富社区观平路365号

## 深圳市有信金属制品有限公司

深圳市有信金属制品有限公司成立于2006年，本公司是一家专业从事打印机，复印机，电子，电器，机械，灯饰等装配，连接使用的各类精密轴钉螺母，连接件的生产工厂。

公司秉承质量第一，顾客至上的经营理念，追求精益求精是我们的服务宗旨！竭诚提供一流的产品给新老客户！

联系人：宋伟　电子邮件：sywysjsh@126.com
邮编：518000　电话：0755-27754872　81724807　13480890886
地址：广东省深圳市宝安区沙井街道沙三居委会帝堂工业北区第一栋一楼

## 深圳市龙岗区鸿新鹏模具五金商行

深圳市龙岗区鸿新鹏模具五金商行以经营五金、模具、钢材等为主。

公司秉承“顾客至上，锐意进取”的经营理念，坚持“客户第一”的原则为广大客户提供优质的服务。欢迎惠顾！

联系人：郑元新
电话：0755-84613992　13510292995
邮编：518116
地址：广东省深圳市龙岗区龙岗街南联社区银珠岭4巷1幢-1

## 深圳市源能通机电科技有限公司

深圳市源能通机电科技有限公司成立于1997年，是一家集设计、生产和销售于一体的专业化钣金和散热器制造企业。公司产品涵盖各种国标和非标的机箱、广告机、触摸屏&支架、LED显示屏&灯箱、配电机柜、展示柜、置物柜、机顶盒、信箱、仪表仪器壳，以及汽车零部件、家电影音金属面（背）板和不锈钢支架、工业烤箱、安防器材和医疗器械等金属制品等。我们的产品质量和客户服务深受广大客户好评。热烈欢迎客户朋友们莅临参观指导，您的指导是我们前进的不懈动力。我们将一如既往继续加强同您的合作，竭诚为您服务，为您创造无限商品价值。

联系人：刘桂忠
www.baofengjidian.cn
电话：0755-27709826、27703969
传真：0755-27703969
地址：广东省深圳市宝安区龙华街道科工贸工业区右侧B栋一楼

## 深圳妙辉机电设备有限公司

本公司成立于2004年，是一家拥有技术研究、开发、销售、和服务与一体的电路板设备公司。主要产品：丝印机、PCB、FPC（文字、线路、液态绿漆）平面网印机；SMT、LCD平面网印机；自动刮刀研磨机。公司以技术立足市场，以服务赢得客户信赖，欢迎惠顾！

联系人：王永中

电话：13501573074 0755-29861435　http://www.szmfwy.com
地址：广东省深圳市宝安区沙井镇大王山工业1路28号2栋　fax：0755-29861436

## 深圳市振桦电机厂

深圳市振桦电机厂成立于1990年。主要从事于电机的生产与销售。

公司坚持诚信经营、重管理、守信誉、坚持质量第一、用户至上。始终保证材料的品质，追求用户的终身价值和品牌效益。

欢迎广大客户来电洽谈！

联系人：张登跃
电话：0755-28753928　28749661
邮编：518114
地址：广东省深圳市布集镇樟树布村布沙路55号

## 深圳市朋兴程电子机械有限公司

深圳市朋兴程电子机械有限公司成立于2003年，主要从事光纤通讯专业设备制造、精密五金模具的加工制造、设备零部件设计制造、各类工装夹具、治具及非标零件的设计及制造。我公司秉承“顾客至上，锐意进取”的经营理念，坚持“客户第一”的原则为广大客户提供优质的服务。欢迎惠顾！

联系人：任夏学　手机：13923864974
电话：0755-81792378　传真：0755-29816358
地址：广东省深圳市宝安区石岩镇润腾工业区A2栋2楼　邮编：518000

## 夏禹五金模具加工厂

夏禹五金模具加工厂是一家专业从事五金模具、制版雈版的企业。

欢迎广大客户来电洽谈业务！

联系人：肖望雄
13829264239
电话：0769-85341396
地址：广东省东莞市甬盛路2号　邮编：523856

## 广西壮族自治区 /Guangxi Zhuang Autonomous Region

**北海市海城区新宏机械厂**
地址：广西省北海市北海工业园外贸公司大院内
…… 负责人：何信国
…… Tel：0779－2083709 13725639186 13977916582

**广西南宁越升机电有限公司**
地址：广西省南宁市琅东嘉湖芜巷6号佳和大厦14楼1401－1403室
…… 负责人：郑毅霞
…… Tel：0771－5535428 13217808628

**老东江五金工具批发部（波斯工具）**
业务：“波斯”五金工具批发、零售
地址：广西桂林市中山北路158号五交机电批发市场13栋13号
…… 负责人：姚红志 邮 编：541000
…… 法 人：姚红志
…… Tel：13907831467 0773－2621784

**广西东汇明格工程机械施工有限公司**
业务：主要经营：土石方工程专业承包三级、矿产品的购销与加工、工程机械租赁与修理、矿山机械及配件、建材的销售、道路普通货物运输。
地址：广西南宁市安吉路8号安吉雅苑4－1－302号
…… 邮 编：530001
…… 法 人：蔡忠培
…… Tel：0771－3801488
…… Fax：0771－3800298

**永融炉具厂**
地址：广西装族自治区柳州市融水苗族自治区融水镇依山路32号
…… 负责人：黄康初
…… Tel：0772－5125659 13977203758

**五金机械厂**
地址：广西壮族自治区百色市平果县马头镇朝阳路108号
…… 负责人：凌瑞贵
…… Tel：0776－5821682

**骐达机械配件部**
业务：本部专营柳工工程机械零配件与维修、二手工程机械交易和技术咨询服务，我们秉承诚实、守信、专业、共赢的经营理念竭诚为您服务。
业务：装载机、挖掘机零配件；二手装载机、挖掘机
地址：广西南宁市天等县天宝北路145号
…… 负责人：李先生 邮 编：532800
…… 法 人：甘剑
…… Tel：15607728520

**聚德机械贸易有限公司**
地址：广西壮族自治区防城港东兴市北仑大道东段A－18A区
…… 负责人：唐家强
…… Tel：0770－7683035 13607708521

**全州县鲁板桥村小型吊车厂**
业务：全州县鲁板桥村小型吊车厂成立于1993年，主要生产YD18－5型、YD15－3型、YD13－2型全自动液压吊装机，适用于配用拖拉机、农用三轮车和小型农用汽车，适用于建楼房吊装水泥件。
地址：广西壮族自治区桂林市全州县才湾镇鲁板桥村小型吊车厂
…… 邮 编：541500
…… 法 人：彭志平
…… Tel：0773－4913205

### 百色福瑞钢模制造有限责任公司
业务：钢模设计，制造，安装，机械设备维修
产品：水电站砼施工所需的直面，斜面，曲面悬臂模板，翻转模板等
地址：广西省百色市东笋路13号
负责人：黄忠承　邮　编：533000
法　人：黄立产
Tel：0776－2811900
13087768791
Fax：0776－2811189
E-mail：bsfrgm@163.com

### 桂林市深亚水泵有限公司
地址：广西壮族自治区桂林市叠彩区大河乡星华村委会上窑村
负责人：龙海涛
Tel：13977315103

### 桂林科鸿机电成套设备销售公司
地址：广西壮族自治区桂林市叠彩区中山北路115－4号
负责人：洪金顶
Tel：0773－2616618
13807837685

### 北海市海城区佳家不锈钢加工部
业务：轻钢结构。不锈钢中厚板批发、整版拆零供应、各种规格管板、方板、条板、导型板及来图订制各类非标产品
地址：广西省北海市海城区站前路运输管理处房
负责人：蒲先勇　邮　编：536000
法　人：蒲先勇
Tel：0779－6896026
18907191006

### 桂林中誉五金交电经营部
地址：广西壮族自治区桂林市灵川县八里街腾龙苑第四幢16号门面
负责人：谢万忠
Tel：13707831283

### 广西桂林市全州县五金瓶盖厂
业务：本厂是一家专业生产各种瓶盖的企业，现拥有先进的生产设备和雄厚的技术力量，生产工艺配套齐全，规格多样，质量保证，价格优惠。我厂的宗旨是："质量第一，客户至上"。乐于奉献广大客户，以精益求精的精神为您厂的产品配套服务永创名牌，永葆名牌。热情欢迎各界新老客户友好合作，共创美好未来！
地址：广西壮族自治区桂林市全州县全州镇和平市场内
邮　编：541500
法　人：唐新华
Tel：0773－4815576
Fax：0773－4815576

### 众诚机械设备有限责任公司
地址：广西壮族自治区桂林市七星区穿山东路31号
负责人：卢伟军
Tel：0773－5800035
13978305641

### 闽顺五金机电商店
业务：五金交电的代理销售
地址：广西省防城港市防城区汽车总站旁
负责人：陈燕武　邮　编：538021
法　人：陈燕武
Tel：13877010885
0770－3257819

### 桂林百舸橡塑机械有限公司
地址：广西壮族自治区桂林市七星区轮胎厂（维修中心内）
负责人：蒋以枢
Tel：13907731181

### 桂林市华普机械设备有限责任公司
地址：广西壮族自治区桂林市七星区育材路35号
负责人：熊永辉
Tel：0773－5871105
13977303653

### 贵雄渔机配件处
业务：渔机配件生产、加工、销售
地址：广西省防城港市企沙镇朝阳路65号
负责人：张家雄　邮　编：538002
法　人：张家雄
Tel：0770－2718353

### 桂林市永得齿轮加工厂
业务：桂林市永得齿轮加工厂成立于2000年，主要从事各种齿轮的生产与销售。"质量保证，价格合理，客户第一"，热诚欢迎广大客户惠顾，洽谈业务，共创佳绩。
地址：广西壮族自治区桂林市象山区翠竹路63号
邮　编：541002
法　人：唐干源
Tel：0773－3881272
Fax：0773－3881272

### 桂林市天瑞机械设备贸易有限公司
地址：广西壮族自治区桂林市象山区文明路5号
负责人：莫桂芳
Tel：13978309363

### 兴安县渡头登年农机修造厂
地址：广西壮族自治区桂林市兴安县兴安镇灵渠北路1巷4号
负责人：黄登年
Tel：13977356182

### 桂林市桂北机器有限责任公司专用机械厂
业务：经营磨床、磨床配件
地址：广西省桂林市中山路12号
负责人：蒋建林　邮　编：541003
法　人：蒋建林
Tel：0773－3882120
13807839808

### 广西桂平市卫戈锁厂办事处
地址：广西壮族自治区桂平市三中路口
负责人：曾永森
Tel：0775－3331195
6933611
6933318

### 贺州市雄燕机电贸易商行
业务：贺州雄燕公司是桂东地区最大型销售机动车的贸易公司。占地2500平方米，以厂家中转库房方式销售重庆原厂授权产品："双庆"、"力帆"、"龙的传人"、"豪鹰"、"嘉冠"、"隆鑫"、三轮摩托车及配件。品种多，数量、型号任您选择。
地址：广西壮族自治区贺州市建设西路金龙摩托车城
邮　编：542800
法　人：欧雄波
Tel：0774－5222777
Fax：0774－5222322
网址：www.hzxxjd.chinapyp.com

### 都安永丰五金经营部
地址：广西壮族自治区河池市都安瑶族自治县高岭镇高岭街
负责人：黄宝亮
Tel：0778－5311012
13707786848

### 柳州市亚华机电设备有限公司（卫华集团有限公司柳州销售总公司）
业务：销售电动葫芦、单、双梁桥式起重机、门式起重机、架桥机及全套零配件；并承接各种起重机的安装、维修业务
地址：广西省柳州市城站路229－1－22号
负责人：张庆　邮　编：545007
法　人：张建增
Tel：0772－3611678
13481204100

### 鑫泰橡塑机电公司
地址：广西壮族自治区河池市南新西路52号
负责人：代兴安
Tel：0778－2283056
13907780114

### 柳州市中德冶金机械铸造有限责任公司
地址：广西壮族自治区柳州市柳江县拉堡镇莲塘村
负责人：阎毅强
Tel：13507720836

### 柳州市华金铸造厂
业务：机械零配件生产
地址：广西省柳州市鹿寨县雒容镇工业区
负责人：叶炳胜　邮　编：545616
法　人：叶炳胜
Tel：0772－6512020

### 柳江县群鑫机械配件厂
业务：我厂成立于1983年位于工业城市柳州，有一支高素质的员工和多位有创新技术经验的工程技术及管理人员。主要从事机械，化工，汽配，供电。
地址：广西壮族自治区柳州市柳江县第三开发区永兴西路2巷2号
邮　编：545100
法　人：尚全群
Tel：0772－3964762
Fax：0772－3250918
网址：www.lzqx.chinapyp.com

### 柳州市太山金属加工厂
地址：广西壮族自治区柳州市柳南区柳太路2－9号
负责人：李小艳
Tel：13707822254

### 融安县闽乐五金机电经营部
业务：五金交电，电器产品，橡塑，标准件，轴承
地址：广西省柳州市融安县汇丰农行营业所旁
负责人：陈振光　邮　编：545000
法　人：陈振光
Tel：0772－8120016

### 柳州市鑫绵五金机电有限公司
地址：广西壮族自治区柳州市柳南区柳邕路243－8号
负责人：李春雨
Tel：13307723610

### 广西融水苗族自治县福乐五交化有限公司
地址：广西壮族自治区柳州市融水镇香山北路3号
负责人：陈玉超
Tel：0772－5121889
2255798
5123387

### 宏达锻造有限公司
业务：金属铸锻加工
地址：广西省柳州市沙塘镇
负责人：陈杰　邮　编：545002
法　人：陈先生
Tel：13877231584
0772－2712611

### 南宁健普糖酒化工设备有限公司
业务：南宁健普糖酒化工设备有限公司成立于2005年，现有员工300余人，从事糖酒化设备制造与安装。欢迎来电垂询！
地址：广西壮族自治区南宁市安吉大道49号
邮　编：530001
法　人：林福
Tel：0771－3121144
Fax：0771－3107203

### 南宁市宾阳县康正机械有限责任公司
地址：广西壮族自治区南宁市宾阳县芦圩镇南梧公路旁
负责人：胡子根
Tel：13597103857

### 南宁雷兆热力机电设备有限公司
地址：广西壮族自治区南宁市城北区北大北路10号广西区机电设备南宁公司大楼六楼
负责人：雷滔武
Tel：13878111559

### 藤县创收农机专业合作社
业务：农业机械销售维修
地址：广西省梧州市藤县象棋镇甘村
负责人：莫万象　邮　编：546700
法　人：莫万象
Tel：0774－7309616

### 南宁市闽都机电成套设备有限公司
地址：广西壮族自治区南宁市城北区大学东路1号物资机电产品市场2街4号
负责人：洪振宗
Tel：0771－3822443
13878820666

### 广西省南宁市恒业机械配件厂
业务：广西省南宁市恒业机械配件厂成立于1998年成立，专业从事糖机的设计、制造及机械制造、零配件加工。我们本着"质量第一、服务周到"的宗旨，真诚的期待与您的合作！
地址：广西壮族自治区南宁市城北区广西大学西校园1605号信箱
邮　编：530004
法　人：吴洁玲
Tel：0771－4817119
Fax：0771－3232227

### 广西鑫世达机械设备有限公司
地址：广西壮族自治区南宁市城北区火炬路39金达花园九号楼一单元1602号房
负责人：刘春玲
Tel：13878810826

### 永胜液压配件经营部（永胜啤喉）
业务：液压配件经营
地址：广西省梧州市西环路枣冲路64－4号地商铺面
负责人：蒙胜稳　邮　编：543000
法　人：蒙胜稳
Tel：0774－3886988

### 广西强源电机有限公司
地址：广西壮族自治区南宁市城北区科园东四路9号
负责人：刘海东
Tel：13397708988

### 南宁市博泽机电配件有限公司
地址：广西壮族自治区南宁市城北区明秀路西路117号
负责人：文骏
Tel：13307811377

### 记成五金经营部
业务：批发、零售：五金工具、建筑工具
地址：广西省玉林市工业品市场C区3幢20号
负责人：丘记成　邮　编：537000
法　人：丘记成
Tel：0775－2082923
13737586036
Fax：0775－2082923

### 南宁市卓文机械施工有限责任公司
地址：广西壮族自治区南宁市城北区友爱北路51－1（城北区政府2号院）1号楼2
负责人：卓正文
Tel：13087918831

### 广西道远机械设备有限公司
地址：广西壮族自治区南宁市江南区白沙大道59号
负责人：王湘辉
Tel：13307811283

### 玉林远东针车商行
业务：一切缝纫设备及配件经营
地址：广西省玉林市人民中路370号
负责人：吴浩杰　邮　编：537000
法　人：吴俊洪
Tel：0775－2098828
13977544944

### 南宁狄赛尔机械设备有限公司
地址：广西壮族自治区南宁市江南区白沙大道87－4号、87－5号
负责人：全留妹
Tel：13878827897

### 南宁工凯建设机械制造有限公司
业务：南宁工凯建设机械制造有限公司成立于2005年，主要从事于建筑机械的制造与销售。公司以"质量求生存、信誉求发展"，欢迎广大用户光临惠顾！
地址：广西壮族自治区南宁市大学西路134号
负责人：潘秀忠　邮　编：530007
法　人：潘秀忠
Tel：0771－3252130
Fax：0771－3252129

### 南宁市杰诚工程机械维修有限公司
地址：广西壮族自治区南宁市江南区南站路28号
负责人：薛海水
Tel：0771－2250809

### 玉林市闽建五金商行
业务：经营五金工具、焊条、钢筋、各种螺丝、铁钉、铁丝、装修配件
地址：广西省玉林市外环南路工业品市场B区4－1号
负责人：陈明建　邮　编：537000
法　人：陈明建
Tel：0775－2080870
2081523
13877567838
Fax：0775－2081523

### 南宁邦通管道设备有限公司
地址：广西壮族自治区南宁市江南区沙井大道西侧18号
负责人：周守军
Tel：13036913888

### 广西省南宁市恒业机械配件厂
地址：广西壮族自治区南宁市五一中路42号二桥南三元小区A16栋2单元603
负责人：吴洁玲
Tel：0771－3325891
13307813096

### 岑溪市威信冷冻机械设备有限公司
业务：系广州恒星冷冻机械制造有限公司梧州办事处，销售各种制冷设备及零配件，设备精良，技术先进，价格合理，产品规格齐全，售后服务完善，我们衷心期待您的惠顾！
产品：水泵、冷却塔、低温机组、超低温机组
地址：广西壮族自治区岑溪市城北路106号
负责人：黎祖常　邮　编：543200
法　人：黎祖常
Tel：0774－8235909
13768043478
Fax：0774－8235909
E-mail：lzc729106@163.com

### 柳州华欧机械自动化有限公司
业务：进口轴承及机电产品
地址：广西壮族自治区柳州市城站路381号2－4
负责人：王长文　邮　编：545007
法　人：王长文
Tel：0772－3619896
3629976
Fax：0772－3629976

### 南宁市邦美机电设备有限公司
地址：广西壮族自治区南宁市新城区新竹路14号三楼306号房
负责人：王丽
Tel：13558314288

### 南宁市嘉迪通机电设备有限公司
地址：广西壮族自治区南宁市新城区新竹路麻村小区12栋2单元502号房
负责人：庞嘉林
Tel：13387718099

### 广西嘉和机电设备有限公司
业务：各类机电产品、机电设备、机械设备，管道设备的销售
产品：各类机电产品、机电设备、机械设备，管道设备
地址：广西壮族自治区南宁市金湖路63号金源CBD现代城第13层1339号房
负责人：洪伏助　邮　编：530000
Tel：13877146488
13977169886

### 梧州市金菱机电材料商场

地址:广西壮族自治区梧州市长州区新兴二路3号8号铺面
……负责人:黎国雄
……Tel:0774－3833176
13977486921

**南宁宝达动力机械技术有限公司**
业务:南宁宝达动力机械技术有限公司专业从事新型摩托车发动机项目开发,公司将以卓越的产品品质、诚信的服务、热情地欢迎新老客户为我们提供更多的市场。
地址:广西壮族自治区南宁市五一东路29号电力小区A区9栋201室
……负责人:陈逊……邮　编:530031
……法　人:陈逊
……Tel:0771－2574105

**梧州市奥西力程控机械设备厂**
地址:广西壮族自治区梧州市蝶山区富民三路5号
……负责人:谭振祥
……Tel:13807748897

**浦北县寨圩镇泰倡五金厂**
业务:各种规格纸箱扁钉线、冷拉铁线、闷火线、镀锌铜圆线等
地址:广西壮族自治区钦州市浦北县寨圩镇城东工业区
……负责人:陈国荣　邮　编:545000
……法　人:陈国荣
……Tel:0777－8769329
8768483
……Fax:0777－8769367

**广西梧州恒越机械配套设备有限公司**
地址:广西壮族自治区梧州市蝶山区枣冲路59－1号地层
……负责人:潘俊成
……Tel:13977495005

**恒力起重机械配件厂**
地址:广西壮族自治区梧州市钱鉴路9号金晖公司汽车大修厂内
……负责人:莫日海
……Tel:13807745896

**森达机械配件厂**
地址:广西壮族自治区玉林市陆川县米场镇米场街头13号
……负责人:陈小勇
……Tel:0775－7028666
13978522966

**博白县三田机械厂**
业务:农业机械,木工机械
地址:广西壮族自治区玉林市博白县县城城南开发区
……负责人:陈杰　邮　编:537000
……法　人:陈杰
……Tel:0775－8320528
13907853385
……Fax:0775－8332396

**南宁荣松人防防护设备有限责任公司**
地址:广西壮族自治区南宁市新城区东葛路19－1号南宁市人防办7楼701
……负责人:阮素芬
……Tel:13977137077

**广西金瓯建材机械有限公司**
地址:广西壮族自治区南宁市新城区金州路南二里长江花园1231号
……负责人:梁志欢
……Tel:13005927658

**浦北县寨圩镇泰倡五金厂**
业务:专业从事各种型号纸箱扁订线、冷拉线的加工销售,为顾客提供优质的产品是我们的一贯宗旨,欢迎广大客户来电洽谈
产品:纸箱扁订线、冷拉线等
地址:广西自治区钦州市浦北县寨圩镇城东工业区
……负责人:陈国荣　邮　编:535312
……法　人:陈国辉
……Tel:0777－8769329
8768483
……Fax:0777－8769367

**广西玉林市展业机械有限公司**
地址:广西壮族自治区玉林市新桥镇养心村玉博公路旁
……负责人:朱秀南
……Tel:0775－2117878













## 海南省/Hainan Province

**正阳铸造厂**
地址:海南省儋州市那大镇横岭合罗村
……负责人:李连香
……Tel:13976781893

**儋州亚琼机电设备有限公司**
地址:海南省儋州市农垦路4号泰山大厦1005号
……负责人:陈相军
……Tel:0898－23320669

**海口和生源工程设备有限公司**
地址:海南省海口市板桥路9号方圆花苑1－12－A号房
……负责人:张阿明
……Tel:13807687100

**海南德洋机电设备有限公司**
地址:海南省海口市长堤路59号多得利市场第一层第1行
……负责人:余杰
……Tel:13976646298

**洋浦顺诚机电有限公司**
业务:洋浦顺诚机电有限公司主要是机电设备维修、电动工具出售,欢迎新老客户来电咨询,订购!
地址:海南省洋浦经济开发区港英达楼5号铺面
……负责人:林明……邮　编:578101
……法　人:林明
……Tel:0898－36981672
……Fax:0898－36981672

**海口小天空中建筑机械设备服务有限公司**
地址:海南省海口市大同路华发大厦A座2501－2房
……负责人:陈雄
……Tel:0898－65370128

**海口一迪密封垫片厂**
地址:海南省海口市桂林洋工业区5号
……负责人:陈明芹
……Tel:13876008616

**海口昌贵建筑机械租赁有限公司**
地址:海南省海口市海秀中路111号
……负责人:李昌贵
……Tel:0898－69119896

**海口金鹿拖拉机制造厂有限公司总装厂**
地址:海南省海口市海榆中线东侧5公里处
……负责人:王能
……Tel:0898－68637109

**海口瀚林机电有限公司**
地址:海南省海口市和平南路9号和平大厦一楼2号铺面
……负责人:温时兰
……Tel:0898－65339293

**海南恒鑫机电设备有限公司**
地址:海南省海口市华海路东海小区5112号
……负责人:黄子强
……Tel:0898－65377467

**海口飞骥石化机械厂**
地址:海南省海口市金垦路19号
……负责人:李登骥
……Tel:0898－66727513

**海南中先机电安装有限公司**
地址:海南省海口市金龙路百金城小区2042室
……负责人:杨奔
……Tel:0898－66785831

**海南利勒机电设备有限公司**
地址:海南省海口市南海大道京江花园A1栋1单元505室
……负责人:符茂所
……Tel:0898－65328018

**海南凯迅机电设备安装有限公司**
地址:海南省海口市沿江五西路得利大厦9－214房
……负责人:陈海雷
……Tel:13876817773

**泰昌五金交化商行**
地址:海南省三亚市解放四路067号
……负责人:韦锐
……Tel:0898－88362898
88115418

## 海南广立机电设备有限公司

海南广立机电设备有限公司主要从事制冷设备维护保养、零配件销售，设备设计安装拆卸现场施工，工程总承包，机电设备安装、设计、施工。

我公司本着创一流品牌的服务理念，以快速、优质、高效为服务口号，竭诚为广大客户服务！

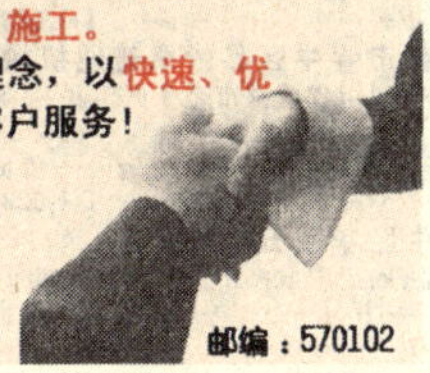

联系人：田曙昌　13518825822
电话：0898－66795999　66706317
地址：海南省海口市海秀路华发大厦1808　邮编：570102

## 海品华经机械有限公司

海品华经机械有限公司成立于2004年，是专业从事钢板加工的厂家。

我们为客户及时、快捷地提供钢板零割服务，切割质量稳定可靠，我们以满足客户的需求为荣，欢迎来料加工，我们保证让您满意而归！

联系人：黄明聪　13036011230
地址：海南省海口市海秀大道后海南汽车修理厂内　邮编：570100

## 四川省/Sichuan Province

**成都国泰康瑞空冷机械制造有限公司**
地址：四川省成都市蛟龙工业港双流园区南海大道6座
负责人：文学德
Tel：13088014871

**成都市成华区瑞风齿轮加工厂**
地址：四川省成都市成华区保和乡杨柳村杨柳工业园5号
负责人：张文学
Tel：13088088288

**成都申祥机械制造有限公司**
地址：四川省成都市成华区保和乡杨柳工业园区38号
负责人：忻劲松
Tel：028－88758026

**成都市美诗特机电有限公司**
业务：钣金
产品：网络机箱、机柜、机架、控制台、展示柜、电视幕墙等
地址：四川省成都市二仙桥西北路20号
负责人：龚志刚　邮　编：610051
法　人：罗方平
Tel：028－84110989
Fax：028－84116691
网址：www.cdmst.cn
E-mail：cdmst001@163.com

**四川成都市福利特种管材有限公司**
业务：我公司是生产特种金属管材的基地，专业生产电子管阴极套管专用纯镍管及镍合金管以及电源中用的纯镍管等特殊要求的管材。公司坚持诚信生产经营、重管理、守信誉、坚持质量第一、用户至上。始终保证材质，追求用户的终身价值和品牌效益。
地址：四川省成都市二环路东三段40号10栋2单元1号
邮　编：610051
法　人：龚虹波
Tel：028－84339042
Fax：028－84339043

**成都盛丰农机销售有限公司**
业务：农业机械配件
产品：柴油机配件、名牌产品荟萃
地址：四川省成都市富森汽配城B区5栋8号
负责人：杨成波　邮　编：610000
法　人：杨成波
Tel：028－83525177
Fax：028－83525177
网址：http://hexun.com/sfnj
E-mail：sfnj@msn.com

**成都原点精密模具制造有限公司**
地址：四川省成都市成华区长天路28号
负责人：冯文茂
Tel：13908160180

**成都市成华区东林铸造厂**
地址：四川省成都市成华区青龙乡东林村四社
负责人：钟培廷
Tel：13908000563

**成华区恒泰机械加工厂**
地址：四川省成都市成华区圣灯乡圣灯村五组
负责人：胡天明
Tel：13608082193

**成都邦普合金材料有限公司**
业务：都邦普合金材料有限公司专业生产金属切削用硬质合金可转位刀片、刀垫、金刚石刀具基体以及屏蔽、配重用高比重合金。"科技优先、质量为本、诚信务实、顾客至上"，我们将不断致力于优化产品性能、提升质保能力、缩短交付周期、降低综合成本、提高服务水准，全力满足您的需求。
地址：四川省成都市蛟龙工业港双流园区南海大道4座
负责人：吴建勇　邮　编：610072
法　人：吴建勇
Tel：028－85730279
81186689
网址：www.bpcarbide.com.cn

**成都普瑞精密机电工业有限公司**
地址：四川省成都市成华区望平街118号天祥大厦A座18－1号
负责人：彭声峻
Tel：028－83955511

**成都蜀能紧固件有限公司**
业务：机械、化工、汽车、电力、铁路、桥梁等
产品：高强度螺栓、螺母、内六角螺栓、光六角螺栓、高强度双头螺栓、地脚螺栓、定制各种超大规格的标准件和非标异型件
地址：四川省成都市金府路555号万贯五金机电城C区14幢41号
负责人：张小姐　刘先生
邮　编：610031
法　人：张长发
Tel：028－89909928
81397002
Fax：028－87690970
网址：www.scshuneng.com
E-mail：sn@scshuneng.com

**成都市华狄机械租赁有限公司**
地址：四川省成都市成华区五桂桥杨柳工业园区内
负责人：陈德华
Tel：028－81885738

**成都天马机械设备租赁有限公司**
地址：四川省成都市成华区杨柳村华盛电石厂招待所
负责人：曹已富
Tel：028－88019811

**四川鑫四海暖通工程有限公司**
业务：四川鑫四海暖通工程有限公司成立于2005年9月，位于四川省成都市金牛区石灰街6号国贸广场0812，从事通风空调安装。公司本着"服务第一、互惠互利"的原则，真诚的欢迎广大新老客户来电垂询！
地址：四川省成都市金牛区石灰街6号国贸广场0812
邮　编：610000
法　人：黄渊
Tel：028－87763436
Mobile：13982219168
Fax：028－87763436

**成都成高阀门有限公司**
地址：四川省成都市大邑县新场镇桐林村
负责人：李云高
Tel：028－88344372

**成都全力叉车配件有限公司**
地址：四川省成都市高新技术开发区二环路南四段2号2幢
负责人：蔡洪全
Tel：028－85180627

**成都禾恁机械设备技术服务有限公司**
地址：四川省成都市高新技术开发区芳草东街105号
负责人：麦兴钢
Tel：028－66129528

**成都翰尔工业工具有限公司**
业务：成都翰尔工业工具有限公司成立于2003年，主要从事标准硬质合金系列产品的生产与销售，非标硬质合金系列产品的预订和销售。公司以良好的信用，上乘的质量赢得了广大客户的青睐！
地址：四川省成都市金牛区万贯五金机电城B区13幢3号
负责人：赵攀　邮　编：610036
法　人：韩永军
Tel：028－82840189
Fax：028－82840190

**成都科声科技有限公司**
地址：四川省成都市高新技术开发区芳草街1号1－2幢4号
负责人：符金华
Tel：13980542170

**成都成达信工程设备有限公司**
地址：四川省成都市高新技术开发区桂溪工业园
负责人：骆云璠
Tel：13086605133

**成都华世盛机电设备成套有限公司**
地址：四川省成都市高新技术开发区神仙树北路高新商贸中心D幢110号
负责人：陈华
Tel：13308007474

**亚非齿科（成都）制造有限公司**
地址：四川省成都市高新技术开发区天府大道新世纪西路一号
负责人：张亚菲
Tel：13880179585

**四川红光金峰压铸工业有限公司**
业务：本公司主要从事各类锌、铝合金压铸件和冲压件的生产制造，具有年产2000吨的压铸生产能力。拥有进口压铸机5台，国产压铸机8台。公司已通过ISO/TS16949－2002质量认证。我公司将以优良的品质、优质的服务回报用户的青睐。
地址：四川省成都市郫县望丛东路19号
邮　编：611730
法　人：王正全
Tel：028－87910168
Fax：028－87887011
网址：www.schgjf.chinapyp.com

**成都市金牛区锦泰异型标准件经营部**
业务：异型标准件
产品：挡圈、元柱肖、元锥肖、销轴、元螺帽、扁帽、法兰帽、防松帽、槽螺帽、内外齿垫、铜标件、T型螺栓、平键、铰制螺栓、单耳、双耳、外舌止动垫
地址：四川省成都市金府五金机电城5栋20号
负责人：胡天书　邮　编：610000
法　人：胡天书
Tel：028－87615956
86489696
88198592
Fax：028－86489696

**成都三鑫精密器件制造有限公司**
地址：四川省成都市高新技术开发区西部园区合兴村六组
负责人：段鹏飞
Tel：028－81886646

**四川睿安常压设备销售有限公司**
地址：四川省成都市高新技术开发区永丰路20号2－1幢19号
负责人：朱秀琼
Tel：13990125536

**成都东立机电工程有限公司**
地址：四川省成都市高新区紫荆电影城9－184室
负责人：张劲松
Tel：028－85133695
89627790

**四川昌明建安机械有限公司**
地址：四川省成都市金牛区城隍巷116号1－5幢H房
负责人：蒋淑君
Tel：13608256224

**蒲江颐林机械设备有限公司**
业务：蒲江颐林机械设备有限公司于2004年经"蒲江石油化工设备厂"改制而成，主要从事筑路机械的生产销售。"质量保证，服务周到"，热诚欢迎各方客户来电来人洽谈业务，共同合作。
地址：四川省成都市蒲江县鹤山镇张塘村一社
邮　编：611630
法　人：陶柄建
Tel：028－88550203
Fax：028－88550203

**四川全联五金机电设备有限公司**
地址：四川省成都市金牛区洞子口万贯五金机电市场C区9栋88号
负责人：祝建官
Tel：13701722708

**成都圣迪新科实验设备有限公司金府分公司**
地址：四川省成都市金牛区洞子口乡1、3、4组10幢12－1、12－2号
负责人：王洪梅
Tel：028－87667605

**四川大发风机厂**
业务：风机生产、加工、销售、安装
产品：风机
地址：四川省成都市金牛区金牛乡互助村4组
负责人：周红兵　邮　编：610036
法　人：瞿达远
Tel：028－87512205
Fax：028－87593826
网址：www.scdffj.com
E-mail：scdfqht@163.com

**成都兴华山机电有限公司**
地址：四川省成都市金牛区洞子口乡王贾7队
负责人：董月琴
Tel：13308206758

**金牛区鑫顺发机械加工部**
地址：四川省成都市金牛区洞子口乡新桥村1组
负责人：黄桂芳
Tel：028－83115784
13086682149

**成都群兴机械制造有限公司**
业务：成都群兴机械制造有限公司位于四川省成都市青白江区机械加工中心地区，是一家专业从事射钉紧固器材生产、销售的企业。产品在市场享有较高的信誉。质量可靠，价格合理，欢迎惠顾！
地址：四川省成都市青白江区祥福镇高坪村五组
邮　编：610300
法　人：刘志强
Tel：028－83650527
Fax：028－83650436
网址：www.cdqx.chinapyp.com

**四川川鼓罗茨鼓风机有限公司**
地址：四川省成都市金牛区二环路北二段8号
负责人：李月华
Tel：028－87653093

**成都天同机电设备有限公司**
地址：四川省成都市金牛区二环路北一段241号4楼27室
负责人：张改荣
Tel：028－66849860

**成都市君泰标准件有限公司**
地址：四川省成都市金牛区抚琴8队9栋1楼1号
负责人：汪伦
Tel：13678018636

**成都锡鑫金属机械制造有限公司**
业务：成都锡鑫金属机械制造有限公司位于四川省成都市万年场长天路2号云祥公寓4栋7号，交通十分便利。本公司于2005年创建，自成立以来专业从事机械加工。一直凭着"质优价廉的产品；坚守诚信的信念；重于完善的服务"。本企业一贯坚持以质量求生存，客户至上的企业宗旨，赢得了广大客户的信赖，业绩蒸蒸日上。
地址：四川省成都市万年场长天路2号云祥公寓4栋7号
邮　编：610100
法　人：王锡兴
Tel：028－84815268
Mobile：13980559979
Fax：028－84815268

**成都建州液压机械有限公司**
业务：生产，加工销售，修理：液压机械，销售：建筑工程机械，建辅建材，制作安装非标准构件
产品：液压油缸，液压系统，装岩机，网围栏，液压缸筒，泵，阀等
地址：四川省成都市金牛区西华街办富家社区八队
负责人：张健　邮　编：610036
法　人：张建州
Tel：028－87517551
Fax：028－87519810

**金牛区鑫祥聚源五金经营部**
地址：四川省成都市金牛区府钢材机电二交易区7区14B号

……………………………… 负责人：周永刚
……………………………… Tel:028－87633718
13194984861

金牛区隆达五金经营部
地址：四川省成都市金牛区府河桥市场府河大道7区8号
……………………………… 负责人：康世会
……………………………… Tel:028－83188287

成都新华隆机电设备有限公司
地址：四川省成都市金牛区高家村6组
……………………………… 负责人：周永昌
……………………………… Tel:13194987733

成都凯茨阀门成套销售有限公司
地址：四川省成都市金牛区光荣3组兴隆大厦6楼621号
……………………………… 负责人：洪彩芬
……………………………… Tel:13980669758

## 成都川工机电设备研究所
业务：成都川工机电设备研究所成立于1997年，坐落于环境优美，素有天府之国之称的四川省成都市。是专业从事单螺杆泵的研发、制造及销售的科研实体。产品性能优越，高效节能的新一代产品。
地址：四川省成都市犀浦工业区福隆小区
……………………………… 邮　编：611731
……………………………… 法　人：蒋晓波
……………………………… Tel:028－66015236
……………………………… Fax:028－87859503

金牛区山峰水泵经营部
地址：四川省成都市金牛区国融金府机电城C区20座1号
……………………………… 负责人：勾成清
……………………………… Tel:028－87689218

成都市金牛区欣鸿保温材料经营部
地址：四川省成都市金牛区国融金府机电城五金配件区46号
……………………………… 负责人：李常青
……………………………… Tel:028－87624786

成都兴宏源机电设备有限公司
地址：四川省成都市金牛区交大路222号
……………………………… 负责人：孔艺
……………………………… Tel:028－86475321

## 成都明皓机械制造有限公司
业务：成都明皓机械制造有限公司成立于1997年，从事变速箱总成、汽车底盘件、付变速箱总成的制造。
地址：四川省成都市新都区龙桥镇龙桥场
……………………………… 邮　编：610505
……………………………… 法　人：周玉民
……………………………… Tel:028－83069338
……………………………… Mobile:13708232296
……………………………… Fax:028－83069338

## 成都科瑞欣精密模具制品有限公司
业务：机械产品
产品：精密注塑模具、冲压级进模具、压铸模具及产品、高精密机械零配件生产；非标自动化设备设计及制造
地址：四川省成都市青羊区文家场盐井村七组
………… 负责人：周渝　　邮　编：610000
……………………………… 法　人：张阆
……………… Tel:028－87074755
……………… Fax:028－87074765
……………………………… 网址：www.krxpm.com
……………………………… E-mail:sales@krxpm.com

成都市金牛区晋源阀门经营部
地址：四川省成都市金牛区金府钢材机电城二交易区36区10号
……………………………… 负责人：黄胜育
……………………………… Tel:028－87617348
13088007686

四川上正阀门有限公司
地址：四川省成都市金牛区金府机电城A区6幢13－14号
……………………………… 负责人：刘健
……………………………… Tel:028－87658999

成都力辉机电设备有限公司
地址：四川省成都市金牛区金府路218号16栋8号
……………………………… 负责人：陈增侨
……………………………… Tel:13908068994

金牛区时利和普通机械经营部
地址：四川省成都市金牛区金府路218号金府五金机电交易市场8栋6号
……………………………… 负责人：林建忠
……………………………… Tel:028－66689005

## 四川省崇州市玻璃钢模具厂
业务：我厂成立于2002年，专业定做销售各类玻璃钢模具。可根据客户需求定做（请传真提供产品图样规格），在最短时间内，为广大生产厂家提供最优质的玻璃钢模具，及玻璃钢产品。
地址：四川省崇州市崇阳镇石埂村3组
………… 负责人：郭志友……邮　编：611230
……………………………… 法　人：郭志友
……………………………… Tel:028－82393105
……………………………… Mobile:13688328566
……………………………… Fax:028－82393105

成都市川发机电设备有限公司机电分公司
地址：四川省成都市金牛区金府路502号A区10幢5号

……………………………… 负责人：郑好
……………………………… Tel:028－81376282

成都闽东电机设备有限公司
地址：四川省成都市金牛区金牛乡孙村七组
……………………………… 负责人：李建阳
……………………………… Tel:028－86251990

成都盛兴和机械有限公司
地址：四川省成都市金牛区罗家村1组
……………………………… 负责人：周文锐
……………………………… Tel:13518156578

## 宁波天鑫金属软管有限公司成都分公司
业务：专业生产不锈钢波纹软管、波纹膨胀节、阀门等，公司拥有精干专业的技术人才及精良的生产设备，产品质量优良，规格齐全，售后服务完善。欢迎新老客户前来订购！
产品：不锈钢波纹软管系列及管接头
地址：四川省成都市清江东路35号
…… 负责人：皇甫平辉　　邮　编：610072
……………………………… 法　人：皇甫平辉
……………… Tel:028－87318310
……………… Fax:028－87318333
……………………………… 网址：www.xnnbtx.com
……………………………… E-mail:xntx888@sina.com

永兴皮件五金门市部
地址：四川省成都市金牛区人民北路西二巷成铁二小学校右侧
……………………………… 负责人：张永星
……………………………… Tel:028－83177121
13908031776

成都市西蜀缝纫设备有限公司第一经营部
地址：四川省成都市金牛区蓉北商贸大道23号附2号
……………………………… 负责人：王智
……………………………… Tel:028－83123832

## 观胜镇文全铸造厂
业务：本公司成立于1992年，拥有60多名员工，文全铸造厂在过去的十多年中，以优质的服务、先进的技术，为铸造业开创了一份新天地。
地址：四川省崇州市观胜镇义乡村8组
……………………………… 邮　编：611230
……………………………… 法　人：冯文全
……………………………… Tel:028－82260924
……………………………… Fax:028－82260924

成都新达川渝机电有限公司
地址：四川省成都市金牛区三洞桥路11号1单元6号
……………………………… 负责人：蔡达平
……………………………… Tel:028－88159153

四川繁天宇科技有限公司
地址：四川省成都市金牛区沙湾东一路6号
……………………………… 负责人：张黄根
……………………………… Tel:028－84396938

成都市金牛区锦绿园林机械经营部
地址：四川省成都市金牛区蜀汉路365号附6号
……………………………… 负责人：蔡茂志
……………………………… Tel:13194967252

成都欣华鑫机电设备有限公司
地址：四川省成都市金牛区蜀汉路花好月圆5－1－8号
……………………………… 负责人：吴德均
……………………………… Tel:028－66062036

## 达州市通川区华通机电物资有限公司
业务：达州市通川区华通机电物资有限公司主要从事高低压电器，线路金具的生产与销售，欢迎新老客户前来咨询、洽谈业务。
地址：四川省达州市通川区朝阳东路430号
………… 负责人：尚光荣……邮　编：635000
……………………………… 法　人：尚光荣
……………………………… Tel:0818－2245145
8012991

## 成都市温江柳城机械厂
业务：液压油缸、液压设备等
产品：自卸车液压油缸、工程机械液压油缸等
地址：四川省成都市温江海峡两岸科技园西区(永盛)
………… 负责人：赵兵　　邮　编：611130
……………………………… 法　人：李安全
……………… Tel:028－82621694
……………… Fax:028－82622399
……………………………… 网址：www.lcjxc.com.cn
……………………………… E-mail:wjlc@yahoo.cn

成都市鑫瑞通制冷设备有限公司
地址：四川省成都市金牛区树蓓巷1号25－1－1号
……………………………… 负责人：向英
……………………………… Tel:13076036635

中铁二局成都精密测量工程有限公司
地址：四川省成都市金牛区通锦路8号
……………………………… 负责人：李林
……………………………… Tel:028－86449953

成都赛乐化新机电有限公司
地址：四川省成都市金牛区土桥金牛高科技产业园
……………………………… 负责人：吴穷
……………………………… Tel:13980639168

## 广汉市几何金属加工厂
业务：广汉市几何金属加工厂成立于2005年，主要生产加工铝粉、铝圈、小铝块、铝杆。我们凭着对客户的诚信，对产品质量的不断要求，赢得了广大客户的支持，期望与您携手合作，您的来电，将使我们成为朋友、合作伙伴！
地址：四川省广汉市南昌路二段东南乡大塘村
……………………………… 邮　编：618300
……………………………… 法　人：张继怀
……………………………… Tel:0838－5102644

成都市金牛区品皆卓普通机械经营部
地址：四川省成都市金牛区为民路新30号3单元6号
……………………………… 负责人：唐建林
……………………………… Tel:028－87652949

金牛区华刚五金经营部
地址：四川省成都市金牛区文家巷16号
……………………………… 负责人：谢贵明
……………………………… Tel:028－87685152

## 长沙鼓风机厂有限责任公司四川销售部
业务：专营鼓风机及配件
地址：四川省成都市武侯区芳草街53号
………… 负责人：李军　　邮　编：610000
……………… Tel:028－85159376
13980053896

成都蓝川机械设备有限公司
地址：四川省成都市金牛区五块石村3队
……………………………… 负责人：曾良奇
……………………………… Tel:028－88176616

## 广元兴汇机械设备有限公司
业务：广元兴汇机械设备有限公司成立于2006年，主要销售工程机械。欢迎新老客户光临、惠顾！
地址：四川省广元市蜀门南路217号
………… 负责人：余斌……邮　编：628000
……………………………… 法　人：余斌
……………………………… Tel:0839－3507259

四川福马林达人造机械有限公司
地址：四川省成都市金牛区西安中路62号1－19号
……………………………… 负责人：苏鹏
……………………………… Tel:028－89861957

和路雪(中国)有限公司成都销售部
地址：四川省成都市金牛区西安中路8－40号B座10－6号
……………………………… 负责人：吴汉荣
……………………………… Tel:13658063124

四川景昊工控成套设备有限公司
地址：四川省成都市金牛区西一环路北一段134号川西生产资料市场1－1－82号
……………………………… 负责人：朱青燕
……………………………… Tel:028－66613113

## 四川兰天低温技术开发有限公司
业务：本公司主要从事低温阀门，高真空阀门，高真空多层绝热低温液体管道的设计、制造。本公司坚持以质量求生存，以技术求发展，以管理求效益，以信誉求发展，为用户提供高质量的产品，一流的服务。
地址：四川省简阳市简城镇西峰岭大井村
……………………………… 邮　编：641400
……………………………… 法　人：张正林
……………………………… Tel:0832－7021596
7019899
……………………………… Fax:0832－7021596
7019899

## 成都市三立工程机械有限公司
业务：挖掘机、装载机、推土机、压路机、垃圾压实机等大型工程机械和环卫设备的整机销售、配件供应、售后服务等业务
地址：四川省成都市武侯区机投镇万盛路112号
………… 负责人：杨茂清　　邮　编：610045
……………………………… 法　人：杨茂清
……………… Tel:028－87488086
87484463
……………… Fax:028－87487875
……………………………… 网址：www.cdsanli.com.cn
……………………………… E-mail:cdsanli@126.com

四川现代环宇机械有限责任公司
地址：四川省成都市金牛商新区金周路471号
……………………………… 负责人：闵岗
……………………………… Tel:028－87510135
88514266

洛阳东达工程机械设备有限公司成都分公司
地址：四川省成都市锦江区大田坎街109号
……………………………… 负责人：李永明
……………………………… Tel:028－84532731
13086638857

成都万达石化机械有限公司
地址：四川省成都市锦江区东篱路12号附3号
……………………………… 负责人：彭和声
……………………………… Tel:028－84347688

## 四川省冕宁县航天德福太阳能设备厂
业务：航天德福太阳能设备厂成立于1993年，现已成为集研究、开发、生产为一体的"航天"牌太阳能专业化生产企业。从事太阳能生产技术多年，有着丰富的生产技术和实际操作经验，厂内技术力量雄厚，生产设备齐全，产品外型美观，产品规格、品种齐全。产品质量可靠，经久耐用，能适应各种品牌经销商及用户的需求。欢迎海内外朋友来厂考查，共同合作。
地址：四川省凉山彝族自治州冕宁县漫水湾镇
……………………………… 邮　编：615608
……………………………… 法　人：冉德福
……………………………… Tel:0834－6725949
……………………………… Fax:0834－6844204

成都市锦江区宏顺通砼泵配件商贸部
地址：四川省成都市锦江区海椒市街13号
……………………………… 负责人：陈斌
……………………………… Tel:028－89669478

宏兴闲置设备调剂部
地址：四川省成都市龙泉驿区大面镇龙华村四组
……………………………… 负责人：王家成
……………………………… Tel:13908039892

永诚机械加工厂
地址：四川省成都市蒲江县鹤山镇家钰路22号
……………………………… 负责人：周永安
……………………………… Tel:028－88555261
13096360097

## 合江县山江机械化港埠有限公司
业务：合江县山江机械化港埠有限公司，是泸州地区沿江两岸现最具规模的港埠装卸类民营企业。公司承接港口作业、货物装卸、船舶业务代理、中介服务等。公司现拥有HGQ5型机械化浮吊船十艘，日装卸能力达万吨以上，拥有数十名专业技师和雄厚的机械维修和加工力量，是当地港口装卸行业的龙头企业，同时自备江岸货场和拥有供给、维修、系泊囤船1艘，千吨以上货轮四艘，横向挂钩签约的运载货轮数十艘，运载航线达长江上、中、下游及其支流，省际运输量月承载能力可达万吨以上。我公司全体员工以团结、奋进、开拓、图强的精神，诚信结交各方朋友，同谋发展，共展宏图。
地址：四川省泸州市合江县南关港埠大楼
……………………………… 邮　编：646200
……………………………… 法　人：喻文光
……………………………… Tel:0830－5223341
……………………………… Fax:0830－5223341

## 成都锦固标准件有限责任公司(原成都标准件总厂)
业务：标准件
地址：四川省成都市西部五金机电城20幢6号
………… 负责人：周勇兴　　邮　编：610000
……………………………… 法　人：沈先生
……………… Tel:028－87579878
13709013437

宏发机械厂
地址：四川省成都市青羊区苏坡乡黄土村7组
……………………………… 负责人：石志雄
……………………………… Tel:028－87460708
13808179051

成都市成华区建川工程机械修理厂
地址：四川省成都市三环路东三段
……………………………… 负责人：张际勇
……………………………… Tel:028－87491391
18980723600

马丁传动件(成都)有限公司
地址：四川省成都市武侯区金花镇双凤村七组
……………………………… 负责人：李宝湘
……………………………… Tel:028－85360533
13708001210

四川省川西北风机有限公司
地址：四川省成都市新都区斑竹园工业区
……………………………… 负责人：冯俊勇
……………………………… Tel:028－83988788
83989278
83989288

## 四川省远扬冶金炉料有限公司
业务：本公司成立于2001年，主要从事高铝砖、粘土砖、炼钢用中间包绝热板等耐火材料。本公司以满足用户的需要，同时公司有一支专业的筑炉队伍，为用户提供施工及调试服务，竭诚欢迎国内外新老客户携手合作，共创辉煌。
地址：四川省眉山市仁寿县汪洋镇四公乡灯山三社
……………………………… 邮　编：612587
……………………………… 法　人：肖林
……………………………… Tel:0833－6290286
……………………………… Fax:0833－6290286

龙凯机械厂
地址：四川省成都市新都区军屯镇雷大村工程
……………………………… 负责人：闵隆凯
……………………………… Tel:028－83900849
13980871939

瑞达机械有限公司
地址：四川省成都市新都区新都镇正因新街9幢5号
……………………………… 负责人：杨萍
……………………………… Tel:028－83049626
13881810748

利兴教学设备厂
地址：四川省成都市新都区新繁镇天星街
……………………………… 负责人：宋先万
……………………………… Tel:028－83081139

慈利县金冬电热炉具厂

独家生产冬季取暖的专利产品金冬电热炉。
电话：0744－3260037　2136029
地址：湖南省慈利县零阳镇



13808227786

**内江市东兴区长城铸造厂**

业务：本公司成立于 1980 年，主要产品有：全开切纸机、磨力机、无网笼、制浆设备、碱回收处理等设备。热忱欢迎广大客户来电洽谈业务！
地址：四川省内江市东兴区高桥镇 173 号
负责人：高培书……邮　编：641000
法　人：高培书
Tel：0832－2560055

**万源市恒达机械设备有限责任公司**

业务：各种工程、建筑机械代购代销及租赁业务
地址：四川省达州市万源市河西状元居委二组
负责人：毛清儒　邮　编：636350
法　人：毛清儒
Tel：0818－8626303

**永红拉片厂**

地址：四川省成都市新津县普兴镇
负责人：胡文忠
Tel：13088069927

**新通路桥机械厂**

地址：四川省成都市新津县兴义镇福田村
负责人：史小平　张青贵
Tel：028－82400212
13096362174
13308032857

**玉环县环沪机电工具厂**

地址：四川省德阳市长江西路三段 22 号
负责人：陈道来
Tel：0838－2821050
13198889552

**内江市中源农机有限公司**

业务：内江市中源农机有限公司成立于 2006 年，从事农业机械销售及配件销售，售后服务及维修，欢迎新老客户来电洽谈业务！
地址：四川省内江市东兴区汉安大道 805 号
负责人：黄萍……邮　编：641000
法　人：黄萍
Tel：0832－2260392

**德阳市杨加长华机械厂**

地址：四川省德阳市旌阳区扬嘉镇火车站
负责人：彭启发
Tel：13990295988

**乐山市井研县林江机械厂**

地址：四川省乐山市研城镇顺河街
负责人：余海全
Tel：0833－3750650
5979280

**迈达模具厂**

地址：四川省眉山市彭山县风鸣北路 126 号
负责人：刘波
Tel：0833－7620003
13608163281
13006416516

**四川省攀枝花市隆旺工程机械有限公司**

业务：四川省攀枝花市隆旺工程机械有限公司成立于 2003 年，主要经营挖土机。热诚欢迎新老客户惠顾，来电来人洽谈业务。
地址：四川省攀枝花市邮政局 6－1230 号信箱
邮　编：617000
法　人：郭品英
Tel：0812－5100388
Fax：0812－5100388

**龙跃机具厂**

地址：四川省内江市东兴区平安路 730 号
负责人：刘类明
Tel：0832－8067892
13198789545

**四川自贡市鑫丰机械制造有限公司**

业务：为发电厂生产加工制造散热器、蛇型管
地址：四川省自贡市沿滩区工业园区卫里路 35 号
负责人：武洛川……邮　编：643000
法　人：0813－8256022
8253687
Mobile：13909000389

**德阳图远机械设备制造有限公司**

业务：机械制造
产品：数控车床、普通车床、铣床、线切割、钻床等机械加工设备
地址：四川省德阳市海正广场宏建商住楼 4 单元 501 室
负责人：陈更新　邮　编：618000
法　人：陈更新
Tel：13458971885
13508024185

**利达机械配件经销部**

地址：四川省攀枝花市东区倮果二村 375 号
负责人：吕春
Tel：0812－6621238
13308140078

**巡场恒源机械厂**

地址：四川省宜宾市宾巡场茨梨二社
负责人：陈庆春
Tel：0831－4312982
13700999339

**彭州市华联机电化工有限公司**

业务：彭州市华联机电化工有限公司成立于 1997 年，主要从事机电、阀门、化工的生产销售。热诚欢迎新老客户的惠顾。
地址：四川省彭州市外溪绣城路 75－81 号
邮　编：611930
法　人：黄团顺
Tel：028－83872568
Fax：028－83872044

**童祥虎机电维修服务**

地址：四川省宜宾市高县文江镇怀远街村
负责人：童祥虎
Tel：0831－5423294
13990933496

**四川宜宾宏跃机电工程有限公司**

业务：四川宜宾宏跃机电工程有限公司位于交通便利的宜宾市东楼街 33 号运管大楼 6 楼。从事机电产品贸易及安装，主要产品有东芝电梯、星玛电梯、日立中央空调、发电机、KS13 水泵、ITT 水泵、韩国新马电梯等。
地址：四川省宜宾市东楼街 33 号运管大楼 6 楼
邮　编：644000
法　人：李树宏
Tel：0831－8251342
Fax：0831－8251348

**安岳县驯龙农机厂**

地址：四川省资阳市安岳县驯龙镇驯安路街村
负责人：郑刚
Tel：0832－4760265
13982906038

**简阳市天工冶金机械厂**

地址：四川省资阳市简阳市贾家镇健康路 187－189 号
负责人：汪辉泽
Tel：13308050172

**罗江易风工贸有限公司**

业务：专业从事机械设备、机械设备零配件销售、机械设备维修和技术咨询服务，公司坚持质量第一、诚信为本的原则，竭诚欢迎广大海内外客户的光临。
产品：造纸设备及零配件
地址：四川省德阳市罗江县新盛镇东街 148 号
负责人：唐昌建　邮　编：618513
法　人：唐昌建
Tel：0838－3381282
15008388500
Fax：0838－3381282

**四川省射洪县洪都锅炉制造厂**

业务：本公司主要生产经营燃煤，燃油，燃气系列锅炉，学生床，锅炉除垢，锅炉修理，锅炉安装，以及锅炉技术咨询，非标产品制造，销售等业务。
地址：四川省遂宁市射洪县太和镇城南南井沟
邮　编：629200
法　人：姚荣
Tel：0825－6696872
Fax：0825－6698737

**德阳瀚鑫机电设备制造有限公司**

德阳瀚鑫机电设备制造有限公司成立于1993年，是一家专门从事机械制造、发电设备、通用机械的企业。
欢迎您的光临，我们将竭诚为您服务！

联系人：周强　13881057666
电话：0838－2805018　2805098
邮编：618000
地址：四川省德阳市旌阳区工业集中发展区长白山路北段

**简阳市光明机械制造有限公司**

本公司主要经营专业生产曲轴，拥有专业曲轴磨床MQ8260两台。本公司秉承“顾客至上，锐意进取”的经营理念，坚持“客户第一”的原则为广大客户提供优质的服务。欢迎广大客户惠顾！

联系人：易强
电话：0832-7383696　7011896　网址：www.gmjxzz.com.cn
地址：四川省简阳市建设西路　邮编：641400

**江油市川鲁物贸有限公司**

江油市川鲁物贸有限公司成立于2008年，主要从事于钢材、建材、五金、劳保用品的销售。
公司将一如既往地秉承诚信合作的原则，组织优质优价的资源来感谢新老客户对本公司的支持、惠顾和厚爱！

联系人：宋含全
电话：0816－3223261
地址：四川省江油市沱牌小区花园路三十五号门面
邮编：621700

**隆旺工程机械有限公司**

隆旺工程机械有限公司成立于2003年，专业承接土石方工程及销售工程机械。产品节能省油，高效灵活，产品遍及全球，是用户创造效益的理想设备。
全心全意以客为尊，力求以最快的速度服务于用户。最快最到位的服务是我们对客户的承诺！

联系人：郭品英
13982333973
电话：0812－3559988
邮编：617000
地址：四川省攀枝花前进镇中心小学旁

**美的厨卫龙城水电门市部**

我门市部主营小家电、水电器材、太阳能、管材、水暖器材等，我公司视“顾客满意”为宗旨，“持续改进”为目标，“诚信经营”为理念，竭诚欢迎您的光临！

联系人：文菊华　手机：13708273569
13990898376
电话：0817-7226397　7210328
地址：四川省南充市仪陇县琳琅大道三段荣信苑美的厨卫　637000

**崇州市天贵铸造有限公司**

崇州市天贵铸造有限公司创立于1993年，专业从事生铁铸造，主要产品有铸造机械配件和铸铁件。
我公司以娴熟出众的工艺、优良稳定的材质、整洁明朗的外形，在客户中赢得了良好的声誉。我们秉承创造一流企业、追求卓越品质的经营理念，欢迎您的来电！

联系人：邓天贵　13096303318　电话：028-82394318
地址：四川省成都市崇州市济协乡　邮编：610000

## 贵州省/Guizhou Province

**贵州安顺开发区云马金瑞机械设备有限责任公司**
地址：贵州省安顺地区安顺开发区云马厂内
…… 负责人：罗岚
…… Tel：0853－3385140

**安顺市华盛机电物资有限公司**
地址：贵州省安顺市市西路76—78号
…… 负责人：吴海平
…… Tel：0853－3221563
13985326668

**贵阳成亿精密机械工具有限公司**
业务：贵阳成亿精密机械工具有限公司成立于2003年，主要生产经营机床配件、工具、量具、刃具、机床附件等。热诚欢迎各方客户来我公司订购。
地址：贵州省贵阳市花果园太生五金机电市场2楼56号
…… 邮 编：550003
…… 法 人：夏国兵
…… Tel：0851－5665132
…… Fax：0851－5984905

**黔南州剑江农业机械有限责任公司**
业务：农业机械生产及购销
产品：汽油抽水机，发电机，柴油机，微耕机，脱粒机，组合机
地址：贵州省都匀市黑桥头
…… 负责人：罗锡来 邮 编：558000
…… 法 人：罗锡来
…… Tel：0851－5741458
13086933694
…… Fax：0851－5741458
…… E-mail：luoxilai1970@sohu.com

**大隆传动机械厂**
地址：贵州省都匀市经济开发区纬1路福鑫园15号
…… 负责人：束雷
…… Tel：0854－8326767
13985067895

**贵阳京黔陶铁合金有限公司**
地址：贵州省贵阳市都司路128号(千千代公寓)6层7号
…… 负责人：孙平
…… Tel：13984825813

**贵阳花溪鸿生密封配件有限公司**
地址：贵州省贵阳市贵州华昌实业总公司院内
…… 负责人：苗有生
…… Tel：0851－3871806

**贵阳成亿精密机械工具有限公司**
业务：本公司是一家专业销售机床工具、量具、刃具、附件、配件的企业，产品广泛用于机械、机床、造船、电机、汽车、集装箱、冶金、钢厂、航空航天、卫星、无线电及乡镇企业。
地址：贵州省贵阳市花果园太生五金机电市场2楼56号
…… 负责人：夏国兵……邮 编：550003
…… 法 人：夏国兵
…… Tel：0851－5665132

**贵州恒业机电设备有限公司**
地址：贵州省贵阳市花溪大道12号
…… 负责人：陈喜讯
…… Tel：13511959876

**贵阳长缆机电设备销售有限公司**
地址：贵州省贵阳市南明区花溪大道中段42号
…… 负责人：胡贵山
…… Tel：13984898300

**贵州金信机械有限责任公司**
地址：贵州省贵阳市南明区南浦路79号1单元4号
…… 负责人：臧显显
…… Tel：0851－5529261

**贵阳兰发五金经营部**
业务：五金电动工具
地址：贵州省贵阳市南明区花果园太升二期五金机电市场一期2楼36号
…… 负责人：刘克兰 邮 编：550003
…… 法 人：刘克兰
…… Tel：0851－5985189
8640508

**贵阳南明华康物资设备租赁有限公司**
业务：贵阳南明华康物资设备租赁有限公司成立于2002年，从事建筑物资设备租赁及舞台舞美工程。热忱欢迎各界朋友光临惠顾，携手合作。
地址：贵州省贵阳市花溪大道69号
…… 邮 编：550006
…… 法 人：李发康
…… Tel：0851－3815767
…… Fax：0851－3815767

**高新经茂物资有限公司**
地址：贵州省贵阳市乌当区野鸭乡金关钢材市场B区36号
…… 负责人：秦方付
…… Tel：0851－4821030
13984096428

**贵州恒基机械化施工有限公司**
地址：贵州省贵阳市西南环路21号
…… 负责人：钟海
…… Tel：0851－3819018

**贵阳小河区合众精密机械厂**
地址：贵州省贵阳市小河区大寨村597号附1号
…… 负责人：何长斌
…… Tel：0851－3844437

**贵阳福润物资有限公司**
业务：我公司主要销售各类联轴器、刹车器(钢绳业使用)多头蜗轮蜗杆、五金、钢绳等
地址：贵州省贵阳市南明区甘荫塘荫塘巷3号
…… 负责人：李炳福……邮 编：550006
…… 法 人：李炳福
…… Tel：0851－3712606
…… Fax：0851－3712606

**玉波机电设备有限公司**
地址：贵州省贵阳市小河区旺民路9号贵州锅炉厂内
…… 负责人：周菲
…… Tel：13809435057
13985559622

**贵阳赛斯福机电设备有限公司**
业务：销售机电设备及备件、电线电缆、五金产品、轴承、机电设备安装检测等
产品：原装进口的高端五金产品、工具产品、仪器、仪表、轴承等
地址：贵州省贵阳市南明区花溪大道北段100号锦绣星城2幢1单元21楼2号
…… 负责人：朱渝滨 邮 编：550003
…… 法 人：朱渝滨
…… Tel：0851－5964292
…… Fax：0851－5964296
…… E-mail：he_ligui@126.com

**贵阳高新康合机械制造有限公司**
地址：贵州省贵阳市新阳关新桥路贵阳建材机械厂内
…… 负责人：王松
…… Tel：13908500090

**贵州德兰博机电成套设备有限公司**
地址：贵州省贵阳市兴关路65号都市人家2幢3单元2楼4号
…… 负责人：姜雅萍
…… Tel：0851－5567118

**贵阳市南明区永吉机电维修中心**
业务：贵阳市南明区永吉机电维修中心主要从事进口特殊各种绝缘等级电机、电器维修等业务。“信誉第一，客户至上”，热诚欢迎广大新老客户光临惠顾。
地址：贵州省贵阳市南明区沙冲中路48号
…… 负责人：高川林……邮 编：550000
…… 法 人：高川林
…… Tel：0851－5740128

**贵州中水机电制造安装有限责任公司**
地址：贵州省贵阳市云岩区白云大道90号
…… 负责人：王琳瑞
…… Tel：0851－4842994

**贵州黔菱机电设备有限公司**
地址：贵州省贵阳市云岩区百花山路27号
…… 负责人：徐源
…… Tel：0851－5861231

**贵州贵能机电有限公司**
地址：贵州省贵阳市云岩区吉祥路185号
…… 负责人：方云强
…… Tel：13809471480

**贵阳小河区佳华精密数控刃具厂**
业务：贵阳小河区佳华精密数控刃具厂成立于1996年，是一家专业生产数控硬质合金刀具，超硬、高速钢全磨制立铣刀，波刃刀，球头刀，斜度刀及各种非标专用刀具。热诚欢迎各方客户来电洽谈业务，共同合作。
地址：贵州省贵阳市小河区珠江路62号内
…… 邮 编：550009
…… 法 人：曾佑华
…… Tel：0851－8312381
…… Fax：0851－8312391

**宏庆机械配件经营部**
地址：贵州省贵阳市云岩区三桥百花大道车管所侧银通房开公司门面
…… 负责人：林定义
…… Tel：0851－4857771
13985536967

**贵州省遵义市昌盛机械制造有限责任公司**
业务：贵州省遵义市昌盛机械制造有限责任公司成立于2000年，主要生产水泥机械、矿山机械、大型锯钢件等。欢迎各方客户来电来人洽谈业务。
地址：贵州省遵义市汇川区高品
…… 邮 编：563000
…… 法 人：王昌洪
…… Tel：0852－8398188

**鹏程成五金经营部**
地址：贵州省贵阳市云岩区三桥新街18号北区15座998—999号
…… 负责人：郑玉成
…… Tel：0851－4842096
13595093968

**贵州长鹅泵阀有限公司**
业务：经营矿山设备
产品：泵阀
地址：贵州省贵阳市南明区蓑草路98号C—1—9号
…… 负责人：宁小林 邮 编：550000
…… 法 人：宁小林
…… Tel：13027852006
0851－5762479

**云岩新中源机电产品经营部**
地址：贵州省贵阳市云岩区威清路169号
…… 负责人：吴淑莲
…… Tel：0851－6515295
6506735
13511966558

**英吉机械制造有限公司**
业务：英吉机械制造有限公司是以生产汽车、工程机械发动机曲轴、缸盖为主导产品的民营企业。公司现有员工二百余人，拥有先进的铸造和机械加工能力、完善的质量检测手段和产品质量保证体系。英吉人正展开热情的双臂、欢迎八方宾客光临指导、洽谈业务。
地址：贵州省贵阳市野鸭塘百花大道89号
…… 邮 编：550022
…… 法 人：蔺海秋
…… Tel：0851－4762298
…… Fax：0851－4722281

**贵州三星精密数控机床有限公司贵阳分公司**
地址：贵州省贵阳市云岩区枣山路9号10楼5号
…… 负责人：王松
…… Tel：13885116969

**六盘水西矿机电设备有限责任公司**
地址：贵州省六盘水市人民中路18号鼎盛综合市场北楼4层2单元403室
…… 负责人：杨玉波
…… Tel：0858－8225676

**清镇市特种研磨制品厂**
业务：清镇市特种研磨制品厂成立于1997年，从

事磨料、磨具的生产及销售。本厂奉行"用户至上、质量第一"的宗旨，精工细作，工艺严格，质量稳定，信守合同，交货迅速，竭诚为用户提供优质产品和一流的服务。
地址：贵州省清镇市站街莲花村
……邮　编：551404
……法　人：党斌
……Tel：0851－2550722
……Fax：0851－2550722

**黔南州水电机械化工程队第六分队**
地址：贵州省黔南布依族苗族自治州城关镇红旗路91号
……负责人：王刚
……Tel：0855－5220709

**都匀梅欣机床附件有限责任公司**
地址：贵州省黔南布依族苗族自治州都匀市开发区七星路白泥街16号
……负责人：王焕
……Tel：0854－8322776

## 六盘水金星机电设备有限公司
业务：六盘水金星机电设备有限公司主要开发生产销售节能自适应恒流充电机和环保型多功能高效真空滤油机。节能自适应恒流充电机具有高效节能等特点，同时对电网具有提高功率因数的作用。环保型多功能高效真空滤油机能避免对环境造成污染及一机多用等特点，是工矿企业和电力部门的理想设备。打造一流品牌是我们的奋斗目标，诚信经营、为用户提供一流服务是我们恪守的原则。
地址：贵州省六盘水市钟山区清正巷8号401室
……负责人：曾天锐……邮　编：553001
……法　人：曾天锐
……Tel：0858－2129587

**遵义市昌宏医疗器械有限公司**
地址：贵州省遵义地区红花岗区南舟路永泰小区10栋2号
……负责人：钟辉
……Tel：13708500132

**遵义市昌盛机械制造有限责任公司**
地址：贵州省遵义市汇川区高坪镇金塘村
……负责人：王昌洪
……Tel：13096741888

## 六盘水嘉高机电设备有限公司
业务：高低压电气，电力设备，线路器材，工矿电器，仪器仪表，电线电缆，绝缘材料，电工工具
地址：贵州省盘县红果镇兴华西路
……邮　编：553537
……法　人：黄道春
……Tel：0858－3633811
……Fax：0858－3634665
……网址：www.pxjg.chinapyp.com

**中力阀门机电物资供应处**
地址：贵州省遵义市延安路287号
……负责人：杨天宝
……Tel：0852－8829562
13985676801

## 六盘水市齐恒矿山机电设备有限公司
业务：六盘水市齐恒矿山机电设备有限公司成立于2006年，主要从事矿山机电设备，水泵及水泵配件，五金交电等的销售。"质量保证，价格合理"，竭诚欢迎您的光临与惠顾！
地址：贵州省六盘水市钟山区人民中路万马机电市场2－7号
……负责人：宁小林……邮　编：553000
……法　人：宁小林
……Tel：0858－8226748



## 云南省/Yunnan Province

## 昆明市南华大型机械设备运输公司
业务：昆明市南华大型机械设备运输公司成立于2000年，从事全国各地大型机械设备的运输。公司秉着"公正敬业、诚实奉献"的精神，竭诚为广大客户服务。
地址：云南省昆明市官渡区朱家村浩宏物流广场1幢132号
……邮　编：650217
……法　人：沈令恩
……Tel：0871－7279511
……Fax：0871－7279511

**泰宇金属制造有限公司**
地址：云南省保山市隆阳区汉庄镇彭海新村
……负责人：闵德光
……Tel：0875－2885888
13987059972

## 昆明市凯跃机电塑料有限责任公司
业务：公司拥有固定资产3500万元，主营烟草机械零部件设计、改造和生产，光电子设备的研发，设计和制造，超光滑表面加工，精磨，抛光设备的制造
地址：云南省昆明市海口中滩街下段
……邮　编：650114
……法　人：何凯
……Tel：0871－8591085
……Fax：0871－8591590
……网址：www.km－kymepdcl.com

**大姚石羊机械配件厂**
地址：云南省楚雄州大姚县金碧镇北城外
……负责人：杨贵祥
……Tel：0878－6222252
13987837622

## 昆明弗瑞达矿山机械有限公司
业务：矿山机械输送设备
地址：云南省昆明市盘龙区金色家园1期2幢3单元501室
……负责人：张世名　邮　编：650000
……法　人：张世名
……Tel：0871－3921898
3920898
……Fax：0871－3920898

## 大理市宏盛达机械修造有限公司
业务：大理市宏盛达机械修造有限公司设备先进，技术精湛。质量第一，信誉第一。具有一般纳税人资格，各种机械配件都可加工，提供各种食品机器，农业机械等，大型注塑机器。
地址：云南省大理白族自治州大理市下关兴盛路兴盛苑68号
……负责人：陈进伟……邮　编：671000
……Tel：0872－2196569

**顺隆机电经营部**
地址：云南省大理市鹤庆县黄坪镇新街
……负责人：曹喜顺
……Tel：0872－4374277
13987278569

## 昆明市诺亚机电物资供应站
业务：昆明市诺亚机电物资供应站成立于2004年，主要销售电缆桥架、镀锌穿线管、金属软管、高低压电器全套设备、防爆矿用电器、标准件等。热诚欢迎各方客户惠顾。
地址：云南省昆明市华洋五金机电城C区22幢7－8号
……邮　编：650200
……法　人：黄道静
……Tel：0871－6307335
6307337
……Fax：0871－6307335

**腾飞起重机械有限公司**
地址：云南省个旧市新冠路49幢4号
……负责人：夏成功
……Tel：0873－2143170
13608830631

## 个旧市华山机械厂 *
业务：个旧市华山机械厂成立于1982年，主要生产华山玻璃钢摇床、木质摇床，6～S玻璃钢摇床、球磨机、浮选机、螺旋分绞机，摆式给矿机，搅拌桶，分泥斗等选矿设备。热诚欢迎新老客户惠顾。
地址：云南省个旧市金湖西路128号
……负责人：师燕……邮　编：661000
……法　人：师炳书
……Tel：0873－2125892
……Fax：0873－8882383
……网址：www.huashanjx.com

**嘉申工程机械有限公司**
地址：云南省红河州开远市东联村昆河公路旁
……负责人：张伟
……Tel：0873－7235025
13577322258

## 昆明市盘龙通用机械工具销售中心
业务：昆明市盘龙通用机械工具销售中心成立于1998年，主要从事"哈尔滨第一工具有限公司"、"上海刃具厂"云南总代理。销售量具、刃具、焊接车刀等产品，质量第一，客户至上，热诚欢迎新老客户惠顾。
地址：云南省昆明市盘龙区东二环路665号天右商场
……邮　编：650216
……法　人：何林昆
……Tel：0871－3852581
……Fax：0871－3852581

**汉莎机电设备有限公司**
地址：云南省昆明市二环路1028号D幢108号
……负责人：钟汝强
……Tel：13908711738

## 腾飞起重机械有限公司
业务：腾飞起重机械有限公司成立于2003年，主要生产起重机械，单、双梁起重机，单、双梁桥式起重机，电动葫芦，手拉葫芦，抓斗等。质量保证，价格合理，欢迎各界朋友来电来人洽谈业务。
地址：云南省个旧市新冠路49幢4号
……邮　编：661000
……法　人：夏成功
……Tel：0873－2143170
……Fax：0873－2143170

**云南省安宁市光荣铸造厂**
地址：云南省昆明市关上东路109号－14号
……负责人：杨荣
……Tel：0871－7184691
13700671399

## 鹏骏机械有限公司
业务：鹏骏机械有限公司成立于2007年，主要从事机械设备的销售与维修。"信誉第一，客户至上"，热诚欢迎广大新老客户来我公司洽谈业务，共同合作！
地址：云南省昆明市书林街富邦花园E栋1单元502室
……负责人：马俊平……邮　编：650000
……法　人：马俊平
……Tel：0871－3176715

**庆达五金模具厂**
地址：云南省昆明市官渡区小坝新发村新发路56号
……负责人：孔庆福
……Tel：0871－5637196
13708793594

## 建水县立垦耐磨设备有限责任公司
业务：建水县立垦耐磨设备有限责任公司成立于2005年，销售锰钢衬板、合金钢球等产品，质量保证，欢迎前来订购。
地址：云南省红河哈尼族彝族自治州建水县临安镇新桥街70号
……负责人：郑立垦……邮　编：654300
……法　人：郑立垦
……Tel：0873－3181444
……Fax：0873－3181444

**科力工贸有限公司机电分公司**
地址：云南省昆明市金马立交桥昆明建筑工程机械机电商城铺面40号
……负责人：王宁里
……Tel：13908865581

## 华坪县金龙矿山机械设备有限公司
业务：华坪县金龙矿山机械设备有限公司成立于2006年，主要销售矿山机械，主要产品：U型翻斗式矿车。欢迎新老客户光临、惠顾！
地址：云南省丽江市华坪县石龙坝乡石坝街
……负责人：任月高……邮　编：674802
……法　人：任月高
……Tel：0888－6431057
6431198

**汝全农机修造厂**
地址：云南省昆明市蓬莱乡永兴村委会段官村
……负责人：毛如全
……Tel：0871－7523961
13888318438

## 云南省曲靖市陆良县常发农机经营部
业务：云南省曲靖市陆良县常发农机经营部成立于1992年，从事农用拖拉车、柴油机、打谷机、水泵等农用机具的销售。质量保证、价格合理，欢迎来电垂询！
地址：云南省曲靖市陆良县师古街（社保局对面）
……邮　编：655600
……法　人：刘自光
……Tel：0874－6221930
……Fax：0874－6332331

**沙玛电机成套设备有限公司**
地址：云南省昆明市气象路133号
……负责人：李梅
……Tel：0871－4190136

## 云南玉溪新诚工贸有限公司禄脿机修厂
业务：云南玉溪新诚工贸有限公司禄脿机修厂专业从事矿山机械设备、农机、农具的加工与修理，热诚欢迎新老客户光临惠顾。
地址：云南省昆明市安宁市禄脿镇新驿路38号
……负责人：杨学东……邮　编：650300
……法　人：杨学东
……Tel：0871－8722988

**昌顺矿山机械销售有限公司**
地址：云南省昆明市五华区沙靠村
……负责人：秦江林
……Tel：0871－8407778
13808720586

## 玉溪自全金属精密铸造有限责任公司
业务：玉溪自全金属精密铸造有限责任公司成立于1997年，主要从事机器铸件的生产。公司秉承"以质量求生存，以信誉求发展"的宗旨！能够为客户提供满意的产品和服务，欢迎四方客户与我联系洽谈业务，共谋发展！
地址：云南省玉溪市北城后所
……邮　编：653100
……法　人：李宝平
……Tel：0877－2094706
2080729
……Fax：0877－2094706

**靖康五金经营部**
地址：云南省曲靖市麒麟区前北路199号
……负责人：赵挪海
……Tel：0874－3116783
13087477650

## 明华五金交电行
业务：主要经营：五金交电，兼营：礼品、饰品、工艺品。本着以"重商品质量、重售后服务、以诚待客"的经营理念，目前，老客户不断，新客户渐增，只要商品适销对路，发展前景一定是好的。
地址：云南省昭通市昭阳区小李子园169号
……负责人：蒋明华……邮　编：657000
……法　人：蒋明华
……Tel：0870－2121338

**云兴机械厂**
地址：云南省曲靖市师宗县竹基乡竹基村
……负责人：赵永兴
……Tel：0874－5055096
13887408519

## 云南省昆明伟娟重型机械有限公司
业务：云南省昆明伟娟重型机械有限公司成立于1993年，主要设计、制造、安装、维修起重设备，化工设备，水泥矿山设备，轧钢设备，水利设备等。
地址：云南省昆明市北郊兰龙潭
……邮　编：650203
……法　人：刘湘汉
……Tel：0871－5225674
……Fax：0871－5224639

## 云南巨虎工贸有限公司
业务：云南巨虎工贸有限公司从事矿山机械加工经营，如果您满意请告诉您的朋友，如果您不满意请您告诉我，我的职责就是让您满意！
地址：云南省昆明市官渡区小板桥镇羊甫社区居委会大羊甫第三居民小组

负责人：魏再勇……邮 编：650000
法 人：魏再勇
Tel：0871－7363020

**机电成套设备有限公司**
地址：云南省曲靖市玄堂路 75 号
负责人：黄道克
Tel：0874－3131271
13170709998

**王氏五金加工经营部**
业务：王氏五金加工经营部成立于 2006 年 6 月 2 日，主要从事矿山机械设备的经营。我们以优质的产品、合理的价格、诚挚完美的服务期待各位朋友的光临、惠顾！
地址：云南省昭通市昭阳区龙泉路 179 号
邮 编：657000
法 人：王远德
Tel：0870－8889051
Mobile：13708609471









## 西藏自治区/Xizang Autonomous Region

**宏达五金商行**
地址：西藏自治区拉萨市北京中路冲赛康批发市场
负责人：陈观杰
Tel：0891－6993948

**西藏霞盛机械拆迁有限公司**
业务：西藏霞盛机械拆迁有限公司成立于 2004 年，现有员工 35 人，专业鸽房屋、桥梁、路面的拆除及工程机械租赁。
地址：西藏自治区拉萨市城关区八一居委会第一组门牌 41 号
邮 编：850000
法 人：林忠炎
Tel：0891－6867188
Fax：0891－6867188

**西藏大宇机械设备销售有限公司**
地址：西藏自治区拉萨市堆龙德庆县东嘎镇
负责人：廖洪建
Tel：0891－6863556

**西藏力禾机械有限公司**
地址：西藏自治区拉萨市堆龙德庆县和平路
负责人：江玲
Tel：0891－6701077

**拉萨力捷机械设备有限公司**
地址：西藏自治区拉萨市和平路东嘎村工程机械商业街
负责人：刘鹏翔
Tel：0891－6159031

**西藏柳工工程机械销售有限公司**
地址：西藏自治区拉萨市金珠西路（西粮宾馆）
负责人：洪洁
Tel：0891－6862033

**西藏亚恒农机销售有限公司**
地址：西藏自治区拉萨市金珠西路一百二十二号
负责人：王东胜
Tel：0891－6862372

**西藏拉萨南亚商贸有限公司**
地址：西藏自治区拉萨市鲁定路 25 号附 7 号
负责人：马先生
Tel：0891－6715549

**大地五金机电建材批发部**
地址：西藏自治区拉萨市西藏拉萨市西藏拉萨市天海建材市场五十二号
负责人：罗千方
Tel：0891－6822945

**拉萨市鹿港商行**
地址：西藏自治区拉萨市仙足岛一区 5 排 34 号
负责人：李利峰
Tel：0891－6904080

**日喀则地区宏祥工程机械设备有限公司**
地址：西藏自治区日喀则市吉隆县吉囊卡路东骄汽修城 81－82 号
负责人：黄宏祥
Tel：0892－8823090

**西藏旭峰暖通工程有限公司**
业务：西藏旭峰暖通工程有限公司位于西藏自治区拉萨市，开发了太阳能光付蓄电池、太阳能光付板、太阳能发电站安装、太阳能热水器、太阳能供热系统、中央空调、电热锅炉成套设备配套安装经销，通风设备配套安装经销，各种上下水管网等工程施工，给广大牧区人民的生活带来了极大的方便。
地址：西藏自治区拉萨市罗布林卡路 12 号 30－061 信箱
邮 编：850000
法 人：瞿旭东
Tel：0891－6836118
Fax：0891－6832958
网址：www.xzxf.chinapyp.com

**西藏华岳筛网五金标准件经营部**
地址：西藏自治区山南地区万源建材市场 B2－27 号
负责人：李娜
Tel：0893－7833968

**西藏厦昌工程机械经销部**
地址：西藏自治区山南市湖北大道地区工商局出租房 5 号
负责人：杨成昌
Tel：0893－7820711

## 陕西省/Shanxi Province

**佳凯金属结构制造厂**
地址：陕西省宝鸡市凤翔县城关镇火星村
负责人：张虎强
Tel：0917－7252599
13992770788

**安康市路通工程机械有限公司**
业务：我公司从事工程机械销售主要产品有铲土运输机械，我们将以一流的质量、一流的服务宗旨竭诚为新老客户服务。
地址：陕西省安康市江北工业园区（公路局院内）
负责人：同永卫……邮 编：725000
Tel：0915－3321166

**三线金属材料厂**
地址：陕西省宝鸡市渭滨区七一地区
负责人：刘海云
Tel：0917－3380191
13319173822

**宝鸡市东明机电轴承有限公司**
地址：陕西省宝鸡市渭滨区新建路中段 122 号楼 2 段
负责人：刘东明
Tel：0917－3226969

**大河坎航宇机械厂**
地址：陕西省汉中市南郑县大河坎镇劳动北路食品饮料厂院内
负责人：刘明
Tel：13892695736

**渭南市韩城市政伟机械厂**
地址：陕西省渭南韩城市龙门镇紫峰街十字向西 50 米
负责人：刘正伟
Tel：0913－5117107
13891358582

**宝鸡力坤石油设备技术有限公司**
业务：宝鸡力坤石油设备技术有限公司主要从事石油化工设备、工具配件、机电产品、石油化工产品等。欢迎各方客户惠顾。
地址：陕西省宝鸡市开发区赛特路 12 号 318 室
邮 编：721000
法 人：黄鹤
Tel：0917－3307259
Fax：0917－3307259

**孝千工程机械贸易中心**
地址：陕西省渭南韩城市新城区黄河大街北段
负责人：高孝千
Tel：0913－5289535
13609135003

**世鑫机械有限公司**
地址：陕西省渭南市西潼路 9 号
负责人：乐国安
Tel：0913－2186385
13992308998

**西安路新筑路机械有限公司**
地址：陕西省西安市灞桥区东小寨村路北 3 号
负责人：刘志勋
Tel：029－82519894

**宝鸡市腾搏工贸有限公司**
业务：消失模模型铸造，及技术指导
产品：模型制造
地址：陕西省宝鸡市陈仓区虢镇双碌碡村
负责人：刘明军
法 人：刘明军
Tel：0917－6652114
Fax：0917－6652114

**略阳县鑫艺锅炉安装有限责任公司**
业务：略阳县鑫艺锅炉安装有限责任公司成立于 2002 年，位于汉中市略阳县火车站旁。是一家从事锅炉安装、销售。
地址：陕西省汉中市略阳县火车站旁
邮 编：724300
法 人：陈邵福
Tel：0916－4826897
Fax：0916－4826897

**西安灞桥区顺正机械加工厂**
地址：陕西省西安市灞桥区洪庆工业园区西区 8 号
负责人：刘改正
Tel：029－83314695

**西安博士通机械制造有限公司**
地址：陕西省西安市灞桥区洪庆开发区西区 13 号（西安中田实业有限公司院内）
负责人：韦华建
Tel：13991168123

**陕西旭东铸造有限公司**
地址：陕西省西安市灞桥区新筑街街道办事处杏元村西段
负责人：段水茂
Tel：13891945310

**三原光大精密铸造厂**
业务：三原县光大精密铸造厂坐落于西部文化名城—三原县，距西安 20 公里，交通便捷。始建于 1993 年，经过十几年的拼搏发展，工厂由小到大，现已成为年生产精密铸件 500 多吨的专业化熔模铸件生产厂家，另外还可自行设计模具，自行完成铸件的机械加工，及抛光件的工序。
地址：陕西省三原县独李镇
负责人：郭光……邮 编：713811
Tel：029－32466468
Fax：029－32465055
网址：www.gdjzc.com
E-mail：gdjz888@126.com

**西安泰安工程设备有限公司**
地址：陕西省西安市碑林区大车家巷 6 号
负责人：杨同宽
Tel：029－81917738

**陕西英腾嘉机电有限公司**
地址：陕西省西安市碑林区火炬路 7 号
负责人：朱莲芬
Tel：029－85259905

**西安天彤工贸有限公司**
地址：陕西省西安市北经济开发区 B4 区迎宾大道 138 号豪盛花园 1504 号
负责人：李建刚
Tel：029－82103672
13709266518

**西安冲剪机床制造有限公司**
地址：陕西省西安市长安区郭杜街办南街 69 号
负责人：张国华
Tel：029－85846870

**西安市长安区东兴机械厂**
地址：陕西省西安市长安区五星乡太原庄村
负责人：张军会
Tel：029－85861332

**岐山县五丈原东阳车行**
业务：批发、销售两轮、三轮摩托车
产品：两轮、三轮摩托车
地址：陕西省宝鸡市岐山县五丈原镇蔡五路
负责人：宋新建 邮 编：722406
法 人：宋新建
Tel：0917－2965511
Fax：0917－2965511
E-mail：kun2004lun@163.com

**陕西省铜川市天鑫环境工程机械技术有限责任有限公司**

业务：陕西省铜川市天鑫环境工程机械技术有限责任有限公司成立于 2005 年，主要生产、研发、销售建材机械，矿山机械，环保设备，铸造、锻造机加工。热诚欢迎各方客户来电来人洽谈业务，共同合作。
地址：陕西省铜川新宜北路 12 号
……邮　编：727000
……法　人：张炳灿
……Tel：0919－2365196
……Fax：0919－2365198

**西安风机厂产品技术开发部朝阳门分部**
地址：陕西省西安市长乐西路 329 号
……负责人：齐公社
……Tel：029－82520152

**丰鑫机械锻造有限公司**
地址：陕西省西安市大庆路 31 号－9
……负责人：于保声
……Tel：029－84289076
13992833646

## 渭南市铁建工程机械构件有限公司
业务：渭南市铁建工程机械构件有限公司位于陕西省渭南市渭双路。公司拥有先进的设备和自行设计生产能力，主要加工生产各种模板、钢拱桥、衬砌台车、桥梁隧道构件和各种规格卷板机、冲床等设备，有各类专业技术人员 60 余人。我公司的产品供予山西晋焦公路、山系祁临公路、山西阳涉公路、湖北襄市十公路、陕西宁勉公路、姜眉公路、禹阎公路、洛洪公路、宝天铁路、西合铁路、神延铁路、浙江杭千高速公路、湖北十漫高速等建设项目的使用，并获施工单位的好评。
地址：陕西省渭南市临渭区渭双路 46 号
……负责人：王秀琴……邮　编：714000
……Tel：0913－2021891

**西安长峰硬质合金工具制造有限公司**
地址：陕西省西安市大兴西路 25 号
……负责人：黄道红
……Tel：13572880988

**大通重型机械设备有限公司**
地址：陕西省西安市纺织城纺南路 1 号（陕西省延河水泥机械厂内）
……负责人：王鲜艳
……Tel：029－83510656
13991801092

**西安亚太机械有限责任公司**
地址：陕西省西安市凤城一路刚佳小区 3 号楼 3 单元 6 楼
……负责人：马普娟
……Tel：13572820328

**高陵县建安机械厂**
地址：陕西省西安市高陵县湾子乡东张市村
……负责人：田跃进
……Tel：029－86050415

## 陕西德澳工程机械有限公司
业务：陕西德澳工程机械有限公司成立于 2002 年 10 月 29 日，从事工程机械、标准设备、金属结构的制造、销售、安装、调试；冶金机械、电力机械、纺织设备机械及配件制造、销售。陕西德澳工程机械有限公司愿与社会各界朋友真诚合作，携手发展，共创辉煌明天！
地址：陕西省西安市北经济开发区 B4 区迎宾大道 138 号豪盛花园 1504 号
……邮　编：710021
……法　人：李建刚
……Tel：029－82103671
……Fax：029－82103672

**胜利热镀厂**
地址：陕西省西安市户县大王镇七号路口
……负责人：李胜利
……Tel：029－84938222
84937222
13991117538

**传华机床厂**
地址：陕西省西安市户县光明乡东韩村光明开发区三鑫酒店对面
……负责人：唐章柏
……Tel：029－84810676
13572548721

**诚达工业炉制造有限公司**
地址：陕西省西安市环城西路北路 218 号融合大厦 513 室
……负责人：杜晓静
……Tel：029－88610364

## 陕西德重电力机械有限公司
业务：拥有 100 多名员工，主要经营电子机械的设计、制作、安装。我本公司本着重合同、守信誉、保质量、保快捷的方针竭诚为您服务。
地址：陕西省西安市东二环
……邮　编：710032
……法　人：何平
……Tel：029－86715817
……Fax：029－86712947

**上海华东建筑机械厂有限公司西安办事处**
地址：陕西省西安市菊花园路 17 号正信大楼 2 楼 C 座
……负责人：王高龙
……Tel：029－87215143

**北京发那科机电有限公司西安分公司**
地址：陕西省西安市科技二路 77 号光电子专业孵化器大楼 A512 室
……负责人：孟庆武
……Tel：13571809447

**西安中南物资设备成套有限公司**
地址：陕西省西安市莲湖区西北一路 93 号
……负责人：李安生
……Tel：13709200141

## 岐山县南峰机械厂
业务：本厂以开关柜零部件加工为主营项目，我们将以先进的设备、成熟的技术、优惠的价格、优质的产品，为客户提供真诚的服务！
产品：开关柜零部件：ZN63A（销类、轴类）、CT19A（齿轮类）等产品
地址：陕西省宝鸡市岐山县五丈原镇五丈原小学对面
……负责人：李维利　邮　编：722406
……法　人：李保来
……Tel：0917－8770299
……Fax：0917－8770036

## 富地阀业有限公司
业务：富地阀业有限公司是集设计开发、制造试验、销售服务于一体的科技创新型企业，公司的主导产品有国内首创的超耐磨、超耐腐蚀、耐高温的特种阀门，通用阀门产品有球阀、蝶阀、闸阀、截止阀及止回阀。
地址：陕西省西安市文艺南路 136 号
……邮　编：710054
……法　人：魏金海
……Tel：029－62820208
……Fax：029－62820206

## 咸阳金科健电器设备有限公司
业务：咸阳金科健电器设备有限公司成立于 2001 年，生产专用电器设备和彩管，质量保证，价格合理，欢迎来电洽谈业务！
地址：陕西省咸阳市秦都区渭滨乡东南坊中心街
……负责人：童武义……邮　编：712021
……法　人：童克科
……Tel：029－33317016

**西安普明不锈钢焊接机械厂**
地址：陕西省西安市太华南路 129 号
……负责人：董普业
……Tel：029－86724514

## 洋县东方机械厂
业务：洋县东方机械厂专业从事金属结构，板金加工，机械制造，翻砂铸造，主要产品有螺旋，胶带输送机，提升机，饲料混合机，玉米脱坯磨，木材干燥窑设备，以质量求生存、以信誉求发展，竭诚欢迎新老客户来电来函咨询业务。
地址：陕西省洋县和平路 86 号
……负责人：王俊明……邮　编：723300
……法　人：王俊明
……Tel：0916－8212245

**西安航威石化设备有限公司**
地址：陕西省西安市未央区魏家湾工业区 9 号
……负责人：沙林德
……Tel：13509186518

**西安恒邦机械设备制造有限公司**
地址：陕西省西安市未央区徐家湾工业区（西安亚剑石化设备有限公司院内）
……负责人：王柳强
……Tel：13991201701

**西安航昊电力石化设备有限公司**
地址：陕西省西安市未央区徐家湾小区渭青南路 9 号楼 10 幢 5 单元 0201 室
……负责人：宗长安
……Tel：029－86613531

**西安新宇非标设备有限公司**
地址：陕西省西安市未央区徐家湾张千户村华山路 8 号
……负责人：刘西普
……Tel：029－86616062

**陕西易通达燃气设备有限公司**
地址：陕西省西安市文艺北路甲字 1 号
……负责人：邓洪涛
……Tel：029－87850998

## 榆林市榆阳区东岳工贸有限公司
业务：榆林市榆阳区东岳工贸有限公司成立于 2006 年，代理经营五金，建材，工矿配件等产品，质优价廉，欢迎来电洽谈业务！
地址：陕西省榆林市榆阳区甲淳厂 37 处榆林第二项目部
……负责人：庄永旭……邮　编：719000
……法　人：庄永旭
……Tel：0912－8198908

## 陕西成泰机械有限公司
业务：生产、销售农业机械，食品机械
地址：陕西省渭南市大荔县官池镇大荔科技产业园区
……负责人：谭成太　邮　编：714000
……法　人：谭成太
……Tel：13991643176
0913－3603412

**沈毅机电发展有限公司**
地址：陕西省西安市朱宏路中段 29 号
……负责人：白沈毅
……Tel：029－83107102
13709197755

**铜川市耀州风联风机制造有限公司**
地址：陕西铜川市耀县塔坡路 14 号
……负责人：丁丽娜
……Tel：0919－6182119

## 陕西蒲城巨力實業有限公司

**原 荛 柏 機 械 廠**

陕西蒲城巨力实业有限公司成立于2008年。
主要从事于机械加工。
公司始终以“以人为本，科技领先，诚信经营，创知名品牌”为宗旨，一如既往为客户提供可靠的产品，完善的服务，共同发展，共创佳绩。
欢迎国内外新老客户光临，互利互惠、携手共进！

联系人：胡书高
电话：0913-7575595 13892339188
地址：陕西省渭南市蒲城县罕井镇街道 邮编：715517

## 西安市长安区太河机械设备厂

西安市长安区太河机械设备厂成立于2007年本公司主要经营机械设备、标志、标识。

本公司秉承“顾客至上，锐意进取”的经营理念，坚持“客户第一”的原则为广大客户提供优质的服务。欢迎广大客户惠顾！

联系人：沸昆荣 传真：029-85866223
电话：029-85866320 邮编：710114
地址：陕西省西安市长安区五星乡和迪村

## 陕西省府谷县宏安机电有限责任公司

陕西省府谷县宏安机电有限责任公司成立于2008年，销售五金机电，欢迎新老客户来电来函洽谈业务！

电话：0912-8718999 联系人：全改梅
地址：陕西省榆林市府谷县河滨路88号 邮编：719400

## 西乡县平弟农机开发有限责任公司

我公司主营工程机械、载重汽车、三轮车、农业机械、农机配件、润滑油、矿山建筑机械、液压件加工机械等。公司秉承“顾客至上，锐意进取”的经营理念，坚持“客户第一”的原则为广大客户提供优质的服务。欢迎惠顾！

**联系人：杨振江**

电话：0357-2310139 手机：13934172954
地址：陕西省汉中市西乡县北马路中段(农机站隔壁) 邮编：723500

## 陕西兴龙机电设备有限责任公司

陕西兴龙机电设备有限责任公司成立于2004年，专业从事机械设备生产销售。主要产品有数控机床通用设备，水处理设备及配件，矿山机械设备及配件。我公司秉承“锐意进取，客户第一”的经营理念，坚持客户至上的原则，竭诚为您提供最优质的产品和最满意的服务。

联系人：彭旺祥

电话：029-62962387 传真：029-62962385
地址：陕西省西安市高新区高新3路8号西高智能大厦901室 邮编：710075

## 榆林市昌源物资机电设备有限公司

榆林市昌源物资机电设备有限公司成立于2008年，是一家专门从事机电设备销售的企业。
本着以质量求生存，以信誉求发展的经营理念，欢迎您的光临！

联系人：杨舒 15891288199 电话：0912-3883688
地址：陕西省榆林市经济开发区 邮编：719000

## 神木县鑫峰机电安装经销有限公司

神木县鑫峰机电安装经销有限公司成立于2008年，从事机电设备销售及安装服务。公司秉承“顾客至上，锐意进取”的经营理念，坚持“客户第一”的原则为广大客户提供优质的服务。欢迎广大客户惠顾！

**联系人：张占峰**

电话：0912-8415286 手机：13991088456
地址：陕西省榆林市神木县大柳塔镇 邮编：719315

## 月登破碎机配件铸造厂

月登破碎机配件铸造厂成立于1993年，专业从事破碎机配件的铸造。
本公司以质量第一，用户至上，诚实守信，争创品牌的经营理念，以优质的产品，合理的价格真诚地为广大客户服务。
竭诚欢迎新老客户前来我公司指导、考察。

电话：029-82059728 1399
地址：陕西省西安市雁塔区月登阁村村委会院内

## 五金交电门市部

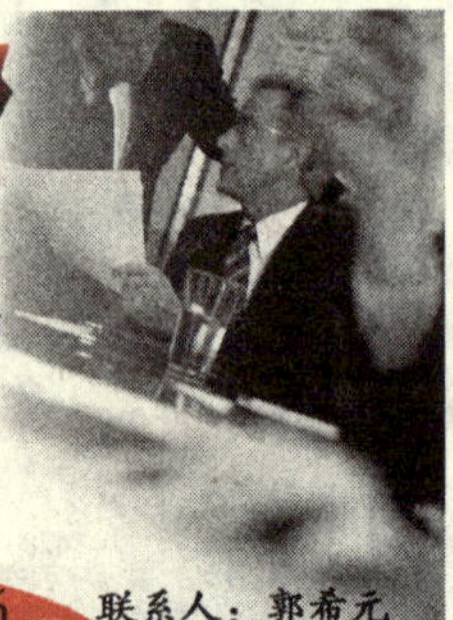

五金交电门市部成立于2006年，主要从事五金工具、电线电缆的销售，奉行“诚信为本，质量至上，用户满意”的经营理念！为广大客户服务，为贸易服务！

电话：0913-5213871 13892599526 联系人：郭希元
地址：陕西省渭南韩城市董村建材市场 邮编：715400

## 甘肃省/Gansu Province

**甘肃翔霖机电工程有限公司**
地址：甘肃省白银市靖远县城关镇南大街农机巷168号
…… 负责人：高翔凌
…… Tel：13309433606

**陇西县科力冶金机械制造有限责任公司**
业务：陇西县科力冶金机械制造有限责任公司成立于2006年，生产销售成套矿山机械，欢迎新老客户来电洽谈业务。
地址：甘肃省定西市陇西县东郊
…… 负责人：陈华……邮 编：748112
…… 法 人：陈华
…… Tel：0932－6626815
…… 网址：mtw25506

**白银海佳电机制造有限公司**
业务：电机制造销售
地址：甘肃省白银市平川区宝积乡墩墩滩
…… 负责人：吕治坤 邮 编：730900
…… 法 人：吕治坤
…… Tel：0943－6621237

**白银金洋机械动力有限责任公司**
地址：甘肃省白银市稀土集团有限责任公司院内
…… 负责人：李继钊
…… Tel：0943－8821429

**嘉峪关市鸿勋工程机械租赁有限责任公司**
地址：甘肃省嘉峪关市兰新东路31－10号
…… 负责人：常贵清
…… Tel：0937－6281988

**四川省南部嘉陵泵业制造有限公司金昌分公司**
地址：甘肃省金昌市建设路48－1号
…… 负责人：蒲旭东

Tel:0933－8222940

**酒泉锦泽渊机械有限责任公司**
地址:甘肃省酒泉地区肃州区西洞镇外经委仓库东
负责人:贾兴文
Tel:13993718967

**酒泉市伟业迪尔农机有限责任公司一分公司**
地址:甘肃省酒泉市祁连路35号
负责人:毕东照
Tel:0937－2622238

**兰州天昱机械制造有限公司**
业务:机床机械、石油机械、塑胶制品、体育器材、金属结构件的制造、加工、批发、零售(国家禁止或限制经营的项目除外;国家有专项规定的项目须取得相应许可后经营)
地址:甘肃省兰州市安宁区安宁西路铁院新村
负责人:尚建基　邮　编:730070
法　人:尚建基
Tel:13919019545
0931－677584

**肃北县鱼儿红乡牧工商有限责任公司**
地址:甘肃省酒泉市肃北县鱼儿红乡
负责人:刘克成
Tel:13609323916

**兰州鑫正泰成套设备有限责任公司**
地址:甘肃省兰州市安定门外(甘霖大厦1422室)
负责人:朱仟奶
Tel:0931－8484110

**甘肃小松西夏工程机械有限公司**
地址:甘肃省兰州市城关区古城坪29号
负责人:薛小平
Tel:0931－8701900

**兰州特瑞机电有限公司**
地址:甘肃省兰州市城关区和平路46号
负责人:任佳伟
Tel:0931－8644339

**甘肃中发通用设备有限公司**
业务:甘肃中发通用设备有限公司成立于2003年6月,主要生产保温材料,经营五金交电、机电产品、建筑材料、电子产品及通讯产品。热诚欢迎各方客户惠顾。
地址:甘肃省兰州市城关区永昌路131号元通大厦
邮　编:730030
法　人:张树生
Tel:0931－8469759
Fax:0931－8469759

**兰州诚博机械设备有限公司**
地址:甘肃省兰州市城关区和政东街140号
负责人:张立强
Tel:0931－4990922

**甘肃路源摊铺机维修厂**
业务:专业摊铺机维修、租赁及其零部件的销售
地址:甘肃省兰州市安宁区桃花村89号
负责人:刘庆伟　邮　编:730070
法　人:刘庆伟
Tel:13919454560
0931－7781311
7781322

**兰州绿源环保机电设备有限责任公司**
地址:甘肃省兰州市城关区排洪沟小区404号
负责人:王海林
Tel:0931－8411972

**兰州升泰机电设备有限责任公司**
地址:甘肃省兰州市城关区武都路343号
负责人:安建平
Tel:13609368116

**甘肃铁交瑞星环保科技工程有限公司**
业务:电力设备、电子通讯设备(不含卫星地面接收设施)、电力清洗设备制造、安装、精密仪器设备带电清扫、清洗服务、机电产品(不含小轿车)、电子产品(不含卫星地面接收设施)、建筑材料、五金交电、石油设备配件、环保材料的批发零售;电力工程、铁道电气化工程、土木机电工程
地址:甘肃省兰州市城关区静宁路100号城管交警大队万家名苑9楼8号
负责人:张建忠　邮　编:730000
法　人:杨韦
Tel:13919418669
0931－8435383
Fax:0931－8435600
网址:http://www.51zzt.com/user/zzt34284

**甘肃力龙机电工程有限公司**
地址:甘肃省兰州市城关区正宁路246号
负责人:蔡连捷
Tel:0931－8427733

**兰州海泰克工业设备有限公司**
地址:甘肃省兰州市城光区东岗西路410号
负责人:李作红
Tel:0931－8267390
13119315138

**兰州南乐成套设备有限公司**
地址:甘肃省兰州市高新技术产业开发区(雁儿湾路52号)
负责人:张金五
Tel:13893140677

**兰州鑫城奔马金属构件制造有限公司**
地址:甘肃省兰州市红山根东路13号
负责人:马斌
Tel:13309481175

**庆阳新泰工程技术有限责任公司**
业务:专业从事车床加工以及钢结构件的生产销售,承揽钢结构厂房、活动房、大棚等钢结构安装及储油罐的建造。公司致力以一流的品质、合理的价位、完美的服务为广大客户提供更多更好的产品。欢迎来料来样加工定做。
地址:甘肃省庆阳市庆城县北关五里坡
负责人:马铭辰　邮　编:745100
法　人:马铭辰
Tel:0934－3216991
15293409999
13830480010
Fax:0934－3216991

**甘肃省机械科学研究院**
地址:甘肃省兰州市金昌北路208号
负责人:韩少平
Tel:0931－8882822

**甘肃中利机电成套设备有限公司**
地址:甘肃省兰州市七里河区建工西街36号
负责人:解新胜
Tel:0931－8800035

**甘肃美地亚机电环保工程有限公司**
地址:甘肃省兰州市七里河区西津西路206－1号
负责人:石玉霞
Tel:0931－2347633

**兰州诚泽石化机械有限公司**
地址:甘肃省兰州市七里河区西津西路422号
负责人:徐泽
Tel:0931－2331207

**高台县飞马农机有限责任公司**
业务:农业机械销售
地址:甘肃省张掖市高台县城关镇粮食局聚源商贸市场
负责人:刘志刚　邮　编:734300
法　人:刘志刚
Tel:13993638216
0936－6620996

**甘肃甘建机械制造有限公司**
地址:甘肃省兰州市西固区西固西路103号
负责人:张宽红
Tel:13919093029

**甘肃长征电机制造有限公司**
地址:甘肃省兰州市西固区西固西路26号
负责人:孙建
Tel:13919161278

**兰州智云化工机电有限公司**
地址:甘肃省兰州市西固中路447－2－3－209号
负责人:张春梅
Tel:0931－7924168

**兰州愚公机械铸造有限公司**
业务:机械、铸造件、机电、配电柜销售
地址:甘肃省兰州市皋兰县皋兰宾馆316室
负责人:高峰　邮　编:730030
法　人:高峰
Tel:15529821168
13891268068

**牧田(中国一有限公司兰州分店)**
地址:甘肃省兰州市西津东路358号
负责人:山添俊仁
Tel:13893339350

**兰州正田机电设备科技有限公司**
地址:甘肃省兰州市西柳沟2号
负责人:苏登国
Tel:0931－7541811

**永登伟志球团厂**
地址:甘肃省兰州市永登县童家窑村
负责人:徐大仁
Tel:0931－6740616

**甘肃省张掖市建龙农机有限责任公司**
业务:专营农业机械、工程机械及配件、五金交电,我们将以优良的品质、适宜的价格、周到的服务,真诚期待您的光临
产品:农用三轮车,中小型拖拉机,三轮摩托车,各类农业机具(旋耕机,脱扬机,犁铧),摩托车及各类农机配件等
地址:甘肃省张掖市甘州区大满镇
负责人:邢文娟　邮　编:734017
法　人:朱建龙
Tel:0936－8610987
13909361068
Fax:0936－8616668
E-mail:704719199@qq.com

**华池县通达农业机械有限责任公司**
地址:甘肃省庆阳市华池县柔远镇建材路
负责人:安富国
Tel:0934－5121773

**西和县宏升农机有限公司**
业务:农业机械和农用车的经销
产品:所有农业机械的大小成套设备
地址:甘肃省陇南市西和县汉源镇北川街
负责人:田文娟　邮　编:742100
法　人:乔升会
Tel:0939－6625969
Fax:0939－6625969

**天水金诺机械有限公司**
业务:锻造、机械加工、电器零部件装配、加工及销售
地址:甘肃省天水市秦州区玉泉镇七里墩村
负责人:陈志伟　邮　编:741000
法　人:陈志伟
Tel:13993868388
0938－8386483
Fax:0938－8366637
网址:http://www.51zzt.com/user/zzt33149

**兴达农机有限责任公司**
地址:甘肃省平凉市静宁县八里工业园区(西河湾)
负责人:罗红卫
Tel:0933－2523126
13830370820

**宁夏凯瑞科特机械设备有限公司庆阳分公司**
地址:甘肃省庆阳市西峰区长庆南路88号
负责人:齐昕
Tel:0934－8396202

**天水长城电工机械设备有限公司**
地址:甘肃省天水市秦城区暖和湾116号
负责人:王恒盛
Tel:0938－8250288

**天水长城电器配电设备有限公司**
地址:甘肃省天水市秦州区南廓寺山门东侧5号楼
负责人:许小强
Tel:0938－8620136

**天水通用轴承有限责任公司**
地址:甘肃省天水市秦州区皂郊路5号
负责人:赵志刚
Tel:0938－8301226

**张掖市中兴五交化有限责任公司**
地址:甘肃省张掖地区甘州区南关什字五交化大楼
负责人:黄生玉
Tel:0936－8213194

**甘肃省张掖地区三峰机械化工程有限责任公司**
地址:甘肃省张掖市富民小区3号楼
负责人:李俭
Tel:0936－8222222
3690159
13993622222

**庆阳市西峰区奋婕机械加工厂**
业务:生产、销售建筑机械,砖瓦机械
地址:甘肃省庆阳市西峰区北大街(陇东木材钢材市场)
负责人:于向东　邮　编:745000
法　人:于向东
Tel:13993403168
0934－8614444

**福星农机有限责任公司**
地址:甘肃省张掖市甘州区南关工商局综合楼一楼
负责人:王霞
Tel:0936－8261096
13830601019

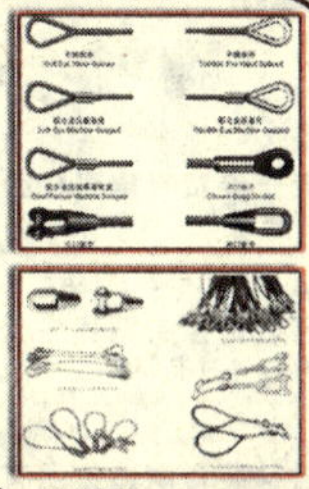



## 青海省/Qinghai Province

**青海重型机械制造有限公司**
地址:青海省大通县体育路1号
负责人:张军鹏
Tel:0971－2750986

**青海重型机械制造有限公司**
业务:青海重型机械制造有限公司主要从事大型金属结构件加工,焊接加工,机床数控改造,机床大修改造,石油机械配件,机床备品备件,石油专机生产等。竭诚欢迎各方客户来电来人洽谈业务,共同发展。
地址:青海省大通县桥头镇体育路1号
邮　编:810100
法　人:张青勇
Tel:0971－2722605

…… Fax:0971－2726790

**青海青海湖工程有限公司**
地址:青海省化隆回族自治县林业路
…… 负责人:马忠福
…… Tel:0972－8790000

**青海青乐化工机械有限责任公司**
地址:青海省乐都县雨润镇
…… 负责人:宗金宏
…… Tel:0972－8655303

**锐捷机械有限公司**
地址:青海省大通回族土族自治县青海省西宁
…… 负责人:刘枫

**青海天乐实业集团**
地址:青海省西宁市城北区朝阳西路 46 号
…… Tel:0971－5500761

**青海热超锅炉有限责任公司**
地址:青海省西宁市城北区宁张路 37 号
…… 负责人:王才松
…… Tel:0971－5318168

**青海省地质物资公司设备配件部**
地址:青海省西宁市城东区祁连路 788 号
…… 负责人:李小鹏
…… Tel:0971－8450190



…… Tel:0971－2733630

**青海航威冶金有限责任公司**
地址:青海省海东地区互助县沙塘川乡
…… 负责人:张则胜
…… Tel:0972－8393897

**青海省海东地区化隆县昂思多镇农机加工厂**
地址:青海省海东地区化隆县昂思多镇
…… 负责人:马有明
…… Tel:0972－8796003

**青海省民和县川口镇第三机械厂**
地址:青海省海东地区民和县川口镇白土坡村
…… 负责人:韩成福
…… Tel:0972－8521733

## 兰州工程机械配件经营部格尔木分部

业务:本公司经营工程机械配件,竭诚为广大用户服务,热烈欢迎新老客户来人来电咨询、洽谈、携手发展、共创美好的未来!
地址:青海省海西蒙古族藏族自治州格尔木市盐桥南路汽配城 E 区 5 号
…… 负责人:陈宗同……邮　编:816000
…… 法　人:陈宗同
…… Tel:0979－8464259
7228450
…… 网址:www.mtw50053.chinapyp.com
…… E-mail:mtw50053

**西宁世创工程机械有限公司**
地址:青海省西宁市柴达木路 249#(西川加油站对面)
…… 负责人:秦勇
…… Tel:0971－5222236
5222318
5224282

**青海天正经贸有限责任公司**
地址:青海省西宁市柴达木路 70 号
…… 负责人:朱海华
…… Tel:0971－5132960

**青海晶诚地矿有限责任公司**
地址:青海省西宁市朝阳西路 37－1 号
…… 负责人:曹占武
…… Tel:0971－7723576

**青海洁神装备制造集团有限公司**
地址:青海省西宁市城北区柴达木路 134 号
…… 负责人:柴建中
…… Tel:0971－5220173

**青海胜威达工贸有限公司**
地址:青海省西宁市城北区柴达木路 155 号
…… 负责人:吴敬祥
…… Tel:0971－8452527

**青海程碑石油机械有限公司**
地址:青海省西宁市城北区柴达木路 252 号
…… Tel:0971－5219684

**西宁风机厂**
地址:青海省西宁市城北区柴达木路 56 号
…… 负责人:张正才
…… Tel:0971－5222567

**青海恒鑫机械设备制造有限公司**
地址:青海省西宁市城北区柴达木路 90 号
…… 负责人:康作新
…… Tel:0971－5223569

**青海 3419 干燥设备有限公司**
地址:青海省西宁市城北区柴达木西路 93 号
…… 负责人:潘水淼
…… Tel:0971－5201154
0971－5203926

**西宁物昌实业有限公司**
地址:青海省西宁市城北区朝阳东路 24 号
…… 负责人:赵承花
…… Tel:0971－5502784

**青海新天乐机械制造股份有限公司**
地址:青海省西宁市城北区朝阳西路 46 号
…… 负责人:谢长青
…… Tel:0971－5500441

# 宁夏回族自治区/Ningxia Hui Autonomous Region

## 中卫丰收农业机械销售有限责任公司

业务:中卫丰收农业机械销售有限责任公司成立于 2003 年,从事农业机械的销售。主要产品有:四轮拖拉机、小型挖掘机、小型装卸机、柴油机、农用三轮车、机砖厂专用车等。
地址:宁夏回族自治区中卫市文昌镇五里村部
…… 邮　编:755000
…… 法　人:李贵荣
…… Tel:0955－7060132
…… Fax:0955－7060132

## 宁夏西北骏马煤矿电机制造有限责任公司(农业分公司)

业务:农业分公司是西北骏马公司下属独立法人单位,地处宁夏石嘴山市大武口工业园区,位于贺兰山东麓 110 国道两侧,占地面积 1101655 平方米(1655 亩),其中可耕土地 480 亩、水产养殖面积 280 亩、有待开发土地 500 多亩。有电机修理厂、包装箱厂、机械加工厂和植酸,配套设备有车床、冲床、铣床、刨床、磨床等共 66 台套,共有职工 38 人,年创产值 300 多万元,欢迎有志之士来合作开发!
地址:宁夏回族自治区石嘴山市大武口区长胜路
…… 负责人:穆忠勤……邮　编:753001
…… 法　人:穆忠勤
…… Tel:0952－2176205
…… Fax:0952－2171758

## 闽东发电机水泵总经销

业务:闽东发电机水泵总经销成立于 2004 年,代理销售国产、进口发电机及水泵等。质量第一、价格合理、服务第一,欢迎广大新老客户来电来涵咨询、定购。
地址:宁夏回族自治区银川市机电批发市场 3－302 号
…… 邮　编:750004
…… 法　人:曾惠斌
…… Tel:0951－3997850
…… Fax:0951－4073567

## 银川市良田机械厂

业务:本公司成立于 2000 年,拥有 20 多名员工。主要经营:机械、减速机的加工与销售。
地址:宁夏回族自治区银川市金凤区良田镇盈南村
…… 邮　编:750011
…… 法　人:王森林
…… Tel:0951－5171112
…… Fax:0951－5171112

**宁厦昊建矿山设备制造公司**
地址:宁夏回族白冶区银川市德胜工业园区德成东路 5 号
…… 负责人:郝志卿
…… Tel:0951－8988088
13909510620

## 银川精齿机械有限公司

业务:银川精齿机械有限公司成立于 1996 年,主要从事减速机齿轮及其它配件的加工。我们不断提高管理水平,不断改进产品质量,愿与广大客户共谋发展,交流合作,携手共进!
地址:宁夏回族自治区银川市金凤区良田镇盈南村
…… 负责人:王森林……邮　编:750011
…… 法　人:王森林
…… Tel:0951－5171112





# 新疆维吾尔自治区/Xinjiang Wei We Er Autonomous Region

**巴州华沃建筑工程机械有限公司**
地址:新疆维吾尔自治区巴音郭楞蒙古自治州库尔勒市萨依巴格路(民政局一楼)
…… 负责人:柯文杰
…… Tel:13999111200

**库尔勒鑫野棉机销售有限公司**
地址:新疆维吾尔自治区巴音郭楞蒙古自治州库尔勒市天山西路
…… 负责人:黄成
…… Tel:0996－2263908

**库尔勒秦岭水泵经销部**
地址:新疆维吾尔自治区巴音郭楞蒙古自治州库尔勒市天山西路 49 号
…… 负责人:宁清溪
…… Tel:0996－2070062

## 中日合资抚顺卓伦机材实业有限公司新疆乌鲁木齐分公司

业务:中日合资抚顺卓伦机材实业有限公司新疆乌鲁木齐分公司成立于 2005 年,主要从事管件接头的销售。"以质量求生存,以信誉求发展",热诚欢迎新老客户惠顾。
地址:新疆维吾尔自治区乌鲁木齐市人民路 138 号 21 楼 B3 室
…… 邮　编:830002
…… 法　人:卫忠良
…… Tel:0991－2812410
2812420
…… Fax:0991－2812420

**和阗三川机械有限责任公司**
地址:新疆维吾尔自治区和田地区和田市艾依提卡路 22 号
…… 负责人:王英
…… Tel:0903－2054288

**新疆晟远机电设备有限公司**
地址:新疆维吾尔自治区喀什地区喀什市昆仑大道 2 号
…… 负责人:胡宝华
…… Tel:13899112000

**托克逊县民用爆破器材有限责任公司**
地址:新疆维吾尔自治区吐鲁番地区托克逊县友好路(华视综合楼二楼)
…… 负责人:刘开军
…… Tel:0995－8821236

**新疆圣河水电设备工程有限公司**
地址:新疆维吾尔自治区乌鲁木齐市阿勒泰路 36 号
…… 负责人:朱英俊
…… Tel:0991－3671825

**新疆澳林机械技术有限公司**
地址:新疆维吾尔自治区乌鲁木齐市北京南路钻石城 3 号
…… 负责人:崔师会
…… Tel:0991－8255331

**乌鲁木齐市沙依巴克区力华矿山设备经销部**
地址:新疆维吾尔自治区乌鲁木齐市过境公路 58 号
…… 负责人:费恒兴
…… Tel:0991－4508384

**乌鲁木齐中舫正泰机电设备有限公司**
地址:新疆维吾尔自治区乌鲁木齐市华凌市场国际商贸广场 4 号
…… 负责人:黄丽琴
…… Tel:0991－5183387

**银川市起重运输机械厂新疆销售处**
地址:新疆维吾尔自治区乌鲁木齐市太原路(亚中机电市场 10 号)
…… 负责人:闫震
…… Tel:0991－3670062

**乌鲁木齐华洋众汇机电设备有限公司**
地址:新疆维吾尔自治区乌鲁木齐市新华北路 47 号
…… 负责人:黄海
…… Tel:0991－2839280

**乌鲁木齐汇基工程机械有限公司**
地址:新疆维吾尔自治区乌鲁木齐市友好北路 32 号附 8 号
…… 负责人:刘智慧
…… Tel:13809918561

**友谊铸造厂**
地址:新疆维吾尔自治区伊犁地区霍城县清水河镇修正新源县
…… 负责人:乔继真
…… Tel:0999－5027173
13899774898

# 行业品牌展示窗

## 呼和浩特市察汗淖尔螺旋藻业有限责任公司

网址：www.chnelxz.cn

呼和浩特市察汗淖尔螺旋藻业有限责任公司成立于2006年12月18日，是一家生产、加工、销售螺旋藻的专业公司。强烈的使命感——把世界上最好的察汗淖尔湖生长的螺旋藻让中国人享用，健康中国人，催生了察汗淖尔螺旋藻业有限责任公司的成立。从公司诞生之日前，察汗淖尔就一直在为完成自己的使命、实现自己的梦想而孜孜以求、不懈努力，帮助客户发展，不断为中国人健康创造价值。打造可持续发展的螺旋藻中国名牌、百年老店是察汗淖尔的目标。

联系人：乔胜祥　15326713888

电话：0471-4975993

电邮：chahannaoer@163.com

地址：内蒙古自治区呼和浩特市铸管路中行小区2号楼1单元401室　邮编：010010

## 广西天下康药业有限责任公司

本公司主要经营药品批发，主要有一清软胶囊、蒲地蓝消炎片等。自成立以来，始终坚持"客户为先，满足客户需求"的服务宗旨，坚持"务实、举贤、同进"的经营理念。

联系人：高居广　电话：13321696666　传真：0779-3911077

地址：广西省北海市北海大道西28号

## 吉林市长白加林特产开发有限公司

本公司主要生产“长白加林”牌吉林长白山中国林蛙油、吉林长白山人参、吉林长白山梅花鹿茸。

欢迎广大客户来电、来函洽谈。

联系人：刘金福

电话：0432-3555339　3037068

地址：吉林省龙潭区郑州路100号阳城家园小区　邮编：13241

## 亳州市民林药业有限公司

亳州市民林药业有限公司是一家从事批发、零售各种中药材原料、饮片提取、加工及打粉等。始终秉承“质量第一，诚信经营”的质量方针，真诚为每一位顾客实现优质、文明、和谐的购药服务。

联系人：王民

电话：0558-5512358　5536588　15856739888

地址：安徽省亳州市白果树街29号5户　邮编：236800

医疗器械医药社会福利

# 行业品牌展示窗

## 北票市民康元医药连锁有限公司

公司成立于2006年，主要从事于普通药品、中成药、临床药的销售。北票市民康元医药连锁有限公司以强烈的质量意识和商业信誉追求一流品质，“以质量求生存、以真诚换信赖、以互利求发展”的经营理念，诚邀国内外医药界同仁，精诚合作，携手共创辉煌。

联系人：陈鹏

电话：0421-5830299 5830969 13591881865

地址：辽宁省朝阳市北票市五间房镇五间房村 邮编：122100

## 齐鲁天和惠世制药有限公司

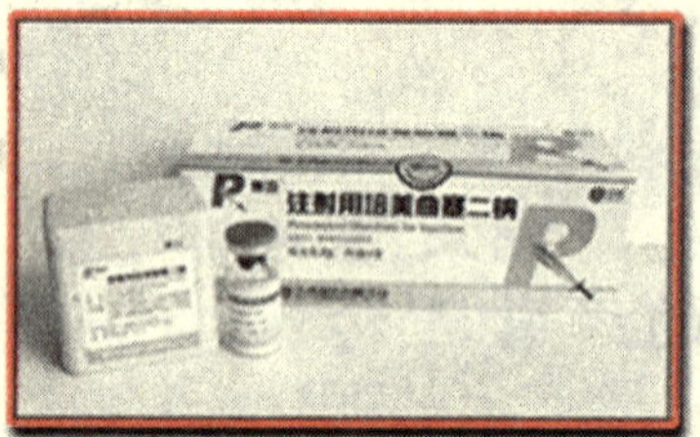


联系人：李保勇

齐鲁天和惠世制药有限公司是一家专业从事生产经营医药和原料药的企业。

公司生产的羟基脲在2007年4月通过了欧盟EDQM的CEP／COS认证；硫酸阿米卡星于2007年12月通过日本MHLW认证；他唑巴坦于2008年3月通过澳大利亚TGA认证。

我们的质量目标是：最大限度地通过持续改进技术，生产出高质量的产品，并保证售后最佳服务来满足客户的需要。

电话：0531-83128000 83128005 传真：531-83126688 地址：山东省济南市历城区董家镇849号

网址：www.qilu-pharma.com 电邮：QLTH@qilu-pharma.com 邮编：250105

## 盐城百科药业有限公司

盐城百科药业有限公司成立于2005年11月，从事药品代理批发，以“质量求生存，信誉求发展”，欢迎新老客户来电洽谈业务！

联系人：崔宏

电话：0515-85710500 18962099660

地址：江苏省东台市范公工业园区 邮编：224200

## 浙江海蓝化工有限公司

浙江海蓝化工有限公司成立于2006年，主要从事于医药中间体生产销售。主要产品有叠氮化钠、甲基巯基噻二唑、5-甲基四氮唑、5-氨基四氮唑、5-苯基四氮唑。公司将以高技术、高效益为起点，努力营造一个团结奋进，求实创新的企业形象，公司拥有各类专业技术人员26名，其中高级职称技术人员6名。并和中科院上海有机所、浙江大学等科研院校建立了良好的合作关系。

电话：0570-3880231 3880228 联系人：吴晓秉 13857009928

地址：浙江省衢州市高新技术产业园区 邮编：324000

# 行业品牌展示窗

# 行业品牌展示窗

## 宏达药业有限责任公司

宏达药业有限责任公司成立于2007年，主要经营中药饮片、中成药、中药材、抗生素、化学药制剂、生物药制品等。

公司全体员工秉承“内求团结、外求发展、优化管理、强化服务、重视人才、珍惜商誉、努力实干、创建辉煌”的企业理念，热忱欢迎广大新老客户光临！

联系人：方同学　电话：0883-2135888
地址：云南省临沧市临翔区南天路7号　邮编：677000

## 郯城县振中医院 原马站骨科医院

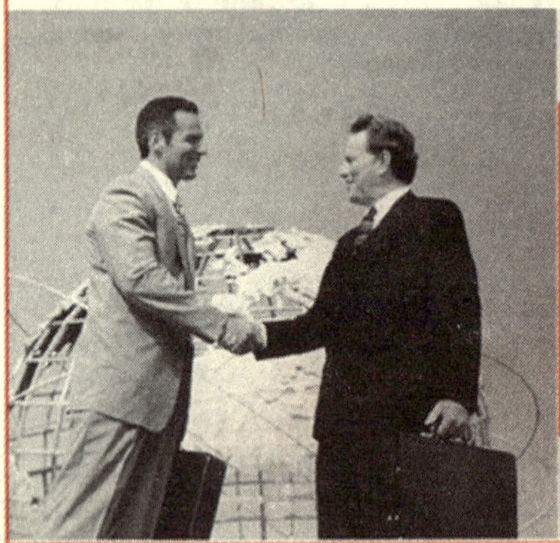

郯城县振中医院（原马站骨科医院）三十年来一直致力于骨伤科的研究，祖国传统医学与现代医学的有机结合是我院的特色，我院本着“救死扶伤、服务为民”的宗旨以优质的服务、精湛的技术、低廉的价格为患者服务！

联系人：倪文奎 13054915135　电话：0539-6821120
地址：山东省临沂市郯城县庙山镇国道路5号　邮编：276113

## 佛山市健民医药连锁有限公司民心医药

佛山市健民医药连锁有限公司民心医药是一家主要从事中草药、西药、保健品销售的企业。我们“以质量求生存、以真诚换信赖、以互利求发展”的经营理念，诚邀国内外医药界同仁，精诚合作，携手共创辉煌。

联系人：张平远
电话：0757-89923333　83887777　13118899888
地址：广东省佛山市禅城区季华路海口市场对面　邮编：528000

## 云南省腾冲县弘海生物资源开发有限公司

我公司主要养殖药用美洲大蠊；
每年可生产美洲大蠊干品10-15吨。
欢迎有关制药企业洽淡业务。

联系人：杨维祖　13887811396
电话：0875-5161766
邮编：679100
地址：云南省保山市腾冲县腾越镇宏盛小区16号

医疗器械
医　　药
社会福利

## 北京市/Zhuhai Municipality

**北京市昌平区卫生局卫生监督所**
地址：北京市昌平区和平街 4 号
…………负责人：彭智会
…………Tel：010－69742645

**北京美迪卡医疗器械有限公司**
地址：北京市朝阳区望京中环南路 3 号院 15 房间
…………负责人：杨捷
…………Tel：010－64721664

**北京中龙联医药科技发展有限公司**
地址：北京市东城区草园胡同甲 29 号（京城草园宾馆 101、104 号）
…………负责人：刘浩
…………Tel：010－64001868

**北京同仁堂天安药店有限公司**
地址：北京市东城区东交民巷新大陆 6 号
…………负责人：薛元明
…………Tel：010－65254300

**北京森鑫淼果林医院**
地址：北京市房山区城关农林路 20 号
…………负责人：田桂红
…………Tel：010－69323335

**北京德佳鲁良生物科技有限公司**
地址：北京市海淀区北三环西路甲 18 号中鼎大厦 B 座 5 层
…………负责人：范学斌
…………Tel：010－62113055

**北京清华丰溢医疗技术有限公司**
地址：北京市海淀区清华园街道清华大学学研大厦 B 座 1 层 B102 房间
…………负责人：杨家庆
…………Tel：010－62794765

**北京拜奥英福生物技术开发有限责任公司**
地址：北京市海淀区皂君庙乙七号
…………负责人：胡明
…………Tel：010－62114122

**北京市怀柔区中药材种植协会**
地址：北京市怀柔区青春路富乐北里 26 号
…………负责人：王亚平
…………Tel：010－69621289

**北京市门头沟区疾病预防控制中心**
地址：北京市门头沟区新桥南大街 9 号
…………负责人：李淑芳
…………Tel：010－69839283

**北京市门头沟区医学会**
地址：北京市门头沟区新桥南大街九号
…………负责人：孙树茂
…………Tel：010－69842771

**北京市密云县医学会**
地址：北京市密云县密云镇鼓楼北大街 5 号
…………负责人：田子辛
…………Tel：010－69042246

**北京欧朴生物科技有限公司**
地址：北京市平谷县山东庄镇工业小区
…………负责人：宫艳玲
…………Tel：010－65523357

**北京嘉事宏润医药经营有限公司嘉事堂永乐药店**
地址：北京市石景山区永乐西小区（原供销社）
…………负责人：宋连菊
…………Tel：010－68876014

**北京市顺义区蜜蜂医疗科学研究所**
地址：北京市顺义区建新南区 8－2－101、102
…………负责人：王孟林
…………Tel：010－69441779

**北京市顺义区城镇环境卫生服务中心**
地址：北京市顺义区新顺南大街 5 号
…………负责人：刘存祥
…………Tel：010－69444468

**北京塞纳华易生物技术发展有限公司**
地址：北京市顺义区杨镇杨燕路辛子段小店 118 号
…………负责人：刘建启
…………Tel：010－61413730

## 天津市/Tianjin Municipality

**天津帕提隆生物化工有限公司**
地址：天津市北辰区双街镇下蒲口村
…………负责人：王昌合
…………Tel：13803078307

**天津市大荣药店**
地址：天津市北辰区宜白路玉琢里 1 号楼 3 门西 1 号
…………负责人：赵玲
…………Tel：022－26733958

**天津宜方进出口有限公司**
地址：天津市和平区新兴街气象台路交口万科都市花园 4－2004
…………负责人：王立方
…………Tel：022－23348600

**天津市和平区本草堂健康咨询中心**
地址：天津市和平区新兴路都市花园 5 号楼 1203－96
…………负责人：朱继伟
…………Tel：13312109031

**天津市剑华医疗科技发展有限公司**
地址：天津市河东区华昌大街东屏园 6－2－101 室
…………负责人：姚建华
…………Tel：13512048568

**天津市博爱医药连锁有限公司博爱龙潭大药房**
地址：天津市河东区中山门十二段 2 号公建 5 号营业厅
…………负责人：夏新城
…………Tel：022－84288837

**天津市顺泰药业有限公司世安堂药店**
地址：天津市南开区南江路 30 号
…………负责人：武玉敏
…………Tel：022－27636573

**天津罗菲生物技术开发有限公司**
地址：天津市南开区育梁道 2 号院内 3 号楼 3115 室（科技园）
…………负责人：池云鹏
…………Tel：022－23680805

## 上海市/Shanghai Municipality

**上海富裕医疗器械有限公司**
地址：上海市本溪路 181 号 3002－3003 室
…………负责人：孙兆林
…………Tel：021－65149062

**上海益视佳医疗器械有限公司**
地址：上海市长宁区淮海西路 432 号 6 楼 H、I 室
…………负责人：伍美华
…………Tel：13501963779

**上海琅锦医疗器械有限公司**
地址：上海市黄浦区中山南路 100 弄 10 号 101 室 B 座
…………负责人：程建华
…………Tel：021－68121943

**上海豪环过滤器设备有限公司**
业务：专业生产过滤器. 滤芯. 水处理设备. 承接饮用纯净水. 电子工业超纯水.
产品：水处理、各种配件、纯水设备
地址：上海市嘉定区嘉唐公路 600 弄 86 号
………负责人：郑铜陵　　邮　编：200000
…………法　人：郑铜陵
…………Tel：021－39968016
13671509377
…………Fax：021－39968016
…网址：http://www.51zzt.com/user/zzt36316

**上海景天红生物科技有限公司**
地址：上海市龙吴路 1270 号
…………负责人：沈华
…………Tel：021－54362068

**上海菱泰医疗器械有限公司**
地址：上海市龙吴路 1500 号 A 楼 615 室
…………负责人：郭莉萍
…………Tel：13916026238

**上海聚瑞生物技术有限公司**
地址：上海市龙吴路 2715 号 2 号楼底层
…………负责人：李炜
…………Tel：021－54486360

**上海恒望生物科技有限公司**
业务：销售生物酶系列产品
产品：各类生物酶产品
地址：上海市闵行区浦江镇芦胜村四组
…………负责人：赵斌　　邮　编：200000
…………法　人：赵斌
…………Tel：021－64292468

**上海永腾医疗科技发展有限公司**
地址：上海市卢湾区马当路 477 号 B306 室
…………负责人：邹群
…………Tel：13916680799

**上海辰枫医药技术咨询有限公司**
地址：上海市浦东乳山路 227 号 201 室－6 座
…………负责人：唐志雄
…………Tel：13002139088

**上海咏春堂生物科技有限公司**
业务：健康预警系统（器官功能性检测）、健康修复系统（经销欧美进口保健品）、健康康复系统（提供国际国内知名医学专家导医服务）
地址：上海市浦东新区金桥路 1389 号 1311 室
………负责人：陈启能　　邮　编：200000
…………法　人：陈启能
…………Tel：13816625499
021－58999308

**上海马克罗医疗器械有限公司**
地址：上海市浦东新区峨山路 613 号 554 室
…………负责人：赵爱梅
…………负责人：021－58704051

**香港瑞驰医药上海代表处**
地址：上海市浦东新区向城路 58 号东方国际科技大厦 16 楼 I 座
…………负责人：李美芬
…………Tel：021－68406232

**上海纳森医疗用品有限公司**
地址：上海市普陀区真南路 500 号内竹喧楼 236 室
…………负责人：朱永成
…………Tel：021－63637808

**上海世豪有害生物防制有限公司**
地址：上海市钦州路 770 号
…………负责人：金超
…………Tel：021－64365503

**上海牧森堂生物科技术有限公司**
业务：兽药，化工，饲料，添加剂，动物保健品，有机肥等
产品：强力免疫肽，氟苯尼考溶液，地克珠利溶液，磺胺间甲溶液，亚维伊溶液，杨树花口服液，水溶浓缩鱼肝油，利福平等
地址：上海市青浦区胜利路 2 号
………负责人：李秀华　　邮　编：201700
…………法　人：李秀华
…………Tel：021－31005712
…………Fax：021－31005716
…………网址：www.snmssw.cn

**上海凝娇医药科技有限公司**
地址：上海市四平路 1945 号 A－1014 室
…………负责人：朱非凡
…………Tel：021－65489943

**上海拓达生物科技有限公司**
地址：上海市吴兴路 277 号三楼 300 室
…………负责人：钟小明
…………Tel：021－64739342

**上海来克生物科技有限公司**
地址：上海市杨浦区长阳路 568 号 A 座 210 室
…………负责人：苏萍
…………Tel：13564316291

**上海华烨生物科技有限公司**
业务：兽药，化工，饲料，添加剂，动物保健品
产品：生命壹号：磺金精品，氟康，黄芪多糖口服液，地克珠利口服液
地址：上海市青浦区胜利路 2 号
………负责人：刘书太　　邮　编：201700
…………法　人：刘书太
…………Tel：021－31005716
…………Fax：021－31005712
…………网址：www.shhysw.cn

**上海邦柏医疗科技有限公司**
地址：上海市杨浦区国定路 335 号 13006A 室
…………负责人：孟祥杰
…………Tel：021－65112127

**上海黎东射线防护工程有限公司**
业务：射线防护工程、防护服、辐射防护的技术开发、技术转让、技术咨询和服务
产品：辐射防护产品
地址：上海市徐汇区船厂路 99 号
………负责人：沈东纯　　邮　编：200032
…………法　人：沈东纯
…………Tel：13817380589
021－64435428
…网址：http://www.sh－lidongsxfh.com/

**上海雷允上宏海药房**
地址：上海市杨浦区中原路 102 号二层 35 号
…………负责人：朱乃硕
…………Tel：021－65565653

**上海强海医疗器械有限公司**
地址：上海市中兴路 1132 号 818 室
…………负责人：郭海根
…………Tel：021－36173957



## 重庆市/Chongqing Municipality

**重庆致远义齿制作有限公司**
业务：义齿加工、制作
地址：重庆市北部新区南山花园 C 区
………负责人：谢小刚　　邮　编：401122
…………法　人：谢小刚
…………Tel：023－63117099
13983369981
…………E-mail：xxg780407@163.com

**重庆市金隶中药材种植有限公司**
地址：重庆市璧城街道办事处狮子街道
…………负责人：徐光禄
…………Tel：023－41480056

**重庆佳旺生物制药有限公司**
地址：重庆市昌元镇成渝西路
…………负责人：于道春
…………Tel：023－46736998

**綦江县卫生局卫生监督所**
地址：重庆市古南镇陵园路 23 号
…………负责人：翁庆红
…………Tel：023－48650051

**重庆强生堂药品有限公司**
业务：药品批发、中药及中药材，医疗器械
地址：重庆市南岸区南坪金山支路 16 号
………负责人：杨立力　　邮　编：400060
…………法　人：杨立力
…………Tel：023－62606231

**重庆久腾药业有限公司**
地址：重庆市桂溪镇工农北路
…………负责人：刘玉琴
…………Tel：023－74695513

**重庆麦克爱康药房连锁有限公司九十一店**
地址：重庆市建新东路 322 号
…………负责人：刘小琴
…………Tel：023－89070333

**重庆灵龙抗衰老中医门诊部**
地址：重庆市建新南路 27 号
…………负责人：陈萱
…………Tel：023－67742367

**山洞桐君阁大药房**
业务：销售中成药、西药
地址：重庆市沙坪坝区 3 栋山峰路 44 号
…………负责人：卢杨　　邮　编：404000
…………法　人：卢杨
…………Tel：023－65534479
15922784273

**重庆石柱黄连有限公司**
业务：重庆石柱黄连有限公司成立于 1958 年，主要生产销售黄连等中药材。信誉立业，质量第一，顾客至上，精诚服务。热诚欢迎各大制药厂来电来人订购。
地址：重庆市石柱县黄水镇纯乡路 259 号
…………邮　编：409108
…………法　人：彭平安
…………Tel：023－73392234
…………Fax：023－73392234

**重庆瑞天医药科技有限公司**
地址：重庆市科园三街 139 号附 61－16－2 号
…………负责人：肖江
…………Tel：023－68185223

**秀山县峻成中药材专业合作社**
业务：金银花、白术
地址：重庆市秀山县隘口镇屯堡村黄泥组
………负责人：何正俊　　邮　编：400000
…………法　人：何正俊
…………Tel：13896442915
023－76031708
…网址：http://www.51zzt.com/user/zzt31343

**重庆天外天医疗器械有限公司**
地址：重庆市科园三路 67 号 7 层
…………负责人：高光勇

医疗器械医药社会福利

……………………Tel：023－68616423

**重庆麦克爱康药房连锁有限公司八十九店**
地址：重庆市科园四路105号
……………………负责人：任定国
……………………Tel：023－68882059

**重庆多泰医用设备有限公司**
地址：重庆市科园一街49号三楼
……………………负责人：鲁广洲
……………………Tel：023－68961972

**重庆积玉生物工程有限公司**
业务：生物工程开发，园林科技开发
产品：袋泡茶
地址：重庆市酉阳县钟多镇桃花源中路179号
…………负责人：黄志　　邮　编：400000
……………………法　人：黄志
……………Tel：15213166184

**重庆格兰云天浴足保健有限公司**
业务：足浴保健
地址：重庆市渝北区龙升街28号
………负责人：张朝红　　邮　编：400000
……………………法　人：张朝红
……………Tel：023－86014508

**重庆泰瑞医疗设备有限公司**
业务：医疗设备及售后服务
地址：重庆市渝中区长江一路58号A1栋22－4
………负责人：王中全　　邮　编：404100
……………………法　人：王中全
……………Tel：023－63672736
63672932

**重庆麦克爱康药房连锁有限公司第158店**
地址：重庆市龙溪龙湖西苑路口3－4号
……………………负责人：刘小琴
……………………Tel：023－66697254

**重庆和平药房连锁有限责任公司渝北区诺玛特连锁店**
地址：重庆市龙溪镇紫龙路6号
……………………负责人：曹阳
……………………Tel：023－63844013

**重庆永康保健食品有限公司**
地址：重庆市南坪街道南城大道226号
……………………负责人：段小莉
……………………Tel：023－62832296

**重庆驰明医疗器材有限公司**
地址：重庆市南坪西路2号B塔楼15－B1号
……………………负责人：李玲
……………………Tel：023－62955985

**重庆科渝药品经营有限责任公司大药房**
地址：重庆市南坪响水路11号
……………………负责人：严立明
……………………Tel：023－62968886

**重庆天龙房地产开发有限公司神农阁大药房**
地址：重庆市南坪正街1号附33号
……………………负责人：郑善淑
……………………Tel：023－61987196

**重庆优乐商贸有限公司**
业务：销售保健品，代理"骨之源"品牌保健品，绿金素，绿金清体口服液
产品："骨之源"品牌保健品，绿金素，绿金清体口服液
地址：重庆市渝中区枇杷山正街136号A栋19层－C型
………负责人：许俊华　　邮　编：400000
……………………法　人：许俊华
……………Tel：023－89030318
18680880088
……………Fax：023－89030318
……………E-mail：youle.88@163.com

**宏润医疗器机有限责任公司**
地址：重庆市万州区天城东路586号
……………………负责人：王继祥
……………………Tel：023－58375637
13996607568



**涞水县长青药材购销有限公司**
业务：涞水县长青药材购销有限公司成立于1980年，主要从事全虫、远志、柴胡、黄芩、杏仁、山楂片、玉米须等中药材的购销。"关爱生命，呵护健康，面向社会服务"，竭诚欢迎各界客户来电来人咨询。
地址：河北省保定市涞水县石亭镇石亭村
……………………邮　编：074100
……………………法　人：李长青
……………………Fax：0312－4596358
……………………Tel：0312－4596748

**固安县天诚大药房**
业务：中药、西药、保健品、医疗器械，计生用品等
地址：河北省固安县宫村镇北马村农村信用社北行20米
………负责人：杨军　　邮　编：065500
……………………法　人：杨军
……………Tel：0316－6135518
13082057553
……………网址：www.tcdyf.cn

**廊坊市康明医疗用品有限公司**
业务：医疗用品的生产和销售，主要经营医疗耗材
地址：河北省廊坊市安次区龙河高新区亭子头村
………负责人：宋志国　　邮　编：65000
……………………法　人：宋志国
……………Tel：13832633338
0316－2196898
……………Fax：0316－2196898

**秦皇岛市海港区易健商店**
业务：预防医学
产品：清肠，排毒，美容，瘦身，提高人体治愈功能
地址：河北省秦皇岛市海港区西港路268号
………负责人：苏志峰　　邮　编：066000
……………………法　人：苏志峰
……………Tel：13171974293
0335－3606336
……………Fax：0335－3606336

**安国市森川药材有限公司**
地址：河北省保定市安国市药城大街89号
……………………负责人：徐川有
……………………Tel：13820575588
0312－3514222

**任丘市于连雨针炙诊所**
业务：针炙治疗多种常见病及疑难杂症
地址：河北省任丘市四街村中
………负责人：于连雨　　邮　编：062550
……………………法　人：于连雨
……………Tel：0317－2221096
2380698

**石家庄天成医宗科技有限公司**
业务：高血压智能温玉按摩床、颈椎生理曲度康复治疗仪
产品：高血压智能温玉按摩床有着在使用后的即时降压效果，长期使用可以维持血压在正常水平。另外，高血压按摩床对心律失常及陈旧性心肌缺血患者的调理效果在临床试验中得到证实。糖尿病病人在使用中，注射胰岛素减量。颈椎生理曲度康复治疗仪，适用于长期坐位工作及长期使用电脑工作的人群。
地址：河北省石家庄市平山县平山镇桥东大街8号
………负责人：康志平　　邮　编：050400
……………………法　人：康志平
……………Tel：0311－82935328
……………Fax：0311－82935328
……………网址：http://sjztcyz.cn
……………E-mail：gxyamc@163.com

**长治市得仁平价大药房有限公司**
地址：山西省长治市东大街阳光假日城商业中心
……………………负责人：张双喜
……………………Tel：0355－3082693

……………………负责人：高健国……邮　编：072750
……………………Tel：0312－3952034
……………………Fax：0312－3955519

**安国市奇康中药材有限责任公司**
业务：本公司自1999年成立以后总投资150万元，主要从事中药材、中药饮片批发、零售，业务现有几个连销店公司，以质量求生存
地址：河北省保定市安国市东方药城星光南路17号
………负责人：刘建平……邮　编：071200
……………………法　人：刘建平
……………………Tel：0312－3516065
……………………Fax：0312－3516065

## 河北省/Hebei Province

**安国贵灵百顺药业有限公司**
业务：生产、销售中药提取物
地址：河北省保定市安国市中药产业园区
………负责人：辛庆军　　邮　编：071200
……………………法　人：辛庆忠
……………Tel：13931366116
0312－3432888
3433888

**保定市众鼎合社生物科技有限公司**
业务：保健品、预测、养生
地址：河北省保定市朝阳北大街899号华康大厦5A520室
………负责人：张小军　　邮　编：071000
……………………法　人：张小军
……………Tel：0312－5901778
……网址：http://www.51zzt.com/user/zzt35277

**满城县天赐康百灵饮业专卖店**
业务：食疗专治冠心病、半身不遂、脑血栓、脉管炎等。
地址：河北省保定市满城县玉川东路县二中对面
………负责人：曹和平　　邮　编：072150
……………………法　人：曹和平
……………Tel：13903220652
0312－7166528

**弘鼎药材有限公司**
业务：弘鼎药材有限公司成立于2006年，主要从事中药材的加工与销售。"以质量求生存，以信誉求发展"，热诚欢迎广大新老客户来我公司洽谈业务，共同合作！
地址：河北省保定市安国市祁州大路金三角巷10号
………负责人：程庆君……邮　编：071000
……………………法　人：程庆君
……………………Tel：0312－3513038

**保定天符人和医疗器械有限公司**
业务：生产、销售医疗机械
地址：河北省保定市容城县平王乡留通村
………负责人：李小强　　邮　编：71000
……………………法　人：李小强
……………Tel：13400321980
0312－5435528

**青县医药药材有限公司金牛镇药店**
业务：西药、中成药、保健品等
地址：河北省沧州市青县金牛镇小牛庄村镇政府北100米
………负责人：李瑞强　　邮　编：062650
……………………法　人：陈会峰
……………Tel：0317－4080265
13180310798

**隆化县隆化镇龙骧底商百老汇、中华大宅门佛祭祭祀工艺品店**
业务：佛祭、祭祀用品
产品：唐装精品、寿装、花圈
地址：河北省承德市隆化县隆化镇建设南街292号
………负责人：董春山　　邮　编：068150
……………………法　人：董春山
……………Tel：13932455139
0314－7067444

**涞水县长青药材购销有限公司**

**邢台市桥西都乐保健品门市**
业务：性保健品
地址：河北省邢台市桥西区太行路20号
………负责人：董风祥　　邮　编：054000
……………………法　人：董风祥
……………Tel：0319－8323876
……………网址：www.xtcr733.com
……………E-mail：623978159@qq.com

**蔚县惠仁大药房**
业务：药的销售
地址：河北省张家口市蔚县西合营镇政府街
………负责人：张智富　　邮　编：75000
……………………法　人：张智富
……………Tel：13833365202
0313－7293512

**河北省保定市保北医药药材公司涿州分公司**
业务：我公司成立于2006年，从事医药药材销售，我公司坚持以诚为本、以诚为信的宗旨为广大客户服务。
地址：河北省保定市涿州市松林店镇供销社院内

## 山西省/Shanxi Province

**大同中医男科医院**
地址：山西省大同市城区皇城街1号
……………………负责人：吴德章
……………………Tel：0352－2057888

**长治市百汇医教咨询服务有限公司**
业务：长治市百汇医教咨询服务有限公司成立于二000年。是经省食品药品监督管理局批准的一家专业经营医疗设备、诊断试剂、齿科材料、家庭医疗用品的有限责任制公司。
地址：山西省长治市延安南路57号
……………………邮　编：046000
……………………法　人：秦裕好
……………………Tel：0355－3010953
……………………Fax：0355－3010853

**山西宁健药业有限责任公司**
地址：山西省大同市浑源县西门外
……………………负责人：邓俊峰
……………………Tel：13835166888

**大同市南郊区圆丰商贸有限责任公司**
业务：经营磁神玉
地址：山西省大同市绿洲小区5＃－5－10
………负责人：李义　　邮　编：037000
……………………法　人：李义
……………Tel：15934222999
0352－6205585

**晋城市春天贸易有限公司春天大药房**
地址：山西省晋城市南环街43号
……………………负责人：王林英
……………………Tel：0356－2025474

**山西德森医药有限公司**
地址：山西省晋中市开发区山西医药工业园A区
……………………负责人：王志尧
……………………Tel：13935139152

**平遥县春田大药房有限责任公司**
地址：山西省晋中市平遥县顺城路153号
……………………负责人：赵基宏
……………………Tel：0354－5630600

**临猗县北景大药房**
业务：中药饮片，中成药，化学药制剂，抗生素，生化药品，生物制品，保健食品，化妆用品销售
产品：西药，中药
地址：山西省临猗县北景乡北景村北景街老十路口向西二十米北
………负责人：薛国平　　邮　编：044100
……………………法　人：薛国平
……………Tel：0359－4185188
……………Fax：0359－4185188

**太原市宏正机械设备有限公司**
地址：山西省太原市晋源区化工路75号太原化工厂建筑安装公司院内
……………………负责人：赵少雄
……………………Tel：0351－6093788
13934532781

**山西杰康矫形支具康复中心（有限公司）**
地址：山西省太原市王村南街214号
……………………负责人：蔡小荣
……………………Tel：0351－7320156

**孝义市银象平价药房**
业务：中西药饮片，保健食品
地址：山西省吕梁孝义市新义中街（协和医院东5米）
………负责人：石纪茹　　邮　编：032300
……………………法　人：石纪茹
……………Tel：0358－7625528

**山西普瑞赛德生物工程有限公司**
地址：山西省太原市小店区并州南路385号海正堂大厦6层
……………………负责人：郭诚
……………………Tel：0351－7537020

**山西伟东医药保健品有限公司**

地址：山西省太原市小店区高新区长治路 299 号 6 层 610—616 号
…… 负责人：梁元梅
…… Tel：0351—7185670

## 乳腺康复中心

业务：乳腺康复治疗
地址：山西省吕梁孝义市振兴街工程处后门对面
…… 负责人：李美娥　邮　编：033000
…… 法　人：李美娥
…… Tel：0358—8751685
13753340748

**民乐医院服务有限公司**
地址：山西省太原市漪汾街 86 号北美枫情 B 座 1 单元 601 室
…… 负责人：高耐平
…… Tel：0351—6377129
2022392
13903469517

## 朔州市朔城区康乐骨科手外伤医院

业务：专治骨科手外伤
地址：山西省朔州市古北街南侧马邑路西
…… 负责人：王泺　邮　编：036000
…… 法　人：王泺
…… Tel：13934976542
0349—8820120

**太原思凯德医疗器械有限公司**
地址：山西省太原市迎泽区南内环街 9 号迎宾小区 4 幢 3 单元 5 层 9 号
…… 负责人：张来存
…… Tel：13903453866

**太原市曼斯医疗器械有限公司**
地址：山西省太原市迎泽区新建南路 63 号 4 号楼 201 室、202 室
…… 负责人：袁君
…… Tel：0351—7239122

## 山西今雨半夏生物有限公司

业务：本公司成立于 2006 年 4 月，是中国唯一一家从事旱半夏研究、开发、加工的生物有限公司。主要从事中药材生产、加工、销售。
地址：山西省运城市新绛县北杜坞
…… 负责人：卫俊奇……邮　编：043100
…… 法　人：卫俊奇

…… Tel：0359—7758136
…… Fax：0359—7758136

**太原瑞鑫中医结石病医院（有限公司）**
地址：山西省太原市小店区王村南街 44 号
…… 负责人：张振礼
…… Tel：0351—7322430

**太原复亨康复保健有限公司**
地址：山西省太原市杏花岭区绿柳巷 23 号 1—3 号
…… 负责人：李朝芝
…… Tel：0351—8623818

## 山西省孝义市乳腺康复诊疗中心

业务：采用五维辩证法治疗乳腺增生，中医针灸治疗骨病，疗效显著，我们将以精湛的医术，体贴、优质的服务为您的健康保驾护航。
产品：乳安系列产品，骨康系列产品，乳核平（北京协和医院）
地址：山西省孝义市振兴街工程处后门对面
…… 负责人：李美娥　邮　编：032300
…… 法　人：郭建明
…… Tel：13753340748

**运城同德医院绛县分院**
地址：山西省运城市绛县厢城路中段
…… 负责人：闫金萍
…… Tel：0359—2066873

## 偏关县康泰药店二部（偏关县康泰药店一部）

业务：中成药，中药饮片，化学药制剂，抗生素，生化药品，生物制品等.
地址：山西省忻州市偏关县塔梁新街（山西省忻州市偏关县南门卫）
…… 负责人：吴尽　邮　编：036400
…… 法　人：吴尽
…… Tel：13152846134
0350—7626106

**金昌源实业有限公司**
地址：山西省运城市人民南路 52 号
…… 负责人：王运全
…… Tel：0359—2069411
1319124999

**运城华康医院**
地址：山西省运城市圣惠南路 18 号
…… 负责人：赵立宗
…… Tel：0359—6302098







## 内蒙古自治区 /InnerMongolia AutonomousRegion

**内蒙古王爷地苁蓉生物有限公司**
地址：内蒙古自治区巴彦淖尔盟磴口县
…… 负责人：王泽军
…… Tel：0478—4267878
13947862936

**内蒙古纯天然花粉保健品总厂**
地址：内蒙古自治区巴彦淖尔盟临河区五中西（花粉巷）
…… 负责人：王学军
…… Tel：0478—8214979

## 内蒙古华逸医疗器械有限责任公司

业务：内蒙古华逸医疗器械有限责任公司成立于 2006 年，主要从事医用 X 射线设备，医用光学器具，仪器及内窥镜，超声仪器等的销售。“质量第一，信誉至上”，热诚欢迎广大新老客户来我公司洽谈业务，共同合作！
地址：内蒙古呼和浩特市天元商厦
…… 负责人：刘景风……邮　编：010010
…… 法　人：刘景风
…… Tel：13848719933

**中农康宏生物科技有限公司**
地址：内蒙古自治区包头市昆都仑区白云路南排商业街 31 号
…… 负责人：邬银生
…… Tel：0472—2106188

**天山制药有限责任公司**
地址：内蒙古自治区赤峰市阿鲁科尔沁旗天山镇海天路南
…… 负责人：徐宏丽
…… Tel：0476—7213426

**赤峰普天药业科技有限责任公司**
地址：内蒙古自治区赤峰市红山区高新技术产业开发区
…… 负责人：冯永庆
…… Tel：0476—8210907

**赤峰大吉药业（集团）有限公司生化分公司**
地址：内蒙古自治区赤峰市红山区红庙子镇西水地村高新技术产业开发区
…… 负责人：赵铭远
…… Tel：0476—8210955

## 内蒙古鸿宇医药有限责任公司

业务：内蒙古鸿宇医药有限责任公司是一家从事中药、西药、中成药、中草药、医疗器械的批发及零售。欢迎新老客户光临、惠顾。
地址：内蒙古呼和浩特市土默特左齐察素齐镇政府街
…… 邮　编：010100
…… 法　人：刘仲刚
…… Tel：0471—8112340
…… Fax：0471—8112340

**赤峰荣兴堂药业有限责任公司中药店**
地址：内蒙古自治区赤峰市红山区园林路北段东侧房产 19 号楼
…… 负责人：于静冉
…… Tel：0476—8353501

**赤峰雷蒙大药房连锁有限公司第四门店**
地址：内蒙古自治区赤峰市红山区园林路黄金大厦对过
…… 负责人：田智慧
…… Tel：0476—8223243

**内蒙古成大方圆医药连锁有限公司赤峰市松山分店**
地址：内蒙古自治区赤峰市松山区英金路 1 号
…… 负责人：肖艳娇
…… Tel：0476—8429211

**赤峰人川医药有限公司**
地址：内蒙古自治区赤峰市元宝山区宝山路南段
…… 负责人：卞文明
…… Tel：0476—3500561

**风水沟同安医院**
地址：内蒙古自治区赤峰市元宝山区风水沟矿
…… 负责人：刘晨
…… Tel：0476—3347247

**赤峰雷蒙大药房连锁有限责任公司第四十八门店**
地址：内蒙古自治区赤峰市元宝山区风水沟镇
…… 负责人：徐景玉
…… Tel：13947682508

**内蒙古华奥科兴动物药业有限责任公司**
地址：内蒙古自治区鄂尔多斯市鄂托克旗乌兰镇
…… 负责人：岳三邦
…… Tel：0477—6212087

## 鄂尔多斯市同春堂医药有限责任公司

业务：鄂尔多斯市同春堂医药有限责任公司成立于 2006 年，主要经营各种药品。用优良的品质，合理的价格，完善的服务，竭诚为用户服务！
地址：内蒙古自治区鄂尔多斯市东胜区伊煤北路郝北奎村包东高速公路 92 公里处
…… 负责人：安四小……邮　编：017000
…… 法　人：安四小
…… Tel：0477—8568286

**内蒙古自治区鄂托克前旗慧源麻黄甘草研究所**
地址：内蒙古自治区鄂尔多斯市鄂托克前旗敖镇
…… 负责人：刘珊
…… Tel：0477—7622566

**内蒙古宇航人药业有限责任公司**
地址：内蒙古自治区呼和浩特市和林格尔县盛乐经济园区成长大道
…… 负责人：吴闽建
…… Tel：0471—3344049

**康普德生物制品有限公司**
地址：内蒙古自治区呼和浩特市和林格尔县乌兰察布东路农委大院少工委 2 楼
…… 负责人：巴特
…… Tel：0471—2336745

**内蒙古新开元动物药业发展有限公司**
地址：内蒙古自治区呼和浩特市回民区金山开发区金海大道
…… 负责人：刘成旺
…… Tel：0471—3620852

**内蒙古益生源生物技术有限责任公司**
地址：内蒙古自治区呼和浩特市诺和木勒大街 54 号
…… 负责人：王轩兵
…… Tel：0471—5920554

**内蒙古永业生物技术有限责任公司**
地址：内蒙古自治区呼和浩特市新城区新华东街
…… 负责人：张京月
…… Tel：0471—3395789

## 吉林东升伟业生物工程集团有限公司阿尔山分公司

业务：吉林东升伟业生物工程集团有限公司阿尔山分公司主要从事保健品的销售。“质量保证，价格合理”，热诚欢迎新老客户惠顾！
地址：内蒙古自治区兴安盟阿尔山市林海街转盘路粉楼
…… 负责人：肖辉熙……邮　编：137801
…… 法　人：肖辉熙
…… Tel：0482—7154008

**慧达中药材收购有限责任公司**
地址：内蒙古自治区呼伦贝尔市博克图镇二十号楼二单元 15 号
…… 负责人：刘会清
…… Tel：0470—7762087

**额尔古纳寿康药店**
地址：内蒙古自治区呼伦贝尔市额尔古纳市莫尔道嘎
…… 负责人：李峰
…… Tel：0470—6915255

## 辽宁省/Liaoning Province

**吉祥动物药业有限公司**
地址：辽宁省朝阳市建平县富山镇大蒿子店村
负责人：胡志祥
Tel:0421－7413595
13942103279

**大连民生环保科技有限公司**
地址：辽宁省大连市甘井子区[illegible]子镇金龙寺
负责人：周建良
Tel:0411－85807777

**大连博士生物科技有限公司**
地址：辽宁省大连市甘井子辛寨子镇大辛寨子村
负责人：田丽娜
Tel:0411－84648104

**沈阳家家笑健康用品有限公司**
业务：托玛琳床垫、玉石保健床垫、沙发垫、座垫，诚招全国各级代理商
地址：辽宁省沈阳市铁西区兴工北街57号1－18－18
负责人：柳笑琴　邮　编：110013
法　人：柳笑琴
Tel：13858806539
024－62162078
4006888278

**大连旅顺益康大药房**
地址：辽宁省大连市旅顺口区水师营街道水师营村
负责人：郭凤利
Tel:0411－86233159

**中国医科大学药品生物制品研究所**
业务：隶属于中国医科大学，设备精良，人才密集，是基因工程药物及保健品研发和生产的高科技创新新企业。业务：药品、生物制品、保健品研制开发及成果转让、生物制品、药品的技术咨询和技术服务。有"康肽口服液"等产品
地址：辽宁省沈阳市和平区北二马路92号
邮　编：110001
法　人：姜又红
Tel:024－23269968
Fax:024－23262186
网址：www.lnyk.chinapyp.com

**普兰店市四平双龙药店**
地址：辽宁省大连市普兰店市四平镇四平村牌坊底屯
负责人：张喜月
Tel:0411－83290779

**大连宏源生物科技有限公司**
地址：辽宁省大连市沙河口区民政街417号5层17号
负责人：田玉洪
Tel:0411－84623752

**大连麦特医疗科技服务有限公司**
地址：辽宁省大连市沙河口区亿达国际新城19幢1单元5层2号
负责人：李杰
Tel:0411－84789161

**大连恒瑞制药机械有限公司**
地址：辽宁省大连市中山区解放路370号903室
负责人：陈维超
Tel:0411－82200745

**丹东市华晟医疗器械有限公司**
地址：辽宁省丹东市元宝区金汤商贸城三楼
负责人：周莲红
Tel:0415－2521761

**绿盾安全仪器厂**
地址：辽宁省抚顺市顺城区高山路34号
负责人：李庆玲
Tel:0413－7645890
13019655481

**鑫源药业有限公司**
地址：辽宁省锦州市古塔区汉口街6－3号
负责人：胡秀兰
Tel:0416－7196153
13941604374

**仙雨美肤日化厂－－皮肤病专科**
地址：辽宁省锦州市古塔区士英街93－51号
负责人：张文禹
Tel:0416－4161891
13704164652

**天益堂大药房医药连锁有限公司**
地址：辽宁省盘锦市辽河路水华小区
负责人：张振广
Tel:0427－3592199
13998760888

**沈阳煜维医药科技有限公司**
地址：辽宁省沈阳市和平区三好街55号
负责人：张晨
Tel:024－31502569

**健康药业(沈阳)有限公司**
地址：辽宁省沈阳市浑南新区新果街1号
负责人：冯宇
Tel:024－83781118

**金亚国际(沈阳)保健品有限公司**
地址：辽宁省沈阳市铁西区南滑翔路10号
负责人：李敬华
Tel:024－25901111

**沈阳市东海大药房有限公司**
地址：辽宁省沈阳市铁西区南十西路46甲1号
负责人：周爱民
Tel:024－82823905

**沈阳美罗制药有限公司**
地址：辽宁省新民市工业园区
负责人：王斌
Tel:024－87855103

## 吉林省/Jilin Province

**吉林修正堂药房连锁经营有限公司通榆繁荣连锁店**
地址：吉林省白城市通榆县开通镇建设北街
负责人：杜凤琴
Tel:0436－6918088

**吉林省绿神中草药材开发有限公司**
地址：吉林省白山市江源县三岔子镇五岔村
负责人：成福顺
Tel:13904495685

**通榆县金瑞康美保健品销售服务有限公司**
业务：中老年糖尿病、高血压、风湿、内风湿方面的保健品经营
地址：吉林省白城市通榆县开通繁荣北街文明路
负责人：章成友　邮　编：136000
法　人：章成友
Tel：18604806521
0436－4239971

**东聚源药店**
地址：吉林省白山市靖宇镇西大街北路11－13号
负责人：吴勇
Tel:0439－7225171
13904497701

**长春中院针灸推拿门诊部**
地址：吉林省长春市朝阳区工农大路1533号(原32号)
负责人：王富春
Tel:0431－86172229

**双阳区福聚德鹿产品经销处**
业务：药疗、食疗用一系列鹿产品
产品：鹿茸，鹿胎膏，鹿白条，鹿骨膏，鹿排骨，鹿里脊，鹿鞭，鹿尾，鹿肾等
地址：吉林省长春市鹿乡镇兴阳大街吉林大药房对面
负责人：呼密军　邮　编：130000
Tel：15843164725
15981076411

**集安市康河中药材种植有限公司**
业务：本公司成于2005年8月25日，现有员工60多名。主要经营中、小药材的种值与销售。
地址：吉林省集安市头道镇政府
邮　编：134200
法　人：韩树河
Tel:0435－6623084

**长春市欧风大药房**
地址：吉林省长春市朝阳区开运街96号
负责人：孙骞
Tel:13596406625

**长春同仁中医门诊部**
地址：吉林省长春市朝阳区清和街西昌小区207栋
负责人：许军
Tel:0431－88523089

**长春市汉唐高鑫科技开发有限公司**
业务：专业从事医疗器械研制、开发、销售及服务为一体的科技型企业
地址：吉林省长春市南关区东岭北街20－1号
负责人：仲崇岩　邮　编：130022
法　人：仲崇岩
Tel：13214372907
Fax：0431－88698366

**吉林市芸沣生物工程有限责任公司**
业务：生物制药
地址：吉林省吉林市高新区创业园D座3201室
负责人：冯学财　邮　编：132000
法　人：冯学财
Tel：13664325833
13504768891
13664322023

**吉林省海岸利嘉医疗信息咨询有限公司**
地址：吉林省长春市朝阳区同志街2593号704室
负责人：林镜冰
Tel:13904315864

**吉林省日初生物科技有限公司**
地址：吉林省长春市朝阳区同志街60号
负责人：田巍
Tel:0431－85632806

**安图天宝参茸有限公司**
业务：宁夏枸杞子、鹿鞭、蜂蜜、熊胆、野山参、鹿茸、蛤蟆油、野生木耳、野生灵芝、人参茶、西洋参茶、高丽参、压缩木耳、蘑菇、人参切片、五味子、刺五加茶、各种冲剂、各种人参酒、鹿茸酒、山参酒、红景天、冬虫夏草、核桃仁、山野菜、贝母、西洋参片、别直参、松籽、红参、白参、黄芪、党参、各种泡酒料、保鲜参(人参、鹿茸、熊胆、蜂王浆、移山参、鹿鞭、蛤蟆油、冬虫夏草、鹿胎、鹿心血等各种胶囊)天麻、不老草、鹿茸片、鹿鞭片、人参糖、西洋参糖、高丽参糖
地址：吉林省延边朝鲜族自治州安图县明月镇安坪小区2号门市
负责人：孙经理　邮　编：133600
法　人：张永斌
Tel：0433－5898778
Fax：0433－5898778

**吉林省中东医药有限公司欧亚卖场店**
地址：吉林省长春市开运街5178号
负责人：吴文宇
Tel:0431－88762900

**长春市德民大药房**
地址：吉林省长春市绿园区城西镇范家店小街
负责人：石德民
Tel:13354308559

**吉林市国大同生物科技有限公司**
业务：是最新注册的生物科技有限公司，由上海复旦基因检测驻吉授权服务中心(提供基因咨询，采样服务)，陕西三八妇乐连锁经营公司驻吉授权健康服务中心，同时经销保健品，生物基因产品
产品：基因保健品、三八妇乐"康伊娜凝胶"
地址：吉林省吉林市高新区恒山西路吉林科贸商城A区6层609号
负责人：徐斌　邮　编：132011
法　人：徐斌
Tel：13704308909
0432－4684158
Fax：0432－4684158

**吉林省德兴医疗用品有限公司**
地址：吉林省长春市绿园区升阳街24－1栋
负责人：关少君
Tel:0431－87825780

**长春同康连锁药业有限公司时珍堂连锁药店**
地址：吉林省长春市绿园区同心路同泰花园6A103号
负责人：吴琳
Tel:0431－87651170

**吉林市吉林经济技术开发区莲花药材种植专业合作社**
业务：中药材种植加工及销售
地址：吉林省吉林市吉林经济技术开发区二台子村
负责人：杨军　邮　编：132001
法　人：杨军
Tel：13134449688

**抚松泉阳泰一生物科技有限公司**
业务：生产、销售保健品
地址：吉林省通化市抚松县泉阳镇
负责人：宋昌海　邮　编：134505
法　人：宋昌海
Tel：15944948888
13943955553

**吉林市博信医疗器械经销有限公司**
地址：吉林省吉林市昌邑区天津街2号综合楼421室
负责人：魏永霞
Tel:0432－66926787

**吉林市瑞杰医疗设备有限责任公司**
地址：吉林省吉林市船营区光华路94号
负责人：马璐玲
Tel:0432－62092123

**吉林市北华硕达医药科技有限公司**
地址：吉林省吉林市丰满区泰山路32号
负责人：薛欣
Tel:13159550126

**吉林省柏信食品药品有限公司**
地址：吉林省吉林市高新区B区22号(1－2)层北2号网点
负责人：柏广森
Tel:0432－64566888

**吉林市医保生物科技开发有限公司**
地址：吉林省吉林市高新区民营科技园西侧六层635号
负责人：王文文
Tel:0432－64684992

**磐石市天则医疗设备有限责任公司**
地址：吉林省吉林市磐石市福安街福安路226号
负责人：李勇
Tel:13341510088

**安图县鸿运人参加工厂**
业务：人参加工及销售
地址：吉林省延边朝鲜族自治州安图县永庆乡富强村
负责人：王福民　邮　编：133609
Tel：0433－5662275

**吉林省化肥农药工业公司四平分公司**
地址：吉林省四平市铁东区南一马路六委路
负责人：李振华
Tel:0434－5830026

**松原市龙腾药业有限公司**
地址：吉林省松原市宁江区新城东路188号
负责人：邹晓伟
Tel:0438－8991669

**通化市东昌区邱氏骨伤科中医药研究所**
地址：吉林省通化市东昌区建设大街171－1号
负责人：邱智广
Tel:13196153817

**延吉迪智特医疗器械有限公司**
业务：集医疗器械研制、开发、销售及服务为一体的科技型企业，开发生产的Ⅱ类6830医用X射线设备产品档次结构合理，性价比高，公司本着"诚信为本，品质保证"的宗旨竭诚为您服务！
产品：便携式口腔X射线机
地址：吉林省延吉市长白山东路清新南街661号
负责人：洪哲　邮　编：133000
法　人：洪哲
Tel：0433－2832567
Fax：0433－2810550
E-mail:dzt－333@163.com

**通化天立生物科技有限公司**
地址：吉林省通化市柳河县柳河鹿场
负责人：宫国安
Tel:0435－7221391

**北京健康晟业国际医药科学研究院吉林省敦化市分院**
地址：吉林省延边朝鲜族自治州敦化市胜利街
负责人：阚俊杰
Tel:0433－6267889

**吉林省延吉市黄氏口腔诊所**
业务：口腔检查，会诊，
地址：吉林省延吉市局子街
负责人：黄成男　邮　编：133000
法　人：黄成男
Tel：0433－2622222
2954005

**延边威宾医疗器械有限公司朝阳路展示厅**
地址：吉林省延边朝鲜族自治州延吉市太平街64－20号
负责人：吴明花
Tel:0433－2552978

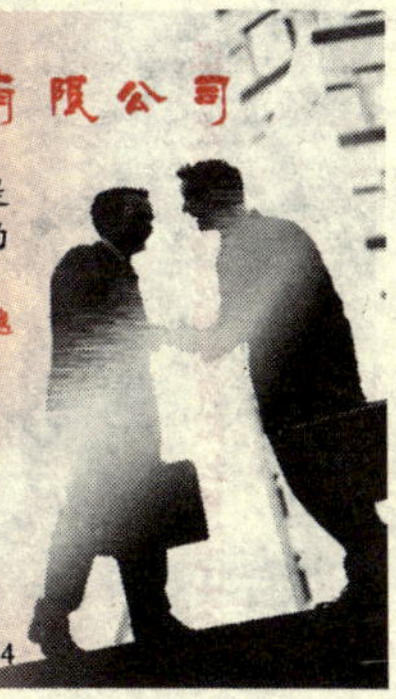

## 黑龙江省/Heilongjiang Province

**大庆千里明视力康复保健中心**
地址:黑龙江省大庆市让胡路区北方市场悦庆商服楼 6 号
负责人:毕慧滨
Tel:0459－5162256

**大庆朗宁医药技术咨询有限公司**
地址:黑龙江省大庆市萨尔图区东风路大庆宾馆院内
负责人:孙国学
Tel:13359616889

**大庆市安顺同心医药连锁有限公司**
地址:黑龙江省大庆市萨尔图区东风新村纬六路 96 号
负责人:祝亚发
Tel:0459－6341777

**澳大利亚第一生物制药有限公司哈尔滨代表处**
地址:黑龙江省哈尔滨市道里区福民街 102 号
负责人:汲伟立
Tel:0451－84526460

**哈尔滨天源探伤器材有限公司**
地址:黑龙江省哈尔滨市动力区锅炉厂 12 栋
负责人:徐锡久
Tel:0451－89991588

**哈尔滨康健科技有限公司**
地址:黑龙江省哈尔滨市五常县牛家镇张乡村
负责人:李智广
Tel:0451－53655338

**哈尔滨健宁医疗器械经销有限公司**
地址:黑龙江省哈尔滨市香坊区嵩山路 1 号
负责人:李桂芝
Tel:13359992963

**牡丹江双友化工制药有限责任公司**
地址:黑龙江省牡丹江市爱民区大庆街 3 号
负责人:仲林森
Tel:0453－6833780

**牡丹江市光华大药房连锁有限公司天惠分店**
地址:黑龙江省牡丹江市爱民区西圣林街 3 号
负责人:胡永辉
Tel:0453－6546552

**富裕县卧龙生物工程有限责任公司**
地址:黑龙江省齐齐哈尔市富裕县富裕镇五街
负责人:姜峰
Tel:13846294888

**齐齐哈尔市金禾生物科技肥业有限公司**
地址:黑龙江省齐齐哈尔市建华区建华乡星光村
负责人:周玉庆
Tel:13903621007

**黑龙江省集成医药实业有限公司克东集成春和大药房**
地址:黑龙江省齐齐哈尔市克东县克东镇春和街
负责人:王久生
Tel:0452－4311277

**龙江县吉星动物诊所**
地址:黑龙江省齐齐哈尔市龙江县龙江镇通齐街农行家属楼下一楼
负责人:于佳翠
Tel:0452－5826793

**讷河市昌远生物科技有限责任公司**
地址:黑龙江省齐齐哈尔市讷河市第一良种场(原一良砖厂院内)
负责人:荆文明
Tel:13706530199

**齐齐哈尔市康盛中药材饮片加工厂**
地址:黑龙江省齐齐哈尔市铁锋区四家子村
负责人:谢滨
Tel:13514600101

## 江苏省/Jiangsu Province

**常熟中山生殖医学医院有限公司**
地址:江苏省常熟市虞山镇华山路珠江苑二区 1 幢
负责人:卓志雄
Tel:0512－81567999
13812811919

**华威兽药有限公司**
地址:江苏省常州市西林乡凌家塘 328 号
负责人:王志国
Tel:13775000828

**江阴市凌强进出口贸易有限公司**
业务:医疗器材进出口
产品:封血管的手术刀
地址:江苏省江阴市环城南路 68 号 5 楼
负责人:叶红庆　邮　编:214400
法　人:叶红庆
Tel:13912451135
0510－86880268

**淮安世济堂医药连锁加盟清河区济世堂药房**
地址:江苏省淮安市健康西路 37 号
负责人:张恩贵
Tel:0517－83655185
13505233598

**常州市武进药业有限公司新特药分公司**
业务:常州市武进药业有限公司新特药分公司公司成立于 1996 年,主要业务是药物生产,本公司产品质量可靠,价格合理,热诚欢迎新老客户惠顾。
地址:江苏省常州市清潭路 102 号强生大厦四楼
负责人:虞吟晓　邮　编:213015
法　人:虞吟晓
Tel:0519－86679298
Fax:0519－86679298

**康达有害生物科技防制中心**
地址:江苏省连云港市灌南县卫生监督所健康路 12 号
负责人:谢广俊
Tel:13961351289

**天日福医疗器械营业部**
业务:医疗器械销售
地址:江苏省靖江市渔婆北路 16 号友谊超市 2—3 楼
负责人:陶杰　邮　编:214500
法　人:陶杰
Tel:0523－84823395
15961067587

**福仁堂药品销售有限公司**
地址:江苏省连云港市灌南县新安镇新兴北路 4 号
负责人:戴东亮
Tel:0518－83281888
82921888

**连云港市利丰医用氧产品有限公司**
业务:生产医用氧
地址:江苏省连云港市赣榆县罗阳镇工业园区
负责人:钱建良　邮　编:222143
法　人:丁先生
Tel:13675222650
0518－86436777
86438889

**超波通建设劳务分包有限公司**
地址:江苏省连云港市新浦区海昌南路综合楼 1 号 501 室
负责人:高智勇
Tel:13016925292
13016911946

**连云港市华东大药房**
地址:江苏省连云港市新浦区通灌路中德商业广场 09、010 号
负责人:刘波
Tel:13151766088

**南京禾苗源生物科技开发有限公司**
地址:江苏省南京市白下区白下路 264 号桃源大厦 311 室
负责人:曹秀娟
Tel:025－84418463

**南京美多生药房**
地址:江苏省南京市白下区瑞阳街 1－12 号
负责人:李有德
Tel:025－84602309

**江苏益通生物科技有限公司**
业务:江苏益通生物科技有限公司成立于 2006 年 4 月份,拥有一批医学,生物科学等高素质专业人才,是一家专业从事医疗器械,生物技术产品的新材料的生产,技术研究和营销的高新技术企业
地址:江苏省南京市高新技术开发区创业中心医药生物园大楼 A 座 403、404
负责人:段亮亮　邮　编:210061
法　人:张添
Tel:025－58071233
Fax:025－86839773
网址:www.eton－biotech.com

**南京斯麦尔口腔门诊有限公司**
地址:江苏省南京市白下区太平南路 2 号
负责人:王学斌
Tel:025－84650285

**南京野马生物医药有限公司**
地址:江苏省南京市鼓楼区汉中路 218 号 1 单元 1103 室
负责人:杨正山
Tel:025－52957550

**安徽华源医药股份有限公司南京办事处**
地址:江苏省南京市鼓楼区新门口 14 号
负责人:杨凯
Tel:025－83425338

**南京九天药房连锁有限公司典雅居药店**
地址:江苏省南京市建邺区汉中西路 325 号
负责人:朱海荣
Tel:13776679299

**聊城天一生物工程有限公司**
业务:生产与销售氨基酸、维生素 C、赖氨酸系列,食品添加剂、医药添加剂、饲料添加剂
产品:氨基酸、维生素 C、赖氨酸系列,食品添加剂、医药添加剂、饲料添加剂
地址:江苏省邳州市世纪花园 A 座 602 室
负责人:徐如宝　邮　编:221300
法　人:徐如宝
Tel:15162023659
15062085854
0516－86288810
Fax:0516－86367001

**江西圣济药业有限公司南京办事处**
地址:江苏省南京市建邺区积善新寓丰勤园 11 幢 304 室
负责人:赵永兰
Tel:025－86426556

**南京汇通消防技术开发有限公司**
地址:江苏省南京市建邺区沙洲街道小青路 43 号
负责人:孙振华
Tel:13337826595

**南京奇勇百年生物工程有限公司**
地址:江苏省南京市建邺区文体村 22 号
负责人:孙恒奇
Tel:025－85995131

**南京恺勉堂药业有限公司**
地址:江苏省南京市六合区马集镇黄岗(中学)
负责人:杨雪枣
Tel:025－57124032

**南京迈克隆生物科技有限公司生物制品经营部**
地址:江苏省南京市栖霞区迈皋桥街道和燕路 325 号 08 幢 614 室
负责人:王勇
Tel:13327808673

**苏州康立达纳米生物工程有限公司**
业务:研究与试验发展
地址:江苏省苏州工业园区星湖街 218 号生物纳米科园 A3 楼 325 室
负责人:崔大祥　邮　编:215002
法　人:崔大祥
Tel:13816617546
0512－62956208
62956209
13771802819

**盐城市康达医疗器械有限公司**
业务:盐城市康达医疗器械有限公司主要从事一次性注射器、一次性输液器等医疗器械的生产与销售。本厂奉行“质量第一,用户至上”的经营宗旨,以优质的产品和优良的服务赢得了广大客户的信任和赞赏。欢迎各界人士参观、考察、指导!
地址:江苏省盐城市盐都区学富镇同港村
邮　编:224035
法　人:许建卫
Tel:0515－8777888
Fax:0515－8770162

**南京美优医药科技有限公司**
地址:江苏省南京市秦淮区岗虹苑 23 号－1
负责人:马薇
Tel:025－52920213

**南京新主张大药房有限公司第三分公司**
地址:江苏省南京市秦淮区集庆路 198 号
负责人:刘光华
Tel:025－52313755

**南京康莱医疗器械有限公司**
地址:江苏省南京市秦淮区小思古巷 13 号
负责人:毛吉祥
Tel:13145151261

**南京非常大药房有限公司热河南路店**
地址:江苏省南京市下关区热河南路 53 号
负责人:朱日昇
Tel:025－58821472

**南京泰开尔医药咨询有限责任公司**
地址:江苏省南京市玄武区长江花园 6 号 311 室
负责人:陈乃德
Tel:13913957000

**贝朗格生物科技发展无锡有限公司**
业务:是和北京化工大学联合举办的一家集研发、生产、销售为一体的高新技术企业.主要从事莱菔硫烷高效先进生产,该产品有很好的抗癌功效
产品:莱菔硫烷
地址:江苏省无锡市锡山区靴蓉中三路 99 号祥云二座 322 号
负责人:孟静　邮　编:214001
法　人:冯嵬
Tel:0510－81025525
Fax:0510－81025525

**南京前茂医疗器械有限公司**
地址:江苏省南京市玄武区中山路 268 号汇杰广场 1 幢综合办公楼 1302 室
负责人:曹屹
Tel:025－83197971

**南京恒生门诊部**
地址:江苏省南京市玄武区中央路 236 号
负责人:李建国
Tel:025－83111003

**无锡活力保健品厂南京经营部**
地址:江苏省南京市沿江工业开发区新华路 317 号－7
负责人:程业红
Tel:13913376041

**爱卫医疗用品有限公司**
地址:江苏省南通市崇川区狼山镇 59－56 号
负责人:狄爱东
Tel:0513－85711956
13606299588

**天津天狮生物工程有限公司南通分公司**
地址:江苏省南通市崇川区南大街 198 号 105、205 室
负责人:何战戈
Tel:13773601586

**徐州润土药材种植有限公司**
业务:药材种植,养殖
地址:江苏省徐州市丰县王沟镇工业园区
负责人:胡卫锋　邮　编:221700
法　人:胡卫锋
Tel:13655217777
0516－89483055

**南通天安医疗器械科技有限公司**
地址:江苏省南通市崇川区跃龙路 38 号国际大厦 418 室
负责人:史菁
Tel:13951317732

**博远医疗器械有限公司**
地址:江苏省南通市海门市海门镇人民西路 86 号
负责人:陈博
Tel:13814676958

**如皋市新力医疗器械有限公司**
地址:江苏省南通市如皋市如城镇海北新村 2 号、5 号店房
负责人:王南雁
Tel:13584683885

**常熟市白茆开泰药房**
地址:江苏省苏州市常熟市古里镇白茆沪宜公路 46 号
负责人:赵建霞
Tel:0512－52530938

**常熟市古里镇新桥药店**
地址:江苏省苏州市常熟市古里镇新桥村
负责人:苏丽娟
Tel:0512－52528333

**扬中市华联药业有限公司**
业务:销售中成药、西药、保健品
地址:江苏省扬中市三茅镇扬子中路 161 号
负责人:张小伦　邮　编:212200
法　人:张小伦
Tel:0511－82887716
88355626

**常熟市金鹿药房**
地址:江苏省苏州市常熟市海虞镇香桥村
负责人:陈梅芬

医疗器械医药社会福利

…………………………Tel:0512－52590086

**常熟市久安消防器材经营部**
地址:江苏省苏州市常熟市虞山镇莫城言里村
…………………………负责人:毛旭寅
…………………………Tel:13773020018

**常熟市如心药房**
地址:江苏省苏州市常熟市支塘镇第二招商场7号
…………………………负责人:陈丽琴
…………………………Tel:13601556789

**昆山章生生保健品有限公司**
地址:江苏省苏州市昆山市玉山镇前进中路48号楼1、2层
…………………………负责人:姜红
…………………………Tel:13382158068

**苏州丽盟保健品有限公司**
地址:江苏省苏州市平江区干将东路800号
…………………………负责人:刘红禹
…………………………Tel:13205180777

**宜兴市红光无损探伤检测有限公司**
业务:生产无损检测器材及各种防辐射工程
地址:江苏省宜兴市和桥镇江南市场
…………负责人:周斌　　邮　编:214211
…………………………法　人:周斌
…………Tel:0510－87802363
87814363
13601535363
…………Fax:0510－87814363
…………………………网址:www.hgndt.cn
…………………………E-mail:zb@hgndt.cn

**苏州市九州大药房有限公司**
地址:江苏省苏州市平江区人民路1939号
…………………………负责人:吕国爽
…………………………Tel:0512－61120671

**苏州安康医药科技咨询有限公司**
地址:江苏省苏州市平江区中街路71号
…………………………负责人:蔡庆
…………………………Tel:0512－67281662

**众伟生化药业设备厂**
地址:江苏省无锡市南泉镇南湖北路18号
…………………………负责人:王志明
…………………………Tel:0510－85952846
13601518753

**无锡市锡雷药化设备厂**
地址:江苏省无锡市太湖镇方桥村
…………………………负责人:何锡良
…………………………Tel:0510－85189962
13806183439

**申源岩土科技有限公司**
地址:江苏省盐城市阜宁县三灶镇后灶村88号
…………………………负责人:李章军
…………………………Tel:0515－87806448
13914001806

**鹰昊商贸有限公司**
地址:江苏省盐城市黄海路沙井头5号楼204室
…………………………负责人:季永清
…………………………Tel:13805102558

**博霖医药化工有限公司**
地址:江苏省盐城市响水县陈家港化工园区内
…………………………负责人:李勤华
…………………………Tel:0515－86735552
86735838

**华志医疗用品有限公司**
地址:江苏省盐城市盐都区学富镇人民路26号
…………………………负责人:杨志培
…………………………Tel:0515－88775188
13770068708

**宜兴市和桥镇佳友药店**
地址:江苏省宜兴市和桥镇西横街77－78号
…………………………负责人:马文伟
…………………………Tel:0510－87815369
13003398902

**福承塔园有限公司**
地址:江苏省镇江市润州区官塘桥三里岗
…………………………负责人:田少明
…………………………Tel:0511－84514664
13337779665

## 浙江省/Zhejiang Province

**杭州同盛药房有限公司**
地址：浙江省杭州市滨江区长河街道长江中路75号一楼
负责人：来碧明
Tel：0571－86606494

**杭州延龄堂药店西兴分店**
地址：浙江省杭州市滨江区西兴街道固陵路15号1单元101室
负责人：陈勇
Tel：0571－86683827

**杭州尚宝堂科技有限公司**
业务：经营日用品、保健品、医疗器械
地址：浙江省杭州市拱墅区都市水乡水清苑1幢1－13号
负责人：刘泽红　邮编：310026
法人：刘泽红
Tel：15336500033
0571－88869010

**浙江长三角医药有限公司**
业务：本公司成立于2006年，主要生产销售中成药，化学原料药及其制剂，生化药品，生物制品。热忱欢迎新老客户来电洽谈业务！
地址：浙江省杭州市江干区笕丁路481号
负责人：张素娟　邮编：310021
法人：张素娟
Tel：0571－88114099
Fax：0571－88113900

**富阳青云药店**
地址：浙江省杭州市富阳市富春街道桂花西路138－3、138－5号
负责人：颜炳金
Tel：0571－63362593

**杭州华方医药科技有限公司**
业务：医药科学研发，医疗设备销售
地址：浙江省杭州市上城区郭东园巷8号中闽大厦1701室
负责人：高先超　邮编：310016
法人：高先超
Tel：021－37820168

**杭州富阳平安医疗器械有限公司**
地址：浙江省杭州市富阳市新登镇桥头村
负责人：章明海
Tel：0571－63206660

**杭州市西湖区小林保健食品店**
业务：高血压、糖尿病、心脑血管、风湿骨病、康复调理产品
地址：浙江省杭州市西湖区古翠路118号
负责人：林建平　邮编：310026
法人：林建平
Tel：0571－88920663
61055007
13255815333

**富阳市南津桥大药房**
地址：浙江省杭州市富阳市新登镇新兴路49号
负责人：鲍平平
Tel：0571－63251336

**杭州下城区张杲综合商店**
业务：经营中草药健康产品
地址：浙江省杭州市下城区三塘兰园1－20号
负责人：张高　邮编：311400
法人：张高
Tel：0571－85782010

**杭州同医药店连锁有限公司袁家村连锁店**
地址：浙江省杭州市拱墅区半山镇袁家村17号
负责人：杜奉钊
Tel：0571－88823029

**杭州赛迪生物技术有限公司**
地址：浙江省杭州市拱墅区和睦新村24－1号206室
负责人：陈南军
Tel：13777839456

**杭州迪特齿科材料有限公司**
业务：生产与销售齿科、整形材料
产品：托槽、狭面管
地址：浙江省杭州市余杭区良渚镇良港村良渚路54号
负责人：丁少勇　邮编：311112
法人：丁少勇
Tel：15925622086
0571－88780891
Fax：0571－88780891

**杭州天亚保健食品有限公司**
地址：浙江省杭州市拱墅区湖墅南路271号中环大厦804－805室
负责人：刘考成
Tel：13957183858

**湖州南浔双林便民门诊部**
业务：内科、外科、妇科、男科
地址：浙江省湖州市双林镇和睦路106号（农贸市场对面）
负责人：施国忠　邮编：313000
法人：施国忠
Tel：0572－2805999
2801111
Fax：0572－2805999

**杭州江诚药店有限公司**
地址：浙江省杭州市拱墅区绍兴路690号
负责人：孟黎琦
Tel：13858013306

**康佰健康高科技系列产品金华城南专卖店**
业务：寝具零售
地址：浙江省金华市南苑小区广苑楼18号
负责人：何小妹　邮编：321000
法人：厉满星
Tel：15924226357
15957959663

**杭州长生堂药店**
地址：浙江省杭州市拱墅区文晖路449号一楼
负责人：陈汉文
Tel：0571－88391390

**武义县熟溪街道凌平保健食品店**
业务：保健食品销售
地址：浙江省金华市武义县熟溪街道大桥南路8号
负责人：颜凌平　邮编：321000
法人：颜凌平
Tel：15057825288
13516905848
13454960988

**杭州贝佳齿科有限公司香积寺路口腔门诊部**
地址：浙江省杭州市拱墅区香积寺路259号
负责人：汪焕章
Tel：0571－88803359

**缙云县百姓阳光大药房有限公司**
业务：销售中成药、西药、保健品
地址：浙江省丽水市缙云县五云镇溪滨北路25号
负责人：郑剑锋　邮编：323000
法人：郑剑锋
Tel：15869221158
0578－3141111

**杭州天安大药房有限公司方家埭分店**
地址：浙江省杭州市拱墅区祥符镇方家埭村5组9号
负责人：黄茵
Tel：13600512665

**杭州康元堂灵芝有限公司**
地址：浙江省杭州市虎跑路104号
负责人：蔡仙玲
Tel：13588072259

**缙云县希望中药材种植专业合作社**
业务：中药材种植经营
地址：浙江省丽水市缙云县五云镇仙岩村刘庵1号
负责人：成乐君　邮编：323000
法人：成乐君
Tel：0578－3120708
13906881651

**青田县天天爱成人用品**
业务：成人性用品批发兼零售
地址：浙江省丽水市青田县鹤城镇东岳巷7号
负责人：周宏章　邮编：323000
法人：周宏章
Tel：13967089747
13157864730
18967070998
0578－6832280
E-mail：15100033@qq.com

**临安广祥中医诊所**
业务：从事肝病研究与诊疗近四十年，临床经验丰富、治疗方法独特，自创秘方清肝汤，主治急慢性乙型肝炎、大小三阳、重型肝炎、肝硬化、肝腹水及肿瘤，见效快、治疗率高。
地址：浙江省临安市锦城街道锦都嘉园20幢110号
负责人：帅光强　邮编：311300
法人：帅光强
Tel：13157166558

**杭州凯华大药房有限公司**
地址：浙江省杭州市江干区凯旋路254－1、2、3号
负责人：汤建辉
Tel：13396572035

**中华养生产业国际集团有限公司**
业务：主营：养生胶囊、冲剂；功能：治疗糖尿病.颈椎病.神经衰弱.骨质增生等
地址：浙江省宁波市海曙区鼓楼街道永寿街166号
负责人：韩鹤龄　邮编：315000
法人：韩鹤龄
Tel：13175913613
0574－56888779

**杭州东仁堂医药零售连锁有限公司皋塘店**
地址：浙江省杭州市江干区彭埠镇皋塘村二区28号
负责人：程海林
Tel：13758139715

**宁波市智仁生物科技有限公司**
业务：销售生物科技制品
产品：生物科技制品
地址：浙江省宁波市江东区彩虹南路223号（4－8）（4－9）
负责人：单甬建　邮编：315000
Tel：18957879999
0574－87833229

**杭州吴云才口腔诊所**
地址：浙江省杭州市江干区秋涛北路268号底层
负责人：吴云才
Tel：0571－86976090

**宁波环邦生物科技有限公司**
业务：有机废弃物（城市生活垃圾、污泥、禽畜粪便）处理、资源化利用
地址：浙江省宁波市江东区兴宁巷80号（2－15）－（2－18）
负责人：陈盛国　邮编：315040
法人：陈盛国
Tel：0574－87873457
13056852238
Fax：0574－87873457

**杭州联邦大药房**
地址：浙江省杭州市江干区新塘路305号
负责人：袁爱民
Tel：13336077156

**宁波市鄞州姜山百味堂大药房**
业务：中西药的销售
地址：浙江省宁波市鄞州区姜山镇人民路（姜山大桥宁波银行旁）32、34号
负责人：王世表　邮编：315191
法人：王世表
Tel：0574－88184299
Fax：0574－88184299

**海南友之邦医药有限公司驻杭州办事处**
地址：浙江省杭州市庆春路52号东清大厦E座1103室
负责人：沈莺莺
Tel：0571－28866705

**黄氏中医男妇科**
业务：内妇科，中医，兼在各大药房坐堂
地址：浙江省宁波市鄞州区邱隘镇邱隘南路10号
负责人：黄兆华　邮编：315000
法人：黄兆华
Tel：13185908846
0574－88163224

**杭州新思科医疗设备有限公司**
地址：浙江省杭州市江干区杭海路193号203室
负责人：崔立军
Tel：13958178666

**杭州丰润药房**
地址：浙江省杭州市江干区机场路275号
负责人：董苏英
Tel：13805713813

**杭州华惠医疗器械技术有限公司**
地址：浙江省杭州市上城区滨江新苑5－4－601室
负责人：詹震华
Tel：0571－86555306

**宁波市鄞州甬辉大药房**
业务：处方药与非处方药，中成药，化学药制剂，抗生素剂，生化药品，生物制品，中药材，中药饮片（不含配方经营等）/本药行以仁义为本，货真价实，价格合理的原则亲情服务于顾客
地址：浙江省宁波市鄞州区石碶街道石源路338号
负责人：王义勇　邮编：315000
法人：王义勇
Tel：0574－88271848
Fax：0574－88270037
网址：www.kq520.com/yu66226300

**杭州康易达医药科技有限公司**
地址：浙江省杭州市上城区丁衙巷14号205室
负责人：周运余
Tel：0571－86071611

**余姚市兰辉五金厂**
业务：五金配件，医疗器械零件的生产、加工与销售
产品：五金配件，医疗器械零件
地址：浙江省宁波市余姚市丈亭镇龙南村75号
负责人：潘仲辉　邮编：315400
法人：潘仲辉
Tel：13819862582
0574－62985094

**杭州华东大药房连锁有限公司海潮路连锁店**
地址：浙江省杭州市上城区海潮路52号
负责人：姜凤燕
Tel：0571－87820091

**上海明宏生物工程有限公司平湖分公司**
业务：生物医药研发，健康系列，安妮美颜系列
地址：浙江省平湖市当湖街道梅园路458号
负责人：凌志荣　邮编：314000
法人：凌志荣
Tel：0573－85118002
85118006

**杭州依视尔生物科技有限公司**
地址：浙江省杭州市上城区海潮路53号212室
负责人：金永江
Tel：13758528008

**衢州市柯城吕氏百草堂**
业务：中医科诊疗：肝病.颈椎病.骨质增生病.痛风.类风湿关节炎.男女不孕症.性功能不全.肾炎、高血压偏瘫偏风等
地址：浙江省衢州市柯城北门浮石路126－3号
负责人：吕斌　邮编：324002
法人：吕斌
Tel：0570－3023571
13587105821

**杭州威尔医疗设备有限公司**
地址：浙江省杭州市上城区翰林花园3幢1301室
负责人：温凤鸣
Tel：0571－87215373

**安泰工艺品有限公司**
业务：骨灰盒工艺品
地址：浙江省瑞安市安阳镇杨家桥
负责人：陈乃地　邮编：325200
法人：陈乃地
Tel：0577－65826284
Fax：0577－65826284

**杭州益品堂参茸有限公司**
地址：浙江省杭州市上城区华光巷1号（杭州吴山花鸟城二楼26、27号摊位）
负责人：郑长礼
Tel：0571－87154567

## 无限极(中国)有限公司

业务：无限极中草药健康产品、植雅个人护理系列品、维雅中草药护肤品、帮得佳家居用品。
产品：女士口服液：调节女士更年期综合症、调节肾阴虚；儿童口服液：调节儿童免疫力、增强记忆力；桑糖口服液：降血脂、血糖；常饮欣卫口服液：调节胃肠功能；海豹油胶囊：调节心脑血管疾病，降血糖、降血脂、降血压；灵芝皇胶囊：抑制肿瘤；钙片：含 CTP 吸收率80%等于市场任何一款补钙产品
地址：浙江省瑞安市马屿镇教育路 186 号
负责人：刘切恩　邮　编：325200
法　人：刘切恩
Tel：0577－65786289
网址：http://www.infinitus.com.cn/

**杭州广惠中医门诊部有限公司**
地址：浙江省杭州市上城区江城路 597 号－599 号二楼
负责人：詹乃俊
Tel：13666659649

## 瑞安市塘下麦硒康保健品经营部

业务：麦硒康保健品专卖
地址：浙江省瑞安市塘下镇陈宅村兴业南路 13 号
负责人：吴玲玲　邮　编：325200
法　人：吴玲玲
Tel：13157756050
0577－65905005

**杭州老百姓大药房连锁有限公司解放路门诊所**
地址：浙江省杭州市上城区解放路 111 号金钱大厦二楼
负责人：史冬梅
Tel：13325815758

## 上虞市百官街道安惠百菌健堂食品经营部

业务：针对高血压、糖尿病、补肾、肝病类、男女性功能、哮喘、前列腺、痛经、肠胃、睡眠、儿童记忆、各类色斑、控制肿瘤、抗辐射、便秘。
产品：灵芝、冬虫夏草、猴头菇、姬松茸、灰树花、香菇、芦荟、伏苓、聚宝灵芝、黑木耳等
地址：浙江省绍兴市上虞市百官街道凤鸣路 229 号
负责人：洪珍芳　邮　编：312000
法　人：洪珍芳
Tel：0575－82199399

**杭州再纯生物工程有限公司**
地址：浙江省杭州市上城区清泰街 208 号 401 室
负责人：楼旭鹏
Tel：13336192355

## 新昌县七星街道逸心堂大药房

业务：中西药销售
地址：浙江省绍兴市新昌县七星街道五都村
负责人：吕先生　邮　编：312500
邮　编：朱晓凤
Tel：0575－86829888

**杭州弘康药店有限公司**
地址：浙江省杭州市上城区秋涛路 190 号
负责人：王伟良
Tel：13018997398

## 绍兴市越城区新越州健康大药房

业务：中药、西药、饮片等销售
地址：浙江省绍兴市越城区东湖镇小皋埠村皋北
负责人：宋春苗　邮　编：312000
法　人：宋春苗
Tel：0575－88779878

## 丁晓烽理筋正骨特色推拿科

业务：主治：腰椎间突出症，颈椎病等
地址：浙江省嵊州市东站边惠民街 287－8 号
负责人：丁晓烽　邮　编：312000
法　人：丁晓烽
Tel：13396750772
13506753140

## 玉环祥康家用医疗器械经营部

业务：家用血糖仪、血压计、吸氧器、按摩椅等家用医疗器械
地址：浙江省台州市玉环县楚门镇中山村南兴西路 382 号
负责人：郭合文　邮　编：318000
法　人：郭合文
Tel：0576－81745166
81745167

**杭州飞宏药店有限公司**
地址：浙江省杭州市上城区秋涛路一弄 22 号
负责人：金飞亚
Tel：0571－86804993

**杭州鼓楼中医门诊部有限公司**
地址：浙江省杭州市上城区上仓桥路 12 号
负责人：楼羽刚
Tel：13606621606

**杭州浩源保健品有限公司**
地址：浙江省杭州市西湖区城北商贸园 49 幢 116 号商铺
负责人：李成洪
Tel：0571－88967366

## 苍南县灵溪松珍保健食品店

业务：国珍产品等一系列
地址：浙江省温州市苍南县灵溪镇塘南一街 135 号
负责人：陈维设　邮　编：325000
法　人：陈维设
Tel：0577－80875538
13858762865
网址：www.5dgz.com

**杭州乐贝尔健康咨询有限公司**
地址：浙江省杭州市西湖区翠苑新村一区 50 幢
负责人：李萍
Tel：0571－88070334

## 苍南县灵溪兴隆参茸保健品批发经营部

业务：保健品批发
产品：驴胶颗粒、阿胶颗粒、阿胶块、鹿茸颗粒、蛋白颗粒、美丽因子、靓太太肾宝、高钙片、西洋参 、东洋参、高丽参、鹿茸、燕窝、冬虫夏草、虫草花等一系列名贵产品
地址：浙江省温州市苍南县灵溪镇温州浙闽农贸综合市场三街 12 幢 116 号
负责人：池昌剪　邮　编：325000
法　人：池昌剪
Tel：13506877766
0577－26888711

**杭州友谊医院有限公司**
地址：浙江省杭州市西湖区黄姑山路 24 号
负责人：苏金苍
Tel：0571－88925333

## 温州市瓯海郭溪胡宝元口腔诊所

业务：口腔科门诊服务
地址：浙江省温州市瓯海区郭溪镇任桥村宏伟东路 19 号
负责人：胡宝元　邮　编：325016
法　人：胡宝元
Tel：13736355827
0577－85101797

**杭州种福药店**
地址：浙江省杭州市西湖区莫干山路 531 号
负责人：庄月芳
Tel：0571－88060678

## 温州市瓯海梧田天域藏经火疗

业务：经营范围：火疗具有疏通经络、调节气血、平衡阴阳、活化全身细胞、激活全身机能；祛除体内风湿、寒热毒等。特别是对处于亚健康状态的人群有特殊疗效。治疗项目：风湿、类风湿、颈椎、腰椎、肩周炎、关节炎、关节骨痛、胃下垂、子宫下垂、伤风感冒、神经衰弱、失眠多梦、便秘、四肢麻木、静脉曲张、跌打损伤、消肿止痛、腰肌劳损、腰酸背痛、脂肪肝、肾虚等，藏经火疗已被世界公认为医学领域最为悠久的三代医学之首，是我国医学宝库中的一个最重要的组成部分之一，是日常保健的首选方法。聚文化、休闲、保健、美容、塑身于一体。诚招全国加盟连锁
地址：浙江省温州市瓯海梧田蟠凤村蟠凤北路 56 号
负责人：徐日根　邮　编：325000
法　人：徐日根
Tel：0577－28864810
15058752559

**杭州质谱生物科技有限公司**
地址：浙江省杭州市西湖区文二路 240 号 201 室
负责人：张彩玲
Tel：13396596650

## 义乌市创世德医药童店路连锁店

业务：医药
地址：浙江省义乌市稠江街道童店路 31、33 号
负责人：王建荣　邮　编：321000
法　人：王建荣
Tel：13454932687
0579－85123907
网址：http://www.51zzt.com/user/zzt40599/coinfo.htm

**杭州市崇一医疗门诊部**
地址：浙江省杭州市西湖区文华路 452－458
负责人：赵华琼
Tel：0571－88919717

## 永康市东城丰之膳保健品商行

业务：燕窝虫草、咖啡美食(市区范围内燕窝炖品免费外送)
地址：浙江省永康市东城街道龙川东路 270 号
负责人：赵春沅　邮　编：321000
法　人：赵春沅
Tel：0579－87539168
13858916168

## 舟山市定海康福来推拿馆

业务：推拿、针灸等中医理疗
地址：浙江省舟山市定海区白虎山路 56 号－9
负责人：陈吉好　邮　编：316000
法　人：陈吉好
Tel：13957200281
0580－2929200

## 舟山市普陀区翔坤贸易有限公司

业务：经营运动保健类产品
产品：研康能量产品；神奇护颈；护腰带(男、女)；护腕；眼罩；胸垫；护膝；毛毯(大、中、小/号)；抗菌女内裤(各大中小号均有)；抗菌五指袜；抗菌牙膏；抗菌大师湿巾；抗菌多功能洗涤剂
地址：浙江省舟山市普陀区东港街道新城花园海华路 443 号
负责人：丁忠儿　邮　编：316000
法　人：丁忠儿
Tel：13857201972
0580－3819088
Fax：0580－3819088
网址：http://hsyz2010.cn.alibaba.com/

**杭州康润生物科技有限公司**
地址：浙江省杭州市西湖区文三路 388 号 807 室
负责人：王晓钧
Tel：13306815928

**杭州浙人生物科技有限公司**
地址：浙江省杭州市西湖区西溪路 594 号 1 幢 4 层
负责人：王佳
Tel：0571－86956246

## 嘉兴市核力医药有限公司 *

业务：本公司是一家新兴的现代化医药企业，主要经营化学药、中成药和抗生素等药品的批发和代理销售。“共创未来、同享辉煌”是核力医药永恒的主题，核力医药致力于打造成为一家专业的医药营销公司，继而发展成为集科、工、贸一体化的医药现代企业。
地址：浙江省嘉兴市中环东路西侧南湖创业园 2 号楼
邮　编：310002
法　人：李伟东
Tel：0573－2828000
Fax：0573－2826665

**杭州同益药店**
地址：浙江省杭州市西湖区西溪路 615 号
负责人：陈兵钊
Tel：0571－85220250

## 嵊泗县菜园镇林近保健品商店

业务：批发保健品
地址：浙江省舟山市嵊泗县菜园镇海滨路 217 号
负责人：曾为松　邮　编：316000
法　人：曾为松
Tel：15858091733
0580－5089293

**杭州聚英联邦医疗器械有限公司**
地址：浙江省杭州市西湖区学院路 58 号华星大楼二楼
负责人：张建军
Tel：13957149801

**宝乐经贸有限公司**
地址：浙江省温州市车站大道信合大厦 B 幢 1704
负责人：王汉福
Tel：0577－88116322
13867710222





# 安徽省/Anhui Province

**华春医院**
地址：安徽省安庆市怀宁县三桥镇中联村
负责人：朱华春
Tel：0556－4963766
13805562076

**安庆市中西药品有限责任公司竹坪医药站**
地址：安徽省安庆市岳西县店前镇店前村
负责人：刘同旺
Tel：0556－2320688

**蚌埠市科诺医疗器械有限责任公司**
地址：安徽省蚌埠市解放一路 181 号(电影公司二楼)
负责人：陈波
Tel：0552－3993271

## 安庆新意义齿加工厂

业务：安庆新意义齿加工厂成立于 2005 年，主要从事义齿加工，加工厂现已拥有自动化的办公系统，高技能专业人才和先进的生产设备，热情周到的售后服务是公司为扩大客户提供高品质义齿制品的可靠保证。
地址：安徽省安庆市大桥办事处叶池村
负责人：陈任波……邮　编：312000
法　人：陈任波
Tel：0556－5180233
Mobile：13855652763

**重庆宇宙花生物(集团)有限公司安徽分公司**
地址：安徽省蚌埠市群力街清华园小区 7 号楼 3 单元 601 室
负责人：朱学敏
Tel：0552－3919385

**亳州市国鑫医药有限公司**

地址：安徽省亳州市谯城区光明路
…………负责人：秦玉春
…………Tel：0558－5116638

**安庆金翼电子科技有限公司**
业务：主要经营印刷，能源，金融，医疗，教育五大核心高新技术新领域。开发国际亮化及健康城项目咨询、综合服务。
产品：金融系列：银行智能回单箱，ATM存取款机、多媒体查询机、电子显示屏等 医疗系列：B超、心电图、血液透析机、监护仪器、投资咨询及维修。能源系列：太阳能设备、发电设备、燃油设备、特种照明。软件系列：智能管理软件，PACS医疗系统，综合应用软件 工程系列：媒体信息工程、电子集成工程、自动化工程、人居环境及机械设计。
地址：安徽省安庆市开发区康来特家苑26号楼205室
…………负责人：徐锦华　邮　编：246000
…………法　人：徐锦华
…………Tel：0556－5308638
…………Fax：0556－5308638
…………网址：www.jinyinet.cn
…………E-mail：jinyi0556@163.com

**安徽金泰医疗器械有限公司**
业务：生产和销售各类贴剂、膏药、卫生材料、卫生用品、医疗器械等
产品：各类贴剂、膏药、卫生材料、卫生用品、医疗器械等
地址：安徽省阜阳开发区经二路633号
…………负责人：丁明彩　邮　编：236000
…………法　人：丁明彩
…………Tel：13955888113
13966807548
0558－2226039

**安徽井泉集团中药饮片有限公司（筹）**
地址：安徽省亳州市谯城区光明西路88号
…………负责人：李井泉
…………Tel：0558－5198899

**亳州市国苑中药饮片有限公司（筹）**
地址：安徽省亳州市谯城区光明西路现代中药城
…………负责人：吴有杨
…………Tel：0558－5198778

**亳州市景福中药饮片有限公司（筹）**
地址：安徽省亳州市谯城区光明西路现代中药城
…………负责人：李景福
…………Tel：0558－5210222

**安徽省亳州市钰臣药业有限责任公司**
地址：安徽省亳州市谯城区涡北温神庙
…………负责人：魏钰臣
…………Tel：0558－5252803

**阜阳市妇幼保健医院**
业务：妇幼保健
地址：安徽省阜阳市人民西路炮铺街56号
…………负责人：侯广群　邮　编：236000
…………法　人：侯广群
…………Tel：0558－2278999
2264674
2260775
2274493
13965575938
…………Fax：0558－2274493

**亳州市药材总公司**
地址：安徽省亳州市谯陵路10号
…………负责人：张涛
…………Tel：0558－5522717
13905689898

**亳州市建安药业有限责任公司**
业务：亳州市建安药业有限责任公司成立于2002年，主要经营中药材购销，以质量求生存、信誉求发展，热忱欢迎新老客户光临惠顾。
地址：安徽省亳州市谯城区建安仓库院内
…………负责人：王建华……邮　编：236800
…………法　人：张玉良
…………Tel：0558－5113328
5517188

**合肥康生堂保健品有限公司**
业务：专业从事高品质保健食品的营销并由专家提供免费营养健康咨询。
产品：纯天然虫草、人参、鹿茸等动植物类营养品；功能型保健酒类；饮料类；合成类保健品有：抗衰益寿滋补系列、减肥系列、美容系列，以及微量元素与常规维生素系列等。
地址：安徽省合肥市高新区科学大道103号浙商创业大厦A幢1508室
…………负责人：赵凯　邮　编：230001
…………法　人：赵凯
…………Tel：0551－5232875
0551－5232879

**巢湖市本草药业有限公司**
地址：安徽省巢湖市世纪新都C区2号楼05、06、07号门面
…………负责人：杨世文
…………Tel：0565－2367157

**天长市康辉医疗器械有限公司**
地址：安徽省滁州市天长市杨村镇建设路
…………负责人：王庭国
…………Tel：0550－7761188

**安徽省临泉县康德利卫生用品厂**
地址：安徽省阜阳市临泉县杨桥镇
…………负责人：王家秀
…………Tel：0558－6361258

**华源医药股份有限公司双浮医药站**
地址：安徽省阜阳市太和县舒乐东路37号－6
…………负责人：王友芳
…………Tel：0558－8626831
13905680509

**太和县华睿药材有限公司**
地址：安徽省阜阳市太和县细阳南路西二巷
…………负责人：李华
…………Tel：0558－8633377

**安徽济邦保健品有限公司**
地址：安徽省阜阳市太和县细阳中路66号
…………负责人：方贺
…………Tel：0558－8619911

**阜阳市红十字骨科医院**
地址：安徽省阜阳市颍州南路502号
…………负责人：王民选
…………Tel：0558－2172111

**安徽省本诚医药有限公司**
业务：销售各类医药
产品：各类医药
地址：安徽省合肥市蜀山区长江西路中兴花园1号A楼401室
…………负责人：周社本　邮　编：230001
…………法　人：周社本
…………Tel：13866768818
0551－5316803

**安徽大禾药业有限公司**
业务：安徽大禾药业有限公司成立于2003年10月，经营中成药、中药材、中药饮片、化学药制剂、化学原料药等。欢迎来电垂询。
地址：安徽省巢湖市和县历阳中路4号楼
…………邮　编：238200
…………法　人：余建武
…………Tel：0565－5312431
…………Fax：0565－5324421

**安徽祥达医疗器械有限公司**
地址：安徽省合肥市包河区巢湖路287号28号楼
…………负责人：刘伟军
…………Tel：0551－2113768

**安徽美迪特医疗科技有限责任公司**
地址：安徽省合肥市包河区合工大科技街西二座
…………负责人：周卫东
…………Tel：13905510765

**安徽九鼎医药科技有限公司**
地址：安徽省合肥市包河区黄山路与宿松路交叉口科研办公楼
…………负责人：费勤志
…………Tel：13155124327

**合肥安光大恒医疗器械有限公司**
业务：医疗器械经营
地址：安徽省合肥市蜀山区稻香路9号创业大厦320室
…………负责人：单勇　邮　编：230001
…………法　人：单勇
…………Tel：0551－5369901

**合肥国瑞医药科技有限公司**
地址：安徽省合肥市包河区太湖路新世界太宁花园13幢4单元05号
…………负责人：傅晓玲
…………Tel：13856047915

**安徽长临河医药科技有限公司**
地址：安徽省合肥市肥东县长临
…………负责人：石全
…………Tel：13956026468

**安徽锦龙医疗保健有限公司**
地址：安徽省合肥市淝河路海达小区门面3号
…………负责人：林锦龙
…………Tel：13309690999

**安徽慧达医药科技有限公司**
地址：安徽省合肥市高新区纬一路AJ－2地块
…………负责人：陈正皓
…………Tel：0551－4678062

**安徽霍山县金钟潭中药材有限公司**
业务：以霍山石斛为主的中药材种植，加工，销售
地址：安徽省六安市霍山县太平畈乡何家坊村
…………负责人：何哲　邮　编：237266
…………法　人：何哲
…………Tel：0564－5741107
15855930888

**程辉医疗设备有限公司**
地址：安徽省合肥市霍邱路人防大厦405室
…………负责人：武亚非
…………Tel：0551－5600876
13966661306

**成明生物制药有限公司**
地址：安徽省合肥市经济技术开发区芙蓉西路2号安徽医学高等专科学校内
…………负责人：屈成明
…………Tel：0551－3818280
13909696560

**合肥天阳医药有限公司**
业务：合肥天阳医药有限公司主要从事于医药的研发、生产、销售。公司以"质量求生存、信誉求发展"，欢迎广大用户光临惠顾！
地址：安徽省合肥市包河工业园金山路
…………负责人：蔡永春……邮　编：230000
…………法　人：蔡永春
…………Tel：0551－7119611
7119622
…………Fax：0551－7119628

**合肥智博医疗器械有限公司**
地址：安徽省合肥市庐阳区蒙城北路东5号楼204室
…………负责人：杨岗
…………Tel：13705510181

**六安市荣康医疗器械有限公司**
业务：销售医用耗材
地址：安徽省六安市龙河路52号
…………负责人：荣先云　邮　编：237006
…………法　人：荣先云
…………Tel：0564－3212456

**合肥市中通医疗器械有限公司**
地址：安徽省合肥市骆岗镇盛大村新庄别墅园南5栋
…………负责人：朱雪姣
…………Tel：0551－3447244

**安徽悦来医药有限公司**
地址：安徽省合肥市蜀山区长江西路407号（原蜀山路89号）
…………负责人：王广运
…………Tel：0551－2654880

**安徽省吉诚医疗器械有限公司**
地址：安徽省合肥市濉溪东路6号402室
…………负责人：郑杰
…………Tel：13705696903

**安科医用设备有限公司**
地址：安徽省合肥市西市区希望路8号福乐园别墅E座8号
…………负责人：李想深
…………Tel：0551－5321206
13705511444

**宏达针灸厂**
地址：安徽省六安市霍邱县龙潭镇石庙街道宏达针灸厂
…………负责人：王家明
…………Tel：0564－6736666
13856437899

**马鞍山市成为大药房**
业务：经营中成药、生物制剂、保健品等中西药品的零售业务
地址：安徽省马鞍山市雨山区格林春天9栋110室
…………负责人：吴为为　邮　编：243000
…………法　人：吴为为
…………Tel：13855501515
0555－5200811

**六安市裕安大药房**
地址：安徽省六安市金安区大别山路49号
…………负责人：罗运龙
…………Tel：13905642825

**心源药业有限责任公司**
地址：安徽省六安市寿县寿春镇南门外
…………负责人：门传军
…………Tel：13956106766

**安徽丰原铜陵中药饮片有限公司**
业务：安徽丰原铜陵中药饮片有限公司成立于1994年9月，位于铀陵市铜都大道 中段3588号。从事中药材、中药饮片、保健品的生产、销售。
地址：安徽省铜陵市铜都大道中段3588号
…………邮　编：244000
…………法　人：江田宝
…………Tel：0562－2625526
2625722
…………Fax：0562－2625252

**马鞍山市润康医疗器械有限责任公司**
地址：安徽省马鞍山市红旗南路88号（开发区科创中心内12410）
…………负责人：奚德礼
…………Tel：13805557578

**马鞍山市仁和医疗器械有限公司**
地址：安徽省马鞍山市花山区碧云天花园5—西1（观山阁33号）
…………负责人：张圣芳
…………Tel：0555－8362388

**宿州市兴隆医疗器械有限公司**
业务：经营医疗器械
地址：安徽省宿州市淮河路32号
…………负责人：胡斌　邮　编：234000
…………法　人：胡斌
…………Tel：0557－3923090

**马鞍山市勤和医疗器械有限责任公司**
地址：安徽省马鞍山市金家庄区幸福路35号204室
…………负责人：胡俊
…………Tel：13855586092

**安徽赫尔生物医学检验科技有限公司**
业务：安徽赫尔生物医学检验科技有限公司成立于2002年10月，位于安徽省合肥市高新区天智路20号科大创新产业基地202室。公司拥有万级、10万级净化生产、实验厂房，各种证件、设施齐全。公司首发产品：真空定量采血管，有玻璃和塑料两种，各种规格齐全，能满足医学临床检验和科研需要。热烈欢迎国内外同道：1、科研协作，产品开发，2、市场开发，产品营销代理。
地址：安徽省合肥市高新区天智路20号科大创新产业基地202室
…………邮　编：230022
…………法　人：申乐亭
…………Tel：0551－5331459
5331429
…………Mobile：13909625335
…………Fax：0551－5331459

**马鞍山市阳光医疗器材有限公司**
地址：安徽省马鞍山市雨山区三台路国际装饰大世界16幢
…………负责人：郭宏
…………Tel：13305559083

**宿州市国康医药科技开发有限公司**
业务：本公司成立于2005年，主要从事新药研发，转让，推广，技术服务。
地址：安徽省宿州市恒丰大厦4楼西B座
…………负责人：程鹏……邮　编：234000
…………法　人：程鹏
…………Tel：0557－3058088
3055500
…………Fax：0557－3029186
…………E-mail：wangyafei1983@163.com

**铜陵禾田中药饮片有限公司**
地址：安徽省铜陵市铜陵县顺安镇金山工业园
…………负责人：余建生
…………Tel：0562－8894666

**安徽同仁医疗投资管理有限公司**
地址：安徽省芜湖市鸠江区十里小区一区四号
…………负责人：兰招武
…………Tel：0553－5884170

**康丽雯保健用品有限公司**
业务：康丽雯保健用品有限公司成立于1997年，主要经营医疗器械、医用耗材等。产品质量保证，价格合理，欢迎来电垂询。
地址：安徽省合肥市太湖路太宁花园紫兰院2幢105
…………邮　编：230011
…………法　人：江丕文
…………Tel：0551－3450853
…………Fax：0551－3450853

**百草植物工贸有限公司**
地址：安徽省宣城市经济技术开发区
…………负责人：徐家龙
…………Tel：0563－2621078
13805637675

## 福建省/Fujian Province

**福鼎市天年健康体验中心**
业务：免费康复医疗、义务健康咨询、医药知识讲座、研讨保健常识、娱乐健身运动
地址：福建省福鼎市龙山中路182号
负责人：曹良丛　邮　编：355200
法　人：曹良丛
Tel：0593－7821227

**宜又佳医药商店**
地址：福建省长乐市吴航街道郑和路金林大厦272－276号店
负责人：薛仁瑞
Tel：0591－28836315
13950325410

**福清市汇珍堂参茸滋补行**
业务：冬虫夏草、燕窝、雪蛤、西洋参等滋补品
地址：福建省福清市国际商展中心一号（好又多超市出口处）
负责人：陈为升　邮　编：350300
法　人：陈为升
Tel：13950246393
0591－86895356
Fax：0591－86895356

**长乐江田三溪康健大药房**
业务：销售药品
地址：福建省福州市长乐市江田镇溪山开发区店面
负责人：潘兰珠　邮　编：350001
法　人：潘兰珠
Tel：0591－28765818

**仙妮蕾德东升健康产品商行**
业务：高品质、高度浓缩、安全、独特、高效的健康草本产品
产品：健康草本食品、饮品、护肤品，家居用品
地址：福建省长乐市吴航街道郑和西路99号锦江花园二区
负责人：林今萍　邮　编：350200
法　人：林今萍
Tel：0591－28553836
13067268066
Fax：0591－28553836
网址：www.sunrider.com.cn
E-mail：ljp888sunrider@yahoo.com.cn

**清远市医药有限公司驻福州办事处**
地址：福建省福州市树汤路17号康光温泉1－1201
负责人：汪鹏
Tel：0591－87807080
13506970116

**仙游县万寿堂医药商行**
业务：仙游县万寿堂医药商行是一家从事零售中药材、中药饮片、中成药、化学药制剂、抗生素、生化药品、生物制品的商行。欢迎新老客户光临！
地址：福建省莆田市仙游县枫亭镇公园路8号
邮　编：351254
法　人：许政逢
Tel：0594－7685858
Fax：0594－7685858

**保春堂滋补品**
业务：冬虫夏草、燕窝
地址：福建省福州市鼓楼区五凤街道白龙路6号楼1号
负责人：林杰　邮　编：350000
法　人：林杰
Tel：13376997599
0591－88883536
87273908
Fax：0591－87273908

**福州元升堂生物科技开发有限公司**
地址：福建省福州市台江区南台商贸中心2座2F
负责人：邱华潮
Tel：0591－83646208

**福州中凯商贸有限公司**
业务：销售各类保健品、药品
产品：保健品、药品
地址：福建省福州市鼓山镇远洋路392号蓝湾雅境公寓原实华公寓2号楼505单元
负责人：刘兴云　邮　编：350001
法　人：刘兴云
Tel：0591－88002872
Fax：0591－88002871
网址：597440188@qq.com

**福州劲力电子有限公司**
业务：健身器材，保健器材
产品：按摩椅，按摩靠垫
地址：福建省福州市晋安区岳峰镇连江北路582号
负责人：苏国武　邮　编：350001
法　人：苏国武
Tel：0519－88054109
Fax：0591－83644109

**宜康药店**
业务：中成药，西药，医疗器械，营养品
地址：福建省福州市平潭县潭城镇东大街14号
负责人：施传亮
法　人：陈先生
Tel：0591－23133133

**福建永惠医药连锁有限公司**
地址：福建省福州市台江区群众路68号永辉花园5号
负责人：郭爱银
Tel：0591－87110857
13809505513

**厦门新希阳纳米织物科技有限公司**
地址：福建省厦门市湖里区殿前1号路536号工业厂房3楼
负责人：许显普
Tel：0592－5157766

**厦门钜翔医药有限公司**
地址：福建省厦门市湖里区东渡壕头南库区一号库第四层
负责人：吴碧瑜
Tel：0592－6019388

**平潭县城关野花香蜂蜜店**
业务：蜂蜜，蜂胶，蜂王浆，蜂花粉，蜂蜜酒
地址：福建省福州市平潭县潭城镇海坛步行街C2区17号
负责人：高定国　邮　编：350400
法　人：高定国
Tel：0591－24251185
13600864763
18906920101
网址：www.ptyhx.com.cn

**厦门磁元生物科技有限公司**
地址：福建省厦门市湖里区禾山路266－268号联谊大厦第六层E01、04单元
负责人：黄云清
Tel：0592－3109168

**神奇木酢久久怡康（建瓯体验中心）**
业务：神奇木酢贴：具有排毒、除湿、消肿、治痛等功效
地址：福建省建瓯市大龙须巷16号
负责人：林琴英　邮　编：353000
法　人：林琴英
Tel：0599－3893862
3862011

**厦门市湖滨药店有限公司金尚分店**
地址：福建省厦门市湖里区金尚路270号
负责人：苏亚娜
Tel：0592－2234766

**德安康食品商行**
业务：销售人参、鹿茸、冬虫夏草、燕窝
地址：福建省晋江市内坑镇白安村美人街103号
负责人：洪祖昭　邮　编：362200
法　人：洪祖昭
Tel：13960296335
13905953508
0595－88322891

**厦门市美信好又惠医药有限公司源昌分店**
地址：福建省厦门市思明区禾祥东路170号之24
负责人：林爱珍
Tel：0592－5804021

**连城县新康药店**
业务：药品销售
地址：福建省龙岩市连城县莲峰镇中山小区E幢4号店
负责人：沈凌　邮　编：366200
法　人：沈凌
Tel：0597－8931366
E-mail：987angleme@163.com

**厦门市永裕泰药店有限公司**
地址：福建省厦门市思明区禾祥西路134－138号
负责人：陈瑞泰
Tel：0592－2208176

**连城县朋口镇丽华参茸保健行**
业务：主要经营田七、洋参、鹿茸、虫草、燕窝、高丽参及各种中药材，保健品，性保健品等，批零兼营，品种齐全，欢迎前来选购。
地址：福建省龙岩市连城县朋口镇沿河路32号
负责人：吴载标　邮　编：3662110
法　人：吴载标
Tel：0597－8369449
13507509877
13959076183
Fax：0597－8369449

**上杭县百圣药行**
业务：零售：中药饮片、中成药、化学药制剂、抗生素、生化药品、生物制品
地址：福建省龙岩市上杭县临江镇北环路481号
负责人：丘联登　邮　编：364000
法　人：丘联登
Tel：0597－3991369

**厦门市丞力医疗器械有限公司**
地址：福建省厦门市思明区湖滨北路中信惠扬大厦公寓楼27F/A单元
负责人：庄夏谊
Tel：0592－5310711

**厦门海菲生物技术有限公司**
地址：福建省厦门市思明区湖滨中路6路汇成商业中心1607单元
负责人：潘文徽
Tel：0592－3117383

**上杭县新世纪保健食品店**
业务：专营无限极、雅芳保健食品及化妆品
地址：福建省龙岩市上杭县临江镇北环路53号一楼商店
负责人：黄尚昆　邮　编：364200
法　人：黄尚昆
Tel：15159041995
0597－3888552

**上杭县邱晶森牙齿美容店**
业务：牙齿美容及牙体修复
地址：福建省龙岩市上杭县临江镇解放路成龙大厦西侧
负责人：邱晶森　邮　编：364200
法　人：邱晶森
Tel：13515914817
0597－3880885

**厦门绿盟生态科技有限公司**
地址：福建省厦门市思明区嘉禾路295号20A单元
负责人：陈存及
Tel：0592－8509966

**龙岩市新罗区莲东益民大药房**
业务：中西药、参茸销售
地址：福建省龙岩市新罗区莲东北路13号9幢6号店
负责人：张庆柴　邮　编：364000
Tel：13600981398
0597－2397998

**万辉医疗器械有限公司**
地址：福建省厦门市思明区莲花南路18号
负责人：万辉
Tel：0592－5139183
13906034043

**永定县康福药店**
业务：零售中药饮片，中成药，化学制剂，抗生素制剂
产品：生化药品，生物制品，保健食品
地址：福建省龙岩市永定县抚市镇抚兴大道综合市场斜对面
负责人：林小姐　邮　编：364104
Tel：0597－5658286
Fax：0597－5658286

**厦门威创生物技术有限公司**
地址：福建省厦门市思明区莲花香秀里62号九州大厦7楼
负责人：罗维清
Tel：0592－5517022

**永定县为民药店**
业务：中成药、处方药与非处方药，以及医疗器械零售等
地址：福建省龙岩市永定县龙潭镇上在村下坝子36号
负责人：卢显中　邮　编：364000
法　人：卢显中
Tel：0597－5602210

**惠氏制药有限公司厦门办事处**
地址：福建省厦门市思明区鹭江道8号国际银行大厦23楼B2单元
负责人：吴晓滨
Tel：0592－8129987

**仙游县鲤南杏林堂药店**
业务：专营中药饮片、中成药、化学药制剂、抗生素，品种齐全，平价货真，常年免费提供血糖监测，专业药师提供用药咨询指导，杏林堂药店与您共享健康生活！
产品：制剂，生化药品，生物制品
地址：福建省莆田市仙游县鲤南镇平原村外洋8号
负责人：蔡庆峰　邮　编：351100
法　人：蔡庆峰
Tel：0594－8180181

**永定县培丰海华药店**
业务：销售药品
产品：处方药、非处方药、医疗器械
地址：福建省龙岩市永定县培丰镇大排新街49号（菜市场对面）
负责人：张发连　邮　编：364100
法　人：张发权
Tel：13656933709
0597－5697161

**厦门市德安药房有限公司**
业务：厦门市德安药房有限公司主要零售中成药、中药饮片、化学药制剂、抗生素、生化药品，质量保证、价格合理，热忱欢迎新客户光临惠顾。
地址：福建省厦门市湖里区湖里寨上菜市场天安药局
负责人：苏子厚　邮　编：361006

………………………………法　人:苏子厚
………………………………Tel:0592－8828867
5750123

**安溪县凤城镇奇正药店**

业务:销售药品
地址:福建省泉州市安溪县凤城祥明路9、11号
………负责人:陈钦河　邮　编:362000
………………………………法　人:陈钦河
…………Tel:0595－23112000
13400879599

**恒润雄方纳米科技有限公司福建分公司**

业务:生产纳米科技产品,产品为:保健品、酒类
地址:福建省南平市创世纪B座3号楼1205室
………负责人:袁章军　邮　编:353000
………………………………法　人:袁章军
…………Tel:0599－8833479
8625989
…………Fax:0599－8625989

**厦门市威杰特医院管理有限公司**

地址:福建省厦门市思明区文灶文园路11号101室
………………………………负责人:吴金友
………………………………Tel:0592－2077198

**益发滋补行**

业务:滋补佳品,珍贵药材
地址:福建省泉州市晋江市内坑镇白安村美人街69号
………负责人:郑全发　邮　编:362000
………………………………法　人:郑全发
…………Tel:13600763978
0595－88324424
…………Fax:0595－88324424

**顺昌县新丽可医疗器械经营部**

业务:矫正脊椎,促进血液循环、治疗风湿、关节炎、椎间盘突出、适合颈椎病、腰椎病、腰椎小关节紊乱、腰肌劳损等辅助治疗。性能:热灸指压、脊椎矫正、温热远红外线
地址:福建省南平市顺昌县双溪中山中路150号华昌3楼(电视台对过)
………………负责人:李巧林　梁东彪
………………………………邮　编:353000
………………………………法　人:李霞
…………Tel:13276071667
0599－7827233
7827211
13960669994
…………Fax:0599－7827211

**石狮市护眼郎学生视力健康服务机构**

业务:护眼朗学生视力健康服务机构,主营护眼品销售、售后服务及眼部保健按摩,以治疗青少年近视、弱视、远视、散光等病症为己任。致力让更多的孩子在我们的帮助下拥有明亮的眼睛!
产品:耳磁珠、护眼膏、眼贴、眼穴硬膏、舒目镜
地址:福建省泉州市石狮市琼林南路嘉利苑101号店
………负责人:许棋源　邮　编:362700
………………………………法　人:许棋源
…………Tel:0595－88765939
………………E-mail:159597939@qq.com

**霞浦县下浒千方大药房**

业务:经营面积120平方米,环境优美,经营品种齐全,具有雄厚专业的技术人员,保证本药房药品质量安全有效,配有专业相应的药学技术人员.并保证质量的设施和计算机管理系统."质量第一、客户第一、信誉第一".服务宗旨:你们的健康是我们的理想,平价药房诚信经营,千方大药房,服务千万家.
地址:福建省宁得市霞浦县下浒镇中心街28号
………负责人:叶加赠　邮　编:352100
………………………………法　人:叶加赠
…………Tel:0593－8585988

**永春县桃城正圆燕宝阁**

业务:燕窝,虫草,高档烟酒,好想你红枣,进口食品等经营
地址:福建省泉州市永春县桃城镇环城路130号
………负责人:周先生　邮　编:362000
………………………………法　人:周培植
…………Tel:0595－23977666

**厦门中迅达生物技术有限公司**

地址:福建省厦门市思明区厦禾路844号11B－1－1室
………………………………负责人:何幸
………………………………Tel:0592－5718110

**厦门市拓鑫系统工程有限公司第一分公司**

地址:福建省厦门市思明区天湖路38号假日E时代电子城341号
………………………………负责人:田长虹
………………………………Tel:0592－2207305

**沙县亚林食品商行**

业务:保健品
地址:福建省三明市沙县鸿图花园鸿辉园4幢D27号店
………负责人:郑贵金　邮　编:365000
………………………………法　人:罗奋铠
…………Tel:0598－5828298
13950982216
13605984727

**厦门宇晨医疗器械有限公司**

地址:福建省厦门市思明区香莲里33号9A
………………………………负责人:王传文
………………………………Tel:0592－5517930

**漳州市芗城区钦杨保健品店**

业务:保健品的销售
产品:氨基酸、洋参丸、燕窝、冬虫夏草等
地址:福建省漳州市芗城区浦南镇浦林村
………负责人:刘钦杨　邮　编:363004
………………………………法　人:刘钦杨
…………Tel:13348472733
0596－2589814

**福鼎市燕思巢燕窝店**

业务:燕窝等保健品
地址:福建省宁德市福鼎市秦屿镇玉池南路278号
………负责人:林兆冠　邮　编:355209
………………………………法　人:林兆冠
…………Tel:0593－6177717

**漳浦县旧镇镇桥林保健品商行**

业务:保健品销售
地址:福建省漳州市漳浦县旧镇镇潭仔头村桥头圩
………负责人:林梁山　邮　编:363000
………………………………法　人:林梁山
…………Tel:0596－3777492
13205962796

**福清市龙田锦红保健食品店**

业务:专营"无限极"系列保健食品、化妆品、日用品,以"生命为本,健康一生"为宗旨,竭诚为您提供各类保健品健康咨询服务,欢迎新老朋友光临惠顾!
产品:增健灵芝皇、时臻胶囊常欣卫、男士女士儿童口服液等
地址:福建省福清市融城融北路185号501室
………………负责人:杨小兰　王品英
………………………………邮　编:350300
………………………………法　人:杨小兰
…………Tel:15080083037
13405938011
………………网址:www.infintus.com.cn

**莆田市城厢区苏鼎医疗器械有限公司**

业务:销售医疗器械
产品:医疗器械
地址:福建省莆田市城厢区荔城路81号1304室
………负责人:冯桥林　邮　编:351100
………………………………法　人:陈建峰
…………Tel:18605015533
15080141503
0594－2850130
…………Fax:0594－2653226

**莆田市城厢区福仁医疗美容诊所**

业务:医疗美容
地址:福建省莆田市城厢区文献路546号(田尾圆圈)
………负责人:傅福仁　邮　编:351100
………………………………法　人:傅福仁
…………Tel:13860996233
13950755296
13799642352

**漳州市成茂医药有限公司**

业务:漳州市成茂医药有限公司成立于2005年12月,从事中成药、中药材、中药饮片、化学药制药、生化原料药、抗生素、抗生素原料药、生化药品、生物制品的批发及医药保健食品销售。
地址:福建省漳州市平和县小溪镇东风街阳光小区
………………………………邮　编:363700
………………………………法　人:朱丹青
………………………………Tel:0596－5217002
………………………………Fax:0596－5233516

## 江西省/jiangxi Province

**赣州华尔康大药房零售连锁有限公司南安分店**
地址:江西省赣州市大余县南安镇余西街胜利路
负责人:朱春明
Tel:0797－8719133

**进贤卢家不锈钢医疗设备厂**
业务:不锈钢医疗设备
地址:江西省南昌市进贤县长山乡卢家村
负责人:卢学华 邮 编:337724
法 人:卢学华
Tel:13767071468
0791－5602086
Fax:0791－5602086
网址:http://www.51zzt.com/user/zzt34201

**江西省景贾医药有限责任公司**
地址:江西省赣州市信丰县嘉定镇阳明中路51号
负责人:俞詠华
Tel:0797－3311791

**赣州齐盛生物科技有限公司**
地址:江西省赣州市寻乌县文峰工业园区
负责人:王员中
Tel:0797－2888031

**康平医疗器械有限公司**
地址:江西省赣州市章贡区东桥路8号
负责人:孙菊平
Tel:0797－8116508
13803586636

**抚州苍源药业开发有限公司**
业务:江西省抚州市苍源药业开发有限公司是一家集中药材种植、生产加工、销售为一体的综合型企业。我们以其稳定的质量、可靠的卫生保障深受广大用户的好评!
地址:江西省抚州市金巢工业园区
负责人:周河龙 邮 编:344000
法 人:周河龙
Tel:0794－8241699

**老百姓大药房有限公司**
地址:江西省赣州市章贡区健康路35号卫府里旁
负责人:李学年
Tel:0797－8352219
13970723348

**申申动物保健品经营部**
地址:江西省赣州市章贡区水东农资大市场一街8－9号
负责人:王湘电
Tel:0797－8467393
13970798228

**江西国大医药有限责任公司**
地址:江西省吉安市青原区火车站广场西北角(市新华书店)
负责人:肖飞
Tel:0796－8101599

**江西松鹤医疗器械有限公司**
业务:6864医用卫生材料及附料的生产和销售
产品:6864医用卫生材料及附料
地址:江西省南昌市进贤县进长路16号
负责人:肖克 邮 编:331701
法 人:肖克
Tel:13576075688
0791－5310818
Fax:0791－5310618

**江西绿尔康生物科技有限公司**
地址:江西省吉安市永丰县永抚路经济开发区业工业园
负责人:张晋瑞
Tel:0796－2516629

**江西乐康中药饮片有限公司**
地址:江西省景德镇市乐平市双田镇横路村88号
负责人:叶质量
Tel:0798—6680066

**昂泰药业有限公司**
地址:江西省九江市武宁县车渡工业区
负责人:丁大林
Tel:0792－2761335
13807026001

**武宁杰浩生物科技有限公司**
地址:江西省九江市武宁县纤维板厂院内
负责人:阮林杰
Tel:13755272688

**九江吉美医疗器械有限公司**
业务:德国GIMMI公司是一家专业生产内窥镜的厂家,九江吉美医疗器械有限公司是德国GIMMI公司在华中西北地区的总代理及维修中心。本公司有直接外贸进出口权,直接从德国进口,直接服务于广大用户,从而降低了用户的成本,提高了服务的效率。
地址:江西省九江市庐峰东路15号
邮 编:332000
法 人:袁南奇
Tel:0792－8571206
Fax:0792－8570802

**江西健峰医疗器械有限公司**
地址:江西省南昌市东湖区民德路338号南方大厦A幢1602号
负责人:吴文英
Tel:13970960772

**南昌市全兴医疗器械有限公司**
业务:一类医疗器械生产,销售
产品:一次性使用薄膜手套,无纺布系列
地址:江西省南昌市进贤县李渡镇李渡大道5号
负责人:付福斌 邮 编:331725
法 人:付福斌
Tel:0791－5631886
Fax:0791－5631886

**南昌市广福堂大药房**
地址:江西省南昌市东湖区青山南路701号
负责人:陆细凤
Tel:0791－8629303

**济南康普医药有限公司南昌办事处**
地址:江西省南昌市东湖区青山支路26号51栋4单元508室
负责人:邱建明
Tel:13507031588

**江西天同医疗设备有限公司**
地址:江西省南昌市东湖区四纬路29号富国大厦二楼
负责人:李浔丰
Tel:0791－6839226

**江西华康医疗器械有限责任公司**
地址:江西省南昌市东湖区阳明路110号7楼
负责人:施建祥
Tel:0791－2196596

**天津天狮生物工程有限公司江西分公司**
地址:江西省南昌市东湖区阳明路97号
负责人:张新军
Tel:13319718228

**江西星子县蓼花长寿保健按摩制品厂**
业务:我厂研制的"长寿"保健按摩神枕系列产品,选用纯天然名贵中草药科学配制,适用于各种头痛失眠、腰酸腿痛、血脂、血压偏高等症。产品远销海内外,深受消费者青睐。
地址:江西省九江市星子县汉岭新街77号
负责人:詹明金 邮 编:332803
法 人:詹明金
Tel:0792－2621289
Fax:0792－2621289

**南昌华健医用设备有限公司**
地址:江西省南昌市高新开发区南昌民营科技园内
负责人:熊华荣
Tel:13576045238

**江西中德医学基因学司法鉴定所**
地址:江西省南昌市高新开发区医院门诊部三楼
负责人:刘刚
Tel:0791－8108182

**中赣医用卫生材料厂**
地址:江西省南昌市进贤县李渡新四季大道338号
负责人:邓环
Tel:0791－5636599
13970099076

**江西省瑞贝科技发展有限责任公司**
地址:江西省南昌市进贤县李渡镇
负责人:李庆丰
Tel:0791－5638292

**瑞昌市康寿堂大药房**
业务:药材销售兼营日用品
产品:处方药、非处方药、中成药、化学药制剂、抗生素
地址:江西省瑞昌市市府西路广场花园小区
负责人:李屏华 邮 编:332200
法 人:李屏华
Tel:13635982286
0792－4217764
Fax:0792－4217764

**南昌康俊医疗器械有限公司**
地址:江西省南昌市进贤县李渡镇益康大道
负责人:康俊红
Tel:13907094338

**江西圣树生态科技有限公司**
地址:江西省南昌市南昌高新区高新二路物业片团综合楼314室
负责人:卢明明
Tel:13870935945

**江西众心药业有限公司**
业务:江西众心药业有限公司座落在昌九工业走廊中段永修县境内,离昌九高速1.5公里,毗邻风景秀丽的庐山。公司占地面积6.8万平方米,已建成建筑面积2.2万平方米的GMP标准厂房,通过国家食品药品监督管理局GMP认证的型生产基础。公司剂型全、品种多,科技含量高,公司拥有小容量注射剂、胶囊剂、颗粒剂、片剂四个剂型30余介品种,公司本着以人为本"一心一意做好药"的经营理念,"为民众谋健康"的企业宗旨。
地址:江西省九江市永修县军山大道(云山经济开发区)
邮 编:330323
法 人:童国建
Tel:0792－3051111
3052223
Fax:0792－3052221
网址:http://jxzxyy.chinapyp.com

**南昌蓝月生化有限公司**
地址:江西省南昌市南昌县莲塘斗柏路215号
负责人:邹临
Tel:0791－2808019

**江西康乐医药有限公司**
地址:江西省南昌市南昌县莲塘向阳路655号
负责人:黄小金
Tel:13970027300

**南昌县同创兽药有限公司**
地址:江西省南昌市南昌县南莲路598号
负责人:陈欣荣
Tel:13807002193

**江西绿康保健蜂业有限公司**
地址:江西省南昌市南昌县向塘镇
负责人:陈友贵
Tel:13803529757

**江西开心人大药房连锁有限公司洪都新世界连锁店**
地址:江西省南昌市南飞制造公司集贸市场内
负责人:叶忠熊
Tel:13065187262

**江西华晨医药科技有限公司**
地址:江西省南昌市青山湖区高新大道708号
负责人:李少华
Tel:13807095522

**江西飞云医药有限公司**
地址:江西省南昌市青山湖区洪都中大道176号
负责人:邹其翼
Tel:0791－8501278

**江西南大博仕制药有限公司**
业务:江西南大博仕制药有限公司主要从事中成药的生产与销售。"质量可靠,信誉第一",热诚欢迎广大新老客户来电来人洽谈业务,共同合作!
地址:江西省南昌市高技术开发区高新大道589号南昌大学科技园内
负责人:梁永平 邮 编:330029
法 人:梁永平
Tel:0791－8102758

**江西腾达药业有限公司**
地址:江西省南昌市青山湖区京东大道桃湖村产业园7栋
负责人:郭勇
Tel:13970825597

**江西百乐康大药房有限公司**
地址:江西省南昌市青云谱区解放西路125号
负责人:罗顺梅
Tel:13807081077

**南昌市龙湾植物生态有限公司**
地址:江西省南昌市湾里区城交路12号
负责人:徐长生
Tel:13807989188

**如新(中国)日用保健品有限公司江西分公司**
地址:江西省南昌市西湖区建设西路8号
负责人:邱锦云
Tel:0791－6561330

**江西龙珠药业有限公司南昌办事处**
地址:江西省南昌市西湖区井冈山大道1028号1210室
负责人:胡汛
Tel:13807054694

**南昌铁路客车车辆段工会技术服务部**
地址:江西省南昌市西湖区新魏路1号
负责人:韩卫东
Tel:0791－7020324

**晋安堂中药村发展有限公司**
地址:江西省萍乡市芦溪镇东桥街38号
负责人:刘忠文
Tel:0799－7551298
13607993279

**江西康熙中药材饮片有限公司鄱阳分公司**
地址:江西省上饶市鄱阳县鄱阳湖工业园区内
负责人:刘明
Tel:0793－6279999

**江西德泰医药生物营销有限公司**
业务:本公司是一家集研发、生产与销售为一体的现代化高新技术企业,始终致力于将现代生物技术的优秀成果应用于大众食品领域,不断为社会创造价格适中、具有一定保健功能、高品质的新型健康食品。
地址:江西省南昌市民营科技园进顺工业区
负责人:张德平 邮 编:330096
Tel:0791－8195383－6688
Fax:0791－8195692
网址:www.detai.com.cn

**上饶爱心大药房有限公司旭日店**
地址:江西省上饶市上饶县旭日镇南灵路(金峰商城)
负责人:徐丽琴
Tel:0793－8441796

**上饶市生殖遗传研究所**
地址:江西省上饶市书院路88号
负责人:吴来春
Tel:0793－8370613

**新余市宏伟医药化工有限公司**
地址:江西省新余市渝水区界水乡
负责人:朱红林
Tel:13879012307

**丰城市春天大药房有限公司**
地址:江西省宜春市丰城市工农路洪客隆一楼
负责人:欧阳勇辉
Tel:0795－6417688

**江西福高医药有限公司**
地址:江西省宜春市上高县城和平路5路
负责人:林振奇
Tel:0795－2511138

**江西德上科技药业有限公司**
地址:江西省宜春市樟树市城北经济技术开发区
负责人:严清华
Tel:0795－7376509

**江西和圣堂药业有限公司**
地址:江西省宜春市樟树市福城工业园
负责人:魏和圣
Tel:13767514458

**江西湘衡百信药业有限公司**

业务：江西湘衡百信药业有限公司成立于2000年，是一家专业从事天然植物开发，生产，销售与技术服务为一体的私营企业。多年来，经过不断探索改进，在天然产物，中药有效成分提取，工艺改进，技术上取得较好成绩，累积了相当丰富的经验。
地址：江西省宜春市上高县田心镇320国道旁
…… 邮　编：336409
…… 法　人：李湘衡
…… Tel：0795－2542071
…… Fax：0795－2542031

**江西致健药业有限公司**
地址：江西省宜春市樟树市药都南大道74号
…… 负责人：万修荣
…… Tel：0795－7332432

**江西泰华康生物科技有限公司**
地址：江西省宜春市樟树市永泰镇
…… 负责人：付友华
…… Tel：0795－7344666

**江西绿源堂药业有限公司经营部**
地址：江西省宜春市樟树市站前路60号
…… 负责人：何仲兵
…… Tel：0795－7347982

**萬载县世达活性炭有限公司**
业务：萬载县世达活性炭有限公司主要从事于活性碳业务。主要产品有药用炭，食品炭，糖用炭，工业炭。欢迎新老客户光临、惠顾！
地址：江西省宜春市万载县鹅峰乡长江（八十里）
…… 负责人：叶之茂……邮　编：336100
…… 法　人：叶之茂
…… Tel：13395781778
…… Mobile：13319350688

**江西樟树市正康医药生物科技有限公司**
地址：江西省宜春市樟树市邹家山小区
…… 负责人：任国蓝
…… Tel：0795－7330233

**金虎药业有限公司**
地址：江西省樟树市福城工业园
…… 负责人：熊燕林
…… Tel：0795－7333312
13807950137

**天源药业有限公司**
地址：江西省樟树市新中药城A4栋8号
…… 负责人：谢志明
…… Tel：0795－7376803
13907950690

**本草天然药用油厂**
地址：江西省樟树市药都工业园区
…… 负责人：杨勇
…… Tel：0795－7339737
13979588106

**德胜实业有限公司**
业务：德胜实业有限公司主要生产各种医药塑料瓶。公司恪守"质量第一，信誉为先，用户至上，薄利多销"的经营理念，视产品质量为企业生存之根本，对产品进行各方面严密的质量监控，确保消费者利益，因此在同行业中有较强的市场竞争力和良好的口碑，产品畅销全国各地，深受用户的信赖和喜爱。
地址：江西省宜春市袁州区工业园内
…… 邮　编：336000
…… 法　人：熊才胜
…… Tel：0795－3653689
…… Fax：0795－3653685

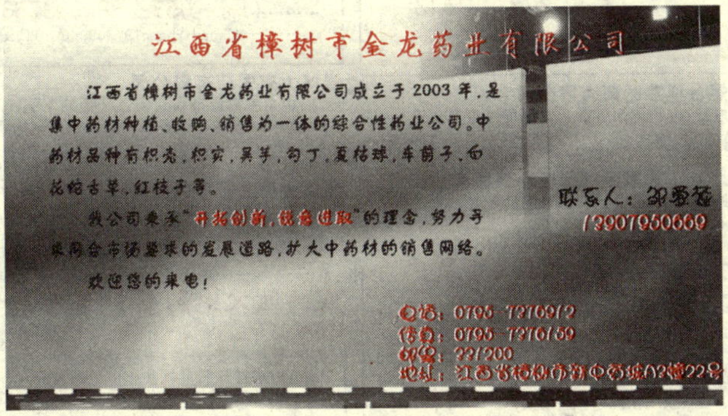


## 江西益康医疗器械集团有限公司

我公司创建于1989年，属国家药品监督管理局批准生产一次性无菌医疗器械产品的专业企业。主要产品有一次性使用输液器，注射器，输血器，输液针，注射针，真空采血器，麻醉穿刺包等一次性使用高分子无菌医疗器械和卫生用品。

公司将继续坚持"用益康管理，使用户满意"的质量方针，以诚信的社会服务、坚定的信念、不懈的追求，创一流业绩，报效国家，回报人民。

联系人：李爱珍　13807007899
网址：www.chinatt315.org.cn　电话：0791-5638356　5637605
电子邮件：315@chinatt315.org.cn　传真：0791-5638356　5638788
地址：江西省南昌市进贤县李渡镇李渡大道23号　邮编：331725

**萍乡益康保健有限责任公司**

萍乡益康保健有限责任公司成立于2005年6月8日，是以"为人类健康服务"为宗旨，以盲人按摩、全身保健按摩、专业足浴按摩为主，项目齐全、服务正规的保健机构。

真诚希望通过我们的辛勤工作，把健康带给每个人。

让诚信为健康护航，让爱心为生命喝彩！

## 山东省/Shandong Province

**康裕科技开发有限公司**
地址：山东省安丘市人民路348－9号
…… 负责人：黄东礼
…… Tel：0536－4231335
13805367785

**安泰医疗器械有限公司**
地址：山东省德州市德城区东风西路66－21号
…… 负责人：曹安玲
…… Tel：0534－2481900

**山东孟氏拔罐研究所有限公司德州销售服务处**
地址：山东省德州市向阳路6号
…… 负责人：吴庆娣
…… Tel：0534－2623283

**山东天牧生物科技有限公司**
业务：本公司创立于2005年，主要从事动物药品、动物保健品、微生态制剂的研制、开发、生产与营销。本着"以质量求生存、以信誉求发展"的道路，欢迎新老客户光临惠顾！
地址：山东省东营市垦利县开发区胜利路117号
…… 负责人：成炳财……邮　编：257500
…… 法　人：成炳财
…… Tel：0546－2885999
…… Fax：0546－2885555

**山东省滨州市滨城区亿隆大药店**
业务：药品、医疗器械的销售
地址：山东省滨州市滨城区黄河八路527号楼下
…… 负责人：王守蒙　邮　编：256600
…… 法　人：王守蒙
…… Tel：13589416367
0543－7897700

**高密康迈医疗器械有限公司**
地址：山东省高密市双羊路中段（妇保院对面）
…… 负责人：魏学江
…… Tel：0536－2829338

**河北路德医疗器械有限公司济南分公司**
地址：山东省济南市共青团路103号
…… 负责人：李素端
…… Tel：0531－87184046

**济南灵康医药科技开发有限公司**
地址：山东省济南市康桥小区8号楼1－202
…… 负责人：周红伟
…… Tel：0531－86306439

**海培时代科技有限公司**
地址：山东省济南市历下区花园路189－2甲
…… 负责人：宿玲
…… Tel：0531－86964566
13306409332

**济南溢美机械设备有限公司**
地址：山东省济南市历下区棋盘小区三区11号楼西单元301室
…… 负责人：徐姝娴
…… Tel：0531－85961004

**裕隆医用材料有限公司**
业务：裕隆医用材料有限公司成立于2002年，本公司专业生产医用塑料瓶。欢迎新老客户来电洽谈业务！
地址：山东省临沂市河东区相公镇驻地
…… 邮　编：276025
…… 法　人：徐继信
…… Tel：0539－8831698
…… Fax：0539－8833563
…… 网址：http://ynyycl.chinapyp.com

**德州市德城区康乐药店**
业务：中成药、化学药制剂、抗生素、生化药品、生物制品、营养食品、化妆品
产品：中西药品、同仁堂药品、同仁堂化妆品、杜蕾斯、双蝶、福施福等名牌计生保健品
地址：山东省德州市德城区东风中路627号
…… 负责人：李山红　邮　编：253000
…… 法　人：李山红
…… Tel：0534－2966606

**济南建联中药有限公司经十路分店**
地址：山东省济南市天桥区经十路374号
…… 负责人：李健
…… Tel：0531－87160625

**康瑞生物科技有限公司**
地址：山东省济宁市高新区创业中心
…… 负责人：曹祖彬
…… Tel：0537－2389902
13953778419

**济宁市祥源生物工程有限公司**
地址：山东省济宁市开发区同济科技工业园
…… 负责人：温凤玉
…… Tel：0537－2987777

**邦尔中药饮片有限公司**
地址：山东省济宁市任城区西贾村
…… 负责人：范防修
…… Tel：0537－2081899
13791706990

**瑞中医药有限公司**
地址：山东省济宁市市中区王母阁路1号
…… 负责人：赵建华
…… Tel：0537－2190809

**青岛超意义齿有限公司**
业务：公司位于青岛市市北区308国道旁，紧邻国际机场，交通十分便利。公司办公区域环境优美，生产车间宽敞、明亮、整洁。同时拥有一流的生产设备，全部采用专业的义齿制作设备和材料，精工制作各类贵金属烤瓷牙、普通金属烤瓷牙、全瓷牙、进口金属牙，普通钢牙、钢托、胶托、隐形义齿、马利兰桥，套筒冠、精密附件及特殊牙模设计等。
地址：山东省青岛市北区吴石支路30号
…… 负责人：陈绪湖……邮　编：266034
…… 法　人：陈绪湖
…… Tel：0532－88725615

**希尔康制药有限公司**
地址：山东省济宁市泗水县城泗河北首
…… 负责人：孙茂才
…… Tel：0537－4360965
4360950
13853719386

**新诚医疗器械有限公司**
地址：山东省济宁市汶上县城泉河路
…… 负责人：李超
…… Tel：0537－7299685
13082620668

**成扬医疗器械有限责任公司**
地址：山东省济宁邹城市铁山路南首路西机械厂商住楼8号
…… 负责人：胡传军
…… Tel：13505373066

**广饶海源科技有限公司**
业务：生产、销售大蒜素、大蒜多糖、大蒜果胶
地址：山东省东营市广饶县花官乡招商办
…… 负责人：王长一　邮　编：257093
…… 法　人：王长一
…… Tel：13054659065
0546－6477209
…… Fax：0546－6477209

**茌平县健民大药行**
地址：山东省聊城市茌平县新政路0885号
…… 负责人：王勇
…… Tel：0635－4211160
13963027049

**阳谷县景阳岗医药材料有限公司**
地址：山东省聊城市阳谷县十五里园镇驻地
…… 负责人：程占贵
…… Tel：0635－6811310
13606356346

**临沂饭店国药堂大药房**
地址：山东省临沂市解放路西苑小区1号楼5号
…… 负责人：李会峰
…… Tel：0539－8314918

**临沂科达医疗器械有限公司**
地址：山东省临沂市开阳路63号
…… 负责人：李顺
…… Tel：0539－8161000

**潍坊海之源生物制品有限公司**
业务：实验室潍坊海之源生物制品有限公司座落在潍坊经济技术开发区西部，是专业生产甲壳素、壳聚糖，壳聚糖企业，已有十余年的生产历史，有先进的生产化验设备，公司有专业技术人才，主要生产壳聚糖、壳寡糖和水溶性壳聚糖，对新产品的开发及应用，达到了比较先进的水平，海之源公司愿同合作厂商，诚心同利，以海为源、大地为居、天海共享。
地址：山东省潍坊市经济技术开发区友爱路与济青高速路口北100米路东
…… 负责人：聂中成……邮　编：261021
…… Tel：0536－8313206

**安康医疗器械有限公司**
地址：山东省临沂市开阳路69号
…… 负责人：艾恒春
…… Tel：0539－8161687
8996658

**东方药材有限公司**
地址：山东省临沂市平邑县城南环路
…… 负责人：窦兴武
…… Tel：0539－4223476
13705399016

**平邑县卫生局**
地址：山东省临沂市平邑县莲花山路
…… 负责人：李广勇
…… Tel：0539－4268138
4228167
13705499483

**巨野澳泰中药饮片有限公司**
业务：生产和销售中药饮片
产品：中药饮片
地址：山东省菏泽市巨野县前进路南段路西
…… 负责人：黄成武　邮　编：274000
…… 法　人：黄成武
…… Tel：0530－8080726
15054661309
…… Fax：0530－8013388

**北发药材有限公司**
地址：山东省临沂市平邑县流峪镇
…… 负责人：刘永军
…… Tel：0539－4011316
13605395838

**兴文药材有限公司**
地址：山东省临沂市平邑县铜石镇昌里村
…… 负责人：马洪文
…… Tel：0539－4968888
13905394978

**惠元药业有限公司**
地址：山东省临沂市平邑县铜石镇两城村
…… 负责人：孙士员
…… Tel：0539－4966018
13905494080

**天元生物工程有限公司**
地址：山东省临沂市平邑县温水镇

负责人:李龙吉
Tel:0539－4311998
13792938902

**瑞康药业有限公司**
地址:山东省临沂市平邑县郑城镇驻地
负责人:刘伟
Tel:0539－4213886
13905392789

**才元生物原料有限责任公司**
地址:山东省临沂市沂南县铜井镇新王沟东村
负责人:李季军
Tel:13805392195

**鲁南宏达医疗用品厂**
地址:山东省临沂市沂水县高桥镇驻地
负责人:秦德刚
Tel:0539－2811294
13954972011

**海利尔药业有限公司**
地址:山东省青岛市城阳区城东工业园内
负责人:李春明
Tel:0532－87750172
13361227137

**同方大药房**
地址:山东省青岛市城阳区中城路429号
负责人:王元喜
Tel:13906484241

**青岛木村药业有限公司**
地址:山东省青岛市胶南市临港产业加工区
负责人:丁相顺
Tel:0532－86616017

**济宁市金全生物工程有限公司**
业务:生物工程、大面积的种植药材的原料
产品:羊肚
地址:山东省济宁市任城区廿里铺镇吕庄村
负责人:李自全 邮 编:272133
法 人:李自全
Tel:13053768422
0537－2595568

**烟台金鹿医疗器械有限公司**
业务:烟台金鹿医疗器械有限公司创建于2005年,位于山东省烟台市芝罘区四马路39－15－6号,主要产品有骨科、普科、胸科、妇科等系列产品,欢迎来人、来涵、来电订货、交流技艺、洽谈业务、真诚合作,我们愿为新老客户竭诚服务。
地址:山东省烟台市芝罘区四马路39－15－6号
邮 编:264000
法 人:马新才
Tel:0535－6628225
Fax:0535－6628225
网址:www.sdjl.chinapyp.com

**青岛国荣药业有限公司**
地址:山东省青岛市胶州市常州路市南小区2号网点
负责人:张玲
Tel:0532－82238199

**海森特大药房连锁有限公司**
地址:山东省青岛市胶州市营海镇驻地
负责人:宋雪田
Tel:0532－88051888
85260898
13396429931

**宏寿医疗器械有限公司**
地址:山东省青岛市李沧区九水东路27号
负责人:邢正解
Tel:0532－84639121
87687965
13905329575

**福瑞康动物保健有限公司**
地址:山东省青岛市平度市香店办事处公业园同辉路2号
负责人:陈清周
Tel:0532－83302311
13806393639

**山西中远威药业有限公司青岛办事处**
地址:山东省青岛市市南区山东路1号滨海花园海华楼5A
负责人:李也
Tel:0532－85027702

**潍坊博仁医药有限公司**
地址:山东省青州市南环路45号
负责人:李建华
Tel:0536－3200509
13386367111

**山东省济宁曲阜市时庄医院**
地址:山东省曲阜市时庄镇
负责人:颜军
Tel:0537－4531124
4533111
13954762178

**大基山公墓**
业务:公墓
地址:山东省莱州市文昌路大岚张村村北
负责人:李风喜 邮 编:264010
法 人:李风喜
Tel:15106559617
0535－2549499

**燕喜堂保健品有限公司**
地址:山东省威海市东城路61号
负责人:于志刚
Tel:0631－5230150
13113575192

**燕喜堂保健品有限公司**
地址:山东省威海市东城路61号
负责人:于志刚
Tel:0631－5230150
13113575192

**威海市茂达医疗器械有限公司**
地址:山东省威海市海滨中路附26－4号
负责人:董军波
Tel:0631－3660687
5308776
13306317955

**威海市立医院**
地址:山东省威海市和平路70号
负责人:周钟林
Tel:0631－2877562
5287649
13001649630

**威海环宇生物技术有限公司**
地址:山东省威海市青山路南首(乳山口工业园)
负责人:李文刚
Tel:0631－6688666

**安丘市嘉霖万基生物工程有限公司**
地址:山东省潍坊安安丘市王常路南新村路西
负责人:李祥华
Tel:13356771881
13953610972

**河崖卫生院**
地址:山东省潍坊高密市河崖镇驻地
负责人:周永华
Tel:0536－2772016
13964610068

**潍坊昌隆兽药饲料有限公司**
地址:山东省潍坊市昌邑市东环路南首
负责人:朱民生
Tel:0536－7782391
13853631836

**诸城市康源病媒生物防控技术服务有限公司**
业务:销售灭鼠、灭蟑药物,提供专业技术服务,承接长期灭鼠、灭蟑及防控工作
产品:灭鼠、灭蟑药物
地址:山东省诸城市东外环路南首路东
负责人:吴平 邮 编:262200
法 人:吴平
Tel:0536－6050256
Fax:0536－6212583

**临沂本草中药饮片有限公司**
地址:山东省潍坊市高新区科技产业园
负责人:高希军
Tel:0536－2926128

**潍坊三维骨科医疗器械研究所**
地址:山东省潍坊市健康东街467号
负责人:孙德修
Tel:0536－8705983
13906469922

**临沂丰农世纪生物科技有限公司**
业务:新生态系列产品
产品:新生态系列产品,用于农林牧副渔,扼制病中害发生同时使农作物增产30%,无毒无味,无污染,零排放,无残留。
地址:山东省临沂市高新区创业大厦B318室
负责人:沈庆泉 邮 编:276000
法 人:沈庆泉
Tel:15854995798
0539－7109767
0539－8313410
网址:http://www.51zzt.com/user/zzt34867
E-mail:aq666888@126.com

**安丘市振兴医药信息咨询服务中心**
地址:山东省潍坊市健康路250号
负责人:曹始显
Tel:0536－4261711

**恒丰医药包装材料厂**
地址:山东省潍坊市临朐县寺头镇石佛工业区
负责人:张花吉
Tel:0536－3642666
13573657573

**济南海泽医疗器械有限公司**
业务:医疗器械经营
地址:山东省章丘市明水城区山泉路东段
负责人:马业亮 邮 编:250200
法 人:马业亮
Tel:13793142858
13153028198

**潍坊高新技术产业开发区大同医疗器械公司**
地址:山东省潍坊市潍州路530号
负责人:王大同
Tel:0536－8806562
13905369195

**潍坊富邦动物药业有限公司**
地址:山东省潍坊市潍州路939号兽药市场2号
负责人:崔心江
Tel:0536－8223593

**潍坊金科生物工程有限公司**
地址:山东省潍坊市潍州南路11公里处
负责人:庄树峰
Tel:0536－7602317

**海阳市心神中医药发展有限公司**
业务:中医理论研究,食品、保健品开发与研究
地址:山东省烟台市海阳市市区海河路70号(海阳中医糖尿病研究所)
负责人:孙绍鸿 邮 编:264010
法 人:孙绍鸿
Tel:0535－3261449
13153513559
Fax:0535－3261449

**烟台华大医药科技有限公司**
地址:山东省烟台市大海阳路付53号
负责人:胡贯涛
Tel:0535－6649589

**沈阳东北大药房连锁店昌邑分店**
地址:山东省烟台市福山区城里街中段
负责人:熊华
Tel:0535－7196555

**烟台长兴医疗器械有限公司**
业务:批发,零售药品、医疗器械
地址:山东省栖霞市迎宾路1506－1508号
负责人:谭伟广 邮 编:265300
法 人:谭伟广
Tel:13723981313
0535－5230608

**烟台华鑫医药有限公司**
地址:山东省烟台市开发区黄河路199号－4层
负责人:赵金国
Tel:0535－6381668 13806388716

**烟台市芝罘区银蜂医疗器械有限公司**
地址:山东省烟台市芝罘区世平路98－9号
负责人:朱立群
Tel:0535－6043324

**滕州市鲍沟镇牧森堂禽病门诊**
业务:禽病门诊
地址:山东省滕州市鲍沟镇驻地(鲍沟四村路北)
负责人:徐小明 邮 编:277500
法 人:徐小明
Tel:13561196117
13506327872
0632－2655300

**东惠医用器材有限公司**
地址:山东省枣庄市市中区长乐路15号
负责人:刘近祥
Tel:0632－3390100
13706321248

**金辰医疗设备有限公司**
地址:山东省枣庄市市中区胜利西路35号
负责人:刘少伟
Tel:0632－3309632
13589607881

**日照市联邦假肢矫形器有限公司**
业务:假肢矫形器生产销售
地址:山东省日照市泰安路17号
负责人:曹丙桢 邮 编:276800
法 人:曹丙桢
Tel:0633－8787793
13906396413

**新华医院**
地址:山东省枣庄市薛城区新华街41号
负责人:宋君
Tel:0632－4410318
13906378936

**淄博通乐保健品有限公司**
地址:山东省淄博市共青团西路115号
负责人:董秀坤
Tel:0533－2869331

**青岛冠华生物科技有限公司**
业务:生物科技、环保节能专利
产品:资源再生、环保节能发明专利、生物技术开发、化工产品
地址:山东省青岛经济技术开发区紫金山路117号华林广场703室
负责人:于经理 邮 编:266555
Tel:0532－80983763
18653250288
Fax:0532－80983763
E-mail:zhang19720906@163.com

**淄博大有医药有限公司**
地址:山东省淄博市临淄区人民路123号
负责人:徐新营
Tel:0533－7226388
13573385679

**淄博金昊龙医疗器械有限公司**
地址:山东省淄博市龙泉街(第一医院北100米)
负责人:翟爱琴
Tel:0533－4155999

**莒县远大中药材种植专业合作社**
业务:种植黄芩、丹参,提取、销售黄芩苷
地址:山东省日照市莒县库山乡鑫泉药行
负责人:孙欣全 邮 编:276800
法 人:孙欣全
Tel:0633－6561153
13863353216

**淄博众生医药有限公司淄川经营部**
地址:山东省淄博市淄川区松龄西路服装城工业园
负责人:李国英
Tel:0533－5168978

## 河南省/Henan Province

**河南禾丰生物化学科技有限公司**
地址：河南省济源市济水大街 328 号
……负责人：王建国
……Tel：0391－6638498

**焦作市福斯特医疗器械有限公司**
地址：河南省焦作市山阳区东环路四海春拆迁安置 1—1 号楼
……负责人：谢红光
……Tel：0391－3937999

**焦作市南翔医疗设备有限公司**
地址：河南省焦作市山阳区塔南路 25 号
……负责人：宋保信
……Tel：0391－3595099

**辉县市丰城益民精神病医院**
业务：主治：中西医结合治疗各种疑难杂病，各种类型的精神分裂症、抑郁症、神经症、癫痫、失眠多梦、头晕头痛、胃脘胀满难受、浑身串疼、心烦说神道鬼、哭笑打骂人、懒散不出门以及更年期综合症等。
地址：河南省辉县市峪河镇丰城村
……负责人：穆绍利　邮　编：453600
……法　人：穆绍利
……Tel：0373－6989369
0373－6253571

**开封市泰乐医疗科技有限公司**
地址：河南省开封市顺河回族区双龙巷 27 号
……负责人：李立新
……Tel：0378－5665368

**滑县牙病防治所造牙厂**
业务：滑县牙病防治所造牙厂成立于 1978 年，主要生产齿科材料。“以质量求生存，以信誉求发展”，竭诚欢迎广大新老客户来电咨询，洽谈业务。
地址：河南省滑县街坊北路小火车站巷 1 号
……邮　编：456400
……法　人：刘守波
……Tel：0372－8119490
……Fax：0372－8119490

**开封瞬康医用技术有限公司**
地址：河南省开封市天地台街 58 号
……负责人：刘黎
……Tel：0378－3910861

**洛阳市伟业医疗器械有限公司**
地址：河南省洛阳市经济技术开发区镇北路中段
……负责人：昌桂花
……Tel：0379－65953185

**洛阳太康生物工程有限公司**
地址：河南省洛阳市洛龙区安乐镇东岗村
……负责人：李顺堂
……Tel：0379－65695126

**漯河市永立医疗器械有限公司**
地址：河南省漯河市源汇区湘江路
……负责人：李根要
……Tel：0395－2131751

**淮阳县恒源工艺制品有限公司**
业务：恒源是一家集丧葬用品(高、中、低档骨灰盒)开发、生产、销售于一体的工艺公司。本着“创新、诚信、双赢、永远”的经营理念，以市场为导向，以消费需要为关注点，实施品牌经营的发展战略，所开发生产的系列产品，在同行业中享有很高的知名度。
地址：河南省淮阳县豆门乡贾营经济开发区
……负责人：刘士中……邮　编：466700
……法　人：刘士中
……Tel：0394－2978669
……网址：www.hygyp.cn

**南召县磊鑫钙业有限责任公司**
地址：河南省南阳市南召县南河店镇胡垛村
……负责人：王天义
……Tel：0377－66881888

**南阳高新区仁义堂生物工程有限公司**
地址：河南省南阳市医圣祠街 77 号附 2 号
……负责人：李建生
……Tel：0377－63189555

**濮阳市龙都医药保健品有限公司**
地址：河南省濮阳市巴黎街中段路西
……负责人：吴秀长
……Tel：0393－4891102

**濮阳市亿丰生物化工工程有限公司**
地址：河南省濮阳市濮阳县基黄路中段路东
……负责人：盛玉振
……Tel：0393－8111957

**百泉腾飞保健用品厂**
地址：河南省新乡市辉县市东外环路北段
……负责人：郎保山
……Tel：0373－6282031
13503803003

**河南博生医药有限公司**
业务：本公司成立于 2003 年，拥有 30 多名员工。主要经营中药、西药、保健品、生化药品、生物制品(疫苗)等。“博生药，博爱众生”
地址：河南省周口市滨河路中段
……邮　编：46600
……法　人：牛广华
……Tel：0394－8265555
……Fax：0394－8264444

**辉县市百泉中药饮片有限公司**
地址：河南省新乡市辉县市药都路百泉药都
……负责人：郭新富
……Tel：0373－6231107

**新乡天祥药业有限公司**
地址：河南省新乡市获嘉县亢村工业区
……负责人：秦向林
……Tel：0373－4790081

**河南省济远医药科技有限公司**
业务：本公司成立于 2006 的 6 月，主要从事医药代理、批发。“质量保证、价格合理”欢迎新老客户光临惠顾！
地址：河南省洛阳市瀍河区民族路 13 号
……负责人：刘华清……邮　编：471002
……法　人：刘华清
……Tel：0379－63955019
……Fax：0379－63955052

**禹州市泰丰保健食品有限公司**
地址：河南省许昌市禹州市东商贸北八路 9 号
……负责人：杨文甫
……Tel：0374－8117178

**河南佰特药业有限公司**
地址：河南省郑州市金水区农业路东 1 号豫博大厦 11 楼
……负责人：邹庆元
……Tel：0371－65360209

**河南海森动物药业有限公司**



河南邦瑞特药业有限公司

河南邦瑞特药业有限公司成立于 2000 年，本公司是一家专业运用现代生物技术从事中医药保健品消毒产品的研发、生产、营销为一体的专业性公司。

公司恪守“以名律己，以实惠人”的企业理念，真诚地与社会各界密切合作，为生物医药保健品行业的辉煌作出更大的贡献。

电话/传真：0377－63299668　63299669
网址：www.hnbrt.com
邮编：473000
地址：河南省南阳市高新路中段 3 1 2 国道南侧



地址：河南省郑州市金水区桑园兽药批发市场 1 区 17 号
……负责人：朱惠东
……Tel：0371－65365232

**新乡市中原卫生材料厂**
业务：本厂是一家生产纺粘无纺布、淋膜无纺布及医用卫生材料的现代化企业。主要生产经营各种规格的机制口罩、卫生帽、一次性手术衣、手术包、产包，各种规格的一次性妇科检查垫、产垫、床单、褥垫，其中生产的淋膜无纺布在国内处于领先水平。本厂产品种类繁多，规格齐全，选料考究，价格低廉，深受客户的好评。
地址：河南省新乡市长垣县满村工业区
……负责人：王有虎……邮　编：453400
……法　人：王有虎
……Tel：0373－8865636
8998217
……网址：www.zywc.com

**河南益农生物技术有限公司**
地址：河南省郑州市金水区郑汴路 107 交叉口桑园市场一区 40 号
……负责人：翟延利
……Tel：0371－65608850

**河南幸福人大药房有限公司**
地址：河南省郑州市中原区伏牛路 219 号
……负责人：宋歧彦
……Tel：0371－65272037

**商丘怡泰生物科技有限公司**
业务：商丘怡泰生物科技有限公司主要生产食用菌剂产品，红花油系列，欢迎来电洽谈业务。
地址：河南省商丘市虞城县杜集工业园区
……负责人：陈培雷……邮　编：476300
……法　人：陈培雷
……Tel：0370－4879058
……网址：www.mtw26828.chinapyp.com

**河南新正好生物工程有限公司**
地址：河南省郑州新郑港区建设管理委员会外商公寓楼
……负责人：焦黎
……Tel：0371－65862123

## 湖北省/Hubei Province

**来凤县华丰药业有限责任公司**
地址：湖北省恩施市来凤县翔凤镇解放路 46 号
……负责人：杨华
……Tel：0718－6289328
13986846210

**恩施土家族苗族自治州皮肤病研究所**
地址：湖北省恩施土家族苗族自治州恩施市航空路 54 号
……负责人：刘海山
……Tel：13971885962

**回春堂大药房建始分店**
地址：湖北省恩施州建始县业州镇人民大道新一佳超市
……负责人：叶舟
……Tel：0718－3223802
13972408844

**湖北荆州市春生全实业有限公司**
业务：湖北荆州市春生全实业有限公司成立于 2000 年，主要从事药品、保健品、医疗器械的销售。质量第一，客户至上，热诚欢迎各方客户惠顾。
地址：湖北省荆州市荆州区荆北路 55 号
……邮　编：434020
……法　人：徐本林
……Tel：0716－8420439
……Fax：0716－8420436

**十堰君琪安药业有限公司**
地址：湖北省十堰市张湾区车站路 38 号
……负责人：余小玲

Tel:13593724736

**十堰市秦岭中地生物科技有限公司**
地址:湖北省十堰市张湾区汉江路四方山
负责人:郭湘汾
Tel:13597872465

**武汉光谷医疗健康产业有限公司**
地址:湖北省武汉市东湖开发区鲁巷绿化广场东南侧
负责人:王小丽
Tel:027－85486800

**武汉轲宇生物科技有限公司**
地址:湖北省武汉市东西湖区慈惠农场特1号
负责人:张君
Tel:027－83795036

**武汉海时代医药科技有限公司**
地址:湖北省武汉市汉阳区二桥小区D3区49栋4单元4层1室
负责人:袁京海
Tel:13807170102

## 武汉长动医院

业务:武汉长动医院主要有:内科、外科、妇科、儿科、眼科、耳鼻咽喉科、口腔科、麻醉科、医学检验科、医学影像科、中医科。
地址:湖北省武汉市洪山区关山一路124号
邮编:430074
法人:石其云
Tel:027－51782169

**武汉恒远医疗器械有限公司**
地址:湖北省武汉市洪山区关山二路1号
负责人:江哲遵
Tel:13995696551

**武汉中卫医疗投资管理有限公司**
地址:湖北省武汉市洪山区洪山乡姚家岭刘家湾
负责人:林俊霖
Tel:027－85733181

**武汉天露嘉医药开发有限公司**
地址:湖北省武汉市洪山区珞瑜路424号
负责人:胡冰
Tel:13367267695

**武汉众鑫医疗器械有限公司**
地址:湖北省武汉市洪山区武珞路洪山二巷特1号
负责人:徐楚芹
Tel:027－61361239

**武汉盛世达医疗设备有限公司**
地址:湖北省武汉市洪山区雄楚大道江宏世纪名苑A栋604
负责人:钟道德
Tel:027－88021613

**武汉市朝华生物技术有限责任公司**
地址:湖北省武汉市洪山区张家湾街塘村2号
负责人:郑小宁
Tel:13871328475

**武汉市博特公益生物品研制开发有限公司**
地址:湖北省武汉市洪山区卓刀泉南路3号
负责人:邓全利
Tel:027－62214706

## 武汉天威生物工程有限公司

业务:武汉天威生物工程有限公司创建于2005年,主营乳酸盐类、葡萄糖酸盐类为龙头的两大系列、十几个品种的食品级精细化工、生物化工产品,被誉为行业新秀。公司凭着深厚的企业文化,科学的企业管理,精湛的技术工艺,精密的检测手段,先进的生产设备,良好的销售服务,领市场之先,居行业之首。
地址:湖北省武汉市庙山开发区三角岛工业园阳光大道特1－1号
负责人:胡斌 邮编:430223
Tel:027－81800888
Fax:027－81800888
网址:www.tenwaybio.com

**武汉市汉深大药房连锁有限公司澳门路分店**
地址:湖北省武汉市江岸区湖边坊722－1层1号
负责人:向祥
Tel:027－82415658

**武汉市育普口腔门诊有限公司**
地址:湖北省武汉市江岸区江汉北路24号附18号
负责人:张华
Tel:027－62392383

**石家庄藏诺生物科技有限公司武汉分公司**
地址:湖北省武汉市江岸区台北街台北二村36号2层2号
负责人:姚世新
Tel:027－85773756

**武汉市康子龙医疗器械有限公司**
地址:湖北省武汉市江汉区发展大道176号兴成大厦B座502—503室
负责人:陈威
Tel:027－65681047

**武汉普爱医疗器械有限公司**
地址:湖北省武汉市江汉区发展大道176号兴城大厦B座501
负责人:刘故乡
Tel:027－65681510

**武汉市南方大药房有限公司妙墩店**
地址:湖北省武汉市江汉区航空小路34号
负责人:周梅
Tel:027－83668868

**武汉康康便民药房有限责任公司**
地址:湖北省武汉市江汉区香港路218号
负责人:吴柳雄
Tel:027－62251518

## 湖北宏润康药业有限公司

业务:湖北宏润康药业有限公司是一家专业医药(器械)的公司,主要从事生物制品、中成药、化学制剂、抗生素、生化药品、医疗器械等的销售及全国代理。公司将本着"诚信、务实、感恩、创新"的企业理念,以"为人类健康而工作、为合作伙伴创造价值"为宗旨,广迎天下朋友。
地址:湖北省武汉市武昌区武珞路阅马场首义新村226号南方大厦11楼G座
邮编:430060
法人:甘晓茹
Tel:027－59728891
Mobile:13995644167
Fax:027－59728892

**湖北老百姓大药房有限公司新华路分店**
地址:湖北省武汉市江汉区新华路294号
负责人:周勇
Tel:027－62656900

**武汉哈瑞医药有限公司**
地址:湖北省武汉市经济技术开发区武汉民营科技工业园O栋5层
负责人:杨汉青
Tel:027－84294939

**湖北德仁堂医药连锁有限责任公司十一分店**
地址:湖北省武汉市青山建设七路11号
负责人:刘晓丽
Tel:027－86353259

**武汉裕华泛亚医药有限责任公司**
地址:湖北省武汉市武昌区武珞路洪山二巷1号
负责人:巴于华
Tel:027－87124822

**武汉星羽医疗器械有限公司**
地址:湖北省武汉市武昌区杨家路欧景苑汇景阁3单元102室
负责人:陈新华
Tel:027－87638472

**武汉市康雅达医疗投资管理有限公司**
地址:湖北省武汉市武昌区中北路64号安顺星苑9栋1单元4层1号
负责人:刘新平
Tel:027－87843273

## 武汉仁生医院

业务:医疗设备齐全,态度好,顾客之上,医疗先进,规模大,医药齐全,价格便宜,医生素质高,各科齐全,交通便利。
地址:湖北省武汉市新洲区阳逻街汽渡路30号
邮编:430415
法人:雷德亮
Tel:027－86972888
86960999
Fax:027－86972888

## 湖北兴仁堂药业有限公司

业务:本公司成立于1976年,现有80多名员工。主要经营各种中药的生产。
地址:湖北省孝感市孝昌县经济开发区
邮编:432000
法人:李仁瀚
Tel:0712－4776988
4776052
Fax:0712－4776916





## 湖南省/Huana Province

**康尔力医疗器材有限公司**
地址:湖南省长沙市蔡锷北路司马里43号一楼121—123号(长沙市总工会院内)
负责人:杨书性
Tel:0731－82222710
13907314090

## 长沙壮顺生物科技有限公司

业务:生物制药
地址:湖南省长沙市长沙县星沙镇星沙北路2号
负责人:蒋双成 邮编:410000
法人:蒋双成
Tel:13469443266
0731－4027581
Fax:0731－4027581

## 湖南芙蓉口腔医院集团

业务:湖南芙蓉口腔医院集团旗下有长沙芙蓉口腔医院,长沙芙蓉口腔医院VIP会所,郴州市芙蓉口腔医院,邵阳芙蓉口腔医院,邵阳芙蓉口腔医院VIP门诊部,湖南芙蓉口腔医学投资有限公司,湖南牙防工程有限公司,湖南芙蓉齿科制作中心,湖南芙蓉口腔医学软件开发中心等十家口腔专业服务实体。
地址:湖南省长沙市定王台颐美会现代城308号
邮编:410005
法人:熊中才
Tel:0731－5168212
5164880
Fax:0731－2220808

**湖南中龙正虹动物保健品生物有限公司**
地址:湖南省长沙市芙蓉区车站北路289号梦泽园小区小高区B栋
负责人:苏进军
Tel:0731－82189105

**长沙市福农生物科技有限公司**
地址:湖南省长沙市芙蓉区东岸乡杉木村三组
负责人:董弋
Tel:13974978896

## 便民健康大药房

业务:药品零售
地址:湖南省郴州市宜章县(4方井菜市场)
负责人:唐瑞彬 邮编:424200
法人:唐瑞彬
Tel:13907356998
0735－3716266
3718266

**长沙友盛医疗器械有限公司**
地址:湖南省长沙市芙蓉区马王堆安居乐商贸公寓B栋811房
负责人:李树斌
Tel:0731－84682776

## 衡阳市珠晖骏发齿科制作中心

业务:进口烤瓷牙、黄金烤瓷牙、铂金烤瓷牙,全瓷牙、精密附着体、支架、胶托、隐形义齿、活动矫正器、钛金烤瓷牙、生物合金、进口钢牙、NP钢牙、钢胶牙、镀金烤瓷牙、纯钛烤瓷牙
地址:湖南省衡阳市珠晖区苗圃里85号
负责人:刘俊祥 邮编:421000
法人:刘俊祥
Tel:13707348865
0734－8163468
Fax:0734－8254885

## 衡山银海纤维素有限责任公司

业务:衡山银海纤维素有限责任公司成立于2004年,主要从事羧甲基纤维素生产与销售。"以质量求生存,以信誉求发展",竭诚欢迎广大新老客户来公司洽谈业务,共同合作!
地址:湖南省衡阳市衡山县开云镇环溪村七组
负责人:彭改平 邮编:421000
法人:彭改平
Tel:0734－5938308

**湖南省糖尿病防治健康服务中心**
地址:湖南省长沙市芙蓉区韶山路39号维一星城4号栋1204房
负责人:萧湘
Tel:0731－84899066

**湖南妇幼丽人科技开发中心**
地址:湖南省长沙市开福区湘春路53号省妇幼保健院内
负责人:刘嘉娜
Tel:0731－84332288

**长沙市润佰生物工程有限公司**
地址:湖南省长沙市开福区湘雅路332号(原北站198号)606室
负责人:黄宏科
Tel:13873113222

**浏阳市康盛医药研究所**
地址:湖南省长沙市浏阳市工业园管委会大楼402室
负责人:卢丹
Tel:0731－83281689

**长沙恒瑞医疗器械有限公司**
地址:湖南省长沙市雨花区侯家塘立交桥东北角都市阳光1栋1804房
负责人:王续平
Tel:13973180671

**常德广德医药有限公司**
地址:湖南省常德市鼎城区武陵镇车站路
负责人:赵治文
Tel:0736－2665301

**津市市药圣堂大药房**
地址:湖南省常德市津市市车胤大道(芙蓉楼)
负责人:雷志平
Tel:0736－6018598

**临澧县安济堂大药房有限公司**
地址:湖南省常德市临澧县新安镇常石路
负责人:徐旭
Tel:0736－5652989
13077212779

## 洪江市雪峰中药材生产开发有限公司

业务:中药材研发、生产,野生药材改家种
地址:湖南省洪江市安江镇(健民药店)
负责人:吴田生 邮编:418000
法人:吴田生
Tel:13874584496

## 湖南省隆回县辉煌金银花购销有限公司

业务:湖南省隆回县辉煌金银花购销有限公司成立于2004年,从事农副产品、中药材(金银花)的收购、加工及销售。热诚的欢迎社会各界和新老客户光临惠顾。
地址:湖南省邵阳市隆回县小沙江镇新兴路88号
邮编:422207
法人:陈明辉
Tel:0739－8881105
Fax:0739－8881028

**爱尔眼科医院有限责任公司**
地址:湖南省常德市人民东路568号(伊斯兰大厦)
负责人:陈紫启
Tel:0736－7788998转8507
13319623575

## 湖南省吉首市残疾人辅助器服务站

业务:水暖器材、轮椅系列、拐杖系列、康复系列器具、助听系列、助盲系列、水暖五金
地址:湖南省吉首市永顺县农业局6号门面
负责人:杜述忠 邮编:416700
法人:杜述忠
Tel:15874353527
13487423004

**北京健康晟业国际医药科学研究院湖南省分院**
地址:湖南省常德市武陵区武陵大道北段鸿升小区163号

……………………负责人:孙伯安
……………………Tel:13973632086

**桂阳县福康大药房**
地址:湖南省郴州市桂阳县城关镇芙蓉西路15－14号
……………………负责人:彭桂荣
……………………Tel:0735－4456111

**春天大药房有限责任公司**
地址:湖南省郴州市桂阳县城关镇向阳路35－9号
……………………负责人:卢双富
……………………Tel:0735－4421258
4437958
13975509419

**湖南宏瑞医药销售有限公司资兴配送站**
地址:湖南省郴州市资兴市东江镇郴资路
……………………负责人:周顺意
……………………Tel:0735－3357646

**衡阳益康喜来健医疗器械有限公司**
地址:湖南省衡阳市石鼓区船山路124号4楼
……………………负责人:王诚信
……………………Tel:0734－8296860

**三晶医疗器械有限公司**
地址:湖南省衡阳市石鼓区古汉大道35号建设大厦1005－1007
……………………负责人:曹旭旻
……………………Tel:0734－8297366
13875700000

**康红医药有限公司**
地址:湖南省衡阳市蒸湘区解放西路24号
……………………负责人:陈朝红
……………………Tel:0734－8162889
13973427333

## 湖南省浏阳市葛家乡马家湾集镇康复堂大药房

业务:中药饮片,西药
地址:湖南省浏阳市葛家乡马家湾集镇
…………负责人:曾伟　　邮　编:410300
……………………法　人:曾伟
……………Tel:0731－3737807

**衡阳市海源贸易有限公司海源大药房**
地址:湖南省衡阳市蒸湘区立新开发区3栋112－113号
……………………负责人:周伟
……………………Tel:0734－2416468

**沅陵县泰来药业有限责任公司**
地址:湖南省怀化市沅陵县沅陵镇迎宾路59号
……………………负责人:刘志强
……………………Tel:0745－4223228

**靖州县诚信医疗器械有限责任公司**
地址:湖南省靖州县飞山万福路
……………………负责人:舒常运
……………………Tel:0745－8228878
13974508799

## 永州市潇湘医疗器械有限公司

业务:永州市潇湘医疗器械有限公司主要经营一类、二类医疗器械、三类6840临床检验分析仪器,质量保证、价格合理,热诚欢迎新老客户光临惠顾。
地址:湖南省永州市祁阳县浯溪镇民生北路76号
…………负责人:唐卫国……邮　编:426100
……………………Tel:0746－3227695

## 一分店:佰诚信大药房娄星店
## 二分店:佰诚信大药房青山店
## 三分店:佰诚信大药房凤阳店
## 四分店:佰诚信大药房世健堂
## 五分店:佰诚信大药房民营店

业务:中西药经营
地址:湖南省娄底大市场区粮食局7－8号门面/涟钢青山公园广维大厦5－6号门面/涟钢凤阳西街/涟钢仙人阁小区正对面/民营市场旁
………负责人:李欣桔　　邮　编:417000
……………………法　人:李欣桔
……………Tel:0738－8515108
8181785
8217198
8619558
8619358
8652020
8392885

**利民大药房有限公司**
地址:湖南省耒阳市五一中路71号
……………………负责人:李开国
……………………Tel:13907473526

**星剑药业集团有限公司**
地址:湖南省娄底市经济技术开发区
……………………负责人:颜贵中
……………………Tel:0731－88260088
13638484548

**新化县宝福殡仪馆有限公司**
地址:湖南省娄底市新化县梅苑开发区天华路
……………………负责人:胡三传
……………………Tel:0738－3217903

**皮肤病防治院**
地址:湖南省娄底市新化县孟公镇桥头村
……………………负责人:陈建华
……………………Tel:0738－3621212

13973802794

**腾盛生物技术有限公司**
地址:湖南省娄底市育才路
……………………负责人:李吉先
……………………Tel:0738－6510988
139707384158

## 湖南省娄底市菩提树大药房

业务:以经营中西成药、化学药制剂、抗生素制剂、保健食品和医疗器械为主的零售企业,经营品种齐全,平价货真,常年免费提供心脑血管检测、血糖监测,专业药师提供用药咨询指导。
地址:湖南省娄底市娄星区底星路联众置业门面
…………负责人:李英　　邮　编:417100
……………………法　人:李英
……………Tel:0738－8267000
……………Fax:0738－8671000
……………………网址:ybpa.0738.com
……………E-mail:putishu0738@163.com

**湖南省松龄堂中药饮片有限公司**
地址:湖南省邵阳市邵东县廉桥镇工业区
……………………负责人:唐宏志
……………………Tel:0739－2739661
13873938309

**益阳市富鑫保健服务有限公司**
地址:湖南省益阳市朝阳区康富南路
……………………负责人:刘颖
……………………Tel:0737－3254477

**沅江市大地医药有限公司益阳大地药房**
地址:湖南省益阳市赫山区秀峰中路
……………………负责人:沈炳泉
……………………Tel:0737－4207958

**湖南益丰大药房连锁有限公司南县东红店**
地址:湖南省益阳市南县南洲镇南华南路
……………………负责人:谢慧玉
……………………Tel:0737－5216568

## 双峰县南门药店

业务:销售中成药、西药、生物制品、生化制品、抗生素注剂
地址:湖南省娄底市双峰县青树坪镇
………负责人:邓余思　　邮　编:417701
……………………法　人:邓余思
……………Tel:0738－6745080
13873827509

**桃江县桃花江公共汽车有限公司**
地址:湖南省益阳市桃江县桃花江镇桃花中路
……………………负责人:秦敏
……………………Tel:0737－8883452

**深圳市厚元医疗器械有限公司永州办事处**
地址:湖南省永州市冷水滩区潇湘路53号银鑫宾馆11楼
……………………负责人:周宁英
……………………Tel:0746－8326371

**东方医院有限公司**
地址:湖南省永州市零陵南路95号
……………………负责人:陈金焰
……………………Tel:0746－8440666
13787647888

**天津天狮生物工程有限公司岳阳分公司**
地址:湖南省岳阳市金鹗中路市委门面
……………………负责人:谭昊举
……………………Tel:13054084999

## 南县南洲双灵康康保健品销售店

业务:灵芝破壁孢子粉———双灵康康胶囊.
地址:湖南省益阳市南县南洲镇官正街剧院
………负责人:夏建军　　邮　编:413200
……………………法　人:夏建军
……………Tel:15073652999
15607370356

**东瑞制药有限公司**
地址:湖南省岳阳市屈原行政区营田镇正虹东路
……………………负责人:王凤凰
……………………Tel:13107200118

## 永州航海中医肝病医院

业务:我院是新型农村合作医疗、城镇居民医保定点单位,集临床、科研为一体的大型现代化肝、胆病专科医院。诊疗科学,检查合理,收费规范。在省内外享有良好的声誉。中医治肝病,康复有保障//
地址:湖南省永州市冷水滩区岚角山镇公安路
……………………邮　编:425100
……………………法　人:李衡
……………Tel:0746－8713209
……………Fax:0746－8713209
……………………网址:www.8999120.com

**神舟医药有限公司**
地址:湖南省张家界市慈利县零阳镇毕架路004号
……………………负责人:楚时新
……………………Tel:0744－3223157
13974417778

**茶陵县双鹤医药有限责任公司**
地址:湖南省株洲市茶陵县城关镇米水街91号
……………………负责人:刘康健
……………………Tel:0731－25236938

**株洲市好雨生物工程有限公司**
地址:湖南省株洲市茶陵县金星工业园C区
……………………负责人:朱培才
……………………Tel:13107318187

## 长沙市博德福医疗器械科技开发有限公司

长沙市博德福医疗器械科技开发有限公司成立于2006年，本公司主要经营医院器械销售。我公司愿与各界同仁一道为人类的健康事业尽我们最大的努力，诚邀各地合作及经销商共同发展，共创辉煌。

联系人：何经理　　邮编：410008
电话：0731-84824296　84474828　　传真：0731-84824296
地址：湖南省长沙市芙蓉中路一段206号（锦绣华天写字楼）

## 郴州市民康大藥房

本公司成立于2004年，专营中西成药、营养礼品、保健食品，品种齐全，平价货真，常年免费提供血糖监测，专业药师提供用药咨询指导。

民康大药房与您共享健康生活。

联系人：李向华　13975532119
电话/传真：0735-7562198
邮编：423000
地址：湖南省郴州市国庆北路56号

## 衡阳康丽医药有限公司

衡阳康丽医药有限公司渣江大药房成立于2005年，本药房专业从事各种药材的销售。

本公司以"客户第一"的原则为广大客户提供优质的服务。欢迎惠顾！

地址：湖南省衡阳市衡阳县渣江北正街
电话：0734-6891043
13707471648
联系人：汤学宏
邮编：421300

## 湖南湘灵医疗净化工程有限公司

湖南湘灵医疗净化工程有限公司是专业从事以医疗净化设计、施工、采购、售后服务一体的施工企业。承建各类洁净厂房、无菌实验室、手术室、ICU、CCU病房等净化工程公司。

从2006年开始，公司及项目部为全国各地的许多医院进行了设计和施工，拥有雄厚的技术实力和专业精干的施工队伍，在行业中享有较高的信誉。我公司本着"团结务实创和谐，遵纪守法树形象"为理念，以质量、安全、信誉、服务为准则，服务人民，造福人民。

案例六

案例三

联系人：吴红玉
13808470781
13875828180

电话：0731-88615915　84430381
网址：www.hnxljh.com
电子邮件：hnxl2008@163.com
邮编：410006
地址：湖南省长沙市岳麓区枫林一路谭石路口211号三楼

## 永州市冷水滩区福寿康科技开发有限公司

福寿康科技开发有限公司是一家从事生物基础研究、咨询服务的非营利性科研单位，成立于2008年7月3号，经过多年的不懈努力和临床实践，长期与中国民族医学科学院、中国(香港)国际传统医药现代研究院(中国(国际)中医药会)合作，共同开发出一种新型中医药(生物药)广泛应用于胃病、肝病、子宫内膜异位症、肠炎、风湿性关节炎，经全国中医药技术专业委员会核准，获得新技术临床编号:SX07024329021971071516 15。

联系人：潘寿砖
电话：0746-8325259　13243647892
地址：湖南省永州市冷水滩区珊瑚乡四丘田村潘家桥组
邮编：425000

## 广东省/Guangdong Province

**博科生物技术有限公司**
地址：广东省东莞市长平镇玫瑰花园 9 栋 2D
…………负责人：王建山
…………Tel:13923830498

**从化市医疗保险服务管理中心**
地址：广东省广州市从化市街口街河滨南路 43 号
…………负责人：黄立宇
…………Tel:020－87971723

**台山市台城余翠丽牙科诊所**
业务：牙科诊所
地址：广东省台山市台城祥龙二路 2 号 105 号
………负责人：余翠丽　邮　编：529200
………法　人：余翠丽
…………Tel:0750－5508732

**佛山市协大医院投资管理有限公司**
业务：佛山市协大医院投资管理有限公司成立于 2005 年，主要从事开办门诊医院、医疗机构、医疗项目技术协作投资管理、医院托管等业务。公司以"诚信立命，推动企业长远发展"为企业的经营宗旨。
地址：广东省佛山市禅城区朝安北路 13 号 1311 室
…………邮　编：528000
…………法　人：游国雄
…………Tel:0757－83372671
…………Fax:0757－83372671

**广州丰羽医疗产品有限公司**
地址：广东省广州市东山区东华西路 92 号丽华大厦 1205 房
…………负责人：陈钦武
…………Tel:020－84040196

**广州浪博斯医药科技有限公司**
地址：广东省广州市东山区建设六马路青菜岗 17 号 201 房
…………负责人：张冬青
…………Tel:020－83313955

**广州正和药业连锁有限公司惠群药店**
地址：广东省广州市番禺区大石镇东联村四坊大街 37 号
…………负责人：陈丽梅
…………Tel:020－31256926

**潮安县登塘镇新发药房**
业务：中、西药零售
地址：广东省潮州市潮安县凤塘镇东门村委会斜对面
………负责人：陈智楚　邮　编：521000
………法　人：陈智楚
…………Tel:0768－6859557

**广州市佰强生物科技有限公司**
地址：广东省广州市番禺区大石镇洛溪新城吉祥上街 8 幢之一－201
…………负责人：王久军
…………Tel:13005115996

**广州市益佰生物科技有限公司**
地址：广东省广州市番禺区大石镇洛溪新城如意花园 1 街 4 幢之二 103 房
…………负责人：李朝辉
…………Tel:020－34258986

**广州贝斯特医疗科技有限公司**
地址：广东省广州市番禺区大石镇洛溪新城如意中心 A 座 908 房
…………负责人：吴国志
…………Tel:020－84543538

**广州仁和堂药业连锁有限公司碧桂园药店**
地址：广东省广州市番禺区大石镇南浦岛广州碧桂园会所第 23 号铺
…………负责人：罗彩情
…………Tel:020－84596065

**潮安县登塘镇新发药房**
业务：中、西药零售
地址：广东省潮州市潮安县浮洋镇溯汕路（乌阳路段）
………负责人：陈智楚　邮　编：521000
………法　人：陈智楚
…………Tel:0768－5224358

**广州铭铉净化设备科技有限公司**
业务：广州铭铉净化设备科技有限公司是从事研发、设计、生产医院手术部、ICU、净化病房产品及净化医疗工程产品，主要从事产品研发、销售及售后服务等工作，我们将以一流的服务宗旨竭诚为新老客户服务。
地址：广东省广州市黄埔区黄埔东路 3401 号亚钢大厦 902 室
………负责人：于恩军……邮　编：510665
…………Tel:020－62950801
…………Fax:020－62950808
…………网址：www.mx008.com
…………E-mail:a13570007086@126.com

**康成生物科技（广州）有限公司**
地址：广东省广州市番禺区东环街东沙村工业一区
…………负责人：俞翔
…………Tel:020－34814882

**广州番禺新康药店**
地址：广东省广州市番禺区石基镇金龙路桥边街 34 号铺
…………负责人：罗友新
…………Tel:020－61927120

**广东济和堂药业连锁有限公司康泰分店**
地址：广东省广州市番禺区石基镇旧水坑南坑岗 52 号
…………负责人：陈国栋
…………Tel:020－80560791

**广州市番禺区众民药店**
地址：广东省广州市番禺区石基镇龙基南路置业街 32 号
…………负责人：胡燕生
…………Tel:020－84558182

**广东林和药业连锁有限公司正和药店**
地址：广东省广州市番禺区市桥街龙美村西约坊二巷 7 号
…………负责人：徐灵芝
…………Tel:020－33146314

**华侨城口腔门诊部**
地址：广东省广州市番禺区市桥街西丽路 92 号
…………负责人：陈景贤
…………Tel:020－84606025

**潮安县登塘镇新发药房**
业务：中、西药零售
地址：广东省潮州市枫溪区藏龙村蓝球斜对面
………负责人：陈智楚　邮　编：521000
………法　人：陈智楚
…………Tel:0768－6874678

**广州正和药业连锁有限公司健顺药店**
地址：广东省广州市番禺区新造镇兴华路 47 号
…………负责人：黎绍辉
…………Tel:020－84720217

**汕头市潮阳区谷饶广惠堂药店**
业务：中、西药品、参茸补品、生物制品、生化制品等等。
地址：广东省汕头市潮阳区谷饶镇饶中路 319 号
………负责人：张伟彬　邮　编：515000
………法　人：张伟彬
…………Tel:0754－82386586

**广州市海王星辰医药连锁有限公司锦绣健康药房**
地址：广东省广州市番禺区钟村镇锦绣花园西区一期春满园 10 座 9 号
…………负责人：赵东强
…………Tel:020－23838825

**豪政医疗器械有限公司**
业务：豪政医疗器械有限公司成立于 2003 年，现有员工 100 余人，是一家专业从事医用耗材生产及销售的企业。产品有：口罩、手术包、手术衣、床单、被套、手术巾、洞巾、棉签、产包、人流包、棉签、纱布块、一次性口罩帽、枕套、腹被、手术垫、包布、裤腿等产品。
地址：广东省广州市天河区广源西路 16 号
…………邮　编：510000
…………法　人：崔国奇
…………Tel:020－82322330
31312046
…………Fax:020－82325313

**广州市朝馨中药饮片有限公司**
地址：广东省广州市芳村区西塱村东西路第三工业区 7 号
…………负责人：许建红
…………Tel:13002028158

**潮安县登塘镇新发药房**
业务：中、西药零售
地址：广东省潮州市枫溪区城发花园二期北期 48 号
………负责人：陈智楚　邮　编：521000
………法　人：陈智楚
…………Tel:0768－6825871
2926795
6832845
13923516559

**珠海市香州中国民间治癌王皮肤保健专治疑难杂症**
业务：皮肤保健兼治疑难杂症
地址：广东省珠海市香洲区为农街为农市场一楼 10 号铺
………负责人：周和平　邮　编：519000
………法　人：周和平
…………Tel:0756－3278531
3802775
13326699981
13417806931

**乐思健康咨询有限公司**
地址：广东省广州市海珠区宝岗大道 37 号南北广场三楼 324 室（海珠文化中心内）
…………负责人：麦玉莲
…………Tel:020－84498169

**广州贝氏大药房有限公司花东分店**
地址：广东省广州市花都区花东镇花东市场西街 95 号
…………负责人：冼惠珍
…………Tel:020－86769379

**广州博泰生物技术有限公司**
地址：广东省广州市花都区花山镇城西村农业现代化综合研究中心商务区实验大楼
…………负责人：孙娜
…………Tel:020－86893191

**广东本草药业连锁有限公司五华分店**
地址：广东省广州市花都区新华镇红珠路 10 号粤富花园 B 幢 904 房
…………负责人：贺建成
…………Tel:020－88440428
36884663

**珠海市澳嘉健身器材有限公司**
业务：健身器材
地址：广东省珠海市香洲狮山路 13 号之八 D 号商铺
………负责人：吴记明　邮　编：519000
………法　人：吴记明
…………Tel:0756－2211672

**广州蓝星生物科技开发有限公司**
地址：广东省广州市萝岗区揽月路 80 号广州科技创新基地 A 栋四楼
…………负责人：蓝冰
…………Tel:020－38216292
13826251228

**广东同盛生物医药净化工程有限公司＊**
业务：本公司是中国电子协会洁净技术分会会员，是具有设计、施工、安装和维护一体化的专业工程公司。提供服务：空气洁净、医药、电子、医院、实验室、动物房的机电设备安装工程、建筑装修装饰工程；空调技术、医药技术、医疗器械技术的研究开发及技术转让、环保工程设计、施工；室内外设计、装饰、园林绿化工程等。
地址：广东省广州市天河区天河北路林和街 232 号远东大厦东座 1508 房
…………邮　编：510610
…………法　人：朱彦军
…………Tel:020－38804041
38846089
…………Fax:020－38803972
…………网址：www.gdtsh.com

**潮州市湘桥区海之心保健食品店**
业务：主营：胶囊、首乌、生源、生生等保健食品，特殊营养食品，珍珠护肤系列，洗涤系列。
地址：广东省潮州市湘桥区枫春路连春巷碧春园 18 号铺
………负责人：杨淑贞　邮　编：521000
………法　人：杨淑贞
…………Tel:0768－2388252
13501421132

**广州市蓝野齿科器材有限公司**
地址：广东省广州市白云区云景花园云畔阁 10 号云景路 93 号 110 铺
…………负责人：张遂路
…………Tel:020－87282890
13822265116

**珠海市斗门镇广福药店**
业务：经营各种中药、西药、化学制剂、保健品，品种齐全，平价货真，并有专业药师提供用药咨询指导。
地址：广东省珠海市斗门区斗门镇斗门大道 226 号
………负责人：杨美升　邮　编：519110
………法　人：杨美升
…………Tel:0756－5783292

**峡山威豹实业公司**
地址：广东省汕头市潮南区峡山威豹工业城
…………负责人：周振武
…………Tel:0754－87762722

**汕头市东方医疗器材公司**
地址：广东省汕头市金园区滨港路 33 号金海大厦 B 幢 1206
…………负责人：罗俊城
…………Tel:0754－88521785
13556421300

**南华医疗整形美容门诊部**
业务：集美容外科，美容牙科，美容皮肤科、中医美容科为一体的专业化团队，以先进的设备，完美的技术手段，全力打造无风险服务，为您创造独具个性魅力的完美形象！
产品：整形美容
地址：广东省中山市石岐区康华路 27 号
………负责人：李进　邮　编：528400
…………Tel:0760－88703619
…………Fax:0760－88703619
…………网址：www.nanhuazhengxing.com
…………E-mail:nanhuazhengxing@126.com

**深圳市健华药业连锁有限公司华康堂分店**
地址：广东省深圳市宝安区宝城 46 区海滨广场 B 栋 103 号
…………负责人：叶华武
…………Tel:0755－27835930

**深圳市亚洲大药房连锁有限公司福民丹坑分店**
地址：广东省深圳市宝安区观澜街道福民丹坑居民小组成德楼第一层
…………负责人：谭飞龙
…………Tel:0755－28015657

**惠州市比尔德医疗器械有限公司**
业务：本公司成立于 1996 年，拥有 20 多名员工。主要经营各种国产、进口大型医疗设备、医疗仪器。
地址：广东省惠州市下埔路 9 号时代广场南座 23E
…………邮　编：516000
…………法　人：付荣亮
…………Fax:0752－2101139
…………Tel:0752－2101139

**东莞市运康体育用品有限公司**
业务：生产各类运动护具医疗护具
产品：足球护小腿、医疗矫正器、漆弹服、棒球服、安全帽及其他各类运动护具医疗护具
地址：广东省东莞市黄江镇大冚村星光路口 A 栋厂房
………负责人：彭丙根　邮　编：523003
………法　人：彭丙根
…………Tel:0769－87131902
13825779212
…………Fax:0769－87131903
E-mail:James@sportshealth.cn
jamespbg@126.com

**德宝富民兽药服务部**
地址：广东省深圳市宝安区光明农场中心区滨河苑 2 栋 12 号
…………负责人：曾永兵
…………Tel:0755－27403821
13823743598

**高要市白土镇中南门诊部**
业务：外科、内科、儿科、妇科、耳鼻喉科、口腔科、皮肤科、中西结合、医学影像、医学检验科
地址：广东省肇庆市高要市白土镇宋隆路白土文化中心内首层
………负责人：游子华　邮　编：526040
………法　人：游子华
…………Tel:0758－8178898
8177999

**东方力药业有限公司**
地址：广东省深圳市宝安区九区广场大厦 12 楼 1209＃
…………负责人：赖海平
…………Tel:0755－27875366
13714516085

**润生堂有限公司**
地址：广东省深圳市宝安区龙华镇和平西路和平花园 C 栋首层 111 号
…………负责人：张红坤
…………Tel:0755－27703895
13802235648

**云城区凯迪义齿加工厂**
业务：加工与销售各类义齿
产品：各类义齿
地址：广东省云浮市云城区解放西路 168 号
………负责人：钟育良　邮　编：527300
………法　人：钟育良
…………Tel:13927115440
0766－8803056

**深圳市天然神生物科技有限公司**
地址：广东省深圳市宝安区龙华镇建设路宇峰苑 B 栋 602
…………负责人：罗亿
…………Tel:0755－27706658

**深圳中宝天然生物科技发展有限公司**
地址：广东省深圳市宝安区沙井街道和一村 R12 路 A 号综合楼 3 楼
…………负责人：付启元
…………Tel:0755－27561918

**阳西县康疗盲人按摩中心**
业务：康疗盲人按摩
地址：广东省阳江市阳西县富和花城 A9 号
………负责人：魏李忠　邮　编：529500
………法　人：魏李忠
…………Tel:13719857357
0662－5889252

**深圳市明和堂药业连锁有限公司众康分店**
地址：广东省深圳市宝安区沙井上星第三工业区店铺
…………负责人：潘焕清
…………Tel:0755－27291266

**揭东县康华医药有限公司**
业务：揭东县康华医药有限公司主要经营处方药，非处方药，中药材，中成药，中药饮片，化学药剂，抗生素，生化药品，生物制品等。公司以"质量求生存、信誉求发展"，欢迎

医疗器械医药社会福利

广大用户光临惠顾！
地址：广东省揭阳市揭东县炮台镇玉台城 23－24 号
负责人：吴静锋 邮 编：515559
法 人：吴静锋
Tel：0663－3357917

## 东莞市万江衡岳保健品商行

业务：主要经营各类的保健用品等。品质保证，物美价廉。欢迎广大客户光临。
地址：广东省东莞市万江区新谷涌社区阳光商业广场西座一楼 A08 号铺
负责人：谭春辉 邮 编：523003
法 人：谭春辉
Tel：15814134688
0769－23173386

**深圳市明和堂药业连锁有限公司万丰分店**
地址：广东省深圳市宝安区沙井万丰工人新村市场边 6 号
负责人：罗高贵
Tel：0755－27466973

**惠州市信德药业连锁有限公司石岩麻布分店**
地址：广东省深圳市宝安区石岩街道麻布新村
负责人：胡新良
Tel：0755－29687778

## 四会市仁爱门诊部

业务：内科、外科、妇科、耳鼻喉科、口腔科、康复医学科、医学检验科、B 超诊断专业、中医科、中西医结合科
地址：广东省四会市大沙镇南江工业园生活区第 17 号之 3
负责人：詹志喜 邮 编：526040
法 人：詹志喜
Tel：0758－3829999

**深圳市亨利兴生物科技有限公司**
地址：广东省深圳市宝安区松岗街道办潭头第三工业区 A1 栋第一层南面
负责人：文肖霞
Tel：0755－27061588

**深圳市明和堂药业连锁有限公司南昌分店**
地址：广东省深圳市宝安区西乡固戍南昌村一队
负责人：钱汉杰
Tel：0755－27475962

## 乳源瑶族自治县康美牙科诊所

业务：镶牙、治牙
地址：广东省韶关市乳源县乳城镇解放中路风情街对面
负责人：张乐清 邮 编：512700
法 人：张乐清
Tel：0751－5182548
13435010489

**深圳市健华药业连锁有限公司黄田分店**
地址：广东省深圳市宝安区西乡街道黄田大夫天路 39 号
负责人：陈伟力
Tel：0755－29928345

**粤完美牙科器材有限公司**
地址：广东省深圳市宝安区西乡轻铁西 A109 幢二楼
负责人：刘汉伟
Tel：13802573129

## 佛山市南海超源口腔门诊部

业务：口腔治疗
地址：广东省佛山市南海区丹灶镇金沙东联东和圩侧和满楼 1－4 号铺
负责人：黎昭源 邮 编：528223
法 人：黎昭源
Tel：0757－86607737

## 广东国美医药发展有限公司

业务：广东国美医药发展有限公司成立于 2006 年，以批发中西药为主的新企业。经营范围：中成药、中药材（收购）、中药饮片、化学药制剂、化学原料药、抗生素、生化药品、生物制品（除疫苗）。热忱欢迎新老客户来电洽谈业务
地址：广东省廉江市中环三路 41 号
负责人：温贤泽 邮 编：524400
法 人：温贤泽
Tel：0759－6680188
Fax：0759－6685099
E-mail：gdgmyy@126.com

## 汕头市潮阳区谷饶康祥保健品店

业务：洋参，燕窝，冬虫夏草等保健品
地址：广东省汕头市潮阳区谷饶镇仙波路 148 号后面
负责人：罗宗圳 邮 编：515000
法 人：罗宗圳
Tel：0754－87637918
13539664148
13229685448

**三方园生物科技有限公司**
地址：广东省深圳市宝安区西乡镇铁岗水库宝安桃花源科技创新园主楼 308
负责人：钟松清
Tel：13502812816

**深圳市粤华冠齿科有限公司**
地址：广东省深圳市宝安区西乡镇盐田村银田第二工业区华丰科技园 7 号四楼
负责人：侯春林
Tel：0755－27691158
13602575217

## 清远市清城区云峰商行

业务：中草药材，茶叶，煲烫烫料等批发，零售
地址：广东省清远市清城区东城东岗路 29 号
负责人：梁金北 邮 编：511500
法 人：梁金北
Tel：13924558342
13729604606

**江懋实业有限公司**
地址：广东省深圳市福田区八卦二路鹏益花园 1 栋 1018 室
负责人：章生江
Tel：0755－83363576
13902455077

**深圳市友谊医院**
地址：广东省深圳市福田区八卦三路东
负责人：黄勇
Tel：0755－82433698
13008868781

## 博洪按摩仪器店

业务：销售按摩仪器、按摩治疗、针灸
地址：广东省佛山市南海区盐步大道 42 号骏颖居首层 A1 号商铺
负责人：洪亮 邮 编：528247
法 人：洪亮
Tel：13652264585
0757－88369980

**深圳市汇康药业有限公司**
地址：广东省深圳市福田区八卦四路 425 栋南面四层
负责人：卢永庭
Tel：0755－82420611
13501566178

**深圳市五洲医药有限公司**
地址：广东省深圳市福田区车公庙工业区安华小区四栋三层西座
负责人：宁东晖
Tel：0755－82977023
13510999044

## 康进堂药材行

业务：主要经营各种中药材、保健品，批零兼营，品种齐全，我们始终以“质量第一，诚信经营”的质量方针，真诚为每一位顾客实现优质、文明、和谐的购药服务。
产品：人参、高丽参、花旗参、虫草、燕窝、鹿茸
地址：广东省普宁市中药材专业市场 33 幢 276 号
负责人：庄进锐 邮 编：515300
法 人：庄进锐
Tel：0663－8360693
13927089028
Fax：0663－8360693
E-mail：kjt2910081@qq.com

## 广东同济法医临床司法鉴定所

业务：本所成立于 2006 年，主要从事法医临床鉴定，法医病理鉴定。本所在鉴定工作中坚持科学、独立、公正的原则，热诚、认真为委托人服务，遵循中立性与服务性相结合的方针，自觉受社会各界的监督，保守国家秘密、商业秘密和个人隐私，尽职尽责、诚实守信、举止文明、廉洁自律，严格执行司法鉴定程序，始终遵循合法性、客观性、中立性、独立性、公正性原则，为推进民主法制建设而贡献力量。
地址：广东省陆丰市北堤路 96 号
负责人：彭金汉 邮 编：516500
法 人：彭金汉
Tel：0660－8806632
Fax：0660－8805666

**惠春源保健品发展有限公司**
地址：广东省深圳市福田区东园路 90 号（惠春源保健品店）
负责人：马熙嵘
Tel：0755－25943997
13670201269

## 忠记药材行

业务：中药材批发，品种齐全，价格公道
地址：广东省普宁市中药材专业市场 17 幢 132 号
负责人：陈为虎 邮 编：515300
法 人：陈为虎
Tel：13822900369
0663－2920002

**顺势药业深圳市营销总部**
地址：广东省深圳市福田区福华一路国际商会大厦 A 座 710 室
负责人：贾新峰
Tel：0755－82934730
13902910986

**深圳市酒侣生物科技有限公司**
地址：广东省深圳市福田区红荔路 1001 号银盛大厦 810 室
负责人：江岸
Tel：13632550828

## 1. 佛山市三水区西南街九八修脚店 2. 九八修脚店

业务：专业修脚，专业治疗各种脚类疾病，有灰指甲、甲沟炎、脚气、脚癣、肉刺等
地址：广东省佛山市三水区西南街月桂二路 28 号 101、2 广东省佛山市西南镇西南街新华路 14 号 111 铺（鸿南大酒店斜对面）
负责人：吴英 邮 编：528000
法 人：吴英
Tel：0757－87889500
18928570798
13674013899

**深圳市福田区永军保健品行**
地址：广东省深圳市福田区农产品批发市场一楼 E20 号
负责人：张永军
Tel：0755－83100408
13537557210

**仁心仁术实业有限公司**
地址：广东省深圳市高新技术开发区高新科技产业园科苑路 6 号科技大厦 906
负责人：李春雨
Tel：0755－28707113

## 普宁中药材专业市场陈氏华龙药材行

业务：冬虫夏草、花旗参、燕窝等中药材
地址：广东省普宁市中药材专业市场 11 幢 81 号
负责人：陈朝武 邮 编：515300
法 人：陈朝武
Tel：0663－2913216

**沃雨实业有限公司**
地址：广东省深圳市龙岗区坂田五和南路 78 号石化新村
负责人：汪多智
Tel：0755－84161631
13602665430

**深圳市本草药业有限公司**
地址：广东省深圳市龙岗区布吉街宝丽路 100 号馨园小商品批发市场三楼
负责人：庄得通
Tel：0755－33823111
33823778
13802254397

## 梅州市康乐保健中心

业务：本中心集医疗美容保健于一体，从事中医经络体控理疗，中医经络培训，九极牌功能保健食品，日化产品销售。体控电疗对人体无任何副作用，是一种安全可靠的非药物绿色保健方法。在美容、健体等领域都有着良好的应用效果。
产品：九极牌功能保健食品、日用品、美容护肤品，中医经络治疗仪器
地址：广东省梅州市梅县华侨城人民北路建设一路 C3 区 1 号
负责人：黄雪梅 邮 编：514021
法 人：黄雪梅
Tel：0753－2523588
2251273
13509090467
Fax：0753－2251273

**深圳市鑫惠康实业有限公司**
地址：广东省深圳市龙岗区布吉镇中兴路百盛大厦 B 座 6 层 601 室
负责人：柯千炎
Tel：0755－84187389
13066869858

## 佛山市顺德区肠乐坊浣肠水疗中心

业务：顺德首家专业浣肠水疗中心，疗程由取得国际认可的 I－Act 资格治疗师主理
地址：广东省佛山市顺德区大良明日广场 2 座 23 号商铺
负责人：贺佩莉 邮 编：528000
法 人：贺佩莉
Tel：0757－22280205

## 吴川市红太阳药业连锁有限公司

业务：本公司位于风景秀丽的广东省吴川市区，是吴川市最大的医药连锁企业。公司于 2004 年通过 GSP 质量认证，公司以“精诚服务，信誉为本”的经营理念，愿与各位朋友共谋发展。
地址：广东省吴川市人民中路中心市场大门口旁
邮 编：524500
法 人：康福帝
Tel：0759－5568669
5567710
Fax：0759－5551821
网址：www.gdhty.chinapyp.com

**俊龙医药有限公司**
地址：广东省深圳市龙岗区横岗镇红棉路 93 号
负责人：罗小寒
Tel：0755－28690999
13352986906

## 梅州华银生物科技有限公司

业务：生物制药
地址：广东省梅州市梅县扶大高新区华银产业园
负责人：李川江 邮 编：514000
法 人：李川江
Tel：020－32290712

**康宁药店**
地址：广东省深圳市龙岗区龙岗镇龙东新大坑综合楼 4、5、6 号商铺首层
负责人：张岳
Tel：0755－84830986

**润泽堂药业有限公司**
地址：广东省深圳市龙岗区龙岗镇南联向前村龙城南路
负责人：林舜龙
Tel：0755－84870111
13603093777

## 康宝颜保健食品销售部

业务：保健食品经营
地址：广东省茂名市电白县水东镇海滨一路 26 号
负责人：廖小颜 邮 编：525000
法 人：廖小颜
Tel：0668－5889296

**润泽堂药业连锁有限公司南澳龙南分店**
地址：广东省深圳市龙岗区南澳镇富民路 47 号南渔村委楼下第三、四门铺位
负责人：陈晋国
Tel：0755－84403865
13590488256

**深圳深汕门诊部**
地址：广东省深圳市龙岗区坪山街道深汕路 560 号六联大厦
负责人：孙学林
Tel：13066938168

## 佛山市顺德区乐从镇岑炽扬中医诊所

业务：中西医诊疗，康复理疗，养身保健；内科，儿科，妇科，泌尿科。
地址：广东省佛山市顺德区乐从镇乐从居委会桂华路 B148 号铺
负责人：岑炽扬 邮 编：528315
法 人：岑炽扬
Tel：13531440898
0757－26971120

**深圳市深业医药发展有限公司深业大药房尚景分店**
地址：广东省深圳市龙岗区中心城尚景华园 12 栋 101、102
负责人：吴健梅
Tel：0755－28960331

**深圳市金凯尔生物技术有限公司**
地址：广东省深圳市罗湖区东晓路 3063 号南路 6 层
负责人：张成放
Tel：0755－25513296

## 乐昌市太阳炙保健食品店

业务：主要经营保健食品的销售。有多种维生素片、易缓舒软胶囊、清畅美颜胶囊、杏仁露、桑果饮、橘红饮、金银花饮等
地址：广东省乐昌市人民南路 65 号富华苑 A 栋 15 号商铺
负责人：杨润娣 邮 编：512200
法 人：杨润娣
Tel：13192891091
0751－5555869

**深圳市御珍坊保健品开发有限公司**
地址：广东省深圳市罗湖区凤凰路海珑华苑海天阁 2203 室
负责人：官立娟
Tel：0755－25835019

**深圳市二天堂大药房连锁有限公司**
地址：广东省深圳市罗湖区红岭北路梅羊仓库 9 号仓 5 楼西侧
负责人：张秋镇
Tel：0755－25846228
13602568771

## 揭阳市和福殡葬用品厂

业务：殡葬用品、环保型纸棺
产品：环保型纸棺
地址：广东省揭阳市揭阳试验区渔湖富远村六斗
负责人：袁秋生 邮 编：522000
法 人：袁秋生
Tel：0663－8786877
E-mail：xgg8899@126.com

**深圳市星光宝实业有限公司**
地址：广东省深圳市罗湖区红岭中路园岭花园翠华阁 25F

……负责人：刘淑君
……Tel：0755－82403092
13538153668

**中山市鹰牌医疗器械经营部**
业务：中山市鹰牌医疗器械经营部成立于2000年，主要经营"正颌外科"、"口腔外科"、手外科"手术用的医疗器械。"质量第一、价格合理、服务周到"，热诚欢迎广大客户惠顾！
地址：广东省中山市沙溪镇乐群永厚下堡中街一巷9号
……邮　编：528471
……法　人：梁雄
……Tel：0760－7322430

**佛山市顺德区容桂玉玄宫和善健康院**
业务：玉玄针法治疗仪健康服务机构，主营玉玄针法治疗仪销售、咨询、售后服务及健康信息咨询。旨在"弘扬中医文化，推广中医非药物疗法，开创我国中医健康管理新纪元"！
产品：玉玄针法治疗仪
地址：广东省佛山市顺德区容桂幸福居委会三角塘路榴花园街一号首层
……负责人：唐宇　　邮　编：528300
……法　人：唐宇
……Tel：0757－26913378
18927702336
……Fax：0757－26913378
……网址：http://www.fsyxg.com

**润丰药业有限公司**
地址：广东省深圳市罗湖区解放路3017号时珍大厦1804室
……负责人：李森
……Tel：0755－82126086
82126096
13537812278

**揭阳市揭西县伟锋洋参行连锁药业**
业务：专业销售中药材、中药饮片、中成药、化学药制剂、抗生素制剂、生化药品、生物制品（预防性生物制品除外）、医疗器械。公司始终以"您的健康是我们的追求"的企业精神，"质量第一，诚信经营"的质量方针，真诚为每一位顾客实现优质、文明、和谐的购药服务。并诚邀国内外医药界同仁，精诚合作，携手共创辉煌。
地址：广东省揭阳市揭西县城新光路（影剧后面）
……负责人：张伟锋　　邮　编：515400
……法　人：张伟锋
……Tel：0663－5511662
……Fax：0663－5536125

**华广田医药有限公司**
地址：广东省深圳市罗湖区梨园路笋岗仓库区819幢5楼
……负责人：温勤华
……Tel：0755－82412142
13689500985

**深圳市鑫吉泰工贸有限公司**
地址：广东省深圳市罗湖区罗沙路北鹏兴花园27栋201室
……负责人：江亚伦
……Tel：13352992416

**江门市蓬江区三宝保养生馆**
业务：主要针对颈椎痛，腰背痛，头胀痛，夜里失眠有明显疗效
地址：广东省江门市蓬江区丰华路41号之三
……负责人：杨从善　　邮　编：529020
……法　人：杨从善
……Tel：0750－8336650
8070315

**深圳市平健实业有限公司**
地址：广东省深圳市罗湖区泥岗西路1004号法日花园4楼平健医疗机械公司
……负责人：王平
……Tel：0755－82402355
13352973728

**深圳市亚洲大药房连锁有限公司罗湖中心分店**
地址：广东省深圳市罗湖区书城路都市名园BC座首层
……负责人：王汉雄
……Tel：0755－25923289

**广州安进生物科技有限公司**
业务：生物科技的研制开发和产品的销售
地址：广东省广州市越秀区环市东路371－375号世贸南塔2010房
……负责人：安进　　邮　编：510130
……法　人：安进
……Tel：13642338822
020－28848512
……Fax：020－22371510

**宏富泰实业有限公司**
地址：广东省深圳市罗湖区桃园路笋岗村210号松鑫楼802

……负责人：丘镇铭
……Tel：0755－82437956
13068436902

**深圳市港湾实业有限公司**
地址：广东省深圳市南山区港湾大道鲤鱼门A2栋2、3楼
……负责人：钱少军
……Tel：13509647880

**恩平市康圣尔电解饮水机店**
业务：定型保健包装食品、独销[固力本高级补钙保健食品]
地址：广东省江门市恩平市沿江中路3号之2
……负责人：张治沛　　邮　编：529020
……法　人：张治沛
……Tel：0750－7814721
13322896378

**深圳市亚洲大药房连锁有限公司南山桂庙分店**
地址：广东省深圳市南山区桂庙路向南村西街6号一楼
……负责人：周友运
……Tel：0755－26088868

**临景按摩深圳市南山区社区康复协会临景按摩中心**
地址：广东省深圳市南山区后海南路69号
……负责人：杨志涛
……Tel：0755－26693358
13902987185

**惠州市惠城区鑫福来食品店**
业务：美国鑫福来医药保健品
地址：广东省惠州市惠城区义乌批发城二期一楼A区023号
……负责人：李惠珍　　邮　编：516001
……法　人：李惠珍
……Tel：13825444812
13825444613
0752－2048978
……Fax：0752－2840733
……网址：www.xflsp.cn

**河源市源城区益群大药房雅居乐分店**
业务：药品零售
地址：广东省河源市源城区黄沙大道雅居乐花园金桐名都D－2幢A085号
……负责人：张建胜　　邮　编：516000
……法　人：张建胜
……Tel：0762－3309710
……Fax：0762－3309710

**深圳市瑞沃德生命科技有限公司**
地址：广东省深圳市南山区南商路97号华英大厦1206室
……负责人：修先帅
……Tel：0755－26418979
13922846215

**博罗县健怡连锁药店**
业务：药品销售
地址：广东省惠州市博罗县人民路人民医院住院部大楼对面
……负责人：龚俊健　　邮　编：516100
……法　人：龚俊健
……Tel：0752－6626033
13380693199
……Fax：0752－6293555

**广东河源市源城区康明药店**
业务：药店
地址：广东省河源市源城区新江三路南274号
……负责人：徐周　　邮　编：517000
……法　人：徐周
……Tel：0762－3308977
3968388

**人康源保健用品有限公司**
地址：广东省深圳市南山区蛇口商乐街76号一楼铺位
……负责人：管爱琴
……Tel：0755－26852479

**珠海春天制药有限公司**
地址：广东省珠海市金湾区三灶房地产开发公司映月大厦302室
……负责人：唐勇
……Tel：13007339118

**广东林和药业连锁有限公司官涌药店**
地址：广东省广州市石碁镇官涌村集贸市场北4－5号商铺
……负责人：张梓强
……Tel：020－84558696

**杰纳瑞医疗仪器有限公司**
地址：广东省深圳市南山区科技园科智西路1号南写字楼四层
……负责人：吕仲霖
……Tel：0755－26546285
13502893245

**深圳市南北医药有限公司南北药行月亮湾分店**
地址：广东省深圳市南山区荔湾路165号A栋6号商铺
……负责人：周来坤

……Tel：0755－26060308
13113607180



## 广西壮族自治区 / Guangxi Zhuang Autonomous Region

**百色市瑞信医疗科技有限公司**
地址：广西壮族自治区百色市右江区太平街新隆巷75号
……负责人：吴富根
……Tel：0776－2855098

**平南吴彤诊所**
业务：口腔科、内科、中医科
地址：广西贵港市平南县中心广场朝阳路866号
……负责人：吴彤　　邮　编：537000
……法　人：吴彤
……Tel：0775－7822055
7892558
13977503360
……网址：www.ykkq.net

**广西桂平市吴氏白龙药业有限责任公司**
业务：本公司已通过药品GMP认证，是一个证件齐全的药品生产企业。公司创始人研制的白龙跌打酒（国药准字B20020434）是一种纯中药制剂，适应症广，疗效独特。经省级三家医院临床验证，效果显著。是独家生产的产品
地址：广西桂平市木根镇工业开发区
……邮　编：537212
……法　人：吴尚德
……Tel：0775－3071966
3071958
……Fax：0775－3071962

……网址：www.gxws.chinapyp.com

**百色市远征医疗器械有限责任公司**
地址：广西壮族自治区百色市右江区太平街新隆巷75号
……负责人：吴庆刚
……Tel：0776－2825219

**疑难杂症诊所**
业务：疑难杂症诊所
地址：广西省柳州市柳石路80－9号
……负责人：罗维持　　邮　编：545000
……法　人：罗维持
……Tel：0772－3837158
13607808617

**广西瓯文医疗科技有限公司崇左分公司**
地址：广西壮族自治区崇左市丽江路2号
……负责人：李雨平
……Tel：0771－7840600

**广西贵港如意药业有限公司**
地址：广西壮族自治区贵港凤凰街城北东面西五街114号
……负责人：孔庆鑫
……Tel：13907858125

**桂林健特游乐健身设备有限责任公司**
地址：广西壮族自治区桂林市灵川县禾家铺桂黄公路旁
……负责人：陈德新
……Tel：13977396965

**南宁市安鑫诊所**
业务：内科、牙科
地址：广西省南宁市科德路综合农贸市场A区02号、03号铺面
……负责人：李辉　　邮　编：530000
……法　人：李辉
……Tel：15994441867

**桂林市健友医疗器械有限公司**
地址：广西壮族自治区桂林市七星区高新开发大厦807室

……………………………… 负责人:刘健
……………………………… Tel:13517835558

**桂林市诚泰医疗设备销售有限公司**
地址:广西壮族自治区桂林市七星区环城南一路 19 号
……………………………… 负责人:卢汉成
……………………………… Tel:13707732734

## 广西贵港济生堂药房
业务:贵港市济生堂药房始建于 1984 年。本着一贯的经营宗旨及理念,现在我们看到的已经是一个成熟的专业药品零售连锁企业。
地址:广西壮族自治区贵港市江北大道港宝 A 区 20－21 号
……………………………… 邮　编:537100
……………………………… 法　人:孔庆麒
……………………………… Tel:0775－2922995
……………… 网址:www. gxgg. chinapyp. com

**全州县新春药业有限公司**
地址:广西壮族自治区桂林市全州镇迎宾路 71 号
……………………………… 负责人:邓鹏
……………………………… Tel:0773－4912129

**奇康保健卫生用品有限责任公司**
地址:广西壮族自治区桂林市乌石街 269 号
……………………………… 负责人:唐成忠
……………………………… Tel:0773－2611617
13557332754

**南丹县护生氧气厂河池市分厂**
地址:广西壮族自治区河池市金城江区教育社区(维六村第三生产队)
……………………………… 负责人:王艳春
……………………………… Tel:0778－2186881
13977832858

**广西来宾宝仁堂药业有限责任公司**
地址:广西壮族自治区来宾市柳来路 403 号
……………………………… 负责人:黄盛
……………………………… Tel:13768689868

**广西紫康药业有限公司**
地址:广西壮族自治区柳州市城中区桂中大道 13 号
……………………………… 负责人:杨荣
……………………………… Tel:0772－2621266
13517723076

**柳州市天基权保健服务有限责任公司**
地址:广西壮族自治区柳州市柳北区北站路 27 号
……………………………… 负责人:李康
……………………………… Tel:13978058122

## 柳州市绿之宝保健品有限责任公司
业务:柳州市绿之宝保健品有限责任公司成立于 2002 年,主要经营和代理保健食品,日用化妆品,日用百货,原生中草药销售等
地址:广西壮族自治区柳州市飞鹅路 81 号东边门面
………… 负责人:韦彩霞……邮　编:545005
……………………………… Tel:0772－3670008
……………………………… Fax:0772－3670008
……………………… E-mail:2001kktl@163. com

## 南宁市五味原生中草药经营部
业务:药材批发、零售
产品:原生中草药材. 种子,种苗,药用动物,药用昆虫
地址:广西药用植物园,广西南宁市长岗路 189 号
……… 负责人:吴其光　　邮　编:530023
……………………………… 法　人:吴其光
……………Tel:13878827496
0771－5615423

**广西东牛堂药业有限公司**
地址:广西壮族自治区柳州市鹿寨县鹿寨镇建中南路 9 号
……………………………… 负责人:陈元彩
……………………………… Tel:0772－6828669
13597259999

**柳州市聚龙医药有限责任公司**
地址:广西壮族自治区柳州市阳和工业新区香港新城金龙苑 14－17 号
……………………………… 负责人:张允志
……………………………… Tel:13517729882

**南宁科澳生物工程有限公司**
地址:广西壮族自治区南宁市城北区衡阳东路正宁花园 1 栋 3 号商场
……………………………… 负责人:吴忠保
……………………………… Tel:13978859869

**南宁广慈生物技术有限公司**
地址:广西壮族自治区南宁市城北区科园大道 25 号科园大厦 5 层 527 号
……………………………… 负责人:谢慧淦
……………………………… Tel:13607888879

**广西红十字药业有限责任公司**
地址:广西壮族自治区南宁市城北区科园大道东七路二号桂盐科技园办公楼四楼、五楼
……………………………… 负责人:龙军胜
……………………………… Tel:0771－2689258

**广西南宁金草中草药有限公司**
地址:广西壮族自治区南宁市城北区明秀路 238 号
……………………………… 负责人:许德军
……………………………… Tel:13507815860

**广州市一圣生物科技有限公司南宁分公司**
地址:广西壮族自治区南宁市江南区江南路 17 号国际经贸大厦第 26 层 F 座
……………………………… 负责人:刘海民
……………………………… Tel:13307712988

**南宁万博医疗器械有限公司**
地址:广西壮族自治区南宁市江南区江南路 42 号院内 1 号办公楼 5 层 503、504
……………………………… 负责人:周东旭
……………………………… Tel:13717710747

## 象州县鑫泰药材有限责任公司
业务:药材购销
地址:广西壮族自治区来宾市象州县中平镇开发区(西街 206 号)
……… 负责人:覃志荣　　邮　编:545807
……………………………… 法　人:覃志荣
……………Tel:0772－4374329
13607826839

**广西天然水蛭素生物科技有限公司**
地址:广西壮族自治区南宁市隆安县华侨经济区内
……………………………… 负责人:周维海
……………………………… Tel:13768635858

**南宁佳镜医疗器械有限公司**
地址:广西壮族自治区南宁市新城区保爱路 60 号 2 栋 B3 号铺面
……………………………… 负责人:韦冬生
……………………………… Tel:13907862273

## 广普医药有限公司
业务:广普医药有限公司成立于 2002 年,从事医药、保健品、医疗器械的销售。谒诚欢迎新老客户光临、惠顾。
地址:广西壮族自治区南宁市秀灵路 32 号
……………………………… 邮　编:530001
……………………………… 法　人:李子雁
……………………………… Tel:0771－3132138
……………………………… Fax:0771－3133108

**广西南宁市金汉生物科技开发有限公司**
地址:广西壮族自治区南宁市新城区东宝路 8 号茶花园 1 栋 2 单元 6 楼 501 号房
……………………………… 负责人:唐颉
……………………………… Tel:13978841111

**广西南宁皓华生物开发有限公司**
地址:广西壮族自治区南宁市新城区麻村小区 19 栋 1 单元 112 号房
……………………………… 负责人:韦焱皓
……………………………… Tel:13878840008

**广西瑞洋春医疗器械有限公司**
地址:广西壮族自治区南宁市新城区民族大道 92－1 号新城国际大厦 2503 室
……………………………… 负责人:卓千胜
……………………………… Tel:13907711184

**湖南金沙药业股份有限公司驻南宁办事处**
地址:广西壮族自治区南宁市新城区南环路 130 号
……………………………… 负责人:杨波
……………………………… Tel:13978875878

**南宁东宇医疗器械有限公司**
地址:广西壮族自治区南宁市新城区七星路 125 号华星城
……………………………… 负责人:梁东红
……………………………… Tel:13878138919

**广西南宁钛力特医疗器械有限责任公司**
地址:广西壮族自治区南宁市新城区青山路 8－2 号
……………………………… 负责人:李欣荣
……………………………… Tel:13307810512

**南宁微创医疗器械有限公司**
地址:广西壮族自治区南宁市新城区桃源路 4 号
……………………………… 负责人:申屠幸来
……………………………… Tel:13877175778

**防城港市医药总公司东兴分公司驻南宁办事处**
地址:广西壮族自治区南宁市新城区中山路 66 号外滩新城富城 501 号
……………………………… 负责人:邱浩
……………………………… Tel:0771－2835880

**梧州市汇龙神保健品有限公司**
地址:广西壮族自治区梧州市长洲区新兴二路北一巷 44 号
……………………………… 负责人:胡传毅
……………………………… Tel:13977438908

**广西玉林市祥生中药饮片有限责任公司**
地址:广西壮族自治区玉林市城站路禾力塘(原玉林市南江镇南江村 6 社)
……………………………… 负责人:高祥生
……………………………… Tel:0775－3831878

**艾春保健品有限公司**
地址:广西壮族自治区玉林市教育西路 66 号
……………………………… 负责人:陈纪光
……………………………… Tel:0775－3133161
13977532638

**玉林市金桥中药现代化生产力促进中心**
地址:广西壮族自治区玉林市教育中路玉林市生产力促进中心
……………………………… 负责人:王德平
……………………………… Tel:0775－2810108

**玉林市惠彬原生中草药有限公司**
地址:广西壮族自治区玉林市苗园路南侧站前小区
……………………………… 负责人:宋斌
……………………………… Tel:0775－3830583

**长盛中药饮片有限公司**
地址:广西壮族自治区玉林市南江镇领塘工业区
……………………………… 负责人:钟第东
……………………………… Tel:0775－3811688
13907752462

**玉林市参宝堂中药材有限公司**
地址:广西壮族自治区玉林市中秀路 155 号
……………………………… 负责人:蒋建祥
……………………………… Tel:0775－3125808





## 海南省/Hainan Province

**海南碧海宝岛制药有限公司**
地址:海南省海口市白水塘路 40 号农垦医院西侧仓库
……………………………… 负责人:闫彬
……………………………… Tel:0398－68150368

**海口馨源医药技术咨询有限公司**
地址:海南省海口市滨海大道 299 号东方洋大厦 1002 房
……………………………… 负责人:李香英
……………………………… Tel:13976017396

**海南中加合盛科技发展有限公司**
地址:海南省海口市大同路 25 号华发大厦 A 座 2209 室
……………………………… 负责人:李鸿雁
……………………………… Tel:13976606433

**海南壬鑫医疗器械有限公司**
地址:海南省海口市大同路华发大厦 A 座 512 房
……………………………… 负责人:李建成
……………………………… Tel:13876371100

**海南新跃生物科技有限公司**
地址:海南省海口市国贸大道正昊大厦 502 室
……………………………… 负责人:张明发
……………………………… Tel:0898－66785320

**海南星康药物研究所有限公司**
地址:海南省海口市国贸路 49 号新达商务大厦 25 层
……………………………… 负责人:冯贤关
……………………………… Tel:0898－68551266

**海南瀚科医药科技有限公司**
地址:海南省海口市海府路 59 号艺苑大厦 1105 室
……………………………… 负责人:刘道容
……………………………… Tel:13307599117

**海南欣长盛药业有限公司批发部**
地址:海南省海口市海垦路 5 号冶矿大厦 2 层 A 区
……………………………… 负责人:杨海珍
……………………………… Tel:0898－68262777

**海口云祥医疗器械有限公司**
地址:海南省海口市海秀路 104 号金天龙大厦 A 栋 405 室
……………………………… 负责人:李云
……………………………… Tel:13907556030

**海南长春堂保健品有限公司**
地址:海南省海口市和平南路 59 号海狮大厦 1204 室
……………………………… 负责人:陈总良
……………………………… Tel:0898－65384288

**海南瑞特医药有限公司**
地址:海南省海口市金贸中路"格林梦"别墅 C2 栋
……………………………… 负责人:柴明文
……………………………… Tel:13337661688

**海南科泉药物生物工程技术研究所有限公司**
地址:海南省海口市金盘 15－1 号 5 号楼 101 房
……………………………… 负责人:李志林
……………………………… Tel:13907641293

**海南正雄生物科技有限公司**
地址:海南省海口市金盘工业区海南省医药大楼四层
……………………………… 负责人:周述海
……………………………… Tel:0898－66804738

**海南立迪医药有限公司**
地址:海南省海口市金盘路金盘广场 4 楼 D1
……………………………… 负责人:石红旗
……………………………… Tel:13911806839

**海南莱唐药业有限公司**
地址:海南省海口市龙华区苍峄路 15 号
……………………………… 负责人:张月琪
……………………………… Tel:13976008888

**海南百思德药物研究所有限公司**
地址:海南省海口市龙昆北路国贸大道国联大厦 C 座
……………………………… 负责人:齐建新
……………………………… Tel:13307666976

**海口满康医药有限公司**
地址:海南省海口市龙昆南路道客新村 5 巷 10 号新华法院宿舍 902 房
……………………………… 负责人:吴伯炯
……………………………… Tel:13307521111

**海南热带生物工程研究院**
地址:海南省海口市秀英区永万坡海口国家高新区科技大道 15 号裕科大厦三楼 225
……………………………… 负责人:陶新华
……………………………… Tel:13901131454

**海南省雨田新技术生物研究所**
地址:海南省海口市沿江三西路 22 号兆南公寓 2 号楼 5D 室
……………………………… 负责人:张本
……………………………… Tel:0898－66187943

**海南得恩药业有限公司**
地址:海南省海口市椰林路富虹大厦 902 室
……………………………… 负责人:邓志坚
……………………………… Tel:0898－66534036

**海南木华医药有限公司**
地址:海南省海口市玉沙路 11 号中盐大厦 15 层 A4 房
……………………………… 负责人:林平
……………………………… Tel:0898－68512746

**海南双龙保健品制造有限公司**
地址:海南省临高县临城镇行政街
……………………………… 负责人:涂胜利
……………………………… Tel:0898－66792588

**漫涛畜牧兽医技术服务处**
地址:海南省琼海市长坡镇琼文东路
……………………………… 负责人:雷涛
……………………………… Tel:0898－62711512
13976390512

**海口绿科南药研究开发有限公司**
地址:海南省海口市秀英区永万坡海口国家高新区科技大道 15 号裕科大厦三楼 241
……………………………… 负责人:刘珂

…… Tel:0898－66539206

## 四川省/Sichuan Province

**成都本草堂药品连锁有限公司阳光店**
地址:四川省成都市成华区二仙桥东三路 101、102 号
…… 负责人:王志芳
…… Tel:13550188055

**成都瑞华药房连锁有限责任公司滨河店**
地址:四川省成都市成华区培华东路 10 号
…… 负责人:黄淑琼
…… Tel:028－84353377

### 四川绿康中药有限公司
业务:本公司成立于 2005 年 6 月,是川中地区大型药材种植、销售、中药饮片生产企业,公司秉承中华传统医药基础,结合现代高科技手段,致力于发展中药、中成药、保健品,以中药材种植、加工生产为基础,推进中药现代化、农业产业化进程。
地址:四川射洪县大榆镇五家桥
…… 负责人:刘付林……邮　编:629200
…… 法　人:刘付林
…… Tel:0825－6700750
…… Fax:0825－6700012
…… 网址:www.lvkzy.com
…… E-mail:lvkangzhongyao@126.com

**成都本草堂药品连锁有限公司泰福店**
地址:四川省成都市成华区青龙乡白莲村九组
…… 负责人:侯中立
…… Tel:028－89569842

### 成都科卫医疗器械有限公司
业务:三类;注射穿刺器械;医用光学器具。仪器及内窥镜设备;医用激光仪器设备;手术室。急救室。诊疗室设备及器具;医用缝合材料及粘合剂;二类;矫形外科[骨科]手术器械;医用超声仪器及有关设备;中医器械;医用 X 射线附属设备及部件;医用卫生材料及敷料;医用高分子材料及制品;消毒灭菌设备及器具等医疗产品。
地址:四川省成都市青羊区蜀华街 68 号
…… 负责人:蒲政礼　邮　编:610015
…… 法　人:蒲政礼
…… Tel:028－86111463
13980433753
…… 网址:www.028kw.com
…… E-mail:028kw@028kw.com

**四川万基医药有限公司三分店**
地址:四川省成都市成华区万兴街 3 号 1 幢 4 单元 1 楼 15、16 号
…… 负责人:王红梅
…… Tel:028－86619122

**成都金荷生物科技有限公司**
地址:四川省成都市高新技术开发区创业路 9 号
…… 负责人:毛川龙
…… Tel:028－81198277

**四川超美健生物科技有限公司**
地址:四川省成都市高新技术开发区芳草东街 93 号 407
…… 负责人:李宗惠
…… Tel:13183895812

**四川金美特医药科技发展有限公司**
地址:四川省成都市高新技术开发区芳草西一街 17 号
…… 负责人:肖春
…… Tel:13881863201

### 成都金泰星钙制品厂
业务:成都金泰星钙制品厂成立于 2004 年,从事活性碳酸钙生产及销售,主要产品有活性碳酸钙、PE、PP 填充母料行等。我厂产品质优价廉,望有需求的朋友与我厂联系,期待与您合作。
地址:四川省成都崇州市三江镇崇新路二段
…… 邮　编:611246
…… 法　人:阳小林
…… Tel:028－82243688
…… Mobile:13088077887
…… Fax:028－82243688

**成都华瑞生物科技有限公司**
地址:四川省成都市高新技术开发区高新孵化园 1 号楼
…… 负责人:王凌
…… Tel:13980098666

### 四川信德药业有限公司
业务:批发和零售生物药品、中药材、中成药、中药饮品、化学原料药、抗生素原料药、抗生素制剂、化学药制剂、生物制品、日用百货、化妆品、消毒用品、保健食品、普通食品
地址:四川省简阳市红建路水岸人家 2 号楼
…… 负责人:王冬梅　邮　编:641400
…… 法　人:王冬梅
…… Tel:0832－7299901
…… Fax:0832－7127277
…… E-mail:sc_yansan@163.com

**成都市圣松生物科技开发有限责任公司**
地址:四川省成都市高新技术开发区技术创新服务中心西部园区基地 C345－5
…… 负责人:王铣荣
…… Tel:13219001283

**四川康美原生物工程有限公司**
地址:四川省成都市高新技术开发区兰天路 58 号
…… 负责人:李光灿
…… Tel:028－87661113

**成都生物与医药产业孵化园有限公司**
地址:四川省成都市高新技术开发区南延线高新天河孵化园 1 号楼
…… 负责人:潘绍莉
…… Tel:028－83380097

### 成都旭萍实业有限责任公司
业务:销售腰椎治疗仪、颈椎治疗仪,颈椎牵引器,远红外安神枕等 I、II 类医疗器械代理销售。
地址:四川省成都彭州市外南街南苑
…… 邮　编:611930
…… 法　人:王尔旭
…… Tel:028－83705021
010－68675414
…… Fax:028－83705021

**四川滇虹医药开发有限公司**
地址:四川省成都市高新技术开发区天府大道高新孵化园一号楼
…… 负责人:汪伯良
…… Tel:028－85319624

**成都雁高医药科技开发有限公司**
地址:四川省成都市金牛区白马寺后巷 20 号
…… 负责人:刘光汉
…… Tel:028－88155178

**成都满豪医疗器械有限公司**
地址:四川省成都市金牛区茶店村 1 组绿舟花园锦苑 1 幢 95 号
…… 负责人:金波
…… Tel:13608062980

**四川康贝大药房连锁有限公司金牛区四马店**
地址:四川省成都市金牛区洞子口幸福村
…… 负责人:马琼芳
…… Tel:028－83289062

**四川天乐医药连锁有限公司金牛区国伟店**
地址:四川省成都市金牛区洞子口友联村 4 组
…… 负责人:朱奎康
…… Tel:028－83420742

**成都盛世杰克医疗设备技术有限公司**
地址:四川省成都市金牛区解放路二段 329 号主楼 910 号
…… 负责人:黄远芬
…… Tel:028－89632121

**成都本草堂药品连锁有限公司跃进店**
地址:四川省成都市金牛区金牛乡跃进村八队
…… 负责人:侯开国
…… Tel:13551384359

### 四川省成都市彭州市小渔洞中药材协会
业务:四川省成都市彭州市小渔洞中药材协会创建于 2003 年,从事中药材的种植、销售。主要产品有大黄、杜仲、黄柏、厚朴、黄莲、重楼、天麻、山药等 100 多个品种。为客户提供大量优质的中药材产品,欢迎各界朋友联系洽谈。
地址:四川省成都市彭州市小渔洞中药材协会
…… 负责人:任天华……邮　编:611945
…… 法　人:任天华
…… Tel:028－83850183

**成都本草堂药品连锁有限公司金青店**
地址:四川省成都市金牛区金青路 109 号
…… 负责人:胡云生
…… Tel:13980427167

**成都正开生物科技发展有限公司**
地址:四川省成都市金牛区金沙路 88 号
…… 负责人:李楠
…… Tel:13980420336

**成都高产医疗器械有限公司**
地址:四川省成都市金牛区沙湾路 63 号
…… 负责人:陈亚钦
…… Tel:13880522323

**四川乐乐药业科技开发有限公司**
地址:四川省成都市金牛区西安北路 2 号
…… 负责人:马林
…… Tel:028－87796863

### 四川省川双大药房有限责任公司
业务:四川省川双大药房有限责任公司是一家销售各种西药的公司。我公司始终坚持以可靠的质量,实惠的价格与完善的服务,赢得广大客户的口碑。热诚欢迎新老客户惠顾。
地址:四川省成都市双流县东升镇西北街 154 号
…… 邮　编:610200
…… 法　人:付乐强
…… Tel:028－85830398
…… Fax:028－85830398

**成都鑫能世康生物科技有限公司**
地址:四川省成都市锦江区东御街 57 号 16 层 D 区
…… 负责人:蒋德容

### 内江市天民医药包装有限公司
业务:内江市天民医药包装有限公司成立于 2007 年,专业从事医药包装,欢迎新老客户来电洽谈业务!
地址:四川省内江市市中区马鞍山铁路宿舍 6 栋 29 号
…… 负责人:唐仕英……邮　编:641000
…… Tel:0832－2100056

**四川九如保健品有限公司**
地址:四川省成都市锦江区狮子山二号
…… 负责人:吕平
…… Tel:13882012826

**成都瑞华药房连锁有限责任公司成仁店**
地址:四川省成都市锦江区外东五桂桥 2 号
…… 负责人:李自良
…… Tel:028－86629791

### 攀枝花市鹜新科技开发有限公司
业务:本公司成立于 2003 年 11 月,主要生产销售皂素,产品是制造西药用的原材料。我厂以信誉为生命,以质量为保证,竭诚和各大药厂、保健品厂及广大客商合作,你们的需要,就是我的选择,热忱欢迎各地朋友来厂指导考察,共拓发展。
地址:四川省攀枝花市东区临江路 175 号 7 楼 8 号
…… 邮　编:617000
…… 法　人:廖保祥
…… Tel:0812－3320589
…… Fax:0812－3320589

**蒲江县熙富植化厂**
地址:四川省成都市蒲江县寿安镇金安村 6 组
…… 负责人:赵霞
…… Tel:028－88678598
13330985233

### 自贡市汇东新区源延诊所
业务:自贡市汇东新区源延诊所是一家中西医结合的诊所,诊所遵循"服务第一,患者至上"的原则,赢得了广大患者的好评。
地址:四川省自贡市自流井区汇东文化路川南丝纺城底楼
…… 负责人:李源……邮　编:643000
…… Tel:0813－8107860



## 贵州省/Guizhou Province

**毕节地区精神病康复医院**
地址:贵州省毕节地区毕节市洪南路贵毕大道
…… 负责人:胡国勋
…… Tel:0857－8251810

### 四川省蜀黔医疗器械有限公司
业务:骨科耗材,介入耗材,血透机等医疗器械
地址:贵州省贵阳市文昌北路 229 号邮政综合楼 406 室
…… 负责人:秦日宏　邮　编:550000
…… 法　人:黄毅
…… Tel:0851－6828302

### 贵州森柒医药有限公司
业务:贵州森柒医药有限公司是一家专门从事药品销售的公司。我们以质量求生存,以信誉求发展,竭诚欢迎各方客户来电洽谈业务,共同合作。
地址:贵州省贵阳市油榨街 40 号
…… 邮　编:550002
…… 法　人:贾子学
…… Tel:0851－5502706
…… Fax:0851－5502702

**顺鑫医药商贸有限公司**
地址:贵州省贵阳市富源北路 337 号
…… 负责人:朱新国
…… Tel:0851－5502853
13608510210

**贵州电力职工医疗卫生保健站**
地址:贵州省贵阳市观水路东坛巷 2 号
…… 负责人:胡诗会
…… Tel:0851－5622390

**佰仕制药有限责任公司**
地址:贵州省贵阳市小河经济技术开发区桐荫路 22 号
…… 负责人:张大庆
…… Tel:0851－5811959
13595066733

**瓜拿纳专卖店**
地址:贵州省贵阳市云岩区瑞金中路 69 号紫林综合楼 2 单元 8 楼 4 号
…… 负责人:李玉萍
…… Tel:0851－8101193
13312261321

**贵阳黔越医疗设备有限公司**
地址:贵州省贵阳市云岩区中山东路 54 号
…… 负责人:贺梦
…… Tel:13984015677

**番如乡卫生院**
地址:贵州省黔东南苗族侗族自治州台江县番召乡卫生院
…… 负责人:董贵
…… Tel:0855－5432007
13885534417

**贵州拓扑医药技术发展有限公司**
业务：贵州拓扑医药技术发展有限公司成立于2005年，主要从事于新药的研发、保健食品的开发。欢迎新老客户光临、惠顾！
地址：贵州省贵阳市云岩区正新街富水花园D幢9层2号
负责人：崔幼成　邮　编：550001
法　人：崔幼成
Tel：0851－5861117

**贵州康森保健品有限公司**
业务：保健品销售
地址：贵州省贵阳市新寨楼33号5楼3单元2楼1号
负责人：李进中　邮　编：550000
法　人：李进中
Tel：13511971290
0851－5771178

**云南医学科学院天柱县博爱医院**
地址：贵州省黔东南苗族侗族自治州天柱县凤城镇水东路汽车站旁
负责人：游金锋
Tel：0855－7522038

**黔南晨曦医药有限公司**
地址：贵州省黔南布依族苗族自治州都匀市龙山大道德达大厦东北角3号
负责人：梁运雄
Tel：0854－8320777

**黔南州医学培训中心**
地址：贵州省黔南布依族苗族自治州都匀市文峰路3号
负责人：马皆琼
Tel：0854－8241060

**都匀市同济医院**
地址：贵州省黔西南布依族苗族自治州平桥汽车站对面
负责人：陈志贤
Tel：0854－8319988

**华康中草药有限公司**
地址：贵州省黔西南州布依族苗族自治州兴义市杨柳街13号
负责人：王远明
Tel：0859－3228987
3190628
13985966607

**铜仁市协和医院**
地址：贵州省铜仁市大江北路15号
负责人：林光芬
Tel：0856－5254688

**铜仁市益康有限公司**
业务：铜仁市益康医疗器械有限公司成立于2006年，主要销售医疗器械。欢迎新老客户光临、惠顾！
地址：贵州省铜仁地区铜仁市东太道（华贵楼26号）
负责人：王东华　邮　编：564300
法　人：王东华
Tel：0856－5282599

**贵州省遵义市明兴沸石生物产品开发有限公司**
地址：贵州省遵义地区遵义县虾子镇启明水泥厂内
负责人：杨启明
Tel：0852－7331272

## 云南省/Yunnan Province

**弘康医疗器械有限责任公司**
地址：云南省保山市隆阳区永昌镇建设路（隆阳区交警大队西侧）
负责人：胡奇芳
Tel：0875－2211983
9216796

**保山德尔制药有限责任公司**
业务：保山德尔制药有限责任公司成立于2006年，改善了患者的生活质量，而且使他们生活得更长寿、更健康和更有活力。
地址：云南省保山市隆阳区保岫东路永昌商贸园27－1号
负责人：陈永祥　邮　编：678000
法　人：陈永祥
Tel：0875－2168986
网址：www.mtw26399.chinapyp.com

**丽江程海螺旋藻生物保健品有限公司＊**
业务：本公司是一家集螺旋藻系列产品研究、生产开发、加工销售于一体的大型综合性现代化企业。其前身是云南丽江交通运输集团丽江程海螺旋藻生物保健品厂。"滇程"程海螺旋藻系列产品系丽江程海生物保健厂的主导品牌产品。投放市场以来，不断享誉国内外市场，现已经成为国内螺旋藻行业的知名品牌。
地址：云南省丽江市香格里拉大道朝阳会馆三楼
邮　编：674100
法　人：刘光全
Tel：0888－5103333
5105555
Fax：0888－5158515
网址：www.qsdc.com.cn

**康一生药业有限责任公司**
地址：云南省昆明市人民西路492号
负责人：秦大良
Tel：0871－8188766
13033380597

**昆明兴平医药有限公司**
地址：云南省昆明市世博二号路江东丽景园47栋付1号商网
负责人：郝振兴
Tel：0871－5737198
13320510098

**昆明新华中草药门诊部**
业务：昆明新华中草药门诊部位于交通便利的昆明市东市街西寺巷16号。采用中草药治疗肿瘤、胆结石、各类皮肤病、风湿、内风湿等疑难杂症。希望广大患者早日记康复。
地址：云南省昆明市东市街西寺巷16号
邮　编：650034
法　人：龚一云
Tel：0871－4145593
Fax：0871－4142882

**湘广药业有限公司**
地址：云南省昆明市西山区昌源中路沙沟尾村89号
负责人：唐春怀
Tel：0871－8216169
6409477
13708732768

**海风兽药经营部**
地址：云南省昆明市西山区明波兽药饲料批发市场十幢11－12号
负责人：韦海峰
Tel：0871－8237661
13312555585

**丽江华利生物开发有限责任公司**
业务：公司下辖有优质药材种苗基地，中药材饮片厂，华利药技培训中心；优质芸豆种苗基地，经商检认证的芸豆和野生菌加工厂，以及丽江昆明和成都的经营部。公司的主营产品：芸豆，野生菌和中药材，是来自大自然无任何污染的产品，质高价优，深受国内外客商的青睐。
地址：云南省丽江市古城区民主路
邮　编：674100
法　人：徐开华
Tel：0888－5122838
Fax：0888－5102068
网址：www.ljhuali.com

**昆明市琴伟医疗器械有限公司**
业务：昆明市琴伟医疗器械有限公司成立于2001年，主要从事江西"洪达"等医疗器械的代理。质量保证，价格合理，诚信沟通你我，共同发展求效益。欢迎各医院来人、来电咨询。
地址：云南省昆明市西苑立桥南侧西苑红房子一楼
邮　编：650000
法　人：毛国和
Tel：0871－8213247
Fax：0871－8213247

**天健生物资源技术开发有限公司**
地址：云南省昭通市昭阳区海楼路71号
负责人：夏文赋
Tel：0870－2226061
13887027988







## 西藏自治区/Xizang Autonomous Region

**西藏昌都光宇利民药业有限责任公司**
地址：西藏自治区昌都西路14号
负责人：谢作民
Tel：0895－4831200

**西藏谭氏中西医诊所**
地址：西藏自治区拉萨市北京中路（区高法商品房）
负责人：谭定琳
Tel：0891－6818498

**西藏华仁堂药品有限公司**
地址：西藏自治区拉萨市北京中路155号
负责人：刘利
Tel：0891－6343312

**西藏藏宝璐医药保健品有限公司**
地址：西藏自治区拉萨市北京中路41号
负责人：周海鹰
Tel：0891－6900318

**西藏福尔康生物工程有限公司**
地址：西藏自治区拉萨市北京中路48号
负责人：吴正治
Tel：0891－6786666

**拉萨市卫生防疫站北京中路门诊部**
地址：西藏自治区拉萨市北京中路二十二号
负责人：曲达
Tel：0891－6913142

**西藏金叶实业发展有限责任公司医务室**
地址：西藏自治区拉萨市北京中路五十四号
负责人：德亚
Tel：0891－6325419

**西藏神猴药业有限责任公司**
地址：西藏自治区拉萨市城关区北京西路
负责人：吴立成
Tel：0891－6867576

**拉萨雪峰天然药材开发有限公司**
地址：西藏自治区拉萨市夺底路10号天路康桑小区13幢1－1
负责人：罗高明
Tel：0891－6333456

**西藏雪域大药房连锁有限公司**
地址：西藏自治区拉萨市夺底路三十二号
负责人：李斌
Tel：0891－6389562

**西藏金地药品有限公司**
地址：西藏自治区拉萨市国际城中央大道
负责人：吴锡君
Tel：0891－6871020

**西藏日月眼病防治研究所有限公司**
地址：西藏自治区拉萨市江苏路19号（拉萨晚报商品房）
负责人：蒋明
Tel：0891－6327132

**拉萨生茂生物开发有限公司**
地址：西藏自治区拉萨市江苏路38号
负责人：李根生
Tel：0891－6709520

**四川通用美和医药有限公司西藏办事处**
地址：西藏自治区拉萨市江苏路十四号
负责人：李阳
Tel：0891－6345635

**西藏圣伯力生物技术有限公司**
地址：西藏自治区拉萨市金珠西路157号 自治区农业研究所
负责人：顿珠次仁
Tel：0891－6865780

**西藏天知生物科技开发有限公司**
地址：西藏自治区拉萨市金珠西路189号
负责人：黄佶
Tel：0891－6825518

**拉萨同康药业**
地址：西藏自治区拉萨市拉萨市娘热路邮政商品房1号
负责人：郑瑞丽
Tel：0891－6818259

**西藏自治区药政管理局工会**
地址：西藏自治区拉萨市林廓北路24号
负责人：噶尔琼
Tel：0891－6326672

**拉萨市圣德医疗设备有限公司**
地址：西藏自治区拉萨市林廓北路27号
负责人：段洪刚
Tel：0891－6830865

**西藏成昌医疗设备有限公司**
地址：西藏自治区拉萨市林廓北路二十一号
负责人：陈新根
Tel：0891－6329977

**西藏都海工贸有限公司**
地址：西藏自治区拉萨市林廓东路29号
负责人：阿不都
Tel：0891－6363458

**拉萨市翔龙虫草行**
地址：西藏自治区拉萨市罗布林卡路天域交通宾馆
负责人：潘翔
Tel：0891－6812529

**西藏雪牦牛保健品有限责任公司**
地址：西藏自治区拉萨市娘热路1号
负责人：多吉其美
Tel：0891－6868133

**西藏金哈达药业有限公司**
地址：西藏自治区拉萨市曲水新城开发区
负责人：邓先生
Tel：0891－6162803

**隆昌诊所**
地址：西藏自治区日喀则市科技路7号附29号
负责人：文小兵
Tel：0892－8510135

**西藏山南雍布拉康藏药厂**
地址：西藏自治区山南地区乃东县泽当镇贡布路49号
负责人：巴珠
Tel：0893－7825112

**金珠药业有限公司**
地址：西藏自治区山南乃东县228号
负责人：李亮
Tel：0893－7824386

**西藏金珠雅砻藏药有限责任公司**
地址：西藏自治区山南市泽当镇格桑路不13号
负责人：王先生
Tel：0893－7832800

## 陕西省/Shanxi Province

**宝鸡力邦生物工程有限公司**
地址：陕西省宝鸡市陈仓区虎镇西门处
负责人：李选民

……………………………Tel:0917－6228333
6222666

老龄大药房
地址:陕西省宝鸡市扶风县县城东大街 012 号
……………………………负责人:赵威
……………………………Tel:0917－5215568
6905641
13609277083

**汉中云天生物科技有限公司**
业务:保健品生产销售
地址:陕西省汉中市天汉大道 252 号
……… 负责人:白邦君 邮 编:723000
……………… 法 人:白邦君
…………Tel:0916－2212182
…………Fax:0916－2212182
… 网址:http://www.51zzt.com/user/zzt32556

**宝鸡市健邦医用器材有限公司**
业务:宝鸡市健邦医用器材有限公司成立于2004年,主要生产一次性橡胶检查手套,灭菌检查手套,橡胶医用手套,灭菌橡胶医用手套,塑料薄膜手套,医用脱脂纱布,医用绷带,医用橡皮膏,塑料鞋套,一次性使用阴道冲洗器等系列产品。宝鸡市健邦医用器材有限公司位于陕西省宝鸡市高新开发区石鼓工业园,此地处于陕,甘,宁三省的结合处,陇海,宝成,宝中铁路交汇于此,是连接中原,西北,西南的咽喉之地,市场辐射大。"质量第一,信誉至上,开拓进取,真诚服务"是公司的宗旨。"健邦人"真诚的希望与广大同仁一起,为人类的健康事业做出应有的贡献。
地址:陕西省宝鸡市渭滨区高新开发区石鼓工业园 9 号
……………………………邮 编:721006
……………………………法 人:王清华
……………………………Tel:0917－3362698
……………………………Fax:0917－3361660

汉江振华生物科技有限公司
地址:陕西省汉中市汉台区北效(汉江制药厂内)
……………………………负责人:李建国
……………………………Tel:0916－7423369
2253075
13369231999

李家第一骨科
地址:陕西省渭南市韩城市金城区夏阳镇
……………………………负责人:李建民
……………………………Tel:0913－5281086
13892504290

苏坊药材站
地址:陕西省渭南市蒲城县苏坊镇
……………………………负责人:鱼新社
……………………………Tel:0913－7322021
13892301809

陕西泰然路通生物科技有限公司
地址:陕西省西安市碑林区东关正街 78 号乐嘉阁 307 室
……………………………负责人:李冬玲
……………………………Tel:029－82401688

**富平县上官朱振民骨伤专科医院**
业务:富平县上官朱振民骨伤专科医院有天使般的笑容和心灵,有最先进的医疗设备和技术。为您驱走病魔,给您带来健康。
地址:陕西省渭南市富平县东上官乡
……… 负责人:朱振民…… 邮 编:711700
……………………………法 人:朱振民
……………………………Tel:0913－8235008

西安天恩医疗用品有限公司
地址:陕西省西安市碑林区互助路 6 号电信小区一号楼五楼四号
……………………………负责人:任克义
……………………………Tel:029－83296284

**榆林市老医协药店**
业务:销售各类药品
产品:各类药品
地址:陕西省榆林市榆阳区文化路长青小区 16 号楼 1 楼
……… 负责人:王学萍 邮 编:719000
……………… 法 人:王学萍
…………Tel:0912－3889405

陕西省医疗保险学会

地址:陕西省西安市碑林区南二环东段 319 号
……………………………负责人:宁长珊
……………………………Tel:13991126203

西安市碑林区脊柱病研究所
地址:陕西省西安市碑林区仁厚庄北路 8 号
……………………………负责人:杨树林
……………………………Tel:029－83232229

西安卓远医疗用品有限公司
地址:陕西省西安市碑林区兴庆路 88 号 4－024 号
……………………………负责人:刘小玲
……………………………Tel:13809199388

陕西正大医疗器械有限公司
地址:陕西省西安市碑林区友谊西路 169 号 12 楼 1 号
……………………………负责人:袁菁
……………………………Tel:029－88412841

**西安利源生物医药科技有限公司**
业务:本公司成立于 2003 年,是一家集科研、开发、生产、销售医药保健品、消毒卫生用品、化妆品为一体的综合性现代高科技公司。
地址:陕西省西安市西安高新开发区高新路 25 号
……… 负责人:刘勇……邮 编:710075
……………………………法 人:刘勇
……………………………Tel:029－88270499
……………………………Fax:029－88218209
……………………………网址:www.xaliyuan.com.cn
……………………………E-mail:liyuan1618@163.com

西安新希望医疗科技咨询有限公司
地址:陕西省西安市凤城一路御道华城 B－152 号
……………………………负责人:张绪生
……………………………Tel:029－86578501

西安西美健康科技有限公司
地址:陕西省西安市含光路北段邮电北巷 24 号高层 2901 号
……………………………负责人:刘洪涛
……………………………Tel:029－88405708

西安中丞药业有限公司
地址:陕西省西安市含光路中段 229 号(唐城宾馆住宅楼 9 层 10903 室)
……………………………负责人:赵来虎
……………………………Tel:13991214808

中西药店
地址:陕西省西安市户县余下镇电厂十字街
……………………………负责人:夏永仁
……………………………Tel:029－84973489
13891817764

西安金圣尔生物科技有限公司
地址:陕西省西安市泾河开发区泾渭十一路
……………………………负责人:刘新民
……………………………Tel:13909229699

陕西福音假肢有限责任公司
地址:陕西省西安市莲湖区西关正街 175 号晨光御苑 24 层
……………………………负责人:张颖
……………………………Tel:029－88651627

**子洲县天赐中药材有限责任公司**
业务:子洲县天赐中药材有限责任公司成立于2000年,公司主要产品有:黄芪、甘草、远志、板兰等多种中药材等级产品;黄芪茶系列产品、小杂粮系列产品,产品畅销国内,远销日本、韩国等东南亚国家。
地址:陕西省榆林地区子洲县双湖峪镇峨峁峪村
……………………………邮 编:718400
……………………………法 人:曹牛
……………………………Tel:0912－7230408
……………………………Fax:0912－7232008

西安桑兰纳米生物科技工程有限公司
地址:陕西省西安市文艺北路中联颐华苑 B1003 号
……………………………负责人:李强
……………………………Tel:13892867778

陕西康尔福健康会所有限公司
地址:陕西省西安市新城区长乐西路 41 号
……………………………负责人:庄超虎
……………………………Tel:029－81970380

陕西上格之路生物科学有限公司
地址:陕西省西安市周至县楼观台南环路十字西 500 米路北处
……………………………负责人:王小见
……………………………Tel:029－85181939

## 甘肃省/Gansu Province

甘肃同济药业有限责任公司景泰分公司
地址:甘肃省白银市景泰县一条山镇 705 南路
……………………………负责人:吴俊山
……………………………Tel:13893033721

**渭源县勃万中药材生态专业合作社**
业务:中药材收购、销售
地址:甘肃省定西市渭源县会川镇工业园区
……… 负责人:牛红卫 邮 编:743000
……………… 法 人:牛红卫
…………Tel:13993254555
0932－4481928
…………Fax:0932－4481928

靖远县仁和医药有限公司
地址:甘肃省白银市靖远县城乌兰西路
……………………………负责人:唐菊秋
……………………………Tel:13893030629

甘肃神农文峰药业有限公司经营部
地址:甘肃省定西市陇西县文峰经济技术开发区西区
……………………………负责人:张祎春
……………………………Tel:0932－6698089

武威市博康医疗器械有限公司陇西经营部
地址:甘肃省定西市陇西县文峰开发区中药材市场 10 号楼
……………………………负责人:赵育明
……………………………Tel:0932－6680678

嘉峪关民耀生物科技有限公司
地址:甘肃省嘉峪关市嘉东工业园区高新技术三区
……………………………负责人:蔡为民
……………………………Tel:13817003015

兰州中脉科技营销有限公司金昌分公司
地址:甘肃省金昌市延安东路 71－4 号
……………………………负责人:韩天驰
……………………………Tel:0935－5992288

**渭源县鑫磊药业有限责任公司**
业务:地产中药材种植、贮藏、销售。
地址:甘肃省定西市渭源县会川镇西关村
……… 负责人:麻自胜 邮 编:748201
……………… 法 人:麻自胜
…………Tel:13993210349
0932－4481217
…………Fax:0932－4483288

地珠中药材有限责任公司
地址:甘肃省酒泉市肃州区西银路 45 号
……………………………负责人:雷志勇
……………………………Tel:0937－2623006
13909379081

甘肃天禾妇幼科技服务中心
地址:甘肃省兰州市北街 143 号
……………………………负责人:何正俭
……………………………Tel:0931－2357088

兰州康成生物技术有限公司
地址:甘肃省兰州市城关区东岗西路 58 号
……………………………负责人:张力平

……………………………Tel:0931－8261413

甘肃众友医药连锁有限公司第 109 分店
地址:甘肃省兰州市城关区段家滩 202 号
……………………………负责人:邵建军
……………………………Tel:0931－4602960

兰州爱圣保健品有限公司
地址:甘肃省兰州市城关区甘南路 666 号
……………………………负责人:郭伟
……………………………Tel:0931－4661772

兰州盛达医药有限公司
地址:甘肃省兰州市城关区皋兰路 1 号
……………………………负责人:王英才
……………………………Tel:0931－8894508

**文县惠民商贸有限责任公司**
业务:中药材、矿产品、物流配送
地址:甘肃省陇南市文县城关镇马家街
……… 负责人:王奋平 邮 编:746400
……………… 法 人:王奋平
…………Tel:13909395222
18993915222

正源中药材饮片有限公司
地址:甘肃省兰州市城关区嘉峪关东路 733 号
……………………………负责人:魏东明
……………………………Tel:0931－4864808
13893189763

兰州三源药业有限责任公司
地址:甘肃省兰州市城关区静宁路 100 号
……………………………负责人:王青川
……………………………Tel:0931－8405820

兰州同伴生物科技有限责任公司
地址:甘肃省兰州市城关区酒泉路 48 号 607 室
……………………………负责人:潘虎
……………………………Tel:13993163813

甘肃凯福莱药业有限公司
地址:甘肃省兰州市城关区临夏路静安门外 5 号
……………………………负责人:王正海
……………………………Tel:0931－8482683

甘肃瑞阳药业有限责任公司
地址:甘肃省兰州市城关区天庆嘉园 10 号楼
……………………………负责人:何生亮
……………………………Tel:0931－8555169

兰州伟日生物工程有限公司
地址:甘肃省兰州市皋兰县城关镇北辰路 628 号
……………………………负责人:许松伟
……………………………Tel:0931－5721999

**陇南市武都区仁和中药材有限责任公司**
业务:生产和销售各类中药材
产品:柴胡、大黄、半夏、当归、党参、五味子、山楂、黄芩、木香
地址:甘肃省陇南市武都区角弓镇下坝
……… 负责人:杜志刚 邮 编:746021
……………… 法 人:杜志刚
…………Tel:13519399184
13830909345

甘肃健安生物药业有限责任公司
地址:甘肃省兰州市高新技术产业开发区(南河路 1432 号)
……………………………负责人:石峥嵘
……………………………Tel:0931－8766501

兰州海纳瑞医疗科技有限公司
地址:甘肃省兰州市高新技术产业开发区(张苏

滩 579 号）
负责人:范勤
Tel:0931－4613556

**兰州华荣食品药品有限责任公司**
地址:甘肃省兰州市红古区海石湾镇平安路 438 号
负责人:骆耀荣
Tel:0931－6215595

**兰州红古东升医药有限责任公司**
地址:甘肃省兰州市红古区海石湾镇中和路 65 号
负责人:舒东升
Tel:0931－6211312

**如新(中国－日用保健品有限公司兰州如新旗舰店)**
地址:甘肃省兰州市静宁路 100 号
负责人:邱锦云
Tel:0931－8482305

**兰州西城药业有限责任公司**
地址:甘肃省兰州市七里河区硷沟沿 18 号
负责人:薛国良
Tel:0931－2659178

**甘肃同仁药业有限公司**
地址:甘肃省兰州市七里河区西湖街道硷沟沿 335 号
负责人:贺再晚
Tel:0931－2179899

**兰州万宁医疗服务有限公司**
地址:甘肃省兰州市西固区福利东路 369 号
负责人:杨义国
Tel:0931－7542898

**海南雄风蜗牛保健品有限公司甘肃分公司**
地址:甘肃省兰州市西固区西固西路 8 号
负责人:李军
Tel:0931－7368659
13659327997

**甘肃龙氏医药有限公司**
地址:甘肃省兰州市西津西路 196 号
负责人:杨金兰
Tel:0931－7831569

**兰州众联药业有限公司**
地址:甘肃省兰州市小西湖 335 号
负责人:王广民
Tel:0931－2661096

**雁西路众友安寿康大药房**
地址:甘肃省兰州市小雁滩 194 号
负责人:李彦魁
Tel:0931－8507480

**兰州和平牡丹园园林公墓有限公司**
地址:甘肃省兰州市榆中和平镇和平村
负责人:杨成河
Tel:0931－5278416
5278539

**和政县青藏中药材经销有限责任公司**
地址:甘肃省临夏回族自治州和政县城关镇西关街 21－4 号
负责人:闵永才
Tel:0930－5522368

**临夏市济民药业有限责任公司**
地址:甘肃省临夏回族自治州临夏市红园新村麻场清真寺
负责人:雷创业
Tel:0930－6283020

**佛仁制药科技有限公司**
地址:甘肃省陇南市武都工业园区 1 号
负责人:赵同波
Tel:0939－8890251
13993929688

**庄浪县洛怡药业有限责任公司**
地址:甘肃省平凉市庄浪县水洛镇中心街
负责人:程中斌
Tel:0933－6610488



## 青海省/Qinghai Province

**红梅综合有限公司**
地址:青海德令哈市祁连路 31 号
负责人:郭宗华
Tel:0977－8710669

**湟中禾丰生物科技有限责任公司**
地址:青海湟中县西宁市冷湖路 22 号
负责人:刘德顺
Tel:0971－2293076

**久治县青藏高原资源开发有限责任公司**
地址:青海久治县智青松多镇黄河北路 30 号
负责人:琼茨
Tel:13511011305

**青海枫森生物制品有限责任公司**
地址:青海省海东地区湟中县多巴镇小寨村
负责人:杨发明
Tel:13709750370

**青海省格拉丹东药业有限公司**
地址:青海省海西自治州格尔木市江源路中段
负责人:田养东
Tel:0979－8412818

**青海千峰商贸公司**
地址:青海省西宁市朝阳西路 13 号
负责人:张娜
Tel:13139055160

**青海清华博众生物技术有限公司**
地址:青海省西宁市城北区青海生物科技产业园经三路 3 号
负责人:何茂军
Tel:0971－5316620

**青海宝鉴堂国药有限公司**
地址:青海省西宁市城北区青海生物科技产业园区纬二路 2 号
负责人:郭家学
Tel:0971－5319967

**青海生物药品厂**
地址:青海省西宁市城北区青海生物科技产业园纬二路 8 号
负责人:沈先生
Tel:0971－5318190

**青海省新绿洲药业有限公司**
地址:青海省西宁市城北区小桥大街 38 号
Tel:0971－5120126
0971－5123758

**青海省花宝蜂业股份合作公司**
地址:青海省西宁市城东区德令哈路 266 号
负责人:屠世忠
Tel:0971－8140548

**青海华慧生物科技开发有限公司**
地址:青海省西宁市城东区德令哈路 56 号
负责人:肖伟
Tel:0971－8227744

**青海三江雪鹰土特产有限公司**
地址:青海省西宁市城东区东树林巷 29－1 号
负责人:马国义
Tel:0971－8143752

**青海雪露名贵土特产开发有限公司**
地址:青海省西宁市城东区互助西路付 136 号
负责人:孔先生
Tel:0971－8171477

**青海唐古拉药业有限公司**
地址:青海省西宁市城东区乐家湾镇政府经济技术开发区东新路 1 号
负责人:张雪峰
Tel:0971－8010172

**青海金诃藏医药浴保健中心有限公司**
地址:青海省西宁市城东区南山东路 97 号
负责人:艾措千
Tel:0971－8147370

**青海明胶股份有限公司**
地址:青海省西宁市城东区纬一路 18 号
负责人:赵华
Tel:0971－8013496

**青海新远对外贸易股份有限公司**
地址:青海省西宁市城西区海晏路 2 号
负责人:朱莉
Tel:0971－4398186

**西宁康洁商贸有限公司**
地址:青海省西宁市城西区五四大街 72 号
负责人:聂星
Tel:0971－6150232

**西宁庆康生物保健品有限公司**
地址:青海省西宁市城西区西川南路(青海华夏药物研究所高维康生物保健品厂院内)
负责人:李文庆
Tel:13327686148

**青海省药品检验所藏药研究室**
地址:青海省西宁市城中区北大街 12 号
负责人:甘青梅
Tel:0971－8215400

**西宁永平高原土特产经营有限公司**
地址:青海省西宁市城中区北大街解放路口 2 号
负责人:李永安
Tel:0971－8236753

**青海登士达齿科医疗器材有限公司**
地址:青海省西宁市城中区教场街 14 号
负责人:梁美齐
Tel:0971－3598972

**西宁市玉川虫草有限公司**
地址:青海省西宁市胜利路 59－17 号
负责人:鲍玉章
Tel:0971－6128879

**西宁雪利源营养食品有限公司**
地址:青海省西宁市五四大街 41 号
负责人:刘先生
Tel:0971－6119509

**格尔木格桑中藏药材开发有限责任公司**
地址:青海西宁市城东区八一路中段大洋华府 5 栋 3 单元 202 室
负责人:李莉
Tel:0971－8816079

**青海青藏雪山资源开发有限公司**
地址:青海西宁市城东区大众街 33 号青藏假日饭店 8 楼
负责人:韩学义
Tel:0971－8121818 8121817

**青海源雪虫商贸有限公司**
地址:青海西宁市城东区七一路 12－7 号
负责人:仙忠华
Tel:0971－8172335

**西宁雪珍保健品有限公司**
地址:青海西宁市城东区青海省西宁市八一中路 90 号药材市场
负责人:裴然
Tel:0971－8809891

**青海强欣医疗器械设备有限公司**
地址:青海西宁市城东区团结桥路 61 号裕鸿宾馆七层
负责人:王井强
Tel:0971－7136498

**青海绿之洲商务发展有限公司**
地址:青海西宁市城中区南大街 15 号
负责人:孙斌
Tel:0971－8211443

**青海瑞羚工贸有限公司**
地址:青海西宁市城中区夏都大街 230 号 4 号楼 132 室
负责人:李春梅
Tel:0971－4321193

**青海藏韵土特产开发有限公司**
地址:青海西宁市建国路 6－323
Tel:0971－3990029
7114326

**西宁颐养堂土特产科技开发有限公司**
地址:青海西宁市小桥大街 36 号
负责人:骆遵海
Tel:0971－5160122

## 新疆维吾尔自治区/Xinjiang Wei We Er Autonomous Region

**温宿县卫生局卫生监督所**
地址:新疆维吾尔自治区阿克苏地区温宿县托乎拉路 24 号
负责人:刘国庆
Tel:0997－4538538

**新疆济仁堂医药连锁电子商务有限公司阿勒泰市红墩路分店**
地址:新疆维吾尔自治区阿勒泰地区阿勒泰市红墩路 12 号
负责人:姚晓云
Tel:0906－2123233

**博乐市永康药品销售有限责任公司**
地址:新疆维吾尔自治区博尔塔拉蒙古自治州博乐市北京北路(亚中商城)
负责人:王玉亮
Tel:0909－2228600

**新疆慧辰医药有限公司**
业务:新疆慧辰医药有限公司成立于 2005 年 8 月,公司主要从事各种药品的批发。欢迎新老客户惠顾。
地址:新疆乌鲁木齐市友好北路 12 号天一大厦 B 座 2102 号
邮　编:830000
法　人:张海波
Tel:0991－4817466
Fax:0991－4817455

**昌吉渡洲中医医院**
地址:新疆维吾尔自治区昌吉回族自治州昌吉市宁边西路 8 号
负责人:赵孝文
Tel:0994－2321481

**新疆庭州红红花油厂**
地址:新疆维吾尔自治区昌吉回族自治州吉木萨尔县四厂湖
负责人:李彪仁
Tel:0994－6971069

**哈密珍目科技有限公司**
地址:新疆维吾尔自治区哈密地区哈密市大十字商业街 9－001
负责人:张高峰
Tel:0902－2262865

**和田地区安康医药零售连锁有限责任公司**
地址:新疆维吾尔自治区和田地区和田市北京东路 2 号
负责人:张建中
Tel:0903－2023042

**乌鲁木齐爱迪尔生物工程医用电子设备厂**
地址:新疆维吾尔自治区乌鲁木齐市北京北路 8 号
负责人:王轶兵
Tel:13899969122

**乌鲁木齐民生医院**
地址:新疆维吾尔自治区乌鲁木齐市仓房沟路 40 号
负责人:杨贵华
Tel:0991－5616120

**乌鲁木齐阿迪娅眼科医院(有限责任公司)**
地址:新疆维吾尔自治区乌鲁木齐市和平南路 132 号
负责人:阿迪娅・阿西木
Tel:13609951277

**乌鲁木齐市昊天生物科技有限公司**
地址:新疆维吾尔自治区乌鲁木齐市团结路 181 号
负责人:王金
Tel:13899938001

# 行业品牌展示窗

## 邵阳市金峰射线防护材料有限责任公司

我公司是生产各种射线防护材料、器材的专业性厂家，已有数十年生产历史，检测手段齐备。主要产品有铅板，铅砖，铅射线防护门、窗，X光透视铅房，X光摄片铅房，隔室透视装置，铅屏风等铅制品；铅玻璃，铅眼镜；铅衣、帽、裤、裙、手套等铅胶防护制品；各类受检人员防护服，介入防护服；硫酸钡粉、砂，重晶石粉、砂；及其他射线防护材料的生产、研制、开发、加工、销售。欢迎您的光临！

联系人：朱春芳

电话：0739-5283278 5283288 传真：0739-5283288

手机：13807398152

地址：湖南省邵阳市宝庆东路152号 www.sxfhcl.com 邮编：422002

## 嵊州東速科技信息有限公司

我公司从事科技咨询，立架全自动车库专利技术；远程教育；天然码打字软件；电子公务、农务、商务系统技术软件、硬件开发销售。

歡迎新老客户來電洽談業務！

联系人：裘苗全 13967501149

邮编：312400

电话：0575-83523888 83180878

电邮：w1162@163.net

地址：浙江省嵊州市北直街369号

## 紫金县蓝企鹅科技有限公司

紫金县蓝企鹅科技有限公司成立于2007年，从事网络工程服务及电脑配件、办公耗材的销售，同时也是惠普电脑紫金地区的总代理商。

公司宗旨“服务第一，顾客至上”，为客户提供全面的服务，让客户获得满意的服务。

联系人：林伟

电话：0762-7839876 13553295973

地址：广东省河源市紫金县城新紫路198号金紫金广场128铺 邮编：517400

## 广一网络服务中心

广一网络服务中心成立于2000年，主要从事于网络工程。我们以奉献网络科技而缩短人类之间沟通的距离，提升政府、企业的形象，为客户创造价值为自身的社会使命，以提供各种上网解决方案为中心开展业务工作。

我们从市场的角度和客户的需求出发，帮助企业极其产品树立良好的视觉形象，拓展市场空间创造竞争优势，提升企业的销售力和无形资产。

电话：0512-58920321 13862239568

联系人：钱勇

地址：江苏省苏州市张家港市塘桥镇李王村 邮编：215611

# 行业品牌展示窗

## 贵州省安顺市智达公共安全技术有限责任公司

本公司主要经营安全技术防范，防盗设施安装，安全技术工程，GPS卫星定位系统，智能小区设计、建设、维护。

本公司实行“服务赢得市场，满意带来利润”的服务理念，热烈欢迎与您携手合作。

联系人：俞培墉　电话：0853-3353700　3222070
网址：www.gzasaf.cn　电邮：asaf2008@126.com
地址：贵州省安顺市市东路市东公寓B栋（中国财产保险公司旁）　邮编：561000

## 南京迪布酷电子

南京迪布酷电子2年来一直从事电脑配件及耗材销售，主要产品有电脑散热器、机箱、电源。布酷电子秉承：质量为本，服务顾客。资源畅通，追求卓越的宗旨，竭诚为新老客户提供优质的产品和服务。

联系人：莫见治　电话：025-83360909　邮箱：njhfdz@126.com
地址：江苏省南京市珠江路511号雄狮电子商城A271-273柜　邮编：210018

## 高密市天鹰安防工程有限公司

高密市天鹰安防工程有限公司成立于2006年，专业承接监控工程及监控器材批发与零售，主要有监控用各款摄像机及周边器材，各种监控用线缆等。

公司始终坚持以质量求生存、以科技求发展、以信誉为本的企业模式，长期坚持培养人才，引进国外先进技术，为企业发展创造坚实的基础。

公司对客户始终以诚信为本，赢得了很多客商的信任与支持。

电话：0536-2339099　13371082079　联系人：王文杰
地址：山东省潍坊市高密市立新街与古城路交叉路口街西68米路南　邮编：261000

## 深圳市星盾网络技术有限公司

星盾网络专注于数据通讯、网络安全领域，致力于为大、中、小型网络提供可定制化的安全解决方案，使客户的网络更智能、更具管理性、更安全。星盾网络聚合了强大的前沿技术和高素质人才，关注核心技术，实现核心芯片完全技术自主研发知识产权。着眼于国内市场复杂、丰富的市场需求，快速、完美的提供客户定制化的安全管理解决方案！

联系人：王斌
电话：0755-26422392　13501595255
网址：www.starwall-tech.com
地址：广东省深圳市南山区文心2路天业园A座1803　邮编：518052

# 行业品牌展示窗

## 澧县润建安通信网络技术有限公司

本公司主要业务：通信网络技术开发，计算机软件开发，通信工程，计算机网络工程的设计与施工，有线通信设备，电子元件仪器仪表，电子计算机及外部设备，文体用品，纸张销售。

联系人：李正顺　电话：0736-6833288　3263633

地址：湖南省常德市澧县澧州大道电信大楼　邮编：415500

## 东山县西埔镇新联鑫通讯器材店

本店主要经营各种品牌手机和配件，专业手机维修。

本店始终以追求服务最好，质量最佳为目标，诚邀您的光临。

联系人：陈金财　电话：0596-5831777　13375969999

地址：福建省漳州市东山县西埔镇白石街府后路81号碧海蓝天楼下

## 仪征市瑞博佳音信息科技有限公司

仪征市瑞博佳音信息科技有限公司隶属于美国Rainbow Global Semiconductor Inc.，公司总部位于美国东北部波士顿。作为一家有使命感建设新农村的科技公司，瑞博佳音坚持选择既有进取心，有责任感，有团队精神，又具有坚实的专业背景和熟练业务技能的人才。人才是企业成功的根本，瑞博佳音诚挚邀请有使命感，愿意接受挑战的人，加入瑞博佳音，与我们共同成长。

联系人：蔡绍东

电话：0514-83581112　13901456338　传真：0514-83636086

地址：仪征市经济开发区闽泰大道1号3M09室　邮编：211400

## 宜昌恒安安防科技有限公司

本公司主营监控摄像头、可视对讲系统、智能停车场管理系统等。

公司本着“诚信为本，携手发展”的创业宗旨，热烈欢迎与您携手合作。

联系人：李剑波

电话：0717-6918498　6909549

邮编：443000

电邮：huangrong8006@126.com

地址：湖北省宜昌市西陵区珍珠路81号（海风大厦8层806室）

# 行业品牌展示窗

電話：0510-82138368

## 无锡市伙伴网吧

主要是网吧服务。光纤上网，速度超快，让你自由翱翔在网络世界中！

联系人：邹和其

邮编：214000

地址：江苏省无锡市南长区广南路40号2楼

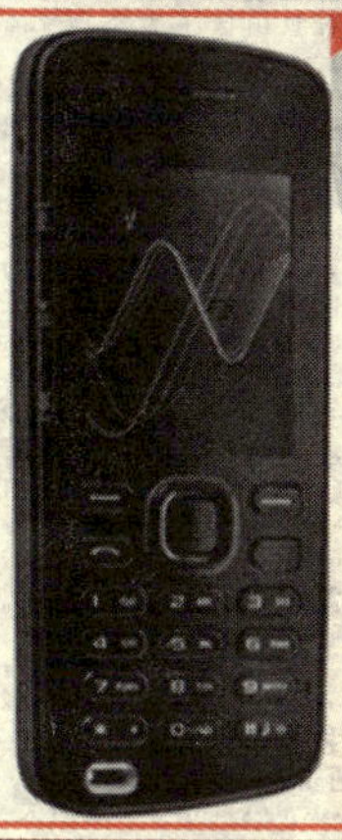

## 重庆高新通讯器材经营部

重庆市万州区高新通讯公司于1998年成立，主要经营通讯器材，批发兼零售，代理多种品牌手机及手机配件。

欢迎新老客户光临惠顾。

联系人：刘美兴

電話：023-58153350

E-mail：hongying6894@sina.com 13330300008

地址：重庆市万州区（太白路128#）

邮编：404000

## 上海博丽软件科技有限公司

上海博丽软件科技有限公司是一家集服装CAD硬件系统研发、设计、软件销售为一体的股份有限公司。（同时兼营服装设计软件、布料仿真软件、服装机械设备、电脑周边产品）。

遵循“顾客至上、服务第一”的宗旨，竭诚为各界用户提供优质服务。

联系人：伏金全 13761245887 Tel：021-50406898

地址：上海市浦东新区和龙路619弄4号402

邮编：200120

## 武汉市安邦网络信息技术工程有限公司

武汉市安邦网络信息技术工程有限公司是一家拥有多年通信工程设计、施工及设备安装；计算机、网络设计、施工及器材销售；各种通信设备及器材销售经验的企业。

我们竭诚欢迎各界朋友的合作，并期待大家的支持。

联系人：陈兴邦

13871088836　15997436665

电话/传真：027-51503988

电邮：abtx2008@126.com

地址：湖北省武汉市江汉区新华小路129号604

邮编：430021

# 通信网络计算机消防

## 北京市/Zhuhai Municipality

**北京郊区电信实业有限公司昌平分公司**
地址:北京市昌平区政府街 8 号
负责人:靳宗生
Tel:010－69747200

**北京宽视网络技术有限公司**
地址:北京市朝阳区安定路 39 号长新大厦 303 室
负责人:崔建平
Tel:010－64431155

**北京兆维亿方科技发展有限公司**
地址:北京市朝阳区酒仙桥路 14 号
负责人:杨存书
Tel:010－64361155

**北京镭宝光电技术有限公司**
地址:北京市朝阳区酒仙桥路 4 号中区 5 乙
负责人:张放
Tel:010－64032196

**北京宏宇捷通通信技术开发有限公司**
地址:北京市朝阳区酒仙桥四街坊 18 号(住宅)楼 4 单元 48 号
负责人:王芳
Tel:010－64326720

**北京斯克利博软件科技有限公司**
地址:北京市朝阳区团结湖南里甲 5 号京龙大厦 1601 室
负责人:永井和彦
Tel:010－65097601

**北京企智联合软件技术有限公司**
地址:北京市朝阳区望京西园四区 426 号(住宅楼)1512 号
负责人:高伟
Tel:010－64704290

**北京银色数码科技有限公司**
地址:北京市朝阳区望京新城 A4 居住区 16 楼 2001 号
负责人:何胜强
Tel:010－64733320

**北京泰勒广播通讯设备有限公司**
地址:北京市朝阳区望京新兴产业区利泽中园 103 号
负责人:伦贝克
Tel:010－64391293

**北京五色石韵科技发展中心**
地址:北京市朝阳区左家庄北里 2 号楼 310 室
负责人:王宇
Tel:010－64644436

**北京吉利中发科技发展有限公司**
地址:北京市大兴区安定镇民营企业区 192 号
负责人:王桂坤
Tel:010－68633156

**北京岫岩隆泰科技发展有限公司**
地址:北京市大兴区魏善庄镇半壁店工业区 A113 号
负责人:严文
Tel:010－69281759

**北京视联合众科技有限公司**
地址:北京市大兴区魏善庄镇工业区龙江路 425 号
负责人:夏仕林
Tel:010－69249715

**宇通通讯科技有限公司**
地址:北京市大兴区西红门镇科技工业园
负责人:曾文清
Tel:010－65597945

**北京世界之窗网络技术服务有限公司**
地址:北京市东城区地安门东大街 64 号
负责人:张荣明
Tel:010－64030701

**北京全通天立科技有限责任公司**
地址:北京市东城区东单北大街 3 号 700－1 号
负责人:谢活水
Tel:010－65287726

**北京圣博华电子有限公司**
地址:北京市东城区建内大街 19 号中纺大厦 5001 室
负责人:李东石
Tel:010－65285089

**北京力通利达科技开发有限公司**
地址:北京市房山区良乡镇长虹路东口
负责人:刘险峰
Tel:010－68425914

**北京兴顺强消防安全设备有限公司**
地址:北京市房山区良乡镇月华大街 14 号
负责人:刘凤霞
Tel:010－69355788

**北京格林美科技发展有限公司**
地址:北京市房山区琉璃河工业小区
负责人:王卫星
Tel:010－69333117

**北京北方火车头科技有限公司**
地址:北京市丰台区北京西站西配楼东方联发大厦 8505 室
负责人:王静
Tel:010－63953838

**北京顺泰康科技开发有限公司**
地址:北京市丰台区丰台路 43 号 208 室(园区)
负责人:周乐海
Tel:010－68757193

**北京嘉翔腾远科技开发中心**
地址:北京市丰台区西局后街甲 2 号
负责人:谢杰忠
Tel:010－63835799

**北京星港伟业科技发展有限公司**
地址:北京市海淀区白石桥路 27 号白石桥商住楼南 A 栋 2A08 房
负责人:王勇英
Tel:010－68937350

**北京中科国华科技发展有限公司**
地址:北京市海淀区北三环西路 43 号满庭芳园 B 座 202 室
负责人:李建乐
Tel:010－62119661

**北京国盾巨微新技术开发有限公司**
地址:北京市海淀区北三环中路 46 号
负责人:雷常新
Tel:010－62375987

**北京锐意创新科技有限公司**
地址:北京市海淀区北洼路甲 3 号院 D 座 103 室
负责人:潘岳
Tel:010－68436145

**北京长河恒讯科技发展有限责任公司**
地址:北京市海淀区厂洼街 5 号北京鼎恒信商务大厦 422 室
负责人:许子阳
Tel:010－68459125

**北京快乐金拇指信息技术有限公司**
地址:北京市海淀区厂洼路 3 号丹龙大厦 C 座二层 C2028－1 室
负责人:徐新月
Tel:010－68434516

**北京万里眼网络技术服务中心**
地址:北京市海淀区东北旺西二旗村西街 11 号
负责人:程爱松
Tel:010－62954813

**北京华雄伟业技术开发中心**
地址:北京市海淀区阜成路南一街 6 号 109 室
负责人:王贤武
Tel:010－68571143

**北京聚华广通科技发展有限公司**
地址:北京市海淀区海淀北路新胡同 2 号科城大厦 307 室
负责人:丁蓬
Tel:010－68936683

**北京迪维通达科技有限公司**
地址:北京市海淀区海淀西大街 36 号昊海楼 607 室
负责人:白龙华
Tel:010－62101233

**北京蓝天飞信息技术有限公司**
地址:北京市海淀区海淀乡树村正白旗村 18 号平房
负责人:王立新
Tel:010－62960061

**北京雷瑞亚系统科技有限公司**
地址:北京市海淀区花园东路 30 号花园商务会馆 5204 室
负责人:傅淼淼
Tel:010－62073806

**北京易天联信息技术有限公司**
地址:北京市海淀区蓟门里和景园 1 号楼 2 单元 301 室
负责人:何建军
Tel:010－62024169

**北京金色前程科技发展有限公司**
地址:北京市海淀区清河西街 71 号 206、207 室
负责人:孙哲虎
Tel:010－62943245

**北京数之威信息技术有限责任公司**
地址:北京市海淀区清河镇小营西路 16 号北楼 508 号
负责人:李洪青
Tel:010－62932625

**北京数码北华电脑技术有限公司**
地址:北京市海淀区清华东路南北京第二纺织机械厂办公楼 201 房间
负责人:郑学坚
Tel:010－62782271

**北京尼威科技有限公司**
地址:北京市海淀区上地信息中路 19 号 616 室
负责人:许淑宝
Tel:010－62968443

**北京灵奇士信息技术有限公司**
地址:北京市海淀区五塔寺 24 号 A 座 202 室
负责人:张丽
Tel:010－64652116

**北京聚英超软科技发展有限公司**
地址:北京市海淀区西三环北路 71 号三平写字楼 205 室
负责人:刘华
Tel:010－68435056

**北京易索得通信技术有限公司**
地址:北京市海淀区西三环厂洼街 3 号丹龙大厦 A 座 3 层 3058 室
负责人:张秀娟
Tel:010－68432709

**北京康尔森科技有限公司**
地址:北京市海淀区新街口外大街 1 号华泰大厦 1202 房
负责人:陈秀华
Tel:010－62017502

**北京世纪大同科技有限公司**
地址:北京市海淀区学清路 11 号
负责人:林郭文艳
Tel:010－82729608

**北京凯丰达信息科技有限公司**
地址:北京市海淀区学院路 29 号三区 18 号楼 1 门 203 室
负责人:沈镭
Tel:010－64852716

**大唐移动通信设备有限公司**
地址:北京市海淀区学院路 40 号一区
负责人:周寰
Tel:010－62301961

**北京新科荣泰网络技术有限公司**
地址:北京市海淀区圆明园西路 3 号楼 11 门一层 103 室
负责人:赵岳松
Tel:010－62876650

**北京保尔西泰软件技术有限公司**
地址:北京市海淀区知春路 17 号 D 座 1505 号
负责人:韩长凤
Tel:010－64859698

**北京天翔创世科技有限公司**
地址:北京市海淀区中关村 7 号楼海燕旅馆 311 号
负责人:冯小霞
Tel:010－64292779

**北京中普通软科技有限公司**
地址:北京市海淀区中关村南大街 12 号东门五区中蔬卉园宾馆 113 室
负责人:张松柏
Tel:010－68572550

**北京诺和远东科技有限公司**
地址:北京市海淀区中关村南大街 5 号理工科技大厦 1106 室
负责人:于孝忠
Tel:010－68946875

**北京模糊未名科技有限公司**
地址:北京市海淀区中关村南大街 5 号理工科技大厦 2101 室
负责人:王启亨
Tel:13801076990
13911767819

**北京天地时空科技有限公司**
地址:北京市海淀区紫竹院路 88 号紫竹花园 B 座 1802 室
负责人:杨俊生
Tel:010－68427304

**北京中宇华创科技发展有限公司**
地址:北京市海淀区紫竹院路 88 号紫竹花园 D 座 1605 室
负责人:董苏平
Tel:010－68572256

**北京恒基伟业科技发展有限公司**
地址:北京市海淀区紫竹院路广源闸 5 号广源大厦 4 层 F421 室(A 座)
负责人:周力
Tel:010－68717034

**北京联雄科技发展有限公司**
地址:北京市怀柔县雁栖工业开发区四区
负责人:吕振东
Tel:010－69688595

**北京林苑绿野科技有限公司**
地址:北京市怀柔县迎宾中路 31 号
负责人:李志然
Tel:010－68758081

**北京长银天润科技有限公司**
地址:北京市门头沟区石龙工业开发区龙园路 10－40 号
负责人:张革
Tel:010－64426666

**北京九州捷信科技发展有限公司**
地址:北京市门头沟区石龙工业开发区龙园路 10－8 号
负责人:王文婷
Tel:010－64706744

**北京汉龙云溪科技有限公司**
地址:北京市门头沟区新桥大街 44 号 335 室
负责人:郭立永
Tel:010－69820885

**北京易通利达科技发展有限公司**
地址:北京市门头沟区斋堂镇斋堂大街 45 号 141 室
负责人:胡少华
Tel:010－69225774

**北京广源视讯科技发展中心**
地址:北京市门头沟区中门寺街 69 号 551 室
负责人:马红芝
Tel:010－68767841

**北京信发嘉宝科技有限公司**
地址:北京市密云县河南寨镇工业开发区
负责人:孙刚
Tel:010－62034240

**北京爱诺威通信设备有限公司**
地址:北京市密云县顺成胡同 5 号
负责人:蔡财利
Tel:010－65070072

**北京中成骏业科技发展有限公司**
地址:北京市密云县太师屯镇转角楼 308 号
负责人:宋振山
Tel:010－69032784

**北京金入世科技有限公司**
地址:北京市密云县西滨河路科技服务楼 410 室
负责人:宋丽平
Tel:010－69029211

**北京鹏达鑫科技有限公司**
地址:北京市平谷区平谷镇府前西街 40 号 A 座 1055 室
负责人:张鹏
Tel:010－68574630

**北京金安峰科技发展有限公司**
地址:北京市平谷县南独乐河镇同乐路 17 号
负责人:李长城
Tel:010－60920024

**北京成务科技发展有限公司**
地址:北京市石景山区八大处高科技园区海特饭店 3976 室
负责人:胡岩
Tel:010－68653658

**北京博登欧瑞技术有限公司**
地址:北京市石景山区鲁谷路 74 号 15 楼 7 单元 4 层 2 号
负责人:陈冰
Tel:010－68651428

**北京华美倚阑科技发展有限公司**
地址:北京市石景山区石景山路 22 号万商大厦 1017A
负责人:王先生
Tel:010－68661177

**北京经纬度网络科技有限公司**
地址:北京市石景山区双锦园 10 号楼 9 门 1101 号
负责人:何声文
Tel:010－68636185

**北京航计星桥系统集成技术中心**
地址:北京市石景山区玉泉路西 731－2－401 号
负责人:王乐钢
Tel:010－68687709

**北京奥仕龙科技发展有限公司**
地址:北京市顺义区府前中街
负责人:申桂香
Tel:010－69444132

**北京豪洋通讯科技有限公司**
地址:北京市顺义区天竺空港工业区 A 区
负责人:李瑞如
Tel:010－62352606

**商联商务系统科技(北京)有限公司**
地址:北京市通州区科技创业园 2 号楼 8 号
负责人:王玉明
Tel:010－69855085

**北京中广信源网络资讯有限公司**
地址:北京市通州区梨园地区孙王场
负责人:朱千夫
Tel:010－62295010

**北京安坝科技有限责任公司**
地址:北京市通州区中联科技园
负责人:张家善
Tel:010－60386321

**北京成华创业科技发展有限公司**
地址:北京市西城区板桥头条 2 号
负责人:龚汉兵
Tel:010－68492088

**北京一片天网络技术服务有限公司**
地址:北京市西城区大半截胡同 16 号 2 层
负责人:林群
Tel:010－62118022

**北京晟彤永恒消防工程有限公司**
地址:北京市延庆县经济技术开发区物业服务中心 515 室
负责人:贾永彬
Tel:010－69141449

## 天津市/Tianjin Municipality

**天津市鑫成翔科技发展有限公司**
地址:天津市东丽区大毕庄镇南孙庄
负责人:田灵芝
Tel:022－26798537
13920464853

**天津欣安消防工程有限公司**
地址:天津市和平区荣业大街与多伦道交口新文化花园新典居 3－3－1002
负责人:周庆春
Tel:022－23243281

**天津市华溢电子通讯设备销售有限公司**
地址:天津市河北区金海道 58 号
负责人:戴颖
Tel:022－89744201

**天津市企贸网络科技有限公司**
地址:天津市河北区金庭里 3－16－101－104
负责人:董博
Tel:022－84407290

**深圳铭万信息技术有限公司天津分公司**
地址:天津市河西区苏州道 2 号图书大厦 14 层 A406
负责人:张元达
Tel:022－23062018

**天津市奥比特数码科技有限公司**
地址:天津市南开区白堤路 184 号颐高数码广场 A 区 239(科技园)
负责人:杨建民
Tel:022－27430736

**天津安迅科技发展有限公司**

地址：天津市南开区白堤路南口南开小学办公楼404室
负责人：王颢豫
Tel：022－23622809
13752411244

**北京移数通电讯有限公司天津分公司**
地址：天津市南开区红旗路南头红旗河东侧计算中心B区403室
负责人：黄烈
Tel：022－87891217

**天津市智博通信工程有限责任公司**
地址：天津市天津港保税区国贸路18号718室
负责人：王宇
Tel：022－23417777

**天津利堡消防工程有限公司**
地址：天津市天津港保税区海滨八路118号2－A311－2室
负责人：梁振华
Tel：13702036036

**天津消燃消防器材维修有限公司**
地址：天津市天津港保税区海滨一路47号1－424室
负责人：刘强
Tel：13820139190

## 上海市/Shanghai Municipality

**上海张钰电脑软件有限公司**
地址：上海市宝山区沪太路8889号
负责人：张钰
Tel：021－56787053

**上海猎鹰电子有限公司**
业务：安防、监控器材的研发、生产、销售
地址：上海市宝山区水产路2800号1号楼502室
负责人：章晖 邮编：200000
法人：章晖
Tel：13803437390
0351－7668609
网址：http://www.51zzt.com/user/zzt29914

**上海凡佳安全信息技术有限公司**
业务：上海凡佳安全信息技术有限公司成立于2004年，主要经销各类消防器材，承接一系列消防工程。欢迎新老客户惠顾。
地址：上海市浦东新区张江路1160号优家市场119号
邮编：201203
法人：沈志明
Tel：021－58959495
Fax：021－58550968－606

**上海一达信息科技有限公司**
地址：上海市北京东路668号G区306室
负责人：叶巧丽
Tel：021－56718172

**上海闵杰信息技术有限公司**
业务：信息工程，安防工程，装潢工程，办公用品
产品：IBM，3com，D－Link，LinksYs，NEC，hp，西蒙，康普，安普等等
地址：上海市虹口区杨树浦路2727弄2号
负责人：吴文茂 邮编：200090
Tel：021－65670089
13611929029
E-mail：wujie246824@163.com

**上海宏遥信息技术有限公司**
地址：上海市长宁区长宁路1027号1005室E
负责人：王海静
Tel：021－62512929

**上海东门计算机科技有限公司**
业务：从事网站建设、域名注册、虚拟主机、软件开发、图文设计、计算机软硬件销售、计算机领域内的技术开发及服务。
地址：上海市杨浦区营口路790弄25号201室
邮编：200433
法人：涂克俭
Tel：021－65491649
Fax：021－65334037

**金华利诚信息技术有限公司上海分公司**
地址：上海市长宁区天山西路789号101－115室
负责人：熊向东
Tel：021－52184395

**上海稼先材料科技有限公司**
地址：上海市长宁区天山西路789号2342室
负责人：唐婷
Tel：021－32201523

**60特产采购网**
业务：60特产采购网是面向全球的特产采购与供应的信息大全。意在打造空中最大特产批发市场
地址：上海市中山西路2259号中油企业大厦304室
负责人：余运洋 邮编：200233
法人：董建萍
Mobile：13801601066
Fax：021－64382608
网址：www.tc60.com/www.buy60.com

E-mail：y3yu2002@163.com

**上海搜众信息技术有限公司**
地址：上海市长宁区天山西路789号2420室
负责人：马剑斐
Tel：13061736817

**洪湖科技上海有限公司**
地址：上海市长宁区天山西路789号5042室
负责人：梁星华
Tel：021－62399999

**上海承谱光电设备有限公司**
业务：生产和销售电缆、电线、光纤、光缆，光器件，承接网络、计算机综合布线工程
产品：电缆、电线、光纤、光缆，光器件
地址：上海市浦东新区川周公路3288号
负责人：瀚文 邮编：200000
法人：郑春香
Tel：15601727650
15821176501

**上海苏姗软件有限公司**
地址：上海市长宁区仙霞路335号1号楼110室－11
负责人：曹陆森
Tel：021－62614147

**阿尔创（广州）信息技术有限公司上海办事处**
地址：上海市长宁区遵义路100号A栋901、902室
负责人：李惠宝
Tel：021－62372670

**福建明通电信有限公司上海分公司**
地址：上海市船厂路163号B6室
负责人：王长艳
Tel：021－64178051

**上海幻维数码创意科技有限公司**
地址：上海市广中西路777弄11号
负责人：邹元祥
Tel：021－36030130

**上海携众信息科技有限公司**
地址：上海市桂平路96号
负责人：张文
Tel：13916892071

**上海庆宏电子通讯设备有限公司**
地址：上海市虹口区嘉兴路街道周家嘴路793号
负责人：周磊
Tel：13003160880

**博亚得软件（上海）有限公司**
地址：上海市虹桥路628号419室
负责人：马强
Tel：021－58798361

**日本株式会社MIE高科上海代表处**
地址：上海市虹桥路808号加华商务中心A8210室
负责人：汤宏元
Tel：021－64483935

**北京空中信使信息技术有限公司上海分公司**
地址：上海市黄浦区北京东路666号C422室
负责人：王敏
Tel：021－53081586

**上海迅成消防工程设备有限公司**
地址：上海市徽宁路183号553室
负责人：毛晓岚
Tel：021－63459030

**上海联博安防器材有限公司**
业务：安防器材生产、销售、安装一条龙服务
地址：上海市浦东新区浦东南路1088号1306室
负责人：蔡俊东 邮编：200120
法人：蔡俊东
Tel：021－68883918
Fax：021－68883738

**上海洛豫轴承科技开发有限公司**
地址：上海市会文路50号17楼65座
负责人：王亚东
Tel：021－66292688

**上海宇迈智能科技有限公司**
地址：上海市金山区石化地区松南支路48号－586座
负责人：郭仑
Tel：021－67241613

**上海速搜网络科技有限公司**
地址：上海市金山区石化地区松南支路48号－596座
负责人：吴杰
Tel：021－51029950

**励德爱思唯尔信息技术（北京）有限公司上海分公司**
地址：上海市静安区南京西路1038号1201、1210室
负责人：詹姆斯康尼贝尔克洛斯
Tel：021－32170668

**维尔软件（北京）有限公司上海分公司**
地址：上海市静安区南京西路1168号3701室
负责人：于松红
Tel：021－52181585

**上海奇沃数码科技发展有限公司**
地址：上海市静安区延平路128号2号楼403室
负责人：刘从容
Tel：021－62490048

**上海樋锟软件有限公司**
地址：上海市卢湾区马当路477号B301C室
负责人：范少峰
Tel：13817579575

**上海优邮网络科技有限公司**
业务：数据库营销，营销、策划。
产品：与卫星定位一样，帮您找到所需客户，销量迅速上升
地址：上海市浦东新区张江高科技开发区达尔文路88号3号楼3层
负责人：徐宝华 邮编：200000
法人：徐宝华
Tel：400－711－9005

**上海华德数据科技有限公司浦西分公司**
地址：上海市南京西路758号15楼－A室
负责人：陈云芬
Tel：021－62189698

**上海懿安安防系统工程有限公司**
业务：消防工程，楼宇智能工程，自控工程，机电设备安装、维修，计算机网络工程，消防器材、建筑材料销售，从事电信、电子领域的技术服务、技术开发、技术咨询。
地址：上海市松江区九亭镇亭知路676号
负责人：张春君 邮编：200000
法人：张春君
Tel：13917062096
021－67758212
Fax：021－67758212
网址：www.shanghaiyian.cn
E-mail：ya－comfortable@hotmail.com

**美国威特软件有限公司上海代表处**
地址：上海市浦东南路588号浦发大厦27K
负责人：赵峥
Tel：021－58798361

**上海泰丰泽信息技术有限公司**
地址：上海市浦东新区浦东南路1952号272室
负责人：刘博
Tel：021－68539445



**一创信兴（上海）计算机技术有限公司**
地址：上海市浦东新区枣庄路663号330室
负责人：侯晓兵
Tel：021－53835153

**上海伟逸臻数据科技有限公司**
地址：上海市普陀区真北路3370号4楼492座
负责人：陈栋
Tel：021－32251020

**上海复旦软件园建设有限公司**
地址：上海市四平路1945号A－1017室
负责人：杨玉良
Tel：13501838268

**新会江裕信息产业有限公司上海分公司**
地址：上海市天目西路99号1105－1108室
负责人：徐增华
Tel：021－63810022

**上海京如系统软件有限公司**
地址：上海市天目中路749弄53号922室
负责人：陶存谦
Tel：021－56555502

**上海中环科仪消防报警设备有限公司第一分公司**
地址：上海市田林十村37号4楼
负责人：崔惠定
Tel：13301761138

**上海乾轩信息科技有限公司**
地址：上海市吴淞路619号515室
负责人：殷学红
Tel：021－63562336

**上海网闸信息安全技术有限公司**
地址：上海市武昌路559号B楼101室
负责人：余俊
Tel：13801686515

**上海宝东信息技术有限公司**
地址：上海市祥德路302号A345室
负责人：谈小康
Tel：021－65759578

**摩迩迪（上海）通信产品国际贸易有限公司**
地址：上海市徐汇塘路50号玉兰花苑1号楼201室
负责人：宋春梅
Tel：021－64810883
1391809013

**上海烨涵计算机服务有限公司**
业务：重工、SORTING、复判、检测、显示器、光碟机、硬碟、IC电容电阻、电池、麦克风、键盘、滑鼠、连接器读卡器等系列、金属件或塑胶件外观检测等多种服务
地址：上海市松江区新桥镇新南街93号712室
负责人：张家勇 邮编：201611
法人：张家勇
Tel：13371939268
13916480517

**锟澳科技信息咨询（上海）有限公司**
地址：上海市杨浦区国权路39号3楼204F室
负责人：洪苏骏
Tel：021－55057250

**上海米龙网络技术有限公司**
地址：上海市中山北路968号A座0－7室
负责人：吴伟佳
Tel：021－51174966

**上海航鼎信息科技发展有限公司**
地址：上海市中山北一路1200号1号楼529室
负责人：何铁
Tel：13671771694

**上海睿姿信息科技有限公司**
业务：网页制作，网站建设，软件开发
地址：上海市闸北区岭南路236弄3号602号
负责人：王益亮 邮编：200000
地址：王益亮
Tel：13816969024
021－66831798
13585821241

**上海慧彬科技创业有限公司**
地址：上海市中山南二路923号
负责人：高培
Tel：021－64390388

## 重庆市/Chongqing Municipality

**重庆艾迪维尔科技有限公司**
地址：重庆市北部新区高新园星光大道6号4区9层
负责人：刘立芬
Tel：023－66991746

**重庆望博科技有限责任公司**
业务：经营品牌电脑，软件开发，网页设计、制作
产品：清华、同方
地址：重庆市垫江县桂溪镇槐荫花园D座
负责人：周成 邮编：408300
法人：周成
Tel：023－74529396
13658282111

**重庆绿豪科技咨询有限公司**
业务：重庆市涪陵区绿豪科技咨询有限公司是一家从事节能技术和可再生能源推广为主的科技服务公司，目前公司主要以代理“济南龙普空气源热泵热水机组”和“上海申豪抗菌太阳能热水器”两大产品在重庆市的销售为主，同时提供各类型大、中、小型热水工程安装服务。公司以独具特色的“太阳能”+“空气源热泵”独步领先国内各种热水节能技术，真正做到用电热水成本大大低于天燃气、液化气及传统的煤球和电热水器等，极具市场竞争力。
地址：重庆市涪陵区太极大道38号（星苑豪庭）A－4－3
邮编：408000
法人：黄力
Tel：023－87882008
Fax：023－87882008
网址：www.cqlh.chinapyp.com

**重庆市北部新区开心情缘网吧**
地址：重庆市北部新区人和镇龙寿支路55号
负责人：林颗
Tel：023－67642283

**重庆市渝中区金鑫餐饮策划管理有限公司**
地址：重庆市长江二路181号4－1号
负责人：熊伟
Tel：023－68801236

**重庆顺通空调净化设备有限公司**
业务：空调净化设备
地址：重庆市高新区石桥铺石杨路25号佰尘数码广场C栋8－13号
负责人：王仕得 邮编：400000
邮编：王仕得
Tel：13896038758
023－68611951

**重庆市格姆科技开发有限公司**
业务：本公司成立于2006年，主要生产研发可视楼宇对讲系统、停车场管理系统。
地址：重庆市沙坪坝区汉渝路43号1－27－12号
负责人：姜建宇 邮编：400030
法人：姜建宇
Tel：023－66004118

**重庆超力数据技术有限公司**
地址：重庆市长江一路66号第三层
负责人：陈苏红
Tel：023－89081561

**重庆市高新技术产业开发区奔越数码科技有限公司**
地址：重庆市陈家坪朝田村160号华宇大厦5单元B座1－4
负责人：苏明璞
Tel：023－68820583

**重庆市高新技术产业开发区华创办公设备经营部**
地址：重庆市高新区渝州路50号科创楼第2层第17号
负责人：邓渝平
Tel：023－68620509

**重庆市高新技术产业开发区联景电脑经营部**
地址：重庆市高新区渝州路8号泰兴通信电脑市场第2层241号
负责人：张月光
Tel：023－68790619

**重庆市高新技术产业开发区赛宏电脑经营部**
地址：重庆市高新区重庆市科园一路2号赛格电子市场第2层A区31号
负责人：唐华光
Tel：023－66882886

**垫江县德森科技有限公司**
地址：重庆市桂溪镇人民东路212号
负责人：陈鸿波
Tel：023－74683811

**彭水县数码通讯器材经营部**
地址：重庆市汉葭镇十字街
负责人：刘德勉
Tel：023－78446198

**重庆市渝北区渔夫村网吧**
地址：重庆市回兴街道宝圣南路16幢1－6号
负责人：秦春明
Tel：023－67454078

**重庆市渝北区龙者风网吧**
地址：重庆市回兴街道宝桐路A－12#
负责人：孔智骅
Tel：023－67459308

**重庆蓝源通讯设备有限公司**
地址：重庆市回兴街道科技产业开发区A区33号地
负责人：张洪林
Tel：023－67456986

**重庆市渝北区恒祥网吧**
地址：重庆市回兴街道兴科四路万福花园C栋61895852
负责人：王宇
Tel：023－61895852

**重庆市渝北区征服网吧**
地址：重庆市回兴镇宝桐路会杰集资房10#门市
负责人：林小葎
Tel：023－67459439

**重庆雷健科技发展有限公司**
地址：重庆市建新北路继发大厦4－9号
负责人：杨德忠
Tel：023－67734039

**深圳市旺龙智能科技有限公司重庆分公司**
地址：重庆市科园二路7号附1号18－3号
负责人：李标彬
Tel：023－68798908

**重庆市凯顺科技有限公司**
地址：重庆市科园六路东侧11号
负责人：何成波
Tel：023－67207444

**重庆迪锐科技有限公司**
地址：重庆市科园三路106号D2－101
负责人：马松
Tel：023－68185194

**重庆意比得科技有限公司**
地址：重庆市科园三路5号304室
负责人：李福力
Tel：023－68631601

**重庆江威科技有限公司**
地址：重庆市科园三路68号D1－205
负责人：束靖
Tel：023－68885592

**重庆佳龙达科贸有限公司**
地址：重庆市科园一街25号3楼
负责人：李然均
Tel：023－68795596

**酉阳县天宇通讯有限责任公司**
业务：通讯器材、代理固网业务及电子产品
地址：重庆市酉阳县钟多镇桃花源街1号
负责人：罗义 邮编：404100
法人：罗义
Tel：13908275554
023－75557911
75550522
网址：www.yytytx.cn

**重庆网腾软件有限公司**
地址：重庆市科园一街25号三楼
负责人：刘宇清
Tel：023－68796915

**北京华控技术有限责任公司重庆分公司**
地址：重庆市科园一路210号D－8－3
负责人：周勇
Tel：023－68030765

**重庆中联信科实业有限公司**
地址：重庆市科园一路210号D座12－8号
负责人：江向东
Tel：023－68698682

**重庆创展科技发展有限公司赛格分公司**
地址：重庆市科园一路2号（赛格电子市场第一层C区09号）
负责人：袁菁
Tel：023－66869715

**北京鸿合世纪科技有限责任公司重庆分公司**
地址：重庆市科园一路渝高广场D－12－3号
负责人：尹宏勇
Tel：023－68880911

**重庆虹兆祥科技发展有限公司**
地址：重庆市鲤鱼池155号3－1
负责人：李彝
Tel：023－66656589

**重庆市昂威科技发展有限公司**
地址：重庆市两路五星路75号
负责人：廖瑞玲
Tel：023－67803038

**重庆市渝北区豪杰网吧**
地址：重庆市两路渝湖路（区政府集资建房对面）
负责人：李栎
Tel：023－67806955

**重庆市发联网络科技有限公司渝北分公司**
地址：重庆市两路镇龙升街152号
负责人：古莉
Tel：023－67849280

**重庆阳蕊汉语编程科技有限公司**
地址：重庆市龙溪街道白鹤林小区丹阳名居B幢5－2
负责人：曹阳
Tel：023－67538727

**重庆市渝北区振渝网吧**
地址：重庆市龙溪街黄泥磅五人路505号
负责人：郑渝
Tel：023－67081055

**重庆市威利科技有限公司**
地址：重庆市龙溪镇松石支路108号
负责人：余伟
Tel：023－67609653

**重庆力波电力工程安装有限公司**
业务：承接输电、配电安装工程
地址：重庆市渝北区花卉园东路36号1幢1－1/1－2/1－3
负责人：刘嘉波 邮编：400000
法人：刘嘉波
Tel：023－67606236
Fax：023－65307509
E-mail：49782086@qq.com

**重庆市南岸区千航网络开发所**
地址：重庆市南坪花园七村3单元202号
负责人：刘伶训
Tel：023－62929797

**重庆思沃德软件有限公司**
地址：重庆市南坪街道重庆市南坪西路23号
负责人：陶洋
Tel：023－62804335

**重庆融兴科技发展有限公司**
地址：重庆市南坪金紫街10号
负责人：王英
Tel：023－62922688

**重庆谱尔京计算机系统工程有限公司**
地址：重庆市南坪西路1号计算机大厦12层6号
负责人：王锐
Tel：023－66810229

**重庆瑞景丽天科技开发有限公司**
地址：重庆市南坪西路27号B栋13－3号
负责人：汪洋
Tel：023－62652559

**重庆盛日科技有限责任公司**
地址：重庆市南坪西路31号A座5－18号
负责人：雷舜东
Tel：13540660167

**重庆市峻淞多媒体电脑有限公司**
地址：重庆市铜梁县巴川镇小南街14号
负责人：高俊
Tel：023－45646277

**重庆市万州区龙宝西翔电脑经营部**
地址：重庆市万州区白岩路126号703室
负责人：毛力
Tel：023－58231220

**重庆市万州区华南办公用品经营部**
地址：重庆市万州区白岩路353号
负责人：钟杰
Tel：023－58255989

**重庆尔东成科技发展有限公司**
业务：主要从事一卡通安防产品（自动门、门禁系统、监控系统、巡更系统及智能一卡通系统）、办公企业计算机信息系统集成、结构化布线及网络产品销售、安防产品等相关的业务
地址：重庆市渝北区金龙路1号新城名都1幢2单元2－11－3
负责人：陈长 邮编：401147
邮编：陈长
Tel：023－86889286
Fax：023－86889242－801
网址：http://www.cqedc.com
E-mail：cqedckj@163.com

**重庆市万州区铭衡科技开发有限公司**
地址：重庆市万州区白岩路418号
负责人：王晗
Tel：023－64891586

## 河北省/Hebei Province

**河北省衡水市桃城区志瑞通讯器材店**
业务：手机批发
地址：河北省衡水市桃城区新华路宾馆家属院门店
负责人：刘新年 邮编：053000
法人：刘新年
Tel：0318－2986555
7951999

**保定市宇盾商贸有限公司**
业务：监控设备代理销售，工程安装
地址：河北省保定市东风东路18号东风商贸广场写字楼303室
负责人：于沛文 邮编：071000
邮编：于沛文
Tel：0312－2053586

**沧州市运河区中维电子产品销售中心**
业务：品牌、组装电脑，电脑配件，办公耗材，监控器材，通讯器材，手机卡销售及电子产品维修
地址：河北省沧州市运河区佰顺隆数码广场二楼
负责人：李大治 邮编：061000
邮编：李大治
Tel：13932768625
18931723172
0317－7881056
Fax：0317－7881056

**凤皇手机维修部**
业务：手机、相机专业维修
地址：河北省定州市惠宁大街中段南侧中国移动大厅西侧胡同内
负责人：陈东方 邮编：064000
法人：陈东方
Tel：15081599313
E-mail：cdf25333@163.com

**大厂回族自治县城关京龙消防器材经销维修中心**
业务：消防器材经销维修
地址：河北省廊坊市大厂县城关西环路
负责人：姜仁龙 邮编：065000
法人：姜仁龙
Tel：0316－8829119

**廊坊市智明安保器材服务有限公司**
业务：主要经营：保安器材的销售。
地址：河北省廊坊市广阳区爱民东道32号
邮编：065000
法人：刘双捷
Tel：0316－2037804
Fax：0316－2037804

**石家庄靠最科技有限公司**
业务：网站建设
地址：河北省石家庄桥西区金裕花园1号楼1单元902
负责人：张少龙 邮编：050011
法人：张少龙
Tel：0311－87032223
400－600－1441
Fax：0311－87032223
网址：zzt31976
E-mail：http://www.51zzt.com/user/zzt31976

**赵县永达电脑服务中心**
业务：主营：联想、方正品牌电脑及配件
地址：河北省石家庄市赵县东罗村开发区
负责人：张力勇 邮编：051530
邮编：张力勇
Tel：0311－80932182
13833455806
Fax：0311－84721212
网址：www.yongda688.cn
E-mail：zhang4726032@163.com

**石家庄瑞亦涵商贸有限公司**
业务：电脑整机及配件的销售
地址：河北省石家庄新华区民族路69号颐高数码广场3楼3180
负责人：金瑞利 邮编：050011
法人：金瑞利
Tel：0311－87221995
13933186743

**武安市武安镇祥云电脑商社**
业务：经营品牌电脑及组装电脑、电脑配件、数码产品、安防监控设备等
产品：联想、清华同方、方正
地址：河北省武安市放射路
负责人：王建 邮编：056300
法人：王建
Tel：13483069897
0310－5612703

**鸿信通讯门市**
业务：通讯器材
地址：河北省武安市武安镇新华大街
负责人：刘考顺 邮编：056300
法人：刘考顺
Tel：13091131132
0310－5535027

**武安市邑城镇赵店村书斌通讯器材门市部**
业务：电信手机收费，通讯器材，充电器的销售
地址：河北省武安市邑城镇赵店村
负责人：陈书斌 邮编：056000
法人：陈书斌
Tel：13722388728
0310－5881908

**北京正安保安工程公司邢台分公司**
业务：消防器材、工程安装、技术服务
地址：河北省邢台市桥西区钢铁北路消防二中队家属楼1单元103室
负责人：陆元荣 邮编：054000
法人：陆元荣
Tel：0319－2622119

**赤城县赤城镇盛鸿电脑销售中心**
业务：电脑耗材，网络工程，视频监控，多媒体教室，会议室
地址：河北省张家口市赤城县赤城镇新区
负责人：李东亮 邮编：075000
法人：李东亮
Tel：13722322831
0313－6315050

**龙关镇二街越宇科技电脑手机城**
业务：销售电脑、手机、办公用品、电子监控设备
地址：河北省张家口市赤城县龙关镇二街
负责人：岳军 邮编：075511
法人：岳军
Tel：0313－6492911
15030385885

**凯鸿科鑫汇经贸有限公司**
地址：河北省石家庄市中华南大街58号

……负责人：卢树亭
……Tel：0311－86998588
13933088566

**石家庄胜联科技有限公司**
地址：河北省石家庄市新华西路172号南三楼
……负责人：高胜利
……Tel：0311－87895215
13785108002

## 三河市海蓝电脑维修部

业务：维修、销售电脑及配件、监控安防、办公设备维修
产品：电脑、电脑配件
地址：河北省三河市李旗庄镇燕旗超市对面
……负责人：高学鑫　邮　编：065200
……法　人：高学鑫
……Tel：15903163920

## 固安县伊兰电脑经销部

业务：伊兰电脑经销部是固安县戴尔电脑总代理商，为您提供戴尔电脑销售以及其一级售后服务，并从事各种组装机销售维修业务。
地址：河北省固安县固安镇新中街城中城西2号
……负责人：马洪洋　邮　编：065500
……法　人：马洪洋
……Tel：0316－6165287
15003366965

## 河北群信电缆设备厂

业务：我厂是一个实力雄厚、技术先进的电缆设备厂。设备走遍全国各地。奉行诚信，客户至上，生产各种电缆电线设备。也可根据您的要求，改造，订做，来料加工。您如果要生产电缆，群信是您真诚的朋友，保证给您保驾护航。
地址：河北省邢台市宁晋县大陆村镇周家庄村
……邮　编：055500
……法　人：周桂林

……Tel：0319－5662688
……Fax：0319－5663638
……网址：www.qxdlsbc.com

## 大名县鹏飞科技商务有限公司

业务：销售电脑耗材，办公设备，网络设备，数码电子设备
地址：电脑耗材，办公设备，网络设备，数码电子设备
地址：河北省邯郸市大名县大名府路东段路北
……负责人：刘林萍　邮　编：059000
……法　人：刘林萍
……Tel：15831000155
15830080688
……E-mail：llp8008@163.com

## 怀安县左卫镇（中国电信）和合通讯专卖店

业务：销售手机
产品：C网手机、G网手机、手机卡、手机配件
地址：河北省张家口市怀安县左卫镇汽车站
……负责人：武文卿　邮　编：075000
……法　人：武文卿
……Tel：15931309106
0313－7898333

## 邢台新宇光电通讯设备厂

业务：邢台新宇光电通讯设备厂专业生产电线、电话线、配件箱等一第列通讯产品，本厂将始终本着"质量第一，信誉至上"的宗旨，视质量为企业的生命，真诚与广大新老客户携手并进，共同开创美好未来。
地址：河北省邢台市开发区东关街40号
……负责人：李俊生……邮　编：054001
……法　人：李俊生
……Tel：0319－3679928









# 山西省/Shanxi Province

**长治市蓝翔通信器材有限公司**
地址：山西省长治市北城街住宅小区6号楼4－402户
……负责人：吕汝林
……Tel：0355－2027799

## 襄汾县邓庄方圆科技服务部

业务：销售电脑、电脑维修
地址：山西省临汾市襄汾县邓庄镇邓庄街（邓庄医院斜对面）
……负责人：李聪　邮　编：041500
……法　人：李聪
……Tel：0357－3699086

## 屯留县河神庙数码娱乐电脑建生婚庆中心

业务：经营多种类型组装维修电脑，婚礼庆典
地址：山西省长治市屯留县河神庙乡河神庙村
……负责人：杨建生　邮　编：046100
……法　人：杨建生
……Tel：13834786425
0355－7678384

**爱科斯科贸有限公司**
地址：山西省晋城市洪星科教大厦308房
……负责人：郭利朋
……Tel：0356－2032663
13593336361

## 长治市城区未来通信科技服务部

业务：电子通信服务
地址：山西省长治市紫坊村中街13号
……负责人：李国伟　邮　编：046000
……法　人：李国伟
……Tel：13935599015
0355－6030407

**太谷县亨通通信网络维护中心**
地址：山西省晋中市太谷县新建路
……负责人：庞亨新
……Tel：13096535280

## 大同市众泰智能科技有限公司

业务：大同市众泰智能科技有限公司成立于2006年6月，主要从事于安全防范工程。公司以"质量求生存、信誉求发展"，欢迎广大用户光临惠顾！
地址：山西省大同市振华南街90号楼五层
……负责人：刘运泽……邮　编：037006
……法　人：刘运泽
……Tel：0352－7621055
……Fax：0352－7621080

**临汾市尧都区邮讯信息技术有限公司**
地址：山西省临汾市平阳北街6号
……负责人：刘小鹏
……Tel：0357－2027306

## 汾阳市三泉镇东贾壁恒迅电脑工作室

业务：本店主要经营品牌机、组装机、笔记本电脑及电脑周边产品及配件，并负责专业维修，本着品质第一，价格合理，及时服务的宗旨，竭诚为您服务！
产品：联想、七喜品牌机
地址：山西省汾阳市三泉镇东贾壁村楼南街14号
……负责人：张豫晋　邮　编：032200
……法　人：张豫晋
……Tel：0358－7585043
13453813801
……Fax：0358－7585043

## 古交市博飞网通家园连锁有限公司

业务：古交市博飞网通家园连锁有限公司成立于2004年，经营网络器材、网吧、代理各种电脑软件等，欢迎来电垂询。
地址：山西省太原市古交市西曲俱乐部背面
……负责人：范子斌……邮　编：030200
……法　人：范子斌
……Tel：0351－5166068
……网址：www.mtw27901.chinapyp.com

**山西恒通网络技术开发有限公司临汾分公司**
地址：山西省临汾市铁纬巷002号
……负责人：魏秀山
……Tel：0357－3324336

**奕嘉科技有限公司**
地址：山西省临汾市五一西路11号楼海尔电脑专卖
……负责人：田祥斌
……Tel：13015326855

## 乡村电脑专卖店

业务：联想、惠普、组装电脑、配件、打字复印
地址：山西省吕梁市中阳县尚家峪
……负责人：任平桂　邮　编：033400
……法　人：任平桂
……Tel：13834769513
15135280424

**山西天之合科技网络有限责任公司**
地址：山西省太原市小店区高新区产业路48号新岛科技园C楼302室
……负责人：张辉
……Tel：0351－2204085

## 五台县旭华联想电脑专卖店

业务：本经营部致力于联想电脑、笔记本、电脑耗材、桌椅、办公用品的销售，并提供电脑维修与服务。专业专注，全新服务，是我们不变的信念！竭诚欢迎您的光临！
地址：山西省忻州市五台县城向前街31号
……负责人：王俊明　邮　编：035500
……法　人：王丽婷
……Tel：0350－6523878
13753026778
13934008138
……Fax：0350－6523909
……E-mail：wtcskj2003@163.com

**太原奥博斯特数码科技有限公司**
地址：山西省太原市小店区南内环街200号
……负责人：贾庆
……Tel：0351－7528691

## 浩源电脑经销部

业务：销售MSI笔记本、电脑配件，电脑组装、网络布线
地址：山西省运城市东星数码广场B区3号
……负责人：黄林　邮　编：044000
……法　人：黄林
……Tel：15935973535
0359－6816616
8616165
……Fax：0359－8616165

## 垣曲县新城鸿鑫电子服务部

业务：本部致力于品牌电脑、兼容机、电脑耗材、办公设备的销售，并提供维修与完善的售后服务。专业专注，全新服务，是我们不变的信念！
产品：戴尔、惠普等品牌电脑销售，打印机，监控设备，办公设备等
地址：山西省运城市垣曲县黄河路黄河市场北门正对面
……负责人：王焕章　邮　编：043700
……法　人：王焕章
……Tel：0359－6027078
13466931267
……Fax：0359－6027078
……E-mail：yqhxdz@126.com

**多默机运联合工贸中心**
地址：山西省太原市杏花岭区中涧河乡东涧

河村
负责人:张帝卿
Tel:0351－3950325
13593160292

**太原市伟晨科技有限公司**
地址:山西省太原市迎泽大街 255 号
负责人:张青
Tel:0351－4088222
13703585855

**山西华信通信有限公司**
地址:山西省太原市迎泽区滨河东路 168 号 3 号楼 603 号
负责人:高建花
Tel:13007032888

**太原兰宇通讯办公设备有限公司青年路分公司**
地址:山西省太原市迎泽区青年路 137 号山西省水利机械厂 6 号楼底商 139 号
负责人:徐琴
Tel:0351－3181585

**山西艾瑞克科技有限公司**
业务:软件开发;安防设备、科教设备、舞台灯光音响设备、有线通讯器材的批发零售;计算机系统集成;综合布线;楼宇可视系统、办公自动化系统、工业自动化控制系统的安装。
地址:山西省太原高新区科技街 9 号 810 室
负责人:赵晋龙 邮 编:030082
法 人:赵晋龙
Tel:13934625888
0351－7034455

**太原同步通信设备维修有限公司**
地址:山西省太原市迎泽区桃园南路西里街南二条 7 号 1－4－10
负责人:董志明
Tel:0351－4077668

**定襄县华硕电脑经销部**
业务:华硕电脑的销售
地址:山西省忻州定襄县襄丰小区
负责人:张志国 邮 编:034000
法 人:张志国
Tel:0350－6028062

**忻州市忻府区金太阳手机电脑城**
地址:山西省忻州市忻府区七一北路 61 号
负责人:杨永军
Tel:0350－3164968

**河曲县绿洲数字文化广场今日连锁网吧**
业务:互联网上网服务
地址:山西省忻州河曲县文笔镇圆通街
负责人:于喜东 邮 编:036500
法 人:于喜东
Tel:13033400955

**阳泉经济技术开发区鑫达电脑服务部**
地址:山西省阳泉市经济技术开发区宁波路
负责人:史克诚
Tel:0353－2138444

**太原藤瓜网络维护中心**
业务:网络维护,电脑配置等
地址:山西省太原市南内环街 98－2 号颐高数码市场有限公司 B 区 353
负责人:曹润军 邮 编:030000
法 人:曹润军
Fax:0351－7896353

**阳泉市海旭网络科技有限责任公司**
地址:山西省阳泉市南大街 88 号办公楼 3 层(日杂有限公司招待所)
负责人:李继东
Tel:13303530003

**清徐县天赐科技电脑经销部**
业务:海尔润眼电脑,电脑维修,电脑周边耗材,电脑桌,打印机销售及耗材,承接弱电工程
地址:山西省太原市清徐县湖东北二街 288 号(京都美食城南侧环保局宿舍楼下)
负责人:王君 邮 编:030400
法 人:王君
Tel:15003517329
0351－5730904

**运城市创发网络科技有限公司**
地址:山西省运城市红旗西街 448 号电脑城内
负责人:崔建军
Tel:0359－2052298

**管网建设管理中心**
地址:山西省长治市英雄中路 81 号
负责人:马书平
Tel:0355－2117257
13903455418

**长治市金世纪南工电缆贸易有限公司**
业务:长治市金世纪南工电缆贸易有限公司成立于 2005 年,主要从事电线,电缆,电缆桥架,电气设备,五金工具的销售。"以质量求生存,以信誉求发展",热诚欢迎您的光临与惠顾!
业务:山西省长治市凯丰市场三期九排 76－77 号
负责人:郝建荣 邮 编:046000
法 人:郝建荣
Tel:0355－5831537

**山西联电科技有限责任公司**
业务:互联网、电子商务
地址:山西省太原市小店区平阳路 297 号国瑞大厦 4 层
负责人:李乃崇 邮 编:030006
法 人:李乃崇
Tel:0351－3111990

**运城市风陵渡开发区凯睿电脑服务有限公司**
业务:运城市风陵渡开发区凯睿电脑服务有限公司成立于 2006 年,主要从事于电脑销售、维修,电脑耗材,办公用具,监控产品销售。欢迎新老客户光临、惠顾!
地址:山西省运城市风陵渡开发区
负责人:陈有才 邮 编:226200
法 人:陈有才
Tel:0359－3353818

**三人行科技开发有限公司**
地址:山西省临汾市尧都区解放西路柏松大厦 603 室
负责人:杨勇
Tel:0357－2030098
13753795775

**朔州市光宇通信有限公司**
地址:山西省朔州市朔城区祝家庄村落
负责人:殷怀刚
Tel:13303491288

**诚信网络信息有限公司**
地址:山西省太原市长治路 79 号长风商住小区 6 单元 202 室
负责人:周文明
Tel:0351－7223782
13834113938

**富绅通讯器材有限公司**
地址:山西省太原市小店区高新产业路 48 号 1 号楼 2 单元 5 层 5 号
负责人:赵培霞
Tel:0351－4165388
13753119888

**嘉恒创新电子产品有限公司**
业务:网络耗材及监控周边耗材
地址:山西省太原市迎泽区南内环街云天数码港二楼 B235 号
负责人:关言 邮 编:030000
法 人:关言
Tel:13803437390
0351－7668609
Fax:0351－7668609

**永济市北城消防器材门市部**
地址:山西省运城市永济市舜都大道北段
负责人:刘国强
Tel:0359－8085217



## 内蒙古自治区/InnerMongolia AutonomousRegion

**包头科发高压科技有限责任公司**
地址:内蒙古自治区包头市白云矿区稀土高新区校园路 38 号
负责人:郝姝
Tel:0472－5300975
13009556713

**包头市元邦数码科技有限责任公司**
地址:内蒙古自治区包头市白云矿区振华写字楼 620 室
负责人:刘勇
Tel:0472－6973304

**如意手机通信**
地址:内蒙古自治区包头市白云路 100 号
负责人:张瑞钧
Tel:0472－2169138

**包头市正大光电科技开发有限责任公司**
地址:内蒙古自治区包头市九原区文明路 4 号
负责人:王海龙
Tel:0472－2806887
2806277

**包头市建明光电科技有限责任公司**
地址:内蒙古自治区包头市昆都仑区包钢二宿舍院内
负责人:刘盖双
Tel:0472－2156358

**包头普天通信有限公司**
地址:内蒙古自治区包头市昆都仑区市府东路
负责人:屈小波
Tel:0472－2123988
13754121001

**包头市卓达网络工程有限责任公司**
地址:内蒙古自治区包头市昆都仑区学府道 52 号
负责人:刘运波
Tel:0472－2121700

**包头市友富达科技有限责任公司**
地址:内蒙古自治区包头市青山区富强路望隆写字楼 0729 室
负责人:高所连
Tel:15848222310

**内蒙古广播电视信息网络有限公司包头分公司**
地址:内蒙古自治区包头市青山区钢铁大街 12 号
负责人:樊龙祥
Tel:0472－6977335

**捷信通信公司**
地址:内蒙古自治区包头市青山区九星广场 101 号
负责人:王国
Tel:0472－8922276

**内蒙古塞兴通信有限责任公司纸制品包装厂**
地址:内蒙古自治区赤峰市红山区昭乌达路宏兴大厦五楼
负责人:吕茂
Tel:0476－2296686

**赤峰峦峰软件有限责任公司**
地址:内蒙古自治区赤峰市红山文化大厦 229
负责人:黄晓东
Tel:0476－8248454

**喀喇沁旗智通电脑科技有限公司**
地址:内蒙古自治区赤峰市喀喇沁旗锦山镇锦山街
负责人:张小华
Tel:0476－3757015

**宁城县林峰科技开发有限公司**
地址:内蒙古自治区赤峰市宁城县天义镇大宁路(原人行三楼)
负责人:林峰
Tel:0476－5826523

**赤峰通讯设备有限公司**
地址:内蒙古自治区赤峰市松山区
负责人:郑守宇
Tel:0476－8182137

**赤峰创为科技有限公司**
地址:内蒙古自治区赤峰市新城区金帝商务大厦 C 座 C20
负责人:周永峰
Tel:0476－8831180

**呼和浩特飞狐网络科技有限公司**
地址:内蒙古自治区呼和浩特市长途汽运南站东 10 米处立业酒店二楼
负责人:强红
Tel:0471－5694681

**呼和浩特星业电子**
地址:内蒙古自治区呼和浩特市诚信数码广场三楼
负责人:沈云霞
Tel:0471－5950411
15047886580

**温州博克电子内蒙古呼和浩特市和林格尔县办事处**
地址:内蒙古自治区呼和浩特市和林格尔县利民街 30 号
负责人:张士华
Tel:0471－4937336

**内蒙古西部动力网络科技有限责任公司**
地址:内蒙古自治区呼和浩特市呼伦南路 69 号
负责人:闻彦树
Tel:0471－3303020

**内蒙古呼市科美电子有限公司**
地址:内蒙古自治区呼和浩特市回民区国际大酒店 27 楼 2706 室
负责人:李娟
Tel:0471－6664974

**内蒙古北特通信有限责任公司**
地址:内蒙古自治区呼和浩特市回民区金川开发区出口哦加工区
负责人:志中山
Tel:0471－3952030

**呼和浩特科美电子有限公司**
地址:内蒙古自治区呼和浩特市回民区内蒙古国际大酒店 27 楼 2706 室
负责人:李娟
Tel:0471－6664981

**温州博克电子内蒙古办事处**
地址:内蒙古自治区呼和浩特市利民街 30 号
负责人:张士华
Tel:0471－4937336

**呼和浩特市天和利电子科技有限责任公司**
地址:内蒙古自治区呼和浩特市赛罕区大学东路亚辰大厦 616
负责人:海峻
Tel:0471－4675757

**内蒙古金三叶电子科技有限公司**
地址:内蒙古自治区呼和浩特市赛罕区鄂尔多斯大街 352 号高校毕业生就业中心二层
负责人:李霞
Tel:0471－3336090

**金融设备及电子机具内蒙古总代理**
地址:内蒙古自治区呼和浩特市赛罕区干休所
负责人:老庄
Tel:0471－4664276
4931719

**内蒙古新鸿盛高科技园区有限责任公司**
地址:内蒙古自治区呼和浩特市赛罕区机场路 1 号
负责人:刘萍
Tel:0471－2840169

**内蒙古大陆电子材料有限公司**
地址:内蒙古自治区呼和浩特市托克托县
负责人:向宝荣
Tel:0471－8628811
13664746599

**内蒙古源音数码科技发展有限公司**
地址:内蒙古自治区呼和浩特市新城南街 1 号
负责人:费振兴
Tel:0471－4914958
4909157
13947156414

**内蒙古亿兆电子科技有限责任公司**
地址:内蒙古自治区呼和浩特市新城区北垣街立交桥南口西侧
负责人:赵建英
Tel:0471－4978142

**呼和浩特市颐和海韵科技发展有限公司**
地址:内蒙古自治区呼和浩特市新城区波士名人十楼
负责人:张经理
Tel:0471－62223357
13847129975

**内蒙古 N 维新技术有限公司**
地址:内蒙古自治区呼和浩特市新城区大学东路 159 号
负责人:王新福
Tel:0471－6285816

**内蒙古全蒙通新科技有限公司**
地址:内蒙古自治区呼和浩特市新城区大学东路蒙吉利小区 6 号楼
负责人:樊翔
Tel:0471－4911099

**内蒙古鑫荣誉科技有限责任公司**
地址:内蒙古自治区呼和浩特市新城区呼伦贝尔北路 28 栋
负责人:宋佳仪
Tel:0471－6685682

**呼和浩特市讯业金网信息通信有限公司**
地址:内蒙古自治区呼和浩特市新城区乌兰察布西路兴源大厦
负责人:安孟英
Tel:0471－5950411
5950193－8027
4939691－8000

**呼和浩特市亿坤科技有限责任公司**
地址:内蒙古自治区呼和浩特市新城区西街 47 号汇通大酒店
负责人:陈虎
Tel:0471－6966636

**扬州华翔电子有限公司内蒙古办事处**
地址:内蒙古自治区呼和浩特市兴安北路
负责人:邢威
Tel:0471－6501024

**内蒙古敬宇通信网络有限公司**
地址:内蒙古自治区呼和浩特市中山东路 20 号 4 楼
负责人:姜红丰
Tel:0471－6968099

**呼和浩特市雷讯通信息服务有限责任公司**
地址:内蒙古自治区呼和浩特市中山东路 23 号
负责人:赵亚利
Tel:0471－6268886

**阿荣旗天源消防器材经销维修有限公司**
地址:内蒙古自治区呼伦贝尔市阿荣旗
负责人:赵经理
Tel:0470－4219119

**满洲里智通科技公司**
地址:内蒙古自治区呼伦贝尔市满洲里市三道街富华家园

负责人:侯爱霞
Tel:0470－6228397

**中通通信(满洲里)有限责任公司**
地址:内蒙古自治区呼伦贝尔市满洲里市中苏街富华综合楼
负责人:范骞
Tel:0470－6227011

**青龙山镇信息服务站**
地址:内蒙古自治区通辽市奈曼旗青龙山镇
负责人:张友鹏
Tel:0475－4473459

**乌海市栎烨电子科技有限责任公司**
地址:内蒙古自治区乌海市海勃湾区新华西街影视娱乐城006号
负责人:韩雪梅
Tel:0473－2089922

**内蒙古开元通信有限责任公司**
地址:内蒙古自治区乌兰察布市卓资县开元小区B座1号
负责人:崔斌
Tel:0474－5284014

**乌兰浩特市翔兰科技产品经销处**
地址:内蒙古自治区兴安盟乌兰浩特市明珠一期门市9门9号
负责人:刘哲
Tel:0482－8212863

## 辽宁省/Liaoning Province

**海城市金昌科技开发有限公司**
地址:辽宁省鞍山市海城市铁西经济技术开发区
负责人:李群
Tel:0412－3600800

**鞍山天河网络科技有限公司**
地址:辽宁省鞍山市铁东区南二道街1－29号
负责人:杨铁辉
Tel:0412－2255999

**冠先电脑广场**
地址:辽宁省朝阳市建平县叶镇
负责人:刘一博
Tel:0421－7823906
13352363906

**大连健康岛科技有限公司**
地址:辽宁省大连市甘井子区凌工路2号科技园大厦303室
负责人:杨大智
Tel:0411－84708441

**大连航信空港网络有限责任公司**
地址:辽宁省大连市甘井子区迎宾路166号
负责人:丁卫平
Tel:0411－83886339

**大连龙宇信息咨询有限公司**
地址:辽宁省大连市甘井子区张家村盛新园30#2－4－3
负责人:邵云龙
Tel:0411－84901998

**大连鸿伟科技发展有限公司**
地址:辽宁省大连市甘井子区中华西路5号
负责人:陈鸿
Tel:0411－86530149

**大连恒元信息科技有限公司**
地址:辽宁省大连市高新园区高新街2号309－311室
负责人:李萃
Tel:0411－81987693

**大连惠泰科技有限公司**
地址:辽宁省大连市高新园区高新街3号105室
负责人:李剑云
Tel:0411－84796569

**大连北方鼎泰科技有限公司**
地址:辽宁省大连市高新园区高新街3号106室
负责人:韩军
Tel:0411－84526745

**大连金州电信工程公司**
地址:辽宁省大连市金州区五一路179号
负责人:孙运生
Tel:0411－87693218
13591393366

**大连鲁班软件有限公司**
地址:辽宁省大连市开发区安盛里3栋－4－7－2号
负责人:张洪军
Tel:0411－83786130

**绥中县鑫鑫商贸科技发展有限公司**
业务:电脑,笔记本,办公设备,网络工程,安防监控,会议室
产品:联想电脑,联想笔记本,三星显示器,联想办公打印,威视监控
地址:辽宁省葫芦岛市绥中县绥中镇兴隆街紫金花园1－122号
负责人:吕长清　邮　编:125000
法　人:吕长清
Tel:15942957429
0429－6908999
6161398
Fax:0429－6908999
网址:http://www.szxxpc.cn
E-mail:szxxpc@163.com

**大连恒鑫通通信有限公司**
地址:辽宁省大连市普兰店市孛兰路北段
负责人:孙忠良
Tel:0411－83120476

**大连联汇科技开发有限公司**
地址:辽宁省大连市普兰店市中心路二段63－32号
负责人:王红
Tel:0411－83129557

**大连巨鼎科技发展有限公司**
地址:辽宁省大连市沙河口区黄河路796号
负责人:杨雅杰
Tel:0411－84336315

**大连荣鑫科技有限公司**
地址:辽宁省大连市沙河口区五一路35号2－5－2号
负责人:赵黎
Tel:0411－83075457

**大连旗舰科技发展有限公司**
地址:辽宁省大连市西岗区凤光街33号鞍钢大厦1610室
负责人:张惊涛
Tel:0411－83651620

**大连中恒科技有限公司**
地址:辽宁省大连市西岗区五四路66－2号
负责人:巩权
Tel:0411－83790997

**益民消防技术服务有限公司**
地址:辽宁省大连市中山区解放路667号
负责人:张先生
Tel:13500774208

**大连天利通网络通信有限公司**
地址:辽宁省大连市中山区双厦大酒店1002室
负责人:刘道顺
Tel:0411－82336219

**辽宁讯捷信息有限公司**
地址:辽宁省抚顺市经济开发区科技园南路6号
负责人:褚彩滨
Tel:0413－8822000

**沈阳鑫兴网络科技有限公司**
地址:辽宁省沈阳市大东区联合路3－3号323室
负责人:郭颖
Tel:024－88518993

**沈阳世通网络发展有限公司**
地址:辽宁省沈阳市东陵区满堂乡政府院内
负责人:张志华
Tel:024－81002966

**沈阳浩联通讯器材有限公司**
地址:辽宁省沈阳市东陵区文化东路33号6门
负责人:齐咏梅
Tel:024－24200808

**沈阳毅力电脑网络维修服务中心**
地址:辽宁省沈阳市和平区三好街54号(物产大厦1709室)
负责人:李世平
Tel:024－81991245

**沈阳鼎鑫鸿信科技发展有限公司**
地址:辽宁省沈阳市和平区三好街54号1210室
负责人:金松
Tel:024－62125670

**沈阳市明华金卡科技有限公司**
地址:辽宁省沈阳市和平区三好街79号B1205室
负责人:张宏玲
Tel:024－82823599

**沈阳冠添仁合科技有限公司**
地址:辽宁省沈阳市和平区三好街84号B座411室
负责人:黄庆
Tel:024－62221118

**沈阳市汇鑫海科技有限公司**
地址:辽宁省沈阳市和平区三好街90－5号2－4－4室
负责人:孙云海
Tel:024－83990218

**沈阳恒鑫科技有限公司**
地址:辽宁省沈阳市和平区三好街90－5号2－7－5室
负责人:李雪莹
Tel:024－88810468

**沈阳铭建系统集成有限公司**
地址:辽宁省沈阳市和平区三好街90－6号1206室
负责人:张建
Tel:024－81991829

**沈阳金龙达科技发展有限公司**
地址:辽宁省沈阳市和平区三好街90－6号16－10室
负责人:杨志明
Tel:024－83991088

**沈阳世纪天嵘科技发展有限公司**
地址:辽宁省沈阳市和平区三好街90甲5号611室
负责人:许东桥
Tel:024－83992950

**沈阳孚优科技有限公司**
地址:辽宁省沈阳市和平区三好街90甲5号812室
负责人:王高云
Tel:024－83992219

**沈阳网达科技有限公司**
地址:辽宁省沈阳市和平区文体西路76号
负责人:李炜姝
Tel:024－81818207

**沈阳北洋科技有限公司**
地址:辽宁省沈阳市皇姑区步云山路53号
负责人:李杰
Tel:024－86402298

**沈阳普泰创发科技发展有限公司**
地址:辽宁省沈阳市皇姑区漓江街七号
负责人:刘旭辉
Tel:024－86274333

**辽宁众和安全科技有限公司**
地址:辽宁省沈阳市皇姑区岐山中路86号
负责人:于佑石
Tel:024－86832808

**沈阳京蓝桥信息技术有限公司**
地址:辽宁省沈阳市康平县康平镇城南街
负责人:刘延生
Tel:024－81509788

**沈阳久迈科技有限责任公司**
地址:辽宁省沈阳市辽中县茨榆坨镇四委
负责人:张宝民
Tel:024－87751627

**建安安防器材经销部**
地址:辽宁省沈阳市沈河区大西路103号
负责人:王宏志
Tel:024－22928706
13504049527

**沈阳天一科技发展有限公司**
地址:辽宁省沈阳市沈河区惠工街124号
负责人:贝玉梅
Tel:024－88827419

**沈阳康佰通讯设备有限公司**
地址:辽宁省沈阳市沈河区热闹路138号
负责人:康天祥
Tel:024－24150809

**沈阳久通电子科技有限公司**
地址:辽宁省沈阳市沈河区万柳塘路24号
负责人:郭金英
Tel:024－81948232

**沈阳金禹神消防器材经销处**
地址:辽宁省沈阳市铁西区建设东路75号
负责人:刘庆华
Tel:024－25657898

**沈阳富丽通通讯有限公司**
地址:辽宁省沈阳市铁西区锈工西街26号
负责人:富鑫
Tel:024－62114888

**沈阳飞兰达消防装备有限公司**
地址:辽宁省沈阳市于洪区北陵乡八家子村
负责人:郝德财
Tel:024－86788342

**铁岭市清河富源通讯电缆材料厂**
地址:辽宁省铁岭市清河区向阳街
负责人:郑庆营
Tel:0410－2185718

**中新科技开发有限公司**
地址:辽宁省营口市钢铁东里75号
负责人:李延峰
Tel:0417－3833396
13130560800



## 吉林省/Jilin Province

**中国联通有限公司大安分公司**
地址:吉林省白城市大安市人民路11号
负责人:冷廷显
Tel:0436－3664133

**长春市慧华经贸有限公司**
业务:电脑外设
地址:吉林省长春市朝阳区工农大路1313号百脑汇3层CCA3E25
负责人:王微微　邮　编:130061
法　人:王微微
Tel:13894880046
0431－85132137

**中信昊园(吉林)高科技有限公司**
地址:吉林省长春市朝阳区长庆街4号
负责人:王建芝
Tel:0431－88405788

**洮南市泰丽电脑服务部**
业务:洮南市泰丽电脑服务部是一家专业从事电脑维修、电脑耗材的销售。欢迎新老客户光临、惠顾。
地址:吉林省洮南市荣福路61号
邮　编:137100
法　人:潘明波
Tel:0436－6250518
Fax:0436－6250516

**诚达电脑行一长城电脑德惠专卖店**
业务:长城电脑专卖,兼容机、监控器材,电脑维修,各种电脑耗材,散架等
地址:吉林省德惠市东三道街(大市场对过)
负责人:李殿生　邮　编:130300
法　人:李殿生
Tel:13234444467
13364636833
0431－87220499

**吉林省迪东计算机科技有限公司**
地址:吉林省长春市朝阳区工农大路1128号
负责人:杜卫东
Tel:0431－85617061

**吉林荣旭数通信息科技有限公司**
地址:吉林省长春市朝阳区和光路和光小区3号楼2门204
负责人:冉利利
Tel:0431－88889990

**吉林省北极星科技有限公司**
地址:吉林省长春市朝阳区红旗街东二胡同4号
负责人:张伟
Tel:0431－85630496

**长春市立林科技有限公司**
地址:吉林省长春市朝阳区解放大路4416号(原118号)1604房
负责人:刘显国
Tel:13604413234

**长春市朝阳区广发通信器材经销处**
地址:吉林省长春市朝阳区锦水路14号4－102号
负责人:李想
Tel:0431－88983766

**查尔斯网络科技有限公司**
业务:计算机软硬件、网络游戏软件的开发、制作,承接各类广告设计、制作,网络科技产品的开发及委托生产,商务咨询。
地址:吉林省延边朝鲜族自治州延吉市站前街长白路26号宏川大厦509室
负责人:余佳永　邮　编:133000
Tel:0433－5000904
5001991

**吉林省铭远科技有限公司**
地址:吉林省长春市朝阳区欧亚集团欧亚商都科技城
负责人:丁连锋
Tel:0431－88809015

**天桥电脑耗材**
业务:电脑耗材
地址:吉林省德惠市中央街铁北天桥下
负责人:李殿生　邮　编:130300
法　人:李殿生
Tel:13234444467
13364636833
0431－87270499

**吉林省吉电通讯有限公司**
地址:吉林省长春市朝阳区万宝街35号
负责人:张圆
Tel:0431－88523171

**吉林省东煤安全技术有限责任公司**
地址:吉林省长春市朝阳区卫星路8722号
负责人:王克明
Tel:0431－86131518

**吉林移动通信有限责任公司长春营销中心西安大路移动通信营业厅**
地址:吉林省长春市朝阳区西安大路331号
负责人:薛长春
Tel:0431－88944200

**吉林联信智能科技有限公司**
地址:吉林省长春市朝阳区西安大路9号西侧(A－2103)室

负责人:国振坤
Tel:13335110538

**吉林省天越信息科技有限公司**
地址:吉林省长春市朝阳区西康路 889 号
负责人:高玉民
Tel:13843003198

**吉林省紫燕科技发展有限责任公司**
地址:吉林省长春市朝阳区西民主大街 6 号
负责人:徐卫红
Tel:0431－88969653

**长春市经海通信有限公司**
地址:吉林省长春市高新开发区火炬路 813 号
负责人:李松
Tel:13904309996

**吉林省希格玛网络软件开发有限责任公司**
地址:吉林省长春市高新区硅谷大街 1198#
负责人:钟国峰
Tel:0431－85882220

**吉林省华为科技发展有限公司**
地址:吉林省长春市经济技术开发区赛德广场 1468 号
负责人:朱毅威
Tel:0431－86697888

**吉林省功夫堂投资顾问管理有限公司**
地址:吉林省长春市宽城区北京大街 1169 号
负责人:张锦
Tel:0431－87772926

**吉林省鑫达电脑有限公司**
地址:吉林省长春市宽城区春铁大厦 B 座 2004 室
负责人:赵海亮
Tel:0431－86118535

**吉林省博联通信有限责任公司**
地址:吉林省长春市宽城区人民大街 41 号
负责人:孙娜
Tel:0431－82750000

**长春罗尔信息技术有限公司**
地址:吉林省长春市宽城区珠江路 26 号
负责人:王铁夫
Tel:13354300355

**吉林省锦鸿通信有限公司**
地址:吉林省长春市绿园区普阳街 2066 号
负责人:杨涛
Tel:0431－87980711

**吉林省星通网联信息技术有限公司**
地址:吉林省长春市前进大街 2955 号高科技大厦 A 座
负责人:姜涛
Tel:0431－85112225

**中国联通有限公司双阳分公司**
地址:吉林省长春市双阳区通阳路北
负责人:徐勇
Tel:13180745040

**吉林市长宏电信服务有限公司**
地址:吉林省吉林市船营区河南街茂华商厦(前门东侧付 1 号)
负责人:张雪梅
Tel:0432－67701018

**吉林市天崴通讯器材经销有限公司**
地址:吉林省吉林市船营区南京街光华路 7 号
负责人:崔馨月
Tel:0432－62498101

**吉林市东方伟岸科技有限公司**
地址:吉林省吉林市丰满区恒山东路金丰街坊小区 1 号楼 1 号网点
负责人:王迎春
Tel:13704414781

**吉林市斯达科技开发有限公司**
地址:吉林省吉林市丰满区世纪路 1 号
负责人:刘晓雷
Tel:0432－64688228

**吉林市邦捷科技有限公司**
地址:吉林省吉林市丰满区小白山乡四合村一社
负责人:钟艳秋
Tel:0432－64816440

**吉林市鸿源信息技术有限责任公司**
地址:吉林省吉林市高新区 D 座 6 层 44 号
负责人:王金山
Tel:0432－62053772

**吉林市永通科技开发有限公司**
地址:吉林省吉林市龙潭区汉阳南街 5 号
负责人:刘团
Tel:0432－63023479

**吉林市紫光通信器材经销有限公司**
地址:吉林省吉林市龙潭区汉阳南街洪利森商住楼 2 号
负责人:李善子
Tel:0432－64688954

**吉化集团公司消防支队**
地址:吉林省吉林市龙潭区遵义东路 12 号
负责人:付岩
Tel:0432－63986714

**辽源申达科技有限公司**
地址:吉林省辽源市煤机厂院内
负责人:梁国华
Tel:13943784048

**辽源市鸿诺数码广场有限公司手机卖场**
地址:吉林省辽源市西宁大路 63 号
负责人:邵德英
Tel:0437－3238333

**公主岭市星光电脑有限公司**
地址:吉林省四平市公主岭市东三街东五委 4—23 号
负责人:苏振贤
Tel:13944475394

**泰丽电脑服务部**
地址:吉林省洮南市荣福东路 6 号
负责人:潘明波
Tel:0436－6250518
13843619095

**通化市长安消防器材修配厂**
地址:吉林省通化市东昌区东昌路 58 号
负责人:谢吉
Tel:0435－3245367

**通化市环宇网络营销服务中心**
地址:吉林省通化市东昌区建设大街 4655 号
负责人:尹增强
Tel:0435－3622177

**通化关东网络科技有限公司**
地址:吉林省通化市东昌区新华大街 215 号
负责人:王化威
Tel:0435－3242008

**吉林国信通信有限公司通化分公司**
地址:吉林省通化市东昌区新华大街 220 号
负责人:苑忠义
Tel:0435－3266222

**通化市山河科技有限公司**
地址:吉林省通化市东昌区兴昌路丘地号 210－940－252－074
负责人:白连芝
Tel:13364353456

**延边辉多尔电脑软件开发有限公司**
地址:吉林省延边朝鲜族自治州图们市解放路 53 号
负责人:韩文乡
Tel:0433－3663510

**延边朝阳软件开发有限公司**
地址:吉林省延边朝鲜族自治州延吉市爱丹路 28－7 号
负责人:黄忠三
Tel:0433－2886643

## 黑龙江省/Heilongjiang Province

**大庆市中庆泰安消防器材维修有限公司**
地址:黑龙江省大庆市让胡路区乘风庄运输路 4#后院(客运实业公司后院)
负责人:张巍
Tel:0459－5327119

**大庆市让胡路区青松网络技术服务部**
地址:黑龙江省大庆市让胡路区龙西商服三区一类 15#
负责人:李劲松
Tel:13009900012

### 大庆市民安电子技术有限责任公司
业务:本公司专门从事安防系统、远程无线音视频传输、夜视器材、远程监控、安防报警、计量仪表、门、禁考勤系统、楼宇对讲、集团电话、公共广播、电脑网络、打印机、传真机等各种办公自动化系统的经营开发、研究、施工、维修、工程设计的高科技企业。
地址:黑龙江省大庆市乘风东路仁泉商业区 7 号楼
邮　编:163411
法　人:齐小峰
Tel:0459－5716851
Fax:0459－5722281
网址:www.dqmadz.com

**大庆四环科技开发有限公司**
地址:黑龙江省大庆市萨尔图区高新区火炬新街 10 号
负责人:李思强
Tel:13339395099

**大庆华续软件科技有限公司**
地址:黑龙江省大庆市萨尔图区高新区软件园 4#楼 206
负责人:王海荣
Tel:13836788157

**大庆高新区朗兆软件科技有限公司**
地址:黑龙江省大庆市萨尔图区高新区软件园 5 号楼 10
负责人:吕连英
Tel:13329398899

**大庆市昱荣科技服务有限公司**
地址:黑龙江省大庆市萨尔图区会战大街 2#商服楼 A 区(3 楼 A 区 7 号)
负责人:李桂荣
Tel:0459－5813618

**大庆市萨尔图区永安消防器材供应处**
地址:黑龙江省大庆市萨尔图区五交化市场
负责人:毛永仙
Tel:13804684005

**哈尔滨龙盛科技发展有限责任公司**
地址:黑龙江省哈尔滨市道里区新阳路 429 号
负责人:邢汝龙
Tel:0451－86875750

**哈尔滨和瑞特科技发展有限公司**
地址:黑龙江省哈尔滨市道外区红河一街区 2 栋 6 单元 8 层 1 号
负责人:于占芬
Tel:0451－86866508

### 阿城市鑫源广电网络有限公司
业务:阿城市鑫源广电网络有限公司成立于 2005 年,安装有线电视,网络布线等,真诚为您提供最优质的服务!
地址:黑龙江省哈尔滨市阿城市胜利街文化中心 3 号楼门市房 3 号
负责人:杜国辉……邮　编:150300
法　人:杜国辉
Tel:0451－53765913

**哈尔滨正大方威科技发展有限公司**
地址:黑龙江省哈尔滨市南岗区南通大街 258 号船舶大厦 809A 室
负责人:张晓军
Tel:0451－82530494

**黑龙江省光学学会**
地址:黑龙江省哈尔滨市南岗区西大直街 92 号
负责人:王骐
Tel:0451－86412710

**哈尔滨市南岗区先歌科技工程服务部**
地址:黑龙江省哈尔滨市南岗区一曼街 2 号 45 号楼 1371 室
负责人:王晓武
Tel:0451－89942006

**黑龙江世纪阳光科技发展有限公司**
地址:黑龙江省哈尔滨市南岗区邮政街 2 号
负责人:徐飞虎
Tel:13313664098

**黑龙江博铭科技发展有限公司**
地址:黑龙江省哈尔滨市香坊区安埠小区 105 栋 2 单元 302 号
负责人:邵楠
Tel:0451－55182766

**中国电信集团北方电信有限公司北安市分公司**
地址:黑龙江省黑河市北安市交通路三十五号
负责人:章建军
Tel:0456－6190000

**鸡西市鑫阳科技开发有限公司**
地址:黑龙江省鸡西市鸡冠区西建一组团一门－15
负责人:殷伟
Tel:13796423666

**佳木斯高德网络技术工程有限公司**
地址:黑龙江省佳木斯市前进区和平路升平社区杏林 81 号
负责人:索漫野
Tel:0454－8676623

**佳木斯市前进海湾电子产品经销处**
地址:黑龙江省佳木斯市前进区永安街
负责人:王宏伟
Tel:0454－8249487

**佳木斯市向阳区创悦电脑商场**
地址:黑龙江省佳木斯市向阳区新世纪四楼 405 厅
负责人:孙广权
Tel:0454－8600195

**佳木斯禧通通信器材有限公司**
地址:黑龙江省佳木斯市向阳区志同街中段
负责人:徐燕
Tel:13136991068

**牡丹江市宏泰消防安装有限公司**
地址:黑龙江省牡丹江市东安区爱民街 244 号
负责人:乔瑞祥
Tel:13945325327

**牡丹江市有容通讯器材有限公司**
地址:黑龙江省牡丹江市东安区北小爱民街 2 号
负责人:卜凡奎
Tel:0453－6998891

**牡丹江四海电脑科技有限公司**
地址:黑龙江省牡丹江市西安区景福街 118 号
负责人:姜世海
Tel:13351331215

**齐齐哈尔市百川科技有限公司**
地址:黑龙江省齐齐哈尔市百花科技电子城二楼 40 号
负责人:郎召林
Tel:13946288898

**齐齐哈尔市百脑惠科技城西贝有线电视器材经销店**
地址:黑龙江省齐齐哈尔市百脑惠科技城五楼 27 号
负责人:黄忠元
Tel:0452－2324052

**黑龙江富华科技有限公司**
地址:黑龙江省齐齐哈尔市甘南县音河镇兴十四村
负责人:林繁震
Tel:0452－5759020

### 乾安县天天手机乾安店
业务:通讯器材、批发、零售
地址:吉林省松原市乾安县昆池街 2－4(客运站出口南)
负责人:张术敏　邮　编:138000
法　人:张术敏
Tel:0438－6178222
6178333
Fax:0438－6170003

**齐齐哈尔安鼎科技有限公司**
地址:黑龙江省齐齐哈尔市龙沙区龙华路 486 号
负责人:苏学
Tel:0452－2479799

**绥化市鸿鹏计算机科技有限公司**
地址:黑龙江省绥化市南二东路 159 号(原木器厂院内)
负责人:张跃鹏
Tel:13304851799

## 江苏省/Jiangsu Province

**常州优佳计算机服务有限公司**
地址:江苏省常州市天宁区红梅东村 29 幢丁单元 501 室
负责人:杨超
Tel:13861003802

**常州市希恩科技有限公司**
地址:江苏省常州市天宁区新丰街 20 号 830 室
负责人:樊俊
Tel:13685246444

### 丹阳市华鑫通讯设备有限公司
业务:光纤连接器,射频同轴连接器
产品:连接器散件,适配器散件,SMA 连接线,GSM 外置天线,双频车载天线
地址:江苏省丹阳市后巷镇高桥(原建山乡政府内)
负责人:刘锦芳　邮　编:212316
法　人:殷纪根
Tel:0511－86399961
Fax:0511－86398666
网址:www.dy－huaxin.com
E-mail:admin@dy－huaxin.com

### 金湖县荣城线缆有限公司
业务:本公司创办于 2000 年,是生产电线电缆产品专业型企业。主要产品有电力电缆、电线电缆、控制电缆、计算机电缆、屏蔽电缆、高温导线、防火电缆、硅橡胶电缆、通信电缆等 20 多个系列,300 多种型号,3000 多个规格的电线电缆产品。我厂长期注重社会效益,坚持薄利多销的经营方针,以低的价格,优的质量,一流的服务于用户。热情欢迎各界人士光临合作!
地址:江苏省淮安市金湖县金南镇
负责人:张荣城……邮　编:211611
法　人:张荣城
Tel:0517－86841585

**常州中远瑞安科技有限公司**
地址:江苏省常州市天宁区延陵东路 865 号 508 室
负责人:邹晔
Tel:13961157353

### 苏州艾斯特网络科技有限公司
业务:通讯设备、话务
地址:江苏省苏州市沧浪区东环路 655 号 A 幢 1603 室
负责人:蔡昌胜　邮　编:215002
法　人:蔡昌胜
Tel:0512－69157299

**常州市景驰科技有限责任公司**
地址:江苏省常州市武进区横山桥镇新安集镇
负责人:俞岳海
Tel:13809077555

**常州市颖颖网吧**
地址:江苏省常州市武进区湖塘镇定安中路 9－1(乐购斜对面)
负责人:杭东兴
Tel:13776871317

### 金湖县捷兴特种线缆有限公司
业务:本公司成立于 2006 年,专业从事电线电缆的生产与销售。我公司拥有经验丰富的高级技术人才,以及完善的质量检测手段和先进的生产设备,我们期待与您精诚合作,共创美好的未来!
地址:江苏省淮安市金湖县园林南路 208－1 号
负责人:杨宏旗……邮　编:211600
法　人:杨宏旗
Tel:0517－86856173

**常州帝阳科技有限公司**
地址:江苏省常州市新北区科技园 2 号楼 A368
负责人:黄夏英
Tel:13606115983

**常州华视科技有限公司**
地址:江苏省常州市新北区美林国际村 56－2 号
负责人:许国华
Tel:13906112018

### 江苏红旗电缆有限公司昆山直销处
业务:本公司成立于 2004 年,主要销售电线、电缆。产品质量保证、价格合理,欢迎新老客户光临、惠顾!
地址:江苏省昆山市超华商贸城 B 区 8 幢 18 号.
负责人:殷瑞方……邮　编:215300
法　人:殷瑞方
Tel:0512－50571130

**常州俊宇软件有限公司**
地址:江苏省常州市新北区孟河镇环城东路
负责人:姚俊
Tel:13905281258

**中天通信工程有限公司**
地址:江苏省常州市钟楼区五星乡新民村委马二队(马公桥村 230 号)
负责人:丁杏根

Tel:0519－86855265
13906119696

**上海三联计算机网络工程有限公司常州分公司**
地址:江苏省常州市钟楼区早科坊45号308室
负责人:石金康
Tel:13301815577

## 昆山市开发区益民消防器材经营部
业务:昆山市开发区益民消防器材经营部主要经营各类灭火器,室内外消火栓,消防泵,应急灯,水泵接合器,防火门及标牌等及消防机电工程的安装。"以质量求生存,以信誉求发展",热诚欢迎您的光临惠顾!
地址:江苏省昆山市樾河北路丰华园10A703
负责人:刘廷美 邮 编:215300
法 人:刘廷美
Tel:0512－55558775
57150040
Fax:0512－57150040
网址:www.mtw27318.chinapyp.coom

**国梁通信线路安装工程信息服务部**
地址:江苏省大丰市草庙镇川东北街
负责人:潘国良
Tel:13382628933

**淮安市盈通数码科技有限公司**
地址:江苏省淮安市淮海南路2号华城大厦二楼
负责人:陈义
Tel:0517－83908411

**淮安九五八五九八电讯有限公司**
地址:江苏省淮安市清河区淮海北路214号
负责人:周光志
Tel:13186659999

## 苏州文锁材料科技有限公司
业务:全系列文锁牌无铅锡棒、锡球、焊锡丝、焊锡膏、BGA锡球以助焊剂等
地址:江苏省苏州市淀山湖镇双和路105号
负责人:任文锁 邮 编:215002
法 人:任文锁
Tel:13806268059
0512－51289992
55217832
Fax:0512－55123811

**淮安亿赢网络服务有限公司**
地址:江苏省淮安市清河区淮海东路25号
负责人:张滨洋
Tel:13815456879

**江阴市光大科技有限公司**
地址:江苏省江阴市澄山路2号
负责人:吴文锋
Tel:0510－86271775
13961699150

**江阴市顺意科技开发有限公司**
地址:江苏省江阴市申港镇工业园镇澄路北申港村园区
负责人:邹顺章
Tel:0510－86685218
13901521928

**灌云县新天地手机大卖场**
地址:江苏省连云港市灌云县伊山镇向阳路(县房产公司楼下)
负责人:陈丽云
Tel:13815677777

**连云港市华维网络科技有限公司**
地址:江苏省连云港市新浦区翡翠大厦
负责人:吴明
Tel:0518－85838982
85838983

**连云港市新浦区平安防火咨询中心**
地址:江苏省连云港市新浦区云海街玉龙路27－1号
负责人:王伟
Tel:13337861105

## 南通博鸿网络工程有限公司
业务:南通博鸿网络工程有限公司成立于2006年,主要从事网络监控工程、电脑耗材的销售。"以质量求生存,以信誉求发展",热诚欢迎广大新老客户来我公司洽谈业务,共同合作!
地址:江苏省南通市崇川区人民东路6号王府大厦1幢1101室
负责人:周鑫 邮 编:226000
法 人:周鑫
Tel:0513－85930557

## 无锡企友数码科技有限公司
业务:专业从事Internet电子商务技术研究和信息化服务
地址:江苏省无锡市北塘区兴源北路638－601
负责人:都力军 邮 编:214000
法 人:都力军
Tel:0510－82693006
Fax:0510－82693006
网址:www.qy510.com
E-mail:zhangruipu.007@163.com

**扬州市邗江宁扬消防电器机箱厂南京经营部**
地址:江苏省南京市白下区东白菜园49号602室
负责人:史悠祥
Tel:025－84417656

**南京鸿太祥印刷机械经营部**
地址:江苏省南京市白下区瑞金北村50幢
负责人:黄玉锋
Tel:025－84547665

**南京鑫霞数码科技有限公司**
地址:江苏省南京市白下区太平南路333号
负责人:崔振兴
Tel:025－84528571

**南京荣通通信工程有限公司**
地址:江苏省南京市建邺区湖西街70号
负责人:陶兰冲
Tel:025－85886338

## 苏州龙腾通信有限公司
业务:本公司成立于2003年,主要从事地下网设施施工,通信广线、通信设备的施工与安装,网络工程。公司拥有雄厚的技术力量和先进的工艺设备,以及完善的检测手段,欢迎您的参观、指导!
地址:江苏省苏州市高新区滨河路金枫苑二幢东单元1102室
负责人:徐钰明 邮 编:215000
法 人:徐钰明
Tel:0512－68088900

**上海敏峰数码影像科技有限公司南京分公司**
地址:江苏省南京市溧水县和凤镇
负责人:盛东明
Tel:025－84540118

## 新沂华商投资咨询有限公司
业务:网络、软件开发
地址:江苏省新沂市锦绣华庭26号楼102室
负责人:刘建忠 邮 编:221003
法 人:刘建忠
Tel:0516－88930758
13805229956

**江苏阿克泰尔通信技术有限公司**
地址:江苏省南京市六合区新华路391号
负责人:殷建军
Tel:025－85910861

**南京腾宇通信科技有限公司**
地址:江苏省南京市秦淮区长乐路74号
负责人:赵俊
Tel:13851694683

## 泰兴市天安消防器材有限公司
业务:本公司承接各类消防工程,兼营批发、零售各种消防工程产品、消防器材、各类保安防盗器材,满足广大客户的要求。公司承诺:质量让您放心,服务让您满意,价格公道合理。公司愿与各界朋友真诚合作,服务于社会安全。
地址:江苏省泰兴市泰兴镇大庆西路38号
邮 编:225400
法 人:洪爱萍
Tel:0523－7620119
Fax:0523－7620119

**南京恒永网络服务有限公司**
地址:江苏省南京市秦淮区实辉巷10号－1
负责人:祁娟
Tel:025－83479697

**南京天权通信发展有限公司**
地址:江苏省南京市秦淮区实辉巷10号－1
负责人:薛长欣
Tel:025－83996661

**南京参数软件销售中心**
地址:江苏省南京市秦淮区双塘里60号
负责人:张向阳
Tel:13905153012

**南京越洋通信产品经营部**
地址:江苏省南京市下关区晓街17号1单元103室
负责人:汪华敏
Tel:13851822121

**南京东平软件开发有限公司**
地址:江苏省南京市玄武区汉府街8号
负责人:韩红
Tel:13809030093

## 徐州圣鑫安防电子科技有限公司
业务:LED单元板、LED全彩屏。
地址:江苏省徐州市中山南路109号
负责人:杨义 邮 编:221000
法 人:杨义
Tel:13382669755
0516－83805115
Fax:0516－83805115
网址:http://www.51zzt.com/user/zzt31877
E-mail:yangy8972@126.com

**中天通信产业集团有限公司江苏分公司**
地址:江苏省南京市玄武区龙蟠中路168号50号楼507
负责人:邢大欣
Tel:13913880471

**南京科众通信科技有限公司**
地址:江苏省南京市玄武区孝陵卫街200号123幢41室
负责人:王海勇
Tel:025－52952565

**南京清格数码科技有限公司**
地址:江苏省南京市玄武区中山路304号
负责人:张京宁
Tel:13905152659

## 盐城市通港通讯电器器材厂
业务:盐城市通港通讯电器器材厂成立于1996年,从事通讯网络箱、通讯通信器材、PVC穿线管的生产及销售。欢迎来电垂询。
地址:江苏省盐城市学富工业园区8号
邮 编:224035
法 人:杨兵怀
Tel:0515－8772322
Fax:0515－8340866

**南京华铸通信发展有限公司**
地址:江苏省南京市雨花台区共青团路57号902室
负责人:单斌
Tel:025－52883999

**南京朴智通信设备有限公司**
地址:江苏省南京市雨花台区雨花西路121号
负责人:陶白根
Tel:13813971307

**明云安防科技开发有限公司**
地址:江苏省南通市城港路16号
负责人:蔡海峰
Tel:0513－87562990
13862768922

**信源网络科技有限公司**
地址:江苏省南通市崇川区万象新路1幢108室
负责人:乔红军
Tel:0513－85589631
13809086390

**京洋安防器材商务部**
地址:江苏省南通市崇川区西南营118号
负责人:顾大春
Tel:0513－85500478
13063590018

**南通联讯通信工程有限公司**
地址:江苏省南通市崇川区学田苑107幢308室
负责人:陈永超
Tel:13073243488

## 高邮市宝塔电线电缆厂
业务:高邮市宝塔电线电缆厂是一家专业生产电线电缆插头件的产家,以"质量第一,客户满意"为宗旨,欢迎新老客户电来洽谈业务。
地址:江苏省扬州市高邮市高邮镇武安宝塔村沿河组
负责人:黄仁林 邮 编:225600
法 人:黄仁林
Tel:0514－84626458
网址:www.mtw30276.chinapyp.com

**南通飞翔通用设备有限公司**
地址:江苏省南通市港闸区碳素路29号
负责人:王德祥
Tel:13809083218

**启东市天诚网络信息科技有限公司**
地址:江苏省南通市启东市汇龙镇彩臣二村65－301
负责人:张艇
Tel:13901464125

**启东海王星通讯有限公司**
地址:江苏省南通市启东市汇龙镇人民中路财富大厦809室
负责人:施玮
Tel:13813600091

**启东市昶联通讯网络商社**
地址:江苏省南通市启东市汇龙镇紫薇三村141号楼301室
负责人:陆翠玉
Tel:13506291828

**索引软件有限公司**
地址:江苏省南通市启东市人民中路678号建筑业大厦19层
负责人:郭风雷
Tel:0513－83118510
83061810

**信马信息工程有限公司**
地址:江苏省南通市如泉市吴窑镇工业园区内
负责人:周新华
Tel:0513－87948855
13906273618

**南通一州计算机系统有限公司**
地址:江苏省南通市通州市西亭镇居委会三组
负责人:张志江
Tel:13773738599

## 盐城市长煜通信工程有限公司
业务:通信工程的承接
地址:江苏省盐城市盐都县张庄街道办事处东升2组185号
负责人:王为松 邮 编:224015
法 人:王为松
Tel:15905102199
0515－88503868
E-mail:15905102199@139.com

**南通市亚联通信建设有限公司**
地址:江苏省南通市钟秀路恒成附三号楼
负责人:沈步高
Tel:13328060188

**苏州惠元工程信息咨询服务有限公司**
地址:江苏省苏州市滨河路298号12幢402室
负责人:俞启元
Tel:13806131165

**苏州慧意网络科技有限公司**
地址:江苏省苏州市沧浪区东小桥下塘7号2幢501
负责人:俞吉
Tel:0512－65243912

**苏州世纬网络科技有限公司**
地址:江苏省苏州市沧浪区劳动路62号
负责人:施留根
Tel:0512－66999039

**苏州艾特通信咨询服务有限公司**
地址:江苏省苏州市沧浪区柳巷49号
负责人:沈春明
Tel:13656207085

**三鼎电脑科技有限责任公司**
地址:江苏省苏州市沧浪区乌鹊桥路25－1号
负责人:尤益民
Tel:13205131863
0512－65410855

**苏州市同星网络科技有限公司**
地址:江苏省苏州市沧浪区新市路4号北幢313室
负责人:封小平
Tel:0512－68278499

**苏州市顶益计算机有限公司**
地址:江苏省苏州市沧浪区钟楼新村26幢206室
负责人:陈步云
Tel:0512－68863173

**常熟市东吴通讯设备销售有限责任公司**
地址:江苏省苏州市常熟市海虞北路42号经贸大厦403－405室
负责人:潘俊
Tel:13004527878

**常熟市现代通信实业有限公司**
地址:江苏省苏州市常熟市锁澜北路15号
负责人:何示范
Tel:0512－52879292

**苏州时代前沿电脑技术有限公司**
地址:江苏省苏州市常熟市湘江东路238号
负责人:丁晓东
Tel:0512－52894708

**苏州大地通信管道工程有限公司**
地址:江苏省苏州市金阊区彩香一村三区80幢302室
负责人:范明德
Tel:0512－68689188

**苏州二元数码科技有限公司**
地址:江苏省苏州市金阊区三元三村71幢102室
负责人:潘律
Tel:0512－62093969

## 扬中市志云信息科技有限公司
业务:网站建设、品牌设计、品牌推广
地址:江苏省扬中市港西南路25号
负责人:季军 邮 编:212001
法 人:季军
Tel:13775308058
0511－88182998
网址:www.zh0511.com

**金陵集成科技有限公司**
地址:江苏省苏州市金鸡湖路88号
负责人:周健
Tel:0512－67619793
13338000874

**苏州智勤电子科技有限公司**
地址:江苏省苏州市昆山北门路
负责人:张平亚
Tel:0512－57175039
57175191
13584893169

**昆山市慑力智能安防有限公司**
地址:江苏省苏州市昆山市开发区保昆商苑B型楼2－0227室
负责人:胡瑞林
Tel:0512－57328818

**昆山宇通通信工程有限公司**
地址:江苏省苏州市昆山市开发区兵希晨曦园6号203
负责人:徐向东
Tel:13806265266

**上海博清计算机系统工程有限公司昆山分公司**
地址:江苏省苏州市昆山市开发区绣衣东村41号楼404室
负责人:严凯军
Tel:0512－57596758

**常熟市汇丰通信建设工程有限公司昆山分公司**
地址:江苏省苏州市昆山市陆家镇华成路
负责人:王玉刚
Tel:13915486808

**江苏曼氏智能网络科技有限公司**
地址:江苏省苏州市昆山市千灯镇曼氏路2号
负责人:王惠琴
Tel:0512－57468888

**上海益邦网络通信工程有限公司昆山分公司**
地址:江苏省苏州市昆山市玉山镇城北花园路32号
负责人:唐玉奎
Tel:0512－56268088

**苏州运腾网络科技有限公司**
地址:江苏省苏州市平江区北环东路60－82号
负责人:张山

……Tel:13962575972

**苏州市久久网络科技有限公司**
地址:江苏省苏州市平江区富仁坊巷 68 号(祥达大厦)
……负责人:孙康骋
……Tel:13951112771

**力井科技有限公司**
地址:江苏省苏州市沈浒路 535 号雅戈尔国际中心 1007 室
……负责人:潘国华
……Tel:0512－62582228

**太仓市天一网络技术有限公司**
地址:江苏省苏州市太仓市城厢镇北门街商住楼 1#(永安大厦)
……负责人:弋唯一
……Tel:0512－53578428

**镇江景源消防器材有限公司**
业务:专业生产各类灭火器
地址:江苏省镇江市跃进路五摆渡
……负责人:颜世捷　邮　编:212002
……法　人:颜景锟
……Tel:0511－85621187
85638119
82932737
85614700
……网址:WWW.JYXF.COM
……E-mail:ysj@jyxf.com

**太仓市宏科通讯器材维护有限公司**
地址:江苏省苏州市太仓市城厢镇公园弄 6 号
……负责人:戚华建
……Tel:0512－53523675

**苏州网芳网络服务有限公司**
地址:江苏省苏州市吴中区直镇迎宾路 13 号 F 幢 507 室
……负责人:戴平
……Tel:0512－65043499
66226373

**奋发电子塑料有限公司**
地址:江苏省通州市四安镇韩坝村
……负责人:冯建军
……Tel:13962993687

**无锡金鹤晶体光电子科技有限公司**
地址:江苏省无锡市长江路 21 号信息产业科技园 A 座 505－5 房
……负责人:俞鹤庆
……Tel:0510－85869989

**上海实迪计算机科技有限公司无锡分公司**
地址:江苏省无锡市崇安区中山路 359 号(吟春大厦)15 楼 21 单元
……负责人:陈源
……Tel:0510－82791321
13961862132

**无锡是晶瑞电子有限公司**
地址:江苏省无锡市人民西路 45 号金惠大厦 1508 室
……负责人:李震宇
……Tel:0510－82736399

**无锡市苹果王电脑照排打样有限公司**
地址:江苏省无锡市锡山区鹅湖镇鹅湖路
……负责人:王菁兰
……Tel:0510－88740006
13003303740

**兆恒工控科技有限公司**
地址:江苏省徐州市科技城创业中心 304
……负责人:雷汝海
……Tel:0516－83885863
83885496
83995668
13805211960

**徐州市宏和电子科技有限公司**
地址:江苏省徐州市泉山区永安街 43 号
……负责人:李莉
……Tel:0516－85698656
13337937897

**华城消防工程设备有限公司**
地址:江苏省盐城市阜宁县阜城镇城西村七组良友加油站对面
……负责人:张玉华
……Tel:0515－87981119

**亚林通信工程有限公司**
地址:江苏省盐城市毓龙公园 17 号组团 4 号楼 1 号
……负责人:蔡亚林
……Tel:0515－88980688
88319566
13961985688

**亚明通讯设备有限公司**
地址:江苏省扬州市郊区秋雨东路 6 号 2 幢 303
……负责人:张文魁
……Tel:0514－87852205
13004337680

**众衡智能应用有限公司**
地址:江苏省扬州市扬州经济开发区兴城路兰香苑
……负责人:陈林
……Tel:0514－87892966
87957827

**扬州奔驰电梯工程技术研发有限公司**
业务:扬州奔驰电梯工程技术研发有限公司成立于 2004 年,专业从事嵌入式应用软件的开发与销售。我们的产品和服务为众多的用户带来了实实在在的利益,我们和用户携手共进,共同发展!
地址:江苏省扬州市润扬广场 6 幢 1001
……负责人:吴文宏……邮　编:225009
……法　人:吴文宏
……Tel:0514－87864159

**鸿盛电脑有限责任公司**
地址:江苏省扬州市仪征市真州西路银河电子城 8 号
……负责人:陈修兵
……Tel:0514－83270303
13179794499

**宜兴市新南方置业信息有限公司**
地址:江苏省宜兴市宜城镇金三角副楼 316 号 2－195 室
……负责人:许成竹
……Tel:0510－87943816

**科安电脑器材销售中心**
地址:江苏省镇江市京口区解放路 69 号 4 楼 401－402 室
……负责人:王跃明
……Tel:0511－85027693
13905282283

## 上海卓技通讯科技有限公司无锡分公司

上海卓技通讯科技有限公司无锡分公司成立于2007年，本公司专业从事批发、零售手机、手机配件、维修服务。本公司秉承"客户第一，诚信至上"的原则。热忱欢迎新老客户惠顾！

联系人：钟希平　邮编：214000
电话：0510-88782785　传真：0510-88782785
地址：江苏省无锡市锡山区安镇镇安园路39、41号

## 无锡市每时安全设备有限公司

无锡每时安全设备有限公司是一家较早创立的股份合作制企业，同时也是一家生产和销售个人安全防用品，可燃性有毒气体检测报警仪的专业公司。

主要产品有安全帽及配套产品，工作服，鞋类，仪器仪表类。每时公司以"为了您每时每刻的安全"为一贯宗旨，专业提供全方位的人身安全防护。其员工一直从事着安全产品的开发与生产。

联系人：何小乐
网址：www.wuximeishi.com
电子邮件：sales@wuximeishi.com
地址：江苏省无锡市黄巷镇毛巷村工业园
电话：0510-83100188
传真：0510-83137771
邮编：214046

## 宿迁市宿城区洋河镇王梓电脑科技经营部

本公司经营电脑组装、品牌机及其耗材零售和电脑维修服务，专业装机及其维修。

诚信服务、质量有保障，为客户提供全心全意的服务，把客户当成我们忠实的朋友！

联系人：王梓　13805242240
传真：0527-84933482
邮编：223800
地址：江苏省宿迁市宿城区洋河镇酒家南路

## 无锡市中兴消防器材服务部

无锡市中兴消防器材服务部创建于2004年，本服务部主要经营各种消防工程安装、批发、维修各种消防器材、充装各种灭火器。

本公司秉承"顾客至上，锐意进取"的经营理念，坚持"客户第一"的原则为广大客户提供优质的服务。欢迎广大客户惠顾！

联系人：郑忠林　13812288549
电话：0510-82110699　传真：0510-82104569
地址：江苏省无锡市滨南新村121号120室　邮编：214000

## 泰州盛陽救援設備有限公司

泰州盛阳救援设备有限公司专业生产销售各种材质绳、网、带、起重器材、安防器材。

公司以产品种类多、质量好、价格优和完善的售后服务，赢得了广大用户的信赖和支持！

联系人：唐传奎
手机：13961074631
电话：0523-86110842
邮编：221422
地址：江苏省泰州市经济开发区民营工业园振兴西路

## 徐州凌宇科技有限公司

徐州凌宇科技有限公司成立于2007年，本公司主要经营网络工程，软件开发。欢迎到徐州凌宇科技来——知识加诚信的现代交流与合作意识一定会给您留下愉快而美好的回忆！

联系人：王进
电话：0516-83990059　邮编：221000
地址：江苏省徐州市南三环森活绿郡小区物业楼

## 万家电脑

万家电脑成立于2003年，万家电脑位于江苏省江阴市陆桥陆东大街。本公司主要经营联想、TCL电脑专卖及监控和网络工程，电脑耗材及电脑维修。万家电脑热忱欢迎各界朋友前来参观、考察、洽谈业务。

联系人：曹海东　15995357700
电话：0510-86379883　86125639
传真：0510-86129921
地址：江苏省江阴市陆桥陆东大街25号（江苏省江阴市康宁小区8号门面）　邮编：214425

## 亚联通信建设有限公司

亚联通信建设有限公司成立于2003年，本公司专业从事施工、安装、调试通信建设。本公司秉承"顾客至上，锐意进取"的经营理念，坚持"客户第一"的原则为广大客户提供优质的服务。欢迎广大客户惠顾！

联系人：沈步高
电话：0513-85293537　传真：0513-85280078
地址：江苏省南通市钟秀路恒成附三号楼　邮编：226000

## 伟辰电器电脑商行

伟辰电器电脑商行于1995年成立，伟辰电器电脑商行专业从事家用电器，电脑，电脑防盗设备销售及售后服务。公司的经营宗旨是"为用户提供一流的产品，一流的服务，用质量优越、造型美观、价格低廉的产品赢得用户，用创新的产品，快捷真诚的服务参与市场竞争"

联系人：徐俊
电话：0512-65423902　传真：0512-65429376
地址：江苏省苏州市相城区阳澄湖镇湘城湘陆路10号
电子邮件：weichen0502@126.com　邮编：215000

## 扬州双锋科技有限公司

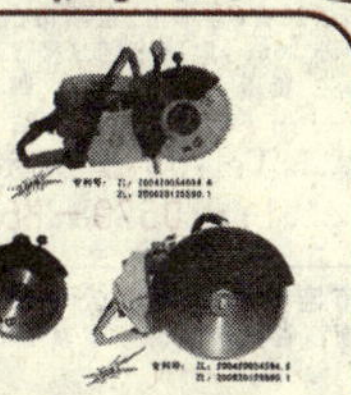

本公司是专业研究开发、设计、销售和租赁电动和汽油动力双锋锯切机的企业，双锋锯切机广泛应用于武警、消防、交通、电力、建筑等行业的破拆、施工作业和抢险救灾活动，欢迎光临选购！

联系人：戴定中　13305271397
电子邮件：daidingz@163.com
网址：www.yzsfkj.com
地址：江苏省扬州市广陵区皮市街147号
电话：0514-87240179
传真：0514-85202758
邮编：225001

## 浙江省/Zhejiang Province

### 宁波海曙甬宁网络技术服务有限公司
业务：致力于各种行业管理信息化建设与服务，以软件研发、销售、行业应用、咨询服务为主要业务的高新科技企业
地址：浙江省宁波市东渡路29号世贸中心7楼B36
负责人：张凌森 邮编：315000
法人：张凌森
Tel:0574－27869770
网址：www.nbyning.com/
E-mail:88206493@163.com

### 杭州海林电子科技有限公司
地址：浙江省杭州市滨江区浦沿街道浦联村浦沿加油站旁
负责人：陈海林
Tel:13634199677

### 杭州兴耀电子元件有限公司
地址：浙江省杭州市滨江区西兴街道聚园路1号二楼
负责人：夏国兴
Tel:0571－86682218

### 建德市新思维电脑服务有限公司
业务：本公司成立于2006年，主要销售电脑及周边设备、电脑耗材、办公设备、电脑维修服务。竭诚欢迎广大客户光临、惠顾！
地址：浙江省杭州市建德市新安江街道环城北路21号
负责人：张润祖 邮编：311600
法人：张润祖
Tel:0571－64715230

### 杭州富阳飞毛腿通信技术有限公司
地址：浙江省杭州市富阳市春江街道俞家埠村
负责人：陈观娣
Tel:13806517958

### 东阳市白云夏控安防监控设备商行
业务：监控安防、POS收银机及周边办公设备、弱电工程等。
地址：浙江省(金华市)东阳市白云街道中山路366号电脑市场二楼23号
负责人：叶肖玮 邮编：321000
法人：叶肖玮
Tel:0579－86812518
Fax:0579－86812518

### 富阳市连邦软件有限公司
地址：浙江省杭州市富阳市富春街道桂花西路215号
负责人：张小华
Tel:0571－63126188

### 富阳方正通信器材有限公司
地址：浙江省杭州市富阳市高桥镇高桥村
负责人：王永炎
Tel:13968169888

### 富阳市宏扬通讯器材厂
地址：浙江省杭州市富阳市灵桥镇羊家埭村
负责人：张晓飞
Tel:0571－63551237

### 杭州扬者计算机有限公司
地址：浙江省杭州市拱墅区蚕花园永和坊9－2号
负责人：杨健
Tel:13388422122

### 杭州宏绅科技有限公司
地址：浙江省杭州市拱墅区蚕花园永和坊9－2号
负责人：朱道全
Tel:13357168931

### 杭州亚捷信息技术有限公司
地址：浙江省杭州市拱墅区大关苑路21号201室
负责人：商小寅
Tel:13003603218

### 杭州时悦通信科技有限公司
地址：浙江省杭州市拱墅区大塘新村大塘里10幢308室
负责人：骆建培
Tel:0571－88396518

### 慈溪市浒山锦洛科星数码超市
业务：数码相机、电脑配件
地址：浙江省慈溪市浒山街道金黄商厦45号
负责人：马农杰 邮编：315300
法人：马农杰
Tel:0574－63977432

### 杭州畅游网络技术有限公司
地址：浙江省杭州市拱墅区德胜新村15幢201室
负责人：陈浙民
Tel:13957168103

### 杭州林海电子有限公司
地址：浙江省杭州市拱墅区登云路428号(浙江时代电子商城内)
负责人：刘茂林
Tel:13671902722

### 杭州新蓝普电子有限公司
地址：浙江省杭州市拱墅区登云路428号浙江时代电子商城内
负责人：王潘
Tel:0571－88009206

### 杭州茂恒电子有限公司
地址：浙江省杭州市拱墅区登云路428号浙江时代电子市场内
负责人：潘志发
Tel:13805732691

### 慈溪市逍林康普通信设备厂
业务：通信设备配件、计算机网络设备、电子元件制造、加工
地址：浙江省慈溪市逍林镇周塘西街378号
负责人：宋建冲 邮编：315000
法人：宋建冲
Tel:0574－63518784
13968271528

### 杭州友邦电子有限公司

地址：浙江省杭州市拱墅区登云路639号杭州电子市场内
负责人：李晓慧
Tel:13805784118

### 杭州德成电子有限公司
地址：浙江省杭州市拱墅区登云路639号杭州电子市场内(1楼172号)
负责人：康大成
Tel:0571－89901172

### 杭州挺翔电子有限公司
地址：浙江省杭州市拱墅区登云路639号杭州电子市场内2A111号
负责人：朱廷翔
Tel:0571－89902111

### 杭州思瑞通信科技有限公司
地址：浙江省杭州市拱墅区电厂路23号
负责人：来建中
Tel:13905819699

### 杭州惠邦数码科技有限公司
地址：浙江省杭州市拱墅区古河巷56号
负责人：叶晓
Tel:0571－28912988

### 瑞明博电脑店
业务：品牌，组装电脑，电脑周边设备销售。及打印，扩彩业务
地址：浙江省慈溪市掌起镇陈家村环城南路86号
负责人：沈院 邮编：315300
法人：沈院
Tel:0574－63776148

### 杭州德思科技有限公司
地址：浙江省杭州市拱墅区古河巷56号(五楼)
负责人：胡敏
Tel:0571－88390065

### 绍兴明透装甲材料有限责任公司
业务：绍兴明透装甲材料有限责任公司主要从事于高强度透明复合材料的研发，生产和销售。主要产品：防弹玻璃、防盗中空玻璃。欢迎来电垂询！
地址：浙江省绍兴市袍江工业区教育路66－9号
负责人：杨光明 邮编：312071
法人：杨光明
Tel:0575－88155889
网址：www.mtw26993.chinapyp.com

### 杭州峰极信息科技有限公司
地址：浙江省杭州市拱墅区和睦路71号3号楼2楼
负责人：赵剑
Tel:13003617183

### 杭州亿测通信技术有限公司
地址：浙江省杭州市拱墅区和睦路72号202室
负责人：杨赟
Tel:13396550220

### 海宁市硖石飞信电脑商店
业务：经营电脑及电脑配件、各品牌笔记本
地址：浙江省海宁市高新电脑城南7号
负责人：范国飞 邮编：314400
法人：范国飞
Tel:13586466559
0573－87090500

### 杭州大业电子技术有限公司
地址：浙江省杭州市拱墅区和睦路72号204室
负责人：王建德
Tel:13957117087

### 杭州远恒电子有限公司
地址：浙江省杭州市拱墅区和睦新村24－1号211室
负责人：李全亮
Tel:13116781003

### 杭州永丰网络科技有限公司
地址：浙江省杭州市拱墅区华浙广场1号271室
负责人：鄢军
Tel:0571－85818717

### 杭州世承通讯器材有限公司
地址：浙江省杭州市拱墅区莫干山路701号301室
负责人：张兴海
Tel:13958067267

### 杭州昊逊电子有限公司
地址：浙江省杭州市拱墅区莫干山路701号306室
负责人：孙孟
Tel:13336177227

### 杭州电子出版物批发市场宏业电脑商行
业务：电脑显卡批发，电脑经营及组装
地址：浙江省杭州市电子出版物批发市场X311号
负责人：高文进 邮编：310026
法人：高文进
Tel:0571－28939520

### 杭州同赢斯派奥科技有限公司
地址：浙江省杭州市拱墅区莫干山路708号二楼
负责人：王婉珍
Tel:13396585583

### 杭州新中际通信器材有限公司
地址：浙江省杭州市拱墅区上塘路386号
负责人：韦武良
Tel:13306818000

### 杭州经济技术开发区金沙数码港鸿帆电脑商行
业务：笔记本电脑，品牌电脑，组装机，手机的销售
地址：浙江省杭州经济技术开发区金沙数码港B249摊位
负责人：袁世明 邮编：310026
法人：袁世明
Tel:0571－56631858
13588759031

### 杭州零距科技有限公司
地址：浙江省杭州市江干区凤起东路8号汇能大厦332室
负责人：彭建文
Tel:0571－86987336

### 泰顺县龙升通讯经营部
业务：销售手机
地址：浙江省温州市泰顺县罗阳镇东大街48－50号
负责人：徐志三 邮编：325000
法人：徐志三
Tel:13157775505

### 杭州大运电子有限公司
地址：浙江省杭州市江干区九环路63号(标准厂房3号楼B幢第二层)
负责人：姜仁国
Tel:0571－86905908

### 宇通电脑店
业务：联想电脑，三星、华硕笔记本电脑代理销售，电脑配件，网络维护
地址：浙江省温州市泰顺县三魁镇燕水路232号
负责人：胡叙科 邮编：325000
法人：胡叙科
Tel:13858874562
0577－67683003

### 杭州索普通讯设备有限公司
地址：浙江省杭州市江干区凯旋路108号三楼
负责人：宋敢明
Tel:13175058050

### 永嘉县瓯北镇恒信科技通讯店
业务：专业对讲机、通讯器材及配件批发零售
地址：浙江省温州市永嘉县瓯北镇五中花园中心路30号
负责人：汤志标 邮编：325000
Tel:0577－21812171
13587977897

### 苍南县创发防伪科技有限公司
业务：苍南创发防伪有限公司成立于2005年，专业从事激光全息技术的研究、开发企业，拥有多元激光象素全息光刻制版系统和功能强大的光学设备配套的实验室，以及较年轻的专业技术研究群体，在全息光学技术领域不断创新，为客户设计生产服务。
地址：浙江省温州市龙港镇洪宫路60号
邮编：325802
法人：上官素素
Tel:0577－64211277
Fax:0577－68608677

### 永嘉县桥下镇阿珍电器店
业务：手机，家电销售
产品：手机，家电
地址：浙江省温州市永嘉县桥下镇京桥新区兴桥路2－1幢5号
负责人：曾烈辉 邮编：325000
法人：曾烈辉
Tel:15167863909
E-mail:zengziyu20080310@sina.com

### 杭州建云电子设备有限公司
地址：浙江省杭州市江干区彭埠镇七堡村一组
负责人：于敏刚
Tel:0571－86635916

### 义乌市互生网络技术有限公司
业务：网络技术
地址：浙江省义乌市拉链街2区40号1单元201室
负责人：叶秋芳 邮编：321000
法人：叶秋芳
Tel:13605823598
0579－85552867

### 义乌市银嘉电脑商行
业务：从事笔记本电脑、台式电脑、监控器材、办公耗材的销售及笔记本维修服务。
地址：浙江省义乌市文化路86号
负责人：骆晓荣 邮编：322000
法人：骆晓荣
Tel:13777918313
0579－85563434

### 杭州常青电子商务有限公司

地址:浙江省杭州市江干区清泰小区31幢717室
负责人:陈勇
Tel:13306532908

**杭州大地通信技术有限公司庆春东路分店**
地址:浙江省杭州市江干区庆春东路23号
负责人:汪永平
Tel:0571－88234646

## 义乌市光辉电脑维修服务部
业务:电脑监控器材 零售;电脑维修 服务
地址:浙江省义乌市文化路92号
负责人:陈瑞捷　邮　编:322000
法　人:陈瑞捷
Tel:13738978869
15988505858
0579－85555156
Fax:0579－85555156

## 杭州凯巨电脑市场日鑫电脑商行
业务:经营国产台式电脑、电脑组装、电脑配件、办公耗材的批发及零售
地址:浙江省杭州凯巨电脑市场HZA3C06号
负责人:潘日新　邮　编:310000
法　人:潘日新
Tel:0571－56834322

## 宁波市镇海区恒创通讯有限公司
业务:手机销售、镇海区最大的手机靓号专卖店、手机维修服务
地址:浙江省镇海区骆驼街道慈海南路141号
负责人:章善峰　邮　编:315000
法　人:章善峰
Tel:13858287766
0574－86576222
Fax:0574－86576228

**杭州英格科技有限公司**
地址:浙江省杭州市江干区秋涛北路217号710B
负责人:王包继
Tel:13336064694

## 网罗数码店
业务:电脑、电脑配件、电脑维修、组装电脑、手机、手机配件
地址:浙江省舟山市定海区海院路130号
负责人:王港竣　邮　编:316000
法　人:王港竣
Fax:15957052861

## 温州市鹿城区黎明睿信网络通信服务部
业务:综合布线、计算机硬软件安装服务、网络工程
产品:通信、网络设备及相关产品代理
地址:浙江省温州市鹿城区上陡门12组团13幢201室
负责人:刘伟　邮　编:325000
法　人:刘伟
Tel:0577－81118966
Fax:0577－88101997
E-mail:rxwl689@tom.com

## 舟山市普陀金利达电子科技有限公司
业务:销售电子产品、电脑及其他办公用品
地址:浙江省舟山市普陀区沈家门街道食品厂路75号网点
负责人:邵孟　邮　编:316000
法　人:邵孟
Tel:0580－6368518
3020838
Fax:0580－3020838

**杭州微海汽配有限公司**
地址:浙江省杭州市江干区石桥路198号浙江德胜汽配市场内
负责人:干宏杰
Tel:13857145188

## 姜非凡电脑店
业务:品牌、组装电脑,电脑配件
地址:浙江省温州市瓯海瞿溪镇埭头村三溪路115号
负责人:姜非凡　邮　编:325000
法　人:姜非凡
Tel:0577－81682286
86252722

**杭州凯利通信有限公司下沙分公司**
地址:浙江省杭州市经济技术开发区5号路与6号路交叉口大北四季风景苑品竹轩幢1
负责人:林军涛
Tel:0571－28802338

## 温州市瓯海郭溪恢弘电脑店
业务:电脑维修、零售
地址:浙江省温州市瓯海区郭溪镇曹埭村双丰北路29号(1)
负责人:张文辉　邮　编:325000
法　人:张文辉
Tel:0577－85105689
85102389
15888448894

**杭州活力软件有限公司**
地址:浙江省杭州市经济技术开发区内三号大街17号(西楼)A301室
负责人:徐汉杰
Tel:0571－86722377

## 平阳县盛威电脑经营部
业务:电子监控系统;GSM汽车防盗器,GPS汽车全球卫星定位系统,打印机,复印机,出租出售,组装电脑,网络工程等
地址:浙江省温州市平阳县鳌江镇步行街75号
负责人:陈思对　邮　编:325401
法　人:陈思对
Tel:0577－63613836
网址:www.zgshengwei.com

**杭州康桌电子有限公司**
地址:浙江省杭州市临安市玲珑工业集聚区无门牌2
负责人:沈志军
Tel:0571－63819978

## 温州市平阳县源锋电脑经营部
业务:销售:电脑、电脑配件、电脑维修
地址:浙江省温州市平阳县腾蛟镇城中路94号
负责人:董剑　邮　编:325000
法　人:董剑
Tel:0577－63522660
E-mail:dj13958959708@126.com

**杭州朗德电子科技有限公司**
地址:浙江省杭州市上城区保安桥河下6号2011室
负责人:洪跃坤
Tel:13362113621

## 温州市鹿城区市中宇恒电脑维修店
业务:电脑维修配件经营
地址:浙江省温州市手肘头巷38号
负责人:蔡建宇　邮　编:325000
法　人:蔡建宇
Tel:0577－88212080

**杭州东鹏智能科技有限公司**
地址:浙江省杭州市上城区海潮路53号209室
负责人:姜东华
Tel:13905713609

## 温州数码科技广场创亿电脑店
业务:销售:电脑、电脑配件、无线网卡
地址:浙江省温州市数码科技广场三楼C09号
负责人:陈文通　邮　编:325000
法　人:陈文通
Tel:13738771434
0577－88873508
Fax:0577－88873508

## 杭州市滨江区滨维电脑维修部
业务:电脑维修及配件销售
地址:浙江省杭州市滨江区西兴街道西兴路750－15号
负责人:洪国林　邮　编:310026
法　人:洪国林
Tel:13634159320
0571－56688396

**杭州中科赛纳科技有限公司**
地址:浙江省杭州市上城区建国南路168号供水大厦672室
负责人:周晓华
Tel:13757024420

## 玉环县中强电脑店
业务:批发零售:各种品牌机、笔记本电脑、二手电脑、电脑配件耗材及打印机;维修维护:专业电脑主板、显卡、液晶笔记本另承接企业公司数据恢复、主网组建、组装电脑升级、办公设备、防盗监控安装维修维护等业务
地址:浙江省台州市玉环县清港镇下湫村迎宾路277号
负责人:张方江　邮　编:318000
法　人:张方江
Tel:0576－87190983

**杭州永业通讯器材有限公司**
地址:浙江省杭州市上城区庆春路9号长堤明苑8楼C座
负责人:施余松
Tel:13868975885

**杭州蓝盾电子技术有限公司**
地址:浙江省杭州市上城区婺江路39号三楼北面
负责人:沈竹斋
Tel:13705812673

## 小艺电脑商行
业务:电脑、电脑配件等销售及其维修
地址:浙江省台州市玉环县珠港镇坎门解放南路85号海港小区
负责人:柯友艺　邮　编:318000
法　人:柯友艺
Tel:13586178111
0576－87518866

## 桐乡市飞扬光通讯技术有限公司
业务:专业生产研发光通讯设备及附件
产品:光纤活动连接器、光纤分路器、适配器、光纤配线架等
地址:浙江省桐乡市发展大道1488号
负责人:李勇男　邮　编:314500
法　人:李勇男
Tel:0573－81892518
Fax:0573－81892528
网址:http://www.fygtx.cn
E-mail:yy8185@tom.com

**杭州群网科技有限公司**
地址:浙江省杭州市上城区中山中路62号314室
负责人:李效强
Tel:13567128806

## 桐乡市梧桐红太阳手机店
产品:手机及其配件 各类品牌手机专卖(OPPO手机、万利达手机专卖)
地址:浙江省桐乡市梧桐街道振兴中路2号3幢102室沃尔玛广场出口处(客必多对面
负责人:单海龙　邮　编:314500
法　人:单海龙
Tel:0573－88036887

**杭州沃科思达网络科技有限公司**
地址:浙江省杭州市上城区紫金观巷26号203室
负责人:杜侃
Tel:13666699555

## 苍南县钱库易购电脑维修服务部
业务:电脑维修、组装及维护
地址:浙江省温州市苍南县钱库镇环西北路5号
负责人:苏依购　邮　编:325804
邮　编:苏依购
Tel:0577－26667070
15967766353

**杭州瑶琳通信设备有限公司**
地址:浙江省杭州市桐庐县瑶琳镇
负责人:葛湘湘
Tel:13968012993

## 洞头县鹿西朋海通讯店
业务:销售手机、电脑、电信全部业务
产品:华硕、惠普电脑
地址:浙江省温州市洞头县鹿西乡海景街165号
负责人:吴朋海　邮　编:325704
法　人:吴朋海
Tel:13858826336
0577－63416122

**杭州东部软件园有限公司工会**
地址:浙江省杭州市文三路90号
负责人:许锋明
Tel:0571－88087699

## 温州讯联通讯科技有限公司
业务:通讯设备安装,维护,咨询,软件技术开发
产品:网络电话,400服务.集团彩铃制作,软件开发
地址:浙江省温州市华瑞园6栋602室(建国医院对面)
负责人:林延松　邮　编:325014
法　人:林延松
Tel:0577－86792808
Fax:0577－56998168
网址:www.wzqxtx.com
E-mail:lys86796728@163.com

## 温州市速兴信息技术有限公司
业务:管理软件
地址:浙江省温州市火车站广场瓯江大厦写字楼1102室
负责人:董业兴　邮　编:325000
邮　编:董业兴
Tel:18967760113
0577－86002850
网址:www.wzsuxing.cn

**杭州华清显示技术有限公司第一分公司**
地址:浙江省杭州市西湖区丰潭路282号
负责人:宋乐波
Tel:0571－88222561

**杭州赛灵信息科技有限公司**
地址:浙江省杭州市西湖区古荡湾新村259号201室
负责人:范炜强
Tel:13819171948

## 乐清市柳市万扬电脑店
业务:电脑维修,零售
产品:电脑
地址:浙江省温州市乐清市柳市镇龙鹤路32号
负责人:姜洋洋　邮　编:325604
法　人:姜洋洋
Tel:15858872883
网址:www.chinawypc.cn
E-mail:wydn@vip.qq.com

**杭州清大洁霸环保科技有限公司**
地址:浙江省杭州市西湖区古墩路511－513#
负责人:陈忠义
Tel:13757187772

## 温州市龙湾沙城鑫佳手机大卖场
业务:本卖场批发、零售国内外各大品牌手机,保证所有手机全部原装正品,并配有专业的手机维修点,让您放心购买、售后无忧!
地址:浙江省温州市龙湾区沙城镇迎宾街2号
负责人:项文平　邮　编:325000
法　人:项文平
Tel:0577－85826689

## 杭州摩能科技有限公司
业务:服务器托管、服务器租赁、数据安全、数据存储、数据备份、网络建站、网络广告以及电子商务平台运营、软件开发
地址:浙江省杭州市拱墅区杭州北部软件园E区南4楼杭州欧鸟科技公司
负责人:方伟军　邮　编:311112
法　人:方伟军
Tel:15605888730
0571－28196888
28196999
Fax:0571－28196898

**杭州忠忠数码科技有限公司颐高数码旗舰市场分公司**
地址:浙江省杭州市西湖区黄姑山路3号颐高数码旗舰市场内
负责人:冯继芸
Tel:0571－56776388

## 绍兴县钱清镇安顺消防器材经营部
业务:经营消防器材
地址:浙江省绍兴市绍兴县钱清镇车站路203号
负责人:姜子兴　邮　编:312000
法　人:姜子兴
Tel:13857576703
0575－85031883
85517319

**杭州华鼎数码科技有限公司颐高数码旗舰市场分公司**
地址:浙江省杭州市西湖区黄姑山路3号颐高数码旗舰市场内
负责人:吴燕
Tel:0571－88276699

## 台州市椒江椒北消防器材经营部
业务:消防器材零售。
地址:浙江省台州市椒江区前所街道华山新村48号－1
负责人:王昶　邮　编:318000
法　人:王昶
Tel:0576－88920808

**杭州毅泰计算机网络有限公司颐高数码旗舰市场分公司**
地址:浙江省杭州市西湖区黄姑山路3号颐高数码旗舰市场内
负责人:徐丽霞
Tel:0571－56770796

## 台州市路桥魅族通讯设备商行
业务:魅族手机(台州)总代理
地址:浙江省台州市路桥区电子数码二层2501A、2501B号
负责人:梁波　邮　编:315000
法　人:梁波
Tel:13858618032
0576－82590950

**杭州昭阳数码技术有限公司颐高数码旗舰市场分公司**
地址:浙江省杭州市西湖区黄姑山路3号颐高数码旗舰市场内B1025号
负责人:徐俊迪
Tel:0571－88479039

**台州市路桥徐宝电脑维修部**
业务：电脑销售、组装、维修
地址：浙江省台州市路桥区新桥镇镇中路165号
负责人：徐宝 邮编：318055
法人：徐宝
Tel：0576－82629826

**杭州宏图科技有限公司**
地址：浙江省杭州市西湖区黄姑山路40号
负责人：洪仁本
Tel：0571－85904678

**三门天空电脑维护部**
业务：电脑及其配件零售，电脑维修服务
地址：浙江省台州市三门县海游镇民主路51号
负责人：郑敏 邮编：317100
法人：郑敏
Tel：0576－83322008
13958534987

**杭州博脉科技有限公司**
地址：浙江省杭州市西湖区黄姑山路4号1号小楼
负责人：陈向东
Tel：0571－88210880

**三门县创基电脑**
业务：电脑及其配件零售；电脑维修。
地址：浙江省台州市三门县六敖镇下街村
负责人：林辉腾 邮编：317111
法人：林辉腾
Tel：13736509540
13665795672

**杭州鑫宜坊科技有限公司**
地址：浙江省杭州市西湖区教工路1号西湖数源软件园19号楼307室
负责人：虞雪霞
Tel：13588626383

**仙居县直讯达通讯器材商店**
业务：经营手机及手机配件
地址：浙江省台州市仙居县下各镇穿镇西路1号
负责人：张直民 邮编：318000
法人：张直民
Tel：0576－87612182
13386568868

**玉环丹宏消防器材经营部**
业务：维修、销售灭火器
地址：浙江省台州市玉环县楚门镇楚沙路152号
负责人：林丹红 邮编：317605
法人：林丹红
Tel：0576－87266761

**杭州凯巨电脑市场康凡电脑商行**
业务：电脑及电脑配件批发零售、新机组装、监控安装、网吧维护
地址：浙江省杭州市拱墅区石祥路旧货交易市场1626号、浙江省杭州凯巨电脑市场HZA4G06号
负责人：曾小姐 邮编：310026
法人：李海龙
Tel：13325914685
0571－86809268
85610991

**杭州远弘科技有限公司**
地址：浙江省杭州市西湖区教工路32号杭州花园大酒店321室
负责人：李红利
Tel：13065715891

**宁波市鄞州高桥新传奇电脑商店**
业务：各种品牌电脑及组装电脑业务
地址：浙江省宁波市鄞州区高桥镇宋家漕村迎春路103号
负责人：柳加美 邮编：315000
法人：柳加美
Tel：13605886878
0574－28837228
13567911999

**平湖市当湖伊王计算机配件商行**
业务：零售；计算机及配件、耗材办公设备、礼品等
地址：浙江省平湖市当湖街道梅园路204弄10号
负责人：王明 邮编：314200
法人：王明
Tel：0573－85110881
Fax：0573－85110881
网址：www.ywit88.com
E-mail：ywhis@qq.com

**嘉兴市乍浦镇华通管道工程队**
业务：管道工程
地址：浙江省平湖市当湖镇东升南区78栋2单元202室
负责人：孙明华 邮编：314200
法人：孙明华
Tel：0573－85306298
13806722961

**江山市蓝盾电脑商行**
业务：品牌电脑代理、电脑组装、网站构建、网络工程等
地址：浙江省衢州市江山市城中路157－159号
负责人：姜建 邮编：324100
法人：姜建
Tel：0570－4020027

**杭州海康数字视音频技术孵化器有限公司**
地址：浙江省杭州市西湖区马塍路36号1幢10楼
负责人：郭生荣
Tel：0571－88366978

**龙游快达安全工程有限公司**
业务：承接安全消防工程，家庭安全、防盗门业务等
地址：浙江省衢州市龙游县龙洲街道荣昌路求是大楼103－104号
负责人：吴雄辉 邮编：324000
法人：吴雄辉
Tel：13754305528
0570－7886788

**杭州皇宝康科技有限公司**
地址：浙江省杭州市西湖区莫干山路425号瑞祺大厦1015－1016室
负责人：郑才勇
Tel：0571－81865516

**顺盛电脑**
业务：二手电脑，笔记本，组装电脑，网络布线，监控安防，网吧电脑回收
地址：浙江省瑞安市安阳街道南方大厦数码广场三楼C12、C13、C04
负责人：曾上冬 邮编：325200
法人：曾上冬
Tel：15858712008
0577－65857101

**杭州宇盛科技有限公司**
地址：浙江省杭州市西湖区求是村33幢4单元407室
负责人：高济
Tel：0571－87996934

**瑞安市鼎信电脑经营部**
业务：经营电脑配件、办公耗材、网络监控系统
地址：浙江省瑞安市东山街道中部村东山东路113号
负责人：林友成 邮编：325200
法人：林友成
Tel：13958817572
0577－66800210

**杭州环陆网络科技有限公司**
地址：浙江省杭州市西湖区三墩镇登云圩村
负责人：吴正彬
Tel：0571－87998111

**瑞安市佳洲通讯器材经营部**
业务：销售手机及其配件
地址：浙江省瑞安市仙降镇下杜村33号
负责人：詹国洲 邮编：325200
法人：詹国洲
Tel：0577－65031597

**杭州蓝光电脑商行**
业务：销售通讯设备
地址：浙江省杭州市凯巨电脑市场HZA2G22号
负责人：陈阳 邮编：310026
法人：陈阳
Fax：0571－56769502

**杭州和康电子有限公司**
地址：浙江省杭州市西湖区三墩镇五里塘村
负责人：张毅兵
Tel：13355813737

**松阳县军栋电脑之家技术服务中心**
业务：销售电脑、电脑耗材、配件销售及维修
地址：浙江省丽水市松阳县西屏镇金山脚51号
负责人：张军栋 邮编：323400
法人：张军栋
Tel：15906426845
Fax：0578－8933360

**杭州腾跃网络科技有限公司**
地址：浙江省杭州市西湖区桃花弄2号203室
负责人：王振花
Tel：0571－88399507

**未来科技电脑**
业务：销售品牌电脑，组装电脑，数码产品及电脑维护与维修
产品：品牌电脑，组装电脑，数码产品
地址：浙江省临安市昌化镇唐昌街75号
负责人：陈镇 邮编：311321
法人：陈镇
Tel：0571－63669661
Fax：0571－63669661

**杭州昆仑光电技术有限公司**
地址：浙江省杭州市西湖区体育场路580号211室
负责人：董瑾
Tel：13588053159

**临安市诗妍通讯电力工程安装队**
业务：通讯工程、电力工程安装
地址：浙江省临安市岛石镇岛石村（舒家）
负责人：潘战武 邮编：311331
法人：潘战武
Tel：13868037900
0571－63636180

**杭州友泰科技有限公司**
地址：浙江省杭州市西湖区体育场路596号西湖综合开发大楼七楼
负责人：印杭琴
Tel：0571－87599299

**临安风速电脑经营部**
业务：经营电脑及电脑配件、监控安防
地址：浙江省临安市锦城街道衣锦街229号
负责人：黄成 邮编：310026
法人：黄成
Tel：13588882783
0571－63925625

**杭州中汽网络技术有限公司**
地址：浙江省杭州市西湖区天目山路18号6幢3楼
负责人：陈仲伟
Tel：13305716063

**临海市诚达电脑商行**
业务：销售：电脑、零部件、电脑维修
地址：浙江省临海市中山东路160号
负责人：谢伟 邮编：317000
法人：屈英龙
Tel：0576－85286500
85187600

**杭州上卜科技有限公司**
地址：浙江省杭州市西湖区天目山路358号205室
负责人：王大伟
Tel：13705812578

**慈溪市桥头众诚电脑店**
业务：电脑配件销售
地址：浙江省宁波市慈溪市桥头镇中欣铭苑二期商铺B03号
负责人：沈珠丰 邮编：315317
法人：沈珠丰
Tel：0574－63556353
13567803792

**杭州超凡电子科技有限公司**
地址：浙江省杭州市西湖区天目山路398号
负责人：涂娟娟
Tel：13357102391

**宁波海曙区亚比仕通讯器材商行**
业务：手机及配件经营
地址：浙江省宁波市海曙区解放南路148号一层B5/浙江省宁波市鄞州区轻纺城西饮街2号
负责人：刘明阳 邮编：315000
法人：刘明阳
Tel：0574－88258667
87329955

**杭州美登教育软件有限公司**
地址：浙江省杭州市西湖区天目山路79号四楼
负责人：易明节
Tel：0571－85214055

**象山爵溪浩海电脑店**
业务：销售电脑、电脑监控、网络布线
地址：浙江省宁波市象山县爵溪街道新瀛路11－3号
负责人：周敏浩 邮编：315000
法人：周敏浩
Tel：13567385505

**杭州萧山南阳镇优诺数码店**
业务：手机，数码相机，电玩，电脑（品牌机，组装机）
地址：浙江省杭州市南阳镇南虹路423号
负责人：戚利锋 邮编：310026
法人：戚利锋
Tel：0574－82979516
13588785604

**杭州阳宇信息科技有限公司**
地址：浙江省杭州市西湖区文二路202号718室
负责人：林杨毅
Tel：0571－87988474

**缙云县壶镇镇君科电脑服务中心**
业务：电脑
地址：浙江省丽水市缙云县壶镇镇安居西路43号
负责人：赵俊君 邮编：321404
法人：赵俊君
Tel：0578－3155811
15988063082

**杭州大磊网络科技有限公司**
地址：浙江省杭州市西湖区文二路328号A区五楼1513室
负责人：虞国涛
Tel：13336085821

**缙云县新建镇洪建电脑行**
业务：计算机及辅助设备零售
地址：浙江省丽水市缙云县新建镇新溪路258号
负责人：叶洪建 邮编：321402
法人：叶洪建
Tel：0578－3171968
15957818868
Fax：0578－3171968

**杭州甲骨文科技有限公司**
地址：浙江省杭州市西湖区文二路328号B座2623室
负责人：顾惠波
Tel：13588180800

**丽水市与时辉煌电脑经营部**
业务：计算机及计算机零配件销售；计算机维修服务。
地址：浙江省丽水市水阁工业区官山新村82号
负责人：张贤进 邮编：323000
法人：张贤进
Tel：13857072017
0578－2694546
QQ：470965744

**杭州国豪数控科技有限公司**
地址：浙江省杭州市西湖区文二路391号节能科技园专家楼1403室
负责人：蔡强
Tel：13336182668

**杭州通信器材市场腾达通信器材经营部**
业务：各种品牌手机维修
地址：浙江省杭州市上塘路388号通信市场102室
负责人：马晓辉 邮编：310026
法人：马晓辉
Tel：13136122828
0571－88033116
13634159712

**杭州众腾科技有限公司**
地址：浙江省杭州市西湖区文二路391号节能科技园综合楼3楼南区
负责人：张瑛
Tel：13306818030

**乐清市万利达电脑店**
业务：销售笔记本、品牌机、组装机、数码产品及电脑周边设备
地址：浙江省乐清市乐成镇环城东路257号
负责人：王静 邮编：325600
法人：王静
Tel：13353373111
0577－61529677
网址：www.yqmalata.cn

**杭州易图科技有限公司**
地址：浙江省杭州市西湖区文二路391号浙江节能专家楼1513室
负责人：姜华芬
Tel：13587005066

**智诚通讯经营部**
业务：专卖手机、手机配件、手机维修
地址：浙江省乐清市柳市镇东风村育英北路51－3号
负责人：朱阳 邮编：325600
法人：朱阳
Tel：0577－27875987
13587865550

**杭州依贝信息技术有限公司**
地址：浙江省杭州市西湖区文华路75号3号楼六层
负责人：王萍
Tel：0571－88930832

**丽水碧湖飞翔电脑商行**
业务:电脑组装、维修、耗材销售
地址:浙江省丽水市碧湖镇大众街 144 号
负责人:雷超锋 邮　编:323006
法　人:雷超锋
Tel:13606697290
0578－2192409

**杭州龙高丽网络科技有限公司**
地址:浙江省杭州市西湖区文华路 75 号三号楼二层
负责人:陈苏
Tel:13958007888

**杭州民软信息技术有限公司**
地址:浙江省杭州市西湖区文华路 88 号天皇大厦 201 室
负责人:潘国忠
Tel:0571－88923926

**杭州天胜数码科技有限公司颐高西溪数码港市场分公司**
地址:浙江省杭州市西湖区文三路 108 号浙江颐高西溪数码港市场内
负责人:胡群惠
Tel:0571－56832548

**兰溪市亿通通讯设备经营部**
业务:手机、手机配件销售,手机维修、手机缴费
地址:浙江省兰溪市游埠镇和安路 66 号
负责人:王胜土 邮　编:321100
法　人:王胜土
Tel:13858998709
0579－88662118

**杭州国大摄影器材有限公司颐高西溪数码港市场分公司**
地址:浙江省杭州市西湖区文三路 108 号浙江颐高西溪数码港市场内
负责人:周倩
Tel:0571－85109586

**乐清市虹桥技嘉电脑店**
业务:电脑销售、组装、维修及电脑配件
地址:浙江省乐清市虹桥镇新丰路 319 号
负责人:吴恩武 邮　编:325608
法　人:吴恩武
Tel:0577－62370474
13968780474

**桐庐县桐君街道福安电脑经销店**
业务:电脑及配件的销售
地址:浙江省杭州市桐庐县桐君街道海陆世贸中心三区 1－2 号
负责人:杜留安 邮　编:311500
法　人:胡雯
Tel:13575704817
0571－64617529

**温州正华线缆有限公司**
业务:温州正华线缆有限公司成立于 2005 年,从事电线、电缆的生产及销售。以客户为中心,为广大客商提供优质产品和一流服务。
地址:浙江省温州市龙湾区永强大道 2588 号
邮　编:325025
法　人:项剑虹
Tel:0577－86997755
Fax:0577－86826656

**杭州中讯通信设备有限公司经营分公司**
地址:浙江省杭州市西湖区文三路 116 号 605、606、610 室
负责人:孙一鸣
Tel:0571－56777766

**武义县唐朝科技**
业务:电脑及电脑配件批发
地址:浙江省金华市武义县紫金五圣紫金街 235 号
负责人:王康 邮　编:321000
法　人:王康
Tel:13967977533
0579－87952277
83079999

**杭州奇酷信息技术有限公司**
地址:浙江省杭州市西湖区文三路 252 号伟星大厦 1603/1604 室
负责人:曹伟
Tel:0571－88912278

**金华市婺城区力拓电脑商行**
业务:电脑组装、电脑配件、网络产品、网络监控、网吧维护、网络工程
地址:浙江省金华市颐高数码广场四楼 A068
负责人:吕宏斌 邮　编:321000
法　人:吕宏斌
Tel:15957912332
0579－82378428

**杭州亚高数码科技有限公司**
地址:浙江省杭州市西湖区文三路 252 号伟星大厦 7 层 701 乙室
负责人:郭嘉
Tel:0571－88855227

**义乌市路平通讯器材商行**
业务:主要经营手机、通讯器材配件等
地址:浙江省金华市义乌市北苑街道何麻车村 101 幢 3 号
负责人:周路平 邮　编:321000
法　人:周路平
Tel:13566701898
15868961171

**惠美数码产品商行**
业务:销售手机
地址:浙江省杭州市文三路 108 号 A131 号
负责人:廖书其 邮　编:310026
法　人:廖书其
Tel:13282011911
0571－56778542

**杭州普联科技有限公司**
地址:浙江省杭州市西湖区文三路 259 号昌地火炬大厦 A 幢 603－1 室
负责人:苗青松
Tel:13957136322

**金华市婺城区夏控电子产品商行**
业务:监控器材,报警器材,收款机,收营管理系统
地址:浙江省金华市八一南街 458 号金发颐高电脑城 4 楼 A031,A032
负责人:叶肖兵 邮　编:321000
法　人:叶肖兵
Tel:0579－82281826
13735699177

**杭州百灵鸟网络技术有限公司**
地址:浙江省杭州市西湖区文三路 345 号 602 室
负责人:张海苗
Tel:0571－85617523

**兰溪市山山电脑网络工作室**
业务:网络维护制作
地址:浙江省金华市兰溪市枣树路 89 号
负责人:祝勤 邮　编:321000
法　人:祝勤
Tel:0579－88822003

**北京天融信网络安全技术有限公司杭州分公司**
地址:浙江省杭州市西湖区文三路 369 号文三数码大厦 501 室
负责人:孙皓东
Tel:0571－56772666

**浦江县潘宅国清通讯经营部**
业务:手机入网. 销售及维修
地址:浙江省金华市浦江县浦南街道潘宅村
负责人:童国清 邮　编:321000
法　人:童国清
Tel:0579－84241074

**江山市众络电脑经营部**
业务:电脑及周边配件耗材经营
地址:浙江省江山市区北关路 65 号
负责人:朱晓冬
法　人:朱晓冬
Tel:0570－4973773

**杭州北电电子科技有限公司**
地址:浙江省杭州市西湖区文三路 369 号文三数码大厦 630 号
负责人:何林
Tel:0571－88862061

**纪佳数码产品商行**
产品:诺基亚、三星、摩托罗拉、多普达、索爱手机及配件,索尼、卡西欧、富士、佳能数码相机
地址:浙江省杭州市文三路 108 号浙江颐高西溪数码港市场 B130 号
负责人:汪小锦 邮　编:310000
法　人:汪小锦
Tel:13105717548
13296731841
0571－56779137

**杭州明蕾科技有限公司**
地址:浙江省杭州市西湖区文三路 369 号文三数码大厦 811 室
负责人:张蕾
Tel:13750839299

**杭州新紫阳科技有限公司**
地址:浙江省杭州市西湖区文三路 388 号钱江科技大厦 102 室
负责人:冯志勇
Tel:13305716603

**杭州道道微电子有限公司**
地址:浙江省杭州市西湖区文三路 508 号 706－1 室
负责人:王永亮
Tel:13631016602

**杭州天畅网络科技有限公司**
地址:浙江省杭州市西湖区文三路 90 号东部软件园科技大厦 A403、404 室
负责人:郭羽
Tel:0571－88223400

**杭州市西湖区越人通信设备服务部**
业务:通信设备安装、国内各大运营商网络优化工程的实施
地址:浙江省杭州市西湖区翠苑三区(西)78－1 幢 203 室
负责人:谭飙 邮　编:310000
法　人:谭飙
Tel:13385711177
0571－85602269

**杭州易龙软件科技有限公司**
地址:浙江省杭州市西湖区文三路 90 号杭州东部软件园科技大厦 A1111－A1112 室
负责人:王刚
Tel:13588088808

**建德市铭捷计算机有限公司**
业务:门镜监控、程控电话、打印耗材、上网本、电脑的销售
产品:门镜监控、程控电话、打印耗材、上网本、电脑
地址:浙江省建德市新安江街道法院路 42 号
负责人:胡中全 邮　编:311600
法　人:胡中全
Tel:13868120293
0571－64759020
Fax:0571－64759020
E-mail:feiji@ccavgroup. com

**杭州宝亮科仪有限公司文新路分公司**
地址:浙江省杭州市西湖区文新路 551 号
负责人:周剑锋
Tel:0571－85301999

**建德市新安江街道欲民电脑商行**
业务:本商行专营品牌机、兼容机、笔记本电脑及电脑周边产品及配件,并提供电脑维修与服务。专业专注,全新服务,是我们不变的信念!竭诚欢迎您的光临!
产品:兼容机、品牌机、笔记本电脑、耗材、配件
地址:浙江省建德市新安江镇健康南路 55 号
负责人:祝进军 邮　编:311600
法　人:祝进军
Tel:0571－64729941
E-mail:zhujinjun1981@sina. com

**杭州网通信息港有限公司客户服务分公司**
地址:浙江省杭州市西湖区文苑路 360 号香樟公寓会馆中心二楼
负责人:孙黎峰
Tel:0571－85111919

**杭州心享信息科技有限公司**
业务:网络开发、软件开发
地址:浙江省杭州市西湖区莫干山路 425 号瑞琪大厦 612 室
负责人:粟乔万 邮　编:310000
法　人:粟乔万
Tel:13967178546

**杭州风信子广告传媒有限公司**
地址:浙江省杭州市西湖区文苑路 606 号 1176 室
负责人:季旭敏
Tel:0571－88311158

**浙江盛安达工程有限公司湖州分公司**
业务:消防工程
地址:浙江省湖州市新天地商务公寓楼 905 室
负责人:闵云康 邮　编:313000
Tel:0572－2198919

**杭州安佳网络科技有限公司**
地址:浙江省杭州市西湖区文苑路 606 号 1181 室
负责人:秦韬
Tel:13666699567

**华欣消防器材经营部**
业务:品种齐全的消防器材,防火门的销售及维修,以及承接各种消防工程
地址:浙江省湖州市织里镇珍贝路 127 号
负责人:陶建华 邮　编:313008
法　人:陶建华
Tel:0572－3177987
13185286138

**杭州北易信息技术有限公司**
地址:浙江省杭州市西湖区文苑路 606 号 1195 室
负责人:朱剑
Tel:0571－85709826

**嘉兴市浩志信息科技有限公司**
业务:手机 3G 的 WAP 网站开发与运用
地址:浙江省嘉兴市江南摩尔东区国际商务港 1517 室
负责人:周毅 邮　编:314000
法　人:周毅
Tel:13486333438
13655830303

**杭州瑞加互联网络科技有限公司**
地址:浙江省杭州市西湖区文苑路 606 号 1196 室
负责人:王任
Tel:13588200200

**嘉兴市秀洲区新塍山记电脑经营部**
业务:惠普地区总代理,组装机,办公设备
地址:浙江省嘉兴市秀洲区新塍镇兴育路 224、226 号
负责人:山红卫 邮　编:314000
法　人:山红卫
Tel:0573－83400536
Fax:0573－83400536

**杭州市下城区杨杰电脑维修部**
业务:电脑维修方面
地址:浙江省杭州市下城区胜利苑 83 号
负责人:朱杨杰 邮　编:310006
法　人:朱杨杰
Tel:0571－85055887

**杭州梦幻网络信息科技有限公司**
地址:浙江省杭州市西湖区文苑路 606 号 1199 室
负责人:童英贵
Tel:0571－88985691

**杭州宝辰科技有限公司**
地址:浙江省杭州市西湖区文苑路 606 号 2019 室
负责人:金叶珍
Tel:13157139537

**杭州讯明科技有限公司**
地址:浙江省杭州市西湖区文苑路 606 号 2198 室
负责人:杨志多
Tel:0571－85718326

**杭州市下城区万德手机大卖场**
业务:通讯设备批发及零售 代理中国电信所有业务
地址:浙江省杭州市下城区石横路北 18 号
负责人:陈家文 邮　编:310026
法　人:陈家文
Tel:0571－87775937

**杭州三特网络技术有限公司**
地址:浙江省杭州市西湖区西溪河下 5 号 205 室
负责人:黄诗军
Tel:13735432998

**浙江体育文化数码用品市场远华软件商行**
业务:软件开发
地址:浙江省杭州市综和中路 55 号
负责人:黄远华 邮　编:310026
法　人:黄远华
Tel:13067898875

**杭州星辰科技有限公司**
地址:浙江省杭州市西湖区西溪河下 5 号 311 室
负责人:陈星高
Tel:13606623533

**长兴洪桥飞扬电脑商行**
业务:主要经营电脑,电脑配件批发、零售、组装、维修
地址:浙江省湖州市长兴县洪桥镇洪桥街
负责人:唐利杰 邮　编:313000
法　人:唐利杰
Tel:13221226868
0572－6763265
网址:http://www.51zzt.com/user/fydn/product/37702.htm

**杭州万赢科技有限公司**
地址:浙江省杭州市西湖区教工路 93 号 3 楼东区
负责人:陈绿洲
Tel:13805736704

**杭州立韬科技有限公司**
地址:浙江省杭州市西湖区教工路影业路 2－1 号
负责人:李彪

……………………………… Tel:13588017798

**杭州德瑞科技有限公司**
地址:浙江省杭州市西湖区西溪路594号1幢7层
……………………………… 负责人:陈光宇
……………………………… Tel:13805798670

**长兴雉城诚丰电脑经营部**
产品:组装电脑销售,维修,配件,安放
地址:浙江省湖州市长兴县雉城镇河滨路165号
……… 负责人:陈伟峰　　邮　编:313000
……………………………… 法　人:陈伟峰
…………Tel:0572－6732120
13967260296

**杭州超越通信器材有限公司第五分公司**
地址:浙江省杭州市西湖区西溪路留下镇杨家牌楼村869号
……………………………… 负责人:蒋志雄
……………………………… Tel:0571－85154208

**长兴万邦电脑经营部**
业务:电脑及配件,办公设备,耗材,数码产品,电脑维修安装,网络
地址:浙江省湖州市长兴县雉城镇县前街中路87号
……… 负责人:沈小平　　邮　编:313100
……………………………… 法　人:沈小平
…………Tel:0572－2950095
15957260111
…………Fax:0572－6510095
……………………… E-mail:501112@qq.com

**杭州华智软件工程技术有限公司**
地址:浙江省杭州市西湖区学院路130号A座418室
……………………………… 负责人:刘作和
……………………………… Tel:13588014875

**南浔和孚凯普特电脑维修中心**
业务:电脑组装维修,电脑耗材,监控,音响工程,防盗系统
地址:浙江省湖州市和孚镇星光大街26号
……… 负责人:杨怀城　　邮　编:313000
……………………………… 法　人:杨怀城
…………Tel:13666519491
0572－3731965

**杭州东恒科技有限公司**
地址:浙江省杭州市西湖区学院路58号华星大楼三楼
……………………………… 负责人:单雄心
……………………………… Tel:13777866426

**杭州青石电子科技有限公司**
地址:浙江省杭州市西湖区学院路64号3号楼302室
……………………………… 负责人:叶志君
……………………………… Tel:13957172330

**安信科技有限公司**
地址:浙江省温州市正茂大厦D幢502室
……………………………… 负责人:刘建双
……………………………… Tel:0577－88921165

**远东通讯设备有限公司**
地址:浙江省温州市西公廨48号
……………………………… 负责人:蔡蓉弟
……………………………… Tel:0577－88282284

**杭州华励达科技有限公司**
业务:本公司专业从事软件开发,电子产品开发及销售,我们拥有完善的售后服务保障,始终坚持"以客户为根本,以科技为核心,以市场为导向"的企业理念,竭诚为各界业士服务,共同发展。
业务:服装CAD软件、笔式绘图机、喷墨绘图机、电脑周边产品
地址:浙江省杭州市萧山区建设一路36号小商品市场三楼312室
……… 负责人:姜国华　　邮　编:311215
……………………………… 法　人:姜国华
…………Tel:0571－82607275
13867108484
…………Fax:0571－82607275
……………………… E-mail:jgfabo@yahoo.com.cn

**杭州余杭区仓前镇谢岳华通讯器材商店**
业务:手机批零
地址:浙江省杭州市余杭区仓前镇仓兴街545、547号
……… 负责人:谢岳华　　邮　编:310000
……………………………… 法　人:谢岳华
…………Tel:0571－88610759
13372572533

**杭州余杭区乔司帅成电脑维修店**
业务:笔记本、台式电脑维修、电脑配件零售。
地址:浙江省杭州市余杭区乔司镇南街20号
……… 负责人:马金　　邮　编:310000
……………………………… 法　人:马金
…………Tel:13819473216
0571－86296397

**诸暨市城东华信电脑服务部**
业务:监控设备,系统安装,组装电脑,华硕,联想电脑及相关配件销售,上门服务
地址:浙江省诸暨市暨阳街道滨江南路23号楼2号店面
……… 负责人:董立武　　邮　编:311800
……………………………… 法　人:董立武
…………Tel:13757558032
0575－87018007

**杭州安万特科技有限公司**
地址:浙江省杭州市西湖区学院路66号东楼西二层
……………………………… 负责人:白森
……………………………… Tel:0571－56779772

**瑞安市卢氏手机大卖场**

本公司成立于2006年，主要经营各品牌手机销售。

秉承“信誉第一、服务第一”的服务宗旨，设立以人为本，融合市场，竭诚为您服务。

联系人：曾晓寅　15858711113　13806800566
邮编：325000
地址：浙江省温州瑞安市马屿镇双屿南路18－24号

**上海盾力电子科技有限公司**

上海盾力电子科技有限公司是一家专业从事电子产业的生产加工以及3G服务的企业，主要有动力环境监控系统、图像门禁监控系统、全电脑电池参数测量系统、综合节能系统、机房空调恒温恒湿节能系统、智能低压配电系统、传输及设备自控系统。

欢迎您的光临！

电话：021-65218860　0577-86557922
联系人：齐姗　13777786363
邮编：201500
电子邮件：yzq.0577@163.com
地址：浙江省温州市高新技术产业园区10号小区2号楼

**UFIDA用友**
总代理
服务中心
台州地区

台州卓达软件
薛纪蓬
Mobile:13587824007
地址：台州市路桥区台州电子数码城三楼西3943-3945号
电话：0576-82530505
E-mail:wzhcdnxjp@126.com
服务QQ：196200007

用友企业管理软件　连接世界级管理

**湖州织里名豪通讯器材商行**

本商行成立于2008年，主要经营通讯器材。诚信、公正、科学、客观和可靠的基本工作原则，与广大客户分享利润双赢的服务心态，共同开拓未来。

联系人：程军辉
电话：13777435900、0572-3191099　传真：0572-3191099
地址：浙江省杭州市富春路16号金色家园5-31701室　邮编：313000

**温岭市大溪诚信电脑经营部**

温岭市大溪诚信电脑经营部成立于2008年6月，本经营部主要经营联想电脑、组装电脑，监控安装、网页制作、电脑耗材及售后服务。公司的经营宗旨是“为用户提供一流的产品，一流的服务。用质量优越、造型美观、价格低廉的产品赢得用户，用创新的产品，快捷真诚的服务参与市场竞争”。

联系人：谭波
电话：0576-86305275
邮箱：ysjihc520@163.com
地址：浙江省温岭市大溪镇永兴路113号
邮编：317525

**乐清市耀镭科技有限公司**
邮编：325600　传真：0577-27853556　网址：www.chinahaoka.com

乐清市耀镭科技有限公司成立于2006年，是一家中等规模的智能卡专业生产厂家。

主要产品有A、普通卡：PVC卡、宾馆VIP卡、会员卡、透明卡、彩色卡……B、磁　卡：健身VIP卡、超市贵宾卡、医院就诊卡、俱乐部卡、校园卡。C、IC卡：非接触式卡：EM卡：GK4001、瑞新4001、TK4001;EM白卡：IC进口非利浦芯片。D、异形卡：感应式手环、完全防水钥匙圈、感应电子钱包。E、读卡器：方形壁挂式读卡器、壁挂式读卡器、单门控制读卡器、不带键盘及显示台式读卡器、mifare19916读写器，可读写、mifare19925读写器，可读写、EM9937 (NEW) 带按键的单门控制器、EM9939 (NEW) 带液晶显示器的手持读卡机。

联系人：郑彩琴
电话：0577-61528199　27853556　地址：浙江省温州市乐清市宁进路8号3楼

**余姚市小陈防盗监控设备店**

余姚市小陈防盗监控设备店成立于2008年，本店主要经营防盗监控设备零售、安装、维修、销售“杨梅”、“大宝”油漆。余姚市小陈防盗监控设备店以雄厚的实力、合理的价格、优良的服务与多家企业建立了长期的合作关系。余姚市小陈防盗监控设备店热忱欢迎各界前来参观、考察、洽谈业务。

联系人：陈春雷
电话：13567826410　0574-62935114
电子邮件：chenchunlei84121@163.com
地址：浙江省余姚市三七市镇中山南路65号
邮编：315410

## 安徽省/Anhui Province

**海光科技有限责任公司**
地址:安徽合肥市高新技术开发区科学大道 103 号浙商创业大厦 A 座 505－506 室
负责人:刘松
Tel:0551－5167410
5167412
13955148072

**蚌埠市百特消防装备有限公司**
地址:安徽省蚌埠市凤阳东路 415 号
负责人:朱志强
Tel:13085520765

**安庆市伍贰零网络科技有限公司**
业务:计算机系统维护、电脑及耗材的零售、电脑维修,家电音响、小五金、纺织器材和建筑材料的销售
产品:电脑及耗材、家电音响、小五金、纺织器材和建筑材料
地址:安徽省安庆市德宽路 197 号城西车站 2 号楼南楼 8－9 号门面房
负责人:汪军 邮 编:246003
法 人:汪军
Tel:0556－5512158
15305560700
E-mail:cgl1987@126.com

**涡阳县宏业电脑销售有限公司**
地址:安徽省亳州市涡阳县城关胜利路食品公司楼下
负责人:刘侠彪
Tel:0558－7228621

**巢湖市居巢区九鑫电脑经营部**
业务:电脑销售、组装、维修
地址:安徽省巢湖市居巢区东风路 191 号
负责人:丁晓龙 邮 编:238001
法 人:丁晓龙
Tel:15056232332
0565－2636167

**安徽旭日信息科技有限公司**
业务:本公司是集计算机软件开发、信息科技咨询;农业科技开发、农副产品销售;电子产品、移动通信器材、品牌(联想、同方、新蓝)电脑销售、DIY 攒机、检测、维修、维护、专业 IT 培训、网络系统工程;公共安防产品;装饰开发设计制作为一体的专业多元企业。
地址:安徽省安庆市岳西县天堂镇天堂东路
负责人:徐际程 邮 编:246600
法 人:徐际程
Tel:0556－2184585
2184586
Fax:0556－2184585 转 85
网址:www.sunxu.com
E-mail:xjc@qq.com

**滁州博润电脑配件有限公司**
业务:电脑鼠标、电脑包等电脑周边产品及消费类,电子产品的设计、研发、生产和销售,进出口业务
产品:电脑鼠标、电脑包等电脑周边产品及消费类,电子产品
地址:安徽省滁州市开发区花园路科思科技 111 号
负责人:蔡刚 邮 编:239000
Tel:0550－3412600
Fax:0550－3210722

**巢湖市坚强电信服务有限公司**
地址:安徽省巢湖市城北草城新村 12 号楼一层
负责人:高坚强
Tel:0565－2323166

**滁州市安达消防技术服务有限公司**
地址:安徽省滁州市琅琊区清流路消防支队
负责人:施超波
Tel:0550－3072119

**安徽普天线缆有限公司天长路分公司**
地址:安徽省滁州市琅琊区天长东路 156－8 号
负责人:李杨
Tel:0550－3189148

**包河区鸿意电子产品经营部**
业务:品牌电脑的整机,整件批发及零售
地址:安徽省合肥市包河区曙光路创景花园 1 幢 2501
负责人:张泽斌 邮 编:230000
法 人:张泽斌
Tel:13856955713
13856978884
13966697852

**安徽华网电缆有限公司**
地址:安徽省滁州市天长市大通镇坝田街道东街 32 号
负责人:王培元
Tel:0550－7591988

**安徽省天长市祥禹仪表电缆有限公司**
地址:安徽省滁州市天长市永安街道
负责人:王广珍
Tel:0550－7042919

**合肥市顺强电子科技有限公司**
业务:电脑、电子、网络
产品:冠捷 AOC、A－MARK、MELEIO 显示器、顶星主板、微星板卡、DVD 等电脑附件
地址:安徽省合肥市金寨路 155 号黄金广场 5 幢 B2208 室
负责人:丁仁梅 邮 编:230122
法 人:曾兴岁
Tel:0551－3635689
Fax:0551－3635689
E-mail:623505782@qq.com

**阜阳市迪信通通信器材有限公司**
业务:阜阳市迪信通通信器材有限公司成立于 1996 年,主要从事手机、数码产品的批发与零售。质量保证,价格合理,服务周到,热诚欢迎新老客户惠顾。
地址:安徽省阜阳市人民西路 80 号迪信通手机商城
邮 编:236000
法 人:李永飞
Tel:0558－7116666
Fax:0558－2202166

**合肥顺强电子科技有限公司**
业务:电脑主板,液晶显示器代理销售
地址:安徽省合肥市金寨路 155 号黄金广场 5 幢 B2208 室
负责人:丁仁梅 邮 编:230001
法 人:丁仁梅
Tel:0551－3635689

**界首市新时空通信有限公司新街口分公司**
地址:安徽省阜阳市界首市中原路中段北侧
负责人:赵素梅
Tel:0558－4820130

**阜阳市超越电脑有限责任公司**
地址:安徽省阜阳市奎星路永和公寓
负责人:张莉
Tel:13305580130

**迪信通通信器材有限公司**
地址:安徽省阜阳市人民西路 80 号迪信通手机商城
负责人:李永飞
Tel:0558－7116666
13335588888

**安徽省颍上县金叶科技有限公司**
地址:安徽省阜阳市颍上县夏桥镇夏桥集
负责人:刘印
Tel:13956780299

**上海井田信息技术有限公司**
业务:网络技术支持,互联网广告发布,软件程序开发
产品:远程视频教育软件
地址:安徽省六安市明珠广场天景苑一单元 1401 室,上海市闵行区灯辉路 601 弄 97 号
负责人:周庆宝 邮 编:237006
法 人:周庆宝
Tel:0564－3320823
021－54460533
Fax:0564－3315766

**合肥宏博数码科技有限公司**
地址:安徽省合肥市包河区东流路 188 号
负责人:吴静
Tel:13955179657

**合肥顶石信息科技有限公司**
地址:安徽省合肥市包河区凤巢园拆迁 3 幢 103 室
负责人:张昕
Tel:0551－3673596

**安徽亚式速录科技有限公司**
地址:安徽省合肥市包河区工业大学南区村 12 幢 301 室
负责人:唐骏
Tel:13305691755

**舒城县天成网络科技有限公司**
业务:网络工程、办公耗材、品牌电脑销售
地址:安徽省六安市舒城县城关镇古城路西三 B
负责人:郭进 邮 编:237006
法 人:郭进
Tel:15056429690
0564－8667277
Fax:0564－8667277

**合肥向轶消防设备有限公司**
地址:安徽省合肥市包河区马鞍山南路珠光花园 8 号
负责人:王健
Tel:13035406888

**合肥世纪海天信息技术有限公司**
地址:安徽省合肥市包河区美菱大道 394 号万通大厦 1205 室
负责人:盛习斌
Tel:13966699787

**安徽飞瑞信息科技有限公司**
地址:安徽省合肥市长江西路 184 号 1 幢
负责人:曹乾刚
Tel:0551－5110038

**天胜电子厂**
业务:手机万能充
地址:安徽省天长市金集镇利民街
负责人:卢如平 邮 编:239300
法 人:卢如平
Tel:15212088088
15212005360

**合肥阿波罗数码科技有限公司**
地址:安徽省合肥市长江西路 669 号留学生园 1 号楼 307 室
负责人:邢刚
Tel:0551－5581579
13705691520

**合肥凯思软件有限公司**
地址:安徽省合肥市长江西路 669 号皖丰南楼 303、305 室
负责人:高卫东
Tel:13359010386

**安徽享威安全技术有限公司**
地址:安徽省合肥市含山北路公园新村 16－604 室
负责人:张军
Tel:13205697881

**合肥西洲电子通讯有限公司**
地址:安徽省合肥市淮河路 340 号综合楼 1－148 商铺
负责人:王西洲
Tel:13645694878

**腾达机箱有限责任公司**
地址:安徽省合肥市郊区合巢路九公里
负责人:吴正中
Tel:0551－3367973
13605512615

**安徽通路网络科技有限公司**
地址:安徽省合肥市庐阳区合瓦路 338 号
负责人:章克勤
Tel:0551－5551164

**安徽联成信息科技有限公司**
地址:安徽省合肥市庐阳区美菱大道万通大厦 807 室
负责人:徐波
Tel:13905694772

**安徽易伴通讯技术有限公司**
地址:安徽省合肥市庐阳区前进路 17 号
负责人:戴生伟
Tel:13905517884

**合肥城市空间数码科技有限公司**
地址:安徽省合肥市庐阳区荣事达大道 77 号
负责人:叶剑
Tel:0551－2643821

**北京网际电讯有限公司安徽分公司**
地址:安徽省合肥市庐阳区濉溪路 278 号财富广场 5 层 505 号房
负责人:王健
Tel:13339199616

**嘉威通讯设备有限公司**
地址:安徽省合肥市美菱大道 442 号天地通讯商城内 615 室
负责人:许张尉
Tel:0551－2885758
2880144
13003001999

**合肥市奇想信息技术有限公司**
地址:安徽省合肥市蜀山区黄山路 441 号朝阳社区
负责人:肖旭东
Tel:0551－3625819

**合肥盛东网络科技有限公司**
地址:安徽省合肥市宿松路旭景家园 2 幢 501 室
负责人:程堂君
Tel:0551－3625300

**中国联通彩虹营业厅**
业务:中国联通彩虹营业厅成立于 2001 年,主要从事保健品、手机挂件的销售,手机专卖。“以质量求生存,以信誉求发展”,热诚欢迎您的光临、惠顾!
地址:安徽省马鞍山市当涂县塘南镇新街 118 号
负责人:吴家红 邮 编:243172
法 人:吴家红
Tel:0555－6131019

**立林信息设备有限公司**
地址:安徽省合肥市屯溪路 433 号检察大厦 3 楼
负责人:严风林
Tel:0551－3669126

**安徽智拓网络信息技术有限公司**
地址:安徽省合肥市屯溪路 538 号华地大厦 C 座 212 室
负责人:康勇
Tel:0551－7124151

**安徽铜陵盛氏消防器材有限责任公司**
业务:消防器材的销售
产品:消防器材
地址:安徽省铜陵市铜官山区武松西村 26 栋 105 室
负责人:盛茂清 邮 编:244000
法 人:盛茂清
Tel:13705625789
0562－2129428

**新干线网苑公司**
地址:安徽省淮南市龙湖中路商贸文化广场 H 楼三层
负责人:杜世奎
Tel:0554－2698222
3286854

**六安市宏伟通信设备有限责任公司**
地址:安徽省六安市梅山中路
负责人:丁梅
Tel:0564－3338163

**铜陵金纬网络工程技术有限责任公司**
地址:安徽省铜陵市长江中路 4 号 11 楼
负责人:汪美英
Tel:13605622670

**铜陵铜源线缆有限责任公司**
地址:安徽省铜陵市七坝路与芜铜路交叉口
负责人:戴恒心
Tel:0562－2828218

**铜陵县顺安镇章芳通讯设备经营部**
业务:代理移动业务、各种品牌的手机零售及手机配件
地址:安徽省铜陵市铜陵县顺安镇农贸市场旁
负责人:章女士 邮 编:244151
法 人:章芳
Tel:13866510581
0562－8893818

**铜陵市丑小丫网吧**
地址:安徽省铜陵市铜官东路 71 号
负责人:周彬
Tel:13955937215

**宁国市冉宁网络互联技术有限公司**
地址:安徽省宣城市宁国市东风南路 46#
负责人:李义军
Tel:0563－4025650

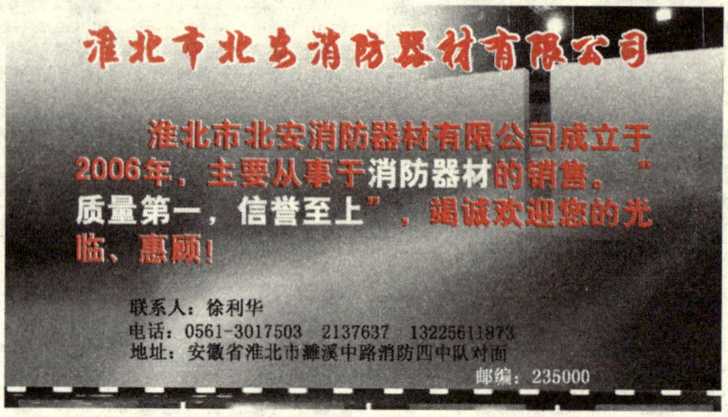


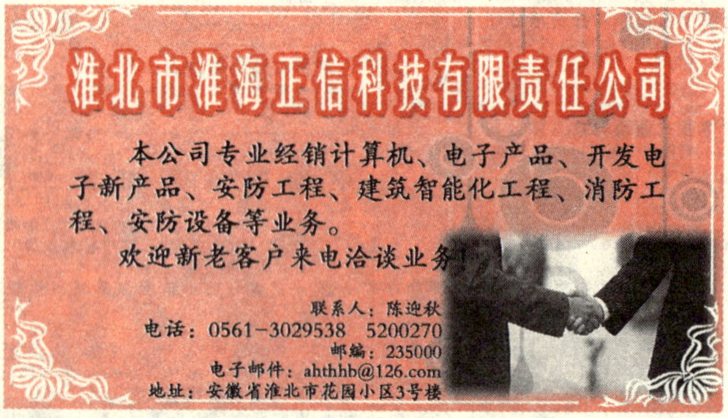

## 福建省/Fujian Province

**福州纹联电子科技有限公司**
地址：福建省福州市鼓楼区北环西路 108 号 1 号楼 702 单元
…… 负责人：谢贤炜
…… Tel：13178110134

**福州旭瑞电子信息技术咨询有限公司**
地址：福建省福州市鼓楼区湖东路 65 号公正新村 4 幢 406 单元
…… 负责人：王泉生
…… Tel：13599448724

**中国通信建设第五工程局福建分公司**
地址：福建省福州市鼓楼区五四路 100 号华福宾馆 402
…… 负责人：刘景光
…… Tel：0591－87995329

**建春消防器材经营部**
地址：福建省福州市晋安区福兴路 59 号福建兴建钢材交易中心 1 号楼 7 号店面
…… 负责人：陈建春
…… Tel：0591－87482119
13599967119

**长乐江田利安通讯器材店**
业务：批发和零售移动手机卡、配件、充值卡，本着服务至上、信用至上，携诚为您提供优质、优价的服务。
产品：手机卡
地址：福建省长乐市江田镇长林村中墩 94 号
…… 负责人：陈日安 邮 编：350206
…… 法 人：陈日安
…… Tel：13159433966

**福清市远佳通信服务有限公司**
业务：本公司成立于 2006 年，主要从事汽车租赁、设备租赁、物业管理。
地址：福建省福清市融邮政局
…… 负责人：倪如惠……邮 编：350300
…… 法 人：吴家金
…… Tel：0591－85150111

**福安市甘棠壹加壹电脑经营部**
业务：电脑销售，维修
地址：福建省福安市甘棠镇府前路 B4－9 号
…… 负责人：范新宇 邮 编：355009
…… 法 人：范新宇
…… Tel：0593－6898970

**晋源消防水暖有限公司**
地址：福建省南安市溪美街道办事处镇山工业区
…… 负责人：洪明辉
…… Tel：0595－86311322
13599128808

**明威电讯商行**
地址：福建省南平市八一路新世纪商厦 A 幢第一层 13 号
…… 负责人：李宇均
…… Tel：0599－8627808
8615808
13305997570

**福州市仓山区腾旭电脑维护中心**
业务：电脑硬件维护．硬件二极维修．网络组建及维护．硬盘数据恢复．电脑产品送货上门安装．企事业及个人 IT 服务外包等业务
地址：福建省福州市仓山区对湖街道上三路 6 号兰庭新天地 9 号楼 15 店面
…… 负责人：念清 邮 编：350001
…… 法 人：念清
…… Tel：0591－83857962
…… QQ：691852107

**盈科数码电信经营部**
地址：福建省南平市中山路 269 号 706 室
…… 负责人：陈银宜
…… Tel：0599－8623333
8684444

**微星通讯营业部**
业务：微星通讯营业部成立于 1995 年，主要销售手机通讯设备、对讲机等。我们坚持"精益求精，用户满意"的宗旨，追求卓越、追求完美，永远真诚为广大用户服务。
地址：福建省泉州市新华小区宝龙花园 1 幢 203
…… 邮 编：362300
…… 法 人：陈子勋
…… Tel：0595－86585891

**泉州市鲤城区南方通讯设备中心**
地址：福建省泉州市鲤城区堤后路 7 幢 303 室
…… 负责人：黄玉昆
…… Tel：0595－22294869
13506029129

**厦门冠宜光学科技有限公司**
地址：福建省厦门市海沧区新阳工业区翁角路 782 号
…… 负责人：李瑞祺
…… Tel：0592－6518960

**中电佰信软件有限公司**
地址：福建省厦门市湖滨北路振兴大厦 12 层北侧两端
…… 负责人：李志勇
…… Tel：0592－2923456
13074856176

**厦门富士龙科技有限公司**
地址：福建省厦门市湖里区枋湖工业区安兜社 177 号宏飞大厦 2 号厂房第 3 层
…… 负责人：许美珠
…… Tel：0592－8898097

**微艺电脑**
业务：专业从事电脑组装、笔记本、安防监控、配件批发零售等，并提供电脑维修与服务。我们本着"诚信、专业、高效、实惠"的服务宗旨，竭诚为您服务！
产品：电脑配件，一线和二线品牌产品
地址：福建省福州市闽侯县大学城福大麒安万象学生街 C－22
…… 负责人：时维征 邮 编：350100
…… 法 人：时维征
…… Tel：13850116472
0591－22823598
…… Fax：0591－22823598
…… E-mail：312147794@qq.com

**厦门广风科技有限公司**
地址：福建省厦门市湖里区高崎中埔市场物流办公区
…… 负责人：刘从锋
…… Tel：0592－8674309

**厦门市日研食品科技有限公司**
地址：福建省厦门市湖里区国际机场大道铁路道口旁
…… 负责人：吴镇歆
…… Tel：0592－5361313

**厦门力齐环保科技有限公司**
地址：福建省厦门市湖里区禾东路 590 号
…… 负责人：孙淑慧
…… Tel：0592－5231798

**厦门市格绿科技有限公司**
地址：福建省厦门市湖里区禾山枋湖后宅山
…… 负责人：王智英
…… Tel：0592－5775028

**闽清县池园镇巧花手机店**
业务：经营各种品牌手机
地址：福建省福州市闽清县池园镇井后村
…… 负责人：赖巧花 邮 编：350001
…… 法 人：赖巧花
…… Tel：0591－22433661

**厦门鸿丰网络科技有限公司**
地址：福建省厦门市湖里区禾山镇坂尚村县后社 179#
…… 负责人：杨松峰
…… Tel：0592－8829307

**厦门纽特科技有限公司**
地址：福建省厦门市湖里区禾山镇枋钟路 348 号 403 室
…… 负责人：王明镜
…… Tel：13599921822

**厦门聚智科技有限公司**
地址：福建省厦门市湖里区华荣路 188 号 602 室
…… 负责人：江可达
…… Tel：0592－5685199

**平潭县精达手机店**
业务：手机及手机配件、号码卡销售、缴费
地址：福建省福州市平潭县潭城镇九一六路西(步行街东门口)
…… 负责人：林传程 邮 编：350400
…… 法 人：林传程
…… Tel：13290957576
0591－23199667

**厦门迈通科技有限公司**
地址：福建省厦门市湖里区火炬二路 13 号
…… 负责人：陈开喜
…… Tel：0592－5712481

**厦门名动科技有限公司**
地址：福建省厦门市湖里区火炬高新区创业园伟业楼 S205
…… 负责人：朱绍文
…… Tel：13606932439

**厦门速码科技有限公司**
地址：福建省厦门市湖里区火炬高新区软件园技术服务大楼 3F－N
…… 负责人：林鹏
…… Tel：13515965896

**平潭县城关盛达手机店**
业务：手机批发零售
地址：福建省福州市平潭县潭城镇县医院沿街第 42 号店面
…… 负责人：林传强 邮 编：350400
…… 法 人：林传强
…… Tel：13489002234
0591－38711345

**北京鹏飞易接科技有限公司厦门分公司**
地址：福建省厦门市湖里区火炬高新区软件园技术服务大楼裙楼 1F－8
…… 负责人：陈逸群
…… Tel：0592－2290366

**厦门百辉科技有限公司嘉禾茶业分公司**
地址：福建省厦门市湖里区嘉禾路 356 号之 22 号
…… 负责人：杨华明
…… Tel：0592－5599033

**福州永森网络科技有限公司**
业务：电子商务、通用积分
地址：福建省福州市台江区长汀路 6 号福州高科技孵化园 2 号楼 404 室
…… 负责人：杨辉 邮 编：350001
…… 法 人：杨辉
…… Tel：13905911626
0591－83817976

**厦门特港科技有限公司**
地址：福建省厦门市湖里区嘉裕花园 4＃B 幢 1003 室
…… 负责人：程玉华
…… Tel：0592－5566304

**厦门市湖里区奇科电脑经营部**
地址：福建省厦门市湖里区嘉园路 34 号－4 之 401 室
…… 负责人：张艳
…… Tel：0592－8616636

**厦门菱创科技有限公司**
地址：福建省厦门市湖里区嘉园路 89 号 402 室
…… 负责人：陈景祥
…… Tel：13600914503

**福州铭恩信息技术有限公司**
业务：专业致力于计算机软件、安防监控和网络通讯技术的研究设计开发，系统集成等各类 IT 相关领域业务。我们始终坚持"以客户为根本、以科技为核心、以市场为导向"的企业理念，竭诚为各界业士服务
产品：欧思卡监控设备，斯年语音系统
地址：福建省福州市台江区新港街道五一中路 169 号大利嘉写字楼 23 层
…… 负责人：杨世景 邮 编：350001
…… 法 人：杨世景
…… Tel：0591－28350728
…… Fax：0591－28350729
…… E-mail：www.fzmexx.com

**厦门星世星软件开发有限公司**
地址：福建省厦门市湖里区金山西二里 48 号 302 室
…… 负责人：钱志刚
…… Tel：0592－5227006

**厦门市联控科技有限公司**
地址：福建省厦门市湖里区金山西三里 164 号 401 室
…… 负责人：祝晓辉
…… Tel：0592－5222036

**厦门雪百合科技有限公司**
地址：福建省厦门市湖里区吕岭路 213 号金岭花园西座 13E
…… 负责人：马清
…… Tel：0592－5282131

**厦门时力宽视科技有限公司**
地址：福建省厦门市湖里区双浦西里 1 号 707 室
…… 负责人：李卫
…… Tel：0592－8282122

**建瓯市龙村乡恒兴电脑商行**
业务：电脑．办公设备销售及售后维修服务
地址：福建省建瓯市龙村乡龙村街采购站一楼
…… 负责人：毛华兴 邮 编：353000
…… 法 人：毛华兴
…… Tel：0599－3613885

**厦门市湖里区快船网吧**
业务：厦门市湖里区快船网吧主要经营互联网上网服务，光纤上网，速度超快，让你自由自在翱翔在网络世界中。
地址：福建省厦门市湖里区禾山街道安兜社菜市场 2 楼
…… 负责人：薛志文……邮 编：361000
…… 法 人：薛志文
…… Tel：0592－5785088

**厦门市奔腾年代科技有限公司**
地址：福建省厦门市湖里区乌石埔园山南路 178 号二楼
…… 负责人：郑慧兰

…… Tel:0592－5595955

**厦门鑫鑫光软件系统集成有限公司**
地址:福建省厦门市湖里区厦门火炬高新区软件园软件技术服务大楼3F－F室
…… 负责人:姜鲁建
…… Tel:0592－2040915

## 晋江市陈埭镇鑫辉通讯店
业务:批发国产手机、诺基亚手机及配件
产品:国产手机批发
地址:福建省晋江市陈埭镇岸兜北工业区26号
…… 负责人:金图周 邮 编:362200
…… 法 人:金图周
……Tel:15259517888
……Fax:0595－22156586

**厦门市龙兴发科技有限公司江头经营部**
地址:福建省厦门市湖里区仙岳路南侧1号江头医院对面
…… 负责人:刘龙文
…… Tel:0592－5566771

## 云霄县普信通讯店
业务:手机
地址:福建省漳州市云霄县云陵镇江辉路
…… 负责人:朱浦云 邮 编:363000
…… 法 人:朱浦云
……Tel:13625934555、
0596－8982505
……Fax:0596－8982505

## 建忠通讯
业务:手机及手机配件、号码卡销售、移动缴费
地址:福建省漳州市漳浦县六鳌镇元宵街
…… 负责人:陈建中 邮 编:363000
…… 法 人:陈建中
……Tel:13348499239
13959699239

## 漳浦县绥安贝特电脑经营部
业务:专业从事各类品牌电脑、组装电脑、电脑耗材、办公设备、安防监控系统的销售,我们拥有完善的售后服务保障,专业专注,全新服务,是我们不变的信念！竭诚欢迎您的光临！
产品:直销各类品牌电脑,办公设备,安防监控系统,平面广告
地址:福建省漳州市漳浦县绥安镇龙湖南1幢108号
…… 负责人:陈文平 邮 编:363200
…… 法 人:陈文平
……Tel:0596－3115511
13709323222
……Fax:0596－3115511
…… E-mail:zpcwp@163.com

## 周宁县正丰电脑办公设备经营部
业务:本经营部致力于品牌电脑、组装电脑、电脑配件、办公设备及耗材的销售,并提供电脑维修与服务。专业专注,全新服务,是我们不变的信念！竭诚欢迎您的光临！
产品:三星、华硕、七彩虹、技嘉等品牌电脑、配件,各打印机(复印机)耗材
地址:福建省周宁县西环路1号(交警大队旁)
…… 负责人:张飞 邮 编:355400
…… 法 人:张飞
……Tel:0593－5627055
……Fax:0593－5627055
…… E-mail:zf5627055@163.com

**矽佳(厦门)科技电子有限公司**
地址:福建省厦门市集美区后溪洪村工业区2号厂房
…… 负责人:吴建泷
…… Tel:0592－5116831

## 和谐保安器材经营部
业务:警用器材、保安器材、消防器材、通讯器材、道路交通设施、军用品、服装等
地址:福建省漳州市芗城区丹霞路华港翠园23幢4号店面(110指挥中心对面)
…… 负责人:洪国强 邮 编:363000
…… 邮 编:洪国强
……Tel:0596－2688398

**厦门市矽光电子科技有限公司**
地址:福建省厦门市集美区盛光路166号之一
…… 负责人:郑冰凌
…… Tel:0592－6290788

## 龙海市石码华建电脑店
业务:戴尔电脑及电脑配件
地址:福建省龙海市石码镇人民西路15幢2号
…… 负责人:吴先生 邮 编:363100
…… 法 人:张敬华
……Tel:0596－6115202

**厦门华钰电子科技有限公司**

地址:福建省厦门市集美区市头村54号厂房一、二房
…… 负责人:盛莉
…… Tel:0592－6227760

## 东山县西埔镇新恒鑫通讯器材店
业务:手机、手机配件
地址:福建省漳州市东山县西埔镇白石街(卫生局第3门面)
…… 负责人:蔡林山 邮 编:363000
…… 法 人:蔡林山
……Tel:13960042111
0596－5888900

## 龙海市隆教裕国通讯设备店
业务:通讯设备
地址:福建省漳州市龙海市隆教乡红星村市场8号
…… 负责人:蓝裕国 邮 编:363000
…… 法 人:蓝裕国
……Tel:0596－6871086
13605018757

## 漳州市龙文区青龙手机店
业务:移动业务
地址:福建省漳州市龙文区蓝田镇东屿村74号
…… 负责人:叶长青 邮 编:363000
…… 法 人:叶长青
……Tel:13859249400
13960161116

## 云霄县迅普科技电脑店
业务:科技电脑
地址:福建省漳州市云霄县陈政路116号
…… 负责人:方嘉 邮 编:363000
…… 法 人:方嘉
……Tel:15960601230
0596－8562168

**厦门远洲电脑有限公司**
地址:福建省厦门市集美区杏林马銮路7号杏西综合楼二楼
…… 负责人:陈世展
…… Tel:0592－6223266

**厦门青春阳光网络有限公司**
地址:福建省厦门市集美区杏林杏东路27号金融大厦
…… 负责人:颜伟文
…… Tel:0592－6252947

## 龙海市双第欣欣通讯经营部
业务:经营通讯产品,电信、移动、联通交费服务
地址:福建省龙海市双第华侨农场侨星管区1号
…… 负责人:蔡渊国 邮 编:363101
…… 法 人:蔡渊国
……Tel:13960129918
0596－6878002

**科工信息技术有限公司**
地址:福建省厦门市思明区顶沃仔12号－88
…… 负责人:张高平
…… Tel:0592－2184337
13358376928

**厦门一搜科技有限公司**
地址:福建省厦门市思明区东浦路40之六号702室
…… 负责人:黄华娇
…… Tel:0592－5982501

## 长汀县双贤数码产品经营部
业务:经营数码产品
产品:相机、手机、MP3、MP4、MP5等
地址:福建省龙岩市长汀县汀州镇三元阁一栋105号
…… 负责人:罗贤铭 邮 编:364000
…… 法 人:罗贤铭
……Tel:15860179178
0597－6883259

## 泉州市洛江区万安恒鑫电脑商行
业务:经营范围:品牌电脑、华硕笔记本电脑、专业台式电脑组装、办公耗材、监控安装、网络工程、电脑配件批发与零售、电脑维护、电脑出租、上门服务等
地址:福建省泉州市洛江区万安首富商业城E幢113号
…… 负责人:徐忠诚 邮 编:362000
…… 法 人:徐忠诚
……Tel:0595－24665898
13625971856

**厦门恒迪科技有限公司**
地址:福建省厦门市思明区禾祥东路108号鸿运大厦1704室
…… 负责人:罗志泽
…… Tel:0592－7663980

**厦门市万号通讯设备有限公司**
地址:福建省厦门市思明区禾祥西路142号
…… 负责人:吴志铭
…… Tel:0592－2216633

## 福建省泉州市南安市水头晨阳通讯店
业务:经营通讯设备、话费充值服务
地址:福建省泉州市南安市水头镇解放路246号
…… 负责人:吕培雄 邮 编:362000
…… 法 人:吕培雄
……Tel:15859567538
0595－86983112

## 泉州市泉港区天翔电脑科技经营部
业务:电脑整机及配件、网络安装、GPS系统
地址:福建省泉州市泉港区金山商业街1号楼288号
…… 负责人:庄少波 邮 编:362800
…… 法 人:庄少波
……Tel:15859728131
0595－27728118

**厦门赢力科技有限公司**
地址:福建省厦门市思明区禾祥西路851号－202室
…… 负责人:郑永集
…… Tel:0592－2228456

## 三明市梅列区创冠智能工程有限公司
业务:闭路监控、防盗报警、综合布线、集团电话、一卡通、背景音乐、考勤门禁、防雷等
地址:福建省三明市梅列区列东百货大楼616
…… 负责人:林大山 邮 编:365000
…… 法 人:林大山
……Tel:13666979823
0598－8958963

**厦门维创科技有限公司**
地址:福建省厦门市思明区湖滨北路118号振兴大厦13楼
…… 负责人:谢陈钦
…… Tel:13600940971

## 泰宁县朱口镇海林电脑店
业务:电脑整机,数码产品,配件销售,电脑维护,系统安装,网络综合布线,监控制作等技术各方面支持,上门服务等
产品:电脑,电脑配件,数码产品,监控器材等
地址:福建省三明市泰宁县朱口镇富兴街121号
…… 负责人:李东林 邮 编:365000
…… 法 人:李东林
……Tel:0598－7661161
15959471634
…… E-mail:tlzkld@163.com

**厦门天奈电子科技有限公司**
地址:福建省厦门市思明区湖滨东路2号华星大厦17楼M－H－K座
…… 负责人:李鹤
…… Tel:13328305858

## 漳平市永福信达电脑配件经营部
业务:电脑配件的销售
地址:福建省漳平市永福镇市场路29号
…… 负责人:李碧武 邮 编:364000
…… 法 人:李碧武
……Tel:18950885808
0597－7880040

## 上杭县南阳洋安手机店
业务:手机及配件销售
地址:福建省龙岩市上杭县南阳镇汀杭路68号
…… 负责人:黄长安 邮 编:364000
…… 法 人:黄长安
……Tel:0597－3541771

## 武平县老权土特产品商行
业务:灵芝、金线莲、红菇、香菇、木耳、汤粒中草药等批零
地址:福建省龙岩市武平县平川镇西门西苑路70号
…… 负责人:王权伟 邮 编:364000
…… 法 人:王权伟
……Tel:13600993247
0597－4827019

**厦门正向数码科技有限公司经营部**
地址:福建省厦门市思明区湖滨南路71号大正大厦商场124号
…… 负责人:林艳屏
…… Tel:0592－2202582

**厦门中科弘天弘科技有限公司**

地址:福建省厦门市思明区湖滨南路811号万禾广场A幢802室
…… 负责人:宋诗余
…… Tel:0592－5083766

**厦门史丹立网络科技有限公司**
地址:福建省厦门市思明区湖滨南路基金大厦1603A单元
…… 负责人:王文星
…… Tel:0592－2294088

**厦门千臣佳艺科技有限公司经营部**
地址:福建省厦门市思明区湖滨南路假日电子城二楼B23号店面
…… 负责人:刘丽玲
…… Tel:0592－2229102

## 泉州市鲤城区陆陆发通讯产品店
业务:经营手机及手机配件(银行卡消费)
地址:福建省泉州市鲤城区百源路13号A
…… 负责人:冯所旭 邮 编:362000
…… 法 人:冯所旭
……Tel:15860308668
15880777520
15860366668

## 鲤城区森文通讯设备店
业务:手机零售
地址:福建省泉州市鲤城区兴贤路333号
…… 负责人:王云翔 邮 编:362000
…… 法 人:王云翔
……Tel:0595－24663199

**嘉戎科技(厦门)有限公司**
地址:福建省厦门市思明区湖明路34号401室
…… 负责人:蒋林煜
…… Tel:13606016887

## 永定县鸿鑫电脑店
业务:计算机,安防监控,防盗报警器
产品:办公用品,电脑配件,安防设备,办公耗材销售
地址:福建省龙岩市永定县凤城镇东大道13号
…… 负责人:阮彩荣 邮 编:364000
…… 法 人:阮彩荣
……Tel:0597－3158709
15960936742
……Fax:0597－3158709
…… E-mail:hx3158709@126.com

**厦门市道致科技有限公司**
地址:福建省厦门市思明区汇文路57号1404室
…… 负责人:王芳
…… Tel:0592－8776196

**智象科技(厦门)有限公司**
地址:福建省厦门市思明区火炬高新区软件园软件技术服务楼2F－A5H
…… 负责人:陈华伦
…… Tel:0592－2576999

## 永定县兰进安防设备经营部
业务:电脑、监控、安防
地址:福建省龙岩市永定县凤城镇沿河北路147号
…… 负责人:兰大进 邮 编:364000
…… 法 人:兰大进
……Tel:13585307396
0597－5558090
……Fax:0597－5558090

**厦门市欣捷美科技有限公司**
地址:福建省厦门市思明区嘉禾路104－108号香江花园一号8B单元
…… 负责人:王崇凤
…… Tel:0592－5557523

## 南安市官桥方正电脑店
业务:电脑经营、配件及耗材批发
地址:福建省南安市官桥镇富甲一方1#楼13#－14#店
…… 负责人:谢新疆 邮 编:362300
…… 法 人:谢新疆
……Tel:13505010391
0595－86895886

## 南安市石井镇三特电脑科技
业务:主要经营品牌电脑、DIY组装、监控器材、办公设备及耗材、配件批发、网站建设
产品:戴尔电脑特约经销商
地址:福建省南安市石井溪东工业区(溪东小学边)
…… 负责人:许金友 邮 编:362343
…… 法 人:许金友
……Tel:0595－86206166
13505010311
……Fax:0595－86060307
…… 网址:www.sante.cn
…… E-mail:sante@163.com

**厦门市思明区网库信息服务部**

地址:福建省厦门市思明区嘉禾路 295 号侨旺大厦 17C 室
负责人:伦宇
Tel:0592－3119470

**北京西陆信息技术有限公司厦门分公司**
地址:福建省厦门市思明区嘉禾路 297 号之一 506 室
负责人:陈杰
Tel:0592－5120623

**福建省南安市水头镇世界通通讯店**
业务:销售手机,配件,世界通软件及功能咨询
产品:手机软件,增值服务,咨询
地址:福建省南安市水头镇中心大街永顺小区 B 幢 7 号
负责人:王文革　邮　编:362342
法　人:王文革
Tel:0595－26996278
Fax:0595－26996280
网址:www.lwll.net
E-mail:maxihe163@163.com

**厦门鸿联发科技有限公司**
地址:福建省厦门市思明区莲滨里 28－33 号第四层 411 室
负责人:何清美
Tel:0592－8613693

**顺昌县骏马电脑商行**
业务:电脑组装,各类电脑配件、硬件销售,三星、华硕品牌笔记本销售
产品:电脑组装
地址:福建省南平市顺昌县中山西路 158 号
负责人:刘春悌　邮　编:353200
法　人:刘春悌
Tel:13960656097
0599－7823429
Fax:0599－7829489
E-mail:zfwjlcd@qq.com

**惠安县涂寨鸿扬手机店**
业务:主要经营诺基亚手机及手机音响,充电器等手机配件
地址:福建省泉州市惠安县涂寨文笔中南侧 403 号
负责人:李灿军　邮　编:362104
法　人:苏海燕
Tel:0595－87208568
13599998239

**厦门善基通信科技有限公司**
地址:福建省厦门市思明区莲前东路 758 号 703 室
负责人:方耀娟
Tel:0592－8866239

**福建省腾盛消防电力工程检测有限公司**
业务:消防电力工程检测
地址:福建省泉州市惠安县涂寨镇文笔商住区 4 栋 602 室
负责人:陈建辉　邮　编:362000
法　人:陈建辉
Tel:18960219555
13805080565

**福鼎市平安消防器材经营部**
业务:灭火器材;防火设备;火警探测、报警设备及其他消防设备
产品:消火栓、水泵接合器、KD 系列消防接口、直流水枪、玻璃球洒水喷头、雨淋报警阀、水流指示器等
地址:福建省宁德市福鼎市流美电信大楼附楼一层店面
负责人:姚兰燕　邮　编:352100
法　人:姚兰燕
Tel:0593－7911119
7731366

**福建创安"安防管家"中心**
业务:专业从事电子产品、安防产品、楼宇自控设备、消防报警系统产品的销售,承接综合布线、弱电系统工程设计安装。我们拥有完善的售后服务保障,始终坚持"以客户为根本,以科技为核心,以市场为导向"的企业理念,竭诚为各界业士服务!
产品:楼宇对讲、监控、报警、小区智能化
地址:福建省宁德市焦城区富春路南侧立业后岗开发区 14 号 3 栋一层
负责人:王忠良　邮　编:352100
法　人:王忠良
Tel:0593－2860018
18959327771
Fax:0593－2821566
网址:http://www.cazn.net
E-mail:Cazn999@163.com

**厦门骁威科技有限公司**
地址:福建省厦门市思明区莲前东路洪莲里 91 号楼 303 室
负责人:孙兆亮
Tel:0592－5967761

**厦门凌发科技有限公司**
地址:福建省厦门市思明区莲前东路侨兴里 6 号 701 室
负责人:林响德
Tel:0592－5963928

**福州长远志扬科技有限公司厦门分公司**
地址:福建省厦门市思明区莲前西路 2 号 18E
负责人:陈伟清
Tel:0592－5162300

**厦门金莱顺科技有限公司**
地址:福建省厦门市思明区莲前西路 2 号莲富大厦写字楼 14F
负责人:周贤建
Tel:0592－5167185

**宁德市蕉城区蕉南庆富消防器材经营部**
业务:销售消防器材
地址:福建省宁德市蕉城区后岗鼎盛花园 SZ10－19 号 124 室
负责人:徐庆富　邮　编:352000
法　人:徐庆富
Tel:13859674598
0593－2808791

**柏特科技有限公司**
地址:福建省厦门市思明区龙山南路 213 号 305 室
负责人:王朝阳
Tel:0592－2131675

**惠安县洛阳镇宝达通信店**
业务:电脑、手机、配件、耗材
地址:福建省泉州市惠安县洛阳镇前园村 271 号
负责人:林龙泉　邮　编:362000
法　人:林龙泉
Tel:0595－87630555

**厦门美格金顿科技有限公司**
地址:福建省厦门市思明区龙山南路 213 号六楼
负责人:林勇宁
Tel:0592－5311715

**屏南县大唐网络科技有限公司**
业务:网站建设、SEO 优化
地址:福建省宁德市屏南县古峰镇翠屏北路 76 号
负责人:吴建美　邮　编:352300
法　人:张东秀
Tel:13859631816

**厦门市思明区万网网络工作室**
地址:福建省厦门市思明区前埔国贸汇景 B 座 1502 室
负责人:王玉娜
Tel:0592－5919213

**泉州市赛格车圣导航科技有限公司**
业务:汽车导航、卫星定位系统、汽车电子产品的销售
产品:汽车导航、卫星定位系统、汽车电子产品
地址:福建省泉州市丰泽区远太大厦 18 楼 9 号
负责人:陈荣茂　邮　编:362000
法　人:陈荣茂
Tel:0595－22396222
Fax:0595－22507733
网址:http://120.36.0.129:88/www.chinagps.cc
E-mail:chinagps1@126.com

**厦门市兰欣科技有限公司第二分公司**
地址:福建省厦门市思明区天湖路 38 号 214 室
负责人:梁忠福
Tel:0592－2383993

**丰泽区天圣电子器材经营部**
业务:主要经营防盗报警器材
地址:福建省泉州市丰泽区津淮街毅达商住中心 2 号楼 302 室
负责人:林武　邮　编:362000
法　人:林武
Tel:13110995994
0595－22537563

**霞浦县三沙宝贝数码店**
业务:品牌电脑,数码相机,专业组装电脑,维护
地址:福建省宁德市霞浦县三沙镇三沙街 220 号
负责人:陈挺　邮　编:355101
法　人:陈挺
Tel:0593－8695558

**厦门先锋华意科技有限公司第一经营部**
地址:福建省厦门市思明区天湖路 38 号 2B06 店面
负责人:余义高
Tel:0592－2234777

**厦门纳百川科技有限公司**
地址:福建省厦门市思明区天湖路 38 号 302 店面
负责人:郭建坤
Tel:0592－2212256

**福州榕楼摄影视听器材有限公司天湖路经营部**
地址:福建省厦门市思明区天湖路 38 号假日 E 时代 1A34 店面
负责人:江碧峰
Tel:0592－2383888

**柘荣县意兴电脑销售商行**
业务:电脑销售
地址:福建省宁德市柘荣县双城镇河滨东路 107 号
负责人:汤陈雄　邮　编:352100
法　人:汤陈雄
Tel:0593－8366229
15960452287

**厦门宝诺科技有限公司经营部**
地址:福建省厦门市思明区天湖路 38 号假日 E 时代 202
负责人:林梅珠
Tel:0592－2383622

**泉州市丰泽区天利源电讯店**
业务:手机批发零售
地址:福建省泉州市丰泽区后坂街 C 区 19 号店(榕树下)
负责人:王连丁　邮　编:362000
法　人:王连丁
Tel:13859721987
13159086086
0595－22204113

**厦门车市网络技术开发有限公司**
地址:福建省厦门市思明区天湖路 50 号 20C
负责人:何蕾
Tel:0592－2234826

**莆田市城厢区智创电脑商行**
业务:方正笔记本、方正电脑下乡产品、华硕笔记本。电脑产品及配件销售。
地址:福建省莆田市城厢区梅园路三信电子城二楼 C68 店
负责人:黄高明　邮　编:351100
法　人:黄高明
Tel:0594－2332000

**厦门市竣翔科技有限公司**
地址:福建省厦门市思明区西林东里 132 号
负责人:陈素珍
Tel:0592－5938333

**莆田市涵江区白沙神洲手机店**
业务:手机配件、手机销售及维修
地址:福建省莆田市涵江区白沙镇白沙街道
负责人:吴良庆　邮　编:351123
法　人:吴良庆
Tel:13959556845
15960518795
0594－3491257

**厦门金正大人防设备有限公司**
地址:福建省厦门市思明区厦禾路 415 号 25 楼 H 单元
负责人:黄思贤
Tel:13600900012

**莆田市涵江区义通数码智能电器店**
业务:数码产品,电子产品
地址:福建省莆田市涵江区涵华西路 439 号
负责人:陈杰　邮　编:351100
法　人:陈杰
Tel:0594－6638555

**厦门畅导管网技术开发有限公司**
地址:福建省厦门市思明区厦禾路国骏大厦九楼 B－2
负责人:李秀蓉
Tel:13606949449

**湄洲岛天发通信**
业务:主要经营各种品牌手机、配件,代理移动业务,提供专业手机维修,始终以追求服务最好,质量最佳为目标,让你乘兴而来,满意而归。
产品:各种手机、手机配件、诺基亚原装配件
地址:福建省莆田市湄洲镇下山村宫兜 22－1 号
负责人:黄天发　邮　编:351154
法　人:黄天发
Tel:0594－5082983
13950743200
E-mail:huangtianfa8888@163.com

**厦门市科朗信息系统有限公司**
业务:厦门市科朗信息系统有限公司成立于 2003 年 12 月,公司致力于行业 GPS 产品的研发、生产与销售。厦门科朗公司全体员工愿以专业的团队为您提供高效、优质的服务!
地址:福建省厦门市思明区湖滨北路 29 号中信广场 A 栋 20E
负责人:陈罡　邮　编:361012
法　人:陈罡
Tel:0592－5376671

**厦门市奥普数码科技服务有限公司世贸经营部**
地址:福建省厦门市思明区厦禾路世贸商城裙楼 106C 单元
负责人:李晋
Tel:0592－5883876

**泉州达特电子有限公司**
业务:电子产品,智能化工程的承接、设计、安装、维护
产品:美国 GCI,网络产品
地址:福建省泉州市丰泽区刺桐南路阳光曼哈顿 B1－401 室
邮　编:362011
法　人:陈扬良
Tel:0595－22695533
Fax:0595－22695533
E-mail:www.gci.com.cn

**厦门新田科技有限公司**
地址:福建省厦门市思明区仙岳路翠湖村 5 号楼 3 单元 302 室
负责人:林宏
Tel:0592－5804800

**莆田市城厢区英宇切割机经营店**
产品:销售电脑软件、硬件
地址:福建省莆田市西天伟德信商业街 13 号楼 5014
负责人:黄振宇　邮　编:351100
法　人:黄振宇
Tel:15860019851
0594－2863539

**厦门市奥普数码科技服务有限公司仙岳经营部**
地址:福建省厦门市思明区仙岳路龙门天下 23 号
负责人:游丹东
Tel:0592－5585300

**泉州经济技术开发区凌志电脑销售维修中心**
业务:华硕泉州代理,联想、戴尔等电脑
地址:福建省泉州经济技术开发区德泰路锦绣江南 7 号楼 76 号店
负责人:林峰　邮　编:362000
邮　编:林峰
Tel:15859777901
0595－22492574

**厦门鑫弘环保科技工程有限公司**
地址:福建省厦门市思明区曾厝垵胡里山 43 号别墅
负责人:林瑞湖
Tel:0592－6013161

**仙游县枫亭五星通讯设备店**
业务:诺基亚、国产品牌手机批发与零售
地址:福建省莆田市仙游县枫亭东路 224 号
负责人:俞元彝　邮　编:351100
法　人:俞元彝
Tel:15659590608
0594－7533999
Fax:0594－7533999
E-mail:15659590608@fj133165.com

**百脑汇(福建)电子科技开发有限公司**
地址:福建省厦门市思明区莲滨里 28－33 号第五层 508 室
负责人:许昆泰
Tel:0592－2227203

**仙游县枫亭镇华雄安防监控设备经营部**
业务:专业销售防盗报警、监控、可视、非可视楼宇对讲、电子巡更、门禁考勤、停车场管理、背景音乐等系统,专业安装及设计
产品:专业销售防盗报警、监控、可视、非可视楼宇对讲、电子巡更、门禁考勤、停车场管理、背景音乐等系统
地址:福建省莆田市仙游县枫亭镇滨海新城第 3 幢 S39 号
负责人:曾珍华　邮　编:351254
法　人:曾珍华
Tel:0594－7656200
13607506200
网址:http://www.pthxafkj.cn
E-mail:200656200@qq.com

**厦门兆立机电科技有限公司**
地址:福建省厦门市翔安区内厝镇上塘村
负责人:黄兆松
Tel:0592－3711076

彰武县宏翔淀粉有限责任公司

专业从事生产玉米淀粉、蛋白粉、胚芽、纤维等。

电话：0416－7772111 传真：0418－7776333

地址：辽宁省阜新市彰武县满堂红乡工业园区满泉2号



## 福建省闽清永盛电信器材有限公司

福建省闽清永盛电信器材有限公司多年来一直致力于通信器材专用材料的开发生产。

我们热切盼望各位领导，各位同仁朋友做客我公司，考察参观，指导工作。永盛——决心秉承、严于律已、诚信待人的一贯宗旨，与您携手再创佳绩。

电话/传真：0591-22469799 22460312

网址：www.mqysdxqc.com.cn

邮编：350811

地址：福建省福州市闽清县坂东镇湖田村1号

联系人：黄定子

13805033551

## 兴顺通讯电子有限公司

兴顺通讯电子有限公司于2008年成立，是一家专业生产和销售电话机的公司。

价格优惠，质量保证。

欢迎新老客户惠顾！

联系人：黄文堂 13808577315

电话：0594-3563966

地址：福建省莆田市涵江区国欢镇新坡村

邮编：351111

## 福州市台江区日月通通讯配件店

福州市台江区日月通通讯配件店成立于2008年3月，本店主要经营各品牌无线通讯配件的批发业务。本公司秉承"顾客至上，锐意进取"的经营理念，坚持"客户第一"的原则为广大客户提供优质的服务。欢迎广大客户惠顾！

联系人：郑春乐

电话：0591-83353478

地址：福建省福州市台江区五一中路大利嘉城A1-177#店

邮编：350000

## 连江吴恭燕电话卡类批发店

本店成立于2004年，主要批发、零售电话卡、手机、通讯设备配件。我们的服务宗旨是：以质量求生存！客户至上，诚信为本，客户永远是第一位的。

联系人：吴恭燕

电话：13850161668、13850161688、0591-26150099、26491566

传真：0591-26150099 邮编：350500

地址：福建省福州市连江县城中医院斜对面邮信专营店

## 泉州市鲤城区高保通讯店

泉州市鲤城区高保通讯店成立于2005年，本店主要批发、零售正品行货手机、手机配件。

我们本着"以人为本的企业文化、以客户满意为宗旨、以行业领先为目标"的经营理念。

联系人：林秋刚

电话：0595-22193391 22304444

地址：福建省泉州市鲤城区商品街1区2楼23号 邮编：362000

## 泉州市远近通信设备有限公司

本公司成立于1999年，主要代理、零售诺基亚、长虹、高科、纽曼等原装品牌手机。

公司服务宗旨是"专心客户、专业服务、诚信务实、创新双赢"。

联系人：尚志近 13959852200

电话：0595-22200552

邮编：362000

地址：福建省泉州市洛江区马甲镇池后路（远近手机城）

## 江西省/jiangxi Province

**抚州通用电脑有限公司**
地址：江西省抚州市环城西路119号
…… 负责人：姜伟
…… Tel：0794－7020022

**赣州靖宇电子科技有限公司**
业务：电子科技
地址：江西省赣州市湖边镇龙岑村袁屋组105国道南侧
…… 负责人：吴向华 邮 编：341000
…… 法 人：吴向华
…… Tel：13913211752
0797－8251593

**连江县丹阳镇为登通讯器材店**
地址：福建省福州市连江县丹阳镇政府路
…… 负责人：雷凤珠
…… Tel：0591－26551006

**建金通讯器材店**
地址：福建省福州市闽候县青口市场一层
…… 负责人：林建金
…… Tel：0591－22768885
13338282888

**福州震翔网络科技有限公司**
地址：福建省福州市台江区五一中路169号大利嘉城二期16号楼20－22室
…… 负责人：叶武
…… Tel：0591－83375919

**科兴电脑电器服务部**
地址：福建省晋江市深沪镇华峰街
…… 负责人：施能銾
…… Tel：0595－85283743
85283759
13805959759

**微星通讯营业部**
地址：福建省南安市梅山镇公前东街78号
…… 负责人：陈子勋
…… Tel：0595－86585891
13004809800

**江西省太平安全科技有限公司**
地址：江西省抚州市学府路6号
…… 负责人：舒惠军
…… Tel：0794－8232811

**金驰网络科技有限公司**
地址：江西省赣树市府桥路5－11号
…… 负责人：黄栋
…… Tel：0795－7338899
13907056911

**江西宏健科技有限公司**
地址：江西省赣州市南康市潭口镇潭赣路90号
…… 负责人：胡基宏
…… Tel：0797－6637519

**诚信电脑科技**
业务：电脑组装、电脑配件、二手电脑、办公用品
产品：电脑组装、电脑配件、二手电脑
地址：江西省赣州市上犹县社溪镇社溪村
…… 负责人：刘卫兵 邮 编：341202
…… 邮 编：刘卫兵
…… Tel：0797－8582158
15970909782

**赣州瑞睿星电脑科技有限公司**
业务：本公司成立于2006年，主要销售电脑，打印机设备，监控设备，办公自动化设备、主板，内存，CPU，硬盘，显示器，打印机，网络产品等各种电脑配件及各种品牌电脑。欢迎新老客户光临惠顾！
地址：江西省赣州市红旗大道22号赣州电脑城
…… 负责人：江志成……邮 编：341000
…… 法 人：江志成
…… Tel：0797－8130185
8119805
…… Fax：0797－8130167
…… 网址：www.gzrxgs.com
…… E-mail：rxgsjzc@sina.com

**洪都消防设备有限公司**
地址：江西省赣州市文明大道创业大市场2单元502室
…… 负责人：丁小飞
…… Tel：0797－8130820
13907979427

**赣州市海天条码科技公司**
业务：超市、百货、药店、服装POS管理软件
产品：餐饮管理软件、烘焙ERP管理软件、各品牌POS收银机、条码设备、扫描设备、会员卡订制及周边耗材
地址：江西省赣州市章贡区红旗大道22号1栋2单元101
…… 负责人：周永波 邮 编：341000
…… 法 人：周永波
…… Tel：0797－7037206
8131033
…… Fax：0797－2198121
…… 网址：www.jxpos.net、www.jxpos.cn
…… E-mail：azaz_110@163.com

**赣州瑞奇科技开发有限公司**
地址：江西省赣州市章贡区东胜山25号
…… 负责人：黄云
…… Tel：0797－8123165

**江西长远德威通讯设备有限公司**
地址：江西省赣州市章贡区文清路6号银天大厦3单元405室
…… 负责人：肖德威
…… Tel：0797－8215479

**江西省正有通信设备工程有限公司**
地址：江西省赣州市章贡区章江北大道30号
…… 负责人：陈元浏
…… Tel：0797－8359949

**吉安市吉州区灵通电脑科技有限公司**
地址：江西省吉安市吉州区鹭洲东路7号（7－4）
…… 负责人：欧阳鑫文
…… Tel：0796－8234192

**吉安市神机妙算信息科技开发有限公司**
业务：集自主研发、销售、服务于一体，从事计算机软件开发、应用软件销售、企业管理咨询，我们始终坚持"以客户为根本，以科技为核心，以市场为导向"的企业理念，竭诚为各界业士服务，共同发展。
产品：金蝶软件、财务软件、进销存软件、ERP软件、OA办公自动化
地址：江西省吉安市吉州区井冈山大道131号商务中心五楼
…… 负责人：谢则贺 邮 编：343000
…… 邮 编：谢则贺
…… Tel：0796－8233081
8233631
13647065569
…… Fax：0796－8215840
…… 网址：www.jasjms.cn
…… E-mail：xiezehe1973@yahoo.com.cn

**吉安香樟科技发展有限公司**
地址：江西省吉安市青原区青原山（市林科所院内）
…… 负责人：龙光远
…… Tel：0796－8120168

**九江市欣龙科技新材料有限公司**
地址：江西省九江市滨江路10号区滨江花园10栋3－607室
…… 负责人：魏毅
…… Tel：13907590738

**九江百汇通信发展有限公司**
地址：江西省九江市环城路55号
…… 负责人：邓祖香
…… Tel：13879267000

**江西大唐通信器材有限公司九江分公司**
地址：江西省九江市浔阳路2号联通营业厅内
…… 负责人：杨香林
…… Tel：13330035788

**九江市浔阳区宏华通信手机超市**
地址：江西省九江市庾亮北路123号
…… 负责人：何冰
…… Tel：0792－2198999

**南昌市江南无线科技发展有限公司**
地址：江西省南昌市东湖区爱国路1栋2单元304室

……负责人:张晓俊
……Tel:13317052373

**南昌市卓凡科技有限责任公司**
地址:江西省南昌市东湖区叠山路119号天河大厦B座B03室
……负责人:万卫东
……Tel:13607095923

**江西省盛宇实业发展有限公司**
地址:江西省南昌市东湖区二七北路192号2单元203室
……负责人:毛小强
……Tel:13870059955

**江西捷信通通信技术有限公司**
地址:江西省南昌市东湖区洪都北大道281号1单元601室
……负责人:黄颂晖
……Tel:13077985478

**江西省华佛可科技工程有限公司**
地址:江西省南昌市东湖区湖滨东路5号第7栋3单元206室
……负责人:杨小林
……Tel:13907009823

**南昌徕特科技开发有限公司**
地址:江西省南昌市东湖区洛阳路148号塑料大厦
……负责人:陈风雷
……Tel:13952049380

**江西中宇科技有限公司**
地址:江西省南昌市东湖区马家池95号7楼南(701室)
……负责人:秦文斌
……Tel:13807087076

**南昌君临天下网络有限公司**
地址:江西省南昌市东湖区民德路99号
……负责人:万玉珍
……Tel:0791－8055312

**南昌亿佳软件有限公司**
地址:江西省南昌市东湖区青山湖小区5栋4单元501室
……负责人:康鸿九
……Tel:13767072004

**江西梦达计算机信息技术开发有限公司**
地址:江西省南昌市东湖区青山南路471号(江西青年报社印刷厂内)
……负责人:熊捷
……Tel:13517915553

**南昌市卓远通信有限公司**
地址:江西省南昌市东湖区省政府大院9栋5单元302室
……负责人:贺乐正
……Tel:13907919706

**江西省时创科技有限公司**
地址:江西省南昌市东湖区省政府大院东四路23号213室
……负责人:熊焰
……Tel:13517092374

**江西宝龙智能科技有限公司**
地址:江西省南昌市东湖区贤士湖住宅区22栋3单元102室
……负责人:许增禄
……Tel:0791－8635846

**江西同安科技有限公司**
地址:江西省南昌市东湖区贤士一路4号
……负责人:徐怀洲
……Tel:0791－7634160

## 广州日立电梯有限公司江西分公司

业务:广州日立电梯有限公司是华南地区最大的电梯生产企业,是日立电梯在中国的唯一制造商。公司在全国各主要城市设立了33家分支机构,负责公司产品的销售和售后服务。公司主要经营各类型电梯、扶梯、自动人行道、大楼设备管理网络技术系统等。
地址:江西省南昌市西湖区桃苑小区金源大厦A座南楼801室
……邮　编:330025
……法　人:李帆
……Tel:0791－6590880
6590883
……Fax:0791－6590885
……网址:www.gz－hitachi.com

**南昌市东湖叁维网络世界**
地址:江西省南昌市东湖区子固路158号
……负责人:李华
……Tel:13907090302

**江西中科教图书软件有限公司**
地址:江西省南昌市抚河北路39号
……负责人:杜景标
……Tel:13807035687

**江西智高点信息产业有限责任公司**
地址:江西省南昌市高新技术开发区火炬大街188号
……负责人:胡彪
……Tel:13307095118

**江西易太科技有限公司**
地址:江西省南昌市高新开发区高新二路江山花园2栋2单元402室
……负责人:刘志前
……Tel:13907915001

**江西神目科技有限公司**
地址:江西省南昌市高新开发区高新一路建昌工业园
……负责人:杨岩林
……Tel:13507919835

**江西天启数码科技有限公司**
地址:江西省南昌市高新开发区万科四季花城蔷薇苑1栋A座501室
……负责人:李勤建
……Tel:13807087114

**南昌易源信息技术有限公司**
地址:江西省南昌市高新区高新大道589号二楼206室
……负责人:郑明
……Tel:13907086781

**江西意达科技有限公司**
地址:江西省南昌市高新区高新一路建昌工业园
……负责人:蔡显林
……Tel:13970003153

**南昌聚易科技有限公司**
地址:江西省南昌市高新区南昌大学科技园309室
……负责人:涂爱凤
……Tel:13177877998

**江西巨浪消防器材有限公司**
地址:江西省南昌市江西农业大学校内
……负责人:吴文荣
……Tel:13970092707

**江西省第陆媒体通讯有限公司**
地址:江西省南昌市郊区京东安居小区E组团7－1－202
……负责人:熊雄英
……Tel:13317059595

**江西昌大隆鑫科技有限公司**
地址:江西省南昌市郊区塘山乡星光村18号1楼
……负责人:李四勤
……Tel:13979113088

**南昌市金盛科技有限责任公司**
地址:江西省南昌市京东开发区艾溪湖渡假村16号楼
……负责人:谢少龙
……Tel:13767192532

**江西省齐欣科技发展有限公司**
地址:江西省南昌市南昌县澄湖经典小区4栋
……负责人:陈剑波
……Tel:13970007944

**江西创力广电网络科技有限公司**
地址:江西省南昌市南昌县小蓝工业园金沙一路858号
……负责人:万志辉
……Tel:13807080744

**百得科技有限公司**
地址:江西省南昌市南大科技园1号楼A704
……负责人:徐春长
……Tel:0791－8875943
13657080745

**旺龙智能科技有限公司**
地址:江西省南昌市青山湖区长春村231－1号
……负责人:黄壹恣
……Tel:0791－8106062
13979195312

**江西亚讯科技有限公司**
地址:江西省南昌市青山湖区高新开发区火炬大街1号
……负责人:刘翔
……Tel:13576994008

**江西龙翔电讯器材实业有限公司**
地址:江西省南昌市青山湖区罗万工业园内
……负责人:傅庭兵
……Tel:13064111111

**南昌市绿色网盟海洋网城有限公司**
地址:江西省南昌市青云谱区江铃西四路一楼(青云谱区青云谱镇下尧村)
……负责人:万跃
……Tel:0791－5271885

**江西省华赣通讯工程有限责任公司**
地址:江西省南昌市青云谱区井冈山大道338号
……负责人:余令国
……Tel:13907098579

**南昌市鼎联文化网络有限公司鼎盈网络城**
地址:江西省南昌市湾里区幸福路374号
……负责人:万强
……Tel:13970901826

**南昌市腾创通讯实业有限公司**
地址:江西省南昌市西湖区八一大道99号洪城广场洪福阁701室
……负责人:龚春红
……Tel:13870667500

**南昌杨柳科技有限公司**
地址:江西省南昌市西湖区岔道口西路2号2栋2单元102室
……负责人:周杨泉
……Tel:13517919997

**江西跃达通讯技术有限公司**
地址:江西省南昌市西湖区二七南路495号1幢1单元1004室
……负责人:彭金龙
……Tel:13805323696

**南昌市恒力科技有限公司**
地址:江西省南昌市西湖区福山巷81号3栋3单元101室
……负责人:鞠时刚
……Tel:13317053253

**江西省宇能科技发展有限公司**
地址:江西省南昌市西湖区抚生路6号10栋1单元
……负责人:曾凡珩
……Tel:13077945300

## 广丰县戴尔电脑专卖店

业务:从事戴尔电脑、电脑配件、打印\复印机、电脑周边设备、电脑耗材的销售及戴尔、宏基广丰销后服务站
地址:江西省上饶市广丰县永丰街道72号商城对面
……负责人:谭伟钢　　邮　编:334600
……法　人:谭伟钢
……Tel:0793－2654009
18970322122

**南昌新时代通信服务有限责任公司**
地址:江西省南昌市西湖区抚生路东侧(南昌大桥东南侧)
……负责人:褚丙丁
……Tel:13979191538

**江西汉德威数据有限公司**
地址:江西省南昌市西湖区洪城北路589号6栋4单元
……负责人:宋谋年
……Tel:13807098793

**江西海鸿科技有限公司**
地址:江西省南昌市西湖区解放东路制革厂2栋2单元203室
……负责人:黄少华
……Tel:13097285459

**南昌绿色网盟流星网络有限公司**
地址:江西省南昌市西湖区经堂巷13号
……负责人:万国英
……Tel:0791－8030115

**南昌顺业通讯有限公司**
地址:江西省南昌市西湖区师大南路54号16栋3单元406室
……负责人:游舜光
……Tel:13907098909

**江西孚信科技有限责任公司**
地址:江西省南昌市西湖区顺外路19号洪都新村3栋3单元206室
……负责人:汪文怡
……Tel:13317051028

**南昌亿利通信有限公司**
地址:江西省南昌市西湖区顺外路69号御锦城住宅区1栋2单元
……负责人:许发元
……Tel:13738613114

**江西商网科技有限公司**
地址:江西省南昌市西湖区沿江中路19号第七层
……负责人:万隽
……Tel:13870983237

**江西同望软件管理有限公司**
地址:江西省南昌市西湖区站前西路59号5栋4单元208室
……负责人:王金英
……Tel:0791－6225849

**萍乡市广通网络科技有限公司**
地址:江西省萍乡市公园路(心连心对面巷口内)
……负责人:晏海
……Tel:13879906433

**芦溪县宏光电脑技术服务部**
地址:江西省萍乡市芦溪县张家坊乡
……负责人:吴淑萍
……Tel:13979962381

**上饶市科信电脑有限公司**
地址:江西省上饶地区信州区灵山路19号
……负责人:王江洪
……Tel:13907935990

**鄱阳县新锐科技开发有限公司**
地址:江西省上饶市鄱阳县鄱阳镇东湖大道
……负责人:王宏伟
……Tel:0793－6266901

**万年县昌远电脑科技有限公司**
地址:江西省上饶市万年县城六0中路
……负责人:徐声远
……Tel:0793－3838376

## 上饶市信州区汇通电脑维修部

业务:上饶市信州区汇通电脑维修部成立于2001年,主要从事电脑、打印机、复印机、传真机的维修,多媒体监控,校园网等。我们以合理的价格,满意的服务,快速响应,迅速解决"为经营宗旨,让客户成为我们永远的朋友。
地址:江西省上饶市信江东路7号附3号
……邮　编:334000
……法　人:郭安龙
……Tel:0793－7088990
……Fax:0793－7088990

**上饶市科诺世纪信息技术有限公司**
地址:江西省上饶市信州区渡口北街7栋2－702
……负责人:周仙荣
……Tel:13707039741

**上饶市上友信息技术有限公司**
地址:江西省上饶市信州区赣东北大道2号海德文景苑604室
……负责人:龙小艳
……Tel:0793－8209790

**上饶市成功计算机有限公司**
地址:江西省上饶市信州区江南大道1号
……负责人:吴孝国
……Tel:0793－8159261

## 江西靓凯实业有限公司

江西靓凯实业有限公司成立于2000年，本公司专业从事各种防火门、防盗门、防火窗、防火卷帘、防火玻璃、防火板开发、生产、销售及各类消防器材设备销售；各类服装生产、加工、销售；床上用品、各种面辅料销售及房地产开发。

本公司为客户提供优质的服务，热忱欢迎新老客户来电洽谈。

联系人：付义平

电话：0792-4349220　4349699　13807927220

地址：江西省九江市共青城发展大道北侧　　邮编：332020

## 山东省/Shandong Province

**金利通通讯科技有限公司**
地址:山东省东营市东营区燕山路以东、黄河路以北
……负责人:牛海滨
……Tel:0546－8705052
13345067168

## 东营市博盈电子科技有限公司

业务:专业从事单色、双基色、全彩LED显示屏及城市亮化工程,网站建设与维护,组建局域网,办公耗材
地址:山东省东营市东营区黄河路481号鸿基大厦A座407
……负责人:张海亮　　邮　编:257000
……法　人:张海亮
……Tel:13561063811
0546－7368578
……网址:http://www.51zzt.com/user/zzt30207

## 山东金岛消防安全工程有限公司

业务:本公司主要从事通讯器材销售、消防设备销售维修、建筑智能化、机电设备安装、消防器材销售维修。热忱欢迎新老客户来电洽谈业务!
地址:山东省济南市历城区花园路142号(历城老干部活动中心)
……负责人:黄文鸾……邮　编:250100
……法　人:黄文鸾
……Tel:0531－88035119
88015119

**东明县电信局刘楼支局**
地址:山东省菏泽市东明县刘楼乡
……负责人:李保安
……Tel:0530－7811001

**嘉和电脑科技有限公司**
地址:山东省菏泽市巨野县城永丰街中段路东
……负责人:闫循亮
……Tel:0530－8228220
8068220

**济南振东科技有限公司**
地址:山东省济南市高新开发区贤文庄东城物资市场西300米路南
……负责人:董艾英
……Tel:0531－88882760

## 胜坨镇世纪星电脑店

业务:品牌、组装电脑销售,电脑配件经营
地址:山东省东营市垦利县胜坨镇中心小学对面
……负责人:尚国　　邮　编:257000
……法　人:尚国
……Tel:0546－2068100

**济南福康安科技有限公司**
地址:山东省济南市华龙路726号3号楼4－301室
……负责人:倪军
……Tel:0531－88165963

**济南清泉伟业科技有限公司**
地址:山东省济南市解放路23号

负责人：张亮云
Tel：0531－88191270

**山东省海阳市鸿洋手机城**
业务：销售手机
地址：山东省海阳市海政路(三联家电路南)
负责人：刘在敏 邮 编：265100
法 人：刘在敏
Tel：15863828555
0535－3238500

**济南柯尼现代数码影像有限公司**
地址：山东省济南市历下区工业南路46－1号101室
负责人：张蓬沂
Tel：0531－86227770

**山东凯视通网络科技有限公司**
地址：山东省济南市千佛山东路7号
负责人：程琦
Tel：0531－88116017

**郓城乙丞数码科技有限责任公司**
业务：通讯器材、安防器材、手机、家电、太阳能等
产品：通讯、安防器材、太阳能
地址：山东省荷泽市郓城县东门街南段
负责人：王民 邮 编：274700
法 人：王民
Tel：0530－6832569

**济南鑫乐金优派数码科技有限公司**
地址：山东省济南市山大路124号百脑汇资讯广场1F－D03
负责人：祁少杰
Tel：0531－82390135

**济南德丰嘉和科技有限公司**
地址：山东省济南市山大路146号三层330号
负责人：任晓燕
Tel：0531－88521748－888

**菏泽市开发区恒盛大市场诚信科技有限公司**
业务：批发，零售手机、电脑及其配件、维修
地址：山东省菏泽市开发区恒盛大市场诚信科技B9－6号
负责人：晁代甫 邮 编：274000
法 人：晁代甫
Tel：0530－5388844
5351609
15264096222
15054659676

**济南顶点视算科技有限公司**
地址：山东省济南市市中区纬一路468号1号楼4－463室
负责人：李新利
Tel：0531－82050212

**济南大众正业科技发展有限公司**
地址：山东省济南市天桥区工人新村北村中街14号
负责人：闫恪省
Tel：0531－85872823

**济南众连通讯设备安装有限公司**
业务：通讯设备工程
地址：山东省济南市长清区崮云湖街道办事处大崮山村
负责人：司庆元 邮 编：250001
法 人：司庆元
Tel：0531－87432107

**济宁龙兴通讯技术有限公司**
地址：山东省济宁市高新区创新大厦三楼东区
负责人：倪李
Tel：0537－2362919

**济宁华乐科技园有限公司**
地址：山东省济宁市高新区菱花路
负责人：李心伍
Tel：0537－2085990

**济南鑫泽海公共安全器材有限公司**
业务：消防器材、安防器材、五金建材
产品：消防、安防器材
地址：山东省济南市济兖路108号10号楼4单元402室
负责人：张海云 邮 编：250022
法 人：张海云
Tel：0531－87528856
15318827965
Fax：0531－87528856
网址：http://www.51zzt.com/user/zzt36152
E-mail：xf3536@163.com

**环球通讯器材有限公司**
地址：山东省济宁市市中区共青团路48号市委西部
负责人：刘庆录
Tel：0537－2345116
13001785678

**新博电子科技有限公司**
地址：山东省济宁市市中区建设北路谢营综合楼308号
负责人：高承田
Tel：0537－2272828
13954792828

**晓东电脑有限公司**
地址：山东省济宁市泗水县城中兴路中段
负责人：孔晓东
Tel：0537－4221111
13355186956

**济南岱泽电脑有限公司**
业务：批发、零售电脑
地址：山东省济南市章丘明水工业二路西段路北
负责人：赵玉宝 邮 编：250000
法 人：赵玉宝
Tel：13355317156
13188882969

**济宁蓝盾爆破科技有限公司**
地址：山东省济宁市王母阁路110号
负责人：徐西联
Tel：0537－2210969
2092012
13505477290

**安龙消防设备有限公司**
业务：临沂市安龙消防设备有限公司是经公安消防主管部门批准备案、注册，以代理经营各种进口、国产知名品牌消防设备及器材为主的专业公司。公司所销售的产品均属国家消防装备质量检测中心检测的合格优质产品，产品着重于新型、简便、质优等特点，深得用户好评。
地址：山东省临沂市沂州路75号
邮 编：276004
法 人：倪祥宝
Tel：0539－8101185
Fax：0539－8305119
网址：www.lyui.cn

**济宁曙光科技有限公司**
业务：微机、笔记本外设、网络监控的销售与服务
地址：山东省济宁市建设北路117号
负责人：马超 邮 编：272000
法 人：马超
Tel：13792343045
0537－2387887

**连邦软件专卖店**
地址：山东省济宁邹城市义乌商城201号
负责人：王伟
Tel：13805478123

**山东汇杰科技有限公司莱芜分公司**
地址：山东省莱芜市莱城区凤城西大街152号
负责人：辛培奎
Tel：0634－6114496

**聊城光彩未来软件基地有限公司**
地址：山东省聊城市茌平县城文化路115号
负责人：刘海京
Tel：0635－4276212
13336228212

**梁山正喜电脑销售部**
业务：二手笔记本电脑，台式电脑，600元能买一个手机，能买一台台式电脑，还能买一个相当不错手提笔记本，低价位就是硬道理，过硬的产品质量，优质的售后服务，使我们的梁山正喜走得更好，更好！
地址：山东省济宁市梁山县吕屹口村(教堂东邻)
负责人：王成云 邮 编：272000
法 人：王统喜
Tel：0537－7368556
13176767890

**聊城中解四维网络图像防伪有限公司**
地址：山东省聊城市东昌府昌润路北段工商行政管理局二楼206室
负责人：刘学勤
Tel：13963020088

**金太阳电子有限公司**
地址：山东省聊城市东昌府区花园北路29号
负责人：陈永顺
Tel：0635－8362987
13963585009

**聊城博智信息科技有限公司**
地址：山东省聊城市东昌府区火车站前电脑科技城A栋10号
负责人：田巍
Tel：0635－8424688
13386350366

**微山县昭阳志远科技服务部**
业务：电脑维修、品牌电脑、组装电脑销售、电脑配件、打印机、传真机等
地址：山东省济宁市微山县昭阳政府驻地
负责人：蔡含 邮 编：272000
法 人：蔡含
Tel：0537－8498318

**伟讯通讯器材有限公司**
地址：山东省临沂市莒南县十字路镇富源居委会沿街楼联通嵋山路营业厅
负责人：程守瑜
Tel：13305495869

**临沭县达因电讯器材有限公司**
地址：山东省临沂市临沭县中心北路23号
负责人：马学涛
Tel：13355039736

**临沂怡通通讯设备有限公司**
地址：山东省临沂市罗庄街道龙潭路中段
负责人：孙百华
Tel：0539－8248777

**青岛汉恒电线电缆有限公司**
业务：青岛汉恒电线电缆有限公司成立于2001年，主要生产电线电缆。
地址：山东省青岛市崂山区沙子口街道办事处汉河村
邮 编：266100
法 人：张作军
Tel：0532－86028600
Fax：0532－86028600

**汶上县宏富手机商行**
业务：手机软件批发并有手机缴费业务
地址：山东省济宁市汶上县东关东路北(醒狮招待所)
负责人：李大为 邮 编：272500
法 人：李大为
Tel：15853773333
0537－7202345

**万通通讯有限公司**
地址：山东省临沂市蒙阴县新城路三中门东
负责人：石增旺
Tel：0539－4812988
4270036
2898888

**星月电脑有限公司**
地址：山东省临沂市平邑县板桥路中段路西197号
负责人：贺永利
Tel：0539－4217188
13705492130

**临沂珠穆朗玛电子商务有限公司**
地址：山东省临沂市水田路450号
负责人：高文俊
Tel：0539－7163209
13969982496

**安龙消防设备有限公司**
地址：山东省临沂市沂州路中段(金雀山派出所对面)
负责人：倪祥宝
Tel：0539－8101185
13345086086

**北斗手机网潘西连锁店**
业务：手机销售、手机附件、手机维修
产品：纽曼手机、MP3
地址：山东省莱芜市钢城区潘西煤矿
负责人：毛亚龙 邮 编：271100
法 人：毛亚龙
Tel：0634－6465118
13336344316
Fax：0634－6465118

**通产电子科技有限公司**
地址：山东省青岛市即墨市岙兰路126号
负责人：于绍楠
Tel：13061267679

**青岛天泰翔科技有限公司**
地址：山东省青岛市经济技术开发区太行路296号206室
负责人：吴炜
Tel：0532－86881874
86885907
0532－5991702

**青岛科兴商贸有限公司**
地址：山东省青岛市莱西市威海中路金福大厦104号
负责人：刘自叶
Tel：0532－88468326
88488376

**东阿县刘集镇汇鑫手机电脑通讯门市部**
业务：销售手机、电脑
地址：山东省聊城市东阿县刘集镇刘集村
负责人：张守雷 邮 编：252200
法 人：张守雷
Tel：15966283344
0635－3518939

**青岛梦想成真网络科技有限公司**
业务：网页设计及制作，企业网站的策化、建设、维护、推广，域名的注册，虚拟主机的建置和网络规划设计
地址：山东省青岛经济技术开发区井冈山路东方银座1号楼502室
负责人：贾懿非 邮 编：266001
法 人：贾懿非
Tel：13255578789
0532－86887035
Fax：0532－86887035
网址：http://www.jiatv.net/

**青岛佳易科技有限公司**
地址：山东省青岛市崂山区麦岛路西锦园小区D2栋2单元302室
负责人：高棣
Tel：0532－83881378

**宝资通科工贸有限公司**
地址：山东省青岛市市南区宁夏路187号101室
负责人：徐淑香
Tel：0532－88857095

**康博数码电子有限公司**
地址：山东省泰安市泰山区东岳大街78号
负责人：杨志刚
Tel：0538－8228026
13561764689

**阳光电子设备有限公司**
地址：山东省泰安市泰山区灵山大街中段
负责人：郑海滨
Tel：0538－8215522
13001777660

**中企动力科技股份有限公司威海分公司**
地址：山东省威海市海滨北路9号海港大厦13楼
负责人：张冀光
Tel：0631－5272727

**美晨汇众电脑销售中心**
业务：销售办公用品、品牌电脑、电脑配件、打印耗材，电脑及打印机维修
地址：山东省泰安市擂鼓石路电业宾馆对面
负责人：许泽众 邮 编：271000
法 人：许泽众
Tel：15053841682

**济南龙维网安科贸有限公司**
地址：山东省威海市环翠区山大路124号百脑汇3F－N20室
负责人：邵争
Tel：0631－6720626

**滕州市善园仟亿佳电脑经营部**
业务：经营范围：监控器材批发、承接大型监控工程
地址：山东省滕州市杏坦路55号(大地辉炉网络科技2－29号)
负责人：方后国 邮 编：277500
法 人：方后国
Tel：13206321219
0632－3758900

**威海政通技术信息服务有限公司**
地址：山东省威海文登市抱龙桥西街31号楼
负责人：王涛
Tel：0631－8985020
13306314558

**威海市森洋通信网络部**
业务：通信安装服务
地址：山东省威海市环翠区少年路19号304
负责人：王树海 邮 编：264200
法 人：王树海
Tel：0631－5201811

**明昊科技有限公司**
地址：山东省潍坊高密市人民大街中段
负责人：王教敏
Tel：0536－2310690
2378282

**威海市环翠区久久网络技术开发部**
业务：网络技术开发
地址：山东省威海市环翠区张村镇全都花园7号203
负责人：吴涛 邮 编：264200
法 人：吴涛
Tel：0631－5753563

**潍坊中翼软件开发有限公司**
地址：山东省潍坊开发区玉清东街高新大厦
负责人：胥克谦
Tel：13906469975

**威海市环翠区海沙通讯器材店**
业务：手机、手机配件销售及维修服务
地址：山东省威海市温泉镇刘家台村
负责人：郑德海 邮 编：264200
法 人：郑德海
Tel：15065123111

**潍坊方元地理信息工程有限公司**
地址：山东省潍坊市北宫东街177号(引黄济青工程管理局，潍坊高新开发区内)
负责人：崔乐群
Tel：13806478879

**威海三晨电子科技有限公司**
业务：安防器材，监控器材、报警器材等电子产品的销售
产品：安防器材，监控器材、报警器材等电子产品
地址：山东省威海市鑫城大厦二层7号
负责人：魏常伟 邮 编：264200
法 人：魏常伟
Tel：13406741805
0631－5229010
Fax：0631－5229010

**潍坊快达消防设备有限公司**
地址：山东省潍坊市奎文区东风大街301号

……负责人:丁福军
……Tel:13853670121

**烟台龙华消防器材有限公司**
业务:烟台龙华消防器材有限公司成立于 1997 年,主要生产销售灭火器等消防器材,并承接消防工程的安装。热诚欢迎各方客户来电洽谈业务,共同合作。
地址:山东省烟台市芝罘区只楚路 41－14 号
……邮　编:264000
……法　人:孔庆龙
……Tel:0535－6523820
……Fax:0535－6523820

**创一电子科技有限公司**
地址:山东省潍坊市临朐县城东工业园(骈邑路 54 号)
……负责人:马斌
……Tel:0536－3112880
2195262
13953683387

**潍坊润宏安防工程有限公司**
业务:专业从事一体化弱电系统产品销售、系统设计、工程安装与维护的高科技企业,我们承诺热情周到的服务让您满意,及时迅速的售后服务让您高枕无忧!
产品:监控、防盗报警、网络综合布线
地址:山东省潍坊市奎文区东风东街以北虞河路以东 100 米东盛广场 1515 室
……负责人:孟兆平　邮　编:261000
……法　人:孟兆平
……Tel:0536－2221515
13953638607
……Fax:0536－2221515

**临朐县龙安消防器材有限公司**
地址:山东省潍坊市临朐县东城经济开发区吕东路南段
……负责人:马良友
……Tel:0536－3153658

**潍坊锦添消防电子科技有限公司**
地址:山东省潍坊市临朐县县东城区
……负责人:苏良敏
……Tel:13905362427

**潍坊华脉信息技术有限公司**
地址:山东省潍坊市平路电子机南街 13 号
……负责人:臧传伟
……Tel:0536－8251111
13953661628

**志邦电脑销售部**
业务:致力于品牌电脑、数码、原装耗材及外设产品销售,网络维护,安全监控等各类 IT 相关领域。
产品:戴尔、联想、清华同方、明基电脑,各种品牌主板、光驱、内存、硬盘、显卡等
地址:山东省新泰市汶南镇汶南供销社二楼
……负责人:曹雁翔　邮　编:271200
……法　人:曹雁翔
……Tel:15065849865
……E-mail:zhibandiannao@126.com

**青岛天元讯达网络通讯有限公司烟台分公司**
地址:山东省烟台市国际金融大厦 2808 室
……负责人:孟琥
……Tel:0535－6624310

**潍坊晨阳华泰电子科技有限公司**
地址:山东省潍坊市胜利大街 361 号
……负责人:陈全政
……Tel:0536－8232276
13361579802

**烟台博文通讯技术服务有限公司**
业务:通讯技术服务,通讯设备安装与维修
地址:山东省烟台市芝罘区梁家社区东街南迎祥路 034 号－1 号
……负责人:陈连松　邮　编:264000
……法　人:陈连松
……Tel:0535－6706951
……Fax:0535－6706951

**烟台捷顺智能科技有限公司**
地址:山东省烟台市开发区黄河路 12 号
……负责人:余德敏
……Tel:0535－6372874

**烟台天顺电子信息技术有限公司**
地址:山东省烟台市开发区珠江路 32 号
……负责人:冯涛
……Tel:0535－6126021

**烟台市讯通科技有限公司网神网吧**
地址:山东省烟台市世远巷 15－3 号
……负责人:许韩
……Tel:0535－6661510

**纬辰网络有限公司**
地址:山东省淄博市张店区北西六路 15 号齐赛科技市场 3017 室
……负责人:陈伟国
……Tel:0533－2776364

**福威电脑有限公司**
地址:山东省淄博市张店区齐赛科技市场东 9 号
……负责人:吴建华
……Tel:0533－2797367

**邹城市保安器材服务中心**
业务:本公司成立于 2003 年,专业从事保安器材、消防器材的销售,防盗、报警器材的安装与维修,消防器材维修、灌装,消防设施安装,铁门、锁具的销售与安装,各种标志服装、鞋帽的销售。
地址:山东省邹城市东滩路 7 号
……负责人:刘绪来……邮　编:273500
……法　人:刘绪来
……Tel:0537－5290966

**济南艾旗网络科技有限公司**
地址:山东省淄博市淄川区解放路 43 号银座数码广场 711 室
……负责人:乔彦兵
……Tel:0533－6282096

**枣庄市山亭名扬通讯城**
业务:通讯器材
地址:山东省枣庄市山亭区新城黄河路
……负责人:徐明洋　邮　编:277200
……法　人:徐明洋
……Tel:0632－8829111
……Fax:0632－8810001

**邹城市保安器材服务中心**
地址:山东省邹城市东滩路 7 号
……负责人:刘绪来
……Tel:0537－5290966
13863753666











## 河南省/Henan Province

**河南大元网络工程有限公司**
地址:河南省安阳市文峰区德隆街东段
……负责人:张希顺
……Tel:0372－5167496

**河南经纬网络科技有限公司**
业务:本公司是一家专业从事网站策划、网页设计、程序开发、网站推广及网络工程建设企业信息系统和 OA 办公软件开发制作的综合科技公司,自成立以来,始终秉承“成功必须专业,专业源自务实”的企业理念,坚持以“客户的满意就是我们的追求”为服务宗旨,锐意进取,迅速发展。在短短的时间里,客户行业已涉及到生产销售、机械制造、交通运输、IT 网络及政府机关等多个领域。
地址:河南省长葛市长社路
……负责人:张小平……邮　编:461500
……法　人:张培强
……Tel:0374－6027666
……Fax:0374－6027555

**郑州中联通信技术有限公司安阳分公司**
业务:联通服务
地址:河南省安阳市文峰区平原路东方经典 5 号楼 4 单元 3 楼东户
……负责人:牛永生　邮　编:455000
……法　人:牛永生
……Tel:0372－3981808

**安阳兴华通讯有限责任公司**
地址:河南省安阳市文峰区解放路电信城一楼东侧
……负责人:华锋
……Tel:0372－5960127

**鹤壁市淇翔测控有限公司**
地址:河南省鹤壁市山城区长风中路路东(小庄村南)
……负责人:刘水明
……Tel:0392－6988893

**焦作市卓业数码科技有限公司**
地址:河南省焦作市高新区神州路 2 号
……负责人:张铁雷
……Tel:0391－3561910

**河南省新郑市和庄镇世界通软件服务部**
业务:电信增值业务、销售手机软件、诺基亚 3G 手机
地址:河南省新郑市和庄镇滨河帝城 48 号楼 2 单元 6 楼
……负责人:黄明哲　邮　编:451100
……法　人:黄明哲
……Tel:13633785889
0371－69972329
……E-mail:huangmingzhe1977@sina.com

**洛阳凯文网络通信设备有限公司**
地址:河南省洛阳市高新开发区滨河路 1T 号
……负责人:于凯
……Tel:0379－64312713

**河南省百诚慧捷计算机技术有限公司**
业务:计算机软件开发,网络设备
地址:河南省郑州市金水区数码港大厦 A 区 120 号谢坤收
……负责人:谢永民　邮　编:450000
……邮　编:谢永民
……Tel:13938091116
0371－66688029
15515811088

**洛阳市飞彩数码设计有限公司**
地址:河南省洛阳市西工区九都路 61 号院嘉碧广场花园 2－2－702
……负责人:贾惠丽
……Tel:0379－63379968

## 范县路通信息传媒服务有限公司
业务:范县路通信息传媒服务有限公司成立于2004年12月,从事新产品信息发布、推广、咨询、中介服务。如您手里有任何的值得推广、切实可行的、无论涉及任何行业的信息,我们都将以严谨的态度、诚实的信誉为您做好服务。
地址:河南省范县濮城镇油建转盘西10米路北
…… 邮　编:457512
…… 法　人:路明轩
…… Tel:0393－5902591
…… Fax:0393－5902591

**金伦科贸有限公司**
地址:河南省平顶山市建设路中段(广厦大酒店1018号)
…… 负责人:张予强
…… Tel:0375－3969601
13939969262

**三门峡市新恒数码网络技术有限公司**
地址:河南省三门峡市建设路中段
…… 负责人:姜文博
…… Tel:0398－2598604

**信阳网信科技工程有限公司**
地址:河南省信阳市师河区申城大道中段
…… 负责人:李仁喜
…… Tel:0376－6201827

**许昌东方通讯器材有限公司**
地址:河南省许昌市魏都区七一路东段
…… 负责人:李法祥
…… Tel:0374－2661588

**河南金视网络科技有限公司**
地址:河南省郑州市金水区东风路20号2号楼
…… 负责人:杨喜爱
…… Tel:0371－65820678

## 安阳市豫北电线电缆有限公司
业务:安阳市豫北电线电缆有限公司是一家专业生产电线电缆的产家,质量可靠,价格合理,欢迎新老客户电来垂询。
地址:河南省滑县白道口镇
…… 负责人:齐运增……邮　编:456462
…… 法　人:齐运增
…… Tel:0372－8491143
…… Fax:0372－8491988
…… 网址:www.mtw26250.chinapyp.com

**河南山特电子有限公司**
地址:河南省郑州市金水区东风路9号百脑汇G205
…… 负责人:赵燕
…… Tel:0371－63551018

**郑州市网的电脑科技开发有限公司**
地址:河南省郑州市金水区东明路218号索克大厦5层6532
…… 负责人:崔海洋
…… Tel:0371－65677275

## 郑州市汜水黄河消防器材厂
业务:郑州市汜水黄河消防器材厂成立于1974年,主要生产销售推车式灭火器、消防箱、消防栓、水枪、水带、水带接口、水带卷盘等各种型号消防器材。质量保证,价格合理,热诚欢迎各方客户光临惠顾。
地址:河南省郑州市荥阳汜水镇
…… 邮　编:450141
…… 法　人:贾新民
…… Tel:0371－64892335
…… Fax:0371－64899530

**郑州佳通网络工程有限公司**
地址:河南省郑州市金水区岗杜北街17号3单元28号
…… 负责人:杨仲华
…… Tel:0371－68059503

**河南万方亿达网络科技有限公司**
地址:河南省郑州市金水区经三路66号金成国际广场B座13楼1304
…… 负责人:冯海芹
…… Tel:0371－65861929

**英科计算机网络技术有限公司**
地址:河南省郑州市金水区文化路6号
…… 负责人:张海波
…… Tel:13838097470

## 濮阳市震霖物资有限公司
业务:濮阳市震霖物资有限公司成立于1997年,主要经营油田钻采设备、电线电缆,工程装饰装修。欢迎各方客户惠顾,洽谈业务,共同合作!
地址:河南省濮阳市振兴路北段路西桃园小区
…… 邮　编:457000
…… 法　人:王健
…… Tel:0393－4636888

**中圳消防工程有限公司**
地址:河南省郑州市文化路104号
…… 负责人:李松岭
…… Tel:0371－63856507、13803849008

## 新郑市玉前路鑫源通讯店
业务:手机,手机卡
地址:河南省郑州新郑市玉前路
…… 负责人:刘丙涛　邮　编:450000
…… 法　人:刘丙涛
…… Tel:13938248585
15136181118

## 郑州大中原线缆有限责任公司
业务:郑州大中原线缆有限责任公司专业生产各种电力电缆及多种装备电线,产品有上百种型号、上千种规格。我公司主要产品有:聚氯乙烯绝缘电力电缆;交联聚乙烯绝缘电力电缆;控制电缆;低烟无卤耐火电缆;阻燃电缆;预制分支电缆;防鼠、防蚁屏蔽电缆;PVC塑料绝缘(阻燃)电线;尼龙电线电缆。还可根据用户需要生产设计其他特殊要求的特种电缆。竭诚欢迎您的光临和垂询!
地址:河南省郑州市中原区航海路与桐柏路交叉路口
…… 负责人:訾现治……邮　编:450006
…… 法　人:訾现治
…… Tel:0371－68665883
…… Fax:0371－68627382
…… 网址:www.zwdxdl.cn
…… E-mail:office@zwdxdl.cn



# 湖北省/Hubei Province

**湖北天鸿科技有限公司**
地址:湖北省鄂州市葛店经济开发区
…… 负责人:孙大桥
…… Tel:13807103580

**鄂州市吴楚网络发展有限公司**
地址:湖北省鄂州市南塔街4号1单元6层东户
…… 负责人:刘桃英
…… Tel:13908688078

## 武汉市纤通网络科技有限公司
业务:本公司成立于2006年,主要从事有线广播电视网络设计安装,计算机系统设计,集成安装,软件硬件开发,电子产品销售。
地址:湖北省武汉市武昌区世纪宝安花园5－2－601室
…… 负责人:闫明德……邮　编:430064
…… 法　人:闫明德
…… Tel:027－88011723
…… Fax:027－88011723
…… E-mail:whqtwl@126.com

**荆门康阜生物科技有限公司**
地址:湖北省荆门市高新技术开发区孵化大楼一楼
…… 负责人:张水平
…… Tel:13597939252

**陈强电脑**
地址:湖北省荆门市沙洋县荷花路荷花小区门口陈强电脑
…… 负责人:陈强
…… Tel:0724－8592418
6653045
13971846219

**荆州市九通通讯器材有限公司**
地址:湖北省荆州市沙市区江汉南路六片5栋1－4楼
…… 负责人:许磊
…… Tel:13907210133

**十堰维智得科技有限责任公司**
地址:湖北省十堰市茅箭区人民南路79号
…… 负责人:尚斌
…… Tel:13907280765

**十堰万维网络信息技术有限公司**
地址:湖北省十堰市张湾区车城街办张湾社区居委会
…… 负责人:孙蔚
…… Tel:13986888146

**武汉瑞智电子有限公司十堰经营部**
地址:湖北省十堰市张湾区汉江中路罗家岗小区十四栋一单元202号
…… 负责人:冉青
…… Tel:13986918916

**随州甲乙电子有限公司**
地址:湖北省随州市经济技术开发区波导大道
…… 负责人:黄钟甲
…… Tel:13971797580

**美特科技(随州)有限公司**
地址:湖北省随州市经济技术开发区波导大道1号
…… 负责人:廖禄立
…… Tel:13908661309

**武汉东山旭日科贸有限责任公司**
地址:湖北省武汉市东湖开发区东山村
…… 负责人:李成斌
…… Tel:027－87921072

**武汉贝贝通科技有限公司**
地址:湖北省武汉市东湖开发区关东工业园特一号学府佳园
…… 负责人:彭战兵
…… Tel:027－67880315

**武汉优光科技有限责任公司**
地址:湖北省武汉市东湖开发区关东科技工业园4楼
…… 负责人:孟聪禄
…… Tel:027－69807215

**武汉晶格激光科技有限公司**
地址:湖北省武汉市东湖开发区关东科技工业园5－2号
…… 负责人:刘寿文
…… Tel:027－87403266

**武汉航天远景科技有限公司**
地址:湖北省武汉市东湖开发区关东科技工业园华光大道18号
…… 负责人:聂丹
…… Tel:027－87834207

**武汉中油种业科技有限公司**
地址:湖北省武汉市东湖开发区关山2路关东科技园7－4#601
…… 负责人:刘贵华
…… Tel:027－86836265

**武汉帕吉特科技有限公司**
地址:湖北省武汉市东湖开发区关山一路创业街1号楼
…… 负责人:赵明
…… Tel:13871179077

**武汉博大港深电子有限公司**
地址:湖北省武汉市东湖开发区关山一路金地太阳城7幢3单元302号
…… 负责人:张美霞
…… Tel:027－87883541

**武汉旭源科技有限公司**
地址:湖北省武汉市东湖开发区华工科技园
…… 负责人:朱谦
…… Tel:13308627906

**武汉万恩源科技发展有限公司**
地址:湖北省武汉市东湖开发区庙山小区南泥湾
…… 负责人:苏玲
…… Tel:027－87392959

**武汉恒建科技发展有限公司**
地址:湖北省武汉市东湖开发区庙山小区南泥湾
…… 负责人:刘建生
…… Tel:027－88616402

**武汉三力维康科技有限公司**
地址:湖北省武汉市东湖开发区民院路555号2－3－202
…… 负责人:吴德虎
…… Tel:13507158812

**武汉华科高软信息技术有限公司**
地址:湖北省武汉市东湖新技术开发区庙山小区
…… 负责人:李后平
…… Tel:027－87925756

**武汉奔迈科技有限公司**
地址:湖北省武汉市东西湖区华光大道18号
…… 负责人:杨海燕
…… Tel:027－82652810

**武汉驰富莱科技有限公司**
地址:湖北省武汉市汉阳区龙灯堤24号
…… 负责人:潘舒萍
…… Tel:13387556978

**武汉立天电子有限公司**
地址:湖北省武汉市汉阳区七里小区306栋一单元1－2号
…… 负责人:朱莉
…… Tel:13971877584

**武汉天绿科技发展有限公司**
地址:湖北省武汉市汉阳区七里小区39栋1－3－4
…… 负责人:吴汉秋
…… Tel:027－52237283

**武汉市实惠网吧有限责任公司**
地址:湖北省武汉市汉阳区琴台路505号国信新城6栋1单元102－104号
…… 负责人:石则建
…… Tel:027－62468477

**世奇通信科技有限公司**
地址:湖北省武汉市汉阳区鹦鹉大道46号长江广场2801室
…… 负责人:李立
…… Tel:027－84803239
13871218698

**武汉融通计算机有限责任公司**
地址:湖北省武汉市洪山区东湖路168号
…… 负责人:王文俊
…… Tel:027－67110744

## 武汉市江岸区国盛通讯器材经营部
业务:销售手机、手机维修
地址:湖北省武汉市江岸区华中通讯广场东3楼333号
…… 负责人:徐浩　邮　编:430010
…… 法　人:徐浩
…… Tel:027－82838069
…… Fax:027－82838069

**武汉新光电网科信息技术有限公司**
地址:湖北省武汉市洪山区关山村137号
…… 负责人:王华锋
…… Tel:027－87925346

**武汉永红网络信息工程有限公司**
地址:湖北省武汉市洪山区关山二路9号
…… 负责人:周平
…… Tel:027－84619446

**武汉众海智能科技有限公司**
地址:湖北省武汉市洪山区关山街关西经济小区6栋
…… 负责人:黄诚
…… Tel:13317174847

**武汉华泰龙科技有限公司**
地址:湖北省武汉市洪山区关山街鲁磨路428号
…… 负责人:黄斌
…… Tel:027－62206798

**武汉市新亚电子科技有限公司**
地址:湖北省武汉市洪山区关山街吴家湾紫菘花园29幢301室
…… 负责人:罗敏
…… Tel:027－87533312

**武汉蓝网科技有限公司**
地址:湖北省武汉市洪山区关山三路108号
…… 负责人:孙建国
…… Tel:027－87153531

**武汉乾坤时代数码科技有限公司**
地址:湖北省武汉市洪山区关山一村40栋3门101室
…… 负责人:朱厚才
…… Tel:13871189117

**武汉万方科技有限公司**
地址:湖北省武汉市洪山区桂元路5号
…… 负责人:陈金钱
…… Tel:027－87866396

**武汉艾力信息技术有限公司**
地址:湖北省武汉市洪山区和平乡铁机村2－2－2－1
…… 负责人:李子云
…… Tel:13971697353

**武汉群飞电脑技术咨询有限公司**
地址:湖北省武汉市洪山区洪山村吴家湾
…… 负责人:熊彦
…… Tel:027－67125840

**武汉易维软件系统工程有限公司**
地址:湖北省武汉市洪山区洪山乡关东康居园
…… 负责人:郑仕华
…… Tel:13808697001

**武汉共享科技有限公司**
地址:湖北省武汉市洪山区洪山乡钱家咀
…… 负责人:夏天有
…… Tel:13607186911

**武汉市英飞信息技术有限公司**
地址:湖北省武汉市洪山区洪山乡吴家湾紫菘花园602栋303号
…… 负责人:苏志刚
…… Tel:027－87193757

**武汉中宇高科科技有限公司**
地址:湖北省武汉市洪山区湖北省武汉市洪山侧路52号
…… 负责人:龚国强
…… Tel:027－87161817

**快捷电脑耗材经营部**
地址:湖北省武汉市洪山区华中科技大学东三区29号201
…… 负责人:孔友仙
…… Tel:027－87548680
62995322

**武汉华凌通电子科技有限公司**
地址:湖北省武汉市洪山区街道口珞狮路114号
…… 负责人:王海东
…… Tel:13807238261

**武汉鼎诚海纳科贸发展有限公司**
地址:湖北省武汉市洪山区九烽乡东风镇特1号
…… 负责人:陈立群
…… Tel:027－85625941

**武汉安存信息技术有限责任公司**
地址:湖北省武汉市洪山区鲁磨路385号南望山庄8－4－404室
…… 负责人:刘夏鸥
…… Tel:027－67885205

**武汉瑞兆威浦科技有限公司**
地址:湖北省武汉市洪山区鲁巷民院路6号尖东智能花园八栋二层八一201号
…… 负责人:万汉文
…… Tel:13871101112

**北京智网科技有限公司武汉分公司**

地址：湖北省武汉市洪山区珞珈山路附 7 号珞珈山大厦附楼 13 层 1306 号
…………负责人：肖玲玲
…………Tel：027－87880905

**武汉欣悦科技发展有限公司**
地址：湖北省武汉市洪山区珞南街八一路 338 号 1 栋 3 单元
…………负责人：李兵
…………Tel：13807168725

**武汉市鑫高科技发展有限公司**
地址：湖北省武汉市洪山区珞南街洪山村黄家湾
…………负责人：高晗
…………Tel：13971113067

**武汉理想创新科技有限公司**
地址：湖北省武汉市洪山区珞南街珞瑜路 252 号
…………负责人：柳欣
…………Tel：027－62037455

**武汉佳艺科技有限公司**
地址：湖北省武汉市洪山区珞南街武珞路 647 号
…………负责人：周学汉
…………Tel：027－87879225

**武汉纬捷科技有限公司**
地址：湖北省武汉市洪山区珞狮北路 129 号
…………负责人：陈正恩
…………Tel：027－62502545

**武汉裕和远东科技有限公司**
地址：湖北省武汉市洪山区珞狮北路樱花大厦 11B 号
…………负责人：项裕桥
…………Tel：027－87861660

**武汉野源科技发展有限公司**
地址：湖北省武汉市洪山区珞狮路 119 号
…………负责人：方静
…………Tel：027－87347493

**上海三零卫士信息安全有限公司驻武汉办事处**
地址：湖北省武汉市洪山区珞狮路 497 号丽岛花园桂园 2 号
…………负责人：袁峻
…………Tel：027－87378800

**武汉索普卡科技发展有限公司**
地址：湖北省武汉市洪山区珞狮路 B 号楼 1 单元 402 号
…………负责人：彭坚
…………Tel：13349906780

**武汉市万源数字仿真科技发展有限公司**
地址：湖北省武汉市洪山区珞狮路丽岛花园兰园 A 栋 802 号
…………负责人：骆滨
…………Tel：13871432781

**北京金色农华种业科技有限公司武汉分公司**
地址：湖北省武汉市洪山区珞狮南路 501 号
…………负责人：阳庆华
…………Tel：027－52237410

**武汉虹圆科技有限公司**
地址：湖北省武汉市洪山区珞狮南路 517 号 A2 幢 2072 室
…………负责人：黄平
…………Tel：027－52237486

**武汉拓建创新科技有限公司**
地址：湖北省武汉市洪山区珞瑜村 5－49 号
…………负责人：陈松
…………Tel：027－87878645

**武汉润迅通讯有限公司**
地址：湖北省武汉市洪山区珞瑜路 188 号
…………负责人：曾美山
…………Tel：027－87541468

**武汉远望科技发展有限公司**
地址：湖北省武汉市洪山区珞瑜路 345 号金桥花园 A 栋 1 单元 202 室
…………负责人：芦文成
…………Tel：13808675756

**武汉市菱电汽车电子有限责任公司**
地址：湖北省武汉市洪山区珞瑜路 546 号（武汉科技会展中心二期）
…………负责人：王和平
…………Tel：13607192997

**武汉市因诚电子有限公司**
地址：湖北省武汉市洪山区珞瑜路吴家湾
…………负责人：陈芳
…………Tel：027－62368877

**武汉汉源信息技术有限公司**
地址：湖北省武汉市洪山区民院路 555 号
…………负责人：李三峡
…………Tel：027－62027528

**武汉财富前沿网络发展有限公司**
地址：湖北省武汉市洪山区水果湖中北路 1 号楚天都市花园 D－1－20E
…………负责人：洪锦
…………Tel：027－87811570

**武汉中电时代科技有限公司**
地址：湖北省武汉市洪山区雄楚大街 231－21－4 号
…………负责人：刘晓东
…………Tel：027－87395879

**武汉山维集思信息技术有限公司**
地址：湖北省武汉市洪山区雄楚大街 428 号桂子花园第 10 栋 2 单元 2 层 1 号房
…………负责人：杜志学
…………Tel：027－87153212

**武汉辰龙科技有限公司**
地址：湖北省武汉市洪山区雄楚大街 709 号华城新都 3－1－101
…………负责人：肖雪芬
…………Tel：13607173520

**武汉润欣电子发展有限公司**
地址：湖北省武汉市洪山区徐东路 7 号
…………负责人：李俊
…………Tel：13507197595

**武汉同博科技有限公司**
地址：湖北省武汉市洪山区邮科院路 88 号
…………负责人：彭士玉
…………Tel：027－87694026

**武汉金医堂健康科技有限公司**
地址：湖北省武汉市洪山区兆富国际大厦 2005 号
…………负责人：潘玉芬
…………Tel：13971141510

**武汉武仁电子技术服务有限公司**
地址：湖北省武汉市洪山区兆富国际大厦 28 层
…………负责人：张波
…………Tel：027－87526760

**武汉市瑞琪网吧有限责任公司**
地址：湖北省武汉市洪山区卓刀泉路 168 号卓刀泉科技小区 1 单元 1 楼
…………负责人：欧建新
…………Tel：027－61382238

**湖北精工科技有限公司**
地址：湖北省武汉市黄陂盘龙经济开发区楚天大道特 1 号
…………负责人：胡晓明
…………Tel：027－61871150

**武汉金晓高科技发展有限公司黄陂分公司**
地址：湖北省武汉市黄陂区滠口镇刘店
…………负责人：韩志学
…………Tel：027－85873489

**武汉速维电子技术服务有限公司**
地址：湖北省武汉市江岸区保成路 10 号－2 号楼
…………负责人：余建兵
…………Tel：027－82210700

**武汉市东明光电子系统工程有限公司**
地址：湖北省武汉市江岸区车站街常青里常青广场裕和园 D 栋 4－4－1 号
…………负责人：高隆海
…………Tel：027－85887326

**武汉雷鸣科技发展有限责任公司**
地址：湖北省武汉市江岸区东方恒星园第 6 栋 1 单元 1－2 层 1 室
…………负责人：王力敏
…………Tel：027－82412491

**武汉畅达通讯产品有限责任公司汉口分公司**
地址：湖北省武汉市江岸区合作路 56 号
…………负责人：吴宏
…………Tel：027－82832183

**武汉艾博科技有限公司**
地址：湖北省武汉市江岸区黄浦路 248 号
…………负责人：杨玉祥
…………Tel：027－82726265

**广州正联信息科技有限公司武汉分公司**
地址：湖北省武汉市江岸区解放公园路 43 号
…………负责人：刘君瑜
…………Tel：027－82439401

**武汉军艺电子沙盘模型设计制作有限公司**
地址：湖北省武汉市江岸区解放公园路 45 号
…………负责人：张庆祥
…………Tel：027－82417507

**夏新授权新厦客房服务中心**
地址：湖北省武汉市江岸区中山大道数码港 D27 号
…………负责人：徐伟
…………Tel：027－82785558
13554061528

**武汉普天阳光科技有限公司**
地址：湖北省武汉市江汉区姑嫂树路 8 号新华家园 A 区 3 栋 7 层 1 室
…………负责人：黄利群
…………Tel：027－65787122

**湖北尼斯顿电子有限公司**
地址：湖北省武汉市江汉区江汉四路 19 号科技王广场 7 层 60E 室
…………负责人：聂林元
…………Tel：027－82775927

**中国电子系统工程总公司华东分公司驻武汉办事处**
地址：湖北省武汉市江汉区江兴路 6 号江北国家民营科技园创业中心
…………负责人：邱坤
…………Tel：027－83560571

**武汉旭日劳务信息咨询有限公司**
地址：湖北省武汉市江汉区新华路 139 号凯盟大厦 1403 室
…………负责人：周曙莉
…………Tel：027－59503372

**湖北胜捷消防科技有限公司**
地址：湖北省武汉市江汉区新华下路 187 号
…………负责人：温展翔
…………Tel：027－85620915

**武汉派恩通讯科技有限公司**
地址：湖北省武汉市江汉区新华下路 410 号服贸中心综合楼 A 区 528 号
…………负责人：李振国
…………Tel：027－85630435

**武汉凡谷电子技术股份有限公司江夏分公司**
地址：湖北省武汉市江夏区藏龙岛科技园
…………负责人：王丽丽
…………Tel：027－87561898

**武汉天海腾龙科技发展有限公司**
地址：湖北省武汉市江夏区庙山小区黄龙咀 10－101－2－201
…………负责人：刘文武
…………Tel：027－87332896

**宜通（武汉）科技有限公司**
地址：湖北省武汉市江夏区纸坊镇新兴街建行大厦
…………负责人：郭井荣
…………Tel：027－81826666

**赛科工业科技开发（武汉）有限公司**
地址：湖北省武汉市经济技术开发区创业道 10 号
…………负责人：MartinucciPatrick
…………Tel：027－85796633

**武汉华理科益科技发展有限责任公司**
地址：湖北省武汉市乔口区解放大道 41 号
…………负责人：高伟
…………Tel：027－82706546

**武汉金潮科技有限公司**
地址：湖北省武汉市乔口区解放大道 476 号
…………负责人：高梓然
…………Tel：027－83780870

**武汉市瑞兴电子科技有限公司**
地址：湖北省武汉市桥口区中山大道 291 号
…………负责人：汪小平
…………Tel：027－85734126

**武汉维创科技发展有限公司青山分公司**
地址：湖北省武汉市青山区青翠苑小区 162－10 号
…………负责人：代爱国
…………Tel：027－86843737

**武汉巍洪科技发展有限公司**
地址：湖北省武汉市青山区治金一街二十四街坊
…………负责人：胡红涛
…………Tel：027－86864322

**武汉英福软件有限公司**
地址：湖北省武汉市武昌区八一路 151 号
…………负责人：周正军
…………Tel：027－62518452

**武汉东泰中擎网络发展有限责任公司**
地址：湖北省武汉市武昌区风华天城祺善坊三楼 1 单元 601 号
…………负责人：周亮
…………Tel：027－62009022

**武汉天晟科技有限公司**
地址：湖北省武汉市武昌区洪山路 2 号
…………负责人：朱毅波
…………Tel：027－83693898

**武汉卡贝尔能源科技有限公司**
地址：湖北省武汉市武昌区洪山路 2 号湖北科教大厦 D 座
…………负责人：郑绪涛
…………Tel：027－62196711

**武汉三里针财务信息咨询有限公司**
地址：湖北省武汉市武昌区湖北省武汉市武昌小洪山东区 52 号
…………负责人：汞固
…………Tel：027－87818071

**武汉阳光网吧有限责任公司**
地址：湖北省武汉市武昌区联盟路武汉铁机集团鸿运商业街 2 号
…………负责人：肖军
…………Tel：027－86582266

**武汉东方博浪科技有限公司**
地址：湖北省武汉市武昌区水果湖洪山路 10 号
…………负责人：佘尚荣
…………Tel：027－87213640

**武汉坤龙科技有限责任公司**
地址：湖北省武汉市武昌区武昌路人防宿舍 18 号 604 室
…………负责人：林慧娟
…………Tel：027－88415192

**武汉怡通通讯技术有限公司**
地址：湖北省武汉市武昌区武珞路 460 号
…………负责人：陈家斌
…………Tel：027－62572857

**武汉泰普安科技有限公司**
地址：湖北省武汉市武昌区小洪山
…………负责人：蒋文辉
…………Tel：027－87198861

**武汉俊俊宇网吧有限公司**
地址：湖北省武汉市武昌区中北路 147 号 418 栋
…………负责人：朱锡祥
…………Tel：027－87303541

**合肥健桥科技发展有限公司武汉分公司**
地址：湖北省武汉市武昌区中北路安顺星苑 8 栋 2 单元 1202 室
…………负责人：杨涛
…………Tel：027－87895963

**武汉雅泰达科技有限责任公司**
地址：湖北省武汉市武昌区中南路 17 号 5－301 号
…………负责人：袁惠君
…………Tel：027－62627690

**武汉华网信通科技有限公司**
地址：湖北省武汉市武昌区中南路 7 号
…………负责人：张玉宁
…………Tel：027－87322669

**湖南银河信息产业股份有限公司武汉分公司**
地址：湖北省武汉市武昌区中南路 80 号
…………负责人：李共联
…………Tel：027－87897211



## 湖南省/Huana Province

**浏阳市达浒宏达通信行**
地址：湖南省长沙浏阳市达浒镇开发区
…………负责人：彭蒲生
…………Tel：13973191358

**湖南省怀化市怀成福利电线电缆有限公司**
业务：湖南省怀化市怀成福利电线电缆有限公司成立于 2004 年，主要从事电线电缆、铜杆、铝杆的生产与销售。我们愿以卓越的产品质量，优质的服务和良好的信誉与广大朋友真诚合作，共创新的辉煌。
地址：湖南省怀化市鹤城区盈口乡西冲村
…………负责人：谢耿生……邮　编：418000
…………Tel：0745－2360056

**长沙县黄花镇达成电脑维修店**
业务：电脑维修及配件销售
地址：湖南省长沙市长沙县黄花镇机场安置区
…………负责人：于红长　邮　编：410100
…………法　人：于红长
…………Tel：13574892780
0731－86398302

**长沙永凯科技设备有限公司**
地址：湖南省长沙市长沙县长沙经济技术开发区
…………负责人：周世明
…………Tel：0731－82203875

**长沙经济技术开发区邦鑫科技发展有限公司**
地址：湖南省长沙市长沙县长沙经济技术开发区金华路
…………负责人：辛湘杰
…………Tel：0731－84060880

**长沙东山通讯设备有限公司**
业务：通讯设备经营
地址：湖南省长沙市芙蓉区五一大道 284 号 4 栋 3 单元 206 室
…………负责人：刘光日　邮　编：444300
…………法　人：刘光日
…………Tel：0731－84460756

**湖南富硅通光电技术有限公司**
地址：湖南省长沙市长沙县长沙经济开发区漓湘东路
…………负责人：廖良文
…………Tel：0731－86482578

**长沙佳安消防器材有限公司**
地址：湖南省长沙市芙蓉区八一西路 68 号（锦华时代 801 房）

负责人:李晓曦
Tel:13787030181

**长沙英盛石化信息服务有限公司**
地址:湖南省长沙市芙蓉区蔡锷中路149号
负责人:周立明
Tel:0731－82259109

**长沙速动科技开发有限公司**
地址:湖南省长沙市芙蓉区长沙市高新技术产业开发区隆平高科技园管委会办公楼裙楼4楼
负责人:杨先岚
Tel:0731－87311665

**长沙山河数码科技有限公司**
地址:湖南省长沙市芙蓉区长沙市晚报大道雍景园B栋102房
负责人:彭朝纲
Tel:13973115037

**上海金盾消防安全设备有限公司长沙办事处**
地址:湖南省长沙市芙蓉区德政园润心苑6栋3单元506室
负责人:秦仕林
Tel:13873183906

**祁东英之杰电脑商行**
产品:电脑销售、电脑维修、电脑配件、监控设备、办公耗材
地址:湖南省衡阳市祁东县洪桥镇鼎山西路
负责人:贺有云　邮　编:421001
法　人:贺有云
Fax:13107348618
0734－6186388

**长沙联发科技有限公司**
地址:湖南省长沙市芙蓉区芙蓉中路267号1001室
负责人:赵枫
Tel:0731－84418655

**长沙宇锐信息科技有限公司**
地址:湖南省长沙市芙蓉区芙蓉中路267号1709房
负责人:钟翔
Tel:13319565966

**长沙鑫鼎消防设备有限公司**
地址:湖南省长沙市芙蓉区建湘南路154号1702、1704室
负责人:周跃波
Tel:1397516666

**长沙市百泽科技开发有限责任公司**
地址:湖南省长沙市芙蓉区解放东路第005栋602房
负责人:陈小易
Tel:0731－85467999

**辰溪县阳老师电脑培训中心**
业务:电脑培训,电脑维修,维护,管理
地址:湖南省怀化市辰溪县辰阳镇双溪商贸街7幢401(惠民大药房楼上)
负责人:阳黎明　邮　编:419500
法　人:阳黎明
Tel:13327252992
0745－5256897

**捷迅实业有限公司**
地址:湖南省长沙市芙蓉区韭菜园路28号新富安楼7－8号
负责人:李波
Tel:0731－82231775
84438687

**长沙上扬科技有限公司**
地址:湖南省长沙市芙蓉区韭菜园省政府机关服务中心综合楼15栋307号
负责人:肖斥
Tel:0731－82259955

**智冠电子(北京)有限公司长沙办事处**
地址:湖南省长沙市芙蓉区人民东路1号天心丽城1404房
负责人:韩卫平
Tel:0731－84725539

**长沙聚实信息科技发展有限公司**
地址:湖南省长沙市芙蓉区韶山路39号维一星城国际1418房
负责人:胡江
Tel:13786171118

**湖南毕升科技发展有限公司**
地址:湖南省长沙市芙蓉区五里牌南湖市场盾华商住楼5号楼
负责人:周强
Tel:0731－82180421

**吉首市恒峰网络电脑公司**
业务:经营范围:网吧工作机、各种组装机、销售微星主板、杰微主板、品牌机里面的显卡、LG的显示器等等
地址:湖南省吉首市人民北路新世纪电脑城二楼114号
负责人:刘光风　邮　编:416000
法　人:刘光风
Tel:13307436618
0743－2162865

**长沙艾登创兴科技有限公司**
地址:湖南省长沙市芙蓉区五一大道717号(五一新干线A座18层17号)
负责人:汪清生
Tel:13701706054

**长沙恒剑科技发展有限公司**
地址:湖南省长沙市芙蓉区五一东路6号香格里嘉园211室
负责人:罗铁山
Tel:0731－84587567
13307319007

**长沙红迈科技开发有限公司**
地址:湖南省长沙市芙蓉区五一东路87号长沙大厦1402房
负责人:胡远红
Tel:0731－84148388
13874926928

**长沙市开福区君悦通讯商行**
地址:湖南省长沙市开福区蔡锷北路389号
负责人:刘向平
Tel:0731－84466388

**邵阳县五峰铺镇兰宇手机代理店**
业务:各品牌手机代理,手机配件销售及移动开户、收费业务
地址:湖南省邵阳市邵阳县五峰铺镇田心路
负责人:刘湘彬　邮　编:422115
法　人:刘湘彬
Tel:13574963471

**长沙用心软件有限公司**
地址:湖南省长沙市开福区长沙一路吉祥28号商住楼
负责人:肖学文
Tel:13307317521

**长沙文嘉科技开发有限公司**
地址:湖南省长沙市开福区德雅路69号6栋203房
负责人:孙文正
Tel:13907311697

**湖南同升科技发展有限公司**
地址:湖南省长沙市开福区芙蓉中路468号湖南财富中心1209
负责人:彭继祥
Tel:0731－82560066

**美国通能高科技公司长沙办事处**
地址:湖南省长沙市开福区营盘东路38号湖南新闻出版局大厦28楼14层C户
负责人:蒋敦雄
Tel:0731－84411192

**湖南湘通科贸发展有限公司**
地址:湖南省长沙市天心区赤岭路68号白沙花园1－1208号
负责人:刘轩畅
Tel:13973167586

**长沙玄天科技发展有限公司**
地址:湖南省长沙市天心区劳动西路115号2栋301房
负责人:周璇璇
Tel:0731－85112070

**湖南中蓝科技有限公司**
地址:湖南省长沙市天心区南湖路长坡005栋602号
负责人:刘伟强
Tel:13974810369

**长沙联嘉科技有限公司**
地址:湖南省长沙市天心区书院路附385号创远景园肆栋1302房
负责人:王荣春
Tel:13055164658

**长沙市金穗空调消防设备有限责任公司**
地址:湖南省长沙市天心区新开铺路36号29栋301室
负责人:张文武
Tel:13973140488

**地球村工贸有限公司**
地址:湖南省长沙市五一大道联合商厦2805室
负责人:刘百清
Tel:13907484787

**福州宏泽电子科技有限公司长沙办事处**
地址:湖南省长沙市雨花区侯家塘都市阳光2704室
负责人:田丹华
Tel:0731－84749910

**长沙天君电子贸易有限公司**
地址:湖南省长沙市雨花区韶山北路460号(兴威名座南栋9楼C座)
负责人:宋可雄
Tel:13974829816

**长沙飞创科技发展有限公司**
地址:湖南省长沙市雨花区韶山路62号省水利水电厅1栋14楼
负责人:蒋佛岑
Tel:0731－85483269

**长沙市美乐通讯设备有限公司**
地址:湖南省长沙市雨花区韶山路86号兴威名座30－2702室
负责人:刘浩世
Tel:0731－82762826

**长沙建飞科技仪器有限公司**
地址:湖南省长沙市岳麓区长沙高新技术产业开发区火炬城M0组团北七楼
负责人:周飞艨
Tel:0731－88836964

**长沙通鹏信息技术有限责任公司**
地址:湖南省长沙市岳麓区长沙高新技术产业开发区麓谷基地橡树园5栋2楼
负责人:方浩
Tel:0731－85011928

**湖南湘许华中稳控技术有限责任公司**
地址:湖南省长沙市岳麓区长沙高新开发区火炬城M7组团
负责人:喻立新
Tel:0731－88905172

**长沙欧化科技有限公司**
地址:湖南省长沙市岳麓区长沙高新开发区火炬城湘许大厦1207号
负责人:贺惠明
Tel:0731－85153449

**湖南融和科技有限公司**
地址:湖南省长沙市岳麓区麓谷科技园麓天路15号
负责人:邹立坚
Tel:13786112078

**长沙高新开发区奇佳科技发展有限公司**
地址:湖南省长沙市岳麓区银盆南路289号万利大厦12楼
负责人:甘少白
Tel:0731－87486589

**衡阳市多通数码办公用品有限公司**
地址:湖南省衡阳市雁峰区和平南路10号
负责人:周凤辉
Tel:0734－8239330

**恒发网络技术发展中心**
地址:湖南省衡阳市雁峰区衡阳电脑城8321－1号
负责人:廖崇开
Tel:0734－8205603
13707343883

**衡阳市雁峰网利电脑经营部**
地址:湖南省衡阳市雁峰区衡阳电脑城8337号
负责人:钦国华
Tel:0734－6642192
13974759958

**衡阳九五八五九八电讯有限公司**
地址:湖南省衡阳市雁峰区解放路119号
负责人:周光志
Tel:0734－8267702

**衡阳市名翔网络开发有限公司**
地址:湖南省衡阳市雁峰区中山南路19－33号仙姬巷5－13号
负责人:刘克明
Tel:0734－8278839

**怀化市天源环保科技有限责任公司**
地址:湖南省怀化市迎丰东路1号
负责人:刘尧
Tel:0745－2717535

**瑞泰网络科技工作室**
地址:湖南省怀化市中心市场裙房2－51号
负责人:袁建杰
Tel:13874520473

**新蓝新浪潮科技有限公司**
地址:湖南省湘潭市韶山中路69号B21－23号
负责人:林宏
Tel:0731－58211918
13037327066

**湘潭新天纬科技有限公司**
地址:湖南省湘潭市岳塘区宝塔中路8号6号门面
负责人:王曲
Tel:0731－58269589

**银河计算机有限公司**
地址:湖南省益阳市南县南洲镇永安东路8区63号
负责人:卜文宏
Tel:0737－5227999
13574745999

**永州市冷水滩好木网吧**
地址:湖南省永州市冷水滩区梅湾派出所对面
负责人:李寄
Tel:13607460801

**景顺消防设备安装有限公司**
地址:湖南省岳阳市八字门青年东路景顺大厦
负责人:李楚南
Tel:0730－8710998
13575038888

**岳阳鹏程电子通讯有限公司**
地址:湖南省岳阳市东茅岭娃娃塘
负责人:易建红
Tel:13975010089

**岳阳市荣哲电脑有限公司**
地址:湖南省岳阳市君山区挂口机关小区对面
负责人:彭庆树
Tel:0730－3256555

**汨罗市众华科贸有限公司**
地址:湖南省岳阳市汨罗市万达商业广场
负责人:曹利庆
Tel:13874079798

**张家界三c电子市场管理有限公司**
地址:湖南省张家界市天门路
负责人:黄自立
Tel:13574435388

**株洲赋安智能科技工程有限公司**
业务:本公司成立于2006年,主要研发、生产、销售消防报警、楼宇对讲、防盗监控、应急灯具等。以质量求生存、以信誉求发展,竭诚欢迎广大客户来电洽谈业务!
地址:湖南省株洲市天元区长江北路五一新村20栋304号
负责人:温先亮……邮　编:412000
法　人:温先亮
Tel:0733－2876728
Fax:0733－2876718
E-mail:zhuzhou@fuan.com.cn

**株洲菲特科技仪器有限公司**
地址:湖南省株洲市荷塘区华南路29号41栋103号
负责人:沈烈名
Tel:13107016150

**株洲施乐数码办公设备有限公司**
地址:湖南省株洲市芦淞区建设南路华联电脑城
负责人:王丽萍
Tel:0731－28288198

**株洲现代文化传播有限公司**
地址:湖南省株洲市天元区天台路58号
负责人:罗洪
Tel:13907318488

**永州信安科技有限公司**
业务:计算机,网络产品,系统集成
产品:计算机,网络产品,系统集成,综合布线,通信产品,安防监控
地址:湖南省永州市冷水滩区翠竹路186号
负责人:文满贵　邮　编:425000
法　人:文满贵
Tel:0746－8361610
13907464979
Fax:0746－8361610
E-mail:wen810126@163.com

**株洲市华兴实业有限责任公司**
地址:湖南省株洲市攸县柏市镇
负责人:陈渡华
Tel:0731－24693278
13574239988

## 广东省/Guangdong Province

**东莞旭福电脑有限公司**
地址：广东省东莞市清溪镇银湖工业区银山路第一排C座
负责人：许凤林
Tel：13071395507

**展能数码科技有限公司**
地址：广东省佛山市汾江中路5号新鸿运电脑城第一层105－106铺
负责人：陈润联
Tel：0754－82289040
82252910

**潮安县金石镇中意电讯门市**
业务：国产手机批发
地址：广东省潮州市潮安县金石镇灰窑头金华街3号
负责人：郑焕中　邮　编：521000
法　人：郑焕中
Tel：13631006666
0768－6564008
Fax：0768－6564008

**平安消防设备有限公司**
地址：广东省佛山市南海区平洲工业园
负责人：杜敏星
Tel：0757－86709999
13318212322

**裕祥网络通信有限公司**
业务：裕祥网络通信有限公司成立于2005年，销售通讯器材，办理中国移动及联通的所有业务，热忱为您服务，欢迎来电垂询！
地址：广东省东莞市东城区大井头金源花园源长阁5号
负责人：赖宇伦　邮　编：523129
法　人：房宇锋
Tel：0769－22699611
23131991

**尼科达通风设备有限公司广东省佛山市南海分公司**
地址：广东省佛山市南海区狮山大道狮山工业区南方风机厂内
负责人：吴明亮
Tel：0757－86695100
13927241022

**潮安县彩塘鼎元电讯经营部**
业务：通讯产品的批发、零售
产品：IC卡、充值卡
地址：广东省潮州市潮州大道中物花园三幢B座104、C座101号铺
负责人：陈旭群　邮　编：521000
法　人：陈旭群
Tel：0768－3285888

**广州正信通信技术有限公司**
地址：广东省广州市东山区淘金路淘金家园东泰阁A1－3栋401房
负责人：吴作景
Tel：020－87373931

**广东省赛格车圣导航科技有限公司**
地址：广东省广州市东山区沿江中路299号银海大厦24楼
负责人：邓勇军
Tel：020－61222295
13719442288

**广州市番禺区恒科电脑经营部**
地址：广东省广州市番禺区大石镇洛溪新城吉祥北园吉祥北道192号铺
负责人：沈爱琼
Tel：020－88499667

**东莞市长安聚佳公话连锁店**
业务：公用电话、手机充值卡（电信、移动、联通）
地址：广东省东莞市长安镇长安街口西六巷2号
负责人：姚海华　邮　编：523003
法　人：姚海华
Tel：13713169655
0769－81760713

**广州市元本计算机服务有限公司**
地址：广东省广州市番禺区大石镇洛溪新城如意中心B座808
负责人：曾凡林
Tel：13002027686

**东莞市长安聚佳公话连锁店**
业务：公用电话、手机充值卡（电信、移动、联通）
地址：广东省东莞市长安镇锦厦河南工业区东南路创新公寓1楼
负责人：姚海华　邮　编：523003
法　人：姚海华
Tel：0769－82383862

**广州市蔚得消防器材有限公司**
地址：广东省广州市番禺区沙湾镇蚬涌工业村
负责人：朱文兵
Tel：020－34731502

**广州市番禺区友乐网吧**
地址：广东省广州市番禺区石基镇石岗东村球山西八巷23号
负责人：胡雪贞
Tel：020－84633668

**一行软件有限公司**
地址：广东省广州市黄埔大道中海景中心东塔15F
负责人：苏晓明
Tel：020－85626303
13561074300

**广州商景网络科技有限公司**
地址：广东省广州市龙口东路368号A幢807室
负责人：李景清
Tel：020－33828789
38488483
13503036108

**广东省市贝莱特科技有限公司**
地址：广东省广州市天河北路368号都市华庭月观轩6D
负责人：吴少敏
Tel：020－87591025

**东莞市长安聚佳公话连锁店**
业务：公用电话、手机充值卡（电信、移动、联通）
地址：广东省东莞市长安镇锦厦河西工业区兴隆商业街1号
负责人：姚海华　邮　编：523003
法　人：姚海华
Tel：0769－85545415

**广州市凯利安消防工程设备有限公司**
地址：广东省广州市天河区车陂路95号南国嘉居瑞华二街D32号
负责人：黄建康
Tel：020－38602011
38602065

**广州飞越科技发展有限公司**
地址：广东省广州市天河区黄埔大道西201号金泽大厦1803室
负责人：王志奎
Tel：020－87531357
87581655
13632331065

**中科润泽计算机科技有限公司**
地址：广东省广州市天河区科华街511号
负责人：邓复苏
Tel：020－85290900
13322608389

**东莞市长安镇步步高音乐手机专卖店**
业务：东莞地区首家步步高音乐手机专卖店，主营步步高手机
地址：广东省东莞市长安镇霄边大道阳光国际商城1楼B33号
负责人：黎宏华　邮　编：523003
法　人：黎宏华
Tel：15989644555
0769－85317067

**新峰龙计算机科技有限公司**
地址：广东省广州市天河区石牌西路111号天晟明院北幢1001号
负责人：夏永新
Tel：020－87564450
13316191550

**东莞市科菱电线有限公司**
业务：我公司是一家专业从事电线电缆生产的民营企业。主要产品有通过UL&C(UL)，VDE认证的电子线，并排线，高温铁氟龙和硅胶材质的电子线，以及电源线，插头电源线等。公司秉承："质量至上，信誉第一，尽善尽美，顾客满意"的质量方针，并以稳定、优良的产品品质及一流的售后服务，与广大客户共同发展。
地址：广东省东莞市虎门镇龙眼村新工业区
邮　编：523920
法　人：张沛凌
Tel：0769－85232966
Fax：0769－85231368
网址：www.kelinwire.com

**华众科技有限公司**
地址：广东省广州市天河区天河路560号太平洋商业中心211室
负责人：危晓
Tel：020－87592293
13902280884

**石牌鸿雁电脑配件经营**
地址：广东省广州市天河区天河路561号新赛格电子城113A号
负责人：邱育霞
Tel：020－87564592

**东莞市长安聚佳公话连锁店**
业务：公用电话、手机充值卡（电信、移动、联通）
地址：广东省东莞市长安镇新安上近农贸市场B31铺
负责人：姚海华　邮　编：523003
法　人：姚海华
Tel：0769－85334743

**广州新百粤汇通信息科技有限公司**
地址：广东省广州市天河区天河南二路25号1006房
负责人：梁杏英
Tel：13722177880

**星光制作服务部**
地址：广东省广州市天河区天河棠下上社拥军路15工业区3座
负责人：刘四凤
Tel：020－85290856、13189180537

**广州友光数码科技发展有限公司天河第三分公司**
地址：广东省广州市天河区天河中山大道天河东路天河南住12－1A综合办公楼1－
负责人：张峰
Tel：020－87534696

**东莞市科道智能安防服务有限公司**
业务：安防，智能家居，自动化控制，电子，计算机及网络设备，计算机软件研发设计、生产，安防工程设计施工维护等
产品：安全智能防范产品，自动化控制产品，电子产品，计算机网络设备，软件，安防工程等
地址：广东省东莞市东纵大道138号盈锋商务中心10楼1、2号
负责人：陈小姐　邮　编：523000
法　人：黄浩锋
Tel：0769－22309299
Fax：0769－22309399
网址：www.itonedg.com
E-mail：info@itonedg.com

**广州宽路通讯科技有限公司**
地址：广东省广州市天河区中山大道西209号7f
负责人：梁瑞华
Tel：13322811125

**香港电讯盈科有限公司广州代表处**
地址：广东省广州市越秀区东风西路191号国际银行中心605－608室
负责人：唐洁
Tel：020－87320280
13500029371

**东莞市横沥创展手机连锁**
业务：销售各品牌手机
地址：广东省东莞市横沥镇三江恒乐购物广场一楼
负责人：廖展宽　邮　编：523003
法　人：廖展宽
Tel：13580866838
0769－89220168

**汕头市益通电信设备实业有限公司**
地址：广东省汕头市潮阳正和平下寨水场市场前
负责人：高俊华
Tel：0754－82252796
13502923968

**东莞市横沥创展手机连锁**
业务：销售各品牌手机
地址：广东省东莞市横沥镇三江区怡利商业街6－7号铺位
负责人：廖展宽　邮　编：523003
法　人：廖展宽
Tel：13580866838
0769－82801869

**汕头市声望听觉技术有限公司**
地址：广东省汕头市金平区大华路53号之106号
负责人：郑昨燕
Tel：0754－88102929
13502735898

**深圳市康扬码科技有限公司**
地址：广东省深圳市宝安80区建安二路泰华明珠1－26F
负责人：朱可珊
Tel：0755－29979977
13823533400

**东莞市横沥创展手机连锁**
业务：销售各品牌手机
地址：广东省东莞市横沥镇田坑城江路海一百货一楼
负责人：廖展宽　邮　编：523003
法　人：廖展宽
Tel：13580866838
0769－82801668

**瑞真电子通信（深圳市）有限公司**
地址：广东省深圳市宝安区7区甲岸村99栋
负责人：严文女
Tel：13322989373

**东莞市厚街恒创电脑店**
业务：联想品牌专卖、耗材批零，网络监控，数码产品等
地址：广东省东莞市厚街镇珊美村教育路百汇电脑城1－08号
负责人：邓国富　邮　编：523003
法　人：邓国富
Tel：0769－81225526

**广州市番禺区星际网吧**
业务：广州市番禺区星际网吧成立于2006年，本网吧主要提供互联网服务，环境优雅，服务周到！
地址：广东省广州市番禺区石基镇广华南路98－112
负责人：陈健宏　邮　编：511450
法　人：陈健宏
Tel：020－34627033

**东莞市虎门明宇通通讯器材店**
业务：通讯器材销售
地址：广东省东莞市虎门镇北栅仁和工业区S358省道304号铺位
负责人：王顺平　邮　编：523003
法　人：王顺平
Tel：13416662066
0769－81613578

**深圳市联科信息技术有限公司**
地址：广东省深圳市宝安区宝城40区宝安电子城3033铺
负责人：刘运华
Tel：13714783812

**港兴隆数码产品店**
业务：电脑耗材，数码相机，MP3\MP4，游戏机
地址：广东省东莞市虎门镇中科数码文化城第一层B059号铺位
负责人：雄先生　邮　编：523900
法　人：王锦志
Tel：0769－82883218

**新大地通讯发展有限公司**
地址：广东省深圳市宝安区福永镇白石厦西区福永大道309栋一楼
负责人：张旭旋
Tel：27381612
13828892882
Fax：0755－27392456

**东莞市黄江盈龙电脑维修店**
业务：闭路监控工程．防盗报警工程．无盘系统．芯片级维修．组装电脑销售及维修服务
地址：广东省东莞市黄江镇黄牛埔村福安街十二号一楼
负责人：刘星　邮　编：523762
法　人：刘星
Tel：13726410575
0769－82112971
Fax：0769－82112971
网址：slcom2009.vicp.net
E-mail：slcom@163.com

**壹阳科技有限公司**
地址：广东省深圳市宝安区福永镇凤凰第三工业区第一工业园A1栋
负责人：李峥
Tel：0755－27327236
13802293925

**荣声电脑电器店**
地址：广东省深圳市宝安区福永镇政风南路福德楼6号
负责人：阮诗辉
Tel：0755－27385259
13828765864

**东莞市企石中泰电脑商场**
业务：品牌电脑，组装电脑，电脑配件，数码等IP产品零售
地址：广东省东莞市企石镇振华西一横路1号（二层）
负责人：程志雄　邮　编：523000
法　人：张先生
Tel：0769－86768188

**深华消防产品销售中心**
地址：广东省深圳市宝安区观澜镇大和路13号
负责人：叶海华
Tel：0755－28013408
28028733
13823717160

**深圳市搏澳宇数码科技有限公司**
地址：广东省深圳市宝安区观澜镇福民村竹村屋松卡地段5号厂房
负责人：陈艳丽
Tel：0755－27999228

**东莞市石碣中大数码器材店**
业务：手机及手机配件，移动套卡
地址：广东省东莞市石碣镇新城区光明路家和商贸广场
负责人：朱明华　邮　编：523000
法　人：朱明华
Tel：0769－86362223
86381638
Fax：0769－86381638

**精铭达产品技术开发有限公司**
地址：广东省深圳市宝安区鹤州横丰工业区B23幢3楼
负责人：赵立红
Tel：13602609524

**深圳市宝安区观澜丹光卡板行**
地址：广东省深圳市宝安区龙华新汽车站后面
负责人：洪炎树

………………………… Tel:0755-27999368
28037718
13828877225

**东莞市莞城飞腾电脑经营部**
业务:电脑及电脑配件耗材
产品:长城品牌,华硕,DELL,HP,IBM,华硕主板
地址:广东省东莞市莞城体育路78号天源电脑城329号
负责人:魏华彬 邮 编:523000
法 人:魏华彬
Tel:0769-22308772
15812819990
Fax:0769-22308772
网址:www.szgreatwall.com
E-mail:847903472@qq.com

**深圳市友士达计算机技术有限公司**
地址:广东省深圳市宝安区龙华镇丰润花园16栋807室
负责人:胡永欣
Tel:0755-83988725
13005467101

**华龙方科技(深圳)有限公司**
地址:广东省深圳市宝安区龙华镇和平路和平大厦B栋1102室
负责人:李国耀
Tel:13025498750

**东莞市莞城飞腾电脑经营部**
业务:电脑及电脑配件耗材
产品:长城品牌,华硕,DELL,HP,IBM,华硕主板
地址:广东省东莞市莞城体育路78号天源电脑城329号
负责人:魏华彬 邮 编:523000
法 人:魏华彬
Tel:0769-22308772
15812819990
Fax:0769-22308772
网址:www.szgreatwall.com
E-mail:847903472@qq.com

**亚美联信息技术有限公司**
地址:广东省深圳市宝安区龙华镇民治向南村一区八栋二楼
负责人:林美红
Tel:0755-28198149

**明恒电子有限公司**
地址:广东省深圳市宝安区龙华镇油松路163号中路工业区
负责人:陈友明
Tel:0755-28064658
13902989400

**香港永胜泰科技有限公司深圳市代表处**
地址:广东省深圳市宝安区沙井镇东塘新村民福路1巷6号民福楼1楼
负责人:王佳进
Tel:0755-27213979
13602664435

**东莞市莞城明华通讯器材店**
业务:批发零售各种手机配件
地址:广东省东莞市莞城西正路64号之内B18,19号
负责人:汪庆华 邮 编:523003
法 人:汪庆华
Tel:13532883309
0769-22248659
22240980
22245865

**龙记电讯店**
地址:广东省深圳市宝安区沙井镇沙井路475-481号
负责人:王郁平
Tel:0755-27203166
13802560110

**深圳市新元素科技发展有限公司宝安分公司**
地址:广东省深圳市宝安区沙井镇万松中路新元素电脑城2楼
负责人:莫建东
Tel:0755-27297881
13602535641

**东莞市莞城明华通讯器材店**
业务:批发零售各种手机配件
地址:广东省东莞市莞城西正路64号之内B18,19号
负责人:汪庆华 邮 编:523003
法 人:汪庆华
Tel:13532883309
0769-22248659
22240980
22245865

**石岩浩达电子厂**
地址:广东省深圳市宝安区石岩镇青年西路2号3楼
负责人:谭小梅
Tel:0755-27656588
13713801033

**波杰科技有限公司**
地址:广东省深圳市宝安区石岩镇塘头村经塘路宏发科技工业园B区D栋3楼
负责人:宜玲
Tel:0755-27651956
13502813012

**史丹利科技(深圳)有限公司**
地址:广东省深圳市宝安区石岩镇塘兴村宏发科技工业区A区E栋一楼
负责人:胡芬
Tel:0755-29833111
13798404724

**东莞市莞城健鹏通讯器材店**
业务:批发零售各种手机配件
地址:广东省东莞市莞城西正路64号之内B38号铺
负责人:汪庆华 邮 编:523003
法 人:汪庆华
Tel:13532883309
0769-22248659
22240980
22245865

**高升模型制作室**
地址:广东省深圳市宝安区石岩镇威祥工业区宿舍1楼8号
负责人:李树林
Tel:0755-29827019
13652366795
13632719768

**斯立普科技有限公司**
地址:广东省深圳市宝安区松岗镇东方村大田洋工业区15栋
负责人:蒋小姐
Tel:0755-27068991

**恩平市意美生活网络服务店**
业务:网络服务
地址:广东省恩平市恩城镇桥峰路50号恩城中学教楼首层地下一、二层铺位36号
负责人:伍炽凡 邮 编:529400
法 人:梁洪佳
Tel:0750-7727171

**晨龙电脑软件开发有限公司**
地址:广东省深圳市宝安区松岗镇东方西山村金海大厦601室
负责人:徐怡民
Tel:0755-27080094
13602594116

**优源科技(深圳市)有限公司**
地址:广东省深圳市宝安区松岗镇红星龙门村大田洋工业区E幢
负责人:左强
Tel:13823347884

**鸿福达科技有限公司**
地址:广东省深圳市宝安区松岗镇红星温屋新村3栋
负责人:余标兴
Tel:0755-27538211
13502865602

**佛山市禅城区致胜达机箱有限公司**
业务:电脑机箱,公共机箱等生产销售
地址:广东省佛山市禅城区南庄镇溶洲村委会石达村原世陶厂内
负责人:梁桂林 邮 编:528000
法 人:梁桂林
Tel:0757-85383882
网址:www.fstengda.com

**深圳市永骏豪实业有限公司**
地址:广东省深圳市宝安区松岗镇红星西坊村西区B行10号
负责人:文家豪
Tel:13902312400

**深圳市明红科技有限公司**
地址:广东省深圳市宝安区松岗镇洪桥头新村28号102室
负责人:曾庆明
Tel:0755-27689091
13823727953

**佛山市南海区大沥初见电脑店**
业务:各种品牌电脑、笔记本销售、电脑组装、维修、维护、网络工程、监控系统等业务
产品:广东省佛山市南海区大沥沥中香基路西头塘5号铺
负责人:余立康 邮 编:528000
法 人:余立康
Tel:13798690365
13360376279

**世纪捷通科技有限公司**
地址:广东省深圳市宝安区松岗镇沿河南路24号文辉综合大楼A座8楼A室
负责人:刘飞
Tel:0755-27095353
13714120084

**深圳市丰盈鑫光电科技有限公司**
地址:广东省深圳市宝安区西乡银田西发工业区6幢
负责人:汤林华
Tel:0755-29970581
13113668320

**九渊软件开发有限公司**
地址:广东省深圳市宝安区西乡镇共乐村双龙花园24栋A201号
负责人:杨志祥
Tel:0755-27906659
13502830020

**佛山市南海区毛三电脑店**
业务:经营电脑及电脑配件、监控系统
地址:广东省佛山市南海区桂城大德路14号宝兴楼首层1号铺
负责人:赵贺伟 邮 编:528000
法 人:赵贺伟
Tel:15019685899
0757-81810899

**欧博科技有限公司**
地址:广东省深圳市宝安区西乡镇径贝旧村第二栋厂房2楼
负责人:韩伟
Tel:0755-27699809
27580658

**鹏展五金塑胶模具厂**
地址:广东省深圳市宝安区西乡镇前进路宝田工业区48栋一楼西边
负责人:梁金沃
Tel:13923426618

**深圳市安川科技开发有限公司**
地址:广东省深圳市宝安区新安街道办42区29栋101号
负责人:张团琳
Tel:0755-81216062

**佛山市阿普思通讯技术有限公司**
业务:GPS产品销售、生产、研发
地址:广东省佛山市南海区桂城平西上海村口工业区A99号
负责人:张小姐 邮 编:528000
法 人:黎方模
Tel:18927219150
0757-81273449
13318368320
Fax:0757-81273448
网址:www.apace.cc
E-mail:apace2008@163.com

**键嵘计算机科技有限公司**
业务:键嵘计算机科技有限公司成立于2004年,主要从事城市指南,网站建设,计算机网络研究、开发等业务。热诚欢迎新老客户来电来人洽谈业务,共同发展。
地址:广东省广州市江丽路143号
邮 编:510310
法 人:谭伟键
Tel:020-34302022
Fax:020-34302022

**普天电讯实业有限公司**
地址:广东省深圳市宝安四十一区5栋1楼
负责人:金晓晖
Tel:0755-27840011
13823775162

**羽典实业有限公司**
地址:广东省深圳市宝田区沙咀工业村沙尾工业小区304栋第四层
负责人:钟经理
Tel:13802580996

**佛山市南海区盐步铖铭达电脑店**
业务:电脑及配件销售
地址:广东省佛山市南海区盐步广佛路北村段金海广场花园二层228KI号
负责人:吴培富 邮 编:528000
法 人:吴培富
Tel:0757-85756916

**深圳市科航通信技术有限公司**
地址:广东省深圳市第五工业区郎山路东部物业公司综合楼301房
负责人:严军
Tel:0755-26508188

**台湾佰润电子股份(深圳)有限公司**
地址:广东省深圳市福田区振华路富怡雅居A7E
负责人:易剑秀
Tel:0755-83763167
83618505
13509645590

**佛山市南海区盐步拓展电脑店**
业务:经营电脑周边耗材
地址:广东省佛山市南海区盐步广佛路北村段金海广场花园一层A16-A18
负责人:黄钊汕 邮 编:528000
法 人:黄钊汕
Tel:13536676099
13553333129

**聆捷通科技有限公司**
地址:广东省深圳市福田区华强北振中路太平洋市场2A01
负责人:温铁凯
Tel:0755-83976166
13802576765

**北京鸿讯信盟通讯技术有限公司深圳分公司**
地址:广东省深圳市福田区八卦岭工业区544栋四楼402房
负责人:廖邕
Tel:0755-61320390

**北京芙蓉电子产品有限公司深圳市芙蓉电子厂**
地址:广东省深圳市福田区八卦四路索泰克大厦2楼H区
负责人:罗忠仁
Tel:0755-82436630
1390295535

**广东省南方通信建设股份有限公司深圳市分公司**
地址:广东省深圳市福田区八卦一路邮电大楼14层
负责人:张明
Tel:0755-82131533
13925218128

**佛山市南海区博达电脑店**
业务:电脑及电脑配件零售,主营"三星"、"联想"、"多彩"品牌电脑,DIY组装电脑
产品:"三星"、"联想"、"多彩"品牌电脑,DIY组装电脑
地址:广东省佛山市南海区盐步广佛路北村段金海盛数码广场一层A17、A29、A31号
负责人:唐良 邮 编:528000
法 人:唐良
Tel:13590601570
0757-85758498
Fax:0757-81107118
E-mail:407751005@qq.com

**佛山市三水区芦苞镇喜欢电讯设备经营部**
业务:电讯设备销售
产品:电讯设备
地址:广东省佛山市三水区芦苞镇工业北路1号之一首层
负责人:陈庆斌 邮 编:528000
Fax:0757-87296898

**深圳市三达软件开发有限公司**
地址:广东省深圳市福田区滨河路汇港名苑北3座3004房
负责人:何丽雄
Tel:0755-83958171
13316992117

**深圳市创新能科技发展有限公司**
地址:广东省深圳市福田区彩田南路彩福大厦嘉福阁9C
负责人:廖贵兴
Tel:13068603166

**佛山市顺德区北滘镇豫科电脑维修服务中心**
业务:主要销售惠普品牌电脑、维修电脑、组装电脑
地址:广东省佛山市顺德区北滘镇北滘东基路91号铺
负责人:余长斌 邮 编:528311
法 人:余长斌
Tel:0757-22393186

**佳力信科技有限公司**
地址:广东省深圳市福田区彩田路东福化路北彩天名苑碧萝轩28N
负责人:丁军
Tel:13714727785

**深圳市天略希望实现网络技术有限公司**
地址:广东省深圳市福田区彩田南路中深花园A1812号
负责人:陈士国
Tel:0755-82996837
13714085114

**佛山市盈兆电讯有限公司**
业务:主营电脑配件、通讯配件,并提供多项基础和增值电信业务,盈兆电讯专业、专注、专心为您服务
产品:电脑组装维护、网站建设、电话机、话吧计费器
地址:广东省佛山市顺德区北滘镇跃进路文化广场首层2号铺
负责人:杨伟强 邮 编:528311
法 人:杨伟强
Tel:0757-22112121
Fax:0757-22114099
网址:www.cnc-sd.com
E-mail:weiqing-sd@163.com

**思沃智能科技有限公司**
地址:广东省深圳市福田区长城大厦4栋A座203室
负责人:项强
Tel:0755-83237889
13828888067

**广东深圳市天地网通讯有限公司**
地址:广东省深圳市福田区车工庙泰然9路西经大厦4楼
负责人:玄宇

Tel:0755－83584588

**佛山市顺德区大良众持电脑店**
业务：大良众持笔记本电脑维修
地址：广东省佛山市顺德区大良凤山中路青少宫东侧正业商贸中心三层第A3007、A3008号
负责人：尚卫华 邮编：528300
法人：尚卫华
Tel:0757－26258920
15817839688

**超越无限科技有限公司**
地址：广东省深圳市福田区车公庙安华工业区6栋3楼
负责人：周通洪
Tel:0755－83446688
13322938888

**大信通讯技术有限公司**
地址：广东省深圳市福田区车公庙工业区303栋6楼西
负责人：安祥辉
Tel:0755－82916291转205
13556864848

**佛山市顺德区均安镇明达电脑印花制版部**
业务：设计电脑图案，做网
地址：广东省佛山市顺德区均安镇天连村天连路96号首层
负责人：魏明 邮编：528000
法人：魏明
Tel:0757－25338251
13432668593

**民创科技发展有限公司**
地址：广东省深圳市福田区东园新村9栋602室
负责人：魏利民
Tel:0755－82271178
13689505755

**深圳市极品世纪实业发展有限公司**
地址：广东省深圳市福田区福华三路星河国际大厦A2栋11A
负责人：林丽群
Tel:13903027526

**佛山市顺德区伦教镇讯佳手机连锁店**
业务：销售手机及配件
地址：广东省佛山市顺德区伦教伦常中路5号世纪广场61－62号铺
负责人：王赛军 邮编：528308
法人：王赛军
Tel:0757－26601538
27882059

**欧美亚实业有限公司**
地址：广东省深圳市福田区福华一路卓越大厦903号
负责人：洪旭彬
Tel:0755－82877828
13823288288

**广州宏伟计算机科技有限公司**
业务：计算机软件开发、图形设计
地址：广东省广州市番禺区石基镇金海岸1栋3座102
负责人：曾辉 邮编：510130
法人：曾辉
Tel:020－34553840

**河源市源城区鸿达通讯店**
业务：各类通讯器材销售、各类手机销售与维修、移动联通小灵通等移动电话的充值、销售号码卡
地址：广东省河源市源城区明珠开发区力王大道公寓楼2－109号
负责人：严振寿 邮编：517001
法人：严振寿
Tel:13435363338
0762－3832160

**深圳市华瑞发电子商行**
地址：广东省深圳市福田区福星路65号501室
负责人：詹瑞生
Tel:0755－83643723
13715055889

**化州市林尘明记手机城**
业务：销售手机及其配件
产品：诺基亚、天语、中兴、三星、长虹、海尔、高新奇、齐乐、唯科、联想
地址：广东省化州市林尘镇
负责人：董晓锋 邮编：525000
法人：董亚明
Tel:0668－7793678
13535935008
13824869009
E-mail:dxf7644@163.com

**深圳市欣润达科技发展有限公司**
地址：广东省深圳市福田区福明路雷圳大厦12A10室

负责人：任妍侠
Tel:0755－83995160
13823136692

**佳兴电子科技有限公司**
地址：广东省深圳市福田区福强路新洲二街维鹰大厦913A
负责人：严彩红
Tel:0755－83851580
26018188
13509630864

**华杰讯科技有限公司**
地址：广东省深圳市福田区福中路福景大厦3号楼510室
负责人：刘辉能
Tel:0755－83002282
13302485326

**三正科技发展有限公司**
地址：广东省深圳市福田区富华路110号广业大厦北座13D
负责人：田雪峰
Tel:0755－83983614
13823364250

**博罗县麻陂镇博美手机数码城**
业务：经营手机及配件，手机维修
地址：广东省惠州市博罗县麻陂镇老205国道旁（老派出所对面）
负责人：张贵平 邮编：516100
法人：张贵平
Tel:0752－6133770
13431883288

**鸿亚达电子有限公司**
地址：广东省深圳市福田区海滨广场英协大厦11楼F室
负责人：陈柳华
Tel:13924595483

**深圳市贸联网络技术有限公司**
地址：广东省深圳市福田区红荔路交行大厦507室
负责人：刘亚龙
Tel:0755－83260563

**思科思电子有限公司**
地址：广东省深圳市福田区红荔西路上步工业区201栋4楼B12房
负责人：王历
Tel:0755－83321190
13316838685

**深圳市讯畅科技有限公司**
地址：广东省深圳市福田区华发北路桑达雅苑15D
负责人：李玉兰
Tel:13066838433

**博罗县石湾镇恩得通信厂**
业务：通讯天线
地址：广东省惠州市博罗县石湾湖山新村湖兴北路
负责人：廖见衡 邮编：516001
法人：廖见衡
Tel:0752－5898284l
15818516131
Fax:0752－58982841

**深圳市太平洋通讯市场景泰通讯经销部**
地址：广东省深圳市福田区华发北路太平洋通讯市场2A28号
负责人：陈忠南
Tel:0755－83796477
13823544915

**深圳市安伟科技有限公司**
地址：广东省深圳市福田区华富路南光大厦800室
负责人：冯理敏
Tel:13066898884

**深圳市赛格电子市场铭讯通科技经营部**
地址：广东省深圳市福田区华强北宝华大厦B座H3C38号
负责人：王小铭
Tel:0755－83742808

**博罗县石湾镇小恒怡通讯店**
业务：手机、手机配件、手机维修等
地址：广东省惠州市博罗县石湾镇石湾中路128号
负责人：廖奕仕 邮编：516127
法人：廖奕仕
Tel:13556233303
13531659828
0752－6614855

**博罗县石湾镇星原电子加工店**
业务：耳机，连接线等电脑周边设备加工销售
地址：广东省惠州市博罗县石湾镇中岗李屋新村
负责人：赵泉 邮编：516100
法人：赵泉
Tel:13829952060
0752－5898267

**科源电子科技有限公司**
地址：广东省深圳市福田区华强北路1016号宝华大厦A座1418房

负责人：罗秋镇
Tel:0755－83742882
13138880373

**嘉星电讯发展有限公司**
地址：广东省深圳市福田区华强北路1050号现代之窗大厦A座8I
负责人：陈勇宣
Tel:13602630899

**博罗县园洲镇联安消防器材经营部**
业务：消防器材、消防工程
地址：广东省惠州市博罗县园洲镇上南村园洲大道
负责人：陈波 邮编：516001
法人：陈波
Tel:13202318808
0752－6686119

**深圳市盈信达通讯技术有限公司**
地址：广东省深圳市福田区华强北路1050号现代之窗大厦B座30D室
负责人：魏榕丹
Tel:0755－33376066

**日田通讯实业有限公司**
地址：广东省深圳市福田区华强北路2006号联发大厦907室
负责人：黄胜
Tel:13903021118

**惠州市惠城区锐远办公设备**
业务：办公设备，品牌电脑，电脑耗材，电脑配件等代理销售
地址：广东省惠州市惠城区鹅岭北路16号丰湖村四号楼数码第1港2楼228号
负责人：曾繁旺 邮编：516001
法人：曾繁旺
Tel:0752－2081580
5861231
13680738523
Fax:0752－2081580

**深圳市宝华电脑城新龙达数码外设展销部**
地址：广东省深圳市福田区华强北路宝华大厦2B08
负责人：张金洪
Tel:0755－83743299
13066903685

**骏冠科技有限公司**
地址：广东省深圳市福田区华强北路宝华大厦A810室
负责人：吴晋
Tel:0755－83281455
13602673723

**惠州市惠城区潮流天堂手机行**
业务：经营手机及配件
地址：广东省惠州市惠城区河南岸新岸路1号世贸中心6楼
负责人：冯建飞 邮编：516001
法人：冯建飞
Tel:13686870311

**深圳市粤金朋电子有限公司**
地址：广东省深圳市福田区华强北路宝华大厦A座1588室
负责人：苏振鹏
Tel:0755－83742613
13823167168

**惠州市惠城区滕信手机配件贸易行**
业务：手机电池，充电器，内存卡，读卡器及其他
产品：手机电池，充电器，读卡器，耳机
地址：广东省惠州市惠城区江北义乌批发城一楼355号/儿岭北路海龙数码广场3A02
负责人：叶生 邮编：516400
法人：李游辉
Tel:0752－2041355
13516658616
Fax:0752－2041355

**深圳市国晓科技有限公司**
地址：广东省深圳市福田区华强北路宝华大厦B座608室
负责人：黄晓华
Tel:13066809077

**惠州市惠阳区淡水新腾飞通讯店**
业务：手机批发、零售
地址：广东省惠州市惠阳区白云坑新街42号（原白云坑西部二十四米街42号）
负责人：郭荣亮 邮编：516001
法人：郭荣亮
Fax:0752－3832139

**梅州市亿讯网络科技有限公司**
业务：梅州市亿讯网络科技有限公司主要致力互联网技术、电信增值业务、主机托管租用、企业建站、网页设计等一系列服务。为多家电信以及自身构建了完善的数据中心管理、运维平台。
地址：广东省梅州市梅江区南堤（客都新村F区3栋）
负责人：罗敬东 邮编：514000
法人：罗敬东
Tel:0753－6132123
Fax:0753－6135269

**三康科技有限公司**
地址：广东省深圳市福田区华强北路华强电子世界10A378号
负责人：翟爱珍
Tel:0755－83678267
13603068578

**惠州市东江消防防盗工程有限公司惠阳区分公司**
业务：消防、防盗工程
地址：广东省惠州市惠阳区淡水万顺三路2号
负责人：赖添福 邮编：516001
法人：赖添福
Tel:0752－3373784

**松填科技发展有限公司**
地址：广东省深圳市福田区华强北路华强电子世界3号楼2楼2C010房
负责人：林松填
Tel:0755－83687522
13332953085

**惠阳区新圩镇志贤电脑店**
业务：电脑维修、销售、闭路监控、办公耗材
地址：广东省惠州市惠阳区东风村东风市场旁第5号
负责人：林志贤 邮编：516001
法人：林志贤
Tel:15917777068
0752－3597221

**深圳市鹏辉办公数码产品经营部**
地址：广东省深圳市福田区华强北路经济大厦405室
负责人：王照平
Tel:0755－26954442

**惠州灵泉信息技术有限公司**
业务：ERP软件、系统集成项目、软件销售等
地址：广东省惠州市桥东桃子园25号金典花园C栋精英11层C02房
负责人：尹小姐 邮编：516002
Tel:0752－2329756
Fax:0752－2329755
网址：www.hzlingquan.com
E-mail:company@halingquan.com

**北京京江源网络技术有限公司深圳分公司**
地址：广东省深圳市福田区华强北路群星广场A座1918房
负责人：邓煤
Tel:0755－26478853

**深圳市赛格电子市场天星电脑展销部**
地址：广东省深圳市福田区华强北路赛格电子市场八楼8027号
负责人：杨昌荣
Tel:0755－83682215
13802563576

**江门市蓬江区文意网络信息服务部**
业务：专业提供计算机网络技术信息咨询，计算机网络技术开发及其服务，秉着严谨、务实、执著、创新的精神与您诚信合作、共同发展
地址：广东省江门市蓬江区育德山庄德街50号首层
负责人：甄荣业 邮编：529020
法人：甄荣业
Tel:13356573182
Fax:0750－7119610
网址：www.ok－pc.com
E-mail:zhen3182@hotmail.com

**中宇拓展电脑展销部**
地址：广东省深圳市福田区华强北路赛格电子市场宝华大厦B座H2D05号
负责人：朱国栋
Tel:0755－83742377

**江门市新会区会城佳诚电脑店**
业务：硬件，耗材以及维修服务
地址：广东省江门市新会区会城中心路15号新金田酒店第二层231号铺
负责人：彭资林 邮编：529100
法人：彭资林
Tel:0750－8258516
6621229
13427475998

**赛格电子市场晨升电脑展销部**
地址：广东省深圳市福田区华强北路赛格电子市场七楼
负责人：黎俊忠
Tel:0755－83775769
13316958821

**宏明电讯经营部**
地址：广东省深圳市福田区华强北路赛格电子

通信网络计算机消防

市场一楼 1F031 号
负责人：陈迪
Tel：13827454378

**开平市三埠区众联电脑商行**
业务：电脑销售、组装、及维修服务。
地址：广东省开平市三埠区长沙曙光东路 138 号东座 10 号
负责人：李华辉 邮编：529300
法人：李华辉
Tel：13632092353
0750－2163770

**雷州市调风镇大众通讯**
业务：销售：手机、电池
地址：广东省雷州市调风镇观揍街 050 号
负责人：李南贤 邮编：524200
法人：李南贤
Tel：15900163555
13827159588

**康美特电子有限公司**
地址：广东省深圳市福田区华强北路赛格工业大厦二栋 816
负责人：洪蓉梅
Tel：13066965015

**茂名诚成时尚数码产品店**
业务：经营数码产品
产品：诺基亚、三星、索爱、夏普、摩托罗拉、苹果、多普达
地址：广东省茂名市官山三路北一巷 28 号
负责人：杨伟平 邮编：525000
法人：杨伟平
Tel：13828685098
13692607233
0668－3330136

**苹果新概念数码科技（深圳）有限公司**
业务：本公司主要从事电脑外围产品、音响器材、摄影器材、通讯器材等行业产品的研发、设计、生产与销售工作。其产品主要包括键盘、鼠标、摄像头、多媒体音箱、手表式 MP3、MP4、数码相机、显示器、机箱、电源、POS 机等等。
地址：广东省深圳市宝安区河西第二工业区 11 栋三楼
负责人：王传金 邮编：518102
法人：王传金
Tel：0755－27937648
网址：www.applechn.com

**信宜市贵子镇开发区友缘手机连锁店**
业务：经营手机及手机配件
地址：广东省茂名市信宜市贵子镇开发区吉祥路 34 号
负责人：黄恒 邮编：525359
法人：黄恒
Tel：0668－8798332
13727742962

**雅思达电子有限公司**
地址：广东省深圳市福田区华强北路赛格广场 1506A
负责人：陈广航
Tel：0755－83681841

**深圳市伟杰电子科技有限公司**
地址：广东省深圳市福田区华强北路赛格广场 5109 房
负责人：徐伟立
Tel：0755－83685713
13570883730

**信宜市合水镇中宏电讯店**
业务：经营手机
地址：广东省茂名市信宜市合水镇合水大街集成楼旁边
负责人：吴丽芳 邮编：525000
法人：吴丽芳
Tel：0668－8128521
8123555

**深圳市同丰实业有限公司**
地址：广东省深圳市福田区华强北路上步工业区 505 栋 505 室
负责人：胡锦丰
Tel：0755－83256153
13823145428

**梅州市铭四海贸易有限公司**
业务：网络监控、对讲机、品牌电脑、安防、办公设备等经营
地址：广东省梅州市彬芳大道鸿都世纪广场 68 号
负责人：彭金娥 邮编：514021
法人：彭金娥
Tel：0753－2189568
2158801

**盈盛电子配件经营部**
地址：广东省深圳市福田区华强北路现代之窗 B 座 13B 房间
负责人：唐青松
Tel：13825235640

**峰记手机配件店**
业务：主要经营手机配件
地址：广东省梅州市大埔县银江镇龙市上街口
负责人：余贤峰 邮编：514000
法人：余贤峰
Tel：15119385572
13539160050

**奥格斯特网络科技有限公司**
地址：广东省深圳市福田区华强北路赛格广场 5 楼 5622 号
负责人：陈旭升
Tel：0755－83688011
13662240999

**深圳市通天达通讯电子有限公司**
地址：广东省深圳市福田区华强北路赛格科技园 3 幢西 618 室
负责人：杨裕平
Tel：0755－83769008
13602633688

**东方之音科技有限公司**
地址：广东省深圳市福田区华强北路现代之窗大厦 A 座 71 单位
负责人：郭亨隆
Tel：0755－83280404
13809894400

**康基科技有限公司**
地址：广东省深圳市福田区华强北路新世纪酒店 809 室
负责人：童磊
Tel：13312950618

**梅州市梅江区技佳电脑维修服务部**
业务：电脑维修
地址：广东省梅州市梅江区彬芳大道鸿都电脑城三楼 307 号
负责人：廖运生 邮编：514021
法人：廖运生
Fax：0753－2189070

**深圳市华尔科技有限公司**
地址：广东省深圳市福田区华强北赛格科技园三栋东十楼
负责人：古永华
Tel：0755－27044350
13809891565

**深圳市三邦科技有限公司**
业务：深圳市三邦科技有限公司自从成立以来一直致力于集成电路的代理、分销，电脑周边配件，手机配件，IPOD 配件及各种充电器，产品技术方案的开发及推广。
地址：广东省深圳市福田区车公庙都市阳光 1 栋 19A
负责人：唐卫东 邮编：518000
法人：李成军
Tel：0755－83208116
Fax：0755－82047479
网址：www.sabaotech.com
E-mail：ricky.tang@sabaotech.com

**蓝宇科技**
业务：专业从事计算机组装，硬件维修，上门服务，网络组建，配件批发零售等，我们本着"诚信、专业、高效、实惠"的服务宗旨，竭诚为您服务！
产品：各种品牌电脑及组装电脑配件、办公耗材
地址：广东省梅州市梅江区三角镇金城花园 6 号店
负责人：蓝珂 邮编：514021
法人：蓝珂
Tel：0753－2322135
15986469782
网址：http://ianny.siteem.com
E-mail：ianny2004@163.com

**讯发方正经营部**
地址：广东省深圳市福田区华强电子世界 1 号楼一楼 10C015 号
负责人：陈经理
Tel：0755－83687738
13501575234

**阳山县岭背镇肥仔电脑维修店**
业务：经营电脑耗材及电脑维修服务
地址：广东省清远市阳山县岭背镇中心北路
负责人：欧阳建国 邮编：511500
法人：欧阳建国
Tel：0763－7362923
18926610232

**圣百创力达信息产品经营部**
地址：广东省深圳市福田区华强电子世界 2 号楼 23C001
负责人：游敏华
Tel：0755－83613312
13509635230

**锋盛电脑经营部**
地址：广东省深圳市福田区华强电子世界 3 号楼 3B123 号
负责人：李金元
Tel：0755－83294161
13322920868

**汕头高新区爱高电脑科技**
业务：电脑、DIY、电脑配件批发
地址：广东省汕头高新区高新电脑中心第 312、313 号铺位
负责人：罗国连 邮编：515000
法人：罗国连
Tel：0754－88364213
86364235
Fax：0754－88364213

**鸿运达电脑经营部**
地址：广东省深圳市福田区华强电子世界 3 号楼 4B078
负责人：钟锦祥
Tel：0755－83678213

**深圳市福田区诚信电脑销售部**
地址：广东省深圳市福田区华强电子世界三号楼 3C027 号
负责人：周中宴
Tel：0755－83225341
13714386685

**宏兴电讯店**
业务：手机，手机配件销售，修理
地址：广东省汕头市潮阳区海门镇洪洞华能电厂边
负责人：林泽宏 邮编：515000
法人：林泽宏
Fax：13719915477

**龙腾电脑配件华强展销部**
地址：广东省深圳市福田区华强电子世界三楼 3B006 号
负责人：颜庆俊
Tel：0755－83759170
13603009386

**汕头市潮阳区棉北顺安消防器材经营部**
业务：消防器材销售
地址：广东省汕头市潮阳区棉北北关路 16 栋 75 号
负责人：张定华 邮编：515000
法人：张定华
Fax：0754－86560119

**深圳市泰兴科科技有限公司**
地址：广东省深圳市福田区华强路南先龙阁 D 栋 628 房
负责人：黄永淮
Tel：13066878832

**汕头市澄海区群信通讯配件店**
业务：经营手机及手机配件，手机维修服务
地址：广东省汕头市澄海区澄华西门振兴路 5 号楼房 1 幢底层铺面
负责人：谢金平 邮编：515800
法人：谢金平
Tel：13829460111
0754－85809393

**凯尔科技有限公司**
地址：广东省深圳市福田区华强南路 3021 号财富酒店 4 楼 4181 房
负责人：肖华
Tel：13823392881

**丰利科技有限公司**
地址：广东省深圳市福田区华田北路电子世界 3 号 1 楼 C022
负责人：蔡信触
Tel：13923868269

**海丰县梅陇联盛通讯**
业务：通讯
地址：广东省汕尾市海丰县梅陇梅兴路 64 号
负责人：高开成 邮编：516601
法人：高开成
Tel：0660－6669197
13421599915

**深圳市金现代科技有限公司**
地址：广东省深圳市福田区皇城广场皇舟苑 801－802 室
负责人：王永文
Tel：13066812656

**奋进达通信器材经销部**
地址：广东省深圳市福田区金池工业区 102 栋 101 号
负责人：钟兴忠
Tel：0755－26221088
83409777

**影拓数码店**
业务：销售数码产品
地址：广东省韶关市浈江区风度名城 2A016、017 号
负责人：官建文 邮编：512000
法人：官建文
Tel：0751－8813628
13640192801

**飞思尔科技（深圳市）有限公司**
地址：广东省深圳市福田区景田东路 32 号景莲花园 A208 室
负责人：谢黨
Tel：0755－83064680

13631616158

**深圳市华尔森电子科技有限公司**
业务：生产、销售：手机按键、化工油墨
地址：广东省深圳市宝安区沙井街道 107 国道务富达工业区 B 栋 3 楼
负责人：周光华 邮编：518000
法人：周光华
Tel：13537569598
0755－27273456
Fax：0755－27293830
网址：www.sz－hes.com
E-mail：szhes2008@163.com

**广东省深圳市威京科技发展有限公司**
地址：广东省深圳市福田区梅村路 1 号厂房三 A2
负责人：张斌
Tel：0755－83177596
13602509286

**深圳市嘉伞科技有限公司**
业务：转接头，转接线
地址：广东省深圳市宝安区沙井街道锦绣路和一北方永发科技园第 27 幢 4 楼
负责人：吴松竹 邮编：518104
法人：吴松竹
Tel：13600197145
0755－81469652

**深圳市润腾发实业有限公司**
地址：广东省深圳市福田区梅林路润裕花园 2 栋 302 室
负责人：麦庆强
Tel：0755－83108501
13058049392

**深圳市德圳昌科技有限公司**
业务：手机配件
地址：广东省深圳市宝安区沙井街道西部锦绣路和一工业区新达工业园 B 栋
负责人：吴宏顺 邮编：518000
法人：吴宏顺
Tel：0755－86002258
13925297107

**云曼尼实业有限公司**
地址：广东省深圳市福田区南园路 70 号上田大厦五 C
负责人：张凌云
Tel：0755－83018600

**深圳市南斗星科技有限公司**
业务：设计、制造并销售普遍用于移动电话、蓝牙、WLAN、PDA、GPS、远程处理、M2M 和其它无线通讯系统中的内置型天线
地址：广东省深圳市宝安区西乡街道洲石路恒丰工业城 C6 栋 1606 室
负责人：梁胜 邮编：518000
法人：梁胜
Tel：0755－27856071

**鸿鑫科技开发有限公司**
地址：广东省深圳市福田区赛格电子市场 3C29 柜台
负责人：吴明钢
Tel：0755－88363658
13322982627

**深隆达科技有限公司**
地址：广东省深圳市福田区赛格广场 3511B
负责人：孙宇
Tel：0755－83682676
13510460209

**基林液晶**
业务：生产销售手机液晶
地址：广东省深圳市福田区华发北路龙胜手机市场 4 楼 4A076
负责人：林晓鹏 邮编：518000
法人：林晓鹏
Tel：15914110861
0755－82732397

**衡美通讯技术（深圳）有限公司**
地址：广东省深圳市福田区上步南路国企大厦永富楼 21 层 C 室
负责人：李启忠
Tel：0755－25967817

**合众飞驰科技有限公司**
地址：广东省深圳市福田区上步南路国企大厦永富楼 A 座 17F
负责人：刘玉
Tel：0755－82129297

**深圳市科霆数码科技有限公司**
业务：手机
地址：广东省深圳市福田区华强北路华联发大厦西座 902
负责人：林桂凤 邮编：518000
Tel：0755－83995969
13928486889
Fax：0755－83987836
E-mail：linguifeng2008@163.com

**深圳市瑞杰明科技发展有限公司**

地址：广东省深圳市福田区上步南路锦峰大厦B座30楼
负责人：陈明笛
Tel:13923763254

中科创联科技有限公司
地址：广东省深圳市福田区上梅林华茂苑5栋305号
负责人：成跃荣
Tel:0755－83128860
81993833

**硕宇电子科技有限公司**
业务：电脑主机板、显示卡、周边配件等
产品：硕宇主板、硕宇显卡
地址：广东省深圳市福田区华强北路华强电子世界3号楼3B663
负责人：邱少洪　邮　编：518000
法　人：邱少洪
Tel:0755－25324939
Fax:0755－25324939

宏科电子有限公司
地址：广东省深圳市福田区上梅林梅华路多丽工业区3栋5楼西
负责人：罗友明
Tel:0755－83182636
13924599503

**恒炎国际电子深圳有限公司**
业务：电脑配件，IPOD苹果配件，1.8寸硬盘
地址：广东省深圳市福田区嘉汇新城汇商中心2008室
负责人：孙勇　邮　编：518000
法　人：孙勇
Tel:13603047983
0755－83289951
Fax:0755－83289950

安硕德软件有限公司
地址：广东省深圳市福田区深南大道6006号人民大厦华丰楼5层506信箱
负责人：李小姐
Tel:0755－83921875

慧士顿实业有限公司
地址：广东省深圳市福田区深南大道6007号创展中心2901房
负责人：雷观秀
Tel:13510985926

深圳市易源创新数码科技有限公司
地址：广东省深圳市福田区深南大道7060号财富广场B座8L
负责人：杨飞
Tel:0755－33363458

**剑锋科技集团有限公司**
业务：笔记本、电脑配件
地址：广东省深圳市福田区桑达电子通讯市场1B－317
负责人：项宝剑　邮　编：518028
法　人：项宝剑
Tel:15920079598
4006－777768
网址：www.qzhixia.com
E-mail:wjwgij@163.com

深圳市诺易斯数码科技有限公司
地址：广东省深圳市福田区深南大道阳光高尔夫大厦1310
负责人：杨飞
Tel:0755－33359680

**深圳市德升科尔科技有限公司**
业务：专门研发及生产军用和民用人体降温系列产品，科尔(Kool)牌人体降温系统
产品：降温背心、冰背心、降温衣、人体降温系统、空调衣、冰服、发热背心、电热背心、电热服、电暖衣等
地址：广东省深圳市福田区天安数码城创新科技2期西座1505室
负责人：杜志国　邮　编：518040
法　人：杜志国
Tel:0755－88359180
82507052
Fax:0755－82507316
网址：http://dskool.cn.gongchang.com

**深圳市华奥创智科技发展有限公司**
业务：硬盘以及服务器配件生产销售，IBM、HP
地址：广东省深圳市福田区振华路士必达大厦2栋601
负责人：杨庆　邮　编：518000
Tel:0755－83350157
83263470
83219463
网址：www.szhacz.com

深圳市长城宽带网络服务有限公司爱华客户服务中心
地址：广东省深圳市福田区深南中路2032号爱华电脑大厦2层201A
负责人：汪德煌
Tel:0755－26728233

润通电信技术有限公司(深圳市)
地址：广东省深圳市福田区深南中路2070电子科技大厦C座18E
负责人：夏国栋
Tel:0755－83640330

炜志新电子科技有限公司
地址：广东省深圳市福田区深南中路2070号电子科技大厦C座22层F2
负责人：文建伟
Tel:0755－83683068
13823199816

**深圳市盐田区雅士达通信行**
业务：手机、通信产品
地址：广东省深圳市盐田区深盐路东部人力资源市场一楼
负责人：林言图　邮　编：518000
法　人：林言图
Tel:0755－25358000
Fax:0755－25357000

东地科技有限公司
地址：广东省深圳市福田区深南中路3039号深圳国际文化大厦2807B室
负责人：郭晶亮
Tel:0755－83664747
13538016781

**四会市城中国中通讯店**
产品：移动、联通、电信等各种业务，手机、内存卡，配件等批发
地址：广东省四会市城中区四清公路金宝利地段铺位
负责人：王伟明　邮　编：526200
法　人：王伟明
Tel:15986932120
0758－5900427
6831990

深圳市博网通信有限公司
地址：广东省深圳市福田区深南中路电子科技大厦A座2707室
负责人：王功璀
Tel:0755－25915527

**信宜市正兴科技有限公司**
产品：电脑销售、维护，耗材销售，网络工程等
地址：广东省信宜市陈锦垌远航花园
负责人：温先生　邮　编：525000
法　人：陈注文
Tel:13927525228
0668－3885070

深圳市科网通科技发展有限公司
地址：广东省深圳市福田区深南中路电子科技大厦C－39D
负责人：郭晓岩
Tel:0755－83296088
13923871158

深圳市易网通科技有限公司
地址：广东省深圳市福田区深南中路东风大厦1806室
负责人：伍明基
Tel:0755－26379768

**阳西县程村镇诚信飞扬电脑服务部**
业务：电脑，配件，维修及销售
产品：电脑配件，周边办设
地址：广东省阳江市阳西县程村镇新程大道37号
负责人：戴南宿　邮　编：529821
法　人：戴南宿
Tel:0662－5356755
E-mail:dns1220@126.com

**罗定市罗平镇创联电脑维修店**
业务：电脑组装，网吧维护
地址：广东省云浮市罗定市罗平镇人民路6号
负责人：黎坤　邮　编：527300
法　人：黎坤
Tel:13609631173

恩捷智能科技有限公司
地址：广东省深圳市福田区深南中路国际文化大厦927A室
负责人：童光明
Tel:13602684500

**吴川市梅录同德电脑店**
业务：电脑、配件及耗材经营
地址：广东省湛江市吴川市新城路
负责人：陈维鸣　邮　编：524500
法　人：陈维鸣
Tel:0759－5555682
网址：http://wucmltd.cn/

深圳市华强智能技术有限公司
地址：广东省深圳市福田区深南中路佳和华强大厦A座22.23层
负责人：王威
Tel:0755－83759704
83759701
83759900

深圳市新辉达通讯有限公司
地址：广东省深圳市福田区深南中路越华大厦1A258号
负责人：陈凤秩
Tel:0755－83651344

中联盾实业有限公司
地址：广东省深圳市福田区天安创新科技广场A座104B室
负责人：曾云龙
Tel:0755－83438789
13632601259

深圳市合智科技开发有限公司
地址：广东省深圳市福田区天安数码城天祥大厦7楼7D2
负责人：段元香
Tel:13066814166

**湛江市霞山区鼎仕网络经营部**
业务：电脑配件、电脑组装、维护、网络工程
地址：广东省湛江市霞山区国贸A座五楼A10室
负责人：陈振海　邮　编：524038
法　人：陈振海
Tel:13828291499
0759－2361119

**深圳市联展通科技有限公司**
业务：深圳市联展通科技有限公司成立于2006年，生产GPS、GPS模块蓝牙耳机、蓝牙模块生产及销售；手机转轴、滑轨的开发生产及销售，愿与您携手合作，共创美好明天！
地址：广东省深圳市南山区创业路现代城华庭1栋10A
负责人：张晓宁　邮　编：518054
法　人：张晓宁
Tel:0755－86170770
86171521
Fax:0755－86171551
网址：www.szoptimum.com
E-mail:xmcheung@hotmail.com

**湛江市霞山区天地人对讲机通讯器材商行**
业务：专业经营对讲机业务。承接对讲机销售、组网、租赁业务，并提供免费检测，专业维修服务。我们承诺热情周到的服务让您满意，及时迅速的售后服务让您高枕无忧！
产品：手持对讲机、车载对讲机、中转发射台及各类型对讲机配件
地址：广东省湛江市霞山区海滨大道南19号综合楼一楼第四间商铺
负责人：曹小姐　邮　编：524038
法　人：唐勇
Tel:0759－2210919
13726927626
Fax:0759－2210919
网址：www.zstdr.com
E-mail:958847651@qq.com

深圳市环亚创亿科技开发有限公司
地址：广东省深圳市福田区天安数码城天祥大厦A座818A座
负责人：李晓华
Tel:13006658731

**湛江市霞山区麦酷电子产品经营部**
业务：麦酷手机软件，三G增值服务，电子商务
地址：广东省湛江市霞山区人民大道南53号国贸大厦B座3幢7层B09房
负责人：谢伟忠　邮　编：524038
法　人：谢伟忠
Tel:13078283878
0759－2661232

振宇通信发展有限公司
地址：广东省深圳市福田区香梅路华泰综合楼西座380房
负责人：刘振宇
Tel:0755－83730108
13332908333

**肇庆市鼎湖区嘉壹五金消防器材经营部**
业务：水暖、阀门、消防器材、管件等产品经营
地址：广东省肇庆市鼎湖区坑口51区鼎湖大道西侧鼎盛大道21号
负责人：蓝如鹏　邮　编：526040
法　人：蓝如鹏
Tel:0758－2628682
Fax:0758－2628682

深圳市特利达通讯技术有限公司
地址：广东省深圳市福田区新闻路76号华泰企业公司综合楼三层东侧338
负责人：王大革
Tel:0755－81625908
82946448
82946465
13925210958

广发科技有限公司

地址：广东省深圳市福田区新闻路景苑大厦B座608室
负责人：蔡晓东
Tel:0755－83927596
13662581892

**立达管件有限公司**
业务：消防器材
产品：镀锌管、球墨管、阀门、化工产品
地址：广东省肇庆市端州区西江南路小花园西街1号御景轩A幢第15号商铺
负责人：贾国平　邮　编：526040
法　人：贾国平
Tel:0758－2825260

深圳市金图旭昂通讯科技有限公司
地址：广东省深圳市福田区新洲北路景鹏大厦二栋308室
负责人：邵旭昂
Tel:0755－83942817
13500040129

**肇庆大旺新新科电脑**
业务：电脑组装、原装品牌机(联想、惠普、戴尔)、笔记本、办公耗材、监控工程、防盗系统、网络传媒维护
地址：广东省肇庆市高新区景升街竹仔排渠面2幢8卡(地税斜对面)
负责人：黄守桂　邮　编：526040
法　人：黄守桂
Tel:13600229937
13760032922
Fax:0758－3135255
E-mail:guidream@163.com

深圳市远征通信设备有限公司
地址：广东省深圳市福田区新洲路业城阁一幢205号
负责人：罗文英
Tel:0755－83529500

艾伯资讯(深圳市)有限公司
地址：广东省深圳市福田区新洲南路沙尾工业区308栋6楼
负责人：叶桂清
Tel:0755－83456698
13902936886

**怀集县大岗镇永盛通讯**
业务：手机、手机配件、手机维修、卡类销售以及各种电子产品的销售
地址：广东省肇庆市怀集县大岗镇邮电支局侧
负责人：梁育才　邮　编：526444
法　人：梁育才
Tel:13556521002
0758－5362456
5383456

微硕科技有限公司
地址：广东省深圳市福田区振华路87号
负责人：陈晓阳
Tel:13922824466

**桥头镇永盛通讯**
业务：手机、手机配件、手机维修、卡类销售以及各种电子产品的销售
地址：广东省肇庆市怀集县桥头镇雅园酒楼旁边
负责人：梁育才　邮　编：526442
法　人：梁育才
Tel:13556521002
0758－5362456
5383456

华富盛通讯科技有限公司
地址：广东省深圳市福田区振华路桑达大厦2303室
负责人：黄家盛
Tel:0755－83226258
13076983998

七彩邮码技术开发有限公司
地址：广东省深圳市福田区振华路苏发大厦306栋东202室
负责人：李家文
Tel:0755－83253293
25050400

**中山市古镇和光照明电器厂**
业务：专业生产消防应急灯
地址：广东省中山市古镇海洲华昌路东四路3号5楼
负责人：杨磊　邮　编：510055
法　人：杨磊
Tel:0760－22385160
22385161
18928175917
Fax:0760－22385161
网址：http://www.51zzt.com/user/zzt30382

普生科技有限公司
地址：广东省深圳市福田区振华路苏发大厦306幢803室
负责人：彭仲宗

Tel:0755－83264607
13632527293

**深圳市胜创通商用机器有限公司**
地址:广东省深圳市福田区中航路都会100大厦金都座6F室
负责人:杨刚
Tel:0755－83957582
13823148882

**深圳市迪乐科技有限公司**
地址:广东省深圳市福田区中航路都会电子城A座18A
负责人:李非
Tel:13005108888

**中山市三乡镇雨燕电脑配件商行**
业务:电脑及配件、耗材经营
地址:广东省中山市三乡镇雅居乐花园柏丽广场二期M幢C－68号铺
负责人:容志伟 邮 编:528400
法 人:容志伟
Tel:0760－86361231

**深圳市凯强实业有限公司**
地址:广东省深圳市岗区布吉镇锦秀新村1巷11号602
负责人:徐茂禄
Tel:0755－21212012
13502843602

**深圳市化夏森茂实业有限公司**
地址:广东省深圳市岗区平湖镇新南村力园吓民盛巷1号一、二楼
负责人:欧阳战
Tel:0755－28455928
13824336763

**中山市坦洲镇联亿电子设备商行**
业务:一、包装设备:真空包装机编袋机二、焊接工具:白光焊台送锡器三、防静电系列用品:离子风机风枪等系列产品四、电子工具:各种进口电批各种气动工具五、电子辅料六、各种进口仪器仪表等
地址:广东省中山市坦洲镇南坦路27号之八
负责人:唐智辉 邮 编:528403
法 人:唐智辉
Tel:13823086580
0760－86157879

**宝捷讯电子有限公司**
地址:广东省深圳市横岗镇189工业区广达路41－1号
负责人:颜呈国
Tel:0755－84048838
13509615059

**曙光数字科技发展有限公司**
地址:广东省深圳市科技园科发中路2号工业区1栋410
负责人:杨卫权
Tel:0755－26532001
26532002
13823180890

**中山市五桂山爱恩电子销售部**
业务:生产、销售楼宇对讲系统
产品:DC－100、BC－100、HCS－100、可视门铃
地址:广东省中山市五桂山镇长命水长逸路13号
负责人:罗抱专 邮 编:528458
法 人:罗抱专
Tel:13420388342
0760－88207638
Fax:0760－88207628
E-mail:aiendian@126.com

**深圳市浩铭安防工程有限公司**
地址:广东省深圳市莲花北村15幢104室
负责人:余昌歆
Tel:0755－83062628
13828802398

**深圳市桓润达科技有限公司**
地址:广东省深圳市龙岗区坂田村五和南路石化商业街二楼16、17号
负责人:羊涧洲
Tel:0755－28761625
13612999559

**星彩电子厂**
业务:生产、加工、销:电子元件,专业加工电子插件
地址:广东省中山市小榄镇小榄大道南55号
负责人:梁生 邮 编:528415
法 人:庞光星
Tel:0760－22119845
Fax:0760－22119845
E-mail:zsxingcai@126.com

**深圳忠信通信科技有限公司**
地址:广东省深圳市龙岗区布吉镇中心广场一楼69号

负责人:罗少忠
Tel:0755－26870768

**深圳市拓普顿科技开发有限公司**
地址:广东省深圳市龙岗区布吉镇中兴路百盛大厦C座二层201室
负责人:贺宪亭
Tel:0755－28538646
13923713136

**中桥电子信息有限公司**
地址:广东省深圳市龙岗区横岗镇228工业区四联工业村3号4楼
负责人:李幸勇
Tel:13510343107

**斗门区井岸镇金源腾达中诺手机行**
业务:手机、移动套卡、MP3、MP4、电脑
地址:广东省珠海市斗门区井岸镇西埔路7号老惠发商场对面海炫步行街大堂/斗门区井岸镇新堂村7巷20号首层东边
负责人:朱彩苹 邮 编:519000
法 人:朱彩苹
Tel:0756－5123358
5162978

**昆仑高科实业有限公司**
地址:广东省深圳市龙岗区龙岗镇南约村联和工业区D3栋
负责人:洪小平
Tel:0755－89900990
13827410330

**康捷豪威电子科技有限公司**
地址:广东省深圳市龙岗区龙岗镇四龙埔上角环四龙路1号
负责人:陈其康
Tel:0755－28941807
13554769090

**珠海市香洲顺讯通信设备店**
业务:销售手机、手机配件
地址:广东省珠海市前山所前山晴川商厦5号商铺
负责人:林福权 邮 编:519000
邮 编:林福权
Tel:13697733993
0756－6135799
8533699

**博思通电脑科技开发有限公司**
地址:广东省深圳市龙岗区龙河路601室
负责人:张有良
Tel:0755－84859078

**柏业通信技术(深圳市)有限公司**
地址:广东省深圳市龙岗区平湖镇辅城坳工业区A1栋
负责人:黄少明
Tel:0755－84671105
13902471661

**科达光通信有限公司**
地址:广东省深圳市罗湖区蔡屋围发展大厦2206
负责人:车林全
Tel:13798369606

**珠海市香洲旺扬电脑经营部**
业务:监控系统,点歌系统,网络工程,软件开发
地址:广东省珠海市香洲区凤凰南路1030号香湾电脑城3楼33号铺
负责人:吴雁辉 邮 编:519000
法 人:吴雁辉
Tel:0756－2213360
Fax:0756－2213360
网址:www.2213360.com
E-mail:A13411429908@163.com

**柳州佳吉安防科技有限公司**
业务:专业从事电子产品、安防产品、楼宇自控设备等产品的销售,承接监控系统工程、防盗系统工程、楼宇对讲工程设计与安装。我们在销售优质产品的同时,以精湛的技术水平和无微不至的售后服务,树立了良好的企业形象,赢得了广大客户的好评
产品:摄像机、硬盘录像机、采集卡、视频线、安防电源、电子巡更、电子商品防盗、楼宇对讲、智能管理、报警器、红外探测器、电脑配件、安防周边器材
地址:广东省广州市柳州市三中路凯凌大厦2幢3楼309－311#
负责人:蔡荣兵 邮 编:545000
法 人:蔡荣兵
Tel:0772－2070160
网址:lzafqc.cn.busytrade.com
E-mail:lzanfang123@163.com

**深圳市拓昊信息网络有限公司**
地址:广东省深圳市罗湖区红宝路旺族大厦4楼404
负责人:林海林
Tel:0755－82475554
13825222233

**深圳市鼎通信息技术有限公司**
地址:广东省深圳市罗湖区红桂路红桂大厦东1109
负责人:温建南
Tel:13602638600

**深圳市华新永信科技发展有限公司**
地址:广东省深圳市罗湖区嘉宾路2002号彭年广场3402房
负责人:周远帆
Tel:13008899636

**创鹏科实业发展有限公司**
地址:广东省深圳市罗湖区解放路3017号时珍大厦1301室
负责人:李霖贵
Tel:0755－82126207
13823361533

**深圳市天致信息技术开发有限公司**
地址:广东省深圳市罗湖区泥岗东路旭飞华天苑B栋2718室
负责人:牛襄驿
Tel:13008827219

**汕头市潮阳区谷饶捷利数码手机店**
业务:主营各种品牌手机、手机配件、相关数码产品,本店始终以追求服务最好,质量最佳为目标,让你乘兴而来,满意而归。
业务:广东省汕头市谷饶镇谷关路75号/分店1:谷饶镇友源路市场北侧100米处/分店2:谷饶镇友源路市场南侧斜对面/官田分店3:谷饶镇官田路口(即佳美厂旁)
负责人:吴裕川 邮 编:515100
法 人:吴裕川
Tel:0754－82388678
82386822
82386877
82386878

**恒星通科技有限公司**
地址:广东省深圳市罗湖区人民南路天安国际大厦B座2405
负责人:谢青
Tel:13828828941

**冠鸿科技有限公司**
地址:广东省深圳市福田区保税区英达利科技数码园A栋3层02号房
负责人:王馨
Tel:13823646416

**三木实业有限公司**
地址:广东省深圳市福田区北环大道7043号青海大厦24B室
负责人:练文珊
Tel:13332929055

**迅通技术有限公司**
地址:广东省深圳市福田区北环路合正园A2－401
负责人:王帆
Tel:0755－83525027
13809898918

**安达丰实业有限公司**
地址:广东省深圳市福田区滨河大道湖北大厦南区28楼2802室
负责人:陈子铨
Tel:13809893591

**东莞市骏强手机维修中心**
业务:本中心主要经营手机维修,维修培训,手机及零配件批发零售.本中心技术雄厚,服务一流,质量三包,欢迎惠顾!
地址:广东省东莞市黄江镇江南路84号 分店:黄江镇板湖村板湖一街D9号铺
负责人:苏贤余 邮 编:523000
法 人:苏贤余
Tel:0769－82028528
E-mail:468249895@qq.com

**深圳市欧佳尼数码科技有限公司**
地址:广东省深圳市罗湖区笋岗路华凯大厦906室
负责人:林理明
Tel:0755－25578999

**深圳市力量科技有限公司**
地址:广东省深圳市罗湖区太宁路85号罗湖科技大厦409室
负责人:林川
Tel:0755－25623548
13902911738

**国联科技发展有限公司**
地址:广东省深圳市罗湖区田贝四路与贝丽北路交汇处阳光天地家园A座天地轩1306室
负责人:张文华
Tel:0755－25606958
13066954156

**深圳市柏森商行**
地址:广东省深圳市罗湖区文锦北路洪湖二街3号楼一楼
负责人:曾召敏
Tel:0755－25623568
13332993926

**深圳市伦华实业有限公司**
地址:广东省深圳市罗湖区文锦大道美景大厦北座5楼伦华公社

负责人:黄建伦
Tel:0755－25603339

**深圳市明盈通信技术有限公司**
地址:广东省深圳市罗湖区物检站宿舍金山苑11A
负责人:吴旭明
Tel:0755－25672389
13902940162

**深圳市金色年科技有限公司**
地址:广东省深圳市罗湖区沿河路东方都会大厦B座2323室
负责人:李英
Tel:13068702241

**深圳市瑞通姿讯技术有限公司**
地址:广东省深圳市罗湖区怡景路罗湖图书馆2楼
负责人:何勇平
Tel:0755－25407135
25407136
25404850

**深圳市联芯激光光学技术有限公司**
地址:广东省深圳市南山区电子学研究所二楼(广东省深圳市大学院内)
负责人:高爽
Tel:13502869986

**卓研科技有限公司**
地址:广东省深圳市南山区高新中期西4栋深建大厦5楼
负责人:林健增
Tel:0755－26710810
13828837655

**深圳市赛尔维智能卡有限公司**
地址:广东省深圳市南山区关口二路安乐七队工业区22栋2楼
负责人:刘正平
Tel:0755－26976200
13068702698

**鸿哲智能系统工程有限公司**
地址:广东省深圳市南山区后海大道以东天利中央广场2401室
负责人:蔺来强
Tel:0755－86331099
13902481945

**数龙科技有限公司**
地址:广东省深圳市南山区科技园内广东省深圳市湾工景花园海逸阁30D
负责人:宁伟翼
Tel:0755－26583535
13823322866

**深圳市彩秀科技有限公司**
地址:广东省深圳市南山区科技园南区深港产学研基地西座七楼
负责人:沈练
Tel:0755－86029988
Fax:86110757

**深圳市艾赛克科技有限公司**
地址:广东省深圳市南山区科技园中区高新中四路龙泰利大厦301－303
负责人:徐先生
Tel:0755－26549863
13510413772

**深圳市东舜时代科技有限公司**
地址:广东省深圳市南山区麻雀岭工业区7栋中钢大厦1号楼第四层东区
负责人:朱武陵
Tel:0755－86020100
86020101
13316585259

**深圳市艺丰彩路软件设计有限公司**
地址:广东省深圳市南山区内环路汇宾广场汇锦阁05C
负责人:武国燕
Tel:0755－26238832
13826579095

**深圳市恒宏科技发展有限公司**
地址:广东省深圳市南山区南山大道福临苑11K室
负责人:崔海兰
Tel:0755－26478011
26249083

**君威实业有限公司**
地址:广东省深圳市南山区南山大道好来居414号
负责人:唐越
Tel:0755－26446663
26446669
13316818168

**深圳市富洋信息技术有限公司**
地址:广东省深圳市南山区南山大道华联花园8栋105室
负责人:李云鹏
Tel:0755－26409667
13509647815

**德瑞智能卡有限公司**
地址:广东省深圳市南山区南山大道跃华园13D
负责人:柳瑞英
Tel:13322984811

**科艺嘉电子有限公司**
地址:广东省深圳市南山区南山软件园1008室
负责人:梁献文
Tel:0755－26510870

**三目通科技发展有限公司**
地址:广东省深圳市南山区南山软件园1303室
负责人:李琴
Tel:0755－26470608

**广易达科技有限公司**
地址：广东省深圳市南山区南新路金田花园金湖阁5栋201
……负责人：刘志伟
……Tel：0755－26075860
13049801669

**深圳市爱科讯网络技术有限公司**
地址：广东省深圳市南山区南油大道山东大厦603室
……负责人：徐玲
……Tel：13332963985

**景鑫科技开发有限公司**
地址：广东省深圳市南山区南油第四工业区5栋三楼303室
……负责人：包先生
……Tel：0755－26650084

**深圳市中佳讯大恒通信设备有限公司**
地址：广东省深圳市南山区南油天安工业区5座3楼
……负责人：石京燕
……Tel：0755－26072265
26418208
13510302296

**深圳市天夏电信技术有限公司**
地址：广东省深圳市南山区深南大道北麒麟路西南山软件园1107#
……负责人：刘越强
……Tel：0755－26016109
13924656862

**深圳市九思兴业信息技术有限公司**
地址：广东省深圳市南山区深南大道帝景园二期AB栋A301
……负责人：魏小姐
……Tel：0755－26713595

**惠三通实业有限公司**
地址：广东省深圳市南山区桃园路南常兴路西南景苑BL室
……负责人：余世民
……Tel：0755－26938906
13828893663

**科通通信技术（深圳）有限公司**
地址：广东省深圳市南山区天涯工业小区四栋四楼
……负责人：董经理
……Tel：0755－26013586
13552997081

**鑫高电子科技有限公司**
地址：广东省深圳市南山区西丽镇新围村旺棠工业区25栋5楼南面
……负责人：彭玉生
……Tel：0755－26018547

**深圳市东域恒科电脑科技开发有限公司**
地址：广东省深圳市南山区学府路158号4栋101室
……负责人：陈汝华
……Tel：0755－26160728

**深圳市怡通电子有限公司**
地址：广东省深圳市南山区玉泉路128号A栋一楼南座
……负责人：陈文武
……Tel：0755－26988160
26988110

**深圳飞鹰通讯科技发展有限公司**
地址：广东省深圳市南山区玉泉路嘉庭苑210房
……负责人：王春梅
……Tel：0755－26510798

**深圳市易彩通科技有限公司**
地址：广东省深圳市南山区玉泉路麒麟花园金麒麟F302
……负责人：石敬
……Tel：0755－26730997

**深圳市时代高科信息技术有限公司**
地址：广东省深圳市深南东路5033号金山大厦1007－1008室
……负责人：梁榕芳
……Tel：0755－82460867
82461107
13714762633

**深圳市龙兴通讯有限公司**
地址：广东省深圳市深南中路2063号通天地通讯市志X68
……负责人：杨建龙
……Tel：13008885719

**多能科技有限公司**
地址：广东省深圳市盐田区深盐路蓝田壹站A座809室
……负责人：周建辉
……Tel：0755－25271998
13902452753

**中山市石岐区特宇电脑经营部**
业务：中山市石岐区特宇电脑经营部主要从事电脑配件、网络设备的销售，一手货源，价格最优，质量有保证，欢迎新老客户光临惠顾。
地址：广东省中山市石岐区安栏路92号永胜广场三楼B16卡
……负责人：郑寓丹……邮　编：528400
……Tel：0760－8865948
……Fax：0760－8862409

**爱特尔实业有限公司**
地址：广东省深圳市玉泉路128号建安大院5楼
……负责人：马晓东
……Tel：0755－26510520/26510530/26510540
13823665758

**广州市荔城高科电脑经营部**
地址：广东省增城市荔城镇和平路民主街北109号铺位
……负责人：李丽贤
……Tel：020－88419488

**英德市英城雄胜手机连锁店**
业务：各种名牌正品行货手机
地址：广东省英德市和平中路4号 分店：广东省英德市英城利民路利安大厦首层五号
……负责人：谭先生　　邮　编：513000
……Tel：0763－2226139
2220781
……Fax：0763－2239331

**增城市风达电脑设备有限公司**
地址：广东省增城市荔城镇新城市中心G区4号之三
……负责人：汪建新
……Tel：020－82619808
13059128162
13078861162

## 广西壮族自治区 /Guangxi Zhuang Autonomous Region

**百色蓝科电脑有限责任公司速达网络分公司**
地址：广西壮族自治区百色市右江区桂林街1号
…… 负责人：李齐林
…… Tel：0776－2852211

**北海市王者通讯设备有限公司三明通讯广场**
地址：广西壮族自治区北海市海城区北部湾中路66号南森大厦第一层
…… 负责人：卢建强
…… Tel：0779－2033250

**桂林市华杰手机配件经销部**
业务：手机、U盘、内存卡等配件
产品：手机、电脑配件、原装各种型号电池
地址：广西桂林市象山区民主路万寿巷8号工商所斜对面
…… 负责人：梁金华　邮　编：450002
…… 法　人：梁金华
…… Tel：15078378761
…… Fax：0773－3818806

**北海科思信息服务有限责任公司**
地址：广西壮族自治区北海市四川南路丽都花园18栋
…… 负责人：张桂荣
…… Tel：0779－3212293

**贵港市洪盛水暖器材批发部**
业务：水暖器材、消防器材
地址：广西省贵港市西江钢材专业市场B3幢01－08号
…… 负责人：洪景团　邮　编：537100
…… 法　人：洪景团
…… Tel：13807854291

**安德消防工程有限公司贵港工程处**
地址：广西壮族自治区贵港市中山路两铁路中间段
…… 负责人：罗铭
…… Tel：0775－4328823
13768053655

**南宁市开福通讯器材经营部**
业务：本公司成立于2006年，主要经营通讯器材、安防器材。热忱欢迎新老客户光临惠顾！
地址：广西壮族自治区南宁市青秀区新民路34号
…… 负责人：温富得……邮　编：530012
…… 法　人：温富得
…… Tel：0771－2612606

**来宾市科能达电脑**
业务：致力于品牌电脑、组装电脑、电脑耗材、办公耗材、网络产品的销售、维修与服务，专业专注，全新服务，是我们不变的信念！竭诚欢迎您的光临！
产品：LG显示器、斯巴达克主板、华硕主板、冲击波音箱
地址：广西省来宾市兴宾区北二路167号
…… 负责人：葛丽　邮　编：546100
…… 法　人：何柳群
…… Tel：0772－4220120
5291333
15977209328
…… Fax：0772－6699930

**桂林市文粹软件开发有限责任公司**
地址：广西壮族自治区桂林市七星区环城北二路屏风花园12栋202栋
…… 负责人：温锦山
…… Tel：13097736500

**柳州市桂安消防器材销售维修部**
业务：消防器材销售及维修服务
地址：广西省柳州市三中路92号院内进大门10米
…… 负责人：周子明　邮　编：545001
…… 法　人：周子明
…… Tel：13507725880
0772－2851604

**桂林亿天网络科技有限责任公司**
地址：广西壮族自治区桂林市秀峰区解放东路正阳门商场2－13、14号
…… 负责人：冯铁汉
…… Tel：13707830290

**桂林市八面通通信有限公司第四分公司**
地址：广西壮族自治区桂林市秀峰区中山中路大世界商厦一层4号
…… 负责人：戴剑威
…… Tel：13978328868

**大化县新威电脑有限责任公司**
地址：广西壮族自治区河池市大化瑶族自治县镇北新化东路
…… 负责人：李长司
…… Tel：13307789916

**玉林市金龙马通讯经营部**
业务：专业批发手机
产品：天语，长虹，联创，佳通，港利通，普莱达，金鹏等
地址：广西省玉林市民主中路245号
…… 负责人：莫成华　邮　编：537000
…… 法　人：甘海坤
…… Tel：0775－2806338
13877515253

**小飞腾电脑设备有限责任公司**
地址：广西壮族自治区贺州市台湾商住城日月街29号
…… 负责人：黄乙
…… Tel：0774－5291872
5272389
13707841379

**北京梦翔依依网络科技发展有限公司河池分公司**
业务：软件开发，技术转让服务，网络咨询服务
地址：广西壮族自治区河池市颐园路34号三楼
…… 负责人：莫锦宏　邮　编：547000
…… 法　人：莫锦宏
…… Tel：0778－2295139

**中国联通有限公司昭平分公司**
地址：广西壮族自治区贺州市昭平县昭平镇永安街27号
…… 负责人：唐心荣
…… Tel：0774－6687938
13307844444

**武宣县慧鑫电脑店**
业务：电脑零售、DIV组装电脑、电脑配件、网络布线、监控工程、防盗报警系列、KTV点播系统、多媒体会议室、办公耗材
地址：广西壮族自治区来宾市武宣县防疫站
…… 负责人：韦锋　邮　编：545900
…… 法　人：韦锋
…… Tel：0772－5226336
…… E-mail：final510@discuz.org

**来宾市世腾科技开发有限公司**
地址：广西壮族自治区来宾市河西向阳一路390号
…… 负责人：钟赞国
…… Tel：13807080888

**柳州畅捷计算机信息服务有限公司**
地址：广西壮族自治区柳州市柳北区北雀路七区10号
…… 负责人：覃毅菲
…… Tel：13877257523

**柳州市神网电讯有限公司**
地址：广西壮族自治区柳州市柳北区北鹊路100号1栋2－2号
…… 负责人：罗卫荣
…… Tel：13977232168

**广西华视安防网络有限公司**
业务：本公司成立于2006处，主要从事安防技术防范工程设计、施工；安防技术防范产品，计算机软件销售；网络设计。我们期待您的来电！
地址：广西壮族自治区南宁市望园路10号29栋B区1202
…… 负责人：付子林……邮　编：530023
…… 法　人：付子林
…… Tel：0771－5709617
…… Fax：0771－5709627

**安信源网络科技有限公司**
地址：广西壮族自治区柳州市柳北区跃进路49号1－15号房
…… 负责人：栾杰明
…… Tel：0772－2557388
13978009114

**南宁泽普网络信息技术有限公司**
地址：广西壮族自治区南宁市城北区高新区科德路2号科莱楼南楼7013号房
…… 负责人：程海
…… Tel：13978615577

**南宁泛网网络技术有限公司**
地址：广西壮族自治区南宁市城北区科园大道高新苑30栋2单元101房
…… 负责人：叶斌
…… Tel：13307870554

**中移鼎讯通信股份有限公司广西分公司**
地址：广西壮族自治区南宁市城北区科园西三路3号10栋2单元501－14
…… 负责人：费文华
…… Tel：13983510638

**南宁市很好笑网吧**
地址：广西壮族自治区南宁市城北区可利路19号
…… 负责人：覃小霞
…… Tel：13036886138

**南宁市韵唐软件有限责任公司**
地址：广西壮族自治区南宁市城北区农院路8－6－23号2楼
…… 负责人：李迪
…… Tel：13907866125

**南宁市均禾宇电脑软件有限责任公司**
地址：广西壮族自治区南宁市城北区秀厢路16号北湖安居小区C区23栋1单元70
负责人：李兰娇
Tel：13152505594

**南宁市建福消防器材经营部**
地址：广西壮族自治区南宁市江南区白马商城南10号
负责人：余墩敖
Tel：13977122826

**南宁市旭通科技有限公司**
地址：广西壮族自治区南宁市江南区淡村路7号综合楼
负责人：莫家年
Tel：13307817197

**福建万友消防工程集团有限公司南宁分公司**
地址：广西壮族自治区南宁市新城区方园路1号方园公寓8号楼1单元202号
负责人：王文双
Tel：13607816685

**南宁科明通信设备有限公司**
地址：广西壮族自治区南宁市新城区古城路22号银宇大厦A座五楼
负责人：胡明
Tel：13878174629

**广西南宁市南亿网络技术有限公司**
地址：广西壮族自治区南宁市新城区民族大道麻村27栋1单元2层201号房
负责人：熊永桂
Tel：0771－2696139

**南宁新蝶软件有限公司**
地址：广西壮族自治区南宁市新城区园湖南路6号
负责人：陈元增
Tel：13097713505

**南宁雄心消防技术工程有限公司**
地址：广西壮族自治区南宁市兴宁区望州路北三里5号
负责人：吴旗开
Tel：13977116500

## 玉林市周氏计算机网络科技工作室

业务：工作室成立于2006年，主要经营分类信息发布，网络广告，企业网站制作，企业推广，广告设计等，热诚欢迎新老客户惠顾。
地址：广西壮族自治区玉林市万良路前排12号
邮　编：537000
法　人：周华森
Tel：0775－3262198
网址：www.0775sohu.com

**玉林市星云软件服务有限公司**
地址：广西壮族自治区玉林市电脑电器城住宅楼三楼303号
负责人：莫志强
Tel：0775－5800866

## 南宁特安电子科技有限公司

业务：专业从事电子产品销售，安防产品安装、维护、调试，我们承诺热情周到的服务让您满意，及时迅速的售后服务让您高枕无忧！
产品：家庭防盗报警系统，商铺防盗报警系统，视频监控系统，联网报警系统，电力设施防盗，安防工程设计、施工
地址：广西壮族自治区南宁市科园大道25－1号科创大厦第4层
负责人：李世夏　谢家荣
邮　编：530007
法　人：李世夏
Tel：0771－3212822
3219400
18978814491
网址：www.nnta110.com
E-mail：nnta110@gmail.com

**广西玉林市灵讯信息技术服务有限公司**
地址：广西壮族自治区玉林市东门路东环里8号
负责人：陈新
Tel：13907751003

**玉林市文联电脑销售有限责任公司**
地址：广西壮族自治区玉林市民主中路96号
负责人：李文华
Tel：0775－5899999

## 海南省/Hainan Province

**昌江达成电脑网络科技中心**
地址：海南省昌江黎族自治县物资总公司楼下
负责人：谢浩明
Tel：13307665808

**海南方讯信息科技有限公司**
地址：海南省海口市白龙南路40号琼苑广场J幢902
负责人：刘雪云
Tel：13322002679

**海口鸿鹄鹏通信设备有限公司**
地址：海南省海口市大同路25号华能大厦19A9房
负责人：李鸿
Tel：0398－68324959

## 海口佳速网络科技有限公司

业务：电脑整机及配件、网络设备及网络耗材销售，监控设备及电子报警系统，对讲系统及呼叫系统销售，电脑维修，网络综合布线，楼宇、家居智能化综合布线，企业局域网及校园网组建，网络维护、网站建设、系统集成、信息多媒体、软件开发、数据备份。
地址：海南省海口市DC商业城4楼4033A室2楼2区214铺面
负责人：蒋磊……邮　编：571000
法　人：蒋磊
Tel：0898－66522518
66702622
网址：www.mtw26751.chinapyp.com

**海南火盾自动消防设备有限公司**
地址：海南省海口市大同路25号华能大厦201房
负责人：叶魏坤
Tel：13005033056

**海口蓝鸟科技有限公司**
地址：海南省海口市大英路5号富兴大厦505室
负责人：林道诚
Tel：0898－66519595

**海南福网科技有限公司**
地址：海南省海口市国贸大道50号王府公寓10楼C座
负责人：黄福泉
Tel：13976000059

**海南杰杨科技有限公司**
地址：海南省海口市国贸路25号嘉陵大厦25层A5
负责人：石挺万
Tel：0898－68583961

**海南万安消防设备工程有限公司**
地址：海南省海口市国贸路59号正昊大厦9H室
负责人：陈中恒
Tel：0898－66704647

**海口博斯达信息科技有限公司**
地址：海南省海口市国贸路CMEC大厦905房
负责人：曾峰
Tel：13807660005

**海南联中城科技有限公司**
地址：海南省海口市海达二横路245号之二
负责人：王礼彬
Tel：0898－66191635

**海口佳品网络科技有限公司**
地址：海南省海口市海甸三东路凤阳小区5号别墅
负责人：许淇铃
Tel：0898－66278176

**海南汇谷科技有限公司**
地址：海南省海口市海甸三东路丽花城A1201
负责人：张国喜
Tel：0898－68128336

**海口联合未来网络科技有限公司**
地址：海南省海口市海秀大道10号海南DC商业城三层214A铺面
负责人：苏德鹏
Tel：13307529968

**海口泓昌网络工程有限公司**
地址：海南省海口市海秀大道90－15号第二层
负责人：吴毓敏
Tel：13907693367

**海口龙华百安消防器材供应中心**
地址：海南省海口市海秀大道侨中里1号
负责人：洪幼贵
Tel：0898－66712519

**海口宏志电脑网络有限公司**
地址：海南省海口市海秀路10号海南DC商业城三层229号
负责人：唐龙
Tel：13876350658

**海南捷拓希盟科技有限公司**
地址：海南省海口市海秀路12号万国商大厦东座14层F号房
负责人：黄海青
Tel：13322038199

**海南天马星空科技有限公司**
地址：海南省海口市海榆中线21号
负责人：余少芬
Tel：13907577599

**海口纪世代电脑耗材有限公司**
地址：海南省海口市和平路世博大厦505房
负责人：史红玉
Tel：0898－65867819

**海南智善电子商务信息有限公司**
地址：海南省海口市华海路安海大厦1楼A1房
负责人：程占伟
Tel：13322001711

**海南菱通科技有限公司**
地址：海南省海口市华海路中房青年公寓A座501室
负责人：刘庆枝
Tel：0898－66266865

**海南展创实业有限公司**
地址：海南省海口市金龙路万利隆花园C1栋2单元
负责人：魏崇顺
Tel：0898－68586866

**海南今越科技有限公司**
地址：海南省海口市金贸区新达商务大厦2405房
负责人：熊爱平
Tel：0898－68553128

**海南斯大科技开发有限公司**
地址：海南省海口市金贸区玉沙路14号中房高级公寓A9
负责人：庞宇
Tel：13876590099

**海南碧海网络有限公司**
地址：海南省海口市金盘路41号金花小区A2－202号房
负责人：万晓春
Tel：13518821651

**海南姆贝迩科技开发有限公司**
地址：海南省海口市龙华路财盛大厦5A
负责人：叶景梅
Tel：13876096013

**海口三博科技有限公司**
地址：海南省海口市龙昆北路29号二楼一层
负责人：郑榜科
Tel：0898－66728250

**海南网都信息技术有限公司**
地址：海南省海口市龙昆南路55号金霖花园金泰栋1002室
负责人：郑海花
Tel：0898－66988787

**海口隆汇摩托车配件有限公司**
地址：海南省海口市龙舌坡149号
负责人：王健
Tel：0898－65330513

**海口翔悦科技有限公司**
地址：海南省海口市龙舌坡路15号省电子工业总公司宿舍C幢西402房
负责人：李桂艳
Tel：13016290905

**海口微诺信息技术有限公司**
地址：海南省海口市面前坡村19号
负责人：张健
Tel：13016213369

**海口集士通电脑网络有限公司**
地址：海南省海口市南宝路2号南宝电脑城2楼东侧
负责人：冯霞
Tel：13907584505

**海口腾信科技有限公司**
地址：海南省海口市世贸东路2号D栋505房
负责人：林嵘
Tel：0898－68275501

**海南众拓通信科技有限公司**
地址：海南省海口市五指山路5号鼎华大厦1105房
负责人：陈晓军
Tel：13907539978

## 海南海绿通信工程有限公司

业务：海南海绿通信工程有限公司主要从事网络布线，电话安装及维护，您的满意是我们的追求。
地址：海南省海口市琼山府城镇文庄路永利公寓B栋601房
负责人：王蔚国……邮　编：571100
法　人：王蔚国
Tel：0898－65868135

**海口佳尔数码科技有限公司**
地址：海南省海口市新华南路95号
负责人：李承启
Tel：13016206688

**海口遵汇网络科技有限公司**
地址：海南省海口市义龙路科技大厦附楼504房
负责人：王雁
Tel：13322015811

## 四川省/Sichuan Province

**成都市成华区飞越时空网吧**
地址：四川省成都市成华区八里庄路12号
负责人：何惠全
Tel：028－83285649

## 成都金虎科技有限公司

业务：成都金虎科技有限公司是原"国家高性能计算机工程技术研究中心多媒体开发部"，kinghoo视频通讯系列产品产业化企业，主营视频会议，即时通讯，教育教学软件等。欢迎新老客户咨询，试用。
地址：四川省成都市郭家桥北街5号14幢1502
负责人：何明勇……邮　编：610021
法　人：刘惠澜
Tel：028－85226315
85226317
Fax：028－85226315－8001
网址：www.kinghoo.net

**成都灵嘉电子科技服务有限公司**
地址：四川省成都市成华区保和下街32号
负责人：陈寿勇
Tel：13881831115

**成都雷莱光电技术有限公司**
地址：四川省成都市成华区建设路2号水岸花园7A2－2号
负责人：刘永智
Tel：028－84320287

**四川金丰通讯科技发展有限公司**
地址：四川省成都市成华区双林北支路345－347号
负责人：周新民
Tel：13908088000

**成都驿动信息科技有限公司**
地址：四川省成都市二环路南四段丽都花园B区1－3－402室
负责人：徐可可
Tel：028－86624100

**北京阳光加信科技有限公司四川分公司**
地址：四川省成都市高升桥南街罗浮世家2幢4单元402室
负责人：许伟
Tel：028－85090946

**四川诚邦测控技术有限公司**
地址：四川省成都市高新技术开发区创业路8号8号楼
负责人：叶丽娟
Tel：028－85140678

**四川阿尔法信息技术有限公司**
地址：四川省成都市高新技术开发区创业路9号
负责人：陈建
Tel：13880876601

**四川川计通电子工程有限公司**
地址：四川省成都市高新技术开发区芳草东街39号2－1幢5号
负责人：张钦
Tel：028－80617788

**成都泰谷信息技术有限公司**
地址：四川省成都市高新技术开发区芳草东街93号
负责人：王祯学
Tel：13708185868

## 四川优福科技发展有限公司

业务：公司介绍：四川优福科技发展有限公司是一家新生企业，公司专注于开发拥有国家专利的新型家用炊具。公司的理念是"我用心 您放心"，公司的宗旨是"依靠创新服务生活"。公司的目标是竭力为广大消费者提供美观大方、新颖好用、质优耐用、技术进步的新型家用炊具产品。
地址：四川省成都市红星路1段9号庆玲实业楼2号楼6楼610室
邮　编：610017
法　人：蒋蓉
Tel：028－86927218
Fax：028－86928658
网址：www.scyfkj.chinapyp.com

**成都巨龙北斗通信技术有限公司**
地址：四川省成都市高新技术开发区芳草街4号
负责人：陈俊钊
Tel：028－85256032

**成都金鹏达科技有限公司**
地址：四川省成都市高新技术开发区芳华街26号4幢2单元12号
负责人：胡进
Tel：028－85256170

**成都亚昇科技有限公司**
地址：四川省成都市高新技术开发区芳沁街25号
负责人：王鹏
Tel：028－84397879

**成都博丰科技有限公司**
地址：四川省成都市高新技术开发区高朋大道12号
负责人：马育东
Tel：13908232130

**成都一心唯用科技有限公司**
地址：四川省成都市高新技术开发区高朋大道5号创新中心B座3楼302室
负责人：张治平
Tel：028－85146308

**成都古京科技有限公司**
地址：四川省成都市高新技术开发区高朋东路2号创新服务中心
负责人：邱静
Tel：13708068692

**成都智能科讯科技有限公司**
地址：四川省成都市高新技术开发区高朋东路3号1栋3楼
负责人：龙海燕
Tel：028－85232717

**成都君一科技开发有限公司**
地址：四川省成都市高新技术开发区高升桥东路11号
负责人：何金
Tel：13980785163

## 四川辛巴远扬科技有限公司

业务：四川辛巴远扬科技有限公司成立于2005年，主要从事软件的销售。"诚信为本，信誉第一，客户至上"，热诚欢迎新老客户惠顾，洽谈业务。
地址：四川省成都市一环路南二段新世纪电脑城4F－J50
邮　编：610041
法　人：司道勇
Tel：028－85251602
Fax：028－85251602

**成都商旅乐网络服务有限公司**
地址：四川省成都市高新技术开发区高升桥东路19号2－3幢10号
负责人：曾涛
Tel：13568921358

**四川红灯笼科技发展有限公司**
地址：四川省成都市高新技术开发区高升桥东路7号A－1幢6号
负责人：陈福林
Tel：13881808836

**成都市大雷科技有限公司**

地址:四川省成都市高新技术开发区桂溪工业园
负责人:张秀亮
Tel:028－85066400

**成都玺鄗科技有限责任公司**
地址:四川省成都市高新技术开发区桂溪工业园
负责人:庄万俊
Tel:028－85245572

**成都关键科技有限公司**
地址:四川省成都市高新技术开发区桂溪工业园
负责人:杨关键
Tel:028－85575510

**成都明希科技有限公司**
地址:四川省成都市高新技术开发区桂溪工业园
负责人:丁小明
Tel:028－88005100

**四川龙瑞微电子有限公司**
地址:四川省成都市高新技术开发区科园二路1号
负责人:李滨
Tel:028－89007737

**四川腾亿电子通信有限责任公司**
地址:四川省成都市高新技术开发区神仙树北路高新商贸中心
负责人:侯心意
Tel:028－81331922

**成都卓凡软件科技有限公司**
地址:四川省成都市高新技术开发区神仙树北路高新商贸中心
负责人:何思德
Tel:028－86134381

**四川胜蓝科技有限公司**
地址:四川省成都市高新技术开发区神仙树南路8号
负责人:李强
Tel:028－88077088

**成都英利吉科技有限公司**
地址:四川省成都市高新技术开发区神仙树南路8号20－1幢2号
负责人:程建轩
Tel:028－86629873

**成都众志今朝通信技术有限公司**
地址:四川省成都市高新技术开发区石羊工业园
负责人:朱吉川
Tel:13340996339

**成都星驰宇科技有限公司**
地址:四川省成都市高新技术开发区石羊工业园
负责人:程颂
Tel:13708184523

## 四川省兴工电器电缆厂
业务:四川省兴工电器电缆厂成立于1999年,现有员工80人,从事电线电缆的生产及销售。欢迎来电垂询!
地址:四川省崇州市潦原乡紫竹村
邮　编:611230
法　人:龚玉华
Tel:028－82227015
Mobile:13008136876

**成都易信通科技有限公司**
地址:四川省成都市高新技术开发区石羊工业园
负责人:杨策
Tel:13908171603

**成都启明软件有限公司**
地址:四川省成都市高新技术开发区天府大道高新孵化园
负责人:刘煜民
Tel:028－85493216

**四川一房网络有限责任公司**
地址:四川省成都市高新技术开发区天府大道高新孵化园科技财富中心2－7号
负责人:蒲果泉
Tel:028－87532221

**成都般若炜明网络技术有限公司**
地址:四川省成都市高新技术开发区天府大道南延线高新孵化园1号楼
负责人:冯璐
Tel:028－66070117

**成都高新协同网络信息管理有限公司**
地址:四川省成都市高新技术开发区西部园区起步区
负责人:王立新
Tel:028－85534128

**成都硅波微电子技术有限公司**
地址:四川省成都市高新技术开发区肖家河环四巷2号
负责人:王自力
Tel:13882018789

**成都路由信息系统有限公司**
地址:四川省成都市高新技术开发区肖家河街111号1－4幢
负责人:余澄清
Tel:13308188865

**成都欣海鑫科技有限公司**
地址:四川省成都市高新技术开发区肖家河街11号
负责人:朱霖
Tel:13882159857

## 眉山市城通信息港管理有限公司
业务:眉山市城通信息港管理有限公司成立于2006年,从事计算机网络系统集成,软硬件开发及相关技术服务,开展相关技术咨询和信息咨询服务,销售数码产品,办公自动化设备,电子产品,机械设备等,欢迎新老客户来电洽谈业务!
地址:四川省眉山市诗书路531号
负责人:邱明军……邮　编:620000
法　人:邱明军
Tel:0833－8793333

**成都音信互动信息技术有限公司**
地址:四川省成都市高新技术开发区肖家河沿街11号
负责人:俞卫中
Tel:13980958226

**成都普蓝特科技有限公司**
地址:四川省成都市高新技术开发区新光路66号
负责人:周宝健
Tel:13518146842

**四川同汇行科技发展有限公司**
地址:四川省成都市高新技术开发区一环路南三段28号11－3号8号
负责人:帅震清
Tel:13308004560

**四川金科达智能科技开发有限公司**
地址:四川省成都市高新技术开发区一环路南三段64号25－2幢5号
负责人:文静
Tel:028－88185607

**成都飞格电子科技有限公司**
地址:四川省成都市高新技术开发区永丰路12号1－3幢10号
负责人:戴荣
Tel:13709043349

**成都百益科技有限公司**
地址:四川省成都市高新技术开发区永丰路13号1－1幢2号
负责人:孙月
Tel:13882181250

**重庆信威通信技术有限责任公司成都分公司**
地址:四川省成都市高新技术开发区永丰路52号
负责人:许定权
Tel:028－66187490

**成都能通科技发展有限公司**
地址:四川省成都市高新技术开发区元通小区元通一巷3号2－1幢5号
负责人:杨成
Tel:028－85562011

**成都中联信通科技有限公司**
地址:四川省成都市高新技术开发区元通一巷7号1－1幢10号
负责人:王玉春
Tel:028－83285777

**成都大朋科技有限公司**
地址:四川省成都市高新技术开发区紫荆北路86号
负责人:李欣泽
Tel:13608178060

**成都陶宝科技有限公司**
地址:四川省成都市高新技术开发区紫荆南路18号
负责人:孙学军
Tel:13018215606

**成都西朗科技发展有限公司**
地址:四川省成都市高新技术开发区紫薇东路12号
负责人:兰帮见
Tel:13060073352

**成都高新区超信通信产品经营部**
地址:四川省成都市高新技术开发区紫竹北街27号
负责人:庞兴勇
Tel:028－85146346

## 绵阳市佳军电子有限责任公司
业务:本公司成立于2002年,主要从事计算机硬件,软件,办公设备销售,计算机网络系统集成,工作台生产,销售,电子产品,家用电器销售。热忱欢迎广大客户光临、惠顾!
地址:四川省绵阳市涪城区会临巷3－4号
负责人:杨昌海……邮　编:621000
法　人:吴纪银
Tel:0816－2310764
Fax:0816－2303613
E-mail:scmyjj@163.com

**成都市广信网科技有限公司**
地址:四川省成都市高新技术开发区紫竹北街85号2幢C号
负责人:彭国华
Tel:028－88158736

**青航软件有限公司**
地址:四川省成都市高新西区国家863软件专业孵化器国腾园2号楼2202－2206室
负责人:敬辉
Tel:028－87827870
13568860765

**成都欣坤易民科技有限公司**
地址:四川省成都市金牛区白马寺北顺街99号5幢2单元8号
负责人:郭云平
Tel:028－66633430

**成都市迈联科技有限公司**
地址:四川省成都市金牛区茶店子安居巷3单元6－12号
负责人:王颖
Tel:13678161606

**成都鑫西洋科技有限公司**
地址:四川省成都市金牛区茶店子育才路15号8－3－5号
负责人:何小玻
Tel:13618068701

**成都市金牛区海川消防阀门销售部**
地址:四川省成都市金牛区长久机电广场10栋4B号
负责人:陈进财
Tel:028－86475339
13018278999

**成都国软科技发展有限责任公司**
地址:四川省成都市金牛区长庆东一路6号2幢6－19号
负责人:周俊
Tel:028－66632688

**成都豪威声电声科技有限公司**
地址:四川省成都市金牛区城隍庙街18号
负责人:郑怀林
Tel:028－82902717

**成都畅享科技有限公司**
地址:四川省成都市金牛区城隍庙金粤电器城3A11号
负责人:周光秀
Tel:028－81823056

**成都德思利电子科技有限公司**
地址:四川省成都市金牛区洞子口乡古柏村1组
负责人:黄顺春
Tel:13608008367

**成都万德科技有限责任公司**
地址:四川省成都市金牛区洞子口乡踏水村8组
负责人:常万平
Tel:13194976093

**成都市鑫科胜科技有限公司**
地址:四川省成都市金牛区二环路北三段10－12号
负责人:宣健
Tel:13980054188

**成都瑞涞斯科技发展有限公司**
地址:四川省成都市金牛区二环路北三段23号
负责人:何丽华
Tel:028－66389932

**四川徕拓科技发展有限公司**
地址:四川省成都市金牛区二环路北一段18号
负责人:陶满园
Tel:028－89666966

**成都市鑫以顺科技有限公司金牛分公司**
地址:四川省成都市金牛区府河桥市场建材第二交易区F座10号
负责人:羊贵
Tel:13060036357

**金牛区凤华电子元件经营部**
地址:四川省成都市金牛区花圃路9号城北电子电器市场2楼D区25号
负责人:程小玉
Tel:028－83228439

**成都市蜀康科技有限公司**
地址:四川省成都市金牛区黄忠小区2期10－1－5
负责人:陈方园
Tel:13541010904

**成都市金牛区呼吸网吧**
地址:四川省成都市金牛区解放西街5号
负责人:郭敏
Tel:028－83261316

**成都汽车人网络技术有限公司**
地址:四川省成都市金牛区金仙桥街10号2－2－4号
负责人:冉建冬
Tel:13320997856

**成都市松源科技有限公司**
地址:四川省成都市金牛区九里堤南路50号长城花园A栋2单元12－2号
负责人:成用
Tel:028－88075310

**成都中科精化科技发展有限公司**
地址:四川省成都市金牛区九里堤南路56号
负责人:魏张明
Tel:13060087899

**金牛区创宇计算机平面设计室**
地址:四川省成都市金牛区圃园南2路9号
负责人:胡宇
Tel:028－81703006

**成都泰鑫兴科技发展有限公司**
地址:四川省成都市金牛区沙河源街道古柏村
负责人:金华春
Tel:028－83420328

**成都力天时代科技有限责任公司**
地址:四川省成都市金牛区沙湾东二路7号1楼3单元5号
负责人:刘舒
Tel:028－87335354

**成都蜀兴通科技发展有限公司**
地址:四川省成都市金牛区沙湾路262号
负责人:杨文松
Tel:13881740365

**四川新鸿安消防设备有限公司**
地址:四川省成都市金牛区沙湾路49号
负责人:易鑫
Tel:028－81092968

**成都星罗海科技发展有限公司**
地址:四川省成都市金牛区蜀汉路1号大院人家2幢1楼
负责人:李海
Tel:13008151777

**成都昇创科技有限公司**
地址:四川省成都市金牛区蜀汉路424号2幢K号
负责人:吕磊
Tel:13882159697

**北京当途摩宝科技发展有限公司成都分公司**
地址:四川省成都市金牛区蜀汉路89号
负责人:叶颖涛
Tel:13901970867

**成都讯泽科技发展有限公司**
地址:四川省成都市金牛区蜀汉路89号花好月圆
负责人:周道坤
Tel:13980012618

**成都俊三科技有限公司**
地址:四川省成都市金牛区蜀通街29号
负责人:赵平
Tel:13540776677

**成都数字娱乐软件产业发展有限公司**
地址:四川省成都市金牛区蜀西路26号
负责人:邢文祥
Tel:13036681355

**成都锦网广播电视网络有限公司**
地址:四川省成都市锦江区二环路东四段龙舟路口93号附20号7楼
负责人:文长寿
Tel:028－84518934

**成都华卓通讯科技有限公司**
地址:四川省成都市锦江区海椒市街15号22－1号
负责人:江中琼
Tel:028－81108120

**成都自主择业人才网络服务有限公司**
地址:四川省成都市锦江区上东大街133号黄金大厦A座9楼
负责人:张学功
Tel:13882184488

**成都市武侯区三盛佳业电子经营部**
地址:四川省成都市科华北路磨子街7号新棕北大厦101－106
负责人:胡亚琴
Tel:028－85259184
85356779
13060064172

**四川青山软件有限公司**
地址:四川省成都市人民南路三段17号附1号华西美庐A座16楼D
负责人:贺治梅
Tel:028－85447927
13709053509

**意达电脑科技经营部**
地址:四川省成都市双流县棠湖北路28号
负责人:彭波
Tel:028－85830513
13982106536

**成都家家乐通讯器材有限公司**
地址:四川省成都市太升南路200号
负责人:林飞
Tel:13088008877

**四川成都金虎科技有限公司**
地址:四川省成都市武侯区郭家桥北街中东小区电梯公寓602
负责人:刘慧澜
Tel:028－85259242
13980078531

**陆玖军通科技有限公司**
地址:四川省都江堰市玉堂镇三台村
负责人:万列民
Tel:028－87240869
13908072493

**新联科技发展有限责任公司**
地址:四川省广元市苍溪县陵江镇红军路189号
负责人:刚毅
Tel:0839－5228561
13308128788

**晋华电子**
地址:四川省泸州市叙永县水尾镇街村
负责人:佘进华
Tel:0830－6655739
13154605576

## 攀枝花市福升安防监控有限公司
业务:攀枝花市福升安防监控有限公司是我市一家专业从事安防设备的公司,经过一年多的精心经营和扩展,公司已形成集销售、批发、安装及设计等高品质服务于一体,为客户提供大型工程规划,技术咨询,现场施工管理,技术人员培训,安装调试等服务。
地址:四川省攀枝花市51公里601地质队
负责人:陈世福……邮　编:617027
法　人:陈世福
Mobile:13508230601
Fax:0812－2261890

**科兴电子经营部**
地址:四川省攀枝花市文化商品市场
负责人:王尚清
Tel:0812－3351479
13198489521

**自贡祥泰科技发展有限公司**
地址:四川省自贡市自井区芦厂坝43号
负责人:杨泽琴
Tel:0813－2108800

## 贵州省/Guizhou Province

**贵州欣丰通讯设备有限公司**
地址：贵州省贵阳市富水南路196号全林广场A幢7层1号房
……负责人：廖雪梅
……Tel：0851－5809959

**贵阳花溪虹影有线电视网络经营有限公司**
地址：贵州省贵阳市花溪区贵筑路30号
……负责人：杨通泽
……Tel：0851－3851552

**贵州思诺软件有限公司**
业务：软件开发，网站建设，计算机培训，计算机信息咨询服务，商务策划
地址：贵州省贵阳市花溪区清华路2幢2层33号
……负责人：冯福毅　邮　编：550025
……法　人：冯福毅
……Tel：0851－3853293
18985163367
……网址：http://www.cnuo.org
……E-mail：sinuo@cnuo.org

**贵州鸿讯科技发展有限公司**
业务：我公司是一家专业从事安防技术研发、安防产品销售和总体安防系统解决方案的高新技术企业，我公司坚持以诚为本、以诚为信的宗旨为广大客户服务。
地址：贵州省贵阳市宝山北路66号
……负责人：何同生……邮　编：550001

**贵阳胜明德网络防伪印章有限公司**
地址：贵州省贵阳市南明区观水巷1号A栋1单元附11号9层
……负责人：周光灿
……Tel：13985167121

**贵州源信网络技术有限公司**
地址：贵州省贵阳市南明区兴关路47号
……负责人：林勇
……Tel：13087837085

**贵州飞毛腿通讯有限公司中华南路营业厅**
地址：贵州省贵阳市南明区中华南路20号新大陆数码广场1F－106号
……负责人：陈天耀
……Tel：0851－5875899

**贵阳四新电脑有限责任公司第八分公司**
地址：贵州省贵阳市南明区中华南路20号新大陆数码广场1F－A1
……负责人：朱前
……Tel：0851－5803509

**贵州瑞网电讯有限公司**
地址：贵州省贵阳市瑞金中路91号综合大楼1楼3号门面
……负责人：周倩
……Tel：0851－5980585

**贵阳市南明区双成科技贸易有限公司**
地址：贵州省贵阳市神奇路150号贵州电脑城A－5号
……负责人：吴祖南
……Tel：0851－5803091
13984077577

**贵州匀辰通信网络建设工程有限责任公司**
地址：贵州省贵阳市延安东路126号
……负责人：谢奇
……Tel：0851－6905048

**贵州宸讯网络发展有限公司**
地址：贵州省贵阳市玉田坝2栋1单元7楼13号
……负责人：杨新
……Tel：0851－5795700

**贵州格瑞特沃通信技术有限公司**
地址：贵州省贵阳市云岩区北京路208号（铭致商务大楼）
……负责人：赵勃
……Tel：13601228687

**凌宇科技有限公司**
地址：贵州省贵阳市云岩区公园西路中西社区服务中心12号门面
……负责人：沙建生
……Tel：0851－5288097
13984322298

**贵州博联通信有限责任公司**
地址：贵州省贵阳市云岩区瑞金北路14号成黔大厦6楼1号
……负责人：孙剑
……Tel：13312205555

**贵阳宝恒数码科技有限公司**
地址：贵州省贵阳市中华南路20号新大陆数码广场2F－B7席位
……负责人：邓增晖
……Tel：13985530000

**贵阳市南明区英华电脑商行**
地址：贵州省贵阳市中华南路20号新大陆数码广场4F－415A
……负责人：陈云
……Tel：0851－5203718

**贵州网源通信有限公司**
业务：贵州网源通信有限公司主要从事通信工程施工，网络软件的开发及推广；电力设备，二、三类机电产品，通讯器材及设备的批零，兼营可承担连接至公用通信管道、用户通信线路、综合布线、办公自动化及相关附件、安全技术防范系统设计、施工、维修。
地址：贵州省贵阳市花溪大道北段76号贵视大厦10楼1007号
……负责人：陈苏陵……邮　编：530002
……法　人：杨洪平
……Tel：0851－8613795
……Fax：0851－5625777
……E-mail：gzhwy909@sina.com

**贵阳市南明区飞驰电脑经营部**
地址：贵州省贵阳市中华南路20号新大陆数码广场4楼425号
……负责人：代斌
……Tel：0851－5203523

**贵阳云岩宇同通讯器材经营部**
地址：贵州省贵阳市中山东路49号
……负责人：周柱敏
……Tel：0851－5833665

**上海凡夫数码科技有限公司贵州分公司**
地址：贵州省贵阳市遵义路56号迎宾商务大厦503室
……负责人：彭静
……Tel：0851－5988516

**贵阳天茂电子通信设备有限公司凯里分公司**
地址：贵州省黔东南苗族侗族自治州凯里市韶山南路1号
……负责人：段兆清
……Tel：0855－8221088

**从江县圣世网络有限责任公司**
地址：贵州省黔西南布依族苗族自治州县委接待室门面
……负责人：胡杰
……Tel：0855－6411088

**贵州省铜仁地区兄弟电脑科技有限公司江口分公司**
地址：贵州省铜仁地区江口县双江镇三星东路12号
……负责人：万凤英
……Tel：0856－6622355

**贵州诺讯科技发展有限公司**
业务：销售：手机、软件、软件开发
地址：贵州省贵阳市云岩区富水中路天业大厦9楼8号
……负责人：谢德军　邮　编：550000
……法　人：谢德军
……Tel：0851－5822953
……Fax：0851－5822953

**中移鼎讯通信股份有限公司遵义营业部**
地址：贵州省遵义地区红花岗区大兴路湘江大厦二楼
……负责人：胡卫民
……Tel：13908520239

**北京驷骑中天网络工程技术有限公司遵义分公司**
地址：贵州省遵义地区红花岗区轻纺商场五楼
……负责人：郑燕
……Tel：0852－8220989

**遵义市防雷装置检测站**
地址：贵州省遵义市上海市路349号
……负责人：杨金昌
……Tel：0852－8924679
13308525699

**贵阳高新德辉电线电缆厂（门市部）**
业务：贵阳高新德辉电线电缆厂（门市部）成立于2002年4月10日，其业务是自产自销电线电缆，本厂本着"质量求精、价格优惠、供货及时"的宗旨，将于各界同仁继续保持长期的良好合作，并一如既往地以一流的品质，一流的服务竭诚为新老客户服务！
地址：贵州省贵阳市罗汉营路向阳机床厂门面49号
……邮　编：550003
……法　人：曾建国
……Tel：0851－5970193
……Fax：0851－5970193

## 云南省/Yunnan Province

**玉溪市三缘电线电缆制造有限公司**
业务：本公司成立于2006年，主要生产销售电线电缆及铜加工。以质量求生存、以信誉求发展，竭诚欢迎新老客户来电洽谈业务！
地址：云南省玉溪市红塔区北城镇皂角
……负责人：刘志刚……邮　编：653103
……法　人：刘志刚
……Tel：0877－2096566

**正潮科技有限公司**
地址：云南省昆明市东寺街158号1号楼309、310室
……负责人：向昆
……Tel：0871－3621177
13708706600

**富翔计算机房设备厂**
地址：云南省昆明市官渡区经济技术开发区东郊95429部队72分队家具厂
……负责人：王新富
……Tel：13095320888

**昆明昆现电缆厂**
业务：昆明昆现电缆厂主要从事电线、电缆的生产与销售。"以质量求生存，以信誉求发展"，热诚欢迎广大新老客户来我公司洽谈业务！
地址：云南省昆明市官渡区小板桥镇七甲二组
……负责人：杨云成……邮　编：650200
……法　人：杨云成
……Tel：0871－7321038

**陆良县蓝海网苑**
业务：陆良县蓝海网苑成立于2005年，从事网吧经营，欢迎新老客户来电洽谈业务！
地址：云南省曲靖市陆良县同乐大道137号
……负责人：陈文钦……邮　编：655600
……法　人：陈文钦
……Tel：0874－6323188

**佰德流体科技有限公司**
地址：云南省昆明市环城北路62号天和大厦5楼B座
……负责人：龚智勇
……Tel：13708728333

**大保堂网络科技有限公司**
地址：云南省昆明市南屏街1号楼二楼
……负责人：保立
……Tel：0871－3618630
6608412

**恩捷科技发展有限公司**
地址：云南省昆明市人民中路右弼大厦14层B2座
……负责人：王亚辉
……Tel：0871－3636000

**昱航电脑经营部**
地址：云南省昆明市五华区一二一大街121数码城5楼512室
……负责人：张燕飞
……Tel：0871－5190763
13888401930

**新贵电子经营部**
地址：云南省昆明市五华区一二一大街民院路5号
……负责人：贺新贵
……Tel：0871－5125168
6500612
13008677160

**明兴电脑有限公司**
业务：明兴电脑有限公司成立于200年，从事"联想"电脑整机及办公设备的销售。我们愿与各方朋友真诚合作，共谋发展。欢迎来电来函联系。
地址：云南省临沧市云县草皮街233号
……邮　编：675800
……法　人：晏明山
……Tel：0883－3219638

…………………………… Fax:0883－3222336

**力天科技有限责任公司**
地址:云南省曲靖市会泽县金钟镇北环路西段电信大楼对面
…………………………………… 负责人:符辉
…………………………… Tel:0874－5686111
13320573041

## 昆明市官渡区鸣泉消防器材厂
业务:昆明市官渡区鸣泉消防器材厂成立1990年,生产销售消防器材、消防栓箱及灭火器柜加工。本公司以"质量取信于人,信誉联络于人,服务感动于人"为服务宗旨,以"一流的技术,一流的设备,一流的产品,一流的服务"为经营理念,本公司真诚希望向社会各界携手合作,共创消防事业的美好明天!
地址:云南省昆明市跑马山
………………………………… 邮　编:650000
………………………………… 法　人:陈伟
…………………………… Tel:0871－7355075
…………………………… Fax:0871－7355075

**陈锋科技经营部**
地址:云南省曲靖市开发区廖廓南路106号
………………………………… 负责人:李学伟
…………………………… Tel:0874－3314883
13008634358
13888068852

**育顺林业物资器材经营部**
地址:云南省曲靖市麒麟区廖廓北路(市林业局一楼)
………………………………… 负责人:关灿育
…………………………… Tel:0874－3518488
13887145253

## 昆明市嵩明富华恒宇工贸有限公司
业务:昆明市嵩明富华恒宇工贸有限公司成立于1998年,主要生产销售各种通信线路器材。欢迎新老客户惠顾。
地址:云南省昆明市嵩明县小街工业区
………………………………… 邮　编:651708

………………………………… 法　人:张富华
…………………………… Tel:0871－7991777
7991888
…………………………… Fax:0871－7991888

**凯特电子信息工程有限公司**
地址:云南省文山州文山县开化镇田坝心(州工商局宿舍一楼)
………………………………… 负责人:吴开智
…………………………… Tel:0876－2192415
13887631137

## 云南伊爱科技开发有限公司
业务:云南伊爱科技开发有限公司,注册资金500万元,拥有多项自主开发的国家专利成果。其中伊爱卫星定位系统防盗主是国内首家将GSM语音技术应用到汽车防盗通讯系统的高科技产品,另外还专门针对交警高速公路管理开发安装396122语音接警系统。
地址:云南省昆明市拓东路45号世博大厦11楼
………………………………… 邮　编:650041
………………………………… 法　人:李喜国
…………………………… Tel:0871－3173588
…………………………… Fax:0871－3200149
……………… 网址:http://kmya.chinapyp.com

**信龙电脑有限公司**
地址:云南省玉溪市东风路中段方圆楼3楼
………………………………… 负责人:谢芳
…………………………… Tel:0877－2061000
13987712088

## 云县明兴电脑有限公司
业务:云县明兴电脑有限公司成立于2000年,主要从事联想电脑及外设耗材的销售。我们以稳定的品质,优质快捷的服务在业界享有良好的声誉。合作共赢,同创精品,我们真诚期待与您的合作!
地址:云南省临沧市云县草皮街233号
………… 负责人:晏明山……邮　编:677000
………………………………… 法　人:晏明山
…………………………… Tel:0883－3219638



## 西藏自治区/Xizang Autonomous Region

**阿里地区电信分公司**
地址:西藏自治区阿里地区狮泉河镇狮泉河西路12号
………………………………… 负责人:尼玛次仁
…………………………… Tel:0897－2821262

**昌都县电信分公司**
地址:西藏自治区昌都县昌都镇西路17号
………………………………… 负责人:向巴龙永
…………………………… Tel:0895－4821339

**西藏圣通通信经营部**
地址:西藏自治区拉萨市北京中路64号附04号
………………………………… 负责人:傅建春
…………………………… Tel:0891－6336466

**西藏顺通通讯服务有限公司**
地址:西藏自治区拉萨市北京中路四十四号
………………………………… 负责人:王晓云
…………………………… Tel:0891－6564820

**拉萨四海传奇网吧**
地址:西藏自治区拉萨市藏医院路九号
………………………………… 负责人:曾国秀
…………………………… Tel:0891－6360891

**星众科技公司**
地址:西藏自治区拉萨市城关区朵森格路36号
………………………………… 负责人:刘伟
…………………………… Tel:0891－6336545

**拉萨顺展科技发展有限公司**
地址:西藏自治区拉萨市达孜县江苏路51号附13－14号
………………………………… 负责人:李军辉
…………………………… Tel:0891－6916282

**西藏鼎曦网络科技有限公司**
地址:西藏自治区拉萨市当热中路十三号
………………………………… 负责人:周小勇
…………………………… Tel:0891－6323112

**西藏那云科技有限公司**
地址:西藏自治区拉萨市德吉路32号(拉威公司商品房)
………………………………… 负责人:刘建忠
…………………………… Tel:0891－6991852

**四川省川北电信工程有限公司**
地址:西藏自治区拉萨市堆龙德庆县北京中路
………………………………… 负责人:鲜纬
…………………………… Tel:0891－6569569

**西藏拉萨中盾安防设备有限公司**
地址:西藏自治区拉萨市夺底路10号茂祥宾馆3楼
………………………………… 负责人:袁斌
…………………………… Tel:0891－6341556

**盛德网城Ⅰ**
地址:西藏自治区拉萨市夺底路银桥饭店商品房
………………………………… 负责人:吴爱霞
…………………………… Tel:0891－6321708

**拉萨人和科技有限公司**
地址:西藏自治区拉萨市朵森南路1号
………………………………… 负责人:白振强
…………………………… Tel:0891－6982370

**西藏华丰电脑科技有限公司**
地址:西藏自治区拉萨市江苏路
………………………………… 负责人:钟伟
…………………………… Tel:0891－6705661

**西藏宏运消防工程有限公司**
地址:西藏自治区拉萨市拉萨饭店生活区
………………………………… 负责人:李军
…………………………… Tel:0891－6338706

**西藏自治区无线电管理处**
地址:西藏自治区拉萨市林廓东路1巷1号
………………………………… 负责人:尼玛顿珠
…………………………… Tel:0891－6331392

**吉通网络西藏分公司**
地址:西藏自治区拉萨市林廓东路42号大吉酒店5楼
………………………………… 负责人:王先生
…………………………… Tel:0891－6320326

**成都牵手广告传播有限公司拉萨分公司**
地址:西藏自治区拉萨市娘热北路城北安居园
………………………………… 负责人:袁亮
…………………………… Tel:0891－6274237

**拉萨新纪元网吧**
地址:西藏自治区拉萨市娘热路审计厅五号商品房
………………………………… 负责人:冯立香
…………………………… Tel:0891－6820373

**西藏飞跃智能科技有限公司**
地址:西藏自治区拉萨市色拉路(西藏日报社新闻苑十二栋一号)
………………………………… 负责人:吕宏图
…………………………… Tel:0891－6921168

**拉萨家吉安销售产品总代理**
地址:西藏自治区拉萨市市政公司安居院西区26号
………………………………… 负责人:罗雄
…………………………… Tel:0891－6933228

**西藏红宝工贸发展有限公司**
地址:西藏自治区拉萨市太阳岛圣马广场2楼
………………………………… 负责人:黎女士
…………………………… Tel:0891－6599099

**拉萨天睿电子有限公司**
地址:西藏自治区拉萨市太阳岛圣马广场C2－25
………………………………… 负责人:蒋先生
…………………………… Tel:0891－6875329

**大明通讯科技有限公司**
地址:西藏自治区日喀则市山东路
………………………………… 负责人:蒋阳
…………………………… Tel:0892－8838749

**中国联通日喀则分公司**
地址:西藏自治区日喀则市珠峰路2号
………………………………… 负责人:谢敬华
…………………………… Tel:0892－8828126

**山南地区电信分公司**
地址:西藏自治区山南地区泽当镇格桑路1号
………………………………… 负责人:王女士
…………………………… Tel:0893－7820452

## 陕西省/Shanxi Province

**永陆工贸有限公司**
地址:陕西省宝鸡市体育路1号
………………………………… 负责人:周云生
…………………………… Tel:0917－3220966
13809173509

## 陕西恒远在线科技有限责任公司
业务:本公司以承建各类网络开发与维护、品牌机销售、兼容机组装及维修、打印机、耗材、网络产品、数码产品销售的高科技企业,我们竭诚把最方便、快捷、满意的服务带给您。
地址:陕西省西安市雁塔区雁塔路176号
………… 负责人:张立波……邮　编:710054
………………………………… 法　人:张立波
…………………………… Tel:029－85581196
…………………………… Fax:029－85581196

**宝鸡市华中松林通讯广场有限公司**
地址:陕西省宝鸡市渭滨区经二路151号
………………………………… 负责人:仝芳
…………………………… Tel:0917－3237588

**汉中九五八五九八电讯有限公司**
地址:陕西省汉中市汉台区中心广场西侧万宝商城一层
………………………………… 负责人:周光志
…………………………… Tel:13571657655

**渭南九五八五九八电讯有限责任公司**
地址:陕西省渭南市临渭区东风街中段6号
………………………………… 负责人:周光志
…………………………… Tel:0913－2158958

**西安市朗迅市场信息咨询有限公司**
地址:陕西省西安市碑林区东关正街78号(招商大厦21004室)
………………………………… 负责人:孟红英
…………………………… Tel:13571855080

**西安泰格通信设备有限公司**
地址:陕西省西安市碑林区建设西路169号1幢1号楼902室
………………………………… 负责人:胡滨
…………………………… Tel:029－88682715

**西安冒险岛网城**
地址:陕西省西安市碑林区南关正街89号综合楼4楼
………………………………… 负责人:李敏
…………………………… Tel:029－87888692

**西安迈康域展网络技术有限公司**
地址:陕西省西安市碑林区雁塔路中段2号兵工大厦3035室
………………………………… 负责人:章树民
…………………………… Tel:029－87811464

**西安海蓝云天网络俱乐部**
地址:陕西省西安市碑林区邮电南巷1号
………………………………… 负责人:王大红
…………………………… Tel:13384953499

**西安金久易网络技术服务有限公司**
地址:陕西省西安市北关正街9号(陕西鸿海大厦)1307室
………………………………… 负责人:郭鹏
…………………………… Tel:029－82108061

**西安市长安区东盛网络工程有限公司**
地址:陕西省西安市长安区韦曲东街4号
………………………………… 负责人:张发展
…………………………… Tel:029－85298605

**西安西迅通信工程有限公司**
地址:陕西省西安市含光北路137号
………………………………… 负责人:杜忠智
…………………………… Tel:029－88404427

**陕西大有通信工程有限责任公司**
地址:陕西省西安市科技路26号质检大厦609室
………………………………… 负责人:白鹏
…………………………… Tel:029－88248790

**陕西智龙通信技术工程有限公司**
地址:陕西省西安市科技路徐家庄181号
………………………………… 负责人:孟晓春
…………………………… Tel:029－88221078

**蓝田县华达网络时空有限公司**
地址:陕西省西安市蓝田县蓝关镇向阳路2号
………………………………… 负责人:宁桂珍
…………………………… Tel:029－82753033

**上海多来米网络技术有限公司西安分公司**
地址:陕西省西安市莲湖区红埠街58号1号楼4151号
………………………………… 负责人:宗奕
…………………………… Tel:029－87815561

**陕西驰坤通信有限公司**
地址:陕西省西安市莲湖区劳动西路劳动二坊
………………………………… 负责人:邹莹芳
…………………………… Tel:029－88018809

**西安久盛通讯服务有限公司**
地址:陕西省西安市莲湖区青年路126号3幢20422号
………………………………… 负责人:郭奇
…………………………… Tel:13669182198

**西安新天地通信技术有限公司**
地址:陕西省西安市临潼区骊山街办下西街
………………………………… 负责人:王茂恩
…………………………… Tel:029－81383059

**陕西九洲消防机电设备有限责任公司**
地址:陕西省西安市南二环西段118号
………………………………… 负责人:杜军利
…………………………… Tel:029－88269476

**西安炬森通信器材有限公司**
地址:陕西省西安市未央区大明宫街道井上村210号
………………………………… 负责人:薛亚萍
…………………………… Tel:13891813330

**西安长庆安全工程技术有限公司**
地址:陕西省西安市未央区东风路长庆未央湖花园4区4－5－601号
………………………………… 负责人:刘丰年
…………………………… Tel:029－86573018

**鑫龙消防工程有限公司**
地址:陕西省西安市未央区三桥新街218号
………………………………… 负责人:李书欣
…………………………… Tel:13519161708

## 延川技展电子产品销售有限责任公司
业务:电脑组装、维修;防盗监控、扩音设备、图印机、电脑耗材的销售
地址:陕西省延安市延川县法院一楼门面房
……… 负责人:杨志红　　邮　编:716000
………………………………… 法　人:杨志红
………… Tel:0311－8115052
15929571116

**新华网络有限公司西北分公司**
地址:陕西省西安市新城区省政府大院
………………………………… 负责人:周锡生
…………………………… Tel:029－87261500

**西安利尼克斯软件有限公司**
地址:陕西省西安市兴庆南路89号启光数据大厦1106室
………………………………… 负责人:王尚洋
…………………………… Tel:13891974174

**西安瀚洋软件有限公司**

地址：陕西省西安市兴庆南路89号启光数据大厦1109室
负责人：王尚洋
Tel：13891974174

咸阳移动通讯广场兴平手机专卖场
地址：陕西省咸阳市兴平市兴平市南大街104号
负责人：黄译禾
Tel：13891049039



负责人：刘岗峰
Tel：0931－8271862

## 甘肃省/Gansu Province

甘肃移动通信有限责任公司白银分公司人民路营业厅
地址：甘肃省白银市白银区人民路108号
负责人：王小莉
Tel：13519014906

北京龙腾华宇科技有限公司嘉峪关分公司
地址：甘肃省嘉峪关市胜利街12－4－2号
负责人：梁化栋
Tel：0937－3688630



酒泉一路通网络服务有限公司
地址：甘肃省酒泉市公园路24－7－8号
负责人：汪应祥
Tel：0937－5914025

兰州微晶数码科技工程有限责任公司酒泉分公司
地址：甘肃省酒泉市解放路2号
负责人：赵小菊
Tel：0937－2614088



兰州宏伟系统集成有限公司
地址：甘肃省兰州市城关区曹家巷1号（省新闻出版局17楼1705室）
负责人：张永宏
Tel：0931－4960382

兰州琪祥信息技术有限公司
地址：甘肃省兰州市城关区南昌路421号



兰州创丰消防设备有限公司
地址：甘肃省兰州市城关区庆阳路262号
负责人：王安禄
Tel：0931－2163807

北京卡美星达数码科技有限公司兰州分公司
地址：甘肃省兰州市高新技术产业开发区（联创大厦103室）
负责人：汪玥含
Tel：13993189794

甘肃海鹰通信科技有限公司
地址：甘肃省兰州市金塔巷100号
负责人：刘国建
Tel：0931－8787143

兰州弘雅计算机科技有限公司
地址：甘肃省兰州市科技街126号
负责人：金慧
Tel：0931－8274031



甘肃华正网络科技有限公司
地址：甘肃省兰州市南昌路22号
负责人：黄海鹰
Tel：13809318811

兰州康大汇通通信工程有限责任公司
地址：甘肃省兰州市南昌路22号（电脑大厦503室）
负责人：马晓燕
Tel：0931－8271624

兰州天宏科技有限公司
地址：甘肃省兰州市七里河区建工西街3号1123室
负责人：任智伟
Tel：0931－2612842

兰州顺明消防器材有限公司
地址：甘肃省兰州市七里河区西津西路287号
负责人：毛顺明
Tel：0931－2341805
13609336378

张掖市九五八五九八电讯有限责任公司
地址：甘肃省张掖地区甘州区电力大厦附楼一楼
负责人：周光志
Tel：13519060808

## 青海省/Qinghai Province

奥鼎商贸有限公司
地址：青海格尔木市柴达木中路26－4
负责人：刘海
Tel：0979－8413950

科慧网络贸易有限责任公司
地址：青海省互助县威远镇西街7号经贸局四楼
负责人：李积德
Tel：0972－8329228
8275253

西宁城东易友炎黄在线网吧
地址：青海省西宁市城东区东关大街65号
负责人：曹春亮
Tel：0971－8120558

西宁科博瑞星科技有限公司
地址：青海省西宁市城西区昆仑路西山二巷69号3单元601室
负责人：谭军
Tel：0971－6128835

青海省网络信息工程监理有限公司
地址：青海省西宁市城西区冷湖路24号1栋412室
负责人：张雨峰
Tel：0971－4387588

西宁联晟科技开发有限公司
地址：青海省西宁市城西区胜利路（青海电子音像制品批发市场负1层西厅41号）
负责人：郭子宏
Tel：13109798363

西宁灵通网络科技有限公司
地址：青海省西宁市城西区胜利路（中宝大厦706室）
负责人：刘玉兰
Tel：0971－6112758

青海省海拓高新网络有限公司
地址：青海省西宁市城西区西关大街16号
负责人：张永兵
Tel：0971－6128538

青海捷创科技有限公司
地址：青海省西宁市城西区西大街28号（建设大厦西侧2楼）
负责人：刘海鹏
Tel：13997077894

西宁海柯影像器材有限公司
地址：青海省西宁市城中区东大街3号石坡街口
负责人：董先生
Tel：0971－8223207
0971－4910075

青海省圣昆科技有限公司
地址：青海省西宁市经济技术开发区高新路5号
负责人：王志强
Tel：0971－8867065
0971－8867085

青海原创电子实业有限责任公司
地址：青海省西宁市经济技术开发区中小企业创业园（B区）昆仑东路15号
负责人：张凌燕
Tel：0971－8817773

视缘数码耗材有限公司
地址：青海省西宁市胜利路38号
负责人：薛海利
Tel：0971－6181776

西宁远见信息技术有限公司
地址：青海省西宁市胜利路40号
负责人：董灵
Tel：0971－6115263

## 宁夏回族自治区/Ningxia Hui Autonomous Region



## 新疆维吾尔自治区/Xinjiang Wei We Er Autonomous Region

阿克苏市汇金网络传媒有限责任公司
地址：新疆维吾尔自治区阿克苏地区阿克苏市新华东路35号（世纪佳园B座）
负责人：宋晓文
Tel：0997－2150069

巴州浩展网络有限责任公司服饰二分公司
地址：新疆维吾尔自治区巴音郭楞蒙古自治州库尔勒市人民东路楼兰银座1楼5号
负责人：杨琳
Tel：13031239898

博乐市缘份天空网络工作室
地址：新疆维吾尔自治区博尔塔拉蒙古自治州博乐市克尔根卓路
负责人：范玉涛
Tel：13199774885

中国铁通集团有限公司博州分公司精河托托营业厅
地址：新疆维吾尔自治区博尔塔拉蒙古自治州精河县九十一团团部
负责人：赵立强
Tel：0909－7633002

昌吉市新虹联通信服务有限责任公司
地址：新疆维吾尔自治区昌吉回族自治州昌吉市延安路210号
负责人：王占斌
Tel：0994－2322222

石河子市天福通讯服务有限公司
地址：新疆维吾尔自治区石河子市5小区97栋162号
负责人：邢俊光
Tel：13579773728

石河子远志信息技术服务部
地址：新疆维吾尔自治区石河子市一号小区46栋97号
负责人：位春东
Tel：0993－2099266

沙湾县中纬网络
地址：新疆维吾尔自治区塔城地区沙湾县尚户地乡
负责人：赵建强
Tel：0993－6068809

乌鲁木齐市水磨沟区林峰通讯经销部
地址：新疆维吾尔自治区乌鲁木齐华凌贸易城四楼通讯市场
负责人：郭林
Tel：0991－5182978
13999816166

乌鲁木齐市浩江网络有限公司
地址：新疆维吾尔自治区乌鲁木齐市104团纸箱厂
负责人：荀天文
Tel：13999989756

乌鲁木齐易方得普电子信息有限公司
地址：新疆维吾尔自治区乌鲁木齐市北京北路40号
负责人：吴杰
Tel：0991－6657825

新疆致远软件技术有限公司
地址：新疆维吾尔自治区乌鲁木齐市北京南路钻石城12号A座
负责人：武振
Tel：0991－3849966

乌鲁木齐市路通宝数码电子有限责任公司
地址：新疆维吾尔自治区乌鲁木齐市仓房沟路13号
负责人：涂福伦
Tel：0991－5581571

乌鲁木齐市天山区挺侠网络经销部第一分部
地址：新疆维吾尔自治区乌鲁木齐市天山区中山路130号
负责人：方挺侠
Tel：0991－2817017

乌鲁木齐德勤通信技术服务有限公司
地址：新疆维吾尔自治区乌鲁木齐市延安路10号
负责人：李海燕
Tel：0991－2823766

新疆宇东通信工程有限公司
地址：新疆维吾尔自治区乌鲁木齐市扬子江路42号红十月小区东二7幢3单元102
负责人：辛志辉
Tel：0991－4559666

奎屯翼龙信息网络工程有限公司
地址：新疆维吾尔自治区伊犁哈萨克自治州奎屯市沙湾街155号
负责人：伊来君
Tel：0992－3227667

伊宁市金丰汇电脑销售服务中心
地址：新疆维吾尔自治区伊犁哈萨克自治州伊宁市解放路七巷工会电脑城
负责人：吁红艳
Tel：0999－8235826

# 行业品牌展示窗

# 行业品牌展示窗

## 上海鼎晨物流设备有限公司

我公司专业生产仓储物流所用木制垫仓板、叉车铲板、包装箱、托盘、围板及各种免熏蒸出口胶合板托盘、围板、复合材料托盘、纸托盘、免熏蒸材料制包装箱、电缆绕线盘和半成品材料，还有塑料托盘、铁托盘、塑料周转箱、物流箱、工具柜、仓库笼等，并根据客户需求提供出口商检、熏蒸、烘干、动植物检疫及跟踪维修一条龙服务。

联系人：丁宗群

电话：021-54821987　13817697802

地址：上海市徐汇区华济路75弄29号503室　邮编：200232



## 无锡市畅美交通工程养护队

无锡市畅美交通工程养护队是一家专业从事道路的交通工程养护的单位，成立两年多来，始终坚持品质高于一切的宗旨，一流的团队创造一流的服务。

诚挚欢迎您的惠顾。

手机：13961702085　联系人：方贤武

地址：江苏省无锡市滨湖区雪浪街道锡南路123号　邮编：214125

## 伟超汽贸有限责任公司

伟超汽贸有限责任公司主要经营矿山机械、斯太尔重型汽车、进口轿车。公司以市场需要为向导，以客户利益为核心的价值观念，关注客户的真正需要，为客户创造价值，为用户提供选车、购车、运营、售后的全程服务。

电话：13948373988　15804819125　联系人：孙树林

地址：内蒙古自治区鄂尔多斯市东胜区羊场壕乡营盘壕村（宏业汽车城）　邮编：017000

## 湛江开发区润通船务有限公司

湛江开发区润通船务有限公司成立于2007年，主要从事于船舶修理。

公司秉承“以人为本、信誉至上、服务客户”为宗旨；以“和谐、务实、优质、创新”为企业精神；以“高效、互利、保质、守信”为企业理念。

联系人：符大林

电话：0759-3187181　13902502569

地址：广东省湛江开发区海滨三路56号

邮编：524009

# 行业品牌展示窗

## 邳州市洪桥汽车运输有限公司

邳州市洪桥汽车运输有限公司成立于2006年，从事汽车货物运输及货物配送服务。

公司全体员工将继续发扬“勤劳、忍耐、诚信、谦虚”的企业精神，把握机遇，挑战困难，创造更了得的经济效益和社会效益。

联系人：巩洪桥 13305222418 电话：0516-86585066

地址：江苏省徐州市邳州市赵墩镇闫家村大巩组 邮编：221300



## 望城县铜官勇亮物流有限公司

望城县铜官勇亮物流有限公司成立于2007年。

主要从事普通货物运输，信息配载。

公司以“诚实、勤勉”为经营理念，以“安全、快捷”为服务宗旨，为客户提供最佳的物流服务！

联系人：黄勇 13507453395 电话：0731-88207108

地址：湖南省长沙市望城县铜官电厂大道 邮编：410203

## 新冠镇汽车服务行

新冠镇汽车服务行是一家专业从事汽车维修为主的企业。公司自创立以来，信奉“求实进取、开拓、创新”的企业精神，以“质量是生命，服务是血液，口牌是灵魂”的经营理念，竭诚为广大新老客户服务。

联系人：黄玉贤 电话：0755-29646800

地址：广东省深圳市深公路新安路段262A幢10层A06-A07 邮编：538100

## 南京六维物流自动化设备工程有限公司

南京六维物流自动化设备工程有限公司成立于1997年，主要从事于各种物流仓储设备，自动化立体仓库的生产、销售及安装和服务。主要产品有货架系统，堆垛机，高速提升机，旋转平台，各种输送机，WMS管理系统，非标工位器具等。六维公司本着“平等－尊重－诚实－奉献”的企业理念，积极引进人才，用好人才，与人才共享企业成果，勇于承担社会责任，打造出一支团结奋进的精英团队。

联系人：赵耀武

电话：025-86106188 网址：www.nova-china.com 电邮：nova-china@163.com

地址：江苏省南京市建邺区奥体大街118号紫金西城中心1幢905-912室 邮编：210019

# 行业品牌展示窗

## 春雷客运有限公司

春雷客运有限公司成立于2005年，拥有员工100余人，主要从事客运服务。

公司秉承安全第一，乘客至上，诚实守信，尽职敬业的服务理念，竭诚为您提供安全，快捷，舒适的服务！

联系人：程纪民

电话：0312－3934236 13803124842

地址：河北省涿州市松林店镇贯庄村 邮编：072750

安塞安通出租汽车客运有限责任公司成立于2007年8月，主要从事于汽车出租服务。

公司本着追求品质、公正准确、及时的宗旨，竭诚为广大客户提供优质服务。

联系人：13909119716刘生宝 13909115319

地址：陕西省延安市安塞县邮电局 邮编：717400

## 安塞安通出租汽车客运有限责任公司

## 安宁川世物流有限公司

安宁川世物流有限公司成立于2006年，主要从事于仓储，全国普货物流，集装箱运输，搬运，装卸，钢材销售。

公司将本着“热情、安全、专业、快速”的经营理念，以客户为中心，以诚信为准则，以满意为宗旨，与客户携手共进，合作双赢，共创美好的明天。

联系人：李运江 13888006766

电话：0871－8712796 8694056

地址：云南省昆明市安宁市昆钢物流园诚信大厦三楼325号 邮编：650302

## 安徽共创汽车服务有限公司

安徽共创汽车服务有限公司，是一家民营股份制企业，在汽车维修行业中是具有“一类”资质的维修企业。公司现在是“浙江永源汽车（UFO飞碟）”在安徽的第一家特约售后服务维修站和江淮“宝斯通”汽车在安徽的第一家特约售后服务维修站。有着两大家汽车厂家在技术和业务上的大力支持，在凭着我们全体员工的“共创”精神和对待每位顾客的“诚信”态度。“安徽共创”这个新兴的企业一定能够得到广大的新老客户的欢迎和信赖。“共创”的明天一定会更加辉煌。

联系人：郭承宝

电话：0551-3475275 3436880 13956017890

地址：安徽省合肥市东流路9号 邮编：230051

# 行业品牌展示窗

# 行业品牌展示窗

## 华胜专用汽车销售有限公司

华胜专用汽车销售有限公司成立于2002年，是国家发改委定点生产各类专用汽车的大型专用汽车制造厂。主要从事各类专用汽车的生产制造业务，同时也销售各大型厂家的整车及配件。其主导品种有园林绿化洒水车、环卫洒水车、油罐加运油车、吸粪车、吸污车、摆臂、挂桶、密封式垃圾车、厢式运输车、消防车、半挂车、自卸车、水泥车、随车吊等多个系列的产品。

公司以设计新颖，质量可靠的产品，满足国内、外客户的需求。

联系人：刘月新

电话：0722-3315528 13908664919 电邮：hszyqc@163.com

地址：湖北省随州市星光工业园江南东风院内3058 邮编：441300

## 宏达汽车维修中心

宏达汽车维修中心成立于2006年，主要从事汽车修理、装璜、配件销售。我中心的服务宗旨：质量第一、价格合理、方便快捷。“第一次不来是您的错，第二次不来是我的错。”

联系人：陈珍友

电话：0593-7806661 13850369661

地址：福建省宁德市福鼎市山前铁塘里工业园区 邮编：355200

## 澜沧林丰汽车工贸有限公司

澜沧林丰汽车工贸有限公司成立于2006年，主要从事于汽车维修、装璜，汽车配件销售。本公司的宗旨：以优质的产品和服务不断满足顾客变化的需求。

联系人：张跃明

电话：0879-7222698 7233360 13578185758

地址：云南省普洱市澜沧县勐朗镇景洪路 邮编：665600

## 冈上顺风船舶修建有限公司

本公司成立于2007年，主要从事于船舶制造、船舶修建。我们的服务宗旨是：“服务第一、质量第一、顾客至上”，全天二十四小时服务。冈上顺风船舶修建有限公司全体员工以团结务实的精神，竭诚为您提供“质优、价廉”的服务。

联系人：魏小平

手机：13970901163 15879087818

地址：江西省南昌市南昌县冈上镇市汊街 邮编：330206

# 行业品牌展示窗

## 丘北縣楚鹏商貿有限責任公司

本公司成立于2004年；
主营摩托车配件。
质量保证，价格合理；
欢迎新老客户光临、惠顾！

联系人：赵光永
电话：0876-4124798 4128038
地址：云南省文山壮族苗族自治州丘北县锦屏镇普者黑大街县交警大队一楼

邮编：663200

## 西藏新全通汽车技术服务有限公司

我公司是一家专业从事各种国产，进口以及特种车辆维修保养服务的现代化大型汽车修理厂。公司于2000年11 月10日破土动工，2001年5月8日正式营业，目前公司不断发展壮大，顺应业务需求量的增加，于2004年投资600余万元新建了现代化的大型汽车修理厂。

公司以“质量求生存、信誉求发展”，欢迎广大用户光临惠顾！

联系人：陈先生
邮编：850000
电话：0891-6834888 6831602
地址：西藏自治区拉萨市罗布林卡路２１号（区汽车工业贸易总公司院内）

## 宁波海曙三众汽车维修服务有限公司

宁波海曙三众汽车维修服务有限公司成立于2006年，是一家二级维修企业。专业维修混凝土车、搅拌车、泵车的整车维修及保养服务。

我公司是一个年轻的公司，充满生命的活力。公司全体员工将通过自己辛勤劳动的汗水，努力办成汽车维修保养的精品企业，为客户提供更好、更完善的服务。

联系人：陈英雄 13306689273
电话：0574-87154180
地址：浙江省宁波市海曙区望春路554弄128号
邮编：315000

## 青岛翔泰国际物流有限公司

青岛翔泰国际物流有限公司成立于2002年，主要从事于国际货运代理业务、仓储、物流、报关、报验、专业代理废旧塑料进口通关及贸易。 我们秉承“严谨、务实、拼搏、创新”的经营理念，专注于为客户提供“安全、迅速、准确、超值”的国际货运代理服务，力争成为客户心目中的第一选择。

联系人：韩鹏
电话：0532-82672398 82680876
地址：山东省青岛市市南区青铜峡路15号3单元102户
邮编：266002

# 行业品牌展示窗



交通行业运输物流

# 行业品牌展示窗

## 孟定明光商贸有限责任公司

孟定明光商贸有限责任公司成立于2006年，主要从事于摩托车、电动车、农用车批发、零售、维修及配件。

愿明光光照神州，愿明光誉满全球”一直是我们的口号，公司秉承“诚实、守信、公平、创新”的企业精神和全新的“以客户为中心”的经营理念，为全国用户提供一流的产品、一流的服务 。

联系人：韩明光

电话：0883-6518588 传真：0883-6518916

地址：云南省临沧市耿马县孟定镇中缅路 邮编：677506

## 昆山市花桥客车修配二厂

昆山市花桥客车修配二厂是一家专业的汽车维修公司。

主营汽车修理业务。

公司拥有一流的专业维修队伍，为您提供优质的服务。

热忱欢迎您的惠顾！

电话\传真：0512-57691557 联系人：濮幼德

地址：江苏省昆山市花桥镇 邮编：215300

## 阜阳兴客汽车运输集团有限公司

阜阳兴客汽车运输集团有限公司成立于2003年，主要从事客运。公司将坚持以发展为要务，以改革为动力，以效益为中心，以管理为依托，坚定信心，与时俱进，开拓创新，服务旅客，奉献社会，再创佳绩！

电话：0558-4457780 4451313 联系人：唐心初 传真：0558-4451313

地址：安徽省阜阳市颍上县慎城镇顺河北路1号 邮编：236000

## 湖北程力专用汽车有限公司(化工设备厂)

湖北程力专用汽车有限公司(化工设备厂)主要从事各类专用汽车的生产制造业务，同时也销售各大型厂家的整车及配件。

公司拥有自行出口权，产品占据大量国外市场，其主导品种有洒水车、油罐车、垃圾车、吸粪车、吸污车、自卸车、厢式货车、半挂车、清障车、随车吊、高空作业车、教练车、散装水泥车、化工车、消防车、汽车配件、水泥搅拌车、牵引车等八大系列100多个品种车型。

联系人：李洪兴 网址：www.hbclhg.com

电话：0722-3814918 3819806 邮编：441300

地址：湖北省随州市平原岗程力汽车工业园

交通行业运输物流

# 行业品牌展示窗

## 十堰漢高機電科技有限公司

十堰汉高机电科技有限公司成立于2007年，（前身为东风活塞轴瓦有限公司工艺装备研究所），主要从事非标设备开发设计，机电产品的销售等业务。主要产品有曲轴圆角滚压机，发动机轴瓦加工设备等。

热忱欢迎新老客户惠顾！

联系人：赵华斌 13807287798

电话：0719-8548289 8232659 电邮：syhangao@163.com

地址：湖北省十堰市张湾区放马坪路56号 邮编：442003

## 武汉亿森物流有限公司

公司自成立以来一直坚持“自强、诚信、开拓、创新”的立身之本，秉承：“宁失利润，不失信誉”的经营宗旨，为客户提供从货物运输，配送、储存、装卸等完善的物流服务。

电话：027-61882466 13907141970 联系人：王林

地址：湖北省武汉市盘龙经济开发区刘店村下嘴3号 邮编：430010

## 邹平旭升汽车半挂维修有限公司

本公司成立于2006年，专业从事维修、改造各种半挂车及特种车维修。公司将以合理的价格，信赖的质量，优质的服务，最大限度的满足客户的需求。

联系人：李功旭 13396299511

电话：0543-4344858

地址：山东省滨州市邹平县邹平西外环北首 邮编：256200

## 自贡市华铁货运有限公司

我公司是一家专业从事承接全国货运及国际货运代理业务的企业。主要有代理业务：航空货运，中铁快运，专线快运，中铁行包快运，零担，集装箱，送货上门，上门办理，专门配送自贡市区及周边城市送货上门等业务。没有最好，只有更好是我们一贯秉承的不断进取的经营理念，也是我们赖以生存及发展的基础，我们致力于为您提供快速、准确、安全、经济、优质的服务。

电话：0813-8709188

电邮：huatie9188@163.com 联系人：刘果华 13002893776

地址：四川省自贡市自流井区火车站出站口269号 邮编：643000

# 行业品牌展示窗

# 行业品牌展示窗

## 南京振福汽车维修有限公司

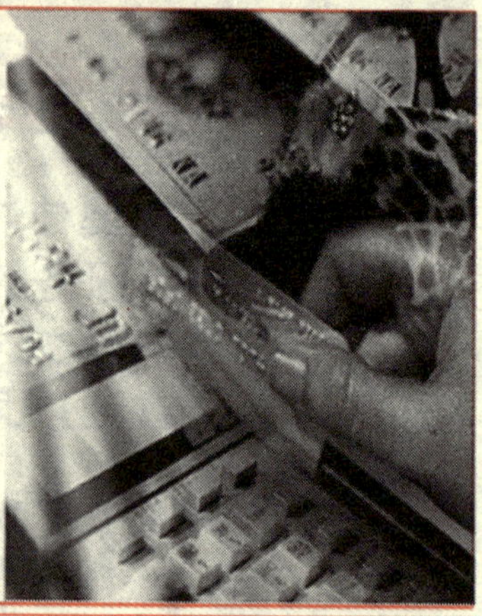

南京振福汽车维修有限公司成立于2007年，专业从事汽车的维修服务。

公司全体员工愿用“诚心、热心、细心、耐心”赢得信赖，用一流的管理、一流的保障、一流的服务、一流的质量展现在同行业中，实现我们的承诺。

联系人：黄久礼 13182954502 电话：025-52603707

地址：江苏省南京市秦淮区大明路汽车快修市场 邮编：210007

## 杭州汇同实业有限公司山水电池济南办事处

本办事处成立于1996年，主要从事于电动车、电池的销售。多年来，公司在不断的发展和壮大的同时，始终严抓管理、生产，并一直以诚信经营为宗旨，以用户为导向，积极开拓市场，把好质量关，本公司将以一流的质量，一流的信誉，一流的服务，热诚欢迎新老客商光临，共创美好的未来！

电话：0531-87150781 传真：0531-87150781 手机：13969121822 联系人：崔满昌

地址：山东省济南市北外环摩托车大世界山水电池 邮编：250000

## 黄石市万里汽修有限责任公司

东宁广进水暖安装维修有限公司成立于2007年，拥有员工15人，专业从事水暖设备安装与维修服务。公司秉承“顾客至上，锐意进取”的经营理念，坚持“客户第一”的原则为广大客户提供优质的服务。欢迎惠顾！

电话：0714-6218802 联系人：胡洪涛

网址：www.mtw65884.chinapyp.com 13807231760

地址：湖北省黄石市西塞山区颐阳路717号 邮编：435000

## 常熟市金海运输有限公司

本公司主要从事普通运输。公司本着安全、质量、服务的理念，赢得客户的信任，保持了优质、高效、严谨的作风。

联系人：丁明俊 电话：0512-51505359 13906232259

地址：江苏省常熟市沿江开发区 传真：0512-52655589

# 行业品牌展示窗

# 交通行业运输物流

## 北京市/Zhuhai Municipality

**北京环宇瑞孚汽车销售有限公司**
地址:北京市昌平区北七家镇高科技工业园信息中心
负责人:张学志
Tel:010－69751268

**北京依奥宏扬汽车配件有限公司**
地址:北京市昌平区沙河镇安济桥路 119 号
负责人:贾敬华
Tel:010－69724967

**北京东盛辉煌快递服务中心**
地址:北京市朝阳区机场南路东里 14 号 3301 室
负责人:王晓娟
Tel:010－64582652

**北京金龙航空服务有限公司**
地址:北京市朝阳区首都机场北平里 4 号楼 2101－3 号
负责人:张永相
Tel:010－64562588

**北京华达捷通运输有限公司**
地址:北京市大兴区庞各庄镇工业区 156 号
负责人:王宝亭
Tel:010－69248107

**北京保平装卸有限公司**
地址:北京市大兴区青云店镇民营科技区 20 号
负责人:石连邦
Tel:010－69266459

**三河市虹通物流有限公司**
业务:本公司是提供一体化供应链服务的专业物流公司,专业承接全国整车零担、铁路、仓储配送、冷链运输。致力为企业设计物流方案及相关业务,打造优质、安全、快捷的全方位物流服务体系。
供应链信息服务支持、货运、仓储、铁路专运线、冷链运输
地址:北京市东燕郊冶金路北 69 号储运部
负责人:支军　邮　编:065201
法　人:支军
Tel:0316－3313456
13931626111
Fax:010－61590380
E-mail:hermesbj@163.com

**北京和瑟货物远输咨询有限公司**
地址:北京市大兴区西红门科技工业园 G－67 号
负责人:何建国
Tel:010－69269276

**北京燕驰汽车装饰中心**
地址:北京市房山区燕山燕房路 81 号
负责人:丁秀江
Tel:010－69333457

**北京育华货运代理服务有限责任公司**
地址:北京市丰台区程庄子 85 号
负责人:成端辉
Tel:010－63823775

**北京环宇伟业货运服务有限公司**
地址:北京市海淀区西苑操场 108 号 90 室
负责人:曹贵玺
Tel:010－62611128

**北京大雨仓储有限公司**
地址:北京市怀柔区怀柔镇唐自口村西 150 米
负责人:赵明
Tel:010－69696725

**北京市怀柔区九渡河镇张淑平汽车运输部**
地址:北京市怀柔区九渡河镇二道关村 32 号
负责人:张淑平
Tel:010－69644731

**北京市怀柔区汽车行业协会**
地址:北京市怀柔区南大街 37 号
负责人:高树荣
Tel:010－69641738

**北京金信鸽快递服务有限公司**
地址:北京市怀柔县桥梓镇工业园区
负责人:田惠贤
Tel:010－64810704

**北京事事通物流有限公司**
地址:北京市怀柔县雁栖镇范各庄村南 50 米
负责人:汤英杰
Tel:010－62476192

**北京市门头沟区道路运输协会**
地址:北京市门头沟区滨河路 60 号
负责人:杜春涛
Tel:010－69844587

**北京中车车辆有限公司**
地址:北京市密云县工业开发区大盛路 236 号
负责人:王文
Tel:010－69022914

**北京世纪东宁汽车销售有限公司**
地址:北京市平谷县滨河工业开发区
负责人:宋宁
Tel:010－64431739

**北京爱我车汽车维修服务中心**
地址:北京市石景山区八角南山 1 号院
负责人:曲青
Tel:010－68635988

**北京机施发展运输部**
地址:北京市石景山区衙门口村大横街 32 号
负责人:殷子金
Tel:010－68815857

**北京卫华运输服务队**
地址:北京市顺义区南法信地区焦各庄村焦东街一巷 2 号
负责人:梁瑞华
Tel:010－69472996

**北京市记东平安运输有限公司**
地址:北京市通州区梨园镇梨园村
负责人:谭卫安
Tel:010－60526767

**北京市通州区公路交通培训中心**
地址:北京市通州区玉带河大街 1 号
负责人:王明哲
Tel:010－69551803

**北京北链广通链条链轮销售中心**
地址:北京市宣武区定居胡同 49 号
负责人:吕京生
Tel:010－63017477

**北京金陆河汽车配件商行**
地址:北京市宣武区烂漫胡同 116 号
负责人:李福河
Tel:010－63517137

**北京利方运输有限公司**
地址:北京市宣武区马连道胡同 1 号
负责人:杜利亭
Tel:010－63312667

**北京明邦运通国际运输服务有限公司**
地址:北京市延庆县经济技术开发区管委会办公楼 111 室
负责人:王迪
Tel:010－64667790

**北京大窪生雲汽車修理廠**
北京大洼生云汽车修理厂成立于1998年，主营大中型货车维修及配件销售，包括斯太尔、北方奔驰、华菱、红岩等品牌配件。
公司拥有专业、精湛的技术队伍，修理各类进口、国产汽车，24小时为您提供快捷、热情的服务，愿我们的服务为您带去一路平安！
联系人：郭生云
电话：010-61737800
传真：010-61739152
地址：北京市昌平区百善镇百善村机务队院内　邮编：102206

## 天津市/Tianjin Municipality

**天津北安仓储中心**
地址:天津市北辰区北仓镇屈店村西
负责人:周树春
Tel:13388001999

**天津市鸿顺达自行车零件厂**
地址:天津市北辰区岔房村西
负责人:潘广均
Tel:13312069233

**天津市北辰区满恒昌搬运服务队**
地址:天津市北辰区柴楼村吉祥道 11 号
负责人:满恒昌
Tel:13132510270

**天津中川高科电动车有限公司**
地址:天津市北辰区双街镇炭黑路南双源工业区内
负责人:熊海申
Tel:13072007135

**天津奕诚自行车有限公司**
地址:天津市北辰区西堤头镇辛侯庄村
负责人:靳普功
Tel:022－86991798

**天津大中汽车零部件有限公司**
地址:天津市北辰区宜兴埠镇敬老院西 25 号
负责人:李保华
Tel:13388028739

**天津亚特汽车维修有限公司**
地址:天津市大港油田二号院津岐公路东侧
负责人:刘卫东
Tel:13001322371

**天津市嘉木自行车有限公司**
地址:天津市东丽区大毕庄镇新中村
负责人:庞琳
Tel:13820609268

**天津市源泰物流有限公司**
地址:天津市东丽区大毕庄镇徐庄村振东物流中心
负责人:范华红
Tel:022－26781400

**天津嘉宝物流发展有限公司**
地址:天津市东丽区津塘公路北侧(东丽区粮食办公室院内)
负责人:贾宝柱
Tel:13702134958

**天津飞鹏世纪物流有限公司**
地址:天津市东丽区么六桥乡三合庄(津北公路南侧)
负责人:范炳奎
Tel:13512088058

**旭硝子汽车玻璃(中国)有限公司天津分公司**
地址:天津市东丽区世纪大道天增路 356 号
负责人:马岱鼎
Tel:022－24371515

**天津华宇恒安物流有限公司东丽分公司**
地址:天津市东丽区新立街四合庄津塘公路南 3 号
负责人:王启新
Tel:022－24994882

**天津市东丽区鑫业货运部**
地址:天津市东丽区赵沽里村东大旅馆院内
负责人:杨友昇
Tel:022－26774157

**天津远成物流发展有限公司**
地址:天津市东丽区振东巨邦物流中心内
负责人:黄远成
Tel:022－84622266

**天津市津同达物流有限公司**
地址:天津市东丽区振东巨邦物流中心内
负责人:曹孟春
Tel:13032278122

**上海鹏华船务有限公司天津办事处**
地址:天津市和平区建设路 105 号滨江国际大饭店 1005A 室
负责人:王文仲
Tel:022－23025128

**和光国际货运代理(中国)有限公司天津办事处**
地址:天津市和平区西康路 72 号云翔大厦 21 层 J 室
负责人:武克锐
Tel:022－83850225

**天津宝运物流股份有限公司**
地址:天津市河北区中山路 290 号万科中心大厦 24 层
负责人:余志华
Tel:022－26222828

**天津市麒麟国际货运代理有限公司**
地址:天津市河东区新兆路惠森花园 3－1－401
负责人:吴建军
Tel:13032268889

**天津华裕物流有限公司**
地址:天津市津南经济开发区
负责人:陈建平
Tel:13502066396

**成铭自行车业有限公司**
地址:天津市津南区双桥河镇南房子村
负责人:卢亚来
Tel:022－28566318
13820086009

**天津开发区金阳光汽车装饰有限公司**
地址:天津市开发区第四大街 99 号 37 门 701 室
地址:曹建军
Tel:022－66221870
13323340969
13820624068

**天津旭阳货运代理有限公司**
地址:天津市南开区南门外大街紫光苑 2－1－501
负责人:李琳
Tel:13042290666

**天津浩航海运有限公司**
地址:天津市天津港保税区东方大道 88 号 1－102－1 室
负责人:蒋洪民
Tel:022－62006660

**天津逸海国际货运代理有限公司**
地址:天津市天津港保税区海滨二路 78 号 1－A－305 室
负责人:刘含颖
Tel:13502138689

**天津港保税区金茂物流发展有限公司**
地址:天津市天津港保税区海滨二路 78 号 1－A－418 室
负责人:梁的明
Tel:022－66270626

**天津飞速物流有限公司**
地址:天津市天津港保税区海滨二路 78 号 1－A－530－6 室
负责人:沈燕非
Tel:022－89970392

**世天威(天津)物流有限公司**
地址:天津市天津港保税区海滨六路 29 号 A－213 室
负责人:冯学能
Tel:022－25761065

**天津汇葆物流有限公司**
地址:天津市天津港保税区海滨五路 102－1－B－403 室
负责人:孙荣鸣
Tel:13802150581

**天津市西青区金环自行车配件厂**
地址:天津市西青区南河镇小南河村西
负责人:马敬环
Tel:13803005062

**天津市至成业货运代理有限公司**
地址:天津市西青区西营门街玉门路
负责人:孙文煜
Tel:022－89820919

**天津市江通物流有限公司**
地址:天津市西青区中北工业园
负责人:章安龙
Tel:13116123543

## 上海市/Shanghai Municipality

**上海轶凡国际物流有限公司**
地址:上海市宝山区长江西路 1180 号 414－13
负责人:陈昱
Tel:021－58648676

**上海富磊大件物流运输有限公司**
业务:特种车辆大件货物运输
地址:上海市宝山区爱辉路 1018 弄 6 号 602
负责人:赵明勤　邮　编:200431
法　人:赵明勤
Tel:13817930137
13482498168
021－56733405

**上海子洋运输有限公司**
业务:上海子洋运输有限公司位于上海市宝山区,成立于 1995 年。公司为客户提供货物运输、货物代理、货物仓储等物流服务。
地址:上海市宝山区杨行镇杨文路 405 号
邮　编:201901
法　人:郭建华
Tel:021－66760327
Fax:021－66760307
网址:www.shzyys.chinapyp.com

**上海泰隆物流有限公司分公司**
地址:上海市宝山区长江西路 778 号二号楼 35 室
负责人:王建洲
Tel:021－56674264

**上海东强船舶工程有限公司**
地址:上海市宝山区陈太路 1518 号
负责人:吴迎建
Tel:021－56680935

**上海利翔货物运输代理有限公司**
地址:上海市宝山区南大路 380 号
负责人:周利明
Tel:13122878875

**上海市宝湾国际物流有限公司**
地址:上海市宝山区铁力路 388 号
负责人:许建社
Tel:021－56844029
56844025

**上海豫腾货物运输代理有限公司**
业务:集装箱
地址:上海市宝山区长江路 366 弄 3 号 502
负责人:杨伟光　邮　编:200000
法　人:刘幻幻
Tel:021－56462081
13681655905
Fax:021－56462083

**上海峰辉二手车经纪有限公司**
业务:上海峰辉二手车经纪有限公司以经营旧车交易为主长期提供各种二手车买卖信息,代办各种车辆业务并提供办理过户、寄卖、代卖、代买等服务,代办驾照。本公司本着“买车买的放心,卖车卖的舒心”为宗旨,欢迎惠顾!
地址:上海市崇明县城桥镇育林桥路 297 号 5 幢 102 室
负责人:徐守石　邮　编:202150
法　人:徐守石
Tel:021－69620217

69621267

**上海音视货物运输代理有限公司**
地址:上海市长宁区北翟路 163 弄 30 号 5 幢 401A 室
负责人:王军
Tel:021－54397502

**上海飞平物流有限公司**
地址:上海市长宁区虹桥路 2266 号 10 号楼 114 室
负责人:陆亚平
Tel:021－62691039

## 上海晟铭汽车配件有限公司
业务:上海晟铭汽车配件有限公司创建于 1990 年,地处上海浦东。公司具有雄厚的技术力量和生产能力。公司聘请了数名资深专家和长期从事汽车配件生产的高级工程师,为国内外汽摩配件提供高质量和可靠的产品。十几年的不懈努力换得了同行们的一致认可,并博得了广大用户的好评。
地址:上海市奉贤区航塘路 5058 号
邮 编:201408
法 人:陶峻峰
Tel:021－57171021
Fax:021－57173678
网址:www.fxsm.chinapyp.com

**上海中本汽车租赁服务有限公司**
地址:上海市长宁区虹桥路 2266 号 10 号楼 328 室
负责人:卢政
Tel:021－64058618

## 上海航征国际货物运输代理有限公司
业务:上海航征国际货物运输代理有限公司成立于 2005 年,主要从事国际货物运输,进出口业务。"诚信为本,信誉第一,客户至上",热诚欢迎广大新老客户来电来人洽谈业务,共同合作。
地址:上海市虹口区临平路 333 号 5 座 2901 室
邮 编:200086
法 人:方根
Tel:021－53937633
Fax:021－65080726

**北京百福东方国际物流有限责任公司上海分公司**
地址:上海市长宁区虹桥路 2545 弄 29 号
负责人:朱卫东
Tel:021－62686001

**上海宝邦物业管理有限公司**
地址:上海市长宁区可乐路 209 号 202 室
负责人:王雪君
Tel:021－62919911

**上海朗运国际货运代理有限公司**
地址:上海市长宁区天山支路 154 号 202H 室
负责人:梁红
Tel:021－62683150

## 上海周驰物流有限公司
业务:物流
产品:上海－昆明,上海－贵州
地址:上海市宝山区南大路 799 弄 1 号院
负责人:林长伟 邮 编:200000
法 人:林长伟
Tel:021－62847011
62847010

## 上海泾海国际货物运输代理有限公司
业务:上海泾海国际货物运输代理有限公司成立于 2006 年,从事国际国内运输、进出口报关、仓储,愿与各界朋友合作,共创佳绩!
地址:上海市虹口区四平路 186 号 1 号楼 302 室
负责人:赵文江 邮 编:200086
法 人:赵文江
Tel:021－55560626
Fax:021－65214768

**上海环美国际货物运输代理有限公司**
地址:上海市长宁区昭化路 357 号 B 楼东 413 室
负责人:武秀民
Tel:021－62267504

**上海国跃物业管理有限公司**
地址:上海市长宁区遵义南路 8 号 3B 室
负责人:殷孔秋
Tel:021－62197113

## 上海陆盛物流有限公司
业务:物流
地址:上海市宝山区松滨路 765 弄 12 号 102
负责人:张珍奇 邮 编:200000
法 人:张珍奇
Tel:13916865971
021－56842906
Fax:021－56842904
网址:zzt32609
E-mail:http://www.51zzt.com/user/zzt32609

## 上海华振物流有限公司
业务:上海华振物流有限公司是华宇物流集团的一家子公司,华宇物流集团是一家跨区域、网络化、信息化、智能化、具有供应链管理能力的综合物流提供商,在全国 30 个省、市、自治区下设 1200 家全资子公司,网络覆盖全国,是国家一级运输资质企业。
地址:上海市闵行区华翔路 2239 号
邮 编:201107
法 人:王忠财
Tel:021－62216658
Fax:021－62216658 转 9899
网址:www.hoau.net

**上海日飞货运代理有限公司**
地址:上海市长阳路 1441 号 311 室
负责人:史玮
Tel:021－65896146

**上海忻洋物流有限公司**
地址:上海市东长治路 760 号 5 层 B 座
负责人:马志炜
Tel:021－65401726

## 上海建越船务有限公司
业务:上海建越船务有限公司成立于 2002 年,致力于船舶抢修、航修业务、同时兼营船舶设备、备件和物料的供应,客户满意是我们的追求,热忱欢迎来电洽谈业务!
地址:上海市浦东新区浦东北路 1537 号
负责人:许锡云 邮 编:201208
法 人:许锡云
Tel:021－50693571
Fax:021－50693571
网址:www.shjianyue.cn
E-mail:jycw066@163.com

**上海汇智达国际物流有限公司**
地址:上海市东大名路 470 号 600 室
负责人:张叶全
Tel:13917388376

**上海伊曼尔国际货物运输代理有限公司**
地址:上海市东大名路 879 号 309、311 室
负责人:高虹
Tel:13601666189

## 上海惠中货物运输代理有限公司
业务:货运代理
地址:上海市宝山区淞南路 459 弄 20 号 628 室(巴黎时光)
负责人:忻伟忠 邮 编:200431
法 人:忻锋
Tel:021－56441940
56441640
Fax:021－56441670

**上海苏海车辆科技有限公司**
地址:上海市峨山路 488 号 1 号楼 501 室
负责人:肖文秀
Tel:021－50898866

## 上海韩联物流有限公司
业务:本公司成立于 2006 年,主要从事货运代理,仓储(除危险品),货物包装,装卸,集装箱拆装等。
地址:上海市浦东新区张杨北路 6475 号 202 室
负责人:黄元炫 邮 编:200137
法 人:黄元炫
Tel:021－50403917
Fax:021－50403917
网址:www.mtw26935.chinapyp.com
E-mail:leluhuoyun@163.com

**天津兴港物流有限公司上海分公司**
地址:上海市飞虹路 360 弄 9 号 3359 室
负责人:史斌
Tel:13917698688

**上海世鼎国际货物运输代理有限公司**
地址:上海市高阳路 245 号 106 室
负责人:王静
Tel:13002177107

## 上海荣中工贸有限公司
业务:生产各种免熏蒸/熏蒸/热处理(IPPC 标准并出具熏蒸消毒证书,可在进口国顺利清关)木托盘、复合托盘,包装箱、垫仓板等仓储设备
地址:上海市宝山区月罗公路 1211 号建配龙建材市场西 37 号和 40 号
负责人:周强 邮 编:200941
法 人:周强
Tel:021－66865909
56195212

**上海安弘国际货物运输代理有限公司**
地址:上海市高阳路 245 号 109 室
负责人:李志敏
Tel:021－56711881

**上海常海物流有限公司**
地址:上海市高阳路 245 号 448 室
负责人:王瑛华
Tel:021－65355847

**上海世洲国际货运代理有限公司**
地址:上海市高阳路 245 号 501 室
负责人:孔强
Tel:021－63213107

**上海俊起国际物流有限公司**
地址:上海市高阳路 245 号 510 室
负责人:陈玺
Tel:021－63574717

**上海盛润国际货物运输代理有限公司**
地址:上海市高阳路 245 号 6008 室
负责人:王惠康
Tel:021－65858883

## 上海和誉国际集装箱储运有限公司
业务:国际货运代理,集装箱运输,仓储
地址:上海市长江南路 1118 号
负责人:蒿玉青 邮 编:200437
法 人:蒿玉青
Tel:021－56143727
13818984519
18821154373
Fax:021－26612678
网址:http://www.51zzt.com/user/zzt35434

**上海鸣鼎物流有限公司**
地址:上海市高阳路 245 号 8011 室
负责人:徐天佩
Tel:021－65860085

**浙江华泰国际货运有限公司上海分公司**
地址:上海市高阳路 245 号 8012 室
负责人:张晓华
Tel:021－65590117

**中国东方航空西北公司驻上海联络处**
地址:上海市沪青平公路 206 弄 8 号
负责人:吴嘉兴
Tel:021－51152008

## 上海舒豪汽车服务有限公司
业务:汽车维修、美容、保险,二手车买卖
地址:上海市奉贤区奉城镇南奉公路 259 号
负责人:唐玉红 邮 编:200000
邮 编:唐玉红
Tel:13817198730
021－57511518

**上海润梦汽车咨询有限公司**
地址:上海市金山区石化地区松南支路 48 号－483 座
负责人:孟奇
Tel:021－67262529

**上海亚帆交通科技有限公司**
地址:上海市金山区石化地区松南支路 48 号－564 座
负责人:戴景鸿
Tel:13701946152

**上海振旅汽车租赁有限公司**
地址:上海市金山区石化地区松南支路 48 号－591 座
负责人:邵国庆
Tel:13611673647

**上海澳伦货物运输代理服务部**
地址:上海市静安区万航渡路 767 弄 43 号 5 号楼 3 楼 A28 室
负责人:王定浩
Tel:021－62312937

## 锦众汽车修理(上海)有限公司
业务:汽车修理
地址:上海市奉贤区南桥镇秀南村中心路 1001 号
负责人:金银龙 邮 编:200000
法 人:金银龙
Tel:13701688350
021－67195263
Fax:021－67195263

**重庆豪航运输有限公司上海分公司**
地址:上海市九龙路 473 号 409 室
负责人:朱闰兰
Tel:13918615234

**上海少直国际货运代理有限公司**
地址:上海市凉城路 465 弄 60 号 1224 室
负责人:朱德璘
Tel:021－65419777

**上海时惠快递有限公司**
地址:上海市临平北路 55 号 1 层 2 室
负责人:邬如惠
Tel:021－65085935

**上海杰天快递服务部**
地址:上海市卢湾区南塘浜路 103 号 312 室 A 座
负责人:俞七二
Tel:021－53067195

**上海普发国际货运代理有限公司**
地址:上海市陆家浜路 285 号 907 室 H 座
负责人:沈峥嵘
Tel:021－65756782

## 上海瞿诺实业有限公司
业务:汽车充气泵,监控系统
产品:充气泵
地址:上海市奉贤区南桥镇正环路 158 弄 12 号 301 室
负责人:王永 邮 编:200041
法 人:王鹏
Tel:021－57582658
13061639232
Fax:021－67182993
网址:www.shqunuo.com

**上海新绍仓储有限公司**
地址:上海市闵行区曲江路 500 号
负责人:许建新
Tel:021－64500863

**上海巴士广利汽车租赁有限公司**
地址:上海市闵行区宜山路 1618 号综合楼 734 室
负责人:陶伟平
Tel:021－64458484

**上海德星汽车销售有限公司**
地址:上海市南京西路 338 号 101 室
负责人:顾培经
Tel:021－53750088

**上海阿郎摩托车销售服务有限公司**
地址:上海市浦东栖山路 1542 号
负责人:郎治国
Tel:021－58858468

**上海利莱达仓储有限公司**
地址:上海市浦东新区东陆路 89 号 13 幢 304 室
负责人:李振宙
Tel:021－58605527

## 上海誉奥汽车用品有限公司
业务:汽车座套,皮套等汽车内饰用品
产品:汽车座套,皮套,方向盘套
地址:上海市嘉定区曹安路 1991 号 3 栋 3 楼
负责人:陈善永 邮 编:200333
法 人:陈善永
Tel:021－59147686
Fax:021－59147512
E-mail:xiaoxique1991@163.com

**上海炼良集装箱运输有限公司**
地址:上海市浦东新区江心沙路 1 号 2 幢 201 室
负责人:陆文华
Tel:021－58612464

**上海炜业龙阳汽车销售服务有限公司**
地址:上海市浦东新区历城路 70 号甲 2031 室
负责人:陈淑敏
Tel:021－50341140

**安徽和县永顺航运有限公司上海办事处**
地址:上海市浦东新区临沂路 115 弄 2 号楼 302 室
负责人:霍正理
Tel:021－50940182
13701749593

**上海伟光汽车销售有限公司**
地址:上海市浦东新区浦东北路 1958 号 318 室
负责人:徐国伟
Tel:13801735263

## 上海圣荣物流有限公司
业务:国内车辆托运、国内空运、长途包装、铁路运输、公路运输
地址:上海市嘉定区海波路 127 弄 9 号楼 1101 室
负责人:高先生 邮 编:200000
法 人:高圣荣
Tel:13918697186
021－39539463
39539435
Fax:021－39539435－14
网址:www.shsr56.com
E-mail:s.rlogistlcs@163.com

**上海洋颢物业管理有限公司**
地址:上海市浦东新区乳山路 227 号 101－75 室
负责人:陈闻仲
Tel:13917036758

**上海炫业物流配送有限公司**
地址:上海市浦东新区云山路 1241 号
负责人:耿建云
Tel:021－50707026

## 上海儒安汽车修理有限公司
业务:汽车修理
地址:上海市嘉定区江桥镇曹安公路 3078 号 3 幢 1 室
负责人:高鹏周 邮 编:200000
法 人:高鹏周
Tel:13817388334
021－59131106

**广东天地物流圆有限公司上海分公司**
地址:上海市普陀区常德路 1239 号 501－1 室
负责人:张海天
Tel:021－62775460

**上海标越汽车维修服务管理有限公司普陀分公司**
地址:上海市普陀区大渡河路 1281 号
负责人:卢彪
Tel:021－52820808

**北京太平洋物流有限公司上海分公司**
地址:上海市普陀区华联路 66 号
负责人:白松刚
Tel:021－66279001

## 上海军添仓储物流有限公司
业务:物流
地址:上海市金桥镇路行村小浜队广阳公司
负责人:高军 邮 编:200000
法 人:高军
Tel:021－58545675
Fax:021－58545675

**上海威物货运代理有限公司**
地址:上海市普陀区祁连山路 1016 号

负责人：刘威
Tel：13003256630

**上海冈本物流有限公司**
地址：上海市普陀区祁连山路689号1号楼392室
负责人：彭文华
Tel：13564002242

**上海春环仓储有限公司**
地址：上海市普陀区祁连山路689号2号楼226室
负责人：吴拥军
Tel：021－62507604

## 上海伟珍货运代理有限责任公司
业务：全国范围内长短途货物运输（主线：上海—宁波）
地址：上海市金山区金张公路4699号
负责人：徐家伟　邮　编：201514
法　人：徐家伟
Tel：13122453605
021－57376796
Fax：021－57376796

**上海宏诚汽车销售有限公司**
地址：上海市普陀区真北路3370号2楼
负责人：开诚华
Tel：13901720930

**上海裕萍港口设备有限公司**
地址：上海市普陀区真南路822弄329支弄160号乙分号
负责人：蔡裕萍
Tel：13601847094

**上速国际货运（上海）有限公司**
地址：上海市普陀区中山北路2550号物贸大厦1524室
负责人：缪德宏
Tel：021－62852510

**上海加勒国际船舶代理有限公司**
地址：上海市曲阳路553号566室
负责人：陆红
Tel：021－65870132

## 上海祥玉机电设备有限公司
业务：汽车配件、摩托车配件及整车销售
产品：汽车配件、摩托车配件及整车
地址：上海市金山区松隐镇亭枫公路2237号
负责人：徐家望　邮　编：200000
法　人：徐家望
Tel：13162230819
021－57381903
Fax：021－57381903

**上海亿美通货运代理有限公司**
地址：上海市乳山路227号101－74室
负责人：郑璇
Tel：13816926595

**上海安俊国际货物运输代理有限公司**
地址：上海市四川北路1755号副楼107E室
负责人：凌晨
Tel：021－63069892

**上海德能国际货物运输代理有限公司**
地址：上海市四平路198号2102室
负责人：郝捷
Tel：021－65751299

**展富物流（上海）有限公司**
地址：上海市外高桥保税区富特西一路139号1106室
负责人：魏士伟
Tel：13801803330

## 上海轻吉物流有限公司
业务：本公司是及运输、仓储、配送、装卸于一体的大型物流企业，主要承接全国各地整车零单、集装箱、大型物件等运输业务，以质量求生存，凭信誉做品牌，轻吉物流24小时竭诚为您服务！
产品：精品专线：广州、深圳、东莞、北京、天津
地址：上海市闵行区澄建路376号
负责人：谢勇　邮　编：201108
法　人：谢勇
Tel：021－33580116
15900916959
Fax：021－64345367
E-mail：baobei6009@163.com

**上海三众物流有限公司**
地址：上海市外高桥保税区华申路180号601A部位
负责人：余仕斌
Tel：021－64403335

**上海黎仓物流有限公司**
地址：上海市外高桥保税区加太路29号2号楼西侧第六层A2部位
负责人：彭文波
Tel：13361996068

**中国汽车运输国际货运代理公司上海分公司**
地址：上海市吴淞路531号1701室
负责人：沈继革
Tel：021－63647688

**上海达扩国际货物运输代理有限公司**
地址：上海市武昌路559号A楼226室
负责人：张丽平
Tel：021－63252635

**上海荣高物流有限公司**
地址：上海市武昌路559号A楼316室
负责人：尹永范
Tel：021－63253449

**上海佳瀚国际货物运输代理有限公司**
地址：上海市武昌路559号A楼318室
负责人：金琦新
Tel：021－63245838

**上海美鸥物流有限公司**
地址：上海市武昌路559号A楼319室
负责人：王心志
Tel：021－63569981

## 上海达超物流有限公司
业务：本公司是集运输、仓储、配送、装卸于一体的大型物流企业，主要承接全国各地整车零单、大型物件等运输业务，以质量求生存，凭信誉做品牌，达超24小时竭诚为您服务！
业务：上海——台州（江浙）、上海——广州、北京专线
地址：上海市闵行区都会路258号
负责人：徐先生　邮　编：201100
法　人：徐崇生
Tel：021－67159803
13761019196
Fax：021－67159834

**上海传奇国际货物运输代理有限公司**
地址：上海市物华路11号297室
负责人：花文杰
Tel：13901725307

**杭州海陆物流有限公司上海分公司**
地址：上海市物华路11号368室
负责人：张广强
Tel：021－65219362

**上海申公出租汽车有限公司**
地址：上海市杨浦区江浦路1528号
负责人：刘向信
Tel：021－65306616

**上海祥申汽车租赁有限公司**
地址：上海市杨浦区锦西路69号102室A2
负责人：赵申五
Tel：13122825988

## 上海申酉物流有限公司
业务：公路运输
地址：上海市闵行区都庄路4226号C14号402室
负责人：孙万友　邮　编：201108
法　人：孙万友
Tel：13818014779
021－64586846
Fax：021－64586845

**上海杨杨电梯有限公司**
地址：上海市杨浦区控江路665号137幢226室
负责人：杨文新
Tel：021－65806460

**上海燎技交通设施有限公司**
地址：上海市杨浦区双阳路181号新大楼三楼
负责人：关国明
Tel：021－65431858

**上海耀威汽车销售有限公司**
地址：上海市杨浦区周家嘴路1668号商房第43号
负责人：赵士宝
Tel：021－55570249

**上海中江船务代理有限公司**
地址：上海市榆林路201号6号楼101室
负责人：柳兴龙
Tel：021－65459200

**中铁十局集团有限公司上海联络处**
地址：上海市中兴路457号十一层
负责人：王绪绛
Tel：021－54159538

## 上海程安汽车维修有限公司
业务：集汽车修配、美容装饰、代办年检、转户、保险等于一体的综合性汽车服务企业，我们本着服务至上、诚实守信的原则，以过硬的技术，公平的价格，为您提供快捷、热情的服务！
地址：上海市闵行区虹梅南路2658号北楼
负责人：陈志华　邮　编：201108
法　人：陈志华
Tel：021－33592856
33592004
Fax：021－33592856
E-mail：chenganqixiu@qq.com

**上海轶凡国际物流有限公司**
地址：上海市宝山区长江西路1180号414－13
负责人：陈昱
Tel：021－58648676

**上海泰隆物流有限公司分公司**
地址：上海市宝山区长江西路778号二号楼35室
负责人：王建洲
Tel：021－56674264

**上海东强船舶工程有限公司**
地址：上海市宝山区陈太路1518号
负责人：吴迎建
Tel：021－56680935

**上海利翔货物运输代理有限公司**
地址：上海市宝山区南大路380号
负责人：周利明
Tel：13122878875

## 上海沈泰物流有限公司
业务：本公司专业从事全国各地整车零担业务、信息中介、货运代办，我们拥有畅通的货运物流系统，我们将竭诚为您提供优质的货运服务。
产品：上海——宁波、慈溪、余姚、上虞等往返专线
地址：上海市闵行区金都路1736号
负责人：沈建达　邮　编：201108
法　人：沈建达
Tel：13391260563
021－54400462
Fax：021－54400463
网址：www.51zzt.com/user/zzt39152

**上海市宝湾国际物流有限公司**
地址：上海市宝山区铁力路388号
负责人：许建社
Tel：021－56844029
56844025

**上海音视货物运输代理有限公司**
地址：上海市长宁区北翟路163弄30号5幢401A室
负责人：王军
Tel：021－54397502

**上海飞平物流有限公司**
地址：上海市长宁区虹桥路2266号10号楼114室
负责人：陆亚平
Tel：021－62691039

## 上海昊创物流有限公司
业务：全国普通货物运输
地址：上海市闵行区老沪闵路2259弄2号701
负责人：赖训禄　邮　编：200000
邮　编：赖训禄
Tel：13917039488
021－54377932
Fax：021－33580632

**上海中本汽车租赁服务有限公司**
地址：上海市长宁区虹桥路2266号10号楼328室
负责人：卢政
Tel：021－64058618

**北京百福东方国际物流有限责任公司上海分公司**
地址：上海市长宁区虹桥路2545弄29号
负责人：朱卫东
Tel：021－62686001

**上海宝邦物业管理有限公司**
地址：上海市长宁区可乐路209号202室
负责人：王雪君
Tel：021－62919911

**上海朗运国际货运代理有限公司**
地址：上海市长宁区天山支路154号202H室
负责人：梁红
Tel：021－62683150

## 上海良贸物流有限公司
业务：货物公路运输，主要是上海至苏州、广东、福建、江西专运
地址：上海市闵行区银都路1888号
负责人：吴良芳　邮　编：200000
法　人：吴良芳
Tel：15921818920
021－51873171

**上海环美国际货物运输代理有限公司**
地址：上海市长宁区昭化路357号B楼东413室
负责人：武秀民
Tel：021－62267504

**上海国跃物业管理有限公司**
地址：上海市长宁区遵义南路8号3B室
负责人：殷孔秋
Tel：021－62197113

**上海日飞货运代理有限公司**
地址：上海市长阳路1441号311室
负责人：史玮
Tel：021－65896146

**上海忻洋物流有限公司**
地址：上海市东长治路760号5层B座
负责人：马志炜
Tel：021－65401726

## 上海鲁源物流有限公司
业务：公路运输，上海至山东、山东至上海公路专运
地址：上海市闵行区银都路2138弄
负责人：田昭起　邮　编：201108
法　人：田昭起
Tel：15921966789
13381859899

**上海汇智达国际物流有限公司**
地址：上海市东大名路470号600室
负责人：张叶全
Tel：13917388376

**上海伊曼尔国际货物运输代理有限公司**
地址：上海市东大名路879号309、311室
负责人：高虹
Tel：13601666189

**上海苏海车辆科技有限公司**
地址：上海市峨山路488号1号楼501室
负责人：肖文秀
Tel：021－50898866

**天津兴港物流有限公司上海分公司**
地址：上海市飞虹路360弄9号3359室
负责人：史斌
Tel：13917698688

## 上海千能物流有限公司
业务：货物运输，上海至广东特快专线
产品：我公司拥有货车八十余部，承托市内及长途运输
地址：上海市闵行区银都路南方物流中心
负责人：彭爱华　邮　编：201108
法　人：黄峰生
Tel：021－64582612

**上海世鼎国际货物运输代理有限公司**
地址：上海市高阳路245号106室
负责人：王静
Tel：13002177107

**上海安弘国际货物运输代理有限公司**
地址：上海市高阳路245号109室
负责人：李志敏
Tel：021－56711881

## 上海世悦船舶工程有限公司
业务：船舶修理与技术开发
地址：上海市南桥奉贤开发区
负责人：顾世春　邮　编：200000
邮　编：顾世春
Tel：021－54731189

**上海常海物流有限公司**
地址：上海市高阳路245号448室
负责人：王瑛华
Tel：021－65355847

**上海世洲国际货运代理有限公司**
地址：上海市高阳路245号501室
负责人：孔强
Tel：021－63213107

**上海俊起国际物流有限公司**
地址：上海市高阳路245号510室
负责人：陈玺
Tel：021－63574717

**上海盛润国际货物运输代理有限公司**
地址：上海市高阳路245号6008室
负责人：王惠康
Tel：021－65858883

## 上海祥庆船务工程有限公司
业务：船务工程
地址：上海市浦东新区大道站路94弄22号501室
负责人：李和祥　邮　编：200000
法　人：李和祥
Tel：13641972585
021－61069371
网址：zzt31590
E-mail：http://www.51zzt.com/user/zzt31590

**上海鸣鼎物流有限公司**
地址：上海市高阳路245号8011室
负责人：徐天佩
Tel：021－65860085

**浙江华泰国际货运有限公司上海分公司**
地址：上海市高阳路245号8012室
负责人：张晓华
Tel：021－65590117

**中国东方航空西北公司驻上海联络处**
地址：上海市沪青平公路206弄8号
负责人：吴嘉兴
Tel：021－51152008

## 上海粤兴船舶工程有限公司
业务：船舶工程
地址：上海市浦东新区高东镇三环村9队97号
负责人：孙盘雷　邮　编：200000
法　人：孙盘雷
Tel：13701939728
021－58483279

**上海润梦汽车咨询有限公司**
地址：上海市金山区石化地区松南支路48号－483座
负责人：孟奇
Tel：021－67262529

**上海亚帆交通科技有限公司**
地址：上海市金山区石化地区松南支路48号－564座
负责人：戴景鸿
Tel：13701946152

**上海振旅汽车租赁有限公司**
地址：上海市金山区石化地区松南支路48号－591座

…… 负责人:邵国庆
…… Tel:13611673647

**上海澳伦货物运输代理服务部**
地址:上海市静安区万航渡路 767 弄 43 号 5 号楼 3 楼 A28 室
…… 负责人:王定浩
…… Tel:021－62312937

**上海威信货物运输代理有限公司**
业务:货运代理
地址:上海市浦东新区江东路 866 号毛家浜 2 号桥 62 号
…… 负责人:杨守君 邮 编:200136
…… 法 人:杨守君
……Tel:13681889886
021－58646567
……Fax:021－58648726
…… E-mail:jiang15900936233@live.cn

**重庆豪航运输有限公司上海分公司**
地址:上海市九龙路 473 号 409 室
…… 负责人:朱闰兰
…… Tel:13918615234

**上海少直国际货运代理有限公司**
地址:上海市凉城路 465 弄 60 号 1224 室
…… 负责人:朱德璘
…… Tel:021－65419777

**上海新绍仓储有限公司**
地址:上海市闵行区曲江路 500 号
…… 负责人:许建新
…… Tel:021－64500863

**上海巴士广利汽车租赁有限公司**
地址:上海市闵行区宜山路 1618 号综合楼 734 室
…… 负责人:陶伟平
…… Tel:021－64458484

**上海圣灵物流有限公司**
业务:物流服务
地址:上海市浦东新区凌桥镇龙叶村石家浜 13 号
…… 负责人:史伟达 邮 编:200000
…… 法 人:史伟达
……Tel:13916385668
021－58649077
58647902

**上海德星汽车销售有限公司**
地址:上海市南京西路 338 号 101 室
…… 负责人:顾培经
…… Tel:021－53750088

**上海阿郎摩托车销售服务有限公司**
地址:上海市浦东栖山路 1542 号
…… 负责人:郎治国
…… Tel:021－58858468

**上海鼎辉汽车销售有限公司**
业务:二手房买卖、新车的销售
地址:上海市普陀区金鼎路 388 号
…… 负责人:张玉龙 邮 编:200333
…… 法 人:张玉龙
……Tel:13331878888
021－52795652
52795653

**上海利莱达仓储有限公司**
地址:上海市浦东新区东陆路 89 号 13 幢 304 室
…… 负责人:李振宙
…… Tel:021－58605527

**上海炼良集装箱运输有限公司**
地址:上海市浦东新区江心沙路 1 号 2 幢 201 室
…… 负责人:陆文华
…… Tel:021－58612464

**上海旺翔物流有限公司**
业务:全国货运
地址:上海市普陀区桃浦镇白丽路 401 弄 127 幢 303 室
…… 负责人:万光 邮 编:200000
…… 法 人:万光
……Tel:021－66953600

**上海炜业龙阳汽车销售服务有限公司**
地址:上海市浦东新区历城路 70 号甲 2031 室
…… 负责人:陈淑敏
…… Tel:021－50341140

**上海延吉物流有限公司**
业务:物流
地址:上海市普陀区真南路 1108 号内 12 号
…… 负责人:毛天堂 邮 编:200000
…… 法 人:毛天堂
……Tel:13311980893
021－52848019
52847636
……Fax:021－52847636

**安徽和县永顺航运有限公司上海办事处**
地址:上海市浦东新区临沂路 115 弄 2 号楼 302 室

…… 负责人:霍正理
…… Tel:021－50940182
13701749593

**上海伟光汽车销售有限公司**
地址:上海市浦东新区浦东北路 1958 号 318 室
…… 负责人:徐国伟
…… Tel:13801735263

**上海湘兴物流有限公司**
业务:物流,运输
地址:上海市青浦区徐泾镇龙联路 928 号
…… 负责人:汤财兴 邮 编:200000
…… 邮 编:汤财兴
……Tel:15026661599
021－60829218
……Fax:021－60829208

**上海洋颢物业管理有限公司**
地址:上海市浦东新区乳山路 227 号 101－75 室
…… 负责人:陈闻仲
…… Tel:13917036758

**上海炫业物流配送有限公司**
地址:上海市浦东新区云山路 1241 号
…… 负责人:耿建云
…… Tel:021－50707026

**广东天地物流圆有限公司上海分公司**
地址:上海市普陀区常德路 1239 号 501－1 室
…… 负责人:张海天
…… Tel:021－62775460

**上海宇彤物流有限公司**
业务:物流,运输
地址:上海市青浦区赵巷镇青山村 5 队 115 号
…… 负责人:王伟 邮 编:200000
…… 法 人:王伟
……Tel:13621669816
15026657305

**上海标越汽车维修服务管理有限公司普陀分公司**
地址:上海市普陀区大渡河路 1281 号
…… 负责人:卢彪
…… Tel:021－52820808

**北京太平洋物流有限公司上海分公司**
地址:上海市普陀区华联路 66 号
…… 负责人:白松刚
…… Tel:021－66279001

**上海威物货运代理有限公司**
地址:上海市普陀区祁连山路 1016 号
…… 负责人:刘威
…… Tel:13003256630

**上海冈本物流有限公司**
地址:上海市普陀区祁连山路 689 号 1 号楼 392 室
…… 负责人:彭文华
…… Tel:13564002242

**上海翱玮物流有限公司**
业务:国内货物运输,提供仓储包装服务
地址:上海市松江区九亭镇久富经济开发区九舒路 129 号一楼 101 号
…… 负责人:刘少球 邮 编:201613
…… 法 人:刘少球
……Tel:021－67626654
67626664
……Fax:021－67626277
…… E-mail:liusq7505@163.com

**上海春环仓储有限公司**
地址:上海市普陀区祁连山路 689 号 2 号楼 226 室
…… 负责人:吴拥军
…… Tel:021－62507604

**上海宏诚汽车销售有限公司**
地址:上海市普陀区真北路 3370 号 2 楼
…… 负责人:开诚华
…… Tel:13901720930

**上海裕萍港口设备有限公司**
地址:上海市普陀区真南路 822 弄 329 支弄 160 号乙分号
…… 负责人:蔡裕萍
…… Tel:13601847094

**上海宝旭高级轿车维修服务有限公司**
业务:集汽车维修、保养、配件销售为一体,公司拥有专业、精湛的技术队伍,修理各类进口、国产高级汽车,24 小时为您提供快捷、热情的服务,愿我们的服务为您带去一路平安!
产品:奔驰、宝马、奥迪等高级轿车维修
地址:上海市徐汇区罗秀路 105 号
…… 负责人:马中成 邮 编:200231
…… 法 人:马中成
……Tel:021－64050528
……Fax:021－64056808
…… E-mail:baoxu2009@126.com

**上海时惠快递有限公司**
地址:上海市临平北路 55 号 1 层 2 室
…… 负责人:邬如惠

…… Tel:021－65085935

**上海杰天快递服务部**
地址:上海市卢湾区南塘浜路 103 号 312 室 A 座
…… 负责人:俞七二
…… Tel:021－53067195

**上海普发国际货运代理有限公司**
地址:上海市陆家浜路 285 号 907 室 H 座
…… 负责人:沈峥嵘
…… Tel:021－65756782

**上速国际货运(上海)有限公司**
地址:上海市普陀区中山北路 2550 号物贸大厦 1524 室
…… 负责人:缪德宏
…… Tel:021－62852510

**上海加勒国际船舶代理有限公司**
地址:上海市曲阳路 553 号 566 室
…… 负责人:陆红
…… Tel:021－65870132

**上海亿美通货运代理有限公司**
地址:上海市乳山路 227 号 101－74 室
…… 负责人:郑璇
…… Tel:13816926595

**上海安俊国际货物运输代理有限公司**
地址:上海市四川北路 1755 号副楼 107E 室
…… 负责人:凌晨
…… Tel:021－63069892

**上海德能国际货物运输代理有限公司**
地址:上海市四平路 198 号 2102 室
…… 负责人:郝捷
…… Tel:021－65751299

**展富物流(上海)有限公司**
地址:上海市外高桥保税区富特西一路 139 号 1106 室
…… 负责人:魏士伟
…… Tel:13801803330

**上海三众物流有限公司**
地址:上海市外高桥保税区华申路 180 号 601A 部位
…… 负责人:余仕斌
…… Tel:021－64403335

**上海黎仓物流有限公司**
地址:上海市外高桥保税区加太路 29 号 2 号楼西侧第六层 A2 部位
…… 负责人:彭文波
…… Tel:13361996068

**中国汽车运输国际货运代理公司上海分公司**
地址:上海市吴淞路 531 号 1701 室
…… 负责人:沈继革
…… Tel:021－63647688

**上海达扩国际货物运输代理有限公司**
地址:上海市武昌路 559 号 A 楼 226 室
…… 负责人:张丽平
…… Tel:021－63252635

**上海荣高物流有限公司**
地址:上海市武昌路 559 号 A 楼 316 室
…… 负责人:尹永范
…… Tel:021－63253449

**上海佳瀚国际货物运输代理有限公司**
地址:上海市武昌路 559 号 A 楼 318 室
…… 负责人:金琦新
…… Tel:021－63245838

**上海美鸥物流有限公司**
地址:上海市武昌路 559 号 A 楼 319 室
…… 负责人:王心志
…… Tel:021－63569981

**上海传奇国际货物运输代理有限公司**
地址:上海市物华路 11 号 297 室
…… 负责人:花文杰
…… Tel:13901725307

**杭州海陆物流有限公司上海分公司**
地址:上海市物华路 11 号 368 室
…… 负责人:张广强
…… Tel:021－65219362

**上海申公出租汽车有限公司**
地址:上海市杨浦区江浦路 1528 号
…… 负责人:刘向信
…… Tel:021－65306616

**上海祥申汽车租赁有限公司**
地址:上海市杨浦区锦西路 69 号 102 室 A2
…… 负责人:赵申五
…… Tel:13122825988

**上海杨杨电梯有限公司**
地址:上海市杨浦区控江路 665 号 137 幢 226 室
…… 负责人:杨文新
…… Tel:021－65806460

**上海燎技交通设施有限公司**
地址:上海市杨浦区双阳路 181 号新大楼三楼
…… 负责人:关国明
…… Tel:021－65431858

**上海耀威汽车销售有限公司**
地址:上海市杨浦区周家嘴路 1668 号商房第 43 号
…… 负责人:赵士宝
…… Tel:021－55570249

**上海久航船务有限公司**
业务:上海久航船务有限公司成立于 2004 年,从事长江上、中、下游水陆运输货物。我们承诺:周全周到的服务 ＋ 专业运作的实力 ＋ 厚积薄发的经验 ＋ 全面超值的价格＝ 您的真正满意 !!
地址:上海市逸仙路 4318 号新华大楼 201 室
…… 邮 编:200940
…… 法 人:刘双军
…… Tel:021－56447927
56445598
…… Fax:021－56447925

**上海中江船务代理有限公司**
地址:上海市榆林路 201 号 6 号楼 101 室
…… 负责人:柳兴龙
…… Tel:021－65459200

**上海彬斌实业有限公司**
业务:货运、票务
地址:上海市徐汇区漕宝路 1618 号盈宝客运中心
…… 负责人:陈明彬 邮 编:200000
…… 法 人:陈明彬
……Tel:13695996569
021－54857268

**中铁十局集团有限公司上海联络处**
地址:上海市中兴路 457 号十一层
…… 负责人:王绪绛
…… Tel:021－54159538

## 上海吉首货物运输代理有限公司

本公司成立于2005年，主要承接全国各地普通货物运输。始终秉承“客户第一、安全快速、尽心服务、诚信为本”的宗旨，满足广大客户的不同需求。

感谢您的来访和对本公司一如既往的支持！

电话：021-54094825
联系人：吴建军 13801666227 传真：021-54094827
地址：上海市徐汇区龙水南路95-10号 邮编：200070

## 上海怡博船务有限公司

上海怡博船务有限公司创建于2005年，是国内最具实力的提供各种型号的贯穿密封装置的生产厂家之一。

聚集最优秀的人才，掌握最快捷的信息，凭借最雄厚的实力，为客户提供最优质的产品和服务是怡博人永远的追求。

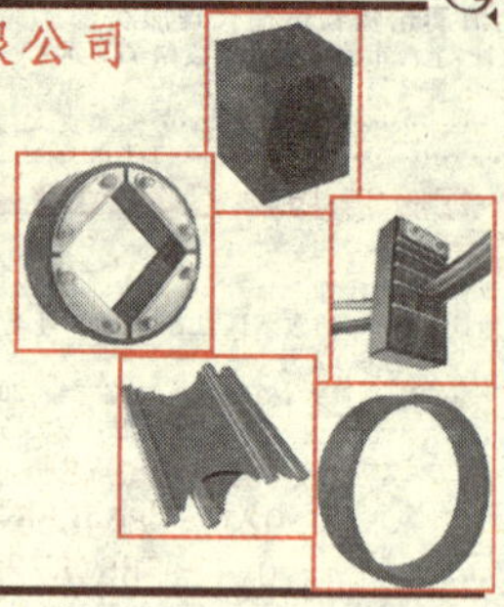

联系人：张东升 13331989668
电话/传真：021-65580275 65578262
网址：www.yibow.cn
电子邮件：shyibow@126.com
邮编：200433
地址：上海市杨浦区虬江码头路2号甲

## 上海建越船务有限公司

上海建越船务有限公司成立于2002年，一直致力于船舶抢修，航修业务，同时兼营船舶设备、备件和物料的供应，在同行业中享有很好的声誉。公司本着客户效益第一，产品质量第一的宗旨，我们真诚地期待为您服务！

联系人：许锡云

电话：021-50693571、13311635609 电子邮件：jycw066@163.com
地址：上海市浦东新区浦东北路曲家弄1号 邮编：200120

## 上海永奉汽车零部件有限公司

上海永奉汽车零部件有限公司成立于2008年，主要从事于汽车零配件的生产、销售。

公司始终以“以人为本，科技领先，诚信经营，创知名品牌”为宗旨，一如既往为客户提供可靠的产品，完善的服务，共同发展，共创佳绩。欢迎国内外新老客户光临，互利互惠、携手共进！

联系人：陈灵通 13905871179
电话：021-57567555 传真：021-57567578
地址：上海市奉贤区青村镇奉永路288号 邮编：201414

## 上海晶通化轻发展有限公司

上海晶通化轻发展有限公司隶属于中国最大的流通产业集团——百联集团，注册资本3500万元，总资产1.5亿元。

主营范围涉及危险化学品、生产资料和生活资料的仓储配送、流通加工、供应链服务、咨询与策划，是以专业社会化的现代供应链服务为主业，以危险化学品供应链为特色的“商贸流通顾问，供应链服务专家”。

联系人：钱宏文
电话：021-62506616
传真：021-32051168
网址：www.jthq56.com
地址：上海市宝山区南大路478号 邮编：200436

## 永裕航运有限公司

永裕航运有限公司成立于2004年。
负责内河、海上运输。
欢迎广大客户来公司考察并洽谈业务！

联系人：陈长飞 13601688608
电话：021-68536698 58217011
传真：021-58217011
邮编：225300
地址：上海市浦东新区浦东大道2188号

## 上海鸣人物流有限公司

上海鸣人物流有限公司是一家国际、国内、铁路、汽车航空、仓储服务，到达派送为一体的综合物流企业，并在全国范围内与50多家知名企业，共同组建了物流派送网络，业务覆盖国内外350多个城市和地区。

我们不断否定自我追求卓越的务实作风，始终坚持对客户服务承诺，实现企业可持续发展。

电话：021-54862826 57629363
联系人：胡传周 13391086098 传真：021-57629363 57629464
地址：上海市松江区双施路377弄3号302室 邮编：201107

## 上海亚豪货物运物运输代理有限公司

上海亚豪货物运物运输代理有限公司成立于2005年，主要从事货物运输代理（海、陆、空都含）。

“正点、安全，高效”是我们的服务宗旨，我们将秉承“客户至上，信誉第一”的理念，竭诚为您服务！

联系人：陈先生 13817963243 传真：021-51721576
电话：021-51721569 邮编：200080
地址：上海市杨浦区昆明路596号荣广商务中心西区409室

## 重庆市/Chongqing Municipality

**重庆市铁鑫运输有限公司**
地址：重庆市北部新区北新货运市场 C 区 160 号
…………负责人：彭淮
…………Tel：023－66501386

**重庆旭明物流有限公司**
业务：物流，运输
地址：重庆市巴南区花溪镇光明村 4 组 26 号
……… 负责人：李云峰 邮 编：400000
…………法 人：李云峰
…………Tel：13308305922
023－86532666

**重庆市盛飞桥实业有限公司**
地址：重庆市北山路 4 号
…………负责人：李勇
…………Tel：023－64896340

**重庆市北碚区大全汽车修理店**
地址：重庆市蔡家岗镇群力村
…………负责人：曾国全
…………Tel：023－68323793

**重庆润江机械制造有限公司**
业务：汽车车厢改装、汽车配件加工
地址：重庆市巴南区花溪镇王家坝路 100 号
……… 负责人：江胜忠 邮 编：400000
…………法 人：江胜忠
…………Tel：023－62597858
…………Fax：023－62597858
…………网址：http://www.51zzt.com/user/zzt30030

**重庆金禾汽车用品有限公司**
业务：重庆金禾汽车用品有限公司成立于 1994 年，主要经营汽车用品，音响，汽配等。欢迎新老客户光临、惠顾！
地址：重庆市巴南区石子坪 256－8 号
………… 负责人：瞿海涛……邮 编：401320
…………法 人：瞿海涛
…………Tel：023－86531588
…………Fax：023－66241588
…………网址：www.mtw27639.chinapyp.com

**重庆华飞货运有限公司**
地址：重庆市陈家坪公交车站临时门面自编号 018
…………负责人：张永飞
…………Tel：023－66116899

**重庆双车道汽车经纪服务有限公司**
业务：本公司是集汽车经纪服务、中介服务、汽车配件销售等于一体的综合性汽车服务公司，公司本着服务至上、诚实守信的原则，以过硬的技术，公平的价格，欢迎新老客户的光临！
产品：汽车租赁、二手车买卖、汽车抵押贷款、美容装饰、代办年检、转户、汽车零部件及汽车装饰用品销售
地址：重庆市北部新区经开园金渝大道 99 号 5－13 号
……… 负责人：赵冰科 邮 编：401122
…………法 人：赵冰科
…………Tel：023－67308718
13908374333
…………Fax：023－67308708

**重庆百年恒华实业集团汽车客户服务中心**
地址：重庆市长江一路 66 号
…………负责人：黄中梅
…………Tel：023－89081237

**重庆市大足县赛龙摩托车配件有限公司**
业务：重庆市大足县赛龙摩托车配件有限公司成立于 2004 年，主要从事摩托车配件的生产销售。“以质量求生存，以信誉求发

展”,热诚欢迎广大新老客户惠顾。
地址:重庆市大足县石马镇民主村1组
邮　编:402362
法　人:何兴马
Tel:023－43400515
Fax:023－43400515

**重庆友恒实业有限公司汽车服务中心**
地址:重庆市大渡口区八桥镇八一村五社
负责人:谢宗强
Tel:023－68831199

**奉节县众发汽车销售有限公司**
业务:本公司成立于2003年,拥有20多名员工。主要经营汽车销售、汽车维修、汽车保险。
地址:重庆市奉节县竹枝路337号
法　人:高华
Tel:023－56666888
Fax:023－556556956

**重庆一地金工贸有限公司摩托车配件分公司**
地址:重庆市大渡口区八桥镇互助村七社
负责人:范云梁
Tel:023－68915293

**重庆天远道路发展有限公司**
业务:重庆天远道路发展有限公司成立于2000年,从事道路标志牌、标线涂料、交通信号灯、道钉、轮廓标、减速路拱、路锥的生产、安装及护栏的安装。欢迎来电来涵洽谈业务。
地址:重庆市高新区渝新路235号三楼18－2(新康桥)
邮　编:400039
法　人:张天宝
Tel:023－68172339
Fax:023－68172339

**重庆鑫齐公路维护有限公司**
业务:公路维护
地址:重庆市璧山县青杠街道大兴街89号
负责人:刘开强　邮　编:402760
法　人:刘开强
Tel:13101279837
023－41781897

**重庆天行键电器有限责任公司**
地址:重庆市大渡口区八桥镇桥梓塘村三社
负责人:刘仁川
Tel:023－68931116

**成都大兵物流有限公司重庆分公司**
业务:本公司成立于2006年,主要从事仓储配送、物流运输。公司秉诚“客户的满意就是我们的满意”的服务宗旨,热忱为广大客户提供最快捷的服务。
地址:重庆市九龙坡区滩子口万顺楼3单元304
负责人:周志明　邮　编:400039
法　人:周志明
Tel:023－60982565
61569081
Fax:023－68433690

**天台县天盛仪表有限公司重庆大渡口分公司**
地址:重庆市大渡口区八桥镇桥梓塘村三社
负责人:杨高峰
Tel:023－68931369

**重庆市合川区强璇汽车维修中心**
业务:汽车清洗、维修业务,汽车零件销售及物资运输
地址:重庆市草街镇高枧村五社
负责人:蒋后努　邮　编:402360
法　人:蒋后努

**重庆天远道路发展有限公司**
业务:重庆天远道路发展有限公司成立于2000年,主要从事标线施工,交通护拦、红绿灯、监控器的安装,标志、标牌、标杆的生产。“质量第一,顾客至上,诚信守约,开拓创新”是全体员工始终遵循、不懈追求的质量方针和目标。
地址:重庆市六店小区15栋附8号
负责人:余昌远　邮　编:400039
法　人:余昌远
Tel:023－68588711

**重庆市平原马电动助力车有限公司**
业务:平原马电动车的生产和销售
产品:平原马电动车
地址:重庆市大足县棠香街道办事处五星大道268号
负责人:阳远智　邮　编:400000
法　人:阳远智
Tel:15223253496
13650513835
13658064871
023－43762516

**重庆市琪健机车制造有限公司大渡口分公司**
地址:重庆市大渡口区八桥镇桥梓塘村三社
负责人:张敏琪
Tel:023－68932172

**重庆通达电器仪表厂一分厂**
地址:重庆市大渡口区八桥镇桥梓塘村四社
负责人:穆泽华
Tel:023－68931828

**黔城交通设施有限责任公司**
业务:黔城交通设施有限责任公司成立于2006年,从事交通方面工程施工(标志标签,公路防护栏等),欢迎新老客户来电洽谈业务!
业务:重庆市黔江区育才路199号
负责人:葛远江　邮　编:409000
法　人:葛远江
Tel:023－79252838

**林波水上运输队**
地址:重庆市涪陵区人民东路18号B栋16－3
负责人:何小波
Tel:023－72232532
13308251235

**重庆市高新技术产业开发区屹正汽车配件经营部**
地址:重庆市高新区重庆市老顶坡汽摩综合市场10－1－21
负责人:霍斌
Tel:023－89063267

**重庆郭氏洪伸科技有限公司**
业务:重庆郭氏洪伸科技有限公司专业从事摩托车、汽车配件的生产、金属产品的研究及开发,欢迎新老客户来电咨询,洽谈业务!
地址:重庆市沙坪坝区自由村64－5－1号
负责人:郭以德　邮　编:400032
法　人:郭以德
Tel:023－65159930

**乾安货物运输有限公司**
业务:承接全国各地长短途及大件运输业务
地址:重庆市垫江县桂溪镇南阳开发区龙凤家园A栋4号门市
负责人:李彬　邮　编:408300
法　人:李彬
Tel:023－74636716
13996802988

**重庆市高新技术产业开发区嘉裕汽车减震器经营部**
地址:重庆市高新区重庆市老顶坡汽摩综合市场13－1－12
负责人:冯双利
Tel:023－89063786

**重庆市高新技术产业开发区荣祥汽车保修设备经营部**
地址:重庆市高新区重庆市老顶坡汽摩综合市场6－1－3号
负责人:陈波
Tel:023－68615427

**重庆市高新技术产业开发区祯龙摩托车配件经营部**
地址:重庆市高新区重庆市老顶坡汽摩综合市场C14－8
负责人:周家华
Tel:023－68872512

**潼南县路翔摩托车销售有限责任公司**
业务:重庆市潼南县路翔摩托车销售有限责任公司于1997年成立,主营宗申,新大州本田,建设、豪江等名优摩托车。批发零售各种两轮,三轮,踏板车用品及零配件。汽车,工程机械,工业用润滑油,润油脂。
地址:重庆市潼南县梓潼镇建设路59号
邮　编:402660
法　人:王清勇
Tel:023－44557593
Fax:023－44565383

**重庆航力船务有限公司**
业务:水路货物代理服务,长江运输及代理
地址:承接水路货物运输
产品:重庆市丰都县三合镇滨西路元支路3号卫村13#
负责人:毛先明　邮　编:400000
Tel:13983591706
023－70738766
Fax:023－70738766
网址:http://www.51zzt.com/user/zzt34769

**重庆市沙坪坝区汇宏机械厂**
地址:重庆市歌乐山镇歌乐村矿山坡
负责人:吴帮英
Tel:023－65503245

**重庆盘新科技发展有限公司**
地址:重庆市歌乐山镇山洞村草房湾社
负责人:王建红
Tel:023－65532417

**重庆市万州区益利运输有限公司**
业务:重庆市万州区益利运输有限公司成立于2002年,现有员工200余人,专业从事货物装卸、货物运输、汽车维修的服务。欢迎来电垂询。
地址:重庆市万州区观音岩川东盐厂内包装车间旁
邮　编:404001
法　人:冉启元
Tel:023－58963237
Fax:023－58249368

**重庆合贵机械制造有限公司**
地址:重庆市歌乐山镇山洞村双河桥社
负责人:蒋文端
Tel:023－65533121

**重庆市佳博物流有限公司**
业务:承接水路、陆路货物运输,码头仓储、中转业务
地址:重庆市涪陵区人民西路合智大厦15楼
负责人:郎宁　邮　编:408000
法　人:郎宁
Tel:13594562556
023－85693777
Fax:023－72256066
E-mail:http://www.51zzt.com/user/zzt33217

**重庆全祥运输贸易有限公司**
地址:重庆市古南镇后山坡84－3号
负责人:马丽
Tel:023－62947477

**永发机车销售部**
业务:永发机车销售部成立于2003年,从事豪爵摩托车、豪爵铃木摩托车及配件销售。热忱欢迎新老客户光临、惠顾!
地址:重庆市巫溪县城厢镇环城路139号
邮　编:405800
法　人:高永
Tel:023－51515665
Fax:023－51536888

**重庆海豪运输有限公司**
地址:重庆市古南镇黄湾12号
负责人:李泞洁
Tel:023－62968061

**重庆市垫江县威万利摩托车销售有限责任公司**
地址:重庆市桂溪镇桂东大道恒昌综合楼
负责人:石早权
Tel:023－74523115

**重庆市天子旧车交易信息部**
业务:二手车经营
地址:重庆市观音园怡风花园
负责人:彭才富　邮　编:404000
法　人:彭才富
Tel:13896338885

**重庆鹏亚运输贸易有限公司垫江分公司**
地址:重庆市桂溪镇渝巫路北段西侧
负责人:唐浩
Tel:023－74668321

**彭水县圆润翻坝运输有限公司**
地址:重庆市汉葭镇绸缎街
负责人:何良
Tel:023－78493180

**重庆市巴南区宜凯机械制造厂**
地址:重庆市花溪镇花溪村七社
负责人:古晓玲
Tel:023－62590539

**重庆市巴南区宗燕汽车美容服务部**
地址:重庆市花溪镇民主村炒油场
负责人:曾令全
Tel:023－62581369

**重庆渝强实业(集团)有限公司汽车修理厂**
地址:重庆市花溪镇其龙村十社
负责人:伍树峰
Tel:023－62866998

**重庆裕恩运输有限公司**
业务:运输
地址:重庆市合川区南办处梨园路213号
负责人:黄鸿　邮　编:400000
邮　编:黄鸿
Tel:13594621456
023－42722789
网址:http://www.51zzt.com/user/zzt30477

**重庆市环路工贸有限公司**
地址:重庆市花溪镇先锋村7组
负责人:李庆平
Tel:023－62576866

**重庆龙帆铁路货运代理有限公司**
地址:重庆市黄桷坪铁路二村228号
负责人:江沙
Tel:023－61640953

**重庆助强物流有限公司**
业务:全国各地整车、零担普货汽运;重庆－山西专线
地址:重庆市九龙坡区石桥铺南华街554号
负责人:林芋宏　邮　编:400039
法　人:林芋宏
Tel:13983650130
023－86196498
Fax:023－68623119
网址:www.cqzqwl.cn
E-mail:496334617@qq.com

**重庆金鼎货运有限公司**
地址:重庆市黄桷坪铁路四村28号A栋
负责人:陈梅
Tel:023－68891873

**重庆市亚洪实业有限公司**
地址:重庆市回兴街道兴科三路海德山庄
负责人:刘洪
Tel:023－67452862

**重庆市源宇货运有限公司**
地址:重庆市建新北路51号(洋河停车场内)
负责人:谢安元
Tel:023－67520736

**中国国际货运航空有限公司重庆货运部**
地址:重庆市建新北路80号
负责人:刘昌华
Tel:023－67855810

**重庆渝浙金属涂装有限公司**
地址:重庆市建新西路28号后右138幢
负责人:岑世根
Tel:023－67861762

**重庆杰盛实业有限公司**
地址:重庆市九龙园区华岩三社
负责人:唐仁江
Tel:023－68637669

**重庆市九龙坡区红升摩托车配件厂**
地址:重庆市九龙园区七社78号
负责人:王儒全
Tel:023－68858598

**重庆杰程汽车经纪有限公司**
业务:1.出售国产及进口高中低档二手车(包括新车)2.现金收购各类二手车 3.新旧车置换 4.汽车代买寄卖 5.专业汽车评估 6.汽车信贷 7.代理各大财产保险公司(如:中华、人保、平安、太平洋、利保、安诚、阳光等)车险 8.代理二手车分期付款,按揭购车手续 9.快速代办机动车过户、转籍、提档、入户、年审等手续 10.旧车经纪,中介服务,免费登记,查阅、咨询二手车买卖信息
地址:重庆市南坪南路153号山河汽配城负1楼6号
负责人:陈经理　邮　编:400060
Tel:023－62603303
62826115
13908315679
Fax:023－62826115
网址:www.cqjc888.com
E-mail:jieCheng@cqjc888.com

**重庆博庆贸易有限公司**
地址:重庆市九龙园区双龙小区10栋2单元2层二号
负责人:欧明华
Tel:023－62581285

**重庆市九龙坡区立地汽车修理厂**
地址:重庆市九龙园区桃花溪桥头旁
负责人:幸玉琴
Tel:023－68822816

**重庆瑞福机械有限责任公司**
地址:重庆市九龙镇杨坪村十三组
负责人:张利军
Tel:023－68674632

**重庆百年恒华实业集团港宏汽车服务有限公司南坪分公司**
地址:重庆市旧车交易市场东7－9号开间
负责人:徐虹
Tel:023－62923456

**万家三星货运部**
业务:市内货物运输
地址:重庆市綦江县开发区核桃湾3－4号
负责人:吴文建　邮　编:404000
法　人:吴文建
Tel:023－48618056

**重庆市高新技术产业开发区申旺摩托车配件经营部**
地址:重庆市老顶坡摩配市场C9－9
负责人:杨明光
Tel:023－89802856

**重庆市高新技术产业开发区珂亚汽车维修设备经销部**
地址:重庆市老顶坡汽摩市场C4－14号
负责人:李奎
Tel:023－89802343

**重庆市高新技术产业开发区车阿宝汽车行**
地址:重庆市老顶坡汽摩综合市场1－2－3号
负责人:刘琳
Tel:023－89063261

**重庆赛康汽车经纪服务有限公司**
业务:汽车维修保养、美容、代办汽车保险、车辆年审、驾照年审、二手车收售、机械加工等
地址:重庆市沙坪区凤鸣山8号
负责人:何书香　邮　编:400037
法　人:何书香
Tel:023－65204151
13808380269
Fax:023－65215660

**重庆市高新技术产业开发区名纯汽车配件经营部**
地址:重庆市老顶坡汽摩综合市场14－1－1、

2 号
负责人:段锋生
Tel:023－89063716

**重庆市高新技术产业开发区瑞鹏汽车配件经营部**
地址:重庆市老顶坡汽摩综合市场 15－1－2
负责人:张维勇
Tel:023－89063737

**重庆市高新技术产业开发区国成汽车配件经营部**
地址:重庆市老顶坡汽摩综合市场 3－1－3 号
负责人:唐渝琼
Tel:023－66830170

**重庆市高新技术产业开发区健明汽车配件经营部**
地址:重庆市老顶坡汽摩综合市场 5－1－21、23 号
负责人:彭健黎
Tel:023－89064178

**重庆市高新技术产业开发区日铃汽车配件经营部**
地址:重庆市老顶坡汽摩综合市场 9－1－12 号
负责人:江中明
Tel:023－89064108

**重庆嘉洲汽车驾驶培训有限责任公司**
业务:汽车驾驶培训服务
地址:重庆市渝北区龙溪镇龙华大道城市经典 5 幢 1809 号 5 楼 12 号
负责人:胡嘉陵　邮　编:400000
法　人:胡嘉陵
Tel:18983356366
023－67643554
61823912

**石柱土家族自治县创速物流有限责任公司**
业务:重庆市内普货运输
地址:重庆市石柱土家族自治县临宾大道 48 号
负责人:谭海　邮　编:409100
法　人:谭军
Tel:18996904777

**重庆市高新技术产业开发区宝林汽车配件经营部**
地址:重庆市老顶坡汽摩综合市场 9－1－22 号
负责人:华林生
Tel:023－89063249

**重庆市高新技术产业开发区富饶汽车检测设备经营部**
地址:重庆市老顶坡汽摩综合市场 A 区 12－7.8.9 号 B 区 6－1.20.21 号
负责人:唐胜
Tel:023－66815216

**重庆展越贸易发展有限公司**
地址:重庆市老顶坡汽摩综合市场 A 区 14－11、12 号
负责人:张雪
Tel:023－89063743

**重庆市高新技术产业开发区高盛摩托车经营部**
地址:重庆市老顶坡汽摩综合市场 C1－6、35 号
负责人:胡慧玉
Tel:023－89802311

**重庆市高新技术产业开发区银强摩托车销售部**
地址:重庆市老顶坡汽摩综合市场 C7－28 号
负责人:邓功玉
Tel:023－89802821

**重庆市高新技术产业开发区腾盛摩托车配件经营部**
地址:重庆市老顶坡汽摩综合市场 C8－5 号
负责人:腾建
Tel:023－89802889

**重庆市固耐机械厂**
业务:汽摩铸件:主产汽车轮毂、刹车毂
产品:汽车轮毂、刹车毂等汽车底盘件的生产、销售及来料加工
地址:重庆市万州区高梁镇高梁路 107 号 3－1 室
负责人:黄建平　邮　编:404000
法　人:黄建平
Tel:023－58303385
Fax:023－58303385

**中国嘉陵工业股份有限公司(集团)劳动服务公司摩托车配件经营部**
地址:重庆市老顶坡汽摩综合市场 C 区 12－15、16
负责人:刘建勇
Tel:023－65193660

**重庆小系机车零部件制造有限公司**
地址:重庆市鲤鱼池 A 线 59 号
负责人:朱建华
Tel:023－67725584

**重庆万友汽车销售服务公司**
地址:重庆市鲤鱼池二村 4 号
负责人:白维生
Tel:023－67863253

**重庆军强汽车销售服务有限公司**
地址:重庆市鲤鱼池中环大厦 1－1 号
负责人:陈强
Tel:023－67856609

**重庆市昌俊机械厂**
地址:重庆市龙水镇五金新村 190＃
负责人:敖昌其
Tel:023－43628330

**重庆市渝北区川力货运代理有限公司**
地址:重庆市龙溪红金路 53 号
负责人:冯雲
Tel:023－67523586

**重庆市联城货运部**
业务:本部主营成都至重庆专线,整车零担,同时承接全国各地货运业务,秉承诚信为本、快捷周到、保险承运、服务一流的服务宗旨,真诚期待与您合作!
产品:家具运输
地址:重庆市渝北区人和镇保时通物流中心
负责人:林隆杰　邮　编:404000
法　人:林隆杰
Tel:023－67692939
13883807482
Fax:023－67692939

**重庆市渝北区海川汽车修理厂**
地址:重庆市龙溪黄泥磅(原重庆市龙溪乡镇企业片区)
负责人:刘科
Tel:023－67082157

**重庆嘉峰活力运输有限公司**
地址:重庆市龙溪街道红金路 34 号附 22 号
负责人:陈道童
Tel:023－67660888

**重庆市远杰轮胎有限公司**
地址:重庆市龙溪街道红石路 165 号
负责人:曾令远
Tel:023－67609661

**重庆市润祥汽车零部件有限公司**
业务:汽车零部件的生产和销售
产品:汽车零部件
地址:重庆市渝北区双凤桥街道沙坪村 25 组
负责人:杨林川　邮　编:400000
法　人:杨林川
Tel:023－67161216

**北京万利宏祥物流有限公司重庆分公司**
地址:重庆市龙溪街道金龙路 600 号
负责人:张本莉
Tel:023－67539237

**重庆双远物流有限公司**
地址:重庆市龙溪金岛商务楼大厦 A 座 9－2
负责人:胡星卫
Tel:023－67919916

**重庆海泰运输有限公司**
地址:重庆市龙溪龙华大道 1886 号
负责人:杨永秀
Tel:023－66828763

**重庆汇吉汽车服务有限公司**
地址:重庆市龙溪松石北路 3 号附 3 号
负责人:雷东明
Tel:023－67600911

**重庆都成万禾汽车服务有限公司渝北店**
地址:重庆市龙溪新牌坊
负责人:雷雪峰
Tel:023－67637388

**重庆全城公路货运信息中心**
地址:重庆市龙溪镇红石路 106 号
负责人:雒金萍
Tel:023－66738080

**重庆市渝北区渝快货运服务部**
地址:重庆市龙溪镇花卉西一路 16 号 3－8－1
负责人:黄代刚
Tel:023－67084832

**重庆中诚快递有限公司**
地址:重庆市龙溪镇兴隆街 34 号
负责人:唐明亮
Tel:023－67539511

**天津泛艺国际货运代理服务有限公司重庆分公司**
地址:重庆市南坪北路 5 号西南大酒店 2005 室
负责人:刘晓辉
Tel:023－62818888－2005

**重庆市南岸区铁东货运部**
地址:重庆市南坪东路 18 号
负责人:施石美
Tel:023－62839983

**重庆车之家轿车服务中心**
地址:重庆市南坪经开区白鹤路春风绿苑负一层 16 号门面
负责人:周德荣
Tel:023－62758376

**重庆云河汽车销售有限公司**
地址:重庆市南坪南路 18 号 2 栋 3－15
负责人:郭寿甫
Tel:023－62902333

**重庆雅博尔实业有限责任公司**
地址:重庆市南坪南路 23 号
负责人:王桂珍
Tel:023－62823699

**重庆市南岸区渝翔汽车配件经营部**
地址:重庆市南坪南路 23 号渝能汽配城 1－101 号
负责人:余朝莉
Tel:023－62830582

**重庆互邦正信汽车销售服务有限公司**
地址:重庆市南坪南路东侧
负责人:曾凡跃
Tel:023－63660019

**重庆经济技术开发区迪锁机械厂**
地址:重庆市南坪双峰山 1 号内附 1 号
负责人:苏泽明
Tel:023－62602367

**重庆市南岸区佳田汽车配件经营部**
地址:重庆市南坪渝能汽配城 1－51 号
负责人:石文利
Tel:023－62819518

**重庆安福汽车营销有限公司南坪分公司**
地址:重庆市南坪镇南湖路 19 号
负责人:种明明
Tel:023－62819319

**重庆鹏亚运输贸易有限公司铜梁分公司**
地址:重庆市铜梁县巴川镇环路南段 130 号
负责人:刘诗光
Tel:023－45632755

**重庆市万州区杨峰摩托车销售有限公司**
地址:重庆市万州区白岩路 546 号
负责人:杨峰
Tel:023－58292678

**重庆阔达商贸有限公司**
地址:重庆市万州区白岩路 583 号
负责人:李兴明
Tel:023－64890778

**重庆市万州区先亮汽车尾气治理站**
地址:重庆市万州区白岩路 617 号
负责人:谭启明
Tel:023－64891339

**重庆云阳县南鸿汽车销售有限公司**
业务:销售汽车
地址:重庆市云阳县双江街道大雁路 562 号
负责人:邓付全　邮　编:400000
邮　编:邓付全
Tel:13370704331
023－55811823

**重庆昶旭汽车运输有限公司**
业务:重庆昶旭汽车运输有限公司成立于 2006 年,从事汽车挂靠业务、全国物流业务,愿与各界朋友合作,共创美好佳绩!
地址:重庆市渝北区凌空大道 173 号 6F 幢 1－8
负责人:靳万华　邮　编:401120
法　人:靳万华
Tel:023－67839977

**重庆市鹏吉汽车销售有限公司**
地址:重庆市重庆市南坪机动车交易市场北二楼 66 号
负责人:王学凯
Tel:023－62818982

## 河北省/Hebei Province

### 邱县皓天自行车配件有限公司
业务：生产与销售自行车配件
产品：自行车配件
地址：河北省邯郸市邱县古城营村南
负责人：李凤刚　邮　编：57450
法　人：李凤刚
Tel：13785089333
0310－8228658

### 邯郸市峰峰鸿利运输有限公司
业务：汽车运输服务
地址：河北省邯郸市峰峰矿区峰峰镇街儿庄村西50米
负责人：马亮章　邮　编：056000
邮　编：马亮章
Tel：0310－5159711
13513106168

**吉奥汽车配件加工厂**
地址：河北省保定市徐水县高林村镇高林村
负责人：户国庆
Tel：0312－8552150
13931211603

### 安平县冠宇金属丝网厂
业务：生产、销售护栏网、钢筋网、电焊网
地址：河北省安平县南张沃村北
负责人：张跃强　邮　编：053600
邮　编：张跃强
Tel：13785821969
13333081981
0318－7817162

### 献县永鹏桥涵工程有限公司
业务：献县永鹏桥涵工程有限公司专业从事桥涵工程、土石方工程、道路修建等，设施齐全，质量保证，欢迎新老客户前来咨询，洽谈业务！
地址：河北省沧州市献县商庄镇李尚庄
负责人：李照永　邮　编：061000
法　人：0317－4686068

### 邯郸市东北安平货运中心
业务：专线：东北三省整车及零担货物运输
地址：河北省邯郸市邯郸县北环路金马加油站对面
负责人：周安平　邮　编：056000
法　人：周安平
Tel：0310－7122201
Fax：0310－7122801

### 博信电器厂
业务：专业生产电动车系列控制器、转换器、转把、充电机
产品：河北省廊坊市大城县大尚屯后街开发区
负责人：吕九生　邮　编：065900
法　人：吕九生
Tel：0316－5830130
13603166578
Fax：0316－5830130

**肃宁县大庆摩托车销售中心**
地址：河北省沧州市肃宁县靖宁北街15号
负责人：金大庆
Tel：0317－5010888
13903173576

### 高碑店市高碑店中通快递服务部
业务：包裹速递服务
产品：文件，包裹，货物的快递运输服务
地址：河北省保定市高碑店市东盛办事处温屯村服装街004号
负责人：李华锋　邮　编：074000
法　人：李文燕
Tel：0312－2913618
Fax：0312－6396137

**奥盾电动自行车有限责任公司**
地址：河北省邯郸市金滩镇金中村
负责人：王明顺
Tel：0310－6456018
13131059238

### 大城县阜草胜达电动三轮车配件批发部
业务：电动车、电动三轮车配件
地址：河北省廊坊市大城县阜草模配市场
负责人：郎法通　邮　编：131025
邮　编：郎法通
Tel：13803225026
0316－5807346

**三红汽车配件厂**
地址：河北省河间市米各庄镇
负责人：王建秋
Tel：0317－3804160
13931754986

### 青龙满族自治县青龙镇金达汽车托运服务部
业务：汽车维修、托运
地址：河北省秦皇岛市青龙满族自治县青龙镇前庄村
负责人：王志伶　邮　编：066500
法　人：王志伶
Tel：13933563556
0335－7873322

### 唐山市丰南区懋源汽车维修有限公司
业务：广西玉柴发动机配件销售及售后服务
产品：河北省唐山市丰南区稻地镇龙凤木材市场
负责人：李振武　邮　编：063000
Tel：13933953383
0315－5092266
Fax：0315－5092266

### 恒大汽车俱乐部修理厂
业务：汽车修理、汽车美容、汽车清洁等服务
地址：河北省唐山市古冶区永胜路
负责人：张建舟　邮　编：063100
法　人：罗良臣
Tel：0315－3512216
13473558198

### 唐山市开平区港铁铁路服务站
业务：铁路运输、公路运输
地址：河北省唐山市开平火车站
负责人：刘征　邮　编：063000
法　人：刘征
Tel：13613333999
0315－7722128

### 保定白沟大江汽配启发商行（石栏大灯、灯光器、石栏氙气大灯地区总代理）
业务：经营各种名牌启动机，发电机
地址：河北省保定市雄县世纪城北五72号
负责人：张四普　邮　编：071000
Tel：0312－5827058
15531239286
15130256096

**衡水东盛汽车贸易有限公司安平分公司**
地址：河北省衡水市安平县中心路南头
负责人：左洪江
Tel：13931800396

### 唐山市路南安兴达运输站
业务：主要承接唐山至广州往返大小货物运输
地址：河北省唐山市路南区吉祥路23号（陶瓷城北门东行800米）
负责人：王琨　邮　编：063000
法　人：王淑秋
Tel：0315－2963515
2272422
Fax：0315－2961537
E-mail：tsaxd@126.com

### 富升绞车配件经销部
业务：绞车及配件销售、维修
地址：河北省邢台市景河小区11号楼9号
负责人：杨涛　邮　编：054000
法　人：杨涛
Tel：0319－3212342

### 河北小平乡县华丰三轮车配件厂
业务：自行车、三轮车、电动车的轮盘
地址：河北省邢台市平乡县中位工业区
负责人：王贵锋　邮　编：054000
邮　编：王玉祥
Tel：0319－7910507
Fax：0319－7910909
网址：www.lunpanchang.com
E-mail：huafeng@lunpanchang.com

### 邢台市桥东八方运通物流有限公司
业务：货物运输服务
产品：邢台－临沂为主
地址：河北省邢台市桥东区豫让桥豫西街14号
负责人：马池峰　邮　编：054000
法　人：马池峰
Tel：13831964033
0319－5215656

**文安县福强汽车内饰材料厂**
地址：河北省廊坊市文安县史各庄镇口上村
负责人：王秀凤
Tel：0316－5322352
5321781

### 河北利茂达汽车配件有限公司
业务：橡胶制品，五金制品，塑料制品，滤芯
地址：河北省邢台市清河县三羊西街88号
负责人：王茂军　邮　编：054800
法　人：王茂军
Tel：0319－8286100
Fax：0319－8285599
E-mail：qinghehb@126.com

### 任县日久密封件厂
业务：生产三轮车倒档器、后桥、油封
地址：河北省邢台市任县天口乡北定村
负责人：王立辉　邮　编：055151
法　人：王立辉
Tel：13930991778
0319－7593584

### 沙河市第一货运联合大队
业务：货物运输，汽车销售
地址：河北省邢台市沙河市桥西
负责人：刘维新　邮　编：054100
法　人：刘维新
Tel：0319－8829259
8826669
Fax：0319－8829259

### 邢台亚东车辆附件有限公司
业务：生产和销售有机塑料汽车配件
产品：有机塑料汽车配件
地址：河北省邢台市威县常庄乡田村
负责人：田立勇　邮　编：054704
法　人：田立勇
Tel：0319－6396988
13931955498

### 怀安县柴沟堡镇建东修理部
业务：汽车修理、电焊
地址：河北省张家口市怀安县柴沟堡镇三道台村40号
负责人：武建东　邮　编：076150
法　人：武建东
Tel：15832312058

### 河北省张家口市跃东电动车行
业务：车行集电动车销售、配件、维修、售后服务于一体，专营电动车及配件的批发兼零售。产品美观实用、性价比好，售后服务到现场，受到广大用户的好评！
产品：北宋澳娃电动车，及翔能电池
地址：河北省张家口市桥西区明德北街371号15－3室
负责人：刘宪东　邮　编：075000
法　人：刘宪东
Tel：0313－8032788
13803134743

### 万全县北沙城井琦摩托销售部
业务：摩托车，电动车等销售及售后服务
地址：河北省张家口市万全县北沙城乡北沙城村
负责人：郭永兵　邮　编：076271
法　人：郭永兵
Tel：15932333432
0313－4838186

### 徐水县嘉信运输有限公司
业务：大件运输
地址：河北省保定市徐水县北上关村
负责人：王春启　邮　编：072550
法　人：王春启
Tel：13582062222
0312－8693322
Fax：0312－5851522
网址：http://www.51zzt.com/user/zzt33586

### 河间市永翔汽车装饰部
业务：主要批发零售车内装饰用品
地址：河北省沧州市河间市园丁小区2号商住楼
负责人：贾永翔　邮　编：062450
法　人：贾永翔
Tel：15133756600
0317－3187022

**秦皇岛市新发石油运输有限公司**
地址：河北省秦皇岛市秦皇岛开发区望店村
负责人：曹志新
Tel：0335－6077999
13582458999

### 阳原县鑫发煤炭运销有限公司
业务：阳原县鑫发煤炭运销有限公司成立于2005年，主要经营煤炭的运销，热诚欢迎新老客户来电咨询，洽谈业务。
地址：河北省张家口市阳原县西城镇
负责人：侯卫军　邮　编：075800
法　人：侯卫军
Mobile：13784555555

### 河北银翔群豪三轮摩托车有限公司
业务：销售三轮摩托车
产品：三轮摩托车
地址：河北省藁城市廉州镇彭家庄村
负责人：彭东秀　邮　编：050011
法　人：彭东秀
Tel：0311－88139969
Fax：0311－8139199
8107028
网址：http://www.hebxf.com.cn
E-mail：hebxf66@soho.com

### 保定天骏挂车制造有限公司
业务：天俊牌汽车挂车制造销售（各型号齐全）
地址：河北省保定市徐水县漕河镇
负责人：王善发　邮　编：071000
法　人：王善发
Tel：13032056799
0312－8508919

**石家庄泰华汽车配件制造有限公司**
地址：河北省石家庄市栾城县豆于镇（豆于工业区）
负责人：杨德安
Tel：0311－85469010
13833102908

### 鹏飞小刀电动车专卖店
业务：小刀电动车销售
地址：河北省张家口市张北县张北镇龙腾小区底商
负责人：李建军　邮　编：076466
法　人：李建军
Tel：13934121880
15831395597

### 张家口市宣化腾发吊装运输有限公司
业务：吊车、吊装运输，设备租赁
产品：吊车、吊装运输，设备租赁
地址：河北省张家口宣化区东货场对面1幢5号底商
负责人：张宏　邮　编：075100
法　人：张宏
Tel：13389961858

### 涿州市呈龙汽车脚垫厂
业务：专业生产汽车脚垫
地址：河北省涿州市林屯乡坡合屯村
负责人：杨玉水　邮　编：072761
法　人：杨玉水
Tel：0312－3957167
13693577476

### 遵化市鑫维电梯安装有限公司
业务：电梯的安装维修
地址：河北省遵化市文宝大街南侧贸易城内
负责人：张设友　邮　编：064200
法　人：张设友
Tel：13473892111
0315－6657208
Fax：0315－6666266

### 涿州市金硕物流有限公司
业务：提供普货运输服务
地址：河北省保定市涿州市冠云东路南（东河村段）
负责人：高红　邮　编：071000
Tel：0312－3850658
13833250767
E-mail：983831951@qq.com

### 安平县现代物流有限责任公司
业务：安平县现代物流有限责任公司位于安平县国际丝网产业基地，占地100亩，建筑面积2.6万平方米。建有办公、仓储、场地、运输等必须的基础设施及金融、保险等服务机构和《现代物流信息网》、网络信息平台。现有运输车辆460部，货物可直达全国各大中城市，2006年元月已开始运行，不仅为本县丝网企业和商户提供全方位的物流配送服务，还吸引了周边20多个市县的工农业产品向安平汇集，现在日均发往全国各地的丝网及其它产品达1800吨。
地址：河北省衡水市安平县丝网产业基地
邮　编：053600
法　人：高继增

…………Tel:0318－7568686
…………Fax:0318－7568658
…………网址:www.apxd.chinapyp.com

**唐山世通汽车租赁有限公司**
地址:河北省唐山市路北区卫国路14－16号
…………负责人:任义伟
…………Tel:0315－2252121
3969077

**廊坊市冀东通华汽车销售有限公司**
业务:我公司成立于2005年,代理销售"富田"牌汽车,我公司坚持以诚为本、以诚为信的宗旨为广大客户服务。
地址:河北省廊坊市安次区南外环路水泥厂东侧
…………负责人:果显仪……邮　编:065000
…………Tel:0316－2668659

**泊头市广源汽车电器音响空调批发中心**
业务:汽车电器音响空调批发中心
地址:河北省泊头市道东街
…………负责人:张立焕　邮　编:062150
…………法　人:张立焕
…………Tel:0317－8229722

**唐山市富通物流有限公司**
业务:本公司成立于2003年,主要从仓储物流、货物运输。公司坚持以诚信为本,本着诚信为人,在物流行业与客户精诚合作!
地址:河北省唐山市龙泽路34号后门长虹道
…………负责人:孙富民……邮　编:063000
…………法　人:孙富民
…………Tel:0315－2956886
2052180
2043152

**泊头市超达机械制造有限公司**
业务:冷轧型材机、各种冲压机及冷轧型材、汽车配件
地址:河北省泊头市富镇姜屯
…………负责人:耿文红　邮　编:062157
…………法　人:耿文红
…………Tel:13703170151
0317－8341777

**远洋冷藏汽车运输有限公司**
地址:河北省刑台市隆光县田村
…………负责人:田中林
…………Tel:0319－6628318
13603191086

**遵化市福宏汽车修理厂**
业务:遵化市福宏汽车修理厂成立于2004年,主要从事汽车销售及维修。公司遵循"技术服务为根本,产品质量为核心"的质量方针,竭诚欢迎您的光临、指导!
地址:河北省遵化市新店子镇
…………负责人:袁福红……邮　编:064200
…………法　人:袁福红
…………Tel:0315－6014888

**临西县通达汽车出租有限公司**
地址:河北省邢台市临西县县城运河路
…………负责人:李跃兴
…………Tel:13906352580

**泊头市富镇汇逺地板经销门市部**
业务:汽车装潢用地板
地址:河北省沧州市泊头市富镇
…………负责人:李洪刚　邮　编:062157
…………法　人:李洪刚
…………Tel:0317－8346293

**沧县华信五金冲压件厂**
业务:专业生产滤清器铁壳半成品及附加配件,承揽各种冲压件的加工业务,我厂将以优质的产品,低廉的价格,竭诚为您服务。
产品:滤清器铁壳半成品
地址:河北省沧州市沧县大褚村乡牛洼东村
…………负责人:牛永峰　邮　编:061000
…………法　人:牛永峰
…………Tel:0317－4966500
4967380
13833747816

**邢台市群辉货物配载服务有限公司**
业务:邢台市群辉货物配载服务有限公司成立于2003年,从事货物配载、全国物流,欢迎来电洽谈业务!
地址:河北省邢台市桥东区新兴东大街668号
…………负责人:孟辉……邮　编:054000
…………法　人:孟辉
…………Tel:0319－7018892

**沧州市运河区百顺汽车维修商行**
业务:汽车灯光升级、动力升级、保养升级服务
地址:河北省沧州市浮阳南大道与黄河路交叉口南行1000米路东(广厦都市阳光小区门口
…………负责人:贾宁　邮　编:061001
…………法　人:贾宁
…………Tel:13323078066
0317－8697666
…………Fax:0317－2123568
…………E-mail:www.bis100.com

**武安市万里行运输有限公司**
业务:武安市万里行运输有限公司始建于2006年,专业从事普通货物运输、装卸、搬运等业务,欢迎广大新老客户来电咨询、洽谈业务。
地址:河北省邯郸市武安市磁山镇刘庄村
…………负责人:武志锋……邮　编:056300
…………法　人:武志锋
…………Tel:0310－5810999

**锦胜车业配件有限公司**

本公司成立于2009年,主要生产加工及销售摩托车车轴、各种标准件的螺丝。将秉承"从客户的角度出发,想客户所想,以诚信为本,为客户提供最好的服务"的宗旨。

联系人:张景乐
电话:13643289345、0317-4367878　传真:0317-4367878
地址:河北省沧州市青县西10公里路北　邮编:062650

**廊坊市天驰汽车贸易有限公司汽车修理厂**

廊坊市天驰汽车贸易有限公司汽车修理厂是廊坊市天驰汽车贸易有限公司的分支机构,创办于2008年,主要从事二类机动车维修(大中型客车维修、大中型货车维修、小型车辆维修)业务。

公司具有严格、完整的人性化管理制度,办公设施齐全,财务制度健全;以用户的需求为第一,公司以诚信敬业、务实创新、以人为本、服务社会的服务宗旨争取更大的经济收益及社会效益。

联系人:宁海明
电话:0316-2895080　2895088　传真:0316-2895097
地址:河北省廊坊市广阳区南尖塔镇南甸村　邮编:065000

**清河县冠博环保滤材门市部**

本公司成立于2008年。
主要销售空调滤清器系材。
我们的服务宗旨是诚信利源,我们将以优质产品来回馈您的支持,以更大的利益空间来回馈您的信赖!

联系人:任召强
13930917827　电话:0319-8189997　8187779
地址:河北省邢台市清河县三力路西侧　邮编:054800

**安平县现代物流有限责任公司**

安平县现代物流有限责任公司成立于2006年,不仅为本县丝网企业和商户提供全方位的物流配送服务,日均发往全国各地的丝网及其它产品达4000吨。该公司被中国物流与采购联合会评为"2A级综合服务型物流企业"。选择安平就是选择了平安、选择了快捷!

联系人:赵世威
电话:0318-7568686　13831853825　传真:0318-7568658
网址:www.apxdwl.com　电子邮件:anpingwuliu@163.com
地址:河北省衡水市安平县丝网产业基地　邮编:053600

**张家口市卫国汽车维修有限公司**

张家口市卫国汽车维修有限公司成立于1999年。
主要从事汽车维修。
欢迎您的光临,我们将竭诚为您服务!

联系人:范中东　13831385200
电话/传真:0313-2112255
地址:河北省张家口市桥东区东山路10号
邮编:075000

**霸州市广基伟业五金制品有限公司**

霸州市广基伟业五金制品有限公司成立于2007年,本公司专业从事生产、销售汽车配件、汽车法兰。

本公司秉承"顾客至上,锐意进取"的经营理念,坚持"客户第一"的原则为广大客户提供优质的服务。欢迎惠顾!

联系人:蒋小军
电话:0316-7379270　传真:0316-7376985
地址:河北省霸州市东杨庄乡东杨庄开发区　邮编:065700

## 山西省/Shanxi Province

**长治市城区富辉运输车队**
地址:山西省长治市城区长城宾馆
…………负责人:薛建红
…………Tel:13935516896

**长治县慧林货物配送部**
业务:郑州一长治县零担配送
地址:山西省长治市长治县城新建路
…………负责人:王慧林　邮　编:046000
…………法　人:王慧林
…………Tel:0355－8080508
…………Fax:0355－8080508

**长治市江铃全顺汽车销售有限公司**
业务:长治市江铃全顺汽车销售有限公司成立于2001年,专业代理销售"江铃"牌汽车及售后服务。我公司的经营宗旨是:"以人为本,信誉至上,让厂家放心,使顾客满意",竭诚欢迎各方客户惠顾。
地址:山西省长治市西一环路
…………邮　编:046000
…………法　人:靳良庆
…………Tel:0355－6032100
…………Fax:0355－6032100

**连福电动自行车经销部**
业务:经销比德文电动自行车、摩托车、水泵
地址:山西省长治市屯留县城白云街(党校对面)
…………负责人:姚连福　邮　编:046100
…………法　人:姚连福
…………Tel:13935519537
0355－7521067
…………Fax:0355－7521067

**长治市城区兄弟配送站**
地址：山西省长治市城区淮海 127 院 1 号楼 1 单元
负责人：原振斌
Tel：0355－3031520

**吊车叉车配件公司**
地址：山西省长治市府城西口
负责人：杨红五
Tel：0355－6063382
13935562269

**襄垣县立昌轿车轮胎行**
业务：经营轿车轮胎
地址：山西省长治市襄垣县城府前南路西 113 号
负责人：樊艳兵　邮　编：046200
法　人：樊艳兵
Tel：13133058657

**长治市旺达公司**
业务：长治市旺达公司成立于 1998 年，从事汽车销售、汽车维修、汽车运输服务等。欢迎光临、惠顾。
地址：山西省长治市西一环路 261 号
邮　编：046000
法　人：乔怀忠
Tel：0355－2087447
Fax：0355－2087447

**长治市惠圆通汽运有限公司**
地址：山西省长治市惠丰建筑公司院内
负责人：邢立柱
Tel：0355－2113192

**士庭汽车配件门市部**
地址：山西省长治市郊区西外环路(小庄村)
负责人：尹士廷
Tel：13593264836

**襄垣县学高汽修厂**
业务：汽车修理，汽修配件转手买卖
地址：山西省长治市襄垣县金鑫焦化厂往南 50 米
负责人：张学高　邮　编：046200
法　人：张学高
Tel：0355－7292201

**大连大起配件维修有限公司太原分公司**
业务：大连大起配件维修有限公司太原分公司成立于 2002 年，本公司专业生产机重机配件，产品销往全国各地，欢迎广大客户来电垂询！
地址：山西省太原市尖草坪区涧河路 142 号 4 栋 3 单元 54 号
邮　编：030003
法　人：刘宝玉
Tel：0351－3133180
Fax：0351－3133180

**天脊集团兴化运输有限公司苯胺分公司**
地址：山西省长治市潞城市天脊集团三千平
负责人：郝治强
Tel：0355－6890457

**豪骏货物接收站**
业务：货物运输，成都－－>大同，北京－－>大同，广州－－>大同，香河－－>大同，太原－－－>大同
地址：山西省大同市大庆路通用物资贸易市场 10 号
负责人：吴胜军　邮　编：037000
法　人：吴胜军
Tel：13994353190
Fax：0352－5133728

**长治市慧杰汽车销售有限公司**
地址：山西省长治市太行西街 249 号
负责人：张慧明
Tel：0355－3553598

**长治市泰舸汽贸汽配城有限公司**
地址：山西省长治市西一环路 8 号
负责人：张民
Tel：0355－6032226

**别克专卖店**
地址：山西省长治市襄垣县城内新建街电业局楼
负责人：刘国庆
Tel：0355－7229066
13935547555

**南郊区美车源汽车美容装饰部**
业务：汽车美容、汽车装饰
地址：山西省大同市南三环永昌家园小区东边 1 号楼 3 号门面
负责人：崔豹　邮　编：037000
法　人：崔豹
Tel：13593001843
0352－7658900
Fax：0352－7658900

**宏达汽车修理厂**
地址：山西省长治市襄垣县古韩路
负责人：李桐顺
Tel：13903550198

**晋中市永保汽修厂**
业务：晋中市永保汽修厂位于晋中市左权县城东河滩冷库对面，自公司成立十多年以来，从事汽车修理、汽车保养、汽车配件销售等，欢迎新老客户光临、惠顾。
地址：山西省晋中市左权县城东河滩冷库对面
邮　编：032600
法　人：王永明
Tel：0354－8630504
Fax：0354－8630504

**山西省大同市通用物资贸易市场奔泰轮胎销售中心**
业务：佳通轮胎、双星轮胎
地址：山西省大同市通用物资贸易市场 7 区 20 号(西河河)
负责人：高艳平　邮　编：037000
法　人：刘卫芳
Tel：13994319208
0352－7519161
5132863
Fax：0352－7519161
E-mail：dtbtgyp163. com

**左云县志强汽车运输队**
地址：山西省大同市大同县张家场乡旧高山村
负责人：徐志强
Tel：13994357889

**左云县夏家河宏远装卸队**
地址：山西省大同市大同县张家场乡夏家河村
负责人：马标
Tel：13096544769

**顺福微型汽配总汇**
地址：山西省大同市工农路 18 号
负责人：薛偕文
Tel：0352－5025040
13700522355

**民生汽配**
业务：汽车配件销售及维修，二手车交易
地址：山西省河津市打井队(津华药厂附近)
负责人：王民生　邮　编：043300
邮　编：王民生
Tel：0359－5188248
13994858248

**大同市矿区同兴仓储中心**
地址：山西省大同市铁路分局口泉站西水线
负责人：张若明
Tel：0352－4042842

**侯马市小五汽车修理厂**
业务：汽车修理
地址：山西省侯马市北环路桥南
负责人：赵全意　邮　编：043000
法　人：赵全意
Tel：13303578590
0357－3556118
4182858

**山西省长治市城区永兴大众汽配供应站**
业务：山西省长治市城区永兴大众汽配供应站是一家专业从事汽车配件的批发与零售。
地址：山西省长治市凯丰市场南 2 排 1 号
邮　编：046011
法　人：郭建永
Tel：0355－5831318
5831328
Mobile：13903456676
Fax：0355－5831456

**和顺县振华运输有限公司**
业务：运输
地址：山西省晋中市和顺县城滨河路北侧
负责人：赵千如　邮　编：030600
法　人：赵千如
Tel：13835450018

**榆次开发区鑫瑞汽配门市部**
地址：山西省工业设备安装公司三公司
负责人：候金墚
Tel：0354－2443938

**众强汽车配件有限责任公司**
地址：山西省绛县续鲁镇
负责人：陈春清
Tel：0359－6884576
13503592078

**和顺恒通运业有限责任公司**
地址：山西省晋中市和顺县义兴镇会里村
负责人：任森林
Tel：0354－8143094

**和顺县鑫凯汽车运输有限公司**
业务：国内普通货物运输
地址：山西省晋中市和顺县荷花路西口巷北三巷 19 号
负责人：李建义　邮　编：030600
法　人：李建义
Tel：0354－8147177

**山西省中阳县登亮焦碳贩运部**
业务：中阳县登亮焦碳贩运部成立于 2002 年，主要经营焦碳，货运物流，竭诚欢迎新老客户的愉快合作。
地址：山西省吕梁市中阳县金罗镇高家沟村
邮　编：033400
法　人：郝登亮
Tel：0358－5036277
网址：www. mtw29525，chinapyp. com

**山西省平遥县晓文摩托车销售有限公司**
地址：山西省晋中市平遥县顺城路影视厅一楼门面
负责人：侯峰俊
Tel：0354－5626322

**和顺县温港物流有限公司**
业务：道路普通货物运输
地址：山西省晋中市和顺县义兴镇后沟村
负责人：陈先党　邮　编：030600
法　人：陈先党
Tel：0354－8136633
Fax：0354－8136633
网址：http://www. 51zzt. com/user/zzt33632

**祁县晋海货运信息部**
地址：山西省晋中市祁县城北环东路
负责人：范双香
Tel：0354－5286427

**寿阳县晟馗运输有限公司**
地址：山西省晋中市寿阳县安定街(火车站)
负责人：于春生
Tel：0354－4623361

**灵石县北王中三保汽配门市部**
业务：汽车配件销售、空气滤芯、柴油滤芯、机油滤芯、润滑油
地址：山西省晋中市灵石县翠峰镇北王中村
负责人：祁玉根　邮　编：031300
法　人：祁玉根
Tel：15333448344
0354－7780458

**太原市万柏林区美达尔货运服务部**
业务：太原市万柏林区美达尔货运服务部主要从事煤炭的销售及运输。我们以"诚信为本、客户至上"的服务态度竭诚为您提供快捷、高效、安全的服务。
地址：山西省太原市万柏林区小井峪华峪路 3 号
负责人：李海龙　邮　编：30024
法　人：李海龙
Tel：0351－2866639

**太谷县立民汽配厂**
地址：山西省晋中市太谷县杨家庄村
负责人：靳建平
Tel：0354－6209306

**祁县新华运业信息部**
业务：货物运输
地址：山西省晋中市祁县东观镇东高堡村(大运路)
负责人：高风林　邮　编：030600
法　人：高风林
Tel：15903447999
0354－5320016

**榆次庆云运输户**
地址：山西省晋中市榆次区乌金山镇西沙沟村
负责人：刘庆云
Tel：0354－2514126

**五寨县金业商贸储运有限责任公司**
业务：金业商贸储运有限责任公司成立于 2006 年 4 月，主要以煤碳销售为主。欢迎新老客户光临惠顾！
地址：山西省忻州市五寨县三岔镇火车站
负责人：李金复　邮　编：036200
法　人：李金复
Tel：0350－4382203
Fax：0350－4382203
网址：mtw25414

**寿阳县志峰车队**
业务：货物运输
地址：山西省晋中市寿阳县西关
负责人：王志峰　邮　编：030600
法　人：王志峰
Tel：13593064050
0354－4703182

**晋中市金时轮旅游汽车有限公司**
地址：山西省晋中市榆次区迎宾路 88 号北海商城南楼 2 号
负责人：宋云龙
Tel：0354－8881989

**榆次亨达挂车有限公司**
地址：山西省晋中市榆太路 180 号
负责人：李素英
Tel：0354－2424888
13935483548

**永保汽修厂**
地址：山西省晋中市左权县城东河滩冷库东面
负责人：王永明
Tel：0354－8630504
13509746560

**大地托运有限公司**
地址：山西省临汾地区襄汾县南关桥镇
负责人：李斌
Tel：0357－3626414
13008025821

**浮山县城乡公共客运有限公司**
地址：山西省临汾市浮山县新风街 7 号
负责人：马森林
Tel：0357－8122926

**榆次鑫运达运输队**
业务：公路运输
地址：山西省晋中市榆次区乌金山镇小峪口村
负责人：寇海平　邮　编：030600
法　人：寇海平
Tel：13935403548
13935498489

**浮山县庆峰修理厂**
地址：山西省临汾市浮山县庄光机械厂院内
负责人：孙重庆
Tel：0357－8123929
13703575930

**晓波运业有限公司**
地址：山西省临汾市洪洞县堤村乡堤村
负责人：刘晓波
Tel：13303475333

**侯马经济技术开发区广通运输有限公司**
地址：山西省临汾市侯马开发区文锦园 7 幢 1－3－2 号
负责人：范建
Tel：13934078510

**侯马市众和汽车修理厂**
地址：山西省临汾市侯马市紫金山北路
负责人：王洪淇
Tel：0357－4280585

**洪洞县赵城晋江汽修厂**
业务：汽修修理、汽车美容
地址：山西省临汾市洪洞县赵城镇赵克路
负责人：张兆春　邮　编：041000
法　人：张兆春
Tel：13835767076
0357－6565796

**霍州市正大汽车服务有限公司**
地址：山西省临汾市霍州市滨河北路(霍候一级路入口处)
负责人：郭正子
Tel：0357－5623278

**临汾市同达盛汽车销售有限公司**
地址：山西省临汾市秦蜀路南段
负责人：牛赵忠
Tel：0357－2512777

**蒲县蒲城立马电动车专卖店**
业务：立马电动车及售后服务
地址：山西省临汾市蒲县西关劳动局西 100 米
负责人：陶天余　邮　编：041200
法　人：陶天余
Tel：13734120279
13754977446

**瑞利汽修有限公司**
地址：山西省临汾市区解放东路 71 号
负责人：逄亚涛
Tel：0357－3015200
13503578086

**曲沃县神州通货运部**
地址：山西省临汾市曲沃县城西小学往西 500 米
负责人：陈长安
Tel：0357－4551501

**翼城县绿源电动车经销店**
业务：电动车销售
地址：山西省临汾市翼城县解放路三完小正对面
负责人：黄永岗　邮　编：041000
法　人：黄永岗
Tel：0357－4932860

**曲沃县高显火车站装卸队**
地址：山西省临汾市曲沃县高显火车站
负责人：李小官
Tel：0357－4529888
13903471288

**柳林县迅达物流有限公司**
业务：物流，运输
地址：山西省吕梁市柳林县柳林镇毛家庄村
负责人：刘小明　邮　编：033000
邮　编：刘小明
Tel：13934017999
0358－4016999

**临汾市尧都区林昌汽车销售有限公司**
地址：山西省临汾市尧都区马务桥北
负责人：龚传林
Tel：13096627368

**兴县鑫安实业有限公司**
业务：运输
地址：山西省吕梁市兴县魏家滩镇魏家滩村
负责人：吕贵孩　邮　编：033600
法　人：吕贵孩
Tel：13834768641
0358－6333020

**乔氏博宇摩托车销售有限公司**
地址：山西省临汾市尧都区向阳路 199 号
负责人：朱江华

Tel:13133187414

**吕梁市翔宁货运有限公司**
地址:山西省吕梁市离石区田家会镇上楼桥
负责人:苏安玉
Tel:0358－8282980

**怀仁县客运出租汽车管理中心**
地址:山西省朔州市怀仁县新华北路
负责人:连富平
Tel:0349－3046010

## 朔州市平鲁区中豪摩托车销售部
业务:摩托车销售及售后服务，配件销售，品牌有"重庆宗申"、"豪爵铃木"
产品:"重庆宗申"、"豪爵铃木"品牌摩托车
地址:山西省朔州市平鲁区平安西街路南
负责人:曹景山 邮编:036800
法人:曹景山
Tel:13934951648
0349－6054010
Fax:0349－6054010

**白金龙汽车配件门市部**
地址:山西省太原古交市腾飞路11号
负责人:白福明
Tel:13099093908

**佳佳汽车修理厂**
地址:山西省太原市建南路460号
负责人:吴永明
Tel:0351－7583538
13903406258

## 银泰三、四轮车配件及维修部
业务:三、四轮车配件及维修部、润滑油、电焊
产品:山西省朔州市应县东安峪村
负责人:王银泰 邮编:036000
法人:王银泰
Tel:13834425750
0349－5056500

**中复机车车辆配件有限公司**
地址:山西省太原市解放北路享堂西街9号机车厂招待所北楼106室
负责人:李秋林
Tel:0351－2600088
13513601461

## 太原市民营区来运货运部
业务:货运服务
地址:山西省太原市民营区朝阳物流外区37号
负责人:周来存 邮编:030000
法人:周来存
Tel:0351－4398738
5627703
2716831

**隆昌运达汽贸有限公司**
地址:山西省太原市南内环西街小王村花卉基地第一段门面11－20号
负责人:刘静
Tel:0351－6336372
13834537435

**山西当代汽车销售有限公司**
地址:山西省太原市平阳路398号
负责人:王秀丽
Tel:0351－7021784

## 山西省太原市民营区庆峰货运部
业务:太原至石家庄专线运输
地址:山西省太原市民营区朝阳物流中心内区35号2层
负责人:张庆峰 邮编:030000
法人:张庆峰
Tel:0351－5627723
13015481708

**东方恒基车辆维修有限公司**
地址:山西省太原市平阳路西二巷27号
负责人:钱志春
Tel:0351－7220468
13903516252

## 清徐县众鑫名车维修部
业务:车辆保养、机修电工、全车整形、局部喷漆、整车喷漆、电子调校液晶里程表、安全气囊磨块复位、排除各种疑难杂症
地址:山西省太原市清徐县307国道晋夏公路180号
负责人:王龙 邮编:030400
法人:王龙
Tel:15935111216
13038009070

**清徐县连海汽车运输有限公司**
地址:山西省太原市清徐县清源镇307国道迎宪段
负责人:赵连海
Tel:13834592996

**清徐县进凯货运有限公司**
地址:山西省太原市清徐县清源镇陈庄道口
负责人:王俊青
Tel:13603513250

**清徐县昌宇运输信息服务部**
地址:山西省太原市清徐县清源镇春光路
负责人:车二维
Tel:13994226555

## 万柏林区新立信汽车维修部
业务:别克系列汽车维修及其配件销售
地址:山西省太原市万柏林区瓦流外环路玉门河街
负责人:段立新 邮编:030000
法人:段立新
Tel:0351－6538480
13007081541

**清徐县宏宇汽车信息服务部**
地址:山西省太原市清徐县清源镇晋夏公路
负责人:薛东青
Tel:0351－5727678

**中山汽配经销部**
地址:山西省太原市山西汽车配件市场北楼14号
负责人:李海忠
Tel:0351－7084540
13073511170

## 山西省太原市小店区福尔卡汽车用品经营部
业务:车用夜行镜、车载
地址:山西省太原市小店区北张村小区B2楼203室
负责人:李强 邮编:030000
法人:李强
Tel:13753142765
0351－7638882
Fax:0351－7638882

**太原市恒瑞发汽车修理有限公司**
地址:山西省太原市万柏林区晋祠路28号
负责人:李俊岐
Tel:0351－6088829

**太原市万柏林区国方物流货运服务部**
地址:山西省太原市万柏林区太重东门重鑫焊接厂院内
负责人:贾胜全
Tel:0351－6291819

## 宏兴源安帕仕汽车配件特许经销商
业务:安帕仕系列汽车配件，涉及车身、底盘、动力总成、电子电器、油品等
地址:山西省太原市小店区太榆路武宿村口山西蓝海国际汽配城有限公司13大道第13号
负责人:司玉玲 邮编:030000
法人:司玉玲
Tel:13934219535
0351－7875236

**太原安德物流管理技术有限公司**
地址:山西省太原市小店区高新区长治路288号103室
负责人:朱晓斌
Tel:0351－7036362

**太原市普仕通汽车车轮厂**
地址:山西省太原市小店区晋阳东街1号
负责人:张文镇
Tel:0351－8080119

## 太原市凯达物流
业务:太原－江苏、上海往返专线运输
地址:山西省太原市小店区小店城南物流部
负责人:伏彩虹 邮编:030000
法人:伏彩虹
Tel:13403435585
0351－2815585
Fax:0351－2815586

## 阳曲县宏远建材运输部
业务:建材运输
地址:山西省太原市阳曲县安镇街
负责人:李明生 邮编:030082
法人:李明生
Tel:0351－3567269

## 繁峙县华利汽车商贸有限公司
业务:汽车销售、维修
地址:山西省忻州市繁峙县繁城镇(108国道旁)
负责人:高利君 邮编:034300
法人:高利君
Tel:13513507287

**山西昌远汽车销售有限公司**
地址:山西省太原市小店区康宁街1号
负责人:马志刚
Tel:0351－7037099

**大唐进口汽车修理厂**
地址:山西省太原市小店区学府街蓝海汽配城D区－5号
负责人:王强
Tel:0351－7837204
13327402098

**山西诚通铁运物流有限公司**
地址:山西省太原市杏花岭区敦化南巷4号27幢5层13号
负责人:周鲲
Tel:0351－3128962

**太原市富新华菱电梯有限公司**
地址:山西省太原市迎泽区双塔西街268号7－23室
负责人:李晋生
Tel:0351－7064621

**代县顺达汽车运输队**
地址:山西省忻州市代县滩上镇南石岸村
负责人:杨海增
Tel:13835086210

## 偏关县万客隆顺达客运有限公司
业务:运输，物流
地址:山西省忻州市偏关县汽车站
负责人:王在如 邮编:034000
法人:王在如
Tel:13835016409
13134600368

**忻州宇通汽车服务有限公司**
地址:山西省忻州市经济技术开发区小檀村
负责人:兰利娥
Tel:0350－3020661

**山西汽运集团忻州汽车运输有限公司汽贸分公司**
地址:山西省忻州市忻府区新建路5号客运分公司
负责人:周艳霞
Tel:0350－3033032

**原平市源通汽车装潢有限公司**
地址:山西省忻州市原平市平安大街(水机厂东)
负责人:申新龙
Tel:0350－8221999

## 五寨县九洲摩托电动车销售公司分部
业务:摩托车:雅马哈摩托，五羊本田，大运摩托.电动车:上海王派，比德文.比德文电动汽车
地址:山西省忻州市五寨县三岔镇汽车站对面
负责人:陈贵生 邮编:036200
法人:陈贵生
Tel:0350－4382228

**双箭汽车运输队**
地址:山西省阳泉市盂县梁家寨乡政府
负责人:梁银珠
Tel:0353－8170057
13703531868

## 新绛县慧峰汽车配件有限公司
业务:各种型号的耐摩、不破，不脱圈制动鼓，国家专利产品
产品:各种型号的耐摩、不破，不脱圈制动鼓
地址:山西省运城新绛县北张镇东南董村
负责人:正顺喜 邮编:043100
法人:正顺喜
Tel:0359－7750558
13835971752

**盂县孙家庄镇秀峰个体运输户**
地址:山西省阳泉市盂县孙家庄镇石店村
负责人:赵秀峰
Tel:0353－8190898

## 奥莱斯轮胎
业务:代销奥莱斯轮胎，以及各大品牌的轮胎
地址:山西省运城永济市清华街
负责人:张小鹏 邮编:044500
法人:张小鹏
Tel:0359－8114726
8112830

## 五寨县九洲摩托电动车销售公司总部
业务:摩托车:雅马哈摩托，五羊本田，大运摩托.电动车:上海王派，比德文.比德文电动汽车
地址:山西省忻州市五寨县迎宾西街
负责人:陈贵生 邮编:036200
法人:陈贵生
Tel:13934439072
0350－8595398

**城东联运服务站**
地址:山西省永济市中山东街2号
负责人:王三元
Tel:0359－8022441

**稷山县南城物流信息服务有限公司**
地址:山西省运城市稷山县县城108国道西关路口南
负责人:刘峰
Tel:0359－5531044

**捷龙汽车贸易有限公司**
地址:山西省运城市禹都大道安国医院东边
负责人:范雅梅
Tel:0359－2096223
2091268
13903482208

## 阳泉市城区奥通汽车信息咨询服务部
业务:汽车信息咨询
地址:山西省阳泉市城区河边街老龄医院5楼506室
负责人:王保宁 邮编:045000
法人:王保宁
Tel:0353－2593248

**运城市钱江电梯销售有限公司**
地址:山西省运城市禹都大道东段548号二楼
负责人:王齐祥
Tel:0359－2582275

## 宏安物流服务部
业务:货物运输。专线:石家庄－阳泉，全国各地中转
地址:山西省阳泉市河边街中医院对面
负责人:武燕钢 邮编:045000
法人:武燕钢
Tel:13703538298
0353－8886478

**新城中民摩托配件行**
地址:山西省运城市垣曲县公园路
负责人:张中民
Tel:0359－6026156
13994863964

## 闻喜县春合货运物流中心
业务:货运物流
地址:山西省运城市闻喜县高速路口(红绿灯处)春合汽修厂院内
负责人:王建国 邮编:043800
法人:王建国
Tel:0359－7467511
7892828
13994893748

**垣曲县宏运汽车运输有限责任公司**
地址:山西省运城市垣曲县舜王大街16号
负责人:张炜
Tel:0359－6023727

## 阳泉经济技术开发区美鹰汽车美容烤漆护理中心
业务:洗车、汽车精品、美容装潢、内饰清洗、抛光打蜡、封釉镀膜、镜面烤漆、划痕修复、坑凹修复、快速光补、艺术烤漆
地址:山西省阳泉市开发区青岛路4号
负责人:韩文荷 邮编:045000
法人:韩文荷
Tel:0353－2913622
Fax:0353－2913622

## 襄垣县顺昌物流有限公司
业务:襄垣县顺昌物流有限公司主要从事物流配送、货物运输，本着"服务第一、顾客至上"的宗旨，以最大的热情服务于每一位客户。
地址:山西省长治市襄垣县城内长兴路
负责人:袁俊杰 邮编:046200
法人:袁俊杰
Tel:0355－7293666

## 盂县大胡子货运中心
业务:空车配货、中转全国各地货物、物流信息
产品:石家庄－盂县、太原－盂县
地址:山西省阳泉市盂县秀水镇大横沟村
负责人:胡雪清 邮编:045000
法人:张素萍
Tel:15835335430
13100035985
0353－8183330

## 万荣县高村中联汽修闫景分厂
业务:汽车销售维修
地址:山西省运城市万荣县高村南街一汽服务站/万荣县高村乡闫景西街
负责人:薛增凯 邮编:044200
法人:薛增凯
Tel:13935988589
13753962438

**建桥汽车销售服务有限公司**
地址:山西省运城市中银大道中国人民银行北边
负责人:宁泽
Tel:0359－2095111
13903592683

## 大同市白云运输有限责任公司

我公司煤炭销售和运输户头是隶属山西省乡镇煤炭运销公司，我公司是一家全方位发展公司，公司下设：煤炭短途运输车队，煤炭储蓄厂一座，煤炭发运站一座，煤炭专运线一条。本公司是以铁路运输的方式销售和运输煤炭。本公司煤站可为客户提供煤炭采购、汽车短途运输、铁路运输、铁路计划、车皮等一条龙服务。

联系人：臧美英 13753213298
电话：0352-6025413
地址：山西省大同市华圣宾馆518房
邮编：223800

## 太原市东源华厦汽车俱乐部有限公司

太原市东源华厦汽车俱乐部有限公司是一家专业从事汽车年审、违章处理等汽车车务代理的服务型企业。

联系人：邢杰
电话：0351-8237110
传真：0351-8237114
邮编：030006
地址：山西省太原市小店区学府街391号逸居时代C座703室

## 晋中山泽交通工程设施有限公司

晋中山泽交通工程设施有限公司成立于2006年，主要从事玻璃钢及合金铝标志牌的生产与制作。承揽标志、标线、护栏、隔离栅、路缘石、广告牌等公路及城市交通安全设施设备工程。

我公司愿与社会各界有识之士携手共进，共创美好未来！

电话：0354-3988358
联系人：刘永安 13934181885
地址：山西省晋中市榆次安宁新村北侧东3号门面　邮编：030600

## 兴县秋明汽车运输队

兴县秋明汽车运输队成立于2008年，兴县秋明汽车运输队主要经营汽车运输。本公司秉承“顾客至上，锐意进取”的经营理念，坚持“客户第一”的原则为广大客户提供优质的服务。欢迎广大客户惠顾！

联系人：赵秋明
电话：13935849620　0358-6302588
地址：山西省吕梁市兴县高家村镇赵家川口村
邮编：033000

## 临汾银江起重挖运有限公司

临汾银江起重挖运有限公司从事起重装卸服务，以诚为本，欢迎新老客户来电来函洽谈业务、共同发展！

联系人：吴银江
电话：0357-3287772　传真：0357-3287772
地址：山西省临汾市金殿镇坛地村

## 永济市凯路货运有限公司
## 飞宏商贸有限公司

永济市凯路货运有限公司成立于2008年，主要从事于汽车运输（电器及信息网络设备的代理销售）。

公司以新的理念，立足以最低的成本，按客户要求灵活多变的服务范围，以快远和高效的信息为切入点，为客户在各项经营上赢得有利的时机和竞争优势。我们始终以“安全、快捷、方便、及时”的经营理念，以优质的专业管理，热情的服务去证明我们的实力。

联系人：梁运峰　13834713666　邮编：044500
电话：0359-8058888　地址：山西省永济市中山西街(化机厂对面)

## 柳林县广安汽车运输有限责任公司

柳林县广安汽车运输有限责任公司成立于2008年，从事国内汽车普通货物运输，欢迎新老客户来电咨询，洽谈业务！

联系人：康志强
电话：0358-4012562、15935199555　传真：0358-4012562
地址：山西省吕梁市柳林县东街上背道5号　邮编：033300

## 山西晓勇物流

山西晓勇物流成立于2005年，专业从事公路的普通货物运输，专线：山西-邯郸、武安、石家庄、邢台。

本着安全、及时、令客户满意为服务目标，为您量身时间合理的物流运输方案或者开展全面合作，更希望通过我们勤勉尽责的专业化服务与贵公司建立其长期、全面、互惠互利的有好合作关系，共创美好明天！诚信为本，务实创新，客户至上，热情服务的宗旨是我们一直实行的服务准则。

联系人：陈晓勇
电话：13753011100　15934277338
地址：山西省繁峙县大营镇　邮编：034300



## 内蒙古自治区 /InnerMongolia AutonomousRegion

### 乌拉特后旗苏阳运输有限责任公司
地址：内蒙古自治区巴彦淖尔盟乌拉特后旗巴音宝力格镇
……负责人：张玉才
……Tel:13122739688

### 鄂尔多斯市东胜区朋联汽车修理有限公司
业务：我公司从事汽车配件、汽车美容、汽车装具、洗车、建材、五金电子产品、汽车修理设备工具销售。公司弘扬“以质取胜、以信求发、以安做保”的企业精神，为广大客户服务。
地址：内蒙古自治区鄂尔多斯市东胜区达拉特南路邮政运输局院内
……负责人：董文军……邮　编:017000
……法　人:0477－8531997

### 巴彦淖尔市林通运输有限责任公司
地址：内蒙古自治区巴彦淖尔盟乌拉特后旗巴音镇运管所
……负责人：丁文辉
……Tel:13337017111

### 内蒙古五原县康远公交有限责任公司
地址：内蒙古自治区巴彦淖尔盟五原县鸣新脱水菜厂院内
……负责人：田新利
……Tel:0478－5229281

### 土默特右旗萨拉齐宏源农机手扶拖拉机总经销
地址：内蒙古自治区包头市土默特右旗大南街
……负责人：宋文杰
……Tel:0472－8925323

### 鄂尔多斯市三联汽车销售有限公司
业务：鄂尔多斯市三联汽车销售有限公司成立于2001年，主要从事各种汽车修理销售。
地址：内蒙古自治区鄂尔多斯市东胜区伊煤北路
……邮　编:017000
……法　人:郑晓平
……Tel:0477－8568098
8567542
……Fax:0477－8567542

### 敖汉旗驰骋汽车维护有限公司
地址：内蒙古自治区赤峰市敖汉旗新惠镇蒙中街北段
……负责人：尉兴杜
……Tel:0476－4346017

### 呼伦贝尔市海征汽车改装有限责任公司
地址：内蒙古自治区呼伦贝尔市阿荣旗夹信子路32号
……负责人：宋燕
……Tel:0470－8340878

### 呼伦贝尔市广玉物流有限公司
地址：内蒙古自治区呼伦贝尔市海拉尔区胜利一路富华小区二号楼101
……负责人：李冬梦
……Tel:0470－6250108

### 中国内蒙古乌海市通用集团
地址：内蒙古自治区乌海市海勃湾区新华西街28号
……负责人：徐树
……Tel:0473－2889681
2010232

### 通辽市宇泰汽车贸易有限公司
业务：通辽市宇泰汽车贸易有限公司成立于2000年，主要从事汽车及配件的销售及售后服务。我们将秉承“服务第一、质量第一、信誉第一”的服务宗旨，热诚欢迎广大新老客户来我公司参观、指导！
地址：内蒙古自治区通辽市科尔沁区民航路中段1153号物流宾馆楼下
……负责人：张春来……邮　编:028000
……法　人:张春来
……Tel:0475－8501444

……………………………… Fax:0475－2213555
…………………… E-mail:chunlai588@163.com

**苏尼特右旗紫维汽车有限责任公司**
地址:内蒙古自治区锡林郭勒盟苏尼特右旗赛汗大街政府西侧
…………………………………… 负责人:吕彪
……………………………… Tel:0479－7212690



## 辽宁省/Liaoning Province

**海城市海桥运输有限公司**
地址:辽宁省鞍山市海城市牌楼镇杨甸村
…………………………………… 负责人:靖纪峰
……………………………… Tel:0412－3772583

**大连保税区鑫达重型汽车配件商行**
业务:大连保税区鑫达重型汽车配件商行主要经营重型汽车配件、重型斯太尔汽车配件、豪沃汽车配件，品种齐全、价格合理，热诚欢迎新老客户来电咨询！
地址:辽宁省大连市保税区顺风里31#楼10#门市房
………… 负责人:刘东升……邮　编:116000
…………………………………… 法　人:刘东升
……………………………… Tel:0411－87514527

**丹东昌海船舶海运有限公司**
业务:船舶海运，运输，买卖修造
地址:辽宁省丹东市振兴区滨江中路122号12号楼2单元205室
………… 负责人:郑勤　　邮　编:118000
…………………………………… 法　人:郑勤
………… Tel:0415－3177956
………… Fax:0415－6177956

**鞍钢矿山附企大矿工业公司汽车修理厂**
地址:辽宁省鞍山市千山区旧堡区大孤山
…………………………………… 负责人:崔宪荣
……………………………… Tel:0412－5711253

**大连市甘井子区大连湾街道水晶冷库**
业务:大连市甘井子区大连湾街道水晶冷库主要从事水产品冷冻仓储、经营，热诚欢迎广大新老客户光临惠顾。
地址:辽宁省大连市甘井子区大连湾街道棉花岛村
………… 负责人:段忠伟……邮　编:116000
…………………………………… 法　人:段忠伟
……………………………… Tel:0411－87108616

**开原鑫岳汽车服务有限公司**
业务:汽车、货车销售及售后服务
产品:汽车、福田中卡
地址:辽宁省开原市哈大路133号开原福田汽车修配厂
……… 负责人:武新义　　邮　编:112300
…………………………………… 法　人:武新义
………… Tel:0410－3603658
15184112345
………… Fax:0410－3603658

**亨通汽车运输公司**
地址:辽宁省本溪市本溪满族自治县碱厂镇胡卜村
…………………………………… 负责人:王彦利
……………………………… Tel:0414－6825515
13904240985
13390189555

**大连润轩汽车服务有限公司**
地址:辽宁省大连市甘井子区促进路166号
…………………………………… 负责人:于家健
……………………………… Tel:0411－82909639

**辽阳市弓长岭区顺通汽车电器修理部**
业务:汽车电器修理
地址:辽宁省辽阳市弓长岭区陈家街
……… 负责人:袁英俊　　邮　编:111000
…………………………………… 法　人:袁英俊
………… Tel:15941911213
0419－5103311

**大连凯通运输有限公司**
地址:辽宁省大连市甘井子区辛寨子镇大辛寨子村北街
…………………………………… 负责人:吕文杰
……………………………… Tel:0411－82950647

**盘锦海陆通物流有限公司**
业务:汽车运输服务
地址:辽宁省盘锦市兴隆台区振兴汽车修配厂
……… 负责人:魏春明　　邮　编:124010
…………………………………… 法　人:魏春明
………… Tel:0427－2288818
15609872888

**大连海纳国际储运有限公司**
业务:大连海纳国际储运有限公司成立于2003年，主要从事国际货物运输。我们有资深、专业的管理和业务人员，保证了优质、安全、快捷的物流服务，使我们在同行业中享有良好声誉。我们将一如既往为您提供安全、迅速、方便的现代物流服务。
地址:辽宁省大连市经济开发区金马路138号古耕国际商务大厦2305室
…………………………………… 邮　编:116600
…………………………………… 法　人:刘晓光
……………………………… Tel:0411－87189177
……………………………… Fax:0411－87189277

**沈阳金瑞车业有限公司**
业务:汽车冲压件、汽车零部件、焊接件
地址:辽宁省沈阳市东陵区北大营街128－9号
……… 负责人:朱庆庚　　邮　编:110000
…………………………………… 法　人:朱庆庚
………… Tel:024－88264089
13998236369
………… Fax:024－88263089

**大连朝胜船舶动力有限公司**
地址:辽宁省大连市甘井子区辛寨子镇砬子山村
…………………………………… 负责人:才小丁
……………………………… Tel:0411－86314721

**沈阳市苏家屯区伟昌鑫交通设施经销处**
业务:反光膜，减速坡，标志牌
产品:标志牌，减速坡，反光膜，停车标志，车位线划线，岗台等交通标志
地址:辽宁省沈阳市苏家屯区银杏路5号112
……… 负责人:祁淑花　　邮　编:110000
…………………………………… 法　人:祁淑花
………… Tel:024－23707533
13842065059

**大连利德修船厂**
地址:辽宁省大连市甘井子区迎客路34号
…………………………………… 负责人:邢淑梅
……………………………… Tel:0411－86460503

**沈阳市铁西区金翔通汽车配件商行**
业务:主营日本尼桑汽配件
地址:辽宁省沈阳市铁西区沈新东路2号B座1B－12号
……… 负责人:张鹏翔　　邮　编:110000
…………………………………… 法　人:张鹏翔
………… Tel:13504078524
024－31817320
31817684

**三九汽车服务中心**
地址:辽宁省大连市金州区站前街道盛滨花园C区26号
…………………………………… 负责人:杨魁
……………………………… Tel:0411－87710001
13889691981

**大连旭日升船舶物资有限公司**
业务:大连旭日升船舶物资有限公司长年为国内外靠港船舶提供伙食和物料，质优价廉，供货及时，诚信服务，欢迎各界朋友来函来电咨询、合作！
地址:辽宁省大连市西岗区菜市街振富大厦2115室
………… 负责人:何海军……邮　编:116011
…………………………………… 法　人:何海军
……………………………… Tel:0411－66662348

**辽宁省大连市朋成船舶工程部**
业务:船舶分段、船体合拢、管道舾装
地址:辽宁省瓦房店市长兴岛工业园
……… 负责人:慈元文　　邮　编:116318
…………………………………… 法　人:慈元文
………… Tel:0411－86444227
13826141177
13346304088
………… Fax:0411－86444227

**大连政通物流有限公司皮口分公司**
地址:辽宁省大连市普兰店市皮口镇海港小区1号楼
…………………………………… 负责人:徐颋
……………………………… Tel:0411－83410369

**大连毅鑫船务代理有限公司**
业务:本公司已在同行业中具有广泛的影响力。毅鑫船务已与香港、台湾、新加坡、韩国、日本等船公司建立了良好的合作关系，并已成功地为其派出百余名船员。并且在2006年4月与香港东隆国际贸易集团有限公司签订正式合作协议，由大连毅鑫公司全权负责其在中国大陆地区与船舶相关的所有业务。
地址:辽宁省大连市中山区友好路158友好大厦1416室
…………………………………… 邮　编:116001
…………………………………… 法　人:张天宏
……………………………… Tel:0411－81953707
……………………………… Fax:0411－39566633
……………………………… 网址:www.dleasy.com

**大连源成汽车运输有限公司**
地址:辽宁省大连市普兰店市太平办事处龙山社区
…………………………………… 负责人:温国元
……………………………… Tel:0411－83147405

**易思达货运代理有限公司**
地址:辽宁省大连市沙河口区黄河路919－939号3－9号
…………………………………… 负责人:支树华
……………………………… Tel:0411－84239245
13591161645

**灯塔市丰达汽车零部件有限公司**
业务:主要经营汽车内饰件(坐椅、工作台、地毯、方向盘、高架箱、门里板、顶棚)的生产与销售。
地址:辽宁省灯塔市铁西原三小
…………………………………… 邮　编:111300
…………………………………… 法　人:王志刚
……………………………… Tel:0419－8487748
……………………………… Fax:0419－8487748

**大连通航环球货运代理有限公司**
地址:辽宁省大连市沙河口区锦华北园64号2－5－2
…………………………………… 负责人:马丽艳
……………………………… Tel:0411－82860454

**大连站东运输有限公司**
地址:辽宁省大连市沙河口区民权北四街30号1层1号
…………………………………… 负责人:王风禄
……………………………… Tel:0411－82641337

**瓦房店市新兴汽车修理厂**
地址:辽宁省大连市瓦房店市西长春路西段158号
…………………………………… 负责人:林景平
……………………………… Tel:0411－85570528

**大连将军石港务有限公司**
地址:辽宁省大连市瓦房店市西杨乡渤海村
…………………………………… 负责人:陈先大
……………………………… Tel:0411－85622848

**大连迪通汽车用品服务有限公司**
地址:辽宁省大连市西岗区东北路150号
…………………………………… 负责人:李汉伟
……………………………… Tel:0411－84338088

**大连植拓船舶技术有限公司**
地址:辽宁省大连市西岗区唐山街53号4－9

—2
负责人:袁颖
Tel:0411—84902239

**大连枢纽港国际货运代理有限公司**
地址:辽宁省大连市西岗区同仁街 50 号 5 层 E 号
负责人:徐香铎
负责人:0411—82737966

**大连华峰海运有限公司**
地址:辽宁省大连市西岗区珠海街 3 号 1—201 室
负责人:曹跃华
Tel:0411—83789575

**大连天洋国际船舶代理有限公司**
地址:辽宁省大连市友好路 158 号友好大厦 2301 室
负责人:王家明
Tel:0411—82520888

**大连富泰国际物流有限公司**
地址:辽宁省大连市中山区长江路 29 号
负责人:韩强
Tel:0411—82776360

**大连永祥船务有限公司**
地址:辽宁省大连市中山区大众街 9 号 3—3—3
负责人:邵永枝
Tel:0411—82707719

**大连新冠国际货运代理有限公司**
地址:辽宁省大连市中山区丹东街 57 号 1 单元 14 层 2 号
负责人:高迎春
Tel:0411—83702700

**利百家汽车用品超市**
地址:辽宁省大连市中山区丹东街 83 号
负责人:王丰良
Tel:0411—82786088
13898669558

**大连锦恒国际货运代理有限公司**
地址:辽宁省大连市中山区民意街 40 号 11 层 3 号
负责人:冯锡林
Tel:0411—83769270

**大连港毅物流有限公司**
地址:辽宁省大连市中山区明星街 143 号
负责人:张毅
Tel:0411—82623066

**大连汉汶国际物流有限公司**
地址:辽宁省大连市中山区职工街 100 号
负责人:于淑文
Tel:0411—82776392

**丹东市飞豹汽车保修设备厂**
地址:辽宁省丹东市元宝区仁忠街 617 号
负责人:丛培凤
Tel:0415—2186686

**宏海汽车电器厂**
地址:辽宁省丹东市振兴区人民街 141 号
负责人:邵洪武
Tel:0415—6196248
13050382730

**丹东晟东国际货运代理有限公司**
地址:辽宁省丹东市振兴区三街六纬十三号楼 104 室
负责人:刘海东
Tel:0415—2123538

**天驰保洁汽车装修美容服务有限公司**
地址:辽宁省丹东市振兴区桃源街 2—1 号
负责人:杨晓辉
Tel:0415—6196101
13941536785

**凤凰城管理区汽车部件厂**
地址:辽宁省凤城市凤北路 154 号
负责人:关庆春
Tel:0415—8133919
13904952460

**送斯达涡轮增压器厂**
地址:辽宁省凤城市凤铧路 4 号 103 室
负责人:宋福生
Tel:0415—8264477
13942524434

**合盛精工增压器厂**
地址:辽宁省凤城市凤凰城管理区 219 部队院内
负责人:车勇
Tel:0415—8148786
13942532910

**抚顺市福金大件运输有限公司**
地址:辽宁省抚顺市顺城区新城路中段 50 号
负责人:张福金
Tel:0413—7672392
13504239006

**抚顺市通畅运输有限公司**
地址:辽宁省抚顺市新抚区自由路 12 号南 1 号
负责人:张长城
Tel:0413—8879041

**大凌河街会智配件商店**
地址:辽宁省锦州凌海市外贸街
负责人:王会智
Tel:0416—8122819
13841663444

**景阳三轮车厂**
地址:辽宁省锦州市高新区西山头村 121—7 号
负责人:刘井阳
Tel:0416—3781623
13604966522

**辽宁中天物流有限公司**
地址:辽宁省沈阳农业高新区二洼街 2 号
负责人:毕玉石
Tel:024—88072229

**沈阳沈海货运中心**
地址:辽宁省沈阳市大东区联合路 185 号
负责人:姜明文
Tel:024—88900158

**沈阳发发运输有限公司**
地址:辽宁省沈阳市大东区望花北街 198 号
负责人:韩学文
Tel:024—88073010

**沈阳天一永安汽车修理厂**
地址:辽宁省沈阳市大东区新龙街 16 号
负责人:滕永泰
Tel:024—88711277

**辽阳县中联汽车维修中心**
业务:中联汽车维修中心坚持以诚为本、以诚为信的宗旨为广大客户服务。
地址:辽宁省辽阳市辽阳县辽鞍路
负责人:谢远录……邮　编:111200
Tel:0419—7970999

**沈阳市宝龙货运有限责任公司**
地址:辽宁省沈阳市东陵区东陵路 131 巷 32—2
负责人:张杰
Tel:024—24218662

**沈阳金霸刹车片有限公司**
地址:辽宁省沈阳市东陵区东陵路 54 巷 1 号
负责人:李子刚
Tel:024—88415116

**沈阳春鹏运输有限公司**
地址:辽宁省沈阳市东陵区东望北街 6 号
负责人:宁军
Tel:024—88211731

**东北摩托车配件市场亚光摩托车配件商店**
地址:辽宁省沈阳市东陵区丰乐二街 9 号(市场内 B 座 29、30 号)
负责人:唐雅萍
Tel:024—88297848
13386892888

**东北摩托车配件市场隆兴摩配商行**
地址:辽宁省沈阳市东陵区乐贰街九号(市场内 E 座 22 号)
负责人:林航
Tel:024—88297475
13002468558

**沈阳飞翔航空运输代理有限公司**
地址:辽宁省沈阳市东陵区桃仙镇
负责人:刘玉芝
Tel:024—89392998

**沈阳盛君达汽车零部件有限公司**
地址:辽宁省沈阳市和平区长白西路 22—1 号
负责人:杨晓岩
Tel:024—81878988

**沈阳信天翁快递有限公司**
地址:辽宁省沈阳市和平区青年大街 284 号 3—625
负责人:高明
Tel:024—81693369

**辽海船舶电器有限公司**
地址:辽宁省沈阳市和平区十三纬路 23 号
负责人:李力军
Tel:024—23217675
13940147060

**沈阳凯尔汽车美容装饰中心**
地址:辽宁省沈阳市皇姑区泰山路 15 号甲
负责人:刘凤媛
Tel:024—86900968

**沈阳市利安达运输有限公司**
地址:辽宁省沈阳市皇姑区向工街 90 号 5 门
负责人:张苏
Tel:024—81277458

**沈阳市双赢机械运输有限公司**
地址:辽宁省沈阳市辽中县辽中镇商业街 88 号
负责人:陈焕玉
Tel:024—87885202

**沈阳佳雪斯楼梯有限公司**
地址:辽宁省沈阳市沈河区奉天街 17 号甲 1
负责人:任宏杰
Tel:024—81998866

**沈阳千里风车业有限公司**
地址:辽宁省沈阳市苏家屯区十里河镇粮食市场
负责人:刘文科
Tel:024—62185282

**沈阳雨辰汽车技术开发有限公司**
地址:辽宁省沈阳市铁西区南九东路 17 甲
负责人:蒋殿君
Tel:024—25644318

**沈阳华邦货运有限公司**
地址:辽宁省沈阳市于洪区北塔街 18—1 号
负责人:王锐
Tel:024—86624412

**沈阳鑫大方汽车维修有限公司**
地址:辽宁省沈阳市于洪区黄河北大街 90 号
负责人:代红军
Tel:024—81810052

**沈阳市长海汽车座椅厂**
地址:辽宁省沈阳市于洪区沙岭镇沙岭村
负责人:孙兆文
Tel:024—89375001

**沈阳市富云运输有限公司**
地址:辽宁省沈阳市于洪区鸭绿江北街 168 号
负责人:吴丹
Tel:024—86672209

**沈阳鸿鹤运输有限公司**
地址:辽宁省沈阳市于洪区于洪乡北李官村
负责人:刘贺
Tel:024—25251228

**沈阳市来兴运输有限公司**
地址:辽宁省沈阳市于洪区造化镇大转湾村
负责人:李守贵
Tel:024—89344337

**沈阳欧曼货物运输有限公司**
地址:辽宁省沈阳市张士开发区(农昌实业有限公司内)
负责人:徐宝辉
Tel:024—25369778
13940016395

**开原市东正客货运输服务有限公司**
地址:辽宁省铁岭市开原市铁西街义和路
负责人:马福元
Tel:0410—4335558

**安达车厢厂**
地址:辽宁省营口大石桥市沟沿镇八家村
负责人:尹兆东
Tel:0417—5117463
13079428912
13904970494

**营口经济技术开发区金波航修厂**
地址:辽宁省营口市鲅鱼圈区海关机司库 2 楼
负责人:王金波
Tel:0417—6150807
1305638762

**济胜船货代理有限公司**
地址:辽宁省营口市市府园小区 1#楼 2 单元 9 号
负责人:赵洪志
Tel:0417—2605236
13841734789

**沈阳营仁商务服务有限公司**
业务:沈阳营仁营口港泛营轮渡东三省客货运分公司,主要经营,营口—韩国仁川的豪游轮的票务,货运代理,集装箱运输,异形货物及疑难货物运输的业务操作。
地址:辽宁省沈阳市沈和区奉天街 346 号格林自由城 B 座 30 楼 8 号
负责人:孙宏伟,何忠……邮　编:110013
法　人:严健律
Tel:024—22723222
Fax:024—22734400

**营口金龙汽车服务有限公司**
业务:汽车修理、东风汽车售后服务
地址:辽宁省营口市鲅鱼圈区青龙山大街南段
负责人:刘瑞滨　邮　编:115003
法　人:刘瑞滨
Tel:0417—6274330
13704971732
Fax:0417—6274336

**鑫源船货代理有限公司**
地址:辽宁省营口市站前区跃进街 105 号
负责人:张牧
Tel:0417—3824566
2838795
13841701588

## 吉林省/Jilin Province

**通榆县神海汽修有限责任公司**
地址:吉林省白城市通榆县开通镇兴华南街
负责人:王洪海
Tel:0436－4225319

**白城市翔翼捷达王现代专营专修部**
业务:一汽大众、北京现代等品牌售后服务，配件销售
地址:吉林省白城市北二环通业小区东100米
负责人:任大永 邮编:137000
法人:任大永
Tel:13904360041
0436－3220041

**通辽东蒙汽车有限责任公司白城市分公司**
地址:吉林省白城市幸福南大街 47－28
负责人:刘玉杰
Tel:13894660180

**通化铁路商业贸易公司湾沟煤炭调运站**
地址:吉林省白山市江源县湾沟林业局专用线
负责人:张峰栋
Tel:0435－6125472

**吉林省至通车业有限公司**
业务:二类小型汽车整车销售、汽车养护、装饰、洗车
产品:汽车租赁、经销汽车配件、精品百货、五金交电、耗材、汽车
地址:吉林省长春市绿园区普阳街 2522 号 102 室
负责人:宋华夫 邮编:130000
法人:宋华夫
Tel:0431－87698525
Fax:0431－87698525
E-mail:jlztcy@163.com

**临江市鸭绿江机动车检测中心**
地址:吉林省白山市临江市临江大街 139 号
负责人:单广春
Tel:0439－5232106

**长春依盾经贸有限公司**
业务:汽车离合器大全经营
地址:吉林省长春市汽车产业开发区景阳大路 3288 号高力北方汽贸城 A13 栋 111 号
负责人:邵伟明 邮编:130061
法人:马晓英
Tel:13844163036
0431－85129493

**长春汽车经济贸易开发区双鑫汽车保修设备商行**
地址:吉林省长春市长春汽贸商务中心 1 栋 1 单元 141 号

负责人:宋秀洁
Tel:0431－86109485

**吉林省卓雅商贸有限公司**
地址:吉林省长春市朝阳区牡丹街 21 号
负责人:王东
Tel:0431－85622479

**吉林省通达铁路车辆配件有限公司**
地址:吉林省长春市朝阳区南湖大路 6561 号
负责人:苏丽湘
Tel:0431－85518010

**德惠市占凤物流有限公司**
业务:承接全国各地大中小型长短途货物运输、冷藏保鲜运输、带开运费发票(运费结算)
地址:吉林省德惠市物流园区内
负责人:马占凤 邮编:130300
法人:马占凤
Tel:13364638817
0431－87201555
87202229
Fax:0431－87202229

**吉林省恒达车行技术发展有限公司**
地址:吉林省长春市朝阳区同志街 156 号
负责人:崔丽华
Tel:13069100080

**德惠市德鑫铁路客车配件有限公司**
地址:吉林省长春市德惠市机车车辆配件厂院内
负责人:徐峰
Tel:0431－87252111

**延边顺达国际航空货运代理有限公司敦化分公司**
业务:货运
地址:吉林省敦化市长白路康惠 3 号楼
负责人:刘建民 邮编:133700
法人:刘建民
Tel:13944335681
0433－6668668
Fax:0433－6212758

**二道区日鑫物流服务部**
地址:吉林省长春市二道区东环路 3755 号
负责人:李凤明
Tel:0431－84723789

**吉林市嘉瑞汽车零部件有限公司**
业务:汽车零部件
产品:冲压、焊接件
地址:吉林省吉林市龙潭区汉阳街 71 号
负责人:陈周仁 邮编:132011
法人:陈周仁
Tel:13894716568
0432－6597585
Fax:0432－6597585
网址:http://www.51zzt.com/user/zzt32481

**二道区联盟汽车修理部**
地址:吉林省长春市二道区吉林路 507 号
负责人:刘冬
Tel:0431－84888399

**瑞孚大众出租汽车服务责任有限公司**
业务:出租车租赁及服务
地址:吉林省吉林市龙潭区徐州路滨北街 2－2 号
负责人:李晓君 邮编:132001
法人:李晓君
Tel:13904416037
0432－65095585
Fax:0432－65095891

**吉林省华龙物流有限公司**
地址:吉林省长春市经济开发区昆山路 2760 号
负责人:王恩伟
Tel:13904391787

**中交第二公路工程局有限公司十家堡轨道板场**
业务:轨道板
地址:吉林省四平市梨树县十家堡镇
负责人:廉则哲 邮编:136000
法人:廉则哲
Tel:15981677222
0434－6146018

**吉林省达昌货运有限公司**
地址:吉林省长春市宽城区长江路银座 E 栋 412 室
负责人:马克丰
Tel:13159600622

**四平市文跃汽车销售有限责任公司**
业务:销售汽车
产品:福田时代、时代驭菱、奥铃、一汽解放、凯马汽车
地址:吉林省四平市铁西区平西乡巨丰村九社
负责人:王义新 邮编:136000
法人:王义新
Tel:15943930629
Fax:0434－3589111
E-mail:sipingwenyueqimao@163.com

**长春市顺程车箱制造有限公司**
地址:吉林省长春市绿园区合心镇裴家村
负责人:李贵兴
Tel:13180885517

**吉林省松原市前郭县上海雪弗莱电动车(东北办事处)**
业务:经营上海雪弗莱电动车
地址:吉林省松原市前郭县三粮店四季新城一号楼
负责人:杨明 邮编:138000
法人:杨明
Tel:13894929702
0438－6107269

**长春市中通快运服务有限公司**
地址:吉林省长春市绿园区青浦路 16 号
负责人:齐鹏
Tel:0431－87920757

**乾安县大长江摩托车有限公司安奇分公司**
业务:销售汽车、摩托车
地址:吉林省松原市乾安县乾安镇昆池街
负责人:罗宏君 邮编:131400
Tel:13894133888
0438－8221288

**长春市国强物流有限公司忠国分公司**
地址:吉林省长春市绿园区西环城路 28 号
负责人:刘忠国
Tel:13578666399

**乾安县庆威轻骑助力车城**
业务:轻骑摩托，济南轻骑燃油助力车，重庆雅马哈燃油助力车销售及售后服务
地址:吉林省松原市乾安县天宇世嘉楼下
负责人:房伟庆 邮编:131400
法人:房伟庆
Tel:13630387200
0438－8239100

**吉林省通化市辉南镇王刚重型汽车配件商店**
业务:重型汽车配件销售，维修
地址:吉林省通化市辉南镇胜利街客运站北侧
负责人:王绍刚 邮编:135102
法人:王绍刚
Tel:15044569991
0435－8719551

**长春市顺程运输有限公司**
地址:吉林省长春市绿园区一汽 47 街区 13 栋 57 中门
负责人:赵凤鸣
Tel:13086816969

**长春市四海航空服务有限公司**
地址:吉林省长春市南关区人民大街 7008 号
负责人:裴立君
Tel:13578667455

**吉林省顺利达货运有限公司**
地址:吉林省长春市南关区亚泰大街 1138 号
负责人:孙桂云
Tel:0431－88728737

**显阳摩托车商店**
地址:吉林省长春市农安县黄鱼圈乡
负责人:张显阳
Tel:0431－83382352
13944988695

**长春市鑫驿物流有限公司农安分公司**
地址:吉林省长春市农安县西五里界村
负责人:张学勤
Tel:13074316200

**吉林市大久阳光物流有限公司**
地址:吉林省吉林市船营区和平路 10 号
负责人:李辉
Tel:0432－64606668

**吉林省顺丰速递有限公司吉林市分公司**
地址:吉林省吉林市船营区青岛街北大三区 11 号楼 3 单元 1 层 29 号
负责人:侯爱鸣
Tel:0432－62052455

**吉林铁路分局劳动服务公司装卸运输服务处**
地址:吉林省吉林市船营区桃源路 22 号
负责人:李宏赋
Tel:0432－66123540

**吉林市兴隆货物运输有限公司**
地址:吉林省吉林市丰满区江南乡兴隆街小区 5 号楼
负责人:于树德
Tel:0432－64681106

**吉林市平远汽车经销有限公司**
地址:吉林省吉林市高新区深圳街 91 号松白工业园 A 座 B 区 404 号
负责人:苏洪涛
Tel:13304428109

**吉林市吉加利汽车贸易有限公司**
地址:吉林省吉林市高新区厦门街一号楼 5 号
负责人:刘大力
Tel:0432－64633000

**吉惠实业有限公司**
地址:吉林省吉林市恒山东路汽贸小区 A2 号 19 门
负责人:李元培
Tel:0432－64676890
13904421146

**吉林市鸿运货物运输有限公司**
地址:吉林省吉林市龙潭区龙华街汉阳街 10 号
负责人:王海涛
Tel:0432－63063535

**吉林市北方万鑫货物运输有限公司**
地址:吉林省吉林市龙潭区徐州路 288－8 号东方小区 1 号楼
负责人:孙立臣
Tel:13029160000

**舒兰市福田三轮摩托车销售有限公司**
地址:吉林省吉林市舒兰市吉舒街中心四委酒厂综合楼
负责人:杜文同
Tel:13331726196

**舒兰市兴华汽车修理有限责任公司**
地址:吉林省吉林市舒兰市新村路 1218 号
负责人:耿洪芹
Tel:0432－68231539

**辽源市锡源商贸储运有限公司**
地址:吉林省辽源市民营经济开发区友谊工业园区
负责人:商贺
Tel:13604375688

**摩托车专卖店**
地址:吉林省四平市公主岭市秦家屯街道
负责人:吕广宝
Tel:0434－6411704
6410688
13943488936

**吉林市精华汽车配件有限公司**
业务:吉林市精华汽车配件有限公司是于 2005 年初成立的，现有员工 120 余人，是一个以生产、制造、研发汽车门锁为主的专业化公司。欢迎来电垂询！
地址:吉林省吉林市高新产业开发区荣光街 35 号
邮编:132011
法人:刘志学
Tel:0432－4623811
Fax:0432－4629822

**吉林省江赫汽车配件有限公司公主岭分公司**
地址:吉林省四平市公主岭市苇子沟乡向华村
负责人:郎桂芹
Tel:13894428878

**四平市华东汽车销售服务有限公司**
地址:吉林省四平市铁西区北沟街铁桥 9 组
负责人:杨晓宏
Tel:13125833111

**四平市海银汽车养护服务有限公司**
地址:吉林省四平市铁西区公园北街海银绿苑地下停车场
负责人:杨笛

Tel:0434－3526798

**前郭县客运管理站**
地址:吉林省松原市长岭县郭尔罗斯大路
负责人:蔡凤桐
Tel:13804381898

**扶余县财库冀东水泥运输有限公司**
地址:吉林省松原市扶余县蔡家沟镇
负责人:邵文库
Tel:13894105558

**松原市天达汽车装饰有限公司**
地址:吉林省松原市宁江区康宁街 2385 号
负责人:高志军
Tel:0438－2139388

**通化铁路货物装载经营服务中心**
地址:吉林省通化市东昌区富康路 98 号
负责人:赵永
Tel:0435－6122892
13009197143

**通化银河运输服务有限公司**
地址:吉林省通化市东昌区建设大街 103 号
负责人:罗铭辉
Tel:0435－6121370

**言章运输户**
地址:吉林省通化市东昌区流动
负责人:于言章
Tel:13844597566

**柳河县物流中心**
地址:吉林省通化市柳河县胜利街一区
负责人:赵殿福

Tel:0435－7229400

**敦化市一汽四环利达汽车零部件制造有限公司**
地址:吉林省延边朝鲜族自治州敦化市经济开发区工业小区
负责人:朱长叶
Tel:0433－6260139

**延边巨灵汽贸有限责任公司珲春分公司**
地址:吉林省延边朝鲜族自治州珲春市新安街春粮委
负责人:刘宝录
Tel:13943392136

**延吉市联众轮胎翻新厂**
业务:汽车维修、轮胎翻新
产品:汽车轮胎
地址:吉林省延吉市爱丹路迎光小区 3 号楼 1 楼 3 号
负责人:李建安　邮　编:133000
法　人:李建安
Tel:0433－2603777
13804480778

**延边聚星客运有限公司**
地址:吉林省延边朝鲜族自治州延吉市河南街新民南路
负责人:韩松
Tel:0433－5085609



## 黑龙江省/Heilongjiang Province

**大庆市萨尔图区兴四通汽车修理部**
地址:黑龙江省大庆市萨尔图区北辰小区 1－6 #－2－102
负责人:张成
Tel:0459－6180371

**大庆市余辉运输服务有限公司**
地址:黑龙江省大庆市萨尔图区开发区建设路 233 号第 312 房间
负责人:李东力
Tel:0459－6367294

**龙江亨达汽车销售有限公司**
业务:整车销售,有微车系列和小轿车系列。微车系列有长安系列、一汽佳星系列、东风小康系列、上汽通用五菱;小轿车系列有浙江永源飞碟、东风风神、比亚迪系列。提供售后、维修服务,汽车用品的销售,上海大众系列专业维修
地址:黑龙江省齐齐哈尔市龙江县龙江镇通齐街庆华花园 1＃楼 00 单元 01 层 000109 号
负责人:赵丽静　邮　编:161100
法　人:赵丽静
Tel:15145261600
13634836000
0452－5103000
5206000
Fax:0452－5103000
E-mail:Premir@sina.com

**哈尔滨市忠来冲压制品厂**
业务:我厂加工微型汽车中心轴套,专利产品,国家获奖产品,在市场销售的很好,深受欢迎。型号:462、465 发动机机型,长江系列,佳宝汽车,给东安发动机配套有集油器总成 462、465、468,欢迎新老客户来电咨询!
地址:黑龙江省哈尔滨市平房区新华村 4 道街 71 号
负责人:丁满中　邮　编:150066
法　人:丁满中
Tel:0451－86512140
Fax:0451－86512140

**大庆市萨尔图区新小云汽车配件经销部**
地址:黑龙江省大庆市萨尔图区燃料公司门市房
负责人:云维东

Tel:0459－6310406

**哈尔滨鑫万隆祥运输有限责任公司**
地址:黑龙江省哈尔滨市道里区机场路 851 号
负责人:张胜明
Tel:0451－84370653

**哈尔滨市张萍长途客运户**
地址:黑龙江省哈尔滨市道外区武源头道街 827 栋
负责人:张萍
Tel:13936168056

**哈尔滨盐达运输有限公司**
地址:黑龙江省哈尔滨市动力区安通九道街 10 号
负责人:董性前
Tel:0451－55694111

**哈尔滨市动力区正金汽车配件商店**
地址:黑龙江省哈尔滨市动力区亚麻小区 42 号
负责人:李忠洲
Tel:0451－82609161

**韵达快运服务有限公司**
地址:黑龙江省哈尔滨市南岗区文林街 36 号
负责人:孙晓亮
Tel:0451－88166615
13946057107

**双城市金源摩托经销有限公司**
地址:黑龙江省哈尔滨市双城市步行街
负责人:高力锐
Tel:0451－53133015

**世通汽车修配厂**
地址:黑龙江省哈尔滨市香坊区红旗大街 179 号
负责人:于世民
Tel:0451－55106666
13904600509

**鹤岗市永顺装卸队**
地址:黑龙江省鹤岗市工农区啤酒厂 1 号调拨室
负责人:刘常波
Tel:0468－3423036

**鸡西市润吉汽车销售有限公司销售维修分公司**
地址:黑龙江省鸡西市鸡冠区东胜街 42 号
负责人:李模军
Tel:0467－2667158

**黑龙江顺达国际货运代理有限公司**
地址:黑龙江省佳木斯市同江市西区和平路西段
负责人:孟祥明
Tel:0454－2930678

**大连实德集团商务物流有限公司佳木斯分公司**
地址:黑龙江省佳木斯市向阳区中山路 508 号
负责人:王凯
Tel:0454－8761929

**黑龙江欧宇国际货物运输代理有限责任公司**
地址:黑龙江省牡丹江市绥芬河市花园路综合 4 号楼 42 号门厅
负责人:李延春
Tel:0453－3927363

**牡丹江市隆达汽车运输有限责任公司**
地址:黑龙江省牡丹江市阳明区阳明街 96 号
负责人:尚修斌
Tel:0453－6328768

**集贤县铁龙多种经营服务处运输装卸队**
地址:黑龙江省双鸭山市集贤县福利镇铁路住宅楼二楼
负责人:马海明
Tel:0469－2628433

**双鸭山市宏昇汽车维修有限公司**
地址:黑龙江省双鸭山市尖山区河西路路西十七委二组
负责人:刘岩
Tel:13909147055

## 江苏省/Jiangsu Province

**滨海县滨淮联运公司**
地址:江苏省滨海县滨淮镇新岭 110 号
负责人:王健
Tel:0515－84669063
13961917706

**霍邱县好友汽车货物运输有限公司**
业务:全国汽车普通货运
地址:江苏省常熟市新港镇吴市桑园新村 48 号
负责人:王传友　邮　编:215002
法　人:王传友
Tel:0512－52659927

**滨海县粮食车队有限公司**
业务:滨海县粮食车队有限公司成立于 1979 年,主营粮食运输,成品油销售,汽车维修
地址:江苏省盐城市滨海县阜东中路粮库巷 38 号
负责人:刘兆平　邮　编:224500
法　人:刘兆平
Tel:0515－84223301
84987028
网址:www.mtw26162.chinapyp.com

**常州市福洋运输有限公司**
业务:常州—宁波,常州—上海。
地址:江苏省常州市常漕路沿江高速向南 2 公里处
负责人:章小飞　邮　编:213000
法　人:章小飞
Tel:0519－86467338
86468882

**华鸿汽修厂**
地址:江苏省常州市芙蓉镇钱家桥村
负责人:徐航伟
Tel:0519－88650220
13328197689

**常州烨宁汽车配件有限公司**
业务:螺栓,螺钉,库存五金,工具,皮带,电子电器生产线,其它车身附件及电动车各种配件。
地址:江苏省常州市洛阳戴溪圻庄工业园区
负责人:徐兆明　邮　编:213000
法　人:徐兆明
Tel:13861141965
0519－88556201
88551732
E-mail:www.czyn888.cn.com

**常州市恒洋车辆配件有限公司**
地址:江苏省常州市嘉泽镇丰扬村
负责人:岳元新
Tel:0519－83806856
13606125876

**旗凯车辆配件厂**
地址:江苏省常州市郊区孟河镇龙亭村
负责人:汤建新
Tel:0519－83530257
13328195799

**常州市奔港运输有限公司**
业务:运输
地址:江苏省常州市武进区奔牛镇港口新港路
负责人:庄仲华　邮　编:213134
法　人:庄仲华
Tel:13915011078
0519－68880202
Fax:0519－85098287

**常熟市万泽龙货运有限公司**
业务:我公司成立于 2005 年,主要从事全国各地的普通货物运输,我公司坚持以“优质、高效、便捷、周到”的服务宗旨竭诚为广大客户服务。
地址:江苏省常熟市富春江路 8 号
邮　编:215500
法　人:吴寿海
Tel:0512－52308367
Fax:0512－52308365

**常州市海泓游艇设备有限公司**
业务:公司经销游艇设备及配件、五金件、灯具、救生用品等,同时提供优质专业的售后服务。秉承“顾客至上,锐意进取”的经营理念,以客户满意为根本,竭诚为您提供最优质的产品和最满意的服务。
产品:游艇设备及配件、发动机、发电机、柴油机、润滑油、船用五金件、灯具、船用马桶、救生用品、消防器材等
地址:江苏省常州市武进区横林镇国际地板城 B18 幢 109 号
负责人:陈晓静　邮　编:213101
法　人:刘恭胜
Tel:0519－89826572
13915885681
Fax:0519－89826571
网址:www.czhhyt.com
E-mail:hh@czhhyt.com

**金坛市创盈车辆配件厂**
地址:江苏省常州市金坛市水北镇西
负责人:王浩俊
Tel:13306145128

**溧阳市华新运输服务部**
地址:江苏省常州市溧阳市新昌镇仙篪路 18 号
负责人:朱红妹
Tel:13961283638

**常州市友帮车辆配件厂**
地址:江苏省常州市戚墅堰区丁堰镇 1 号
负责人:陆自平
Tel:13706121895

**常州市感诚旧机动车销售有限公司**
地址:江苏省常州市天宁区常锡路 124 号
负责人:张学成
Tel:13328199115

**常州市武进区邹区新屋汽车配件厂**
业务:汽车配件,液压配件
地址:江苏省常州市武进区邹区镇新屋村大沟坝
负责人:陆建平　邮　编:213141
法　人:陆建平
Tel:0519－83318231

**常州康格电动车配件有限公司**
业务:本公司是一家国内较早开发,生产电动车塑件、电动车散件、电动车,助力车塑件的配套单位。专业提供车架,塑件.整车散件仪表,线束,控制器,充电器,转换器,杂物箱,钢圈,三大摇臂,载物架,内垫,前圈小灯和全车散件配套,款式新颖,选材精良。
地址:江苏省常州市武进牛塘芦家巷羊家村(天阳模具厂对面)
邮　编:213003
法　人:葛昌玉
Tel:0519－2056660
Fax:0519－2056660
网址:www.czkange.com

**常州市严氏光导玻璃厂**
业务:生产销售车灯玻璃、车灯透镜
地址:江苏省常州市新北区孟河镇环镇北路 266 号
负责人:严波　邮　编:213000
Tel:0519－83245451
85088655

**天天快递服务有限公司**
地址:江苏省常州市天宁区永宁路 110 号
负责人:唐立干
Tel:0519－89601052
13809074455

**上海佳吉快运有限公司常州芙蓉分公司**
地址:江苏省常州市武进区芙蓉镇五界圩新区
负责人:刘亚君
Tel:13915002599

**常州市科德电器有限公司**
业务:专业生产汽车空调压力开关阀门电动装置行程控制器、微动开关和辅助开关。
地址:江苏省常州市邹区镇龙潭村委
负责人:贺菊春　邮　编:213000
法　人:贺菊春
Tel:0519－88815075
83632236
83831053

**常州市汉忠机车配件有限公司**
业务:我公司成立于 2000 年,主要生产汽车、电动车、发电机组配件等。我们一贯秉承“品质、信誉、服务”的经营理念,在未来的日子里,我们将以更优质的产品更周到的服务,期待各界朋友携手共创辉煌。
地址:江苏省常州市天宁区青龙街道青龙村委
负责人:戈汉忠　邮　编:213028
法　人:戈汉忠
Tel:0519－85500386
Fax:0519－85500386
网址:www.mtw30676.chinapyp.com

**丹阳正红汽配有限公司（丹阳市镇江汽车灯具厂）**
业务：汽车零部件生产销售
地址：江苏省丹阳市界牌镇武阳开发区
负责人：耿颖超 邮编：212323
法人：耿颖超
Tel：0511－86382382
82208382
86383628
网址：www.zhac.cc

**常州市蜀道来汽车销售有限公司**
地址：江苏省常州市武进区湖塘镇新常漕路步步高大酒店南首
负责人：张敏东
Tel：13182501285

**洪泽县恒通水路货运配载有限公司**
业务：承接大型钢厂、水陆运输，拥有内河船舶三万余吨
地址：江苏省淮安市洪泽县仁和镇江淮东路68号
负责人：邓素鹏 邮编：223100
法人：邓素鹏
Tel：13801402826
0517－87289787
Fax：0517－87289787

**常州永通汽车配件有限公司**
地址：江苏省常州市武进区焦溪镇梅家村2号
负责人：朱荣祥

**常州市中博减震器厂**
地址：江苏省常州市武进区潘家镇夏墅村孙家头组
负责人：张新元
Tel：13861282906

**南通新丽琦钢结构有限公司**
业务：船舶修造服务
地址：江苏省江都市科进船业有限公司
负责人：王新华 邮编：226001
法人：王新华
Tel：13601442136
0513－86761559

**常州文鑫汽车配件有限公司**
地址：江苏省常州市武进区遥观镇新南村
负责人：张文光
Tel：13806124455

**江阴市腾飞物流有限公司**
业务：危险货物运输，普货运输，货运代理，物流业务
地址：江苏省江阴市澄江西路107号
负责人：任荣山 邮编：214400
法人：任荣山
Tel：0510－86839778
Fax：0510－80271001
E-mail：jytfwl@yahoo.cn

**高淳县桠溪镇玉平摩托车经营部**
业务：高淳县桠溪镇玉平摩托车经营部主要从事摩托车销售。欢迎新老客户光临、惠顾！
地址：江苏省南京市高淳县桠溪镇永宁西街71号
负责人：芮玉平 邮编：211303
法人：芮玉平
Tel：025－57816626

**江阴众晟汽车修理有限公司**
业务：轿车、越野车、面包车、小型客车的维修
地址：江苏省江阴市青阳镇锡澄路1533号
负责人：张智宏 邮编：214001
法人：张智宏
Tel：0510－86513698

**常州诺信汽车配件制造有限公司**
地址：江苏省常州市武进区郑陆镇三皇庙村
负责人：顾建华
Tel：13584331388

**江阴市昊澄运输有限公司**
业务：货物运输
地址：江苏省江阴市文富花园1区8栋103室
负责人：吴爱勤 邮编：214001
法人：吴爱勤
Tel：13584120198
0510－86101102

**常州市昊天车辆配件有限公司**
地址：江苏省常州市新北区三井街道前桥村大湾组14号
负责人：韦文
Tel：13063962083

**常州宝田汽修有限公司**
地址：江苏省常州市钟楼区荆川东路25号
负责人：石宝琴
Tel：13901507777

**锦辉汽车电器批发中心**
业务：汽车电器、汽车音响、汽车空调、汽车灯具
地址：江苏省姜堰市苏陈镇锦天汽配城10栋13号
负责人：赵怀辉 邮编：225500
法人：赵怀辉
Tel：0523－88777668
15605262668
Fax：0523－82077899

**江苏省大丰市立宇交通设施厂**
业务：江苏省大丰市立宇交通设施厂是盐城地区最早专业从事公路标志，标牌，标线，护栏，隔离栅，防眩板等产品的生产与施工的企业之一。经过多年的努力与实践，现已发展为具有一定规模与实力的专业化交通设施企业。
地址：江苏省大丰市经济开发区万利工业园区内
邮编：224100
法人：朱祥
Tel：0515－3818331
Fax：0515－3815890
网址：www.chinaliyu.com

**靖江市洪源汽车零部件有限公司**
业务：生产、销售：汽车零部件、门锁、铰链
地址：江苏省靖江市东兴镇东兴村3组
负责人：石厚洪 邮编：214500
法人：石厚洪
Tel：13914532505
13376002505

**常州市广丰快运有限公司**
地址：江苏省常州市钟楼区新闸镇新昌路144号
负责人：张声玉
Tel：13861125491

**靖江市靖洋船用配套设备厂**
业务：船用配套设备制造
地址：江苏省靖江市西来镇丹华村兜包湾3－18号
负责人：赵汉基 邮编：214500
法人：赵汉基
Tel：13852622599
13337799700
网址：http://www.51zzt.com/user/zzt31215

**森美特车业有限公司**
地址：江苏省大丰市三龙镇（斗龙村）
负责人：程国平
Tel：13003488286

**昆山华远物流有限公司**
业务：航空货运，公路长短途运输，货物仓储，配送
产品：昆山—上海，北京，天津，广州，东莞，深圳，重庆，成都往返
地址：江苏省昆山市金阳东路68号（白杨湾物流中心一期1号楼108室）
负责人：王太行 邮编：215300
法人：王太行
Tel：13776315770
0512－57288191
57288192
57288193
57288196
Fax：0512－57879293
网址：www.kshywl.cn

**东海县花氏摩托车销售有限公司**
业务：代理"踏浪"电动车、"天一能"电瓶，销售各种摩托车、小型机电设备及配件，公司以最低价格，优良信誉，以完善的售后服务，让顾客满意为宗旨，我们期待你的光临！
业务：天一能电瓶、踏浪电动车、各种摩托车、小型机电设备
地址：江苏省连云港市东海县青湖镇交警中队对面
负责人：花东楼 邮编：222300
法人：花东楼
Tel：0518－87343479
E-mail：916326579@qq.com

**江苏省无锡市堰桥镇长安保利装饰美容服务中心**
业务：江苏省无锡市堰桥镇长安保利装饰美容服务中心于2005年成立，从事汽车美容服务。公司位于江苏省无锡市堰桥镇长安外围路，地理位置优越。
地址：江苏省无锡市堰桥镇长安外围路
邮编：214177
法人：吕军
Tel：0510－83621521
Mobile：13901518011
Fax：0510－83620890

**高邮市京沪通汽车物流修配服务中心**
地址：江苏省高邮市经济开发区文游台村（加油站东侧）
负责人：杨玉松
Tel：0514－84617375
13179761001

**连云港长禾运输有限公司**
业务：物流
地址：江苏省连云港市连云区墟沟镇大岭头40号
负责人：何洪站 邮编：222002
法人：何洪站
Tel：13505136305
0518－82235051

**江苏海安县金龙索具有限公司**
地址：江苏省海安县白甸镇瓦店村4组
负责人：吴龙佳
Tel：0513－88442533
13962765279

**淮安市楚州区竹华摩托车经营部**
地址：江苏省淮安市楚州区范集镇淮洪路南侧
负责人：李竹华
Tel：13705236020

**连云港凯瑞弛货运代理有限公司**
业务：货运代理
地址：江苏省连云港市中山中路369号海城广场502号
负责人：马维才 邮编：222042
法人：马维才
Tel：0518－81198266
13605138380
Fax：0518－81198291

**江阴市捷佳货运有限公司**
业务：江阴市捷佳货运有限公司成立于2006年，主要从事货物运输代理。公司为您的货物能够安全、准时送达目的地提供了可靠的保证，真正实现了门到门的服务。
地址：江苏省无锡市江阴市申港镇镇澄路1369号
负责人：曹敏 邮编：214443
法人：曹敏
Tel：0510－86685035

**南京建特货运代理有限公司**
业务：汽车货运，大件设备运输，水路运输
地址：江苏省南京市下关区中山北路607号4－2－202室
负责人：罗世和 邮编：210000
法人：罗世和
Tel：025－58823139
E-mail：luoshihe@email.com

**淮安市兴隆汽车租赁服务中心**
地址：江苏省淮安市清河区淮海北路72号（金泰大楼1幢604室）
负责人：张义
Tel：13861557077

**淮安市广大汽车销售有限公司**
地址：江苏省淮安市盱眙县大庆路南侧
负责人：陈刚
Tel：13327968898

**江苏省南通市大连千禧货物运输有限公司南通分公司**
业务：物流
产品：南通—大连、沈阳、单东、营口、辽阳、鞍山、熊岳、鲅鱼圈
地址：江苏省南通市陈桥五峰物流园
负责人：王廷家 邮编：226000
Tel：0513－85579147
85573647
13186549147
13057000147

**昆山众鑫运输有限公司**
地址：江苏省昆山市陆家镇合丰西路68号白杨湾物流中心
负责人：黄小华
Tel：0512－57677878
57363897
13358057999

**南通伟庆船舶工程劳务有限公司**
业务：船舶制造、修理，机械钢结构的制造
地址：江苏省南通市崇川区瑞丰花园26幢503
负责人：车伟庆 邮编：226001
法人：车伟庆
Tel：13901848778
0513－86851863
Fax：0513－85202178

**昆山市永泰汽车销售服务有限公司**
地址：江苏省昆山市马鞍山中路508号
负责人：殷骝明
Tel：0512－57359898

13092657759

**金坛市粉英运输有限公司**
业务：金坛市粉英运输有限公司成立于2005年，主要从事江苏境内的水泥运输。
地址：江苏省金坛市薛埠镇茅洲路38号
负责人：余粉英 邮编：213245
法人：余粉英
Tel：0519－82661515
Fax：0519－82666683
网址：www.mtw28153.chinapyp.com

**小万柴配件有限公司**
业务：汽车发动机配件的销售
地址：江苏省南通市海安县黄海大道1号
负责人：万小建 邮编：226300
法人：万小建
Tel：0513－88911306
13584704296
Fax：0513－88911306

**灌南建华物流有限公司**
地址：江苏省连云港市灌南县经济开发区
负责人：郑广建
Tel：13033523352

**康跃汽车贸易有限公司**
地址：江苏省连云港市海连东路51号院内
负责人：惠康跃
Tel：0518－82288806
13327868970

**南通市通德船舶修造有限公司**
业务：船舶修造
地址：江苏省南通市九圩港闸南首
负责人：陈德华 邮编：226000
法人：陈德华
Tel：0513－85633656
85562188
85568099
13901489001
13906296133
Fax：0513－85562188

**靖江市玉峰车辆部件制造有限公司**
业务：我公司主要从事各种规格、型号的摩托车辐条及条母，自行车、电动、汽动助力车、童车辐条及条母，衣钩，标准件系列产品。本公司产品出口主要销往中东、南美等地及非洲等地，赢得广大用户的好评。
地址：江苏省泰州靖江市西来镇
邮编：214524
法人：郁建峰
Tel：0523－4262861
4266261
Fax：0523－4266261
网址：www.jfspoke.com

**南通名成船舶配件有限公司**
业务：船舶配件的生产与销售，以电线电缆、船用阀件、法兰为主
地址：电线电缆、船用阀件
地址：江苏省南通市南方公寓2幢0605室
负责人：杨国兵 邮编：226001
法人：杨国兵
Tel：15996588999
0513－83583598
Fax：0513－85290832

**成金海运有限公司**
地址：江苏省连云港市经济技术开发区梅花路6－2号楼
负责人：刘志新
Tel：0518－82341476
13851274086

**连云港昌达航运有限公司**
地址：江苏省连云港市连云区海棠南路海城广场3#楼三单元701室
负责人：杨占波
Tel：13961352522

**连云港瑞通物流有限公司**
业务：连云港瑞通物流有限公司成立于2005年6月，主要从事国际船代、国内船代、货代、仓储等。欢迎各方客户来电来人洽谈业务，共同合作。
地址：江苏省连云港市连云区中华西路海景大厦B座603号
邮编：222042
法人：李德法
Tel：0518－2318186
Fax：0518－2318171

**南通港口货运中心**
业务：港口装卸、储存、报关代理
地址：江苏省南通市青年西路38号7楼
负责人：张经理 邮编：226300
Tel：0513－83510208
Fax：0513－83538377

**连云港鲸航国际物流有限公司**
地址：江苏省连云港市连云区开发区经六路东
负责人：张名成
Tel：13151399166

### 连云港振泰国际货运代理有限公司

业务：本公司是由中华人民共和国对外贸易经济合作部批准，在工商行政管理局正式注册成立的国际货运一级代理企业。主要经营范围：承办海运、空运进出口货物的国际运输代理业务，包括：揽货、订舱、仓储、中转集装箱、拼装拆箱、结算运杂费、报关报检、保险及相关的短途运输服务及及咨询业务。
地址：江苏省连云港市连云区院前路21号中华物流大厦11楼
邮　编：222042
法　人：伏勇
Tel：0518－2326866
2326865
2326867
Fax：0518－2326869
网址：www.lyggjhy.com

### 南通珍勇劳务有限公司

业务：承包船舶
地址：江苏省南通市如东县河口镇烈士陵村29组
负责人：吴珍勇　邮　编：226001
法　人：吴珍勇
Tel：13861616527
0513－84677418

### 连云港市宏辉物流有限公司

地址：江苏省连云港市连云区开发区经六路东
负责人：陆荣飞
Tel：13337872639

### 南通宝运通物流有限公司

业务：仓储物流
地址：江苏省南通市通宁大道五峰物流园崇川联运
负责人：杨宝山　邮　编：226001
法　人：杨宝山
Tel：0513－85577050

### 南京国凯高速公路材料有限公司

业务：本公司是一家集生产、加工、销售为一体的大中型交通安全设施企业。主要生产销售高速公路护栏、立柱、标志杆、法兰立柱、防阻块、立柱帽等公路材料配件。公司本着“质量第一、服务第一”的企业宗旨，将更加深入地展开对高速公路安全设施产品的生产和开发。
地址：江苏省南京市溧水县白马镇私营工业园
负责人：张生国……邮　编：211225
法　人：张生国
Tel：025－57252168
网址：www.njguokai.com

### 南通飞鹤物流有限公司（京广快运）

业务：主营物流服务，提供接取送达及干支线的公路运输，仓储、配送、公铁、公航联运业务、门到门快件业务
地址：江苏省南通市外环北路270号
负责人：鲍永国　邮　编：226000
法　人：鲍永国
Tel：0513－85669018
85666950
85666005

### 连云港西中国际物流有限公司

地址：江苏省连云港市连云区开发区经六路东
负责人：蔡新浦
Tel：13775588308

### 南通宇康机械设备有限公司

业务：销售船用发动机、发动机组及其配件
地址：江苏省南通市物资大厦18楼1801室
负责人：孙霞　邮　编：226000
法　人：田宇
Tel：0513－85588978
13962984028
Fax：0513－85580369

### 连云港迪亚杰物流有限公司

地址：江苏省连云港市连云区开发区经六路东
负责人：江燕
Tel：13812348989

### 东吴汽车贸易有限公司吉利汽车特约维修服务站

业务：汽车维修服务
地址：江苏省南通市越江路2号
负责人：徐小飞　邮　编：226000
法　人：江先生
Tel：0513－85601200
13585217630

### 南京荣宇飞农用车贸易有限公司

业务：我公司成立于2002年，主要经营农用车，汽车林业削片机，各种轻型载货汽车销售。欢迎新老客户光临惠顾！
地址：江苏省南京市溧水县和凤镇沙塘庵18号
负责人：罗金荣……邮　编：211218
法　人：罗金荣
Tel：025－57460048
Fax：025－57460048

### 苏州熙和交通设施有限公司

业务：交通安全设施，防眩板，防眩板支架，伸缩护栏，声屏障等设施材料
地址：江苏省苏州工业园区融锦苑16幢407室
负责人：杨勇　邮　编：215002
法　人：杨勇
Tel：13862004003
13689192350
0512－62760763

### 连云港荣兴国际货运代理有限公司

地址：江苏省连云港市连云区开发区经六路东
负责人：张荣全
Tel：13905131188

### 连云港凯瑞驰货运代理有限公司

地址：江苏省连云港市连云区开发区经六路东
负责人：马为才
Tel：13905131268

### 苏州江南益高电动车销售服务有限公司

业务：电动车销售服务
地址：江苏省苏州市金阊区三元三村50幢105
负责人：孙德珠　邮　编：215004
法　人：孙德珠
Tel：13915502166
0512－82185005

### 南通安途运输发展有限公司

业务：南通安途运输发展有限公司成立于2006年5月，主要从事于油品运输。
地址：江苏省南通市崇川区郭里园B6幢201室
负责人：蒋慧明……邮　编：226001
法　人：蒋慧明
Tel：0513－85721526
Fax：0513－85721526

### 宿迁市清华二手车交易市场有限公司

业务：长安4S店销售，汽车二手交易、维修及租赁
地址：江苏省宿迁经济开发区威海路486号
负责人：刘永亮　邮　编：223800
法　人：刘永亮
Tel：0527－84561122

### 青岛百杰捷运国际物流有限公司连云港分公司

业务：青岛百杰捷运国际物流有限公司连云港分公司主要从事报关、报检及仓储的进出口代理。我公司竭诚为广大客户提供一流的全方位的服务，我们深切期望继续得到商家社会各界的鼎力支持、互惠互利、共同发展！
地址：江苏省连云港市连云区海棠南路58号
邮　编：222042
法　人：任峰
Tel：0518－2319977
Fax：0518－2316677

### 泗洪县盛世船舶涂装有限公司

业务：船舶的涂装
地址：江苏省宿迁市泗洪县峰山乡前窑村
负责人：高杏江　邮　编：223800
法　人：高杏江
Tel：15255386889
15951094399

### 连云港市环海物流有限公司

地址：江苏省连云港市连云区开发区五羊路10号
负责人：季晖
Tel：13305133496

### 泗阳县鹏程货运有限公司

业务：运输，物流
地址：江苏省宿迁市泗阳县众兴东路世纪华联超市门旁
负责人：刘邓军　邮　编：223800
法　人：刘邓军
Tel：15051008555
0527－85261655

### 宿迁市双星物流有限公司

业务：专业从事普通货运、货运代理（代办）、货运配载服务，我们拥有畅通的货运物流系统，我们将竭诚为您提供优质的货运服务。
地址：江苏省宿迁市宿豫区彩塑工业园区彩塑路111号
负责人：林宝全　邮　编：223800
法　人：林宝全
Tel：0527－84253868
Fax：0527－84253868
网址：www.cpp.com.cn
E-mail：sqlbq@163.com

### 路路通货代服务部

地址：江苏省连云港市连云区墟沟大港路3号
负责人：陈同国
Tel：13775487288

### 苏州邦乐汽车车桥有限公司

业务：本公司成立于2003年，主要生产销售客车底盘、汽车车桥及零配件和提供售后服务，通过TS/IS0616949质量体系认证。欢迎光临惠顾！
地址：江苏省苏州市工业园区苏虹东路118号
负责人：王万君……邮　编：215008
法　人：王万君
Tel：0512－88856810
Fax：0512－88856811
网址：www.hnmaw.com

### 连云港振泰国际货运代理有限公司

地址：江苏省连云港市连云区院前路21号中华物流大厦11楼
负责人：伏勇
Tel：13305135188

### 上海台骅货运代理有限公司连云港分公司

地址：江苏省连云港市连云区中山路369号海城大厦1号楼403室
负责人：岳守华
Tel：13706429156

### 宿迁市鼎盛物流有限公司

业务：物流
地址：江苏省宿迁市义乌商贸城东南角
负责人：陶金磊　邮　编：223800
法　人：陶金磊
Tel：13815794852
0527－84318825
022－87918510
010－61296515

### 连云港国航经济技术合作有限公司

地址：江苏省连云港市新浦区苍梧路6号龙河大厦二期工程2002号
负责人：李乃军
Tel：13605138666

### 苏州佳良搬运有限公司

业务：本公司主要以起重搬运业务为主，在短短的时间内建立了完善的服务体系，深受广大客户好评！
地址：江苏省苏州市马涧路34号
负责人：黄庆良……邮　编：215129
法　人：黄庆良
Tel：0512－66671380
Fax：0512－66671395
网址：www.sz－jl.cn
E-mail：hql@sz－jl.cn

### 苏州鑫昶货运有限公司

业务：物流
地址：江苏省太仓市城厢镇苏州西路101号国际物流城7
负责人：张伟昌　邮　编：215400
法　人：张伟昌
Tel：13063845555
0512－53373229

### 苏州市诚信汽车修理厂

业务：苏州市诚信汽车修理厂成立于1985年，主要从事汽车维修及汽车配件销售。欢迎新老客户光临惠顾！
地址：江苏省苏州市相城区娄北村东街46号内
负责人：吴海锋……邮　编：215000
法　人：吴海锋
Tel：0512－65760617
Fax：0512－65760617

### 太仓统运货运有限公司

业务：承接国内水路。公路运输
地址：江苏省太仓市浏河镇闸南路18号
负责人：段成胜　邮　编：215000
法　人：段成胜
Tel：15962278333
0512－82706966

### 江苏全力汽车贸易有限公司连云港分公司

地址：江苏省连云港市新浦区海连东路62号
负责人：孙红山
Tel：13805181106

### 连云港大成公路工程有限公司

地址：江苏省连云港市新浦区康泰路康泰新村3号楼1－601室
负责人：伏彩文
Tel：0518－85523500
13905131928

### 南丰汽车附件有限公司

业务：汽车配件生产销售
地址：江苏省太仓市南郊镇永丰村14组
负责人：史光耀　邮　编：215400
法　人：史光耀
Tel：0512－53122388
53122235

### 连云港市龙港储运有限公司

地址：江苏省连云港市新浦区朱麻村28号
负责人：顾成岗
Tel：13905131333

### 上海欧新国际货运代理有限公司南京分公司

地址：江苏省南京市白下区7－11号新万里广场606室
负责人：唐绪义
Tel：025－84519222

### 泰兴市虹亿船舶设备有限公司

业务：专业从事船舶设备制造、销售的高新技术企业，另承接水电工程、园林绿化工程，公司拥有一套精良的生产和检测设备，生产的产品质量可靠，本着"信誉至上、优质服务"的原则，热忱欢迎您光临指导并进行广泛的业务协作。
产品：舾装件系列；螺旋风管及附件；船用泵阀、安装
地址：江苏省泰兴市七圩镇祥福东街1－1号
负责人：钱章美　邮　编：225453
法　人：梁学虎
Tel：0523－87485392
13805266840
13376037488
Fax：0523－87986488

### 南京广吉物流有限公司

地址：江苏省南京市白下区东文思巷6－1号
负责人：王广友
Tel：13813872859

### 上海天骏航运有限公司南京分公司

地址：江苏省南京市白下区侯家桥12号6层C座
负责人：单琳
Tel：13357719719

### 泰州市福耀汽车玻璃有限公司

业务：汽车玻璃
地址：江苏省泰州市开发区西湖翠苑
负责人：王其灼　邮　编：225300
法　人：王其灼
Tel：0523－86810832
13952639473

### 苏州市大陆鸽电动自行车销售有限公司

业务：苏州市大陆鸽电动自行车销售有限公司成立于2002年，主要从事电动车销售。我们将为您提供价廉物美的产品，使客户“买得实惠、用得放心”！
地址：江苏省苏州市金阊区枫桥路8号
负责人：徐树栓……邮　编：215008
法　人：徐树栓
Tel：0512－65349691

### 苏州市吴中区车坊宏远船舶修理厂

业务：本公司成立于1993年，主人从事船舶修理、承接各种针织品服装加工、经营、外出口。
地址：江苏省苏州市吴中区车坊镇前港村
负责人：陈军……邮　编：215208
Tel：0512－65921368
65924484
65921378
Mobile：13771782221

### 泰州市海陵区成渝货物配载部

业务：泰州市海陵区成渝货物配载部成立于1999年，现有员工200余人，承接泰州至北京、重庆、成都、浙江等城市的公路货物运输。
地址：江苏省泰州市海陵区泰东物流中心
邮　编：225700
法　人：高建明
Tel：0523－6275611
Fax：0523－6275622

### 南通张杨船舶工程有限公司

业务：船舶机电设备、舾装件的制作、安装和销售
产品：船舶机电设备、舾装件
地址：江苏省通州市金沙镇双龙村四组
负责人：张启红　邮　编：226300
法　人：张启红
Tel：15996690022

### 南京港驰汽车服务有限公司

地址：江苏省南京市白下区后标营39号
负责人：丁宁
Tel：025－84680958

### 江苏正大远东国际物流有限公司

地址：江苏省南京市白下区水秀花园8号501室
负责人：徐凌
Tel：025－84471660

### 天达船舶机械厂

业务：生产、销售船舶配件
产品：锌块
地址：江苏省通州市李港天后宫村11组
负责人：黄俊　邮　编：226300
法　人：黄俊
Tel：0513－86760018

### 泰州市华海船用配件厂

业务：本厂主要生产符合GB、CB、CBM标准的管系附件和舾装通风件。主要产品有：液流观察器，气水分离器，吸入粗水滤器，船底吸入格栅，各种标准的空气管头，泥箱，金属弹簧吊架，各种调风门，通风栅，通风

头，通风筒，球形送风口，转动喇叭式出风头，传话管路系统等。
地址：江苏省泰州市高港科技创业园华海路1号
负责人：唐晨 邮编：225324
法人：唐晨
Tel：0523－86110525
Fax：0523－86117293

**南京惠联汽车服务有限公司**
地址：江苏省南京市白下区王府园8幢402室
负责人：杨红秋
Tel：13913960510

## 通州市通建阀门有限公司
业务：液位计，船用阀门，阀组，船用管系附件及其控制装置等
地址：江苏省通州市刘桥镇交通路24号
负责人：张锋 邮编：226363
法人：张锋
Tel：13862801388
13814704175
0513－86581080
Fax：0513－86816889
网址：www.tjvalve.net
E-mail：hfvalve@126.com

**红箭华东江苏国际运输代理有限公司**
地址：江苏省南京市白下区珠江路88号新世界中心2幢2006室
负责人：褚振保
Tel：025－58129576

## 无锡市中俊货物运输有限公司
业务：货物运输服务，成都专线
地址：江苏省无锡市锡山经济开发区友谊北路300号（轻纺城停车场）
负责人：杨立民 邮编：214001
法人：杨立民
Tel：13861781345
0510－83630098
Fax：0510－83630097

## 泰州市易通车件有限公司
业务：本公司成立于2003年，专业从事车用减震器的生产与销售。以人为本，用产品说话，我们可以按您的需要，及时快速地定制各型规格减震器，为每一个客户提供优质贴心的服务。
地址：江苏省姜堰市梁徐镇双登科工园
负责人：张明 邮编：225500
法人：张明
Tel：0523－88317488

## 兴化市海航机电设备厂
业务：船舶电缆附件生产销售
地址：江苏省兴化市沈伦镇沈南村
负责人：顾志 邮编：225715
法人：顾志
Tel：0523－83751708
13961053266
网址：http://www.51zzt.com/user/zzt30154

**南京运恒集装箱运输管理有限公司**
地址：江苏省南京市鼓楼区宝地园5幢204室
负责人：陈群
Tel：13915995665

## 江苏省徐州市四海物流有限公司
业务：汽车货物运输服务
地址：江苏省徐州市南环配载交易中心22号
负责人：张四海 邮编：221003
法人：张四海
Tel：13585472777

**南京鑫邦国际货运代理有限公司**
地址：江苏省南京市鼓楼区萨家湾49号7栋401室
负责人：李燕
Tel：025－85132327

## 徐州春华汽车销售有限公司
业务：销售汽车和汽车售后服务
产品：主营"解放"牌货车，"王牌"自卸车，山东"驭林"货车，"日野"货车等
地址：江苏省徐州市睢宁县红叶路199号
负责人：张建华 邮编：221200
法人：张建华
Tel：0516－88385730
13305220730
Fax：0516－88385133

## 徐州市永正汽车配件有限公司
业务：徐州市永正汽车配件有限公司成立于2000年，主要经营配件，油漆，涂料等汽车专用漆，摩托车专用漆。欢迎新老客户光临，惠顾！
地址：江苏省徐州市云龙区民富园商业街1号
负责人：鞠亚东 邮编：210004
法人：鞠亚东
Tel：0516－83663768
网址：www.mtw27079.chinapyp.com

## 徐州运荣物流有限公司
业务：承接全国物流配送
地址：江苏省徐州市铜山县茅村镇茅村大队104国道环岛北路东30米
负责人：李士运 邮编：221135
法人：李士运
Tel：13815301844
15852497414

**南京百盛快递有限公司**
地址：江苏省南京市江宁区经济技术开发区胜太新寓1－3号
负责人：黄杰
Tel：13357817265

**南京富朗汽车零部件有限公司**
地址：江苏省南京市溧水县和凤镇
负责人：王玉亮
Tel：025－57465058

## 阜宁县益林正中港口搬运装卸有限公司
业务：货物搬运装卸服务
地址：江苏省盐城市阜宁县益林镇海陵东路224号
负责人：杨正中 邮编：224005
法人：杨正中
Tel：18912571959
0515－87791178

## 张家港市港顺船舶服务有限公司
业务：我公司主要经营项目：船舶污油水接收；船舶油舱清洗；船舶航修；船舶物资供应；围油栏及清污设备出租，出售；疏港，供水；船舶燃料供应，货物中转，污油水，清舱，洗舱，生活垃圾接收、处理、供水、伙食，消防器材、船舶备件供应、船舶航修等。
地址：江苏省张家港金港镇长江中路52号
负责人：吴树根 邮编：215633
Fax：0512－58932018

## 建湖县恒丰运输有限公司
业务：全国普通运输
地址：江苏省盐城市建湖县沿河东夏集镇高明路54号
负责人：姚春华 邮编：224005
法人：姚春华
Tel：0515－86598083
网址：http://www.51zzt.com/user/zzt30065

**溧水县朗驰鸿运通轮胎销售有限公司**
地址：江苏省南京市溧水县永阳镇秦淮北路
负责人：陈斌
Tel：025－56212168

## 盐城市信达汽车装潢用品总汇
业务：汽车装潢、汽车维修、汽车装潢用品批零等业务
地址：江苏省盐城市开放大道28号
负责人：洪善明 邮编：224000
法人：洪善明
Tel：0515－88790028
88238917

**南京交通产业有限责任公司**
地址：江苏省南京市六合经济开发区
负责人：司徒建宁
Tel：025－57151001

## 盐城市康运货运代理有限公司
业务：全国普通大件货物运输
地址：江苏省盐城市通榆南村38号楼203室（5）
负责人：单联欢 邮编：224000
法人：单联欢
Tel：15189310000
13914674008

**南京尚利威汽车服务有限公司**
地址：江苏省南京市六合经济开发区
负责人：郑春玉
Tel：13770522615

**南京海翔船务有限公司**
地址：江苏省南京市浦口区乌江工业区298号
负责人：詹叔平
Tel：025－83303991

## 连云港瀛龙船舶修造有限公司
业务：专业承接船舶防腐涂装工程，冷作，电焊，钢结构制作安装，船舶修理。本着安全第一、质量为本的服务宗旨为您提供各类价格合理，信誉保证的船舶工程，真诚期待与您的合作！
地址：江苏省盐城市响水县上兴村一组九孔闸
负责人：陈国玉 邮编：224600
法人：陈国玉
Tel：0515－86895677
13851191589

**南京乐航国际物流有限公司**
地址：江苏省南京市栖霞区和燕路251－1号
负责人：周泳
Tel：13901593367

**南京满源汽车零部件制造有限公司**
地址：江苏省南京市栖霞区迈皋桥街道和燕路251号1501室
负责人：丁啟荣
Tel：13905198339

## 沭阳秋实防腐工程有限公司
业务：船舶除锈防腐涂装工程，钢结构制作安装，装饰装潢工程设计、施工，我们以追求百分之百的客户满意作为自己的至尊目标，并以最高的热忱、最好的服务、最优的合作，为您提供细致、周到、快速、全面的服务！//船舶，喷砂，喷漆，喷锌，喷铝，工程防腐，出租（售）空压机，售铜矿砂 QFB19750127@163.Com扬州仪征新扬船舶制造
地址：江苏省扬州市仪征市华美船厂
负责人：戚凤兵 邮编：211400
法人：戚凤兵
Tel：13511729588
E-mail：qfb19750127@163.com

**南京中运船舶制造有限公司**
地址：江苏省南京市栖霞区三江口中国水泥厂取水口下游约400米处江滩
负责人：刘亚林
Tel：13905197589

**南京超集物流有限公司**
地址：江苏省南京市栖霞区燕子矶街道燕尧路91号
负责人：陈敏彦
Tel：13605171749

## 宜兴市锐杰商贸有限公司
业务：经销润滑油、汽车、叉车配件，代理东风嘉实多油品等品牌产品，品种齐全，价格合理，并有专业技师提供技术服务，我们将竭诚为您提供最优质的产品和最满意的服务。
产品：东风嘉实多油品
地址：江苏省宜兴市宜城街道融达汽车城1幢811－812
负责人：解杰 邮编：214200
法人：解杰
Tel：0510－87933633
Fax：0510－87933633
E-mail：xiejie7912456@yahoo.cn

**南京凯进物流有限公司**
地址：江苏省南京市秦淮区长乐路74号
负责人：黄凯金
Tel：025－86236188

**南京航安航空货运代理中心**
地址：江苏省南京市秦淮区大校场机场内
负责人：李晖
Tel：025－52626358

## 张家港保税区沿江运输有限公司
业务：道路危险货物运输、普通货物、集装箱运输
地址：江苏省张家港市大新镇海坝路
负责人：刘少瑾 邮编：215636
法人：李桂玉
Tel：0512－58399388
Fax：0512－58338118
网址：www.yanjiang168.com
E-mail：webmaster@yanjiang168.com

**南京恩熠物流实业有限公司**
地址：江苏省南京市秦淮区岗虹苑23号－1
负责人：陈纪恩
Tel：13913923332

**南京一诺速递服务有限公司**
地址：江苏省南京市秦淮区岗虹苑23号之一
负责人：严培红
Tel：13357726688

## 太仓市佳胜汽车运输有限公司
业务：物流
地址：江苏省张家港市大新镇龙潭村17组
负责人：穆国强 邮编：215600
法人：穆国强
Tel：13921981658
0512－58710008

**南京凌昊汽车服务有限公司**
地址：江苏省南京市秦淮区红花村2号
负责人：金家胜
Tel：025－52635159

**南京吉佳快递有限公司**
地址：江苏省南京市秦淮区双塘里51号201室
负责人：吉莉莉
Tel：025－83316675

## 丹阳新华阳车灯有限公司
业务：各种汽车射灯，雾灯，汽车用品系列
地址：江苏省镇江丹阳市界牌镇界北工业园
负责人：匡为民 邮编：212000
法人：匡为民
Tel：0511－86382666
86386730
86365616

**南京东飞汽车服务有限公司**
地址：江苏省南京市秦淮区小思古巷13号

负责人：王珏
Tel：025－52621098

**南京兰博汽车美容服务中心**
地址：江苏省南京市下关区九家圩62号
负责人：孙德伟
Tel：025－83943556

## 丹阳兴隆车辆部件有限公司
业务：经营汽车仪表板，保险杠及汽车内饰件等等。
地址：江苏省镇江丹阳市新桥镇姚家弄工业园
负责人：姚敏杰 邮编：212000
法人：姚敏杰
Tel：0511－86306868
86355198
86361258

**上海佳深物流有限公司南京分公司**
地址：江苏省南京市下关区幕府东路108号
负责人：汪明
Tel：025－85630036

**南京美光汽车美容有限公司**
地址：江苏省南京市玄武区北苑二村22幢512室
负责人：赫虎
Tel：025－84400929

## 镇江港务集团（镇港物流有限公司）
业务：全国物流，铁路，公路，水路
地址：江苏省镇江市大港集镇临江路5号
负责人：王德成 邮编：212132
法人：王德成
Tel：0511－83373918

**南京希昌货运代理有限责任公司**
地址：江苏省南京市玄武区东杨坊130号玄武湖货运配载市场5幢7，9号摊位
负责人：魏孔文
Tel：025－85078121

**南京恒联汽车服务有限公司**
地址：江苏省南京市玄武区杨家胡同85号A003室
负责人：王进军
Tel：025－51890138

## 响水超越船舶有限公司
业务：船舶修理
地址：江苏省镇江市大港新区五峰山船厂
负责人：顾善超 邮编：212001
法人：顾善超
Tel：13776479451
0511－88903005

**南京长天国际船务代理有限公司**
地址：江苏省南京市玄武区珠江路455号政务中心北一楼A003室
负责人：黄一红
Tel：13905173202

**黑龙江省华宇物流集团南京有限公司珠江路分公司**
地址：江苏省南京市玄武区珠江路杨家胡同79号
负责人：王启新
Tel：025－52642060

## 路鑫达道路标线设备有限公司
业务：道路标线划线机的研发、设计、生产、销售
地址：江苏省镇江市丹徒区上党镇上石路300米
负责人：付先生 邮编：212121
法人：付国宇
Tel：0511－84463888
84462888
13852907688
Fax：0511－84462888
网址：www.zjslxd.com
E-mail：zjslxd@163.com

**南京久富运输有限公司**
地址：江苏省南京市沿江工业开发区葛塘街道办事处浦淮路南洋化纤厂内
负责人：侯天红
Tel：025－58399448

## 镇江市老司机汽车销售有限公司
业务：中国重汽镇江服务站；汽车（小轿车除外），汽车配件，润滑油脂销售；汽车维护，小修及专项修理（凭有效许可证）。
地址：江苏省镇江市丹徒新城治江大道7号
负责人：曾胜利 邮编：212000
法人：曾胜利
Tel：0511－85917122
88881523
84565811
84566811

**南京瑞峰汽车服务有限公司**
地址：江苏省南京市沿江工业开发区新华路317号－1

负责人:周刚
Tel:13815893119

**南京绿洲船用设备配套有限公司**
地址:江苏省南京市雨花台区板桥街道新建村
负责人:束锡林
Tel:025－86700310



**南京交运集团有限公司汽车维修分公司**
地址:江苏省南京市雨花台区卡子门丁墙村 6－1 号
负责人:保晓宏
Tel:025－52417665

**南京苏伦汽车服务有限公司**
地址:江苏省南京市雨花台区宁南街道宁南工业园 19 号
负责人:徐学富
Tel:025－86427167

**南通友恒国际货运代理有限公司**
地址:江苏省南通市崇川区城南新村 32 幢 303 室
负责人:黄飞
Tel:13962966677

**观音山运输公司汽车修理厂**
地址:江苏省南通市崇川区观音山镇转盘向北 300 米(观音山镇卫生院附近)
负责人:葛老板
Tel:0513－85265136
13706290423

**南通华东国际旅游客运集散中心有限公司**
地址:江苏省南通市崇川区濠西路盆景园内
负责人:曹刚
Tel:13960296058

**南通英捷货运代理有限公司**
地址:江苏省南通市崇川区虹桥新村 179 幢 104 室
负责人:徐霆
Tel:13901489069

**江西省吉水县航运公司驻南通办事处**
地址:江苏省南通市崇川区节制闸新村 6－201 室
负责人:周珍林
Tel:0513－83504199
13921608883

**南通尤特船务工程技术有限公司**
地址:江苏省南通市崇川区金龙花苑附 1 幢二层西
负责人:黄清
Tel:13901484759

**官头航运公司驻南通办事处**
地址:江苏省南通市崇川区任港乡南通港村七组
负责人:江先生
Tel:0513－83505673
13083560373

**海腾船务工程有限公司**
地址:江苏省南通市崇川区任港乡任港村 2 组 31 号
负责人:康承云
Tel:0513－83530928
13962950368

**南通路路通汽车运输有限公司**
地址:江苏省南通市崇川区怡园新村 2 幢 407 室
负责人:王瑞华
Tel:13806294940

**南通鑫亚船舶工程有限公司**
地址:江苏省南通市崇川区中远小区 7 幢二楼
负责人:陈美荣
Tel:13906299205

**南通华天船业有限公司**
地址:江苏省南通市港闸区陈桥乡树北村 12 组
负责人:陈骏输
Tel:0513－85695562
13862916358

**南通九洲船舶机械制造有限公司**
地址:江苏省南通市港闸区闸西乡新闸村 10 组
负责人:丁胜兵
Tel:13801486019

**顶盛专业汽车用品中心**
地址:江苏省南通市工农路 12 号
负责人:丁善峰
Tel:0513－85222000
85868212

**东洋通达汽车配件有限公司**
地址:江苏省南通市海安县海安镇平桥村十四组
负责人:虞保海
Tel:0513－88699368
13773744548

**丰茂船用锚链厂**
地址:江苏省南通市经济技术开发区新开镇三谷镇村
负责人:施正风
Tel:0513－83598365
13301483728

**启东市海韵船舶装备有限公司**
地址:江苏省南通市启东市汇龙镇工业园区
负责人:袁健
Tel:13801464518

**南通弘远船舶工程有限公司**
地址:江苏省南通市启东市汇龙镇江海中路 891 号
负责人:陆柏松
Tel:13806282011

**顺发货运有限公司**
地址:江苏省南通市启东市汇龙镇人民西路 1387 号
负责人:顾同生
Tel:0513－83320721
13901462621

**东方汽车城销售有限公司**
地址:江苏省南通市启东市汇龙镇紫薇路南路汽车站对面
负责人:施凯
Tel:13584739888

**上海便捷货运有限公司南通分公司**
地址:江苏省南通市任港路 50 号
负责人:赖经理
Tel:0513－83551003
85761635

**振运公交有限公司**
地址:江苏省南通市如皋市城西乡城南村十一组
负责人:周建华
Tel:13773831111

**南通熔盛物流有限公司**
地址:江苏省南通市如皋市如皋港经济开发区内
负责人:黄闽
Tel:13564119696

**南通金建船舶修造有限公司**
地址:江苏省南通市通州市平潮镇捕鱼港村
负责人:李金华
Tel:13328060866

**通州华亚船舶制造有限公司**
地址:江苏省南通市通州市平潮镇工业集中区
负责人:赵建
Tel:13706293255

**宏运船务有限责任公司南通办事处**
地址:江苏省南通市外环西路 1 号苏东大厦 508 室
负责人:叶胜海
Tel:0513－83522288
13338063188

**雅玛哈纯正部品专卖店**
地址:江苏省如皋市群宇模配市场 G 区 60 号
负责人:潘松祥
Tel:0513－82916866
13962727882

**扬子汽车蓬垫厂**
地址:江苏省如皋市下原镇蔡荡村三组
负责人:杨晓成
Tel:0513－87715458
13912211258

**力能汽车零部件有限公司**
地址:江苏省苏州市玻纤路 3－5 号
负责人:姚雁
Tel:0512－62663360

**上海兆霖国际物流有限公司苏州分公司**
地址:江苏省苏州市沧浪区东小桥下塘 7 号 2 幢 501 南室
负责人:庄力
Tel:13306210001

**苏州港龙国际货运代理有限公司**
地址:江苏省苏州市沧浪区葑门西街 20 号
负责人:羊青
Tel:0512－65193082

**苏州锦顺捷运国际货运代理有限公司**
地址:江苏省苏州市沧浪区宏葑新村 80 幢
负责人:滕佩芳
Tel:13182611775

**浙江巨人电梯有限公司苏州维修保养服务中心**
地址:江苏省苏州市沧浪区南环东路南华公寓 24 幢 201 室
负责人:钱江
Tel:0512－65646927

**苏州市泛洋国际货运代理有限公司**
地址:江苏省苏州市沧浪区十梓街 327 号
负责人:杨斌
Tel:13906205382

**苏州市顺驰货运有限公司**
地址:江苏省苏州市沧浪区桐泾南路 9－12 号
负责人:戴亚
Tel:13338031573

**江苏华源交通工程有限公司**
地址:江苏省苏州市长江路 100 号
负责人:高寒
Tel:0512－67223458
67223421

**苏州莱茵兰电梯制造有限公司**
地址:江苏省苏州市常熟市常熟东南经济开发区
负责人:张利锋
Tel:0512－52837726

**常熟市新华储运有限公司富春江营业部**
地址:江苏省苏州市常熟市富春江路 8 号(梦兰物流园区综合楼 122－128 号)
负责人:叶晓秋
Tel:0512－52222158

**常熟市瑞安汽车配件有限公司**
地址:江苏省苏州市常熟市古里镇剑南街
负责人:杨雪清
Tel:0512－52764861

**常熟市福本摩托车销售有限公司**
地址:江苏省苏州市常熟市古里镇淼泉淼东路
负责人:王锁平
Tel:0512－52376319

**苏州志腾国际货运代理有限公司**
地址:江苏省苏州市常熟市海虞南路 115 号
负责人:王焕春
Tel:0512－56230501

**常熟市苏轮运输有限公司**
地址:江苏省苏州市常熟市新建路 38 号
负责人:杨志文
Tel:0512－52782746

**常熟市上迅电梯销售有限公司**
地址:江苏省苏州市常熟市虞山镇安定村
负责人:朱金凤
Tel:0512－51225188

**苏州市西铁联运有限公司**
地址:江苏省苏州市金阊区白洋湾储运路 32 号
负责人:孙荣妹
Tel:0512－65357127

**苏州市维腾物流装备有限公司**
地址:江苏省苏州市金阊区彩香路 6 号 A 座 402 室
负责人:王卫强
Tel:0512－68276723

**上海登梯斯电梯有限公司苏州分公司**
地址:江苏省苏州市金阊区阊胥路 251 号远东大厦 704 室
负责人:黄建芳
Tel:13901547667

**苏州市望达物流设备有限公司**
地址:江苏省苏州市金阊区广济南路 146 号 327 室
负责人:孙功勋
Tel:13771827320

**苏州市中联运输有限公司**
地址:江苏省苏州市金阊区国华物流园
负责人:刘新贵
Tel:13913573085

**苏州路路佳货运有限公司**
地址:江苏省苏州市金阊区虎丘后山
负责人:程水平
Tel:13306203559

**苏州舒捷物流有限公司**
地址:江苏省苏州市金阊区虎丘后山 312 国道 95－96 公里处
负责人:陈苏苏
Tel:0512－65521998

**苏州市明亮货运有限公司**
地址:江苏省苏州市金阊区虎丘后山河 33 号
负责人:徐明亮
Tel:0512－65334755

**苏州市宝捷达汽车修理厂**
地址:江苏省苏州市金阊区虎丘路昌华集团大院内
负责人:徐晓东
Tel:0512－65319790

**苏州市舟杰货运有限公司**
地址:江苏省苏州市金阊区虎丘席场弄(城北货运市场)
负责人:黄炳武
Tel:13901573426

**苏州市富凯货运有限公司**
地址:江苏省苏州市金阊区西园路 480 号倪家苑北区
负责人:胡俊
Tel:13962527021

**苏州市佳得力货运有限公司**
地址:江苏省苏州市金阊区西园路 48 号
负责人:高向阳
Tel:13338652580

**昆山玮通国际货运代理有限公司**
地址:江苏省苏州市昆山市开发区长江中路 468 号
负责人:邱琳
Tel:0512－57920283

**上海华舸国际物流有限公司昆山分公司**
地址:江苏省苏州市昆山市开发区凯悦花园 29 号楼 301 室
负责人:何谢悦
Tel:0512－50550306

**昆山市幸立车辆配件有限公司**
地址:江苏省苏州市昆山市开发区蓬朗新华路北侧
负责人:李云
Tel:13951218765

**昆山成邦交通道路安全设施管理有限公司**
地址:江苏省苏州市昆山市开发区园明路
负责人:盛志华
Tel:13906265328

**昆山路路通货运有限公司**
地址:江苏省苏州市昆山市陆家镇合丰西路 68 号
负责人:席春梅
Tel:0512－57878852

**昆山创诚速递服务有限公司**
地址:江苏省苏州市昆山市玉山镇城北柏庐北路 363 号
负责人:杨俊
Tel:13601798821

**昆山市正华起重吊装运输有限公司**
地址:江苏省苏州市昆山市玉山镇大西门大街 15 号
负责人:丁正泰
Tel:0512－57550156

**昆山市港务装卸运输服务有限公司铁路集散站**
地址:江苏省苏州市昆山市玉山镇严家角 3 号
负责人:沈元明
Tel:0512－57300003

**黑龙江省华宇物流集团(昆山)有限公司张浦分公司**
地址:江苏省苏州市昆山市张浦镇团结桥 12 号
负责人:丁宏涛
Tel:0512－57456383

**昆山市晨曦汽车运输有限公司**
地址:江苏省苏州市昆山市周市镇茂源路 15 号
负责人:张春天
Tel:13806262308

**苏州市佳通汽车货运有限公司**
地址:江苏省苏州市平江区娄门路 237 号(货运市场内)
负责人:陈燕元
Tel:0512－67262238

**苏州锦雄国际货运代理有限公司**
地址:江苏省苏州市平江区平家巷 20 号
负责人:钱伟强
Tel:13906213601

**苏州市风驰货运有限公司**
地址:江苏省苏州市平江区齐门路平家巷 20 号
负责人:肖本立
Tel:0512－67271502

**太仓和信国际货运代理有限公司**
地址:江苏省苏州市太仓市城厢镇东仓路 24 号楼 5 号
负责人:何健
Tel:13806242087

**太仓时捷货运代理有限公司**
地址:江苏省苏州市太仓市城厢镇惠阳二村 47 号楼 102 室
负责人:潘荫豫
Tel:0512－53577552

**苏州工业园区鸿顺货运代理有限公司**
地址:江苏省苏州市通园路 699 号
负责人:杭柯
Tel:0512－62880388
63796669



**三德利货物中转站**
地址:江苏省泰兴市苏中批发城内 8 号
负责人:生建军
Tel:0523－87683400
85993400

**金乐运输有限公司**
地址:江苏省通州市金乐镇家宝工业园
负责人:李华
Tel:0513－2519070
13901468761

**无锡胜美汽车空调有限公司**
地址:江苏省无锡市荡口镇鹅湖南路
负责人:林昶
Tel:0510－83114698

**南京东南汽车销售有限公司无锡分公司**
地址:江苏省无锡市广南立交东方汽车城内
负责人:杨荣海
Tel:0510－82137055

**无锡市亨通汽车发送有限公司汽车销售分公司**
地址:江苏省无锡市江海西路 88 号(华东汽车城 141 室)
负责人:何兆奎
Tel:0510－82268510

**新动力环业有限公司**
地址:江苏省无锡市经济开发区南站景渎村陶典桥
负责人:华金生
Tel:0510－88891099

**无锡天工车业有限公司**
地址:江苏省无锡市锡山区羊尖镇羊尖粮油所
负责人:黄波
Tel:0510－88731685
13861848973
13606174471

**无锡市赛洋汽车电器有限公司**
地址:江苏省无锡市扬名高新技术产业园 C 区 005 号
负责人:何清
Tel:0510－85431383
13328102918

**吴江居安交通设施有限公司**
地址:江苏省吴江市芦墟镇清平路 506 号
负责人:陈天林
Tel:13182665255

力雄厚的生产技术队伍,尽可能更好的满足客户的需求,达到和客户双赢的结果!
地址:江苏省靖江市西来镇封家村
……邮　编:214515
……法　人:封宗汉
……Tel:0523－4261188
……Fax:0523－4261189

**徐州金杯海狮专卖店**
地址:江苏省徐州市复兴北路 217 号
……负责人:张爱国
……Tel:13852031315

**徐州公交大众汽车维修中心**
地址:江苏省徐州市濉海西路 333 号
……负责人:闫华
……Tel:0516－85719233
13705203038

**维信红龙汽车销售加盟连锁有限责任公司**
地址:江苏省徐州市云龙区三环东路机场路口淮海工程机械市场
……负责人:孟利
……Tel:0516－83208111
83208000

**好运运输有限公司**
地址:江苏省盐城市城区开放大道 333 号
……负责人:陈刚
……Tel:0515－88511325
13605103307

## 江都市城东运输服务有限公司
业务:江都市城东运输服务有限公司成立于 2006 年,从事货物运输及装卸服务,欢迎新老客户来电洽谈业务!
地址:江苏省江都市长江东路新民村
……负责人:田庆林……邮　编:225200
……法　人:田庆林
……Tel:0514－86859899

**鑫源汽车服务有限公司**
地址:江苏省盐城市大丰市区健康西路 69 号
……负责人:肖桂成
……Tel:0515－83516665
13337983799

**绿松石汽保设备厂**
地址:江苏省盐城市东河工业园区(东河 3 组)
……负责人:葛成桃
……Tel:0515－88500148
88500048
13851084660
13311972777

**龙海汽车销售贸易有限公司**
地址:江苏省盐城市建湖县城明珠加油站东侧
……负责人:张国军
……Tel:13605119922

**悦达物流发展有限公司**
地址:江苏省盐城市开放大道 5 号
……负责人:陈汉洋
……Tel:0515－88260556
8332396

**工业供销公司射鹤一号船队**
地址:江苏省盐城市射阳县合德镇红旗路 1 号
……负责人:察夕康
……Tel:13851139287

**京杭物流有限公司**
地址:江苏省扬州市宝应县运河路 183 号
……负责人:曾国成
……Tel:0514－88222168
13901441206

**东风汽车车身厂**
地址:江苏省扬州市邗江区方巷镇
……负责人:郭万峰
……Tel:0514－87381291
13338846848

## 丹阳丹金汽车部件有限公司
业务:丹阳丹金汽车部件有限公司成立于 2005 年,其前身是"丹阳市汽车部件制造厂",公司主要生产车辆组合仪表、汽车灯具、塑料内饰件、车用线束。竭诚欢迎各界朋友来电来人洽谈业务,共同合作。
地址:江苏省镇江市丹阳市新桥镇建新路 60 号
……邮　编:212300
……法　人:徐祝方
……Tel:0511－6382778
……Fax:0511－6377766

**园艺物流有限公司**
地址:江苏省扬州市仪征市园艺试验场内
……负责人:张伟
……Tel:0514－83293688
13305252048

**顺达运输有限公司**
地址:江苏省张家港市港区镇香山北路
……负责人:路国良
……Tel:0512－58311258
13806220530

**顺平运输有限公司**
地址:江苏省镇江市丹阳开发区热电厂住宅楼 1－4－202 室
……负责人:王学平
……Tel:0511－86960177
82260233

**恒益物流中心**
地址:江苏省镇江市丹阳市句路转盘
……负责人:姜小青
……Tel:0511－86550898

**骏强汽车零部件有限公司**
地址:江苏省镇江市丹阳市新桥镇木桥工业园区
……负责人:张勇
……Tel:0511－86362606
13544052010

**镇江胜寅船舶工程有限公司**
业务:船舶、钢结构的生产、制造、加工与销售,五金交电、办公用品、劳保用品的加工与销售
产品:以船舶为主
地址:江苏省镇江市润洲工业园大桥村小桥组 43 号
……负责人:薛亚洲　邮　编:212001
……法　人:薛亚洲
……Tel:15050896710

## 重庆福迪汽车零部件有限公司
业务:本公司成立于 2006 年,主要生产销售汽车活塞环、水泵、离合器片。以质量求生存、以信誉求发展,竭诚欢迎新老客户来电洽谈业务!
地址:江苏省泰兴市江平南路 38－1
……负责人:王建国……邮　编:225400
……法　人:王建国
……Tel:0523－87633331
……Fax:0523－87605033

**五矿国际货运江苏有限责任公司镇江分公司**
地址:江苏省镇江市京口区长江路 19 号
……负责人:郭经理
……Tel:0511－85317680
13805281869

## 丹阳市界牌镇志鑫汽车配件厂

丹阳市界牌镇志鑫汽车配件厂成立于2008年，本厂专业从事汽车遮阳板的生产与销售。公司秉承“顾客至上，锐意进取”的经营理念，坚持“客户第一”的原则为广大客户提供优质的服务。欢迎惠顾！

联系人：郭强
电话：0511-86388636 85167788
传真：0511-85167788
网址：www.zhixin888.net.cn
地址：江苏省丹阳市界牌镇界牌东路红灯工业园
邮编：212323

## 观音山运输公司汽车修理厂

观音山运输公司汽车修理厂成立于1979年，本公司主要经营汽车维护及修理、货物运输。公司秉承“顾客至上，锐意进取”的经营理念，坚持“客户第一”的原则为广大客户提供优质的服务。欢迎惠顾！

联系人：葛德生
电话：0513-85265136 13706290423
地址：江苏省南通市崇川区观音山镇转盘向北300米观音山镇卫生院附近
邮编：226000

## 丹阳市鑫潮方舱部件有限公司

丹阳市鑫潮方舱部件有限公司专业生产鑫潮牌军用方舱配件产品，是中国人民解放军总后勤部、总装备部指定的定点企业，并与多兵种部队用车制造商配套。所有产品销往全国各地，供货和质量信誉赢得客户的一致好评。我们热忱地希望社会各界朋友、有识之士前来洽谈合作配套，并致以诚挚的谢意。

联系人：孙金玉
电话：0511-86462191
传真：0511-86462618
地址：江苏省丹阳市访仙镇访高路55#
网址：www.xinchaochina.com.cn
电子邮件：dsdjc@126.com
邮编：212321

## 灌云县伊山镇成师傅电动车配件批发

灌云县伊山镇成师傅电动车配件批发成立于2007年10月，主要经营电动车配件批发、塑件、散件、通用件、电池、整车批发。灌云县伊山镇成师傅电动车配件批发本着“客户第一，诚信至上”的原则，与多家企业建立了长期的合作关系。热忱欢迎各界朋友前来参观、考察、洽谈业务。

联系人：成志平
电话：0518-88832180 13645124530
传真：0518-88824530 邮编：222000
地址：江苏省连云港市灌云县伊山镇东城水岸

## 鼎发塑业有限公司

鼎发塑业有限公司自创建以来，专业从事汽车配件的生产与销售。

本公司郑重承诺：人人品管，共同发展，品质至上，信誉第一，不断追求产品零缺陷，持续有效的改善，为创造一流的产品、创造一流的服务而不懈努力。

联系人：何定法
地址：江苏省丹阳市界牌镇武阳工业园
电话：0511-86386122 86377258
邮编：212323

## 海安縣捷達搬家物流有限公司

海安县捷达搬家物流有限公司于1993年成立，本公司从事集家居搬迁、企业迁移、重型机械吊装、商品打包转仓、大件运输、物配全国等服务于一体的专业搬运物流有限公司。

专线：杭州、北京、上海、东北、广州。捷达热忱欢迎社会各界来电、来人实地考察、洽谈业务，建立长期的业务合作关系！欢迎广大客户惠顾！

联系人：夏勤 13773749888 传真：0513-82970011
地址：江苏省南通市海安县开发区平桥路商业街5号 邮编：226600

## 阜宁县鑫华汽车修理厂

阜宁县鑫华汽车修理厂于1991年建厂，专业从事汽车各级维护及小修。我厂还是张家港市牡丹汽车特约维修站。我厂恪守“服务第一，客户至上”的原则，竭诚为广大客户提供最专业的服务，我们恭候您的来电！

联系人：吴锦华 手机：13951551959
电话：0515-87220485 传真：0515-87290485
地址：江苏省盐城市阜宁县新保安公司院内 邮编：224000

## 海门市海汛装卸服务部

海门市海汛装卸服务部成立于1997年，本部专业从事装卸服务、建筑材料（黄砂、石子）的销售。 电话：0513-82298699 82290699

我们将以更好的品质，服务，价格和信誉欢迎您的接洽！

传真：0513-82298099 邮编：226100 联系人：姜斌
地址：江苏省海门市海门港防汛码头

## 高邮市永恒物流有限公司

高邮市永恒物流有限公司成立于2007年，是一家长期从事公路货物运输的专业机构，有普通货物运输、危险品货物运输、承接全国的运输业务和配载运输及整车零担的业务。专线：高邮-山东淄博。在目前激烈的市场竞争中，我公司生存的唯一条件是：高效、快捷、专业、安全的优质服务！

联系人：吴伟清 电子邮件：wuweiqing@16[illegible]
电话：0514-84683692 13064999930 传真：0514-85262488
地址：江苏省扬州市高邮市经济开发区屏淮北路123号中国纺织服装城F18-5号 邮编：225600

## 鸿顺货运代理有限公司

成立于2003年，主要从事货运代理。

我们秉承“顾客至上，锐意进取”的经营理念，坚持“客户第一”的原则为广大客户提供优质的服务。欢迎广大客户惠顾！

电话：0512-62880388 63796669
传真：0512-63796669
地址：江苏省苏州市通园路699号6号楼 邮编：215000

## 淮安市永恒物流有限公司

本公司成立于2007年，主要经营物流。

服务宗旨"尊客爱货，信誉至上"。自公司成立以来，本着"诚信就是生命，客户就是上帝"的原则，历经市场的考验，现已逐步深得众多客户和物流同行的信赖和认可。

联系人：刘建江 13337965858
邮编：223001 电话：0517－83644490
地址：江苏省淮安市化工路7号

## 姜堰市腾达船舶装件有限公司

姜堰市腾达船舶装件有限公司成立于2005年，专业从事船舶制造，同时承接钢结构工程和桥梁工程。我公司秉承"顾客至上，锐意进取"的经营理念，坚持"客户第一"的原则为广大客户提供优质的服务。欢迎您的来电！

联系人：唐国庆
电话：0523-88556036 13255861679
地址：江苏省姜堰市张甸镇甸头村
邮编：225500

## 江苏锦程国际货运代理有限公司

江苏锦程国际货运代理有限公司成立于2005年，专业从事国际海、陆、空进出口货运代理，我公司秉承"专业认真、精确安全"的物流精神，会用一流的服务来报答客户的信赖和支持！

联系人：陆民 13951978878
电话：025-52251636 52278728 传真：025-52252148
地址：江苏省南京市白下区中华路50号宏业大厦1605
邮编：210000

## 锦丰装卸有限公司

锦丰装卸有限公司成立于1992年，锦丰装卸有限公司位于张家港市锦丰镇河西路南，本公司专业从事搬运装卸服务。本公司秉承"顾客至上，锐意进取"的经营理念，坚持"客户第一"的原则为广大客户提供优质的服务。欢迎广大客户惠顾！

联系人：钱士祥
电话：0512-58550185
地址：江苏省张家港市锦丰镇河西路南 邮编：215625

## 江苏省滨海县福耀汽车玻璃滨海连锁店

本公司成立于1994年，经营各种汽车玻璃。诚信为本、质量第一、服务至上！严谨负责、优质服务！一贯以客户服务为第一、互惠互利为原则！以共赢为大局、快捷的经营作风！

联系人：張林懷

电话：0515-84105238、13505106038 传真：0515-84105238
地址：江苏省盐城市滨海县阜东南路200号 邮编：224500

## 溧阳富立电梯有限公司

溧阳富立电梯有限公司是一家专业从事日立和东芝电梯销售、安装、维修、保养的企业，具有专业技术力量，并取得国家质量技术监督局颁发的《中华人民共和国特种设备安装改造维修许可证B级》，是中国电梯协会团体会员。

本公司经营各类名牌电梯零部件的销售。目前公司拥有一批经验丰富、技术过硬的高级工程技术人员及一流的电梯检测设备。满足用户的需求是公司的最大愿望，公司全体员工正满怀信心走成功之路。

联系人：陈浩明 电话：0519-87699892 传真：0519-87699893
地址：江苏省常州市溧阳市溧城镇燕山东路11号锦汇商业广场8C幢-04 邮编：213300

## 江苏誉恒船舶有限公司

江苏誉恒船舶有限公司成立于2009年，主要经营船舶制造、修理及船用设备代购代销，本公司宗旨："诚信第一，创新第一，质量第一"。欢迎客户来电洽谈！

联系人：仲为建
手机：13901525936
传真：0510-80627066 邮编：214400
地址：江苏省江阴市锦隆二村10栋304

## 连云港东航船务有限公司

连云港东航船务有限公司自成立以来，本公司专业从事船舶租赁、海上大件运输、水上工程服务。公司本着"务实创新，以服务创造效益"的理念，愿真诚的合作，带来双方的共进与双赢。热忱欢迎各界朋友垂询、指导！

联系人：邵占东 邮编：222200
电话：0518-88836279、15950769028
地址：江苏省连云港市灌云县伊山镇云海花园19号501

## 江苏正大富通汽配连锁有限公司

我公司是一家从事商用车零部件流通服务的民营股份合作企业，是"长三角"地区以连锁经营为主要模式，经营车型类别、服务功能相对齐全的大型流通企业之一。

公司于2002年2月15日由正大、富通、现代三家汽配公司以股份合作方式组建成立，创建以来一直坚持"以人为本、诚信立业、天天平价、天天服务"的宗旨和理念，以现代化企业管理的要求不断改革，持续创新，建成了一支经得起市场考验的员工队伍和一套行之有效的管理体系，逐步实现了企业由传统"批发为主要经营模式"向现在"连锁经营为主要经营模式"的转变。

电话：0512-58540713 58549008 58541861
联系人：陈建平 13801568210
网址：www.zdft.com.cn 电子邮件：cjp@zdft.com.cn
地址：江苏省张家港市西二环路长兴西路2号 邮编：215638

## 连云港市广达汽车维修有限公司

本公司主要经营二类汽车维修，各种进口，国产轿车，缆车，重型机械车大修，办理二级维护，车辆年检年审。

坚持不懈的实践"开拓、创新、诚信"的经营方针和"质量第一、服务第一、价格合理、信誉至上"的服务宗旨，为您服务。

联系人：侯斗柱
电话：0518-82998629 85256028
邮编：222023
地址：江苏省连云港市海宁大道德邦化肥厂东侧

## 连云港市三运物流有限公司宜兴分公司

连云港市三运物流有限公司宜兴分公司成立于2005年，主要从事全国各地至连云港的长、短途公路运输服务。我公司秉承“准时准点、客户至上”的原则，竭诚为广大客户服务！

联系人：朱相俊
电话：0510-87116069　13093070215
地址：江苏省无锡市宜兴市宜城镇常福农贸市场151号
邮编：214200

## 南京康泰物流有限公司

南京康泰物流有限公司成立于2003年，服务范围包括普通货物运输，大件运输，危险品运输，集装箱运输，仓储和搬运装卸。我公司将一如既往地发扬“安全、快捷、经济”的服务宗旨，回报广大客户对我公司的信任和支持。欢迎您的来电！

联系人：张怀云　手机：13913942480
电话：025-58322599　传真：025-58322507
地址：江苏省南京市江宁开发区水长街27号　邮编：210000

## 连云港顺捷国际货运代理有限公司

本公司成立于2004年，主要经营海运。
公司成立以来，一贯以快捷、高效、安全、诚信为经营宗旨，始终贯彻以客户为中心，力争使客户满意。

联系人：金勇
电话：0518－82236388－819
传真：0518－82236722　邮编：222042　13812349936
地址：江苏省连云港市墟沟中山中路369号海城广场1座307A－D

## 南京市秦淮区宋锦涛汽车装璜用品店

本店创立于2000年，主营汽车导航，汽车影音，汽车电子产品，汽车座椅，布套等汽车用品和装璜用品。

主导“人车生活、快乐导航”的主题，不断为客户完美爱车，创造更多创意空间，令阁下旅途中不觉疲倦。

联系人：宋锦涛　13770677748　电话：025-66603513
地址：江苏省南京市大明路汽配城598号（6幢4号）　邮编：210000



## 南京宝利菱汽车销售服务有限公司

本公司主要经营汽车销售。
经营理念：充分满足顾客“行”的要求，贴心地服务于消费者，以进取不止精神，打造“用户第一”服务理念。

邮编：210000
联系人：王宁江　13382019007
电话：025-52268030　52300616
地址：江苏省南京市秦淮区中山南路888号

## 南京欣达电梯配件销售有限公司

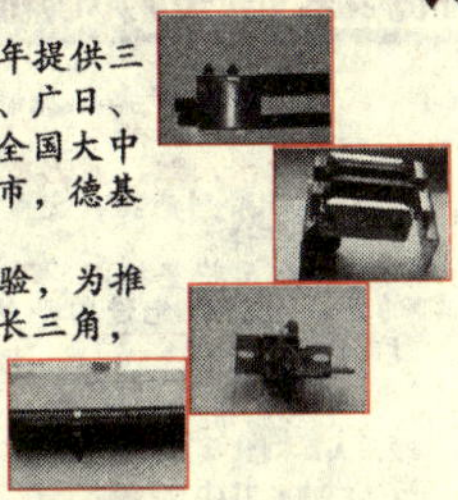

本公司成立于2007年11月，本公司常年提供三菱、奥的斯、富士达、通力、东芝、日立、广日、迅达等品牌的近千种商品，产品销售遍布全国大中小型城市，苏宁电器，城市地铁，苏果超市，德基广场等都是我司长期合v作伙伴。

我司吸取了各地区电梯市场行业的经验，为推动内地电梯市场发展而不懈努力，扎根于长三角，辐射华东，华北，华南，西北地区。

联系人：贾海芹　13776624466
电话：025-66892273　52621438
传真：025-52634148
地址：江苏省南京市龙蟠中路168号
电子邮件：xddtpj@163.com
邮编：210000

## 南京常固汽车配件有限公司

南京常固汽车配件有限公司是一家专业从事汽车紧固件、发动机强力螺栓、专用件等汽车零部件生产销售的企业。

我公司始终重视技术，重视人才，不断强化内部管理，狠抓产品质量，保证了向顾客提供高质量的产品。

热忱欢迎新老客户来公司参观指导！

联系人：朱云明　15951686651
电话：025-58835651
传真：025-85264168
邮编：210008
地址：南京市下关区号滨江创业中心

## 南通飞鹤物流有限公司（广深专线）

南通飞鹤物流有限公司（广深专线）成立于1999年，本公司主要经营广深专线的货物运输。我公司以“诚信为本、客户致上、安全快捷”为企业运作之根本，充分为客户着想。诚信、诚意为客户做好每一件事；高质量、高标准为客户提供完备的运输服务，追求服务品质，是我们得以发展的根本，随着公司不断的发展，我们会用自己的服务和诚意来为您做好每一件事。竭力追求运输服务专业化、高效化，企业在市场竞争中立于不败之地。我们全体员工将以最诚信、最完善的服务为您成功的事业锦上添花！

联系人：姜荣　传真：0513-85667721
电话：0513-85670298　85661977　13906292723　邮编：226000
地址：江苏省南通市外环北路268-4号

## 南京海征物流有限公司

南京海征物流有限公司专营扬州至苏、锡、常往返整车货物运输。专业打造满意的服务，诚信做长远的生意，我公司本着“锐意进取，客户至上”的服务宗旨，坚持客户第一的原则，竭诚为客户服务！

联系人：刘传平　电话：0514-83262087　13901445840
地址：江苏省扬中市仪征市宙辉家园西区13栋605　邮编：211400

## 南通皋亚钢结构有限公司

本公司成立于2004年，主要经营专业钢结构件制作、销售、钢结构工程设计、安装一条龙服务、船舶构件、液压机设备、不锈钢水箱。

公司始终坚持“诚信为本。质量至上”的企业经营理念，为您服务。

电话/传真：0513-88573888　88577435
网址：www.ntgaoya.com
电子邮件：ntgy2008@126.com
邮编：226511
地址：江苏省如皋市白蒲镇塘堡工业园区（火车路向西180米）
联系人：保亚军　13906275186

## 南通海源船舶装饰有限公司

南通海源船舶装饰有限公司成立于2008年，是一家专业从事船舶装饰设计施工的企业。

我公司拥有一流的专业施工团队，为您提供一流的品质服务。

我们愿与各界朋友精诚合作，共创辉煌！

联系人：陈子明 15861394567 15852897133

地址：江苏省南通市青年路新村31幢214室 邮编：226000

## 射阳县星辰加油站

射阳县星辰加油站主要经汽油、柴油、润滑油及农机配件零售。

我站本着“锐意进取，客户至上”的原则，坚持客户至上的原则，竭诚为客户提供最专业的服务。

联系人：李学成

电话：0515-82540556 手机：13512586869

地址：江苏省盐城市射阳县临海镇星辰村 邮编：224300

## 南通金天元物流有限公司

南通金天元物流有限公司成立于2007年，本公司专业从事公路的普通货物运输。公司秉承“顾客至上，锐意进取”的经营理念，坚持“客户第一”的原则为广大客户提供优质的服务。欢迎惠顾！

联系人：陆锦元

电话：0513-85579002、13914390000 传真：0513-85579012

地址：南通金天元物流有限公司 邮编：226000

## 苏州公益旧机动车交易有限公司

本公司主要经营旧机动车卖、买交易，主要产品有各类二手汽车。我们的目的是交流信息,促进了解,增加感情,共同发展！我们的服务宗旨是热情、诚信、真实、规范。欢迎广大客户垂询惠顾。

联系人：吴祖华 网址：www.21che.net

电话：0512-67228633、68028558、13218180928 传真：0512-68028558

地址：江苏省苏州市高新区塔园路旧机动车交易市场C-102门面 邮编：215129

## 南通市润航船舶机械制造有限公司

南通市润航船舶机械制造有限公司成立于2007年,本公司主要产品有液位计、船用阀门、气液手动快关阀及其控制装置、液位开关、疏水阀组、滤器减压阀组、空气管头、节流孔板、小轴传动装置等系列产品，大量用于各大船厂各类型船舶上，受到用户的一致好评。

我公司将坚持以“质量求生存、管理求发展”的方针，以过硬的产品质量，先进的产品性能，周到的售后服务来满足每一个客户的要求。

联系人：刘建兵

网址：www.ntrhjx.com

电子邮件：nantongrunhang@163.com

电话：0513-86840098

传真：0513-85584072

地址：江苏省南通市刘桥镇新联工业园区 邮编：226363

## 苏州市东吴造船有限公司

我公司位于苏州市吴中经济开发区，东临京杭大运河，西濒石湖风景区，水陆交通方便。具备各类船舶的研制、开发、设计、制造能力，采用船舶CAD计算机辅助设计系统，可为客户提供设计、制造及售后的全程服务。

主要产品有各类钢质船舶豪华游船、水政工作艇、执法透艇、仿古船只等，我们将竭诚为您服务，您的满意是我们永恒的追求！

电话：0512-65251013 65251905

联系人：卢新民 13812655447 网址：www.dw-ship.com

地址：江苏省苏州市南门外蠡墅镇 邮编：215128

## 南通太平洋冷库

南通市太平洋冷库注册于1990年，专业从事冷冻品的仓储、物流和销售。主要产品有冷饮、饮料、冷冻农副食品、海产品。我公司秉承“信誉为本、客户至上”的原则，竭诚为广大客户服务！

联系人：陆红丽 13646261518

电话：0513-85667865 传真：0513-85112112

地址：江苏省南通市外环北路111号 邮编：226001

网址：www.yufeng163.com

## 苏州市誉锋交通设施有限公司

成立于2006年，本公司专业从事反光镜、减速带、标志牌、遥控车位锁、道闸、挡车器、岗亭、护角、护栏、水马、地下车库交通设施等。

公司自成立以来，秉承服务交通事业，适应社会发展，满足客户需求，坚持产品的多元化，打造高质量的服务平台。产品立足于中、高端市场，为客户的特殊要求，量身定做适合客户要求的产品。我们将“立足今天质量、放眼明天市场”，一如既往地为广大客户和合作伙伴提供更优质的产品和更完善的服务。

联系人：潘品军 13915439182

电话：0512-65861687 65808603

地址：江苏省苏州市相城区春申湖路锦绣江南38幢106 邮编：215000

## 南通信德船舶装饰材料有限公司

南通信德船舶装饰材料有限公司成立于2006年，本公司专业从事船舶装饰材料、船用小五金。本公司秉承“顾客至上，锐意进取”的经营理念，坚持“客户第一”的原则为广大客户提供优质的服务。欢迎惠顾！

联系人：沈红卫

电话：0513-84230113、13584447716 邮编：226000

地址：江苏省南通市如东县掘港镇丁字岸村三学一组

网址：www.tcjshy.cn

本公司成立于2004年，专业从事国内公路货物运输。公司突出以长途运输和配送为主，配合完善的仓储管理，更大程度减低客户的物流成本。提高客户参与市场竞争的实力。

公司具有高素质的专业驾驶员和优秀的管理人员队伍，拥有装载2～40吨的各型运力资源，秉承多年之专业公路货物运输管理经验，凭借规模化经营的低成本网络支撑，利用先进的电子计算机技术和通讯工具，竭诚为广大厂家商家提供一体化物流系统服务。我们在全国拥有广泛的业务网络，能提供太仓发往全国各地的零担及整车直达运输，可实现门到门服务。

联系人：杜卫军 13906229461

传真：0512-53373336

电话：0512-53533659 53373266

地址：江苏省太仓市国际物流城5栋38号 邮编：215400

## 太仓市金盛货运有限公司

## 泰州市华海船用配件厂

泰州市华海船用配件厂地处江苏重点工业园区，京沪（宁通）高速公路泰州、高港出口处。本厂经过近几年的发展，已具有相当规模，竭诚欢迎广大新老客户光临惠顾。我厂主要生产符合GB.CB.CBM标准的管系附件和舾装件。主要产品有：空气滤器、液流观察器、气水分离器、甲板漏水口、吸入滤网、吸入粗水滤器、船底吸入格栅、各种标准的空气管头、泥箱、透气头、防火网。

电话：0523-86110525 13801433692　联系人：唐晨
地址：江苏省泰州市高港科技创业园华海路1号　邮编：225300

## 吴江苏豪新生造船有限公司

吴江苏豪新生造船有限公司成立于1997年，本公司是一家专业从事船舶制造的企业。“用户的满意是我们永远的追求”，是我公司生产管理经营的理念。我们愿以“一流的产品、一流的质量、一流的信誉、一流的服务”，竭诚为国内外客户服务。

联系人：张菊生　传真：0512-63257078
电话：0512-63255095 63257078　邮编：215200
地址：江苏省吴江市汾湖镇芦墟浦祥路1号

## 旺达物流

旺达物流成立于1993年，专业承接扬州-南通、扬州-无锡、扬州-泰州专线往反货运。

本着安全、及时、令客户满意为服务目标，为您量身时间合理的物流运输方案或者开展全面合作，更希望通过我们勤勉尽责的专业化服务与贵公司建立其长期、全面、互惠互利的有好合作关系，共创美好明天！

诚信为本，务实创新，客户至上，热情服务的宗旨是我们一直实行的服务准则。

联系人：蒋桂徕

电话：0514-87221830 85123633
地址：江苏省扬州市施井路香居美苑2-6#　邮编：225000

## 响水广源运输有限公司

本公司成立于2006年，主要经营物流，是响水－上海专线。

我公司坚持“客户至上、热情周到”的服务宗旨，实“门对门”“仓对仓”的服务方式，严格的管理，勤奋务实的工作。

电话：0515-86972222 86782222　联系人：赵海兵 13912542222
邮编：224000
地址：江苏省盐城市响水县江苏提桥染厂

## 无锡富士货运有限公司

无锡富士货运有限公司成立2001年，本公司自购17.5米大型平板车多辆，专门承接全国各地大件货物运输。专线：广州、深圳、南海、汕头、普宁、东莞。价平便捷，吨车全天候为您服务，欢迎预约。国际快递，缩短您和客户之间的距离，将您的文件货样快速准确地送至全国各地，使您顺心百倍，生意更胜一筹。一条龙服务，使您倍感省心。

欢迎各界朋友前来参观、考察、洽谈业务。

联系人：傅恩光　邮编：214000
电话：0510-83850617 83850738 83850758 80260355
13906185049　传真：0510-83850708
地址：江苏省无锡市通江大道不锈钢市场东侧（锡通物流3幢47-48号）

## 新沂市中原车业有限公司

新沂市中原车业有限公司成立于2005年，主要从事福田五星三轮摩托车和福田汽车专卖，以农用三农车为主。

我公司本着“锐意进取，客户至上”的原则，坚持客户至上，竭诚为客户提供优质的产品和良好的服务。

欢迎惠顾！

联系人：伍昌 13218581666
电话：0516-88976333
邮编：221400
地址：江苏省新沂市工园路8号汽配城门北

## 无锡市北塘区立成红摩托车配件商行

无锡市北塘区立成红摩托车配件商行成立于2007年，本商行专业从事电动车、摩托车雨披、车罩、五大开关、脚踏皮、打气筒、防盗栓、U型锁。公司创办以来一直以“质量第一、信誉至上”为宗旨不断开拓进取，并受到了广大客户的青睐和好评。我们将以“优质的产品、合理的价格、热忱的服务”，真诚欢迎国内外厂商前来合作开拓市场、共创辉煌。

联系人：陈立成
电话：0510-82267663　传真：0510-82267663
地址：江苏省无锡市统一摩托车配件市场D区1排1号
邮编：214000

## 盐城市盐都区先锋村装卸站

盐城市盐都区先锋村装卸站成立于2007年，本站主要经营货物装卸。盐城市盐都区先锋村装卸站本着“客户第一，诚信至上”的原则，与多家企业建立了长期的合作关系。热忱欢迎各界朋友前来参观、考察、洽谈业务。

联系人：吴全光
电话：0515-88451305
地址：江苏省盐城市盐都区西区先锋村三组

## 吴江市蒋氏货运代理有限公司

吴江市蒋氏货运代理有限公司成立于2008年，本公司专业从事公路普通货物运输的服务。

本公司秉承“顾客至上，锐意进取”的经营理念，坚持“客户第一”的原则为广大客户提供优质的服务。欢迎惠顾！

联系人：蒋云富

电话/传真：0512-63208515　邮编：215215
地址：江苏省苏州市吴江市金家坝金燕东路52号

## 伟鹏汽车维修有限公司

宜兴市伟鹏汽车维修有限公司成立于2008年，主修全系列车型。公司本着“锐意进取，客户至上”的原则，竭诚为客户提供良好的服务。欢迎惠顾！

联系人：丁伟

电话：13606159928 13013660388　传真：0510-87122228
地址：江苏省宜兴市诸桥工业区惠兴北路6号　邮编：463000

## 镇江市安丰船业有限公司

本公司成立与1998年，主要经营船舶制造。

公司一贯坚持"**質量第一，用户至上，優質服務，信守合同**"的宗旨，凭借着高质量的产品，良好的信誉，优质的服务，产品畅销全国。

竭诚与国内外商家双赢合作，共同发展，共创辉煌！

**联系人：袁德明** 13961018113

电话：0511－83303988

地址：江苏省镇江市丹徒区高桥镇安丰村

## 镇江市丹徒区三鑫运输站

镇江市丹徒区三鑫运输站成立于1999年，主要承接全国范围内货物运输。

我们秉承"顾客至上，锐意进取"的经营理念，坚持"客户第一"的原则为广大客户提供优质的服务。

欢迎广大客户惠顾！

联系人：辛冬金 电话：0511－84311383

地址：江苏省镇江市丹徒区上会镇高陵村 邮编：212000

## 镇江市丹徒区周创船务工程有限公司

镇江市丹徒区周创船务工程有限公司成立于2005年，本公司专业从事船舶修理、船用设备的销售。

公司秉承"顾客至上，锐意进取"的经营理念，坚持"客户第一"的原则为广大客户提供优质的服务。欢迎惠顾！

联系人：陈斌

电话：0511-86015358

地址：江苏省镇江市丹徒镇船艇学院教练大队 邮编：212000

## 镇江市外事汽车有限公司

镇江市外事汽车有限公司成立于2008年，本公司主要经营外宾接待、汽车租赁服务、承接厂家交通车。厦门"金龙"、上海"申龙"中通、宇通镇江总代理。

镇江市外事汽车有限公司本着"客户至上，真诚服务"的原则，与多家车队与用车单位建立了长期的合作关系。热忱欢迎各界朋友前来参观、考察、洽谈业务。

联系人：潘小林

电话：0511-88799958 88795800

传真：0511-88795900

地址：江苏省镇江市京口长港交通管理所内 邮编：212000

## 浙江省/Zhejiang Province

### 余姚市庄顺汽车配件厂

业务：生产汽车配件

地址：浙江省余姚市陆埠镇沿江村下郑62号

负责人：庄亚成 邮编：315420

法人：庄亚成

Tel：0574－62394669
13606597473

### 杭州电化集团有限公司汽车修理分公司

地址：浙江省杭州市滨江区浦沿街道（杭州电化集团有限公司厂区内 65 幢）

负责人：朱殿

Tel：0571－86610352

### 余姚市泗门奇佳汽车钣金服务部

业务：汽车钣金喷漆服务

地址：浙江省余姚市泗门镇夹塘村抢险路47号

负责人：沈维奇 邮编：315000

法人：沈维奇

Tel：13567933988
0574－62168873

### 四海船舶工程服务有限公司

业务：本着安全第一、质量为本的服务宗旨为您提供各类价格合理、信誉保证的船舶工程，真诚期待与您的合作

地址：浙江省舟山市岱山县岱西镇仇江门

邮编：316212

法人：王怀

Tel：13616807854

### 岱山力和船舶工程有限公司

业务：船舶制造与修造

地址：浙江省舟山市岱山县岱西镇前岸村远盛船业

负责人：周世维 邮编：316000

法人：周世维

Tel：13454098859

### 舟山市定海亿杰电动车配件商店

业务：电动车配件批发、销售、维修。

地址：浙江省舟山市定海东河中路 146 号

负责人：胡周全 邮编：316000

法人：胡周全

Tel：0580－2618960
13666587089

### 武汉海鑫船舶修造有限公司舟山分公司

业务：船舶防腐涂装工程，冷作，电焊，钢结构制作安装，船舶修理

地址：浙江省舟山市定海港口浦

负责人：邹学海 邮编：316031

法人：邹学海

Tel：13857208764

E-mail：1013037067@qq.com

### 舟山市定海新日汽车内饰件厂

业务：汽车坐垫系列产品（模塑、聚胺酯系列产品）

地址：浙江省舟山市定海区岑港镇沿山路 2 号

负责人：邱宜魁 邮编：316053

法人：邱宜魁

Tel：13905802539
0580－8011992
8010477

Fax：0580－8010477

网址：www.dinghaixinri.cn

E-mail：dhxr1019@126.com

### 舟山市金迅船舶工程服务有限公司

业务：为船舶修造提供设备安装、维修服务；船舶配件销售及技术服务

地址：浙江省舟山市定海区环城南路 18－9 号

负责人：洪金军 邮编：316000

法人：洪金军

Tel：18905806670
0580－2382566
2382216

Fax：0580－2382566

### 舟山开创船舶维修安装工程有限公司

业务：船舶维修，管道安装

地址：浙江省舟山市定海区桔园新村南区 71 幢 504 室

负责人：刘菊红 邮编：316000

Tel：0580－2624145
15958096965
13867218901

Fax：0580－2624145

### 舟山市定海东展船舶修造服务有限公司

业务：船舶修造

地址：浙江省舟山市定海西码头国际贸易城海晶商住区海港路 56 号－2

负责人：卢其虎 邮编：316000

法人：卢其虎

Tel：13666587777

### 舟山市晟源运输服务有限公司

业务：物流

地址：浙江省舟山市普陀区沈家门街道东海中路 1071 号网点

负责人：虞洁 邮编：316100

法人：虞洁

Tel：13567665587
0580－3666758

### 舟山市普陀区桃花顺顺汽车修理厂

业务：小型汽车修理（二类）、汽车零配件销售

地址：浙江省舟山市普陀区桃花镇公前村（原运输连厂房）

负责人：王才军 邮编：316000

法人：王才军

Tel：0580－6063295

### 舟山市普陀区桃花镇小罗船舶修理服务队

业务：船舶除锈、涂装服务

地址：浙江省舟山市普陀区桃花镇茅草屋（浙江云海船舶修造有限公司内）

负责人：罗长周 邮编：316000

法人：罗长周

Tel：13967207002
15168074011

### 浙江金恒德汽车物流广场可浩汽配商行

业务：主营汽车配件的销售

地址：浙江省杭州市余杭区良渚镇金恒路 88 号（浙江金恒德汽车物流广场 8 幢 1 单元 11～13 号）

负责人：罗辉 邮编：310026

法人：罗辉

Tel：13958055170
0571－89016185
13757863732

### 金冈汽车装璜服务部

业务：汽车装璜美容，汽车维护及维修

地址：浙江省杭州余杭区经济开发区星河嘉园一层商铺 200－4、200－5 号

负责人：冯钢 邮编：311100

法人：冯钢

Tel：0571－86239218

### 上海根宏船舶工程有限公司舟山分公司

业务：船舶制造

地址：浙江省舟山市普陀区小干欧华船厂

负责人：徐秀芳 邮编：316000

法人：徐秀芳

Tel：0580－3690249

### 上海沿江船舶工程有限公司岱山分公司

业务：船舶管道安装、管道配件销售

地址：浙江省舟山市沈家门新建路 756 号明珠苑小区 5 幢 502

负责人：李宗兵 邮编：316000

Tel：13857430316
0580－3665171

### 嵊泗县鑫好运输有限公司

业务：运输

地址：浙江省舟山市嵊泗县枸杞乡大王村导航台家属楼 302 室

负责人：唐仪房 邮编：316000

法人：唐仪房

Tel：0580－5211361
13867210793

### 诸暨关松车身维修部

业务：汽车货车修理

地址：浙江省诸暨市次坞镇大院里村

负责人：俞关松 邮编：311800

法人：俞关松

Tel：13506851837
0575－88696858

Fax：0575－88696858

### 诸暨市鑫江电梯配件厂

业务：加工自销：电梯配件

地址：浙江省诸暨市店口镇店口社区（新一自然村）

负责人：陈江 邮编：312000

法人：陈江

Tel：13758574280
0575－87651389

### 杭州市下城区天骄汽车服务连锁机构

业务：美孚 1 号车养护、专业改装、专业美容、装璜轮胎、保险代理、二手车交易

地址：浙江省杭州市下城区石桥路 458 号

负责人：刘勇 邮编：310003

法人：刘勇

Tel：13376811177
0571－88131179

### 安徽省皖浙物流有限公司

业务：安徽省皖浙物流有限公司是在前皖浙汽车运输公司的基础上逐步发展、成长起来的一家物流公司。拥有自备车辆 35 部，托管车辆 52 部。随着业务不断拓展和服务网络的逐步延伸，公司在华东主要城镇如上海、温州、宁波、南京、镇江等地设有办事处或运作机构。基于此，公司业务量呈逐年盘升之势头，从 2001 年起公司每年销售额平均以 30％速度递增。为能持续地满足客户之需要，本着通过实践和学习，不断改进和完善公司运输水平，以满

足日益增加物流服务的需要。
地址:浙江省杭州市石桥路 399 号 3 街 2 楼
负责人:侯志群……邮　编:310018
Tel:0571－86793399
86793366
Fax:0571－86793288

**义乌市彬锋汽车维修服务部**
业务:专业维修高中低档轿车;销售钣金油漆、电脑检测及保养;汽车年审及汽车保险业务代理;违章处理;二手车业务信息咨询等
地址:浙江省(金华市)义乌市苏溪镇马丁村江南工作片对面(苏溪老路桥洞下面)
负责人:蒋悌明　邮　编:321000
法　人:蒋悌明
Tel:13857934507
0579－85914987
13757947626

**淳安通达客运有限公司**
地址:浙江省杭州市淳安县临岐镇鱼市(临岐车站)
负责人:江波
Tel:13805709198

**嘉兴市经开第柒档摩托车配件店**
业务:销售各类进口车配件,休闲运动车、国产越野车、沙滩车、小跑车
产品:各类进口车配件,休闲运动车、国产越野车、沙滩车、小跑车
地址:浙江省嘉兴市嘉洲美都 18 幢 17 号商店(嘉北街道)
负责人:张魁英　邮　编:314000
法　人:张魁英
Tel:0573－83061582
82718248
82272089
Fax:0573－82272089

**杭州浙江汽配城宏通汽配经营部**
业务:主营:别克、雪佛兰、福特、凯迪拉克
地址:浙江省杭州市浙江汽配城 2577B 营业房
负责人:程平　邮　编:310000
法　人:程平
Tel:13588838378
0571－86626422
86628227
Fax:0571－86628227

**嘉兴市经开城南街道顺铃汽车修配店**
业务:汽车修理以及汽车配件零售
地址:浙江省嘉兴市经开城南街道广穹路 201 号西第 9－11 间店面房
负责人:王斌琦　邮　编:314000
法　人:王斌琦
Tel:13705837823
0573－82691133
Fax:0573－82691066

**金华市鸿树电梯配套有限公司**
业务:电梯装饰、五金加工
地址:浙江省金华市苏孟乡合山头村
负责人:傅鸿飞　邮　编:321000
法　人:傅鸿飞
Tel:0579－82030183
82030576
Fax:0579－82030183

**武义县白洋王科汽车电器配件经营部**
业务:销售汽车音响、汽车空调、汽车电瓶、防盗器改装,汽车维修
地址:浙江省金华市武义县白洋街道温泉路 268 号、浙江省金华市武义县白洋街道温泉路仙霞人家龙景 28 号 1－2 店面
负责人:王科　邮　编:321200
法　人:王科
Tel:13967943180
0579－87629717

**义乌市海美汽车修理部**
业务:汽车修理服务
地址:浙江省金华市义乌市北苑街道黄杨梅 20 幢 6 号
负责人:吴因六　邮　编:321000
法　人:吴因六
Tel:13157931536
13516897567

**义乌市佑新汽车用品有限公司**
业务:汽车用品
地址:浙江省金华市义乌市江东街道前成小区 41 幢 1 号 2 楼
负责人:尹龙寿　邮　编:321000
法　人:尹龙寿
Tel:13958415885
0579－85276215
Fax:0579－85276215
E-mail:http://www.51zzt.com/user/zzt35681

**永康市长安汽车全国连锁服务店(古山店)**
业务:汽车配件销售及汽车维修服务
地址:浙江省金华市永康市古山镇世雅上村模具市场 19－21 号
负责人:夏正永　邮　编:321000
法　人:夏正永
Tel:0579－87511752

**浙江金恒德汽车物流广场中现汽配商行**
业务:主营:北京现代、瑞风、双龙、起亚等品牌汽车配件
地址:浙江省杭州市余杭区良渚镇金恒路 88 号(浙江金恒德汽车物流广场 19 幢 1 单元 30－32 号)
负责人:马惠昌　邮　编:310026
法　人:马惠昌
Tel:0571－89018588
89018688

**富阳远航水路运输服务有限公司**
地址:浙江省杭州市富阳市灵桥镇王家宕村
负责人:王良树
Tel:13868178402

**天天快递服务部**
业务:快递服务
地址:浙江省兰溪市兰江街道丹华路 120 号
负责人:余汝忠　邮　编:321100
邮　编:余汝忠
Tel:13665899575
0579－88936732
88936809
88936807
Fax:0579－88936807

**乐清市北白象福敏电梯配件店**
业务:本店是微科电梯红外线光幕温州代理,并经营电梯停电应急系统、刷卡系统、语音报站、以及零售各种常用的电梯零配件等等。
地址:浙江省乐清市北白象镇交通东路 267 号
负责人:陈明福　邮　编:325603
法　人:陈明福
Tel:13587701114
0577－62887379

**乐清市大荆向未票务中心**
业务:航空售票、客运售票、商务旅游、杭州专线快客
地址:浙江省乐清市大荆镇荆水路 28 号(新客运中心对面)
负责人:杨相微　邮　编:325600
法　人:杨相微
Tel:13905870198
0577－62236966
0577－62228728
13706770506

**乐清市东海船舶附件厂**
业务:船舶配件加工、制造
地址:浙江省乐清市乐成镇南岸村
负责人:叶乐斌　邮　编:325600
法　人:叶乐斌
Tel:13968778039
0577－62519745
Fax:0577－62519745

**乐清市明鑫汽配有限公司**
业务:汽车、纺织、五金配件
产品:汽车配件
地址:浙江省乐清市清江镇北塘村
负责人:洪方明　邮　编:325000
法　人:洪方明
Tel:0577－62272337
13588960539
Fax:0577－62272337

**缙云县佳俊汽车轮胎用品商行**
业务:汽车轮胎、汽车用品销售,洗车、美容、装璜
地址:浙江省丽水市缙云县五云镇镇南路 143 号
产品:施佳俊 321400
法　人:施佳俊
Tel:15988081956

**车佰饰汽车生活馆**
业务:汽车装饰、美容、音响改装、电子产品
地址:浙江省常山县天马镇文教西路 4 号－47 号
负责人:龚诚良　邮　编:324200
法　人:龚诚良
Tel:0570－5132222

**富阳山亚建群货运社**
地址:浙江省杭州市富阳市流动(住址:富阳市渌渚镇山亚村)
负责人:俞建群
Tel:0571－63298277

**杭州中城货运交易市场二分场盛氏货运部**
业务:全国货运
地址:浙江省杭州市中城货运交易市场二分场南仓 5－9 号
负责人:盛思乐　邮　编:310026
法　人:盛思乐
Tel:0571－56379289

**嘉兴市南湖区城东海明装卸搬运站**
业务:装卸、运输
地址:浙江省嘉兴市南湖区城东路
负责人:朱海明　邮　编:314000
法　人:朱海明
Tel:13024227792

**杭州环通汽车运输有限公司**
业务:集运输、仓储、配送、装卸于一体,专业从事普通货运、货运代理(代办)、货运配载服务。秉承诚信为本、快捷周到、保险承运、服务一流的服务宗旨,真诚期待与您合作!
产品:承运杭州至西北地区物流专线运输(四川、西藏、甘肃)
地址:浙江省杭州市下城区石大路货运市场 4－8 号
负责人:项南　邮　编:310022
法　人:项南
Tel:0571－86497870
13396812576
Fax:0571－86497680
网址:www.htqcys.cn
E-mail:xiangnan001@163.com

**杭州江渝运输有限公司**
地址:浙江省杭州市拱墅区半山镇石塘村(杭州半山货运交易市场内)
负责人:方鸣钢
Tel:13656636933

**杭州祥和运输有限公司**
业务:车辆挂靠、车评、承揽全国各地整车零担、保险年检
地址:浙江省杭州市下城区石桥路 345 号－16 号
负责人:杨如波　邮　编:310006
法　人:杨如波
Tel:13867110809
0571－88145525

**慈溪市庵东琦宸汽车配件厂**
业务:汽车配件
地址:浙江省慈溪市庵东镇振东村人和街 126 弄 29 号
负责人:娄友忠　邮　编:315300
法　人:娄友忠
Tel:13656747669
0574－63472619
Fax:0574－63472619

**杭州保衡交通设施有限公司**
地址:浙江省杭州市拱墅区和睦新村 24－1 号二楼 201 室
负责人:郑广胜
Tel:0571－88013433

**杭州安达汽车租赁有限公司千岛湖经营部**
业务:杭州安达汽车租赁有限公司千岛湖经营部成立于 2006 年,主要从事于小汽车、旅游大巴等各类车租赁。欢迎新老客户光临、惠顾!
地址:浙江省杭州市淳安县千岛湖镇明珠路 33 号
负责人:詹锡明……邮　编:311700
法　人:詹锡明
Tel:0571－65021197

**慈溪市菱奥电梯工程有限公司**
业务:电梯的销售、安装、维修及保养
产品:电梯
地址:浙江省慈溪市古塘街道孙塘北路 727 号锦恒商务大楼 410#
负责人:杨健强　邮　编:315000
法　人:杨健强
Tel:13857458570
0574－63810353
Fax:0574－63810353
E-mail:yjq8570@163.com

**杭州和峰汽车销售有限公司**
地址:浙江省杭州市拱墅区石祥路 196 号
负责人:卢春芳
Tel:0571－85356758

**杭州萧山新塘创立货运部**
业务:货物运输,萧山到金华,萧山到衢州
地址:浙江省杭州萧山新塘街道琴山下社区
负责人:李副玲　邮　编:322110
法　人:李副玲
Tel:13376828318
0571－82735811
82368133
Fax:0571－82368133

**杭州萧山蜀山旻旻汽车装璜店**
业务:汽车美容,装潢,保养,补胎,饰品等
产品:轮胎,汽车美容产品,机油等
地址:浙江省杭州市萧山区蜀山街道潘水路 785 号
负责人:孙旻　邮　编:311201
法　人:孙旻
Tel:0571－83883931
E-mail:superjunior0102@163.com

**杭州康恒汽车销售服务有限公司汽车城分公司**
地址:浙江省杭州市拱墅区石祥路 589 号汽车城内
负责人:俞金云
Tel:0571－28879780

**慈溪市横河恒青汽车配件厂**
业务:生产销售汽车配件
产品:汽车配件
地址:浙江省慈溪市横河镇宜青桥村 97 号
负责人:胡先生　邮　编:315000
法　人:胡旭涨
Tel:13957422024
0574－63197754

**杭州华运国际货运代理有限公司**
地址:浙江省杭州市拱墅区文晖路 429 号
负责人:朱斯恩
Tel:13805739751

**杭州博众物流有限公司**
业务:博众物流有限公司是一家集仓储、运输、装卸以及物流咨询为一体的专业物流公司,总部设在杭州下沙经济技术开发区。现有员工 67 人,大专以上学历占公司总人数的 80%,拥有自备车辆 50 部,托管车辆 200 部,并且拥有多辆超大件特种运输车辆,可以为客户解决各种运输问题。公司在华东地区主要城市如上海、温州、宁波、南京、镇江、无锡以及武汉、天津广州等地设有分公司或办事处,主要从事运输、仓储及周边城市配送的业务。
地址:浙江省杭州市下沙路省军区农场近江工业园区二楼
负责人:侯强……邮　编:310018
法　人:侯强
Tel:0571－86793388
Fax:0571－28912833
网址:www.hzbz56.com
E-mail:houqiang@hzbz56.com

**慈溪市龙山慈龙叉车配件店**
业务:叉车配件、叉车整机销售,上门维修、售后服务
地址:浙江省慈溪市龙山镇慈龙西路 10 号 329 国道旁(慈东工业区)
负责人:韩宏祥　邮　编:315300
法　人:韩宏祥
Tel:13586872565
13566609784

**杭州中运物流有限公司**
地址:浙江省杭州市拱墅区西杨村
负责人:冯平元
Tel:13958076806

**杭州宝驰汽车修理服务有限公司**
地址:浙江省杭州市江干区艮山东路 160 号
负责人:林国伟
Tel:0571－86013577

### 慈溪市龙山博云汽车配件厂

业务：经营汽车配件、五金配件、塑料制品、橡胶制品制造、加工。
地址：浙江省慈溪市龙山镇龙头场村田央陈
负责人：陈祥宝　邮　编：315311
法　人：陈祥宝
Tel：13362452018
0574－63782907

### 杭州安达交通设施工程有限公司

地址：浙江省杭州市江干区杭海路569号302室
负责人：叶巧军
Tel：13757122342

### 海盐县沈荡勤林汽修服务中心

业务：车辆维修，漆面维修，事故汽车维修，汽车保险，汽车打腊，洗车，各种轮胎，汽车配件，汽车保养，承接汽车各类维修业务
地址：浙江省嘉兴市沈荡镇海王公路汽车站营业用房
负责人：邱勤林　邮　编：314000
法　人：邱勤林
Tel：13586491247
0573－86922313

### 杭州萧山锦通轮胎总汇

业务：批发零售各种型号进口、国产汽车轮胎、钢圈。
地址：浙江省杭州萧山新塘街道萧绍东路71号
负责人：钟官钢　邮　编：310026
法　人：钟官钢
Tel：0571－83139697
83716622
13750841958

### 杭州飞驰汽轮机叶片有限公司

业务：杭州飞驰汽轮机叶片有限公司创建于1988年，是杭州汽轮集团定点生产汽轮机叶片厂家。专业为电站汽轮机、工业汽轮机、燃汽轮机、大型压缩机、发电机等设备提供成套及维修用各类叶片。
地址：浙江省杭州市滨江区西兴街道北塘路
负责人：来国炎　邮　编：310051
法　人：来国炎
Tel：0571－56690188
Fax：0571－56690098

### 慈溪市新浦梦怡自行车配件厂

业务：自行车配件
地址：浙江省慈溪市新浦镇老浦村中横路190弄11号
负责人：方立君　邮　编：315300
法　人：方立君
Tel：13968258557
13755978577

### 东阳市大白鲨游艇配件有限公司

业务：专业生产销售船用配电盘、船用电线、船用所有配件，同时提供优质专业的售后服务。秉承"顾客至上，锐意进取"的经营理念，以客户满意为根本，竭诚为您提供最优质的产品和最满意的服务。
产品：船用配电盘、船用镀锡电线、船用开关插座、船用按锁、船用五金、船用软管和接头、船用油水分离器等
地址：浙江省东阳市中山北路唐表高科园区
负责人：厉巧英　邮　编：322100
法　人：厉巧英
Tel：0579－86355028
13857938836
Fax：0579－86355028
网址：www.51zzt.com/user/zzt43761/
E-mail：dbsytpj@sina.com

### 杭州双盈物流有限公司

业务：为客户提供快捷、准确的货运信息、欢迎来电咨询。
地址：浙江省杭州市萧山区浙江传化物流基地交易大楼B－257#
负责人：顾建林　邮　编：331215
Tel：0571－22851029

### 杭州余杭区乔司小拇指汽车维修

业务：汽车维修及美容，烤漆、轮胎经营、玻璃修复
地址：浙江省杭州余杭区乔司镇航海路1649号
负责人：张建明　邮　编：310026
法　人：张建明
Tel：13819494083
0571－86199985

### 杭州市江干区星光汽配经营部

地址：浙江省杭州市江干区彭埠镇新风村董家角14号
负责人：陈景辉
Tel：13958033850

### 安吉安宁货运部

业务：货运配载，安吉到南京专线
地址：浙江省湖州市安吉灵峰南路（国泰转椅城南门）
负责人：杨斌　邮　编：313000
法　人：杨斌
Tel：0572－5868686
13905820846
13957274879
Fax：0572－5232205

### 奉化市华南汽车空调配件有限公司

业务：生产、销售汽车空调压缩机
地址：浙江省奉化市南街11号
负责人：徐华林　邮　编：315000
法　人：徐华林
Tel：13306607207
0574－88836878
88835210

### 杭州盛源货运代理有限公司

地址：浙江省杭州市江干区彭埠镇新风村十组
负责人：梁钦松
Tel：13605795888

### 杭州道卫汽车服务有限公司

业务：GPS导航系统，内置导航，外置导航
地址：浙江省杭州市下城区绍兴路360号2号楼201室
负责人：刘海峰　邮　编：310026
法　人：刘海峰
Tel：13867420517
13456904264

### 杭州市中城货运市场第三分场诚捷货运部

业务：物流
地址：浙江省杭州市下城区石大路货运市场11幢2号
负责人：虞国红　邮　编：310000
法　人：虞国红
Tel：13386538208
0571－88362762

### 奉化市东莹船舶工程有限公司

业务：钢材、脚手架、涂装、船舶修理
地址：浙江省奉化市松岙镇湖头渡村浙江船厂
负责人：施卫新　邮　编：315000
法　人：施卫新
Tel：15958238902
13958251083

### 杭州好运货运代理有限公司

地址：浙江省杭州市江干区彭埠镇杨家桥73号
负责人：童兴培
Tel：13306507659

### 南浔众邦汽车维修厂

业务：汽车维修
地址：浙江省湖州市南浔镇318国道对面
负责人：朱培峰　邮　编：313000
法　人：朱培峰
Tel：13735154999
0572－3087333

### 桐乡市凤鸣强强电瓶车商行

业务：电瓶车的销售、维修
地址：浙江省嘉兴市桐乡市凤鸣街道同福路309号
负责人：王志强　邮　编：314512
法　人：王志强
Tel：15858318186
13819321221

### 杭州浙江汽配城华悦汽配经营部

业务：汽车配件经营
地址：浙江省杭州浙江汽配城265号营业房
负责人：戴云春　邮　编：310021
法　人：戴云春
Tel：0571－86541831
89561832

### 湖州南浔富升电梯配件有限公司

业务：生产、销售电梯配件
地址：浙江省湖州市南浔区南浔镇便民路282号
负责人：戴生富　邮　编：313000
法　人：戴生富
Tel：13738200578
0572－2998729

### 杭州苏奥电梯有限公司

地址：浙江省杭州市江干区秋涛北路296号杭州弯大酒店综合楼201、202号
负责人：王水泉
Tel：0571－81853770

### 奉化市金峰船舶修造服务部

业务：船舶制造、修理，钢结构工程
地址：浙江省奉化市松岙镇湖头渡村浙江船厂（晋龙公司）
负责人：崔善峰　邮　编：315000
法　人：崔善峰
Tel：15888597771
0574－88754118

### 金华市恒安汽车制动技术服务有限公司

业务：金华市恒安汽车制动技术服务有限公司主要从事于汽车制动技术、汽车咨询、提供汽车制动阀修理、试验工具。公司以"质量求生存、信誉求发展"，欢迎广大用户光临惠顾！
地址：浙江省金华市飞机场高畈入口处
负责人：赵忠初　邮　编：321015
法　人：赵忠初
Tel：0579－82172468
82170121

### 奉化市溪口迅鑫电梯配件厂

业务：生产电梯配件
地址：浙江省奉化市溪口镇大张村
负责人：王国平　邮　编：315000
法　人：王国平
Tel：0574－88564400
88846498

### 杭州天名快递服务有限公司

地址：浙江省杭州市江干区四季青常青村10组（秋涛路552－2号）
负责人：许剑铭
Tel：13588003736

### 杭州市西湖区龙逸汽车用品商行

业务：汽车用品
地址：浙江省杭州市西湖区三墩镇同仁商业街C－129号
负责人：祝君乐　邮　编：310026
法　人：祝君乐
Tel：13588761916
0571－86689155

### 杭州林方装卸有限公司

地址：浙江省杭州市江干区四季青镇三堡村内河码头
负责人：蔡林方
Tel：13336011278

### 杭州商仁货运有限公司

业务：全国货运
地址：浙江省杭州市下城区桥南苑41号
负责人：苏志斌　邮　编：310006
法　人：苏志斌
Tel：0571－88352280

### 富阳龙祥物流有限公司

业务：全国物流，整车运输，承接全国整车零担业务
地址：浙江省富阳市洞桥镇洞桥村
负责人：龚飞鹏　邮　编：310026
法　人：龚飞鹏
Tel：13989465933
0571－63270189
Fax：0571－63270189
E-mail：578644193@qq.com

### 富阳市富春街道美滔汽车用品店

业务：集汽车美容，汽车装具，经营各种汽车用品为一体，是一家具有专业性的汽车美容养护机构，我们将以全方位、更优质的服务，更低廉的价格，竭诚欢迎您的光临
产品：汽车用品、饰品、装潢材料、美容产品
地址：浙江省富阳市富春街道后周路199号
负责人：赵美爱　邮　编：311400
法　人：赵美爱
Tel：15906617588
网址：www.mtcar.com

### 长兴雉城凯西欧电动车车行

业务：凯西欧电动车
地址：浙江省湖州市长兴县雉城镇高家墩村
负责人：刘来友　邮　编：313000
法　人：王雪梅
Tel：0572－6217320
15857282006

### 明瑞汽配

业务：明瑞汽配成产于2006年，坐落在浙江省萧山区原野汽配五金市场。主要经营柴油汽车整车零部件，热忱欢迎新老客户光临！
地址：浙江省萧山区原野汽配五金市场8幢12、14号
邮　编：311200
法　人：黄法明
Tel：0571－82832616
Fax：0571－82832616
网址：http://zjdf.chinapyp.com

### 鑫鑫汽车修理部

业务：汽车修理、配件零售
地址：浙江省富阳市富春街道金城路158号
负责人：张永刚　邮　编：311400
法　人：张永刚
Tel：13750816226
13336072079
0571－63378932
Fax：0571－23285566

### 嘉兴市秀洲区王江泾佳鑫货运站

业务：货物运输服务、浙江至福建专线
地址：浙江省嘉兴市秀洲区王江泾镇南方联托运中心
负责人：施先生　翁先生
邮　编：314000
法　人：施永和
Tel：13305733333
13805906666

### 吴兴宏远机动车修理厂

业务：机动车修理
地址：浙江省湖州市吴兴区环城南路47号
负责人：杨瑞福　邮　编：313000
法　人：杨瑞福
Tel：13305726959
0572－2188495

### 富阳市富春街道候防震货运社

业务：货运
地址：浙江省富阳市富春街道金桥村三根桥42号
负责人：候防震　邮　编：311400
法　人：候防震
Tel：13575797646
13989800691

### 瑞安市陈思铜自行车商行

业务：自行车经营
地址：浙江省瑞安市玉海街道永丰街居民区解放东路225－227号
负责人：陈思铜　邮　编：325000
法　人：陈思铜
Tel：0577－25612311

### 绍兴市袍江快美特汽车装潢服务部

业务：专业汽车装潢、美容与维护
地址：浙江省绍兴市袍江财富中心步行街61号
负责人：张亮　邮　编：312000
法　人：张亮
Tel：13484376807
15167015136

### 上虞市百官吕大忠电脑洗车店

业务：洗车
地址：浙江省绍兴市上虞市百官街道岭光村
负责人：吕大忠　邮　编：312000
法　人：吕大忠
Tel：0575－82975382

### 上虞市曹娥街道高箭荣运输户

业务：鸡，鸭汽车运输
地址：浙江省绍兴市上虞市曹娥街道白米堰村戴家小区57号
负责人：高箭荣　邮　编：312000
法　人：高箭荣
Tel：13606573275
0575－82153675

### 绍兴县欧陆风电源有限公司

业务：电动车蓄电池
地址：浙江省绍兴市绍兴县陶堰镇亭山村
负责人：陆荣　邮　编：312000
法　人：陆荣
Tel：13515754255
0575－88730988

### 绍兴市爱玛导航科技发展有限公司

业务：批发、零售：卫星导航定位系统；导航软件开发；批发、零售：电子产品、汽车配件、汽车装饰品。
地址：浙江省绍兴市胜利西路157号409号
负责人：丁前锋　邮　编：312000
法　人：丁前锋
Tel：0575－85117280

### 杭州方盛汽车专用底盘有限公司

地址：浙江省杭州市江干区石桥路198号浙江

德胜汽配市场 735 号
负责人:叶海斌
Tel:13807723144

## 嵊州市长乐镇嘉嵊货物托运站
业务:汽车专线普通货物运输服务。
地址:浙江省嵊州市长乐镇福全村方口157 号
负责人:周丽民 邮 编:312467
法 人:周丽民
Tel:13858459594

## 台州市路桥区增强摩配商行
业务:摩托车配件批发、零售
地址:浙江省台州市(路桥)建筑装饰城摩配2 区 18 号
负责人:叶增品 邮 编:318000
法 人:叶增品
Tel:13989601157
0576－82569808

## 台州市椒江宏顺船舶构件安装队
业务:船舶构件安装、钢结构安装
地址:浙江省台州市椒江区东升街 84 号
负责人:赵红 邮 编:318000
法 人:赵红
Tel:0576－88860763

## 浙江中一海运有限公司
业务:国内沿海及长江中下游普通货船运输
地址:浙江省台州市椒江区江滨大厦西幢21D 室
负责人:陈保平 邮 编:318000
法 人:陈保平
Tel:0576－89002899
Fax:0576－89002827
网址:http://www.51zzt.com/user/zzt123520

## 台州市椒江车嘉社洗车美容店
业务:汽车装潢、美容及经营汽车小饰品
地址:浙江省台州市椒江区前所街道新民村三角路口
负责人:崔金涛 邮 编:317018
法 人:崔金涛
Tel:18905766390
0576－88927592

## 玉环县合诚汽车配件厂
业务:汽车配件、齿轮制造加工,专业生产加工各种花键。
地址:浙江省台州市玉环县珠港镇坎门东风工业区
负责人:陈静坚 邮 编:318000
法 人:陈静坚
Tel:0576－87506307
87507197

## 玉环县腾辉机械有限公司
业务:汽车配件
地址:浙江省台州市玉环县珠港镇坎门中市街 82 号
负责人:姚金辉 邮 编:318000
法 人:姚金辉
Tel:0576－87512790
13355766818
Fax:0576－81735185

## 玉环迪福汽车零部件厂
业务:汽车零部件制造、加工
产品:汽车下悬挂、三角臂、减震胶套、防尘罩
地址:浙江省台州市玉环县珠港镇玉坎路102 号
负责人:李震玮 邮 编:317602
法 人:李震玮
Tel:13738518555
0576－87555145
Fax:0576－87555145

## 玉环方嘉机械有限公司
业务:汽车、摩托车配件生产销售
地址:浙江省台州市珠港镇西青塘村
负责人:姚宗环 邮 编:317600
法 人:姚宗环
Tel:0576－87280933
87198099

## 桐庐县钟山乡州州汽车修理厂
业务:汽车修理
地址:浙江省桐庐县钟山乡钟山村吴宅(范家岭)
负责人:陈柏檐 邮 编:311500
法 人:陈柏檐
Tel:0571－64686385
13758232538

## 温岭市大溪捷风电动车厂
业务:主要经营电动三轮车,电动车配件等
地址:浙江省温岭市大溪镇五峰工业区
负责人:陈子保 邮 编:317500
法 人:陈子保
Tel:13758618871
0576－82201967
Fax:0576－81670202
网址:http://a106876254.cn.alibaba.com/

## 温岭市鸿运汽车用品厂
业务:生产、销售汽车座垫面料
地址:浙江省温岭市新河镇城北村南鉴大转盘
负责人:杨海建 邮 编:318000
法 人:杨海建
Tel:15990691888
0576－86538268

## 苍南越众汽车配件经营部
业务:专营上海大众、北京现代、别克凯越等车型,各种国产进口前后刹车片
地址:浙江省温州市苍南县灵溪镇沪山东路44－46 号
负责人:洪振电 邮 编:325000
法 人:洪振电
Tel:13858746672
0577－68715766

## 苍南县灵溪阿新轮胎店
业务:汽车轮胎零售
地址:浙江省温州市苍南县灵溪镇建兴东路灵珠大厦 110 号
负责人:刘万盘 邮 编:325000
Tel:0577－64757685
13868489878

## 苍南县南水头汽车租赁服务部
业务:汽车租赁
地址:浙江省温州市苍南县灵溪镇南水头路143－6 号
负责人:董加稿 邮 编:325000
法 人:董加稿
Tel:0577－68810980

## 苍南好伴旅汽车租赁有限公司
业务:汽车租赁
地址:浙江省温州市苍南县龙港镇莲池小区第 20 幢 4 号
负责人:范定飞 邮 编:325000
法 人:范定飞
Tel:13587951818
0577－68668333
Fax:0577－68067890

## 苍南县龙港镇腾龙汽车维修部
业务:主要经营汽车维修服务,有喷漆、钣金等
地址:浙江省温州市苍南县龙港镇龙翔南路1735 号一楼
负责人:李庆炮 邮 编:325000
法 人:李庆炮
Tel:13157733518

## 苍南晨兴二手车经纪服务有限公司
业务:二手车的回收、销售、中介服务
地址:浙江省温州市苍南县龙港镇人民路105 号一层
负责人:董大勇 邮 编:325000
Tel:18958707111
0577－68663111

## 苍南县龙港固特异轮胎服务部
业务:轿车轮胎的批发及零售、改造钢圈
地址:浙江省温州市苍南县龙港镇泰兴路120 号一楼
负责人:阙子友 邮 编:325000
法 人:阙子友
Tel:15967788689
0577－80882859

## 苍南天宇货运服务部
业务:全国货运
地址:浙江省温州市苍南县钱库镇货运中心15－16 号
负责人:黄金魁 邮 编:325000
Fax:0577－82866627

## 新昌县港达装卸有限公司
业务:新昌县港达装卸有限公司成立于 1995 年,专业从事码头装卸业务,经公司全体干部职工长期不懈的努力,已充分赢得了国内外众多客户和合作单位的信任,使我司的业务不断扩展。
地址:浙江省宁波市镇海区港务新村集体宿舍 1 号楼 402 房
负责人:丁福燕 邮 编:315200
Mobile:13958209011

## 苍南县宜山新车族汽车装璜店
业务:汽车装璜
产品:汽车美容、汽车音响改造等
地址:浙江省温州市苍南县宜山镇繁荣街宜一村委楼下
负责人:李中床 邮 编:325803
法 人:李中床
Tel:13587806353
0577－64388672

## 乐清市虹桥长瑞模具厂
业务:我厂是高精密塑胶模具制造的专业企业,从事模具制作开发及生产销售,另承接塑料产品加工业务,秉持着以顾客的最大需求为目标,以诚信求发展,欢迎新老客户前来洽谈惠顾
产品:汽车音响塑料接插件
地址:浙江省温州市乐清市虹桥镇虹河东路65 号
负责人:柯银田 邮 编:325608
法 人:柯银田
Tel:0577－62360287
Fax:0577－62375236
E-mail:ljd961609@163.com

## 温州市龙湾海滨永鑫汽车空调配件店
业务:汽车空调配件零售,空调安装维修
地址:浙江省温州市龙湾区海滨街道永强大道河泥荡公园对面南首 1 栋第五间
负责人:陈岸鑫 邮 编:325000
法 人:陈岸鑫
Tel:13017876638
0577－28861286

## 温州市龙湾瑶溪光头装卸服务部
业务:普通货物的装卸服务
地址:浙江省温州市龙湾区瑶溪镇龙东村东华路 22 号
负责人:陈建恩 邮 编:325000
法 人:陈建恩
Tel:13777790378
0577－28889346

## 温州市龙湾永中美华轮胎经营部
业务:销售汽车轮胎
地址:浙江省温州市龙湾区永中街道陡门街63 号
负责人:朱美华 邮 编:325000
法 人:朱美华
Tel:13736318312
0577－86882955

## 行万里电动车大卖场
业务:电动车,配件,维修
地址:浙江省温州市龙湾区状元镇机场大道1713、1715 号 2:浙江省温州市梧田东垟西路 155 号。3:浙江省温州市慈湖南堡路 8 号。4:浙江省温州市龙霞路139 号
负责人:陈九万 邮 编:318000
法 人:陈九万
Tel:0577－86350592
86362245
86767873
Fax:0577－86763169

## 温州市恒安托运部
业务:货物运输
地址:浙江省温州市鹿城区六虹桥路 88 号货运市场货运街 19 号
负责人:陈忠胜 邮 编:325000
法 人:陈忠胜
Tel:0577－88619867
Fax:0577－88617875

## 台州市椒江车艺洗车美容中心
业务:汽车修理清洗、美容
地址:浙江省台州市椒江区下陈街道机场路68 号
负责人:王琦 邮 编:318000
法 人:王琦
Tel:0576－88155500

## 浙江亚特游艇制造有限公司
业务:玻璃钢游艇制造
产品:玻璃钢游艇
地址:浙江省台州市临海市沿江镇红光村
负责人:严邦兴 邮 编:318000
法 人:严邦兴
Tel:13757698189

## 临海市新雄船舶施工队
业务:船舶冷作电焊工程、船舶修理,并以最高的热忱、最好的服务、最优的合作,为您提供细致、周到、快速、全面的服务
地址:浙江省台州市临海市邵家渡街道下洋峙村
负责人:胡新雄 邮 编:317006
法 人:胡新雄
Tel:13058655516
网址:www.51zzt.com/user/zzt34465
E-mail:hxxship@126.com

## 台州市路桥信联汽车配件厂
业务:汽车配件生产、销售
产品:各种空压机零部件
地址:浙江省台州市路桥区蓬街镇万胜村 2区 1 号
负责人:张从洪 邮 编:318000
法 人:张从洪
Tel:13116578689
13073879228
0576－82736818

## 台州市路桥鑫来汽配商行
业务:专营别克汽车配件
地址:浙江省台州市路桥区新安南街 277 号B1－34、35
负责人:叶晓波 邮 编:318000
法 人:蒋珍珍
Tel:15867685055
0576－82966368

## 三门县小拇指汽车饰品商店
业务:汽车用品批发、零售.
地址:浙江省台州市三门县海游镇环城东路26 号
负责人:卢迅 邮 编:317100
法 人:卢迅
Tel:13958525376
0576－83328096

## 三门利达汽车修理厂
业务:中高档汽车维修
地址:浙江省台州市三门县海游镇悬渚村(石岩旁边)
负责人:张波 邮 编:311800
法 人:张波
Tel:13968671135
0576－83310105

## 台州凯昂船舶制造有限公司
业务:船舶制造
地址:浙江省台州市三门县六敖镇繁荣村
负责人:叶以杰 邮 编:318000
法 人:叶以杰
Tel:15267672326
15606585583

## 台州市天台县永福摩托车经营部
业务:各种型号正三轮摩托车(金轮专卖),原厂配件及维修
地址:浙江省台州市天台县赤城街道赤城路636 号
负责人:梁永福 邮 编:317200
法 人:梁永福
Tel:0576－83884974
18958534666
13967600310
Fax:0576－83884974

## 天台县绿光汽车用品经营部、天台县鸿运油漆店
业务:汽车用品的销售、室内装潢用品
地址:浙江省台州市天台县坦头镇坦头村上洋公路下
负责人:裘叶军 邮 编:318000
法 人:裘叶军
Tel:13666874653
0576－83711832

## 天台县豪胜汽车用品厂
业务:汽车坐垫生产销售
地址:浙江省台州市天台县坦头镇五百村
负责人:徐世河 邮 编:318000
法 人:徐世河
Tel:0576－83711020

### 温岭市大溪浙苏货物托运站

业务:货运配载、货运配载路线:上海,广州,江苏,浙江等省市
地址:浙江省台州市温岭市大溪镇新南岙村
负责人:赵守利 邮 编:318000
法 人:赵守利
Tel:13958689341

### 仙居县车工汽车维修厂

业务:汽车修理,汽车配件的销售(二类企业)
地址:浙江省台州市仙居县安洲街道气象路(西门村客泉路廊)
负责人:李洪燕 邮 编:317300
法 人:李洪燕
Tel:0576－87777498
13566492613

### 仙居县鸿顺汽车租赁有限公司

业务:汽车租赁
地址:浙江省台州市仙居县南峰街道工业路
负责人:王文岳 邮 编:318000
法 人:王文岳
Tel:0576－87739568

### 玉环县坎门运达汽配加工厂

业务:齿轮加工机其他汽车配件加工销售
地址:浙江省台州市玉环县坎门双龙村兴龙路
负责人:汤先生 邮 编:318000
法 人:汤贤西
Tel:13566450075

**杭州骏达汽车修理服务有限公司**
地址:浙江省杭州市上城区秋涛路188号－6
负责人:黄耀科
Tel:0571－86070001

### 玉环旭斌汽车配件厂

业务:汽车配件生产销售
地址:浙江省台州市玉环县坎门镇新村104号
负责人:陈勇武 邮 编:317602
法 人:陈勇文
Tel:13665785080
13967653209

### 玉环县王学礼汽车配件商行

业务:汽车配件
地址:浙江省台州市玉环县珠港镇城关黄泥坎村遂道口
负责人:王学礼 邮 编:318000
法 人:王学礼
Tel:0576－87298968
13967638968
Fax:0576－87238816

### 湖州织里中德汽修厂

业务:汽车维修及其零配件的销售
地址:浙江省湖州市织里镇织里南路布金寺门口
负责人:刘军成 邮 编:313000
法 人:刘军成
Tel:0572－3176699
13735141222

### 桐庐县横村镇仕霆汽车美容部

业务:集汽车维修、配件、美容为一体,修理机动车、三类机动车,愿我们的服务为您带去一路平安
产品:汽车喷漆
地址:浙江省杭州市桐庐县横村镇城东村徐家埠90号
负责人:操仕霆 邮 编:310026
法 人:操仕霆
Tel:13858044597

### 宁波奥星汽车服务有限公司

业务:汽车服务
地址:浙江省宁波市鄞州区雅戈尔大道248号
负责人:张毅 邮 编:315000
Tel:0574－56666666

### 余姚市佳豪货物托运部

业务:承接全国各地的整车和空车配载
地址:浙江省宁波市余姚市低塘街道环镇北路121号
负责人:胡标 邮 编:315407
法 人:胡标
Tel:13136363170
0574－62266522
13685715662

**杭州公铁运输有限公司**
地址:浙江省杭州市上城区金鸡桥11号二楼
负责人:金宝法
Tel:0571－86526408

### 平湖市曹桥申通货物托运部

业务:浙江、江苏、上海等地普通运输
地址:浙江省平湖市曹桥街道大丰桥南九场公路东侧(恳桥村9组)
负责人:陆贤 邮 编:314000
法 人:陆贤
Tel:13515831378
0573－85961515

### 平湖市全塘镇诚通车行

业务:经营闪亮雅马哈、尼科尼亚电动车及售后维修服务
地址:浙江省平湖市全塘镇穗轮村2组
负责人:潘进根 邮 编:314000
法 人:潘进根
Tel:13967316860
15990398828

### 平湖市全塘镇通成信息咨询服务部

业务:全国各地货物运输(主要是平湖－上海、义乌、宁波专线)
地址:浙江省平湖市全塘镇穗轮市场
负责人:陶守飞 邮 编:314200
法 人:陶守飞
Tel:13506834444
0573－85844361

### 嘉兴市永顺物流有限公司

业务:全国货物运输服务
地址:浙江省平湖市外环二路(平湖市农副产品综合批发市场停车场对面31号)
负责人:谢伟 邮 编:314000
法 人:谢伟
Tel:13757385999
0573－85291222
Fax:0573－85282966

### 常山县鹏程物流有限公司

业务:主要经营物流
地址:浙江省衢州市开化县华埠镇江东新区百盛路318号
负责人:齐天养 邮 编:324002
法 人:齐天养
Tel:13706709888
0570－6351098

### 衢州市衢江区兴阳物流有限公司

业务:物流
地址:浙江省衢州市衢江区廿里镇浙西大道97号－3号
负责人:张兴福 邮 编:324002
法 人:张兴福
Tel:0570－8770399
13735063999

### 瑞安市名欣汽车修理部

业务:销售长安汽车,汽车维修
地址:浙江省瑞安市飞云镇东风村城南大道
负责人:蔡名明 邮 编:325207
法 人:蔡名明
Tel:13091971005
0577－65561988

### 瑞安市湘澧汽摩配件有限公司

业务:汽车饰品生产、销售
产品:汽车窗帘、车罩、挡泥板等
地址:浙江省瑞安市罗凤北工业园区凤都二路185号
负责人:张献礼 邮 编:325200
法 人:张献礼
Tel:13511495628
0577－25603259
Fax:0577－65325796

### 瑞安市焕颖汽车租赁有限公司

业务:各种商务车、越野车、轿车的租赁
地址:浙江省瑞安市塘下镇场桥西街路185号
负责人:陈永焕 邮 编:325200
法 人:陈永焕
Tel:13758745777
0577－65266133

### 瑞安市军瑞汽摩配件厂

业务:汽摩配制造、加工、销售
地址:浙江省瑞安市塘下镇下林工业区罗山大道58号
负责人:罗均瑞 邮 编:325204
法 人:罗均瑞
Tel:15888416328
0577－25699371
25600373
Fax:0577－25600373

### 潜华汽车仪表厂

业务:专业生产汽车组合仪表、单表、仪器的专业企业,产品技术含量高,质量要求严格,适合各种微型车、工程车。我们拥有新进的作业流水线,完善的质量保障体系,竭诚与各大厂商精诚合作,共创辉煌。
产品:大型货车组合仪表、解放全系列、东风全系列、重汽、陕汽、北汽
地址:浙江省瑞安市塘下镇肇平垟下村文明路109号
负责人:钱海顺 邮 编:325204
法 人:谢尚福
Tel:0577－65371510
13736788937
Fax:0577－65371510
网址:qianhaishun.b2b.hc360.com
E-mail:yibiao_car@163.com

### 瑞安市辉宁汽摩部件厂

业务:汽车、摩托车滤清器
地址:浙江省瑞安市塘下镇肇平垟中村肇新路旁四间
负责人:周宁 邮 编:325200
法 人:周宁
Tel:13780128836
0577－65358948
Fax:0577－65358948

### 瑞安市光威汽车零部件厂

业务:专业从事汽车配件制造加工,主要产品有汽车各类型号的操纵器总成、机油泵等系列产品。本着以人为本,以质取胜,诚信服务,顾客满意的经营方针,竭诚为新老朋友服务
产品:操纵器总成、机油泵
地址:浙江省瑞安市辛塍镇董五工业区
负责人:李云同 邮 编:325206
法 人:李云同
Tel:0577－65192868
15325098026
Fax:0577－65192868

**杭州海越国际货运代理有限公司**
地址:浙江省杭州市上城区邮电路23号长城资产大楼804室
负责人:吴秋萍
Tel:0571－87513528

### 桐庐县桐君街道子陵货运部

业务:货运服务
地址:浙江省杭州市桐庐县桐君街道春江西路555号
负责人:郑勋专 邮 编:310026
Tel:0571－64601711
13083973517

### 富阳市新登镇金顺农用拖拉机经营部

业务:经营农用拖拉机、双桥自卸车、叉车
地址:浙江省富阳市新登镇松溪村149号
负责人:金顺娣 邮 编:311400
法 人:金顺娣
Tel:13567187618
0571－63206838

### 宁波江北裕达轮胎有限公司

业务:宁波江北裕达轮胎有限公司成立于2005年,主要从事大型载重货车、客车轮胎翻新,翻新轮胎的批发与零售,废旧轮胎的翻新等业务。"信誉第一,服务周到",热诚欢迎您的光临!
地址:浙江省宁波市庄桥街道河东路20弄7号104室
负责人:王圣平 邮 编:315032
法 人:王圣平
Tel:0574－26282116
Fax:0574－26282117

### 海宁市长安镇快捷货运部

业务:海宁－福建省福州、厦门、泉州、莆田、三明、漳州、南平、龙岩、宁德等各市及广东潮州、汕头、揭阳等路线货运
地址:浙江省海宁市长安镇环镇北路大型村六组36号
负责人:郭志强 邮 编:314400
法 人:郭志强
Tel:0573－87755987
13738277444

### 台州市三华机动车销售有限公司

业务:浙江省台州市三华机动车销售有限公司座落于风景秀丽的海滨旅游城市——台州市路桥区。公司一直致力于汽车销售服务行业,本着"信誉第一,客户至上,服务一流"的经营宗旨,竭诚为用户提供产品和优质的服务。主营品牌有:"浙江正宇","江苏博莱特","福建武夷","徐州徐工","福建新福达"等载重轻卡系列汽车,低速货车及皮卡车;公司还代办转籍过户及上牌手续等服务。
地址:浙江省台州市路桥区新安南街148号
邮 编:318050
法 人:尚小富
Tel:0576－2908666
Fax:0576－2507877

### 宁波江北赛科汽车零部件有限公司

业务:汽车雨刮器、车灯、滤清器、车门把手等产品、机器和设备的研发、制作与销售
产品:汽车雨刮器、车灯、滤清器、车门把手等产品、机器和设备
地址:浙江省宁波市江北区庄桥街道袁陈村(江北大道198弄)
负责人:李军 邮 编:315000
法 人:李军
Tel:13136362758
0574－56137684
Fax:0574－56136603
网址:www.sicis.net.com
E-mail:lee@sicis.net.com

### 宁波大榭开发区明捷货物运输有限公司

业务:全国普通货物运输,舟山专线
地址:浙江省宁波市清水桥路南侧第2－3间老鲍饭店
负责人:林富杰 邮 编:315000
法 人:林富杰
Tel:13587052323

### 宁波国鑫船舶工程有限公司

业务:船舶建造、海滩围垦
地址:浙江省宁波市象山鹤浦镇东红船业有限公司
负责人:陈炳国 邮 编:315733
法 人:陈炳国
Tel:13506681750
0574－65017277
Fax:0574－65017277
网址:http://www.51zzt.com/user/zzt30500

### 象山丹城屠贵松摩托车电动车商行

业务:代理新日牌,绿驹牌电动车
地址:浙江省宁波市象山县丹西街道丹峰西路19－2号
负责人:屠贵松 邮 编:315000
法 人:屠贵松
Tel:13396670258
0574－65730366

### 象山县石浦葛峙山船舶修造厂

业务:船舶修造
地址:浙江省宁波市象山县石浦镇葛峙山西边村塘坝外
负责人:李伟忠 邮 编:315000
法 人:李伟忠
Tel:13606783234
0574－56396235

### 宁波市鄞州区横溪诚益汽车配件厂

业务:专业生产销售汽车配件
产品:金龙客车,江淮,陕汽,豪沃,斯太尔,欧曼,东风,解放等汽车各种型号球头及农机产品等球头
地址:浙江省宁波市鄞州区横溪镇周夹村
负责人:朱伟 邮 编:315131
法 人:朱伟
Tel:0574－88063565
13586573747
Fax:0574－88063565
网址:www.nbchengyiqp.com

### 众鑫电动配件批发部

业务:电动车自行车配件批发
地址:浙江省宁波市鄞州区集士港镇卖面桥村
负责人:张宗江 邮 编:315000
法 人:张宗江
Tel:0574－56188251

### 宁波市鄞州塘溪小史汽车修理部

业务:汽车维修以及配件的销售
地址:浙江省宁波市鄞州区塘溪镇沙村
负责人:史益君 邮 编:315143
法 人:史益君
Tel:0574－88404481
15306640863

### 义乌市海平托运部

业务:本公司成立于2005年,主要从事义乌至乌鲁木齐专线往返的铁路货物运输,公司将以诚信为本,希望各位同仁一起不懈努力,共同发展。

地址：浙江省金华义乌市桥东1区25幢3号
邮　编：322000
法　人：黄克泽
Tel：0579－5386827
Fax：0579－5386827

## 宁波市鄞州塘溪康顺汽车配件厂

业务：生产、销售汽车配件
地址：浙江省宁波市鄞州区塘溪镇邹溪村
负责人：张建康　邮　编：315143
法　人：张建康
Tel：13884424836
0574－88140536

## 宁波高新区超浩仕汽车用品店

业务：上门汽车美容，代办年检车险，汽车代驾陪驾，展车服务，移动洗车设备，台湾家佳亮大陆总经销。
地址：浙江省宁波市鄞州区下应镇鄞县大道
负责人：李延超　邮　编：315000
法　人：尹倩
Tel：0574－27894068
27814821
27814823
网址：www.chaojieshi.com

## 海宁市许村镇美飞龙汽车信息服务中心

业务：二手汽车信息服务
地址：浙江省海宁市许村镇许村大道27号
负责人：程浩民　邮　编：314000
法　人：程浩民
Tel：13511295535

## 杭州合意运输有限公司

业务：物流
产品：杭州－广州，广州－杭州
地址：浙江省杭州市江干区艮山东路230号
负责人：庄嘉勋　邮　编：310000
法　人：王水满
Tel：13588846518
0571－86722038

## 宁波市北仑区大碶润发货物托运部

业务：货运服务，路线：浙江－重庆、上海、苏州、无锡、山东、北京、天津。
地址：浙江省宁波市北仑货运市场内北21号
负责人：朱坤雄　邮　编：315000
法　人：朱坤雄
Tel：13806634792
0574－56219588
86829290

## 宁波顺程物流有限公司

业务：主要承接国际、国内集装箱运输，国内冷冻散货的运输业务，本公司追求诚信、安全快捷、运价合理，真诚期望与您合作
地址：浙江省宁波市北仑区宝税东区兴农大厦101
负责人：黄伟　邮　编：315800
法　人：黄伟
Tel：0574－26886901
13805869091
Fax：0574－26886900

## 宁波宁联运输有限公司

业务：运输
地址：浙江省宁波市北仑区柴桥后所城东301号三楼
负责人：徐秋平　邮　编：315809
法　人：徐秋平
Tel：13606223499
0574－86053679

## 宁波市北仑区柴桥黄伟汽车运输户

业务：货运，普通货运(建筑材料)
地址：浙江省宁波市北仑区柴桥街道高地涨51号
负责人：黄伟　邮　编：315809
法　人：黄伟
Tel：13071928655
0574－86067481

## 宁波市奔驰重低型平板车全国托运

业务：大件托运
地址：浙江省宁波市北仑区高风新村
负责人：申海　邮　编：315800
法　人：申海
Tel：13505886849
13958302995

## 浙江舟山汇鑫物流有限公司

业务：集装箱货运、大件货运
产品：普通货运、货运代理、货运站、物流服务等
地址：浙江省宁波市北仑区高凤新村6栋4单元207
负责人：陈波明　邮　编：315800
法　人：陈波明
Tel：0574－27696866
18958311888
Fax：0574－27696027

## 舟山旺达物流有限公司

业务：货运：普通货运、货物专用运输(集装箱、冷藏保鲜)、大型物件运输；国际运输；国际货物运输；国际货运代理，普通货物仓储。
地址：浙江省宁波市北仑区钱通停车场1楼101
负责人：李来旺　邮　编：315800
法　人：李来旺
Tel：13250983388
0574－27686033

## 宁波市北仑区小港小包汽车空调维修店

业务：汽车空调维修
地址：浙江省宁波市北仑区小港街道下倪桥村327号
负责人：包飞达　邮　编：315801
法　人：包飞达
Tel：0574－86199516

## 宁波市北仑区小港腾信装卸队

业务：货物装卸，塑料离子包装，叉车出租，业务员工有五十人。
地址：浙江省宁波市北仑区小港开发G1区新桥化工公司内
负责人：梁永寇　邮　编：315000
法　人：梁永寇
Tel：13065623434
15990255808

## 宁波市北仑区小港国能汽车货运户

业务：货运
地址：浙江省宁波市北仑区小港镇江城世家A座34幢916室
负责人：周国能　邮　编：315000
法　人：周国能
Tel：15888522789
15988653888
0574－86174918

## 浙江省宁波市北仑区申红汽车货运户

业务：承接各种机械设备运输业务，以诚信、快捷、方便为您提供优质的服务。
地址：浙江省宁波市北仑区新碶高凤新村16幢202室
负责人：申红　邮　编：315800
法　人：申红
Tel：13685875294

## 宁波市北仑区新碶家爵电动车修理部

业务：电动车修理，名牌电动车电瓶销售[天能 超威 长兴绿源 长兴铁鹰]，电动车电池充电器[36伏10安培——48伏20安培]
地址：浙江省宁波市北仑区新碶街道风洋二路408号
负责人：王家建　邮　编：315000
法　人：王家建
Fax：13376881259

## 宁波市北仑区新碶兄弟车辆配件零售店

业务：非机动车辆配件批发、零售。
地址：浙江省宁波市北仑区新碶嵩山路623号
负责人：王双全　邮　编：315800
法　人：王双全
Tel：13429300513
0574－86873134

## 宁波甬隆物流有限公司

业务：浙江省内的集装箱运输
地址：浙江省宁波市北仑区珠江路13号中宇仓库
负责人：王武波　邮　编：315000
法　人：王武波
Tel：0574－26893618

**杭州汤氏物流有限公司**
地址：浙江省杭州市西湖区龙坞镇大清村
负责人：汤召录
Tel：0571－87090345

**杭州瑶琳铁路设备有限公司**
地址：浙江省杭州市桐庐县瑶琳镇杨家村
负责人：薛晓霞
Tel：0571－64363965

## 慈溪市阿刚电瓶三轮车有限公司

业务：电瓶三轮车的销售
地址：浙江省宁波市慈溪市附海镇东海村(太阳地)
负责人：曾庆刚　邮　编：315000
法　人：曾庆刚
Tel：13600612905
15088464734
网址：http://www.51zzt.com/user/zzt34936

## 宁波临海汽车维修部

业务：汽车维修，钣金喷漆
地址：浙江省宁波市海曙区环城西路南大门汽修221－222号
负责人：章可贵　邮　编：315000
法　人：章可贵
Tel：13185939613
0574－27874119

## 宁波海曙江新交通设施有限公司第一分公司

业务：生产交通设施兼零售
地址：浙江省宁波市海曙区新芝路高塘四村89号
负责人：郑云飞　邮　编：315010
法　人：郑云飞
Tel：0574－87144455
87507649
Fax：0574－87144455

## 宁波永豪物流有限公司

业务：许可经营项目：普通货物道路运输(有效期至2013年4月17日)；一般经营项目：货物联托运，国内货运代理，仓储服务。
地址：浙江省宁波市江北大道庄桥新世纪停车场
负责人：张继勇　邮　编：315000
法　人：张继勇
Tel：13336879518
0574－83091111

## 宁波市江北麒麟汽车美容店

业务：贴膜等汽车装潢
地址：浙江省宁波市江北区洪塘西路33号
负责人：刘其林　邮　编：315000
法　人：刘其林
Tel：13429386828
0574－56661459

## 宁波市彪王汽车用品批发中心

业务：汽车用品批发
地址：浙江省宁波市江北区环城北路东段272号
负责人：张彪　邮　编：315000
法　人：张彪
Tel：0574－87674886
13738867771

## 浙江舟山诚达物流有限公司

业务：货运，普通货运，货物专用运输(集装箱)，货运代理
地址：浙江省宁波市江北区环城北路东段349号日月宾馆楼上305室
负责人：刘继光　邮　编：315000
法　人：刘继光
Tel：0574－86683955
Fax：0574－86683922
E-mail：zscdwl@yahoo.cn
QQ：1165149060

## 杭州浙江汽配城瑞铭汽配商行

业务：汽车零部件的销售
地址：浙江省杭州市江干区新塘路353－361号浙江汽配城内563号营业房
负责人：徐雪奇　邮　编：310026
法　人：徐雪奇
Tel：0571－86946002
13706719793

## 杭州市上城区北苑汽车配件商行

业务：汽车配件、汽车装潢、汽车美容
地址：浙江省杭州市上城区复兴南街111－111－1号
负责人：项麟　邮　编：310000
法　人：项麟
Tel：0571－86494633

**杭州诚送货运代理有限公司**
地址：浙江省杭州市西湖区文苑路606号1174室
负责人：袁剑飞
Tel：13858033888

## 刘元金运输户

业务：货物运输
地址：浙江省海宁市盐官镇联农村联平顾家场60号
负责人：刘元金　邮　编：314400
法　人：刘元金
Tel：13429426179

## 瑞安峰阳汽车零部件厂

业务：本公司成立于2006年，主要生产销售汽车零部件、紧固件。
地址：浙江省瑞安市塘下镇肇平洋下村肇兴路134号
负责人：朱开良　邮　编：325204
法　人：朱开良
Tel：0577－65396234
Fax：0577－25601891

## 杭州市滨江区祥驰汽车用品商行

业务：销售汽车装饰用品
地址：浙江省杭州市滨江区长河街道新月路404号
负责人：李雪林　邮　编：310026
法　人：李雪林
Tel：13967181402
13675862604

## 粮油市场士国农机汽配

业务：销售轻卡汽车、农用车配件
地址：浙江省嘉兴市中环南路与320国道交叉口西侧粮油市场6幢102室南东区04号
负责人：吕士国　邮　编：314000
法　人：吕士国
Tel：0573－82668707

## 建德市新安江街道捷安特友谊自行车商行

业务：捷安特自行车代理及配件批发、零售，售后服务
地址：浙江省建德市新安江街道红枫商铺19号
负责人：洪兆康　邮　编：310026
法　人：洪兆康
Tel：13819167772
0571－64799218

## 建德市新安江街道飞帆装卸服务部

业务：货物装卸服务
地址：浙江省建德市新安江街道麒麟坞81号
负责人：曾来清　邮　编：310026
法　人：曾来清
Tel：13968129718
15079871390

## 建德市新安江街道阿甘汽车电器修理部

业务：统一蓄电池、电子电器批发
地址：浙江省建德市新安江街道新衢路20号
负责人：纪建强　邮　编：310026
法　人：纪建强
Tel：0571－64701117

## 正峰摩托车修理店

业务：电瓶车、摩托车维修
地址：浙江省金华市东阳市六石镇
负责人：汪正峰　邮　编：321000
法　人：汪正峰
Tel：13106418721

## 东阳市吴宁美利达自行车店

业务：美利达自行车代理及售后服务。
地址：浙江省金华市东阳市十字街168号
负责人：胡小明　邮　编：321000
法　人：胡小明
Tel：13065997305
0579－86627986

## 海宁市海昌鑫鑫汽车装饰店

业务：汽车美容，装潢，专业贴膜，抛光打蜡，电子维修
地址：浙江省嘉兴海宁市海昌街道文苑路399号百汇海隆广场C043号
负责人：尚原则　邮　编：314000
法　人：尚原则
Tel：0573－87395018
Fax：0573－87395018

**浙江遂昌凯运物流有限公司**
地址：浙江省丽水市遂昌县妙高镇环城南路19号
负责人：吴周云

……………………………………Tel:0578－8181485
13905786359

**青田丰盛二手车销售有限公司**
业务：二手车买卖，汽车塑胶
地址：浙江省丽水市青田县鹤城镇鹤城东路296号
………负责人：周晓敏 邮 编：521700
……………………………法 人：周晓敏
…………Tel：0578－6819878
…………Fax：0578－6819878
……………………………网址：www.qtfsqc.cn

**青田华城修理厂**
业务：汽车修理
地址：浙江省丽水市青田县鹤城镇鹤城西路142号
………负责人：王灵锋 邮 编：323000
……………………………法 人：王灵锋
…………Tel：13567612032
0578－6065055

**松阳县松古汽车租赁有限公司**
业务：汽车租赁
地址：浙江省丽水市松阳县西屏镇长虹西路45号
………负责人：王善平 邮 编：323000
……………………………法 人：王善平
…………Tel：15990424982
13094681868

**遂昌松达货物配载中心**
业务：代理全国货运服务
地址：浙江省丽水市遂昌县妙高镇北门路19号
………负责人：詹富松 邮 编：323000
……………………………法 人：詹富松
…………Tel：13905786550

**丽水市塔下轮胎店**
业务：主要经营轮胎
地址：浙江省丽水市塔下村93号
………负责人：赵国军 邮 编：323000
……………………………法 人：赵国军
…………Tel：13906881345
0578－2785368

**杭州强瑞汽车贸易有限公司**
业务：奇瑞汽车的销售
地址：浙江省临安市华兴汽车城
………负责人：李超云 邮 编：310026
……………………………法 人：李超云
…………Tel：13806523015
0571－23650999
…………Fax：0571－23650999

**临安辉煌电子有限公司**
业务：印制线路板，五金工具
地址：浙江省临安市太阳镇工业集聚区
………负责人：宋晓林 邮 编：311314
……………………………法 人：宋晓林
…………Tel：0571－63861808
15990155888
…………Fax：0571－63861898
……………E-mail:haihw@263.net/sxl.sxl.2008@163.com

**临海市合成汽车租赁服务部**
业务：本部对外租赁各种高、中档轿车及商务用车、旅游用车，价格合理手续简单快捷。我们本着顾客至上，信誉第一的服务宗旨，为您创造良好的租车环境。
地址：浙江省临海市城关镇税务街41号
………负责人：王直民 邮 编：317000
……………………………法 人：王直民
…………Tel：0576－85276186
15167623119

**临海市闽达货物托运站**
业务：福建专线、零担、货物配载
地址：浙江省临海市江南物流中心B49－50号
………负责人：李渊辉 邮 编：317000
……………………………法 人：李渊辉
…………Tel：0576－85386858
13989670317

**台州市鑫洋船务代理有限公司**
业务：国内货运代理、国内船舶代理
地址：浙江省临海市桃渚镇否前村32号
………负责人：金礼行 邮 编：317013
……………………………法 人：金礼行
…………Tel：0576－85789258
13018822188

**台州市路桥金发铝轮厂**
业务：台州市路桥金发铝轮厂成立于2003年，主要从事电动车铝轮的生产与销售。“质量保证，价格合理”，热诚欢迎广大新老客户来我公司洽谈业务，共同合作！
地址：浙江省台州市路桥区蓬街镇
…………负责人：施金华……邮 编：318020
……………………………法 人：施金华
……………………………Tel:0576－82731741

**浙江省临海市启航船舶施工队**
业务：专业承接船舶电焊、冷作、装配工程。本着安全第一、质量为本的服务宗旨为您提供各类价格合理、信誉保证的工程服务，真诚期待与您的合作！
产品：船舶
地址：浙江省临海市桃渚镇新桥村珊瑚东路184号
………负责人：金海兵 邮 编：317015
……………………………法 人：金海兵
…………Tel：13575824218

**嘉兴市林峰运输装卸有限公司**
业务：货物运输（嘉兴至温州、嘉兴至丽水专线）
地址：浙江省嘉兴经济开发区华云路23号桑田化工有限公司内东侧9－11号
………负责人：柯来林 邮 编：314000
……………………………法 人：柯来林
…………Tel：13819338955
13758081688
0573－82553899
…………Fax：0573－82553899

**杭州市下城区路遥自行车配件商行**
业务：销售自行车、电动车配件
地址：浙江省杭州市下城区永佳南苑15号
………负责人：林茂和 邮 编：310000
……………………………法 人：林茂和
…………Tel：13073687551
13216149545

**浙江福达国际物流有限公司**
业务：本公司成立于2006年，是一家集国内普通货物运输、集装箱运输、仓储物流等为一体的综合性物流公司。公司以“诚实、守信、高效、快捷”为经营理念，竭诚为广大客户提供最快捷、周到的服务！
地址：浙江省宁波市北仑区霞浦康康山采石厂内
…………负责人：王祖福……邮 编：315000
……………………………法 人：王祖福
……………………………Tel:0574－86105555
86109905
……………………………Fax:0574－86910533
86910532

**杭州中城货运交易市场连富货运信息服务部**
业务：货运服务
地址：浙江省杭州市杭州中城货运交易市场A5－502－6号
………负责人：张涛 邮 编：310026
……………………………法 人：张涛
…………Tel：13588102558
0571－85819886
56379287
…………Fax：0571－56379287

**浙江金通汽配城隆相汽配经营部**
业务：经营汽车配件
地址：浙江省杭州市拱墅区浙江金通汽配城46号楼7号8号
………负责人：王永忠 邮 编：310026
……………………………法 人：王永忠
…………Tel：13064767216
0571 － 86723279
…………Fax：0571－86723279

**瑞安市新丰橡胶轮胎厂**
地址：浙江省瑞安市汀田镇七村铁市场内
……………………………负责人：林全杰
……………………………Tel:0577－65107719
13506576566

**杭州杭义运输有限公司**
业务：货物运输
地址：浙江省杭州市杭海路579号
………负责人：方超群 邮 编：310000
……………………………法 人：曹新宏
…………Tel：0571－86858266
…………Fax：0571－86519909

**丽水市金龙快运服务部**
业务：货物运输
地址：浙江省丽水市莲都区垟店村85号
………负责人：周金龙 邮 编：323000
……………………………法 人：周金龙
…………Tel：0578－2697118
…………Fax：0578－2697117

**龙泉市丰威汽车空调配件厂**
业务：汽车空调配件的生产与销售
地址：浙江省丽水市龙泉市查田镇竹舟村15号
………负责人：周起平 邮 编：323000
……………………………法 人：周起平
…………Tel：13906785128
0578－7242026

**东阳市吴宁新国泰汽车装潢美容店**
业务：贴膜等汽车美容服务
地址：浙江省金华市东阳市双岘路98号
………负责人：蒋国能 邮 编：321000
……………………………法 人：蒋国能
…………Tel：13566989993
0579－86679909

**兰溪市申通汽车修理部**
业务：汽车修理（三类）
地址：浙江省金华市兰溪市兰江街道横山路
………负责人：成群 邮 编：321000
……………………………法 人：成群
…………Tel：0579－83872132
13516842583

**磐安县恒大电动车商行**
业务：销售：电动车
地址：浙江省金华市磐安县安文镇螺山路20号
………负责人：王万利 邮 编：321000
……………………………法 人：王万利
…………Fax：0579－84669099

**浦江县大顺托运部**
业务：普通货物运输服务、货物配载（浦江－南京）
地址：浙江省金华市浦江县浦阳街道白林村塘东片215
………负责人：季林坚 邮 编：321000
……………………………法 人：季林坚
…………Tel：0579－84222476
13958479255

**鸿盛汽车用品批发商行**
业务：汽车用品批发
地址：浙江省杭州市萧山区宁围镇兴园路59－61号
………负责人：纪亮章 邮 编：311215
……………………………法 人：纪亮章
…………Tel：13296766616
13136160967
0571－82715616

**杭州中信摩配市场中发摩配商行**
业务：电动车配件批发
业务：电动车配件批发 0571－88082287
13515713332
13567157151 13357187561
地址：浙江省杭州市拱墅区中信摩配市场中发摩配商行1幢00－1号
………负责人：徐小军 邮 编：310026
……………………………法 人：徐小军
…………Tel：0571－88082287
13515713332

**温州市鹿城区南郊永新汽车玻璃店**
业务：汽车玻璃专卖
地址：浙江省温州市牛山北路49弄
………负责人：陈纪平 邮 编：325000
……………………………法 人：陈纪平
…………Tel：0577－88326838

**温州市瓯海瞿溪迈达汽车修理店**
业务：机动车维修、汽车快修
地址：浙江省温州市瓯海区瞿溪镇三溪路14号（第一层）
………负责人：林森权 邮 编：325000
……………………………法 人：林森权
…………Tel：13968855513
0577－86177771

**温州市瓯海梧田贤锋车辆信息服务部**
业务：二手车信息咨询、交易
地址：浙江省温州市瓯海梧田塘西村龙霞路234号
………负责人：程贤锋 邮 编：325000
……………………………法 人：程贤锋
…………Tel：13173555228
0577－86787285

**兴新汽车修配厂**
地址：浙江省台州温岭市松门镇西门头
……………………………负责人：吕春方
……………………………Tel:0576－86663930
86661191
13605869732
13958692085

**温州市奔骏汽车销售有限公司**
业务：销售北方奔驰及4S服务
地址：浙江省温州市平阳县鳌江镇工贸路22号B栋502
………负责人：温简甜 邮 编：325000
……………………………法 人：温简甜
…………Tel：13958929933
0577－63759991
63759992

**平阳县三仁电子厂**
业务：专业生产电动车报警器、摩托车报警器
地址：浙江省温州市平阳县鹤溪镇鹤翔北路261号对面
………负责人：谢秀财 邮 编：325000
……………………………法 人：谢秀财
…………Tel：13857753633
0577－82353935

**平阳县腾越汽车装璜店**
业务：从事洗车、汽车装潢、汽车美容服务
地址：浙江省温州市平阳县昆阳镇人民路679－689号
………负责人：徐领 邮 编：325400
……………………………法 人：徐领
…………Tel：0577－63886980

**平阳县速尔快递**
业务：快递服务
地址：浙江省温州市平阳县平阳高速路口
………负责人：姜永曼 邮 编：325400
……………………………法 人：姜永曼
…………Tel：13506779021
0577－63719386
18958858191

**温州浩展汽摩配件有限公司**
业务：汽车配件、摩托车配件、塑料成型
地址：浙江省温州市平阳县宋桥镇吴岙村（龙祥新村33号）
………负责人：林海青 邮 编：325400
……………………………法 人：林海青
…………Tel：13868589088
0577－63777671

**杭州驰宇速递有限公司**
地址：浙江省杭州市江干区新塘路46－1号
……………………………负责人：吴瑞靖
……………………………Tel:0571－86974795

**平阳县川来考汽车美容装潢店**
业务：汽车美容装潢
地址：浙江省温州市平阳县萧江镇大同路288－40号
………负责人：罗承川 邮 编：325000
……………………………法 人：罗承川
…………Tel：13600680531
0577－63571108

**瑞安市塘下仙榕汽摩配件厂**
业务：汽车、摩托车后视镜的生产和销售
产品：汽车、摩托车后视镜
地址：浙江省温州市瑞安市塘下镇新居村仙榕西路66号
………负责人：严经理 邮 编：325000
……………………………法 人：吴炳艳
…………Tel：0577－65362908
15057327893
…………Fax：0577－65362908

**温州市鹿城区双屿振发摩配**
业务：摩托车配件批发兼零售
地址：浙江省温州市双屿住宅区三组团2幢109室
………负责人：毛明豹 邮 编：325000
…………Tel：0577－88762220

**泰顺县宏华汽车配件经营部**
业务：汽车配件、汽车维修
地址：浙江省温州市泰顺县罗阳镇新城开发区
………负责人：陶圣华 邮 编：325000
……………………………法 人：陶圣华
…………Tel：0577－82001149
13757766923

**杭州正添汽车配件有限公司**
业务：杭州正添汽车配件有限公司是生产、经营汽车配件一体化企业，公司生产各种汽车变速箱配件、离合器壳、上盖、一轴盖、二

轴盖、拨叉、拨叉轴、顶盖、突元、隔套、止推环、里程表、主被动齿等大小件。本公司在配件市场上以质量保证、产品齐全、价格从优、诚信诚实、发货及时、服务周到、薄利多销、顾客满意为原则。我们真诚的欢迎全国各地的新老客户与我们共同发展。

地址：浙江省杭州市新塘路 305 号浙江汽配城 2323 号

…………负责人：施玉合……邮　编：320017
…………法　人：施玉合
…………Tel：0571－86462175

## 文成县顺兴物流运输服务有限公司

业务：货运，普通货运
地址：浙江省温州市文成县巨屿工业园区镇中东路 85 号

………负责人：陈志庭　　邮　编：325303
…………法　人：陈志庭
…………Tel：0577－67708188
…………Fax：0577－67702999

## 文成县威仕达二手车信息咨询服务部

业务：二手车信息咨询、交易
地址：浙江省温州市文成县樟台乡鹤东村（下门）第一层

………负责人：李建江　　邮　编：325000
…………法　人：李建江
…………Tel：13184251220
0577－67858762

## 永嘉县瓯北镇车浴城汽车美容装潢部

业务：汽车美容
地址：浙江省温州市永嘉县瓯北镇罗浮村洋儿路 34 号

………负责人：王信聪　　邮　编：325000
…………法　人：王信聪
…………Tel：0577－67993678
13758738787

## 义乌市胜芳卸货点

业务：大件运输，金华地区公路零担整车业务
地址：浙江省义乌市大塘下新村一区 8 幢 2 号

………负责人：郭云生　　邮　编：322000
…………法　人：郭云生
…………Tel：0579－85521525
89960852
…………E-mail：774807582@qq.com

## 金鼎物流

业务：服务：国内货运代理；专线：义乌<———>泰州，义乌<————>泰兴，义乌<————>姜堰，义乌<————>靖江，义乌<————>高港
地址：浙江省义乌市江东街道樊村 4 幢

………负责人：徐志华　　邮　编：322000
…………Tel：15906795583
0579－85532565

## 义乌市进成汽车用品商行

业务：汽车电瓶．电器．空调．氙气灯批发零售
地址：浙江省义乌市江东街道篁园路 468－5 号

………负责人：李进步　　邮　编：321000
…………法　人：李进步
…………Tel：13486965386
13868967313

## 义乌市双盈货运

业务：义乌市到襄樊、十堰的汽车货运
地址：浙江省义乌市江东街道鲇溪新村 25 幢 3 号一楼

………负责人：丁鼎高　　邮　编：322000
…………法　人：丁鼎高
…………Tel：13646897203
0579－85362970

## 义乌市鸿辉物流有限责任公司

业务：集运输、仓储、配送、装卸于一体，主要承接云南省内及义乌至昆明专线的整车零担、集装箱、大型物件等运输业务，以质量求生存，凭信誉做品牌，真诚期望与您合作！
地址：浙江省义乌市江东街道下朱村 B26 幢 401

………负责人：申韵泓　　邮　编：322000
…………法　人：申韵泓
…………Tel：18607390888

## 龙游旺萍物流有限公司

业务：龙游旺萍物流有限公司从事全国普通货物运输，欢迎新老客户来电洽谈业务！
地址：浙江省衢州市龙游县龙游镇货运中心

…………负责人：叶晓萍……邮　编：324400
…………法　人：叶晓萍
…………Tel：0570－7027106
7903820

## 浙江鑫鹏货运代理有限公司

业务：国际物流
地址：浙江省义乌市江东街道下朱村 B 区 2 幢三楼

………负责人：付鹏程　　邮　编：321000
…………法　人：付鹏程
…………Tel：15024556510
0579－85391196

## 义乌市敦豪快递服务部

业务：主营国际快递各类专线。专业代理：DHL、UPS、FEDEX、TNT、EMS 等其它各类国际专线
地址：浙江省义乌市江东街道宗塘新村二区 6 幢 205 室

………负责人：徐土根　　邮　编：322000
…………法　人：徐土根
…………Tel：13291579720
0579－85513051
85613042
…………Fax：0579－85613043
…………网址：www.15DHL.com
…………E-mail：RAOXV@hotmail.com

## 永康市西城永存汽车装潢用品批发部

业务：汽车装潢用品批发、兼零售及洗车服务
产品：汽车装潢用品
地址：浙江省永康市西城松石西路 352－358 号

………负责人：秦永存　　邮　编：321000
…………法　人：秦永存
…………Tel：0579－87363424
13429068466

## 余姚市洋翔汽车配件厂

业务：汽车配件、刷架、拨叉、塑料制品、五金件、橡胶制品的制造、加工
地址：浙江省余姚市低塘街道历山山前 26 号

………负责人：邹鸿翔　　邮　编：315000
…………法　人：邹鸿翔
…………Tel：0574－62245312

## 义乌AAE（安易）快递有限公司

业务：AAE 是全球领先的国际专线快递、物流和供应链增值服务提供商，以创新和专注见称。AAE 为客户提供快捷、安全、准时的全国快递服务，及在此基础上为客户提供更多增值服务。
地址：浙江省金华市义乌市北苑丹溪一区 69 幢 6 号

…………负责人：梁君……邮　编：322000
…………Tel：0579－85256488
85419808

## 杭州东建东风汽车配件有限公司

地址：浙江省杭州市江干区王家井 124 号

…………负责人：邓学春
…………Tel：13777418499

## 永康市任氏物流公司余姚分点

业务：经营货物配载服务。永康专线。永康—金华—武义—余姚线路等。每日专线往返。
地址：浙江省余姚市凤山街道新街北路到顶胜堰三角站 799 号

………负责人：卢官友　　邮　编：315000
…………法　人：卢官友
…………Tel：0574－22686098
22686096

## 余姚市黄家埠金桥助动自行车商行

业务：助力车、电动车销售及售后服务
地址：浙江省余姚市黄家埠镇十六户村

………负责人：丁金桥　　邮　编：315400
…………法　人：丁金桥
…………Tel：0574－62001457

## 杭州鼎诚运输有限公司

地址：浙江省杭州市江干区航海路 336 号中诚货运交易市场 021－022 号

…………负责人：茅坚
…………Tel：0571－86522178

## 杭州方舟国际货运代理有限公司

地址：浙江省杭州市江干区凯旋路 415 号凯丽宾馆 2411 室

…………负责人：来成林
…………Tel：13957119809

## 湖州吴兴新好好汽车运输队

湖州吴兴新好好汽车运输队成立于2000年。
承接全国范围内的货物运输。
欢迎广大新老客户来电洽谈业务！

联系人：杨先生
电话：0572－2045076 邮编：313000
地址：浙江省湖州市西门腊山（104国道旁）

## 临安乾凰汽车配件有限公司

临安乾凰汽车配件有限公司成立于2008年，是一家专业的汽车配件生产及销售的企业。我们追求的质量目标：工艺纪律贯彻率100%，产品出厂合格率100%。我们的服务承诺：创一流的服务水平，使所有的客户满意，也希望能得到社会各界人士的关心、支持，未来我们一定会做得更好。

联系人：李乾昇
电话：0571－63728758 手机：13386522251
地址：浙江省临安市锦城街道西墅街3弄18号 邮编：311300

## 嘉善县盛邦货物配载服务部

嘉善县盛邦货物配载服务部成立于2002年，本部主要经营货物运输，主要是全国各地回程车货运。本公司秉承“顾客至上，锐意进取”的经营理念，坚持“客户第一”的原则为广大客户提供优质的服务。欢迎广大客户惠顾！

联系人：尹重将 邮编：314000
电话：13306830298 0573-84182345 传真：0573-84182122
地址：浙江省嘉兴市嘉善县魏塘镇金嘉大道100号B区02号

## 南浔世通快递有限公司

本公司成立于2003年，主要经营快递、限时航空。

我们一贯坚持“诚实守信、安全及时、质量第一”的服务宗旨，与广大货主客户建立了良好的合作伙伴关系。

电话：0572－3026262
邮编：313000
地址：浙江省湖州市南浔区南浔镇适园路561号
联系人：王富
15306827550

## 嘉興市捷誠物流有限公司

嘉兴市捷诚物流有限公司成立于2008年。

本公司是集运输、仓储、配送、装卸于一体的大型物流企业，主要承接集装箱、大型物件的运输业务。

以质量求生存，凭信誉做品牌，捷诚物流24小时竭诚为您服务！

联系人：姜彬 13758372968 13758372968
电话：0573－85580081 电子邮件：jiangbin81520@sina.com
地址：浙江省嘉兴市乍浦港区龙王路9号21－23号 邮编：314201

## 宁波金缸缸套有限公司

宁波金缸缸套有限公司成立于1999年，本公司专业生产摩托车、汽车缸体。

注重信誉，确保质量，公司严格奉行“分钟牢记质量，工作一丝不苟”的质量方针，不断向用户提供优质产品。

欢迎来来电来人接洽，公司愿和各界同仁携手共进，共创辉煌。

联系人：胡宇宝 13906694400
电话：0574－86762388 86762366
传真：0574－86762257 邮编：315812
地址：浙江省宁波市北仑区大榭开发区榭北工业园区

## 嘉兴市经开立场电瓶车修理店

嘉兴市经开立场电瓶车修理店位于嘉兴市阳海景怡北区，本店专业从事电瓶车修理、销售。

公司秉承“顾客至上，锐意进取”的经营理念，坚持“客户第一”的原则为广大客户提供优质的服务。

欢迎惠顾！

电话：0573－82204396 联系人：王立场
地址：浙江省嘉兴市阳海景怡北区36幢1单元13号 邮编：314050

## 宁波市鄞州石矸桓辉货物中转服务部

宁波市鄞州石矸桓辉货物中转服务部成立于2007年，本部专业从事货物中转（陆运），宁波-上海专线。我公司以“诚信为本、客户至上、安全快捷”为企业运作之根本，充分为客户着想。我们全体员工将以最诚信、最完善的服务为您成功的事业锦上添花！

联系人：施桓辉 传真：0574-88444598
电话：15058808525 0574-88444598 邮编：315000
地址：浙江省宁波市鄞州区段梅立交桥旁方家停车场

## 九洲物流有限公司

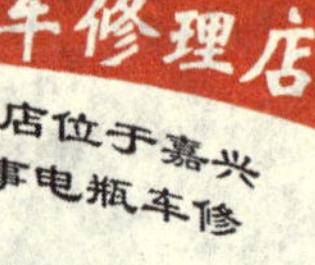

九洲物流有限公司成立于1999年本公司专业从事国内各种货物运输，专线：广州、福建。

我公司秉承“诚信，双赢”的企业宗旨，目标是为客户提供周到而全面的一站式服务，不仅为客户解除后顾之忧，更能帮助客户赢得市场的先机。合作的基础源于相互的信任，安全的保障来自于雄厚的实力，九洲物流是您理想的选择。期待与您的握手！

联系人：林泽 13780182777
电话：0577-64565588 64575658 64570886 传真：0577-64578858
地址：浙江省温州市苍南县西门五一货运停车场 邮编：325000

## 宁波市鄞州钟公庙安驰汽车装饰店

宁波市鄞州钟公庙安驰汽车装饰店创办于2008年。
专业从事汽车美容、汽车保养等服务。
我们拥有一流的设备,一流的服务。
愿与各界朋友精诚合作，欢迎您的光临！

联系人：田建锋
电话：0574－83032876
邮编：315150
地址：浙江省宁波市鄞州区钟公庙街道后庙路63号

## 宁海物流中心有限公司

宁海物流中心有限公司成立于2004年，本公司以现代物流系统为支撑，以多式联运为依托，集仓储转运、配送加工、商贸流通等物流服务功能为一体，县域配送和区域配送相结合、生态型的城市区域综合物流服务中心。

公司秉着“团结、高效、务实、开拓、奉献”的企业精神，充分发挥多位一体的交通和区域优势，合理整合和大力吸引县内外物流资源，积极推进物流产业的信息化、标准化建设，逐步提高周边区域的物流辐射功能，全力打造一流的服务平台。

联系人：徐士北 13566391669　电子邮件：jinqiao@nhwlc.com
电话：0574-65333098 65333096　网址：www.nh56.net
地址：浙江省宁波市宁海县兴宁北路666号　邮编：315600

## 天达快运站

本公司主要经营铁路公路运输，有专线至乌鲁木齐、成都、重庆、昆明、贵阳、东北三省。

安全、快捷是我们的服务宗旨。

联系人：俞军 13336770323 13968571170
电话/传真：0576-83011170
地址：浙江省台州市天台县洪畴镇商业大街　邮编：318000

## 瑞安市沪特汽车零部件制造厂

瑞安市沪特汽车零部件制造厂，是一家专业生产汽车电子电器的厂家，凭借专业的生产经验和完善的质量管理体系，采用日本电装和博世公司的部份标准，向消费者提供安全，节能、高品质的电子产品及服务。主导产品有：调节器系列、闪光器系列。100多个品种。广泛应用于东风、解放、北汽福田、金龙、中巴、大客、康明斯、桑塔纳、夏利、拉煤王、斯太尔、五十铃、捷达、现代、起亚、佩特莱发电机等车型。本厂始终坚持“以诚为本，以质取胜”的经营方针，以高标准的产品质量满足广大顾客的需求。竭诚欢迎有识人士加盟沪特，让我们携手合作、共创辉煌、争创国内、国际著名品牌。

联系人：卢高峰
电话：0577-65320364　13958888364
网址：www.rahute.cn　电子邮件：chinahute@126.com
地址：浙江省瑞安市罗凤镇北村中心街58号　邮编：325204

## 温州市奥肯汽車零部件有限公司

本公司成立于2006年，主要经营轴瓦，水泵等汽车配件。以“安全、诚信、专业”为宗旨,服务于广大市民、企事业单位、外商外资企业等社会各界。

联系人：陈庆亮
网址：www.aocan.com.cn　邮箱：office@aocan.com.cn
电话：0577-65599118、65598777、13868866388　传真：0577-65597118
地址：浙江省瑞安市飞云镇林洋工业区　邮编：325207

## 瑞安市瑞主汽车部件厂

本公司成立于2007年，主要制造销售汽车，摩托车配件。有制动灯开关，脚踏开关，离合器开关，翘板开关，喇叭续电器，起动续电器等系列产品。

本公司秉承“顾客至上，锐意进取”的经营理念，坚持“客户第一”的原则为广大客户提供优质的服务。

欢迎广大客户惠顾！

联系人：池万洪　15967726158
电话：0577-25676158
地址：浙江省瑞安市塘下镇鲍田前桥村（教堂对面）
邮编：325204

## 象山三和船舶工程有限公司

网址：www.sanheship.com

象山三和船舶工程有限公司是一家从事设备安装、船舶技术服务、造船劳务服务，承接建造各类船舶等的企业。

愿与各界人士密切合作、携手并进、共创未来！

联系人：朱传树 13968367955
电话：0574-65017955　65017658
传真：0574-65017658　电子邮件：sanheship@126.com
地址：浙江省宁波市象山县鹤浦镇滨海路7号　邮编：315733

## 嵊泗正和海运有限公司

嵊泗正和海运有限公司是一家专业经营国内沿海及长江中下游普通货船运输；围海造地、航道疏浚（凡涉及资质或许可的凭证经营）为一体的运输企业。

公司拥有一支训练有素的专业运输队伍，并通过岗位的合理配置和人才的优化，能够为客户提供"及时、安全、稳定、快捷"的服务。凭着团结奉献、求实创新的企业精神，以"造就卓越企业"作为自己的信念，与各界携手，为繁荣全国海运运输业作贡献，共创辉煌的明天！

联系人：郑国忠　电话：0580-5051928
地址：浙江省舟山市嵊泗县洋山镇东新路76号　邮编：202450

## 兴宏物流服务有限公司

兴宏物流服务有限公司成立于2002年，专业从事整车、零担货物运输，有杭州、萧山至西北（陕西、甘肃、青海、郑州）及郑州、西安往返浙江全境的专线。经过多年的实践运作，公司积累了丰富的物流经验，竭诚为您服务！

联系人：郑国兴　手机：13709258787
电话：0571-82878212 82878676　传真：0571-82878675
地址：浙江省杭州市长发物流基地9号仓库113号门　邮编：310000

## 台州市路桥博鼎摩托车配件厂

台州市路桥博鼎摩托车配件厂成立于2005年，从事电瓶车、摩托车铝轮生产与销售。我厂秉承“顾客至上，锐意进取”的经营理念，坚持“客户第一”的原则为广大客户提供优质的服务。欢迎惠顾！

联系人：施小佃

电话：0576-82735596　手机：13968650275

地址：浙江省台州市路桥区金清镇南街村二区61号　邮编：318050

## 玉环县陈屿宏川汽车配件厂

本厂成立于2008年，本厂专业生产汽车、摩托车、眼镜、电器、紧固件等配件，产品质量诚信，精益求精，可满足用户的不断需求，期待你的竭诚合作！

我们坚持“以人才为根本、以科技为基础、以市场为导向”的企业发展战略，秉承“真诚、创新、和谐、奉献”的行为理念、“诚信大度、合作共赢”的经营理念、“永远满足顾客需求”的服务理念为企业文化之核心，聚四海英才，脚踏实地，锐意进取，不断超越，为达成一流品牌而竭尽我们的心智和努力！

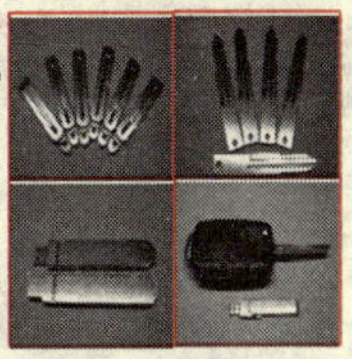

联系人：黄兴管　13516767753 18906574111
网址：www.hcqp88.cn　电话：0576-87338811
电子邮件：hongchuan8899@163.com　传真：0576-87336689
地址：浙江省台州市玉环县珠港镇陈屿新园村永明巷67号　邮编：317604

## 安徽省/Anhui Province

**枞阳县横埠平安短途客运运输有限责任公司**
地址:安徽省安庆市枞阳县横埠镇开发区
负责人:左同庆
Tel:0556-2020049

**安庆市轩泰电动汽车有限公司**
业务:代理电动汽车
地址:安徽省安庆市钢材大市场A2栋18号
负责人:刘本福 邮编:246003
法人:刘本福
Tel:0556-5177779
5177889
5177998

**安庆市杰达交通工程服务部**
地址:安徽省安庆市工农街龙井小区11栋2-403
负责人:李平生
Tel:13855655221

**安庆市贵族汽车俱乐部**
业务:汽车一条龙服务
地址:安徽省安庆市开发区中兴大道与天柱山路交汇处天娇花园2-5号
负责人:程学平 邮编:246000
法人:程学平
Tel:0556-5306777
15805566003

**安徽省巢湖市姥下河船务有限公司**
业务:安徽省巢湖市姥下河船务有限公司成立于2004年,是一家从事长江中下游及支流省际货物运输及土方、围堰、疏浚工程的企业。
地址:安徽省巢湖市和县历阳东路嘉和名苑C区2号506室
邮编:238200
法人:顾德武
Tel:0565-5565566
Fax:0565-5565555

**五河县奥迪莱助动车制造有限公司**
业务:二轮、三轮电动车制造销售
地址:安徽省蚌埠市五河县经济开发区城南工业园区一路西段南侧
负责人:徐荣潮 邮编:233000
法人:徐秀英
Tel:15055602778
0552-5060191
5060192
Fax:0552-5060191
网址:http://www.aodilai.cn

**安庆市龙鑫物流有限责任公司**
地址:安徽省安庆市光彩大市场三期回祥东路14号
负责人:曹承松
Tel:0556-8718000

**安徽省庐江县智诚房地产开发有限公司门窗厂**
业务:不锈钢门窗生产,加工
地址:安徽省巢湖市庐江县汤池镇西大街31-32号
负责人:徐玉建 邮编:238000
法人:徐玉建
Tel:0565-7381868

**安徽省南陵县粮运汽车修理厂**
业务:本厂为二类汽车维修企业,担负全县公路交通清障、道路故障、事故车辆施救等;维修各类大、中、小型车辆;大件、机械设备吊装。并经国家商务厅认证的我市(一市三县)唯一从事报废汽车回收,拆解的专业厂,经营报废汽车回收,办理汽车消户手续。
地址:安徽省芜湖市南陵县籍山镇柯店
负责人:陈静……邮编:243100
法人:陈静
Tel:0553-6773866

**安庆市宁江船舶修造贸易有限公司**
地址:安徽省安庆市广济大堤回龙奄外滩(龙狮乡任店村)
负责人:沈时广
Tel:13805563113

**安徽省南陵县粮运汽车修理厂**
业务:本厂为二类汽车维修企业担负全县公路交通清障、道路故障、事故车辆施救等。维修各类大、中、小型车辆。大件、机械设备吊装。并经国家商务厅认证的我市(一市三县)唯一从事报废汽车回收,拆解的专业厂,经营报废汽车回收,办理汽车消户手续。
地址:安徽省芜湖市南陵县籍山镇柯店
邮编:242400
法人:陈静
Tel:0553-6773866
Mobile:13905539890
Fax:0553-6773866
网址:www.ahly.chinapyp.com

**巢湖市神雅电动三轮车厂**
业务:生产和制造电动三轮车,摩托车、电动车的销售
产品:电动三轮车,摩托车、电动车
地址:安徽省巢湖市无为县无城政府广场万厦商住楼门面房
负责人:施恩平 邮编:238300
法人:施恩平
Tel:0565-6342711
13605659788
Fax:0565-6342711

**安庆市皖吉汽车运输有限责任公司**
地址:安徽省安庆市集贤北路635号
负责人:王文安
Tel:0556-5368256

**池州市吉成货运中心**
业务:运输服务
地址:安徽省池州市东湖路和泰星城冬三幢
负责人:吴文军 邮编:247100
法人:吴文军
Tel:0566-2087351

**安庆市云华公交小汽车修理厂**
地址:安徽省安庆市集贤南路222号
负责人:丁士云
Tel:0556-5311998

**当涂县皖南小汽车修理厂**
业务:当涂县皖南小汽车修理厂成立于1990年,现有员工20余人,专业从事汽车的保养、维修。欢迎来电垂询!
地址:安徽省马鞍山市当涂县城关镇焦家开发区
邮编:243100
法人:贾信涛
Tel:0555-6717367
Fax:0555-6717367

**蚌埠腾达滤清器有限公司**
地址:安徽省蚌埠市蚌埠怀远常坟邹庙街道115号
负责人:范中海
Tel:0552-8601253
13955271116

**凤阳县府城蚌淮配货部**
业务:物流,货物配送
地址:安徽省滁州市凤阳县府城凤淮路(城西加油站向东50米)
负责人:鲍凤阳 邮编:233100
法人:鲍凤阳
Tel:15555008999
0550-6711598

**蚌埠市润鑫挂车有限公司**
地址:安徽省蚌埠市朝阳路505号
负责人:冯淮东
Tel:13505529237

**蚌埠市城际公交客运有限公司**
地址:安徽省蚌埠市淮河路400号二楼
负责人:吴振保
Tel:0552-3035088

**阜阳中源汽贸集团**
业务:汽车销售、维修、销售丰田、本田
地址:安徽省阜阳市阜南路618号
负责人:王东启 邮编:236000
Tel:0558-2199922
2199902
2199911
2199901
网址:www.zhongyuangroup.net

**安徽省天正公路运输有限责任公司蚌埠分公司**
地址:安徽省蚌埠市治淮路143号商住楼一楼
负责人:赵军
Tel:13956371116

**蒙城县安顺物流有限公司**
地址:安徽省亳州市蒙城县蒙蚌路
负责人:王雷
Tel:0558-7661800

**蒙城县天都物流有限公司**
地址:安徽省亳州市蒙城县庄周路157号
负责人:王永清
Tel:0558-7653908

**阜阳市宏方物流有限公司**
业务:专线往返上海,江苏,浙江,山东,新车入户,代开发票
地址:安徽省阜阳市阜涡路印染厂对面
负责人:闫伟 邮编:236000
法人:闫伟
Tel:0558-2373173
3294681
2313336

**蒙城县荣耀汽车销售有限公司**
地址:安徽省亳州市蒙城县庄子大道南段西侧
负责人:张里建
Tel:0558-2951156

**繁昌县世国装卸有限公司**
业务:繁昌县世国装卸有限公司主要从事国内普通货运、装卸、仓储业务。是一支合法而规范的货物装卸和物流配送专业队伍,并一直从事仓储运输、物流配送及人力资源开发等业务,经公司全体干部职工长期不懈的努力,已充分赢得了国内外众多客户和合作单位的信任
地址:安徽省芜湖市繁昌县新港镇
负责人:李世国……邮编:241200
Tel:0553-7333888
Fax:0553-7333888
网址:www.mtw26262.chinapyp.com

**安徽开乐专用车辆股份有限公司**
业务:专业从事汽车改装的企业,以专用车的研制开发、制造、销售为主业,主要生产、改装"开乐"牌半挂车、厢式车、集卡车、自卸车、罐式车、轿运车、环卫车等产品
产品:各类半挂车,低平板车,罐式车,厢式车,自卸车,轿运车,搅拌车,环卫车
地址:安徽省阜阳市经济技术开发区105国道38号地址:
负责人:张新华 邮编:236112
法人:王坚
Tel:0558-2210158
Fax:0558-2210108
网址:www.ahkaile.com
E-mail:anhuikaile@sina.com

**太和县华通汽车运输有限公司**
业务:汽车运输、仓储服务、重卡汽车销售、润滑油购销
地址:安徽省阜阳市太和县三角园高速出口北100米
负责人:田野 邮编:236600
法人:张琳
Tel:13605674999
13965718568
13866297955
0558-8218568
Fax:0558-8218568

**巢湖市兴达船务有限责任公司**
地址:安徽省巢湖市巢湖路265号
负责人:沈立忠
Tel:13905653985

**阜阳市享运汽车修理厂**
业务:本厂是集汽车修配、免费学员培训、二手车买卖、美容装饰、代办年检、转户、保险等于一体的综合性汽车服务企业,我们本着服务至上、诚实守信的原则,以过硬的技术,公平的价格,欢迎新老客户的光临
地址:安徽省阜阳市颍东区颍河东路496号
负责人:张桂明 邮编:236000
法人:张桂明
Tel:0558-2329838
13956685865

**巢湖市宏顺船务有限责任公司**
地址:安徽省巢湖市健康路外贸大厦五楼
负责人:孙礼军
Tel:0565-2322719

**阜阳市享运汽车修理厂**
业务:汽车修理
地址:安徽省阜阳市颍东区颍河东路496号
负责人:张桂明 邮编:236033
法人:张桂明
Tel:13956685865
0558-2329838

**亳州市庞林汽车修理厂**
地址:安徽省亳州市南外环路东段庞林汽车修理厂
负责人:庞林
Tel:0558-5112586

13805688502

**巢湖市巨龙船务有限责任公司**
地址：安徽省巢湖市长江西路 97 号
负责人：孙光明
Tel：13956612389

**肥西宝源运输有限公司**
业务：本公司成立于 2006 年，主要从事货物运输。
地址：安徽省合肥市肥西县上派镇包公路幸福楼 1 楼
负责人：王广东 邮编：230000
法人：王广东
Tel：0551－8836590

**合肥广源二手车交易有限公司**
业务：长年免费为顾客评估车辆，收购销售各种国产机动轿车面包车，办理二手车互换，寄售及机动车咨询等业务。代办新车入户，二手车过户，车辆转籍等手续
地址：安徽省合肥市北二环安徽汽车城世联旧机动车交易市场 6 号
负责人：崔良敏 邮编：230011
法人：崔良敏
Tel：13339293338
0551－4263806
Fax：0551－4263806
网址：http://www.gyescjy.cn/

**建原船舶安装队**
地址：安徽省巢湖市居巢区花集乡
负责人：高建
Tel：0565－8502716
13675036476

**合肥红林物流有限公司**
业务：全国汽车货物运输
地址：安徽省合肥市合肥经济开发区金寨南路与芙蓉路交叉品芙蓉名园小区 1 幢 1609
负责人：阮销林 邮编：230001
法人：阮销林
Tel：15855125777
0551－3839166

**庐江县长城汽车运输有限责任公司城乡客运分公司**
地址：安徽省巢湖市庐江县庐城镇军二西路 49 号
负责人：陈俊
Tel：0565－7317799

**中铁物流集团合肥有限公司**
业务：航空、铁路、公路运输服务
地址：安徽省合肥新站区新火车站兴龙大酒店一楼
负责人：马春盛 邮编：230000
Tel：0551－4229942

**庐江县茂源汽车运输服务有限公司**
地址：安徽省巢湖市庐江县杨柳集镇军二路 9 号
负责人：金为女
Tel：0565－7563799

**涡阳县宇顺联运有限责任公司**
业务：货物运输、煤炭销售
地址：安徽省淮北市人民路温哥花城 78 幢 202
负责人：张文 邮编：235000
法人：张文
Tel：13355615969
13030615759

**阜南县建刚车业**
业务：阜南县建刚车业成立于 2000 年，代理经营国内各知名电动车、自行车，质量保证，欢迎新老客户来电洽谈业务！
地址：安徽省阜阳市阜南县城关地城北路文化大世界对面
负责人：吴建刚 邮编：236300
法人：吴建刚
Tel：0558－6721545

**青阳县宝宏运输有限责任公司**
地址：安徽省池州市青阳县园艺场
负责人：纪光玉
Tel：13905663412

**潘集区袁庄华昌汽车配件综合部**
业务：美孚润滑油安徽总代理，东风解放四代半挂车等，底盘件配件，壳盘油，斯达特起动机，发电机淮南总代理，“肯莱特”三角带安徽总代理
地址：安徽省淮南市潘集区长江西路新街移动公司对面
负责人：胡昌兰 邮编：232000
法人：胡昌兰
Tel：0554－4971948
15955495948

**定远县幸福摩托车经营部**
地址：安徽省滁州市定远县定城曲阳大街北段
负责人：凌清成
Tel：0550－4021695

**明伟车业有限公司**
地址：安徽省滁州市凤阳路 10－5 号
负责人：仰明
Tel：0550－3024783
13965997865

**谢家集区德昌自行车销售二部**
业务：达美健牌自行车.
地址：安徽省淮南市谢家集区唐山中路邮电局对面
负责人：顾德昌 邮编：232000
法人：顾德昌
Tel：13966471836
18955450158
0554－5739010

**阜阳鸿胜物流有限公司**
业务：阜阳鸿胜物流有限公司成立于 2005 年，从事全国普通货物运输，将为各企业货物运输提供快捷，安全，高效，优质的服务！
地址：安徽省阜阳市西二环路 93 号
负责人：胡克胜 邮编：236000
法人：胡克胜
Tel：0558－2568519

**凤阳县阳光汽车修理厂**
地址：安徽省滁州市凤阳县交警队对面
负责人：王晓玲
Tel：0550－6726978

**徽州区徽记二手车行中介**
业务：主营：各种二手，轿车，商务车，金杯，大众，长安之星系列
地址：安徽省黄山市徽州区黄山路 310 号
负责人：周剑徽 邮编：242700
法人：周剑徽
Tel：15905592344
13275590299

**滁州远山运输有限公司**
地址：安徽省滁州市琅琊区琅琊路 59 号
负责人：付爱民
Tel：0550－3039063

**阜阳鸿胜物流有限公司**
业务：阜阳鸿胜物流有限公司成立于 2005 年，从事全国普通货物运输，将为各企业货物运输提供快捷，安全，高效，优质的服务！
地址：安徽省阜阳市西二环路 93 号
负责人：胡克胜 邮编：236000
法人：胡克胜
Tel：0558－2568519

**休宁县风帆蓄电池店**
业务：销售蓄电池、三轮电瓶车及维修
地址：安徽省黄山市休宁县海阳镇齐云西大道东升小区 141－5 号
负责人：程志武 邮编：242700
法人：程志武
Tel：15155981980
0559－7513465

**滁州市汽车运输总公司直属公司**
地址：安徽省滁州市琅琊区明光路 331 号汽运直属公司
负责人：陈翔
Tel：0550－3039688
13805502622

**霍邱县友诚吊装机械租赁服务有限公司**
业务：主营吊车、工程机械、平板车租赁及大型起重运输，重型货物装卸，工程吊装。我公司拥有专业的吊装工程技术骨干及丰富吊装经验的起重施工人员。公司愿意以第一流的技术和服务为广大客户提供强有力的设备支持。
产品：吊车、工程机械、平板车、叉车
地址：安徽省六安市霍邱县范桥乡邓圩村杨庄队
负责人：周卜友 邮编：237471
法人：周卜友
Tel：0564－6392529
13516481655

**霍邱县昌运汽车运输有限公司**
业务：承运国内长途、短途运输，整车销售，中国重汽北京福田系列重型货车销售，比亚迪轿车销售
地址：安徽省六安市霍邱县高塘镇吴集街道
负责人：汪大永 邮编：237006
法人：汪大永
Tel：13865704222
Fax：0564－6978668

**阜阳市恒发运输有限公司**
业务：阜阳市恒发运输有限公司成立于 2006 年，经营全国物流、整车、零担运输业务，欢迎各地企业随时来电来函洽谈。
地址：安徽省阜阳市颍东区乌江镇
负责人：周代 邮编：236147
法人：周代
Tel：0558－3251008
Fax：0558－3253666
网址：www.mtw50256.chinapyp.com

**深圳市天地达物流有限公司明光分公司**
地址：安徽省滁州市明光市四马路清闲楼下
负责人：姜道意
Tel：0550－2265065

**阜阳市神明汽车销售有限公司**
业务：阜阳市神明汽车销售有限公司成立于 2001 年，从事汽车销售（JAC 重型货车、中型卡车）及货运服务。谒诚欢迎新老客户光临、惠顾。
地址：安徽省阜阳市颍州区七里铺
邮编：236000
法人：岳开明
Tel：0558－2559009
Fax：0558－2219211

**六安市祥顺物流有限公司**
业务：物流
地址：安徽省六安市金安区三十铺镇
负责人：刘勇 邮编：237000
法人：刘勇
Tel：0564－3832366
Fax：0564－3832366

**滁州市康达叉车零部件制造厂**
地址：安徽省滁州市腰铺乡腰铺工业园
负责人：黄光根
Tel：0550－3972108
3972208
13905503739

**城市车业有限公司**
地址：安徽省阜阳市阜临路温峰公园对面 17 号
负责人：张兰芳
Tel：0558－2291085
13030674611

**六安市先发车业有限责任公司**
业务：销售摩托车、电动车及零配件
产品：摩托车、电动车及零配件
地址：安徽省六安市南门口磨子潭路
负责人：张先发 邮编：237000
法人：张先发
Tel：13905640962
0564－5335582
Fax：0564－5335582

**含山县东关泽丰运输有限责任公司**
业务：含山县东关泽丰运输有限责任公司成立于 2003 年，从事乳胶漆生产及货物运输。我们以一流的服务，合理的价格，谒诚为你服务！
地址：安徽省巢湖市含山县林头镇东关经济开发区
邮编：238151
法人：张泽
Tel：0565－4822264
Fax：0565－4822264

**安徽鑫宏源物流有限公司**
业务：物流
地址：安徽省六安市舒城县舒茶镇合安路
负责人：张克稳 邮编：231300
法人：张克稳
Tel：18956406777
0564－8143555

**阜阳市广远物流服务有限公司**
地址：安徽省阜阳市阜颍路 260 号
负责人：纪大钧
Tel：0558－2212796

**界首市供销社汇通物流有限责任公司**
地址：安徽省阜阳市界首市大桥北路 164 号
负责人：候国文
Tel：13004026666

**安徽省舒城县恒远航运有限公司**
业务：国内省际普通货船、液货危险品船运输
地址：安徽省六安市舒城县舒三路一公碑北侧
负责人：殷志国 邮编：230001
法人：殷志国
Tel：13515640256

**叶集明发锻铸有限公司**
业务：汽车配件生产销售
地址：安徽省六安市叶集区三元乡姚店村
负责人：汪贤明 邮编：237006
法人：汪贤明
Tel：0564－6559099

**合肥市天乐交通服务有限公司**
业务：合肥市天乐交通服务有限公司成立于 2003 年 5 月，从事客运及货运服务。雄厚的技术力量、严格规范的管理和优质的售后服务，确保始终为顾客提供优质的服务。公司讲信誉，始终以客户的满意为宗旨。
地址：安徽省合肥市肥西县交通局
邮编：231200
法人：解正稳
Tel：0551－8850007
8849580

**阜阳市伟业物流有限公司**
地址：安徽省阜阳市开发区新阳大道西侧综合楼
负责人：孙伟
Tel：0558－2729996

**临泉县宗申摩托车专卖**
地址：安徽省阜阳市临泉县光明中路
负责人：贾文志
Tel：0558－6528367
13309688978

**宿州市龙巴汽车租赁有限公司**
业务：集汽车租赁、汽车装璜为一体，长期为您提供各类汽车出租，车辆齐全，车况好，配套完善，能为您在最短的时间提供最舒适的车辆。
产品：金龙大型高级 7－53 座客车
地址：安徽省宿州市滨河路同科城市花园 13 号
负责人：代良付 邮编：234000
法人：代良付
Tel：0557－3084567
Fax：0557－3084666

**太和县祥和物流配送有限公司**
地址：安徽省阜阳市太和县细阳南路 128 号
负责人：钱令生
Tel：0558－8619732

**安徽省铜陵市恒铁运输有限责任公司**
业务：普通货运，危险品运输，机动车维修，铆焊件制作，铁路配件生产和销售。
地址：安徽省铜陵市狮子山矶山街道
负责人：王德胜 邮编：244142
法人：王德胜
Tel：0562－6805566
6804033
6804233
6803043



**阜阳市鸿鑫运输有限公司**
地址：安徽省阜阳市颍东区阜蚌路 188 号
负责人：闫文汉
Tel：0558－2316266

**铜陵市平安代驾有限责任公司**
业务：汽车代驾
地址：安徽省铜陵市狮子山区恒威村散户
负责人：张文杰 邮编：244000
法人：张文杰
Tel：0562－2823867

**阜阳市利源物流有限责任公司**
地址：安徽省阜阳市颍东区阜涡路 8 号机电大市场商住楼 A#
负责人：秦燕
Tel：0558－2324081

**万帮物流**
业务：铜陵至广州专线服务
地址：安徽省铜陵市铜都大道西湖桥边胜达物流园 672、673
负责人：蒋其民 邮编：244000
法人：徐革生
Tel：0562－2603608
13905624559
Fax：0562－2603700

**阜阳市丰弛汽车运输有限公司**
地址：安徽省阜阳市颍泉区阜太路 119 号
负责人：沈按民
Tel：0558－2561703

**阜阳市万缘运输有限责任公司**
地址：安徽省阜阳市颍州区南二环路一道河
负责人：叶荣贵
Tel：0558－2186811

**和县诚信车业销售有限责任公司**
业务：我公司成立于 2005 年 10 月，主要从事摩托车销售，本公司以灵活的经营方式，过硬的产品质量，适中的价格深受广大用户的好评。本公司竭诚欢迎广大客户光临惠顾。
地址：安徽省巢湖市和县历阳镇横江街桥南侧
负责人：周白桂 邮编：238200
法人：周白桂
Tel：0565－5327899
Fax：0565－5327899

**铜陵荣通物流有限责任公司**
业务：物流
地址：安徽省铜陵市铜陵县华芳国际大厦 5 幢 601 室
负责人：许道荣 邮编：244000
法人：许道荣
Tel：13856280222

**阜阳市路通汽车销售有限责任公司**
地址：安徽省阜阳市颍州区南二环路中级人民法院对面
负责人：郭子标
Tel：0558－2170139

**阜阳市泰顺物流有限公司**

地址:安徽省阜阳市颍州区颍州南路465号
负责人:李影
Tel:13905587589

**王远汽车修理部**
地址:安徽省亳州市谯城区西外环路大安汽修厂北30米王远汽车修理部
负责人:王远
Tel:0558－5562661
5263848
5266848

**合肥三创工贸有限公司**
地址:安徽省合肥市包河区飞龙工业区
负责人:马克国
Tel:0551－3442945
13956010130

## 洪武集团凤阳县诚超运输有限公司
业务:洪武集团凤阳县诚超运输有限公司成立于1997年,主要从事汽车销售、运输、物流。欢迎各方客户来电来人洽谈业务,共同合作。
地址:安徽省凤阳县皇城路25号
邮　编:233100
法　人:尹成美
Tel:0550－6727891
Fax:0550－6727891

## 芜湖市金磊船舶防腐涂装工程队
业务:船舶的涂装
地址:安徽省芜湖市长江路9号江东船厂外用工楼2－1－102
负责人:汪兆刚　邮　编:241000
法　人:汪兆刚
Tel:13956170060
0518－87598103
0553－3938899

**华丰货物配载服务部**
地址:安徽省合肥市包河区合裕路1062号
负责人:王平
Tel:0551－3466415
13155102888

**合肥万政汽车修理有限公司**
地址:安徽省合肥市包河区金寨路656号
负责人:黄惠民
Tel:0551－3522297

**合肥天圆国际物流有限公司**
地址:安徽省合肥市包河区马鞍山路万振逍遥苑9－403号
负责人:吴萍
Tel:13965126658

**合肥市名驹汽车服务有限责任公司**
地址:安徽省合肥市包河区屯溪路233号
负责人:吴伟
Tel:13013060451

## 芜湖市扬波物流有限公司
业务:芜湖到北京、天津专线
地址:安徽省芜湖市长江市场园G5－23－25－27
负责人:周天芳　邮　编:241000
法　人:周天芳
Tel:0553－5765366
13965158780

**义乌市宏志汽车运输有限公司长丰分公司**
地址:安徽省合肥市长丰县杜集乡
负责人:王德和
Tel:13588675978

**天威汽车运输有限公司**
地址:安徽省合肥市长丰县杜集乡信用社
负责人:李国银
Tel:13856961999

## 芜湖顺祥航运有限公司
业务:航运
地址:安徽省芜湖市芜湖县六郎镇招商办
负责人:王再义　邮　编:241000
法　人:王再义
Tel:13866367901
13705534768

## 来安县龙鹏汽车配件厂
业务:来安县龙鹏汽车配件厂成立于2003年,专业生产汽车离合器,质量保证,"信誉至上,服务周到",竭诚欢迎各方客户来电咨询,洽谈业务,共同合作。
地址:安徽省滁州市来安县张山乡长山街
邮　编:239212
法　人:操深勇
Tel:0550－5785513
Fax:0550－5785513

**长丰县飞腾汽车修配厂**
地址:安徽省合肥市长丰县水湖镇长新路中段
负责人:林开如
Tel:0551－6682988

**金宇汽配经营部**
地址:安徽省合肥市长江东路714号汽配城A区120号－123号
负责人:殷光涛
Tel:0551－4229691
13003066928

**东联汽车贸易有限公司**
地址:安徽省合肥市长江西路656号
负责人:梁琴
Tel:0551－5323339
3830529
3830532
13907282335

## 芜湖县金鑫船舶制造厂
业务:船舶制造
地址:安徽省芜湖市芜湖县汪址镇中山路中山花园12号
负责人:鲁兴旺　邮　编:241000
法　人:鲁兴旺
Tel:0553－8828599
Fax:0553－8828599
网址:http://www.51zzt.com/user/zzt31853

**合肥凯创汽车零部件有限公司**
地址:安徽省合肥市东流路2号
负责人:曹正荣
Tel:13866770615

**友联铁路快运服务有限公司**
地址:安徽省合肥市东市区三角线张洼路(丰台路口)110号
负责人:李祖友
Tel:0551－4240939
13856046888

## 郎溪县三鑫汽车货物运输服务有限公司
业务:郎溪县三鑫汽车货物运输服务有限公司成立于2006年,从事全国普通货物运输,欢迎新老客户来电洽谈业务!
地址:安徽省宣城市郎溪县建平镇宁芜路408－37号
负责人:吴新朋……邮　编:242100
法　人:吴新朋
Tel:0563－7025580
网址:www.mtw50037.chinapyp.com

## 芜湖华翔汽配轴套有限公司
业务:生产汽车配件,各种汽车、机械轴套(无油轴承)
地址:安徽省芜湖市芜湖县殷港工业园南方大道
负责人:陶晓水　邮　编:241000
法　人:陶晓水
Tel:13956218568
0553－3018078
Fax:0553－3018078
网址:www.hxqpzt.cn

**合肥市恒顺昌物流有限公司**
地址:安徽省合肥市肥东县店埠镇梁园路
负责人:崔劲松
Tel:13955110975

**合肥皖政物流有限公司**
地址:安徽省合肥市肥西县桃花工业园合派路
负责人:赵炳文
Tel:0551－3830401

**安徽国龙汽车销售有限公司**
地址:安徽省合肥市高新区信息产业基地综合楼309室
负责人:任石
Tel:13956037828

## 利辛县金信运输有限公司
业务:本公司成立于2000年,现拥有20几个员工,主要经营货物运输、汽车销售、提供汽车方面的咨询服务。多年以来,以诚信是金为宗旨为广大客户竭诚服务
地址:安徽省亳州市利辛县青年路
邮　编:236800
法　人:姜建民
Tel:0558－8804672
Fax:0558－8811387

**云飞物流有限公司**
地址:安徽省合肥市合瓦路318号合肥金海食品饮料有限公司院内
负责人:孟永飞
Tel:0551－4297189
13956086261

## 宣城市车臣汽车修理厂宣城市中华特约维修站
业务:汽车修理、清洗、装潢、美容、喷漆及代办保险、事故理赔
地址:安徽省宣城经济技术开发区南方汽贸院内
负责人:任伟　邮　编:242000
法　人:任伟
Tel:13605631792
15856367176

**润华水陆运输有限公司**
地址:安徽省合肥市郊区美菱大道银杏苑29#104室
负责人:王玉明
Tel:0551－3512185
13705692588

**合肥三宇物流有限公司**
地址:安徽省合肥市经济技术开发区朝霞小区A区6－301室
负责人:顾群
Tel:13965137512

## 马鞍山市海达船舶配件制造厂
业务:本厂是专业生产船用锚及附件,船舶舾装件,滚装船绑扎件,集装箱紧固件的产品的民营企业。产品销往江海地域20多个省市造船厂、航运公司等单位,并有60%产品用于外贸出口。公司技术力量雄厚,并获得CCS船级社认可,欢迎国外用户来公司光临指导。
地址:安徽省马鞍山市当涂县太白镇兴龙街
邮　编:243100
法　人:汤大明
Tel:0555－2919161
Fax:0555－2919128

## 吉辉汽修服务有限公司
业务:主要经营汽车改装、维修保养
地址:安徽省宣城市绩溪县华阳镇埠头上
负责人:王敏　邮　编:242000
法　人:王敏
Tel:13865379988
0563－8157998

**安徽省昌翼国际货运代理有限公司**
地址:安徽省合肥市庐阳区长江中路57号818室
负责人:于勤
Tel:13605690929

**合肥华益汽车服务有限公司**
地址:安徽省合肥市庐阳区阜阳路172号1#407室
负责人:朱大坤
Tel:13866750509

**合肥飞马电梯有限公司**
地址:安徽省合肥市庐阳区濉溪路287－19号
负责人:许高俊
Tel:13705605592

## 青阳县红太阳运输有限责任公司
业务:本公司成立于2006年,主要从事普通货物运输、物流。公司本着"信誉第一、客户至上"的宗旨,竭诚为新老客户提供最快捷、周到的服务!
地址:安徽省池州市青阳县西华乡石安村
负责人:陈永忠……邮　编:242805
法　人:陈永忠
Tel:0566－5738009

## 绩溪县徽川二手车经纪有限公司
业务:二手车回收与销售
产品:二手车
地址:安徽省宣城市绩溪县华阳镇埠头上112号
负责人:洪卫　邮　编:242000
法　人:洪卫
Tel:0563－8168796
15205635911
Fax:0563－8168796

**合肥金顺汽车销售有限公司**
地址:安徽省合肥市马鞍山南路万振逍遥苑9幢303室
负责人:宋德合
Tel:13856926238

**合肥市迅达物流服务有限责任公司**
地址:安徽省合肥市明光路425号
负责人:韦文发
Tel:0551－3361361
13905511412

## 宿州市亚龙车辆部件制造有限公司
业务:亚龙车辆部件制造有限公司主要从事于加工汽车厢板、半挂车厢。欢迎新老客户光临、惠顾!
地址:安徽省宿州市萧县黄口北大桥西
负责人:杜广亚……邮　编:235211
法　人:杜广亚
Tel:0557－5665806

**兴达汽车配件经营部**
地址:安徽省合肥市蜀山区常青镇仰光村杜岗组
负责人:孙文
Tel:0551－3516187
13339191688

**安徽华洋国际货运代理有限公司**
地址:安徽省合肥市蜀山区绩溪路361号惠康大厦
负责人:王亚先
Tel:0551－3611939

**合肥嘉元索道有限公司**
地址:安徽省合肥市蜀山区蜀山风景区
负责人:方芳
Tel:0551－5388666

**安徽友通汽车贸易有限公司**
地址:安徽省合肥市瑶海区汴河路以南瑶海工业区3幢
负责人:张晓群
Tel:13339194487

## 铜陵市建新汽车配件有限公司
业务:本公司成立于1954年,主要从事汽车配件的铸造及加工。公司一贯坚持"质量第一、优质服务"的经营理念,赢得了客户的好评和信赖,在业界获得了极高的声誉,从而树立了良好的企业形象。
地址:安徽省铜陵市普济圩农场
负责人:徐建明……邮　编:244000
法　人:徐建明
Tel:0562－3711164
Fax:0562－3711165
E-mail:jianxin841@sina.com

**淮北华兴机动车辆安全技术环保检测有限公司**
地址:安徽省淮北市三堤口
负责人:张庆忠
Tel:0561－4943481

**淮北丰源航运有限公司**
地址:安徽省淮北市宋町镇
负责人:杨淑兰
Tel:0561－4616919

**振兴汽车修理厂**
地址:安徽省淮南市大通区上窑迎湖小区
负责人:钱广勤
Tel:0554－3601109
13866330875

**黄山徽州文峰运输车队**
地址:安徽省黄山市徽州区文峰路29号
负责人:林立虎
Tel:0559－2520302
13905592136

## 无为县新达路建工程有限公司
业务:无为县新达路建工程有限公司专业从事道路工程施工,热忱欢迎广大有意之士来电咨询、洽谈业务。
地址:安徽省巢湖市无为县无城府苑小区110幢501室
负责人:潘明宝……邮　编:238300
法　人:潘明宝
Tel:0565－6316278

**利民汽车修理厂**
地址:安徽省黄山市徽州区永嘉大道299号
负责人:李武海
Tel:0559－3374111
13905594702

**安徽六安汽运集团霍邱利达汽车运输有限公司**
地址:安徽省六安市霍邱县光明大道南段
负责人:刘少勇
Tel:0564－6022242

**霍邱县周集闸口搬运有限责任公司**
地址:安徽省六安市霍邱县周集镇闸口村
负责人:刘敬训
Tel:0564－6381083

## 芜湖市顺安汽车运输贸易有限公司
业务:经营服务:经营公路普通货物运输、货物代理,销售建材、纺织品、化工原料(除危险品)、货车,停车服务。
地址:安徽省芜湖市鸠江区四褐山曹姑村
负责人:杨磊……邮　编:241000
Tel:0512－58485909
网址:http://anhui.biz－data.cn/76055.html

**霍山县东风运输有限公司**
地址:安徽省六安市霍山县落儿岭镇街道
负责人:胡长发
Tel:0564－5566091

**永顺运输有限责任公司**
地址:安徽省六安市寿县板桥镇双门街道
负责人:李景凯
Tel:0564－4509111
13956124323

**安徽省寿县鸿远航运有限责任公司**
地址:安徽省六安市寿县寿春镇北大街四十七号
负责人:陶善安
Tel:13856402889

## 芜湖市正光汽车部件有限公司
业务:芜湖市正光汽车部件有限公司成立于1994年,位于安徽省芜湖市南陵县城关开发区,交通十分便利。本公司从事汽车底盘及整车零部件加工。热忱欢迎新老客户来公司合作发展,携手共进,创造辉煌的前程!
地址:安徽省芜湖市南陵县城关开发区
邮　编:241300
法　人:秦林生
Tel:0553－6815193
网址:0553－6815193

**寿县昌盛航运有限公司**
地址:安徽省六安市寿县正阳关北街
负责人:冯兆成
Tel:0564－4330466

**江海金属锚业制造厂**
地址:安徽省马鞍山市当涂县龙山桥镇
负责人:汤菲
Tel:0555－6674567
13305559727
13605552753

**马鞍山市福鑫车辆商贸有限责任公司第一分公司**
地址:安徽省马鞍山市湖西南路1号(开发区汽车城)
负责人:陈金英
Tel:0555－2108116

## 芜湖新传江海航运有限公司
业务:芜湖新传江海航运有限公司成立于2005年,主要从事海上运输业务,本公司的经营宗旨是:"以诚信之志求发展、以诚信之心做经营、敬业勤奋、务实创新"。竭诚欢迎您与新传江海携手合作,共创锦绣前程。
地址:安徽省芜湖市新时代商业街3栋一单元

701 室
………… 负责人:李泽民……邮　编:241000
…………………………………… 法　人:李泽民
…………………………… Tel:0553－4226265
…………………………… Fax:0553－4226267

**马鞍山市江南汽车运输队**
地址:安徽省马鞍山市金家庄区站北新村 48 栋 9 号门面房
…………………………………… 负责人:汪为华
…………………………… Tel:13705550010

**马鞍山市综凌铁路配件有限责任公司**
地址:安徽省马鞍山市雨山区三台路
…………………………………… 负责人:孙宗林
…………………………… Tel:0555－2320596
13805552976

**宿州市浍河航运有限公司**
地址:安徽省宿州市金城街
…………………………………… 负责人:王亚冰
…………………………… Tel:0557－3167379

## 兴　顺　物　流　快　运　部

业务:兴顺物流快运部为客户提供货源信息,以最快的速度、最低的价格、常年征集广西、湖南、全境经返整车或零担货源、代购代销药品,物流快运,欢迎来电咨询!
地址:安徽省阜阳市太和县细阳南路 161 号
…………… 负责人:刘强……邮　编:236600
…………………………… Tel:0558－2919380
…………………………… Fax:0558－2919390
………… 网址:http://www.ahbz.gov.cn/dmlist.asp? PAGESN=2462

**灵璧县光明运输有限责任公司**
地址:安徽省宿州市灵璧县灵城凤山北路西侧
…………………………………… 负责人:陈刚
…………………………… Tel:0557－6185588

**中联集团永安运输有限公司物流中心**
地址:安徽省宿州市沱河东车桥厂西侧
…………………………………… 负责人:沈尊祥
…………………………… Tel:0557－3328288
13855722688

**萧县德远汽车修理有限责任公司**
地址:安徽省宿州市萧县龙城镇交通路
…………………………………… 负责人:刘德远
…………………………… Tel:0557－5034768

**铜陵立安交通科贸有限责任公司**
地址:安徽省铜陵市石城路 13 号
…………………………………… 负责人:何雅虹
…………………………… Tel:0562－2839896

**铜陵东辉摩托车有限责任公司**
地址:安徽省铜陵市天桥北路 55 号
…………………………………… 负责人:杨成东
…………………………… Tel:0562－2806521

**铜陵市远东货运服务有限责任公司**
地址:安徽省铜陵市义安北路 106 号
…………………………………… 负责人:王立东
…………………………… Tel:0562－2110968

**芜湖市大方汽车护理品有限公司**
地址:安徽省芜湖市镜湖区北京东路银苑小区
…………………………………… 负责人:徐太桂
…………………………… Tel:0553－3116780

**芜湖华人海运服务有限公司**
地址:安徽省芜湖市镜湖区九华山路 228 号 603 室
…………………………………… 负责人:许兴亮
…………………………… Tel:13866380935

**东方汽车部件有限公司**
地址:安徽省芜湖市镜湖区棠梅行政村
…………………………………… 负责人:王柱凤
…………………………… Tel:0553－2834629
13909631481
…………………………………… Fax:2832870

**芜湖大鹏车业有限公司二街店**
地址:安徽省芜湖市镜湖区中二街亚联商城 75 号
…………………………………… 负责人:陈婷婷
…………………………… Tel:0553－3887789

**芜湖鸿润船舶设计有限公司**
地址:安徽省芜湖市鸠江区裕溪口新裕路 2 号
…………………………………… 负责人:梁发珍
…………………………… Tel:13956178082

**芜湖县环宇水上运输有限公司**
地址:安徽省芜湖市芜湖县方村镇
…………………………………… 负责人:徐小东
…………………………… Tel:13909637700

**通达航运有限公司**
地址:安徽省芜湖市芜湖县方村镇
…………………………………… 负责人:汪帮才
…………………………… Tel:0553－8432901
13956213203

**白马山长江运输有限公司**
地址:安徽省芜湖市芜湖县火龙岗四联村
…………………………………… 负责人:王家财
…………………………… Tel:0553－8311178
13339037828

**芜湖锦程航运有限公司**
地址:安徽省芜湖市芜湖县陶辛镇
…………………………………… 负责人:李菊花
…………………………… Tel:0553－8816868

**芜湖君达汽车配件有限责任公司**
地址:安徽省芜湖市芜湖县芜湖县火龙岗镇石危街
…………………………………… 负责人:李宜金
…………………………… Tel:0553－8363448

**芜湖市永进车业有限责任公司**
地址:安徽省芜湖市新芜区棠桥化鱼山 10 号库
…………………………………… 负责人:张传建
…………………………… Tel:0553－3837216
3281938

**世联商贸有限公司**
地址:安徽省宣城地区广德县桃州镇太极大道
…………………………………… 负责人:曾凡家
…………………………… Tel:13965411818

**宣城市天隆配载有限公司**
地址:安徽省宣城市叠嶂中路 37 号三楼(区农委)
…………………………………… 负责人:江正英
…………………………… Tel:13966162357

**广德众联汽车销售有限公司**
地址:安徽省宣城市广德县太极大道东段
…………………………………… 负责人:高祥平
…………………………… Tel:13966206698

**绩溪运输车队**
地址:安徽省宣城市绩溪县华阳南路 15 号
…………………………………… 负责人:吴新华
…………………………… Tel:0563－8161097

**绩溪县登源摩托车经销部**
地址:安徽省宣城市绩溪县徽洋公司门市部
…………………………………… 负责人:胡东福
…………………………… Tel:0563－8165105

**安徽省郎溪县公路运输总公司弛丰机动车驾驶培训学校**
地址:安徽省宣城市郎溪县建平镇分流
…………………………………… 负责人:周武
…………………………… Tel:0563－7370345

## 中联(集团)永安运输有限公司物流中心

业务:中联(集团)永安运输有限公司物流中心成立于 2003 年,从事货物运输服务。公司秉承"以客户为中心,诚信经营"的宗旨,锐意创新,不断扩大业务范围,以优质的服务,合理的运价赢得了广大用户的信赖与认可。
地址:安徽省宿州市卞河中路棉 8 综合楼 144 号 6 楼
…………………………………… 邮　编:234000
…………………………………… 法　人:沈尊祥
…………………………… Tel:0557－3039760
…………………………… Fax:0557－3328288

## 信得过电瓶修理店

业务:电瓶修理、销售
地址:安徽省宣城市旌阳镇车站商品房
……… 负责人:夏要明　　邮　编:242600
…………………………… 法　人:夏要明
………… Tel:13805636181
0563－8604808

**志成汽车销售有限公司**
地址:安徽省宣城市梅溪路 97 号
…………………………………… 负责人:何顺心
…………………………… Tel:0563－3022266
13705635240

**宣城市汇生汽车销售有限公司**
地址:安徽省宣城市宣泾路 89 号
…………………………………… 负责人:李安枝
…………………………… Tel:13865312377

**宣城市光正农用车经营部**
地址:安徽省宣城市宣州区叠嶂东路 31 号
…………………………………… 负责人:朱坚强
…………………………… Tel:0563－2823646

## 盛达吊装运输有限公司

盛达吊装运输有限公司成立于2003年，公司主要经营普通货物装卸、机械吊装。盛达吊装运输有限公司本着"客户第一，诚信至上"的原则，与多家企业建立了长期的合作关系。热忱欢迎各界朋友前来参观、考察、洽谈业务。

联系人：盛鸿才
电话：13955542983
地址：安徽省马鞍山市花山区万嘉颐园五村10幢104
邮编：243000

## 桐城市华美配件制造有限公司

本公司成立于2001年，专业从事烟机配件和汽车配件生产和销售。

我公司本着"锐意进取，客户至上"的原则，坚持客户第一，竭诚为客户提供优质的产品和良好的服务。欢迎惠顾！

联系人：李汉绍
电话：0532-88351891 手机：13806393509
地址：山东省青岛平度市青沙路向北300米路西 邮编：266000

## 宿州物通天下物流有限公司

宿州物通天下物流有限公司成立于2007年，主要从事于物流，货物配送、运输服务。

公司将秉承"客户至上，诚信服务"的宗旨，加强服务意识，为客户提供一流的品牌和服务，以追求客户满意度最大化，并超越客户期望。

电话：0557-3927586 13866544888
联系人：张健
地址：安徽省宿州市淮河路212号 邮编：234000

## 铜陵巨江物流有限公司

铜陵巨江物流有限公司成立于2005年，以物流服务，金属材料、化工产品贸易为主。

欢迎新老客户来电洽谈业务。

电话：0562-5826968
邮编：244000
地址：安徽省铜陵市淮河路铜商品市场17楼1号
联系人：章平南 13305628807

## 天长市航海船舶设备有限公司

天长市航海船舶设备有限公司成立于2008年，本公司是专业生产船用舾装件厂家，主要生产点有：关闭设备，水密门窗、盖、防火门窗、系泊设备、导缆滚轮、导缆孔、导缆钳、掣链器、滚栓导缆器、带缆桩、通风附件：鹅颈通风头（筒），油水过滤设备：粗油（水）滤器，单双联滤器、液流观察器，附件：压力水柜、生活污水处理柜等，各种非产品定制。公司提倡人性化管理，视质量为企业生命，不断求新发展，以服务求顾客，高起点，严要求，全面执行ISO9001：2000的质量管理体系，为祖国的造船事业作出贡献。

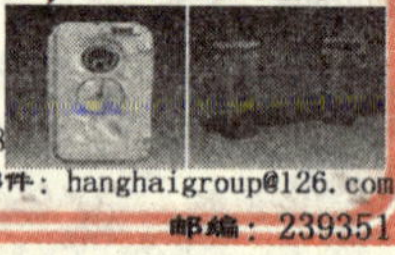

联系人：董德美
电话：0550-7918999 7917099 传真：0550-7917438
网址：http://tchhcp.chinabz.net 电子邮件：hanghaigroup@126.com
地址：安徽省滁州市天长市金集镇天仪路 邮编：239351

## 芜湖大捷离合器有限公司

芜湖大捷离合器有限公司成立于1998年，本公司专业从事开发、生产、销售汽车离合器盖总成和从动盘总成。大捷拥有一支业内资深技术专家队伍，在快速并且极富创新精神地开发新产品，诞生新技术，把向世界推出更优秀的产品作为对自己的挑战。先进，齐全的生产，检测设备，忠实于ISO/TS16949质量体系，产品质量通过"过件汽车质量监督检测中心"检测，精益高效的生产系统不断创造高性能的产品，满足可户的需求，为汽车工业作出贡献。

联系人：李枝平
电话：0553-8767488-808、8767599 网址：www.dajieClutch.com
地址：安徽省芜湖机械工业园开发区纬2路 邮编：241100

## 天长市平安船舶设备有限公司

天长市平安船舶设备有限公司始建于1985年，是制造船用关闭设备、系泊设备、通风附件、舱室设备等配套产品的专业生产性企业。主要产品有：各类钢（铝）质门、保温管（板）等80多个系列千余种规格。我们以质量求生存，以新品求发展，以服务求顾客，高起点，严要求全面执行ISO9001：2000的质量管理体系，为打造船舶工业的世界航母配套最优异的产品。

联系人：万明德
电话：0550-7631330 7631336 13705505381
传真：0550-7631703 网址：www.chinapingan.com
电子邮件：webmaster@chinapingan.com
地址：安徽省天长市平安镇万园街7号 邮编：277000

## 天长市通天化工有限责任公司

天长市通天化工有限责任公司始建于1995年，公司的宗旨："质量第一、信誉至上"，热忱欢迎各界朋友惠顾我公司，共求发展。

我公司主要产品有：XM51型氯丁密封胶、XM52型丁基密封胶、原子灰、聚氨酯密封胶、二氧化碳气体保护焊丝。我公司原子灰产品是由国家航空航天部六二一研究所与我公司共同研制开发，质量符合Q/T 1-91标准规定。

联系人：卢齐元 13965982224
电话：0550-7573968
地址：安徽省天长市大通镇牌楼村
网址：www.ahtctthg.com
电子邮件：tthg@ahtctthg.com
邮编：239361

## 福建省/Fujian Province

### 长乐榕金车辆事务有限公司
地址：福建省长乐市金峰镇金林路1号
…… 负责人：陈宝林
…… Tel：0591－87218766
13055779999

### 福建中奥电梯有限公司
业务：本公司创建于2004年，是一家主要从事乘客电梯、载货电梯、医用电梯、观光电梯、自动扶梯工程售前、售中、售后服务的专业生产公司，为顾客提供设计、改造、安装、维修、保养以及配件供应等"一条龙"服务，深受顾客称誉。
地址：福建省福清市融侨开发区福玉路
…… 邮　编：350301
…… 法　人：陈谋龙
…… Tel：0591－85368333
85368751
…… Fax：0591－85368369
…… 网址：www.cnots.com.cn

### 福鼎市米琪儿登岭车行
业务：米琪儿专卖，登岭车零售，维修及售后服务
地址：建省宁德市福鼎市中山南路606号
…… 负责人：赖思主 邮　编：352100
…… 法　人：赖思主
…… Tel：0593－7932088
13235060602

### 必成汽车运输有限公司
地址：福建省长乐市金峰镇六林村191号
…… 负责人：林国利
…… Tel：0591－28672794
13905021794

### 新永造船有限公司
地址：福建省福安市宁德区湾坞乡白马门
…… 负责人：郑长云
…… Tel：0593－6818888
13950546458

### 桐城意辉汽配店
地址：福建省福鼎市五十米大街地税大楼正对面
…… 负责人：陈月春
…… Tel：0593－7860976
13959387062

### 福安市向东船舶五交店
业务：船用阀门、电缆、灯具、空气帽、高压接筒、电动工具、消防救生器材等等。
地址：福建省福安市甘棠镇新农贸市场16幢2－3号
…… 负责人：连煜文 邮　编：352100
…… 法　人：连煜文
…… Tel：0593－6897887
13950577676

### 福鼎市越众汽车维修服务中心
业务：汽车维修
地址：福建省福鼎市福海商住楼
…… 负责人：胡友云 邮　编：355200
…… 法　人：胡友云
…… Tel：0593－7730702
7977505

### 福州博海汽配有限公司
业务：福州博海汽配有限公司是一家专门从事汽车滤清器（机油、汽油、柴油）的生产厂家，"质量求生存、服务求发展、诚信求市场"，热忱欢迎新老客户惠顾。
地址：福建省福州市仓山区城门镇俊边村
…… 负责人：程景萍　林宝珍
…… 邮　编：350018
…… 法　人：黄春寿
…… Tel：0591－87443538
87443783
87443701
…… Fax：0591－87443792
…… 网址：www.bhlqq.b2b.hc360.com

## 心动自行车行

业务：销售自行车
地址：福建省福鼎市中山南路 26 号
负责人：兰承美 邮 编：355200
法 人：兰承美
Tel：15959330384
0593－6126768
Fax：0593－6126768

## 福清市明达汽车修配厂

业务：集汽车维修、配件、美容为一体，公司拥有专业、精湛的技术队伍，修理各类进口、国产小轿车，24 小时为您提供快捷、热情的服务，愿我们的服务为您带去一路平安。
产品：进口、国产小车维修
地址：福建省福清市龙江街道霞楼村龙江路水果批发市场内
负责人：王梨典 邮 编：350001
法 人：王梨典
Tel：0591－85276220
15205075996
Fax：0591－85277186
网址：www.51zzt.com/user/zzt42106
www.fqmdqx.cn

**福清市玉柴汽车维修中心**
地址：福建省福清市宏路镇宏西 328 号
负责人：刘文香
Tel：0591－85382378

**首一汽车部件有限公司**
地址：福建省福州市仓山区盖山镇齐安村艺通工业区
负责人：潘挺人
Tel：0591－83592207
13805064920

## 福建弘洋国际货运代理有限公司

业务：本公司是经国家批准成立的一级国际货运代理公司，公司提供海陆空运输的揽货、订舱、报关、报检、运费结算等全方位服务，公司在世界主要信国家与地区拥有代理网络，可提供门到门，仓到仓的完善服务，为货物的物流息提供跟踪服务。
地址：福建省福州市鼓楼区湖东路 168 号宏利大厦九层 B 区
负责人：江贤华 邮 编：350003
法 人：江贤华
Tel：0591－87821179
Fax：0591－87811312
网址：www.fgolog.com

## 创源（福清）摩托车配件贸易有限公司

业务：摩托车配件销售
地址：福建省福清市音西街道音西村溪前东 8 号
负责人：蔡岩松 邮 编：350001
法 人：蔡岩松
Tel：18960999919
0591－85217271

## 福州市新秀华车行

业务：专业批发、销售各种中高档电动车及电动车配件
产品：上海速马特
地址：福建省福州市仓山区盖山镇白湖亭乔联商行四号
负责人：郭普宜 邮 编：350000
法 人：郭普宜
Tel：15960012555
0591－62723938
83411433

## 福州市仓山区华安快运信息中介部

业务：全国货物运输服务
业务：福建省福州市仓山区盖山镇战备路 1 号义序物流园 2 号楼 120 号、福建省福州市仓山区福湾工业区华威停车场院内东 108 号
负责人：刘长龙 邮 编：350000
法 人：刘长龙
Tel：0591－83515583
13559137119
13799980814

**厦门外代国际货运有限公司福州分公司**
地址：福建省福州市鼓楼区东大路 36 号花开富贵 A 座 8B 单元
负责人：苏焕华
Tel：0591－87535230

**福州鑫澎顺货运代理有限公司**
地址：福建省福州市鼓楼区五四路 71 号国贸广场 17 层 F
负责人：方亮
Tel：13605949202

**山野物流有限公司**
地址：福建省福州市洪山桥后厝 26 号
负责人：刘晓艳
Tel：0591－83125965
13950206485

## 福州捷航船务有限公司

业务：本公司成立于 1995 年，拥有 10 几名员工。主要经营国内外沿海货物运输，国际国内船员培训派遣。
地址：福建省福州市台江区交通路宏运星城 1 号楼 305
邮 编：350000
法 人：俞亦奴
Tel：0591－83611797
Fax：0591－83612100

**友合汽配件厂**
地址：福建省福州市闽侯县青口镇里村河头新村
负责人：叶碧钦
Tel：0591－22778662
13960960516

**南屿晓岐渡船头沙场**
地址：福建省福州市闽候县南屿镇晓岐村关头 4 号
负责人：杨守明
Tel：0591－22801888
13950361888

## 富成达物流有限公司泉州分公司

业务：富成达物流有限公司泉州分公司成立于 1996 年，主要从事泉州至全国各地的物流配送业务。公司以"诚实、勤勉"为经营理念，以"安全、快捷"为服务宗旨，为客户提供最佳的物流服务。
地址：福建省晋江市池店镇霞福村
邮 编：362212
法 人：陈智恒
Tel：0595－85926233
Fax：0595－85926766

## 福州市鼓楼区鑫瑞通汽车配件经营部

业务：维修各种汽车及其配件的销售
地址：福建省福州市鼓楼区梅峰路 148－3 号
负责人：丛瑾 邮 编：350003
法 人：丛瑾
Tel：0591－87413293
87869885

## 福州市晋安区日昌重型汽车配件店

业务：销售汽车配件
地址：福建省福州市晋安区福新东路 361 号晋安汽配城 7＃4－5
负责人：吴森松 邮 编：350001
法 人：吴森松
Tel：0591－83540625
83540615
13950297895

## 福州市晋安区阿松摩托车配件商行

业务：经营各种进口摩托车配件
产品：进口摩托车配件
地址：福建省福州市晋安区鼓山镇前横南路 258 号店
负责人：傅强 邮 编：350001
法 人：傅强
Tel：0591－83660226
13809528028
Fax：0591－83660226

## 福州市晋安区路易电机维修店

业务：电动机、汽车发电机等电机的维修
地址：福建省福州市晋安区鼓山镇远中村 259 号底层 103 号店
负责人：苏昭木 邮 编：350000
法 人：苏昭木
Tel：13859028423
13534900702
E-mail：297291327@qq.com

**兴起轮胎服务部**
地址：福建省福州市闽清县溪口商贸大街 30 号
负责人：林来隆
Tel：0591－22352185
13950370518

**闽富达海运有限公司**
地址：福建省福州市平潭县平原镇半山村
负责人：陈峰
Tel：0591－24251838
13809539127
13799318888

## 福建省第一公路工程公司汽车修配厂

业务：福建省第一公路工程公司汽车修配厂成立于 1995 年，主要从事汽车工程机械维修，起重机安装维修，制作工程模板，隧道衬砌台车，龙门吊等业务。
地址：福建省南安市霞美镇四黄村
邮 编：362302
法 人：郭光谋
Tel：0595－86758743
Fax：0595－86768743

## 福州市晋安区祥明利民货物中转站

业务：货物运输
地址：福建省福州市晋安区三八路东站门口 1 号
负责人：代祥明 邮 编：350000
法 人：代祥明
Tel：13055270554
0591－87319041
83101598

## 连江县凤城镇林记电动车配件商行

业务：销售蓄电池、充电器、控制器、报警器、塑件等电动车配件
地址：福建省福州市连江县凤城镇丹凤东路 9 号 106 店
负责人：林锦 邮 编：350500
法 人：林锦
Tel：0591－26161010
Fax：0591－26161010

## 罗源县华龙汽车租赁有限公司

业务：提供汽车租赁服务，主要有"丰田""广州本田""东风本田"品牌汽车
地址：福建省福州市罗源县凤山镇凤南东路 10－014
负责人：欧俊华 邮 编：350600
法 人：欧俊华
Tel：13763888960
0591－26851182

## 闽清云龙安明汽车修理店

业务：轿车，小型货车修理业务，零配件销售
地址：福建省福州市闽清县云龙乡后垅高速口
负责人：纪李花 邮 编：350800
法 人：纪李花
Tel：0591－22596665
13720822042

## 永泰县城峰顺达轮胎经营店

业务：工程专用轮胎销售，修补
地址：福建省福州市永泰县城峰镇太原村银场 34 号
负责人：林锦营 邮 编：350700
法 人：林锦营
Tel：15985767076
13706044650

**鑫海祥汽车修配有限公司**
地址：福建省福州市台江区上浦路 67 号
负责人：庄志彬
Tel：0591－83811113
13705067878

**福建省建阳市联创自动化科技有限公司**
地址：福建省建阳市童游江滨路同安小区 5 号楼 2 号宅
负责人：刘荣强
Tel：0599－5629640

## 福安市恒泰物流有限公司

业务：福安市恒泰物流有限公司成立于 2005 年，全国物流运输，欢迎各方客户来电洽谈业务，共同合作。
地址：福建省宁德市福安市城北福新路 41 号
负责人：黄成锋 邮 编：355001
法 人：黄成锋
Tel：0593－6575585
6050558

**上杭县创新机动车驾驶员培训有限公司**
地址：福建省龙岩市上杭县北环路（临城镇政府一楼）
负责人：汤玉全
Tel：(0597)3991768

## 建瓯市东游镇兴隆摩托车商行

业务：摩托车零售
地址：福建省建瓯市东游镇胡林街 1 号
负责人：吴兴生 邮 编：353123
法 人：吴兴生
Tel：0599－3673611
13850914647

## 中铁快运股份有限公司建瓯营业部

业务：全国铁路行李、包裹、小件货物特快专递
地址：福建省建瓯市新区今典商城 1 号 11 号（火车站广场旁边）
负责人：吴伟 邮 编：353100
法 人：吴伟
Tel：15159913070
0599－8236797
网址：www.cre.cn

**三联小车维修中心**
地址：福建省龙岩市新罗区莲新西路交警支队宿舍旁
负责人：邱木金
Tel：0597－2216588
13906079687

## 惠安县百崎志攀汽车服务中心

业务：惠安县百崎志攀汽车服务中心成立于 2004 年，主要从事汽车代理、新旧车交易等业务，欢迎新老客户惠顾，洽谈业务！
地址：福建省泉州市惠安县百崎伊斯兰街
邮 编：362100
法 人：郭志潘
Tel：0595－87197692
Fax：0595－87555692
网址：www.fjbqfw.chinapyp.com

## 晋江市宏南车行

业务：销售豪爵摩托车
地址：福建省晋江市安海桥头鸿江东路 16 号
负责人：陈水轮 邮 编：362000
法 人：陈水轮
Tel：13675987777
0595－85758789
88151234
88029999

**和鑫微配经营部**
地址：福建省南平市光泽县武林路武林路燃料公司集资楼 119 号
负责人：张私金
Tel：13950685459
13850978163

**福鼎市金龙机动车驾驶员培训有限公司**
地址：福建省宁德市福鼎市桐山街道前店 1 号
负责人：陈万辉
Tel：0593－7808627

## 泉州市亿鑫汽车销售有限公司（广汽丰田亿鑫江南店）

业务：泉州市亿鑫汽车销售有限公司广汽丰田亿鑫江南店成立于 2005 年，销售丰田凯美瑞、汉兰达，汽车维修、配件供应，欢迎新老客户来电洽谈业务！
地址：福建省泉州市南环路江南高新技术电子园区 1 号
邮 编：362000
Tel：0595－28053998
28053988
Fax：0595－28053978
网址：www.qzyx.com.cn

## 昌伟货物搬运站

业务：货物搬运
地址：福建省晋江市罗山社店食品城内
负责人：陈昌伟 邮 编：362200
法 人：陈昌伟
Tel：13067036999
0595－88173088

**宁德市蕉城区陆达园交通工具销售服务中心**
地址：福建省宁德市蕉城区福洋村（市国泰汽车修配有限公司内）
负责人：谢小玲
Tel：0593－2998315

## 厦门市全晟汽车配件有限公司

业务：厦门市全晟汽车配件有限公司成立于 2004 年，主要销售汽车配件。我公司用优良的品质，合理的价格，完善的服务，竭诚为用户服务。
地址：福建省厦门市湖里区兴湖路 84 号店
负责人：崔瑞亮 邮 编：361000
法 人：崔瑞亮
Tel：0592－6031498
5688834
网址：www.mtw51090.chinapyp.com

**长泰船舶修造有限责任公司**
地址：福建省平潭县敖东镇建新村
负责人：游天佑
Tel：0591－24462999
24119866

## 晋江市汽车配件二厂

业务：汽车配件生产销售
地址：福建省晋江市梅岭街道双沟东路 4 号
负责人：苏荣津 邮 编：362200
法 人：苏荣津
Tel：0595－85682149

## 晋江市英林镇高评摩托车行

业务：经营五羊本田、隆鑫、春风水冷、三雅等品牌摩托车
地址：福建省晋江市英林镇英龙路 94、96、98 号
负责人：蔡高评 邮 编：362256
法 人：蔡高评
Tel：0595－88371867
85488689
15159786987

**佳福轿车维修中心**
地址：福建省莆田市秀屿区忠门镇东环路 4 幢 3 号
负责人：张福林
Tel：0594－5987111
13950729871

**泉州春峰五金拉型汽配有限公司**
地址：福建省泉州市惠安惠南工业区锦峰22号
……负责人：黄春木
……Tel：0595－87592679

**登峰货物运输有限公司**
地址：福建省泉州市鲤城区江南登峰工业区
……负责人：杨焕伟
……Tel：0595－22863657
13805946185

**佳广货物联运有限责任公司**
地址：福建省泉州市泉港区涂岭镇龙头岭
……负责人：林加柱
……Tel：0595－87761888
87958368

**三明市新干线高速汽车客运有限公司尤溪分公司**
地址：福建省三明市尤溪县城关镇七五路130号
……负责人：黄茂继
……Tel：0598－6323213

**顺安汽车修配厂**
地址：福建省三明市尤溪县城关镇下水南1号
……负责人：林文江
……Tel：0598－6321981

## 晋江市紫帽镇永育摩托车店
业务：销售摩托车、电瓶车、摩托车配件等
地址：福建省晋江市紫帽镇涪垵村下落沙11号
……负责人：苏永育 邮 编：362200
……法 人：苏永育
……Tel：13788803021
13799202069

## 龙海市浮宫加桂木质船厂
业务：木质船生产销售
地址：福建省龙海市浮宫镇海山村
……负责人：张加桂 邮 编：363100
……法 人：张加桂
……Tel：13159166273
13606989014

**厦星货运代理有限公司**
地址：福建省厦门市东渡路龙海花园183－4－604
……负责人：文武发
……Tel：0592－8604077
5672251

**厦门市浩洋物流有限公司**
地址：福建省厦门市湖里区昌宾路45号702室
……负责人：曾济庚
……Tel：0592－5602228

**厦门公共交通场站有限公司**
地址：福建省厦门市湖里区长岸路62号
……负责人：邱小贝
……Tel：0592－6032722

**厦门永昌鑫物流有限公司**
地址：福建省厦门市湖里区长岸路滨海苑F座301室
……负责人：徐兰英
……Tel：0592－8845956

**厦门康飞物流有限公司**
地址：福建省厦门市湖里区长岸路恒丰花园二期C幢601室
……负责人：刘芳
……Tel：0592－6028021

## 龙海市海澄圆通速递服务部
业务：国际国内邮件寄递服务
地址：福建省龙海市海澄镇城隍路6号
……负责人：陈旭宇 邮 编：363102
……法 人：陈旭宇
……Tel：13799059057
0596－6200059
E-mail:chenxuyu168@126.com

## 富成达货物配载站
业务：物流，普货公路运输
地址：福建省龙岩市长汀县添丁下一路216号
……负责人：胡海荣 邮 编：364000
……法 人：胡海荣
……Tel：0597－6811733
13959012596
……Fax：0597－3165629

**福建盛丰物流有限公司厦门分公司**
地址：福建省厦门市湖里区长乐路328号101室
……负责人：刘用旭
……Tel：0592－5753988

**厦门泰达环海物流有限公司**
地址：福建省厦门市湖里区东渡濠头北区和宁路52－58号泰达大厦二层
……负责人：黄正锐
……Tel：0592－6019377

**厦门泰达空运有限公司**
地址：福建省厦门市湖里区东渡和宁路52－58号泰达大厦一层
……负责人：杨宝仁
……Tel：0592－5670595

**上海联球物流有限公司厦门分公司**
地址：福建省厦门市湖里区东渡路226号五矿大厦6A－B单元
……负责人：沈茉莉
……Tel：0592－5617088

## 长汀县涂坊晓斌摩托车行
业务："力帆"摩托车
地址：福建省龙岩市长汀县涂坊镇下街
……负责人：涂兴富 邮 编：366312
……法 人：涂兴富
……Tel：13959017272
0597－6585139

## 连城县莲峰佳伟车行
业务：世界名车雅马哈、台铃高性能电动车
地址：福建省龙岩市连城县莲峰镇北大街东路14号店
……负责人：谢贤伟 邮 编：366200
……法 人：谢贤伟
……Tel：0597－5229568
……Fax：0597－5229568
E-mail:383545797@qq.com

## 连城县万通车行
业务：销售农车、汽车
产品：东风货、汽车
地址：福建省龙岩市连城县莲峰镇新兴村庵北段(检察院隔壁)
……负责人：王细华 邮 编：364000
……法 人：王细华
……Tel：0597－8929486
13959030098
……Fax：0597－8929486

**厦门锐集物流有限公司**
地址：福建省厦门市湖里区东渡路250号金龙大厦A栋16E
……负责人：郭永
……Tel：0592－5685122

**厦门航代货运代理有限公司**
地址：福建省厦门市湖里区枋湖村林后社529号
……负责人：李银生
……Tel：0592－8691407

**泰国亚洲航空公司驻厦门代表处**
地址：福建省厦门市湖里区高崎国际机场3号候机楼国际出发厅A052
……负责人：刘小媛
……Tel：0592－5167777

## 上杭县城区好心情电动车行
业务：电动车、助力车、三轮车
地址：福建省龙岩市上杭县北环路553号
……负责人：梁富祥 邮 编：364200
……法 人：梁富祥
……Tel：13799074018
0597－3830011
……Fax：0597－3830011
网址：www.fjhaoxq.ccoo.cn

## 武平县岩前海达轮胎总汇
业务：轮胎代理销售，售后服务
地址：福建省龙岩市武平县岩前镇白石亭48号
……负责人：钟利平 邮 编：364302
……法 人：钟利平
……Tel：13605930311

## 武平县岩前钢圈轮胎销售中心
业务：钢圈轮胎销售
地址：福建省龙岩市武平县岩前镇灵岩村马岗上
……负责人：钟祝来 邮 编：364000
……法 人：钟祝来

**厦门托宝箱运输有限公司**
地址：福建省厦门市湖里区高崎货运枢纽中心306室
……负责人：彭立华
……Tel：0592－5742998

## 龙岩市新罗区翔和轮胎服务部
业务：销售、维修轮胎
地址：福建省龙岩市新罗区翠屏路1号
……负责人：陈伟松 邮 编：364000
……法 人：陈伟松
……Tel：13459720089
13860206072

## 永定县卢义轮胎店
业务：轮胎销售、安装
地址：福建省龙岩市永定县抚市镇溪联村宫子坝12号
……负责人：卢义 邮 编：364104
……法 人：卢义
……Tel：0597－5655628

**厦门港迅货运代理有限公司**
地址：福建省厦门市湖里区海天路18号601室
……负责人：杨怡玲
……Tel：0592－6026056

**厦门飞传物流有限公司**
地址：福建省厦门市湖里区海天路65号05层10单元
……负责人：罗新新
……Tel：0592－2618488

## 福建省龙岩市永定县万兴摩托车行
业务：销售摩托车及其配件
地址：福建省龙岩市永定县坎市镇福三北大路28号
……负责人：林根莲 邮 编：364102
……法 人：林根莲
……Tel：0597－5664968
15860173881
……Fax：0597－5664968

## 永定县智科摩托车修理店
业务：摩托车修理
地址：福建省龙岩市永定县培丰镇文东村
……负责人：邱智科 邮 编：364000
……法 人：邱智科
……Tel：15959707023
0597－5693290

**厦门鑫中联达物流有限公司**
地址：福建省厦门市湖里区海天路9号银都广场7楼L单元
……负责人：许进丁
……Tel：0592－8963086

**厦门市湖里区航鑫集装箱配套厂**
地址：福建省厦门市湖里区禾山镇五通村后头社厂房
……负责人：张健师
……Tel：0592－8878007

**厦门吉利通货运代理有限公司**
地址：福建省厦门市湖里区火炬二路31号601室
……负责人：钱小红
……Tel：0592－5743991

## 南安市澳美汽车装潢美容中心
业务：汽车美容、汽车装潢
地址：福建省南安市官桥镇周厝村周基2号
……负责人：李荣彬 邮 编：362341
……法 人：李荣彬
……Tel：13905986908
0595－86880185
……Fax：0595－86880185
QQ:383943498

## 捌玖汽车养护坊
业务：汽车养护、汽车租赁
地址：福建省南安市梅山镇芙蓉西路40号
……负责人：李志斌 邮 编：362300
……法 人：李志斌
……Tel：15960703539
13799866768

## 南安市泉盛物流中心
业务：汽车物流运输
地址：福建省南安市水头镇大盈工业区
……负责人：穆联育 邮 编：362000
……法 人：穆联育
……Tel：0595－86022988
86819507

**厦门易得发集装箱运输有限公司**
地址：福建省厦门市湖里区货运枢纽中心408号
……负责人：曾易德
……Tel：0592－5527656

**厦门天辉货运代理有限公司**
地址：福建省厦门市湖里区嘉禾路1299号高崎货运枢纽中心大楼412室
……负责人：饶清辉
……Tel：0592－8519608

## 浦城县古楼钟斌车行(雅马哈、钱江摩托车专卖店)
业务：从事雅马哈、钱江摩托车、油具、摩托车配件销售及汽车摩托车维修服务
地址：福建省南平市浦城县古楼街
……负责人：钟建兵 邮 编：353400
……法 人：钟建兵
……Tel：0599－2693545
13515082240

## 顺昌县煜煌汽车装饰中心
业务：汽车装潢、美容、精致洗车、车体外设、音响改装、导航系统安装、零部件销售
地址：福建省南平市顺昌县双溪顺昌县东门农国场停子后新村
……负责人：谢祥龙 邮 编：353200
……法 人：谢祥龙
……Tel：0599－7882222

**厦门佳力达轮胎有限公司**
地址：福建省厦门市湖里区金尚小区65栋104室
……负责人：闫恩永
……Tel：0592－5233520

**厦门世贸货运代理有限公司**
地址：福建省厦门市湖里区双狮南里11号202室
……负责人：王培红
……Tel：0592－5616161

## 顺昌县陈龙汽车贸易有限公司/小妹电动车商场
业务：汽车，摩托车，三轮车，电动车
产品：助力车，电动三轮车，电动自行车
地址：福建省南平市顺昌县水南城南中路5号(体育馆对面)
……负责人：范小妹 邮 编：353200
……法 人：陈龙
……Tel：0599－7858776
13055999500
……Fax：0599－8273101

**厦门象屿中天通运物流有限公司**
地址：福建省厦门市湖里区象屿保税区象兴四路21号8L1单元
……负责人：廖丽芳
……Tel：13600921008

**厦门速凯物流有限公司**
地址：福建省厦门市湖里区象屿保税市场大厦8楼A座
……负责人：张学恺
……Tel：0592－5676501

## 武夷山市车博士汽车生活馆
业务：汽车清洗、美容，汽车装潢
地址：福建省南平市武夷山市彭祖路3号
……负责人：周金照 邮 编：354300
……法 人：周金照
……Tel：0599－5105555
13860013138

## 南平市延鑫汽车运输服务有限公司
业务：汽车销售，全国整车、零担普通货物运输
地址：福建省南平市延平区滨江南路122号西区安置3号楼206室
……负责人：陈和强 邮 编：353000
……法 人：陈和强
……Tel：13859399250
0599－8288991
……Fax：0599－8288992

## 礼强摩托车修理店
业务：摩托车修理
地址：福建省南平市政和县石屯镇公路边
……负责人：郑礼强 邮 编：353601
……法 人：郑礼强
……Tel：0599－3453126
13850927115

## 宁德市叉车配件服务部
业务：叉车配件，叉车维修，国产名牌销售租赁，手动液压托盘车等一条龙服务
地址：福建省宁德市蕉城区单石碑路190号
……负责人：钱先健 邮 编：352100
……法 人：钱先健
……Tel：0593－2316061
13459368061

**厦门市集元汽车配件有限公司**
地址：福建省厦门市湖里区兴隆路545号之二
……负责人：林丽萍
……Tel：0592－5713080

## 宁德市蕉城区蕉南万里汽车服务部
业务：汽车过户、年检
地址：福建省宁德市蕉城区富春路坪塔村后岗81号一层
……负责人：阮清亮 邮 编：352100
……法 人：阮清亮
……Tel：13859666622
0593－2289955

## 宁德市蕉城区三都丰友高速船机服务中心
业务：销售各类进口船外机、配件、玻璃钢船体、专用机油、及维修[YAMAHA、SUZUKI、JOhnson、MERCURY、…]等业务
地址：福建省宁德市蕉城区三都天湖农贸市场
……负责人：林友斌 邮 编：352103
……法 人：林友斌
……Tel：0593－2556325
……Fax：0593－2558882

**厦门鑫惠通船务代理有限公司**
地址：福建省厦门市湖里区兴隆路信达之家3号楼A座1503室
……负责人：陈志宏
……Tel：0592－5688522

**厦门市安宁华星汽车技术服务有限公司**

地址：福建省厦门市湖里区园山南路601室
负责人：刘培红
Tel:0592－5566188

**霞浦县靓车坊汽车服务中心**
业务：汽车美容、装璜、轮胎等
地址：福建省宁德市霞浦县松城街道虹桥小区1号
负责人：包崇华 邮编：352000
法人：包崇华
Tel:0593－8897573

**福建省霞浦县福成站前物流有限公司**
业务：物流
地址：福建省宁德市霞浦县松港街道江边村溪前38号
负责人：林马福 邮编：352100
法人：林马福
Tel:13559614946
0593－8075988

**厦门华旭海运有限公司**
地址：福建省厦门市湖里区悦华路141号之5－408室
负责人：伍向真
Tel:0592－5758910

**厦门市集美区杏前机动车综合性能检测站**
地址：福建省厦门市集美区杏前路130号
负责人：方黎明
Tel:0592－6282651

**厦门兴旅汽车运输有限公司**
地址：福建省厦门市思明区东浦路98号之二十
负责人：林保国
Tel:0592－5939999

**福建省伟华汽车贸易有限公司**
业务：销售汽车及4S服务
产品：东风日产、北京现代、上海大众、吉利
地址：福建省宁德市柘荣县前山开发区
负责人：袁忠光 邮编：352100
Tel:13030916555
0593－8363566
8315566

**周宁县车泰汽车修配厂**
业务：汽车修理上门服务
地址：福建省宁德市周宁县狮城镇仙溪尾（加油站场地）
负责人：谢树明 邮编：352100
邮编：谢树明
Tel:0593－5696555
18959356333

**莆田市城厢区车之缘汽车美容装潢中心**
业务：汽车租赁、汽车驾照培训、全自动免擦拭洗车
地址：福建省莆田市城厢区荔景广场恒达楼106、107号
负责人：杨明建 邮编：351100
法人：杨明建
Tel:13950790619
13599000764

**莆田市涵江区星辉补胎店**
业务：销售轮胎
地址：福建省莆田市涵江区涵华东路1698号
负责人：余桂新 邮编：351111
法人：余桂新
Tel:13799660661
0594－3593809

**莆田市荔城区黄石兴隆电动车经销部**
业务：电动车批发兼零售
地址：福建省莆田市荔城区黄石镇南洋东大道303号兴美街路口50米处
负责人：宋德元 邮编：351100
法人：宋德元
Tel:0594－2168808

**山亭豪杰摩托车特约维修店**
业务：摩托车维修及配件销售
地址：福建省莆田市湄洲湾北岸经济开发区山亭乡山亭中学斜对面
负责人：陈海强 邮编：351100
法人：陈海强
Tel:0594－5983777
8967777
5637777
5973777

**厦门夏商金鹰票务代理有限公司**
地址：福建省厦门市思明区斗西路200号附楼204室
负责人：郭艺勋
Tel:0592－2698988

**仙游县枫亭国强摩托车行**
业务：摩托车的销售
地址：福建省莆田市仙游县枫亭镇枫江北路419号
负责人：赖强 邮编：351100
法人：赖强
Tel:0594－6209997
13950739226

**厦门聚华船运有限公司**
地址：福建省厦门市思明区故宫路128号（宏华大厦）2202室
负责人：郭杏亮
Tel:0592－5615782

**北京乐运国际物流有限公司厦门分公司**
地址：福建省厦门市思明区湖滨北路78号兴业大厦23楼
负责人：严贞
Tel:0592－5311747

**南安市霞美镇奕荣汽车服务中心**
业务：汽车装潢美容，汽车轮胎，汽车年检，保险
地址：福建省泉州南安市霞美镇山美港隆大厦
负责人：陈淑珍 邮编：362000
法人：陈淑珍
Tel:0595－86767713
86667734

**闽福货物运输站**
业务：货物运输
地址：福建省泉州市安溪县城厢镇兜宅村宋厝路
负责人：宋顺亮 邮编：362000
法人：宋顺亮
Tel:13905087314
0595－26034314

**新隆货运站**
业务：省内汽运，货物运输
地址：福建省泉州市安溪县凤城镇龙湖114幢店面
负责人：许志能 邮编：362000
法人：许志能
Tel:13599235599
0595－23251480

**安溪县城关友鹏车友汽车美容中心**
业务：汽车护理、美容
地址：福建省泉州市安溪县凤城镇兴安路356－358号（二店：安溪县铭选中学门口）
负责人：唐荣泉 邮编：362000
法人：唐荣泉
Tel:13774830533
0595－68703636
68703535

**泉州通海新世纪汽车有限公司**
业务：主营上海通用品牌系列
地址：福建省泉州市丰泽街冠亚城市花园A602
负责人：谢小权 邮编：362000
法人：谢小权
Tel:0595－28163000
Fax:0595－28163000

**福建三剑机车俱乐部**
业务：福建三剑机车俱乐部是"嘉陵白菜"、"GN250"、"宗申"越野车福建专卖代理！进口大排车、迷你车、沙滩车、骑士装备专卖，机车改装及维修等技术支持！
地址：福建省泉州市惠安县大明游泳馆对面合和大厦一楼
负责人：张志明 邮编：362100
法人：张志明
Tel:0595－87366306
网址：www.sjmoto.com
E-mail:zzm586@tom.com

**鲤城区傅子迎汽配加工厂**
业务：汽车配件
地址：福建省泉州市鲤城区常泰街道寨仔街3号
负责人：傅子迎 邮编：362000
邮编：傅子迎
Tel:0595－22482299
Fax:0595－22410866

**厦门顺凯物流有限公司**
地址：福建省厦门市集美区后溪镇后溪村浦边社
负责人：王联高
Tel:0592－5615226

**福建省南安市恒利货运有限公司**
业务：货运物流
地址：福建省泉州市南安市省新工业区恒利货运有限公司
负责人：吴加康 邮编：362000
法人：吴加康
Tel:0595－86235988
13055664258
Fax:0595－86255988

**南安市省新镇盛发二手车交易有限公司**
业务：二手车交易及咨询
地址：福建省泉州市南安市省新镇省东村太林街123号
负责人：陈团结 邮编：362000
法人：陈团结
Tel:0595－86256862

**石狮市顺鑫物流有限责任公司**
业务：物流，直达快运；昆明专线
地址：福建省泉州市石狮市西环路中英文学校大门对面吉顺物流园内3－4仓库
负责人：蔡巧勇 邮编：362700
法人：蔡巧勇
Tel:0595－88588544

**永春县蓬壶镇清华汽车车身维修店**
业务：汽车维修
地址：福建省泉州市永春县蓬壶镇鹏溪村66号
负责人：潘清华 邮编：362000
法人：潘清华
Tel:0595－23806486

**厦门市居网汽车服务有限公司**
地址：福建省厦门市思明区湖滨东路9号1210室
负责人：邹德刚
Tel:0592－5801213

**深圳市飞速达速递有限公司厦门分公司**
地址：福建省厦门市思明区湖滨三里229号401室
负责人：唐文杰
Tel:0592－5337459

**厦门安全地带汽车服务有限公司**
地址：福建省厦门市思明区湖光路233号
负责人：陈妈兴
Tel:13606910999

**永春县桃城恒通柑桔运输服务部**
业务：柑桔运输服务
地址：福建省泉州市永春县桃城镇榜头街144号
负责人：李文军 邮编：362000
法人：李文军
Tel:13358587597
0595－23887857
Fax:0595－23887857

**永春县玉斗福东汽车轮胎修补店**
业务：轮胎、钢圈零售，汽车轮胎修补
地址：福建省泉州市永春县玉斗镇玉美村三郊线边
负责人：赵福东 邮编：362616
法人：赵福东
Tel:13506913248
13959827013

**鲤城区百年汽配经营部**
业务：经营汽车配件
地址：福建省泉州市展览城商贸街B幢135号店
负责人：苏水龙 邮编：362000
法人：苏水龙
Tel:13515056840
0595－22361209

**泉州市鲤城区信驰汽车用品店**
业务：经营汽车装饰用品
地址：福建省泉州市展览城一期90－92号店
负责人：陈炜 邮编：362000
法人：陈炜
Tel:0595－22967333
13675901247

**广州市华鹰运输服务有限公司厦门分公司**
地址：福建省厦门市思明区虎园路2号科技交流中心301－302室
负责人：徐建和
Tel:0592－2058158

**厦门市豫闽汽车租赁服务有限公司**
地址：福建省厦门市思明区莲前东路158号
负责人：陈国良
Tel:0592－5975973

**厦门盈顺通汽车租赁有限公司**
地址：福建省厦门市思明区莲前东路福满山庄2号楼303室
负责人：刘建设
Tel:0592－8765270

**厦门龙翔旅游运输服务有限公司**
地址：福建省厦门市思明区莲前西路22A410室
负责人：李龙光
Tel:0592－5927781

**三明市梅列区俊宇汽车经纪有限公司**
业务：二手机动车交易，代办机动车年检、过户、上牌、转籍
地址：福建省三明市梅列区徐碧一村57幢6号
负责人：上官金福 邮编：365000
法人：上官金福
Tel:13605961601
0598－5102696

**宁化县中环摩托配件店**
业务：销售摩托车配件（朝阳轮胎、一汽润滑油、实力消声器）
地址：福建省三明市宁化县翠江镇中环东路9号
负责人：雷斌 邮编：365400
法人：雷斌
Tel:13459808373
13559095321

**清流县嵩口信达汽车配件经营店**
业务：汽车配件的销售、汽车维修
地址：福建省三明市清流县嵩口开发区
负责人：余川 邮编：365307
法人：余川
Tel:15959462879

**厦门鑫立汽车服务有限公司**
地址：福建省厦门市思明区莲前西路西林西里42栋705室
负责人：罗新立
Tel:0592－8889583

**三明市三元区永和汽车装饰用品批发商行**
业务：汽车用品专业批发
地址：福建省三明市三元区道山路1号7幢9号
负责人：王诚生 邮编：365000
法人：王诚生
Tel:0598－8391332
Fax:0598－8333838

**三明市三元区旭源二手车销售服务有限公司**
业务：二手货车、轿车的收购及销售
地址：福建省三明市三元区新市南路77号兄弟物流场地内
负责人：袁英塘 邮编：365000
法人：袁英塘
Tel:13507589393
0598－8290866

**三明市三元区屹豪农用车商行**
业务：农用车销售，汽车配件
地址：福建省三明市三元区新市中路204号3幢105号
负责人：叶扬武 邮编：365000
法人：叶扬武
Tel:0598－8586527
13003969343
Fax:0598－8586527

**沙县华艺轩汽车用品商行**
业务：汽车配件，汽车美容用品批发兼零售
地址：福建省三明市沙县洋坊北星汽车城4座
负责人：张国顺 邮编：365500
邮编：张国顺
Tel:0598－5858346
13799186018

**厦门龙力汽车租赁有限公司**
业务：本公司成立于2005年，主要从事汽车租赁。欢迎新老客户光临惠顾！
地址：福建省厦门市思明区思明东路106号1层
负责人：许建龙 邮编：361004
法人：许建龙
Tel:0592－2079827
Fax:0592－2054519

## 尤溪县新阳全兴豪爵摩托车专卖店

业务：豪爵摩托车专卖
地址：福建省三明市尤溪县新阳镇中山路
负责人：黄元高　邮　编：365000
法　人：黄元高
Tel：0598－6453392

## 尤溪县中仙乡陈子昌摩托车行

业务：豪爵铃木专卖
地址：福建省三明市尤溪县中仙乡西华村183号
负责人：陈子昌　邮　编：365000
法　人：陈子昌
Tel：0598－6428460

## 石狮市鸿山镇莲厝村阿献车行专卖店

业务：卖车兼维修以及售后服务
产品：日本铃木
地址：福建省石狮市鸿山镇连厝村连厝头
负责人：阿献　邮　编：362700
法　人：林亮
Tel：0595－88861478
88910852

**深圳联合雅达国际货运有限公司厦门分公司**
地址：福建省厦门市思明区鹭江道8号国际银行大厦31楼D、E单元
负责人：谢广平
Tel：0592－2260305

**厦门市思明区赛普汽车修配厂**
地址：福建省厦门市思明区前埔村莲花石
负责人：王汉阳
Tel：0592－5911802

## 路路顺货运联系站

业务：货运
地址：福建省顺昌县禾口新村
负责人：詹雅贵　邮　编：353200
法　人：詹雅贵
Tel：0599－7852659
13850961703

## 联盛发物流（厦门）有限公司

业务：深圳，东莞，广州，中山←→厦门，漳州，泉州，福州，整车，零担，大型机械设备运输
地址：福建省厦门市同安区城东工业区（324国道石浔路口东侧）
负责人：孙建锋　陈爱珍
邮　编：361000
法　人：孙建锋
Tel：0592－7898588
7121262
Fax：0592－7366382
E-mail：xmlsfwl@yahoo.com.cn

## 永安市庆明汽车修理厂

业务：汽车修理
地址：福建省永安市安砂镇加福公路边
负责人：许庆明　邮　编：366000
法　人：许庆明
Tel：0598－3561776

## 漳州市联权物流有限公司

业务：物流
地址：福建省漳州市华安县平湖路平湖花园1栋15号
负责人：章振明　邮　编：363000
法　人：章振明
Tel：13779983553
13860506222

## 龙海市榜山路顺达汽车配件经营部

业务：汽车配件经营
地址：福建省漳州市龙海市榜山镇梧浦村公路边
负责人：陈玉淦　邮　编：363000
法　人：陈玉淦
Tel：0596－6570199
13859215098

## 龙海市浮宫东鑫汽车租赁服务部

业务：经营汽车租赁等相关业务
地址：福建省漳州市龙海市浮宫镇新圩路86－88号
负责人：甘瑞当　邮　编：363000
法　人：甘瑞当
Tel：13605013124
0596－6826455

**厦门东顺发汽车服务有限公司**
地址：福建省厦门市思明区文兴东五路152号
03A室
负责人：刘东升
Tel：0592－5923001

## 龙海市角美彩虹汽车美容用品经营店

业务：中高低档各种汽车漆
地址：福建省漳州市龙海市角美镇下士村国道边店面
负责人：詹良寿　邮　编：363000
法　人：詹良寿
Tel：15960272002
0596－6773877

**厦门皖合力叉车销售有限公司**
地址：福建省厦门市思明区育秀中心D栋607号
负责人：张小群
Tel：13605510142

**厦门市唐鸣汽轮机有限公司**
地址：福建省厦门市同安区祥平街道环城南路商会大厦608－610室
负责人：柯建鸣
Tel：0592－7891188

## 漳州市龙文区通顺汽车修理厂

业务：汽车修理
地址：福建省漳州市龙文区步文镇下洲村下蔡路口（漳州大桥边）
负责人：陈木财　邮　编：363000
法　人：陈木财
Tel：13605034441
13959691845

## 盛荣汽车美容用品商行

业务：汽车美容用品的销售
地址：福建省漳州市龙文区鸿达商业街103号
负责人：黄伟　邮　编：363000
法　人：黄伟
Tel：13960167531
0596－2687531

## 平和县金鹏货物中转站

业务：货物运输服务
地址：福建省漳州市平和县小溪镇古楼北环
负责人：张庆才　邮　编：363000
法　人：张庆才
Tel：0596－5237868
13605064168

## 福建省天炜车业有限公司

业务：以客户满意为根本，专业经销装配有防爆防弹防滑的免充气轮胎的自行车，电动车，摩托车、铁斗车等系列车辆精品。
产品：各大品牌的自行车，电动车，摩托车及铁斗车等车辆
地址：福建省漳州市胜利东路东湖大厦1608，1708号
负责人：蔡伟平　邮　编：363000
法　人：吴智渊
Tel：0596－6162951
Fax：0596－6162026
网址：www.tw9188.com
E-mail：tianwei822@163.com

## 漳州市汇诚物流有限公司

业务：物流、配送
地址：福建省漳州市芗城区丹霞路岱山路段金胜物流内
负责人：蒋快华　邮　编：363000
法　人：蒋快华
Tel：13605001931
0596－2653599
Fax：0596－2653220

## 漳州市芗城区辉光车行

业务：批发零售济南轻骑电动车
地址：福建省漳州市芗城区东南商贸城西区2幢21号
负责人：冯国辉　邮　编：363000
法　人：冯国辉
Tel：13960161808
0596－2929863
Fax：0596－2929863
网址：www.zzhgch.cn

## 漳州市芗城区联鑫汽车修理场

业务：汽车修理
地址：福建省漳州市芗城区浦南镇浦林村祈保社路口
负责人：陈海军　邮　编：363000
法　人：陈海军
Tel：13599560204
0596－2588112
Fax：0596－2588112

**大同追道良种场内阿山汽车修理场**
地址：福建省厦门市同安区大同追道良种场内
负责人：廖坤山
Tel：0592－7108233
13850057728

## 漳州市芗城区鑫煜汽车用品商行

业务：汽车用品
地址：福建省漳州市芗城区新城综合大市场19幢21、23号
负责人：林育光　邮　编：363000
法　人：叶小琴
Tel：13959641808
13960020178
0596－2655785
Fax：0596－2655095

**厦门市威登汽配有限公司**
地址：福建省厦门市同安县区祥平街道璐头村
负责人：王书屋
Tel：0592－3727168

## 云霄县鸿运摩托车行

业务：五星三轮总经销、建设雅马哈系列助力车；五羊系列、厦杏三阳等各类各牌车、代办上牌年检及保养维修，二手车回收转让等。
地址：福建省漳州市云霄县绥阳东中柱十字路口
负责人：柳立勇　邮　编：363000
法　人：柳立勇
Tel：13695913289

## 漳浦县杜浔镇金阳摩托车配件店

业务：销售摩托车配件
地址：福建省漳州市漳浦县杜浔镇范阳村环城路76号
负责人：卢建加　邮　编：363215
法　人：卢建加
Tel：0596－3882001
13055882001

**厦门福运达汽车服务有限公司翔安分公司**
地址：福建省厦门市翔安区马巷镇桐梓村7组
负责人：朱纲团
Tel：0592－5914977

## 漳浦县佛昙翔兴摩托车店

业务：日本雅马哈，田达摩托车，双石助力车等各种高、中、低档摩托车批发零售，及售后维修服务，各种摩托车配件销售
地址：福建省漳州市漳浦县佛昙镇下坑村鸿江大街499号
负责人：许银祥　邮　编：363000
法　人：许银祥
Tel：0596－3669108

## 漳浦县绥安镇荣耀摩托车行

业务：摩托车销售
地址：福建省漳州市漳浦县绥安镇西大街合乘楼下（雅马哈专卖店）
负责人：杨跃仔　邮　编：363000
邮　编：杨跃仔
Tel：0596－3165278
3225726

## 诏安县梅州吴辉坤摩托车经销部

业务：摩托车代理销售
地址：福建省漳州市诏安县梅州乡梅洲村45号
负责人：吴辉坤　邮　编：363000
法　人：吴辉坤
Tel：0596－3532129
13806910552

**漳州市芗城同赢运输有限公司**
业务：漳州市芗城同赢运输有限公司专业从事国内货物运输公司，本着"服务第一、客户至上"的宗旨，为客户提供方便、完善的服务。
地址：福建省漳州市芗城区丹霞路岱山路段（金胜物流内）
负责人：蒋古赤　邮　编：363000
法　人：蒋古赤
Tel：0596－2926181

## 福建省寧化縣順達汽車運輸有限公司

福建省宁化县顺达汽车运输有限公司自成立来，以汽车货物运输及汽车配件，轮胎，润滑油销售为主。

公司以诚信为本，同心服务，您的满意，我的追求为宗旨，欢迎新老客户惠顾。

电话：0598-6856238 6839091
邮编：365400
地址：福建省三明市宁化县翠江镇中环中路16号
联系人：谢启寿

## 福州市晋安区耀恒微配精品之窗

福州市晋安区耀恒微配精品之窗自成立以来，专营微型车全车配件，品种齐全，质优价廉。

本商社以诚信第一，顾客至上为宗旨，服务于广大客户。

联系人：俞明官
电话：0591-83118421 83118420
邮编：350000
地址：福州市晋安区连江北路亚太汽配城G座11号

## 福建盛锋船务有限公司

盛锋船务有限公司是一家交通运输的企业，是经国家相关部门批准注册的企业。主营物流服务、国内海运、国内货运、全国各地的船务运输。

盛锋船务有限公司本着“客户第一，诚信至上”的原则，与多家企业建立了长期的合作关系。

欢迎各界朋友前来参观、考察、洽谈业务。

联系人：李剑彬
电话：0595-86080215 13860769528
地址：福建省厦门市翔安区马巷镇西亭一里19号308室 邮编：361101

## 福州台江区福客汽车服务中心

本中心集汽车维修、配件、美容、装饰一条龙服务，经营汽车轮胎，汽车用品，汽车配件，并坚持以一流的设备、一流的技术、一流的服务和最优的价位，竭诚为您服务。

联系人：王培芳
电话：0591-83838555、83821555、15960009002 邮编：350004
地址：福建省福州市江滨西大道98号江岸名都3#楼01店面

## 福州百盛冷藏运输有限公司

福州百盛冷藏运输有限公司专营福州、广州、上海专线，从事普通货物运输，公司“以优质的服务，优良的秩序，热情周到，公平对待”为企业宗旨，热诚欢迎广大新老客户光临惠顾！

联系人：施建文
电话：0591-83659222 13285000666 邮编：350001
地址：福建省福州市台江区鳌峰街道鳌兴路130号光明世家4号楼201单元

## 福州鑫锐达船舶电子有限公司

福州鑫锐达船舶电子有限公司专营船用通信导航、GMDSS系统等设备。公司致力于引进世界一流的通信导航设备，并提供技术服务、工程施工、全船配套方案，目前系日本KODEN（光电）、瑞典Consilium(康士中国大陆（福建）独家总代理。此外，我公司还代理销售多家国际知名品牌，公司拥有多名航海专业资深技术人员，具有丰富的航海设备安装，调试以及维修经验，能为各类商船、工作船、远洋渔船等船舶提供全船配套。

联系人：杨强强 13599969685 电话/传真：0591－23109168
地址：福建省福州市平潭县潭城镇翠园中路荷花街219号 邮编：350400

## 福州市仓山区中天车辆咨询服务部

福州市仓山区中天车辆咨询服务部成立于2006年，本服务部主要经营收购二手车，销售二手车，代上年检、保险，办理过户、迁入、转出业务。公司秉承“顾客至上，锐意进取”的经营理念，坚持“客户第一”的原则为广大客户提供优质的服务。欢迎惠顾！

联系人：余昌波
电话：13960723505 0591-62020198 邮编：350000
地址：福建省福州市仓山区海峡旧机动车交易市场607号（福厦高速公路旁）

## 惠安县百崎志攀汽车服务中心

惠安县百崎志攀汽车服务中心主要提供汽车中介服务。

我中心本着“锐意进取，客户至上”的原则，坚持客户至上，竭诚为客户提供最专业的服务。欢迎惠顾！

联系人：郭志潘
电话：0595-87197692 87555692 手机：13860775980
地址：福建省泉州市惠安县百崎伊斯兰街 邮编：362000

## 福州市晋安区吓彬轮胎店

福州市晋安区吓彬轮胎店成立于2008年。主要从事汽车轮胎、钢圈的销售。

联系人：林烈彬
电话/传真：0591－87390598
地址：福建省福州市晋安区福马路698号店面 邮编：350021

## 晋江市内坑镇福美汽车服务部

晋江市内坑镇福美汽车服务部专业代办汽车过户、机动车年审、小车迁出、新车上牌、车辆转籍、全省交通违章、违章查询、驾驶证换证、驾照补证、驾驶证年审等。

我们价格优惠，方便快捷，以诚信占领市场，为您提供优质一条龙服务。

电话：0595-86664567
联系人：张天福
地址：福建省泉州市内坑镇白安综闽西座506号 邮编：366200

## 龙岩市新罗区龙安货物配载站

龙安物流有限公司成立于2003年8月8日，现有员工50多人，各种整合车辆30多台，先进的设备，仓库、分拨地3000多平方米，年吐吞量几千多万吨。并和全国各省、市建立了网络合作。龙安凭借稳定、可靠、安全的运营网络，科学的资源整合，先进的管理理念，一如继往地坚持“服务为先、客户至上”的经营理念，为客户提供门对门、仓对仓的一站式服务。

联系人：黄鸿山 传真：0597-2521510 邮编：364000
电话：0597-2838038 2521510 13950846615
网址：www.mtw105615.chinapyp.com 邮箱：296884213@qq.com
地址：福建省龙岩市新罗区谢洋村仓储B1号店

## 泉州市鲤城区沃尼卡汽车配件店

本店主要经营沃尔沃、尼桑车配件、工程机械配件。

本店坚持以质量第一、信誉第一、顾客至上为宗旨。

联系人：吴良国 13799893655
电话/传真：0595-22425898 邮编：362000
地址：福建省泉州市鲤城区常泰街道301道中德公司店面第5间

## 明溪县明辉汽车美容店

本公司成立于2007年，主要提供汽车美容服务，主要产品有抛光、打蜡、封釉、镀膜、室内顶、室内清洗、汽车精品。我们将以最优质、最实惠的服务让您跟您的爱车都满意而归！

电话：15860881128、0598-6766680 联系人：邱先明
地址：福建省三明市明溪县新大路75-78号 邮编：365200

## 上杭县钟发轮胎行

本公司成立于2000年。

主要经营回收、销售汽车轮胎。

“锐意进取、开拓创新”是本店的企业精神；“以质取胜、以诚取胜、以服务取胜”是本店的服务宗旨。

联系人：钟子财
13950821203 13459731999 电话：0597-3888169
地址：福建省龙岩地区上杭县临城镇水西村 邮编：364000

## 平潭县城关凯达船舶液压配件经营部

本公司成立于2002年，主要经营专业维修、改造液压舵机、液压起锚机以及液压机电全套设备。主要产品有齿轮泵、叶片泵、电磁换向阀、五星马达等液压配件。

为广大客户提供优质的产品，优惠的价格。

联系人：陈有清 13003818850 电话：0591-38712698
地址：福建省福州市平潭县潭城镇居委会（新埜庄25号-1） 邮编：350000

## 上杭县紫金物流有限责任公司

上杭县紫金物流有限责任公司成立于2006年，是专一家专门从事道路普通货运的企业。

欢迎广大新老客户来电洽谈业务！

联系人：刘家成
电话：0597-3960898 13959039919
地址：福建省龙岩市上杭县临城镇北环路金山商业城D5-1号第二层
邮编：364200

## 莆田市涵江区顺通汽配经营部

本公司主要经营销售汽车配件。

快捷、高效、诚信是我们的服务宗旨。

欢迎业内广大朋友前来咨询与洽谈！

联系人：喻德芳 13859827268
电话：0594-3313381
邮编：351111
地址：福建省莆田市涵江区涵华西路1231号

## 邵武市畅通运输有限公司货运服务分公司

邵武市畅通运输有限公司货运服务分公司成立于2002年。

承接全国范围内货物运输、货物运输保险业务。

欢迎广大新老客户来电洽谈业务！

联系人：熊应金 13706019166
电话：0599-6232968 6019536
地址：福建省南平邵武市熙春西路184号 邮编：354000

## 莆田市名星仓储有限公司（双星物流中心）

莆田市名星仓储有限公司成立于2008年，承接全国各地的仓储、货运。我公司引入现代物流方式，在解决供求矛盾的同时，大大降低了物流成本。

我们愿为您提供“准时、安全、高效”的服务！

联系人：陈吓棋
电话：0594-3586222 3597474
传真：0594-3583555
邮编：351111
地址：福建省莆田市高新技术产业开发区内

## 盛安航空货运有限公司厦门分公司

盛安航空货运公司厦门分公司是集国内航运代理、公路运输、仓储及配送，车源信息于一体的综合性物流服务企业。

盛安航空货运公司厦门分公司建构一流的服务动作体系，架设了现代化的运输平台和计算机信息管理平台，对货物接收托运、配送、仓储等诸多环节进行全过程的实时监控，随时向客户提供货物跟踪，信息回馈。服务宗旨：“客户至上、诚信服务”。

联系人：林培文
电话：0592-5667383 传真：0592-5665783
地址：福建省厦门市思明区高崎机场厦航货运处
邮编：361006

## 江西省/jiangxi Province

**抚州铃顺汽车实业有限公司铃顺汽车维修服务中心**
地址：江西省抚州地区临川区洋洲大道
…………负责人：袁长华
…………Tel：0794－8330001

**沅霖货运经纪部**
业务：货运
地址：江西省赣州市贸易广场西区二街36号
…………负责人：蔡辉 邮 编：341000
…………法 人：蔡辉
…………Tel：15979795900
13097162796
0797－2167085

**德兴市阡峰运输有限公司**
业务：德兴市阡峰运输有限公司成立于2003年，注册资金30万－50万人民币，主要从事货物运输、车辆修理、汽车配件销售。欢迎新老客户来电垂询！
地址：江西省德兴市新岗山镇
…………邮 编：334200
…………法 人：高卫峰
…………Tel：0793－7791618
…………Fax：0793－7791418
…………网址：www.dxqf.chinapyp.com

**抚州市成天仓储保鲜有限公司**
地址：江西省抚州市抚州大道东侧
…………负责人：艾炳昌
…………Tel：13907946576

**广昌县路安汽车运输有限公司**
地址：江西省抚州市广昌县甘竹镇
…………负责人：魏稀林
…………Tel：0794－3628209

**宁都顺达汽车运输有限公司**
业务：本公司成立于2006年，主要从事客车运输。我们的目标是：“做最强的物流服务商，做最好的运输代理人”。公司以发展现代物流事业为己任，竭诚为中外客户提供全套解决方案和高效、优质的服务。
地址：江西省赣州市宁都县梅江镇中山大道
…………负责人：陈寿生……邮 编：342800
…………法 人：陈寿生
…………Tel：0797－6830096
…………Fax：0797－6830096

**章贡区友好货运部**
业务：物流
地址：江西省赣州市章贡区龙都商城3－5号
…………负责人：邱荣金 邮 编：341000
…………Tel：0797－8100838

**江西赣联物流有限公司金溪县分公司**
地址：江西省抚州市金溪县秀谷镇中大道
…………负责人：彭国华
…………Tel：13979790779

**上海大众汽车抚州销售服务有限公司**
地址：江西省抚州市临川大道中段西侧
…………负责人：周多发
…………Tel：0794－8265209
13907946026

业务：赣州市泰发物流服务有限公司
业务：赣州市泰发物流服务有限公司成立于2004年，主要从事货物运输，仓储理货，运输信息咨询服务。热诚欢迎各方客户来电洽谈业务，共同合作。
地址：江西省赣州市水东镇虎岗（原江西齿轮箱厂院内）
…………邮 编：341005
…………法 人：钟枝森
…………Tel：0797－8453928
…………Fax：0797－8453928

**广州市溢盛物流有限公司定南分公司**
地址：江西省赣州市定南县东风东路38号
…………负责人：黄健雄
…………Tel：13316083198

**赣州创新交通设施工程有限公司**
业务：交通设施的生产、销售和施工
产品：标线、标牌、信号灯等交通设施
地址：江西省赣州市章贡区张家围路13号1栋一层店7#
…………负责人：张士团 邮 编：341000
…………法 人：张士团
…………Tel：15970182398
0797－8112848

**赣县贝轮机车配件有限责任公司**
地址：江西省赣州市赣县县城花园路8号
…………负责人：史少军
…………Tel：0797－4441806

**信丰宏达汽贸服务有限公司**
业务：信丰宏达汽贸服务有限公司成立于2006年，主要从事于汽车销售。我们竭诚敬业、殚精竭虑、精益求精，以质优价廉的产品热忱回报广大客户。
地址：江西省赣州市信丰县嘉定镇桥北汽车站对面
…………负责人：何福海
…………法 人：何福海
…………Tel：0797－3339838
…………邮 编：341600

**江西洪盛运输装卸有限公司赣州分公司**
地址：江西省赣州市火车站
…………负责人：魏傲傲
…………Tel：0797－7022852

**泰发物流服务有限公司**
地址：江西省赣州市水东镇虎岗（原江西齿轮箱厂院内
…………负责人：钟枝森
…………Tel：0797－8453928
13707029085

**江西昌丰物流服务有限公司**
地址：江西省赣州市寻乌县长宁石排
…………负责人：何海英
…………Tel：13970708080

**吉安开诚物流有限公司**
业务：危货运输、普货运输
地址：江西省吉安市峡江县百花公园东大门
…………负责人：王子星 邮 编：331409
…………法 人：王子星
…………Tel：0796－3673199

**吉安鑫达摩托车城**
业务：吉安鑫达摩托城是一家以摩托车销售为主的大型专业化公司，公司本着“诚信为本，质量是金”的经营理念和“专业、及时、周到”的服务宗旨。公司经营品牌有：豪爵铃木，新大洲本田，本州义鹰，苏司克，昆仑润滑油等。
地址：江西省吉安市井冈山大道32号
…………邮 编：343000
…………法 人：张友生
…………Tel：0796－8331638
8107388
…………Fax：0796－8331638
8107388



**永鑫交通工程有限公司**
地址：江西省赣州市于都县贡江镇长龙路91号
…………负责人：肖卿相
…………Tel：0797－6236926
13307079981

**赣州市智信客运有限公司红土地旅行社车队**
地址：江西省赣州市章贡区红旗大道23号
…………负责人：高峰
…………Tel：0797－8112266

**乐平市涌山工大宝马轮胎翻新厂**
业务：轮胎翻新、“涌山”猪头肉、咸亮酒家
地址：江西省景德镇市乐平市涌山镇枫林村
…………负责人：朱咸亮 邮 编：333300
…………法 人：朱咸亮
…………Tel：0798－6358447
15879486499

**赣州灵通物流有限责任公司**
地址：江西省赣州市章贡区贸易广场西区中心街50－52号
…………负责人：邹茂华
…………Tel：0797－8135386

**赣州兴裕场地车辆制造有限公司**
地址：江西省赣州市章贡区沙河工业园
…………负责人：万堂兴
…………Tel：13767792086

**南昌市逸翔物流有限公司**
业务：南昌市逸翔物流有限公司成立于1992年，现有员工20余人，从事全国各地的航空物流服务。欢迎来电垂询！
地址：江西省南昌市洪都南大道207号
…………邮 编：330002
…………法 人：胡林峰
…………Tel：0791－8454227
…………Fax：0791－8454226

**江西省宜春君安汽车发展有限公司高安市分公司**
地址：江西省高安市大城镇
…………负责人：张豪
…………Tel：0795－5288698
5286338
13970511218

**瑞州汽运集团锦盛汽运有限公司**
地址：江西省高安市高安大道312号
…………负责人：邓秋根
…………Tel：0795－5283019
13879599236

**都昌县远辉船务有限公司**
业务：船舶制造
地址：江西省九江市都昌县周溪镇虬门村
…………负责人：曹志和 邮 编：332609
…………法 人：曹志和
…………Tel：15892139079

**高安汽车运输集团有限公司**
地址：江西省高安市高安大道汽运城16幢B楼
…………负责人：刘勇
…………Tel：0795－5289598
13970531219

**进贤县华鑫车辆检测有限公司**
业务:公司服务宗旨:坚持实事求是、为每一位车主提供准确的车辆检测数据、诚信服务社会!
地址:江西省南昌市进贤县民和镇云桥路369号
负责人:李新华 邮编:331700
Tel:0791－5390999

**井冈山市旅游观光客运有限责任公司**
地址:江西省吉安地区井冈山市茨坪五井路56号
负责人:王耀冈
Tel:0796－6556696

**吉安市仁华物流有限公司**
地址:江西省吉安地区峡江县新县城玉峡大道
负责人:祝金根
Tel:13944602589

**江西洪盛运输装卸有限公司吉安分公司**
地址:江西省吉安市火车站
负责人:李华忠
Tel:0796－8100141

**南昌县兴发运输有限公司**
业务:南昌县兴发运输有限公司成立于1999年,主要从事于车辆运输、车辆挂靠。欢迎新老客户光临、惠顾!
地址:江西省南昌市南昌县莲塘镇省农科院内
负责人:杨荣苟 邮编:330200
法人:杨荣苟
Tel:0791－5710676

**吉水县吉萍车辆配件厂**
地址:江西省吉安市吉水县文峰镇工业区
负责人:李安生
Tel:0796－3513290

**诚信砂砾石运输服务有限公司**
地址:江西省吉安市吉州区华声苑小区A－2栋4－5号
负责人:熊令谷
Tel:13707061963

**博元轿车快修店**
业务:国产车,进口车汽修
地址:江西省九江市武宁县预昌大道32号
负责人:冷先生 邮编:332300
法人:冷停停
Tel:0792－2989852

**吉安市永达汽车服务有限公司**
地址:江西省吉安市吉州区吉路花苑二期1号门面
负责人:邓平华
Tel:13707960937

**南昌市江南汽车装饰工艺品厂**
业务:我厂主要生产销售汽车座垫、汽车座套。产品质量保证,价格从优。欢迎广大客户光临惠顾!
地址:江西省南昌市小兰工业园富山一路399号
负责人:杨富莲 邮编:330200
法人:杨富莲
Tel:0791－5988201
5988200
Fax:0791－5988220
网址:www.mtw28642.chinapyp.com

**鑫达摩托车城**
地址:江西省吉安市吉州区井冈山大道吉福路口鑫达摩托车城
负责人:张友生
Tel:13707969149

**遂川县腾飞汽车运输有限公司**
地址:江西省吉安市遂川县泉江镇怡园小区(谢大胜房屋)
负责人:陈建国
Tel:0796－6313631

**江西省余干县平国机动车检测有限公司**
业务:江西省余干县平国机动车检测有限公司成立于2000年,主要从事汽车、摩托车检测;汽车销售、挂靠、保险,公司以优质、快捷、价廉为客户提供服务。
地址:江西省上饶市余干县玉亭镇揭家村(昌万公路边)
负责人:舒水旺 邮编:335100
Tel:0793－3241558

**信嘉公共交通有限公司**
地址:江西省景德镇市乐平市童家山工业园
负责人:张述旺
Tel:0798－6217884
6217899
13879891888

**景德镇隆鑫风神运输服务有限公司**
地址:江西省景德镇市珠山区昌江大道11号(桦林商住楼店面)
负责人:徐润祥
Tel:0798－8284499

**博元轿车维修**
业务:进口国产轿车
地址:江西省九江市武宁县豫昌大道32号
负责人:冷停停 邮编:332300
法人:冷停停
Tel:0792－2989852
15279246664

**江西洪盛运输装卸有限公司九江分公司**
地址:江西省九江市长虹大道火车站内
负责人:李勇
Tel:0792－7023612

**九江集真交通服务有限公司**
地址:江西省九江市长江路336号
负责人:王建新
Tel:13807027188

**新余春龙反光膜有限公司**
业务:新余春龙反光膜有限公司成立于2002年,主要生产销售反光材料。公司遵循"以人为本"的现代企业管理理念,不断开拓创新,致力以一流的管理、一流的质量、一流的服务创造出国内一流、国际知名的著名品牌。广交天下友,好客春龙园。春龙集团愿与国内外各界同仁携手共进,共创辉煌!
地址:江西省新余市经济开发区春龙工业园
负责人:姚旭木 邮编:338000
法人:姚旭木
Tel:0790－6860788
Fax:0790－6860788
网址:www.jxchunlong.com

**九江县经济城汽车租赁销售联运有限公司**
地址:江西省九江市九江县公园南路2号
负责人:王学盛
Tel:0792－6818286

**九江成通搬运有限责任公司**
地址:江西省九江市前纬路26号8－3－801室
负责人:周建兴
Tel:0792－8881060

**武宁县越通水上货运有限公司**
地址:江西省九江市武宁县罗溪乡集镇
负责人:熊石生
Tel:0792－2892035

**武宁县永泰汽车运输有限公司**
地址:江西省九江市武宁县杨洲乡集镇
负责人:姜勇
Tel:0792－2982001

**乐平市昌兴轮胎翻新有限公司**
业务:轮胎翻新
地址:江西省乐平市童家山工业区B区14号
邮编:333300
Tel:0798－6216286

**南昌市宏腾物流有限责任公司**
地址:江西省南昌市东湖区滨江路
负责人:朱毛毛
Tel:13807033669

**进贤县驰川车业有限公司**
地址:江西省南昌市进贤县城胜利南路
负责人:万海文
Tel:13576095288

**奇伟汽车零配件制造厂**
地址:江西省南昌市进贤县后港东村35号
负责人:赵道奇
Tel:0791－5672228
13970067327

**江西全顺汽车销售有限公司**
地址:江西省南昌市庐山南大道江西国际汽车城B8馆
负责人:张毓敏
Tel:13607008508

**南昌县东新港埠有限公司**
地址:江西省南昌市南昌县东新乡
负责人:梁耀辉
Tel:13807066655

**南昌众友交通设施有限公司**
地址:江西省南昌市南昌县蒋巷镇叶楼村
负责人:涂序武
Tel:13177786969

**进贤县华通物流有限公司**
业务:全国物流
地址:江西省南昌市进贤县进贤大道716号
负责人:吴春亮 邮编:331700
法人:吴春亮
Tel:13687915999
0791－5365599
Fax:0791－5677775

**南昌县南铁装卸服务有限公司**
地址:江西省南昌市南昌县莲塘火车站货场
负责人:熊海平
Tel:0791－5711524

**江西省物通天下物流有限公司**
业务:物货运输、仓储
地址:江西省南昌市西湖区灌婴路中段
负责人:何城南 邮编:330001
法人:何城南
Tel:0791－6506738
6506838
13803539168
13970013379

**银三角承运有限公司**
地址:江西省南昌市南昌县莲塘镇岗前村17号
负责人:龚亮明
Tel:0791－5709031
13970850992

**日升汽车装璜中心**
地址:江西省南昌市南昌县莲塘镇莲塘中大道
负责人:陈勇
Tel:0791－5738181
13607068676

**保定市富达大件运输有限公司南昌县分公司**
地址:江西省南昌市南昌县莲塘镇梦里水乡
负责人:胡伟
Tel:13832250123

**江西洪吉汽车实业有限公司**
地址:江西省南昌市南昌县莲塘中大道160号
负责人:王建勇
Tel:13907090235

**江西洪盛运输装卸有限公司向塘西分公司**
地址:江西省南昌市南昌县向塘车站货场
负责人:李冬生
Tel:13576908839

**江西洪盛运输装卸有限公司向塘分公司**
地址:江西省南昌市南昌县向塘铁路新村
负责人:孙建华
Tel:0791－7051531

**新建县新达汽车维修中心**
业务:汽车发动机维修,电控系统维修,电脑解码等业务
地址:江西省南昌市新建县长坡镇建设路381号
负责人:喻广银 邮编:330100
Tel:13576130393
18970838263

**南昌昌江汽车配件制造有限公司**
地址:江西省南昌市南昌县小兰乡
负责人:周定江
Tel:0791－5750676

**江西天基电气销售有限公司**
地址:江西省南昌市青山湖区解放西路999号香江商贸中心B区解放四街
负责人:万志明
Tel:13970937133

**东山邦大华宇物流部**
业务:货物运输、专线:广东、乐从
地址:江西省南康市东山街办汽车东站后侧
负责人:朱用华 邮编:341400
法人:朱用华
Tel:0797－6635860
13763991823
13766311089

**江西省常晖运输有限公司**
地址:江西省南昌市青云谱区沿江南路97号内
负责人:常征
Tel:13077970668

**江西天地物流有限公司**
地址:江西省南昌市青云谱区迎宾大道新明辉后院
负责人:陈云俊
Tel:13007206326

**江西省景通公路发展有限公司**
地址:江西省南昌市西湖区北京东路258号5栋3层
负责人:翟存根
Tel:13807055996

**东山鑫鑫物流部**
业务:南康至成都,重庆等周边地区,三县对开,南康至抚州,黎川等线路.
地址:江西省南康市东山街办招待所停车场内
负责人:钟华 邮编:341400
法人:钟华
Tel:13479912126
13657652651
15108360963
028－25265969

**包头金穗粮油物流配送有限公司江西分公司**
地址:江西省南昌市西湖区朝阳洲洲尾67号名实花园商住北楼A单元12层2002号
负责人:熊斌
Tel:0791－6592762

**南昌市昌九汽车修理有限公司**
地址:江西省南昌市西湖区二七南路365号1楼店面
负责人:朱海兵
Tel:13870089011

**江西宏富汽车运输有限公司**
业务:各类汽车、农用车挂靠,汽车销售、汽车出租、代理保险、代开运输发票,同时办理按揭车辆、分期付款、贷款购车等业务,承办普通货物运输及各类工程货运。代理车辆挂牌、过户、年审、补证、补牌、营运开业等车管业务。
产品:汽车、农用车、轻卡等系列
地址:江西省上饶市上饶县西高速出口月亮湾物流中心69号
负责人:吴文新 邮编:334100
法人:虞文辉
Tel:0793－8459862
13879308286
Fax:0793－8459851

**南昌市鑫华美汽车维修服务有限公司**
地址:江西省南昌市西湖区二七南路前桶巷2号
负责人:龙国
Tel:13767135835

**南昌市飞龙快运有限公司**
地址:江西省南昌市西湖区洪城大市场丰源金润广场A幢一层32号
负责人:郑龙球
Tel:13879160980

**南昌市北方汽车运输有限公司**
地址:江西省南昌市西湖区洪城路588号东廊16号
负责人:张道胡
Tel:13803528700

**深圳市祥乐联运服务有限公司南昌分公司**
地址:江西省南昌市西湖区洪城路669号赣通配载城B区7栋壹层
负责人:黄晓东
Tel:0791－2179290

**新余经济开发区名扬修配厂**
业务:专业维修和保养中高档汽车
地址:江西省新余市春龙步行街飞宇钻石华府商铺
负责人:吴建军 邮编:338025
法人:吴建军
Tel:0790－6862109

**江西省兴达交通工程有限责任公司**
地址:江西省南昌市西湖区建设西路99号星加坡花园2栋D单元601室
负责人:程瑾
Tel:13907085892

**江西华荣物流有限责任公司**
地址:江西省南昌市西湖区孺子路365号
负责人:邓美芳
Tel:13317915397

**江西省快洗队汽车服务有限公司**
地址:江西省南昌市西湖区桃苑大街129号1栋5－9号门面
负责人:陈菁菁
Tel:13576930980

**新余市新南客运车队**
业务:客运、旅客运输
地址:江西省新余市南安街新南客运公司
负责人:章六根 邮编:338025
法人:章六根
Tel:13407909889
0790－6228199
网址:http://www.51zzt.com/user/zzt32077

**南昌市红谷市政道路铺设工程有限公司**
地址:江西省南昌市西湖区渊明南路1号5栋2单元201室
负责人:熊斌
Tel:13006219987

**南昌市洪安服务总公司交通设施厂**
地址:江西省南昌市西湖区中山路104号
负责人:邬宇发
Tel:0791－8445953

**江西省道路交通安全协会**
地址:江西省南昌市贤士一路39号交通总队办公大楼4楼
负责人:蔡武
Tel:0791－7288393
13807099555

**江西远成汽车板簧有限公司**
地址:江西省南昌市新建县长埈工业区(二区)物华路东侧
负责人:王远青
Tel:13907000375

**上高县物行天下物流有限公司**
业务:全国货物运输服务
地址:江西省宜春市上高县汽车站旁边
负责人:晏笑强 邮编:336000
法人:晏笑强
Tel:0795－2528818

**南昌市福森汽车配件有限公司**
地址:江西省南昌市新建县长埈镇工业大道9号
负责人:李志峰
Tel:13687001579

**江西锦隆汽车销售有限公司**
地址:江西省南昌市迎宾北大道1189号
负责人:陈锦荣
Tel:13870948366

**众兴贸易有限公司**
地址:江西省南昌市迎宾中大道1399号
负责人:鲍春福
Tel:0791－5760839
13970902696

**马恒达(中国)拖拉机有限公司**
地址:江西省南昌市中国江西南昌市昌北经济技术开发区蛟桥
负责人:马恒达
Tel:13979146603

**萍乡市永安实业有限公司汽车维修服务部**
地址:江西省萍乡市安源镇十里村
负责人:李相辉

## 随州市曾都区殷店塔儿山风景区旅游开发中心

从事于旅游开发、旅游自然开发。

电话：0722－3673448

地址：湖北省随州市曾都区殷店塔儿山风景区梨苑楼



…………………………………… Tel:0799－6679789

**上海熙可储运有限公司萍乡分公司**
地址:江西省萍乡市富利昌大厦 5028 号
…………………………………… 负责人:朱世刚
…………………………………… Tel:0799－6323227

**萍乡市万达汽车运输服务有限责任公司**
地址:江西省萍乡市国际汽车交易展示中心
…………………………………… 负责人:陈金林
…………………………………… Tel:13907994902

**萍乡市欣诚货物运输服务有限公司**
地址:江西省萍乡市开发区国际汽车城
…………………………………… 负责人:刘建刚
…………………………………… Tel:13507998239

**宜丰瑞顺汽车服务运输有限公司**
业务:危险货物,普通货物运输
地址:江西省宜春市宜丰县天宝乡政府
………… 负责人:李瑞　邮　编:330800
…………………………………… 法　人:李瑞
………… Tel:13970533188
………… Fax:0795－5287062

**江西神州汽车配件有限公司**
地址:江西省萍乡市莲花县工业园
…………………………………… 负责人:郑金弟
…………………………………… Tel:13607990319

**华西汽贸有限公司**
地址:江西省上饶市广丰县芦洲大道苏塘路口
…………………………………… 负责人:祝建英
…………………………………… Tel:0793－2633096
13979322206

**上饶县双龙货运有限公司**
地址:江西省上饶市上饶县月亮湾汽车城商用车销售区
…………………………………… 负责人:童善华
…………………………………… Tel:13707039955

**万年县昌万运输有限公司**
地址:江西省上饶市万年县汪家乡(原轧花厂内)
…………………………………… 负责人:饶品山
…………………………………… Tel:0793－3651301

**上饶元泉汽配有限公司**
地址:江西省上饶市信州区带湖路 87 号－4 号
…………………………………… 负责人:郭财泉
…………………………………… Tel:0793－8267378
13607032871

**宜丰县瑞顺汽车运输有限公司**
业务:汽车销售、新车上户、汽车挂靠、全国最大的二手车交易、融资代款
地址:江西省宜春市宜丰县天宝镇镇政府
………… 负责人:李瑞　邮　编:330800
…………………………………… 法　人:李瑞
………… Tel:13970533188
0795－5292467
………… Fax:0795－5292467
………… 网址:http://www.51zzt.com/user/zzt32021

**北京粤达物流有限公司驻晋繁峙分公司**
地址:江西省忻州市繁峙县繁城镇向阳路
…………………………………… 负责人:藏兴田
…………………………………… Tel:0350－5529947

**新余市东南运输有限责任公司**
地址:江西省新余市沙土运管站内
…………………………………… 负责人:林志洪
…………………………………… Tel:13979051999

**江西洪盛运输装卸有限公司新余分公司**
地址:江西省新余市铁路车站货场
…………………………………… 负责人:宋新辉
…………………………………… Tel:0790－7022779

**高安市大地汽车运输有限公司**
地址:江西省宜春地区高安市上湖街(原上湖信用社一楼)
…………………………………… 负责人:王宜明
…………………………………… Tel:13807953066

**靖安县仁首货物运输有限公司**
地址:江西省宜春地区靖安县仁首镇仁首街
…………………………………… 负责人:吴本龙
…………………………………… Tel:0795－4716179

**丰城市平安客运有限公司**
地址:江西省宜春市丰城市剑南路 8 号
…………………………………… 负责人:喻南京
…………………………………… Tel:13970522696

**高安市福临汽运有限公司**
地址:江西省宜春市高安市田南养路队二楼
…………………………………… 负责人:苏祖文
…………………………………… Tel:13870556455

**高安市永康汽车运输有限责任公司**
地址:江西省宜春市高安市新街镇老计生办二楼
…………………………………… 负责人:卢文连
…………………………………… Tel:13576199937

**上高县路路通运输有限公司**
地址:江西省宜春市上高县田心镇
…………………………………… 负责人:王耀华
…………………………………… Tel:13170950002

**江西宏伟汽车部件制造有限公司**
业务:江西宏伟汽车部件制造有限公司成立于 2003 年,现有员工 200 余人,专业从事汽车零部件制造,主要产品有:自动鼓、轮毂、叉车配件(油缸)。欢迎来电垂询。
地址:江西省宜春市奉新冯田工业园
…………………………………… 邮　编:200136
…………………………………… 法　人:曾国莱
…………………………………… Tel:0795－4604006
…………………………………… Fax:0795－4604006

**江西省赣州市新海物流中心**
业务:韶关至赣州、江苏、山东、南昌专线货物运输服务
地址:江西省赣州市贸易广场九街 32 号、分部:广东省韶关市南郊七公里韶峰物流中心 A14－15 号
…………………………………… 负责人:邬伟军
………………………… 邮　编:341000　512000
…………………………………… 法　人:邬伟军
………… Tel:0797－2197399
0751－8263911
13970122388

**樟树市辰翔公共交通运输有限公司**
地址:江西省宜春市樟树市临江镇清高路 17 号
…………………………………… 负责人:朱卫国
…………………………………… Tel:0795－7034666

**江西省鹰潭市天隆实业有限公司天隆汽车修理厂**
地址:江西省鹰潭市建材市场 D 栋 5 号
…………………………………… 负责人:詹斌龙
…………………………………… Tel:0701－6238603

## 波阳县创兴摩托车销售有限公司

波阳县创兴摩托车销售有限公司成立于 2003 年，主要从事摩托车、电动车及其配件零售。

我公司秉承“顾客至上，锐意进取”的经营理念，坚持“品质与服务并重”的原则为广大客户提供优质的服务。

欢迎新老客户来电洽谈业务！

联系人：王方平　13979332198
电话/传真：0793－6260666
邮编：334000
地址：江西省上饶市波阳县鄱阳镇东湖大道45号

## 崇义县阿林汽车维修中心

崇义县阿林汽车维修中心成立于1999年，主要从事汽车修理综合性服务、汽车配件安装、销售。

我们秉承“顾客至上，锐意进取”的经营理念，坚持“服务第一，信誉为本”的原则为广大客户提供优质的服务。欢迎广大客户惠顾！

联系人：林毓进　13870713868
电话：0797－3818763
地址：江西省赣州市崇义县章源物业公司正对面　邮编：341300

## 赣州市均地汽车服务有限公司

赣州市均地汽车服务有限公司提供车辆上牌，验车年审，新车团购，车辆保险，违章查询，过户转籍，二手车服务等，我公司以“服务为本，客户至上”为服务宗旨，竭诚为您服务！

联系人：黄振林
电话：0797-7066766　13907975680
传真：0797-8255777　电子邮件：jdch6699@126.com
地址：江西省赣州市宋城路196号　邮编：341000

## 江西京九物流有限责任公司宜春分公司

江西京九物流有限责任公司宜春分公司成立于2001年，专业从事铁路运输代理及仓储搬运，我公司秉承“顾客至上，锐意进取”的经营理念，坚持“客户第一”的原则为广大客户提供最满意的服务。欢迎您的来电！

联系人：习保军
电话：0795-7046119　传真：0795-7046119
地址：江西省宜春市平安路621号　邮编：336000

## 九江金鹏巴士有限公司星子分公司

九江金鹏巴士有限公司星子分公司主营汽车客运、货运及租赁，公司恪守“服务第一，客户至上”的原则，竭诚为广大客户提供最专业的服务，我们恭候您的来电！

联系人：殷建春　手机：13803562999
电话：0792-2662798
地址：江西省九江市星子县柳絮路577号　邮编：332000

## 九江市明清车业有限公司

九江市明清车业有限公司成立于2003年，主要从事摩托车、电动车及配件销售。我公司秉承“顾客至上，锐意进取”的经营理念，坚持“客户第一”的原则，为您提供最满意服务，欢迎惠顾！

联系人：张明清　电话：0792-8176086　13707925937
地址：江西省九江市庐山区德化路汇龙摩托车大市场　邮编：332000

## 上饶元泉汽配有限公司

上饶元泉汽配有限公司是专业生产销售汽车配件，农用车配件和轴承。

在新世纪里，我公司吸引了一流的人才，创造了高端的产品，愿为推动世界汽车工业的发展而不懈努力。

欢迎各界人士来电、来人考察、指导！

联系人：郭财泉　13607032871
电话：0793－8267378
邮编：334000
地址：江西省上饶市信州区带湖路35号附15－17号

## 山东省/Shandong Province

### 沂水县双城电动车配件批发部

业务:电动车配件批发
地址:山东省临沂市沂水县西环路玫瑰山宇南
负责人:李进才　邮　编:276000
法　人:李进才
Tel:0539-2250768

**金峰汽车转向机厂**
地址:山东省安丘市吾山镇徐家沟村
负责人:徐军国
Tel:0536-4962129
13853655567

### 乐陵市大立高速公路材料有限公司

业务:乐陵市大立高速公路材料有限公司成立于2006年,主要从事高速公路护栏板、立柱管及配件的生产与销售。"以质量求生存,以信誉求发展",热诚欢迎广大新老客户来我公司洽谈业务,共同合作!
地址:山东省德州市乐陵市挺进西路北侧
负责人:朱春根　邮　编:253600
法　人:朱春根
Tel:0534-6328208

**乐陵金麒麟集团有限公司**
地址:山东省德州乐陵市经济开发区
负责人:刘玉英
Tel:0534-6291716
13905446038

**连友轮胎有限公司**
地址:山东省德州市德城区东风东路413号
负责人:李连友
Tel:0534-2666589
13805348185

### 山东省平原福兴汽车配件有限公司

业务:本企业占地面积20000平方米,具有一流的厂房、生产设备和先进的生产线,现有密封条生产线3条,可生产各种中、高档密封条及汽车录音机,电动车生产线2条,可生产各种大、中、小型电动三轮车,并可来图来样加工。
地址:山东省德州市平原县平恩路2号
邮　编:253100
法　人:马国富
Tel:0534-4545345
Fax:0534-4545345

**东岳交通安全设施工程有限公司**
地址:山东省德州市德城区解放南路501号
负责人:王宜生
Tel:0534-2582788
13001760361

**亨通消声器有限公司**
地址:山东省德州市宁津县长官镇李明扬开发区
负责人:张金先
Tel:0534-5771233
13869244035

**一路发摩托经销处**
地址:山东省德州市庆云县机车市场48号
负责人:李文强
Tel:0534-3326168
13705340338

### 嘉祥县汽车综合性能检测站

业务:本公司成立于2000年,现有60多名员工。主要经营:汽车的维修和检测。
地址:山东省济宁市嘉祥县嘉祥镇徐庄村338线北侧
邮　编:272100
法　人:苏勇
Tel:0537-6860880
Fax:0537-6860880

**东营市运通物流有限责任公司**
地址:山东省东营市东营区东二路路东(胜利油田农牧公司)
负责人:吴振
Tel:0546-8736888
8733333
13054631888

**东营市富丽汽车服务有限公司**
地址:山东省东营市河口区孤岛镇光明路北
负责人:张伟
Tel:0546-8888887

### 安丘市恒信散热器厂

业务:散热器的加工、销售
地址:山东省安丘市兴安工业园
负责人:郝孝升　邮　编:262100
法　人:郝孝升
Tel:13506498221
0536-4287678
Fax:0536-4289677

### 宝华挂车制造有限公司

业务:公司生产的系列 罐式运输车、工程自卸车、厢式货车、拦板式和平板式、骨架式集装箱运输车等,畅销全国各地,深得客户信赖。热情欢迎新老客户光临、洽谈业务。
地址:山东省济宁市梁山县拳铺工业园区
负责人:张以省　邮　编:272613
法　人:张以省
Tel:0537-7763588
Fax:0537-7763588
网址:www.lsbhgc.com
E-mail:lsbhgc@czkx.com.cn

**万信三轮车销售有限责任公司**
地址:山东省东营市河口区义和镇王集村
负责人:袁学民
Tel:0546-8575293
13854666833

**东飞汽车销售有限公司**
地址:山东省高密市西创业街78号
负责人:任占东
Tel:0536-2330668
13705366818

**潍坊鑫耐特汽车配件有限公司**
地址:山东省高密市夏庄镇工业园A区53号
负责人:战玉岫
Tel:0536-2310778
13356767919

### 山东省兖州市宏达交通运输有限公司

业务:山东省兖州市宏达交通运输有限公司成立于1998年,主要从事客货运输,汽车维修等。我公司"顾客至上,服务周到"。欢迎新老客户光临惠顾!
地址:山东省济宁市兖州市共青团南路
负责人:葛洪路　邮　编:272100
法　人:葛洪路
Tel:0537-3412563
网址:www.mtw26881.chinapyp.com

**福祥农用车销售有限公司**
地址:山东省菏泽市曹县郑庄乡河桃园
负责人:邵殿祥
Tel:0530-3366888
13561386623

### 滨州市正新轮胎服务中心

业务:正新轮胎、米其林轮胎
地址:山东省滨州市205国道五四转盘向北100米瑞新时代广场(一分店)、山东省滨州市黄河二路与渤海十路交叉口处(二店)、山东省滨州市渤海十路莱刘村(三店)、山东省滨州市黄河五路与渤海五路交叉区西南角(四店)
负责人:侯鲁强　邮　编:256600
Tel:0543-2111052
0543-3973829
13963093469
0543-3311030

**巨野县红星运输有限公司**
地址:山东省菏泽市巨野县巨野镇新城村
负责人:张红星
Tel:0530-8295888
13916203909

**恒信物流有限公司**
地址:山东省菏泽市牡丹区穆盛广场院内
负责人:王胜利
Tel:0530-5927866
6671311

**同鑫工业有限公司**
地址:山东省菏泽市郓城县黄堆集乡工业园区
负责人:李亚军
Tel:0530-6400989
6400898

### 冠县昌运交通设施有限公司

业务:冠县昌运交通设施有限公司成立于2005年,生产销售护栏板
地址:山东省聊城市冠县振兴路东首
负责人:王长庚　邮　编:252500
法　人:王长庚
Tel:0635-5289677

**济南运鸿发物资有限公司**
地址:山东省济南市高新开发区轻骑路52号(光华包装厂院内)
负责人:王军
Tel:0531-86327169

### 博兴县阳光华夏汽车俱乐部

业务:汽车一条龙服务
地址:山东省滨州市博兴县博昌街道办事处新城一路
负责人:胸俊梅　邮　编:256600
法　人:胸俊梅
Tel:13884864077
0543-2390366

**济南卓信达汽车配件有限公司**
地址:山东省济南市经十西路66号汽车配件市场东一厅23号
负责人:陈春容
Tel:0531-87525304

**济南先锋商贸有限公司电动车分公司**
地址:山东省济南市历城区王舍人镇铁骑路6号
负责人:王勇
Tel:0531-88822077

**平阴新大众车行有限公司**
地址:山东省济南市平阴县宏源自摩城
负责人:张明
Tel:0531-87871016

**济南润达汽车维修美容中心**
地址:山东省济南市天桥区北园大街49号
负责人:杨右成
Tel:0531-88978066

**山东鲁岳汽车销售有限公司**
地址:山东省济南市天桥区二环北路东首路北
负责人:盖守群
Tel:0531-88267777

**大连环东物流有限公司济南分公司**
地址:山东省济南市天桥区盖家沟国际物流基地2010室
负责人:张勇
Tel:0531-82370567

**济南平安摩托车有限公司天桥分公司**
地址:山东省济南市天桥区天成路商业街39号
负责人:李明忠
Tel:0531-85707160

**济南中川汽车配件有限公司**
地址:山东省济南市天桥区药山工业开发区北区丁太鲁大街98号
负责人:钟建民
Tel:0531-85550039

### 沾化县零点物业有限公司

业务:物业管理、货运零担
地址:山东省滨州市沾化县富国镇刘虎村西首
负责人:王新忠　邮　编:256619
法　人:王新忠
Tel:13625432612
0543-7315125
Fax:0543-7315168

**交通配件厂**
地址:山东省济南章丘市辛寨乡田家村
负责人:穆延忱
Tel:0531-83541891
13705417798

**润华汽车销售服务有限公司**
地址:山东省济宁市327国道88号
负责人:李学锋
Tel:0537-2987690
13905381710

**济宁市舜丰汽车销售有限公司**
地址:山东省济宁市车站西路69号
负责人:汤建新
Tel:0537-2215465

### 北方物流有限公司

业务:北方物流有限公司成立于1998年,主要从事货物道路运输,物流配送,仓储,大型汽车修理改装,宾馆酒店。"信誉至上,客户第一",热诚欢迎各方客户来电来人洽谈业务,共同合作。
地址:山东省临沂市苍山县神山镇
邮　编:277722
法　人:王付保
Tel:0539-5513678
Fax:0539-5513678

**山东省汶上县汽车工业贸易有限公司**
地址:山东省济宁市城利源农机市场
负责人:陈济瑞
Tel:0537-7297969

### 滨州市沾化县宝悦电动车专卖店

业务:电动车专卖
地址:山东省滨州市沾化县下洼镇永丰商业街立新车行
负责人:王洪利　邮　编:256600
法　人:王洪利
Tel:15866660803

**鸿业汽车租赁有限公司**
地址:山东省济宁市高新火炬路2号
负责人:张登宝
Tel:0537-3156188
13355168018

**天龙汽配有限公司**
地址:山东省济宁市嘉祥县城西关327国道路西
负责人:冯勋芝
Tel:0537-6830216
13905474156

**汽车综合性能检测站**
地址:山东省济宁市嘉祥县嘉祥镇徐庄村338线北侧
负责人:苏勇
Tel:0537-6860880
13953789023

**济丰航运有限责任公司**
地址:山东省济宁市郊区石桥镇新闸村
负责人:陈宪安
Tel:13153718589

### 临沂双兴货运站

业务:临沂双兴货运站成立于2000年,现有员工10余人,承接全国各地的公路货运服务。欢迎来电垂询!
地址:山东省临沂市华强货运市场
邮　编:276032
法　人:张明学
Tel:0539-8683259
Fax:0539-8234291

**鹏龙汽车橡塑制造有限公司**
地址:山东省济宁市开发区济大东路136号
负责人:刘方洲
Tel:0537-2317388
13964998282

**梁山东亚挂车制造有限公司**
地址:山东省济宁市梁山县韩垓镇工业园
负责人:宋培龙
Tel:0537-7656111
13563779666

**亚星挂车厂**
地址:山东省济宁市梁山县拳铺工业园
负责人:刘灿旺
Tel:0537-7762479
13853749877

### 德州昊天国际货运代理有限公司

业务:国际货运代理
地址:山东省德州市德城区青年路鑫时创业中心418室
负责人:尹平　邮　编:253012
法　人:尹平
Tel:13805346522
0534-5017788
Fax:0534-5012877

**飞利达挂车制造有限公司**
地址:山东省济宁市梁山县拳铺工业园区
负责人:陈国
Tel:0537-7733222
13954755699

### 临沂市风神汽配有限公司

业务:临沂市风神汽配有限公司成立于1998年,专业生产销售东风汽车配件,风神汽配,关爱每一部车,关怀每一个人,欢迎来电洽谈业务!
地址:山东省临沂市汽摩配城B区069号
负责人:王世涛　邮　编:276000
法　人:王世涛
Tel:0539-8353043
8370532

**富华挂车制造有限公司**
地址:山东省济宁市梁山县拳铺工业园区
负责人:杨奉业
Tel:0537-7768038
13953789576

**陶金挂车厂**
地址:山东省济宁市梁山县拳铺镇工业园区
负责人:陶金
Tel:0537-7762008
13563783888

### 青岛迅驰轮胎有限公司

业务:本公司成立于2004年,拥有20多名员工。主要经营:各种轮胎、汽车装潢用品。
地址:山东省青岛即墨市腌青路756号
邮　编:266200
法　人:迟敏
Tel:0532-88550555
Fax:0532-88550555

**宇通挂车厂**
地址:山东省济宁市梁山县拳铺镇工业园区
负责人:邱传香

……Tel:0537－7762826
13853750888

**四平亿利德专用汽车配件有限公司**
地址:山东省济宁市梁山县拳铺镇工业园区
……负责人:曹景前
……Tel:0537－7763198
13953707889

**德州市德城区路安公用设施器材经销中心**
业务:经营公用设施器材
产品:广角镜、减速带、路锥、道路指示牌
地址:山东省德州市德城区新湖北路福建茶城院内8号
……负责人:谢爱军 邮编:253000
……法人:谢爱军
……Tel:0534－8928181
13505342585
网址:www.dzla888.com

**海联物流有限公司**
地址:山东省济宁市市郊区金宇装饰城内
……负责人:史作强
……Tel:0537－2351273
13853792088

**青岛大柴汽车零部件制造有限公司**
业务:青岛大柴汽车零部件制造有限公司成立于1997年,从事汽车零部件制造,以质量求生存、以信誉求发展,欢迎新老客户来电洽谈业务!
地址:山东省青岛市开发区长江东路361号
……负责人:徐德龙……邮编:266520
……法人:徐德龙
……Tel:0532－86873816
……Fax:0532－8797399
网址:www.qddachai.com

**金鑫航运有限公司**
地址:山东省济宁市市郊区石桥镇新闸村
……负责人:李鑫
……Tel:0537－2670989
13181349269

**恒达汽车饰品厂**
地址:山东省济宁市市中区博古新村
……负责人:李路生
……Tel:0537－2258181
13505371645

**日照振通船货代理有限公司**
业务:日照振通船货代理有限公司成立于2004年,主要从事于船货代理、运输、国际贸易。公司以"质量求生存、信誉求发展",欢迎广大用户光临惠顾!
地址:山东省日照市天津路130号富来沃商务公寓A区605
……负责人:宗刚……邮编:276826
……法人:宗刚
……Tel:0633－2271817
2271897
……Fax:0633－2271817
2271897

**济宁市公路集疏运信息服务中心**
地址:山东省济宁市市中区建设北路北首运政大楼院内
……负责人:郭福民
……Tel:0537－2366676
2357717
13355181177

**新华汽车修理厂**
地址:山东省济宁市泗水县城东
……负责人:蒋玉忠
……Tel:0537－4221644
13505377688

**平原县鑫源汽车维修站**
业务:汽车维修、汽车零部件的销售
地址:山东省德州市平原县千佛塔北路
……负责人:石鑫 邮编:253100
……法人:石鑫
……Tel:15863896666
13455409099

**欧亚物资运销有限公司**
地址:山东省济宁市微山县留庄镇南三百米
……负责人:郑清海
……Tel:0537－8631148
13505471221

**振隆船舶配件经销处**
地址:山东省济宁市微山县夏镇东风路微山党校对面
……负责人:王兆好
……Tel:0537－8224466
13905471729

**潍坊金轩运输有限公司**
业务:金轩运输成立于2006年,主要从事道路普通货物运输业务,通过优良的物流服务赢得信誉,让客户体会到服务第一、客户至上,本公司的每一位员工都将以最大的热情服务于每一位客户。
地址:山东省潍坊市奎文区鸢飞路486号
……负责人:吕振强……邮编:261041
……Tel:0536－8808308
……Fax:0536－8808308

**运河港作业区有限公司**
地址:山东省济宁市微山县夏镇运河村
……负责人:闫成斌
……Tel:0537－8309008
13854715286

**京杭航运有限公司**
地址:山东省济宁市微山县赵庙乡驻地
……负责人:史衍明
……Tel:13854788208

**正大摩托销售有限公司**
地址:山东省济宁市鱼台县百货大厦一楼
……负责人:李作龙
……Tel:0537－6212938
13355128810

**龙口市宏晶有限公司**
业务:主要经营:汽车配件、刹车盘、刹车毂的生产与销售。
地址:山东省烟台市龙口市芦头镇芦头村
……邮编:265704
……法人:韩明松
……Tel:0535－8649948
……Fax:0535－8649948
网址:www.hongjing.com.cn

**嘉威摩托经销处**
地址:山东省济宁市鱼台县县城湖凌二路北段
……负责人:程相柱
……Tel:13153719999

**吉祥货运配送服务站**
业务:货运配送、代理快递业务
地址:山东省德州市齐河县经济开发区308线南(恒昌东站宾馆一楼)
……负责人:吴坤 邮编:251100
……法人:吴坤
……Tel:13953448128
0534－5676180

**鱼台县强生汽车销售有限公司**
地址:山东省济宁市鱼台县县城湖凌三路北路
……负责人:马英
……Tel:0537－6217125

**邹城市航天工程汽车修理有限公司销售分公司**
地址:山东省济宁市邹城市济邹公路路北(西外环路南首)
……负责人:刑庆珠
……Tel:0537－5312507
13905372069

**宏发运输服务处**
地址:山东省济宁市兖州市漕河镇政府驻地
……负责人:张慎柱
……Tel:13963730587

**邹城市隆基起重装卸有限公司**
地址:山东省济宁邹城市北兴路中段路北
……负责人:张友福
……Tel:0537－5298286
13705375586
13355166366

**禾盛工贸有限公司**
地址:山东省济宁邹城市西外环路2699－10号
……负责人:李雪永
……Tel:0537－5925908
5386297
13863760070

**残联汽车修理厂**
地址:山东省济宁邹城市峄山路南首
……负责人:王景岱
……Tel:0537－5344135
13705471332

**海恒物流有限公司**
地址:山东省莱芜市钢城区铁铜沟新兴派出局东部
……负责人:韩继祥
……Tel:0634－6823888
13806340888

**莱芜市汽车工业贸易总公司**
地址:山东省莱芜市莱城区凤城西大街272号
……负责人:张良
……Tel:13906343208

**中铁快运有限公司聊城分公司**
地址:山东省聊城火车站候车厅内行包房
……负责人:刘学海
……Tel:0635－6960799

**聊城市金羊汽车俱乐部有限公司**
地址:山东省聊城柳园工业园内
……负责人:张卫东
……Tel:0635－8534065

**杨名飞鸽电动车专卖店**
业务:飞鸽电动三轮车专卖
地址:山东省德州市庆云县五金市场4栋27－28号
……负责人:杨景华 邮编:253000
……法人:杨景华
……Tel:15954779307
0534－6101869

**昌龙货运代理有限公司**
地址:山东省聊城市东昌府区建设东路董付村旧较易市场西部
……负责人:李宝元
……Tel:0635－8325269
13606358158

**聊城交运物资有限责任公司**
地址:山东省聊城市东昌府区鲁化路38号
……负责人:王利明
……Tel:0635－6978109

**鑫达汽车配件有限公司**
地址:山东省聊城市高唐县鼓楼西路西首路南
……负责人:韩立君
……Tel:0635－3882826
3981669
13906353856

**宇通运输有限公司**
地址:山东省聊城市开发区滦河路东首
……负责人:王树宇
……Tel:0635－8880088
13336225329

**阳谷景阳岗电动车有限公司**
地址:山东省聊城市阳谷县闫楼镇周庄村
……负责人:张政
……Tel:0635－6720189
13706356249

**山东省朐沂铁路有限责任公司**
地址:山东省临朐县县城新华路西首
……负责人:张兆平
……Tel:0536－3213044

**德州市德城区天运物流服务部**
业务:物流专线货物运输
产品:德州－南京专线,覆盖江苏、安徽、上海全境,及德州周边及全国省市货物运输
地址:山东省德州市运达物流园A5区20－1,20－2号
……负责人:张强 邮编:253012
……法人:张强
……Tel:0534－2976661
2229755
……Fax:0534－2229756
网址:www.tywlfwb.cn
E-mail:dztywl@126.com

**苍山县致远汽车贸易公司**
地址:山东省临沂市苍山县兰陵镇西横沟
……负责人:黄传营
……Tel:13562986837

**苍山裕兴气贸有限公司**
地址:山东省临沂市苍山县县城南环路东段路南
……负责人:孟祥伟
……Tel:0539－5203926
13969908588
13395391069

**临沂小飞人电动车有限公司**
地址:山东省临沂市苍山县县城南环路西段
……负责人:徐士广
……Tel:0539－5219778
13953919966

**天益汽车贸易有限公司**
地址:山东省临沂市苍山县县城南环路西段荀子学校东100米
……负责人:刘庆江
……Tel:0539－5280800
13805394183

**大东方车业有限公司**
地址:山东省临沂市苍山县县城中兴路南段
……负责人:朱兴羽
……Tel:0539－5265538
13573922686

**临沂华菱汽车维修服务有限公司**
地址:山东省临沂市金雀山路168号
……负责人:张树安
……Tel:0539－8178828
3905466

**上海祥西投资管理有限公司枣庄祥西钢帘线有限公司**
业务:上海祥西投资管理有限公司枣庄祥西钢帘线有限公司于2005年9月成立,是一家专业生产汽车轮胎钢丝线。
地址:山东省枣庄市市中区齐村镇候宅子村
……邮编:277100
……法人:潘兆祥
……Tel:0632－3827888
……Mobile:13616321268
……Fax:0632－3827011

**东营市欣典汽车修理有限公司**
业务:销售,以汽车配件为主,化工产品为辅
产品:汽车配件为主,化工产品为辅
地址:山东省东营市东营区黄河品汽配城
……负责人:赵强 邮编:257000
……法人:赵强
……Tel:13210376000
0546－7577222
……Fax:0546－8506400

**成伟汽车贸易有限公司**
地址:山东省临沂市莒南县南环路中段
……负责人:孙成伟
……Tel:0539－7280333
13355079666

**重汽集团临沂华运军兴专用汽车有限公司**
地址:山东省临沂市兰山区金雀山一路162－1号
……负责人:朱祥娜
……Tel:0539－8171396
13854960976

**运通货运有限公司**
地址:山东省临沂市兰山区林丰货运市场2358号
……负责人:王昌龙
……Tel:0539－8012671
13953988996

**临沂市鑫合力汽车销售有限公司**
地址:山东省临沂市兰山区西五路北段中国鲁南汽车城
……负责人:曾召平
……Tel:0539－8022750
13864967009

**顺华汽车配件有限公司**
地址:山东省临沂市临西八路北段
……负责人:刘丽华
……Tel:0539－8027788
13608909556

**连海运销有限责任公司**
地址:山东省临沂市蒙阴县云蒙路中段
……负责人:王连海
……Tel:0539－4275518
13953936999

**平邑县亨泰汽车租赁有限公司**
地址:山东省临沂市平邑县城蒙山大道北段
……负责人:齐峰
……Tel:0539－2991116
13355022286

**河口区孤岛虎子汽车修理店**
业务:汽车维修服务
地址:山东省东营市孤岛共青团路206号
……负责人:杨虎林 邮编:257000
……法人:杨虎林
……Tel:13205476344
13205476388

**山东盛安国际集装箱运输有限公司**
地址:山东省临沂市平邑县城西郊327国道交汇处
……负责人:刘庆元
……Tel:0539－4162668
4162898
13608997788

**平邑县盛安集装箱汽车运输有限公司**
地址:山东省临沂市平邑县石都大道国家粮食储备库
……负责人:刘庆元
……Tel:0539－4229898

**临沂小飞人电动车有限公司**
地址:山东省临沂市县城南环路西段
……负责人:徐士广
……Tel:0539－5219778

**沂南县港华车业有限公司**
地址:山东省临沂市沂南县振兴路20号
……负责人:陈开国
……Tel:0539－3615296

**龙口市瑞龙船务代理有限公司**
地址:山东省龙口市电厂东路16号
……负责人:张元浩
……Tel:0535－8852836

**铁安达铁路配件有限公司**
地址:山东省青岛市城阳区棘洪滩街道铁家庄村
……负责人:万经理
……Tel:0532－87801838

**广饶县孙武路环球轮胎经营中心**
业务:主要经营各种三包和不三包的正品轮胎,各种钢圈以及各种工程胎
地址:山东省东营市广饶县孙武路98－1号
……负责人:蒋锡会 邮编:257000
……法人:蒋锡会
……Tel:13506364908
0546－6916892

**金龙盛汽配贸易有限公司**
地址:山东省青岛市莱西市经济技术开发区工业园香山路北端
……负责人:李利
……Tel:0532－88492015
13361270610

**青岛丰安货运有限公司**
地址:山东省青岛市李沧区308国道665号
……负责人:李和海
……Tel:0532－87693188
80690240
13012543026

**青岛迈特克机械工程有限公司**
地址:山东省青岛市市北区恩县路29号101户
……负责人:王培义
……Tel:0532－82809444

**友良电动车配件销售店**
业务:电动车配件销售
地址:山东省东营市河口区海盛路钻前红绿灯向北68米路东
……负责人:宋优良 邮编:257000
……法人:宋优良
……Tel:0546－3880688

**九洲辕汽车维修有限公司**
地址:山东省青岛市市北区华阳路34号
……负责人:孙先伟
……Tel:13336396668

**年轮商贸有限公司**
地址:山东省青岛市市北区寿光路6号

负责人：赵锦波
Tel：0532－83800222
88778777

**青岛加利亚货运服务有限公司**
地址：山东省青岛市市南区东海中路2号环海大厦7楼E
负责人：陈传海
Tel：0532－85062535
13606420286

**盛欣海海洋工程技术有限公司**
地址：山东省青岛市市南区福州南路19号3号楼104
负责人：于启璋
Tel：0532－85735929

**通洲物流服务有限公司**
地址：山东省青岛市市南区龙羊峡路10号1206室
负责人：孟宪瑜
Tel：0532－82678763
13305325175

**浩洋国际物流有限公司**
地址：山东省青岛市市南区山东路42号广发金融大厦505室
负责人：于战海
Tel：0532－86660111
13705325526

**吉送速递服务有限公司**
地址：山东省青岛市市南区莒县路109号301户
负责人：任军
Tel：0532－82614261
13964889908

**青岛北海船舶重工有限责任公司**
地址：山东省青岛市市南区燕儿岛路1号
负责人：陈土青
Tel：0532－85732233

**青岛富豪汽车销售服务有限公司**
地址：山东省青岛市市南区银川西路9号
负责人：高泽贞
Tel：0532－88699828

**富川铁路设备有限公司**
地址：山东省青岛市四方区傍海南路21号
负责人：秦小姐
Tel：0532－83717062



**东营鲁方物流有限公司**
业务：本公司是及运输、仓储、配送、装卸于一体的大型物流企业，主要承接集装箱、大型物件的运输业务，以质量求生存，凭信誉做品牌，竭诚物流24小时竭诚为您服务
地址：山东省东营市经济开发区
负责人：魏小忠　邮　编：257091
法　人：魏小忠
Tel：0546－8056788
Fax：0546－8956555
E-mail：bxweixiaozhong@163.com

**天泽丰物流有限公司**
地址：山东省青岛市四方区海岸路38号
负责人：方忠
Tel：0532－86015511

**日照迪瑞汽车销售服务有限公司**
地址：山东省日照经济开发区奎山街道驻地
负责人：朱瑞锋
Tel：0539－8186966

**日照华海国际船舶代理有限公司**
地址：山东省日照郑州路西太原路东
负责人：刘建华
Tel：0633－8387888

**恒丰汽车配件厂**
地址：山东省荣成市石岛镇东泊子村委
负责人：张可丰
Tel：0631－7321335
13906316120

**龙吉汽车配件厂**
地址：山东省泰安市肥城市上海市路东首
负责人：李冰
Tel：0538－3251078
13953881591

**光大福尔车业有限公司**
地址：山东省泰安市宁阳县八仙桥开发区（汽车站南500米路西）
负责人：彭业振
Tel：0538－5623888
2157888
13954893888

**恒源汽车配件有限公司**
地址：山东省泰安市泰山区东岳大街147号
负责人：李平新
Tel：0538－6991426
13345281298

**肥城市银丰旧机动车交易中心**
业务：二手机动车经营
地址：山东省肥城市石横镇石横三村
负责人：李波　邮　编：271600
法　人：李波
Tel：0538－3665698
3660247

**新泰市西西周运输队**
地址：山东省泰安新泰市西西周村
地址：徐勤新
Tel：0538－7063038
13325296568

**石岛新杰船舶维修中心**
地址：山东省威海荣成市石岛黄海南路116号
负责人：郑新杰
Tel：13706498376

**威海贵族绅士汽车美容用品中心**
地址：山东省威海市高技区文化中路61号
负责人：孙玉刚
Tel：0631－5802150
13326248272

**威海市友进货运代理有限公司**
地址：山东省威海市海滨北路36号商业大厦6层607室
负责人：许祖卿
Tel：0631－5288216

**威海市友进货运代理有限公司**
地址：山东省威海市海滨北路36号商业大厦6层607室
负责人：许祖卿
Tel：0631－5288216
2692599
13361151078

**威海市友进货运代理有限公司**
地址：山东省威海市海滨北路36号商业大厦6层607室
负责人：许祖卿
Tel：0631－5288216
2692599
13361151078

**永征汽修**
业务：各种汽车电喷系统配件、专业四轮定位；德国格斯特润滑油烟威总代理、美国魔锐汽车养护系列产品海阳总代理；汽车电脑解码，汽车电脑板维修，液晶里程表调校、维修；匹配芯片钥匙；发动机、自动变速箱、转向助力、燃油系统免拆清洗；汽车钣金烤漆。//专业从事各类国产及进口轿车、中型车、微型车、越野车修理；整车销售及该类型车的发动机、变速箱等各种配件销售；为您的爱车定期保养。我们将以优质的服务，合理的收费，让您高兴而来，满意而归！
地址：山东省海阳市海阳路车辆管理所
负责人：许经理　邮　编：265100
法　人：王向政
Tel：0535－3235372
13376382768
15866365589

**起亚电子装配有限公司**
地址：山东省威海市环翠区温泉镇江家寨韩国工业园
负责人：贺传利
Tel：0631－5365709
13361167658

**清源汽车配件经销部**
业务：汽车空调
地址：山东省威海市高技术产业开发区黄家沟村
负责人：王燕杰　邮　编：264200
法　人：王燕杰
Tel：13963188334
0631－5259409

**威海高技术产业开发区东升汽车轮胎修理中心**
业务：汽车轮胎修理服务
地址：山东省威海市高技术产业开发区沈阳路西
负责人：李西良　邮　编：264200
法　人：李西良
Tel：13863112889
13963184595

**大洋物流**
业务：物流
地址：山东省威海市环翠区海滨中路5－2－112号
负责人：朴东哲　邮　编：264200
法　人：朴东哲
Tel：13455873111
0631－5318771

**捷运物流株式会社威海办事处**
地址：山东省威海市新威路37号717房间
负责人：金永海
Tel：0631－5275552
13706315552

**经济技术开发区蒿泊英克莱电动车经销店**
业务：电动车，助力车销售
地址：山东省威海市经济技术开发区长长长酒店楼下门向南数第二户
负责人：唐庆成　邮　编：264200
法　人：唐庆成
Tel：0631－5981238
13406709897

**捷运物流株式会社威海办事处**
地址：山东省威海市新威路37号717房间
负责人：金永海
Tel：0631－5275552
13706315552

**明池安全玻璃有限公司**
地址：山东省威海文登市小观镇东永安街3号
负责人：马夕坤
Tel：0631－8853088
13563109966

**潍坊信德运输有限公司**
业务：承接全国危险品运输
地址：山东省潍坊滨海经济开发区七里村路北
负责人：王清德　邮　编：262737
法　人：王清德
Tel：13905360768
0536－5309986

**昌乐县永力装卸服务队**
业务：货物装卸、货物包装
地址：山东省潍坊市昌乐县朱刘街道站北街东首北侧
负责人：刘建军　邮　编：261041
法　人：刘建军
Tel：13563695678
0536－6772179

**潍坊华运汽修有限公司**
业务：汽车维修
地址：山东省潍坊市奎文区梨园村新华甲巷南段
负责人：陈海霞　邮　编：261041
法　人：陈海霞
Tel：0536－8209999

**美大汽车工业有限公司**
地址：山东省青岛市城阳区上马镇
负责人：王勇
Tel：0532－87811881

**宇铭汽车配件有限公司**
地址：山东省青岛市胶州市胶东镇驻地
负责人：徐静
Tel：0532－88206568
13953239278

**青岛鑫海轮胎有限公司**
地址：山东省青岛市胶州市胶西镇
负责人：高先生
Tel：0532－85202978
13705422788

**松本造船有限公司**
地址：山东省青岛市经济技术开发区连江路926号
负责人：余艳
Tel：0532－86705252
13105326688

**青岛裕海国际物流有限公司**
地址：山东省青岛市瞿塘峡路49号海富楼B座404室
负责人：洪小姐
Tel：0532－82663021

**山东省莘县雅捷利自行车加工厂**
业务：专业从事自行车组装、加工以及销售，公司秉承"卓越的品质、时尚潮流的款式、合理的价格和及时周全的服务"为理念，深受广大消费者的喜爱与信赖。本公司采用日本先进的技术不断创新、完善为目标，承诺为广大客户提供最顶级的产品和最真诚的服务。产品质量经国家质检认可。
产品：各款式自行车、电动车、静电烤漆
地址：山东省莘县张寨乡开发区
负责人：张宪平　邮　编：252422
法　人：张宪平
Tel：0635－7734868
13963549866
Fax：0635－7734870

**山东省新泰市放城镇久明摩托车销售部**
业务：摩托车、电动车销售及维修
产品：摩托车：隆鑫；电动车：小刀、小羚羊
地址：山东省新泰市放城镇商业街北首路东面
负责人：王久明　邮　编：271200
法　人：王久明
Tel：13561778460
0538－7942842

**山东新泰市路安交通器材服务中心**
业务：交通器材销售、交通设施安装
产品：车身贴、减速带、反光膜、路锥、交通标志标牌
地址：山东省新泰市新安路737号
负责人：王现平　邮　编：271200
法　人：王现平
Tel：0538－7265726
网址：wxp.2008.cool@163.com

**新友起重有限公司**
地址：山东省潍坊安丘市南环路西首
负责人：王新友
Tel：13963687303

**烟台江林船舶工程有限公司**
业务：船舶工程
地址：山东省烟台市开发区八角镇大宇造船海洋（山东）有限公司舾装涂装部协力社江林船舶
负责人：邱林　邮　编：264010
法　人：邱林
Tel：0535－3086122
3086121
13675443275
Fax：0535－3081708

**单县恒欣车业有限责任公司**
业务：销售摩托车、电动车，生产和销售人造大理石
地址：山东省荷泽市单县郭村镇太平集行政村胡楼
负责人：赵庆德　邮　编：274000
法　人：赵庆德
Tel：0530－4776777

**阳光经贸有限公司**
地址：山东省潍坊青州市北环中路968号亚太酒店
负责人：杨光秀
Tel：0536－3290898
13306361719

**宁阳县北关汽车装具经营部**
业务：汽车装饰、汽车装潢
地址：山东省泰安市宁阳县城北关路（宁阳镇北关社区东100米）
负责人：杜荣平　邮　编：271000
法　人：杜荣平
Tel：13562830909
网址：http://www.51zzt.com/user/zzt29844

**通用汽车贸易有限公司**
地址：山东省潍坊山东省诸城市南外环路西段
负责人：李淑英
Tel：0536－6119020

**滕州市泉鑫物流有限公司**
业务：全国、区域性汽车运输
地址：山东省滕州市洪绪镇西侯庄村
负责人：赵钟勤　邮　编：277500
法　人：赵钟勤
Tel：0632－5919568

**山东神宇新能源电动车有限公司**
业务：生产和销售电动车外壳、电机、电动车零件，电动三轮车，电动车
产品：电动车外壳、电机、电动车零件，电动三轮车，电动车
地址：山东省滕州市姜屯镇大彦东村村东1500米
负责人：盖立元　邮　编：277101
法　人：盖立元
Tel：13361135186
0632－3975512

**滕州市金桥应力设备有限公司**
业务：应力设备，铁道专用设备及其推荐，模版模具，渗锌防腐处理
地址：山东省滕州市荆河街道孙楼工业园中心街8巷86号
负责人：马岭　邮　编：277500
法　人：马岭
Tel：15063282596

**昊一汽车部件有限公司**
地址：山东省潍坊山东省诸城市舜王民营工业园
负责人：刘建花
Tel：0536－6014108
13793685668

**青岛快行线物流有限公司**
业务：货物运输、冷藏保温、速冻
地址：山东省青岛市市南区观城路67号甲4栋4单元102户
负责人：苗运平　邮　编：266001
法　人：苗运平
Tel：0532－82627946
13706344537
网址：http://www.51zzt.com/user/zzt34551
E-mail：pingbaoqilufeng@126.com

**日照彦青汽车服务有限公司**
业务：汽车租赁
地址：山东省日照经济开发区宋家湖村
负责人：宋延青　邮　编：276800
法　人：宋延青
Tel：13563336227
0633－3606277

**昌乐恒达汽车板簧配件有限公司**
地址：山东省潍坊市昌乐县城新昌路359号

负责人:袁兆志
Tel:0536－6276518
13791862869

## 日照市东港区盛通汽配销售处

业务:汽车配件销售
地址:山东省日照市东港区南方家园商贸城A3－5－13 商铺
负责人:赵汉有　邮　编:276800
法　人:赵汉有
Tel:15065562266

**国平货运车队**
地址:山东省潍坊市坊子区六马路货场街 2 号
负责人:王长平
Tel:0536－7664898
13905365026

## 日照市恒泰物流有限公司

业务:日照地区货物运输服务
地址:山东省日照市岚山区虎山镇高家屯村
负责人:李业群　邮　编:276800
法　人:李业群
Tel:0633－2672989
Fax:0633－2672989

**山东省高速公路开发总公司潍坊分公司**
地址:山东省潍坊市经济技术开发区玄武街东首路北
负责人:冒盛林订　张世龙收
Tel:0536 －8655340
8993207

## 日照市岚山区轩通物流有限公司

业务:货物代理、货物匹配、仓储运输、全国物流信息代理
地址:山东省日照市岚山区虎山镇泥田沟村
负责人:宋光营　邮　编:276806
法　人:宋光营
Tel:13256091111
0633－2666662
Fax:0633－2666662

**天昊物流有限公司**
地址:山东省潍坊市奎文区(潍坊高新技术产业开发区)寒清路南首
负责人:陈常峰
Tel:13793695986

## 五莲县万丰机械厂

业务:本厂以加工、批发农用车配件为主营项目,系一家集研发、制造、加工、销售为一体的专业化机械公司。
产品:真空助力器、制动总泵、分泵、五征农用车原厂配件
地址:山东省日照市五莲县洪凝镇史家庄村(五征集团南邻)
负责人:潘兆国　邮　编:262300
法　人:潘兆国
Tel:0633－5236898
13863398509
Fax:0633－5236898
E-mail:1124686154@qq.com

**恒通汽保设备有限公司**
地址:山东省潍坊市奎文区潍柴铁路西路北健康东街 445 号
负责人:郝新年
Tel:13805365098

## 乳山市乳山寨镇寨东汽车修配厂

业务:汽车修理
地址:山东省乳山市乳山寨镇驻地
负责人:姜波　邮　编:264500
法　人:姜波
Tel:0631－6842087
13563137622

**汽配商城胜华波汽车配件厂**
地址:山东省潍坊市奎文区鸢飞路 480 号
负责人:陈华敏
Tel:0536－8828612
13953657387

## 寿光市富士汽车销售服务有限公司

业务:汽车销售
地址:山东省寿光市东城工业园(富士街与羊田路交叉路口西南角)
负责人:李洪忠　邮　编:261041
Tel:0536－5671257
5671773

**潍坊市昊翔变速箱制造有限公司**
地址:山东省潍坊市潍城区望留镇二甲王村
负责人:王明华
Tel:13964759379

**金峰摩托车配件厂**
地址:山东省烟台莱州市虎头崖镇工业园区
负责人:吕忠华
Tel:0535－2522861
2522178
13605450486

**龙口海韵汽车制动系统有限公司**
地址:山东省烟台龙口市经济开发区
负责人:孟丽
Tel:0535－8887366

## 泰安市一路顺物流有限公司

业务:现已形成以物流配送、大件运输、零担专线、物流信息服务五大领域为核心的综合型物流企业,集运输、仓储、配送、装卸于一体,秉承诚信为本、快捷周到、保险承运、服务一流的服务宗旨,真诚期待与您合作!
产品:货物配载,货运代理,仓储服务,普通货运
地址:山东省泰安市 104 国道堰北立交桥东300 米路北
负责人:陈法峰　邮　编:271000
法　人:陈法峰
Tel:0538－6566826
13181808066
Fax:0538－6319566
网址:www.ylswl.cn
E-mail:yilushunwuliu@163.com

**潍坊海化安达运输有限公司**
地址:山东省潍坊市潍坊海化开发区禄海路南段
负责人:张希华
Tel:0536－5318396
13905360532

## 泰安承阳运输有限公司

业务:全国普通货物运输
地址:山东省泰安市岱岳区马庄镇河口村
负责人:辛经理　邮　编:271000
Tel:0538－8108808

**源丰航运有限公司**
地址:山东省潍坊寿光市东郭村圣城街 180 号
负责人:王永军
Tel:0536－5100614
13963600368

## 泰安湘润工贸有限公司

业务:生产电动车与动力车
地址:山东省泰安市东平县东原路北首路东技校西邻
负责人:陈兆彬　邮　编:271000
法　人:陈兆彬
Tel:13954832588
13792101766
0538－6068666

## 巨野汇海运输有限公司

业务:运输、承包建筑工程
地址:山东省荷泽市巨野县大义镇二街
负责人:陶文山　邮　编:274933
法　人:陶文山
Tel:0530－8100888

**清华货运中心**
地址:山东省潍坊寿光市开发区学院路中段
负责人:郝清华
Tel:0536－5183869
13864610986

## 沂水县亿兴汽修厂

业务:汽车维修
地址:山东省临沂市沂水县东环北段(亿兴汽修厂)
负责人:李洋　邮　编:276000
法　人:李洋
Tel:0539－2272598

**潍坊广潍汽车销售服务有限公司寿光分公司**
地址:山东省潍坊寿光市圣城街交易市场
负责人:梁廷国
Tel:0536－5104828
5199888
5995988
13806460006

## 临沂市腾翔货物托运部

业务:货物托运,物流
地址:山东省临沂市永兴货运站场 163 号
负责人:张翔　邮　编:276000
法　人:张翔
Tel:0539－3129599
15053959681

**九州车辆修理厂**
地址:山东省潍坊诸诚市密州路西首路北
负责人:柳吉周
Tel:13006555535

## 蓬莱三阳船舶工程有限公司

业务:船舶制造
地址:山东省蓬莱市北沟镇栾家口村东
负责人:阮启光　邮　编:265600
法　人:阮启光
Tel:13656452599
15863826481

**宏大轮胎销售处**
地址:山东省新泰市新安路邮政局转运输总公司对面轮胎销售处
负责人:王式玉
Tel:0538－7231127
13905387269

## 青岛阿尔法船舶服务有限公司

业务:专业从事船舶无线电设备、VDR 的年检、维护、维修等,公司组织结构健全,技术力量充足,能在全国各大港口为国内外客户提供各种检测、维修、安装等服务。欢迎国内外客户来电、来函预约!
产品:船用航海设备
地址:山东省青岛经济技术开发区庐山路102 号 8 号楼 1 单元 102 室
负责人:张金勇　邮　编:266555
法　人:张金勇
Tel:0532－86990109
13808971829
Fax:0532－86990109
E-mail:andyzhang0829@yahoo.com

## 青岛红鑫物流有限公司

业务:山东—广东专线
地址:山东省青岛市城阳区流亭街道仙山路1 号
负责人:曲树申　邮　编:266108
法　人:曲树申
Tel:13335006555
0532－88697837
88697839

**中村圣运汽配加工厂**
地址:山东省烟台龙口市中村镇包家村
负责人:范圣运
Tel:0535－8862901
13705451877

## 蒙通物流有限公司

业务:青岛←→张家口,集宁,呼市包头,临河;青岛←→乌海,石嘴山,银川达旗,鄂尔多斯,大同;青岛←→准格尔旗,二连浩特锡林浩特,赤峰。
地址:山东省青岛市李沧区瑞金路 9 号
负责人:赵云雷　邮　编:266000
法　人:赵云雷
Tel:0532－80682822
80682833
13646489211

## 菏泽开发区陈传山装卸队

业务:装卸服务
地址:山东省菏泽开发区丹阳东路常屯
负责人:陈传山　邮　编:274000
法　人:陈传山
Tel:13563898801
0530－5038669

**烟台立信快递有限公司**
地址:山东省烟台市建设路 3－2 号
负责人:何立新
Tel:0535－6677459

## 大众汽车座垫厂

业务:汽车座垫
地址:山东省聊城市阳谷县侨润办事处国庄村
负责人:国怀芬　邮　编:252000
法　人:国怀芬
Tel:13606354459
0635－6828788

**莱州市隆源轿车修理厂**
地址:山东省烟台市莱州市西苑路 395 号
负责人:徐鹏秀
Tel:0535－2209988

## 冯家汽车修理厂

业务:汽车修理业务
地址:山东省临沂市费县上冶镇上冶三村
负责人:冯铭强　邮　编:276000
法　人:冯铭强
Tel:0539－5801206
13954405279

**烟台中航技船舶进出口有限公司**
地址:山东省烟台市芝罘岛芝罘东路 70 号
负责人:黄光
Tel:0535－6809534

## 临沂市文达货物托运部

业务:货物运输
地址:山东省临沂市兰华货运北区 120 号
负责人:张文达　邮　编:276000
法　人:张文达
Tel:13864988911
0539－8377836

**德宝汽车配件经销处**
地址:山东省烟台市芝罘区大海阳路 76 号付61 号
负责人:孙德清
Tel:0535－6644668

## 兰山区博奥汽车维修部

业务:车辆维修、保养和维护,发动机维修,电路检测,汽车零件销售
地址:山东省临沂市兰山区南坊办事处明坡村沂蒙路与青年路交汇处向北 300 米路西
负责人:徐元勇　邮　编:276000
法　人:徐元勇
Tel:13869910220
15963951110

**烟台首钢东星汽车空调管路有限公司**
地址:山东省烟台市开发区珠江路 20 号
负责人:杜宝栋
Tel:0535－6376424

**德丰机动车配件厂**
地址:山东省烟台市莱州市沙河镇民主街东
负责人:孙德昭
Tel:0535－2315272
2311893
13863843866

**顺舟快递有限责任公司**
地址:山东省烟台市芝罘区翡翠路 60－4 号
负责人:韩伟
Tel:13589790887

## 临沂市兰山区临响托运部

业务:物流
地址:山东省临沂市临西八路金兰物流 G5区 8 号
负责人:姜良军　邮　编:276000
法　人:姜良军
Tel:15854999111
0539－8010932
2772318

**山东烟台源达船务有限公司**
地址:山东省烟台市芝罘区辛庄街 1 号 2－30
负责人:王建法
Tel:13805355829

## 平邑宏伟汽修服务部

业务:汽车维修业务
地址:山东省临沂市平邑县西环一路北段西首
负责人:刘丕强　邮　编:276000
法　人:刘丕强
Tel:0535－4166191

## 菏泽顺成物流有限公司

业务:运输
地址:山东省菏泽市牡丹区黄河路(与青年路交叉处)
负责人:王国峰　邮　编:274000
法　人:王国峰
Tel:0530－5991166

**兖州市明宇汽拖配件有限公司**
地址:山东省兖州市大安镇穆庙村
负责人:曹胜玉
Tel:0531－83836068

## 莱芜市钢都物流有限公司

业务:普通货运、仓储服务、钢材、建材、劳保用品等
地址:山东省莱芜市钢城区颜庄镇南下冶村
负责人:吴增伟　邮　编:271103
法　人:吴增伟
Tel:0634－6462111
15336348999
Fax:0634－6462111

**环球摩托车有限公司**
地址:山东省枣庄市市中区安庆路 5 号
负责人:王长明
Tel:0632－3337788
13963296919

## 久昌货物配送服务部

业务:货物配送服务
地址:山东省聊城市茌平县文化路西首
负责人:于立正　邮　编:252000
法　人:于立正
Tel:0635－4221060

## 盛佳物流配送有限公司

业务:物流配送
地址:山东省聊城市东阿县刘集镇位山村(盛佳购物中心)
负责人:常跃领　邮　编:252000
法　人:解绍洪
Tel:15998716636
0635－3292608
3326968
3436618
3385998

**枣庄市志诚车辆有限责任公司**
地址:山东省枣庄市市中区昌中路东侧沿街综

合楼
负责人:赛凤武
Tel:0632－3191918
13346371355

### 新泰市中恒盛摩托车销售中心
业务:摩托车、电瓶车、助力车、摩托三轮车的销售
地址:山东省新泰市马庄移动信号塔下;二店:山东省新泰市北马庄村供销社斜对面
负责人:刘峰 邮 编:271200
法 人:刘峰
Tel:0538－7185485
15853862158

### 菏泽市牡丹区正和物流菏泽分公司
业务:货物中转储藏或托运、专线:菏泽—郑州以及菏泽—河南。服务宗旨:正和物流,客户利益第一,公司信誉第一。
地址:山东省菏泽市牡丹区牡丹北路(大学片)
负责人:刘伟 邮 编:274000
法 人:刘伟
Tel:0530－5513808
13615306062
13675306360
13605303151
Fax:0530－5513808
网址:www.zhenghewuliu.com
E-mail:zhangjinghua@sina.com

### 阿米尼电动车专卖店
业务:阿米尼电动车专卖
地址:山东省聊城市冠县振兴路
负责人:马永顺 邮 编:252000
法 人:马永顺
Tel:15098415897
0635－5232586

### 烟台胶东汽车城有限公司
业务:汽车、配件
地址:山东省烟台市蓬莱市外向型工业加工区北京路9号
负责人:孙长升 邮 编:265607
邮 编:孙长升
Tel:13723967988

### 烟台三站泰源汽配行
业务:富康、爱丽舍汽车配件的销售
地址:山东省烟台市三站市场幸福南路11号B5－6
负责人:石昌海 邮 编:264000
法 人:石昌海
Tel:15192387155
0535－2150296
6742512

### 烟台捷力物流设备有限公司
业务:叉车及其配件,制冷设备
地址:山东省烟台市芝罘区只楚路103号康民汽配交易中心D18号
负责人:吕建刚 邮 编:264010
法 人:吕建刚
Tel:0535－6523882
13884661211

### 聊城市开发区子祥自行车配件厂
业务:自行车配件生产销售
地址:山东省聊城市开发区蒋官屯办事处蒋官屯村215号
负责人:毕子祥 邮 编:252000
邮 编:毕子祥
Tel:0635－8883946

### 枣庄市市中区福兴轮胎服务部
业务:轮胎销售
地址:山东省枣庄市市中区齐村镇侯宅子村
负责人:吴贞国 邮 编:277000
法 人:吴贞国
Tel:0632－3827317

### 枣庄市市中区华通物流服务部
产品:物流、配货
地址:山东省枣庄市市中区东外环路
负责人:周传贵 邮 编:277101
法 人:周传贵
Tel:0632－3717699
15006761666
网址:http://www.51zzt.com/user/zzt30162

九州快运有限公司
地址:山东省枣庄市市中区东环路田屯村路东
负责人:王善发
Tel:0632－3713969
3713968
13062005765

### 滕州市永顺物流运输有限公司
业务:物流运输
地址:山东省枣庄滕州市木石镇东沂河村
负责人:陈志勇 邮 编:277500
法 人:陈志勇
Tel:13863255016
13806376939

龙海车辆销售有限公司
地址:山东省枣庄市市中区齐村镇侯宅子
负责人:于峰
Tel:13863287172

### 章丘市良友物流有限公司
业务:全国普通货物运输,煤炭运输
地址:山东省章丘市明水济青路西外环路口西
负责人:高瑞良 邮 编:250200
法 人:高瑞良
Tel:0531－83271683

### 淄博捷顺物流
业务:山东省—广东省—海南省专线。广州覆盖范围:番禺,顺德,佛山,三水,东莞,雷州,惠州,深圳,中山,从化,江门,韶关,湛江,阳江,台山,珠海,海口,河源,汕头,茂名,清远,四会,肇庆,云浮。
地址:山东省淄博市张店区良乡物流园东专线区6号库
负责人:槎洪华 邮 编:255000
法 人:槎洪华
Tel:0533－5499496
5499497

万里车业有限公司
地址:山东省枣庄市市中区胜利西路3、4号
负责人:王伟
Tel:0632－3381278
13561168569

### 山东聊城速尔物流有限公司
业务:全国快递、物流、国际快递以及物流
地址:山东省聊城市香江光彩大市场二期西经三街113号
负责人:康学民 邮 编:252052
法 人:康学民
Tel:15853246606
0635－8387185
8385285
Fax:0635－8385285
0532－84902411

八达车业贸易有限公司
地址:山东省枣庄市西环路齐村段(立交桥北580站路西)
负责人:田士玉
Tel:0632－3322236
13336321826

枣庄润通旧机动车交易市场有限公司
地址:山东省枣庄市市中区人民中路
负责人:刘近文
Tel:0632－3987811
13806321889

### 山东莘县雅捷利自行车加工厂
业务:自行车及配件生产销售
地址:山东省聊城市莘县张寨乡开发区
负责人:张宪平 邮 编:252400
法 人:张宪平
Tel:0635－7734868
7734869
13963027306

### 微山伟振进口汽车大修厂
业务:专业从事汽车维修、烤漆、整形及配件销售,拥有专业、精湛的技术队伍,修理各类进口、国产汽车,24小时为您提供快捷、热情的服务。
产品:汽车配件
地址:山东省济宁市微山县夏镇十七中北路西
负责人:谢伟 邮 编:277600
法 人:谢伟
Tel:13705370160
Fax:0537－8224428
E-mail:xiewei8224428@163.com

### 万福德船舶制造(二公司)
业务:船舶修理,维修,船舶制造,喷沙
地址:山东省济宁市张黄镇大褶村万福河滩北
负责人:翟存义 邮 编:272000
法 人:翟存义
Tel:15106375988
0537－6086988

大宗铁路储运有限公司
地址:山东省枣庄滕州市张汪镇大宗村
负责人:高玉芬
Tel:0632－2809268
13062071268

### 莱芜市钢城区正达轮胎经营部
业务:正达轮胎销售
地址:山东省莱芜市钢城区颜庄镇黄花店村
负责人:陶桂兰 邮 编:265600
法 人:陶桂兰
Tel:0634－6461488

淄博者信工贸有限公司
地址:山东省淄博市博山区白塔镇白塔村
负责人:任者信
Tel:0533－4681562

### 莒县隆鑫物流服务部
业务:物流,莒县—临沂专线
地址:山东省莒县南关十字路口东30米
负责人:周东玺 邮 编:276800
法 人:周东玺
Tel:13280588989
0633－6976666
6178866

博山石马汽车配件厂
地址:山东省淄博市博山区石马镇中石村
负责人:黄汝辉
Tel:0533－4568204

### 微山县夏镇豪舒汽车装具店
业务:汽车装具,汽车装潢
地址:山东省济宁市微山县夏镇城后路19－2号
负责人:刘风海 邮 编:272000
法 人:张巧丽
Tel:0537－8263234
13675476843

淄博强辉物流有限公司
地址:山东省淄博市昌国路良乡村南侧
负责人:吴强
Tel:0533－2091599

### 济南浩钛商贸有限责任公司
业务:依托于中国重汽济南基地,集汽车整车销售及配件供应、信息反馈、技术咨询为一体的贸易公司,质量保证,值得信赖,并以最好的服务、最优的合作,为您提供周到、快速、全面的服务!
产品:"红岩"汽车及配件
地址:山东省济南市天桥区北辛工业园2号
负责人:杜清勇 邮 编:250000
法 人:杜清勇
Tel:0531－85978966
Fax:0531－85550844
E-mail:dqyong_520@163.com

淄博百盛电动车业有限公司
地址:山东省淄博市高新技术开发区
负责人:宋伟如
Tel:0533－3585755

### 微山县两城忠连摩托车行
业务:摩托车专卖
地址:山东省济宁市微山县两城乡两城一村
负责人:任忠连 邮 编:272000
法 人:任忠连
Tel:0537－8450586
13675377168

### 济宁市任城区良友配货物流中心
业务:货物运输
地址:山东省济宁市任城区南张镇刘前村
负责人:刘建忠 邮 编:272000
法 人:刘建忠
Tel:0537－2736288
2950667
2117966

桓台县唐山鑫源运输队
地址:山东省淄博市桓台县唐山镇
负责人:于孝彬
Tel:0533－8513568
13808948668

丰华货运代理有限公司
地址:山东省淄博市张店区五里桥小区36号楼东首办公楼
负责人:陈勇
Tel:0533－2777167

永固货厢制造有限公司
地址:山东省淄博市周村区南郊镇东陈村段309国道445公里处
负责人:贾信述
Tel:13705436082

鸿润汽车配件有限公司
地址:山东省淄博市桓台县周家镇周家村
负责人:高希会
Tel:0533－8483676
13864398599

辛店宇鹏公路运输队
地址:山东省淄博市临淄区管仲路17号
负责人:高勇
Tel:0533－7116511
13953327598

临淄胜利运输公司
地址:山东省淄博市临淄区铁石西路2号
负责人:张范利
Tel:0533－7571791
13853383516

### 梁山吉运运输有限公司
业务:全国货运,二手车的回收与销售
地址:山东省济宁市梁山县梁山镇林庄村
负责人:林存峰 邮 编:272133
法 人:林存峰
Tel:13355186388
0537－7795788

### 济南瑞祥运输有限公司
业务:淄博至济南整车零担往返货运,主要承接水泥、粉煤灰、微粉、石灰粉等粉状货物的运输业务,以质量求生存,凭信誉做品牌,瑞祥24小时竭诚为您服务
地址:山东省济南市章丘市龙山办事处龙三村西
负责人:赵复国 邮 编:250200
法 人:赵复国
Tel:0531－83623633
13356682226
Fax:0531－83621329

全驰通轮胎有限公司
地址:山东省淄博市周村区王村镇小尚桥南首
负责人:尚贞福
Tel:0533－6686086
13606436705

### 龙程车饰用品店
业务:汽车装饰、汽车美容
地址:山东省济宁市红星东路化纤厂综合楼
负责人:林涛 邮 编:272000
法 人:林涛
Tel:13792398163
0537－2318331

淄博华达汽车销售有限公司
地址:山东省淄博市淄博开发区柳泉路北首260号
负责人:刘丹
Tel:0533－3588688

### 淄博茂隆运输有限公司
业务:淄博茂隆运输有限公司专业从事货物运输、物流配货服务,本着"服务第一、客户至上"的宗旨,公司的每一位员工都将以最大的热情服务于每位客户。
地址:山东省淄博市临淄区齐陵镇北齐路4号
负责人:刘永宾 邮 编:255430
Tel:0533－7089588

凯通运输部
地址:山东省淄博市淄川区罗村镇南韩村
负责人:张世兵
Tel:0533－5688057
13906438575

荣城华泰汽车有限公司
地址:山东威海荣城市荣山大道中段办公室收
负责人:连海云
Tel:0631－7558999
13573722467

### 滨州市滨城区蓝天物流中心

滨州市滨城区蓝天物流中心是集运输、仓储、配送、装卸于一体的大型物流企业,主要承接全国各地整车零担业务,自备车辆百余部,往返于滨州——广州、滨州——上海。

公司成立十多年来一直以质量求生存,凭信誉做品牌,欢迎来电垂询。我们将竭诚为您提供优质的货运服务。

联系人:李士翔
电话:0543－3205759 3201613
传真:0543－3292756
地址:山东省滨州市滨城区渤海五路518号
邮编:256600

## 茌平县友信物流

我公司主要经营全国货运服务。公司始终坚持"质量第一、客户至上"的服务宗旨，至力于实现现代物流信息管理系统，欢迎您的光临！

联系人：王长余 13906350417

电话：0635-4537126
邮编：252000
地址：山东省聊城市茌平县冯屯镇工业园

## 梁山陶金挂车制造有限公司

梁山陶金挂车制造有限公司专业从事汽车车身和挂车的制造和销售。我公司一贯坚持"以诚信为本，技术领先，互利互惠"的经营方针，竭诚为广大用户服务，欢迎您的来电！

联系人：陶金 手机：13563783888
电话：0537-7762008
地址：山东省济宁市梁山县拳铺镇工业园区 邮编：272627

## 冠县仁通物流运输有限公司

冠县仁通物流运输有限公司成立于2008年，主要经营车辆挂靠、转户、贷款购车、货物运输、停车修配业务。

公司本着服务客户，客户盈利的宗旨，竭诚希望与更多有识之士合作，共创美好未来！

联系人：杨建忠 13563025678 电话：0635-5287036 传真：0635-5287037
地址：山东省冠县东环与北环交界处向北500米路西 邮编：252500

## 临沂华旭装卸服务有限公司

临沂华旭装卸服务有限公司成立于2005年，专业提供货物装卸和运输仓储服务。

我公司恪守"顾客的满意就是我们最大的追求"的原则，奉行"客户至上"的理念，竭诚为您服务！

联系人：谢学义 13563958888 15065923222 邮编：276023
地址：山东省临沂市河东区（临沂经济开发区芝麻墩街道办事处官庄村）

## 济宁市任城区异彩飞扬电动车销售中心

济宁市任城区异彩飞扬电动车销售中心是一家专业从事电动车、配件代理销售的企业。

坚持品质第一、信誉至上的服务宗旨，竭诚为新老商客、朋友提供最优质的产品和服务。

联系人：王磊 15898613976 电话：0537-3933327
地址：山东省济宁市琵琶山路（任城区文化馆） 邮编：272000

## 临沂市兰山区广理货物托运部

临沂市兰山区广理货物托运部成立于2005年，本部专业从公路的货物运输、整车零担。专线：临沂-江苏泰州、姜堰。广理货物托运部高覆盖、高效率的服务获得多家公司和机构的认可。临沂市兰山区广理货物托运部将以最专业的精神为您提供安全、经济、专业的服务。

联系人：王广波 邮编：276000
电话：13792958611 0539-3122348
地址：山东省临沂市兰山区金海汇物流139号

## 嘉祥县顺合装卸服务有限公司

顺和装卸服务有限公司成立于2008年。
从事装卸服务。
您的满意就是我们的追求！
欢迎来电来函洽谈业务！

电话：0537-6701311 联系人：李绪魁
地址：山东省济宁市嘉祥县梁宝寺镇屈店村北300米处 邮编：272000

## 临沂市兰山区临商托运部
## 临沂永鸿托运部

本公司成立于1996年，主要经营托运，有临沂至商丘专线等。公司宗旨：顾客第一、信誉至上、优质服务、诚心诚意、诚信诚义、热情周到、安全快捷！

联系人：杨凤永
电话：13805492590、0539-8531456、8037358 传真：0539-8530606
地址：山东省临沂市兰山区临西八路澳龙国际物流城西区5号 邮编：276000

## 巨野县红星运输有限公司

巨野县红星运输有限公司成立于2003年，是一家专业从事国内、国际集装箱、大件运输的服务性企业。如今已形成了大件运输为首的运输规模并积累了数十家大、中、小型客户，同时给客户带来了方便、快捷、创造了不易估算的效益。

我公司以"服务"为中心，以高标准、高效率的经营理念去开拓全国运输业务。

衷心期盼您的支持与合作！

联系人：张红星 13916203909
电话：0530-8295888 021-58649312
传真：021-58649311
地址：山东省菏泽市巨野县巨野镇新城村 邮编：274000

## 蒙阴县亨利物流有限公司

蒙阴县亨利物流有限公司专业提供煤炭、石油、成品油的运输服务。

我们力争做到"准时准点、安全高效"，想顾客之所想，让顾客放心与我们合作并愿意与我们建立长期稳定的友好关系。我们始终坚持"客户至上，服务第一"的原则，竭诚为您服务！

联系人：杜守举 13605396833
电话：0539-4758298
邮编：276200
地址：山东省临沂市蒙阴县蒙阴镇刘官庄村

## 宁阳县伟诚物流

宁阳县伟诚物流成立于2008年，主要从事煤炭等物资的配送业务。

公司拥有一批高素质的管理人员和一支具有丰富实践及专业技能技能的作业团队。本公司秉承推动客户发展，服务社会，服务客户，精准求实，诚信共享，创业创新的经营理念，竭诚为广大客户提供一流的专业服务。愿我公司以优质、全面的服务，来赢得与贵公司合作的机会，并建立稳定友好的合作关系，从而实现精诚合作，共同发展。

联系人：宁伟
电话：0538－6345032
传真：0538－5760032
地址：山东省泰安市宁阳县罡城镇桥南村大柳树路东 邮编：271400

## 山东省宁津县亨通消声器有限公司

www.dzhengtong.com

我公司的主要产品包括：轻型、重型、微型国内外轿车的消声器三大系列，有上百种规格的产品。产品远销加拿大、澳大利亚、英国、美国等10几个国家和地区。建厂20多年来我们以质量求生存，以信誉求发展，愿与各界朋友携手并进，共创辉煌。

联系人：张金先 手机：15864195163
电话：0534－5771233 传真：0534－5771007
地址：山东省宁津县长官开发区 邮编：253416

## 蓬莱市志明汽车装饰美容店

蓬莱市志明汽车装饰美容店成立于2007年。主要从事汽车装饰用品零售、服务。本着"以诚为本、以信取人"的宗旨。热情欢迎您的光临！

联系人：徐志明 13964597002
邮编：262500
地址：山东省蓬莱市黄海路(福乐园超市对面)

## 山东省武城县震源汽车配件厂

山东省武城县震源汽车配件厂成立于1989年，本公司专业从事生产汽车密封条橡塑制品。

多年来，我厂始终以立足服务于顾客为己任，想用户所想、急为用户所急，为广大用户排忧解难，深得国内外用户信赖。

欢迎新老朋友光临本公司莅临指导，携手合作！

联系人：张金省
电话：0534－6286989 2179931 传真：0534－6286950
地址：山东省德州市武城县运河经济开发区 邮编：253000

## 青岛市盛安航空货运有限公司

青岛市盛安航空货运有限公司成立于2004年，是集国内航运代理、公路运输、仓储及配送，车源信息于一体的综合性物流服务企业。盛安航空货运公司遵循一流的服务动作体系，架设了现代化的运输平台和计算机信息管理平台，对货物接收托运、配送、仓储等诸多环节进行全过程的实时监控，随时向客户提供货物跟踪，信息回馈。服务宗旨："客户至上、诚信服务"。

联系人：郑团盛
电话：0532－84710069 传真：0532－84711069
地址：山东省青岛市城阳区流亭机场山航货运村A10
邮编：266000

## 双兴货运站

双兴货运站成立于1999年，主要从事物流。专线有临沂－临朐，公司将秉承"客户至上，诚信服务"的宗旨，加强服务意识，为客户提供一流的品牌和服务，以追求客户满意度最大化，并超越客户期望。

联系人：张明学
电话：0539－8683259 8234291 13969953759 邮编：276000
地址：山东省临沂市临西八路与解放路交汇处向北华强货运市场67号

## 青岛鑫海轮胎有限公司

青岛鑫海轮胎有限公司成立于2000年，主要从事轮胎和劳保手套的生产销售。我公司承蒙广大客户支持和信赖，并继续以"质量第一、服务第一、信誉第一"的优良传统面对客户，紧密配合，与各界同仁共创美好未来！

联系人：高大兴
电话：0532－85202978 13705422788
传真：0532－85201178
地址：山东省青岛市胶州市胶西镇 邮编：266300

## 顺利汽车销售有限公司

顺利汽车销售有限公司成立于2003年，主要从事汽车的销售与售后服务。主要有江淮轻卡、东风轻卡、凯马轻卡。公司始终以"以人为本，科技领先，诚信经营，创知名品牌"为宗旨，一如既往为客户提供可靠的产品，完善的服务，共同发展，共创佳绩。欢迎国内外新老客户光临，互利互惠、携手共进！

电话：0533－3263713 联系人：张家建
13969366119
地址：山东省淄博市沂源县城东风路汽车五队院内 邮编：[illegible]

## 日照日泰物流有限公司

日照日泰物流有限公司成立于2008年。是一家专业从事普通货运，货运代理的企业。欢迎您的来电，我们将竭诚为您服务！

联系人：姜兆先
13706335768 13706330135
电话：0633－8681158 电子邮件：ritai1998@163.com
地址：山东省日照市岚山区高兴镇房家湖村 邮编：276806

## 泰兴市鑫通货物配载部

泰兴市鑫通货物配载部成立于2007年，本部主要从事货物运输的业务。我们以科学的管理、雄厚的实力、专业化的作业在无锡发展壮大；公司员工素质高、业务熟练、团结友善、服务好；多年来树立了良好的信誉，赢得了众多公司和厂商的欢迎与信赖，建立了良好的互惠互利业务关系。公司运输货物由中保保险公司全程承保运输，贵重物品安排专人押送，并及时反馈运输信息；如运输过程中出现短缺、损坏等问题，按投保价负责理赔，免除您的后顾之忧。

联系人：周新圣
电话：15996087588 0523－85988518 87316688
地址：江苏省泰兴市张桥镇焦荡村陆园三组13号 邮编：225400

## 河南省/Henan Province

**安阳市专鸿源托运部**
地址：河南省安阳市北关区一马路北段路西
负责人：王海军
Tel：0372－5113355

**安阳市通弛汽车修理有限责任公司**
地址：河南省安阳市文峰区高新区文昌大道中段路北（旧机动车交易市场院内）
负责人：杨培民
Tel：0372－2534043

**安阳市宏钢运输有限责任公司**
业务：安阳市宏钢运输有限责任公司成产于2005年，全国物流运输，欢迎各方客户来电洽谈业务，共同合作。
地址：河南省安阳市龙安区中州路南段
负责人：陈志永　邮　编：455000
法　人：陈志永
Tel：0372－3158695
网址：www.mtw26241.chinapyp.com

**荥阳市城关张锋信息货运部**
业务：专业从事大型设备运输服务、信息中介、货运代办，我们拥有畅通的货运物流系统，我们将竭诚为您提供优质的货运服务。
地址：河南省荥阳市外环转盘西老310国道旁
负责人：张书锋　邮　编：450100
法　人：张书锋
Tel：0371－64953978
13283891990
Fax：0371－64953918

**安阳三维物流有限公司**
地址：河南省安阳市殷都区北士旺村
负责人：肖瑞敏
Tel：0372－3122698

**淇县安达汽车运输有限公司**
地址：河南省鹤壁市淇县京深路南段
负责人：晋胜喜
Tel：0392－7231968

**安阳市中汇物资有限公司**
业务：安阳市中汇物资有限公司成立于2005年，现有员工10余人，从事“安钢”、“邯钢”的代理，欢迎来电垂询！
地址：河南省安阳市殷都区安钢大道梅元庄北街
邮　编：455004
法　人：李斌生
Tel：0372－3999254
Fax：0372－3944666

**王曲运输队**
地址：河南省焦作沁阳市王曲乡西王曲村
负责人：黄全喜
Tel：0391－5936337
13849501280

**焦作市新港物流运输有限公司**
地址：河南省焦作市解放区丰收路86号
负责人：王小东
Tel：0391－3899929

**郑州天友铁路物资有限公司**
业务：铁路器材及其配件的加工销售。
地址：河南省郑州市二七区京广北路33号天赐良缘2号楼西单元11层A座
负责人：王安民　邮　编：450052
法　人：王安民
Tel：0371－68355815
68355995
13903993535
Fax：0371－68355995

**旗舰汽车零部件制造有限公司**
业务：旗舰汽车零部件制造有限公司成立于2005年元月，公司主要生产加工汽车配件和紧固件。我们将把最优质的配件、最便宜的价格、最快捷的服务提供给客户，热情欢迎各界同行友人光临指导！
地址：河南省鹤壁市淇滨区大白县中段
邮　编：458030
法　人：刘军旗
Tel：0392－3373788
Fax：0392－3373788

**焦作市麒麟汽车修配有限公司**
地址：河南省焦作市解放区上白作乡派出所北侧
负责人：宋志强
Tel：0391－3680530

**开封市宏达机动车检测有限公司**
地址：河南省开封市开发区金明西街以西
负责人：王钢牛
Tel：0378－2536111

**河南省孟州市汽车运输有限责任公司**
业务：河南省孟州市汽车运输有限责任公司从事客运服务、货运服务、汽车销售、汽车修理等。欢迎广大客户光临、洽谈业务。
地址：河南省焦作市孟州市韩愈大街
邮　编：454750
法　人：刘世强
Tel：0391－8192543
Fax：0391－8192356

**郑州市管城区飞达货运部**
业务：河北、内蒙省际往返货物托运
地址：河南省郑州市管城区京广南路柴郭转盘北200米路西
负责人：李保国　邮　编：450000
法　人：李保国
Tel：13663831267
0371－67080350
66680633
网址：www.zzfd56.cn

**开封市田力电动车辆厂**
地址：河南省开封市尉氏县尉氏县大桥乡老鸦刘村
负责人：田随钢
Tel：0378－7562088

**汇同汽车配件厂**
地址：河南省林州市姚村镇寨底村
负责人：常海义
Tel：13503462102

**泰达铁路电务器材厂**
地址：河南省洛阳市偃师市首阳山镇207桥东
负责人：倪正军
Tel：0379－67552455
13838826550

**开封专用汽车厂**
业务：开封专用汽车厂始建于1933年，专业从事汽车修理、汽车改装，我们的服务宗旨是：以质量求生存、信誉是保证。诚信待人，灵活经营、高质低价，讲究效率。开封专用汽车愿竭诚为您服务。
地址：河南省开封市五一路南段17号
负责人：张留全　邮　编：475003
法　人：王甲松
Tel：0378－3922131
Fax：0378－3923141

**易通摩托车配件厂**
地址：河南省洛阳偃师市翟镇王七工业区
负责人：秦功修
Tel：0379－67600765
13623897079

**河南省宛裕交通标志设施有限公司**
地址：河南省南阳市方城县张骞大道
负责人：贾保山
Tel：0377－67235098

**南召县国兴汽车配件有限公司**
地址：河南省南阳市南召县城关农业路交警队斜对门
负责人：李兴全
Tel：13603415260

**临颖县通和运输有限公司**
业务：临颖县通和运输有限公司成立于2004年，主要从事于生鲜冷藏运输。公司以“质量求生存、信誉求发展”，欢迎广大用户光临惠顾！
地址：河南省漯河市临颖县
负责人：丁树仁　邮　编：462000
法　人：丁树仁
Tel：0395－8661898

**唐河县重型汽车变速箱厂**
地址：河南省南阳市唐河县城关镇新春街691号
负责人：剧红旗
Tel：0377－68927748
13569235118

**南阳市鸿鑫汽车配件有限责任公司**
地址：河南省南阳市万商街
负责人：万咏梅
Tel：0377－63290889

**南阳市联达汽车运输有限公司**
地址：河南省南阳市卧龙区北京大道
负责人：赵春芳
Tel：0377－63339645

**河南省方舟游艇制造有限公司**
业务：河南省方舟游艇制造有限公司，是经河南省地方海事局批准成立的船舶生产专业厂家，主要产品有：FZ900玻璃钢游艇、FZ899玻璃钢艇、过FZ320水上独轮车、FZ700系列冲锋舟、和各种玻璃钢微艇系列产品。在未来的二年里我们将集中精力开发游览观光艇、指挥艇、交通艇等以满足全国不同行业的需求。
地址：河南省泌阳县行政路102号
邮　编：463700
法　人：安全奇
Tel：0396－7925877
Fax：0396－79258777

**南阳市卧龙区物流港物流有限公司**
地址：河南省南阳市卧龙区王村乡政府院内
负责人：乔建都
Tel：13601187946

**新野县乘龙摩托车有限公司**
地址：河南省南阳市新野县城郊乡芦庄村
负责人：程雷
Tel：13503900208

**南阳市宇南汽车运输有限公司**
地址：河南省南阳市中州路100号
负责人：余潞
Tel：13598293888

**濮阳市源通汽贸有限公司**
业务：濮阳市源通汽贸有限公司成立于2000年3月，从事汽车的销售与维修，主要代理“长安”牌汽车。“信誉第一，客户至上”，竭诚欢迎各界客户光临惠顾。
地址：河南省濮阳市京开路北段南里商路西
邮　编：457000
法　人：苏中廷
Tel：0393－4693116
Fax：0393－4691994

**大李村青岛公路集团**
地址：河南省商丘市柘城县岗王乡大李村
负责人：董仁光
Tel：13589931018

**日丰汽车配件厂**
地址：河南省新乡市长垣县张占乡朱庄村
负责人：邵铭卿
Tel：13707656823

**新乡市美迪汽车维修有限责任公司**
地址：河南省新乡市红旗区新延路段村西南角
负责人：于景文
Tel：0373－3058151

**楼村运输车队**
地址：河南省新乡市获家县照镜镇楼村
负责人：许福恩
Tel：0373－4951369
13598660098

**长葛市华聚汽配有限责任公司**
业务：长葛市华聚汽配有限责任公司成立于2005年，经营汽车配件，质量可靠，价格合理，欢迎新老客户来电洽谈业务！
地址：河南省许昌市长葛市坡胡镇坡李工业区
负责人：李有聚　邮　编：461504
法　人：李有聚
Tel：0374－6622800

**新乡市前隆客货运输有限公司汽车维修中心**
地址：河南省新乡市平原路电视塔东侧
负责人：李春峰
Tel：0373－3716195
13903732131

**新乡市世通汽车维修有限公司**
地址：河南省新乡市卫滨区南环路李村口

………………………………负责人:王延凤
………………………………Tel:0373－5111999

**信阳德亿汽车维修服务有限公司**
地址:河南省信阳市平桥区312国道洋河路口
………………………………负责人:张家庆
………………………………Tel:0376－6582008

## 禹州市天奇汽车配件有限公司
业务:禹州市天奇汽车配件有限公司成立于1990年,是一家专业从事汽车配件的制造企业。产品质理保证,服务周到,价格合理、欢迎前来订购。
地址:河南省禹州市火龙镇西王庄村
………………………………邮　编:452500
………………………………法　人:陈天奇
………………………………Tel:0374－8638039
………………………………Fax:0374－8637222

**信阳平安汽车运输有限公司**
地址:河南省信阳市师河区工区路63号
………………………………负责人:张国庆
………………………………Tel:0376－6569188

**河南省豫鑫物流有限公司**
地址:河南省郑州市管城回族区货栈街167号
………………………………负责人:谷源
………………………………Tel:0371－67165496

**郑州恒美货运有限公司**
地址:河南省郑州市管城区十八里河乡
………………………………负责人:孙朝干
………………………………Tel:0371－67211335

## 禹州市夏都办事处南关第一汽车维修厂
业务:禹州市夏都办事处南关第一汽车维修厂专业从事汽车维修及配件销售,欢迎新老客户来电咨询。
地址:河南省禹州市远航路
…………负责人:安国安……邮　编:452500
………………………………Tel:0374－8292398

**久江轮胎翻新厂**
地址:河南省郑州市惠济区古荥镇南王村
………………………………负责人:杜久江
………………………………Tel:0371－63776313
13643842188

**郑州百汇仓储贸易有限公司**
地址:河南省郑州市金水区107与开洛高速交叉口北300米处
………………………………负责人:陈贵增
………………………………Tel:0371－63603855

**河南众连国际货运代理有限公司**
地址:河南省郑州市金水区岗杜街1号院6单元65号
………………………………负责人:翟大杰
………………………………Tel:0371－65712262

## 原阳县伟航制动器有限公司
业务:本公司成立于1993年,现有200多名员工。主要经营汽车制动器的生产与销售。我们以精湛的技术、一流的服务,与您共创美好明天。
地址:河南省原阳县太平镇乡西衙寺村
………………………………邮　编:453522
………………………………法　人:张兴伟
………………………………Tel:0373－7431666
7431011
4131055
………………………………Fax:0373－7432880

**郑州市怡通货运有限公司**
地址:河南省郑州市金水区文化路77号
………………………………负责人:于吉红
………………………………Tel:0371－65277639

## 浙江省三门县宏翔交通设施有限公司郑州办事处
业务:浙江省三门县宏翔交通设施有限公司郑州办事处创建于2001年,是一家专业从事道路安全设施产品销售的企业。公司坚持"以质量求生存,以信誉求发展"的宗旨热诚欢迎中外客户光临惠顾。
地址:河南省郑州市铭功路5号
………………………………邮　编:450000
………………………………法　人:吴昌秀
………………………………Tel:0371－66262842
………………………………Fax:0371－66262842

**通达摩托配件商行**
地址:河南省郑州市摩配市场188号
………………………………负责人:荣国明
………………………………Tel:0371－6810916
13700855372

**振华汽车附件厂**
地址:河南省郑州市上街区园艺场院内
………………………………负责人:张德奎
………………………………Tel:0371－68939966
13903850592

## 太康县宏达运输有限责任公司
业务:太康县宏达运输有限责任公司成立于2004年,主要从事于交通运输,汽车修理,油气化工。欢迎新老客户光临、惠顾!
地址:河南省周口市太康县交通路
…………负责人:王立然……邮　编:461400
………………………………法　人:王立然
………………………………Tel:0394－6661180

**郑州精艺电梯有限公司**
地址:河南省郑州市西大街166号－25号
………………………………负责人:田开路
………………………………Tel:0371－67668191

**郑州远征挂车制造有限公司**
地址:河南省郑州市新郑市郭店镇芦家桥
………………………………负责人:危太安
………………………………Tel:0371－62523222

**三泰车轮厂**
地址:河南省郑州新密市下牛工业区
………………………………负责人:危太安
………………………………Tel:0371－66836962
13803840481

**周口市通用大汽修服务有限公司**
地址:河南省周口地区大闸路与车站路交汇处
………………………………负责人:王保业
………………………………Tel:0394－8386131

**沈丘县森和运输有限公司**
地址:河南省周口地区沈丘县城北关街
………………………………负责人:卢玲
………………………………Tel:0394－5221809

**沈丘天惠丰粮食储备库有限公司**
地址:河南省周口地区沈丘县纸店
………………………………负责人:李岳峰
………………………………Tel:0394－5678206

## 河南中州集团上蔡县安达运输有限公司
业务:河南中州集团上蔡县安达运输有限公司成立于2003年,主要从事客运。"诚信为本,信誉第一,客户至上",欢迎广大新老客户光临。
地址:河南省驻马店市上蔡县白云大道南段
………………………………邮　编:463800
………………………………法　人:梁桂兰
………………………………Tel:0396－6925635
………………………………Fax:0396－6968765

**沈丘县驰翔汽车销售服务有限公司**
地址:河南省周口市沈丘县县城北环路
………………………………负责人:王树森
………………………………Tel:0394－5102268

**周口宏达运输有限公司**
地址:河南省周口市五一路南段
………………………………负责人:罗艳丽
………………………………Tel:0394－8390000

## 郑州市金水区佳怡货运服务部
业务:货运物流(佳怡物流,中国物流,百强企业,国家AAAA级物流企业,立足河南,货通中国)
地址:河南省郑州市金水区庙李镇国基路与丰庆路交汇路口佳怡物流
………负责人:贺晓伟　邮　编:450000
………………………………法　人:贺晓伟
…………Tel:15515712680
0371－60978096

**西平县宏标货运有限公司**
地址:河南省驻马店市西平县解放路中段
………………………………负责人:魏强
………………………………Tel:0396－6240158

## 河南上蔡县安达运输有限公司
业务:我公司创建于2000年,主要从事运输业务,公司将以多年丰富的运输经验,强烈的责任心,良好的职业素质,一流的服务于广大客户。创造更多的价值,更多的满意,携手并进,共创辉煌!
地址:河南省驻马店市上蔡县白云大道南段295号
…………负责人:方保山……邮　编:463800
………………………………法　人:方保山
………………………………Tel:0396－6925635
………………………………Fax:0396－6968765

# 林州市大杨汽车部件厂

林州市大杨汽车部件厂专业从事汽车配件制造加工。公司经济实力雄厚，拥有先进的生产设备和一批强大的模具制造队伍，生产的汽车配件款式新颖，质量优。欢迎惠顾！

联系人：杨建伟

电话：0372-6511746 15039988488
地址：河南省林州市姚村镇南杨村 邮编：456500

# 鑫菱电梯有限公司

鑫菱电梯有限公司是专门负责电梯销售及安装的企业。

自公司成立以来，广泛引进先进技术和高科技人才，使产品性能不断提高，质量更加可靠。鑫菱将一如既往以高科技产业为支柱，坚持以"产品——靠的是质量；服务——讲得是周道；合作——为得是双赢"为公司经营理念，与时俱进，开拓创新，热情、优质、真诚服务于中国电梯行业！

联系人：石建俊 13721623030
电话：0379-63373030
地址：河南省洛阳市西工区上阳路南段盛世唐庄1-2-601号 邮编：471000

# 漯河市恒昌物流有限公司

联系人：胡建成

漯河市恒昌物流有限公司成立于2001年，是东风汽车的专业售后服务队伍。

我们力争做到"准时准点、安全高效"，想顾客之所想，让顾客放心与我们合作并愿意与我们建立长期稳定的友好关系。我们始终坚持"客户至上，服务第一"的原则，竭诚为您服务！

电话：0395-2311300 13903959985
传真：0395-5903000
邮编：462000
地址：河南省漯河市源汇区107国道与南关村交叉口

# 郑州市久江轮胎翻新厂

郑州市久江轮胎翻新厂成立于1998年，专业承接轮胎冷翻、热翻、各种规格工程胎翻新等业务。

我公司秉承"顾客至上，锐意进取"的经营理念，坚持"客户第一"的原则，为您提供最满意服务，欢迎您的来电！

联系人：杜久江
电话：0371-63776313 13643842188
地址：河南省郑州市惠济区古荥镇南王村 邮编：450000

# 新密市市区金马汽车装饰美容俱乐部

本俱乐部专业从事汽车装饰、美容，汽车音响、汽车坐垫销售等业务。

竭诚欢迎各界新老朋友光临，我们将会为您提供满意的服务！

联系人：麻书战
电话：0371-69985500
邮编：452370
地址：河南省郑州市新密市北环路东段268号

# 新乡辉簧弹簧有限公司

本公司成立于1982年，主要经营汽车启动机、发电机用弹簧，汽车启动机生产。

本公司秉承"顾客至上，锐意进取"的经营理念，坚持"客户第一"的原则为广大客户提供优质的服务。

联系人：王新安 13839083498
电话：0373-6213186 6213185 传真：0373-6213187
地址：河南省新乡辉县市西外环路北端 邮编：453000

# 新郑市野牛汽车储电池厂

本厂从事汽车蓄电池的生产销售，完善的售后服务系统，为客户提供最真诚的服务。

联系人：董秀智
电话：0371-62443226
地址：河南省新郑市观音寺镇大董村 邮编：451100

## 湖北省/Hubei Province

**大冶市忠田旧机动车经营有限公司**
地址：湖北省大冶市大冶大道 186 号
…… 负责人：何忠田
…… Tel:13972773146

**汉川市明星玻璃有限公司**
业务：汉川市明星玻璃有限公司成立于 2002 年，生产销售汽车玻璃，欢迎新老客户来电洽谈业务。
地址：湖北省汉川市北桥科技工业园
…… 负责人：郭士兵……邮　编：431600
…… 法　人：郭士兵
…… Tel:0712－8385594
…… Fax:0712－8392603
…… 网址：mtw25820

**十堰和捷物流有限公司**
地址：湖北省丹江口市东风精铸有限公司内
…… 负责人：沈道军
…… Tel:13986904827

**随州市万力专用汽车有限公司**
地址：湖北省广水市马坪镇柳林西街 206 号
…… 负责人：黄国喜
…… Tel:13797877777

**湖北兴正专用汽车有限公司**
业务：湖北兴正专用汽车有限公司成立于 2005 年，现有 100 余人，从事货车整车制造及销售、专用车(油罐车、洒水车、环卫专用车、自卸车、半挂车)制造。
地址：湖北省随州市历山大道北端
…… 邮　编：441300
…… 法　人：刘昌志
…… Tel:0722－3325550
…… Fax:0722－3325530

**浠水县团陂荣成客运有限责任公司**
地址：湖北省黄冈市浠水县团陂镇商贸街关山路
…… 负责人：高向荣
…… Tel:13872018099

**源泉轮胎服务中心**
地址：湖北省荆门市东宝区白云大道 27 号
…… 负责人：李元权
…… Tel:0724－2348901
13908695003

**荆州市楚天航运有限责任公司**
业务：本公司成立于 2000 年，主要从事长江干线及支流省际普通货物运输。本着"顾客至上、信誉第一"的服务宗旨，为客户提供最快捷、最周到的服务！
地址：湖北省荆州市沙市区长港路 87 号
…… 负责人：李爱平……邮　编：434000
…… 法　人：李爱平
…… Tel:0716－8564500

**公安县伟建摩托车销售有限公司**
地址：湖北省荆州市公安县夹竹园镇卫东村七组
…… 负责人：刘前为
…… Tel:13508629275

**十堰东亚博奥工贸有限公司**
业务：本公司成立于 2000 年，是一家集生产与销售为一体，主营东风康明斯 B/C 系列发动机零部件的企业。几年来，依靠先进的技术、科学的管理和有效的质量保证体系，使公司逐步形成了产品不断升级，产值和利润逐年递增的良好势态。
地址：湖北省十堰市白浪汽配物流中心 5 栋 10－11 号
…… 邮　编：442000
…… 法　人：徐平
…… Tel:0719－8313448
…… Fax:0719－8302142

**荆州市天久物流有限公司**
地址：湖北省荆州市江津东路(玉桥加油站)
…… 负责人：徐方国
…… Tel:13872406868

**荆州市永驰物流有限公司**
地址：湖北省荆州市江津东路与燎原路交汇处
…… 负责人：郭清成
…… Tel:13329768388

**十堰光驰工贸有限公司**
业务：本公司成立于 2005 年，主要销售汽车配件。产品质量保证、价格合理。热忱欢迎新老客户光临、惠顾！
地址：湖北省十堰市汉江路 53 号
…… 负责人：余鑫……邮　编：442000
…… 法　人：余鑫
…… Tel:0719－8615179

**荆州市华韵汽车销售服务有限公司**
地址：湖北省荆州市沙市区江津中路 233 号
…… 负责人：邱少灵
…… Tel:13018038548

**荆州市江发物流有限公司**
地址：湖北省荆州市沙市区临江路 23 号
…… 负责人：罗成林
…… Tel:13972152233

**随州市东专特种汽车装备有限公司**
业务：本公司成立于 1996 年，是以罐式车为主导产品的国家定点汽车改装厂。制罐、安装工艺先进，质量优良，品种多样，采用东风、解放、欧曼、重气等国内著名生产厂家底盘改装的各类罐车在罐长、上牌吨位、额定容积等各项。诚邀广大客户光临惠顾，竭诚为客户提供满意的产品和服务。
地址：湖北省随州市解放路西单 7 小区 99 号储胜公司里面
…… 负责人：汪强……邮　编：441300
…… 法　人：汪强
…… Tel:0722－3811848
3813096
…… 网址：www.dztq8.com

**武汉市环宇汽车美容服务部**
业务：汽车美容、汽车美容用品
地址：湖北省武汉市江岸区黄孝河路特 1 号
…… 负责人：姚震新　邮　编：430014
…… 法　人：姚震新
…… Tel:027－51278788
…… Fax:027－51278788

**荆州市江安物流有限公司**
地址：湖北省荆州市沙市区胜利渔场甲栋 1－8－2 号

负责人：向静
Tel：13094242037

**荆州市承威物流有限公司**
地址：湖北省荆州市胜利村五组
负责人：黄文宏
Tel：13907219007

**天承进口汽车配件维修中心**
地址：湖北省荆州市武德路投资广场对面中南建材市场门面
负责人：汪广丽
Tel：0716－8259068
13907210914

**荆州市五湖物流有限公司**
地址：湖北省荆州市小北门外货运城
负责人：伍求树
Tel：13997633742

**十堰超群汽车制动阀有限公司**
地址：湖北省十堰市茅箭区汽配城 B 区 1 栋 2028 号
负责人：屠旺健
Tel：13606850610

**十堰市鼎顺汽车制动阀工贸有限公司**
地址：湖北省十堰市茅箭区汽配城 B 区 2 栋 1003 号
负责人：张昆兵
Tel：13135728807

## 随州市通宝汽车挂车有限公司
业务：随州市通宝汽车挂车有限公司成立于 2004 年，主要以改装车配套为主。经营汽车及零配件批发，汽车、挂车、农用车、特种车、载重车及配件、钢材、化工产品销售。
地址：湖北省随州市交通大道南端 198 号
邮　编：441300
法　人：余启云
Tel：0722－3230057
Fax：0722－3230057
网址：www. hbtbqc. chinapyp. com



**华强轮胎翻新厂**
地址：湖北省十堰市茅箭区十房路口十洋路 2 号
负责人：刘传华
Tel：0719－8896073
13303713992

**郧县江南旅客运输有限责任公司**
地址：湖北省十堰市郧县柳陂辽瓦村
负责人：刘建设
Tel：13235650098

**十堰市泰特汽车部件有限公司**
地址：湖北省十堰市张湾区方山路二堰沟
负责人：陈友冲
Tel：13997839096

**松滋市江南货运有限责任公司**
地址：湖北省松滋市松滋市刘家场镇洛河大道 55 号
负责人：冯广环
Tel：13872293569

## 随州市伟业专用汽车配件厂
业务：公司遵循"诚信、务实、创新"的经营理念，坚持以"质量求生存、信誉求发展、科技创新路、服务创品牌"为企业宗旨，不断提高产品品质和技术含量。公司拥有年产 10000 台套专用车配件的生产能力。我们将以最优质的产品和最优惠的价格以及零距离的服务，回馈广大用户对我公司的信任和支持！
地址：湖北省随州市文峰塔居委会 14 组
邮　编：441300
法　人：杜洪洲
Tel：0722－3282885
Fax：0722－3282885
网址：www. weiyesz. com

**随州市烈山专用汽车有限公司**
地址：湖北省随州市汉东路 20 号
负责人：殷道兵
Tel：0722－3244666
13872886666

**九州摩托车有限公司**
地址：湖北省随州市洪山镇怀河路
负责人：解本发
Tel：0722－4813588
13872869588

**随州市昊鼎汽车贸易有限公司**
地址：湖北省随州市交通大道 267 号
负责人：徐首昊
Tel：0722－7084919
13908668471

## 随州市曾都区泓鑫隆装卸运输有限公司
业务：随州市曾都区泓鑫隆装卸运输有限公司成立于 2004 年，主要从事货物装卸运输。我们以"诚信为本、客户至上"的服务态度，竭诚为您提供快捷、高效、安全的服务！
地址：湖北省随州市曾都区淅河镇
负责人：罗敬平　邮　编：441300
法　人：罗敬平
Tel：0722－7093789

**随州市九星物流服务有限责任公司**
地址：湖北省随州市解放路 1 号
负责人：邓光村
Tel：0722－3229114
13329885608

**随州市民福特种汽车销售有限公司**
地址：湖北省随州市经济技术开发区板桥巷 18 号
负责人：张广念
Tel：0722－3853096
13908666555

**力威专用汽车有限公司**
地址：湖北省随州市清河路口东风汽车公司技术服务站院内
负责人：聂忠
Tel：0722－7092968
13908662181

## 武汉奔源物流有限公司
业务：武汉奔源物流有限公司主要从事于货物运输。"以诚待人、客户至上、质量第一、快捷服务"是我们的经营宗旨。欢迎新老客户光临、惠顾！
业务：湖北省武汉市东西湖区高桥产业园台中大道特 1 号（京珠高速武汉北出口右侧大型停车场 3103 室）
负责人：刘军　邮　编：430043
Tel：027－83370591

**武汉玖伍汽车运输有限公司**
地址：湖北省武汉市蔡甸区蔡甸街汉阳大街 6 号
负责人：刘鸿汝
Tel：13971085360

**武汉宾力汽车零部件有限公司**
地址：湖北省武汉市蔡甸区湖北省武汉经济技术开发区沌口小区
负责人：石立民
Tel：027－84252577

**武汉金花冠汽车零部件有限公司**
地址：湖北省武汉市蔡甸区经济开发区（西 24－A－8）
负责人：姜占军
Tel：027－84220006

## 武汉长海集装箱航运有限公司
业务：武汉长海集装箱航运有限公司，主要从事长江集装箱外贸内支线班轮运输。拥有武汉—黄石—九江—上海、宜昌—沙市—城陵矶—武汉—南京—上海、以及武汉—九江—南京等外贸航线，本公司在上海、南京、武汉等沿江城市设有代理营业部，并具有长江中下游沿港挂靠资质。
地址：湖北省武汉市江汉区发展大道 166 号江峰大厦 B 座 904
邮　编：430023
法　人：秦建设
Tel：027－85617858
85617918
Fax：027－85617575
网址：www. whch. cn

**武汉市鑫诚安物流有限公司**
地址：湖北省武汉市东西湖区东吴大道 21 号
负责人：彭文革
Tel：027－83257102

**武汉浩海汽车运输有限公司**
地址：湖北省武汉市东西湖区吴北路 180 号
负责人：朱涛
Tel：13871586880

## 武汉茂惠货运有限公司
业务：武汉茂惠货运有限公司始建于 2001 年 11 月份，主要从事普通货物运输业务，本着诚信为本，服务至上的经营理念，竭诚为广大客户服务。
地址：湖北省武汉市东西湖区二支沟东垦旅游公司一楼
负责人：袁爱华　邮　编：430040
法　人：袁爱华
Tel：027－83251330
83250863

**武汉乾坤汽车运输有限公司**
地址：湖北省武汉市东西湖区吴家山九支沟北 6 号
负责人：张绍坤
Tel：027－62222819

**武汉新华运输有限公司**
地址：湖北省武汉市东西湖区走马岭集镇十一支沟东
负责人：胡蕊
Tel：027－83052225

## 武汉市汉阳永安公路材料中心
业务：本公司成立于 2003 年，拥有 10 来名员工，主要经营公路、桥梁专用材料。
地址：湖北省武汉市汉阳区鹦鹉大道 285 号
邮　编：430052
法　人：梅永安
Tel：027－84518516
Fax：027－84518516

**武汉正清汽车零部件有限公司**
地址：湖北省武汉市汉南区湖北省武汉市汉南经济开发区
负责人：孙建平
Tel：027－84835150

**武汉怡帆物流配送有限公司**
地址：湖北省武汉市汉南区乌金农场
负责人：周晓芳
Tel：13986045837

## 武汉市金轮汽车美容服务中心
业务：本店专业从事汽车美容、清洗、打腊、抛光、镀膜、汽车装具等一系列服务，我店以诚信为本，服务至上，工艺求精为宗旨，为广大客户服务。
地址：湖北省武汉市汉阳区龙阳大道 9 号
负责人：钟明　邮　编：430051
法　人：027－84632959

**武汉盛隆汽车维修有限公司**
地址：湖北省武汉市汉阳区汉阳大道永安堂特 10 号
负责人：赵彬
Tel：027－84674663

**武汉德润汽车美容服务有限责任公司**
地址：湖北省武汉市汉阳区平田南村 53 号
负责人：金文平
Tel：027－50433682

## 武汉市民意航运有限责任公司
业务：民意航运有限责任公司成立至今十三年，主要代理销售船舶及船舶运输。
地址：湖北省武汉市洪山区和平乡徐东新村 7 号兆丰苑 A5－101
负责人：张年彭　邮　编：430063
法　人：张年彭
Tel：027－86737383
Fax：027－86728746

**武汉海江船务有限公司**
地址：湖北省武汉市汉阳区琴断口街王家湾附 102 号 4 栋 1 单元
负责人：肖哲彘
Tel：13387555177

**湖北华中物流有限责任公司汉阳分公司**
地址：湖北省武汉市汉阳区琴台路 41 号
负责人：闻家平
Tel：027－84693100

## 武汉市顺源发物流有限公司
业务：武汉市顺源发物流有限公司成立于 2000 年，专业从事综合物流的国有大型企业，是我国最大型综合物流企业之一。
地址：湖北省武汉市桥口区晴川桥
邮　编：430030
法　人：万卫东
Tel：027－85327680
Fax：027－85327680
网址：www. whsyf. chinapyp. com

## 宁波北仑区洪湖船舶工程有限公司
业务：船舶工程
地址：湖北省仙桃市新干河小区 1 排 201 号
负责人：朱厚兵　邮　编：427000
法　人：朱厚兵
Tel：13339706333
0728－3282190

**武汉彪马物流有限责任公司**
地址：湖北省武汉市汉阳区五里墩 4 号
负责人：康家荣
Tel：027－84675321

**武汉宏日运输有限公司**
地址：湖北省武汉市汉阳区鹦鹉大道两湖路 7 号
负责人：郑照
Tel：027－84823214

**武汉金伟货运代理有限公司**
地址：湖北省武汉市汉阳区鹦鹉花园 21 栋 1 单元 102 室
负责人：袁伟
Tel：027－84801085

## 武汉市西马运输有限公司
业务：武汉市西马运输有限公司主要从事长、短途汽车运输钢材，"诚信为本，信誉第一，客户至上"，为广大客户提供安全、经济、及时的物流服务。
地址：湖北省武汉市江岸区解放大道 1972 号
邮　编：430010
法　人：彭芳
Tel：027－82325767
Fax：027－82325767

**武汉正点物流有限公司**
地址：湖北省武汉市汉阳区月湖桥荷塘月色大厦 A1－901 室
负责人：李伟
Tel：13349836908

**武汉市金恒立汽车服务有限责任公司**
地址：湖北省武汉市洪山区才华街 88 号永安防火公司内
负责人：俞菊秋
Tel：13971021658

## 襄樊明超机械制造有限公司
业务：襄樊明超机械制造有限公司主要从事汽车零部件的制造。"以质量求生存，以信誉求发展"，竭诚欢迎您的光临、洽谈业务！
地址：湖北省襄樊市襄城区隆中办事处花木店
负责人：伍继超　邮　编：441052
法　人：伍继超
Tel：0710－3570568

**武汉市淳泰旧机动车交易有限公司**
地址：湖北省武汉市洪山区公正路特一号
负责人：杜伟红
Tel：027－61095225

**武汉市安鑫汽车租赁服务有限责任公司**
地址：湖北省武汉市洪山区关山新村 39 栋一 7 号
负责人：汪福生
Tel：027－62991616

## 襄阳华磊汽车修理厂
业务：襄阳华磊汽车修理厂成立于 2003 年，专业从事：汽车及工程机械维修、配件销售。"客户至上，信誉至上"是我们信守的经营理念和至理名言，热忱欢迎广大客户联系洽谈业务。让我们一起携手共进，共创明天辉煌！
地址：湖北省襄樊市襄阳区城关北路 316 国道南侧
邮　编：441104
法　人：张有福
Tel：0710－2833289
Mobile：13707276688
Fax：0710－2833289
网址：www. xfhl. chinapyp. com

**武汉市大龙物流有限公司**
地址：湖北省武汉市洪山区关山一路 104 号
负责人：向世桥
Tel：13037103003

**武汉天洋船舶管理有限公司**
地址：湖北省武汉市洪山区和平乡三角路村陈家河 89 号
负责人：刘皓
Tel：13517285228

**湖北三环海通汽车有限公司余家头分公司**
地址：湖北省武汉市洪山区和平乡余家头村
负责人：石超
Tel：027－86569566

**武汉佳逸快运有限责任公司**
地址：湖北省武汉市洪山区鲁磨路国光大厦
负责人：寇先华
Tel：13871535112

**湖北航天二手车鉴定评估有限公司**
地址：湖北省武汉市洪山区珞狮路 116 号
负责人：姚大同
Tel：027－87878720

**武汉汉辉汽车销售服务有限公司**
地址：湖北省武汉市洪山区友谊大道余家湖上段 15 号
负责人：朱智频
Tel：13907155977

**武汉运盛特种汽车制造有限公司**
地址：湖北省武汉市洪山区张家湾
负责人：刘雪萍
Tel：027－88138097

**武汉威宝汽车运输有限公司黄陂分公司**
地址：湖北省武汉市黄陂区甘棠大道
负责人：潘小鹏
Tel：027－85888872

## 宜昌国通汽车运输有限责任公司
业务：宜昌国通汽车运输有限责任公司成立于 1983 年，从事汽车货物运输、货物业务代理服务，业务发展遍布全国各地。公司成立多年来，深得客户和企业的高度赞扬 。坚持以诚信为本、客户至上、服务优质与客户共同发展、进步！
地址：湖北省宜昌市夷陵区宜昌国通运输有限责任公司
邮　编：443100
法　人：邓可国
Tel：0717－7855509
7854582
Fax：0717－7854380

**武汉市武湖振兴公路客运有限公司**
地址：湖北省武汉市黄陂区武湖农场光明路
负责人：王正宙
Tel：027－61917238

**湖北通世达交通开发有限公司**
地址：湖北省武汉市建设大道 384 号
负责人：李士显
Tel：027－83632354

**武汉天鑫物流有限公司**
地址：湖北省武汉市江岸区百步亭花园安居苑 B 区 205 栋 1 单元 503 号
负责人：曹永祯
Tel：027－82636362

**博达物流有限公司**
地址：湖北省武汉市江岸区后湖乡滟湖四村特 1 号东大门客货运输市场
负责人：王文波
Tel：027－82914591
13908625494

**武汉环宇车饰服务有限公司**
地址：湖北省武汉市江岸区黄孝路特 1 号竹叶山汽车市场环宇汽车超市大楼
负责人：陈志福
Tel：027－82600959

**上海申泽物流有限公司武汉分公司**
地址：湖北省武汉市江岸区滟湖四村 5 号
负责人：王先桃
Tel：027－82883360

**武汉市吉鑫旧汽车评估有限公司**
地址：湖北省武汉市江汉区北湖北街 127 号 49 栋 2 单元 101
负责人：叶汉平
Tel：027－82621711

**嘉宏国际运输代理有限公司武汉分公司**
地址：湖北省武汉市江汉区建设大道 518 号招银大厦 2106 室
负责人：刘欣
Tel：027－85743889

**湖北恒利通货运有限公司**
地址：湖北省武汉市江汉区解放大道 2008 号 5 单元 1 层 9 号
负责人：尹伟
Tel：027－82340906

**武汉天和物流有限公司**
地址：湖北省武汉市江汉区新华下路 141 号
负责人：朱建西
Tel：027－82614852

**武汉四喜物流有限公司**
地址：湖北省武汉市江汉区新华下路 141 号
…………负责人：王四喜
…………Tel：027－85620432

**武汉新宇恒货物运输有限公司**
地址：湖北省武汉市江汉区新华下路 141 号
…………负责人：赵洪洋
…………Tel：027－85628153

**重庆太平洋国际货物运输代理有限公司武汉分公司**
地址：湖北省武汉市江汉区沿江大道 69 号长航大厦 917 室
…………负责人：姚晓黎
…………Tel：027－82766056

**武汉市安保货运代理有限公司**
地址：湖北省武汉市江汉区友谊南路双龙小区 F14 号
…………负责人：张国威
…………Tel：027－62387155

**三环船舵舾装件制造厂**
地址：湖北省武汉市江厦区武昌大道 262 号
…………负责人：万事木
…………Tel：027－87911540
13349869221

**武汉正义通物流有限公司**
地址：湖北省武汉市乔口区简易南片危改小区（桂苑西村）8 号楼 1 单元 5 层 1 号
…………负责人：王守明
…………Tel：027－83763721

**武汉三递物流有限公司**
地址：湖北省武汉市桥口区利济南路 27 号
…………负责人：张三毛
…………Tel：027－83946460

**中铁快运股份有限公司武汉东湖营业部**
地址：湖北省武汉市青山区 33 街坊 15 门
…………负责人：魏少华
…………Tel：027－86857005

**富诚五金汽配经营部**
地址：湖北省武汉市青山区红钢城三街 18 号
…………负责人：高本立
…………Tel：027－86343981
13006331985

**武汉市馨悦汽车服务有限公司**
地址：湖北省武汉市武昌区白沙洲 428 号
…………负责人：柳营
…………Tel：027－87881547

**武汉热建物流中心**
地址：湖北省武汉市武昌区民主路 445 号东八楼 4 号
…………负责人：韩建江
…………Tel：027－86817816

**武汉宏兴旧机动车评估有限公司**
地址：湖北省武汉市武汉经济技术开发区红升工业园
…………负责人：付德义
…………Tel：027－84470487

**武汉市锦华汽车美容有限公司**
地址：湖北省武汉市新洲区阳逻新阳大道
…………负责人：林锦华
…………Tel：027－86961988

## 宜昌市宏威汽车服务有限公司
业务：宜昌市宏威汽车服务有限公司成立于 2003 年，是一个集斯太尔，欧曼重卡，江淮汽车的销售，汽车配件供应，售后服务一条龙的企业。公司始终坚持“用户第一，诚信服务”的经营理念，几年来深得用户信赖，取得了较好的经济效益及社会效力。
地址：湖北省宜昌市伍家岗区伍家乡
…………负责人：洪顺安……邮　编：443001
…………法　人：洪顺安
…………Tel：0717－6554808

**诚信车业有限公司**
地址：湖北省孝感安陆市李店镇碧涢东路 99 号
…………负责人：许晓清
…………Tel：13607296872

**永胜轮胎经销部**
地址：湖北省宜昌市伍家岗区桔城路 17 号
…………负责人：鲍雪强
…………Tel：13972046878

**宏威汽车服务有限公司**
地址：湖北省宜昌市伍家区花艳中学对面
…………负责人：洪顺安
…………Tel：0717－6554808
13908601303

## 湖北冶钢汽车弹簧有限公司
本公司成立于2006年，专业生产汽车弹簧。公司始终贯彻“质是本，诚为信，优质产品占市场”的质量方针，客户的需求就是本公司的追求，高质量，优服务，快速度。

联系人：王宝贵
电话：0714-6458998、13972776696　传真：0716-6467799
地址：湖北省黄石市西塞山区工人村黄石大道199号　邮编：435000

## 华强轮胎翻新厂
华强轮胎翻新厂主要从事轮胎翻新服务。
我们秉承“顾客至上，锐意进取”的经营理念。
坚持“客户第一”的原则为广大客户提供优质的服务。
欢迎广大客户惠顾！

联系人：刘传华
13303713992　13807281254
邮编：442000
地址：湖北省十堰市茅箭区十房路口十洋路2号

## 力神专用汽车有限公司
随州市力神专用汽车有限公司成立于 2003 年，是国家发改委公告内专用汽车生产企业，注册商标为“醒狮”牌，车型代码为“SLS”，公司主导产品为粉粒物料车、油田下灰车、散装粮食车、化工罐车、加（运）油车、洒水车等罐式专用车系列。
公司将坚持以“科技为先导，质量求生存、生产要安全、管理寻效益”的方针，致力把企业做强、做好，向用户提供安全、可靠、满意的产品。
联系人：余鹏
电话：0722-3813333　13908665474
网址：www.szlsqc.com
电子邮件：szlsqc@126.com
地址：湖北省随州市随洪路5公里碑处　邮编：441300

## 十堰博金工贸有限公司
十堰博金工贸有限公司成立于2005年，专业从事汽车零部件加工销售并代理销售东风商用卡车。我公司以“信誉为本、服务至上”为原则，会用最优质的服务回报客户的信赖，用优质的产品感谢客户的支持！

联系人：李建中　13972451674　13872848868
传真：0719-8795715
地址：湖北省十堰市张湾区北京北路
邮编：442012

## 十堰昌宁工贸有限公司
十堰昌宁工贸有限公司成立于2002年，主要从事东风汽车及其零部件的销售。公司始终以“以人为本，科技领先，诚信经营，创知名品牌”为宗旨，一如既往为客户提供可靠的产品，完善的服务，共同发展，共创佳绩。欢迎国内外新老客户光临，互利互惠、携手共进！

电话：0719-8873019　13807289766
网址：shiyanchangning.cn.alibaba.com　联系人：邵春
地址：湖北省十堰市茅箭区人民南路9号物资宾馆大院内　邮编：442000

## 随州车乐汽车销售服务有限公司
本公司主要经营汽车美容、汽车装饰、汽车音响改造、汽车轮胎、钣金油漆、汽车保养维修等一条龙服务。
公司将始终推行“持续改进，不断创新”的质量方针，加大科学管理力度，步入现代化企业管理的良性轨道，争取在短时间内，办成全国专用车行业的大型企业，冲出亚洲，奔向世界！

联系人：刘涛　13908666608
电话：0722-7098111　3236889
传真：0722-7069888
邮编：441300
地址：湖北省随州市交通大道209号

## 随州市叶鑫专用汽车配件制造有限公司
叶鑫专用汽车配件制造有限公司座落在湖北省汽车工业走廊上的随州市区内，主要产品有油罐车、洒水车、消防车、绿化车环卫专用车、随车吊、散装水泥车、厢式车、半挂车等。
产品曾获湖北省优新产品金奖、消费者满意金奖等，还多次获得部优名优产品称号等，公司被评为中国企业最佳形象 AAA 级，湖北省重合同守信誉企业。
竭诚为您服务！

电话：0722-3581752
邮编：441300
地址：湖北省随州市经济技术开发区交通大道7号毛纺厂
联系人：叶明俭　13986444448

## 团风县兴发打捞工程有限公司
团风县兴发打捞工程有限公司成立于1967年，本公司主要经营水上、水下打捞作业。团风县兴发打捞工程有限公司本着“客户第一，诚信至上”的原则，与多家企业建立了长期的合作关系。热忱欢迎各界朋友前来参观、考察、洽谈业务。

联系人：李根发
电话：0713-6151338　6151722
传真：0713-6151338　邮编：438800
地址：湖北省黄冈市团风县团风镇新建路36号

## 武汉金宏发物流有限责任公司

本公司是一个以道路货物运输为主，代理铁路、水运为一体的综合性物流企业。二〇〇三年度被评为江汉区道路交通安全先进集体称号，二〇〇四年武汉道路货运服务企业资质等级评定为"壹类"经营资质企业。

公司在运输界具有良好的声誉，我们的服务宗旨是以服务客户为中心，以运输质量为基础，以"好、快、全"为目标，做到"服务全方位，满意全过程"。

联系人：胡卫东 13607176284
电话：027-83269649 83269650
传真：027-83269647
网址：www.jhfgs.com
电子邮件：jhf@jhfgs.com
地址：湖北省武汉市桥口区工农路9号汉正物流中心E座20-22号 邮编：430015

## 武汉市诚信威力起重吊装有限公司

武汉市诚信威力起重吊装有限公司，自成立以来，以起重吊装服务为主。公司秉承"顾客至上，锐意进取"的经营理念，坚持"客户第一"的原则为广大客户提供优质的服务。欢迎惠顾！

联系人：喻佑成

电话：027-83517036 手机：13971016575
地址：湖北省武汉市江汉区发展大道108-1号 邮编：430022

## 武汉市顺源发物流有限公司

武汉市顺源发物流有限公司成立于2003年，是一家专业从事货物运输、仓储物流的公司。我公司以"诚信为本、客户致上、安全快捷"为企业运作之根本，充分为客户着想。诚信、诚意为客户做好每一件事。高质量、高标准为客户提供完备的运输服务。随着公司不断的发展，我们会用自己的服务和诚意来为您做好每一件事。我们全体员工将以最诚信、最完善的服务为您成功的事业锦上添花！

联系人：万卫东
电话：027-85327680 传真：027-85327680
地址：湖北省武汉市桥口区晴川桥 邮编：430000

## 武汉中天鑫源物流有限公司

公司以电子产品、机械制造和商业等行业为客户群体，集物流信息技术、规划咨询、多式联运、贸易代理、信用结算为一体的综合型物流企业。

联系人：章剑 电话：027-84612040
地址：湖北省武汉市汉阳区江堤街廖湾特1号 邮编：430050

## 云梦中盐宏博集团汽车运输有限公司

我公司是中盐宏博集团的下属专门运输公司。主要承接武汉至全国的盐运。"快捷、高效、安全"是我们对客户的承诺，我们会用最优质的服务回报客户的信赖和支持！

联系人：孙小平 13871886666
电话：0712-4327982 传真：0712-4337448
地址：湖北省孝感市云梦县城关泰山路１５５号
邮编：432500

## 湖南省/Huana Province

**湘华汽车内饰件厂**
地址：湖南省长沙市长沙县江背镇朱家桥社区
负责人：张红伟
Tel：0731－86292928
86264622
13975881228

**常德市仁达车务有限公司**
业务：常德市仁达车务有限公司成立于 1995 年，目前已发展为一类汽车维修企业，是华晨中华轿车，湖南长丰集团的汽车，河北中兴，东风标致在常德设立的唯一特约服务站，是全球自变箱在常德设立的唯一代理点。公司各地业务，设备先进，技术一流，优秀的团队成就了公司今天的发展！
地址：湖南省常德市 207 国道与青年路交汇处
邮　编：415000
法　人：肖冬云
Tel：0736－8800998
Mobile：13787879966
Fax：0736－7778709
网址：www.cdrd.chinapyp.com

**榔梨君诚汽车内饰件厂**
地址：湖南省长沙市长沙县榔梨镇土岭村 6 组
负责人：黄波
Tel：0731－86806442
13808493221

**星沙永长货运配载服务部**
地址：湖南省长沙市长沙县星沙物流中心 34 号门面
负责人：崔国萍
Tel：0731－84062121
13974860100

**长沙宏发生态农庄有限责任公司**
业务：仓储，物流
地址：湖南省长沙市长沙县黄兴镇金凤村大塘组
负责人：高兰新　邮　编：410116
法　人：高兰新
Tel：13808439378

**长沙鑫创亿汽配有限责任公司**
地址：湖南省长沙市长沙县星沙镇商业步行街 3 栋 6 号
负责人：方向明
Tel：13875992904

**常德市四运运输有限公司**
业务：常德市四运运输有限公司 2001 年经"常德市第四运输有限公司"改制而成，主要从事大型汽车的起重、卸载与安装。热诚欢迎各方客户来电咨询。
地址：湖南省常德市武陵区德山洞庭北路 104 号
邮　编：415000
法　人：李务本
Tel：0736－7307528
Fax：0736－7307528

**长沙冠诚汽车用品有限公司**
地址：湖南省长沙市芙蓉区长沙三湘汽车生活广场三楼 B05、06
负责人：郭廷锦
Tel：13973185083

**湖南通源交通发展有限公司**
地址：湖南省长沙市芙蓉区五一大道 351 号省政府机关大院 9 栋 104 号
负责人：陈妮妮
Tel：13707310001

**长沙振宙物流有限公司**
业务：集运输、仓储、配送、装卸于一体，承接全国各地公路运输、铁路行包运输等业务，欢迎来电垂询。安全可靠、服务周到。
地址：湖南省长沙市星沙开发区板桥小区 13 幢 118 号
负责人：张治文　邮　编：410100
法　人：张治文
Tel：0731－82795380
15308428812
Fax：0731－82795380
E-mail：cszz1101@163.com

**郴州市湘南驾驶员培训学校**
业务：湘南驾驶员培训学校专业从事于汽车驾驶员培训。我们始终坚持"服务第一、质量第一、安全第一"的宗旨进行教学。欢迎广大学员前来报名！
地址：湖南省郴州市城东王仙岭北麓湘南学院内
负责人：李志忠……邮　编：423000
法　人：李志忠
Tel：0735－2658986
2658789

**海润汽车服务有限公司**
地址：湖南省长沙市芙蓉区中路一段 158 号 7 栋
负责人：王海涛
Tel：0731－84479188

**湖南中缘汽车服务有限公司**
地址：湖南省长沙市开福区东风路 368 号
负责人：李彤
Tel：0731－84516163

**湖南怀化辰州运输有限责任公司**
业务：湖南怀化辰州运输有限责任公司成立于 2003 年，主要从事物流运输。我们始终秉承客户就是上帝的原则，以"诚信、专业、安全"为服务宗旨，我们将竭尽全力以最安全、快捷、专业的服务令客户满意。
地址：湖南省怀化市沅陵县官庄镇
负责人：胡建平……邮　编：419607
法　人：胡建平
Tel：0745－4645526

**长沙佳翔物流有限公司**
业务：物运服务
产品：长沙至桃江往返（长沙至全国）、长沙至合肥往返（安徽全境）、长沙至南京往返（江苏全境）
地址：湖南省长沙市雨花区高桥友谊新村四小区 16 栋 7、8 号
负责人：钟进军　邮　编：410005
法　人：钟进军
Tel：15073768358
0731－82605683

**湖南绿洲物流有限公司**
地址：湖南省长沙市开福区新港镇
负责人：陆洲
Tel：0731－88902377

**浏阳生物医药园平伟货运有限公司**
地址：湖南省长沙市浏阳市生物医药园
负责人：戴剑平
Tel：0731－83282806

**辰州运输有限责任公司**
业务：本公司位于湖南省沅陵县官庄镇，公司成立于 2003 年，是一家专业的公路物流运输公司。全封闭集装箱安全、快捷，愿为你提供满意的服务。长期合作，诚信为本！承接固定整车即零担货运，欢迎新来客户洽谈！
地址：湖南省怀化市沅陵县官庄镇
邮　编：419607
法　人：吴太军
Tel：0745－4645526
Fax：0745－4645526

**湖南得道交通设施有限公司**
业务：金属浸塑隔离栅、防撞栏、防眩板、活动护栏、标志牌、反光材料
地址：湖南省长沙市远大一路东屯渡大桥东头
负责人：岳德娟　邮　编：410126
法　人：钟岳明
Tel：0731－84626613
Fax：0731－84626615
网址：www.hnddjt.com
E-mail：cnhnddjt@163.com

**长沙运诚物流有限责任公司**
地址：湖南省长沙市天心区大托镇披塘村
负责人：周运五
Tel：0731－82661099

**广东天地物流圆有限公司湖南分公司**
地址：湖南省长沙市天心区解放西路 18 号城市经典 1131 室
负责人：孟祥龙
Tel：0731－82272041

**湖南源海航运有限公司**
地址：湖南省长沙市天心区劳动路 308 号凯华大厦 4 楼 E 座
负责人：李卫红
Tel：0731－85150771

**湖南双佳汽车城有限公司**
业务：湖南双佳汽车城有限公司成立于 2000 年，现有员工 50 余人，从事汽车、摩托车的批发、零售及维修。欢迎来电垂询。
地址：湖南省耒阳市德泰隆大道双佳汽车城
邮　编：421800
法　人：邓小红
Tel：0734－4331333
Fax：0734－4335666

**长沙市岳麓区筑鑫汽车修理厂**
业务：汽车维修，汽车美容等
地址：湖南省长沙市岳麓区杜鹃路银馨家园 A3、A4 栋门面
负责人：崔正球　邮　编：410000
邮　编：崔正球
Tel：0731－88649977

**湖南新广物流有限公司**
地址：湖南省长沙市雨花区长沙大道 380 号
负责人：周新宪
Tel：13975119567

**湖南众信汽车销售有限公司**
地址：湖南省长沙市雨花区洞井镇雨花机电大市场附 2 栋 163 门
负责人：吴柏莹
Tel：13308410612

**邵阳市衡达运输有限公司**
业务：本公司成立于 2005 年，主要从事危险货物运输、普通货物运输。本着"信誉第一、顾客至上"的宗旨，竭诚为广大客户提供

快捷、周到的服务！
地址：湖南省邵阳市北塔区江北国税新村1栋3号
负责人：肖光荣 邮 编：422000
法 人：肖光荣
Tel：0739－5630018

**新疆阿凡提物流有限公司湖南分公司**
业务：运输、仓储、包装、装卸、配送、信息、专线：长沙—新疆全境，中亚五国。长沙—兰州，西宁，银川，拉萨
地址：湖南省长沙市中南物流园P08栋
负责人：安泽珠 邮 编：410000
Tel：15973150958
0731－84024861
84024860
82429609
82481569
Fax：0731－84024861
84076408

**亚欧汽车真皮内饰店**
地址：湖南省长沙市雨花区高桥乡友谊新村24栋2门一楼
负责人：吴阳民
Tel：0731－85380671
13975166861

**舒豪汽车配件商行**
地址：湖南省长沙市雨花区高桥友谊汽配市场16栋南8－10号
负责人：王冬元
Tel：0731－85790569
13808422062

**西城航空科技工业有限公司**
地址：湖南省长沙市岳麓区杜鹃路888号
负责人：张铁中
Tel：13667350811

**湖南三维医疗器械有限公司**
地址：湖南省长沙市岳麓区望城坡三组老街后
负责人：何际忠
Tel：13077318448

**益阳西思特电梯有限公司长沙分公司**
地址：湖南省长沙市岳麓区新民小区北片5栋201室
负责人：汪辉
Tel：0731－88882912

**安乡县快安汽车酷装生活馆**
业务：音响升级、车仆护理系列、航盛GPS、铁将军全系列汽车产品、专业品质无尘贴膜、一级化专车专用HID氙气大灯、专业汽车室内桑拿清洗加香、定做真皮座椅、桃木装饰、真皮PUP皮专车专用、爱车座套酷装系列、专车专用DVD导航仪
地址：湖南省常德市安乡县深柳镇围庵二组陶苑对面
负责人：马力 邮 编：415600
法 人：马力
Tel：0736－4323222
13511141128
18974220686

**上海集海航运有限公司湖南分公司**
地址：湖南省长沙市岳麓区沿江大道101号汇源大厦2603室
负责人：戴可余
Tel：0731－84890596

**长沙山湖加油设备有限公司**
地址：湖南省长沙市岳麓区银盆北路287号（原石岭塘村黄泥塘组）
负责人：周寿斌
Tel：13975147819

**安乡县顺安出租汽车有限责任公司**
地址：湖南省常德市安乡县安乡大桥东路31号
负责人：张立妃
Tel：0736－4321299

**邵阳市泓鑫电梯服务有限公司**
业务：邵阳市泓鑫电梯服务有限公司成立于2003年，主要销售电梯，以及对电梯进行维修和保养。公司依靠先进的技术，优异的质量和良好的售后服务赢得了客户的信赖和喜爱。
地址：湖南省邵阳市双清区宝庆东路轻纺市场B栋1单元101号
邮 编：422000
法 人：王桂云
Tel：0739－2367098
Fax：0739－2367098

**湖南省常德市石门县富士达电动车专卖店**
业务：富士达电动车、富士达自行车、电动三轮车、配件维修
地址：湖南省常德市石门县楚江镇梯云风尚街
负责人：韩英 邮 编：415300
法 人：韩英
Tel：0736－5160148
Fax：0736－5160148

**星轲石油实业有限公司**
地址：湖南省常德市朗州路457号
负责人：李国武
Tel：0736－7767168
13875011688

**快安运输有限公司临澧分公司**
地址：湖南省常德市临澧县安福镇西区
负责人：郭金其
Tel：13507361855

**兴源汽车运输有限责任公司**
地址：湖南省常德市桃源县漳江镇武陵西路（交通规费征知稽所对面）
负责人：陈星
Tel：0736－6688988
6631498
13975662818

**余健货运**
地址：湖南省常德市武陵区紫桥小区
负责人：余健
Tel：13908419971

**远大双楹汽车销售有限公司**
地址：湖南省郴州市嘉禾县城关镇晋屏北路98号
负责人：欧阳章柱
Tel：0735－6635516
13016105388

**郴州市永兴县爱车之道汽车服务中心**
业务：本中心集汽车美容、装璜、快修、改装一条龙服务，经营汽车轮胎，汽车用品，我们拥有专业、精湛的技术队伍，并坚持以一流的服务和最优的价位，竭诚为您服务
地址：湖南省郴州市永兴县开发区永兴大道和顺家园
负责人：蓝世孝 邮 编：423300
法 人：曹水兰
Tel：0735－5568468
13873546620
Fax：0735－5568468

**湖南省邵阳汽车运输总公司货运中心站**
业务：湖南省邵阳汽车运输总公司货运中心站主要从事货物运输、汽车发送。我们以“诚信为本、客户至上”的服务态度竭诚为您提供快捷、高效、安全的服务。
地址：湖南省邵阳市双清区叁眼井湘远总公司货运中心站
负责人：喻建良 邮 编：422000
法 人：喻建良
Tel：0739－5010188

**衡阳市衡玉汽车运输有限公司**
地址：湖南省衡阳市高新开发区丽富花苑
负责人：徐世玉
Tel：13786450850

**衡山县前程摩托车行**
地址：湖南省衡阳市衡山县白果镇楚南路
负责人：谢岳军
Tel：0734\5915693

**顺达航运有限责任公司**
地址：湖南省衡阳市衡山县开云镇观湖街38号
负责人：刘伯昂
Tel：0734－5812582
13332542789

**衡阳市南岳华渝生物工程有限公司**
地址：湖南省衡阳市南岳区长衡路246号三楼
负责人：曹枝钢
Tel：13501465053

**衡东县恒盛汽车修理厂**
业务：汽车修理
地址：湖南省衡阳市衡东县城关镇兴街东路25号
负责人：罗学森 邮 编：421400
法 人：罗学森
Tel：13707476078
0734－5224300
Fax：0734－5224300

**祁东县运输总公司货运分公司**
地址：湖南省衡阳市祁东县洪桥镇文化路附一号
负责人：邹双宝
Tel：13873496819

**湘潭安顺航运物流代理有限公司**
业务：湘潭安顺航运物流代理有限公司成立于2003年，主要从事物流运输代理、国内贸易等业务。竭诚欢迎各界朋友来电来人洽谈业务，共同合作。
地址：湖南省湘潭市十五总客运码头
负责人：曾国华 邮 编：411100
法 人：曾国华
Tel：0732－8262449
Fax：0732－8233849

**衡山县环球进口汽车维修中心**
业务：销售哈飞汽车，汽车4s服务
地址：湖南省衡阳市衡山县衡山大道（电力局对面）
负责人：宾锋 邮 编：421300
法 人：宾锋
Tel：0734－5810778

**衡阳市兆丰汽车贸易有限公司**
地址：湖南省衡阳市石鼓区团结村五组
负责人：王小松
Tel：0734－8588636

**广州嘉立电梯工程有限公司衡阳分公司**
地址：湖南省衡阳市雁峰区解放路1号（中国工商银行A座2008室）
负责人：张冠军
Tel：0734－8145286

**衡阳市玉华汽车运输有限公司**
地址：湖南省衡阳市蒸湘区长湖乡长湖村七组
负责人：林祖华
Tel：13575250880

**红星宏伟汽配批发部**
地址：湖南省怀化市红星北路158号汽配城A栋3号
负责人：齐老臭
Tel：0745－2255341
13034858238

**衡阳县西渡镇喜临门摩托车服务站**
业务：摩托车维修及配件销售
地址：湖南省衡阳市衡阳县西渡镇城西路 分店地址：山东省威海市新威路110－10号（振华商厦西门对面）
负责人：刘晓玲 邮 编：421000
法 人：刘晓玲
Tel：0734－6816168

**津市市鸿运出租车有限责任公司**
地址：湖南省津市澹津路18号
负责人：彭述安
Tel：13974263000

**超达汽车运输服务有限公司**
地址：湖南省冷水江市铎山镇王家村
负责人：段立精
Tel：0738－5791999
13307384306

**湘潭鸿业摩托车销售部**
业务：湘潭鸿业摩托车销售部自2004年成立以来，主要从事摩托车的销售。本公司所售产品都从厂家进货保证价格合理，假一陪十。欢迎各企业公司与我合作，共创辉煌。
地址：湖南省湘潭市株易路口摩托车大市场内
邮 编：411103
法 人：王拥军
Tel：0732－3283222
Mobile：13973237013
Fax：0732－3283222

**衡阳市蒸湘区精旭电梯配件经营部**
业务：电梯配件销售
地址：湖南省衡阳市华新开发区解放大道西62号俊景花园7栋404室
负责人：全元林 邮 编：421001
法 人：全元林
Tel：15873492226
0734－8152053
13699721615
Fax：0734－8152053

**道路运输装卸大队**
地址：湖南省娄底市娄星区石井乡三圭工业小区
负责人：肖端成
Tel：0738－8710366
13507388086

**海天运输有限责任公司**
地址：湖南省娄底市新化县西河镇
负责人：陈洪武
Tel：0738－3833568
13875422258

**平江县飞扬物流有限责任公司五峰铺镇分公司**
地址：湖南省邵阳市邵阳县五峰铺镇
负责人：陈坤
Tel：0739－6851661

**湖南国通运输物流有限公司**
地址：湖南省湘潭市湘潭县响水乡乐塘村九华汽车工业园
负责人：马良
Tel：13307310620

**湘潭四通汽车贸易有限公司**
地址：湖南省湘潭市雨湖区迎宾中路136号办公楼西头门面
负责人：周强
Tel：0731－52315799

**大拇指进口汽车维修服务**
业务：汽车维修、二手车交易
地址：湖南省吉首市五里牌蔬菜水果市场斜对面
负责人：陈世忠 邮 编：416000
邮 编：陈世忠
Tel：15307438516
0743－2126699
8539899

**东方实业有限公司**
地址：湖南省湘潭市岳塘区红旗商贸城G区158号
负责人：蒋中石
Tel：0731－58510888
13807326688

**桃江县鹏达汽车贸易有限公司**
地址：湖南省益阳市桃江县桃花江镇芙蓉路102号
负责人：曾海军
Tel：0737－8888708

**正兴机动车交易有限公司**
地址：湖南省永州市南水滩区珍珠路261号
负责人：严社生
Tel：0746－8229953
13944699263

**交通工程监理咨询有限公司**
地址：湖南省永州市芝山区虎啸花坛市交通局内
负责人：刘善君
Tel：13974632698

**益阳益齿变速箱铸件有限公司**
业务：益阳益齿变速箱铸件有限公司创建于2003年，位于湖南省益阳市龙洲路1号。专业生产、销售益齿系列变速箱铸件、齿轮、齿轮箱等汽车零部件。我们真诚与客户合作，热忱欢迎新老客户光临惠顾。
地址：湖南省益阳市龙洲路1号
邮 编：413000
法 人：刘志军
Tel：0737－3260218
Mobile：13973730011
Fax：0737－4300838
网址：http://yyyc.chinapyp.com

**荣华摩托车经营部**
业务：力帆牌摩托车，力帆三轮车，助力车，电动车，摩托车配件及各种车维修.
地址：湖南省冷水江市布溪社区居委会18组3幢
负责人：张华 邮 编：417500
法 人：张华
Tel：0738－5968253



**永州市华盛汽车维修有限公司**
地址：湖南省永州市芝山区南津中路
负责人：赵辉
Tel：0746－6351552

**零陵机动车驾驶培训学校**
地址：湖南省永州市职业技术学院理工电子学校
负责人：胡北
Tel：0746－6371888
6245558
13974620120

**岳阳捷安达货物运输服务有限公司**
地址：湖南省岳阳市城陵矶长江路一号
负责人：钟学高
Tel：13807305025

**华日出租汽车有限公司**
地址：湖南省岳阳市华容县城关镇章台路
负责人：周汉生
Tel：13974065771

**冷水江市玄盛汽车运输有限责任公司**
业务：承接全国各地公路普货运输；提供仓储服务
地址：湖南省冷水江市同心乡永兴村
负责人：鄢晓斌 邮 编：417500
法 人：鄢晓斌
Tel：0738－5555511
13207381111
Fax：0738－5555522

**永州香河汽车贸易有限公司**
业务：永州香河汽车贸易有限公司成立于1998年，主要从事比亚迪轿车专卖，中兴汽车回收，比亚迪汽车回收。我们以优良的质量，合理的价格、完善的服务赢得客户的信赖。热诚欢迎新老客商来我公司参观指导，并愿与您精诚合作，共创新高。
地址：湖南省永州市冷水滩区河东翠竹路3号
邮 编：425000
法 人：刘夏明
Tel：0746－8325481
Fax：0746－8325481

**华容县洪大车业有限责任公司**
地址：湖南省岳阳市华容县护城乡麻浬泗墟场23号
负责人：王中义
Tel：0730－4151818
13607405303

**东哥汽车钣金店**
业务：汽车维修服务
地址：湖南省娄底市冷水江市环城北路（冷办涟溪桥居委会）
负责人：李继东 邮 编：417000
法 人：李继东
Tel：13207385195
0738－5115588

**汨罗市罗城装卸运输有限公司**
地址：湖南省岳阳市汨罗市车站北路
负责人：杨德军
Tel：0730－3212333

**岳阳友联运输有限责任公司**
地址：湖南省岳阳市桥东大市场238号
负责人：赵立刚
Tel：13873000022

**屈原变型拖拉机有限公司**

地址：湖南省岳阳市屈原管理区营田镇
…………负责人：吴宗凡
…………Tel：13327202392

**邵阳市华强电梯有限公司**
业务：电梯销售、安装、维修保养及零配件
产品：各类电梯及电梯零配件
地址：湖南省邵阳市大详区大详坪2号综合楼D栋401室
…………负责人：曾端华　邮　编：422000
…………法　人：曾端华
…………Tel：0739－5464213
13762868248
…………Fax：0739－2999658
……网址：http://www.huaqiangdianti.cn/
……E-mail：huaqiangdianti@126.com

**(1)泸溪县同兴车行 (2)泸溪县洗溪镇同兴车行连锁店**
业务：轻骑等摩托车专卖
地址：湖南省湘西自治州泸溪县建设南路屈望新村 (2) 湖南省湘西自治州泸溪县洗溪镇
…………负责人：黎明　邮　编：416000
…………法　人：黎明
…………Tel：15274315044
15274315004

**祁阳县浯溪镇三人快运**
业务：货物运输
地址：湖南省永州市祁阳县浯溪镇康宁街20号
…………负责人：郭济艳　邮　编：426100
…………邮　编：郭济艳
…………Tel：0746－2863511

**茶陵县东阳物流运输有限责任公司**
业务：物流运输服务
地址：湖南省株洲市茶陵县秩堂乡彭家祠村
…………负责人：谭会元　邮　编：412400
…………法　人：谭会元
…………Tel：13974112348
0731－25500001

**东风汽车服务有限责任公司(东风隆回服务站)**
业务：东风汽车服务有限责任公司(东风隆回服务站)成立于2002年，是一家从事东风汽车维修及保养为一体的服务型企业。公司本着"真心诚信、高效专业、互惠互利、共同发展"的原则，不断自我完善，更好地为广大客户提供优质"一站式"服务。
地址：湖南省昭阳市隆回县桃洪镇环城路
…………邮　编：422200
…………法　人：戴海云
…………Tel：0739－8245160
…………Fax：0739－8245170

**通盛运输贸易有限公司**
业务：水路运输、公路运输、化工贸易
地址：湖南省株洲市车站路61号1座1509
…………负责人：赵见安　邮　编：412000
…………法　人：赵见安
…………Tel：0731－22214776
13907336716

**株洲市泰隆货运托运部**
业务：货物托运，邵东—邵阳—双峰往返托运；货运咨询。
地址：湖南省株洲市合泰路A区22幢1号门面
…………负责人：杨竹香　邮　编：412000
…………Tel：13786379670
0731－22796613

**湖南省株洲市摩托车行**
地址：湖南省株洲市中南摩托车大市场芦松路136号5号门面
…………负责人：罗玉梅
…………Tel：0731－28516333
13055130307

**湖南省永州市第一公交公司**
业务：湖南省永州市第一公交公司成立于1978年，从事公交客运服务。公司倡导"服务至上"的企业精神，坚持"安全、正点、整洁、舒畅，真诚服务，永恒追求"的质量方针。
地址：湖南省永州市零陵区黄古山安置市场
…………邮　编：425006
…………法　人：杨虎
…………Tel：0746－6360999
…………Fax：0746－6360999

**湖南升力电梯有限公司**

本公司是集电梯销售、安装、维修、保养等全面服务的专业电梯经营公司。公司致力于各项业务的培训与拓展。优化公司服务体系，广纳贤才，严格遵循"用户至上，信誉第一"的宗旨，为用户提供全天候、更优质的贴心服务，势力把公司建设成为一个集电梯销售、配件销售、维修保养、技术咨询等一体化的专业经营服务公司。

联系人：邓日明
电话：0731-82285579
传真：0731-82286579　电子邮件：hnsldt@126.com　www.hnsldt.com
地址：湖南省长沙市阳光100国际新城2-20-5066室　邮编：410200

**湖南省桃花江游艇制造有限公司**

湖南省桃花江游艇制造有限公司成立于1995年，本公司是一家集研发、制造、服务于一体的高科技、高性能的复合材料高速船艇生产企业，同时专业生产玻璃钢异形产品。公司主要生产的玻璃钢异形产品：1、玻璃钢防渗漏工程、水上戏水滑梯、水箱、酸碱槽罐、汽车零部件；2、玻璃钢雕塑、地球仪、IC卡电话亭以及篮球板、篮球架、乒乓球桌、室内玻璃钢石英地板等体育器具；3、玻璃钢餐桌椅、体育馆看台座椅、车站候车椅、医院候诊椅、课桌椅、休闲椅等；4、卫生桶、果皮箱、沟井盖、欧式园林花盆；5、理化实验室、学生自习桌、课桌、多媒体桌椅及其他教学设备；6、学生床铺、桌椅、公寓家具。公司本着"客户第一，诚信至上"的原则，与多家企业建立了长期的合作关系。热忱欢迎各界朋友前来参观、考察、洽谈业务。

联系人：匡卫平
电话：0737-8211668　8217863　传真：0737-8217862
地址：湖南省益阳市桃江县桃花江经济开发区
网址：www.cnthjyt.com　邮编：413400

**昆明益鑫达铸造有限公司**

本公司专营各种制动鼓、轮壳以及汽车底盘件等，系昆明益鑫达铸造有限公司湖南总代理，产品性能稳定、质量可靠。
公司成立十多年来，一直秉承"质量第一，用户至上，诚实守信"的宗旨，以优良的产品和服务来满足所有新老客户的依赖和支持。

联系人：王强　15084878884　电话：0731-2392110　4696077
电子邮件：313670597@qq.com　传真：0731-2392110
地址：湖南省长沙市长沙县星沙汽配城23栋115、116号　邮编：410001

**长沙京久泰汽配有限公司**

长沙京久泰汽配有限公司从事上海大众、别克汽车配件等产品销售，"质量第一，价格合理"，热诚欢迎新老客户光临惠顾！

联系人：张英春
电话：0731-2613591　13755101268
地址：湖南省长沙市雨花区高桥友谊汽配大市场21幢北3号
邮编：444300

**石门县蔡相君东北货运部**

石门县蔡相君东北货运部成立于2000年，本部专业从事全国各地的货物运输。公司秉承"顾客至上，锐意进取"的经营理念，坚持"客户第一"的原则为广大客户提供优质的服务。欢迎惠顾！

联系人：蔡相君
电话：0736-5169567　邮编：415300
地址：湖南省常德市石门县楚江镇园家坝居委会

**长沙市雨花区深宝电动车商行**

长沙市雨花区深宝电动车商行成立于2008年，本商行专业销售载重型深宝电动车。长沙市雨花区深宝电动车商行秉承诚信为本的经营方针，所经营的产品质量可靠，价格合理。深受广大用户的好评，拥有众多的长期合作伙伴。愿借助此平台结交有识之士，共创美好未来！

联系人：郎明
电话：0731-8155982　邮编：410000
地址：湖南省长沙市雨花区高桥大培大市场5区9栋6号

**苏湘货运服务有限公司**

苏湘货运服务有限公司是一家专业从事物流的企业。主要路线有南通——长沙。公司将秉承"客户至上，诚信服务"的宗旨，加强服务意识，为客户提供一流的品牌和服务，以追求客户满意度最大化，并超越客户期望。

联系人：蔡国荣
电话：0731-4076169　13875972387
地址：湖南省长沙市长沙县中南汽车世界物流园Y08栋112号113号　邮编：410000

**鼎城区朝辉摩托配件门市部**

鼎城区朝辉摩托配件门市部主营摩托车挡风玻璃，钱江摩托配件和长城润滑油，我公司全体员工恪守"品质第一、客户至上"的原则，热忱欢迎新老客户光临选购。

联系人：宋书军
电话：0736-7372278　13511150026　邮编：415000
地址：湖南省常德市桥南市场大圆盘（原摩配大市场8号）

## 广东省/Guangdong Province

**从化市骏达运输有限公司**
地址：广东省从化市街口镇河滨南路碧溪 6 巷 9 幢 206 铺
负责人：李先生
Tel：020－87968801

**东宏货运有限公司**
地址：广东省东莞市南城区鸿福建设路 13 号
负责人：黄敏仪
Tel：0769－22816920
13903038109

**恒头汽车用品厂**
地址：广东省佛山市南海区罗村联和工业区二区 36 号
负责人：许允
Tel：0757－86402489
13902416077

**蓬江区富航快运中心**
业务：门到门递送和运输服务
地址：广东省江门市蓬江区白石大道 27 号 105 室
负责人：陈先生　邮编：529020
法人：陈国标
Tel：0750－3116937

**汽车零部件厂**
地址：湖南省株洲醴陵市大障镇荷花村
负责人：宁远岩
Tel：13607423760

**良斌汽车贸易有限公司**
地址：湖南省株洲市茶陵县城关镇炎帝路（湘运汽车站院内）
负责人：张毛球
Tel：0731－85222728
13974133263

**株洲市泰晟物流有限责任公司**
地址：湖南省株洲市荷塘区合泰大街内侧 49 号
负责人：刘志刚
Tel：13786306299

**株洲科盟车辆配件有限责任公司**
地址：湖南省株洲市荷塘区宋家桥（车辆厂内）
负责人：易立东
Tel：0731－22807288

**湖南省醴陵市金海汽车销售有限公司**
地址：湖南省株洲市醴陵市左权路 25 号
负责人：黄海
Tel：0731－23288777

**益发摩托车配件商行**
地址：湖南省株洲市芦松区中南摩托车大市场 136 号附 23 号
负责人：易英
Tel：13873380168

**奇迹摩托车配件中心**
地址：湖南省株洲市芦松区中南摩托车市场 37－38 号
负责人：周庆丰
Tel：0731－28510287
13973305655

**广州市骏鹰车辆部件有限公司**
业务：我公司成立于 2006 年，专业生产汽车配件及摩托车配件、我公司坚持以诚为本、以诚为信的宗旨为广大客户服务。
地址：广东省从化市温泉镇政通路 168 号
负责人：杨红波　邮编：510978
Tel：020－61708356
Fax：020－61708366

**三赢货运部**
地址：广东省佛山市顺德区乐从镇团亿四排 G 座
负责人：李春燕
Tel：0757－28918897
13724927826

**广州昊夫物流服务有限公司**
地址：广东省广州保税区广保大道 201 号现代工业中心首层 02 室
负责人：王飚
Tel：020－82068642
13825192040

**潮州市枫溪区卓越货运站**
业务：福建专线：福州、莆田、泉州、涵江
地址：广东省潮州市枫溪区兴工路 18 号铁马货运中心 66－69 号
负责人：卓益兴　邮编：521000
法人：卓益兴
Tel：0768－2971447
18927141436
18927141437

**广州富创船务代理有限公司**
地址：广东省广州经济技术开发区东江大道 26 号新办公楼 308 室
负责人：洪国华
Tel：020－82089383

**广州市新从汽车配件交易市场春成汽配经营部**
地址：广东省广州市白云区白云大道北 113 号新广从汽车配件交易市场 C440
负责人：戴锡树
Tel：020－86056800
13332823005

**广州市白云区景泰祥源汽保设备经营部**
地址：广东省广州市白云区广园中路 206－208 号 B28－29 铺
负责人：谭健祥
Tel：020－86557582

**东莞市路通机动车服务有限公司**
业务：东莞市路通机动车服务有限公司成立于 2005 年，从事代办机动车业务，驾驶证业务，欢迎来电咨询，洽谈业务！
地址：广东省东莞市莞城东城西路鸿福大厦 4 号铺位
负责人：祁伟强　邮编：523000
Fax：祁伟强
Tel：0769－22336289

**潮州市开发区胜传货运中转站**
业务：广东潮州到苏州、江阴、无锡、南通、盐城及周边地区的货物运输
地址：广东省潮州市开发区凤新街道东埔村肉联厂对面
负责人：赖团胜　邮编：521000
法人：赖团胜
Tel：13715758078
0768－2851303
2851523
Fax：0768－2851523

**广州市运输交易市场（沙太）源兴货运部**
地址：广东省广州市白云区黄庄北路 121 号
负责人：魏长华
Tel：020－87098950
13922206161

**广州市运输交易市场（沙太）飞马货运部**
地址：广东省广州市白云区黄庄北路 15 号沙太货运站 5A05 档
负责人：魏穗安
Tel：020－87200799
13902207533

**万鑫货运部**
地址：广东省广州市白云区沙太路 1018 号白云综合货运中心金浮停车场 2 号楼 B 档
负责人：涂少杰
Tel：020－87278133
138027770797

**广州禾理机车配件有限公司**
地址：广东省广州市白云区远景路 67 号 B 栋 1305 房
负责人：何俊杰
Tel：020－86079702
13710667338

**重庆恒胜摩托车销售有限公司广州分公司**
地址：广东省广州市从化市街口街河滨南路 3 号
负责人：黄天安
Tel：020－87807298

**饶平县开来阳光电动车超市**
业务：雅迪电动车的销售
地址：广东省潮州市饶平县黄冈镇顶宫新路八之四
负责人：曾汉城　邮编：521000
法人：曾汉城
Tel：15913009999
0768－8866099

**广州市慧力摩托车零部件有限责任公司**
地址：广东省广州市从化市街口街河东七星路 58 号之二
负责人：曾小慧
Tel：020－33218627

**广州市山峰车业有限公司**
地址：广东省广州市从化市街口镇新城西路旺城开发区未编号三楼
负责人：陈正国
Tel：020－87977965

**广州市从化锦宏摩托车销售中心**
地址：广东省广州市从化市联发摩托车市场第六幢第 3、4、5 单位
负责人：钟瑞英
Tel：020－87987166

**东莞市茶山龙凤自行车店**
业务：自行车零售
地址：广东省东莞市茶山镇增埗村麒麟城
负责人：林放凯　邮编：523003
法人：林放凯
Tel：0769－84695363
13712126011

**广昌天伟物流有限公司**
业务：天伟物流有限公司是专业从事家电产品，物流采供仓储、装卸运输，信息处理一体化的综合型现代化第三方物流公司，成立以来，秉承质量是生存之道，客户至上，服务第一的宗旨，拥有多家大中型企业合作伙伴。主要有：科龙，美的，中山东乐。合公司发展得到进一步的提高。
地址：广东省佛山市顺德区龙江镇丰华南路沙富居委会旁
邮编：528318
法人：李天禄
Tel：0757－23389215
Fax：0757－23875715
网址：www.tianwei56.cn

**广州市中速物流有限公司**
地址：广东省广州市东山区东华东路 630 号 101 房
负责人：张广文
Tel：020－88343123

**东莞市骏坚润滑油有限公司**
业务：车用、工业润滑油、轮胎、电池、汽车装饰品
地址：广东省东莞市长安镇沙头西大街 78 号
负责人：伍柏枝　邮编：523003
法人：伍柏枝
Tel：0769－85320128
85320138
Fax：0769－85320138
网址：http://www.51zzt.com/user/zzt34703

**广州市东山区梅花园鸿盛汽车快修店**
地址：广东省广州市东山区东华南 162 号首层
负责人：黄田生
Tel：020－83793075

**东莞市长安创业通汽车信息咨询服务部**
业务：汽车信息咨询服务
地址：广东省东莞市长安镇新安横岗头横增路 3 号
负责人：黄光富　邮编：523003
法人：黄光富
Tel：0769－81888911

**广州五州国际船舶代理有限公司广州分公司**
地址：广东省广州市东山区环市东路 362－366 号好世界广场 1009 室
负责人：钟新明
Tel：020－61004669

**广州市园林水荫机动车检测站**
地址：广东省广州市东山区环市东水荫路 70 号
负责人：林秀岳
Tel：020－37597802

**深圳市海通国际物流有限公司东莞分公司**
业务：公司主要承办海运、陆运、空运进出口货物的国际运输业务，并提供订舱、报关报检、仓储、汽车运输、保险等一条龙专业的服务，表现胜于承诺，真诚期待与您的合作分享您的成功。
地址：广东省东莞市长安镇新安横增路富源商务中心 1104 室
负责人：林俊吉 邮编：523850
法人：林俊吉
Tel：0769－81503371
Fax：0769－81503306

**广州市江盈货物运输代理有限公司**
地址：广东省广州市东山区共和二巷 28 号 106 房
负责人：李宏捷
Tel：020－85522379

**广州市荔湾区骏美汽车服务中心好世界大厦分店**
地址：广东省广州市东山区环市东路 362－366 号第四层第 54－61 号停车位
负责人：梁韶光
Tel：020－83752127

**广州市东山区冠达代办运输服务部**
地址：广东省广州市东山区明月二路二巷 23 号 101 室
负责人：马赞阳
Tel：020－87379370

**东山区腾达摩托车配件商店**
地址：广东省广州市东山区中华广场负一层 E68 档
负责人：郑祖志
Tel：020－83738842

**兴发汽车配件店**
地址：广东省广州市番禺区灵山镇环城东路锦江苑二期 8 号铺
负责人：梁钊发
Tel：020－84991075

**东莞市常平荣盛汽车维修厂**
业务：二类机动车维修
产品：汽车维修
地址：广东省东莞市常平镇横江厦村土名庙前 5 号厂
负责人：周怀福 邮编：523003
法人：周怀福
Tel：0769－81182666
13549445556
Fax：0769－81182698
网址：www.rsqx001.chinapyp.com
E-mail：zhuohuaifu@163.com

**广州发记物流咨询服务有限公司**
地址：广东省广州市番禺区清河东路 319 号区府审批中心 405 室
负责人：刘泽强
Tel：020－84648495

**广州市番禺泰业汽车维修厂**
地址：广东省广州市番禺区沙湾镇龙岐村龙福路一排一号
负责人：文灿添
Tel：020－34879028

**康田摩托车有限公司**
地址：广东省广州市番禺区沙湾镇三善村石良路 1416 号安乐园
负责人：张守信
Tel：020－84745685
13928742692

**东莞市大岭山君豪自行车厂**
业务：折叠自行车的生产、组装及销售
产品：折叠自行车
地址：广东省东莞市大岭山镇杨屋村第三工业区 4 组 082 号
负责人：冉军 邮编：523003
法人：冉军
Tel：13418316604
0769－81150257
Fax：0769－81150257

**东莞市东城老人头汽车服务连锁东莞旗舰店(车喱子洗车店)**
业务：汽车美容服务以及各项汽车相关咨询服务
地址：广东省东莞市东城区东泰花园景湖春晓 53 栋 6－8 号铺
负责人：张炜锟 邮编：523003
法人：张炜锟
Tel：13713339688
0769－21686677

**广州市番禺区泰达物流设备营业部**
地址：广东省广州市番禺区市桥北桥路 108 号
负责人：邵鉴彬
Tel：020－34815716

**广州市番禺乘用汽车技术维修服务店**
地址：广东省广州市番禺区市桥大北路 416 号
负责人：杜锦新
Tel：020－84690276

**佛山市顺德区途骏汽车维修服务有限公司**
业务：顺德区途骏汽车维修服务有限公司成立于 2006 年，主要经营汽修服务，为广大客户提供优质服务。
地址：广东省佛山市顺德区容桂新区江南路 2 号
负责人：梁远华 邮编：528305
法人：梁远华
Tel：0757－26623839
28896023
Fax：0757－28992052
网址：www.mtw28400.chinapyp.com

**广州市腾航实业有限公司**
地址：广东省广州市番禺区市桥富华东路 118 号二楼
负责人：李继威
Tel：020－34813681

**广州市瀛富船务货运代理有限公司**
地址：广东省广州市番禺区市桥富华东路 339 号永乐大楼 5 楼
负责人：孙洁
Tel：020－84641889

**东莞市虎门骑驿自行车店**
业务：主营：自行车
地址：广东省东莞市虎门镇人民中路 62 号铺位
负责人：吴学勋 邮编：523003
法人：吴学勋
Tel：0769－81684122
13712111412

**广州市缔客航海设备有限公司**
地址：广东省广州市番禺区市桥西城路 122 号
负责人：翟凤良
Tel：020－84601891

**广州丰田汽车有限公司工会委员会**
地址：广东省广州市番禺区市桥镇清河东路 338 号十二楼
负责人：乔亚东
Tel：020－39398827

**广州市番禺远达货运代理服务部**
地址：广东省广州市番禺区鱼窝头镇大同村乐家宜路为民街三巷 1 号
负责人：蔡伟强
Tel：020－34800660

**东莞市寮步宾悦汽配商行**
业务：销售江淮、瑞风、瑞鹰、祥和、宾悦的全车配件
地址：广东省东莞市寮步镇下岭贝村东莞市百业国际汽配城百业三街 44 号
负责人：杨志彬 邮编：523000
法人：杨志彬
Tel：0769－81190725
15917651756

**龙飞扬物流有限公司**
地址：广东省广州市芳村区芳村大道西 681－693 号 16 铺
负责人：尹森泉
Tel：020－62110433
13602853191

**广州市海珠区凯达运输服务部**
地址：广东省广州市海珠区洪德路洪德七巷 55 号
负责人：张红
Tel：020－84163682
13602876475

**东莞市南城孟源货运代理服务部**
业务：物流，以珠三角为主的国内货物托运
地址：广东省东莞市南城区石鼓宝石东路 1 号 A 区 32 号
负责人：孙录云 邮编：523003
法人：孙录云
Tel：0769－86228844
13434080555

**广州市海珠区宝航船舶配件经营部**
地址：广东省广州市海珠区新港西路 239 号华乐苑 B2106 房
负责人：王崇国
Tel：020－84214568
84214568

**广州市飞翔运输有限公司**
地址：广东省广州市海筑区广州大道南天雄运输配载服务中心 29 档
负责人：邬至为
Tel：020－89802307
13500032249

**广东天誉国际货运物流有限公司花都分公司**
地址：广东省广州市花都区花东镇花都大道九湖村一商巷 11 号
负责人：甘琪枫
Tel：020－85263999

**广州市速邦货运代理服务有限公司**
地址：广东省广州市花都区花东镇商业路速邦大厦
负责人：李业君
Tel：020－86133359
13824435858

**广州市花都区狮岭骏达汽车美容中心**
地址：广东省广州市花都区狮岭镇杨赤路一街皮革城东面 200 米
负责人：刘秀云
Tel：020－86928222
13902397298

**东莞市桥头源记五金加工店**
业务：CNC 数控车床加工，主要生产汽车零配件及各种五金配件.
地址：广东省东莞市桥头镇新城路工商南街 38 号一、二楼
负责人：庄望源 邮编：523530
法人：庄望源
Tel：13215334809
0769－82369335
Fax：0769－82369335

**东莞市清溪顺景叉车吊车装卸公司**
业务：提供 3－15 吨叉车出租，8－300 吨吊车出租，专业搬厂，货柜装卸，重型机械吊装，移位，定位，设备上下楼，货物搬运，二十四小时提供服务
地址：广东省东莞市清溪大利翠榕苑 26 号
负责人：袁考 邮编：523000
法人：袁考
Tel：13712364118
13600294578

**联盛发物流(东莞)有限公司**
业务：深圳，东莞，广州，中山←→厦门，漳州，泉州，福州，整车，零担，大型机械设备运输
地址：广东省东莞市塘厦镇科苑工业城利沣物流货运中心 B001
负责人：孙建财 邮编：528710
邮编：孙建财
Tel：0769－87848166
Fax：0769－87848177
网址：www.lsfwl.com

**东莞市塘厦恒基自行车配件加工厂**
业务：自行车配件加工
地址：广东省东莞市塘厦镇石马村塘天南路 67 号厂房首层 B 区
负责人：李秋生 邮编：523003
法人：李秋生
Tel：13712589966

**广州市平生船用配套物资有限公司**
地址：广东省广州市黄埔区港前路 5 号大院
负责人：熊平生
Tel：020－82282533
13922458486

**广州经济技术开发区新生叉车配件经营部**
地址：广东省广州市黄浦区夏园华夏商业中心 2950 号
负责人：杨春茂
Tel：020－82223455

**祥星汽车电器厂**
地址：广东省广州市黄石路马务联和工业区 1 号
负责人：钟文新
Tel：020－36300707
13302285772

**广州市新富佳货运有限公司**
业务：广州市新富佳货运有限公司成立于 2001 年，从事全国普通货物运输，愿与社会各界合作，共创新天地！
地址：广东省广州市白云区石井镇凰岗路段恩明市场 B2－4 档
负责人：蒋财春 邮编：510430
法人：蒋财春
Tel：020－86422438
Fax：020－86400196

**广州市运输交易市场吉事多货运部**
地址：广东省广州市开河区沙太路荣发停车场东区 31 号
负责人：张水清
Tel：020－37380906
13054415588

**1. 东莞市粤发货物运输代理服务部 2. 东莞市长安镇涌头宏业北路 11 号图强大厦 17、18 号铺**
业务：仓储、货运服务
地址：广东省东莞市万江区国通货运中心 G 区 15－17 号
负责人：季松松 邮编：523003
法人：季松松
Tel：0769－22024247
88036028

**广州中环货运服务有限公司**
地址：广东省广州市荔湾区环市西路黑山三街 20 号综 118 铺
负责人：林锦雄
Tel：020－38865682

**广州宏河货运服务有限公司**
地址：广东省广州市太和镇黄庄北路 15 号沙太货运站 5B11 铺位
负责人：谢先生
Tel：020－87430087
13802938195

**东莞市樟木头劲强摩配公司**
业务：销售摩托车配件，樱花轮胎东莞总代理
地址：广东省东莞市樟木头镇石新莞樟东路 25 号铺
负责人：魏宝培 邮编：511700
Tel：13112867993
0769－87702318
87703268

**东莞市樟木头天地线汽车维修行**
业务：专业维修各种品牌小轿车
地址：广东省东莞市樟木头镇圩镇笔架山路 1－3 号
负责人：庾文广 邮编：523003
法人：庾文广
Tel：0769－87186188

**佛山市禅城区佛安特工控电子厂**
业务：电梯控制电路板
地址：广东省佛山市禅城区汾江北路 36 号 8 座自编西 1 号二楼之二
负责人：赵善荣 邮编：528000
法人：赵善荣
Tel：13702933568
0757－83785093
网址：http://www.51zzt.com/user/zzt33304

**威骏汽车贸易有限公司**
地址：广东省广州市天河区长亚长兴路工业区 13 号
负责人：李定清
Tel：020－87058188
87058186
87058029
13926499168

**广州市天河稳达汽车维修中心**
地址：广东省广州市天河区恒福路 155 号自编西侧之二
负责人：张秀霞
Tel：020－83506086

**广州市天河恒泰汽配经营部**
地址：广东省广州市天河区恒福路自编 7－12 号大院 1 号楼 3 号档
负责人：潘梅
Tel：020－83494658

**广州市隆福汽配中心华天经营部**
地址：广东省广州市天河区永福路 45 号大院隆福汽配中心 A33 号
负责人：李满园
Tel：020－61083130

**广州市隆福汽配中心恒奥汽配商行**
地址：广东省广州市天河区永福路 45 号大院隆福汽配中心 C 区 58 号铺
负责人：李文玲
Tel：020－83497055

**深圳市锦程国际物流有限公司广州分公司**
地址：广东省广州市越秀区中山六路 2 号自编 1506 室
负责人：陈怡
Tel：0755－26429067

**荔城骏朗汽车用品厂**
地址：广东省广州市增城区荔城镇五星村田心
负责人：郑伯棉
Tel：020－82722768
13809289863

**佛山市禅城区全驰货运部**
业务：承接国内货运
地址：广东省佛山市禅城区货站路交通运输配载市场 110 号
负责人：郭兰英 邮编：528000
法人：康利强
Tel：0757－82819263

**佛山市禅城区思宇货运物流服务部**
业务：货物运输(广东－北京、上海、南宁、杭州专线)
地址：广东省佛山市禅城区江湾二路 12 号联运配载中心 18 铺
负责人：孙立新 邮编：528000
法人：孙立新
Tel：13202364611
0757－82772396

**广州广新汽车客运站有限公司**
地址：广东省广州市增城市新塘镇广深公路东华路段

负责人：何列纯
Tel：020－82766161

## 五州汽车运输有限公司
业务：五州汽车运输有限公司成立于 2005 年，主要承接汽车货运服务。公司为广大客户提供全天候安全、快捷、方便的服务，我们将为满足客户的需求作出不懈的努力。
地址：广东省河源市连平县忠信镇忠信大道（曾建周）
邮 编：517139
法 人：曾朝霞
Tel：0762－4552478
Mobile：13902636473

## 佛山市禅城区胜邦物流货运部
业务：物流
地址：广东省佛山市禅城区张槎槎湾路大沙第北工业区 28 号之一五洲通物流中心 78 号之一
负责人：陈来发 邮 编：528000
法 人：陈来发
Tel：13527715256
0757－82026087

## 佛山市高明区荷城区三丰货运服务部
业务：主要经营货运服务
地址：广东省佛山市高明区荷城街道高明大道东欢成一巷 119 号
负责人：卢伟明 邮 编：528000
法 人：卢伟明
Tel：13702853575
0757－88509100
Fax：0757－88509233

## 佛山市南海力超摩托车有限公司
业务：摩托车配件销售
地址：广东省佛山市南海区大沥广佛路边原旧车站育英路西侧第 1、2、3 号商铺
负责人：陈颂华 邮 编：528000
法 人：陈颂华
Tel：0757－85520048
13809208858
网址：http://www.51zzt.com/user/zzt34834

**广州市亿俊汽车销售有限公司**
地址：广东省广州市增城市新塘镇南安村路段（太平洋海鲜城东侧 7－15 号）
负责人：廖艺东
Tel：020－82683398
13602223368

**增城市新塘镇皖力叉车配件经营部**
地址：广东省广州市增城市新塘镇太平洋工业区华兴商业街 16 号
负责人：王坤
Tel：020－82604549
13825111584

**惠州市联捷国际船舶代理有限公司惠东分公司**
地址：广东省惠州市惠东县港口镇台风山下
负责人：邹雄兵
Tel：0752－8569016

**港口经营有限公司**
地址：广东省茂名市茂港区炮台码头
负责人：黄信好
Tel：0668－2688905
2686177

**梅州坤鑫汽车销售有限公司**
地址：广东省梅州市五里亭（原拯救队）
负责人：黎湘雄
Tel：0753－2380970

**胜一汽车修理厂**
地址：广东省清远市佛冈县石角镇 106 国道
负责人：叶胜一
Tel：0763－4200871
13318622952

## 惠强运输有限公司
业务：惠强运输有限公司成立于 2005 年，现有员工 18 人，从事公路运输货物。安全准时收费合理是我们的服务宗旨，热情欢迎新老客户来人来电垂询。
地址：广东省江门市会城镇德汉街 25 号 1 座 107
邮 编：529100
法 人：徐秋林
Tel：0750－6331199
6330877
Fax：0750－6112678

## 佛山市南海祈尔福物流货运部
业务：南海至湖北全省陆运
地址：广东省佛山市南海区大沥谢边货站路易运物流市场 B 区 52 号商铺
负责人：郑小红 邮 编：528000
法 人：陈海波
Tel：13392783983

**潮南区新一步实业有限公司**
地址：广东省汕头市潮南区胪岗新一步大厦
负责人：吕楚钦
Tel：13536925808

0754－82802173

**汕头叉车总汇**
地址：广东省汕头市潮汕路金园工业城汕头方向 100 米处（森发木业铺面 1－5 号）
负责人：余建平
Tel：13902738454

## 佛山市南海区九江盈信汽车维修部
业务：汽车维修、汽车配件销售
地址：广东省佛山市南海区九江镇上东腾滘村二组（梁永佳商铺之一）
负责人：车金均 邮 编：528000
法 人：车金均
Tel：0757－81862473
13928631307

## 佛山市南海区里水陈家锋汽配加工厂
业务：汽配加工、销售
地址：广东省佛山市南海区里水镇河村墨园街 5 巷 10 号
负责人：陈家锋 邮 编：528200
法 人：陈家锋
Tel：0757－86199931
13433284160

## 佛山市南海区日记汽车培训信息咨询服务部
业务：汽车培训信息咨询
地址：广东省佛山市南海区狮山俊景花园凤凰亭 H 区 C 座 14 号商铺
负责人：曾日洪 邮 编：528000
法 人：曾日洪
Tel：0757－81202863

**文志实业有限公司**
地址：广东省汕头市潮阳区和平镇新和居委会
负责人：孔德文
Tel：0754－82255183

**金环汽车配件商行**
地址：广东省汕头市金园区金湖路 37 号 1 座 014－015 号铺面
负责人：林学腾
Tel：0754－82121888
88511118

**捷安旧机动车价格评估事务所有限公司**
地址：广东省汕头市龙湖区朝阳庄中区广发商住楼 B 座 503 房
负责人：林为忠
Tel：0754－88831388

**深圳市速达快递有限公司**
地址：广东省深圳市宝安区 74 区布心二村六巷八号 1 楼
负责人：朱国旗
Tel：0755－27961153

**深圳市汇通汽车贸易有限公司技术服务中心**
地址：广东省深圳市宝安区宝城 13 区蚝业村工业大厦首层
负责人：宁志良
Tel：0755－27833206

**新安来福汽车修配厂**
地址：广东省深圳市宝安区宝城 18 区洪浪南 68 号厂房一楼
负责人：李思宇
Tel：13802277772

## 远丰汽车运输有限公司
业务：远丰汽车运输有限公司成立于 2004 年，主要从事成品油（柴油、汽油）运输。公司凭着"可靠的产品质量、现代化的经营理念、完善的售后服务"赢得广大客户的信赖，我公司愿以真诚专业的服务与客户朋友建立合作，共同发展。
地址：广东省茂名市油城五路 9 号大院 1 栋 3 楼
邮 编：525000
法 人：杨金星
Tel：0668－2898912
Fax：0668－2898912

## 广州创元物流有限公司
业务：物流服务
产品：内贸集装箱
地址：广东省佛山市南海区西樵碧玉山庄校前路 158 号 2 楼
负责人：张小凤 邮 编：528000
法 人：张小凤
Tel：0757－86855666

## 佛山市南海区信得货运服务部
业务：广东至云南物流专线
地址：广东省佛山市南海区盐步平地佛云物流有限公司停车场 A07 档
负责人：马建伟 邮 编：528000
法 人：马建伟
Tel：0757－85793334
Fax：0757－85793341

**聚车城汽车沙板修配厂**
地址：广东省深圳市宝安区宝城 33 区新安三路 174 号
负责人：张发勇
Tel：0755－27589559
13600198221

**新安深义货运代理部**
地址：广东省深圳市宝安区宝城 40 区安乐园十栋首层
负责人：龚苏平
Tel：0755－27883548
13600149687

**新安远达货运代理服务有限公司**
地址：广东省深圳市宝安区宝城 45 区创业一路西一巷 108 号
负责人：蔡志远
Tel：13502551707

## 佛山市顺德区北滘镇车驰顺科汽车音响维修店
业务：汽车音响维修
地址：广东省佛山市顺德区北滘居委会君领世纪花园 58 号铺
负责人：潘文辉 邮 编：528000
法 人：潘文辉
Tel：0757－22398165

## 佛山市一邦速递有限公司
业务：经营国内外速递（包括港、澳、台）。另外为客户提供方便、安全、快捷的代收货款服务，而且开通广东省内全境代签回单服务
地址：广东省佛山市顺德区大良联兴街 25 号
负责人：韦练春 邮 编：528000
法 人：韦练春
Tel：13727351903
0757－22665809
22665801
Fax：0757－22665801

## 佛山市顺德区中通速递大良营业部
业务：速递、快递
地址：广东省佛山市顺德区大良镇同晖路十六街 6 号
负责人：贺祥 邮 编：528000
法 人：贺祥
Tel：13823451833
0757－22625178

**深圳市源升达汽车维修服务有限公司**
地址：广东省深圳市宝安区宝城 76 区丽景城 4 幢 106
负责人：叶淦辉
Tel：0755－27365699

**深圳市世才速递有限公司**
地址：广东省深圳市宝安区福永街道兴围村兴业一路 162 号
负责人：陈荣钦
Tel：0755－27772601

**深圳市华锐运通快递有限公司**
地址：广东省深圳市宝安区福永镇福中路 76 号首层
负责人：何向忠
Tel：13556856361

**深圳市宝安区福永镇信光叉车门市部**
地址：广东省深圳市宝安区福永镇怀德村
负责人：周俊明
Tel：0755－27385899
13602570855

## 深圳市鹏捷达货运代理有限公司顺德分公司
业务：货运代理
地址：广东省佛山市顺德区乐从镇龙威材料城南区物流中心 A6 座后三排
负责人：薛宏明 邮 编：528000
法 人：薛宏明
Tel：15820656198
0757－29230267
Fax：0757－29230267

## 佛山市顺德区乐从镇广蒙货运代办服务部
业务：专业从事普通货运、货运代理（代办）、货运配载服务，我们拥有畅通的货运物流系统，我们将竭诚为您提供优质的货运服务。
产品：内蒙古专线
地址：广东省佛山市顺德区乐从镇龙威家具材料城南区 A2 座首层 16 号仓
负责人：弓永胜 邮 编：528000
法 人：弓永胜
Tel：0757－28915805
Fax：0757－28912652

**帆达货物运输有限公司**
地址：广东省深圳市宝安区福永镇怀德村怀德南路翠岗五区
负责人：刘小姐
Tel：0755－27332818

**深圳市华益装卸服务有限公司**
地址：广东省深圳市宝安区福永镇兴围中十二巷五栋一楼
负责人：李庆洪
Tel：0755－27503833

## 韶关市粤北工业开发区中顺汽车修配中心
业务：韶关市粤北工业开发区中顺汽车修配中心成立于 2003 年，主要从事小车的修理。"信誉第一，技术精湛，服务周到"，热诚欢迎新老客户惠顾。
地址：广东省韶关市南郊二公里半
邮 编：512027
法 人：黄观清
Tel：0751－8287559
Fax：0751－6177761

## 佛山市顺德区乐从镇顺泉货运代办服务部
业务：货运代办服务，货运线路：佛山－厦门－泉州
地址：广东省佛山市顺德区乐从镇沙滘居委会振东二路南十七巷 1 号
负责人：龚认荣 邮 编：528000
法 人：龚认荣
Tel：13143583666
0757－28782659

## 佛山市顺德区豪亿货运代理有限公司
业务：货物运输
地址：广东省佛山市顺德区乐从镇水藤木材市场 8 排 D 座西路 7 号
负责人：湛建林 邮 编：528000
法 人：湛建林
Tel：15017442777
0757－28109851

**深圳市盛吉泰国际货运代理有限公司**
地址：广东省深圳市宝安区福永镇兴业一路 128 号首层
负责人：张清
Tel：0755－27459378

**深圳市全晟货运服务有限公司**
地址：广东省深圳市宝安区公明镇长春路宏江阁 B－302 室
负责人：李荣生
Tel：0755－27103611

**公明又一车汽车维修中心**
地址：广东省深圳市宝安区公明镇将石南庄工业区第八栋
负责人：麦伟斌
Tel：0755－27132013
13802707322

**北方成义货运**
地址：广东省深圳市宝安区观澜桂花惠民一路交管所侧成义货运
负责人：张成义
Tel：0755－27995509
13823187973

## 佛山市顺德区乐从镇林安货运代办服务部
业务：货运代办，广州－闽北专线，三明、南平、近瓯、近阳、五夷山、蒲城、松溪、镇和、邵武
地址：广东省佛山市顺德区乐从镇团亿国际家具城 C 座三层 3003 号
负责人：林槿 邮 编：528000
法 人：林槿
Tel：0757－26255145
28781768
15976645916

## 佛山市顺德区龙江镇钟兆胜腾飞电动车配件批发部
业务：电动车配件
地址：广东省佛山市顺德区龙江镇沙富村委会沙富大道永建巷 6 号
负责人：钟兆胜 邮 编：528000
法 人：钟兆胜
Tel：0757－2389845

## 佛山市顺德区容桂澳星汽车美容服务部
业务：汽车美容服务
地址：广东省佛山市顺德区容桂中华路 34 号首层
负责人：林慰峰 邮 编：528000
法 人：林慰峰
Tel：13068666350
0757－28315702

**顺盟车料有限公司**
地址：广东省深圳市宝安区观澜镇牛湖石二村小组菠萝排工业区
负责人：冷冬益
Tel：0755－28084269
13823355418

**和安国际贸运代理有限公司**
地址：广东省深圳市宝安区广东省深圳市机场物流园区国内货运村二层 206 单元
负责人：徐颂峰
Tel：0755－27772044
13823180206

**高要市南岸运成运输服务队**
业务：广东省内货物运输（主要是珠三角、东莞、深圳、广州等城市货运）以及货车、面包车货物速送
地址：广东省高要市南岸振兴一路 4 号
负责人：林炳锋 邮 编：526060
法 人：林炳锋
Tel：13822633440
0758－8369227
Fax：0758－8369227

**深圳市天硕货运代理有限公司**
地址：广东省深圳市宝安区机场兴围村兴围中十三巷八号一楼
负责人：奚琴娣
Tel：0755－27519696

**深圳市宝安区龙华慎达货物装卸服务部**
地址：广东省深圳市宝安区龙华镇花园新村 20 栋 507 室
负责人：姚沅令
Tel：13602635156

**深圳市鼎达成吊装运输有限公司**
业务：深圳市鼎达成吊装运输有限公司成立于 1999 年，主要从事吊装运输。安全、快捷、优良、经济是为您服务的宗旨，欢迎广大朋友来电洽谈业务、共同合作！
地址：广东省深圳市宝安区观澜镇牛湖工业区
负责人：付裕 邮 编：518000
Tel：0755－29836683

**旺东实业有限公司**
地址：广东省深圳市宝安区龙华镇清湖村清华东路 132 号 1－3 层
负责人：陈玉磊
Tel：0755－27045666
13501583666

**广州骏翼货运代理有限公司**
业务：全国货运物流
地址：广东省广州市白云区鹤龙一路 32 号厂内第 3 幢自编 7D02 房
负责人：陈涛 邮 编：510130
法 人：陈涛
Tel：13710148848
13826435811

**新干县奔力物流服务有限公司**
业务：物流、仓储、配送
地址：广东省广州市白云区太和镇大沥村三社 23 号
负责人：刘洪 邮 编：510130
法 人：刘洪
Tel：020－87425911
28245041
13609735863

**广州市泰威汽车零部件有限公司**
业务：专业从事汽车零部件、汽车用橡胶制品设计生产加工销售，我们以丰富的生产经验和不懈的追求，与时俱进的精神，真诚欢迎新老客户惠顾！
产品：汽车散热器密封条，机油冷器，各类汽车用橡胶件
地址：广东省广州市番禺区石基镇塱边村加宏路 2 号 B 房
负责人：徐正合 邮 编：511450
法 人：徐正合
Tel：020－84553889
13826464796
Fax：020－84552123
E-mail：xuzhenghe80@163.com

**广州德泰物流有限公司**
业务：代办货物运输手续、代办仓储手续；普通货物装卸、搬运；物流信息咨询
地址：广东省广州市黄埔区港前路 303 号六栋 404 房
负责人：周花 邮 编：510130
法 人：周花
Tel：020－82280500

**广州澳鹰运输服务有限公司**
业务：运输服务
地址：广东省广州市黄埔区广新路沙尾基 B 栋 322 房
负责人：尤建德 邮 编：510130
法 人：尤建德
Tel：020－82388825
82388824
Fax：020－82388896

**深圳博尧科技发展有限公司**
地址：广东省深圳市宝安区龙华镇人民北路风和日丽花园 25 栋 704
负责人：邓兴宏
Tel：0755－28178164
13066925989

**龙华丰菱叉车配件行经营部**
地址：广东省深圳市宝安区龙华镇潭罗新村报刊亭转叉车公司
负责人：林伟
Tel：0755－28176606
13088849727

**日发汽车修配厂**
地址：广东省深圳市宝安区沙井镇沙井路 341 号
负责人：陈振新
Tel：0755－27208148
13713899988

**华宇四海货运有限公司**
地址：广东省深圳市宝安区沙井镇上南林埔工业区（上南交站斜对面）
负责人：孙思源
Tel：13802566360

**深林车业有限公司**
地址：广东省深圳市宝安区沙井镇上星第二工业区
负责人：孙木钗
Tel：0755－27271903
13925216333

**深圳市国邦货运代理有限公司**
地址：广东省深圳市宝安区深圳机场兴围兴华路北 36 号
负责人：张邵军
Tel：0755－27777910

**广州市华信货运代理有限公司**
业务：代办货运输手续，代办仓储手续
产品：集装箱沿海运输
地址：广东省广州市黄埔区祥顺街五巷 1 号 301 房
负责人：陈洛钦 邮 编：510725
法 人：陈洛钦
Tel：020－62953949
13533389646
Fax：020－62953936
E-mail：clq563548411@163.com

**苏通物流有限公司**
业务：物流服务
地址：广东省广州市太和镇锦邦货运市场 D2101、广东省市东凤镇 105 国道收费站东侧天润物流 16 栋 6 号
负责人：余杨
法 人：余杨
Tel：020－62139566
0760－86170802
22620207

**广州市白云区黄石丽龙汽车用品商行**
业务：从事汽车大包围、定风翼、迎宾踏板、后护板、车身饰条、车窗饰条、外门拉手和布椅套、颈枕、抱枕、方向盘套等挂饰用品。
地址：广东省广州市天河区永福路倚云广场 D125 档袁斌收转－32760618
负责人：凡洪柏 邮 编：510130
Tel：13428839088
020－32760618

**深圳市众望汽车护理连锁有限公司**
业务：深圳市众望汽车护理连锁有限公司是一家经"中国连锁经营协会"核准可在全国开展特许加盟连锁经营的企业，专门从事汽车护理，汽车美容护理产品及设备的开发与应用，运用高效科学管理手段连锁经营的汽车护理专业公司。公司拥有自主知识产权的达到国际先进水平的蒸汽洗车系列设备技术。
地址：广东省深圳市福田区华强北路上步工业区 202 栋 6 楼东座
邮 编：518028
法 人：邓小宝
Tel：0755－83212999
Fax：0755－83258312
网址：www.smmhl.com

**松岗神龙叉车配件经营部**
地址：广东省深圳市宝安区松岗镇汽车站一条街地铺 69 号
负责人：张华
Tel：0755－27096727
13924586316

**全顺通运输服务有限公司松岗分公司**
地址：广东省深圳市宝安区松岗镇燕川村越华工业园 SB 栋 104－106
负责人：伍小姐
Tel：0755－27059368

**深圳市奔特电动车科技有限公司**
地址：广东省深圳市宝安区西乡 9 围俊亿第二工业园
负责人：黄鸯鸯
Tel：0755－29975878
13148861382

**深圳市越丰物流有限公司**
地址：广东省深圳市宝安区西乡草围村三巷居民西侧
负责人：潘瑞芬
Tel：0755－27517482

**立通货运**
地址：广东省深圳市宝安区西乡镇新安四路 344 号 301 室
负责人：欧阳朝海
Tel：0755－27930726

**天际货运代理有限公司**
业务：货运代理、物流
地址：广东省广州市越秀区东风东路 699 号港澳中心 1606
负责人：兰天 邮 编：510180
法 人：兰天
Tel：020－62823855
13924005858
Fax：020－62823848
网址：www.tianji－logistics.com
E-mail：tianji－logistics@hotmail.com

**和平县嘉和汽车维修中心**
业务：汽车维修、汽配销售
地址：广东省河源市和平县阳明镇珊平大道 47 号
负责人：王小岳 邮 编：517001
法 人：王小岳
Tel：0762－5658998
13539117698

**连平县忠信镇三龙物流货运站**
业务：货物运输服务
地址：广东省河源市连平县忠信镇圆盘东边径口下新屋
负责人：黄明炽 邮 编：517001
法 人：黄明炽
Tel：0762－4551053
13826069863

**韩晖自动仓储系统（深圳）有限公司**
业务：韩晖自动仓储系统（深圳）有限公司成立于 2005 年，经营自动仓储系统，无人操作车，输送系统，仓库管理系统设计，开发及相关技术服务等。
地址：广东省深圳市福田区深南中路南光捷佳大厦 3222 号
负责人：廖洁 邮 编：518033
法 人：H. Y. LEE
Tel：0755－83986670
83046203

**深圳市凯通物流有限公司**
地址：广东省深圳市宝岗北路时尚星居 15 楼 A1
负责人：刘永根
Tel：0755－82425587
13902465692

**深圳市顺风货运有限公司**
地址：广东省深圳市宝岗路长城货贷市场
负责人：陈以霖
Tel：0755－25921451
13006664885

**龙川县新远万里顺摩托商行**
业务：摩托车及配件销售
产品：新大洲本田、雅马哈、豪江、飞鹰、三雅、凌肯
地址：广东省河源市龙川县老隆镇果园新村
负责人：邓新远 邮 编：517300
法 人：邓新远
Tel：0762－6883237
Fax：0762－6883253
E-mail：wls1818@126.com

**龙川县彬记二手家用电器店**
业务：二手家用电器回收及销售
地址：广东省河源市龙川县老隆镇沿江路
负责人：邓建彬 邮 编：517300
法 人：邓建彬
Tel：13076120793
18998753608
0762－6755089

**河源市源城区富成达货物代理服务部**
业务：全国普货运输
地址：广东省河源市源城区白田村 205 国道 C 边榄坝小学对面
负责人：曾平 邮 编：517000
法 人：曾平
Tel：13532159599
13435362208

**新龙汽配店**
地址：广东省深圳市宝区公明镇合水口村创维电子厂对面
负责人：张启朝
Tel：0755－27739928
27101050
13501556354

**深圳市保安区新安富骏气修行**
地址：广东省深圳市保安区保城 13 区 252 号 124 号铺
负责人：袁福军
Tel：0755－27822942
13714458245

**深圳市顺达近海实业有限公司**
地址：广东省深圳市赤湾三路石油大厦楼五楼
负责人：王发铭
Tel：0755－26392802
13823336968

**深圳市南方鸿基物流有限公司**
地址：广东省深圳市东海大道 6 号区 1 栋 1 楼
负责人：贺春海
Tel：0755－83572393
13828737631

**申 通 速 递 有 限 公 司**
业务：申通速递有限公司成立于 2004 年，从事珠三角地区、北京、天津、上海、浙江、江苏、福建、及香港等地的货物运输，能按客户的不同需求，为客户量身打造最实惠，最快捷，最安全的运输渠道，让客户节约成本，把握商机；运筹帷幄，决胜千里。
地址：广东省深圳市龙岗区布吉镇大芬村老围东九巷 5 号 1 楼
邮 编：518112
法 人：熊运增
Tel：0755－28703779
Fax：0755－28702947

**伟承行货运有限公司**
地址：广东省深圳市福田保税区市花路 32 号能健恒 B 栋 205 室
负责人：李友华
Tel：0755－83404725
26700502

**八卦岭汽配市场长富利汽配行**
地址：广东省深圳市福田区八卦三路八卦岭汽配市场 40 栋 45A
负责人：罗子威
Tel：0755－82435913
13902902478

**河源市源城区永发汽车配件贸易行**
业务：汽车装饰用品的销售
地址：广东省河源市源城区河源大道西三路
负责人：肖文梅 邮 编：517001
法 人：肖文梅
Tel：0762－2816988
3963398
13902638027

**河源市源城区富强汽车修理厂**
业务：汽车修理
地址：广东省河源市源城区穗香街
负责人：曹富强 邮 编：517000
法 人：曹富强
Tel：0762－3360336

**益鸣汽车用品专卖店**
业务：本店专营汽车用品，系峰源汽车护理系列、昭和油化汽车用品系列、金戈油化汽车用品系列、通力蓄电池原子灰汽车漆河源总代理，我们将会用最好的产品和服务真诚期待您的光临！
产品：汽车用品、机油、蓄电池、汽车空调配件
地址：广东省河源市源城区朱门亭岗古岭 17－8 号
负责人：张法棋 邮 编：517000
法 人：张伟明
Tel：0762－3315528
13902632920
Fax：0762－3315528
网址：www.FengYuan.com
E-mail：249411948@qq.com

**重庆长安民生物流（集团）有限责任公司深圳市分公司**
地址：广东省深圳市福田区北环大道 7003 号中审大厦 2007 室
负责人：曾泽锋
Tel：0755－83940407
13316902899

**深圳市正源汉国际货运代理有限公司**
地址：广东省深圳市福田区彩田路中银花园南商阁 12 楼 B
负责人：侯国强
Tel：0755－25777311

**深圳市民航机场开发有限公司**
地址：广东省深圳市福田区福华路福侨花园 14E
负责人：舒秋达
Tel：0755－83562568
13902914821

**深圳市尔雅汽车配件有限公司新洲门市部**
地址：广东省深圳市福田区福民路石厦西村 136 号 101 铺位
负责人：袁伟琼
Tel：0755－25333548

**深圳市顺平达实业有限公司**
业务：深圳市顺平达实业有限公司成立于 1996 年，从事肉菜市场零售批发、大型百货超市、大型酒店、服装皮鞋小商品市场、家电家私、餐饮娱乐；大小型吊车、自吊车、平板拖车、长短途运输车辆，有专业队伍搬运、吊装、移位、定位，代办各种保险业务；

汽车修配，重型机器维修，各种进口、国产车综合修配，事故拖车，代办保险、年审、二级维护。二十四小时伟顾客服务。
地址：广东省深圳市龙岗区平湖平龙西路 75 号
邮 编：518111
法 人：袁顺龙
Tel：0755－89698888
Fax：0755－84695969

**深圳市凯联通货运有限公司**
地址：广东省深圳市福田区福荣北路金域蓝湾二期海辰阁 9 号楼 1601 室
负责人：林泽滨
Tel：0755－28545233

**深圳市鼎达成吊装运输有限公司**
地址：广东省深圳市福田区福田保税区福源花园南海院 603 室
负责人：郑玉琴
Tel：0755－83818088
13602652466

## 化州市那务顺风汽车修理厂
业务：汽车维修
地址：广东省化州市那务镇开发区东湖公园 E－91 号
负责人：叶代文 邮 编：525100
法 人：叶代文
Tel：13535944211
0668－7573803

## 惠州市惠城区麦科特电动车销售部
业务：麦科特电动车销售，维护，维修
地址：广东省惠州市惠城区环城西二路 71 号
负责人：程志成 邮 编：516001
法 人：程志成
Tel：13829985595
0752－2203529

## 惠州市惠城区三栋镇万辆汽车精品店
业务：各种时尚潮流汽车饰品，精品
地址：广东省惠州市惠城区三栋镇三栋路 103 号
负责人：李世康 邮 编：516001
法 人：李世康
Tel：0752－2593693

**永安汽配店**
地址：广东省深圳市福田区岗厦辛城花园首层 D 栋 1007 号铺
负责人：彭一航
Tel：0755－82921179

**普天益实业发展有限公司**
地址：广东省深圳市福田区航城大厦 B510－B512 房
负责人：韦汉
Tel：0755－83255763

**深圳市迅驰汽车用品有限公司**
地址：广东省深圳市福田区红荔路群星广场 A 座 1508 房
负责人：曾建勤
Tel：13068437162

**深圳市广通旧车交易市场**
地址：广东省深圳市福田区梅林路 20 号车管所西侧广通旧车市场交易 7 部
负责人：李克代
Tel：0755－83971213
81060303

**深圳市北方汽车实业有限公司上汽奇瑞北方（深圳市销售服务中心）**
地址：广东省深圳市福田区侨香路鸿新花园综合办公室一、二楼
负责人：高峻
Tel：0755－83136007
13332918262

## 锋云自行车行
业务：自行车专卖
地址：广东省惠州市惠城区水口大湖溪湖溪大道十二街 18 号
负责人：傅学锋 邮 编：516000
法 人：傅学锋
Tel：0752－2816931

## 龙门县大明汽车服务中心
业务：汽车维修、美容、改装，销售汽车配件、汽车精品等
地址：广东省惠州市龙门县新桥路 5 号
负责人：林先生 邮 编：516860
法 人：谭靖尧
Tel：13829977628
0752－7891198
Fax：0752－7891198

## 深圳市碣丰装卸有限公司
业务：深圳市碣丰装卸有限公司专业从事码头装卸，为你提供方便服务，欢迎来电洽谈业务！
地址：广东省深圳市南山区赤湾西坑 3 幢 704 号
负责人：吴佛才 邮 编：518066
法 人：吴佛才
Tel：0755－26817646

**深圳市皆德宝汽车服务有限公司**
地址：广东省深圳市福田区沙咀路椰树花园 3 栋一楼 42－43 号
负责人：王少菲
Tel：0755－83440233
13825290698

**深圳市众望汽车护理连锁有限公司**
地址：广东省深圳市福田区上步工业区华强北路 202 栋 6 楼东座
负责人：邓小宝
Tel：0755－83212999
27039338

**俊勤国际货运代理有限公司**
地址：广东省深圳市福田区上步中路 1001 号科技大厦 612
负责人：邹宁
Tel：0755－83699531
83699828
83699000

**深圳市速达全程快运有限公司**
地址：广东省深圳市福田区上梅林梅村路 1 号厂房一楼 101 室
负责人：韦彦宾
Tel：13316932133

## 大顺船舶物资供应有限公司
业务：大顺船舶物资供应有限公司成立于 2003 年，主要提供各种船舶配及船舶贸易。产品多从香港、加拿大等地进口，品质优良，价格公道！公司采用国外先进管理体制，以人为本，为客户提供优质服务及产品是我公司的宗旨！
地址：广东省深圳市南山区蛇口东角头港内 18A
邮 编：518067
法 人：梁永祥
Tel：0755－26886401
26886402
Fax：0755－26886404

**景宏汽车维修服务有限公司**
地址：广东省深圳市福田区上梅林梅村路 2 号
负责人：田新运
Tel：0755－83123133
13714488139

**深圳市高利国际货运代理有限公司**
地址：广东省深圳市福田区深南中路 2 号新闻大厦 1618 室
负责人：胡应久
Tel：0755－81106411

**华海物流（香港）有限公司深圳市代表处**
地址：广东省深圳市福田区深南中路 3037 号南光捷佳大厦 3010 室
负责人：司星原
Tel：0755－83986597
13923788580

**深圳市世通国际货运代理有限公司**
地址：广东省深圳市福田区深南中路国际文化大厦 1206 室
负责人：黄晓明
Tel：0755－81245779

## 深圳市海陆川物流有限公司
业务：海陆川机构系由深圳市海陆川物流有限公司控股、拥有国际货代、各类运输、进出口贸易、生态养殖、有机种植、农副产品加工资质的专业物流服务机构和商贸经营机构。目前已发展成为以深圳经济特区为中心，辐射全国及港澳的物流及商贸加工经营实体。
地址：广东省深圳市南山区蛇口太子路海景广场 17A 座
邮 编：518067
法 人：卢卓
Tel：0755－26817469
26816475
Fax：0755－26814580
网址：www.szhlc.net

## 江门市蓬江区粤龙运输队
业务：长、短途运输；整车、零担服务
地址：广东省江门市杜阮镇贯溪新围花园 C1 座 4 号铺位
负责人：司徒瑞龙 邮 编：529000
法 人：司徒瑞龙
Tel：13902882071
0750－8077259
3662651
Fax：0750－3942601

## 江门市江海区鑫盛电子有限公司
业务：加工、销售摩托车，汽车配件
地址：广东省江门市江海区礼乐文昌花园
负责人：张强 邮 编：529020
法 人：张强
Tel：13902886472
0750－3618127

**青岛负士电梯有限公司深圳分公司**
地址：广东省深圳市福田区众福新村 2 栋 2 单元 105 号
负责人：江社焰
Tel：0755－83830296
13530593534

## 华兴制冷设备修配部
业务：华兴制冷设备修配部成立于 1991 年，主要从事汽车维修，汽车零配件的销售。我们以专业的技术水平、良好的服务赢得广大客户的好评！
地址：广东省湛江市坡头区南调路区府十栋首层
负责人：由建国 邮 编：524057
法 人：由建国
Tel：0759－3951385

## 江门市仙龙汽车皮具有限公司
业务：从事汽车装饰用品和生产各类汽车真皮座套、真皮方向盘等汽车内饰真皮加工处理
产品：各类汽车真皮座套、真皮方向盘等汽车真皮内饰
地址：广东省江门市蓬江区五福五街 15 号之一
负责人：谢长福 邮 编：529020
法 人：谢长福
Tel：0750－3219558
Fax：0750－3218722
网址：http://www.jmxianlong.com/cn/index.asp
E-mail：xianlong168@126.com

## 江门市新会区会城荣健摩托车维修行
业务：摩托车维修、配件销售
地址：广东省江门市新会区会城东庆北路 21 号 103
负责人：陈永安 邮 编：529000
法 人：陈永安
Tel：13726180692

## 江门市新会区会城二友货运部
业务：货运、物流
产品：广州－番禺－顺德－中山－珠海－惠州－惠东－淡水－茂名－化州－电白－高州－吴川－湛江－雷州
地址：广东省江门市新会区会城江会路沙岗正平快运物流中心新 1 座 8－10 号
负责人：邓程元 邮 编：529100
法 人：邓程元
Tel：13794280578
0750－6104588

## 江门市新会区会城零度汽车美容中心
业务：汽车美容、汽车保养、汽车配件销售
地址：广东省江门市新会区会城振兴二路 16 号 101－105
负责人：钟伟杰 邮 编：529020
法 人：钟伟杰
Tel：0750－6122200

**全运通集装箱运输有限公司**
地址：广东省深圳市岗夏东三坊 304 号
负责人：赖清波
Tel：0755－25157905
13828898900

**东海富货运有限公司**
地址：广东省深圳市海港大厦 5 楼 514－515
负责人：刘耿东
Tel：0755－25293908
13902966843

## 中山市南朗镇南江汽车维修厂
业务：中山市南朗镇南江汽车维修厂主要从事于汽车专项维修，二级维护，汽配，零件加工。欢迎新老客户光临、惠顾！
地址：广东省中山市南朗镇第一工业区
负责人：潘本平 邮 编：528451
法 人：潘本平
Tel：0760－5526588

**深圳市龙岗区华源汽车专项修理部**
地址：广东省深圳市龙岗区布吉布李路三联村松元头社康中心一栋
负责人：张奕卢
Tel：0755－28521328

**深圳市富堡汽车有限公司**
地址：广东省深圳市龙岗区布吉镇坂田梅坂大道富堡大厦
负责人：陈东华
Tel：0755－28198178
13502813895

**华兴轮胎店**
地址：广东省深圳市龙岗区布吉镇大芬村新芬街 314 号
负责人：何水华
Tel：0755－28702026
13828898905

**安通达货运有限公司**
地址：广东省深圳市龙岗区布吉镇吉厦村丹平路货运市场内
负责人：蒋传旺
Tel：0755－28755506
13502826559

## 珠海市信义汽车玻璃有限公司
业务：珠海市信义汽车玻璃有限公司成立于 2005 年，主要以销售汽车玻璃为主。公司以“服务至上、顾客第一”为宗旨，坚持“品种齐，质量好，价位低，”的实效性经营理念，以确保公司在商品市场的长久良性发展。
地址：广东省珠海市香洲区九洲大道西 2108 号昱晖苑五栋 12 号铺
邮 编：519015
法 人：何荣
Tel：0756－8512289
Fax：0756－8656633

## 金桥货运部
业务：全国普通运输
地址：广东省江门市新会区江会路沙岗村正平快运物流中心 B 区 5 座 9－10 号
负责人：刘明 邮 编：529000
法 人：刘明
Tel：13760522866
0750－6166977

## 揭阳市东山区东阳记江汽车配件经营部
业务：主营：汽车电器、灯具、空调配件批发；销售：起动机、发电机、调节器、闪光灯、灯泡、灯具、雨刮电机、刹车开关、各种电器等……及进口车马达、发电机及零部件。
地址：广东省揭阳市东山区粤东贸易广场 A3 栋 50、51 号
负责人：刘记江 邮 编：522000
法 人：刘记江
Tel：0663－8129319
8121808
13450702108
Fax：0663－8121808

**深圳市中流贸易有限公司**
地址：广东省深圳市龙岗区布吉镇罗岗路 2 号加州花园 E1－102 室
负责人：刘文玉
Tel：0755－28577355
25759540

**裕波摩托配件店**
地址：广东省深圳市龙岗区布吉镇沙坪南路 30－32 幢
负责人：倪裕波
Tel：0755－28748688
13923457998

**平新货运服务有限公司**
地址：广东省深圳市龙岗区布吉镇沙湾丹平路口（货运市场 17 号）
负责人：温世平
Tel：0755－28755316
13509659730

**深圳市吉港华实业有限公司**
地址：广东省深圳市龙岗区布吉镇沙湾下村丹平路三栋闽鹏程公司商业楼二楼
负责人：王美华
Tel：0755－28955558
13510869318

**深圳市新联货运公司**
地址：广东省深圳市龙岗区布吉镇沙湾兴华路 60 号
负责人：王金顶
Tel：0755－28751599
13602699684

**华程运输服务有限公司布吉镇客货运输站**
地址：广东省深圳市龙岗区布吉镇下水径吉华路 245 号
负责人：朱剑飞
Tel：0755－84174899
13138883698

## 惠来县葵潭镇通驰货运站
业务：货运服务
地址：广东省揭阳市惠来县葵潭镇广汕路边
负责人：林弟池 邮 编：522000
法 人：林弟池
Tel：0663－6250381
13192979199

## 惠来县盛顺船舶机械经营部
业务：生产、销售船舶机械、轴承、油封
地址：广东省揭阳市惠来县神泉镇中兴街 19 号
负责人：林木顺 邮 编：522000
法 人：林木顺
Tel：0663－6731525
13502512358
Fax：0663－6731958

## 揭东县曲溪正今车轮厂
业务：车轮生产、销售
地址：广东省揭阳市揭东县曲溪五堆村马路片
负责人：吴声林 邮 编：515500
法 人：吴声林
Tel：0663－6117000
13288550777

**深圳市福运货运代理有限公司**
地址：广东省深圳市龙岗区布吉镇舟竹头汽车站停车场 9 幢 13 号－17 号
负责人：揭志华
Tel：0755－28755251

**共成投资发展有限公司龙岗东都汽车展场**
地址：广东省深圳市龙岗区东都龙岗汽车展场41A号
负责人：闫新喜
Tel：13828869515

**贵族自行车(深圳市)有限公司**
地址：广东省深圳市龙岗区杭梓镇第一工业区秀新路21号
负责人：张经理
Tel：0755－84137706

**深港轮胎店**
地址：广东省深圳市龙岗区龙岗镇爱联村
负责人：戴先生
Tel：0755－28911093

**维兴汽车修配厂**
地址：广东省深圳市龙岗区龙岗镇爱联如意路东段
负责人：廖云桥
Tel：0755－28954181
28954410
13802277333

**龙岗镇洪氏车花厂**
地址：广东省深圳市龙岗区龙岗镇甫联刘屋村南联第二工业区左侧二楼
负责人：洪惠周
Tel：0755－84803671
13902459025

**广速宁货运代理有限公司**
地址：广东省深圳市龙岗区龙岗镇新生村广东省深圳市集银综合广场A栋1001、1002
负责人：戚小姐
Tel：0755－82274175
84888694

**东启航越国际货运代理有限公司**
地址：广东省深圳市龙岗区平湖镇新南村横里路70号
负责人：何锦龙
Tel：0755－28846717
26324161
13798315578

**普宁市荣宽货运有限公司**
业务：主要承接全国各地货物配载运输，公铁联运配载业务，专业运输车队
地址：广东省揭阳市普宁市流沙联运中心第24号
负责人：陈卓宏　邮　编：522000
邮　编：陈卓宏
Tel：13927058838
0663－2238688
2279668
2263322
Fax：0663－2263322
QQ794837038

**深圳市强发金龟机动车教练场有限公司**
地址：广东省深圳市龙岗区坪山街道办金龟社区金龟村委办公大楼四楼
负责人：陈荣锋
Tel：0755－28997516

**东用实业发展有限公司**
地址：广东省深圳市龙岗区中心城38区东都龙岗汽车交易中心D29－30号一层
负责人：朱晨冉
Tel：0755－28697110
13143408929

**普宁市成安达物流有限公司**
业务：承接全国各地货物配载运输，专业运输车队，义乌－普宁、绍兴－普宁来回专线，普宁－柯桥、天津、唐山、西柳、沈阳、长春、哈尔滨、绥芬河、佳木斯、齐齐哈尔东北三省专线货运
地址：广东省揭阳市普宁市流沙南园汇食街后保安停车场内(大顺旺停车场)
负责人：余周庆　邮　编：515300
法　人：余周庆
Tel：0663－2109798
13417692222
网址：http://www.chenanda.cn/
E-mail：z76508888@126.com
QQ：253179777

**开平市水口镇鼎好电动车维修部**
业务：电动车配件，修理(维修).电动车电池维护和修复，销售和出租电池
产品：电动车罩、充电器，控制器、电池电机等，全套电动车配件
地址：广东省开平市水口镇水暖城商业街8号
负责人：梁恩辉　邮　编：529321
法　人：梁恩辉
Tel：0750－2022915
13427285834
E-mail：hui8210@yahoo.cn

**车友汽车服务有限公司**
地址：广东省深圳市罗湖区爱国路翠华苑4栋首层
负责人：潘少云
Tel：0755－25680363
13602666883

**廉江市青平鸡场摩托车维修部**
业务：摩托车维修
地址：广东省廉江市青平镇炮岭
负责人：陈斌　邮　编：524038
邮　编：陈斌
Tel：0759－6763234
15913514141

**凯华汽车服务中心**
业务：汽车修配、汽车美容及保养
地址：广东省陆丰市城东镇上陈村广汕公路南侧
负责人：林阳和　邮　编：516500
法　人：林阳和
Tel：13543134610
0660－8917828
网址：http://www.kaihuaqiche.cn/

**深圳市金瑞杰快递服务有限公司**
地址：广东省深圳市罗湖区红桂二街二号大院1栋104室
负责人：陈劲松
Tel：0755－25571199

**深圳市达捷成运输实业有限公司**
地址：广东省深圳市罗湖区莲塘第一工业区124幢6楼南区
负责人：史小姐
Tel：0755－25723320

**广东省东莞市星辉货运有限公司深圳市分公司**
地址：广东省深圳市罗湖区罗芳村63号一楼
负责人：庄经理
Tel：0755－25110830

**茂名市华海航运有限公司**
业务：海运
地址：广东省茂名市光华北路10号大院8号201房
负责人：张庆华　邮　编：525000
法　人：张庆华
Tel：13822553999
0668－2273728

**深圳市海跃货运有限公司**
地址：广东省深圳市罗湖区田心村74栋404房
负责人：张红艳
Tel：0755－82445158
82444980
13113612625

**深圳市恒鑫汽车贸易有限公司东益华鹏汽车展场**
地址：广东省深圳市罗湖区沿河路与新秀路交汇处东益华鹏汽车交易广场二区D8号
负责人：范超
Tel：0755－25196789

**梅州市梅江区谭氏汽车配件经营部**
业务：汽车配件、汽车空调、汽车电池、各种规格皮带
地址：广东省梅州市梅江区城北环市西路黄留段
负责人：谭志文　邮　编：514021
法　人：谭志文
Tel：0753－2208448
Fax：0753－2208448
网址：www.chinapyp.com

**梅州市梅江区力发车行**
业务：三轮摩托车
地址：广东省梅州市梅江区城北张七凹
负责人：吴杨祥　邮　编：514021
法　人：吴杨祥
Tel：0753－6126222
13622956389
Fax：0753－2383588

**梅州市梅江区丰润车业雅迪专卖**
业务：雅迪电动车专卖
地址：广东省梅州市梅江区梅州大道164号
负责人：曾桓志　邮　编：514000
法　人：曾桓志
Tel：0753－2217068
13502336085

**润发汽车美容有限公司**
地址：广东省深圳市南山区大冲工业路54号
负责人：黄嘉明
Tel：0755－26996066
13802577476

**南山区鸿运轮胎店**
地址：广东省深圳市南山区东滨路367号
负责人：骆康尚
Tel：0755－26641121
13802261367

**深圳市鸿鹏诚汽车维修服务有限公司**
地址：广东省深圳市南山区港湾大道火车西站北侧
负责人：黄伟强
Tel：13902461579

**深圳市鸿力汽车贸易有限公司**
地址：广东省深圳市南山区港湾大道火车西站北侧佳进隆汽车广场
负责人：黄伟强
Tel：0755－26160039
26465569
13902465791

**深圳市瑞航科技有限公司**
地址：广东省深圳市南山区高新区南区清华大学研究院大楼C区C316
负责人：罗力
Tel：0755－26957880

**祥和汽车用品商店**
地址：广东省深圳市南山区后海村132号
负责人：李祥容
Tel：0755－26522603
81805955

**深圳市金时利航空服务有限公司**
地址：广东省深圳市南山区华侨城海景酒店商务中心
负责人：肖英
Tel：0755－82111777
13018883623

**荷兰 HighspecEurope 深圳市代表处**
地址：广东省深圳市南山区华侨城新浩城花园浩富阁11楼B
负责人：蔡丽仪
Tel：0755－26938335
13008853911

**梅县超美富货运代理服务部**
业务：货运代理
地址：广东省梅州市梅县新城办事处锭子桥华发苑第十三间
负责人：朱亚东　邮　编：514021
法　人：朱亚东
Tel：0753－2531458
2532458

**南雄市雄州街道韵达快运店**
业务：全国快递
地址：广东省南雄市雄州街道灯光球场百合苑13号门店
负责人：钟全利　邮　编：512400
邮　编：钟全利
Tel：13415669627
0751－3885891

**深圳市汇达货运有限公司**
地址：广东省深圳市南山区荔湾路148号中建二局二公司深圳分公司办公楼502房
负责人：黄志光
Tel：0755－26450991

**深圳市安泰物流有限公司**
地址：广东省深圳市南山区荔湾路南、兴海路西月亮湾花园35栋405
负责人：刘涛
Tel：0755－26390010

**深圳市宇顺集装箱货运有限公司**
地址：广东省深圳市南山区荔湾路南山花园12幢104号
负责人：陈日佑
Tel：0755－26078490
13902916858

**明昌行重型汽车配件商店**
地址：广东省深圳市南山区荔湾路山水情地铺6－7号
负责人：张仲明
Tel：0755－26440644
13823111759

**腾达货运有限公司**
地址：广东省深圳市南山区荔湾路月亮湾花园38栋307房
负责人：李柏生
Tel：0755－26453483
13501561718

**深圳市顺捷利装卸服务有限公司**
地址：广东省深圳市南山区荔湾南路月亮湾花园37栋307室
负责人：叶树有
Tel：0755－61380209

**深圳市长运实业有限公司**
地址：广东省深圳市南山区南山路1175号新绿岛大厦10楼A室
负责人：齐向军
Tel：0755－26050789

**普宁市池尾敏艺助动自行车厂**
业务：电动车生产销售
地址：广东省普宁市池尾塔丰里第7幢
负责人：陈汉敏　邮　编：515300
法　人：陈汉敏
Tel：0663－2298395

**深圳市信义德汽车玻璃有限公司**
地址：广东省深圳市南山区南油路2240号
负责人：李天补
Tel：0755－26566483
13802292503

**深圳市志盛丰货运有限公司**
地址：广东省深圳市南山区前海路鼎太风华A幢1006
负责人：黄立志
Tel：13603070166

**普宁市池尾健兴源货运中转站**
业务：仓储、货运服务
地址：广东省普宁市池尾新寮村新平里西南侧
负责人：刘建元　邮　编：522000
法　人：刘建元
Tel：13902751897
0663－2923899

**宝山汽车配件有限公司**
地址：广东省深圳市南山区前海路心语花园第一层
负责人：叶镇洲
Tel：0755－26093292
13823730686

**深圳市海洋装卸服务有限公司**
地址：广东省深圳市南山区蛇口赤湾村少帝路5号
负责人：舒先生
Tel：0755－26867651

**深圳市龙清装卸货运服务有限公司**
地址：广东省深圳市南山区蛇口赤湾西坑2栋
负责人：黄石清
Tel：0755－26817735
26817715
13902903701

**珠海市嘉胤物流有限公司**
业务：物流
地址：广东省珠海市前山镇明珠南路3021号C号工业厂房1层4号
负责人：刘慧　邮　编：519000
法　人：刘克伏
Tel：13824137166
0756－8500831

**珠海市香洲兴嘉汽车设备中心**
业务：汽车维修、设备工具
地址：广东省珠海市香洲区梅华西路1107号
负责人：卢卫俊　邮　编：519000
法　人：卢卫俊
Tel：0756－8506066
13926907181
Fax：0756－8506055
网址：www.zhptn.com

**珠海市香洲经典二手车信息咨询服务部**
业务：二手车信息咨询、二手车买卖
地址：广东省珠海市香洲区梅溪所春晖路1号1－20商铺
负责人：杨伟明　邮　编：519000
法　人：杨伟明
Tel：13726282226
0756－2631660

**一店：佛山安德森汽车零部件连锁；二店：佛山市禅城区铁狼汽车配件经营部**
业务：汽车配件销售
地址：广东省佛山市乐安粤丰汽配城B栋B3座119－121；二店：广东省佛山市禅城区佛山大桥北广佛路9至15号广东省快捷汽车配件市场A区3座312－313号
负责人：欧灿辉　邮　编：528000
法　人：欧灿辉
Tel：0757－82832902
86408810

**广东快捷快物流有限公司**
业务：货运代理服务
地址：广东省番禺区南沙深湾村28号、分部：广东省惠州市惠阳区淡水排坊叶屋新村七巷一号一楼
负责人：钟桂平　邮　编：511458
Tel：13922309388
4008304888

**佛山市顺德区北滘镇工业大道高洁仕汽车连锁服务中心**
业务：汽车保养一站式服务
地址：广东省佛山市顺德区北滘镇北滘工业大道36号、分店：地址广东省佛山市顺德区陈村镇紧龙大道12号、分店：广东省佛山市坤洲大道碧桂园蓝城门口
负责人：黄秀艺　邮　编：528000
法　人：黄秀艺
Tel：13702250255
0757－23330769

**深圳市新时代国际货运代理有限公司**
地址：广东省深圳市南山区蛇口港湾大道4－7号仓512号
负责人：郑杏珠
Tel：0755－26814222

**深圳市晖航船务代理有限公司**
地址:广东省深圳市南山区蛇口工业区龟山明华国际会议中心写字楼 C1609 室
负责人:林维敬
Tel:0755-26836343

**佛山市顺德区杏坛镇功勋物流咨询服务部**
业务:本公司是集运输、仓储、配送、装卸于一体的物流企业,主要承接全国各地整车零单、集装箱、大型物件运输业务,以质量求生存,凭信誉做品牌,功勋物流 24 小时竭诚为您服务!
地址:广东省佛山市顺德区杏坛镇顺番路光华村锦龙坊 4 巷 1 号 分部:广东省佛山市顺德区大良镇南国西路时力物流大门外/广东省佛山市南海区大沥镇太平路高尔夫路口万景城物流园 A 座 1 号
负责人:于小姐 邮编:528000
法人:曾语宗
Tel:0757-27792258
22891665
0757-81187568
0757-22662558
13823441345
Fax:0757-28634279
网址:www.sdzhizao.com
E-mail:275293129@qq.com

**普宁市荣宽货运有限公司**
业务:本公司是集运输、仓储、配送、装卸于一体的物流企业,专业从事公铁联运、货运代理(代办)、货运配载服务,我们拥有畅通的货运物流系统,我们将竭诚为您提供优质的货运服务。
地址:广东省普宁市流沙赤华北路联运中心内
负责人:陈卓宏 邮编:515300
法人:陈卓宏
Tel:0663-2238688
2279668
13927058838
Fax:0663-2263322

**连南瑶族自治县三江镇路通摩托车行**
业务:销售摩托车、电动车、助力车
地址:广东省清远市连南县三江镇东风路
负责人:罗健湖 邮编:513300
法人:罗健湖
Tel:13727191838
13927600443

**深圳市凯俊达货运有限公司**
地址:广东省深圳市南山区蛇口龟山路 8 号明华国际会议中心写字楼 B06 号
负责人:吴月勤
Tel:0755-26683988
13509615031

**中山市东升镇富佳中意电动自行车店**
业务:经营"中意"、"顺意"、"广州五羊"电动自行车
地址:广东省中山市东升镇葵兴大道 132 号一楼
负责人:刘桂林 邮编:528403
法人:刘桂林
Tel:0760-85836320
13560628711

**深圳市兴和货运有限公司**
地址:广东省深圳市南山区蛇口港湾大道龙港小区交港宿舍楼 7 幢 217 室
负责人:李经理
Tel:0755-26835398
26882638

**中山市阜沙镇盛图货物搬运服务部**
业务:货物运输服务
地址:广东省中山市阜沙镇阜南大道 71 号首层
负责人:陈才军 邮编:528400
法人:陈才军
Tel:13549931319
13528132888

**中山市古镇凯丰货运部安徽专线**
业务:仓储、货运、安徽专线
地址:广东省中山市古镇曹一天宏物流市场 H1-2、H1-3 号
负责人:支会林 邮编:528403
法人:支会林
Tel:0760-22397262
22398762

**深圳市海荣发船舶服务有限公司**
地址:广东省深圳市南山区蛇口工业三路华达工业大厦四栋 2 楼 A
负责人:金伟
Tel:0755-26698368
26881111
13603046675

**中山市古镇平川物流**
业务:货物运输服务
地址:广东省中山市古镇曹一天宏物流市场 M1-22 号
负责人:罗合云 邮编:528403
法人:罗合云
Tel:13085887777
0760-23651122

**中山火炬开发区互邦货运公司**
业务:承接国内外货运,公司有专业车队
地址:广东省中山市火炬开发区中山港番中路口(BP 加油站侧)中联电脑绣花厂房底层店面第 10 卡
负责人:郑修良 邮编:528403
法人:郑修良
Tel:13528221797
0760-87229277
85330052
85331577

**中山市三乡镇正通汽车配件销售商行**
业务:各种汽车配件
地址:广东省中山市三乡镇雅居乐 1 期 G5 幢 A102 号商铺
负责人:林班和 邮编:528403
法人:林班和
Tel:13590786060
0760-86361030

**中山市西区宝顺达汽车维修服务中心**
业务:汽车维修、钣金涂漆、电路维修
地址:广东省中山市西区沙朗沙港路惠兴大厦一楼 15-17 卡
负责人:林焕生 邮编:528403
法人:林焕生
Tel:0760-88552222
Fax:0760-88552222

**中山市小榄镇腾荣汽车配件商行**
业务:销售汽车配件,维修冷气、电路
地址:广东省中山市小榄镇西区榄均路 177 号之二
负责人:腾荣华 邮编:528403
法人:腾荣华
Tel:0760-85909228
13246067799

**中山市小榄镇海宁兴达汽车货运有限公司**
业务:货物运输
地址:广东省中山市小榄镇永宁菊城大道西金键货运场 H 座 12 号
负责人:陈有敬 邮编:528403
法人:陈有敬
Tel:0760-22550299
13189217070

**斗门区井岸镇特福莱汽车美容装饰店**
业务:汽车美容
地址:广东省珠海市斗门区井岸镇东风村商业广场 B 栋 11 号
负责人:刘晨晨 邮编:519000
Tel:13825660220
0756-5311577
5311677
Fax:0756-5311677

**斗门区井岸镇华德汽车养护服务部**
业务:汽车养护服务
地址:广东省珠海市斗门区井岸镇井湾路 12 号
负责人:张卫华 邮编:519000
法人:张卫华
Tel:13427741231
13016365701

**深圳市海邦达船务有限公司**
地址:广东省深圳市南山区蛇口龟山路明华国际会议中心写字楼 C1607
负责人:陈敏春
Tel:0755-26067613

**深圳市深荣通船务货运代理有限公司**
地址:广东省深圳市南山区蛇口海昌路海伴雅居 A 栋 1001 单元
负责人:郭荣增
Tel:0755-26697666
13902961110

**斗门区白蕉镇腾飞轮胎经营部**
业务:轮胎销售和汽车维修
地址:广东省珠海市斗门区桥东国际商业广场第 1 首层 5 号铺
负责人:陈学峰 邮编:519000
法人:陈学峰
Tel:13543895039
0756-5508044

**珠海市夏湾劲亮汽车用品店**
业务:汽车抛光腊、3M 系列抛光腊、进口汽车漆、汽车美容产品、美容辅料等
地址:广东省珠海市拱北前河路 322 号铺
负责人:黄水彬 邮编:519000
法人:黄水彬
Tel:13510868964
18923367505
0756-8895974

**珠海市金湾区通恒汽车维修行**
业务:汽车维修
地址:广东省珠海市金湾区三灶镇金海岸大道西 136 号景华大厦 30-38 号铺位
负责人:廖柳宏 邮编:519000
法人:廖柳宏
Tel:0756-7765277

**视觉丽交通设施有限公司**
地址:广东省深圳市南山区蛇口海堤街 8 号之三
负责人:曹强
Tel:0755-26671282

**肇庆市鼎湖区奥翔汽车材料厂**
业务:汽车油漆等汽车材料生产销售
地址:广东省肇庆市鼎湖区莲花镇莲塘 321 国道侧
负责人:杜增坤 邮编:526040
法人:杜增坤
Tel:13119573178
0758-2617166

**肇庆市君安置业有限公司**
业务:房地产、汽车零配件的压铸、电梯配件生产
地址:广东省肇庆市端州区建设二路 19 号(建设路与前进路交界西北角处)404 房
负责人:焦进标 邮编:526040
法人:焦进标
Tel:13727202622
0758-8365333

**上海大草原汽车真皮安装肇庆办事处**
业务:各种汽车座垫真皮销售及安装业务
地址:广东省肇庆市端州三路北侧 1 号翠岗楼商住楼东座 R 位 1-3 层首层 1 卡商铺之二
负责人:钟二利 邮编:526040
法人:钟二利
Tel:0758-2720713
13929813666
13929876673

**高要市乐城镇八达汽车配件店**
业务:销售汽车配件
地址:广东省肇庆市高要市乐城镇开发区
负责人:张拥东 邮编:526126
法人:张拥东
Tel:0758-8228649
13432438517

**众城汽车行**
业务:汽车维护、汽车零售
地址:广东省肇庆市怀集县怀城镇怀高工业区(肉联厂路口)
负责人:谭金河 邮编:526040
法人:谭金河
Tel:13353027913
0758-5508412
Fax:0758-5508412

**肇庆市众易汽车销售服务有限公司**
业务:汽车销售及售后服务;维修、清洗、配件
地址:广东省肇庆市迎宾大道(过境公路火车站东侧 800 米)
负责人:田伟 邮编:526040
法人:田伟
Tel:0758-2555858

**深圳市龙源顺货运有限公司**
地址:广东省深圳市南山区蛇口水湾头春天广场北座 506 室
负责人:蔡清泉
Tel:0755-26882297

**中山市大涌日陽电动车行(锋翔专卖店)**
业务:日陽、豪阳品牌电动车;售后维修服务
地址:广东省中山市大涌镇旗峰路 514、515 号
负责人:林伟丰 邮编:528403
法人:林伟丰
Tel:0760-87122995

**施维福物流**
业务:全国物流
地址:广东省中山市东凤镇 105 国道收费站东侧天润物流 22 栋 23A 档
负责人:李波 邮编:528400
法人:李波
Tel:13018753298
0760-22620806

**中山市东凤镇诚通货运部**
业务:经营货运物流
地址:广东省中山市东凤镇 105 国道收费站东侧天润物流 22 栋 28 档
负责人:廖城 邮编:528403
法人:廖城
Tel:0760-22620328
13536699338
Fax:0760-22620328

**中山市东凤镇天胜货运部**
业务:货物运输:中山顺德到杭州
地址:广东省中山市东凤镇 105 国道收费站东侧天润物流 25 栋 9-11 档
负责人:邱义南 邮编:521200
法人:邱义南
Tel:0760-22620801
22620802
13266362709
Fax:0760-22620801

**广州市郑铁物流有限公司中山分公司**
业务:汽运、海运、空运运输业务;河南、东北三省等国内直达专线;专业第三方物流操作。
地址:广东省中山市东凤镇 105 国道收费站东侧天润物流 16 栋 8 号
负责人:李先祝 邮编:528400
法人:李先祝
Tel:0760-86170822
13924991678

**深圳市中裕货运有限公司**
地址:广东省深圳市南山区蛇口太子路 59 号华达大厦 504 号
负责人:陈义
Tel:0755-26867778
13902923641

**清远市清城区君安汽车培训服务部**
业务:驾照培训、代办汽车保险
地址:广东省清远市清城区东城街办海逸华庭海怡居 13 号
负责人:冯永均 邮编:511500
法人:冯永均
Tel:13926611663
0763-3319121

**清新县太和镇华记洗车店**
业务:汽车装饰、洗车、音响及配件批零
地址:广东省清远市清新县太和镇建设北路 6 号今日家园 KJ 栋 102 卡
负责人:陈建华 邮编:511500
法人:刘汝霞
Tel:0763-5881119
5835517
13727147800

**清新县太和镇梅华汽车轮胎修补店**
业务:汽车维修,轮胎修补
地址:广东省清远市清新县太和镇乐园 107 国道旁(乐园中信加油站旁)
负责人:曾新炎 邮编:511800
法人:曾新炎
Tel:0763-5850610
13336553023

**海陆川货运实业有限公司**
地址:广东省深圳市南山区蛇口太子路海景广场 17A
负责人:郑小姐
Tel:0755-26816475

13827454558

## 广州灵翔船舶工程有限公司
业务：船舶工程
地址：广东省深圳市南山区蛇口工业八路翠薇园19栋403
负责人：蒋清华 邮 编：518027
法 人：蒋清华
Tel：13602596482
0755－26888078

## 深圳市世尊物流有限公司
业务：国内货运代理、仓储、搬运服务。葡萄酒的展示及购销
地址：广东省深圳市盐田港保税区南片区嘉里仓3楼318
负责人：聂先生 刘先生
邮 编：518081
法 人：唐晓玲
Tel：11828842720
15899782691
0755－25281596
Fax：0755－25287100
网址：www.shizunloge.com

## 深运轮胎店
业务：轮胎销售
地址：广东省深圳市盐田区明珠大道小布村
负责人：资运生 邮 编：518083
法 人：资运生
Tel：18922845113
13480823997

## 深圳市德诚达物流有限公司
业务：全国物流
地址：广东省深圳市盐田区深盐路1115号荣丰大厦三楼A304房
负责人：方春伯 邮 编：518083
法 人：方春伯
Tel：13802279588

## 台山市台城润丰摩托车修配店
业务：摩托车修理及销售配件
地址：广东省台山市台城祥龙一路3号102号商铺
负责人：梅德康 邮 编：529200
法 人：梅德康
Tel：0750－5516716

## 吴川市梅录泰豪轮胎店
业务：经营汽车轮胎
地址：广东省吴川市梅录何屋底（联通公司对面）
负责人：郭日来 邮 编：524038
法 人：郭日来
Tel：0759－5503862
5882113

## 兴宁市金银利车行
业务：韩铃助力车，金舰铃木助力车等代理
地址：广东省兴宁市兴城侨港街164号
负责人：宋志强 邮 编：514021
法 人：宋志强
Tel：0753－3339448

## 阳春市新浪二手车服务部
业务：二手车中介服务
地址：广东省阳春市春城城东大道230号
负责人：肖阳 邮 编：529525
法 人：肖阳
Tel：13680650077
0662－7739109

## 阳春市春湾镇陆川轮胎补胎店
业务：销售各种轮胎以及补胎业务
地址：广东省阳春市春湾镇自由路口
负责人：潘亚荣 邮 编：529525
法 人：潘亚荣
Tel：0662－7817012

## 郁南县都城镇天宇三轮摩托车行
业务：主要经营三轮摩托车
地址：广东省云浮市郁南县都城镇牛圩河开发区桥侧（黄均源、莫小凤房屋）首层商铺
负责人：谭勇航 邮 编：527300
法 人：谭勇航
Tel：13729711998
0766－7311123

**必达物流配送有限公司**
地址：广东省深圳市罗湖区宝安北路603号东四楼
负责人：唐荣源
Tel：0755－89511012
13322922192

## 郁南县都城镇喜德盛自行车商店
业务：喜德盛自行车代理，配件，维修
地址：广东省云浮市郁南县都城镇四一八路一号首层
负责人：肖惠珍 邮 编：527300
法 人：肖惠珍
Tel：13537947992
0766－7332158

## 云浮市云城区祥发汽车维修部
业务：汽车维修服务及汽车零件销售
地址：广东省云浮市云城区城北过境公路邹潭屋村"公路边"（近南山河桥罗定方向38米）
负责人：林伙平 邮 编：527300
法 人：林伙平
Tel：13602962095
0766－8930182

## 云浮市云城区新华货运（原华平货运）
业务：全国货运服务
产品：云浮至上海、杭州、温州、汕头往返专线货物运输服务
地址：广东省云浮市云城区罗沙开发区农业银行侧
负责人：赖新华 邮 编：527300
法 人：赖新华
Tel：18922650739
13580695739

## 湛江市开发区世发汽车修理厂
业务：汽车小修，维护，销售汽车零配件
地址：广东省湛江开发区平乐上村北面
负责人：王世界 邮 编：524000
法 人：王世界
Tel：0759－3392069
13702730488
Fax：0759－3392069

## 湛江市顺景船舶运输有限公司
业务：全国沿海船舶运输
地址：广东省湛江市海滨大道37号龙泉湾A座1310房
负责人：钟康球 邮 编：524009
法 人：钟康球
Tel：13922088231
Fax：0759－2133067

## 湛江市霞山区骏群汽车美容服务中心
业务：汽车美容、维修
地址：广东省湛江市霞山区人民大道中3号新世纪花园A幢商住楼首层15.16号商铺
负责人：黄华锋 邮 编：524038
法 人：黄华锋
Tel：0759－2368770

## 湛江市东海海联运输有限公司
业务：物流
产品：货运
地址：广东省湛江市霞山区椹川大道南81号油脂化工厂（海联运输）
负责人：林保安 邮 编：524018
法 人：林保安
Tel：0759－2301749
2301028
Fax：0759－2306982
网址：zjdhhl.cn.nowcc.com

**深圳市联谊货运有限公司**
地址：广东省深圳市罗湖区宝岗北路长城储运货代市场76号
负责人：杨友茂
Tel：0755－82054081
13802562171

**长城储运货代市场富强货运部**
地址：广东省深圳市罗湖区宝岗北路长城储运货代市场
负责人：代运富
Tel：0755－82449302
13802587926

## 湛江市霞山区福兴货运部
业务：海南、上海南宁等地方专线货运服务
地址：广东省湛江市霞山区椹川大道中53号屋山汽车市场北面横向第9－12号
负责人：黄裕福 邮 编：524038
法 人：黄裕福
Tel：18922067325
0759－2305680

**深圳市长城储运货代市场万福货运部**
地址：广东省深圳市罗湖区宝岗北路笋岗仓库1区74号
负责人：王士彰
Tel：0755－82427961
13802578595

**深圳市海富华船务有限公司**
地址：广东省深圳市南山区蛇口新街蛇口大厦十六楼1603
负责人：陈德意
Tel：0755－26691270

## 海天叉车机械维修店
业务：叉车及叉车配件销售、维修
地址：广东省深圳市龙岗区坪山街道深汕路28号
负责人：陈育文 邮 编：518000
邮 编：陈育文
Tel：0755－84638777

## 深圳市广汇达进出口有限公司
业务：代理进出口服务、单证、商检
地址：广东省深圳市罗湖区凤凰路工纺大厦721房
负责人：刘景来 邮 编：518000
法 人：蒋圈伟
Tel：13723457989
0755－25417110

## 深圳市祥顺发实业有限公司
业务：物流进出口，报关
产品：物流运输，进出口报关
地址：广东省深圳市罗湖区文锦中路锦绣大厦A座9F
负责人：詹先生 杨小姐
邮 编：518000
法 人：詹天泰
Tel：0755－25406620
Fax：0755－25406627
网址：www.szxsf.com
E-mail：szxsf@163.com

## 深圳市佳捷国际物流有限公司
业务：现已形成以陆路干线运输、仓储、城市配送三大领域为核心的综合型第三方物流企业，集运输、仓储、配送、中转、装卸、搬运、包装及增值加工等服务于一体，秉承诚信为本、快捷周到、保险承运、服务一流的服务宗旨，真诚期待与您合作！
地址：广东省深圳市南山区创业路现代城华庭3幢25A
负责人：仵小姐 邮 编：518054
法 人：张丽斌
Tel：0755－86171298
Fax：0755－86171999
网址：www.jiajie56.com
E-mail：jiajie@szjiajie.com

## 深圳市南山区爱运动自行车车行
业务：自行车及配件的销售
产品：自行车及配件
地址：广东省深圳市南山区后海大道育德佳园3栋5号铺
负责人：温群波 邮 编：518054
法 人：温群波
Tel：0755－86213255
网址：www.szzxc.com.an
E-mail：a19831016@126.com

## 深圳市新鹏鑫旧机动车交易有限公司
业务：二手车买卖
地址：广东省深圳市南山区龙井路欧路经典会所1号
负责人：吴刚 邮 编：518000
法 人：李先生
Tel：13823298380
0755－86232048
4008816811
Fax：0755－86107160

## 深圳市粤之风汽车租赁有限公司
业务：自驾，代驾，商务旅游，深港两地，婚礼，旅游包车
产品：轿车、商务车、面包车、全顺车、中巴、大巴、深港两地车
地址：广东省深圳市南山区南海大道北4052号晶品居首层102商铺
负责人：杜风 邮 编：518000
法 人：杜风
Tel：0755－88865005
13632608506
Fax：0755－86116061
网址：www.woyaozuche.com
E-mail：zuche21097025@163.com

**宏卿轮胎商店**
地址：广东省深圳市罗湖区贝丽南路10号
负责人：李宏卿
Tel：0755－25509156
13662574831

**深圳市运发国际货运代理有限公司**
地址：广东省深圳市罗湖区春风路庐山大厦B座9E
负责人：张大泉
Tel：0755－25797241

**中亚通货运有限公司**
地址：广东省深圳市南山区蛇口月亮湾花园11栋106室
负责人：孟凡亚
Tel：0755－26523173
13332906280

## 深圳市万昌汽车维修中心
业务：各型号汽车维修，配件销售
地址：广东省深圳市光明新区公民街道民生路民联商场对面第4栋厂房
负责人：傅政城 邮 编：518000
法 人：傅政城
Tel：0755－81738992

## 深圳市福兴隆汽车维修中心
业务：汽车维修，代办保险
地址：广东省深圳市光明新区公明办事处根玉路与南明路交汇处宏发田寮物流园1号A区36－37号
负责人：周林 邮 编：518132
法 人：周林
Tel：13554890023
0755－27192676

## 强劲装卸搬运公司
业务：起重，吊装，搬运，运输，机器移位
地址：广东省深圳市光明新区甲子塘新村南1巷8号
负责人：黄志光 邮 编：518132
法 人：黄志光
Tel：0755－27173360
Fax：0755－27173360

## 深圳市黑鲨汽车美容中心
业务：汽车美容、汽车装潢
地址：广东省深圳市龙岗区横岗街道四联路隆盛花园
负责人：陆海林 邮 编：518000
法 人：陆海林
Tel：13662550917
0755－28635138

## 伟龙汽配店
业务：汽车零配件
地址：广东省深圳市龙岗区龙城街道晨光路步行商业街西栋110号
负责人：刘伟雄 邮 编：518000
法 人：刘伟雄
Tel：0755－28987279
13798454561

**滚隆货运代理服务有限公司**
地址：广东省深圳市南山区西丽火车站南侧四线综合楼101号
负责人：周立军
Tel：0755－26701538
13602696311

**亚光集装箱运输有限公司**
地址：广东省深圳市南山区月亮湾花园26栋404房
负责人：龚德俊
Tel：0755－26390352
26391648
13808831243

## 清新县太和镇明兴汽配店
业务：经营汽车配件
地址：广东省清远市清新县太和镇周田六仔岗村（107国道南侧、周田木材检查站西侧）
负责人：彭东林 邮 编：511500
法 人：彭东林
Tel：13802898991
0763－5850178

## 清远市沙龙汽车真皮座套有限公司
业务：集设计、生产、销售于一体，现开发了真皮汽车座套、家居沙发两大系列产品，公司坚持绿色无污染的发展技术方向。现诚招加盟商，诚挚与您携手共创美好未来，共创一个超强的世界知名品牌。
产品：汽车座套、沙发
地址：广东省清远市新城三号区学前街明珠佳B幢首层06号
负责人：陈国强 邮 编：511515
法 人：陈国强
Tel：0763－3870767
13926686692
Fax：0763－3862748
网址：www.slqczpzt.cn
E-mail：qyshalong@163.com

**金达汽车配件供应中心**
地址：广东省深圳市南山区中山园路汉长街 E 幢一楼
负责人：邱文卫
Tel：0755－26746573
26746574
26746420
13602514665

**广东省深汕高速客运有限公司**
地址：广东省深圳市上步北路银湖大厦 5 楼 523
负责人：陈春娣
Tel：13902463826

**深圳市鑫运达船舶服务有限公司**
地址：广东省深圳市蛇口港港湾大道港湾 3 路招港大厦 312 房
负责人：李少平
Tel：0755－26682883
13602578083

## 深圳市捷通元华国际货运代理有限公司
业务：货运代理、快递业务
地址：广东省深圳市宝安区沙井镇新桥村洋仔西六巷 8 号
负责人：刘松元 邮 编：518100
法 人：刘松元
Tel：0755－27566664
Fax：0755－27566885
E-mail：jietong88@126.com

## 成山轮胎店
业务：成山轮胎专卖
地址：广东省深圳市宝安区西乡街道景福新村 98 号
负责人：包海英 邮 编：518000
法 人：包海英
Tel：0755－27916507
13798546293

## 深圳市大骏久货运有限公司
业务：精品专线：深圳－南昌赣州
地址：广东省深圳市宝鼎威货运市场 B 区 14－15 号
负责人：夏骏久 邮 编：518000
法 人：夏骏久
Tel：0755－82054189
61238496
Fax：0755－25921511
网址：www.szdjj168.com

## 友艺造车厢厂
业务：设计，制造各型号货车车厢（可按客户要求制作）
地址：广东省深圳市保安 39 区老海关院内新城加油站旁
负责人：蔡海通 邮 编：518000
法 人：蔡海通
Tel：0755－27893948
13922876548

**勤辉永恒业物流公司**
地址：广东省深圳市盐田港侧
负责人：张锐锋
Tel：0755－25201502，13510254794

## 精达汽车维修服务中心
业务：汽车维修、汽车精品
地址：广东省深圳市东二村综合楼 B 栋 20 号（银泉花园南大门）
负责人：尹世科 邮 编：518000
法 人：尹世科
Tel：0755－28171811

## 深圳市港城汽车服务中心
业务：汽车维修
地址：广东省深圳市福田区福港路阳光城市家园首层
负责人：林学诚 邮 编：518000
法 人：林学诚
Tel：0755－88390088

## 黄岗村汽车美容中心
业务：汽车美容、汽车维修
地址：广东省深圳市福田区福民路皇岗食街
负责人：邓福文 邮 编：518000
法 人：邓福文
Tel：13538112868
0755－83801359

## 深大兴汽车养护中心
业务：汽车维修、汽车美容
业务：广东省深圳市福田区新洲二街
负责人：黄淑标 邮 编：518000
法 人：黄淑标
Tel：0755－83426788
83868864
13714242788
Fax：0755－83868864

**招商国际船舶代理有限公司**
地址：广东省深圳市盐田港海港大厦 1108－1109 室
负责人：郭伦洋
Tel：0755－25290749
13828838244

## 峰浪物流有限公司
业务：国际物流
地址：广东省深圳市福田区振兴路华匀大厦 305
负责人：钟起亮 邮 编：518000
Tel：0755－83993452
15811823041

## 深圳市北方托运站
业务：深圳——广州，全国各地整车零担，货物配载
地址：广东省深圳市光明新区公民街道宝安路与建设南路南一巷交汇处
负责人：杨国栋 邮 编：518000
法 人：杨国栋
Tel：13828762415
0755－27108973

**海陆货运有限公司**
地址：广东省深圳市盐田路裕鹏阁 1 单元 202
负责人：郑荣城
Tel：0755－25206441
13113683666

## 英德市英城名驱汽车真皮座套有限公司
业务：真皮汽车座套订做及零售
地址：广东省清远市英德市英城茶园南路口和滨阳路交界处门面
负责人：李凌键 邮 编：511500
法 人：李凌键
Tel：13620500794
0763－2283573

**宝顺通货运有限公司**
地址：广东省深圳市盐田区北山道星港名苑 A 栋 6B
负责人：吴孟绿
Tel：0755－82633126
82633566
13808802466

**深圳市图腾货运有限公司**
地址：广东省深圳市盐田区东海道南方明珠花园 A9－203 室
负责人：李勇
Tel：0755－61283586

**深圳市海宏捷顺货运有限公司**
地址：广东省深圳市盐田区东海丽景花园 2 栋 206
负责人：吴广华
Tel：13926540307

## 深圳市现代叉车
业务：叉车销售、维修等一条龙服务
地址：广东省深圳市宝安区观澜街道观澜大道银河新村 314 号
负责人：蒋建民 邮 编：518000
法 人：蒋建民
Tel：0755－28011091

## 深圳市合肥叉车
业务：叉车销售、维修
地址：广东省深圳市宝安区观澜街道观平路 403 号
负责人：袁斌 邮 编：518110
法 人：袁斌
Tel：0755－29811258
29817257

## 深圳市宝静汽车专业隔音音响
业务：专业批发各种汽车隔音材料，密封套材，音响等
地址：广东省深圳市宝安区沙井街道新桥汽配城
负责人：吴爱忠 邮 编：518000
法 人：吴爱忠
Tel：0755－27887555
13603095624
Fax：0755－27887555

**深圳市南峰货运有限公司**
地址：广东省深圳市盐田区东海丽景花园 4 栋 702 房
负责人：黄核心（男）
Tel：0755－25280009
13903010706

**深圳市忠诚明货物运输有限公司**
地址：广东省深圳市盐田区东海路南方明珠花园 B 区 2 栋 215 室
负责人：罗前明
Tel：0755－25280045
13077876739

**广益货物运输有限公司**
地址：广东省深圳市盐田区深盐路 2002 号东湾大厦 719 室

负责人：段刘平
Tel：0755－25228997

## 英德市英城建聪轮胎购销店
业务：三包汽车轮胎、品种齐全
地址：广东省清远市英德市英城桥西路 49 号
负责人：李建聪 邮 编：511500
法 人：李建聪
Tel：13602940688
0763－2232521

## 汕头市潮南区峡山楚运货运站（汕头至武汉专线）
业务：货运（汕头至武汉专线）
地址：广东省汕头市潮南区峡山北环大道路西
负责人：邓念权 邮 编：515000
法 人：邓念权
Tel：0574－87929579
87929578
Fax：0754－87929577

## 惠州市惠城区瑞发货运服务部
业务：货运物流
地址：广东省汕头市大学路西郊货运市场乙座 33 号
负责人：侯小华 邮 编：515000
法 人：侯小华
Tel：13809657919
0754－82621777
88222339
0752－2063232

**深圳市恒盛货运有限公司**
地址：广东省深圳市盐田区深盐路东湾大厦 603 房
负责人：张添文
Tel：0755－25229232
13802230032

## 曲江区家好月圆爱车一族
业务：抛光打蜡、专业贴膜、空调及电路维修、室内干洗、家居用膜、汽车美容用品
地址：广东省韶关市曲江区马坝大道体育馆旁
负责人：张天辉 邮 编：512000
法 人：张天辉
Tel：13927884284
0751－6199284

## 佳和运输车队
业务：货物运输
地址：广东省韶关市曲江区马坝镇岭窝子 569 号
负责人：刘三财 邮 编：512000
法 人：刘三财
Tel：0751－6650535
Fax：0751－6650535

## 始兴县农机公秤地磅站
业务：汽车美容、抛光、护理及洗车
地址：广东省韶关市始兴县太平镇兴平路 226 号
负责人：谢日扫 邮 编：512000
法 人：谢日扫
Tel：13927894613
0751－3322631

## 威海龙汽车服务部
业务：汽车维修、精修、快修、汽车美容及汽车用品、饰品专卖
地址：广东省韶关市武江区芙蓉北路 5 号铺（乳韶路芙蓉加油站斜对面）
负责人：陈璧璇 邮 编：512000
法 人：陈璧璇
Tel：0751－8722368
13924457586

**深圳市东连昌实业有限公司**
地址：广东省深圳市盐田区深盐路海港大厦 A 座 1401 房
负责人：张大瑜
Tel：0755－25290638

## 仁通货运部
业务：承接国内货运；韶关——珠江三角洲
地址：广东省韶关市浈江区南郊一公里纺织品仓库办公室综合楼首层（站南一路 34 号
负责人：杨闻灵 邮 编：512000
法 人：杨闻灵
Tel：13500203013
13435096290

**广州市驰航船务有限公司**
地址：广东省增城市荔城镇海涛居 2 幢 12 号铺位

负责人：苏锦棠
Tel：020－82638840
13922177750

**深圳市港隆润货运有限公司**
地址：广东省深圳市盐田区盐田路 45 号金港盛世华庭 6 号楼 9C 室
负责人：钟新周
Tel：0755－82631112
82631234
82631113
13138899031

## 浈江区阳洪货运部
业务：全国货运
地址：广东省韶关市浈江区韶南大道七公里乳峰物流仓位 D23－24 号
负责人：夏贤仁 邮 编：512000
法 人：夏贤仁
Tel：13922597579
18923150805

## 深圳市欧开冷气设备有限公司
业务：本公司秉承诚信为本、顾客至上为宗旨，从事汽车空调整机、零部件销售，并提供免费安装及售后维修一条龙服务。
产品：汽车空调零部件、车用发电机、汽车电瓶
地址：广东省深圳市宝安 43 区安乐工业园 A 栋 7 楼南座
负责人：郭亮 邮 编：518101
法 人：焦昕昕
Tel：0755－83581282
Fax：0755－83581261

## 广东省深圳市顺风货运有限公司
业务：承接全国各地整车、零担运输业务，我们以安全快捷、信守承诺为服务理念。竭诚希望与新老客户共同发展。
地址：广东省深圳市宝安区福永镇恒光耀工业园
负责人：杨先生 邮 编：518101
法 人：杨水明
Tel：0755－81451575

**坚润达货运有限公司**
地址：广东省珠海市斗门区井岸镇港霞西路 139 号
负责人：卢坚
Tel：0756－5112217
13923392117

**珠海市隆运货运代理有限公司**
地址：广东省珠海市香洲区吉大九洲大道东 1030 号二楼
负责人：黄国赞
Tel：13005780280

**九洲通联运有限公司**
地址：广东省珠海市香洲区吉大九洲大道冷冻公司
负责人：孟先生
Tel：13602676358

## 怡乾摩托车店
业务：销售摩托车（新大洲、本田）
地址：广东省汕头市老圆西门路段
负责人：林壮源 邮 编：515800
法 人：林壮源
Tel：13502710587
0754－85738311
8580669
Fax：0754－8580669

## 汕头市龙湖区一帆汽车美容服务部
业务：经营汽车美容、保养、修理等业务。
地址：广东省汕头市龙湖区长江路金和铺面 2 座 3 至 6 号
负责人：郭锦帆 邮 编：515000
法 人：郭锦帆
Tel：18923666469
0754－88859118

## 海丰县附城路路通洗车服务中心
业务：汽车清洗服务
地址：广东省汕尾市海丰县附城粉围新乡路边
负责人：黄先生 邮 编：516601
法 人：黄汉秋
Tel：13924695598
0660－6620268

## 广东鸿达兴业集团有限公司
业务：本公司主要经营塑料化工原料制造和贸易、煤炭资源及现代化仓储物流业务。其中化工原料品种有 PVC、PE、PP、PC、DOP、PET、PBT、POM、炭化钙、烧碱、液氯、盐酸、苯酐、色母、添加剂、醇溶剂等。集团拥有良好的客户网络和服务终端体系，在行业里享有盛誉。
地址：广州市黄埔大道中 260 号恒安大厦

邮　编:510655
法　人:郑楚英
Tel:020－85646782
85646781
Fax:020－85646662
网址:www.hdxy.cn

**深鸿汽车配件部**
地址:广东省深圳市罗湖区清水河6路11幢103号
负责人:罗青林
Tel:0755－82424227
13902938756

**海丰县新新汽车维修中心**
业务:二十四小时拯救吊拖业务维修各种汽车
地址:广东省汕尾市海丰县附城鲤鱼山工业区34米大道三座
负责人:许友道　邮　编:516601
法　人:许友道
Tel:0660－6625555

**陆丰市吉星涂料有限公司**
业务:汽车、摩托车用漆
地址:广东省汕尾市陆丰市碣石镇星湖工业区(星湖新城第三区B3片第1－6号)
负责人:蔡镇河　邮　编:516601
法　人:蔡镇河
Tel:0660－8601081
Fax:0660－8601081

**和隆摩托车配件商行**
业务:摩托车配件、五金、玻璃制品
产品:三轮摩托车、二轮摩托车、电动车及配件
地址:广东省汕尾市陆丰市南塘镇人民东路128号
负责人:林水春　邮　编:516500
法　人:林水春
Tel:0660－8297518
Fax:0660－8290518
网址:www.moliwang.net
E-mail:helongmopei@163.com

**乐昌市东升蓄电池修复店**
业务:蓄电池销售、维修
地址:广东省韶关市乐昌市榴村公路边
负责人:骆钊博　邮　编:512000
法　人:骆钊博
Tel:13727592661

**深圳市元瑞汽车展场华南汽车用品店**
地址:广东省深圳市福田区香蜜湖元瑞汽车展场C0号
负责人:宣小姐
Tel:0755－83704848

**广州市光裕汽车空调制造有限公司**
业务:我公司是一家专业生产汽车空调压缩机及配件的企业。企业秉承"以科技为先导,以人才为基础,以质量为生存,以服务赢市场"的经营理念,光裕人真诚希望与国内外客商紧密合作,互惠互利,共享事业的成功与喜悦。

地址:广东省增城市正果镇池田开发区
负责人:王光美……邮　编:511390
法　人:王光美
Tel:020－82811788
网址:www.gygz.com.cn

**清伟锋装卸有限公司**
地址:广东省深圳市罗湖区桃园路广信仓储公司814幢
负责人:潘灿英
Tel:13509667581

**德利达汽车配件店**
地址:广东省深圳市福田区竹子林侨香路侨香三道鸿运阁105号
负责人:曾年辉
Tel:0755－82933699
81057600

**共速达货运市场凯信货运部**
地址:广东省深圳市罗湖区清水河红岗路共速达货运市场81号
负责人:季坚强
Tel:0755－25872431
13825234112

**快一步清水河货运市场中铁物流有限公司**
地址:广东省深圳市罗湖区清水河一路快一步清水河货运市场114号
负责人:徐红
Tel:0755－27472260
13802580076

**鸿基集装箱运输有限公司货运代理部**
地址:广东省深圳市罗湖区笋岗北站鸿基综合楼106号之二
负责人:谢映平
Tel:0755－82470163
13828866399

**中兴顺运输有限公司**
地址:广东省深圳市罗湖区笋岗东路宝安广场A栋22楼A.B房
负责人:黄卫忠
Tel:0755－25161193
13802292988

**通顺物流有限公司**
地址:广东省深圳市罗湖区笋岗东路华通大厦1314号
负责人:黄焕中
Tel:0755－25501702
13924079010

**韶关市宇辉汽车维修有限公司**
业务:承接各种进口,国产小汽车维修
地址:广东省韶关市南郊三公里货场路蔬菜批发市场隔壁
负责人:邓明荣　邮　编:512000
Tel:13826384848
13902342102
0751－8260298
8296102
8260288

**车一族汽车养护有限责任公司**
地址:广西省柳州市城中区高新一路6号金桂苑二区24、25号门面
负责人:李忠辉
Tel:0772－2629913
13317728613

## 华程交通有限公司

深圳市华程交通有限公司是深圳市道路运输行业十强企业之一，是经交通部确认的二级道路运输企业。

华程公司坚持"以人为本、服务至上、诚实做人、用心做事"的核心价值观，专注为顾客提供安全、便捷、经济、舒适、文明、环保的道路运输服务，赢得了政府、社会和顾客的赞赏和认同！

网址：www.szhcjt.com

联系人：朱剑飞 13138883698

电话：0755—89910863 邮编：518000

地址：广东省深圳市龙岗区中心城龙平西路129号汽车总站五楼

## 深圳安通达货运有限公司

深圳安通达货运有限公司成立于2003年，专业从事全国国内运输（整车、零担）和海关集装箱监管货物运输，仓储与配送，保险代理等服务。我们承诺：做行业中专业的领航者，做客户放心的企业。欢迎您的来电！

联系人：蒋传旺

电话：13502826559、0755-89570991 传真：0755-89570990

地址：广东省深圳市龙岗区南湾街道丹平路1#5号楼 邮编：518000

## 惠来县东陇飞鹅汽车修配厂

惠来县东陇飞鹅汽车修配厂专业从事汽车修理、配件经营。

本厂的宗旨：视质量为生命，以信誉为根本，让客户省心、省力、省时、省钱。

热忱欢迎广大新老客户光临！

联系人：方武辉

电话：0663-6551542 13802321594

地址：广东省揭阳市惠来县东陇镇寄陇村东陇供销社大楼对面 邮编：522000

## 深圳市东方联球国际货运代理有限公司

成立于2006年，主营国际快递和国际空运及进出口运输的物流公司。

公司现已发展成为拥有设施完善、网络齐全、服务到位、优质快捷的国际货运代理企业，业务范围已扩展到国内空运、国际空运、内部转送业务、海关监管过境运输及中港两地的货物，快件的运输，并与口岸海关建立了良好的信誉。

我们凭借不懈的努力，将保持业界的驰名地位，并将树立更好的企业形象，创造更优质量的企业品牌，以真正体现"至诚至速至责"的价值。

网址：www.szdflq.com

联系人：何国民 13632987556

电话：0755-27459676 27459046 800-999-0196 传真：0755-29775758

地址：广东省深圳市宝安区西乡后瑞新瑞北区四巷4# 邮编：518000

## 景泰翔源汽车维修设备有限公司

广州市景泰翔源汽车维修设备有限公司成立于2003年，专业从事汽保维修设备生产、销售。

我公司秉承"顾客至上，服务进取"的经营理念，提供优质的钣金气动工具、无尘干磨、烤灯、焊机、空调回收加注机等汽保设备维修、保养服务。欢迎您的来电！

联系人：谭新源

电话：020-86557582 13725297218 传真：020-86388473

地址：广东省广州市白云区广园中路206-208号B28-29铺 邮编：510000

## 深圳市九洲物流有限公司

深圳市九洲物流有限公司成立于2006年，主要从事国内空运。公司将秉承"客户至上，诚信服务"的宗旨，加强服务意识，为客户提供一流的品牌和服务，以追求客户满意度最大化，并超越客户期望。

电话：0755-29910720 13066865688

联系人：林义升 邮编：518000

地址：广东省深圳市宝安区宝安机场物流沿国内货运村一期213-214单元

## 南雄市老冯轮胎车站店

本公司成立于2006年，主要销售、修补轮胎。以人为本核心理念，积极转变服务观念，强化服务措施，为您服务。

联系人：冯世胜

电话：13076270390、0751-3899156 邮编：512400

地址：广东省韶关市南雄市雄州街道站前路八一商贸城A幢3号

## 深圳市康信吊装运输有限公司

本运输公司经营厂房搬迁，大型起重作业，设备移位，各型桩机，塔吊装卸，吊运，长短途运输，吊车、牵引车租赁等业务，为您提供一站式便捷服务！

联系人：余能康 13922831146

电子邮件：yunengkang@126.com 电话：0755-16784825

网址：www.mtw103891.chinapyp.com 传真：0755-86104825

地址：广东省深圳市南山区西丽镇光前村西区50栋601号 邮编：518055

## 韶关市曲江有胜汽车运输有限公司

韶关市曲江有胜汽车运输有限公司是一家拥有多年运输经验的货运企业，业务范围涉及广东全省及国内其他省市。

公司拥有一支训练有素的专业运输队伍，并通过岗位的合理配置和人才的优化，能够为客户提供"及时、安全、稳定、快捷"的服务。凭着团结奉献、求实创新的企业精神，以"造就卓越企业"作为自己的信念，与各界携手，为繁荣全国道路运输业作贡献，共创辉煌的明天！

联系人：谢君胜

电话/传真：0751-6692088

地址：广东省韶关市曲江区马坝镇马坝大道中 邮编：512100

## 深圳市龙胜汽修厂

本公司成立于1997年。

主要经营汽车维修。

本公司以诚信为服务宗旨，并用一流的技术、一流的服务、一流的管理，让所有的客户都能够享有低支出高回报的优质服务生活。

联系人：张阿洋 13725503589 电话：0755-86610192

地址：广东省深圳市南山区白石洲华夏路11号 邮编：518000
（沙河地产路口世界之窗对面）

## 广西壮族自治区 /Guangxi Zhuang Autonomous Region

**福鑫摩托车销售部**
地址：广西玉林市一环北路摩托车市场E栋第三间
…… 负责人：张荣义
…… Tel：13807756202

**广西德保桂西维亮物流有限责任公司**
地址：广西壮族自治区百色市德保县农行原东关营业所办公室
…… 负责人：黄奔勇
…… Tel：13977111110

**广西桂林市靓车港汽车美容店**
业务：广西桂林市靓车港汽车美容店成立于2004年，主要从事汽车美容、装饰、维护、喷漆、改装等。欢迎各方客户惠顾。
地址：广西桂林七星区环城北二路虞山桥头东
…… 邮　编：541004
…… 法　人：许俊
…… Tel：0773－3103333
3303333
…… Fax：0773－5603233

**恒信摩配批发商行**
业务：电动车、摩托车、汽配
地址：广西防城港市富裕路
…… 负责人：卓加善　邮　编：538001
…… 法　人：卓加善
…… Tel：0770－2830758
13977078558

**广茂汽车修理有限公司**
地址：广西壮族自治区百色市靖西县城东路广茂汽车修理有限公司
…… 负责人：蔡海清
…… Tel：0776－6223944
13768269344

**平果县新力进口汽车修配有限公司**
地址：广西壮族自治区百色市平果县马头镇龙阳二巷
…… 负责人：凌维勇
…… Tel：0776－5880165
8814203

**广西百色银海物流有限责任公司**
地址：广西壮族自治区百色市右江区六塘镇银海铝业
…… 负责人：吴大奎
…… Tel：0776－2990368

**北海市安保机动车辆安全技术检验有限公司**
地址：广西壮族自治区北海市海城区北部湾东路35号交警支队大院内
…… 负责人：莫秋平
…… Tel：13907796055

**广西北海市启派煤炭运销有限责任公司**
地址：广西壮族自治区北海市海城区北部湾西路5号7楼
…… 负责人：刘安东
…… Tel：13977963058

**北海雷神航空工业有限公司**
地址：广西壮族自治区北海市海城区北京路怡海新村地苑15幢302室
…… 负责人：黄晓一
…… Tel：0779－3210767

**正兴汽车空调装饰美容中心**
业务：汽车音响、空调、防爆膜
地址：广西桂林市八里街纬八路
…… 负责人：李春　邮　编：541000
…… 法　人：李春
…… Tel：13978342538
13977324388
0773－2636498

**桂林交通行业协会**
业务：桂林市交通行业协会是经桂林市交通局批准，桂林市民政局注册、登记设立，具有法人资格的全市性社会团体；是由桂林市范围内的道路运输业、水路运输业、公路建设业、车船修造业等交通行业及相关行业的企事业单位、团体和个人自愿组成，属行业性、非营利性社会组织。桂林市交通行业协会将在政府与企业之间起桥梁、纽带作用，同时，该协会致力于促进道路运输、水路运输、公路建设、车船修造等交通事业的发展，推动交通行业和企业的技术进步和管理的现代化、规范化，提高交通事业的社会效益和经济效益，依法维护交通行业和会员单位的合法权益，构建平安、和谐、文明的交通行业。
地址：广西省桂林市福旺路38号
…… 邮　编：541001
…… 法　人：林敏华
…… Tel：0773－2810095
…… Fax：0773－2810095

**北海大洋洲船务有限公司**
地址：广西壮族自治区北海市海城区深圳路10号（付楼二楼）
…… 负责人：庞成祥
…… Tel：13367791763

**防城龙盛进口汽车修理厂**
地址：广西壮族自治区防城港市防城区防城镇团结大道7号
…… 负责人：何道进
…… Tel：0770－3265700

**广西吉兴物流有限公司**
地址：广西壮族自治区防城港市港口区插排尾粮转站生活区内3幢401号
…… 负责人：王积材
…… Tel：13707707396

**防城港市金荣货运代理有限公司**
地址：广西壮族自治区防城港市港口区党校对面（车辽片）C215号
…… 负责人：李文金
…… Tel：0770－2826456

**桂林市桂烽仓储物流公司**
业务：物流、运输
地址：广西桂林市叠彩区北辰路76号月台65、66号门面
…… 负责人：蒙燕清　邮　编：541000
…… 法　人：蒙燕清
…… Tel：0773－3351288
2563559
13737749905

**防城港海潮国际物流有限公司**
地址：广西壮族自治区防城港市港口区海关办公楼第一间铺面
…… 负责人：黄卓文
…… Tel：0770－6680191

**防城港市翰海国际货物代理有限公司**
地址：广西壮族自治区防城港市港口区凯乐园小区B3栋404室
…… 负责人：严伟军
…… Tel：13907700241

**南宁时通运输有限公司**
业务：南宁时通运输有限公司成立于2006年4月，主要经营船舶运输于，欢迎新老客户，各商家光顾、指导。
地址：广西省南宁市兴宁区朝阳路66号钻石广场14楼B1号
…… 负责人：王媛……邮　编：530012
…… 法　人：王媛
…… Tel：0771－2635043
2633822
…… 网址：mtw25141

**广西纳海交通设计咨询有限公司**
地址：广西壮族自治区防城港市港口区四川路京澳大厦
…… 负责人：宁旭展
…… Tel：0770－2830804

**防城港市湘英物流有限公司**
地址：广西壮族自治区防城港市港口区友谊大道10号
…… 负责人：倪铭
…… Tel：0770－2832211

**防城港市全运通船务有限公司**
地址：广西壮族自治区防城港市港口区友谊大道碧波公寓702室
…… 负责人：陈良
…… Tel：13507703777

金桥国际物流有限公司
地址：广西壮族自治区防城港市港口友谊大道8号
负责人：卢承珍
Tel:13517709429

桂林前进汽车运输有限公司
业务：全国汽车运输
地址：广西桂林市火车始发站对面
负责人：杨谦华 邮编：541000
法人：杨谦华
Tel:0773－2561112
2561110
2561114

平南县诚信船务有限公司
业务：平南县诚信船务有限公司主要从事船舶中介，保险代理，物资，船舶运输代理。欢迎新老客户光临惠顾！
地址：广西壮族自治区贵港市平南县平南镇中心广场
负责人：王松喜 邮编：537300
法人：邹恒军
Tel:0775－7834567
Fax:0775－7829595

贵港市顺锐摩托车行
地址：广西壮族自治区贵港市凤凰街西街D2区2排7－17号
负责人：黄创勇
Tel:13132992888

桂林市全信汽车销售有限责任公司
地址：广西壮族自治区桂林市叠彩区九华路1号9栋
负责人：周骏
Tel:13707831038

南宁市华同汽配经营部
业务：汽车配件、电喷件
地址：广西南宁市望州路北三里3号
负责人：朱志国 邮编：530001
法人：朱志国
Tel:13481128444
0771－5641911
Fax:0771－5641911

桂林雁鸣车辆服务有限公司
地址：广西壮族自治区桂林市临桂县临桂镇金水路31号
负责人：薛雁鸣
Tel:13788566911

柳州市雁菱汽车配件制造有限公司
业务：生产、销售汽车配件
产品：铆钉、销轴、非标件
地址：广西省柳州市柳南区基隆村
负责人：吴庆党 邮编：545007
Tel:0772－3713897
13558129819

钦鑫零担快运部
业务：货物运输：柳州－南丹－天峨
地址：广西省柳州市柳南区柳邕路怡华名都174－105号
负责人：羊志军 邮编：545000
法人：羊志军
Tel:0772－3222529
13707826682

湖北枣阳兴亚摩擦材料有限公司刹车片厂驻广西柳州办处
业务：生产销售
地址：广西省柳州市柳邕路273号柳南汽配2－2号
负责人：刘德林 邮编：545000
Tel:13977294749
0772－3214191

柳州市兄弟快运
业务：柳州←专线直达→三江，榕江，从江，黎平，独山，江州，荔波，都匀，三都，平塘
地址：广西省柳州市柳邕路西一巷10号
负责人：唐光明 邮编：545000
法人：唐光明
Tel:13707826136
0772－3233598
3829909

小型起重吊车
地址：广西壮族自治区桂林市全州县才湾镇鲁板桥村
负责人：彭志平
Tel:13907832398

桂林市迅达快递有限公司
地址：广西壮族自治区桂林市象山区上海路26号（枫丹丽苑4－9－1）
负责人：李超能
Tel:13737723288

柳州市海新科技有限责任公司
业务：物流，长途运输，仓储配送，零配件加工，五菱汽车零配件销售
地址：广西省柳州市龙屯路1号
负责人：陈赟 邮编：545000
法人：陈赟
Tel:0772－2053685

融安县旺达车辆销售服务中心
业务：车辆销售服务
地址：广西省柳州市融安县浮石镇209国道加油站旁
负责人：丁振神 邮编：545000
法人：丁振神
Tel:0772－8473398
13878267038

壹号标汽车美容
业务：汽车封釉，防盗器，倒车雷达，汽车音响，防爆膜，汽车真皮，汽车轮胎，汽车精品。
地址：广西省钦州市第三地质队大院内
负责人：黄小姐 邮编：535000
Tel:0777－2828187
3603388
3606655

益万家摩托车动力输出装置配件厂
业务：益万家摩托车动力输出装置配件厂成立于2003年，现有员工50余人，从事摩托车动力系统配件的生产及销售。欢迎来电垂询！
地址：广西壮族自治区桂平市社坡镇西街72号
邮编：537206
法人：徐润生
Tel:0775－3630233
Fax:0775－3632533

永福县永安顺发客车运输有限公司
地址：广西壮族自治区桂林市永福县永福镇连江路（工农兵市场内）
负责人：何抄芳
Tel:13997136119

广西河池远达汽车运输有限责任公司汽修服务分公司
地址：广西壮族自治区河池市乾霄路175号
负责人：覃均荣
Tel:0778－2285804

广西骏力物流有限公司
地址：广西壮族自治区贺州市钟山县钟山镇东路44号
负责人：陈锋
Tel:13902493556

梧州市圆通快递服务部
业务：主营速递业务，并承接零担、货物运输。本着高效，快捷、安全、方便的为您提供服务，欢迎来电垂询。
地址：广西省梧州市新兴二路201号
负责人：梁华强 邮编：540020
法人：梁华强
Tel:0774－3862098
Fax:0774－3856089
网址：www.yto.net.cn
E-mail:huaqiang5@126.com

玉林市东园汽配
业务：主营：广西车后驱动车原厂配件，批零兼营。我们将以质优价廉的产品，一流的服务质量，为客户打造完美的供货环境
产品：广西车后驱动，单缸，双缸，王牌，南骏，四缸，六缸，1.5吨、3吨、4吨、5吨东风等配件，进口、国产油类
地址：广西省玉林市一环北路439号
负责人：谢宪容 李专
邮编：537000
法人：谢宪容
Tel:0775－2389918
13877551988
13907755353
E-mail:dyqp13877551988@126.com

弘福汽车轮胎服务部
业务：汽车轮胎服务
地址：广西省玉林市一环东路143号
负责人：朱福 邮编：537000
法人：朱福
Tel:0775－2670962
13507757962
Fax:0775－2670962

大三菱汽车空调轮胎总汇
地址：广西壮族自治区来宾市兴宾区柳来路599－601号
负责人：李华昌
Tel:0772－4271525
13807821839

广西环江环驰拖拉机有限公司
业务：我公司生产销售，四轮驱动手扶拖拉机、我厂将以一流的质量、一流的服务宗旨竭诚为新老客户服务。
地址：广西壮族自治区河池市环江毛南族自治县城北开发区碳素厂内
负责人：谭仁专 邮编：547100
Tel:0778－8871096

武鸣县欧贝尔电动车行
业务：上海雷爵电动车销售，顺铃电动车销售
地址：广西南宁市武鸣县万隆国际商业广场D壹栋零玖号
负责人：黄先生 邮编：530000
法人：黄先生
Tel:13768114402

柳州市良运运输有限公司
地址：广西壮族自治区柳州市柳北区跃进路47号欧雅明珠2－22号
负责人：张振造
Tel:13977292308

广西梧州市全邦货运部
业务：货运
地址：广西梧州市竹湾路33号丰业装饰市场A3楼3,4号铺
负责人：潘锦标 邮编：543000
法人：潘先生
Tel:0774－3891400
13557740558

北海市铁山港区光辉汽车修配中心
业务：汽车修配
地址：广西壮族自治区北海市铁山港区兴港镇彬定村委大竹园村路口
负责人：欧其华 邮编：536000
法人：欧其华
Tel:13977905844
13557094708
网址：http://www.51zzt.com/user/zzt40799/product/33447.htm

北海市银海区奥莱汽车维修中心
业务：汽车维修与改装，销售汽车零件，二手车的回收与销售
产品：汽车零件，二手车
地址：广西壮族自治区北海市银海区四川南路火车桥东侧昌龙小区右
负责人：李小姐 朱小姐
邮编：536000
法人：马佳
Tel:0779－8853588
Fax:0779－3215877
E-mail:302557223@qq.com

桂林市灵川县宝指灵汽车指纹防盗系统有限公司
业务：汽车防盗、汽车指纹防盗系统，宝指灵汽车指纹防盗系统等产品
地址：广西壮族自治区桂林市八里街农产品批发市场103幢39号
负责人：蒋顺发 邮编：541002
法人：蒋顺发
Tel:0773－2198383

柳城县顺成机动车驾驶员培训中心
地址：广西壮族自治区柳州市柳城县大埔镇河东大道柳城县农业机械化技术学校内
负责人：王学立
Tel:0772－7611700

柳江县骏马运输有限公司
地址：广西壮族自治区柳州市柳江县拉堡镇新田二队20号
负责人：周庆
Tel:13907822593

贺州市东阳摩托车销售有限公司
业务：贺州市东阳摩托车销售有限公司主要代理销售"豪爵""铃木"摩托车。欢迎新老客户光临、惠顾！
地址：广西壮族自治区贺州市八步区建设西路23号气象局旁
负责人：蔡良光 邮编：542800
法人：蔡良光
Tel:0774－5220055
5220558

广西灵山县永东物流有限公司
业务：运输、物流，广西到广东各大城市都有专线
地址：广西钦州市灵山县新华路51号
负责人：零永东 邮编：535400
法人：零永东
Tel:13907772101
0777－6503801
Fax:0777－6502388

新大利汽车配件有限公司
地址：广西壮族自治区柳州市柳南区航岭路8号
负责人：兰森
Tel:0772－3253173
13659660088

光平汽修厂
业务：汽车维修、汽车零配件的销售
地址：广西壮族自治区桂林市兴安县迎宾路
负责人：李光平 邮编：541000
法人：李光平
Tel:13768539107
13768536871
0773－6225967

柳州市胜能商贸有限公司
业务：电动车及电池
产品：电动车蓄电池
地址：广西壮族自治区柳州市屏山大道195＃马鞍山大厦1003
负责人：蔡福建 邮编：545001
法人：罗俊杰
Tel:0772－3807899
Fax:0772－3801667

柳州市能贵劳务服务有限公司
业务：船舶修造，大型钢结构安装，除锈、喷砂、涂装，建筑业务，混凝土模板制造，焊接工程，酒店水电安装
地址：广西壮族自治区柳州市西江路北二巷29号（西江造船厂）
负责人：黄能贵 邮编：545001
法人：黄能贵
Tel:15007725446
13377231674

融安县景顺车辆服务中心
地址：广西壮族自治区柳州市融安县长安镇红卫路
负责人：吴振东
Tel:13907727799

柳州市雄发汽车运输有限公司
地址：广西壮族自治区柳州市阳和工业新区翠湖京都五栋一单元1－A室
负责人：温燕发
Tel:13877203707

钦州义昌进口汽车维修厂
业务：汽车维修服务及汽车零件销售。备注：钦州市交通道路事故保险快处理赔服务中心，人保事故拆检中心
地址：广西钦州市南珠西大街291号
负责人：叶文昌 邮编：535000
法人：叶文昌
Tel:13907777222
0777－2837912
2842975
Fax:0777－2837912

华日货运服务部
地址：广西壮族自治区柳州市鱼峰区燎原路7号
负责人：周伏华
Tel:0772－3141065
13977296520

广西钟山县佳能汽车修配厂
业务：广西钟山县佳能汽车修配厂成立于2002年，主要从事汽车修理，销售汽车配件、润滑油，代办车辆保险业务，车辆年审等业务。热诚欢迎广大新老客户来电咨询。
地址：广西壮族自治区贺州市钟山县环城路
邮编：542600
法人：邱大会
Tel:0774－8983628
Fax:0774－8973385

柳州市诚艺汽车代驾服务有限公司
地址：广西壮族自治区柳州市鱼峰区水南路91号1栋1单元3－2号内
负责人：沈柳明
Tel:13807720779

浦北县巨力轮胎总汇
业务：汽车轮胎，汽车配件，汽车轮胎装拆、安装、零售
地址：广西壮族自治区钦州市浦北县城越新路13号
负责人：庞祖雄 邮编：535000
法人：庞祖雄
Tel:0777－8213237
8213095
13907772308

广西博白县翔宇物流有限公司
业务：承接全国各地货运物流业务
地址：广西壮族自治区玉林市博白县西城客运站180号
负责人：刘殿富 邮编：537600
法人：刘殿富
Tel:13807850383
0775－8235790
Fax:0775－8239202

柳州市捷迅汽车运输有限责任公司
地址：广西壮族自治区柳州市鱼峰区西江路

20号
…… 负责人：韦卫平
…… Tel：13977288037

**南宁市荣宝龙物资储运有限公司**
地址：广西壮族自治区南宁市城北区北湖南路1号
…… 负责人：林子龙
…… Tel：13977136888

**广西南宁华地鑫铁路运输有限公司**
地址：广西壮族自治区南宁市城北区衡阳路南一巷1号
…… 负责人：潘永海
…… Tel：13978106823

**柳州市瑞安小汽车租赁有限公司**
业务：柳州市瑞安小汽车租赁有限公司成立于2005年，从事小汽车租赁，汽车配件经营，五金及建材销售，欢迎新老客户来电洽谈业务！
地址：广西壮族自治区柳州市柳北区胜利路中段柳北钢材大市场东管区6号门面
…… 负责人：邓贵锋……邮　编：545002
…… 法　人：邓贵锋
…… Tel：0772－2535298

**捷力佳汽车配件有限公司**
业务：生产、销售汽车配件
地址：广西省柳州市柳东路226号
…… 负责人：邹积惠　邮　编：545000
…… 法　人：邝明界
…… Tel：0772－2636738
15907721213

**广西安聚发交通能源投资有限公司**
地址：广西壮族自治区南宁市江南区江南路3－2号
…… 负责人：林发业
…… Tel：13878151583

**柳江县安保车辆检测有限责任公司**
业务：车辆检测、新车入户
地址：广西省柳州市柳江县拉堡镇建都开发区四十米大街南面检测大院
…… 负责人：韦卓君　邮　编：545100
…… 法　人：韦卓君
…… Tel：0772－7226708
13878275677
…… Fax：0772－7216816

**南宁市港顺船务有限责任公司**
地址：广西壮族自治区南宁市江南区亭江路河堤8、9、10号
…… 负责人：邓耀庆
…… Tel：13877138098

**金丰摩托车电动车销售有限公司**
业务：摩托车电动车的销售
地址：广西省柳州市柳城县河东大道
…… 负责人：张胜金　邮　编：545000
…… 法　人：张胜金
…… Tel：13457255858
0772－7616716

**南宁市驰翔汽车租赁信息有限责任公司**
地址：广西壮族自治区南宁市新城区古城路2号
…… 负责人：潘仕远
…… Tel：13077788016

**广西嘉缘停车设备有限公司**
地址：广西壮族自治区南宁市新城区桂春路15号
…… 负责人：胡平
…… Tel：13977136871

**钦州市钦州港先飞达物流服务部**
业务：广西省内汽车运输
地址：广西钦州市钦州港嘉怡锦湾1栋一楼A101号商铺
…… 负责人：苏南鑑　邮　编：535000
…… 法　人：苏南鑑
…… Tel：0777－3883489
29741498

**广西和邦物流代理有限公司**
地址：广西壮族自治区南宁市新城区七星路137号广西外贸大厦第25层
…… 负责人：张健全
…… Tel：13087716383

**柳州市澳龙摩配商**
业务：厂家直销摩托车，电动车各种头盔，防盗锁，防盗器，雨衣尾箱，护杠，手套及其它附件
地址：广西省柳州市燎原路
…… 负责人：徐敏　邮　编：545000
…… 法　人：徐敏
…… Tel：0772－3119102
13677728884
…… Fax：0772－3146085

**广西梧州市爽手启诚港摩托车经营部**
业务：广西梧州市爽手启诚港摩托车经营部成立于1998年，主要从事摩托车及配件的批发与零售，摩托车维修。"质量保证，服务周到"，热诚欢迎新老客户光临惠顾！
地址：广西壮族自治区梧州市两广批发市场正大门直行100米
…… 负责人：黄光……邮　编：543002
…… 法　人：黄光
…… Tel：0774－3858199
3849830

**南宁市华路安交通设施工程服务有限公司**
地址：广西壮族自治区南宁市新城区望州路265－3号
…… 负责人：磨秀英
…… Tel：13807860151

**南宁佳禾顺运输有限公司**
地址：广西壮族自治区南宁市兴宁区望州岭路318号
…… 负责人：张涛
…… Tel：0771－2681185

**南宁市全境达仓储有限责任公司**
地址：广西壮族自治区南宁市永新区中华路111号2楼
…… 负责人：吴锦波
…… Tel：0771－2418577

**常兴汽车销售有限责任公司**
业务：汽车、农用拖拉机、建筑机械、五金机电、汽车用品及配件销售、汽车装饰美容服务。
地址：广西省贺州市迎宾大道机场路段28号
…… 负责人：刘济忠　邮　编：542800
…… 法　人：刘济忠
…… Tel：0774－5223808
5223970

**穗奥（梧州）船用锻铸件有限公司**
地址：广西壮族自治区梧州市蝶山区莲花山路3号
…… 负责人：蔡少伟
…… Tel：0774－5826765
5824054
13877403983

**钦州港远鹏物流有限公司**
业务：承接全国各地港口散杂货，承接全国港口船代，仓储货代业务，运输业务，玉米，豆粕，粮食，白糖，集装箱，矿煤炭钢材等长短运输
地址：广西钦州市钦州港金港花园2幢4号
…… 负责人：林凯　邮　编：545000
…… 法　人：高能强
…… Tel：0777－3880488
3883096
3880486
15807776361
13617778866
…… Fax：0777－3880486

**梧州市万里机动车驾驶员考试服务有限公司**
地址：广西壮族自治区梧州市万秀区东出口都连冲万秀工业园
…… 负责人：李钊
…… Tel：13877482688

**玉林市弘林汽车维修服务有限公司**
地址：广西壮族自治区玉林市教育东路31号
…… 负责人：刘钊
…… Tel：0775－5806668

**鸿雁摩托车配件批发中心**
业务：批发各种摩托车配件
地址：广西省桂林市兴安县桂中路
…… 负责人：唐生华　邮　编：541000
…… 邮　编：唐生华
…… Tel：0773－6212071
13768539173

**防城港市南海船舶修造有限公司**
业务：船舶修造
地址：广西省防城港市港口区企沙镇原卫东船厂
…… 负责人：马骏森　邮　编：538000
…… 法　人：马骏森
…… Tel：0770－6670782
13217700562
…… 网址：http://www.51zzt.com/user/zzt30361

**岑溪市中兴汽车修理厂**
业务：汽车修理及其配件销售
地址：广西省岑溪市北原大道33号
…… 负责人：梁纪文　邮　编：543200
…… 法　人：梁纪文
…… Tel：13877433883
0774－8517809

**玉林市爱车一族汽车租赁信息服务有限公司**
地址：广西壮族自治区玉林市清宁路53号（原清宁路中段东侧4幢3号）
…… 负责人：朱永优
…… Tel：0775－2821955

**广西梧州海韵船舶工程有限公司**
地址：广西壮族自治区梧州市万秀区桂江二路4号港监1楼
…… 负责人：袁晓强
…… Tel：13977495185

**容县运通交通设施有限公司**
业务：容县运通交通设施有限公司成立于1997年，主要从事交通设施设备的生产，驾驶员培训等业务。我公司为客户及时提供最新、最全、最优的产品和服务。
地址：广西壮族自治区玉林市容县容城镇城南大道158号
…… 负责人：苏尚皖……邮　编：537500
…… 法　人：苏尚皖
…… Tel：0775－5112645

**八顺物流公司**
业务：路线：北海—广州、深圳；重庆；山东；上海；北京；天津；大连。
地址：广西省北海市云南路珍珠厂对面
…… 负责人：何的　邮　编：536000
…… 法　人：何的
…… Tel：13807797089
0779－3051690

**玉林市玉州区弘福汽车轮胎服务部**
地址：广西壮族自治区玉林市一环东路143号
…… 负责人：林奎丽
…… Tel：13877554399

**太昌汽车冷气装饰商行**
地址：广西壮族自治区玉林市玉州区外环东路259号
…… 负责人：梁年苏
…… Tel：13677758513





## 海南省/Hainan Province

**恒升摩托车经销维修中心**
地址：海南省白沙黎族自治区龙江农场商业街205号
…… 负责人：吴贵庭
…… Tel：0898－27663081
13976518385

**海南浩源船务有限公司**
地址：海南省海口市八灶街15号西南侧省饮食服务公司宿舍402房
…… 负责人：张东海
…… Tel：13807660415

**海南海口港物流有限公司**
业务：本公司成立于2006年，主要从事货物运输、装卸、仓储等业务。公司恪守"诚信为本、客户至上"的工作理念，竭诚为客户提供安全、经济、高效、诚信、持久的服务，使公司成为海内外广大客户值得信赖的合作伙伴。
地址：海南省海口市滨海大道96号海港大厦10楼
…… 负责人：郭应显……邮　编：570311
…… Tel：0898－68639130

**海南佳路达运输有限公司**
地址：海南省海口市白龙南路52号滨河小区白龙大厦A座501室
…… 负责人：张弘
…… Tel：13005022555

**海口天顺达货运代理有限公司**
地址：海南省海口市滨海大道119号福昌大厦505房
…… 负责人：徐威
…… Tel：13006099385

**新富达汽车运输维修有限公司**
地址：海南省海口市滨海大道与丘海大道交叉路口北侧填海区
…… 负责人：邢益耿
…… Tel：13876039999

**海口市保安服务公司机动车辆检测中心**
地址：海南省海口市府城镇下坎立交桥旁琼山交警大队内
…… 负责人：吴镜泉
…… Tel：0898－68590331－816

**海南安旭物流有限公司**
地址：海南省海口市海盛路22号金楚生态家园5幢109室
…… 负责人：朱徐安
…… Tel：13005033056

**海口宏润华储运有限公司**
地址：海南省海口市海秀路120－15号临街铺面
…… 负责人：钟金香
…… Tel：0898－66767927

**海南海力神物流有限公司**
地址：海南省海口市花园新村一栋15号别墅
…… 负责人：赖定荣
…… Tel：0898－66780302

**海南比佛利汽车美容服务有限公司**
地址：海南省海口市华海路侨盛花园A栋一层
…… 负责人：高玲
…… Tel：13036066878

**海南腾遂海运有限公司**
地址：海南省海口市华信路1号花园大厦10层D座
…… 负责人：杨晓棉
…… Tel：0898－66726333

**海南金迈汽车运输有限公司**
地址：海南省海口市机场西路红棉公寓二单元205房
…… 负责人：白晋海
…… Tel：0898－66767975

**海口林泉实业有限公司蓝天路一站式汽车服务中心**
地址：海南省海口市蓝天路25－1号
…… 负责人：杨爱兰
…… Tel：0898－65338811

**海南奔跃物流有限公司**
地址：海南省海口市龙华二横路25号2栋502房
…… 负责人：齐红山
…… Tel：13005001588

**海南珑华航空客货服务有限公司**
地址：海南省海口市龙华路海南医学院路段临街铺面

……负责人:文淑飞
……Tel:0898-66725256

**海口刘坤货运有限公司**
地址:海南省海口市龙昆南道客四里 19 号 502 房
……负责人:刘大坤
……Tel:13707578368

**海南鸿中航空客货运代理有限公司**
地址:海南省海口市美兰国际机场天地行海鲜广场 C 号楼 115-115
……负责人:袁园
……Tel:13976114288

**海口粤桂物流有限公司**
地址:海南省海口市丘海大道 119 号 A 栋 5 号
……负责人:曹成巡
……Tel:13307517388

**中铁快运股份有限公司海口第二营业部**
地址:海南省海口市丘海大道 1-1 号
……负责人:张勇
……Tel:0898-68638404

**海南能平物流有限公司**
地址:海南省海口市疏港一横路 4 号南宝别墅 A 栋
……负责人:余能平
……Tel:13078919385

**洋浦宝岛出租车有限公司海口分公司**
地址:海南省海口市五指山路 29 号康业花园西湖苑 C 栋 5A 房
……负责人:单荣兵
……Tel:0898-65352063

**海南丰俭汽车修理有限公司**
地址:海南省海口市秀英区东方洋路 5 号
……负责人:张浩
……Tel:13976666206

**琼海昌泰汽车发展有限公司**
地址:海南省琼海市嘉积镇爱华路
……负责人:蒙绪坤
……Tel:0898-62828587

## 海口经海集装箱汽车运输有限公司

业务:海口经海集装箱汽车运输有限公司成立于 2003 年,承接海南省内的集装箱货物汽车运输。保证货物的准时到达,为客户提供更好的出货渠道,更好的服务客户。
地址:海南省海口市紫荆路紫荆花园 1 期五栋 16B
……邮　编:570125
……法　人:李学敬
……Tel:0898-68534381
……Fax:0898-68635363

**北京好运通国际运输服务有限公司三亚分公司**
地址:海南省三亚市大东海鹿鸣别墅 IV9 栋
……负责人:王东军
……Tel:0898-88211625

**三亚吉庆摩托车商行**
地址:海南省三亚市粮食局大楼底层第五间
……负责人:钟雄
……Tel:0898-88236633



## 四川省/Sichuan Province

**安达汽修厂**
地址:四川省巴中市南江县南江镇城北路
……负责人:罗成
……Tel:13882422165

**平昌县腾达汽车维修有限责任公司**
地址:四川省巴中市平昌县江口镇新华街西段 296 号
……负责人:饶代民
……Tel:0827-6261340

**成都市泰宏工程物资有限公司**
业务:汽车配件
地址:四川省成都市二环路西二段 43 号
……负责人:王延洲　邮　编:610000
……法　人:王延洲
……Tel:13908177268
028-87374433

**成都标荣汽配有限责任公司**
业务:本公司是中国内燃机配套,专业生产厂家,昆明云内、成都云内原产地配件供应商。同时向全国用户提供质优价廉的四缸发动机配件,公司生产的“标荣”牌六配套荣获<中国发动机十佳名优产品>及<四川省打假保名优产品>。
地址:四川省成都市成华区外北富森汽配物流中心 A 区 13 栋 8-10 号
……邮　编:610081
……法　人:李波
……Tel:028-82826927
83502475
82826928
……Fax:028-82826929
……网址:www.brqp.com

**先导快递服务部**
业务:快递服务
地址:四川省成都市建设北路 54 号
……负责人:吴强　邮　编:610000
……法　人:吴强
……Tel:13183842998
028-84355966
84355956
66231763
……Fax:028-84355956

**成都速效运运业有限公司华峰分公司**
地址:四川省成都成华北门西联货运市场内
……负责人:高峰
……Tel:13881897143

**光宇物流有限公司**
地址:四川省成都市成华区八里庄路 12 号
……负责人:杨发光
……Tel:028-83244395
89580955

**成都成都骆驼货运有限公司**
地址:四川省成都市成华区八里庄路 18 号
……负责人:胡葵
……Tel:028-89879525

**成都鑫吉成物流发展有限公司**
地址:四川省成都市成华区八里庄路 80 号 101 货运市场 B1-7 号
……负责人:苏吉成
……Tel:13756016373

**四川金桥物流有限公司市内配送分公司**
地址:四川省成都市成华区八里庄路八十号
……负责人:谈寿
……Tel:028-85333333-8082

## 成都泰诺物流有限公司

业务:成都泰诺物流有限公司成立于 2004 年,是一家专业的货运代理公司。主要线路:成都至昆明、昆明至昭通的往返货运专线。我们的经营宗旨是为客户提供安全、高效、稳健、全方位的货运服务。
地址:四川省成都市金牛区五块石玉居庵东路 1 号华恒货运市场 9 号
……邮　编:610081
……法　人:杨兴洪
……Tel:028-83121409
……Fax:028-83121409

**成都金顺源货运有限责任公司**
业务:货物运输
地址:四川省成都市金堂县赵镇金广路 32 号
……负责人:黄正强　邮　编:610400
……法　人:黄正强
……Tel:13982276593
028-89282803

**新骑士摩托车维修俱乐部**
业务:二手摩托车(54CC-1500CC 等大排量)维修、翻新、户外俱乐部。公司经营数十年,广交天下友,欢迎来电咨询。
地址:四川省成都市武侯大道簇桥乡成双大道 199 号
……负责人:向国均　邮　编:610000
……法　人:向国均
……Tel:028-81281861
13880939114

**成都市佳仁汽修厂**
地址:四川省成都市成华区保和街道东虹路社区一小组
……负责人:陈根
……Tel:028-84719928

**成都全速快运有限公司**
地址:四川省成都市成华区北门西联货运市场(青龙乡西林村七组)
……负责人:杨雄
……负责人:13880202192

**成都快快快物流有限公司**
地址:四川省成都市成华区城北货运交易市场 F 区 1 楼 173 号
……负责人:裴军德
……Tel:13551229046

**成华区天流洋货运部**
地址:四川省成都市成华区城北货运交易市场 F 区一楼 164 号
……负责人:龙汉琼
……Tel:028-83528220

## 三合碑综合运输市场服务有限公司

业务:三合碑综合运输市场服务有限公司主要从事客运、货运的车辆运输。“信誉第一,客户至上”。欢迎各方客户来电咨询。
地址:四川省成都市金堂县三合碑正街 44 号
……邮　编:610402
……负责人:叶作华
……Tel:028-84942686

**江成货物运输有限公司**
业务:货物运输服务
地址:四川省成都市武侯大道铁付段 71 号付 2 号
……负责人:凌志军　邮　编:610000
……Tel:028-85045266
13688059769

**鹏程通汽车租赁**
业务:商务车、客运车、轿车等汽车租赁
地址:四川省成都市武侯区高升桥东路 19 号附 30 号
……负责人:张健平　邮　编:610041
……法　人:张健平
……Tel:028-88055680
85147768

**成都良友汽车维修有限公司**
地址:四川省成都市成华区城北货运交易市场内
……负责人:何成良
……Tel:13708002332

**成都市鑫海通货运有限公司**
地址:四川省成都市成华区川陕路将军村二组
……负责人:邓和平
……Tel:028-80886698

**成都南车联发铁路配件有限公司**
地址:四川省成都市成华区二仙桥北路 31 号
……负责人:范芳祖
……Tel:028-86447485

**十里店车辆维修中心**
地址:四川省成都市成华区二仙桥东路 17 号
……负责人:蒋继民
……Tel:028-84111257
84112710
13036688899

**成都和顺运业有限责任公司第二分公司**
地址:四川省成都市成华区青龙乡白莲村二组
……负责人:张波
……Tel:028-89976669

**成都市金鑫明德汽车有限责任公司**
地址:四川省成都市成华区青龙乡东林村“成都天泰祥汽车超市”办公区一号
……负责人:钟桂英
……Tel:13808015884

**德阳兴四方汽贸有限公司**
业务:销售汽车及其配件,摩托车配件
地址:四川省德阳市八角井镇梨园村六组
……负责人:田琼　邮　编:618000
……法　人:田琼
……Tel:0838-2602156
13990201269

**泸州黄金桥物流有限公司**
业务:集装箱运输、普通货运、进出口贸易
地址:四川省泸州市龙马潭区安宁镇火车站 158 号
……负责人:武开彬　邮　编:646000
……法　人:武开彬
……Tel:0830-2665566

**四川海联物流有限公司**
业务:全国货运物流
地址:四川省泸州市龙马潭区星月街 17 号附 4 号
……负责人:樊增萍　邮　编:646000
……法　人:樊增萍
……Tel:13158628709

**成都奇好物业管理有限公司**
地址:四川省成都市成华区青龙乡新山村 1 组
……负责人:代万菊
……Tel:028-89816103

**成都时发物资有限公司**
地址:四川省成都市成华区青龙乡新山村五组
……负责人:藤国辉
……Tel:13708068159

**中铁快运股份有限公司绵阳顺河街营业部**
业务:快运
地址:四川省绵阳市火车客站
……负责人:康峰　邮　编:621000
……邮　编:康峰
……Tel:0816-6104098
15908201195

## 四川省成都市龙泉安平滤清器厂

业务:四川省成都市龙泉安平滤清器厂主要从事工程车、汽车、农用车的三滤(柴滤、机滤、空滤),异型滤芯可来样订做。公司 2006 年荣获全国“重质量守信誉先进单位”,中质信证 2006 第 0130 号。热诚欢迎各方客户来电洽谈业务。

地址:四川省成都市龙泉驿区十陵镇千弓八组
邮　编:610061
法　人:王保琚
Tel:028－84634801
Mobile:13881786927
13608181375
Fax:028－84634801

**成都颖瑞物流经纪有限公司**
地址:四川省成都市成华区青龙乡一里塘村四组
负责人:董群英
Tel:13608068586

**西昌铁路物资供应段多种经营公司成都物流配送分公司**
地址:四川省成都市成华区驷马桥路 24 号
负责人:贾拥军
Tel:028－83262509

**成都纳川物流有限公司**
地址:四川省成都市成华区桃源街 1 号
负责人:段钢
Tel:13568832195

**四川金勋物流有限公司**
地址:四川省成都市成华区外北将军碑城北货运交易市场 A 区一楼附 50 号
负责人:严勋虎
Tel:13808073855

**南充市铭宏汽车服务中心**
业务:汽车清洗修理服务
地址:四川省南充市嘉陵区地税局第中税务所
负责人:杜国玉　邮　编:637000
法　人:杜国玉
Tel:0817－2391818

**四川锦绣前成物流有限公司**
地址:四川省成都市成华区外北将军碑城北货运交易市场内
负责人:黄刚
Tel:13036680359

**成都精流通物流有限公司**
地址:四川省成都市成华区外北将军碑城北货运交易市场内
负责人:李晓波
Tel:13808185887

**乐山市兆丰运业有限公司成都分公司**
地址:四川省成都市成华区外北将军碑城北货运交易市场内
负责人:毛建中
Tel:028－83504058

**武侯区阳阳轮胎经营部**
业务:武侯区阳阳轮胎经营部从事各种规格汽车轮胎的销售,位于交通便利的成都市武侯区簇桥邮电局对面。欢迎广大新老客户光临、惠顾。
地址:四川省成都市武侯区簇桥邮电局对面
邮　编:610015
法　人:王水全
Tel:028－85031500
Fax:028－85031500

**成都堰龙汽车贸易有限公司第一分公司**
地址:四川省成都市成华区外东杨柳路一号
负责人:韩久波
Tel:13330988660

**宜宾市益锋汽车贸易有限公司**
业务:汽车贸易
地址:四川省宜宾市翠屏区天池上石板(天池公园旁边)
负责人:李自然　邮　编:644000
邮　编:李自然
Tel:13198464433
0831－8281688

**四川东南西北物流有限公司**
地址:四川省成都市成华区文德路 231 号 6－2－9 号
负责人:叶桂芝
Tel:028－88195275

**成都鑫升力物资有限公司**
地址:四川省成都市成华区一环路东三段 107 号 4－2－2 号
负责人:何苇
Tel:028－86512256

**成都市凌达运业有限公司**
地址:四川省成都市成华区昭觉横街 26 号
负责人:王庆
Tel:13808180630

**崇州嘉庆汽车销售服务有限公司**
地址:四川省成都市崇州市崇阳镇北郊村
负责人:雷加庆
Tel:028－82201555

**成都粤信科贸有限公司**
业务:成都粤信科贸有限公司主要以汽车轮胎销售为主,价格合理、质量保证,欢迎新老用户光临惠顾。
地址:四川省成都市武侯区武侯大道铁佛段 192 号
负责人:袁土生……邮　编:610043
法　人:袁土生
Tel:028－85022678
85042666
－8666

**崇州市万虎摩托车经营部**
地址:四川省成都市崇州市崇阳镇世纪广场对面
负责人:杜勇彬
Tel:028－82218400

**崇州市嘉豪摩托车经营部**
地址:四川省成都市崇州市崇阳镇世纪广场对面
负责人:胡乔
Tel:028－82273473

**崇州市致欣摩托车商行**
地址:四川省成都市崇州市三江镇崇新路二段
负责人:陈元康
Tel:028－82242656

**成都市双友货运有限公司**
地址:四川省成都市簇桥乡南桥村二组
负责人:李安志
Tel:13340996899

**都江堰信臣运业有限责任公司**
地址:四川省成都市都江堰市经济开发区
负责人:程超
Tel:13060028400

**成都安快货运有限公司**
业务:本公司成立于 2003 年,主要从事货物运输,同时还配备了适应多种需求的综合型仓库,免费提供仓储。设备齐全,服务一流。公司新开通上海专线,欢迎来电咨询!
地址:四川省成都市新川展停车场 B 区 49 号
负责人:杨云富……邮　编:610081
法　人:杨云富
Tel:028－83514189

**都江堰市倍力汽车修理厂**
地址:四川省成都市都江堰市迎宾大道中段
负责人:徐中秋
Tel:028－88981179

**四川铁成机车车辆配件有限公司**
地址:四川省成都市高新技术开发区芳草西一街 2 号
负责人:张宁
Tel:13340998949

**成都新兴联合物流管理有限公司**
地址:四川省成都市高新技术开发区西区出口加工区
负责人:陈嘉
Tel:028－85121682

**成都鹰度运输服务有限公司**
地址:四川省成都市高新技术开发区肖家河二环路南四段 16 号 9 幢
负责人:张昌明
Tel:13882197018

**成都市力量运输信息咨询有限公司**
地址:四川省成都市金牛区茶店子育苗路 14 号 4－1 幢 18 号
负责人:李鑫勇
Tel:13608024594

**达州市天通汽车销售有限责任公司**
业务:达州市天通汽车销售有限责任公司成立于 2003 年,从事汽车销售、汽车配件销售及汽车维修、保养等。我们坚持以售后服务为中心,以一流的服务,完善的质量保证体系,合理的价格服务与社会。
地址:四川省达州市通川区朝阳东路 736 号
邮　编:635000
法　人:王志清
Tel:0818－2241567
Fax:0818－2240567

**成都市互通运业有限公司**
地址:四川省成都市金牛区洞子口王贾村西村
负责人:张玉建
Tel:028－81356841

**成都市绍成货运有限责任公司**
地址:四川省成都市金牛区洞子口乡新桥村 1 组
负责人:李绍成
Tel:028－83137918

**成都佰龙兴运业有限公司**
地址:四川省成都市金牛区二环路西三段 89 号 2－2 号
负责人:吴伯龙
Tel:13881773372

**成都蜗牛速递服务有限公司**
地址:四川省成都市金牛区抚琴东北路 2 号 6 单元 4 号
负责人:陈薛
Tel:13198587510

**成都金蒙汽车贸易有限公司**
地址:四川省成都市金牛区高家村 3 组
负责人:李江平
Tel:13909001871

**成都航迅物流有限公司**
地址:四川省成都市金牛区火车北站西二路 33 号
负责人:周密
Tel:028－66173899

**郑氏小汽车维修中心**
业务:郑氏小汽车维修中心于 1998 年成立,从事汽车维修、汽车配件销售。我们本着以人为本,以质量求生存,以效益求发展的原则,公平合理的价格为用户服务。
地址:四川省达州市宣汉县东乡镇石岭路
邮　编:636150
法　人:郑年伟
Tel:0818－5263789
Fax:0818－5262789

**成都吉诚汽车配件有限公司长久分公司**
地址:四川省成都市金牛区交大路 222 号 3 幢 7A 号
负责人:黄道志
Tel:028－86475218

**四川全意运业有限公司**
地址:四川省成都市金牛区金沙路 89 号 5－4－1－1
负责人:潘浩
Tel:13350059995

**四川省安汇物流有限公司**
地址:四川省成都市金牛区蓉北商贸大道 21 号 C1－13 号
负责人:杨昌海
Tel:028－89867568

**成都都运快运有限公司**
地址:四川省成都市金牛区蓉北商贸大道一段 23 号金牛货运交易市场 3 区 7 号
负责人:李志和
Tel:028－83128266

**成都市中雁快运有限责任公司**
地址:四川省成都市金牛区沙湾路 63 号
负责人:李安勇
Tel:13088062095

**西昌市忠杰汽车货运有限公司**
业务:西昌市忠杰汽车货运有限公司专业从事道路普通货物运输,本着"客户第一,服务第一,信誉第一"的宗旨,竭诚为广大客户服务。
地址:四川省凉山彝族自治州西昌市三岔口南路(西运司大修厂内)
负责人:王忠杰……邮　编:615100
法　人:王忠杰
Mobile:13981568821
13320970136

**成都大吉龙腾货运有限责任公司**
地址:四川省成都市金牛区天回乡大湾村 111 号
负责人:龙杰
Tel:028－89617381

**成都市巨盛物流有限公司**
地址:四川省成都市金牛区天回乡大湾村 5 组
负责人:杨国勋
Tel:13608235702

**四川省顺强物流有限公司**
地址:四川省成都市金牛区天回乡大湾村 5 组
负责人:施强
Tel:13708011716

**成都强鑫货运有限公司**
地址:四川省成都市金牛区天回乡大湾村 5 组
负责人:付友谊
Tel:028－83587616

**成都蓉马快运有限责任公司**
地址:四川省成都市金牛区天回乡大湾村 5 组
负责人:陈德新
Tel:028－83589016

**金牛区顺联货运信息服务部**
地址:四川省成都市金牛区天回乡大湾村 5 组成都大西南生旌物流有限公司 B 幢 44 号
负责人:杨建国
Tel:028－89926826

**合江县山江机械化港埠有限公司**
业务:合江县山江机械化港埠有限公司成立于 2003 年,主要从事港口装卸等业务。"信誉第一,客户至上",竭诚欢迎您的光临、指导,洽谈业务!
地址:四川省泸州市合江县南关港埠大楼
负责人:喻文光……邮　编:646200
法　人:喻文光
Tel:0830－5223341

**金牛区宝骊叉车配件销售部**
地址:四川省成都市金牛区天回镇大湾村 8 组
负责人:魏莉
Tel:028－83523488

**朱氏汽车修理厂**
业务:朱氏汽车修理厂成立于 1999 年,专业从事汽车修理。我们一直以专业技术和管理赢的社会各界朋友的一致好评,公司员工尽心尽责工作,使各位司机朋友放心。
地址:四川省攀枝花市西区河石坝
邮　编:617068
法　人:朱兴洪
Tel:0812－5561696
6330096
Mobile:13882320442

**成都航达汽车配件有限公司**
地址:四川省成都市锦江区三圣乡江家堰村二组
负责人:李显明
Tel:028－85919955

**鹏艳三轮车制造厂**
地址:四川省成都市郫县德源镇红旗村
负责人:王运全
Tel:13568917258

**顺凤牌三轮车厂**
地址:四川省成都市郫县团结镇
负责人:杨哥
Tel:028－87951866
13908078396

**金鹏汽车技术服务有限公司**
地址:四川省成都市青羊区文家乡红碾村六组
负责人:赵凯勋
Tel:028－87077883
88187595

**成都诚信志业汽配**
地址:四川省成都市武候区三九佛兰汽配城 C 区 296 号
负责人:彭志坚
Tel:028－66026002
13086666187

**双益汽车用品有限公司**
地址:四川省成都市武候区外南卒桥昌运站
负责人:郭顺洪
Tel:13658028563
13350051895

**宜宾县兴田客运服务有限公司货运分公司**
业务:宜宾县兴田客运服务有限公司货运分公司成立于 2004 年,主要从事客运、货运。我们以"诚信为本、客户至上"的服务态度,竭诚为您提供快捷、高效、安全的服务。
地址:四川省宜宾市宜宾县李场镇场粮管所内
负责人:胡兴田……邮　编:644609
法　人:胡兴田
Tel:0831－6870496

**陈氏工程机械修理厂**
地址:四川省乐山市市中区通江镇石龙村(新中心站旁)
负责人:陈勇
Tel:0833－2450382
13981374482

**泸州市江阳区新世纪电喷汽车服务部**
地址:四川省泸州市江阳区石马沟 3 号楼 2 单元 4 号
负责人:范秀全
Tel:13882743873

**顺发货运配载信息服务有限公司**
地址:四川省眉山市青神县外南街 73 号
负责人:徐玉明
Tel:0833－8811014
13808163943

**南充市名望汽车维修服务有限公司**
地址:四川省南充市马市铺路 248 号
负责人:唐龙
Tel:0817－2112065
2605677

**宇恒汽车配件加工部**
地址:四川省彭州市西郊农机站
负责人:贾堂年
Tel:028－83876359
13320969083

**自贡市长川装卸运输有限公司**
业务:自贡市长川装卸运输有限公司成产于 2004 年 7 月,从事汽车货物装卸、运输服务。公司按照运输行业规范,高质量、高标准搞好全程服务。做到用较少的时间、走较短的路程、花较少的费用及时、准确、安全地把货物送达目的地。我们的宗旨:客户至上,服务第一.
地址:四川省自贡市伍家坡 16 号
邮　编:643000
法　人:温利宗
Tel:0813－3301060
网址:www.sccczx.chinapyp.com

**万重汽车修理厂**
地址:四川省遂宁市开善路南坝车间
负责人:梁绍芬
Tel:0825－2620118
3930960

**安岳县信成摩托车销售行**
地址:四川省资阳地区安岳县岳阳镇北大街、112、114、116
负责人:陈素碧
Tel:0832－4583910

## 成都志勤物流有限责任公司

成都志勤物流有限责任公司是一家专业从事物流的企业。主要路线有成都-梅山、成都-乐山。公司将秉承"客户至上，诚信服务"的宗旨，加强服务意识，为客户提供一流的品牌和服务，以追求客户满意度最大化，并超越客户期望。

电话：028-68030737 13980712488 联系人：龚志兵

地址：四川省成都市金牛区天回乡大湾村川陕停车厂138号 邮编：610000

## 资阳南资机车工业有限公司

资阳南资机车工业有限公司成立于2000年。
主要从事铁路、机车、车梁的配件，机车修理。
我们秉承"顾客至上，锐意进取"的经营理念。
坚持"客户第一"的原则为广大客户提供优质的服务。
欢迎广大客户惠顾！

联系人：伍建国
电话：0832-6282229
邮编：413000 13320683856
地址：四川省资阳市雁江区孙家坝宝丰电梯公寓12楼

## 广元市苍溪县翔鸿永亨车业有限公司

广元市苍溪县翔鸿永亨车业有限公司成立于2006年，代理广州五羊系列产品。公司以"质量第一、服务最佳、信誉至上、共同繁荣"为经营理念。我们将以更大的责任、更多的关注、更新的技术、更好的材料，为全球客户提供更优的产品。

联系人：侯永军

电话：0839-5285778 手机：13408396888

地址：四川省广元市苍溪县红星路东段110号 邮编：628017

## 资阳市源诚汽车配件有限公司

网址：www.zyycqp.cn

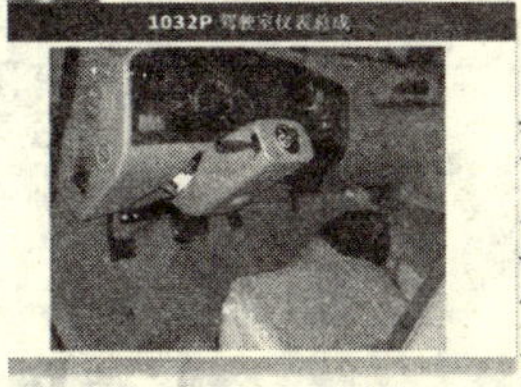

资阳市源诚汽车配件有限公司自成立以来，主要组装南骏汽车车身总成、车门总成，经营南骏汽车各型原装零部件，车身壳体、车门壳体等。

我公司车身总成主要是以平头系列为主，辅以长头车身，工艺严格要求，控制各个质量关，要求每件产品必须是阴极电泳底漆，面漆经高温烘烤而成，具有多年不生锈、不掉漆而著称。

以资阳为中心，现已销往山西、贵州、广西、重庆、成都、雅安等周边省市，并长期向资阳骏兴公司提供原厂配件。

联系人：刘建忠
13778993158
电话：0832-6184608

地址：四川省资阳市雁江区资溪花园C区7号楼 邮编：641300

## 南充市嘉陵区动力伙伴汽车服务有限公司

南充市嘉陵区动力伙伴汽车服务有限公司成立于2008年，主要从事汽车维修、汽车用品的销售。公司始终以"以人为本，科技领先，诚信经营，创知名品牌"为宗旨，一如既往为客户提供可靠的产品，完善的服务，共同发展，共创佳绩。欢迎国内外新老客户光临，互利互惠、携手共进！

联系人：唐抚燕

电话：0817-2808663、13890817989

地址：四川省南充市嘉陵区长城北路 邮编：637000

## 三台县蜀光汽车修理厂

三台县蜀光汽车修理厂成立于2004年，主要从事汽车销售及维修。

公司本着追求品质、公正准确、及时的宗旨，竭诚为广大客户提供优质服务。

联系人：王金龙
13458077356 13699635998
电话：0816-8299111
地址：四川省绵阳市三台县潼川镇广化长沟村四组
邮编：621100

## 松驰汽修设备有限责任公司

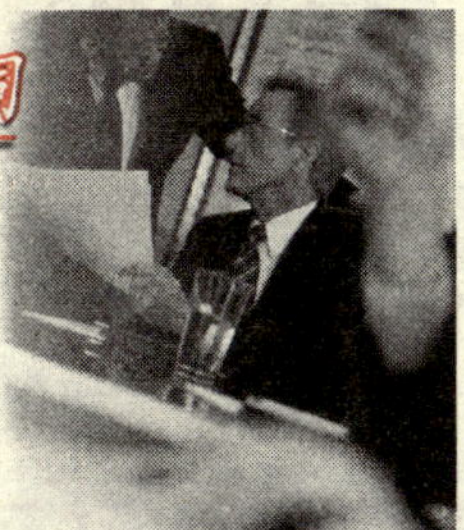

松驰汽修设备有限责任公司成立于2004年，是一家专门销售汽修设备的企业。

从公司成立至今，我公司目前是西南地区最具专业水平、最具实力、进口汽修设备及专业用品最全的汽修设备企业，为省内外众多用户提供了一流的设备和优质服务，深得用户信赖。

联系人：李道强 13982363998
电话：0812-2326888 2322788
邮编：617067
地址：四川省攀枝花市仁和区前进镇田房箐段461号

## 贵州省/Guizhou Province

**贵州长运黔西汽车运输有限公司**
地址：贵州省毕节地区黔西县城关申家坝村2.2公里出口处
……负责人：龚剑
……Tel：13985872110

**毕节市黔运出租汽车有限责任公司**
地址：贵州省毕节市东安路33号
……负责人：翟培均
……Tel：0857－8285617

**金沙县平亚摩托车销售有限公司**
业务：金沙县平亚摩托车销售有限公司成立于2004年，从事摩托车及配件的销售。主要代理"宗申"、"建设"、"济南轻骑"等。欢迎各方客户惠顾。
地址：贵州省毕节地区金沙县城关镇曹家湾
……邮　编：551800
……法　人：蔡平
……Tel：0857－7227909
……Fax：0857－7227909

**贵州龙朝商贸有限公司**
业务：正新轮胎、车锁、打气筒、自行车配件、电缆
地址：贵州省贵阳市金阳新区五金机电批发市场12幢2楼18号
……负责人：刘荣朝　　邮　编：550000
……法　人：刘荣朝
……Tel：0851－8553378
……Fax：0851－8553379

**一条龙汽车服务部**
地址：贵州省福泉市马场坪收费站对面
……负责人：李先元
……Tel：0854－2445607
13885458147

**贵阳鑫黔顺汽车服务有限公司**
地址：贵州省贵阳市南明区花溪大道中段95号贵州汽车城凯宏苑6幢2单元101号
……负责人：彭凯
……Tel：0851－3813718

**贵阳市南明区幸鑫汽车用品商行汽车美容服务部**
地址：贵州省贵阳市南明区解放西路51号虹云小区西面空场地
……负责人：刘旭炜
……Tel：13037811816

**贵州省毕节地区黔西汽车综合性能检测站**
业务：贵州省毕节地区黔西汽车综合性能检测站成立于2006年7月，主要从事车辆检测。
地址：贵州省毕节地区黔西县清毕路920号
……负责人：许永祥……邮　编：551500
……法　人：许永祥
……Tel：0857－4227188
4224499

**贵阳友佳诚汽车用品有限公司**
地址：贵州省贵阳市南明区太慈桥汽车装饰服务中心12号门面
……负责人：李祥
……Tel：13608549475

**贵州铭宇物流有限责任公司**
地址：贵州省贵阳市兴关路44号
……负责人：张延
……Tel：13984080666

**包头市中欧重型汽车配件有限公司贵阳分公司**
地址：贵州省贵阳市玉田坝78－91号
……负责人：常运亭
……Tel：13608552096

**贵阳张明汽车精密配件修复工厂**
地址：贵州省贵阳市云岩区大营坡新联小区15栋一楼
……负责人：张明
……Tel：0851－6837406

**威宁县众鑫摩托销售有限公司**
业务：本公司成立于2006年，主要从事摩托车及零配件批发兼零售、维护、维修。热忱欢迎新老客户光临、惠顾！
地址：贵州省毕节地区威宁彝族回族苗族自治县草海镇星光开发区
……负责人：谢斌……邮　编：553100
……法　人：谢斌
……Tel：0857－6231377

**贵阳方联汽车修理有限公司**
地址：贵州省贵阳市云岩区黄山冲路3号
……负责人：张舒
……Tel：0851－6747898

**贵州天汇物宝流通有限公司**
地址：贵州省贵阳市云岩区栖霞小区36栋3单元5楼2号
……负责人：段绪跃
……Tel：13096702777

**贵州今日陆海物流有限公司**
地址：贵州省贵阳市中华北路164号5矿大厦11楼
……负责人：吴晓明
……Tel：0851－6901169

**贵阳汽车配件城日升汽车电器经营部**
业务：销售：汽车电器、产品质量保证、欢迎新老客户惠顾！
地址：贵州省贵阳市南明区太慈桥汽车配件城245号
……负责人：潘光云……邮　编：550003
……Tel：0851－5117667

**霖平汽车租赁有限公司**
地址：贵州省六盘水市川心路3号楼3号门面
……负责人：何霖
……Tel：0858－8680849
13312396898

**昌友汽修厂**
地址：贵州省六盘水市南环路(土桥)
……负责人：罗昌友
……Tel：0858－8966799

**六盘水润毅商城货运有限公司**
地址：贵州省六盘水市钟山区荷办(场坝派出所院内)
……负责人：杨润菊
……Tel：0858－8968992

**恒翔汽车贸易有限公司**
地址：贵州省六盘水市钟山区人民中路28号
……负责人：张风庆
……Tel：0858－8681281
13885859555

**中汽黔南州大众汽车销售服务有限公司汽车修理厂**
地址：贵州省黔南布依族苗族自治州都匀市经济开发区龙山大道北出口
……负责人：金慕杰
……Tel：0854－8339999

### 六盘水盘县广洋汽车销售服务有限公司
业务：我公司成立于2001年，公司有东风汽车、解放汽车、中国重汽、汽车配件销售及售后服务，公司坚持以诚为本、以诚为信的宗旨为广大客户服务。
地址：贵州省六盘水市盘县刘官镇新街
……负责人：李和平……邮　编：553516
……Tel：0858－3430117
－3430312
……Fax：0858－3430264

**贵州顶效经济开发区贵鑫汽车运输有限责任公司**
地址：贵州省黔西南布依族苗族自治州顶效开发区新公路旁
……负责人：陈正贵
……Tel：13885919071

**都匀开发区四通汽车贸易有限责任公司**
地址：贵州省黔西南布依族苗族自治州开发区地毯厂内
……负责人：付刚
……Tel：0854－8321879

**高山汽车贸易有限公司**
地址：贵州省铜仁地区铜仁市东太大道288号
……负责人：邵进
……Tel：0856－5201026
13985345797

**铜仁地区宏盛汽车贸易有限公司**
地址：贵州省铜仁市梵净山大道
……负责人：胡志江
……Tel：0856－5240688

**盘江国华运输有限责任公司**
地址：贵州省兴义市贞丰县白层镇白层码头
……负责人：蔡国华
……Tel：13885957089

### 六盘水弘盛源汽车贸易有限公司
业务：拥有东风、欧曼两家汽车厂，一级授权经营书。在六盘水地区经营汽车销售近十年，注册资金200万。我们坚守用心的原则，至上的服务，欢迎各界人士光临惠顾。
地址：贵州省六盘水市双水通达汽车交易市场
……邮　编：553000
……法　人：盛锐
……Tel：0858－8930598
……Fax：0858－8930598
……网址：www.gzhsy.chinapyp.com

**遵义市红花岗区朱军汽车保养场**
地址：贵州省遵义市沙坝遵湄路口
……负责人：朱正军
……Tel：0852－8675111

**遵义力博起重运输设备有限公司**
地址：贵州省遵义市香港路天安开发房通达楼1单元4楼3号
……负责人：常胜利
……Tel：0852－8653005

### 六盘水市钟山区银海汽车修理厂
业务：贵州省六盘水市钟山区银海汽车修理厂成立于1996年，主要从事汽车修理（以轿车为主），被指定的哈飞汽车特约维修站。公司恪守“质量第一、信誉第一、顾客至上”的服务宗旨。
地址：贵州省六盘水市钟山区人民西路建新巷
……邮　编：553000
……法　人：谢锡禄
……Tel：0858－8324709
……Fax：0858－8332233
……网址：www.gzyh.chinapyp.com

### 沿沙县鸿运城市公共客运有限公司
业务：沿沙县鸿运城市公共客运有限公司成立于2004年，从事客运服务（公交车客运）。
地址：贵州省铜仁地区沿河县和平镇红星路114号
……邮　编：565300
……法　人：吴永刚
……Tel：0856－8222221

**正安县鑫鑫货物运输有限责任公司**
地址：贵州省遵义市正安县凤仪镇上坝开发区
……负责人：赵继勇
……Tel：13985643558

### 遵义市安达汽车销售服务有限公司
业务：遵义市安达汽车销售服务有限公司成立于2005年，从事“长安”系列汽车的销售、维修。公司以“诚信、创新、锐意、进取”为理念，本着“以人为本，追求完美”的服务宗旨，全力、便捷的向顾客提供完美的专业服务。
地址：贵州省遵义市海尔大道中段3号小区10号楼
……邮　编：563000……邮　编：罗炯东
……Tel：0852－8436266
……Mobile：13984222358
……Fax：0852－8436266

**遵义县龙顺汽车运输有限责任公司**
地址：贵州省遵义县龙坪镇贸易街
……负责人：周素英
……Tel：13885215708

**贵州启翔物流有限公司**
业务：全国货物运输代理
地址：贵州省贵阳市南明区小碧乡云盘村
……负责人：马威　邮　编：550002
……法　人：马威
……Tel：15180733717
0851－5770381
……E-mail：672620693@qq.com

### 遵义市东营汽车服务有限责任公司
业务：遵义市东营汽车服务有限责任公司成立于2005年，从事汽车维修、汽车配件销售。质量保证、价格合理是我们的宗旨。
地址：贵州省遵义市红花岗区东联线颜村
……邮　编：563000
……法　人：程遵义
……Tel：0852－8863068
……Mobile：13985653277
……Fax：0852－8863068

**习水县江涛汽车服务有限公司**

本公司专业从事汽车销售、汽车售后服务、汽车配件经营、机动车辆保险，以质量求生存，信誉求发展，欢迎新老客户来电洽谈业务！

联系人：罗江涛
电话：0852-2536248　2536298
地址：贵州省遵义市习水县东皇镇内环路184号
电子邮件：jt610@126.com
邮编：564600

**沿河县豪爵铃木摩托车销售有限公司**

沿河县豪爵铃木摩托车销售有限公司以豪爵铃木摩托车代理销售为主。自成立以来，始终贯彻“以人为本，诚信经营”的企业理念，一直恪守“产品销到哪里，服务跟到哪里”的服务宗旨。竭心尽力为广大消费者提供优质的产品和高效地服务，并为提高行业水准而不懈努力着。本公司已深受广大用户的信赖与支持。

联系人：黄勇
电话：0856-8221985　手机：13984466853
地址：贵州省铜仁地区沿河土家族自治县和平镇解放北路25号　邮编：565300

## 云南省/Yunnan Province

**大姚星桦摩托车经营部**
地址：云南省楚雄彝族自治州大姚县金碧镇环城东路
……负责人：赵星桦
……Tel：0878－6213677
6639478

**鑫祥汽车服务有限责任公司**
地址：云南省大理白族自治州祥云县祥城镇通达街6号
……负责人：段以宪
……Tel：0872－3122188
13013449999

**安宁高达经贸有限公司**
业务：物流货运
地址：云南省安宁市昆钢大门口（安宁高达汽修厂内）
……负责人：李启高　邮　编：650300
……法　人：李启高
……Tel：13608883162
0871－8683490
8682268
8698288
……Fax：0871－8698288

### 豪帅汽车出租有限公司汽车技术服务中心
业务：公司成立于2002年，拥有50多名员工。主要经营：汽车出租、汽车维修、汽车销售、高速公路施救。
地址：云南省红河哈尼族彝族自治州建水县临安镇（东坝粮管所对面）
……邮　编：654300
……法　人：李宝明
……Tel：0873－7668958
……Fax：0873－7668958

**个旧义隆道路交通开发有限公司**
地址：云南省红河哈尼族彝族自治州个旧市新冠路45号
……负责人：李星灿
……Tel：13608732053

**呈贡美尔汽车装饰服务部**
地址：云南省昆明市呈贡县呈贡宾馆对面停车场内
……负责人：李银峰
……Tel：13888625639

**亮达汽配经营部**
地址：云南省昆明市官渡区金星汽配城3栋26－28号
……负责人：洪亮
……Tel：0871－5701018
13700691928

**大理实田汽车销售服务有限公司**
业务：主要经营东风本田系列轿车、城市越野车（CR－V、思域品牌），及售后服务
地址：云南省大理白族自治州大理市下关苍山东路泛亚汽车城西侧
……负责人：袁映融　邮　编：671000
……法　人：周先生
……Tel：0872－2322296
……Fax：0872－2323698

**红河州刘立汽车销售经营部**
业务：汽车销售
地址：云南省个旧市大屯镇昆河公路4号
……负责人：刘义明　邮　编：661000
……法　人：刘义明
……Tel：13708636272
0873－2843777
2841117

### 呈贡德鑫物流有限公司
业务：呈贡德鑫物流有限公司成立于2004年，专业从事集装箱运输、大件运输、货运代理、公铁运输、过境运输、进出口报关、仓储包装、装卸等业务，我们将以热诚周到地服务，加上您热心鼎力的支持，我们公司的发展一定会与日俱进、蒸蒸日上！
地址：云南省昆明市呈贡县洛羊镇昆明南站内
……负责人：田正文……邮　编：650500
……法　人：田正文
……Tel：0871－6210002

**雄伟汽车修理厂**
地址：云南省昆明市官渡区前卫镇万德村299号
……负责人：赵志雄
……Tel：0871－7016742
13708422295

**朝杰汽配经营部**
地址：云南省昆明市官渡区云南汽配城13栋16号
……负责人：徐朝杰
……Tel：0871－7172579
13078759008

**瀚宇烟草储印有限公司**
地址：云南省昆明市钱局街186号兴云烟草投资大楼11楼1109号
……负责人：李绍清
……Tel：0871－5328856
5301578

### 昆明昊通经贸有限公司
业务：我公司代理（广东江门兴江转向器）汽车配件销售、我们将以一流的质量、一流的服务宗旨竭诚为新老客户服务。
地址：云南省昆明市关雨路大车汽配城E4－2号
……负责人：阮永胜……邮　编：650000
……Tel：0871－7329085

**呈贡县金辉汽配有限责任公司**
业务：汽车制动鼓
地址：云南省昆明市呈贡县昆洛路
……负责人：袁树林　邮　编：650000
……法　人：袁树林
……Tel：0871－7441097

**华港国际航空服务有限公司货运分公司**
地址：云南省昆明市日新工业区1号路364号
……负责人：简发勇
……Tel：0871－7175799
6664099
13888912966

**云贵民族汽车贸易有限公司**
地址：云南省曲靖市富源县中安镇胜境街
……负责人：蔡建华
……Tel：0874－4624222
4624111
13608741111

### 八达物流有限责任公司
业务：八达物流有限责任公司成立于2000年，主要从事货物运输。我公司以“安全、快捷、便利、周到”为经营方针，并以“永远让顾客满意”为服务宗旨。竭诚欢迎广大新老客户来我公司洽谈业务，共同合作！
地址：云南省昭通市朝阳区南苑街150号附8号
……负责人：邹明昌……邮　编：657000
……法　人：邹明昌
……Tel：0870－2222434

**新兴汽车修理厂**
地址：云南省曲靖市陆良县朝阳西路121号
……负责人：彭昆生
……Tel：0874－6323618
13170729288

**恭茂摩配批发中心**
地址：云南省曲靖市陆良县古桥街69号
……负责人：张会林
……Tel：0874－6337985
13577415668

### 嵩明县骑飛摩托车市
业务：嵩明县骑飛摩托车市主要销售各种进口、国产摩托车，2006年12月筹建云南骑飛越野摩托车队，会员遍布全省。
地址：云南省昆明市嵩明县其飞摩托车市
……负责人：张其飞……邮　编：651700
……法　人：张其飞
……Tel：0871－7920069

**鑫茂摩托车行**
地址：云南省曲靖市陆良县同乐大道83－85号
……负责人：陈良东
……Tel：0874－6220812
13988986069

### 会泽全裕汽车修理厂
业务：会泽全裕汽车修理厂成立于1982年，主要从事汽车、拖拉机、农机具维修和保养。我们本着“诚信服务、客户至上”的宗旨，竭力为您提供全方位的、高效的服务，以最优秀的信誉和服务质量和您一同走向成功之路！
地址：云南省曲靖市会泽县通宝路西段
……邮　编：654200
……法　人：毕德全
……Tel：0874－5686666

**宝麟汽车销售有限公司**
地址：云南省曲靖市麒麟区环城东路鼎兴汽车交易中心
……负责人：王滇
……Tel：0874－3517178
13312634881

### 文山县路康汽车修理服务有限公司
业务：文山县路康汽车修理服务有限公司成立于2003年，从事汽车销售（“东风悦克起亚”、“千里马”、“赛拉图”、“中兴”、“嘉华”、“远舰”）及维修。欢迎新老客户光临、洽谈业务。
地址：云南省文山州文山县开化中路畜牧局旁
……邮　编：663000
……法　人：尚勇
……Tel：0876－2183399
……Fax：0876－2183377

**靖福汽配商行**
地址：云南省曲靖市麒麟区教场西路
……负责人：贾兴又
……Tel：0874－3386078
3385845
83384021
13330579556

### 榕峰汽车修理厂
业务：榕峰汽车修理厂成立于1997年，主要从

事轿车、小型汽车的修理。我厂以雄厚的技术力量、维修能力、丰富的维修经验和优质的服务，获得客户的一致好评。
地址：云南省宣威市建设街东段
…………………………… 邮　编：655400
…………………………… 法　人：何大友
…………………………… Tel：0874－7167899
…………………………… Fax：0874－7167899

**鑫茂铁运发展经营部**
地址：云南省曲靖市麒麟区文昌街 113 号负 1 号
…………………………… 负责人：陈静
…………………………… Tel：0874－3980120
13013450278

## 宣威市振雄汽贸有限公司
业务：宣威市振雄汽贸有限公司成立于 1999 年，主要从事国产各型汽车（不含小轿车）、农用车、拖拉机及配件。我公司本着“诚实、信用”的原则，多年来在广大经销商、用户之间建立了良好的商业信誉。
地址：云南省宣威市振兴街运煤专线下面
…………………………… 邮　编：655400
…………………………… 法　人：袁明尚
…………………………… Tel：0874－7253335
…………………………… Fax：0874－7251399

## 会泽全裕汽车修理厂
业务：会泽全裕汽车修理厂成立于 1982 年，主要从事汽车修理。“信誉第一，顾客至上”，热诚欢迎您的光临与惠顾！
地址：云南省曲靖市会泽县通宝路西段
………… 负责人：毕德全……邮　编：654200
…………………………… 法　人：毕德全
…………………………… Tel：0874－5686666

## 嵩明县实营汽车货箱厂
业务：嵩明县实营汽车货箱厂位于嵩明县杨林工业开发区，主要修理汽车货箱，进行来料加工。欢迎新老客户惠顾。
地址：云南省昆明市嵩明县杨林工业开发区
…………………………… 邮　编：651700
…………………………… 法　人：李石云
…………………………… Tel：0871－7973930
…………………………… Fax：0871－7973930

## 曲靖云贵汽贸集团有限公司
业务：曲靖云贵汽贸集团有限公司于 2001 年 9 月成立，主要经营各类汽车销售、汽车货运配载信息服务、车辆挂靠及出租车管理服务、汽车修理、汽车配件零售等业务。
地址：云南省曲靖市富源县胜境街
…………………………… 邮　编：655300
…………………………… 法　人：蔡建华
…………………………… Tel：0874－4611111
4624222
…………………………… Fax：0874－4624898
……………… 网址：www.ynmz.chinapyp.com

## 巧家县摩托车销售有限公司
业务：巧家县摩托车销售有限公司成立于 2001 年，主要销售摩托车及其配件。热诚欢迎新老客户惠顾。
地址：云南省巧家县新华镇新华路 21 号
…………………………… 邮　编：654600
…………………………… 法　人：刘永生
…………………………… Tel：0870－7126796
…………………………… Fax：0870－7126796

**新世纪进口汽车修理厂**
地址：云南省西双版纳州勐腊县兰竹园对面
…………………………… 负责人：陈太斌
…………………………… Tel：0691－8125555
6647070
13988123481

## 昆明菁英物流有限公司
业务：昆明菁英物流有限公司成立于 2005 年，从事全国普通货物运输，“重诚信，讲效率”，欢迎新老客户来电洽谈业务。
地址：云南省昆明市西山区广福路青青小镇 28－1－102
………… 负责人：杜英林……邮　编：650200
…………………………… 法　人：杜英林
…………………………… Tel：0871－4662055

**出租汽车运输服务中心**
地址：云南省玉溪市江川县大街镇抚仙路中段
…………………………… 负责人：史润清
…………………………… Tel：0877－8014792
13170659445

## 丽江市福达修理厂永胜分厂
业务：丽江市福达修理厂永胜分厂成立于 1998 年，主要从事轿车保养，汽车肇事修复，汽车电脑解码等。热诚欢迎广大用户惠顾。
地址：云南省丽江市永胜县永北镇环城北路 123 号
…………………………… 邮　编：674200
…………………………… 法　人：侯海红
…………………………… Tel：0888－6527603
…………………………… Fax：0888－6527603

**长虹汽车综合服务有限公司**
地址：云南省玉溪市通海县秀山镇长虹路口
…………………………… 负责人：蔡昭云
…………………………… Tel：13988411271

## 勐腊汽车玻璃轮胎大全
业务：勐腊汽车玻璃轮胎大全成立于 1992 年，主要销售汽车玻璃、各种轮胎，生产加工无烟火炭。我们以“质量第一、信誉为先、优良服务”为根本，产品以高科技、高精良为起点，确保质量。
地址：云南省勐腊县城北路
…………………………… 邮　编：666300
…………………………… 法　人：刘国
…………………………… Tel：0691－8120922
6668681
…………………………… Fax：0691－8120922

## 力士汽车修理有限公司
业务：力士汽车修理有限公司成立于 2000 年，主要从事汽车修理、代办保险等业务。热诚欢迎新老客户来电来人咨询，洽谈业务。
地址：云南省昆明市西山区梁家河升工家俱厂旁
…………………………… 邮　编：650100
…………………………… 法　人：陈林
…………………………… Tel：0871－8211529
…………………………… Fax：0871－8211529

## 云南省蒙自县鸿鑫摩托车商行
业务：主要销售：铃木摩托、大阳摩托、宗申摩托车及配件、上海幸运鸟、宗申电动车
地址：云南省蒙自县联大路 34 号、文澜路 76 号
…………………………… 邮　编：661100
…………………………… 法　人：孙玉斌
…………………………… Tel：0873－3643327
3743864
…………………………… Fax：0873－3643327
…………… 网址：www.mzhxjd.chinapyp.com

## 曲靖市麒麟区靖福汽配商行

联系人：贾兴文

靖福汽配商行成立于2003年3月，主要经营三菱、猎豹、吉普系列配件；富康、雪铁龙系列配件，主要产品有V-31原装助力泵、V-31原装压缩机、V-31发动机。

我商行感谢社会各界新老朋友多年来对本公司的厚爱和支持，诚挚希望与越来越多的公司建立长久友好的贸易关系。

电话：0874-3386078 3385845
邮编：655000
地址：云南省曲靖市麒麟区教场西路

## 宣威市奥特斯汽车商贸有限公司

宣威市奥特斯汽车商贸有限公司是集重型卡车修理、保养、配件供应的一流企业。

公司具有2级维护资质，是中国重汽、陕西重汽、安徽华菱、潍柴动力、海沃机械、法士特、东风柳汽、东风华神的特约服务站。

现随公司的业务拓展，特向社会招纳贤才、共同发展。您的加入是我们茁壮的起点。您给我们一个机会，我们给你一个惊喜。

联系人：李在恒

电话：0874-7204646 传真：0874-7204662

地址：云南省曲靖市宣威市环城北路老堡岔路口 邮编：655400

## 晟烽汽车服务有限责任公司

昭通市晟烽汽车服务有限责任公司，创建于2000年6月，是集整车销售、售后服务、备件供应、信息反馈为一体具有4S功能体系的大型骨干私营企业。主要从事北京现代、比亚迪系列、东风悦达·起亚系列、哈飞系列、郑州日产等国内外20多个知名汽车品牌的销售、售后维修、及二手车销售、汽车租赁、零配件的经营。多年来公司始终坚持走滚动式发展道路，并注重行业第一、品质第一、信誉第一，不断拓宽产品的经营项目和市场销售领域，依托强大的资金实力和技术优势，经营规模不断的发展壮大，并已形成规模化经营格局。

联系人：丁勇 电话：0870-2229900 2229904 13908701333 邮编：657000
地址：云南省昭通市昭阳区团结路向西延伸段 http://087002.qcwe.cn

## 云南东创建国汽车集团销售服务有限公司

云南东创建国汽车集团销售服务有限公司成立于2006年，集汽车销售、售后服务、配件供应、信息反馈功能为一体，使云南消费者无论在某个哈飞汽车销售网点，均能享受到“一样的形象、一样的价格、一样的服务”，每一位建国汽车人将以热情、专业、真诚为建国汽车的客户服务！

联系人：任川康
电话：0871-8311199 13518180345
地址：云南省昆明市二环西路668号 邮编：650101

## 通海东盟冷链物流有限公司

通海东盟冷链物流有限公司自成立以来，本公司主要经营冷藏保温货物运输、货运调度、销售五金制品，汽车配件、蔬菜水果鲜花进出口等业务代理。我公司本着客户至上、信誉第一、诚信为本、一切为客户服务的原则。我们愿为您提供合理的运输方式，节省更多的时间和资金，热忱欢迎您的来电。

联系人：周春元 13187719456
电话：0877-3018216 传真：0877-3015648
地址：云南省玉溪市通海县秀山西路12号
电子邮件：thtm648@126.com 邮编：652700

## 文山普者黑机场

云南文山普者黑机场地处文山壮族苗族自治州砚山县境内，总投资3亿多元，距州府所在地文山县城23公里，建设等级为4C级支线机场，可起降波音737客机，航站区按满足年旅客吞吐量15万人次设计，为了达到通透，机场大量采用玻璃幕墙，屋顶还设有玻璃窗，整个候机楼最多可同时容纳1500人。欢迎您的光临！

联系人：金辉 13577631656
电话：0876-3896088 3896018 3896038
邮编：663100
地址：云南省文山壮族苗族自治州砚山县城南5公里

## 新兴汽车修理厂

新兴汽车修理厂成立于1990年。
一家专门从事汽车及配件销售、汽车修理的企业。
欢迎您的光临，我们将竭诚为您服务！

联系人：彭昆生 13769716789
电话：0874-6322889 6323618
邮编：655600
地址：云南省曲靖市陆良县朝阳西路121号

## 西藏自治区/Xizang Autonomous Region

**世纪网西藏物流配送站**
地址：西藏自治区阿里地区噶尔县狮泉河镇陕西东路28号
………… 负责人：胡延超
………… Tel：0897－2825099

**民祥汽车用品**
地址：西藏自治区昌都市夏通街34号
………… 负责人：邓代祥
………… Tel：0895－4821586

**西藏捷龙汽车销售服务有限公司**
地址：西藏自治区拉萨市达孜县八一路中段
………… 负责人：林凌
………… Tel：0891－6933000

**西藏拉萨协合车业有限公司**
地址：西藏自治区拉萨市达孜县金珠中路75号
………… 负责人：龚卫英
………… Tel：0891－6860116

**西藏交通工业总公司物业分公司**
地址：西藏自治区拉萨市夺底路八十六号
………… 负责人：汤武江
………… Tel：0891－6384523

**祥成汽车装饰用品行**
地址：西藏自治区拉萨市金珠东29号附9号路
………… 负责人：陈文祥
………… Tel：0891－6829256

**西藏万兴汽车用品有限公司**
地址：西藏自治区拉萨市金珠东路29号（水泥制品厂院内）
………… 负责人：王有民
………… Tel：0891－6820880

**西藏协丰汽配**
地址：西藏自治区拉萨市金珠西路人和汽配汽贸城9栋4－432号
………… 负责人：戴俊凡
………… Tel：0891－6366358

**西藏拉萨市永发汽车装潢**
地址：西藏自治区拉萨市金珠西路仁和汽配城4－446号
………… 负责人：孙坤
………… Tel：0891－6570068

**金麒麟集团西藏专卖店**
地址：西藏自治区拉萨市金珠中路17号附2号特警支队对面
………… 负责人：孟宪法
………… Tel：0891－6836578

**拉萨市兴旺进口汽配部**
地址：西藏自治区拉萨市金珠中路17号附38号
………… 负责人：潘孝良
………… Tel：0891－6810037

**拉萨丰田汽车销售服务有限公司**
地址：西藏自治区拉萨市金珠中路69号（拉萨丰田汽车销售公司
………… 负责人：季军
………… Tel：0891－6821768

**拉萨市冀达汽车装璜中心**
地址：西藏自治区拉萨市金珠中路82号财校商品房
………… 负责人：胡双奎
………… Tel：0891－6838768

**西藏利通商贸有限公司汽配销售分公司**
地址：西藏自治区拉萨市金珠中路八十二号
………… 负责人：郭合芹
………… Tel：0891－6818158

**拉萨宏兴汽配**
地址：西藏自治区拉萨市金珠中路区财经学校商品房
………… 负责人：吴小永
………… Tel：0891－6822773

**西藏拉萨市星宇汽车用品超市**
地址：西藏自治区拉萨市拉萨金珠路26号
………… 负责人：范红建
………… Tel：0891－6817264

**西藏琦杰汽车服务有限公司**
地址：西藏自治区拉萨市鲁定南路二号
………… 负责人：刘仲举
………… Tel：0891－6868608

**西藏全通汽车维修有限公司备件部**
地址：西藏自治区拉萨市罗布林卡路21号
………… 负责人：邓健
………… Tel：0891－6831602

**拉萨丰田汽车销售服务有限公司拉萨分公司**
地址：西藏自治区拉萨市罗布林卡路十九号
………… 负责人：蒋增镛
………… Tel：0891－6836628

**拉萨市城关区乡镇企业天平运务有限公司**
地址：西藏自治区拉萨市罗布林卡南路
………… 负责人：闫奇胜
………… Tel：0891－6810135

**西藏仁和顺达电梯有限公司**
地址：西藏自治区拉萨市民族南路1#西藏自治区国际大酒店504－509
………… 负责人：张洪全
………… Tel：0891－6834128

**成都通安达实业有限公司拉萨分公司**
地址：西藏自治区拉萨市娘热路（民航局院内）
………… 负责人：杜云
………… Tel：0891－6835611

**西藏攻泽轮胎有限公司**
地址：西藏自治区拉萨市娘热路二十八号（区审计厅斜对面）
………… 负责人：沙文斌
………… Tel：0891－6833270

**成都宅急送快运有限公司拉萨分公司**
地址：西藏自治区拉萨市色拉北路圣城花园十三号商品房
………… 负责人：陈辉新
………… Tel：0891－6921201

**拉萨岚菱汽配公司**
地址：西藏自治区拉萨市市金珠中路15号
………… 负责人：黄志祥
………… Tel：0891－6813027

**中国一汽西藏分公司**
地址：西藏自治区拉萨市西郊货运总站106号
………… 负责人：李军
………… Tel：0891－6807981

**西藏圣城东风汽车销售服务有限公司**

地址:西藏自治区拉萨市扎基东路 4 号
负责人:普布次仁
Tel:0891－6384077

**林芝地区宏基出租汽车有限责任公司**
地址:西藏自治区林芝地区八一镇福建路 3 号
负责人:唐正斌
Tel:0894－5821181

**西藏林芝地区客运公司**
地址:西藏自治区林芝市林芝县八一镇建设路 19 号
负责人:赵尔学
Tel:0894－5822761

**那曲市成通汽修厂**
地址:西藏自治区那曲辽宁南路体育场对面
负责人:王勇
Tel:0896－3826158

**双兴汽车维修中心**
地址:西藏自治区那曲市那曲县拉萨北路
负责人:张翠娟
Tel:0896－3820181

**西藏常青工贸有限责任公司**
地址:西藏自治区那曲市那曲县那曲镇拉萨南路 35 号
负责人:黄地根
Tel:0896－3831055

**西藏汽车装饰经营部**
地址:西藏自治区那曲市那曲县文化路
负责人:杜楠
Tel:0896－3823786

**日喀则交通局江孜段**
地址:西藏自治区日喀则地区交通局江孜段
负责人:拉巴顿珠
Tel:0892－8172307

**西藏中邮物流有限公司日喀则分公司**
地址:西藏自治区日喀则市德庆颇章路 8 号
负责人:洛桑达娃
Tel:0892－8990838

**东和汽车维修公司**
地址:西藏自治区日喀则市儿吉朗卡路汽修城 8 号
负责人:施松柏
Tel:0892－8832558

**昆明六通运输配载有限公司**
业务:货物运输
地址:云南省昆明市前兴路金存物流 2－23 号、云南省昆明经济开发区车管所金光大道物流城
负责人:彭正昆　邮　编:650000
法　人:彭正昆
Tel:13888872653
0871－4594177
2978910
8360793
Fax:0871－4594177

**广源轮胎销售店**
地址:西藏自治区日喀则市青岛路 8 号附 4#
负责人:唐栋梁
Tel:0892－8828186

**西藏喜玛拉雅客运有限公司日喀则公司**
地址:西藏自治区日喀则市上海南路 1 号
负责人:尼玛
Tel:0892－8825792

## 陕西省/Shanxi Province

**福兴货运信息部**
地址:陕西省安康地区安康市汉滨区安恒路 50 号
负责人:冯寿鹏
Tel:0915－3311510
13509158843

**宝鸡市恒达货运有限公司**
地址:陕西省宝鸡市金台区东风路 53 号
负责人:顿守平
Tel:13992732607

**汉中华通汽车销售贸易有限责任公司**
地址:陕西省汉中市汉台区石马坡(日化厂)
负责人:牛红萍
Tel:0916－2617111
13992660077

**留坝县天路道路养护有限责任公司**
业务:道路养护
地址:陕西省汉中市留坝县城关镇体育路 26 号
负责人:黄一友　邮　编:724100
法　人:黄一友
Tel:13509166327

**铜川市龙腾汽车服务有限公司印台分公司**
地址:陕西省铜川市印台区顺金路 52 号
负责人:周备战
Tel:0919－4199688

**顺昌运输有限责任公司**
地址:陕西省渭南市韩城市西庄镇西贾村路口
负责人:张建斌
Tel:0913－5321199
13992365242

**华县运业有限责任公司**
地址:陕西省渭南市华县新秦路
负责人:武晓刚
Tel:0913－4718888

**陕西天烨物流有限公司**
业务:城市配送,接受零担业务
地址:陕西省西安市未央区朱宏路中段 226 号 B 区 08 号
负责人:吴西锋
法　人:吴西锋
Tel:029－86483267

**蒲城泊森汽车贸易维修有限公司**
地址:陕西省渭南市蒲城县东风路东段
负责人:冯建忠
Tel:0913－7251999

**蒲城县霸龙物流运输有限公司**
地址:陕西省渭南市蒲城县渭清路北段翔村十字口
负责人:屈庆华
Tel:0913－7258762

**西安市灞桥力天物流信息服务部**
地址:陕西省西安市灞桥区纺北路 3 号
负责人:王云豹
Tel:029－83518963

**莱斯豪车品世界**
业务:国产汽车代理,汽车美容、装潢、修理
地址:陕西省咸阳市中华路中段
负责人:何举平　邮　编:712000
法　人:何举平
Tel:13629180718
029－33629111
Fax:029－33629222

**榆林市昱鑫运输有限公司**
业务:煤炭运输
地址:陕西省榆林市神木县火车站东粮食库
负责人:高生明　邮　编:719300
法　人:高生明
Tel:0912－8358197

**陕西得方铁路器材有限公司**
地址:陕西省西安市碑林区柿园路东方星座 A 座 710 室
负责人:姜涛
Tel:029－82409835

**西安市通佳路桥工程有限责任公司**
业务:西安市通佳路桥工程有限责任公司专业从事道路、隧道和桥梁工程建筑,技术力量雄厚、质量保证,欢迎来电洽谈业务!
地址:陕西省西安市周至县瑞光路 102 号
负责人:刘剑　邮　编:710400
法　人:刘剑
Tel:029－87152651
87153683

**西安佳顺汽车服务有限责任公司**
地址:陕西省西安市碑林区体育北路付 6 号
负责人:安玉梅
Tel:029－85253323

**西安莱茵电梯设备有限公司城东分公司**
地址:陕西省西安市碑林区兴庆南路 89 号启光数据大厦 1601
负责人:叶天龙
Tel:029－82666908

**西安顶峰汽车服务有限公司**
地址:陕西省西安市碑林区友谊西路 2 号
负责人:权晓军
Tel:029－81969027

**华南货物运输服务有限责任公司**
地址:陕西省西安市贝斯特货运市场东区 5－5 号
负责人:李德生
Tel:029－82586335
13991818753

**西安市东部旧机动车交易有限公司**
地址:陕西省西安市浐河东岸梁家街村
负责人:潘西安
Tel:13991975218

**兴宏物流服务有限公司**
地址:陕西省西安市东站路 9 号付 1 号(三利货运市场内)
负责人:郑国兴
Tel:029－82538038
82549678
13709258787

**西安百世基业联运有限公司安宇货运部**
地址:陕西省西安市丰庆路解家村小区 2 号
负责人:徐安宇
Tel:029－84281903

**西安市恒宇汽车租赁有限公司**
地址:陕西省西安市沣镐路 2 号
负责人:岳恒宇
Tel:029－88793620

**陕西风之翼汽车服务有限公司**
地址:陕西省西安市高新区紫薇田园都市 H 区 26 栋 1 单元 1 层 01 号
负责人:邓睿
Tel:13319275155

**天津东方海诚国际货运代理有限公司西安办事处**
地址:陕西省西安市含光北路 33 号文华大厦 B－203 室
负责人:张莉
Tel:029－85251459

**西安桂柳货运有限公司**
地址:陕西省西安市华清东路 33 号东区 2 号
负责人:谢建赞
Tel:029－82514933

**西安仁和运输有限公司**
地址:陕西省西安市华清东路 33 号东区 63 号
负责人:雷飞
Tel:029－82548332

**西安百川货物运输有限公司**
地址:陕西省西安市建华路 127 号
负责人:叶忠祥
Tel:029－85007169

**西安创智物流有限责任公司**
地址:陕西省西安市建章路北段 8 号院内
负责人:杜炜
Tel:029－84310562

**陕西七星储运有限公司**
地址:陕西省西安市莲湖区白家口西二环北段付 1 号
负责人:刘高兴
Tel:029－84420446

**西安德宝汽车维修服务有限公司**
地址:陕西省西安市莲湖区大土门村 157 号
负责人:李群芳
Tel:029－84291498

**陕西富民大件运输有限公司**
地址:陕西省西安市莲湖区双旗寨村南雁环路西
负责人:白萍
Tel:029－88636156

**陕西联昊通物流有限公司**
地址:陕西省西安市莲湖区西北二路 1 号
负责人:周卫峰
Tel:029－87339402

**上海熙可物流有限公司西安办事处**
地址:陕西省西安市莲湖区西关正街 82 号英达大厦 1002、1004 室
负责人:王义明
Tel:029－88611562

**西安秦延运输有限公司**
地址:陕西省西安市莲湖区西站街 13 号
负责人:杨永利
Tel:029－88630165

**长春一汽备品资源有限公司西安供应站**
地址:陕西省西安市莲湖区玉祥门 4 号楼 1 号
负责人:王久长
Tel:029－88651011

**西安市莲湖区沪嘉汽配部**
地址:陕西省西安市莲湖区玉祥门汽配市场二区二排 1 号
负责人:金文松
Tel:029－88645861

**万方汽车零部件有限公司**
地址:陕西省西安市万寿北路 337 号
负责人:苏大宁
Tel:029－83388723
82539532
13609185965

**西安安铁铁路物资有限公司**
地址:陕西省西安市未央区三桥街办北何村内
负责人:郭春凯
Tel:029－88577066

**西安市秦铁运输有限公司**
地址:陕西省西安市西站街 19 号
负责人:庞勇
Tel:13772165550

**西安市金盛达交通标志经营部**
地址:陕西省西安市新城区东元西路 42 号
负责人:李留成
Tel:029－87582113

**西安金鼎运输有限公司**
地址:陕西省西安市新城区华清路 33 号 68#
负责人:侯红章
Tel:029－85300923

**陕西恒诚汽车销售服务有限公司**
地址:陕西省西安市幸福中路 22 号
负责人:钟子义
Tel:029－83214050
13909258980

**陕西五龙世纪汽车有限公司**
地址:陕西省西安市雁塔区西万路 49 号
负责人:赵养乾
Tel:029－85612887

**飞龙小轿车维修部**
地址:陕西省榆林地区神木县大柳塔镇飞龙小轿车维修部
负责人:张奇伦
Tel:0912－8412831
13809123550
13084838022

**农用车配件门市**
地址:陕西省榆林地区神木县大柳塔镇石圪台村
负责人:吴文前
Tel:0912－8262222
13992218776

**府谷县亿通运输有限责任公司**
地址:陕西省榆林市府谷镇天化路 3 号
负责人:岳二光
Tel:0912－8711195

**榆林市榆阳区鑫铄煤炭运销有限公司**
地址:陕西省榆林市三辰大酒店三楼
负责人:李玲
Tel:13992286518

**榆林市元亨物资运输有限公司**
地址:陕西省榆林市榆阳区保宁路(东洲大地集团北院内)
负责人:高义
Tel:0912－8118168

**神府经济开发区平达运输有限责任公司**
业务:焦粉、电石运输
地址:陕西省榆林市神木县锦界镇
负责人:王东梅　邮　编:719000
法　人:王东梅
Tel:13992206501
0912－8494706

**榆林市三和电梯有限责任公司**
地址:陕西省榆林市榆阳区肤施路西西二路
负责人:贺波
Tel:0912－3823030

**榆林市银州工贸有限公司榆阳汽车销售分公司**
地址:陕西省榆林市榆阳区沙河村(火车站南 210 国道东侧)
负责人:高东奇
Tel:0912－6212839

## 韩城市顺昌运输有限责任公司

韩城市顺昌运输有限责任公司主营普通货运和仓储，公司本着专业、尽责和诚恳的服务并承诺：只要是客户的需要，无论其大小事情，我们都将严谨对待，直到客户满意为止。

联系人：张建斌　手机：13992365242
电话：0913-5321199
地址：陕西省渭南市韩城市西庄镇西贾村路口　邮编：714000

南郑县中所营村中天机械车辆运输队是一家专业从事运输重型机械的企业。
本公司秉承"顾客至上，锐意进取"的经营理念，坚持"客户第一"的原则为广大客户提供优质的服务。欢迎广大客户惠顾！

联系人：陆忠　13891618131　13110380603
地址：陕西省汉中市南郑县大河坎镇中所营村濂水桥　邮编：723100

## 南郑县中所营村中天机械车辆运输队

## 榆林市泉财汽车运输有限公司

本公司成立于2005年，专业从事汽车、重卡销售和货物运输，包括普通货物和危险品运输，货运全国。我公司秉承"锐意进取，客户第一"的经营理念，坚持客户至上的原则，竭诚为您提供最优质的产品和最满意的服务，欢迎惠顾！

联系人：武玉权
电话：13809125066 0912-3862039　传真：0912-2331333
地址：陕西省榆林市榆阳区青山西路体育中心1楼　邮编：719000

## 榆林市伟信电梯有限公司

公司成立于2007年3月1日，是榆林市最早组建的专业性电梯公司。主要业务有电梯销售（上海叁菱、奥的斯快速电梯）、咨询、维修保养，有厂家专业技术人员长期驻我公司。

我公司将于近期成立售后服务维保站，对我公司销售的电梯将免费咨询、保养、服务。公司目标是："服务质量第一、社会效益第一、企业信誉第一"！

联系人：高常青　13892221689
电子邮件：ylwx888@163.com　电话：0912-8309899
地址：陕西省榆林市神木县滨河路中段（长线局　楼）　邮编：719300

## 甘肃省/Gansu Province

**白银市大洋旧机动车交易服务有限公司**
地址：甘肃省白银市白银区109线（中科院产业园对面）
……负责人：常进华
……Tel：13893057668

**定西亨通城郊运输有限责任公司**
地址：甘肃省定西地区安定区交通路393号
……负责人：元照堂
……Tel：0932－8212127

**金塔县航天汽车修理有限公司**
地址：甘肃省酒泉市金塔县金塔镇政府对面
……负责人：屈怀勤
……Tel：15339379866

**酒泉金通路业有限责任公司**
地址：甘肃省酒泉市肃州区酒金西路30号以东150米
……负责人：贾生会
……Tel：0937－5991298

**景泰申通快递服务有限公司**
业务：全国快递/集运输、仓储、配送、装卸于一体，专业从事全国公路运输，本着互惠互利、优质高效、信誉第一、客户至上的宗旨，为发展现代物流事业做贡献
产品：货物运输
地址：甘肃省白银市景泰县一条山镇东街
……负责人：韦性瞳　邮　编：730400
……法　人：韦性瞳
……Tel：0943－5532006
15336089500
13519012700
……Fax：0943－5532600
……网址：www.sto.cn

**嘉峪关市车迷俱乐部**
地址：甘肃省嘉峪关市五一中路15－31号
……负责人：马熙明
……Tel：0937－6263896

**金塔县鸿鑫源物流有限公司**
地址：甘肃省酒泉市金塔县金塔镇环城东路6号
……负责人：刘文
……Tel：13119373128

**兰州恒生货运有限公司**
地址：甘肃省兰州福利东路65号
……负责人：冷连生
……Tel：0931－7580638

**景泰奔鹿货物托运部**
业务：道路普通货物运输；货物托运代理、信息服务
地址：甘肃省白银市景泰县一条山镇黄河路通达公司
……负责人：张存军　邮　编：730400
……法　人：张存军
……Tel：0943－3616588
5523846
……网址：http://www.51zzt.com/user/zzt32387

**兰州荣欣达物流有限公司**
地址：甘肃省兰州市安宁东路188号403号
……负责人：柴世荣
……Tel：0931－7768606

**甘肃宇威汽车服务有限公司**
地址：甘肃省兰州市安宁区元台子446号
……负责人：赵建军
……Tel：0931－7781669

**兰州昌晟汽车服务有限责任公司**
地址：甘肃省兰州市滨河中路195号
……负责人：罗农成
……Tel：0931－2663590

**兰州天福汽车服务有限公司**
地址：甘肃省兰州市城关区白银路188号
……负责人：韩卫国
……Tel：0931－4900153

**兰州三江源路航货运有限公司**
业务：兰州三江源路航货运有限公司是根据现代化企业管理机制组建的新型的，规范化，专业化的物流企业。以整合各种物流资源为手段，以降低运输成本为目标，目前已经构建全国个大中城市的综合运输通道，形成了一个集仓储，运输，配送，信息服务及航空，铁路，汽车等多式联运为一体的综合物流体系出现在兰州市场。
地址：甘肃省兰州市铁路新村东街42号采购总站院内
……邮　编：730000
……法　人：石祥太
……Tel：0931－3959155
4987556
……Fax：0931－4987556

**甘肃省久运货运有限责任公司**
业务：物流
地址：甘肃省定西市陇西县巩昌南门客运站院内单楼308室
……负责人：杨诚　邮　编：748100
……法　人：杨诚
……Tel：0932－6600126
13809323056

**兰州思润轮胎有限公司**
地址：甘肃省兰州市城关区东岗东路784号
……负责人：乔东耕
……Tel：0931－4562996

**甘肃通力货运有限责任公司**
地址：甘肃省兰州市城关区段家滩73号
……负责人：胡惠菁
……Tel：13893296877

**广东天地物流圆有限公司甘肃分公司**
地址：甘肃省兰州市城关区酒泉路374号2104室
……负责人：张莉
……Tel：0931－8484164

**甘肃福发汽车装璜用品有限公司**
地址：甘肃省兰州市城关区南滨河东路733号
……负责人：杨庆青
……Tel：0931－8481340

**甘肃豪森电梯工程有限公司**
地址：甘肃省兰州市城关区庆阳路169号
……负责人：王龙
……Tel：0931－8455158

**兰州伙伴物流有限责任公司**
业务：从事公路货运代理业务，以公路货运、铁路快运为主
地址：甘肃省兰州市城关区金运花园4栋楼2单元102室
……负责人：何小明　邮　编：730030
……法　人：何小明
……Tel：0931－8503256

**甘肃正加物流有限公司**
地址：甘肃省兰州市城关区庆阳路426号
……负责人：潘加发
……Tel：0931－8485698

**兰州顺祥货运信息有限责任公司**
地址：甘肃省兰州市城关区雁儿湾路1号
……负责人：范新明
……Tel：0931－8704883

**兰州吉发快递服务有限公司**
地址：甘肃省兰州市和平新村116号
……负责人：李艳
……Tel：0931－8825380

**甘肃盛大汽车销售服务有限公司**
地址：甘肃省兰州市七里河区南滨河西路188号
……负责人：吴宝香
……Tel：13321205818

**平凉市大众机电有限责任公司**
业务：经销汽车、低速农用汽车、拖拉机、配套农机具及配件。
地址：甘肃省平凉市崆峒区玄鹤北路12号
……负责人：王文国　邮　编：744000
……法　人：王文国
……Tel：13993372668
13993373466

**兰州三运惠通运输有限责任公司**
地址：甘肃省兰州市七里河区武威路122号
……负责人：逯军
……Tel：0931－2311056
13919469618

**甘肃赛特汽车销售服务有限公司**
地址：甘肃省兰州市七里河区西津西路1231号
……负责人：魏清花
……Tel：0931－2568968

**甘肃泰丰物流有限公司**
地址：甘肃省兰州市七里河区西津西路134号
……负责人：王立宏
……Tel：13893331632

**重庆红岩汽车有限责任公司兰州办事处**
地址：甘肃省兰州市七里河区西津西路328号
……负责人：杨国荣
……Tel：0931－2354468

**兰州安捷诚快递服务有限公司**
地址：甘肃省兰州市滩尖子158号
……负责人：李秀英
……Tel：0931－8514151

**甘肃仕通汽车销售有限公司上海大众专营店**
地址：甘肃省兰州市西固区西固东路7号
……负责人：孙利君
……Tel：0931－2562270

**兰州正茂旧机动车经营有限公司**
地址：甘肃省兰州市西津西路1157号
……负责人：梁斌军
……Tel：0931－3348237

**天水市秦州区双宏汽车维修厂**
业务：汽车维修
地址：甘肃省天水市秦州区南廊路李家村口
……负责人：郑引强　邮　编：741000
……法　人：郑引强
……Tel：0938－8388485

**天祝汽车综合性能检测有限公司**
地址：甘肃省武威市天祝藏族自治县华藏寺滨河路七十二号
……负责人：孙宝元
……Tel：13519350732

**张掖市千里马汽车工贸有限责任公司维修分公司**
地址：甘肃省张掖市甘州区环城西路182号
……负责人：赵建兵
……Tel：0936－8881999

## 甘肅萬裏物流有限公司

甘肃万里物流有限公司创办于2007年。

专业从事货运代理、仓储理货、公铁联运、货物配载服务。

我们拥有一流的专业队伍，为您提供最优质的服务。

联系人：赵士江
13893401019　电话：0931-2337018
地址：甘肃省兰州市七里河区西津西路224号　邮编：730030

## 青海省/Qinghai Province

**德令哈市煤炭运销有限责任公司**
地址：青海省德令哈市德新西路 16 号
………………负责人：童志忠
………………Tel：0977－8228218

**海湖汽车修理厂**
地址：青海省海南藏族自治州共和县倒淌河镇
………………负责人：王永泰
………………Tel：0974－8519080
13309740233

**上海佳吉快运有限公司西宁分公司**
地址：青海省西宁市城东区中庄乡小寨村
………………负责人：罗毅伟
………………Tel：0971－8087979

**西宁力车厂**
地址：青海省西宁市城中区南川东路 29 号
………………负责人：李成生
………………Tel：0971－6272017

**青海轻型车辆厂**
地址：青海省西宁市经济开发区沪宁路 15 号
………………负责人：肖安良
………………Tel：0971－8801826

**西宁景源汽车用品商行**
地址：青海省西宁市昆仑西路
………………负责人：胡明连
………………Tel：0971－6329665

**西宁市吉平商贸有限公司**
地址：青海省西宁市西关大街 55 号
………………负责人：严景川
………………Tel：0971－6115038

**西宁优配车品汽车用品店**
地址：青海西宁市城北区柴达木路 277 号
………………负责人：石小姐
………………Tel：0971－5218702

**西宁福兴农机销售有限公司**
地址：青海西宁市城东区祁连路 856 号
………………负责人：孙子超
………………Tel：0971－8458623

**西宁驰耐普汽车养护有限公司**
地址：青海西宁市城东区夏都大街 200－2 号
………………负责人：朱昌鸿
………………Tel：0971－8202559

**青海西宁昌宏汽车装潢材料有限公司**
地址：青海西宁市海湖路 4－106＃
………………负责人：王旭
………………Tel：0971－7327889

## 新疆维吾尔自治区/Xinjiang Wei We Er Autonomous Region

**阿克苏地区多浪小轿车客运有限责任公司**
地址：新疆维吾尔自治区阿克苏地区阿克苏市古勒巴格路 35 号
………………负责人：艾合买提喀吾力
………………Tel：0997－2133383

**阿克苏市平安汽修有限责任公司**
地址：新疆维吾尔自治区阿克苏地区阿克苏市乌喀中路 158 号
………………负责人：吴晓喻
………………Tel：0997－6843666

**北屯飞越摩托车有限责任公司**
地址：新疆维吾尔自治区阿勒泰地区阿勒泰市北屯团结路转盘(原地区物资公司综合营
………………负责人：隋莉娜
………………Tel：0906－3378558

### 鄯善奔马汽车维修有限公司
业务：本公司成立于 1992 年，主要经营汽车维修。我公司以精湛的技术、一流的服务质量为广大新老朋友提供全方位的服务。本公司宗旨：以人为本，以质为先。
地址：新疆吐鲁番地区鄯善县火车站镇第六加油站斜对面
………………邮　编：838200
………………法　人：毛粉杨
………………Tel：0995－8312860
………………Fax：0995－7661999

**农二师长远公路养护中心**
地址：新疆维吾尔自治区巴音郭楞蒙古自治州库尔勒市 218 国道西部建设混凝土搅拌
………………负责人：丁继刚
………………Tel：0996－2192811

**巴州神鹰旅游客运汽车有限公司**
地址：新疆维吾尔自治区巴音郭楞蒙古自治州库尔勒市北山路远东宾馆 7 楼
………………负责人：郭建波
………………Tel：13309967799

### 库车县阿格乡北山龙头运输协会
业务：库车县阿格乡北山龙头运输协会成立于 2005 年 3 月，主要从事运输类。“诚信为本，信誉第一，客户至上”，热诚欢迎新老客户惠顾。
地址：新疆维吾尔自治区阿克苏地区库车县阿格乡
………………邮　编：842000
………………法　人：牙生？沙里克
………………Tel：0997－6784777
6784666

**巴州鹏远旅游汽车服务有限公司**
地址：新疆维吾尔自治区巴音郭楞蒙古自治州库尔勒市广场路(巴州旅游局院内)
………………负责人：刘鹏
………………Tel：0996－2023064

**库尔勒雪龙汽配快修站**
地址：新疆维吾尔自治区巴音郭楞蒙古自治州库尔勒市铁门关路 273 医院门面房
………………负责人：丁立华
………………Tel：0996－2295308

**博尔塔拉蒙古自治州彩运机动车代理有限责任公司**
地址：新疆维吾尔自治区博尔塔拉蒙古自治州博乐市北京南路 469 号
………………负责人：谢彩荣
………………Tel：0909－2327158

**昌吉市远征客货运输有限责任公司**
地址：新疆维吾尔自治区昌吉回族自治州昌吉市乌伊东路 114 号
………………负责人：王长忠
………………Tel：0994－2349477

### 福建华丰运输有限公司乌鲁木齐市分公司
业务：福建华丰运输有限公司乌鲁木齐市分公司成立于 2003 年，从事全国物流运输，以普通货物为主，欢迎新老客户来电洽谈业务！
地址：新疆维吾尔自治区乌鲁木齐市乌拉泊专九线
………负责人：林金富……邮　编：830000
………………法　人：林金富
………………Tel：0991－5824455
5824955

**玛纳斯县恒祥汽车运输有限责任公司**
地址：新疆维吾尔自治区昌吉回族自治州玛纳斯县头宫乡南园子村
………………负责人：谢宗江
………………Tel：0994－6667989

**新疆兴塔运输(集团)有限责任公司**
地址：新疆维吾尔自治区塔城地区塔城市伊宁路
………………负责人：郭军
………………Tel：13999751358

### 乌鲁木齐市章明汽车维修有限责任公司
业务：乌鲁木齐市章明汽车维修有限责任公司成立十多年来，一直致力于各种汽车的维修。“诚信为本，信誉第一，客户至上，技术精湛”，竭诚欢迎广大新老客户光临指导。
地址：新疆维吾尔自治区乌鲁木齐市新市区百园路 10 号
………………邮　编：830000
………………法　人：周章明
………………Tel：0991－3738112
………………Fax：0991－3739112

**塔城市三元汽车配件有限责任公司**
地址：新疆维吾尔自治区塔城地区塔城市伊宁路东门外环城大厦一楼
………………负责人：王霞
………………Tel：0901－6224650

**托里县恒达运输有限责任公司**
地址：新疆维吾尔自治区塔城地区托里县城镇
………………负责人：郑春雷
………………Tel：0901－3683099

**鄯善县新时代商贸有限责任公司摩托车销售分公司**
地址：新疆维吾尔自治区吐鲁番地区鄯善县一区楼兰东路北侧百丽花苑小区门面房
………………负责人：申兴利
………………Tel：0995－8385658

**乌鲁木齐市顺畅机动车服务有限公司吐鲁番分公司**
地址：新疆维吾尔自治区吐鲁番地区吐鲁番市 312 国道吐鲁番地区车管所院内
………………负责人：项小芬
………………Tel：0991－8853868

**吐鲁番市火车头客货服务部**
地址：新疆维吾尔自治区吐鲁番地区吐鲁番市火车站
………………负责人：袁兰贺
………………Tel：0995－8643009

**乌鲁木齐市鑫凯帝汽车配件商行**
地址：新疆维吾尔自治区乌鲁木齐市阿勒泰路 33 号
………………负责人：李好仙
………………Tel：0991－7899513

**新疆千和汽车零配件有限公司**
地址：新疆维吾尔自治区乌鲁木齐市南湖北路 50 号
………………负责人：郭福建
………………Tel：0991－4695567

**乌鲁木齐市华达伟业货物运输有限公司**
地址：新疆维吾尔自治区乌鲁木齐市钱塘江路 17 号
………………负责人：赵美妹
………………Tel：0991－5856218

**新疆通保捷机动车评估交易服务中心有限公司**
地址：新疆维吾尔自治区乌鲁木齐市新华南路 11 号万国大厦 12 楼
………………负责人：司惠芳
………………Tel：0991－2835386

### 新和县运输置业有限责任公司
业务：本公司成立于 2003 年，主要从事旅客运输、停车、客运服务修理等业务。
地址：新疆乌鲁木齐阿克苏市新和县乌喀路 9 号
…负责人：莫汗麦提依明……邮　编：842100
………………法　人：莫汗麦提依明
………………Tel：0997－8122246

# 行业品牌展示窗

## 保定无线电材料总厂微细特漆包分厂

微细特漆包线分厂主要产品为电声行业用各种微细自粘性漆包线。

生产规格范围：0.03～0.50mm。

总厂中主要工程技术人员及生产骨干荟聚于此，诚望为广大电声及元件企业努力服务好。

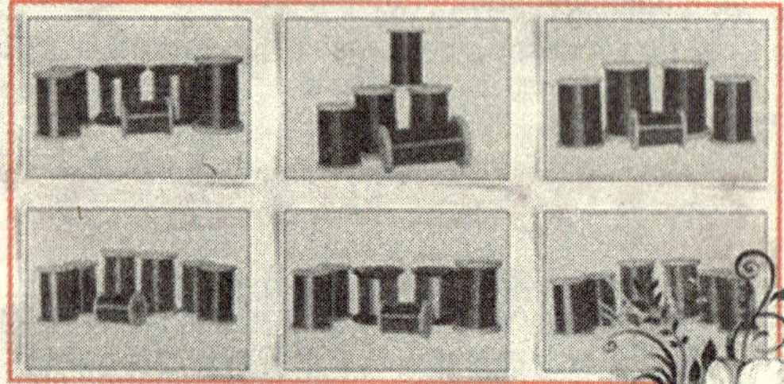

联系人：王世彪
电话：0312-3028353
网址：www.weixite.com
地址：河北省保定市五四中路钻石街110号
电邮：baodingwxt@163.com
邮编：071051

## 湖南宏泰电力设备科技有限公司

湖南宏泰电力设备科技有限公司成立于2007年，专业从事电力的安装及维护。我们将以“优质的产品、一流的服务、合理的价格”来回报您的支持。欢迎咨询洽谈。

联系人：魏仁东
电话：0734-4304162　13974737303
地址：湖南省耒阳市京星路185号　邮编：410007

## 大连伯顿冠力电机有限公司

大连伯顿冠力电机有限公司是集电机制造，电机、电控系统的设计、研发、销售为一体，以研发制造高效、节能、低噪音、替代进品的特种电机为主的企业，公司自成立初就确定了“全球视野，技术领先，管理科学，持续发展”的企业经营理念，并竭诚欢迎国内外新老客户、各界友人光临惠顾！

联系人：张健
电话：0411-86690088　传真：0411-86692688
地址：辽宁省大连市沙河口区西安路君安国际大厦1203室　邮编：116000

## 常州市武进区邹区贵珍工矿照明灯饰经营部

常州市武进区邹区贵珍工矿照明灯饰经营部成立于2007年，主要从事工矿灯、路灯、庭院灯、投光灯、各种铝罩、水底灯、路灯头等产品的经营。我们拥有高端的产品质量，诚实守信的经营态度，良好的社会服务，竭诚欢迎新老客户光临指导。

联系人：戴洪桂
电话：0519-83831391　88310365　13775055639
地址：江苏省常州市灯具城老灯城西大门25号　邮编：213000

# 行业品牌展示窗

## 中山市古镇通德路燈門市部

中山市古镇通德路灯厂位于被誉为灯饰之都的古镇镇，是一家从事开发、制造、销售、施工于一体的大型户外照明生产厂家。**主营：**大型高杆灯，道路灯，庭院灯，景观灯，草坪灯，地埋灯，LED数码灯系列，等一系列户外照明系统。

电话：0760-22321328
联系人：王锡军
地址：广东省中山市古镇新兴大道南曹一路段　邮编：528421

## 高邮市鑫安照明电器厂

SAH

高邮市鑫安照明电器厂成立于2004年，专业从事路灯生产销售及工程施工。

秉承“专业精神，品质至上，注重安全，严格管理”立足于内销市场，现已与全国众多工程商、市政机关单位建立了长期合作关系。您的信赖我们的追求，让我们做的更好！

网址：www.sanzm.cn
联系人：13852502588（丁）
13852754268（徐）
传真：0514-84242569　84244575
电邮：xutianxia1@sina.com
邮编：225654
地址：江苏省扬州北郊郭集工业园

## 扬中市成志自动化仪表有限公司

扬中市成志自动化仪表有限公司成立于2007年，从事仪表阀门、管道、电器、桥架、母线的销售服务。公司以质量第一、信誉第一、服务第一为宗旨，竭诚欢迎海内外朋友前来洽谈业务。

联系人：赵立成
电话：0511-88452709　13697689983
地址：江苏省扬中市三茅镇兴隆村第四组　邮编：212215

## 深圳市華星數碼科技有限公司

网址：www.hx2888.com

华星数码科技有限公司是一家专业营销通讯器材及数码产品的新型公司，品种有笔记本电脑、数码摄像机、数码相机、通讯器材等。

海信科技秉承“品质优良、服务完善、利益共享、诚信为本”的宗旨，始终如一地坚持“客户就是上帝，客户就是朋友”的经营理念，愿竭诚为您服务！

电话：0755-82732849
联系人：林　湖
地址：广东省深圳市福田区龙胜手机6A025　邮编：518000
13802560431　13826517539

# 行业品牌展示窗

## 海南奥拓自动化科技有限公司

本公司是一家专注于自动化控制和信息化软件的开发、系统集成、产品销售、技术培训的高科技公司。公司按照现代企业制度制定和建立了一套完整科学的产品开发、测试实验、生产管理体系和质量保证管理体系，积极推进ISO9000质量体系标准，确保产品开发和技术服务质量。

联系人：蒲俊 13976698299　传真：0898-66706479

电话：0898-66736825　66724081　网址：www.autocn888.com

地址：海南省海口市龙昆南路乔海阳光大厦426号　邮编：570000

## 嘉兴无极电器有限责任公司

本公司成立于2005年，是一家经营灯用电器附件、灯具、变压器、五金机械零部件、金属制品、塑料（橡胶）制品的企业。欢迎您的光临，我们将竭诚为您服务。

联系人：朱耀　电话：0573-83133366　13867301630　传真：0573-83133111

地址：浙江省嘉兴市南湖区凤桥镇庄史村　邮编：314008

## 福州环球鑫电器成套设备有限公司

本公司主要从事线槽的生产、销售。公司自成立以来，一贯奉行以信誉求合作，以质量求发展的企业精神，为用户提供优质价廉的产品是我们的宗旨。因此，我们热忱地希望社会各界朋友来我厂参观、指导、洽谈，相信我们每一次的接触都会使您有新的感觉，我们每一次的合作都会使您更满意，愿桥架能架起我们之间的友谊桥梁，共创事业的辉煌。

电话：0591-83498819 83451288　联系人：彭慈铜　手机：13763837218

地址：福建省福州市江滨路168号福泰华庭801室　邮编：350100

## 吴江市大发市场云月电器家具家私

本商行成立于2000年，主要从事于家用电器、五金交电、家具、家饰的批发、零售。“诚信经营，服务至上”是商行的立身之本，而她一直秉持并始终践行的“你召唤，我行动”早已成为家喻户晓的服务名言。不管是售前、售中还是售后，都把服务质量放在销售的第一位，使消费者在云月购物真正做到放心、舒心又省心。

联系人：费建平

电话：0512-82061358　65869399　13706255042　传真：0512-63372071

地址：江苏吴江市大发市场松陵镇交通南路2351号13号楼B-101，1021　邮编：215200

▲电器仪器仪表▼

# 行业品牌展示窗

## 南通亨特电器制造有限公司

网址：www.nthunter.com

南通亨特电器有限公司创建于1998年，是一家专业生产制造电梯部件及电子电器元件的厂家。

公司以诚信的质量、价格、速度、服务这四大经营要素，成为您最可信赖的伙伴，助您事业更加辉煌。

联系人：刘云
电话：0513-88913259 88923328
传真：0513-88910850
地址：江苏省南通市海安县长江中路22-9号
邮编：226600

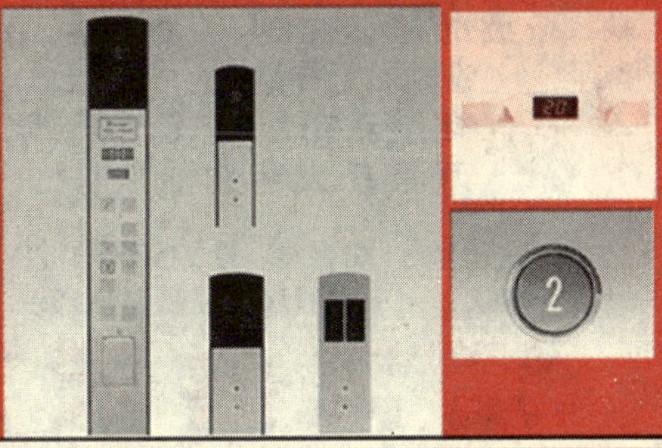

## 景德镇恒光电子有限公司

景德镇恒光电子有限公司成立于2006年，位于举世闻名的瓷都景德镇陶艺基地，公司具有悠久的生产电真空产品的历史和雄厚的技术优势，产品在国际、国内有深远的影响。我公司的主要产品有：真空电容、真空灭弧室和真空电子管。我们以高质量的产品和优良服务，不断开发拓展市场，满足用户的需求。

联系人：彭 胜
电话：0798-8480227 8481222 8480555
地址：江西省景德镇市东郊画眉楼 邮编：333000

## 奉化市科立电子有限公司

奉化市科立电子有限公司成立于2007年。
主要从事电容器，线路板，厨具的生产销售。
我们本着“团结、拼搏、创新、奉献”的精神，
以良好的技术创造优质的服务为宗旨。

联系人：唐孝明
电话：0574-88981821 13805831596
邮编：315500
地址：浙江省宁波市奉化市体育场路125号

## 商丘市天润电子产品有限公司

我公司主要生产高频电源变压器，通讯网络专用变压器，数据机变压器，电源转换器，空芯电感，磁电感线圈，音频变压器，SMD变压器，电感器，各种互感器及各种电器产品所配套使用的电子元件，竭诚欢迎各方来电洽谈业务！

联系人：陈新华 13803709000
网址：www.tianrun88.cn
电话：0370-3751666-8888 3299866
地址：河南省商丘市商周公路11公里处 电邮：tiantun0370@yahoo.com.cn 邮编：476100

# 行业品牌展示窗

淄博鑫宏瑞电子有限公司成立于2007年，主要从事于研发、生产、销售石英晶体谐振器、滤波器，钟控振荡器。

公司以质量为生存根本，严抓合格率，拓展新市场迎接新挑战。

欢迎广大客户洽谈！

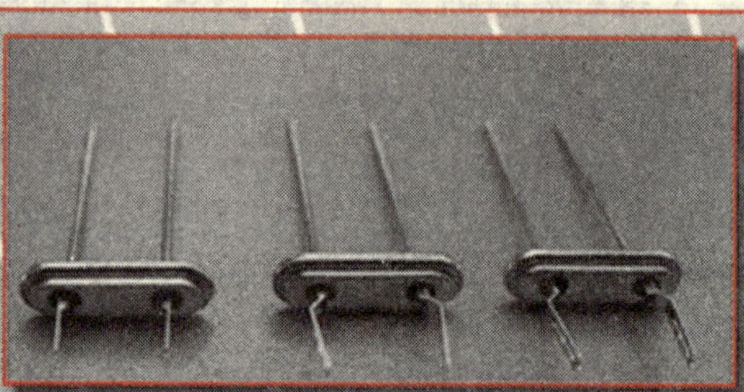

联系人：郑召亮　13953383129　电话：0533-8535886　8539868

地址：山东省淄博市桓台县马桥镇　邮编：256405

## 淄博鑫宏瑞电子有限公司

## 盐城市运胜电子有限公司

本公司成立于2007年，主要经营空气净化器，消毒机，充电电源，高低频逆变电源制造，有高低频电子捕鱼机，家用水果蔬菜消毒机，消毒柜，空气净化器。欢迎您的光临。

联系人：吴荣森

电话：0515-88511314　13815576579　传真：0515-83703699

地址：江苏省盐城市人民北路524号向北150米路西　邮编：224000

## 苏州市吴中区长桥通博自动化设备维修服务部

本公司成立于2007年，主要经营变频器维修与销售，PLC程序设计，人机界面设计，自动控制设备改造，空压机改造，恒压供水改造，注塑机改造等。专业、真诚、热心、快速是我们的服务宗旨。

联系人：贺春楠

13405254393　传真：0512-66054183　邮编：215128

地址：江苏省苏州市吴中区苏苑新村103幢104室　电邮：tongbozdh@163.com

## 深圳市粤盛电子厂

本厂成立于2005年，主要从事于免提耳机、MP3耳机、手机的生产与销售。公司成立以来，坚持领先科技进步，以质量求生存，以市场为导向，所生产的产品质量符合国家标准。产品性能稳定，安全可靠，深受广大用户的青睐，对产品给予了很高的评价和肯定。粤盛人竭诚欢迎与各界朋友合作，用我们真诚的汗水、务实发展、共创未来。

电话：0755-89603330　13823202826　联系人：王小栋

地址：广东省深圳市横岗镇大元街61号　邮编：518115

# 行业品牌展示窗

## 天津火星工贸有限公司

天津火星工贸有限公司成立于2001年。

主要从事于电子产品的生产与销售。主要有连接器、插座、小型变压器。

诚信是企业的创业理念。在现有的市场环境下，没有诚信，企业就无法占有市场，也就无法生存与发展。

公司坚持"以诚为本"深得客户的好评。

联系人：朴仁洙　13370368377
电话：022-24992824　24990847
地址：天津市东丽区新立镇四合庄
邮编：300300

## 安徽恒远电子称重设备有限公司

电邮：ahhychina@163.com

电话：
0554-8681919
8681908

联系人：高之

安徽恒远电子称重设备有限公司是一家集研发、设计、制造、安装、调试及售后服务于一体的大型衡器制造厂家，拥有完善先进的衡器生产设备、电子检测设施，技术装备居国内同行业先进水平，产品品种多、市场竞争力强。

公司本着"以诚信为本、顾客至上、精益求精、质量第一"的企业宗旨和"务实、创新、高效"的企业精神。一如既往地为广大新老客户提供优质产品和一流服务。

地址：安徽省淮南市凤台县凤凰路北侧凤凰工业园区　邮编：212101

## 中山市跃盛电子有限公司

本公司集生产、销售为一体产品广泛应用于民用、工业、军工等电子领域。

公司产品质量第一，交货快捷，价格合理。完全能满足不同用户的需求。公司以一流的质量和服务深受国内外厂家、经销商的信赖和支持。公司真诚希望能与贵公司合作，共谋发展和建立长期的合作关系，开创双赢局面共同向前迈进！

联系人：夏志强　13560929689
电话：0760-22550398　22550397
地址：广东省中山市小榄镇联丰村乐丰南路　邮编：528415

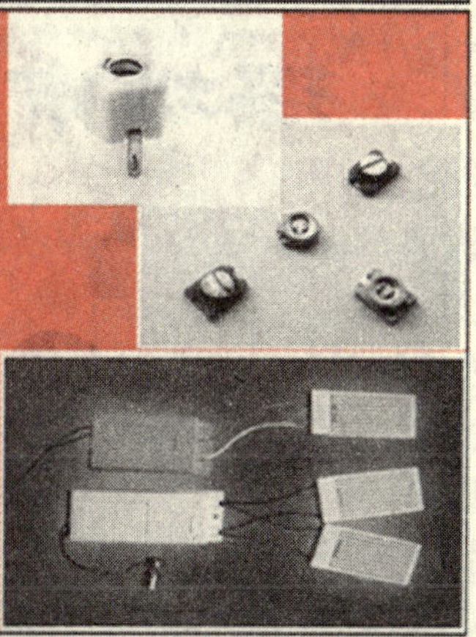

## 苏州科菱库电子有限公司

苏州科菱库电子有限公司是一家专业生产空调用冷凝器和蒸发器的企业。本公司坚持"真诚服务、完善自我，提供世界一流的产品和服务，客户的满意是我们永远的追求"的经营理念，诚挚的欢迎海内外各界朋友来公司参观、考察、洽谈商务合作事宜，让我们一起共创辉煌。

联系人：薛炎　电话：0512-69220058
地址：江苏省苏州市相城区黄桥街道　邮编：215000

# 行业品牌展示窗

## 河北伟业电子材料有限公司

本公司于2006年成立，是一个集切削液、清洗液研发、生产、销售、服务为一体的高科技民营企业 。目前，河北伟业电子材料有限公司下属有生产车间、销售部、行政部、财务部、综合部等十多个部门，产品涉及切削液，清洗剂等多个品种多种规格。拥有国内最先进的生产线、质量检测分析设备及技术软件，拥有现代化流水作业设备及生产能力，并具备了高水平的质量检测设备及生产能力。产品经国家有关部门检测中心检测，质量符合太阳能行业标准。

电话：0313-6584516 6584512　联系人：周琨　传真：0313-6584512
地址：河北省张家口市涿鹿县工业园区　邮编：75000



## 黑龙江横河科技有限公司

黑龙江横河科技有限公司主营业务：自动化控制设备，压力仪表，分析仪器，温度仪表，流量仪表包括质量流量计，电磁流量计，涡街流量计，超声波流量计，转子流量计等。欢迎您的惠顾，我们将竭诚为您服务！

联系人：刘百利
电话：0459-6288876　手机：13804661896
地址：黑龙江省大庆市开发区让胡路区西寨小区11-L83单元501室

## 深圳市好美水科技开发有限公司

本公司主要经营配套模具、注塑、线路板、CPU烧录、IC邦锭、超声波、喷油、装配、纸箱等一条龙服务车间，是国内规模最大，设备最齐全的生产型电解水器企业。公司自行研发的“好美”牌电解水功能水机，其生产工艺达到国际水准，是国内唯一打开国际市场的电解水企业。

电话：0755-26851316　13008889495　联系人：庄炳辉　邮编：518067
地址：广东省深圳市蛇口工业八路西段60号华园大厦　网址：www.nicewater.cn

## 江苏省太仓市瑞联微电机有限公司

本公司成立于1985年，专业生产瑞联系列永磁直流微型电机和齿轮变速机芯等。公司设备先进，技术浓厚，信誉卓著，产品质量在同行业中领先，深得用户的信任和好评。本公司热情欢迎广大用户朋友前来洽谈！

手机：13806249382
电话：0512-53212306　传真：0512-53212306　联系人：周文瑞
地址：江苏省太仓市沙溪镇印南村五组　邮编：215421

# 行业品牌展示窗

# 行业品牌展示窗

## 苏州市博飞光学有限公司

苏州市博飞光学有限公司是专业制造、加工、销售透镜、棱镜、度盘、分划板等玻璃光学元件。我们愿意竭尽全力为用户服务，满足用户需要。

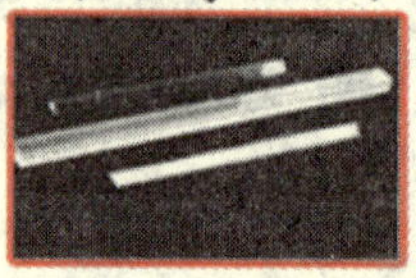

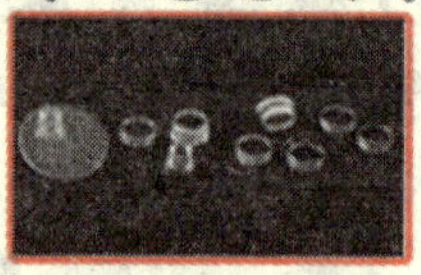

联系人：张金发

电话：0512-68214064 68151573 传真：0512-65800273 手机：13706208697

地址：江苏省苏州市吴中区郭巷镇姜庄工业园九盛路333号 邮编：215124

## 青岛宝佳电子科技有限公司

青岛宝佳电子科技有限公司成立于2007年，主要从事于电子监控、防盗报警、电脑网络、综合布线、工程施工。公司成立以来，坚持领先科技进步，以质量求生存，以市场为导向，所生产的产品质量符合国家标准。产品性能稳定，安全可靠，深受广大用户的青睐，对产品给予了很高的评价和肯定。宝佳人竭诚欢迎与各界朋友合作，用我们真诚的汗水、务实发展、共创未来。

联系人：刘耀祖 电话：0532-84905217

地址：山东省青岛市城阳区流亭街道南流路300号 邮编：266108

## 深圳环球防静电有限公司

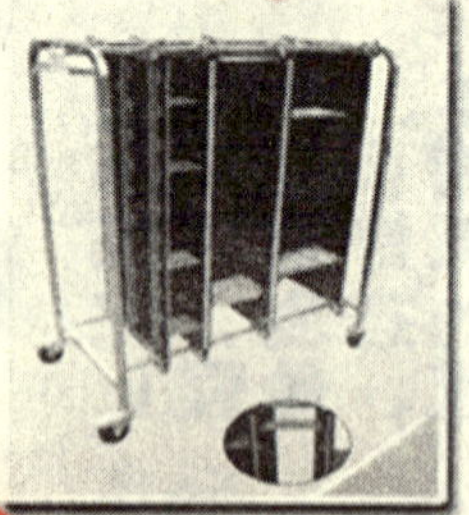

深圳市环球防静电有限公司是专业生产防静电生产线设备、防静电工作台、防静电物料周转车、仓储货架、中空板箱等系列产品。

我们愿和所有的用户建立最忠实的合作伙伴关系。我们的方针是：质量第一、客户满意，科技创新、追求卓越。

联系人：杨土友

电话：0755-27839604 传真：0755-27839945

网址：www.hqesd.com 电邮：27839604@163.com

地址：广东省深圳市宝安41区春天医院楼下107国道旁 邮编：518048

## 深圳市洋洲强制冷电器有限公司

深圳市洋洲强制冷电器有限公司成立于2007年，主要从事于家电、空调、太阳能、电脑网络与防盗系统、配件销售、售后服务。我公司一贯秉承“用户永远是对的”的服务宗旨；以“真诚礼貌、快捷准时、规范专业、顾客满意”为质量方针；以“一次到位率99%，顾客满意率100%”为质量目标，竭诚为广大客户服务。

联系人：杨秀锋

电话：0755-83246547 13005472969

地址：广东省深圳市福田区华富路黄木岗东区22栋一层商场17号 邮编：518035

电器仪器仪表

# 行业品牌展示窗

## 湖北省黄冈市春尔美节能电器有限责任公司

本公司成立于1990年，主要生产和销售节能系列：节能灯，太阳能系列：太阳能电池。生产机电产品、QJ3减压启动器并承接冲压、绕制各类变压器、来料加工、承接修理各类大、中、小型电机。

公司服务宗旨是：没有更好，只有最好。只要您来我公司就会体会到什么是最好的服务。

联系人：夏椿砷 13469942127

电话：0713-8355582 8369260 传真：0713-8369260

地址：湖北省黄冈市黄州地区赤壁一路银监局对面 邮编：438000

## 长沙松泰电器有限公司

长沙松泰电器有限公司成立于2007年，专业从事空调的销售与安装，主要品牌有松下等。凭着一流的技术，一流的产品和一流的服务广受行业和用户的赞许，我们将一如继往地为广大客户提供高品质产品及最优质的售后服务.

联系人：谢小生 电话：0731-2225638

地址：湖南省长沙市芙蓉区三湘大市场芙蓉电器城北幢28号 邮编：444300

## 常州梦特罗照明电器有限公司

本公司成立于2000年，主要经营电子光源类和加热类产品。照明类产品主要用于工地照明系列、公共场所照明系列、商场柜台用照明类灯具系列；加热类产品有取暖用红外加热管、微波炉用光波管，碳素电热管，碳纤维电热管系列，镀金管系列，红管系列，黑体管系列等。

产品主要销往国外和上海及广州等地，本公司一向以客户为上帝，为客户提供优良的售后服务，保证产品生产质量。

联系人：曹建明 13901501911 电话：0519-88797176

地址：江苏省常州市洛阳镇岑村 邮编：213104

## 昆明龙尊摄影器材有限公司

昆明龙尊摄影器材有限公司于1993年成立，主要从事摄影彩扩设备，电子产品办公设备的销售以及计算机图文设计。公司的技术服务力量，是由最早一批专业安装、调试维修彩扩设备的技术人员组成。能对各种品牌的彩扩设备提供完善的售后服务、维修保养技术培训。

联系人：陈胜建

电话：0871-4646481 网址：www.ynslyx.com 电邮：lzyx117@126.com

地址：云南省昆明市滇池路亚龙小区8栋7单元201室 邮编：650238

# 行业品牌展示窗

# 行业品牌展示窗

## 上海闵原电器有限公司

上海闵原电器有限公司地处交通便利的虹桥国际机场、沪宁、沪杭高速旁，是国内生产起动器、节能灯及灯泡最大的生产厂家之一。产品具有启动速度快，使用寿命长、性能稳定等特点。

联系人：卓东海
电话：021-62211498 62214356
地址：上海市闵行区华漕镇朱家泾朱建路168号
网址：www.minyuan.cn
电邮：xunmeng02886@163.com
邮编：201107

## 苏州市相城区陆慕大发云月家具家私经营部

本商行成立于2000年，主要从事于家用电器、五金交电、家具、家饰的批发、零售。“诚信经营，服务至上”是商行的立身之本，而她一直秉持并始终践行的“你召唤，我行动”早已成为家喻户晓的服务名言。不管是售前、售中还是售后，都把服务质量放在销售的第一位，使消费者在云月购物真正做到放心、舒心又省心。

联系人：费建平
电话：0512-82061358 65869399 13706255042
传真：0512-63372071
地址：苏州市相城区蠡口建元路88号
邮编：215200

## 深圳市盛飞电阻有限公司

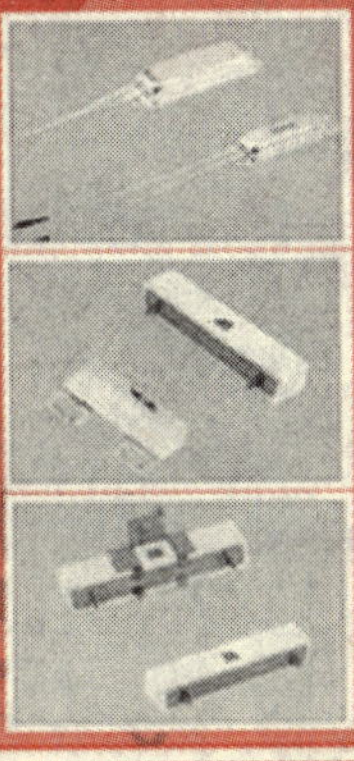

深圳市盛飞电子有限公司是一家专注与大小功率型电阻、铝盒散热型电阻、碳膜、金属膜电阻及放电负载电阻箱的研制开发，生产制造和销售服务。

盛飞公司的发展来源于每一位员工的无私投入、专业素质、团队精神和热忱服务。我们随时提供有关产品方面的技术咨询，协同方案开发，适时助您赢得市场先机。我们承诺将以更具竞争力的多元化产品及创新设计助您永创辉煌。

联系人：朱延飞 13423806619
网址：www.szsfdz.cn
电话：0755-28232573
电邮：shengfeidz2007@163.com
邮编：518000
地址：广东省深圳市龙华镇上油松90栋2楼

## 山东省临沂市超越水表有限公司

山东省临沂市超越水表有限公司成立于2006年，主要从事于各式水表及水表配件的生产销售。我公司坚持“质量第一、严守信誉、优质产品、优良服务”的质量方针，竭诚为广大用户服务。我们将以合理的价格，三包的质量，周到的售后服务，使您得到满意的产品！

联系人：张耀昌
电话：0539-8666966 8666444
传真：0539-8666866
地址：山东省临沂市兰山区白沙埠镇安沂路（西安静村） 邮编：276035

▲电器仪器仪表▼

# 行业品牌展示窗

## YCS 深圳市银创生贸易有限公司

深圳市银创生贸易有限公司成立于2001年，专业代理红宝石电解电容、松下法拉电容、高奇普法拉电容、AVX钽电容、KEMET钽电容、三菱放电管等电子配件。

产品来源可靠,质量保证,我们以"品质第一,交货快捷,合理价格,诚而有信"为公司宗旨与贵司(厂)建立长期业务合作关系，欢迎来电垂询。

联系人：郑小姐
网址：www.ycsycs.com
电邮：ycsycs2006@163.com
电话：0755-83613827　83613507
传真：0755-83615911
邮编：518033
地址：广东省深圳市滨河大道景福大厦景蕙阁22B、C

## 深圳市亿盛华电子有限公司

本公司创立于2002年。是一家专业设计生产：红外线接收头、发射管、LED发光管、大功率LED 发光管和灯饰的生产厂家。

公司公司奉承“以质量求生存，以信誉求发展”的不变宗旨，立足深圳，放眼全球。以精益求精的科学态度不断地探索，不懈地努力，赢得客户的支持与信赖。

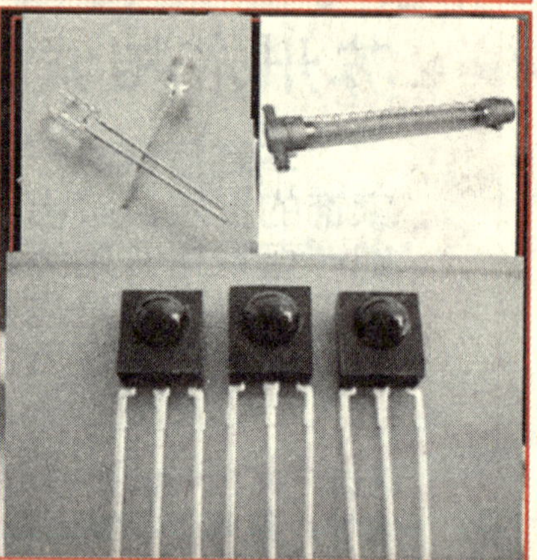

联系人：马毅　13332988853　电话：0755-27919151
地址：广东省深圳市宝安区西乡固戍康园工业区C栋2楼　邮编：518101

## 深圳市鑫弘发硅胶制品有限公司

深圳市鑫弘发硅胶制品有限公司成立于2003年。

从事硅胶餐具、婴儿奶嘴、按键杂件及电线连接线的生产与加工。

公司秉承“质量至上，信誉至上”的宗旨。

自公司成立以来，产品一直深受国、内外广大消费者的信赖。

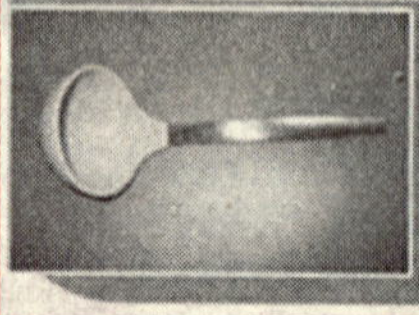

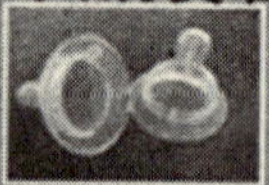

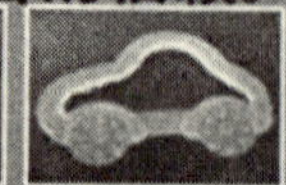

电邮：gudaopin333@126.com
邮编：518000
地址：广东省深圳市宝安区民治街道牛栏前工业区
联系人：顾道品　13823251039
电话：0755-28181105　28181939

## 深圳市华辉兴科技有限公司

深圳市华辉兴科技有限公司是一家从事电子产品的研发及销售的企业。主要产品：LED数码套件，手机读卡器，手机连接器等公司坚持以强大的研发实力为后盾，专业的生产能力为保证，为客户提供优质的服务。让我们携手共进，开拓未来！

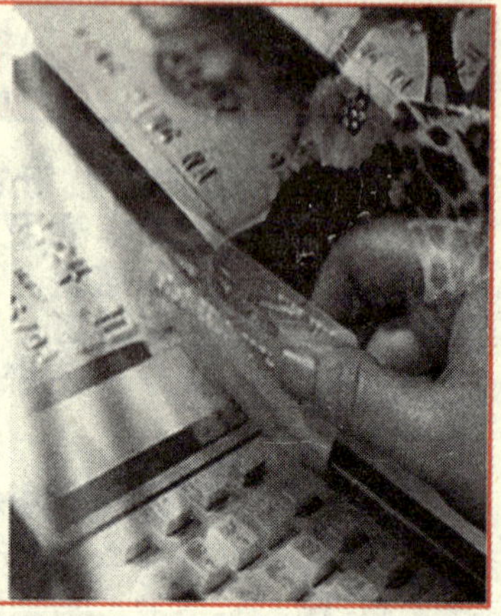

联系人：李屹辉
电话：0755-29553486
邮编：518000
地址：广东省深圳市宝安区西乡航城大道华创达科技园F栋东区1楼

# 行业品牌展示窗

# 电器仪器仪表

## 北京市/Zhuhai Municipality

**北京探标泰欧赛克电子防范系统技术有限公司**
地址：北京市北京经济技术开发区永昌北路3号永昌商务中心F08室
…… 负责人：安捷
…… Tel：010－62026305

**北京中环宇空调设备制造有限公司**
地址：北京市昌平区崔村镇西辛峰村
…… 负责人：李海霞
…… Tel：010－60724203

**北京波易特电子科技有限公司**
地址：北京市昌平区科技园区振兴路18号
…… 负责人：桑峻纬
…… Tel：010－64579983

**北京金贝迪中央空调设备有限公司**
地址：北京市朝阳区安贞西里五区2号楼A515北京仟村商务大楼
…… 负责人：郭党生
…… Tel：010－64448647

**北京优普互联数码技术中心**
地址：北京市朝阳区西坝河七圣庙公用局教育中心210室
…… 负责人：杨宁
…… Tel：010－64287674

**北京金江中央空调设备有限公司**
地址：北京市大兴区安定镇庞安路1号
…… 负责人：罗清烈
…… 负责人：010－69220535

**北京鑫威春风电器销售中心**
地址：北京市东城区东直门内大街120号
…… 负责人：李义民
…… Tel：010－64076640

**北京雏鹰翔电子科技发展中心**
地址：北京市海淀区海淀路86号中发大厦3050、3150号
…… 负责人：杨彦君
…… Tel：010－62538087

**北京市软思电子技术服务有限公司**
地址：北京市海淀区海淀南路13号八层
…… 负责人：游熙平
…… Tel：010－62533556

**北京桑普光电技术有限公司**
地址：北京市海淀区花园路3号主楼210室
…… 负责人：韩建功
…… Tel：010－62028651

**北京艾埤喜电子有限公司**
地址：北京市海淀区清河小营西路20号清河大厦4层
…… 负责人：孙镇浩
…… Tel：010－62956978

**北京厚物科学仪器有限公司**
地址：北京市海淀区上地西里风芳园2号楼3－601室
…… 负责人：王芙蓉
…… Tel：010－62964686

**北京圣威尔电子有限公司**
地址：北京市海淀区首都体育馆南路6号新世纪饭店写字楼1757室
…… 负责人：甘奎文
…… Tel：010－68492836

**北京腾飞鑫茂太阳能设备有限公司**
地址：北京市怀柔区雁栖工业开发区B区(耀华生物技术公司东院)
…… 负责人：孟小勇
…… Tel：010－61667630

**北京三维特电子技术有限公司**
地址：北京市怀柔县华北物资市场内
…… 负责人：李辉
…… Tel：010－64010267

**北京天甲容器附件有限公司**
地址：北京市平谷县大华山镇挂甲峪村
…… 负责人：张朝起
…… Tel：010－61947968

**北京宏圣基业电子科技有限公司**
地址：北京市平谷县熊儿寨乡熊儿寨村
…… 负责人：姜俊红
…… Tel：010－62653726

**北京市晨益仪表元件厂**
地址：北京市顺义区木林镇陈家坨村
…… 负责人：张德良
…… Tel：010－60492679

**北京顺恒达全自动化设备有限公司**
地址：北京市通州区宋庄镇丁各庄
…… 负责人：吕刚
…… Tel：010－69597003

**北京高博视讯电子科技有限公司**
地址：北京市西城区西直门内大街桦皮厂3号205室
…… 负责人：杜兰玲
…… Tel：010－62242229

## 天津市/Tianjin Municipality

**天津市三隆理化仪器厂**
地址：天津市北辰区柳滩东里18号楼3门
…… 负责人：龚先友
…… Tel：022－26341369
13920290852

**天津市托威精密电子有限公司**
业务：天津市托威精密电子有限公司是一家专业设计、制造各类塑料、冲压铸模具的企业，创办于2005年。拥有高效、精密的加工技术及技术先进的检测设备。生产的模具具有结构合理、成型性能好、使用寿命长、产品精度高等特点。
地址：天津市津南区辛庄镇环美路1号
…… 邮　编：300350
…… 法　人：权太洙
…… Tel：022－88530320
…… Mobile：13820101480
…… Fax：022－88530319

**天津信诚兴业电子元器件厂**
地址：天津市北辰区天穆镇铁东路东
…… 负责人：陈悦正
…… Tel：13652132213

**天津市北辰区永兴电子零件加工厂**
地址：天津市北辰区小淀镇温家房子村
…… 负责人：王秀敏
…… Tel：022－84841402

**天津市永利达光测教仪器销售服务部**
地址：天津市北辰区宜兴埠赵家房子北
…… 负责人：孙国勇
…… Tel：13752559086

**达意通电子(天津)有限公司**
地址：天津市东丽经济开发区一经路39－10号
…… 负责人：中岛荣一
…… Tel：13820209124

**天津市东丽区永信电器配件加工厂**
地址：天津市东丽区程林街北程林村
…… 负责人：李德龙
…… Tel：13512080032

**天津宏迪照明有限公司**
地址：天津市和平区柳州路华荫东里11号108－111
…… 负责人：李秀兰
…… Tel：022－23537962

**天津天伟创业电子技术有限公司**
地址：天津市和平区新兴路都市花园5号楼1203－90
…… 负责人：吕书伟
…… Tel：13207675336

**天津弘烨热处理有限公司**
地址：天津市河北区南口西路4号
…… 负责人：孔令喜
…… Tel：022－26271132

**天津市昊龙制冷设备销售有限公司**
地址：天津市河北区善安里4－101－106
…… 负责人：周晓龙
…… Tel：022－24464866

**天津市业恒通电子器件有限公司**
地址：天津市河北区王串场(天津市显象管厂内)
…… 负责人：王贵林
…… Tel：13622155672

**天津市蓝海制冷电器维修部**
地址：天津市河东区常州道13号
…… 负责人：马娟春
…… Tel：13312190117

**天津科仪实验设备销售有限公司**
业务：天津科仪实验设备销售有限公司从事玻璃仪器、化学试剂、分析仪器、测绘仪器、科教仪器、医疗器械、环保仪器、公路仪器、天平仪器、光学仪器、石油仪器、涂料仪器、衡器大全、进口仪器等实验仪器的销售以及承建各类成套实验室。我公司本着：""创新、开拓、求实、高效""的精神，竭诚与国内外同行及广大用户进行广泛、密切地合作。
地址：天津市静海县静海镇京福公路穿城段西段
…… 负责人：赵永轩……邮　编：301600
…… 法　人：赵永轩
…… Tel：022－68921005
…… Fax：022－68921009
…… 网址：www.tjkeyi.com
…… E-mail：tjkeyi888@163.com

**天津腾迪电气有限公司**
地址：天津市河东区卫国道189号314室
…… 负责人：孙国安
…… Tel：13512401275

**天津苏宁电器连锁加盟有限公司新开路店**
地址：天津市河东区新开路琛赢大厦底商
…… 负责人：范春燕
…… Tel：022－27218888

**天津宇通电子科技有限公司**
地址：天津市河东区新开路巨福园商务大厦
…… 负责人：尹平武
…… Tel：13072213089

**天津市奇建电器安装有限公司**
地址：天津市红桥区丁字沽勤俭道35号
…… 负责人：王跃海
…… Tel：022－81736877

**天津市天河工商实业公司电气科技分公司**
地址：天津市红桥区南运河北路御河湾公寓内4－5号楼之间商业用房
…… 负责人：王述欣
…… Tel：022－87735799

**天津市百特电气有限公司**
地址：天津市红桥区中嘉花园秋水苑2号楼底商
…… 负责人：王君
…… Tel：022－86570018

**天津市欧瑞电气有限公司**
地址：天津市红桥区中嘉花园秋水苑2号楼底商
…… 负责人：林英
…… Tel：13702143222

**天津凯迪开电子有限公司**
地址：天津市津南经济开发区
…… 负责人：姜显松
…… Tel：022－28233688

**天津市静海县富康蓄电池厂**
地址：天津市静海县西宅乡巨庄子村
…… 负责人：史桐林
…… Tel：022－68669446
13312155652

**天津市巴苏电子科技有限公司**
地址：天津市南开区白堤路西冷里1－5－704
…… 负责人：宋慧民
…… Tel：13323351544

**天津市盛为创新电子科技有限公司**
地址：天津市南开区白堤路馨名园4－2－101室(科技园)
…… 负责人：李冬格
…… Tel：022－23004931

**天津电联力光电气技术有限公司**
地址：天津市南开区华苑产业区二纬路6号A座501－35室
…… 负责人：林峰
…… Tel：022－81952668

**天津市松山电子工程有限公司**
地址：天津市南开区华苑产业区物华道2号B座6092室
…… 负责人：程树芳
…… Tel：022－83690389

**天津皓正电气科技发展有限公司**
地址：天津市南开区黄河道519号院内
…… 负责人：谢相臣
…… Tel：022－27289968

**天津市万达仪表厂**
地址：天津市南开区向阳路35号
…… 负责人：徐国军
…… Tel：022－27629238

**天津市天宇翔达家电维修中心**
地址：天津市南开区宜宾道6号
…… 负责人：刘怀信
…… Tel：022－81698088

**电装(天津)空调部件有限公司**
地址：天津市西青经济开发区赛达二大道15号
…… 负责人：渡边敏
…… Tel：022－23961800

**天津兴昌电子元器件有限公司**
地址：天津市西青区经济开发区建福工业园3号
…… 负责人：金明
…… Tel：022－83963355

## 上海市/Shanghai Municipality

**上海昊飞电子有限公司**
业务：上海昊飞电子有限公司是一家专业制作单、双、多层(最高18层)高精度电路板的生产加工企业。加工厂设在昆山千灯镇，已有20多年历史，生产规模庞大，技术水平一流。相信凭借我们的专业知识，依托加工厂的雄厚实力，定能为您提供高质量的电路板产品和售后服务，甚至为一些疑难问题提供建议和帮助。
地址：上海市浦东新区浦电路29弄2号2203室
…… 邮　编：200122
…… 法　人：马袁结
…… Tel：021－50813921
…… Fax：021－58207597

**上海永乐家用电器有限公司大华店**
地址：上海市宝山区大华路518号
…… 负责人：黄保明
…… Tel：021－66408030

**上海超顺电子有限公司**
业务：本公司成立于2006年，主要从事电子线圈、塑料制品、变压器、电子元器件、包装材料加工销售、电子芯片销售。热忱欢迎新老客户来电洽谈业务！
地址：上海市松江区洞泾镇张泾村赵介队
…… 负责人：朱伟强……邮　编：201619
…… 法　人：朱伟强
…… Tel：021－57676601
…… Fax：021－57676601

**上海联云电器有限公司**
地址：上海市宝山区真大路381号
…… 负责人：宋福义
…… Tel：021－56503700
13564103524

**上海汉雅家具有限公司**
业务：销售家具制品与办公用品
产品：家具制品与办公用品
地址：上海市奉贤区奉城镇白云聚村523号
…… 负责人：施保国　　邮　编：200000
…… 法　人：施保国
…… Tel：13248116701
…… Fax：021－57514062

**上海泰据德电子科技有限公司分公司**
地址：上海市漕溪北路45号706室
…… 负责人：童福明
…… Tel：021－66630235

**上海安伦制冷设备工程有限公司徐汇分公司**
地址：上海市漕溪路198号3号馆二楼D区14单元
…… 负责人：周彩珍
…… Tel：021－64879504

**上海汤码暖通电子科技有限公司**
业务：上海汤码暖通电子科技有限公司是一家多年从事安防监控、综合布线、暖通产品、全自动水处理等设备销售型企业。为您提供销，安装、调试一条龙服务。我公司"以质量求生存，以信誉求发展"，在互惠互利的基础上热忱欢迎各界朋友来人，来电，来函洽谈业务，订货。
地址：上海市普陀区子洲路680弄
…… 负责人：张军……邮　编：200333
…… 法　人：张军
…… Tel：021－59116215
…… 网址：http://tmntdz.chinapyp.com

**上海宇笛家用电器维修有限公司**
业务：上海宇笛家用电器维修有限公司是一家专业从事家用电器售后服务代理业务的公司，主营业务为家用电器的安装和维修，公司具有专业的二级资质证书，代理知名品牌浴霸售后服务已长达9年。
地址：上海市杨浦区宁国路41号1－5
…… 负责人：朱云……邮　编：200900
…… 法　人：朱云
…… Tel：021－65204300
65706630
…… Mobile：13391009080
…… 网址：www.shyudi.cn

**上海蕾彬电气有限公司**
业务：专业生产变压器、电器设备等优质产品，产品功能齐全、价格合理，我们本着质量第一，顾客至上的原则，为您提供优质的产品及服务
产品：变压器，高低压电器
地址：上海市奉贤区青村镇于庄村和中路146号
…… 负责人：许国荣　　邮　编：201414
…… 法　人：许国荣
…… Tel：021－57563820
13311980797
…… Fax：021－57569571
…… E-mail：lbdq2009@sohu.com

**软怡智能技术(上海)有限公司**
地址：上海市长宁区天山路641号二号楼702C室
…… 负责人：黄永清
…… Tel：021－32120061

**上海韵芝空调设备厂**
业务：风机、阀门、消声器、风口加工与销售
地址：上海市奉贤区庄行镇潘垫村三队312号
…… 负责人：陈守兵　　邮　编：201415
…… 法　人：陈守兵
…… Tel：15921566730

**上海沈苏电子科技有限公司**
地址：上海市长宁区天山支路154号203P室
…… 负责人：沈苏
…… Tel：13311638369

**上海琪涵电子科技有限公司**
业务：生产销售电脑配件、电脑耗材
地址：上海市虹口区虬江路525号海正电子广场1楼A127号
…… 负责人：傅铭福　　邮　编：200000
…… Tel：13391290102
021－63937127

**上海明光灯具发展有限公司**
业务：生产销售明光品牌各类建筑灯具
地址：上海市虹口区西宝兴路949弄75号1幢
…… 负责人：姚维瑜　　邮　编：200083
…… 法　人：姚维瑜
…… Tel：13601903760
021－66051215
66051235
…… Fax：021－66051235

**上海展映光电产品有限公司**
地址：上海市长宁区仙霞路335号1号楼5楼501室

…… 负责人:沈冰
…… Tel:021－62614184

**上海巧羽电子科技有限公司**
地址:上海市桂平路 92 号
…… 负责人:曹雅君
…… Tel:13918194466

**立端电子科技(上海)有限公司**
地址:上海市桂平路 96 号
…… 负责人:周逸文
…… Tel:021－64696089

**上海易工电器设备有限公司**
业务:专业生产桥架
产品:桥架
地址:上海市嘉定区方泰国际五金城方德路 250 弄 23 号
…… 负责人:陆考兵　邮　编:200000
…… 法　人:陆考兵
……Fax:021－59507621
13761193637

**上海耀骏蓄电池科技有限公司**
地址:上海市和田路 54 号 9 号楼 105 室
…… 负责人:孙兵
…… Tel:021－51004000

**上海润帆自动化设备有限公司**
业务:自动化设备配件加工
产品:自动化设备配件加工和研发、自动化设备省配线系统开发
地址:上海市嘉定区戬浜镇大治路 435 弄 4 号 202 室
…… 负责人:苏文德　邮　编:201818
…… 法　人:苏文德
……Tel:021－59511566
……Fax:021－59511596
…… E-mail:HRSWD@163.com

**上海固韬电子有限公司分公司**
地址:上海市黄浦区北京东路 668 号 F 座地下一层 C18 号铺位
…… 负责人:邱鸣捷
…… Tel:021－63612122

**上海雅高电子有限公司**
地址:上海市金山区石化地区松南支路 48 号－290 座
…… 负责人:王岐
…… Tel:021－63749523

**上海叠昶贸易有限公司**
业务:电瓶车生产销售
地址:上海市嘉定区南翔镇人民路 32 号
…… 负责人:周俊　邮　编:201802
…… 法　人:周俊
……Tel:021－39536060
……Fax:021－39536060

**上海宏层登电子仪表有限公司**
地址:上海市金山区石化地区松南支路 48 号 466 座
…… 负责人:章庆联
…… Tel:021－57951316

**上海安格森光电科技有限公司**
地址:上海市金山区石化地区松南支路 48 号－569 座
…… 负责人:孙宪军
…… Tel:021－53083721

**上海衍易电气设备科技有限公司**
业务:直流电源、UPS 电源、LED 照明
地址:上海市嘉定区外冈镇长泾村 608 号
…… 负责人:周崇岭　邮　编:201806
…… 法　人:周崇岭
……Tel:15021758351
021－59586218
……Fax:021－59586219
… 网址:http://www.51zzt.com/user/zzt31886

**上海盛迈电器有限公司**
地址:上海市金山区石化地区松南支路 48 号－584 座
…… 负责人:陈晓杰
…… Tel:021－62819460

**上海承蓝电子科技有限公司**
地址:上海市金山区石化地区松南支路 48 号－590 座
…… 负责人:姜意
…… Tel:13817161013

**上海曈赟电器有限公司**
业务:电器
产品:电频器
地址:上海市嘉定区外冈镇西冈身路 111 号
…… 负责人:王国峰　邮　编:201806
…… 法　人:王国峰
……Tel:021－59586116
021－59584819
13918875653
… 网址:http://www.51zzt.com/user/zzt35890

**上海奥典空调设备工程有限公司**
地址:上海市静安区万航渡路 888 号 12 层 G－1 座
…… 负责人:程娟
…… Tel:021－51181156

**闻亭数字系统(北京)有限公司上海分公司**
地址:上海市康健路 135 号 C 座 227 室
…… 负责人:李明荣
…… Tel:021－64086336

**上海日轲电子有限公司**
业务:专业生产和销售电子镇流器、红外线感应开关、欧美规调光器、太阳能草坪灯、LED 日光灯、圣诞灯等电子产品
产品:电子镇流器、红外线感应开关、欧美规调光器、太阳能草坪灯、LED 日光灯、圣诞灯等电子产品
地址:上海市金山区金山卫镇西门街道 3272 号
…… 负责人:谢崇洪　邮　编:200000
…… 法　人:谢崇洪
……Tel:13918114150

**上海吉佳电子产品维修服务有限公司**
地址:上海市龙华西路 398 弄 3 号 206 室
…… 负责人:张洁
…… Tel:13601728077

**上海雷内斯智能科技有限公司**
地址:上海市浦东新区通园路 159 号 826 室
…… 负责人:奚伟凤
…… Tel:021－58524539

**上海雅品电器有限公司**
业务:专业从事家用电器、火锅用品、酒店用品研制、开发、销售及服务,本着以质量求生存,以信誉求发展的原则,不断开拓创新,以满足不同客户的需求。
产品:电磁炉、电饭煲、大功率电磁炉
地址:上海市金山区亭林镇大慈路 583 弄 12 号楼 301 室
…… 负责人:陈占锋　邮　编:200000
…… 法　人:陈占锋
……Tel:021－57230556
18918725391
……Fax:021－29566291
…… 网址:www.yapin.com
…… E-mail:duckmoon@126.com

**上海市松邦电气有限公司**
地址:上海市普陀区祁连山路 700 号 A 栋 302 室
…… 负责人:史正华
…… Tel:021－52847772
13801705167

**上海菱秀自动化科技有限公司**
地址:上海市普陀区真北路 3370 号 4 楼 478 座
…… 负责人:张根娣
…… Tel:13023130458

**上海碧峰节能科技有限公司**
业务:生产与销售节能产品、高低压成套电容器和滤波器装置、有源滤波器,电能质量测试和电能质量方案
产品:节能产品,高低压成套电容器和滤波器装置,有源滤波器
地址:上海市闵行区江川路 2988 号
…… 负责人:刘先生　邮　编:200000
…… 法　人:刘茂清
……Tel:13774229477
021－64357903

**上海歌海电子科技有限公司**
地址:上海市四川北路 525 号 2012A 室
…… 负责人:饶风
…… Tel:13901806642

**丰宏电子科技(上海)有限公司**
地址:上海市外高桥保税区冰克路 500 号 1207 室
…… 负责人:谢秀凌
…… Tel:021－63862188

**上海新则电子科技有限公司**
业务:固定电阻器以及电子元器件的销售
产品:水泥电阻器
地址:上海市松江区新浜镇许家草村 621 号
…… 负责人:孟军　邮　编:200000
…… 法　人:孟军
……Tel:13817868309
……Fax:021－57890060

**上海霆特电子科技发展有限公司**
业务:电子产品销售,技术转让、咨询服务
地址:上海市杨浦区政立路 499 号 5 号 321 室
…… 负责人:陈柏福　邮　编:200000
…… 法　人:陈柏福
……Tel:13818515891
021－60823250

**迈嘉路微电子(上海)有限公司**
地址:上海市外高桥保税区美桂北路 317 号森历大厦第三层 A 部位
…… 负责人:尾石上人
…… Tel:021－64276750

**大手电子(上海)有限公司**
地址:上海市外高桥保税区希雅路 55 号 12 号楼 6 层 C 部位
…… 负责人:浅贺伊久男
…… Tel:13390861818

**上海季盛能源科技有限公司**
业务:环保能源、高低压输配电设备与配件、电子产品
产品:矿用设备与原器件、泵阀轴承、电线电缆等
地址:上海市闸北区中兴路 1286 号 201 座
…… 负责人:朱珠松　邮　编:200070
…… 法　人:朱珠松
……Tel:13918539578
……Fax:021－56320197
…… E-mail:shzs158@sina.com

**三星电子(北京)技术服务有限公司上海办事处**
地址:上海市吴中路 6 号 2 楼
…… 负责人:朴镐均
…… Tel:021－54644777－2005

**上海准驰电子科技有限公司**
地址:上海市延长路 149 号科技楼 504－13 室
…… 负责人:周祥生
…… Tel:021－56331163

**上海航月电子科技有限公司**
地址:上海市杨浦区军工路 2855 号
…… 负责人:石兰英
…… Tel:021－65453732

**上海爱霖电子有限公司**
地址:上海市宜山路 889 号 2 号楼 7 楼
…… 负责人:乐燕萍
…… Tel:021－54224468

**上海夏龙电子技术有限公司**
地址:上海市中华新路 496 号 2 楼 305 室
…… 负责人:吴姗姗
…… Tel:021－56981228

## 重庆市/Chongqing Municipality

**重庆北碚干果建材有限公司忠志电子元件厂**
地址：重庆市碚峡路272号2－2－3号
负责人：薛志学
Tel：023－68216074

**重庆亿稼兴太阳能热水器厂**
业务：太阳能热水器
产品：重庆市璧山县璧城街道兴旺路6号
负责人：尹先福 邮 编：402760
法 人：尹先福
Tel：13808374405
023－85282468

**重庆市北碚区汇山自控仪表厂**
地址：重庆市碚峡路345－5号
负责人：刘巧妮
Tel：023－68205226

**重庆市智林仪器仪表有限公司**
业务：重庆市智林仪器仪表有限公司成立于1997年，从事仪表配件、成套仪表、流量仪表的生产及销售。竭诚为广大新老客户提供高质量的产品和优质的服务。
地址：重庆市北碚区碚峡路128号A幢2－6号
邮 编：400700
法 人：朱林
Tel：023－68862063
Fax：023－68216593

**星山家电售后维修中心**
业务：家电维修，销售
地址：重庆市九龙坡区杨家坪新胜二村7栋3单元1－1
负责人：肖国法 邮 编：404000
法 人：肖国法
Tel：023－68786009
68427945
13436179918

**璧山县金三角电器商场**
地址：重庆市璧城金三角底楼（住璧山县狮子镇）
负责人：封维宾
Tel：023－41434243

**金三角电器商场**
地址：重庆市璧山县璧城金三角底楼（住璧山县狮子镇）
负责人：封维彬
Tel：023－41434243
13509409916

**重庆市金姆光电有限公司**
业务：数字投影机、摄影机
地址：重庆市巫山县巫峡镇广东中路401号
负责人：张云 邮 编：404700
法 人：张云
Tel：13370786166
023－57688581

**重庆烨维科技有限责任公司**
地址：重庆市长江一路30号2栋一单元12－2号
负责人：宋晓云
Tel：023－67525751

**黄葛俞兴加工厂**
地址：重庆市长寿区云台镇黄葛街上
负责人：彭万全
Tel：023－40837403
13206147098

**重庆双牛排风扇制造有限公司**
业务：重庆双牛排风扇制造有限公司成立于2005年，生产经营各种排风扇、壁扇、落地扇、各种风机、降温机、厨房用换气扇、各种电动机等。品种多样，质量保证，欢迎新老客户惠顾，洽谈业务，共同合作！
地址：重庆市北碚区歇马镇东风村生基湾
邮 编：400712
负责人：刘怀章
Tel：023－68242405
Fax：023－68248275
网址：www.cqsnfs.chinapyp.com

**重庆同贵科技有限公司**
业务：家用电器生产与销售
产品："老大"、"和平年代"牌家用电器，"同贵"牌服装、皮鞋
地址：重庆市渝中区公园路19号16－4#
负责人：周福德 邮 编：400000
法 人：周福德
Tel：13193166559
023－61610000
Fax：023－63716598
网址：www.61610000.com
http://www.61610000.com/

**重庆多丽电器有限公司**
地址：重庆市大渡口区八桥镇桥梓塘村三社
负责人：陈权锋
Tel：023－68932288

**重庆市高新技术产业开发区香发霓虹灯厂**
地址：重庆市高新区石桥铺高庙村柏林社
负责人：肖天发
Tel：023－68694429

**重庆华东电炉有限公司**
地址：重庆市歌乐山矿山坡
负责人：喻雪川
Tel：023－65508883

**重庆华洋电炉有限公司**
地址：重庆市歌乐山镇重庆市歌乐山村矿山坡社
负责人：何应志
Tel：023－65505024

**科星教学仪器仪表有限公司**
业务：本公司经营的主要产品有：理、化、生成套实验设备，电工、电子成套实验设备、家用电器综合实验室成套设备，单片机与可编程控制器(PLC)实验室成套设备，音频、视频、制冷、汽摩、机械加工等实验室成套设备，多媒体电教、多媒体语言学习系统，中小学劳技课综合实验室成套设备，塑胶跑道设施及器材等数百个品种。
地址：重庆市江北区建新北路55号教学管理处
邮 编：400020
负责人：蔡金南
Tel：023－67520386
Fax：023－67520386

**垫江县新世纪电器有限责任公司**
地址：重庆市桂溪镇人民路92、94号
负责人：李丰均
Tel：023－74529537

**彭水县华通机电物资供应处**
地址：重庆市汉葭镇县坝街十四号
负责人：陈利民
Tel：023－78449152

**重庆市巴南区长雅蓄电池配件有限公司**
地址：重庆市花溪镇苦竹坝3、4号
负责人：张兴才
Tel：023－62599429

**北奥空调设备有限公司**
地址：重庆市江北区观音桥街道猫儿石村花灯石社100号
负责人：冉允奇
Tel：023－67771281
66561522
13008338836

**双扬牌电器制造有限公司**
地址：重庆市九龙坡区中梁山街258号
负责人：杨定财
Tel：023－65255866
13983296617

**重庆艺科照明工程有限公司**
业务：重庆艺科照明工程有限公司是一家集产、供、销、安装一条龙服务的股份制公司，主要生产高杆灯、道路灯、景观灯、庭院灯、LED数码灯、投光灯和泛光灯六大类产品。本着亮化城市，满足市场发展，艺科人坚持市场需求为向导，用户满意为宗旨，以一流的产品，优质的服务与新老用户精诚合作、互惠互利，一起创造灿烂的明天。
地址：重庆市江北区五黄路长安华都雅晴阁B栋6－4
邮 编：400023
负责人：乔荣银
Tel：023－67733116
Fax：023－67732576

**重庆北斗星仪表制造有限公司**
地址：重庆市科园三街49号2－8－2
负责人：沈茂相
Tel：023－89039469

**重庆鸿润电力器材有限公司**
地址：重庆市科园三路7－2－2－4号
负责人：沈浩
Tel：023－68634659

**重庆盛佳电器有限公司**
地址：重庆市科园四路172号
负责人：万家盛
Tel：023－63537375

**重庆联盈施工安全器材有限公司**
地址：重庆市科园一街230、232、234、236
负责人：田焜
Tel：023－68887667

**重庆创宇光电子技术有限公司高新分公司**
地址：重庆市科园一路200号C－13－1号
负责人：苏玉峰
Tel：023－68602142

**上海煋琨矿用电器永川总代理**
业务：上海煋琨矿用电器永川总代理成立于2005年，代理煋琨牌KTSBW－102型智能充电架、KS8S双灯丝、KS8P双灯泡、KL5S锂电池矿灯等产品为主，该矿灯具有使用寿命长，不漏酸，维护简便，安全性能高等优点。
地址：重庆市永川市内环南路258号
邮 编：402160
负责人：南伍桂
Tel：023－49863530
Fax：023－49881336

**重庆瑞祥仪器仪表有限责任公司**
地址：重庆市科园一路37号
负责人：丁德智
Tel：023－68609474

**重庆金志照明电器有限公司梁平分公司**
地址：重庆市梁山镇名豪商贸区32幢13号门市
负责人：蓝克力
Tel：023－85700910

**重庆天美防雷科技有限公司**
地址：重庆市两路翠湖路2巷10号
负责人：巩兴碧
Tel：023－67802010

**重庆市万盛区金世纪电器商场**
地址：重庆市龙凤路口电信门市
负责人：傅冬梅
Tel：023－48293966

**重庆正兴伟业仪表有限公司**
地址：重庆市龙凤三村75号（原服装厂内）
负责人：郑尚学
Tel：023－68267858

**大足县视欣家电商场**
地址：重庆市龙水镇龙玉路33号
负责人：黄仁彬
Tel：023－43629780

**重庆大顺电力设备有限公司**
业务：重庆大顺电力设备有限公司成立于1995年，从事电器设备、成套开关控制设备、电器机械、仪器仪表、通讯设备及产品的生产、销售。公司奉行"质量第一、顾客至上、完善自我、共同提高"的质量方针服务于用户。公司竭诚欢迎新、老客户光临惠顾。
地址：重庆市渝北区松石北路18号
邮 编：401147
负责人：高洪军
Tel：023－67602227
Fax：023－67605378

**重庆市渝北区青峰电器制造厂**
地址：重庆市龙溪红石路400号
负责人：郑刚
Tel：023－67352758

**重庆浩泰电器有限公司**
地址：重庆市龙溪街道龙脊路1号（重庆市龙溪建材大厦二楼55号）
负责人：杨东和
Tel：023－66712709

**重庆凯光太阳能热水器有限公司**
业务：生产与销售"凯光"牌太阳能
产品："凯光"牌太阳能
地址：重庆市忠县拔山镇街车站进口处
负责人：王治国 邮 编：400000
法 人：王治国
Tel：023－54551133
15202380852
Fax：023－54551133
网址：http://www.long99.cn/Html/Main.asp

**重庆市渝北区锡津仪器销售部**
地址：重庆市龙溪松桥路100号
负责人：杨东至
Tel：023－67610259

**重庆泰安公共安全设备有限公司江北分公司**
地址：重庆市龙溪镇五黄路33号时代明珠
负责人：谭斌
Tel：023－67700268

**重庆市南岸区正发电器维修部**
地址：重庆市南坪南路28号19－3
负责人：游泽义
Tel：023－62947866

**重庆市南岸区博恒电器经营部**
地址：重庆市南坪五小区大石桥20栋1－A－1
负责人：陈和剑
Tel：023－62830501

**重庆市万州区德才电器有限公司**
地址：重庆市万州区白岩二支路18号
负责人：袁明山
Tel：023－58257799

**安第斯机电贸易有限公司**
地址：重庆市渝北区龙溪镇松牌路100号D－3－7
负责人：曹亚荣
Tel：13808324530



Tel：0316－7511626
13582466518
13011935535

## 河北省/Hebei Province

**围场镇云峰太阳能专卖**
业务：太阳能热水器
产品：力诺瑞特太阳能热水器，光伏产品
地址：河北省承德市围场镇凤凰南路
负责人：徐云峰 邮 编：068450
法 人：徐云峰
Tel：0314－7566772

**腾龙太阳能有限公司**
业务：专业生产销售太阳能热水器、太阳能电池等系列产品，并承接太阳能热水工程的节能型企业，产品绿色节能环保，售后服务完善。欢迎各界人士前来洽谈业务！
产品："龙昌"太阳能
地址：河北省大名县京府工业园区
负责人：席玉山 邮 编：056900
法 人：席玉山
Tel：0310－6591895
13932051918
Fax：0310－6591895

**衡水紫塔水准仪器有限公司**
业务：自动安平水准仪，水准泡等销售
地址：河北省衡水市武邑县紫塔乡房紫塔村
负责人：王胜华 邮 编：053400
法 人：王胜华
Tel：0318－5985503
13784184030
Fax：0318－5985503

**霸州市东段玉旺仪表附件厂**
地址：河北省霸州市东段乡牛百万村
负责人：黄玉旺

**大城县众邦仪表有限公司**
业务：摩托车仪表生产与销售
地址：河北省廊坊市大城县南席旦村
负责人：吴虎山 邮 编：065000
法 人：吴虎山
Tel：0316－5806708
13560210588

**高碑店市光达照明器材有限公司**
业务：集生产、研发、销售，服务于一体，专业生产加工太阳能灯，普通路灯及室外健身器材。产品品质优良、品种齐全、售后服务完善，并具有高效、节能、安全、绿色环保的绝对优势，欢迎你前来订购！
产品：太阳能灯、普通路灯、庭院灯、景观灯、草坪灯、室外各种健身器材
地址：河北省高碑店市团结东路32号
负责人：杜静辰 邮 编：074000
法 人：杜静辰
Tel：0312－2812155
15175745870
15232200269
Fax：0312－2812155
网址：http//www.gdzhaoming.cn

**文安县超越节能灯具厂**
业务：一体化节能灯的生产销售
地址：河北省廊坊市文安县大留镇石桥村
负责人：田东芳 邮 编：065000
法 人：田东芳
Tel：0316－5398165
5398988
13932667416

**抚宁县大新寨镇黄禄电器商店**
业务：销售家用电器
地址：河北省秦皇岛市抚宁县大新寨镇北寨村
负责人：黄禄 邮 编：066000
法 人：黄禄
Tel：0335－6269101
13223390969

**石家庄市建和电子有限公司**
业务：电子安防设备
地址：河北省石家庄长安区建设北大街167号
负责人：吴文海 邮 编：050000
法 人：吴文海
Tel：15076329688
0311－87105916

**石家庄市格雷特能源有限责任公司**
业务：太阳能工程产品销售与安装，电热供暖设备销售与安装，主要产品：太阳能工程热水器、真空管及光伏产品、电热供暖设备。
地址：河北省石家庄市广安大街24号财富大厦B座1803
负责人：李京斌 邮 编：316053
法 人：李京斌
Tel：15176879908
0311－85528125
网址：www.sjz－hs.com
E-mail：great－lijingbin@163.com

**石家庄暖泉太阳能厂**
业务：太阳能设备配件、贴牌加工品牌代理
地址：河北省石家庄市晋州市小樵镇大樵村
负责人：冯造坡 邮 编：052260
法 人：冯造坡
Tel：0311－84402608
13832334386
Fax：0311－84402608

**行唐县文忠家电有限公司**
业务：销售家电，代理"TCL王牌"、"LG"、"格兰仕"品牌电器
产品：河北省石家庄市行唐县龙州大街东延段路北侧
负责人：仇文忠 邮 编：50600
法 人：仇文忠
Tel：0311－82982685

**唐山市同天商贸有限公司**
业务：舞台灯光，音响，VOD点歌
产品：舞台灯具，音响，VOD点歌设备，广播设备，办公用品，DJ器材
地址：河北省唐山市新华道尚座商业街B－119
业务：梁子 063000
法 人：梁子
Tel：0315－2578441
15230917811
Fax：0315－2578443
E-mail：djlz_music@yahoo.com.cn

**玉田县鸦鸿桥志国电器商店**
业务：小家电、电饭锅、电风扇
地址：河北省唐山市玉田县鸦鸿桥镇复兴街南
负责人：李金超 邮 编：064102
法 人：李金超
Tel：0315－6560870
13582873331

**隆尧县义丰运更电料门市**
业务：变频器、低压配电盘，电容柜，调压器等各种电料销售
地址：河北省邢台市隆尧县义丰村
负责人：程运更 邮 编：055350
法 人：程运更
Tel：0319－6666705

**邢台天工电子衡器有限公司**
业务：电子衡器系列，通用机械设备系列
产品：电子秤系列，剪板机，折弯机，卷板机，矿山建筑环保设备等通用器械
地址：河北省邢台市桥东区新华南路电厂路口北路东
负责人：王强 邮 编：054001
法 人：王新军
Tel：0319－3111698
7338678
Fax：0319－3111889
网址：www.hebtiangong.com
E-mail：xttghq@126.com

**伟利电器配件厂**
地址：河北省保定市雄县西河岗村
负责人：冯贺臣
Tel：0312－5717243
13785273838

**邢台天工电子衡器有限公司老度量衡分公司**
业务：集衡器研发、制造、经营为一体的专业化公司。主要产品有：电子汽车衡、电子吊钩秤及仪器仪表等，同时提供机械秤升级、改造等服务。可根据客户的要求生产不同规格的衡器产品。
产品：销售：电子天平、计重秤、计量衡器具、仪器仪表等计量器具设备
地址：河北省邢台市桥东区府前南街12号
负责人：赵梅珍 邮 编：054001
法 人：赵梅珍
Tel：0319－3034273
Fax：0319－3111889

**青县盛海电子机箱厂**
业务：生产电子机箱
地址：河北省沧州市青县流河镇盖宿铺村
负责人：曹振海 邮 编：61000
法 人：曹振海
Tel：13931747666
0317－4279908

**石家庄市永辉电力变压器有限公司**
业务：生产与销售各类变压器
产品：各类变压器
地址：河北省藁城市常安镇北周卦村
负责人：刘永辉 邮 编：50011
法 人：刘永辉
Tel：0311－88056981
Fax：0311－88056981
E-mail：yong－zhen－2008@163.com

**威县芦头增宝家电**
业务：经营家电
地址：河北省邢台市威县第什营乡芦头村
负责人：贾增保 邮 编：054700
法 人：贾增保
Tel：0319－6110034
13231929029

**张家口市华诚科技发展有限公司**
业务：销售及安装楼宇对讲、监控、防盗、消防、录音、电脑叫班、电子巡更、停车场等电子系统。我们以优质的产品，专业的技术，一流的服务，给您一份满意的安防精品。
产品：监控设备、专业音响、报警系统、背景音乐
地址：张家口市宣化区财神庙商业区二楼2号
负责人：李嘉 邮 编：075111
法 人：李嘉
Tel：0313－3031230
15132328822
Fax：0313－3031230

**保定比欧特电器有限公司**
业务：成套开关柜
地址：河北省保定市清苑县魏村镇谢上村
负责人：薛经理 邮 编：071000
法 人：黄建立
Tel：13001875253

**邯郸市源泉冷暖设备有限公司**
业务：空调，其它机械设备及电子产品，建筑机械，建材的销售
产品：空调及配件，其它配件设备及电子产品，建筑机械设备，建材的销售
地址：河北省邯郸市丛台区展览路152号滏河湾小区12－3－9号
负责人：张爱梅 邮 编：056002
法 人：武信
Tel：0310－5515508
Fax：0310－5515508
E-mail：zlp9000@sina.com

**河北大来影视文化传播有限公司**
业务：河北大来影视文化传播有限公司成立于2006年，主要从事影视制作、专题片拍摄、市场营销策划等业务。公司"以服务第一、信誉第一"的宗旨，有着先进的摄像设备及制作设备，独特的设计品味，深受广大客户的青睐！
地址：河北省石家庄市桥西区中山西路金鼎公寓3号楼408室
负责人：张建平 邮 编：050051
法 人：张建平
Tel：0311－85336167
Fax：0311－85336167
E-mail：hbdlys@hotmail.com

**沧州华瑞除尘净化设备制造有限公司**
地址：河北省沧州市献县河街支路8号
负责人：周保瑞
Tel：0317－4601851
13703338426

**秦皇岛市艾可电子科技发展有限公司**
业务：本公司成立于2006年，业务：自动化工程、计算机配件耗材等。本公司将以严谨务实的态度，以强有力的技术支持和完善的售后服务为依托，为新老客户提供满意的产品和优质的服务！我们竭诚欢迎国内外客商莅临本公司洽谈业务！
地址：河北省秦皇岛市海港区文化路149号三层A－32号
负责人：张继勇 邮 编：066000
法 人：祝贺
Tel：0335－5934622
Fax：0335－3892236

**饶阳县亮而美灯饰门市部**
业务：亮而美灯饰专卖
地址：河北省衡水市饶阳县东张岗村南头
负责人：冯歌壮 邮 编：53000
法 人：冯歌壮
Tel：15903184597
15075834704
13483720137

**清凉店阳光水暖批发部**
业务：北京雨昕阳光太阳能，同济阳光太阳能，金德管业地暖管批发和销售
地址：河北省衡水市武邑县清凉店镇蓝盾西路农行隔壁
负责人：李英民 邮 编：053400
法 人：李英民
Tel：0318－6308360
13180003895

**科达电气自控有限公司**
地址：河北省任丘市明珠小区北环路
负责人：王保国
Tel：0317－2268518
2293668
13930781125

**邯郸市邯山顺天意测绘仪器有限公司**
业务：测绘仪器
地址：河北省邯郸市光明大街83号华亿大厦
负责人：李文元 邮 编：56000
法 人：李文元
Tel：0310－3189110
15830782110
Fax：0310－3189110

**邯郸市耐驰电池制造有限公司**
业务：我公司成立于2005年、主要生产电动车蓄电池、欢迎新老客户来电洽谈业务！
地址：河北省邯郸市磁县花官营乡吴庄村东
负责人：刘国振 邮 编：056500
Tel：0310－5908330

**泊头市弘科工控自动化有限公司**
业务：弘科公司是一家从事智能控制的科技公司。凭借高素质的专业人才和极其丰富的现场经验，公司将不断推出科技含量大，集成化程度高，性能价格比优的创造性产品，为工业设备改良性能，提高功效，降低成本提供资源。公司还将以全面、专业、精通的电气控制设计制造优势为您开发、设计及配套各类机械电控系统，让您的设备档次上升，成本降低！
地址：河北省泊头市刘庄北街282号
负责人：王国栋 邮 编：062150
法 人：王国栋
Tel：0317－8290931

**故城县西半屯大宝家电超市**
业务：家电经营
地址：河北省衡水市故城县西半屯镇
负责人：乜连福 邮 编：053000
法 人：乜连福
Tel：0318－5512563

**唐县亿胜商贸有限公司**
业务：电器、家具的销售
产品：电视机，电冰箱，家具，摩托车
地址：河北省保定市唐县白合镇白合村
负责人：刘文彪 邮 编：072356
法 人：刘文彪
Tel：13730285688
0312－6452888
网址：http://www.51zzt.com/user/zzt123622

**永年县富鑫家电经营部**
业务：经营五羊摩托车、长铃摩托车
地址：河北省邯郸市永年县大北汪镇北街（永河公路北侧）
负责人：王建民 邮 编：056000
法 人：王建民
Tel：0310－6766888
13722677628

**武安市武安镇美的专卖店**
业务：美的专卖
地址：河北省邯郸市武安市放射路东头路南
负责人：王绍峰 邮 编：056300
法 人：王绍峰
Tel：0310－5659660
13932007182

**经纬通达科技有限公司**
地址：河北省邢台市邢州北路347号
负责人：王迎春
Tel：13903198778

## 沧州润辉仪器箱体制造有限公司

沧州润辉仪器箱体制造有限公司成立于1999年，专业从事机箱、精密仪器加工和销售。并承接各种电子仪器外壳的订作。主要产品有机箱、机柜、操作台等。我们会用最优质的服务回报客户的信赖，用优质的产品感谢客户的支持！

联系人：蔡志远　13833789898
电话：0317-4373461　传真：0317-4373790
地址：河北省沧州市国营青县农场三分场
邮编：061000

## 石家庄鏖北电线电缆厂

本公司成立于1992年，主要经营电线、电缆、带插头电源线、线束、电器附件、主要产品有建筑线、各种电子、电器，灯具连接线、安装线、室内外电话线、屏蔽电线、控制电缆、电源插头线、汽车摩托车线束、电器附件、仿橡套电缆、双色平行线等，特种线缆可根据用户需求订做。

联系人：孟喜林　电子邮件：mengxilin8888@126.com　网址：www.lbdxdl.com
电话：0311-88330712、88354712、13831135848、13630833352　传真：0311-88354712
地址：河北省藁城市南孟镇杜家庄村　邮编：052160

## 邯鄲市博森制冷設備有限公司

邯郸市博森制冷设备有限公司成立于2008年。从事中央空调及制冷机组设备等制冷电器的代理销售。欢迎您的来电洽商！

电话：0310-4122789　4122007
联系人：吴松檀
传真：0310-4122007　电子邮件：wusongtan1023@126.com
邮编：056003　地址：河北省邯郸市复兴区岭南路51号门市

## 石家庄市新华区声艺电器经销处

石家庄市新华区声艺电器经销处成立于2000年，是一家专门经营专业灯光、音响、公共广播、多媒体会议室的企业。

本着“客户至上，信誉第一”的原则，欢迎您的光临！

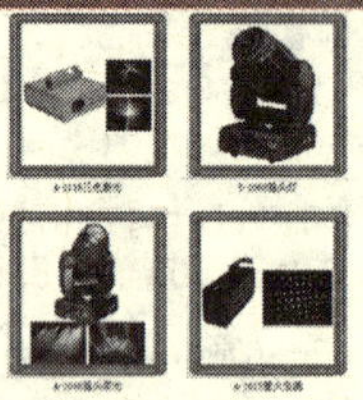

联系人：田浩　网址：www.syyxqc.com
电话：0311-87028498　87863056　电子邮件：spirij168@tom.com
地址：河北省石家庄市新华区太和电子城1楼A区84号　邮编：050000

## 廊坊莱恩电子技术有限公司

经营数码产品、通讯设备、金属表面处理、包胶挂具，手机外壳、数码相机外壳、各种五金件的抛光、砂面处理，各种钛制品，各种清洗篮、钢制品加工，欢迎来电洽谈业务，共同发展！

联系人：朱吉锋
电话：0316-6659678　6659789　6659108
地址：河北省廊坊市永清工业园益田东路北侧
电子邮件：pake.zhu@126.com　邮编：065600

## 石家庄市星辰电器设备厂

石家庄市星辰电器科技有限公司主营高速自动成圈机、橡套电缆打盘机、投影仪、夹具、电桥、绝缘电阻测试仪、读数显微镜、测厚仪、拉力机、冲片机、切片机，削片机，老化试验箱、电缆成束燃烧试验仪、恒温水浴、电缆曲绕试验仪等试验室检测仪器。

我公司崇尚用户是上帝的原则，以高度负责的精神对售出的产品实行三包服务，也可以根据客户的不同需要专门设计和制作其它型号、特殊规格的各种电器配套设备，技术先进，质量可靠，深受广大用户的信赖。

联系人：李树起　13931880029　电话：0311-84300899
地址：河北省晋州市总十庄镇工业开发区

## 廊坊市尼圣尔电工科技有限公司

本公司专业从事旋转电源插座和开关的研发、制造，移动插座、墙壁插座和开关系列，产品有三大优势功能：

一、安全防触电。插座在待用状态下，插孔内无电，可有效保障用户安全。

二、锁紧不松脱。插头在导通电源的状态下拔出，需要80-90牛顿以上拉力，是国家标准的2倍。

三、自带开关。插头插入插孔后顺时针旋转45度导通电源并锁紧，逆时针旋转45度断开电源。

轻轻一旋，安全到位。

联系人：邓程公
电话：0316-6090380　传真：0316-2207333
网址：www.hbnse.com　电子邮件：nishenger@126.com
地址：河北省廊坊市广阳区爱民东道南侧299号　邮编：065000

## 沧州华瑞除尘净化设备制造有限公司

www.huaruicc.com

我公司是一家专业生产除尘设备、除尘器配件、净化设备及除尘器专业化物业管理的综合性企业。产品有袋式除尘器、静电除尘器、旋风除尘器、湿式除尘器四大类。“诚信”是我们立足的根本，一流的技术、丰富的经验是我们为客户提供优质产品的有力保障，满意放心的服务是我们对您永远不变的承诺。

联系人：周保瑞　手机：13703338426
电话：0317-4601851
地址：河北省沧州市献县河街支路8号　邮编：061000

## 泉嘉物资机电有限公司

泉嘉物资机电有限公司是一家专业经营五交化工、五金工具、橡胶制品、塑料制品、钢材、水泥、建筑材料、电器机械、石材、标准件、土产杂品、小型机械、农业机械配件、家用电器、酒批发、民用水暖炉制造、机电产品的企业。

公司秉承“顾客至上，锐意进取”的经营理念，坚持“客户第一”的原则为广大客户提供优质的服务。

欢迎广大客户惠顾！

联系人：任海富
电话：0313-8064027　13623235621
邮编：075000
地址：河北省张家口市桥西区天宝花园A苑1号楼2单元202室

## 山西省/Shanxi Province

### 沁源县亿客隆安全仪器仪表检测维修中心

业务：所有的安全仪器直销、检测、维修售后服务
地址：山西省长治市沁源县安检局西侧3楼
…… 负责人：张玉芳　邮　编：46000
…… 法　人：张玉芳
…… Tel：0355－7830664
13935502066

### 长治市巨达电力电器设备有限公司

地址：山西省长治市长兴中路北关三街34号
…… 负责人：桑联兵
…… Tel：0355－2050899

### 美大太阳能商店

业务：美大太阳能销售，太阳能维修
产品：美大太阳能
地址：山西省长治市延安南路晋广电器斜对面
…… 负责人：段伟　邮　编：46000
…… 法　人：段伟
…… Tel：13513556810

### 晋城市力元电器有限公司

业务：晋城市力元电器有限公司成立于2000年，生产销售三相异步电动机高效节能器，静止无功功率补偿装置，零售建材，电器，电子产品配件。公司以“用户至上，恪守信誉”为宗旨。愿与广大新老客户共同合作！
地址：山西省晋城市阳城县八甲口镇蒿峪村
…… 邮　编：048104
…… 法　人：刘锁庆
…… Tel：0356－4826088
…… Mobile：13934065837

Fax:0356－4826088

**山西省晋城市阳城县城军朋电工电器经销部**
业务:经营电工电器类产品
地址:山西省晋城市阳城县府南路29号(在水一方对面)
负责人:焦金朋 邮编:048100
法人:焦金朋
Tel:0356－4221576
13935638390

**介休市城区佳明电气安装部**
业务:低压电气销售及安装,配电柜的安装制作
地址:山西省晋中市介休市定阳东路(金属构件大市场)
负责人:郭凤霞 邮编:032000
法人:郭凤霞
Tel:0354－7213369

**阳光家电有限责任公司**
地址:山西省长治市长子县县城丹朱街17号
负责人:张跃军
Tel:0355－8326288
8327328
13935525118

**介休市郑新制冷物贸发展有限公司**
业务:制冷配件,中央空调设计、安装、售后服务为一体。
地址:山西省晋中市介休市新建东路农机局办公大楼东面格力中央空调专卖店
负责人:王晓亮 邮编:032000
法人:王晓亮
Tel:13994596606
0354－7288269

**大同市城区电联电器设备经销部**
地址:山西省大同市城区迎泽街幸福里小1号
负责人:刘玉梅
Tel:0352－5816808

**美大太阳能门市**
业务:美大太阳能专卖
地址:山西省晋中市灵石县翠峰镇李家沟
负责人:冯晓娟 邮编:031300
法人:冯晓娟
Tel:13485486475
13834866796
0354－7648565

**晋城市上仪自控设备有限公司**
地址:山西省晋城市宏翔小区4号楼2单元102室
负责人:谢兆凤
Tel:0356－2051566

**海尔热水器专卖店**
业务:美的净水器、海尔全系列热水器
产品:山西省晋中市榆次区蕴华街A－3号商铺(原荣发市场红绿灯往西100米)
负责人:闫先生
法人:闫瑞强
Tel:0354－2032019

**太原市天正电气成套电控有限公司**
业务:太原市天正电气成套电控有限公司成立于1998年,专业生产与销售高低压输配电成套电气设备,电力自动化设备,恒压供水设备,预装箱式变电站,母线槽,电缆桥架,产品质量保证。欢迎新老客户光临惠顾!
地址:山西省太原市晋源区义井乡吴家堡村新晋祠路
负责人:郑乐献 邮编:030021
法人:郑乐献
Tel:0351－6930327
6930423
Fax:0351－6930375
网址:www.tghlsg.com.cn

**洪洞县辛村乡迎宾街小平电器配件修理部**
业务:电器配件修理
地址:山西省临汾市洪洞县辛村乡迎宾街
负责人:翟小平 邮编:041000
法人:翟小平
Tel:13834344467
0357－6250522

**森林家电行**
业务:家电销售
产品:东芝、索尼、夏普、三星等品牌
地址:山西省临汾市乡宁县昌宁镇新城区水厂门面房(宝乡大厦西侧)
负责人:杨杰 邮编:042100
法人:杨杰
Tel:13935749999
0357－6823886

**科光电子衡器有限公司**
地址:山西省晋城市西二环路18号
负责人:杨国光
Tel:0356－2095874
13503567204

**林达霓虹电器厂**
地址:山西省晋城市西谢匠村34号
负责人:段高峰
Tel:0356－2223865
13835625696

**山西省孝义市辉煌太阳能经销部**
业务:太阳能、洁具、电热水纯净水器等经营,承接室内装饰
地址:山西省吕梁孝义市西二环路
负责人:赵海山 邮编:032300
法人:赵海山
Tel:0358－2120993
Fax:0358－2120993

**晋城市诚捷电器服务有限公司**
地址:山西省晋城市泽州路196号
负责人:张晋卫
Tel:0356－2061119

**太原市晋源区华荣柜体设备厂**
业务:生产销售工业配件箱、电器成套设备
地址:山西省太原晋源区金胜镇武家庄村
负责人:丁顺金 邮编:030021
法人:丁顺金
Tel:13546333750
0351－8272008
网址:http://www.51zzt.com/user/zt23

**继军电器经销部**
地址:山西省晋城市泽州县大东沟镇
负责人:王继军
Tel:0356－3822032
13353566855

**榆次承和电子器材经营部**
地址:山西省晋中市榆次区科技园内
负责人:武福牛
Tel:0354－2056566

**临汾宇都煤化电器有限责任公司**
地址:山西省临汾市贡院街39号楼202室
负责人:李永生
Tel:0357－2315299

**侯马经济技术开发区吉大电子科技有限公司**
地址:山西省临汾市侯马开发区步行街南段西排13号
负责人:仪克丽
Tel:0357－4184911

**上海一开电气集团临汾电气成套销售有限公司**
地址:山西省临汾市开发区春秋新星机电城
负责人:刘艳琴
Tel:13903476769

**平陶振奋食品电烤箱厂**
地址:山西省吕梁地区文水县孝义镇平陶村
负责人:王振奋
Tel:0358－3490188
3490888
13803485525

**娄烦县绪祥家电**
业务:销售家电(冰箱、彩电、洗衣机、空调)
地址:山西省太原市娄烦县北大街(一部)
负责人:李绪祥 邮编:030300
法人:李绪祥
Tel:13509737108
0351－5325909

**名优五交化经销部**
地址:山西省朔州市朔城区开发南路(商贸城大门外)
负责人:赵昇日
Tel:0349－2021998

**太原市深太实业有限公司**
地址:山西省太原市尖草坪区西焉乡陈家密村北旧村址
负责人:马瑞元
Tel:0351－3943402

**杰慧仪表机电有限公司**
地址:山西省太原市建设路229号
负责人:郭文勤
Tel:0351－4295331
13835153999

**宏鑫蓄电池厂**
地址:山西省太原市晋源区晋祠镇西镇村
负责人:李小平
Tel:13703514943

**山西斯科达电子有限公司**
地址:山西省太原市南内环街480号盛伟大厦6层D座
负责人:张晋芳
Tel:0351－7923500
13835165603

**太原市瑞鑫宇仪表有限公司**
地址:山西省太原市万柏林区和平南路200号
负责人:范秀琴
Tel:13513646406

**太原市方汇电子设备有限公司**
地址:山西省太原市万柏林区下元小区公安宿舍二单元一层103号
负责人:方建功
Tel:0351－6171169
13937115845

**太原海特电子有限公司**
地址:山西省太原市小店区高新区产业路48号6栋5层B户
负责人:孙岩鸣
Tel:0351－2204066

**云海电机配件厂**
地址:山西省太原市小店区黄陵街办西吴村
负责人:贾建平
Tel:0351－7061502
13834590084

**山西七星科技有限公司**
业务:本公司成立于2003年,长期从事煤矿安全生产监控产品、全球卫星定位产品的研发、生产及地理信息的应用、系统工程集成、工业自动化控制、仪表工程、电视监控、消防报警及联动等系统工程。
地址:山西省太原市南内环63号
邮编:030012
法人:李先生
Tel:0351－7346177
7346176
Fax:0351－7346175

**山西联德电气科技有限公司**
业务:电力电气
地址:山西省太原市杏花岭区五一路190号综合楼雅典金座1205#
负责人:景志国 邮编:030082
法人:景志国
Tel:13903456865
0351－5229658

**太原市伊加壹电子服务总汇**
地址:山西省太原市杏花岭区五一北路608院50号楼
负责人:伊绘军
Tel:0351－3173358

**太原市迎泽区佳维家用电器服务部**
地址:山西省太原市迎泽区并州北路100号
负责人:杨传军
Tel:0351－4297176

**山西山开高压电气有限公司**
地址:山西省太原市迎泽区朝阳街251号电力开关厂内西侧原餐厅
负责人:田原瑾
Tel:0351－3729263

**临汾经济技术开发区华裕电气有限公司**
地址:山西省土畜进出口公司临汾土产加工厂(院内)
负责人:逯高峰
Tel:0357－2688117

**众恒电器厂**
地址:山西省阳泉市矿区二矿东四尺缝纫厂一楼
负责人:郝朝阳
Tel:0353－4130200
4130900
13513530336

**民兴电器有限公司**
地址:山西省阳泉市盂县县城新建西路
负责人:武学平
Tel:0353－8085883
13097605188

**阳泉市科海电器有限责任公司潭英雄鱼头火锅城**
地址:山西省阳泉市泉中北路银龙苑商住小区4号底商
负责人:王秀欣
Tel:0353－2393555

**稷山县西社镇锁锁精品家电城**
业务:销售格力空调、格力电磁炉
地址:山西省运城市稷山县西社镇
负责人:吴石锁 邮编:043201
法人:吴石锁
Tel:13935955525
0359－5561680

**运城市联创电子通讯器材有限公司**
地址:山西省运城市红旗东街17－19号
负责人:郭伟平
Tel:0359－2088553

**全海家电部**
地址:山西省运城市闻喜县太风东路12号
负责人:郭全海
Tel:0359－7031124
13835923056

**吉縣紅富士蘋果專賣**

本公司成立于2002年，主要經營各種水果，主要產品有紅富士蘋果。

本着誠信第一、信譽至上的服務宗旨，服務質量第一！顧客利益第一！

联系人：刘继升 13033426622 13935773039
邮编：041000
地址：山西省临汾市吉县县城

**山西嘉力电气设备有限公司**

山西嘉力电气设备有限公司是一家专业高低压开关柜、开关、箱式变电站、变压器等电器的制造企业。

公司成立以来，始终坚持“共享共赢，创新创造”的价值观，以雄厚的技术、人才、设备优势，竭诚为广大客户服务。

联系人：张建波
电话：0351-3729234 13803493794
地址：山西省太原市迎泽区朝阳街71号 邮编：030045

**太原市晋源区小林矿用物资经销部**

太原市晋源区小林矿用物资经销部成立于2007年，本经销部主要经销：风筒、防爆开关、矿用设备、五金工具等。本公司秉承“顾客至上，锐意进取”的经营理念，坚持“客户第一”的原则为广大客户提供优质的服务。欢迎广大客户惠顾！

联系人：杨茂林
电话：13403676515 13293934139
地址：山西省太原市晋源区南堰村
电子邮件：912853624@qq.com 邮编：030000

## 内蒙古自治区/InnerMongolia AutonomousRegion

### 赤峰市创和科技有限责任公司复印机专卖

业务：赤峰市创和科技有限责任公司复印机专卖成立于 2005 年，主要销售复印机、打印机、传真机及各种耗材。质量保证，价格合理，服务周到，欢迎新老客户惠顾。
地址：内蒙古自治区赤峰市红山区四中斜对面
…… 邮　编：024000
…… 法　人：许德
…… Tel：0476－8225177
…… Fax：0476－8230677



### 包头宝莱撕灯饰经营部

地址：内蒙古自治区包头市东河区红星佳美建材中心电器灯饰中心 4 楼
…… 负责人：郭腾蛟
…… Tel：0472－4355953

### 内蒙古超群电子技术服务有限公司

业务：内蒙古超群电子技术服务有限公司成立于 1996 年，主要从事海尔中央空调，计算机软、硬件，税控收款机等的销售及售后服务。“质量保证，客户至上”，竭诚欢迎新老客户惠顾。
地址：内蒙古呼和浩特市回民区温州步行街假日酒店后面
…… 邮　编：010030
…… 法　人：徐侃玉
…… Tel：0471－6390160
…… Fax：0471－6391077

### 人民电器集团包头销售分公司

地址：内蒙古自治区包头市青山区幸福路 223－1 号
…… 负责人：黄永福
…… Tel：0472－3153258

### 满州里鑫安电子器材商贸有限公司

业务：满州里鑫安电子器材商贸有限公司主要经营家用电器，彩电、冰箱、洗衣机、空调、音响等。“质量第一、信誉第一”为经营宗旨，不断改革创新。竭诚欢迎新老客户光临，洽谈业务，共创辉煌明天！
地址：内蒙古满州里市三道街西花园 2 号楼 1 楼 5 号
…… 邮　编：021400
…… 法　人：段四军
…… Tel：0470－6291090
…… Fax：0470－6236571

### 呼伦贝尔市海拉尔区三胜冷冻厂

地址：内蒙古自治区呼伦贝尔市阿荣旗建设胡同 365 号
…… 负责人：石其兰
…… Tel：0470－8374085

### 包头市鹏联自动化有限责任公司

业务：包头市鹏联自动化有限责任公司位于内蒙古自治区包头市昆区友谊 19 街坊 3 区 25 幢 50 号，地理位置优越，交通十分便利。公司从事仪表、仪表盘箱柜、流量孔板、电脑桥架、计算机 柜台加工、制作、销售。
地址：内蒙古自治区包头市昆区友谊 19 街坊 3 区 25 幢 50 号
…… 邮　编：014010
…… 法　人：夏茂森
…… Tel：0472－2335506
…… Mobile：13304725532
…… Fax：0472－2335506

## 辽宁省/Liaoning Province

### 海城中通仪表有限公司

地址：辽宁省鞍山海城市经济开发区转盘南 500 米
…… 负责人：张洪利
…… Tel：13704128827

### 本溪恒达微电机有限责任公司

业务：设计生产控制微电机和驱动微电机
地址：辽宁省本溪市明山区卧龙镇上卧龙村
…… 负责人：李丽　　邮　编：117000
…… 法　人：马永权
…… Tel：0414－4824962

### 抚顺雨露太阳能热水器制造有限公司

业务：生产、销售太阳能热水器
产品：雨露牌热水器
地址：辽宁省抚顺市抚顺县救兵乡康西村
…… 负责人：吕秀丽　　邮　编：113008
…… 法　人：吕秀丽
…… Tel：13842398151
15841318863
0413－4031981

### 抚顺富源城供暖设备经销有限公司

业务：超导电暖器、燃气壁挂炉、电池壁挂供暖炉、地热清洗机、水源热泵
地址：辽宁省抚顺市顺城区宁远街 11－4 号楼 2 单元 102 室
…… 负责人：宋洪毅　　邮　编：113006
…… 法　人：宋洪毅
…… Tel：13941385353
0413－8219968

### 瓦房店市低压开关厂

业务：本公司成立于 1978 年，拥有 30 多名员工。主要经营低压成套设备、低压电器制造。几十年以来，以卓越的品质为广大新老客户竭诚服务。
地址：辽宁省大连瓦房店市太阳街道办事处何风路 1 号
…… 邮　编：11600
…… 法　人：王孝华
…… Tel：0411－85621575
85360766
…… Fax：0411－66508055

### 兴鑫空调机电设备有限公司

地址：辽宁省鞍山市铁东区绿化街 18 栋 2 号
…… 负责人：毛恒新
…… Tel：0412－5830158
13804927942

### 金兴玻璃仪器厂

地址：辽宁省鞍山市铁西区永乐小区 43－2 号
…… Tel：金永学
…… Tel：0412－6569398
8836556
1320422788

### 锦州佳得能源有限公司

业务：机械加工、钢铁冷拉设备、性能源锂电池生产
地址：辽宁省锦州市太和区平和里 288 号
…… 负责人：李佳元　　邮　编：121001
…… 法　人：李佳元
…… Tel：0416－2695700

### 恒通空调设备加工厂

地址：辽宁省大连市甘井子区辛寨西街 1－6 号
…… 负责人：司永学
…… Tel：13998666806

### 大连亨元仪表元件有限公司

地址：辽宁省大连市旅顺口区水师营街道小南村二组
…… 负责人：于华坤
…… Tel：0411－81612086

### 商德通风制造有限公司

业务：集研发、设计、生产、安装调试及工程承包为一体，专业生产通风管道、消音器、通风机，产品质量优良，服务诚信周到，欢迎新老客户前来订购！
产品：设计低噪音通风工程
地址：辽宁省盘锦市潘山县双台子区东风街
…… 负责人：王占春　　邮　编：124010
…… 法　人：王占春
…… Tel：0427－3814929
13942705409

### 大连普阳电器设备有限公司

地址：辽宁省大连市普兰店市丰荣办事处普东社区
…… 负责人：李浩祯
…… Tel：0411－83511068

### 大连唯尚电器商行

地址：辽宁省大连市沙河口区香周路春柳河小区 7 号楼 2 单元 1 层 1 号
…… 负责人：赵铁刚
…… Tel：0411－86538037

### 沈阳凯杰通电子有限公司

业务：电子设备经销
产品：监控，防盗报警，网络等电子设备
地址：辽宁省沈阳市和平区文体路 4－1 号 2004 室
…… 负责人：刘文杰　　邮　编：110013
…… 法　人：孟凤岐
…… Tel：024－23891726
13504005431
…… Fax：024－23891726
…… E-mail：sy－tyt@163.com

### 瓦房店超世电器配件有限公司

地址：辽宁省大连市瓦房店市复州城镇东瓦村
…… 负责人：刘永超
…… Tel：0411－85112847

### 大连意成泉电子有限公司

地址：辽宁省大连市瓦房店市共济办事处迎春小区 2 幢 1－4 室
…… 负责人：王春一
…… Tel：0411－85504723

### 沈阳市祥诚除尘器配件销售处

业务：除尘器主机及配件设计、制作、销售
地址：辽宁省沈阳市铁西区兴工北街 2－5－1 号
…… 负责人：毛晓峰　　邮　编：110013
…… 法　人：毛晓峰
…… Tel：15142511145
024－25841653

### 瓦房店市低压开关厂

地址：辽宁省大连瓦房店市南共济街二段 66－3 号
…… 负责人：王孝华
…… Tel：0411－85621575
13500772788

### 电热器具元件厂

地址：辽宁省丹东东港市大东管理区站前菜农委 495 号
…… 负责人：梁增有
…… Tel：0415－7124386
13804151777

### 利贞增压器厂

地址：辽宁省丹东凤城市凤山区五组
…… 负责人：滕伟国
…… Tel：0415－8137035
13898534535

### 振兴电器厂

地址：辽宁省丹东市振安区五龙背镇五龙背村二组
…… 负责人：马维良
…… Tel：0415－4102461
13504150833

### 东港市宏宇电热电器有限公司

业务：东港市宏宇电热电器有限公司成立于 2003 年，现有员工 50 余人，从事厨房用具、电热器的生产及销售。我们以质量为中心、以服务为中心，真诚的为新老客户服务，愿互联网为此牵线搭桥，并诚邀各界人士登门指导。
地址：辽宁省东港市新城区刘家泡
…… 邮　编：118000
…… 法　人：周远飞
…… Tel：0415－7194138
…… Fax：0415－7194138

### 江城电热电器厂

地址：辽宁省丹东市振宝区楼房镇马家村七组
…… 负责人：辛运堂
…… Tel：0415－4171682
13942548189

### 抚顺市光达电瓷电器有限公司

地址：辽宁省抚顺市顺城区新城路中段 50 号
…… 负责人：张福金
…… Tel：0413－7672392

### 抚顺市肯威尔工控有限责任公司

地址：辽宁省抚顺市新抚区营口路东段 44 号楼常洪志
…… Tel：0413－2628111 转 550608
13704130303
13942394646

### 凌海市华宇电光源厂

地址：辽宁省凌海市物资路集贸街贵华园 9 号楼东方超市
…… 负责人：刘英
…… Tel：0416－8101252
13941693390

### 沈阳市港深霓虹灯厂

地址：辽宁省沈阳市东陵区东陵路 131 巷
…… 负责人：李金良
…… Tel：024－81200765

### 沈阳市鑫海岸霓虹灯厂

地址：辽宁省沈阳市东陵区高官台街 22 号
…… 负责人：马春红
…… Tel：024－81067366

### 沈阳奇泉仪表有限公司

地址：辽宁省沈阳市东陵区泉园街 32 号 10 门
…… 负责人：徐杰
…… Tel：024－24238327

### 辽光灯具厂

地址：辽宁省沈阳市东陵区深井子镇兴农村
…… 负责人：林国权
…… Tel：024－24772126
13386897850

### 沈阳市盛申昌电器有限公司

业务：电动餐桌转盘(3)，电动展示转盘(18)
地址：辽宁省沈阳市于洪区怒江北街 29 号
…… 负责人：张志国　　邮　编：110031
…… 法　人：张志国
…… Tel：024－86171630
024－86172009
13998120360
…… Fax：024－86171630

### 沈阳忠江电子有限公司

地址：辽宁省沈阳市东陵区文化东路 43－51 号
…… 负责人：薛忠海
…… Tel：024－81855151

### 沈阳鑫华安仪表工程有限公司

地址：辽宁省沈阳市和平区三好街 35 号 913 室
…… 负责人：崔彤
…… Tel：024－62237976

### 沈阳东方电源技术有限公司

地址：辽宁省沈阳市和平区三好街 79 号 A802 室
…… 负责人：王庆
…… Tel：024－62126066

### 沈阳新大鹏电子有限公司

地址：辽宁省沈阳市和平区三好街 90 甲 5 号（百脑汇 1217 室）
…… 负责人：王玉坤
…… Tel：024－83991225

### 双美电器维修部

地址：辽宁省沈阳市皇姑区步云山路 26 巷 4 号
…… 负责人：孙双会
…… Tel：024－86407251

### 沈阳吉志达电器有限公司

地址：辽宁省沈阳市皇姑区昆山东路 7 号
…… 负责人：王洪智
…… Tel：024－86240765

### 西德利仪表成套有限公司

地址：辽宁省沈阳市皇姑区珠江街 73－5 号
…… 负责人：魏军
…… Tel：024－86315496
81591883
13840476396

### 斯诺高效换热器有限公司

地址：辽宁省沈阳市凌云街 29 号
…… 负责人：朱林林
…… Tel：13904021416

### 沈阳桦昌电子装配厂

地址：辽宁省沈阳市新城子区财落镇三家子村
…… 负责人：曲保锋
…… Tel：024－89656992

**营口市凯达电控设备有限公司**
业务:高低压配电柜、自动化控制设备,成套设备制造、维修,自动化给水设备,白钢电器设备制造,电线电缆加工,自动无功补偿设备
地址:辽宁省营口市老边区路南镇后塘村397号
负责人:栾胜坤　邮　编:115005
法　人:栾胜坤
Tel:13941726671
0417－3806678

**辽阳佳誉仪器仪表有限公司**
业务:辽阳佳誉仪器仪表有限公司是生产自动化仪器仪表、实验室仪器、环境实验设备及分析仪器的专业化公司。我公司工艺设备齐全,测试手段完善。以先进的技术,精良的设备,高质量的产品,完美的售后服务去赢得广大用户的信赖。
地址:辽宁省辽阳市文圣区曙光路67－1号
负责人:陈玉友　邮　编:111000
法　人:陈玉友
Tel:0419－2556008
Fax:0419－3149933

**九州科贸有限公司**
地址:辽宁省沈阳市新城子区道义开发区正良2路
负责人:吕树元
Tel:13190001692

**沈阳浩天霓虹电器厂**
地址:辽宁省沈阳市新城子区虎石台镇北一路北
负责人:王桂莲
Tel:024－62299851

**福德灯具厂**
地址:辽宁省沈阳市于洪区马三家镇边台村
负责人:段德林
Tel:024－89218185

**铁岭市神洲空调有限公司**
地址:辽宁省铁岭市银州区工人街19委5组
负责人:张铁洲
Tel:0410－4843818

**华光高中频设备厂**
地址:辽宁省营口市老边区路南镇钢铁村
负责人:刁庆颐
Tel:0417－2132158
13804178058

**科兴净化设备研究所**
地址:辽宁省营口市武大门邮局79号信箱
负责人:胡兴太
Tel:0417－2611208
13050680971



## 吉林省/Jilin Province

**吉林省路通公路建筑仪器有限公司**
地址:吉林省长春市朝阳区宽平大路1346号
负责人:王林英
Tel:0431－85913403

**吉林省点创智能自动化电气有限公司**
业务:强弱电电气自动化工程、设计、开发自动化智能电气项目、LED显示屏
产品:plc、变频器、光电传感开关、智能自动化电气产品
地址:吉林省长春市二道区临河街2271号
负责人:王健伟　邮　编:130061
法　人:王健伟
Tel:0431－87067881
Fax:0431－87067853
E mail:dianchuang@163.com

**吉林省视达电子技术有限公司**
地址:吉林省长春市朝阳区隆礼路18号
负责人:冯长铭
Tel:0431－85608852

**中国邮电器材东北公司长春分公司**
地址:吉林省长春市朝阳区西安大路336号光明大厦803室
负责人:朱梅
Tel:13504306677

**长春市科英光学仪器厂**
业务:我厂成立于2002年,主要生产、销售、光学仪器,通过不断的努力,我公司已占领东南亚市场,下步就向欧洲市场开进。
地址:吉林省长春市绿园区青年路2085号
负责人:刘国宇　邮　编:130052
Tel:0431－87911539
Fax:0431－87911539

**吉林省长春市绿园区老杜电器厂**
业务:主要经营电器的生产和销售
产品:吉林省长春市绿园区合心镇哈达村
负责人:杜成文　邮　编:130000
法　人:杜成文
Tel:15948848999
0431－87806868
Fax:0431－87806868

**吉林省海泰成套电气有限公司**
地址:吉林省长春市二道区英俊乡长青村十五队
负责人:张胜伦
Tel:13844820681

**吉林兰德电子技术有限公司**
地址:吉林省长春市绿园区霍林河路南
负责人:苗立地
Tel:13009002239

**长春市黑天鹅电器维修有限责任公司**
地址:吉林省长春市绿园区青年路2431号
负责人:金松
Tel:13086886266

**吉林省雨林电器安装有限公司**
地址:吉林省长春市绿园区西安大路174号中新花园6号
负责人:朱秀华
Tel:0431－87986049

**双阳区龙凤电器行**
业务:家用电器、五金电料销售
地址:吉林省长春市双阳区太平镇土顶街道(老供销社道南)
负责人:黄金国　邮　编:130000
法　人:黄金国
Tel:0431－84341643
13578806950
Fax:0431－88725533
网址:jlfgswy@midea.com.cn
E-mail:http://www.midea.com.cn

**长春市大天力照明商行**
地址:吉林省长春市南关区西四马路277号
负责人:郑立新
Tel:0431－88740226

**吉林市科冠电子有限责任公司**
地址:吉林省吉林市昌邑区吉林大街185号
负责人:赵宴国
Tel:0432－66968775

**吉林市国美电器有限公司江南电器商城**
地址:吉林省吉林市高新区恒山西路66号
负责人:才国华
Tel:0432－64650858

**辽源市亚通电子科技贸易有限公司**
地址:吉林省辽源市矿电大街(四百货对过)
负责人:宗玉丰
Tel:0437－3116256

**辽源市天地人电子有限公司**
地址:吉林省辽源市龙山区站前街七委十七组(双凤骨胶后大门)
负责人:冯绍杰
Tel:13304370048

**永吉县口前镇盼盼太阳能专卖店**
业务:盼盼太阳能专卖
地址:吉林省吉林市永吉县口前镇吉桦街2512号
负责人:李德刚　邮　编:132200
法　人:李德刚
Tel:15943230777
0432－68619777

**双辽电力实业有限责任公司**
业务:公司主要从事机组检修、机械加工、粉煤灰开发利用、物业管理、饮食服务、煤炭运输销售等业务。公司坚持以人为本,开拓进取,内严管理,努力开创双辽电力实业有限责任公司更加美好的明天。
地址:吉林省双辽市辽南街电厂院内
邮　编:136400
法　人:陈春光
Tel:0434－7283611
Fax:0434－7283611

**通化市远东电器开关厂**
地址:吉林省通化市东昌区光明街新明委新明路21－4号
负责人:张利
Tel:0435－3988989

**金圣达电子设备有限公司**
地址:吉林省通化市东昌区兴昌路1－1－1号
负责人:金哲奎
Tel:0435－5082777
3249980
3996668

**通化市隆程蓄电池有限公司**
业务:蓄电池、机油的生产
产品:蓄电池
地址:吉林省通化市东昌区建设大街2756号
负责人:李忠臣　邮　编:134001
法　人:李忠臣
Tel:0435－6119966
Fax:0435－6119966

**延吉三映电子材料制造有限公司**
地址:吉林省延边朝鲜族自治州延吉市长白路288号
负责人:朴纹勋
Tel:0433－2855234

## 黑龙江省/Heilongjiang Province

**大庆市吉飞电器有限公司**
地址:黑龙江省大庆市让胡路区北方建材城18园区1#1门
负责人:郑旺云
Tel:0459－6137625

**哈尔滨莱博斯通仪器设备有限公司**
业务:仪器设备、分析检测仪器、分析仪器配件及耗材
地址:黑龙江省哈尔滨市道外区红河教育小区803栋7单元1层3号
负责人:高宝义　邮　编:150056
法　人:高宝义
Tel:0451－82759748
Fax:0451－82468749
网址:www.lab－systems.com.cn
E-mail:hrblabsystem@gmail.com

**北安市风光太阳能路灯厂**
业务:生产和销售庭院灯、景观灯、草坪灯、路灯
产品:庭院灯、景观灯、草坪灯、路灯
地址:黑龙江省黑河地区北安市铁西区工业园区内
负责人:王德江　邮　编:164300
法　人:王德江
Tel:15945616769

**天目电子经销部**
地址:黑龙江省哈尔滨市南通市大街258号
负责人:姜志梅
Tel:0451－82839049
13349415907

**大庆市北星电气制造有限公司金具分公司**
地址:黑龙江省大庆市让胡路区电业村江汉路32号
负责人:王旭辉
Tel:0459－6603710

**大庆市油城蓄电池仪表制造有限公司**
地址:黑龙江省大庆市让胡路区西宾路48号
负责人:斗成
Tel:0459－5911806

**牡丹江市东方昌德电力有限公司**
业务:本公司成立于2006年,主要生产销售氢气干燥器。质量保证,价格合理。欢迎新老客户光临、惠顾!
地址:黑龙江省牡丹江市牡丹街西十条路

327 号
负责人：张树发 邮 编：057003
法 人：张树发
Tel：0453－6177920
Fax：0453－6177921
网址：www.mtw30266.chinapyp.com

**大庆安正防爆电气有限公司**
地址：黑龙江省大庆市让胡路区西宾路 48 号（技术监督中心院内）
负责人：于长峰
Tel：0459－5183104

**鑫鑫标志灯配件厂**
地址：黑龙江省哈尔滨市阿城市和平街农林胡同 13 号
负责人：王俊
Tel：0451－53732503
13945164503

**伊春梅芝家具有限公司**
地址：黑龙江省伊春市新青区东建街 1 号
负责人：郑光烈
Tel：0458－3560424



## 江苏省/Jiangsu Province

**镇江中信电气制造有限公司**
业务：本公司成立于 2003 年，主要生产、加工、销售高低压开关柜；高低压母线槽；电缆桥架、工业电加热器。竭诚欢迎新老客户来电洽谈业务、共求发展！
地址：江苏省扬中市开发区新胜路 1 号
负责人：徐松顺 邮 编：212200
法 人：徐松顺
Tel：0511－88226348

**高邮市日月恒照明器材厂**
业务：生产照明器材
地址：江苏省高邮市北郊集大营村
负责人：徐开明 邮 编：225600
法 人：徐开明
Tel：0514－84242851

**金坛市泰纳仪器厂**
地址：江苏省常州市金坛市南环二路 66 号
负责人：徐朝晖
Tel：13806142315

**常州市步云电机电器厂**
地址：江苏省常州市戚墅堰区丁堰镇芳渚村 360 号
负责人：袁和珍
Tel：13004403210

**扬州市银建电气有限公司**
业务：高压电气产品
地址：江苏省江都市武坚镇兴武路 165 号朱迎春
负责人：朱迎春 邮 编：225002
法 人：全抲红
Tel：0514－86601276
13901442096
Fax：0514－86600596
E-mail：zyc9966@163.com

**宝应县安泰电热电器厂**
业务：宝应县安泰电热电器厂是一家具有悠久历史的，专业生产电热电器产品的老厂家，多品种系列化的电热电器产品、一直深受国内外广大用户的信赖！
地址：江苏省扬州市宝应县郭桥镇赵雍村
负责人：张志 邮 编：225829
法 人：张志
Tel：0514－88789118

**常州裕泰电子有限公司**
地址：江苏省常州市戚墅堰区河苑新村 29 幢乙单元 302 室
负责人：施学东
Tel：13641503959

**武义泉溪电子仪器仪表厂常州经营部**
地址：江苏省常州市天宁区朝阳街道朝阳三村 80 幢丙单元 403 室
负责人：徐维家
Tel：13961159295

**常州市博耀电子有限公司**
地址：江苏省常州市天宁区雕庄街道优胜村委
负责人：马俊峰
Tel：13861053318

**常州市东湖电子科技有限公司**
地址：江苏省常州市武进区湖塘镇东风桥东二建司综合楼宿舍东 501 室
负责人：王健
Tel：13328189966

**江阴市澄西空调维修部**
业务：销售空调、空调维修
地址：江苏省江阴市西石桥公平路 74 号
负责人：顾森林 邮 编：214441
法 人：顾森林
Tel：0510－86609518
Fax：0510－86609518

**常熟市任阳无线电厂**
业务：本厂成立于 1980 年是专业生产电源变压器厂家之一，线圈绕制采用先进电脑绕线机绕制，硅钢片全部采用日本 Z10 型牌号，浸渍采用真空设备，可靠性高。因为有合理价格，优良产品质量，深受广大新老客户青睐。
地址：江苏省常熟市任阳镇小巷西村 28 号
负责人：周雪阳 邮 编：215539
法 人：周雪阳
Tel：0512－52581295
Fax：0512－52581313
网址：www.rywxd.com

**靖江市鼎鑫家电商行新世界分店**
业务：长虹空调、宝石花冰箱
地址：江苏省靖江市渔婆北路 118 号
负责人：闻元兴 邮 编：214500
法 人：闻元兴
Tel：0523－84850389

**常州市欧密格电子科技有限公司**
地址：江苏省常州市武进区湖塘镇沟南工业集中区
负责人：盛刚
Tel：13813660868

**常州市极目电子有限公司**
地址：江苏省常州市武进区湖塘镇河东路
负责人：陆明
Tel：13182581310

**常州新霞制冷设备有限公司**
地址：江苏省常州市武进区湖塘镇四季新城 62－甲－602
负责人：郑柳敬
Tel：13336053121

**常州市明芳仪器厂**
地址：江苏省常州市武进区湖塘镇小留村工业集中区
负责人：徐明中
Tel：13806115769

**南京贝壳电子有限公司**
业务：生产和销售家用电子产品，产品以优美的外观、稳定可靠的质量及完善的售后服务赢得客户的信赖
产品：遥控、调光开关
地址：江苏省南京江宁竹山路潭桥北园 5－104 储藏室
负责人：张传德 邮 编：211100
法 人：张传德
Tel：025－52166937
15077838270
Fax：025－52166937
网址：www.beike2008.cn

**常州八益电器厂有限公司**
业务：我公司成立于 1984 年，主要从事于开关控制制造，钣金加工，高低压配电柜生产。以新产品开发为先导，以提高产品质量，完善售后服务为宗旨，愿与广大用户建立起真诚、友好的长久合作关系。
地址：江苏省常州市钟楼区花园路 59 号
负责人：马洪才 邮 编：213016
法 人：马洪才
Tel：0519－83975262
Fax：0519－83289141
网址：www.mtw50213.chinapyp.com

**常州市苏微特电子电器厂**
地址：江苏省常州市武进区焦溪镇三河口常河路 21 号
负责人：汤枫
Tel：13961155311

**常州润福电子有限公司**
地址：江苏省常州市武进区礼嘉镇蒲岸村
负责人：潘丽洁
Tel：13901500328

**常州市炎华制冷设备有限公司**
地址：江苏省常州市武进区礼嘉镇兴隆村
负责人：夏炎
Tel：13906122953

**铭泰电子有限公司**
地址：江苏省常州市武进区洛阳镇工业园区创新路 17 号
负责人：陈军
Tel：0519－88406785

**南京格能灯具销售中心**
业务：销售照明灯具
地址：江苏省南京市建邺区江东门五洲装饰城灯具厅 8 号
负责人：罗凯明 邮 编：210000
法 人：赵明
Tel：13813861556
025－86521286

**上海广奇电气有限公司南京分公司**
业务：本公司是集研发、设计、生产制造于一体的国内大型电气连接器厂商，主要生产 JWD 系列接线端子排，冷压接端头等二十多个系列一百余个品种的电气辅件。产品覆盖工业自动化、过程自动化、运输行业、制造行业等领域。
产品：接线端子、端头、电气附件
地址：江苏省南京市中央路廖家巷 2－1＃3 单元 105 室
负责人：刘豫天 邮 编：210000
Tel：025－66891258
13585193933
Fax：025－83719105
83429117
网址：http://www.gonqi.com
E-mail：shanghaiguangqi@126.com

**常州朗能电子有限公司**
业务：本公司成立于 2001 年，现有 100 多名员工。主要经营线束、电源线、电线、灯心、线绒坯布、电子镇流器。
地址：江苏省常州市新北区安家工业园 80－3 号
邮 编：213126
法 人：陈小星
Tel：0519－5971668
Fax：0519－5091688

**常州市力泰电子有限公司**
地址：江苏省常州市武进区洛阳镇虞桥村
负责人：王鸿图
Tel：13806125936

**辰佳龙灯泡厂**
地址：江苏省常州市武进区牛塘镇三河村金家塘 5 号
负责人：宋丽萍
Tel：0519－86353996
13606145318

**瑞豪娜业斯家私有限公司**
地址：江苏省常州市武进区郑陆镇和平工业园区
负责人：张红仓
Tel：0512－52166220
13606115385

**上海广奇电气有限公司南京分公司**
业务：本公司是集研发、设计、生产制造于一体的国内大型电气连接器厂商，主要生产 JWD 系列接线端子排，冷压接端头等二十多个系列一百余个品种的电气辅件。产品覆盖工业自动化、过程自动化、运输行业、制造行业等领域。
产品：接线端子、端头、电气附件
地址：江苏省南京市中央路廖家巷 2－1＃3 单元 105 室
负责人：刘豫天 邮 编：210000
Tel：025－66891258
13585193933
Fax：025－83719105
83429117
网址：http://www.gonqi.com
E-mail：shanghaiguangqi@126.com

**常州市中冠太阳能设备有限公司**
地址：江苏省常州市武进区郑陆镇西街村北巷 116 号
负责人：羌建定
Tel：13004378808

**常州美佳压力控制器有限公司**
业务：公司成立于 2005 年，是专业的压力开关生产型企业.其主要产品有：家用空调压力开关、汽车空调压力开关、空压机压力开关、其它压力开关。公司具有一批国内最早从事压力开关研制的技术人员。公司具有较为先进的生产、测试设备，具有较强的开发、生产能力。公司生产的压力开关，主要用于家用空调，汽车空调，空压机，液压装置等压力的控制和保护。公司以用户需求为目标，以用户满意为宗旨，竭诚为广大用户服务。
地址：江苏省常州市横林镇西工业园区
邮 编：213101
法 人：杨振华
Tel：0519－5597320
Fax：0519－8460363

**华威电子有限公司**
地址：江苏省常州市武进区邹区镇
负责人：是华杰
Tel：0519－83631284
13585321922

**常州市华宏电器有限公司**
地址：江苏省常州市新北区春江镇魏村沿江东路 82 号
负责人：肖昌友
Tel：13706120351

**南通华枫标识光电工程有限公司**
业务：LED 显示屏、LED 楼宇亮化、KTV 灯光工程、发光字、LED 系列工程
地址：江苏省南通青年东路星火村工业园区 58 号（村委会南 40 米）
负责人：梁峰 邮 编：226300
法 人：梁峰
Tel：0513－88122282
网址：www.hfled.net

**新音电子有限公司**
地址：江苏省常州市新北区西夏墅镇浦河街新镇路 13 号
负责人：戎梅良
Tel：0519－83463959

**常州威燕电子有限公司**
地址：江苏省常州市钟楼区关河西路 33 号 306 室
负责人：孙晓明
Tel：13301501880

**江苏瑞恩电气有限公司**
业务：生产、销售变压器
地址：江苏省南通市海安县海安镇长江西路 88－9 号
负责人：王良明 邮 编：226600
法 人：王良明
Tel：13862719868
0513－88690666
网址：www.ryan.js.cn

**常州市鼎明照明器材有限公司**
业务：常州市鼎明照明器材有限公司是专业从事照明产品生产，开发，营销为一体的企业。公司主要产品有：舞台、舞厅影视卤钨灯，电教放映投影卤钨灯，医疗卤钨灯，冷光灯，金卤灯等各种卤钨灯和汽车放电灯，公司坚持奉行“质量第一、价格最低、信誉第一、客户至上”的原则，在互惠互利、以诚相待的基础上，欢迎国内外新老

客户光临惠顾，共图发展。
地址：江苏省常州市南门外小留工业区
邮　编：213164
法　人：景洪明
Tel：0519－8236298
8236998
Fax：0519－6530853
网址：www.czdmzm.chinapyp.com

**常州市诺顿电子经营部**
地址：江苏省常州市钟楼区米市河107号格林大厦705室
负责人：任曲波
Tel：13382850915

**常通电子有限公司**
地址：江苏省常州市钟楼区木梳路28－1#
负责人：张兰芳
Tel：0519－86995579
13861132253

**常州市安宏电子设备有限公司**
地址：江苏省常州市钟楼区延陵西路130号
负责人：徐志梅
Tel：13606145848

**贝斯特科技有限公司**
地址：江苏省大丰市人民北路城中加油站南侧
负责人：陈剑
Tel：0515－83998390
0515－83518871

## 常州市龙门电器有限公司
业务：常州市龙门电器有限公司成立于2006年，主要生产销售配电箱，配电柜。欢迎新老客户光临、惠顾！
地址：江苏省常州市武进区遥观镇建农村
负责人：余精文　邮　编：213000
法　人：余精文
Tel：0519－88700559
Fax：0519－88700577

## 南通美的制冷产品销售有限公司
业务：销售空调、冰箱
地址：江苏省南通市南大街189号
负责人：花智仁　邮　编：226000
Tel：0513－85796098
13773666999

**丹乐电子有限公司**
地址：江苏省丹阳市后巷镇中心大街开发区
负责人：胡国芳
Tel：0511－86312518
13606103918

**丹阳汀豪家具有限公司**
地址：江苏省丹阳市皇塘镇常溧西路3号
负责人：支国兴
Tel：0511－86620188
86620038
13951273148

**丹阳市昌顺灯具有限公司**
地址：江苏省丹阳市界牌镇红光工业园
负责人：陆昌顺
Tel：0511－86366496
13338816529

## 丹阳市红蕾五金电器厂
业务：本厂始建于1985年，生产的电视机室内外天线，节能灯，电子整流器，吸顶灯，支架，风力，水力发电机等，质量上乘，本厂通过了ISO9001认证，欢迎各方客户惠顾，洽谈业务，共创我们的辉煌。
地址：江苏省丹阳市埤城镇
负责人：王多贤　邮　编：212311
Tel：0511－6333988
2315988
Fax：0511－6347898

**东海县瑞龙照明器材厂**
地址：江苏省东海县牛山镇苏鲁农机市场对面
负责人：秦士海
Tel：0518－87286717

**生辉灯饰有限公司**
地址：江苏省东台市富安九里工业园
负责人：陈刚
Tel：0515－85571199
13813239588

**江苏省东台市仪表厂**
地址：江苏省东台市南门桥惠民路16号
负责人：潘志斌
Tel：0515－85217834
85883949

## 启东远洋成套电气有限公司
业务：常用成套电器设备，GGD、GCS、GCK、MNS等系列成套电器设备，高压成套电器设备
地址：江苏省南通市启东市滨海工业园南海路1号
负责人：张霖森　邮　编：226001
法　人：张霖森
Tel：0513－83601555
Fax：0513－83601599
网址：www.yyctdq.com

**东台市唐洋镇晓荣家电总汇**
地址：江苏省东台市唐洋镇黄海路黄海中街43号
负责人：韩进
Tel：13327999919

**维达科技有限公司**
地址：江苏省淮安市黄河路46号（化妆品一条街）
负责人：鲍海军
Tel：0517－83767849
13952306873

## 丹阳市双飞电讯元件厂
业务：本厂主要生产射频同轴连接器（SMA、SMB、SMC、MCX、SSMA、SSMB、SSMC、N、FM1、CC4、F、BNC系列，避雷器等）。我厂把"追求高品位，讲究高质量，恪守高信誉"奉为企业的行为宗旨和最高理念，获得用户一致好评。
地址：江苏省丹阳市埤城镇益民路63号
邮　编：212311
法　人：邵国荣
Tel：0511－6342438
Fax：0511－6342438

**姜堰市东升电器厂**
地址：江苏省姜堰市张甸镇三兴村
负责人：周小兵
Tel：13809014130

**靖江市天华空调防火设备有限公司**
地址：江苏省靖江市靖西骥江西桥南首
负责人：朱国权
Tel：0523－84508028
13801428206

**昆山华明电路板有限公司**
地址：江苏省昆山市千灯古镇富民工业区1号
负责人：陈伟华
Tel：0512－55887551
57469188
13806265032

## 南通源瑞电子有限公司
业务：高频变压器、电感线圈、扼流圈、韩国AUK、仙童元器件
地址：江苏省南通市如皋市磨头镇严狄村23组14号
负责人：范从进　邮　编：226551
法　人：范从进
Tel：0513－81785131

## 德华电子（苏州）有限公司
业务：本公司成立于1998年，是一家专业从事自动、半自动、在线测试仪（ICT）、功能测试（FCT），过锡炉治具，自动化生产流水线等的研发及制作。
地址：江苏省苏州吴中区郭巷镇九盛路333号
负责人：王小进　邮　编：215000
Tel：0512－65653608
65139281
Fax：0512－65139281
网址：http://www.0512jobs.com/company.asp? uid=sztet

**昆山市欧美加电子材料有限公司**
地址：江苏省昆山市玉山镇北门路2211号
负责人：周明利
Tel：0512－57796450

**昆山翔鹰电子科技有限公司**
地址：江苏省昆山市玉山镇状元新村8号楼304室
负责人：黄选谋
Tel：0512－57539256
13511629297

**昆山市中频电炉厂**
地址：江苏省昆山市张浦镇大市盛家埭村
负责人：徐玉尧
Tel：0512－57256218
13182653126

**恒鑫测绘仪器设备有限公司**
地址：江苏省连云港市朝阳东路7号（港城110西侧）
负责人：陈青年
Tel：0518－85851777
85011637
13705132877

## 东海县驼峰乡永贵照明器材厂
业务：东海县永贵照明器材厂，主要生产碘钨丹管系列，草坪照明等光源产品，品类齐全，质量优良，另外我厂生产的太阳能配件产品，质优价廉，深受各大厂家青睐，欢迎各方客户惠顾，洽谈业务，共同合作。
地址：江苏省连云港市东海县驼程玉带河4－33号
邮　编：222313
法　人：程兴明
Tel：0518－7312260
Fax：0518－7315305

## 南通蓝宝石电子科技发展有限公司
业务：专业研发、设计、生产：铝电解电容、电子元器件、机电产品热处理设备及中高压电控柜等，供货准时，价格合理，可提供免费技术服务。愿与您携手合作，再创佳绩。
产品：铝电解电容
地址：江苏省南通市跃龙路93号附3幢店面2室
负责人：李建国　邮　编：226002
法　人：李建国
Tel：0513－88115258
15996693105
Fax：0513－88115258
E-mail：ljg336@163.com

**天马照明电器有限公司**
地址：江苏省连云港市东海县城东开发区晶宸路
负责人：尹西赵
Tel：0518－87316298
13815646392

**东海县蔷薇照明电器厂**
地址：江苏省连云港市东海县驼峰乡后蔷薇村1－14号
负责人：林启干
Tel：0518－87328818
13585287738

**连云港市海州区福光灯泡厂**
地址：江苏省连云港市海州区锦屏镇酒店村
负责人：张建华
Tel：13775483172

**南京建贸制冷空调设备有限公司销售分公司**
地址：江苏省南京市白下区常府街85号新大都广场乙幢20层E座
负责人：赵东华
Tel：025－84293645

## 江苏佳烨电器设备有限公司
业务：江苏佳烨电器设备有限公司成立于2006年10月11日，主要产品有CFW、CMC、FCM系列母线槽，钢制、阻燃、防腐、防火玻璃钢系列母线桥架，高、低压开关柜，各种动力箱，照明箱，滑触线等。企业奉行"团结拼搏，求实创新"的精神，以"一流的技术，一流的质量，一流的信誉，一流的服务"为宗旨，服务于广大客户。
地址：江苏省扬中市三茅镇扬子东路河南桥
邮　编：212200
法　人：沈佳烨
Tel：0511－8333868
Fax：0511－8333868

**南京凡邦科技电子有限公司**
地址：江苏省南京市白下区洪武路293－2号
负责人：黄磊
Tel：025－85552840

## 如皋市龙马电工器材有限公司
业务：高压电器产品、复合绝缘纸、均压环、重锤
地址：江苏省如皋市如城镇陆桥村五组49号
负责人：许秀海　邮　编：226503
法　人：许秀海
Tel：0513－87509213
Fax：0513－82155666

**南京蒙南楼宇设备有限公司**
地址：江苏省南京市白下区火瓦巷26－3号7幢701室
负责人：李春莹
Tel：13605194573

**南京州盟电子有限公司**
地址：江苏省南京市白下区龙蟠中路329号604室
负责人：刘文刚
Tel：025－84496048

**南京惠格自控电器有限公司**
地址：江苏省南京市白下区莫愁路344号
负责人：陈鹏远
Tel：025－66868177

**南京简奥电器技术服务有限公司**
地址：江苏省南京市白下区王府园7号
负责人：孙敢宁
Tel：025－52205589

## 江阴市仪表厂
业务：本厂专业生产节流装置系列及自控成套仪表盘，锅炉控制柜等。主要产品有流量测量长颈喷嘴、焊接式喷嘴、标准喷嘴、八槽孔板、标准孔板、同心锐孔板（八角孔板）、高压透镜孔板、一体化孔板、圆缺孔板、文丘里喷嘴、文丘里管、限流孔板，内藏式双文丘里管、机翼式测风装置、均速管流量传感器、特殊节流件、节流装置附件等。
地址：江苏省江阴市公园路18号
邮　编：214431
法　人：秦忠兴
Tel：0510－86854776
86856211
Fax：0510－86851100

## 苏州凯瑞特光电有限公司
业务：集研发、生产、销售、代理销售为一体，专业生产照明及电子产品等，产品品质优良、价格合理，公司本着"节约能源、保护环境"的宗旨，一直深受国内外客户的青睐。热诚欢迎各界朋友来人来电咨询！
产品：节能灯、日光灯、LED灯具、太阳能灯、太阳能充电器等
地址：江苏省苏州高新区滨河路588号A座518室
负责人：李生丰　邮　编：251000
法　人：李生丰
Tel：0512－68053757
18915540607
Fax：0512－67053757
网址：http://www.krtgd.cn
E-mail：krt_attlee@163.com

**南京贤聚电子科技有限公司**
地址：江苏省南京市白下区中山东路110号1楼92号
负责人：付华弟
Tel：025－84515766

**南京林恩电子有限公司**
地址：江苏省南京市白下区中山东路抄纸巷41号
负责人：万秀凤
Tel：025－84485510

**高淳县申花电器有限公司**
地址：江苏省南京市高淳县淳溪镇淳中路39号
负责人：孙端龙
Tel：025－57333326
13327710129

**南京新卡托分析仪器有限责任公司**
地址：江苏省南京市高淳县开发区商贸区735号
负责人：陆志锋
Tel：025－57336632

## 昆山华洋电子包装有限公司
业务：昆山华洋电子包装有限公司成立于2004年，主要经营PE袋，PE膜，钙塑箱，珍珠棉成型，气泡装，防静电袋，电子辅材，欢迎您的光临惠顾！
地址：江苏省昆山市新镇东方路188号
负责人：谢飞　邮　编：215337
法　人：谢飞
Tel：0512－57936661
57936662
Fax：0512－57025191
网址：www.kshuay.com
E-mail：huayang@kshuay.com

**扬中市长江电器成套有限公司南京分公司**
地址：江苏省南京市高淳县砖墙镇经济开发区320号
负责人：薛玉山
Tel：025－57805106

**南京飞腾实验仪器有限公司**
地址：江苏省南京市鼓楼区工人新村66号201室
负责人：樊翠霞
Tel：025－85881350

## 苏州老板商贸有限公司
业务：中国最早从事家用电器生产的集团之一，拥有全国最大的厨房家用电器研发基地，生产基地和遍布全国的营销网络体系，产品包括：吸油烟机，燃气灶，消毒柜，整体厨房等，是小家电领域社会公认的领导品牌。
地址：江苏省苏州市干将东路566号宏盛大厦4F
负责人：朱鸿冰　邮　编：210000
法　人：何晨
Tel：0512－88181985
88181983
Fax：0512－67159697
网址：Www.ROBAM.com

**南京百步制冷设备工程有限公司**
地址：江苏省南京市鼓楼区江东北路千秋情花园03幢403室
负责人：魏建军
Tel：13801595360

**南京炫凯电子通讯有限公司**
地址：江苏省南京市鼓楼区山西路24号金山大厦B楼
负责人：张剑
Tel：13906296888

## 昆山市千灯镇广信丝印材料经营部
业务：广信丝印材料经营部成立于2002年，销售丝印电子材料，干膜、网布、丝印机，欢迎新老客户来电洽谈业务
地址：江苏省昆山市千灯镇少卿中路
负责人：施美芳　邮　编：215341
法　人：施美芳
Tel：0512－57468771
57478252
E-mail：mtw25792

## 苏州金浩宇线缆有限公司
业务：专业研发、生产、加工、销售电源（信号）连接线缆。公司以雄厚的实力、合理的价格、优良的服务与多家企业建立了长期的合作关系。热诚欢迎各界朋友前来参观、考察、洽谈业务。
产品：电源线、耳机线、音视频线、高温电线、数据传输线、电脑周边线等各种控制线缆，各种安规（UL）正标线材
地址：江苏省苏州市吴中区角直镇联谊路98号
负责人：郭建峰　邮　编：215100
法　人：封荣生
Tel：0512－66193668
18913507591
Fax：0512－66196176
网址：www.51zzt.com/user/zzt42069
E-mail：jinhaoyu888@163.com

**慈溪市汉通电器科技有限公司南京办事处**
地址：江苏省南京市建邺区虹苑新寓三村6幢5单元609室
负责人：强玉林

Tel:025－51637480

**南京豪迈照明电器有限公司**
地址:江苏省南京市建邺区江东南路28－8号
负责人:张家宁
Tel:13584014714

**南京佳尔惠电子有限公司**
地址:江苏省南京市建邺区清江村
负责人:王勇
Tel:025－86220813

**一诠精密电子(南京)有限公司**
地址:江苏省南京市江宁区南京出口加工区(南区)
负责人:周万顺
Tel:025－52110091

**昆山市玉山镇万达霓虹灯制作工程部**
业务:万达霓虹灯制作工程部专业从事霓虹灯制作销售施工,欢迎新老客户来电洽谈业务!
地址:江苏省昆山市玉山镇小渔西岸77号
负责人:朱惠平 邮 编:215300
法 人:朱惠平
Tel:0512－57379895

**南京市溧水青龙制冷器材有限公司**
地址:江苏省南京市溧水县白马镇
负责人:吕介仪
Tel:025－83843768

**南京阿拉丁照明科技有限公司**
地址:江苏省南京市溧水县经济开发区宝塔北路8号
负责人:袁龙民
Tel:025－57214279

**南京明亮节能电子厂**
地址:江苏省南京市溧水县永阳镇工农兵包家村
负责人:潘明双
Tel:025－57423087

**南京溧水创鑫电子有限公司**
地址:江苏省南京市溧水县永阳镇交通路113号
负责人:徐建民
Tel:025－56220098

**昆山市玉山镇叶子电子周边设备销售部**
业务:叶子电子周边设备销售部成立于2004年,加工销售电子周边设备,欢迎来电洽谈业务。
地址:江苏省昆山市玉山镇小渔西岸老面粉厂内
负责人:叶永忠 邮 编:215300
法 人:叶永忠
Tel:0512－55504978
Fax:0512－57317704
E-mail:mtw30225

**南京瑞丰电子器材厂**
地址:江苏省南京市溧水县永阳镇南堡108号
负责人:徐成勋
Tel:025－57426448

**苏州达皓精密电子有限公司**
业务:通信设备、计算机及其他电子设备制造业
地址:江苏省苏州市吴中区角直镇淞南村
负责人:韦龙 邮 编:215002
法 人:韦龙
Tel:15850017018
0512－66191495

**南京弗伦斯自动化系统工程有限公司**
地址:江苏省南京市六合经济开发区
负责人:刘新宇
Tel:13905199007

**南京六合金太阳家电有限公司**
地址:江苏省南京市六合区雄州镇延安路6号
负责人:张正实
Tel:025－857125117
13196783792

**智水电子(南京)有限公司**
地址:江苏省南京市南京经济技术开发区
负责人:具滋燮
Tel:13770702631

**南京三岛社电气设备有限公司**
地址:江苏省南京市浦口区汤泉镇龙泉路114号
地址:卢采银
Tel:025－85995749

**苏州良成超净科技有限公司**
业务:防静电产品、无尘室净化用品
地址:江苏省苏州市相城区富民工业园富乐路12号
负责人:钱斌 邮 编:215001
法 人:周良
Tel:0512－67609621
13338007381
Fax:0512－65868386
网址:www.lccjkj.com.cn

**南京尤尼迪斯电器有限公司**
地址:江苏省南京市栖霞区迈皋桥街道和燕路251号1幢1401室
负责人:尤林初
Tel:025－85767419

**茂源电器设备安装工程队**
业务:茂源电器设备安装工程队承接电力设备安装工程,公司以"立足电力,服务社会,质量效益,满意用户"为宗旨,为广大客户服务。获得许多用户的良好口碑,在社会上也有着良好诚信。
地址:江苏省淮安市季桥镇椿树村
邮 编:223233
法 人:胡国浩
Tel:0517－5390785

**南京品集电子有限公司**
地址:江苏省南京市栖霞区迈皋桥街道和燕路251号1幢14152室
负责人:王根喜
Tel:13505173169

**南京宝超电子有限公司**
地址:江苏省南京市秦淮区长乐路74号
负责人:陈发宝
Tel:13912963091

**南京普恒冷暖设备工程有限公司机电安装分公司**
地址:江苏省南京市秦淮区弓箭坊54号
负责人:佘筱卿
Tel:025－86622065

**南京胼胝电子研究所**
地址:江苏省南京市秦淮区小彩霞街29号201室
负责人:陈延诚
Tel:025－52238895

**南京可风制冷技术工程有限公司**
地址:江苏省南京市下关区三汊河新河村93号
负责人:孙顺财
Tel:025－86283393

**南京博能燃料电池有限责任公司**
业务:本公司成立于2005年,拥有30名员工。主要经营:燃料、电池的生产与销售。
地址:江苏省南京市白下区石杨东路66号
邮 编:210014
法 人:侯静
Tel:025－86960601
Fax:025－86960603

**南京豪特自动化仪表成套有限公司**
地址:江苏省南京市玄武区板仓街98号A005室
负责人:李凡
Tel:13776602147

**沭阳伊耐德电气成套有限公司**
业务:高低压成套电气及器材制造
地址:江苏省宿迁市沭阳县经济开发区上虞路16号
负责人:吴旦 邮 编:223600
法 人:吴旦
Tel:15651399121
0527－87886123

**江苏润城楼宇智能化设备有限公司**
地址:江苏省南京市玄武区高楼门59号201室
负责人:夏咸英
Tel:13705103030

**南京红森风制冷设备技术有限公司**
地址:江苏省南京市玄武区红山路184号02幢410室
负责人:丁郁俊
Tel:025－85438380

**南京亚衡仪表设备有限公司**
地址:江苏省南京市沿江工业开发区新华路148号－285
负责人:冯燕
Tel:025－57064351

**南京群爱电子制冷技术有限公司**
地址:江苏省南京市雨花台区梅山办事处科贸公司内
负责人:戴平
Tel:13605198752

**南京福润达压力容器有限公司**
业务:南京福润达压力容器有限公司成立于2006年,主要生产皮囊式蓄能器,储气瓶,活塞式蓄能器,液压系统及零配件。"以质量求生存,以信誉求发展",热诚欢迎广大新老客户来我公司洽谈业务,共同合作!
地址:江苏省南京市江宁区江宁街道汤铜公路边
负责人:汤家福 邮 编:211100
法 人:汤家福
Tel:025－84590419
Fax:025－84590419

**宿迁市昊晟灯业有限公司**
业务:照明灯具制造
地址:江苏省宿迁市泗阳县卢集镇潘集小学院内
负责人:张其国 邮 编:223800
法 人:张其国
Tel:13951198510
0527－85341688

**飞宏电气设备安装有限公司**
地址:江苏省南通市崇川开发区标准厂房附房216号
负责人:李飞
Tel:13906298755

**南通豪迈电器有限公司**
地址:江苏省南通市崇川区工农路109号
负责人:钱新明
Tel:13003536608

**奔马制冷通风设备有限公司**
地址:江苏省南通市崇川区孩儿巷南路19号
负责人:陶月祥
Tel:0513－85587770
13962942000

**南通久久电器经贸有限公司**
地址:江苏省南通市崇川区易家桥南区4幢503室
负责人:沈芹秀
Tel:13962968388

**南通鑫盛太阳能光电子有限公司**
地址:江苏省南通市港闸区船闸东路18号
负责人:武健
Tel:13328068217

**南京雷易仪器仪表有限公司**
业务:主要经营:仪器、仪表的生产与销售。
地址:江苏省南京市沿江工业开发区幸福路82号
邮 编:210044
法 人:杨书祥
Tel:025－57074598
Fax:025－57074598－8006

**中泰电气有限责任公司**
地址:江苏省南通市海安县海安镇长江西路88－9号
负责人:周经成
Tel:0513－88782012
13806278538

**海门恒大热处理厂**
地址:江苏省南通市海门市常乐镇工业集中区(长兴镇南首)
负责人:施睫
Tel:13626287188

**泰兴市军威箱包有限公司**
业务:公司专业生产铝箱、三角架、布包、防震内衬,并可根据客户不同的需求,自行设计及加工生产,秉承"顾客至上,锐意进取"的经营理念,为广大客户提供优质的服务。
产品:铝箱、仪器三角架等
地址:江苏省泰兴市蒋华镇唐港村东小组
负责人:赵军 邮 编:225452
法 人:赵军
Tel:13626135722
Fax:0523－87435403

**海门市华源电器控制设备有限公司**
地址:江苏省南通市海门市三厂镇望江路南首(厂南村7组)
Tel:徐浩生
Tel:13773703003

**金衡仪器设备有限公司**
地址:江苏省南通市南园路13号
负责人:张敏
Tel:0513－85502628
85851131

**南京双能电池有限公司**
业务:南京双能电池有限公司成立于2006年,主要销售蓄电池。公司以"质量求生存、信誉求发展",欢迎广大用户光临惠顾!
地址:江苏省南京市高淳县开发区永花路02号
负责人:张学民 邮 编:211300
法 人:许长权
Tel:025－57357558
Fax:025－57354228

**启东求诚热处理工程有限公司**
地址:江苏省南通市启东市汇龙镇江海中路405号
负责人:张玲
Tel:13806282717

**启东市城中电器成套设备厂**
地址:江苏省南通市启东市江龙镇紫薇西路173号
负责人:周俊
Tel:0513－83340803
83086656
13706285900

**升达光学配件厂**
地址:江苏省南通市启东市吕四港镇龚家镇
负责人:陆国华
Tel:13912885508

**贤柯尔空调工程技术有限公司**
地址:江苏省南通市人民东路153号东山花园综合楼A座3楼
负责人:周宝贤
Tel:13901468388

**泰州市宏威家电有限公司**
业务:销售家电
产品:美的空调;星星冰箱;荣事达、美菱冰箱;小天鹅、美的全自动洗衣机
地址:江苏省泰州泰兴市河失镇新广北路3号
负责人:秦宏 邮 编:225300
Tel:0523－87361658
13852849057

**海星电子有限公司**
地址:江苏省南通市如皋市开发区太平村1组
负责人:金海建
Tel:0513－87301996
13906273418

**南通昌盛电子系统工程有限公司**
业务:南通昌盛电子系统工程有限公司成立于2006年,主要从事网络工程、电子监控工程、楼宇自控工程、安防工程等。"技术力量雄厚,设备先进"热诚欢迎各界朋友来我公司洽谈业务,共同合作!
地址:江苏省南通市通州市平潮镇栖枫街1号503室
负责人:钱永盛 邮 编:226361
法 人:钱永盛
Tel:0513－86726387

**康佳仪器厂**
地址:江苏省启东市寅阳镇寅中工业区
负责人:沈振康
Tel:0513－83776971
13301466971

**协和电子有限责任公司**
地址:江苏省如皋市普庆南路33号协和大厦
负责人:黄桂红
Tel:0513－87616258

**光明玻璃纤维制品有限公司**
地址:江苏省如江苏省南通市崇川区百花路12号
负责人:戴广明
Tel:0513－85155785
13901488038

**苏州盈而丰精密仪器有限公司**
地址:江苏省苏州市沧浪区南园路8号
负责人:王履文
Tel:13862560129

**苏州赋佳空调设备有限公司**
地址:江苏省苏州市沧浪区人民路23－29号(泰华商厦901室)
负责人:黄维政
Tel:0512－65227051

**南通华晨净化空调工程有限公司**
业务:本公司专业从事各类净化产品的研究,制造及复合彩钢夹心板的制造、销售、承接净化厂房、空调系统工程的设计、安装调式。本公司的宗旨:一切为客户着想,从客户的立场出发,选择合理、经济的方案用户服务。
地址:江苏省南通市海门市经济技术开发区嘉陵江路888号
负责人:王兴华
邮 编:226100
法 人:王兴华
Tel:0513－82269789
网址:www.mtw50033.chinapyp.com

**苏州佳邻电子科技有限公司**
地址:江苏省苏州市沧浪区人民路29号(颐高数码广场)
负责人:吕琛
Tel:0512－68278499

**泰州市宏威家电有限公司**
业务:彩电,冰箱,冷柜,空调,小家电的批发、零售、代理
产品:星星冰箱,星星冰柜,格林冷柜,美的空调,美的小家电
地址:江苏省泰州泰兴市河失镇新广北路3号
负责人:秦宏 邮 编:225471
法 人:秦宏
Tel:0523－87361658
13852849057
Fax:0523－87361658
E-mail:qinhong1971@126.com

**苏州欧比特电子有限公司**
地址:江苏省苏州市沧浪区十梓街265号2楼
负责人:吴修军
Tel:13814894409

**苏州市佳胜纪元电子科技有限公司**
地址:江苏省苏州市沧浪区新市路358号
负责人:殷元兵
Tel:13338007855

**苏州威尔福电子科技有限公司**
地址:江苏省苏州市沧浪区养蚕里新村87幢105室
负责人:李凤
Tel:0512－65667070

**无锡市阿凡提制冷设备维修服务有限公司**
业务:专业从事制冷设备、电机、变频器的销售、安装、维修,工程的设计、施工、维修、保养、服务,我们将以"专业,诚信,品质,创新"的经营理念为您提供优质、高效、专业的服务。
产品:家用空调、家用电器、商用空调,电机、变频器:销售,安装,保养,维修,回收。
地址:江苏省无锡市港务四区马夹里57号
负责人:祁琢 邮 编:214000
法 人:祁琢
Tel:0510－85751501
18912395962
Fax:0510－85751501
网址:www.Wxaft.cn
E-mail:Qizuo843@sohu.com

**常熟舒旺高电子科技有限公司**
地址:江苏省苏州市常熟市常熟东南经济开发区金麟路
负责人:池上和明
Tel:13962380800

**南通市莱福电子有限公司**
业务:南通市莱福电子有限公司成立于2003年,主要从事各种规格薄膜金属化电容器

等电子元件的生产销售。公司始终本着"质量就是企业生命"的宗旨，产品不断创新，质量稳步上升，规模日益扩大，管理精益求精，企业始终保持良好的发展态势。
地址：江苏省南通市跃进西路红星村三组(原冷冻厂内)
邮　编：226500
法　人：秦富明
Tel：0513－87625502
Fax：0513－87625590

**宝华电子(常熟)有限公司**
地址：江苏省苏州市常熟市常熟经济开发区(碧溪白宕桥堍)
负责人：陈锰
Tel：13812821728

**常熟市神威蓄电池有限公司**
地址：江苏省苏州市常熟市新港镇(东张)南新闸
负责人：李雪康
负责人：13906239553

**苏州市好顺电子有限公司**
地址：江苏省苏州市广济南路146号南兵营大厦302室
负责人：林建新
Tel：0512－65589687
13913570887

**苏州华盛电梯工程有限公司**
地址：江苏省苏州市环体路2号
负责人：徐蓝羽
Tel：0512－65244042
13806203168

**苏州锐思电子材料有限公司**
地址：江苏省苏州市金阊区彩香路张家浜4幢106室
负责人：顾阿三
Tel：0512－62531851

## 苏州高炜仪器有限公司

业务：高炜仪器有限公司代理批发：光学显微镜、测试仪器仪表，量具，振动机，力学测试仪器，环境测试仪器，电子衡器，数字电源。品牌：宁波舜宇，日本三丰，美国FLAKE，台濠TES，台湾百伦斯电子称。
地址：江苏省苏州市高新区滨河路588号赛格电子市场4A46室
邮　编：215011
法　人：高叶克
Tel：0512－68051510
68051512
Fax：0512－68051513
网址：www.szgaowei.com

## 镇江市至友精密压铸有限公司无锡分公司

业务：电器产品、桥架、母线槽、开关柜、压铸件
地址：江苏省无锡市华东商贸城一楼10839号
负责人：刘发华　邮　编：214000
法　人：刘发华
Tel：13775311873
0510－66052622
Fax：0510－82135846

**苏州众创智能系统工程有限公司**
地址：江苏省苏州市金阊区阊胥路575号710室
负责人：袁峥
Tel：13606206783

**敏科电子(深圳)有限公司苏州分公司**
地址：江苏省苏州市金阊区阊胥路575号远东大厦711室
负责人：叶家强
Tel：0512－65579269

**苏州藤本地暖采暖设备安装有限公司**
地址：江苏省苏州市金阊区广济路146号兵营大厦3F
负责人：周彬
Tel：0512－65580329

**苏州市凯杰电子科技有限公司**
地址：江苏省苏州市金阊区广济南路333号
负责人：陈秦
Tel：13052811718

## 无锡福希特电子有限公司

业务：组合工具，焊接材料，二手设备，废锡渣回收等
产品：锡条、锡丝，各类小工具
地址：江苏省无锡市新区梅村镇华夏太阳城16号1001
负责人：单禹　邮　编：214001
法　人：单禹
Tel：0510－88559578
15094388588
Fax：0510－88559578
网址：http://0510.uni86.net/yp/msg－05101675920095－0510.html

**苏州华众仪器仪表有限公司**
地址：江苏省苏州市金阊区广济南路78号电子市场B区5号
负责人：张丽华
Tel：13906136280

**苏州金环电子有限公司**
地址：江苏省苏州市金阊区虎丘村虎阜路6号
负责人：孙景环
Tel：13606209027

## 苏州汉申微电子有限公司

业务：我们公司成立于2005年，主要从事纳米电子、纳米光子材料及其器件的产品化研制和开发，针对下一代的纳微电子和光通讯器件。我们公司将瞄准国际前沿技术，提高整个团队的创新力和产业化水平，使公司在短时间内融入国际市场。
地址：江苏省苏州市高新区玉山路1号北幢418室
负责人：刘宏　邮　编：215011
法　人：徐胜
Tel：0512－68784415
Mobile：13906212387
Fax：0512－68784415
网址：www.hanshen06.cn.alibaba.com
E-mail：hanshen06@sina.com

**苏州希宏真空热处理有限公司**
地址：江苏省苏州市金阊区虎丘街道路北村
负责人：王苏生
负责人：0512－67232248

## 苏州恒维电器有限公司

业务：专业从事即热式电热水器研发、销售、制造的科技型企业，公司本着"产品求新，技术求精，质优价廉取胜市场"的经营宗旨，竭诚欢迎您的光临与合作，共创辉煌明天！
产品：即热热水器
地址：江苏省吴江市运东开发区三兴路597号
负责人：陈浩　邮　编：215200
负责人：　邮　编：陈浩
Tel：0512－63315081
13801551102
Fax：0512－63315081
网址：www.hwrsq.com
E-mail：szhwrsq@163.com

**苏州煜科电子科技有限公司**
地址：江苏省苏州市金阊区南阳里26号
负责人：朱德俊
Tel：0512－65247090

**苏州惟将电子有限公司**
地址：江苏省苏州市金阊区西园路48号
负责人：方强
Tel：0512－65649587

**昆山经纬电子科技有限公司**
地址：江苏省苏州市昆山市巴城镇石牌丁祁村赵家桥18号
负责人：李建林
Tel：0512－57688558

**昆山翔弘科技电子有限公司**
地址：江苏省苏州市昆山市巴城镇石牌工商管理区苏杭路
负责人：周祥钦
Tel：0512－57681266

## 苏州市吴中区长桥宇南五金电子加工场

业务：本公司成立于2004年，主要从事喷涂设备和电子周边设备、工装夹具等。欢迎来电洽谈业务！
地址：江苏省苏州市吴中区白云街德敏花园7幢205室
负责人：陈风　邮　编：215125
法　人：陈风
Tel：0512－65684916
Fax：0512－65684916

## 江苏宝能照明电器有限公司

业务：生产和销售节能灯和灯具
产品：节能灯和灯具
地址：江苏省兴化市陈堡镇工业集中区
负责人：吴巧英　邮　编：225700
法　人：吴巧英
Tel：0523－83726566

**昆山永苓科技电子有限公司**
地址：江苏省苏州市昆山市花桥镇新联路
负责人：丁永详
Tel：0512－57607706

**昆山市邦得利电子有限公司**
地址：江苏省苏州市昆山市开发区黑龙江北路68号A306室
负责人：黎文秋
Tel：13915756870

## 徐州贾汪讯雷电子厂

业务：集研发、生产、销售为一体，专业生产"家讯"电子，我们有专业的技术员为客户提供完善的售后服务及技术咨询。产品质量上乘，价格合理，并提供OEM加工生产，欢迎来电咨询！
产品：智能电子人——无线遥控开关，红外探测，遇到现场报警，同时向主人手机发送盗情信息并监听或监视(用3G手机)；锁控汽车启动系统，交直流电源相互转换，拨打电话，适用于住宅、汽车、商店、金融、仓库、庭院、财务室、办公室、档案室等无人值守的重要场所(已申请国家专利)
地址：江苏省徐州市贾汪区民和苑东
负责人：权平安　邮　编：221011
法　人：权平安
Tel：13776586398

**昆山铨茂电子有限公司**
地址：江苏省苏州市昆山市开发区华丰路99号
负责人：何健民
Tel：0512－57721926

**苏州汉扬精密电子有限公司**
地址：江苏省苏州市昆山市开发区经九路东侧、纬五路北侧
负责人：蔡丰赐
Tel：0512－57367777

**昆山市海达电子科技有限公司**
地址：江苏省苏州市昆山市开发区景王路958号
负责人：吴桂华
Tel：0512－51369849

**昆山东哲电子有限公司**
地址：江苏省苏州市昆山市开发区蓬朗蓬莱路
负责人：赵春华
Tel：13809060668

## 苏州市相城区润发电子元件厂

业务：苏州市相城区润发电子元件厂专业生产磁卡机的磁头、外壳，弹簧支架及各种注塑件，有色金属冲制件的加工。质量保证，热诚欢迎各界客户来电来人咨询，洽谈业务！
地址：江苏省苏州市湘城镇(文兴路2号)
邮　编：215141
法　人：王介龙
Tel：0512－65428124
Fax：0512－65428124

**硕达电子科技(昆山)有限公司**
地址：江苏省苏州市昆山市开发区同丰路南侧、桃花江北侧
负责人：许秋玲
Tel：13906267600

**昆山市祥云电子电气有限公司**
地址：江苏省苏州市昆山市开发区中茵街53号
负责人：林云
Tel：13912698337

**昆山市灯峰电子有限公司**
地址：江苏省苏州市昆山市千灯镇大唐村
负责人：张小峰
Tel：13906265515

## 上海德力西开关有限公司徐州分公司

业务：销售电子元器件、电器开关、高低压开关柜按钮
地址：江苏省徐州市中山北路190号区域生产资料市场11期55号
负责人：周方永　邮　编：221003
Tel：13775886888
0516－87332228

**昆山中哲电子有限公司**
地址：江苏省苏州市昆山市千灯镇民营开发区(南湾村)
负责人：杨妍丽
Tel：13912677343

**昆山飞达华创电子科技发展有限公司**
地址：江苏省苏州市昆山市千灯镇民营开发区富民路东侧
负责人：戚冬珍
Tel：0512－57461290

**昆山东津电子有限公司**
地址：江苏省苏州市昆山市千灯镇少卿路95号
负责人：陶茜明
Tel：0512－57461365

## 苏州西胜电子科技有限公司

业务：本公司成立于2005年，主要生产销售：手提电脑电池组，手机电池，MP3电池，其他移动式产品的电池。
地址：江苏省苏州市相城区太平镇兴太路
负责人：吴振源　邮　编：215137
法　人：黄宗伟
Tel：0512－65900399
65900396
Fax：0512－65900393
网址：www.c－techone.com

## 江苏宜源诺成电气有限公司

业务：生产、销售电气产品
地址：江苏省扬中市明珠广场北首
负责人：李德华　邮　编：212200
法　人：孙爱民
Tel：0511－88432558
88432773
13952984924
Fax：0511－88433806

**昆山哈瑞森电子科技有限公司**
地址：江苏省苏州市昆山市玉山镇城北北门路长荣花苑12号楼601室
负责人：张明
Tel：0512－50589276

**昆山佳成科技电器有限公司**
地址：江苏省苏州市昆山市玉山镇城北昆太路756号
负责人：张立军
Tel：13382152278

**昆山迈达斯电子科技有限公司**
地址：江苏省苏州市昆山市玉山镇城北民营中路38号
负责人：薄武明
Tel：13862670110

**昆山新创力电子设备有限公司**
地址：江苏省苏州市昆山市玉山镇城北水秀路958号
负责人：毛修文
Tel：13621553198

**昆山泰林电子有限公司**
地址：江苏省苏州市昆山市玉山镇高科技工业园富士康路1368号
负责人：徐文亮
Tel：0512－57791415

## 扬中市光虹电气有限公司

业务：LED发光字，显示屏，霓虹灯
产品：发光字，七彩全彩发光字，显示屏，霓虹灯
地址：江苏省扬中市新坝镇公信河路18号
负责人：高鹏　邮　编：212200
法　人：高鹏
Tel：13912112037
E-mail：gp－6626@163.com

**昆山尚泰电器有限公司**
地址：江苏省苏州市昆山市玉山镇高科园纬三路北侧
负责人：吴镇宇
Tel：0512－57592922

## 苏州永耀电子有限公司

业务：我公司是一家新兴的电子企业，生产设备先进，技术力量雄厚，检测手段完备，质量优质上乘，时间保证及时，综合生产能力尤强，我们热忱欢迎中外新老客户来函来公司洽谈和合作。
地址：江苏省苏州市相城区望亭镇巨庄村恒元路
负责人：潘建铭　邮　编：215155
法　人：0512－66706918、
Fax：0512－66706818
网址：http://www.yeongyaw.cn/

**昆山捷盟暖通设备有限公司**
地址：江苏省苏州市昆山市玉山镇留晖山庄9号楼201室
负责人：王炜
Tel：13962694911

**昆山嘉富电子有限公司**
地址：江苏省苏州市昆山市玉山镇吴淞江工业园纬四路北侧
负责人：苏永明
Tel：0512－57592922

**昆山市捷泰自动化设备有限公司**
地址：江苏省苏州市昆山市玉山镇震川西路111号1118室
负责人：王建冲
Tel：0512－57597281

## 江都市宏姚照明电器有限公司

业务：照明电器生产销售
产品：LED路灯系列
地址：江苏省扬州市江都市真武镇滨湖村东庄组
负责人：姚国筠　邮　编：225002
法　人：姚国筠
Tel：0514－86162513
13813162089
Fax：0514－86162513

**上海虎冠电子科技有限公司昆山分公司**
地址：江苏省苏州市昆山市玉山镇震川西路111号楼第七层
负责人：范兴明
Tel：0512－55332376

**安捷通测试仪器系统(昆山)有限公司**
地址：江苏省苏州市昆山市张浦镇永燃路
负责人：黄存彬
Tel：0512－57450581

**昆山展扬电子科技有限公司**
地址：江苏省苏州市昆山市张浦镇永燃路
负责人：闵传瑞
Tel：0512－57450583

## 苏州运达电器有限公司

业务：本公司成立于2000年，主要生产销售串激电机，磁钢直流电机，园林工具等。欢迎来电洽谈业务！
地址：江苏省苏州市吴中区经济技术开发区旺山工业园溪山路7号
负责人：王兆兵
邮　编：215104
法　人：王兆兵
Tel：0512－66558760
66558790

## 扬州市久隆电气冷冻设备维修中心

业务：智能设备维护、空调销售、大中小型冷冻设备维护
地址：江苏省扬州市连运小区中心花园1幢102室
负责人：吴存祥　邮　编：225002
法　人：吴存祥
Tel：13092004567
0514－87012708
网址：yzwcxsohu.com

**昆山市周市镇博达电子厂**
地址：江苏省苏州市昆山市周市镇陆杨迎宾路北侧
负责人：陈光红
Tel：0512－50515088

**昆山名士电子科技有限公司**
地址：江苏省苏州市昆山市周市镇万安路南侧

负责人：徐水明
Tel：0512－57626558

**昆山市毅胜电子材料有限公司**
地址：江苏省苏州市昆山市周市镇新纬路111号
负责人：何霞
Tel：13913280099

**昆山旗骏电子有限公司**
地址：江苏省苏州市昆山市周市镇新镇昆山花园14号602室
负责人：孙静
Tel：0512－51358132

**昆山昆硕电子材料有限公司**
地址：江苏省苏州市昆山市周市镇新镇昆太路368号
负责人：宋兴庭
Tel：13375155261

**宜兴万石美的空调专卖店**
业务：美的空调专卖
地址：江苏省宜兴市万石镇新街茶亭路
负责人：颜廷华 邮 编：214200
法 人：颜廷华
Tel：0510－87840008

## 泰兴市金川电池配件厂
业务：泰兴市金川电池配件厂成立于2005年，主要从事电池钢壳的生产与销售。"以质量求生存，以信誉求发展"，热诚欢迎广大客户来人来电洽谈业务，共同发展！
地址：江苏省泰兴市大生镇三联村熊堡组
负责人：鲁盛祥
邮 编：225400
法 人：鲁盛祥
Tel：0523－87594222
87602355

**昆山万成试验仪器厂**
地址：江苏省苏州市昆山市周市镇杨庄路南侧
负责人：孙成绘
Tel：13776340708

**江南光仪器有限公司**
地址：江苏省苏州市木渎镇长浜村
负责人：俞福康
Tel：0512－66253786
13706218710

**华昌家电服务中心**
业务：家用电器销售和家用电器售后服务
地址：江苏省宜兴市溪隐41号
负责人：颜廷华 邮 编：214200
法 人：颜廷华
Tel：0510－87959986

**苏州东元制冷设备有限公司**
地址：江苏省苏州市平江区北环东路60－82号
负责人：黄荣林
Tel：13013783790

**苏州科林创电子有限公司**
地址：江苏省苏州市平江区北环东路60－82号
负责人：秦蓉芳
Tel：13951756424

**苏州苏维电子科技有限公司**
地址：江苏省苏州市平江区北环东路60－82号
负责人：王国英
Tel：13814850073

**张家港市众力磁业有限公司**
业务：磁性材料制造，加工，销售，磁性材料购销
产品：铁氧体磁芯
地址：江苏省张家港市凤凰镇港口恬庄村
负责人：季惠江 邮 编：215612
法 人：季惠江
Tel：0512－58340131
13706239818
Fax：0512－58340323
E-mail：zhongliciye@163.com

## 泰州市长宏舞台设备有限公司
业务：历建于1985年，公司建于泰州市刁铺工业园区，注册资金220万元，企业从事成套舞台设备。（如升降吊杆系列，阻燃幕布、升降舞台、拉幕机，灯光，音响等系列）的设计，制造，安装，调试。欢迎垂询！
地址：江苏省泰州市刁铺工业园区
邮 编：225323
法 人：孙长宏
Tel：0523－6169453
Fax：0523－6172501
网址：www.chstage.com

**苏州普莱斯电气有限公司**
地址：江苏省苏州市平江区东中市206号
负责人：王小祥
Tel：0512－67703165

**苏州工业园区携程电子科技有限公司**
地址：江苏省苏州市平江区干将东路636号1－311室
负责人：董继承
Tel：13862572121

**苏州爱利华电子科技有限公司**
地址：江苏省苏州市平江区苏虞路1号
负责人：陈立
Tel：13771752558

**苏州一岛科学仪器有限公司**
地址：江苏省苏州市平江区桃花坞大街77－2号
负责人：计文明
Tel：0512－65643467

**苏州昊乐电器有限公司**
地址：江苏省苏州市平江区幸福村五组
负责人：余良
Tel：0512－67516869

## 通利建设工程有限公司太仓水电分公司
业务：通利建设工程有限公司太仓水电分公司成立于1986年，主要从事建筑电器、给排水、暖通、弱电系统、中央空调、消防工程、工艺管道、通信线路等一系列安装工程。
地址：江苏省太仓市城厢镇人民北路68号
邮 编：215400
法 人：金建明
Tel：0512－53525149
Fax：0512－53529234

**金科自动化设备有限公司**
地址：江苏省苏州市望亭镇新华工业园万方路8号
负责人：刘凯
Tel：0512－66728928
66725608

**苏州协昌电子设备厂**
地址：江苏省苏州市吴中区郭巷镇六丰村
负责人：范金城
Tel：13913079857

**苏州市隆成电热电气厂**
地址：江苏省苏州市吴中区横金镇三星村一组
负责人：曹龙
Tel：0512－66201673
13338696350

**振鑫电子配件厂**
地址：江苏省苏州市相城区黄埭镇黄家弄17号
负责人：金禹
Tel：13912625622

**金宏分析仪器厂**
地址：江苏省苏州市相城区苏埭路78号
负责人：朱泉林
Tel：0512－65760953

## 无锡华拓自动化工程有限公司
业务：无锡华拓自动化工程有限公司是一家以技术开发，高技术含量电子产品生产为主的高科技公司，面向新世纪，华拓公司将以一流的技术优质的产品真诚地服务于广大用户！
地址：江苏省无锡市运河西路江南航运大厦1楼
负责人：殷德明……邮 编：214061
法 人：王伟明
Tel：0510－85805266
Fax：0510－85805266

**太仓市威泰电气有限公司**
地址：江苏省太仓市城厢镇城北村11组
负责人：黄胜福
Tel：0512－53117198
13773203153

**太仓申龙照明电器有限公司**
地址：江苏省太仓市浮桥镇丁泾村丁泾
负责人：龚利鑫
Tel：0512－53681099
13906224465

**源通电器成套设备有限公司**
地址：江苏省泰州市靖江市靖城镇江平路333号
负责人：顾凤珍
Tel：0523－84818103
13901425078

**洋泰电子材料有限公司**
地址：江苏省通州市北兴桥工业园区
负责人：陈松
Tel：0513－86946569
86942539
13776959988

**科峰电子有限公司**
地址：江苏省通州市开发区世纪大道邮政局南侧（隔壁）
负责人：李苏华
Tel：0513－86117148
13814728158

## 无锡市好达电子有限公司
业务：无锡市好达电子有限公司成立于1999年，是一家专业生产电子零件的企业，拥有多年的电子零件生产经验，产品方泛用于通信器材。公司位于江苏省无锡市滨湖区滨湖经济技术开发区高运路115号，地理位置优越，交通便利。自公司建立以来，我们不断配合客户之严格要求，使产品质量更完美，因为实行专而量大的市场战略，而使价格不断贴合市场品质不断的稳定.
地址：江苏省无锡市滨湖区滨湖经济技术开发区高运路115号
邮 编：214124
法 人：刘平
Tel：0510－85629111
Mobile：13806180450
Fax：0510－85627222

**通州市飞宇光学仪器有限公司**
地址：江苏省通州市平东镇工业园区西区（腾通路）
负责人：王振红
Tel：13906289575

**兴晔电子有限公司**
地址：江苏省通州市兴仁镇孙家桥村一组
负责人：成美英
Tel：0513－86612110
13962961785

**无锡市真言自动化机械配套厂**
地址：江苏省无锡市滨湖区胡埭镇工业园B区
负责人：孙保良
Tel：0510－85580943

**无锡市胡埭神宇气动元件厂**
地址：江苏省无锡市滨湖区胡埭镇西溪中心路
负责人：汪向东
Tel：0510－85590295

## 无锡市耀升工贸有限公司申光仪表厂
业务：本厂成立于1995年，主要生产压力表、工程机械用水平仪。热忱欢迎新老客户来电洽谈业务、共求发展！
地址：江苏省无锡市塘南新村98－1号申光仪表厂
负责人：谢鸿逵……邮 编：214026
法 人：谢鸿逵
Tel：0510－85051181

**无锡工博展览服务有限公司**
地址：江苏省无锡市东亭迎宾北路2号
负责人：沈齐鸣
Tel：0510－88210478
13382221617

**无锡市环达电控仪表有限公司**
地址：江苏省无锡市湖滨路655号时代杰都7楼10楼
负责人：董邦军
Tel：0510－85108481
85840350
13601513462

**龙胜电器无锡办事处**
地址：江苏省无锡市佳福大厦1025室
负责人：林岩纪
Tel：0510－82449785
13003309672

**无锡市林宇液位计**
地址：江苏省无锡市江海东路24号
负责人：王秀林
Tel：0510－82354277

**上海肯特智能仪器有限公司无锡办事处**
地址：江苏省无锡市尤渡苑364号201
负责人：邓小梅
Tel：0510－82103281

**美日电子有限公司**
地址：江苏省吴江市松陵镇梅里工业小区8号
负责人：李先奇
Tel：0512－63414949
13306253686

## 吴江市中频电器仪表有限公司
业务：吴江市中频电器仪表有限公司主要经营电器，仪表，波纹垫片，锌铝压制件，以质量求生存、信誉求发展，热忱欢迎广大新老用户光临惠顾。
地址：江苏省吴江市松陵镇八拆友联村东环路
负责人：周文忠……邮 编：215222
法 人：周文忠
Tel：0512－63341828
63341838

**吴江市盟为电子有限公司**
地址：江苏省吴江市松陵镇中山北路46号
负责人：娄义军
Tel：0512－66388746

**吴江世通防爆器材厂**
地址：江苏省吴中市芦墟镇临沪开发区金家坝工业园
负责人：霍秋阳
Tel：0512－63210282
13915523110

**新原测控有限公司**
地址：江苏省徐州市科技城软件一区三十号
负责人：董平
Tel：13905207662

**徐州经济开发区恒星电子机箱厂**
地址：江苏省徐州市科技路1号建行后院三楼
负责人：安文生
Tel：13852006773

**升辉光辉照明电器有限公司**
地址：江苏省徐州市三环东路升辉装饰建材实业有限公司二号厅A02－02号
负责人：任正光
Tel：0516－83469369
13913458059

**弘鑫仪表厂**
地址：江苏省徐州市新沂市田吴村花卉市场南首
负责人：张咏
Tel：0516－88915616
13952281133

## 兴化市佳敏仪表有限公司
业务：兴化市佳敏仪表有限公司成立于1982年，生产经营智能测控仪，高温导线，热电阻，补偿导线，欢迎新老客户来电洽谈业务！
地址：江苏省泰州市兴化市张郭镇蒋庄
负责人：周国华……邮 编：225300
法 人：周国华
Tel：0523－83761163
Fax：0523－83762821

**北峰制冷设备有限公司**
地址：江苏省徐州市云龙区淮海东路130号
负责人：申传峰
Tel：0516－83701516
13172323509

**唯成制冷设备有限公司**
地址：江苏省盐城市城区毓龙东路63号－37
负责人：张建华
0 Tel：515－88896885
88247449

**东凯玻璃仪器厂**
地址：江苏省盐城市建湖县芦沟镇东升村（南吴）
负责人：嵇晓金
Tel：0515－86576018
85116364
13305116298

**海洋电子调压器厂**
地址：江苏省盐城市建湖县庆丰镇水柳路73号
负责人：刘维华
Tel：0515－86386888
86381452
13805116452

**桃园灯饰有限公司**
地址：江苏省盐城市射阳县陈洋镇岱范村
负责人：蒯本海
Tel：0515－82802401
13851137377

**五洲电气安装工程有限公司**
地址：江苏省盐城市盐城经济开发区新墩村五组
负责人：倪付明
Tel：0515－88283038
13962088158

**扬中市飞鸿仪表阀门厂**
地址：江苏省扬中市油坊镇积善村
负责人：韦宏军
Tel：0511－88524518
82667518

## 徐州市平安蓄电池经销处
业务：徐州市平安蓄电池经销处成立于1999年，主要经营风帆牌蓄电池。"质量保证，价格合理"，热诚欢迎新老客户惠顾。
地址：江苏省徐州市鼓楼区中山北路227－3号
邮 编：221000
法 人：谢继林
Tel：0516－87720863
Fax：0516－87720863

**宝应县登宝电器厂**
地址：江苏省扬州市宝应县夏集镇东岳路20号
负责人：高登宝
Tel：0514－88722178
13951440961

**赛拉特电源有限公司**
地址：江苏省扬州市高邮市高邮镇工业园区
负责人：王金凤
Tel：0514－84548948
84545845
13813119481

**引市电器厂**
地址：江苏省扬州市广陵区引市街2号
负责人：汪万平
Tel：0514－87319227

## 盐城市德贝节电系统工程有限公司
业务：盐城市德贝节电系统工程有限公司成立于2004年，从事节电系统、工业控制器材方面的技术开发、技术转让、销售电器机械及器材。
地址：江苏省盐城市通于北村3区4栋104室
负责人：戚彩龙……邮 编：224002
法 人：戚彩龙
Tel：0515－88210152

**荣汇电力器材厂**
地址：江苏省扬州市江都市高徐镇工业园区
负责人：王志华
Tel：0514－86711688
86718088
13852528528

**新华电器集团有限公司江都分公司**
地址：江苏省扬州市江都市江都镇引江路35号
负责人：吴定飞
Tel：0514－86864475

**春雷电器厂**
地址：江苏省扬州市江都市真武镇西明村
负责人：蒋春生
Tel：0514－86276533
13773379911

## 张家港市亚士绝缘材料有限公司
业务：张家港市亚士绝缘材料有限公司专业生产"亚士"牌聚酰亚胺系列产品。主要产品有6051聚酰亚胺薄膜（流诞）及HF、FHF（聚酰亚胺－氟－46）复合薄膜，产品质量在同类产品中居上等水平，技术指标及产品规格≥国家要求，产品畅销全国以及东南亚地区。
地址：江苏省张家港市凤凰镇港口双塘村吴湖路20号
负责人：徐建军……邮 编：215613
法 人：徐建军
Tel：0512－58340522

**思源电气有限公司**
地址：江苏省扬州市郊区扬子江北路451号
负责人：周文朝
Tel：0514－87806030
13605272488

**江苏省张家港市电教器材厂**
地址：江苏省张家港市三兴镇鼎盛村
负责人：唐金法
Tel：0512－58571787
13906243135

**张家港市凯普达超声科技有限公司**
地址：江苏省张家港杨舍镇沙南村
……负责人：李滨
……Tel：0512－58596998
13962208060

**光华仪表元件厂**
地址：江苏省镇江市丹丹徒区姚桥镇迎东村
……负责人：徐广法
……Tel：0511－83391245
13805280740

## 扬中市和盛电器有限公司
业务：扬中市和盛电器有限公司主要经营五金电器，水暖器材，电缆桥架，以质量求生存、以信誉求发展，热忱欢迎新老客户光临惠顾。
地址：江苏省扬中市三茅镇民主路89号
……负责人：冷祥根……邮　编：212200
……法　人：冷祥根
……Tel：0511－88330557

**神舟电子有限公司**
地址：江苏省镇江市丹阳市后巷开发区南大街
……负责人：陈建荣
……Tel：0511　80322999
86322198
13801588522

**彩虹特种电容器厂**
地址：江苏省镇江市丹阳市皇塘镇东街
……负责人：杨建国
……Tel：0511－86631630

## 英钜电子（苏州）有限公司
业务：英钜电子（苏州）有限公司成立于2006，主要从事液晶显示器、显示屏的生产，并提供相关检测维修服务。
地址：江苏省苏州市吴中经济开发区枫津路18号
……负责人：刘网成……邮　编：215128
……法　人：钱逸森
……Tel：0512－89179011
……Fax：0512－89179012
……网址：www.cfpe.com.cn
……E-mail：lin－lane@cfpe.com.cn

**百盛源空调有限责任公司**
地址：江苏省镇江市京口区东吴路62号106室
……负责人：陈世清
……Tel：0511－88814664
13033595058

**港联仪表有限公司**
地址：江苏省镇江市京口区谏壁镇于山街75号5幢202室
……负责人：孙晓春
……Tel：0511－83355968
13815486058

**腾宇电能设备有限公司**
地址：江苏省镇江市扬中市新坝镇新镇北路
……负责人：奚群先生
……Tel：0511－88411100
88415890
13705295780

**荣庆电器有限公司**
地址：江苏省镇江市扬中市新坝镇治安村
……负责人：高纪蓉
……Tel：0511－88413728
13805295015

## 宜兴凯尚光源有限公司
业务：本公司主要生产节能灯管和节能灯整灯、螺旋型节能灯管，最终的成品主要远销美国、欧洲等国际市场。“因为专业，所以更好；因为精湛，所以完美”我们将携手与您奔向光明前程。
地址：江苏省宜兴市新庄镇
……负责人：林建权……邮　编：214200
……Tel：0510－87567888

**诚信空调器销售有限责任公司**
地址：江苏省镇江市扬中市扬子中路6号
……负责人：黄纪良
……Tel：0511－88364999
13705296557

## 宜兴市路达仪表有限公司
业务：宜兴市路达仪表有限公司位于宜兴市丁蜀镇水产村，交通十分便利。从事流量仪表、自动仪表的生产及销售。欢迎来电垂询！
地址：江苏省宜兴市丁蜀镇水产村
……邮　编：214221
……法　人：虞克敏
……Tel：0510－87425017
……Fax：0510－88566300

**亚华宁灯泡厂**
地址：江苏省镇江市扬中市油坊镇长旺村
……负责人：左文强
……Tel：0511－88524079
13805298670

**荣剑防爆电器仪表厂**
地址：江苏省镇江扬中市八桥镇太平白路64号
……负责人：张纪荣
……Tel：0511－88541058
13305289676

## 常州法钠尔电子有限公司
常州法钠尔电子有限公司成立于2004年初，为法国独资企业，拥有自营进出口权。致力于小型精密零件的设计开发和制造。产品涉及通讯、电子机械五金、汽配、军工等行业。

公司本着“诚信、务实”的企业精神，遵循“信誉第一、用户至上”的原则，竭诚为各界用户提供一流的产品和服务。

联系人：蒋秋燕
电话：0519-86381618、86381618
传真：0519-86381668
网址：www.fanelc.com　电子邮件：fanelc618@yahoo.com.cn
地址：江苏省常州市武进区牛塘镇白家工业园　邮编：213163

## 常州奇创电子衡器有限公司
常州奇创电子衡器有限公司成立于2006年，本公司专业从事电子汽车衡、地上衡及一系列非标称重产品的专业制造企业，拥有一批专业技术人员和销售精英。公司整洁、文明、宽敞，被誉为花园式工厂。哪里有衡器，哪里有奇创。希有意成为我们用户式分销商的，奇创公司随时欢迎您的光临指导。

网址：www.cz-qc.com
邮箱：qc@cz-qc.com
联系人：马万龙
电话：0519-82058889、13063927478　传真：0519-82058808
地址：江苏省常州市薛家镇庆阳路99号　邮编：213125

## 常州市金唯讯电子有限公司
常州市金唯讯电子有限公司成立于2007年，以绝缘子、绝缘体、耐高温密封圈等绝缘材料的生产、销售为主。

欢迎广大客户来电来函洽谈业务。

联系人：陈丽英
13861251640　13861220068
电话：0519-86518332
邮编：213176
地址：江苏省常州市武进区前黄镇中心小学(南亦厂)

## 常州腾龙机电设备工程有限公司
常州腾龙机电设备工程有限公司成立于2007年，我司是从事制冷空调工程设计、设备安装、维修保养的专业工程公司。

我们将以优质的产品质量，合理的价格，完善、及时的售前售后服务，竭诚为您提供最佳的服务！

联系人：顾文亮
电话：0519-85116229　13701502616　传真：0519-85116221
地址：江苏省常州市新北区太湖西路5-2#创业公寓509室　邮编：213022

## 常熟市博瑞智能电气有限公司
本公司成立于2001年，主要经营监控防盗、报警等熟电系统产品的销售、安装及服务。公司以“质量第一、安全第一、以人为本”为己任，本着“以市场为导向、以科技为动力”的宗旨。

联系人：杨卫东
电话：0512-52840048、52841060、13906230658
地址：江苏省常熟市高新技术园区联丰路10号　邮编：215500

## 常熟市兴华五金电器商行
常熟市兴华五金电器商行成立于2006年，本商行专业从事五金电器的销售。

本商行秉承“顾客至上，锐意进取”的经营理念，坚持“客户第一”的原则为广大客户提供优质的服务。欢迎惠顾！

联系人：宣兴胜
电话：0512-52342405　邮编：215500
地址：江苏省常熟市虞山镇建村市场一区33幢3311、3312号

## 常州宝中宝新能源科技有限公司
常州宝中宝新能源科技有限公司成立于2008年，为宝中宝，鑫太阳宝牌整体太阳能的生产及销售为主。公司秉承“顾客至上，锐意进取”的经营理念，坚持“客户第一”的原则为广大客户提供优质的服务。欢迎惠顾！

联系人：张保华
电话：0519-88137918　手机：13861220988
地址：江苏省常州市天宁区　邮编：213000

## 德美康泰电气有限公司
德美康泰电气有限公司成立于2005年，本公司专业从事各类低压电气系列产品的研发、生产和销售。主导产品有系列小型断路器、墙壁开关、插头、插座、配电箱等，同时还生产输配电用高低压电气成套设备等。公司全体员工在董事长的带领下，以发展电气事业为己任，恪守“视品牌为生命、以质量为基础、以市场为导向”的企业信条，不断研究开发新产品，以满足不同层次的用户而努力。

联系人：马如建
电话：0513-84581055　13506270478
传真：0513-84580618
地址：江苏省南通市如东县丰利镇新建西路40号　邮编：226408

## 东台市仪表厂

东台市仪表厂成立于1993年，为江苏省石油总公司的定点单位，系专业生产液体计量仪表的主要厂家之一。本厂有较强的技术力量和先进完善的生产检测设备。产品广泛应用于石油、化工、商业等部门的收发计量，具有量程范围大、精度高、性能稳定、安装简易、操作方便等优点。本厂始终坚持“质量第一、用户至上”的方针，多次荣获市人民政府授予的“质量信得过单位”称号，产品质量及服务跟踪受到广大的用户好评。

联系人：潘志斌
电话：0515-85217834 85235493 85883949
网址：www.ycmeter.com 电子邮件：meter@ycmeter.com
地址：江苏省东台市惠民路16号 邮编：224200

## 江苏绿扬电子集团仪器有限公司

本企业创建于1970年，主要从事示波器等电子测量仪器的研发和生产。主要产品包括示波器、毫伏表、信号源、电源、在线/离线测试仪、电子[illegible]接等。企业一贯坚持“以用户满意为企业最高追求”的经营服务宗旨，真诚欢迎新老用户光临企业指导、洽谈和合作！

联系人：邓兴华 13951277876
电话：0511-88322022 88323149 88392008 传真：0511-88322854
网址：www.lvyang.com 电子邮件：webmaster@lvyang.com
地址：江苏省扬中市绿扬路88号 邮编：212200

## 东亭梅花线切割钼丝厂

我厂专业生产“梅花”线切割钼丝，生产的钼丝性能稳定，质量可靠，价格合理。

公司成立十一年来，始终坚持以诚信为本，以创新为动力，以服务为宗旨，不断提高企业的核心竞争力。致力为客户提供高品质的产品和完善的服务。

联系人：张建华
电话：0510-88206897 13914106450
传真：0510-88201058
邮编：214000
地址：江苏省无锡市东亭镇新光中路107号

## 江苏鑫凯电子工程有限公司

江苏鑫凯电子工程有限公司专业从事楼宇智能化网络系统工程、计算机网络系统设计、施工、机电设备销售、安装，欧洲西蒙综合布线产品、西门子温控产品、安奈特交换机、奥创丽综合布线产品欢迎来电洽谈！

联系人：张庆兵
电话：025-83378055 83376355 86884407
地址：江苏省南京市北京东路77-2号金桥商务楼3楼
邮编：210018

## 光华仪表元件厂

光华仪表元件厂成立于1994年。

主要生产仪表配件。

本公司秉承“顾客至上，锐意进取”的经营理念，坚持“客户第一”的原则为广大客户提供优质的服务。欢迎广大客户惠顾！

联系人：徐广法 13805280740
电话/传真：0511-83391033
邮编：212136
地址：江苏省镇江市镇江新区姚桥镇迎东村

## 江阴市光大科技有限公司

我公司主要代理及经销产品有：LAND红外测温仪、西门子、电线电缆、可编程控制器、变频器、低压电器及配电产品、传感器元器件、开关电源、软起动器、液压气动元件、UPS、仪器、仪表等。欢迎来电洽谈！

联系人：吴文锋
电话：0510-86271775 13961699150
传真：0510-86288327 邮编：214432
地址：江苏省无锡市江阴市永康五金城五金西路33号

## 建湖县生辉照明电器有限公司

本公司成立于1999年，主要生产和销售螺旋灯明管、节能灯。

尊重客户，理解客户，持续提供超越客户期望的产品与服务，做客户们永远的伙伴。这是我们一直坚持和倡导的服务理念。

电话/传真：0515-86515688 86156888
网址：www.jhshzm.cn
地址：江苏省盐城市建湖县颜单镇人民路9号
联系人：卢生 15061666999
电子邮件：shenghui@hshzm.cn
邮编：224700

## 江阴市佳仪仪表厂有限公司

江阴市佳仪仪表厂有限公司于2008年1月正式改制成功，是生产大型项目节流装置的一家老企业。当时在上海自动化仪表一厂众多流量专家的大力支持和帮助下，生产规模不断扩大，在国内知名度日益提高，目前已是全国承担生产的主要单位之一，是华东地区承接节流装置生产任务最多的生产公司。公司以质量求生存、以信誉求发展。欢迎您的来电！

联系人：秦忠兴 13801522689
电话：0510-86854776 传真：0510-86851100
地址：江苏省江阴市公园路18号 邮编：214400

## 江苏江威电气有限公司

江苏江威电气有限公司1994年，本公司专业从事高、低压开关柜系列，母线槽系列、电缆桥架系列，三箱系列，滑触线，补偿器以及相关电器成套设备的生产和销售。

江威人本着强烈的责任感、事业心，真诚欢迎国内外各界朋友与我们携手并进，在播撒光明的事业中共奋进！

网址：www.jsjiangwei.com

联系人：朱文辉
电话：0511-83374888 83374555 传真：0511-83374666
地址：江苏省镇江新区机电工业园港中路 邮编：212132

## 姜堰市普天视电器经营部

本公司成立于2006年，主要经营监控设备、楼宇对讲、电线电缆、灯光音响。

公司秉承“诚信”的服务宗旨，坚持“规范”的企业思想，真诚与各界朋友合作。

联系人：李平 13814483099
电话/传真：0523-88808111
邮编：225500
地址：江苏省姜堰市姜堰大道振华佳园122号（民政局对面）

## 南通金马电子有限公司

本公司成立于 2009 年，主要經營電容器配件生產與銷售，產品有電容器蓋板、鋁滑絲。

公司以“誠實爲本、質量是根、合作是路、客户至上、服務第一”爲宗旨，歡迎您的光臨。

联系人：马洪彬 13962866508
电话：0513－86584050
邮编：226363
地址：江苏省通州市新联镇刘新路高速公路向北300米

## 苏州南山电气有限公司

我公司是一家专业生产小型断路器（DZ47）及漏电的企业！通过国家强制性认证！荣获苏州昆山市质量监督检验所推荐产品！

本公司具备先进的生产设备，以确保质量第一为宗旨，欢迎新老客户的咨询和光顾！

电话：0512-53433766
联系人：南君平 13732611678
网址：www.shop.cnsb.cn
地址：江苏省太仓市太仓城厢工业园顾港路20号 邮编：241500

## 南通开发区求杰电器有限公司

本公司成立于 2006 年，主要经营钨，钼，钛制品的生产及销售，有钨，钼，钛制品，电加热器。

热情周到的服务是我们与客户友谊的基石，以真诚和创新服务满足客户个性化的需求。

联系人：沈杰
13951301138

电话：0513－85900519
邮编：226010
地址：江苏省南通开发区小海镇朝阳村一组78号

## 蘇州市長橋净化設備廠

本公司成立于 1988 年，主要生产销售净化设备、净化检测仪器，承接净化工程，主要产品有洁净工作，生物工作，自净器，生物、制药、食品、实验室、手术室净化设备及检测仪器设备。

竭诚欢迎新老客户来电来人前来洽谈！

联系人：陈新春 13806139832
电话/传真：0512－65251117 65256117
网址：www.szcqjh.com
电子邮件：cxc@szcqjh.com
邮编：215128
地址：江苏省苏州市吴中开发区枫津南路15号

## 如皋市雨欣测试仪器有限公司

本公司成立于 2004 年，主要经营纺织行业测试仪器和实验室通用仪器。

公司始终本着“用户为先”的服务宗旨，发展自我、完善自我，以自己优良的品牌信誉，优异的技术性能和优质的服务为您服务！

联系人：孙宣卫
13814616242

电话：0513－81786818
地址：江苏省如皋市下原镇野树村一组8号
邮编：226500

## 苏州市多普斯勒电器有限公司

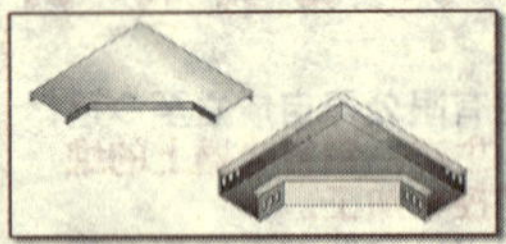

苏州市多普斯勒电器有限公司成立于2008年，是一家经销电器、五金的企业。

公司秉承客户至上、质量第一的服务宗旨，愿与您携手共进，共创辉煌。

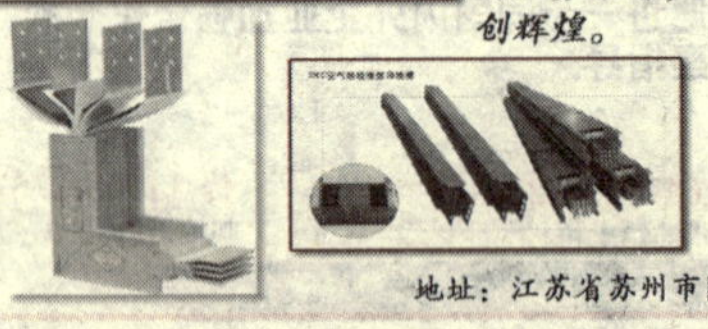

联系人：彭康
电话：0512－67500916
邮编：215000
地址：江苏省苏州市园区东环路富华苑8栋203

## 苏州海之杰电器有限公司

本公司成立于 2007 年，主要经营铜接头，接线端子，电器配件，五金冲压件，主要产品有 FOT、OT、UT、IT、GT 系列铜制冷压接头，JB、JG、JK 船用铜制冷压接头，JFS、TC、UK 系列端子，扎带，定位片等。

竭诚欢迎各界朋友光临我公司，与您携手共创美好明天！

联系人：王彩宫 13776020918
电话：0512－62576916 62576915
邮编：215021
地址：江苏省苏州市工业园区倪浜路20号

## 泰兴市华英电池配件有限公司

本公司成立于1993年，从事电池钢壳生产经营已有十几年，主营：1号/2号/5号/7号/8号/9号碱性电池钢壳；我们以良好的信誉与上海白象等国内多家实力电池厂家保持长期友好的合作。

本公司以做大做强为目标，殷切寻求电池厂家的合作，将以“质量为本、价格适中、服务至上”的原则竭诚为您服务！

联系人：姚建华 13815977888 电话：0523-87516991 87511520
网址：www.sohu511520.battery.com.cn 传真：0523-87516991
地址：江苏省泰州市泰兴市过船镇石桥村繁荣七组 邮编：225442

## 苏州南方钜大电池有限公司

网址：www.southbattery.com.cn

位于阳澄湖畔苏州工业园区唯亭科技园，公司拥有国内先进水平的高功率电池和碱性电池生产线，产品规格有：R20P、R14P、R6P、R03P、LR6、LR03等。产品包装款式有：PVC彩塑套装、金属膜贴标、热缩筒装、插卡、挂卡等；公司拥有注册商标"南科"、"Entop"，年生产能力可达2.5亿只。

本公司是电池专业制造企业，生产工艺先进，检测手段齐全，严格按国际标准(IEC)和国家标准(GB8897.2-2005)组织生产，2003年通过了ISO9001:2000国际质量体系认证，本公司将以一流的产品、一流的服务，在契而不舍地追求中实践服务社会，服务客户的理念。

电子邮件：southbattery@163.com

联系人：赵爱国 鈕振杰
电话：0512－65071577 传真：0512－65071721
地址：江苏省苏州工业园区唯亭镇金陵东路娄上路16号 邮编：215121

## 泰兴市源苏通讯设备有限公司

公司主要从事手机、电话机，传真机，对讲机等电子产品的生产、研发和销售。

高技术、高质量的免维护产品及完善的质保体系；为用户提供最优质的服务、诚实守信、共同发展是公司全体员工对所有客户的忠心承诺。

联系人：戴乔平
电话：0523－87622268 传真：0523－87718788
邮编：225400
地址：江苏泰兴市泰兴镇鼓楼南路金鹏大厦1楼

**上海育椿机电有限公司** 本公司是台湾明椿电机大陆独家供应商。
电话：021—59177921
地址：上海市嘉定区南翔镇惠平路14弄4号

## 天魁电子科技有限公司

天魁电子科技有限公司成立于2005年，本公司专业从事各种规格研磨机附件及各种规格多线切割机配件。我公司采用最先进的技术，提供最有竞争力的价格和奉行"服务无微不至，品质精益求精"的工作方针，以高品质的产品与服务满足客户的梦想。追求卓越是我公司致力追求的目标。客户是朋友，双赢是共识。真诚期待您的光临，本公司愿与广大有识之士精诚合作，携手开发，共展宏图！

联系人：张卫国　邮箱：Tkzhamhweiguo@126.com
电话：0512-66620198　66620398　13952405977
传真：0512-66620298　邮编：215000
地址：江苏省苏州市珠江路855号

## 吴江市星丰五金照明电器厂

本公司成立于2002年，主要经营路灯具，日光支架，镇流器。

服务宗旨：客户至上，诚信为本，客户永远是第一位的。取信于用户、取信于同仁。

联系人：沈偉成　13706253179
电话/传真：0512-63816381　63828555　63817385
地址：江苏省吴江市七都镇东开发区　邮编：215234

## 無錫安能滑觸電器有限公司

我公司是以生产滑导电器为主的专业厂家，技术力量雄厚，主要经营安全供电滑触电线。

我们将为您提供高质量的产品以及最优质的价格！欢迎您的光临！

联系人：陆春景
13306189612
电话：0510—83776272
电子邮件：web@wxanneng.com
邮编：210191
地址：江苏省无锡市锡山区东北塘镇依坝村

## 吴江天将自动化设备有限公司

吴江天将自动化设备有限公司成立于2007年，本公司专业从事生产、销售：自动化流水线、自动化设备；销售：不锈钢制品、电子产品。

我们将以优质的产品质量，合理的价格，完善、及时的售前售后服务，竭诚为您提供最佳的服务！

联系人：高新顺
电话：13862546165　0512-63128606　传真：0512-63128616
地址：江苏省吴江市经济开发区柳胥路7号　邮编：215000

## 无锡迪克自动化控制设备有限公司

本公司成立于2005年，主要经营自动化成套设备，主要产品有环保除尘控制系统、玻璃纤维短切毡控制系统、网毯全自动纠偏系统。

我们奉行质量第一、用户至上，将竭诚为您服务。

联系人：王平　13093098175
电话：0510-85425791　传真：0510-85700592
网址：www.wxdice.com.cn　电子邮件：wxdice@126.com
地址：江苏省无锡市扬名开发区欧美工业园C区3号　邮编：214063

## 讯通電子器材廠

讯通电子器材厂成立于1999年。
主要生产有线电视器材，同轴连接器。
本厂秉承"顾客至上，锐意进取"的经营理念。
坚持"客户第一"的原则为广大客户提供优质的服务。
欢迎广大客户惠顾！

联系人：管忠
电话：0514-87261736　13801450824
地址：江苏省扬州市邗江区头桥镇国玉村西二组　邮编：225108

## 无锡市津铭绝缘材料有限公司

无锡市津铭绝缘材料有限公司2006年，以生产绝缘材料为主。公司秉承"顾客至上，锐意进取"的经营理念，坚持"客户第一"的原则为广大客户提供优质的服务。欢迎广大客户惠顾！

联系人：张鹏
电话：0510-81003233　83777243　手机：13338783555
地址：江苏省无锡市锡山区东北塘镇正阳村　邮编：214191

## 扬中市继旺电热器有限公司

扬中市继旺电热器有限公司成立于2003年，主要从事电热器、电热管的生产与销售。
欢迎新老客户来人、来函、来电、惠顾！

联系人：黄继旺
电话：0511-85156369　13952970569
地址：江苏省扬中市三茅镇普济小学　邮编：212000

## 无锡众鼎能暖设备工程有限公司

无锡众鼎能暖设备工程有限公司成立于2004年，本公司专业从事中央空调、通用设备、专用设备、楼宇自控的销售、安装、维护。我们始终坚持"勇于创新、客户满意"的企业精神，贯彻"技术过硬、超值服务"；实施"立足无锡、延伸发展"的发展战略；注重"科技兴司、严格管理"狠抓服务质量，一切以客户满意为标准，努力超越期望值去服务于每一位客户。因为专业，所以做得更好！相信专业，选择众鼎！

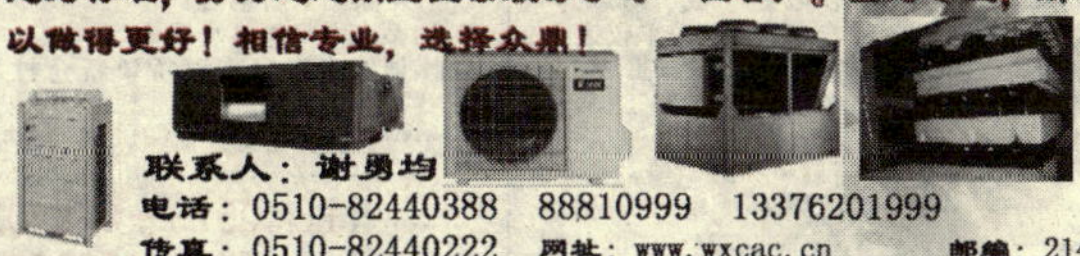

联系人：谢勇均
电话：0510-82440388　88810999　13376201999
传真：0510-82440222　网址：www.wxcac.cn　邮编：214015
地址：江苏省无锡市清石路463号嘉德大厦B座416　电子邮件：zykt2008@163.com

## 扬州市邗江深运凿井工程处

本公司成立于2008年，主要经营凿井（修、洗井）。我们坚持"质量兴业"的创业思想，奉行"用户满意"的服务宗旨，以"诚实信用、实事求是"为经营之本。

欢迎新老用户光临指导、洽谈业务！

联系人：张秋生
13813143118
邮编：225009
电话：0514-87342496
地址：江苏省扬州市梅香苑7幢301室

## 扬州市科尔光电子材料有限公司

扬州市科尔光电子材料有限公司成立于2006年，专业从事生产、销售单晶硅、单晶片。企业实力强劲，技术力量雄厚，严把生产质量关。同时秉承诚信为本的经营方针，所经营的产品质量可靠，价格合理。深受广大用户的好评，拥有众多的长期合作伙伴。愿借助此平台结交有识之士，共创美好未好。

联系人：韩伏久
电话：0514-83881555　83880015
传真：0514-83880015　邮编：225000
地址：江苏省扬州市仪征市大巷镇人民北路308

## 奕东电子（常熟）有限公司

奕东电子（常熟）有限公司成立2005年，本公司专业制造IT行业所需的金属配件，冲压和注塑模具；涉及到LCD端子、HIC叉式引线，各类连接器端子，通讯及移动通讯等精密冲压产品和功能性电镀产品。

公司秉承"顾客至上，锐意进取"的经营理念，坚持"客户第一"的原则为广大客户提供优质的服务。欢迎惠顾！

联系人：曾桂平　网址：www.yidong.com.cn
电话：0512-52681999　52684088
传真：0512-52684188　电子邮件：zym@yidong.com.cn
地址：江苏省常熟市会浜镇天星工业园　邮编：215534

## 镇江洪利达太阳能微风发电有限公司

网址：www.0511hld.com

镇江洪利达太阳能微风发电有限公司成立于2009年1月，主要从事于太阳能微风发电设备制造、销售、维修。

洪利达全体员工秉承"开拓进取、科学发展、和谐共赢"的企业精神，并始终坚持"以技术为核心、视质量为生命、奉用户为上帝"的经营理念，共同致力于太阳能微风发电事业，为您提供性价比最高的太阳能微风发电产品、高质量的工程设计改造及无微不至的售后技术服务。竭诚欢迎国内外客商惠顾我公司，共谋发展大业！

联系人：辛书洪　15896389888
电话：0511-88981724　88981701
地址：江苏省镇江市中山东路龙发大厦16楼　邮编：212001

## 镇江市佳烨电器设备有限公司

镇江市佳烨电器设备有限公司创建于80年代，现已发展成为具备生产系列配电电器的专业化厂家，主要产品有CFW、CMC、FCM系列母线槽，铜制、阻燃、防腐、防火玻璃钢系列母线桥架，高、低压开关柜，各种动力箱，照明箱，滑触线等。

我厂正在贯彻ISO9000标准，逐步使本厂产品质量和管理水平与国际接轨，以迎接更广阔的市场。

联系人：沈佳烨 13705299885

电话/传真：0511-88333868
电子邮件：jiaye@jiaye.net
地址：江苏省镇江市扬中市三茅镇扬子东路河南桥
网址：www.jiaye.net
邮编：212200

## 镇江新区富泓电子有限公司

本公司成立与2007年，主要经营电子配件、RF连接器配件、基座件、卡环、五金制品加工销售。

公司以"诚实为本、质量是根、合作是路、客户至上、服务第一"为宗旨，竭诚为您服务。

联系人：陶建富
13705286039
电话：0511-83726988　83721296
邮编：212000
地址：江苏省镇江新区大路镇王巷村

# 浙江省/Zhejiang Province

### 上虞市北斗星照明电器有限公司

业务：本公司是一家集灯具研发、生产、销售、服务于一体的现代化管理企业，公司主要产品有：塑料台灯，金属台灯，金属立灯，壁灯，草地灯，卤素灯，电子灯，射灯等。并已通过欧共体 CE、UL、GS 认证和符合欧盟 ROHS 要求，产品远销国内外，深受客商的信赖。热忱欢迎国内外客商来我公司参观、洽谈订货！
地址：浙江省上虞市小越镇越北村（国道路 68 号）
负责人：何夫良　邮编：312367
法人：何夫良
Tel：0575－82039678　82717066
Fax：0575－82718828
网址：www.bdxlight.com
E-mail：cnbdx@yahoo.com.cn

### 慈溪市新浦元昊电器厂

产品：生产、销售电器取暖器、电热水袋
地址：浙江省慈溪市新浦镇余家路村中心北路 129 号
负责人：孙国冲　邮编：315322
法人：孙国冲
Tel：0574－63591262　13738411832

### 淳安县姜家节日灯厂

地址：浙江省杭州市淳安县姜家镇郁川街
负责人：姜益根
Tel：0571－64861862

### 慈溪市联业塑料制品厂

业务：生产、销售各种型号的插座
地址：浙江省慈溪市观海卫镇五洞闸村 172 号
负责人：徐建蔚　邮编：315300
法人：徐建蔚
Tel：15888581004　0574－63659923
Fax：0574－63696666

### 慈溪市鸿夏制冷维修

业务：专业维修保养中央空调．家用空调．冰箱．制冰机．冷库．冰柜．展示柜等制冷设备
地址：浙江省慈溪市浒山街道上房路 36 号
负责人：蒋春虹　邮编：315000
法人：蒋春虹
Tel：13429208785　0574－63819432

### 慈溪市盛翔光电科技有限公司

业务：专业研发、生产、销售光电子器件及其他电子器件、照明灯具，公司与多家企业建立了长期的合作关系，热诚欢迎各界朋友前来参观、考察、洽谈业务！
产品：自行车灯，自行车配件，摩托车配件，汽车配件，塑料制品，橡胶制品，五金配件制作加工
地址：浙江省慈溪市胜山镇镇前村塘墩南路 18 号
负责人：胡长龙　邮编：315323
法人：胡长龙
Tel：0574－63549188　15824285693
Fax：0574－63542899
网址：nbsx2009.cn.alibaba.com
E-mail：nbsx.2009@163.com

### 富阳市东方气体有限公司

地址：浙江省杭州市富阳市富春街道农民城（东方纸城壹号楼三楼）
负责人：朱火林
Tel：0571－63336618

### 慈溪市翼鹏电子元件厂

业务：连接器配件、继电器配件的生产与销售，塑料、橡胶制品的对外加工
产品：连接器配件、继电器配件
地址：浙江省慈溪市道林镇桥一村许家南路 14 号
负责人：丁勇　邮编：315321
法人：丁勇
Tel：0574－63506406
Fax：0574－63510785

### 慈溪市明达电子有限公司

业务：慈溪市明达电子有限公司成立于 2006 年，主要经营沙滩车仪表，摩托车仪表的生产与销售，欢迎新老客户光临、惠顾。
地址：浙江省慈溪市浒山街道金旦花园 18 号楼 404 室
负责人：诸敏　邮编：315300
法人：诸敏
Tel：0574－63040588
Fax：0574－63016789
网址：www.cxmddz.cn.alibaba.com
E-mail：cxmddz@126.com

### 富阳市金成电器厂

地址：浙江省杭州市富阳市高桥镇洪庄村
负责人：马国金
Tel：13868179598

### 慈溪市成舟电器厂

业务：家用电器制造、加工
地址：浙江省慈溪市新浦镇浦沿村新浦江路 67 号
负责人：周奇科　邮编：315300
法人：周奇科
Tel：13805814531
网址：http://www.51zzt.com/user/zzt32911

### 宁波市镇海盛海威电子有限公司

业务：宁波市镇海盛海威电子有限公司成立于 2006 年，主要从事继电器的生产。公司以"发展一流技术、生产一流产品、保证一流质量、提供一流服务"为宗旨，以最新的技术，最好的质量，最优惠的价格及最佳的售后服务深受广大客户的青睐。我们愿与各公司联合发展，互惠互利。
地址：浙江省宁波市镇海区骆驼街道民联村憩桥
负责人：盛其章　邮编：315206
法人：盛其章
Tel：0574－86556768

### 海宁市袁花倚天乐太阳能热水器厂

业务：生产销售倚天乐太阳能热水器
地址：浙江海宁市袁花镇山鸿路幼儿园对面
负责人：唐海忠　邮编：314417
法人：唐海忠
Tel：13506730526　0573－87863918　87871298
Fax：0573－87871298

### 富阳晓明电器配件厂

地址：浙江省杭州市富阳市灵桥镇梓树村
负责人：汪晓明
负责人：0571－63557698

### 慈溪市掌起镇凯晨吸塑五金厂

业务：生产冰箱配件
地址：浙江省慈溪市掌起镇叶东公路口往前 50 米
负责人：蒋志强　邮编：315000
法人：蒋志强
Tel：0574－23717255　13586929277

### 慈溪市周巷杰聪电器厂

业务：专业从事家用电器、电子元件、电器配件、五金配件的研发生产销售，本着为客户创造价值的宗旨，希望与您精诚合作，协手共创辉煌明天
产品：家用电器，手电筒，应急灯，帽夹灯
地址：浙江省慈溪市周巷镇劳家埭村义四 96 号
负责人：陈强　邮编：315335
法人：陆森淼
Tel：0574－63490188　13355936798
Fax：0574－63499583
网址：www.leirui.cn.albaba.com
E-mail：chenxsdq@yahoo.cn

### 东阳市迈德电子有限公司

业务：电机电器、磁性材料生产，销售
地址：浙江省东阳市横店电子工业园区昌盛路 13 号
负责人：马正华　邮编：322118
法人：马正华
Tel：13967996690　0579－86310185　86310130

### 上虞市东关奕烽电子元件厂

业务：本公司成立于 2005 年，主要生产销售两节发光管。欢迎新老客户来电洽谈业务！
地址：浙江省绍兴市上虞市东关街道高旺村
负责人：奕木根　邮编：312300
法人：奕木根
Tel：0575－82576885

### 海宁市桑康新能源科技有限公司

业务：专业从事太阳能热水器及配件的技术开发、制造加工，工艺精湛、结构新颖、性能优越。我们坚信一流的产品品质，一流的专业化设计安装，让您畅享健康热水新生活！
产品：桑康太阳能热水器
地址：浙江省海宁市丁桥镇新仓村搬转庙 38 号
负责人：范江旗　邮编：314400
法人：许美丽
Tel：0573－87830318　13567388958

### 杭州三莱电器有限公司

地址:浙江省杭州市拱墅区密渡桥路16－2号
负责人:张时勇
Tel:13857148999

## 诚诚家电维修

业务:液晶等离子电视安装维修、保养,TCL售后各种家电、空调、冰箱、彩电维修
地址:浙江宁波市贵驷镇三份头11号
负责人:孙泽良 邮编:315000
法人:孙泽良
Tel:15088833663
13989368035

**杭州锦荣电器配件厂**
地址:浙江省杭州市江干区机场路124号
负责人:俞奋荣
Tel:13858009090

## 海宁市黄湾镇扬昇太阳能热水器厂

产品:生产、销售.太阳能热水器
地址:浙江省海宁市黄湾镇尖山村4组
负责人:赵明 邮编:314400
法人:赵明
Tel:13567344178
0573－87959108
400－6998－001
网址:www.ys－tyn.com

## 海宁日皮皮革有限公司

业务:皮革制品/集生产、销售于一体的皮革销售公司,主营PU、PVC、西皮、装饰皮等产品,产品规格花色齐全,我们将以诚信为本,利人在先的经营宗旨,为您提供满意服务//集生产、销售于一体的日资皮革销售公司,主营汽车方向盘用革,有制皮经验丰富的日本技术长期驻厂。公司秉承"诚实守信,互惠互利"原则,致力为客户提供优质的产品和服务。
地址:浙江省海宁市农业开发区新兴路西新雅路
负责人:金永日 邮编:314400
法人:石井英文
Tel:0573－87968783
13310662362
Fax:0573－87967448

## 杭州天合电气工程有限公司

业务:杭州天合电气工程有限公司成立于2006年,主要经营电气产品。欢迎垂询!
地址:浙江省杭州市弥陀寺路5号2－502号
负责人:陈功列 邮编:310007
法人:陈功列
Tel:0571－87213250
Fax:0571－85214908

## 慈溪市展新电器厂

业务:生产销售:开关、插头插座、转换器、电源连接器、墙壁开关、插座等。
地址:浙江省(宁波市)慈溪市观海卫镇三北东路627号
负责人:洪德舟 邮编:315314
法人:洪德舟
Tel:13867848267
0574－58981137
58983530
Fax:0574－58983530

**杭州生元厨具有限公司**
地址:浙江省杭州市江干区秋涛北路176号交运大厦16楼1622号
负责人:朱祖福
Tel:13858114888

## 海宁市袁花镇特灵太阳能热水器配件厂

业务:太阳能补水箱
地址:浙江省海宁市袁花镇红晓村11组12号
负责人:殷杰 邮编:314416
法人:殷杰
Tel:13736888587

## 海宁市袁花鼎丰太阳能热水器配件厂

产品:太阳能热水器配件生产
地址:浙江省海宁市袁花镇濮桥村北塘桥
负责人:殷国松 邮编:314400
法人:殷国松
Tel:0573－87811082
87811335

## 临安康溢电子有限公司

业务:临安康溢电子有限公司成立于2005年,是一家电路板、线路板、PCB、单面线路板、双面线路板印制的企业。欢迎来电垂询。
地址:浙江省临安市玲珑街28号
法人:徐康
Tel:0571－63801669
23613455
Fax:0571－63801679

## 杭州灯具市场NVC雷士照明

业务:专门从事照明灯具,有筒灯、天花灯、电子支架、应急照明、悬挂照明等
地址:浙江省杭州灯具市场221号－224号
负责人:李紧 邮编:310026
法人:李志华
Tel:13958037033
0571－56885565
13805781116

## 杭州灯具市场天裕照明电器商行

业务:照明电器销售地址:浙江省杭州市沉半路91号灯具市场251号
负责人:潘玲 邮编:310026
法人:潘玲
Tel:13330182706
0571－88291893

## 杭州电子市场力拓新电子商行

业务:电子元件,接插件,热缩管,电力附件,电线
产品:电子元件,接插件,热缩管,电线电缆,电力附件
地址:浙江省杭州市登云路639号1楼338号
负责人:徐洪林 邮编:310000
法人:徐洪林
Tel:0571－89901338
Fax:0571－89901320
网址:www.ltxcn.com
E-mail:nj－jx@qq.com

**杭州米特拉光能热水器有限公司**
地址:浙江省杭州市临安市玲珑街道夏禹桥(玲珑街道文化中心)
负责人:张建英
Tel:0571－63733803

## 杭州新武林门电器市场力宏音响器材维修部

业务:音响、视听器材的批发、零售及维修
地址:浙江省杭州市萍水东路家电市场
负责人:汤力 邮编:310026
法人:汤力
Tel:13175069504
0571－88386409
Fax:0571－88390381

## 杭州晨煜暖通工程有限公司

业务:暖通工程施工,中央空调安装、调试维修
地址:浙江省杭州市西湖区物华小区31幢13号
负责人:陈天祥 邮编:310000
法人:陈天祥
Tel:0571－86698001
13157177111
13958197910
Fax:0571－86698001
网址:www.86698001.cn

## 杭州西维光电科技有限公司

业务:生产批发照明灯具,照明电器,变压器,控制器,LED灯,洗墙灯,筒灯,地埋灯,等
地址:浙江省杭州市西湖区西溪路525号浙大科技园B楼210－3
负责人:骆靖云 邮编:310000
法人:骆靖云
Tel:0571－88307313
Fax:0571－85381320

## 杭州市下城区百利来机电设备经营部

业务:安装、销售母线槽,电缆桥架、低压成套设备
地址:浙江省杭州市下城区草安村胜利苑70号
负责人:汪成强 邮编:310000
法人:汪成强
Tel:13336077568
0571－28023602

## 武汉远光瑞康科技有限公司杭州分公司

业务:本公司是从事新型健康医疗器械、美容美体等产品开发、生产和营销、服务一体化的现代高科技企业。公司与诺宁丹卡(加拿大)生命科技有限公司合作开发、生产的电位治疗仪,高电位、负电位、高周波三机一体,对人体细胞、组织、器官系统由里及表全方位的进行综合调节和平衡,使人消除病痛,保持青春活力。
地址:浙江省杭州市上城区庆春路139号庆联大厦A区809室
邮编:310003
法人:喻江文
Tel:0571－87040982
Fax:0571－87040985

## 杭州萧山坎山俊伟空调安装维修部

业务:空调安装、维修、回收
地址:浙江省杭州市萧山区坎山镇三岔路村3组26号
负责人:周智惠 邮编:311243
法人:周智惠
Tel:13867426263
0571－82510500

## 杭州萧山区道尔顿直饮机专营店

业务:道尔顿净水机地址:浙江省杭州市萧山区南环路1161号
负责人:何金祥 邮编:310026
法人:何金祥
Tel:0571－82272467

## 杭州萧山新塘昊加加湿设备配件营销处

业务:零售加湿设备及配件
地址:浙江省杭州市萧山新塘街道董家埭社区171号
负责人:吴振华 邮编:310026
法人:吴振华
Tel:15605882083
0571－82715273

**杭州鸿程检测仪器有限公司**
地址:浙江省杭州市上城区惠民路56号213室
负责人:郑幼鸿
Tel:0571－86584802

## 慈溪市附海韩任电器厂

业务:销售电器、饮水机
地址:浙江省慈溪市附海镇东港村花塘路29号
负责人:韩树峰 邮编:315300
法人:韩树峰
Tel:13906741113
15857447737

## 杭州余杭区临平大刘舞台灯光音响设备维修店

业务:专业维修舞台演出音响及各种灯光设备。经营各种灯泡、烟油、喇叭、音箱分频板、各种插头及音响配件,回收二手音响设备,承接安装各种酒吧、KTV等音响设备工程(制作汽车慢摇、发烧CD光盘;另制作歌手MD演出资料)。
地址:浙江省杭州市余杭区东湖街道邱山大街781号
负责人:刘红星 邮编:310026
法人:刘红星
Tel:13216157040

## 杭州万控电器成套有限公司建华分公司

业务:批发配件箱,高低压配件开关柜,定做非标箱、操作台、户外箱、桥架、成套安装
地址:浙江省杭州市浙江建华五金机电市场第四交易区63号
负责人:汪贵平 邮编:310000
法人:汪贵平
Tel:13735496168
0571－28907109
28811759
Fax:0571－28811759

## 浙江长兴象族电子有限公司

业务:电子类产品
地址:浙江省湖州市长兴县经济开发区经二路
负责人:叶烽 邮编:313100
法人:叶烽
Tel:0572－6265166
15868211888
Fax:0572－6265150
网址:www.elephant－group.com
E-mail:XZDZ@elephant－group.com

## 德清武康诚信制冷配件商行

业务:制冷配件销售、家电维修
产品:浙江省湖州市德清县武康镇兴康南路232号
负责人:陈东平 邮编:313000
法人:陈东平
Tel:0572－8682190
13645727842

## 乐清市卓派电气有限公司

业务:乐清市卓派电气有限公司于2001年成立,自成立以来从事汽车、摩托车、家电的销售。欢迎新老客户前来咨询、选购!
地址:浙江省温州市乐清市乐成镇坝头村
邮编:325600
法人:蔡建清
Tel:0577－62575368
Fax:0577－62571962

## 温州市瓯海三垟兴录家电维修店

业务:主营家电维修
地址:浙江省温州市瓯海三垟街道沙河村牡丹路123号
负责人:贾兴录 邮编:325000
法人:贾兴录
Tel:13115889964
0577－86062261

## 温州银霸电子设备有限公司

业务:生产捆钞机、扎把机、多国货币验钞机
地址:浙江省温州市平阳县郑楼镇郑楼工业区
负责人:陈志林 邮编:325409
法人:陈志林
Tel:0577－63785690
63781690
13587961146
Fax:0577－63782818
网址:http://www.yinba.net

## 瑞安市塘下强伟仪表加工厂

业务:仪表加工、销售
产品:倒车灯、报警器等
地址:浙江省温州市瑞安市塘下镇场桥上叶村钱氏祠堂
负责人:钱作业 邮编:325204
法人:钱作业
Tel:0577－65292778

## 温州市鹿城区广化搏信家用电器店

业务:液晶电视、音响、空调
地址:浙江省温州市双乐住宅区东10幢108号
负责人:梅开 邮编:325000
法人:梅开
Tel:0577－88702381

## 泰顺县柳峰利民电子加工厂

业务:电子来料加工
地址:浙江省温州市泰顺县柳峰乡泰福路161号
负责人:王益芳 邮编:325000
法人:王益芳
Tel:15057342862
13958980919

## 泰顺县天龙家电商店

业务:经营家用电器
产品:彩电、冰箱、洗衣机、空调、热水器等
地址:浙江省温州市泰顺县三魁镇秀阳路40－50号
负责人:潘先日 邮编:325509
法人:潘先日
Tel:0577－67683936
67686888

## 文成县黄坦镇山城家电商行

业务:小家电经营
地址:浙江省温州市文成县黄坦镇门前垟
负责人:赵国斌 邮编:325000
法人:赵国斌
Tel:0577－67721105

## 永嘉县瓯北镇创建家用电器经营部

业务:格力空调专卖
地址:浙江省温州市永嘉县瓯北镇双塔路浦西段金来福大楼1－2号店面
负责人:林建 邮编:325102
法人:林建
Tel:13706699637
0577－67987285

## 永嘉县乌牛镇英伦罗孚远红外整体厨房

业务:厨房电器,代理小鸭太阳能
地址:浙江省温州市永嘉县乌牛镇王宅村西路小鸭太阳能
负责人:刘德锁 邮编:325000
法人:刘德锁
Tel:0577－67306848

**杭州欧朗节能工程服务有限公司**
地址:浙江省杭州市上城区宋城路220－1号202室
负责人:伍凯
Tel:0571－86725600

## 葛剑敏五金电器配件加工厂
业务：五金，电器配件加工
地址：浙江省温州市永嘉县乌牛镇西湾村山下东路108号
负责人：葛剑敏 邮编：325103
Tel：0577－67393461
13968899360

## 文宇塑料电器厂
业务：生产、销售小电器、灯具、卫浴洁具
地址：浙江省余姚市低塘街道姆湖村
负责人：张云峰 邮编：315400
法人：张云峰
Tel：13905845123
0574－62277555
Fax：0574－62277555

## 余姚市朗霞科军电器厂
业务：生产和销售电器用电线
产品：电线
地址：浙江省余姚市朗霞街道新南王村（沈家弄）
负责人：沈科军 邮编：315400
Tel：13958363708
0574－62189291

## 宁波康盛电子科技有限公司
业务：一般经营项目：电子产品的研发，通信设备、电线电缆、光纤光缆、塑料制品的制造、加工、批发、零售，一般经济贸易信息咨询服务。自营和代理货物和技术的进出口，但国家限定经营或禁止进出口的货物和技术除外。
地址：浙江省余姚市牟山镇富民工业园区
负责人：姚高辉 邮编：315000
法人：姚高辉
Tel：0574－62495090
62495056

## 宁波浩仕电气有限公司
业务：一般经营项目：电线、电缆、插头、插座、线束、连接器、电子元器件、家用电器及配件、灯具的制造、加工。
地址：浙江省余姚市泗门镇云环工业区内
负责人：俞清 邮编：315000
法人：俞清
Tel：0574－62163337

## 余姚市粤潮电器配件厂
业务：经营项目：电器配件、电器开关、线路板、电源线、真空镀膜、塑料制品的制造、加工
地址：浙江省余姚市阳明街道姚驾桥村
负责人：陈海波 邮编：315000
法人：陈海波
Tel：13586770368
0574－56313033
62476027
62472268
Fax：0574－62472268

## 復鑫太阳能热水器厂
业务：太阳能热水器及其配件制造加工
地址：浙江省嘉兴市海宁市黄湾镇黄山工业园
负责人：金其伟 邮编：314000
法人：金其伟
Tel：13666784088
13656732588
0573－87957654

## 海宁市袁花镇新辉煌太阳能热水器支架厂
业务：制造、加工太阳能热水器支架
地址：浙江省嘉兴市海宁市袁花镇红晓村1组21号
负责人：潘国初 邮编：314000
法人：潘国初
Tel：13586485895
0573－87860516
87860526
Fax：0573－87860526
网址：www.hnxhhzj.com

## 海宁市袁花镇领元太阳能配件店
业务：经营太阳能配件产品、太阳能仪表产品。
地址：浙江省嘉兴市海宁市袁花镇联红路34号
负责人：顾大龙 邮编：314000
法人：顾大龙
Tel：13758338781
0573－87862215
QQ：409485786

## 海宁市袁花镇宝来乐太阳能热水器厂
业务：制造、加工：太阳能热水器及其配件，桶盖等
地址：浙江省嘉兴市海宁市袁花镇谈桥村三组
负责人：储建汉 邮编：314000
法人：储建汉
Tel：13586389683
0573－87817289

## 海宁市袁花镇明阳太阳能热水器厂
业务：太阳能热水器生产销售
地址：浙江省嘉兴市海宁市袁花镇东村向阳组
负责人：卢刘飞 邮编：314000
法人：卢刘飞
Tel：0573－87868355
Fax：0573－87861552
网址：http://www.51zzt.com/user/zzt30495

## 海盐县百步镇欧能电器厂
业务：浴霸、五金配件、塑料配件制造、加工
地址：浙江省嘉兴市海盐县百步镇横港村陈家13号
负责人：伍吉国 邮编：314000
法人：伍吉国
Tel：0573－86789348

## 舟山市海尔星级服务中心
业务：海尔电器售后服务
地址：浙江省舟山市岱山县高亭镇嘉和园
负责人：宋伟 邮编：316000
法人：宋伟
Tel：13666710804
0580－4400867

## 舟山市启明电力设备制造有限公司
业务：生产和销售高低压电力开关柜
产品：高低压电力开关柜
地址：浙江省舟山市定海区临城街道惠民桥
负责人：袁燕波 邮编：316000
Tel：0580－2792313

## 舟山市利昌大地爆破工程有限公司朱家尖分公司
业务：边坡治理；地质灾害处理；土石方围填及爆破工程；水下爆破作业，爆破及拆除工程等
地址：浙江省舟山市普陀区朱家尖街道西岙村九礁
负责人：张善华 邮编：316000
Tel：13758052299
0580－6634560
网址：http://www.51zzt.com/user/zzt34577

## 诸暨市枫桥宁远家电商店
业务：豆浆机、榨汁机、电磁炉、高压锅、电热水壶以及电脑组装
地址：浙江省诸暨市枫桥镇海角村桥上街50号
负责人：唐叶梁 邮编：311800
法人：唐叶梁
Tel：0575－87040223
13655752905

## 诸暨市枫桥宁远家电商店
业务：专业代理销售"尚君"电器，另售组装电脑，批发团购，品种齐全，品质保证，售后服务完善，我们将以最低的价格，最优质的服务，竭诚欢迎您的光临！
产品：电磁炉、电压力锅、电热水壶、豆浆机、榨汁机等
地址：浙江省诸暨市枫桥镇海角村桥上街50号
负责人：唐叶梁 邮编：311800
法人：唐叶梁
Tel：0575－87040223
13655752905
Fax：0575－85175825
网址：www.sunjun.com
E-mail：tangyeliang1982@163.com

## 温州市龙湾区沙城峰立电子厂
业务：电子元件，电位器
产品：电位器，各等型号
地址：浙江温州市龙湾区沙城镇永阜村浦河东路5弄4号
负责人：孔祥海 邮编：325025
法人：孔祥海
Tel：0577－86817742
13806546742
Fax：0577－28886070

**杭州新恒丰表行有限公司**
地址：浙江省杭州市上城区解放路35号210室
负责人：王丽君
Tel：13958134383

## 温州市龙湾沙城峰立电子厂
业务：电位器等电子产品及配件的生产销售
地址：浙江温州市龙湾区沙城镇永阜村浦河东路5弄4号
负责人：孔祥海 邮编：325025
法人：孔祥海
Tel：0577－86817742
13806546742

## 余姚市谜霓电器有限公司
业务：本公司是一家专业生产各种LED灯的的专精工厂，经过多年的战略经营，从原来仅生产草地灯发展到草地灯、庭院灯、地埋灯、LED灯，LED射灯，LED工作灯，LED护眼台灯，LED发光模组，LED野营灯等几种类型上百种产品。产品销往全国各地和欧美地区，深受广大客户的喜爱，本公司基于"品质是生命，客户是命脉"的管理理念不断完善管理体制，通过提高管理水平来提高产品质量，降低产品成本，"质量第一，价格合理，用户至上"是我们始终坚持的企业精神，欢迎新老客户前来订购。
地址：浙江省余姚市丈亭镇梅溪村
负责人：杨建东 邮编：315410
法人：杨建东
Tel：0574－62980935
63199286

## 海盐县沈荡镇赛欧电器厂
业务：厨卫电器
产品：厨卫照明，换气扇，取暖器
地址：浙江省嘉兴市海盐县沈荡镇董司村
负责人：杨胜军
法人：杨胜军
Tel：0573－86724992
13736883698
15868354252
4006360302
Fax：0573－86724993
网址：www.hbldq.com

## 海盐县西塘桥镇蓝宇家电维修部
业务：电子秤、电子衡器、电子地磅等一系列经销及维修
产品：浙江省嘉兴市海盐县西塘桥镇集镇洵泾北路104号
负责人：宋跃良 邮编：314000
法人：宋跃良
Tel：0573－86827943

## 嘉善美源照明电器有限公司
业务：生产、销售照明器具
产品：浙江省嘉兴市嘉善县大云镇康兴西路328号2幢
负责人：吴吉平 邮编：314000
法人：王生茂
Tel：0573－84665012
13867309244
Fax：0573－84665012

## 嘉善富庆电子有限公司
业务：汽车功放电子产品。
产品：浙江省嘉兴市嘉善县魏塘镇坛珑路177号
负责人：陈云波 邮编：314000
法人：陈超
Tel：0573－84151268
Fax：0573－84151368

## 嘉善县声峰器材厂
业务：本厂成立于1997年，专业生产发音器、受话器振膜。竭诚欢迎新老客户来电洽谈业务！
地址：浙江省嘉善县洪溪镇联谊村
负责人：蒋志文 邮编：314108
法人：蒋志文
Tel：0573－84951735
Fax：0573－84951885

## 慈溪市附海雯强照明器具厂
业务：本厂专业生产灯箱最新款EEFL各种灯头及卡条、各种冲压插件及各种模具加工等。
地址：浙江省慈溪市附海镇南圆村四陡路45号
负责人：董行强 邮编：315322
法人：董行强
Tel：0574－63689413
13867849413
Fax：0574－63689413
网址：www.nbefl.com

**杭州丰臣空调设备有限公司**
地址：浙江省杭州市上城区中闽大厦1幢18层E座
负责人：毛昀
Tel：13396579978

## 嘉兴建材陶瓷市场立安消防灯具商行
业务：批发、零售消防灯具
地址：浙江省嘉兴市明潭路以东、二号路以北、月溪路以南建材陶瓷市场配套区E8幢227号
负责人：吴述昌 邮编：314400
法人：吴述昌
Tel：15824331199
0573－82668108
Fax：0573－82668108

## 桐乡市崇福小强家电维修店
业务：家电维修
地址：浙江省嘉兴市桐乡市崇福镇青年路12号
负责人：聂俊强 邮编：314000
法人：聂俊强
Tel：15958326325
0573－89809253

## 海盐泰森照明器材有限公司
业务：照明灯具批发
地址：浙江省嘉兴市武原镇宜家花城风情大道3幢1－3号
负责人：陈乐军 邮编：314000
法人：陈乐军
Tel：13706582778
0573－86177733

## 嘉兴市朗能电器有限公司
业务：集成吊顶、浴霸、换气扇等经营
地址：浙江省嘉兴市秀洲区王店镇友谊路南侧（嘉兴市王店镇正华开毛厂内2幢1层）
负责人：吴建华 邮编：314000
法人：吴建华
Tel：0573－83249866
网址：http://www.51zzt.com/user/zzt31871

## 金华市婺城区朱品忠光芒电器专卖店
业务：家用电器销售、批发
产品：橱柜、灶具、消毒柜、吸油烟机、热水器、水槽、浴霸
地址：浙江省金华市八一南街491号
负责人：朱品忠 邮编：321000
法人：朱品忠
Tel：15905792999
Fax：0579－82377622
网址：www.gomon.cn

## 浦江县广州晶英数控
业务：数控自动化，电器控制系统的研发、设计、生产
地址：浙江省金华市浦江县月泉西路69号
负责人：利海泉
法人：利海泉
Tel：15068038140
13626892927

## 武义县柳城兆进家电城
业务：家电销售
地址：浙江省金华市武义县柳城镇太平北路（原小商品市场内）
负责人：刘美凤 邮编：321000
法人：刘美凤
Tel：0579－87881039

## 乐清市创佳电器有限公司
业务：生产断路器
地址：浙江省乐清市北白象镇岭西村象塔南路192号
负责人：吴理多 邮编：325605
法人：吴理多
Tel：0577－62868677
13819763920
Fax：0577－62868677

## 大诚家电经营部
业务：销售家电
地址：浙江省乐清市柳市苏吕村
负责人：李光才 邮编：325600
法人：李光才
Tel：13506548855
0577－62790938

**杭州百丽厨卫有限公司**
地址：浙江省杭州市西湖区三墩镇五里塘村
负责人：邱财富
Tel：13067882432

## 乐清市永一高压电气配件有限公司
业务：乐清市永一高压电气配件有限公司主要从事高低压电器及配件铜件，铝件机械加工销售。
地址：浙江省温州市柳市三里工业区

负责人：林永京 邮 编：325604
法 人：林永京
Tel：0577－62724795

## 乐清市瑞云电气有限公司

业务：开启式负荷开关 HK2、HK1、HD11F HB11 等系列。刀开关隔离开关，刀熔开关，电子元件，仪器仪表。
产品：闸刀开关 HK2 HK1 HD11F HS11F 单双投系列
地址：浙江省乐清市柳市镇长虹村长寿路99弄3号 柳市电器城2楼A区740铺（经营部地址）
负责人：孙友义 杨丽华
邮 编：325604
法 人：孙友义
Tel：0577－61756968
15088979012
13736707490
Fax：0577－61756768
网址：baiyelengfengjicnalibaba. com
E-mail：asdfffz777@163. com

## 余姚市四星灯具有限公司

业务：余姚市四星灯具有限公司是一家专业生产铝压铸和铝材，铜材及不锈钢材等等冲压拉伸灯具的企业。现占地面积32000平方米，厂房19000平方米，员工220多人。公司拥有自营进出口权。"真诚铸就美好光明，学超世界先进水平"是公司在生产经营的各个场合，时期始终贯彻执行的质量方针。争做一流产品，争创一流企业是我们的目标。四星公司热诚欢迎各方来客与我们合作，共创美好明天。
地址：浙江省余姚市远东工业城CN6
负责人：韩庆江 邮 编：315400
Tel：0574－62760097
网址：www. chinalamp. com
E-mail：janefsl@cnool. net

## 乐清海梦电子有限公司

业务：专业生产和销售各类开关系列、接线端子系列、汽车线束、塑料件、冲压件、连接器等
产品：各类开关系列、接线端子系列、汽车线束、塑料件、冲压件、连接器等
地址：浙江省乐清市石帆工业区汇头临河北路168号
负责人：叶传孝 邮 编：325000
法 人：叶传孝
Tel：0577－62360020
13706603282
Fax：0577－62366050
网址：http://www. cnhmdz. com/
E-mail：haimengele@163. com

## 乐清市石帆龙门电器配件厂

业务：塑料膜、冷冲膜、铜铝压铸膜，电器、摩托车配件等各种加工
地址：浙江省乐清市石帆镇郭路村
负责人：胡明川 邮 编：325608
法 人：胡明川
Tel：15858777654
0577－62381679
E-mail：15858777654@139. com

## 浙江快利电子有限公司

业务：生产各类接插件、连接器、端子、插座、插头和开关
地址：浙江省乐清市天成工业区
负责人：朱建华 邮 编：325600
法 人：朱建华
Tel：0577－62306688
62307167
62307166
Fax：0577－62306999

## 温州市万恺灯饰有限公司

业务：集研发、生产、销售为一体，专业生产销售灯饰、照明器具等，产品品质优良、品种齐全、价格合理，公司遵循"专业专注、诚信诚挚"的经营理念，热诚欢迎各界朋友来人来电咨询！
产品：圣诞灯饰
地址：浙江省乐清市天成乡万二村
负责人：万国球 邮 编：325600
法 人：万国球
Tel：0577－62116000
13968717216
Fax：0577－62116111

## 乐清市翁垟飞云电气批发部

业务：电器批发
地址：浙江省乐清市翁垟镇九房后村河口路12号
负责人：汤朋飞 邮 编：325000
法 人：汤朋飞
Tel：0577－62819712
13567766635

**杭州新成测绘有限公司**
地址：浙江省杭州市西湖区文华路567号
负责人：郑书芳
Tel：13805774125

## 浙江慈溪市展新电器厂

业务：集研发、设计、生产、销售为一体的实力型企业，专业生产插头、插座、电源连接线、转换器等各种低压小电器系列产品，公司加工设备精良、技术力量雄厚，真诚希望与广大客户开展业务往来，共创美好未来！
产品：插座转换器，墙壁开关，墙壁插座
地址：浙江省慈溪市观海卫镇三北东路627号
负责人：洪德舟 邮 编：315304
法 人：洪德舟
Tel：0574－58981137
13867848267
Fax：0574－58983530
网址：www. zjcxzxdq. com
E-mail：zjcxzxdq@126. com

## 三门县咸盈节能灯加工点

业务：节能灯加工，制作
地址：浙江省台州市三门县浬浦镇西浦村
负责人：林咸盈 邮 编：318000
法 人：林咸盈
Tel：15857695576
0576－83470800

## 台州金淼节能环保技术有限公司

业务：生产节电产品、节油产品、橡胶制品
地址：浙江省台州市天台县赤城街道人民东路595号
负责人：戴金淼 邮 编：317200
法 人：戴金淼
Tel：15167636666
0576－83911818
网址：www. jnec. com

## 天台新一族灯具厂

业务：生产、销售电动车大灯、照明灯具
地址：浙江省台州市天台县福溪街道福溪南路149号
负责人：郑红峰 邮 编：317200
法 人：郑红峰
Tel：0576－83939062
13058650686

## 桐乡市石门奔鹿电器厂

业务：专业从事电水壶线、电加热管、插头、插座等家用电器的研发与制造，本着以质量求生存，以信誉求发展的原则，不断开拓创新，以满足不同客户的需求。热诚欢迎您来电垂询或来样订造。
产品：电水壶线、电饭锅线、电加热管、插头、插座、灭蚊拍、电烙铁、手电筒
地址：浙江省桐乡市石门工业区
负责人：陈少军 邮 编：314512
法 人：陈少军
Tel：0573－88612586
13819385685
Fax：0573－88611959

## 桐乡市洲泉镇旗民电子设备厂

业务：智能彩色免提可视对讲机
产品：彩色免提可视对讲系统
地址：浙江省桐乡市洲泉镇道村村
负责人：陈爱民 邮 编：314513
法 人：陈爱民
Tel：0573－88531067
13867366564
Fax：0573－88531067
E-mail：qimindianzi@126. com

## 温岭市亚标电容器厂

业务：电容器制造，加工，销售。主要生产各类 BOPP 电容器薄膜，金属化薄膜，真空镀膜设备
地址：浙江省温岭市大溪镇白塔村
负责人：林福荣 邮 编：317525
法 人：林福荣
Tel：13600582605
网址：http://www. 51zzt. com/user/zzt32183

## 苍南龙港佳诚家电维修服务部

业务：苏宁电器指定维修服务部，承接酒店、宾馆、工厂各种制冷设备
地址：浙江省温州市苍南县龙港镇龙翔路1267号一楼
负责人：倪维翔 邮 编：325000
法 人：倪维翔
Tel：15869441919
0577－68699949

**乐清市凯裔电子厂**
业务：为了拓展新的业务领域，欢迎各地客户光临指导，洽谈业务，精诚合作，共同成就未来。
地址：浙江省温州市乐清市北白象镇山前山下工业区
负责人：李杰凯 邮 编：325603
Tel：0577－62964415

**杭州和枫电气有限公司**
地址：浙江省杭州市西湖区文苑路2号407室
负责人：吴昀
Tel：13325812072

## 浙江沈海防爆灯具有限公司

业务：防爆灯具类、防爆配电装置类、防爆操作柱类、防爆电器控制类、防爆管接类、防爆风机类、防爆防腐类、防爆粉尘类、防爆防水防尘防腐类
地址：浙江省温州市乐清市北白象镇莲池工业区
负责人：林光银 邮 编：325000
法 人：林光银
Tel：0577－62963555
62965555
62964999
网址：www. shenhaifb. com

## 乐清市柳市朗能灯具店

业务：灯具零售
地址：浙江省温州市乐清市柳市镇柳翁西路122－128号
负责人：包笑微 邮 编：325600
法 人：包笑微
Tel：13588998852
0577－62738153
13867777121

## 温州市龙湾蒲州维祥仪表加工场

业务：铜、铝、锌、不锈钢等材质的仪表来样加工
地址：浙江省温州市龙湾区蒲州街道下埠村街头巷30号
负责人：袁维祥 邮 编：325000
法 人：袁维祥
Tel：15957794308

## 温州市龙湾沙城感恩电器厂

业务：各种型号墙壁开关的生产与销售
产品：墙壁开关，86型，118型，等各种开关插座
地址：浙江省温州市龙湾区沙城镇永寿村工业区
负责人：张太军 邮 编：325025
法 人：张太军
Tel：0577－85822248
15057575950
Fax：0577－85822246

## 玛雅电器

业务：墙壁开关，排插，断路器
产品：墙壁开关
地址：浙江省温州市龙湾区天河工业区
负责人：汪先霞 邮 编：325025
法 人：汪先霞
Tel：0577－85822896
15606663929
Fax：0577－85822896

## 温州市龙湾天河新达电器厂

业务：电器配件加工
地址：浙江省温州市龙湾区天河蒲门村
负责人：罗进征 邮 编：325000
法 人：罗进征
Tel：13868410105
0577－28809726
Fax：0577－86818669

## 温州市龙湾天河佳艺电器厂

业务：注塑塑料开关面板
地址：浙江省温州市龙湾区天河镇金益村
负责人：张维杰 邮 编：325000
法 人：张维杰
Tel：13858899012
0577－28863722
28863822
E-mail：alexweijie810552@qq. com
QQ：892810070

## 温州市龙湾天河创艺电器厂

业务：生产电器半成品
地址：浙江省温州市龙湾区天河镇庄泉村
负责人：朱巨锋 邮 编：325000
法 人：朱巨锋
Tel：13657755777
0577－85822177

**浙江海宁市华银电子产品有限公司**
业务：本公司成立于1992年，拥有30多名员工。主要经营金融设备、捆钞机、点钞机、验钞机、提款箱、推钞车、扎钞纸、晶起包装盒、晶起防震包装盒、塑料捆钞带等。
地址：浙江省海宁市工人西路313号
负责人：章路明 邮 编：314400
法 人：章路明
Tel：0573－7327376
Fax：0573－7327376

## 温州市龙湾天河克伟电器店

业务：电器零售
地址：浙江省温州市龙湾区永强大道1525号
负责人：朱拉伟 邮 编：325000
法 人：朱拉伟
Tel：13676708332
13806897310

## 温州市龙湾状元建镓电器店

业务：投币式洗衣机的销售和批发
地址：浙江省温州市龙湾区状元镇交通路16号
负责人：潘镓力 邮 编：325000
法 人：潘镓力
Tel：13777767389
0577－86388620

## 温州市瓯海瞿溪王华连小家电店

业务：小家电零售，学生电器用品
地址：浙江省温州市瓯海区瞿溪镇河土街326号
负责人：黄雪洋 邮 编：325000
法 人：黄雪洋
Tel：0577－86260737
15158725013

## 台州市特欧电器有限公司

业务：电器配件，水泵，电机，风机的生产与销售
产品：喷射泵，管道泵，电机，空调泵、自吸泵
地址：浙江省温岭市大溪镇潘岙工业区
负责人：叶航鸿 邮 编：317525
法 人：叶航鸿
Tel：0576－86383133
Fax：0576－86380011
E-mail：teoudq168@163. com

## 苍南县灵溪安之星净水器经营部

业务：净水器经营
地址：浙江省温州市苍南县灵溪镇朝阳路7号
负责人：蔡起发 邮 编：325800
法 人：蔡起发
Tel：0577－26665623
13806625623

## 苍南县中艺音响视听科技

业务：舞台KTV灯光音响零售、演艺设备租赁、音响维护、电脑维护
地址：浙江省温州市苍南县灵溪镇建兴东路284－286号
负责人：雷朝瓜 邮 编：325800
法 人：雷朝瓜
Tel：0577－64795599

## 苍南凯迪电器有限公司

业务：专业低压保护装置，专业生产低压电动机制冷保护、监控装置，电器仪表
产品：电动机保护器，电器仪表
地址：浙江省温州市苍南县灵溪镇商业城四号楼602室
负责人：肖若迪 邮 编：325800
法 人：肖若迪
Tel：13706873928
0577－68817788
Fax：0577－68817789
网址：http://www. cnkddq. com
E-mail：kaidi888@126. com

## 浙江省乐清市虹桥五金电料商行

业务：五金批发、灯饰批发
地址：浙江省乐清市幸福东路33号
负责人：周民安 邮 编：325608
法 人：周民安
Tel：13806603898
0577－62358118

## 缙云县群益温度传感器厂

业务：温度传感器配件加工、销售
地址：浙江省丽水市缙云县壶镇镇胜利街218号
负责人：应秋群 邮 编：323000
法 人：应秋群
Tel：0578－3160658
13906781399

**高力科技（宁波）有限公司**
地址：浙江省宁波市保税西区创业4路8号
负责人：陈村成
Tel：0574－86875468
13777278527

## 青田县恒亮灯具店

业务：主营：各种灯具、洁具，免费上门安装，零售木地板（无店租市场最低价）
地址：浙江省丽水市青田县温溪镇安定西路335号
负责人：陈志南　邮　编：323903
法　人：陈志南
Tel：0578－6091308
13185787231

## 浙江佳克电器有限公司

业务：生产销售低压电器
地址：浙江省丽水市水阁工业区
负责人：魏玉良　邮　编：323000
法　人：魏玉良
Tel：0578－2089999

## 临安全乐电器有限公司

业务：照明电器的生产加工及销售。
地址：浙江省临安市高峰镇长溪村
负责人：吕建仁　邮　编：310026
法　人：吕建仁
Tel：13868017266
0571－63750678

## 临安市康能照明电器厂

业务：集设计、开发、生产和销售于一体，专业生产照明电器的企业，产品品质优良、品种齐全、价格合理，公司遵循"专业专注、诚信诚挚"的经营理念，热诚欢迎各界朋友来人来电咨询！
产品：节能灯
地址：浙江省临安市玲珑街道东山村石山小岱里66号
负责人：陈文林　邮　编：311300
法　人：谢惠琴
Tel：0571－61070706
13868022666
Fax：0571－61070706
网址：http://kangnengzhaoming163.cn.alibaba.com
E-mail：kangnengzhaoming163@alibaba.com.cn

## 宁波银兴制冷设备工程有限责任公司

业务：制冷设备销售、安装
地址：浙江省宁波市鄞州区天童北路50号
负责人：滕阿五　邮　编：315000
法　人：滕阿五
Tel：13095989921
13386666666

## 浙江常山县奥雪制冷设备有限公司

业务：专业生产制冷设备的厂家，产品包括保鲜柜、冷柜、陈列柜、厨具等，兼营货架制造及销售。我们将以"专业，诚信，品质，创新"的经营理念为您提供优质、高效、专业的服务！
产品：风幕柜、熟食柜、点菜柜、鲜肉柜、蛋糕柜、厨房冰柜等冷柜系列及超市货架
地址：浙江省衢州市常山县新都工业园区
负责人：徐正华　邮　编：324200
法　人：徐正华
Tel：0570－5021596
Fax：0570－5110298
网址：www.axzcs.com
E-mail：xzh1900@163.com

## 开化通宝家电有限公司

业务：销售空调、彩电、冰箱等各种家用电器
产品：各类家用电器
地址：浙江省衢州市开化县城关镇江滨中路11号（翡翠苑）
负责人：戴菊平　邮　编：324300
法　人：戴菊平
Tel：0570－6022477
E-mail：378707796@qq.com

## 上虞市华旭太阳能电器有限公司

业务：家用太阳能热水器、房地产热水工程
产品：华旭牌太旭能热水器、华旭空气能热水器
地址：浙江省上虞市东关街道凌江工业区
负责人：颜伟伟　邮　编：312532
法　人：颜伟伟
Tel：0575－82565638
Fax：0575－82565538
网址：www.zjhuaxu.cn
E-mail：ahyw1983@126.com

## 余姚市泗门际杰电器厂

业务：销售电器
地址：浙江省宁波市余姚市泗门镇楝树下村下庙山路五弄1号
负责人：陶锋　邮　编：315000
法　人：陶锋
Tel：0574－62169580

## 绍兴市镜湖新区华川工业电器维修部

业务：从事工业电器维修；各类进口、国产变频器的销售及维修。
地址：浙江省绍兴市东浦镇群贤中路与绍齐路红绿灯交叉口
负责人：李太法　邮　编：312000
Tel：0575－85395881
13615858315

## 上虞市崧厦镇虞通家电安装维修部

业务：家电安装维修
地址：浙江省绍兴市上虞市崧厦镇潘韩村韩家
负责人：许土标　邮　编：320000
法　人：许土标
Tel：13567565969
0575－82695255

## 绍兴县奥浴太阳能热水器厂

业务：太阳能热水器加工和销售
地址：浙江省绍兴市绍兴县滨海开发区镜海大道759－761号奥浴电器商行
负责人：葛旭暹　邮　编：312000
法　人：葛旭暹
Tel：13221527278
0575－85624478
Fax：0575－85627816
网址：http://www.51zzt.com/user/zzt31573

## 诸暨市佳龙电器商行

业务：销售家用电器
地址：浙江省绍兴市诸暨市暨阳街道苎萝东路30号1－2－3号、5－6号
负责人：朱天龙　邮　编：311800
法　人：朱天龙
Tel：13587300666
0575－87155666

## 嵊州市涟涟商贸有限公司

业务：家电的销售
地址：浙江省嵊州市剡城路102号
负责人：曾三连　邮　编：312400
法　人：曾三连
Tel：13858556595
0575－83558051
13981908788

## 台州市美誉空调设备工程有限公司

业务：空调
地址：浙江省台州市广场西路80号
负责人：付光誉　邮　编：318000
法　人：付光誉
Tel：0576－88556808
13336765968
Fax：0576－88556708

## 台州市斯锐达电器有限公司

业务：斯锐达电器销售
地址：浙江省台州市黄岩区院桥镇工业区院店路13号
负责人：徐荣文　邮　编：318025
法　人：徐荣文
Tel：0576－84871589
网址：http://www.51zzt.com/user/zzt31724

## 台州赛爱欧电子电器厂

业务：电子产品制造、加工
产品：大功率电摩控制器、大功率电动车控制器
地址：浙江省台州市椒江区葭沚街道上马后大村11号
负责人：王建敏　邮　编：318012
法　人：王建敏
Tel：13957672767
0576－88666330
Fax：0576－88666330

## 台州市椒江景华家用电器商行

业务：樱花卫橱、各款品牌家用电器彩电、冰箱、洗衣机批发、零售
地址：浙江省台州市椒江区章安街道建设村建设大楼西边底层
负责人：张琪　邮　编：318000
法　人：张琪
Tel：13655764111

## 迅鹿家电维修部

业务：家电维修、零售
地址：浙江省宁波市北仑区新碶街道星阳村陈徐家36号
负责人：鹿文强　邮　编：315000
法　人：鹿文强
Tel：13056786980

## 衢州市柯城携程家电批发商行

业务：家用电器、手机、电脑批发
地址：浙江省衢州市柯城区锦绣路62号
负责人：徐利斌　邮　编：324000
法　人：徐利斌
Tel：13957008384
0570－8286855
Fax：0570－8783058

## 浙江省瑞安市金鼎电器店

业务：从事美的空调，空气能热水器，中央空调等多个品牌电器代理销售
地址：浙江省瑞安市萃阳大道771－773号
负责人：张加龙　邮　编：325200
法　人：张加龙
Tel：0577－65882399
Fax：0577－65880922

## 瑞安市马屿华泰灯具店

业务：经营华泰灯具、电线、开关、插座
地址：浙江省瑞安市马屿镇新兴东街4号
负责人：胡志坚　邮　编：325208
法　人：胡志坚
Tel：0577－65776858
15306872828
13656872871

## 界首市展望金属铸造有限公司瑞安分公司

业务：专业生产销售各种型号的国标、非标铝锭及铝制品，可按用户需求定制，品种齐全、技术先进，诚实守信是我们经营的根本，我们期待与您的真诚合作！
产品：各种型号国际\非标铝锭：ADC－12、ZLD101A、102、104、108、111、302
地址：浙江省瑞安市塘下镇上潘村西二大街
负责人：潘升福　邮　编：325204
法　人：潘升福
Tel：0577－66000885
15805770668
Fax：0577－66000885

## 潜华汽车仪表厂

业务：专业生产汽车组合仪表、单表、仪器的专业企业，产品技术含量高，质量要求严格，适合各种微型车、工程车。我们拥有新进的作业流水线，完善的质量保障体系，竭诚与各大厂商精诚合作，共创辉煌。
产品：大型货车组合仪表、解放全系列、东风全系列、重汽、陕汽、北汽
地址：浙江省瑞安市塘下镇肇平垟下村文明路109号
负责人：钱海顺　邮　编：325204
法　人：谢尚福
Tel：0577－65371510
13736788937
Fax：0577－65371510
网址：qianhaishun.b2b.hc360.com
E-mail：yibiao_car@163.com

## 宁波市鄞州石碶建信家电经营部

业务：家用电器批发零售
产品：美的空调，冰箱，洗衣机，电饭煲，饮水机，微波炉等一些小家电
地址：浙江省宁波市鄞州区雅戈尔大道183号
负责人：沈建　邮　编：315153
法　人：沈建
Tel：0574－82858521
18906625669
Fax：0574－88270548

## 余姚市金碧塑料电器厂（普通合伙）

业务：生产、销售沐浴按摩器、电动皮鞋刷
产品：电动沐浴按摩器、充电式沐浴按摩器、手动多功能沐浴按摩器
地址：浙江省宁波市余姚市兰江街道夏巷史家桥东46号
负责人：沈传荣　邮　编：315400
法　人：沈传荣
Tel：0574－62517593
Fax：0574－62516025
网址：http://www.jb46.com.cn

## 宁波市镇海瑞尔电器有限公司

业务：电器生产销售
产品：电线、电插板
地址：浙江省宁波市镇海区骆驼敬德村
负责人：张萍　邮　编：315000
法　人：张萍
Tel：15168559995
0574－86583421

## 金华世维通数码科技有限公司

业务：本公司成立于1999年，拥有20多名工。主要经营三星手机批发与零售。一流的质量、完善的服务，金华三星手机专卖店是您最好的选择。
地址：浙江省金华市解放东路268号
邮　编：321000
法　人：郑金军
Tel：0579－3211198
Fax：0579－3222688

## 临海市谊诚灯饰有限公司

业务：圣诞灯等节日灯的专业生产
产品：LED灯串系列，米灯系列，拉管灯系列
地址：浙江省临海市东塍镇格溪沈村
负责人：韩连伟　邮　编：317005
法　人：韩连伟
Tel：13396862658
0576－85902518
Fax：0576－85902518
网址：www.linhaiyichengdengshi.com.cn

## 宁波市北仑区鑫菱电器商行

业务：专业从事家用、商用空调制冷设备设计、安装、维修、保养，我们将竭诚为您提供一流的空调产品、一流的工程质量和一流的售后服务。
产品：代理海尔、三菱、TCL等国内外知明品牌
地址：浙江省宁波市北仑区新碶镇庐山东路1040号
负责人：李斌　邮　编：315800
法　人：李斌
Tel：0574－86809223
15958857998
Fax：0574－86809223
E-mail：512354996@qq.com

## 宁波市海曙路特仕电子产品商行

业务：专业从事汽车影音导航产品
地址：浙江省宁波市海曙区顺德路98弄9号＜4－28＞
负责人：蒋旭伟　邮　编：315000
法　人：蒋旭伟
Tel：13857130283
0574－87465266

## 温州市震华电器厂

地址：浙江省温州市牛山沙门路101号
负责人：金中秋
Tel：0577－86722987
13806689941

## 慈溪市观海卫骑神电动工具厂

业务：电动工具制造加工
产品：电动螺丝刀系列以及电源
地址：浙江省慈溪市观海卫镇塘下村三北东路580号
负责人：徐燕兵　邮　编：315313
法　人：徐燕兵
Tel：13606883567
13567905716

## 浙江庆元宏泰影视文化传播有限公司

业务：本公司是影视摄制，广告策划设计，企业文化，校园文化，形象包装，文化活动组织管的专业机构，策划、编导、编剧、摄影摄像、制作等工作人员都具有大专专业以上学历，工作经验丰富，技术力量雄厚，公司所有机器设备全部是专业级广播级的数字化配备，并与各电视媒体建立长期合作关系，还有电影制片厂技术力量和设备的支持，作为后盾，确保公司业务工作的顺利开展。经营范围：电视专题、专栏、综艺、音乐电视、电视散文、纪录片、动画片、广播剧、电影、电视剧、摄制、复制、出版发行、文化活动组织管理、电脑图文设计、广告策划、摄影制作。
地址：浙江省庆元县祥云路1号
邮　编：323800
法　人：谢亮宏
Tel：0578－6112961
Fax：0578－6112961

## 宁波海曙创豪电子产品经营部

业务：扬声器及其配件、电子产品的零售
地址：浙江省宁波市海曙区药行街35，45号6楼6F－F19
负责人：严皓峰　邮　编：315000
法　人：严皓峰
Tel：13819876930
0574－87132813

## 宁波金盛灯饰有限公司

业务：灯饰的生产和销售
地址：浙江省宁波市江东区东方瑞士东区6幢206
负责人：刘峰　邮　编：315000
法　人：李成林
Tel：13967841733
13566024489

## 宁波市江东华视电子有限公司

业务：宁波华视电子技术有限公司成立于 2003 年，公司地处宁波市江东区，是一家专业销售闭路电视监控、防盗报警产品的企业。本公司以产品品质为根本，以全方位的售后服务为支柱，其公司的宗旨为“最优良的品质、最优质的服务、最优惠的价格”信于广大用户、最终保障用户的利益。

地址：浙江省宁波市江东区兴宁路 258 号宁燕大楼 3 号 318、328 室

负责人：陈琼斯　邮　编：315040

法　人：陈琼斯

Tel：0574－27877100

Fax：0574－27877955

网址：www. nbhuashi. com

E-mail：huashi@nbhuashi. com

## 宁波市江东建伟安防器材商行

业务：安防器材

地址：浙江省宁波市江东区宁穿路 191 号 715

负责人：杜斌全　邮　编：315000

法　人：杜斌全

Tel：13957862880

0574－27855333

## 象山县黄避岙惠农电子产品加工场

业务：承接电子产品加工

地址：浙江省宁波市象山县黄避岙乡大林村庙山嘴

负责人：林伟全　邮　编：315702

法　人：林伟全

Tel：13989357159

13586800397

0574－65671598

## 温岭市绿源电源有限公司

业务：本公司成立于 2006 年 11 月，主要生产销售电动车蓄电池。以质量求生存，以信誉求发展。竭诚欢迎新老客户光临、惠顾！

地址：浙江省台州市温岭市太平街道南泉二期工业区

负责人：陈桂祥　邮　编：317500

法　人：陈桂祥

Tel：0576－86208668

## 杭州四恒电器有限公司

地址：浙江省杭州市江干区彭埠镇云峰村七组

负责人：赵文荣

Tel：13819499018

## 宁波市鄞州洞桥海波电瓶店

业务：销售、维修电瓶

地址：浙江省宁波市鄞州区洞桥镇上水区矸村喇叭口

负责人：徐江南　邮　编：315000

法　人：徐江南

Tel：13819831482

0574－88040218

## 杭州松井电器有限公司

业务：本公司是一家集生产、销售、服务为一体的专业除湿、加湿制造企业。“松井”系列除湿机采用微电脑自动控制、强弱电分开、以人性化的设计、超强的除湿功能、以及优良的性价比、为你创造干爽舒适的环境 解除潮湿烦恼。

地址：浙江省杭州市石桥路天堂经济开发区俞家路

邮　编：310021

法　人：陈先勇

Tel：0571－88153471

Fax：0571－88153341

## 富阳市天海仪表器材厂

地址：浙江省杭州市富阳市渔山乡勤建村

负责人：曹庭海

Tel：0571－63523223

## 浙江万沥电子科技有限公司

业务：浙江万沥电子科技有限公司成立于 2005 年 9 月，专业生产销售电子产品及 SMP 加工，产品广泛用于通信、家电等行业。欢迎来电垂询！

地址：浙江省嘉兴市嘉善县干窑镇北环桥经济开发区

邮　编：314107

法　人：洪忠毅

Tel：0573－4614088

4617337

Fax：0573－4614288

## 富阳市南普音响厂

地址：浙江省杭州市富阳市新登镇新殿村

负责人：蒋念书

Tel：13958050625

## 德清中恒电子有限公司

德清中恒电子有限公司成立于2007年。主要从事于电子产品的加工、销售。

公司本着“以质为本，以诚取胜”的经营理念为广大客户提供优质服务。

联系人：沈子松

电话：0572－8475217　13615820667

邮编：313212

地址：浙江省湖州市德清县新市镇水北村

## 东阳市华晨电子有限公司

浙江省东阳市华晨电子有限公司位于风景秀美，交通便利有“东方好莱坞”之称的横店影视城。

公司以生产、销售磁性材料为主。公司始终坚持“以质量求生存，以信誉求发展”的经营宗旨，竭诚为海内外客户提供最优质的产品和最可靠的服务。

联系人：蒋小花　13806779488

电话：0579－86312066

地址：浙江省金华市东阳市横店镇电子工业园区济慈路62号　邮编：322118

## 奉化市宝莱灯饰大世界

奉化市宝莱灯饰大世界成立于2008年成立，专业销售高档品牌灯饰、灯具。

奉化市宝莱灯饰大世界的诚信、实力和产品质量获得业界的认可。欢迎各界朋友莅临奉化市宝莱灯饰大世界参观、指导和业务洽谈。

联系人：王军宝

电话：0574－88572298　传真：0574－88955155

地址：浙江省奉化市长汀路209号（市场摊位三楼2号）　邮编：315500

## 杭州萧山城厢兴红家电维修部

杭州萧山城厢兴红家电维修部成立于1999年，本部主要经营空调、冰箱、洗衣机、电视机及其它小家电的维修服务。

公司秉承“顾客至上，锐意进取”的经营理念，坚持“客户第一”的原则为广大客户提供优质的服务。欢迎惠顾！

联系人：王兴红

电话：0571-82633198　15824177477　邮编：310026

地址：浙江省杭州市萧山区城厢街道育才西苑13幢101

## 乐清市浩博电气有限公司

乐清市浩博电气有限公司成立于2007年，本公司专业从事汽车接擦件的生产与销售。

公司秉承“顾客至上，锐意进取”的经营理念，坚持“客户第一”的原则为广大客户提供优质的服务。欢迎惠顾！

联系人：董国林

电话：0577-62356661

地址：浙江省温州市乐清市虹桥镇幸福东路119号

邮编：325608

## 乐清市立泰电器有限公司

本公司成立于2000年，主要经营电器。公司秉承“顾客至上，锐意进取”的经营理念，坚持“客户第一”的原则为广大客户提供优质的服务。

联系人：潘程明

电话：0577-62752017、13968732518　传真：0577-62752017

地址：浙江省乐清市柳市镇大兴东路9号　邮编：325600

## 乐清市跃佳电子有限公司

乐清市跃佳电子有限公司成立于2007年，本公司是国内专业生产USB、耳机插座、电源插座、开关制造商之一。始建以来一直从事电子元器件的研制、生产。时至今日，现已具有完善的产品开发、生产、装配、销售以及售后服务体系。公司坚持“以质量求生存，以科技求发展”的方针，以“诚、俱、信、优”为宗旨，继续奋斗、拼搏进取、再创佳绩，并竭诚欢迎海内外同仁和广大用户光临和合作，共建鸿图，同创辉煌。

联系人：林贤汉

www.yuejiaele.com

电话：0577-62380152　地址：浙江省乐清市石帆镇下官塘工业区

传真：0577-62383728　邮编：325608　电子邮件：yuejiaele@163.com

## 临安莱源电子厂

临安耐浦电器照明厂是一家致力于环境艺术照明设计、研发节能灯生产的企业，产品有2U、3U、4U、5U、6U、8U、螺旋、蜡烛泡、球泡、柱泡、伞形、梅花、莲花等13个系列100多种规格，耐浦的宗旨：诚信、质量、科技、开拓、已具备了向大规模高速度发展和参与国际市场竞争的条件，愿以诚信的姿态，合理的价格，热忱的服务与国内外新老客户真诚合作，共创耐浦美好的未来。

联系人：徐鑫

电话：0571-61071101　邮编：311300

地址：浙江省临安市锦城街道竹林大街405-407号

## 宁波东楠电子有限公司

宁波东楠电子有限公司主要从事镀金、镀银、镀镍、镀锡、镀铜等产品加工。本公司秉承"顾客至上，锐意进取"的经营理念，坚持"客户第一"的原则为广大客户提供优质的服务。欢迎广大客户惠顾！

联系人：王南成

电话：0574-62102388　手机：13858206228

地址：浙江省余姚市小曹娥镇滨海工业园区　邮编：315400

## 四川快益点电器服务连锁有限公司杭州分公司

四川快益点电器服务连锁有限公司杭州分公司成立于2007年，主要从事于家用电器类批发零售、安装、调试、维修及技术服务。

本着"质量第一、信誉第一"和"顾客永远是第一"的宗旨，我们会更加竭诚的为用户提供更加优质的服务。

联系人：[illegible]

电话：0571-28020856　28051[illegible]

地址：浙江省杭州市拱墅区登云路305号

邮编：310011

## 宁波欧胜电器有限公司

宁波云环电子集团有限公司下属宁波欧胜电器有限公司(新星电子有限公司)是一家专业制造世界各国认证插头、插座、电源线的规模企业。公司产品从塑料PVC造粒，橡胶炼胶、电线制作、插头注塑等等。

我们坚信您与我们的合作前景将更加辉煌。

Y002A/Y002A-ZB

联系人：任银　13567453580

电话：0574-62163448　62163458　62163658

传真：0574-62160220

地址：浙江省余姚市泗门镇湖北小路下村　邮编：315472

## 王氏電子元件廠

本厂具有产品开发、设计、模具制造、生产经营为一体的电子元件制造厂家。

欢迎全国新老客户来电洽谈业务，共同发展！

联系人：王苗兴

电话：0575-82590728

邮编：312300

地址：浙江省上虞市长塘镇长塘村

## 宁波市科技园区东利接插件厂

本厂专业从事各类接插件的生产销售。产品已广泛应用于汽车配件、机械制造、自动化技术、电力配电及通讯领域。

我们秉承"锐意进取，客户第一"的经营理念，竭诚为广大客户提供最优质的产品和最满意的服务。

联系人：王仕富

电话：0574-88368916　13957853095

地址：浙江省宁波市科技园区梅墟庄前村　邮编：315000

## 余姚市强力灯具厂

余姚市强力灯具厂是一家集生产加工、经销批发于一体的行业骨干企业。主营水下灯系列、射灯系列、地埋灯系列、草坪灯系列、墙脚灯系列、地插灯系列、壁灯系列、天花灯系列、地埋灯钢面系列产品及各类配件。

长期以来，企业坚持以强大实力、科学创新打造品牌，用优质产品、诚信经营追求完美，靠自身雄厚的技术实力、一流的产品质量、合理的商品价格、优质的售后服务赢得了国内外客商、用户的好评，并由此建立了长期的合作伙伴关系。今后，我们将一如既往地为客户需求提供上乘服务，热忱欢迎前来参观、考察、洽谈业务。

联系人：丁小强　13957465652

电话：0574-62357878　62357968

邮编：315400

地址：浙江省余姚市梁弄镇横坎头村

## 宁波英特莱尔电子科技有限公司

宁波英特莱尔电子科技有限公司是一家专业的电子元器件、电阻、电容、二三级管、IC、场效应管、可控硅、发光管等产品的生产厂家。欢迎广大客户来电来函洽谈。

联系人：孙林忠

电话：0574-87666810、13777069444

地址：浙江省宁波市江北区车站路17号　邮编：315040

## 诸暨市鹏程电器有限公司

诸暨市鹏程电器有限公司自成立以来，主营批发、零售家用电器、通迅器材、音响设备、摩托车、装潢材料、工程安装、维修、售后服务。

公司始终本着"诚实守信，客户至上"的经营理念，公司全体员工热忱欢迎各地新老客户前来咨询、洽谈业务。

联系人：钱坚

电话：0575-87231765　87237118　13857567471　传真：0575-87232262

地址：浙江省诸暨市艮塔东路97号　邮编：311800

## 嵊泗森兴电器制造有限公司

本公司成立于2008年。

专业从事照明电器、灯具灯用电器附件的研发生产、销售服务为一体的科技型企业。

公司秉承客户至上、质量第一的服务宗旨，愿与您携手共进，共创辉煌。

联系人：金鑫定　15858082988

电话：0580-5862178　5861038

邮编：202450

地址：浙江省舟山市嵊泗县菜园镇马关遂道口

## 安徽省/Anhui Province

### 安徽省淮南市超人厨具电器有限公司

业务：超人厨具电器有限公司是创立于1996年的电器企业，秉承""用高科技支持橱柜行业""的总体战略和""小巨人，大企业""的经营理念，已经取得了一个又一个本土第一的业绩，开创了淮南橱柜业第一个著名品牌，始终保持橱柜行业的领先地位，得到淮南人民的认可和信任。现在，超人已拥有近百名员工，成为淮南地区最具实力、市场网络最广、科技含量最高的现代化厨具电器公司。最近又荣获像"光彩之星企业""厨柜设计一等奖""诚信单位""质量信得过单位""诚信经营单位""文明单位""推荐产品""绿色家装产品"等等荣誉称号。被人们转誉为橱柜行业的联合舰队，也是以专业化销售厨柜的公司"超人厨柜、厨柜超人"就是我们的目标，2005年超人厨柜获得了全省唯一的"中国重质量，守诚信全国厨柜质量、信誉双保障示范单位""中国建筑装修首选环保优质品牌""中国著名品牌""中国建材AAA级质量服务信用企业"."中国房地产及住宅研究会住宅设施委员会会员单位""中国中轻产品质量保障产品中心权威检测质量合格产品""国家重点推广企业""中国十佳信誉单位"等七项国家级荣誉，成为淮南人民的骄傲。不断变化是时代的特征，创新是超人发展的力量。在誓做橱柜业先锋决心的激励下，超人厨具公司不断深入橱柜的相关领域；自主开发建设了自己的厂地和研发部；拥有价值过百万元的制作设备。纵观我们走过的每一步路，都是那么坚定和踏实处处充满梦想式的喜悦。展望超人事业的未来，必将是集群体的力量，打造橱柜业联合舰队，做中国橱柜业领导品牌，继而走向更为广阔的世界市场。面对这一即定的宏伟战略和目标，我们仍有很长的路要走，困难和挫折在所难免。然而，创业历程告诉我们，困难是在应对挑战中被克服的。透过历史的烟尘，我坚信我们的目标一定能实现。简约的时尚，现代的风格，这就是超人厨柜！

地址：安徽省淮南市田家庵区香港街 8 号楼
邮　编：232000
法　人：沈家振
Tel：0554－3631790

## 亳州市华商太阳能有限公司

业务：太阳能热水器生产、销售
地址：安徽省亳州市十八里开发区同乡路
负责人：马心文　邮　编：236800
法　人：马心文
Tel：13505661788
0558－5279555

**横埠家电商场**
地址：安徽省安庆市枞阳县横埠镇左岗街道
Tel：刘啸林
Tel：0556－2020008
13956556008

## 安庆环城电力设备安装有限公司

业务：承接电力安装工程，加工与销售铁附件铁附件
产品：安徽省安庆市渡江路 45 号 3 幢 303 室
负责人：王革命　邮　编：246003
法　人：王革命
Tel：0556－8762599

## 安庆金翼电子科技有限公司

业务：主要经营印刷，能源，金融，医疗，教育五大核心高新技术新领域。开发国际亮化及健康城项目咨询、综合服务。
产品：金融系列：银行智能回单箱，ATM 存取款机、多媒体查询机、电子显示屏等医疗系列：B 超、心电图、血液透析机、监护仪器、投资咨询及维修。能源系列：太阳能设备、发电设备、燃油设备、特种照明。软件系列：智能管理软件，PACS 医疗系统，综合应用软件工程系列：媒体信息工程、电子集成工程、自动化工程、人居环境及机械设计。
地址：安徽省安庆市开发区康来特家苑 26 号楼 205 室
负责人：徐锦华　邮　编：246000
法　人：徐锦华
Tel：0556－5308638
Fax：0556－5308638
网址：www.jinyinet.cn
E-mail：jinyi0556@163.com

## 安　顺　电　子　厂

业务：安顺电子厂成立于 2004 年，主要生产电子产品、产品销往全国各地、欢迎广大客户来电洽谈业务。
地址：安徽六安市裕安区顺河镇
负责人：黄诚　邮　编：237000
Mobile：13225831895
Fax：0564－2352685

**怀宁县华敏电器有限公司**
地址：安徽省安庆市怀宁县马庙镇天工东路 17 号
负责人：黄东红
Tel：0556－4653798

## 望江县天长光学仪器有限公司

业务：光学仪器、光学镜片生产销售
产品：照相机附加镜、枪瞄镜、望远镜、偏光镜、滤光镜
地址：安徽省安庆市望江县鸦滩工业集中区
负责人：欧阳胜明　邮　编：246001
法　人：欧阳胜明
Tel：13966998253
0556－7460568
Fax：0556－7460568

## 蚌埠双达阀门管件有限公司

业务：燃气阀门管件设备，仪器仪表及高压密封件
产品：安全阀，截止阀，球阀，液化截止阀及气站全套配件，高压垫片
地址：安徽省蚌埠市胜利西路 48 号
负责人：张明辉　邮　编：233400
法　人：韦玉萍
Tel：0552－3965697
13956338638
Fax：0552－7118664

## 安徽恒瑞电子电器设备有限公司

业务：电器配件产品生产销售
地址：安徽省巢湖市庐江县庐城镇开发区东升路与建川路交叉口
负责人：胡龙　邮　编：231500
法　人：胡龙
Tel：0565－7320078

**荣达家电商场**
地址：安徽省安庆市宿松县复兴镇黄湖北路
负责人：王灼荣
Tel：0556－7551850
13805669756

**新潮流家俱厂**
地址：安徽省安庆桐城市新渡镇新安大道
负责人：汪五四
Tel：0556－6812522
13305566279

## 无为县亚龙清华吉融水机专卖店

产品：清华吉融水机专卖
地址：安徽省巢湖市无为县金典佳园 821 号门面房
负责人：曹亚龙　邮　编：238000
法　人：曹亚龙
Tel：13856599128

## 无为县泉塘浩瀚家电商场

业务：主要经营电视，冰箱，洗衣机，空调，苏泊尔电器及太阳能
地址：安徽省巢湖市无为县泉塘街道
负责人：王汉　邮　编：238300
法　人：王汉
Tel：0565－6960086
13956678820

## 来安县兴源电子仪器仪表厂

业务：电子仪表，电器生产销售
产品：安徽省滁州市来安县塔山西路 36 号
负责人：李树平　邮　编：239000
法　人：李树平
Tel：0550－2366678
13909603870

## 滁州市老友商贸有限公司

业务：主要经营家用电器，有空调、冰箱、彩电等
地址：安徽省滁州市南谯区乌衣镇滁宁中路一小对面
负责人：鲁志友　邮　编：239000
法　人：鲁志友
Tel：0550－3913792
13956313809

## 合肥三明电机有限公司

业务：电瓶减速机、各种电机配件等生产销售、维修、保养
地址：安徽省合肥市长江东路五里井 6844 幢 101 室
负责人：郑章兵　邮　编：230001
法　人：郑章兵
Tel：0551－4311138

**通惠电器设备厂**
地址：安徽省蚌埠市纬四路 283 号 5 栋楼南 101－102 号
负责人：郭成利
Tel：0552－4034038
3321542
13705520124

## 合肥安乐太阳能灯饰有限公司

业务：销售太阳能灯饰
产品：太阳能路灯、太阳能景观灯、太阳能庭院灯、风光互补高杆灯、交通信号灯、太阳能电池组件
地址：安徽省合肥市肥东县店埠镇安乐村
负责人：吴敏　邮　编：231600
法　人：吴敏
Tel：15156683153
0551－7796239
Fax：0551－7796239
网址：http://www.hfanltyn.com
E-mail：hfanldsh@163.com

## 合肥科凌空调清洗有限公司

业务：空调清洗、加氟、维修、二手经营
地址：安徽省合肥市胜利路与凤阳路交口万家银座广场 3 幢 2104 室
负责人：徐桂林　邮　编：230001
法　人：徐桂林
Tel：0551－4243573
网址：www.kl168.cnwww.hfclean.com.cn

## 金安区双河镇九十铺全楼电器经营部

业务：销售长虹电视，海尔电视、冰箱、空调，星星冰箱，荣事达洗衣机及微波炉、电饭煲等家用电器
地址：安徽省六安市金安区双河镇九十铺十字西路
负责人：许全楼　邮　编：237000
法　人：许全楼
Tel：0564－2540885
13170183341
15256426848

## 池州市三信电器有限公司

业务：池州市三信电器有限公司成立于 2003 年，主要销售高、低压电器。欢迎新老客户惠顾。
地址：安徽省池州市市南湖杏园 2、3 号楼
邮　编：247100
法　人：郑芳芳
Tel：0566－2618448
Fax：0566－2618448

## 金寨长岭鹏翔电器商行

业务：各种家用电器，太阳能，灶具等
地址：安徽省六安市金寨县长岭乡街道
负责人：黄鹏　邮　编：237344
法　人：黄鹏
Tel：15856453402
0564－7545363

## 宿州市埇桥区家乐电器经营部

业务：家电下乡产品：AOC 液晶电视，冰熊冰箱，浪木洗衣机，浪木饮水机，韩国现代音箱。全球最大的液晶制造商。
地址：安徽省宿州市武夷商城 B1－126 室
负责人：刘艳君　邮　编：234000
法　人：刘艳君
Tel：15605571878
0557－3061568
Fax：0557－3061568

## 天长市洲龙兴电子有限公司

业务：万能摇控器单一红外摇控器，电子玩具
产品：各种摇控器
地址：安徽省天长市金集镇金官路北侧
负责人：黄国文　邮　编：239300
法　人：黄国文
Tel：0550－7911866
Fax：0550－7911866
E-mail：HZLL1209@163.com

**亳州市永远家电服务有限公司**
地址：安徽省亳州市谯城区环城南路（科委楼下）
负责人：杨文彬
Tel：0558－5524995

**隆海仪表有限公司**
地址：安徽省滁州市来安县半塔镇奇辉西路 32 号
负责人：梅德海
Tel：0550－5701090
13909603680

**滁州市辰瑞电器有限公司**
地址：安徽省滁州市琅琊区丰乐新村 2 幢 505 室
负责人：徐仲梅
Tel：13965991119

## 阜　南　县　广　播　电　视　台

业务：专业从事广播电视宣传、广告网络经营
地址：安徽省阜阳市阜南县城关镇淮河西路 35 号
邮　编：236300
法　人：唐保平
Tel：0558－6712312
Fax：0558－6718940

**名扬电器有限公司**
地址：安徽省滁州市琅琊区天长东路 74 号
负责人：王克汉
Tel：0550－3041664
13605501021

## 五河县国恩商贸有限公司

业务：家用电器
地址：安徽省蚌埠市五河县城关镇华天苑小区 13－14 号
负责人：杨守善　邮　编：233000
法　人：杨守善
Tel：13705528531
15055202314
Fax：0552－5036966

**宏达家电有限公司**
地址：安徽省滁州市全椒县襄河镇新华路苏果超市对面
Tel：周斌
Tel：0550－5025108
13855062888

**天长市恒信仿真器材有限公司**
地址：安徽省滁州市天长市釜山镇建设东街 95 号
负责人：贾桂玉
Tel：0550－7662618

## 合肥奥陵电子科技有限公司

业务：合肥奥陵电子科技有限公司成立于 2000 年，现有员工 20 余人，从事教学仪器、医疗医学设备的经销及室内外装修、装饰服务。欢迎来电垂询！
地址：安徽省合肥市新站区濉溪路青海世纪广场 B 座 602 室
邮　编：230061
法　人：袁振泽
Tel：0551－7126523
7126529
Fax：0551－7129530

**天长市菲尔电子有限公司**
地址：安徽省滁州市天长市秦栏镇第二工业园
负责人：周德琴
Tel：0550－7811508

**天长市光华仪器设备有限公司东门经营部**
地址：安徽省滁州市天长市仁和南路 320 号
负责人：瞿德荣
Tel：0550－7302555

**王店姜堰家具厂**
地址：安徽省阜阳市阜南县王店乡
负责人：陶培隶
Tel：0558－6045654
13955854139

**安徽省阜阳市天韵电器有限公司**
地址：安徽省阜阳市颍州区颍州中路 210 号
负责人：卡冬梅
Tel：0558－2733822

## 天长市宏锦电子有限公司

业务：生产与销售摇控器、塑料件
产品：摇控器与塑料件
地址：安徽省天长市秦栏镇第二工业园区
负责人：华万强　邮　编：239000
法　人：华万强
Tel：13956283052
0550－7811196
Fax：0550－7811097

**合肥建坤家电有限公司**
地址：安徽省合肥市包河区东流路 65 号
负责人：吴国爱
Tel：0551－3447858

**合肥市包河区鑫业家具厂**
地址：安徽省合肥市包河区沿河工业区环村路 16 号
负责人：朱欢
Tel：0551－3511443
13955191558

**安徽新软电子有限责任公司技术服务部**
地址：安徽省合肥市高新开发区软件园 5 栋 310 室
负责人：祝秋灵
Tel：0551－5310380

## 马鞍山市凯达电子材料有限公司

业务：马鞍山市凯达电子材料有限公司成立于 1986 年，主要从事焊锡丝、焊锡条、无铅焊锡条、无铅焊锡丝等。凯达员工刻意追求在工作的每一个方面进行连续不断的质量改进，我们将竭尽全力，超出客户预想地满足他们的要求。
地址：安徽省马鞍山市当涂县新市镇沉心公寓区
负责人：史长宁　邮　编：243141
法　人：史宇凯
Tel：0555－6970018
Fax：0555－6970239

**天诚电子经营部**
地址：安徽省合肥市合肥康乐新村 3 幢 108 室
负责人：陈燕
Tel：0551－4248582
13955193428

**中联家俱厂**
地址：安徽省合肥市庐阳区大杨镇产业园
负责人：徐然道
Tel：0551－5715155
13965036709

## 天长市凯阳电子有限公司

业务：摇控器生产销售
地址：安徽省天长市秦栏镇秦关西路 10 号
负责人：刘德明　邮　编：239000
法　人：刘德明
Tel：0550－7811699

**合肥凯微电子科技有限责任公司**
地址：安徽省合肥市庐阳区合瓦路 338 号 10 幢 102 室
负责人：程绍华
Tel：13605602138

**合肥通用电源设备有限公司**
地址：安徽省合肥市蜀山区长江西路 848 号联发大厦
负责人：余少云
Tel：13003059801

## 安徽省石台县鸿茂仪表成套配件有限公司

业务：安徽省石台县鸿茂仪表成套配件有限公司专业从事仪表成套配件加工与销售
地址：安徽省石台县横渡镇仪表厂内
负责人：陈雪强　邮　编：245105
法　人：岑央儿
Tel：0566－6411458

**合肥市顺达电子科技有限公司**
地址：安徽省合肥市蜀山区合作化路 9 号 104 室
负责人：赵宜清
Tel：13856995882

**合肥新科光电子技术有限公司**
地址：安徽省合肥市蜀山区黄山路 1460 号大学科技园 252 号
负责人：邱建忠
Tel：0551－5323781

**合肥伟福电子有限公司**
地址：安徽省合肥市蜀山区金寨路 161 号步瑞祺大厦
负责人：沙圣琴
Tel：0551－3665287

**鼎豪科技发展有限公司**

地址：安徽省合肥市濉溪东路国土大厦二楼
…………负责人：范寿军
…………Tel：0551－5622003
13956012040

**宏达利家具经营部**
地址：安徽省合肥市新站区胜利北路 89 号瑶海家具世界
…………负责人：张建国
…………Tel：13956098130

**月娇家俱有限公司**
地址：安徽省合肥市瑶海区大兴镇
…………负责人：刘新生
…………Tel：0551－5619851
13965122665

**安徽创达制冷工程有限公司**
地址：安徽省合肥市瑶海区铜陵北路 10 号综合楼
…………负责人：胡勤明
…………Tel：13855125193

**创安电子科技有限公司**
地址：安徽省合肥市站前西路省工商银行学校门口
…………负责人：董文建
…………Tel：0551－3388158
4242518

**超人厨具电器有限公司**
地址：安徽省淮南市田田家庵香港街二号楼 217 号
…………负责人：沈家振
…………Tel：0554－3631790
1305303228

**奥奇床具厂**
地址：安徽省淮南市谢家集区施家湖乡莲花村夏郢村
…………负责人：蔡兆斌
…………Tel：0554－5684800
13909647850

**桐庐桐君邮电器材厂黄山分销部**
地址：安徽省黄山市屯溪维多利亚 1 幢 6 单元 411 室
…………负责人：吕精贵
…………Tel：0559－2536055

**佳利仪表电器厂**
地址：安徽省黄山市歙县徽城镇七里头旸村
…………负责人：江建利
…………Tel：0559－6515157
13170098718

**马鞍山市万源电子材料有限责任公司**
地址：安徽省马鞍山市当涂县工业园
…………负责人：吴文光
…………Tel：13855106280

**马鞍山市东方仪表有限公司**
地址：安徽省马鞍山市当涂县乌溪镇工业园
…………负责人：蔡福明
…………Tel：0555－6781229

**凯达电子材料有限公司**
地址：安徽省马鞍山市当涂县新市镇
…………负责人：史长宁
…………Tel：0555－6970018
13955536175

**马鞍山雅歌智能电子科技有限公司**
地址：安徽省马鞍山市雨山区珍珠西苑 13 栋 904 号
…………负责人：郭建
…………Tel：0555－8361173

**一条龙家电有限责任公司**
地址：安徽省宿州市灵璧县凤山中路 508 号
…………负责人：李小龙
…………Tel：0557－6036508
13905577665

**皖北电器开关厂**
地址：安徽省宿州市埇桥区淮河东路 16 号
…………负责人：范国柱
…………Tel：0557－3027391
5570418
13905572651

**新兴塑业电子有限公司**
地址：安徽省天长市秦栏镇秦香北路
…………负责人：邵言祥
…………Tel：0550－7813007
13605506122

**美歌电器有限公司**
地址：安徽省天长市铜城镇天大工业园
…………负责人：孙玉东
…………Tel：0550－7518727
13309600610

**天长市嘉信电子有限责任公司**
业务：天长市嘉信电子有限责任公司位于天长市秦栏镇秦香北路 20 号，交通十分便利。自成立以来，从事摇控器、橡胶按钮的生产及销售。以“质量求生存，以信誉求发展”是公司的宗旨，欢迎来电垂询。
地址：安徽省天长市秦栏镇秦香北路 20 号
…………邮　编：239341
…………法　人：殷士朝
…………Tel：0550－7812865
…………Fax：0550－7815559

**铜陵天发电器开关有限责任公司**
地址：安徽省铜陵市金口岭路 1819 号
…………负责人：张先应
…………Tel：0562－5821940

**恒利电子有限责任公司**
地址：安徽省铜陵市狮子山区西湖开发区
…………负责人：钱胜利
…………Tel：0562－6865773
6862396
13956251648

**安徽省限迪电器厂**
地址：安徽省芜湖市繁昌县三山镇小洲
…………负责人：高春姐
…………Tel：0553－7441130

**芜湖天禾电控设备有限公司**
地址：安徽省芜湖市经济技术开发区银湖北路科创中心
…………负责人：张学成
…………Tel：0553－2221696

**芜湖市英方空调配件制品有限公司**
地址：安徽省芜湖市经济技术开发区裕安路（中富公司内）
…………负责人：肖伟良
…………Tel：0553－5843396

**芜湖市鑫源电子有限公司**
地址：安徽省芜湖市镜湖区上二街太阳宫 12 号－7 号门面
…………负责人：喻文辉
…………Tel：0553－3823838

**万和中汇工贸有限责任公司**
地址：安徽省芜湖市镜湖区沿河路宇华大厦 220 号
…………负责人：刘邦银
…………Tel：0553－3011506
13909636321

**芜湖威源电器有限公司**
地址：安徽省芜湖市鸠江区官陡镇新庄村新庄工业园
…………负责人：李健
…………Tel：0553－2111627

**芜湖天波电子灯饰有限公司**
业务：我公司成立于 2002 年，一直致力于 LED 光源在装饰照明行业的应用集研发、生产制造、销售、灯饰配件制造于一体的专业 LED 灯饰生产厂家，本公司生产的 LED 柔性彩虹灯，其工艺为国内首创，品种最全，质量稳定可靠，通过我们的产品和服务，实现您的价值和利益!!
地址：安徽省芜湖市芜湖县三元开发区
…………负责人：杨华仁……邮　编：241103
…………Tel：0553－8146871、
…………Fax：0553－8147202
…………网址：http://www.ecsino.com/corp/detail/5/1376894.asp
…………E-mail：skyball－tb@vip.163.com

**皖江光电仪器有限公司**
地址：安徽省芜湖市马塘区港西工业园
…………负责人：李秀明
…………Tel：0553－5857652

**芜湖市兢业电子有限公司**
地址：安徽省芜湖市马塘区马塘镇五里小区 76#
…………负责人：陈学兢
…………Tel：13956179909

**蓝江艺术照明联合有限公司**
地址：安徽省芜湖市新安街 5 号
…………负责人：江小刚
…………Tel：553－3822315
13505533859

**金海马家俱市场**
地址：安徽省芜湖市银湖北路 19 号
…………负责人：贺曙新
…………Tel：0553－2216222
13095493779

## 福建省/Fujian Province

### 义铤家电维修
业务：海信、康佳、格力、TCL、松下与电器售后服务各种家电、空调维修等
地址：福建福州市永泰县嵩口镇芦洋村新村15号
负责人：杨义铤　邮　编：350000
法　人：杨义铤
Tel：0591－24663821

### 龙岩市上杭县则辉电器店
业务：电器经营
地址：福建省龙岩市上杭县蛟洋乡丘坊村
负责人：丘则辉　邮　编：364000
法　人：丘则辉
Tel：0597－3624293

### 龙岩市新罗区江山伟记电器经营部
业务：电器、建材
地址：福建省龙岩市新罗区江山铜砵村部对面
负责人：郭升伟　邮　编：364000
法　人：郭升伟
Tel：13559997792
0597－2590022

### 龙岩市科蓝电子工程有限公司
业务：本公司是龙岩地区具有较大规模的一家从事电视演播室、录音棚、专业舞台、多功能厅、舞厅、会议同声传播系统工程及灯光、建设声学工程
产品：专业音响、灯光、会议系统、多媒体电教设备
地址：福建省龙岩市新罗区龙门镇谢洋村（阳光都汇商住小区（财富旺角大厦）阳明楼A2栋第二梯506
负责人：蓝裕银　邮　编：364000
法　人：蓝裕银
Tel：0597－2532238
Fax：0597－2536216
网址：www.lyklav.com
E-mail：lykl@163.com

### 龙岩市新罗区宝源家电维修部
业务：家电维修、空调安装清洗
地址：福建省龙岩市新罗区龙腾路西湖小区B6－6－6号店
负责人：朱坤贤　邮　编：364000
法　人：朱坤贤
Tel：13860237579
13110620662

### 福建省尚宇环保科技有限公司
业务：本公司是集研发、生产、销售为一体的高科技环保企业，专业制造、推广、销售垃圾回收处理设备以及其他环保产品。公司致力于中国环保事业，为您提供一流的产品、技术及咨询服务，愿我们的真诚与热情，与您携手共创美好未来。
产品：垃圾处理器
地址：福建省龙岩市新罗区龙州工业园区3号标准化厂房北侧五层
负责人：马华骏　邮　编：364000
法　人：马华骏
Tel：0597－2267758
Fax：0597－2267785
网址：www.fjsyhb.com

**隆达家具有限公司**
地址：福建省福清市江阴镇荣江路192号
负责人：翁莲瑞
Tel：0591－85611951
13067252222

### 龙岩市新罗区沁园饮水机经营部
业务：饮水机、净水器、净水设备等等
地址：福建省龙岩市新罗区闽西交易城C2－1－32号
负责人：陈超水　邮　编：364000
法　人：陈超水
Tel：13959078877
0597－2523345
Fax：0597－2523345

### 龙岩市新罗区生命灯灯具店
业务：灯具销售、上海宝迪节能灯、生命灯节能灯
地址：福建省龙岩市新罗区闽西交易城C5－3－32号
负责人：林乐阳　邮　编：364000
法　人：林乐阳
Tel：13656935556
0597－2529738

### 永定县乾坤家电行
业务：经营各种国内外知各品牌大小家电。专业技术选售优质产品，请相信您的朋友。
地址：福建省龙岩市永定县高陂镇先富街
负责人：王权坤　邮　编：364000
法　人：王权坤
Tel：13860228090

### 永定县洪山精博电器（永定县东方旅店）
业务：销售电器
地址：福建省龙岩市永定县洪山乡新兴街12号
负责人：温汉基　邮　编：364000
法　人：温汉基
Tel：0597－5751448
13959066298

### 永定县达煊家电店
业务：销售家用电器（洗衣机、空调、电视机）
地址：福建省龙岩市永定县坎市镇诚信东街19号
负责人：刘彩华　邮　编：364000
法　人：卢达煊
Tel：0597－5662272
13515911130
13850651542

### 南安洪梅金鑫电器行
业务：家用电器销售
地址：福建省南安市洪梅镇梅溪村下宫街
负责人：车金山　邮　编：362300
法　人：车金山
Tel：13959865362
0595－86612003

### 泉州经济技术开发区地球龙家用电器店
业务：电器
地址：福建省南安市金淘镇朵桥工业区
负责人：傅聪影　邮　编：362314
法　人：傅聪影
Tel：15805951177
0595－86419700
15059561588

### 南安市石井红宝电器行
业务：家用小电器销售
地址：福建省南安市石井镇延平南路109号
负责人：黄旭军　邮　编：362000
法　人：黄旭军
Tel：13960213991
0595－86079398

### 浦城县古楼海尔家电专卖店
业务：海尔冰箱、空调、热水器等
地址：福建省南平市浦城县永兴镇
负责人：蒋光兴　邮　编：353000
法　人：蒋光兴
Tel：13950670559
0599－2683059
13509527006
13509508829

### 浦城县丁泽红家用电器
业务："索伊"冰箱
地址：福建省南平市浦城县永兴镇澄湖路
负责人：蒋光兴　邮　编：353405
法　人：蒋光兴
Tel：13950670559
0599－2683059
13509527006
13509508829

### 永兴镇海尔家电专卖店
业务：海尔冰箱、空调、热水器等
地址：福建省南平市浦城县永兴镇澄湖路
负责人：蒋光兴　邮　编：353405
法　人：蒋光兴
Tel：13950670559
0599－2683059
13509527006
13509508829

### 顺昌县洋墩隆生电器商场
业务：家用电器的销售
产品：美菱冰箱、美的空调、小天鹅洗衣机、康佳电视
地址：福建省南平市顺昌县洋墩乡新街116号
负责人：朱隆生　邮　编：353208
法　人：朱隆生
Tel：13960651683
0599－7563096

### 福建省南平市松溪县森歌电器商行
业务：森歌集成灶专卖
地址：福建省南平市松溪县工农东路270－23号
负责人：王昌兵　邮　编：353000
法　人：王昌兵
Tel：0599－6919618
6919278
Fax：0599－6919278

### 长乐古槐雅豪金典灯饰店
业务：销售灯具
地址：福建省长乐市古槐镇感恩村工业路
负责人：林桂香　邮　编：350200
法　人：林桂香
Tel：13799923053
13609555302

**长汀县飞跃制冷电器厂**
业务：本厂是一家是专业生产制冷设备的厂家，1995年研制开发"汀江"牌炒冰机到今已形成三大系列十多个品种生产流水线。"汀江牌"系列炒冰机，性能稳定、结构轻巧、制冷迅速、操作简单，适用于学校、冰厅、夜市、舞厅、车站、影剧院、旅游点及人气较旺的场所。
地址：福建省龙岩市长汀县汀州镇南寨体育广场一号店
邮　编：366300
法　人：陈贵荣
Tel：0597－6837658
网址：www.tjcbj.com

### 上杭县龙杭路灯批发部
业务：批发、零售户外灯
地址：福建省龙岩市上杭县临江镇江滨路12号
负责人：冯蔚康　邮　编：364200
法　人：冯蔚康
Tel：13860224035
0597－5237616
E-mail：383012394@qq.com

### 政和县东平镇嘉华海尔专卖店
业务：海尔电视机，洗衣机，空调，冰箱等专卖
地址：福建省南平市政和县东平镇东街口金峰迪吧楼下
负责人：陈江华　邮　编：353000
法　人：陈江华
Tel：0599－3265364
13860011128

**家华五金灯具商店**
地址：福建省福清市渔溪镇隆华路口合作总店大楼
负责人：杨秀玉
Tel：0591－85688593
85681898
13905911361

### 宁德市晟阳电子有限公司
业务：集研发、设计、生产、销售为一体，专营LED应用产品及安装工程承接，产品品质优良、品种齐全，可根据客户的特殊需求设计LED产品应用方案。致力为客户提供高品质、高竞争力的全方位产品服务。
产品：电子产品，LED电子显示屏，太阳能路灯，智能停车收费系统，夜景工程设计、安装，弱电工程安装
地址：福建省宁德市东侨经济开发区中国红市场C幢壹层112号
负责人：张俊　邮　编：352000
法　人：叶丽英
Tel：0593－8352859
18950169428
Fax：0593－7185318
网址：2443.nd888.cn
E-mail：ndsunyo@163.com

### 宁德市蕉城区霍童新洞天灯具店
业务：销售灯具、洁具
地址：福建省宁德市蕉城区霍童镇村委楼一楼第一间
负责人：潘宁　邮　编：352100
法　人：潘宁
Tel：13799901152
0593－2700898

### 莆田市荔城区佳能电器综合商场
业务：销售：三星系列、美的系列、松下系列、海信等及系列
地址：福建省莆田市荔城区黄石镇重兴北路105号
负责人：徐尚云　邮　编：351100
法　人：徐尚云
Tel：0594－2162535
13850207576
Fax：0594－6229007
QQ：360868698

### 莆田市荔城区德意电器店
业务：德意电器专卖
地址：福建省莆田市荔城区西社小区华东苑114、115号
负责人：方凤清　邮　编：351100
法　人：方凤清
Tel：13599493111
0594－2216990

**厦门元顺微电子技术有限公司福州微电子测试中心**
地址：福建省福州市昌山区城门镇城楼260号
负责人：谢各富
Tel：0591－83499291
13706942289

### 上杭县蛟洋百丽安特大众灯饰店
业务：销售所有的灯具
地址：福建省龙岩市上杭县蛟洋开发区文昌路
负责人：雷焕辉　邮　编：364000
法　人：雷焕辉
Tel：13959496393
0597－3690912

### 莆田市湄洲湾北岸经济开发区山亭金财电器店
业务：各种家用电器及通讯器材
地址：福建省莆田市湄洲湾北岸经济开发区山亭乡莆禧街道
负责人：沈金才　邮　编：351100
法　人：沈金才
Tel：0594－5992182
13799676910
Fax：0594－5992182

### 莆田市秀屿区笏石汇泉净水器商行
业务：批发和零售乐鱼（央视上榜品牌），美的，泉来，世保康等品牌家庭，工程净水设备。各种净水器滤芯，净水器维修。
地址：福建省莆田市秀屿区笏石镇西徐村徐厝140号
负责人：徐国庆　邮　编：351100
法　人：徐国庆
Tel：0594－2366338
5885265

## 安溪县城厢镇荣华家电商行
业务：销售厨房电器、液晶电视以及各种小家电
地址：福建省泉州市安溪县城厢镇玉田村新街5号
负责人：吴远鹏　邮　编：362000
法　人：吴远鹏
Tel：13105070988
0595－86185716

## 安溪县大坪嘉宏电器店
业务：销售家电
产品：美的、海尔
地址：福建省泉州市安溪县大坪乡大坪村中间164号
负责人：张贻兴　邮　编：362435
法　人：张贻兴
Tel：0595－23435497

## 德化县啊福美的电器商行
业务：销售：家用电器
地址：福建省泉州市德化县三班镇三班村后房街60号
负责人：郑生福　邮　编：362500
法　人：郑生福
Tel：13850765107
0595－23583650
E-mail：zhengshengfu@163.com

## 泉州市丰泽区小天鹅洗衣机专业家电维修部
业务：家电维修
地址：福建省泉州市丰泽区刺桐北路好又多超市旁邮电宿舍3号店
负责人：李明军　邮　编：362000
法　人：李明军
Tel：15805959315
0595－22885644

## 泉州市新中意电器有限公司
业务：经营各种品牌空调：格力、海尔、奥克斯、大金、三菱电机、三菱空调、开利等
地址：福建省泉州市丰泽区泉秀路东段法石安置大厦B－602、福建省泉州市洛江区万安冠亚东方星城7号楼53－54
负责人：曾升贵　邮　编：362000
法　人：曾升贵
Tel：13625982325
0595－22635699
22635799
28196836
Fax：0595－22635799
28196816

**闽清宏远电瓷电器有限公司**
地址：福建省福州市池园镇芝东街18号
负责人：吴武水
Tel：0591－22433360
13906904581

## 长乐航城宏昌电器服务部
业务：家电维修
地址：福建省长乐市航城街道龙景路新村三区一排11号
负责人：邱祥镇　邮　编：350200
法　人：邱祥镇
Tel：0591－28802002
28802001
Fax：0591－28802003

## 连城县莲峰镇海尔特约服务中心
业务：海尔电器，美菱电器，各种家用电器销售及维修
地址：福建省龙岩市连城县莲峰镇西台小区5号110号
负责人：黄志华　邮　编：3646200
法　人：黄志华
Tel：13859562080
0597－8933206
8938969
930982
Fax：0597－8930982

## 泉州市丰泽区越洋电器销售部
业务：烹饪机
产品：福建省泉州市丰泽区田安北路武夷花园明辉阁2号楼8号
负责人：陈莉莉　邮　编：362000
法　人：陈莉莉
Tel：13905080872
0595－22100773

**冰岛制冷设备维修有限公司**
地址：福建省福州市三角池嘉源欣苑1号楼店面21
负责人：潘振滨
Tel：0591－87318611
13358229997

## 惠安县亚国电池店
业务：汽车、摩托车、电动车各种（国产、进口）蓄电池超市
地址：福建省泉州市惠安县螺城镇福厦公路边汽车南站正对面
负责人：李晚居　邮　编：362100
法　人：李晚居
Tel：13850774202
0595－87334202

## 惠安县辋川万城电器行
业务：家用电器经营．
地址：福建省泉州市惠安县辋川镇后许半埭岸自然村20号
负责人：何灿波　邮　编：362000
法　人：何灿波
Tel：0595－87256677
87250909
Fax：0595－87255511

## 泉州市泉港区夏威家电维修中心
业务：家电维修
地址：福建省泉州市泉港区泉五中路锦塔村3组585号10幢
负责人：庄佳彬　邮　编：362000
法　人：庄佳彬
Tel：13506009052
0595－68113800

## 石狮市佰鸿鸿彩灯具店
业务：亮化工程（酒店整套厨房设备），路灯工程，夜景工程
地址：福建省泉州市石狮市八七路公安局对面
负责人：蔡栋梁　邮　编：362700
法　人：蔡栋梁
Tel：0595－88870878
88705255
Fax：0595－88705255

## 大田县广平镇铭溪村久信家电商行
业务：主营：美菱冰箱．TCL彩电（液晶电视）威力洗衣机．微博热水器．美的品牌（空调．热水器．微波炉等产品）以及小家电零售
地址：福建省三明市大田县广平镇铭溪村街道
负责人：郭兆樟　邮　编：365000
法　人：郭兆樟
Tel：13559870990
0598－7419555

## 福建省龙岩市武平县十方荣辉五金交电店
业务：主要产品：PC管，塑钢电缆，电线，开关，插座
地址：福建省龙岩石武平县十方村205线旁
负责人：肖荣辉　邮　编：364000
法　人：肖荣辉
Tel：15860162832
13860286795

## 大田县广平镇万诚电器商行
业务：经营家用电器产品
地址：福建省三明市大田县广平镇万筹村
负责人：郑恢坤　邮　编：365000
法　人：郑恢坤
Tel：15859804962
13774718697

## 三明市梅列区华晨电子电器维修部
业务：电子电器维修
地址：福建省三明市梅列区沪明新村67幢一层105号
负责人：张春华　邮　编：365000
法　人：张春华
Fax：0598－8223061

## 明溪县海尔太阳能专卖店
业务：海尔太阳能、美的空气源，各种洗衣机、冰箱、空调、彩电以及各种小家电，其他太阳能
地址：福建省三明市明溪县河滨南路55号
负责人：杨长清　邮　编：365200
法　人：杨长清
Tel：0598－2866006
Fax：0598－2816561

**美笛声音箱组装厂**
地址：福建省龙岩市西安南路司法局楼后
负责人：林龙辉
Tel：0597－2232179
13906972396

## 宁化县小吴水暖装修店
业务：水暖器材，水暖工程，小电器
地址：福建省三明市宁化县翠江镇济村乡济村村街上
负责人：吴登意　邮　编：365000
法　人：吴登意
Tel：0598－6681191
13950968248

## 宁化县明金衡器仪器经营部
业务：电子衡器销售
产品：电子秤、计价秤、计数秤、计重秤、天平、台秤、厨房秤、地磅、电子汽车衡
地址：福建省三明市宁化县农贸市场商住楼A座11号
负责人：张曾平　邮　编：365400
法　人：张曾平
Tel：13950979168
0598－6835951
Fax：0598－6836951
网址：http://www.smmingjin.cn
E-mail：zengping603@126.com

## 清流县龙津新隆家电经营部（新隆家电维修部）
业务：美的空调，荣事达、小天鹅冰箱、洗衣机，TCL电视机，格力空调，及美的小家电等各种品牌家电销售及维修
地址：福建省三明市清流县灵地镇群英街65号
负责人：黄志和　邮　编：365000
法　人：黄志和
Tel：13859424729
0598－5451297

## 清流县龙津镇钟华家电商场
业务：广东名牌长菱空气能源热水器，中国驰名商标家电下乡中标产品博大光正太阳能热水器。免费上门安装。
产品：福建省三明市清流县龙津镇长兴南街28幢
负责人：陈钟华　邮　编：365300
法　人：陈钟华
Tel：13515996090
15160639490

## 沙县大洛成忠家电经营部
业务：家电的销售
地址：福建省三明市沙县大洛镇乐洋新村38号
负责人：卓成忠　邮　编：365000
法　人：卓成忠
Tel：13605981104
0598－5786780

## 尤溪县洋中镇美的
业务：美的牌各类电器
地址：福建省三明市尤溪县洋中镇中心街学区门口
负责人：杨书福　邮　编：365000
法　人：杨书福
Tel：15059022691
15280722186

**福安市华正控制设备有限公司**
业务：福安市华正控制设备有限公司是一家集产品开发、研制、销售于一体，专门从事小型断路器、漏电保护器、塑壳断路器、电涌保护器、成套配电箱以及各种低压元件的专业企业。
地址：福建省宁德市福安市南郊官庄中路24号
负责人：兰全弟　邮　编：355000
法　人：兰全弟
Tel：0593－6616996

## 漳浦县石榴镇辉煌电器店
业务：家用电器销售
地址：福建省漳州市漳浦县石榴镇石榴村公路边
负责人：陈辉煌　邮　编：363201
法　人：陈辉煌
Tel：13515951558
0596－3832001

**杰时帝电子科技有限公司**
地址：福建省石狮市鸿山镇东园建新钟表城
负责人：吴清瑶
Tel：0595－88987222
13905055216

## 长乐金峰新辉电器维修部
业务：家电售后服务
地址：福建省长乐市金峰镇金峰村金林路104号
负责人：陈行辉　邮　编：350200
法　人：陈行辉
Tel：0591－28559995

**厦门市湖里区磁达电子辅料经营部**
地址：福建省厦门市湖里区坂上村坂上社336号旁两间店面东一间
负责人：李勇
Tel：13599921690

## 武夷山市星村安佳电器商行
业务：经营万家乐、万和牌热水器；万家乐、华帝液化气灶，油烟机等；修理奔腾电磁炉、电饭煲、液化气灶、热水器等。
地址：福建省武夷山市星村镇齐云路17号
负责人：郭泉水　邮　编：354303
法　人：郭泉水
Tel：13859332421
0599－5263563

## 厦门鑫绿祥贸易有限公司
业务：净水器，太阳能
地址：福建省厦门市海沧区海沧街道沧林三路257号
负责人：陈越足　邮　编：361026
法　人：陈越足
Tel：0592－6088098

## 漳州开发区顺民电器商行
业务：电饭煲、冰箱，洗衣机等小家电
地址：福建省漳州开发区大径社区许厝43－1号
负责人：王顺明　邮　编：363000
Tel：0596－6898198

## 龙海市石码旺城电器服务部
业务：家用电器维修、安装及配件销售
地址：福建省漳州市龙海市榜山镇平宁村西头
负责人：李颖伟　邮　编：363000
法　人：李颖伟
Tel：13656077524
0596－6550794

## 平和县南胜镇鸿盛家用电器店
业务：冰箱、电视、小家电等经营
地址：福建省漳州市平和县南胜镇中镇路
负责人：杨清林　邮　编：363000
法　人：杨清林
Tel：15306933763
0596－5380822
Fax：0596－5380822

## 云霄县富通电讯店
业务：手机批发零售
地址：福建省漳州市云霄县莆美镇绥阳路151号
负责人：黄文国　邮　编：363000
法　人：黄文国
Tel：0596－8532680

## 漳浦县沙西镇顺达电器店
业务：多品牌冰箱，电视机，洗衣机，消毒柜等家用电器
地址：福建省漳州市漳浦县沙西镇沙西村乌桥东
负责人：林顺进　邮　编：363217
法　人：林顺进
Tel：0596－3811669
13960128000

**厦门市力力佳电子有限公司**
地址：福建省厦门市湖里区蔡塘村古地石社158号一层
负责人：胡镇西
Tel：13606038081

## 龙海市角美宽茂电器坊
业务：电器销售
地址：福建省龙海市角美镇东美村角江路边
负责人：黄宽茂　邮　编：363100
法　人：黄宽茂
Tel：0596－6761781
13850573560
Fax：0596－6761789

**厦门万易达电子有限公司**
地址：福建省厦门市湖里区禾山镇后埔村薛岭社111号（厂房）
负责人：罗斌
Tel：0592－5288568

## 福安市宏达五金水暖灯饰批发部
业务：各类五金水暖洁具灯饰批发零售
地址：福建省福安市城南街道天马新村鹤山东路124号
负责人：钟木树　邮　编：352100
法　人：钟木树
Tel：0593－2183853

**莆田市庆盛电子塑胶有限公司**
业务：公司一直致力于电子产品的研究，开发与生产，形成集科研、生产、销售于一体的一条龙产业。公司产品主要有：各式电子表、电子表芯、电子钟、石英钟机芯、石英钟、闹钟、跑表、走步表、计时器、计算器等一百多种。欢迎国内外客户光临！
地址：福建省莆田市江口镇石西新区庆盛大厦
邮　编：351115
法　人：林文森

Tel:0594—3791418
Fax:0594—3792193
网址:www.qingshengcn.com

**厦门帝道电子科技有限公司**
地址:福建省厦门市湖里区湖里大道 14 号厂房五层
负责人:王卫东
Tel:0592—3192693

**建瓯市兴辉电力器材经营部**
业务:经营电力器材
地址:福建省建瓯市中山路 319 号
负责人:黄先生　邮　编:353000
法　人:黄志华
Tel:0599—3834508
13905994358

**厦门孚德电子有限公司**
地址:福建省厦门市湖里区华荣路 50 号二楼
负责人:薛静秋
Tel:0592—5528029

**福州欧宝电子有限公司**
业务:致力于音视频、制造、销售、服务和网络运营于一体的高新技术企业。公司以基于液晶电视、多媒体投影机、KTV 投影机产品为核心,为客户提供高品质、高性能、多功能、音视频产品和全面的解决方案,助力客户商业成功。
地址:福建省福州市台江区新港街道五一新村 21 号楼 401
负责人:陈灿　邮　编:350009
法　人:陈灿
Tel:0591—88593211
0591—88593212
0591—8859 3213
Fax:0591—88593210
网址:www.fz—oubo.com
E-mail:fzoubo@yahoo.cn

**厦门市凌浩电子科技有限公司**
地址:福建省厦门市湖里区火炬高新区光业楼二楼
负责人:陈亨潮
Tel:0592—5700778

**上海厦裕晖电子有限公司厦门分公司**
地址:福建省厦门市湖里区嘉园路 121 号 502 室
负责人:廖正晖
Tel:0592—5601830

**福安市通州电子有限公司**
业务:生产和销售各类按摩用品系列,按摩椅,按摩坐垫,按摩器等
产品:各类按摩用品系列,按摩椅,按摩坐垫,按摩器等
地址:福建省福安市城阳区新兴路 46 号
负责人:林美月　邮　编:355000
法　人:林美月
Tel:0593—6685555
Fax:0593—6553166
网址:www.fjtzdz.cn
E-mail:fjtzdz@163.com

**台江区天溢电子商行**
业务:德国森海塞尔等世界名牌发烧耳机系列、消费数码电子产品系列
地址:福建省福州市台江区五一中路大利嘉城 A2—328 号
负责人:王磊　邮　编:350000
法　人:王磊
Tel:0591—83312982

**善思科技(厦门)有限公司**
业务:善思科技(厦门)有限公司是一家主要从事光学仪器研发、生产的高科技公司,在电路板检测和生产方面具有丰富的经验,能满足专业生产厂商的高端需求。产品有 X—RAY、RoHS 荧光分析仪、显微镜、3D 影像测量仪、波峰焊、回流焊等。
地址:福建省厦门市留学生创业园伟业楼三楼 N308
邮　编:361009
法　人:林毅宁
Tel:0592—5769027
5769030
Fax:0592—5769025

**福州市台江区威王电器店**
业务:奥斯克 DVD、东升 DVD、新飞音响、新科、CAL 液晶电视、奥斯克迷你组合、苹果播放器
地址:福建省福州市台江区国货西路 303 号天丰电子城 1126 号
负责人:杨宝　邮　编:350004
法　人:杨宝
Tel:0591—83287103
13635268721

**新奥立电子有限公司**
地址:福建省厦门市金榜路 110 号 802 室
负责人:吴桢火
Tel:0592—5825306
13906003567

**厦门长江大全电器设备有限公司**
地址:福建省厦门市思明区槟榔西里 11 栋 501 室
负责人:孔庆荣
Tel:0592—8801286

**福州市台江区凯恩电子商店**
业务:电子商品批发
地址:福建省福州市台江区茶亭街道群众路 278 号源利明珠公寓 2#楼 904 单元
负责人:林楷　邮　编:350000
法　人:林楷
Tel:13459409179
0591—88080197

**厦门市冷空器制冷科技有限公司**
地址:福建省厦门市思明区会展路 19 号
负责人:陈启福
Tel:0592—5923662

**福鼎市日利达太阳能热水器经营部**
业务:日利达太阳能热水器专卖
地址:福建省福鼎市富阳路 189 号
负责人:林女士　邮　编:352100
法　人:林女士
Tel:13396953088
13859649033

**福州台江区大门电子有限公司**
业务:销售各类数码产品
产品:数码产品
地址:福建省福州市台江区茶亭街道国货西路 148 号亚华大厦 104 复式单元
负责人:郑豪　邮　编:350000
法　人:郑豪
Tel:0591—83318260

**昌钰(厦门)电子有限公司**
业务:昌钰(厦门)电子有限公司主要生产耳机线,USB 连接线,音响视听配线,太阳能汽车散热器等产品。"以质量求生存,以信誉求发展",热诚欢迎广大新老客户来我公司洽谈业务,共同合作!
地址:福建省厦门市同安区同集北路 550 号
负责人:张正伍……邮　编:361100
法　人:张正伍
Tel:0592—7895628

**连江县琯头镇永明电器店**
业务:各种家用电器
地址:福建省福州市连江县琯头镇开放路 73 号
负责人:李明　邮　编:350001
法　人:李明
Tel:0591—62136663

**厦门欣利德电子有限公司**
地址:福建省厦门市思明区莲岳里 162 号 1803 室
负责人:林光辉
Tel:0592—5331655

**福州市晋安区家乐电器商行**
业务:威欧电器福建总代理,诚帝电器福州总代理
地址:福建省福州市晋安区南方建材市场 7 座 12 号
负责人:王先栋　邮　编:350001
法　人:王先栋
Tel:0591—88352651
87480660
Fax:0591—88008937

**厦门科铭空调技术有限公司**
地址:福建省厦门市思明区侨建花园 36 号 405 室
负责人:马传辉
Tel:13606080216

**长乐市航城煌家灯具店**
业务:家用,工用灯具
地址:福建省福州市长乐市航城街道会堂南路阳光花园二区 2—3#店
负责人:郑先生
法　人:郑鸿伟
Tel:13515009298
0591—28887706

**厦门彩讯电子有限公司**
地址:福建省厦门市思明区天湖路 38 号 A22 之三
负责人:吴子柑
Tel:0592—2222130

**福鼎市龙安浩旺家用电器店**
业务:电视、冰箱、洗衣机等家用电器的代理销售
地址:福建省福鼎市龙安开发区停车场 3 号楼第 1—2 榴
负责人:陈世钟　邮　编:355208
法　人:陈世钟
Tel:0593—7297345
13235063638

**厦门市先进电子有限公司第一经营部**
地址:福建省厦门市思明区天湖路 38 号之 125 号(假日 E 时代)
负责人:施勇
Tel:0592—2233187

**福州市仓山区吾壹灯饰店**
业务:集灯饰、户外照明、家庭照明、亮化工程设计、大小工程水电安装于一体的专业灯饰营销公司,代理 TCL、朗能、九佛等知名品牌,档次高式样新颖,价格实惠,真诚期待您的光临
产品:灯饰,电工,户外灯等
地址:福建省福州市仓山区上渡路 149 号林产品市场 6 区 2 楼
负责人:翁祖瑜　邮　编:350008
法　人:翁祖瑜
Tel:0591—88000912
Fax:0591—87615600
网址:www.wuyi188.com
E-mail:wzyaotian@sina.com

**厦门永商家电有限公司**
地址:福建省厦门市思明区厦禾路 1118 号 9 层
负责人:陈晓
Tel:13110922890

**福鼎市情伟灯饰店**
业务:家居灯饰照明以及工程照明
地址:福建省福鼎市桐城明珠虹桥西路 9—11 号
负责人:何建情　邮　编:352000
法　人:何建情
Tel:13599827340
0593—7890693
Fax:0593—7890693

**福鼎市硖门斯奎电器店**
业务:电器
地址:福建省福鼎市硖门乡金洋街 56—58 号
负责人:郑斯奎　邮　编:352100
法　人:郑斯奎
Tel:0593—7241468
7241917
Fax:0593—7241917

**厦门得威电子器材有限公司**
业务:我公司生产:汽车音响,汽车低音炮,家庭影院,电脑音响,产品销往全国各地,欢迎各方客户来电洽谈!
地址:福建省厦门市同集路天马开发区
负责人:张建阳……邮　编:361000
Tel:0592—7018168、
Fax:0592—7018178

**厦门市汉韦电子有限公司经营部**
地址:福建省厦门市思明区仙岳路 680 号之 10 店
负责人:郑建峰
Tel:0592—5558615

**厦门路申电气有限公司**
地址:福建省厦门市思明区怡富花园二期 1#—2 店面
负责人:陈坤山
Tel:0592—8873678

**福清市宏路丽真灯饰店**
业务:灯具,水晶灯,吸顶灯,开关等产品经营
地址:福建省福清市宏路街道美嘉城 7 号楼 14 号店面
负责人:魏振雄　邮　编:350308
法　人:魏振雄
Tel:0591—85371776

**福州市仓山区籽妍空调维修部**
业务:代理:松下、春兰、格力家用、商用中央空调;商用中央热水系统,维修各类大小电器及家用空调安装移机、维修、加氨、清洗、消毒保养等。
产品:春兰空调、格力空调、春兰中央空调、格力中央空调、家用空调、格力中央热水器
地址:福建省福州市仓山区金山街道闽江大道 197 号江南水都四期 12 号楼一层 10 店面
负责人:陈伟　邮　编:350000
法　人:陈伟
Tel:0591—83058446
13075802170
Fax:0591—83058446
网址:www.fzziyan.cn
E-mail:cw01333@126.com

**厦门日泰电子有限公司**
地址:福建省厦门市同安区城东工业区
负责人:黄振扬
Tel:0592—7135968

## 集华冷气

集华冷气成立于1991年，主要销售制冷设备及维护。

本公司秉承“顾客至上，锐意进取”的经营理念，坚持“客户第一”的原则为广大客户提供优质的服务。欢迎广大客户惠顾！

联系人：林宗敏
电话：0596-8519160 8538364 传真：0596-8538364
地址：福建省漳州市云霄县塘坪街民主路10号 邮编：363000

## 莆田市涵江區三陽電子加工場

本公司成立于2005年，要經營電子配件手工製作，主要產品有各種電子表表蕊、鐘表COB、玩具COB、發聲COB、LED邦定加工、多線數邦定加工。讓誠守信，顧客至上，品質第一，價格合理”是我們的服務宗旨。

联系人：苏紫阳
电话：0594-3809029、3808493、13905947226 传真：0594-3809029
地址：福建省莆田市涵江区三江口镇高美村三江街1981开99号 邮编：351111

## 连城县红太阳家电维修中心

本公司成立于2006年，主要经营家电及配件的销售和维修。本着诚信第一、信誉至上、用户就是上帝的服务宗旨，以专业的技术、优质的服务受到了广大客户的认同和称赞。

联系人：揭小武
电话：13950884806、0597-8181610
传真：0597-5229610 邮编：366200
地址：福建省龙岩市连城县莲峰镇连宁南路180号李彭旅社旁

## 莆田市秀屿区埭头宜家电器行

本公司成立于2008年。
主要销售家电。
本公司以“宜家电器,让您满意”为服务宗旨，一流的品牌，超低的价格，永久的服务，以诚信创新为经营原则。

联系人：陈建武 15860015781
电话：0594-5636851
邮编：351100
地址：福建省莆田市秀屿区埭头镇坩山街85号

## 闽清县池园镇鸿盛电瓷装配厂

闽清县池园镇鸿盛电瓷装配厂成立于2006年，本厂主要经营Hk1、HK2、HK4、HK8、新型HK2瓷件系列Cj10交流接触器瓷件、RCl保险插瓷件、各类低压灯具电瓷R1.RF、小型熔断器高频电瓷配件、瓷灯架和瓷头、电瓷装配、陶瓷瓷板。闽清县池园镇鸿盛电瓷装配厂本着“客户第一，诚信至上”的原则，与多家企业建立了长期的合作关系。热忱欢迎各界朋友前来参观、考察、洽谈业务。

联系人：陈昌亮 邮编：519400
电话：0591-22435317 13960899082 13860695453
地址：福建省福州市闽清县池园镇池园村里洋207号

## 泉州市胜鑫电器有限公司

泉州市胜鑫电器有限公司是一家集批发、工程安装、设计、零售、物流为一体的家电企业。

经过十年的风雨，公司规模不断壮大，现连锁店已遍布泉州市区，晋江陈埭，清濛火炬工业区，做泉州家电知名品牌、创泉州家电一流企业。

电话：0595-28800111 22623000
联系人：陈家胜 13906999857 13805999857
传真：0595-22593765
电子邮件：xiuhua1987@sina.com
地址：福建省泉州市丰泽区田安北路378号 邮编：362700

## 南安市乐峰新福兴电器行

本公司成立于2003年，主要经营松下、海尔、创维、美的、新飞等电器。服务宗旨：诚信、务实、尽善尽美，服务目标顾客服务无遗漏，服务规范，三优三勤三快三规范化，优质服务进万家。

联系人：潘志聪
电话：0595-86566806、86551222、13905086806 传真：0595-86551222
地址：福建省南安市乐峰镇炉中村部1-4号店（祠堂对面）邮编：362300

## 深圳市佳源电子有限公司

深圳市佳源电子有限公司成立于2004年，佳源电子是一家专业研制、开发、生产液晶显示器和液晶显示模块的高新技术企业。

公司成立多年来，以优良的品质、优惠的价格、快捷的交货速度将产品迅速推向国内外市场，并成为国内外一些知名品牌企业的合作伙伴。

联系人：曹明 13823547832
电话：0755-26504242
地址：福建省漳州市云霄县塘坪街民主路10号 邮编：518000

## 宁德市霞浦县牙城镇宏达电器店

宁德市霞浦县牙城镇宏达电器店成立于2008年，本店经销家电产品：“康佳、海尔”空调、冰箱、洗衣机。

本店坚持走以科技支撑、规模经营、品牌立足的可持续发展战略，不断强化经营管理，提升企业形象，优化产品结构，提高产品质量，建立和健全产品质量保证体系。

联系人：陈桂勇 13959438219
电话：0593-8656832 传真：0593-8656832
地址：福建省宁德市霞浦县牙城镇龙祥路128号 邮编：352000

## 石狮市桂韩汽车配件店

石狮市桂韩汽车配件店于2003年成立，本店专业经销汽车电器、汽车发电机系列、蓄电池、MP3、MP4、DVD等电器。

我们将以高质量、低价位的服务，诚挚与您合作！

联系人：林桂韩 13159000559 电话：0595-88916262
地址：福建省石狮市蚶江镇古山一区65号 邮编：362700

## 江西省/jiangxi Province

**康惠杰科技有限公司**
地址：江西省抚州市环城西路8号
……负责人：洪国金
……Tel：13807946219

**江西宇明邦电器有限公司**
业务：专业从事节能灯具、节能灯、照明产品研发、生产、销售，兼营电子、电器产品销售，产品品质优良、品种齐全、价格合理，热诚欢迎各界朋友来电咨询订购！
产品：节能灯具、节能灯、照明产品、电器产品、电线电缆、光缆、电子产品、通信设备、导航系统、监控器材、五金塑料制品、工艺美术产品
地址：江西省抚州市乐安县龙腾花园A区10栋16号
……负责人：曾贵华　邮　编：344300
……法　人：曾贵华
……Tel：0794－6579982
18979474198
……Fax：0794－6579982
……网址：www.jeinengdeng.cn
……E-mail：yumingbang888@126.com

**抚州市金利电器维修有限公司**
地址：江西省抚州市学府路21号
……负责人：左寿生
……Tel：0794－8291999

**骏华电气有限公司**
业务：骏华电气有限公司成立于2000年，是一家专业生产各种电力变压器的公司。本公司资质齐全，生产结构先进合理，质量稳定可靠，我们将以优等的质量、合理的价格、优质的服务，竭诚为广大用户提供满意的产品。
地址：江西省抚州市东乡县大富工业园区
……负责人：331800……邮　编：张小华
……Tel：0794－4332559
……Fax：0794－4332559

**乐安县宇明邦电器有限公司**
业务：节能灯、节能灯具、照明产品、电器产品、电缆电线光缆、通迅设备、导航系统、监控器材、五金塑料制品、工艺美术品的研发、生产和销售
产品：节能灯、节能灯具、照明产品、电器产品、电缆电线光缆、通迅设备、导航系统、监控器材、五金塑料制品、工艺美术品
地址：江西省抚州市乐安县龙腾花园A区10栋16号
……负责人：曾贵华　邮　编：344300
……法　人：曾贵华
……Tel：0794－6579982
18979474198
……Fax：0794－6579982
……E-mail：yumingbang888@126.com

**中信电子发展有限公司**
地址：江西省赣州市章贡区文清路3号
……负责人：谢日成
……Tel：0797－8232323
13907076462

**江西联创电声有限公司**
地址：江西省吉安市神岗西路100号
……负责人：肖敢宗
……Tel：0796－8391681

**景德镇市景华裕丰电子有限公司**
地址：江西省景德镇市昌江区瓷都大道官庄（高新区大人电子科技园内）
……负责人：丰文标
……Tel：0798－8437999

**五星家电下乡博大光正太阳能生能空气能热水器经营店**
业务：经营各种太阳能，亿嘉乐品牌太阳能，中国驰名商标，另外经营各种水能器材，五金电器服务项目，管道安装，维修疏通。
地址：江西省赣州市崇义县章源大道贵竹城1号店面
……负责人：古承海　邮　编：341300
……法　人：古承海
……Tel：0797－6034908
13576759419

**景德镇万平枫盛电容器有限公司**
地址：江西省景德镇市浮梁县浮梁镇樟树坑
……负责人：邓贵勋
……Tel：0798－2897123

**江西省心宇科技有限公司**
地址：江西省南昌市东湖区北京西路513号
……负责人：罗丽琴
……Tel：13970989866

**赣州一袭清风科技有限公司**
业务：我公司成立于2006年，主要生产：产氧、散香、负离子、加湿、清污、灯光、声乐、观赏等功能的各种盆景、工艺品、根雕、浮雕等系列的仿真物。欢迎有志的朋友来公司考察、洽谈，并亲自感受她的神奇。让我们真诚携手、共同努力，为人类的健康事业而奋斗！
地址：江西省赣州市蟠龙二糖厂28栋
……负责人：陈仪云……邮　编：341000
……法　人：陈仪云
……Tel：0797－8321429
Mobile：13698062803
……网址：www.mtw50123.chinapyp.com

**石城县金阳光灯饰**
业务：正泰公司的开关系列，二类电器，DTL家居照明，三雄极光商业照明。
地址：江西省赣州市石城县清华大道商贸城A栋7－8号
……负责人：曾隆钦　邮　编：342700
……法　人：曾隆钦
……Tel：13170849498
0797－5791329

**江西长天实业有限公司**
地址：江西省南昌市东湖区仿古街00号
……负责人：蔡莲妹
……Tel：13970806816

**百汇电子电器商行**
地址：江西省南昌市家电市场12栋1号
……负责人：胡跃明
……Tel：13807008876

**南昌广电设备厂**
地址：江西省南昌市郊正解放西路十四中学后面
……负责人：熊石文
……Tel：0791－8216960
13907080224

**章贡区丽真灯饰经销部**
业务：经销：灯饰、装饰材料
地址：江西省赣州市章贡区家具大市场B3栋1号
……负责人：陈春云　邮　编：341000
……法　人：陈春云
……Tel：13870713089
0797－8375003
……Fax：0797－8375003
……网址：www.gzlizhendengshi.com

**新干县文昌蓄电池厂**
业务：本公司成立于2002年，主要生产销售蓄电池极板，蓄电池。公司本着"信誉第一，顾客至上"经营理念，热忱欢迎新老客户来电洽谈业务。
地址：江西省吉安市新干县城北文昌路55号
……负责人：傅建华……邮　编：331306
……法　人：傅建华
……Tel：0796－2620647

**南昌香华实业有限公司**
地址：江西省南昌市南昌县小兰工业园富山一路
……负责人：周作鹏
……Tel：13907918660

**江西省天智电子科技有限责任公司**
地址：江西省南昌市青山湖大道294号
……负责人：杨峰
……Tel：13133843822

**章贡区红金赣家电商行**
业务：家用电器经营
地址：江西省赣州市章贡区龙岗街9号
……负责人：郭安远　邮　编：341000
……法　人：郭安远
……Tel：0797－8134388

**洪都电器厂**
地址：江西省南昌市青山湖区湖坊镇楞子村后李36号
……负责人：李信鹏
……Tel：0791－8201268、13870891256

**江西省西电工控设备有限公司**
地址：江西省南昌市青山湖区民营科技园城东三路
……负责人：王伟
……Tel：0791－6735795

**彭泽县昊一电器有限公司**
业务：我公司主要以生产经营家用电器产品为主，产品包括保健节能取暖器、电火盆、电火桶等，本公司秉着"昊一"让生活更美好的理念，欢迎广大新老客户前来洽谈业务，共同合作。
地址：江西省九江市彭泽县龙城镇塔桥路五金厂内
……负责人：徐桃初……邮　编：332700
……法　人：徐桃初
……Tel：0792－5665266

**深圳巢盟电器销售部**
业务：家用开关、插座、低压电气、电缆电线
产品：家用开关、插座、低压电气、洁具、电缆线批发兼零
地址：江西省联信大市场
……负责人：巢检桥　邮　编：330000
……法　人：巢检桥
……Tel：0791－6326660
……Fax：0791－6594645
……网址：www.chinachaomeng.com.cn

**江西同盛科技有限公司**
地址：江西省南昌市上坊路108号江西省科学院应用物理研究所213室
……负责人：占爱珠
……Tel：13907003210

**江西莱菱电梯工程有限公司**
地址：江西省南昌市西湖区八一大道197号长运大厦长欣楼10楼07号
……负责人：季文军
……Tel：13307003030

**南昌群力电子科技有限公司**
地址：江西省南昌市西湖区八一大道212号
……负责人：钱春花
……Tel：13803547836

**江西贝特科技有限公司**
地址：江西省南昌市西湖区朝阳中路南路福田花园1202室
……负责人：欧阳璇子
……Tel：13807958800

**江西省明帝光电科技有限公司**
业务：本公司系研发、生产、销售、工程全方位功能的科技型企业。本公司始终致力于高品质LED节能照明产品开发，生产和销售，兼营电力开关设备和相关环保产品的销售，安装，及工程设计。成功开发推广的产品一直深受国内外客户的青睐。
产品：LED路灯、景观灯、环保产品
地址：江西省南昌市西湖区八一大道16号2栋2单元102室
……负责人：王增平　邮　编：330013
……法　人：王增平
……Tel：0791－6399007
15179100067
……Fax：0791－6399680
……网址：www.jxmdgd.com
……E-mail：jxmd_111@163.com

**南昌开普电子科技有限公司**
地址：江西省南昌市西湖区建设西路8号千禧颐河园北景苑4栋4单元908室
……负责人：曹文春
……Tel：13970079001

**鄱阳县兆亿节能灯加工厂**
业务：节能灯加工
地址：江西省上饶市鄱阳县烟草公司专卖办
……负责人：余天锋　邮　编：334000
……法　人：余天锋
……Tel：15932932560
0793－6611283

**南昌南光电器厂**
业务：南昌南光电器厂成立几十年来，一直从事Y型仪表接插件的生产，生产的产品供航空、航天、解放军各兵种及地方民用。热诚欢迎各方客户来电咨询，洽谈业务，共同合作。
地址：江西省南昌市解放西路进明姜村2号
……邮　编：330002
……法　人：董斌
……Tel：0791－8235676
……Fax：0791－8235676

**江西旺盛电磁线有限公司**
地址：江西省南昌市新建县长堎外商投资工业区（二期）物华路西侧
……负责人：张红瑛
……Tel：13807055837

**萍乡市豪格空调电器有限公司**
地址：江西省萍乡市东正街59号
……负责人：李静
……Tel：13979913501

**广丰县三英灯饰有限公司**
地址：江西省上饶市广丰县洋口镇祝家墩居
……负责人：陆逸
……Tel：13362636888

**鄱阳县华美家电有限公司**
地址：江西省上饶市鄱阳县鄱阳镇东商住城
……负责人：程正华
……Tel：0793－6659996

**南昌天宏声光科技有限公司**
业务：南昌天宏声光科技有限公司成立于2001年，主要从事于灯光、音响的代理与销售。欢迎新老客户光临，惠顾！
地址：江西省南昌市西湖区长运商贸城B座1楼66号
……负责人：邓文峻……邮　编：330003
……法　人：邓文峻
……Tel：0791－7038736
7130892
……Fax：0791－7037655
……网址：www.skysound.cn
……E-mail：t.n.corp@163.com

**永丰五金电器厂**
地址：江西省上饶市上饶县枫岭头镇永丰村
……负责人：陈远忠
……Tel：0793－8492178
13803599202

**江西省石城惠威视听商场**
地址：江西省石城县琴江镇西华中路70、72、76号
……负责人：黄青林
……Tel：0797－5719999

**江西省上饶市信龙电子有限公司**
业务：本公司成立于2000年，拥有员工20多名。主要经营各种电池检测设备。
地址：江西省上饶市信州区南环路006号
……邮　编：334000
……法　人：万贻明
……Tel：0793－8215708
8396993
……Fax：0793－8215708

**新余市成功电子销售有限公司**
地址：江西省新余市劳动北路38号西面
……负责人：张红萍
……Tel：0790－6415688

**丰城市宇丰电子制品有限公司**
业务：电感加工
地址：江西省宜春市丰城市矿务局环城东路5号
……负责人：艾俊华　邮　编：331100
……法　人：艾俊华
……Tel：15970553199

**启航电子科技发展有限公司**
地址：江西省樟树市药都南大道68号
……负责人：杨华军
……Tel：0795－7032511
13576584918



▲电器仪器仪表▼

## 南昌百成电子科技有限公司

南昌百成电子科技有限公司成立于2000年。

主要从事广播器材、教学设备的生产及销售。

欢迎广大新老客户来电洽谈业务！

联系人：卢方德 13970853016

电话：0791－6508306　邮编：330025

地址：江西省南昌市西湖区洪城路558号7栋2单元402室

## 南昌市东源蓄电池有限公司

南昌市东源蓄电池有限公司成立于2002年，主要生产销售生产"驼鸟"牌蓄电池、各种规格的电瓶，各种规格极板广泛应用于汽车、工程车、船舶、程控电话交换机、电脑不间断电源，应急灯等。

我公司秉承"顾客至上，锐意进取"的经营理念，坚持"客户第一"的原则为广大客户提供优质的服务。

欢迎惠顾！

联系人：胡敦建　13970930223
电话：0791－3682703
电子邮件：jxfair@jxgfgb.gov.cn
邮编：330000
地址：江西省南昌市新建县望城镇

## 山东省/Shandong Province

**安丘市迪尔灯饰有限公司**
地址：山东省安丘市东山部队弹药库
…… 负责人：李伟明
…… Tel：13906467896

**东营市三角洲照明电器有限公司**
业务：照明电器
产品：节能灯、开关、插排、松下代理、公牛插排代理、佛山代理
地址：山东东营区商业街西首
…… 负责人：王关印　邮　编：257000
…… 法　人：王关印
…… Tel：0546－8273344
…… Fax：0546－8910187
…… 网址：www.songtaizhaoming.com
…… E-mail：songtaizhaoming@163.com

**荷泽市庆涛家用电器有限公司**
业务：荷泽市庆涛家用电器有限公司成立于2001年，现有员工30余人，从事家用电器的销售。欢迎广大新老客户光临、惠顾。
地址：山东省荷泽市牡丹区花都百货大市场43号
…… 邮　编：274000
…… 法　人：杜庆涛
…… Tel：0530－5510218
…… Fax：0530－5510218

**中惠电子有限公司**
地址：山东省安丘市兴安路南段东侧50米
…… 负责人：张维生
…… Tel：0536－4264863
13705364648

**河东区美华音箱厂**
业务：集研发、生产、销售为一体，专业生产音箱及音箱配件，可为客户度身定做，产品优质稳定，售后服务完善。欢迎来人、来电洽谈业务，OEM合作。
产品：高中低民用箱、扬声器及与音箱相关的产品
地址：山东临沂市河东区相公办事处孙旺村
…… 负责人：张守利　邮　编：276025
…… 法　人：张守利
…… Tel：13864913668
…… Fax：0539－8849003

**山东讯驰电子科技有限公司**
地址：山东省德州经济开发区体育路1号
…… 负责人：于春阳
…… Tel：0534－2553333

**临沂庆邦电器有限公司**
业务：临沂庆邦电器有限公司主要经营冰箱、电磁炉等。"质量可靠，价格合理"，竭诚欢迎您的光临、惠顾！
地址：山东省临沂市家电市场工业大道985号
…… 负责人：李广庆……邮　编：276000
…… 法　人：李广庆
…… Tel：0539－2805557

**安丘市鸿运水膜脱硫除尘器厂**
业务：水膜脱硫除尘器制造经营
地址：山东省安丘市吾山镇刘家峪村
…… 负责人：刘长德　邮　编：261041
…… 法　人：刘长德
…… Fax：0536－4983168

**德昇太阳能有限公司**
地址：山东省德州市德城区德兴南路12号
…… 负责人：邓玉兵
…… Tel：0534－2636518
13853425876

**科拓电子有限公司**
地址：山东省德州市德城区和平公寓18号营业房
…… 负责人：陈庆明
…… Tel：0534－2642944
13605346871

**德州富驰工控电器有限公司**
地址：山东省德州市德城区解放南路110号
…… 负责人：张宝军
…… Tel：0534－2649682
13305345099

**江苏双登电池滨州办事处**
业务：双登电池直销
地址：山东省滨州市滨城区黄河二路渤海八路农机公司一楼日新电配电池大卖场
…… 负责人：董进春　邮　编：256600
…… 法　人：董进春
…… Tel：15065279333
15969995870

**青岛瑞韩电子科技有限公司**
业务：青岛瑞韩电子科技有限公司主要从事于批发零售电子产品。产品质量保证、价格从优。欢迎新老客户光临、惠顾！
地址：山东省青岛市胶州市扬州路东段南侧
…… 负责人：王沛沛……邮　编：266300
…… 法　人：金铁柱
…… Tel：0532－82279766
87217110

**上海一开电气集团有限公司德州分公司**
地址：山东省德州市德城区太平街13号
…… 负责人：蔡福云
…… Tel：0534－2618189
13505346582

**隆昌灯饰有限公司**
地址：山东省德州市德州经济开发区省道314京福高速路口
…… 负责人：张书泉
…… Tel：0534－2754787
13012768668

**滨州市滨城区国华五金家电城**
业务：五金，电视，冰箱等家电
地址：山东省滨州市滨城区旧镇镇广青路南侧
…… 负责人：邢秀艳　邮　编：256600
…… 法　人：邢秀艳
…… Tel：0543－3623098

**利源太阳能制造有限公司**
地址：山东省德州市监邑县迎西大街228号
…… 负责人：井照友
…… Tel：0534－4224155
13589923086

**青岛威斯特电器厂**
业务：威斯特电器厂成立于2004年，为广大用户提供技术优良、品质卓越的制冷产品设备，产品有冰柜、立式展示柜、配菜柜、岛柜等。产品具有制冷快、制冷效率高、耗电少、噪音低、外观豪华大方，使用方便等优点。我们以完善的售后服务，赢得了广大用户的信赖。
地址：山东省平度市马戈庄镇大驾埠村
…… 邮　编：262800
…… 法　人：张兆祥
…… Tel：0532－86382158
…… Fax：0532－86388788

**潍坊市鑫立电磁线制造有限公司**
业务：提供各种规格电磁线
地址：山东省昌邑市岩山路南首昌邑市化肥厂
…… 负责人：王松芹
…… 法　人：王松芹
…… Tel：0536－2173371

**临邑县新世纪商厦家电城**
地址：山东省德州市临邑县迎宾路中段
…… 负责人：于立军
…… Tel：13706390101

**山东龙泰电器设备有限公司**
地址：山东省德州市庆云县崔口工业园
…… 负责人：杨风周
…… Tel：0534－3736888

**远达电器有限责任公司**
地址：山东省东营市东营区北二路95号
…… 负责人：刘金星
…… 负责人：0546－8633410
13506369338

**兴达空调配件有限公司**
业务：空调风机、彩钢板、铝外框
地址：山东省德州市武城县鲁权屯开发区
…… 负责人：任希兵　邮　编：253308
…… 法　人：任希兵
…… Tel：0534－6350988
13869226538
…… Fax：0534－6367555

**荣成市石岛永鸿电子有限公司**
业务：荣成市石岛永鸿电子有限公司成立于2000年，主要销售各种通讯设备，船用导航，助渔设备，并承接一些网络工程。欢迎各方客户来电洽谈业务，共同合作。
地址：山东省荣成市石岛黄石路2－16号
…… 邮　编：264309
…… 法　人：王晓祖
…… Tel：0631－7381093
…… Fax：0631－7370289

**道博科贸有限责任公司**
地址：山东省东营市东营区牛庄镇文化街21号
…… 负责人：魏金道
…… Tel：0546－8856398
13805469654
13963379016

**恒泰商贸有限责任公司**
地址：山东省东营市东营区西三路125号天成恒信科技大厦103号
…… 负责人：李效平
…… Tel：0546－8796228
13356600766

**东营区信达电器商行**
业务：东菱水果、豆浆机、金正DVD、电饭煲、电风扇、电烤箱、面包机等
地址：山东省东营市东营区环卫路6号
…… 负责人：李志伟　邮　编：257000
…… 法　人：李志伟
…… Tel：15905462736
0546－8222736

**格力空调东营专卖店**
地址：山东省东营市东营区西四路物资总库斜对面
…… 负责人：刘茂杰
…… Tel：0546－8703555
13356608383

**山东鲁北电子衡器有限公司**
业务：山东鲁北电子衡器有限公司成立于2001年，是一家高新技术企业，主要从事电子称重自动计量、自动控制方面的技术研究和产品生产，是鲁北地区最大的衡器生产企业。公司将以一流的品质、一流的服务、一流的信誉回报广大用户，为中国的电子衡器事业发展做出更大的贡献！
地址：山东省德州市宁津县宁德路66号
…… 邮　编：253400
…… 法　人：张群峰
…… Tel：0534－5531399
…… Fax：0534－5232816

**东营昌旭科技有限责任公司**
地址：山东省东营市东营区玉山路85号
…… 负责人：张卉
…… Tel：0546－8989558
13654661797

**国风空调设备有限公司**
地址：山东省高密市立新街西首（三佳制冷院内）
…… 负责人：徐光跃
…… Tel：0536－2300963
13573637657

**东营汇金空调有限公司**
业务：中央空调及所有附属产品
地址：山东省东营市广饶县大王镇河沟村
…… 负责人：李永清　邮　编：257335
…… 法　人：李永清
…… Tel：13854607957
0546－8255288
…… Fax：0546－8255288
… 网址：http://www.51zzt.com/user/zzt33219

**菏泽华康标准仪器有限公司**
地址：山东省菏泽市工业园内（中华西路）
…… 负责人：张亚群
…… Tel：0530－5561768

**山东奇创科贸有限公司**
业务：我公司自1995年成立以来一直致力于集团电话、程控交换机、语音系统、智能设备等通信产品的销售和安装服务。我公司本着"用户至上，服务第一"的原则，竭诚为客户提供最高性价比的产品及优质的系统解决方案，从而最大限度地保护客户的投资利益，实现企业自身的飞速发展。
地址：山东省济南市历下区花园庄东路16号数码港2B－1
…… 邮　编：250013
…… 法　人：闫秋香
…… Tel：0531－86977111
…… Fax：0531－86977770

**东营金浩太阳能有限公司**
业务：金浩太阳能的生产销售
地址：山东省东营市垦利县永莘路北侧（商贸楼7号）
…… 负责人：李福金　邮　编：257500
…… 法　人：李福金
…… Tel：0546－2890222
13505467875

**华祥电气有限公司**
地址：山东省菏泽市黄河东路752号
…… 负责人：朱朝祥
…… Tel：0530－5159566
13805308263

**超群太阳能设备厂**
地址：山东省菏泽市牡丹区南城黄口
…… 负责人：马翠平
…… Tel：13061582158

**青岛顺通铁路器材配件厂菏泽散热器分厂**
地址：山东省菏泽市牡丹区中华西路211号
…… 负责人：张友欣
…… Tel：0530－5623469
13805300008

**仕华电器有限公司**
地址：山东省菏泽市郓城县工业园区
…… 负责人：李华
…… Tel：0530－6569968
13563856071

**菏泽钻通电子科技有限公司**
业务：电子产品经营
地址：山东省菏泽市丹阳路建设银行办公室王光印转王跃山收
…… 负责人：王跃山　邮　编：274000
…… 法　人：王跃山
…… Tel：0530－5188935

**威海市科达测控仪表有限公司**
业务：威海市科达测控仪表有限公司成立于2005年6月，专业从事各种仪器仪表、五金电器的生产及销售，产品质量保证、价格合理，竭诚欢迎海内外商朋来电来函、咨询业务！
地址：山东省威海市环翠区草庙子镇工业园内
…… 负责人：吕少波……邮　编：264211
…… 法　人：吕少波
…… Tel：0631－5582336

**济南亚圣仪表成套设备有限公司**
地址：山东省济南市白马山南路4号
…… 负责人：田鹏
…… Tel：0531－87505811

**上海华东电器集团济南科腾电气有限公司**
地址：山东省济南市北园大街233－6号
…… 负责人：林道铸
…… 负责人：0531－88622778

**菏泽市牡丹区德力电器销售部**
业务：工业电器
地址：山东省菏泽市鲁西南建材五金市场1栋16、17号
…… 负责人：石福藏　邮　编：274000
…… 法　人：石福藏
…… Tel：13805302971
0530－6266699

**荣达电子有限公司**
地址：山东省济南市高新开发区华能路19号留学人员创业园二期532室

负责人：高利进
Tel：0531－88878566
13705401880

**威海市盛源电力变压器有限公司**
业务：威海市盛源电力变压器有限公司成立于1991年，主要生产变压器。我们愿以一流的管理、一流的产品、一流的质量、一流的服务开拓创新，与客户携手共进，共图发展。
地址：山东省威海市文登市香水路3号
负责人：丛培宁 邮编：264400
法人：丛培宁
Tel：0631－8456096
Fax：0631－3621589

**济南长江三友电子有限公司**
地址：山东省济南市高新开发区贤文南路8号
负责人：李杰
Tel：0531－88878288

**济南市江吉科贸有限责任公司**
地址：山东省济南市历城区花园路40号水炬大厦810室
负责人：郭金英
Tel：0531－86047060

**济南统创双生电子有限公司**
地址：山东省济南市历城区辛祝路1号东方花园5号楼4单元101室
负责人：王天祥
Tel：0531－88914966

**上海奇皮尔电气制造有限公司山东分公司**
地址：山东省济南市历下区工业南路61号
负责人：王建春
Tel：0531－86953306
86778637
13325119732

**济南正浩商贸有限公司**
业务：销售"海尔"品牌燃气采暖炉，"美国爱惠浦"品牌家用净水器
产品："海尔"品牌燃气采暖炉，"美国爱惠浦"品牌家用净水器
地址：山东省济南市槐荫区槐荫街90号2号楼1－101室
负责人：赵军峰 邮编：250001
法人：赵军峰
Tel：0531－87153699

**烟台永鹏磁性材料有限公司**
业务：烟台永鹏磁性材料有限公司始建于2006年4月3日，专业从事磁性材料加工与销售，本公司坚持""质量第一，信誉至上""的生产经营宗旨，全心全意为用户服务的市场理念，并以此为基础而取得了公司的长足发展。
地址：山东省烟台市福山区万华路西首99号
负责人：何斌 邮编：265500
法人：何斌
Tel：0535－6331679

**济南华商电子科技有限公司**
地址：山东省济南市市中区济大路17号
负责人：于卓
Tel：0531－82766108

**韦施特电气科技开发中心**
地址：山东省济南市天桥区黄桥工业园178－2号
负责人：冯金城
Tel：0531－88661677

**汴京仪表销售服务中心**
地址：山东省济南市天桥区天影山路12号气象局院内气象技术装备中心楼
负责人：高继斌
Tel：0531－85865583
13325126543

**济南升龙灯光音响设备有限公司**
业务：舞台灯光音响销售、租赁、工程
产品：灯光音响设备
地址：山东省济南市天桥区青河小区22栋西邻D9艺术坊
负责人：江龙斌 邮编：250001
法人：江龙斌
Tel：0531－85923218
89056298
Fax：0531－85923218
E-mail：sdlightsky@126.com

**周村汇源电器有限公司**
业务：我公司最早成立于1992年，下设两个分厂，一分厂主要生产经营蓄电池充电灯和手电筒，品种多达二十余个，年生产销售量达30万只，深受用户的喜爱，二分厂主要从事F型砂钢片的贸易销售，下设150多个加工厂，年加工销售800余台，年销售收入达2000万元，我厂还可以根据用户需求定做加工各种异形砂钢片和生产电机用定子，欢迎海内外新老朋友洽谈合作。我公司位于风景秀丽的白云山下，交通便利的309国道旁边，公司总经理李河清时刻恭候新老客户光临。
地址：山东省淄博市周村区彭阳乡西阳夕北首
邮编：255300
法人：李河清
Tel：0533－6610159
Fax：0533－6610159

**集洁号太阳能设备厂**
业务：生产、销售太阳能设备
产品：太阳能热水器
地址：山东省济宁市高新区王因镇苗营村
负责人：苗树成 邮编：272000
法人：苗树成
Tel：0537－3860370
15853739128

**麦科特集团电器有限公司山东分公司**
地址：山东省济南市天桥区无影山路29－4号
负责人：张金城
Tel：13589113337

**金升电机有限公司天捷科技分公司**
地址：山东省济宁曲阜市逵泉路东首
负责人：冉富前
Tel：0537－4412753
4436545
13853753680

**淄博三英控制技术有限公司**
业务：淄博三英控制技术有限公司成立于2003年，主要从事变频控制设备，自动化控制设备，仪器仪表的生产销售。我们坚持把产品质量和公司信誉视为企业立足、生存和发展之本。竭诚与各界合作，共同发展，共创未来！
地址：山东省淄博市张店区新村西路174号
邮编：255000
法人：张晁富
Tel：0533－3180462
Fax：0533－3180462

**微山县长坤贸易有限公司**
业务："美的"家用电器代理经营
地址：山东省济宁市微山县夏镇镇中南街345号
负责人：李坤 邮编：277600
法人：李坤
Tel：0537－8555111

**国美家电有限公司**
地址：山东省济宁曲阜市批发商城南楼
Tel：霍运臣
Tel：0537－4429248
13505374698

**山东省济宁市太阳神电器有限公司**
地址：山东省济宁市车站东路50号
负责人：刘学明
Tel：0537－2885555
13176762888

**梁轴家电技术服务部**
地址：山东省济宁市梁山县县城青年路18号
负责人：王树令
Tel：0537－7335089
13355179068

**大千电器机械有限公司**
地址：山东省济宁市任城区李营镇
负责人：孙荣
Tel：13355120788

**正兴电器厂**
地址：山东省济宁市任城区南张镇满庄村
负责人：刘正灿
Tel：13963716083

**莱芜市钢城区兴国电动工具经营部**
业务：电动工具经营
地址：山东省莱芜市艾山办事处逯家庄村
负责人：付兴国 邮编：271100
法人：付兴国
Tel：0634－6891855

**朝霞电子有限公司**
地址：山东省济宁市市中区建设路34号
负责人：郭文兆
Tel：0537－2390117
13305372619

**泰丰电矿器材厂**
地址：山东省济宁市市中区南苑办事处韩西村委
负责人：王教海
Tel：0537－2899658
13805374573

**新世纪空调家电商行**
地址：山东省济宁市微山县县城东风路99号（文化广场南侧）
负责人：张宗宇
Tel：0537－8223307
13905471657

**茌平县华艺灯具经销处**
业务：经销各种灯具（华艺、雷士、亮A）各种水晶灯、低压灯、现代灯
地址：山东省聊城市茌平县枣乡街南段
负责人：娄存号 邮编：252100
法人：娄存号
Tel：13468391750
0635－4960020

**科能电控设备制造有限公司**
地址：山东省济宁市鱼台县城老街西首
负责人：宋洪光
Tel：0537－6250998
13562768998

**胜王水处理设备有限公司**
地址：山东省济宁市鱼台县王庙镇旧城村刘

花园
负责人：刘召合
Tel：0537－6312293
13082622919

**金地家电有限责任公司**
地址：山东省济宁兖州市中御桥北路10号
负责人：袁井连
Tel：0537－3424588
13863722188

**聊城天年水机销售部**
业务：销售保健品、水机、功能纺织品
地址：山东省聊城市青年林卫校对面
负责人：王闯锐 邮编：252000
法人：王闯锐
Tel：15864923963
0635－6988881
网址：www.lctiannian.com

**东风电器厂**
地址：山东省济宁邹城市科技路又一村7号
负责人：刘统英
Tel：0537－5250395
5319202

**天虹机电仪器工贸有限公司**
地址：山东省济宁邹城市平阳路中段116路
负责人：徐玉平
Tel：13605375062

**山东润林电器有限公司**
地址：山东省济宁邹城市双圣大厦411号
负责人：张庆林
Tel：13963716958

**平升工贸有限公司格力空调专卖店**
地址：山东省济宁邹城市峄山路1401号
负责人：高维平
负责人：0537－5223946
13355129918

**聊城市东昌府区洪成电池总汇**
业务：AC德科电池、玛纳米胶体电池、成都超越电池、天驶电池
地址：山东省聊城市香江市场香江西五街22号
负责人：马连洪 邮编：252000
法人：马连洪
Tel：0635－8499009

**民扬电器有限公司**
地址：山东省莱芜市长勺南路公路宾馆对面
负责人：陈秀海
Tel：0634－6056967
13963468511

**莱州市宏利电锅炉加热器件厂**
地址：山东省莱州市程郭镇西程村
负责人：杨晓波
Tel：0535－2418162
13791270857

**莱州市慈莱欣电器有限公司**
地址：山东省莱州市虎头崖镇工业园区
负责人：徐迪青
负责人：0535－2522977

**莘县宏达太阳能有限公司**
业务：太阳能热水器、水箱、支架、全玻璃真空集热管生产、销售、安装
地址：山东省聊城市莘县樱桃园镇中耿王村096号
负责人：王洪礼 邮编：252431
法人：王洪礼
Tel：13969556158
0635－7818158
7817666
Fax：0635－7817666
网址：WWW.SXHDTYN.COM

**超业机械电子有限公司**
地址：山东省聊城市东昌府区张炉集镇盛庙村东头
负责人：盛春国
Tel：0635－8645888
13806354486

**香泰电器有限公司**
地址：山东省聊城市东昌府香江大市场机电区纬六路2号
负责人：朱赞雷
Tel：0635－8686777
13562007777

**神绘激光设备有限公司**
地址：山东省聊城市经济开发区黄山南路
负责人：张洪军
Tel：0635－8531668
13906355597

**青岛鸿越智能标签有限公司**
业务：电子标签RFID生产加工及销售。
地址：山东省青岛即墨市通济办事处仇家沟岔村
负责人：仇经理 邮编：266001
法人：辛克团
Tel：0532－89982866
18953226883
Fax：0532－86558666

**科能科技电子有限公司**
地址：山东省临沂市苍山县兰陵镇驻地
负责人：张为国
Tel：0539－5583387

13355028099

**泰龙电器仪表有限公司**
地址：山东省临沂市莒南县十字路镇
负责人：王佃木
Tel：0539－7222958
13705498858

**莒南广福电器有限公司**
地址：山东省临沂市莒南县相邸开发区
负责人：黄建福
Tel：0539－7219961

**科兰电器有限公司**
地址：山东省临沂市兰山区成才路1号
负责人：邢爱华
Tel：13805391933

**青岛立方泊车技术开发有限公司**
业务：专业从事泊车技术、立体仓储技术研发出让，泊车设备、立体仓储设备销售的高新技术企业。公司集合了一批高水平的科研人员，先后研制出了系列具有独立知识产权的技术和产品。
产品：泊车设备、立体仓储设备、自动化流水线技术
地址：山东省青岛胶南市珠海路北南易通路88号
负责人：程瑶 邮编：266400
法人：程瑶
Tel：0532－85172093
Fax：0532－85172093

**临沂金龙电器有限公司**
地址：山东省临沂市兰山区家电市场24号
负责人：周兆久
Tel：0539－8200237
13608999339

**超凡家电有限公司**
地址：山东省临沂市兰山区兰田家电市场17巷14号
负责人：陈广进
Tel：0539－8061448
13854910301

**临沂富隆经贸有限公司**
地址：山东省临沂市兰山区临西二路小商品商场对面
负责人：王俊尧
Tel：0539－8213606
13905398256

**青岛厚德仪器设备有限公司**
业务：批发仪器仪表、实验设备、化学试剂、化工产品、机械设备、电子产品
产品：气相液相色谱、质谱，凝胶成像、分光光度计、培养箱、电子天平、低温冰箱、安全柜、灭菌器、PCR扩增仪、离心机、流量计、露点仪
地址：山东省青岛市市南区奉化路51号甲1单元102户
负责人：周斌 邮编：266001
法人：周斌
Tel：13361231309
Fax：0532－81930625
网址：www.hold17.com
E-mail：007zhoub@163.com

**邹城市保安器材服务中心**
业务：邹城市保安器材服务中心成立于2003年，主要从事保安器材，消防器材销售，防盗、报警器材安装维修，消防器材维修，灌装，消防设施安装，铁门，锁具销售安装，各种标志服装，鞋帽销售。
地址：山东省邹城市东滩路7号
邮编：273500
法人：刘绪来
Tel：0537－5290966
Fax：0537－5290966

**鲁超仪器厂**
地址：山东省济宁市市中区济安桥南路70号
负责人：吴则春
Tel：0537－2286761
13853751581

**流峪银花专业合作社**
地址：山东省临沂市平邑县流峪镇
负责人：阮凤磊
Tel：0539－4011289
13605497008

**日照市东港区鲁通电器设备厂**
业务：电压器
地址：山东省日照市东港区日照街道七里一村
负责人：林飞
法人：林飞
Tel：13181158336

**金利电器有限公司**
地址：山东省临沂市平邑县蒙阳路
负责人：窦兴建
Tel：0539－4260081
13305390768

**诚信家电公司**
地址：山东省临沂市水田家电市场北区19巷691号
负责人：王连文
Tel：0539－8229015
13605498075

**新天地商贸有限公司**

电器仪器仪表

地址：山东省临沂市水田路汽车站前35号
负责人：公衍利
负责人：0539－8203830
13905398290

**莒县英杰节能环保设备有限公司**
业务：节能环保设备的制作、安装与销售，来料加工
产品：节能环保设备
地址：山东省日照市莒县日照西路19号钱家屯村委
负责人：王金光 邮编：276500
法人：王金光
Tel：13906333517
0633－2267717
Fax：0633－2267717

**三联家电有限公司**
地址：山东省临沂市沂南县城花山路61号
负责人：吉建华
Tel：0539－3616888
13355398666

**沂水沂蒙科技电子有限公司**
地址：山东省临沂市沂水县城（县府）后街
负责人：马建鲁
Tel：0539－2285567
13805394796

**正泰电器设备厂**
地址：山东省临沂市沂水县城沂新路191号
负责人：牛庆爱
Tel：0539－2265588
13953918373

**龙口市宏峰电器有限公司**
地址：山东省龙口市龙港经济开发区振兴路121号
负责人：李学峰
Tel：0535－8810358

**亿世缘太阳能有限公司**
业务：生产批发兼零售亿世缘太阳能
地址：山东省日照市五莲县许孟镇宋家子村商贸园
负责人：郑乃兵 邮编：276800
法人：郑乃兵
Tel：15606333678
0633－5478319
Fax：0633－5478319

**旭昌电控设备有限公司**
地址：山东省平度市同和街道办事处李戈庄村
负责人：张学京
负责人：0532－87312779
87312106

**鑫诺数码科技有限公司**
地址：山东省青岛市北区辽宁路238号96室
负责人：冷飞
Tel：0532－83831297
13361273959

**青岛变压器集团有限公司**
地址：山东省青岛市城阳区长城路南端
负责人：张振山
Tel：0532－87716888
13361276001

**老街家电维修部**
业务：家用电器维修
地址：山东省荣成市成山镇五村
负责人：孟兆合 邮编：264300
法人：孟兆合
Tel：13562148330
13869069917

**万顺五金电器厂**
地址：山东省青岛市城阳区城阳街道大周村
负责人：江崇仓
Tel：0532－87739288
13506487338

**大裕电子有限公司**
地址：山东省青岛市城阳区流亭工业园鑫山路15号
负责人：裴英花
Tel：0532－87719565
13953231360

**崇进电子有限公司**
地址：山东省青岛市即墨市金口镇周疃村
负责人：宫崇进
Tel：0532－85526300
13156217736

**光之翼灯具店**
业务：灯饰销售，飞利浦灯具荣成地区总代理，米开朗灯具销售
产品：水晶灯、灯 台灯 地灯 壁灯等
地址：山东省荣成市观海东路98号博隆装饰材料市场A馆二楼
负责人：王英杰 邮编：264300
Tel：15953895353
0631－7552881

**青岛飞航电子科技有限公司**
地址：山东省青岛市崂山区台南路12号6号楼1单元401室
负责人：费少平
Tel：0532－82706778
13615321559

**青岛一恒科学器材有限公司**
地址：山东省青岛市崂山区中韩街道办事处东韩村
负责人：王光玉
Tel：0532－88995218

**奥托利计量技术开发有限公司**
地址：山东省青岛市李沧区环城南路30号
负责人：宋鹏
Tel：0532－87972006

**山东奥翔电子科技有限公司**
业务：生产、销售路灯、太阳能灯
地址：山东省泰安市岱岳区满庄镇国策路（原满庄橡胶厂）
负责人：刘振祥 邮编：271000
法人：刘振祥
Tel：13805488926
0538－8106438

**山鑫电子有限公司**
地址：山东省青岛市李沧区环城西路105号
负责人：杜传山
Tel：0532－87611211

**平度博益电器维修部**
地址：山东省青岛市平度市蟠桃路36号
负责人：高福光
Tel：0532－88378566

**淄博叶泉电气有限公司**
业务：本公司成立于2006年，主要代理销售：德力西、四方、施耐德、三菱、三垦等品牌变频器。热忱欢迎新老客户来电洽谈业务！
地址：山东省淄博市开发区张桓路301号
负责人：张先春 邮编：255000
法人：张先春
Tel：0533－3117067
Fax：0533－3117067

**泰安力阳太阳能有限公司**
业务：生产销售太阳能真空管、太阳能热水器、太阳能设备
地址：山东省泰安市东湖路东首
负责人：朱士怀 邮编：271000
法人：朱士怀
Tel：0538－8256677
13954852066
Fax：0538－8256677

**青岛日光电子材料有限公司**
地址：山东省青岛市平度市同和工业园电度中心
负责人：朴明顺
Tel：0532－87316066
13954268820

**威世达电子工程有限公司**
地址：山东省青岛市市北区辽宁路226号信息城224号
负责人：宓志平
Tel：0532－83809411
13808984570

**金汇海弘达电子科技有限公司**
地址：山东省青岛市市北区辽宁路228号科信大厦2111室
负责人：时彦伟
Tel：0532－83801102
88885366

**新高德电子科技有限公司**
地址：山东省青岛市市北区辽宁路228号科信大厦H座22A9室
负责人：王国栋
Tel：0532－83801067
13706343679

**宁阳县兴华电子元件有限公司**
业务：电子产品的加工与销售
产品：变压器，线路板
地址：山东省泰安市宁阳县乡饮乡郭沟村
负责人：苑承胜 邮编：271000
法人：苑承胜
Tel：0538－6085555
13792137111

**正星特电子有限公司**
地址：山东省青岛市市南区宁国二路8号2单元101室
负责人：刘寒松
Tel：0532－85789111

**嘉禾欣五金电器有限公司**
地址：山东省青岛市四方区嘉禾路35号
负责人：王力清
Tel：0532－83760528
13864211681

**新泰市中金鑫空调商店**
业务：格力空调
地址：山东省新泰市金斗路480号
负责人：潘玉山 邮编：271200
法人：周士水
Tel：0538－7832150

**长征电控设备制造有限公司**
地址：山东省青岛市四方区人民路30号
负责人：陈经理
Tel：0532－88995787

**顺天隆商贸有限公司**
地址：山东省青岛市四方区瑞安路21号东院
负责人：江毅
Tel：0532－84967200
88853085

**三维霓虹电子有限公司**
地址：山东省青岛市四方区瑞昌路62号戊
负责人：衣明来
Tel：0532－85635097
13335087020

**荣成市三原广电器材有限公司**
地址：山东省荣成市荣安路30号
负责人：王明霞
Tel：0631－7572950
13806300768

**正泰电器有限公司**
地址：山东省寿光市渤海路中段路西
负责人：周银勇
Tel：0536－5259882
13953615777

**利达电子配件有限公司**
地址：山东省寿光市南环路中段劳务市场北侧
负责人：韩士贵
Tel：0536－5190969
13869661468

**新泰市羊流镇常安电器销售部**
业务：销售起重电器
地址：山东省新泰市羊流镇商业街
负责人：纪常战 邮编：271208
法人：纪常战
Tel：0538－7442199

**安达电器有限公司**
地址：山东省泰安肥城市新城孙庄
负责人：辛衍平
Tel：13325291567

**森源电器厂**
地址：山东省泰安市东部新区康平纳西路中段
负责人：张庭科
Tel：0538－6311766
13325299799

**东平县电器设备厂**
地址：山东省泰安市东平县城西山路22号
负责人：李荣义
Tel：0538－2821462
2824468
13953834486

**亿龙家电超市有限公司**
地址：山东省泰安市肥城市新城路111号
负责人：赵宗盛
Tel：0538－3222256
13583862256

**英超麻将机超市**
业务：麻将机销售
地址：山东省烟台市福山区福海路中段
负责人：吴英超 邮编：264500
法人：吴英超
Tel：13583543258
15949973258
Fax：0535－6338933

**泰安晨晖仪表有限公司**
地址：山东省泰安市高新技术开发区创业服务中心
负责人：蒋冲
Tel：0538－8629135
352447

**泰安市鲁岳电力设备厂**
地址：山东省泰安市上高办事处宁家结庄
负责人：王东
Tel：0538－6666945

**旭日数码科技发展有限公司**
地址：山东省泰安市泰山区东岳大街西首（原炮兵训练队院内）
负责人：李彬
Tel：0538－2106487
13583800087

**腾达电器设备有限公司**
地址：山东省泰安市泰山区省庄镇后省庄村
负责人：贾洪中
Tel：0538－8541188
13355486280

**华东矿用电子设备有限公司**
地址：山东省泰安市致富路3号
负责人：吴乃庭
Tel：0538－6615588
13002771908

**烟台飞扬电器有限公司**
业务：机械零部件、低压配电屏、电器电子元件加工销售
产品：配电箱、柜、GGD、PGL、XL21、GCK、JXF、PZ30、不锈钢箱
地址：山东省烟台市芝罘区幸福十一村南街366号
负责人：廖云峰 邮编：264000
法人：廖云峰
Tel：0535－6876329
Fax：0535－6876329
E-mail：ytfeiyangdianqi@126.com

**威海欧迪智能仪表有限公司**
地址：山东省威海市高技术产业开发区沈阳路108号228室
负责人：林龙团
Tel：0631－5629678
13061147906

**威海信成精工电子有限公司**
地址：山东省威海市环翠区张村镇皂西台村工业园区
负责人：李今善
Tel：0631－5753021
5753022
13806307226

**上海热网仪表测控有限公司威海分公司**
地址：山东省威海市世昌大道15号1501室
负责人：陈保强
Tel：0631－5309638
13806319002

**上海热网仪表测控有限公司威海分公司**
地址：山东省威海市世昌大道15号1501室
负责人：陈保强
Tel：0631－5309638
13806319002

**双兴仪表有限公司**
地址：山东省威海市统一路409号
负责人：邢威杰
Tel：0631－5282806
13616318385

**双兴仪表有限公司**
地址：山东省威海市统一路409号
负责人：邢威杰
Tel：0631－5282806
13616318385

**烟台三站凯跃仁和电器商行**
业务：电器，电缆，配电设备批发业务
地址：山东省烟台市芝罘屯路19号胶东装饰材料市场4区4号
负责人：弭尚鹏 邮编：264000
Tel：13686385002
0535－2127956

**文登三和电子有限公司**
地址：山东省威海文登市高山镇韩国工业园
负责人：李克红
Tel：0631－8549151
13361146699

**潍坊翔宇灯饰有限公司**
地址：山东省潍坊安丘市贾戈镇沈十里村北206国道南侧
负责人：刘汉仁
Tel：0536－4329888
13356723288

**科汇电器有限公司**
地址：山东省潍坊安丘市向阳路中段（电业公司东100米路北）
负责人：张磊
Tel：0536－4220176
13606366750

**潍坊三龙灯饰电器有限公司**
地址：山东省潍坊安邱市贾戈街道马家楼村
负责人：韩增友
Tel：13805362527

**枣庄乐普四方节能电器有限公司**
业务：代理乐普四方节能电器
地址：山东省枣庄市市中区立新东里4#楼二单元二层东户
负责人：李果鸿 邮编：277101
法人：李果鸿
Tel：13791411985
0632－5278858

**天力化学仪器销售有限公司**
地址：山东省潍坊高密市人民大街消防队以东100米
负责人：高振德
Tel：0536－2331501
13515363377

**青州市川一水处理设备制造厂**
地址：山东省潍坊青州市北环路421号
负责人：郭强
Tel：0536－3291788
13806365411

**诸城市东奇制冷设备有限公司**
地址：山东省潍坊山东省诸城市大观园小区沿街房1号
负责人：乔光东
Tel：0536－6113936
13606476909

**东方灯饰有限公司**
地址：山东省潍坊山东省诸城市和平街西首东侧
负责人：宋志芹
Tel：0536－6217666
6860666
6215666
13606476667

**高升电子有限公司**
地址：山东省潍坊山东省诸城市吕标镇工业园
负责人：王彩凤
Tel：0536－6448364
13583600785

**金翔家电经营部**
地址：山东省潍坊山东省诸城市市场街中段沿街房

负责人:王凤树
Tel:0536－6122648
13306468839

**安丘市人和电子开发有限公司**
地址:山东省潍坊市安丘市青云山路中段
负责人:王治强
Tel:0536－4368666



**上海中发电气(集团)有限公司驻海化办事处**
地址:山东省潍坊市海化街中段(潍坊海化开发区内)
负责人:刘宏
Tel:13869606077

**华光电子仪表有限公司**
地址:山东省潍坊市奎文区东风东街 249 号
负责人:孟祥涛
Tel:0536－8293375
8245088
13001535938

**潍坊市奎文区名实达电器销售中心**
地址:山东省潍坊市奎文区九龙山村
负责人:刘永海
Tel:0536－8588787
13173151015

**潍坊市奎文区天舜冷暖设备厂**
地址:山东省潍坊市奎文区廿里堡马少野村
负责人:宋剑
Tel:0536－8811160
13608950228

**伟成电子设备有限公司**
地址:山东省潍坊市临朐县东城开发区
负责人:王于伟
Tel:0536－3678782
13905362756

**富凯电子有限公司**
地址:山东省潍坊市临朐县辛寨镇南流村
负责人:付廷来
Tel:0536－3442939
13053688272

**潍坊锦华光电子设备有限公司**
地址:山东省潍坊市桐荫街 197 号(潍坊开发区内)
负责人:秦学军
Tel:0536－8884885

**彤明照明电器有限公司**
地址:山东省潍坊市潍城区向阳路 15 号
负责人:马小军
Tel:0536－8370098
13355369583

**新泰市协和矿用电器有限公司**
地址:山东省新泰市小协镇
负责人:任友洲
Tel:0538－7834697
13181837367

**新泰市长城通风安全仪器仪表有限公司**
地址:山东省新泰市新汶办事处新汶大街东段
负责人:孙伟
Tel:0538－7872648
13953867388

**海升电子技术有限公司**
地址:山东省烟台开发区珠江路 32 号留学生创业园 3 号楼 548 室
负责人:刘志强
Tel:0535－6374670
6374671
13505359530

**波峰开关厂**
地址:山东省烟台龙口市大陈家员外刘家村
负责人:刘瑞萍
Tel:0535－8981179
13953518141

**光达工贸有限公司**
地址:山东省烟台市福山区门楼镇福桃路金堆寺
负责人:张新光
Tel:0535－6488819
13305359229

**烟台融基尔电子有限公司**
地址:山东省烟台市经济技术开发区黄河路 9 号
负责人:周岩
Tel:0535－6388002

**烟台恒达电气安装有限公司**
地址:山东省烟台市开发区 2－8 小区
负责人:于瑞芹
Tel:0535－6393875

**烟台瑞源电子技术有限公司**
地址:山东省烟台市开发区福莱商城 1 号楼内 7 号
负责人:王玉刚
Tel:0535－6381005
6125499

**烟台开发区国正工贸有限公司**
地址:山东省烟台市开发区新时代商城 124－3 号
负责人:刘国政
Tel:0535－5517615
13001628865

**烟台五神仪表有限公司**
地址:山东省烟台市莱山区观海路 448 号
负责人:孙茂钦
Tel:0535－6898379
13853528125

**锶曼斯电子有限公司**
地址:山东省烟台市莱山区莱山高新区春晖路 12 号裕盛化工园内 318 号
负责人:梁贞顺
Tel:13306380627

**烟台瑞达电子科技有限公司**
地址:山东省烟台市莱州市三山岛镇黄金路
负责人:胡龙江
Tel:0535－2785296
2193596

**烟台吉光电子科技有限责任公司**
地址:山东省烟台市三马路东 12－7－3 号
负责人:林英鉴
Tel:0535－6224001

**烟台三一盛世电子信息有限公司**
地址:山东省烟台市芝罘区北马路 90 号
负责人:胡欣
Tel:0535－6241876

**烟台天正衡器有限公司**
地址:山东省烟台市芝罘区环海路 2 号
负责人:刘占学
Tel:0535－6667630
13053546396

**策风商贸有限公司**
地址:山东省烟台市芝罘区建设路 6 号
负责人:张学策
Tel:0535－6247285

**烟台文新电子有限公司**
地址:山东省烟台市芝罘区胜利路 155 号
负责人:于雪艳
Tel:0535－6222381

**基成电子有限公司**
地址:山东省烟台市芝罘区只楚路 149 号
负责人:郭正日
Tel:13326382000

**长城家电有限责任公司**
地址:山东省兖州市中御桥中路
负责人:王军红
Tel:0537－3436666
13953728866

**伊思特电子有限责任公司**
地址:山东省枣庄市市中区工业园长江路 1 号
负责人:彭金明
Tel:0632－3759789
13516326266

**建力达气动制造有限公司**
地址:山东省枣庄市市中区工业园长江路 8 号
负责人:张开建
Tel:0632－3759208
13806321934

**东方诚信电器有限公司**
地址:山东省枣庄市市中区解放路 188 号
负责人:雍先飞
Tel:0632－3326061
6051280

**人民电器集团有限公司枣庄销售分公司**
地址:山东省枣庄市市中区君山中路 344 号
负责人:宋国良
Tel:0632－3383086
13706322632

**枣庄远大矿用设备制造有限公司**
地址:山东省枣庄市市中区仙台东路 9 号
负责人:雷志远
Tel:0632－3686186
13863288186

**同胜汽车检测设备厂**
地址:山东省淄博市博山区碳坞龙王沟
负责人:李国安
Tel:0533－4515427

**金大贸易有限公司**
地址:山东省淄博市博山区新建一路中段金大电器商场
负责人:于清汇
Tel:0533－4179838
13305332685

**淄博安然电器有限公司**
地址:山东省淄博市桓台县索镇云涛小区 66 号楼
负责人:魏严杰
Tel:0533－8221110
13805330996

**桓台县唐山镇新颖散热器厂**
地址:山东省淄博市桓台县唐山镇兴旺村
负责人:巩日辉
Tel:13964380533

**淄博凯越电气有限公司**
地址:山东省淄博市开发区工业街 146 号
负责人:于修宽
Tel:0533－8188734

**淄博亚华电子有限公司**
地址:山东省淄博市开发区泰美路 8 号
负责人:耿玉泉
Tel:0533－3585628

**淄博丹工探无损检测有限公司**
地址:山东省淄博市临淄区迎宾路 11 号
负责人:孙建军
Tel:0533－7582502
13905331849

**淄博松佳电子有限公司**
地址:山东省淄博市张店区华光路 53 号
负责人:刘廷元
Tel:0533－3160716

**淄博申丰电气有限公司**
地址:山东省淄博市张店区潘南路 20 号
负责人:田秀洲
Tel:0533－3186095

**淄博张店鲁江通风设备公司**
地址:山东省淄博市张店区西效房镇镇东首
负责人:范立国
Tel:0533－3881108

**淄博金电自动化仪表有限公司**
地址:山东省淄博市张店区新村东路 1－16 号
负责人:石爱芸
Tel:0533－2171472
13906431002

**育德风机有限公司**
地址:山东省淄博市周村区南郊镇工业园(吴家村)
负责人:李雷
Tel:0533－6066577
13589581967

**淄博宏达照明器材有限公司**
地址:山东省淄博市周村区南郊镇永和村
负责人:徐群
Tel:0533－6060080
13853316065

**光兴电子电器厂**
地址:山东省淄博市周村区平安街 2 号
Tel:李光兴
Tel:0533－6431953
13034517165

**淄博亚泰电器有限公司**
地址:山东省淄博市周村区油坊街小学对面
负责人:夏应海
Tel:13589571107

**山东格瑞电器股份有限公司**
地址:山东省淄博市淄博开发区万杰路 87 号
负责人:袁善庆
Tel:0533－3814108

**澳泰电器设备厂**
地址:山东省淄博市淄川区西外环路南段
负责人:李积文
Tel:0533－5159765

## 临沂市兰山区戈兰蓄电池厂

临沂市兰山区戈兰蓄电池厂成立于2002年，本厂专业生产各种型号"戈兰地"牌的蓄电池及各种型号的极板。尊敬的各界朋友们：非常感谢您多年来对本公司的支持和厚爱！我们将继续以新的企业发展战略为指导，不断地研发新一代蓄电池产品，为21世纪的汽车工业创造更加辉煌的业绩。

联系人：姜自印　邮编：276000
电话：15092992944　13153993608
地址：山东省临沂市兰山区郭庄村郭庄工业园

## 泗水县泉林镇秉强水暖安装服务部

本公司成立于2000年。
主要代理佳佳、华生、海信太阳能销售、管道配件销售；代理爱家窗帘，定制销售、加工定做防盗门窗。
专业的服务队伍，信的过的技术服务，让您满意是我们一贯的服务宗旨！

联系人：刘秉强　13012634381　电话：0537-4013108
地址：山东省济宁市泗水县泉林镇泉林村　邮编：272000

## 美东电源材料厂

我厂的主要产品包括铅酸蓄电池专用腐植酸、木糖醇、短纤维、木质素、乙炔炭黑、MD防氧化油、软木粉、封口剂等，主导产品"美东"牌腐植酸（铅酸蓄电池用腐植酸），品质优越，欢迎选购我们的产品。

联系人：薛美东
tel：0533-5310103 13864405103　fax：0533-5311651
add：山东省淄博市淄川区东坪镇水岭村北首　http://www.sdmeidong.com

## 滕州市绅宝塑料制品有限公司

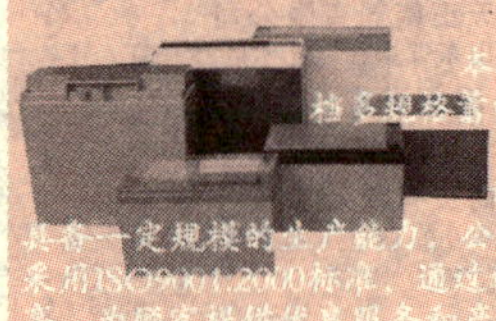

本公司成立于2005年，是一家以生产高档……蓄电池槽（电池壳）的专业企业。
公司通过不断完善规章制度，采用……技术、新工艺，先后引进先进设备，具备一定规模的生产能力，公司检测手段完善，售后服务优良。公司采用ISO9001:2000标准，通过过程管理与控制，产品质量得到稳步提高，为顾客提供优良服务和产品。我们的宗旨是——以顾客需求为中心、争创一流品牌、诚实守信、开拓创新、追求卓越。

电话：0632-3975868　3952868
传真：0632-3952868
联系人：孔德顺
电子邮件：shenbaow@163.com
地址：山东省滕州市振兴南路化肥厂东　邮编：277500

## 青岛诚信地暖有限公司

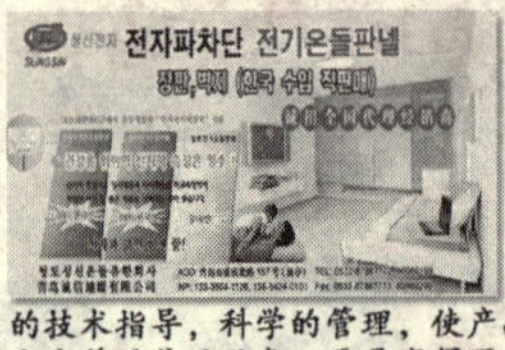


本公司产品无辐射电热地板和温控开关生产厂家在韩国销售量和出口量居全国之最，拥有完善的制品及一流的工艺流程，为您创造一个环保、健康的生活环境。先进的自动化流水线设备和选用日本、韩国等国家的优质原材料，加上专家的技术指导，科学的管理，使产品的质量更稳定；健全的营销网络和完善的售后服务，更是赢得国内众多客户的诚挚赞赏。

联系人：金龙雄　13335041126
电话：0532-87867772　87867773　地址：山东省青岛市城阳区重庆北路157号
电子邮件：longxing777@163.com　邮编：266108

## 日照市爱普电器有限公司

日照市爱普电器有限公司成立于2003年，主要从事电器的销售、安装及售后服务。主要有格力空调，格兰仕空调，凯特太阳能。欢迎新老客户光临惠顾！

联系人：蔡明霞
电话：0633-8338836　13336335188
地址：山东省日照市海滨二路72号　邮编：276800

## 日照市初光商贸有限公司

日照市初光商贸有限公司成立于2008年，本公司专业从小家电的批发与零售。
本公司秉承"顾客至上，锐意进取"的经营理念，坚持"客户第一"的原则为广大客户提供优质的服务。欢迎惠顾！

联系人：夏继常
电话/传真：0633-2277597
地址：山东省日照市海曲中路新港湾小区009号04单元201号房

▲电器仪器仪表▼

## 河南省/Henan Province

**安阳东方电源有限责任公司**
地址：河南省安阳市汤阴县城西鹤台公路北侧
……负责人：张清寿
……Tel：0372－6232990

**西峡县海信家电维修服务中心**
业务：家电维修
地址：河南省南阳市西峡县白羽路11号
……负责人：樊小锋　邮　编：474500
……法　人：樊小锋
……Tel：0377－65102928
13838795058
……Fax：0377－65102969

**郑州市昊特电热元件有限公司**
业务：我公司是国内二硅化钼电热元件、碳化硅电热元件和珍珠岩膨化炉的专业生产厂家，多年来，我们致力于高温材料和技术及其相关领域研究和开发，为国内外客户提供高品质的产品和完善的服务，产品销往全国各地，并出口韩国、日本、泰国、印度等十多个国家和地区，深受广大用户的信赖。
地址：河南省登封市卢店工业区
……负责人：史献争……邮　编：452472
……法　人：史献争
……Tel：0371－62985688
……Fax：0371－62985689
……网址：www.zzhaote.com

**信阳通用电器设备厂**
业务：信阳通用电器设备厂成立于1994年，现有员工80余人，从事0.4—35千伏高、低电压开关柜的制造及销售。欢迎光临、惠顾！
地址：河南省信阳市楚王城2组
……邮　编：464000
……法　人：崔进
……Tel：0376－6557230
……Fax：0376－6557230

**淇天仪器仪表有限公司**
地址：河南省鹤壁市淇滨区衡山路183号
……负责人：艾长茂
……Tel：0392－2188355
13903928241

**信阳市锅炉压力容器修理厂**
业务：信阳市锅炉压力容器修理厂始创于1990年，多年来，我们从事锅炉、压力容器修理及生活用水外理、工业用水处理。高效、诚信是我们的处事原则，优质、优惠是我们的服务宗旨，公司全体员工随时欢迎您。
地址：河南省信阳市河南路60号
……邮　编：406000
……法　人：孙全林
……Tel：0376－6691290
……Mobile：13603761681

**鹤壁市诚拓电子科技有限公司**
地址：河南省鹤壁市山城区朝霞街东段
……负责人：胡思翰
……Tel：0392－2625780

**新郑市电力变压器有限公司**
业务：我公司位于河南省新郑市辛店工业区，始建于1951年，生产电力变压器已有30多年历史。公司技术力量雄厚，同沈阳变压器研究所建立了长期的技术合作关系，制造工艺先进，严格按照ISO9002国际质量标准建立质量保证体系，采取科学的管理方法，产品从原材料供应到生产、检验和售后服务均处于严格的质量控制之中，并已通过ISO9002质量体系认证，产品质量稳定可靠。公司质量方针：为顾客提供高品质的产品和完善的服务，质量目标：坚持"顾客的期望就是我公司的方向"的宗旨，重合同、守信用，为顾客提供优质的服务，确保顾客满意。公司连续多年被省市技术监督部门授予"产品质量信得过"、"售后服务信誉好"先进单位，九八年被郑州市技术监督局授予"产品质量免检单位"，S9型电力变压器于1999年荣获第五届中国科技新产品名优产品博览会金奖。2003年公司又获得省工商联颁发的"河南省优秀建设者先进单位"、2004年被国家技术监督局评为"产品质量、服务质量双优单位"。
地址：河南省新郑市辛店工业区
……邮　编：451184
……法　人：李锁定
……Tel：0371－62521776
……Fax：0371－66252021

**焦作天阳电器有限责任公司**
地址：河南省焦作市温县工业路18号
……负责人：马卫军
……Tel：0391－6195956

**郑州中兴电力安装工程公司**
业务：郑州中兴电力安装工程公司成立于1979年，从事高、低压配电安装工程。多年来，我们为业主提供了质优价廉的服务，深受业界同行的好评。
地址：河南省郑州市二环支路6号附1号
……邮　编：450000
……法　人：安永堂
……Tel：0371－63958851
……Fax：0371－63958850

**焦作市格瑞铁路器材有限公司**
地址：河南省焦作市温县工业路9号
……负责人：郑红卫
……Tel：0391－6193557

**郑州圣旺电气科技有限公司**
业务：本公司成立于2006年，主要生产销售工业电气，家用报警器，节电器，家电、安防系列产品、监控报警器。公司以质量求生存，求信誉求发展。欢迎新老客户来电洽谈业务！
地址：河南省郑州市高新技术开发区桂花街商业街1号
……负责人：谢永圣……邮　编：450001
……法　人：谢永圣
……Tel：0371－67371588

**开封市金光暖通空调配件厂**
地址：河南省开封市南太平街17号
……负责人：赵学强

…………Tel:0378－3157069

**方城县豪雨太阳能制品有限公司**
业务:公司是一家专业从事太阳能应用技术研究与开发、生产与销售为一体的产业化公司,拥有一支高素质的技术、管理队伍,具备先进的生产和检测设备,欢迎来电洽谈业务!
地址:河南省方城县清河乡开发区
…………负责人:姬松勇……邮　编:473270
…………法　人:姬松勇
…………Tel:0377－67492999
67256660
…………Fax:0377－67499888

**开封市中建机械电子工程有限公司**
地址:河南省开封市体育路25号
…………负责人:吕国其
…………Tel:0378－5989475

**河南上仪自控设备有限公司**
业务:上海自动化仪表股份有限公司,由原上海自动化仪表公司于1993年末改制设立,主要产品有工业生产过程控制系统、成套装置和仪表、可编程序控制器(PLC)、不间断电(UPS)及仪表控制柜、低压电器柜等。
地址:河南省郑州市南阳路226号3号楼6单元64号
…………邮　编:450053
…………法　人:谢兆龙
…………Tel:0371－63766909
…………Fax:0371－63766929
…………网址:www.saic.sh.cn

**洛阳市世茂电子有限公司**
地址:河南省洛阳市廛河回族区九都三街026号(洛阳百年置业有限公司)
…………负责人:梁天茂
…………Tel:0379－63580161

**新乡市电器开关厂**
业务:新乡市电器开关厂成立于1965年,自成立以来专业生产高低压开关柜、启动电器、工业锅炉自动化控制装置等。产品价廉物美,保质保量,按期交货。愿与客户共同发展,携手并肩,共创未来。
地址:河南省新乡市新飞大道132号
…………邮　编:453003
…………法　人:申爱龙
…………Tel:0373－3058447
…………Fax:0373－3058448

**洛阳希翼电子科技有限公司**
地址:河南省洛阳市涧西区中州中路2号洛阳世纪电脑城一楼A区24A号
…………负责人:郭曼君
…………Tel:0379－64889599

**河南金鼎通数字科技有限公司**
业务:软件ST开发、数字电视支持平台
地址:河南省郑州市农科路38号金成国际广场5号楼东单元1901室
…………邮　编:450008
…………法　人:洪义军
…………Tel:0371－65829617
65801362
63730188
…………Mobile:13303921333
…………Fax:0371－65829657

**中立电气成套设备有限公司**
地址:河南省洛阳市老城区石油路四十中学后
…………负责人:黄阳光
…………Tel:13849983828

**河南赛达电气科技有限公司**
业务:本公司成立于1999年,主营业务为:电子产品的开发,生产销售,具体有单、三相标准功率电能表,微机程控电子式单、三相电能表校验台,程控电子式便携式单、三相电能表校验仪,多功能三相电能表现场校验仪,指示仪表校验仪校验台,单片计算机开发,数字电压、电流、相角表,各类电子仪器等。
地址:河南省郑州市政七街13号
…………负责人:姜振东……邮　编:450008
…………法　人:姜振东
…………Tel:0371－65711962
63808766
…………Fax:0371－65724634

**伊川县白元微型电子元件厂**
地址:河南省洛阳市伊川县白元夹河村
…………负责人:张海旺
…………Tel:13903888322

**郑州市金水区腾飞灯饰商行**
业务:中山市同济科技整体家居照明、小器鬼节能灯T4T5系列、水晶灯、户外灯、消防应急系列等
产品:同济科技整体家居、小器鬼节能灯、福田电工照明、水晶灯
地址:河南省郑州市金水区花园路新金泰成灯饰广场A区112－13、14、15、16号
…………负责人:睢腾飞　邮　编:450053
…………法　人:睢腾飞
…………Tel:0371－65988818
…………Fax:0371－65988811
…………E-mail:tengfeidengshi@126.com

**鹤壁市垣兴石英化玻有限公司**
业务:鹤壁市垣兴石英化玻有限公司主要加工石英玻璃蒸溜冷凝类、石英玻璃仪器、制造带销售,主要产品有:三酸(硫酸、盐酸、硝酸)及醇类(乙醇、异丙醇等)。
业务:河南省鹤壁市淇滨经济开发区打柴口南排西部二号院
…………邮　编:458030
…………法　人:张佰华
…………Tel:0392－3323907
…………Fax:0392－3323907

**濮阳市东昊机械电子有限公司**
地址:河南省濮阳市东环路中段路东
…………负责人:丁芬
…………Tel:0393－4771366

**新乡市中岳电源材料有限公司**
业务:本公司成立于2003年,现在员工80多名,主要经营电池及电池材料的生产与销售。
地址:河南省新乡市郊区中马坊村
…………邮　编:453002
…………法　人:岳永彪
…………Tel:0373－2688644
…………Fax:0373－2688658

**河南省京平电瓷电器有限公司**
地址:河南省新乡市长垣县位庄工业区
…………负责人:王振华
…………Tel:0373－8701888

**豫昌起重电器厂**
地址:河南省新乡市长垣县位庄工业区
…………负责人:胡红超
…………Tel:0373－8619473
13598606706

**辉县市孟庄新辉电料器材厂**
地址:河南省新乡市辉县市孟庄镇小吕村
…………负责人:戴功来
…………Tel:0373－6091067
13937358331

**驻马店市远阳照明电器有限公司 ***
业务:本公司系民营股份制企业,主要生产经营普通、异型、彩色、磨砂灯泡以及20余种普通、异型、磨砂灯泡玻璃外壳及灯罩。年可生产2.5亿只玻壳和1亿只普通、彩色、磨砂、异型灯泡。产品远销全国各地,出口南美、非洲、中东、欧洲等国家,产品质量享有盛誉。
地址:河南省驻马店市驿城区胡庙乡藏集村
…………邮　编:463000
…………法　人:李方中
…………Tel:0396－2172000
…………Fax:0396－2172545
…………网址:www.zmdyuanyang.com

**获嘉县能力电器有限公司**
地址:河南省新乡市获嘉县物资大世界院内(新焦路)
…………负责人:吴艳春
…………Tel:0373－4555085

**新乡市博翔远红外电热器材有限公司**
地址:河南省新乡市卫滨区北二环西段
…………负责人:陈小雷
…………Tel:0373－2694606

**潢川县豫南变压器有限公司**
业务:潢川县豫南变压器有限公司成立于1969年,经改制组建为股份有限公司,是河南省机械行业管理办公室和省水利厅定点生产电力变压器专业生产厂家之一,欢迎新老客户来电洽谈业务。
地址:河南省潢川县城关镇跃进东路127号
…………负责人:郭万军……邮　编:465150
…………法　人:王辉
…………Tel:0376－3925168
…………Fax:0376－3925168
…………网址:mtw50364

**宇华汽车配件厂**
地址:河南省新乡市位庄工业区粮站村
…………负责人:郝素粉
…………Tel:0373－8719099
13839086677
13937303008

**新乡市航天振动器厂**
业务:主要经营平板电动器、插入电动器。十多年以来,以卓越的品质、诚信的销售为宗旨竭诚为你服务。
地址:河南省新乡市长垣县位庄镇工业区
…………邮　编:453700
…………法　人:韩桂平
…………Tel:0373－8791554
…………Fax:0373－8791318

**华联电器商场**
地址:河南省新郑市新建化路路西华联电器商场
…………负责人:马云海
…………Tel:0371－62698277
13598851685

**羽丰电器厂**
地址:河南省郑州市管城回族区十八里河镇市场东400米
…………负责人:易和祥
…………Tel:0371－66756369
13903852329

**河南飞达空调设备有限公司**
地址:河南省郑州市金水区经七路15号中亨文华苑3号楼二层东
…………负责人:侯晓峰
…………Tel:13007538709

**林州市晶龙电子安防有限公司**
业务:林州市晶龙电子安防有限公司从事安全技术防范工程设计、施工和维修,通讯器材销售,欢迎新老客户来电洽谈业务!
地址:河南省林州市河顺镇东皇墓村
…………负责人:李德福……邮　编:456564
…………法　人:李德福
…………Tel:0372－6039266
6039399

**海博电子有限公司**
地址:河南省郑州市金水区经七路1号
…………负责人:张炯
…………Tel:0371－63822862
13803830559

**卫辉市誉华电磁线有限公司**
业务:卫辉市誉华电磁线有限公司是一家集生产加工、经销批发的,各种漆包线是卫辉市誉华电磁线有限公司的主营产品。卫辉市誉华电磁线有限公司是一家经国家相关部门批准注册的企业。卫辉市誉华电磁线有限公司以雄厚的实力、合理的价格、优良的服务与多家企业建立了长期的合作关系。卫辉市誉华电磁线有限公司热诚欢迎各界前来参观、考察、洽谈业务。
地址:河南省卫辉市唐庄镇西代庄村
…………邮　编:453101
…………法　人:潘运
…………Tel:0373－4225209
…………Fax:0373－4225208

**捷扬科贸有限公司**
地址:河南省郑州市金水区文化路68号赛博数码广场A区110号
…………负责人:董全礼
…………Tel:0371－63574108
13017683083

**河南固臣控制仪表有限公司**
地址:河南省郑州市市场街70号
…………负责人:马慧
…………Tel:0371－67667850

**郑州永世伟业电子科技有限公司**
地址:河南省郑州市新密市青屏大街48号
…………负责人:陈世敏
…………Tel:0371－69888488

**金升绝缘材料厂**
业务:金升绝缘材料厂是一家专业加工、销售绝缘材料的企业。公司全体员工竭诚欢迎各位嘉宾光临,愿与社会各界人士精诚合作、共图发展。
地址:河南省南阳市南召县城关文化路41号
…………邮　编:474650
…………法　人:杨金升
…………Tel:0377－66913378
…………Fax:0377－66925953

**锐声电子有限公司**
地址:河南省郑州市郑汴路家电市场D区32号
…………负责人:武振礼
…………Tel:0371－65368990

**东方五金电料百货商行**
业务:销售插座、电线、锁具
地址:河南省郑州市南三环万客来汽车站南五金塑料城南区21号
…………负责人:申全喜　邮　编:450000
…………法　人:申全喜
…………Tel:0371－68731068
66176899
13831018628

**圣誉电子技术有限公司**
地址:河南省郑州新密市文峰北路文峰小区11号楼201室
…………负责人:吴泉涛
…………Tel:0371－69889829
13592523345

**河南虞城县昌源电器有限公司**
业务:河南虞城县昌源电器有限公司成立于1995年,现有员工100余人,从事扩音机、专业功放、喊话器、电动车充电器的生产、销售。欢迎各界人世光临。
地址:河南省商丘市虞城县新城开发区
…………邮　编:476300
…………法　人:龚晓光
…………Tel:0370－4169887
…………Fax:0370－4169887

**商水县八方电器有限公司**
地址:河南省周口市商水县城备战路中段
…………负责人:张吉成
…………Tel:0394－5458828

**驻马店市晶通照明器材有限公司**
地址:河南省驻马店市驿城区胡庙乡臧集
…………负责人:李方玉
…………Tel:0396－2173888

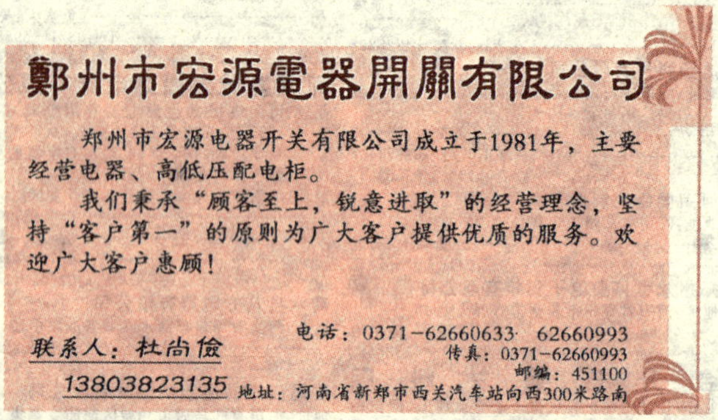

## 湖北省/Hubei Province

**大众舞台灯光音响总汇**
地址：湖北省荆州市沙市蓝特商贸城J区370号
…… 负责人：郑祥众
…… Tel：0716－8511111
8112345
8978888
13707211111

## 郧县滴水岩电站
业务：郧县滴水岩电站成立于1985年，主要从事水力发电、水力发电设备安装及维修。
地址：湖北省十堰市郧县青曲镇韩家沟村三组
…… 负责人：杨远涛……邮 编：442531
…… 法 人：杨远涛
…… Tel：0719－7518042

**伟民照材门市部**
地址：湖北省荆州市沙市区北京路350－6
…… 负责人：刘卫芳
…… Tel：0716－8226769
13886627801

**鑫全宇电池有限公司**
地址：湖北省十堰市郧县茶店镇广场对面
…… 负责人：罗杰
…… Tel：0719－7580378
13997800698

**武汉美威空调设备有限公司**
地址：湖北省武汉市蔡甸区蔡甸街蔡张二路9号
…… 负责人：区惠燕
…… Tel：13100627719

## 湖北航天双龙专用汽车有限公司
业务：湖北航天双龙专用汽车有限公司是中国三江航天工业集团控股的专用车生产企业，位于湖北省随州市经济开发区。集研制、开发、制造、销售“龙帝”品牌的加油车、洒水车、吸粪车、混凝土搅拌运输车、散装水泥车、随车起重运输车、公务专用车等各类专用汽车，共九大系列200多个品种的民营企业。年生产能力3000辆的各类专用车，畅销全国30个省、市、自治区，并出口到美国、朝鲜、越南、非洲、东南亚国家。
地址：湖北省随州市经济技术开发区
…… 负责人：严正树……邮 编：441300
…… 法 人：王荣南
…… Tel：0722－3581112
3581111
…… Fax：0722－3587113
…… 网址：www.hbslzy.com
…… E-mail：hbslzy@hbslzy.com

## 建始县永恒太阳能光电科技有限公司
业务：太阳能生产销售
地址：湖北省恩施土家族苗族自治州建始县清江工业园朝阳工业小区
…… 负责人：丁尚云 邮 编：445300
…… 法 人：丁尚云
…… Tel：0718－3245178

**威雅薄膜开关厂**
地址：湖北省武汉市蔡甸区幸福路168号
…… 负责人：施华清
…… Tel：027－84992073

**青岛海尔洗衣机有限公司武汉分公司**
地址：湖北省武汉市沌口经济技术开发区海尔工业园内
…… 负责人：曹春华
…… Tel：13397112988

**北京佰能电气技术有限公司驻武汉办事处**
地址：湖北省武汉市工业二路公园家11栋1单元501室
…… 负责人：李宪文
…… Tel：027－86329419
13907102792

## 武汉市汇成鑫科技发展有限公司
业务：武汉市汇成鑫科技发展有限公司成立于2005年，经营电子产品、机电设备、建材、化工产品、家用电器、船舶设备和机械销售，通讯设备、计算机软硬件开发、研制、生产销售服务
地址：湖北省武汉市桥口区仁寿路361号航天商务楼8楼
…… 负责人：高国兴……邮 编：430033
…… 法 人：高国兴
…… Tel：027－83758982
…… Fax：027－83808499
…… 网址：www.whhcx.com
…… E-mail：whhcx18@126.com

**武汉易思达电子教学仪器有限公司**
地址：湖北省武汉市洪山区常青藤名苑5－2－2号
…… 负责人：杨云龙
…… Tel：13237195831

**武汉诚同电池材料有限公司**
地址：湖北省武汉市洪山区关山街关山一路325号21栋5单元
…… 负责人：廖新军
…… Tel：027－62651933

**天洲电器集团有限公司武汉分公司**
地址：湖北省武汉市洪山区和平乡柴林头铁机西区5－1－301
…… 负责人：陈炳文
…… Tel：027－61330236

## 武汉市神宇科技有限公司
业务：武汉市神宇科技有限公司成立于2003年年底，从事机电一体化设备研发、制造、销售、及服务。主要产品有：1、非标自动焊接设备；2、数控冲床自动送料系统；3、控制、监控软件及数据管理系统软件；4、铁路非标设备。
地址：湖北省武汉市武昌区和平大道850号惠誉花园10号3单元3楼3号
…… 邮 编：430062
…… 法 人：石耀臣
…… Tel：027－51871587
…… Fax：027－51871587

**天水长城电器设备有限公司武汉分公司**
地址：湖北省武汉市洪山区和平乡徐东路7号欧洲花园小区2－2－102室
…… 负责人：乔志刚
…… Tel：13971025200

**立腾数码电子经营部**
地址：湖北省武汉市洪山区珞狮北路76号书香门第1304室
…… 负责人：郝进
…… Tel：027－87212318
13995699711

**武汉金帛仪器设备有限公司**
地址：湖北省武汉市洪山区珞瑜路7号
…… 负责人：夏春锦
…… Tel：027－87160130

**武汉鹏源自动控制设备有限公司**
地址：湖北省武汉市洪山区珞瑜路88号7楼
…… 负责人：舒君
…… Tel：13986083166

## 襄樊华电电气有限公司
业务：襄樊华电电气有限公司创立于1995年，是一家集电机、电气、电子、电控设备设计、开发、制造、维修、改造的专业公司。公司经过多年的努力，已与本地区50多家大中小企业建立了稳固的协作关系，在技术服务上有着良好的信誉，有一定技术实力及检测试验手段，本公司实行24小时服务，急件抢修。市内部件维修往返运输由本公司免费提供，因本公司出现的质量问题，全部免费返修。公司在信誉第一，质量第一，优质优价的前提下，为各企业提供一流的服务！
地址：湖北省襄樊市春园西路166号
…… 负责人：陶勇……邮 编：441002
…… Tel：0710－3110811
…… Fax：0710－3117822
…… 网址：www.xfhd.cn
…… E-mail：xfhd@xfhd.cn

**武汉欧美迅石油自动化仪表有限公司**
地址：湖北省武汉市洪山区雄楚大街关西小区康泰苑51栋1－402号
…… 负责人：皮运柏
…… Tel：13972891345

**武汉金宇自控仪器仪表有限公司**
地址：湖北省武汉市江岸区世纪家园13栋梦湖阁2单元4层302室
…… 负责人：冯建武
…… Tel：027－82606320

**武汉美星隆空调有限公司**
地址：湖北省武汉市江岸区怡东大厦27层B座
…… 负责人：万华
…… Tel：027－82815966

## 元全照明有限责任公司
业务：元全照明有限责任公司成立于2001年，公司主要生产各种规格的照明器材，产品有白炽灯、节能灯等。本公司诚期待每一位关心光明事业的有识之士光临、加盟，共同来缔造人类美好的明天。
地址：湖北省襄樊市高新技术产业开发区团山镇余岗居委会
…… 邮 编：441000
…… 法 人：王爱全
…… Tel：0710－3343186
…… Fax：0710－3341326

**武汉正远铁路电气有限公司**
地址：湖北省武汉市江岸区折返段151号
…… 负责人：方志立
…… Tel：027－82887946
82909612
13871521041

**武汉荣成船用电器设备有限公司**
地址：湖北省武汉市江汉区姑嫂树路170号
…… 负责人：万新建
…… Tel：027－85877025

**武汉锦龙电气有限公司**
地址：湖北省武汉市江汉区华银城（新华路274号）B栋1单元2层1室
…… 负责人：朱金龙
…… Tel：027－85771330

**武汉在线空调系统工程有限公司工程服务分公司**
地址：湖北省武汉市江汉区新华下路281号（原169号）1栋102、202号
…… 负责人：吴建秋
…… Tel：027－85888169

## 襄樊东风天神蓄电池有限公司
业务：襄樊东风天神蓄电池有限公司为你提供全系列“天神”汽车用铅酸蓄电池，产品与东风汽车配套，公司产品价格合理，质量可靠，热忱欢迎各界商朋来电来函、咨询订购！
地址：湖北省襄樊市汽车产业开发区东风汽车大道1号
…… 负责人：李长顺……邮 编：441004
…… Tel：0710－3398722

**武汉创亿电气设备有限公司**
地址：湖北省武汉市江汉区杨汊湖G片10号楼10栋2单元104号
…… 负责人：刘涛
…… Tel：027－65611317

**好力电器设备厂**
地址：湖北省武汉市桥口区古田四路轻型汽车公司内
…… 负责人：宋继刚
…… Tel：027－83855697

## 长阳红福电子商行
业务：长阳红福电子商行成立于2000年，从事家电产品销售。欢迎更多的客商来我公司，现场看货、洽谈、定购，我们会有专人热情接待、真诚为您们服务。
地址：湖北省宜昌市长阳土家族自治县贺家坪镇贺家坪村
…… 邮 编：443500
…… 法 人：覃祥淦
…… Tel：0717－5484168
…… Fax：0717－5484168

**中冶南方（武汉）自动化有限公司**
地址：湖北省武汉市武昌区徐东大街338号
…… 负责人：胡会超
…… Tel：027－86863356

## 湖北楚曜水利水电工程有限公司
业务：湖北楚曜水利水电工程有限公司成立于2005年，具有水利水电工程施工总承包二级资质，楚曜公司奉行“建一项工程、树一座丰碑、立一方信誉、拓一块市场”的质量理念，坚持质量第一的服务宗旨，走质量兴业之路。
地址：湖北省宜昌市东山大道143号
…… 邮 编：443000
…… 法 人：陈友松
…… Tel：0717－6443258
…… Fax：0717－6470037

## 聚丰家电维修有限责任公司

聚丰家电维修有限责任公司是一家专业从事各种国产进口彩电音响、背投、空调、冰箱、洗衣机、电磁炉、微波炉等家用电器安装维修服务的企业。

我们拥有一流的专业团队，将为您提供高品质的产品与服务，欢迎您的合作！

电话：0719-8688772 8652891 8678099
联系人：瞿万勇
地址：湖北省十堰市黄石路12号（六堰食品沟内） 邮编：442000

## 十堰市鑫全宇蓄電池有限公司

十堰市鑫全宇蓄电池有限公司成立于2004年。

生产全宇牌蓄电池。

经过几年的努力，产品已和中国同类产品不相上下，售后服务非常周到。我们正与国内各商家联系，如有人想订购我们的产品，我们绝对优惠销售，我们的口号是“利润全部让给商家”，欢迎您的光临，我们将竭诚为您服务！

联系人：罗杰 13997800698
电话/传真：0719-7580378
邮编：442500
地址：湖北省十堰市郧县茶店镇

## 十堰鑫祥铄成工贸有限公司

十堰鑫祥铄成工贸有限公司是一家专门从事家电销售的企业。

客户至上，诚信为本。
我们将竭诚为您服务！

联系人：周祥
13508688997
电话：0719-8680903
邮编：736100
地址：湖北省十堰市茅箭区朝阳中路何家沟（劳动保险局院内）

## 石首市蓝星电器发展有限责任公司

石首市蓝星电器发展有限责任公司成立于1993年，本公司以家电产品的开发、生产、销售为一体，紧跟市场，不断创新。主要产品有蓝星牌取暖器、电暖器。

本公司经营理念是一切以顾客为尊，为顾客提供满意的服务是我们的目标，蓝星电器将以优良的品质，优惠的价格，最佳的服务奉献给您。

电话/传真：0716-7278484
网址：www.lanxingdq.cn
邮编：434400
地址：湖北省石首市东岳山路25号
联系人：刘经理

## 武汉高川科技开发有限公司

武汉高川科技开发有限公司成立于2005年，主要经营环保通风设备和空调设备。我们争取在产品质量上做到精益求精，在服务客户方面做到无可挑剔，竭诚为广大客户提供最优质的产品和最满意的服务，欢迎来电洽谈业务！

联系人：柏红学　手机：13807155419
电话：027-86571499　传真：027-86572009
地址：湖北省武汉市青山区122街第69单元16层1603室　邮编：430000

## 湖南省/Huana Province

**双峰致科电器科技开发有限公司**
地址：湖南娄底市双峰县走马街镇科技工业园
…… 负责人：卢团结
…… Tel：0738－6283288
13807383188

**长沙市芙蓉区大盛家用电器批发部**
业务：长沙市芙蓉区大盛家用电器批发部成立于 2003 年，主要从事小家电的销售。产品有：“钻石”牌电风扇，“小霸王”牌电风扇。“质量保证，价格合理，服务周到”，热诚欢迎新老客户光临惠顾！
地址：湖南省长沙市芙蓉区三湘大市场 1 栋 17 号
…… 负责人：王淑芳……邮　编：410001
…… 法　人：土淑芳
…… Tel：0731－4737352

**宁乡县玉潭镇协诚空气能热水器经营部**
业务：空气能热水器
地址：湖南省长沙市宁乡县玉潭镇一环南路 355 号
…… 负责人：伍志平　邮　编：410000
…… 法　人：伍志平
…… Tel：0731－7831062
…… Fax：0731－7831062

**飞达家用电器批发部**
地址：湖南省长沙浏阳市大瑶镇瑶文路
…… 负责人：邱杨辉
…… Tel：0731－83800508
13507402498

**长沙市芙蓉区冠中电子商行**
地址：湖南省长沙市芙蓉区朝阳电信市场 E310 号 E211 号
…… 负责人：邱巧云
…… Tel：13873166888

**新力量电子信息科技有限公司**
业务：长沙新力量电子信息技术有限公司办公场地位于长沙市芙蓉中路二段 91 号华天新城 6－D。是一家主要面向无线运营商、企业及移动终端用户提供全套应用服务和技术解决方案的高科技信息服务公司。
地址：湖南省长沙市芙蓉中路二段 91 号华天新城汇景阁 6－D 座
…… 邮　编：410002
…… 法　人：戴勇
…… Tel：0731－4898520
…… Fax：0731－4898520
…… 网址：www. hnxll. chinapyp. com

**德威供暖设备经营部**
业务：供暖设备及配件
地址：湖南省长沙市万家丽中路 3 段 92 号华成供暖
…… 负责人：穰晓健　邮　编：410000
…… 法　人：穰晓健
…… Tel：0731－82500587
82500588

**长沙鸿盛园林绿化有限责任公司**
地址：湖南省长沙市芙蓉区解放路蔡锷路交叉口鸿盛大厦 B2005 房
…… 负责人：王俊
…… Tel：0731－84417788

**长沙海德工业无线遥控设备有限公司**
地址：湖南省长沙市芙蓉区解放中路 18 号华侨大厦 1305 房
…… 负责人：詹世秋
…… Tel：0731－84445005

**洪鑫灯饰总汇**
地址：湖南省长沙市芙蓉区南湖灯饰城 A 栋 29 号
…… 负责人：洪敏聪
…… Tel：0731－82292111
82284273
13707317223

**衡阳市麦臻中央空调设备有限公司**
业务：中央空调设备
地址：湖南省衡阳市华新开发区解放大道 12 号名城大厦 610 房
…… 负责人：段海军　邮　编：421001
…… 法　人：段海军
…… Tel：13607341279
0734－3128678
…… Fax：0734－2880139

**湖南电子信息产业集团有限公司**
业务：湖南电子信息产业集团有限公司成立于 1996 年，位于长沙市高新技术产业开发区麓谷产业园。主要从事彩色显示器件、计算机软硬件、宽带网络应用设备、数字多媒体信息设备、系统装备、智能交通系统、在线质量跟踪系统、电子元器件、电子信息材料和现代物流。
地址：湖南省长沙市岳麓区高新技术开发区麓枫路 40 号
…… 邮　编：410205
…… 法　人：李静安
…… Tel：0731－8998220
8998219
…… Fax：0731－8998227

**银亿舞台设备有限公司**
地址：湖南省长沙市芙蓉区三湘南湖大市场移动通讯城 23 幢 16－19 号
…… 负责人：陈林
…… Tel：0731－84780732
13808488940

**金宇塑胶电器经营部**
地址：湖南省长沙市芙蓉区三湘水暖机电市场 E 栋 22 号
…… 负责人：王毓
…… Tel：0731－82204529
13036789702

**娄星区海威专业音响经营部**
业务：家用电器，舞台灯光、音响，监控器材，电脑耗材，灯光、音响租赁等
地址：湖南省娄底市娄星区明珠电脑城南 4 栋 105
…… 负责人：刘建辉　邮　编：417000
…… 法　人：刘建辉
…… Tel：13007389391
0738－8238969

**致运科技服务中心**
地址：湖南省长沙市芙蓉区天心电脑城二楼 A8 号
…… 负责人：龙秋文
…… Tel：0731－84162578
13319602369

**车承电子科技有限公司**
业务：我公司成立于 2005 年，专业从事 GPS（Globle PoSitioning system）（全球卫星定位系统）产品的生产与销售。产品有汽车 GPS 全球定位防盗系统；汽车 GPS 导航系统产品；汽车行车记录仪；GPS 测量设备；防盗器；汽车通讯；其他防盗、报警器材及系统；公司理念“先创诚信、再创效益、先赢社会、再赢市场”车承使命确保客户人车安全。
地址：湖南省郴州市火车站广场特产大厦 905 室
…… 负责人：周永忠……邮　编：423000
…… Tel：0735－2267808
…… 网址：www. hn－gps. com/

**志盛数码科技有限公司**
地址：湖南省长沙市芙蓉区远大一路湖南安防器材市场 231 号
…… 负责人：汤功明
…… Tel：0731－82830286
84694586
13308435286

**康泰尔纤维电炉厂**
地址：湖南省长沙市开福区潮家街 66 号
…… 负责人：范晓荣
…… Tel：13787282328

**湖南省衡阳市武宜音响设备有限公司**
业务：湖南省衡阳市武宜音响设备有限公司成立于 1982 年，是一家经营专业灯光、音响的音响设备有限公司，是衡阳市最大的一家音响工程公司。欢迎新老客户来电垂询！
地址：湖南省衡阳市雁峰区湘江南路 57 号
…… 邮　编：421001
…… 法　人：段宜斌
…… Tel：0734－2545666
…… Fax：0734－8255686

**双峰县美特照明专卖店**
业务：华艺集团（卡塔、美特照明）
产品：华艺集团（卡塔照明、美特照明）
地址：湖南省娄底市双峰县城北消防大队上方 50 米
…… 负责人：王杰　邮　编：417700
…… 法　人：王杰
…… Tel：0738－6869386
…… 网址：http：//www. meiteligting. com
…… QQ：398769203

**宁乡县腾达电器组件厂**
地址：湖南省长沙市宁乡县文化超市 D 幢 38 号
…… 负责人：喻勇杰
…… Tel：13974928228

**东明电器厂**
地址：湖南省长沙市望城县坪塘镇茶业村
…… 负责人：周二明
…… Tel：0731－88540058
13973184138

**财盛电器批发部**
地址：湖南省长沙市雨花区高桥市场家电面货城二栋 119 号
…… 负责人：刘才源
…… Tel：0731－85716702
13908453636

**怀化鑫宇电器有限公司**
业务：怀化鑫宇电器有限公司成立于 2000 年，主要生产室内加热器、塑料发泡制品等。热诚欢迎广大客户来电来人洽谈业务，共同合作。
地址：湖南省怀化市鹤城区盈口乡新家庄村
…… 邮　编：418000

……法 人:刘忠辉
……Tel:0745－2795158
……Fax:0745－2795111

**洞口县桑夏太阳能山门专卖店**
业务:桑夏太阳能
地址:湖南省邵阳市洞口县山门镇蔡锷东路91号
……负责人:张智辉　邮 编:422300
……法 人:张智辉
……Tel:13786923504
13203266219
……网址:www.sunshore.cn

**全家乐家电经营部**
地址:湖南省长沙市雨花区桔园小区4片3栋15号
……负责人:吴庆波
……Tel:0731－85662721
85662720
85662725
13308468258

**长沙高新开发区湘麓离心机仪器有限公司**
地址:湖南省长沙市岳麓区河西涧塘49号118号
……负责人:蔡荦
……Tel:0731－88169436

**望荣电气有限公司**
地址:湖南省长沙市岳麓区望城坡涧塘35栋113号
……负责人:卢炳炎
……Tel:0731－88113275
13974873675

**醴陵市豆田福利电瓷电器厂**
业务:醴陵市豆田福利电瓷电器厂成立于1994年,生产销售电瓷电器,欢迎新老客户来电洽谈业务!
地址:湖南省醴陵市嘉树镇豆田
……负责人:凌木材……邮 编:412200
……法 人:凌木材
……Tel:0733－3383471

**邵东县翔欣电子厂**
业务:电子
地址:湖南省邵阳市邵东县灵官殿镇石桥村
……负责人:罗乐中　邮 编:422000
……法 人:罗乐中
……Tel:0739－2788998

**长沙春牛电子电器有限公司**
地址:湖南省长沙市岳麓区咸嘉新村嘉明苑8栋601房
……负责人:谢晓春
……Tel:0731－88885595

**宝庆工贸有限公司**
地址:湖南省常德市鼎城区桥南灯具市场
……负责人:刘义祥
……Tel:0736－7396222
13908413444

**嘉业达电子有限公司**
地址:湖南省常德市澧县艳洲嘉业达工业园
……负责人:施小罗
……Tel:0736－3297716
13549789999

**桃源县大地电器有限公司大地电器超市**
地址:湖南省常德市桃源县漳江镇漳江北路
……负责人:陈之超
……Tel:0736－6628638

**邵东县杨桥镇海尔专卖店**
业务:海尔电器、美的电器、空调、电视机、电器维修等
地址:湖南省邵阳市邵东县杨桥镇枫树坪街
……负责人:周拥德　邮 编:421400
……法 人:周拥德
……Tel:0739－2168930

**临武县金阳电器科技有限公司**
地址:湖南省郴州市临武县城关镇文昌南路租邝国仁二楼
……负责人:邓加慧
……Tel:0735－6328991

**祥盛家用电器有限公司**
地址:湖南省衡阳市衡东县吴集镇杨峰路18号
……负责人:赵德良
……Tel:13908442188

**衡阳市恒业电器贸易有限公司**
地址:湖南省衡阳市珠晖区广东路23号新世纪家电城1402
……负责人:金应明
……Tel:0734－8389669

**江永县名庭照明门市部**
业务:照明五金
地址:湖南省永州市江永县上江区街上
……负责人:呼跃增　邮 编:425400
……法 人:呼跃增
……Tel:15274624688
0746－5871074

**超然科技有限责任公司**
地址:湖南省怀化市湖天开发区香洲路金色家园
……负责人:江春成
……Tel:0745－2391525
13307458176

**长沙自控工程成套厂吉首分厂**
地址:湖南省吉首市桐油坪11号
……负责人:陈威
……Tel:13974300818

**湖南省醴陵市华银瓷业有限公司**
业务:湖南省醴陵市华银瓷业有限公司成立于2003年,主要从事高压电瓷的生产与销售。我厂生产的产品品种繁多,价格适宜。为用户提供最满意的服务是我们的宗旨。
地址:湖南省株州市醴陵市浦口镇新街
……负责人:谢和明……邮 编:412200
……法 人:谢和明
……Tel:0733－3136488

**福星高压电瓷电器厂**
地址:湖南省醴陵市来龙门办事处上洲村
……负责人:张星平
……Tel:13974116795

**基层供销社家电批发部**
地址:湖南省娄底市娄星区洞新市场232号
……负责人:彭国玉
……Tel:0738－8211495
13973809092

**天正集团有限公司邵阳销售公司**
地址:湖南省邵阳市东区东大路57号
……负责人:黄信超
……Tel:0739－5225022
13508421980

**虹桥发制品有限责任公司**
地址:湖南省邵阳市东区虹桥大厦2单元3楼
……负责人:伍玉国
……Tel:0739－5256336
13607391298

**三和电器批发部**
地址:湖南省邵阳市邵东县家电城兴铺路3号
……负责人:肖玉章
……Tel:0739－2619235
2616335
13973957356

**曾家坡电石厂**
业务:曾家坡电石厂成立于1993年,主要生产销售碳化钙等。"诚信为本,信誉第一,质量保证",热诚欢迎广大客户光临惠顾。
地址:湖南省株洲市云田乡美泉村
……邮 编:412006
……法 人:徐百建
……Tel:0733－2750238
……Fax:0733－2750238

**新兴灯具厂**
地址:湖南省邵阳市邵东县两市镇新兴村
……负责人:赵纯足
……Tel:0739－2712286
13508428876

**弘扬家电批发商行**
地址:湖南省邵阳市邵东县两市镇兴和大道536号
……负责人:刘扬
……Tel:0739－2653198
13973932688

**上海长江电器设备集团有限公司驻邵双清区销售中心**
地址:湖南省邵阳市双清区东大路156号
……负责人:钱银法
……Tel:0739－5502247
13973900131

**世通电气有限公司**
地址:湖南省湘潭市双马工业园楚天路8号
……负责人:彭建国
……Tel:13875252088
13907325268

**威奥五金电器行**
业务:五金电器的销售
地址:湖南省株洲醴陵市阳三办事处向阳社区(湖电公司电瓷电器厂门面)
……负责人:黄河　邮 编:412000
……法 人:黄河
……Tel:13974164583
0731－23813018

**明星开关厂**
地址:湖南省湘潭市湘潭县易俗河金桂路
……负责人:李雨泉
……Tel:0731－57881146
13807329470

**天风空调环保设备科技有限公司**
地址:湖南省湘潭市雨湖区宝庆路92号
……负责人:杨坤华
……Tel:0731－52311267
58989104

**华能电器开关制造有限公司**
地址:湖南省湘潭市岳塘区河东大道红旗商贸城3栋1号
……负责人:贺志良
……Tel:13907321367

**湘潭中德电器有限公司**
地址:湖南省湘潭市岳塘区下摄司铁牛路
……负责人:廖明德
……Tel:0731－58614499

**娄底市利通磁电科技有限公司**
业务:我公司成立于2006年,主要生产销售软磁铁,磁芯,我公司以"科技 创新 服务"为理念;以"做一流磁铁产品 创一流磁铁企业"为企业目标,以"追求品质 永远向前 严细管理 回报客户"为管理目标,全心全意竭诚为客户服务。
地址:湖南省娄底市经济技术开发区洪冠街
……负责人:钟勇……邮 编:417000
……法 人:钟勇
……Tel:0738－8580618
……Fax:0738－8580619

**道县七星家电有限责任公司**
地址:湖南省永州市道县道江镇潇水中路(雅园宾馆一楼)
……负责人:蒋良龙
……Tel:(0746)5223546

**永州市明大电器机电设备有限公司**
地址:湖南省永州市永泰商贸城
……负责人:柏先明
……Tel:0746－8428299

**岳阳耐德电器有限公司**
地址:湖南省岳阳市汇智科技园综合楼108房
……负责人:柳志刚
……Tel:0730－8231876

**湘阴步步高家电超市**
地址:湖南省岳阳市湘阴县文星镇北正街
……负责人:胡广
……Tel:13907408296

**华宇霓虹灯厂**
地址:湖南省岳阳市岳阳楼区巴陵中路9号
……负责人:孙志华
……Tel:0730－8218151
13873003077

**理想创新科技经营部**
地址:湖南省岳阳市岳阳楼区白杨坡路中心血站对面
……负责人:钟鸣
……Tel:13975008438

**三龙玻璃灯饰厂**
业务:三龙玻璃灯饰厂成立于2003年,主要生产各种玻璃灯饰。"质量第一,信誉第一,服务周到",热诚欢迎广大客户光临惠顾。
地址:湖南省株洲市株洲县三门镇杨柳村
……邮 编:412100
……法 人:尹金泉
……Tel:0733－7394350
……Fax:0733－7394350

**天鑫电炉制造厂**
地址:湖南省株洲市北区建设北路103号
……负责人:宾跃钢
……Tel:13707334246

**南方感应加热设备有限责任公司**
地址:湖南省株洲市河滩区向阳村
……负责人:赵和义
……Tel:0731－22480506
26149400

**株洲市湖低设备有限公司**
地址:湖南省株洲市荷塘区新华西路44号附21号
……负责人:王祥千
……Tel:13907318480

**江南灯县大市场黄金灯饰**
地址:湖南省株洲市建设南路68号
……负责人:马存富
……Tel:0731－28225075
13907336606

**清华阳光专卖店**
地址:湖南省株洲市芦淞区人民中路39号
……负责人:朱仁江
……Tel:0731－28251033
13973312151

**华光设备经营部**
地址:湖南省株洲市新华西路85#
……负责人:伍蔚华
……Tel:0731－28162305
13908437405

**株洲精诚电工器材有限公司**
地址:湖南省株洲市株洲县南江南路
……负责人:李人枚
……Tel:13907421943

**宏声音像有限责任公司**
业务:宏声音像有限责任公司成立于2001年,主要从事音像制品的批发与零售。公司以高素质、多元化、快捷灵活的经营赢得广大客户的信仰与追随,热诚欢迎广大新老客户惠顾。
地址:湖南省邵阳市邵东县兴和大道458号
……法 人:申宏伟
……Tel:0739－2728750
……Fax:0739－2652520

**雄师灯饰配件厂**
地址:湖南省株洲市株洲县三门镇
……负责人:杨敦美
……Tel:0731－27396523
13874195312

13192138777

## 广东省/Guangdong Province

### 信宜市清华同方太阳能热水器专卖店
业务：清华同方太阳能热水器，太阳能配件零售，招商批发太阳能
地址：广东省信宜市教育城路怡翠苑首层5号
……… 负责人：余绍鉴　邮　编：525000
……………………………… 法　人：余绍鉴
………… Tel：0668－8818371
15915275487

### 阳江市江城区衡信电子器材贸易商行
业务：衡器(电子称、电子磅)批发、零售
地址：广东省阳江市江城区环城北路 137 号
……… 负责人：郭东凤　邮　编：529525
……………………………… 法　人：郭东凤
………… Tel：0662－3283236

### 阳东县东城镇陈彬电子产品经营店
业务：学习机经营
地址：广东省阳江市阳东县东城镇工业大道(惠宾酒店侧 50 米)
………… 负责人：陈彬　邮　编：529525
……………………………… 法　人：陈彬
………… Tel：0662－6663168

**志营高频退火机**
地址：广东省潮州市潮安县彩塘镇彩虹花园商品店 11 号
……………………………… 负责人：庄经理
……………………………… Tel：0768－6683168

### 英德市白沙镇太平清泉净水机店
业务：清泉净水机
地址：广东省英德市白沙镇太平 106 国道旁
……… 负责人：刘厚对　邮　编：513057
……………………………… 法　人：刘厚对
………… Tel：13528579738
13826968553
0763－2811515
………… Fax：0763－2811515

### 丰艺灯饰经营部
业务：主营华艺照明
地址：(1)广东省韶关市武江区前进建材城 C3 座 14－15 号铺 (2)武江区新华南路南枫花园首层
……… 负责人：周克宇　邮　编：512000
……………………………… 法　人：周克宇
………… Tel：13509058367
0751－6988503
6184399

### 英德市英城萌俊家电维修部分店
业务：家电维修、二手家电买卖
地址：广东省英德市英城凤凰路 35 号
……… 负责人：康基宁　邮　编：325000
……………………………… 法　人：康基宁
………… Tel：13553909890

**东莞清溪先达盛昌五金电器厂**
业务：本公司成立于 1990 年，主要生产塑胶类连接器、电子线材、螺丝等产品。高品质是我们的使命，高效率准交货是我们的承诺，客户百分百满意是我们的追求。欢迎您的来电，我们与您共发展、共创辉煌！
地址：广东省东莞市清溪镇渔梁围
………… 负责人：洪敏丽……邮　编：523649

……………………………… 法　人：黄效明
……………………… Tel：0769－87730353－801
87611068
……………………… Fax：0769－87739778
……………… 网址：www.hkshengcheung.com
……………… E-mail：mlredapple@sohu.com

### 英德市英城萌俊家电维修部总店
业务：家电维修、二手家电买卖
地址：广东省英德市英城富强路五小对面
……… 负责人：康基宁　邮　编：325000
……………………………… 法　人：康基宁
………… Tel：13553909890

### 湛江市立宝电器有限公司
业务：加工整流器
地址：广东省湛江市赤坎区椹川大道北 63 号内第三号车间
……… 负责人：彭建立　邮　编：524038
……………………………… 法　人：彭建立
………… Tel：13702882091
0759－3316778

### 廉江市远程电器厂
业务：电饭锅、电压锅、快速电水壶及配件生产销售
地址：广东省湛江市廉江市新华三路 14 号
……… 负责人：林茂程　邮　编：524000
……………………………… 法　人：林茂程
………… Tel：0759－6637766
6668896
………… Fax：0759－6637338

### 广宁县南街镇朗日灯饰
业务：主营各种品牌灯饰及配件，批零兼营，产品品质优良、品种齐全、价格合理，真诚期待您的光临！
产品：节能灯，灯饰
地址：广东省肇庆市广宁县南街镇南东三路 26 号
……… 负责人：冯远鹏　邮　编：526300
……………………………… 法　人：冯远鹏
………… Tel：0758－8836116
13450197850
……………… E-mail：149171382@qq.com

**吉利家电城**
地址：广东省潮州市湘桥区城新路 41 号二楼
……………………………… 负责人：陈基实
……………………………… Tel：0768－2261393

### 怀集县中洲镇永新五金电器商店
业务：彩电，冰箱等家用电器的零售
地址：广东省肇庆市怀集县中洲镇良友饭店侧
……………………………… 负责人：陈永生
……………………………… 法　人：陈永生
………… Tel：0758－5613586
13413865568

### 四会市东城区飞达通风材料厂
业务：生产和销售中央空调通风口，调风阀，净化器等
产品：中央空调通风口，调风阀，净化器等
地址：广东省肇庆市四会市东城区清塘大道清塘工业区内
………… 负责人：莫生　邮　编：526200
……………………………… 法　人：莫有金
………… Tel：0758－3812026
………… Fax：0758－3811055
……………… 网址：szjiaxun.wnet.com.cn
……………… E-mail：szjiaxun@hotmail.com

### 中山市东凤镇泰来电子厂
业务：电子产品生产销售
地址：广东省中山市东凤镇伯公村东海二路 40 号 2 楼
……… 负责人：洪吉胜　邮　编：528403
……………………………… 法　人：洪吉胜
………… Tel：13925351443
0760－86922868

### 中山市东凤镇傲雪五金电器加工场
业务：方形、环形、高频、变压器、充电器、逆电器
地址：广东省中山市东凤镇伯公村丰裕路 42 号
……… 负责人：王文生　邮　编：528400
……………………………… 法　人：王文生
………… Tel：13420281368
0760－23605295

**东莞市保特力电子有限公司**
业务：东莞市保特力电子有限公司专业从事蓄电池研发、制造与销售、主要产品包括电动助力车、电动摩托车、电动游览车、高尔夫球车、电动滑板车等用途的蓄电池产品、公司坚持以人为本，我们坚持质量第一、服务第一、信誉第一、一如既往为新老客户服务
地址：广东省东莞市凤岗镇油柄埔沙岭工业园
………… 负责人：杨育升……邮　编：523708
……………………………… Tel：0769－87551001
……………………………… Fax：0769－87551006

### 中山市东凤镇硕丰电子行
业务：电解、电容、二、三极管
地址：广东省中山市东凤镇电子城四区 36 号
……… 负责人：林伟坤　邮　编：528403
……………………………… 法　人：林伟坤
………… Tel：0760－23916459
15913304469

### 中山市东凤镇华扬电子商行
业务：二级管，三级管，电磁炉配套产品
地址：广东省中山市东凤镇电子城一区 168 号
……… 负责人：陈泽彬　邮　编：528403
……………………………… 法　人：陈泽彬
………… Tel：13928172900
0760－22617669
………… Fax：0760－22782009

**复昕电子有限公司**
地址：广东省东莞市横沥镇山厦发展工业区
……………………………… 负责人：徐召贵
……………………………… Tel：0769－83791377
13790463126

### 东莞市长安恒泰光学制品厂
业务：麦拉片、手机镜头、隔圈、滤光片、光学产品设计图及镜头相关配件
地址：东莞市长安镇新安上西路二巷二号
……………………………… 法　人：何燕恒
………… Tel：0769－82282093
13825444179
18925402093
………… Fax：0769－82283397
……………… E-mail：Teeri_he@126.com

**万华电子有限公司**
地址：广东省东莞市清溪镇三中万宝路 1－10 号万华中心大厦
……………………………… 负责人：王国强
……………………………… Tel：0769－87330708
13360663816

**视安电子经营部**
地址：广东省佛山市禅城区江湾一路弼塘西一街 1 号 2 楼
……………………………… 负责人：刘松林
……………………………… Tel：0757－83618215
13106590876

### 潮州市开发区明智电子配件厂
业务：生产与销售电脑周边连接线，各类手机数据线电脑周边、游戏机的周边以及电源插线、五金配件、USB 系列、各种充电线
产品：电脑周边连接线，各类手机数据线电脑周边、游戏机的周边以及电源插线、五金配件、USB 系列、各种充电线
地址：广东省潮州市陈桥妈宫前工业区
……… 负责人：罗九明　邮　编：521000
……………………………… 法　人：罗九明
………… Tel：13828307168
0768－3901118
………… Fax：0768－3901119
……………… 网址：http://luojiuming.cn.alibaba.com/
……………… E-mail：luojiuming@163.com

### 中山市永南电子有限公司
业务：生产灯具
地址：广东省中山市东凤镇东海五路
……… 负责人：梁汝强　邮　编：528425
……………………………… 法　人：梁汝强
………… Tel：15907613326
0760－22630826

### 中山市东凤镇余杰电子厂
业务：生产、销售高频变压器
地址：广东省中山市东凤镇穗成村 5 队木棉上街 109 号
……… 负责人：余小琴　邮　编：528425
……………………………… 法　人：余小琴
………… Tel：0760－22601786
13680161619

### 中山市汇捷电器有限公司
业务：生产豆浆机、快速热水壶、榨汁机
地址：广东省中山市东凤镇同乐工业园
……… 负责人：黄会捷　邮　编：528425
……………………………… 法　人：黄会捷
………… Tel：18923313188
0760－22789922

**斯凯韦尔电子有限公司**
地址：广东省佛山市禅城区人民西路 13 号 6 座
……………………………… 负责人：刘锋
……………………………… Tel：13929965588

**金太丰电子经营部**

▲电器仪器仪表▼

地址：广东省佛山市南海区黄岐嘉洲花园 36 栋 101
负责人：李明
Tel：0757－85963888
13928618397

**中山市东凤镇宜兴电子厂**
业务：各类电子变压器的生产和销售
产品：各类电子变压器
地址：广东省中山市东凤镇小沥村 11 队东富路 27 号
负责人：杨安树 邮编：528425
法人：杨安树
Tel：13528147945
0760－23605260
Fax：0760－23605260

**尚利灯饰电器有限公司**
地址：广东省佛山市南海区金沙金城工业区
负责人：陈荣光
Tel：0757－86606036
13802463227

**中山市东升镇嘉凌电器制品厂**
业务：EI28.35.41 系列低频电源变压器（俗称火牛），适用于：充电器、适配器、收音机、万年历、电子钟等大小家电领域
地址：广东省中山市东升镇高沙第二综合市场正对面
负责人：谭功祥 邮编：528425
法人：谭功祥
Tel：0760－86955359
13726144004
Fax：0760－86955359
E-mail：tgxiang2009@163.com

**中山市展昌电业有限公司**
业务：电源线、插头
地址：广东省中山市东升镇兴大道 249 号二楼
负责人：周远 邮编：528414
法人：周元中
Tel：0760－88501528

**中山市古镇晶凯浩灯具配件店**
业务：灯饰外壳等灯饰配件的生产加工
地址：广东省中山市古镇曹二曹兴东路 63 号首层之 1
负责人：罗世明 邮编：528421
法人：罗世明
Tel：0760－22384649
13924991880
Fax：0760－22347819

**中山市古镇嘉宝荣照明电子厂**
业务：研发与生产、销售 LED 非标灯具，照明灯具
产品：LED 线条灯，LED 大功率射灯、LED 天花灯、LED 阅读灯
地址：广东省中山市古镇曹二长安路 45 号二楼
负责人：郑小荣 邮编：528403
法人：郑小荣
Tel：13560652520
0760－22391499
22392577
Fax：0760－22395677
22392599
网址：http://www.jbr－dkled.com
E-mail：jbr@vip.163.com

**中山市古镇飞通照明门市部**
业务：销售节能灯管
地址：广东省中山市古镇曹二长安路 9 号首层
负责人：沈月仙 邮编：528403
法人：沈月仙
Tel：0760－22393698
13420482155
0571－63776988
13968030508
Fax：0760－86150605

**中山市古镇五零电子镇流器厂**
业务：专业研发，生产，销售各类电子镇流器，电子变压器，T4，T5，T8 支架，数码分段开关，控制器，开关电源，等
地址：广东省中山市古镇曹二村文化路 1 街 5 巷 2 号第 4 层
负责人：颜小军 邮编：528403
法人：颜小军
Tel：15918236577
0760－86150081

**南海沙头加尔家具厂**
地址：广东省佛山市南海区沙头镇沙龙镇沙龙路罗克村综合楼 2－3F
负责人：何彩荣
Tel：0757－86904689
13794625888

**东莞市金葆利电子有限公司**
业务：金葆利电子有限公司是一家专业从事于电子开关、插座的制造厂商，主要产品包括各种轻触开关、超小型拔动开关、拔动开关、贴片开关、微动开关、叶片开关、复位开关、跷板开关、线上开关、耳机插座等，广泛应用于各种视听产品与家用电器及电子玩具、电子仪表、仪器，电脑周边设备等。本公司送货上门、交货及时、服务周到、全心全意为客户服务，竭诚欢迎广大客户来电来函洽谈业务。
地址：广东省东莞市常平镇苏坑乐园 11 街 9 号
负责人：陈金义 邮编：523560
法人：陈金义
Tel：0769－86294838
Fax：0769－86294818
网址：www.jinbaoli.net
E-mail：supervisor@jinbaoli.net

**潮州市开发区南升电器配件厂**
业务：电器配件
地址：广东省潮州市陈桥新埔气象局右侧
负责人：王桂平 邮编：521000
法人：蔡进升
Tel：0768－2210382
Fax：0768－2214784

**佛山市力迅电子有限公司**
地址：广东省佛山市三水范湖工业园区
负责人：罗剩勇
Tel：0757－87360181
13809213477

**中山市古镇丰嘉亮彩数码照明电器厂**
业务：生产销售灯饰产品
产品：护栏灯，水底灯，埋地灯，洗墙灯，大功率天花灯
地址：广东省中山市古镇曹二东岸北路 387 号 3 楼
负责人：陈名林 邮编：528403
法人：陈名林
Tel：13590768927
0760－22383929
Fax：0760－22383929
网址：http://www.51zzt.com/user/zzt34456

**中山市古镇新维灯饰厂**
业务：LED 桃花树、LED 装饰灯、LED 圣诞灯、LED 护栏管、LED 日光灯的生产与销售
产品：LED 桃花树、LED 装饰灯、LED 圣诞灯、LED 护栏管、LED 日光灯
地址：广东省中山市古镇曹二文化路一街七巷二楼
负责人：李仁兴 邮编：528400
法人：李仁兴
Tel：13549863815
0760－86985629
Fax：0760－86150852
网址：http://www.yixinlamp.com
E-mail：yixin@yixin.lamp.com

**中山市古镇浪漫满屋灯饰厂**
业务："科旺照明"长效节能灯生产、销售
地址：广东省中山市古镇曹三工业大道中 12 号一、二层
负责人：赵栋良 邮编：528403
法人：赵栋良
Tel：13527103735
0760－23655389
0760－23659758
13549924169
Fax：0760－23655396
E-mail：kewang－zskw@163.com

**广东省中山市古镇凯美利灯饰厂**
业务：座落于中国著名的灯饰之都——中山古镇，专业从事灯饰设计、开发、生产和销售，合格的质量、独特的风格，让更多的人享受到高品质的照明空间。
产品：烤弯玻璃灯、压克力灯
地址：广东省中山市古镇曹三工业区一路 9 号
负责人：朱东明 邮编：528421
法人：朱东明
Tel：0760－22320379
Fax：0760－22320378
E-mail：kaimeili108@163.com

**科威电子科技有限公司**
地址：广东省佛山市顺德伦教区熹涌工业区龙威路 1 号
负责人：黎洛英
Tel：0757－27333888
13802482800

**巨晖家具制造厂**
地址：广东省佛山市顺德区乐从镇工业区乐从大道旁
负责人：叶祥洪
Tel：0757－28919018

13060769588

**东莞市炬圣电子有限公司**
业务：本公司产销电线，漆包线，电子配件，电子连接线，主要产品：数据传输线，手机耳机，充电器，汽车点烟器，电源线，接插件，USB，1394，RGB，欢迎新老客户来电咨询。
地址：广东省东莞市沙田镇义沙村
负责人：翟东明 邮编：523998
法人：翟福明
Tel：0769－88804599
Fax：0769－88804689
网址：www.dgjusheng.co.com.cn
E-mail：jusheng888@163.com

**潮州市枫溪区金铭陶瓷灯具厂**
业务：生产、销售灯具
地址：广东省潮州市枫溪区下东埔村东云路 2 号
负责人：蔡金明 邮编：521000
法人：
Tel：0768－2983789
13502557427

**中山市古镇丰远照明灯饰厂**
业务：集设计、生产、销售为一体，从事 LED 大功率灯具及户外 LED 照明产品的生产、销售、装配，产品品质优良、品种齐全、价格合理，热诚欢迎各界朋友来电咨询！
产品：草坪灯、投光灯、线条轮廓灯、地埋灯、水池灯等
地址：广东省中山市古镇曹兴东路 44 号
负责人：刘勇 邮编：528421
法人：刘勇
Tel：0760－89839191
13178694300
Fax：0760－22383451
E-mail：89839191@163.com

**中山市古镇东波照明电器厂**
业务：主要经营家居照明，照明电器
地址：广东省中山市古镇曹一同益工业区聚兴路之 6 首层
负责人：谢东方 邮编：528400
法人：
Tel：13420209773
18925325409

**中山市古镇晶鑫赢照明有限公司**
业务：照明灯具经营
地址：广东省中山市古镇车站凯丰一楼/横栏镇茂辉工业区乐丰 2 路 9 号
负责人：张琴芬 邮编：528403
法人：张琴芬
Tel：13823909107
0760－87666017
87838026
Fax：0760－87666027
网址：www.zsjxy.com.cn
E-mail：zsjingxinying@yahoo.cn

**中山市古镇欧特照明门市部**
业务：生产"欧特"牌环型荧光管、H 管、2D 管及高性能电子镇流器，灯箱专用电子镇流器、台灯专用电子镇流器等一百多个系列品牌
地址：广东省中山市古镇东兴中路 12 号灯都时代广场 1 楼 15 号
负责人：李肖丽 邮编：528403
Tel：13822724838
0760－22358550
13923306111

**中山市古镇雷尼司灯饰**
业务：各种灯饰批发零售
地址：广东省中山市古镇东兴中路 12 号灯都时代广场 4 楼 8，9 号
邮编：528403
Tel：0760－22358599
22397279
Fax：0760－22397279

**中山市古镇雨华灯饰配件厂**
业务：灯饰配件生产、销售
地址：广东省中山市古镇冈南村工业大道西四路 11 号
负责人：章青华 邮编：528403
法人：章青华
Tel：13790722952
0760－22533049

**易达通工艺电器厂**
地址：广东省佛山市顺德区伦教三洲乌洲路 17 号
负责人：古朝南
Tel：0757－27830307
13119895218

**中山市古镇红树灯饰厂**
业务：灯饰灯具
地址：广东省中山市古镇冈南工业大道东二路 2 号 5 楼
负责人：高带志 邮编：528403
法人：高庭章
Tel：13680178988
0760－86105312
Fax：0760－86105502

**威伦五金灯饰有限公司**
地址：广东省高要市莲塘镇新市东路 1 号
负责人：张文辉
Tel：0758－8454183
13030253716

**广州市尊宝电器有限公司［销售部］**
地址：广东省广州市白云区黄石祥景花园 E 区 G 栋 1408 房
负责人：严克辉
Tel：020－86612083
13922361249

**广州金徽电子有限公司**
地址：广东省广州市白云区良田镇金盆村北路 397 号
负责人：成厚权
Tel：020－87450871
13822298559

**东莞市普利星电子有限公司**
业务：专业精密连接器产品开发、设计、制造和生产为一体。主要产品：MINIUSB，MINI-DIN 装配式，POWER 和 HDMI 等系列
地址：广东省东莞市塘厦镇石潭埔青云岭工业区
邮编：523717
法人：胡佳林
Tel：0769－86956422
86956433
Fax：0769－86956448
网址：www.polx.com.cn

**潮州市开发区快易佳家电维修店**
业务：家电维修服务
地址：广东省潮州市绿榕路万绿花园 110 号铺面
负责人：文兴川 邮编：521000
法人：文兴川
Tel：13923508496
0768－3910108
2299548

**广州市毅丰照明设备有限公司**
地址：广东省广州市白云区人和镇方华路东华工业区东昌路 6 号
负责人：胡淑梅
Tel：020－61171827
13822263868

**中山市古镇君龙五金加工店**
业务：专业开发生产各种铝材灯
地址：广东省中山市古镇冈南工业大道东一路 3 号首层之 19 卡
负责人：李治龙 邮编：528421
法人：李治龙
Tel：13620386298
0760－86109191
23932384
13640474809

**中山市古镇科润灯饰配件加工部（中山市古镇汇润灯饰配件加工部）**
业务：加工灯饰配件
地址：广东省中山市古镇冈南工业大道西七路 C9 号首层之 1
负责人：梁蔚新 邮编：528400
法人：梁蔚新
Tel：0760－86986813
13924903793
15015005188
Fax：0760－86986783

**中山市古镇镇红树灯饰厂**
业务：集设计、开发、生产和销售于一体，专业生产照明灯饰的企业，产品工艺精湛、极富个性化、人性化、时尚化，欢迎国内外客商莅临我公司进行考察、合作开发产品和贸易！
产品：羊皮灯、铝材灯、现代低压水晶灯、工程灯等
地址：广东省中山市古镇冈南工业区
负责人：叶丽 邮编：528400
法人：高庭章
Tel：0760－86153675
13680178988
Fax：0760－86105502
网址：www.hsllighting.com

**广州威能电子有限公司**
地址：广东省广州市白云区石井镇环滘村三社

华明工业区E幢一楼
…… 负责人：周黎渭
…… Tel：020－61127453
36399727
36399725
36398767

## 中山市古镇镇恒仕达灯饰门市部
业务：HID照明产品：包括HID车辆氙气灯，陶瓷、石英金卤灯，HID镇流器及HID照明灯具，五金等
地址：广东省中山市古镇冈南新兴西路9号2楼
…… 负责人：蔡景恒　邮　编：528421
…… 法　人：蔡景恒
…… Tel：13590982878
0760－22328801
22358621
…… Fax：0760－22358621

## 中山市古镇汇润灯饰配件加工部
业务：各种灯饰铝异型材批发，零售，开发，加工，一系列生产
产品：铝材灯
地址：广东省中山市古镇岗南配件城C9号
…… 负责人：卢超平　邮　编：528421
…… 法　人：梁蔚新
…… Fax：0760－86986783
15015005188
13924903793
…… Fax：0760－86986783
…… 网址：http：www.Fiyi999.com/huitun
…… E-mail：116198630@qq.com

广州全亚美容美发仪器设备有限公司
地址：广东省广州市白云区太和镇龙归南岭村前大道15号
…… 负责人：刘淑梅
…… Tel：020－86405139
86085312

## 雅锋灯头配件厂
业务：灯头、灯座
地址：广东省中山市古镇古二旧工业区西环路
…… 负责人：邓炳锋　邮　编：528400
…… 法　人：邓炳锋
…… Tel：0760－22354262
…… Fax：0760－22325982
…… 网址：www.yafenglighting.cn
…… E-mail：yafenglighting@alibaba.com.cn

## 中山市古镇挚友玻璃制品门市部
业务：灯饰玻璃制品
地址：广东省中山市古镇古二顺成工业区顺成一路9号首层第6卡
…… 负责人：黄友　邮　编：528401
…… 法　人：梁志敏
…… Tel：13527165456
0760－22399656
…… 网址：http：//www.zi1974.cn

## 中山市古镇莱利达照明电器厂
业务：照明电器的生产和销售
地址：广东省中山市古镇古二顺成工业区泰北路11号3楼
…… 负责人：梁广忠　邮　编：528403
…… 法　人：梁广忠
…… Tel：13226061068
0760－23661552
…… Fax：0760－23661553

## 中山市古镇亮锋玻璃钢工艺制品厂
业务：生产、销售玻璃钢雕塑，园林音响，园林卡通，各类异型非标灯具
地址：广东省中山市古镇古三南苑路5号（明亮）玻璃钢工艺制品厂
…… 负责人：邱先锋　邮　编：528403
…… 法　人：邱先锋
…… Tel：13924940805
0760－22384717

## 中山市古镇汇利达灯饰厂
业务：室内照明灯具
地址：广东省中山市古镇古三泰榕工业大道二路27号3楼之2
…… 负责人：欧罗宣　邮　编：528403
…… 法　人：欧罗宣
…… Tel：13435722932
0760－86107173

白云石井松洲兴达仪器批发部
地址：广东省广州市白云区增槎路407号综合楼二楼办公室
…… 负责人：陈国荣
…… Tel：020－81991219

## 潮州市桥东奕森玩具配件厂
业务：玩具灯泡，玩具内连接线，低压插线，三脚电源插线，电线线材的生产和销售
产品：玩具灯泡，玩具内连接线，低压插线，三脚电源插线，电线线材
地址：广东省潮州市桥东卧石洋东片工业区
…… 负责人：陈奕森　邮　编：521000
…… 法　人：陈奕森
…… Tel：13903090791
0768－2503503

广州威路电子科技有限公司
地址：广东省广州市白云区增槎路横滘恒丰街38号
…… 负责人：王露
…… Tel：020－86489544

## 中山市古镇艾美家灯饰门市部
业务：销售艾美家灯饰
地址：广东省中山市古镇古三新兴中路56号世纪灯饰广场6楼7号
…… 负责人：张国安　邮　编：528403
…… 法　人：张国安
…… Tel：0760－86965298
86153260

## 中山市古镇川朗照明门市部
业务：商业照明以及灯饰配件批发零售
地址：广东省中山市古镇古一曹兴西路4号首层1号墙壁
…… 负责人：李诗民　邮　编：528403
…… 法　人：陈红云
…… Tel：0760－22345902
22389585

## 中山市古镇赣星照明
业务：LED显示系统、LED显示屏、LED护栏管、点光源、遥控日光灯、遥控吸顶灯等。
地址：广东省中山市古镇古一村曹兴西路3号首层A
…… 负责人：侯柏源　邮　编：528403
…… 法　人：侯柏源
…… Tel：13420022161
0760－23660669
…… Fax：0760－23660669

## 中山市古镇智兴灯饰配件门市部
业务：灯具
地址：广东省中山市古镇古一村车站南路古一灯饰城
…… 负责人：伍斯雄　邮　编：528400
…… 法　人：伍斯雄
…… Tel：13531887363
0760－23836223

## 紫烨灯饰门市部
业务：水晶低压灯
地址：广东省中山市古镇古一村成兴路6号首层
…… 负责人：肖文彬　邮　编：528400
…… 法　人：肖文彬
…… Tel：13415382978
0760－23837598
…… Fax：0760－22399539

## 驰铭灯饰配件经营部
业务：主要经营LED全系列产品
地址：广东省中山市古镇古一灯饰城C栋8号楼首层
…… 负责人：刘平　邮　编：528400
…… 法　人：刘平
…… Tel：13189267777
0760－23685858
…… Fax：0760－87838678
…… 网址：http：//zschiming.cn.alibaba.com/

## 中山市古镇君来照明电器厂
业务：节能灯杯、LED灯杯、节能灯、羊皮灯、T4\T5\T8支架、公主台灯、探照灯
地址：广东省中山市古镇古一配件城3栋8号
…… 负责人：钱海军　邮　编：528421
…… 法　人：钱海军
…… Tel：13232349177
15018820395
0760－23836670

## 东莞市上忆端子有限公司
业务：东莞上忆端子有限公司成立于2001年，专业从事绝缘端子（双名冷压端子），空中接插件，电子、汽机车连接器的生产与制作，产品质量保证。欢迎新老客户来电取资料与样品。
地址：广东省东莞市塘厦镇田心路11号
…… 负责人：孙立德　邮　编：523710
…… 法　人：邓友爱
…… Tel：0769－86857071
87886709
…… Fax：0769－87924946
…… 网址：www.lcgch.com

## 中山市古镇旺铃灯饰电器配件厂
业务：生产环形变压器
地址：广东省中山市古镇海洲深义南路21号首层
…… 负责人：胡朝剑　邮　编：528403
…… 法　人：胡朝剑
…… Tel：0760－22311051
…… 网址：www.zswangling.cn

广州市璟珑音响设备有限公司
地址：广东省广州市东山区大沙头二马路12号陶乐大厦204室
…… 负责人：王自立
…… Tel：020－83848684
13922180841

## 中山市古镇卓优五金灯饰配件门市部
业务：销售电镀灯饰五金配件
地址：广东省中山市古镇华艺灯饰配件城
…… 负责人：金善辉　邮　编：528403
…… 法　人：金善辉
…… Tel：13450993719
0760－22533736
86995627

## 中山市古镇宏雁玻璃加工厂
业务：灯饰配件、防爆管系列
地址：广东省中山市古镇六坊工业区北路11号
…… 负责人：田洪　邮　编：528403
…… 法　人：田洪
…… Tel：13435782545
0760－86986512

## 中山市古镇松泽照明
业务：各种规格灯具、灯饰零售
地址：广东省中山市古镇沙水公路曹一工业区
…… 负责人：李振宏　邮　编：528400
…… 法　人：李振宏
…… Tel：13425487369
13928134169
0760－22320239

## 中山市古镇路威灯饰照明厂
业务：集生产、销售为一体，从事LED灯具、户外照明灯饰的生产、销售及LED亮化工程设计施工，产品质优价廉，品种齐全，价格合理，热诚欢迎各界朋友来电咨询！
产品：LED护栏管、点光源、水底灯、埋地灯、线条灯、大功率投光灯、LED洗墙灯
地址：广东省中山市古镇新兴大道东76号6楼
…… 负责人：何礎林　邮　编：528403
…… 法　人：何礎林
…… Tel：0760－22537239
13809874791
…… Fax：0760－22537299

## 中山市古镇金彩亮化照明灯饰厂
业务：致力于追求"绿色照明"，专业生产环保、节能、长寿命LED照明灯具，系统的技术研发和产品销售
地址：广东省中山市古镇曹二村长安路13号
…… 负责人：徐好品　邮　编：528421
…… 法　人：徐好品
…… Tel：13136380828
13355994572
0760－86108867
86108868
…… Fax：0760－22333900

## 中山市古镇贝尔维纳灯饰门市部
业务：贝尔维纳灯饰专卖
地址：广东省中山市古镇镇富兴路六坊货运场灯饰商铺D幢4号之1
…… 负责人：邱卫芬　邮　编：528403
…… 法　人：邱卫芬
…… Tel：15889881980
0760－23656588
23656599
23670783
…… Fax：0760－23670783

广州中照照明服务有限公司
地址：广东省广州市东山区署前路33号大院2号楼6楼606、607房
…… 负责人：刘惠然
…… Tel：020－87629156

广州铭华电子科技有限公司
地址：广东省广州市番禺区大石镇大发大厦2A13号铺
…… 负责人：杨启垚
…… Tel：020－34523929

## 中山市古镇湘正旺灯饰配件加工店
业务：主要经营铝合金灯框、灯架子。价格公道，欢迎广大客户光临。
地址：广东省中山市古镇冈南工业大道中9号首层之8
…… 负责人：宋少军　邮　编：528403
…… 法　人：宋少军
…… Tel：13824736858
0760－86189798
…… Fax：0760－86189798

## 中山市古镇奇源灯饰厂
业务：生产水晶灯
地址：广东省中山市古镇镇古二顺成工业区泰北路11号2楼
…… 负责人：方克礼　邮　编：528400
…… 法　人：方克礼
…… Tel：13435741388
0760－86989438

## 中山市古镇湘勇玻璃门市部
业务：玻璃灯罩
地址：广东省中山市古镇镇古一新兴新村北四路12号首层
…… 负责人：宋守勇　邮　编：528403
…… 法　人：宋守勇
…… Tel：13924950221
0760－23655969
…… Fax：0760－23655969

广州市兆隆电子开发有限公司
地址：广东省广州市番禺区大石镇河村村山庄路
…… 负责人：马运达
…… Tel：020－34792777

## 东莞市腾成电子科技有限公司
业务：东莞市腾成电子科技有限公司是一家专业集生产、销售、贸易为一体的公司，成立于1999年，主要从事AI/SMT配件供应和AI/SMT中古机买卖及设备安装、维修以及相关的技术服务。"以品质博得您的信赖，以价格赢得竞争优势"腾成人诚邀您携手合作，共创未来！
地址：广东省东莞市长安镇厦边村厦边大道十巷十号
…… 负责人：张华兵　邮　编：511700
…… 法　人：张华兵
…… Tel：0769－85643296

## 东莞市常平航凯灯饰厂
业务：灯饰生产加工
产品：LED户外灯
地址：广东省东莞市常平镇上坑村二路148号一楼
…… 负责人：张强　邮　编：523003
…… 法　人：张强
…… Tel：0769－86299757

广州番禺区爱时达电子有限公司分厂
地址：广东省广州市番禺区大石镇会江村公路南侧（副厂房）
…… 负责人：刘仕林
…… Tel：020－84782392

## 中山市古镇灵风（得云）灯饰门市部
业务：座落于中国著名的灯饰之都——中山古镇，专业从事灯饰设计、开发、生产和销售，合格的质量、独特的风格，赢得顾客的普遍好评。
业务：布艺灯，亚克力，拉丝，羊皮，水晶弯管灯饰
产品：广东省中山市古镇镇七坊村新兴西路54号
…… 负责人：洪涛
…… 法　人：洪涛
…… Tel：0760－86109051
…… Fax：0760－86986932

## 中山市华凌照明有限公司
业务：照明器具
地址：广东省中山市横栏镇茂辉工业区乐丰六路（晨风电器厂右侧）
…… 负责人：孙继亮　邮　编：528403
…… 法　人：孙继亮
…… Tel：13925346469
0760－87683815

深圳市浪霸电子有限公司
地址：广东省深圳市宝安区84区新安六路径贝工业区一楼
…… 负责人：叶英
…… Tel：0755－27827855
27030611

广州市番禺区乔禾电子五金配件厂

地址：广东省广州市番禺区市桥街云星村溪昌道7号
负责人：李开华
Tel：020－84876490

## 中山市横栏镇真丽兴嘉灯饰玻璃厂

业务：灯饰玻璃生产销售
地址：广东省中山市横栏镇茂辉工业区乐丰六路侧（鸿派灯饰斜对面）
负责人：谢仕勇　邮　编：528403
法　人：谢仕勇
Tel：0760－22363069

## 中山市横栏镇德孚照明电器厂

业务：生产、配置与销售各种型号的节能灯
产品：各种型号的节能灯，T4、T5、T8型号灯管
地址：广东省中山市横栏镇三沙长安北路272号（4－6楼）
负责人：管建国　邮　编：528403
法　人：管建国
Tel：0760－86950376
Fax：0760－86950375

## 中山市普利亚照明灯饰有限公司

业务：专业研发、生产、销售高档时尚空间照明灯饰的企业，造型新颖、工艺精湛、品质高档，极富个性化、人性化、时尚化，致力于让更多的人享受到高品质的照明空间。
产品：现代照明
地址：广东省中山市横栏镇永兴工业区
负责人：程毅　邮　编：528478
法　人：程毅
Tel：0760－87764618
Fax：0760－87764600
网址：www.puliya.com
E-mail：marketing@puliya.com

## 中山市梦泽好太太生活电器有限公司

业务：小家电、油烟机、煤气灶等的制造、销售
地址：广东省中山市黄圃镇大岑工业区骏业路
负责人：郭从敏　邮　编：528403
Tel：13509965859
0760－23214113
Fax：0757－28616128

## 中山邦定集成电路微连接有限公司

业务：生产集成电路耗材，半导体耗材，键合铜丝
产品：集成电路耗材，半导体耗材，键合铜丝
地址：广东省中山市火炬开发区东兴中路8号A5栋第二层
负责人：唐运展　邮　编：528403
法　人：唐运展
Tel：0760－86133988
Fax：0760－86133933
网址：www.icmbt.com

### 广州市盈虹电子开发有限公司

地址：广东省广州市番禺区东环街龙美村迎宾路329－335号
负责人：梁胜芳
Tel：020－34800869

## 中山火炬开发区三科家用电器行

业务：专营各类精品家电，我们拥有专业技术过硬的设计、安装、维修队伍，可提供家用电器维修，电脑监控维护安装，制冷设备保养安装服务，让您放心消费！
产品：家用电器、电脑监控维护安装，制冷设备保养安装
地址：广东省中山市火炬开发区六和村西桠平沙围神涌路口左2卡
负责人：刘科元　邮　编：528437
法　人：刘科元
Tel：13411628443
0760－88582217
Fax：0760－88582217
E-mail：lky26709974@163.com

## 广州迪麦福电子科技有限公司

业务：广州迪麦福电子科技有限公司成立于2005年，主要生产销售健康按摩器材。用优良的品质，合理的价格，完善的服务，竭诚为用户服务！
地址：广东省广州市广州大道613号振兴商业大厦5楼519室
负责人：阮举全　邮　编：510500
法　人：阮举全
Tel：020－87636835
Fax：020－87637236

### 深圳市舒威电器有限公司

地址：广东省深圳市宝安区74区西乡大道侧边E座四、五楼
负责人：张炽波
Tel：0755－27962056
13802569482

## 中山市民众镇鑫海利电声器材厂

业务：生产喇叭（扬声器）及其配件，五金冲压件的专业厂家，可为客户度身定做，产品优质稳定，售后服务完善。欢迎来人、来电洽谈业务，OEM合作。
产品：喇叭配件：弹波，音膜，压边，端子，耳机钢网，细网，高音带式膜片
地址：广东省中山市民众镇孖宝路东15号一楼
负责人：刘红平　邮　编：528441
法　人：刘红平
Tel：0760－85572409
18928163959
Fax：0760－85573133
网址：www.51xhli.com
E-mail：hp.liu10108@163.com
QQ：1091087312

## 中山市八相电子技术有限公司

业务：维修工控电路板
地址：广东省中山市石岐区第一城怡景2幢首层10卡
负责人：向仕平　邮　编：528400
法　人：向仕平
Tel：13532267016
0760－88929786

## 中山市石岐区中俊达制冷设备工程部

业务：制冷设备
地址：广东省中山市石岐区悦来南路岐江苑11幢首层5卡
负责人：陈春华（男）　邮　编：528403
法　人：陈春华
Tel：13549893072
0760－86261573
88993320
Fax：0760－88993320

## 中山市小榄镇华星热水器工程部

业务：太阳能热水器、零配件销售，安装、维修等一条龙服务
地址：广东省中山市小榄镇永宁兴宁路282号（建材市场）
负责人：任玲娟　邮　编：528403
法　人：梁华星
Tel：13822729386
13822720804

## 珠海市金湾区科维家电维修部

业务：家电维修
地址：广东省珠海市金湾区平沙镇美平东路277号
负责人：梁冬明　邮　编：519055
法　人：梁冬明
Tel：0756－6235202

## 珠海市沅郑电器有限公司

业务：电器、设备及配件维修、销售、研发
地址：电器电子配件、设备配件、夹具、机箱、五金配件加工
地址：广东省珠海市南屏泰北街12号
负责人：高磊　邮　编：519000
法　人：李爱国
Tel：0756－3876896
Fax：0756－3876896
网址：zhyuanzheng.blog.sohu.com
E-mail：liaiguozhyu@163.com

## 珠海市富像电子科技有限公司

业务：电子科技
地址：广东省珠海市淇澳管理区淇澳村中线公路西侧A座厂房二楼
负责人：李桂林　邮　编：519000
法　人：李桂林
Tel：0756－3319826
8225199
13417776148

## 中山市东凤镇金格丽电器厂

业务：专业生产电水壶
地址：广东中山市东凤镇同乐工业园（金友电器有限公司侧）
负责人：阮小聪　邮　编：528425
法　人：阮小聪
Tel：13928172300
0760－22626387
2262397

### 广州市国美音像有限公司第六店

地址：广东省广州市番禺区环城中路38、40、42号商铺首层西半部、二层
负责人：王俊洲
Tel：020－89101799

### 雄业电子维修服务部

地址：广东省广州市番禺区龙美迎宾路532、534
负责人：黄小姐
Tel：020－23885077

## 深圳市发博特科技有限公司

业务：LED系列：LED显示屏、LED点光源、LED数码灯条、LED大功率灯杯；光纤系列产品；专业承接：夜总会、KTV、酒吧、酒店外景亮化工程，设计供应安装全程服务！
地址：深圳市宝安区民治维也纳酒店1楼兴明利
负责人：徐建威　邮　编：518173
Tel：13632813760
0755－29000716
Fax：0755－29000716

### 广州德众液压管道技术有限公司

地址：广东省广州市番禺区南村镇东兴工业区B区2号厂房首层
负责人：杨学君
Tel：020－34822826

## 东莞市一鑫电子有限公司

业务：东莞市一鑫电子有限公司是专业从事PC电源供应器和计算机周边产品的开发、制造与销售的企业。展望未来，我们任重而道远，但秉承积极主动、品质优先、持续改善、客户满意的质量方针，为客户提供优质的产品及服务，始终是我们一鑫人不懈的追求。
地址：广东省东莞市清溪镇渔樑围村葵湖路
负责人：王武荣　邮　编：523649
法　人：王文荣
Tel：0769－87736396
网址：www.mtw50284.chinapyp.com

## 东莞市金洛五金电子有限公司

业务：家电、电子白板、触屏类产品生产，五金加工销售
地址：广东省东莞市常平镇土塘村长新街长丰工业区
负责人：刘细平　邮　编：523560
法　人：刘细平
Tel：0769－81099263

### 朗维科技有限公司

地址：广东省广州市番禺区南村镇里仁洞边迎宾路西侧159号
负责人：麦志雄
Tel：020－34765416

### 广州宝辉电子科技有限公司

地址：广东省广州市番禺区沙头街小罗村经济发展公司一幢厂房（电镀厂北侧）
负责人：陈耀昌
Tel：020－84894839

### 广州市丽韵音响工程有限公司

地址：广东省广州市番禺区沙湾镇福德中路319、321、323号
负责人：霍炽英
Tel：020－34617977

### 广州市番禺万裕辉灯饰电器厂

地址：广东省广州市番禺区沙湾镇古坝西村工业区
负责人：李百传
Tel：020－34874223

## 东莞市常平世环环保材料行

业务：主营环保溶剂、电子产品、空气过滤器材，诚信为本、质量为先是我们的服务宗旨，期待与您的真诚合作！
产品：环保溶剂、除漆剂、除锈剂、洗枪水、白电油、去渍水、电子类各种环保材料、防静电产品、各种丝印器材、各种丝印设备及相关电子类治工具
地址：广东省东莞市常平镇元江元村
负责人：黄生　邮　编：523000
法　人：黄克发
Tel：0769－81182398
13826902398
Fax：0769－81182397
E-mail：loohuang@163.com

## 东莞市众威电子科技有限公司

业务：我公司为一家专业设计、开发、经营：屏蔽设备（屏蔽房、屏蔽盒），隔音设备（隔音室、屏蔽隔音室），生产设备（生产线、水濂喷涂柜）的制造商，凭着多年开发创新的实际经验，现已在同类产品中位前列，无论在技术、质量和使用方便的优点上都已得到肯定，为配合客户要求，我公司现时产品的抗干扰频率已达3.0GHZ，衰减大于80dB，已覆盖无线电话频段及现时国内已渐成熟的室内无线电话2.4GHZ频段．普及为民用多样多元化产品。为广大无线电生产厂家，特别带有射频成份及干扰成份这厂家，提供良好的测试环境、聆静空间。
地址：广东省东莞市坛夏镇桥陇管理区旧围12号
邮　编：523710
法　人：刘婉君
Tel：0769－87938298
Fax：0769－87810980

### 广州市长鑫装饰灯有限公司

地址：广东省广州市番禺区石楼镇莲花山联围村
负责人：曾庆玉
Tel：020－84842652

### 广州番禺华明电子商行

地址：广东省广州市番禺区市桥黄编村农业管理区华怡居1座9号
负责人：陈耀辉
Tel：020－84893387

### 广州市番禺创晶电子经营部

地址：广东省广州市番禺区市桥街光明北路12号1座1705
负责人：李镇萍
Tel：020－84823045

### 广州市成为电子科技有限公司

地址：广东省广州市番禺区市桥镇富华东路番禺电脑城2号铺
负责人：朱伟明
Tel：020－34809788

## 佛山市东灵电子有限公司

业务：佛山市东灵电子有限公司是一家生产全系列独石电容、电解电容，华南区代理强茂集团二极管、桥堆系列的厂家。主要产品包括：独石电容，电解电容，切片电容，切片电阻，压敏电阻，二、三极管，桥堆等。
地址：广东省佛山市禅城区金沙新城金沙二街3号28A
邮　编：528000
法　人：周灵
Tel：0757－82103991
Fax：0757－82103990

### 兆业科技开发有限公司

地址：广东省广州市番禺区鱼窝头镇小乌村工业区
负责人：郭超
Tel：020－84910128
13312880293

## 东莞市常平兴科电器批发部

业务：高、低、中档DVD，吹风机，低音炮，剃须刀，电话机，各种插座，闹钟，录音机，收音机，电池，手机万能充，电脑耗材等批发
地址：广东省东莞市常平镇站前路2栋5号铺
负责人：曾祥云　邮　编：523003
法　人：曾祥云
Tel：0769－83814096

### 广州尚莹电子科技有限公司

地址：广东省广州市番禺区钟村镇工业开发区A区B.C号厂房（雄峰商贸城后门对面）
负责人：林青志
Tel：020－84513388

### 安澳电子技术有限公司

地址：广东省广州市广州市番禺迎宾路730号番禺节能科技园天安科技产业大厦2－910室
负责人：黎经理
Tel：020－39388670
13600499154

### 华江电子产品经营部

地址：广东省广州市海珠区革新路137号船舶大厦1120房
负责人：陆欣华
Tel：020－84334208
13922786934

### 广州市海珠区繁技电子电器维修服务中心

地址：广东省广州市海珠区前进路基立下道67号204房
负责人：张学军
Tel：020－36249258

## 东莞市大朗癸源电子厂

业务：加工与销售各类电脑周边配件
产品：各类电脑周边配件
地址：广东省东莞市大朗镇黎贝岭村兴市二路45号
负责人：杨朝奎　邮　编：523003
法　人：杨朝奎
Tel：0769－81123256

## 佛山市海泽电器有限公司

业务：本公司是一家颇具规模的以生产工艺品小水泵、太阳能水泵、微型水泵、雾化器、音乐喷泉、LED灯。水族器材为主的专业电器实体企业，产品已取得多种国际安规认证，产品远销欧美，东南亚等十多个国家和地区。
地址：广东省佛山市石湾工农路37号
负责人：邹远常　邮　编：528000
法　人：邹远常
Tel：0757－82667575
Fax：0757－82665652
网址：www.fshaike.cn.alibaba.com
E-mail：hk137608060@163.com

### 毅诚电子科技有限公司

地址：广东省广州市海珠区新港西路239号之一204房
负责人：邹玉泉
Tel：020－84207800
13825022748

### 广州市松彩电器有限公司

地址：广东省广州市花都区赤坭镇新兴大街
负责人：姚伟清

Tel:020－86710297

**广州市花都区影星电器厂**
地址:广东省广州市花都区狮岭镇杨二村祥凤经济社(篙禾弄)
负责人:宋洪英
Tel:020－36996625

**东莞市大岭山来利空调店**
业务:空调销售、安装、维修
地址:广东省东莞市大岭山镇107国道边杨屋路段建华商铺1－2号铺
负责人:关海枝 邮编:523003
法人:关海枝
Tel:0769－85781117

**俊业电子厂**
地址:广东省广州市花都区炭步镇四角围17号
负责人:朱桂洪
Tel:020－86843999
13802755051

**广州市宏事达电气设备有限公司**
地址:广东省广州市花都区新华镇公益路6号华侨商业城10幢33号
负责人:吴健中
Tel:020－86888702
13316168586

**佛山市立时通自动化设备有限公司**
业务:本公司多年来从事自动控制系统设计、安装及调试,致力于机电一体化产品的开发和运动控制系统的优化集成。我公司开发的伺服控制系统、步进控制系统、组态监控系统、变频节能控制系统、温湿度监控系统在五金机械、钢铁、塑料、玻璃及纺织等行业得到广泛引用。
地址:广东省佛山市佛山大道北路13号佛山大学科技街北路209号
邮编:528000
法人:王华琳
Tel:0757－82722140
Fax:0757－82722140

**慈溪市丹丹电子有限公司广州分公司**
地址:广东省广州市花都区新华镇红棉大道48号美国工业村第8号标准厂房
负责人:卢建成
Tel:020－36866538

**德胜扬声器配件厂**
地址:广东省广州市花都区雅瑶镇育才路32号
负责人:江志杰
Tel:020－86164776
13808860599

**广州市姆德勒电器有限公司**
地址:广东省广州市荔湾区站前路2号708房
负责人:敖日星
Tel:020－83377746

**东莞市瑞辉电子有限公司**
业务:生产销售高精密单、双、多层及盲、埋孔电路板的PCB厂家。公司拥有专业的生产设备,完善的管理体系,秉承"互惠互利,长期合作"的经营理念,致力于为客户提供最好、最廉价的产品。
产品:电路板,电子元器件
地址:广东省东莞市大岭山镇大沙管理区
负责人: 邮编:朱强 523800
法人:朱强
Tel:0769－82755751
13922524633
Fax:0769－82755750
E-mail:dhpcb158@163.com

**广州市东亚技术有限公司**
地址:广东省广州市天河高新技术产业开发区工业园建工路13号天信楼516室
负责人:高贤钊
Tel:020－85525719
85552995
85579179

**佛山市南海华领电子有限公司**
业务:佛山市南海华领电子有限公司,是一家专业生产音响、数码电子、视听产品的电子公司。我们将尽不懈努力把最优质的产品,最完善的服务与广大客户共同走进崭新的世纪。
地址:广东省佛山市南海区上沙涌上沙发电厂大道
负责人:梁耀华 邮编:528200
法人:梁耀华
Tel:0757－88551802
88551803

**东莞市东城加洲电子仪器经营部**
业务:经营电子仪器工具
地址:广东省东莞市东城区岗贝赛格电子市场1N021号
负责人:付先村 邮编:523000
法人:付先村
Tel:13580975655
0769－23390750

**讯峰数码科技有限公司**
地址:广东省广州市天河路502号天河电脑城2楼212铺
负责人:张俊耀
Tel:020－38460881

**广州市天河长源五金电器配件经营部**
地址:广东省广州市天河区广源路1842号商铺
负责人:李海员
Tel:020－33275073

**建兴光电科技(广州)有限公司**
地址:广东省广州市天河区广州科学城光宝路8号
负责人:张来福
Tel:020－82340168
82820234
13316052630

**广州钛壹电子科技有限公司**
地址:广东省广州市天河区河南二路30号504房
负责人:黄伟
Tel:020－87530733
13112213278

**东莞市清华彩光太阳能热水器有限公司**
业务:太阳能热水器批发、零售
地址:广东省东莞市东坑镇角社村角祥路33号
负责人:苏玉媚 邮编:523003
法人:苏玉媚
Tel:0769－82321133

**广州嘉侑电器有限公司**
地址:广东省广州市天河区黄埔大道西179号首层之3
负责人:刘泽森订韩咏收
Tel:020－85519600
13822248290

**佛山市顺德区容桂苏林电器厂**
业务:本公司成立于2005年,是一家专业生产电磁炉,豆浆机,搅拌机,无线电水壶,电压力锅的厂家。公司秉承"以质量求生存,以信誉求发展"竭诚欢迎新老客户来电洽谈业务!
地址:广东省佛山市顺德区容桂上佳市青龙中路23号三楼
负责人:汪学兵 邮编:528000
法人:汪学兵
Tel:0757－26680272

**东莞市福磁电子有限公司**
业务:专业从事磁性电子材料、电子零配件、电脑周边设备生产、加工、销售及货物、技术进出口业务,公司以雄厚的实力、合理的价格、优良的服务与多家企业建立了长期的合作关系。热诚欢迎各界前来参观、考察、洽谈业务。
产品:胶磁、钕铁硼
地址:广东省东莞市凤岗镇金凤凰工业区金鹏路17号
负责人:严文清 邮编:523000
法人:严国军
Tel:0769－87561239
13686669188
Fax:0769－87563926
E-mail:fc87561239@sina.com

**吉成电子科技有限公司**
地址:广东省广州市天河区黄埔大道西德埔街8号102房
负责人:成建湘
Tel:020－87501841

**东莞市凤岗三林量具经营部**
业务:量具、刀具、刃具、仪器仪表
地址:广东省东莞市凤岗镇油甘埔村东深公路段凤岗五金城G幢第7号
负责人:李恩林 邮编:523000
法人:李恩林
Tel:13790116476
0769－87566926
Fax:0769－87566936

**广东晶科电子有限公司**
地址:广东省广州市天河区科技龙口中路173号1510房
负责人:曾建平
Tel:020－38733099

**东莞市横沥佳霖电子厂**
业务:集电子产品开发生产、加工销售于一体,工厂配以AI/SMT/MI/成品装配的自动化生产线,承接AI/SMT/MI来料加工。可为客户度身定做,产品优质稳定,售后服务完善。欢迎来人、来电洽谈业务。
产品:AI、SMT、MI加工,车载音响,汽车逆变器,充电器,数码相机,机顶盒,数码产品
地址:广东省东莞市横沥镇村头村工业区
负责人:孔维旗 邮编:523475
法人:孔维旗
Tel:0769－87063992
Fax:0769－87063991
网址:www.jialindg.com
E-mail:kongweiqi@126.com

**广州市天河华翔音像经营部**
地址:广东省广州市天河区天河路228号正佳广场M层B47－B50
负责人:邓勇

Tel:020－86373926

**东莞市腾龙五金电子设备经营部**
业务:经营自动化设备
产品:电子测试治具、DGA测试、过炉载具
地址:广东省东莞市虎门镇北栅社区河潭岗中兴路11号铺位
负责人:蔡恩松 邮编:523003
法人:蔡恩松
Tel:13825722350
0769－85249825
E-mail:tenglongdg@126.com

**广州市航洋电子科技有限公司**
地址:广东省广州市天河区天河南二路保利丰兴广场和兴阁1805室
负责人:刘文斌
Tel:020－85513806
85514122
13802744048

**东莞市黄江雪山红马水处理设备有限公司**
业务:生产RO反渗透纯水机.家庭净水机.能量滤芯.纯水机配件.家用超滤机等.
地址:广东省东莞市黄江镇宝灵一街11号一楼
负责人:许泽军 邮编:523003
法人:许泽军
Tel:0769－83666159
13038829789
Fax:0769－83635337

**广州市旭威电子科技有限公司**
地址:广东省广州市天河区五山路267号瑞华大厦北塔23B室
负责人:许小铃
Tel:13007766324

**东莞市黄江珑珏电子耗材经营部**
业务:销售电子耗材
地址:广东省东莞市黄江镇大屲村安民五街15号
负责人:李安波 邮编:523003
法人:李安波
Tel:0769－83538162

**广州迈通电气设备有限公司**
地址:广东省广州市天河区中山大道西1007号503房
负责人:高长春
Tel:13710326392

**佛山市顺德区容桂正叶电器商行**
业务:本公司主营各种插簧,插片,插针,端子,扎带,线扣,压线帽,热缩管,高低压电器的销售
地址:广东省佛山市顺德区容桂桂洲大道中宏逸华庭7号
负责人:林正辉 邮编:528305
法人:林正辉
Tel:0757－26680802
Fax:0757－26680711
网址:www.mtw25781.chinapyp.com
E-mail:sdf520@163.com

**东莞市金碧辉煌灯饰有限公司**
业务:灯饰的销售
地址:广东省东莞市南城区新城市中心区鸿福路200号第一国际百安中心B区一、二层
负责人:徐清春 邮编:523003
法人:徐清春
Tel:0769－23027858

**广州市享润电子科技有限公司**
地址:广东省广州市天河区珠江新城花城大道3号2302室
负责人:蒙先生
Tel:020－38250598
38250001

**广州市易达视音频科技有限公司**
地址:广东省广州市天河区珠江新城华就路23号12H房
负责人:邓培坤
Tel:13719165000

**东莞市桥头梓鑫电子加工店**
业务:LED车灯、LED应用照明灯
产品:尾灯、刹车灯、车顶灯、LED灯具 转向灯、角灯、雾灯、其他车灯、仪表灯等
地址:广东省东莞市桥头镇桥头镇信怡路30号
负责人:汤志华 邮编:523003
法人:汤志华
Tel:13622675519
0769－23966896
Fax:0769－81024952
网址:www.cxlamp.cn

**原子尘科技发展有限公司**
地址:广东省广州市先烈中路100号黄花岗科贸街电脑城A228－230号
负责人:杨少道

Tel:13302211053

**龙发电子加工厂**
地址:广东省惠州市博罗县园洲镇刘屋农场宏基工业城
负责人:陈钜波
Tel:0752－6687319

**惠州市中鑫电子工程技术有限公司**
地址:广东省惠州市河南岸斑樟湖国商大厦B栋18层C号房
负责人:朱国干
Tel:13059530259

**广东省汕头市万佳龙电气实业有限公司**
业务:本公司是一家具有一定规模的进出口企业,专业生产各种规格的低压开关柜附件:"二次接插件";环保系列设备,"烟煤净化无烟炉"。公司自1998年创办,现年销售各种型号二次接插件30多万套。公司衷心感谢新老客户的支持,热诚欢迎合作,共商发展。
地址:广东省汕头市新世纪花园三栋1106号
邮编:515041
法人:邵子龙
Tel:0754－8875968
8875008
法人:0754－8859008

**东莞市桥头江泰电线加工厂**
业务:加工铜线、电线
产品:各种镀锡铜绞线、裸铜绞线、铜包铝绞线、铜包钢绞线、各种电线
地址:广东省东莞市桥头镇山和村桥东路南二街167号
负责人:王小江 邮编:523000
法人:王小江
Tel:13790150620
0769－82363529
Fax:0769－82369890

**惠而邦电子衡器经营部**
地址:广东省惠州市惠城区陈江镇金湖路西四巷13号一楼
负责人:宋晓恒
Tel:0752－3326658
2640723

**长和电器厂**
地址:广东省江门市江海区外海外海镇南山工业区
负责人:杨金涛
Tel:0750－3773309
13822336135

**康华电器厂**
地址:广东省汕头市潮南区峡山峡华路956号
负责人:胡旭忠
Tel:0754－87766929
13539663005

**东莞市清溪亿家能电子加工厂**
业务:精密无铅、有铅电子来料加工
地址:广东省东莞市清溪镇大利村利业路米德兰三厂C栋二层
负责人:姚文清 邮编:523003
Tel:13602398128
0769－87384553

**汕头市车友音响电器有限公司**
地址:广东省汕头市金环路水仙园38幢车友大楼
负责人:张传城
Tel:0754－88250055
13802334487

**汕头市金园区新兴互感电器厂**
地址:广东省汕头市金园区金砂北门新门内1号之七
负责人:李炎松
Tel:0754－88257920

**华汕电气有限公司**
地址:广东省汕头市天山路39号二楼
负责人:陈培荣
负责人:0754－88889266
13902738198

**东莞市三羊光电有限公司**
业务:专业从事光电子器件、电子产品、五金制品生产销售及货物进出口,采用先进的生产设备及检验仪器,同时不断地引进先进的技术及管理经验,并为客户提供高品质、高竞争力的全方位产品服务。
产品:三洋机光头,三星机芯等
地址:广东省东莞市清溪镇铁松村委会深圳仔街3号
负责人:邓观宇 邮编:523642
法人:邓观宇
Tel:0769－89280088
Fax:0769－87333337
E-mail:d88860@163.com

**广东省云浮市鸿富达蓄电池有限公司**
业务:广东省云浮市鸿富达蓄电池有限公司成立于2006年,主要产品为胶体电池和起动型铅酸蓄电池,欢迎新老客户来电洽谈业务!
地址:广东省云浮市云安县镇安镇江咀开发区
负责人:钟满强 邮编:527524

法 人：洪泉兴
Tel：0766－6365832
6365866
Fax：0766－6365811
网址：http://hfd－battery.com
E-mail：hfd－battery@163.com

**新安艾科电子经营部**
地址：广东省深圳市宝安45区富源大厦6楼F座
负责人：周永旗
Tel：0755－61119980
27593235

**生辉电子厂**
地址：广东省深圳市宝安56区西乡大道乐群商业大楼5楼
负责人：赵军辉
Tel：0755－27906668
13823171181

**雅顺电子有限公司**
地址：广东省深圳市宝安80区富瑰园D1栋903
负责人：肖磊
Tel：0755－27959155
13828770903

**东莞市雅声音响有限公司**
业务：专业从事家庭影院及舞台音响设备的开发、生产、销售，造型优雅时尚，品质精良卓越，让我们精诚合作，携手共创辉煌明天！
产品：音箱、喇叭
地址：广东省东莞市清溪镇易富市场
负责人：马先生 邮 编：523000
法 人：马战锋
Tel：0769－87369002
Fax：0769－87369001
网址：http://dgyasheng.china.mainone.com
E-mail：dg.yasheng@163.com

**捷波电子科技有限公司**
地址：广东省深圳市宝安80区泰华豪园4栋507房
负责人：张聘强
Tel：0755－27959479
13603004466

**方亮电子有限公司**
地址：广东省深圳市宝安区22区公园路东一巷科技工业新厂房2楼
负责人：黄近华
Tel：13312903595

**东帝斯实业有限公司**
地址：广东省深圳市宝安区28区华利工业区A栋四楼
负责人：钟创林
负责人：0755－27589322
13714175666

**深圳市恒金祥电子有限公司**
地址：广东省深圳市宝安区28区兴安3路教育工业区
负责人：冉风雷
Tel：0755－27589826

**广西建筑大昆重型机械工程公司佛山输变电分公司**
业务：广西建筑大昆重型机械工程公司佛山输变电分公司是一家专业从事输变电工程安装的公司。公司经过多年的努力，取得了令人瞩目的成绩，也得到了广大客户、社会各界及电力部门的认可和肯定。
地址：广东省佛山市南海区桂城石肯二村新基坊大圆街24号
负责人：莫树柏 邮 编：528200
法 人：莫树柏
Tel：0757－86306473

**东莞市石碣兴业电子加工店**
业务：普通，橡胶PU，UV喷涂．印刷加工．注塑，成型模具
地址：广东省东莞市石碣镇单屋村金滩路
负责人：袁嘉全 邮 编：523003
法 人：袁嘉全
Tel：15024080511
0769－86361096
86361092
Fax：0769－86361092

**民安长程科技有限公司**
地址：广东省深圳市宝安区41区华安苑16栋401室
负责人：何伟成
Tel：13823289782

**乐清市三威防静电装备有限公司深圳市分公司**
地址：广东省深圳市宝安区41区金汇明园1栋1座5楼
负责人：林志中
Tel：13008883325

**伊斯达仪表有限公司**
地址：广东省深圳市宝安区42区庆华花园B栋103号
负责人：董福涛
Tel：0755－27843836
13509657815

**深圳市拓林电子有限公司**
地址：广东省深圳市宝安区44区综合楼2栋B－602室
负责人：尹璐
Tel：0755－27782102

**深圳市达尔盛电子有限公司**
地址：广东省深圳市宝安区45区裕安路B栋二楼
负责人：陈贤才
Tel：0755－27576652

**天惠达净化科技有限公司**
地址：广东省深圳市宝安区45区自由路宝晖大厦705室
负责人：王斌
Tel：13600159912

**东莞市石碣深惠五金电子厂**
业务：生产、销售电子电器，汽车五金零配件
地址：广东省东莞市石碣镇刘屋甲塘工业区
负责人：何深刚 邮 编：523003
Tel：0769－86310185
Fax：0769－86309315

**维峰电子经营部**
地址：广东省深圳市宝安区72区创业2村15栋805号
负责人：谢红兵
Tel：0755－27588305
13502816090

**东莞市石碣俊凯电子五金经营部**
业务：专营电子工具、劳保用品、仪器仪表、五金配件、静电产品、净化产品，本经营部秉承“全程跟踪，服务客户”的经营宗旨，竭诚为您提供优质的产品与满意的服务
产品：烙铁咀、焊台、卡尺（量具）、点胶机以及周边设备配件、防静电系列、测试仪、电批、风批以及各类生产辅材
地址：广东省东莞市石碣镇水南翠明珠山庄A45号
负责人：陈齐俊 邮 编：523290
法 人：王培培
Tel：0769－86289764
Fax：0769－86289763
E-mail：sc7065629@163.com

**新安京都电子经营部**
地址：广东省深圳市宝安区宝安电子城二楼2006号
负责人：韦金标
Tel：0755－27894342
27670993
13802587072

**新安准时达电子厂**
地址：广东省深圳市宝安区宝城18区洪浪南路68号
负责人：龙荣德
Tel：0755－27591958
13715300588

**春日威电子技术有限公司**
地址：广东省深圳市宝安区宝城22区新安公园路150号C座三楼
负责人：胡进民
Tel：0755－27847382
13509644537

**深圳市宝安区新安旺利达电子厂**
地址：广东省深圳市宝安区宝城23区大宝路41号德丰盛大厦五楼
负责人：丘兴发
Tel：0755－27885579

**广州鼎烽电子科技有限公司**
业务：广州鼎烽电子科技有限公司成立于2005年，专业从事生产电视机机芯板、电视机壳，来料加工销售等，欢迎新老客户来电洽谈业务！
地址：广东广州市番禺区大石镇植村工业一路10号
负责人：韦兴洛 邮 编：511430
法 人：韦兴洛
Tel：020－61906882
Fax：020－61906882
网址：www.ndtogd.com
E-mail：xinminwei@163.com

**东莞市石碣浩音电子加工店**
业务：生产销售ACDC电源线、耳机线
地址：广东省东莞市石碣镇水南第一工业区第一栋
负责人：汤热民 邮 编：523290
法 人：汤热民
Tel：13580887699
0769－81812730

**深圳市新安科威电子经营部**
地址：广东省深圳市宝安区宝城26区创业电子城1290号
负责人：王先生
Tel：0755－81188859
27831476

**新安龙发科技电子厂**
地址：广东省深圳市宝安区宝城28区陆氏大厦四楼东
负责人：浩宁
Tel：13510082933

**新安金榜高科电子厂**
地址：广东省深圳市宝安区宝城37区华辉工业大厦二楼
负责人：庄泽欣
Tel：0755－27892470
13332928656

**鑫星电子经营部**
业务：电子线材、五金配件
地址：广东省东莞市石龙镇西湖中路1号二楼2099号商铺
负责人：龙义 邮 编：523000
法 人：龙义
Tel：13724456448
0769－88496192
Fax：0769－88496193

**新安创兴冷气服务部**
地址：广东省深圳市宝安区宝城37区庆宜华苑三单元602号
负责人：徐技能
Tel：0755－27908897
13530000731

**新安汇科电子厂**
地址：广东省深圳市宝安区宝城39区24栋2楼
负责人：陈伟兵
Tel：13714827784

**广州美晶电子科技有限公司员村分公司**
业务：广州美晶电子科技有限公司，是一家以销售液晶显示器、手提电脑、日本原装复印机、打印机、工程机、扫描仪、大图扫描仪、彩色喷绘机、一体机的电子科技公司，拥有雄厚的经济实力。公司同时亦出租日本原装复印机、打印机、工程机、等办公设备
地址：广东省广州市天河区员村二横路东锦花园1号首层13、14房
负责人：曾新林 邮 编：510655
法 人：曾新林
Tel：020－85551460
85635097
82583092

**新安兴发电器商行**
地址：广东省深圳市宝安区宝城40区宝安电子城1134号
负责人：刘华桥
Tel：0755－27794815
13714388729

**深圳市宝安区新安胜力电子商行**
地址：广东省深圳市宝安区宝城40区宝安电子城2118柜
负责人：唐华明
Tel：0755－27838368
13322995978

**华泰电器**
业务：批发冰箱，消毒柜，冷柜等
地址：广东省东莞市石排镇福地市场八座一层15－16号
负责人：程群太 邮 编：523000
法 人：程群太
Tel：13538584333
0769－81817267
Fax：0769－81817267

**玮光电子有限公司**
地址：广东省深圳市宝安区宝城42区兴华一路4栋5楼
负责人：叶梅
Tel：0755－27843151
13802201929

**亚光达经营部**
地址：广东省深圳市宝安区宝城44区翻身路西12栋401室
负责人：王岁锋
Tel：0755－27592200
13823157461

**东凌电子有限公司**
地址：广东省深圳市宝安区宝城45区宝晖大厦706号
负责人：马建东
Tel：13502831842

**新安三索电子厂**
地址：广东省深圳市宝安区宝城45区丰工业区A幢4楼
负责人：胡习军
Tel：0755－27577680
13802571088

**新安柏萌电子厂**
地址：广东省深圳市宝安区宝城82区华丰工业园第四工业区A座5楼
负责人：江清南
Tel：0755－27958398
13602639358

**东莞市展亮节能照明有限公司**
业务：集研发、生产、销售为一体的照明灯饰企业，主营节能灯具、五金、塑料制品，我们致力于降低能源消耗，照明节能改造，竭诚为您服务！
产品：ZL－节能光管
地址：广东省东莞市石排镇石排大道363号
负责人：王礼全 邮 编：523330
法 人：王礼全
Tel：0769－81926120
Fax：0769－81926121
E-mail：yx_terry@163.com

**广州市花都俊业电子厂**
业务：本公司是专业生产各种规格和亮度的LED厂家，是国内配件成品一条龙的厂家。本公司拥有一批专业生产LED发光管的技术人员。本公司自去年开始新开成品灯饰，主要是生产汽摩灯饰为主，主要出口欧美汽配市场。希望新老客户亲临指导。
地址：广东省广州市花都区炭步镇四角围17号
邮 编：510820
法 人：朱桂洪
Tel：020－86843999
Fax：020－86731638
网址：http://www.gze.cn/hmpg_JNIMGMIQKRQ.html

**新安得利胜电子厂**
地址：广东省深圳市宝安区宝城82区华丰科技园第三期B座8楼
负责人：郑定顺
Tel：0755－27447836
13802274538

**深圳市欣宝科仪仪表研制中心**
地址：广东省深圳市宝安区宝城六区湖景居B座12E
负责人：赵铁军
Tel：13902939760

**深圳市明辉自动设备有限公司**
地址：广东省深圳市宝安区宝城六区前进一路46号经发大厦501
负责人：滕云燕
Tel：0755－29990036

**深圳市宇丰达光电有限公司**
地址：广东省深圳市宝安区宝城七十一区留仙二路志翔大厦附属三楼
负责人：李胜
Tel：13713870677

**东莞市石排海琴模具加工店**
业务：集设计、开发、制造为一体，专业从事模具开发、塑胶射出，对外承揽加工制作业务。我们秉承诚实、守信、专业、共赢的经营理念竭诚为您服务。
产品：手机导光板、塑胶框、塑胶片
地址：广东省东莞市石排镇谢屋第一工业区
负责人：喻春发 邮 编：523333
法 人：喻春发
Tel：0769－86556353
Fax：0769－81864929
E-mail：yuchunfa.fa@163.com

**深圳恒隆电子有限公司**
地址：广东省深圳市宝安区宝城前进路航城公司综合楼410、411、413＃
负责人：翁伟鸿
Tel：0755－27479953

**深圳市富宏世纪科技有限公司**
地址：广东省深圳市宝安区宝民二路流塘大厦2208＃
负责人：曾纯军
Tel：13510981788

**深圳市宝安区双生电器厂**
地址：广东省深圳市宝安区福永街道和平村和景工业园3栋2楼北面
负责人：邬军方
Tel：0755－33678785

**广州市兰诺自动化设备有限公司中山分公司**
业务：本公司成立于2004年，现在100多名员工。主要经营工业自动化成套设备。
地址：广东省中山市三乡镇三乡综合市场9号楼1栋402室
法 人：官启明
Tel：0760－6335648
Fax：0760－6697918

**深圳宏宇达电子有限公司**
地址：广东省深圳市宝安区福永新和村福海大路新兴工业园二区第七幢第四层
负责人：商宇潭
Tel：0755－33811331

**东莞市日生电子有限公司**
业务：生产与销售连接器与插座
产品：连接器与插座
地址：广东省东莞市塘厦镇龙背岭春风路128A2－301
负责人：赵胜生 邮 编：523003
法 人：赵胜生
Tel：0769－87864180
13902960498
Fax：0769－87864179

**深圳市托普科电子设备有限公司**
地址：广东省深圳市宝安区福永新和牌科技园二栋A区
负责人：夏孝长
Tel：0755－27320800

**创意仪器仪表五金工具行**
业务：仪器仪表、电子工具、五金辅料、生产设备
地址：广东省东莞市莞城八达路八达商场大门口4号铺
负责人：高丽文 邮 编：523000
法 人：马先生
Tel：0769－22468901

**鼎盛电子（深圳）有限公司**
地址：广东省深圳市宝安区福永镇白石厦东区

福丰达工业区 A 幢 5 楼
负责人:彭秋生
Tel:0755－27323100
13760333107

**深圳市天宁电子有限公司**
地址:广东省深圳市宝安区福永镇白石厦龙王庙工业园 9 栋
负责人:周兵
Tel:0755－86171119
13502842352

**胜航电子商行**
地址:广东省深圳市宝安区福永镇白石镇东区新开发区 8 栋 1 楼
负责人:黄再杭
Tel:0755－27323361
13602643569

**深圳市大陆电子加工厂**
地址:广东省深圳市宝安区福永镇凤凰村凤凰工业村工业大道 D13 号
负责人:黄先生
Tel:0755－27337798
13823178696

**北新科技电子制品厂**
地址:广东省深圳市宝安区福永镇凤凰工业区宝田工业大厦 4 楼
负责人:林厂长
Tel:0755－27337752

**东莞市万江风雅空调设备有限公司**
业务:环保空调:电动风口、特色弧形叶出风口;中央空调:各种材质出风口、回风口;净化空调:风淋室、传递窗及各种初、中、高效过滤器;防火通风设备:风量调节阀、防火阀、消声器;各种伸缩软管,兼营净化铝材及各种风管、风口配件;(家用空调)中央空调工程设计、安装、环保空调销售安装。
地址:广东省东莞市万江区石美社区西溜大道一巷 8 号
负责人:叶良雄 邮 编:523003
法 人:叶良雄
Tel:13798922215
0769－23297499

**辉盛达电子科技有限公司**
业务:我公司成立于 2006 年,主要从事于 SMD 贴片电子元件,我公司经营的二、三极管、电容、电阻、钽电容、电感、IC 等得到广大客户认可,我们一直以高要求、高品质、高质量为销售理念,热情欢迎广大客户垂询!
地址:广东省深圳市福田区福华路高科利大厦 A 栋 25G
邮 编:518048
法 人:林惠生
Tel:0755－88363012
Fax:0755－88367300
网址:www.cnhsddz.com

**深圳市福运得行电子有限公司**
地址:广东省深圳市宝安区福永镇福永花苑兴益工业城 2 楼
负责人:刘国东
Tel:0755－27374276

**东莞市晋凌电子科技有限公司**
业务:变\稳压器,成品电器等
地址:广东省东莞市樟木头镇樟洋社区裕盛街一巷 9 号
负责人:黄文 邮 编:523000
法 人:黄文
Tel:0769－87190922

**灿晶电子厂**
地址:广东省深圳市宝安区福永镇怀德村福永第二工业区 21 幢 3 楼
负责人:庄灶城
Tel:13602691189

**源丰电子(深圳市)有限公司**
地址:广东省深圳市宝安区福永镇桥头村大洋开发区东方建富工业园 B 二栋 4 楼
负责人:陆志轩
Tel:0755－33809280
33809281
33809282
33809283
13825294473

**佑佳实业有限公司**
地址:广东省深圳市宝安区公明镇长春北路上村工业区 B 区 1 栋
负责人:吴丽萍
Tel:0755－27152898
13823115889

**佳士豪电子有限公司**
地址:广东省深圳市宝安区公明镇长圳村永春园 6 栋 2 号 2 楼
负责人:李刚
Tel:13825257939

**华发电子厂**
地址:广东省深圳市宝安区公明镇华发路华发电子厂 SMT 部
负责人:梅杉
Tel:0755－61137197
13602625796

**惠阳市沥林昇晖电子厂**
业务:惠阳市沥林昇晖电子厂主要从事于数码相机、电脑周边设备的生产销售。公司以"质量求生存、信誉求发展",欢迎广大用户光临惠顾!
地址:广东省惠州市惠城区沥林镇潘沥村
负责人:冯仁刚……邮 编:516035
法 人:温林鑫
Tel:0752－3865669

**祥森电子厂**
地址:广东省深圳市宝安区公明镇新围村第三工业区
负责人:罗先生
Tel:0755－27124311
13802554645

**光明通电子公司**
地址:广东省深圳市宝安区固戍田心工业区华达大厦四楼
负责人:郑裕加
Tel:0755－29593766
29593866
29593966
13922808488

**东莞市摩力斯磁能科技有限公司**
业务:300W－35kw 商用电磁炉、工业用电磁炉、以及电磁加热等
地址:广东省东莞松山湖科技产业园区北部工业城中小科技企业创业园第 10 栋
负责人:张余名 邮 编:523003
法 人:张余名
Tel:0769－22890089
网址:www.chinamolex.com

**荣利兴电子有限公司**
地址:广东省深圳市宝安区观澜镇横坑河东村田厂房河东一街二、三楼
负责人:林荣茂
Tel:0755－28053390
13802589723

**深圳市瑞福达液晶显示技术有限公司**
地址:广东省深圳市宝安区观澜高新技术产业园区侨安工业园 C 栋
负责人:陈爱国
Tel:0755－27041286
13715267174

**蓝之鑫光电有限公司**
地址:广东省深圳市宝安区观澜南木嶂供销社工业区 2 栋
负责人:邓先生
Tel:0755－28012112

**深圳市宝安区观澜成林电子商行**
地址:广东省深圳市宝安区观澜镇大和路荷叶榕市场 21 号
负责人:郑卫星
Tel:0755－28016137
13510222411

**日广爱佳电子(深圳市)有限公司**
地址:广东省深圳市宝安区观澜镇第一工业区 17、21 栋及 18 栋二楼整层
负责人:李永利
Tel:0755－28028606
28021368

**惠州市永樾电子科技服务有限公司**
业务:惠州市永樾电子科技服务有限公司主要从事电脑及电脑耗材,办公设备,监控防盗系统等业务。"诚信经营,信誉第一",竭诚欢迎广大新老客户光临惠顾!
地址:广东省惠州市博罗县罗阳镇中园四路怡乐花园 A 栋 103 号
负责人:王亚……邮 编:516100
Tel:0752－6222747

**星星电器店**
业务:专营各类品牌家电,品种齐全、品质保证、售后服务完善,我们将以最低的价格,最优质的服务,竭诚欢迎您的光临!
产品:彩电、冰箱、洗衣机、空调、DVD、各种小家电,家电下乡指定店
地址:广东省东源县蓝口镇向阳路 34 号;分店:蓝口镇万家福购物广场二楼
负责人:程少君 邮 编:517564
法 人:程少君
Tel:0762－8688689
Fax:0762－8688689
E-mail:cheng621023@126.com

**深圳市宝安区观澜金富迪家具制造厂**
地址:广东省深圳市宝安区观澜镇福民竹村工业区 B 栋
负责人:叶向阳
Tel:0755－27999663
13823653599

**深圳市宝安区博喜来电子厂**
地址:广东省深圳市宝安区观澜镇横坑路河西六巷 25 号
负责人:吴小姐
Tel:0755－28053641

**安德显示器(深圳市)有限公司**
地址:广东省深圳市宝安区观澜镇君子布村南环路段龙兴村工业园二栋
负责人:楚洪
Tel:0755－28057116

**南江电气实业有限公司南江电控厂**
地址:广东省深圳市宝安区观澜镇马坜围仔新坜工业区
负责人:黄辉
Tel:13751009078

**深圳市杰兆实业有限公司**
地址:广东省深圳市宝安区观澜镇牛湖 11 村万安印刷厂隔壁
负责人:赖贺
Tel:0755－28034828
13808805641

**恩平市金马士音频设备厂**
业务:生产音响
地址:广东省恩平市飞鹅东路 13 号
负责人:黄健青 邮 编:529020
法 人:黄健青
Tel:13929092345
0750－7182282
7182829
Fax:0750－7182829

**精广电子(深圳)有限公司**
业务:精广电子深圳有限公司成立于 2002 年,专业生产电脑主机板,音响板,光驱,扫描仪,车载功放及介面卡组装公司,现有客户群包括宏碁,华硕,技嘉,神达,浩鑫,讯康,DEL,PHILIPS 等。优异品质及按时交货的效率,一直是我们对客户最大的承诺,现阶段台湾精星科技已将其技术及制造系统移转至位于大陆精广电子(深圳)公司。在结合台湾技术及大陆人力资源的有利条件下,深圳精广将继续提供最佳服务及满意度予客户。
地址:广东省深圳市宝安区西乡麻布科技工业园 4 栋
邮 编:518102
法 人:冯国舟
Tel:0755－27584666
Fax:0755－27584158

**新锋科技有限公司**
地址:广东省深圳市宝安区黄田岗贝工业区 11 栋
负责人:龚国宾
Tel:13602694897

**卓文电子有限公司**
地址:广东省深圳市宝安区黄田桃园工业区轻工业房
负责人:潘文超
Tel:0755－29913095
13302480556

**深圳市楗桦电子塑胶有限公司**
地址:广东省深圳市宝安区九围工业区玫瑰园 176 号
负责人:刘玉聪
Tel:0755－27483876
13802586522

**威和电子有限公司**
地址:广东省深圳市宝安区流塘路河东大厦 A 栋 8 层 020 号
负责人:马三华
Tel:13828788599

**深圳市众森电子有限公司**
地址:广东省深圳市宝安区龙华弓村和平路弓村路口交汇处康乐新村 A6 栋 301
负责人:刘华生
Tel:0755－27185783

**佛山市禅城区施高电气经营部**
业务:西门子建筑配电
地址:广东省佛山市禅城区湖景路 26 号首层商铺 P79 号
负责人:张振辉 邮 编:528000
法 人:张振辉
Tel:0757－83787547
Fax:0757－83787547

**梅州新昇电子科技有限公司**
业务:本厂成立于 2002 年,是专业生产销售和设计开发电子产品的中型工厂,主要生产和销售的产品有:数码摄像机电池、数码照相机电池;镍氢可充电池、充电器,LED 发光产品。合理的价格,稳定的质量,优质的服务是我们对每位客户的承诺。热诚欢迎海内外客商莅临本公司指导,洽谈业务!
地址:广东省兴宁市龙田镇发明岭
邮 编:514542
法 人:何强
Tel:0753－3583283
Fax:0753－3582813
网址:www.gdxsdz.chinapyp.com

**深圳市嘉仁电子有限公司**
地址:广东省深圳市宝安区龙华街道龙观西龙城工业区 J－A
负责人:卢开平
Tel:0755－28137726

**深圳联泰音响制品厂**
地址:广东省深圳市宝安区龙华街道同胜居委潭罗工业区 A1－3 号 2－4 层
负责人:秦小军
Tel:0755－28176941

**深圳市宝安区龙华益阳电子包装制品厂**
地址:广东省深圳市宝安区龙华鹊山工业区鹊山路 51 号三楼
负责人:贺远安
Tel:13113626069

**深圳市发佳富实业有限公司力恒电子厂**
地址:广东省深圳市宝安区龙华镇赤岭头工业区第一栋二楼
负责人:何耿鸿
Tel:0755－28030464

**佛山市禅城区邦利照明电子厂**
业务:生产,销售矿灯、割胶灯、锂电池头灯、强光探照灯、LED 手电筒、摇控灯座等
地址:广东省佛山市禅城区祖庙街道郊边村大郊市场 8 座二楼
负责人:黄新泉 邮 编:528000
法 人:黄新泉
Tel:13630052325
0757－82808790
Fax:0757－82808790
网址:www.bangli.com.cn
E-mail:xin2816@163.com

**深圳市宝安区龙华金磁电子厂**
地址:广东省深圳市宝安区龙华镇大浪村华昌路与英泰路交汇处生科南后面 2
负责人:赵刚
Tel:0755－28174561

**筌隆电子塑胶五金厂**
业务:筌隆电子塑胶五金厂成立于公元 1998 年 3 月,主要业务为高科技及高精密度电子产品。生产线含盖冲压、点焊、攻牙、铆钉、位钉成型、前处理、烤漆、丝印及产品组装等制品,一流化的生产作业给客户完整的服务以及降低生产成本的利益。筌隆在整个经营团队的努力下,于 1999 年 7 月通过 ISO9001 国际品保认证,1999 年 9 月,更成为国际知名大厂的指定代工厂商,产品的品质水准获得高度肯定。在机遇与竞争同在的二十一世纪,筌隆更以追求"卓越品质、水续经营"的经营宗旨,并不继强化公司经营理念,使我们能符合客户多样化需求。
地址:广东省深圳市宝安区沙井新桥芙蓉工业区
邮 编:518125
法 人:杨文华
Tel:0755－27255784
27255785
27255386
法 人:0755－27255781
网址:www.qldzsjwj.chinapyp.com



**深圳市飞浪水处理设备有限公司**
地址:广东省深圳市宝安区龙华镇大浪村华盛路 6 号 1 楼 101 号
负责人:常道春
Tel:0755－28175548
13823301950

**深圳市宝安区龙华明威利电子制品厂**
地址:广东省深圳市宝安区龙华镇大浪村石凹新村第一栋一楼
负责人:杨立华
Tel:0755－28076038
13537885143

**深圳市煜格科技有限公司**
地址:广东省深圳市宝安区龙华镇风和日丽 48 幢 609 室
负责人:王亚梁
Tel:0755－28171273
13501591695

**佛山市南海区罗村元贵电器照明厂**
业务:生产、销售车辆用灯泡
地址:广东省佛山市南海罗村芦塘大山脚工业区中铜厂后侧
负责人:周元贵 邮 编:528226
法 人:周元贵
Tel:0757－88361917
13726638195

**深圳市振华富电子有限公司**
地址:广东省深圳市宝安区龙华镇和平路振华科技园 A 栋厂房 AC 段 4 楼
负责人:王海
Tel:13808856736

**龙华冠杰盈欣电子厂**
地址:广东省深圳市宝安区龙华镇龙华八区科工贸 2 栋 5 楼
负责人:张安山
Tel:0755－27708503
13602637481

**上豪塑胶电子有限公司**
业务:公司成立于 2006 年,主要从事塑胶,五金,电子的生产加工销售。质量保证,价格合理,欢迎来电洽谈业务!
广东省东莞市虎门镇路东管理区新安大道解放路段
负责人:胡明琴……邮 编:523935
法 人:胡明琴
Tel:0769－86233155
Fax:0769－86233165
E-mail:ada027@126.com

**永锐机电配件贸易部**
地址:广东省深圳市宝安区龙华镇龙华大浪金盈新村 130 栋 302 室豪情服装
负责人:钟力
Tel:0755－27048359
13798452105

**佛山市南海区聚镪冷气维修部**
业务：空调，马达，工业冷水机，冷库等冷冻设备
地址：广东省佛山市南海区大沥镇盐步永青路57号
负责人：高云相　邮　编：528000
法　人：高云相
Tel：13928655902
0757－85706323

**深圳市鑫盛电子科技有限公司**
地址：广东省深圳市宝安区龙华镇龙胜新村C区168栋401室
负责人：鲍远清
Tel：0755－28104769
13923758270

**浪柏电子科技有限公司**
地址：广东省深圳市宝安区龙华镇梅花山庄三期144号底
负责人：米发兵
Tel：0755－28169260

**深圳市联测电子科技有限公司**
地址：广东省深圳市宝安区龙华镇民治村东美大厦四楼
负责人：石国泰
Tel：0755－28195810
82813814

**天一天电子有限公司**
地址：广东省深圳市宝安区龙华镇民治沙吓村南方明珠工业园厂房B栋四楼
负责人：胡宏
Tel：0755－28199516
13828886287

**韶关市一开电器成套设备有限公司**
业务：本公司成立于2005年，拥有20几名员工，主要经营高低压成套设备。一年以来，以优越的品质诚信为广大客户服务。
地址：广东省韶关市工业东路15号28铺
邮　编：512000
法　人：胡志义
Tel：0751－8616668
Fax：0751－8618911



**佛山市南海丹灶弘络五金加工厂**
业务：灯饰五金
地址：广东省佛山市南海区丹灶镇横江大道南四街4号
负责人：胡兴武　邮　编：528000
法　人：胡兴武
Tel：13630161296
0757－85409307

**智和兴电子辅料商行**
地址：广东省深圳市宝安区龙华镇民治沙吓村五巷二号一楼
负责人：黄碧清
Tel：13713883454

**深圳市亚克兰电子有限公司**
地址：广东省深圳市宝安区龙华镇牛地铺新村西区46幢4号
负责人：陈君
Tel：13828847682

**恒普电子仪器经营部**
地址：广东省深圳市宝安区龙华镇牛栏前伟业大厦8B807
负责人：李俊锋
Tel：0755－28169996
13827423868

**深圳市宝安区龙华新精诚包装制品厂**
地址：广东省深圳市宝安区龙华镇鹊山工业区忠信3号B栋3楼
负责人：陈元刚
Tel：0755－28110983
13823217779

**斯坦达电子（深圳）有限公司龙华分公司**
地址：广东省深圳市宝安区龙华镇人民路天安工业村国兴大厦一层东部隔体
负责人：杨鲁阳
Tel：0755－27742907

**新东升电子技术（深圳）有限公司**
地址：广东省深圳市宝安区龙华镇三联村联围街1号第1栋3楼左分隔体
负责人：李小陆
Tel：0755－28152020
26262186

**佛山市南海区丹灶凯晶五金灯饰厂**
业务：生产、销售灯饰，商业照明
地址：广东省佛山市南海区丹灶镇新安新屋旧砖厂工业区路西6号
负责人：徐世虎　邮　编：528000
法　人：徐世虎
Tel：0757－81185179
13535728511

**深凯信电子科技有限公司**
业务：我司是一家以锂电芯为主的生产型企业，位于深圳龙岗坪山街道，工厂现有2000余人，由国内外近百名电化高级工程人员组成的研发队伍，有一流国际管理模式，我们以优良的品质和服务，合理的价格回报客户
地址：广东省深圳市龙岗区坪山街道东纵路175号
负责人：杨春光……邮　编：518000
法　人：杨春光
Tel：0755－89937198
89936654
81711504
网址：http://mtw30369.chinapyp.com
E-mail：kicen99@163.com

**深圳市宝安区丽微电子经营部**
地址：广东省深圳市宝安区龙华镇上塘商业大厦5单元202号
负责人：张光彩
Tel：0755－28135196

**慧锋气控电器商行**
地址：广东省深圳市宝安区龙华镇上油松103幢4楼401
负责人：徐运升
Tel：0755－28066868
13590207228

**佛山禅邵电子材料有限公司**
业务：生产与销售各类电子配件，主要以绝缘套管为主
产品：绝缘套管
地址：广东省佛山市南海区桂城叠北村头
负责人：曾志达　邮　编：528000
法　人：曾志达
Tel：0757－88048719
Fax：0757－86307505

**深圳顺利安电子有限公司**
地址：广东省深圳市宝安区龙华镇狮头岭工业区顺利安电子厂
负责人：曾金波
Tel：13682606468

**利军电子有限公司**
地址：广东省深圳市宝安区龙华镇石观工业区联润路安远工业城D栋5楼
负责人：左战军
Tel：0755－27043570
13826557048

**诚业电子有限公司**
地址：广东省深圳市宝安区七十二区甲岸大厦B座二楼
负责人：翁加煌
Tel：0755－29953608
13823641500

**诺华科技有限公司**
地址：广东省深圳市宝安区前进路冠利达大厦1225室
负责人：王增辉
Tel：0755－27833607
13352978670

**深圳宏明实业有限公司**
业务：本公司成立于1984年，主要经营电子、测试针。我们一贯遵循"质量第一、用户至上"的创业原则，在广大用户的支持下，宏明探针已发展成为中国具备实力的光电路板（PCB），在线测试（ICT）专业测试探针制造商！让我们继续努力，为用户做到更好，您的成功才是我们的进步。
地址：广东省深圳市福田区华强北路赛格电子市场一楼1F031号
负责人：陈迪……邮　编：518028
法　人：陈迪
Tel：0755－61361999
Fax：0755－61361999

**佛山市南海区德照电器经销部**
业务：销售电线、电缆、开关、插座、光源、排气扇
地址：广东省佛山市南海区黄岐广东（广佛）百货五金城内58座27－28号商铺
负责人：陈先生　邮　编：528000
法　人：陈晓涛
Tel：0757－88721378
Fax：020－81121829
网址：http://www.dzdj.chinapyp.com
E-mail：my－chentao@sohu.com

**深圳市艾丽声电子有限公司**
地址：广东省深圳市宝安区前进路航城工业区B栋
负责人：詹立新
Tel：0755－33806683
13246757546

**安安电子经营部**
地址：广东省深圳市宝安区沙井电子城A313柜台
负责人：曾菲科
Tel：13924620776

**振昌测试材料部**
地址：广东省深圳市宝安区沙井电子城一楼A617号
负责人：冯老板
Tel：13510060101

**美桀电子科技（深圳）有限公司**
地址：广东省深圳市宝安区沙井后亭第四工业区一号
负责人：罗鹏程
Tel：0755－27222271

**深圳市亿利来塑胶电子制品有限公司**
地址：广东省深圳市宝安区沙井街道万丰居委会大朗山二路第77号厂房一、二楼西座
负责人：梁先政
Tel：0755－33668817

**深圳市昶永丰电子有限公司**
地址：广东省深圳市宝安区沙井街道新二村经宏鹏大厦425室
负责人：周晓晴
Tel：0755－33264328

**佛山市南海区罗村钰涛灯饰工艺厂**
业务：灯饰工艺
产品：树脂滴胶
地址：广东省佛山市南海区罗村联和工业区西区8路10号
负责人：江先生　邮　编：528000
法　人：霍结欢
Tel：13927760483
0757－81802688
Fax：0757－81802688

**深圳市达鑫科技有限公司**
业务：我公司成立于2002年，主要产品：自动测试系统、自动生产线、机器视觉系统、可靠性实验系统等。"以诚待人、客户至上、质量第一、快捷服务"是我们的经营宗旨，"设计方案让客户满意、制造水平让客户满意、产品使用让客户满意"是我们的工作理念，"专业人才、量身定制、性价比高、服务完善"是我们的竞争优势，本公司愿意凭借不断创新的精神、优质的产品品质和快捷的服务与广大客户携手共同发展。
地址：广东省深圳市南山区南头城工业村2栋4楼
负责人：庞发权……邮　编：518052
法　人：庞发权
Tel：0755－26390909
26390959

**飞天鹰电子制品厂**
地址：广东省深圳市宝安区沙井镇蚝三林坡坑工业区B5幢三楼
负责人：吴耀军
Tel：0755－27337845
13809885053

**三懿五金电子（深圳市）有限公司**
地址：广东省深圳市宝安区沙井镇洪田工业区
负责人：曾淑敏
Tel：0755－27229610
13510015668

**美杰电子厂**
地址：广东省深圳市宝安区沙井镇后亭村工业区
负责人：陈汉光
Tel：0755－27222227

**世坤气动液压（深圳市）有限公司**
地址：广东省深圳市宝安区沙井镇后亭村沙田工业区沙松路18号
负责人：汪凤球
Tel：0755－27226096

**满坤电子有限公司**
地址：广东省深圳市宝安区沙井镇南埔路蚝三林坡坑工业区A4栋1－3楼
负责人：石敏
Tel：0755－29889610
29889578

**佛山市南海区家仁白铁加工店**
业务：加工中央空调送气管
地址：广东省佛山市南海区狮山镇官窑官华路南侧原土名鱼布长沙岗路边田铺位东起第5间
负责人：李寅生　邮　编：528000
法　人：李寅生
Tel：13431679466

**粤宏电子材料商行**
地址：广东省深圳市宝安区沙井镇沙二新村二巷三号一楼
负责人：曹远宏
Tel：0755－27283526
13510189879

**深圳市丁村科技开发有限公司**
业务：深圳市丁村科技开发有限公司成立于1998年，是一家专业提供全系列PCB化学品的新兴企业。主营业务除胶渣工艺，化学镀铜工艺，电镀工艺，化学镍金工艺，内层氧化工艺及其他工艺。
地址：广东省深圳市宝安区新安街道锦花路天骄世家1栋1座－4B
邮　编：518102
法　人：丁先永
Tel：0755－27690996
Fax：0755－27690997

**欣霖线路板配件经营部**
地址：广东省深圳市宝安区沙井镇沙头三区5巷4号
负责人：廖忠毅
Tel：13827400579

**利发电器开关商店**
地址：广东省深圳市宝安区石岩镇宝石东路337号
负责人：郑胜利
Tel：0755－27607527
13802550216

**家顺空调电器有限公司**
地址：广东省深圳市宝安区石岩镇宝石西路33号
负责人：余家顺
Tel：0755－27760305
13603012918

**深圳市宝安区立国电热光源器材商行**
地址：广东省深圳市宝安区石岩镇立国电热光源器材商行
负责人：谢维国
Tel：0755－27644625
13600425159

**佛山市南海奥强电气科技厂（有限合伙）**
业务：从事CRT电视机，液晶电视机产品研发、生产、销售及服务
地址：广东省佛山市南海区狮山镇黎岗村豸下工业区厂房
负责人：张泽宇　邮　编：528000
法　人：张泽宇
Tel：13902898879
0757－81198998
网址：www.fsaoqiang.cn

**深圳市泰茂电子散热器有限公司**
地址：广东省深圳市宝安区石岩镇水田村宝石东路252号
负责人：欧丽珍
Tel：0755－27352685
0755－29515891
13510312936

**贺鹏实业有限公司**
地址：广东省深圳市宝安区石岩镇塘头工业区46号
负责人：贺鹏
Tel：0755－27621255
13823299850

**深圳市华烨新电子有限公司**
地址：广东省深圳市宝安区石岩镇万大工业区C栋五楼
负责人：余建军
Tel：13600167756

**昱福电子有限公司**
地址：广东省深圳市宝安区石岩镇元径村一幢三楼
负责人：高志贤
Tel：0755－27630593

**深圳市福田区春雷电子元件商行**
业务：本公司主要从事收音机、收录机等电子产品，欢迎各方客户惠顾，洽谈业务，共同合作！
业务：广东省深圳福田区爱华路65号603室
邮　编：518031
法　人：黄绿野
Tel：0755－83632008
Fax：0755－83632659
网址：www.gdcl.chinapyp.com

**石岩舞韵音响灯光设计部**
地址：广东省深圳市宝安区石岩镇中心经安花园
负责人：陈红军
Tel：13823543826

**深圳市汇嘉电子有限公司**
地址：广东省深圳市宝安区松岗街道山门村上山门7巷3号二楼
负责人：王宏芝
Tel：0755－33651989

**佛山市南海桂光电子管厂**
业务：音响电子管，功放
产品：300B/4300B/101D/2A3/KT88/KT66/KT100/EL34/EL156
地址：广东省佛山市南海区松岗龙头新联工业区
负责人：黄华养　邮　编：528000
法　人：黄华养
Tel：13703085202
0757－88739741
88739735
Fax：0757－85604402
网址：http://www.ggtube.net

**为光电子材料经营部**
地址：广东省深圳市宝安区松岗上山门村1巷2号1楼
负责人：王云燕
Tel：0755－27711174
13008841259

**基业电器材料销售部**
地址：广东省深圳市宝安区松岗胜利一间1号202第二开发区
负责人：胡经理
Tel：0755－27538816
13603054138

**深圳市宝安区松岗泰城灯饰五金厂**
地址：广东省深圳市宝安区松岗镇东方上头田村工业区巨富厂旁
负责人：刘庆理
Tel：0755－27538622
13600402413

**深圳市星之威电子有限公司**
地址：广东省深圳市宝安区松岗镇东风工业区
负责人：刘志强
Tel：0755－27716871

**深圳市汉东电子材料商行**
地址：广东省深圳市宝安区松岗镇红星西坊村
负责人：周汉平
Tel：0755－27092978

27092378
27098582
13828758020

**三喜胜电子厂**
地址：广东省深圳市宝安区松岗镇朗下第三工业区A3幢东座
负责人：张能喜
Tel：0755－27138936
13825298730

**雅美时塑胶电子有限公司**
地址：广东省深圳市宝安区松岗镇楼岗村百宝工业区第六幢三星旁边
负责人：陈杜娟
Tel：0755－27055393
13798370605

**深圳市诗廷实业有限公司**
地址：广东省深圳市宝安区松岗镇燕川第三工业区C栋
负责人：唐葵红
Tel：0755－27469060
27469254
13302311770

**佛山市三水区西南街乐益家电维修中心**
业务：家电维修
地址：广东省佛山市三水区西南街月桂二路七号104铺
负责人：莫永通　邮　编：528000
法　人：莫永通
Tel：0757－87759588
87756588

**三德冠精密电路科技有限公司**
地址：广东省深圳市宝安区松山岗镇红星蚝涌工业区1栋
负责人：楼宇星
Tel：0755－27083482
13602579586

**深圳市富源城科技有限公司**
业务：本公司是集数字、数码平面显示、背光源产品研发生产、代理销售各种品牌集成电路IC，以及开发设计各种电路、光机电平板显示于一体的专业性科技公司。主要生产销售：VFD，EL，背光源，CCFL灯管，逆变电源模组，VFD显示模块，触摸屏，各品牌IC设计开发，设备控制电路。
地址：广东省深圳市福田区福华路福田外贸大厦7C
负责人：黄祥富　邮　编：518031
法　人：黄祥富
Tel：0755－83188389
83188185
Fax：0755－83188315
网址：www.a198.hqew.com
E-mail：fuyuancheng888@hotmail.com

**东视达电器有限公司**
地址：广东省深圳市宝安区西乡臣田工业村2栋1楼
负责人：白小姐
Tel：0755－27937536

**深圳市精声电声实业有限公司**
地址：广东省深圳市宝安区西乡大道劳动大厦3栋（金碧源酒店）11楼
负责人：耿建军
Tel：0755－27823188
27810881
13823704897

**力俊辉电子（深圳）有限公司**
地址：广东省深圳市宝安区西乡街道宝田三路旺业工业区4栋B房
负责人：潘波华
Tel：0755－26424692

**佛山市顺德区好媳妇电器有限公司**
业务：专业制造与销售电磁炉．豆浆机．光波炉．电集光炉．电陶炉．电压力锅．电热水壶等小家电
地址：电磁炉．豆浆机．光波炉．电集光炉．电陶炉．电压力锅．电热水壶等小家电
地址：广东省佛山市顺德区大良105国道西侧古楼加油站康格斯梧桐苑6座602
负责人：彭祝坤　邮　编：528000
法　人：彭祝坤
Tel：15602569999
0757－22253677
Fax：0757－22260771
网址：www.hxfdq.com

**奋达实业有限公司**
地址：广东省深圳市宝安区西乡街道三围村奋达高新科技园办公楼
负责人：曾秀清
Tel：0755－27486668

**深圳市众鑫兴电子有限公司**
地址：广东省深圳市宝安区西乡街道双龙花园龙云楼103号
负责人：汪庆福
Tel：0755－27793992

**深圳市宝音城商行**
地址：广东省深圳市宝安区西乡街道向西村54号203室
负责人：陈美云
Tel：0755－27135089

**深圳市景宏电子科技有限公司**

地址：广东省深圳市宝安区西乡街道银田工业区西发C区6号厂房A单元三楼
负责人：龚小华
Tel：0755－27963085

**深圳市华能功率电子科技有限公司**
业务：深圳市华能功率电子科技有限公司主要致力于研发、生产、销售各类电源；经营各品牌IC、晶振。公司以先进的运作管理和周全的技术支持以及完善的售前、售后服务赢得了广大客户的信赖。
地址：广东省深圳市（南山区）高新科技工业园深南花园
负责人：胡润泽　邮　编：518057
法　人：胡润泽
Mobile：13715289380
Fax：0755－26951782

**瀚钟电子有限公司**
地址：广东省深圳市宝安区西乡九围宏发创新园3栋3楼
负责人：肖刚
Tel：0755－33653611
33653622
13502894655

**胜达电子厂**
地址：广东省深圳市宝安区西乡流塘村79区西4－6栋8楼
负责人：黄东耀
Tel：0755－27931586
13189771538

**佛山市顺德区大良聚好家电维修中心**
业务：家电维修
地址：广东省佛山市顺德区大良凤南新村6座首层3号铺
负责人：刘月伟　邮　编：528000
法　人：刘月伟
Tel：18928677821
13066448999
0757－22296886
22665575

**精广电子深圳市有限公司**
地址：广东省深圳市宝安区西乡麻布科技工业园
负责人：曾吉华
Tel：0755－27584666
13826562106

**深圳市宝安区西乡中铭电业制品厂**
地址：广东省深圳市宝安区西乡鸣乐中心三楼27号
负责人：王中九
Tel：0755－27947760
13923895090

**深圳市宝安区凯利来塑胶电子厂**
地址：广东省深圳市宝安区西乡银田工业区6号厂房A单元1－2楼
负责人：郑康雄
Tel：0755－27449663

**深圳市佳士豪电子有限公司**
业务：深圳市佳士豪电子有限公司主要从事进口手机、笔记本电脑、数码相机、电子产品等。公司本着"质量第一，客户至上"的服务宗旨，真诚为客户提供优质的产品和快捷方便的售后服务。
地址：广东省深圳市宝安区公明街道龙盘路23号7楼
邮　编：518106
法　人：李刚
Tel：0755－27731599
Fax：0755－27735299

**深圳市荣达电子制品厂**
地址：广东省深圳市宝安区西乡镇凤凰岗工业区水库路109号B栋3楼
负责人：谢云婵
Tel：0755－27915112
13714651332

**佛山市顺德区容桂鑫峰电子加工厂**
业务：电子加工（专业LED灯杯、IC编程）
地址：广东省佛山市顺德区容桂105国道隔涌路段富纳工业大厦中座四层
负责人：叶华丽　邮　编：528000
法　人：华丽
Tel：13715494975
0757－28098889
Fax：0757－28098889

**诚信达电子厂**
地址：广东省深圳市宝安区西乡镇固戍村东财工业区A5栋4楼
负责人：任建刚
Tel：0755－27337340
13902437058

**东荣发电子有限公司**
地址：广东省深圳市宝安区西乡镇固戍村南昌第一工业区
负责人：向国东
Tel：0755－27369356
27369359
13600422356

**盈佳电子科技有限公司**

地址：广东省深圳市宝安区西乡镇固戍南昌工业区
负责人：吴乐辉
Tel：0755－27475679
13802579720

**深圳市乔讯电子有限公司**
地址：广东省深圳市宝安区西乡镇固戍三围路口红镇岗工业区A4栋
负责人：马胜福
Tel：13923426228

**源大昌电子有限公司**
地址：广东省深圳市宝安区西乡镇固戍村南昌工业区A栋4楼
负责人：李良
Tel：0755－27475166
13322927212

**固戍冠福电器制品厂**
地址：广东省深圳市宝安区西乡镇固戍航城工业区
负责人：刘序康财务部代收
Tel：13510734498

**合益实业有限公司**
地址：广东省深圳市宝安区西乡镇观兰新田牛轭岭新村工业园一路5号
负责人：王飞
Tel：0755－27977925
13923715167

**深圳市晶凯烨科技有限公司**
业务：本公司成立于2003年，现有员工100名。主要经营石英晶体协振器、开关电源。诚信、务实、专业、创新是凯烨人信守的原则。
地址：广东省深圳宝安区福永镇桥头富通工业园10栋4楼
法　人：唐北安
Tel：0755－33808090
33808089
Fax：0755－33808082
网址：www.szjky.com

**佛山市顺德区恒鹏电子有限公司**
业务：生产，销售电路板、控制板
地址：广东省佛山市顺德区容桂翠岗路11号之二四楼A
负责人：钟剑　邮　编：528000
法　人：钟剑
Tel：0757－26615350

**深圳市为真达电子有限公司**
地址：广东省深圳市宝安区西乡镇广深公路桃源居13区9栋602号
负责人：徐秋明
Tel：0755－27453605
13005475807

**深圳市宝安区新安科茂电子厂**
地址：广东省深圳市宝安区西乡镇航城大道华丰工业区塘东1栋
负责人：连先生
Tel：13510328688

**益光实业有限公司**
地址：广东省深圳市宝安区西乡镇航城工业区富鑫林工业园C栋4楼
负责人：林汉顺
Tel：0755－27695110
13825296296

**深圳市格尔威电子组件有限公司**
地址：广东省深圳市宝安区西乡镇黄麻布村第二工业区第三栋格尔威厂
负责人：徐云桂
Tel：13602695766

**携康电器有限代公司**
地址：广东省深圳市宝安区西乡镇黄麻布第二工业区携康大厦
负责人：倪新华
Tel：13808808721

**深圳市大丰收电子有限公司**
地址：广东省深圳市宝安区西乡镇黄麻布勒竹角火龙坑工业区B栋第三层
负责人：陈进福
Tel：0755－33815691

**深圳市柯维实业有限公司电子厂**
地址：广东省深圳市宝安区西乡镇黄田工业园A栋2楼半层
负责人：叶长宏
Tel：0755－27512048
13802589878

**宝利德电子厂**
业务：本厂位于小家电生产重镇——顺德容桂，专业生产加工各种小家电内部连接线、排线、高温线、电子线。拥有专业的生产设备，完善的管理体系，致力于为客户提供最好、最廉价的产品。
产品：机械内部连接线、高温线、电源线
地址：广东省佛山市顺德区容桂红旗华中南路42号
负责人：李友祥　邮　编：528000
法　人：李友祥
Tel：0757－28998987
13923279862
Fax：0757－28998987
E-mail：baolide163@163.com
bldl2008@yahoo.cn

**新五金电子加工厂**

地址：广东省深圳市宝安区西乡镇黄田西部建材市场左后019号
负责人：陈定
Tel：0755－27512997
13923499018

**深圳市九兵科技有限公司**
业务：深圳市九兵科技有限公司成立于2001年8月，是安防行业的新生力量。公司主要致力于安防行业的高新应用，公司主要代理加拿大QDS数字化闭路监控系统、QDS自动跟踪高速球，日本东芝摄像机、SUNIKE闭路监控、COMPUTAR镜头等系列产品。公司在代理国外著名产品的同时，又引用最新MPEG－4纯硬件压缩技术，自主研发了JB3000系列数字视频管理系统，并与合作伙伴合作开发了REDSUN门禁控制系统、无线数字化监控系统、自动识别车牌系统等产品。
地址：广东省深圳市福田区八卦路众鑫科技大厦2112号
邮　编：518000
法　人：秦五玖
Tel：0755－25839169
Fax：0755－25839169

**五株电路板有限公司**
地址：广东省深圳市宝安区西乡镇黄田钟屋工业区
负责人：李时宜
Tel：0755－27507006
13392183798

**超诚电子贸易行**
地址：广东省深圳市宝安区西乡镇家华花园东区B3单元404室
负责人：李英顺
Tel：0755－27946395
13924674317

**深圳市龙创电子科技有限公司**
地址：广东省深圳市宝安区西乡镇径贝工业区同富楼A栋
负责人：叶瑞浓
Tel：0755－27580910
13602557742

**鑫宇欣电子有限公司**
地址：广东省深圳市宝安区西乡镇径贝华侨新村13巷1号
负责人：刘晓容
Tel：0755－27580639
13602632897

**佰晟光电科技有限公司**
地址：广东省深圳市宝安区西乡镇九围洲石路旁三（1）厂房F栋五楼西边
负责人：杨国靖
Tel：0755－29975190
13066801088

**伟兴五金交电**
地址：广东省深圳市宝安区西乡镇三围村工业路28号
负责人：林周伟
Tel：0755－27476476
13076981928

**佛山市顺德区乐都电器有限公司**
业务：销售小家电，以热水器和电磁炉为主
产品：热水器，"科耐尔"牌电磁炉
地址：广东省佛山市顺德区容桂四基居委会兴基路
负责人：吴银婵　邮　编：528000
法　人：吴银婵
Tel：0757－28383262
Fax：0757－26626422

**长胜塑胶电子厂**
地址：广东省深圳市宝安区西乡镇三围村工业路B栋一楼
负责人：马先生
Tel：0755－27486243
13602679113

**深圳市凌鑫集团**
业务：深圳市凌鑫电子集团是一家专业从事电子周边产品的设计、开发、生产、来料加工、销售于一体的股份制企业。下属企业有：①联达金电子有限公司；②凌鑫电子有限公司；③凌鑫电子有限公司二部；④倍佳钢电子技术有限公司；⑤鑫鹏电子有限公司；⑥鑫源电子有限公司。
地址：广东省深圳市龙华镇同胜同富裕工业区第八栋第三楼（东方科技园第三栋）
邮　编：518004
法　人：凌海迎
Tel：0755－28070943
Fax：0755－28070974
网址：www.lxjt.cn

**欣瑞联电子（深圳市）有限公司**
地址：广东省深圳市宝安区西乡镇三围工业区A－D栋
负责人：周小海
Tel：0755－27476730－301

**天互电气技术有限公司**
地址：广东省深圳市宝安区西乡镇桃源居三区1栋301
负责人：詹昌明
Tel：0755－27452191
13509694095

**锦星电子厂**
地址：广东省深圳市宝安区西乡镇西成工业区

47栋4楼东边
负责人:黄优雅
Tel:0755－27490116

**凯维思电子技术有限公司**
地址:广东省深圳市宝安区西乡镇兴农夹板市场C栋
负责人:顾华
Tel:0755－27472158
27480532
13798348929

**深圳市达丽声电子有限公司**
地址:广东省深圳市宝安区西乡镇盐田新一村101B强发大厦5楼
负责人:吴均垒
Tel:13066825989

## 佛山市顺德区正泰电器容桂销售公司
业务:专业销售正泰集团股份有限公司的产品,品种繁多,规格齐全,主要有工业电器、电线电缆。公司贸易渠道广,技术力量强,并以我们热情周到的服务和商誉受到用户的普遍称赞。热诚欢迎各界朋友来人来电咨询!
产品:低压电器、输变电设备、仪器仪表、建筑电器、通信设备、汽车电器
地址:广东省佛山市顺德区容桂镇桂洲大道中宏逸华庭1号
负责人:王振光 邮编:528000
法人:王振光
Tel:0757－23275277
Fax:0757－23275177
E-mail:wsl520520@126.com

**韵之源电子有限公司**
地址:广东省深圳市宝安区西乡镇银田工业区西发C区第一栋三楼四
负责人:刘家利
Tel:0755－27449229
13802293538

**深圳市宝安区庆安达电子厂**
地址:广东省深圳市宝安区西乡镇银田区工业区雍启科技园1号5房三楼
负责人:谭燕
Tel:0755－27449102

**李泽科技(深圳市)有限公司**
地址:广东省深圳市宝安区西乡镇银田西发工业区B区2栋四楼
负责人:金红国
Tel:13622365780

## 深圳市龙岗区布吉宝丰鸿电子有限公司
业务:本公司始建于1999年,是一家以设计、生产各种遥控器和控制板的专业公司,80%产品销往欧美、中东、东南亚、港台等地,款式和种类多达数百种,每年有大量的新品种款式满足客户的需求。公司建立了健全的管理制度和实行了ISO9002质量保证体系及SGS认证。
地址:广东省深圳市龙岗布吉三联松元头工业区三栋三楼
邮编:518112
法人:杨从敬
Tel:0755－89402642
Fax:0755－84702028
网址:www.sz－bfh.com

**知力源电子工具经营部**
地址:广东省深圳市宝安区西乡镇洲石公路勒竹村3号
负责人:刘小知
Tel:0755－27484383
13332993717

## 佛山市顺德区容桂旺的电器厂
业务:从事家用电器研发、销售及服务为一体的科技型企业。专业生产电压力锅、电磁炉等小家电产品,秉承客户至上,质量第一的服务宗旨,愿与您携手共进,共创辉煌.
地址:电压力煲、电磁炉、无线电热水壶等
地址:广东省佛山市顺德区容桂镇南区
负责人:陆则旺 邮编:528303
法人:陆则旺
Tel:0757－22900020
22900021
18923245918
Fax:0757－22900025
E-mail:lu041118@163.com

**深圳市力兴五金电子有限公司**
地址:广东省深圳市宝安区新安23区风采轩浙水阁1203号
负责人:邓平
Tel:0755－27596689
13802237149

**深圳市九阳电池有限公司**
地址:广东省深圳市宝安区新安办甲岸路金汇名园1栋1座20E
负责人:李士虎
Tel:0755－81216612

**深圳市宝安区震雄地质仪器贸易部**
地址:广东省深圳市宝安区新安湖新中苑A座1104
负责人:邓爱玲
Tel:0755－27754713

**深圳市美质塑胶电子有限公司**
地址:广东省深圳市宝安区新安四路284号锦泽大厦八楼
负责人:邬文正
Tel:0755－27900165

**深圳市永成电子有限公司**
地址:广东省深圳市宝安西乡麻布工业区D1219
负责人:周小虎
Tel:0755－27581039
13362718888

## 深圳市美克科技有限公司
业务:深圳市美克科技有限公司成立于2003年12月,主要生产和销售助焊剂、焊锡膏及其配套产品。生产全部机械化、检测仪器、检验全部按国际及中国标准配置。
地址:广东省深圳市南山区科技园科华路5号珠园大厦6楼
负责人:吴树文 邮编:518057
法人:吴树文
Tel:0755－26507520
Mobile:0755－86507530
网址:szmaker@163.com

## 佛山市南海区诚易电子材料有限公司
业务:电容器材料
产品:电容器材料成品和加工
地址:广东省佛山市西樵镇环山大道51号
负责人:张玉雄 邮编:528200
法人:张玉雄
Tel:0757－81893777
Fax:0757－81893778
网址:http://www.51zzt.com/user/zzt35920
E-mail:568083333@qq.com

**新安名仕康电子经营部**
地址:广东省深圳市宝城42区12栋601号
负责人:赵世军
Tel:13825237517

**友邦实业有限公司**
地址:广东省深圳市保安区福永镇白石厦新开发区A6栋三层
负责人:张新春
Tel:0755－27323509

**深圳市威龙兴实业有限公司**
地址:广东省深圳市保安区西乡镇保田工业区37幢
负责人:赵质松
Tel:0755－27455022

**深圳市嘉义来工业有限公司**
地址:广东省深圳市布吉罗岗工业区罗岗路28号
负责人:张嘉义
Tel:0755－28577979
28578167
28578422
28577136
13751065286

**深圳市万易精密电子有限公司**
地址:广东省深圳市布吉镇坂田市场街168号厂房1楼
负责人:孙琦
Tel:0755－84294661
13902479341

**金诺空调配件制品厂**
地址:广东省深圳市布吉镇水径村吉华路339号六栋首层
负责人:金勋
Tel:0755－28522090
13602650335

## 深圳市锐林鑫电子有限公司
业务:我公司专业生产FFC/FPC柔性扁平线和连接器。公司秉承"品质是企业发展的基础"的质量方针,"团队、创新、诚信、服务"的经营理念。本公司真诚欢迎广大客户进一步加强技术合作和业务往来。愿我们共同发展,共创辉煌!
地址:广东省深圳龙岗区布吉罗岗中嘉名园7栋201室
负责人:王曙光 邮编:518000
法人:王曙光
Tel:0755－25675099
网址:http://www.sz－ruilin.com

## 福州市仓山区孝省铝制品加工店
业务:铜、铝制品的加工
地址:广东省福州市仓山区盖山镇新安村42号
负责人:陈孝省 邮编:350001
法人:陈孝省
Tel:0591－83566916
13799319985

**中国电子工业深圳市总公司**
地址:广东省深圳市福田华强北路418栋七层东706
负责人:黄家章
Tel:0755－83327801

**圣大电子有限公司**
地址:广东省深圳市福田区八卦岭531栋计量质检大楼6楼6D
负责人:曾耀圣
Tel:0755－82401987
13602693586

**深圳市创益科技发展有限公司**
地址:广东省深圳市福田区八卦三路光纤小区2栋5楼东座
负责人:胡经理
Tel:0755－25844655

**深圳市信达通电子科技有限公司**
地址:广东省深圳市福田区八卦四路412幢9楼
负责人:吴丁泉
Tel:0755－82401501

**深圳市光大激光技术有限公司**
地址:广东省深圳市福田区八卦四路光科大院技术中心楼503室
负责人:何林
Tel:13332938232

**华科联合电子商行**
地址:广东省深圳市福田区滨河大道5003号爱地大厦东座1801－1803房
负责人:何伯鑫
Tel:0755－83551181
13809898358

**英辉达电子有限公司**
地址:广东省深圳市福田区滨河路景福大厦景华阁22楼E室
负责人:黄林辉
Tel:13902954026

## 广州正心优业电子有限公司
业务:电子
地址:广东省广州市白云区永平街永康南路永泰第八社工业区C栋一楼之一
负责人:陈华 邮编:510130
法人:陈华
Tel:13808885367
020－86055381

**博巨兴实业发展有限公司**
地址:广东省深圳市福田区彩虹大厦15楼B
负责人:涂柏生
Tel:0755－82916793
13316950919

## 深圳市世海电子五金塑胶有限公司
业务:我公司成立于2006年8月,主要经营数码系列产品。我公司以"品质高、服务优、信誉好"的理念为客户提供高、精、尖的一流数码产品。
地址:广东省深圳市宝安区松岗街道办潭头新二村八巷17号
负责人:沈玉刚 邮编:518105
法人:沈玉刚
Tel:0755－27060976
Fax:0755－81736678

**福兴达电子有限公司**
地址:广东省深圳市福田区彩田路彩虹新都彩云阁29A
负责人:廖炳福
Tel:0755－82914093
13510038936

**同路电子有限公司**
地址:广东省深圳市福田区彩田路中银花园中南阁29H
负责人:何科鹏
Tel:0755－82468345
13554862135

**安新电子科技有限公司**
地址:广东省深圳市福田区彩田南路彩福大厦汇福阁23楼H
负责人:魏圣友
Tel:0755－82948375
13798312005

**众力通电气仪表有限公司**
地址:广东省深圳市福田区彩田南路彩虹新都彩云阁24E
负责人:谢飞
Tel:0755－82916756－807
13077892771

## 广州市番禺区明司达电子厂
业务:平板电视
产品:各种规格的液晶和等离子电视机等。
地址:广东省广州市番禺区大石街河村陇西大街26号
负责人:蒋勇 邮编:510130
法人:蒋勇
Tel:020－39937370
13226682010
网址:www.gzmsd.com
E-mail:msdpdp@163.com

**深圳市宝意德实业发展有限公司**
地址:广东省深圳市福田区彩田南路彩虹新都海鹰大厦8D室
负责人:罗虹
Tel:0755－82913305
13802561755

## 深圳市万乐园电子有限公司
业务:本公司是集开发、生产、销售为一体的,专业生产照相机及LED手电筒等各类电子产品。公司产品种较多,产品性能稳定,价格合理,热忱欢迎国内外广大客户与我们联络。
地址:广东省深圳市龙岗镇同乐村同创路万乐园工业区
负责人:刘雄武 邮编:518116
法人:刘喜仁
Tel:0755－84292218
Fax:0755－84292948
网址:www.tianmacameras.com
E-mail:wly@tianmacameras.com

**台湾七友科技股份有限公司深圳市代表处**
地址:广东省深圳市福田区彩田南路海天综合大楼南楼1906室
负责人:游耀川
Tel:0755－83461056

**深圳市异彩灯光设计有限公司**
地址:广东省深圳市福田区彩田南路联合广场北侧润很大厦1612号
负责人:索斌
Tel:0755－82903677

**安部环保技术(深圳市)有限公司**
地址:广东省深圳市福田区彩田南路中深花园B座2903号
负责人:吴予奇
Tel:0755－82997318
82996299

**康必达通用电气有限公司**
地址:广东省深圳市福田区车公庙天安数码城天吉大厦5楼B1
负责人:邹言
Tel:0755－83896776
13902946497

## 广州市奥派家用电器有限公司
业务:致力于集成吊顶、浴霸、换气扇等电器领域,凭借先进的生产设备,精湛的技术和"质量第一、信誉第一"的服务宗旨,深受广大顾客的好评。
产品:浴霸、取暖器、换气扇
地址:广东省广州市番禺区大石街迎宾路636号
负责人:何少芳 邮编:511430
法人:顾辉进
Tel:020－84788108
Fax:020－61963384

**深圳市明君诚实业有限公司**
地址:广东省深圳市福田区车公庙天安数码时代大厦主楼2314室
负责人:唐明君
Tel:0755－83850605

## 深圳市信艺电子有限公司
业务:深圳市信艺电子有限公司位于深圳市南山区白石洲沙河路金三角大厦,成立于1995年,主要生产销售磁性材料和塑胶制品。欢迎各方客户来电洽谈业务,共同合作!
地址:广东省深圳市南山区白石洲沙河路金三角大厦608室
邮编:518053
法人:张文厚
Tel:0755－26009525
26766158
Fax:0755－26009525
26766158

**安深电子有限公司**
地址:广东省深圳市福田区都会100B座15L
负责人:袁冬
Tel:0755－83010912
13823157267

**深圳市奇林实业有限公司**
地址:广东省深圳市福田区都会100大厦A座507－509
负责人:朱先生
Tel:0755－83013754
83665437
15999568447

**广州华联电气工程有限公司深圳市分公司**
地址:广东省深圳市福田区福虹路世贸广场C座1101
负责人:陈志忠
Tel:0755－83003628
83003611
83003600

**新科空调销售服务中心**
地址:广东省深圳市福田区福华路海鹰大厦17层E
负责人:沈维勇
Tel:0755－82916589
13602695795

**腾伟达电子有限公司**
地址:广东省深圳市福田区福华路京海花园19G室
负责人:李绪欣
Tel:0755－83753656
13828888984

## 广州市奥派家用电器有限公司
业务:家电生产销售
地址:广东省广州市番禺区大石街迎宾路636号二楼202房
负责人:顾辉进 邮编:510130
法人:顾辉进
Tel:13802844498
020－34782618
61968336
Fax:020－61968336

## 深圳市一本通科技有限公司

业务：深圳市一本通科技有限公司是专业从事岗亭生产、五金加工、标牌制作、橡胶制成品加工。经过近几年发展，在广大新老客户的支持下，我们已具备绝大部分停车场交通设施产品的生产加工能力。我公司岗亭、金属防护栏、减速坡、标牌等产品远销珠三角地区及全国各地。"低价格，高品质！"是我们一贯的经营宗旨，我们将不断创新为广大客户提供最好的产品及服务！
地址：广东省深圳市宝安区龙华澳门新村94栋1楼
邮　编：518131
法　人：刘志军
Tel：0755－81055289
Fax：0755－28068589

**乐得电子有限公司**
地址：广东省深圳市福田区福华路京海花园31楼G房
负责人：宋文建
Tel：13316879788

**深圳市利源达电子有限公司**
地址：广东省深圳市福田区福华路漾福居东座8C
负责人：郭国平
Tel：13066901226

**深圳市初日家用电器服务有限公司**
地址：广东省深圳市福田区福华三路恒盖豪群1幢19F
负责人：杨威宇
Tel：0755－83276878
13802233932

**正鹏电子科技有限公司**
地址：广东省深圳市福田区福民路嘉汇新城汇商中心28楼25、26、27室
负责人：刘文超
Tel：0755－83289110
13823341005

**深圳市伊安电子科技有限公司**
业务：深圳市伊安电子科技有限公司成立于1992年，主要从事电子连接器的生产与销售。我公司秉承：您的满意是我们的服务宗旨，不断延伸服务理念，提高服务标准，以专业化服务体系，让用户放心。
地址：广东省深圳市罗湖区红岗北路28号湘源工业区1栋6楼
负责人：耿经理　邮　编：518029
Tel：0755－82433379

**香港确达实业有限公司深圳代表处**
地址：广东省深圳市福田区福民路明月花园南座22楼西
负责人：许国禧
Tel：0755－82972432
13502893044

**广州爱才电子科技有限公司**
业务：广东省广州市番禺区小谷围街中一路60号数字家庭孵化基地E302
负责人：王娟　邮　编：210000
Tel：13802536908
020－39941251
39941252

**深圳市洹伟科技开发有限公司**
地址：广东省深圳市福田区福明路40号雷圳大厦23A01
负责人：涂强
Tel：0755－83975896
13554772512

**金溢电子公司**
地址：广东省深圳市福田区福明路40号雷圳大厦3008房
负责人：曾丽德
Tel：0755－83975915
13620996089

**深圳市通和科技有限公司**
地址：广东省深圳市福田区福强路深荣大厦7B－1室
负责人：付强
Tel：0755－83873313

**华悦电子科技开发有限公司**
地址：广东省深圳市福田区华发北路25号416栋振华大厦609室
负责人：李永镐
Tel：0755－83227333
13613090070

**鼎峰安达科技有限公司**
地址：广东省深圳市福田区华发南路金宝城金银阁28F
负责人：郑耀忠
Tel：13600197585

**广州市树人电子有限公司**
业务：生产销售车载液晶电子
地址：广东省广州市花都区花山镇新和村新和工业区
负责人：王文业　邮　编：510800
法　人：王文业
Tel：13570411666
020－86780383
86780363－8888
Fax：020－86780383
网址：http://www.51zzt.com/user/zzt35164

**深圳市伊安电子科技有限公司**
业务：深圳市伊安电子科技有限公司成立于1994年，现有员工150余人，是集家用电器及其配套件、计算机及其配件、软件的应用和销售为一体的综合性公司。深圳市伊安电子科技有限公司秉承：您的满意是我们的服务宗旨。从战到高度重视和作好出产品质量和售后服务工作，不断延伸服务理念，提高服务标准，以专业化服务体系，让用户放心。
地址：广东省深圳市罗湖区红岗北路28号湘源工业区1栋6楼
邮　编：518029
法　人：贾尚珍
Tel：0755－82433379
Fax：0755－82440303

**深圳市春生电子有限公司**
地址：广东省深圳市福田区华富路中航苑航都大厦17E
负责人：计乐宇
Tel：0755－83014355
83987022
13501557818

**华强电子世界鹏源达电子展销柜**
地址：广东省深圳市福田区华强北路1015号华强电子世界2号楼20A322柜
负责人：张燕
Tel：0755－83687339
13609621747

**河源市源城区福运来太阳能热水器经销点**
业务：销售福运来太阳能热水器
地址：广东省河源市源城区永福西路阳光阁113号
负责人：黄火星　邮　编：517001
法　人：黄火星
Tel：0762－3181136
13802453006

**深圳市工展中心钦发电子展柜**
地址：广东省深圳市福田区华强北路工展中心C09号
负责人：陈泽华
Tel：13823561733

**涛声电子有限公司**
地址：广东省深圳市福田区华强北路华强电子世界20A462
负责人：陈永业
Tel：0755－82812195
13602696947

**深圳市福田区海通电池经营部**
地址：广东省深圳市福田区华强北路华强电子世界3号楼一楼A124号
负责人：林吉通
Tel：0755－83687399
13501573439

**海发电子（深圳市）有限公司**
地址：广东省深圳市福田区华强北路康乐大厦768室
负责人：刘惠蓉
Tel：13802262497

**深圳市裕华达焊锡材料制品有限公司**
业务：本公司成立于1997年，主要生产销售、焊锡材料及化工，欢迎新老客户来电洽谈！
地址：广东省深圳市宝安区新安47区华滨大厦1029室
负责人：翁谋杰　邮　编：518000
Tel：0755－27827533
27827690
Fax：0755－27827690
网址：http://www.yihuatat.com

**丰顺县培英电声有限公司深圳市分公司**
地址：广东省深圳市福田区华强北路群星广场A2101房
负责人：黄振
Tel：0755－83017100
13809864982

**博罗县石湾镇威威电子经营部**
业务：专业制造高精密单、双及盲、埋孔电路板的PCB厂家。产品广泛应用于：家用电器、影音产业、灯饰业等高科技电子领域，始终坚持以最佳的品质、最优惠的价格以及最短的交货期来满足客户的要求
地址：广东省惠州市博罗县石湾镇李屋工业区
负责人：姜春华　邮　编：516000
法　人：姜春华
Tel：13825700689
Fax：0752－6916967

**深圳市霞海电子有限公司**
地址：广东省深圳市福田区华强北路赛格广场2209A
负责人：温利霞
Tel：0755－83766333
25900548
13902977283

**赛格电子市场荣鑫电子展销部**
地址：广东省深圳市福田区华强北路赛格广场三楼
负责人：杨荣
Tel：0755－83685884
13113697951

**精华隆电子有限公司**
地址：广东省深圳市福田区华强北路深纺大厦A座1104
负责人：徐友华
Tel：0755－83778111
13714784588

**深圳市福田区德丽雅广播摄影器材行**
地址：广东省深圳市福田区华强北路万商电器城D213号
负责人：刘卫宏
Tel：0755－83768354

**深圳咏恒电业有限公司**
业务：深圳咏恒电业有限公司建立于2004年，利用新科技制造电脑周边配件，及家用电器配件，产品质量保证，深受广大客户欢迎。欢迎广大客户来电咨询！
地址：广东省深圳市宝安区沙井街道黄埔洪田路工业区第九栋
负责人：冼淑芬　邮　编：518125
法　人：冼淑芬
Tel：0755－81774342
Fax：0755－81774341

**凯光电子有限公司**
地址：广东省深圳市福田区华强北路现代之窗A座12B
负责人：魏伟连
Tel：13602646968

**博罗县园洲镇创兴泰电子厂**
业务：生产、销售电子开关、插座
地址：广东省惠州市博罗县园洲镇九潭增堪街
负责人：徐树芳　邮　编：516001
法　人：徐树芳
Tel：13927396778
0752－6550828
6550818

**深圳市世纪红电子有限公司**
地址：广东省深圳市福田区华强北路现代之窗B座7N
负责人：罗丹霞
Tel：13823131858

**顺达数码资讯有限公司**
地址：广东省深圳市福田区华强北路现代之窗大厦B座28B室
负责人：宋伟
Tel：13823166059

**树荣电子通信（深圳）有限公司**
业务：树荣电子通信（深圳）有限公司成立于1998年，是一家生产电子零件的公司。主要生产各种轻触开关、喇叭、受话器等。公司以"良好的信誉、优良的品质、合理的价格、完善的服务"与广大客户共谋发展。
地址：广东省深圳市宝安区
邮　编：518000
法　人：严文女
Tel：0755－29994830

**深圳市远望数码商城翔云通讯展柜**
地址：广东省深圳市福田区华强北路远望数码商城2443号
负责人：白萍
Tel：0755－83998202
13316800522

**格林莱电子技术有限公司**
地址：广东省深圳市福田区华强北赛格科技园2栋东B509
负责人：陈裕嘉
Tel：13312963811

**深圳市福田区潮联电子经销部**
地址：广东省深圳市福田区华强电子3号楼A319号
负责人：何俊将
Tel：0755－83794227
13809899352

**惠州市超达电子科技有限公司**
业务：主营：手机喇叭、受话器，兼营咪头、耳机、数据线等电声器件。
地址：广东省惠州市河南岸演达一路愉园花园D栋810房
负责人：王超　邮　编：516001
法　人：王超
Tel：13902624280
0752－2539056

**华富电子展销柜**
地址：广东省深圳市福田区华强电子世界1号楼10A210柜
负责人：李雄
Tel：0755－83678292
13924647208

**通州市二甲仪表厂驻深圳办事处**
业务：通州市二甲仪表厂驻深圳办事处主要产品有：玻璃棒式温度计、玻璃内标式温度计、水族温度计、纸板（PVC板、铝板）温度计、温度计表芯、湿度计、钟表、量雨器、各种玻璃制品等上万个品种。
地址：广东省深圳市宝安区松岗镇东方二街17号403室
负责人：曹荣生　邮　编：518000
法　人：曹荣生
Tel：0755－27096469
网址：http://www.dianzinet.com/company/a/1/3/5743/

**宏讯电子经营部**
地址：广东省深圳市福田区华强电子世界2号楼20A428
负责人：朱珠义
Tel：0755－83687361
13510376663

**深圳市福田区可信电子经销部**
地址：广东省深圳市福田区华强电子世界2号楼21B103
负责人：许岳涛
Tel：0755－83291413
13802587103

**深圳市福田区大千电子经销部**
地址：广东省深圳市福田区华强电子世界3号楼一层A340
负责人：周小燕
Tel：13600421566

**金骏电子经营部**
地址：广东省深圳市福田区华强电子世界二号楼20A340
负责人：朱桂华
Tel：0755－83291568
13501579348

**深圳市福田区俊立达电子经营部**
地址：广东省深圳市福田区华强电子世界二号楼20A357室
负责人：罗月儿
Tel：0755－83687709
13823755535

**怡盛电业有限公司**
业务：怡盛电业有限公司成立于2005年6月，从事橡胶护套线及电源插头线的生产。您的满意是我们永远的追求。我们的成功离不开您的支持与帮助，我们殷切期待与你们共同成长，共创美好明天！
地址：广东省东莞市大朗镇大井头第二工业区
邮　编：523777
法　人：叶国辉
Tel：0769－83016688
Fax：0769－83013188

**惠州市惠城区顺辉电子经营部**
业务：电脑，游戏机，手机接插件及充电器
地址：广东省惠州市惠城区国际电子城1楼039号
负责人：何超
法　人：卢忠顺
Tel：13751578161

**乐清市和平电子有限公司深圳市分公司**
地址：广东省深圳市福田区华强花园
负责人：王立宇
Tel：13823613347

**雅宝电子有限公司**
地址：广东省深圳市福田区华侨南路下步庙北区25栋301
负责人：李英杰
Tel：0755－83625460
13590450687

**宏通电子有限公司**
地址：广东省深圳市福田区华田北路华强电子世界10西027号
负责人：陈坚楚
Tel：0755－83687589
13501584567

**丽万烨电子有限公司**
地址：广东省深圳市福田区金地工业区120栋3楼
负责人：林刚涛
Tel：0755－83416508

**深圳市金地居家装饰城名冠电器行**
地址：广东省深圳市福田区金地工业区居家装饰城A10号
负责人：陈燕旭
Tel：13602587939

**惠东县平山莲花冷冻家电维修店**
业务：主要维修冷冻电器及各种品牌家用电器
地址：广东省惠州市惠东县平山后园路42号
负责人：钟志清　邮　编：516001
法　人：钟思创
Tel：0752－8814006
13669586699

**永盛来康电子（惠州）有限公司**
业务：永盛来康电子（惠州）有限公司成立于2005年8月，主要产品为各种单面、双面、多层1－8层及刚－挠性结合印刷电路板（FPC）为主导产品的高新科技企业。我司将以良好的信誉继续为您提供高质量的产品及高品质的服务。
地址：广东省惠州市水口镇中心村工业中6－3－3号
邮　编：516005
法　人：黄永龙
Tel：0752－2323322
Fax：0752－2323311

**捷瑞实业有限责任公司**
地址：广东省深圳市福田区金田南路海滨广场显锐大厦2楼
负责人：张迪
Tel：13826539563

**杰之悦实业有限公司**
地址：广东省深圳市福田区莲花北村48幢

103号
负责人：张文杰
Tel：0755－83927083
13510061176

**深圳市嘉洋科技有限公司**
地址：广东省深圳市福田区莲花路2018号万科金色家园10栋401室
负责人：彭艳梅
Tel：0755－83732352
13510855970

**奥卡影音技术有限公司**
地址：广东省深圳市福田区莲花西路新天国际名苑D栋D1座501室
负责人：李应楷
Tel：0755－83149028
13066935822

## 湛江市安佳电器有限公司

地址：湛江市安佳电器有限公司创办于1997年，经过艰苦奋斗和改革创新，现已发展成为具有相当实力并为同行业具有一定影响力的企业。是粤西地区最大的电源线生产企业之一。本公司尊重人才，重视人才，凝聚了一批管理、设计、机械、模具等方面的高级技术人才，集研究、开发、设计、生产于一体的企业，拥有大型精密的生产设备，检测系统安全，专业生产插头线、PVC电线、电缆、同轴电缆、各种护套软线、工程塑料及塑料制品等，产品广泛应用于空调、冰箱、电饭锅、电磁炉、电风扇、电熨斗、洗衣机等大小家电和电动工具。本公司一贯推行ISO国际质量体系
地址：广东省湛江市坡头镇交通路27号
邮　编：524059
法　人：钟日新
Tel：0759－3824477
Mobile：13828264477
Fax：0759－3821617
网址：www.gdaj.chinapyp.com

**深圳市正恒达电子有限公司**
地址：广东省深圳市福田区梅华路多丽工业区2栋7楼西
负责人：王燕
Tel：0755－83105240
13632856757

**深圳市古崇电子科技有限公司**
地址：广东省深圳市福田区梅林路1号厂房东附2号
负责人：杨宇微
Tel：0755－26414087

**深圳市钦顺发电器贸易有限公司**
地址：广东省深圳市福田区沙尾西村25号
负责人：林敬钦
Tel：0755－83411479
13923487784

### 惠城区明夜灯饰厂

业务：生产、销售灯饰
地址：广东省惠州市惠环镇平面村铁皮厂房
负责人：向清　邮　编：516001
法　人：向清
Tel：13316335300
0752－2090712

**禹泰华光科技有限公司**
地址：广东省深圳市福田区上梅林华茂苑2栋706
负责人：王禹博
Tel：0755－83125130
13048839738

## 浙江兴德电子有限公司深圳分公司

业务：公司创建于1992年，是一家集开发、制造、销售为一体的专业电子连接器制造企业。公司以""用户至上、务实诚信；价格合理、交货快捷"的经营理念，为客户提供满意的产品与服务。
地址：广东省深圳市福田区华强花园14栋101室
负责人：王生……邮　编：518000
法　人：王生
Tel：0755－83001211
Fax：0755－83001881
网址：www.xdele.net
E-mail：cnxd@xingde.net

**深圳市盛源达电子有限公司**
地址：广东省深圳市福田区上梅林梅华路华景花园2－1001
负责人：陈星
Tel：0755－83178945

**深圳市帝兆达实业有限公司**
地址：广东省深圳市福田区深南大道6006号华丰大厦2507
负责人：张镇贺
Tel：0755－25844833
、13802251665

**深圳市英之健电子制品厂**
地址：广东省深圳市福田区深南大道6007号创展中心2707室
负责人：韩彦林
Tel：0755－83867872
13510585221

## 中山市东凤镇金政华照明电器厂

业务：广东省中山市东凤镇金政华照明电器厂，是一家从事节能照明研制、开发生产的专业厂家。公司拥有专业的高科技的技术人员和先进的生产设备。专业生产高品质稀土三基色、2U、3U、4U、螺旋、镇流器各几十个品种的高效电子节能灯，产品除畅销国内各大省城外，还远销东南亚等多个国家，深受国内外客户的一致赞誉，公司自诞生以来，以卓著的产品，合理的价格定位，优良的售后服务赢得了客户的信任。
地址：广东省中山市东凤镇金城路38号
负责人：华叙金……邮　编：528425
法　人：华叙金
Tel：0760－6172826

**富洁家电用品公司**
地址：广东省深圳市福田区深南大道6013号中国有色大厦1001－1007
负责人：陈光明
Tel：0755－83456923
13066989217

**麦地科技有限公司**
地址：广东省深圳市福田区深南大道6017号都市阳光3座10C
负责人：颜远全
Tel：0755－82044997
13923477929

### 惠阳区永湖镇源记电器商场

业务：电器代理销售
地址：广东省惠州市惠阳区永湖镇永良路161号
负责人：黄清源　邮　编：516000
法　人：黄清源
Tel：0752－3713689

**深圳市创艺鸿寿仪有限公司**
地址：广东省深圳市福田区深南路财富广场A座17G
负责人：庞宛佳
Tel：0755－27006098

**凯成电子有限公司**
地址：广东省深圳市福田区深南路华强花园10栋304
负责人：刘华宗
Tel：0755－83918988
13926575511

## 中山市东凤镇祥威电子厂

业务：中山市东凤镇祥威电子厂成立于2003年，主要生产销售变压器。欢迎新老客户光临、惠顾！
地址：广东省中山市东凤镇东凤大道南41号
负责人：周清年……邮　编：528400
法　人：梁华慧
Tel：0760－2638391
网址：www.mtw51015.chinapyp.com

**创新诺亚舟电子(深圳)有限公司**
地址：广东省深圳市福田区深南西路天安数码城创新科技广场A座1001室
负责人：许东
Tel：0755－83432800
13923849560

**江苏恒威达电子产品销售有限公司深圳市公司**
地址：广东省深圳市福田区深南中路1027号新城大厦西座10楼
负责人：于军
Tel：0755－25985686
13342991885

**金荘数码科技有限公司**
地址：广东省深圳市福田区深南中路2050号华南电力大厦东座827
负责人：陈水明
Tel：13560779282

**深圳市庆成科技有限公司**
地址：广东省深圳市福田区深南中路2070号电子科技大厦A座3403号
负责人：郑大新
负责人：0755－83795766
13809865202

## 中山市古镇晋宇灯饰电器厂

业务：我公司是一家专业生产水晶灯，水晶蜡烛灯的企业.高品质是我们领先市场的基础.时尚的设计(源自意大利)赢得了家居消费者的一致好评.欢迎走进晋宇，欢迎选择晋宇家居灯饰产品.
地址：广东省中山市古镇镇古二顺成工业区泰来路1号
负责人：李洪……邮　编：528421
Tel：0760－3930119
2340110
Fax：0760－2342110
网址：www.sunpluslighting.com
E-mail：plum009@163.com

**巨新科电子有限公司**
地址：广东省深圳市福田区深南中路2070号电子科技大厦A座708室
负责人：朱建忠
Tel：0755－83795831
13829293575

**格瑞斯通自控设备有限公司**
地址：广东省深圳市福田区深南中路2070号电子科技大厦C座32层C1
负责人：张大明
Tel：0755－83640332
13922836006

**亿镓电子科技有限公司**
地址：广东省深圳市福田区深南中路3037号南光捷佳大厦2018室
负责人：刘少芬
Tel：0755－83981182
13828713221

### 恩平市欧琪电子厂

业务：专业公放音响，调音台及周边设备的生产及销售
地址：广东省江门市恩平市美华西路108号
负责人：莫有胜
法　人：莫有胜
Tel：13929099365
0750－7112348

**因特佳数码科技有限公司**
地址：广东省深圳市福田区深南中路3037号南光捷佳大厦2320室
负责人：陈镇耀
Tel：13008884753

## 中山市古镇名利达照明电器厂

业务：中山市古镇名利达照明电器厂位于"中国灯都"中山古镇。致力于护眼吸顶灯、一体化节能灯管、T4—T6支架的研发、生产和销售。坚守"以和为贵、以人为本、品质第一、客户满意"的经营宗旨，我们渴望成功，我们同舟共济，期待努力让您满意，得到您的认同。让每个家庭温馨、浪漫、典雅、舒适！
地址：广东省中山市古镇海洲沙源西岸北路71号
负责人：周敬良……邮　编：528422
法　人：周敬良
Tel：0760－3681490
3681491
Fax：0760－6107939
6105737
E-mail：minglida@163.com

**深圳市安鑫电源有限公司**
地址：广东省深圳市福田区深南中路北方大厦806室
负责人：谈涛森
Tel：0755－21183186

**深圳市金裕电子有限公司**
地址：广东省深圳市福田区深南中路电子大厦616房
负责人：周荣祥
Tel：13600192788

**深圳市兴发电子商行**
地址：广东省深圳市福田区深南中路国际文化大厦1703室
负责人：杨帆
Tel：0755－25779589

**雅图数字视频技术有限公司**
地址：广东省深圳市福田区深南中路华能大厦2608室
负责人：谢敬
Tel：0755－83680533
83684481

## 中山市海昌电子元件有限公司

业务：本公司成立于2005年，是一家专业制造电子连接线的厂家。公司以质量求生存，以信誉求发展，竭诚欢迎新老客户来电洽谈业务！
地址：广东省中山市火炬开发区陵岗牌坊对面天富工业园三楼
负责人：张梦南……邮　编：528400
法　人：张梦南
Tel：0760－8280855
Fax：0760－8280856

**恒雅讯实业有限公司**
地址：广东省深圳市福田区深南中路田面花园1栋3单元10C
负责人：闵小亚
Tel：0755－83245126
13510347865

**深圳市建威控制技术有限公司**
地址：广东省深圳市福田区石厦大道建鑫苑A－15H
负责人：李淑青
Tel：0755－82983705
13751059499

### 江海区汇源苑乐华电器

业务：销售家电
地址：广东省江门市高新区汇源直街2号137＃
负责人：李为民　邮　编：529020
法　人：李为民
Tel：0750－3940086
3940087

**夏普科技实业有限公司**
地址：广东省深圳市福田区石厦大道建鑫苑A栋11A
负责人：魏军
Tel：0755－83451665
13302475311

## 中山市海普电器有限公司

业务：中山市海普电器有限公司，是专业生产中央空调设备和空调连接管的中外合资企业，中国制冷学会会员。公司自成立以来，秉承"为客户创造价值"的信念，诚信、敬业、与时俱进，不断创新，争创国际名牌，至今已发展成为华南地区颇具规模的专业中央空调设备制造商。
地址：广东省中山市南头镇升辉南工业区
负责人：王顺法……邮　编：528427
法　人：王顺法
Tel：0760－3139866
Fax：0760－3139866
网址：www.haiper.cn

**深圳市合力士五金电器有限公司**
地址：广东省深圳市福田区石厦大道建鑫苑C－8F
负责人：胡琼
Tel：0755－27011068

**乐清市蓝光电子有限公司深圳市分公司**
地址：广东省深圳市福田区松莲路南院新村16幢104室
负责人：郑贤枫
Tel：0755－83626327

**深圳市科冠科技有限公司**
地址：广东省深圳市福田区松岭路1号高新技术创业中心505室
负责人：刘敏
Tel：13316860330

**深圳市瑞丰光电子有限公司**
地址：广东省深圳市福田区泰然苍松大厦南座1910室
负责人：龚伟斌
Tel：0755－29675000
13902918365

## 中山市品时科技照明有限公司

业务：品胜(中山)科技照明有限公司主要生产现代化绿色节能照明产品、包括LED节能灯、LED小夜灯、LED光管、LED强光电筒、LED景观灯、LED射灯、LED路灯、LED投光灯、LED灯串、LED埋地灯、LED跑马灯、LED洗墙灯等多种系列，欢迎来电洽谈业务！
地址：广东省中山市坦洲镇宝山工业区第二幢厂房
负责人：王品卿……邮　编：528467
法　人：任青山
Tel：0760－6634488
Tel：80760－6634138
Fax：www.ledpious.com

**晶恒数码科技有限公司**
地址：广东省深圳市福田区泰然路天安创新科技广场
负责人：雷文平
Tel：0755－83432637
13823707824

**鑫联强电子实业有限公司**
地址：广东省深圳市福田区泰然四路劲松大厦8A房
负责人：彭欣
Tel：0755－83890286转605
13006606805

**万利达集团有限公司深圳市办事处**
地址：广东省深圳市福田区天安创新科技广场A座301室
负责人：万永娟
Tel：0755－83432980

### 蓬江区诚成照明五金厂

业务：照明五金配件生产销售
地址：广东省江门市荷塘镇篁湾新村七街16号
负责人：罗琴　邮　编：529020
法　人：罗琴
Tel：0750－3755225

## 中山市石岐区沙岗墟强盛电子商行

业务：我公司成立于2000年，销售仪器仪表、音响等电子产品，公司本着质量第一，用户第一的原则，努力开拓市场。欢迎新老客户光临惠顾！
地址：广东省中山市石岐区沙岗墟综合市场5栋5－8、5－9卡
负责人：黄廷寿……邮　编：528400
Tel：0760－8911782
Mobile：13924917593

**华通电气设备有限公司**
地址：广东省深圳市福田区天安数码城天经大厦C座3楼
负责人：吴国饮
Tel：0755－83302230

**健三实业有限公司**
地址：广东省深圳市福田区天安数码时代A座901室
负责人：王志英
Tel：0755－83475808

## 中山市小榄镇川达电子电器厂

业务：本公司多年从事音响器材产品研发、生产与销售，生产的产品主要有：5.1家庭影院音箱、铝(塑)柱式家庭影院、无线影音系统等。欢迎国内外新、老客户光临、来函、来电洽谈、指导。
地址：广东省中山市小榄镇绩东一福龙工业区BC幢
负责人：陈川云……邮　编：528415
法　人：陈川云
Tel：0760－2128269
Fax：0760－2249662
网址：www.cddz.com.cn
E-mail：ccyaudio@vip.163.com

**圳荣空调电器有限公司**
地址：广东省深圳市福田区新沙路68号华海楼5－102室
负责人：黄治东
Tel：13902975418

**宏港音像器材有限公司**
地址：广东省深圳市福田区新闻路东景花园1

栋 707 号
负责人：周贝莉
Tel:0755－83069908
13312969772

**深圳市三角电器有限公司**
地址：广东省深圳市福田区新闻路景苑大厦 7A
负责人：平兴元
Tel:0755－61289408

**中山市小榄镇欧光灯饰厂**
业务：中山市小榄镇欧光灯饰厂，是一家专业致力于照明及相关产品的企业，集研发、生产、销售、服务于一体，以"质量缔造品牌，服务贴心用户"为宗旨，锐意进取。旗下的各大品牌产品，以优良的质量及良好的服务，深受国内外市场及广大消费者的青睐。
地址：广东省中山市小榄镇西区工业园十村第二工业区第三栋厂房
负责人：胡平波 邮 编：528400
Tel:0760－2233958

**鹤山市沙坪镇骏景电器商店**
业务：专营万家乐厨卫、小家电江门地区的批发零售，提供销售、安装、售后维修一条龙服务，是格力、美的、乐声等家用电器特约维修点。我们拥有一支稳定专业技术过硬的设计、安装、维修队伍，致力为您提供安全、快捷、满意的服务！
产品：万家乐厨卫、小家电批发零售
地址：广东省江门市鹤山市沙坪镇前进南路 232 号
负责人：翁结屏 邮 编：529700
法 人：翁结屏
Tel:0750－8856468
8856618
Fax:0750－8856468
网址：http://www.8856468.com
E-mail:jiangmenhuaxing@21cn.com

**奇晶科技有限公司**
地址：广东省深圳市福田区新洲北村 60 号 6 楼 B
负责人：陈伟
Tel:13510036552

**新兴电器分店**
地址：广东省深圳市福田区新洲九街 7 号
负责人：黄文龙
Tel:0755－83308449
13312920923

**深圳市世纪风华科技有限公司**
地址：广东省深圳市福田区新洲路华富大厦 10 层 053 号
负责人：马景行
Tel:0755－82905251
13828714020

**深圳市康灿科技有限公司**
地址：广东省深圳市福田区益田路明月花园 3 栋 305 房
负责人：周锋
Tel:13798315182

**泰金达科技有限公司**
地址：广东省深圳市福田区振华路 414 栋 72 号电子器材大厦 318 室
Tel:李天石
Tel:0755－83997882
13808830392

**深圳市环境照明实业有限公司**
地址：广东省深圳市福田区振华路口 122 号海外装饰大厦 A 座 1701 号
负责人：肖前贵
Tel:0755－83230958
13602696594

**深圳市科洋电子商行**
地址：广东省深圳市福田区振中路新亚洲电子城 1D108
负责人：詹良茂
Tel:0755－82812366
13828710222

**深圳市华中数码科技有限公司**
地址：广东省深圳市福田区中电信息大厦 1109 室
负责人：左世鹏
Tel:0755－26882886

**恒光电子有限公司**
地址：广东省深圳市福田区中航路都汇电子城 2C039
负责人：王小燕
Tel:0755－83956763
13510353968

**江海区华昌电子厂**
业务：制作与销售各种 LED、发光字、护栏管、显示屏
产品：LED、发光字、护栏管、显示屏
地址：广东省江门市江海区外海直冲东宁大街 4 号
负责人：周昌富 邮 编：529020
法 人：周昌富
Tel:0750－3794983
18929031359
Fax:0750－3794983

**创新达电子科技有限公司**
地址：广东省深圳市福田区中航路 2 号都会 100 大厦银都 B 座 7N
负责人：陈明森
Tel:0755－83013088
13923868547

**深圳市德兴煌科技有限公司**
地址：广东省深圳市福田区中航路鼎城国际 2907
负责人：叶少忠
Tel:0755－82722511
13509647366

**华胜电子有限公司**
地址：广东省深圳市福田区中航路都会 100 大厦 A 座 13D
负责人：袁薇
负责人：0755－83956941
27241509

**深圳合利兴电子科技有限公司**
地址：广东省深圳市福田区中航路都会 100 大厦 B 座 8W 室
负责人：谢佳
Tel:0755－83957388
13023160051

**美尔信达电子商行**
地址：广东省深圳市福田区中航路都会 100 大厦都会电子市场一楼 1A119 号
负责人：周锡林
Tel:0755－83013046
13798403908

**安信达科技有限公司**
地址：广东省深圳市福田区中航路都会 100 大厦金都座 17J
负责人：甄彦琼
Tel:0755－83987757
13603085177

**深圳市福田区双玉电子经营部**
地址：广东省深圳市福田区中航路都会 100 大厦银都 20 楼 V2 房
负责人：邬挺
Tel:0755－83956831
13828815581

**维科电子有限公司**
地址：广东省深圳市福田区中航路都会 100 电城二楼 2C034 号
负责人：谢楚然
Tel:0755－83014338
13826510911

**深圳市福田区中洲电子有限公司**
地址：广东省深圳市福田区中航路都会大厦 3 楼 3C034 室
负责人：吴建昕
Tel:0755－83987777
13602582827

**鸿智电子崇兴商行**
地址：广东省深圳市福田区中航路都会电子城 2 楼 2C019 号
负责人：程桂洪
Tel:0755－83957032

**江门市江海区宇杰科技照明厂**
业务：LED 柔性灯带（软体霓虹灯）LED 护栏管（数码管），LED 埋地灯等产品及代理经销进口光纤产品
地址：广东省江门市江海区阳山大道 1 号 06 号铺首、二层
负责人：谭义 邮 编：529000
法 人：李秋云
Tel:0750－3607555
8239298
Fax:0750－8239296

**昌恒电子有限公司**
地址：广东省深圳市福田区中航路新亚洲电子商城三楼 3A063
负责人：朱昌伟
Tel:13592875555

**天太电子有限公司**
地址：广东省深圳市福田区中航路新亚洲电子商场三层 4C004
负责人：赵清安
Tel:0755－82812386
13828787988

**嘉源电子有限公司**
地址：广东省深圳市福永镇福海大道福海工业园 B3 区三栋三楼北座
负责人：贾健
Tel:0755－29606868
13925258995

**创群电子厂**
地址：广东省深圳市公明镇楼村第二工业区耙塘第一排第六栋
负责人：郑汉荣
Tel:13603021377

**深圳市长荣昌电子有限公司**
地址：广东省深圳市光明新区公明街道上村民生路穷石观工业园 11 栋
负责人：金正根
Tel:0755－27155199
13008875359

**深圳市中威电子有限公司**
地址：广东省深圳市光明新区楼村第二工业区公常路 81 号
负责人：刘伟亮
Tel:13823287695

**福田区盈信电子销售部**
地址：广东省深圳市华强电子世界一号楼 10A154
负责人：柯佳铭
Tel:0755－83291233
13828877725

**深圳市龙岗区布吉镇吉达照明电器行**
地址：广东省深圳市吉霞路 228 号 4 楼
负责人：樊英汉
Tel:13923416239

**深圳市鸣鑫实业有限公司**
地址：广东省深圳市嘉宾路爵士大厦 15B09
负责人：李经理
Tel:13902933120

**江门市蓬江区梵林灯饰配件厂**
业务：专业从事天花灯、筒灯、射灯以及各种商业照明
地址：广东省江门市蓬江区荷塘镇篁湾南横路荷灯工业园
负责人：陈斌斌 邮 编：529020
法 人：陈斌斌
Tel:0750－2037938
网址：www.fanlinvip.com

**中肄南方净化设备有限公司**
地址：广东省深圳市留仙大道金泰楼 1 楼 2 楼
负责人：赵汉伟
Tel:0755－86165337
13005437458

**骏鸿电子有限公司**
地址：广东省深圳市龙岗区爱联田寮村
负责人：张红玲
Tel:0755－28944966
13662247188

**深圳市科达嘉电子有限公司**
地址：广东省深圳市龙岗区布吉坂田村黄君山东凡工业区 1 号厂房 4 楼
负责人：陈费和
Tel:0755－28772372

**深圳市龙岗区特力讯电子厂**
地址：广东省深圳市龙岗区布吉镇运路杓麻岭开发区第一号厂房 3 楼
负责人：陈礼文
Tel:0755－61278383

**深圳市宝利佳电子有限公司**
地址：广东省深圳市龙岗区布吉上水径村布龙路 B－162 号 1#楼第一层
负责人：张健新
Tel:0755－28522054

**深圳东科美电子有限公司**
地址：广东省深圳市龙岗区布吉深惠路名城国际广场 7A(703)
负责人：夏瑞金
Tel:0755－22085554

**丰泰新电子科技有限公司**
地址：广东省深圳市龙岗区布吉镇坂田村坂田医院对面
负责人：肖应梅
Tel:13602662019

**硅谷电子科技有限公司**
地址：广东省深圳市龙岗区布吉镇坂田村布龙公路 510 号第二层
负责人：张书勤
Tel:0755－84199858
13316952189

**启明星电子厂**
地址：广东省深圳市龙岗区布吉镇坂田村吉华路 525 号七楼
负责人：赵松龙
Tel:13510609899

**中山市小榄镇天和光源厂**
业务：中山市小榄镇天和光源厂主要经营灯管、环型灯管、H 型灯管、2D 灯管，专业的人才，真诚的服务，多年来，一直在业界享有良好的声誉，始终本着诚信第一，客户第一的原则，期待与您开拓灿烂的明天！
地址：广东省中山市小榄镇永宁螺沙五福工业区 8 幢
负责人：汪银军 邮 编：528415
Tel:0760－2269788

**蓬江区佛光照明灯饰厂**
业务：生产、销售灯具，商业照明
地址：广东省江门市蓬江区荷塘镇唐溪工业区沙园坊 5 号
负责人：白占红 邮 编：529020
法 人：白占红
Tel:13923077596
0750－3750801
3750802

**深圳市深华泰实业有限公司**
地址：广东省深圳市福田区益田路皇都广场 A 座 2906 室
负责人：吴标雄
Tel:0755－83864262
83864600
13798308493

**深视音电子技术有限公司**
地址：广东省深圳市龙岗区布吉镇坂田兴科高新产业基地 2 栋一楼
负责人：李伟羡
Tel:0755－84715024
13826508703

**深圳市乐虹电气高科技有限公司**
地址：广东省深圳市龙岗区布吉镇板田光雅园第二工业区四号
负责人：赵顺德
Tel:13922895122

**深圳市龙岗区布吉镇宏达电子商行**
地址：广东省深圳市龙岗区布吉镇布吉镇长龙区九巷一号
负责人：陈国栋
Tel:0755－28262225
13066902225

**深圳市林裕实业有限公司**
地址：广东省深圳市龙岗区布吉镇布龙公路 592 号金裕城八楼
负责人：林裕豪
Tel:0755－28773736
1360044892

**深圳市卓凡电子有限公司**
地址：广东省深圳市龙岗区布吉镇布龙路富豪花园福安阁 4 栋 402 号
负责人：王荣业
Tel:13138888887

**深圳市日鑫自动化设备有限公司**
地址：广东省深圳市龙岗区布吉镇甘村秀峰工业城 A2 栋 F－C1 楼
负责人：刘士田
Tel:0755－28557596
13828843357

**志顺电子有限公司**
地址：广东省深圳市龙岗区布吉镇吉华路 555 号 7 楼
负责人：董志海
Tel:0755－28891962
13316559858

**深圳市英德尔电子有限公司**
地址：广东省深圳市龙岗区布吉镇吉信大厦 A 座 27 楼 H
负责人：韩有清
Tel:0755－28957753

**七方电子有限公司**
地址：广东省深圳市龙岗区布吉镇京南路联创工业区 1 栋 4 楼
负责人：葛运祥
Tel:13823630526

**蓬江区龙钰照明电器厂**
业务：集设计、生产、销售为一体，从事户外照明灯饰的生产、销售，产品品质优良、品种齐全、价格合理，热诚欢迎各界朋友来电咨询！
产品：庭院灯、草坪灯、射灯等系列户外灯具，兼营铝制灯具配件、PMMA 灯罩
地址：广东省江门市蓬江区荷塘镇霞村第九生产队星铁棚厂房
负责人：陈以良 邮 编：529095
法 人：陈以良
Tel:0750－8237003
13189267090
Fax:0750－8237033

**深圳市隆祥科技有限公司**
地址：广东省深圳市龙岗区布吉镇上水花园 97135－5 号
负责人：刘志翔
Tel:13602621126

**深圳市塑熔电子有限公司**
地址：广东省深圳市龙岗区布吉镇石龙路石龙坑工业区 4 栋二楼
负责人：吴建明
Tel:0755－84183015 转 806
13902922378

**鸿真视听设备有限公司**
地址：广东省深圳市龙岗区布吉镇新凤凰酒楼旁边新南巷一楼 12－14
负责人：姚金洪
Tel:0755－28286633
13077894999
Fax:0755－28274511

**中山市卓迪电器实业有限公司**
业务：中山市卓迪电器实业有限公司是专业生产优质家电的厂家之一。产品包括各款电风扇、电暖器、暖风机等系列产品。工厂坚持""质量第一，客户至上""的方针，为用户提供优质服务。欢迎国内外合作伙伴来和我们携手开拓家电市场。
地址：广东省中山市南头镇升辉北工业区
邮 编：528427
法 人：潘韵松
Tel:0760－3831111
Fax:0760－3831118
网址：www.natridy.com

**鑫瑞电器有限公司**
地址：广东省深圳市龙岗区布吉镇雪象村金鹏工业区三栋一楼
负责人：钱瑞康
Tel:0755－28791732
13922831806

**江门市原捷科技有限公司**
业务：电脑设备销售、工程安装、监控器材安装
产品：电脑设备
地址：广东省江门市新会区会城中心南路 9 号 108
负责人：钟永乐 邮 编：529020
法 人：钟永乐
Tel:13528389939
0750－6970173
Fax:0750－6970173
E-mail:615821357@qq.com

**深圳市迈佳电子有限公司**

地址:广东省深圳市龙岗区布吉镇粤宝路 45 号粤宝大厦六楼
…… 负责人:孟巷国
…… Tel:0755－28555053
13923813558

**国兴电子有限公司**
地址:广东省深圳市龙岗区横岗镇坳背二村长光工业园 2 栋 5 楼
…… 负责人:徐霓
…… Tel:0755－28620720
28620831

**黄阁坑力龙电热制造厂**
地址:广东省深圳市龙岗区横岗镇工业园黄阁坑华美中路 88 号
…… 负责人:李越平
…… Tel:0755－28930369
13923416769

**吉荣电热电器经销部**
地址:广东省深圳市龙岗区横岗镇排榜村兴旺路 47 号
…… 负责人:郑海华
…… Tel:0755－28695613
13922842196

**新迪电子(深圳市)有限公司**
地址:广东省深圳市龙岗区横岗镇四联排榜腾昌一路 77 号
…… 负责人:杨俊杰
…… Tel:0755－28695855
13802581429

**深圳市瑞联电路板(深圳)有限公司**
地址:广东省深圳市龙岗区横岗镇银海工业区 9 栋 3 楼
…… 负责人:陈崇元
…… Tel:0755－89731788
13302478238

**维新科电子有限公司**
地址:广东省深圳市龙岗区吉祥路欧景城 19 单元 402
…… 负责人:罗雪萍
…… Tel:0755－28933940
13590490939

**超跃科技有限公司**
地址:广东省深圳市龙岗区坑梓镇沙田村同富裕工业区 2 号厂房
…… 负责人:黄志远
…… Tel:0755－84127469
84127475
84127467
13802287346

**福来顺电子材料有限公司**
地址:广东省深圳市龙岗区留学生创业园 132 号
…… 负责人:叶欣明
…… Tel:0755－28938381
13823788669

**深圳市天晴音响有限公司**
地址:广东省深圳市龙岗区龙城吉祥中路鸿进花园 B 栋 702 房
…… 负责人:朱沛新
…… Tel:0755－28001234

**深圳市大金源电子开发有限公司**
地址:广东省深圳市龙岗区龙城街道办事处爱联西湖村第 2 栋
…… 负责人:戴基才
…… Tel:13066871328

**圣锋电子配件加工部**
地址:广东省深圳市龙岗区龙岗镇爱联锦绣村 4 巷 9 号
…… 负责人:方洪州
…… Tel:0755－28985764
13827411468

**捷胜工业设备有限公司**
地址:广东省深圳市龙岗区龙岗镇南联简二村太兴路 10 号
…… 负责人:吴登峰
…… Tel:0755－84826998
13600186056

**家乐园装饰材料市场集品灯饰商行**
地址:广东省深圳市龙岗区龙岗中心城家乐园装饰材料市场 D3 区 03 号
…… 负责人:王献超
…… Tel:0755－28959257
13510856665

**揭西县棉湖吉明胶塑电器厂**
业务:排插的生产、销售
地址:广东省揭西县揭西县棉湖镇邮电局对面
…… 负责人:李舜明　邮　编:515400
…… 法　人:李舜明
…… Tel:13822059808
0663－5267813

**龙岗电子世界正声电子经营部**
地址:广东省深圳市龙岗区龙岗中心城龙岗电子世界 1046－1047 号
…… 负责人:黄文忠
…… Tel:0755－28939118
13510878680

**广东深圳市深润川实业有限公司**
地址:广东省深圳市龙岗区鹏达路南联村规划 13 号
…… 负责人:肖泽琛
…… Tel:0755－84867858
25399858

**深圳市群英达电子有限公司**
地址:广东省深圳市龙岗区平湖镇白泥坑宝盛公司 25 栋四楼
…… 负责人:黄文明
…… Tel:0755－84663784
13925222965

**爱迪信电子有限公司**
地址:广东省深圳市龙岗区平湖镇鹅公岭世纪工业区 6 栋
…… 负责人:林秋展
…… Tel:0755－84012380
84012868
13510825863

**深圳市光耀华实业有限公司**
地址:广东省深圳市龙岗区平湖镇荔元街 98 号
…… 负责人:郑振华
…… Tel:13924638603

**深圳市龙岗区平湖村泰达电器制品厂**
地址:广东省深圳市龙岗区平湖镇平湖村富民工业区联佳工业城
…… 负责人:黄义斌
…… Tel:0755－84004171
84004175
13823694213

**深圳市三通电子有限公司**
地址:广东省深圳市龙岗区平湖镇新木村新围仔益民路 3 号
…… 负责人:陈观平
…… Tel:0755－84688980

**龙佑五金电子加工行**
地址:广东省深圳市龙岗区平湖镇新南村二巷 6 号
…… 负责人:杨德正
…… Tel:0755－28846856
13825227780

**揭西县棉湖辉驰五金电器厂**
业务:五金电器
地址:广东省揭阳市揭西县棉湖镇南湖开发区富岭村四巷 7－8 号
…… 负责人:吴永芝　邮　编:515438
…… 法　人:吴永芝
…… Tel:0663－5222851
13592945008
…… Fax:0663－5222851

**创能科技有限公司**
地址:广东省深圳市龙岗区同乐村九九同心工业区 A1 栋
…… 负责人:伍先术
…… Tel:0755－84293399
13828758003

**工科电子制品厂**
地址:广东省深圳市龙岗区同乐村同心工业区 A4 幢第三层
…… 负责人:陆健忠
…… Tel:0755－84292282
13510312633

**甬成电子有限公司**
地址:广东省深圳市龙岗区同乐新布村工业区
…… 负责人:忻丁海
…… Tel:0755－84292655
13509606917

**乐都电子营业部**
地址:广东省深圳市龙岗区中心城龙岗电子世界 1120 号
…… 负责人:钟朝乐
…… Tel:0755－28939269
13510976279

**深圳市龙旋电子有限公司**
地址:广东省深圳市龙区布吉镇南岭村欧商全裕制造厂
…… 负责人:黄龙生
…… Tel:13802290203

**东日盈实业有限公司电子厂**
地址:广东省深圳市罗湖区草埔翠山路 63 号 2 栋 3 层 A 面
…… 负责人:郑乔俊
…… Tel:0755－26256898

**揭阳市普侨区中侨电子有限公司**
业务:生产、销售电子线路板
产品:电子线路板
地址:广东省揭阳市普侨区石南工业小区
…… 负责人:韩汉俊　邮　编:522000
…… 法　人:韩汉俊
…… Tel:0663－2764777
13502664128
…… Fax:0663－2764778

**深圳市赛达电子有限公司**
地址:广东省深圳市罗湖区东门中中兴路 226 号 328 房
…… 负责人:钟天斌
…… Tel:0755－82251643
13823315935

**揭阳市榕城区精艺电子元件厂**
业务:电子元件的加工和销售
地址:广东省揭阳市榕城区榕东南厝工业区
…… 负责人:陈燕松　邮　编:522000
…… 法　人:陈燕松
…… Tel:0663－8676373
13502686807

**昌恩电子有限公司**
地址:广东省深圳市罗湖区嘉宾路海燕商业大厦 1301
…… 负责人:刘恩元
…… Tel:0755－82280107
13602663690
13332912110

**法拿达电子电器有限公司**
地址:广东省深圳市罗湖区嘉宾路爵士大厦 15A07 号
…… 负责人:周庆坚
…… Tel:13823528085

**中锘基电器制造有限公司分公司**
地址:广东省深圳市罗湖区嘉宾路太平洋商贸大厦 1617 室
…… 负责人:黄镇奎
…… Tel:0755－82138777
82138785

**浙江台州爱仕达电器有限公司深圳市分公司**
地址:广东省深圳市罗湖区金塘街 48 号蔡屋围丽晶大厦南座
…… 负责人:徐伟平
…… Tel:0755－25833786
13088833465

**骆仲逵科技开发有限公司**
地址:广东省深圳市罗湖区莲瑭鹏兴花园 37 栋 206 号
…… 负责人:骆仲逵
…… Tel:18924605366

**海合威电子科技有限公司**
地址:广东省深圳市罗湖区罗芳路南方大厦 B 座 1010 室
…… 负责人:章向军
…… Tel:0755－25175551
13510826990

**深圳市亚明照明电器有限公司**
地址:广东省深圳市罗湖区人民北路大吉祥大厦 17 号铺
…… 负责人:李炳泉
…… Tel:0755－82238856
13760118891

**连州镇东门中路明兴家电店**
业务:电视机、VCD、DVD 等家电
地址:广东省连州市东门中路 113 号
…… 负责人:严友和　邮　编:511500
…… 法　人:严友和
…… Tel:0763－6632723
13828540438
…… Fax:0763－6632723

**利亚灯饰商店**
地址:广东省深圳市罗湖区人民北路凉果街 2 号大院 5 号楼 105 号
…… 负责人:陈焯军
…… Tel:0755－822935691
13923790193

**新明电热商店**
地址:广东省深圳市罗湖区晒布路 43 号之一
…… 负责人:王亚
…… Tel:0755－82222652
13066860201

**深圳市史密斯电器有限公司**
地址:广东省深圳市罗湖区深南东路湖润大厦 1705 室
…… 负责人:肖亮
…… Tel:0755－61289412

**益伯尔电子科技(深圳)有限公司**
地址:广东省深圳市罗湖区深南东路文华大厦西座 22D
…… 负责人:甘润生
…… Tel:0755－25891368

**利金达实业有限公司**
地址:广东省深圳市罗湖区水贝二路 56 号特力大厦 2613 室
…… 负责人:黄美清
…… Tel:13802569611

**深圳市艾比达电子有限公司**
地址:广东省深圳市罗湖区笋岗东路宝安广场 A 栋 7－A1
…… 负责人:黄晓红
…… Tel:0755－25170184

**福鸿达科技实业发展有限公司**
地址:广东省深圳市罗湖区笋岗路宝安广场 C 座 1302 室
…… 负责人:张冰
…… Tel:0755－25161068

**深圳市德奥特实业有限公司**
地址:广东省深圳市罗湖区笋岗路华通大厦 1517 室
…… 负责人:杜燕君
…… Tel:0755－25533442
13924674009

**连州镇南门大道明兴家电店**
业务:太阳能、冰箱、电视机、VCD、DVD、水塔、消毒柜、高级厨柜等各种家电
地址:广东省连州市南门大道商业广场 B5 栋 1－2 号铺
…… 负责人:严友和　邮　编:511500
…… 法　人:严友和
…… Tel:0763－6632723
13828540438
…… Fax:0763－6632723

**深圳市罗湖区力高电器有限公司**
地址:广东省深圳市罗湖区文锦北路 1018 号建材大厦 237－243 房
…… 负责人:叶惠冰
…… Tel:0755－25620063

**深圳市奔越激光技术有限公司**
地址:广东省深圳市麻雀岭工业区 10 栋 1 号厂房南区东 2 楼
…… 负责人:林倩华
…… Tel:0755－26012078
13602585478

**欣中芯电子有限公司**
地址:广东省深圳市南山区创业路碧海天家园 5 栋 A7 座 7B 号
…… 负责人:徐玲
…… Tel:13316892561

**深圳市通信视科技有限公司**
地址:广东省深圳市南山区创业路金海岸大厦 A 栋 1819 室
…… 负责人:万进党
…… Tel:0755－82926570
13828740317

**富佳电子有限公司**
地址:广东省深圳市南山区创业路怡海广场东座 1001 室
…… 负责人:张勇
…… Tel:0755－26430026
13828851986

**深圳市南山区铭德电子有限公司深圳市分公司**
地址:广东省深圳市南山区大冲工业区 39 栋 4 楼
…… 负责人:朴学范
…… Tel:0755－26996556

**恩源电子设计有限公司**
地址:广东省深圳市南山区高新技术工业村 A3－A,C 座 4 楼
…… 负责人:蔡成蛟
…… Tel:0755－26551920
13928427690

**深圳市好易通科技有限公司**
地址:广东省深圳市南山区高新科技园 R2 栋 A 区 1 楼
…… 负责人:刘莉花
…… Tel:0755－26972999 转 1123
13501588680

**湛江市高博电器有限公司**
业务:电器生产销售
地址:广东省廉江市红湖建材工业园 2－3 幢
…… 负责人:廖国辉　邮　编:524038
…… 法　人:廖国辉
…… Tel:0759－6861333
6861222
…… Fax:0759－6861168

**波创科技发展有限公司**
地址:广东省深圳市南山区高新南区创维大厦 A804 室
…… 负责人:赵敏
…… Tel:0755－26743944
13802227881

**瑞摩特科技发展有限公司**
地址:广东省深圳市南山区高新区北区活力宝大厦 2 楼东侧
…… 负责人:曾根江
…… Tel:0755－26980588

**精博德电子有限公司**
地址:广东省深圳市南山区华侨城东部工业区东北 B3 栋 302
…… 负责人:杨昶
…… Tel:0755－26601290
13312913468

**廉江市创力电器有限公司**
业务:生产与销售各种小型家用电器,如电饭煲,电饭锅,吹风机等等
产品:各种小型家用电器,如电饭煲,电饭锅,吹风机等等
地址:广东省廉江市环市西路 5 号五十万仓库楼下
…… 负责人:许徐汉　邮　编:524400
…… 法　人:许徐汉
…… Tel:13702686248
0759－6613346
…… Fax:0759－6609348

**昆山市华崴电子科技有限公司深圳办事处**
地址:广东省深圳市南山区华侨城汉唐大厦 1101
…… 负责人:黄志和
…… Tel:0755－26935660

**深圳市富力电池有限公司**
地址:广东省深圳市南山区华侨东部工业区 E－2 幢 2 楼
…… 负责人:刘长昊
…… Tel:0755－26925861
13802557560

**深圳康特电子厂**
地址:广东省深圳市南山区建工村铁 2 号 29 号
…… 负责人:李晶明
…… Tel:0755－26971661
13302457531

**深圳市五佳电子科技有限公司**
地址:广东省深圳市南山区金河路沙河商城 439 室

负责人:罗武彬
Tel:0755－86091299
13925278517

**深圳市音佳电子有限公司**
地址:广东省深圳市南山区科技园深南花园A座7A
负责人:李登涛
Tel:0755－26507290

**路通电子有限公司**
地址:广东省深圳市南山区科兴路汇景花园海欣阁11G
负责人:李三平
Tel:0755－26583390
13352967760

**廉江市石城友好电器配件厂**
业务:生产、销售电器配件
地址:广东省廉江市新民镇黎村
负责人:黎相敏　邮编:524400
法人:黎相敏
Tel:13437881836
13553502875

**长胜电力技术有限公司**
地址:广东省深圳市南山区蓝虹雅苑一栋10H
负责人:岳金明
Tel:0755－26753408
13902312956

**深圳市利亿电子厂**
地址:广东省深圳市南山区留仙大道平山工业区16栋四楼
负责人:何宗侠
Tel:0755－26991566

**金利源机电子有限公司**
地址:广东省深圳市南山区南油大道青春家园B栋19B
负责人:高家粱
Tel:0755－26092292
13838166783
13609621121
13823767686

**深圳市国傲科技开发有限公司**
地址:广东省深圳市南山区南油大道西侧路南油四工业区五栋四楼南侧
负责人:何忠平
Tel:0755－26406765
26406774

**陆丰市东海百兴电器店**
业务:销售电器
产品:美的,海尔,松下等
地址:广东省陆丰市东海镇人民路对面埔五巷1号
负责人:庄火畅　邮编:516601
法人:庄火畅
Tel:0660－8817689
13543132351

**香港安达电子企业有限公司深圳代表处**
地址:广东省深圳市南山区南油大道新保辉大厦主楼26E
负责人:张臻
Tel:0755－26063807

**津武田电子有限公司**
地址:广东省深圳市南山区区龙珠大道龙珠苑龙联花园5栋702房
负责人:黄星华
Tel:13823760732

**深圳市汇景数码科技有限公司**
地址:广东省深圳市南山区软件园1302#
负责人:叶喜棠
Tel:0755－26978323
13802215121

**深圳市骏力达电子有限公司**
地址:广东省深圳市南山区沙河西路茶光健兴三栋伍楼
负责人:谢丽君
Tel:0755－26625909

**李金华缝纫机行**
业务:缝纫机及配件代理销售,维修一条龙服务
地址:广东省罗定市罗城镇人民北路79号
负责人:李金华　邮编:527200
法人:李金华
Tel:13826820123

**深圳市宏硕实业有限公司**
地址:广东省深圳市南山区沙河西路鼎新大厦东座1106室
负责人:翁红英
Tel:0755－86021068
13352911521

**深圳市南山区新升发电器店**
地址:广东省深圳市南山区蛇口公园南路34号
负责人:吴顺茂
Tel:0755－26679538
13602577289

**深圳市瑞姆贸易有限公司**
地址:广东省深圳市南山区蛇口太子路18号海景广场
负责人:钟明强
Tel:0755－26829663
13802707482

**深圳市南山区隆盛经营部**
地址:广东省深圳市南山区蛇口湾厦路33号南天雁2栋5B

负责人:肖奕波
Tel:0755－26882824
13502879484

**净通实业有限公司**
地址:广东省深圳市南山区苏豪名厦26楼A－1
负责人:谢凯
Tel:13923896619

**深圳市帝亨科技有限公司**
地址:广东省深圳市南山区同乐兴业工业区A1栋5楼北
负责人:沈建军
Tel:0755－25458173
21575822
13602689513

**德力康电子科技有限公司**
地址:广东省深圳市南山区西丽镇
负责人:吴贡明
Tel:0755－26548038
26548028
分机338

**深圳市科利尔照明科技有限公司**
地址:广东省深圳市南山区西丽镇官龙工业区二号厂房
负责人:潘瑞谦
Tel:0755－86114328
86114399
13602541798

**茂名市沁乐电器有限公司**
业务:家用电器的生产与销售
产品:家用电器
地址:广东省茂名市电白县水东镇新湖2路171号
负责人:罗秀欣　邮编:525000
法人:罗秀欣
Tel:0668－5526288

**捷诚磁芯经销部**
地址:广东省深圳市南山区西丽镇红花岭工业区闽利达大厦六楼
负责人:刘修忠
Tel:0755－26997743
13510304119

**海纳电子厂**
地址:广东省深圳市南山区西丽镇塘朗村田寨工业区A区13栋
负责人:曹逢军
Tel:13590222616

**欧文科技有限公司**
地址:广东省深圳市南山区西丽镇沿河路红花岭工业区二区8栋6楼
负责人:王新
Tel:0755－86011202
13332999919

**深圳市中都电气有限公司**
地址:广东省深圳市南山区学府路南怡园大厦怡景阁14F
负责人:谢庆辉
Tel:0755－26075175

**深圳市励得数码科技有限公司**
地址:广东省深圳市南山区沿山路6号佳利泰大厦5楼B、D、E单元
负责人:盛劲
Tel:0755－26838972

**深圳市东华电器制冷配件商店**
地址:广东省深圳市南山区阳光荔景商铺S14
负责人:颜小姐
Tel:0755－26561698

**茂名市茂港区华凤电器工业有限公司**
业务:专业生产销售光波炉、多用电炉、风扇、捕蚊器等系列产品
地址:广东省茂名市茂港区海伟工业区325国道红绿灯旁
负责人:郑伟华　邮编:525000
法人:郑伟华
Tel:0668－5123388
5123331
Fax:0668－5123388

**兴源电子配件行**
地址:广东省深圳市南山区玉泉路麒麟花园A区周轩1905
负责人:陈伟文
Tel:13602669026

**深圳市南山区华龙商行**
地址:广东省深圳市南山区粤海小区9号铺(南山邮局后面)
负责人:辛东华
Tel:0755－25757519
13925226887

**深圳市中正丰泽商贸有限公司**
地址:广东省深圳市坪山镇深汕路301号1－3楼
负责人:黄海平
Tel:0755－28822980
13902484933

**广东省深圳市新三思计量技术有限公司(市场部)**
地址:广东省深圳市沙河西丽茶光工业村100号
负责人:吴先生
Tel:0755－26700102
13714729318

**深圳市克莱沃电子有限公司**
地址:广东省深圳市深南大道6017号都市阳光名苑3栋25D
负责人:张丽荣
Tel:0755－82047858
13501564126

**科利尔照明科技有限公司**
地址:广东省深圳市西丽镇华南观赏中心三栋
负责人:刘昌贵
Tel:13502884315

**茂名合众电器有限公司销售部**
业务:代理苏泊尔、欧意、联创等知名品牌,厨卫,小家电,炊具,热水器,空调扇,风扇,取暖器等
地址:广东省茂名市茂南开发区天桥路268号大院3号首层3号
负责人:蔡胜　邮编:525000
法人:蔡胜
Tel:0660－2098203
Fax:0660－2980770

**深圳市莹久光电实业有限公司**
地址:广东省深圳市盐田区沙头角建工大厦5楼514室
负责人:段新锋
Tel:0755－25558419
25362022
13802262108

**都会电子市场1A052柜台**
地址:广东省深圳市中行路都会电子市场
负责人:林先生
Tel:0755－83013556

**新兴县六祖镇建强环保除尘器设备厂**
地址:广东省云浮市新兴县六祖镇高洞村
负责人:钟耀强
Tel:13590682354

**广东省半球照明电器制造有限公司**
地址:广东省湛江市赤坎区椹川大道北63号
负责人:钟何文
Tel:0759－3356608
13702720308

**肇庆市创科磁电设备厂**
地址:广东省肇庆市端州区西江北路25号富康新屯B区第六卡
负责人:刘振辉
Tel:13827515210

**创科电力设备厂**
地址:广东省中山市东升镇高沙村悦中街8号创科电力设备厂
负责人:陈锡标
Tel:13189229110

**忠威电声厂**
业务:专业生产、销售铁壳内外磁喇叭以及塑胶喇叭,保证品质,价格从优。
产品:玩具喇叭、礼品喇叭
地址:广东省梅州市丰顺县汤坑镇东山路
负责人:温先生　邮编:514300
法人:温雄威
Tel:0753－6693488
13750548788
Fax:0753－6193814
网址:zhongweids.cn
E-mail:wxwei008@163.com

**康宏照明灯饰厂**
地址:广东省中山市古镇曹步曹兴东路51号
负责人:李建海
Tel:0760－2323867
13527188917

**珠海市恒得工业自动化设备有限公司**
业务:本公司是一家专业从事工业自动化、非标准机电成套设备的开发、设计,制造、物流输送设备、自动喷涂设备及电子设备的高新技术企业,具有先进的开发系统和制造系统以及完善的售后服务。
地址:广东省珠海市三灶镇鱼弄水库西侧
负责人:林伟华　邮编:519040
法人:林伟华
Tel:0756－3991922
Fax:0756－3991933
网址:www.zhuhaihd.com
E-mail:lwh@zhuhaihd.com

**松普皇腾太阳能梅州地区总经销**
业务:专业经营松普、皇腾、空气能热水器、热泵热水器以及各种管材水暖配件及卫生洁具,产品具有高效、节能、安全、绿色环保的绝对优势,欢迎你前来订购,与您携手共创绿色家园.
产品:松普、防腾、空气能热水器、清大、清华等
地址:广东省梅州市梅县大新城黄金湾6栋7号
负责人:曾华平　邮编:514071
法人:曾华平
Tel:13549150499

**中山市石岐区建成冷气工程部**
地址:广东省中山市石岐区张溪龙鼻涌街西四巷8号
负责人:谭永生
Tel:13823909376

**兴宁市坭陂镇安发电子厂**
业务:电子产品,变压器
地址:广东省梅州市兴宁市坭陂镇埗陂中心街
负责人:徐文财　邮编:514021
法人:徐文财
Tel:13509099633
0753－3651081
3654533
Fax:0753－3654533

**古镇科彩照明电器厂**
地址:广东省中山市中山古镇古一乐丰工业区置业楼1号二楼
负责人:曾凯辉
Tel:13928130965

**普宁市达隆七电器配件厂**
业务:视频线、音频线、色差线、话筒线、VGA线、USB线、HDMI线、网络线、同轴线、光纤线、S端子线
地址:广东省普宁市占陇镇占苏苏园文德路110－112号
负责人:陈德列　邮编:515300
法人:陈德列
Tel:13822913380
0663－3856380
Fax:0663－3856380
网址:www.dalong7.com
E-mail:dalong7@dalong7.com

**清新县太和镇柏嘉电子附件厂**
业务:电子附件生产
地址:广东省清远市清新县太和镇飞水管理区16村
负责人:周国荣　邮编:511500
法人:周国荣
Tel:13826412334
0763－5382662

**清新县太和镇建诚空调安装部**
业务:中央、壁式、立式等空调安装
地址:广东省清远市清新县太和镇石场路西二巷13号首层
负责人:曹记开　邮编:511500
法人:曹记开
Tel:13431979499
15816230170

**阳山县城南华帝电器商场**
业务:经营各大品牌家用电器。空调、洗衣机、冰箱、空调等
地址:广东省清远市阳山县城南大道东97号
负责人:唐志强　邮编:513100
法人:唐志强
Tel:0763－7880238
7895323

**两英大众电器商店**
业务:主要经营各种电器的销售
地址:广东省汕头市潮南区两英石马中路富华街1号(派出所旁)
负责人:陈泽涛　邮编:515000
法人:陈泽涛
Tel:13542841877
0754－85592576

**汕头市雅思特电子科技有限公司**
业务:生产销售音响设备、手机配件
产品:迷你音箱、手机充电器
地址:广东省汕头市潮阳区和平镇新和惠路619号
负责人:林凯筹　邮编:515154
法人:林凯筹
Tel:0754－82264323
Fax:0754－82602777
网址:www.yeste.com.cn
E-mail:sales@yeste.com.cn

**富海电子科技有限公司**
地址:广东省珠海市香洲区吉大建业一路6号2栋3单元101房
负责人:李文林
Tel:0756－3351562
13232216363

**汕头市东阳太阳能有限公司**
业务:生产销售太阳能设备
地址:广东省汕头市潮阳区棉北柳厝园路口第三号铺间
负责人:陈先生　邮编:515000
法人:姚桂兴
Tel:13536947088
15916622333

**宝特灯饰厂**
地址:广东省中山市古镇车站南路灯饰城B栋3号楼二层

……负责人:杨宝新
……Tel:0760－2323836
13924503997

**欧美家灯饰门市部**
地址:广东省中山市古镇横古路5号
……负责人:朱福清
……Tel:0760－2313942
13824776783

**中山市华电电子设备厂**
地址:广东省中山市火炬开发区东镇北路79号
……负责人:李小菊
……负责人:13715571716

## 伟利昌电子有限公司
业务:电子产品
地址:广东省汕头市龙湖区珠池路星星工业村(华美庄27幢楼下)
……负责人:林晓彬　邮　编:515000
……法　人:林晓彬
……Tel:15603088988
0754－88898475

## 汕头市托威数码科技有限公司
业务:数码科技产品的销售,以手机、电脑为主
产品:手机、电脑等数码产品
地址:广东省汕头市龙湖区珠江路中段绿茵庄28幢2层
……负责人:肖辉华　邮　编:515000
……法　人:肖辉华
……Tel:0754－86736789
13829680555
……Fax:0754－8816777

## 汕尾市城区诚信电器店
业务:空调、冰箱、洗衣机、炉具等其它小家电
地址:广东省汕尾市城区城南路393－395号。
……负责人:徐信墙　邮　编:516601
……法　人:徐信墙
……Tel:0660－3336748

## 汕尾市城区文利家电维修服务中心
业务:家电维修
地址:广东省汕尾市城区海宁路东一巷14－15号
……负责人:李昌　邮　编:516600
……法　人:李昌
……Tel:0660－3363515
13719566866

## 乐昌市坪石镇兴浪手机电器城
业务:手机家用电器
地址:广东省韶关市乐昌市坪石镇河西市场对面
……负责人:沈孝春　邮　编:512229
……法　人:沈孝春
……Tel:0751－5532767
13642579063

**佳源电子有限公司**
地址:广东省深圳市南山区科技工业区科智西路23栋北3楼
……负责人:曹明
……Tel:13823547832

**美思联科实业有限公司**
地址:广东省深圳市南山区科技南门大大厦1409室
……负责人:龙杨新
……Tel:0755－26993990

**深圳市聚能达电子有限公司**
地址:广东省深圳市南山区科技园北区第五工业区广东省深圳市面粉集团大厦办公楼三楼
……负责人:李兵
……Tel:13590408108

**贝加尔电子有限公司**
地址:广东省深圳市南山区科技园科欣路10号海欣阁8D
……负责人:荆文丽
……Tel:0755－26966702

## 乐昌市杰明达灯饰行
业务:明达灯饰的销售
地址:广东省韶关市乐昌市人民南路142号
……负责人:陈建军　邮　编:512000
……法　人:陈建军
……Tel:13927872228
18922575968

**深圳市汇森科技电子有限公司**
地址:广东省深圳市南山区南油大道海王大厦B－13H
……负责人:尹光宇
……Tel:0755－26559987

**福海电子有限公司**
地址:广东省深圳市南山区南油大道海王大厦B－24区
……负责人:周树森
……Tel:0755－26414185

**深圳市秀普电子有限公司**
地址:广东省深圳市南山区南油大道金晖大厦2617
……负责人:胡文锁
……Tel:0755－26880890
13509699734

## 翁源县铁龙作富五金建材家电店
业务:销售电器、五金、排水管、给水管
地址:广东省韶关市翁源县铁龙林场铁龙大道安居工程楼2号
……负责人:丘作富　邮　编:512000
……法　人:丘作富
……Tel:13435106760
13727516958
0751－2662569

## 武江区钰兴五金电器经营部
业务:批发零售五金、电器、管槽兼营博奥地板砖、陶瓷
地址:广东省韶关市西郊七公里阳山综合市场对面
……负责人:徐钰城　邮　编:513125
……法　人:徐钰城
……Tel:13719746530
0751－8136358
13415663879

## 韶关市韶乐照明店
业务:各种照明器材
地址:广东省韶关市浈江区东河风采新村六栋2号
……负责人:严国华　邮　编:512000
……法　人:严国华
……Tel:0751－8888096

## 豪达冷气工程服务部
业务:家用电器及配件,安装,维修,零售
产品:长虹空调,美的空调
地址:广东省韶关市浈江区站南路粤辉日用品批发市场C30、31号
……负责人:张相荣　邮　编:512000
……法　人:张相荣
……Tel:0751－8893113
……Fax:0751－8893113
……E-mail:haodalenqi@163.com

**合力群实业发展有限公司**
地址:广东省深圳市南山区南新路2085号
……负责人:梁合明
……Tel:0755－26462468
13602591438

**深圳市南山区金雅南山市场丽晶灯饰电器行**
地址:广东省深圳市南山区南新路金雅装饰材料行一楼
……负责人:庞亚德
……Tel:13316907267

**深圳市鑫龙德电子有限公司**
地址:广东省深圳市南山区南油大道海晖大厦珍宝阁27A
……负责人:吴桂芝
……Tel:0755－26407398

## 永丰精密五金有限公司
业务:钟表配件生产和销售
地址:广东省深圳市宝安区沙井镇万丰村南山工业区南山一路38栋
……负责人:张友兵　邮　编:518104
……法　人:黄少冰
……Tel:0755－27281558
13713542559
……Fax:0755－27281559
……E-mail:yongfeng8688@vip.163.com

## 深圳市载宇实业有限公司
业务:高、低压成套电气设备
地址:广东省深圳市宝安区石岩街道应人石村吉安工业园3楼
……负责人:刘堂文　邮　编:518000
……法　人:刘堂文
……Tel:15989587192
0755－29685827
……Fax:0755－27350253

## 前沿电子技术有限公司
业务:电子线路、产品设计
地址:广东省深圳市宝安区西乡大道新中心区宝源路F518时尚创意园F5栋302
……负责人:林赵龙　邮　编:518102
……法　人:林赵龙
……Tel:0755－29558130

**华坤地科技有限公司**
地址:广东省深圳市南山区关口二路安乐工业区15栋1楼
……负责人:王莉萍
……Tel:0755－26976502
13925283506

**奥康诺科技有限公司**
地址:广东省深圳市南山区关口二路安乐七队工业厂房15栋6楼B#
……负责人:王佳旺
……Tel:0755－26977876
13808807284

## 创嘉电子线材厂
业务:电线,机内线,电源线
地址:广东省深圳市宝安区西乡兴围第一工业区创业城2楼
……负责人:杨开艳
……法　人:杨开艳
……Tel:0755－27519856
13922846058
……Fax:0755－27519859

## 深圳市爱希卡智能科技有限公司
业务:生产、销售IC卡设备
地址:广东省深圳市福田区福强路金地工业区110栋4栋诚希公司
……负责人:蒋东旭　邮　编:518000
……法　人:蒋东旭
……Tel:0755－83493995
83493992

## 深圳市吉克电池有限公司
业务:锂离子电池
地址:广东省深圳市龙岗区龙西村青水路140号
……负责人:袁中华　邮　编:518000
……Tel:0755－84516045
84515551

**捷一好电子有限公司**
地址:广东省深圳市南山区南油第四工业区3栋5层西侧
……负责人:彭伟
……Tel:0755－26412540
13554994759

**泰吉源实业发展有限公司**
地址:广东省深圳市南山区麒麟花园E幢1602
……负责人:卓龙旺
……Tel:13823790888

**腾龙电气有限公司**
地址:广东省深圳市南山区麒麟路48号上汽大厦
……负责人:陈新
……Tel:0755－26738799
13510013501

**深圳市诺尔信科技有限公司**
地址:广东省深圳市南山区麒麟马家龙64栋8楼东边
……负责人:汤安平
……Tel:0755－26504621
13128803880

**深圳市永强伟业电子有限公司**
地址:广东省深圳市南山区前海路鼎太风华社区A栋606号
……负责人:张小强
……Tel:0755－26097380

**深圳市芯邦微电子有限公司**
地址:广东省深圳市南山区高新区南区方大大厦1401室
……负责人:张志鹏
……Tel:13510092580

**深圳市正联电子有限公司**
地址:广东省深圳市南山区高新区清华大学研究院大楼A室20
……负责人:韩树荣
……Tel:0755－26712612
13923883930

**精业磁性电子有限公司**
地址:广东省深圳市南山区关口二路安乐村7队工业厂房3栋4楼
……负责人:郑自伟
……Tel:0755－26976160
13600435691

**深圳市奇正泰斗电子有限公司**
地址:广东省深圳市罗湖区红岭中路荔景大厦四楼405室
……负责人:吴江帆
……Tel:0755－25591522

## 深振灯光音响
业务:专业舞台灯光音响,DJ用品
产品:灯光,音响,点歌机(KTV),DJ用品,监控设备
地址:广东省深圳市罗湖区笋岗仓库818栋胜业达旧货市场二楼B269号(加油站后面)
……负责人:黄振兴　邮　编:518000
……法　人:黄振兴
……Tel:0755－82410627
……Fax:0755－82410627
……网址:www.szszdgyx.cn
……E-mail:huanzx@126.com

## 深圳市金宏达电器有限公司
业务:电器维修服务
地址:广东省深圳市南山区工业八路天骄华庭1号楼08商铺
……负责人:杨金龙　邮　编:518000
……法　人:杨金龙
……Tel:13802232978
0755－26674358

**江龙悦灯饰有限公司**
地址:广东省深圳市南山区桂庙路荔园大厦甲栋11A
……负责人:张义有
……Tel:0755－26495516

## 深圳市新佳乐格力空调专卖店
业务:格力空调的专卖
地址:广东省深圳市南山区沙河西路西丽居委会综合楼商铺
……负责人:何春光　邮　编:518055
……法　人:何春光
……Tel:0755－26460685

## 吉通国际涂装输送线配件有限公司
业务:生产涂装输送线的设备及其配件
地址:广东省深圳市松岗镇罗田村第三工业区
……负责人:涂红华　邮　编:518105
……法　人:涂红华
……Tel:0755－29936498
81693825
13825280617
13825224806

## 台山市都斛镇迅达家用电器专卖店
业务:家用电器专卖
地址:广东省台山市都斛镇解放街67－69号
……负责人:麦洪旺　邮　编:529020
……法　人:麦洪旺
……Tel:0750－5259885

**东鑫电子设备服务有限公司**
地址:广东省深圳市罗湖区桂园路电影大厦A座1610室
……负责人:邹励华
……Tel:13602668002

**文卓绿色环保科技有限公司**
地址:广东省深圳市罗湖区国贸大厦626室
……负责人:李经理
……Tel:0755－82213800

**前线摄影器材有限公司**
地址:广东省深圳市罗湖区和平路船步街2号1栋508
……负责人:檀积珍
……Tel:0755－25583508
13068461229

**永特科技实业有限公司**
地址:广东省深圳市罗湖区黄贝岭工业园石莲楼A座5楼
……负责人:黄泽群
……Tel:0755－25425445
13923818638

## 常平嘉铭电子加工厂

我厂自成立以来，专业制作各种薄膜开关，PC、PVC、PET电子、电器铭板，遥控器面板，MYLAR，POLYDOME，METALDOME，凸点铭板，各种来料丝印。

以质量求生存，以信誉求发展，欢迎新老客户来电洽谈业务！

联系人：蒋建辉
电话：0769-83825079 83826379 83827629 传真：0769-83827629
地址：广东省东莞市常平镇桥沥马屋村129号 邮编：523000

## 东莞市伟博电池科技有限公司

东莞市伟博电池科技有限公司于2008年成立，从事镍氢及锂电池的研发、生产及销售。

本着"团队、进取、诚信、共赢"的经营理念，我们期待与您的合作！让我们携手前进，共创辉煌！

联系人：黎兆智 13823202983
电话：0769-82605258 82605811
地址：广东省东莞市黄江镇大冚村汇龙路第二栋A栋 邮编：523003

## 东莞市常平聚东电子零件店

东莞市常平聚东电子零件店成立于2006年。

主要从事于贴片、电感器的生产，销售。

我们致力于以优质的产品和服务来回报社会及广大新老客户。竭诚欢迎广大客户来人来电咨询洽谈。

联系人：陈伟
电话：0769-83999057 83999047
邮编：523000
地址：广东省东莞市常平镇苏坑村上甲队51号

## 东莞市伟容电子有限公司

东莞市伟容电子有限公司是一家专业生产铝电解电容的高新企业。产品广泛应用于车载DVD，电源，小家电，通讯设备等。

企业的发展，离不开客户的支持，我们衷心希望能与广大厂家携手合作，共创辉煌！

邮编：523000
联系人：卓少章 13602339678
电话：0769-82016989
地址：广东省东莞市塘厦镇莲湖第二工业区莲湖北路9号

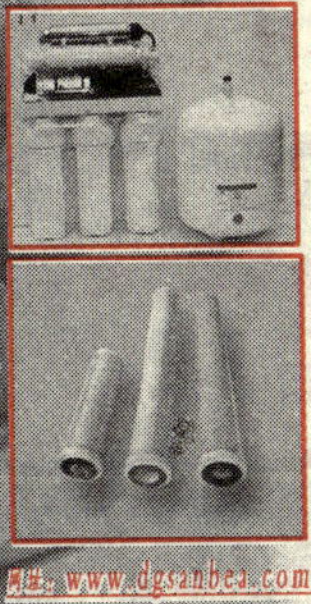

## 东莞市大岭山三比过滤器材厂

公司自成立以来，秉着"以质量求生存，以信誉谋发展"的基本理念，坚持把满足客户需求做为企业的核心动力。

公司开发并已批量生产的产品有：线绕式过滤芯、活性炭芯、折叠式滤芯、PP滤芯、钻孔/隔板胶片、滤纸、滤布、销钉、菲林清洁剂、消泡剂等，且滤芯系列已通过SGS环保认证。我们将为您提供永久的：最优质的质量，最好的服务，最具竞争力的价格！

网址：www.dgsanbea.com
联系人：陈云贵
电话：0769-83353153
传真：0769-83353795
邮编：523820 电子邮件：sanbea2004@163.com
地址：广东省东莞市大岭山镇向东工业区七区64号

## 佛山市美精电器有限公司
### 中山分公司

佛山市美精电器有限公司中山分公司于2008年成立，专业从事微晶板印刷销售；微晶板抛光及磨边等日用电器及配件加工服务，及烟具、炉具、厨房用品等小家电成品的生产销售。

联系人：岳定学
传真：0760-22517169
电话：0760-22517166 22517168 电子邮件：sdmeijing@163.com
地址：广东省中山市南头镇民安村（升辉北工业区）合路 邮编：528400

## 东莞市金普照明有限公司

金普电子照明有限公司，是一家独立研发、生产、销售为一体的专业企业。主要有节能光管，风力发电，电机节电，T5电子照明，T5安装型，T5替换T8型，T5防爆型，T5格栅型。

本公司秉承"以人为本、科技领先、服务至上、诚信经营"的宗旨，将以商品质量高技术含量的产品与广大客户携手合作，共创美好未来。

联系人：王丰
电话/传真：0769-83631861
地址：广东省东莞市黄江镇鸡啼岗凤鸣七街8号 邮编：523000

## 佛山市南海区舒乐照明电器有限公司

擅长于开发生产吹灯、射灯、格栅灯等各类灯饰和各种质优价廉的五金配件。

自成立以来，我们一直坚持质量第一，信誉第一的原则，并实行严格的内部管理制度。

我们深信：客户永远是最好的。

欢迎来电来函咨询。

联系人：刘水清
电话：0757-81266936 81266235
传真：0757-81266235
邮编：528226
地址：广东省佛山市南海区罗村广三铁路路边新村围塘第9之1（A）

## 东莞市石碣孚星电子元件经营部

东莞市石碣孚星电子元件经营部主营电子元件、变压器及相关辅助材料，我们本着"诚信为本，卓越服务"的原则为广大客户提供最优质的服务。

热忱欢迎广大客户光临！

电话：0769-86302086
联系人：付光罗 13829152356
地址：广东省东莞市石碣镇四甲榴洲工业区 邮编：523299

## 高要市南岸华亿电器厂

高要市南岸华亿电器厂于2007年成立。

主要经营LED节能灯的生产及销售。

我们始终坚持品质，

以您的满意为我们的动力。

愿与各位朋友共发展、共创美好未来！

联系人：李达华
电话：0758-8361940 5887551
邮编：526100
地址：广东省高要市南岸永安街西直巷50号

## 广东中山小榄九迪本松电器厂

广东中山小榄九迪本松电器厂成立于2005年，致力于电光源、电子镇流器、高压气体放电灯、节能一体化灯具等新一代绿色照明产品的研发、生产及推广。

开发产品包括 DC直流12V节能灯，DC直流12VT4、T5、T8支架；DC直流逆变交流AC220V/110V逆变器；Q：0.98高功率电子镇流器。T8铝合金支架，节能灯系列，T4、T5、T8电子镇流器；电子变压器。高亮度LED、T8、T5灯管。

热忱欢迎各界朋友来人来电咨询！

联系人：韦生　15362957831　13824723501　传真：0760-22268907

地址：广东省中山市小榄镇埒西一广丰工业区　邮编：528400

## 湖南达实科技有限公司韶关分公司

公司长期致力于为用户提供建筑智能化的整体解决方案，主营智能建筑的楼宇自控系统、安防系统、智能卡管理系统、综合布线系统、计算机网络系统、多媒体系统等各弱电子系统及其集成项目。

联系人：李添益

电话：0751-8773830　8773839

地址：广东省韶关市浈江区站南路69号口岸大厦15楼

邮编：516000

## 广州市半宙实验室设备有限公司

半宙实验室设备有限公司是美国BONDELL公司的合资公司。公司借助BONDELL公司先进的技术优势，生产制造工艺优势。结合中国各行业实验室的现状，增加了满足不同层次要求的实验室家具品种（钢木、铝木、全木等），结合人体工程学、美学，从实验室家具的结构、规格、格式上做了充分考虑。

以安全、环保国际规划标准参数为设计原则，为不同的客户提供人性化设计，以世界先进成熟的工艺、高品质的材料，为众多在华独资企业，广大国内企事单位，科研机构等提供世界一流产品。

联系人：唐裕光

电话：020-89232567　13570559584

传真：020-89232869

邮编：510130

地址：广东省广州市海珠区新港东路2429号海珠科技产业园海珠科技5楼508室

## 惠州市鸿福电子科技有限公司

公司为一家电子零件专业制造厂，公司成立于2007年9月。主要生产电源变压器、滤波器、电感、线圈等。

本公司自成立来，一直配合电子界知名企业的电子零件制造，并赢得了很好的信誉。

联系人：杜金林

电话：0752-2782766　2782733

地址：广东省惠州市小金口柏岗新屋村　邮编：516000

## 广州市恒聚电子科技有限公司

广州市恒聚电子科技有限公司是一家生产销售数码产品的厂家。

产品种类齐全，质量保证。

我们愿与您建立长期友好有合作伙伴关系，一起开拓，共同发展！

联系人：杨爱贵

13922322104

电话：020-22625198

邮编：510000

地址：广东省广州市番禺区朝南街陈涌村中荣实业南区

## 惠州市惠阳美诚电子有限公司

本公司专业生产PCB、LCD设备耗材，有钛材、传送轮片、齿轮、喷咀、钛螺丝、钛、发热管等等，本着“以质为本，以客为尊”的方针，为您提供优质的产品和服务。

联系人：曾昭日

电话：0752-3775063　3775019

地址：广东省惠州市惠阳区淡水物业城2栋8层B室

邮编：516001

## 广州市精鼎电器科技有限公司

广州市精鼎电器科技有限公司位于广州市白云区，交通便利，是专业从事电磁电器研发、生产和销售的高科技企业，主要产品有电磁比例阀、积分比例阀、电磁开关阀、稳压阀、流量传感器等各类电磁电器。

我们以“品质，技术，服务”为经营理念，热切期待和您携手合作，不断创新，为推动我国民族工业自动化技术的发展做出贡献。

联系人：赖日明

电话：020-36464338　13802977361

传真：020-36464696

邮编：510407

地址：广东省广州市白云区西槎路799号聚龙工业区自编6号楼第5层

## 揭东县炮台镇洪日电器经营部

揭东县炮台镇洪日电器经营部多年来经营着各种工业自动化产品的代理销售业务。

我们始终坚持品质，以您的满意为我们的动力。

我们将以真诚的态度对待每一位合作伙伴！

联系人：洪银雄

电话：0663-3373509

邮编：515559

地址：广东省揭阳市揭东县炮台镇青溪村涵华大道北47号

## 廣州市科迪電源技術有限公司

广州市科迪电源技术有限公司成立于2004年，主要从事大功率高频开关电源的生产与销售，产品可广泛应用于电镀.电解.氧化等，是替代传统可控硅工频电源的理想产品。公司以''质量第一，服务致上''的宗旨，竭诚为广大用户提供优质服务。产品规格有电流50A-8000A，电压6V/12V/18V/24V/36V/48V(可根据要求定制)。

联系人：贾定林

www.gzkedipower.com.cn

电话：020-82284642、32286481、13760817756

地址：广东省广州市黄埔区港湾路287号

传真：020-32286481

邮编：510700

## 景杨电器厂

景杨电器厂成立于2007年。

是生产灯饰，小电器的厂家。

质量第一、客户至上是我公司的一贯宗旨。

希望我们能够有机会合作！

联系人：序景儒　13923066992

电话：0750-2577259　2576658

地址：广东省开平市赤水镇塘美管区　邮编：529388

## 龙泰洋光电科技有限公司

龙泰洋光电科技有限公司成立于2005年6月，主要产品有超亮红、黄、蓝、绿、白灯、快、慢闪七彩灯等。产品远销印度、香港、欧美等。

自成立以来，我们本着“以质量求生存，以效益求发展”的经营理念，我们相信：没有最好的服务，只有更好的服务，欢迎各地的商友，来电咨询和洽谈业务。

联系人：杨燕 13570878861
网址：www.61565939.z599.com
电子邮件：yangyanlty@sina.com
电话：0755-28072561
传真：0755-28072651
地址：广东省深圳市龙华三和国际科技城9楼
邮编：518000

## 深圳市科瑞悦电气设备有限公司

深圳市科瑞悦电气设备有限公司是专业生产中压环网开关柜、低压配电柜系列产品及从事电力配网自动化、变电站自动化系统开发的高科技企业，自行开发和生产的智能型中压环网开关柜、中置柜、电缆分支箱、六氟化硫负荷开关和低压开关柜系列产品均通过了西高所型式试验和中国国家强制性产品认证，质量可靠、功能先进、稳定性好、经济适用。欢迎国内外新老客户光临，互利互惠、携手共进！

联系人：仇小姐 13560781511
电话：0755-26749909 26749910
网址：keruiye.chinaswitch.com
地址：广东省深圳市南山区西丽街道官龙村第一工业区A18栋二楼
邮编：518000

## 瑞淞电子实业有限公司

瑞淞电子实业有限公司成立于2005年，是专业从事整流桥器件生产的企业。公司产品包括GBJ系列，GBU系列，GBL系列，GBPC系列及WOM系列。公司秉承诚信原则，加强同客户的联系和合作，采取有效措施和服务方式，满足合作伙伴的需求。公司将致力于新产品开发，提高品质，降低成本，提供优质产品和服务，让顾客满意。

联系人：林济南
电话：0757-26606187
传真：0757-26606087
地址：广东省佛山市顺德区北滘镇坤洲工业区
邮编：528312

## 深圳市洽生投资发展有限公司

深圳市洽生投资发展有限公司成立于2006年。
主要从事于电子产品生产、销售。
公司本着追求品质、公正准确、及时的宗旨。
竭诚为广大客户提供优质服务。

联系人：何锡英
电话：0755-33012626 33012616
邮编：518000
地址：广东省深圳市福田区车公庙泰然九路海松大厦A-1605室

## 深圳圣融达科技有限公司

网址：www.srdkj.com

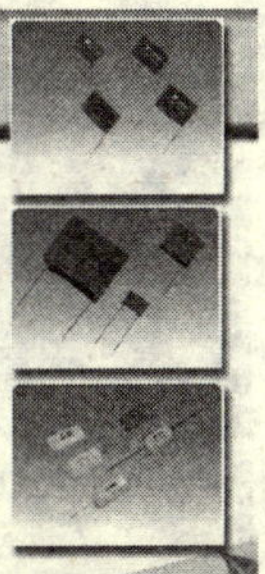

深圳圣融达科技有限公司是我国有机薄膜电容器的大型专业生产厂家之一，公司集研发、生产、销售为一体，品种齐全、品质可靠、技术先进、配套能力强。主要产品包括CBB21、CL21、X1、X2、CL20、CBB20、CBB81等。

联系人：吴建明 13902922378
电话：0755-84251666 84183666
传真：0755-84183222
地址：广东省深圳市龙岗区平湖镇新力村圣融达工业园
邮编：518111

## 深圳市盛晖达电子有限公司

邮编：518102

深圳市盛晖达电子有限公司创建于2002年，专业生产各类连接线，产品广泛用于家电、汽车、医疗设备、电脑周边及通讯产业领域。

您的要求是我们进取的动力，您的满意是我们追求的目标，一直以来我们本着“质优、价优、服务”的经营理念，为此我们赢得一些国内外知名客户的青睐。

电话：0755-33681331 33681332
联系人：罗钟涛
网址：www.shenghuida.com
电子邮件：shenghui-dz@163.com、szshenghuida@163.com
地址：广东省深圳市宝安区西乡街道办铁岗居委会益成工业园A栋5楼D区之一

## 深圳市百键通电子科技有限公司

深圳市百键通电子科技有限公司成立于2008年3月，是一家专门从事电子，导电膜、键盘、薄膜开关生产销售的企业。

欢迎广大新老客户来电洽谈业务！

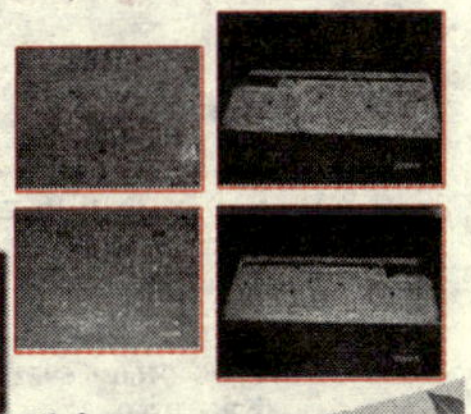

联系人：陈志勇 13902483889
电话：0755-27463998 27463928
传真：0755-27463928
邮编：518105
地址：广东省深圳市松岗潭头第二工业区E区7栋

## 深圳双盈丰电路科技

是专业生产高精密度单面、双面、多层线路板的高新技术企业。经过多年的探索与奋斗，现已达到月产4500平方米的双面、多层板，铝基板，能在2.5mm标准网格交点上两焊盘之间布设三根导线，达到线宽、线隙为0.1mm，PTH能达到孔径为0.2mm，自主完成表面涂覆，镀镍、金及热风整平，高、低通断测试。产品覆盖军品、民品、通讯设备、自动化仪器仪表、电脑外围产品等。

“最优质的品质，最完善的售后服务，最快捷的速度”是我们的承诺。

联系人：赵文彩
电话：0755-29928869 29545995
邮编：518004
地址：广东省深圳市宝安区沙井镇沙一村万安工业区5幢3楼

## 深圳市皓鑫科技有限公司

深圳市皓鑫科技有限公司专业开发、设计、生产各种规格喇叭，扬声器，扬声器喇叭。我公司本着“锐意进取，客户至上”的原则，竭诚为客户提供优质的产品和良好的服务。欢迎惠顾！

联系人：杨兵如
电话：0755-29807131 13510486635
传真：0755-29807583
地址：广东省深圳市宝安区关南大水坑新塘工业园区A幢
邮编：518000

## 深圳市唯尔康电子有限公司

深圳市唯尔康电子有限公司是一家集开发、设计、生产及营销为一体的专业生产厂家，也是业界拥有完全独立开发和制造能力的生产厂家之一。本公司主要产品有读卡器系列，多合一卡座系列，电池座系列，ESATA-SATA系列，及连接器产品开发，模具开发，高速精密冲压。

公司秉承“众志成城，精益求精”的企业宗旨，“面向世界、挑战未来”的经营理念，持续地满足客户的需求。

电话：0755-27112070 27199513
电子邮件：wekconn@126.com
联系人：肖俭良 13723446719
邮编：518106
地址：广东省深圳市宝安区公明镇田寮村宝石四街22号

## 中山市古镇星之亮照明电器厂

中山市古镇星之亮照明电器厂成立于2001年。
一家生产和销售灯具的企业。
公司坚持以质量求生存，以信誉求发展。
欢迎您的光临！

联系人：丁振兴
13702387782 电话/传真：0760-6989062
地址：广东省中山市古镇古三工业区 邮编：528400

## 中山市意帮电子科技有限公司

中山市意帮电子科技有限公司成立于2006年，主要从事网络变压器、滤波器的生产与销售。欢迎广大客户来电来函洽谈。

联系人：叶天明
电话：13923304256、0760-86366999
地址：广东省中山市三乡镇大布东安居D幢130号首层 邮编：528400

## 中山市恒发灯饰商行

中山市恒发灯饰商行成立于1997年。
主要代理开元、雷士照明、金爵士照明、百得诗特、蔓佳美等等。
欢迎广大新老客户来电洽谈业务！

·联系人：卓燕娜 13702300866
电话/传真：0760-88823815 邮编：528400
地址：广东省中山市石岐区拱晨路23号

## 珠海市鑫茂源电子有限公司

珠海鑫茂源電子有限公司成立于2007年，是一家集研发，生产，销售为一体的电子变压器专业生产商。一直致力于开发生产各种电源变压器、滤波器、扼流圈、共模、差模电感，产品廣泛應用於开关电源，家用电器，照明、通訊、電腦等設備。鑫茂源愿以一流的產品質量、完善的服務、最有竞争力的价格與業界客戶携手共创美好明天！

联系人：惠来刚 www.zh-xmy.com.cn
电话：13823008618、0756-3900699 传真：0756-3900697
地址：广东省珠海市斗门区白蕉镇成裕围工业区 邮编：519090

## 中山市黄圃镇佳家电器厂

中山市黄圃镇佳家电器厂从事家用电器研制、开发、销售及服务为一体的科技型企业。专业生产电磁炉、电压力锅等小家电产品。

本着以质量求生存，以信誉求发展的原则，不断开拓创新，以满足不同客户的需求！

联系人：李先德 13715636368
电话：0760-86193810
邮编：528400
地址：广东省中山市黄圃镇大岑工业区大兴西路东1号

## 中山市小榄镇海航照明电器厂

中山市小榄镇海航照明电器厂成立于2008年。
主要从事家用，工程节能灯的制造和销售。
欢迎广大新老客户惠顾！

联系人：廖宗贵 13420375499
电话/传真：0760-22232548
地址：广东省中山市小榄镇沙口海旁路16号B之厂房 邮编：528400

## 中山市小榄镇九迪本松电器厂

中山市东凤镇美利达燃具电器厂成立于2004年，专业从事DEM的研发、生产和销售。主要产品是变压器、节能灯、逆变器、电子镇流器、整流器和电感器等。公司以质量求生存，以信誉求发展，竭诚欢迎各位新老客户使用本公司产品。

联系人：韦先生
电话：0760-22850891 13824723501 传真：0760-22268907
地址：广东省中山市小榄镇埒西一广[illegible]工业区 邮编：528400

## 广西壮族自治区 /Guangxi Zhuang Autonomous Region

**风顺汽车电器空调批发中心**
地址：广西省玉林市外环北路56号
…… 负责人：梁志坤
…… Tel：0775－2856489、13978515678

**恭城县宏昌电器行**
业务：专营各种名优家用电器，品种齐全、品质保证、售后服务完善，我们将本着诚信务实的经营原则，热情专业的服务理念，竭诚为您服务。
产品：格力，容声，松下，小天鹅，格兰仕，海信，九阳，步步高
地址：广西桂林市恭城县城北市场
…… 负责人：欧瑞松 邮 编：542500
…… Tel：0773－8216221
…… Fax：0773－8216221
…… E-mail：893451779@qq，com

**北海市诺尔科技产品代理有限公司**
地址：广西壮族自治区北海市石化路5号银通公寓207号
…… 负责人：黄永东
…… Tel：0779－3200556

**百色市右江区顺成制冷维修店**
业务：冰箱、冰柜、冷库、空调等维修及回收
地址：广西省百色市右江区上阳路
…… 负责人：黄诚 邮 编：533000
…… 法 人：黄诚
…… Tel：13977697719
0776－2869419

**防城港市鼎好电器有限公司**
地址：广西壮族自治区防城港市鼎好电器有限公司
…… 负责人：罗志武
…… Tel：0770－2830034

**北海市海城区顺通空调总汇**
业务：批发、零售空调
地址：广西省北海大道翔信商住小区一排2号
…… 负责人：宁德华 邮 编：536000
…… 法 人：张小平
…… Tel：0779－3219228
3219922
15107795099

**贵港市城兴电器厂**
地址：广西壮族自治区贵港市贵城镇震塘村119号
…… 负责人：赖丽珊
…… Tel：0775－4234889
13807858684

**桂林市临桂佳利电子器件厂**
地址：广西壮族自治区桂林市临桂县虎山路128号
…… 负责人：廖恩桂
…… Tel：13607832186

**岑溪市银龙电器超市**
业务：经营家用电器
产品：电视机、空调、冰箱、电风扇、抽油烟机、热水器等
地址：广西省岑溪市商贸城五幢1楼
…… 负责人：周剑忠 邮 编：543200
…… 法 人：周剑忠
…… Tel：13877431638
13878433222
0774－8234586

**桂林金凤蓄电池经营部**
业务：销售蓄电池
地址：广西省桂林市环城北一路
…… 负责人：张磊 邮 编：541001
…… 法 人：张磊
…… Tel：0773－3820511
2697059
…… Fax：0773－2697059

**桂林市晟联电子器材有限责任公司**
地址：广西壮族自治区桂林市七星区横塘路51号
…… 负责人：李健
…… Tel：13768233728

**兴安县莉容电器商行**
业务：海信彩电、美菱、韩电冰箱、松下洗衣机
地址：广西省桂林市兴安县高尚镇正街
…… 负责人：蒋治成 邮 编：541312
…… 法 人：蒋治成
…… Tel：0773－6184448
…… Fax：0773－6184448

**桂林民华科技发展有限公司**
地址：广西壮族自治区桂林市七星区七星路家乐商贸城C区35号
…… 负责人：黄福民
…… Tel：13978392338

**桂林市粤东电子经营部**
业务：销售DVD、多媒体音响、家用电器配件等
地址：广西省桂林市中山南路
…… 负责人：许炳鸿 邮 编：541002
…… 法 人：许炳鸿
…… Tel：0773－3923499
3835922

**桂林华网科技发展有限公司**
地址：广西壮族自治区桂林市象山区中山路金马大厦(2单元10楼5号)
…… 负责人：韦豆
…… Tel：13607736668

**南宁市凯华电子科技有限公司**
业务：南宁市凯华电子科技有限公司是一家以研发、生产各种高、精、尖电子、机电产品

为主的新兴民营企业。公司坐落在风景秀丽，设施配套完善的南宁市国家技术产业开发区。公司现下属有多家实力雄厚的生产企业和研发基地。
地址：广西壮族自治区南宁国家技术产业开发区科研大道68号
邮 编：530003
法 人：刘志能
Tel：0771－2310808
Fax：0771－3221308
网址：www.gxkh.com

**贺州市八步勇记家电制冷维修部**
业务：专业提供舞台音响，大型中央空调、车用空调、冰箱、洗衣机、微波炉等所有家电维修
地址：广西省贺州市八步排洪河27号门面
负责人：黄勇 邮 编：542800
法 人：黄勇
Tel：13978402442
0774－5280903

**广西鑫闽电子科贸有限公司桂林分公司**
地址：广西壮族自治区桂林市秀峰区中华路太和里13号
负责人：张万光
Tel：13036935895

**勇记家电商场**
业务：专营各类精品家电，品种齐全、品质保证、售后服务完善，我们将以最低的价格，最优质的服务，竭诚欢迎您的光临！
产品：格力空调、海尔冰箱、海信电视机、洗衣机、格兰仕微波炉、百年三角电压力锅等各种名牌家电
地址：广西省贺州市建设中路5号
负责人：黄剑勇 邮 编：542800
法 人：刘海妮
Tel：0774－5288180
Fax：0774－5288660
E-mail：huangjianyongyjjd@163.com

**柳州市长河物资贸易有限公司**
业务：经营各种电器材料，开关，插座，电机产品，水暖器材等
地址：广西省柳州市跃进路50号深宝商住楼1号
负责人：赵畅 邮 编：545000
法 人：赵畅
Tel：0772－2552701
3830698
3830658

**诚悦数码科技有限公司**
地址：广西壮族自治区桂林市秀峰区中山中路文化大厦3楼C03室
负责人：唐炜
Tel：0773－2820876
13367830831

**糯垌宝丽交电商店安平分店**
业务：家电销售
地址：广西省梧州市安平镇安平市场旁边
负责人：麦骥 邮 编：543000
法 人：麦骥
Tel：0774－8131919
13481488141

**威斯康自动成套有限公司**
地址：广西壮族自治区柳州市柳南区航银路073－074号
负责人：蔡仁飞
Tel：0772－3222082
13507720318

**苍梧县京南镇裕丰电器店**
业务：家用电器，空调、电冰箱、洗衣机等
地址：广西省梧州市苍梧县京南镇新街72号
负责人：陈裕明 邮 编：543111
法 人：陈裕明
Tel：0774－2960119
13877425685

**柳州市亚特电器厂**
地址：广西壮族自治区柳州市鱼峰区东环路东一巷北二区35－1号
负责人：李建文
Tel：0772－2629519
2617659
13807720266

**俊辉家电经营部**
业务：太阳能、家用电器、小家电、厨卫用具等产品经营
地址：广西省玉林市富民路143号
负责人：杨宏成 邮 编：537000
法 人：杨宏成
Tel：0775－2091138

**南宁厦华电子营销有限公司**
地址：广西壮族自治区南宁市城北区北大北路25号梦泽园小区洞庭阁2单元2100
负责人：蒋凤生
Tel：13707739449

**南宁市科竞电子自动化设备有限责任公司**
地址：广西壮族自治区南宁市城北区北湖南路瑞丰花园4栋1单元604室
负责人：胡善祥
Tel：0771－2989003

**志诚电器经营部**
业务：各种小家电的代理销售
地址：广西玉林市区工业品市场A－21铺面
负责人：李晓 邮 编：537000
法 人：李晓
Tel：0775－2088099
13087756538

**罗明五金交电批发部**
业务：小电器批发
产品：代理产品：渝电工光源系列，佳力信日光支架系列，深圳市明盛宇电线电缆，雄邦开关插座，云仙牌系列挂锁，准盛，广工牌插座，卡东欧电蚊拍手电筒
地址：广西省玉林市外环南路工业品市场19区103号
负责人：罗明 邮 编：537000
法 人：罗明
Tel：15977556682
0775－2088218
Fax：0775－2892855

**广西南宁凯赛电气有限公司**
地址：广西壮族自治区南宁市江南区富宁路7号
负责人：邓玉婷
Tel：13978897328

**南宁市东江电子科技有限责任公司**
地址：广西壮族自治区南宁市江南区五一东路4号4栋5单元709号房
负责人：韦良卫
Tel：13978872225

**乐邦电器商行**
业务：电器销售
地址：广西壮族自治区柳州市蝴蝶山西路
负责人：林晓琳 邮 编：545000
法 人：林晓琳
Tel：13877276320
0772－3120395

**南宁灵汇空调有限公司**
地址：广西壮族自治区南宁市新城区民族大道88－1号铭湖经典B座11层B110
负责人：张琛
Tel：13607711128

**南宁创友电子有限责任公司**
地址：广西壮族自治区南宁市新城区星湖路17号705#
负责人：谭国宁
Tel：13077739930

**南宁市旭邦电子有限责任公司**
地址：广西壮族自治区南宁市新城区星湖路37号
负责人：覃东
Tel：13036866685

**广西也去欧美菱太阳能有限公司**
地址：广西壮族自治区南宁市新城区园湖南路2－3号广西老年大学五楼
负责人：陆宜明
Tel：0771－2076999

**南宁市海讯电子科技有限公司**
地址：广西壮族自治区南宁市新城区植物路凌铁村136号
负责人：钟晓辉
Tel：13807715967

**南宁雷诺士电子有限责任公司**
地址：广西壮族自治区南宁市新城区中山路外滩数码广场C12－1
负责人：谭建涛
Tel：13977133050

**广西南宁三久仪器仪表有限公司**
地址：广西壮族自治区南宁市新城区竹溪路19号新兴苑小区35栋2单元202号房
负责人：唐秀芝
Tel：0771－2844781

**南宁国美电器有限公司金朝阳店**
地址：广西壮族自治区南宁市兴宁区人民东路73号金朝阳综合楼
负责人：武军
Tel：0771－2027205

**广西南宁凌轩电子有限公司**
地址：广西壮族自治区南宁市兴宁区西关路港丰大厦D座H单元411号
负责人：张永模
Tel：0771－2826112

**绍军电器经营部**
业务：销售：电器
地址：广西壮族自治区玉林市工业品市场C2－1号
负责人：伍绍军 邮 编：537000
法 人：伍绍军
Tel：0775－2082818
Fax：0775－5805095

**梧州市紫金光电仪器制造厂**
地址：广西壮族自治区梧州市蝶山区龙湖镇旺步村委处务

负责人：梁乐天
Tel：13907847427

**梧州市富泽电器商行**
地址：广西壮族自治区梧州市万秀区大中路73号
负责人：邢进元
Tel：13707741498

**玉林市嘶腾电池有限公司**
地址：广西玉林市区玉林市福绵管理区福绵镇福绵圩旧菜市
负责人：何登武
Tel：13877546614

**玉林市创致电器销售有限公司**
地址：广西壮族自治区玉林市工业品市场C12栋2号
负责人：魏保城
Tel：0775－2093693

## 海南省/Hainan Province

**恒发电器商行**
地址：海南省白沙黎族自治县牙叉中路药材公司旁
负责人：许秀珍
Tel：0898－27722447
13098958224

**海口鹏达林电气设备工程有限公司**
地址：海南省海口市滨海新村155号
负责人：陈参
Tel：13976613322

**海南正中嘉业科技有限公司**
地址：海南省海口市国贸北路金融花园E座2002室
负责人：李青
Tel：0898－66799007

**海南金海达科技有限公司**
地址：海南省海口市海德路现代花园六栋一单元102号
负责人：潘家新
Tel：13907549605

**海南郢隆照明工程有限公司**
地址：海南省海口市海甸岛海达一横路申达小区A1201房
负责人：程建新
Tel：0898－66259886

**海南捷珂实验室设备有限公司**
地址：海南省海口市海甸二东路24号环惠大厦902房
负责人：何智光
Tel：13807688215

**海南钻息电子科技有限公司**
地址：海南省海口市海甸二东路25号工行宿舍楼2－2－902室
负责人：许丰
Tel：13807695095

**海南沣韵电子工程有限公司**
地址：海南省海口市海府路15号亚希大厦20楼2012室
负责人：卢传才
Tel：13322082592

**海口兰欣电子有限公司第一经营部**
地址：海南省海口市海秀大道10号DC商业城第三层215铺面
负责人：杨小娟
Tel：0898－66516702

**海口超美数码科技有限公司**
地址：海南省海口市海秀路15号明珠广场第四层
负责人：云昌盛
Tel：0898－68256448

**海口威尔特过滤设备有限公司**
地址：海南省海口市海榆西线海盛路2号铺面
负责人：陈建学
Tel：13698927943

**海口中嘉电子科技设备服务部**
地址：海南省海口市龙华路52号合力大厦东座902室
负责人：萧维爱
Tel：0898－66721776

**海口杰彤百货贸易有限公司百得家电经营部**
地址：海南省海口市龙华区滨海商业街40号
负责人：翁柳杰
Tel：0898－66203130

**青岛海尔洗衣机有限公司海口分公司**
地址：海南省海口市龙昆北路29号华银大厦22楼15号
负责人：曹春华
Tel：0898－66504035

**海口坤辰电器有限公司**
地址：海南省海口市南海大道119号京江花园D栋一单元204房
负责人：范宸志
Tel：0898－66817985

**海口山宝破碎设备销售有限公司**
地址：海南省海口市南海大道西14号
负责人：林琼阳
Tel：0898－68665205

**海口龙华宏兴水电洁具商场**
业务：主要经营洁具、五金类的批发与零售。在过去的十几年中，精益求精，追求卓越是我们的目标，你的满意是我们永恒的追求。

地址：海南省海口市滨海大道2号滨海医院建材市场前1排1、2、3号
邮 编：5700203
法 人：陈汉地
Tel：0898－66225158

**海口精恒电器维修部**
地址：海南省海口市文明东路29号
负责人：李武
Tel：13518052315

**海南恒雁电子服务有限公司经销部**
地址：海南省海口市文明西路11号
负责人：符瑞雄
Tel：0898－68151278

**海口全佳乐电器贸易有限公司**
地址：海南省海口市文明西路内江大厦左侧5号
负责人：林萍
Tel：0898－65360108

**海南生科照明电器有限公司**
地址：海南省海口市文明中路110号
负责人：卢文生
Tel：13316318333

**美兰千顺五交灯饰商行**
地址：海南省海口市文明中路166号
负责人：陈细友
Tel：0898－66113038
13907558562

**海口华音电器有限公司**
地址：海南省海口市新华南路2号电器城二楼A5号
负责人：雷子华
Tel：13907623831

**海南同益节能科技有限公司**
地址：海南省海口市盐灶路159号海景花园美景楼402房
负责人：王奋飞
Tel：13307577089

**海南赛维家电服务产业有限公司**
地址：海南省海口市正义路12号泰和园D4
负责人：张胜程
Tel：13322067771

**琼海安耐特电气有限公司**
地址：海南省琼海市嘉积镇元亨二街25号
负责人：黄华芳
Tel：0898－62827387

**琼海海虹家电制冷服务有限公司**
地址：海南省琼海市金海路59号
负责人：庞海山
Tel：0898－62920951

## 四川省/Sichuan Province

**射洪县鸿发电影放映有限公司**
业务：本公司成立于2006年，主要从事电影放映、广告设计。
地址：四川省遂宁市射洪县太和镇太和大道北段79号（农机局）
负责人：勾成发 邮 编：629200
法 人：勾成发
Tel：0825－6610342

**成都市大地致远计量设备有限公司**
业务：各种电子汽车衡、电子地上衡、电子地中衡、电子吊秤、电子钢材秤、电子皮带秤、配料系统、电子台秤以及动态汽车衡
地址：四川省成都市成华区成华大道二段182号崔家店华能商务楼4楼
负责人：王家宽 邮 编：610000
法 人：王家宽
Tel：028－84519090
4006－69－4006
Fax：028－84514180
网址：www.scddzy.com
E-mail：ddzy@scddzy.com

**成都德金瑞空调制冷设备服务有限公司**
地址：四川省成都市成华区保和乡联合村七组
负责人：陈宏斌
Tel：13088066609

**成都市成华区致远五金衡仪经营部**
地址：四川省成都市成华区东风路北二巷2号附6号
负责人：王家宽
Tel：13198586878

**成都慧桥科技有限公司**
业务：东菱小家电、欧淋厨房电器、双喜小家电、炊具等
地址：四川省成都市一环路北三段4号迪康银色诗典4单元7楼15、17、18号
负责人：税爱明 邮 编：610081
法 人：税爱明
Tel：028－83221719
13908053496
网址：www.hqsw.com.cn
E-mail：sam369@yahoo.cn

**成都市六合兴科技有限公司**
业务：成都市六合兴科技有限公司，主要经营台北东达变频器和各类电子电源变压器系列，包括（环型，R型，E型，CD型）和各种

电抗器系列。欢迎新老用户来电垂询！
地址：四川省成都市成华区香木林路98号4栋1单元12号
负责人：付洪兵 邮　编：610051
法　人：刘大坤
Tel：028－80858108
81315971
Fax：028－83286533
网址：www.mtw51073.chinapyp.com
E-mail：fuhb26@163.com

**成都市金音电子销售部**
地址：四川省成都市成华区新风路131号3幢1单元2楼4号
负责人：朱平
Tel：028－83284561

**内江鼎亨电子衡器有限公司**
业务：本公司成立于2006年，主要生产销售全电子汽车衡、包装秤、配料秤、电子台秤。公司除了产品质量优良、品种齐全外，始终把售后服务放在第一位。
地址：四川省内江市中区环城路216号
负责人：袁利辉 邮　编：641000
法　人：袁利辉
Tel：0832－8079002
Fax：0832－8116377
网址：www.njdhhq.com

**方顺科技有限公司**
业务：整体机房建设、UPS电源系统、防雷系统、监控系统、建筑智能化系统、会议、多媒体教室等专业系统集成领域
地址：四川省成都市一环路南一段9号
负责人：罗港 邮　编：610000
法　人：罗港
Tel：028－85480848
网址：www.fangshun.cn

**成都云达电子有限公司**
地址：四川省成都市成华区一环路东二段11号1栋2单元3－6号
负责人：徐艳
Tel：13550028801

**成都市蜀兴蓄电池有限责任公司**
地址：四川省成都市崇州市公议乡合江村
负责人：杜炳福
Tel：028－82269221

**绵阳市游仙区金锋电子厂**
业务：绵阳市游仙区金锋电子厂成立于2003年，从事接插件的生产、加工、销售；非标不锈钢螺杆的生产、销售。欢迎新老客户光临、惠顾。
地址：四川省绵阳市游仙区沈家坝街9号
邮　编：621000
法　人：唐霖
Tel：0816－2291623
Fax：0816－2291623

**创新胜电器制造有限公司**
地址：四川省成都市洞子口乡友联村四组
负责人：李晓龙
Tel：13808059519

**四川力锋伟业开关电器有限公司**
地址：四川省成都市高二仙桥南一路1路302号
负责人：肖后富
Tel：028－66089487
83273599
13708189821

**中江县家鑫电器有限公司永太分公司**
业务：销售电器、家俱与通讯设备
产品：电器、家俱与通讯设备
地址：四川省德阳市中江县永太镇云龙北街5号（原猪肉市场内）
负责人：谭和平 邮　编：618000
法　人：谭和平
Tel：0838－7300823
13981062636
Fax：0838－7801299

**新观音村环宇线路器材有限公司**
业务：本公司现有100多名员工。主要经营铁路器材、农用机械的生产与销售。
地址：四川省乐至县工业园区新观音村环宇线路器材有限公司
邮　编：641000
法　人：唐明国
Tel：0832－3350587
Fax：0832－3352956

**成都天大仪器设备有限公司**
地址：四川省成都市高新技术开发区创业路14－16号
负责人：刘莉
Tel：028－85194701

**成都润源电气技术有限公司**
地址：四川省成都市高新技术开发区神仙树北路紫荆春天商住楼6幢1单元5－A号
负责人：孟伯贤
Tel：028－66193908

**德阳市盛宇电器有限公司**
业务：德阳市盛宇电器有限公司成立于2005年，主要销售高、低压成套电器，高、低压元件等。欢迎新老客户惠顾。
地址：四川省德阳市市区长江西路二段100号1幢3－2－2号
邮　编：618000
法　人：张均
Tel：0838－2239707
Fax：0838－2239707

**成都同步空调设备有限公司**
地址：四川省成都市高新技术开发区紫竹南一街23号4－3幢5号
负责人：周乃威
Tel：028－85120567

**桂五电子经营部**
地址：四川省成都市花圃路9号城北电子商城1楼29号营业房
负责人：文程
Tel：028－86470001
66804500
13183865499

**成都市金牛区金燕达电器商店**
业务：成都市金牛区金燕达电器商店一家经营家用电器的商家，主要经营产品有电视机、冰箱、洗衣机、VCD、空调、热水器等家电。自1998年成立以来都是按"质量第一、信誉第一"的要求来经营，一直受到广大客户的好评。为了答谢广大客户长期以来对本商行的光临和支持，我们将定期推出新产品，并继续不断引进及开发质量优越，价格便宜，款式新颖的产品来满足新老客户和市场的需求。
地址：四川省成都市城隍庙红运大厦7楼2号
邮　编：610000
法　人：林丽虹
Tel：028－66104777
Mobile：13183888568
Fax：028－66104777

**成都荧光照明器材有限公司**
地址：四川省成都市金牛区洞子口金府五金机电市场G区1－2号
负责人：汤自先
Tel：028－87656927

**遂宁市百家乐电器有限公司**
业务：销售电器
产品：代理海信的空调、电视、冰箱等全系列，三星的冰箱、洗衣机，志高的空调
地址：四川省遂宁市城区凯旋下路40号
负责人：梁兰英 邮　编：629000
法　人：梁兰英
Tel：13982582348
0825－2236706

**成都惟安电器有限责任公司**
业务：成都惟安电器有限责任公司成立于2005年，主要生产销售高压电器。公司"以质量求生存，以信誉求发展"，为用户提供优质的产品和完善的售后服务是公司的忠旨，为客户创造更大的价值。
地址：四川省成都市新都区新加坡商业文化街86号
邮　编：610500
法　人：陈建华
Tel：028－67307634
Fax：028－83962634

**成都鑫华美仪器仪表有限公司**
地址：四川省成都市金牛区互利正街68号
负责人：王廷华
Tel：13880289761

**成都承乾电器贸易有限公司**
地址：四川省成都市金牛区花圃路11号3栋4楼20号
负责人：何四海
Tel：13882055345

**成都市完井岩电实验技术中心**
业务：成都市完井岩电实验技术中心成立于2004年，主要从事实验室仪器及仪器制造，实验技术服务，机械电子修配服务。公司坚持"以诚信为本、以质量取胜"为企业理念，竭诚与广大新老客户携手共进。
地址：四川省成都市新都区西南石油大学
邮　编：610500
法　人：陈一健
Tel：028－83046678
Fax：028－83046678

**金牛区吉成音响器材商贸部**
地址：四川省成都市金牛区三友路18号5栋3单元10号
负责人：罗浩
Tel：028－83360553

**成都华厦龙园电器有限公司**
地址：四川省成都市金牛区沙湾路63号李林公寓9楼B座
负责人：黄振余
Tel：13880116655

**四川美图电器有限公司**
地址：四川省成都市金牛区沙湾中路明阳大厦
负责人：李广
Tel：13908047342

**奇佳仪器成套销售部**
地址：四川省成都市金牛区一环路北一段通锦生资
负责人：陈守成
Tel：028－88853806
13980633156

**成都金虎科技有限公司**
业务：视频通讯（视频会议系统、商务通讯系统、远程教育系统）
地址：四川省成都市郭家桥北街5号14幢602室
邮　编：610021
法　人：刘惠澜
Tel：028－85255927
Mobile：13350051859
Fax：028－85259242

**兴达光彩照明器材经营部**
地址：四川省成都市锦江区一环路东四段水碾河辉煌登记市场D区新5号
负责人：孙庆雯
Tel：028－81800586

**成都市金牛区惠友灯具经营部**
地址：四川省成都市万贯五金机电城6号大厅14－16号门
负责人：付（女士）
Tel：028－82840198
13008126798

**成都众缘鑫珠光科技有限公司**
业务：本企业是我国西部首家具有相当规模的环保型云母珠光颜料生产基地，集研发产销一条龙服务为一体。建一流企业，创一流品牌，向国内外市场奉献鑫珠牌环保型系列云母珠光颜料和各种云母片与精磨云母粉。
地址：四川省成都市广福桥街30号
邮　编：610041
法　人：刘国忠
Tel：028－84847070
85099175
Fax：028－84847070

**明通电器有限公司**
地址：四川省泸州市汇金路2号1幢二楼
负责人：郭锡友
Tel：0830－2500386
13518380606
13568136488

**金顺电工器材经营部**
地址：四川省绵阳市涪城区剑门东路22－23号
负责人：李斌
Tel：0816－2341585
2313723
13981199885

## 贵州省/Guizhou Province

**贵州三湘电器有限公司**
地址：贵州省贵阳市花溪大道北段54－4号
负责人：朱育军
Tel：0851－8910339

**北京清华阳光太阳能设备有限公司**
业务：销售清华阳光太阳能及设备
地址：贵州省贵阳市南明区花溪大道锦秀星城100号1层4号
负责人：左洋 邮　编：550002
法　人：左洋
Tel：0851－5960083
13765075219
Fax：0851－5960083

**贵阳市南明区智睿电器商行**
地址：贵州省贵阳市南明区解放路抢险房2楼1号
负责人：张恒兴
Tel：0851－5961045

**雪山制冷设备有限公司**
地址：贵州省贵阳市南明区新华路2单元11号
负责人：杨胜华
Tel：0851－5817945
13595117776

**鸿海无损检测仪器销售中心**
地址：贵州省贵阳市南明区月亮岩路12栋1单元2楼6号
负责人：靳世海
Tel：0851－5938597
13608549268

**湘互中南电瓷电器物资有限公司**
地址：贵州省贵阳市南明区匀盘路2号1单元202室
负责人：严正红
Tel：0851－5560593
13608536541

**贵阳恒和电子技术有限公司南明分公司**
地址：贵州省贵阳市南明区中华南路20号新大陆数码广场4F－421
负责人：黄红霞
Tel：0851－5203663

**科晶电子有限公司**
地址：贵州省贵阳市南明区遵义路56号迎宾商务大楼407室
负责人：强奇平
Tel：13985431897

**凯里市阜康炉芯厂**
业务：凯里市阜康炉芯厂成立于2004年，从事煤油取暖器灯芯的生产及销售。欢迎广大新老客户来电来函咨询，洽谈业务，同时欢迎广大客户对我厂提出宝贵的意见和建议！
地址：贵州省黔东南苗族侗族自治州凯里市二龙新村原二龙中学内
邮　编：556600
法　人：杨胜勇
Tel：0855－8501289
Fax：0855－8503511

**青岛海尔洗衣机有限公司贵州分公司**
地址：贵州省贵阳市小河区黄河路168号
负责人：曹春华
Tel：0851－6871373

**贵阳云岩国鼎家电有限公司第一分公司**
地址：贵州省贵阳市延安中路5－9号1－4楼
负责人：彭正群
Tel：13885188125

**贵州锡仪仪器有限公司**
业务：本公司诚信为先，质量为本，竭力为您提供各种优质的公路仪器、建筑仪器、分析仪器，我们将为您提供优质的产品和贴心的服务
产品：公路仪器、建筑仪器、分析仪器
地址：贵州省贵阳市云岩区宝山北路11号附5号
负责人：章张华 邮　编：550001
法　人：章张华
Tel：0851－5936188
13809493885
Fax：0851－5623827

**贵阳天琢自动化技术开发有限公司**
地址：贵州省贵阳市云岩区香狮路市西商业街缤缤服饰商场1楼7号门面
负责人：刘筱玉
Tel：0851－5953699

**贵阳苏峰空调设备有限公司**
地址：贵州省贵阳市云岩区中华中路137号502室
负责人：齐王平
Tel：0851－5200300

**遵义利丰电器有限责任公司**
地址：贵州省遵义地区红花岗区龙井沟购物中心大楼4层
负责人：蔡斌
Tel：0852－8265691

**遵义天泽益家电经营有限责任公司**
地址：贵州省遵义市大连路天冀家电市场内2号房
负责人：周琛
Tel：0852－8640419

**绥阳县素林电器行**
地址：贵州省遵义市绥阳县洋川镇红旗中路13号
负责人：程素林
Tel：0852－6230888
13511898187

## 云南省/Yunnan Province

**云南新华电器有限公司**
业务：本公司成立于1998年，主要从事高、低压电器的生产与销售。公司坚持以市场为导向，以质量为主线，以科技求发展，并以完善的售后服务机制为广大客户服务，竭诚欢迎广大新老客户惠顾、洽谈业务！
地址：云南省昆明市官渡区关上中路银海雅苑3－2－2B
负责人：余旭光 邮　编：650200
法　人：余旭光
Tel：0871－7167590

**贵州长征电器集团昆明销售有限公司**
地址：云南省昆明市东二环路云南东环五金机电商城内M幢6、7、8号
负责人：杨世林
Tel：0871－3810677
13608812619

**云南保山市金桥电器有限公司**
业务：云南保山市金桥电器有限公司主要从事电力变压器，配电屏、箱、柜，代购电缆，电线，仪器仪表的销售。
地址：云南省保山市永昌镇和平路
邮　编：678000
法　人：贾豫进
Tel：0875－2138766
Fax：0875－2120766

**昆明苏云商贸有限公司**
业务：1、工业电热管、电热板、石英管、高温电阻丝、高温炉底板、工业电炉、仪器、仪表、高温电缆。2、不锈钢标准件、不锈钢软管、波纹管、膨胀节、振动筛、橡胶制品、绝缘材料、电缆桥架。欢迎新老客户来电咨询
地址：云南省昆明市官渡区环城南路96号
负责人：陈长森 邮　编：650041
法　人：陈长森
Tel：70871－3364871
3367043
Fax：0871－3364871

**昆明祥运制冷设备有限公司**
地址：云南省昆明市二环东路501号
负责人：李秀荣
Tel：13064265518

**昆明昌贤科技有限公司**
业务：昆明昌贤科技有限公司，属昆明市高新技术企业。主要从事环境保护、在线监测、远程管理、化工产品等业务。公司的经营宗旨：国际新型高新科技的引进、推广和咨询服务。以先进的管理理念，为客户提

供优质服务。
地址：云南省昆明市高新区黄土坡立交桥旁活力空间大厦404号
…………负责人：彭庆芬……邮　编：650106
…………法　人：彭庆芬
…………Tel：0871－8326967
…………Fax：0871－8326967
…………网址：www.kmcxkj.cn
…………E-mail：hb@kmcxkj.cn

**华一断电器经营部**
地址：云南省昆明市官渡区金马工业品市场10－1号
…………负责人：周元枢
…………Tel：0871－3366528
13888070050

## 禄丰县勤丰高源蓄电池厂
业务：禄丰县勤丰高源蓄电池厂成立于2003年，公司现有员工40多人，主要生产蓄电池。产品外观新颖，规格品种齐全，质量稳定可靠，工艺精益求精。质量保证、供货迅速及时，价格合理。获得了许多蓄电池厂家的一致好评。
地址：云南省楚雄州禄丰县勤丰镇鸿街村委会
…………邮　编：651203
…………法　人：年光华
…………Tel：0878－4841409
…………Fax：0878－4841409

**腾宇电子有限公司**
地址：云南省昆明市官渡区前卫镇小街螺蛳堆村口双凤综合楼
…………负责人：陈晓琴
…………Tel：0871－7011172
0870－2124836
13888238853

## 大理豪胜海尔专卖店
业务：本公司成立于1997年，拥有10多个员工。主要经营：海尔品牌各种家电的批发与零售。
地址：云南省大理下关市小花园20号
…………邮　编：671000
…………法　人：许聪
…………Tel：0871－3144988

**正泰电器门市部**
地址：云南省文山壮族自治州文山县三鑫机电城三幢2号
…………负责人：倪定贤

…………Tel：0876－2196992
13577643288

## 楚雄市楚光电力实业有限责任公司
业务：本公司成立于2002年，主要从事电气设备、家用电器、农业机械、金属构件的制造维修；经营电器、五金、交电、化工。热忱欢迎新老客户光临，惠顾！
地址：云南省楚雄彝族自治州楚雄市云泉街56号
…………负责人：段晓波……邮　编：675000
…………法　人：苏家荣
…………Tel：0878－3213268

**宏键电子商贸有限公司**
地址：云南省昭通市昭阳区迎丰路科协大楼一楼6号
…………负责人：谭飞
…………Tel：0870－2158111

## 云南正达电力工程有限公司
业务：云南正达电力工程有限公司，成立于2005年，从事电力工程施工及承包，电力器材，电缆，建材，装饰材料五金交电的销售，公司本着"优质、安全、高效"的精神，在业内享有较高声誉，欢迎各位新老顾客前来洽商，合作！
地址：云南省昆明市官渡区环城南路吴井新村燊龙幸福家园5幢23层B座
…………负责人：李玉华……邮　编：650000
…………法　人：李玉华
…………Tel：0871－3339988
…………Fax：0871－3339988

## 昆明固安祥电器有限公司
业务：昆明固安祥电器有限公司是一家经营低电压开关为主的有限公司，公司是北京人民电器厂昆明总代理。公司本着"质量第一，用户第一，信誉第一"的宗旨，竭诚为广大用户提供优质的产品和周到的服务！
地址：云南省昆明市吴井路188号机电产品市场A17－18号
…………邮　编：650041
…………法　人：杨潞平
…………Tel：0871－3524210
…………Fax：0871－3532013
…………网址：www.yngax.chinapyp.com



## 西藏自治区/Xizang Autonomous Region

**海源音响**
地址：西藏自治区拉萨市北京中路59号西郊电信楼
…………负责人：江易世
…………Tel：0891－6833608

**同乐电子维修部**
地址：西藏自治区拉萨市藏热路80号
…………负责人：段伟
…………Tel：0891－6712307

**西藏明扬科技有限公司**
地址：西藏自治区拉萨市藏热中路3号商会大厦302室
…………负责人：杨群英
…………Tel：0891－6812309

**蓝美人电器**
地址：西藏自治区拉萨市城关区冲赛康直贡商场16－17号
…………负责人：杜君
…………Tel：0891－6912074

**西藏大地经纬仪器设备有限公司**
地址：西藏自治区拉萨市达孜县金珠西路88号
…………负责人：张士华
…………Tel：0891－6860998

**西藏珂尔信息有限公司**
地址：西藏自治区拉萨市国际大酒店七楼
…………负责人：曹世磊
…………Tel：0891－6830058

**万全电子有限公司**
地址：西藏自治区拉萨市江苏路12号
…………负责人：罗马
…………Tel：0891－6333633

**拉萨华丰电器灯具总汇**
地址：西藏自治区拉萨市金珠中路防暴支队对面（华丰汽车电器）
…………负责人：华凤琼

…………Tel：0891－6837371

**西藏伟创科技电子有限公司**
地址：西藏自治区拉萨市金珠中路军区商品房
…………负责人：贺小平
…………Tel：0891－6329869

## 陕西省/Shanxi Province

## 宝鸡平安电气工程有限公司
业务：电气工程
地址：陕西省宝鸡市金台区中山东路286号院2号楼
…………负责人：常彦平　邮　编：721000
…………法　人：常彦平
…………Tel：13891710701
0917－3527650

**恒盛电气厂**
地址：陕西省宝鸡市岐山县五丈原镇西星街
…………负责人：李选民
…………Tel：0917－8779875
13992717573

## 陕西银河水处理工程有限公司
业务：本公司成立于2004年，现有100多名员工。主要经营水处理工程设备的生产、销售、安装。
地址：陕西省西安市灞桥区纺西街68号
…………邮　编：710038
…………法　人：牛鸣
…………Tel：029－83550951
…………Fax：029－83550959

**宝鸡市锐明电器科技有限公司**
地址：陕西省宝鸡市渭滨区清姜四一路四号
…………负责人：王世奇
…………Tel：13809173913

**宝鸡市唯特电子有限公司**
地址：陕西省宝鸡市渭滨区胜利桥北（农业信息中心一楼）
…………负责人：刘斌
…………Tel：13092923096

## 陕西星彩电子科技有限公司
业务：本公司成立于2005年，主要从事安防监控电子显示屏、楼宇对讲、太阳能节能灯系列的生产与销售。技术力量雄厚，生产设备先进，竭诚欢迎广大客户来人来电洽谈业务，共同发展！
地址：陕西省西安市半坡路115号
…………负责人：郭雨露……邮　编：710038
…………法　人：郭雨露
…………Tel：029－83499065

**光明电器材料有供应处**
地址：陕西省汉中市城固县博望镇西环二路南段
…………负责人：杨祖上
…………Tel：0916－7215934
13992651664

**五金交电门市部**
地址：陕西省渭南韩城市状元街148号
…………负责人：郭希元
…………Tel：0913－5213871
13892599526

**鸿志电器有限责任公司**
地址：陕西省渭南市大荔县伯士乡
…………负责人：刘志文
…………Tel：0913－3421011
13892578039

## 西安渭桥电器制造有限公司
业务：西安渭桥电器制造有限公司成立于1986年，主要生产销售纳米晶软磁材料、电流互感器。欢迎新老客户光临、惠顾！
地址：陕西省西安市未央区草滩镇南边
…………负责人：杨吉利……邮　编：710021
…………法　人：杨吉利
…………Tel：029－86671233
86675703
…………Fax：029－68900900－6660

**渭南临渭区远大制冷空调技术咨询有限公司**
地址：陕西省渭南市临渭区前进路112号
…………负责人：白小尧
…………Tel：0913－2030456

**西秦五金电器产业有限责任公司**
地址：陕西省渭南市民生街曙光建材市场西区7号
…………负责人：杨渭民
…………Tel：0913－2191400
13109646988

**西安华铁铁路信号电器有限责任公司**
地址：陕西省西安市西安林区金南路6号
…………负责人：殷国钢
…………Tel：029－82234607
87857655
82329821

**西安市灞桥区立平电器设备厂**
地址：陕西省西安市灞桥区惠东村574号－1
…………负责人：于立平
…………Tel：029－83353586

**陕西永昌盛电子科技有限公司**
地址：陕西省西安市碑林区长安北路40号
…………负责人：曹锦云
…………Tel：029－85214950

**陕西电子大楼长城电器销售部**
地址：陕西省西安市碑林区长安北路40号
…………负责人：蒋文龙
…………Tel：13002910441

**陕西雅士空调制冷工程有限公司**
地址：陕西省西安市碑林区长安北路十四号奥林匹克中心广场九层D户
…………负责人：张秀兰
…………Tel：029－85590293

**青岛海尔洗衣机有限公司西安分公司**
地址：陕西省西安市碑林区建国路88号805室
…………负责人：曹春华
…………Tel：029－87439017

**西安市和平照相器材有限责任公司兴庆公园照相馆**
地址：陕西省西安市碑林区兴庆公园内
…………负责人：孙仙珍
…………Tel：029－83794368

**陕西行者电子科技有限公司**
地址：陕西省西安市碑林区友谊西路166号嘉美大厦8L
…………负责人：别东武
…………Tel：13609241700

**西安莱优电子有限公司电子产品分公司**
地址：陕西省西安市碑林区友谊西路168号
…………负责人：任艳丽
…………Tel：029－88406677

**西安市雁塔区飞龙电子材料厂**
地址：陕西省西安市北次家桥南
…………负责人：杨军让
…………Tel：13992882567

**陕西新大河工贸有限公司**
地址：陕西省西安市测绘东路85号中油大厦5层
…………负责人：陈天水
…………Tel：029－87811207
13709210399

**陕西天佑科工贸有限公司西部电子商城分公司**
地址：陕西省西安市电子一路18号西部电子商城1层DT区12－13号
…………负责人：王俊杰
…………Tel：029－82307439

**陕西瑞晶电子有限公司**
地址：陕西省西安市东关正街129号世贸大厦12层B座
…………负责人：姚祎
…………Tel：13909181861

**陕西万方空调净化工程有限责任公司**
地址：陕西省西安市凤城一路南康新村215号
…………负责人：周其清
…………Tel：029－86514705
13700235021

**蓝光电器有限公司**
地址：陕西省西安市高陵县泾工业开发园区
…………负责人：齐歆
…………Tel：029－86030208
13991876396

**西安慧凝电子技术有限责任公司**
地址：陕西省西安市含光北路33号文华大厦A－506室
…………负责人：张波
…………Tel：029－85285671

**西安同力制冷设备有限公司**
地址：陕西省西安市含元路105号棉花公司家属楼西单元4楼东户
…………负责人：范建洛
…………Tel：029－81987834

## 渭南辰阳数码科技有限公司
业务：数码产品批发零售
地址：陕西省渭南市东风街264号
…………负责人：晁阳　邮　编：714000
…………法　人：晁阳
…………Tel：0913－2025111

**西安捷扬电子工程有限责任公司**
地址：陕西省西安市建设西路169号412室
…………负责人：向广迁
…………Tel：13572938212

**陕西荣兴机电科技有限公司**
地址：陕西省西安市莲湖区高新路49号
…………负责人：苏亮
…………Tel：13359276799

**陕西嘉德电子有限公司**
地址：陕西省西安市莲湖区高新一路5号正信大厦B座1803
…………负责人：闵嘉胜
…………Tel：029－83151821

**西安康特工业自动化有限公司**
地址：陕西省西安市莲湖区西关人民南巷12号821室
…………负责人：董晓勇
…………Tel：029－84231233

## 神木县维远数码科技有限责任公司
业务：神木县维远数码科技有限责任公司成立于2004年，专业从事摄影、摄像。热诚欢迎您的光临！
地址：陕西省榆林市神木县中阳路
…………负责人：刘维兵……邮　编：719300
…………法　人：刘维兵
…………Tel：0912－8338166

**榆林宣和电子有限公司**
地址：陕西省榆林市榆阳区西沙保宁路（煤炭设计院1号）
…………负责人：李晨光
…………Tel：13909125398

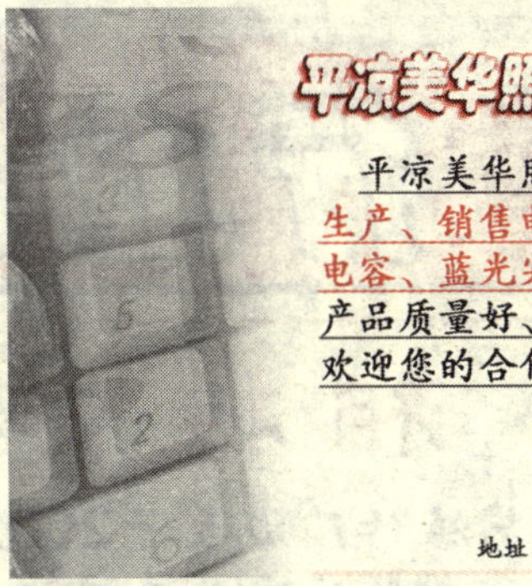





## 甘肃省/Gansu Province

**天水长城高低压电器设备有限公司白银分公司**
地址：甘肃省白银市白银区东山路建银小区
负责人：蒋万盛
Tel：13893036768

**甘肃惠丰电子科技有限公司**
地址：甘肃省兰州市城关区东岗西路 393 号
负责人：刘潇
Tel：13893619392

**兰州正思维电子科技有限公司**
地址：甘肃省兰州市城关区皋兰路 67 号 807 室
负责人：王勇先
Tel：0931－8849977

**甘肃三想电子科技有限责任公司**
地址：甘肃省兰州市城关区静宁路 8 号
负责人：张春平
Tel：13609386878

**兰州三莹电子科技有限责任公司**
地址：甘肃省兰州市城关区酒泉路 48 号 409 室
负责人：牟克忠
Tel：0931－3690460

**雷坛河鑫鑫家电维修部**
地址：甘肃省兰州市城关区雷坛河 140 号
负责人：边江红
Tel：0931－3720321

**华西科学器材有限公司**
地址：甘肃省兰州市城关区庆阳路 43 号兴隆大厦 15A
负责人：袁华
Tel：0931－8839383
13893303642

**甘肃恒泰伟业电子科技有限公司**
地址：甘肃省兰州市城关区一只船北街 1 号
负责人：李元钧
Tel：0931－4810877

**兰州学而乐电子科技有限公司**
地址：甘肃省兰州市城关区张掖路 143 号
负责人：王子阳
Tel：0931－8478648

**甘肃世纪伟业空调设备有限公司**
地址：甘肃省兰州市城关区中山路 131 号（海鸿大厦）
负责人：李炳奎
Tel：0931－8405560

**成县兆隆安爆器材有限公司**
业务：安爆器材
产品：呼吸机、有害气体监测仪、防毒面具、防毒服
地址：甘肃省陇南地区成县陇南大道南路西侧
负责人：张世利 邮编：742500
法人：张世利
Tel：0939－3221860
13389394599
Fax：0939－3221860
网址：http://www.51zzt.com/user/zzt35112

**兰州华翔理工电子有限公司**
地址：甘肃省兰州市科技街 13 号
负责人：隽宗斌
Tel：0931－2742583

**兰州华鼎电子科技有限责任公司**
地址：甘肃省兰州市南河路 2202 号
负责人：牛新彤
负责人：13919407155

**兰州德沃电气科技有限公司**
地址：甘肃省兰州市七里河区建工西街 122－1 号
负责人：张晓辉
Tel：13909496607

**甘肃中汇电子工程有限公司**
业务：我公司主营方向：计算机网络工程；系统集成；软件开发；计算机网络安全产品的批发与零售；安全技术防范（电视监控报警系统）工程的设计与施工。获得业内各项的国家资质与业内认证。我们愿意与各界精英精诚合作，为我省及西北的经济发展作出杰出的贡献。
地址：甘肃省兰州市通渭路 1 号房地产大厦 16 楼 F 座
邮编：730000
法人：申永军
Tel：0931－8454753
Fax：0931－8454579
网址：www.gszhonghui.com

**兰州中德电气有限公司**
地址：甘肃省兰州市七里河区西津东路 730 号 0
负责人：朱枢荣
Tel：0931－2657658
13909486731

**兰州红云电器安装部**
地址：甘肃省兰州市七里河区西园街道林家庄 1－12 号
负责人：马云廷
Tel：13099158958

**甘肃天德电子科技有限公司**
地址：甘肃省兰州市渭源路 81 号
负责人：郭怡
Tel：0931－8515115

**兰州美信智能仪表有限公司**
地址：甘肃省兰州市西固区福利路街道福利西路 106 号
负责人：倪琼华
Tel：0931－7554030

**兰州鼎天电子科技有限公司**
地址：甘肃省兰州市西固区合水路 2 号
负责人：李军
Tel：0931－7553685

**兰州西盛机械电子有限公司**
地址：甘肃省兰州市西站东路 22 号
负责人：林学谅
Tel：0931－2946150

**兰州新拓电子科技有限公司陇南分公司**
地址：甘肃省陇南市武都区钟楼饭店一楼
负责人：程运奎
Tel：0939－8250625

**天水长城电器有限责任公司**
地址：甘肃省天水市秦州区南廓路 1 号
负责人：程峥嵘
Tel：0938－8381215

**长城恒立电器有限公司**
地址：甘肃天水市天水市秦州区南廓寺山门东侧 5 号楼 3 楼
负责人：葛斌
Tel：0938－8220862
13909380488

## 青海省/Qinghai Province

**青海藏之堂科贸有限公司**
地址：青海省城中区南关街 45 号
负责人：霍继军
Tel：0971－4915038

**西宁赛德环保技术服务有限公司**
地址：青海省大通回族土族自治县
负责人：马学军
Tel：0971－6151195

**普泰太阳灶厂**
地址：青海省海东地区乐都县岗沟镇七里店村
负责人：张莲芬
Tel：0972－8416251

**海西州捷迅电子有限责任公司**
地址：青海省海西蒙古族藏族自治州德令哈市柴达木东路财政宾馆楼下第三间
负责人：杨涛
Tel：0977－8718209

**青海山川建安科技有限公司**
地址：青海省西宁市朝阳西路 59 号
负责人：滕建新
Tel：0971－7720130

**西宁市星河科技贸易有限公司**
地址：青海省西宁市城北区祁连路寺台子 113 号
负责人：周晓刚
Tel：0971－5501628

**青海阿奇电器有限责任公司**
地址：青海省西宁市城东区南关街 39 号
负责人：李顺奇
Tel：0971－8248077

**沈阳南阳防爆电器厂西宁销售公司**
地址：青海省西宁市城东区祁连路 137－5 号
负责人：白玉霞
Tel：0971－8140367

**西宁经济技术开发区东川工业园区岗桑科技有限公司**
地址：青海省西宁市城东区团结桥路 51 号
负责人：唐爱平
Tel：0971－8177505

**青海骄阳新能源有限公司**
地址：青海西宁市城东区民和路 33 号中小企业创业园
负责人：贾国强
Tel：0971－8817806

**西宁精点测绘有限责任公司**
地址：青海西宁市城西区黄河路 52 号
负责人：韩仁成
Tel：0971－4388857

**西宁康纬测绘仪器设备有限公司**
地址：青海西宁市城西区胜利路 8－14 号
负责人：芦萍
Tel：0971－6315675

## 新疆维吾尔自治区/Xinjiang Wei We Er Autonomous Region

**阿克苏市美祥灯具厂**
地址：新疆维吾尔自治区阿克苏地区阿克苏市栏杆区红旗坡汽水厂
负责人：刘永刚
Tel：13579387355

**特变电工新疆电工材料有限公司**
地址：新疆维吾尔自治区昌吉回族自治州昌吉市延安南路 52 号
负责人：张新
Tel：0994－6553262

**乌鲁木齐西域舫源电力安装有限公司**
业务：本公司成立于 2005 年，现有 100 多名员工。主要经营各种电力设备安装和电力器材的销售。
地址：新疆维吾尔自治区乌鲁木齐市多斯鲁克路 4 号
邮编：830049
法人：周芳
Tel：0991－2881895
Fax：0991－2921999

**石河子市鑫泽家电超市**
地址：新疆维吾尔自治区石河子市北环夕阳红街金三角大楼负一层
负责人：宋剑
Tel：0993－2062119

**乌鲁木齐市德尔佳空调工程有限公司**
地址：新疆维吾尔自治区乌鲁木齐市阿勒泰路 30 号
负责人：朱辉
Tel：0991－2832567

**新疆研华工业自动化仪表有限公司**
地址：新疆维吾尔自治区乌鲁木齐市黑龙江路 51 号
负责人：华俊
Tel：13899922869

**乌鲁木齐市好利丰科技电子经销部**
地址：新疆维吾尔自治区乌鲁木齐市红旗路电脑商城 219 号
负责人：李霞
Tel：0991－2810887

**乌鲁木齐市天山区依源伙伴电子科技服务部**
地址：新疆维吾尔自治区乌鲁木齐市红旗路电脑商城地面一层 B27 号
负责人：李疆霞
Tel：0991－7792406

**新疆数码梦工场电子有限公司第一营业部**
地址：新疆维吾尔自治区乌鲁木齐市红旗路赛博数码广场 1F－B38、B39 号
负责人：张伟东
Tel：13999228066

**乌鲁木齐市新科析仪器成套有限公司**
地址：新疆维吾尔自治区乌鲁木齐市南昌北路 1 号
负责人：郭祝军
Tel：0991－4521780

**伊宁市荣昌电子电器商城**
业务：伊宁市荣昌电子电器商城成立于 1991 年，从事电器及电器配件、五金小家电的销售。欢迎广大新老客户光临、惠顾。
地址：新疆维吾尔自治区伊犁哈萨克自治州伊宁市解放路 6 巷 188 号
邮编：835000
法人：竹春茜
Tel：0999－8221912
Fax：0999－8218010

**青岛海尔洗衣机有限公司乌鲁木齐分公司**
地址：新疆维吾尔自治区乌鲁木齐市西河坝前街 77 号（新宏信大厦 12 楼）
负责人：曹春华
Tel：0991－2357026

**乌鲁木齐伯克瑞灯光音响器材工程有限公司**
地址：新疆维吾尔自治区乌鲁木齐市扬子江路 4 号
负责人：钱城
Tel：0991－2329988

**乌鲁木齐腾威有限责任公司腾威电器市场**
地址：新疆维吾尔自治区乌鲁木齐市扬子江路 4 号
负责人：赵飞
Tel：0991－4502980

**乌鲁木齐睿鹏电器厂**
地址：新疆维吾尔自治区乌鲁木齐市迎宾北一路 8 号
负责人：苏武
Tel：0991－2641221

**北京景新电气技术开发有限责任公司驻乌鲁木齐办事处**
地址：新疆维吾尔自治区乌市银川路 2 号康普玉山苑小区六栋 9 单元 402 室
负责人：郝伟
Tel：0991－4506673

**霍城县通达电线厂**
地址：新疆维吾尔自治区伊犁地区霍城县清水河镇
负责人：赵中孝
Tel：0999－3293296
13899722093

**五家渠宏达开关厂**
地址：新疆维吾尔自治区原五家渠微车厂校办厂
负责人：丁秀梅
Tel：0994－5821879

# 行业品牌展示窗

## 湘桂烟花爆竹厂

湘桂烟花爆竹厂成立于2003年，主要从事于烟花、爆竹的生产、销售。我们的产品丰富多样，包装新颖，色彩艳丽，质量更是有保证，一直以来深受广大经销商和消费者的青睐。创新与发展是我们的不断追求。我们坚持“质量第一，信誉至上”的经营理念，一如既往地为广大新老朋友提供一流的产品和服务。

电话：0735-3929003 13873547738 联系人：李桂林
地址：湖南省郴州市宜章县黄沙镇较场坪村 邮编：423000

## 苏州新区巨峰古建工艺石雕厂

本厂多年来一直从事各种锯石，石料加工，石料雕刻，城市雕塑等。

我厂全体员工凭着精湛的工艺，过硬的技术以及积极向上的凝聚力，并成为同行业中的姣姣者，深得海内外客户的好评。本厂在生产上拥有先进的生产设备及技术，一流的管理水平，生产的产品无论是数量还是质量都不折不扣让客户满意，深得客户信赖。

电话：0512-66626233 手机：13806130536 联系人：张大男
地址：江苏省苏州市新区枫桥街道支英村 邮编：215129

## 常州市杰强木业有限公司

常州市杰强木业有限公司三年来一直从事木雕、家具的生产与销售，主要产品有木雕工艺品、仿古明清家具、花窗花格、现代实木家具等。我公司生产工艺精益求精，以高品质取胜，开业以来倍受客户赞赏。欢迎新老客户来电或来访，我们一定能满足您的要求。

电话：0519-88763955 88651591 联系人：周洪明
地址：江苏省常州市武进区横山桥镇芙蓉工业集中区 邮编：213118

## 厦门市大慈佛具工艺有限公司

涅槃图 高106 x 宽240 cm

厦门市大慈佛具工艺有限公司为提升佛教艺术、从事佛像创作已近三十年，无论在造型设计、雕塑、贴金、彩绘、仿古，皆有专精人才，营业项目：佛堂设计、装潢工程、大小型佛像雕塑、玻璃纤维、各种材质、寺庙佛像维修、万佛墙、LED光明灯、佛前供具、专利袖珍型骨灰箱柜。

期愿以提升佛像艺术境界，塑造庄严之佛像，来回馈教界之爱护！

电话：0592-7200178
电邮：xm[illegible]@yahoo.com.cn
邮编：[illegible]
网址：www.xmdcfj.com
地址：福建省厦门市同安区新民镇西塘村(意匠公司内)

# 行业品牌展示窗

## 苏州市平江区华意珠宝专卖店

苏州市平江区华意珠宝专卖店是一家专业销售珠宝、玉器、钻石饰品的专门店。饰品造型大方、做工优良、价格适中，欢迎广大客户前来选购！

电话：0512-67707499　联系人：夏静霞

地址：江苏省苏州市平江区观前街施相公弄38-52号105室　邮编：215000

## 廉江市信昌工艺制品有限公司

廉江市信昌工艺制品有限公司成立于2007年，主要从事于加工出口藤、竹工艺品。

我厂坚持"以质量求生存，以信誉求发展"的宗旨，取得了众多客户的支持和信任本着质量第一，诚信为本的商业原则，竭诚欢迎您的惠顾。

联系人：唐慧　电话：0759-6292148

地址：广东省湛江市廉江市雅塘镇雅东路屋长岭　邮编：524400

## 富贵木材家私厂

富贵木材家私厂成立于1988年，主要从事于加工，销售实木沙发，实木套间衣柜，床，餐台，餐椅等。

追求完美，不断创新！富贵木材家私本着"以人为本"的经营理念，以"顾客至上，信誉第一、互惠互利"的服务宗旨，将与客商更加紧密的合作模式，热忱欢迎海内外客商的加盟与合作。

联系人：王贵绪　15915179768

电话：0763-8473905　6629248

电邮：fugui8473905@126.com

地址：广东省清远市连南县寨岗镇官坑村高汤营201　邮编：513400

## 金华市浦江县星洁水晶工艺品店

金华市浦江县星洁水晶工艺品店成立于2006年，本厂是一家长期致力于水晶生产，销售和研发的专业生产厂家。主要产品有各种花瓶，笔筒，奖杯，奖牌，餐具，装饰，纪念品的批发、零售。产品依托雄厚的技术力量，非凡的设计理念，精致的生产工艺和优良的服务体系，一直以来深受广大客户的欢迎和喜爱，产品畅销海内外。

联系人：楼国福

电话：0579-84209762　13967954971　网址：http://www.zjpjxj.cn

地址：浙江省金华市浦江县浦阳镇京都二区126号　邮编：322200

# 行业品牌展示窗

## 光芒集团·靖江光芒生活电器有限公司

我公司成立于2006年，棣属于江苏光芒集团旗下的子公司—靖江光芒生活电器有限公司，主要经营小家电系列。

其主要产品：电磁炉、豆浆机、榨汁搅拌机、电压力锅、电水壶、电风扇、牙具消毒器、取暖器等。

家有光芒，喜气洋洋。

联系人：郭小平　13914504325　电话：0523-84321088　84310378

地址：江苏省靖江市新桥镇光芒路15号　邮编：214537

## 崇兴花炮制造有限公司

本公司是一家专业花炮制造、销售的厂家。我们将以上乘的产品、完美的设计、优惠的价格和良好的信誉来迎接国内外客户，并热忱欢迎国内外客户莅临我公司指导，我们愿与您携手合作，为经济腾飞作出更大的贡献。

联系人：余思明

电话：023-70688188、13896575088

地址：重庆市丰都县崇兴乡清水溪　邮编：408200

## 潮州市鑫和瓷业有限公司

本公司是一家集研发、生产为一体的日用陶瓷生产企业。公司拥有从设计到生产一条龙的专业技术人才及配套的精良设备、有独具匠心的经营理念、精益求精的产品质量、精湛的生产技术、产品款式新颖、花面精细典雅，深受广大消费者青睐。

电话：0768-5219088　13939795111　联系人：付国军

地址：广东省潮州市浮洋镇高义工业区　邮编：515645

## 东莞市名将床垫经营部

东莞市名将床垫经营部成立于2007年，是一家专业从事光波水床、玉石床等产品的经营机构。

质量可靠，价格合理。

欢迎新老客户来电洽谈业务！

电话：0769-23862639　23135066　联系人：黎崇官

地址：广东省东莞市莞城区罗沙万园路15号　邮编：523006

# 行业品牌展示窗

# 行业品牌展示窗

## 杭州延生造型艺术有限公司

本公司是一家从事专业造型艺术的创作实体，主要业务涉及四个领域：公共艺术、博物馆雕塑、酒店艺术品、蜡像、传统雕塑。

本公司将竭诚满足客户不同层次的需求，使客户能以最实惠的价格获取最新颖、最别致、最富有创意的设计方案及质量上乘的优质服务。

联系人：毕艳胜 13957123965

电话：0571-86050659

网址：www.yansun.net

电邮：laobi37@126.com

地址：浙江省杭州市西湖区转塘桐坞村4号

邮编：310008

## 东杰轩沙发家具厂

“东杰轩”是办公沙发行业颇具规模的专业生产企业，公司采用国际流行的敞开式新概念，致力为各类客户在办公环境方面塑造成功的企业形象。公司以“诚心”、“人性”为服务宗旨，多年来获得了业界广泛的认可，客户群体不断的加大，客户美誉度不断提高。

联系人：吴　东

电话：0512-82155512　82155590　手机：13451672575

地址：江苏省苏州市相城区华雄宾馆斜对面3排　邮编：215131

## 苏州民生珠宝行

本公司成立于1994年，主要经营珍珠饰品及珍珠工艺品，批发，零售，有淡水珍珠，海水珍珠，珍珠饰品，珍珠工艺品。我们将竭诚为您服务。

联系人：薛水生

网址：mingsheng.zzzhan.com　电邮：mszbxss@yahoo.com.cn

电话：0512-65903682　13906203490　传真：0512-65903680

地址：江苏省苏州市相城区渭塘镇珍珠湖路88号中国珍珠城22号

## 苏州市吴中区胥口宏源红木家俱厂

苏州市吴中区胥口宏源红木家俱厂十几年来专业从事红木家俱制作与销售。

本着“客户至上，质量第一”的原则，为广大客户提供各种样式，各种材料的红木家俱，欢迎新老客户前来参观订购！

电话：0512-66215258、13506203305　联系人：濮红春

地址：江苏省苏州市吴中区胥口镇东欣村6组（村部旁）　邮编：215164

# 行业品牌展示窗

## 佛山市顺德区骏威宝金属制品有限公司

本公司成立于1990年，主要制造销售家居五金用品，产品为升降挂衣架、多功能挂架、三角支架、趟门轮、家具五金等。

本公司以质量、价格、服务为带动企业发展的三架马车，以人才、管理、速度为主动力。

欢迎新老客户来人来电，洽谈订购。

联系人：周润锡 13702825768

电话：0757-26631629 26335890

地址：广东省佛山市顺德区北 镇坤洲工业区 邮编：528312

## 巩义市华泰陶瓷有限公司

联系人：苏建林

巩义市华泰陶瓷有限公司成立于2006年，专业从事工业陶瓷的生产与销售。公司将恪守“诚信关注顾客，永恒提升质量”的质量方针，持续改进质量管理体系，保持企业发展的良好势头，创造“新世纪”的辉煌明天，将中华民族的瓷文化弘扬光大。

电话：0371-64441440 13903825351

地址：河南省郑州市巩义市小关镇九分厂 邮编：451272

## 淮安瑞时特钢制品有限公司

本公司专业生产不锈钢水槽、家用烤箱、消毒柜、厨房电器，销售本公司产品。

欢迎广大客户光垂询、光临。

联系人：戚建明 13770422299 电话：0517-86806555

地址：江苏省淮安市金湖县黎城镇九里村 邮编：211600

## 河南强盛文化艺术品有限公司

河南强盛文化艺术品有限公司以传承弘扬华夏优秀文化为己任，以文物复制，仿制策展为主业，将许多中国古代的艺术珍品原汁原味的呈现给您。本公司拥有专业文物考古研究人员，并与专业文物考古机构合作；还拥有一批精益求精的能工巧匠，采用青铜配方和完全的传统工艺，复制，生产历代青铜器，错金，错银，金银混铧，染金，染银等制品。我公司的文物复制品是广大收藏爱好者和各界朋友收藏、馈赠、陈设、观赏的佳品！已广销国内，亚洲和欧美，触摸历史，感受文化！强盛文化愿与您携手共建美好生活！

联系人：李强

电话：0371-60207999 13937191825 邮编：450052

地址：河南省郑州市二七区交通路8号碧波园珍宝大世界广场210号

# 行业品牌展示窗

## 深圳市艺宝轩家具有限公司

自1995年公司创立以来，以其独特的设计风格，先进的制造工艺和完美的售后服务，秉承"缔造优质生活典范"的发展理念，在中国家具市场享有盛名，在新古典家具风格上独领风骚。

联系人：杨文艺
电话：0755-89616888 89616999
传真：0755-89616988
地址：广东省深圳市龙岗区龙岗镇同乐榕树吓新工业区
网址：www.yuantingju.com
电邮：yibao88@tom.com
邮编：518116

## 永嘉县嘉宝利办公家俬有限公司

永嘉县嘉宝利办公家俬有限公司是一家专业从事办公用品，家具的生产销售。
以人为本，诚信经营。
欢迎新老客户来电洽谈业务！

联系人：戴本洪
电话：0577-67223287 67021987 13091968287
地址：浙江省温州市永嘉县望沿路20号
邮编：325100

## 重庆曾木匠木材加工厂

重庆曾木匠木材加工厂成立于1996年，主要从事于实木套装门、各种实木家具的生产、销售。近年来公司以人为本、以诚取信、以质取胜、以真心走天下的宗旨取得了客户的青睐。

我们期待着与更多的朋友真诚合作，并致力于为广大客户及市场提供一流的产品和服务。

愿我们一起携手奋进，共同创造二十一世纪的辉煌！

联系人：曾华明
电话：023-65506883 13983377763
传真：023-65506883
地址：重庆市沙坪坝区歌乐山镇新开寺村杨家沟社
邮编：400030

## 重庆市金丰黄金珠宝交易中心

成立于2007年6月，经营品种有黄金、铂金、钻石、红蓝宝石、祖母绿、翡翠、新疆和田玉、珍珠、水晶、K金饰品、银饰等半成品、成品一应俱全，集批发、零售、加工、定做、镶嵌、鉴定咨询为一体，消费者还可根据实际需求进行任意搭配和现场制作。

漫步在金丰珠宝市场，亲身体会其独特的经营理念：幽雅的环境，丰富的文化底蕴，收藏级的产品品质，厂家直销的价格，任意选择，个性搭配。

联系人：唐松石
13883665922
电话：023-63711333
63712266
邮编：400010
地址：重庆市渝中区邹容路139号（银座广场2楼）

# 行业品牌展示窗

## 饒陽安華工藝品有限公司

饒陽安華工藝品有限公司成立于2007年，主要從事工藝品的生產及進出口、銷售業務。產品有花瓶、花盆、酒杯、燭臺、果汁罐、壺、盤類、燭杯等玻璃器皿。

產品款式新穎、質量保證、價格優惠，歡迎新老客户參觀訂購！

联系人：孙凤阳　13623185159

电话：0318-7321839　7321268

地址：河北省衡水市饶阳县新城区开放路　邮编：053900

## 深圳市宝安区松岗兴邦石膏经营部

本经营部八年来专业经营红色、青色、黄色、白色各档次模型石膏粉，耐高温铸造石膏粉，矽利康，815环氧树脂，AB水，精雕油土，彩色油土，进口手工泥等。

本部为广大消费者提供质量优良，价格优惠的产品，欢迎光临本部参观并订购！

联系人：林德彩

电话：0755-29909078 29909156　传真：0755-29909156　手机：13823566131

地址：广东省深圳市宝安区松岗镇东风村新区39号　邮编：518105



## 苏州市相城区蠡口德顺家具厂

苏州市相城区蠡口德顺家具厂生产经营实木家具，民用家具，以实木家具为主。本公司一贯秉承”质量至上，服务第一”的经营宗旨，坚持”技术为先，精益求精”的经营理念，随时恭候家具业界人士光临指导惠顾，让我们的产品伴随着千家万户满堂生辉.

电话/传真：0512-65752109　手机：13771814688　联系人：国德区

地址：江苏省苏州市相城区建元路18号国际床具大全H17号　邮编：215000

## 南昌市青云谱区四美字牌窗帘店

是一家有着20多年历史的老店，

专业从事字画工艺品、布艺窗帘、字牌加工制作。

质量保证、价格合理。

欢迎新老客户来电咨询、订购！

联系人：张英斌　电话：0791-2184548　5275270　5276516

地址：江西省南昌市青云谱区定山路25-27号（八大山人仿古街）　邮编：330043

# 行业品牌展示窗

## 常州市双炬塑木制品有限公司

网址：www.czshuangju.com

本公司是专业生产塑木地板的企业。公司拥有三大系列产品，几十种花色品种，通过了ISO9001:2000质量认证和ISO14001:2004环保认证。本公司生产的地板产品耐用、耐老化、寿命长，使用年限可达20年并且可回收。其稳定性好，不变形、无收缩、不开裂、无翘曲。产品外观天然木纹、自然美观、纹理舒畅，无节疤、无斜纹、无色差，可钉、可刨、可锯、可漆、可钻，专业防水、防霉、防腐、防虫、抗菌。并且施工使用方便简捷、容易成型、韧性度高，抗静电，健康环保，制造过程不使用任何胶水，不含甲醛、氨、苯等有害物质，免除了装修污染。公司产品深受国内外客户的青睐。

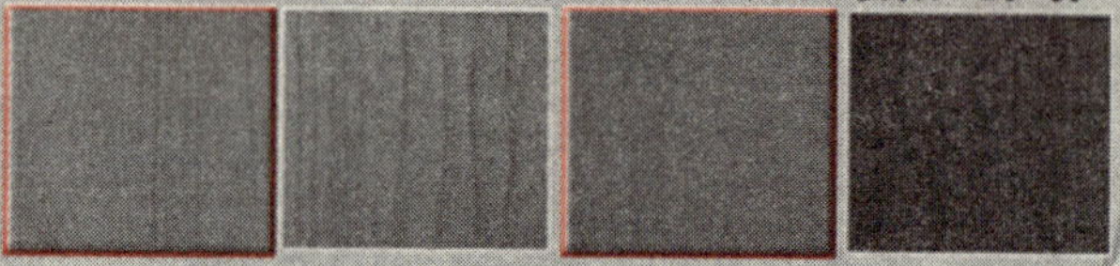

联系人：朱建方
电话：0519-86138318 86138358
传真：0519-86138328
地址：江苏省常州市武进区前黄镇杨桥村（天香集团内） 邮编：213175

## 青羊区古今屋语家居用品生活馆

青羊区古今屋语家居用品生活馆是一家专业从事中式家居饰品、工艺品销售的生活馆。古今屋语一直致力于将最优质的中式家居饰品和最经典流行的中式家居文化介绍给消费者朋友，以“诚信创新、合作共赢”作为核心价值观，以“客户就是朋友”作为服务观。为那些热爱生活、追求健康的朋友构筑一个时尚、典雅、健康、个性的家居环境。

联系人：陈英
电话：028-86626958
地址：四川省成都市西玉龙街附35--37号 邮编：610017

## 深圳市福田区善水缘工艺礼品店

深圳市福田区善水缘工艺礼品店成立于2007年，主要从事于礼品工艺品的销售。主要有金卡、金属书签、工号牌、薄金属工艺礼品。公司本着“诚信 、务实 、创新”的经营理念，以一颗诚挚的心，竭诚欢迎海内外客商来人来电来函洽谈业务，或来样加工、订做，共同把握黄金商机。

联系人：陈勇
电话：0755-27518991、27518993 电邮：leigx@szwa.com
地址：广东省深圳市宝安区西乡镇钟屋工业区60栋206室 邮编：518128

## 厦門堡冠工貿有限公司

厦门堡冠工贸有限公司成立于2007年。
主要生产销售卫生香，蚊香，工艺品原材料等。
规格齐全，价格优惠。
欢迎新老客户惠顾！

联系人：郑良森
电话：0592-6315909 6315775
地址：福建省厦门市集美区灌口镇双岭村村部后面 邮编：361023

# 行业品牌展示窗

## 广州市雅风玻璃制品有限公司

本厂成立十年有余，专业开发、设计、生产、销售各种玻璃制品，如不锈钢玻璃茶壶、玻璃直火壶、玻璃冷热水壶、各种玻璃茶具水具套装、玻璃酒杯、酒店用品等。

造型新颖，质量保证，交货及时，产品主要出口世界各地。

联系人：刘红发 www.mtw15798.chinapyp.com
电话：020-36010179 36010178
电邮：36010179@163.com 邮编：510430
地址：广东省广州市白云区滘心路石井街第二工业区C号厂房

## 泉州丰泽区南方卫生用品有限公司

本公司从事各类卫生用品生产、销售,产品有卫生巾、卫生护垫、纸尿片、纸尿裤等。方便您的生活，欢迎国内外新老客户来电来函洽谈业务，共同发展！

联系人：赖汉水
电话：0595-22798849、13505924332
地址：福建省泉州市丰泽区普贤路田边工业区 邮编：362000

## 仙游县榜头镇永兴阁古典家具厂

本公司成立于2008年，主要经营选纯天然上品的名贵木材，有紫檀、黄花梨等材质的古典家具。为您精心打造高雅的古典家具。

联系人：甘良勇 传真：0594-7772222 邮编：351200
手机：15980356999 地址：福建省莆田仙游县榜头镇世纪中街2378号

## 金华市卓洁日用品厂

本公司成立于2004年，主要经营清洁用品。服务宗旨：用创造满足客户需求，用创新谋求企业发展，用创业实现人生价值。

联系人：刘乃明
电话：0579-82910951 82913739 13735723089
地址：浙江省金华市金东区傅村镇杨家村 邮编：322000

# 行业品牌展示窗

## 龙腾木业有限责任公司

龙腾木业有限责任公司于2002年创建，经营原木，加工胶合板、多层板等业务。

我们将为您提供价廉物美的产品，使客户"买得实惠、用得放心"！

联系人：高永彬

电话：0370－6781058　13937051788

地址：河南省商丘市夏邑县歧河乡政府　邮编：476424

## 萍乡市博鑫精细陶瓷有限公司

萍乡市博鑫精细陶瓷有限公司成立于2007年，专业生产蜂窝陶瓷蓄热体、蜂窝陶瓷催化剂载体、环保型泡沫陶瓷、耐磨陶瓷系列等高科技陶瓷产品。博鑫公司在不断完善基础设施的同时，积极引进先进的管理理念，实施高效管理、品质管理策略，开创企业特有的研发、生产、销售与服务体系，以创新为前提，服务为后盾，竭诚为新、老客户提供优质、完善的全程服务。

联系人：仇圣明

电话：0799-7515996　网址：www.bocent.net

地址：江西省萍乡市芦溪县工业园电瓷工业城　邮编：337000

## 保定市脱颖钢木家具有限公司

保定市脱颖钢木家具有限公司成立于1991年，是合法一般纳税人企业。主要从事钢木结合办公家具的生产与销售。

热忱欢迎您的惠顾！

联系人：赵景深　电话：0312-5990598　传真：0312-5990610

地址：河北省保定市北市区百楼乡后营村　邮编：371000

## 深圳市龙岗区星力华眼镜制品厂

SLH OPTICAL

深圳市龙岗区星力华眼镜制品厂成立于2006年8月，主要从事于眼镜配件的加工与销售。

本公司追求"以人为本、技术领先、品质第一"的人文目标，恪守"加工唯美品质、高效客户价值"的经营理念。我们的企业虽年青，但我们能为您提供最好的服务，期盼您的合作。

联系人：熊潇　13751054378　电话：0755-28648716

地址：广东省深圳市龙岗区横岗镇翠湖山庄C10栋　邮编：518115

# 家居生活用品 礼品工艺品

## 北京市/Zhuhai Municipality

**美光隐形眼镜(北京)有限公司**
地址:北京市昌平区科技园区创新路 9 号
负责人:金双基
Tel:010－69710754

**诱惑地带(北京)有限公司**
业务:各类的时尚饰品、家居用品
地址:北京市海淀区中关村丹棱街 18 号创富大厦 15 楼
负责人:王凯 邮 编:100080
Tel:010－51291222
15300218297
Fax:010－82606558

**北京金昌利家具装饰有限公司**
地址:北京市大兴县芦城乡狼一村
负责人:周泉兴
Tel:010－61292531

**北京市冠卓风格家具有限公司**
地址:北京市怀柔区北房镇经纬工业小区 116 号
负责人:彭国崇
Tel:010－61684939

**北京铭立骞业办公家具有限公司**
地址:北京市怀柔县桥梓镇北宅村南
负责人:解忠
Tel:010－65573545

**东辉眼镜(北京)有限公司**
地址:北京市顺义区南法信地区南法信村北
负责人:田中圣太郎
负责人:010－69472386

**北京先勤办公家具有限公司**
地址:北京市顺义区张喜庄乡夏县营村东街 2 号
负责人:黄家儒
Tel:010－69491428

**北京市东方塑料玩具厂**
地址:北京市顺义县顺义镇平各庄
负责人:苏信甫
负责人:010－69425985

**北京世博佳工艺美术品经营中心**
地址:北京市通州区马驹桥镇南堤村
负责人:朱春海
Tel:010－60501853

**北京恒宝文仪家具有限公司**
地址:北京市宣武区广安门外南滨河路 31 号 601 室
地址:冯卫堂
Tel:010－63437028

## 天津市/Tianjin Municipality

**天津市鸿泰达家具有限公司**
地址:天津市东丽区大毕庄镇欢坨东
负责人:侯广清
Tel:13820301927

**天津市宝贝开心妇幼用品销售中心**
地址:天津市和平区新兴路都市花园 5 号楼 1203－102
负责人:王贺喜
Tel:13332033065

**天津市天互木制品厂**
地址:天津市河东区大王庄六纬路 2 号
负责人:黄振华
Tel:022－24210020

**天津市榄菊日用品经营部**
地址:天津市红桥区西青道 126 号科园公寓 1－1－101、102
负责人:刘玉美
Tel:13702086228

**天津鼎织生活用品有限公司**
地址:天津市津南区双港镇李楼村
负责人:田部智也
Tel:022－23301118

**大东工艺品(天津)有限公司**
地址:天津市津南区双桥河镇政府东侧
负责人:朴钟镐
Tel:022－88518520

**天津市隆昌兴木器厂**
地址:天津市西青区杨柳青九街木材市场
负责人:高昌仁
Tel:022－87911883

**天津市西青区国风家具厂**
地址:天津市西青区中北镇西姜井西苑别墅南侧
负责人:董国庆
Tel:13820155353

## 上海市/Shanghai Municipality

**瑞东木制品加工厂**
地址:上海市宝山区沪太路 3079 号(大场飞机场内)
负责人:夏洪光
Tel:021－66344410
13601665396

**上海艺友家具有限公司**
业务:KTV 沙发、酒吧沙发、宾馆客房家具加工生产及销售
地址:上海市宝山区顾陈路 1068 号 B 区 2 楼
负责人:武有付 邮 编:200431
法 人:武有付
Tel:13818770680
021－66046008
Fax:021－56182953

**上海峰尊木业有限公司**
业务:上海峰尊木业有限公司成立于 2004 年，主要从事木材的加工与销售。我们将为您提供价廉物美的产品，使客户“买得实惠、用得放心”!
地址:上海闵行区普江镇竹然西路 8 号
负责人:陈后峰……邮 编:201114
法 人:陈后峰
Tel:13774431289

**上海德芝美办公家具有限公司**
地址:上海市长宁区武夷路 719 号
负责人:史福林
Tel:021－62520041

**上海帅欣宇工艺品有限公司**
业务:工艺品加工和销售
地址:上海市宝山区呼玛路呼玛三村 145 号 201 室
负责人:郑升帅 邮 编:200435
法 人:郑升帅
Tel:15026888875
15900588875
网址:http://www.51zzt.com/user/zzt31525

**上海金川床垫有限公司**
业务:上海金川床垫有限公司成立于 2004 年，是一家专业从事床垫的生产及销售的企业。公司将以丰富的生产经验和技术，推陈出新，不断完善，为提高人民生活质量而努力。公司全体员工精诚团结，科学管理，开拓进取与广大客户携手合作、再创辉煌。
地址:上海市宝山区顾村镇盛宅村东谭
邮 编:200000
法 人:吴维林
Tel:021－56041831
Mobile:13122804479

**上海荣星休闲沐浴有限公司**
地址:上海市长宁区宣化路 311 号 6 楼
负责人:钱俊岭
Tel:021－62513397

**上海郑华钻石珠宝有限公司**
业务:珠宝、钻石、铂金、加工、销售，钻石珠宝镶嵌，金银饰品设计修理、翻新等一条龙服务
地址:上海市黄浦区南京路 635 号 1 楼黄金柜
负责人:郑航 邮 编:200001
法 人:郑航
Tel:13301612072
021－63612842

**上海万钻钻石有限公司**
地址:上海市华泾路 1305 弄 18 号 A 座
负责人:陈宝康
Tel:021－64960091

**上海广洪塑胶工艺品有限公司**
业务:乳品，工艺品，搪胶，注塑，丝网印刷，移印/主要经营:纸类印刷；不干胶标签；，公司的主要产品有:移印加工；丝网印刷加工；热转印加工；喷涂加工；工艺品；玩具；玩具；
产品:乳品，工艺品，搪胶，注塑，移印，丝网印刷，烫印，热转印
地址:上海市嘉定区南翔镇翔江公路 910 号 2 楼
负责人:刘广平 邮 编:201821
法 人:刘广平
Tel:021－69171796
Fax:021－69171793

**上海祖闽木业有限公司**
业务:本公司专业生产各种规格水曲柳、柞木、楸木、桦木、椴木、色木、白椿、海南橡胶木、樟子松、白松、红松、榉木、波罗格、非洲红木、云南白木、白楠木、进口黄楠木、桑枝木、格隆木、黄云香、铁杉、杨木、黄杨木树根、黄香楠、炭化木、防腐木、木珠、等材料，另承接加工及烘干业务。
地址:上海市宝山区南大路 652 号
负责人:郭清森……邮 编:200436
法 人:郭清森
Tel:021－63638885
Fax:021－56511883
网址:www.sh－zumin.com
E-mail:fenggjf@263.net

**上海钟表有限公司手表二厂**
地址:上海市静安区昌平路 250 弄 16 号 1－4 幢
负责人:张伯珍
Tel:021－62770059

**上海宇云龙洁具有限公司**
地址:上海市康健路 135 号 C 座 306 室
负责人:王晓宇
Tel:021－54488739

**上海瀛珠鞭炮烟花艺术有限公司**
业务:上海瀛珠鞭炮烟花艺术有限公司成立于 2002 年，现有员工 30 余人，从事鞭炮、烟花的编排及燃放。欢迎广大客户来电来函洽谈业务。
地址:上海市宝山区英高西路 205 号 1703 室
邮 编:200439
法 人:陈刚
Tel:021－66142100
Fax:021－66147300

**上海熠翱家具有限公司**
业务:公司集家具及配件开发、设计、生产、销售、服务为一体，可来样来图定制。以品质卓越，诚信服务为宗旨，竭诚为您提供时尚、高品味的家具专业服务。
产品:钢化玻璃休闲桌、玻璃吸盘、家具配件、工艺品、家居用品
地址:上海市嘉定区外冈镇北龚村 529 号 107、108 室
负责人:刘涛 邮 编:201806
法 人:刘涛
Tel:021－59580117
13818391314
Fax:021－59580117
网址:http://www.yiaojj.cn
http://liutao19750926.cn.alibaba.com
E-mail:liutao.lzlcy@yahoo.com.cn

**上海玛荷尼家具饰品有限公司**
地址:上海市卢湾区陕西南路 227 号临 2 底层
负责人:杨钊源
Tel:021－64737371

**上海森傲木业有限公司**
业务:上海森傲木业有限公司成立于 2003 年，现有员工 20 余人，从事原木加工及销售。欢迎新老客户来电洽谈业务。
地址:上海市宝山区真大路 561 弄 3 号 E 幢
邮 编:200436
法 人:柯金国
Tel:021－56507862
Fax:021－66518988

**上海梦源家具有限公司**
业务:木制家具的制造与销售
产品:民用家具、办公家具
地址:上海市金山区枫泾镇朱枫公路 7436 弄 69 号
负责人:祁本松 邮 编:201501
法 人:祁本松
Tel:021－57358848
Fax:021－57358555
网址:www.sh－myjj.com
E-mail:sh@sh－myjj.com

**上海兆虹遮阳制品有限公司**
业务:本公司是研发、生产、销售户外及户内遮阳休闲制品的专业公司。我公司现今已生产和销售多种系列户内外用品，包括曲臂式伸缩篷遮阳系统、天幕遮阳系统、滑轨窗式遮阳系统、篷房、展览活动折叠篷系列、各式固定篷系列、各式中高档遮阳伞系列、各种电动天棚帘、电动卷帘、百叶帘系列以及户外休闲桌椅系列产品。
地址:上海市闵行区吴翟路 3075 弄 A 区 18 号
负责人:王才保……邮 编:201103
法 人:王才保
Tel:021－64467836
Fax:021－52260340
网址:www.shzhaohong.com

**上海鲁成厨具有限公司**
地址:上海市闵行区龙吴路 5800 号
负责人:王鲁
Tel:021－64509894

**摩尔斯(上海)钻石有限公司**
地址:上海市浦东新区世纪大道 88 号金茂大厦 6 楼 608 室
负责人:张志明
Tel:021－50472990

**上海李豪家具有限公司**
业务:酒店、办公家具
地址:上海市闵行区九新家具市场酒店家具展示厅 12 号
负责人:李祖鹤 邮 编:200000
法 人:李勇
Tel:13862039859
Fax:021－64610815

**上海金爵床垫用品有限公司**
地址:上海市普陀区祁连山路 689 号 2 号楼 216 室
负责人:陈志宏
Tel:021－62500172

**上海乐米工艺礼品有限公司**
地址:上海市普陀区中山北路 3064 号 B 幢 809 室
负责人:马达飞
Tel:021－62609000－8005

**上海卡尔玛珠宝有限公司**
地址:上海市汶水路 269 号 A－76 室
负责人:梁晓文
Tel:021－56656678

**上海海创商贸有限公司**
业务:生产与销售布艺窗帘，木百叶窗帘，窗饰系列
产品:布艺窗帘，木百叶窗帘，窗饰系列
地址:上海市闵行区宜山路 2328 弄 50 号 102
负责人:庄华 邮 编:200000
法 人:庄华
Tel:021－54784501
Fax:021－54784501

**上海茂森实业发展有限公司**
业务:主要经营:各种家具、五金、塑料制品的生产与销售。“一切以用户满意为宗旨。”
地址:上海市徐汇区虹梅南路 698 弄 1 号 1201 室
邮 编:200237
法 人:穆人伟
Tel:021－54393912
54393913
Fax:021－54393921

**上海银嘉饰品有限公司**
地址:上海市武昌路 559 号 A 楼 312 室
负责人:吴青
Tel:13901758278

**上海宏宝纺织品有限公司**
业务:销售男女时装面料、里料、服装辅料
地址:上海市普陀区真北路 3725 弄 108 号 101 室
负责人:吴克颂 邮 编:200331
法 人:吴克颂
Tel:021－66360193
56688808
13391125725

**上海培淞厨房设备有限公司**
业务:生产酒店厨房设备
地址:上海市普陀区真大路 410 号 5 幢
负责人:王志刚 邮 编:200331
法 人:王志刚
Tel:13801996014
021－66354105
66348761
Fax:021－66354105

**上海舒视光学眼镜有限公司闸北隐形眼镜分公司**
地址:上海市闸北区共和新路 1148 号 306 室
负责人:汤慈骏
Tel:021－59611549

## 重庆市/Chongqing Municipality

**重庆市大渡口区金莎陶瓷工艺厂**
地址：重庆市大渡口区八桥镇互助村
……负责人：吴松青
……Tel：023－68913816

**璧山县永清家具有限责任公司**
业务：家具生产销售
产品：家具
地址：重庆省璧山县正兴镇石院街道
……负责人：达永清　邮　编：402767
……法　人：达永清
……Tel：13883144266
023－41750079
……Fax：023－41750079

**重庆市洁秀机械制造有限公司**
业务：家用洁具，脱水机制造销售
产品：洁秀牌拖布脱水机
地址：重庆市巴南区花溪镇其龙村二组
……负责人：王川　邮　编：400054
……法　人：李永福
……Tel：023－62413889
13508328932
……Fax：023－62413889
……网址：www.jiexchina.com
……E-mail：beautiful_wch@163.com

**重庆欧迪床垫有限公司**
地址：重庆市大渡口区八桥镇双山村一社
……负责人：董泽胜
……Tel：023－68931888

**重庆市高新技术产业开发区鸿邦灯饰经营部**
地址：重庆市高新区石杨路44号附19号
……负责人：张小华
……Tel：023－68881771

**重庆九洲搪瓷制品有限公司**
地址：重庆市歌乐山镇天池村水井坎社团堡
……负责人：曾祥禄
……Tel：023－65506194

**重庆市江北区大华眼镜店**
地址：重庆市建新北路39号
……负责人：余俊
……Tel：023－67524233

**璧山县陈沛华家具有限公司**
业务：实木家具的生产与销售
产品：民用家具、办公家具
地址：重庆市璧山县正兴镇石院街道
……负责人：陈沛华　邮　编：402760
……法　人：陈沛华
……Tel：023－41750639
13808338174

**重庆安第斯照明电器有限公司**
地址：重庆市建新东路92号金泰成灯饰广场3楼C－12号
……负责人：赵捷
……Tel：023－61806590

**重庆市华声助听器经营部**
地址：重庆市建新南路12号附2号
……负责人：史智机
……Tel：023－63605625

**重庆千和家私有限公司**
业务：家具经营
地址：重庆市长寿区向阳路协信购物广场A区6层B20－23号
……负责人：谭先生　邮　编：401220
……法　人：唐冬梅
……Tel：023－40257508
15923982198

**重庆市九龙坡区贞德建材经营部**
地址：重庆市九龙花园一小区十栋三楼四号
……负责人：黄贞德
……Tel：023－61568695

**天来金店**
业务：黄金饰品销售
地址：重庆市酉阳县十四街
……负责人：叶金应　邮　编：404100
……法　人：叶金应
……Tel：023－75532316

**重庆市九龙坡区巨邦家俱厂**
地址：重庆市九龙镇中港盘龙分部第六号厂房
……负责人：何光林
……Tel：023－68658202

**重庆凤凰钢家具有限公司**
业务：家具的生产、销售
产品：公寓家具、教学家具、办公家具、宾馆家具
地址：重庆市大渡口区建胜镇群胜村6组
……负责人：陈红　邮　编：404000
……法　人：陈红
……Tel：023－68569162
68559889

**重庆市驭境装饰艺术设计工作室**
地址：重庆市梁山镇三峡风3栋1F－09号
……负责人：秦俊飞
……Tel：023－85700188

**万和灶具专卖店**
业务：厨房用品、卫生洁具、灶具专卖
地址：重庆市秀山县黄杨大道北段7号
……负责人：韦宗云　邮　编：404100
……法　人：韦宗云
……Tel：023－76869578

**重庆市翔宇红木家具有限公司**
业务：重庆市翔宇红木家具有限公司是一家红木家具和明清家具的专业制造企业，公司以质量求生存，对产品做工精益求精；以创新求发展，而且不断向社会提供创意新颖、构思独特的产品，欢迎广大朋友来电洽谈业务。
地址：重庆市沙坪坝区覃家岗镇上桥大榜田7号
……负责人：曹忠宪……邮　编：400030
……法　人：曹忠宪
……Tel：023－65215480

**重庆渝鑫金店有限公司**
地址：重庆市两路胜利路53号
……负责人：刘国荣
……Tel：023－67080250

**君成窗帘批发城**
业务：窗帘的批发与零售
地址：重庆市万州区小天鹅批发市场
……负责人：张兴远　邮　编：404000
……法　人：张兴远
……Tel：023－58218270
13709433465

**重庆利福盛伞业有限公司**
地址：重庆市龙溪镇金鲷街25号
……负责人：杨文倩
……Tel：023－63821986

**重庆市垫江欧普照明专卖店**
业务：欧普照明，感受光的魅力，专注光的价值
地址：重庆市垫江移动建材市场8栋2楼
……负责人：胡女士　邮　编：404100
……法　人：胡兴怀
……Tel：023－74692519
74901829

**重庆市康厨厨房设备有限公司**
地址：重庆市龙溪镇金鲷路25号
……负责人：李朝兰
……Tel：023－67918840

**重庆创辉家具厂**
业务：生产与销售各类居家家具
产品：居家家具
地址：重庆市合川区龙市镇交通街
……负责人：李君建　邮　编：401526
……法　人：李君建
……Tel：15923381568
13983626918

**重庆千叶眼镜连锁有限公司第四十三连锁店**
地址：重庆市南坪正街1号百百丰商场
……负责人：叶定坎
……Tel：023－62949186



## 河北省/Hebei Province

**邯郸荣凯生物质能壁炉有限公司**
业务：壁炉
地址：河北省邯郸市大名县京府工业城内
……负责人：任金岭　邮　编：056000
……法　人：任金岭
……Tel：0310－6338111
0310－6338222
15100065686
……Fax：0310－6590488

**邯郸市峰峰艺飞陶艺设计中心**
业务：专业从事陶瓷工艺品设计、生产和销售，我们拥有专业的设计人员，经验丰富的管理人员及技术精湛的生产工人，可以按照客户要求定制，为客户提供最优质的产品。欢迎各界朋友前来选购！
产品：仿宋瓷、大型壁画、特色茶具文具
地址：河北省邯郸市峰峰矿区彭城镇彭东街9号
……负责人：柴珲　邮　编：056200
……法　人：柴珲
……Tel：13503300851

**鑫和椅面厂**
地址：河北省廊坊市文安县大柳河镇小堡里村
……负责人：郭欢迎
……Tel：0316－5083648
13363605058

**卓越床垫加工厂**
业务：床垫
地址：河北省保定市新市区南章村
……负责人：李加林　邮　编：071000
……Tel：0312－3173786
13933237989

**邯郸市复兴区雅色霓虹灯具装饰部**
业务：制作销售及安装各种广告灯，免费送货上门
地址：河北省邯郸市先锋路古城广场9号
……负责人：高爱军　邮　编：056000
……法　人：高爱军
……Tel：13832009567
0310－4089965

**永年县德勇家具家电商城**
业务：销售家电，家具，沙发
产品：家电，家具，沙发
地址：河北省邯郸市永年县大北汪镇南街（镇政府西侧）
……负责人：马德勇　邮　编：056000
……法　人：马德勇
……Tel：0310－6765061
13131039767

**霸州市宝隆号贸易有限公司**
业务：生产各种规格钢木家具等系列产品
地址：河北省霸州市胜芳镇胜堂路海祥机械加工南侧
……负责人：蔡建荣　邮　编：065701
……法　人：蔡建荣
……Tel：13582961192
0316－7688329
……Fax：0316－7688329
……网址：www.bzblh.cn

**涿州龙胤红木家具有限公司**
业务：龙胤红木家具有限公司成立于2005年，主要从事红木家具的生产、加工、销售，木材与货物进出口。我公司本着："诚实经营，品质第一"的宗旨，秉承"物料虽贵，不可冒其假。技艺虽繁，不可省其工"的理念，重质量，重服务，重人才，重管理，勇于创新，于是俱进。
地址：河北省保定市涿州市刁窝乡
……负责人：秦发刚……邮　编：072750
……法　人：秦发刚
……Tel：0312－3753111
……Fax：0312－3753111
……网址：www.mtw30747.chinapyp.com

**安平县豪威浴盆厂**
业务：专业生产铸铁搪瓷浴缸/专业生产中高档淋浴设备，产品包括淋浴房、淋浴屏、浴缸、龙头等
产品：浴缸
地址：河北省衡水市安平县大子文乡张敖村
……负责人：王永建　邮　编：053600
……法　人：王永建
……Tel：0318－7620599
……Fax：0318－7650258

**阜城县国良剪纸烫金厂**
业务：生产、销售挂钱
地址：河北省衡水市阜城县王集乡
……负责人：刘国良　邮　编：053701
……法　人：刘国良
……Tel：13932871019
0318－4926055

**长安华圣木器厂**
地址：河北省石家庄市长安区南村西南大街81号
……负责人：冯朝
……Tel：0311－88741825
13803374724

隆尧县魏庄镇今程科技电脑

专业从事电脑的销售及配件，提供技术服务。
电话：0319－6580130
地址：河北省邢台市隆尧县魏庄镇汽车站



## 衡水市桃城区雅保厨柜店

业务：销售厨柜
地址：河北省衡水市桃城区自强街南段
……… 负责人：杜保水 邮 编：053000
…………………………… 法 人：陈爱平
…………Tel：0318－2691821
13932831821

## 河北省廊坊市水之源净水设备有限公司

业务：家用净水器、小型厨具销售及售后服务
产品：源生态活水机、迷你饮水机、太空杯
地址：河北省廊坊市广阳道锦绣大厦2单元1604室
……… 负责人：王玉英 邮 编：065000
…………………………… 法 人：霍世泽
…………Tel：0316－2225559
6665559
…………Fax：0316－2225559
………………… E-mail：huoshize@163.com

## 凤印堂艺术设计室

业务：各种工艺礼品，名人字画等。
地址：河北省廊坊市广阳区新开路花卉市场
……… 负责人：王凤健 邮 编：065000
…………………………… 法 人：王凤健
…………Tel：0316－2208112
15076661234
15831662626

## 定州市万丰太阳能热水器有限公司

业务：太阳能灶，太阳能热水器
地址：河北省保定市定州市庞村镇庞村
……… 负责人：魏同亮 邮 编：O73000
…………………………… 法 人：魏同亮
…………Tel：0312－26938555

## 晴阳床具厂

业务：高中档床垫、软床系列
地址：河北省保定市新市区北奇村
……… 负责人：王艳民 邮 编：O71000
…………………………… 法 人：王艳民
…………Tel：15930298786
13082308116

## 香河家具城金荔轩家具销售处

业务：欧式、韩式家具的销售。有卧室、客厅、餐厅等家具
地址：河北省廊坊市香河县金钥匙家具城二层
……… 负责人：周晓娟 邮 编：65000
…………………………… 法 人：周晓娟
…………Tel：13930636535
13930636322

## 香河县林帝尔办公家具厂

业务：办公家具销售
地址：河北省廊坊市香河县渠口镇店子务村
……… 负责人：周东磊 邮 编：065400
…………………………… 法 人：周东磊
…………Tel：15030675118
0316－8628779
…………Fax：0316－8628779

## 老郭酒店用品商行

业务：厨房配套设施一应俱全（从大件到小件）
地址：河北省保定市南市区南二环路农大农副产品批发市场F区31号
……… 负责人：郭彦雪 邮 编：071000
…………………………… 法 人：郭彦雪
…………Tel：13082359217
13032000565
0312－2033173

## 唐县佛缘铜雕厂

业务：铜雕加工制作
地址：河北省保定市唐县长古城乡田家庄村
……… 负责人：聂晨敬 邮 编：072350
…………………………… 法 人：聂晨敬
…………Tel：13582211387
0312－4980102
…………Fax：0312－4980102

## 秦皇岛市骆驼户外用品专卖店

业务：骆驼户外用品专卖
地址：河北省秦皇岛市山海关区大龙道25－13号
……… 负责人：吴志军 邮 编：66000
…………Tel：0335－5075511
5079177
13703235536

## 张家口市宣化名都日化有限公司

业务：本公司成立于2006年，主要批发兼零售：洗涤用品，化妆品，日用杂品，劳保用品，鞋帽，办公用品。热忱欢迎新老客户光临惠顾！
地址：河北省张家口市宣化区牌楼西街11号
………… 负责人：陈淑惠……邮 编：075100
…………………………… 法 人：陈淑惠
…………………………… Tel：0313－5921110

## 三河市弘缘阁佛教文化交流中心

业务：各种佛像，礼佛用品，代理佛事，风水用品。
地址：河北省三河市鼎盛街B段路南432号
………… 负责人：李斌 邮 编：065200
…………………………… 法 人：李斌
…………Tel：13722661056
13803227653

## 石家庄旭景通商贸有限公司

业务：销售工艺礼品、珠宝玉器及天翼手机代理
地址：河北省石家庄桥西区金裕花园小区1号楼3单元401室
……… 负责人：穆晓丽 邮 编：034301
…………………………… 法 人：穆晓丽
…………Tel：13081094528
0311－88885883

## 保定市鑫丰家具城名驼点石家具店

业务：家具销售
地址：河北省保定市鑫丰家具城一楼120、139号
……… 负责人：郭金和 邮 编：071000
…………………………… 法 人：郭金和
…………Tel：0312－6798139
13171693239

## 曲阳县曲之阳雕刻装饰有限公司

业务：工艺品的雕刻
地址：河北省保定市曲阳县雕刻广场南行1华里路西加油站西行一百米
……… 负责人：吕海峰 邮 编：071000
…………………………… 法 人：吕海峰
…………Tel：13032053287
0312－4227080

## 石家庄市长安上品宅配家居用品商行

业务：销售整体橱柜、衣帽间、浴室柜
地址：河北省石家庄市长安区和平路建材广场8号楼二层8号
……… 负责人：卢洪臣 邮 编：050000
…………Tel：13011596879
0311－85522541

## 石家庄天堂伞专卖店（授权配送中心）

业务：天堂伞、团购伞、广告伞、礼品伞、商场、超市配送
地址：河北省石家庄市南三条正东路12号
……… 负责人：闫会峰 邮 编：050000
…………………………… 法 人：闫会峰
…………Tel：0311－86098788
86078788
…………Fax：0311－86078788
……………………… 网址：www.sjztts.cn
……………………… E-mail：sjztts@163.com

## 迁西县天祥保险柜锁有限公司

业务：保险柜，保险柜锁生产销售
地址：河北省唐山市迁西县太平寨镇三村
……… 负责人：张建利 邮 编：063000
…………………………… 法 人：张建利
…………Tel：0315－5720367
13831597111

## 邢台市建华商贸有限公司

地址：河北省邢台市顺德路建华日化255号－1－2
…………………………… 负责人：王建华
…………………………… Tel：0319－3681136
13931902225

## 唐山富钜陶瓷有限公司

业务：生产高档骨质瓷
地址：河北省唐山市唐山路北区西外环路杨家口车站对面娘娘庙村南
……… 负责人：张克利 邮 编：063000
…………………………… 法 人：张克利
…………Tel：15511533386
0315－5283969

## 唐山市玉田县亿佳炊具制造厂

业务：各种不粘锅、炒锅、锅坯、蓬布、帐篷
地址：河北省唐山市玉田县太和平工业区
………… 负责人：王宾 邮 编：064102
…………………………… 法 人：王宾
…………Tel：13832808796
0315－6567550
…………Fax：0315－6567551

## 玉田县鸦鸿桥二宝保温容器商店

业务：保温品
地址：河北省唐山市玉田县鸦鸿桥镇日杂批发市场6排36号
……… 负责人：李红生 邮 编：064102
…………………………… 法 人：李红生
…………Tel：13832564512
0315－6553708

## 士奎太阳能经销部

业务：太阳能、家用电器、存水机
地址：河北省辛集市新城镇南街
……… 负责人：孙士奎 邮 编：052372
…………………………… 法 人：孙士奎
…………Tel：13073173300
0311－83352363

## 沧州玲珑眼镜平价超市

业务：验光配镜，低价买个好质量，让您更实惠！
地址：河北省沧州市金宝街B区167－2、168－170、170－1号
……… 负责人：唐伶龙 邮 编：061000
…………………………… 法 人：唐伶龙
…………Tel：0317－3040880

## 石家庄市绿洁日用化工厂

业务：本厂主要生产日用清洁用品，目前产品有：点缘牌玻璃清洗剂、强力油污净、超强洁厕精、水垢清除液、瓷砖清洗剂、高效丝毛净、羽绒服清洗剂、柔顺剂等；家装类产品：无醛乳胶漆、甲醛清除剂等；宠物系列：宠物浴液、宠物除味剂等；以及酒店、保洁公司大容量包装清洁品。可供团

## 河北环美雕塑品有限公司

业务：雕塑
地址：河北省保定市曲阳县羊平镇南养马村
……… 负责人：宋开印 邮 编：071000
…………………………… 法 人：宋开印
…………Tel：0312－4312908
13931204579

## 崇礼县诚信家具城

业务：批发、零售民用家具
地址：河北省张家口市崇礼县县城旧印刷厂厂房
……… 负责人：骆军念 邮 编：075000
…………………………… 法 人：骆军念
…………Tel：13833338939
13131328685

## 怀安县柴沟堡镇利源陶瓷超市

业务：销售地板砖
地址：河北省张家口市怀安县柴沟堡镇新民街柴怀路磷肥厂南
……… 负责人：曲利兵 邮 编：075000
…………………………… 法 人：曲利兵
…………Tel：13582839206

## 三河市燕郊长安商店

业务：销售桶装水、饮水机
地址：一店：河北省三河市燕郊行宫东大街175号楼 二店：星河皓月店。三店：潮白人家店。四店：福成五期店。
……… 负责人：彭传安 邮 编：065201
…………………………… 法 人：彭传安
…………Tel：0316－3314699
13180375603
13363630531
010－61594466

## 石家庄威纳邦日化有限公司

地址：河北省石家庄市石家庄良村经济技术开发区创业路7号
…………………………… 负责人：武胜刚
…………………………… Tel：0311－86511118
13931166796

## 抚宁县田各庄宝双石雕厂

抚宁县田各庄宝双石雕厂成立于2006年，本厂专业从事承接各种石雕设计制作；高、中、低档墓碑设计制作。从你拨打第一个垂询电话开始，您将感受到一个全新的朝阳企业.从你和我们进行第一次商务洽谈开始，您将拥有一位诚实的商业伙伴！从你投放我们的第一件雕塑作品开始，您将享受到艺术与环境契合的美轮美奂！

联系人：周宝双
电话：13933916343 0335-6036199
地址：河北省秦皇岛市抚宁县抚宁镇田各庄后街 邮编：066300

## 文安县新宏亚家具五金厂

文安县新宏亚家具五金厂成立于2006年，从事钢木家具、办公桌、办公椅、老板桌等的生产及销售。我厂秉承“顾客至上，锐意进取”的经营理念，坚持“客户第一”的原则为广大客户提供优质的服务。欢迎广大客户惠顾！

电话：0316-7988589 7988569 联系人：胡小柱
地址：河北省廊坊市文安县新镇镇口头村 邮编：065800

体劳保及酒店保洁，质优价实，诚招各地经销商，欢迎合作！
地址：河北省石家庄市体育南大街
………… 负责人：潘嘉玉……邮 编：050021
…………………………… 法 人：潘嘉玉
…………………………… Tel：0311－85828512
…………………………… Fax：0311－85804590
…………………………… E-mail：sjzljrh@163.com

## 清河县李杰章烟花爆竹门市部

业务：烟花爆竹零售
地址：河北省邢台市清河县杨二庄政府东
……… 负责人：李杰章 邮 编：054800
…………………………… 法 人：李杰章
…………Tel：13131985818

# 山西省/Shanxi Province

## 壶关县龙泉扬子太阳能店

业务：太阳能、卫生洁具
地址：山西省长治市壶关县父泉镇奋进街
………… 负责人：李伟 邮 编：046000
…………………………… 法 人：李伟
…………Tel：13191156671
15534124174

**晋城市鲁博汇泉厨具营销部**
业务：本公司成立于 2001 年，现有 285 名员工。主要经营：钢板、不锈钢、厨房设备、制冷设备、超市设备的生产、销售、安装。
地址：山西省晋城市开发区霍秀
法　人：李林
Tel：0356－3838158
Fax：0356－3838118

**福缘阁珠宝首饰店**
业务：销售珠宝首饰
地址：山西省太原市迎泽大街 248 号南宫教学楼
负责人：王俊平　邮　编：030000
法　人：王俊平
Tel：13073584343
0351－4080993
Fax：0351－4080993

**山西省太原市迎泽区礼尚礼品店**
业务：促销礼品，团购礼品
地址：山西省太原市迎泽区新建北路 2 号铁三局宿舍 1 号楼二单元 2 号
负责人：任丽平　邮　编：030000
法　人：任丽平
Tel：13007021776
0351－4128798

**艺佳益装饰制品有限公司**
业务：专业设计和生产不锈钢制品、家具制品，也可来图、来样订做，为您设计制作，艺佳益欢迎您的光临。
产品：旗杆、栏杆、橱柜、衣柜等
地址：山西省阳泉市郊区平坦镇石卜咀村
负责人：刘秀宏　邮　编：045000
法　人：刘秀宏
Tel：13903539147

**长治市江丽源日用百货有限公司**
地址：山西省长治市府后街 28 号
负责人：张燕
Tel：0355－2045225

**葛金国化妆品柜组**
业务：美宝莲、欧莱雅、梦迪莎、花琪等化妆品经营
地址：山西晋城市商业大厦一楼化妆组
负责人：葛金国　邮　编：048000
法　人：葛金国
Tel：0356－3052287

**运城市新绛县城镇晓忠厨具商店**
业务：厨房用品
地址：山西省运城市新绛县新华书店东楼一层门面房
负责人：傅晓忠　邮　编：044000
法　人：傅晓忠
Tel：0359－7523373

**运城市红普拖布加工厂**
业务：专业从事拖布加工、销售，质量保证，持久耐用。秉承"顾客至上、锐意进取"的经营理念，坚持"客户第一"的原则为广大客户提供优质的服务。欢迎广大客户惠顾！
产品：拖布
地址：山西省运城市盐湖区原王庄村
负责人：刘红普　邮　编：044000
法　人：刘红普
Tel：0359－2181991
13935929769
Fax：0359－2181991

**高平市炉引花炮厂**
地址：山西省高平市北诗镇炉引村
负责人：杨兴彦
Tel：0356－5854078
5854124
13834063551

**和风家具经销**
业务：经销家具、韩式家具
地址：山西省长治市城区三星家具城三楼东侧
负责人：郭旭东　邮　编：046000
法　人：郭旭东
Tel：0355－5833806
Fax：0355－5833806
E-mail：gxd_1976@163.com

**诱惑地带**
业务：各类的时尚饰品、家居用品
地址：山西省长治市高新区捉马村庙西街建设巷 16 号
负责人：刑鑫　邮　编：O46000
法　人：刑鑫
Tel：13633402290

**襄汾县新城惠康芦荟日用品店**
地址：山西省临汾市襄汾县龙山路西
负责人：周魁一
Tel：13835790823

**山西精工飞龙厨业有限公司**
业务：山西精工飞龙厨业有限公司成立于 2005 年，是一家集生产、销售为一体的专业厨业公司。公司本着质量第一，诚信为本的理念经营，热忱欢迎国内外客商来样、来电订货生产定购，共图鸿业。
地址：山西省太原市敦发南路 22 号
邮　编：030013
法　人：韩学雄
Tel：0351－4422339
Fax：0351－4422365

**文水县北辰玻璃器皿厂**
地址：山西省吕梁市地区文水县凤城镇南峪口村
负责人：游智远
Tel：0358－3028283
13834749546

**十字绣手工作坊**
业务：主营纯手工刺绣的十字绣作品，有成品，也可以预定，另有十字绣材料的销售及提供装裱服务。
产品：十字绣
地址：山西省长治市屯留县常村矿小市场
负责人：赵志斌　邮　编：046000
法　人：赵志斌
Tel：13834794268
E-mail：qq562765762@163.com

**怀仁金鑫烟花材料有限责任公司**
地址：山西省朔州市怀仁县云东经济开发区管庄村东北
负责人：刘润香
Tel：13903499735

**屯留县佳俪新娘婚纱摄影店**
业务：婚纱、写真、全家福摄影.
地址：山西省长治市屯留县获壁街 25 号
负责人：耿海军　邮　编：046100
法　人：耿海军
Tel：13834302955
0355－7521200

**武盛厨房设备有限公司**
地址：山西省朔州市平鲁区北坪（旧职业中学院内）
负责人：李俊武
Tel：13834427666

**屯留县张店郑州家俱店**
业务：家用家具生产销售
地址：山西省长治市屯留县张店镇张店村
负责人：董文华　邮　编：046000
法　人：董文华
Tel：0355－7679495

**上津源物资供应有限公司**
地址：山西省太原市北营西吴木材市场 1 排 3 号
负责人：郭吓送
Tel：0351－6078448
13934622578

**丝路窗帘经销部**
业务：窗帘的设计、制作与安装
产品：各式窗帘
地址：山西省大同市金牛市场精品三层 A307、308 号
负责人：刘钢　邮　编：037000
法　人：刘钢
Tel：13834028503
0352－5388246

**佳康富厨柜有限公司**
地址：山西省太原市南上庄 96 号
负责人：马爱平
Tel：13593178523

**山西喜迎商贸礼品中心**
业务：商务礼品、庆典礼品、大型会议礼品，各企事业单位庆典纪念品
地址：山西省大同市御鑫商贸城二层 2135 号
负责人：王四龙　邮　编：037000
法　人：王四龙
Tel：13934794798
0352－6115438
Fax：0352－6115438

**东阳市巍山镇金辉木雕工艺品厂**
业务：制作与销售木雕工艺品，木制家具及家居装饰
产品：木雕工艺品，木制家具及家居装饰
地址：山西省东阳市巍山镇六怀工业区
负责人：金小伟　邮　编：322104
法　人：金小伟
Tel：13623607077

**山西老马科贸有限公司**
地址：山西省太原市千峰南路 6 号千峰商务大厦 6 层
负责人：孙胜利
Tel：0351－4250118
6047788
6179928

**清徐县金玉首饰店**
地址：山西省太原市清徐县湖东二街 28 号楼一单元一层
负责人：段文平
Tel：0351－5735188
13903418003

**吉交市滨影红太阳家具广场（古交市金牛街康姿百德磁疗床垫经销服务部）**
业务：1. 各种家具代理销售 2. 磁疗床垫、健康美丽睡出来
地址：山西省古交市太平洋服饰地下室（山西省古交市金牛街）
负责人：卞永芹　邮　编：O30200
法　人：卞永芹
Tel：0351－5216848
5157785

**清徐县清纳洗涤用品厂**
地址：山西省太原市清徐县孟封镇孟封村
负责人：丁建斌
Tel：13903418358

**介休市城区耐斯卫浴经销部**
业务：座便器、立柱盆、台盆、艺术盆、蹲便器、小便器等卫浴洁具
地址：山西省晋中市介休市定阳西路鑫东方物贸广场西二排 9 号
负责人：贾贴　邮　编：030600
法　人：贾贴
Tel：13403447511
13834817511

**山西鑫光珠宝首饰有限责任公司**
地址：山西省太原市小店区平阳路金茂国际数码中心 A 座 7 层 F2
负责人：侯丙辰
Tel：13099078912

**祁县玉琳家饰馆（祥明居家生活馆）**
业务：鲜花、牌匾、订做高档地毯、沙发垫、居家装饰品
地址：山西省晋中市祁县新建北路 28 号（友谊东路原二建门市）
负责人：贾洁　邮　编：030900
法　人：贾洁
Tel：0354－5222227
5243777

**太原市文奇钟表制造有限公司**
地址：山西省太原市迎泽区朝阳街松庄村
负责人：李新民
Tel：0351－4378437

**临汾市尧都区晋尧红工艺品厂**
业务：工艺品（以文化艺术、仿玉寿棺）
地址：山西省临汾市尧都区屯里镇北焦堡
负责人：郭仁义　邮　编：041000
法　人：郭仁义
Tel：0357－3081003
15934588758

**太原华冷炊具商店**
地址：山西省太原市迎泽区建设北路 199 号
负责人：王贵华
Tel：0351－4048444

**吕梁市离石区乐普斯厨具专卖店**
业务：厨具专卖
地址：山西省吕梁市离石区泰化五金市场
负责人：李文伟　邮　编：033000
法　人：李文伟
Tel：13133386121
0358－8236121

**恒雅家俱城**
地址：山西省隰县龙泉镇古桥西 188 号
负责人：李俊明
Tel：0357－7322320
13700575932

**孝义市水晶之恋婚纱摄影门市**
业务：欢迎来到水晶之恋、我店各种婚庆、婚纱照、全家福写真、儿童照、出租婚纱等多项经营。一生不变、水晶之恋。
地址：山西省吕梁孝义市义都北门 98 号
负责人：徐海生　邮　编：033000
法　人：徐海生
Tel：0358－5563309

**朔州市豪德家居有限公司**
业务：家用家具、办公家具经营
地址：山西省朔州市豪德广场大卖场 A 座 B 座
负责人：雷祝　邮　编：038500
法　人：雷祝
Tel：13934909887
0349－6680770

**忻州市忻府区龙飞眼镜部**
地址：山西省忻州市忻府区时代广场南侧
负责人：吴龙飞
Tel：0350－2128889

**朔州市朔城区金鑫日化经销部**
业务：日用百货、化妆品
地址：山西省朔州市朔城区贺家河村
负责人：王其彬　邮　编：036002
法　人：王其彬
Tel：13834439766
13623495150

**新宇家私制造有限公司**
地址：山西省阳泉市朝阳街原东方装饰城
负责人：宫巨祥
Tel：0353－4270628
13834030598

**太原市晋源区一见喜办公家具厂**
业务：生产销售板式家具
产品：办公家具
地址：山西省太原市晋源区南堰村
负责人：吴明泉　邮　编：030082
Tel：13934112530

**东风家具城**
地址：山西省阳泉市南庄路 12 号
负责人：刘胜
Tel：0353－2184325
13503531955

**欧宝厨具**
业务：销售欧宝厨具
地址：山西省太原市清徐县紫林路
负责人：靳海斌　邮　编：030400
法　人：靳海斌
Tel：0351－5731231
13068046181

**阳泉市石头商贸有限责任公司**
地址：山西省阳泉市新建路（铁路东货场）
负责人：张志兵
Tel：0353－2047602
13097602005

**太原市汇通龙马商贸有限公司**
业务：化妆品代理经营
地址：山西省太原市万柏林区和平南路沙沟街 132 号
负责人：曹晋刚　邮　编：030082
法　人：曹晋刚
Tel：0351－6082228

**盂县新建西路月先芦荟日用品商行**
地址：山西省阳泉市盂县县城新建西路
负责人：李月先
Tel：0353－8066098

**太原市万柏林区浪度真皮沙发**
业务：真皮沙发、大理石茶几
地址：山西省太原市万柏林区美丽家园二层 K 区 15 号
负责人：张少龙　邮　编：030000
法　人：张少龙
Tel：0351－2808828
Fax：0351－2808828

**太原市万柏林区豪门沙发厂**
业务：生产、销售沙发
地址：山西省太原市万柏林区义井西街
负责人：王德号　邮　编：035100
法　人：王德号
Tel：13803418078
13111097690

**华耀技术陶瓷有限公司**
地址：山西省运城市河津市下化乡上岭村
负责人：王耀堂
Tel：13835884171

**太原市尖草坪区三兄弟家具经销部**
业务：实木卧房家具
地址：山西省太原市小店区北京居然之家太原春天店 3 层 3040 展位
负责人：岳迁　邮　编：030000
法　人：岳迁
Tel：15834010668
0351－7535486

**永济市好风景家俱广场**
地址：山西省运城市永济市蒲坂市场
负责人：徐永秋
Tel：0359－8022280

**随缘工艺品制作有限公司**
业务：主要经营：随缘工艺制作有限公司，创建于 1998 年 12 月，其前身为山西太原市民间艺术加工厂，是国内同类产品的首创企业。集开发、研制、销售为一体的专业厂家。主导产品有银世佳专利品牌首饰，银世佳工艺品，旅游纪念品，银制餐具、酒具、模具等 2000 个品种，产品立异标新、款式多样、选料考究、质量可靠、远销新加坡、泰国、缅甸、韩国、日本及港澳台地区，深受海内外人士欢迎，市场前景广阔。随

缘工艺制作有限公司以白银制品的研制开发为龙头，步先贤古韵，承巧匠遗风，博采众长、推陈出新。是传统工艺与现代手工特技的完美结合。光洁如镜，可谓千锤百炼、精雕细刻、浑然天成、巧夺天工。产品质量符合 925 国际生产标准，是为佩戴、把玩、收藏和馈赠之上品。随缘工艺制作有限公司拥有各类专业技术人员 80 余人，月产白银制品 2300 件以上，产品种类齐全，经山西省技术监督局首饰检测站检测，欢迎来择料加工，我们真诚的欢迎您的惠顾。

地址：山西省太原市小店区许坦东街 19 号
…………邮　编：030032
…………法　人：李敬伟
…………Tel：0351－7122052
…………Fax：0351－7122052
…………网址：sxsy.sx114cn.cn







## 内蒙古自治区/InnerMongolia AutonomousRegion

**内蒙古包头市佰亿家床上用品有限责任公司**
地址：内蒙古自治区包头市东河区
…………负责人：赵女士
…………Tel：0472－3115833

### 呼和浩特市烟花爆竹销售中心
业务：呼和浩特市烟花爆竹销售中心成立于 2003 年，是呼和浩特市政府指定的唯一一家烟花爆竹批发点。销售各种烟花爆竹，质量好，安全美观。欢迎新老客户前来惠顾！
地址：内蒙古呼和浩特市梁山街 43 号
…………邮　编：010030
…………法　人：金苏木亚
…………Tel：0471－6317061
…………Fax：0471－6317061

**包头市佰亿家床上用品有限责任公司**
地址：内蒙古自治区包头市九原区
…………负责人：赵文娟
…………Tel：0472－3115833

**包头市"双丰木业"有限公司**
地址：内蒙古自治区包头市青山区稀土开发区青工南路
…………负责人：吴思秀
…………Tel：0472－5102168

**内蒙古华锐肯特家具有限公司**
地址：内蒙古自治区呼和浩特市回民区
…………负责人：张泽锦
…………Tel：0471－6607114
15847185520

**兄弟文化工艺呼市批发部**
地址：内蒙古自治区呼和浩特市新城区
…………负责人：涂远安
…………Tel：0471－2583187
2583186

**呼和浩特市新一代厨房设备有限公司**
地址：内蒙古自治区呼和浩特市新城区海东路开天花园综合一号楼 3 号
…………负责人：郭培成
…………Tel：0471－5261311
5261313

**内蒙古粤港厨房设备有限公司**
地址：内蒙古自治区呼和浩特市玉泉区三里营南路
…………负责人：周灿
…………Tel：0471－5953996
5953995
15847145618

### 满洲里森永木业有限公司
业务：满洲里森永木业有限公司成立于 2004 年，从事刨切单板、指接拼板、刨光材生产及销售。欢迎广大新老客户光临、惠顾。
地址：内蒙古自治区呼伦贝尔市鄂伦春自治旗满洲里合作区文明路南侧轻工厂房 1 号楼
…………邮　编：021400
…………法　人：李忠仁
…………Tel：0470－6264484
…………Fax：0470－6264484

**内蒙古春之雷有限公司花心花坊**
地址：内蒙古自治区呼和浩特市昭乌达路奥都商城
…………Tel：0471－4991470

**天水黄河雕漆工艺有限责任公司内蒙古办事处**
地址：内蒙古自治区呼和浩特市总局街
…………负责人：李立
…………Tel：0471－4682256



## 辽宁省/Liaoning Province

### 抚顺市顺源美术厂
业务：各种工艺品
地址：辽宁省抚顺市顺城区将军街苗苗摄影馆
…………负责人：韩克成　　邮　编：113008
…………法　人：韩克成
…………Tel：15842313779

**中山木业有限公司**
地址：辽宁省鞍山市经济技术开发区西区双台路 8 号
…………负责人：冯麒
…………Tel：0412－8244099
13309801213

### 北镇市大明眼镜二部
业务：验光、配镜
地址：辽宁省锦州市北镇市广宁镇什字街南临街门市楼
…………负责人：何尚光　　邮　编：121000
…………Tel：15940631155
0416－6099123

### 奥美达木业有限公司
业务：公司以出口家具为主，有自营进出口权，在大连开发区有厂房 3500 平方，土地面积 7000 多平方，数套家具生产线. 已与宜家家居合做 3 年多，供需一直很稳定，并切与沃尔玛，家乐福初步的建立合做关系. 每年生产家具部件 100 万套，橱柜门，抽屉板，木榫，餐桌，各式椅子和地板 1.5 万平方.
地址：辽宁省大连市金州区二十里堡镇三台子村
…………邮　编：116102
…………法　人：郭新欣
…………Tel：0411－87388218
…………Fax：0411－87388508

### 沈阳精美派家具有限公司
业务：集家具设计、生产、销售为一体，主要经营办公家具、酒店家具，民用家具，也可来图、来样订做，为您设计制作，精美派欢迎您的光临。
业务：床垫，办公家具，五金配件，五金工具
地址：辽宁省沈阳市于洪区沈大路 10－8 号 323
…………负责人：钱万林　　邮　编：110141
…………法　人：钱万林
…………Tel：024－25345285
13889329958
…………Fax：024－25345285

**宏达工艺品厂**
地址：辽宁省鞍山市台安县台安镇繁荣南街 88 号
…………负责人：邓景海
…………Tel：0412－4856399
13942239484

**本溪市乾熙玉品有限公司**
地址：辽宁省本溪市铁运街 5 号
…………负责人：邱晓辉
…………Tel：0414－2829006
13604148777

### 铁岭市米兰尚品装修有限公司
业务：室内外设计与装修，销售整体家居
产品：整体家居
地址：辽宁省铁岭市经济开发区盛峰嘉苑 A 区 3 号楼 10 号门市
…………负责人：尚巍　　邮　编：112000
…………法　人：尚巍
…………Tel：0410－2669977
…………Fax：0410－2661177
……网址：http://www.milanshangpin.cn/
…………E-mail：tieling_boloni@163.com

### 大连欧典厨柜有限公司
业务：大连欧典厨柜有限公司成立于 2002 年，位丁大连市沙河口区珠江路 8 号，交通十分便利。我公司是一家从事厨柜销售、服务为一体的企业，质量保证，价格全理，是消费者信得过的产品，热忱欢迎新老客户订购。
地址：辽宁省大连市沙河口区珠江路 8 号
…………邮　编：116021
…………法　人：曹景华
…………Tel：0411－83668140
…………Fax：0411－83668172

**龙翔旅游工艺品有限公司**
地址：辽宁省大连旅顺口区龙王塘街道大石洞村
…………负责人：韩士高
…………Tel：0411－86293065
13940951016

**荣发木业有限公司**
地址：辽宁省大连市甘井子区革镇堡镇鞍子山村
…………负责人：王延发
…………Tel：0411－86409891
13009467108

**盛达家具制造有限公司**
地址：辽宁省大连市甘井子区华鑫路 73 号
…………负责人：任建民
…………Tel：0411－86300440
13898488489

**宏铁达家庭用品制造有限公司**
地址：辽宁省大连市甘井子区山东路北端（部队大院）
…………负责人：魏永军
…………Tel：0411－86522429
13352201406

**大连金州日丰日用品加工厂**
地址：辽宁省大连市金州区拥政街道红塔村
…………负责人：陈维平
…………Tel：0411－82895688

### 辽阳县森鑫工艺礼品厂
业务：辽阳县森鑫工艺礼品厂成立于 2001 年，主要生产销售相册、名片册、档案册、礼品包装盒等。制作精美，价格合理，欢迎新老客户惠顾。
地址：辽宁省辽阳县黄泥洼镇
…………邮　编：111000
…………法　人：张明文
…………Tel：0419－7234168
…………Fax：0419－7234058

**大连鼎丰家居用品有限公司**
地址：辽宁省大连市西岗区八一路 127－4－3 号
…………负责人：刘鹏
…………Tel：0411－82131386

**福娃娃商贸有限公司**
地址：辽宁省大连市西岗区新开路 99 号珠江国际大厦 2109 室
…………负责人：贾黎
…………Tel：0411－83609396
13644961062

**东兴橱柜商行**
地址：辽宁省大连市西岗区兴业街 58 号
…………负责人：江平昌
…………Tel：0411－83688358
. 82988987
13130413670

**大连安东妮工艺品有限公司**
地址：辽宁省大连市中山区独立街 19 号远大大厦 B 座 1803 室
…………负责人：刘冬
…………Tel：0411－82803948

**大连森工物资有限公司**
地址：辽宁省大连市中山区文化街 90 号 214 房间
…………负责人：金绍彬
…………Tel：0411－82661415
13332293681

**北方毛绒玩具厂**
地址：辽宁省丹东凤城市东汤镇兴龙村五组
…………负责人：左秀斌
…………Tel：0415－8062098

**北龙凤木器加工厂**
地址：辽宁省抚顺市东洲区北龙凤街 20 组
…………负责人：蓝公岭
…………Tel：0413－4633113
13842324271

**宏达木业加工厂**

地址:辽宁省抚顺市顺城区戈布北沟
…………负责人:宋英
…………Tel:0413－7106230
13904136536

**隆顺宝工艺品厂**
地址:辽宁省抚顺市新宾满族自治县永陵镇金岗村一组
…………负责人:刘纯雨
…………Tel:13504133356

**伟成玛瑙厂**
地址:辽宁省阜新县十家子镇兴商北街 203 号
…………负责人:梁继伟
…………Tel:0418－8822621
8260493
13704189234

**虹洁澡巾厂**
地址:辽宁省锦州市凌河区龙江南里 15－46 号
…………负责人:沈群祥
…………Tel:0416－3133533
13804167031

**宏丰工艺品厂**
地址:辽宁省辽阳市白塔区纸板厂对面文化官后面
…………负责人:邓国良
…………Tel:0419－3303190
13841938053

**森鑫工艺礼品厂**
地址:辽宁省辽阳市辽阳县黄泥洼镇代耳湾村
…………负责人:张明学
…………Tel:0419－7234168
13941988896

**创新木器加工厂**
地址:辽宁省辽阳市辽阳县黄泥洼镇南甸村
…………负责人:魏丽君
…………Tel:0419－7131459
13904992235

**沈阳市礼帮家用品有限公司**
地址:辽宁省沈阳市大东区小东路 241 号 527 室
…………负责人:王维君
…………Tel:024－24349200

**沈阳新四海家具制造有限责任公司**
地址:辽宁省沈阳市东陵区高坎镇下马村
…………负责人:杨荣祥
…………Tel:024－24789388

**圣山炊具有限公司**
地址:辽宁省沈阳市东陵区浑河站满融村
…………负责人:池明焕
…………Tel:024－23712609
13352488818

**沈阳市正金日用品厂**
地址:辽宁省沈阳市东陵区五三乡
…………负责人:佟玉升
…………Tel:024－81990392
86239667
13304049967

**关东炊县有限公司**
地址:辽宁省沈阳市和平区 13 纬路 41 号
…………负责人:刘丞旭
…………Tel:13904007257

**沈阳华禹天光家具有限公司**
地址:辽宁省沈阳市和平区和平南大街 2 号 516
…………负责人:丑艳秋
…………Tel:024－81108500

**西丰县更刻乡贵山木器厂**
业务:主在经营:各种木器的生产与销售。
地址:辽宁省铁岭市西丰县更刻乡万育村
…………邮　编:112400
…………法　人:张贵山
…………Tel:0410－7200486

**沈阳经吉菲工艺品有限公司**
地址:辽宁省沈阳市沈河区长青街一段集贤里 12 号
…………负责人:陈宝华
…………Tel:024－24846203

**海天家具厂**
地址:辽宁省沈阳市铁西区南八中路 32 号中国家具城二期 2 楼 21 号
…………负责人:吴国飞
…………Tel:024－25362191
13940211711

**连友木香加工厂**
地址:辽宁省沈阳市新城子区虎石台镇小桥子村
…………负责人:武连有
…………Tel:024－89875834
13386871501
13940429501

**工艺纸制品厂**
地址:辽宁省营口盖州市沙岗镇转山村
…………负责人:邵振波
…………Tel:0417－7561422
13904073422

**老八石材玻璃工艺加工部**
地址:辽宁省营口盖州市熊岳镇幸福街
…………负责人:宁家珊
…………Tel:0417－7038898
13332306816

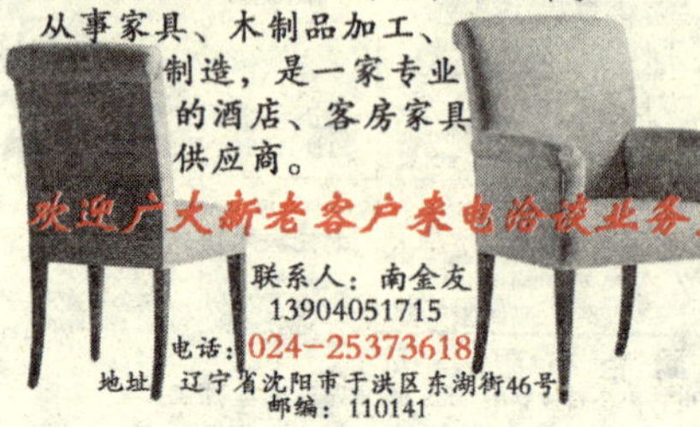

## 吉林省/Jilin Province

**榆树市阳光家具店**
业务:销售家用家具、办公家具
地址:吉林长春榆树市铁北路中段(日杂公司一楼)
…………负责人:张影　邮　编:130400
…………法　人:张立国
…………Tel:0431－88318333

**永财木业有限公司**
地址:吉林省白山市抚松县泉阳镇东风街
…………负责人:王永财
…………Tel:0439－6510885
13704399809

**抚松县北岗世君木盒加工厂**
业务:生产、销售木盒
产品:木制酒盒
地址:吉林省白山市抚松县北岗镇东泉村
…………负责人:郑世君　邮　编:134300
…………法　人:郑世君
…………Tel:0439－6550135
13943956619

**抚松县龙达木业有限责任公司**
业务:抚松县龙达木业有限责任公司成立于 2004 年 3 月，主要生产制造各种规格胶合板、细木工板、刨光材、基材，家具制造等。热诚欢迎新老客户惠顾。
地址:吉林省白山市抚松县泉阳林业局
…………邮　编:134505
…………法　人:卢立伟
…………Tel:0439－6521107
6519017
…………Fax:0439－6519420

**抚松县露水河镇永丰木制品厂**
业务:木制品的加工和销售
地址:吉林省白山市抚松县露水河镇西山街
…………负责人:许洪晔　邮　编:134300
…………法　人:许洪晔
…………Tel:13843938879
0439－6376879

**龙达木业有限责任公司**
地址:吉林省白山市抚松县泉阳镇东风街
…………负责人:卢立伟
…………Tel:0439－6519420
13304499985

**好宜买眼镜批零超市**
业务:各类眼镜的批发和销售
产品:各类眼镜
地址:吉林省长春市宽城区东二条 14 号
…………负责人:潘辉亮　邮　编:130000
…………法　人:潘辉亮
…………Tel:0431－82973998
…………Fax:0431－82953998
…………E-mail:haiyimai@163.com

**长春长江路开发区瑞薪芦荟日用品经销服务中心**
地址:吉林省长春市长江路长春银座 116 号门市
…………负责人:李金萍
…………Tel:13943000019

**敦化市桦兴木制品有限公司**
业务:雪条棒、压舌板、冰勺等木制品的加工制作。
地址:吉林省敦化市秋梨沟林场
…………负责人:孝玉萍　邮　编:133700
…………法　人:孝玉萍
…………Tel:0433－6542617
…………Fax:0433－6542617

**西安康健消毒制品有限公司长春分公司**
地址:吉林省长春市东环城路 5688 号
…………负责人:吴自伟
…………Tel:0431－84847070
13943046661

**吉林市永熙家具制造有限公司第一销售分公司**
业务:高中低档实木家具(主营床)
产品:实木床
地址:吉林省吉林市高新区深圳街 86 号吉林高新区创业园 C 座 306 室
…………负责人:全永熙
…………法　人:卢希愿
…………Tel:0432－4681657
15590776967
…………Fax:0432－4681657
…………E-mail:597425514@qq.com

**长春名格家俱厂**
地址:吉林省长春市二道区中东大市场二厅 D 区 9 号
…………负责人:柴万里
…………Tel:0431－84556688
13944131088

**蛟河市瑞阳纸业有限公司**
业务:高档卫生纸、餐巾纸的生产销售
产品:"麒源"牌高档卫生纸、餐巾纸
地址:吉林省蛟河市奶子山街前窑俱乐部
…………负责人:宋晓军　邮　编:132500
…………Tel:13604477007
13630617027

**双辽市物华商厦有限公司**
业务:日用百货、家具、服装、鞋帽、针织
地址:吉林省双辽市新市街物华商厦
…………负责人:赵国伍　邮　编:136000
…………法　人:赵国伍
…………Tel:0434－7291155

**天雅地毯有限公司**
地址:吉林省东丰县东丰镇北门外路 54 号
…………负责人:王晓波
…………Tel:0437－6220466
13766070098

**东丰县华远烟花爆竹有限责任公司**
地址:吉林省辽源市东丰县东丰镇南环路 26 号
…………负责人:李伟华
…………Tel:0437－6213501

**伊通满族自治县黄岭子镇杨家跃双木材加工厂**
业务:生产、销售木制包装箱
地址:吉林省四平市伊通满族自治县黄岭子镇杨家村
…………负责人:张跃双　邮　编:136700
…………法　人:张跃双
…………Tel:13630701488
0434－4575095
4591567

**前郭县双义盛金银珠宝有限公司**
地址:吉林省松原市长岭县乌兰大街
…………负责人:高奎增
…………Tel:0438－2103639

**延吉市圣音民族乐器厂**
业务:民族乐器生产销售
地址:吉林省延边朝鲜族自治州延吉市小营镇小营七队
…………负责人:曹春虎　邮　编:133000
…………法　人:曹春虎
…………Tel:0433－2355455
15834912088

**吉林省延吉市西市场宋继玉家具摊床**
业务:橱柜、衣柜
地址:吉林省延吉市西市场综合楼三楼
…………负责人:宋继玉　邮　编:133000
…………法　人:宋继玉
…………Tel:0433－2761628
…………Fax:0433－2761628

**前郭县双义盛金银珠宝有限公司第一分公司**

地址：吉林省松原市长岭县乌兰大街
负责人：李辉
Tel：0438－2104822

**敦化市吉祥金店有限责任公司**
地址：吉林省延边朝鲜族自治州敦化市农联社综合楼一楼
负责人：孙立群
Tel：0433－6253798

**建材市场东西家具**
业务：家具
地址：吉林省延吉市局子街北大建材市场3区211号
负责人：李熙载　邮　编：133000
法　人：李熙载
Tel：13304488926
0433－2722171

**延吉市白云寝室用品商社**
业务：床上用品批发
地址：吉林省延吉市参花街43－4号
负责人：李桂花　邮　编：133000
法　人：李桂花
Tel：0433－2967088
2753660
13944386011

**延吉市白云寝室用品制造厂**
业务：床上用品批发
地址：吉林省延吉市公园街2988号
负责人：李桂花　邮　编：133000
法　人：李桂花
Tel：0433－2967088
2753660
13944386011

**宝健(中国)日用品有限公司延边分公司**

**抚松县露水河顺合木业有限公司**

抚松县露水河顺合木业有限公司成立于1997年，从事木制品加工与销售。公司秉承"顾客至上，锐意进取"的经营理念，坚持"客户第一"的原则为广大客户提供优质的服务。

联系人：于信成
电话：0439-6104611　6103115
邮编：134506
地址：吉林省白山市抚松县露水河镇东山街

13904656732

## 黑龙江省/Heilongjiang Province

**大庆市明仁眼镜有限公司**
地址：黑龙江省大庆市让胡路区西宾路122号－1
负责人：洪作林
Tel：0459－6351790

**大发玉器批发行**
地址：黑龙江省哈尔滨市道里区通顺街29号
负责人：施汉钧
Tel：0451－84367698
13904637423

**伊春永兴家具有限公司**
业务：伊春永兴家具有限公司是一家专业生产实木家具的厂家，自创建以来，一直致力于为客户提供款式多、品质优的家具和全面优质的专业服务。
地址：黑龙江省伊春市美溪区美溪建材商店
负责人：李纪忠……邮　编：153021
法　人：李纪忠
Tel：0458－3630088

**海林华丰木业有限公司**
业务：木业
地址：黑龙江省牡丹江市海林市柴河镇铁东路
负责人：孙秋艳　邮　编：157000
法　人：孙秋艳
Tel：13359532868
0453－7546538

**广州驰誉家具有限公司哈尔滨分公司**
地址：黑龙江省哈尔滨市道外区大有坊街红河八街区805栋
负责人：丘文成
Tel：13351828222

**华春塑料刷子有限公司**
地址：黑龙江省哈尔滨市道外区中平街19号
负责人：仲崇杰
Tel：0451－57678575

地址：吉林省延边朝鲜族自治州延吉市长白路12号
负责人：崔仁奎
Tel：0433－2717112

**双辽市正兴家具装潢有限责任公司**
业务：双辽市正兴家具装潢有限责任公司成立于1994年，主要进行室内室外装潢，生产室内套装门。我公司本着独特的设计，精湛的制作工艺，良好的企业信誉，竭诚欢迎您的合作！
地址：吉林省双辽市火电城大门西100米
邮　编：(316400) 136400
法　人：罗长凤
Tel：0434－6139921
Fax：0434－6139921
网址：www.jlzxjj.chinapyp.com

**敦化市京敦源木业有限责任公司**
地址：吉林省延边朝鲜族自治州敦化市胜利街春化委
负责人：杨代武
Tel：0433－6315588

**吉林长春净月潭旅游经济开发区诚丰家私厂**
地址：吉林省长春市净月潭旅游经济开发区虹桥社区服务站
负责人：刘启江
Tel：0431－84511258
13304300619

**吉林省天达金融办公设备有限公司**
地址：吉林省长春市南关区亚泰大街中环11区7栋
负责人：王金山
Tel：0431－88712611

**长春中东大市场南方家具行**
地址：吉林省长春市中东大市场二厅家俱A区9号
负责人：仇同生
Tel：0431－84853568

**哈尔滨市南岗区银丰木器厂**
地址：黑龙江省哈尔滨市南岗区王岗镇新山路3号
负责人：冯月艳
Tel：13039960778

**鹤岗市舒捷广东家具有限责任公司舒捷沙发总汇**
地址：黑龙江省鹤岗市工农区29委成龙10号
负责人：韩淑杰
Tel：0468－6777094

**佳木斯皇城万宝珠宝金行**
地址：黑龙江省佳木斯市向阳区长安路中央同源商城
负责人：翁国强
Tel：0454－6056999

**牡丹江市爱民区新兴平木制品厂**
地址：黑龙江省牡丹江市爱民区黄花一路
负责人：左虹
Tel：0453－8905888

**海林市柴河镇长福木器厂**
地址：黑龙江省牡丹江市海林市柴河镇道西
负责人：李连福
Tel：13804821437

## 江苏省/Jiangsu Province

**常州市国方红木家具厂**
地址：江苏省常州市武进区湖塘镇菊花社区张家巷组
负责人：陈国方
Tel：13606112872

**宝应县运河木业有限公司**
业务：宝应县运河木业有限公司成立于1995年，主要生产加工木材、木包装箱托盘、木片等。"以质量求生存，以信誉求发展"，热诚欢迎新老客户惠顾。
地址：江苏省扬州市宝应县夏集镇丰收村
邮　编：225800
法　人：朱富民
Tel：0514－8708928
Fax：0514－8708928

**老五厨具**
业务：集研发、生产、销售不锈钢厨房设备为一体的生产企业；可为您进行家用厨柜订做，厨房工程设计，厨房改造、维修等服务。我们秉承诚信为本，客户至上的原则，竭诚为您服务！
地址：江苏省常州市武宜北路145号(武柴厂内)
负责人：董绍武　邮　编：213000
法　人：董绍武
Tel：0519－88699335
86590123
13915891720
Fax：0519－86590123

**常州安吉利特日用品有限公司**
地址：江苏省常州市武进区湖塘镇人民西路2号中源大厦B座610、611室
负责人：卢秋月
Tel：13921091061

**东台市富丽家具厂**
业务：卧室内实木家具的设计，加工，制作
地址：江苏省东台市安丰镇九桥村一组
负责人：何永江　邮　编：224005
法　人：何永江
Tel：0515－85515599
13222320079

**常州市豪都雕塑厂**
地址：江苏省常州市武进区夏溪镇新东街17－20号
负责人：周志英
Tel：13606113583

**奥瑞特木业有限公司**
地址：江苏省连云港市花果山黑桥工业区89号
负责人：张强
Tel：0518－85723266
85723271
13805120598

**宝应县振泉水晶工艺品厂**
业务：宝应县振泉水晶工艺品厂成立于1987年，是中国专业设计、生产、销售为一体的水晶工艺品制造商之一。主要产品有：蜡烛及烛台，纪念品，水晶工艺品，香水瓶，打火机及烟具，钥匙扣等。
地址：江苏省扬州市宝应县西安丰镇朱郭村
邮　编：225804
法　人：张正权
Mobile：13601446829
Fax：0514－8661213

**初恋翠钻有限公司**
地址：江苏省连云港市新浦区解放中路37号
负责人：郑顺发
Tel：0518－85478189
13605136111

**帝威红木工艺厂**
业务：红木工艺品
地址：江苏省海门市海门镇解放东路
负责人：裘卫星　邮　编：226300
法　人：裘卫星
Tel：13801468785
0513－81206008

**南京千年翠钻珠宝有限公司**
地址：江苏省南京市白下区洪武路88号7A室
负责人：李勇
Tel：13218027269

**淮安经济开发区南方市场澳柯玛整体厨房经销处**
业务：专营澳柯玛整体厨房
地址：江苏省淮安市经济开发区南方市场A区32号
负责人：戴和国　邮　编：223200
法　人：戴和国
Tel：0517－83578505
83286872

**南京昂恒工艺品有限公司**
地址：江苏省南京市白下区淮海路36号608室
负责人：王蓓
Tel：13337710525

**宝健(中国)日用品有限公司江苏分公司**
地址：江苏省南京市白下区太平南路2号日月大厦
负责人：李道
Tel：025－83353696

**江都市阜泰玻璃有限公司**
业务：玻璃制品，照明电器加工，化玻仪器，教学仪器，塑料制品，化工原料销售
产品：玻璃管制、烧杯，硬料咖啡壶，照明用硬料玻壳，无极灯玻壳，工艺品
地址：江苏省江都市宜陵镇南陵路1号
负责人：邱正标　邮　编：225231
法　人：邱正标
Tel：0514－85018686
Fax：0514－85018886
E-mail：yztlbl@163.com

**常熟市永泰红木家具厂**
业务：我厂成立于1993年，专业从事红木家具的制造，我厂本着"以质量求生存、以信誉谋发展"的经营宗旨，我们将一如既往地为新老朋友提供优质的服务。
地址：江苏省常熟市海虞镇河口村
邮　编：215519
法　人：唐文青
Tel：0512－52566998
Fax：0512－52566998

**南京凯天箱包礼品有限公司**
地址：江苏省南京市白下区中山东路218号长安国际中心9层A、B、C座
负责人：张翼
Tel：13915990671

**南京市云锦研究所礼品部**
地址：江苏省南京市建邺区茶亭东街240号
负责人：王宝林
Tel：025－86605778

**东海县逸凡水晶饰品厂**
业务：水晶饰品的加工和销售
地址：江苏省连云港市东海县石榴镇驻地东榴村石新路北侧
负责人：刘兆宝　邮　编：222002
法　人：刘兆宝
Tel：15805122590
0518－87776806
网址：http://www.51zzt.com/user/zzt33659

**南京娜芳日用品经营部**
地址：江苏省南京市建邺区南湖拓园10幢
负责人：杜志华
Tel：025－52262970

**连云港多彩矿产品有限公司**
业务：矿产品、宝石制品、水晶工艺品
产品：水晶工艺品、水晶灯饰配件
地址：江苏省连云港市东海县幸福南路182号
负责人：纪言兵　邮　编：222300
法　人：纪言兵
Tel：0518－87233122
Fax：0518－87233622
网址：http://dccrystal.cn.alibaba.com
E-mail：jyd1977@hotmail.com

**龚伯辉床上用品厂**
业务：龚伯辉床上用品厂成立于2003年，位于南通市通州市川港镇川北村。我厂是一家专业生产销售床上用品的老厂，主要产品有：全棉印花七件套，全棉绣花七件套和全棉印花四件套等等.各种床品规格齐全，款式多样，并可为客户来样定做，我们本着"质量是企业的生命"真诚的期待与您的合作！
地址：江苏省南通市通州市川港镇川北村2组
邮　编：226314
法　人：龚瑞
Tel：0513－86342913
86983732

**连云港市鑫懋工艺品有限公司**
业务：长毛绒工艺品玩具加工、制作
地址：江苏省连云港市赣榆城头工业园区
负责人：王谟永　邮　编：222000
法　人：王谟永
Tel：13775430055
0518－86566088

**南京鹏茂日用品咨询服务部**
地址：江苏省南京市建邺区拓园10幢
负责人：吴嘉芬
Tel：025－83991158

**南京紫鹊家纺有限公司**
业务：研发、设计、生产、销售家纺礼品
地址：江苏省南京市和燕路289号迈皋桥景华大厦23楼04室
负责人：朱孔利　邮　编：210000
法　人：朱孔利
Tel：13951734363
025－85484447

**南京市江宁区思奇家居用品经营部**
业务：主营各类创意家居用品，产品多元化，在简单的设计下，我们可以发现创意的乐趣和贴心。
产品：沙发、橱柜、家用饰品、个性电话、灯具、小电器等
地址：江苏省南京市江宁区东山街道金箔路黄金海岸第一街116号
负责人：吴旦　郭跃新
邮　编：211100
法　人：吴旦　郭跃新
Tel：025－51190657
15150650994
15950505281
E-mail：danwu1986@yahoo.com.cn

**南京峰豪礼品有限公司**
地址：江苏省南京市溧水县东屏镇群力集镇
负责人：经贤福
Tel：025－57292168

**南京青森木业工艺制品厂**
地址:江苏省南京市溧水县永阳镇交通路 8 号
负责人:徐传生
Tel:13776529968

**海门市三星瑞发床上用品厂**
业务:海门市三星瑞发床上用品厂成立于 1990 年,主要从事被套,被子,床罩,床单,枕套等床上用品的制造、加工和销售。
地址:江苏省海门市三星镇富民街
邮　编:226112
法　人:顾金发
Tel:0513－82280619
822996868
Fax:0513－82280619

**南京月阳居红木家具厂**
业务:生产、销售红木家具
地址:江苏省南京市江宁区谷里街道周村社区
负责人:　邮　编:马海旭 210000
法　人:马海旭
Tel:025－84957280

**南京兴旺雨花石玛瑙工艺厂程桥分厂**
地址:江苏省南京市六合区程桥镇街道(程桥中学东首)
负责人:陈小妹
Tel:025－57109790

**南京毅韬日用品经营部**
地址:江苏省南京市下关区二板桥 481 号
负责人:廖东洋
Tel:025－85078135

**南京市江宁区田玲床具厂**
业务:田玲床具加工制造及销售
地址:江苏省南京市南京市茶亭东街 222 号
负责人:章帮田　邮　编:210008
法　人:章帮田
Tel:13770684351
025－86500398
Fax:025－86500398
网址:http://www.tlcj.cn

**南京皇嘉珠宝有限公司**
地址:江苏省南京市玄武区锁金村 5 号 6 幢 209 室
负责人:吴晓斌
Tel:13305197303

**南通华艺装饰毯有限公司**
地址:江苏省南通市崇川区观音山镇
负责人:汪祖华
Tel:0513－85260552
85266043
13358061668

**江苏省苏州市绣乡刺绣艺术馆**
业务:江苏省苏州市绣乡刺绣艺术馆成立于 2000 年,主要产品有中高档双面绣,单面绣及其他工艺品等。刺绣产品繁多,款式新颖,热诚欢迎广大客商来我单位指导,洽谈业务。
地址:江苏省苏州市高新区镇湖绣品街 119 号
负责人:张丽娟……邮　编:215161
法　人:张丽娟
Tel:0512－66911241

**如皋市恒祥塑料有限公司**
业务:塑料玩具配件
地址:江苏省南通市如皋市如城镇
负责人:金志祥　邮　编:226300
法　人:金志祥
Tel:13806275165
0513－87262888

**苏州市吴中区吴中厨房设备有限公司**
业务:主要生产厨房设备、不锈钢制品专业制造
地址:江苏省苏州市迎春南路 73 号佳运科技园
负责人:沈建东　邮　编:215128
法　人:张国平
Tel:0512－65250310
65275642
Fax:0512－65275043

**沭阳鑫源沙发有限公司**
业务:生产和销售各类家具,床垫,承接室内装修工程
产品:各类家具,床垫
地址:江苏省宿迁市沭阳县龙庙镇鑫源沙发有限公司
负责人:李兵　邮　编:223800
法　人:李兵
Tel:0527－88626218
83553337
15050975560

**康龄光学眼镜销售中心**
地址:江苏省南通市崇川区青年中路 73－1 号
负责人:张成
Tel:0513－85581377
13962963520

**南通市崇川区景隆瓷行**
地址:江苏省南通市崇川区任港路 24 号
负责人:管文虎
Tel:13962983927

**崇川开发区盛源家具厂**
地址:江苏省南通市崇川区文峰街道厂南村四组
负责人:俞仁模
Tel:13003593361

**宠物玩具厂**
地址:江苏省南通市海安县城东镇南阳村 22 组
负责人:卢爱华
Tel:0513－88807286
13906275642

**银丰玻璃器皿厂**
地址:江苏省南通市海安县老坝港镇南工业园区
负责人:王素银
Tel:13301476238

**江阴市顾山床罩厂(江阴市美阳床上用品厂)**
业务:江阴市顾山床罩厂(江阴市美阳床上用品厂)成立于七十年代,多年来从事用于酒店、宾馆的床上系列用品。本厂一直以来秉承"客户至上,诚信为本"的经营理念,与经销商和用户建立了长期稳定的互动关系,形成了真正意义上的利益共同体,这是本厂多年来保持稳定发展的重要保障。本厂拥有先进的生产设备及一批有着丰富生产经验的员工,而且建立了一整套完善的产品质检系统,确保产品能满足消费者的切实需求。
地址:江苏省江阴市顾山镇人民路 148 号
邮　编:214413
法　人:顾惠忠
Tel:0510－86326986
Fax:0510－86321369

**方太集成厨房泰兴店**
业务:主要销售方太集成厨房设备。
地址:江苏省泰兴市好来居家饰广场 1 楼 4 区 25－29 号
负责人:蒋志明　邮　编:225400
法　人:蒋志明
Tel:13952612795
0523－87756706

**南通天鹰厨具制造有限公司**
地址:江苏省南通市海门市货隆镇北京路 1 号
负责人:张秀玉
Tel:13362799655

**南通盛和贸易有限公司**
地址:江苏省南通市濠西路 98 号好一家 5 楼 A4
负责人:龚海燕
Tel:0513－85188866
13962911780

**泰州市苏中木业有限公司**
业务:专业从事家具、沙发、木包装,摩托车、汽车配件油漆喷涂的生产销售,承接木材深加工并拥有多样化的木制产品,本厂奉守精诚奉献,永续服务的承诺,赢得社会各界的支持与信赖
产品:家具、沙发、出口木包装箱、木托盘及内销木质包装箱等
地址:江苏省泰州市东风北路 18 号
负责人:陈锦华　邮　编:225300
法　人:袁春慧
Tel:0523－86652012
Fax:0523－86652012
E-mail:tzcjh8916@sina.com

**九鑫玩具有限公司**
地址:江苏省南通市启东市汇龙镇人民西路 1517 号
负责人:秦艺
Tel:0513－83347790
13906283784

**昆山市石浦镇惠利空调行**
业务:昆山市石浦镇惠利空调行成立于 1989 年,专业从事空调、彩电、冰箱、卫厨及中央空调的销售、安装、维修一龙条服务,主要品牌格力、东芝、富士通将军、海信电视及西门子冰、洗,竭诚欢迎新老客户光临惠顾。
地址:江苏省昆山市千灯镇石浦街道兴浦南路
负责人:钟惠明……邮　编:215343
法　人:钟惠明
Tel:0512－55885919
Fax:0512－82086509

**泰州市伟之健沙发制造有限公司**
业务:真皮沙发生产及外出口
地址:江苏省泰州市凤凰西路 88 号
负责人:张胜意　邮　编:225300
法　人:张胜意
Tel:13775700488
0523－80766678

**南通戴梦得珠宝首饰有限公司**
地址:江苏省南通市人民东路 28 号南通市大厦 620
负责人:顾云霞
Tel:0513－85594521
13906296752

**贵鸿木材加工厂**
地址:江苏省南通市如东县河口镇关口村九组
负责人:孙庭贵
Tel:0513－84877526
13338075026

**天美木业有限公司**
地址:江苏省南通市如东县新店镇工业园区
负责人:蔡国士
Tel:13328075975

**夏港丰彩玻璃珠厂**
业务:生产玻璃工艺品
产品:玻璃珠
地址:江苏省无锡市江阴市夏港镇新沟村 2 号
负责人:吴龙飞　邮　编:214000
法　人:吴龙飞
Tel:0510－86160909
13701528717

**昆山苏沪家具配件厂**
业务:昆山苏沪家具配件厂主要从事再生棉的生产与销售。"质量保证,价格合理",竭诚欢迎广大新老客户来我公司洽谈业务,共同合作!
地址:江苏省昆山市蓬朗镇增辉村民营开发区
负责人:邓策……邮　编:215333
法　人:邓策
Tel:0512－57610919

**苏州英德尔室内空气技术有限公司**
地址:江苏省苏州工业园唯亭科技园东区 33 栋
负责人:曾大男
Tel:13606138897

**江苏省盐城市滨海县孟扬村如意家具店**
业务:沙发,餐桌椅,床等实木家具的自产自销
地址:江苏省盐城市滨海县孟扬居委会往西 104 号
负责人:刘成　邮　编:224000
法　人:刘成
Tel:0515－84991217
0515－84239069

**常熟市喜多利工艺品有限公司**
地址:江苏省苏州市常熟市辛庄镇
负责人:陶艳
Tel:0512－51222878

**盐城市亭湖区城招兴旺香烛批发部**
业务:佛像、花瓶、香、烛、纸品等产品经营
地址:江苏省盐城市亭湖区招商场招商新村 14 号楼 105 室
负责人:沈玉明　邮　编:224000
法　人:沈玉明
Tel:0515－88238327

**常熟市印象派床上用品厂**
地址:江苏省苏州市常熟市辛庄镇轻纺工业园
负责人:钱志军
Tel:13906231455

**南通市崇川博艺画苑**
业务:南通市崇川博艺画苑成立于 1999 年,主要从事工艺品、名人字画、文房四宝的销售;装裱、配框的加工。"以质量求生存,以信誉求发展",竭诚欢迎广大新老客户参观、指导、洽谈业务!
地址:江苏省南通市崇川区西南营 56 号
负责人:王建高……邮　编:226001
法　人:王建高
Tel:0513－85519673

**江苏省扬州市广陵区明大眼镜超市**
产品:验光配镜服务,眼镜零售,隐形眼镜及护理用液
地址:江苏省扬州市广陵区渡江路 181 号 2 楼人民商场对面
负责人:陆银和　邮　编:225000
法　人:陆银和
Tel:0514－87333782

**常熟市新吉木制品厂**
地址:江苏省苏州市常熟市虞山镇(莫城)东青村
负责人:徐伟新
Tel:13328025559

**江苏省张家港市欣茂工艺有限公司**
业务:无纺布,工艺制品
地址:江苏省张家港市凤凰镇李庄社区
负责人:唐关兴　邮　编:215614
法　人:唐关兴
Tel:0512－56719665
Fax:0512－56719665

**常熟吴氏工艺有限公司**
地址:江苏省苏州市常熟市虞山镇方浜村
负责人:吴岗
Tel:0512－52871688

**常熟市招商城小康厨具商店**
地址:江苏省苏州市常熟市招商城万利南街 1－6、1－7 号
负责人:陈林红
Tel:13962399747

**苏州金达木业有限公司**
业务:本公司成立于 1991 年,主要加工销售木制包装箱、免熏蒸产品和熏蒸。本着"质量第一、客户至上"的经营理念,竭诚欢迎新老客户来电洽谈业务!
地址:江苏省苏州市相城区厢城镇南塘村 1 号
负责人:沈兴元……邮　编:215138
法　人:沈兴元
Tel:0512－65428843
Fax:0512－65421915
E-mail:51118635@126.com

**苏州洁瓴餐厨具有限公司**
地址:江苏省苏州市昆山市巴城镇东部工业区
负责人:胡洁
Tel:0512－55885100

**镇江恒伟光学有限公司**
业务:测试数字镜片
地址:江苏省镇江市司徒镇殷巷村工业园
负责人:王国兰　邮　编:212300
法　人:王国兰
Tel:0511－86800888
86800999
86807888
Fax:0511－86807888

**昆山特福家具制造有限公司**
地址:江苏省苏州市昆山市淀山湖镇北环路北侧
负责人:王永志
Tel:0512－57483078

**昆山市万树木制品厂**
地址:江苏省苏州市昆山市淀山湖镇永新村
负责人:吴玉英
Tel:0512－57481269

**苏州市沧浪区福兴太阳能热水器经营部**
业务:苏州市沧浪区福兴太阳能热水器经营部成立于 2000 年,主要从事于太阳能热水器销售。欢迎新老客户光临、惠顾!
地址:江苏省苏州市沧浪区人民南路 48 号
负责人:吴福兴……邮　编:215007
法　人:吴福兴
Tel:0512－65134176
Fax:0512－65134176
网址:www.shenhuang.com.cn

**昆山市品冠礼品礼仪有限公司**
地址:江苏省苏州市昆山市玉山镇城北北门路长荣花苑 16 号楼 205 室
负责人:江山
Tel:0512－50881113

**苏州鼎鑫服饰工艺品有限公司**
地址:江苏省苏州市吴中区木渎镇金桥工发区栋路口
负责人:邱祥生
Tel:0512－66368868
13182667882

**创洁公司**
地址:江苏省苏州新升小区涵碧苑 43 幢 403
负责人:张勇亮
Tel:13701546302

**宿迁市宝鼎藤木制品有限公司**
地址:江苏省宿迁市工业园区长江路东侧阿里山路交叉路口
负责人:王德明
Tel:0527－84361598
13056111598

**苏州市平江区宏达工艺品厂**
业务:本公司创立于 1992 年,主要从事丝网印刷、条幅、喷绘、写真。热忱欢迎新老客户来电洽谈业务!
江苏省桃花坞创新科技园北区 4 楼(东蔡家桥 4 号)
负责人:蔡溪蓉……邮　编:215000
Tel:0512－65112214
61155895

**旭日珠宝首饰有限公司**
地址:江苏省无锡市南长市妙光街 3 楼 59 号
负责人:潘夏林
Tel:0510－82828671
13606196523

**无锡市日新家具厂**
地址:江苏省无锡市锡山区东亭春新东路 19 号－1
负责人:诸萍
Tel:0510－88203478
13806175930

**徐州能猫胶粘有限公司**
地址:江苏省徐州市官湖镇
负责人:王少华
Tel:0516－86444168
13805227736

**大光明眼镜有限公司**
地址:江苏省徐州市郊区中山北路时代商城 9－1 号
负责人:张志利
Tel:0516－88335785

## 苏州市吴中区藏书磊鑫石材工艺厂

业务：苏州市吴中区藏书磊鑫石材工艺厂主要以大理石的生产为主，产品规格齐全、质地优良，热忱欢迎广大新老顾客来电来函、洽谈订购！

地址：江苏省苏州市吴中区藏书镇藏北村（篁村）

………… 负责人：陈建华……邮　编：215156

…………………………………… 法　人：陈建华

……………………………… Tel：0512－66241223

### 大丰市云溪玩具厂

地址：江苏省盐城大丰市刘镇云溪居委会

…………………………………… 负责人：朱杰

……………………………… Tel：0515－83634958

13082591008

### 丰成工艺品厂

地址：江苏省盐城市大丰市三龙镇伍龙路

…………………………………… 负责人：张峰

……………………………… Tel：0515－83416388

83412469

### 丰港卫浴洁具有限公司

地址：江苏省盐城市大丰市裕华镇忠跃村（原忠跃小学）

…………………………………… 负责人：蒋高生

……………………………… Tel：0515－83313588

13914693968

### 润华烟花有限公司

地址：江苏省盐城市建湖县高作镇建高路西涔段西侧

…………………………………… 负责人：郑清华

……………………………… Tel：0515－86322736

86362677

13962900969

### 盐城三山饰品有限公司

地址：江苏省盐城市亭湖区伍佑工业园区 2 号

…………………………………… 负责人：李鼎泉

……………………………… Tel：0515－88816283

13905106925

## 苏州市吴中区张氏红木厂

业务：我厂成立于 1985 年，主要经营明清式家具。我厂生产的家具款式独特，质量保证，办厂二十年来获得良好的信誉，受到广大客户的认同，服务周到，以客户满意为宗旨。欢迎各地朋友接洽。

地址：江苏省苏州市吴中区王家泾村

………… 负责人：张建社……邮　编：215107

…………………………………… 法　人：张建社

……………………………… Tel：0512－66398814

………… 网址：www.mtw27963.chinapyp.com

### 奥特异工艺品有限公司

地址：江苏省扬州市宝应县西安丰镇交通路 1 号

…………………………………… 负责人：杨爱民

……………………………… Tel：13901441484

## 盐城市玉擎日化有限公司

业务：盐城市玉擎日化有限公司地处美丽富饶的东方湿地之都———盐城。这里交通四通八达，沿海高速、宁靖盐高速、京沪高速环绕四周。国际航空、内河运输、国际海运更是远近闻名。公司代理众多国际国内知名化妆品牌，有羽西、玉兰油、雅倩、馥珮、郑明明、舒蕾、风影、丽涛、清逸、宝洁、霸王等众多品牌．公司秉承“诚信、创新、服务”的经营宗旨，愿与广大客户精诚合作、共同发展！

地址：江苏省盐城市西环路伟厦花园 3 号楼

………… 负责人：陈书留……邮　编：224001

……………………………… Tel：0515－86020908

86020911

…………………………… 网址：www.ycyqrh.com

…………………………… E-mail：yqlh@163.com

### 宝应县雨腾玻璃工艺厂

地址：江苏省扬州市宝应县小官庄镇小官庄村

…………………………………… 负责人：陈仕明

……………………………… Tel：0514－88805187

13773327175

### 亚星礼品厂

地址：江苏省扬州市维扬区江阳工业园双堂路

…………………………………… 负责人：罗永成

……………………………… Tel：0514－87306958

13801452181

## 吴中区光福立新工艺品厂

业务：本公司成立于 1990 年，主要制作玉雕、青铜器、大型石雕工艺品等。款式新颖、价格合理，热忱欢迎广大海内外客商来电洽谈业务！

地址：江苏省苏州市吴中区光福镇南开发区

………… 负责人：朱立新……邮　编：215159

…………………………………… 法　人：朱立新

……………………………… Tel：0512－66232369

……………………………… Fax：0512－66953380

…………………………… 网址：www.szlxgy.com

……………… E-mail：d4b2c3a1@sina.com.cn

### 安琪玩具厂

地址：江苏省扬州市维扬区平山路东侧 2 号综合楼

…………………………………… 负责人：戴建华

……………………………… Tel：0514－87639917

## 无锡成金厨房设备有限公司

业务：本公司是专业研发设计制造厨房成套设备的生产企业，我们有最完善、最优质的服务，热诚欢迎您的光临与合作！

地址：江苏省无锡市国家工业设计园滴翠路 100 号 A 栋 1211 室

………… 负责人：庄毅敏……邮　编：214064

……………………………… Tel：0510　85509902

82917350

………… 网址：http://www.wp－1.cn/showurl.asp? id＝7026

…………………………… E-mail：sales@wxcjcj.com

### 扬州开发区科鑫商贸中心

地址：江苏省扬州市扬子江中路 186 号江阳苑 2 幢 201 室

…………………………………… 负责人：王华

……………………………… Tel：0514－87954616

13859499958

## 苏州祥鑫工艺绣品有限公司

业务：苏州祥鑫工艺绣品有限公司专绣日本和服及各种工艺品，单面绣，双面绣，双面异色异样做工独特，绣工细巧，配色逼真。欢迎广大新老客户光临、选购！

地址：江苏省苏州市吴中区木渎镇沈巷村河西 107 号

………… 负责人：吴兴祥……邮　编：215101

…………………………………… 法　人：吴兴祥

……………………………… Tel：0512－66265682

………… 网址：www.mtw50117.chinapyp.com

### 仪征市利兴玩具厂

地址：江苏省扬州市仪征市谢集铁坝村

…………………………………… 负责人：吴宝平

……………………………… Tel：0514－83816648

13651522428

## 苏州新区情有独钟礼品店

业务：苏州新区情有独钟礼品店成立于 1992 年，主要从事各种礼品的采购与销售。设计新颖，做工精细，竭诚欢迎新老客户前来洽谈业务，真诚的合作定会带来丰厚的回报！

地址：江苏省苏州新区邓尉路滨河花苑 15 幢 104 室

………… 负责人：洪庆琪……邮　编：215011

…………………………………… 法　人：洪庆琪

……………………………… Tel：0512－66885060

### 凤祥迎楼珠宝有限公司

地址：江苏省张家港市步行街 47 号

…………………………………… 负责人：钱悦芬

……………………………… Tel：0512－58120999

## 苏州市相城区元和新宏基木业制造厂

业务：我厂是集民用套房、宾馆酒店等实木、软体家具系列产品的研发、生产、销售为一体的家具企业。自 2000 年成立以来，凭借独特的专业设计理念，严格的生产管理以及敏锐的市场洞察力，在同行业中脱颖而出，并不断地得到壮大与成熟。产品以沉稳尊贵、古韵优雅又不失简洁大方的风格而一直受到广大消费者的好评，并在全国大中城市建立了营销网络，同时远销澳大利亚等国家和地区。

地址：江苏省苏州市相城区元和镇莫阳经济区

………… 负责人：阮秀尧……邮　编：215133

…………………………………… 法　人：阮秀尧

……………………………… Tel：0512－65753099

……………………………… Fax：0512－65758544

### 宏观光学眼镜有限公司

地址：江苏省镇江市丹阳市眼镜市场 276 号

…………………………………… 负责人：黄荣斌

……………………………… Tel：0511－86523712

13905290819

## 華宇厨房設備有限公司

本公司成立于2009年，主要经营厨房设备经营。

我们秉承着“团结、务实、创新、守信”的服务宗旨，凭借专业的服务，技术力量雄厚，服务水平优良深受客户的一致好评。

联系人：沈峻 13771200137
电话：0510-86320800 86329100 86329612
传真：0510-86328733
邮编：214413
地址：江苏省江阴市锡沙路427号

## 涟水县爱莲床垫经营部

本店主要经营席梦思床垫生产销售。

公司服务宗旨：我公司的产品之所以能长期立足于市场，一靠质量，二靠服务。一切为客户着想，时刻为客户分忧解难。

联系人：戴成专 13405511687
邮编：223400
电话：0517-82301839 82096739
地址：江苏省淮安市涟水县馨园小区（郑梁梅高级中学旁）

## 淮安市清浦区三丰堂艺术品交流中心

淮安市清浦区三丰堂艺术品交流中心成立于2008年，本中心专业从事书画、文房四宝、工艺等销售、观赏鱼养殖销售。

我们的主张是：艺术无价，收藏无限，喜欢就是好的，有缘就是你的。本中心以重质量、讲诚信为宗旨，热忱为广大商家服务！欢迎光临！

欢迎来电

联系人：薛树祥 13801409744 13861579228
地址：江苏省淮安市清浦区四季青六组65号 邮编：364000

## 南京吴根祥陶瓷礼品专卖店

本公司成立于2000年，主要经营陶瓷制品、大花瓶、工艺品、礼仪用品。

本店以“朴实、诚信”为服务宗旨，每件商品均提供合理的价格，欢迎各位顾客惠顾！

联系人：吴根祥 13236560389
邮编：210000
地址：江苏省南京市鼓楼区江东北路382号好美家家具广场1楼电梯口

## 淮安市日月猪鬃制刷厂

淮安市日月猪鬃制刷厂成立于2004年，主要业务为生产各类油漆刷、滚筒刷、猪毛刷和钢丝刷。

公司主要产品油漆刷以及其他产品在东南亚、中东、欧洲及非洲市场有很高声誉并且具有很大竞争优势。我们期盼客户的垂询并且承诺用最优惠的价格和最精良的质量迎接客户。

联系人：袁州明 15861711555
电话：0517-84611498
传真：0517-84615488
邮编：223300
地址：江苏省淮安市淮阴区新渡工业园区006号

## 南京旭晖箔业有限公司

南京旭晖箔业有限公司成立于2003年，专业从事箔制品的生产和销售，主要产品有金箔，银箔，仿金箔，仿银箔等。我公司一贯坚持“以诚信为本，开拓创新，互利互惠”的经营方针，竭诚为广大用户服务，欢迎您的来电！

联系人：谢远亮 手机：13813021084
电话：025-85731474 传真：025-85731474
地址：江苏省南京市栖霞区龙潭街道花园街12号 邮编：250000

## 江阴新东阳厨具设备有限公司

本公司主要经营不锈钢厨具设备，有各工矿企业，机关，酒店不锈钢成套厨房设备的设计，生产，安装。

我们继续发挥优势，不断降低成本，提高质量，完善服务以及时满足您的需求。

愿我们友谊长存，共创未来！

联系人：秦进阳 13606168870
电话/传真：0510-86372468 81637268
地址：江苏省江阴市顾山镇古塘工业园区187号
电子邮件：qzy@jyxdy.com
网址：www.jyxdy.com
邮编：214413

## 沛县华洋木业有限公司

沛县华洋木业有限公司成立于1998年。主要从事木材加工及销售兼日用杂品以质量求生存，以信誉求发展。欢迎您的光临！

联系人：张兆云 13952220491
电话/传真：0516-89995431
地址：江苏省徐州市沛县安国镇二郎庙村官路铁路西侧
邮编：221616

## 昆山市张浦镇范氏木器加工厂

本厂从事木制品加工与销售，产品有木托盘、包装箱、木制品、多层板、刨花板等，竭诚欢迎新老客户光临、惠顾！

联系人：范松峰 13773192016
电话：0512-57293179
地址：江苏省昆山市张浦镇新塘村张巷 邮编：215002

## 如皋市福德工艺品厂

如皋市福德工艺品厂是一家专业生产工艺品的厂家。

欢迎各大厂商前来考察，我们将真诚与您合作。

电话：0513-88572888 88571310

联系人：任露威 邮编：226000
地址：江苏省南通市如皋市白蒲镇蒲西村

## 苏州保利艺术品有限公司

苏州保利艺术品有限公司成立于2007年，专业从事艺术品的销售。主要有书画、玉器、红木、象牙、紫砂等。我们的服务宗旨是：质量第一，客户第一，准时交货！我们相信：您的成功就是我们的成功！

联系人：邹才根 传真：0512-82205573 邮编：215000
电话：0512-82205573 13306206525 13073398070
地址：江苏省苏州市平江区桃花坞大街158号

## 苏州市相城区湘城镇振兴木器厂

本厂主要经营课桌椅、办公家具、钢木制品。

我们本着"质量第一、顾客至上、信守合同、追求完美"的服务宗旨，为您服务。

联系人：张坤林
电话：0512-65422913 13806136766
地址：江苏省苏州市相城区湘城镇西院村 邮编：215138

## 蘇州市滄浪區玉堂舊家具店

苏州市沧浪区玉堂旧家具店成立于2005年，本店专业从事收购、买卖各类老式家具。

本公司秉承"顾客至上，锐意进取"的经营理念，坚持"客户第一"的原则为广大客户提供优质的服务。欢迎广大客户惠顾！

联系人：黄寿颖 13901545210 电话：0512-68363942
地址：江苏省苏州市枣市街8号101室 邮编：215000

## 通州市永盛纺织装饰配套有限公司

通州市永盛纺织装饰配套有限公司成立于2000年，主要从事家纺、宾纺用品的生产与销售。公司本着"一切为用户着想，用户永远是对的"服务观念，以"诚信，务实"的原则，将一如既往通过我们的努力让您满意，让我们共同拥抱美好的未来！

电话：0513-82532158 86336498 13584644598 联系人：陆美中
地址：江苏省通州市姜灶镇工业园区A区 邮编：226300

## 苏州市金得利饰品模具店

苏州市金得利饰品模具店成立于1993年，本店专业生产销售首饰模具。主要批发、零售缅甸翡翠，和田白玉，天然南非钻石，18K白金，银饰品及首饰加工工具。

本店秉承"以人为本，至诚如神"的经营理念，以"爱祖国、爱社会、爱企业、爱家庭"为企业精神，提出以诚立身，以诚待人，以诚待客，以德治企。

传真：0512-67709199
联系人：翁国富 0512-67709199
电子邮件：sz67709199@126.com
地址：江苏省苏州市平江区东百花巷5号102室 邮编：215003

## 无锡市将军书画院

无锡市将军书画院于2008年成立，是一个从事古今"将军书画"艺术研究的不以赢利为目的的社会文化机构。他的宗旨是为老将军书画活动服务，为建设和谐社会和先进文化服务，立足书画艺术的研究和提高，围绕"弘扬、继承、创新、发展"的构思开展"将军书画"研究和交流活动，为老将军提供一个展示才华、展览艺术和创作研究的平台。以弘扬中华民族的优秀文化和古今中国将军的书画艺术为己任，以满腔的热情投入书画的创作和研究，以愉悦身心陶冶情操的高尚精神参与各项书画活动，以全心全意为人民服务的精神为老将军服务，以一颗慈善的爱心参与社会公益活动，受到老将军和社会的关心、支持和好评。热心为老将军书画活动服务。

联系人：言锡忠
电话：0510-88761370 88761180 邮编：214000
地址：江苏省无锡市东港镇港下锡港路1号

## 苏州市相城区蠡口鑫亮办公家具店

苏州市相城区蠡口鑫亮办公家具店成立于2002年，本店专业从事生产、销售办公家具，沙发等。我们一贯坚持"质量第一、顾客至上"的服务宗旨，更追求现代卓越，引领时尚而赢得大量顾客的厚爱！在新的世纪里，我们将紧随时代步伐，一如即往追求高品味、高质量的原则和你携手共迎民族工业的发展！

联系人：唐白男 邮编：215000
电话：0512-65453373、13806133373
地址：江苏省苏州市相城区泰元家园30幢303室

## 吴江市盛泽镇恒辉酒店配套用品店

吴江市盛泽镇恒辉酒店配套用品店创建于2004年，吴江市盛泽镇恒辉酒店配套用品店位于吴江市中国东方市场。本店专业销售厨房设备、酒店餐具。公司秉承"品质打造经典，诚信铸就永恒"的经营理念，始终以"为顾客创造价值"为目标，力争以最优性价比的产品服务于客户，为您的宾馆、酒店提供全方位的物品筹备计划及酒店管理咨询服务。我们愿以真诚的合作精神，优质的产品、良好的售后服务与您共同开创旅游事业的新纪元。

联系人：邵辉群
电话：0512-63516901 13913061715
传真：0512-63082423
地址：江苏省吴江市中国东方市场东一路88
邮编：215228

## 苏州市相城区太平美康厨房设备厂

苏州市相城区太平美康厨房设备厂成立于2001年，本厂专业从事厨房设备的生产与销售。公司本着"美康给您真诚的爱"这一经营、合作宗旨，热忱欢迎海内外朋友、客商光临，垂询我司，与我司携手合作，共创美好佳绩。

联系人：赵金根 传真：0512-65908977
电话：00512-65908977、13115106785 邮编：215100
地址：江苏省苏州市相城区太平盛泽村清游四组

## 吴县市西山旅游工艺品厂

吴县市西山旅游工艺品厂成立于1995年，本厂生产销售各种布艺，长毛绒坐垫，高档汽车垫子，餐桌坐垫，木沙发垫子。

本厂坚持以信誉为本，以产品开发、创新、引领市场。

联系人：严福群 13806214110 电话：0512-66377715
网址：www.xsiygyp.chinapyp.com 传真：0512-66377715
地址：江苏省苏州市吴县市西山镇堂里大街信用社内 邮编：215111

## 兴化市兴乐玩具厂

兴化市兴乐玩具厂成立于2004年，是一家集研发、生产、销售于一体的专业毛绒玩具生产企业，主要生产销售各类长毛绒玩具、短毛绒玩具、布料玩具、饰品玩具、音乐玩具、小挂件等。在毛绒玩具业，我们以优质和产品，良好的声誉，精美工艺丰富的过硬的生产技术，为客户提供优质服务。本公司正积极进行IS09001质量体系认证，以此推动企业管理水平上台阶，产品品质有保障，企业发展有后劲。欢迎各阶朋友合作！

联系人：朱春华
电话：0523-83538288 13601424065
电子邮件：xhxingle@163.com 传真：0523-83538689
地址：江苏省兴化市大营镇工业集中区 邮编：225700

## 仪征市十二圩玩具配件厂

仪征市十二圩玩具配件厂成立10多年，专业从事玩具配件的生产与销售，主要产品有玩具电子音乐器、电子机芯、艺眼艺鼻、玩具塑料杂件。

公司秉承"顾客至上，锐意进取"的经营理念，坚持"客户第一"的原则为广大客户提供优质的服务。欢迎惠顾！

联系人：徐郭沪
手机：13705253868 传真：0514-83630448
地址：江苏省扬州市仪征市十二圩中心巷19号 邮编：225000

## 宜兴画湖陶瓷有限公司

宜兴画湖陶瓷有限公司成立于1993年，是一家专业生产陶瓷的企业，主要生产的产品有陶瓷娃娃、陶瓷酒瓶、陶瓷管。公司奉行"以人为本、与时俱进、精益求精、持续创新、一次买主、终身用户"的经营理念，以高品位、低价格、高效率、服务优为宗旨。竭诚与各界同仁网络互联、信息共享、以诚相待、通力合作，为用户的需求提供最满意的服务。

联系人：钱忠良
电话：0510-87192500 传真：0510-87192292
地址：江苏省无锡市宜兴市丁蜀镇建新村
邮编：214200

## 宜兴市丁蜀镇鑫威陶瓷件厂

宜兴市丁蜀镇鑫威陶瓷件厂成立于1992年，专业生产纺织瓷件、保健陶瓷首饰、紫砂保健品、九五瓷件、高频瓷件、钛瓷等，并可以根据用户要求生产特种工程陶瓷，产品具有机械强度高、光洁度好、热稳定性和化学性好、绝缘强度高、电性能优良等特点。我厂全体员工在勤奋诚实、开拓创新的企业精神指导下，以一流的管理、一流的技术、一流的产品为广大用户服务。

联系人：刘德安 13961531287
电话：0510-87497348 传真：0510-87499837
网址：www.xwtc.net 电子邮件：xwtclda@163.com
地址：江苏省无锡市宜兴市丁蜀镇蒋立村丁香路104号
邮编：214200

## 宜兴市宏德陶瓷有限公司

宜兴市宏德陶瓷有限公司成立于2004年，主要生产以氧化铝、氧化锆、增韧氧化铝为原料的陶瓷产品。产品广泛应用于工程、电子电器、热工仪表、机械五金、化工、厨具等领域。产品具有光泽度好，热稳定性和化学性好，绝缘强度高，耐磨性好等特点，均符合国家标准。公司以质量求生存，以信誉求发展，竭诚欢迎各位新老客户使用本公司产品。

联系人：吕顺刚
电话：0510-87492718 13861512718 传真：0510-87499448
网址：www.hongdetaoci.cn 电子邮件：sfycys@sina.com
地址：江苏省宜兴市环科园川埠开发区 邮编：214222

## 银星钟表有限公司

主要生产钟表。

本公司秉承"顾客至上，锐意进取"的经营理念，坚持"客户第一"的原则为广大客户提供优质的服务。

欢迎广大客户惠顾！

联系人：陈永兴 13801487220
电话/传真：0513-82536294
地址：江苏省通州市南兴镇培德村 邮编：226300

## 浙江省/Zhejiang Province

### 龙泉市景亚龙木业有限公司
业务：木业
地址：浙江省龙泉市八都镇松渠村
负责人：张志淼 邮编：323000
法人：张志淼
Tel：13567621819
网址：http://www.51zzt.com/user/zzt32696

### 龙泉市龙屏竹木玩具厂
业务：生产、销售积木玩具
地址：浙江省龙泉市剑池街道宏山下湾（7号）
负责人：沈宗海 邮编：323700
法人：沈宗海
Tel：13735924698
0578－7123519

### 龙泉市中强艺术瓷厂
业务：生产、销售龙泉青瓷
地址：浙江省龙泉市剑池西路 242 号
负责人：李巧强 邮编：323700
法人：李巧强
Tel：13735993080
0578－7132797

### 茂荣青瓷工艺品厂
业务：龙泉青瓷的加工与销售
产品：龙泉青瓷
地址：浙江省龙泉市青瓷宝剑园区南秦路 308 号
负责人：张显荣 邮编：323700
法人：张显荣
Tel：13515783630
0578－7226369

### 眠之堡睡眠中心宁波专卖店
业务：家具代理
地址：浙江省宁波第六空间艺术生活商城 D－08 号
负责人：张跃良 邮编：315000
法人：张跃良
Tel：13003745478
0574－87737770
87278235
82818070

### 宁波市北仑区灶具百货塑料制品批发部
业务：日用杂货、厨房用具批发、零售
地址：浙江省宁波市北仑区大碶街道新华园坝头路 37、39、41 号
负责人：王登林 邮编：315000
法人：刘秋花
Tel：15958859350
0574－86117224

### 金玉堂珠宝行
业务：金银珠宝、玉器，首饰品零售
地址：浙江省宁波市北仑区新碶街道大路 219－1 号（加贝新大店二楼 1 号商柜）
负责人：张克浪 邮编：315800
法人：张克浪
Tel：13456159158

### 周大生珠宝慈溪专卖店
业务：经营珠宝首饰
地址：浙江省宁波市慈溪市浒山街道乌山路 10～16 号【国贸对面】
负责人：周秋明 邮编：315000
法人：周秋明
Tel：13566607347
0574－63124998

### 北京法蕾雅日用品有限公司（浙江嘉善代经商）
业务：主营生态家纺用品，一个能让全球六十五亿人终身受益产品，一个中国创造的民族高科技产品，一个符合时代发展趋势的革命性产品，一个绿色环保健康时尚的伟大产品，一个让您一生感动的产品。把握先机，赢定未来。
地址：浙江嘉善县魏塘镇谈公南路 366 号
负责人：朱传法 邮编：314100
法人：朱传法
Tel：0573－84223515
15888305111
Fax：0573－84223515

### 杭州市滨江区方奥厨卫商行
业务：方太牌油烟机，燃气灶，消毒柜，嵌入式烤箱、微波炉，热水器以及方太集成厨房，摩恩水槽、水龙头，奥普 1＋N 浴顶。
地址：浙江省杭州市滨江区西兴街道春晓路 416 号
负责人：吴文兵 邮编：310051
产品：吴文兵
Tel：13094814620
0571－88868683

### 宁波市江北赵涛家具经营部
业务：销售家具
地址：浙江省宁波市江北区庄桥榭嘉路 1－－3 号
负责人：赵录涛 邮编：315000
法人：赵录涛
Tel：15958209988
0574－56136697

### 宁波市江东梁峰工艺品经营部
业务：经营工艺品
地址：浙江省宁波市江东区华严巷 59 号
负责人：梁峰 邮编：315000
法人：梁峰
Tel：0574－87335169

### 宁波市江东翡翠家具商行
业务：翡翠家具批发兼零售
地址：浙江省宁波市江东区现代商城家私 1 号楼 4 楼 D－59 号
负责人：陈勇 邮编：315040
法人：陈勇
Tel：0574－87951626

### 浙江欧卉珠宝有限公司
业务：珠宝首饰
地址：浙江省宁波市江东区兴宁路 228 号商务楼 3 楼（恒元建设控股集团有限公司）
负责人：欧云辉 邮编：315000
法人：欧云辉
Tel：0574－87857722

### 宁波市江东现代商城雅柏家私经营部
业务：雅柏家私专卖
地址：浙江省宁波市江东现代商城 1 号楼 E－35 号
负责人：丁建国 邮编：315000
法人：丁建国
Tel：0574－87995057

### 象山丹城圣马克厨柜经营部
业务：厨房用品、卫浴洁具零售
地址：浙江省宁波市象山县丹东街道丹峰东路 532－536 号
负责人：胡兴东 邮编：315709
法人：胡兴东
Tel：13003727463
0574－65768385

### 象山丹城金牌厨柜加盟店
业务：金牌厨柜代理
地址：浙江省宁波市象山县丹东街道靖南大街560
负责人：潘东彪 邮编：315300
法人：潘东彪
Tel：0574－65001165

### 象山墙头顺利木材加工厂
业务：家具加工制作及木材加工生产
地址：浙江省宁波市象山县墙头镇亭溪村
负责人：孙顺利 邮编：315700
法人：孙顺利
Tel：0574－65820704
15088451425

### 宁波市鄞州翔月工艺礼品有限公司
业务：工艺礼品的生产与销售
地址：浙江省宁波市鄞州区洞桥镇树桥村舒家滩
负责人：谭永文 邮编：325000
法人：谭永文
Tel：15088802226
15088802227

### 宁波市鄞州高桥美意家居布艺店
业务：窗帘、布艺，代客上门安装，及床上用品。
地址：浙江省宁波市鄞州区高桥镇盛世都郡167号
负责人：罗海红 邮编：315174
法人：罗海红
Tel：13967886070
0574－88051832
88018030

### 宁波市鄞州古林志达家居布艺店
业务：家居整体设备、窗帘等
地址：浙江省宁波市鄞州区古林镇通达路589号
负责人：陈玉良 邮编：315000
法人：陈玉良
Tel：0574－88000806
87130823

### 宁波市鄞州石碶胤铭窗帘店
业务：专营成品窗帘、布艺帘、窗帘饰品及户外休闲用品，款式品种繁多，批零兼营，对外承接加工、定做、安装业务，我们将以专业的素质，为您提供满意服务。
产品：天棚、电动窗帘、休闲椅、普通窗帘、隐形纱窗
地址：浙江省宁波市鄞州区石碶街道石碶老菜场
负责人：吴朝阳 邮编：315000
法人：吴朝阳
Tel：13780099831
网址：WWW.WUCHY9306.CN
E-mail：214410312@qq.com

### 宁波市鄞州首南玲之珑工艺品厂
业务：丝带绣产品代理加盟
地址：浙江省宁波市鄞州区首南街道九曲小区30幢302室
负责人：陈江波 邮编：315000
法人：陈江波
Tel：0574－28825808
13065677587
Fax：0574－28825807

### 瑞安市然艺居工艺美术商行
业务：工艺礼品批发零售
地址：浙江省瑞安市安阳街道罗阳大厦D幢裙房二单元105室
负责人：苏鸿波 邮编：325000
法人：苏鸿波
Tel：0577－25667881

### 嘉兴市建国珠宝城
业务：建国珠宝城成立于2005年，以打造国内"珠宝航母"为企业目标；筹建珠宝旗舰单店，大量引进国内外知名珠宝品牌，现已有中国名牌老凤祥、翠绿、周大金（香港）、卡尼亚（法）、金尔曼（意）、戴美乐等20多个国内外知名珠宝品牌入驻建国珠宝城。建国珠宝城将凭借优质的产品、高效的管理、周到的服务体系，全心全意地为广大消费者提供精诚而优质的服务！
地址：浙江省嘉兴市南湖区建国路与中山路交叉口
负责人：蔡如星 邮编：314000
法人：林星高
Tel：0573－82055765
Fax：0573－82057080
网址：www.jxjgzb.com

### 宁波市鄞州蒂翱家用纺织品有限公司
业务：生产与销售家居装饰工艺品、床上用品、窗帘等
产品：床上用品与家居装饰工艺品
地址：浙江省宁波市鄞州区汪家工业区8号楼
负责人：马冬飞 邮编：315000
法人：马冬飞
Tel：0574－87425038
Fax：0574－87425038
E-mail：sofei1688@126.com

### 宁波市鄞州新世纪天城建材商行
业务：各品牌卫浴产品代理销售
地址：浙江省宁波市鄞州区新世纪家居装饰商城1A－55
负责人：潘兵兵 邮编：315000
法人：潘兵兵
Tel：0574－88322707

### 宁波恒隆厨房设备有限公司
业务：厨房设备经营
地址：浙江省宁波市鄞州区云龙镇云暮路99号
负责人：周世清 邮编：315000
法人：周世清
Tel：13738837333
13336871308

### 义乌市诺言饰品配件厂
业务：加工铜配件
地址：浙江省（金华市）义乌市廿三里街道张思村18号
负责人：虞富银 邮编：321000
法人：虞富银
Tel：0579－85030423
13868968818
15057801568
Fax：0579－85030423

### 宁波市鄞州中河艺豪家具店
业务：家具零售、批发
地址：浙江省宁波市鄞州区中河街道友邦世界之家家居商城17号3－4
负责人：张仁伍 邮编：315000
法人：张仁伍
Tel：13780006227
0574－82818103

### 宁波市鄞州钟公庙贝迪宠物用品店
业务：宠物用品销售
地址：浙江省宁波市鄞州区钟公庙街道后庙路57号
负责人：张健 邮编：315000
法人：张健
Tel：0574－83855490

### 宁波市鄞州钟公庙晶品家具店
业务：家具代理销售
地址：浙江省宁波市鄞州区钟公庙街道贸城中路936号德克德家具商城三楼312
负责人：游海元 邮编：315000
法人：游海元
Tel：0574－28889640
13396563432
Fax：0574－28889640

### 渔溪美顺达橱柜店
业务：橱柜零售
地址：浙江省宁波市余姚市丈亭镇渔溪人丰路24号
负责人：方军林 邮编：315000
法人：方军林
Tel：13185928583
0574－62970690

### 宁波市镇海区骆驼诗缘茶叶店
业务：永洁隐形纱窗
地址：浙江省宁波市镇海区骆驼华丰花园7号（东邑路286号）
负责人：林汉诗 邮编：315000
法人：林汉诗
Tel：15957881124
0574－86562556

### 衢州市柯城耐丝特布艺店
业务：窗帘零售
地址：浙江省衢州市荷花中路174号
负责人：林仁华 邮编：324002
法人：林仁华
Tel：13957023340
0570－3071068

### 平湖市亿家能卫浴制品厂
业务：生产、销售卫浴制品
产品：浴柜、太阳能热水器
地址：浙江省平湖市广陈镇泗泾村
负责人：沈其忠 邮编：314000
法人：沈其忠
Tel：13586443405
0573－85761950
Fax：0573－85761950

### 江山市欧林如海地板店
业务：竹木、仿实木、实木地板
地址：浙江省衢州江山市虎山街道城南虎山一街83号
负责人：黄恭平 邮编：324002
法人：黄恭平
Tel：0570－4984856
13645709984

### 常山县欧雅墙纸经营部
业务：墙纸批发，质量优，价格低
地址：浙江省衢州市常山县天马镇天马路332、334号
负责人：樊小平 邮编：324002
法人：樊小平
Tel：13705703468

### 江山市贺村镇宝贝计划孕婴童用品店
业务：宝贝计划孕婴童主题店，位于贺村贺福路87号，主营范围：奶粉、辅食、洗护用品、百货、服装、玩具、童车，欢迎选购！本店经营宗旨：创造一个高品质的舒适的孕婴产品购物中心，提供专业的咨询，无微不至的温馨服务
地址：浙江省衢州市江山市贺村镇贺福路87号
负责人：黄一龙 邮编：324109
法人：黄一龙
Tel：0570－4555150
18957011092

### 淳安县枫树岭镇小华家俬店
业务：零售家具
地址：浙江省杭州市淳安县枫树岭镇前街64号
负责人：江小华 邮编：310026
法人：江小华
Tel：0571－64846968

### 长兴雉城佳好佳整体厨房
业务：佳好佳整体厨房专卖
地址：浙江省长兴县雉城镇太湖中路257号
负责人：陈生彩 邮编：313100
法人：陈生彩
Tel：13511268786
0572－6200507
Fax：0572－6200507

### 富阳市国富家私城有限公司
地址：浙江省杭州市富阳市新登镇登城南路三弄一号
负责人：沈爱贞
Tel：13777599588

### 瑞安市瑞派玻璃店
业务：艺术玻璃、电视背景、玄关隔断、手推门
地址：浙江省瑞安市安阳街道瑞祥大道装饰城A69号
负责人：廖章春 邮编：325200
法人：廖章春
Tel：0577－58801810

### 视力派眼镜店
业务：配镜、验光
地址：浙江省瑞安市飞云镇马道村大桥路81－83号
负责人：林振雷 邮编：325200
法人：林振雷
Tel：0577－65568590

### 以诺士家具厂
业务：生产和销售各类中欧式风格的沙发
产品：中欧式风格的沙发
地址：浙江省瑞安市马屿镇净水村
负责人：程学平 邮编：325200
法人：程学平
Tel：13958839276
13806804100
Fax：0577－65785238
E-mail：czl2050@163.com

### 瑞安市兴原渔具配件厂
业务：渔具配件制作加工
地址：浙江省瑞安市塘下鲍一村工业区
负责人：戴文兴 邮编：325000
法人：戴文兴
Tel：0577－65217992

### 瑞安市爱丽嘉美毛巾家纺
业务：天然生态功能家纺（竹纤维毛巾，内衣，袜子，床上用品，木质纤维美容巾，超细纤维美容巾，牛奶毛巾，珍珠毛巾，蛋糕毛巾）等
产品：浙江省瑞安市上望街道雅儒村新康小区莘阳大道761号
负责人：王辉 邮编：325000
法人：王辉
Tel：0577－65166611
13616669176

### 瑞安市欧德勒水暖洁具厂
业务：各种水暖洁具的生产和销售
产品：各种水暖洁具
地址：浙江省瑞安市塘下镇场桥陈岙村台湾新村
负责人：李新亮 邮编：325200
法人：李新亮
Tel：13454841886
15967728717

### 瑞安市爽歪歪卫浴厂
业务：卫浴产品生产销售
地址：浙江省瑞安市塘下镇场桥代上村西大街工业区
负责人：郑国云 邮编：325000
法人：郑国云
Tel：13175672236
0577－65296526

### 瑞安市金宝金店
业务：珠宝首饰
地址：浙江省瑞安市玉海街道虹桥花园3幢103店
负责人：万帮强 邮编：325000
法人：万帮强
Tel：0577－25899787

### 上虞市东关街道天宫玉器经营部
业务：玉器零售
产品：翡翠饰品，玉器挂件、摆件、手镯等
地址：浙江省上虞市东关街道彭家堰前庄2号
负责人：陈校石 邮编：312000
Tel：15168326690
0575－82051178

### 岭南下湾木制品厂
业务：木制品加工、包装箱
地址：浙江省上虞市岭南乡下湾村
负责人：夏忠荣 邮编：312300
法人：夏忠荣
Tel：0575－82022050
13858531951

### 上虞市崧厦镇鼎兴伞厂
业务：生产、销售雨伞
地址：浙江省上虞市崧厦镇丁泽村
负责人：丁浩忠 邮编：312000
法人：丁浩忠
Tel：13857565333
0575－82062742

### 上虞市崧厦镇捷安伞厂
业务：本厂位于誉有"中国伞城"之称的浙江省上虞市崧厦镇，集开发、设计、生产和销售于一体，专业生产晴雨伞、广告伞、礼品伞等系列伞类产品，并可按客户要求或来样定制，品质优良、品种齐全，赢得顾客的普遍好评。
产品：太阳伞、沙滩伞、广告伞、晴雨伞、工艺伞、礼品伞
地址：浙江省上虞市崧厦镇工业园区中国伞城7号楼7049－7052
负责人：陈均强 邮编：312365
法人：陈均强
Tel：0575－82662897
13858453037
Fax：0575－82662897
E-mail：ja9978@yahoo.cn

### 上虞市崧厦镇永兴伞配件厂
业务：生产、加工与销售雨伞零配件
产品：雨伞零配件
地址：浙江省上虞市崧厦镇舜源村84－1号
负责人：黄永兴 邮编：312000
法人：黄永兴
Tel：15605757997

### 苍南县兆科工艺品有限公司
业务：一般经营范围：工艺礼品生产、销售
地址：浙江省温州市苍南县东园路60号3单元401室
负责人：张茂栋 邮编：325800
法人：张茂栋
Tel：0577－64277199

家居生活用品礼品工艺品

**慈溪市横河镇燕文相框加工厂**
业务:生产,销售相框、相册
地址:浙江省慈溪市横河镇东畈村上大河6号
负责人:王贤旺 邮编:315000
法人:王贤旺
Tel:0574－63191383
13566592831

**淳安县枫树岭镇连旺木制工艺品厂**
业务:木制工艺品生产与销售
地址:浙江省杭州市淳安县枫树岭镇窄坑村黄沿山
负责人:徐发旺 邮编:311700
法人:徐发旺
Tel:0571－64946148
13456787956

**上虞市崧厦镇欣丽伞厂**
业务:集开发、设计、生产和销售于一体,专业生产晴雨伞、广告伞、礼品伞等系列伞类产品,并可按客户要求或来样定制,秉承优质、高效和完善的服务这一宗旨,竭诚欢迎各地客商光临我厂洽谈业务!
产品:"欣丽"各档雨伞
地址:浙江省上虞市崧厦镇严巷头村唐加桥
负责人:朱春军 邮编:312365
法人:朱春军
Tel:0575－82651202
13858586496
网址:www.sysxlsc.com

**上虞市小越镇中玮办公家具商行**
业务:办公家具批发、零售
地址:浙江省上虞市小越镇上虞石狮商贸城名品家居馆3楼精品办公家私B3025号
负责人:王琴 邮编:312000
法人:林绍菊
Tel:15257118889
0575－82036098
18967596098
Fax:0575－82036098
网址:www.hz－zhongwei.cn
E-mail:hzzwf@qq.com

**上虞市天凤旅游用品有限公司**
业务:帐篷、野餐垫、广告礼品伞等三十余个系列数百个品种
地址:浙江省上虞市章镇镇新叶村
负责人:王杨 邮编:312000
Tel:13586728855
13758523989

**绍兴辰岩纺织有限公司**
业务:双面绒、简毛绒、珊瑚绒、床品系列的生产和销售
产品:双面绒、简毛绒、珊瑚绒、床品系列
地址:浙江省绍兴市东浦镇王家村
负责人:黄保鑫 邮编:312000
法人:黄保鑫
Tel:0575－85395962
Fax:0575－85395962

**上虞市锡盈伞业有限公司**
业务:专业定做各种广告伞、太阳伞、外贸伞、帐篷等雨具;有:广告伞、太阳伞、沙滩伞、常用伞、外贸伞、帐篷等雨具用品
产品:各种广告伞、太阳伞、外贸伞、帐篷、等雨具用品
地址:浙江省绍兴市上虞市崧厦镇工业区
负责人:陈国尧 邮编:312000
法人:陈国尧
Tel:0575－82657867
Fax:0575－82657867
网址:http://www.syxysy.cn.alibaba.com/
E-mail:384850152@qq.com

**上虞市天腾伞业有限公司**
业务:专业生产晴雨伞、广告伞、礼品伞等系列伞类产品,可根据用户的需求定制,卓越的品质,良好的信誉是我们的承诺,竭诚欢迎洽谈合作共同撑起一片晴天!
产品:伞、太阳伞、沙滩伞、广告伞、环保伞等
地址:浙江省绍兴市上虞市崧厦镇工业园区
负责人:张兆荣 邮编:312300
法人:张兆荣
Tel:0575－82653778
Fax:0575－82685778
网址:www.tiantengsanye.cn.alibaba.com
E-mail:165583800@qq.com

**绍兴县滨海澳尔洁卫浴厂**
业务:专业生产澳尔洁高低档浴室柜、淋浴房、美容镜等系列产品。其技术和生产工艺精益求精,外观设计新颖,结构坚固。欢迎来图来样加工订购!将带给您完美的感受。
产品:橡木、实木、竹板、PVC、仿古、欧式浴室柜
地址:浙江省绍兴市绍兴县滨海工业区
负责人:方庆忠 邮编:312000
法人:方富君
Tel:0575－85629829
13989584108
Fax:0575－85621113
E-mail:fang.4108@163.com

**绍兴县福全宝旺达烫金厂**
业务:布料、面料烫金
地址:浙江省绍兴市绍兴县福全镇天洲工业园区
负责人:陈俊宝 邮编:312000
法人:陈俊宝
Tel:13758558422

**上虞市百官雅克兰家私店**
业务:经营家私
产品:办公家具、民用家具
地址:浙江省绍兴市石狮商贸城家私交易区B1072号
负责人:朱燕芬 邮编:312000
法人:朱燕芬
Tel:0575－82556787

**绍兴市越城区年年旺家具经营部**
业务:生产和销售红木家具
地址:浙江省绍兴市越城区金利门家居广场内(二环北路96、98号)
负责人:蒋兆龙 邮编:312000
法人:蒋兆龙
Tel:0575－88952726
15857592528

**绍兴市越城区御锦帼办公用品商行**
业务:商务礼品、商务办公用品
地址:浙江省绍兴市越城区兴文公寓3幢505室
负责人:余方明 邮编:312000
法人:余方明
Tel:13221559266
0575－85121511
Fax:0575－88612863

**绍兴市越城区华仁百货商行**
业务:经营;彩奇日化用品、满好卫生巾
地址:浙江省绍兴市越城区越西新村77幢102室
负责人:李华 邮编:312000
法人:李华
Tel:0575－85168893
Fax:0575－85168894

**诸暨市城东金太阳门窗店**
业务:铝合金、不锈钢门窗,阳光棚设计,制作,安装
地址:浙江省绍兴市诸暨市浣东街道环城东路199－49号
负责人:周荣 邮编:311800
法人:周荣
Tel:15157593758
0575－87371056

**永康市恬海工艺礼品有限公司**
业务:恬海工艺礼品有限公司位于中国五金之都,本公司专业生产"彩虹"牌系列喜庆彩带礼花,公司生产设备精良,技术力量雄厚,设备齐全,在消化吸收国内外先进技术的基础上,不断开拓创新,产品质量稳定可靠,并可根据客户的要求另行设计。公司本着"以客户需要为依据,以用户满意为标准"的经营理念,塑造理想品牌,引导消费新潮。竭诚欢迎国内外各界朋友垂询惠顾,共谋发展。
地址:浙江省金华市永康市龙山镇四路口下村黄金山工业基地8号
负责人:方天海 邮编:321311
Tel:0579－87555158
网址:www.zjcaihong.com
E-mail:th@zjcaihong.com

**慈溪市新浦元奥电器厂**
业务:生产、销售电器
产品:取暖器、电热水袋
地址:浙江省慈溪市新浦镇余家路村中心北路129号
负责人:孙国冲 邮编:315322
法人:孙国冲
Tel:0574－63591262
13738411832

**杭州灯具市场典雅光艺灯具店**
业务:家居照明
地址:浙江省杭州市拱墅区杭州灯具市场新区南35－36号45－46号
负责人:孙金良 邮编:310026
法人:孙金良
Tel:13157100980
0571－88298983
Fax:0571－88298983

**嵊州市万祥橱柜电器经营部**
业务:批发兼零售厨房用具:环保集成灶、油烟机、消毒碗柜、灶具等
地址:浙江省嵊州市金庭镇金庭村金庭中学对面
负责人:姚永祥 邮编:312000
法人:姚永祥
Tel:0575－83459379
13454578122

**嵊州市鹿山街道嵊锋根雕工作室**
业务:根雕工艺品
地址:浙江省嵊州市鹿山街道下马村3号
负责人:王佳锋 邮编:312000
法人:王佳锋
Tel:13858560335
0575－83223336

**临海市法华工艺厂**
业务:生产佛像、寺院配套产品
地址:浙江省台州临海市永丰镇崔岙村
负责人:崔华堂 邮编:318000
法人:崔华堂
Tel:13806564195
0576－85880286
网址:www.fahuagongyi.cn

**台州市黄岩紫藤屋家居用品店**
业务:花瓶、花器、家居用品、杯子、仿真花、画
地址:浙江省台州市黄岩区九峰路101号
负责人:陈挺 邮编:318020
法人:陈挺
Tel:13857620551
0576－84068387

**台州市黄岩正大福珠宝商行**
业务:香港正大福珠宝黄金,白金,翡翠,钻石等名贵珠宝首饰
地址:浙江省台州市黄岩区劳动南路263号(世纪联华超市一楼香港正大福珠宝专柜
负责人:谢岩南 邮编:318000
法人:谢岩南
Tel:0576－84601618

**台州市黄岩汇霖日用品厂**
业务:生产、销售布制日用品
地址:浙江省台州市黄岩区院桥镇梅山村18－19号
负责人:於冬青 邮编:318000
法人:於冬青
Tel:0576－84898064
13626650300

**台州市椒江樱花整体厨房专卖店**
业务:厨房设备零售
产品:热水器、油烟机、灶具、整体厨房
地址:浙江省台州市椒江区轮渡路6、8号
负责人:吴伟岳 邮编:318000
法人:吴伟岳
Tel:13362618252
0576－88800950

**台州市椒江动漫玩具店**
业务:动漫用品、玩具
地址:浙江省台州市椒江区永兴路3号
负责人:叶森 邮编:318000
法人:叶森
Tel:13173734747
0576－88670520

**台州市椒江飞腾白银制品厂**
业务:白银制品加工(不含白银提炼、回收)。
产品:白银制品
地址:浙江省台州市椒江区章安街道长丰街41号
负责人:张理法 邮编:318000
法人:张理法
Tel:0576－88990060

**杭州红鼎家居用品有限公司**
地址:浙江省杭州市拱墅区蚕花园永和坊9－2号
负责人:谢红
Tel:13957106677

**临海市爱乐购日用品店**
业务:日常家居用品,装饰品,礼品,玩具等的销售
地址:浙江省台州市临海市溦泳路86号
负责人:黄辉 邮编:318000
法人:黄辉
Tel:13738560080
0576－85406343
15990686959

**台州市路桥区腾跃珠宝店**
业务:经营珠宝首饰
地址:浙江省台州市路桥区富士路173－177号
负责人:翁于荣 邮编:318000
法人:翁于荣
Tel:0576－82798788
82798688

**台州市路桥天创工艺编织厂**
业务:工艺编织
地址:浙江省台州市路桥区金清镇大浦村二区152号
负责人:郭桔友 邮编:318000
法人:郭桔友
Tel:0576－82712285
13957659002

**台州市路桥区新起点眼镜商行**
业务:本店专配近视镜、老花镜、太阳镜。价格优惠,服务一流,免费电脑验光。热忱欢迎新老客户光临!
地址:浙江省台州市路桥区金清镇文昌西路66－68号
负责人:应光超 邮编:318058
法人:应光超
Tel:0576－82236803

**台州市路桥亿鼎水暖洁具厂**
业务:水暖洁具生产销售
地址:浙江省台州市路桥区蓬街镇新星村三区18号
负责人:陈普文 邮编:315000
法人:陈普文
Tel:0576－82748551

**台州市黄岩青雅香家庭生活用品厂**
业务:生活用品的加工和销售
地址:浙江省台州市路桥区新路市场25－3
负责人:卢艳青 邮编:318000
法人:卢艳青
Tel:15990612777
0576－82132101
网址:http://www.51zzt.com/user/zzt31605

**台州市名门金大福珠宝店**
业务:珠宝首饰销售
地址:浙江省台州市路桥中国日用品商城三区三楼国际珠宝城868号
负责人:徐黄辉 邮编:318000
法人:徐黄辉
Tel:13757697662
13757603277
0576－82572099

**三门县好莱客衣柜三门旗舰店**
业务:好莱客衣柜专卖
地址:浙江省台州市三门县海游镇大湖塘新区三港建材市场北大门对面
负责人:王晓明 邮编:317100
法人:王晓明
Tel:0576－83232026
13676629956
Fax:0576－83232026

**三门县奥宝莱家俱厂**
业务:生产套房家具
地址:浙江省台州市三门县沙柳镇前店村126号
负责人:卢尚志 邮编:317100
法人:卢尚志
Tel:15067655572
0576－83200974

**根缘轩工艺品**
业务:专业从事工艺品的设计、制作及销售,批零兼营,我们愿以精湛的技术,为您奉献艺术精品,提供一流的服务。
产品:根艺品,烙画,竹简字画
地址:浙江省台州市天台县赤城街道东升田思村116号
负责人:夏天棉 邮编:317200
法人:夏天棉
Tel:13958503846

## 天台县耀达五金工艺品厂
业务：五金工艺品
产品：各种铁制工艺品、礼品
地址：浙江省台州市天台县龙溪乡寒岩村
负责人：陈委江　邮　编：317205
法　人：陈委江
Tel：15824022816
Fax：0576－83627319
E-mail：1151998433@qq.com

## 天台县红日家具店
业务：专营各类经典、时尚民用家具、办公家具及居家用品，批发兼零售。品种齐全、任您选购，我们将以环保的产品，优质的服务为您提供美好的家居空间。
产品：各类卧房家具，客厅家具，办公家具，套房家具，学生用具及日常小家具
地址：浙江省台州市天台县平桥镇朝阳西路46号
负责人：吴卫华　邮　编：317203
法　人：赵旭东
Tel：0576－83661109
18958631109
E-mail：98hongri@sina.com

## 温岭市太平竹宜家日用品店
业务：竹纤维毛巾、竹纤维空调被单、竹纤维抗菌内衣、除臭袜、竹纤维免消毒浴巾浴衣、竹纤维防紫外线T恤等居家系列
地址：浙江省台州市温岭市太平街道鸣远路60号
负责人：叶战江　邮　编：317500
法　人：叶战江
Tel：13676667959

## 仙居县金强工艺厂（普通合伙）
业务：加工铁制品工艺品
地址：浙江省台州市仙居县南峰街道船山村
负责人：郭西南　邮　编：317300
法　人：郭西南
Tel：0576－87723160

## 台州市玉环县小卢日用品商行
业务：日用品的销售
地址：浙江省台州市玉环县楚门镇直塘村直塘路441号
负责人：卢孝东　邮　编：318000
法　人：卢孝东
Tel：13777623361
13777601314

## 玉环青松塑胶有限公司
业务：塑料制品、充气玩具
地址：浙江省台州市玉环县芦浦镇医药包装工业园区
负责人：赵清　邮　编：317608
法　人：赵清
Tel：0576－87148788
Fax：0576－87146955
网址：www.qstoy.com
E-mail：lisa@qstoy.com

## 玉环家利虹家具厂
业务：本厂集家具开发、设计、生产、销售、服务为一体，可来样来图定制。以品质卓越，诚信服务为宗旨，竭诚为您提供时尚、高品味的家具专业服务！
产品：餐厅、套房、办公等系列家具产品
地址：浙江省台州市玉环县清港科技工业园区
负责人：周小杰　邮　编：317606
法　人：马彩荷
Tel：0576－87168561
15325860883
Fax：0576－87168461
网址：www.51zzt.com/user/zzt36624
E-mail：angelzhou20080918@126.com

## 杭州东方家私市场简奇空间家私经营部
业务：各类家具代理销售
地址：浙江省杭州市杭州东方家私市场168、170
负责人：丁山　邮　编：310026
法　人：丁山
Tel：0571－86964766

## 建德市太平洋装饰建材市场利成陶瓷商行
业务：经营陶瓷的批发兼零售
地址：浙江省杭州市建德市太平洋装饰建材市场陶瓷B区4－A号
负责人：童伟　邮　编：310000
法　人：童伟
Tel：13868116567
13073626092

## 玉环县城关壹品阁饰品店
业务：销售饰品
地址：浙江省台州市玉环县珠港镇城关双港路189号
负责人：林长富　邮　编：318000
法　人：林长富
Tel：15906868776
0576－87298884

## 温岭市好亿达家具厂
业务：生产和销售布艺沙发，皮布沙发，可按顾客要求订制各类沙发
产品：布艺沙发，皮布沙发
地址：浙江省温岭市滨海镇镇中村
负责人：颜福根　邮　编：318000
法　人：颜福根
Tel：0576－81669222
18906597893

## 温岭国际家具城
业务：家具销售
产品：民用家具、办公家具
地址：浙江省温岭市阳光大道1号
负责人：赵玲华　邮　编：317500
法　人：赵玲华
Tel：13566661798
0576－86157111

## 台州依尔佳卫浴有限公司
业务：卫浴销售
地址：浙江省温岭市泽国镇西岸村
负责人：郑国富　邮　编：318000
法　人：郑国富
Tel：13505861625
0576－86423555
网址：http://www.51zzt.com/user/zzt31805

## 苍南县龙港佳佳秀工艺品厂
业务：芳香工艺品，日用品，塑料制品，纸制品的生产，销售
地址：浙江省温州市苍南县
负责人：陈明孩　邮　编：325800
法　人：陈明孩
Tel：0577－68002608
Fax：0577－68002606

## 温州市苍南县兆科工艺品有限公司
业务：工艺礼品生产、批发、销售
产品：胸章、笔记本、纹身贴纸、钻石贴、泡泡贴，等各种贴纸
地址：浙江省温州市苍南县巴曹镇典字路60号
负责人：张茂栋　邮　编：325802
法　人：张茂栋
Tel：0577－64277199
Fax：0577－68062256
网址：www.zhaoke.net.cn
E-mail：jack16868@126.com

## 苍南县久久金铂工艺品厂
业务：专业仿金箔工艺品礼品生产制造，常年为企事业单位、集团公司、部队院校的开业庆典、高档酒标、高档包装盒、广告宣传、办公商务、招商洽谈、新年贺岁、旅游纪念以及金箔中高档礼品工艺品：金箔画、贴金工艺品，也可由客户提供图纸、照片、文字等资料
产品：金箔中高档礼品工艺品：金箔画、贴金工艺品
地址：浙江省温州市苍南县巴曹镇七二村河滨西路44－45号
负责人：林定亮　邮　编：325000
法　人：林定亮
Tel：13074684588
0577－64223986
网址：www.jjjbgypc.cn

## 苍南县豪得亨空调有限公司
业务：空调销售
产品：工业空调、中央空调、空气源热泵，热水器。
地址：浙江省温州市苍南县金乡镇东门大街333号
负责人：郭和俊　邮　编：325000
法　人：郭和俊
Tel：0577－64596205
13566119588
15167838485
Fax：0577－64596205

## 苍南双牛工艺礼品有限公司
业务：玻璃，塑料工艺品的生产销售
地址：浙江省温州市苍南县龙港镇上厂二街60号
负责人：陈学寿　邮　编：325000
法　人：陈学寿
Tel：13819782323
0577－64210628

## 苍南县铭星工艺厂
业务：生产金属标牌，徽章，饰件
产品：金属标牌，铭牌，校徽，饰件，马口铁胸章
地址：浙江省温州市苍南县金乡镇河头北路208号
负责人：张仁吕　邮　编：325805
法　人：张仁吕
Tel：0577－68669258
Fax：0577－68669258

## 苍南县华森工艺厂
业务：佛像雕塑、铜钟、香炉等佛教、道教工艺品
地址：浙江省温州市苍南县金乡镇金马东路1号
负责人：陈相上　邮　编：325300
法　人：陈相上
Tel：0577－59986922
59986944

## 苍南县金乡文乐工艺厂
业务：金属、纸塑工艺品加工
地址：浙江省温州市苍南县金乡镇前堡村河宾东路5－7号
负责人：林中文　邮　编：325805
法　人：林中文
Tel：13867764279
13858770912
0577－64578464

## 苍南县灵溪佳居乐整体厨柜店
业务：整体橱柜
地址：浙江省温州市苍南县灵溪镇朝阳路75－79号
负责人：谢春亮　邮　编：325000
法　人：谢春亮
Tel：0577－68811788
13736958206
Fax：0577－68811788

## 杭州元典工艺品有限公司
地址：浙江省杭州市拱墅区大关路196弄6号
负责人：董军
Tel：13957163700

## 苍南县灵溪诚为先眼镜验配中心
业务：近视眼镜、太阳镜、隐形眼镜
地址：浙江省温州市苍南县灵溪镇玉苍路309号
负责人：陈维仙　邮　编：325000
Tel：13456017228
0577－26655268

## 苍南天利工艺礼品厂
业务：专业生产金属化妆镜等，拥有完善工艺品生产设备和丰富的生产经验，坚持以完善的经营、优质的服务、诚信的待客理念为客户提供高质量产品。
产品：金属化妆镜、金属钥匙扣、高档化妆镜、广告礼品等
地址：浙江省温州市苍南县龙港小包装工业区C幢第二单元201
负责人：朱书国　邮　编：325802
法　人：朱书国
Tel：0577－26826656
Fax：0577－26826656
E-mail：zhushuguo@163.com

## 苍南聚艺工艺品厂
业务：生产，销售标牌，金属工艺品
地址：浙江省温州市苍南县龙港镇半河路91号一楼
负责人：毛忍　邮　编：325000
法　人：毛忍
Tel：13175603120
0577－64355119

## 苍南县明发木艺厂
业务：木制工艺品
地址：浙江省温州市苍南县龙港镇东新街410－426
负责人：尤广明　邮　编：325000
法　人：尤广明
Tel：0577－68632288

## 苍南县正岳工艺礼品有限公司
业务：环保购物袋，PP无纺布购物袋，PP编织购物袋，PET丽新无纺布购物袋等
地址：浙江省温州市苍南县龙港镇西六街69号
负责人：陈正泽　邮　编：325802
法　人：陈正泽
Tel：0577－68665566
68690123
Fax：0577－68690855

## 苍南县龙港方贺水晶滴塑厂
业务：水晶滴塑
地址：浙江省温州市苍南县龙港镇西三路358号后座
负责人：宋方贺　邮　编：325000
法　人：宋方贺
Tel：15167881682
0577－68675138
15888707488

## 好心情工艺礼品有限公司
业务：专业从事广告促销礼品、商务会议礼品、工艺礼品、纪念品、棉纺织品、无纺布制品等加工销售，可针对不同的客户提供个性化方案，凭借时尚的款式，丰富的产品和实惠的价格，得到了众多客户的好评。
产品：广告促销礼品、商务会议礼品、工艺礼品、纪念品、棉纺织品等
地址：浙江省温州市苍南县舥艚镇振东大街236号
负责人：肖日锁　邮　编：325805
法　人：肖日锁
Tel：0577－26660338
Fax：0577－26660337
网址：www.hxqlp.com
E-mail：hxq001@ylp580.com

## 苍南县阳乐工艺厂
业务：生产与销售
产品：PP行李牌、PVC行李牌、无纺布袋子
地址：浙江省温州市苍南县钱库镇新建巷25号
负责人：蔡夏柳　邮　编：325804
法　人：蔡夏柳
Tel：0577－68121138
13858777833
Fax：0577－68121255
网址：www.chinayangle.com
E-mail：changchuan112233@163.com

## 苍南天香达工艺品厂
业务：一般经营项目：促销品、印刷品、飞盘、童装加工、折叠帽、无纺布袋、各种颜色棉纱
地址：浙江省温州市苍南县望里镇望中南路188号
负责人：沈义艇　邮　编：325804
法　人：沈义艇
Tel：13868480404
0577－64418489

## 金万年珠宝有限公司
业务：经营各式首饰，珠宝，钻戒，项链，玉器等及售后服务
地址：浙江省温州市环城东路海坦山庄C幢106号
负责人：徐和平　邮　编：325000
法　人：徐和平
Tel：0577－88173066
88190949
网址：www.kimani.cn
E-mail：jm@jm－kj.com

## 温州市龙湾海城澳利迪洁具店
业务：各规格水龙头制作销售，洁具销售
地址：浙江省温州市龙湾区海城街道海工南路309号
负责人：李庆国　邮　编：325000
法　人：李庆国
Tel：13738319370
0577－85211819

## 温州市龙湾海城庭山洁具店
业务：专营各种卫生洁具
地址：浙江省温州市龙湾区海城街道龙瑞大道685号－336
负责人：陈庭山　邮　编：325000
法　人：陈庭山
Tel：0577－85211638
15958763481

## 温州市龙湾海城英隆洁具店
业务：陶瓷卫浴洁具销售
地址：浙江省温州市龙湾区海城街道龙瑞大道685号－47
负责人：张水生　邮　编：325000
法　人：张水生
Tel：13600686153
0577－85215640

## 义乌市黄华工艺品厂
业务：塑胶工艺品生产经营
地址：浙江省义乌市苏溪镇齐山楼村260号
负责人：黄永化　邮　编：322000
法　人：黄永化
Tel：0579－85915680

### 温州市龙湾海城俊杰洁具店
业务：洁具专卖、批发
产品："朗力"洁具、"红泰"洁具、"水之星"洁具
地址：浙江省温州市龙湾区海城街道龙瑞大道685号－居泰洁具27号
负责人：袁道林 邮编：325000
法人：袁道林
Tel：13780125897
0577－82606899
Fax：0577－85211990

### 温州市龙湾海城王永伟洁具加工厂
业务：洁具加工和销售
地址：浙江省温州市龙湾区海城街道西一村天灯街107－109号
负责人：王永伟 邮编：325000
法人：王永伟
Tel：13736724576
0577－85216021

### 温州市龙湾海城万寿科雷斯洁具厂
业务：洁具的生产、销售
地址：浙江省温州市龙湾区海城街道镇岗中路1弄28－30号
负责人：叶文强 邮编：325000
法人：叶文强
Tel：0577－85226428
13758749478

### 温州市龙湾天河眼之光眼镜店
业务：配眼镜，眼镜销售
地址：浙江省温州市龙湾区天河镇庄泉村繁荣北路52－54号
负责人：邵建波 邮编：325000
法人：邵建波
Tel：13605772118
0577－86996926

### 温州市龙湾永中少莲床上用品店
业务：床上用品的销售
地址：浙江省温州市龙湾区永中街道罗东街428号
负责人：张少莲 邮编：325000
法人：张少莲
Tel：13091992680
0577－86855712
86371493
Fax：0577－86855712

### 温州市鹿城区豪固家具移门店、温州市鹿城区左右时尚总体家具
业务：整体衣柜、移门等家具的销售
地址：浙江省温州市鹿城区江滨路206号、浙江省温州市鹿城区黎明西路家具装饰礼品广场608－611号（装饰城旁边）
负责人：王从军 邮编：325000
法人：王从军
Tel：13968808327
0577－88872029
88866196

### 温州市鹿城区上戍曹国明床具加工场
业务：床具设计，加工
地址：浙江省温州市鹿城区上戍乡戴宅路25弄1号
负责人：曹国明 邮编：325000
法人：曹国明
Tel：13575444887
0577－86417292

### 乐清市柳市丽萍日用品商行
业务：化妆品、日用品
地址：浙江省温州市鹿城区水心柑16幢501号
负责人：蔡丽萍 邮编：325000
Tel：0577－81327681
88132511

### 温州海泰工艺品有限公司
业务：工艺品的生产和销售
地址：浙江省温州市平阳县腾蛟镇联源东路108号
负责人：谢友海 邮编：325000
法人：谢友海
Tel：13958967087
0577－63539789
网址：http://www.51zzt.com/user/zzt23570

### 炯铭货架加工场
业务：专业从事展台展柜设计制作，有丰富的精品店，服饰店设计装修，商场及大卖场统装商装经验。一直以高效率、低价位为宗旨，赢得客户好评。
产品：家具展柜、店面展柜、商场品牌专柜等
地址：浙江省温州市鹿城区仰义乡前京工业区制革西路2号
负责人：朱启侯 邮编：325000
法人：朱启侯
Tel：0577－89799802
Fax：0577－89799801
E-mail：zhu6387@163.com

### 国泰眼镜配件厂
业务：专业生产各种中、高档眼镜配件，拥有产品设计、模具制造、零组件加工、配件焊接、抛光处理等现代化生产工艺。承接定牌加工业务。谦迎广大客户垂询洽谈！
产品：钢丝眉毛、连体脚丝、包脚、鼻中。钢板镜框、半框、眉毛、饰片及线切割模具加工。
地址：浙江省温州市牛山西路205路中巴车站后
负责人：潘仁国 邮编：325000
法人：潘仁国
Tel：0577－88421180
13968896559
Fax：0577－88421180
E-mail：597173430@qq.com

### 温州市瓯海茶山胡兵家具厂
业务：制作、加工、销售办公系列家具
产品：办公桌、椅
地址：浙江省温州市瓯海茶山南山路2－1号
负责人：胡兵 邮编：325000
Tel：13186830018
0577－86697238

### 杭州市江干区圣京橱柜店
业务：橱柜的销售
地址：浙江省杭州市江干区丁桥镇邻里人家长虹路590号
负责人：刘福军 邮编：310026
法人：刘福军
Tel：13588475480
13185075513

### 杭州市江干区杭瑞家具店
业务：销售各类家具
产品：各类家具
地址：浙江省杭州市江干区丁桥镇紫丁香路189号
负责人：颜肇红 邮编：310026
法人：颜肇红
Tel：0571－89804948
13646868853
E-mail：szezh@yahoo.cn

### 杭州嘉凯工艺品有限公司
地址：浙江省杭州市拱墅区大关苑路21号
负责人：郭琦
Tel：13858117559

### 温州振诚眼镜有限公司
业务：生产、销售眼镜
地址：浙江省温州市瓯海郭溪宋岙村宋河中路315号
负责人：季伟平 邮编：325000
法人：季伟平
Tel：13587420984
0577－86126568

### 温州市瓯海娄桥鸿科烟具厂
业务：专业研制、生产和销售：烟嘴、烟盒、打火机等烟具礼品的综合性企业，我们将为您提供卓越的品质和真诚的服务
产品：防风、直冲、明火等各种类型打火机、烟缸
地址：浙江省温州市瓯海娄桥街道安下村兴安路9号
负责人：胡先生 邮编：325000
法人：胡建忠
Tel：0577－86700118
Fax：0577－86700998
网址：www.wzhongke.com
E-mail：hk_yj@163.com

### 温州市瓯海娄桥天胜眼镜配件厂
业务：制造、加工、销售眼镜及配件
地址：浙江省温州市瓯海娄桥街道岩头村东泉路25号
负责人：周国全 邮编：325000
法人：周国全
Tel：13857791976
0577－86287151

### 温州市瓯海南白象志龙打火机配件加工场
业务：注塑加工
产品：打火机配件
地址：浙江省温州市瓯海南白象南湖村前呈52号
负责人：程志龙 邮编：325000
法人：程志龙
Tel：13968820536
0577－86080109

### 温州市瓯海南白象忠盛家具加工场
业务：沙发加工、订做。
产品：布艺沙发、真皮沙发、（休闲吧、咖啡厅用）的沙发
地址：浙江省温州市瓯海南白象霞坊村上邱31－1号
负责人：孙志忠 邮编：325000
法人：孙志忠
Tel：13626561973
0577－86701062

### 温州市瓯海潘桥金浦家具厂
业务：专业生产网吧椅。制造、加工、销售家具。
地址：浙江省温州市瓯海潘桥镇丁岙村玉泉路48号－1
负责人：许国文 邮编：325000
法人：许国文
Tel：13968906419
0577－86177779

### 温州市瓯海郭溪奥丽家具厂
业务：电脑桌椅的生产和销售
产品：电脑桌椅
地址：浙江省温州市瓯海区郭溪镇前垟村金前路29－1号
负责人：冯显楚 邮编：325000
法人：冯显楚
Tel：13857749099
0577－86123939
Fax：0577－86123939

### 汇铭仕化妆品商行
业务：化妆品，日化产品代理
地址：浙江省温州市瓯海区新桥村西堡锦园1幢105室
负责人：刘佐平 邮编：325000
法人：刘佐平
Tel：0577－88438599

### 温州市瓯海三垟康来家橱柜加工场
业务：厨房家具加工及销售：橱柜、厨房电器、不锈钢水槽
地址：浙江省温州市瓯海三垟街道吕家岸永丰路47号
负责人：余友国 邮编：325035
法人：余友国
Tel：13736311782
0577－86670618
Fax：0577－86670618

### 温州市瓯海新桥新起点眼镜配件加工场
业务：制造、加工、销售眼镜配件
地址：浙江省温州市瓯海新桥街道高翔村西岸花巷7－4号
负责人：汤国军 邮编：325300
法人：汤国军
Tel：15957790387
13656775172

### 温州市瓯海新桥顺发眼镜镜片切割加工场
业务：眼镜镜片切割加工
地址：浙江省温州市瓯海新桥街道西湖村旸湖西路33号
负责人：黄建国 邮编：325000
法人：黄建国
Tel：13858842751
0577－88432239

### 温州老木头展具有限公司
业务：展具
地址：浙江省温州市瓯海新桥牛山西路505号（2幢1楼）
负责人：周爱蛮 邮编：325000
法人：周爱蛮
Tel：15857730151
0577－86416588
Fax：0577－86416288
网址：http://www.51zzt.com/user/zzt35694

### 平阳县鑫鑫帐蓬厂
业务：帐蓬加工、销售
产品：停车棚、遮阳棚、钢化玻璃雨棚
地址：浙江省温州市平阳县鳌江镇蔡家垟103－1号
负责人：孔令龙 邮编：325000
Tel：13064567054
0577－63030552
网址：www.zjxxzy.com
E-mail：352196407@qq.com

### 杭州恒大陶瓷建材交易市场恒盛布艺商行
业务：专业销售各种布帘、卷帘、百叶等
地址：浙江省杭州市经济技术开发区德胜东路月牙河恒大陶瓷建材交易市场B1综合楼5213、5215号
负责人：张玉龙 邮编：310019
法人：张玉龙
Tel：13735473236
0571－56656428

### 杭州经济技术开发区鸿久家俬
业务：零售、加工家具
产品：中、高档实木家具
地址：浙江省杭州市经济技术开发区梦琴湾27号路34号商铺
负责人：戚追平 邮编：310026
法人：戚追平
Tel：0571－86877232
13958072323

### 慈溪市高尔佳工艺品有限公司
业务：电子蜡烛等工艺品的生产和销售
产品：电子蜡烛
地址：浙江省慈溪市宗汉街道北二环西路128号
负责人：许宏桥 邮编：315300
法人：许宏桥
Tel：15888113308
网址：www.chinagerj.com

### 临安雅园门业商行
业务：移门、整体淋浴房、整体衣柜零售。
地址：浙江省杭州市临安市锦城街道石镜街725号
负责人：张永庆 邮编：311301
法人：张永庆
Tel：0571－23655335
13157103135

### 临安富盈门兄弟鸡血石商行
业务：销售鸡血石、田黄石
地址：浙江省杭州市临安武肃里6号
负责人：梅初阳 邮编：311300
法人：梅初阳
Tel：0571－63810181
13735889281
13588238030

### 风帆工艺品厂
业务：USB暖手鼠标垫，金属烂板，TV按摩器等家居用品的生产与销售
产品：USB暖手鼠标垫，金属烂板，TV按摩器等家居用品
地址：浙江省温州市平阳县昆阳镇临区新村路124号
负责人：洪小芬 邮编：325400
法人：游丰收
Tel：13083934618
0577－63752097
Fax：0577－63752097
网址：www.fengfanlp.com.cn
E-mail：youfsh88@alibaba.com.cn
QQ：362338905

### 平阳县兴盛雕塑工艺品厂
业务：雕塑工艺品加工、销售
地址：浙江省温州市平阳县宋埠镇加丰村
负责人：缪长江 邮编：325000
法人：缪长江
Tel：13706631176
13566188029

### 平阳县浦发工艺品厂
业务：专业生产和销售密度板、实木材质的木制礼品盒
产品：密度板、实木材质的木制礼品盒
地址：浙江省温州市平阳县腾蛟镇商贸路69号
负责人：吴立文 邮编：325400
法人：吴立文
Tel：13968820065
13362721388
0577－63551999
Fax：0577－63526766

## 平阳县保境无纺布制品厂
业务：各类无纺布制品的生产销售
产品：环保袋，收纳袋，抹布，购物袋等无纺布制品
地址：浙江省温州市平阳县郑楼镇陈交大村后岸
负责人：施书待　邮　编：325400
法　人：施书待
Tel：13868389377
0577－63783290

## 平阳县权佳工艺品厂
业务：多功能收纳凳、环保无纺布袋、环保、折叠购物袋、环保折叠篮、广告衫、各类广告促销礼品
地址：浙江省温州市平阳县郑楼镇振兴东路43号
负责人：郑志权　邮　编：325000
法　人：郑志权
Tel：0577－63782793
13758818096

## 伟伟匙扣厂
业务：钥匙扣专业生产，销售
地址：浙江省温州市平阳县郑楼镇郑林东路380号
负责人：杨月汝　邮　编：325409
法　人：杨昌伟
Tel：13868512033
0577－63785118

## 瑞安市祥特橱柜经营部
业务：橱柜生产，厨房电器、净水器、集成吊顶经营
地址：浙江省温州市瑞安市塘下镇赵宅村装潢市场B幢8－10号
负责人：董祥和　邮　编：325204
法　人：董祥和
Tel：0577－65388801

## 瑞安市彩辉灯饰厂
业务：灯饰加工和销售
地址：浙江省温州市瑞安市仙降镇江溪徐岙村
负责人：李兆院　邮　编：325000
法　人：李兆院
Tel：13626589599
0577－65988698

## 瑞安市赣发玻璃工艺厂
业务：玻璃栏杆，玻璃门，浴室门，不锈钢门，彩钢门，卷闸门等
地址：浙江省温州市瑞安市新城镇华表村华表路口华山路119－123号
负责人：胡会荣　邮　编：325000
法　人：胡会荣
Tel：13567759785
13587476269

## 泰顺县聚俄竹炭工艺品经营部
业务：聚俄牌"竹炭"、负氧离子系列产品
地址：浙江省温州市泰顺县罗阳镇雪龙路9号
负责人：林实俄　邮　编：325000
法　人：林实俄
Tel：0577－67591659
13806818598
E-mail：AAA67591659@163.com

## 泰顺县董字号石雕制品经营部
业务：生产、销售石雕
地址：浙江省温州市泰顺县罗阳镇云寿路40－42号
负责人：董夫欧　邮　编：325000
法　人：董夫欧
Tel：13777777075
0577－67586678

## 温州市文成县玉壶镇胡建胜日用品店
业务：日用品的销售
地址：浙江省温州市文成县玉壶镇玉泉街41号
负责人：胡建胜　邮　编：325000
法　人：胡建胜
Tel：13968916151
13968919106

## 庆元县天语竹业有限公司
业务：竹炭制品、工艺品、日用加工品销售
产品：竹炭制品、工艺品、日用加工品
地址：浙江省义乌市后宅街道下畈新村28栋3单元301室
负责人：刘国庆　邮　编：321000
法　人：刘国庆
Tel：13697198720
0579－85643162
E-mail：lgshuhan@126.com

## 永嘉县青牛洁具厂
业务：卫浴洁具
产品：卫浴洁具
地址：浙江省温州市永嘉县桥下镇西岸街100号
负责人：陈久达　邮　编：325106
法　人：陈久达
Tel：0577－67475494
13736966263
Fax：0577－67412639
网址：www.wzhuaxun.com
E-mail：chenjiuda@163.com

## 宁波市鄞州博特燃具厂
业务：本公司成立于2000年，主要生产销售压电、脉冲安全旋塞阀，樱花炉头，欧式炉头等。欢迎新老客户来电洽谈业务！
地址：浙江省宁波市鄞州区姜山镇和益村
负责人：王小波　邮　编：315195
法　人：王小波
Tel：0574－88465366
Fax：0574－88464284

## 永嘉县太清华阳太阳能热水器店
业务：销售太阳能
地址：浙江省温州市永嘉县乌牛镇乌岩工业区
负责人：倪建荣　邮　编：325103
法　人：倪三豹
Tel：0577－67399988
67399911
13868615113
Fax：57767399911

## 义乌市王森橱柜移动门商行
业务：整体橱柜，移动门
地址：浙江省义乌市北苑街道丹溪二区第16幢3－6号
负责人：王荣森　邮　编：321000
法　人：王荣森
Tel：13566963515
0579－85119684

## 义乌市唐闯饰品加工厂
业务：加工和销售各类饰品
产品：饰品
地址：浙江省义乌市北苑街道黄杨梅二区2幢2号
负责人：唐闯　邮　编：321000
法　人：唐闯
Tel：13868964061
0579－85232083
Fax：0579－85232015

## 义乌市怡磊饰品商行
业务：饰品批发、零售
产品：浙江省义乌市长春二街3－5号
负责人：杨小海　邮　编：321000
法　人：杨小海
Tel：13045780788
0579－85621041

## 义乌市国旺饰品配件商行
业务：新宝利天然石饰品
地址：浙江省义乌市长春二街82号
负责人：李海英　邮　编：321000
法　人：李海英
Tel：0579－85099386
15005899758
13819925385

## 义乌市欧讯工艺品商行
业务：经营树脂工艺品、工艺花瓶、仿古电话机
地址：浙江省义乌市长春二区46幢3号－1
负责人：骆洪刚　邮　编：321000
法　人：骆洪刚
Tel：0579－85598235
18967957335

## 义乌市宁舟饰品商行
业务：专业从事饰品开发、加工及批发零售，品种繁多、款式新颖，欢迎客户来图、来样、来料、来版加工。我们将以优质的产品，合理的价格，良好的服务，倾力于广大客户。
产品：外贸戒指，耳环，手链，项链等饰品首饰
地址：浙江省义乌市长春三街62号（福田饰品专业街6幢13号）
负责人：邬柏宏　邮　编：322000
法　人：邬柏宏
Tel：0579－86361560
13868960768
Fax：0579－86361560

## 义乌市红棉饰品商行
业务：半宝石、天然石、天然圆珠及杂件等珠宝饰品的批发销售
地址：浙江省义乌市长春三区40幢5单元301
负责人：林汉仲　邮　编：321000
法　人：林汉仲
Tel：13506894670
0759－85589020

## 义乌市攀登饰品加工厂
业务：加工：饰品（不含电镀）、主要成品有手机扣、钥匙扣、字母扣
地址：浙江省义乌市稠城街道清塘村112号
负责人：尹攀登　邮　编：321000
法　人：尹攀登
Tel：13777908552
0579－85085210

## 义乌市根超饰品厂
业务：生产、销售树脂配件
地址：浙江省义乌市稠城街道下西陶村五区98号
负责人：蔡超　邮　编：321000
法　人：蔡超
Tel：13777517170
13750979244

## 义乌市柏丽家具厂
业务：专业从事家具开发、设计、生产、销售，可来样来图定制。以品质卓越，诚信服务为宗旨，竭诚为您提供时尚、高品味的家具专业服务，欢迎各界朋友前来洽谈业务！
产品：柜子（衣柜，展示柜，书柜等等柜子）
地址：浙江省义乌市稠江江湾工业区
负责人：廖苏华　邮　编：322000
法　人：廖苏华
Tel：13738902866
网址：www.51zzt.com/user/zzt42684

## 义乌市康宁日用品商行
业务：日用品销售
地址：浙江省义乌市稠江街道锦都秦苑春江月圆1幢1单元502室A37车库
负责人：鲍小玲　邮　编：321000
法　人：鲍小玲
Tel：0579－83552003
85223158
13867980218

## 乐娃玩具厂
业务：毛绒玩具笔袋
产品：玩具、笔袋
地址：浙江省义乌市荷叶塘森屋村70号
负责人：张海艳　邮　编：322000
法　人：张海艳
Tel：13646896177
Fax：0579－85166604
网址：www.zhyktwjbd.com.cn
E-mail：zhywjbd@qq.com

## 义乌市万年丰纸品
业务：包装：年画、对联（不含印刷）、金童玉女、圣诞礼品
地址：浙江省义乌市江东街道平畴村常余山
负责人：李来梨　邮　编：321000
法　人：李来梨
Tel：13588696060
0579－85050912

## 义乌市瑞久饰品厂
业务：加工镀银饰品
产品：耳环、戒指、项链、腰带等
地址：浙江省义乌市江东街道徐村永和村泽潭沿129号
负责人：丁加来　邮　编：321000
法　人：丁加来
Tel：13095883329
0579－85698028

## 义乌市伴星饰品厂
业务：专业生产树脂配件及成品，产品型号、规格、款式齐全，可随时开发客户所需要的模具。产品质量高，生产速度快等优势。热忱欢迎新老客户指导光顾，洽谈业务！
产品：强力粘钩，头饰配件
地址：浙江省义乌市江东街道永和村泽潭沿45号
负责人：张东坚　邮　编：322000
法　人：张东坚
Tel：0579－85698037
15257979798
Fax：0579－85698037

## 杭州丽舍家俱有限公司
地址：浙江省杭州市拱墅区沈塘东村2－5号

负责人：毛志错
Tel：13575747271

## 义乌市艺能相框加工厂
业务：加工销售相框（不含木制相框）、油画
地址：浙江省义乌市廿三里街道派塘村红山8号
负责人：熊明生　邮　编：322000
法　人：熊明生
Tel：0579－85585462
13857962306

## 义乌市群玲饰品厂
业务：饰品制造
地址：浙江省义乌市苏溪镇胡宅新区商贸街23号
负责人：高建群　邮　编：321000
法　人：高建群
Tel：0579－85914289
Fax：0579－85914289

## 义乌市侨太工艺品厂
业务：相框制作、销售
产品：相框
地址：浙江省义乌市苏溪镇塘头应村131号
负责人：胡洪棉　邮　编：321000
法　人：胡洪棉
Tel：13967419418
0579－85286659

## 义乌市运莉工艺品厂
业务：本厂专业生产各式各样的仿真水果、蔬菜，客户可来样来图定制，品种繁多，规格齐全，材料选用泡沫。价格便宜，竭诚欢迎新老客户前来我厂指导、考察、洽谈业务！
产品：仿真水果、蔬菜等
地址：浙江省义乌市苏溪镇新乐村周村
负责人：万忠明　邮　编：322009
法　人：万忠明
Tel：15267345706
网址：www.jizfdy.cn

## 义乌市昌诚饰品配件商行
业务：批发饰品，饰品配件
地址：浙江省义乌市兴中小区11幢8号－4
负责人：叶福财　邮　编：321000
法　人：叶福财
Tel：13605873788
0579－85185246

## 义乌市意法工艺相框
业务：集开发、设计、生产、销售于一体，专业生产相框、镜框、画框，产品品种多样、情调各异、工艺精湛、品质优良，并可据客户的要求设计、开发符合市场的优质产品，热忱欢迎各界朋友前来选购。
产品：现代装饰画、写真无框画、油画、相框、镜框、画框
地址：浙江省义乌市赵宅二区5幢3号－2
负责人：倪立飞　邮　编：322000
法　人：倪立飞
Tel：0579－85565306
15857973930
Fax：0579－86358539
网址：lcq076.cn.alibaba.com
E-mail：504150556@qq.com

## 浙江省义乌市玄通工艺品商行（普晟广灵通佛具）
业务：专营工艺品、佛龛、灯炉、法器、铜磬、金香、烛纸，批零兼营，厂家直销。提供风水咨询，阴阳地理风水布局造作，阴居放墓，探龙寻穴，定向造作地理风水，阳居地理风水，现代风水理念规划布局，等等。
地址：浙江省义乌市宗泽路490号
负责人：王麒　邮　编：321000
法　人：王麒
Tel：0579－85582885
13750922288
Fax：0579－85588965
E-mail：wangqi6514@163.com

## 永康市康集工贸有限公司
业务：生产与销售不锈钢制品，以不锈钢保温杯、紫砂杯、旅行壶为主
产品：不锈钢保温杯，紫砂杯，旅行壶
地址：浙江省永康市方岩镇岩后村
负责人：应建中　邮　编：321300
法　人：应建中
Tel：13858911577
0579－87391101
E-mail：jianzhongbeiye@163.com

### 奇思工艺品厂
业务：专业从事五金、塑料制品、工艺品制造加工，可根据客户要求开模订制，技术先进，设备精良，诚实守信是我们经营的根本，我们期待与您的真诚合作！
产品：滑板车、铝铁锅、沙滩车
地址：浙江省永康市唐先镇长川村永东街 203 号
负责人：许明思 邮 编：321300
法 人：许明思
Tel：0579－87025007
13235798820
Fax：0579－87025007

### 杭州余杭区瓶窑镇刘元竹制品店
业务：竹制品加工销售（床上用品）
地址：浙江省余杭区瓶窑镇彭公竹制品市场 101 号
负责人：刘元 邮 编：310026
法 人：刘元
Tel：13082832487
0571－88525830

### 余姚市欧琳厨具专卖店
业务：欧琳厨具专卖
地址：浙江省余姚市城区阳明东路 80 号
负责人：徐洪群 邮 编：315000
法 人：徐洪群
Tel：0574－62858188

### 余姚市泗门紫晶云首饰店
业务：首饰品、箱包的零售。
地址：浙江省余姚市泗门镇振兴路 8－1 号
负责人：毛文焕 邮 编：315400
法 人：毛文焕
Tel：13958237799
13586763759

### 舟山市定海金麟家具厂
业务：生产、销售家具
地址：浙江省舟山市定海城东街道三官堂村大平里 20 号
负责人：王群林 邮 编：316000
法 人：王群林
Tel：13175810203
0580－2613523

### 铭峰工艺画商行
业务：主要经营景泰蓝工艺品画，欢迎广大客户来我店购买
地址：浙江省杭州市上城区清泰街 346 号雪峰大厦 1311 室
负责人：夏青峰 邮 编：310000
法 人：夏青峰
Tel：15868863819
0571－56856127

### 浙江省杭州市上城区惜木斋古玩家具
业务：经营古玩家具
地址：浙江省杭州市上城区延安路 1 号二楼 48 号（吴山通宝城）
负责人：李建新 邮 编：310000
法 人：李建新
Tel：13706297078
0571－87552997

### 东阳市白云华韵工艺品有限公司
业务：集研发设计、生产销售于一体，主要经营相框、画框、镜框等相框材料。我们坚持"质量为本，顾客至上"的宗旨，为广大客户提供最优质的产品和最满意的服务！
产品：相框、画框、镜框、PS 发泡线条、高档拼镜
地址：浙江省东阳市珊瑚路 55 号
负责人：蒋海东 邮 编：322000
法 人：蒋勇
Tel：0579－86360468
85562171
Fax：0579－86361972
网址：www.ywhuayun.com.cn
E-mail：ywhsjy@163.com

### 杭州陶瓷品市场杭宇酒店用品商行
业务：酒店、茶餐具用品、紫砂用品
地址：浙江省杭州市陶瓷品市场 2－2－16 号
负责人：堵国文 邮 编：310000
法 人：堵国文
Tel：13065728525
0571－86085201

### 桐庐县分水镇千汾木门加工厂
业务：加工与销售各种木门
产品：木门
地址：浙江省杭州市桐庐县分水镇东溪村柏山坞
负责人：詹明 邮 编：310000
法 人：詹明
Tel：13968060906
13777467545

**杭州喜悦婴童用品商行**
地址：浙江省杭州市江干区凯旋路华景南苑 10－3－202
负责人：黄伟利
Tel：13336033857

### 舟山市新城来德利陶瓷经营部
业务：瓷砖、卫浴
地址：浙江省舟山市定海区临城街道怡岛路 96 号
负责人：陈海丹 邮 编：316000
法 人：陈海丹
Tel：0580－2183111
18957206150

### 舟山市普陀区沈家门 MY BOX 格子铺
业务：饰品零售
地址：浙江省舟山市普陀区沈家门街道滨港路 103 号
负责人：朱子杰 邮 编：316000
法 人：朱子杰
Tel：13867210796

### 诸暨市次坞镇珠桥竹制品厂
业务：竹制品的生产和销售
地址：浙江省诸暨市次坞镇珠桥村（原珠稼坞村）
负责人：王国才 邮 编：311800
法 人：王国才
Tel：0575－87869139
15957515187

### 诸暨市伟涛木屑制品厂
业务：生产、销售木炭
地址：浙江省诸暨市东和乡章梅塔村（原塔塘村茶厂）
负责人：陈剑锋 邮 编：318000
法 人：陈剑锋
Tel：0575－87472295
15925826994

### 诸暨市丽锦家纺工艺品有限公司
业务：生产、销售家纺
地址：浙江省诸暨市枫桥镇步森大道 239 号
负责人：周海友 邮 编：312000
法 人：周海友
Tel：0575－87042895
13758573139

### 诸暨市浣纱珍珠商行
业务：珍珠饰品经营
地址：浙江省诸暨市华东国际珠宝城 A1227－1229
负责人：骆产均 邮 编：312000
法 人：骆产均
Tel：13867586067
0575－87689302

### 诸暨市暨阳街道赛啫日用品经营部
业务：日用品
产品：负离子系列，美容护肤系列，生物养生系列，科技保健系列
地址：浙江省诸暨市暨阳街道浣纱北路 30 号
负责人：朱宇平 邮 编：311800
法 人：朱宇平
Tel：0575－87032728
13675711788
Fax：0575－87032728
E-mail：188956921@qq.com

### 诸暨市园满家居饰品店
业务：零售家居饰品、日用百货
地址：浙江省诸暨市暨阳街道永昌北路 1－6、7 号
负责人：蔡焕军 邮 编：311800
法 人：蔡焕军
Tel：13967571339
0575－87761677

**诚信水晶工艺品有限公司**
业务：诚信水晶工艺品有限公司成立于 2003 年，是生产各类水晶工艺品、礼品、饰品等精品的专业厂家，并可按客户的要求量身订做，热诚欢迎广大客户来图来样洽谈订货。
地址：浙江省浦江县月泉东路 52 号 C 区 14 号
负责人：楼锐敏……邮 编：322217
法 人：0579－84363248
84207916

### 诸暨市山下湖红琴珍珠养殖场
业务：淡水珍珠养殖，从事各档珍珠的买卖和加工，供应各档次的珍珠项链首饰品和工艺品，供应珍珠粉
地址：浙江省诸暨市山下湖镇泌湖村
负责人：屠红琴 邮 编：311800
法 人：屠红琴
Tel：0575－87638117

### 奉化市袁氏花艺（二店）
业务：鲜花、绿色植物、仿真花、礼品工艺品、家居用品生活有你，时尚有我！
地址：浙江省奉化市南山路 69 号
负责人：袁行义 邮 编：315000
法 人：袁行义
Tel：0574－88581211
88592939

### 桐庐县分水镇艺海工艺品商店
业务：销售工艺品
地址：浙江省杭州市桐庐县分水镇高联村
负责人：吴简 邮 编：310026
法 人：吴简
Tel：13175132886
0571－64336988
64389338

### 杭州新时代家居生活广场鑫比卡索陶瓷商行
业务：马赛克
地址：浙江省杭州市西湖区三墩镇杭州新时代家居生活广场 E 座广场 20 号
负责人：陈瑞存 邮 编：310026
法 人：陈瑞存
Tel：13588899117
0571－56767955
Fax：0571－56767955

**杭州爱家伯爵家居有限公司**
地址：浙江省杭州市江干区之江东路 39 号
负责人：陈坚
Tel：0571－86961731

### 富阳市东洲街道佳恩家私商店
业务：主要经营家具销售
地址：浙江省富阳市东洲街道民联村
负责人：金顺良 邮 编：310026
法 人：金顺良
Tel：13186979479
0571－63408730

### 杭州市西湖区风华国乐琴行
业务：乐器销售、培训
地址：浙江省杭州市西湖区学院路 207 号
负责人：陈理 邮 编：310026
法 人：陈理
Tel：15988898128

### 皇庭世家经营部
业务：家具销售、送货
地址：浙江省杭州市萧山南环路 1999 号红宝石家私广场
负责人：王伟鹏 邮 编：311200
法 人：王伟鹏
Tel：0571－83716155

**玄匠工艺品有限公司**
地址：浙江省杭州市临安经济开发区
负责人：安藤仁宣
Tel：0571－63785881
13515815730

### 富阳市富春街道帘之艺窗帘店
业务：窗帘、墙纸、墙布
地址：浙江省富阳市富春街道金平路 117 号
负责人：吴华平 邮 编：311400
法 人：吴华平
Tel：13732236250
0571－23299225

### 浙江诗丹娜家纺有限公司
业务：经营羽绒制品、床上用品
产品：羽绒被、羽绒服、八件套
地址：浙江省杭州市萧山区绿都世贸广场写字楼 20 层
负责人：孙明 邮 编：311200
法 人：孙明
Tel：13958081005
13957110909
0571－82780888
网址：www.sidanda.com

**杭州艾得龙竹炭制品有限公司**
地址：浙江省杭州市上城区海潮路 53 号 103 室
负责人：徐建国
Tel：13506734533

### 浙江杭州萧山新塘精诚电器维修部
业务：各种家用电器
产品：主要维修家电器材、冰箱、空调、洗衣机等家用电器
地址：浙江省杭州市新塘街道涝湖村
负责人：陈军 邮 编：311200
法 人：陈军
Tel：0571－82768886
Fax：0571－82789211

**台州市鑫宇贵金属有限公司**
业务：金属压延加工，金、银工艺品及银制品制造、加工、销售，货物和技术的进出口。
地址：浙江省台州市开发大道北侧经中路西侧（爱华建材公司里面）
负责人：齐肖华……邮 编：317000
Tel：0576－88551773
88551558
Mobile：13757680666

### 杭州市余杭区东湖纪中书画艺术品商行
业务：字画、玉器
地址：浙江省杭州市余杭区东湖街道东大街 85 号
负责人：蔡庆兵 邮 编：311100
法 人：蔡庆兵
Tel：0571－26268825

### 杭州江南家居广场美神软床床垫专卖店
业务：美神牌软床、床垫
地址：浙江省杭州市余杭区江南家居广场 2 楼 E 区 018－021 号
负责人：张还洪 邮 编：311100
法 人：张还洪
Tel：15068185758
0571－89283611

### 富阳市富春街道好视光眼镜商行
业务：眼镜零售；验光服务。
地址：浙江省富阳市富春街道金桥南路 6－1 号
负责人：余军根 邮 编：310026
法 人：余军根
Tel：0571－23283360

**杭州明阳宠物用品有限公司**
地址：浙江省杭州市上城区海潮路 53 号 207 室
负责人：李明
Tel：13362897285

### 杭州余杭区径山镇黄国惠百货店
业务：日用百货零售
地址：浙江省杭州市余杭区径山镇小古城村俞家堰 26 号
负责人：黄国惠 邮 编：310026
法 人：黄国惠
Tel：15336509333
0571－88587197

### 浙江亿丰家居建材城薛长瑞陶瓷品商行
业务：瓷砖，地板砖，陶瓷卫浴批发零售
地址：浙江省杭州市余杭区良渚镇杜甫村（浙江亿丰家居建材城内）
负责人：薛长瑞 邮 编：310026
法 人：薛长瑞
Tel：0571－88799315

### 易卓卡帝整体橱柜
业务：生产、销售整体橱柜
地址：浙江省杭州市余杭区临平星光街 1015 号
负责人：沈永海 邮 编：311100
法 人：沈永海
Tel：15990106688
0571－89186817

### 杭州余杭区瓶窑镇阿玉工艺品商店
业务：各种款式工艺品零售及批发业务
地址：浙江省杭州市余杭区瓶窑镇大观山村
负责人：赵阿玉 邮 编：310026
法 人：赵阿玉
Tel：13968078354
13175138318

### 杭州余杭区仁和镇毅腾玻璃店
业务：玻璃制品生产销售
地址：浙江省杭州市余杭区仁和镇东塘村东新桥 27 号往东走 200 米左右
负责人：陈海平 邮 编：310000
法 人：陈海平
Tel：0571－86307830

**杭州金乐文具礼品有限公司**
地址:浙江省杭州市桐庐县分水镇向阳新村7号
负责人:杨玉银
Tel:13588214868

### 杭州余杭区余杭镇缘满布艺商行
业务:各色窗帘的加工、销售
地址:浙江省杭州市余杭区余杭镇联兴路46号48号
负责人:陆建伟　邮　编:310000
法　人:陆建伟
Tel:15158834631

### 浙江省杭州余杭区良渚七艺装裱行
业务:丝绸工艺品
地址:浙江省杭州余杭区良渚镇东塘河村
负责人:赵志卫　邮　编:310000
法　人:赵志卫
Tel:0571－85968196
88745058
13173668048
Fax:0571－88745058

### 富阳市金鑫建材家居广场欧嘉灯饰商行
业务:家用,工程用灯饰销售
地址:浙江省富阳市富春街道金鑫建材家居广场二楼C28
负责人:吴立青　邮　编:310026
法　人:吴立青
Tel:13858143050
0571－61701218

**杭州兆丰礼品有限公司**
地址:浙江省杭州市西湖区文苑路606号2017室
负责人:邬壹洪
Tel:13306524991

### 海宁市海洲香港正大福珠宝店
业务:黄金铂金钻石翡翠及首饰品
地址:浙江省海宁市海洲街道海昌南路261－267号华润万家一楼
负责人:谢岩北　邮　编:314000
法　人:谢岩南
Tel:13588170211
0573－87028202

**瑞安市吉祥烟花爆竹有限公司**
地址:浙江省瑞安市隆山路农副产品市场综合楼
负责人:廖学权
Tel:0577－65813583

### 杭州余杭区南苑视杰眼镜商行
业务:验光、配镜
产品:好视立眼镜
地址:浙江省杭州余杭区南苑街道东湖南路166－170号
负责人:徐碧勇　邮　编:310026
Tel:13456739126
0571－86143706

### 杭州装饰城晨航办公家具经营部
业务:销售办公家具
地址:浙江省杭州装饰城家具广场418号
负责人:翁燕斌　邮　编:310000
法　人:翁燕斌
Tel:13003624114
0571－88958639

## 浙江日升卫浴洁具有限公司
业务:浙江日升卫浴洁具有限公司是于1997年成立的专门从事卫浴镜、卫浴五金制造的有限责任公司,现有注册资金208万元,现有员工358人,其中专业技术人员50多人,总部位于中国温州平阳。公司生产的"银晶"和"Argent Crystal"牌卫浴镜,卫浴五金系列产品,被广泛应用于写字楼,酒店,医院,娱乐场所及住宅的装修,并远销欧美和东南亚等国家和地区。
地址:浙江省温州市平阳县宋桥镇章桥村(平阳家具基地B445地块)
邮　编:325400
法　人:吴建光
Tel:0577－63776377
Mobile:13905774566
Fax:0577－63776999

### 安吉县凯璇贵族橱柜专卖店
业务:橱柜、灶具、家用电器、移门系列零售
地址:浙江省湖州市安吉县递铺镇宁馨花园191号(天荒坪北路)
负责人:马传良　邮　编:313000
法　人:马传良
Tel:13567278792
0572－5310879

### 安吉县荣建竹木工艺品厂
业务:生产、销售竹制品
地址:浙江省湖州市安吉县昆铜乡钱坑桥村
负责人:卜荣华　邮　编:313000
法　人:卜荣华
Tel:0572－5904361
13957274057

### 海宁市硖石华胜酒店用品商店
业务:经营酒店用品
产品:厨房设备、餐具
地址:浙江省海宁市硖石街道河东路106号
负责人:陈华　邮　编:314000
法　人:陈华
Tel:15988390383
0573－87367965

### 安吉计连扫帚厂
业务:加工销售扫帚
地址:浙江省湖州市安吉县良朋镇良村村中心自然村
负责人:吴纪银　邮　编:313009
法　人:吴纪银
Tel:15968269814
0572－5804376

### 利明工艺制品厂
业务:工艺品,宠物用品,及布绒玩具制造等
地址:浙江省湖州市八里店镇章家埭工业园区
负责人:陶伯明　邮　编:313000
法　人:陶伯明
Tel:0572－2280281
2962128

### 长兴白岘建政扫帚厂
业务:生产、销售扫帚
地址:浙江省湖州市长兴县白岘乡五通山村庄头自然村
负责人:俞建政　邮　编:313000
法　人:俞建政
Tel:0572－6077339
13757258791

### 长兴雉城姐妹箱包店
业务:皮包,箱包代理
地址:浙江省湖州市长兴县雉城镇海兴路614号
负责人:蔡女士　邮　编:313000
法　人:蔡辅敏
Tel:13285765959
13175203099

### 德清雷甸金益文化工艺品厂
业务:仿古件文化玉雕设计,加工,制作
地址:浙江省湖州市德清县雷甸镇杨墩村俞家斗
负责人:范益根　邮　编:313000
法　人:范益根
Tel:0572－8240222
13185720792

### 海宁市许村镇根山陶瓷商行
业务:日用陶瓷制品
地址:浙江省嘉兴市海宁市许村镇工业园区海杭建材有限公司内陶瓷仓库9幢6－10号
负责人:蔡根山　邮　编:314000
法　人:蔡根山
Tel:0573－87581918

### 航民首饰全国连锁海盐专卖店
业务:经营钻石系列、千足黄金、缅甸翡翠、可订制个性化首饰
地址:浙江省嘉兴市海盐市武原镇虹桥新村8号楼临街西至东第9－11号(秦山大厦西18米处)
负责人:夏雄新　邮　编:314000
法　人:夏雄新
Tel:0573－86912999

### 海盐县百步镇明基石材雕刻部
业务:石材雕刻、碑文制作
地址:浙江省嘉兴市海盐县百步镇农丰村施家汇19号
负责人:王忠明　邮　编:314000
法　人:王忠明
Tel:13586474255
0573－86777148

### 晶生晶世水晶饰品店
业务:水晶饰品
地址:浙江省嘉兴市禾兴南路787号
负责人:于海阳　邮　编:314000
Tel:0573－82068270

**温州市鹿城富山家具厂**
地址:浙江省温州市鹿城区利民立交桥门市部
负责人:叶善标
Tel:0577－88343261

13777799508

### 嘉善县魏塘镇正午阳光饰品店
业务:销售各种妆饰品。
地址:浙江省嘉兴市嘉善县魏塘镇车站南路61号北起第1间
负责人:林燃礼　邮　编:314000
法　人:林燃礼
Tel:13816498695
13456208105

### 浙江嘉善万福家俱厂
业务:松木家居、松木工艺品、木制艺术品的设计和制造,家俱板材贸易
地址:浙江省嘉兴市嘉善县魏塘镇外环西路508号
负责人:徐国书　邮　编:314000
法　人:徐国书
Tel:13067668199
Fax:0573－84872488
E-mail:306329678@QQ.com

### 荣德包装有限公司
业务:包装,竹木工艺品
地址:浙江省湖州市德清县武康镇上柏湘溪北路
负责人:凌生荣　邮　编:313000
法　人:凌生荣
Tel:0572－8011578
13567267010

### 嘉兴市南湖区大桥章建峰灯具店
业务:各种灯具,电缆,电线批发和零售
地址:浙江省嘉兴市南湖区大桥镇十八里南区夏义路253、255,257号
负责人:章建峰　邮　编:314000
法　人:章建峰
Tel:15068389818
13738273186

### 嘉兴市南湖区城东银之梦饰品商店
业务:销售925纯银饰品、玉器、翡翠
地址:浙江省嘉兴市南湖区建国南路547号
负责人:陈海军　邮　编:314000
法　人:陈海军
Tel:13967316593
0573－82050155

### 才云陶瓷经营部
业务:陶瓷制品销售
地址:浙江省嘉兴市秀洲工业区秀园南路好一家家居购物广场主楼一层B区56－1号
负责人:程才云　邮　编:314000
法　人:程才云
Tel:0573－82758103

### 嘉兴市秀洲区新城街道艾美达床上用品店
业务:床上用品
地址:浙江省嘉兴市秀洲区江南摩尔西区西D－210－D－212室
负责人:万小平　邮　编:314000
Tel:13705735166
0573－82092280
13357119888

### 台湾绫罗坊布艺生活馆
业务:台湾绫罗坊布艺生活馆武康旗舰店,专营成品窗帘、布艺帘、窗帘饰品及其他家居精品
产品:南韩、土耳其、台湾等面料,欧式风格、韩式情调、浪漫田园、复古情怀等款式各式窗帘
地址:浙江省湖州市德清县武康镇兴康南路225－241号
邮　编:313200
法　人:吕建平
Tel:0572－8076568
13136501365
网址:dqlingluofang.com.cn
E-mail:dqlingluofang@163.com

### 嘉兴市乍浦镇婴达喜母婴护理用品店
业务:专业的母婴护理用品销售和护理服务
地址:浙江省嘉兴市乍浦镇雅山中路418号
负责人:裴健　邮　编:314000
法　人:裴健
Tel:0573－85290201
15988352539

**温州市锦宏俐光电工艺有限公司**
地址:浙江省温州市温金路42号
负责人:夏伟民
Tel:0577－81897588
88777816

13806876567

### 建德市寿昌镇叶惠娣家具店
业务:办公用品,石木家具,套房家具,餐桌椅,KTV用具
地址:浙江省建德市寿昌镇大天地商城一楼
负责人:叶惠娣　邮　编:311012
法　人:叶惠娣
Tel:13588356805
13588351466
0571－64523897

### 江山市国丰家电商行
业务:华帝燃气灶、油烟机、消毒柜、灶柜、热水器、浴霸等全系列华帝厨柜产品
地址:浙江省江山市东岳路478－480号
负责人:姜建丰　邮　编:324100
法　人:姜建丰
Tel:0570－4983578
Fax:0570－4983948

### 江山市欧式喷泉工艺品经营部
业务:喷泉工艺品批发零售
地址:浙江省江山市双塔街道城北北泉街161号(国际花城旁)
负责人:刘金根　邮　编:324002
法　人:刘金根
Tel:0570－4984075
13454015095

### 海宁市硖石佳康纯水机商店
业务:销售纯水机
地址:浙江省海宁市硖石街道紫薇街89、91号
负责人:姚全生　邮　编:314000
法　人:姚全生
Tel:13586440690

### 德清县新市镇大洋窗帘店(品牌加盟店)
业务:加工、销售窗帘
地址:浙江省湖州市德清县新市镇西兴街32－34号
负责人:蒋雪华　邮　编:313000
法　人:蒋雪华
Tel:0572－8448087
13819271572

### 东阳市白云炫彩饰品厂
业务:生产和销售亚克力发饰,以发箍和发夹为主
产品:亚克力发饰,以发箍和发夹为主
地址:浙江省金华市东阳市白云街道银田五马塘
负责人:王波　邮　编:321000
法　人:王波
Tel:0579－86366163
Fax:0579－86366163

### 东阳市画水洪桂古典红木家具厂
业务:红木家具加工、销售。
地址:浙江省金华市东阳市画水镇水月庵
负责人:许洪桂　邮　编:321000
法　人:许洪桂
Tel:15888933763
0579－86226639

### 浙江省义乌市雅盈工艺品有限公司
业务:集设计、生产、销售为一体,专营现代式家居工艺品。产品创艺术独特、制作工艺精湛,远销海内外!
产品:吹制玻璃、花瓶、雕塑等
地址:浙江省金华市东阳市江北街道歌山路163号
负责人:余剑忠　邮　编:322000
法　人:余剑忠
Tel:0579－85289186
13819964611
Fax:0579－85289186
网址:WWW.YAYING.COM

### 东阳市南马顺意工艺木饰品厂
业务:木制工艺品、家具、仿古门窗、雕花挂件加工销售。
地址:浙江省金华市东阳市南马镇南马村
负责人:吴文正　邮　编:321000
法　人:吴文正
Tel:0579－86280332

### 义乌市婵旭饰品厂
业务:生产、销售头饰,首饰,项链
地址:浙江省金华市义乌市宗宅村72号
负责人:周小红　邮　编:321000
法　人:周小红
Tel:13505793855
0579－85147597

## 东强家私厂
业务：办公家私用品
产品：办公家私用品
地址：浙江省湖州市南浔镇年丰路江蒋洋村
负责人：褚晓东　邮　编：313009
法　人：褚晓东
Tel：0572－3081899
Fax：0572－3084328

## 金华市金东区丽姿日用品经营部
业务：本店专营保健食品、美容护肤品、日用品和化妆品四大系列产品，并提供专业的美容咨询服务，产品多元化、品牌国际化，竭诚期待您的光临！
产品：锅具、营养保健品、化妆品
地址：浙江省金华市金东区傅村镇都市绿邸17号A－2－402室
负责人：蒋翠香　邮　编：321000
法　人：蒋翠香
Tel：0579－85230948
Fax：0579－85230948
E-mail：axiangaxiang@hotmail.com

## 湖州康山街道铭乐百货商行
业务：百货用品的销售
地址：浙江省湖州市红丰路655号商住楼46幢1010、1011号
负责人：费战红　邮　编：313000
法　人：费战红
Tel：13587285416
0572－2318561

## 湖州练市新捷家俬厂
业务：木制家具制造、加工、销售。
地址：浙江省湖州市练市镇花林乡东堡村杨树桥
负责人：沈新荣　邮　编：313013
法　人：陆娇
Tel：13906722131
0572－3602881

## 浦江县项宅水晶制品厂
业务：水晶制品
地址：浙江省金华市浦江县经济开发区前方大道203号
负责人：吴新兵　邮　编：321000
法　人：吴新兵
Tel：13600698355
0579－84190787
88082126

## 浦江县航辉水晶工艺品厂
业务：水晶工艺品加工、销售。
地址：浙江省金华市浦江县晶都2区141号
负责人：陈生标　邮　编：321000
法　人：陈生标
Tel：13706890562
0579－84103300

## 浦江县俊瑞玩具配件厂
业务：玩具配件加工、销售
地址：浙江省金华市浦江县前吴乡原朱桥办事处内
负责人：张爱珍　邮　编：321000
法　人：张爱珍
Tel：0579－84158205
84160680
13758943665
13600696535

## 浦江县相辉水晶工艺品厂
业务：水晶奖杯、水晶工艺品、水晶纪念品、水晶礼品
地址：浙江省金华市浦江县水晶路62号
负责人：孙相辉　邮　编：322000
法　人：孙相辉
Tel：13429011532
0579－84089867
Fax：0579－84089867
网址：www.northeastcrystal.com
E-mail：northeastcrystal@yahoo.com.cn

## 浦江县天禄精品市场麻将机专卖店
业务：经营天禄品牌的麻将机。品质保证，价格优惠，服务周到，欢迎广大客户光临。
地址：浙江省金华市浦江县文宣西路30号
负责人：包荣军　邮　编：321000
法　人：包荣军
Tel：0579－84087766

## 义乌市富捷日用品厂
业务：我厂主要生产、销售装衣蓝，围裙，微波炉隔热手套，洗衣袋等布制系列。产品主要销往美国，韩国，墨西哥。马来西亚。中东等国家和地区，由于质量可靠，价格公道，深受广大客商青睐。我厂为确保产品的质量和信誉，恭候各界朋友与我公司进行贸易合作，以求互惠互利共同发展。热切希望您多提宝贵意见，热忱欢迎国内外同仁携手合作、共同发展。
地址：浙江省义乌市国际商贸城G区15212
负责人：瞿玉琴　邮　编：322000
法　人：瞿玉琴
Tel：0579－85185212
85056096
网址：www.mtw51102.chinapyp.com

## 浦江比雅钰水晶有限公司
业务：水晶工艺品、饰品加工销售
地址：浙江省金华市浦江县西山北路148－8号
负责人：蒋兴挺　邮　编：322200
法　人：蒋兴挺
Fax：13758918988
0579－84181234

## 国华水晶工艺品厂
业务：集开发、设计、生产、销售为一体的切制水晶玻璃系列产品的专业厂家，拥有先进的生产设备及工艺，产品品种齐全、品质优良，引导潮流，演绎时尚。热情期待您的光临与合作！
产品：水晶笔筒、奖杯、烟壶、三件套、烟缸等
地址：浙江省金华市浦江县仙华路老力霸皇厂内
负责人：尹国华　邮　编：321000
法　人：尹国华
Tel：0579－84209989
13819922075
Fax：0579－84209989
网址：www.pjfdsj.cn

## 浦江县嘉林水晶工艺品厂
业务：奖杯系列、水晶工艺品加工、销售
地址：浙江省金华市浦江县小北门103号
负责人：叶嘉林　邮　编：321000
法　人：叶嘉林
Tel：13857912072
0579－84100811
Fax：0579－84100811

## 武义县炫宝宝母婴日用品商行
业务：主营：奶粉、副食、婴童用品、玩具、书籍、孕产妇及婴幼儿副食品、服装。
地址：浙江省金华市武义县壶山街道人民医院门急诊楼第2、3间
负责人：李小平　邮　编：321000
法　人：李小平
Tel：0579－83777286
87678009

## 武义县有意思饰品店
业务：饰品零售
地址：浙江省金华市武义县壶山街道俞源街1号
负责人：柳喜结　邮　编：321000
法　人：柳喜结
Tel：13819934770
15925907901

## 金华市婺城区卡特琳娜整体橱柜店
业务：专业生产家庭橱柜、衣柜产品
地址：浙江省金华市婺城区八一南街1283号
负责人：翁艳　邮　编：321000
法　人：翁艳
Tel：0579－82479720
网址：www.mykaterina.com

## 义乌市瑞年年画商行
业务：各种年画批发零售
地址：浙江省金华市义乌市长春二区9幢2－5号
负责人：卫荣祥　邮　编：321000
法　人：卫荣祥
Tel：13429026828
0579－85560667

## 老凤祥银楼南浔专卖店
业务：黄金，珠宝，玉器，银饰品，珍珠等销售
地址：浙江省湖州市南浔镇泰安路98号
负责人：黄建维　邮　编：313000
法　人：黄建维
Tel：0572－3079966

## 龙泉市金裕竹木制品厂
业务：竹菜板、竹筷等竹工艺品
地址：浙江省丽水市龙泉市查田镇溪口村
负责人：周树安　邮　编：323703
法　人：周树安
Tel：13362080115
13567647446

## 海宁市金德盛皮革工艺品厂
业务：皮革工艺品，皮革制品，皮拖鞋，汽车座垫
产品：汽车座垫制造，皮拖鞋
地址：浙江省海宁市斜桥镇庆云洛塘街24号
负责人：朱金法　邮　编：314400
法　人：朱金法
Tel：0573－87780617
Fax：0573－87780637

## 义乌市迅飞厨具商行
业务：经营五金电器、厨具、制冷设备及配件。
地址：浙江省金华市义乌市车站路95号－97号
负责人：徐金飞　邮　编：321000
法　人：徐金飞
Tel：13185167318
0579－83806618
85530729
Fax：0579－85530729

## 义乌市权宁饰品配件商行
业务：销售日用百货、饰品
地址：浙江省金华市义乌市兴中小区21幢2号－6
负责人：华永强　邮　编：321000
法　人：华永强
Tel：0579－83677312
85558352
85457610

## 兰溪市建兰木器厂
业务：木器加工
地址：浙江省兰溪市柏社乡岗岭下村
负责人：季永生　邮　编：321100
法　人：季永生
Tel：13566705377
0571－64150109

## 兰溪市金彩雕塑工作室
业务：工艺雕塑
地址：浙江省兰溪市兰江街道丹阳村86幢4单元102室
负责人：应志康　邮　编：321100
法　人：林玉冰
Tel：0579－83083761

## 兰溪市竞成工艺制品厂
业务：集开发设计、制造、销售、加工、出口贸易于一体，专业从事工艺礼品袋及宠物服饰的生产销售，可配合客户开发打样，来料加工。本厂生产设备先进、工艺精良，热诚欢迎国内外客户莅临垂询。
产品：宠物服饰、珍珠纱袋、雪纱袋、无纺布袋、礼品袋、欧根纱袋、蜡烛工艺、玉器
地址：浙江省兰溪市兰江街道胡大山村1号
负责人：许月畴　邮　编：321100
法　人：许月畴
Tel：0579－88766093
Fax：0579－88765378
网址：www.lxjingcheng.cn
E-mail：lxjingcheng@yahoo.cn

## 乐清市虹桥亿家乐厨卫经营部
业务：专业从事整体橱柜、玻璃移门、浴柜的生产销售，集设计、制作、销售、安装、售后一条龙服务，我们将以热忱专业的服务，人性化的空间设计及精湛的工艺，为您的家增添一份新意和温馨。
产品：整体橱柜、玻璃移门、浴柜、厨房电器
地址：浙江省乐清市虹桥镇幸福西路224－228号
负责人：徐安奶　邮　编：325608
法　人：徐安奶
Tel：0577－62313900
Fax：0577－62313900
网址：www.egolo.com.cn
E-mail：egolo@163.com

## 益明眼镜店
业务：验光、配镜服务
地址：浙江省乐清市柳市镇后街村健康路1号(东风东路72号)
负责人：林争克　邮　编：325604
法　人：林争克
Tel：0577－62771787

## 乐清市谦源婴童用品店
业务：母婴用品零售
地址：浙江省乐清市磐石镇农贸路118号
负责人：吴燮谦　邮　编：325602
法　人：吴燮谦
Tel：0577－62842486
13587752221
13968841370

## 缙云县国云竹珠来料加工厂
业务：加工与销售竹制品，以水果篮、竹垫为主
产品：竹制品，以水果篮、竹垫为主
地址：浙江省丽水市缙云县东方镇下东方村东25号
负责人：徐国云　邮　编：321404
法　人：徐国云
Tel：13967069328
0578－3560750

## 缙云县壶镇镇鑫达家私城
业务：生产、销售家具
地址：浙江省丽水市缙云县壶镇镇米市路56号
负责人：杨干洪　邮　编：323000
法　人：杨干洪
Tel：15990438095

## 景宁富华竹木加工厂
业务：竹木制品加工
产品：竹木玩具
地址：浙江省丽水市景宁畲族自治县鹤溪镇上张村
负责人：陈孔付　邮　编：323500
法　人：陈孔付
Tel：0578－5829088
13587135869

## 杭州萧山北干奥兰多橱柜店
业务：集成厨房
地址：浙江省杭州市北干街道金惠路1029、1031号
负责人：夏庆宾　邮　编：310026
法　人：夏庆宾
Tel：0571－57105115
Fax：0571－57105115

## 荣贵窗帘
业务：专营成品窗帘、布艺帘、卷帘、窗帘饰品及其他家居精品，款式品种繁多，批零兼营，对外承接加工、定做、安装业务，我们将以专业的素质，为您提供满意服务。
产品：布艺窗帘、卷帘、百叶帘、各种电动、手动窗帘、窗饰、窗帘饰品
地址：浙江省丽水市莲都区紫金路387－391号
负责人：邵雍桂　邮　编：323000
法　人：邵雍桂
Tel：0578－2350715
13967084803
13967056099
Fax：0578－2350710
网址：http://www.rg－88.cn
E-mail：zjls123456781@126.com

## 龙泉市双松竹木制品厂
业务：木材加工
地址：浙江省丽水市龙泉市宝溪乡宝更村
负责人：曾志华　邮　编：323700
法　人：吴光泉
Tel：15057875387
0578－7421668

## 丽水市青田县伊凡妮香水店
业务：经营香水、手表、打火机、眼镜、饰品等
地址：浙江省丽水市青田县鹤城镇宝幢街21号
负责人：南恩　邮　编：323900
法　人：南恩
Tel：15857823288
0578－6838272

## 青田县石王艺苑石雕经营部
业务：销售石雕
地址：浙江省丽水市青田县鹤城镇水南石雕市场下首18－2号
负责人：李勇　邮　编：323000
法　人：饶雪梅
Tel：15857898985
0578－6961216

## 湖州南浔双林贝亚特木制品厂
业务：木制品加工
地址：浙江省湖州市双林镇千亩山村田坝兜
负责人：邱水根　邮　编：313000
法　人：邱水根
Tel：13306826528
15868220668
0572－3621112
网址：http://www.51zzt.com/user/zzt32170

**隆尧县魏庄镇今程科技电脑**

专业从事电脑的销售及配件，提供技术服务。

电话：0319－6580130

地址：河北省邢台市隆尧县魏庄镇汽车站



## 德清武康老赵竹制品加工厂

业务:加工竹制品

地址:浙江省湖州市武康镇南方家园 14 幢 1－2 号

……… 负责人:赵小根　　邮　编:313000

…………………………… 法　人:赵小根

…………Tel:0572－8885160

8885760

## 青田艺海石屋石雕经营部

业务:石雕

产品:石雕

地址:浙江省丽水市青田县山口镇石雕城五幢 51 号

……… 负责人:黄余呈　　邮　编:325904

…………………………… 法　人:黄余呈

…………Tel:13867098837

………………… E-mail:yhsw168@163.com

## 庆元县天韵竹木制品厂

业务:竹木制品

地址:浙江省丽水市庆元县松源镇城北路 40 号

……… 负责人:潘增林　　邮　编:323000

…………………………… 法　人:潘增林

…………Tel:0578－6126797

## 湖州市老凤祥金铺

业务:爱迪尔、老凤祥珠宝首饰

地址:浙江省湖州市织里镇富民路 297 号

………… 负责人:沈伟　　邮　编:313000

…………………………… 法　人:沈伟

…………Tel:0572－3921288

2826989

## 嘉兴市南湖区城西古今堂工艺品商店

业务:古典家具设计,制作,销售

地址:浙江省嘉兴市“月河历史街区”荷月弄商铺第 40—46 号

……… 负责人:沈雁群　　邮　编:314000

…………………………… 法　人:沈雁群

…………Tel:13625861111

0573－5130369

## 遂昌明泽炭业有限公司

业务:生产与销售竹炭颗粒

产品:竹炭颗粒,竹炭成品系列

地址:浙江省丽水市遂昌县妙高镇金岸新村第三幢

………… 负责人:杨波　　邮　编:323000

…………………………… 法　人:杨波

…………Tel:13454337865

0578－8196896

…………Fax:0578－8196896

……………… E-mail:yanghetian@163.com

**永嘉县德利尔家具展柜有限公司**

地址:浙江省温州市永嘉县瓯北镇罗浮村西岸工业区西能路 15 号

…………………………………… 负责人:周泽

…………………………… Tel:0577－67990333

67990332

13868625878

**义 乌 市 龙 吟 饰 品 厂**

业务:本公司是一家以生产销售为主,主要产品有各种合金饰品、手工饰品(项链、手链、耳环、戒指等)、各种服装配件、鞋饰等,并承接吸塑包装业务。本着以质量求发展,以信誉求生存的信念!欢迎朋友们前来订购!

地址:浙江省义乌市江东街道江东南路 666 号

………… 负责人:刘成友……邮　编:322000

…………………………………… 法　人:刘成友

…………………………… Tel:0579－85691129

…………………………… Fax:0579－85211069

## 庆元县鑫友工艺竹木制品厂

业务:竹木制品的加工与销售

产品:筷子、案板

地址:浙江省丽水市庆元县安南乡安隆村

……… 负责人:吴可旺　　邮　编:323000

…………………………… 法　人:吴可旺

…………Tel:0578－6171166

## 云和九艺玩具厂

业务:生产、销售木制玩具、木制工艺品

地址:浙江省丽水市云和县工业园区新华街 254 号

……… 负责人:龚火亮　　邮　编:323000

…………………………… 法　人:龚火亮

…………Tel:15967273559

0578－5125019

…………Fax:0578－5125019

… E-mail:gonghuoliang212@yahoo.com.cn

## 临安市国石村三石缘玉石行

业务:主要经营各种玉石的销售

地址:浙江省临安市大峡谷镇国石村

……… 负责人:陈昔平　　邮　编:311300

…………………………… 法　人:陈昔平

…………Tel:13588223299

15868183479

## 临安市国石村豐艺轩玉石行

业务:位于国石昌化鸡血石产地,集开发、设计、加工、销售为一体,加工鸡血石、玉石、方章。技术先进,造型新颖,制作工艺完美,还可以按照客户提供的样品,定单定做。竭诚欢迎各界朋友来电来函垂询洽谈订购。

产品:鸡血石,玉石,雕件,田黄,玩件,方章

地址:浙江省临安市大峡谷镇国石村汪家 18 号

……… 负责人:夏利丰　　邮　编:311300

…………………………… 法　人:夏利丰

…………Tel:13175074896

## 临安江南商城风蓝橱柜店

业务:橱柜生产经营

地址:浙江省临安市锦城街道江南商城 6 幢 114－116 号

……… 负责人:蒋洪鑫　　邮　编:311300

…………………………… 法　人:蒋洪鑫

…………Tel:0571－63802186

## 临安市吴钟培家具店

业务:各种材质家具销售

地址:浙江省临安市玲珑街道合庆桥村 196 号

……… 负责人:吴钟培　　邮　编:311300

…………………………… 法　人:吴钟培

…………Tel:0571－63762684

## 龙泉市瀑云宏达木制品厂

业务:木制品生产销售,玩具,工艺品

地址:浙江省龙泉市八都镇松渠村

……… 负责人:唐有龙　　邮　编:323700

…………………………… 法　人:唐有龙

…………Tel:0578－7383199

**杭州曲艺家具有限公司**

地址:浙江省杭州市富阳市东洲工业功能区

…………………………………… 负责人:陈传根

…………………………… Tel:13305713841

## 安吉县宇进家具厂

安吉县宇进家具厂成立于2004年，本厂专业生产销售大班、中班办公转椅。

本着“顾客至上，诚信为本，以质取胜，服务大众，追求卓越”的经营宗旨更好的服务大众！

联系人：崔祥如

电话：0572-5202878　　传真：0572-5202300

地址：浙江省湖州市安吉县递铺镇赤渔工业区　　邮编：313000

## 苍南县超凡工艺品厂

本厂是一家集各类包装制品开发设计、加工于一体的专业工厂，向来以质量上乘、服务良好在国内外同行中享有盛誉，产品畅销欧洲、美国、日本、东南亚等先进发达国家和地区。

本厂奉行“以诚信为根本，以质量求生存”的宗旨，主要产品有：礼品袋、广告袋、购物袋、包装袋、西装套、皮具袋、电器防尘罩等包装制品。

本厂热忱欢迎国内外客商的垂询洽谈，以及索取样板、来样订做！

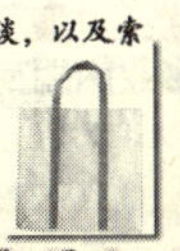

联系人：徐龙　13758873280、

电话：0577-64390606

传真：0577-82868480

地址：浙江省温州市苍南县宜山镇渔池街28号　　邮编：325802

家居生活用品礼品工艺品

## 苍南县艺派家具厂

苍南县艺派家具厂成立于2008年。

主要从事于家具的生产与销售。

我们始终都坚持“以质量为本，顾客至上，信誉求发展”的专业精神态度。

欢迎新老用户前来咨询、探讨及洽谈。

联系人：王照党

电话：13758888786　0577-68810868

地址：浙江省温州市苍南县灵溪镇双台村新堂尾　　邮编：325800

## 岱山县鼎鼎玩具厂

岱山县鼎鼎玩具厂成立于2004年。

主要从事于圣诞玩具系列生产、销售。

诚挚欢迎各位朋友来样、来单指导、洽谈！

愿我们能够与您携手合作，共创辉煌！

联系人：蒲照斌

13705801316

电话：0580-4063411　7575116

地址：浙江省舟山市岱山县顺福路28号　　邮编：316211

安吉县恒宇椅业有限公司成立于2005年，是一家专业生产各式座椅的制造厂家，现有大班椅、中班椅、工作椅、会议椅、酒吧椅、排椅、按摩椅等系列。

公司秉承“创名牌，造精品”的质量理念，不断开拓产品市场空间，以优良的产品和优质的服务真诚回报客户，回馈社会。

**安吉县恒宇椅业有限公司**

联系人：徐爱洋

电话：0572-5027838　13705821796

邮编：313300

地址：浙江省湖州市安吉县孝丰镇科技工业园

## 东阳市画水瑞华红木家具厂

东阳市画水瑞华红木家具厂自成立以来，以生产销售红木家具为主。

公司全体员工热忱欢迎新老客户来电来函洽谈业务。

联系人：王瑞亮

13967995707

邮篇：322100

地址：浙江省金华市东阳市画水镇画溪村

电话：0579-86531469

## 东阳市马宅镇兴隆仿古工艺厂

东阳市马宅镇兴隆仿古工艺厂成立于2004年，主要从事于仿古木制品的加工。公司本着"诚信、务实、创新"的经营理念，以一颗诚挚的心，竭诚欢迎海内外客商来人来电来函洽谈业务，或来样加工、订做，共同把握黄金商机。

联系人：张朝晖 13605724812
电话：0579-86489679 86489709
地址：浙江省东阳市马宅镇雅坑村
邮编：322125

## 湖州贝吉镀膜厂（凯强塑料电器制品厂）

湖州贝吉镀膜厂（凯强塑料电器制品厂）成立于1997年，本公司专业从事塑料奖杯及奖杯配件。我们始终坚持"质量第一，顾客至上"的宗旨，以优异的品质，完美的服务，赢得了国内外广大客户的赞誉。

本公司坚持以低廉的价格，一流的品质，优质的服务，竭诚欢迎海内外客商垂询及合作！

电话：0572-3500991 3509857 2677099
联系人：周松元 13906724351
地址：浙江省湖州市和孚镇重兆吴兴塘工业园区 邮编：313000

## 东阳市南马和缘居红木家具厂

东阳市南马和缘居红木家具厂成立于2004年，以红木家具生产与销售为主。

以新颖的款式，独特的风格，引领新时代的潮流，为客户提供一流产品的同时，本着"心诚、质优、价廉"的经营理念，完美的售后服务，取得业内朋友及同行的认同，带给新老客户非凡的享受！

聯系人：杜軍偉 13486919898
电话：0579-86287222
邮编：321000
地址：浙江省东阳市南市街道大田头供电所斜对面

## 乐清市日龙日用品商行

乐清市日龙日用品商行成立于2007年，本商行专业从事日用品的销售。公司秉承"顾客至上，锐意进取"的经营理念，坚持"客户第一"的原则为广大客户提供优质的服务。欢迎惠顾！

联系人：倪日龙
电话：13868759988、0577-61523068
地址：浙江省乐清市乐成镇后双箭巷3号 邮编：325000

## 杭州市余杭区临平街道贝乐儿童玩具经营部

公司成立于2003年，本公司经营儿童玩具的批发零售。主要产品有小博士、跑道、桌面玩具、代理各国进口玩具系列等。

公司以"信誉至上、质量第一"为宗旨、树立"广纳客源、真诚合作"的经营理念。

电话：0571-26261680 联系人：翁洪楷 15868195288
传真：0571-26261680 邮编：325001
地址：浙江省杭州市东湖中路175号2栋3单元601室

## 龙翔工艺礼品厂

龙翔工艺礼品厂是一家专业的工艺品生产厂家。欢迎各大厂商前来考察，我们将真诚与您合作。

电话：0576-85860566、13575899000 联系人：赵尚龙
邮编：317000 地址：浙江省临海市括苍镇大路上村

## 杭州萧山河上镇彩怡日用品商行

杭州萧山河上镇彩怡日用品商行成立于2008年，彩怡日用品商行位于杭州市河上镇朱家村，本商行专业从事日常生活用品的销售。杭州萧山河上镇彩怡日用品商行本着"客户第一，诚信至上"的原则，与多家企业建立了长期的合作关系。热忱欢迎各界朋友前来参观、考察、洽谈业务。

联系人：朱袁杰
电话：13216194820 邮编：310026
地址：浙江省杭州市河上镇朱家村

## 宁波第六空间艺术生活商城大自然棕床店

本公司成立于2008年9月，主要经营大自然棕床垫。服务理念"以人为本、已客为尊、执着进取、追求卓越"的经营理念，并致力于为消费者营造自然、简约、舒适的生活空间。

联系人：李亚丽
电话：0574-87754075 82812660
手机：13429380900
地址：浙江省宁波第六空间艺术生活商城D-07号 邮编：315101

## 杭州游艺斋艺术品有限公司

杭州游艺斋艺术品有限公司成立于2005年，主要销售名家字画。

我们秉承"顾客至上，锐意进取"的经营理念，坚持"客户第一"的原则为广大客户提供优质的服务。

欢迎广大客户惠顾！

联系人：钱子达 网址：www.hzyyz.com.cn
电话：0571-87831238 87831318 传真：0571-87066936
地址：浙江省杭州市上城区华光路8号-7（三楼） 邮编：310002

## 浦江县咸雷玻璃棒经营部

浦江县咸雷玻璃棒经营部成立于2008年，本经营部专业从事生产、销售玻璃棒、水晶工艺品。公司秉承"顾客至上，锐意进取"的经营理念，坚持"客户第一"的原则为广大客户提供优质的服务。欢迎惠顾！

联系人：任咸雷
电话：0579-88086759、13566712586
地址：浙江省金华市浦江县西山北路183号-58号 邮编：321000

家居生活用品礼品工艺品

我厂是一家集研发、销售、订做一体的生产厂家。专业生产各种头饰、手饰品，产品有头扎、头珠、BB夹、尖嘴夹、一字夹、手镯、手链，耳环等。

本厂秉承师法自然的创意理念，以创新引导潮流，以原创与高质量赢得市场的原则，在同行业树立了较高的地位和信誉。产品得到了世界各地客商的青睐，我们怀着对完美工艺的追求，秉承跻身于饰品行业龙头企业的信念，一起在不懈地努力。我们真诚地希望您的目光在这里停留，随时恭候您的垂询！

## 浦江縣自然一派飾品廠

联系人：夏江陆
电话：0579-84236769 13566791681 邮编：322204
地址：浙江省金华市浦江县黄宅镇中山特色工业园区（百汇创业园19号）

## 温州市依佳伊橱柜

温州市依佳伊橱柜创建于2007年，主要销售依佳伊橱柜、台面的企业。本公司以科技求发展，以人材为根本，以质量赢市场，以诚信谋共赢的发展理念。我们热忱欢迎新老客户观临！

联系人：陈善钦
电话：15888276781
地址：浙江省温州市圣门路50号内 邮编：355209

## 瑞旭厨具有限公司

瑞旭厨具有限公司成立于2008年，主要从事于橱柜、厨房用具的经营。

本公司以用户至上，质量第一，生产上精益求精，使制造的产品不断提高，不断发展。我们的理念是守信用，真诚欢迎新老用户的承诺和优质服务，价格实惠合理，同时欢迎各界人士与我公司携手共进，再次创造辉煌。“立足市场、着眼未来”是本公司长期发展的指导方针。“注重品质、热心服务”是瑞旭人的一贯宗旨。

联系人：张帆 13075786258 电话：0577-65063139
地址：浙江省瑞安市沿江西路351号 邮编：325200

## 温州友诚箱包有限公司

温州友诚箱包有限公司成立于2008年，是一家专业从事箱包，无纺布袋，手提袋，工艺礼品的企业。

愿与各界人士密切合作、携手并进、共创未来！

联系人：杨家辉 15858771219
电话/传真：0577-68508501
邮编：325804
电子邮件：yjh.163.2007@163.com
地址：浙江省温州市苍南县钱库镇文鑫二路1幢1-4号

## 嵊州市蒙恩海绵制品厂

嵊州市蒙恩海绵制品厂是一家拥有多年海绵，海绵清洁制品生产制造经验的企业。

公司成立以来，始终坚持"共享共赢，创新创造"的价值观，以雄厚的技术、人才、设备优势，竭诚为广大客户服务。

联系人：宋蒙恩
电话：0575-83663278 13605859039
地址：浙江省嵊州市甘霖镇甲秀坂村集聚区
邮编：312000

## 义乌市杰达画行

义乌市杰达画行以艺术品的经营为主。自成立以来，凭着“信誉第一，顾客至上”的经营理念和高效的服务，深受业界客户一致好评，是房地产、酒店、写字楼、家居装饰、设计师最佳合作伙伴。

联系人：王俊杰
电话：0579-85549882 手机：13957908985
地址：浙江省金华市义乌市赵宅步行街30号2楼205室 邮编：322000

## 温州烽火棉油打火機有限公司

我公司成立于2006年，是一家专业从事研发、生产、销售及售后服务为一体的棉油机生产厂家。

按照“科技为先，市场为导，创新为本，服务为上”的宗旨，在整体生产运作流程中，一直实行ISO-9001，2000质量体系管理运作方式，所生产出的产品，品种繁多，款式新颖，质量保证。我公司为烟具市场的繁荣昌盛不懈努力，热忱欢迎各界同仁光临惠顾，洽谈业务！

联系人：林义 13857709098 电话：0577-88139897 88139687
电子邮件：hatchet@vip.163.com 网址：www.fhlighter.com
地址：浙江省温州市高翔工业区鸿翔路326-1号 邮编：325000

## 永嘉县德利尔家具展柜有限公司

永嘉县德利尔家具展柜有限公司成立于1993年，专业从事商场展柜和办公家具的设计、生产和销售。采用现代化、高水平的生产工艺，曾为众多鞋服界知名企业提供过设计加工卖场展示货柜等一系列的综合性服务。当今的店铺陈列更推崇人性化，设计不能脱离生活和人，店铺的形象设计要添加市场因素，能够迅速将商品销到消费者手中，是陈列的终极目标。

网址：www.delierjiaju.com
电子邮件：de-li-er@163.com
联系人：周泽 13868625878
电话：0577-67989796 67989797 传真：0577-67989798
邮编：325000 地址：浙江省温州市永嘉县瓯北镇五星工业区

## 温州市瓯海娄桥鑫星饰品店

本公司成立于2006年。
主要经营饰品。
**服务宗旨**：
成心合作、注重质量、以诚待人。

联系人：王军
13857784146 13777775489 邮编：325000
地址：浙江省温州市瓯海娄桥街道娄桥村娄东大街1幢7号

## 浙江省兰溪为民头饰来料加工厂

我们“以质量求生存、以信誉为宗旨”承接各种工艺品、相框、PVC型材（相框）制造加工，欢迎各大厂商前来考察，我们将真诚与您合作。

联系人：邵惠明 13606793320
电话：0579-88216578 88216139
地址：浙江省金华兰溪市女埠街道殿前村 邮编：321112

## 舟山永乐玩具有限公司

舟山永乐玩具有限公司成立于1999年，本公司专业从事玩具的生产、销售。主要产品有圣诞系列玩具、的士高系列玩具、圣诞礼品、圣诞充气系列、各种发光圣诞树。本公司的质量方针是“质量第一、信誉第一、创国内玩具行业一流企业”，拓展市场，为新老客户提供良好的服务。

联系人：罗永仕
电话：0580-7079482 7079595 7076482
传真：0580-7076318 邮编：316216
地址：浙江省舟山市岱山县东沙镇余金工业开发区

## 安徽省/Anhui Province

### 安庆市盛世收藏礼品有限责任公司
业务：礼品
地址：安徽省安庆市龙山路 107 号（中联公司 2 楼）
负责人：张铭 邮 编：246003
法 人：张铭
Tel：0556－5513396
13855665999
Fax：0556－5513396

### 潜山县皖东花炮有限公司
业务：潜山县皖东花炮有限公司成立于 2001 年，是一家集烟花鞭炮生产、销售于一体的综合型企业，皖东烟花竭诚欢迎海内外有识之士前来观光考察，我们将与各方宾客精诚合作，互惠互利，携手共创美好的明天。
地址：安徽省安庆市潜山县源潭镇东坂村
负责人：储李高 邮 编：246314
法 人：储李高
Tel：0556－8492888

### 太湖县皖松工艺品贸易有限责任公司
业务：木珠生产、木制工艺品
地址：安徽省安庆市太湖县寺前镇林冲村凤凰组
负责人：张学祥 邮 编：246003
法 人：张学祥
Tel：0556－4321512
Fax：0556－4321512

### 利辛兴源钢木家具厂
业务：集开发、设计、生产、销售为一体，采用钢木为材料，专业生产民用及办公家具，做工考究，真材实料. 带您享受别致生活
产品：实木餐桌、餐椅、床、沙发、大理石等家具
地址：安徽省亳州市利辛县旧城镇
负责人：黄晓飞 邮 编：236700
法 人：黄晓飞
Tel：0558－8091000
15255959876
Fax：0558－8091399

### 桐城市陶瓷漆刷厂
地址：安徽省安庆市城市范岗镇陶瓷村
负责人：方长忠
Tel：0556－6019492
13074029821

### 枞阳县大海花炮厂
地址：安徽省安庆市枞阳县项铺镇项镇村
负责人：丁贤海
Tel：0556－2710126
13966427837

### 利辛县兴源钢木家具厂
业务：加工制作钢木家具、民用家具、校具
地址：安徽省亳州市利辛县旧城镇
负责人：黄晓飞 邮 编：236700
法 人：黄晓飞
Tel：15255959876
0558－8091000
8091399
Fax：0558－8091399

### 庐江县文昌家具广场
业务：庐江县文昌家具广场成立于 2002 年，主要经营中高档家具，包括香港皇朝家俬品牌，让我们的服务给你带来永恒的喜悦，文昌家具广场创造美好家园。
地址：安徽省巢湖市庐江县庐城镇文昌路文昌家具广场

负责人：王成明 邮 编：231500
法 人：王成明
Tel：13856557879

### 安徽省巢湖市华宇厨具有限公司
业务：各种中高档家用炒锅
地址：安徽省巢湖市含山县林头镇工业园区
负责人：杜和放 邮 编：238161
法 人：杜和放
Tel：0565－4352702
4351579
网址：http://www.51zzt.com/user/zzt34655

### 风会装饰家俱制造厂
地址：安徽省安庆市壕埂街 7 号
负责人：钱风会
Tel：0556－5574215
13956507956

### 巢湖市笑林烟花制造有限公司
业务：生产、销售烟花爆竹
地址：安徽省巢湖市居巢区散兵镇隆泉村
负责人：叶庭保 邮 编：238000
法 人：叶庭保
Tel：13856505233
13856505281

### 安徽省无为县森鑫木业有限公司
业务：纯实木套装门，纯实木餐桌餐椅，纯实木家具及木材成品，半成品
地址：安徽省巢湖市无为县十里工业园区内
负责人：孙新梅 邮 编：238300
法 人：刘永胜
Tel：13705651359
Fax：0565－6343588

### 怀宁县腾飞花炮厂
地址：安徽省安庆市怀宁县大洼乡范祠村
负责人：翁泽勤
Tel：0556－4855168

### 安徽无为县天瑞办公家具有限公司
业务：办公家具、电力柜、保管箱的生产、销售
地址：安徽省巢湖市无为县新沟工业区
负责人：胡德义 邮 编：238000
法 人：胡德义
Tel：13865228844
0565－6869899

### 池州市九华山平安佛事用品有限公司
业务：佛香、佛事用品
地址：安徽省池州市九华山风景区九华乡柯村村
负责人：方潇原 邮 编：242809
法 人：方潇原
Tel：13965945271
0566－2821768
Fax：0566－2821758

### 永翔玩具裁片加工厂
业务：玩具裁片加工
地址：安徽省滁州市全椒县南岳西路 49 号
负责人：单胜 邮 编：546100
法 人：单胜
Tel：0550－3236933
2316015

### 阜南县海源工艺品有限公司
业务：柳编、木编
地址：安徽省阜阳市阜南县部台乡保庄圩
负责人：卢传海 邮 编：236033
法 人：卢传海
Tel：0558－6029088
Fax：0558－6029088

### 怀宁县马庙棕麻制品厂
地址：安徽省安庆市怀宁县马庙棕麻制品厂
负责人：何沛治
Tel：0556－4651263
13956492227

### 临泉县瑶海新兴家具有限责任公司
业务：销售高、中、低档全套家具
地址：安徽省阜阳市临泉县工业园区前进东路
负责人：张俊 邮 编：236033
Tel：13965733609
0558－6538689

### 太和县栋明竹制品有限公司
业务：竹制品
产品：凉席、竹筷、竹签
地址：安徽省阜阳市太和县郭庙乡立东村委会王新宅
负责人：李栋明 邮 编：236042
法 人：李栋明
Tel：13805680372
0558－8426101
网址：http://www.51zzt.com/user/zzt35443

### 庙前车木工艺厂
业务：庙前车木工艺厂成立于 1990 年，现有员工 50 余人，专业生产一次性卫生筷、餐巾纸、竹木工艺品等。本厂本着""诚心第一、质量第一""的宗旨，以客户需求为引导，努力在品种更新、质量管理等方面励精图治，热诚欢迎国内外商业人士光临惠顾洽谈业务。同时，我厂也竭诚欢迎国内外各公司厂商与本厂共谋发展。
地址：安徽省池州市青阳县庙前镇望华路 87 号
邮 编：242809
法 人：宁武德
Tel：0566－5512027
Fax：0566－5512027

### 浙江永康五洋日用品有限公司驻皖直销处
业务：各类高中低档饮用水杯，家用小电器（电磁炉，电饭煲，豆浆机），家用健身器材，及各类日用品。
地址：安徽省阜阳市颍泉区青年路 209 号
负责人：黄敏霞 邮 编：236000
法 人：黄敏霞
Tel：0558－2297398

### 合肥市宏亮钢木家具厂
业务：钢木家具设计，生产
地址：安徽省合肥市包河区二环路西贾大郢四队
负责人：李光平
法 人：李光平
Tel：13155155951
0551－3633496

### 合肥新站区迅盈窗帘批发部
业务：批发、零售：窗帘
地址：安徽省合肥市新站区安徽大市场百货城 L1 幢 1543、1544 号
负责人：周志柳 邮 编：230000
法 人：周志柳
Tel：0551－4238121

### 徽州区徽艺古典红木家具商场
业务：仿古红木家具设计，制作，销售
地址：安徽省黄山市徽州区永佳大道 57 号
负责人：方烧炭 邮 编：242700
法 人：方烧炭
Tel：0559－6516348

### 六安市龙腾工艺品有限公司
业务：集设计、生产、销售为一体的现代化工艺礼品公司，产品质量稳定可靠，交货及时，深受客户好评，公司热诚欢迎海外新老用户来人来函洽谈业务
产品：编制、铁艺、布艺玩具
地址：安徽省六安市齐云西路
负责人：曹建 邮 编：237006
法 人：曹建
Tel：0564－3301446
Fax：0564－3301446
E-mail：08caojian@sina.com

### 安徽省宁国市天裕竹木制品有限公司
业务：生产竹木制品
地址：安徽省宁国市和平路 87 号
负责人：刘大喜 邮 编：242300
法 人：刘大喜
Tel：13805633951
0563－4131809
13856341600

### 宿松柯依竹木科技开发有限责任公司
地址：安徽省安庆市宿松县工业园区
负责人：宁其斌

Tel：13905637306

### 信兴刷业有限公司
地址：安徽省安庆市潜山县源潭镇十路村雷榜组 3 号
负责人：徐后胜
Tel：0556－8453702
13905567933

### 宁国市中溪镇维高竹筷厂
业务：一次性竹筷
地址：安徽省宁国市中溪镇中田村
负责人：刘维高 邮 编：242300
法 人：刘维高
Tel：13731905953
0563－4720085

### 安徽省泗县闯发实业有限公司
业务：生产、销售遥控飞机模型、日用品
地址：安徽省宿州市泗县东关经济开发区
负责人：田闯 邮 编：234000
法 人：田闯
Tel：13825825651
18955737777
0557－7099109

### 安徽省桐城市陶冲棕刷制品厂
地址：安徽省安庆桐城市陶冲镇三安路
负责人：胡军明
Tel：0556－6085242
13095564636

### 阜南县盛达工艺品有限公司
业务：阜南县盛达工艺品有限公司成立于 2006 年，生产木制工艺品、陶瓷工艺品、铁制工艺品，出品贸易，欢迎新老客户来电洽谈业务！
地址：安徽省阜阳市阜南县城北骆庄
负责人：陈子玉 邮 编：236300
法 人：陈子玉
Tel：0558－2899628
Fax：0558－6768351

### 天长市天俊清洁用品厂
业务：集开发 生产与销售于一体，从事清洁球加工业务，我厂设备先进，技术精干，生产的网丝清洁球款式新颖，经久耐用，是您家庭中必备。
产品：清洁用品、网球、网片、高锌铁丝、低锌铁丝、清洁球
地址：安徽省天长市铜城镇余庄村
负责人：杨素芳 邮 编：239300
法 人：陆兆松
Tel：15855067708
Fax：0550－7510241
网址：www.tjqjyp.chinapyp.com
E-mail：aijike2009@126.com

### 蚌埠市金祥沙发厂
地址：安徽省蚌埠市雪华乡施徐村七组
负责人：金克强
Tel：0552－3711808
13805529128

### 石台红发竹业有限公司
地址：安徽省池州地区石台县七里镇秋浦路百果园巷
负责人：李学红
Tel：0566－6024084
13905665347

### 宏运烟花爆竹批发有限公司
地址：安徽省池州市石台县城关人民北路 2 号
负责人：吴作来
Tel：0566－6022054
6022061
13705664892

### 广德李氏扇业有限公司
业务：生产各种规格的手绘挂扇、工艺扇和中高档宣纸折扇. 订制各种规格的书法、手绘等宣纸四色彩印广告扇
地址：安徽省宣城市广德县新杭镇横岗村
负责人：李根元 邮 编：242200
法 人：李根元
Tel：0563－6855754
6855808
网址：www.ahlssy.com

### 石台县昌林竹木制品厂
地址：安徽省池州市石台县七里镇和平南路 17 号
负责人：俞昌林
Tel：0566－6021330
13305665059

### 安徽阜南县万家和工艺品有限公司
业务：安徽阜南县万家和工艺品有限公司从事工艺品编织，欢迎新老客户来电洽谈业务。
地址：安徽省阜阳市阜南县部台乡徐罗村
负责人：徐治合 邮 编：236000
法 人：徐治合
Tel：0558－6022039
网址：mtw25997

### 滁州市琅琊园艺草木鲜花销售部
地址：安徽省滁州市琅琊区琅琊清流办事处陡岗村十五里墩组
负责人：李昌福

…… Tel:0550－3212896
13705500887

**敬梓玩具厂**
地址:安徽省滁州市全椒县襄河镇敬梓路101号
…… 负责人:陈保华
…… Tel:0550－5010310
3231721

**天长市丽嘉工艺品厂**
地址:安徽省滁州市天长市张铺镇凌塘村栗树队
…… 负责人:李炳梅
…… Tel:0550－7651949

**天长市盛源玩具厂**
地址:安徽省滁州市天长市郑集镇十营村
…… 负责人:徐国安
…… Tel:0550－7961666

## 宣城市金箔雪雅商贸有限公司
业务:公司专营美容护肤、化妆品，卓越的品质，良好的信誉是我们的承诺，你的美丽与自信是我们的成功与进步。
产品:化妆品
地址:安徽省宣城市西林路都市人家1栋203室
…… 负责人:孙泉 邮 编:242000
…… 法 人:凌林英
……Tel:0563－2719452
……Fax:0563－2719452
…… 网址:www.jbxyhzp.com

## 合肥新站区晓英家具经营部
业务:合肥新站区晓英家具经营部、主要销售办公家具产品、质量保证、价格合理、欢迎新老客户光临惠顾!
地址:安徽省合肥市安徽中州家具市场A区二楼
…… 负责人:黄晓英……邮 编:230000
…… Tel:0551－7116827
…… Fax:0551－4523808

**阜南县黄岗镇北方柳编厂**
地址:安徽省阜阳市阜南县黄岗镇
…… 负责人:杨毅
…… Tel:0558－6816039
13966558396

**界首市万福银楼珠宝首饰有限公司**
地址:安徽省阜阳市界首市健康路南段
…… 负责人:王耀辉
…… Tel:0558－4819829
13966579296

**阜阳市创新雕塑有限公司**
地址:安徽省阜阳市开发区赵王庄路24－7号
…… 负责人:管成运
…… Tel:13305586099

## 合肥市东方商城宏达木业经营部
业务:合肥市东方商城宏达木业经营部成立于1998年，主要经营板材、线条等。"诚信经营，质量保证，价格合理"，热诚欢迎广大新老客户光临惠顾。
地址:安徽省合肥市东方商城
…… 邮 编:230011
…… 法 人:张德生
…… Tel:0551－4496390
…… Fax:0551－4496390

**颍上县淮丰工艺品有限责任公司**
地址:安徽省阜阳市颍上县南照经济开发区
…… 负责人:李巨发
…… Tel:0558－4136019
4131999
13805674851

**合肥星辉奥尼斯厨具制造有限公司**
地址:安徽省合肥市长丰县双凤工业区
…… 负责人:林荣
…… Tel:13805517331

**合肥市精玉家具有限公司**
地址:安徽省合肥市长丰县双凤工业区代岗村
…… 负责人:严光彩
…… Tel:13965032182

## 华西新兴木业林安木业分公司
业务:华西新兴木业林安木业分公司成立于1999年，从事室内装修材料的加工、销售。产品有实面板、木门、木线等。我们以合理的价格、优秀的服务，热诚欢迎广大客商前来咨询和洽谈。
地址:安徽省合肥市临泉路香格里拉花园1期10栋502室
…… 邮 编:230011
…… 法 人:吕厚立
…… Tel:0551－7115568
…… Fax:0551－4691578

**铸鑫山木制品加工厂**
地址:安徽省合肥市七里塘站塘村优胜组
…… 负责人:杨长礼
…… Tel:0551－4310272
13003001407

**合肥三峰家具有限公司**
地址:安徽省合肥市七里塘镇南岗工业区
…… 负责人:刘晓东
…… Tel:13866131750

**合肥凯杰模型玩具有限公司**
地址:安徽省合肥市新站安徽大市场6区2029号
…… 负责人:徐凯
…… Tel:13955109317

**奇景山水经营部**
地址:安徽省合肥市新站区宝文装饰城6栋19号
…… 负责人:程志刚
…… Tel:0551－4233261

## 合肥裕森木业有限公司
业务:合肥裕森木业有限公司成立于1996年，从事装饰板材、建筑木板、实木门的生产及销售。在新世纪里，社会日新月异的发展，人们对装饰的要求越来越高，随着新型环保装饰板材的出现，我们将面临更大的机遇与挑战。但我们坚信"您的满意，是我们永远的追求"。
地址:安徽省合肥市站西路1号宝文装饰广场1号
…… 邮 编:230011
…… 法 人:曹昌仁
…… Tel:0551－4255599
…… Fax:0551－4254411

**长胜木器厂**
地址:安徽省合肥市瑶海区城东乡香店村民组1幢27号
…… 负责人:王宏富
…… Tel:0551－4483000
13515513460

**双宝床垫厂**
地址:安徽省合肥市瑶海区东七站塘路金狮皮革厂内
…… 负责人:谢荣宝
…… 负责人:0551－4318928
13856009608

**金寨县宏泰烟花爆竹有限公司**
地址:安徽省六安市金寨县梅山镇
…… 负责人:龚欣善
…… Tel:0564－7062157

## 淮南市强军玻璃工艺器皿厂
业务:安徽淮南强军玻璃器皿厂位于淮河两岸。拥有磨砂、高温烤花、印花、喷色等专业设备，完全可以按质按量完成客户要求。本厂自创建以来，不断推出新潮、美观、大方的玻璃器皿产品。产品高中低档具全，满足社会各阶层大众的需求。主要有各种彩花杯、广告杯，啤酒杯，冷水壶、水具套装精品套装精品小礼盒、光杯、烟灰缸、高级酒杯、保温瓶等产品。我们以最低的产品价格来换取客户的利润空间，欢迎广大客商光临!
地址:安徽省淮南市田家庵区十涧湖中路
…… 邮 编:232038
…… 法 人:朱言海
…… Tel:0554－5823768
…… Fax:0554－5822444

**寿县板桥经贸草席有限公司**
地址:安徽省六安市寿县板桥镇十迎路西段
…… 负责人:马祥保
…… Tel:13956118717

**舒城县大金店珠宝有限公司**
地址:安徽省六安市舒城县城关镇文化广场
…… 负责人:程贞发
…… Tel:0564－8620518

**兴达钢木家具有限公司**
地址:安徽省天长市便益乡香塘村
…… 负责人:段海金
…… Tel:0550－7642848
13955094492

**天祥钢木制品有限公司**
地址:安徽省天长市高庙集镇胜利路
…… 负责人:蒋成祥
…… Tel:0550－7541896
7542896
13705505696

## 黄山市溪口竹木材料制品厂
业务:黄山市溪口竹木材料制品厂成立于2001年，主要从事木制品的生产加工。"诚信为本，信誉第一，客户至上"，热诚欢迎新老客户惠顾。
地址:安徽省黄山市休宁县溪口镇和村37号
…… 负责人:245431
…… 法 人:项承家
…… Tel:0559－7583028
…… Fax:0559－7583028

**信诚玩具工艺厂**
地址:安徽省天长市金集镇潘墩村
…… 负责人:马其山
…… Tel:0550－7916892
13505504804

**美森木业有限公司**
地址:安徽省天长市西城区内(天康大道北侧)
…… 负责人:陈桂林
…… Tel:13855056988

**铜陵市红星家具小商品有限责任公司**
地址:安徽省铜陵市步行街中段
…… 负责人:金玉龙
…… Tel:0562－2662808

## 六安市联发工贸有限责任公司
业务:本公司成立于2006年，主要加工销售民用家具、办公家具。热忱欢迎新老客户来电洽谈业务!
地址:安徽省六安市裕安区经济开发区
…… 负责人:卢文学……邮 编:237000
…… 法 人:张克华
…… Mobile:13966248788
13805646578

**泾县西阳银根木梳厂**
地址:安徽省宣城区泾县西阳街道100号
…… 负责人:汪强
…… Tel:0563－5550122
13093605756

## 福建省/Fujian Province

**龙岩市新罗区咩咩饰品店**
业务：服装，首饰，家居用品
地址：福建省龙岩市新罗区中山路三期8－127号
负责人：何屹 邮编：364000
法人：何屹
Tel：13950818101

**永定县光辉工艺品厂**
业务：骨灰盒等工艺品的设计生产
地址：福建省龙岩市永定县大溪乡莒溪村
负责人：张南光 邮编：364000
法人：张南光
Tel：0597－5550235

**永定县景上添花礼品行**
业务：鲜花，礼品
产品：鲜花，礼品
地址：福建省龙岩市永定县凤城镇文化路15号
负责人：谢煌奎 邮编：364100
法人：谢煌奎
Tel：0597－5838962
13959089380
Fax：0597－3150288
E-mail：18257220@qq.com

**福安市美惠家俱厂**
业务：从事装饰用木线条、木质室内门的设计生产、销售及售后服务
地址：福建省福安市城阳乡溪东商贸街1号
负责人：俞茂桂 邮编：355000
法人：俞茂桂
Tel：13685068020
0593－6516030

**永定县年年发烟花爆竹经营部**
业务：烟花爆竹
地址：福建省龙岩市永定县高陂先富路莲花工业园区路口
负责人：张树锦 邮编：364000
法人：张树锦
Tel：0597－5630016

**永定县耀丰烟花爆竹零售点**
业务：烟花爆竹批发零售
地址：福建省龙岩市永定县堂堡乡堂堡街
负责人：沈耀丰 邮编：364000
法人：沈耀丰
Tel：0597－5791196

**南安市官桥镇嘉源陶瓷工艺厂**
业务：生产，销售艺术砖、腰线砖、抛光砖、镀金抛光砖、艺术拼图
地址：福建省南安市官桥镇石鸡山工业区
负责人：张清溶 邮编：362300
法人：张清溶
Tel：13505961591
0595－86861809

**福安市能强陶瓷专卖**
业务：陶瓷卫浴销售
地址：福建省福安市富春批发市场1号楼3－4号店
负责人：刘文瑞 邮编：352100
法人：刘文瑞
Tel：0593－6532563
13706041728

**福清市金福仙木制品包装加工厂**
业务：金福仙木制品包装加工厂成立于2006年，以木制品加工为主，生产一些装饰用材料，欢迎前来洽谈业务。

地址：福建省福清市宏路镇福耀工业村万达玻璃厂前门
负责人：万青山 邮编：350301
法人：万青山
Tel：0591－85365498
网址：www.mtw30319.chinapyp.com

**福鼎市海粤日用品经营部**
业务：销售日用品
地址：福建省福鼎市边贸商城北外一层29号
负责人：戴允志 邮编：352100
法人：戴允志
Tel：0593－7852369
6128028

**福建南安市和盛家具厂**
业务：主要生产家具
地址：福建省南安市梅山镇后洲开发区
负责人：陈宝良 邮编：362000
法人：陈宝良
Tel：0595－86596868
13906996234

**嘉益卫浴洁具厂**
业务：水龙头等卫浴洁具产品生产销售
地址：福建省南安市美林街道溪洲村183号
负责人：陈剑英 邮编：362300
法人：陈剑英
Tel：0595－86275809

**建阳市好彩头竹工艺品厂**
业务：竹工艺品加工及销售
地址：福建省南平建阳市考亭保修厂2号
负责人：丁启龙 邮编：353000
Tel：0599－5830098
5836162
13809592152

**晋江市安海镇晋佑皮塑工艺厂**
地址：福建省晋江市安海镇可慕皮革工业区
负责人：许垂瞭
Tel：0595－85784869
13905968770

**光泽县春佳工艺厂**
业务：木制工艺品
地址：福建省南平市光泽县坪山服务大楼一层
负责人：朱炳炎 邮编：353000
法人：朱炳炎
Tel：13559835187
0599－7950550

**浦城县美加福家私城**
业务：主营各种高中档品牌的家具
地址：福建省南平市浦城县玉树林工业路128号
负责人：王加文 邮编：353000
法人：王加文
Tel：13559852363
15280522683
15960980556
0599－2838982

**南平市延平区龙翔日用化学品经营部**
业务：家居清洁用品：碟新、浓缩洗洁精、乐新多用途清洁剂等等；个人护理用品、纽崔莱营养补充食品、雅姿美容化妆用品，厨房用具（安利皇后锅具）去油渍，清洁玻璃产品等
产品：福建省南平市政府对面外贸大楼8楼
负责人：郑雄 邮编：353000
法人：郑雄
Tel：13860056958
0599－8825242

**昭华工艺品有限公司**
地址：福建省福州市古楼区华玲路华玲玉景1号605号
负责人：吴海文
Tel：0591－87829268
87915618
13959181706
13906928938
Fax：0591－87822102

**武夷山市三禾家具店、南平市三禾床垫有限公司**
业务：床垫销售
地址：福建省南平市武夷山市北门街68号、福建省南平市沙溪口316国道旁
负责人：叶德荣 邮编：353000
法人：叶德荣
Tel：13860012061
0599－5312690
8616276

**南平市延平区欧瑞莱家居商行**
业务：家具及家居生活用品
产品：福建省南平市延平区世纪百货2楼
负责人：马明安 邮编：353000
法人：马松林
Tel：18950607037
0599－8622838

**前岐贝贝乐奶粉专卖店**
业务：代理国内进口知名品牌奶粉、婴儿用品、保健食品、玩具等，倡导优生理念，为您精心选择高品质的孕婴用品。
产品：雅培，惠氏，美赞臣，味全，明一，贝智康等
地址：福建省福鼎市前岐镇福东路90号
负责人：王传业 邮编：355203
法人：王传业
Tel：0593－7568406
13959385810

**玻璃镜艺经营部**
地址：福建省晋江市钢材市场内团阳市场玻璃经营部
负责人：许礼福
Tel：0595－85625530
85685530
85079283

**南平市延平区王台腾达竹制品厂**
业务：地板条、高中档筷子、竹串等
产品：福建省南平市延平区王台镇王台村山腰开发区
负责人：郑土金 邮编：353000
法人：郑土金
Tel：13459975675
15515654918

**政和铁山竹木粉厂**
业务：竹木粉加工及销售
产品：竹粉，木粉
地址：福建省南平市政和县铁山镇南干村溪坪后磷肥厂围墙外
负责人：刘连贵 邮编：353603
法人：谢新闻
Tel：13850927188
13509541083

**宁德市东侨经济开发区欧美莱卫浴经营部**
业务：欧美莱卫浴系列
地址：福建省宁德市东侨经济开发区冠宏星建材市场"逸涛华苑"34#（102#）
负责人：肖诗清 邮编：352100
法人：肖诗清
Tel：0593－2931253

**古田县凤埔盛坦竹木工艺品厂**
业务：生产、销售竹木工艺品
产品：福建省宁德市古田县凤埔乡凤埔街三支路5号
负责人：朱盛坦 邮编：352100
法人：朱盛坦
Tel：0593－3512165

**福鼎市秦屿美蓉十字绣店**
业务：十字绣经营
地址：福建省福鼎市秦屿镇玉池南路104号
负责人：温美蓉 邮编：352100
法人：钟石斌
Tel：0593－7072072

**寿宁县平溪乡李江东沙发店**
业务：经营民用家具、办公家具
地址：福建省宁德市寿宁县平溪乡平溪招待所楼下
负责人：李江东 邮编：355500
法人：李江东
Tel：15217761639
13459353870

**金砂木制品厂**
地址：福建省龙岩市永定县金砂乡下金村石坡
负责人：张文连
Tel：0597－5771148
13959096723

**周宁县佛光善缘香烛行**
业务：烛、香纸等用品经营
地址：福建省宁德市周宁县狮城镇商贸城9号
负责人：叶孙凤 邮编：352000
法人：叶孙凤
Tel：0593－5636799

**莆田工艺美术城玉苑阁**
业务：玉挂件
地址：福建省莆田工艺美术城玉雕区1－65号
负责人：徐德水 邮编：351100
法人：徐德水
Tel：0594－2199518

**莆田工艺美术城志华玉器行**
业务：经营玉器、珠宝首饰
地址：福建省莆田工艺美术城玉雕一区79号
负责人：方志华 邮编：351100
法人：方志华
Tel：13666921788
0594－2198709

**莆田工艺美术城唐彩工艺工贸有限公司**
业务：工艺茶盘、古典家具、红木橱柜
地址：福建省莆田工艺美术城综合区6－96号
负责人：曾长盛 邮编：351100
法人：曾长盛
Tel：13950789631
0594－2112963
Fax：0594－2112963
网址：www.tcaigy.com

**莆田市城厢区康宝电器销售部**
业务：康宝、爱妻牌厨卫用品代理销售
地址：福建省莆田市城厢区嘉新商业城3号楼（别墅路329号）
负责人：郭成枝 邮编：351100
法人：郭成枝
Tel：13706076063
0594－6606063

**仙游县大济镇心艺木雕精品店**
业务：木雕工艺品，礼品，茶盘，茶桌
地址：福建省莆田市大济镇前面街13号
负责人：陈信降 邮编：351200
法人：陈信降
Tel：13599010779
0594－8080993

**福清市江阴镇鸿佳布艺店**
业务：窗帘
地址：福建省福清市江阴镇安置区D区第一排第一座
负责人：翁建平 邮编：350300
法人：翁建平
Tel：0591－85968992
13067339594

**莆田工艺美术城晶艺阁玉器行**
业务：经营玉器工艺品
地址：福建省莆田市工艺美术城玉雕一区4号
负责人：吴庆羽 邮编：351100
法人：吴庆羽
Tel：13902367508

**和木斋创艺空间**
业务：开发设计、生产销售传统工艺品，创新工艺品，在继承和创新的基础上形成自有的专业技术特色，我们将以上乘的品质、优惠的价格，与您精诚合作，竭诚欢迎您的光临
产品：各种木雕收藏品，礼品
地址：福建省莆田市工艺美术城综合区6－30号
负责人：朱建山 邮编：351100
法人：朱建山
Tel：13599876505
E-mail：300155040@qq.com

**闽侯县云林工艺厂**
业务：闽侯县云林工艺厂成立于1995年，从事工艺配件的生产及销售。一直以来我们以质优价廉的方式为客户服务，深受好评，在此对支持我厂发展的新老客户表示衷心的感谢！
地址：福建省福州市闽侯县荆溪镇古山洲村3号
邮编：350101

法 人：张周林
Tel：0591－22622523
Fax：0591－22625289

## 莆田市涵江区亿峰古典家具厂

业务：生产、加工、销售各种实木家具
地址：福建省莆田市涵江区白塘镇陈桥村梧桥北路 23 号
负责人：陈敢峰 邮 编：351100
法 人：陈敢峰
Tel：0594－3501828
13607519055
Fax：0594－3501828

## 莆田市涵江区鼎丰水晶工艺加工厂

业务：水晶工艺品设计、生产销售
地址：福建省莆田市涵江区国欢镇高林街 1249 号
负责人：李国喜 邮 编：351100
法 人：李国喜
Tel：0594－3285221

## 称心沙发加工厂

业务：专业设计，生产和销售各种时尚沙发和软床系列，设计简洁、大方、典雅，我们将以上乘的品质、优惠的价格，与您精诚合作，竭诚欢迎您的光临！
产品：时尚布艺沙发、皮配布沙发、真皮沙发、以及布艺软床、真皮软床
地址：福建省莆田市涵江区江口镇锦江东路 256 弄 39 号
负责人：关称心 邮 编：351100
法 人：关称心
Tel：0594－3686961
E-mail：jian_sheng1978@hotmail.com

## 莆田市涵江区江口莹莹碎银坊

业务：成品银饰、千足银及宝宝系列产品销售
地址：福建省莆田市涵江区江口镇锦江西路 151 号
负责人：李俊雄 邮 编：351115
法 人：李俊雄
Tel：0594－3618836
15060331230

## 福建莆田万叻美化工有限公司

业务：集研发、生产、销售于一体的生产型现代化企业，我们拥有高素质的科研团队，一流的生产设备，专业生产护肤美容品及洗发用品。
产品：美白露、天然洗发露、沐浴露、洁面乳、香水、立除味美容修饰类化妆品
地址：福建省莆田市涵江区江口镇锦绣路
负责人：蔡文定 邮 编：351115
法 人：蔡文定
Tel：0594－3697898
Fax：0594－3693626
网址：www.wanlemei.com
E-mail：master@wamlemai.com

## 莆田市荔城区北高小弟水暖洁具商行

业务：水暖洁具、灯具
地址：福建省莆田市荔城区北高镇北高市场
负责人：李俊武 邮 编：351100
法 人：陈女士
Tel：0594－5217666

## 东方邦太整体橱柜店

业务：整体橱柜，厨房电器
产品：橱柜
地址：福建省福清市清荣大道洋埔段广益家居市场 7＃201 号店
负责人：陈必爱 邮 编：350300
法 人：陈必爱
Tel：0591－86969988
13599379399
Fax：0591－85996222
网址：www.dfbt.com.cn
E-mail：chenbiai@163.com

**南安市水头镇瑞发雨具加工厂**
地址：福建省南安市水头镇星辉村
负责人：黄火炮
Tel：13505061614

## 莆田市荔城区恒信实木门厂

业务：生产和销售实木门，实木扶手，实木家具
产品：实木门，实木扶手，实木家具
地址：福建省莆田市荔城区北高镇渡岭工业园
负责人：蔡顺明 邮 编：351148
法 人：蔡顺明
Tel：13615996555
0594－55225333
5213688
Fax：0594－5613688

## 莆田市荔城区北高埕头东泰首饰厂

业务：银首饰加工、销售
产品：手镯、项链、耳环等
地址：福建省莆田市荔城区北高镇埕头新街 1 号
负责人：翁国洪 邮 编：351148
法 人：翁国洪
Tel：13799684888
0594－5228811

## 莆田市荔城区北高镇金七福珠宝

业务：专业生产批发；天然翡翠玉镶千足金，手镯，观音，弥勒佛，十二生肖，花件等等，可来样定做。
地址：福建省莆田市荔城区北高镇福岭村福井 79 号
负责人：陈春华 邮 编：351148
法 人：陈春华
Tel：13666933625
0594－5222121
13110562121
18950752121
Fax：0594－5222121
网址：http://yih5612121.blog.163.com
E-mail：yih5612121@163.com

## 莆田市荔城区润强珠宝有限公司

业务：金镶玉、珠宝首饰
地址：福建省莆田市荔城区北高镇山前村下田 19 号
负责人：陈仲魁 邮 编：351100
法 人：陈仲魁
Tel：0594－6388688

## 莆田市荔城区洁节家五金水暖店

业务：洁具、厨具、五金、水暖设备
地址：福建省莆田市荔城区拱振延寿路仪莘路 783 号
负责人：陈宗荣 邮 编：351100
法 人：陈宗荣
Tel：13799667988
0594－2520009

## 莆田市荔城区黄石智星木雕经营部

业务：木雕销售
地址：福建省莆田市荔城区黄石镇七境村岭顶 37 号
负责人：陈智星 邮 编：351100
法 人：陈智星
Tel：13809542201
0594－2122201

## 莆田市荔城区黄石承翔石雕

业务：五百罗汉，佛像，桥亭，栏杆，龙柱，石雕所有的产品，汉白玉，花岗石等，各种订货加工，自有工厂
地址：福建省莆田市荔城区黄石镇沙坂村农场加油站边
负责人：朱金木 邮 编：351144
法 人：朱金木
Tel：0594－2197925
13905048712
13599887555
Fax：0594－2173788
网址：福建石雕.cn
E-mail：jinmu8@163.com
13905048712@139.com

## 莆田市荔城区新度蒲缘佛像工艺厂

业务：佛像工艺品生产销售
地址：福建省莆田市荔城区新度镇厝柄村
负责人：吴文武 邮 编：351100
法 人：吴文武
Tel：13905041592
0594－2965868

## 福州市仓山区庆福堂制香厂

业务：生产及销售卫生香.竹香.檀香 环保香等各种香
地址：福建省福州市仓山区城门镇清富村上富安 23 号
负责人：严小寿 邮 编：350018
法 人：严小寿
Tel：0591－83582457

**福华洗涤商行**
地址：福建省南平市商贸区 51 号
负责人：时福华
Tel：0599－8620258
13706001220

## 莆田市欢天喜地鞭炮烟花有限公司

业务：鞭炮烟花生产、销售
地址：福建省莆田市荔城区新度镇大坂村
负责人：晏路平 邮 编：351100
Tel：0594－2987716

## 莆田市荔城区新世纪实木家具店

业务：日用家居、办公家具销售
地址：福建省莆田市荔城区镇海街道衙后路 120 号
负责人：曾晶 邮 编：351100
法 人：曾晶
Tel：13599452467

## 福建省莆田市湄洲湾北岸经济开发区东埔东沙实木制品经销店

业务：实木门、实木家具、楼梯扶手
地址：福建省莆田市湄洲湾北岸经济开发区东埔镇前范村 6 组 67 号
负责人：蔡星煌 邮 编：351100
法 人：蔡星煌
Tel：13860912166
0594－5966309

## 木什缘木雕经营部

业务：木雕、仿古家具、木制工艺品
地址：福建省莆田市莆田工艺美术城综合区 6－19 号
负责人：翁玉华 邮 编：351100
法 人：翁玉华
Tel：13950799735

## 仙游县腾鸿家居饰品厂

业务：致力于装饰品、工艺品、古典家具设计、加工及销售，采用黄花梨、小叶檀等名贵木材为材料，做工考究，真材实料。可根据用户要求设计生产。我厂的宗旨是以信誉求生存，以质量求发展，欢迎各界朋友前来选购。
产品：装饰品、工艺品、古典家具
地址：福建省莆田市仙游县榜头镇坝下村
负责人：李金保 邮 编：351256
法 人：李金保
Tel：0594－7716089
13599880896
Fax：0594－7716089
网址：ljb172257142.cn.alibaba.com
E-mail：172257142@qq.com

## 仙游县榜头坝下永新古典家私厂

业务：精品木雕、古典家俱
地址：福建省莆田市仙游县榜头镇坝下村东艺路 10 号
负责人：林庆富 邮 编：351100
法 人：林庆富
Tel：0594－7796328

## 仙游县榜头陈庆平名艺油画有限公司

业务：油画批发
地址：福建省莆田市仙游县榜头镇坝下村工艺路 38 号
负责人：陈庆平 邮 编：351100
法 人：陈庆平
Tel：0594－7771851
13514048599
15860056619

## 仙游县榜头大玩家黄花梨工作室

业务：木雕
地址：福建省莆田市仙游县榜头镇坝下村工艺路 38 号
负责人：陈庆平 邮 编：351100
法 人：陈庆平
Tel：0594－7771851
13514048599
15860056619

## 福州鑫旺达厨具不锈钢设备有限公司

业务：鑫旺达牌厨具、不锈钢设备等厨房用品生产销售
地址：福建省福州市仓山区建新镇金山大道 198 号金山明星 1－2 号楼连接体 01 店面
负责人：钟强 邮 编：350001
法 人：钟强
Tel：13799989621
0591－87985032
Fax：0591－87985032

**久森木制品厂**
地址：福建省南平市延平区太平镇南溪村
负责人：欧照建
Tel：0599－8470336
13062263382

## 福州市仓山区金锦橱柜店

业务：整体橱柜，橱房用具
地址：福建省福州市仓山区建新镇闽江大道 90 号滨江丽景临江园 6 号楼 03 店面
负责人：蔡友潭 邮 编：350001
法 人：蔡友潭
Tel：0591－88190382

## 仙游县榜头和盛工艺店

业务：木雕，黄花梨工艺品设计加工
地址：福建省莆田市仙游县榜头镇坝下村濑榜路 260 号
负责人：林明福 邮 编：351100
法 人：林明福
Tel：13599454596
0594－7795783
Fax：05694－8268381

**涵江区江口志明铜雕工艺厂**
地址：福建省莆田市涵江区江口镇丰山村霞肖自然村
负责人：肖志明
Tel：0594－3786118
13055688516

## 仙游县榜头镇升航工艺厂

业务：制作人物，材料等工艺品
地址：福建省莆田市仙游县榜头镇坝下村圆艺路 61 号
负责人：蔡志强 邮 编：351100
法 人：蔡志强
Tel：0594－7796943
13328828150

## 福州市仓山区顺捷楼梯店

业务：实木楼梯代理
地址：福建省福州市仓山区上渡路 149 号福州林产品市场 17 幢 6－7 号店
负责人：胡赞泉 邮 编：350001
法 人：胡赞泉
Tel：0591－83591006
15005901985

## 仙游榜头镇林一茶艺厂

业务：从事茶盘、工艺品生产、设计、销售于一体，批零兼营，以弘扬中国茶文化为己任，品味茶情、茶趣。
产品：木雕、茶盘、茶桌
地址：福建省莆田市仙游县榜头镇坝下东艺路天恩达店
负责人：黄一青 邮 编：351256
法 人：黄一青
Tel：0594－7755568
15860035456
Fax：0594－7755568
网址：www.fjlinyi.cn
E-mail：huangyiqing@sohu.com

## 仙游县榜头镇福生古典家具厂

业务：专业生产大红酸枝家具、古典家具的生产
地址：福建省莆田市仙游县榜头镇坝下艺园路 96 号
负责人：黄晓剑 邮 编：351100
法 人：黄晓剑
Tel：13799003102
0594－7756111

## 仙游县榜头镇双丰工艺厂

业务：专业生产和销售仿古宫廷家具，木制茶盘、果盘等木制系列工艺品
产品：仿古宫廷家具，木制茶盘、果盘等木制系列工艺品
地址：福建省莆田市仙游县榜头镇赤荷村下田
负责人：林金亿 邮 编：351256
法 人：林金亿
Tel：13808570807
0594－7776766
Fax：0594－7776766

## 仙游县榜头金斧古典家具店

业务：古典红木家具设计制作
地址：福建省莆田市仙游县榜头镇东桥村工艺路
负责人：陈洪中 邮 编：351100
法 人：陈洪中
Tel：0594－7781466

**漳州市金川景观艺术有限公司**
业务：漳州市金川景观艺术有限公司属合资企业，从事花园景观喷泉工艺品出口，产品主要销往欧美国家，具有从设计开发生产销售的完整管理体系，拥有花园式欧式风格工厂。
地址：福建省龙海市程溪镇程溪农场十八步桥

…………负责人：廖文彬……邮 编：363000
法 人：廖文彬
Tel：0596－6627366
Fax：0596－6627367

## 仙游县榜头镇官舍古典家具艺雕场
业务：古典家具艺雕生产销售
地址：福建省莆田市仙游县榜头镇官舍村中学对面
负责人：林明俊 邮 编：351100
法 人：林明俊
Tel：0594－7799766

## 长乐市吴航华忆窗帘店
业务：各色窗帘的销售
地址：福建省福州市长乐市吴航街道进城路新乐花园 6 号楼 10 号店
负责人：蒋学颖 邮 编：350000
法 人：蒋学颖
Tel：13305913013

## 仙游县榜头镇兴腾阁古典家私展厅
业务：仿古明清家具的生产
地址：福建省莆田市仙游县榜头镇龙腾村万新寨 54 号
负责人：林振涛 邮 编：351256
法 人：林振涛
Tel：13799003300
0594－7792155
Fax：0594－7777398
网址：http://www.fjxtg.com.cn

## 仙游县明韵清风电脑雕刻中心
业务：古典家具电脑雕刻
地址：福建省莆田市仙游县榜头镇泉山村洋尾 123 号
负责人：林元全 邮 编：351100
Tel：0594－7766688
13305948836
13850295338

## 仙游县榜头广东陶瓷直销处
业务：陶瓷：抛光砖、仿古砖、内外墙砖
地址：福建省莆田市仙游县榜头镇世纪北街 973 号
负责人：陈瑞敏 邮 编：351100
法 人：陈瑞敏
Tel：0594－7798911

## 福州田黄瑰宝工艺品有限公司
业务：寿山石工艺品加工、销售
产品：寿山石工艺品、荔枝石工艺品、坑头石工艺品、芙蓉石工艺品、高山石工艺品
地址：福建省福州市鼓楼区五一中路 18 号正大广场帝景台 2606 室
负责人：张天平 邮 编：350000
Tel：13959103188
0591－87669987
88057996

## 深圳市金枝首饰有限公司福州分公司
业务：集研发、设计、加工、生产及销售为一体的首饰制造企业，技术先进、造型新颖，制作工艺完美，并承诺保质、保修、保养服务，秉承以诚待人，以质取胜的经营宗旨，竭诚为您服务
产品：金银铜首饰
地址：福建省福州市冠亚广场附一楼
负责人：陈其顺 邮 编：350001
法 人：陈其顺
Tel：0591－83351314
13959163789
Fax：0591－83351314
E-mail：love@love51314.cn

## 仙游县榜头镇华旺古典家私厂
业务：实木古典家具
地址：福建省莆田市仙游县榜头镇溪东新村南路 73 号
负责人：王国华 邮 编：351100
法 人：王国华
Tel：13959511433
0594－7781222

## 福建省仙游县榜头恒盛古典家私厂
业务：实木古典家具设计、制作
地址：福建省莆田市仙游县榜头镇仙榜路世纪中街 3780 号
负责人：王庆如 邮 编：351100
法 人：王庆如
Tel：13706097089
0594－7756256

## 仙游县榜头镇天妃古典家具店
业务：古典家具的销售
地址：福建省莆田市仙游县榜头镇紫泽村东乾路 33 号
负责人：王志权 邮 编：351100
法 人：王志权
Tel：15880308080
18950769908

**东方宝岛眼镜店**
地址：福建省泉州市安溪县虎邱镇湖邱街
负责人：欧玉相
Tel：0539－23110991
13959938287

## 福州市晋安区林诚珠宝店
业务：主要经营黄金、铂金、翡翠、钻石镶嵌饰品及玉器，也可根据客户的要求来样订做。我们的宗旨是以诚待人，以质取胜，并承诺保质、保修、保养服务。
产品：千足金，千足铂金，18K 白金，钻石，翡翠
地址：福建省福州市晋安区琯尾社区 1 号楼
负责人：曾桂端 邮 编：350001
法 人：林宜芳
Tel：0591－28325516
87315714

## 金华精品木雕店
业务：销售木雕
地址：福建省莆田市仙游县度尾镇中岳李耕工业区
负责人：何金华 邮 编：351100
法 人：何金华
Tel：13799688901
0594－8820381

## 仙游县鲤城心德工艺厂
业务：餐具，不定型木盘
地址：福建省莆田市仙游县鲤城街道东大路 240 号
负责人：林启洪 邮 编：351100
法 人：林启洪
Tel：13706060593
0594－8390911

## 仙游县鲤南现代新品卫浴
业务：卫生洁具
地址：福建省莆田市仙游县鲤南东路 436－438 号店面
负责人：凌华中 邮 编：351100
法 人：凌华中
Tel：0594－6888955
15080125556

## 仙游县鲤南好兆头橱柜经营部
业务：好兆头橱柜专卖
地址：福建省莆田市仙游县鲤南镇国税局旁
负责人：吴志明 邮 编：351200
法 人：吴志明
Tel：13656980555
13515938515
0594－8380555
8366998
Fax：0594－8366998

## 仙游县鲤南镇力诺瑞特太阳能经营店
业务：力诺瑞特太阳能、热水器专卖
地址：福建省莆田市仙游县鲤南镇龙翔大门口右侧第一幢店面
负责人：李完欣 邮 编：351100
法 人：李完欣
Tel：0594－8585882

## 仙游县佛声木鱼有限公司
业务：寺庙傢俱、佛具等。主要产品有木鱼、佛像、日本佛具、古典家具、办公用品的工艺品
地址：福建省莆田市仙游县鲤南镇温泉小区 2#
负责人：林继国 邮 编：351200
法 人：林继国
Tel：13799607812
13030855591
0594－8251019
Fax：0594－8251019
E-mail：dannan.com@163.com

## 仙游县榜头镇沉香阁工艺品有限公司
业务：沉香，檀香的生产销售
地址：福建省莆田市仙游县一中街 91 弄 8 号
负责人：陈晟 邮 编：351200
法 人：陈晟
Tel：4008839990

**德全家俬商场**
地址：福建省泉州市德化县龙鹏街种子公司二、三楼
负责人：赖德全
Tel：0595－23580318
13906094018

## 莆田市艺源古典家具有限公司
业务：生产与销售古典家具、木制工艺品、油画
产品：古典家具、木制工艺品、油画
地址：福建省莆田市仙游县鲤南镇玉田村（海亭岭）1029 号
负责人：张金耀 邮 编：351100
法 人：张金耀
Tel：13850222019
0594－8880899
网址：www.yiyuanart.com

## 莆田秀屿区笏石汇多利家俱城
业务：批发、销售实木家具、办公用品
地址：福建省莆田市秀屿区笏石镇苏塘村村路口
负责人：许元楷 邮 编：351146
法 人：许元楷
Tel：13905940226
0594－6595988

## 福州市晋安区福通眼镜经营部
业务：销售眼镜
地址：福建省福州市晋安区华林路 373 号汽车北站综合楼三层 321 号
负责人：陈秀权 邮 编：350000
法 人：陈秀权
Tel：0591－87575922
13696899000

## 安溪县城厢丹尼斯卫浴组装点
业务：卫浴组装
地址：福建省泉州市安溪县城厢镇玉田村新街 2 期 7 幢 15 号
负责人：肖长其 邮 编：362000
法 人：肖长其
Tel：13055615927
0595－23385913

## 福建安溪荣华工艺品有限公司
业务：生产、销售铁制工艺品
地址：福建省泉州市安溪县凤城镇河滨南路 103 号
负责人：杨琳华 邮 编：362000
法 人：杨全荣
Tel：0595－26071289
26071288
13850705769

## 安溪县官桥桑乐太阳能热水器专卖店
业务：桑乐太阳能专卖
地址：福建省泉州市安溪县官桥镇东大路东大街官桥中学正对面
负责人：林甲寅 邮 编：362441
法 人：林甲寅
Tel：13505031641

## 安溪县蓬莱雅阁铁艺工艺品厂
业务：铁制工艺品，铁制家具，铁制烛台等
地址：福建省泉州市安溪县蓬莱镇美滨村
负责人：林世美 邮 编：362402
法 人：林世美
Tel：13808534770
0595－23364788

## 泉州市丰泽区名帝橱柜店
业务：名帝橱柜泉州代理
地址：福建省泉州市百安居家具广场二楼 2F－B6
负责人：戴志阳 邮 编：362000
法 人：戴志阳
Tel：0595－22285739

## 福州市晋安区东晟茶具有限公司
业务：套装茶具生产及销售
地址：福建省福州市晋安区五里亭海峡茶都 A3－A6
负责人：李名长 邮 编：350001
法 人：李名基
Tel：0591－83669624
13015712765
Fax：0591－83669624

## 莆田市金景餐具有限公司
业务：本公司于 1998 年创办以来经营业绩不断攀升，生产规模不断扩大。本厂主要生产各种高级密胺仿瓷餐具，产品遍布国内十几个省及市县，并远销欧美、中东、东南亚等国际市场，并受到国内各大卖场的一致好评。

地址：福建省莆田市涵江区富丽明工业园
邮 编：351100
法 人：吴仁泽
Tel：0594－3363986
Fax：0594－3368859

**兴捷工艺品有限责任公司**
地址：福建省泉州市德化县龙浔镇鹏祥工业
负责人：叶兴选
Tel：0595－23581219
13905057219

## 中国瓷都德化戴云艺瓷研究所
业务：高档礼品瓷
地址：福建省泉州市德化县戴云酒店一楼 1－2 店面
负责人：陈国钦 邮 编：362000
法 人：陈国钦
Tel：13859728989
0595－23515688
Fax：0595－23588618

## 德化县晶艺陶瓷店
业务：传统工艺陶瓷、灯具系列、茶具系列、餐具系列等
地址：福建省泉州市德化县龙鹏街 12 号
负责人：孙秀惠 邮 编：362500
法 人：孙秀惠
Tel：13506919976
0595－23692668

## 德化县胜越工艺有限公司
业务：高中档实木茶盆，茶具，德化清瓷，高中档礼品瓷，写字订彩，商务旅游茶具等
地址：福建省泉州市德化县龙鹏街 82 号
负责人：李筝灿 邮 编：362000
法 人：李筝灿
Tel：0595－23583338
13506012289

## 福建省德化县新华顺工艺品厂
业务：生产销售陶瓷工艺品、铁件工艺品
地址：福建省泉州市德化县三班镇三班村
负责人：郑水华 邮 编：362000
法 人：郑水华
Tel：0595－23576137
13960311259

## 德化县鸿基陶瓷颜料店
业务：经营陶瓷颜料
地址：福建省泉州市德化县浔中镇浔东北路 18 幢（104 号）
负责人：冷述元 邮 编：362500
法 人：冷述元
Tel：13600712290
0595－23566765

## 海光傢俱厂
业务：生产、销售实木家俱
产品：民用家俱、办公家俱
地址：福建省泉州市丰泽华大街道南埔工业区
负责人：陈海光 邮 编：362000
法 人：徐凤甜
Tel：13906091380
0595－22675078

## 泉州市丰泽区诚实木浆棉有限公司
业务：木浆棉生产、销售
产品：木浆棉万用巾
地址：福建省泉州市丰泽区北峰街道肖厝社区东边工业区第一座
负责人：郑成通 邮 编：362000
Tel：13600781343
0595－22750977

## 平潭县鑫业家俱城
业务：家具用品
地址：福建省福州市平潭县潭城镇西航路福星楼 A 区 1 号楼一层店面
负责人：林同金 邮 编：350000
法 人：林同金
Tel：0591－23133888

**真情鲜花店**
地址：福建省泉州市德化县龙浔镇寨头 15 号
负责人：郑文江
Tel：0595－23526822
13600711712

## 福州市台江区承旺竹艺园
业务：加工销售竹根雕：工艺品、装饰品、收藏品
地址：福建省福州市台江区鳌峰路 68 号花鸟市场第贰座 223 号店面
负责人：叶陈旺 邮 编：350000
法 人：叶陈旺
Tel：15980296556
15980376780

**泉州市丰泽区名帝橱柜店**
业务：名帝橱柜泉州代理
地址：福建省泉州市丰泽区刺桐西路湖心街入口处好又多商场一楼
负责人：戴志阳　邮　编：362000
法　人：戴志阳
Tel：13959836276
0595－24666939

**泉州市宝象日化有限公司**
业务：生产、销售蚊香、气雾剂
地址：福建省泉州市惠安县东岭镇许山头村
负责人：许志强　邮　编：362141
法　人：许志强
Tel：13505041940
0595－87887903
87883313
网址：http://www.51zzt.com/user/zzt29901

**张坂镇满足日用品商行**
业务：安利日用品经营，智能开关板，净水器，太阳能
地址：福建省泉州市惠安县张坂镇
负责人：徐国文　邮　编：362000
法　人：徐国文
Tel：0595－87529045
Fax：0595－87529045

**鲤城区孟龙工艺品商行**
业务：古玩、工艺口、瓷器、印章
地址：福建省泉州市鲤城区府文庙古玩市场D座8号（产权中山中路泮宫内）
负责人：杨建安　邮　编：362000
法　人：杨建安
Tel：13600787961

**泉州市鲤城区高厅喜庆用品店**
业务：生产、销售婚庆用品
地址：福建省泉州市鲤城区工业品批发市场A109号
负责人：叶高厅　邮　编：362000
法　人：叶高厅
Tel：13860767950
0595－22209779
86739836

**泉州市丰泽区名帝橱柜店**
业务：名帝橱柜泉州代理
地址：福建省泉州市鲤城区环城西路5期3号楼9号
负责人：戴志阳　邮　编：362000
法　人：戴志阳
Tel：0595－22150381

**福州达之杰家具有限公司**
业务：专业生产办公家具，酒店家具，学校课桌椅、公寓床
地址：福建省福州市台江区鳌峰洲人民堤一座3楼A－7
负责人：杨伏品　邮　编：350000
法　人：杨伏品
Tel：13763893090
0591－83620096

**名豪家私厂**
业务：沙发加工及销售
地址：福建省泉州市南安市罗东镇罗东工业区
负责人：黄文春　邮　编：362324
法　人：黄文春
Tel：0595－86551898
Fax：0595－86531898

**泉州经济开发区中田水晶玻璃店**
业务：保护家具用软质玻璃材料代理
地址：福建省泉州市泉秀路东段现代家居广场211号
负责人：尧应官　邮　编：362000
法　人：邓先生
Tel：0595－22950379
13805997456

**永春县怡然竹木制品有限公司**
业务：加工、销售竹木制品
地址：福建省泉州市永春县一都镇玉三村
负责人：曾炎　邮　编：362000
法　人：曾炎
Tel：13506039152
0595－23991937

**泉州市亚艺工艺礼品有限公司**
地址：福建省泉州市丰泽区北峰招丰村
负责人：陈芳
Tel：0595－86738789

**甬和艺品厂**
地址：福建省泉州市丰泽区城东浔美工业区
负责人：曾锦辉
Tel：0595－22672299
13906998348

**大田县健康人生日用品店**
业务：安利日用品销售及售后服务
地址：福建省三明市大田县均溪镇凤山西路33号二楼
负责人：黄梅珍　邮　编：365000
法　人：黄梅珍
Tel：0598－7312567

**大田县华洲天一厨柜**
业务：橱柜，衣柜，电器，卫浴洁具
地址：福建省三明市大田县均溪镇建山路189－6号
负责人：林华钦　邮　编：365000
法　人：林华钦
Tel：0598－7315699
5035799

**建宁县濉溪镇下坊小平好家园陶瓷店**
业务：经营好家园陶瓷产品
地址：福建省三明市建宁县濉溪镇下坊街16号
负责人：朱小平　邮　编：365000
法　人：朱小平
Tel：0598－3987959

**华英贝贝母婴用品店**
业务：销售婴儿用品
地址：福建省三明市将乐县古镛镇七星苑C座7号
负责人：廖玮玮　邮　编：365000
法　人：廖玮玮
Tel：0598－2332369

**将乐县恒福陶瓷店**
业务：销售陶瓷、承接建筑工程、室内外装饰装修
地址：福建省三明市将乐县水南盛亚花园4号楼15－16号
负责人：李国田　邮　编：365000
法　人：李国田
Tel：0598－2262278
Fax：0598－2262279

**三明市梅列区美缘家具店**
业务：经营民用家具、办公家具
地址：福建省三明市梅列区五四新村6幢2层2号（列西工商银行2楼）
负责人：王燕　邮　编：365000
法　人：王燕
Tel：13666957614
0598－8886613

**三和鞋店（华益眼镜店）**
业务：眼镜
地址：福建省三明市明溪县雪峰镇3号（一中大门旁边）
负责人：邹建和　邮　编：365000
法　人：邹建和
Tel：0598－2861267
Fax：0598－5172598

**明溪县钟华家俬城明珠路展厅**
业务：经销晚安家居
地址：福建省三明市明溪县雪峰镇明珠路4号明珠御苑B2幢29号
负责人：钟仰文　邮　编：365000
法　人：钟仰文
Tel：13859130210
0598－2812607

**万隆珠宝工艺品厂**
业务：天然蓝宝石，红宝石等各类宝石界面，翡翠，手镯，玉佩，黄金，白金戒指，项链，手链，玉雕，红豆根雕杉工艺品
地址：福建省三明市明溪县雪峰镇紫岭路二区49号一层
负责人：陈卿雄　邮　编：365000
法　人：陈卿雄
Tel：0598－2882513

**宁化县汉风仿古建筑构件厂**
业务：仿古建筑构件、欧式构件、雕刻、雕塑
地址：福建省三明市宁化县安乐乡黄地桥村
负责人：陈振生　邮　编：365000
法　人：陈振生
Tel：13950956259
0598－6805818

**莆田市先行艺术制品有限公司**
业务：莆田市先行艺术制品有限公司成立于2005年，主要从事于油画、画框、工艺画等。公司以"质量求生存，信誉求发展"，欢迎广大用户光临惠顾！
地址：福建省莆田市涵江区环城路
负责人：林辉　邮　编：351111
法　人：林辉
Tel：0594－2510888
Fax：0594－6993778

**三明市三元区金立达日用品厂**
业务：生产销售清洁球、洗碗布、衣刷、塑料制品、五金制品、日用品等等
地址：福建省三明市三元区白沙北山路24号18幢1－5号
负责人：洪秀算　邮　编：365000
法　人：洪秀算
Tel：13860550859
0598－8338807

**明星金匠黄金首饰回收店**
业务：黄金饰品回收，加工，修护
地址：福建省福州市台江区六一中路竹艺城3058号 福建省福州市台江区六一中路380号光明桥玉石城406室
负责人：林丛　邮　编：350001
法　人：林丛
Tel：13655016630
0591－83200596
83275124

**福州市台江区恒历角梳店**
业务：福州三宝经营，牛角梳、寿山石、脱胎漆器
地址：福建省福州市台江区榕城古街美食街中亭之8号/古楼区三坊七巷南后街56号
负责人：商美　邮　编：350000
法　人：商美
Tel：13763836620
0591－87963352
Fax：0591－87963352

**三明市三元区三六九红木家具批发部**
业务：红木家具批发
地址：福建省三明市三元区新市南路283号一层4号
负责人：谢灵生　邮　编：365000
法　人：谢灵生
Tel：13806968268
0598－8333800

**天伦莱缘美容时尚吧**
业务：十字绣、洗头、洗脸、美甲、化妆、纹身、纹眉、纹眼线、出租婚礼套系
地址：福建省三明市沙县步行街10幢5号
负责人：许丽英　邮　编：365000
法　人：许丽英
Tel：0598－5699121
13859150758

**沙县懒夫人日用家居连锁店**
业务：经营日用家居用品
地址：福建省三明市沙县府西路师古巷二幢4号
负责人：胡美金　邮　编：365500
法　人：胡美金
Tel：0598－5699120
13960556400

**泰宁县香港爱恋珠宝连锁金行**
业务：经营珠宝首饰
地址：福建省三明市泰宁县杉城镇和平中街A幢国中百汇购物广场一层柜台
负责人：翁志坚　邮　编：365000
法　人：翁志坚
Tel：0598－7839553
15860870866

**泰宁县城关欧普灯具店**
业务：灯具的销售
地址：福建省三明市泰宁县杉城镇金湖建材市场33、34号店
负责人：冯念彬　邮　编：365000
法　人：冯念彬
Tel：13860525255
0598－7860168

**泰宁县城关玉环轩玉器行**
业务：零售翡翠、玉器
地址：福建省三明市泰宁县杉城镇灵秀商城绣衣坊3幢112号
负责人：王大平　邮　编：354400
法　人：王大平
Tel：15059030749
0598－7836502

**晋江市卡罗比妇幼儿童用品**
业务：经营妇幼儿童用品
地址：福建省晋江市青阳金光路6号
负责人：蔡婉华　邮　编：362200
法　人：蔡婉华
Tel：13799889935
0595－85693178

**泰宁县艺雕坊**
业务：木雕
地址：福建省三明市泰宁县杉城镇泰将路桂花村一排九号
负责人：邱灿忠　邮　编：365000
法　人：邱灿忠
Tel：13950960292
13860588458
0598－7833282

**维意全屋家俬定制**
业务：维意全屋家俬专卖
地址：福建省三明市永安市豪门御景7号楼117号店
负责人：陈君忠　邮　编：365000
法　人：陈君忠
Tel：13616930581
0598－3816101
3812657
Fax：0598－3816101

**永安市皮阿诺橱柜**
业务：皮阿诺橱柜专卖
地址：福建省三明市永安市豪门御景7号楼120号店
负责人：陈君忠　邮　编：365000
法　人：陈君忠
Tel：13616930581
0598－3816101
3812657
Fax：0598－3816101

**鲤城金达工艺厂**
地址：福建省泉州市浮桥镇东边工业区
负责人：吴德桂
Tel：0595－22459915
22268364

**邵武市家佳竹工艺品有限公司**
业务：加工竹筷、竹板条
地址：福建省邵武市大埠岗镇羌窠村
负责人：邹光耀　邮　编：350008
法　人：邹光耀
Tel：13950691277
0599－6858276

**石狮市金立信珠宝行**
业务：经营珠宝首饰
地址：福建省石狮市九二路850号
负责人：蔡福从　邮　编：362700
法　人：蔡福从
Tel：13559411996
13805912011

**武夷山市阿彪工艺品商行**
业务：古董书画，茶叶
地址：福建省武夷山市韵林中国书画艺术家创作交流中心二楼展厅
负责人：林文彪　邮　编：354300
法　人：林文彪
Tel：13559852196
0599－5119666
Fax：0599－5231299

**仙游县大家缘古典家俬有限公司**
业务：生产、销售家俬
地址：福建省仙游县坝下下坤村
负责人：李玉地　邮　编：351256
法　人：陈志芬
Tel：13760828759
13808594775
0594－7799277

**福建省仙游县华宇家俬有限公司**
业务：集开发、设计、生产、销售为一体，采用名贵硬木为材料，专业生产仿古家具及工艺品，做工考究，真材实料。可为您量身定尺，另承接酒店，酒吧等室内外古典装潢，热忱欢迎新老客户指导光顾，洽谈业务！
产品：明清古典家具，皇宫椅、圈椅、罗汉床、八仙桌、汽车座垫等
地址：福建省仙游县榜头镇白云山工业开区
负责人：陈先生　邮　编：361000
法　人：陈金杯
Tel：0592－5758783
13400615698
Fax：0592－5657087
网址：himi716.cn.alibaba.com

**远秀美术工艺有限公司**
地址：福建省泉州市鲤城区江南工业区鲤中小区
负责人：林文秀
Tel：0595－22463782

**仙游县榜头镇上纳文化家私**
业务：家私
地址：福建省仙游县榜头镇象塘村象塘街51号
负责人：陈民树　邮编：351100
法人：陈民树
Tel：13607513311
0594－7799919

**福州市台江区红点家具店**
业务：红点沙发专卖
地址：福建省福州市台江区中亭街嘉辉苑三层 D3－10 号
负责人：戴店长　邮编：350001
法人：刘素华
Tel：0591－83253458

**云霄县恒源家具店**
业务：各种家具
地址：福建省云霄县陈岱镇岱南水产市场
负责人：汤福杉　邮编：363300
法人：汤福杉
Tel：0596－8667078
13709385353

**漳平市新美尔居布艺店**
业务：窗帘、布艺
地址：福建省漳平市华龙广场 3 号楼 33 号
负责人：邱陈昌　邮编：364400
法人：邱陈昌
Tel：13959052612
0597－3173628

**漳平市福如家私经营部**
业务：各类家具
地址：福建省漳平市外环西路 20 号二层
负责人：黄淑如　邮编：364000
法人：邓福泗
Tel：0597－7533168
13159309729

**东山县铜陵镇澳维丝卫浴**
业务：澳维丝卫浴洁具的代理销售
地址：福建省漳州市东山县铜陵镇桂花街铜亭路 J2－05 号
负责人：江福平　邮编：363000
法人：江福平
Tel：13063000800
0596－5669959

**东山县西埔兰亭雅集首饰店**
业务：白金，玉器，金银首饰加工
地址：福建省漳州市东山县西埔镇中兴街新榕巷 460－15 号
负责人：许跃琛　邮编：363000
法人：许跃琛
Tel：0596－5839753
13960129753

**亿田集成环保灶龙海总经销**
业务：亿田集成环保灶、橱柜、整体衣柜、高奇水槽、推拉门、绿州源净水器、吊顶等
地址：福建省漳州市龙海市石码镇九龙新城16 幢附属楼 102 号
负责人：蔡树欣　邮编：363100
法人：蔡树欣
Tel：13043066979
18960067949
0596－6388761
Fax：0596－6388761

**南靖县旺美佛具店**
业务：加工、销售佛像印花；蜡烛、香等的批发、零售
产品：佛像印花
地址：福建省漳州市南靖县金山镇金山村东镇路
负责人：吴旺泉　邮编：363000
Tel：0596－7551573
13159128659

**南靖县德志家具店**
业务：家具销售
地址：福建省漳州市南靖县书洋镇大众路67 号
负责人：简德志　邮编：363608
法人：简德志
Tel：0596－7776898
13709321326

**善艺李氏雕塑工艺厂**
业务：善艺李氏雕塑工艺厂成立于 1995 年，主要从事木制品雕刻。公司秉承“以质量求生存，以信誉求发展”的理念。以优质材料和精湛工艺，赢得了广大客户的青睐。
地址：福建省莆田市涵江区三江口镇邮电局旁边
负责人：李凤荣　邮编：351111
法人：李凤荣
Tel：0594－3805529

**漳州市芗城区日鑫桂溪家具店**
业务：代理实木、真皮类居家，办公家具
地址：福建省漳州市芗城区九龙大道市妇幼医院右侧
负责人：涂英俊　邮编：363000
法人：涂英俊
Tel：0596－2948658

**漳州市芗城区祺祥液化气供应点**
业务：液化气、零配件、厨房设备、厨具用品
地址：福建省漳州市芗城区石亭镇漳华路新厝路段部队斜对面
负责人：黄其祥　邮编：363000
法人：黄其祥
Tel：0596－2552792

**云霄县全福纸品店**
业务：纸品的销售
地址：福建省漳州市云霄县经堂口商场第一层第二区第 13、14 号
负责人：吴全福　邮编：363000
法人：吴全福
Tel：0596－8530365
13055968208

**泉州艺锦工艺有限公司**
地址：福建省泉州市鲤城区浮桥镇岐山社区工业小区
负责人：江丽莎
Tel：13506002282

**云霄县马铺乡林丽芬宝宝乐妇婴用品店**
业务：妇婴用品，各种奶粉，米糊
地址：福建省漳州市云霄县马铺乡马铺圩119 号
负责人：林丽芬　邮编：363300
法人：林丽芬
Tel：13459659938
0596－8787798

**诏安县梅岭许来发渔具店**
业务：销售渔具
地址：福建省漳州市诏安县梅岭镇下河村下宫路边
负责人：许来发　邮编：363000
法人：许来发
Tel：0596－3563368
3562168
13806939690

**明视眼镜永泰第 145 分店**
业务：主营：眼镜
地址：福建省福州市永泰县樟城镇后垅路 6号 4#－5#
负责人：林长钟　邮编：350001
法人：林长钟
Tel：0591－24877002

**建瓯市完美营养保健品店**
业务：中国完美营养保健品专营店
产品：肽藻营养粉：具有增强免疫力的保健功能；芦荟矿物晶：免疫力调节；芦荟沐浴露：芦荟提取、太阳花油能营养滋润皮肤；芦荟洗发露：有效修复头发表皮鲜片自然亮泽；芦荟牙膏：高效抗菌、力倍洁美白牙齿；芦荟胶：割伤、擦伤、冻伤、痔疮功效；营养餐：全家人的营养美食品；健怡茶：胃炎及溃疡、肠道、糖尿病；高纤乐：改善胃肠道功能、通便的保健；活立多：具有效改善胃肠保健功能；沙蒜：调节血脂、血脂偏者有效
地址：福建省建瓯市南雅镇江滨路
负责人：李玉婢　邮编：353101
法人：李玉婢
Tel：0599－3523051
13706919263

**晋江美伦家居用品贸易有限公司**
业务：销售家居用品
地址：福建省晋江市陈埭七一路尾（石泉二路）中环家居广场一楼
负责人：李松江　邮编：362000
法人：李松江
Tel：13665916889
0595－82102889
88870889

**峰尾峰华家私店**
地址：福建省泉州市泉港峰尾商品街
负责人：刘国华
Tel：0595－87765485
13506017485

**晋江市池店镇古福永兴家私厂**
业务：铁架沙发，皮沙发，铁质家具，木质家具加工
地址：福建省晋江市池店镇古福村
负责人：杨进勇　邮编：362200
法人：杨进勇
Tel：13905061937
0595－85997937

**水南新旺木制工艺厂**
地址：福建省三明市将乐县水南龙井路 9 号
负责人：吴水旺
Tel：0598－2336218
13055259568
13960527736

**高山竹制品厂**
地址：福建省三明市尤溪县溪尾乡高山村
负责人：陈登利
Tel：0598－6207248
13960520965

**龙海市海澄艺星家具经营部**
业务：家具销售
地址：福建省龙海市海澄镇珠浦村 19 组土寨
负责人：蔡建生　邮编：363000
法人：蔡建生
Tel：0596－6742852
13605018452
Fax：0596－6743852

**后龙木制品厂**
地址：福建省三明市尤溪县溪尾乡埔宁村后龙木制品厂
负责人：游文华
Tel：0598－6203512
13950995051

**博诚石英钟配件加工厂**
业务：石英钟配件加工销售，石英钟配件如石英钟机芯、石英钟万年历的加工
地址：福建省龙海市九湖镇九湖村塔平62 号
负责人：柴晓朋　邮编：363100
法人：柴晓朋
Tel：13799068101
0596－6965010

**仙游县三福古典家俱有限公司**
业务：仙游县三福古典家俱有限公司成立于1996 年，主要生产加工明清古典家俱，工艺精品等。本公司为满足消费者的需求，提供专业订造、来料加工等服务。
地址：福建省莆田市仙游县榜头镇三福工艺厂内
邮编：351256
法人：黄福华
Tel：0594－7796838
Fax：0594－7786838

**长汀县汇源竹木制品加工厂**
业务：生产，销售贡香棒、蜡烛棒、防火装饰板，玻璃钢琉璃瓦
地址：福建省龙岩市长汀县馆前镇汀东村上街 38 号
负责人：赖腾良　邮编：366306
法人：赖腾良
Tel：13950844733
0597－6642128

**联友艺雕厂**
地址：福建省武夷山市茶场场部对面
负责人：范志联
Tel：0599－5321966
5303665
13905995201

**长汀县澳翔瓷砖店**
业务：经营澳翔牌各种系列瓷砖。
地址：福建省龙岩市长汀县西外街汀州豪廷3 号楼 8 号店
负责人：兰天群　邮编：364000
法人：兰天群
Tel：13515911791
0597－6823355
Fax：0597－6823355

**富迪健康科技有限公司连城县马上发日用品店**
业务：本店专营“富迪”美容护肤品、日用品和家居洗涤三大系列产品，批零兼营。优质的服务、卓越的品质，期待您的光临惠顾！
产品：月月爱负离子卫生巾、负离子系列洗涤用品、SEM 辐射防护卡、婴儿纸尿裤、特效植物洗发水（一洗黑）
地址：福建省龙岩市连城县电信大楼左侧天籁村
负责人：马上发　邮编：366200
法人：马上发
Tel：13605916021
网址：www.winalite.com
E-mail：mashangfa668@163.com

**厦门市中晖眼镜配件制品有限公司**
地址：福建省厦门市湖里区枋湖村林后社216 号
负责人：王中林
Tel：0592－5763592

**厦门市金精成珠宝首饰有限公司后浦分公司**
地址：福建省厦门市湖里区后埔金彩花苑双浦路 121 号
负责人：陈雄
Tel：0592－5600856

**福建省龙岩市连城县家和整体橱柜**
业务：橱柜、衣柜、整体家装、厨房设备等
地址：福建省龙岩市连城县莲峰北大西路104 号
负责人：林报炎　邮编：366200
法人：林报炎
Tel：0597－8923955
Fax：0597－8923955

**厦门玉鑫工艺品有限公司**
地址：福建省厦门市湖里区嘉禾路 360 号204 室
负责人：吴玉伟
Tel：0592－8281866

**龙岩市鸿发门业有限公司**
业务：主营：不锈钢门板、压花门板、仿古门、古雕门、烤漆门、防盗门、不锈钢门、消声卷帘门等。
地址：福建省龙岩市连城县莲峰镇董屋山庄F 幢 106－106A 号
负责人：黄金福　邮编：364000
法人：黄金福
Tel：15960303331
0597－5228106
8462198

**运利工贸有限公司**
地址：福建省厦门市湖里区龙山南路 261 号502 室
负责人：徐丽婷
Tel：0592－5521170

**上杭县南阳伟宏家具店**
业务：销售家具
地址：福建省龙岩市上杭县南阳镇南阳村洪福堂 37－3 号
负责人：黄先伟　邮编：364000
法人：黄先伟
Tel：13860264091
15059915579

**东方钟表元件（厦门）有限公司**
地址：福建省厦门市湖里区钟宅村 4043 号
负责人：金江有
Tel：0592－5790312

**林达沙发厂**
业务：专业生产皮、布沙发，洗脚沙发，按摩床，包厢沙发及各种娱乐场所所需沙发和上门加工服务。林达沙发随时欢迎您的垂询选购
产品：KTV、桑拿城各娱乐场所沙发
地址：福建省龙岩市武平县环城东路
负责人：魏正前　邮编：364300
法人：魏正前
Tel：13110612483

**厦门宝岛眼镜有限公司集美石鼓路分公司**
地址：福建省厦门市集美区石鼓路 49 号
负责人：徐桂珍
Tel：0592－3932301

**龙岩市新罗区佳达厨柜厂**
业务：整体橱柜，衣柜，办工用具等
产品：圣马克 UV 板，俐珍石台面，水槽，防水柜体，整体衣柜等
地址：福建省龙岩市新罗区曹溪镇月山村18 号
负责人：蓝永扬　邮编：364200
法人：蓝永扬
Tel：0597－5255839
13605915026
Fax：0597－5255839
E-mail：479106247@qq.com

**厦门隆美窗帘有限公司**
地址：福建省厦门市集美区杏林文康路 377 号
负责人：郭俊鹏
Tel：0592－6228815

**龙岩市新罗区华龙家具店**
业务：家具销售、以皮沙发为主
地址：福建省龙岩市新罗区东肖镇墓亭路9 号
负责人：罗联生　邮编：364012
法人：罗联生
Tel：13859583022
0597－5266048

**厦门市宝来家居有限公司江头营业部**
地址：福建省厦门市思明区江头台湾街 96 号之12、13
负责人：陈晓黎

…………………………………… Tel:0592－5514007

**龙岩市新罗区顶间橱柜家居经营部**

业务:经营橱柜、衣柜、办公家具
地址:福建省龙岩市新罗区龙腾路水韵华都二期 2606 号店
……… 负责人:罗顺全　　邮　编:364000
…………………………………… 法　人:罗顺全
………… Tel:0597－2899008
15960880686

**龙岩市新罗区夏华建材强辉精工砖店**

业务:内外墙瓷砖、洁具
地址:福建省龙岩市新罗区龙腾路陶瓷广场 5 号店、龙岩市新罗区罗龙路西陂建材市场 5 号店
……… 负责人:夏孝灿　　邮　编:364000
…………………………………… 法　人:夏孝灿
………… Tel:13605917282
0597－2529336
………… Fax:0597－2529336

**福建省建宁县和辉洋伞木业有限公司**

业务:福建省建宁县和辉洋伞木业有限公司成立于 2006 年,专业生产销售雨伞配件,欢迎新老客户来电洽谈业务。
地址:福建省三明市建宁县金溪乡斗埕工业园区
………… 负责人:林汉飞……邮　编:354500
…………………………………… 法　人:林汉飞
…………………………………… Tel:0598－3969865
………… 网址:www. mtw29252. chinapyp. com

**龙岩市新罗区欧朗墙纸地毯经营部**

业务:销售墙纸、地毯
地址:福建省龙岩市新罗区罗龙路供销大厦 304 号
……… 负责人:郭晨晖　　邮　编:364000
…………………………………… 法　人:郭晨晖
………… Tel:13859566665
0597－2253391

**厦门超琪海绵制品有限公司**

地址:福建省厦门市思明区浦南一路 33 号
…………………………………… 负责人:李丽英
…………………………………… Tel:0592－5995556

**龙岩市新罗区小江床垫材料店**

业务:沙发床垫材料零售
地址:福建省龙岩市新罗区排头村第 5 组欧宅前
……… 负责人:邹凤英　　邮　编:364000
…………………………………… 法　人:邹凤英
………… Tel:0597－3115036
13605938738

**津蕾(厦门)工艺品有限公司**

地址:福建省厦门市思明区武当分镇巷 13 号 502 室
…………………………………… 负责人:牛晓梅
…………………………………… Tel:0592－8458053

**福建安溪富华工艺品有限公司**

地址:福建省泉州安溪县凤城镇美法工业区
…………………………………… 负责人:陈昆明
…………………………………… Tel:0595－23222628
13808531991

**龙岩市新罗区良盛床上用品经营部**

业务:销售床上用品
地址:福建省龙岩市新罗区适中镇南市场大道南侧
……… 负责人:谢良盛　　邮　编:364011
…………………………………… 法　人:谢良盛
………… Tel:0597－2960839
13507509008
13599331175

**厦门喜来巧工艺品有限公司**

地址:福建省厦门市思明区厦禾路 415 号光明大厦西塔 261
…………………………………… 负责人:张胜
…………………………………… Tel:0592－2213817

**龙岩市新罗区美福家俱店**

业务:家用家具、办公室具等经营
地址:福建省龙岩市新罗区西安侨民路 77 号
……… 负责人:许培增　　邮　编:364000
…………………………………… 法　人:许培增
………… Tel:13110609100
0597－2252058

**萍阳工艺品有限公司**

地址:福建省厦门市同安县祥平街道瑶头村
…………………………………… 负责人:曾水阵
…………………………………… Tel:0592－7361668
13906037158

**龙岩市新罗区天舒藤艺**

业务:藤艺沙发,家具等。
地址:福建省龙岩市新罗区西城莲花新村 18 号
……… 负责人:周建德　　邮　编:364000
…………………………………… 法　人:周建德
………… Tel:13799075823
0597－5285116

**龙岩市新罗区万丰办公家具经营部**

业务:办公家具的销售
地址:福建省龙岩市新罗区原氨厂石埠销售中心二层 1－8 房屋西面
……… 负责人:严女士　　邮　编:364015
…………………………………… 法　人:严建玲
………… Tel:13599612796
0597－2532220
13959001255

**厦门市鹏欣工艺品有限公司**

地址:福建省厦门市翔安区新店镇工业小区
…………………………………… 负责人:宋林水
…………………………………… Tel:0592－7080986
8899964
13806015556

## 福州市台江区青山针织批发商行

本公司成立于2002年，主要加工、零售儿童内衣、系列儿童用品。

本商行秉着质量求生存、信誉求发展的服务宗旨，以满足贵司要求，欢迎来电咨询、洽谈业务！

联系人：张子强 13950280198

电话：0591－83207230 83280063

地址：福建省福州市台江区南台商贸中心2号楼10号店 邮编：350009

## 连城县曲溪俏丽竹制品厂

连城县曲溪俏丽竹制品厂成立多年，主要从事竹地板、筷子等竹木家居用品的制造及销售。

本公司秉承"顾客至上，锐意进取"的经营理念，坚持"客户第一"的原则为广大客户提供优质的服务。

欢迎广大客户惠顾！

联系人：刘应增 13600995026 电话/传真：0597－8286758

地址：福建省龙岩市连城县曲溪乡曲溪采育场内 邮编：366207

## 金盛首饰

本店主要经营首饰。我们遵循顾客至上，服务至诚，质量精益，信誉第一的服务宗旨，竭诚为您服务。

联系人：林志森

电话：0594－5167666 5150655 51677836

传真：0594－51677836

手机：13599889939 邮编：351164

地址：福建省莆田市秀屿区东峤镇上塘村沟头

## 龙海市程溪嘉辉家具城

本公司成立于2008年。

主要经营红木、套房家具，真皮、布艺沙发，餐桌椅等各类家用家具等。

展望未来，我们充满信心，并真诚地希望与各界朋友合作。

联系人：许杰榕 13306968563

电话/传真：0596－6618563

邮编：313000

地址：福建省龙海市程溪镇南坑村公路边

## 晋江市创兴货架道具有限公司

晋江市创兴货架道具有限公司成立于2008年。

主要从事于鞋类，服装类的货架及道具的生产与销售。

公司以创意为灵魂、设计为核心、技术为支柱，在互动提升中强化，"以诚信为本，创造一个艺术与技术相结合的新空间"的经营理念。我们拥有专业的空间设计、制作队伍和丰富的实践经验，做足您想要的。

我们以公平的价格和专业精神期待着与您合作！

联系人：陈斌

电话：0595－85250289 传真：0595－85250189

地址：福建省晋江市龙湖镇新街村 邮编：362000

## 闽侯县甘蔗雅视眼镜店

本公司成立于2002年，主要经营验光、配镜、隐形眼镜、高难度散光、多焦点。

多年来，我店凭借良好的社会信誉和令人信赖的服务质量，一直深的广大客户的好评。"顾客是上帝"是我们不变的服务宗旨。

电话：0591－22987468 22070088

邮编：350100

联系人：蔡庆鸟 13799326886

地址：福建省福州市闽侯县甘蔗街心路106号

## 晋江市东石镇天然伞业有限公司

晋江市东石镇天然伞业有限公司成立于2005年，是一家专门生产雨伞的企业。

本公司秉承"顾客至上，锐意进取"的经营理念，坚持"客户第一"的原则为广大客户提供优质的服务。

欢迎广大客户惠顾！

联系人：许天生

电话：0595－85581985 85575685 传真：0595－85593685

地址：福建省晋江市东石镇南天工业区 邮编：362271

## 南安市省新名鸿洁具厂

本公司成立于2008年，主要从事水龙头的生产、销售。我们的服务宗旨是"以质量求信誉，以服务求生存，诚信为本"。

联系人：邱志鸿

电话：0595－86299878 手机：13960426755

地址：福建省南安市省新镇油园村116号 邮编：362300

## 连城县宏伟木业发展有限公司

连城县宏伟木业发展有限公司成立于2008年，本公司专业从事生产、加工、销售木制品。

本公司秉承"顾客至上，锐意进取"的经营理念，坚持"客户第一"的原则为广大客户提供优质的服务。欢迎惠顾！

联系人：项小伟

手机：13559999619 传真：0597－3120359

地址：福建省龙岩市连城县朋口工业集中区（沈坑片） 邮编：366211

## 南安市顺锋伞业包装有限公司

南安市顺锋伞业包装有限公司2008年7月，从事伞骨加工、组装及伞业包装业务。公司秉承"顾客至上，锐意进取"的经营理念，坚持"客户第一"的原则为广大客户提供优质的服务。

联系人：余一锋

电话：0595－86481952 手机：13960426998

地址：福建省南安市诗山镇山二村潭美89号 邮编：362311

## 莆田工藝美術城陳進才沉香收藏館

本公司成立于2008年5月1日，主要经营木雕工艺品。

我们将为您提供良好的服务，欢迎您的光临。

联系人：陈俊豪 13799626558
电话/传真：0594－3912888 2118199 邮编：351100
地址：福建省莆田市莆田工艺美术城木雕1区4－10号

## 莆田工藝美術城石頭記壽山石商行

本公司成立于2008年，主要經營石頭記系列飾品的生產銷售。

以熱情周到的服務、開拓進取的務實精神、超强的實力、品種規格齊全，爲您提供更多的選擇。

聯系人：林启称 13275010011 15205003451
郵編：351100
地址：福建省莆田市荔城区黄石镇莆田工艺美术城石雕区3－71号

## 莆田工藝美術城金伯爵珠寶有限公司

本公司主要加工、批发、零售珠宝、首饰。以“品种齐、款式新、质量优、工艺精”的服务宗旨，以诚信经营、精益求精的经营理念，我们将真诚的对待每位客户，并提供最优质的服务。

电话：0594－2119988
邮编：351100
地址：福建省莆田市工艺美术城珠宝区C1－22、23、24号
联系人：邹志群 13992883888

## 莆田工艺美术城英顺玉器经营部

莆田工艺美术城英顺玉器经营部成立于2007年，本经营部专业从事玉器首饰、大摆件制作、批发及零售。

本部一直秉承着“诚信为本，长期服务”的宗旨，并不断生产更新颖，更有观赏价值、收藏价值的各类玉雕工艺饰品，以感谢各界朋友的支持，以感谢广大消费者的信任。

联系人：林金山 13950782878 电话：0594－2111986
地址：福建省莆田市工艺美术城玉雕区1－86号 邮编：351100

## 莆田工艺美术城老工匠新工艺精品商行

莆田工艺美术城老工匠新工艺精品商行于2007年成立，本商行专业从事木雕工艺品。

公司秉承“顾客至上，锐意进取”的经营理念，坚持“客户第一”的原则为广大客户提供优质的服务。欢迎惠顾！

联系人：范斌雄 13808566686 电话：0594－2111555
地址：福建省莆田市莆田工艺美术城木雕一区4－47、48号 邮编：351100

## 莆田工艺美术城玉康珠宝玉器商行

莆田工艺美术城玉康珠宝玉器商行成立于2008年，专业从事玉器的设计、加工、销售各种玉石、翡翠、座件、壁画、首饰、礼品、工艺品，主要有金镶玉、收藏工艺品、影雕、线雕、人像雕刻、喷沙。

秉承千年珠宝文化，不断开拓创新引领未来，我们愿与天下玉缘之人共谋发展、同创财富。

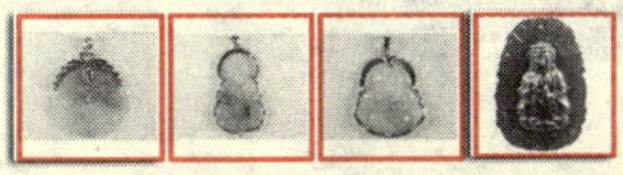

联系人：张志强
电话：0594－2192685 13030865632
地址：福建省莆田市工艺美术城玉雕区1区78号 邮编：351144

## 莆田工艺美术城龙帝雕刻

莆田工艺美术城龙帝雕刻成立于200 年，本店专业从事佛像雕刻、金彩绘、工艺雕刻、古典家具。

公司秉承“顾客至上，锐意进取”的经营理念，的原则为广大客户提供优质的服迎惠顾！

联系人：冯德高
电话：0594－2121133 3594444 13959545663
地址：福建省莆田市工艺美术城木雕二区5－24号 邮编：351100

## 莆田工艺美术城张氏玉石佛像阁

本公司成立于2008年。
主要经营缅甸白玉、寿山石。
用专家的眼力，用我们真诚的心
为您提供优质服务。

联系人：张寿兴 13808587188
地址：福建省莆田市工艺美术城石雕区3－68号 邮编：351100
电话：0594－2196968

## 莆田工艺美术城善艺珍品馆

莆田工艺美术城善艺珍品馆成立于2008年，莆田工艺美术城善艺珍品馆专业从事木雕工艺品。

“诚信经营，客户至上”是我们的宗旨，莆田工艺美术城善艺珍品馆热情地期待各界人士光临指导，洽谈业务，让我们一起携手，共谋发展。

联系人：李凤荣 13905047629
电话：0594－2162299 2152299 2172299 邮编：351100
地址：福建省莆田市黄石镇莆田工艺美术城木雕区4－96、97、98、99号

## 莆田恒盛精品雕刻商行

莆田恒盛精品雕刻商行成立于2008年，本商行专业从事生产、加工、销售佛教，道教的木雕。

莆田恒盛精品雕刻商行本着“客户第一，诚信至上”的原则，与多家企业建立了长期的合作关系。热忱欢迎各界朋友前来参观、考察、洽谈业务。

联系人：李凤林 13905946990
电话：0594－3802933 2111198 传真：0594－3806933
地址：福建省莆田市工艺美术城恒盛精品雕刻实业4－91 邮编：351200

## 莆田市涵江区黛芬娜床上用品加工场

本公司成立于2000年。
主要生产和销售床上用品；
主要产品被子、枕头。
本公司以“创新、快捷、优质、诚信”为宗旨。

联系人：翁卿周 13859894688
电话：0594-3797380
邮编：351100
地址：福建省莆田市涵江区江口镇石西村驾鸯路

## 上海佳豪珠宝首饰有限公司

本公司成立于2007年，专业生产批发S925银镀白金、纯银首饰，主要产品有S925银镀白金饰品。

我们服务宗旨：客户的满意是我们不懈的追求！

联系人：黄俊熙
电话/传真：0594-2118999 2117999
邮编：351100
地址：福建省莆田市荔城区黄石工艺美术城珠宝中心D1-18、19、26、27

## 莆田市晶鑫玉雕厂

本工厂以研究制作雕刻，显宗密宗佛像，创作风格独特，简洁流畅，端庄大方，结构严谨，做工细腻，如法如理受到佛教界，收藏界朋友的认同与喜爱。

联系人：吴庆同
电话/传真：0594-6229558
地址：福建省莆田市工艺美术城玉雕1区42号
邮编：351144

## 武夷山市祖寿酒店厨具商行

本公司成立于2007年，主要经营酒店厨具。

服务宗旨是“质量第一，信誉至上”信义为先，广结善缘，忠诚的为客户服务。

欢迎新老客户光临惠顾！

联系人：李祖寿
13860059144
电话：0599-5308504
邮编：354300
地址：福建省武夷山市五九南路宝信大楼1号店

## 莆田市荔城区黄石玉兴床上用品

莆田市荔城区黄石玉兴床上用品成立于2008年，本公司是以生产加工和销售床上用品为主的家用纺织品企业。

公司专业生产、销售各种规格的被套、床罩、床单、枕套、被子、被芯等配套床上用品。公司本着真诚、创新、高效、优质的经营服务理念，愿与有识之士共创美好未来！

联系人：温玉兴 13062140964
电话：0594-2170039
地址：福建省莆田市荔城区黄石镇横塘村 邮编：351100

## 厦门晶海模特衣架有限公司

厦门晶海模特衣架有限公司成立于2005年，专业生产模特衣架、模特道具。本公司聘有高级技师，雕塑师，化妆师和员工队伍，具有雄厚的技术力量和先进的工艺，经验丰富，配套齐全，产品时尚美观，工艺精湛，产品畅销国内外。

公司创办以来，本着"质量至上，诚信经营"的理念，服务周到，欢迎广大新老客户来图，来样订做，洽谈业务，让我们携手共进！

联系人：梁先生 13860401988
电话：0592-7394342
网址：www.jinghaimoter.com.cn
传真：0592-6384269
地址：福建省厦门市集美区灌口镇深青村龙寿山脚下B2幢 邮编：361023

## 泉州丰泽三维摄像铭人仿真人像馆

泉州丰泽三维摄像铭人仿真人像馆成立于2008年，主要经营工艺品雕塑，蜡像，景华人像克隆工艺等业务。

泉州丰泽三维摄像铭人仿真人像馆秉承“顾客至上，锐意进取”的经营理念，坚持“客户第一”的原则为广大客户提供优质的服务。欢迎惠顾！

联系人：黄景华
电话：0595-22768801
地址：福建省泉州市丰泽区北峰城口社区工业楼B幢2楼 邮编：362000

## 厦门市翔安区恒军秀拖把制品厂

厦门市翔安区恒军秀拖把制品厂成立于1997年，主要生产销售拖把。

本着“以质量求生存，以信誉求发展”的宗旨，愿广大新老客户来电洽谈业务！

联系人：陈炳根
13606924773
电话：0592-7611753
地址：福建省厦门市翔安区马巷镇亭洋村坑尾31号 邮编：361101

## 泉州市鲤城区新兴灯笼加工店

本公司成立于2007年。
主要经营灯笼加工。
我们始终坚持“质量第一、顾客至上”的服务宗旨。

联系人：周志南
13905983577
13506929218
邮编：362000
地址：福建省泉州市鲤城区江南街道火炬社区上兴路7号

## 仙游县榜头华隆古典家具厂

网址：www.zghualong.cn

仙游县榜头华隆古典家具厂成立于2006年，本厂专业从事古典家具的生产、销售。本厂本着“客户第一，诚信至上”的原则，与多家企业建立了长期的合作关系。热忱欢迎各界朋友前来参观、考察、洽谈业务。

电话：13905945378 0594-7753999
传真：0594-7757999
联系人：杨金华
地址：福建省莆田市仙游县榜头镇上墩村 邮编：351100

家居生活用品礼品工艺品

# 仙游县榜头仑韵典藏古典家具厂

仙游县榜头仑韵典藏古典家具厂于2007年成立，本厂专业从事古典家具、工艺品设计、加工及销售，采用名贵红木为材料，做工考究，真材实料。

我们的产品用料丰富，包含有：黄花梨、紫檀、酸枝等名贵木材仿古制品，家具，工艺品雕刻。我厂的宗旨是以信誉求生存，以质量求发展，欢迎各界朋友前来洽谈业务。

电话：0594-7770022
联系人：王任 13205941888 传真：0594-7770022
电子邮件：pt.wzr@163.com 邮编：351100
地址：福建省莆田市仙游县榜头镇下明村大磨51-52号

# 仙游县榜头镇煌林艺之阁店

本公司成立于2006年，主要经营工艺品、仿古家具销售。

我公司奉行“以人为本”的经营理念，秉承“诚实守信”的服务宗旨，竭诚为您服务。

联系人：杨煌林 13950720253
电话/传真：0594-7753332 6236563
邮编：351100
地址：福建省莆田市仙游县榜头镇坝下村工艺路191号

# 仙游县榜头镇麒宏工艺品店

本店主要经营工艺品、家私销售。

我们秉以“顾客至上、真诚合作、互惠互利”的服务宗旨与各地商家、伙伴交流。

热忱地期望与您的合作！

联系人：严建景 13599023618 电话：0594-7762663
邮编：351200
地址：福建省莆田市仙游县榜头镇坝下工艺城东艺路

# 仙游縣榜頭鎮順興家具廠

本公司成立于2006年，主要经营古典家具（清代、明代）。

以质量求生存、以质量求发展、以质量求效益、以售后服务求信誉，欢迎您的光临。

电话：0594-7799681
邮编：351256
地址：福建省莆田市仙游县榜头镇东桥村后厝村1组24号
联系人：郑建辉 13607518768

# 仙游县鲤城铭华古典家俱厂

本公司成立于2008年，主要经营各款式古典家具的制作及销售。

本公司遵循"严谨、谦和、创新、务实"的企业精神，推崇"顾客至上、信誉为本"服务宗旨。

电话/传真：0594-8589589
联系人：李珍寿 13850216661
地址：福建省莆田市仙游县鲤城玉井村土坑 邮编：351100

## 江西省/jiangxi Province

**安德木竹制品有限公司**
地址：江西省德兴市银城镇铜都大道
负责人：邹小良
Tel：13097361916

**崇仁县力创箱包有限公司**
业务：设计、开发与生产箱包
产品：书包、电脑包、休闲包、登山包、时款包、女士包、腰包、背包、无纺布袋、帆布包
地址：江西省抚州市崇仁县巴山镇街口里268号
负责人：谢寿元 邮编：344000
Tel：13879425386
0794－6338858
Fax：0794－6338858
网址：www.lcxbb.com.cn

**周溪伟民贝类加工部**
业务：周溪伟民贝类加工部成立于2002年，从事贝类加工。
地址：江西省都昌县周溪镇
负责人：江民强 邮编：332609
法人：江民强
Tel：0792－5580923

**抚州市临川民森家具厂**
业务：生产、销售实木家具
地址：江西省抚州市临川区腾桥镇高级中学内
负责人：邹雨高 邮编：344000
法人：邹雨高
Tel：13870416730
13767653575

**崇义县铅厂镇义安木材加工厂**
业务：加工与销售木材、家具
产品：松板材，松杂板方，松方料，家具
地址：江西省赣州市崇义县铅厂镇义安街坳下桥头
负责人：张财源 邮编：341300
法人：张财源
Tel：13879767128
0797－3884028

**大余县桂良竹制品厂**
业务：一次性筷子，竹签，竹席等各类竹制品的生产与销售
产品：一次性筷子，竹签，竹席等各类竹制品
地址：江西省赣州市大余县内良乡内良村青草龙
负责人：魏先福 邮编：341000
法人：魏先福
Tel：0797－8775025

**赣州市经济技术开发区潭东启华木材加工厂**
业务：木材加工
产品：家具材料
地址：江西省赣州市经济技术开发区潭东镇镇政府旁（五羊本田专卖）
负责人：张启华 邮编：341000
法人：张启华
Tel：0797－6580050
网址：http://www.51zzt.com/user/zzt123791

**忠良钢木加工厂**
地址：江西省抚州市南城县株良镇
负责人：周忠良
Tel：13707045312

**南康然欣家具厂**
业务：橡木大床，衣柜，套房系列生产、加工、销售
地址：江西省赣州市南康市床俱中心A幢17号
负责人：兰星 邮编：341000
Tel：15079721755
0797－6633250
15979712287

**南康今世家缘沙发厂**
业务：专业设计、生产和销售各种真皮、布艺、皮配布沙发系列，还可以根据客户的需要来图订做，以质高价优的产品，周到热情的服务，敬请新老客户光临选购！
产品：真皮、布艺、皮配布沙发、沙发床等
地址：江西省赣州市南康市东山街办康信路
负责人：蓝希华 邮编：341400
法人：蓝希华
Tel：0797－6630884
13707076028
Fax：0797－6630884
E-mail：1195829986@qq.com

**资溪县银福木竹工艺品厂**
地址：江西省抚州市资溪县司前路9号
负责人：项银福
Tel：13507945946

**东乡满堂木竹制品厂**
地址：江西省抚州市东乡县环城路南130号
负责人：刘满堂
Tel：0794－4321315
4239547
13879430494

**江西省南康市同方家俱厂**
业务：本厂集家具设计、生产、销售、服务为一体，以实木地柜、梳妆台为主导产品。可来样来图定制。以品质卓越，诚信服务为宗旨，竭诚为您提供时尚、高品味的家具专业服务
产品：实木地柜、梳妆台
地址：江西省赣州市南康市工业大道考试中心后面
负责人：胡声华 邮编：341400
法人：胡声华
Tel：13979714480
15297740076

**南康维兰家私厂**
业务：民用家具的生产、销售一条龙服务
地址：江西省赣州市南康市国际家私城1期2幢7号
负责人：林书生 邮编：341000
法人：林书生
Tel：15970949383
13617973319

**龙岭金辉煌家具厂**
业务：家具的销售
地址：江西省赣州市南康市龙岭镇村头钟屋岭子上
负责人：吴兴权 邮编：341000
法人：吴兴权
Tel：13879797194
0797－6659594

**东乡满堂木竹制品厂**
业务：本公司创建于1999年，主要从事毛竹衣架（袜架、被架、裤架等），蒸笼。欢迎各方客户惠顾，洽谈业务，共同合作！
地址：江西省抚州市东乡县环城南路130号
邮编：331800
法人：刘满堂
Tel：0794－4231995
Mobile：13879430494
网址：www.dxmt.chinapyp.com

**南康华信家具厂**
业务：家具的销售
地址：江西省赣州市南康市龙岭镇黎边村
负责人：刘孟华 邮编：341000
法人：刘孟华
Tel：13576658127
0797－6569686

**龙岭强盛轩家具厂**
业务：卧房系列生产、销售
产品：梳妆台
地址：江西省赣州市南康市龙岭镇黎边村
负责人：黎传贤 邮编：341000
Tel：13576672930
0797－6569698

**信丰好日子床垫厂**
业务：家居用品
业务：床垫，床品，沙发，套床等
地址：江西省赣州市信丰县嘉定镇迎宾大道18号
负责人：郭喜华 邮编：341601
法人：郭喜华
Tel：0797－3332508
15270707398
E-mail：730275287@qq.com

**章贡区华记珠宝店**
业务：翡翠玉器、纯银饰品、零售
产品：玉手镯、玉摆件、玉坠、纯银手镯、项链等
地址：江西省赣州市章贡区八一四大道金钻广场9号楼一层A135号
负责人：刘华兵 邮编：341000
法人：刘华兵
Tel：0797－2178088
15979795652
Fax：0797－2178088
网址：www.huaji.chinapyp.com
E-mail：abin778685071@163.com

**赣州市章贡区庄稼木器加工厂**
业务：木器、竹器加工（主要是家具）
地址：江西省赣州市章贡区沙石镇吉埠村坑口组5号
负责人：潘得裕 邮编：341000
法人：潘得裕
Tel：15979797949

**赣州市宝峰木业有限公司**
地址：江西省赣州市赣县赣南光彩大市场站前大道
负责人：黄青
Tel：13870719882

**恒山床单厂**
地址：江西省赣州市宁都县梅山镇博生西路 248 号
负责人：何恒山
Tel：13607074895

## 吉安市依玛实业有限公司
业务：圣诞礼品
地址：江西省吉安市青原区政府
负责人：匡汉慈 邮 编：343009
法 人：匡汉慈
Tel：0796－8203668

## 亮佛阁精雕工艺厂
业务：集各种仿古建筑工程装璜和现代新古典主义家具开发与销售于一体，可根据客户需求，设计雕塑宗教产品及中式、欧式、法式古典家具。产品精雕细琢、做工考究，欢迎各界朋友前来选购。
产品：中式、欧式、法式古典家具；铜雕、木雕、泥塑、玻璃钢佛像；佛龛、元宝桌、铜盅、光明灯、香炉等
地址：江西省吉安市泰和县文田老虎山 1 号
负责人：陈小勇 邮 编：343700
法 人：陈小勇
Tel：0796－5371346
13576876803
Fax：0796－7084156
网址：www.51zzt.com/user/zzt42371
E-mail：liangfoge@sina.com

## 景德镇市春锦陶瓷厂
业务：陶瓷的生产和销售
产品：陶瓷
地址：江西省景德镇市昌江区竞成镇小港咀村委会
负责人：黄永海 邮 编：333000
法 人：黄永海
Tel：0798－8598816
Fax：0798－8598816

## 景德镇市展艺瓷厂
业务：陶瓷的加工和销售
地址：江西省景德镇市珠山区景鸿公寓 2 单元 203 室
负责人：孙新华 邮 编：333000
法 人：孙新华
Tel：13807983367
13879819976

**藤柳工艺制品厂**
地址：江西省吉安市万安县工业园藤柳工艺制品厂
负责人：罗春晖
Tel：0796－5701689
13907063793

## 都昌县日升棉絮床上用品有限公司
业务：棉絮加工销售，床上用品
产品：棉絮加工
地址：江西省九江市都昌县都昌镇西湖路 8 号
负责人：吴德新 邮 编：332000
法 人：吴日初
Tel：13807023156
Fax：0792－5235493
网址：www.wudexin.com.cn
E-mail：wudexin168@163.com

## 武宁县林欣竹木制品厂
业务：生产木工板
地址：江西省九江市武宁县船滩镇船滩村
负责人：朱忠金 邮 编：332000
法 人：朱忠金
Tel：13635970839
13879298701

## 修水县格努斯工艺制品有限公司
业务：各种玩具配件制品及加工
产品：玩具鞋、钥匙扣鞋、玩具包包
地址：江西省九江市修水县工业园吴都工业园
负责人：熊礼军 邮 编：332000
法 人：熊礼军
Tel：0792－7609178
13672269666
Fax：0792－7609169
网址：http://www.lizhutoys.com.cn

**大亚木业（江西）有限公司**
业务：本公司成立于 2003 年，现有 350 名员工。主要经营木业人造板。
地址：江西省抚州市抚北工业园区
邮 编：344002
法 人：陈红兵
Tel：0794－8458731
8458909
Fax：0794－8458799

## 艾谱保险柜文件柜经销部
业务：保险柜代理经营，文件柜生产
地址：江西省九江市浔阳区十里大道 21 号国豪公寓一栋一单元一号楼 2 号 3 号门面（总店）/江西省九江市浔阳区十里大道 27 号
负责人：刘长保 邮 编：332000
法 人：刘长保
Tel：13007272710
0792－8136339
Fax：0792－8136339

## 南昌县小蓝玉茗家俱厂
业务：生产、加工、销售办公家具
地址：江西省南昌市南昌县金沙三路以西交界处
负责人：雷新发 邮 编：330013
法 人：雷新发
Tel：0791－5989359
5989356
Fax：0791－5989356

## 南昌县小兰好运工艺礼匾加工厂
业务：加工销售
产品：动感语音数码信息历，承接玻璃丝印，及其它五金丝印
地址：江西省南昌市南昌县莲塘镇小兰西巷村 181 号
负责人：曾祥根 邮 编：330200
法 人：曾祥根
Tel：0791－5750819
Fax：0791－5750819

**江西永峰工艺有限公司**
地址：江西省吉安市永丰县上固乡上固街
负责人：王达凤
Tel：0796－2598099

**伟隆金银珠宝有限公司（赣金珠宝）**
地址：江西省赣州市章贡区文清路 47 号 A1 店写字楼 12#
负责人：李伟
Tel：0797－8233369
13907975617

## 南昌县向塘鲜竹仙竹制品加工厂
业务：一次性筷子加工
地址：江西省南昌市南昌县向塘镇江西科技学院旁边
负责人：章林华 邮 编：330201
法 人：章林华
Tel：13607006916
13870965718

## 赤土明升家具厂
业务：家具的生产和销售
地址：江西省南康市赤土畲族乡富田村下岭组
负责人：赵子明 邮 编：341000
法 人：赵子明
Tel：13870753565
0797－6593238

## 南康华鑫泰家具厂
业务：生产和销售家具
产品：家具
地址：江西省南康市东山街办东山村
负责人：陈先华 邮 编：341400
法 人：陈先华
Tel：15970009046
0797－6630416

**景德镇市吕艺陶瓷有限公司**
地址：江西省景德镇市曙光路 22 号红星瓷场院内
负责人：吕森林
Tel：0798－8576781
13807989898

## 南康乐缘软体床厂
业务：生产、销售软体床
地址：江西省南康市东山街办官坑村（蓝天加油站左下 50 米）
负责人：刘雄 邮 编：341400
法 人：刘雄
Tel：15079748788
0797－6635618

## 东山金熊家具厂
业务：民用家具的生产、销售
地址：江西省南康市东山街办坪塘村
负责人：胡花亮 邮 编：341000
法 人：胡花亮
Tel：15970995783
0797－6679138

**景德镇铁兴陶瓷有限公司**
地址：江西省景德镇市珠山区广场北路梨树园小区紫荆花苑 10 号楼 404 室
负责人：吴国勇
Tel：0798－8292868

## 南康云飞木材加工厂
业务：生产和销售木制家具，木材加工
产品：木制家具，木材
地址：江西省南康市东山街办桐梓村高陂组
负责人：钟云飞 邮 编：341000
法 人：钟云飞
Tel：13879715380

## 南康市一见喜家具有限公司
业务：床垫，沙发，软床，床上用品，铁艺，实木，五金，玻璃，家具制品的生产销售
产品：床垫、沙发、实木床以及软体床、床上用品
地址：江西省南康市东山街道办事处东山工业园工业三路
负责人：陈良军 邮 编：341400
法 人：陈良军
Tel：0797－6628396
15970868171
Fax：0797－6639689
网址：www.yjx－8.com
E-mail：clj2009888@yeah.net

**江西省东乡县马圩花炮厂**
业务：江西省东乡县马圩花炮厂成立于 1972 年，主要生产大地红鞭炮。三十多年来，一直坚持"质量第一，价格合理"的原则，欢迎新老客户惠顾。
地址：江西省抚州市马圩镇东乡县马圩董塘
邮 编：331804
法 人：王钟美
Tel：0794－4336626

## 东山致涛家具厂
业务：橡木餐台椅的生产和销售
产品：橡木餐台椅
地址：江西省南康市东山街道办事处金鸡村洋孜坑
负责人：谢柄生 邮 编：341000
法 人：谢柄生
Tel：13879739033

## 南康市康怡家具厂
业务：生产与销售实木床
产品：实木床
地址：江西省南康市芙蓉新城翠蓉苑 15 幢 402 室
负责人：黄学明 邮 编：341000
法 人：黄学明
Tel：13970713998
0797－6608332
Fax：0797－6608332

## 南康吉祥百合家具厂
业务：家具的销售
地址：江西省南康市个私工业园
负责人：李平生 邮 编：341400
法 人：李平生
Tel：13970701311
0797－7146091

**景德镇远景瓷业有限公司**
地址：江西省景德镇市珠山区沿江东路 156 号（红旗瓷厂内）
负责人：刘木生
Tel：13979881613

## 南康永芳家具厂
业务：生产与销售各种居家实木家具
产品：实木家具
地址：江西省南康市国际家私城
负责人：黄仁芳 邮 编：341400
法 人：黄仁芳
Tel：13870756858
E-mail：jxnkhif@163.com

## 镜坝晋普家具厂
业务：家具的生产和销售
地址：江西省南康市镜坝镇连城村
负责人：赖福林 邮 编：341000
法 人：赖福林
Tel：13970120026
0797－6585434

**九江鸿煌实木工艺家俱有限公司**
地址：江西省九江市都昌县汪墩乡
负责人：吴晓达
Tel：0792－5223778

## 南康如玉石材工艺厂
业务：天然玉石，大理石，来料加工销售
产品：天然玉石，桌面，茶几面，各种家居配套面，加工制作
地址：江西省南康市龙岭镇 105 国道旁
负责人：刘丹 邮 编：341410
法 人：刘丹
Tel：0797－6565260
网址：www.nkifc.com

## 億利达家具厂
业务：集家具开发、设计、生产、销售为一体，专业生产真皮、布艺沙发，实木，板式家具。可来样来图定制。以品质卓越，诚信服务为宗旨，竭诚为您提供时尚、高品味的家具专业服务。
产品："居龙世家"品牌家具
地址：江西省南康市龙岭镇向阳村八仙下棋
负责人：张启亿 邮 编：341000
法 人：张启亿
Tel：15007059289

## 南康友谊家具厂
业务：加工与销售白坯台角，各类餐桌，同时可根据客户要求订制各类餐桌
产品：白坯台角，餐桌
地址：江西省南康市蓉江稍江村
负责人：廖晓宁 邮 编：341000
法 人：陈启斌
Tel：13970732984

**江西美艺华家具制造有限公司**
地址：江西省九江市永修县虬津镇原江西第三木材加工厂内
负责人：冼炎深
Tel：0792－3110372

## 徐氏家俬城
业务：家具生产销售
地址：江西省瑞昌市黄金工业园糖艺厂内
负责人：徐长林 邮 编：332200
法 人：徐长林
Tel：0792－4218466

## 瑞昌市肇陈镇双龙仿古木雕工艺厂
业务：生产仿古家具、仿古工艺挂屏、仙游仿古花板、仿古工艺品等
地址：江西省瑞昌市肇陈镇八门村四组原老商店内
负责人：柯华昌 邮 编：332000
法 人：柯华昌
Tel：13879234242
0792－8277138

## 鄱阳县侯家岗隆鑫家俬城
业务：经营民用家具、办公家具
地址：江西省上饶市鄱阳县侯家岗集镇侯岗大道
负责人：范火贵 邮 编：333100
法 人：范火贵
Tel：13755375688
0793－6658769

**江西省辉鸿实业有限公司**
地址：江西省南昌市北京东路 446 号南方电动工具厂内
负责人：汤鸿辉
Tel：0791－2884260

## 婺源县喜连红红木家私精品馆
业务：沙发系列，衣柜系列，办公系列，餐桌系列，床系列，可根据客户要求订做各种款式的高中低档红木家具。
地址：江西省上饶市婺源县紫阳镇源头路广场家园 5 幢 1 楼
负责人：余喜平 邮 编：333200
法 人：余喜平
Tel：0793－7416632
15270535375

## 上饶市信州区鸿福衣橱
业务：衣柜，橱柜，移门等生产销售.
地址：江西省上饶市信州区江南商贸城 F3－122 号
负责人：苏绪仔 邮 编：334000
法 人：苏绪仔
Tel：0793－7037888
Fax：0793－7037888

## 新余市家盛床垫厂
业务：生产，销售床垫、床垫弹簧
地址：江西省新余市观巢镇家盛床垫厂
负责人：张细平 邮 编：338025
法 人：张细平
Tel：13879042682
13317900462

## 渝水区仙来西大道好兄弟家具厂
业务：民用家具的生产、销售
地址：江西省新余市仙来西大道（湘核二十五公司内）
负责人：彭细钟 邮 编：338800
法 人：彭细钟
Tel：13607909060
0790－6449809

**江西省景贤实业发展有限公司**
地址：江西省南昌市东湖区财富广场（八一广场北侧工人文化宫旧址）
负责人：徐假妹

Tel:13870888756

**江西晨希旅游日用品有限公司**
地址:江西省南昌市东湖区青山南路38号阳明锦城16栋2单元402室
负责人:刘建伟
Tel:13317008267

## 江西吉安家乐瓷业有限责任公司
业务:本公司成立于2001年,现有100多名员工。主要经营:耐热锂瓷褒系列产品、电饭褒的内胆、慢炖锅内胆的生产与销售。
地址:江西省吉安市青源区富滩工业园
邮　编:343000
法　人:黄春鸿
Tel:0796—8221721
Fax:0796—8221721

**南昌千帆实业有限公司**
地址:江西省南昌市东湖区省政府大院东四路23号附壹楼
负责人:李润生
Tel:13077902995

**江西省世嘉佛光木雕有限公司**
地址:江西省南昌市东湖区新货村10号
负责人:涂建华
Tel:13907007229

**江西南大环境艺术工程有限公司**
地址:江西省南昌市江大南路139号
负责人:张志华
Tel:13907099858

**徐氏雨伞行**
地址:江西省南昌市郊区洪城大市场A区名牌广场3号
负责人:徐根水
Tel:0791—6500779
13807918233

**南昌伟豪家具有限公司**
地址:江西省南昌市郊区京东家具大市场E座1楼09号
负责人:罗爱群
Tel:13979158700

## 景德镇市千祥云陶瓷发展有限公司
业务:本公司座落景德镇高沙,随着陶瓷文化市场的复兴,公司秉承弘扬中华民族传统文化,传承文明、创新文流,现建有景德镇非物质文化遗产——景德镇传统手淘泥工艺流程,从手工淘泥到柴窑烧制全过程。通过多年研制复制的上百个品种的官窑皇家瓷器,以满足人们对皇家瓷器的收藏需求。
地址:江西省景德镇市浮梁县王港乡高沙村
负责人:龚华　邮　编:333400
法　人:龚华
Tel:0798—2868262

**南昌东方家园建材家居有限公司销售分公司**
地址:江西省南昌市京东开发总公司艾溪湖度假村15号楼
负责人:孙文亮
Tel:13870072055

**双财木竹制品经营部**
地址:江西省南昌市南昌县省水利水电建设总公司大院内
负责人:武春财
Tel:13697911311

**江西省金丰家具实业有限公司**
地址:江西省南昌市南昌县小蓝乡小蓝村
负责人:袁叁军
Tel:13970547622

**江西永成家俱制造有限公司**
地址:江西省南昌市青云谱镇前万村航空路口
负责人:李春辉
Tel:13970972198

**南昌市朝阳厨具有限公司**
地址:江西省南昌市西湖区抚生南路红星交通电器厂内
负责人:张发平
Tel:13807008877

## 星星好利阳床上用品厂
业务:星星好利阳床上用品厂成立于1997年,专业从事床上系列用品加工、销售。"客户至上,信誉至上"是我们信守的经营理念和至理名言,热忱欢迎广大客户联系洽谈业务。
地址:江西省南昌市青山湖区桃花三村928号
负责人:330025
法　人:胡繁快
Tel:0791—6512134
0733—2637667
Fax:0791—6512134

**南城县圣盛钢木工艺制品厂**
地址:江西省南城县新丰街镇麻昌亭
负责人:李国才
Tel:13707941228

**林发竹制品厂**
地址:江西省南康市横寨乡黄田村
负责人:曾林期
Tel:13870733792

## 江西华帅烟花鞭炮进出口有限公司
业务:江西华帅烟花鞭炮进出口有限公司成立于2005年,主要从事各种烟花鞭炮的进出口业务。质量保证,生产的产品主要销往东南亚、南美、欧州等地。热诚欢迎国内外客户惠顾。
地址:江西省宜春市袁州区袁山大道东段(原商检局三楼)
邮　编:336000
法　人:万明
Tel:0795—3598887
Fax:0795—3598222

**萍乡市华意陶瓷有限公司**
地址:江西省萍乡市开发区硖石管理处8组
负责人:文正其
Tel:0799—6611998

**南坑横江花炮厂**
地址:江西省萍乡市芦溪县南坑镇横江
负责人:郭寿隆
Tel:13970599809

**萍乡市蓝天陶瓷有限公司**
地址:江西省萍乡市湘东区湘东镇五里村(博宏工业园)
负责人:兰启才
Tel:13907998591

## 上栗县伍龙花炮厂
业务:上栗县伍龙花炮厂专业生产烟花爆竹,本厂恪守"务实、创新、卓越、守信"的企业宗旨,产品以造型新颖、品种多样、安全环保、色彩艳丽而深受客商的青睐。
地址:江西省萍乡市上栗县鸡冠山乡恢柳村
负责人:钟福星　邮　编:337012
法　人:刘垂计
Mobile:13979935628
13517998890

**红都广场家具有限公司**
地址:江西省瑞金华红都广场西侧三楼
负责人:唐朝武
Tel:13970732659

**鄱阳县良民工艺制品厂**
地址:江西省上饶市鄱阳县鄱阳镇解放街东503号
负责人:程良明
Tel:13064118008

## 江西省宜丰县方胜竹业有限责任公司
业务:本公司成立于1998年,现有200多名员工。主要经营竹地板、竹筷、竹扶梯。方胜竹业有专业的竹地板生产。感谢您一直对本公司的支持与信任,我们将竭诚为您服务。
地址:江西省宜春市宜丰县黄岗集镇
邮　编:336312
法　人:傅厚胜
Tel:0795—2999118

**江西远大工艺品有限公司**
地址:江西省上饶市上饶县旭日工业园区黄源小区
负责人:虞广增
Tel:13905769258

**铃山家俱厂**
地址:江西省新余市分宜县铃山镇历山头
负责人:张爱初
Tel:13879000824

## 万载县南洋花炮厂
业务:万载县南洋花炮厂成立于2000年,是一家专业生产鞭炮、烟花的厂家。本厂坚持"以质量求生存,以创新谋发展,以安全为保障"的总体方针。本厂的产品畅销全国各地,深受广大新老客户的青睐和赞誉。
地址:江西省宜春市万载县株潭镇亭下村大锅里
邮　编:336105
法　人:叶小红
Tel:0795—8853248
Fax:0795—8853248

**邓氏园林集团青春园艺公司**
地址:江西省宜春地区靖安县水口乡水口街
负责人:林国峰
Tel:0795—4731456
4661660
13970550001

**江西省上高县浙赣工艺品厂**
地址:江西省宜春市上高县国税局
负责人:郑红
Tel:0795—2516176
2544478

## 江西省上栗县兴旺花炮厂
业务:江西省上栗县兴旺花炮厂成立于2004年,从事花炮的生产及销售。产品质量保证、价格合理,欢迎新老客户光临、惠顾。
地址:江西省萍乡市上栗县上栗镇新群村
邮　编:337009
法　人:邓元皇
Tel:0799—3861788

**上高县锦南兴隆木制品厂**
地址:江西省宜春市上高县锦江镇锦南村
负责人:郑科
Tel:13979596821

## 江西省万载县精通出口花炮厂
业务:江西省万载县精通出口花炮厂是一家生产销售烟花鞭炮的厂家,产品销往国内外,主要销往日本、美国、葡萄牙等地。质量保证,热诚欢迎国内外客户来电洽谈业务,共同合作。
地址:江西省宜春市万载县双桥镇令桥村
邮　编:336103
法　人:欧阳庚生
负责人:0795—8872525

**上高县徐氏工艺品有限公司**
地址:江西省宜春市上高县科技工业园
负责人:吕晓琴
Tel:13970555798

**上高县富达工艺品厂**
地址:江西省宜春市上高县墨山垦殖场
负责人:陈昌国
Tel:13767566380

## 江西雪岭木业有限公司
业务:主要经营建筑材料、山林经营。雪岭木业—自然、环保、健康;绿化雪岭,绿化环保。
地址:江西省宜春市经济开发区袁州医药工业园
邮　编:336000
法　人:钱雪琴
Tel:0795—2961227
0795—3653699
0795—2961698
0795—3653988
Mobile:13807956099

## 宜春市鹏超眼镜制造有限公司
业务:眼镜制造、加工
产品:老花镜、平光镜、太阳镜
地址:江西省宜春市袁州区西村镇西村中学旁
负责人:肖水生　邮　编:336000
法　人:肖水生
Tel:13767539000
0795—3542888
13767500333

**上高县玉峰工艺品厂**
地址:江西省宜春市上高县徐家渡镇王陂
负责人:张菊亮
Tel:0795—2574675

## 江西华强竹业有限公司
业务:江西华强竹业有限公司成立于2005年,专业生产竹制厨房用具,热忱欢迎您的来电。
地址:江西省宜春市奉新县冯田经济开发区
负责人:徐士强　邮　编:330700
法　人:徐士强
Tel:0795—4605679
4605269
4605229
Mobile:13907055603
网址:www.mtw29017.chinapyp.com

**万丰木业加工厂**
地址:江西省宜春市万载县鹅峰乡东田村
负责人:钟世贵
Tel:13970504622

## 广丰县商城家电城
业务:广丰县商城家电城主要经营电脑、彩电、冰箱、洗衣机、空调、舞台音响、公共广播等。我们本着"诚信服务、互惠互利"的宗旨,以质量取胜市场,以价格立足市场,竭诚欢迎您的光临、惠顾!
地址:江西省上饶市广丰县永丰大道商城内2楼
负责人:杨克洪　邮　编:334600
法　人:杨克洪
Tel:0793—2636628

**方胜竹业有限责任公司**
地址:江西省宜春市宜丰县黄岗集镇
负责人:傅厚胜
Tel:0795—2999118
13707008135

## 江西省万载县泰兴出口花炮厂
业务:江西省万载县泰兴出口花炮厂位于万载县马步乡新民村,公司成立于1988年,是一家从事烟花、鞭炮的厂家。我厂技术力量雄厚,产品质量上乘,欢迎新老客户光临惠顾!
地址:江西省万载县马步乡新民村
邮　编:336100
法　人:张明才
Tel:0795—8901285
8952032
Fax:0795—8902170

**江西井竹麻业有限公司**
地址:江西省宜春市袁州区厚田路1号
负责人:陈军耀
Tel:0795—3253993

## 上饶市金润珠宝有限公司上海老凤祥专卖店
业务:上饶市金润珠宝有限公司上海老凤祥专卖店成立于2001年,主要经营黄金、铂金,翡翠、宝玉等饰品。款式新颖,品种齐全。欢迎新老客户光临、惠顾!
地址:江西省上饶市信州区抗建路35号
负责人:陈雪萍　邮　编:334000
法　人:陈雪花
Tel:0793—8310796
8202958

## 山东省/Shandong Province

### 汇佳厨房设备厂

业务：整体发泡蒸饭柜
地址：山东省滨州市博兴县兴福镇南工业区
……… 负责人：赵向财 邮 编：256600
…………………………………… 法 人：赵向财
………… Tel：13854387775
0543－2883963
………… Fax：0543－2883963

**润丰工艺品有限公司**
地址：山东省安丘市景芝镇临甘泉村
…………………………………… 负责人：孙衍文
…………………………………… Tel：0536－4707177
13506498640

### 山东省博兴县兴福镇英华厨房设备厂

业务：商业灶具，不锈钢调理等加工
产品：灶，工作台，货架，整体厨房
地址：山东省滨州市博兴县兴福镇赵马村 428 号
……… 负责人：李日华 邮 编：256510
…………………………………… 法 人：李日华
………… Tel：0543－2883752
13505436705
………… Fax：0543－2126538
…………………… E-mail：yhcylyh@163.com

**英达工艺地毯厂**
地址：山东省德州市宁津县城北环路
…………………………………… 负责人：张强
…………………………………… Tel：13853443032

### 滨州市滨城区情侣婚纱影楼

业务：婚纱摄影
地址：山东省滨州市渤海七路百货大楼对面
……… 负责人：耿琪连 邮 编：256600
…………………………………… 法 人：耿琪连
………… Tel：0543－3310966

**永兴木器厂**
地址：山东省德州市宁津县大柳镇李白村
…………………………………… 负责人：李凤伍
…………………………………… Tel：0534－5861231
13705344873

### 山东柳疃家用纺织品股份有限公司

业务：生产、销售家用纺织品
地址：山东省昌邑市柳疃沿海经济开发区
……… 负责人：韩蛟龙 邮 编：261300
…………………………………… 法 人：韩蛟龙
………… Tel：15966171666
13853633988

**宁津县光明木器厂**
地址：山东省德州市宁津县张大庄乡庞庄村
…………………………………… 负责人：庞玉德
…………………………………… Tel：0534－5681341
13706392322

### 德州市德城区盛德大业日用品经营部

业务：日用品销售
产品：纳爱斯集团旗下雕牌、纳爱斯、超能、（高档衣物洗护专家）、西丽、100 年润发、youRyou 我的样子、麦莲、李字蚊香
地址：山东省德州市德城区解放北大道运达物流园 A5 区 08 号
……… 负责人：张文彬 邮 编：266000
…………………………………… 法 人：张文彬
………… Tel：13791318239

### 曹县刘东木业有限公司

业务：曹县刘东木业有限公司成立于 2003 年，主要从事木材的加工销售。“以质量求生存，以信誉求发展”，热诚欢迎新老客户光临惠顾。
地址：山东省菏泽市曹县朱洪庙乡刘东村
…………………………………… 邮 编：274008
…………………………………… 法 人：刘宗坤
…………………………………… Tel：0530－3825999
…………………………………… Fax：0530－3825999

### 安丘市汇盛工艺品有限公司

业务：安丘市汇盛工艺品有限公司有员工 600 人，常年生产绢花、人造花、人造水果，产品主要销往美国、欧洲等地。供货及时、质量稳定。热诚欢迎国内外朋友来电洽谈业务，共同合作。
地址：山东省潍坊安丘市景芝镇仁安村
…………………………………… 负责人：262119
…………………………………… 法 人：赵景武
…………………………………… Tel：0536－4613698
…………………………………… Fax：0536－4613698

### 德州市齐河县绿能科技产品经营部

业务：高能量直饮水机方缘系列产品（齐河县独家代理商）
地址：山东省德州市齐河县永乐大街 53 号
……… 负责人：杨茂华 邮 编：253000
…………………………………… 法 人：杨茂华
………… Tel：13869227650
15165348066

**迅祥发木业有限公司**
地址：山东省德州市齐河县公安分局对过
…………………………………… 负责人：胡祥传
…………………………………… Tel：0534－5332050
5677908
13336269028

### 东营市诗尼曼整体衣柜店

业务：订制家具
地址：山东省东营市东营区黄河路运输 807 号
……… 负责人：闫金辉 邮 编：257100
…………………………………… 法 人：闫金辉
………… Tel：0546－8718597
………… Fax：0546－8718597
…………………… 网址：www.snimay.com

**麒麒家具商场**
地址：山东省德州市齐河县县城晏婴路北首
…………………………………… 负责人：张昆
…………………………………… Tel：0534－5160727
13792207778

### 东营区汇亚陶瓷店

业务：主营陶瓷制品
地址：山东省东营市东营区太行山路鑫都建材城
……… 负责人：王振录 邮 编：257000
…………………………………… 法 人：王振录
………… Tel：0546－7776058
13864740828

**利津县民利家具有限公司**
地址：山东省东营市利津县汀罗镇驻地
…………………………………… 负责人：冯作乐
…………………………………… Tel：0546－5056701

### 广饶县花官乡花官村本成太阳能专卖店

业务：豪特太阳能专卖
地址：山东省东营市广饶县花官乡花官村
……… 负责人：李本成 邮 编：257000
…………………………………… 法 人：李本成
………… Tel：0546－6473709

### 广饶汇森家具有限责任公司

业务：办公家具、工厂式装修
地址：山东省东营市广饶县开发区兵圣路 818 号
……… 负责人：李新宇 邮 编：257300
…………………………………… 法 人：李新宇
………… Tel：0546－6445826
13355461662

**高密市海天木业有限公司**
地址：山东省高密市醴泉大道西首

负责人：倪忠海
Tel：0536－2307710

### 嘉祥县运祥木业加工厂
业务：山东省济宁市嘉祥县大张楼镇联合村成立于2003年，现有员工50余人，从事木材加工及销售。主要产品有：木板、多层板、包装板等。欢迎来电垂询。
地址：山东省济宁市嘉祥县大张楼镇联合村
邮 编：272400
法 人：张月运
Tel：0537－6931005
Mobile：13563775699

### 东营黄河口双城装饰部
业务：镁合金推拉门，塑钢门窗生产、安装
地址：山东省东营市黄河口菏泽路金河新村南门145号
负责人：闫为民 邮 编：257000
法 人：闫为民
Tel：13589447883
15105461819

### 大亚木业（菏泽）有限公司
地址：山东省菏泽市牡丹工业园
负责人：翁少斌
Tel：0530－5299003

### 东营集炬节能技术开发有限公司
业务：专业从事节能炉具、炉灶器具、取暖设备、管道及配件的生产销售，集设计、制作、销售、安装、售后一条龙服务，具备完善的技术质量管理体系，并组建了良好的售后服务队伍。真诚对业主上门安装和维修等工作。
产品：节能炉具、炉具、取暖设备
地址：山东省东营市西外环路原董集乡政府对面
负责人：葛怀涛 邮 编：215000
法 人：葛汝金
Tel：13156810339
13054635076
Fax：0546－2088110
网址：www.hnxk.net
E-mail：hnxk2009@126.com

### 原峰工艺有限公司
地址：山东省菏泽市曹县民营经济园区
负责人：朱军
Tel：0530－3366818
13573007955

### 美乐沙发厂
业务：布艺沙发设计制作
地址：山东省海阳市方圆街道办事处里口村
负责人：程普春 邮 编：265100
法 人：程普春
Tel：0535－3266459
13953549321

### 曹县金盾工艺品厂
地址：山东省菏泽市曹县普连集镇隆华店村
负责人：程营
Tel：0530－3439008
13583031088

### 福强沙发厂
业务：沙发的加工和销售
地址：山东省海阳市方圆街道里口村
负责人：程俊平 邮 编：265100
法 人：程俊平
Tel：13963856303
0535－3268088

### 曹县宏翔工艺品有限公司
地址：山东省菏泽市曹县普连集镇王庄寨
负责人：李少营
Tel：13573020517

### 单县亿鑫家具厂
业务：橱柜，衣柜，电脑桌，电视柜等各种板式家俱和加工制作人造石台面
地址：山东省菏泽市单县谢集乡王桥行政村郑桥
负责人：许修鹤 邮 编：273736
法 人：许修鹤
Tel：13905302224
0530－4489555

### 鄄城县乾辉工艺品厂
业务：主要出售人发、档发、发帘、深加工等一系列产品
地址：山东省菏泽市鄄城县鄄城镇姜口村中间黑板报处
负责人：李安记 邮 编：274000
法 人：李安记
Tel：0530－2428777
Fax：0530－2428777

### 临沂博亿利家电有限公司
业务：临沂博亿利家电有限公司成立于1998年，代理经营家用电器及售后服务，品种繁多，欢迎来电洽谈业务！
地址：山东省临沂市兰山区蒙山大道西城新贵1019号

负责人：马庆年 邮 编：276000
法 人：马庆年
Tel：0539－3122766

### 旺通工艺品有限公司
地址：山东省菏泽市曹县普连集镇李家集西
负责人：李井田
Tel：0530－3603828
13953030849

### 菏泽市牡丹区吴氏木业有限公司
业务：生产、销售马扎
地址：山东省菏泽市牡丹区北城三里店
负责人：吴振泉 邮 编：274000
法 人：吴振泉
Tel：13954007680
0530－6203860

### 顺通木业加工厂
地址：山东省菏泽市曹县郜庄工业园区
负责人：于红
Tel：13061564058

### 郓城县艺兴隆古典家俱厂
业务：承接酒店，宾馆，茶楼，古典装修，明清古典家具
地址：山东省菏泽市郓城县随官屯镇华勋超市
负责人：王广明 邮 编：274700
法 人：王广明
Tel：15964439898
15054694597
0530－6420029
Fax：0530－6420029
E-mail：guangming9898@126.com

### 飘奥尼工艺品有限公司
地址：山东省菏泽市牡丹区康庄西路40号
负责人：范杰
Tel：0530－5858989
13583036888

### 济南华建复合材料有限公司
业务：生产与销售玻璃钢制品、体育器材，家具
产品：玻璃钢制品、体育器材，家具
地址：山东省济南市济阳县新市镇王碱场村西首（原奶牛场院内）
负责人：王建军 邮 编：250001
法 人：王建军
Tel：0531－84311666
Fax：0531－84310888

### 济南百亮眼镜有限公司莒县浮来路分公司
地址：山东省济南市城阳镇浮来路
负责人：于光红
Tel：0531－86885586

### 商河县龙腾家具厂
业务：专业生产与销售各类民用家具
产品：各类民用家具
地址：山东省济南市商河县张坊乡李兵马村
负责人：李关军 邮 编：250001
法 人：李关军
Tel：13668808137
0531－84830178

### 锦洙工艺品有限公司
地址：山东省济南市历城区锦绣川乡槐家峪村9号
负责人：杨希平
Tel：0531－82812345
13335103262

### 济南雍庭家具有限公司
业务：生产和销售各类家具
产品：雍庭英式乡村风格实木系列
地址：山东省济南市天桥区天成路6号1－1309室
负责人：黄永萍 邮 编：250001
法 人：黄永萍
Tel：0531－81261382
Fax：0531－81261382
网址：http://yongtingjiaju.b2b.hc360.com/

### 济宁市晨新日化有限公司
业务：销售洗衣粉、透明皂、洗洁精、蚊香、杀虫剂
地址：山东省济宁市任城区李营镇李营村
负责人：金建设 邮 编：272000
法 人：金建设
Tel：13355378579
0537－2785222

### 临沂龙森家具厂
业务：临沂龙森家具厂成立于1998年，主要从事沙发的生产与销售。公司以产品质量赢得信誉，以款式独特大方赢得市场，合作共赢，同创精品！我们期待与您的合作！
地址：山东省临沂市兰山区后岗头工业园
负责人：杨乃颖 邮 编：276006
法 人：杨乃颖
Tel：0539－8358892

### 济南广哲珠宝有限公司
地址：山东省济南市历山路52号
负责人：刘广哲
Tel：0531－86941898

### 泗水金店
业务：经营珠宝首饰
地址：山东省济宁市泗水县泗河办健康路中段
负责人：孔凡明 邮 编：272000
法 人：孔凡明
Tel：0537－4254319
13305370588

### 济南雅特家私有限责任公司家具商场
地址：山东省济南市历下区二环东路751号
负责人：韩世美
Tel：0531－88966106

### 泗水县五凤床垫加工厂
业务：床垫加工，销售及床上用品销售
产品：高中低档，各种款式席梦思床垫加工
地址：山东省济宁市泗水县星村镇九道岭村
负责人：蒋先生 邮 编：273209
Tel：0537－4161730
15092660685

### 广电工贸有限公司
地址：山东省济宁市古木槐商务楼416室
负责人：郭德俊
Tel：13562439988

### 汶上县欧典橱具销售部
业务：油烟机，橱柜代理销售
地址：山东省济宁市汶上县城花园路
负责人：刘宽 邮 编：272119
法 人：刘宽
Tel：13953736061
0537－7889697

### 夏津县华东工艺有限公司
地址：山东省济宁市嘉祥县城北开发区
负责人：李自义
Tel：0537－3880369

### 鱼台县圣彬日用品门市部
业务：日用品销售
地址：山东省济宁市鱼台县老砦乡驻地
负责人：侯圣彬 邮 编：272000
法 人：侯圣彬
Tel：15864138688
0537－6353866

### 瀚苑雕塑艺术厂
地址：山东省济宁市嘉祥县城兖兰西路
负责人：李伟
Tel：0537－6822188
13355105516

### 莱阳市掌上明珠家俱生活馆
业务：家具代理
地址：山东省莱阳市富水南路（富水家居广场）
负责人：周言民 邮 编：265200
法 人：周言民
Tel：13963820496
0535－7310769
Fax：0535－7310769

### 山东清爽伞业有限责任公司
业务：集开发、设计、生产和销售于一体，专业生产系列伞类产品及帐蓬，并可按客户要求或来样定制，秉承优质、高效和完善的服务这一宗旨，竭诚欢迎各地客商光临我厂洽谈业务！
地址：太阳伞，广告伞，外贸伞，帐蓬
地址：山东省乐陵市省级高新技术开发区
负责人：禹占华 邮 编：253600
法 人：禹占华
Tel：0534－6805333
15066531666
Fax：0534－6805333
网址：www.sdqssy.com

### 友爱洗涤日化有限公司
地址：山东省济宁市嘉祥县嘉祥城北曾子像东路南
负责人：黄彪
Tel：0537－6863598
13953761469

### 茌平县温陈鑫波实木家具城
业务：销售实木家具
地址：山东省聊城市茌平县温陈乡希望小学对过向东500米
负责人：孙博 邮 编：252000
法 人：孙博
Tel：15066423587
15863546879
15965768502

### 嘉祥鲁祥鬃刷有限公司
地址：山东省济宁市嘉祥县嘉祥镇张吴村
负责人：张尊华
Tel：0537－6881093
13505378353

### 临沂天资雨具有限公司
业务：本公司经营天堂伞、天堂雨衣、亿美雨衣、龙翔伞业、天宝伞业、景潮伞业天源伞业、时来伞业、大光明伞业、相思红叶伞业、布尔享伞业、香港宏达伞业、龙泉、龙杰雨披、宏达太阳伞、自产自销秀丽牌休闲屋、广告活动专家、承接广告业务。
地址：山东省临沂市兰山区水田路8号
负责人：岳效杰 邮 编：276000
法 人：岳效杰
Tel：0539－8067119
网址：www.mtw28392.chinapyp.com
E-mail：mtw28392

### 茌平县北京·真爱婚纱摄影流行会馆
业务：从事婚纱，个人写真，全家福，儿童照，输出相片等服务
地址：山东省聊城市茌平县信发步行街
负责人：徐磊 邮 编：252100
法 人：郦廷忠
Tel：13863588668
0635－4273220

### 梁山京航洗涤用品厂
地址：山东省济宁市梁山县韩垓镇大李庄村
负责人：高夫存
Tel：13853711185

### 东阿县铜城樱花电器专卖店
业务：整体橱柜、"乐铃"牌油烟机、太阳能的销售
产品：整体橱柜、"乐铃"牌油烟机、太阳能
地址：山东省聊城市东阿县文化街东头
负责人：杨桂玉 邮 编：252000
法 人：杨桂玉
Tel：0635－3270398
13581189145

### 圣人家瓷厂
地址：山东省济宁市曲阜市王庄乡仙店村
负责人：孔凡林
Tel：0537－4554863
13953707688

### 聊城市东昌府区索菲亚家居商行
业务：家俱代理经营
地址：山东省聊城市东昌府区振兴西路12号楼10、11号
负责人：尹爱国 邮 编：252000
法 人：尹爱国
Tel：0635－6987998
6988800

### 青岛鸿辉工艺品有限公司
业务：青岛鸿辉工艺品有限公司，位于美丽的海滨城市青岛，专业从事中高档的仿真首饰的生产企业易企业。公司业务经营起始于2000年，占地面积10000平方米，拥有雄厚的技术实力及丰富的首饰开发经验。根据世界各地不同市场品味和需求，采用优质材料和先进工艺，为客户提供设计、打模、制样一条龙服务。紧紧跟随世界首饰行业最新潮流，致力于中高档饰品系列的开发与生产。我公司产品远销大洋洲、欧、美洲各国及地区，生产经营产品涉及各种镶嵌宝石类发饰、项链、手链、戒指饰系列，上百个品种，近千种款式与规格。我们以"质量第一、客户至上"为宗旨，达到了一定的客户满意度。随着公司业务不断发展，鸿辉工艺品有限公司将以更加适应市场的竞争和完善的体系为顾客提供更优质的服务。欢迎国内外客户来电、来函、订购、洽谈建立业务关系，并承接来样、来图定造。携手并进，共图鸿业！
地址：青岛胶州市李哥庄镇日本工业园
负责人：魏鉴旭 邮 编：266316
法 人：魏鉴旭
Tel：0532－88205678
Fax：0532－88205577
网址：www.hhjewelry.cn

### 东昌府区经典工艺品商店
业务：避疫葫芦
地址：山东省聊城市世代豪园运河路101号
负责人：张秀怀 邮 编：252000
法 人：张秀怀
Tel：15653131699
0635－6959999

### 时代家俱有限公司
地址：山东省济宁市市郊区长沟镇商贸楼
负责人：徐西学
Tel：13188813313

### 鲁奥家具厂
业务：实木家具，沙发，床，玻璃家具
地址：山东省聊城市莘县燕店镇杨二庄村
负责人：许保亮 邮 编：252413
法 人：许保亮
Tel：0635－7555559
Fax：0635－7551402

### 济宁森森木业有限公司
地址：山东省济宁市唐口镇驻地
负责人：郝春苓

Tel:0537－2515358

## 临沂市凯迪乐家具厂
业务:家具的销售
地址:山东省临沂高新区马厂湖镇西墩村
负责人:郑成方 邮 编:276000
法 人:郑成方
Tel:13805492848
13864975856

**南四湖雕塑工艺厂**
地址:山东省济宁市微山县夏镇老地毯厂内
负责人:朱思习
Tel:0537－8235116
13853739989

## 费县凤翔木制品加工厂
业务:木制品加工
地址:山东省临沂市费县马庄镇下牛田村
负责人:罗树伟 邮 编:276000
法 人:罗树伟
Tel:13290355976
0539－5623038
网址:http://www.51zzt.com/user/zzt34481

## 河东区新大厨具厂
业务:刀具,菜刀
地址:山东省临沂市河东区九曲办事处杨庄
负责人:高志强 邮 编:276000
法 人:高志强
Tel:0539－2931553
15878884488
13325078223

**滨阳制毯有限公司**
地址:山东省济宁市兖州市新驿镇工业区
负责人:余永忠
Tel:13954754928

## 莒南县佳宏石刻工艺品厂
业务:专业从事石刻工艺品的设计、雕刻,我们愿以精湛的技术,为您提供一流的服务。
产品:各种石刻艺术品、人物、动物、石灯笼、石塔等
地址:山东省临沂市莒南县坊前镇前桃花林村
负责人:王家红 邮 编:276617
法 人:王家红
Tel:0539－7538198
Fax:0539－7538666
E-mail:dongri0095@126.com

**华联木器厂**
地址:山东省济宁市鱼台县谷亭镇政府西邻
负责人:吴佳奎
Tel:0537－6214558
13325194558

## 精武陶瓷有限公司
业务:陶瓷餐具、茶具等家用陶瓷器具
产品:各种陶瓷餐具
地址:山东省临沂市罗庄区罗庄街道陶瓷商城楼 28 号
负责人:许刚刚 邮 编:276021
法 人:许刚刚
Tel:13583933124
0539－8244293
Fax:0539－8244293
网址:http://www.51zzt.com/user/zzt33514

**博林家俱装饰有限公司**
地址:山东省济宁市邹城市西关惠家胡同 28 号
负责人:顾克苓
Tel:13153771398

## 郯城县华康杞柳农民专业合作社
业务:柳编工艺品、柳编原材料购销
地址:山东省临沂市沙墩镇华埠三村
负责人:王学峰 邮 编:276112
法 人:王学峰
Tel:0539－6766508
13188713768

## 郯城县友利杞柳农民专业合作社
业务:杞柳的种植,销售,加工。花篮,礼品工艺,狗床等一系列柳制品
地址:山东省临沂市郯城县沙墩镇株柏三村
负责人:张朋利 邮 编:276000
法 人:张朋利
Tel:0539－6769003

## 威海金脉木业有限公司
业务:我公司为外商独资企业,引进国外先进设备,主要从事实木家俱,木制工艺品及包装材料的生产与销售,产品在国内、国际市场上具有很强的竞争力,深受国内外客户的青睐。
地址:山东省威海市经济技术开发区环山路西成大路南
负责人:许峰浩 邮 编:264205
法 人:许峰浩
Tel:0631－5966318
Fax:0631－5966317

**邹城市超时空科技有限公司**
地址:山东省济宁邹城市科技大厦一楼北厅
负责人:王卫国
Tel:13854727087

## 沂水县红双喜家俱城、广源木器加工厂
业务:家具销售
地址:山东省临沂市沂水县东环路以东石山官庄西邻、山东省临沂市沂水县县府前街向西 200 米路北
负责人:张经元 邮 编:276000
法 人:张经元
Tel:13805394838
0539－7365577

**隆宝轩珠宝玉器商行**
地址:山东省济宁邹城市平阳路 122 号
负责人:程相喜
负责人:0537－5258181 13905373296

## 沂水县高桥富军家具商场
业务:经营家具
产品:办公家具、民用家具
地址:山东省临沂市沂水县高桥镇夏家官庄村
负责人:宋付军 邮 编:276000
法 人:宋付军
Tel:0539－2827182
13468196489

**聚金家具厂**
地址:山东省济宁邹城市中心店镇东浙兴村
负责人:孔令新
Tel:13153770869

## 山东省龙口市福源泉净水设备有限公司
业务:集磁化、净化活水器、灌溉式磁化水器研发、制造、经营于一体的高科技企业。公司主要产品分为:家用、农用两大系列,遵承着"诚信为本、品质为先"的理念,为您提供优质的产品及服务!
产品:家庭用磁化、矿化、净化、活化多功能活水器,农业用灌溉式磁化水器,工业用锅炉除垢磁化水器
地址:山东省龙口市港城大道 88 号
负责人:王永想 邮 编:265700
法 人:王永想
Tel:0535－8503665
13953569477
Fax:0535－8503665
网址:www.fuyuanquan.cn

**圣洁消毒净化设备有限公司**
地址:山东省胶州市阜安工业园滨州路 128 号
负责人:孙战玲
Tel:0532－82299226
13589296123

## 青岛博慧工艺品有限公司
业务:生产、销售工艺品
地址:山东省青岛即墨市大信镇司家疃三村信华街 46 号
负责人:崔桂秋 邮 编:266200
法 人:崔桂秋
Tel:0532－82536377

**振兴洗化有限公司**
地址:山东省聊城市东昌府区香江光彩大市场金海东七街 41 号
负责人:贾付国
Tel:0635－8463133
13706359580

## 青岛豫青木业有限公司
业务:生产与销售实木家具,以实木楼梯为主
产品:实木楼梯
地址:山东省青岛市崂山区海尔路 29 号温哥华花园 7 号楼 1 单元 603 室
负责人:朱昌华 邮 编:266000
法 人:朱昌华
Tel:13791815929
13963955053
E-mail:qdyqit@126.com

**高唐金兴木制品有限公司**
地址:山东省聊城市高唐县泉林西路路北
负责人:李民
Tel:0635－3901888

## 青岛汇丰嘉华珠宝有限公司
业务:黄金、珠宝、翡翠
地址:山东省青岛市青岛经济技术开发区紫金山路 113 号
负责人:张万海 邮 编:266000
法 人:张万海
Tel:0532－86895788
Fax:0532－86895788
E-mail:wanhaijiahua@163.com

**康福乐妇婴用品有限公司**
地址:山东省聊城市柳园南路 105 号
负责人:连维贞
Tel:0635－2112659
13356352755

## 莒县长发黑陶工艺品厂
业务:黑陶工艺品、黑陶饮水机
地址:山东省日照市莒县小店镇南官庄村
负责人:严纪合 邮 编:276515
法 人:严纪合
Tel:15954022216

**郯城县方圆木业有限公司**
地址:山东省临沂市北外环路
负责人:刘俭
Tel:0539－6220660

## 晋兵水电暖器材总汇
业务:水暖器材销售
地址:山东省日照市岚山区碑廓镇大司官庄村
负责人:牟晋兵 邮 编:276800
法 人:牟晋兵
Tel:13455039596
15065588084

## 威海龙华工艺品有限公司
业务:本公司成立于 2001 年,主要从事鲍鱼壳、淡水贝、珍珠贝半成品加工。欢迎来电洽谈业务!
地址:山东省威海市高新区陈家后沟村北山
负责人:郑兴龙 邮 编:264209
法 人:郑兴龙
Tel:0631－5804559

## 乳山市新潮眼镜一店
业务:经营眼镜
地址:山东省乳山市冯家初中对面
负责人:孙学茂 邮 编:264500
法 人:孙学茂
Tel:0631－6466365
Fax:0631－6466365

**盛鑫工艺品厂**
地址:山东省临沂市苍山县二庙乡大埠村
负责人:徐士委
Tel:0539－5351190
13705394294

## 乳山市新潮眼镜二店
业务:经营眼镜
地址:山东省乳山市富山路北段
负责人:孙学茂 邮 编:264500
法 人:孙学茂
Tel:0631－6466365

**苍山县光明眼镜有限公司**
地址:山东省临沂市苍山县县城文化路 25 号
负责人:袁春举
Tel:0539－5219212
13563939678

## 寿光市红火菜果专业合作社
业务:专业从事菜果种植销售,组织收购、销售成员种植产品,并为成员提供贮藏、包装、运输服务;推广、引进种植新技术、新品种以及相关的技术培训。
产品:"瓜果蔬菜,食用菌,有机富硒蔬菜等,经营""处留香""牌果菜产品"
地址:山东省寿光市田柳镇后疃村
负责人:王焕明 邮 编:262709
法 人:王焕明
Tel:0536－5712556
13793666872
Fax:0536－5712556

**金雀瓷业有限公司**
地址:山东省临沂市苍山县沂堂镇龙泉官庄村
负责人:张建俞
Tel:0539－5501666
13355498799

## 雅琳娜品牌化妆品
业务:主营护肤、彩妆、洗涤用品、家居系列,含盖所有女性日化用品,致力以一流的产品,合理的价格,完善的服务竭诚为您服务!
地址:山东省泰安市东平县汇和街西首
负责人:张兆强 邮 编:271500
负责人: 邮 编:张兆强
Tel:0538－2229666
15066716555
Fax:0538－2229666

**志泉工艺品有限公司**
地址:山东省临沂市苍山县庄坞镇南多福村
负责人:徐志泉
Tel:0539－5548199
13608996388

## 东平县华旭玩具有限公司
业务:生产销售布艺玩具、各式服装出口
地址:山东省泰安市东平县接山乡供电所院内
负责人:马东华 邮 编:271000
法 人:马东华
Tel:0538－2211117
13853857015
Fax:0538－2211117

**临沂子禾卫生用品有限公司**
地址:山东省临沂市费县费城工业园塔城路 8 号
负责人:季跃龙
Tel:0539－5838616
13705395923

## 泰山区福能达净水设备售后服务中心
业务:各种矿物质水,各种水处理器设备,销售饮水机,维修净水设备等
地址:山东省泰安市虎山路中段教师之家三楼
负责人:马龙 邮 编:271002
法 人:马龙
Tel:0538－6295611
15165483293

**山东美燕工艺品制造有限公司**
地址:山东省临沂市河东区郑旺镇大赵家村
负责人:周燕
Tel:0539－8823506

## 宁阳县福星红木家具厂
业务:红木家具
地址:山东省泰安市宁阳县伏山镇驻地
负责人:张亚飞 邮 编:271400
法 人:张亚飞
Tel:0538－5711988
Fax:0538－5711466

**临沂沂沭河工艺品有限公司**
地址:山东省临沂市莒南县板泉镇西高榆村
负责人:刘树春
Tel:0539－7669566
13508990488

## 宁阳县彩山洗涤剂加工厂
业务:生产洗衣粉、洗衣液
地址:山东省泰安市宁阳县宁阳镇青川寺村
负责人:孟昭顺 邮 编:271000
法 人:孟昭顺
Tel:13645487397
0538－5667003

**金玉泉木业有限公司**
地址:山东省临沂市兰山区临西十一路与水田路交汇处
负责人:陈香山
Tel:13505398527

## 新泰市羊流镇新大都家具城
业务:家具销售
产品:家具
地址:山东省泰安市新泰市羊流镇济新路转盘西 388 米路南
负责人:陈振迎 邮 编:271208
法 人:陈振迎
Tel:0538－6372895

**中南厨具有限公司**
地址:山东省临沂市兰山区水田厨具市场
负责人:房佃东
Tel:0539－8061594
13605495699

## 鲍沟镇蓝天玻璃工艺厂
业务:各类玻璃工艺加工总汇
地址:山东省滕州市鲍沟镇玻璃商城(东皇甫村)
负责人:张涛 邮 编:277500
法 人:张涛
Tel:0632－2687222

**祥柳工艺品有限公司**
地址:山东省临沂市临沭县青云镇史岭村
负责人:李凤贵
Tel:0539－6329344
13854930918

## 滕州市汇华玻璃工艺有限公司
业务:丝印,玻璃加工,凹蒙玻璃、凸蒙玻璃,冰雕
产品:玻璃工艺品,各种型号、各种样式的玻璃镜片
地址:山东省滕州市鲍沟镇鲁南玻璃商城
负责人:王克华 邮 编:277101
法 人:王克华
Tel:0632－2686865
Fax:0632－2666800

## 滕州市合缘紫砂盆厂
业务:生产销售各式紫砂花盆
产品:陶瓷,釉盆,紫砂花盆,手彩盆,精品盆景盆等陶瓷工艺品
地址:山东省滕州市姜屯镇庄里东村经济开发区
负责人:孔祥合 邮 编:277521
法 人:孔祥合
Tel:15864349544
13863225448

**临沭金柳工艺品有限公司**
地址:山东省临沂市临沭县沂蒙创业园中心路南首
负责人:邱炳胜
Tel:0539－6261588

13505395138

**富华工艺品有限公司**
地址：山东省临沂市临沭县郑山镇朱沙埠村
负责人：杨化芹
Tel：0539－6266189

**潍坊奥尔多能源设备有限公司**
业务："鲁科"牌太阳能热水器
地址：山东省潍坊高新区清池街办王家侯孟村
负责人：韩经理　邮　编：261000
法　人：韩洪山
Tel：13963610390
0536－7618558
Fax：0536－7618558
网址：http://www.yjyyg.com/

**天马工艺品有限公司**
地址：山东省临沂市临沂城常林西大街 85 号
负责人：张俊思
Tel：13905493949

**昌乐县龙才瓜菜专业合作社**
业务：瓜菜种植销售，开发与瓜菜种植经营有关的技术培训、技术交流和咨询服务
地址：山东省潍坊市昌乐县城南街道韩信村
负责人：刘龙才　邮　编：261041
法　人：刘龙才
Tel：13854494516
0536－6733053

**天丰瓷业有限公司**
地址：山东省临沂市罗庄区俄黄路南段
负责人：张建涛
Tel：13954987888

**潍坊宝仪家具有限公司**
业务：椰棕床垫的生产和销售
产品：椰棕床垫
地址：山东省潍坊市高新区清池街办王家侯孟村
负责人：王永清　邮　编：261041
法　人：王永清
Tel：13953684731
0536－7618259
Fax：0536－7618259

**硕丰家具有限责任公司**
地址：山东省临沂市罗庄区临西一路 278 号
负责人：张硕林
Tel：13905390029

**烟台市牟平区晓琳松木家具厂**
业务：生产加工木制家具
地址：山东省烟台市牟平区宁海办事处东李家疃村
负责人：于江　邮　编：264100
法　人：于江
Tel：15853585388
13606381100

**平邑县天辰陶瓷有限公司**
地址：山东省临沂市平邑县柏林镇固城村
负责人：汪运建
Tel：0539－4407032

**山东临沂佳源工艺品有限公司**
地址：山东省临沂市郯城县黄山镇柳行村
负责人：葛祥松
Tel：0539－6786598
13705493127

**烟台市芝罘区新怡布艺店**
业务：专营成品窗帘、布艺帘、窗帘饰品及其他家居精品，对外承接加工、定做、安装业务，产品制作精良，款式新颖，我们将以专业的素质，为您提供满意服务。
产品：窗帘、沙发套等布艺
地址：山东省烟台市芝罘区金晖花园 58 号付 10 号
负责人：谢如华　邮　编：264000
法　人：谢如华
Tel：13863825900
E-mail：ytxrh－002@163.com

**华通草柳工艺品有限责任公司**
地址：山东省临沂市郯城县黄山镇西蔡村
负责人：王作国
Tel：0539－6787168
13869909669

**郯城县颜氏工艺品有限责任公司**
地址：山东省临沂市郯城县经济开发区
负责人：颜世晓
Tel：0539－6226358

**烟台市芝罘建华家俱厂**
业务：连体免漆套房家具、电脑桌，宾馆配套家具
地址：山东省烟台市芝罘区幸福中路 186 号
负责人：周登刚　邮　编：264000
法　人：周登刚
Tel：13105356938

**宏利木制品厂**
地址：山东省临沂市郯城县李庄镇
负责人：刘新江
Tel：0539－6751109
13505399690

**枣庄明奇太阳能科技有限公司**
业务："桑乐"太阳能山亭区总代理，"奥克斯"厨房电器总代理，销售中高档厨卫精品系列，中高档油烟机，燃气炉具和高档橱柜系列，高档淋浴花洒，水龙头等，承接室内水暖工程及改造
产品："桑乐"太阳能，"奥克斯"厨房电器，中高档厨卫精品系列，中高档油烟机，燃气炉具和高档橱柜系列，高档淋浴花洒，水龙头等
地址：山东省枣庄市山亭区黄河路人民医院西 150 米路北
负责人：温召民　邮　编：277101
Tel：0632－5180886
13869430886
E-mail：stsangle@163.com

**临沂市南星富民工艺品有限公司**
地址：山东省临沂市郯城县李庄镇诸葛店村
负责人：平振华
Tel：0539－6748578
13853981525

**山东省郯城县源深集团有限公司**
地址：山东省临沂市郯城县马头镇何圩子村
负责人：何元森
Tel：0539－6771805
13954416106

**滕州市腾飞家居广场**
业务：专营高中档实木、环保民用家具和办公家具、沙发等，本商厂占地面积约 3000 多平方米，并诚征各地品牌代理商加盟，我们会以优良的服务，合理的价格期待您的光临。
产品：各种高中档家具、沙发、办公桌椅等
地址：山东省枣庄滕州市龙阳镇驻地北首
负责人：张成全　邮　编：277500
法　人：张成全
Tel：0632－2050865
13963295991
Fax：0632－2033348

**杰顺工艺品有限公司**
地址：山东省临沂市郯城县沙墩镇朱柏村
负责人：沈联华
Tel：0539－6769062
13853907636

**荣宇工艺品有限公司**
地址：山东省临沂市郯城县沙墩镇株柏二村
负责人：张荣良
Tel：0539－6769188
13905398034

**郯城县港上供销社工艺品经营部**
地址：山东省临沂市郯城县新村乡新村街 11 号
负责人：倪伟
Tel：0539－6651168
13705394138

**锦美工艺品有限公司**
地址：山东省临沂市沂南县双堠镇驻地
负责人：刘本俊
Tel：0539－3713888
13953939418

**东泰工艺品有限公司**
地址：山东省临沂市沂南县县城历山路 94 号
负责人：刘思明
Tel：0539－3257807
13562933187

**龙口市冶基家俱加工厂**
地址：山东省龙口市诸由观镇冶基村
负责人：吕信宽
Tel：0535－8568691

**客来美工艺品有限公司**
地址：山东省青岛市城阳区城阳街道西旺疃村
负责人：胡忠玉
Tel：0532－87751222
13335003183

**美露亚工艺品有限公司**
地址：山东省青岛市城阳区城阳镇城阳村
负责人：金英丽
Tel：0532－84715000
13386429225

**金昌达饰品厂**
地址：山东省青岛市城阳区棘洪滩街道张家庄村
负责人：张钦昌
Tel：0532－87709821
13906427783

**市中区石缘居奇石馆**
业务：出售奇石、字画、工艺品
地址：山东省枣庄市市中区商城三合街 8 号楼 3－4 号
负责人：韩帮超　邮　编：277000
法　人：韩帮超
Tel：0632－6069883
13506323926

**富华完美芦荟日用品商店**
地址：山东省青岛市城阳区向阳支路 3 号（华夏银行向南 100 米）
负责人：袁女士
Tel：0532－88330612
87861215
13853253871

**山东青岛大鲁木器厂**
地址：山东省青岛市即墨市通济街道办事处于家庄村
负责人：李民胜
Tel：0532－82515252
13061239815

**青岛市百合花店**
地址：山东省青岛市即墨市新兴路鹤翔小区 275 号
负责人：王恩涛
Tel：0532－85550626
13361271013

**宝原工艺品有限公司**
地址：山东省青岛市胶州李哥庄镇
负责人：李春日
Tel：0532－88280301

**祥缘制毡厂**
地址：山东省青岛市胶州市北王珠镇前进村
负责人：刘述刚
Tel：0532－88220276
13606301539

**青岛顺盛捷工艺品厂**
地址：山东省青岛市胶州市李哥庄镇北民营工业园
负责人：李书胜
Tel：0532－88289100
13606301456

**信义工艺品有限公司**
地址：山东省青岛市胶州市张应镇大朱戈工业园
负责人：王乾
Tel：0532－86239388
13905427572

**诺克来工贸有限公司**
地址：山东省青岛市经济技术开发区香江路千智广场 906 室
负责人：魏杰
Tel：0532－86893160
86695623

**莱西市晨豪家俱厂**
地址：山东省青岛市莱西市姜山镇后山村
负责人：丁丙红
Tel：0532－86417807
13153283308

**渝润木制工艺品厂**
地址：山东省青岛市莱西市姜山镇金岭工业园
负责人：娄斌
Tel：0532－82068237

**华春工艺品有限公司**
地址：山东省青岛市平度市灰埠镇驻地 886 号
负责人：刘振春
Tel：0532－86393888
13306395128

**青岛裕华装饰工程有限公司工艺品总汇**
地址：山东省青岛市平度市苏州路 122 号
负责人：姜进吉
Tel：0532－87362688
13905426408

**富丽沙发厂**
地址：山东省青岛市市北区台东
负责人：包文静
Tel：0532－88722919

**烟台市芝罘弘锦轩钓具店**
业务：各种钓鱼器具经营
地址：山东省烟台市芝罘区祥和花鸟市场 A 区 30－31 号
负责人：潘树建　邮　编：264000
法　人：潘树建
Tel：0535－6808979

**青岛康立园科技有限公司东部亿天伦专卖店**
地址：山东省青岛市市南区澄海三路 19 号
负责人：周彦君
Tel：0532－83896749

**得高木器制造厂**
地址：山东省青岛市市南区田家村 596 号
负责人：王晓燕
Tel：0532－85693666
13906425771

**青岛力天商业展示制造有限责任公司**
地址：山东省青岛市漳州二路 9 号中商广场 3 号楼二单元 602
负责人：叶召龙
Tel：0532－85976530
13361238182

**舜鑫工艺品有限公司**
地址：山东省曲阜市息陬乡政府驻地南
负责人：姚运波
Tel：0537－4633398
13325171988

**山东晨鸣板材有限责任公司包装装饰分公司**
地址：山东省寿光市区西环路南段路西
负责人：乔明伦
Tel：0536－5670205
13864665668

**新泰市供销社烟花爆竹有限公司**
地址：山东省泰安新泰市新汶办事处汶河路
负责人：杨光勇
Tel：0538－7339506
13953893062

**芦荟日用品商行**
地址：山东省威海荣成市荣兴路北首 26 号
负责人：姚志英
Tel：0631－7520257
13863000801

**上庄海普太阳能热水器厂**
地址：山东省威海荣成市上庄镇驻地
负责人：孙永建
Tel：0631－7415259
13326245299

**荣成精进工艺品有限公司**
地址：山东省威海荣成市滕家镇
负责人：郑基哲
Tel：0631－7683777

**威海晨阳净化设备厂**
地址：山东省威海市高技区抚顺路 2 号
负责人：李军儒
Tel：0631－5626615
13963109847

**多米利家具有限责任公司**
地址：山东省威海市高区火炬路 166 号
负责人：钱才茂
Tel：0631－5683353
13001637808

**威海新江工艺品有限公司**
地址：山东省威海市环翠区桥头镇产里村
负责人：林宏森
Tel：0631－5521725
13963130039

**威海宝明厨房工艺品有限公司**
地址：山东省威海市经济技术开发区河北村
负责人：鞠军
Tel：0631－5922575

**威海市强力玩具有限公司**
地址：山东省威海市孙家疃镇沙窝村
负责人：李白明
Tel：0631－5125151

**威海市久业日用品厂**
地址：山东省威海市新华街
负责人：孙诚刚
Tel：0631－6621034

**威正工艺品厂**
地址：山东省威海市羊亭镇大西庄村
负责人：李芳先生
Tel：0631－5764577
13061151196

**大观园壁挂厂**
地址：山东省威海文登市大观园服装城
负责人：田世洪
Tel：0631－8463650
13606316637

**祥泰礼品玩具厂**
地址：山东省威海文登市界石镇蒿耩村
负责人：刘昌卿
Tel：0631－8531882
13792756489

**山东省烟台市牟平区波西米亚净水器经销处**
业务：专业于家居绿色科技产品的销售、安装和完善的售后服务，系波西米亚净水器烟台总经销。
产品：净水器、厨房垃圾处理器
地址：山东省烟台市牟平区正阳路妇幼保健院南 150 米路西
负责人：曲振涛　邮　编：264100
法　人：曲振涛
Tel：13205356558
网址：www.jkejok.cn
E-mail：q_zhentao@163.com

**文登市鸿福喜艺品厂**
地址：山东省威海文登市文山路西道
负责人：邵静
Tel：0631－8263156

**博雅家纺有限公司**
地址：山东省威海文登市宅库街 28 号
负责人：李彩霞
Tel：0631－8262959
13563127969

**安丘鑫弘工艺品有限公司**
地址：山东省潍坊安丘市景芝镇鹿村
负责人：周树法
Tel：13963621500

**联宏工艺品厂**
地址：山东省潍坊安丘市兴安街道办小石泉村西
负责人：崔先伟
Tel：13605364097

**庆友毛巾厂**
地址：山东省潍坊昌邑市北孟镇小南孟村
负责人：刘庆友
Tel：0536－7788866

**金宏达木制工艺厂**
地址：山东省潍坊高密市柏城镇堤东工业园
负责人：冯章国
Tel：0536－2572595
13356362552

**益林木业有限公司**
地址：山东省潍坊高密市北环路夏庄加油站东侧
负责人：孟兆义
Tel：0536－2752049
13705367460

**山东省高密市海天木业有限公司**
地址：山东省潍坊高密市醴泉大道西首
负责人：倪忠海

Tel:0536－2869678
13361567000

**金玉同力玩具厂**
地址:山东省潍坊高密市西关路北首
负责人:金玉善
Tel:0536－2861333
13335251978

**盛林工艺品厂**
地址:山东省潍坊山东省诸城市林家村镇小河北村
负责人:王金胜
Tel:0536－6532218
13608959123

**金利源工艺品有限公司**
地址:山东省潍坊山东省诸城市南外环东首路北
负责人:李秀俊
Tel:0536－6069506
13706461316

**安丘市汇盛工艺品有限公司**
地址:山东省潍坊市安丘市景芝镇仁安村
负责人:赵景武
Tel:0536－4613698
13605365311

**德森毛巾厂**
地址:山东省潍坊市北孟镇东角兰村
负责人:李德森
Tel:0536－7780062
13395366870

**山东滕氏名门珠宝首饰有限公司**
地址:山东省潍坊市昌乐县开发区中国宝石城
负责人:滕传禄
Tel:0536－6283658

**山东滕氏名门珠宝首饰有限公司**
地址:山东省潍坊市昌乐县开发区中国宝石城
负责人:腾传禄
Tel:0536－6283658
13906360735
13705365855

**山东鸿赛珠宝首饰有限公司**
地址:山东省潍坊市昌乐县中国宝石城北街
负责人:秦允聪
Tel:0536－6285798

**昌乐县地毯厂**
地址:山东省潍坊市昌乐县朱汉镇政府驻地
负责人:高峰
Tel:0536－6961057

**潍坊市寒亭区鹏飞毛巾厂**
地址:山东省潍坊市寒亭区开元街办西寺村
负责人:高永刚
Tel:13963638605

**潍坊昌盛沙发厂**
地址:山东省潍坊市开发区健康东街坊央路口
负责人:牟泰山
Tel:0536－7618286
13953605166

**临沭县宏杰工艺品有限公司**
地址:山东省潍坊市临朐县白旄镇圈子河村
负责人:解汉宏
Tel:0536－6331568

**临朐华美工艺品有限公司**
地址:山东省潍坊市临朐县上林镇政府驻地
负责人:王乐喜
Tel:0536－3422588

**鑫升金属工艺制品有限公司**
地址:山东省潍坊市临朐县寺头镇东福泉村
负责人:赵玉军
Tel:0536－3777108
13606366144

**环美园艺场**
地址:山东省潍坊市临朐县五井镇下五井西村
负责人:王光山
Tel:0536－3610168
13905362001

**香港雅宝轩家俱集团有限公司潍坊宝斯柯雅床垫厂**
地址:山东省潍坊市清池街办王家侯孟村
负责人:韩美连
Tel:0536－7618128

**新里万陶瓷有限公司**
地址:山东省潍坊市潍城区北宫大街 136 号
负责人:张建美
Tel:13905367036

**潍坊美亚家具制造有限公司**
地址:山东省潍坊市潍城区姚家
负责人:邢杰
Tel:0536－2250031
13791688106

**北海特艺品厂**
地址:山东省潍坊寿光市孙家集街道办事处羊青路
负责人:李森
Tel:13608959927

**西关东风沙发厂**
地址:山东省烟台莱阳市城厢镇西关村
负责人:宋岩杰
Tel:0535－7212635
13791197799
13780908698

**烟台新视明眼镜公司**
地址:山东省烟台市开发区德胜商城 37－1
负责人:郭永强
Tel:13505356781

**烟台开发区枢纽礼品有限公司**
地址:山东省烟台市开发区金城小区 44B－3－501
负责人:于云涛
Tel:0535－6373572

**康康工艺品有限公司**
地址:山东省烟台市莱州市沙河镇东杜村
负责人:杜金国
Tel:0535－2315808
13905452718

**烟台大洋厨房设备有限公司**
地址:山东省烟台市芝罘区芝罘屯路 63－2 号
负责人:朱奉军
Tel:0535－6240856

**鑫茂艺品有限公司**
地址:山东省烟台招远市初山路东首路北
负责人:闫春平
Tel:0535－8383196
13705458825

**全记工艺品有限公司**
地址:山东省沂市临沭县沂蒙创业园
负责人:李守纪
Tel:0539－7192888
13605498027

**枣庄月兔家具有限公司**
地址:山东省枣庄市市中区君山西路 23 号西侧
负责人:程木全
Tel:0632－3392770
13906323670

**舜大工艺品有限公司**
地址:山东省诸城市舜王街办
负责人:张东
Tel:13906363993

**淄博博山东源工艺制品有限公司**
地址:山东省淄博市博山区岗山镇岱庄村村南
负责人:尹连君
Tel:0533－4820288

**东源工艺制品有限公司**
地址:山东省淄博市博山区岗山镇岱庄村南村
负责人:尹连君
Tel:0533－4820288

**博山东坤工业陶瓷厂**
地址:山东省淄博市博山区五岭路 60 号
负责人:陈化友
Tel:0533－4280492

**淄博博山华宏瓷珠厂**
地址:山东省淄博市博山区域城镇汪溪村
负责人:穆念骁
Tel:0533－4616285

**华集琉璃工艺有限公司**
地址:山东省淄博市博山区域城镇小峪口村
负责人:郭增华
Tel:0533－4653088

**宇海电子陶瓷有限公司**
地址:山东省淄博市博山区赵庄河东街 49 号
负责人:孙兆海
Tel:0533－4233550

**龙风木制品厂**
地址:山东省淄博市恒台县起风镇鱼四村
负责人:巩法玉
Tel:0533－8693555
13064056283
13053308685

**淄博市临淄富瑞驰工艺品有限公司**
地址:山东省淄博市临淄区皇城镇北羊工业区
负责人:张光玉
Tel:0533－7802108

**祥鹤家具厂**
地址:山东省淄博市临淄区朱台镇西单村
负责人:宋俊峰
Tel:0533－7782087
13011614538

**鲁益工艺制品厂**
地址:山东省淄博市沂源县悦庄镇
负责人:张光花
Tel:0533－3420103
13953324625

**美沣陶瓷有限公司**
地址:山东省淄博市张店区沣水建材工业区
负责人:邓纪伟
Tel:13953391299

**兰慧青铜工艺品厂**
地址:山东省淄博市张店区沣水镇昌城村
负责人:邹大双
Tel:13583375669

**诺亚陶瓷厂**
地址:山东省淄博市张店区富家镇向阳村
负责人:解恒准
Tel:13806431703

**章丘市圣源木业有限公司**
业务:生产、销售实木门、钢木门、办公家具、民用家具
地址:山东省章丘市明珠小区北区 56 号楼一楼门头房
负责人:刘振杰 邮 编:250200
法 人:刘振杰
Tel:0531－83265099
15098869999

**星铄工艺品厂**
地址:山东省淄博市张店区杏园办事处良乡工业园 4 号路 14 号
负责人:赵洋云
Tel:0533－2091811

**华磁制釉有限公司**
地址:山东省淄博市淄川区磁村镇东高村
负责人:孙勇
Tel:0533－5551698
13808945035

**龙都陶瓷有限公司**
地址:山东省淄博市淄川区龙泉镇龙泉路 12 号
负责人:梁总
Tel:0533－5880220

**微耐精细陶瓷有限公司**
地址:山东省淄博市淄川区杨寨
负责人:李振光
Tel:0533－5481750
13864335666

**雍大陶瓷有限公司**
地址:山东省淄博市淄川区杨寨工业园安头村东首
负责人:柏启远
Tel:0533－5492999
5492788
5492577
13608946666

## 济宁好视立视光服务中心

2008年8月济宁好视立视光服务中心在济宁市市中区成立。好视立智能变焦复原镜采用智能变焦科技，用眼镜替代睫状肌的调节功能，真正做到学治同步。

您可以尽早来我们好视立视光中心免费享受国际标准18项专业眼视力检测，体验试戴。

"度数越来越小、视力越来越好"

联系人：万初昱 0537-2176699
电子邮件：haoshilizhongxin@163.com 传真：0537-2176699
地址：山东省济宁市市中区益民西区 邮编：272000

## 山东天欣木业有限公司

山东天欣木业有限公司以木制刷柄、刷子、家具、婴儿床等木制品加工为主。公司秉承"顾客至上，锐意进取"的经营理念，坚持"客户第一"的原则为广大客户提供优质的服务。欢迎惠顾！

联系人：黄廷奎

电话：0534-5691588 手机：13953410819
地址：山东省德州市齐河县恒力大道中段路北 邮编：251100

## 曲阜市舜鑫工艺品有限公司

我公司是一家专业生产各式画框、镜框、相框以及木线条的外向型民营企业。订单式生产，主要产品包括欧式镜子，油画框，铝合金镜子，简约相框，欧式镜框，高档相框，树脂相框，实木相框和木线条。目前，我们正处在由做产品到做品牌的转型期。感谢广大客户的支持与厚爱！

联系人：姚运波
电话：0537-4633398 13325171988 传真：0537-4633499
地址：山东省曲阜市息陬乡政府驻地南 网址：www.qfshunxin.com.cn

## 泰安市泰山区白鹤家俱厂

本公司成立于1992年，主要经营办公用品、民用家具、铝合金门窗、铝合金隔断。

本公司遵循"严谨、谦和、创新、务实"的企业精神，推崇"顾客至上、信誉为本"的服务宗旨，竭诚为您服务。

电话：0538-6899296
邮编：271000
地址：山东省泰安市泰山区屯子村
联系人：李志信 15905480299

## 三河科技发展有限责任公司

三河科技发展有限责任公司成立于2002年，主要从事珠宝的销售。公司始终贯彻价格合理、服务优质、信誉至上的经营方略，致力于传播中华优秀玉石文化，打造中国珠宝业民族品牌。

联系人：王培香
Tel: 0546-8714006 13905466419
Fax: 0546-8714007
Add: 山东省东营市东营区胜泰路 P.c.: 257000

## 滕州市国丰玻璃工艺品有限公司

滕州市国丰玻璃工艺品有限公司专业从事冰雕、精雕、彩绘、凹蒙、亚光、乳玉、彩印、烤漆、强化写真等系列工艺玻璃的生产销售。

我们的宗旨：客户至上，服务第一。

联系人：李恩亘
电话：0632-2650916 邮编：277512
传真：0632-2650766 地址：山东省滕州市鲍沟镇鲁南玻璃城

## 森博家具有限公司

森博家具有限公司成立于2003年，主要从事家具的销售。公司以高质量的产品打造"森博"家具品牌，从售前到售后服务方面始终以客户为中心。

联系人：王明桂
电话：0632-3201083 13963211267
地址：山东省枣庄市市中区建华路76号 邮编：277000

## 潍坊教育眼镜有限公司

本公司是市卫生防疫站指定的"学生视力保健中心"。目前已在潍坊地区发展20家连锁店，全国30余家连锁店。公司拥有世界先进验配设备和高级配验技术人员，技术力量雄厚。我公司秉承"诚信经营、服务社会"的经营理念，愿给广大消费者带来最好的产品和满意的服务。

电话：0536-8261775 13853655639 联系人：艾尧元
邮编：261000 地址：山东省潍坊市奎文区东风东街298号

## 山东慧洁日化有限责任公司

本企业于2000年6月成立，2005年9月改制为山东慧洁日化有限责任公司，是集科研、开发、生产与经营合成洗涤剂系列产品的企业。生产的慧洁牌无磷高效洗衣粉已畅销省内外，现在重点研制和开发高档液体洗涤剂系列产品、生产的慧洁牌合成洗涤剂系列产品被中国中轻产品质量保障中心重点推广为"国家合格评定质量信得过好产品"。

我们的宗旨是你的满意是我们永恒的追求。

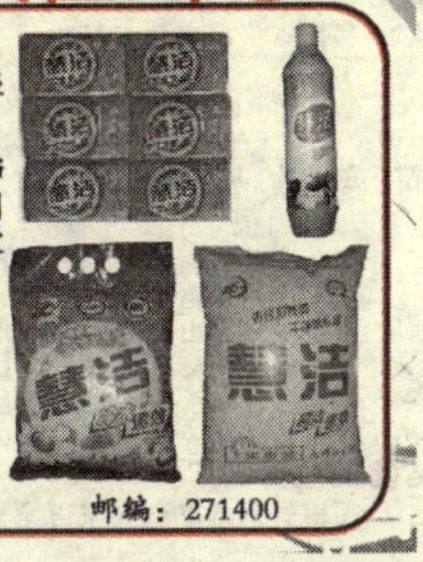


联系人：王统仁
电话：0538-5631392
传真：0538-6080776
地址：山东省泰安市宁阳县城金阳大街1268号 邮编：271400

## 未来之星家具销售中心

未来之星家具销售中心创建于2004年，本中心专业从事生产、销售家具为一体的企业。公司本着"客户第一，诚信至上"的原则，与多家企业建立了长期的合作关系。热忱欢迎各界朋友前来参观、考察、洽谈业务。

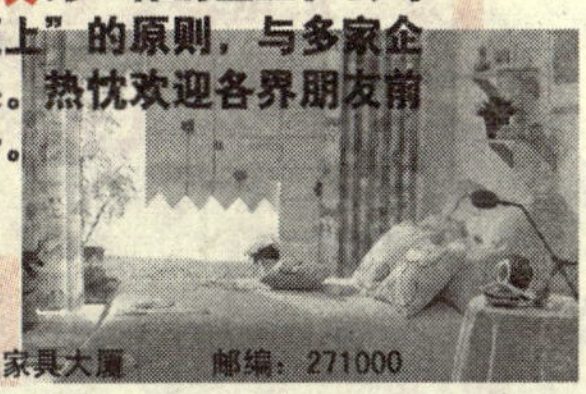

联系人：马荣振
电话：0538-8579477
地址：山东省泰安市泰山区五马家具大厦 邮编：271000

## 兴福镇佳杰厨房设备厂

兴福镇佳杰厨房设备厂成立于2006年，本厂专业从事蒸饭车，油气两用灶等厨房设备及酒店用品的生产。本厂宗旨："质量企业生命，信誉效益之本，创业艰苦奋斗，成功八方相助"谒诚为各界客商提供一流的产品、一流的服务。

联系人：付传章
电话：13905436211 0543－2887711 2883173
地址：山东省博兴县兴福镇付元村开发区 邮编：256500

## 枣庄市市中区鼎盛家具厂

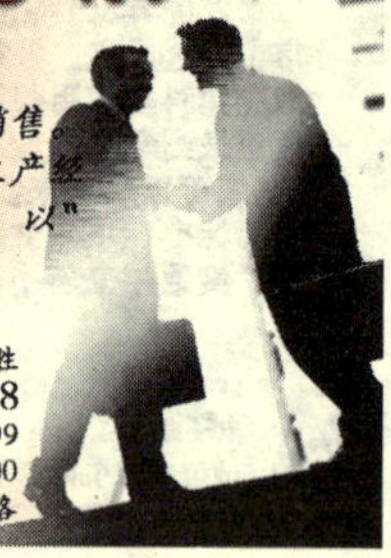

本公司成立于1994年。
主要经营民用家具、办公家具的制造与销售。
公司始终坚持"质量第一、顾客至上"的生产经营方式，以"开拓进取、积极创新"为事业理念，以"顾客的满意就是我们的最大成就"为服务宗旨。

联系人：董顶胜
13963238808
电话：0632－3823599
邮编：277000
地址：山东省枣庄市市中区齐村镇西昌路

## 烟台市福山区岔夼苹果专业合作社

烟台市福山区岔夼苹果专业合作社成立于2007年。是一家专门从事苹果种植及销售的企业。欢迎您的光临，我们将为您提供最优质的产品。

电话：0535－6467098
联系人：常国际
15854500619
邮编：264010
地址：山东省烟台市福山区张格庄镇岔夼村

## 烟台市柯氏华森家具

本公司成立于2002年。
主要生产华森牌卧室、套房等系列配套家具。
我们的宗旨是：高效专业、品质第一、客户第一、服务至上。

联系人：柯位真
13863878739 电话：0535－7063359
地址：山东省烟台市天宝家具城三楼华森家具经营部 邮编：264000

## 阳信金鑫餐具有限公司

阳信金鑫餐具有限公司专业从事生产不锈钢餐具、不锈钢器皿用于出口，并为其它厂家配套加工各种不锈钢瓶盖、杯盖等制品。我公司本着"锐意进取，客户至上"的原则，坚持客户至上，竭诚为客户提供最优质的产品和良好的服务。欢迎您的来电！

电话：0543-8291666 0543-8299666
传真：0543-8291632
联系人：凌涛
手机：13954315666
地址：山东省滨州市阳信县工业1路16号
邮编：251800

## 鱼台县清河镇魁星木器厂

本公司专营高中低档实木、环保民用家俱及家用电器，可为您量身定制各类时尚家具，本厂秉承以信誉求发展，以质量求生存的经营理念，竭诚为您服务。

联系人：侯业魁 电话：13953723565、0537-6012960
地址：山东省济宁市鱼台县清河镇兽医站院内 邮编：272348

## 河南省/Henan Province

### 三门峡市天缘商贸有限责任公司
业务：代理澳柯玛整体厨房，鹰卫浴
地址：河南省三门峡市虢国路开发区中段水利局楼下
……… 负责人：兀晓宾 邮 编：472000
…………………………… 法 人：兀晓宾
…………Tel：0398－2510168
13839895595
…………Fax：0398－2510169
…………… E-mail：smxying0398@126.com

### 开封市鸿福鼓楼金店有限公司
地址：河南省开封市鼓楼区南书店街 18 号
…………………………………… 负责人：曹洪亮
…………………………………… Tel：0378－5967810

### 郑州市博威办公转椅厂
业务：生产转椅
地址：河南省郑州经济开发区大王庄
……… 负责人：郭乃梓 邮 编：450000
…………………………… 法 人：郭乃梓
…………Tel：0371－65812296
65812278
…………Fax：0371－65812296

### 鲁山县中源工艺品厂
业务：本公司成立于 2004 年，拥有 10 多名员工。主要经营酒杯、茶杯的生产与销售。
地址：河南省鲁山县瓦屋变电站东 200 米
…………………………………… 邮 编：467345
…………………………………… 法 人：王得云
…………………………………… Tel：0375－5960758
…………………………………… Mobile：13937587681

### 开封市祥和源黄金珠宝有限公司
地址：河南省开封市鼓楼区南书店街 9 号
…………………………………… 负责人：张志勇
…………………………………… Tel：0378－5965366

### 乾宝金银工艺制品有限公司
地址：河南省洛阳市平乐镇东吕庙村边
…………………………………… 负责人：范社强
…………………………………… Tel：0379－63785715
13903881385

### 皇室蒙娜丽莎十字绣河南总代理
业务：十字绣
地址：河南省郑州市金水区人民路与中里路交叉口向东 20 米路南
……… 负责人：郭雯雯 邮 编：450000
…………………………… 法 人：郭雯雯
…………Tel：13663843878
0371－63297686
…………… 网址：www.monalisastitch.com

### 洛阳年年红家具有限公司
地址：河南省洛阳市西工区中州中路工贸中心七楼
…………………………………… 负责人：甄文朝
…………………………………… Tel：0379－63911563

### 河南欧奇炊具有限公司
业务：本公司成立于 2006 年，主要生产各种炊具。产品质量保证，价格合理，竭诚欢迎新老客户来电洽谈业务！
地址：河南省平顶山市郏县广阔天地乡邱庄村
………… 负责人：陈合友……邮 编：467100
…………………………………… 法 人：陈合友
…………………………………… Tel：0375－5531889

### 洁美卫生用品厂
地址：河南省孟州市商贸城南京路六十九号西一号
…………………………………… 负责人：张德君
…………………………………… Tel：0391－8194384
3861188

### 南阳市汉韵纸业有限公司
地址：河南省南阳市宛城区白河镇杨官营村
…………………………………… 负责人：党强国
…………………………………… Tel：0377－63030308

### 濮阳宏泰羽毛制品有限公司
地址：河南省濮阳市台前县城关镇高掌工业区
…………………………………… 负责人：艾尚秋
…………………………………… Tel：0393－2236277

### 范集长洪搪瓷厂
地址：河南省项城市范集乡蒋桥经济开发区路南中心大街 86 号
…………………………………… 负责人：孙亭宣
…………………………………… Tel：0394－4478188
13323949839

### 永城市亿客隆日化有限公司
业务：亿客隆日化有限公司成立于 1998 年 9 月，是永城市首家经营日用化妆品的专业公司。该公司下设两个商场，均座落在新城百花路中段。主要经营"艾丽碧丝"、、"柏氏"、"泊美"、"柏兰"等近百个化妆品系列的千余种产品和"亭美"等 30 多种针织品牌。
地址：河南省永城市新城百花路中段
…………………………………… 邮 编：476600
…………………………………… 法 人：曹伟
…………………………………… Tel：0370－5112582
……………… 网址：www.hnykl.chinapyp.com

### 卫辉市首峰纸业有限公司
地址：河南省新乡市卫辉市太公泉镇芳兰村
…………………………………… 负责人：付守峰
…………………………………… Tel：0373－4160388

### 河南轻工进出口新盛实业有限公司
业务：我公司经营出口的"劲松牌"搪瓷器皿系选用优质原料制成。产品表面光滑、色泽鲜艳，花样生动，经久耐用，并具有耐酸、耐碱、耐热等优点。我搪瓷器皿主要品种有面盆、口杯、杂件等，特别是异型产品，受到许多国家的欢迎。欢迎港澳及各国客商联系订货，并接受来样加工业务。
地址：河南省郑州市金水区健康路 159 号发展大厦 1014 房
…………………………………… 邮 编：450003
…………………………………… 法 人：王红
…………………………………… Tel：0371－63944432
…………………………………… Fax：0371－63977346

### 新密市白寨镇林风祥首饰加工门市
业务：首饰加工
地址：河南省郑州新密市白寨镇中心大道
……… 负责人：白洪坤 邮 编：450000
…………………………… 法 人：白洪坤
…………Tel：0371－69911696

### 郑州金阳光微晶陶瓷有限公司
地址：河南省郑州市上街区任庄村南岗
…………………………………… 负责人：杨俊英
…………………………………… Tel：0371－68933959

### 太康县康宝卫生巾厂
地址：河南省周口市太康县城南开发区
…………………………………… 负责人：郭洪超
…………………………………… Tel：0394－6910318

### 郑州梦祥纯银首饰有限公司
业务：郑州梦祥纯银首饰有限公司现有员工 200 余人，专业从事生产、加工纯银制品。欢迎新老客户光临、惠顾。
地址：河南省郑州市
…………………………………… 邮 编：450000
…………………………………… 法 人：李杰石
…………………………………… Tel：0371－66760822
66031010
…………………………………… Mobile：13939015451
…………………………………… Fax：0371－66777212

### 项城市洋洋礼品有限公司
地址：河南省周口市项城市交通中路富裕小区
…………………………………… 负责人：刘振锋
…………………………………… Tel：0394－4301038

## 南乐县环雷丝业有限公司

南乐县环雷丝业有限公司主要经营刷丝，磨尖丝，锥形丝，仿猪鬃磨尖丝等。主要产品种类有PBT、PET、PC、PP刷丝。

本公司秉承"顾客至上，锐意进取"的经营理念，为广大客户提供优质的服务。欢迎广大客户惠顾！

联系人：郭述环

电话：13030317755 0393-6780188 http://huanlei.bonglett.com

地址：河南省濮阳市南乐县杨村乡东侯村 传真：0393-6780018

## 荆门市星球家俱装饰有限公司

荆门星球家具装饰有限公司于一九九七年八月创立。是一家集设计、生产、经营民用家具、宾馆酒店家具、学生公寓、儿童用具、办公家具和室内装饰装璜为一体的企业。

自成立以来一直本着"以人为本，以客户为尊"的理念、致力于向各行各业客户提供优质美观、舒适、实用的家具。竭诚欢迎新老客户前来咨询、洽谈业务！

电话/传真：0724-6800801 6800802
邮编：448000
地址：湖北省荆门市虎牙关大道星球路18号

联系人：艾星球

## 南阳金仕利家私有限公司

南阳金仕利家私有限公司是一家从事软体家具开发的专业公司，新颖的设计和一流的工艺，打造出以布艺沙发为主导，辅以软体床、以及配套的金仕利特色家具，深受消费者的喜爱。

我们愿与各界朋友精诚合作。

欢迎您的光临！

联系人：金伟 13949338888 电话：0377-63102222 传真：0377-63100663

地址：河南省南阳市白河南张井工业园区1号 邮编：473000

## 荆州市瀚鹏楚文化艺术品有限公司

荆州市瀚鹏楚文化艺术品有限公司是一家专门从事荆楚文化宣传，研究及推广，古玩收藏交流及竞卖的企业。

本着"客户至上，信誉第一"的原则，欢迎您的光临！

联系人：张鹏 13886643005
电话：0716-8497855 8497355
地址：湖北省荆州市荆州区古玩城3栋104号 邮编：434100

## 湖北省/Hubei Province

### 浠水县龙凤枕业制品厂

业务：湖北浠水龙凤枕业制品厂主要从事药枕(汉武帝药枕礼品型、实用型)系列产品的设计、生产与服务。"学子卫生枕"、"神童太极垫"、"汉武帝长寿枕"等品牌多次荣获国家级金奖。并推荐为外国驻华大使馆保健专用产品。

地址：湖北省黄冈市浠水县清泉镇沿河街苏家巷5号

负责人：王应寿 邮编：438200
法人：王应寿
Tel:0713－4233811
Fax:0713－4233811

### 必贵木材制品厂

地址：湖北省十堰市柏林市场右侧
负责人：高峰
Tel:0719－8587998
13972509348

### 火车站华俊家具厂

地址：湖北省十堰市茅箭区施洋路9号
负责人：赵华军
Tel:0719－8896208
13872753258

### 武汉市中情家具厂

地址：湖北省武汉市汉阳区磨山村虾巴咀16号
负责人：钱浩星
Tel:027－84623031

### 京山县惠侬花炮专营有限公司

业务：湖北省京山县惠侬花炮专营有限公司专业从事京山县全境内鞭炮烟花的销售工作，公司始终秉承"开拓、创新、专业、务实"的企业精神，恪守"诚实守信，规范经营，安全第一，竭诚服务"的经营理念。公司将不断完善经营管理机制，专业服务让你省心、放心、开心！

地址：湖北省荆门市京山县永兴镇屈场村
负责人：徐永清 邮编：431800
法人：徐永清
Tel:0724－7210688

### 武汉优尔特工艺品有限公司

地址：湖北省武汉市江岸区解放大道2703号
负责人：房玫
Tel:027－85800019

### 武汉汀蓝日化用品有限公司

地址：湖北省武汉市江岸区香港路173号502室
负责人：李大银
Tel:027－85753573

### 上海海昌隐形眼镜光学有限公司驻武汉办事处

地址：湖北省武汉市江汉区建设大道737号华银城A栋1单元18层1－4层
负责人：李建章
Tel:027－85757589

### 武汉市洁皇清洁用品有限公司

业务：武汉市洁皇清洁用品有限公司成立于2001年，主要生产"洁皇"牌清洁剂。公司拥有大型先进的生产设备，经验丰富的大批高级精干技术人员，专业化生产清洁设备、用品。愿我们携手并进共创美好前景，共同发展清洁天地。

地址：湖北省武汉市洪山区关山街鲁巷881号碧水花园
邮编：430070
法人：黄子良
Tel:027－62300846
Fax:027－87423333

### 深圳市国泰珠宝首饰有限公司武汉分公司

地址：湖北省武汉市江汉区解放大道342号
负责人：蔡政贤
Tel:027－85418969

### 金福家具厂

地址：湖北省武汉市桥口区长丰村560号
负责人：周遵旺
Tel:027－83848342
13886177246

### 武汉市标升家具有限公司

地址：湖北省武汉市武昌区徐家棚徐东路32－38号中力名居叁幢壹单元201号房
负责人：王嵘
Tel:027－61265586

## 利川市宏利猪鬃有限公司

利川市宏利猪鬃有限公司成立于2001年，专业从事猪鬃的加工、销售，能为客户提供各种规格的水煮猪鬃。

产品手感细软、柔滑，有光泽，质量好，价格优，欢迎广大新老客户前来洽谈购买！

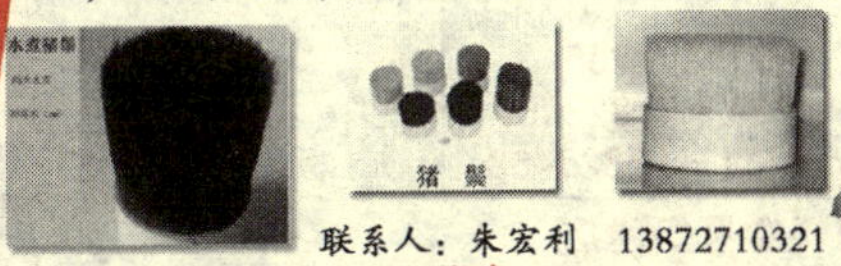


联系人：朱宏利 13872710321
电话/传真：0718-7212201
地址：湖北省利川市都亭街道办事处大塘村 邮编：445400

## 十堰市东枫眼镜店

十堰市东枫眼镜店成立于2005年，是专业的验光配镜机构。我们一直致力于自身技术实力和服务质量的不断提高。同时，公司非常注重企业文化建设，我希望把东枫眼镜的员工队伍培养成一支讲信誉、有内涵、乐于服务市民、懂得回馈社会的营销服务团队。

欢迎新老客户惠顾！

联系人：温欣闽 13597880992
电话：0719-8201253
邮编：442012
地址：湖北省十堰市茅箭区人民北路6号

## 湖北省襄樊市襄阳区雅闲居柳藤工艺制品有限责任公司

本公司的产品是采用精质量的白柳藤为原料，独特的民间纯手工艺由专业的技师精心设计，民间巧匠手编精漆而成，工艺精湛、造型玲珑、色泽光亮，有菜篮、洗衣篮、污巾篮、食品篮、装饰篮、狗窝等，公司以诚待人，以信为本为宗旨，欢迎社会各界人士前来洽谈贸易。如有不同品味要求可来样图及图纸定做。

联系人：李定锁 13886281165 13627286393
地址：湖北省襄樊市襄阳区双沟镇双南村小学门口 邮编：441113

## 通城县顺水陶瓷原料有限公司

本公司主营各种长石、化妆土、成料等陶瓷原料。

我们以质量求生存，以信誉求发展，欢迎新老客户来电来洽谈业务。

联系人：汪徐进
电话：0715-4351120
邮编：437400
地址：湖北省咸宁市通城县教育局进门左边

## 湖南省/Huana Province

### 湖南邵阳市至臻竹木工艺品厂
业务：专业设计承制各类竹木工艺品、竹木包装盒，数量不限，可以满足了不同客户的需要。
产品：竹木相框、烟缸、笔筒、包装盒、台历、挂历等
地址：湖南省邵阳市工业街
负责人：刘焕民　邮　编：422000
法　人：刘焕民
Tel：0739－5235682
13973910588
Fax：0739－5235682
网址：www.zzzmgyp.chinapyp.com
E-mail：zhizhenzhuyi@163.com

### 邵东县两市镇红日厨卫家电经营部
业务：厨卫家电的销售
地址：湖南省邵阳市邵东县两市镇家电城二路 62 号
负责人：李道喜　邮　编：422800
法　人：李道喜
Tel：15873776111
0739－2611722

### 邵阳市众诚发制品有限公司
业务：加工各种头发制品
地址：湖南省邵阳市双清区东大路建设路口转角楼后栋
负责人：侯建平　邮　编：422000
法　人：侯建平
Tel：0739－5356388
13973988655

### 乌龙宝光弹簧床垫厂
地址：湖南省长沙浏阳市北盛乌龙窑里村
负责人：周书元
Tel：13807497319

### 三叶家私专卖店
业务：床垫，床具，真皮沙发，办公系列等中高档家具
地址：湖南省湘潭市湘潭县易俗河镇凤凰路农贸市场二楼(步步高隔壁)
负责人：彭国初　邮　编：411228
法　人：彭国初
Tel：13975272205
0731－57823468
Fax：0731－57823468

### 湘乡市棋梓桥童星奶粉店
业务：婴儿食品、用品
地址：湖南省湘乡市棋梓桥原药材公司门面
负责人：谢恩瑞
法　人：谢恩瑞
Tel：0732－6940050

### 湖南省吉首市保靖县全友家私
业务：全友家私保靖专卖店，保靖县政府采购指定供应商
产品：湖南省保靖县财富大厦
负责人：肖智斌　邮　编：416500
Tel：18974302777
0743－7727099

### 湘乡市棋梓镇乐田木材经营部
业务：供应各种规格的杉木、松木、杂木、木方、木板、竹架板、订制各种包装箱等业务
地址：湖南省湘乡市棋梓镇泽江村一组
负责人：彭乐田　邮　编：411400
法　人：彭乐田
Tel：0732－6956128
13317423948
13107120570

### 新宁县麻林乡瑶山竹制品加工厂
业务：机制竹炭
地址：湖南省新宁县麻林乡八角村二组
负责人：刘太佳　邮　编：422700
法　人：刘太佳
Tel：13789163926
13973936043

### 长沙县天奕烟花爆竹有限公司
业务：长沙县天奕烟花爆竹有限公司长年批发和零售烟花爆竹，我们将以诚信为本、服务至上的经营理念，热忱欢迎新老客户光临惠顾。
地址：湖南省长沙市长沙县果元镇大河村
负责人：彭俊伟……邮　编：410157
法　人：彭俊伟
Tel：0731－6188799

### 新年烟花制造有限公司
地址：湖南省长沙浏阳市枨冲镇张家店村板桥
负责人：唐新年
Tel：0731－83719286
13170309228
13808498481

### 平江县爱民竹制品厂
业务：生活竹制品生产销售
地址：湖南省岳阳市平江县加义镇东南社区
负责人：叶拥军　邮　编：414000
法　人：叶拥军
Tel：0730－6611418

### 湖南醴陵元诏瓷业有限公司
业务：中高档艺术陶瓷、日用陶瓷和高温红瓷等陶瓷制品的研发、生产、销售。
地址：湖南省株洲市醴陵阳三石立三路 1 号
负责人：黄文澜　邮　编：412200
法　人：吴学高
Tel：0733－3338888
Fax：0733－3257768
网址：www.zgyzcy.com
E-mail：lilingyuanzhao@163.com

### 浏阳市龙伏镇老虎头厨具制造厂
地址：湖南省长沙浏阳市龙伏镇龙伏茶厂
负责人：沈新辉
Tel：0731－83550296
13974904747

### 株洲县亲亲宝贝母婴生活馆
业务：专业经营奶粉，婴童用品、玩具
地址：湖南省株洲市天元区花园二村 63 幢 201 室
负责人：谢艳红　邮　编：412000
法　人：谢艳红
Tel：13975361831
13789082277

### 株洲市恒华竹木制品厂
业务：各种竹木制品生产销售
地址：湖南省株洲市天元区马家河镇
负责人：查兴红　邮　编：412000
法　人：查兴红
Tel：13107020215
0733－2890996

### 华原出口花炮厂
地址：湖南省长沙浏阳市山田乡塘泉村
负责人：赖正武
Tel：0731－83351688
13507424228

### 人参花炮厂
业务：人参花炮厂成立于 1988 年，是一家专业生产烟花鞭炮的厂家。我们本着"质量第一，用户至上"的方针，立足于企业规范化管理，创造新、特、精的烟花产品为人类、为社会谛造吉祥与欢乐。竭诚欢迎各界朋友来公司洽谈指导、共谋发展！
地址：湖南省常德市临澧县合口镇人参村
邮　编：415213
法　人：徐联初
Tel：0736－5649588
Fax：0736－5649588

### 长沙市雕刻工艺厂
业务：单位定点刻公章、铜章、光敏章、原子章、橡胶章、牛角章、广告牌、喷绘、写真铜字、水晶字、奖牌、奖杯、荣誉证书、印刷等等
产品：湖南省长沙市蔡锷中路 259 号
负责人：陈江明　邮　编：410000
法　人：陈江明
Tel：13187319168
0731－2562949
4428499
Fax：0731－4423396
网址：www.cs3w.cn
E-mail：csdiaoke@163.com
QQ：294132837

### 建国花炮厂
地址：湖南省长沙浏阳市沿溪镇礼花村
负责人：廖建国
Tel：13808498407

### 株洲市天元区香东源家私店
业务：香东源家具，材料：采用新西兰松木.
地址：湖南省株洲市天元区炎帝广场丰泰国际家具名品城 D7、D8 门面
负责人：龙良德　邮　编：412000
法　人：龙良德
Tel：15096380506
0731－22585567
Fax：0731－22585567

### 永和天然菊花石工艺品厂
地址：湖南省长沙浏阳市永和镇蔬菜村
负责人：高福君
Tel：0731－83500377
13618467741

### 洪江竹木制品厂
地址：湖南省长沙市长沙县江背洪江村
负责人：朱厚明
Tel：0731－86291059
86290000
13707493722

### 长沙精艺厨房设备有限公司
地址：湖南省长沙市长沙县暮云镇南塘村
负责人：陈美兰
Tel：0731－85592798

### 资兴市翡翠阁经营店
业务：玉器，银器销售
地址：湖南省资兴市兴华市场
负责人：刘植成　邮　编：423400
法　人：刘植成
Tel：13100388814
13975751267

### 跳马永胜家具厂
地址：湖南省长沙市长沙县跳马乡斑竹塘
负责人：刘必胜
Tel：0731－86969044
13507412268

### 临澧县万欣烟花鞭炮有限公司
业务：临澧县万欣烟花鞭炮有限公司成立于 2005 年，生产销售烟花鞭炮，质量求生存，信誉求发展，欢迎来电洽谈业务！
地址：湖南省常德市临澧县九里乡潭河村
负责人：徐合平……邮　编：415200
法　人：徐合平
Tel：0736－5641320

### 宁乡县青山桥镇国平烟花销售部
业务：烟花
地址：湖南省长沙市宁乡县青山桥镇青山桥村青心路 59 号
负责人：胡国平　邮　编：410000
法　人：胡国平
Tel：0731－7412086
13272238416
Fax：0731－7412086

### 华南游乐玩具厂
地址：湖南省长沙市芙蓉区东岸乡东岸村四组立交桥边
负责人：魏文华
Tel：0731－88853052
84614998
13707482851

### 鸿发家俱厂
地址：湖南省长沙市芙蓉区南湖家俱市场 14 号鸿发办公
负责人：蒋辉
Tel：0731－84789278
13874807813

### 日利家私经营部
地址：湖南省长沙市芙蓉区三湘大市场 2 栋 2 楼
负责人：曾智其
Tel：0731－84717115
13187010827

### 宏发烟花爆竹有限责任公司
业务：宏发烟花爆竹有限责任公司成立于 2002 年，主要生产销售烟花爆竹。质量保证，价格合理，欢迎各方客户惠顾。
地址：湖南省郴州市永兴县复和乡李家村
邮　编：423301
法　人：李冠芳
Tel：0735－5846288

### 长沙市雨花区梦洁家具店
业务：销售梦洁家具
地址：湖南省长沙市雨花区红星井湾子家具城 B 栋四楼 4088
负责人：曾泽辉　邮　编：410000
法　人：曾泽辉
Tel：13787128079
0731－5653569

### 华源竹木工艺制品厂
地址：湖南省长沙市浏阳市张坊镇上洪村
负责人：曾华松
Tel：0731－83040988
13755148989

### 宏宇花炮厂
地址：湖南省长沙市浏阳市中和镇丁字桥村
负责人：杨伦文
Tel：13908497848

### 长沙市雨花区华鹏家具店
业务：沙发床垫及配套家具，深圳爱的家具直销商，广招代理商.
地址：湖南省长沙市雨花区中意一路红星美凯龙一楼 A1368 号
负责人：黎鹏　邮　编：410000
法　人：黎鹏
Tel：13055173323
0731－85538013

### 红辉消毒用品厂
地址：湖南省长沙市宁乡县龙田镇石屋村
负责人：陈日红
Tel：0731－87309558
13975189278

### 华声出口烟花厂
地址：湖南省长沙市太平桥镇锦美居民委会
负责人：罗国华
Tel：0731－83740799
13808497826

### 湖南省永兴县昌源烟花鞭炮有限责任公司
业务：湖南省永兴县昌源烟花鞭炮有限责任公司成立于 2004 年，专业从事烟花鞭炮的生产、销售。现已经拥有各种经济实惠且真正符合客户心意的烟花，鞭炮，礼炮等。能根据客户的需求，为客户生产任何一款烟花炮竹产品。欢迎大家来电来函了解详细信息，亦欢迎大家来我司光临指导工作，愿我们的合作能构筑最优秀的产业价值链。
地址：湖南省郴洲市永兴县油市镇
邮　编：423306
法　人：陈少琼
Tel：0735－5816388
Fax：0735－5816388

### 好洁家庭用品有限公司
地址：湖南省长沙市雨花区高桥家电百货城 1 栋 128 号
负责人：李蔚
Tel：13307483288

### 三亿门窗加工部
业务：铝合金、塑钢、不锈钢门窗设计、制作，安装
地址：湖南省长沙市岳麓区枫林二路 416 号
负责人：陈炳南　邮　编：410100
法　人：陈炳南
Tel：13602585512
15802644018

### 高桥建材市场五羊木业精品店
地址：湖南省长沙市雨花区高桥建材市场 5 栋 30－33 号
负责人：符南英
Tel：0731－84735296
13607311730

### 洁玉消毒用品厂
地址：湖南省长沙市岳麓区观沙岭工业区
负责人：陈立鸿
Tel：0731－88680146、13907316501

### 兴裕扎花厂
地址：湖南省常德市安乡县安福乡大湖口村
负责人：熊兴孝
Tel：13873601938

### 湖南省常德市西洞庭桑夏太阳能专卖店
业务：桑夏太阳能专卖，另零售各种配件，维修各种太阳能
地址：湖南省常德市西洞庭城市家园香格里拉旁(地税局正对门)
负责人：卢丙兰　邮　编：415000
法　人：卢丙兰
Tel：0736－7506562
13973616865

### 彭市花炮厂
地址：湖南省常德市临澧县官亭乡彭市村
负责人：邓先梅
Tel：13875127180

### 衡东县八荣饰品有限公司
业务：衡东县八荣饰品有限公司公司成立于 2006 年，主要生产玻璃水钻，工艺精湛，唯美无限。
地址：湖南省衡阳市衡东县甘溪镇水轮泵水电站内
负责人：周仁和……邮　编：421403
法　人：周仁和
Tel：0734－5392389
Fax：0734－5392386

### 金百福珠宝金行
业务：足银、黄金、铂金、金银珠宝、钻石珠宝
地址：湖南省郴州市临武县城关镇东云路恒丰花苑
负责人：吴先生　邮　编：423000
法　人：吴海华
Tel：0735－6338890

### 人参花炮厂
地址：湖南省常德市临澧县合口镇人参村
负责人：徐联初
Tel：0736－5649588
13337365981

### 汝城县美庭家居生活馆
业务：家居窗帘生活馆
地址：湖南省郴州市汝城县城关镇文化路
负责人：朱琼芳　邮　编：424100
法　人：朱琼芳
Tel：13786505996
0735－8312198
8220936
Fax：0735－8312198
8220936

### 郴州市大雄伟豪家俱有限公司
地址：湖南省郴州市人民西路 12 号 1 栋 301 室
负责人：梁文君
Tel：13319626633

**郴州市恒兴珠宝金行有限公司**
地址:湖南省郴州市文化路 40 号
…… 负责人:陈利兴
…… Tel:0735－8887182
13873522288

**稻草人制品有限公司**
地址:湖南省凤凰县腊尔山镇三叉路
…… 负责人:唐世华
…… Tel:0743－3630158
13907436410

**衡阳县界牌文枫陶瓷原料加工厂**
业务:生产销售陶瓷原料
产品:陶瓷色釉料、印油、添加剂
地址:湖南省衡阳市衡阳县界牌镇瓷城南路 18 号
…… 负责人:王枫　　邮　编:421001
…… Tel:13707345179
0734－6887890

**衡山飞鹰热水灶具厂**
地址:湖南省衡阳市衡山县黄金园开发区
…… 负责人:刘辉
…… Tel:0734－5824896
13575104299

**振发竹木有限责任公司**
业务:振发竹木有限责任公司创建于 2004 年，专业生产各种规格胶合板。我公司以“质量”和“信誉”，在国内也有较大的市场。我公司位于湖南省衡阳市衡山县开云镇，交通便利，热忱欢迎广大客户惠顾。
地址:湖南省衡阳市衡山县开云镇湘衡村
…… 邮　编:421300
…… 法　人:杨通学
…… Tel:0734－5827318
…… Mobile:13574949842

**雁峰恒发香厂**
地址:湖南省衡阳市雁峰区衡常路园艺村 8 号
…… 负责人:李之见
…… Tel:13973428228

**鑫鑫家具厂**
地址:湖南省衡阳市雁峰区黄白路 277 号(二建木材加工厂内)
…… 负责人:彭平寿
…… Tel:13974732703

**锦江木制品厂**
地址:湖南省怀化市麻阳火车站货场
…… 负责人:林文旺
…… Tel:0745－5850828
13856489602

**衡阳市蒸湘区富荣木制品厂**
业务:实木门加工
地址:湖南省衡阳市蒸湘区雨母乡吴家桥
…… 负责人:于桂民　　邮　编:421000
…… 法　人:于桂民
…… Tel:0734－8635419
2551858
13873489084
…… Fax:0734－2551858

**沅陵县五强溪镇鞭炮厂**
地址:湖南省怀化市沅陵县五强溪镇石公坪村栏子湾
…… 负责人:周盖泉
…… Tel:13973073149

**顺德高档桃花木有限公司**
地址:湖南省怀化市芷江路依号楼 4 楼
…… 负责人:蒋远发
…… Tel:13874406583

**飞鹰热水灶具厂**
业务:飞鹰热水灶具厂成立于 1998 年，主要生产“丰泉”牌热水灶。“以质量求生存，以信誉求发展”，竭诚欢迎广大新老客户来电来人洽谈业务，共同合作。
地址:湖南省衡阳市衡山县农科所饲料厂院内
…… 邮　编:421300
…… 法　人:刘宇明
…… Tel:0734－5824896
…… Fax:0734－5826003

**鑫瑞瓷业有限公司**
地址:湖南省醴陵市板杉乡横塘基陶瓷工业园
…… 负责人:肖柏林
…… Tel:0731－83651888
13907415861

**靖州县欧宝科尼洛整体橱柜衣柜**
业务:欧宝、科尼洛整体橱柜衣柜专卖
地址:湖南省怀化市靖州县梅林路
…… 负责人:吴景平　　邮　编:418400
…… 法　人:吴景平
…… Tel:0745－2407888
…… Fax:0745－2407888

**宝兴烟花厂**
地址:湖南省浏阳市枨冲镇张家店村
…… 负责人:饶甲文
…… Tel:0731－83718826
13707497273

**源长花炮厂**
地址:湖南省浏阳市澄潭江镇达坪村
…… 负责人:杨光绵
…… Tel:13707497415

**文祥鞭炮烟花厂**
地址:湖南省浏阳市澄潭江镇槐树村
…… 负责人:杨光宽
…… Tel:0731－83822999
83826046
13508499165

**大吉烟花爆竹制造有限公司**
地址:湖南省浏阳市金刚镇李畋社区
…… 负责人:施祖桂
…… Tel:0731－83898095
13874910389

**富源竹木制品厂**
地址:湖南省浏阳市张坊镇富溪村祠堂组
…… 负责人:李小佳
…… Tel:0731－83011066
13307494899

**广东广州东荆铝业门窗吉首湘西东荆铝业门窗店**
业务:经营各类门窗，其中包含全系列隔热断桥铝门窗，高档铝合金门
地址:湖南省吉首市人民中路雅溪汇展中心 B 区 1 栋 1 楼 4 号门面
…… 负责人:尹以雄　　邮　编:416000
…… 法　人:尹以雄
…… Tel:13974388935
0743－8568468

**湖南省怀化市鹤城区世杰电器厂**
业务:湖南省怀化市鹤城区世杰电器厂成立于 2003 年，是一家专业生产销售取暖器的厂家，欢迎新老客户来电洽谈业务!
地址:湖南省怀化市鹤城区芷江路
…… 负责人:黄兴同……邮　编:418000
…… 法　人:黄兴同
…… Tel:0745－2224709

**醴陵市东方烟花材料制造厂**
业务:醴陵市东方烟花材料制造厂是一家从事烟花、军工硝、发射硝、引火线、大地红等产品的生产企业，还可按客户需要订做特殊产品，欢迎新老客户来电洽谈业务。
地址:湖南省醴陵市白兔潭文化路 9 号
…… 邮　编:415507
…… 法　人:兰献忠
…… Tel:0733－3646588
…… Mobile:13607426107

**石龙竹木制品厂**
地址:湖南省益阳市安化县羊角塘镇石牛村
…… 负责人:瞿灿炎
…… Tel:0737－7348658
13875366656

**蓝山县兴湘烟花爆竹厂**
地址:湖南省永州市蓝山县新圩镇
…… 负责人:王端福
…… Tel:0746－2941566
13974670318

**株洲市玉成珠宝有限公司**
业务:株洲市玉成珠宝有限公司于二 00 四年在株洲市有关部门审核后正式注册公司。本公司主要生产经营功效型功能玉系列产品，产品有功能玉茶、功能玉镯、功能玉枕、功能玉席、功能玉碗、功能玉筷、功能玉杯、功能玉粉、功能玉酒具、茶具及功能玉饰品系列。在南韩、日本、香港、澳门等地引起青睐风波。
地址:湖南省株洲市湖南化工学院学生公寓楼 15 号
…… 邮　编:412004
…… 法　人:黄冬连
…… Tel:0733－8641444
…… Fax:0733－8620555
…… 网址:www. hnyczb. chinapyp. com

**双溪炮竹厂**
地址:湖南省永州市蓝山县新圩镇双何村
…… 负责人:谭未知
…… Tel:13874675803

**永州市金阳超市有限公司**
地址:湖南省永州市冷水滩区湘永路 57 号
…… 负责人:谢永红
…… Tel:0746－8335705

**福利公寓用品厂**
地址:湖南省岳阳市景湘楼康岳花园城交学校内
…… 负责人:危新华
…… Tel:13077133224

**浏阳市永和镇同心花炮纸筒加工厂**
业务:花炮纸筒、烟花纸筒加工
地址:湖南省浏阳市永和镇湖南磷化工总厂机修食堂内
…… 负责人:汤功来　　邮　编:410300
…… 法　人:汤功来
…… Tel:15073141790
…… E-mail:lai_06@163. com

**湖南省醴陵市天符出口花炮厂**
业务:本公司现在员工 300 多人。主要经营:炮竹、烟花。“我让黑夜如此美丽—紫星烟花”
地址:湖南省醴陵市浦口镇三塘村
…… 邮　编:42208
…… 法　人:曾德香
…… Tel:0733－3131518、
…… Fax:0733－3131618

**恒望竹制品厂**
地址:湖南省岳阳市平江县加义镇焕新林场
…… 负责人:余怀望
…… Tel:13808407031

**岳阳经济技术开发区百佳饰品行**
地址:湖南省岳阳市泰和大市场一栋二楼 22025－22026－22029
…… 负责人:唐兵
…… Tel:0730－3223858
13517301059

**梦玉床垫厂**
地址:湖南省岳阳市岳阳县城关镇天鹅中路
…… 负责人:蒋才华
…… Tel:13707403276

**火炬高瓷有限公司**
地址:湖南省株洲醴陵市大桥北路 1 号
…… 负责人:汪建凡
…… Tel:0731－23242065
13707414798

**娄底市经济开发区荣事达整体橱柜电器经营部**
业务:荣事达家用电器，厨房设备
地址:湖南省娄底市经济开发区五江建材城 A 区 24 栋
…… 负责人:龙月专　　邮　编:417000
…… 法　人:吴青松
…… Tel:0738－8677998

**湖南省古丈县恒兴木制品厂**
业务:湖南省古丈县恒兴木制品厂是一家专业从事松、杉、柏原木及制品加工、销售的企业，欢迎新老客户来电来函洽谈业务。
地址:湖南省湘西土家族苗族自治州古丈县罗依溪贮木场内
…… 邮　编:416300
…… 法　人:郑子新
…… Tel:0743－4922926
…… Fax:0743－4922808

**烟花鞭炮厂**
地址:湖南省株洲醴陵市王仙镇大和村
…… 负责人:唐兵
…… Tel:0731－23510225
13974158282

**浏阳市银都烟花制造有限公司**
业务:浏阳市银都烟花制造有限公司成立于 1999 年，现有员工 200 余人，专业生产及销售烟花、爆竹等产品。本着“质量第一，用户至上”的方针;立足于企业规范化管理，创造新、特、精的烟花产品为人类、为社会谛造吉祥与欢乐。
地址:湖南省浏阳市兵和村
…… 邮　编:410304
…… 法　人:冯先保
…… Tel:0731－3901688
…… Fax:0731－3901689

**木森木业有限责任公司**
地址:湖南省株洲市茶陵县浣溪镇溪江村
…… 负责人:谢晚云
…… Tel:13907418648

**绥宁县红岩镇木工厂**
业务:绥宁县红岩镇木工厂是一家专门从事木材加工的厂家，质量保证，服务周到，我们用真诚守信的态度和优质便捷的服务，携手共进开创美好的明天!
地址:湖南省邵阳市绥宁县红岩镇红岩村七组
…… 负责人:422600
…… 法　人:刘大红

…… Tel:0739－7760006
…… Fax:0739－7760006

**唐人神床垫厂**
地址:湖南省株洲市东区六 0 一五交化仓库内
…… 负责人:李朋龙
…… Tel:13907331835

**联达花炮有限公司**
业务:联达花炮有限公司成立于 2003 年，从事鞭炮、烟花的生产及销售。产品质量保证，价格合理，欢迎新老客户光临、惠顾。
地址:湖南省浏阳市淮川路广电中心右侧 20 米处
…… 邮　编:410300
…… 法　人:欧柏权
…… Tel:0731－3671515－801
…… Fax:0731－3671516

**娄底市娄星区阿拉小优母婴用品店**
业务:母婴用品专卖
地址:湖南省娄底市娄星区乐坪东街工业大楼门面
…… 负责人:彭鑫鲲　　邮　编:417000
…… 法　人:彭鑫鲲
…… Tel:13307383176
0738－6767588

**株洲丰泰国际家居广场有限公司经营服务分公司**
地址:湖南省株洲市荷塘区公园路 37 号
…… 负责人:钟玉英
…… Tel:0731－28221451

**邵阳市城步金紫钢木家具厂**
业务:邵阳市城步金紫钢木家具厂是一家专业从事教学课桌椅、民办家具、办公家具的厂家。热忱期望海内外朋友惠顾考察，让我们携手奋进，共同超越，共创辉煌!
地址:湖南省邵阳市城步苗族自治县西岩镇开发区
…… 邮　编:422504
…… 法　人:阳正仁
…… Tel:0739－7450173
…… Fax:0739－7450173

**永顺门业经营部**
业务:卷闸门、门面门，车库门制作
地址:湖南省娄底市新化县上梅镇滨江路
…… 负责人:胡二林　　邮　编:417000
…… 法　人:胡二林
…… Tel:13973801632
0738－6638166
…… Fax:0738－6638166

**洞口县怡园莱板厂**
业务:鞋架，电烤火箱
地址:湖南省邵阳市洞口县岩山乡菱角村
…… 负责人:罗刚林　　邮　编:422000
…… 法　人:罗刚林
…… Tel:13574984463
15211966518

**金峰竹业有限公司**
地址:湖南省株洲市攸县鸾山镇陶坪陶坪村
…… 负责人:刘三毛
…… Tel:0731－24482992
13807416121



家居生活用品礼品工艺品

## 长沙市雨花区欧洛克家具商行

本公司成立于2008年，主要从事美式家具的销售，时尚、前卫、美观、实用，为您打造完美家居生活。在多年的市场竞争中始终坚持质量第一，诚恳的服务为宗旨，赢得了社会各界的支持。

联系人：李明阳
电话：0731-4135219 传真：0731-4135219
手机：13509839597 邮编：410000
地址：湖南省长沙市雨花区韶山南路中意一路红星美凯龙家居广场三楼1028、0918号

## 澧縣弘宇鬃刷有限公司

澧县弘宇鬃刷有限公司是一家专业的猪鬃和鬃刷制造商，产品的种类有：白水煮猪鬃，黑水煮猪鬃，花水煮猪鬃，漂白水煮猪鬃，各种染色水煮猪鬃及各类鬃刷制品（民用刷、工业刷、日用品刷）等。年产猪鬃100000公斤，鬃刷100万打。公司本着诚信、开拓、创新的宗旨，以质量求生存为经营理念！欢迎新老客户来函来电洽谈业务！

联系人：刘良
电话：0736-3228263 传真：0736-3245515 邮编：415500
地址：湖南省常德市澧县多安桥009号 网址：www.lxhyzs.com

## 长沙市雨花区荣欣办公家具厂

长沙市雨花区荣欣办公家具厂是一家办公文教企业，是经国家相关部门批准注册的企业。主营办公家具、家具原材料，我厂本着“客户第一、诚信至上”的原则，与多家企业建立了长期的合作关系。热忱欢迎各界朋友前来参观、考察、洽谈业务。

联系人：许志平
电话：0731-5951688 传真：0731-2571595
地址：湖南省长沙市雨花区红星井湾子购物中心二楼名品轩专卖
网址：www.hncsrx.cn 邮编：410000

## 醴陵市三鑫花炮实业有限公司

醴陵市三鑫花炮实业有限公司成立于2001年，主要从事烟花爆竹生产及纸箱加工。产品有群乐炮王、中华礼炮王、群乐大地红、全红礼炮、电光发财炮、……花类、彩珠导弹类、喷花类、旋转类、儿童玩具类等近百余个产品。我厂坚持“质量第一、安全第一、信誉第一”的办厂宗旨，热忱为广大国内外客户服务。

联系人：易理记 13975376988
电话：0731-23686558 传真：0731-23687588
网址：www.qlhp.com 电子邮件：qlhp@zzzc.net
地址：湖南省株洲市醴陵市富里镇利群村 邮编：412207

## 长沙市岳麓区艺点印象美术工艺部

本工艺部主要经营广告美术工艺品。

公司以“品种齐、款式新、质量优、工艺精”的服务宗旨，以诚信经营、精益求精的经营理念，我们将真诚的对待每位客户，并提供最优质的服务。

联系人：伍辉 13317315258
电话/传真：0731-88888156 88615066
地址：湖南省长沙市岳麓区麓山路148号 邮编：410006

## 湘星王天洁床垫厂

湘星王天洁床垫厂成立于1992年，专业生产、加工、销售天洁牌床垫、沙发。我厂产品已获得“中国名优产品”、“质量信得过产品”、“中国绿色环保产品”等荣誉称号。我厂秉承“信誉为本，质量第一”的道旨，竭诚为您提供最优的产品和服务。

联系人：谢国浙
电话：0738-6682788 13607384410
传真：0738-6682788
地址：湖南省娄底市乐坪西街城西贸…… 邮编：417000

## 大吉烟花爆竹制造有限公司

大吉烟花爆竹制造有限公司成立于2003年。
主要从事烟花爆竹的制造。
本公司秉承“顾客至上，锐意进取”的经营理念。
坚持“客户第一”的原则为广大客户提供优质的服务。
欢迎广大客户惠顾！

联系人：施祖桂 13874910389
电话：0731-3895098 83897388
地址：湖南省长沙市浏阳市金刚镇余湾村 邮编：410313

## 益阳市朝阳港兴竹艺有限责任公司

益阳市朝阳港兴竹艺有限责任公司成立于2008年，专业生产竹凉席、塑料制品。

我们本着诚实有约、真诚合作、互惠互利、共同发展为宗旨。

热忱欢迎中外大小客户惠顾！

联系人：林长安 13117371184
电话：0737-4661318
地址：湖南省益阳市谢林港镇谢林港村 邮编：413057

## 吉首市爱家橱柜店

吉首市爱家橱柜店创建于2001年，本店主要经营整体橱柜、电器、洗脸盆等。

新生活、新家橱、优质的产品、百分百的服务，见证爱家橱柜实惠、时尚的橱卫品质，带给您完美的生活传奇。

联系人：陶社鲜 0743-6120510 15974339370 传真：0743-8266510
地址：湖南省吉首市城中大市场A栋7号门面 邮编：416000

## 广东省/Guangdong Province

### 端州区海海人生工艺品商行

业务：海柳烟嘴
地址：(1)广东省肇庆市端州区端州四路嘉信茂广场三楼沃尔玛路口左侧第二间
(2)肇庆市端州区端州四路10号星湖国际广场第一层东门
负责人：吴少丽 邮编：526040
法人：吴少丽
Tel：13902366150
0758－2213308

### 永宣家用陶瓷制作有限公司

地址：广东省潮州市工业大道莲云工业北区
负责人：吴宣
Tel：0768－2802196
13903092305

### 1：潮安县凤塘镇佳信陶瓷厂 2：潮安县凤塘镇佳信陶瓷原料经营部

业务：陶瓷原料生产、销售
地址：1：广东省潮州市潮安县凤塘镇东和村
2：潮安县凤塘镇东和村西溪旁上山路
负责人：刘先生 邮编：515600
法人：刘荣良
Tel：0768－6855193
6810321

### 道滘明辉玻璃家具厂

业务：明辉玻璃五金家具厂是一家集玻璃深加工及五金家具制造为一体的专业化工厂、本厂奉承以质量求生存以信誉求发展，做到质优，价廉的经营理念，愿交四海友，同

发世纪财，欢迎新老客户前来洽谈业务。
地址：广东省东莞市道滘镇蔡白第一工业区
负责人：王兆辉 邮编：523170
Tel：0769－88332188
Fax：0769－88339398

**广东省潮安县文祠镇振兴皮革表带加工厂**
业务：生产加工 PVC 手表带、真皮表带、时装表带、皮革带，产品质优价廉、交货快捷，欢迎到厂洽谈业务
地址：广东省潮安县文祠镇文祠大道粮管所内
邮编：515600
法人：吴建林
Tel：0768－6744826
Fax：0768－6744633
QQ：243299280

**东城富强家私材料有限公司**
地址：广东省东莞市东城区牛山积善里三巷18号
负责人：孔维泰
Tel：13650424145

**雅殿工艺制品厂**
地址：广东省东莞市东城区主山乌石岗工业区海厦大厦6楼
负责人：郑维清
Tel：0769－22669416
13602317865

**名建陶瓷洁具厂**
业务：本厂集开发、设计、生产、销售于一体，专业生产陶瓷卫生洁具，其性能优越、节水性能好、釉面光滑、绿色环保，深受用户的青睐。热诚欢迎各位客商莅临指导洽谈业务！
产品：座便器、柜盆、台盆、立柱盆、蹲便器、便斗器、拖地盆等卫生洁具
地址：广东省潮州市潮安县凤塘镇后陇山盛户火车路北侧
负责人：苏镇城 邮编：515646
法人：苏镇城
Tel：0768－5333488
Fax：0768－6852813

**忠华塑胶镀业厂**
地址：广东省东莞市厚街镇宝塘村宝塔路
负责人：陈祖华
Tel：0769－85986225
13809639519

**东莞市长安亿骅饰品厂**
业务：本公司成立于2002年，主要生产销售：戒指、手链、项链、耳环、人体首饰、手镯等时尚饰品。款式新颖、品种繁多，竭诚欢迎新老客户来电洽谈业务！
地址：广东省东莞市长安镇新安村花果山工业区
负责人：姚媛 邮编：523880
法人：雷巧云
Tel：0769－85442798
85339506
Fax：0769－85539579
网址：www.cjpco.com
E-mail：cjp@mail2000.com.tw

**广东朝安县瑞全瓷业制作厂**
业务：专业生产卫生洁具，我们将以可靠的质量，卓越的品质，一流的服务来满足不断变化的客户需求。为现代、时尚、追求简约，享受生活的人群打造时尚舒适的卫浴空间。
产品：蹲便、坐便、台盆等
地址：广东省潮州市潮安县古巷镇古一开发区
负责人：陈礼全 邮编：515600
法人：陈礼全
Tel：0768－6835173
13509893042
Fax：0768－6835173

**广东省佛山市信大厨具购销部**
地址：广东省佛山市汾江北路10号后座安安商业城A7号
负责人：李耿亮
Tel：0757－82811119
13326700639

**白界东五金家具厂**
地址：广东省佛山市南海区大沥太平白界村
负责人：刘术恩
Tel：0757－85558508
13902816604

**潮安县文祠镇振兴皮革表带加工厂**
业务：生产皮革表带
地址：广东省潮州市潮安县文祠镇文祠大道文祠粮管所内
负责人：吴建林 邮编：521000
法人：吴建林
Tel：13502639070
0768－6744826

**永和门业工艺厂**
地址：广东省佛山市南海区盐步联安汇龙村铁路南

负责人：曾国英
Tel：0757－85793832
13809225263

**东莞市樟木头大洋贝壳饰品经营部**
业务：东莞大洋贝壳饰品经营部主要经销各种淡水、海水贝壳及相关工艺品。本着诚信的态度、优惠的价格、热情周到的服务，顺应各新老客户的发展和需求。
地址：广东省东莞市樟木头镇石新区天马城第二期162号
负责人：舒伟华 邮编：523618
法人：胡建林
Tel：0769－87133965
87705401
网址：www.mtw30821.chinapyp.com

**潮州市枫溪区锦长丰陶瓷制作厂**
业务：生产和销售工艺瓷、日用瓷
产品：工艺瓷、日用瓷
地址：广东省潮州市枫溪区槐山岗企业路38号
负责人：蔡昌岳 邮编：521000
法人：蔡昌岳
Tel：0768－2920741
Fax：0768－2921010

**潮州市枫溪区华鑫陶瓷制作厂**
业务：生产销售陶瓷，酒瓶
产品：酒瓶
地址：广东省潮州市枫溪区洋头村新路尾
负责人：洪培华 邮编：521031
法人：洪培华
Tel：0768－2920859
13501428555
Fax：0768－2923234
E-mail：hph0804@163.com

**菲纳水晶玻璃技术开发有限公司**
地址：广东省佛山市南庄大道旧褡洲路段工业厂房68号
负责人：贺国雄
Tel：0757－82189878
83298083

**容桂森都五金工艺制品厂**
地址：广东省佛山市顺德区华口聚龙工业区
负责人：陈贵成
Tel：0757－28380206
13923274469

**潮州市开发区柏扬工艺厂**
业务：香薰家居品
地址：广东省潮州市凤新街道云梯村泰安路
负责人：高峰 邮编：521000
法人：高峰
Tel：13828324358
13828304358
0768－6871915
Fax：0768－6878635

**潮州市开发区银河陶瓷制作厂**
业务：仿古工艺瓷
地址：广东省潮州市凤新竹围工业区
负责人：蔡奕永 邮编：521000
法人：蔡奕永
Tel：0768－6872645

**佛山市高明深豪家具有限公司**
业务：佛山市高明深豪家具有限公司成立于2006年，生产销售红木家具，酒店用家具。欢迎新老客户光临、惠顾！
地址：广东省佛山市高明区荷城街道西安庆洲工业区
负责人：陈明聪 邮编：528500
法人：陈明聪
Tel：0757－28858043

**宇科时计实业有限公司**
地址：广东省佛山市顺德区杏坛镇齐新路262号
负责人：欧阳美银
Tel：13726383937

**潮州市羊宝宝奶粉专卖店**
业务：羊宝宝奶粉专营店，主要经营成人及孕婴羊奶粉、牛奶粉、米粉、婴儿用品、玩具。我们关注的是每一个婴儿的健康成长，本店将以最优质的产品竭诚为您服务！
产品：御宝羊奶，倍爱奶粉，关山，美可高特，美羚，伊卡蓓尔，阿颖，雅培，惠氏等
地址：广东省潮州市南兴路韩安里2号［原水产大厦楼下］
负责人：陈泽浩 邮编：521000
法人：陈泽浩
Tel：0769－2298041
Fax：0769－2298041
E-mail：chen3838636@163.com

**广州市富礼礼品有限公司**
地址：广东省广州市白云区机场路61号D211、D225、D226铺
负责人：缪新旺
Tel：020－22851612
22851613
13826168810

**饶平县恒裕手袋工艺制品厂**
业务：加工销售手袋，皮革，服装及工艺制品
产品：专业生产加工各式手袋，时款袋，电子产品袋，背包，旅行包，公文袋
地址：广东省潮州市饶平县浮山镇浮山大道教师村左侧
负责人：王旭裕 邮编：515742
法人：王旭裕
Tel：0768－8515300
Fax：0768－8515084
E-mail：15919509358wjh@163.com

**建升工艺品有限公司**
地址：广东省广州市白云区九佛镇黄田路段8号
负责人：陈树华
Tel：020－87488886
13802912138

**潮州市湘桥区新嘉玩具配件厂**
业务：玩具配件生产、玩具电线
地址：广东省潮州市湘桥区桥东卧石村洋东片工业区
负责人：夏夕 邮编：521000
法人：夏夕
Tel：0768－2504993

**东莞市茶山金六福珠宝店**
业务：销售金六福珠宝
地址：广东省东莞市茶山镇茶山大道南17号
负责人：黄春信 邮编：523003
法人：黄春信
Tel：0769－86484948

**广州市宝苹日历有限公司**
地址：广东省广州市白云区云城西路合城国际月历城C座18－19档
负责人：方晓苹
Tel：020－86578536
36328815

**广州琪琪礼品有限公司**
地址：广东省广州市东山区东风东路836号东峻广场3座1705房
负责人：黄毅裘
Tel：020－38868748

**佛山市顺德区乐从镇宏柏五金家具厂**
业务：宏柏五金家具厂是一间规模较大的专业生产、销售各类高档现代办公钢制产品的企业，本企业以先进的管理模式和良好的服务为宗旨，坚持树立良好的企业形象，为用户营造最佳的办公环境。
地址：广东省佛山市顺德区乐从镇平步工业区
负责人：何远高 邮编：528315
法人：梁楚谦
Tel：0757－28108887

**东莞市茶山宝隆家具厂**
业务：民用家具的生产、销售
地址：广东省东莞市茶山镇塘角村美华路工业区
负责人：黄惠球 邮编：523003
法人：黄惠球
Tel：13380108888
0769－81866388
网址：www.baolongjiaju.cn

**东莞市茶山倩怡玩具加工店**
业务：零钱包，汽车饰品，毛绒玩具，购物袋等玩具类产品设计生产
地址：广东省东莞市茶山镇塘角村霞坑
负责人：何声华 邮编：523000
法人：何声华
Tel：0769－88932667
88932669

**广州市东山区伦文居工艺品经营部**
地址：广东省广州市东山区东华东路613号首层
负责人：莫伦通
Tel：020－84448328

**东莞市柏腾光电有限公司**
业务：光电礼品、手机挂件、手机魔幻镜头
地址：广东省东莞市长安镇厦岗厦德政西路367号之二
负责人：杜炳润 邮编：523843
法人：杜炳润
Tel：0769－85112877
13612698458
Fax：0769－8530656
网址：www.botengtech.com
E-mail：saleshine@vip.sina.com

**广州市东山区含情术梳妆店**
地址：广东省广州市东山区环市东路431号之一
负责人：韩琴
Tel：020－88181423
13570227188

**丰瑞装饰礼品雅集商店**

地址：广东省广州市东山区锦城花园B5栋1101
负责人：梁颢耀
Tel：020－87349958
13808869080
13600150974

**佛山市顺德区德隆家具营销中心**
业务：佛山市顺德区德隆家具营销中心成立于2003年6月，主要以床具批发、经营为主，主要产品有实木床、中纤板套房、大背床、实木套间、床垫，本着以德经营的宗旨，热诚欢迎广大新老客户光临惠顾。
地址：广东省佛山市顺德区乐从国际家具城南华8排M座1－3仓
负责人：叶励生 邮编：528315
法人：叶励生
Tel：0757－22980556
Fax：0757－28827736
网址：www.dl.jajaok.com

**广州全达玩具有限公司**
地址：广东省广州市番禺区大岗镇东工业路3号
负责人：孔建光
Tel：020－84934973

**东莞市长安顺鑫树脂饰品店**
业务：主要经营树脂饰品，物美价廉，品质保证，欢迎广大客户光临。
地址：广东省东莞市长安镇锦厦强国路6号一层C178A号铺
负责人：段全理 邮编：523003
法人：段全理
Tel：13713152175
0769－82387861
82387831

**佛山市裕凯厨房设备有限公司**
业务：佛山市裕凯厨房设备有限公司成立于1992年，生产销售厨房设备，现还经营医疗器械，欢迎来电洽谈业务。
地址：广东省佛山市南海区九江农科站内
负责人：张本安 邮编：528203
法人：张本安
Tel：0757－86557293
Fax：0757－86583992

**展誉五金日用制品厂**
地址：广东省广州市番禺区大石镇东联工业区4路1号
负责人：吴展鹏
Tel：020－84798497
13710788038

**东莞市长安文明五金首饰加工店**
业务：从事五金首饰设计、加工，可以按照客户提供的样品，定单定做各种款式。我们愿以精湛的技术，为您提供一流的服务。
产品：手机绳、龙虾扣、波珠链、铜铁弹眼、铜铁开口圈
地址：广东省东莞市长安镇锦厦新村锦华街十三巷3号储位
负责人：柳文明 邮编：523000
法人：柳文明
Tel：0769－85070569
13726426188
Fax：0769－85345739

**广州高建珠宝加工有限公司沙湾雅式分厂**
地址：广东省广州市番禺区沙湾镇福陇路999号3座自编10号厂房
负责人：李英贤
Tel：020－34875087

**广州缅翠福珠宝有限公司**
地址：广东省广州市番禺区沙湾镇福涌村福龙路999号沙湾珠宝产业园16座厂房
负责人：沈语生
Tel：020－81713378

**东莞市德金塑胶五金玩具有限公司**
业务：塑胶玩具，玩具配件，五金冲压，自动车床加工
产品：塑胶玩具
地址：广东省东莞市长安镇锦厦一坊五巷21号
负责人：胡建德 邮编：523003
法人：胡建德
Tel：13751381002
0769－89876006
Fax：0769－85385728
网址：http://dgdejin668.cn.alibaba.com/

**广东省中山市古镇晶美玻璃工艺制品厂**
业务：广东省中山市古镇晶美玻璃工艺制品厂主要从事灯饰玻璃、玻璃灯罩的生产与销售。我厂以其严格的质量管理、先进的生产工艺，新颖的款式设计，独特不凡的产品以及良好的企业信誉深受广大客户的喜爱。竭诚欢迎新老客户来我厂选购、洽谈业务！
地址：广东省中山市古镇古二东方路37号
负责人：蔡明业 邮编：528421
地址：蔡明业
Tel：0760－2394321

………………………………Fax:0760－2393453

**广州红粉家庭用品有限公司**
地址：广东省广州市番禺区石基镇清河东路梦都美工业园三楼西区
………………………………负责人：李成吉
………………………………Tel:020－34560305

## 东莞市常平爱儿新天地
业务：婴幼儿用品
地址：广东省东莞市常平镇金地利广场首层G9
………负责人：李万新　邮　编：523003
………………………法　人：李万新
………Tel:0769－82827662

## 东莞市常平柯元五金饰品加工店
业务：五金饰品
地址：广东省东莞市常平镇松柏塘村松常路一巷1号
………负责人：彭华群　邮　编：523003
………Tel:13532975385
0769－83905152
81080481
………Fax:0769－81080481

## 东莞市常平松发发饰织带厂
业务：生产、销售发饰品
业务：松紧带
地址：广东省东莞市常平镇袁山贝村新地园
………负责人：韩德松　邮　编：523003
………………………法　人：韩德松
………Tel:13059430698
0769－82871586

**北城潮流新天地联合大众眼镜店**
地址：广东省广州市番禺区市桥大北路109号二楼
………………………………负责人：林小姐
………………………………Tel:020－84896745

**广州市钻汇珠宝采购博览有限公司**
地址：广东省广州市番禺区市桥街富华西路2号百越广场内
………………………………负责人：陈元兴
………………………………Tel:020－34812828

## 广州市花都区恒杰木制品厂
业务：广州市花都区恒杰木制品厂成立于2000年，主要从事木托盘、木制包装箱的生产与销售。"以质量求生存，以信誉求发展"，竭诚欢迎广大新老客户来我公司洽谈业务，共同合作！
地址：广东省广州市花都区南北商贸城永城机动车交易中心40号B座
………负责人：高浩泉……邮　编：510800
………………………法　人：高浩泉
………………………Tel:020－86968162
………………………Fax:020－36891682

**广州市番禺区均安工艺品厂**
地址：广东省广州市番禺区市桥坑村溪昌道5号
………………………………负责人：陈宣军
………………………………Tel:020－33129901

## 东莞市大朗开心眼镜店
业务：眼镜销售
产品：眼镜
地址：广东省东莞市大朗镇富华中路502号
………负责人：叶富记　邮　编：523770
………………………法　人：叶富记
………Tel:0769－81066328
………Fax:0769－81068328

**广州市中港木制品有限公司**
地址：广东省广州市番禺区鱼窝头镇大同村太石村市灵公路西侧
………………………………负责人：徐润祥
………………………………Tel:020－84916760

## 东莞市大朗镇星鑫木制品厂
业务：生产销售中小型木制工艺品
产品：相框，木盒，底座，时钟，灯饰木件等
地址：广东省东莞市大朗镇沙步管理区沙益路171号
………负责人：厉锦红　邮　编：523000
………………………法　人：夏经锣
………Tel:0769－83205591
………Fax:0769－83205592
………网址：www.dgxingxin.com.cn
………E-mail:jackxjl@126.com

## 东莞市大朗乔峰家具配件店
业务：家具塑胶配件的生产销售
地址：广东省东莞市大朗镇石厦村仙村桐数三街55号一楼
………负责人：冯琴峰　邮　编：523000
………………………法　人：冯琴峰
………Tel:0769－83461259
83608768

**广州市格丽斯家具有限公司**
地址：广东省广州市番禺区钟村镇都那西路17号2号车间
………………………………负责人：潘清晶

………………………………Tel:020－84815425

## 东莞市大岭山鸿润木器加工厂
业务：生产、销售木器家具
地址：广东省东莞市大岭山镇大片美村瑞德丰厂对面
………负责人：李东　邮　编：523003
………………………法　人：李东
………Tel:13431138108
0769－85788126

## 广州市建升工艺品有限公司
业务：本公司主要开发和生产各式珠宝首饰盒、CD柜、餐具箱、相架、玩具、儿童家具等，并配有手绘、丝印烙印、雕刻、电脑镭射等工艺，可根据客人不同的要求，设计各式各样的图案，产品主要销往美、英、德等国家。赢得海内外客户的青睐。
地址：广东省广州市罗岗区九龙镇
………………………………邮　编：510000
………………………………法　人：陈树汉
………………………………Tel:020－87488438
………………………………Fax:020－87487817

## 广东省东莞市大岭山镇东旺木器厂
业务：工艺品加工(珠宝盒、戒指盒、相框等)
地址：广东省东莞市大岭山镇旧飞鹅村工业区
………负责人：肖六生　邮　编：523813
………………………法　人：肖六生
………Tel:13602317881
0769－81879109
81879110
………Fax:0769－81879110

## 东莞市扬帆艺术品有限公司
业务：经营：油画、国画、工艺品、专业制作油画框、相框
地址：广东省东莞市东城区运河西路大泉商铺第14号\广东省东莞市东城区运河西路013号2楼展厅
………负责人：杨先生　邮　编：523000
………………………法　人：杨芳
………Tel:13538689016
0769－22688897
………Fax:0769－22205366

## 东莞市凤岗亚鑫钟表制品厂
业务：专业生产钟表配件，我们有一支较强的技术队伍，在行业内有丰富的生产经验，以成熟的专业技术，快捷、精湛的加工工艺为您提供优质的产品。
产品：各种款式手表表面
地址：广东省东莞市凤岗镇凤德岭村同富路2号1号厂房
………负责人：李生　邮　编：523000
………………………法　人：李生
………Tel:0769－82074009
………Fax:0769－82074519
………网址：www.51zzt.com/user/zzt40216

**广州法新碧雅珠宝饰品有限公司**
地址：广东省广州市番禺区钟村镇钟一村工业区A区厂房A栋第五层
………………………………负责人：吕庆云
………………………………Tel:020－84640830

## 东莞市凤岗和信皮具加工厂
业务：集设计、生产、销售于一体专业皮具企业，生产的各类箱包、手袋、皮具等产品质量上乘，种类全面，可遵循客户方的构思要求，由专业设计人员设计打样，直至客户满意为止，也可来图来样加工订购！
产品：文具类：中高档真皮，仿皮文件夹；笔记本；记事本；万用手册；名片盒；名片夹；笔套等。皮套类：mp3、mp4机套；硬盘皮套；手机皮套；相机皮套等。居家饰品类：相框；化妆盒；首饰盒；酒盒；包装盒；笔筒；笔盒；纸巾盒；储物柜；礼盒等。皮具手袋类：男女式公文包；时款袋；休闲袋；男女式钱包；零钱包；钞包；拉链包；卡片包等。
地址：广东省东莞市凤岗镇金凤凰工业区塘沥村委后面
………负责人：叶龙江　邮　编：523690
………………………法　人：叶龙江
………Tel:0769－87579729
13712587976
………Fax:0769－82009729
………网址：http://www.51zzt.com/user/zzt40552
http://www.yeilongjang888.cn
………E-mail:hx－ylj2008@163.com

## 东莞市凤岗欣悦模特儿衣架经营部
业务：各类模特衣架的零售及批发
地址：广东省东莞市凤岗镇三联村凤深大道146－2号
………负责人：王秘琴　邮　编：523003
………………………法　人：王秘琴
………Tel:0769－87508870

## 东莞市凤岗群艺工艺品画廊
业务：礼品、工艺品、十字绣、相框装裱等各种工艺画批发零售
地址：广东省东莞市凤岗镇商业街鹤凫诸路12号铺(商业街卫生站对面)
………负责人：陈红群　邮　编：523000
………………………法　人：陈红群
………Tel:13192038085
0769－87501261
21566015

**景新纸张贸易部宏生钟表工艺厂**
地址：广东省广州市芳村区汾水大街69号二层
………………………………负责人：麦景雄
………………………………Tel:020－81568351
13902282105

## 东莞市凤岗康福芦荟日用品店
业务：本店专营保健食品、美容护肤品、日用品和家居洗涤四大系列产品，优质的服务，卓越的品质，期待您的光临惠顾！
产品：保健食品，美容护肤品，日用和家居洗涤用品
地址：广东省东莞市凤岗镇永和街30－8、30－9号铺
………负责人：伍小明　邮　编：523690
………………………法　人：伍小华
………Tel:0769－82622918
13332661463
………Fax:0769－82622918

## 东莞市凤岗展艺五金工艺品加工店
业务：五金工艺品、雕刻加工
地址：广东省东莞市凤岗镇竹塘村浸校塘组43号二楼
………负责人：何军　邮　编：523000
………………………法　人：何军
………Tel:13798859903
13751454368

## 东莞市庞比度饰柜有限公司
业务：橱柜加工制作及销售
地址：广东省东莞市横沥镇水边工业区
………负责人：赵相增　邮　编：523003
………………………法　人：赵相增
………Tel:0769－82323622
13509202551

**广州市多奇汽车饰品有限公司**
地址：广东省广州市花都区赤坭镇剑中巷7号南楼四层
………………………………负责人：姚伟瑜
………………………………Tel:020－86719201

## 东莞市厚街利典皮具加工店
业务：五金、皮具加工
地址：广东省东莞市厚街镇涌口村华发路
………负责人：王国松　邮　编：523949
………………………法　人：王国松
………Tel:15814285188
0769－85059636
………Fax:0769－85059636

## 东莞市黄江友鑫饰品加工店
业务：专业生产加工各种天然宝石，半宝石，如：玛瑙，绿东陵，新山玉，绿松石，红纹，蓝纹，石榴石，贝壳，白黄玉，猫眼石，虎石，水晶，手链，项链等饰品
地址：广东省东莞市黄江镇大岗村安民二街2号
………负责人：甘立友　邮　编：523000
………………………法　人：甘立友
………Tel:13713887538
0769－82112519
………Fax:0769－82112519
………网址：http://dgyouxinshipin.cn.alibaba.com/

## 东莞市寮步福鼎益民饮水机销售店
业务：纯净水机，反渗透纯净机(美国技术)销售
地址：广东省东莞市寮步镇良边村金兴路理想茗苑侧面
………负责人：谢茂林　邮　编：523003
………………………法　人：谢茂林
………Tel:13712010721
0769－81259733

## 广州市轩家源家具有限公司
业务：广州市轩家源家具有限公司成立于2006年，主要生产销售真皮沙发，欢迎新老客户来电洽谈业务。
地址：广东省广州市增城市新塘镇东华村新村头社
………负责人：罗喜原……邮　编：511340
………………………法　人：罗喜原
………………………Tel:020－32911077
………………………Fax:020－82776082
………网址：www.mtw50209.chinapyp.com

………………………E-mail:xuanjiayuan@21cn.com

**广州宏艺有机片厂**
地址：广东省广州市花都区花东镇李溪栏河坝
………………………………负责人：杜国拱
………………………………Tel:020－86772428
13826245597

## 东林玩具厂
业务：集设计、生产、销售于一体，专业生产加工毛绒填充玩具、毛绒玩具、抱枕、婴儿用品、工艺礼品、毛绒背包及汽车用品等。本厂拥有先进的生产设备，能独立完成广大客户的各种加工生产要求，欢迎各界朋友莅临指导、参观和业务洽谈！
产品：各类布偶，毛绒玩具
地址：广东省东莞市寮步镇竹园村山下街9号
………负责人：邓宏平　邮　编：523413
………………………法　人：邓宏平
………Tel:0769－88778559
………Fax:0769－88753385
………网址：www.donglintoy.com
………E-mail:donglinwanju88888@163.com

## 东莞市南城关关饰品店
业务：精品饰品销售
地址：广东省东莞市南城区鸿福路90号嘉信茂广场01层K14号
………负责人：关则缅　邮　编：523003
………………………法　人：关则缅
………Tel:0769－81604641

**广州东风江森座椅有限公司**
地址：广东省广州市花都区新华镇红棉大道39号
………………………………负责人：苗明正
………………………………Tel:020－36872288

## 东莞市南城嘉楠灯具店
业务：餐厅等，卧室灯
地址：广东省东莞市南城区新城市中心区石竹花园五座(F座)62号铺
………负责人：张启波　邮　编：523003
………………………法　人：张启波
………Tel:13826907011
0769－26980593

## 东莞市企石童话公主饰品店
业务：零售饰品
地址：广东省东莞市企石镇宝石路242号
………负责人：姚东良　邮　编：523003
………………………法　人：姚东良
………Tel:0769－86719923

## 东莞市企石泉达木器加工店
业务：木器工艺品加工、销售
产品：首饰盒，珠宝盒
地址：广东省东莞市企石镇铁炉坑村新峰厂
………负责人：刘沛明　邮　编：523003
………………………法　人：刘沛明
………Tel:13602338815
0769－86732638

**广州快乐比儿童用品有限公司**
地址：广东省广州市天河区天河路228号正佳广场M层东南角位置
………………………………负责人：罗家秋
………………………………Tel:13058413392

## 东莞市晟泰隆实业有限公司
业务：自主开发、生产、销售各类树脂卫浴产品、工艺品、灯饰等，产品做工精细，工艺技术良好，品质优良。经营范围相当广泛。热忱欢迎新老客户指导光顾，洽谈业务！
产品：各种poly树脂摆饰、吊饰、发饰、灯饰、相框、风铃、家居卫浴系列工艺品
地址：广东省东莞市企石镇杨屋村第一工业区振业路
………负责人：赵云党　邮　编：523000
………………………法　人：赵云党
………Tel:0769－86738323
13414318788
………Fax:0769－86738322
………E-mail:gylmy81@163.com

## 东莞市桥头御坊堂三生明阳专卖店
业务：本店以诚信经营三生御坊堂的各种功能性保健食品和个人护理用品近百个品种，以卓越的品质和功效征服着越来越多的人。我们将以优质的产品，合理的价格，全心为您，真诚服务！
地址：广东省东莞市桥头镇桥龙路298－300号
………负责人：吴逢文　邮　编：523533
………………………法　人：吴逢文
………Tel:13549422198
………Fax:0769－83438020
………网址：www.china3sheng.com
………E-mail:wensun2000@163.com

## 广州市增城兴欣木制品加工厂
业务：广州市增城兴欣木制品加工厂成立于

▲家居生活用品礼品工艺品▼

2005年，主要从事木制品的加工与销售。"质量可靠，价格合理"，热诚欢迎您的光临与惠顾！
地址：广东省广州市增城市中新镇福和南池村委会首层
负责人：钟孟辉 邮 编：511375
法 人：钟孟辉
Tel：020－82830048

## 华都金属制品厂
业务：厨刀，折刀，鱼刀，休闲系列
产品：折刀，鱼刀
地址：广东省东莞市清溪镇罗马村委会马滩村小组罗马路107号
负责人：曹卫华 邮 编：523003
法 人：曹卫华
Tel：0769－87384038
13431184938
Fax：0769－87363539
E-mail：cwh318318@sohu.com

## 东莞市清溪明德刺绣店
业务：刺绣工艺品设计，制作，加工
地址：广东省东莞市清溪镇清厦村委会鹿湖西路27号一楼
负责人：廖斌 邮 编：523003
法 人：廖斌
Tel：0769－87896219

## 东莞市沙田华邦高盛雕刻制品经营部
业务：雕刻板、通花板、波浪板
地址：广东省东莞市沙田镇大泥村大泥组明珠路口
负责人：范志博 邮 编：523000
法 人：范志博
Tel：0769－88800669

## 东莞市石碣振龙木雕店
业务：加工木雕工艺品
地址：广东省东莞市石碣镇北滩路刘屋坐贝新村
负责人：肖正求 邮 编：523000
法 人：肖正求
Tel：13652582165

## 东莞市明盛工艺制品有限公司
业务：玩具
地址：广东省东莞市石碣新城区同富路117号
负责人：李明 邮 编：523003
法 人：李明
Tel：13006811035
0769－81836881
Fax：0769－81836887

## 东莞市石碣宏隆日用品店
业务：各种胶扫把、长街扫、短葵扫、地拖、垃圾铲、手套等
地址：广东省东莞市石碣镇涌口吉头村
负责人：蔡北利 邮 编：523003
法 人：蔡北利
Tel：0769－86305158
13622619559

**宏宗实业发展有限公司广州分公司**
地址：广东省广州市越秀区解放北路932号中海酒店501，502
负责人：欧阳力
Tel：020－83517455
13352825592

## 东莞市石排龙华家具店
业务：办公家具以及民用家具
地址：广东省东莞市石排镇石排大道中294号
负责人：张清 邮 编：523121
法 人：张清
Tel：13825702083
0769－81921698
81921788

## 东莞市石排新正电子厂
业务：塑胶电子玩具设计生产
地址：广东省东莞市石排镇下沙工业区
负责人：阮涛 邮 编：523000
法 人：阮涛
Tel：0769－86559321
Fax：0769－86559000

## 东莞市塘厦冠勇日用品商行
业务：从事安利日用产品的代理销售
地址：广东省东莞市塘厦镇鸿安广场
负责人：谭显勇 邮 编：523710
法 人：谭显勇
Tel：13211007866
0769－87908005

**吉莹工艺品店**
地址：广东省广州市越秀区一德东路198号越秀德宝交易广场3楼
负责人：胡先生
Tel：020－83291226
13902309176

## 和艺壁纸
业务：和艺壁纸
地址：广东省东莞市塘厦镇林村光辉装饰材料城F1－115号
负责人：朱晓利 邮 编：523711
法 人：朱晓利
Tel：0769－82089698

## 东莞市塘厦创顺日用品店
业务：销售日用品
地址：广东省东莞市塘厦镇龙背岭社区康莊路7号
负责人：张建华 邮 编：523003
法 人：张建华
Tel：0769－87889880
13546989896

## 东莞市谢岗鸿华贝壳工艺品加工厂
业务：生产以贝壳为材料的工艺品
地址：广东省东莞市谢岗镇大龙村
负责人：唐德信 邮 编：523003
法 人：唐德信
Tel：15920678039
0769－82607867

**广州市金生首饰有限公司五月花分公司**
地址：广东省广州市越秀区中山五路68号五月花商业广场首层125铺
负责人：胡建新
Tel：020－81901973

## 东莞市樟木头旺诚工艺品加工店
业务：树脂工艺品、波丽POLY工艺品的加工与销售
产品：树脂工艺品、波丽POLY工艺品
地址：广东省东莞市樟木头镇官仓加油站旁第三栋一楼
负责人：肖稳初 邮 编：523003
法 人：肖稳初
Tel：18922526576
0769－82113508

## 东莞市樟木头可林礼品厂
业务：生产与销售各类工艺礼品，家居生活礼品、卫浴用品
产品：各类工艺礼品，家居生活礼品、卫浴用品
地址：广东省东莞市樟木头镇金河社区竹排村三巷10号
负责人：肖文可 邮 编：523003
法 人：肖文可
Tel：0769－88037691
Fax：0769－82170681
E-mail：jinyilipin@163.com

## 佛山市禅城区威洲门业
业务：防盗门，房间门，平开门等各种门
地址：广东省佛山市禅城区朝安南路63号首层P152号
负责人：李德新 邮 编：528000
法 人：李德新
Tel：0757－82002881
89955579

## 佛山市帝艺工艺品有限公司
业务：生产、销售陶瓷刀
地址：广东省佛山市禅城区唐园路20号首层
负责人：黄华波 邮 编：528000
法 人：黄华波
Tel：13690448158
0757－83204178
网址：www.hombahuang.cn.alibaba.com
QQ：1254656339

## 完美（中国）日用品有限公司佛山市禅城区共赢日用品商行
业务：本商行系完美（中国）日用品有限公司佛山直销店，专营保健食品、美容护肤品、日用品和家居洗涤四大系列产品，优质的服务、卓越的品质，期待您的光临惠顾！
产品：保健食品，玛丽艳美容护肤品，家居清洁用品，个人护理用品
地址：广东省佛山市禅城区张槎三路8号首层之一A铺
负责人：陈胜威 邮 编：528000
法 人：陈胜威
Tel：0757－82024123
13679874039
Fax：0757－82024123

**广州伟然工艺品有限公司**
地址：广东省广州市增城市新塘镇南安村下庄（土名）
负责人：林树荣
Tel：020－82693390

## 海丰县超辉首饰有限公司
业务：本公司成立于1990年，公司自行设计，开发，生产国际流行款式、新颖时髦的人造首饰。可按客户的特别要求进行设计，制作，满足客户的需求。生产的首饰100%出口，主要销往美国、欧洲等国。竭诚欢迎海外朋友来电咨询。
地址：广东省汕尾市海丰县梅陇镇梅北大道15号
邮 编：516400
法 人：施瑞麟
Tel：0660－6828730
Fax：0660－6657136

## 佛山市禅城区锋锐工艺装饰品经营部
业务：经营有机玻璃工艺饰品
地址：广东省佛山市禅城区祖庙街道文华北路157号首层之二商铺
负责人：梁崇乐 邮 编：528000
法 人：梁崇乐
Tel：13702923911
0757－83208621

## 香港雅蘭仕家具有限公司
业务：家具，沙发，套间，床垫，枕头
产品：天然乳胶，弹簧，床垫，床上用品
地址：广东省佛山市龙江镇西沙工业区
负责人：麦敏全 邮 编：528318
法 人：麦敏全
Tel：0757－23636895
Fax：0757－23636512
网址：http://www.airlands.net

**增城市新塘镇视霸眼镜店**
地址：广东省广州市增城市新塘镇新何村市头社
负责人：湛秀珍
Tel：020－82603246

## 佛山市南海区大沥晨隆钟表店
业务：钟表销售，修理
地址：广东省佛山市南海区大沥广佛路与工业路交叉处东南角南海润良商业有限公司29号柜位
负责人：叶广强 邮 编：528000
法 人：叶广强
Tel：13703032628

## 佛山市南海鸿运电动卷闸门工程部
业务：电动卷闸门，维修
地址：广东省佛山市南海区官窑七甫村禅炭路段旁由东向西编号第2号商铺
负责人：汤辉 邮 编：528000
法 人：汤辉
Tel：13927283511
13690476051

## 佛山市南海区佳仕阁工艺品店
业务：字画，木工艺品，陶瓷工艺品等销售
地址：广东省佛山市南海区桂城街道平洲南港路12号碧琴湾08号商铺
负责人：朱金武 邮 编：528000
法 人：朱金武
Tel：0757－86700389
13728566663
13129128128

**梦迪斯表业有限公司**
地址：广东省广州市站西路65号站西钟表城2177－2181号
负责人：陈强生
Tel：020－86692686
13825019818

## 佛山市南海区殷宝玉器店
业务：玉器销售
地址：广东省佛山市南海区桂城平东村新石南边街七巷6号
负责人：唐祥成 邮 编：528000
法 人：唐祥成
Tel：0757－88558665
13829839068

## 佛山市南海区九江镇飞腾石材工艺厂
业务：专业生产与销售大理石，以餐台、茶几、电视柜、吧台为主的家居用品
产品：大理石系列家具，以餐台、茶几、电视柜、吧台为主
地址：广东省佛山市南海区九江镇教育路下西下围工业区E座
负责人：江日波 邮 编：528000
法 人：江日波
Tel：0757－81869158
Fax：0757－81869159

**宏达行珠宝饰品（深圳）有限公司**
业务：宏达行珠宝饰品（深圳）有限公司成立于2006年，主要经营珠宝首饰，售出产品实行"三包"。
地址：广东省深圳市福田区深南中路新城大厦西座415
负责人：欧嘉雯 邮 编：518000
法 人：欧嘉雯
Tel：0755－25986282
Fax：0755－25986282

## 佛山市通明玻璃工艺厂
业务：家具、酒店玻璃转盘
地址：广东省佛山市南海区九江镇沙头北村五约村前边厂房
负责人：段文发 邮 编：528000
法 人：段文发
Tel：13724611266
0757－86907661
869077662
Fax：0757－869077662

## 佛山市南海福运莱家具厂
业务：专业加工与销售床头柜、床头架、衣柜、书柜等一系列木制家具
产品：床头柜、床头架、衣柜、书柜等一系列木制家具
地址：广东省佛山市南海区九江镇沙头工业园A区F1－2
负责人：赖庆慧 邮 编：528000
法 人：赖庆慧
Tel：13824539359
0757－89955735

## 佛山市南海区金真叶陶瓷装饰材料有限公司
业务：陶瓷装饰材料
产品：陶瓷电光膏
地址：广东省佛山市南海区狮山中心城区人民西路北侧俊景花园俊博苑02栋B503室
负责人：刘仲富 邮 编：528000
法 人：刘仲富
Tel：13726627186

## 佛山市南海区西樵名飞五金家居制品厂
业务：生产和销售五金家具
产品：五金餐桌椅和铁床
地址：广东省佛山市南海区西樵百西十七村
负责人：周贻民 邮 编：528000
法 人：周贻民
Tel：13727352959
0757－86852926
Fax：0757－86852927
网址：www.fsmingfei.com
E-mail：fsmingfei@163.com

## 佛山市三水区西南街朱记顺家具商场
业务：家用家具，办公家具
地址：广东省佛山市三水区西南街同福北路实验中学旁广之源傢俬城自编二区之一
负责人：朱远江 邮 编：528000
法 人：朱远江
Tel：0757－87773043

## 佛山市顺德区龙江镇畅通家具配件店
业务：经营各种家具配件
地址：广东省佛山市顺德区325国道龙江段102号之二亚洲国际家具材料交易中心B区7排09号
负责人：罗吉朋 邮 编：528000
法 人：罗吉朋
Tel：0757－23870572
13695209373
13727398194

## 佛山市顺德区北滘镇西海佶洋红木器加工厂
业务：红木家具加工、销售
地址：广东省佛山市顺德区北滘镇西海村委会广珠路林场路段厂房
负责人：许庆洋 邮 编：528000
法 人：许庆洋
Tel：13690747388
0757－26392589
E-mail：jiyanghong@163.com

## 佛山市顺德区大良母婴世家母婴用品店
业务：母婴用品
地址：广东省佛山市顺德区大良新桂中路海悦新城28号铺
负责人：杜春花 邮 编：528300
法 人：杜春花
Tel：0757－22252768

**镇兴珠宝首饰公司**
地址：广东省海丰县梅陇镇镇华路 008 号
负责人：林永镇
Tel：0660－6820888
13929389298

### 佛山市顺德区大良明美沙发翻新厂
业务：承接订做翻新宾馆、酒店、足浴城、家庭真皮沙发，换布套，布衣沙发订做，大中班椅翻新等业务
地址：广东省佛山市顺德区大良近良路五坊路段顺景湾 C 区 26 号商铺
负责人：罗光武　邮　编：528000
法　人：罗光武
Tel：13695257230
15916146663

### 佛山市顺德区乐从镇倾情家具厂
业务：生产加工床，床垫
地址：广东省佛山市顺德区乐从镇大闸黎湖工业区
负责人：叶楚平　邮　编：528000
法　人：叶楚平
Tel：0757－26185585
Fax：0757－28785468

### 佛山市顺德区乐从镇腾祥玻璃五金家具厂
业务：茶几等玻璃家具的设计、生产、销售
地址：广东省佛山市顺德区乐从镇道教工业区永安电器厂 11 号
负责人：刘先生　邮　编：528000
法　人：刘伟
Tel：13790088100
13652925345

### 佛山市顺德区乐从镇品爱橱柜
业务：橱柜、电器、衣柜的销售
地址：广东省佛山市顺德区乐从镇乐从居委会东区兴乐商业城（顺联橱柜灯饰城）B 座首层 B119 号
负责人：李红香　邮　编：528000
法　人：李红香
Tel：13679806584
0757－28787101
26931881
Fax：0757－28787101

### 广宜户外家具店
业务：玻璃电视柜
地址：广东省佛山市顺德区乐从镇乐从居委会新乐从家具城西区（顺联北区家私城）2－3
负责人：陈静仪　邮　编：528000
法　人：陈静仪
Tel：0757－28368594

### 佛山市顺德区乐从镇耀桦户外休闲家具厂
业务：户外休闲家具
地址：广东省佛山市顺德区乐从镇良教工业区良沙佳贤塘
负责人：吴立富　邮　编：528000
法　人：吴立富
Tel：13794645187
15918136346

**万茂圣诞礼品有限公司**
地址：广东省惠州市惠阳区秋长镇白石村
负责人：邱立
Tel：0752－3561692
3560452
13502837640

### 佛山市顺德区乐从镇铟琦诚家具店
业务：客厅系列家具
地址：广东省佛山市顺德区乐从镇罗浮宫家具博览中心五楼中区 14 号
负责人：陈福平　邮　编：528000
法　人：陈福平
Tel：0757－28976988

### 佛山市顺德区乐从镇百年优佳沙发厂
业务：各类沙发的制作与销售
产品：沙发
地址：广东省佛山市顺德区乐从镇罗沙工业区（意谭酒店对面）
负责人：杨会　邮　编：528000
法　人：杨会
Tel：0757－29231822

**裕隆镜画工艺部**
地址：广东省惠州市惠城区河南岸螺仔湖二路 1 号
负责人：黄继发
Tel：0752－2504030
13018417763

### 佛山市顺德区乐从镇七彩龙家具厂
业务：批发，零售
产品：家具，衣帽架总汇
地址：广东省佛山市顺德区乐从镇南村新地坊 3 巷 15 号
负责人：周金程　邮　编：528315
法　人：周金程
Tel：0757－26180007
15099877887
Fax：0757－29922355
网址：www.gdtengfei.com
E-mail：info@gdtengfei.com

### 佛山市顺德区乐从镇江浩家具厂
业务：加工、销售沙发
地址：广东省佛山市顺德区乐从镇沙边工业区（永隆家具厂后面）
负责人：谢荣雄　邮　编：528000
法　人：谢荣雄
Tel：13695173418
0757－26183163

### 佛山市顺德区乐从镇金运家具厂
业务：板式，PVC 衣柜系列、办公系列、套房系列、鞋柜
地址：广东省佛山市顺德区乐从镇上华工业大道 21 号之 6
负责人：赵文彬　邮　编：528315
法　人：赵文彬
Tel：0757－28919859
28973916
Fax：0757－28919859

### 佛山市顺德区乐从镇金舫溢五金家具经营部
业务：生产、销售五金家具
产品：玻璃钢快餐台、桌椅
地址：广东省佛山市顺德区乐从镇水藤北围商业区 4 号地远栢家具商场一楼第 16 仓
负责人：张嫣　邮　编：528315
法　人：钟活平
Tel：0757－28068299
28068626
13695275226
Fax：0757－28786835

**汕头市澄海区奥奇日用品厂**
地址：广东省汕头市澄海区风翔东湖工业区东圆路
负责人：蔡喜国
Tel：13809676804

### 乐豪木业
业务：专业从事原木板材加工及销售，公司具有先进的机械和设备行车，专业的技术人员，为客户提供全面优质的服务！
产品：云南材、水冬瓜、烟泡树、西南桦等原木板材
地址：广东省佛山市顺德区乐从镇水藤国际木业家具材料市场五排 A 座 18 号
负责人：黄雪华　邮　编：528315
产品：黄雪华
Tel：0757－28974318
Fax：0757－28974318

### 佛山市顺德区腾铭家具装饰材料
业务：专业从事锌合金压铸生产，主营家具五金装饰配件、玉石配件等，品种齐全，选材严格，加工精细，致力用我们更优良的产品，更完美的设计和工艺，回报各界朋友的厚爱。
产品：家具五金压铸配件、仿玉石配件、大理石配件
地址：广东省佛山市顺德区乐从镇水藤路口实用商场 12 仓
负责人：罗生　邮　编：528315
法　人：罗立超
Tel：0757－26182690
22168228
13432669443
Fax：0757－26182690
网址：www.zzt34414.chinapyp.com
E-mail：nfllc2000@yahoo.com

**宏润木艺实业有限公司**
业务：本公司成立于 2002 年，现有员工 200 多名。主要经营：各种工艺品的生产与销售。
地址：广东省深圳市宝安区松岗镇朗下村第三工业区
邮　编：518000
法　人：唐青桃
Tel：0755－33856812
33856813
Fax：0755－33856811

### 佛山市顺德区乐从镇都成家具厂
业务：办公家具生产销售
产品：办公转椅、办公沙发
地址：广东省佛山市顺德区乐从镇水藤木业市场四排 A 座二楼
负责人：康立波　邮　编：528000
法　人：康立波
Tel：13695201858
0757－28901969
Fax：0757－28901969

**莲下中天工艺厂**
地址：广东省汕头市澄海区莲下槐南大埔美工业区
负责人：王润州
Tel：0754－85160059
13825848059

### 佛山市顺德区乐从镇朱逸弘家具店
业务：销售家具
地址：广东省佛山市顺德区乐从镇顺联世纪家私城北区 1 座 8B 号逸江南
负责人：朱逸弘　邮　编：528000
法　人：朱逸弘
Tel：15817824251
0757－28826206

### 佛山市顺德区乐从镇维京馆家具店
业务：酒店家具销售
地址：广东省佛山市顺德区乐从镇顺联世纪家私城三座二层 7－8 后号
负责人：段连生　邮　编：528000
法　人：段连生
Tel：15975780423
0757－28861761

### 佛山市顺德区乐从镇梦美诗床上用品厂
业务：床上用品的加工和销售
地址：广东省佛山市顺德区乐从镇腾冲同福路 17 号二楼
负责人：张均　邮　编：528000
法　人：张均
Tel：13726674832
0757－88103148
Fax：0757－28786494
网址：http://www.51zzt.com/user/zzt33303

**澄海新溪天米利家具厂**
地址：广东省汕头市澄海区新溪镇文化路
负责人：谢雄明
Tel：0754－85768152
13809844775

### 佛山市顺德区乐从镇群枫石材店
业务：大理石餐桌、茶几、电视柜等石制家具的加工销售
地址：广东省佛山市顺德区乐从镇团亿家俱城一座 11 仓
负责人：陈国飞　邮　编：528315
法　人：陈国飞
Tel：13413297405
0757－26813240
Fax：0757－28369858

### 深圳伊丽轩家具有限公司
业务：沙发
产品：厚皮大款沙发，皮配布沙发，布艺沙发
地址：广东省佛山市顺德区龙江镇 325 国道旁敬龙布艺城 4 座 3 楼
邮　编：528318
法　人：张磊
Tel：0757－23631651
Fax：0757－23631650
网址：www.elisun.cn

### 佛山市顺德区龙江镇搏业家具制造厂
业务：家具生产、销售
产品：沙发
地址：广东省佛山市顺德区龙江镇沙富大道 31 号
负责人：李钟梅　邮　编：528000
法　人：李钟梅
Tel：13620308062
0757－23631864

**金灯台工艺厂**
业务：金灯台工艺厂成立于 2003 年，主要从事蜡烛、灯台、石蜡的生产销售。质量保证，价格合理，热诚欢迎新老客户来电来人洽谈业务，共同合作。
地址：广东省东莞市樟木头镇石马工业区兴隆路 17 号
邮　编：523620
法　人：邱蛟飞
Tel：0769－87189058
Fax：0769－87189246

### 佛山市顺德区龙江镇松大家具厂
业务：生产销售各式工艺别墅、酒店家具
地址：广东省佛山市顺德区龙江镇世埠长路工业大道 5 号 B 区一楼
负责人：吴松大　邮　编：528000
法　人：吴松大
Tel：13727309939
0757－26928481
Fax：0757－23633190

### 佛山市顺德区龙江镇旺雄家具厂
业务：经营办公家具
地址：广东省佛山市顺德区龙江镇世埠居委会长路工业大道 15 号之一
负责人：李天习　邮　编：528000
法　人：李天习
Tel：13928248098
0757－23873285
28680569
网址：www.noble2288.cn
E-mail：noble2288@163.com

### 黛安纳床上用品厂
业务：软床配套，家居配套，酒店布草，学校医院配套
产品：床上用品
地址：广东省佛山市顺德区龙江镇世埠振兴路 10 号
负责人：关先生　邮　编：528318
法　人：关雪艳
Tel：0757－28645810
13715540890
Fax：0757－26952818
E-mail：daiannajiafang@126.com

### 佛山市顺德区龙江镇帝匠家具厂
业务：家具生产销售
地址：广东省佛山市顺德区龙江镇苏溪工业区南方农场路 4 号之一
负责人：许荣来　邮　编：528000
法　人：许荣来
Tel：0757－23632538

### 佛山市顺德区龙江镇柏乔家具制造厂
业务：加工与销售家具制品
产品：板式、五金系列产品，各类办公家具和民用家具
地址：广东省佛山市顺德区龙江镇万安村旧良龙路（渡口路 5 号之一）
负责人：吴燕冰　邮　编：528318
法　人：吴燕冰
Tel：0757－23396693
28974577
Fax：0757－23377225
网址：http://www.bq－f.com
E-mail：zxd.3691@tom.com

### 佛山市顺德区龙江镇卡玛家具厂
业务：布沙发
地址：广东省佛山市顺德区龙江镇旺岗村委会旺村路 18 号
负责人：李家权　邮　编：528000
法　人：李家权
Tel：15989985996
0757－28368873

### 佛山市顺德区宝磊工艺品有限公司
业务：工艺品
地址：广东省佛山市顺德区容桂桂新路 83 号首层
负责人：孔德江　邮　编：528000
法　人：孔德江
Tel：13929825628
0757－28888626

### 高要市白土镇福湾居家具厂
业务：制作与销售家具
产品：家具
地址：广东省高要市白土镇马安村马冷路口 50 米处（黄永俊手工业作坊旁）
负责人：徐世贵　邮　编：526113
Tel：13005569801

**华力实业有限公司**

地址：广东省汕头市金平区升平工业区金升五路华信厂房二楼
负责人：黄玉华
Tel：13902726298

**汕头市美达工艺制品有限公司**
地址：广东省汕头市濠江区次岗永德东路 11 号 5 楼
负责人：李河雄
Tel：0754－87365026
13902725468

**高要市大湾镇稀独根缘木材经营部**
业务：根艺、红木家具生产经营
地址：广东省高要市大湾镇龙冲村委会下岸村
负责人：罗肇德　邮　编：526100
法　人：罗肇德
Tel：13600223473
13542940887

**高要市新桥镇金凯特橱柜厂**
业务：生产橱柜、本地安装带外地发货
地址：广东省高要市新桥镇金库村荷田大军坡粮所工业区
负责人：陈肇燃　邮　编：526100
法　人：陈肇燃
Tel：13432455137
0758－8471084

**广州市雅润纺织品有限公司、中山市古镇雅润床上用品店**
业务：床上用品的设计，生产和销售
地址：广东省广州市番禺区 105 国道大石段 588 号 4 楼、广东省中山市古镇古二东兴中路 2 号汇盈大夏 3 楼 C006
负责人：吴义林　邮　编：510130
法　人：吴义林
Tel：13711669568
020－84798752
Fax：020－84789378

**龙川县茂华家私厂**
业务：木制家私的生产及销售
地址：广东省河源市龙川县共和路
负责人：曾春茂　邮　编：517001
法　人：曾春茂
Tel：0762－6889266

**广东省熊猫日化用品有限公司**
地址：广东省汕头市龙湖区金砂东路中信大厦 13 楼
负责人：陈奋发
Tel：0754－82281282

**河源市源城金来橱柜经销部**
业务：生产背景墙，办公台，电脑台，茶几，橱柜，电器等
地址：广东省河源市源城区长安市场 50 号 2 楼
负责人：朱志通　邮　编：517000
法　人：朱志通
Tel：13825372481
13690988563

**广东省河源市源城区雄达海柳烟嘴专卖店**
业务：雄达海柳烟嘴专卖
地址：广东省河源市源城区河源军分区国防大厦第 3 卡
负责人：李勇　邮　编：517000
法　人：李勇
Tel：13828997008
0762－3181319

**卓庭床上用品经营部**
业务：卓庭牌床垫，床上用品，真皮、布艺沙发的生产及销售
地址：广东省河源市源城区华达北街 247 号
负责人：廖世彪　邮　编：517000
法　人：廖世彪
Tel：13600098167
0762－3370689
Fax：0762－3370689

**紫金县义容镇富华雨伞加工厂**
业务：雨伞加工
地址：广东省河源市紫金县义容镇沙梨园开发区
负责人：郭华方　邮　编：517463
法　人：郭华方
Tel：15876240888
13076189888
0762－7108388

**深圳市宝安区福永镇盈利文具行**
地址：广东省深圳市宝安区 27 区新安 3 路 75－77 号二楼
负责人：成小姐
Tel：0755－27305024

**鹤山市景鸿木业有限公司**
业务：木材、家具
地址：广东省鹤山市沙坪镇围仔苑 126 号
负责人：郑少坤　邮　编：529711
法　人：郑少坤
Tel：13827066862
18929021703

**化州市铭翊日用品经营部**
业务：营养保健品，家居护理日用品，个人护理日用品，美容护肤品，厨具系列，电器
地址：广东省化州市宝圩镇调马陈久顺肥料店旁边
负责人：陈久顺　邮　编：525138
法　人：陈久顺
Tel：0668－7509387
13828655198

**君怡宝石厂**
业务：君怡宝石厂成立于 1996 年，位于广州番禺北联工业区沙北大街 7 号。是集生产、加工、批发为一体的综合性珠宝企业专门以生产橄榄石为主，以及其它天然宝石如：海兰宝、紫晶、黄晶、石榄石、为兼营。
地址：广东省广州市番禺区大石镇北联工业区沙北大街 7 号
邮　编：511430
法　人：赵现君
Tel：020－34785516
Fax：020－34781551

**鹏程宝石**
业务：集开发、设计、加工生产及销售为一体，加工宝石、半宝石、人造石，技术先进，造形新颖，制作工艺完美，还可以按照客户提供的样品，定单定做各种款式。
地址：广东省惠州市博罗县罗阳镇四角楼
负责人：周建军　邮　编：516171
法　人：周建军
Tel：0752－6832022
13202339777
Fax：0752－6832587

**惠城区集品居家具店**
业务：主要经营家具的销售
地址：广东省惠州市花边南路荣浩花园一栋 102 铺
负责人：黄锦汉　邮　编：516001
法　人：黄锦汉
Tel：0752－7828763
13827001354

**深圳市宝安区新安永兴达木制品加工厂**
地址：广东省深圳市宝安区 45 区富盛苑 A 栋 16 座 17 号
负责人：李阳超
Tel：0755－27575490
27579825
13802563819

**深圳市宝安区新安金燕电子销售部**
地址：广东省深圳市宝安区宝城 26 区创业电子城 2135 号宝城 73 区综合楼一楼 9 号
负责人：金燕
Tel：13802289321

**新安光阳钟表配件厂**
地址：广东省深圳市宝安区宝城 46 区怡华新村 2 栋 6 楼
负责人：阳定权
Tel：0755－27825107
13828857467

**惠州市惠城区陈江铭辉灯饰制品加工厂**
业务：灯饰制品
产品：藤艺，五金，玻璃，镜子，水晶
地址：广东省惠州市惠城区陈江街道办事处甲子工业区
邮　编：516229
法　人：余伟波
Tel：0752－3227876
3227895
13500174289
Fax：0752－3227335
网址：www.evergreenlighting.cn
E-mail：minghui328@vip.163.com

**惠州市惠城区陈江周六福珠宝行**
业务：珠宝销售
地址：广东省惠州市惠城区陈江街道办事处甲子路 88 号民乐福商场一楼
负责人：林建庭　邮　编：516001
法　人：林先生
Tel：13712351268
0752－3222209

**春园木有限公司**
地址：广东省深圳市宝安区宝城五区宝民一路 26 号
负责人：李扬
Tel：0755－27789332
13510688288

**惠州市惠城区金豪日用品店**
业务：日用品销售
地址：广东省惠州市惠城区陈江街道办事处江城大厦 E 座第一层 29－30 连档
负责人：李伟明　邮　编：516000
法　人：李伟明
Tel：13112614288

**惠州市惠城区阿呀呀米可丝饰品店**
业务：化妆品、化妆工具、流行饰品、新鲜潮品、时尚小物、玩偶
地址：广东省惠州市惠城区河南岸港惠新天地购物中心负一楼 B120B 号
负责人：徐武安　邮　编：516001
法　人：徐武安
Tel：13794540271
0752－7126359
Fax：0752－2160115
网址：www.mix－box.com.cn

**惠城区沥林镇良记宝石加工店**
业务：宝石加工
地址：广东省惠州市惠城区沥林镇迭石龙城龙新村
负责人：龚健良　邮　编：516000
法　人：龚健良
Tel：0752－3863306

**惠城区幸福港湾妇幼百货商行**
业务：妇幼用品、进口商品
地址：广东省惠州市惠城区麦兴路 13 号博美堂大厦 1008 单元
负责人：倪伟平　邮　编：516001
法　人：倪伟平
Tel：0752－2226062

**陆丰市碣石镇连宏工艺厂**
业务：本公司成立于 2005 年，主要生产圣诞花环、电子圣诞品、包装盒、礼品。品种繁多，款式新颖，做工精细。热忱欢新国内外客商前来洽谈业务，共同发展！
地址：广东省陆丰市碣石镇桂林村东风大道 31 号
负责人：肖永南　邮　编：516545
法　人：肖永南
Tel：0660－8688163

**惠州市惠城区南澳玩具加工厂**
业务：加工玩具，手袋，制衣
产品：加工玩具
地址：广东省惠州市惠城区水口南旋西区 A27 号之二楼
负责人：黄小雄
法　人：黄小雄
Tel：0752－3292990
13433554455
Fax：0752－3318000
E-mail：nanao145@126.com

**深圳市吉泰祥日用品商行**
地址：广东省深圳市宝安区福永街道龙翔山庄 2 栋 205 室
负责人：王海明
Tel：0755－27886319

**深圳市爱中日用品商行**
地址：广东省深圳市宝安区福永街道时代景苑 B 栋 2E
负责人：吕成坤
Tel：0755－81106531

**惠州市惠城区联顺发洗涤用品加工厂**
业务：洗涤用品
地址：广东省惠州市惠城区潼湖军垦场潼湖街
负责人：蔡杰雄　邮　编：516001
法　人：卢丽英
Tel：13631999457
0752－3889020
Fax：0752－2448238

**惠州市惠城区灵空精舍商铺**
业务：彩色宝石，水晶
地址：广东省惠州市惠城区下埔路 3 号之二领尚时代公寓 103 号商铺
负责人：郭丽华　邮　编：516000
法　人：郭丽华
Tel：0752－2367678

**邦华实业有限公司**
地址：广东省深圳市宝安区福永镇白石厦东区商业街 108 号
负责人：文锡强
Tel：0755－27397808
13902989543

**汕头市澄海区祺源工艺有限公司**
业务：祺源工艺有限公司是一家集产品开发设计，生产与销售为一体的工艺品企业。主要产品为各类老人、雪人、挂历、树裙等圣诞饰品。本公司将一如继往品质至上，真诚服务，互利互惠，共同发展为宗旨，真诚期待国内外同仁携手共进。
地址：广东省汕头市澄海区莲下镇管陇工业区
邮　编：515834
法　人：蔡森溪
Tel：0754－5744478
5102478
Fax：0754－5100770
网址：www.stqy.chinapyp.com

**惠州市惠城区新生活酒店用品销售店**
业务：不锈钢厨具、酒店用品、塑胶用品、垃圾桶、电热水器等
地址：广东省惠州市惠城区义乌小商品批发城二期 2 楼 5 间 C7 号 147 档
负责人：张映捷　邮　编：516001
法　人：张映捷
Tel：0752－2047568
13824209488

**惠州市惠阳区平潭彬源塑胶花枝加工店**
业务：纸包线，牛皮纸，手卷纸，黑铁线，工艺线，胶包线
地址：广东省惠州市惠阳区平潭镇独石村插花村民小组 146 号
负责人：王朝斌　邮　编：516000
法　人：王朝斌
Tel：13414684678
0752－3503138
Fax：0752－3503138

**华海表业有限公司**
地址：广东省深圳市宝安区福永镇桥头村富海工业城 2 栋 4 楼
负责人：全永鹤
Tel：13530398587

**惠州市惠阳区平潭兴达贝壳加工店**
业务：贝壳类工艺品加工及销售
地址：广东省惠州市惠阳区平潭镇金星村 15 号
负责人：廖庆达　邮　编：516200
法　人：廖庆达
Tel：13500186021
0752－3303005

**惠州市惠阳区秋长华联木制工艺品厂**
业务：生产、销售木制工艺品
产品：木制包装盒、木托盘、会议杯托、咖啡托
地址：广东省惠州市惠阳区秋长白石村三角塘工业区
负责人：卢忠华　邮　编：516200
法　人：卢忠华
Tel：0752－3731962
13246667236

**福永镇超凡文具日用品商行**
地址：广东省深圳市宝安区福永镇新田村大洋开发区铺位 13 号
负责人：黄清雄
Tel：13923732892

**惠州市惠阳区秋长典雅工艺制品厂**
业务：木制工艺品加工
地址：广东省惠州市惠阳区秋长西湖村秋湖路
负责人：谢甜　邮　编：612221
法　人：谢甜
Tel：13433485201
0752－3832758

**惠州市惠阳区秋长康达家居用品加工厂**
业务：再生海棉加工销售
地址：广东省惠州市惠阳区秋长新塘新安村粤伦工业区 1 幢
负责人：王法庆　邮　编：516001
法　人：王法庆
Tel：0752－3252238
网址：http://www.51zzt.com/user/zzt31613

**康达家居用品加工厂**
业务：家私辅料、床上用品加工
产品：再生海绵
地址：广东省惠州市惠阳区秋长新塘新安村粤伦工业区 1 幢
负责人：王法庆　邮　编：516200
法　人：王法庆
Tel：0752－3252238
Fax：0752－3252068

**深圳市宝安区平珍日用品商行**

地址：广东省深圳市宝安区公明街道塘尾村高敦
负责人：麦锦平
Tel：0755－27176997

**冠旗玩具厂**
地址：广东省深圳市宝安区公明镇建设西路 7 号 4 楼
负责人：陈冠轩
Tel：0755－27734036
13823751723

## 惠州市联誉五金有限公司
业务：床网、床垫、家具沙发
地址：广东省惠州市惠阳区秋长镇白石村塘井组
负责人：陆荣春　邮　编：516001
法　人：陆荣春
Tel：13825216036
0752－3561060
Fax：0752－3561059

## 深圳东丰珠宝首饰有限公司
业务：深圳东丰珠宝首饰有限公司成立于 2003 年，主要经营各类黄金，K 金首饰，足金摆件，铜包金摆件，欢迎新老客户光临、惠顾！
地址：广东省深圳市盐田区深盐路黄金珠宝大厦 5 楼西
邮　编：518081
法　人：黄斌
Tel：0755－25266355
25266358
25266400
Fax：0755－25266356

## 惠州市惠阳区新圩镇长布村鸿利来圣诞工艺制品厂
业务：圣诞工艺、花园系列、人物系列、傢俬系列
地址：广东省惠州市惠阳区新圩镇长布村新陂小组鸿利来工艺厂
负责人：唐必成　邮　编：516001
法　人：唐必成
Tel：0752－3521456
13414639998
Fax：0752－3521456
网址：http://www.51zzt.com/user/zzt34926
E-mail：hzhonglilai@163.com

## 惠州市惠阳区新圩镇建民家俬加工厂
业务：欧式家具和各类沙发的生产与销售
产品：欧式家具和各类沙发
地址：广东省惠州市惠阳区新圩镇东风高屋村
负责人：梁建文　邮　编：516001
法　人：梁建文
Tel：15016192181
0752－3597213

**公明凌高厨具店**
地址：广东省深圳市宝安区公明镇将石村南庄旧村 38 号
负责人：陈明松
Tel：0755－27547426
13602541936

## 龙门县龙潭镇禾洞金锋木工艺品厂
业务：生产和销售木梢
产品：木梢
地址：广东省惠州市龙门县龙潭镇禾洞村公路边
负责人：赖日洽　邮　编：516001
法　人：赖日洽
Tel：0752－7696488

## 龙门县龙潭镇小林傢俬配件厂
业务：生产、销售家私及其配件
地址：广东省惠州市龙门县龙潭镇禾洞村卢派原道班
负责人：刘小林　邮　编：516800
法　人：刘小林
Tel：13829975468
0752－7696253

**众源工艺品经营部**
地址：广东省深圳市宝安区公明镇上村第三工业区第二栋
负责人：陈强
Tel：0755－27155048
13923767459

## 龙门县龙潭镇铁岗永盛牙签厂
业务：生产、销售牙签
地址：广东省惠州市龙门县龙潭镇铁岗河南岸布岭村
负责人：钟永权　邮　编：516001
法　人：钟永权
Tel：0752－7695396
13719647118

**艺达家私厂**
地址：广东省深圳市宝安区公明镇李松蓢第一工业区第 60 栋
负责人：姚海怀
Tel：0755－29871090
13113628601

## 蓬江区情缘成人用品店
业务：成人用品批发零售
地址：广东省江门市长安里 18 号 102 室
负责人：谢殷冠　邮　编：529020
法　人：谢殷冠
Tel：0750－3553565
13066260879

## 深圳市标邦表带工艺制品厂
业务：深圳市标邦表带工艺制品厂成立于 2004 年，从事皮表带设计生产销售，欢迎新老客户来电洽谈业务。
地址：广东省深圳市龙岗区平湖镇新木老村新区
负责人：蓝寿新　邮　编：518111
法　人：蓝寿新
Tel：0755－84673398

## 金百利风尚 100 家居专卖店
业务：金百利风尚 100 家居专卖
地址：广东省江门市杜阮镇博皇家居博览中心 B36 号
负责人：黄文勇　邮　编：529020
法　人：黄文勇
Tel：0750－3885278
13702254835

## 恩平市石泉竹签厂
业务：生产与销售竹签
地址：广东省江门市恩平市平石镇石泉村委会
负责人：麦宗华　邮　编：529020
法　人：麦宗华
Tel：13680429523
13725631086

**冠亮工艺礼品厂**
地址：广东省深圳市宝安区观澜镇福民村悦兴围一组工业区
负责人：蔡春涛
Tel：0755－28019152
28013588

**营颖实业有限公司**
地址：广东省深圳市宝安区观澜镇横坑河西村河园路联丰工业中心
负责人：冉崇雄
Tel：0755－28163431

## 蓬江区湘粤装饰材料中邦店
业务：主营天花，五金，卫浴，石膏板系统等装饰材料。其中以帝朗卫浴，巴迪斯天花集成吊顶，可耐福石膏板系统三大优秀品牌为主。
地址：广东省江门市建设三路 113 号中邦国际装饰广场 15 座首层 101103、102、104105106 铺
负责人：段根生　邮　编：529020
法　人：段根生
Tel：13702582756
0750－3083589
3083579
Fax：0750－3083579
网址：http://www.jmxywj.com/

**京盛工艺部**
地址：广东省深圳市宝安区观澜镇庙溪工业区
负责人：黄超成
Tel：0755－29815658
13828738239

## 深圳市泰顺厨房设备有限公司
业务：本公司是一家专业设计、生产、安装及保养维护厨房设备的企业，公司顺利通过了 ISO9001－2000 国际质量管理体系认证。是具有法人资格和外经、外贸经营权的私营企业，是以家居用品．厨房用品出口为主的实行跨地区、跨国家经营的专业化、多功能、综合性的公司。
地址：广东省深圳市南山区桃源办西丽镇福光村工业区 C24 栋
邮　编：518055
法　人：罗布政
Tel：0755－81618916
Fax：0755－86181021
网址：www.tscfsb.com

## 江门市江海区屹博工艺制品厂
业务：开发、生产、出口树脂香炉，香水瓶
地址：广东省江门市江海区外海东宁老德围工业小区高新区 14 号
负责人：邓伍军　邮　编：529020
法　人：邓伍军
Tel：0750－3783382
3781282

**观澜华宝家私厂**
地址：广东省深圳市宝安区观澜镇牛湖君子布路口
负责人：潘红霞
Tel：0755－28084065
13692110985

**福美电热器材经营部**
地址：广东省深圳市宝安区观澜镇新田村元一村 142 号
负责人：吴太云
Tel：0755－27994254
13509847476

**光明玉峰家私厂**
地址：广东省深圳市宝安区光明街道办姜下村海军部队
负责人：胡海波
Tel：13827423209

## 江门市江海区美格家具厂
业务：生产、销售民用家具
地址：广东省江门市江海区外海连海路 333 号 1 幢
负责人：钟洪兵　邮　编：529020
法　人：钟洪兵
Tel：0750－3770683
13612267577

## 开平市三埠区猫和老鼠儿童用品商店
业务：童装，童鞋，文具，玩具批发零售
地址：广东省江门市开平市三埠区长沙东郊路 13 号 1 幢 101 铺位（长师附小对面）
负责人：卢月华　邮　编：529020
法　人：卢月华
Tel：0750－2023399

## 顺德区龙江镇斯迈欧家具厂
业务：本公司成立于 2005 年，主要生产销售沙发。本着以"以质量求生存，以信誉求发展"，热忱欢迎广大客户来电洽谈业务！
地址：广东省佛山市顺德区龙江镇旺岗新村重庆路 4 号
负责人：戴仁义　邮　编：528318
法　人：戴仁义
Tel：0757－28104786

## 江门市新会区大泽香雪海古典家具厂
业务：古典家具制作、经营
地址：广东省江门市新会区大泽镇莲塘兴仁村内
负责人：周物华　邮　编：529020
法　人：周物华
Tel：13794277746
0750－6803464

## 江门市新会区会城茂盛古典家具厂
业务：仿古家具的生产和销售
产品：仿古家具
地址：广东省江门市新会区会城朝阳里内之一
负责人：陈茂　邮　编：529020
法　人：陈茂
Tel：13426759293
0750－6330461

## 江门市新会区会城秋文古典家具厂
业务：红木家具
地址：广东省江门市新会区会城冈州大道西 18 号 9 座
负责人：占秋文　邮　编：529000
法　人：占秋文
Tel：0750－6314173
13676173653

**光明新成洗洁精厂**
地址：广东省深圳市宝安区光明农厂美景花园 1 栋 501 室
负责人：辛爱门
Tel：0755－27122291
13510066318

## 江门市新会区会城新兴明清家具厂
业务：明清家具的制造与销售
产品：明清家具
地址：广东省江门市新会区会城南环路大围东
负责人：李新月　邮　编：529000
法　人：李新月
Tel：13422638481

## 江门市新会区会城陈锦记明清古典家具厂
业务：生产与制造红木家具，明清古典家具
产品：红木家具，明清古典家具
地址：广东省江门市新会区会城仁义市场侧紫水里 11 号
负责人：陈贤良　邮　编：529000
法　人：陈贤良
Tel：13652705472
13422618935
E-mail：chenhangjun3561557@126.com

**深圳市宝安区绿茵日用品经销部**
地址：广东省深圳市宝安区龙华街道工业东路风和日丽花园综合楼三楼
负责人：王大庆
Tel：0755－28124443

## 江门市新会区小冈鸿润香行
业务：香的生产销售
地址：广东省江门市新会区双水镇洞阁开发区
负责人：梁灼桓　邮　编：529000
法　人：梁灼桓
Tel：13929000361
0750－6401889
Fax：0750－6401889

## 江门市新会区司前鸿圆丝花工艺制品厂
业务：仿真工艺品、仿真花、仿真水果
产品：仿真花、仿真水果
地址：广东省江门市新会区司前镇马冲路口
负责人：王静　邮　编：529159
法　人：王静
Tel：0750－6573855
Fax：0750－6573855
网址：http://www.51zzt.com/user/zzt35257
E-mail：hongyuanwjo07@yahoo.com.cn

**深圳市恒丰家具有限公司**
地址：广东省深圳市宝安区龙华街道民治大道汇宝江大厦首层 CH6－7 轴二、三楼
负责人：郑亚兰
Tel：0755－28193793

## 揭东县玉滘华科陶瓷加工厂
业务：民用陶瓷生产
地址：广东省揭阳市揭东县玉滘镇东面村南面社埔后（揭东陶瓷科技园）
负责人：邓天学　邮　编：522000
法　人：邓天学
Tel：0663－3211528

## 揭阳市榕城区耿生不锈钢制品厂
业务：生产、加工、销售不锈钢制品
产品：不锈钢厨具、餐具
地址：广东省揭阳市榕城区榕东炉头工业区
负责人：蔡耿生　邮　编：522000
法　人：蔡耿生
Tel：0663－8682998
18925698555
Fax：0663－8695686

## 威廉波特家具有限公司
业务：佛山南海威廉波特家具有限公司是专业生产五金餐台，餐椅，茶儿的厂家，公司以高质量的产品，高质量的信誉作为企业宗旨及长远发展路线，拥有专业的技术人员及先进的技术设备，产品远销海内外。
地址：广东省佛山市南海区九江镇龙高公路烟桥路段
邮　编：528200
法　人：李海彬
Tel：0757－86515308
Fax：0757－86515309
网址：www.fswlbt.chinapyp.com

## 揭阳市榕城区仙桥继源礼仪用品制作部
业务：锦旗生产销售
地址：广东省揭阳市榕城区仙桥湖新村
负责人：陈继辉　邮　编：522000
法　人：陈继辉
Tel：0663－8851383

## 开平市三埠区星威家具厂
业务：生产、销售家具
地址：广东省开平市三埠区荻海风采路 250 号
负责人：江星　邮　编：529020
法　人：江夏春
Tel：13822365052
0750－2337816

## 开平市水口镇中厨卫浴厂
业务：厨房龙头、地漏
地址：广东省开平市水口镇华阳路 82 号
负责人：梁先生　邮　编：529321
法　人：黄桂朝
Tel：0750－2737778
Fax：0750－2737776

## 乐昌市德雄宝藏
业务：观赏石水晶、紫水晶洞、玉石工艺品、玉石饰物等批发与零售
地址：广东省乐昌市乐城人民南路 203 号
负责人：王德忠　邮　编：512000
法　人：王德忠
Tel：13509854268
0751－5563155

**贵禾工艺制品厂**
地址：广东省深圳市宝安区龙华民治宝民路 10

号 3 楼
负责人:李少广
Tel:0755－28773232
29611861
13923798096

**廉江市廉城珠妈孕婴幼儿用品店**
业务:婴幼儿用品、奶粉
地址:广东省廉江市中山四路 17 号
负责人:钟永平 邮 编:524400
法 人:方小珠
Tel:0759－6677838
6628250
Fax:0759－6627650

**茂名市茂南区好运家具厂**
业务:生产,销售衣柜、梳妆台、床
地址:广东省茂名市茂南区袂花镇铜鼓岭旧加油站内
负责人:廖启好 邮 编:525000
法 人:廖启好
Tel:15915256862

**信宜市城南濠泰批发部**
业务:各类日用品
地址:广东省茂名市信宜市城南南华路 108 号
负责人:李学信 邮 编:525000
法 人:李学信
Tel:0668－8819292
15818910288
Fax:0668－8819292

**龙华长江饰品经营部**
地址:广东省深圳市宝安区龙华三合村 123 栋三号一楼
负责人:刘宗君
Tel:0755－28176611
13602639816

**信宜市镇隆镇月爱营业部**
业务:世界首创,国家专利月爱负离子卫生巾,功效:调压、抗菌、消炎、除异味、促进新陈代谢、改善内分泌增强免疫力、消除疲劳等独特八大功效,并免费赠送自我检测卡,对痛经、妇科炎症有独特功效。诚邀社会各界有志之士加盟!
地址:广东省茂名市信宜市镇隆镇镇隆大酒店
负责人:方戈 邮 编:525000
法 人:方戈
Tel:13712233258
15113659188

**嘉禾玩具制品厂**
地址:广东省深圳市宝安区龙华镇和平东路 3 村第二工业区 D 栋 5 楼
负责人:陈铜生
Tel:0755－28123248
13922899180

**大埔县银友厨卫电器店**
业务:帅康、长虹、小霸王等各种品牌厨卫电器
地址:广东省梅州市大埔县湖寮镇城北市场 13、14 号
负责人:张海 邮 编:514021
法 人:张海霞
Tel:13430126655

**龙华金香江家私城**
地址:广东省深圳市宝安区龙华镇花园新村
负责人:詹文兵
Tel:0755－28149782
13005486373

**梅州市精婴实业**
业务:婴幼儿游泳、理发,手脚印,胎毛笔
地址:广东省梅州市东山大桥北端(客家公园对面)
负责人:廖美玲 邮 编:514021
法 人:朱新春
Tel:13823832374
13560963998

**梅州市科迪牛角工艺用品厂**
业务:牛角工艺品系列
地址:广东省梅州市火车站综合批发市场二楼 2535、2536、2636、2637 号
负责人:文端科 邮 编:514021
法 人:文端科
Tel:0753－2326528
网址:http://www.51zzt.com/user/zzt30376

**雅利达塑胶工艺制品有限公司**
业务:本公司是一家集生产、开发、销售于一体的综合型企业,主要生产各类塑料玩具、PVC 包装罩、软胶玩具等,公司拥有多年的生产、经营经验,我们坚持"质量第一、信誉第一"为宗旨,热忱欢迎海内外客户前来洽谈业务及打样订货。
地址:广东省汕头市澄海区澄华街道西门工业区
负责人:陈伟光……邮 编:515800
Tel:0754－5853510
网址:www.mtw28135.chinapyp.com

**天泽时计表业饰品有限公司**
地址:广东省深圳市宝安区龙华镇龙观东路 3 号金龙华广场金龙阁 1908 号
负责人:罗雯
Tel:0755－28063655
81832678

**梅州市梅江区客道烟具、茶具、酒具贸易**
业务:烟具,茶具,酒具,工艺品
业务:亚奇烟嘴、海柳烟嘴、各类烟斗、个性打火机,zippo 打火机、防风打火机、烟盒烟缸,紫砂茶具、紫砂工艺品、陶瓷茶具及工艺品、各类原木茶盘、茶道用具、博古架、原木木雕,酒壶、酒架、酒杯、各类开瓶器。
地址:广东省梅州市梅江区鸿都路 49 号
负责人:林崇城 邮 编:514000
法 人:林崇城
Tel:0753－2156968
13411271918
E-mail:linconcon@126.com

**饶花实业有限公司**
地址:广东省深圳市宝安区龙华镇民志水尾村
负责人:詹振东
Tel:13923793993

**梅州市梅江区依讯贝多丝家纺店**
业务:床上用品
产品:床品六件套、四件套、被套、床笠、床单、枕套、抱枕、棉被、蚕丝被
地址:广东省梅州市梅江区嘉应东路工行宿舍由西向东 6－7 号
负责人:陈伟潮 邮 编:514021
法 人:陈伟潮
Tel:0753－2398458

**深圳市宝安区龙华镇金鹏家私城**
地址:广东省深圳市宝安区龙华镇民治东边村办公二楼
负责人:王刚
Tel:13922859213

**梅县雁洋大发香烛店**
业务:专业从事香烛、纸宝、纸扎、老寿用品一条龙服务,经营品种齐全、包罗万象,我们将以优质的产品和最佳的服务欢迎您的光临!
地址:广东省梅州市梅县雁洋中村(雁洋店)交通街锦江桥头(丙村店)
负责人:许忠林 邮 编:441421
法 人:许忠林
Tel:13539158855
13549184915

**阳春市湖山家具工艺厂**
业务:阳春市湖山家具工艺厂成立于 2005 年,是一家专业从事实木家具的生产销售厂家。主要产品有:实木餐椅、实木餐台。产品质量保证,价格合理,热忱欢迎新老客户来电洽谈业务!
地址:广东省阳春市春城镇黎湖工业区
负责人:李富彬……邮 编:529600
法 人:李富彬
Tel:0662－7756839
7756836

**五华县森波床上用品经营店**
业务:床上用品销售
地址:广东省梅州市五华县河东镇水梅路 91－93 号
负责人:洪森波 邮 编:514021
法 人:洪森波
Tel:13549128774
0753－4451881

**森美家具有限公司**
地址:广东省深圳市宝安区龙结镇民乐村万家灯火 4 栋 101 室
负责人:王小辉
Tel:0755－89600173
28074131
13603010756

**月朗国际**
业务:专营月朗等知名品牌日用品,优质的服务、卓越的品质,关爱您的健康,分享您美的变化。
产品:月月爱卫生巾、月朗特效洗发水、月朗防辐射卡、香港进口日用品
地址:广东省梅州市五华县水寨镇华兴北路迎福苑 C 栋 401 房
负责人:李美连 邮 编:514400
法 人:李美连
Tel:0753－4437378
13643085671
网址:www.winalite.com

**深圳市美意达实业有限公司**
地址:广东省深圳市宝安区民治沙吓村工业区 9 栋四楼
负责人:李潮华
Tel:13808834658

**兴宁市连连烟花爆竹经营部**
业务:销售烟花爆竹
地址:广东省梅州市兴宁市兴田街道办 205 国道创维电视维修店侧第二卡
负责人:陈连金 邮 编:514021
法 人:陈连金
Tel:0753－3399650

**阳江市岚迪工贸有限公司**
业务:本公司是 2005 年 3 月份成立,主要生产不锈钢餐具、刀具。日用品及 BBQ。不锈钢线工艺等产品。关于客户商标印刷,外包装设计服务,我们皆可提供。我们绝对保证在具有竞争力的价格下同时提供高质量的产品以及最佳的销售服务给贵公司。
地址:广东省阳江市金郊区集贸城市场边
法 人:陈强平……邮 编:529500
法 人:陈强平
Tel:0662－3658807
Fax:0662－3155683

**南雄市雄州街道粤客隆香港六六福珠宝专柜**
业务:黄金首饰、珠宝销售
地址:广东省南雄市雄州街道三影塔粤客隆超市二楼
负责人:蔡辉煌 邮 编:512000
法 人:蔡辉煌
Tel:0751－3882216

**广州表匠钟表维修有限公司深圳沙井分店**
地址:广东省深圳市宝安区沙井街道中心路与创新路交汇处沙一商业大厦一楼 1063
负责人:詹和
Tel:0755－27938460

**佛冈县石角镇万丰橱柜衣柜经营部**
业务:经营欧派厨柜
地址:广东省清远市佛冈县石角镇振兴路(东鹏陶瓷对面)
负责人:曾兰洲 邮 编:511500
法 人:曾兰洲
Tel:0763－4289791

**深圳富得宝家具有限公司**
地址:广东省深圳市宝安区沙井西环路民主九九工业城同富裕 A 栋厂房
负责人:林潘武
Tel:0755－29906199

**瀛泉、爱康直饮水机代理店**
业务:能量活化直饮水机
地址:广东省清远市清城区名都商铺 D03 档
负责人:刘浩池 邮 编:511500
法 人:刘浩池
Tel:13416592000
0763－3239620

**芬意美精细日化有限公司**
地址:广东省深圳市宝安区沙井镇金桥工业城 3 号厂房二楼
负责人:颜越
Tel:0755－27229355
13828878608

**清新县山塘镇伟亮竹器加工厂**
业务:工艺品
地址:广东省清远市清新县山塘镇低地村委会大湾村
负责人:曾庆亮 邮 编:511500
法 人:曾庆亮
Tel:0763－5386536
13729640667

**中山市板芙镇恒兴木制品厂**
业务:中山市板芙镇恒兴木制品厂专业生产木制品加工、销售,本企业以信誉第一,诚实合作,平等互利,共同发展为宗旨。为广大客户提供一流的产品和一流的服务。
地址:广东省中山市板芙镇旧政府对面
负责人:朱清荣……邮 编:528459
法 人:朱清荣
Tel:0760－8148158

**清新县太和镇华宇电器店**
业务:志高空调、志高橱柜
地址:广东省清远市清新县太和镇笔架路 38 号盛世家园 A1 铺
负责人:莫志平 邮 编:511500
法 人:莫志平
Tel:18926623451
0763－5857991
Fax:0763－5857991

**沂峰工艺制品厂**
地址:广东省深圳市宝安区沙井镇马安山万安路 54 号 1 栋三楼
负责人:朱院棠
Tel:0755－27281724
13602527767

**明华不锈钢厨具制品有限公司**
地址:广东省深圳市宝安区沙井镇上星第二工业区 4 幢 1 楼
负责人:谢秋明
Tel:0755－27298280
13602631208

**阳山县黄坌镇新有竹器加工厂**
业务:竹制品加工、销售
产品:筷子
地址:广东省清远市阳山县黄坌镇黄坌林场林科所
负责人:苏国新 邮 编:511500
法 人:苏国新
Tel:13926651219
0763－7382007

**知音卡片礼品(深圳)有限公司**
地址:广东省深圳市宝安区沙井镇万丰村南环路 158 号
负责人:饶亮富
Tel:13714220329

**英德市英城佳居乐整体橱柜专卖店**
业务:佳居乐整体橱柜专卖
地址:广东省清远市英德市英城峰光路仙水大厦东一幢一号
负责人:邹家双 邮 编:511500
法 人:邹家双
Tel:13539521680
0763－2282216

**中山市大涌镇山峰木艺制品厂**
业务:中山市大涌镇山峰木艺制品厂是一家专业生产家用家具的专业厂家,款式多样、手工细腻,竭诚欢迎广大新老客户前来咨询,热枕期待与您的愉快合作!
地址:广东省中山市大涌镇叠石村大港桥街四号
负责人:毛三元……邮 编:528476
法 人:毛三元
Tel:0760－7725772

**英德市英城维祥日用品商店**
业务:各种日用品
地址:广东省清远市英德市英城教育路南第五栋第一间
负责人:扈维祥 邮 编:511500
法 人:扈维祥
Tel:13620582458
15992045885

**深圳市宝安区沙井镇邦妮礼品公司**
地址:广东省深圳市宝安区沙井镇万丰村万丰中路 668 号 401 室
负责人:莫燕清
Tel:0755－27210232

**两英创兴家私城**
业务:实木、金属材质各种家具的销售
地址:广东省汕头市朝南区两英镇华英东路
负责人:陈运源 邮 编:515141
法 人:陈运源
Tel:0754－85578654

**石岩雅婷家私厂**
地址:广东省深圳市宝安区石岩镇料坑工业区 2 号
负责人:何炳荷
Tel:13802278546

**大河画业**
业务:名家书画、裱制相框、精美艺术框、裱十字绣
地址:广东省汕头市潮南区峡山广汕路北董塘路段 668 号
负责人:黄镇河 邮 编:515144
法 人:黄镇河
Tel:0754－87756833
15994902800

**康雅实业有限公司**
地址:广东省深圳市宝安区石岩镇麻布新村村口一工业区 4 楼
负责人:黄展新
Tel:13510971222

**汕头市潮阳区城南翰士轩古玩行**
业务:古典家具、陶瓷、玉器、紫珊、文房四宝、绘画、书法、青铜、古钱币、雕刻等十大类文化艺术用品的收藏、购销
地址:广东省汕头市潮阳区城南棉新大道南 4 幢 2、3 号铺
负责人:陈育武 邮 编:515000
法 人:陈育武
Tel:13682905909
0754－83877069

**中山市港口镇合顺家具配件加工厂**
业务:本公司成立于 2001 年,专业制造,木制品,金属,餐桌,抽屉,滑轨。热忱欢迎新老客户来电洽谈业务!
广东省中山市港口镇群富工业区
法 人:杨运忠……邮 编:528447

法 人：杨运忠
Tel:0760－8483518

### 文发家私城
业务：餐厅、居室的各种家具直销
地址：广东省汕头市潮阳区贵屿镇南洋
负责人：郭国文 邮 编：515158
法 人：郭国文
Tel：0754－84440355

### 石岩佳家顺家具广场
地址：广东省深圳市宝安区石岩镇石岩汽车站
负责人：曾利人
Tel：0755－27649933 13322938408

### 继茂商行
业务：日用品、生活用品
地址：广东省汕头市潮阳区海门镇莲峰中路
负责人：林友信 邮 编：515000
法 人：林友信
Tel：0754－86632178

### 金安表业制品厂
地址：广东省深圳市宝安区石岩镇威祥工业区
负责人：覃壁武
Tel：0755－27642488 13714671552

### 汕头市澄海区福龙工艺玩具厂
业务：回力玩具、遥控玩具等的设计、生产、销售
地址：广东省汕头市澄海区澄华上窖兵营工业区
负责人：陈先生 邮 编：515000
法 人：陈德龙
Tel：0754－85888585
Fax：0754－85880020

### 深圳市宝安区松岗永升家具配件行
地址：广东省深圳市宝安区松岗镇沙浦围市场新村 1 号
负责人：潘昌松
Tel：0755－27052230 13502883674

### 汕头市炫丽珠宝澄海店
业务：销售珠宝首饰
地址：广东省汕头市澄海区澄园(西)5 幢一层西街 11－12 号
负责人：翁寿义 邮 编：515000
法 人：翁朝辉
Tel：13859866062 13825818566

### 金丰远东家具郭符深圳市有限公司
地址：广东省深圳市宝安区松岗镇潭头村第二工业区 23 号
负责人：宋忠科
Tel：0755－27463288 13316811323

### 汕头市澄海区莲下宜丰南金加工厂
业务：香、纸制品、佛像、蜡烛、密宗用品
地址：广东省汕头市澄海区莲下镇安澄公路南侧
负责人：王维选 邮 编：515000
法 人：王维选
Tel：0754－85111750
Fax：0754－85108899

### 汕头市澄海区赛拓普电子玩具厂
业务：生产、销售玩具
地址：广东省汕头市澄海区莲下镇陈厝洲工业区
负责人：陈泽亮 邮 编：515000
法 人：陈泽亮
Tel：0754－85172414 13005323888
Fax：0754－85179515

### 汕头市澄海区金和工艺品商行
业务：石雕
地址：广东省汕头市澄海区隆都镇安澄公路东面后溪路段
负责人：金春和 邮 编：515000
法 人：金春和
Tel：0754－85785688 13642205558

### 广东省汕头市澄海区娃娃乐婴儿用品文冠店
业务：销售婴儿用品
地址：广东省汕头市澄海区雅逸园 1 幢一层 1－1－1－2 号商铺
负责人：陈巧如 邮 编：515000
法 人：陈巧如
Tel：0754－85825899

### 中山市金平木业制品有限公司
业务：本公司成立于 2005 年，主要生产销售公司、酒店家具、仿古家具，板式家具。欢迎新老客户来电洽谈业务！
地址：广东省中山市沙溪镇岗背村横坑工业区
负责人：匡晓平 邮 编：528471
法 人：匡晓平
Tel：0760－7391759

### 汕头市濠江区佛缘工艺礼品
业务：专业生产批发各种铜钟，宝鼎，香炉，光明灯，佛像，高低档佛珠及各种开光纪念品等。
地址：广东省汕头市濠江区礐石塔山景区内 2 号摊位
负责人：康起军 邮 编：515000
法 人：康起军
Tel：13535516949 15913974558

### 鸿盛表业制品厂
地址：广东省深圳市宝安区松岗镇潭头第二工业区海洋工业城 5 楼
负责人：曾俊雄
Tel：0755－27134618 13603046129

### 汕头市龙湖区汕海工艺手袋厂
业务：加工，设计制做各类手袋背包
产品：各类枕袋，工艺袋，书包袋，旅行袋，手袋，PVC 袋，化妆袋
地址：广东省汕头市龙湖区内充公南山街西 21 巷 9 号综合楼 4 楼
负责人：邹合 邮 编：515041
法 人：邹合
Tel：0754－86341849 13217550688
Fax：0754－86340387
E-mail：shanhaichang136@qq.com

### 汕头市四海信通工艺厂有限公司
业务：制造加工纸制品，木制品，工艺美术品
产品：工艺纸盒，布盒，日用收藏盒，文具盒，塑料盒
地址：广东省汕头市龙湖区内充公学校南工业区
负责人：周怀海 邮 编：515041
法 人：周怀海
Tel：0754－88525585
Fax：0754－88901215
网址：www.sihaibox.com
E-mail：sales@sihaibox.com

### 鸿腾工艺玩具厂
业务：集设计、生产、销售于一体，专业生产加工毛绒填充玩具、毛绒玩具、工艺礼品等。本厂拥有先进的生产设备，能独立完成广大客户的各种加工生产要求，欢迎各界朋友莅临指导、参观和业务洽谈！
产品：工艺玩具
地址：广东省汕头市龙湖区新溪镇东升大十合桂园 2 巷 1 号
负责人：陈晓纯 邮 编：515800
Tel：0754－86207311 13825877725
Fax：0754－85767816

### 汕头市龙湖区鸿腾玩具厂
业务：生产、销售玩具
地址：广东省汕头市龙湖区新溪镇东升大十合桂园 2 巷 1 号
负责人：谢炎海 邮 编：515000
法 人：谢炎海
Tel：15994941777 0754－86207311

### 海丰县城东康尔能图首饰厂
产品：首饰、饰品
地址：广东省汕尾市海丰县城东红城大道东(老区铜马路口东侧第三间)
负责人：吴声镇 邮 编：516411
法 人：吴声镇
Tel：0660－6404868 6922888 13929385489
Fax：0660－6428626

### 海丰天地人全自动麻将桌
业务：全自动麻将桌
产品：全自动麻将桌
地址：广东省汕尾市海丰县城红城大道云岭市场大门西侧第七间
负责人：黄少波 邮 编：516601
法 人：黄少波
Tel：0660－6852788 13428242588

### 金丰远东家具(深圳)有限公司
地址：广东省深圳市宝安区松岗镇潭头第二工业区骄加目厂纶华二楼
负责人：温雪莲
Tel：0755－27092896

### 海丰县城灵拓尚品宝石厂
业务：水晶、宝石加工及销售
地址：广东省汕尾市海丰县城莲花山大埔路
负责人：黄信流 邮 编：516601
法 人：黄信流
Tel：0660－6799668 13828952999
Fax：0660－6799668

### 佳诚首饰厂
业务：主营 925 纯银手链、脚链、戒指、耳环、吊坠、镶嵌各样款式，欢迎客户来图、来样、来料、来版加工。我们将以优质的产品，合理的价格，全心为您，真诚服务！
地址：广东省汕尾市海丰县城龙津开发区西片一栋一号
负责人：潘舜健 邮 编：516400
法 人：潘舜健
Tel：0660－6838518 13929388820
Fax：0660－6838518
网址：www.51zzt.com/user/zzt40647

### 龙派厨柜店
地址：广东省深圳市宝安区西乡流塘新安四路 348 号
负责人：曹中林
Tel：0755－27930390 13713823766

### 海丰县城艺源宝石厂
业务：宝石加工
地址：广东省汕尾市海丰县城新体育馆后侧
负责人：林木琼 邮 编：516601
法 人：林木琼
Tel：13927995890 0660－6866468

### 海丰县附城金效益首饰厂
业务：手工饰品的加工与销售
产品：手工饰品
地址：广东省汕尾市海丰县附城镇南湖社区笏仔村
负责人：马长益 邮 编：516400
法 人：马长益
Tel：0660－6884900 13828954599

### 海丰县可塘镇轩君宝石厂
业务：珠宝首饰
地址：广东省汕尾市海丰县可塘镇同发路八米巷下
负责人：王香君 邮 编：516429
法 人：王香君
Tel：0660－6763608 13929382778
Fax：0660－6766943

### 金林宝石厂
业务：专业生产人造松石，新疆松等原石料，以及各类宝石潮流工艺饰品，做工精美，我们也可根据客户的要求来样订做。欢迎订购！
产品：人造松石，新疆松，爆花水晶
地址：广东省汕尾市海丰县莲花开发区
邮 编：516400
法 人：郑溯平
Tel：0660－6728123
Fax：0660－6728183
E-mail：jinjia－996@163.com

### 海丰县梅陇镇宝艺达首饰厂
业务：生产耳环，耳吊银饰品
地址：广东省汕尾市海丰县梅陇东怡首饰城 D 栋二楼东
负责人：骆织山 邮 编：516601
法 人：骆登锋
Tel：0660－6820368

### 海丰县梅陇阳光首饰厂
业务：专业从事首饰开发、加工及销售，款式新颖、品种繁多，欢迎客户来图、来样、来料、来版加工。
产品：爱心情侣戒、日本戒、无缝银管、光卜戒、满天星戒、菠萝花戒
地址：广东省汕尾市海丰县梅陇东怡首饰城龙达大厦一楼北侧
负责人：林文彬 邮 编：516477
法 人：林文彬
Tel：0660－6828343
Fax：0660－6828343
E-mail：yglwb@163.com

### 中山市三乡镇嘉华古典家具厂
业务：嘉华古典家具厂成立于 2004 年，专业从事明清仿古家具。公司可提供全系列的明清仿古家具，还可根据客户要求为您量身定做，欢迎新老顾客来我公司指导、洽谈！
地址：广东省中山市三乡镇新墟三潭工业区
负责人：陈锦华 邮 编：518000
法 人：陈锦华
Tel：0760－6697882
网址：www.mtw27326.chinapyp.com

### 海丰县梅陇镇鸿展首饰厂
业务：黄铜耳环
地址：广东省汕尾市海丰县梅陇东怡首饰交易广场 G 栋东梯二楼
负责人：余振枝 邮 编：516477
法 人：余振枝
Tel：0660－6662785 13719552646

### 海丰县梅陇恒昌首饰厂
业务：专业生产不锈钢戒指、不锈钢吊坠等产品，生产加工的私营独资企业，质量保证，价格合理，欢迎来样加工
地址：广东省汕尾市海丰县梅陇东怡首饰交易广场新振兴楼三楼
负责人：林建生 邮 编：516477
法 人：林建生
Tel：0660－6827881 13719578874
网址：http://www.hengchanggangshi.cn

### 皇鼎家私厂家具有限公司
地址：广东省深圳市宝安区西乡固戍新世纪第二工业区内 A 幢 9 号
负责人：伍高正
Tel：13509625725

### 海丰县梅陇亿源首饰厂
业务：珠宝首饰
地址：广东省汕尾市海丰县梅陇工业区安顺楼
负责人：罗国伟 邮 编：516601
法 人：罗国伟
Tel：0660－6788798

### 辉行珠宝首饰厂
业务：专业生产 925 纯银饰品
产品：镶嵌锆石耳环、耳吊、吊坠、戒指
地址：广东省汕尾市海丰县梅陇广汕路营盘脚西侧
负责人：陈宜辉 邮 编：516400
法 人：陈宜辉
Tel：13536455775
Fax：0660－6828118
E-mail：cyhss168@126.com

### 海丰县梅陇荣利首饰厂
业务：首饰加工
地址：广东省汕尾市海丰县梅陇后围村村委会 4 楼
负责人：徐生厚 邮 编：516601
法 人：徐生厚
Tel：0660－6829768 6829798

### 海丰县梅陇新光辉首饰厂
业务：耳环、手环
地址：广东省汕尾市海丰县梅陇后围李一号
负责人：李光辉 邮 编：516601
法 人：李光辉
Tel：13421533077 0660－6826193

### 海丰县梅陇嘉强银饰配件行
业务：银饰配件
地址：广东省汕尾市海丰县梅陇惠海路 138 号
负责人：黄建洪 邮 编：516601
法 人：黄建洪
Tel：0660－6781838 6652138

### 海丰县梅陇添宝首饰厂
业务：首饰加工(珍珠和银饰)
地址：广东省汕尾市海丰县梅陇梅北大道 31 号二楼
负责人：陈奕如 邮 编：516477
法 人：陈奕如
Tel：0660－6829811 18927966601

### 海丰县梅陇锦翼首饰厂
业务：银首饰加工、销售
地址：广东省汕尾市海丰县梅陇泰安四巷 13 号第三层
负责人：谢国银 邮 编：516601
法 人：谢国银
Tel：0660－6659997 6828842 13927934233

### 拓璞家具设计有限公司
地址：广东省深圳市福田区彩福大厦嘉福阁 22D2
负责人：陈春华
Tel：0755－82948403

### 海丰县梅陇宏利人造首饰加工厂
业务:生产、销售首饰
产品:手链、耳环、戒指
地址:广东省汕尾市海丰县梅陇镇镇隆路一巷10号
负责人:黄礼用 邮编:516601
法人:黄礼用
Tel:13902681705
0660－6668758
13620236122

### 新望礼品有限公司
业务:专业设计生产各种圣诞礼品、商务礼品、会议礼品、广告礼品及促销礼品。我们拥有自己的厂房和专业设计师，凭借时尚的款式，丰富的产品和实惠的价格，得到了众多客户的好评。
产品:工艺品
地址:广东省汕尾市陆丰市碣石镇星湖工业区
负责人:庄生 邮编:516545
法人:庄君棠
Tel:0660－8697543
Fax:0660－8695987
E-mail:xw987@21cn.com

### 陆河县新田镇兴发竹料、五金加工厂
业务:竹料、五金制品
地址:广东省汕尾市陆河县新田镇北山村
负责人:叶水金 邮编:516000
法人:叶水金
Tel:0660－5578343

**深圳市新隆泰实业有限公司**
地址:广东省深圳市福田区彩田南路中深花园A座2203室
负责人:唐国军
Tel:0755－82996331
13802263967

### 陆河县新田健婴婴儿用品专卖店
业务:婴儿用品批发零售
地址:广东省汕尾市陆河县新田镇新田村委会
负责人:朱少欢 邮编:516601
法人:朱少欢
Tel:13543121580

### 南雄市雄州街道爱婴乐商店
业务:销售婴儿用品
地址:广东省韶关市南雄市雄州街道金叶大道三秀花园明珠阁17号
负责人:刘耀平 邮编:512000
法人:陈华英
Tel:0751－3878816

### 富迪健康科技有限公司月月爱健康系列产品专卖店
业务:销售日用品、卫生巾、洗发水
地址:广东省韶关市曲江区马坝建设路供水公司侧2号
负责人:陈海燕 邮编:512000
法人:陈海燕
Tel:13229386896
0751－6890178

### 韶关市曲江区康怡家饰用品专卖店
业务:床上用品、针棉织品、婴儿用品、空调席草席、竹席、藤席、各种高级枕席、高级刺绣子母被、水鸟被丝棉被、惠宝床垫
产品:广东省韶关市曲江区马坝人民路10号
负责人:黄国成 邮编:512000
法人:黄国成
Tel:0751－6883235
6670655
13927843300

**深圳市君之美日用品商行**
地址:广东省深圳市福田区福华路135号首层B座(原仓库)
负责人:伍少君
Tel:0755－25583618

### 韶关市曲江区鸿兴厨具店
业务:抽油烟机,橱柜,消毒柜,炉柜,燃气灶等厨具的销售
地址:广东省韶关市曲江区马坝镇矮石路源河豪苑17号
负责人:赖素兰 邮编:512000
法人:赖素兰
Tel:0751－6682181
15018164638
13415673866

**深圳市福田区精锋激光刀模经营部**
地址:广东省深圳市福田区八卦四路中52号产房4E
负责人:吴建平
Tel:0755－25841858
25949545
13823214427

### 仁化县何氏橱柜店
业务:创尔特电器、晶钢橱柜门
地址:广东省韶关市仁化县文峰路望霞居15号铺
负责人:何富德 邮编:512000
法人:何富德
Tel:13653037048
0751－6393163
Fax:0751－6393163

### 广东省韶关市晨辉贸易商行
业务:工艺品,礼品
产品:工艺品
地址:广东省韶关市武江区工业东路24号东枫花园F座802室
负责人:朱治国 邮编:512000
法人:朱治国
Tel:0751－8765698
Fax:0751－8765698
E-mail:zhuzhiguo2008@126.com

### 新丰县马头镇金海家私行
业务:皮沙发、皮床
地址:广东省韶关市新丰县马头镇大陂路口
负责人:谭志道 邮编:512000
法人:谭志道
Tel:13149088041
13542297938

### 创之美窗帘布艺商行
业务:各色窗帘销售,加工
地址:广东省韶关市新华北村14座之二
负责人:谭锦标 邮编:512000
法人:谭锦标
Tel:0751－8618988

### 明瑛达木器制品有限公司
业务:木器制品的生产与销售,销售国内商业、物资供销业、货物及技术进出口
产品:木器制品
地址:广东省深圳市宝安区观澜街道大水坑章格
负责人:陈明川 邮编:518110
法人:陈明川
Tel:13609627858
0755－29521966
Fax:0755－29576139
E-mail:13609627858@139.com

### 永兴百货批发部
业务:主要批发各种日用品(小百货,小家电等等)
地址:广东省深圳市宝安区石岩街道浪心村砖厂路6巷12号
负责人:方地桥 邮编:518000
法人:方地桥
Tel:0755－27601318

### 深圳市美晶石陶瓷有限公司
业务:工业陶瓷,磨刀石
地址:广东省深圳市光明新区公明街道东坑华丰科技园2幢5楼
负责人:赵孟喜 邮编:518000
法人:赵孟喜
Tel:0755－27350880
27350885
Fax:0755－27350885
网址:www.szmjs.com

### 深圳市深发鑫家私有限公司
业务:装饰家私的生产销售
地址:广东省深圳市龙岗区坪山街道石井社区太阳村41号1－3层
负责人:周德忠 邮编:518118
法人:周德忠
Tel:0755－89924696
13823694647

**中山市翔通日用制品有限公司**
**广东省中山市三乡**
业务:翔通日用制品有限公司是专业的压克力(有机玻璃)产品的生产厂家,开发有力十分强大,采用进口原材料,获FDA美国药物食品卫生认证,产品透明度高,折射性强,不易破碎,有防水晶的效果。主要生产酒店用品系列,厨房系列,礼品系列,除此之外还欢迎对外加工,公司以"顾客至上,品质第一"作为翔通日用制品有限公司的服务宗旨,热情欢迎海内外朋友来厂指导,来样加工,看样订货,洽谈业务。
地址:广东省中山市小榄镇广成路垊西一2村工业区
负责人:卢先生 邮编:528415
法人:何先生
Tel:0760－6166350
Fax:0760－6166330
网址:www.xlxt.cn

### 深圳市深金源科技公司/金源玻璃厂
业务:手机、钟表镜片、玻璃首饰品、贸易
产品:钟表玻璃、手机玻璃、亚克力、玻璃首饰品、经营工艺品、开发生产
地址:广东省深圳市南山区西丽沙河工业区16栋3楼
负责人:刘奕良 邮编:518055
法人:刘奕良
Tel:0755－26628206
Fax:0755－86130087
E-mail:jylyl2008@126.com

### 四会市东城区翠乐缘玉器店
业务:缅甸玉器,手链、项链
地址:广东省四会市东城街道玉器城八座25号
负责人:梁金发 邮编:526040
法人:梁金发
Tel:13580611586
0758－3382586

**深圳市福田区依虹日用品商行**
地址:广东省深圳市福田区福星路福田村牛巷坊福中楼212室
负责人:郑以红
Tel:0755－25336120

### 四会市东城区圣仙佛木座雕刻店
业务:承接玉器底座、木刻加工业务
地址:广东省四会市东城区第二工业区20号(办公楼)东城印刷厂内一楼
负责人:吴志华 邮编:526200
法人:吴志华
Tel:13600229035

### 四会市东城区英顺玉器店
业务:经营玉器
地址:广东省四会市东城区东成四街67号之四(首层)
负责人:蔡庆华 邮编:526040
法人:蔡庆华
Tel:13138516888
13580615888
0758－3362998

### 四会市东城区玉雕厂
业务:加工玉器
地址:广东省四会市东城区国际玉器城加工厂区E18－19
负责人:刘长清 邮编:526040
法人:刘长清
Tel:13189351179
0758－3211326

### 四会市东城区美加魅玉器店
业务:经营玉器、翡翠
地址:广东省四会市东城区国际玉器城内三期商贸区第E1－E3号
负责人:陈静法 邮编:526040
法人:陈静法
Tel:0758－3990558
3211658

### 四会市东城区信诺雨具店
业务:销售雨具
地址:广东省四会市东城区清塘大道58号首层
负责人:熊明坚 邮编:526040
法人:熊明坚
Tel:0758－3383750

### 台山市大江镇公益富豪筷子厂
业务:加工与销售各类木筷、镶金头筷
产品:各类木筷、镶金头筷
地址:广东省台山市大江镇东龙街113号
负责人:李盘 邮编:529020
法人:李盘
Tel:0750－5411705
13702413376

### 台山市大江镇江寒红木雕刻店
业务:木雕,红木工艺品设计加工
地址:广东省台山市大江镇新大江新潮村27号
负责人:杨江涛 邮编:529200
法人:杨江涛
Tel:13432230506
13630489856

**唐古拉格桑饰品店**
地址:广东省深圳市福田区华发北路30号电子院住宅楼2栋112－A室
负责人:夏丽蓉
Tel:0755－83342369
13828847528

### 信宜市巴黎婚纱公主馆
业务:婚纱摄影,专业修片和设计
地址:广东省信宜市新里开发区三区八单元(中兴大道中)
负责人:付思君 邮编:525300
法人:付思君
Tel:0668－8818777
8821866

**深圳市中港国际珠宝交易中心佛感永康珠宝行**
地址:广东省深圳市福田区华发南路中港国际珠宝交易中心
负责人:李联
Tel:0755－83666205

### 兴宁市管岭和兴烟花爆竹经营部
业务:烟花爆竹
地址:广东省兴宁市新陂管岭沙坝塘常利颖屋入口和兴烟花爆竹经营部
负责人:肖广雄 邮编:514500
法人:肖广雄
Tel:13719955558
0753－3987345

### 兴宁市贺年华烟花爆竹经营部
业务:本店经营二十多年来,一直本着"客户至上、质量第一"的宗旨,经营各类百货、日杂、烟花、爆竹;承接各种大中小型庆典燃放活动;大量供应珍贵天然矿泉水,批零兼营,好水源于龙母嶂,方圆几十里无污染。
产品:出口烟花爆竹,各种大型烟花及小产品,包括燃放
地址:广东省兴宁市兴田街道办事处米寨兴叶路
负责人:罗耀华 邮编:514500
法人:罗耀华
Tel:0753－3985822
13332738388
Fax:0753－3350569

### 阳江市江城区联达工艺厂
业务:工艺品加工
地址:广东省阳江市江城区岭东工业大道67号之二
负责人:张秀达 邮编:529500
法人:张秀达
Tel:13926316622
0662－3656399
Fax:0662－3312813
网址:http://www.51zzt.com/user/zzt31978

**深圳市中港国际珠宝交易中心**
地址:广东省深圳市福田区华发南路中港国际珠宝中心
负责人:朱良光
Tel:0755－83666285 13802206803

### 阳江市江城区中威日用品经营店
业务:销售日用品
地址:广东省阳江市江城区益阳街2号首层
负责人:梁永初 邮编:529500
法人:梁永初
Tel:0662－3650663

### 阳东县拾福工艺制品有限公司
业务:根艺,根雕的设计、生产、销售
地址:广东省阳江市阳东县北惯镇东莺村委会龙头山工业区
负责人:郑运欢 邮编:529923
法人:郑运欢
Tel:13542624833
0662－6693216

### 阳东县东城镇五和餐具厂
业务:生产、销售五金餐具
产品:刀、叉
地址:广东省阳江市阳东县东城镇金山工业小区裕东二路
负责人:欧友贵 邮编:529525
法人:欧友贵
Tel:13827672998
Fax:0662－6602339

### 阳西县168眼镜店
业务:验光、配镜服务
地址:广东省阳江市阳西县织篢镇兴华路71号
负责人:李邦晃 邮编:529525
法人:李邦晃
Tel:0662－8855993

**深圳市中港国际珠宝交易中心茂辉首饰行**
地址:广东省深圳市福田区华南发路金宝诚大

厦 2A－2
负责人：王维年
Tel：0755－83666186
13602552968

### 阳江市闸坡镇富海家具城
业务：主要经营各种家具的销售
地址：广东省阳江市闸坡镇海滨路段中心市场二楼
负责人：郭业周 邮编：529525
法人：郭业周
Tel：13168192353
0662－3882978

### 英德市大站镇新发家私厂
业务：生产和销售家具，以整体组合衣柜为主
产品：家具，以整体组合衣柜为主
地址：广东省英德市大站镇站前北路（原英德市机械厂）
负责人：罗平 邮编：513000
法人：罗平
Tel：13553917158
0763－2313536

### 英德市望埠镇致能水处理设备专卖店
业务：水机、水处理设备
地址：广东省英德市望埠镇望埠大街
负责人：黎敬东 邮编：511500
法人：黎敬东
Tel：13653012077

### 三和门店
业务：华南铝材、防盗网、三和门
地址：广东省英德市英红镇侨兴一路 180 号
负责人：林荣新 邮编：513000
产品：林荣新
Tel：13727120397

**锡安礼品商行**
地址：广东省深圳市福田区华强北路晶利礼品大世界 C－9 号
负责人：彭俊斌
Tel：0755－83957763
13925246955

### 湛江市赤坎区一花红木家具总汇
业务：批发、销售家具
地址：广东省湛江市海田建筑装饰材料综合批发市场家俬经营区 K151－154、K166－168
负责人：许保杨 邮编：524000
法人：许保杨
Tel：0759－3289776
Fax：0759－3289680

### 廉江市廉城好太太卫厨电器专卖店
业务：好太太卫厨电器专卖
地址：广东省湛江市廉江市建设大道 73 号
负责人：麦雪木 邮编：522440
法人：麦雪木
Tel：0759－6607121
13542021375
Fax：0759－6607121

### 吴川市海滨湛威门业经销部
业务：各种室内门，卷闸门销售
地址：广东省湛江市吴川市海滨林科所商屋
负责人：吴观壬 邮编：524038
法人：吴观壬
Tel：13600377621
0759－5574411
Fax：0759－5574411

### 肇庆市鼎湖区晶美玻璃店
业务：加工玻璃工艺品
产品：彩雕、玻璃喷涂、聚晶
地址：广东省肇庆市鼎湖区桂城水坑一塘村 25 号
负责人：罗建星 邮编：526040
法人：罗建星
Tel：0758－2699192

### 肇庆市鼎湖区鼎上品玉石工艺店
业务：销售玉石、奇石、工艺品、茶盘、墨、砚
地址：广东省肇庆市鼎湖区新城 51 区山上路鼎湖山庄 1103 卡商铺
负责人：郭毅恒 邮编：526070
法人：郭毅恒
Tel：13924113081
0758－2620612

**珠海宝喜爱丽首饰表业有限公司首饰加工厂**
业务：本公司以工艺精湛、品质卓绝为理念，推出紧随时尚潮流的首饰表、K 金、铂金、银、铜等手饰产品系列，公司将先进的工艺设备与国际新技术、新潮流完美结合，设计制作出具有不同时尚魅力与高雅品味的各种款式的首饰产品。
地址：广东省珠海市唐家湾镇淇澳第二工业区 B 座
邮编：519080
法人：王辉红
Tel：0756－3312102

### 肇庆市端州区香港雅兰仕家具有限公司
业务：雅兰仕品牌家具，床上用品
地址：广东省肇庆市端州区七路北侧肇庆车城南区 A 馆 A16－2 号
负责人：麦敏全 邮编：526040
法人：麦敏全
Tel：0758－2917422

### 端州区承艺堂端砚工艺坊
业务：端砚、茶盆、工艺品、象牙、摆件、字画。
地址：广东省肇庆市端州一路南边东禺路口厂房
负责人：麦先生 邮编：526060
法人：麦世盛
Tel：13672380825
13672337993
13672380825
0758－2550398
网址：http://www.zqcyt.com
E-mail：28563836@qq.com

**潘多拉礼品行**
地址：广东省深圳市福田区华强北路赛格科技园 2 栋 2 层西 A11
负责人：胡堃
Tel：13823515311

### 高要市大湾镇中福红木工艺厂
业务：红木家具
地址：广东省肇庆市高要市大湾镇龙冲村委会
负责人：许航标 邮编：526040
法人：许航标
Tel：13413813568
0758－8138658

### 广宁县古水镇绿艺竹业制品厂
业务：竹制品生产销售
地址：广东省肇庆市广宁县古水镇下蚌村桂口
负责人：李冠荣 邮编：526040
法人：李冠荣
Tel：13924460728
0758－8631551

### 广宁县南街镇华海不锈钢装修部
业务：铝合金、不锈钢厨房设备用品、铝合金门窗
地址：广东省肇庆市广宁县南街镇星坪汽车训练场侧
负责人：郑杏华 邮编：526040
法人：郑杏华
Tel：13435842441

### 四会市东城区昌盛石料店
业务：翡翠玉器石料
地址：广东省肇庆市四会市东城区国际玉器城内二期第 19 号商铺
负责人：孟庆昌 邮编：526040
法人：孟庆昌
Tel：13542926518
0758－3915675

**鹏凌达烟具商行**
地址：广东省深圳市福田区华强北路现代之窗大厦 B 座 21 楼 P 单元
负责人：罗益峰
Tel：0755－83280111
832802222

### 四会市东城区精翠宝玉器行
业务：玉器的加工和销售
地址：广东省肇庆市四会市东城区玉器街 169 号（首层）
负责人：林廉国 邮编：526040
法人：林廉国
Tel：13827589288
0758－3898888

### 四会市威整镇宏兴机制炭厂
业务：生产、销售机制炭
地址：广东省肇庆市四会市威整镇南龙村西边大岭山脚
负责人：江志伟 邮编：526232
法人：江志伟
Tel：13922639028
13822689650

### 端州区恒锋厨房设备销售部
业务：厨房设备及零配件销售，安装
产品：节能厨具，节能改造
地址：广东省肇庆市星湖大道湖景丽苑小区第 1 幢（G2 幢）12 商铺
负责人：何文涛 邮编：526040
法人：何文涛
Tel：0758－2766418
18902365958
Fax：0758－2766418
网址：www.xiongwei-gd.com
E-mail：hengfeng-zq@163.com

**宝昌钻石饰品实业有限公司**
地址：广东省深圳市福田区金地工业区 114 栋 4 楼
负责人：林海飞
Tel：0755－25261363
25609690
13714366818

### 中山市东凤镇祥鸿水族用品厂
业务：水族工艺品的科技研发，生产制造壁挂水族箱等多种水族器材
产品：壁挂水族箱等多种水族器材
地址：广东省中山市东凤镇和泰村四埒涌路
负责人：覃宏阳 邮编：528403
法人：覃宏阳
Tel：13923320126
0760－22619239
22629788

### 天晟家具加工部
业务：家具生产
地址：广东省中山市东区东苑南路新安工业区 168 号之四
负责人：翁细旺 邮编：528400
法人：翁细旺
Tel：0760－88817866

### 中山市东升镇爱乐儿儿童用品专卖店
业务：儿童用品专卖
地址：广东省中山市东升镇龙昌路 13 号第二卡商铺
负责人：古远平 邮编：528403
法人：古远平
Tel：0760－23335687

### 中山市东升镇木子王玩具店
业务：主要经营婴儿玩具，益智玩具，童车等
地址：广东省中山市东升镇怡安苑市场商业街第 3 期商铺
负责人：徐小棉 邮编：528400
法人：徐小棉
Tel：13226076955
0760－87854718

**全天候速递花店**
地址：广东省深圳市福田区景田南锦文阁 2201 房
负责人：袁静
Tel：0755－82922090
15338802600

### 浦江县嫦娥水晶工艺品厂
业务：专业生产水晶棒
地址：广东省中山市古镇 7 坊配件市场
负责人：陈文娥 邮编：528403
法人：陈文娥
Tel：15819355300
13575925019
0760－22387956
22387957
Fax：0760－22387957

### 中山市古镇鑫尚灯饰加工厂
业务：加工灯饰
产品：灯饰
地址：广东省中山市古镇曹二曹兴东路 64 号第 3 卡
负责人：李桂华 邮编：528421
法人：李桂华
Tel：0760－22382058
Fax：0760－22382058

### 中山市古镇彩天玻璃加工店
业务：玻璃马赛克灯罩，工艺品加工
地址：广东省中山市古镇曹三宝源中巷 28 号
负责人：刘天周 邮编：528400
法人：刘天周
Tel：0760－22533446
13528281554
Fax：0760－22533446

**云雅工艺品有限公司**
地址：广东省深圳市福田区莲花西路香蜜湖豪庭阳光亭 2 座 4B
负责人：隆咏真
Tel：13823156058

### 中山市古镇喜阳洋灯饰门市部
业务：批发、零售各种灯饰
地址：广东省中山市古镇冈东村中兴大道中冈东商厦 B 幢 15 卡首层
负责人：杨丽红 邮编：528403
法人：杨丽红
Tel：13068155036
0760－22396809

### 中山市古镇金逸照明灯饰门市部
业务：家用，商用灯具
地址：广东省中山市古镇古二华兴路 72 号首层第 10 间
负责人：李绵定 邮编：528403
法人：李绵定
Tel：13590990918
0760－22384767

### 中山市古镇佳城水晶店
业务：30 灯饰球，45 太阳花，40、20 灯饰球及各种水晶灯饰挂件
地址：广东省中山市古镇古一配件城 1 栋 1 号
负责人：戴利松 邮编：528403
法人：戴利松
Tel：0760－86986026
13705799502

### 中山市古镇波波水晶门市部
业务：水晶制品的销售
地址：广东省中山市古镇古一配件城 6 幢 7 号首层
负责人：郎大伟 邮编：528403
法人：郎大伟
Tel：13246036436
0760－86988722

**广美雕塑壁画艺术有限公司**
地址：广东省深圳市福田区梅丽路 3 号 3 楼西
负责人：杨胜江
Tel：13554910964

### 广东省中山市古镇钦雄水晶灯配件门市部
业务：水晶灯上水晶配件（42、32、8 角球）、水晶饰品、五金配件的生产销售
地址：广东省中山市古镇古一配件城 8 幢 13 号半间
负责人：黄灿雄 邮编：528400
法人：黄灿雄
Tel：15307645138
0760－87838328
Fax：0760－87838328

### 金燕子精品店
业务：精品，化妆品销售
地址：广东省中山市古镇古一新兴商业广场 D 栋 21 号
负责人：许岸金 邮编：528403
法人：许岸金
Tel：13424529562
13425549983

### 中山市古镇信能灯饰厂
业务：灯饰的加工和销售
地址：广东省中山市古镇海洲东岸北路 220 号 C 座 9 号 1－3 楼
负责人：李良旺 邮编：528403
法人：李良旺
Tel：13420046110
0760－22385787

### 中山市古镇鹏辉水晶灯饰配件店
业务：水晶灯饰配件
地址：广东省中山市古镇七坊工业区大坦路 3 号首层北边第 5 号
负责人：陈丰康 邮编：528403
法人：陈丰康
Tel：15016132227
0760－86105559

### 中山市横栏镇华记不锈钢铝窗装修部
业务：铝合金，不锈钢门窗设计，制作，安装
地址：广东省中山市横栏镇穗丰二队 65 号
负责人：陈华 邮编：528403
法人：陈华
Tel：13528122433
13528219860

**鑫源陶瓷玻璃工艺品批发行**
地址：广东省深圳市福田区农产品批发市场一楼花卉交易中心 B29 号
负责人：丘金泉
Tel：0755－83177986

13670212188

**中山市横栏镇明敬豪灯饰布罩厂**
业务：灯饰布罩的生产与销售
地址：广东省中山市横栏镇贴边村横河南东路17号之一楼房首层
负责人：张明 邮编：528400
法人：张明
Tel：0760－87683795
87683657

**中山市民众镇瑾瑕首饰工艺**
业务：首饰加工，工艺品加工、销售
地址：广东省中山市民众镇浪网大道230－1号四楼
负责人：苏仕四 邮编：528403
法人：苏仕四
Tel：15876781433
0760－85558078

**中山市南朗镇国盛窗帘店**
业务：批发、零售窗帘
地址：广东省中山市南朗镇盈彩美地2幢20卡
负责人：陈少展 邮编：528403
法人：陈少展
Tel：15913458887
0760－85875118

**太太乐家居用品有限公司**
地址：广东省深圳市福田区沙咀路椰树花园8栋1单元203室
负责人：叶辉
Tel：0755－83428479
13352951958

**中山市南头镇中鹭达厨卫电器厂**
业务：生产，销售抽油烟机、燃气灶
地址：广东省中山市南头镇穗西工业区滨江中路10号
负责人：卢美田 邮编：528403
法人：卢美田
Tel：13531860601
0760－23835788

**中山市三乡镇群鑫塑胶五金加工厂**
业务：塑料五金加工
地址：广东省中山市三乡镇古鹤村涌边第4栋厂房
负责人：李建国 邮编：528403
法人：李建国
Tel：0760－86980535

**中山市三乡镇古鹤江洪古典家具店**
业务：经营家具的销售，所有家具一应俱全
地址：广东省中山市三乡镇明清古典家具市场E幢13号
负责人：刘友江 邮编：528403
法人：刘友江
Tel：13928171378
0760－86634679

**新天际实业有限公司(意德厨柜)**
地址：广东省深圳市福田区上梅林中康南路雕塑家园1522－1523
负责人：王彤
Tel：0755－83953181
13352934484

**中山市三乡镇香港周六福珠宝三乡旗舰店**
业务：专业制造销售珠宝首饰
地址：广东省中山市三乡镇文昌东路1号新乐苑D幢2层得一商场02号商铺
负责人：戴跃华 邮编：523003
法人：戴跃华
Tel：0769－86383289

**中山市三乡镇六福珠宝店**
业务：经营珠宝首饰
地址：广东省中山市三乡镇文昌路祥兴大厦103号首层
负责人：陈显胜 邮编：528403
法人：陈显胜
Tel：0760－23387199

**广东省中山市三乡镇文昌路长裕福珠宝金行**
业务：黄金，珠宝销售
地址：广东省中山市三乡镇文昌西路13号百货商业城一层1号
负责人：潘志雄 邮编：528400
法人：潘志雄
Tel：0760－86363007
Fax：0760－86321319

**中山市石岐区李志木线工艺销售部**
业务：木线工艺、雕刻销售
地址：广东省中山市石岐区富康路39号首层1、2卡
负责人：李志 邮编：528403
法人：李志
Tel：13680260208
13726055759

**中山市石岐区樱花麻将机维修部**
业务：销售麻将机及麻将机维修
地址：广东省中山市石岐区湖滨路52号103房1卡
负责人：万田生 邮编：528403
法人：万田生
Tel：13715621569
13450933787

**易达成不锈钢店**
地址：广东省深圳市福田区上沙龙秋村159栋104房
负责人：何瑜
Tel：0755－83583159
13823763608

**中山市五桂山鸿润工艺部**
业务：工艺品
地址：广东省中山市五桂山桂南大道52号
负责人：冯永昌 邮编：528403
法人：冯永昌
Tel：15800133978
15876799062
0760－88916616
Fax：0760－88916616

**珠海市香洲舞之心舞蹈用品店**
业务：舞蹈用品批零
地址：广东省珠海市朝阳所香洲情侣中路273号铺
负责人：钟德龙 邮编：519000
法人：钟德龙
Tel：0756－2210690
13631819757

**斗门区白蕉镇新宏泰玩具厂**
业务：塑胶玩具生产销售
地址：广东省珠海市斗门区白蕉镇开发区斗珠公路北边(即新二村四围)
负责人：王章君 邮编：519000
法人：王章君
Tel：13246367059
0756－3926069

**珠海市斗门区丰汇玩具行**
业务：充气玩具、闪光玩具
地址：广东省珠海市斗门区桥东永福二路21号二层D区6号铺
负责人：练远丰 邮编：519000
法人：练远丰
Tel：13016355883
0756－5510305
Fax：0756－5510305

**珠海市斗门区瑜你所愿首饰行**
业务：批发零售耳环、手链、脚链、发卡、头花等首饰
地址：广东省珠海市斗门区桥东永福二路21号首层B区44号
负责人：刘富云 邮编：519000
法人：刘富云
Tel：13825630955
13411527505

**珠海市斗门区大同饰品行**
业务：各种饰品，化妆品的销售
地址：广东省珠海市斗门区桥东永福二路21号一层F区2号
负责人：李建娣 邮编：519000
法人：李施丽
Tel：13824176718
13824159313
15323620529
0756－5316510

**天工堡家具设计有限公司**
地址：广东省深圳市福田区深南路财富广场B栋11栋N房
负责人：陈敏
Tel：0755－82871900
13823597600

**玉科世纪科技有限公司**
地址：广东省深圳市福田区振华路55号2幢士必达大厦718
负责人：伍懿钰
Tel：13510875865

**丹超实业有限公司**

地址：广东省深圳市福田区振兴路金茂〓都A座26N
负责人：余明
Tel：0755－82810122
13714582180

**珠海市金灿玩具批发商行**
业务：毛绒精品玩具批发专营，包括毛绒填充玩具、毛绒玩具、抱枕、婴儿用品、工艺礼品及汽车用品等，种类繁多，批零兼营，并希望与有意向的毛绒生产商建立广泛的合作，以共赢为目标，尽心至胜！
产品：毛绒玩具
地址：广东省珠海市斗门区桥东永福二路21号义乌小商品城二层D区51号
负责人：杨美清 邮编：519100
法人：金敏富
Tel：0756－5510206
15811672384

**珠海市拱北御品十字绣工艺品店**
业务：销售十字绣
地址：广东省珠海市拱北口岸广场地下C－Ⅲ区珠华文化艺术品城13B铺
负责人：苏宗华 邮编：519000
法人：苏宗华
Tel：15992622000
0756－8875156
8236168

**珠海市香洲易之林五金厨具行**
业务：五金厨具销售
地址：广东省珠海市梅溪所香洲昌业路127号壹楼铁皮棚北面99号铺之4
负责人：林鸽 邮编：519000
法人：林鸽
Tel：0756－6133060
13902866254

**珠海市南屏宝贝乐妇婴用品店**
业务：专营妇婴童用品，汇聚了国内外知名孕婴童食品、用品、服饰、玩具等，关爱妈咪、呵护宝宝是我们的宗旨，本店将以最优质的产品竭诚为您服务！
产品：童车、床、玩具、服装、定型包装食品
地址：广东省珠海市南屏镇环屏路三十六号第16、17号商铺
负责人：陈小姐 邮编：519000
法人：陈曼飞
Tel：0756－8685066
13652252868
Fax：0756－8685166

**香港威拿实业国际有限公司珠海代表处**
业务：玩具，赠品
地址：广东省珠海市前山岱山路78号3G，3H
负责人：潘维建 邮编：519000
法人：贾小姐
Tel：13709681779
0756－8658119
Fax：0756－8659119
E-mail：COSSTAR.PAN@GMAIL.com

**深圳恒丰厨具厂**
地址：广东省深圳市福田区新洲路沙尾工业区305栋(5栋)B座2楼东
负责人：谢培宗
Tel：0755－83895591

**珠海市香洲振鸿荣家具商行**
业务：是一家集设计、开发、生产、来样加工、销售中高档沙发于一体的专业型厂家。主要有皮艺沙发、布艺沙发、沙发床、KTV沙发，餐厅系列等
地址：广东省珠海市前山所前山星桥二巷一号第七栋三层厂房
负责人：黄荣波 邮编：519000
法人：黄荣波
Tel：13527235670
0756－8538987

**深圳市金大福珠宝有限公司金大福城市广场珠宝金行**
地址：广东省深圳市福田区中信城市广场地下一层吉之岛内L325
负责人：朱纪铭
Tel：0755－25185933
13823698898

**深圳市雨馨礼品包装有限公司**
地址：广东省深圳市龙岗区坂田贝尔大道西坂田高新技术工业园
负责人：宋剑
Tel：13809895046

**深圳市富嘉豪家具有限公司富嘉豪家居广场**
地址：广东省深圳市龙岗区布吉布龙路上水径177号综合楼一楼
负责人：张燕青

Tel：0755－33823136

**好人家厨具有限公司**
地址：广东省深圳市龙岗区布吉镇坂田吉华路大丹工业园厂房4楼北
负责人：刘青林
Tel：0755－28772957
28772894
13008811929

**诺亚油画工艺有限公司**
地址：广东省深圳市龙岗区布吉镇大芬村布沙路245号八楼茂业书画交易广场八楼
负责人：高小姐
Tel：0755－28886390

**恒达画苑**
地址：广东省深圳市龙岗区布吉镇大芬村老围东五巷6号
负责人：陈恒超
Tel：0755－28553615
13902995367

**深圳市龙美人贸易有限公司**
地址：广东省深圳市龙岗区布吉镇德兴花园德苑2栋208号
负责人：王峰
Tel：0755－28525062
13510884328

**深圳市硅步实业有限公司**
地址：广东省深圳市龙岗区布吉镇德兴路龙园山庄麒麟阁A幢
负责人：刘慧燕
Tel：13302312921

**深圳市龙岗区福盈玩具加工厂**
地址：广东省深圳市龙岗区布吉镇岗兴村风门坳海岸厂房首层
负责人：黄涛京
Tel：13827416288

**珠海市香洲唐家3C整体橱柜**
业务：销售橱柜、衣柜系列产品，可根据客户要求订制各类橱柜、衣柜
产品：橱柜、衣柜系列产品
地址：广东省珠海市香洲区前山所前山美晨一街24号(美林雅筑)
负责人：刘小梅 邮编：519000
法人：刘小梅
Tel：0756－3861285
Fax：0756－3861285

**纽波工艺制品(深圳市)有限公司**
地址：广东省深圳市龙岗区布吉镇吉华路189号汇洋大厦
负责人：赵钱万
Tel：0755－28872308
81164891

**深圳市同方精品礼品制造有限公司**
地址：广东省深圳市龙岗区布吉镇京南路9号一栋后五楼
负责人：柯易林
Tel：0755－28882345

**佳儿宝玩具有限公司**
地址：广东省深圳市龙岗区布吉镇南岭村农民统建楼1号楼902房
负责人：何子修
Tel：0755－84732090

**顺昌太和礼品有限公司**
地址：广东省深圳市龙岗区布吉镇雪象金鹏工业村十二栋四层
负责人：赵宏
Tel：0755－28791003
13312900521

**深圳市骏艺工艺制品有限公司**
地址：广东省深圳市龙岗区横岗大康大万工业区B18栋
负责人：王家鑫
Tel：0755－27653892

**深圳市兴泰眼镜制品有限公司**
地址：广东省深圳市龙岗区横岗大康上中村山子吓路369号1－3层
负责人：费卫东
Tel：0755－28659935

**广州市妙珮饰品有限公司第一分公司**
业务：首饰、头饰等小饰品的设计加工及销售
地址：广州市荔湾区站前路2号西郊大厦11层A座1132室
负责人：黄耀常 邮编：510130
法人：黄耀常
Tel：13902201265
020－81093485

**鸿鹰工艺制品厂**
地址：广东省深圳市龙岗区横岗镇安良三角龙工业区沙坪路87号
负责人：宁建树
Tel：0755－28617980
13603006473
25079336

**华盛隆实业木家具厂**
地址：广东省深圳市龙岗区横岗镇大康上中村沿河路23号1楼
负责人：冯进强
Tel：0755－84263358
13509628095

**深圳市粤明眼镜有限公司**
地址：广东省深圳市龙岗区横岗镇大康莘塘村

工业区 4 号 1－3 层
负责人:陈淑文
Tel:0755－28659465
13602685621

**木深圳市龙岗区横岗镇美日居家私厂**
地址:广东省深圳市龙岗区横岗镇四联村排榜腾昌二路 1 号
负责人:吴国正
Tel:0755－28690613
13828875880

**深圳市龙岗区横岗镇翔飞塑胶礼品厂**
地址:广东省深圳市龙岗区横岗镇四联村贤合路 91 号
负责人:黄小鹏
Tel:0755－28694893
13600426268

**深圳市龙岗区横岗镇晶视眼镜制造厂**
地址:广东省深圳市龙岗区横岗镇四联排榜村大园街 57 号 1 至 3 楼
负责人:诸影峰
Tel:13502802108

**伟达珠绣厂**
地址:广东省深圳市龙岗区横岗镇新光村华西一巷 2 号 2－3 楼
负责人:施振祥
Tel:0755－28632227
13902469994

**必有路玩具(深圳市)有限公司**
地址:广东省深圳市龙岗区坑埣镇第三工业区宏发路
负责人:陈玉坤
Tel:0755－84131316
13713916074

**金凯迪家私制造厂**
地址:广东省深圳市龙岗区坑梓镇老坑村宝丰路一号一楼
负责人:赖向群
Tel:0755－84113359
13823596518

**豪迪实业发展有限公司**
地址:广东省深圳市龙岗区坑梓镇松子坑水库路豪迪工业区
负责人:黄宗成
Tel:0755－84113588
13823125868

**深圳市莱恩博眼镜制造厂**
地址:广东省深圳市龙岗区龙城爱联太平路 58 号
负责人:洪建志
Tel:13058057056

**深圳市龙岗建泉玩具厂**
地址:广东省深圳市龙岗区龙东村东升路北一号
负责人:邱金华
Tel:0755－84844009
13713979468

**深圳市力昌家私有限责任公司**
地址:广东省深圳市龙岗区龙岗街道同乐社区新布工业区
负责人:黄婷
Tel:0755－84292868
84293179



**大华软体家具厂**
地址:广东省深圳市龙岗区龙岗镇爱联前进村台中工业区左二栋 2 楼
负责人:陈维约
Tel:0755－28985316
13924639129

**嘉伟工艺品有限公司**
地址:广东省深圳市龙岗区龙岗镇龙东桥背工业区兴桥路 38 号
负责人:林立新
Tel:13802221291

**岱亿木业有限公司**
地址:广东省深圳市龙岗区龙岗镇南联村圳埔工业区
负责人:徐伟女
Tel:13602692817

**志成电子玩具制品厂**
地址:广东省深圳市龙岗区龙岗镇南联邱屋工业区 69 号银珠路
负责人:黄世飞
Tel:0755－84805558

**深圳市龙岗区龙岗振升工艺制品厂**
地址:广东省深圳市龙岗区龙岗镇同乐吓坑 1 区 11 号
负责人:易建晋
Tel:0755－84294908
13005437476

**臻彦玩具厂**
地址:广东省深圳市龙岗区龙岗镇现联向前村臻彦工业区工业大厦新五楼
负责人:王甫兵
Tel:0755－84870569
81809190
13332901617

**富兴工艺制品厂**
地址:广东省深圳市龙岗区龙岗镇新生路 243 号
负责人:汤跃进
Tel:0755－84865605
13113684966

**龙昌家私厂**
地址:广东省深圳市龙岗区龙西村新联路 8－1 号
负责人:龙有强
Tel:13509695768

**裕达发玩具加工部**
地址:广东省深圳市龙岗区平湖镇凤凰大厦 450 号
负责人:吕楚意
Tel:13501576348

**影鹏铝材玻璃门市部**
地址:广东省深圳市龙岗区平湖镇平湖大街 611－615 号
负责人:陈初广
Tel:0755－28455188
13502832198

**亿丽美文具包装材料行**
地址:广东省深圳市龙岗区平湖镇双用街旧深华大厦
负责人:蔡国辉
Tel:0755－84680207
3590236998

**橙椅木艺制品厂**
地址:广东省深圳市龙岗区坪地镇六联桥头(氨基酸厂内)
负责人:何战果
Tel:0755－84071442
13510870239

**深圳市龙岗区坪山镇沙湖龙勤工艺制品厂**
地址:广东省深圳市龙岗区坪山镇沙湖村龙湖工业区龙勤路 31 号
负责人:余永红
Tel:13714341550

**中磁工艺品厂**
地址:广东省深圳市龙岗区坪山镇石中太阳村坪葵路 15 号
负责人:陈小姐
Tel:0755－84636558

**瑞本宝礼品(深圳市)有限公司**
地址:广东省深圳市龙岗区坪山镇台商工业园区
负责人:朱志刚
Tel:0755－84622300
13823507271

**东升五金表业蚀刻厂**
地址:广东省深圳市龙岗盛平杨屋村盛丰路 41 号
负责人:杨旭
Tel:0755－89621802
13802583341

**深圳市仙松实业有限公司**
地址:广东省深圳市龙华镇大浪村罗屋围第二工业区 3 栋首层
负责人:赵明楷
Tel:0755－28076163
13902908806

**华丰家私行**
地址:广东省深圳市龙华镇华发路华艺工业园 B 栋 11 号铺
负责人:庞进松
Tel:0755－28175638
13925292802

**恒鑫工艺制品有限公司**
地址:广东省深圳市罗福区红岗路 1100 号南深工业区 5 栋 3 楼
负责人:胡春生
Tel:13823601807

**深圳市小璋日用品商行**
地址:广东省深圳市罗湖区宝安南路 2078 号深港豪苑名商阁 502 室
负责人:张学英
Tel:0755－26372932

**深圳市亿纳工贸有限公司**
地址:广东省深圳市罗湖区春风路 61 号五矿大厦 6 楼 601A 室
负责人:张定尊
Tel:0755－82250255
13632607111

**金日升家庭用品有限公司**
地址:广东省深圳市罗湖区春风路庐山大厦 15 楼 A2
负责人:李玲玲
Tel:0755－82333368
13808801716

**深圳市钻之韵珠宝首饰有限公司**
地址:广东省深圳市罗湖区翠竹北路水贝工业区 21 栋首层
负责人:余洋
Tel:0755－25500888

**永晟珠宝有限公司**
地址:广东省深圳市罗湖区翠竹大厦 1216 房
负责人:陈浩
Tel:0755－25690414
13798411465

**深圳市一方首饰有限公司**
地址:广东省深圳市罗湖区翠竹路 1058 号逸翠大厦办楼 502 室
负责人:黄皓
Tel:0755－25770981

**珠宝首饰有限公司**
地址:广东省深圳市罗湖区翠竹路 2028 号翠竹大厦 1508 室
负责人:周商福
Tel:0755－25690258
13925259654

**桃源县隆泰钻石有限公司深圳分公司**
地址:广东省深圳市罗湖区翠竹路水贝工业区 11 栋 6 楼中
负责人:胡狄
Tel:0755－25630534

**超华行喜庆装饰品批发行**
地址:广东省深圳市罗湖区东门立新路东兴大厦 1 楼东侧
负责人:李绪桐
Tel:0755－82053578
13602625137

**深圳市骏威悦盛实业有限公司**
地址:广东省深圳市罗湖区海外联谊大厦 2508＃－2509＃
负责人:陈文青
Tel:13602526424

**深圳市宝利来钻石有限公司**
地址:广东省深圳市罗湖区红桂路 1008 号宝泉庄 4 栋 303 室
负责人:晋敏庭
Tel:13825281589

**嘉乐祥珠宝饰品有限公司**
地址:广东省深圳市罗湖区洪湖路湖景花园湖滨阁 24 楼 F 座
负责人:赵紫明
Tel:0755－25609181
25536116
13352952226

**露比家具贸易行**
地址:广东省深圳市罗湖区嘉宾路奥鹏大厦 27 楼 A 座
负责人:陈晓燕
Tel:0755－82351342
13510666578

**深圳市裕泰不锈钢厨具有限公司**
地址:广东省深圳市罗湖区莲塘村 8 巷 50 号 1 楼
负责人:曾红泰
Tel:0755－25700254
13922857133

**深圳市罗湖区精美时装布艺**
地址:广东省深圳市罗湖区泥岗村大地苑新基业 6 单元一楼
负责人:赵旭惠
Tel:0755－25900321
13923861855

**澳普诺实业发展有限公司**
地址:广东省深圳市罗湖区人民南路开安大厦 A 座 19 层 1904B
负责人:蒲济
Tel:0755－82286486
13828874999

**深圳市森怡瓷业有限公司**
地址:广东省深圳市罗湖区深南东路深发花园恒发阁 27E
负责人:张建森
Tel:0755－25113826

**深圳名成礼品有限公司**
地址:广东省深圳市罗湖区深南东路文华大厦西座 29C
负责人:陈伍松
Tel:0755－25119000

**深圳市国君珠宝金饰有限公司**
地址:广东省深圳市罗湖区水贝一路水贝工业区 21 栋六楼
负责人:章辉鸿
Tel:13902489603

**深圳市林文家私设计有限公司**
地址:广东省深圳市罗湖区笋岗东路百汇大厦 9 楼
负责人:岳梅
Tel:0755－25893841 13923440788

**宏福兴实业有限公司**
地址:广东省深圳市罗湖区笋岗东路华凯大厦 806 室
负责人:盛宏福
Tel:0755－25977338
25977535
26594580
13609617990

**深圳市盛光玩具商店**
地址:广东省深圳市罗湖区笋岗恒天穗玩具文具批发市场 2067、2068 号
负责人:杨先生
Tel:0755－82429756
13502837936

**深圳市宝怡珠宝首饰有限公司**
地址:广东省深圳市罗湖区太宁路 129 号水库新村工业区五栋三楼
负责人:张军莉
Tel:0755－25612949
25500332

**深圳市金榜珠宝首饰有限公司**
地址:广东省深圳市罗湖区田贝三路船舶综合楼 B 栋 6 楼西
负责人:盛茂松
Tel:0755－25612777
13543286829

**顶美珠宝首饰有限公司**
地址:广东省深圳市罗湖区田贝四路 42 号之一号厂首层南
负责人:吴明惠
Tel:0755－25633654
13510340575

**秋韵实业有限公司**
地址:广东省深圳市罗湖区西岭下北区 13 栋 4 楼
负责人:倪斌
Tel:0755－25821489
25415741

**新宝工艺礼品商行**
地址:广东省深圳市罗湖区沿河南路 2 号怡都大厦 5 楼 A 室
负责人:李波
Tel:0755－82320119
13510060801

**麦伦家俱有限公司**
地址:广东省深圳市罗湖区沿河南路罗湖金岸 3 幢 24G
负责人:张海伦
Tel:0755－82150177
13560798775

**深圳市眼科医院验光配镜有限公司罗湖分公司**
地址:广东省深圳市罗湖区迎春路 15 号附 1 楼
负责人:李巧红
Tel:0755－25155921

**深圳市信达和兴实业发展有限公司**
地址:广东省深圳市南区马家龙工业区 60 栋
负责人:李国强
Tel:0755－26503287
13802223835

**深圳市金雅南山市场旭鑫厨柜商行**
地址:广东省深圳市南山区仓前锦福苑 01、02 栋一楼 A103
负责人:李旭日
Tel:13714776368

**腾达飞科技发展有限公司**
地址:广东省深圳市南山区常兴广场西座 27AB
负责人:王智勇
Tel:0755－86052295
13138888388

**多喜爱(湖南)家饰用品有限公司深圳市分公司**
地址:广东省深圳市南山区常兴路 83 号国兴大厦十六层
负责人:张海鹰
Tel:0755－26530000
26530477

**深圳市美林家具有限公司**
地址:广东省深圳市南山区大冲吴屋工业区 177 栋 3 楼
负责人:谢仁彬
Tel:13802576164

**大鑫元实业有限公司**
地址:广东省深圳市南山区大汪山 12 栋 101 室
负责人:刘大田
Tel:0755－26669470
13502863370

**美诺表业有限公司**
地址:广东省深圳市南山区大新村 5 号 306 室
负责人:陈方旗
Tel:0755－26463246
13823648285

**中能达酒店用品有限公司**
地址:广东省深圳市南山区后海大道海逸苑 B 栋 105 室
负责人:关毅轩
Tel:13902318950

**深圳市乐安居家居装饰材料市场富豪厨柜行**
地址:广东省深圳市南山区后海路乐安居市场 216 室
负责人:黄仁建
Tel:0755－26444209
13924628893

**乐安居装饰材料市场都市橱柜行**
地址:广东省深圳市南山区后海路乐安居市场二层 217 号
负责人:田诒江
Tel:0755－26444046
13823336781

**深圳市科誉家具有限公司**
地址:广东省深圳市南山区华侨城东方花园桂花苑裙楼 103
负责人:高建华
Tel:0755－26923756

**深圳市佰家伴进出口有限公司**
地址:广东省深圳市南山区华侨城中旅广场碧云阁 13G
负责人:曹剑豪
Tel:0755－26908712
13902905106

**深圳市南山区盛玉珠宝店**
地址:广东省深圳市南山区金钟大厦 1 栋首层 3 号铺
负责人:吴洁梅
Tel:0755－26092954
13922861113

**华博联业实业发展有限公司**
地址:广东省深圳市南山区南新路 2108 号南头影剧院四楼
负责人:吴远林
Tel:0755－26667668
13823197388

**宝丽金石实业发展有限公司**

## 隆尧县魏庄镇今程科技电脑

专业从事电脑的销售及配件，提供技术服务。
电话：0319－6580130
地址：河北省邢台市隆尧县魏庄镇汽车站

地址：广东省深圳市南山区南油大道鹏都大厦A－1502房
………………………………负责人：朱小青
……………………………Tel：0755－26523980
13823524579

**深圳市贺翔实业有限公司**
地址：广东省深圳市南山区商业文化中心区青春家园C栋朝晖阁25E、F
………………………………负责人：吕梁平
……………………………Tel：0755－26092832
81931178

**依兰居家饰精品有限公司**
地址：广东省深圳市南山区蛇口港湾大道7号
………………………………负责人：潘曼玲
……………………………Tel：0755－26850559
13823657618

**康家芦荟商行**
地址：广东省深圳市南山区蛇口四海光大路3栋107、108
………………………………负责人：张祖洪
……………………………Tel：0755－26884678
13823609918

**今日工艺部**
地址：广东省深圳市南山区蛇口招商路20号
………………………………负责人：陈信平
……………………………Tel：0755－26852303
13802286857

**佛山市顺德区大良宝达地毯店**
业务：家用地毯
………………………………负责人：杨家俊
………………………………法　人：杨家俊
…………Tel：0757－22250387

**百丽橱柜加工厂**
地址：广东省深圳市南山区深城乡工业园厂房A6－1
………………………………负责人：刘洪波
……………………………Tel：0755－26512134
13923816614

**艾特电子技术有限公司**
地址：广东省深圳市南山区西丽镇白芒百旺工业区
………………………………负责人：潘静
……………………………Tel：0755－29810925

**红帆工艺品设计中心**
地址：广东省深圳市南山区西丽镇大磡村11栋2楼
………………………………负责人：邓道勇
……………………………Tel：13692193997

**深圳市浩强家具有限公司**
地址：广东省深圳市南山区西丽镇福元村工业区C3栋
………………………………负责人：周利江
……………………………Tel：0755－26587012
13902455942

**世兴隆表业制品厂**
地址：广东省深圳市南山区西丽镇龙井村南汾大厦2栋2楼
………………………………负责人：李廷荣
……………………………Tel：0755－26795997
13923877572

**麦道姆实业有限公司**
地址：广东省深圳市南山区西丽镇新光路69号十栋
………………………………负责人：刘凯勋
……………………………Tel：0755－26622331
26624950
26624655
13823104858

**睿康尔科技有限公司**
地址：广东省深圳市南山区中山园路58号中山苑5栋202室
………………………………负责人：潘炜
……………………………Tel：0755－26546818
13970309904

**深圳市金升实业有限公司**
地址：广东省深圳市深圳市罗湖区文锦路锦绣大厦10楼
………………………………负责人：王雨生
……………………………Tel：0755－25111306
13006662561

**泰顺厨房设备有限公司**
地址：广东省深圳市西丽福光村C24栋
………………………………负责人：罗布政
……………………………Tel：0755－86181021
13828726278

**新兴钟表配件厂**
地址：广东省深圳市西丽镇塘朗B工业区23栋三楼
………………………………负责人：吕太存
……………………………Tel：0755－26554865
13509624353

**广东深圳惠昌石材料工艺品雕塑工程公司**
地址：广东省深圳市西丽镇至白芒路段边（白芒关内至荔枝世界中间段）
………………………………负责人：黄先生
……………………………Tel：0755－26517175
13802229027

**木兰工艺美术部**
地址：广东省深圳市盐田区沙头角暗径西村8号A1
………………………………负责人：梁倩娴
……………………………Tel：0755－25351808
25232303

**金森卓丰珠宝首饰来料加工厂**
地址：广东省深圳市盐田区沙头角保税区1栋5楼
………………………………负责人：罗芳生
……………………………Tel：0755－25266579
25266589
13714465127

**中山火炬开发区佑新饰品厂**
地址：广东省中山市火炬开发区濠头大道7号旧市场三楼
………………………………负责人：苏振钦
……………………………Tel：13532080419

**中山康怡然卫生用品有限公司**
地址：广东省中山市三乡镇前陇工业区
………………………………负责人：李进来
……………………………Tel：13924906914

**时间廊（广东）钟表有限公司**
地址：广东省广州经济技术开发区志诚大道302号融汇大厦607A
………………………………负责人：李树中
……………………………Tel：020－82112925

## 博罗县湖镇振隆竹签加工场

博罗县湖镇振隆竹签加工场成立于2004年，公司生产加工各种供出口和内销竹签，如：烧烤签、串签等，并可按照用户要求生产加工各种规格的竹签。竭诚欢迎国内外客户光临惠顾！

联系人：陈振传　电话：13680766268　15089201834
邮编：516139
地址：广东省惠州市博罗县湖镇金星村和坪小组

## 东莞市驰道家具有限公司

本公司从事家具生产、销售，产品有沙发、床、茶几、餐桌、椅等，以质量求生存，欢迎新老客户来电洽谈业务！

联系人：王晓亮　电话：0769-85198662　85198663
地址：广东省东莞市虎门镇新联第六工业区
邮编：523000

## 东莞市宏庆礼品加工店

本店从事礼品盒、手饰盒等加工，坚持质量第一、顾客至上、服务良好的原则，确保顾客满意，欢迎新老顾客光临指导。

联系人：梁国江　13553879629
电话：0769-85335962
地址：广东省东莞市长安镇冲头上塘苑6巷18号
邮编：523000

## 东莞市家益不锈钢厨柜厂

东莞家益不锈钢厨柜厂是一家专业的加工、生产不锈钢厨柜的企业，公司成立于1993年，产品随着时代的变化不断的创新和改进，现本公司的不锈钢厨柜已经发展到第六代，本公司秉着诚信为本，专业打造产品品质原则，为广大厨柜厂家提供优质的产品，产品广销全国各地，并得到合作伙伴的信赖。欢迎广大厂家前来洽谈。

联系人：李杰　1372826
电话：0769-23111997　23117499
地址：广东省东莞市东城区温潭茶中沙元新村1巷13号
网址：www.dgjy88.cn　邮编：523000

## 东莞市金灯台工艺制品有限公司

东莞市金灯台工艺制品有限公司成立于2003年，本司产品主要有：㑩烛、香花、香薰、香皂、香包、香水等系列工艺礼品，包括传统蜡烛、工艺蜡烛、现代电子蜡烛、工艺烛台、高仿真香花、纯手工天然精油皂、工艺礼品皂、香水香包香薰系列产品、各种圣诞礼品等。

欢迎有志之士加盟，精诚合作，共展鸿图，共赢致胜！

联系人：王禄侃　13809615685
电话：0769-87189058　87189246
传真：0769-87189246
邮编：523000
地址：广东省东莞市樟木头镇石新工业区兴隆路17号

## 东莞旺祥木器制品加工厂

东莞旺祥木器制品加工厂成立于2007年，本公司专业生产木制品。主要有卡板（栈板）木箱、木制工艺品、板式家具、门窗、熏蒸卡板、免检合板栈板，承接：室内设计、装饰、来图订做各种家具。

电话：0769-83434289
传真：0769-83450649
联系人：王泽飞　13922501726
电子邮件：wangzefei.cool@163.com
地址：广东省东莞市桥头镇石水口崩江围路188号
邮编：523000

## 佛山倍施特玻璃饰品有限公司

本公司经营灯饰玻璃盖、仪表玻璃、小型玻璃饰品、玻璃深加工设备等，以质量求生存，欢迎新老客户来电洽谈业务！

联系人：王强
电话：0757-86656911　86656912
地址：广东省佛山市南海区狮山镇小塘狮西新开发区（牙鹰岗段）
电子邮件：Best-blsp@163.com　邮编：528000

▲家居生活用品礼品工艺品▼

## 佛山市南海区西樵平安木厂

联系人：冯敬江
13679808999　13809228203

我厂主营卫浴包装、松木条、杂木条、成品箱、陶瓷托板、原木等。

公司秉承“顾客至上、锐意进取”的经营理念，坚持“客户第一”的原则为广大客户提供优质的服务。

欢迎惠顾！

地址：广东省佛山市南海区西樵岭西开发区西江公路东侧　邮编：528000

## 惠州市鸿鑫发五金家私有限公司

本公司位于惠州市惠阳区，地理位置优越，交通方便，主要生产日用家庭铁架床等家庭用品，物美价廉，欢迎选购！

联系人：林晓铭
电话：0752-3535238　3535239
地址：广东省惠州市惠阳区秋长镇新塘村黄埔沙岗
邮编：516000

## 广州点睛包装工艺有限公司

广州点睛包装工艺有限公司成立于2009年，主要生产加工及批发零售包装制品、工艺品、家居用品等。

本公司秉承“顾客至上，锐意进取”的经营理念，坚持“客户第一”的原则为广大客户提供优质的服务。

欢迎广大客户惠顾！

电话：020-86830017　36900305
传真：020-36900305
联系人：李海
邮编：510000
地址：广东省广州市花都区新华街广塘村白鳝塘路

## 揭东县曲溪超王佳钟表配件厂

揭东县曲溪超王佳钟表配件厂从事钟表配件生产经营，公司以“质量求生存、信誉求发展”，欢迎广大用户光临惠顾！

联系人：王超
电话：0663-3261361　13828180700
地址：广东省揭阳市揭东县曲溪广元村大池西侧
邮编：522000

## 广州市保泉贸易有限公司

广州市保泉贸易有限公司成立于2008年，从事不锈钢厨具的生产、销售，冷柜、冷库维修、保养及食品代理。

公司始终坚持“以质量求生存、以信誉求发展、以合理的价格优势占领市场”的经营方针。我公司热忱欢迎有志于共同开发市场的各位朋友加盟，携手共创美好辉煌的明天！

联系人：黄灼均
电话：020-84792988
邮编：511430
地址：广州市番禺区大石街金城花园平安路花园1街玉兰阁首层12号

## 龙湖新溪天米利家具厂

龙湖新溪天米利家具厂创建于1994年，主要从事各式中高档家具的生产、加工、销售，我们的产品有酒店工程配套用的家具、民用家具、专卖店用的陈列专柜。

“一流的产品，完善的服务”是我们对客户做出的承诺，欢迎来电洽谈业务！

电话：0754-85768152
联系人：谢雄明　13809844775
地址：广东省汕头市龙湖区新溪镇文化路　邮编：515000

## 海丰县陶河华骏饰品厂

海丰县陶河华骏饰品厂主要经营铜配件，银配件，宝石系列，玉器系列，水晶系列，可来料加工（执模，打磨，电镀）等。本公司秉承“顾客至上，锐意进取”的经营理念，坚持“客户第一”的原则为广大客户提供优质的服务。

联系人：林云清　13923582981
电话：0660-6751287　传真：0660-6753227
地址：广东省汕尾市海丰县陶河镇圩内　邮编：516432

## 龙门县龙潭镇伟红竹木工艺品厂

我厂自成立以来，专业从事板材（原木加工），家具装饰品（雕刻）。

公司视“质量是企业的根本，信誉是企业的保证”为宗旨。

欢迎各界人士光临指导！

联系人：许伟红
电话：0752-7695559　13509079555
地址：广东省惠州市龙门县龙潭镇铁岗新屋禾一07号
邮编：516878

## 海翔木工厂

本厂主要经营木制工艺。我厂创建以来，始终秉承、信守着“忠诚信实”的创业宗旨，全心全意为您服务。

联系人：詹益畴

电话：0754-85728326　85729771
传真：0754-85729771
手机：13902700816　邮编：515000
地址：广东省汕头市澄海区信宁工业区

## 莆田工藝美術城萬利玉器經營部

莆田工艺美术城万利玉器经营部成立以有十多年，本经营部专业销售大摆件。

本经营以“全国第一、世界一流”为奋斗目标；坚持“质量第一、顾客至上”为企业宗旨。热忱期待海内外客商携手合作，共创辉煌！

联系人：邹清松　13902360195
地址：广东省四会市玉器街212号　電話：0758-3392229
福建省莆田市荔城区黄石镇莆田工艺美术城玉雕区1-12号　邮编：526200

隆尧县魏庄镇今程科技电脑

专业从事电脑的销售及配件，提供技术服务。

电话：0319—6580130
地址：河北省邢台市隆尧县魏庄镇汽车站



## 饶平县花冠瓷艺厂

饶平县花冠瓷艺厂集研究开发、生产、集收藏鉴赏、古瓷精仿、日用和工艺、陶瓷商贸于一体的陶瓷生产企业，主要生产高档日用、工艺陶瓷。

创造精致空间，提升生活品质是我们的目标，竭诚为您提供优质的产品和服务。

联系人：谢海鹏 13923520222
电话：0768-8627111 8625707
邮编：515736 电子邮件：huaguan707@126.com
地址：广东省潮州市饶平县新丰镇菜西村暗山仔

## 深圳市德宇工艺饰品有限公司

深圳市德宇工艺饰品有限公司成立于2005年，主要生产经营各种工艺金属徽章、匙扣、开瓶器、书签、首饰、袖扣、皮带扣、奖牌、服饰配件；皮饰、案台摆设及PVC软胶等工艺品。

德宇有超过10年的生产、经营经验，公司一直以“优质信誉、服务”为经营方针，“以创造行业第一品牌为目标，与德宇做生意就是放心”——这是德宇人现在和将来一直追求的目标。

电话：0755-28193356
传真：0755-28169201
网址：www.szdeyu.cn
电子邮件：szdeyu88@163.com
邮编：518122
地址：广东省深圳市龙岗区爱联D区12巷2号楼202室
联系人：程明福
13360506168

## 饶平县源鑫陶瓷厂

饶平县源鑫陶瓷厂成立于2007年，主要从事于日用陶瓷、工业陶瓷的生产与销售。

源鑫公司在不断完善基础设施的同时，积极引进先进的管理理念，实施高效管理、品质管理策略，开创企业特有的研发、生产、销售与服务体系，以创新为前提，服务为后盾，竭诚为新、老客户提供优质、完善的全程服务。

联系人：黄伟群
电话：0768-8182428
地址：广东省潮州市饶平县新塘镇新楼 邮编：521000

## 深圳市集韵文化傳播有限公司

陶从事瓷制品，文化用品，定型包装茶叶批发。大师级珍藏级茶叶及收藏级的精仿古瓷器的礼品组合套装。

电话：0755-25904019 25900807 25904663
联系人：郑廷
邮编：518000
地址：广东省深圳市罗湖区嘉宾路爵士大厦8A07

## 汕頭市華麗斯日用化

汕头市华丽斯日用化妆品有限公司成立于1992年，主要生产华丽斯牌日用化妆品。

本公司秉承“顾客至上，锐意进取”的经营理念，坚持“客户第一”的原则为广大客户提供优质的服务。欢迎广大客户惠顾！

联系人：洪学勇
电话：0754-82490819 82499278 传真：0754-82499278
地址：广东省汕头市护堤路龙美工业区四座 邮编：515021

## 深圳市罗湖区祥龙工艺礼品商行

深圳市罗湖区祥龙工艺礼品商行成立于2008年，主营水晶礼品，水晶奖杯，多种装饰品的批发、零售。我公司秉承“锐意进取，客户第一”的经营理念，坚持客户至上，竭诚为广大客户提供一流的产品和满意的服务。

联系人：李波
电话：0755-82320119、13510060801
地址：广东省深圳市罗湖区沿河南路2号怡都大厦5楼C室 邮编：518000

## 汕头市美达工艺制品有限公司

汕头市美达工艺制品有限公司成立于1989年，我们专业生产各种不同的工艺纸盒，产品包括储物盒、文具盒、礼品盒等，至今已有20年生产高品质工艺纸盒的历史。同时我们也致力于开发新的产品以迎合全球客人的需求。

我们本着“信誉第一”的宗旨，欢迎您的光临！

联系人：李河雄 13902725468
电话：0754-87365026 87381773
传真：0754-87381773
邮编：515071
地址：广东省汕头市濠江区达濠街道办事处后面第二栋工业厂房

## 新田玻璃工艺制品有限公司

玻璃工艺制品有限公司始建于1998年，是一家专业生产炉台、圣诞礼品，玻璃（公仔、电镀、染色等）的私营企业，热忱欢迎国内外客商洽谈合作、共同发展！

联系人：黄川黔
电话：0752-3561948 3561422 13825286367
传真：0752-3561938 电子邮件：hcq3339812@126.com
地址：广东省惠州市惠阳区秋长镇白石村边潭组 邮编：516000

## 汕头市源加工艺实业有限公司

汕头市源加工艺实业有限公司成立于2006年，是一家专门生产销售钟表、礼品、工艺品的企业。

以质量求生存，以信誉求发展。欢迎广大新老客户来厂考察与洽谈业务！

联系人：陈龙仲
13902703330
电话：0754-86105720
86105710
邮编：515023
地址：广东省汕头市龙湖区外砂镇青年路西侧

## 新兴钟表配件厂

新兴钟表配件厂成立于1997年，本厂专业生产、加工、销售钟表、手机、镜片、辅料、锌合金。我们的服务宗旨：客户的期望和需求就是我们的追求。以精湛的技术和优质的服务来回报客户对我们的信任。建立了良好的质量管理体系，保质，保量，准时地完成客户交付的任务。坚持“以质量求生存，以成本求效益”的宗旨，恪守信誉，用户至上。以新的理念，最大限度的让利政策，与各界朋友真诚合作，携手并进，共创美好未来。

联系人：吕太存
电话：0755－26554865 传真：0755－26554860
地址：广东省深圳市南山区西丽镇塘朗A工业区10栋4楼
电子邮件：xinxingtaiyao@163.com 邮编：518000

家居生活用品礼品工艺品

## 广西壮族自治区 / Guangxi Zhuang Autonomous Region

**百色市右江区梁丽平香港金钻轩珠宝城**
业务：主要经营黄金、铂金、钯金、钻石镶嵌饰品及玉器，我们的宗旨是以诚待人，以质取胜，并承诺保质、保修、保养服务。还可以按照客户的要求定单定做各种款式。
产品：香港金钻轩珠宝(百色)直营店
地址：广西百色市向阳路 12 号
负责人：梁丽平　邮　编：533000
法　人：梁丽平
Tel：0776－2820888
Fax：0776－2838536

**顺兴陶瓷经营部**
业务：销售陶瓷
地址：广西省梧州市新兴二路
负责人：陈志汉　邮　编：543000
法　人：苏健真
Tel：0774－2268990
6023190

**邱忠餐具五金电器经营部**
业务：餐具五金，家用小电器
地址：广西省玉林市工业品市场 D 区 D 幢 20 号富民路 115－2
负责人：邱忠　邮　编：537000
法　人：邱忠
Tel：13907757438
0775－2083899

**百色市睡佳床垫厂**
地址：广西壮族自治区百色市右江区城东商贸城 12 号
负责人：周国平
Tel：0776－2932537
13977620048

**月垌供销社**
业务：日用品供销
地址：广西省玉林市陆川县乌石镇月垌街
负责人：陈军荣　邮　编：537000
法　人：陈军荣
Tel：0775－7193068

**玉林康澳家具有限公司**
业务：办公家具、酒店家具生产销售
地址：广西省玉林市区石子岭工业区云良路 21 号
负责人：冯科惠　邮　编：537000
法　人：冯科惠
Tel：0775－3880009

**广西省北海市钰龙珠宝有限公司**
业务：广西省北海市钰龙珠宝有限公司成立十多年来，一直致力于珍珠系列的研发、生产、销售一条龙服务。"诚信为本，质量保证，价格合理"，竭诚欢迎各方客户来电来人洽谈业务，共同合作。
地址：广西省北海市北部湾西路中航大厦一楼
邮　编：537000
法　人：范宝玉
Tel：0779－3070644
Fax：0779－3070644

**龙胜各族自治县蚊香厂**
业务：生产及销售"桂胜牌"系列高效蚊香
地址：广西桂林市龙胜县兴龙北路 236 号
负责人：陈斌　邮　编：541700
法　人：陈斌
Tel：0773－7512717

**超记陶瓷店**
业务：销售陶瓷
地址：广西省玉林市外环南路工业品市场(太阳城宾馆斜对面)
负责人：钟超　邮　编：537000
法　人：钟超
Tel：0775－2088575
13707757078

**北海市昭君珍珠有限公司**
业务：珍珠的养殖和销售，珍珠的加工
产品：珍珠
地址：广西壮族自治区北海市云南路 58 号银湾花园园中苑银海轩 2－301 号
负责人：陈彦翔　邮　编：536000
法　人：陈彦翔
Tel：0779－3926106
Fax：0779－3926106

**百色市百宁软木制品厂**
地址：广西壮族自治区百色市右江区六塘加油站斜对面
负责人：宁宇
Tel：0776－2827183

**北流市光明眼镜店一分店**
业务：验光配镜、销售：中、高档眼镜
地址：广西壮族自治区北流市城中路 101 号
负责人：陈生　邮　编：537400
法　人：陈生
Tel：0775－6224880
6224660
Fax：0775－6224660

**北流市光明眼镜店**
业务：验光配镜、销售：中、高档眼镜
地址：广西壮族自治区北流市城中路 51 号
负责人：陈生　邮　编：537400
法　人：陈生
Tel：0775－6224880
6224660
Fax：0775－6224660

**广西原金文化礼品有限责任公司**
地址：广西壮族自治区北海市海城区四川南路中海花园 2 号楼 308 号(建行宿舍 2 幢
负责人：李慧明
Tel：0779－3208028

**贵港市明圆家私**
业务：双虎家私，青春 E 派儿童套房，华伸高级办公台家具，实木套房
地址：广西壮族自治区贵港市金港大道西江家具城
负责人：邓小明　邮　编：537000
法　人：邓小明
Tel：13707859122
0775－4566853

**桂平市神工家具批发广场**
业务：批发、零售：各类家具
地址：广西壮族自治区桂平市一农贸市场三楼
负责人：郭小玲　邮　编：537200
法　人：郭小玲
Tel：0775－3370278

**平桂管理区黄田大成石材工艺厂**
业务：加工广西白大理石
地址：广西壮族自治区贺州市八步区黄田镇五拱水路口东水村原大队民兵场沙坝
负责人：唐德相　邮　编：543000
法　人：唐德相
Tel：15878455329
0774－7998368

**桂林市宝银石膏装饰材料厂**
业务：专业生产高强防水硅钙板，精品石膏线两大系列产品
地址：广西桂林市中隐路 41 号
负责人：徐立平　邮　编：541000
法　人：徐立平
Tel：13978362739
0773－2550700

**福永工艺品有限公司**
地址：广西壮族自治区贵港市平南县平山镇
负责人：李福永
Tel：0775－7652413
13977535603

**八步金洋家具店**
业务：实木套房、实木办公系列
地址：广西壮族自治区贺州市八步区建设中路(招商楼底层)
负责人：刘少玉　邮　编：542800
法　人：刘少玉
Tel：0774－5296248
Fax：0774－5231220

**广西贺州市恒丰竹产品加工厂**
业务：竹制品加工及销售
产品：各种规格竹签、其它竹制品
地址：广西壮族自治区贺州市八步区莲塘镇古柏村新寨组 220 号
负责人：张育勋　邮　编：542800
法　人：张育勋
Tel：0774－5118329
Fax：0774－5118339

**贺州市恒丰竹产品加工厂**
业务：竹木制品加工，生活竹木制品
地址：广西壮族自治区贺州市八步区莲塘镇古柏村新寨组 220 号
负责人：张育勋　邮　编：543000
法　人：张育勋
Tel：13978444917
0774－5118339
5118329
网址：http://www.51zzt.com/user/zzt32389

**广西荔浦东升蚊香厂**
地址：广西壮族自治区桂林市荔浦县东昌镇栗木街 73 号
负责人：钟康亮
Tel：0773－7116230
13878386700

**贺州市八步鑫辉宝石加工厂**
业务：天然水晶加工及销售
产品：天然紫晶，黄晶，碧玺，手链，手镯，耳坠等
地址：广西壮族自治区贺州市八步区新兴南路(厦良村九组 18 号)
负责人：成国辉　邮　编：543000
法　人：成国辉
Tel：13768142350
0774－5212009
Fax：0774－5212009
网址：www.chengguohui2008.cn
E-mail：chengguofei2008@yahoo.cn

**富鹏工艺品有限责任公司**
业务：主要生产销售木、藤、草、竹、铁线、圣诞节等工艺品编织
地址：广西壮族自治区钦州市浦北县樟家街 22 号
负责人：李毅　邮　编：535300
Tel：0777－8598063
Fax：0777－8598034
E-mail：fp－liyi@163.com

**钦州市钦州港创意眼镜店**
业务：验光配镜、销售：中、高档眼镜
地址：广西壮族自治区钦州市新兴街 74 号
负责人：高经理　邮　编：535000
Tel：13737778538
13877778936

**苍梧县狮寨镇兴发木器加工厂**
业务：木器工艺品的加工
地址：广西壮族自治区梧州市苍梧县狮寨镇龙江村
负责人：梁杰　邮　编：543112
法　人：梁杰
Tel：13877425399
13878422378
0774－2770399

**玉林市雅代玻璃工艺**
业务：玻璃工艺、玻璃深加工、木核工艺品、装修工程
地址：广西壮族自治区玉林市民主东路 356 号
负责人：何加猛　邮　编：537000
法　人：何加猛
Tel：13877500563
0775－8888689
2816749
E-mail：ydblgy@126.com
QQ：153872561

**宾阳县商贸城鑫义卫浴洁具店**
业务：卫浴洁具的销售
地址：广西南宁市宾阳县商贸城东二段 87 号
负责人：马荣义　邮　编：530000
法　人：马荣义
Tel：15878812257
0771－8235127

**荔浦县捷发竹木工艺厂**
地址：广西壮族自治区桂林市荔浦县荔桂路龙口开发区油库 61 街坊大楼后
负责人：黄耀光
Tel：13607836926

**广西田阳县正仁电热炊具厂**
业务：广西田阳县正仁电热炊具厂成立于 1994 年，主要生产电炒锅、民用锅等炊具。"诚信为本，信誉第一，客户至上"，热诚欢迎新老客户惠顾。
地址：广西壮族自治区百色地区田阳县 274 地质队院内
邮　编：533600
法　人：卢飞雄
Tel：0776－3230080

**南宁市云鹏地毯用品店**
业务：销售地毯
地址：广西南宁市西关路 28 号
负责人：周小云　邮　编：530000
法　人：周小云
Tel：13097716623
13878858410
0770－2800358

**桂林市富康木制工艺厂**
地址：广西壮族自治区桂林市灵川县青狮潭文家村
负责人：阳才旺
Tel：13977333932

**鲣利厨具有限公司**
地址：广西壮族自治区桂林市象山区民族路 171 号
负责人：李合华
Tel：0773－3856719
13077624450

**南宁万宁床垫经营部**
业务：主营：家具，万宁、臣龙床垫，床上用品
地址：广西南宁市展览馆东展场 B 区 16 号
负责人：钱金标　邮　编：530000
法　人：钱金标
Tel：13517666160
0771－5645201
15977737091

**桂林市精平烟花炮竹贸易有限责任公司**
地址：广西壮族自治区桂林市雁山区雁山镇良丰农场桂阳公路边
负责人：王精平
Tel：13014858986

**北海海世界生态水族画有限公司**
业务：北海海世界生态水族画有限公司成立于2006年，经营生态水族画，超薄壁画，给你视觉享受。
地址：广西壮族自治区北海市海城区四川路46号宝谊大厦17楼B号
负责人：侯智信 邮编：536000
法人：侯智信
Tel：0779－3063166
Fax：0779－3035099

**寨六木器店**
业务：加工销售实木木器
地址：广西钦州市浦北县六银镇北街
负责人：庞甫庆 邮编：535000
法人：庞甫庆
Tel：13737780155
0777－8758155

**八步花炮厂**
地址：广西壮族自治区贺州市八步区八步镇竹山路56号
负责人：邹富普
Tel：13387742883

**美大集成环保灶北海专卖店**
业务：集成环保灶专卖
地址：广西省北海市重庆路胜景楼
负责人：陶汉民 邮编：536000
法人：陶汉民
Tel：0779－8889824
3228637

**柳州市琨玳民俗工艺制品有限责任公司**
地址：广西壮族自治区柳州市城中区高新一路科技一条街1117－3号
负责人：韦红秀
Tel：13078069635

**桂林市新晟办公家具有限公司**
业务：生产和销售办公家具
产品：办公家具
地址：广西省桂林市精品家私城办公家具楼2楼
负责人：孙文俊 邮编：541000
法人：孙文俊
Tel：15977347088
0773－2609208
Fax：0773－2619088

**鹿寨县維容宏达木制品经营部**
地址：广西壮族自治区柳州市鹿寨县維容镇維柳路57号
负责人：陈志军
Tel：0772－6511208

**荔浦祥民木制品有限责任公司**
业务：荔浦祥民木制品有限责任公司成立于2006年，专业生产销售木衣架，欢迎新老客户来电洽谈业务。
地址：广西壮族自治区桂林市荔浦县荔桂路二七零工业园区
负责人：刘祥明 邮编：546600
法人：刘祥明
Tel：0773－7230586
7230556
网址：www.mtw26715.chinapyp.com
E-mail：mtw26715

**桂林平乐精泰五金塑胶制品有限公司**
业务：专业生产精品汽车模型、汽车电器零附件、玩具礼品及日用品，并承接五金抛光、零配件、喷涂及移印等业务。秉承"品质第一、信誉至上"的宗旨竭诚为您提供满意的服务！
产品：1/43车模（宾士、奥迪、保时捷、奥普、宝马、福特等）
地址：广西省桂林市平乐县平乐镇马渭村
负责人：李克川 邮编：542400
法人：李克川
Tel：0773－7896633
Fax：0773－7896611
E-mail：gxplkt@163.com

**融安县长安新发竹筷厂**
地址：广西壮族自治区柳州市融安县长安镇机务段鱼种场
负责人：李巧云
Tel：0772－8113793
13977201526

**兴安县全友家私城**
业务：家具及配件
产品：床，办公用品
地址：广西省桂林市兴安县兴安市场2楼路
负责人：李平西 邮编：541311
法人：李平西
Tel：13607835517

**广贤实木家具厂**
地址：广西壮族自治区柳州市融水镇玉仙路130号
负责人：吴光言

Tel：0772－5127682
13977203325

**碎江竹席厂**
业务：生产和销售竹席、竹垫、竹筷、竹制衣架、竹椅、竹床、竹枕等各类竹制品
产品：竹席、竹垫、竹筷、竹制衣架、竹椅、竹床、竹枕等各类竹制品
地址：广西省桂林市阳朔县白沙镇
负责人：何庆云 邮编：541000
法人：何庆云
Tel：13507838732
0773－8772299
Fax：0773－8772929

**祖雄竹制品加工厂**
地址：广西壮族自治区柳州市三江侗族自治县斗江镇斗江街8号
负责人：梁祖雄
Tel：0772－8561278
13978210195

**宾阳县金利工艺品制品厂**
地址：广西壮族自治区南宁市宾阳县宾州镇临浦街
负责人：黄德良
Tel：0771－8258777

**力盛建材柳州总代理**
业务：代理惠万家陶瓷
地址：广西省柳州市城站路
负责人：吴约尔 邮编：545000
法人：吴约尔
Tel：15878295531
0772－3615786

**钦州市钦城管理区高岭工艺品厂宾阳分厂**
地址：广西壮族自治区南宁市宾阳县新桥镇水电学校内
负责人：蓝金辉
Tel：0771－8258767
13878720108

**北海市银海区施福源珍珠翡翠批发商行**
业务：珍珠、缅甸翡翠批发零售
地址：广西自治区北海市长青路2号
负责人：施善稳 邮编：536000
法人：施善稳
Tel：0779－3069180
3895609

**南宁市贝源木业有限公司**
业务：主要经营各种木材的加工与销售。
地址：广西壮族自治区南宁市江南区凤凰木材城C－04
负责人：吴可秀 邮编：530000
Tel：0771－4590652
Fax：0771－4502779

**上海亿飞床单（广西总代理）**
业务：代理亿飞床单、四件套
地址：广西省柳州市新时代商业港地下东2区D6－78号
负责人：朱琳 邮编：545000
法人：朱琳
Tel：13877272493
0772－3800563

**超日炉具有限公司**
地址：广西壮族自治区南宁市城北区北大北路25号梦泽园洞庭阁2单元102号房
负责人：钟业江
Tel：13207812168

**南宁市新世纪眼镜店**
地址：广西壮族自治区南宁市城北区北湖北路9号A座第8号
负责人：李苏球
Tel：0771－2922243

**协华沙发专卖店**
业务：生产、销售各类中、高档沙发
地址：广西省柳州市鱼峰区东环路（东骏家具厂内）
负责人：谭锦成 邮编：545000
法人：谭锦成
Tel：0772－2625699
13597222953
Fax：0772－8819378
网址：www.xiehuasofa.com

**广西省柳州市协华沙发专卖店**
业务：专营协华真皮沙发，售后服务完善，以质高价优的产品，周到热情的服务，敬请新老客户光临选购！
产品：真皮沙发
地址：广西省柳州市鱼峰区东环路中段
负责人：谭锦成 邮编：545006
法人：谭锦成
Tel：0772－2625699
13597222953
Fax：0772－8819378
网址：www.xiehuasofa.com

**南宁亨得利钟表眼镜有限责任公司五分店**
地址：广西壮族自治区南宁市城北区衡阳西路19－28，19－29
负责人：梁宝健
Tel：13005923585

**横县平朗黄强木器厂**
地址：广西壮族自治区南宁市横县平朗乡黄强村
负责人：黄泽欧
Tel：0771－7342186 13077774982 13006911525

**广西新泰菲工艺制品有限公司**
地址：广西壮族自治区南宁市武鸣县南宁华侨投资区民涵实业公司
负责人：黄春
Tel：13978741169

**北海市源龙珍珠有限公司南宁彩珠经营部**
地址：广西壮族自治区南宁市新城区古城路19号大门右侧
负责人：石子聪
Tel：0771－2851880

**广西省南宁市金福祥珠宝店**
业务：销售珠宝
地址：广西省南宁市北宁街14号
负责人：方顺泰 邮编：530000
法人：方顺泰
Tel：0771－2627748

**南宁市吉康雅橱柜有限责任公司**
地址：广西壮族自治区南宁市新城区思贤路35－2号
负责人：刘嘉莉
Tel：0771－2998739

**南宁市日昌家具有限公司**
地址：广西壮族自治区南宁市新城区新民路4号华星时代广场名仕阁1616
负责人：宁敏君
Tel：0771－2022682

**广西南宁铭树办公家具配套有限公司**
地址：广西壮族自治区南宁市新城区园湖南路6号写字楼二楼202号房
负责人：刘彤云
Tel：13978600076

**隆安县百华木材加工店**
业务：集家具研发、生产、销售、服务为一体，也可来料、来图、来样订做，为您设计制作，竭力打造安全舒适的家居生活。
产品：客厅家具
地址：广西省南宁市隆安县哪桐镇上邓村1队29号
负责人：陆智猛 邮编：532700
法人：陆智猛
Tel：0771－6630008
13768651799

**诚利宝石**
业务：本公司主要生产各种规格各种颜色人造锆石、玻璃及红钢玉、尖晶等，技术先进，造形新颖，制作工艺完美，还可以按照客户提供的样品，定单定做各种款式。
产品：正常锆石，单色面，乳锆素面，圆珠，（马眼，梨形，蛋形，直角正方，心形，三角形）
地址：广西省梧州市宝石城A54铺
负责人：谢敏桂 邮编：543002
法人：谢敏桂
Tel：13707749159
Fax：0774－3884508
网址：www.hlgems.com
E-mail：heligems@126.com

**新华路玉高工艺部**
地址：广西壮族自治区南宁市兴宁区新华街7－7号走道口
负责人：陈玉高
Tel：0771－3961528
3169275

**邕宁县大塘木衣夹厂**
地址：广西壮族自治区南宁市邕宁县大塘镇大塘街
负责人：黄福汉
Tel：13978627653

**钦州市华夏太极泉坭兴陶艺有限责任公司**
地址：广西壮族自治区钦州市钦南区大田工业集中区
负责人：吴华军
Tel：13707711596

**梧州市湘桂源珠宝行**
地址：广西壮族自治区梧州市蝶山区西环路中段68号宝石城3004号铺
负责人：张德良
Tel：13877483921

**梧州市新艺珠宝店**
业务：零售人造钻石、水晶、玻璃
产品：人造钻石、水晶、玻璃
地址：广西省梧州市西环路中段宝石城A55－56号
负责人：许敏曜 邮编：543002
法人：莫美莲
Tel：0774－3889331
Fax：0774－3880363
网址：www.hsinyigems.com
E-mail：tigerhsu365@hotmail.com

**明信珠宝店**
业务：珠宝经营
地址：广西省梧州市西环中段宝石城68号C102号铺
负责人：黄建霖 邮编：543000
法人：黄建霖
Tel：0774－3886282

**广西博白县恒昌工艺品有限责任公司**
地址：广西壮族自治区玉林市博白县博白镇西江村桥头
负责人：陶永春
Tel：13878082098

**永鸿珠宝**
业务：珠宝销售
地址：广西省梧州市西环路宝石大厦A30－31铺
负责人：林庆强 邮编：543000
法人：林庆强
Tel：13737889888
0774－3884028

**玉林市和记家居用品制造有限公司**
地址：广西壮族自治区玉林市福绵管理区沙田镇良平工业区
负责人：兰雁
Tel：13877554448

**胜利根雕厂**
业务：黄金樟、黄柳木、黄檀
地址：广西省梧州市蒙山县蒙山镇西街141号
负责人：彭达坤 邮编：546700
法人：彭达坤
Tel：0774－6282608
13707746048
18977446048

**金城江区家佳无油烟灶台经营部**
业务：家佳无油烟灶台专卖，优质服务，质量保证！
地址：广西自治区河池市南新西路201号
负责人：蓝勇 邮编：547000
法人：蓝勇
Tel：13977848654
0778－2299094

**广西容县金洋家俱厂**
地址：广西壮族自治区玉林市容县十里乡十里圩
负责人：林积祥
Tel：0775－5531030
13807755686

**广西博白焕发工艺品有限公司**

广西博白焕发工艺品有限公司地处博白县江宁经济开发区，具有自营出口权，是博白县的对外贸易重点骨干企业。

公司主要生产芒、竹、藤、木、布、铁等工艺品，所生产的产品远销欧美、东南亚等几十个国家和地区，本厂坚守"重合同、守信誉"的原则，奉行"客户至上、质量第一"的经营宗旨，愿与您携手合作，共创辉煌明天！

联系人：黄光胜 13707753493
电话/传真：0775－8483292
网址：www.huanfa1.cn
邮编：537634
地址：广西博白县江宁镇北新街001号

# 平乐县张家镇榕津炮竹厂

平乐县张家镇榕津炮竹厂创立与1998年，主要从事鞭炮的生产销售，主营全红、特红各种规格炮竹。

我厂本着“客户第一，诚信至上”的原则，与多家企业建立了长期的合作关系。热忱欢迎各界朋友前来参观、考察、洽谈业务。

联系人：侯敬宏 13907737298
电话：0773-7725476
地址：广西壮族自治区桂林市平乐县张家镇榕津石扒岭 邮编：541000

## 海南省/Hainan Province

**海南家化销售有限公司**
地址：海南省澄迈县金江镇金江大道西侧
负责人：宣平
Tel：0898－68532618

**儋州健皇家具厂**
业务：主要经营：高档套间系列、真皮软床、红木沙发、红木实木床、办公系列、床上用品、真皮沙发、酒店配套家具（以上为客户设计订做各款家具）
地址：海南省儋州市新总汽车站对面
邮编：571700
法人：陈苏
Tel：0898－23323631
23311889
Fax：0898－23311389

**海南美人儿珍珠有限公司**
地址：海南省海口市国贸大道国联大厦 A 座 1101 室
负责人：付丽慧
Tel：0898－68533128

**海口亚陶卫浴贸易有限公司**
地址：海南省海口市海府路 152 号华泰建材装饰城 A1－15 号铺面
负责人：吴乐忠
Tel：13337680055

**金华家具有限公司**
业务：金华家具有限公司位于海口市龙华西路华深家具博览中心开楼，经营办公家具、民用家具、床上用品、办公用品及室内外装饰装修。立足现在，展望未来，我们将继续不断进取，努力不懈地与各界人士携手合作，再创佳绩。
地址：海南省海口市龙华西路华深家具博览中心一楼 A 区 4 铺面
邮编：570206
法人：梁泽升
Tel：0898－66525720
Fax：0898－66982011

**海口福瑞德时尚卫浴有限公司**
地址：海南省海口市海府路 152 号华泰建材装饰城第一层第 A1－05 号
负责人：朱伟
Tel：13807651208

**海南富通明珠黄金珠宝城有限公司**
地址：海南省海口市海秀路 15 号明珠广场第一层铺面
负责人：庄碧双
Tel：13307688988

**海南艺藤竹社工艺家具有限公司**
地址：海南省海口市海秀路华侨新村 A2 幢 202 房
负责人：陈塞晶
Tel：13086000385

**海口小光头日用品有限公司**
地址：海南省海口市华海路东海小区五栋 5212 房
负责人：蔡昕阳
Tel：13006018309

**海口市明亮木材包装有限公司**
业务：海口市明亮木材包装有限公司成立于 2004 年，主要从事木材的加工。我们本着诚信为本，质量第一的经营理念，愿同广大新老用户一道，携手并进，共创辉煌！
地址：海南省海口市美兰区三江镇
邮编：571133
法人：郭亮
Tel：0898－65774622
Fax：0898－65774042

**海口永川酒店用品有限公司**
地址：海南省海口市青年路 9 号乳胶厂宿舍 A 幢 201 室
负责人：罗之夫
Tel：13005033056

**琼山许山志达家具厂**
地址：海南省海口市琼山区府城镇琼州高速公路起点中岛经贸大厦
负责人：许少东
Tel：13807639829

**龙华斯多纳床上用品厂**
地址：海南省海口市秀英区丘海大道肉联厂旁边
负责人：李小勇
Tel：0898－68631577
68681577
13907543280

**海口金川家具有限公司**
地址：海南省海口市勋亭路海军九一六五三部队院内
负责人：拓跋
Tel：13078967126

**海口蓝雅家具有限公司**
地址：海南省海口市玉沙路 19 号城中城小区 A 座地下一层
负责人：梁居群
Tel：13005033056

**琼海港龙工艺品有限责任公司**
地址：海南省琼海市嘉积镇银海路
负责人：王文伟
Tel：0898－62921008

**琼海鼎盛实业开发有限公司潭门鼎盛工艺品厂**
业务：琼海鼎盛实业开发有限公司潭门鼎盛工艺品厂成立于 1994 年，泡沫模具设计制造，贝壳工艺品生产，欢迎新老客户来电洽谈业务！
地址：海南省琼海市潭门镇工业开发区加油站
负责人：李业盛 邮编：571400
法人：李业盛
Tel：0898－62768977
Fax：0898－62768988

**箭牌洁具行**
地址：海南省三亚市解放四路 67 号铺面
负责人：黄鸿江
Tel：0898－88390999
13907533566

**新世纪珍珠工艺店**
地址：海南省三亚市商业街
负责人：林日荣
Tel：0898－88250768
88277291
13807511850

# 海口东阳家俱有限公司龙昆南营业部

海口东阳家俱有限公司龙昆南营业部是一家集设计、生产、销售、服务一体的仿古家俱、酒店家俱等红木家具生产企业。

多年来深受客户好评，我们始终坚持优良的服务，良好的信誉，欢迎您的合作。

联系人：陈兴贵
电话：0898-65853288 13707561168
地址：海南省海口市龙昆南路32号商铺 邮编：570206

## 四川省/Sichuan Province

**成都德睿商贸有限公司**
业务：品牌香水和润滑油的销售
产品：品牌香水和润滑油
地址：四川省成都市海椒市东四街东城攻略 2 幢 312 室
负责人：王乔 邮编：610000
法人：王乔
Tel：13551868302
15828034091
028－65559766
网址：http://www.cdderui.cn/chinese/index.asp
E-mail：cddrrsm@tom.com

**家家乐川港床垫厂**
地址：四川省巴中市巴州区江北白云台 3 社
负责人：万明祥
Tel：13608247113

**成都市绵江区金典沙发厂**
业务：成都市绵江区金典沙发厂是一家专业从事布艺沙发、真发沙发的企业，现有员工 100 余人。热忱欢迎新、老顾客光临惠顾。
地址：四川省成都市绵江区琉璃场乡祝国寺村十组 15 号
邮编：610063
法人：王开云
Tel：028－85919111
Fax：028－85912211

**飞欧洁具专卖店**
业务：飞欧洁具专卖
地址：四川省成都市熊猫大道富森美家具 6 区 8 栋 4 号
负责人：戴一忠 邮编：610000
法人：戴一忠
Tel：028－83551486
13408646722

**梦舒宁拖鞋责任有限公司**
地址：四川省巴中市平昌县江口镇金宝乡原织布厂内
负责人：邹亚平
Tel：13194747777

**崇州市供销社总公司**
业务：烟花爆竹批发，农资经营
地址：四川省崇州市崇阳镇上南街 88 号
负责人：杨志刚 邮编：611230
Tel：028－80293388
82311111

**辉煌床垫厂**
地址：四川省巴中市平昌县江口镇新平街 93 号
负责人：代戌如
Tel：0827－6221176
13198146877

**仁寿县红运陶匣有限公司**
业务：耐火材料、日用陶瓷、坩锅等生产销售
地址：四川省眉山市仁寿县汪洋镇大忠村三社
负责人：胡万祥 邮编：620587
法人：胡万祥
Tel：13808167848
0833－6709438

**金图雷鸣花炮厂**
地址：四川省巴中市平昌县江口镇友谊村
负责人：雷兴忠
Tel：0827－6280094
13980291967

**成都市武侯区东升木器制作部**
业务：成都市武侯区东升木器制作部成立于 2004 年，专业从事大型展览；户外灯箱广告设计、制作；室内外装修、装饰等服务。欢迎来电垂询。
地址：四川省成都市武侯区恒新巷 80 号
邮编：610000
法人：贺建贵
Tel：13518123911

**成都大拇指眼镜有限公司**
地址：四川省成都市成华区建设巷 1 号附 28 号
负责人：赵年进
Tel：13678095904

**成都峰伟电器有限责任公司**
地址：四川省成都市成华区双林巷 2 号
负责人：吴恩君
Tel：028－89833827

**四川大光明眼镜有限公司大石西路店**
地址：四川省成都市大石西路 187 号
负责人：陈成安
Tel：028－86655616

**成都市金牛区浩发塑胶门帘经营部**
地址：四川省成都市二环路北三段 136 号 3 号楼 B 单元 1－2 号
负责人：张植浩
Tel：028－83330084
88834368
13980634918

**佛缘阁作明佛母商贸有限公司**
业务：本公司始建于 1997 年，主要经营佛像、法器、13 种景泰蓝宝瓶和如意宝瓶等。由于我们的产品精美，价格合理，且对佛友特别优惠，因此倍受信众关注，至今已在成都、北京、南宁、广州、青岛、日照、太原、五台山开有八家分店，有各地代理商几十家，产品远销至美国、加拿大、澳大利亚、泰国、新加坡、马来西亚、台港澳等十几个国家和地区。
地址：四川省成都市武侯区洗面桥横街 37－34 号
负责人：赵宝柱 邮编：610041
法人：廖彦松
Tel：028－85566437
85535279
Fax：028－85583524
网址：www.fuyuange.com
E-mail：zbz4317@126.com

**成都市蓝速电器有限公司**
地址：四川省成都市高新技术开发区二环路南三段 156 号
负责人：邓丹
Tel：13056660706

**成都欧美电器设备有限公司**
地址：四川省成都市高新技术开发区芳沁街 25 号
负责人：宋伟力
Tel：13008127312

**成都金娃娃育婴用品有限公司**
地址：四川省成都市高新技术开发区肖家河中街 43 号
负责人：张静涛
Tel：028－87641376

**新佳艺沙发厂**
地址：四川省成都市金牛区洞子口乡古柏村四组
负责人：马林思
Tel：028－83421392
13908188366

**金牛区阿比斯眼镜商行**
地址：四川省成都市金牛区抚琴二区 47 幢 4 单元 5 号
负责人：张武文
Tel：13980888853

**成都欧尚美家居有限公司**
业务：成都欧尚美家居有限公司，主要零售：家具，针纺织品，地毯，灯饰制品，办公用品，日用百货，五金交电，照相器材，卫生洁具，化妆品等。欢迎新老客户惠顾！
地址：四川省成都市西玉龙街 17 号
邮编：610015
法人：蒋代兵
Tel：028－86628578
Fax：028－86627147
网址：www.cdosm.chinapyp.com

**金牛区漂亮女生饰品店**
地址：四川省成都市金牛区互利正街 68 号兴元花园
负责人：杨惠
Tel：028－68201021

**金牛区浩洋窗帘经营部**
地址：四川省成都市金牛区花照村 3 组
负责人：贾长根
Tel：13096353989

**成都市金牛区精美厨房设备金属加工厂**
地址：四川省成都市金牛区金府路金府钢材城斜对面
负责人：张智
Tel：028－87604978
13808051948

**万丰厨房用具**
地址：四川省成都市金牛区金牛乡瓦鸟子林
负责人：陈位政
Tel：028－87501103
13981766488

**成都市金牛区欧比橱柜经营部**
地址：四川省成都市金牛区三洞桥 2 号华业商业广场 2 层 A5 号
负责人：侯文涛
Tel：028－87750317

**新都区新繁镇星港家具厂**
业务：新都区新繁镇星港家具厂成立于 1993 年，是一家生产木制家具的厂家。主要生产餐桌、餐椅、麻将桌、火锅桌、教学家具、办公家具等。本厂一直以质优价廉和诚信的态度，为广大客户服务，欢迎来样订做。
地址：四川省成都市新都区新繁镇和平村 3 组"
邮编：610501
法人：宋文成
Tel：028－83082906
Fax：028－83082906

**成都鑫前沿家具厂**
地址：四川省成都市金牛区沙西线青林村 2 组
负责人：兰祖成
Tel：13348846922

**成都欧迪印象家私有限公司**
地址：四川省成都市金牛区天回镇大湾村 7 社
负责人：张保玲
Tel：13980663555

**宏大眼镜经营部**
地址：四川省成都市金牛区肖家村 4 巷 21 号符 4 号
负责人：严加贤
Tel：028－83378789
13880555859

**龙泉驿区义和镇精友家具厂**

地址：四川省成都市龙泉驿区义和镇沿滨路
……负责人：邹昌金
……Tel：028－84899513
89605366
13608013376

**四川省西昌国港精品家俬有限公司**
业务：本公司成立于2006年4月，主要经销高档家具、床上用品。“质量保证，价格合理”，欢迎新老客户光临惠顾！
四川省凉山彝族自治州西昌市胜利路佳信阳光一楼
……负责人：解超国……邮　编：615000
……法　人：解超国
……Tel：0834－3204449
……Fax：0834－3200449

**成都市武侯区昌隆家私制造厂**
地址：四川省成都市彭镇兴福村2社
……负责人：李定国
……Tel：13881899688

**四川省荥经县亿豪砂器有限公司**
业务：砂器设计，生产，销售
产品：荥经系列砂器，茶具，工艺品，砂雕作品
地址：四川省雅安市荥经县同心街112号
……负责人：陈女士　　邮　编：625200
……法　人：严云杰
……Tel：0835－7628666
……Fax：0835－7628666
……网址：www.scyhkh.com
……E-mail：scykh@163.com

**成都市双熊猫洗涤剂厂**
地址：四川省成都市外北大丰镇
……Tel：刘光强
……Tel：028－83916785
13908228050

**成都市武侯区金森家具厂**
地址：四川省成都市武侯区簇桥高碑村3组
……负责人：陈岗
……Tel：028－85012945
13340960398

**闽　森　木　业**
业务：闽森木业于2003年成立，公司拥有员工100余人，是一家集建筑装饰材料生产、批发及零售为一体的企业。欢迎新老客户光临、惠顾。
地址：四川省眉山市洪雅县邮电局闽森木业信箱
……邮　编：620300
……法　人：卞贞利
……Tel：0833－7496166
……Fax：0833－7497886

**成都市武侯区军龙家具厂**
地址：四川省成都市武侯区簇桥南桥村3组
……负责人：徐军贵
……Tel：028－85038348
13808172930

**成都市双凤家具有限公司**
地址：四川省成都市武侯区西部鞋都B1207－208
……负责人：宋先生
……Tel：028－85005691
13308078332

**成都市武侯区顺发真空镀镍工艺品厂**
地址：四川省成都市武候区机投镇九架村五组
……负责人：刘俊发
……Tel：028－87432125
13882057567

**方圆家具厂**
地址：四川省成都市新都区龙安镇中元村
……负责人：袁德根
……Tel：028－83071635
13981777027
13808069264

**四川遂宁市金穗恒远家私**
业务：四川遂宁市金穗恒远家私主要经营家具，饰品及床上用品，办公家具。我们一直坚持“优质低价，明码实价。”的诚信经营原则。欢迎新老客户光临、惠顾！
地址：四川省遂宁市遂州中路645号（城北粮站）
……负责人：向忠民……邮　编：629000
……法　人：向忠民
……Tel：0825－2280463
网址：www.mtw27930.chinapyp.com

**新都区森翔木业制造厂**
地址：四川省成都市新都区龙虎镇
……负责人：张训超
……Tel：13881720808

**成都市新都区清流新流家私厂**
地址：四川省成都市新都区清流镇新华村二社
……负责人：李先德
……Tel：028－83064158
81063698

**区福片牌钢木家俱经营部**
地址：四川省德阳市龙桥博美装饰城
……负责人：胡勇
……Tel：0838－2275926
13909027216

**周氏木制品厂**
地址：四川省都江堰市大观乡石佛村三组
……负责人：周忠俊
……Tel：13608171098

**峨眉山市百年好床垫厂**
地址：四川省峨眉山市绥山镇绥山东路23号
……负责人：陈代康
……Tel：0833－5563801
13708131277

**西昌市景祥日杂总汇拖帕厂**
业务：西昌市景祥日杂总汇拖帕厂主要生产各式各样的高、中、低档拖帕；生产各种规格的尼龙绳；生产高粱扫帚、竹扫帚、塑料扫帚、凤尾扫帚、叉头扫帚、棕垫；各种竹床、彩条布、农膜、地薄膜、草帽、竹子产品、编织口袋等。热忱欢迎新老客户来人、来电、来函洽谈业务。愿我们携手共进，共创辉煌。
地址：四川省西昌市长安西路
……负责人：谢景祥……邮　编：615000
……法　人：谢景祥
……Tel：0834－2506499

**长新办公家私**
地址：四川省绵阳市涪城区花园批发市场D1区119号
……负责人：张信富
……Tel：0816－2389369
13608120819



## 贵州省/Guizhou Province

**吉庆烟花爆竹有限公司**
地址：贵州省安顺市西秀区塔山西路181号
……负责人：张家麟
……Tel：0853－3348268
13985301318

**惠水县盛丰日用品货仓店**
地址：贵州省都匀市苗族自治州惠水县和平镇振兴路北段
……负责人：姚饶
……Tel：0854－6229683
13985789766

**天柱县民族特色商品发展有限公司**
业务：本公司成立于2005年，主要销售地方民族特色产品（天然珍品山茶油，侗家奇液保健品，“天黔”牌三蛇、五蛇系列酒，高酿天子米，侗乡纯米酒）、民族工艺美术精品（民族服饰、蜡染工艺品、浮雕玻璃工艺品、竹木根雕工艺品）、文化艺术作品、奇石。企业追求的理念是：以质量求生存，以信誉求发展，创一流品牌，树一流形象。
地址：贵州省凯里市天柱县凤城镇电信路
……负责人：杨绍月……邮　编：556600
……法　人：杨绍月
……Tel：0855－3856688

**清镇市盛锋炉具厂**
业务：回风炉
地址：贵州省清镇市红枫湖镇娃娃桥
……负责人：刘锋胜　　邮　编：551400
……法　人：刘锋胜
……Tel：13985108208
13985108925

**如新（中国）日用保健品有限公司贵阳如新旗舰店**
地址：贵州省贵阳市宝山北路21号
……负责人：邱锦云
……Tel：0851－5933111

**贵州华森家具有限公司**
地址：贵州省贵阳市车水路157号
……负责人：池惠彦
……Tel：13809465198

**金色童年游乐玩具制造厂**
地址：贵州省贵阳市花溪区云上村清溪大道
……负责人：叶秀丰
……Tel：0851－3871706
13984030131

**贵阳云岩宝玉兰日用品经营部**
地址：贵州省贵阳市鹿冲关路227号二楼
……负责人：陈建元
……Tel：13984371287

**贵阳科一技眼镜有限公司第一分店**
地址：贵州省贵阳市南明区中华南路176号
……负责人：谢公达
……Tel：0851－5213199

**宝健（中国）日用品有限公司贵州分公司**
地址：贵州省贵阳市省府路43号1单元6－12号
……负责人：李道
……Tel：0851－5806749

**贵阳市南明区初生贵族母婴用品经营部**
地址：贵州省贵阳市阳明路花鸟市场B栋1层
……负责人：全利华
……Tel：0851－5521518

**贵阳碧光文化礼品营销部**
地址：贵州省贵阳市云岩区富水北路43号
……负责人：陈庆志
……Tel：0851－5877043
13809458007

**红果金辉家俱城**
地址：贵州省六盘水市盘县红果经济开发区五十米大街
……负责人：符义洪
……Tel：0858－3634964
13595873188

**贵州都匀科安生防护用品有限公司**
地址：贵州省黔西南布依族苗族自治州都匀市民族路54号
……负责人：马保华
……Tel：0854－8224067

**湄潭县友明木材加工厂**
业务：本公司成立于1983年，现有60多名员工。主要经营各种木材、家具的加工与销售，木雕、冰雕。
地址：贵州省遵义市湄潭县湄江镇关音洞酒厂
……邮　编：564100
……法　人：刘友明
……Tel：0852－4223377

**铜仁地区新时光灯饰有限公司**
地址：贵州省铜仁市锦江广场第一商业大街C2

栋一、二楼
…………负责人：贺建
…………Tel:0856－5211586

**四川华玉竹业有限公司赤水分公司**
地址：贵州省遵义地区赤水市长沙镇长沙路29号
…………负责人：陈立
…………Tel:0852－2951313

## 云南省/Yunnan Province

**巧夫人电器云南营销中心**
业务：巧夫人油烟机等厨房用品
地址：云南省昆明市邦兴新时代13幢3号
……负责人：卢小海　邮　编：650000
……法　人：卢小海
……Tel:0871－4644582
15808793089

**凤砚工艺品厂**
地址：云南省大理白族自治州洱源县凤羽镇起凤村营尾98号
…………负责人：段臻然
…………Tel:0872－5321246
13368723838

**昆明市官渡区吉隆家具厂**
业务：昆明市官渡区吉隆家具厂主要生产、批发、零售套房家具（古典套房和休闲套房两种），包括木柜、床、梳妆台等。十多年来，我们凭着广大客户的支持以及本厂员工的不懈努力，对家具工艺的不断追求，业务蒸蒸日上，产品深受广大消费者的欢迎。
地址：云南省昆明市官渡区东郊小板桥镇
…………邮　编：650214
…………法　人：邱财金
…………Tel:0871－7364346
…………Fax:0871－7364346

**昆明百科文仪家俱有限公司**
地址：云南省昆明市北京路延长线908号汇峰大厦B座一、二楼
…………负责人：邓基源
…………Tel:0871－5709838
13888933996

**意达尔特沙发得胜家居专卖店**
业务：意达尔特牌沙发等家具的代理销售
地址：云南省昆明市得胜家居世博店A区1002
……负责人：杨胜富　邮　编：650200
……法　人：杨胜富
……Tel:0871－3851608
13888163446

**益明家私经营部**
地址：云南省昆明市官渡区得胜家具城1楼F区10号
…………负责人：郭益明
…………Tel:0871－7361798
13888788217

**香楠林家私**
地址：云南省昆明市官渡区得胜家具城二楼A区13号
…………负责人：田晓红
…………Tel:13888227466

**关上仙梦床具厂**
地址：云南省昆明市官渡区螺蛳山
…………负责人：孙庆先
…………Tel:13808704276

**永兴办公家具制造厂**
地址：云南省昆明市官渡区贵昆路380号
…………负责人：王国民
…………Tel:0871－7191300
13987106118

**云波长虹家具厂**
地址：云南省昆明市官渡区龙泉镇波罗村407号
…………负责人：雷加宾
…………Tel:0871－5625356
13708483367

**苹果王洁具**
业务：苹果王卫浴，中、高档水龙头、感应洁具、不锈钢水槽、陶瓷洁具、豪华柜盆、浴室挂件等
地址：云南省昆明市广福路中林建材城D5栋29－30号
……负责人：杨雪珠　邮　编：650000
……Tel:0871－7359059
3321340
……Fax:0871－7376889

**飞翔床上用品经营部**
地址：云南省昆明市官渡区螺蛳湾251号附1号
…………负责人：张绵华
…………Tel:0871－3539896
13708417830

**和睦家具厂**
业务：和睦家具厂成立于1997年，专业从事木制、板式家具的生产与销售。多年来，我们凭借优质的产品、人性化的设计、完善的服务、灵活的销售策略，赢得了众多客户的赞誉！
地址：云南省昆明市官渡区官渡镇宝丰办事处
…………邮　编：650214
…………法　人：王仕友
…………Tel:0871－7373047

**昆明美富豪木业有限责任公司**
业务：木制家具制造
地址：云南省昆明市五华区中坝办事处上弯子村
……负责人：徐孝友　邮　编：650000
……法　人：徐孝友
……Tel:13888484548
0871－8240398
5812580
2413336

**云南民族工艺品销售门市部**
地址：云南省昆明市官渡区前卫镇南坝村378号
…………负责人：普琼珍
…………Tel:0871－3554116
13518753898

**文友家私制造厂**
地址：云南省昆明市官渡区小板桥镇晓东村
…………负责人：罗文友
…………Tel:0871－7260698
13908717468

**伟豪家具有限公司**
地址：云南省昆明市经济开发区金苹果家具厂（联邦家私）
…………负责人：陈陈
…………Tel:0871－7266403
13808711608

**思茅三木茶艺木雕包装厂**
业务：思茅三木茶艺木雕包装厂成立于2006年9月，坐落在交通便利的云南省思茅市洗马河公园内。是一家专业生产普尔茶木雕包装盒等产品的企业，我们坚持"以客户为中心"开拓市场，真诚希望与您建立良好的战略合作伙伴关系，以我们专业的水平，合理的价格，优质的服务成为您最佳的合作伙伴。
地址：云南省思茅市洗马河公园内
…………邮　编：665000
…………法　人：李士瑜
…………Tel:0879－2147158
…………Mobile:13033310862

**云南和盛陶瓷有限公司**
地址：云南省昆明市昆明东站403建材市场28幢16－18号
…………负责人：林时普
…………Tel:0871－3386475
13308845888

**鑫元珠宝有限公司**
地址：云南省昆明市盘龙区北京路156号
…………负责人：陈荣德
…………Tel:0871－6694520
3539070

**昆明市奇盛玻璃塑料厂**
业务：白玻璃镀银光化妆镜子
地址：云南省昆明市小街太平寺村新村24号
……负责人：黄文松　邮　编：650000
……法　人：黄文松
……Tel:13888555938
0871－4583305

**云南迪腾办公家具厂**
业务：云南迪腾办公家具厂成立于1997年，是一家专业从事各类办公家具设计、生产和销售于一体的现代化企业。主要生产办公桌椅、文件柜等办公用品。多年来，我们以质量争效益，以诚信待顾客，一致赢得了新老客户的支持和好评。
地址：云南省昆明市官渡区小石坝冰箱厂后门
…………邮　编：650200
…………法　人：许登财
…………Tel:0871－7272133
7201850
…………Fax:0871－7201219

**白鹿皮件彩绘工艺厂**
地址：云南省昆明市前卫镇清棚村31号
…………负责人：谢先进
…………Tel:0871－7013717
7162095
13888092078

**景谷县永发竹木有限责任公司**
业务：景谷县永发竹木有限责任公司座落在云南省思茅区景谷县，成立于1988年。本公司专业从事木材加工，产品有胶合板、木柄、木炭等。欢迎新老客户来电洽谈业务！
地址：云南省思茅区景谷县
…………邮　编：666400
…………法　人：谢发奇
…………Tel:0879－5311156
…………Mobile:13987923456
…………网址：http://ynyf.chinapyp.com

**银河星奥厨业**
地址：云南省昆明市西山区广福路周家办事处
…………负责人：谢伯钦
…………Tel:13888154738

**瑞丽市顺天木业加工厂**
业务：瑞丽市顺天木业加工厂始创于1994年，主要加工生产各种实木地板条，家俱，板材。欢迎广大新老客户来电洽谈业务！
地址：云南省瑞丽市姐勒乡允岗村
…………邮　编：678600
…………法　人：蒋金明
…………Tel:0692－4141368
…………Mobile:13308828069
…………网址：www.rlst.chinapyp.com

**东宝珠宝有限公司**
地址：云南省丽江市古城区民主路百货公司二楼
…………负责人：赵金顺
…………Tel:0888－5100201
13988825625

**昆明市盘龙区吉宝斋珠宝店**
业务：昆明市盘龙区吉宝斋珠宝店主要从事翡翠、蓝宝石、琥珀、蜜蜡、白玉等珠宝的加工、批发与零售。"质量上乘，工艺精湛，服务周到，价格合理"，竭诚欢迎各界朋友光临惠顾。
地址：云南省昆明市盘龙区景星花鸟珠宝世界市场二层A区66号
…………邮　编：650031

…………法　人：卢天佑
…………Tel:0871－3618390
…………Fax:0871－4170866

**欣意达太阳能经营部**
地址：云南省曲靖市沾益县西平望海路96号
…………负责人：庄林龙
…………Tel:0874－3148202
13987402137

**昆明联邦家私**
业务：昆明联邦家私成立已有8年，是一家专业从事民用家具销售的企业，主要代理广州"联邦"家具。欢迎广大新老客户光临、前来订购。
地址：云南省昆明市华洋家具城一楼、豪都家具城三楼
…………法　人：陈陈
…………Tel:0871－7369290
5637990
…………Fax:0871－7266403

**康发竹筷厂**
地址：云南省玉溪市通海县四街镇十街村
…………负责人：毕朝礼
…………Tel:0877－3075381
13887753821



## 西藏自治区/Xizang Autonomous Region

**扎西朗杰工艺品店**
地址：西藏自治区拉萨东郊安居园多吉卓玛私房
…………负责人：曲珍
…………Tel:0891－6555893

**西藏轻纺珠宝有限公司**
地址：西藏自治区拉萨市07－018号邮政信箱
…………负责人：李经理
…………Tel:0891－6322348

**西藏仙女邦典商贸有限公司**
地址：西藏自治区拉萨市八角街51号
…………负责人：宋绍伟
…………Tel:0891－6876165

**西藏广深（个体经营）**
地址：西藏自治区拉萨市八角街冲赛康街29号
…………负责人：钟正文
…………Tel:0891－6993761

**拉萨市藏之炫西藏特产贸易公司**
地址：西藏自治区拉萨市八角街西街8号
…………负责人：格桑先生
…………Tel:0891－6132492

**西藏小屋工贸有限责任公司**
地址：西藏自治区拉萨市八角南街48号
…………负责人：李文东
…………Tel:0891－6271359

**拉萨市瑞珍藏宝阁商行**
地址：西藏自治区拉萨市八廓东街55号
…………负责人：肖中华
…………Tel:0891－6966564

**西藏新光文化传媒有限公司**
地址：西藏自治区拉萨市北京西路52号
…………负责人：王郭
…………Tel:0891－6904534

**西藏玛雅商贸有限公司**
地址：西藏自治区拉萨市北京中路
…………负责人：潘晓东
…………Tel:0891－6981968

**西藏蔚蓝文化贸易有限公司**
地址：西藏自治区拉萨市北京中路42号
…………负责人：严文杰
…………Tel:0891－6834018

**贝隆影视传媒有限公司**
地址：西藏自治区拉萨市城关区罗布林卡路25号
…………负责人：陈丽
…………Tel:0891－6875600

**城关区古艺美术修件公司**
地址：西藏自治区拉萨市城关区铁崩岗
…………负责人：次旺扎西
…………Tel:0891－6323135

**西藏拉萨博天礼品有限公司**
地址：西藏自治区拉萨市达孜县德吉北路
…………负责人：袁建
…………Tel:0891－6822795

**拉萨市拉宝绿松石专营店**
地址：西藏自治区拉萨市达孜县宇拓路38号民族旅游商城大门口（大昭寺前）
…………负责人：蒋立广
…………Tel:0891－6327384

**中山市东方家私有限公司拉萨分公司**
地址：西藏自治区拉萨市娘热路北城税务分局二楼
…………负责人：杨洁
…………Tel:0891－6383380

**西藏乐乐经贸有限公司**
地址：西藏自治区拉萨市娘热路龙王潭公园对面欧亚tv商场
…………负责人：唐显武
…………Tel:0891－6337466

**西藏拉萨市东胜家私实业有限公司**
地址：西藏自治区拉萨市娘热路中段
…………负责人：吴俊锋
…………Tel:0891－6353051

**西藏灯塔手工艺中心**
地址：西藏自治区拉萨市色拉北路雪城明珠园11－2
…………负责人：周云鹏
…………Tel:0891－6368879

**西藏江孜县羌塘民族饰品有限公司**
地址：西藏自治区日喀则地区江孜县上海路农机公司
…………负责人：王东伟
…………Tel:0892－8175787

**旅游古艺店**
地址：西藏自治区日喀则市步行街
…………负责人：姚美琳
…………Tel:0892－8839804

**彩虹太阳能厨具店**
地址：西藏自治区日喀则市地区工商局
…………负责人：谭世兵
…………Tel:0892－8829679

**非凡旅游商店**
地址：西藏自治区日喀则市喜格姿步行街
…………负责人：张忠饿
…………Tel:0892－8832278

**日喀则市扎西吉彩吉康金银首饰加工店**
地址：西藏自治区日喀则市扎西吉彩嘎玉林41号
…………负责人：米玛次仁
…………Tel:0892－8831666

## 陕西省/Shanxi Province

**宝鸡市陈仓区小一轻印商务礼品中心**
地址：陕西省宝鸡市陈仓区虢镇人民街
…………负责人：肖宝侠
…………Tel:0917－6214928

**宝鸡永隆宫灯伞业有限公司**
业务：生产与销售宫灯、雨具、手袋
产品：宫灯、雨具、手袋
地址：陕西省宝鸡市眉县农业银行
负责人：薛刚 邮编：721000
法人：薛刚
Tel：13991719212
0917－5478226

**韩城市绿秦园艺有限公司**
业务：韩城市绿秦园艺有限公司成立于2005年5月，从事园林绿化工程的设计施工；绿化用苗木的开发、生产及销售。欢迎广大新老客户光临指导——愿我们精诚合作，共创辉煌！
地址：陕西省韩城市金城区北关菜市场西五十米
邮编：715400
法人：范建虎
Tel：0913－5196677
Fax：0913－5196677

**渭南临渭区宏运工艺草制品厂**
业务：草编制品
产品：提篮、草帽
地址：陕西省渭南市临渭区阳郭镇街道
负责人：尚福发 邮编：714000
法人：尚福发
Tel：13335358833
0913－2316289

**康洁餐具消毒有限责任公司**
地址：陕西省宝鸡市金河乡葛河村宝平路7公里半
负责人：葛有科
Tel：0917－3572359
13389179259

**长成福利雨具厂**
地址：陕西省汉中市城固县博望镇西村路中段216号
负责人：王长成
Tel：0916－7214364
13891675606

**文斌耀州窑仿古陶艺厂**
地址：陕西省铜川市城区黄堡镇市灯泡厂南10米
负责人：梁小斌
Tel：0919－7185867
13319195388

**延安市文斌神雕行**
业务：主要经营各种工艺玻璃，硬材雕刻
地址：陕西省延安市圣时宫建材市场二区31－32号
负责人：薛文斌 邮编：716000
法人：薛文斌
Tel：0911－2216434

**陕西省汉中市沛达办公家具有限责任公司**
业务：本公司成立于2002年，拥有10几名员工。主要经营办公家具、酒店家具的制造与销售。
地址：陕西省汉中市汉台区莲湖东路7号（一职高操场对面）
邮编：762000
法人：梅立平
Tel：0916－2820768
Fax：0916－2820768

**西安中盛礼品服务有限责任公司**
地址：陕西省西安市灞桥区纺正街四厂什字
负责人：居耀良
Tel：13991140660

**西安瑞时信表业有限公司**
地址：陕西省西安市碑林区马厂子26号3幢1单元5层503室
负责人：吴新平
Tel：029－85231012

**西安市碑林区永红工艺品店**
地址：陕西省西安市碑林区兴隆巷36号
负责人：李勇
Tel：029－87511101

**西安市尊典家具有限责任公司红木雅居阁北广场分店**
地址：陕西省西安市大雁塔北广场广场东路3号
负责人：石立峰
Tel：029－86526287

**榆林市隆诺商贸有限责任公司**
业务：销售办公家具，承接室内外装潢
产品：办公家具
地址：陕西省榆林市经济开发区西部三辰家俱建材中心
负责人：张子中 邮编：719000
法人：张子中
Tel：13991065798
0912－3590555

**陕西国伟家具有限责任公司**
业务：本公司是一家集高档实木、板式、软体家具设计、生产、销售为一体的现代化大型企业。企业现已顺利通过ISO9001国际质量体系认证，并荣获国家及省、市部门颁发的"中国家具知名品牌"、"中国优秀绿色环保产品"、"星火科技示范"企业、"重点明星"企业、"重合同守信誉"企业等殊荣称号，是省农行AA级信誉企业单位。
地址：陕西省西安市太白小区南区15号楼2单元东户
邮编：710065
法人：田伟平
Tel：029－88272133
Fax：029－88272133
网址：www.gwjj.com

**伟伟木业加工厂**
地址：陕西省西安市三桥镇和平工业园6路18号
负责人：王秀乾
Tel：029－84368843
13572559070

**陕西汇亿家具有限公司**
业务：本公司是一家专业生产教学、办公家具系列的企业。数年以来本公司一直秉承以质量求生存，以诚信求发展的经营理念，竭诚为广大客户提供最优质的产品。
地址：陕西省西安市雁塔区咸宁东路田马路15号
负责人：张顺国
邮编：710000
法人：张顺国
Tel：029－83113600
Fax：029－83113608

**咸阳泰石雕塑有限公司**
地址：陕西省咸阳市秦都区渭阳西路市图书馆
负责人：李小超
Tel：13325300792

**榆林市榆阳区三通花炮有限公司**
业务：三通花炮
地址：陕西省榆林市榆阳区红石桥乡肖崩村
负责人：苗晋华 邮编：719000
法人：苗晋华
Tel：13991092444
15009124345

**杨凌新生钢木家俱有限公司**
地址：陕西省杨凌示范区长青路北段
负责人：丁建旭
Tel：029－87074984

**陕西省榆林市万森家具装饰有限责任公司**
业务：陕西省榆林市万森家具装饰有限责任公司成立于2004年，主要生产木制家具、板式家具等。设计产品紧跟现代人的审美观念，不断吸收时尚家具的精髓，可根据客户来样订做。
地址：陕西省榆林市榆阳区登峰巷第8组21号
邮编：719000
法人：王志勇
Tel：0912－3251692
Fax：0912－3251692

**顺意批发商行**
地址：陕西省榆林市横山县南大街
负责人：叶顺意
Tel：0912－7610200
13109690888

## 甘肃省/Gansu Province

**陇南市名流商贸有限公司**
业务：家具（办公用、家用、校用）、办公用品销售；窗帘加工、销售。
地址：甘肃省陇南市武都区城关镇钟楼滩西景花苑十号楼二楼
负责人：王志东 邮编：746000
法人：王志东
Tel：13993901788
0939－8250618



**广河县齐家龙玲工艺彩陶有限公司**
业务：制造、销售各种工艺彩陶、红陶、灰陶、黑陶、破陶修补、陶型定做、素陶绘彩。
地址：甘肃省临夏回族自治州广河县齐家镇排子坪村王家49号
负责人：马成龙 邮编：731301
法人：马成龙
Tel：13909305244
0930－5821114

**庆阳市西峰区莱诗曼木业加工厂**
业务：生产烤漆、免漆门及家具
地址：甘肃省庆阳市西峰区西环路南段（金桥加气站对面）
负责人：刘琼 邮编：745000
法人：刘琼
Tel：13830426893
0934－8684085
Fax：0934－8684085

**静宁县林源木业有限公司**
地址：甘肃省平凉地区静宁县八里工业小区
地址：王新强
Tel：0933－2530298

## 青海省/Qinghai Province

**青海裕发祥环保厨房设备有限公司**
地址：青海省西宁市城中区南川东路71号
负责人：曾建国
Tel：0971－4310277
13997135777

**西宁宝光金银首饰实业总公司**
地址：青海省西宁市高新经济技术开发区昆仑东路57号
负责人：刘明星
Tel：0971－8805395

**海南州布绣嘎玛民族工艺品有限责任公司**
地址：青海省西宁市建国路29号工美大厦二楼
负责人：卓玛杰
Tel：0971－6105359

**青海海峰科技有限公司**
地址：青海省西宁市国际村32号
负责人：原海峰
Tel：0971－3567456
13309723206

**西宁城东天湖牦牛角工艺制品厂**
地址：青海省西宁市城东区互助中路富民巷2号
负责人：马建红
Tel：0971－8082400

**花花世界工作室**
地址：青海省西宁市城西区胜利路9#
负责人：周鹏
Tel：0971－8459600

**青海快乐夕阳中老年用品店**
地址：青海省西宁市冷湖路35号
负责人：董中华
Tel：0971－4399246

**西宁大明眼镜有限公司**
地址：青海省西宁市（区、县）西大街18－14号神力世纪大厦
负责人：苏先生
Tel：0971－8243761

## 宁夏回族自治区/Ningxia Hui Autonomous Region

**国安餐厨具销售部**
地址：宁夏回族自治区银川市进宁南街81、83号
负责人：章国安
Tel：0951－4013566
13909513827

## 新疆维吾尔自治区/Xinjiang Wei We Er Autonomous Region

**巴州和阗玉工艺品有限责任公司雅玩阁分店**
地址：新疆维吾尔自治区巴音郭楞蒙古自治州库尔勒市广场路百川房产一楼1号门面房
负责人：李程辉
Tel：0996－2046929

**库尔勒宝光木业有限公司**
地址：新疆维吾尔自治区巴音郭楞蒙古自治州库尔勒市私营经济试验区
负责人：王小成
Tel：13579013535

**乌鲁木齐市水磨沟区特林家私制造厂**
业务：本公司成立于1989年，拥有20多名员工，主要经营办公桌、老板桌等的生产与销售。
地址：新疆维吾尔自治区乌鲁木齐市华联国际商贸广场一楼A区1－12号
邮编：830063
法人：高生林
Tel：0991－5182761
Fax：0991－5182761

# 行业品牌展示窗

# 行业品牌展示窗

## 江西省鄱阳县宏阳金属材料有限公司

江西省鄱阳县宏阳金属材料有限公司成立于2007年4月，主要从事电解锌、电解铜、硫酸锌等的生产与销售。

公司秉承“顾客至上，锐意进取”的经营理念，坚持“客户第一”的原则为广大客户提供优质的服务。欢迎惠顾！

联系人：余建忠

电话：0793-6675767　13607933160

邮编：333000

地址：江西省上饶市鄱阳县田畈街镇宏阳金属材料有限公司

## 金寨县通达矿业有限责任公司

本公司成立于2007年，主要经营矿业。

公司一贯坚持“质量第一,用户至上,优质服务,信守合同”的宗旨,凭借着高质量的产品,良好的信誉,优质的服务,产品畅销全国。

联系人：徐建法

电话：0564-7748188　15856412897

地址：安徽省金寨县汤家汇镇彭冲村　邮编：237300

## 昆山峰之光金属制品有限公司

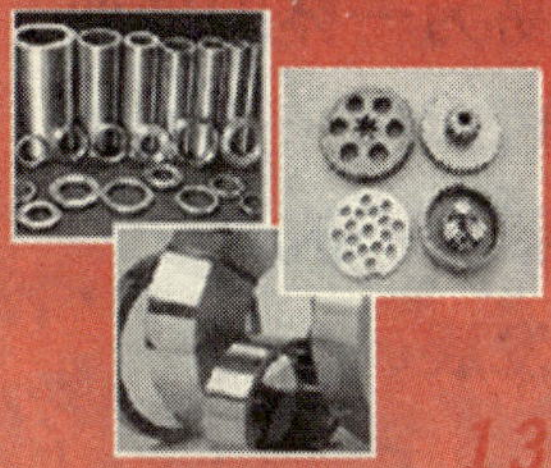

本公司成立于2009年，主要代理批发各国特殊钢。如:FDAC、DAC、SLD、SKD16、SKD11、NAK80、2344、2738、2378、8407、DF2、XW-41。

公司本着“质量第一,服务至上”的服务宗旨,以满足客户的具体要求为己任”等经营理念，赢得了广大客户的信任和支持。

联系人：林秀银

13913285696　13913222626

电话：0512-57508781　57508782

传真：0512-57508783

电邮：ks-yufeng@163.com

地址：江苏省昆山市玉山镇富士康路1388号（西大门）1号厂房

邮编：251300

## 澜沧云山矿业有限公司

公司成立于2007年，主要从事于矿产品开采、加工、销售。公司坚持“以信息为先导，以科技为依托，以管理出效益，以诚信谋发展”的经营理念，本着“平等、互惠、互利”的原则，加强与国内地方政府及相关产业部门和国际矿业集团的广泛联系与合作，实现强强合作，建成云南一流的矿产企业。

联系人：李有旺

电话：0871-4664113　13320521888

地址：云南省昆明市滇池路阳光海岸小区清水湾43号　邮编：650000

# 行业品牌展示窗

## 天源盛耐火材料有限公司

天源盛耐火材料有限公司主要生产销售耐火材料。

本公司耐火产品门类齐全，广泛用于冶金，石化，电子，纺织，机械，粉末冶金等行业。

我们的服务宗旨是以质为本，信守合同，热忱服务，衷心希望国内外新老用户光临惠顾。

联系人：高广宇 电话：0417-5870888 传真：0417-5614936

地址：辽宁省营口市大石桥市钢都区解放街村里 邮编：115100

## 石屏耀翔矿业有限公司

石屏金泽屹矿业有限公司成立于2007年，主要从事煤炭资源及锰、锌、铅、铜等金属矿资源的开发、经营，年产量达到3-9万多吨，公司以诚信为本，以丰富的资源为您提供各种优质无烟煤及金属矿产品，质量佳、价格优。

欢迎您来洽谈业务，我们将竭诚为您服务。

联系人：王泽兴

电话/传真：0873-4858655 13987300396 13887395687

地址：云南省红河哈尼族彝族自治州石屏县异龙镇毛木咀村

邮编：662200

## 吐鲁番市祺翔铸造厂

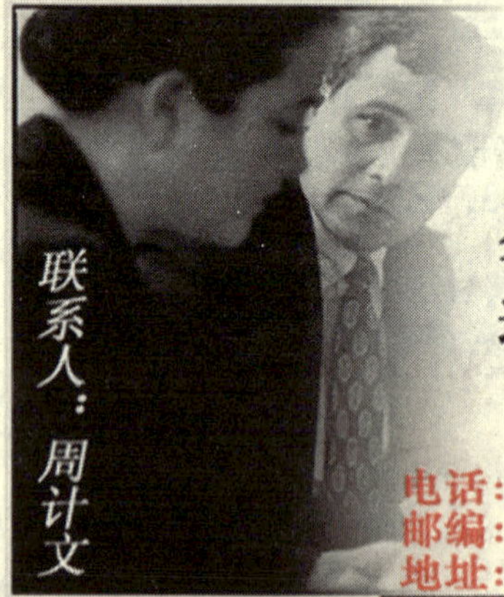

本厂是集生产、加工、销售、贸易为一体的专业企业，专业从事钢球、钢锻、生铁、耐磨件产品的铸造，产品规格齐，质量价格优，售后服务一流。

祺翔企业愿与您精诚合作，共谋发展。

联系人：周计文

电话：0995-8641688

邮编：838001

地址：新疆维吾尔自治区吐鲁番地区吐鲁番市大河沿镇商办处外贸站

## 通辽市龙盛煤碳运销有限公司

通辽市龙盛煤碳运销有限公司成立于2003年，主要从事于煤碳、粮食、洗煤。

新世纪的龙盛公司，将本着“诚信为本、质量兴业、互惠互利、共创双赢”的发展理念，以优质的产品质量，丰富齐全的品种规格，合理而有竞争力的价格，为广大客户提供最满意的产品和服务。

电话：0475-8233499 联系人：陈影

地址：内蒙古自治区通辽市建国路37号粮食局5层511室 13087167777

邮编：029100

# 行业品牌展示窗

# 行业品牌展示窗

## 常宁市金炉冶炼有限公司

常宁市金炉冶炼有限公司成立于2006年。
专业从事工业用粗铅、冰铜的冶炼。
欢迎新老客户来电来函订购！

联系人：朱文 13973453263 13298586331
地址：湖南省衡阳市常宁市松柏镇朱陂村 邮编：421500

本公司是生产各种**不锈钢阀球**的专业公司。检测手段齐全，质量可靠，服务周到，可为生产球阀的单位提供各种型号的不锈钢球体，欢迎各位客户与我们联系，我们会以精湛的产品等待着您的光临！

联系人：曹振江
电话：0317-7610851
3799168
地址：河北省沧州市运河区解放中路360号（电镀厂院内）
邮编：061001

## 沧州市世宏不锈钢制品有限公司

## 滨水碳黑有限公司

滨水碳黑有限公司成立于2006年，主要从事于碳黑的生产与销售。产品质量稳定可靠，具有高黑度，着色力强，比表面积大，易分散，吸油值高，流动性好，耐高温等优越品质。我公司的炭黑产品远销全国各地，深受各地客户好评！随时欢迎有意者到本公司参观指导，洽谈合作。

电话：0355-8921613、13546501149
联系人：刘全来
地址：山西省长治市平顺县石城镇豆峪村
邮编：047400

## 辰溪县良达煤业有限责任公司

辰溪县良达煤业有限责任公司专业从事煤炭开采、加工、经营，

以质量求生存，以信誉求发展，欢迎新老客户来电洽谈业务！

联系人：陈尊良 15074506638
电话：0745-5411233
地址：湖南省怀化市辰溪县寺前镇 邮编：437100

# 行业品牌展示窗

## 永登春辉冶金有限公司

我公司于1994年成立并投产，有着集硅铁、碳化硅、硅钡、石英砂为一体的生产线。

我公司技术力量雄厚，生产工艺先进，检测化验设备完善，产品质量稳定可靠，并可根据客户要求组织生产。始终以“客户第一！客户是伙伴是朋友！客户的需求就是我们的追求！”作为公司的营销理念；我公司热忱欢迎各界同仁来洽谈合作和交流，共谋发展，携手共赢，为我们共同的事业再创新高。

电话：0931-6636688

联系人：崔春军 13399300097 13909308512

地址：甘肃省兰州市永登县武胜驿镇金咀村 邮编：730070

## 枣庄市清源煤业有限公司

枣庄市清源煤业有限公司成立于2006年，专业从事煤碳经营及运输业务。我公司将以始为终，以质量求生存，以用户为上帝，不断开拓创新，欢迎新老客户来电洽谈业务！

联系人：马传青 电话：0537-8583558

地址：山东省枣庄市微山县付村镇马集村 邮编：277600

## 郑州世兴特种耐火材料有限公司

网址：www.zzsxgs.com

本公司主要生产电熔锆刚玉、33#、36#、41#，硅砖，高铝砖，低气孔，粘土砖AZS、ZS捣打料等系列产品。

我们欢迎新老客户惠顾合作，共同发展。

联系人：刘世兴

电话：0371-69258266 69258528 电邮：zzsx@zzsxgs.cn

地址：河南省郑州市新密市苟堂镇 邮编：452384

## 镇雄县塘边煤矿有限责任公司

本公司成立于2005年，主要从事原煤的生产销售。欢迎新老客户来电洽谈业务！

联系人：敖光明

电话：0870-3853470、13778443888

地址：云南省昭通市镇雄县母享镇串九村 邮编：646000

# 行业品牌展示窗

## 汝州市安莉煤业有限公司

本公司成立于2006年，
从事原煤、洗精煤、焦炭生产与销售。
我们的宗旨是以信誉求发展，以质量求生存。
热烈欢迎各用煤单位和企业前来我处考察指导并联系合作。

联系人：耿赐会
电话：0375-6713877　13783289107
地址：河南省平顶山市汝州市寄料镇雷湾村　邮编：467533

## 宁波市鄞州凯莱金属制品厂

本公司成立于2005年，主要经营金属制品。“真诚到永远”是我们的服务宗旨，“客户的满意”是我们的服务标准。

联系人：柴良方　电话：0574-88392225　13116609629　传真：0574-88392325
邮编：315104　地址：浙江省宁波市下应街道鄞州投资创业中心厂房4幢01号

## 南京阳光普达钢结构有限公司

本公司成立于2008年，主要从事于钢结构件制作、安装和销售。新世纪新形象，普达公司以“人才高素质、产品高质量”为目标，力树“普达”企业形象，在全国彩钢领域中创造出最优的设计、最优的产品、最优的服务、最优的价格，向更高的领域发展。普达公司真诚期待与您共同携手，共创新世纪彩钢世界，共树普达企业新形象。

联系人：吴凡起　传真：025-57399099
电话：13851936778　025-57399098　57399096
地址：江苏省南京市高淳县东坝镇[illegible]路22号　邮编：211301

## 滦平县典实矿业有限责任公司

本公司创建于2000年，拥有员工600余人。
主要从事铁精粉加工、销售。
公司秉承“格物致知、锐意进取”的理念，
坚持探索、务实创新，努力成为优秀供应商。

联系人：钱俊库
电话：0314-8585223　13903143240
地址：河北省承德市滦平县滦平镇工贸城C栋南头　邮编：068250

# 行业品牌展示窗

## 温州市顺成金属材料有限公司

公司于1992年创建，主营金属材料、冷轧卷板等金属材料。我们本着“用户至上，质量可靠，信誉第一”的宗旨，让满意永远伴随广大客户。

联系人：陈志成 13957759088 电话：0577-88621661
地址：浙江省温州市六虹钢材市场14幢21-22号 邮编：325000

## 中意复合材料有限公司

冀州市中意复合材料有限公司（原河北省冀州市中意玻璃钢厂）于1986年引进意大利VETRORESINA公司的设备和技术，成为中国第一家生产纤维缠绕贮罐、管道等玻璃钢系列产品的专业厂家。经过10多年的不懈努力，积极进取，企业规模、技术水平、产品质量都得到了极大的发展。在多年消化吸收国外先进技术的基础上，通过与相关科研部门协作，取得了多方面的技术突破和革新。

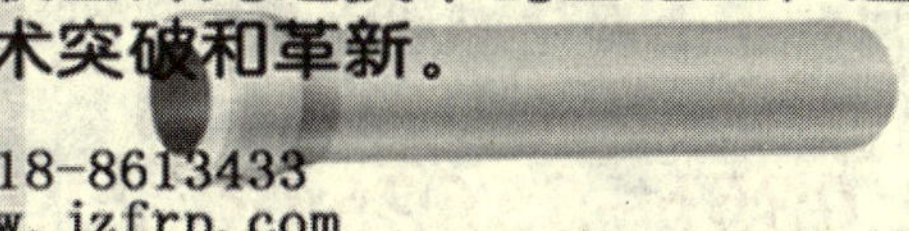

联系人：张英武
电话：0318-8613433
传真：0318-8612721
网址：www.jzfrp.com
电邮：jzfrp@jzfrp.com
地址：河北省冀州市南桥大街14号
邮编：053200

## 西峡县丰业冶金材料有限公司

西峡县丰业冶金材料有限公司成立于1998年，从事钢铁、保温材料等产品的生产销售，以质量求生存，以信誉求发展，欢迎新老客户来电洽谈业务！

联系人：金玉章
电话：0377-69720237 13721828176
地址：河南省南阳市西峡县回车镇石梯村 邮编：474571

## 延安全胜煤炭经销有限公司

延安全胜煤炭经销有限公司成立于2007年，经营煤炭、建材，天然石料加工，公司拥有一套完善的服务体系，员工队伍以过硬的技术、规范的操作、热情周到的服务，让您放心享受便捷、超值的服务。因为专业，所以我们可以做得更好！欢迎新老客户来电洽谈业务！

联系人：曹全胜
电话：0911-2909864
地址：陕西省延安市东关村小区B3号楼2单元201室 邮编：716000

# 行业品牌展示窗

## 崇阳富友钒铁有限责任公司

我公司是一家集科研、生产、销售为一体的化工冶金产品综合性企业，产品有：钒铁、高纯度片钒、钒矿石等。

公司成立以来，始终奉行“质量第一、顾客至上、诚信为本”的宗旨，产品均具有国内外同行业先进水平，赢得了国内外客户的一致好评。欢迎各界朋友莅临参观，共创辉煌明天！

联系人：付金波　电话：0715-3762101　3763379

地址：湖北省咸宁市崇阳县沙坪镇镇街32号　邮编：437000

## 长治市天波硅产品开发有限公司

长治市天波硅产品开发有限公司，成立于2007年1月，前身为“国家节能委北京东联杰科技开发有限公司山西分公司”，现有各类高级技术、管理人员40余人。公司计划引进国际上最先进的技术与设备。从硅矿的开采、冶炼到多晶硅、单晶硅的半成品、成品全过程的配套运营，该项目建成投产后，可年生产单晶硅3000吨，产值400亿元人民币。将是国内目前规模最大的单晶硅生产基地，可以称得上是“亚洲之最”。

联系人：岳三货

电话：0355-3562513　13934057393

地址：山西省长治市旧府后街31号　邮编：046000

## 常州市武进区湟里西墅铁粉经销部

本经销部主要从事铁粉批发、零售，产品广泛应用于粉末冶金中高强度结构件、硬质合金、金刚石工具、橡塑制品、软磁粉末零件、化工催化剂及食品等行业。我部愿以优质的产品和优良的服务与广大客户携手并进，共创辉煌。

电话:0519-85101260　联系人：王晓华　手机：13515261008

地址：江苏省常州市武进区湟里镇西墅村　邮编：213000

## 高碑店市鑫万利达铸造材料厂

高碑店市鑫万利达铸造材料厂成立于2000年，是一家加工，销售石墨粉，膨润土，煤粉，碳粉，高碳石墨等的企业，欢迎广大客户来电来函洽谈业务，我们将竭诚为您服务！

联系人：马洪民

电话：0312-2931112　传真：0312-2931112　手机：13930828187

地址：河北省高碑店市北城办事处杨漫撒村　邮编：074000

# 行业品牌展示窗

## 赣州云塔有色冶金技术服务有限公司

赣州云塔有色冶金技术服务有限公司成立于2006年，从事冶炼、销售锡粉1#，2#，铅粉、冶金设备及有色冶金技术服务。

本公司以“细节成就完美”为公司灵魂，与您真诚合作，和谐发展。

联系人：袁登禄
手机：13907077547
电话：0797-8402297 8213085
地址：江西省赣州市章贡区南河路12号（全顺花园9栋2单元403室）

## 府谷县富利源机制兰炭有限责任公司

公司主要生产机制兰炭和焦油，交通十分便利。生产的高质量焦粉和焦油远销内蒙、山东、湖北、四川、兰州等各大城市。

电话：0912-8985295　联系人：苏有红
地址：陕西省榆林市府谷县大昌汗乡石岩塔村　邮编：719400

## 江苏省昆山森海五金制品有限公司

江苏省昆山森海五金制品有限公司成立于2004年，主要从事于精密五金部品：铜、铁、铝及铝合金、不锈钢无电沉镍、不锈钢钝化表面处理技术辅导。

公司宗旨：让客户的利益最大化。不断深化“务实、诚信、拼搏、创新”的企业精神。目前正向现代化型的企业战略目标迈进。我们深信：良好的信誉和高品质的产品定会赢得您的信任。

诚挚欢迎新老客户与我们携手共进，再创辉煌！

联系人：陈勇华
电话：0512-57171750　57171751
地址：江苏省昆山市玉山镇紫竹路1698号
邮编：215300

## 甘肃新通海能源开发有限公司

网址：www.gansuxintonghai.cn

甘肃新通海能源开发有限公司专业从事煤炭开发，煤炭精加工，新能源的利用和开发，铁运服务。公司与江苏、湖南、浙江、山东、四川、广东、安徽等地客户建立了长期良好的供求关系；勘验、合同、计划、车皮、装车、开票一条龙服务。质证质量、服务客户是我公司的宗旨。

全体员工向新老客户问好！

联系人：程海军
13919299960
电话：0931-8503131　8527399
地址：甘肃省兰州市城关区大雁路2220号　邮编：730010

# 行业品牌展示窗

## 湖北省汉川市正鑫铜业有限责任公司

汉川市正鑫铜业有限责任公司是一家集生产加工、批发的公司，主要产品有电解铜、阳极铜、铜杆、电线电缆、塑料。

我们以雄厚的实力、合理的价格、优良的服务与多家企业建立了长期的合作关系。

热忱欢迎各界前来参观、考察、洽谈业务。

联系人：叶少成 13387670788 电话：0712-8399056

地址：湖北省汉川市刁东农场光明路18号 邮编：431600

## 邯郸县鹏泰金属粉末有限公司

我公司于2006年成立，主要从事还原铁粉等金属粉末的加工与销售。“以质量求生存，以信誉拓市场，以创新求发展”，我公司将以最优惠的价格，最快捷的方式，让您得到最满意的产品。

电话：0310-6905568 联系人：郗士河

邮箱：xsh@qq.com 13931084651

地址：河北省邯郸市邯郸县三陵乡南两岗村东 邮编：056106

## 国营萍乡市鸡冠山垦殖场煤矿

国营萍乡市鸡冠山垦殖场煤矿始建于20世纪70年代，专业从事煤碳开采、加工、销售，欢迎新老客户来电洽谈业务！

联系人：欧阳晖禹

电话：0799-3899203 手机：13807998128

地址：江西省萍乡市上栗县上栗镇金鸡村 邮编：337009

## 广德县纯华商贸有限公司

本公司成立于2005年，主要从事于煤炭批发。

公司本着平等互利、友好合作、重合同、守信誉的原则，坚持“信誉第一，质量第一”的经营方针。

热忱欢迎世界五大洲客商和港澳台同胞来函来电来人洽谈进出口业务和合作事宜。

联系人：潘刚华 手机：13605636639

地址：安徽省宣城市广德县桃州南路（国土新村）34号 邮编：242200

# 行业品牌展示窗

## 芒市卓信硅业有限责任公司

芒市卓信硅业有限责任公司成立于2006年，专业从事金属硅系列、微硅粉系列产品的生产与销售，以质量求生存，欢迎新老客户来电洽谈业务！

电话：0692-2911811　2911812　联系人：迟 锋
网址：http://www.sinice.com.cn
地址：云南省潞西市法帕镇芒弄村　邮编：678400

## 邵阳县岩口铺镇矿产品加工厂

本公司成立于2003年，主要从事贵金属的加工和提炼，如黄金、白银、铂金、钯金等。我们将以“优质的产品、一流的服务、合理的价格”来回报您的支持，我们承接来料加工，欢迎咨询洽谈。

联系人：胡连奇
电话：0739-6390098　13574966188
地址：湖南省邵阳市邵阳县岩口铺镇吊井楼村（原化工厂）　邮编：422106

## 贵州省兴仁县绿源工贸有限公司

本公司成立于2006年，专业从事锑矿、铜矿、砩石矿、铅锌矿、浮选、洗选、加工销售，环保免烧砖生产销售，红豆杉、速生杨、紫花泡桐种植销售。

公司诚邀天下商贾洽谈业务，携手共创美好明天。

联系人：张兴平　手机：13985961566 15985387999
地址：贵州省兴仁县文化路恒源祥家坊专卖店二楼　邮编：562300

## 黄石东泰矿业有限公司

本公司成立于2007年。
从事矿业开发、建筑材料的销售。
公司以“双赢互利、广交朋友”经营宗旨。
欢迎国内外客商光临惠顾！

联系人：包松辉
电话：0714-6540899　7825901　6350005
邮编：435002
地址：湖北省黄石市高新技术开发区创业中心大楼6038

# 行业品牌展示窗

## 汉川市人三耐火材料有限公司

汉川市人三耐火材料有限公司成立于2001年，主要从事于不定型耐火材料、保温材料的生产、销售。

科学为先、严格管理、不断进取的经营理念是我公司为客户提供优良产品和优质服务的坚实基础。我们追求的目标是：以我们的产品为新老客户的成功与发展增砖添瓦。

联系人：尹作爽 13971962612

地址：湖北省孝感市汉川市庙头镇尹家咀村 邮编：431621

## 邯郸市潞川炉料有限责任公司

邯郸市潞川炉料有限责任公司成立于2006年，专门从事炉料的生产，主要产品有耐火材料、生铁、煤炭、焦炭、精矿粉。本公司承诺将用最优质的材料、精细的施工、一流的服务奉献社会，使用户满意。我们期待着与广大石灰企业的真诚合作！

电话：0310-6065553 手机：13784223086 联系人：王跃进

地址：河北省邯郸市邯山区滏河南大街443号金威写字楼 邮编：056001

## 沧州市南大港管理区恒宇金属制品有限公司

沧州市南大港管理区恒宇金属制品有限公司是拥有几十台套先进精良的加工生产设备；拥有齐全的检测手段，具有机械加工、制作焊接及安装等综合生产能力的大型生产厂家。

公司主要经营范围：金属结构、炼油化工生产专用设备，大型石油化工储罐、通讯电力塔、路灯杆、D级压力容器、GB及GC2级压力管道的安装。

公司董事长兼总经理石培恒先生携全体员工恭候您的光临！

网址：www.cz-hengyu.com

电话：0317-5465077 5910288 5910299 联系人：王之星

地址：河北省沧州市南大港工业园区一分区小辛庄 邮编：061103

江西省绍成金属制品有限公司成立于2007年。

主要从事于金属制品、铜加工。

我公司愿以一流的质量、一流的服务、最优的价格欢迎海内外新老用户光临惠顾！

联系人：董绍成 邮编：330013

电话：0792-4666972 地址：江西省德安县宝塔工业园区

## 江西省绍成金属制品有限公司

# 行业品牌展示窗

## 兰坪县金马科技有限责任公司

兰坪县金马科技有限责任公司专业从事有色氧化矿选矿以及氧化铁选矿的新技术研发及推广服务。公司愿为广大客户提供优质快捷的服务。

联系人：陈铁（仁）
电话：0886-3222511 18908868988
地址：云南省怒江傈僳族自治州兰坪县金顶镇环城路12号
邮编：671401

## 宁波市巨人达不锈钢制品有限公司

本公司成立于2002年，主要从事于不锈铁带钢、不锈钢带钢、高碳铬铁。以崇高的信誉和至上的服务与客户共同进步为宗旨，为您服务。

联系人：崔成杰
电话：0574-88030828 56183886 88035188
地址：浙江省宁波市鄞州区鄞江镇四明东路101号 邮编：315151

## 迁安市振昌商贸有限公司

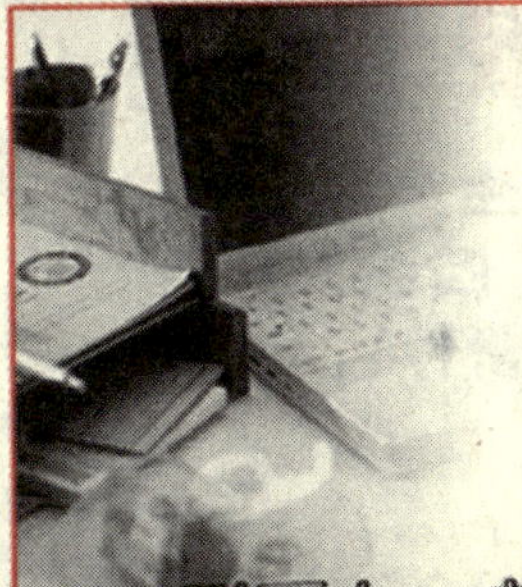

本公司成立于2006年，主要從事于焦炭，煤炭的生產、銷售。公司的宗旨是：質量第一，客户至上；公司的原則是：互惠互利，友好合作。真誠的願與你攜手一道，竭誠合作，共創美好明天！

联系人：刘海利 电话：0315-7016571 13932565699
地址：河北省唐山市迁安市沙河驿镇二店子村南 邮编：064401

公司成立于2007年，从事煤炭的运销服务。公司以质量求生存、以规模求效益、以安全求高效，以信用得市场，从而最终实现员工、企业与社会自然和谐的发展。

电话：0398-4816999 13903982689 联系人：上官释
地址：河南省三门峡市渑池县城关镇海露北街145号 邮编：472400

## 渑池县丰源煤炭运销有限公司

# 行业品牌展示窗

## 鲁山县尧山镇坡根村黄土岭萤石矿

鲁山县尧山镇坡根村黄土岭萤石矿成立于2004年，主要从事于萤石矿开采、销售。我厂本着“质量第一、信誉第一、用户至上、以质量求生存、以产品求发展”的宗旨。品质、诚信、服务，是我厂的生存法则和发展理念。我相信，以我们的品质和实力加上您的信任和支持，我们一定能更上一层楼。

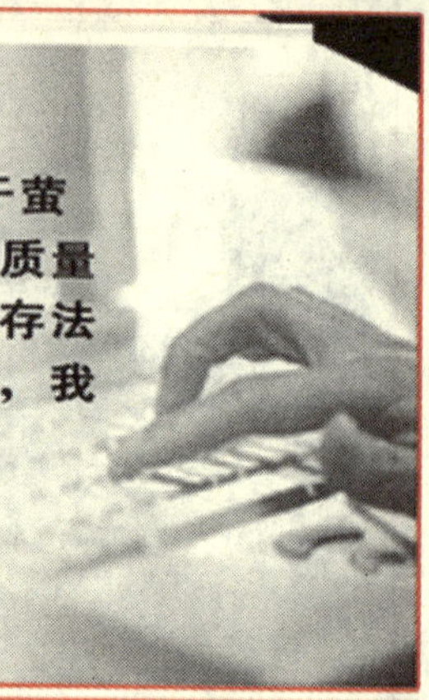

联系人：杨大国
电话：15837511792　0375-2272822
地址：河南省平顶山市鲁山县国土资源局

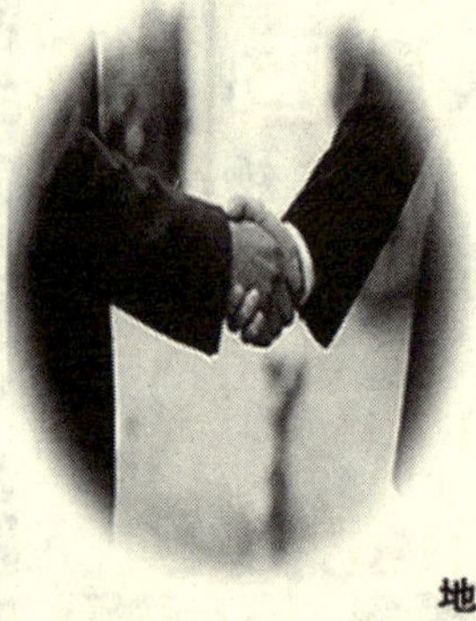

## 内蒙古通辽市库伦旗福通矿业有限公司

内蒙古通辽市库伦旗福通矿业有限公司成立于2007年，专业从事矿产生产、加工和销售，产品有各种品位的萤石原矿，高品位精粉。坚持保证质量、服务要满意宗旨。

联系人：陈恩锋
电话：0475-4898456　13805069153
地址：内蒙古自治区通辽市库伦旗扣河子镇　邮编：028213

## 宁波铁诚管道工程有限公司

宁波铁诚管道工程有限公司成立于2006年。公司专业生产各类焊接钢管与管道配件(防水套管、弯头、渐缩异径弯头、三通、四通、异径管、偏心异径管、法兰、喇叭管、管架、裤管、各类异形管件)，承接中小型管道施工安装，及其他钢结构构件的制作。

联系人：张志松　电话：0574-86890909
地址：浙江省宁波市北仑区珠江南路438号　邮编：315800

## 普兰店市莲山矿业有限责任公司

普兰店市莲山矿业有限责任公司，从事矿产勘查、铁矿采选销售。雄厚的技术力量，精良的生产装备和完善的质量服务体系，不断为用户提供高品质的产品和服务，也不断推动企业快速发展。

联系人：王长久
电话：0411-83304567　83150527
地址：辽宁省普兰店市新城街地质6队老干办　邮编：116200

矿产冶金有色金属特种材料钢铁煤炭

# 行业品牌展示窗

## 河北省/Hebei Province

**大厂回族自治县国华金属结构厂**
业务：大厂县国华金属结构厂是一家专业致力于加工生产精密冷轧带钢及相关冲压结构件的企业。企业本着“诚信、务实、长远”的宗旨，与各界真诚合作，共同发展！
地址：河北大厂回族自治县祁各庄乡
负责人：杨俊 邮编：065300
法人：王友
Tel：0316－8968013
Fax：0316－8941019

**霸州市信宝金属制品有限公司**
业务：各种金属制品
产品：各种高频焊接金属管
地址：河北省霸州市信安镇红强街
负责人：刘宝柱 邮编：065700
法人：刘宝柱
Tel：0316－7450001
7451786
Fax：0316－7451786

**霸州市宏信滤业有限公司**
业务：生产和销售各类过滤器
产品：各类过滤器
地址：河北省廊坊市霸州市岔河集乡赵一村
负责人：李伯民 邮编：065700
法人：李伯民
Tel：0316－7312625
13603361983
Fax：0316－7312622
网址：http://www.hxlyyxgs.cn/

**廊坊晨翔威金属制品有限公司**
业务：压铸铜、铝、锌合金、五金机械配件
地址：河北省廊坊市文安县大围河乡中邹村
负责人：张和春 邮编：065000
法人：张和春
Tel：13803163803
0316－5333399
Fax：0316－5333299

**中信矿业有限公司**
地址：河北省保定市涞源县杨家庄镇高家庄村
负责人：高天忠
Tel：13082320979

**文安鑫垒钢材销售部**
业务：专业从事中宽及各种窄带热带钢销售及工程吊车租赁，我们真诚希望与您合作！
产品：唐山、胜芳、天津各大厂家热带钢及130吨、100吨、50吨以下多部吊车出租
地址：河北省廊坊市文安县新镇镇芦阜庄特价一条街9号
负责人：杨晓亮 邮编：065802
法人：杨晓亮
Tel：0316－5317331
15931626866
Fax：0316－7957111

**廊坊盛海铝业有限公司**
业务：铝业加工
地址：河北省廊坊市永清县工业区榕花大道16号
负责人：张乐源 邮编：065600
法人：张乐源
Tel：13722629996
0316－6691268

**南皮县国鑫金属制品有限公司**
业务：南皮县国鑫金属制品有限公司，成立于1998年，主要经营：各种五金冲压件、电子、电器、仪表配件、机箱机柜及微电机配件，欢迎新老客户光临惠顾！
地址：河北省沧州市南皮县大道邢工业区
负责人：邢国新 邮编：061504
法人：邢国新
Tel：0317－8768886
8769988
Fax：0317－8768886
网址：www.npguoxin.com
E-mail：npgxjszp@163.com

**昌黎县成坤煤炭经销有限公司**
业务：销售煤炭
地址：河北省秦皇岛市昌黎县昌黎镇二街新甸225号
负责人：刘永成 邮编：066000
法人：刘永成
Tel：13513352076
13463366625

**昌黎县昌滦玻璃砂厂**
业务：玻璃砂为主、自产自销煤、粉石、石渣
地址：河北省秦皇岛市昌黎县朱各庄镇小樊各庄村西
负责人：李春满 邮编：066602
法人：李春满
Tel：13513364462
0335－2996413

**保定市涞水县圣钰彩钢加工厂**
业务：彩钢加工
地址：河北省保定市涞水县义安镇西义安村
负责人：张建德 邮编：071000
法人：张建德
Tel：13831258085
0312－4527425

**三河市华辰不锈钢管厂**
业务：专业生产不锈钢管及装饰配件，我们拥有最先进生产设备及检测工艺，产品价格合理起货快捷，欢迎各界朋友前来垂询订购。
产品：201不锈钢装饰管、方管、圆管、矩管、压花管、螺纹管及相应配件
地址：河北省三河市李旗庄工业园区
负责人：果爱兵 邮编：065200
法人：果爱兵
Tel：13832698596
Fax：0316－3457366
网址：www.hebeihuachen.com
E-mail：sanhehuachen@163.com

**河北志能煤炭销售有限公司**
业务：煤炭批发经营
产品：原煤，块炭
地址：河北省石家庄桥东区休门街滨江国际A座2503室
负责人：王文志 邮编：050000
法人：王文志
Tel：0311－89664513
Fax：0311－89664518

**顺通铁粉厂**
地址：河北省保定市满城县神星镇魏庄
负责人：郝志
Tel：13831257910

**石家庄市长安强森不锈钢制品加工部**
业务：不锈钢制品加工，不锈钢板材
地址：河北省石家庄市长安区建华不锈钢市场A区23－27号
负责人：肖祖斌 邮编：050011
法人：肖祖斌
Tel：13932197886
0311－80938001
Fax：0311－80938009

**河北天元地理信息科技工程有限公司**
业务：公司由原中国冶金地质勘查工程总局第一地质勘查院物探分院、测绘院和中国冶勘岩土工程总公司特种工程公司为主体改制组建而成的高科技型企业。主要从事测绘工程、地质勘查、工程物探、管线探测与测漏、管道防腐检测与施工、工程勘察、市政工程、建筑物平移、加固工程、岩土工程、地理信息系统等设计、施工、咨询及开发业务。
地址：河北三河市燕郊300信箱
邮编：065201
法人：杨东
Tel：010－61599262
615699083
Fax：010－61599083
网址：www.hbtygs.com

**遵化市兴合商贸有限公司**
业务：废钢铁、渣钢、跑钼、馏铁回收
地址：河北省唐山市遵化市遵化镇谢庄子村
负责人：孟庆合 邮编：063000
法人：孟庆合
Tel：0315－6655189
13633158319
Fax：0315－6655189

**河北红超钛合金科技开发有限公司**
业务：专业从事钛合金制品的研究、开发、设计、生产销售，人员培训，进出口贸易。加工设备精良、生产工艺先进，我们不断进取，科学管理，以创新技术立足市场，以诚信服务为宗旨，以最优秀质量赢得信赖。
产品：航空业配件、有色金属制品等，产品广泛应用于飞机、化工业、核潜艇及人体手术。
地址：河北省石家庄市裕华区槐中路201号宾南花园C座4单元
负责人：崔红超 朱盼来 罗齐心
邮编：050021
法人：崔红超
Tel：0311－85855759
13832306320
Fax：0311－85800332
网址：www.hbhcthj.cn
E-mail：ceo171@126.com

**南洋铸造材料购销有限公司**
地址：河北省保定市易县西环路83号
负责人：龙四新
Tel：13903322430

**赞皇县铸造材料经营部**
业务：各种型号铸钢砂，铸铁砂，炉料，耐火土，涂料等铸造用品
产品：大量提供各种型号铸钢砂、铸铁砂、炉料、耐火土、涂料等铸造用品，欢迎新老客户垂询，洽谈业务！我们将提供最优质的服务！
地址：河北省石家庄市赞皇县东郭家庄
负责人：郭瑞增 邮编：051230
Tel：0311－84160389
13032682518

**唐山市丰南区泰润豪贸易有限公司**
业务：钢材、建材、生铁、耐火材料、机械配件、铁粉
产品：机械配件、钢材、钢渣
地址：河北省唐山市丰南区青年路293号通达青年城309室
负责人：肖阳 邮编：063300
法人：肖阳
Tel：13784677775
0315－8441111
Fax：0315－8441111

**滦南县兴华煤炭经销处**
业务：煤炭经销
地址：河北省唐山市滦南县柏各庄
负责人：荣文年 邮编：063000
法人：荣文年
Tel：13933308588
0315－4550896

**保定市茂源金属结构有限公司**
业务：金属
地址：河北省保定市瑞祥北大街北弘小区4号
负责人：田生茂 邮编：071000
法人：田生茂
Tel：13700324299
0312－3124388
Fax：0312－3124388

**怀来县新保安兴龙白灰销售处**
业务：白灰生产批发（钢厂、铁厂、电池厂）
地址：河北省张家口市怀来县新保安东黄庄村
负责人：闫占龙 邮编：075000
法人：闫占龙
Tel：13833322491

**唐山市开平立鑫精选有限公司**
业务：专业从事各品位铁粉及外矿收售，铁精粉精选销售，可生产70%以上品位的铁精矿，月产量2万吨，设备先进、质量可靠欢迎广大客户前来洽谈合作、共谋商机
产品：铁精粉(66粗粉)
地址：河北省唐山市唐山开平区郑庄子镇安各庄村南
负责人：张艳红 邮编：063000
法人：张艳红
Tel：0315－3172710
Fax：0315－3200806
E-mail：lixinjingxuan@163.com

**徐水县佳鑫管件加工厂**
业务：法兰加工、销售
地址：河北省保定市徐水县遂城镇谢坊村南
负责人：王立新 邮编：072550
法人：王立新
Tel：0312－8981880
13582828103

**亿鑫铝业有限公司**
地址：河北省泊头市四营乡政府北侧
负责人：尚万青
Tel：13503278256

**河北九如文化创意有限公司**
业务：开采铁矿
地址：河北省武安市矿山镇洪山村
负责人：郭乃群 邮编：056300
法人：郭乃群
Tel：15840000050
0310－5840373

**紫阳县麻柳镇小杨坪粘土矿开采厂**
业务：粘土矿开采、销售
地址：河北省武安市中兴路阳光大药房7单元101室
负责人：靳米仓 邮编：056300
法人：靳米仓
Tel：0310－5666886
13831088585
13891506787

**新乐市亚铝铝材销售中心**
业务：经营铝材
地址：河北省新乐市金地市场北门1厅
负责人：陈超 邮编：050700
法人：陈超
Tel：13784025240
13930120308

**孟村回族自治县王宅聚鑫法兰厂**
业务：管件法兰
地址：河北省沧州市孟村回族自治县王宅村
负责人：张国军 邮编：061400
法人：张国军
Tel：13803237268
0317－6880989
Fax：0317－6880989

**宝马物资有限公司**
地址：河北省沧州市北环东路10号
负责人：李荣振
Tel：0317－3089981
13803258696

**邢台市秦大冶金物资有限公司**
业务：冶金炉料、冶金轧辊、生铁、硅、锰、铬、钼、钒铁、镍板
地址：河北省邢台市南和县三召乡东善友桥
负责人：秦志云 邮编：054000
法人：秦志云
Tel：13930995990
15832951508
Fax：0319－4536690

**清河县金合合金炉料购销处**
业务：合金炉料购销
地址：河北省邢台市清河县
负责人：李金合 邮编：054000
法人：李金合
Tel：0319－8185366

**蔚县欣昌煤炭运销有限公司**
业务：煤炭开采、销售、运输
地址：河北省张家口市蔚县蔚州镇前进东路
负责人：齐作春 邮编：075700
法人：齐作春
Tel：13231323888
0313－7018609
网址：www.xinchangmt.com

## 青县亮程煤炭有限责任公司

业务:煤炭加工销售
地址:河北省沧州市青县金牛镇觉道庄村南
负责人:张兆光 邮 编:061000
法 人:张兆光
Tel:0317－4089069
7999807
7999303
Fax:0317－4089069

**永安合金材料有限公司**
地址:河北省沧州市盐山县城南工业园南 1.5 公里
负责人:杨林贵
Tel:0317－6320828
13603172128

## 张家口市永成金属制品有限责任公司

业务:金属制品,钢结构
地址:河北省张家口宣化区钟楼东街 6 号楼 11 号 3 单元 703
负责人:闪永成 邮 编:7075061
法 人:闪永成
Tel:13081830756
15803337571
0313－3034977

**鑫汇冶金工业有限公司**
地址:河北省邯郸武安市午汲镇下白石
负责人:陈文科
Tel:0310－5775606
13903200888

## 河北景鹏预应力钢绞线有限公司

业务:河北景鹏预应力钢绞线有限公司始建于 2005 年,本公司是专业生产高强度、低松弛预应力钢丝、钢绞线的股份制企业,以"敬业、诚信、求实、创新"为企业宗旨,热忱欢迎国内外朋友光临公司。
地址:河北省衡水市景县龙华镇工业区
负责人:崔红旗 邮 编:053511
法 人:崔红旗
Tel:0318－4428850

## 青县亮程煤炭有限责任公司

业务:煤炭销售
产品:陕西神木煤炭、内蒙精煤
地址:河北省沧州市青县金牛镇觉道庄村南
负责人:张兆光 邮 编:061001
法 人:张兆光
Tel:13932749088
0317－4089069
Fax:0317－4089069

**安平县钻石丝网金属制品厂**
地址:河北省衡水市安平县网都大酒店西庙 200 米西侧
负责人:林壮
Tel:0318－86152855
13703182775

**石家庄市瑞华镀锌铁丝有限公司**
地址:河北省晋州市东卓宿镇西卓宿村
负责人:刘亮
Tel:0311－84355818
13582157518

**邢台新自贡硬质合金有限公司**
地址:河北省南宫市段头镇西密井村
负责人:张金友
Tel:13913391115

**武安市鑫永泰物资经贸有限公司**
地址:河北省武安市宏大宾馆西侧院
负责人:王红霞
Tel:0310－5681360
13831020288

## 河北奥翔管道有限公司

业务:钢管 PE 防腐、管道保温
地址:河北省沧州市盐山县正港路开发区
负责人:孙清轩 邮 编:061300
法 人:孙清轩
Tel:15932686666
13931711716
0317－6310391
6310659
Fax:0317－6310659

## 沧州市运河区金豪不锈钢装饰门市部

业务:装饰,装修,主要产品是不锈钢
地址:河北省沧州市运河区南陈屯乡大和庄
负责人:刘荣君 邮 编:061000
法 人:刘荣君
Tel:13292759381
0317－8911212

## 广宗县诚信稀有金属材料厂

业务:广宗县诚信稀有金属材料厂成立于 2005 年,专业生产五氧化二钒,欢迎来电洽谈业务。
地址:河北省邢台市广宗县张葫芦村东
负责人:赵爱飞 邮 编:054600
法 人:赵爱飞

Tel:0319－7221070
网址:mtw25421

## 酒泉亚波矿业有限责任公司

业务:矿产品、金属材料加工、销售。
地址:河北省承德市平泉县馨园小区 5 栋 402 室
负责人:马连波 邮 编:067000
法 人:马连波
Tel:0314－6027555

**永宾硅钢片制品有限公司**
地址:河北省石家庄市无极县郝庄乡西中郝庄村
负责人:张永宾
Tel:0311－85710546
13503337953

## 高碑店市光达照明器材有限公司

业务:集生产、研发、销售,服务于一体,专业生产加工太阳能灯、普通路灯及室外健身器材。产品品质优良、品种齐全、售后服务完善,并具有高效、节能、安全、绿色环保的绝对优势,欢迎你前来订购!
产品:太阳能灯、普通路灯、庭院灯、景观灯、草坪灯、室外各种健身器材
地址:河北省高碑店市团结东路 32 号
负责人:杜静辰 邮 编:074000
法 人:杜静辰
Tel:0312－2812155
15175745870
15232200269
Fax:0312－2812155
网址:http//www.gdzhaoming.cn

**唐山银湖金属物资有限公司**
地址:河北省唐山市龙泽路钢丰楼二楼 2210 号
负责人:朱春生
Tel:0315－2019007
13315515983

**富城耐火材料厂**
地址:河北省万全县万全镇西北开发区 6 号
负责人:郭进富
Tel:0313－4812686
13833333892

## 磁县双龙洗煤有限公司

业务:洗精煤、焦炭、矿石、建材销售
地址:河北省邯郸市磁县观台镇西保障村东南
负责人:周金祥 邮 编:56000
法 人:周金祥
Tel:13832052055
0310－2482666

## 邢台市东风煤炭经销处

业务:邢台市东风煤炭经销处成立于 1997 年,从事煤炭购销,价格合理,欢迎来电洽谈业务!
地址:河北省邢台市桥东区西寺东街 53 号
负责人:潘跃通 邮 编:054001
法 人:潘跃通
Tel:0319－3680883

## 邯郸市复兴诚鑫物资有限公司

地址:河北省邯郸市丛台路政通小区 11－1－1 号
负责人:王二印 邮 编:056000
法 人:王二印
Tel:13931021148
0310－2061502

**兴源活性炭厂**
地址:河北省辛集市张古庄镇南吕村工业区
负责人:郝运柱
Tel:0311－83335688
13603210283

## 安平县昊泰金属网厂

业务:丝网、护栏网、美格网、电焊网、不锈钢网、铜丝网、钢板网
地址:河北省衡水市安平县城北 2 公里
负责人:高亚冲 邮 编:053600
法 人:高亚冲
Tel:0318－7503444
15030865999

## 安平县鸿萱不锈钢拔丝织网厂

业务:不锈钢丝网生产销售
地址:河北省衡水市安平县东来顺北 150 米路西
负责人:陈小威 邮 编:053000
法 人:陈小威
Tel:0318－7979631

**凯德钢铁有限公司**
地址:河北省邢台沙河市十里亭镇十里亭村西
负责人:窦小彩
Tel:0319－8897581

**临城县南盘石胜利矿产品购销处**
地址:河北省邢台市临城县南盘石村西
负责人:杨胜利

Tel:13931915582

## 安平县鹏浩特种钢材制品厂(安平县番鼎物流)

业务:钢材生产销售,全国物流
地址:河北省衡水市安平县新政村
负责人:李平想 邮 编:053000
法 人:李平想
Tel:0318－7580068

**天润耐火材料有限公司**
地址:河北省邢台市威县常庄工业区
负责人:孙华兵
Tel:0319－6396406
13932928330
13603193976

## 河北省安平县中清丝网厂

业务:本厂位于"中国丝网之乡"河北省安平县,集设计、生产、销售于一体,专业生产各种规格型号的电焊网、不锈钢网、方眼网、圆孔网、黑丝布、窗纱等丝网制品。价格优惠,欢迎新老客户来电来人洽谈,光临指导!
地址:河北省衡水市安平县裕华路南段逯庄工业发区
负责人:董大卓 邮 编:053600
法 人:董小乐
Tel:0318－7529235
15931370060
13932868983
13231882131

## 涿鹿县顺峰煤炭有限责任公司

业务:涿鹿县顺峰煤炭有限责任公司成立于 2002 年,主要从事洗精煤、焦煤、喷吹无烟煤的生产与销售。"以质量求生存,以信誉求发展",竭诚欢迎广大新老客户的光临、惠顾!
地址:河北省张家口市涿鹿县张家堡镇
负责人:刘井凤 邮 编:075600
法 人:刘井凤

Tel:0313－6760168

**邢台三得利冷轧钢有限公司**
地址:河北省邢台市邢台县东汪镇后晋祠村
负责人:曹太修
Tel:13931954031

## 唐山瑞丰钢铁(集团)金友钢铁有限公司

业务:唐山瑞丰钢铁(集团)金友钢铁有限公司,于 2003 年 4 月份组建。本公司主要生产钢铁,欢迎新老客户光临惠顾!
地址:河北省唐山市丰南区小集镇
负责人:刘奎全 邮 编:063303
法 人:刘奎友
Tel:0315－8590333

## 故城县圣全合金有限公司

业务:专业从事有色金属合金制造、加工、销售,同时也可来样来图订做,产品规格齐全、质量稳定,欢迎光临洽谈,我们竭诚为您服务。
产品:钨钴合金
地址:河北省衡水市故城县军屯镇高行仗村
负责人:陈会全 邮 编:053600
法 人:陈会全
Tel:0318－5451218
13785858819
Fax:0318－5451218
网址:www.gcsqhj.chinapyp.com

## 黄骅市常郭镇玉清五金制品厂

业务:镀锌加工
地址:河北省黄骅市常郭镇朱子札村
负责人:朱清泉 邮 编:061100
法 人:朱清泉
Tel:13780271260
0317－5965103

**安小石粉厂**
地址:河北省滦县光明花园 19 号楼 302 室
负责人:田宝金
Tel:0315－7101822
13931521590

## 河北天仁金属制品有限公司

本公司从事热轧卷板、冷热钢铁的销售，开平加工及仓储，煤气炉制造，以质量求生存，信誉求发展，欢迎新老客户来电洽谈业务！

联系人：赵英明
电话：0310-3827086　3755111
地址：河北省邯郸市涉县井店镇老爷庙村东
邮编：056400

## 南皮县汇鑫金属材料有限公司

南皮县汇鑫金属材料有限公司成立于2005年，主要从事硅钢片，冷板，带钢，钢丝盘条的销售。公司采用现代化的管理理念，坚持以质量求生存，以诚信求发展，愿与广大客户和同行朋友真诚合作，共创事业辉煌。欢迎国内外客户来函来电来人洽谈业务！

联系人：张文全　手机：13703272649
电话：0317-8855819　传真：0317-8855819
地址：河北省沧州市南皮县南皮镇武港路南　邮编：528400



## 山西省/Shanxi Province

### 长治市永超油罐加工厂
业务：油罐加工、销售
地址：山西省长治市郊区关村关小路北侧
负责人：魏忠涛　邮编：046011
法人：魏忠涛
Tel：0355－2207409
13994642378

### 长治市恒通至诚钢结构网架有限公司
业务：长治市恒通至诚钢结构网架有限公司成立于2005年，现有员工40余人，从事厂房、超市的钢结构网架的设计、制作、安装。
地址：山西省长治市二级路医药公司对面
邮编：046000
法人：刘延坤
Tel：0355－6061092
Fax：0355－6061092

### 武乡县泰昌焦化有限公司
业务：焦炭开采、加工、销售
地址：山西省长治市武乡县洪水镇下广志村
负责人：张珍全　邮编：046308
法人：关红斌
Tel：0355－6443533
13593275721

### 色头镇鲍寨村煤矿
地址：山西省长治市长子县色头镇鲍寨村
负责人：原占芳
Tel：13935593167

### 秦皇岛云鼎能源有限公司
业务：煤炭
地址：山西省大同市大庆路丰庆园A4座
负责人：王喜云　邮编：037038
法人：王喜云
Tel：13603529068
13509721840
0352－5111938
Fax：0352－5111938

### 正大耐火材料有限公司
地址：山西省长治市郊区黄碾镇黄北村
负责人：赵永平
Tel：0355－5021920
13903559335

### 潞城市日正有色金属有限公司
业务：本公司始建于2001年9月，主要致力于金属镁深加工兼自营进出口的工贸一体民营企业。实施严格的全过程质量控制，以确保我们产品最高品质。2005年全面通过ISO9001：2000国际质量管理体系认证。"日正"牌系列产品在多个国家同类产品中享有最高品质认可。
地址：山西省长治市潞城市东南山村潞山南路21号
法人：申连喜……邮编：047500
法人：申连喜
Tel：0355－3151206
3150281
网址：www.lcrz.com

### 广志采矿厂
地址：山西省长治市黎城县上遥镇平头村
负责人：李林忠
Tel：0355－6568236
13834295016

### 大同市新成鑫源贸易有限公司
业务：生产销售物资外贸
产品：生产销售（兰碳大、中、小科）高固、高热焦油，型煤，蜂窝煤
地址：山西省大同市新荣区花园屯乡花园屯村新成特碳制气车间
负责人：马茂　邮编：037000
法人：马茂
Tel：0352－3175458

### 老申工矿物资有限公司
地址：山西省长治市西一环路凯丰市场北八排九号
负责人：申永福
Tel：0355－5831240
13935505037

### 晋城市财盛贸易有限公司
业务：钢材、民用建材、五金机电
产品：方管、矩形管、无缝管、角钢、槽钢、C型钢、彩钢瓦、冷板、中板、开平板、各种型钢
地址：山西省晋城市西环路叶家河村口
负责人：李留柱　邮编：048000
法人：李留柱
Tel：0356－2090726
13935607528

### 白杨岭煤矿
地址：山西省长治市襄垣县下良镇白杨岭村
负责人：任勇
Tel：13934054070

### 左权县燚丰耐火材料有限责任公司
业务：生产、销售耐火材料（80－88铝钒土、熟料）
地址：山西省晋中市左权县龙泉乡望阳垴村（1000米）
负责人：刘庆华　邮编：030600
法人：杨丽萍
Tel：13835472866
13835472144

### 兴达洗煤厂
业务：兴达洗煤厂成立于2004年，长冶市襄垣县古韩镇，交通十分便利。专业从事洗煤。本公司始终本着互惠互利，合作双赢的原则，愿与各界同仁竭诚合作。
地址：山西省长治市襄垣县古韩镇十字道村
邮编：046200
法人：张恒旺
Tel：0355－7413019
Fax：0355－7413019

### 鑫达冶炼有限责任公司
地址：山西省大同市广灵县壶泉镇天走路北
负责人：赵满
Tel：13994384832
13994351021

### 临汾市大顺钢铁有限责任公司
业务：经营钢材
地址：山西省临汾市南外环建军钢材市场内
负责人：张春娥　邮编：041000
法人：张春娥
Tel：0357－2513658
13509770162

### 大同市矿区鑫鑫炭化料经销部
地址：山西省大同市矿区和平街市场
负责人：何万龙
Tel：0352－2100172

### 临汾市华俊煤焦有限公司
业务：精煤、焦炭、生铁
地址：山西省临汾市襄汾县古城镇北焦彭村
负责人：毛俊虎　邮编：041000
法人：毛俊虎
Tel：13333473335
0357－3626005

### 大同市矿区宏伟矿山机械修理厂
地址：山西省大同市矿区同泉路
负责人：范立君
Tel：0352－7045740

### 浑源县小西沟石灰岩矿
业务：浑源县小西沟石灰岩矿产要生产优质石灰石、石灰粉等。产品质量保证，价格从优。欢迎新老客户光临、惠顾！
地址：山西省大同市浑源县永安镇北岳东路雁峰巷55号
负责人：张崇贵……邮编：037400
Tel：0352－8331587

### 中国煤炭销售运输总公司大同矿区发煤站运输队
地址：山西省大同市南郊区雁崖乡乔村
负责人：曾晓龙
Tel：0352－5202145

### 方山县兴神耐火材料有限公司
业务：加工销售铝钒土及耐火材料，我们将秉承专业、专注、高品质的经营理念，竭诚为您提供最优质的服务
产品：铝钒土熟料、85\86\87\88、90以上的低铁料及粉碎料
地址：山西省吕梁市方山县大武镇
负责人：杨景　邮编：033100
法人：杨景
Tel：0358－2178658
13834768548

### 交口县泽宏煤化有限责任公司
业务：煤炭的加工及销售
地址：山西省吕梁市交口县回龙乡秦王岭村
负责人：李亮　邮编：032405
法人：
Tel：13934019906

### 宏阳合金钢有限公司
地址：山西省大同市新开南路5号
负责人：杨如山
Tel：0352－2060068
13333520608

### 汾阳市杏花铸造有限公司
业务：汾阳市杏花铸造有限公司成立于2003年，现有员工60余人，是一家铸钢铸件的厂家。公司一贯奉行："质量第一，信誉第一，用户至上"的宗旨。产品远销海外，竭力欢迎国内外客商光临惠顾！
地址：山西省汾阳市杏花村镇西堡村
邮编：032205
法人：任全贵
Tel：0358－7520130
Fax：0358－2157222

### 岚县德奇矿业开发有限公司
业务：矿山开发及开采
地址：山西省吕梁市岚县县城西二街
负责人：杨昆　邮编：033000
法人：杨昆
Tel：13835216566
13620625999

### 大同市乡镇企业供销公司堡子湾焦炭发运站
地址：山西省大同市新荣区堡子湾乡宏赐堡
负责人：张葛
Tel：0352－3072037

### 柳林县瑞林洗煤有限责任公司
业务：洗煤
地址：山西省吕梁市柳林县薛村镇墕哉村
负责人：郝永平　邮编：033000
法人：郝永平
Tel：0358－4030998

### 鑫瑞源煤化有限公司
地址：山西省河津市樊村镇李家庄村东
负责人：薛仲启
Tel：13994898777

### 吕梁孝义市贵强耐火材料有限公司
业务：锻烧，加工优质铝钒土
产品：优质熟铝
地址：山西省吕梁孝义市下堡镇元金村
负责人：武纯强　邮编：032300
法人：武纯强
Tel：0358－7669111

### 星火钢材有限公司
地址：山西省河津市进辉钢木材市场星火钢材有限公司
负责人：柴正德
Tel：0359－5033597
13703592406

### 怀仁县新春储售煤炭有限责任公司
业务：电煤、配焦煤的储藏与销售
地址：山西省朔州市怀仁县郝家坪村西
负责人：张虎　邮编：038500
法人：张虎
Tel：13934982571

### 霍州市崇升洗煤厂
业务：本公司坐落于山西省霍州市北关村，交通便利，距108国道2公里，现有职工30余人，年产量30万吨。主要从事加工精煤、电煤。欢迎各方客户洽谈业务！
地址：山西省霍州市北关村
邮编：031400
法人：白小管
Tel：0357－5625030
网址：www.csxmgs.chinapyp.com

### 山西省祁县长信煤化有限责任公司
业务：山西省祁县长信煤化有限责任公司成立于2006年，专业从事洗精煤加工及销售，承揽运输业务，热忱欢迎广大用户前来参观考察、洽谈业务。
地址：山西省晋中市祁县东观镇小贾村
负责人：王海峰……邮编：030900
Tel：0354－5321389
5320795
5320796
5320797
5320799
Fax：0354－5320798

### 山西恒源昌经贸有限公司两渡发煤站
业务：原煤、精煤等经营及发运
地址：山西省太原市灵石县两渡镇
负责人：孙林生　邮编：030082
法人：孙林生
Tel：13453108888
0354－7712789

### 山西太耿洗煤焦化有限公司
地址：山西省河津市僧楼镇艳掌村
负责人：陈泽红
Tel：13834098224

### 小店区日升强磁铁
业务：经营范围：磁性材料及磁性器械.
地址：山西省太原市小店区晋阳街2号
负责人：李书青　邮编：030000
法人：李书青
Tel：0351－7826278
Fax：0351－7826278

### 侯马市传舵水洗沙厂
地址：山西省侯马市望桥街南河摊（收费站旁边）
负责人：李传舵
Tel：0357－4298601
13935779378

### 孝义市繁青矿产品销售有限公司
业务：生产与销售铝矿石、石膏、石灰、骨料
产品：铝矿石、石膏、石灰、骨料
地址：山西省孝义市南辛安村
负责人：孟繁青　邮编：032300
Tel：13097586067
0358－7876371

### 新洋高岭土有限公司
地址：山西省候马市紫金山北街151号
负责人：闫宝生
Tel：0351－7323315
4220139
13835749342

### 灵石县恒利煤化有限公司
地址：山西省晋中市灵石县段纯镇田家洼沟
负责人：闫永红
Tel：13835468777

### 灵石县梁家焉下东掌联户集资硫铁矿
地址：山西省晋中市灵石县梁家焉乡下东掌村
负责人：刘五良
Tel：0354－7614964

### 灵石县九鑫选煤有限责任公司
地址：山西省晋中市灵石县坛镇乡堡子塘村
负责人：王良先

Tel:0354－7915168

**襄汾县颐汾煤化有限责任公司**
业务:襄汾县颐汾煤化有限责任公司成立于2005年,主要从事工业萘、烃油、中油、蒽油、沥青等。热诚欢迎各方客户惠顾。
地址:山西省临汾市襄汾县桥西663棉库
邮　编:041000
法　人:杨跃生
Tel:0357－3602363

**代县福兴航宇煤业精洗有限公司**
业务:煤炭深加工
地址:山西省忻州市代县雁门关乡殿上村南
负责人:李倩　邮　编:034000
法　人:李倩
Tel:0349－6655084
13294506666

**交口县双池镇蔡家沟煤矿**
业务:交口县双池镇蔡家沟煤矿从事原煤开采和洗选,烟煤和无烟煤的开采洗选,诚信为本,质量第一,利益共享。欢迎社会各界朋友来我公司考察产品,商洽业务。
地址:山西省交口县双池镇蔡家沟村沙坪河
负责人:陈勇……邮　编:032403
法　人:陈勇
Tel:0358－5471368

**繁峙县中兴科技发展有限公司**
业务:我公司主要负责矿山开采测量以及采矿设计绘图技术问题兼营矿山机械和电器设备等
地址:山西省忻州市繁峙县砂河镇南关村108国道南侧
负责人:张连恩　邮　编:034000
法　人:张连恩
Tel:13294608558
0350－5553368
Fax:0350－5550182

**乾元煤焦销售有限公司**
地址:山西省稷山县化峪镇派出所对面
负责人:王俊东
Tel:0359－5630085
13191243368

**忻州神达能源投资有限公司**
业务:煤炭生产、销售
产品:煤炭
地址:山西省忻州市和平西街同煤大厦9楼
负责人:赵秉国　邮　编:034000
法　人:赵秉国
Tel:0350－3395117
3395115

**晋城市德兴塑钢型材有限公司**
地址:山西省晋城市红星街(鑫元实业总公司晨光公司楼内)
负责人:吴让德
Tel:0356－2057378

**陵川县贞蓉冶炼厂**
地址:山西省晋城市陵川县附城镇附城村
负责人:李琳
Tel:0356－6866031

**阳泉市交通集团万通煤炭运销有限公司**
业务:煤炭铁路经销、公路经销,经销铝钒土,硫铁矿石,建材,木材,耐火材料及制品,五金交电,化工
地址:山西省阳泉市桃北东路滨河世纪城香榭花园4幢3单元1号
负责人:郑海岚　邮　编:045000
法　人:吕香林
Tel:0353－2135298
Fax:0353－2135298
E-mail:yqwtmy@qq.com

**沁水县永信选煤场**
地址:山西省晋城市沁水县郑村镇候村村
负责人:田向飞
Tel:0356－7034098
13303568626

**阳泉市宇轩耐火材料有限责任公司**
业务:铝矾土生料、熟料,耐火材料制品制造销售
地址:山西省阳泉市盂县仙人乡岭西岩村
负责人:代文杰　邮　编:045000
法　人:代文杰
Tel:13293635552
0353－8016695

**晋城宏圣科威矿用材料有限公司**
业务:晋城宏圣科威矿用材料有限公司主要生产系列锚杆、锚索、锚固剂、假顶网、风筒等煤矿支护、通风产品,本着"以质量求生存,以技术求发展,以信誉求合作"的经营理念,竭诚欢迎新老客户光临惠顾。
地址:山西省晋城市北石店
负责人:李国胜……邮　编:048006
Tel:0356－3623814
Fax:0356－3623676

**原平市伟业钢模板厂**
业务:生产,销售钢结构、油封、皮带机的输送带、煤矿设备
地址:山西省忻州原平市大运公路东面(原平浩业公司院内)
负责人:尚俊韦　邮　编:034000
法　人:杨春明
Tel:13835026788
0350－8273188

**晋城市泽乡型焦煤销售有限公司**
地址:山西省晋城市瑞丰路12号
负责人:王新会
Tel:0356－2060346

**芮城县黑旺活性炭厂**
业务:销售黑旺活性炭
地址:山西省运城市芮城县南卫乡高埝金杏堤村
负责人:高移民　邮　编:044000
法　人:高移民
Tel:13633980857

**阳城县中林碳素有限公司**
地址:山西省晋城市阳城县润城镇下伏村
负责人:陈中良
Tel:0356－4817182

**晋城市兰帝煤制品有限公司**
地址:山西省晋城市泽州县金村镇李家鄩村
负责人:崔保太
Tel:0356－2096242

**鑫能煤炭运销有限公司晋城分公司**
业务:鑫能煤炭运销有限公司晋城分公司是一个集生产、运输、销售为一体的多功能综合性企业,主要以销售原煤精煤为主。公司始终以质量求生存,以规模求效益,以诚信求发展,赢得了广大客户的高度赞誉,煤炭销售网络遍及全国各地。
地址:山西省晋城市阳城县八甲口镇
邮　编:048104
法　人:成永太
Tel:0356－4820177
Fax:0356－4820177

**介休市金兴碳素有限公司**
地址:山西省晋中市介休市绵山镇东内封村
负责人:任金贵
Tel:0354－3536881

**介休市晓东选煤有限公司**
地址:山西省晋中市介休市义安镇洪相村
负责人:王晓东
Tel:13103549666

**灵石县欣诚洗煤厂**
地址:山西省晋中市灵石县翠峰镇玉成沟
负责人:李勇
Tel:0354－7965116

**祁县三益永磁材料有限公司**
地址:山西省晋中市祁县大运北路(国营林场旁)
负责人:孙锐
Tel:0354－5185898
5286688
13903445898

**山西洪凯活性炭有限公司**
地址:山西省晋中市祁县科技工业园区
负责人:杨杰
Tel:0354－5322008

**寿阳县龙宝煤化有限责任公司**
地址:山西省晋中市寿阳县平舒乡龙门河龙门垴村
负责人:冀建璋
Tel:0354－4915001

**太谷县广源型煤加工厂**
地址:山西省晋中市太谷县白村
负责人:王进卫
Tel:13603547265

**柳林县长风煤业有限公司**
业务:柳林县长风煤业有限公司成立于2005年,经营精煤、中煤、电煤、运输等业务,欢迎新老客户来电洽谈业务!
地址:山西省吕梁市柳林县十八米街
负责人:张海燕……邮　编:033300
法　人:张海燕
Tel:0358－4021034
4020274

**昔阳县大案镇幸运洗煤厂**
地址:山西省晋中市昔阳县大寨镇南冶头村
负责人:李守信
Tel:0354－4383301

**榆次亚特耐热不锈钢制品有限公司**
地址:山西省晋中市榆次工业园区
负责人:孙新
Tel:13593077108

**鑫安金属结构有限责任公司**
地址:山西省晋中市榆次区工业园区
负责人:丁换新
Tel:0354－3967556
13994579409

**孝义市金泰煤焦有限公司**
业务:孝义市金泰煤焦有限公司成立于2002年,主要销售精煤、焦炭、铝凡土、生铁等。信誉第一,用户至上是公司的神圣宗旨;质优价廉的产品,开创一流的服务是公司的经营方针。欢迎各界志士同仁携手共创辉煌伟绩!
地址:山西省吕梁市孝义市新义西街鑫东宾馆东楼四层
邮　编:032300
法　人:王来福
Tel:0358－7628900
Fax:0358－7690427

**杰龙铁制品有限公司**
地址:山西省晋中市榆次区锦纶东街23号
负责人:吴杰明
Tel:0354－3025301
13703540026

**左权县清河店联营煤矿**
地址:山西省晋中市左权县寒王乡清河店
负责人:侯启贵
Tel:0354－8970011
13903546310

**中阳县亨源矿产品有限公司**
业务:我公司成立于2006年,从事生产、开发矿产品,、我们将以一流的质量、一流的服务宗旨竭诚为新老客户服务
地址:山西省吕梁市中阳县城北二郎坪
负责人:曹和平……邮　编:033000
Tel:0358－5022194

**夏门煤矿洗煤厂**
地址:山西省靖中市灵石县夏门镇
负责人:武永平
Tel:0354－7742485
13934181818

**夏县安信节能风机制造有限公司**
业务:专业生产节能风机、防爆风机(矿山专用)
地址:山西省运城市夏县裴介镇师村
负责人:王教林　邮　编:044000
法　人:李高升
Tel:0359－8540222
13703594919

**晋冶焦铁有限公司**
地址:山西省岚县东村镇马家坪
负责人:王贵明
Tel:0358－6725391
13935887582

**中阳县隆源达选煤有限公司**
业务:本公司成立于2006年,主要生产销售选煤。热忱欢迎新老客户来电洽谈业务!
地址:山西省吕梁市中阳县枝柯镇马家峪村委
负责人:刘虎虎……邮　编:033400
法　人:刘虎虎
Tel:0358－5073266
5073677
5073119

**临汾市季茂洋焦铁有限公司**
地址:山西省临汾市兵站路叁兴巷17号
负责人:高东阳
Tel:13903574556

**临汾市尧都区泰中钢材经销有限公司**
地址:山西省临汾市段店乡孙乔村
负责人:徐留户
Tel:13008020095

**朔州市平鲁区后安煤碳有限公司**
业务:朔州市平鲁区后安煤碳有限公司成立于2003年,主要从事于煤碳开采与销售。欢迎新老客户光临、惠顾!
地址:山西省朔州市平鲁区陶村乡王高登村南
负责人:王加元……邮　编:036800
法　人:王加元
Tel:0349－6081582
Fax:0349－6081492

**临汾市尧都区富城煤焦铁有限公司**
地址:山西省临汾市鼓楼东大街扁担巷小区七号楼
负责人:张随喜
Tel:0357－2580163

**俊鑫煤化有限公司**
地址:山西省临汾市洪洞县苏堡镇蜀村
负责人:卫同文
Tel:0357－6600080
13753790734

**侯马市勇鹏焦铁有限公司**
地址:山西省临汾市侯马市大运路
Tel:任史勇
Tel:13603574345

**宝瑞丰科贸有限公司**
业务:本公司成立于2004年,主要从事煤炭运输。
地址:山西省太原市小店区太原经济技术开发区下庄村三星装饰公司102室
负责人:胡宝银……邮　编:030032
法　人:胡宝银
Tel:0351－7562396

**侯马市峰辉焦铁有限公司**
地址:山西省临汾市侯马市紫金山北街
负责人:杨智捷
Tel:13935751899

**侯马经济技术开发区恒大焦铁有限公司**
地址:山西省临汾市侯马天河电子城
负责人:郝淑梅
Tel:0357－4184938

**侯马经济技术开发区博宇焦铁有限公司**
地址:山西省临汾市侯马天河电子城F1－201号
负责人:裴金钟
Tel:0357－4184916

**山西炬能煤炭经销有限公司**
业务:我公司成立于2005年,主要从事煤炭经销。公司对煤炭质量都能做到严格控制,一丝不苟,保证每批煤炭全部符合"用户第一""质量第一""信誉第一"的企业承诺,坚决杜绝掺杂做假。
地址:山西省太原市新华街钢材大厦611号
邮　编:030008
法　人:董瑞明
Tel:0351－6587660
Fax:0351－6587660

**侯马经济技术开发区群力焦铁有限公司**
地址:山西省临汾市侯马新田路76号
负责人:王东
Tel:13700573570

**临汾市尧都区诚达焦炭经销站**
地址:山西省临汾市临浮路57号
负责人:张淑菊
Tel:0357－3010336

**临汾市钢城大众金属材料有限公司**
地址:山西省临汾市临钢焦化厂
负责人:黄京忠
Tel:13603578769

**太原市德龙超细粉科技有限公司**
业务:太原市德龙超细粉科技有限公司成立于2004年,主要生产矿渣超细粉。"诚信为本,信誉第一,客户至上",竭诚欢迎各方客户来电来人洽谈业务,共同合作。
地址:山西省太原市中涧河乡东涧河村太钢双良水泥公司院内
邮　编:030003
法　人:田乱周
Tel:0351－3650698
Fax:0351－3650699

**临汾市万木煤焦铁有限公司**
地址:山西省临汾市五一东路南六巷1号楼
负责人:石丰华
Tel:13513578711

**晋明焦铁有限公司**
地址:山西省临汾市襄汾县襄陵北街晋华铁厂内
负责人:王红梅
Tel:0357－3893281
13700576888

**孝义孝烽煜矿产品有限责任公司**
业务:孝义孝烽煜矿产品有限责任公司经营精煤、焦炭、铝矾土、建材、铝矿、镁矿、石英石、建材、钢材,产品齐全、价格合理,欢迎新老客户来电咨询,洽谈业务!
地址:山西省孝义市阳泉曲镇柳湾矿汽车队
负责人:杨刚……邮　编:032303
Tel:0354－7091699

**临汾恒旭煤业有限公司**
地址:山西省临汾市尧都区16号
负责人:翟前进
Tel:0357－2311772

**宏富强钢铁有限公司**
地址:山西省临汾市尧都区土门镇古镇村
负责人:谢林江
Tel:0357－3058415
13593539888

**翼城县华鑫煤业有限责任公司**
地址:山西省临汾市翼城县桥上镇庄里村
负责人:马俊东
Tel:13603571729

**定襄县秦晋锻压有限公司**
业务:定襄县秦晋锻压有限公司成立于1990年,专业从事锻造、法兰加工。公司以优质的产品,优良的服务,真诚与各界朋友长期合作,互惠互利,共同发展。
地址:山西省忻州市定襄县神山乡赵家营村
邮　编:035400
法　人:赵正峰
Tel:0350－6055555
Fax:0350－3326333

**翼城县宇财矿产品经销有限公司**
地址:山西省临汾市翼城县唐兴镇陵下村
负责人:孙一鸣
Tel:13111179166

**山西省翼城县明亮钢铁厂**
地址:山西省临汾市翼城县唐兴镇西关村
负责人:冯志国
Tel:357－4900379
13603574225

**山西钢汇用业有限公司**
地址:山西省临汾市翼城县翔翼大街378号
负责人:王元龙
Tel:0357－4925378
13503571556

**岢岚县祥乐煤化有限公司**
业务:公司成立于2004年,主要生产焦粒、焦油、面煤、型煤、块煤、粗笨等产品,我们将以一流的质量、一流的服务宗旨竭诚为新老客户服务。
地址:山西省忻州市岢岚县岢岚县水峪贯乡大化村
负责人:张丙祥……邮　编:036300
Tel:0350－4539566
Mobile:13935092196

**忻州市忻府区金昌盛民用煤储售有限公司**
业务:忻州市忻府区金昌盛民用煤储售有限公司成立于2006年,主要从事煤炭的储存与销售,公司本着质量第一、客户至上的

经营理念，欢迎广大的客商前来洽谈采购。
地址：山西省忻州市忻府区后淤泥村煤厂
负责人：张金文　邮　编：034001
法　人：张金文
Tel：0350－3908008
Mobile：13803441889

**德利洗煤有限公司**
地址：山西省吕梁汾阳市三泉镇东赵村
负责人：任德伟
Tel：0358－7586218
13935895939

**培华陶瓷厂**
地址：山西省吕梁市交城县天宁镇坡底村
负责人：张培华
Tel：0358－3511936
13037079795

**瑞丰不绣钢丝材厂**
地址：山西省吕梁市文水县北张乡北张村
负责人：闫兆普
Tel：0358－3056162
13935820039

**太原市世奥煤炭综合利用有限公司**
地址：山西省太原市古交市大川西路农机大楼五层
负责人：闫巨发
Tel：0351－5151538

**古交市盛德煤焦铁有限公司**
地址：山西省太原市古交市古城路
负责人：武生平
Tel：13503508855

**古交市全晟矿业有限公司**
地址：山西省太原市古交市原相乡上白泉村
负责人：覃晓文
Tel：13935185899

## 阳泉维豪炉窑安装工程有限公司
业务：阳泉维豪炉窑安装工程有限公司专业生产高档不定型耐火材料的高新技术企业，公司以“一流的设备、一流的产品、一流的服务、一流的信誉”为宗旨，永远为用户提供优质的产品和满意的服务。
地址：山西省阳泉市郊区河底镇
负责人：杨俊辉　邮　编：045014
Tel：0353－5085616
Fax：0353－5085567

**古交市昌兴源煤业有限公司**
地址：山西省太原市古交市镇城底赤泥岩村
负责人：刘凤英
Tel：0351－5181081

**太原市尖草坪区金亿煤炭筛选站**
地址：山西省太原市尖草坪区恒山路 61 号
负责人：赵长青
Tel：13603531188

**娄烦县金盛矿业有限公司**
地址：山西省太原市娄烦县娄烦县盖家庄乡盖家庄村
负责人：席乃拴
Tel：13835146667

**鑫洋矿业有限公司**
地址：山西省太原市娄烦县米峪镇乡石峪村
负责人：武耀清
Tel：13834658738
13513632049

**清徐县华亨洗煤有限公司**
地址：山西省太原市清徐县东于镇东于村
负责人：王二刚
Tel：0351－5790215

## 阳泉经济技术开发区继寿铸造厂
业务：阳泉经济技术开发区继寿铸造厂成立于1955 年，多年来从事各种灰铸铁、球墨铸铁的铸造，主要产品有：井盖、井壁等。本着以质量求生存，以诚信求市场的办厂宗旨，始终以客户满意为目标，在同行中享有颇高的声誉，深受客户的好评与信赖。
地址：山西省阳泉市阳泉经济技术开发区平坦垴村
邮　编：045000
法　人：任继寿
Tel：0353－2391567
Fax：0353－2391567

**吉祥型煤有限公司**
地址：山西省太原市清徐县六合村
负责人：王玉吉
Tel：0351－5701861
13513518288

**太原市钢琦金属材料有限公司**
地址：山西省太原市万柏林区铁北小区 15 楼 32 号 15 号
负责人：张清
Tel：0351－8628848

**山西宜佳金属有限公司**
地址：山西省太原市万柏林区西线街 27 号东一层
负责人：王宜兵
Tel：13835152048

**太原市三和博特金属制品有限公司**
地址：山西省太原市小店区高新区产业路 48 号 E 座 406 室
负责人：孟令娇
Tel：0351－7036229

**太原市中发安盛镁制品有限公司**
地址：山西省太原市小店区龙堡街 18 号
负责人：魏虎梅
Tel：0351－7629456

**山西唐通煤焦有限公司**
地址：山西省太原市小店区亲贤北街 94 号太航远东大厦七层 A 号
负责人：王雷
Tel：0351－7536250

**太原翊晔矿山机械设备有限公司**
地址：山西省太原市杏花岭区胜利街 25 号（交警二队院内）
负责人：李根成
Tel：13753134426

**山西泰能型煤有限公司**
地址：山西省太原市杏花岭区胜利西街 147 号福来特酒店 918、920 室
负责人：左耀太
Tel：0351－3033688

**太原市成天乡镇煤炭科技开发有限公司**
地址：山西省太原市杏花岭区桃园二巷 149 号办公楼三层
负责人：李玉萍
Tel：0351－4222985

**山西浩天煤业有限公司**
地址：山西省太原市迎泽区并州北路 54 号 1 幢
负责人：王庭梁
Tel：0351－4177085

**山西龙翔煤矿机械设备有限公司**
地址：山西省太原市迎泽区朝阳街 242 号煤机市场
负责人：张崇良
Tel：13633474507

**山西兴海煤业有限公司**
地址：山西省太原市迎泽区双塔西街 162 号 A 楼 310 号
负责人：刘顺义
Tel：13803492559

## 新绛县第二钻石模具厂
业务：山西新绛第二钻石模具厂，是生产天然金刚石与人造金刚石及立方氮化硼等超硬材料工具的专业化制造公司，也是集科研、生产、经贸三位一体的高科技企业，公司拥有一批专业的工程技术人员和先进生产工艺，在公司严谨、求实、创新、科学的现代化管理下，培养了一批高素质的企业管理人才和员工，选用优质进口原料，生产出了精密的理想工具，产品具有工艺先进、质量优良、品种多、规格全、经久耐用等特点，深受用户青睐。
地址：山西省新绛县王三府 9 号
负责人：袁淑全　邮　编：043100
法　人：袁淑全
Tel：0359－7546336

**孝义市茂泰矿产品有限公司**
地址：山西省孝义市振兴街 3 号
负责人：冯春莲
Tel：0358－7613957
13934350483

**忻州哈克明鑫煤炭运输有限公司**
地址：山西省忻州地区忻州市忻府区长征街办事处卢野村
负责人：陈木祥
Tel：0350－3164128

**李家庄昌盛铁矿**
地址：山西省忻州市代县聂营镇黑山庄下街龙华公司
负责人：王宝田
Tel：0350－5270634
5270633
5270635
13603501829

**代县利源选矿厂**
地址：山西省忻州市代县聂营镇西高泉村
负责人：张钟晓
Tel：13935059199

**代县华丰铁精矿粉经销部**
地址：山西省忻州市代县西大街
负责人：白栓柱
Tel：0350－5223199

**国鹏冶金耐材有限公司**
地址：山西省忻州市定襄县河边镇第四村
负责人：王俊国
Tel：13803446235

**山西恒源焦油开发有限公司**
地址：山西省忻州市繁峙县城关镇石龙街189 号
负责人：王如恒
Tel：0350－5526701

**山西塞北工贸有限公司繁峙县水磨铁矿分公司**
地址：山西省忻州市繁峙县集义庄乡坡头村
负责人：杨文权
Tel：13803443108

**繁峙县富康铁矿有限公司**
地址：山西省忻州市繁峙县砂河镇义兴寨村
负责人：候占胜
Tel：0350－5578638
13513507866

**河曲县鸿兴碳素有限公司**
地址：山西省忻州市河曲县文笔镇塘家会村
负责人：李俊飞
Tel：0350－7283488

**文明碎石厂**
地址：山西省忻州市五台县槐荫村
负责人：赵文明
Tel：0350－6560360
13934008876

**三吉铁矿有限责任公司**
地址：山西省忻州市西台县豆村镇大柏村
负责人：闫吉虎
Tel：0350－5268888
13835053948

**忻州华捷钨钼有限公司**
地址：山西省忻州市忻府区七一北路 100 号
负责人：董治文
Tel：13303500131

**忻州市忻府区奇村腾耀铁粉厂**
地址：山西省忻州市忻府区奇村镇奇村
负责人：邓祥和
Tel：0350－3680898
13603507260

**世纪虹耐火材料厂**
地址：山西省阳泉市郊区牵牛镇村
负责人：周太平
Tel：0353－5080655
13191130499

**阳泉市郊区永和耐火材料经销部**
地址：山西省阳泉市郊区西南昇乡大西庄村
负责人：李八宝
Tel：0353－5066984
13935383184

**欣荣炉料有限公司**
地址：山西省阳泉市郊区荫营镇西落菇堰村
负责人：郑效晋
Tel：0353－5030459
13503539848

**玉鑫耐火材料厂**
地址：山西省阳泉市郊区荫营镇西垴村
负责人：韩玉锦
Tel：0353－5110666
13903538065
13834032888

**立得龙高温材料有限公司**
地址：山西省阳泉市巨城镇龙庄村
负责人：郄建明
Tel：0353－6159288
13903537661

**蓝天环保型煤有限公司**
地址：山西省阳泉市矿区政府东楼三层
负责人：刘江
Tel：0353－4062088
13903531968

**耐火材料有限公司**
地址：山西省阳泉市平定县岔口乡理家庄村
负责人：王铁所
Tel：0353－6091075
13994480148

**天意不定型耐火材料有限公司**
地址：山西省阳泉市平定县巨城镇移穰村
负责人：李根子
Tel：0353－6151568
13503531685

**平定县鸿昌源选煤有限公司**
地址：山西省阳泉市平定县冶西镇煤矿
负责人：孟祥连
Tel：0353－6608191

**阳泉市平定县红宇彩石厂**
地址：山西省阳泉市平定县张庄镇桃时坡村
负责人：葛志红
Tel：0353－6300208
6162566
13903536550

**玉鑫耐火材料经销处**
地址：山西省阳泉市孟县牛村镇北韩庄村
负责人：王玉英
Tel：0353－8027222
13700531821

**孟县牛村富贵耐火材料厂**
地址：山西省阳泉市孟县牛村镇西林江村
负责人：高富贵
Tel：0353－5068168
13834278168
13103538168

**鑫盛煤焦经销部**
地址：山西省原平市长梁沟镇孤山村
负责人：王金生
Tel：0350－8280172
13835028187

**祥源选矿有限公司**
地址：山西省原平市苏龙口镇
负责人：刘文宇
Tel：0350－8239189
8295619、
13935083303

**绛县金鑫煤炭有限公司**
地址：山西省运城市绛县安峪镇
负责人：赵小燕
Tel：0359－6522334

**平陆县三门镇东宏铝矿**
地址：山西省运城市平陆县丰喜肥业有限公司（原化肥厂院内）
负责人：姚善东
Tel：0359－8652529

**展龙化工有限责任公司**
地址：山西省运城市闻喜县东镇上镇村
负责人：任站龙
Tel：13703593588

## 晋玉煤焦化集团有限公司
业务：晋玉煤焦化集团有限公司成立于 1999 年，主要从事煤炭的生产销售，货运代理。“诚信为本，信誉至上”，热诚欢迎各方客户来电洽谈业务。
地址：山西省阳泉市孟县南娄镇许家沟村
邮　编：045100
法　人：文亚军
Tel：0353－8054199
Fax：0353－8054575

**裴介镇银师钢球厂**
地址：山西省运城市夏县裴介镇西浒村
负责人：任银师
Tel：0359－8927008
8927408
13327592968

**永济市宏翔金属材料销售有限公司**
地址：山西省运城市永济市城东四冯村
负责人：师红存
Tel：0359－8036908

**永济市工业园区增光焦炭经销部**
地址：山西省运城市永济市中山东街 12 号
负责人：李增光
Tel：13571233644

**丰宝金属材料有限公司**
地址：山西省运城市禹都经济技术开发区广江钢材市场 10－12 号
负责人：卫跃生
Tel：0359－8957688
8961601

## 达丰物资有限公司

达丰物资有限公司成立于2000年。
主要销售炉料。
本公司秉承“顾客至上，锐意进取”的经营理念。
坚持“客户第一”的原则为广大客户提供优质的服务。
欢迎广大客户惠顾！

联系人：刘义军　13935514188
电话：0355—5068999　5088999　传真：0355—5068999
地址：山西省长治市钢城小区　邮编：046000

## 汾阳市杏花铸造有限公司

汾阳市杏花铸造有限公司成立于2003年，专业从事生铁铸造，产品主要是化工铸件。“客户至上，信誉至上”是我们信守的经营理念和至理名言，热忱欢迎广大客户联系洽谈业务。让我们携手共进，共创明天辉煌！

联系人：任全贵　手机：13803484785
电话：0358-2157222　传真：0358-2157222
地址：山西省汾阳市杏花村镇西堡村

## 大同市盛世铭泰矿业有限责任公司

是一家专门从事矿业开发销售的企业。
本着“客户第一，信誉至上”的原则。
将竭诚为您服务！

联系人：李国臣
13393421118　电话：0352-2094118　2097118
地址：山西省大同市永安里16排3号　邮编：37008

## 介休市张兰镇旧寨煤矿

介休市张兰镇旧寨煤矿主营原煤的开采和销售，“以质量求生存，以信誉求发展”是我们的经营理念，“客户至上”是我们的服务宗旨，欢迎广大客户来电洽谈业务！

联系人：孟吉玉　手机：13935429396
电话：0354-7334058
地址：山西省介休市张兰镇旧寨村　邮编：032000

## 岢岚县天富润洗煤有限责任公司

本公司主要经营洗精煤、中煤、原煤等。
本公司秉承“顾客至上，锐意进取”的经营理念。
坚持“客户第一”的原则为广大客户提供优质的服务。
欢迎广大客户惠顾！

联系人：张焕中
电话：0350-4531991　15835070177
邮编：036300
地址：山西省忻州市岢岚县三井镇孟家坡村

## 晋城市和众兴邦工贸有限公司

本公司是从事煤炭加工、销售、运输等一条龙服务的企业，欢迎各位到公司参观交流，联系订货，我们将以优质的产品、优良的服务回报各位。

电话：0356-2106866　13935679468　联系人：崔小广
地址：山西省晋城市城区北石店乡东王台村　邮编：048006

## 岚县福山镁业有限公司

我公司专业从事白云岩矿石开采、粗加工、销售，可日产一万二千多吨，本地矿产资源丰富，公司诚邀天下商贾洽谈业务，携手共创美好明天。

联系人：宋福印
电话：0358-6722727　13403692000
邮编：035200
地址：山西省太原市青年路9号院3号楼1单元601室

## 朔州市三阳煤炭销售有限公司

朔州市三阳煤炭销售有限公司成立于2008年，从事煤炭及工矿配件的销售。公司秉承“顾客至上，锐意进取”的经营理念，坚持“客户第一”的原则为广大客户提供优质的服务。欢迎惠顾！

联系人：朱国金
电话：0349-2188079　手机：13934976659
地址：山西省朔州市小平易乡陡沟村　邮编：038500

## 山西华泰矿用机械有限公司

山西华泰矿用机械有限公司专业生产和销售液压支柱，摩擦支柱及交接梁各种煤矿上用的东西。

我公司本着“锐意进取，客户至上”的原则，竭诚为客户提供优质的产品。欢迎惠顾！

联系人：牧占明
电话：0358-3090135　13503586704
地址：山西省吕梁市文水县凤城镇东旧村　邮编：032107

## 朔州市神康粉煤灰开发有限公司

朔州市神康粉煤灰开发有限公司是一家粉煤灰综合开发利用企业。主要业务为粉煤灰制砖、提取三氧化二铝、三氧化二铁等。

我公司立足现在，放眼未来，秉承“信誉至高无上、质量精益求精、创新永无止境”的经营理念。以诚信为经营之本，竭诚为客户服务。凭借完善的质量保证体系和生产保障体系，以一流的产品、一流的服务赢得了客户的青睐。我们期望与广大新老客户真诚合作，携手共进，同创辉煌。

联系人：马明星
电话：0349-2045142　13100049499
地址：山西省朔州市朔城区神头镇东邵庄村　邮编：038500

## 内蒙古自治区 /InnerMongolia AutonomousRegion

**华光金属工业(包头)有限公司**
地址：内蒙古包头市九原区哈业脑包乡新光四村
…… 负责人：董鸿翔
…… Tel：0472－2696660

**内蒙古阿拉善左旗润德煤炭加工有限公司**
业务：内蒙古阿拉善左旗润德煤炭加工有限公司位于阿拉善左旗乌斯太工业园区，自成立以业从事煤碳的加工及销售。在经济建设中，润德煤炭加工有限公司愿与各界同仁携手并进，共图发展。
地址：内蒙古阿拉善盟阿拉善左旗乌斯太工业园区
…… 邮　编：016041
…… 法　人：刘军
…… Tel：0473－3443607
…… Fax：0473－3443607

**瑞东碳素制品有限责任公司**
地址：内蒙古乌拉特中旗乌不浪口工业园区
…… 负责人：李永东
…… Tel：0478－5691010

**包头市白云铁厂**
地址：内蒙古自治区包头市青山区民族东路振华写字楼620室
…… 负责人：刘文表
…… Tel：0472－6973304

**喀喇沁旗金琲矿业开发有限责任公司**
地址：内蒙古自治区赤峰市喀喇沁旗锦山镇锦山街
…… 负责人：杨新宇
…… Tel：0476－3753308

**土默特右旗聚鑫煤炭洗选有限公司**
业务：土默特右旗聚鑫煤炭洗选有限公司成立于2002年，主要从事洗煤，精煤营销。欢迎新老客户惠顾。
地址：内蒙古自治区包头市土默特右旗大城西洗煤厂院内
…… 邮　编：014000
…… 法　人：郭铁牛
…… Tel：0472－8803528

**喀喇沁旗开源矿产开发有限公司**
地址：内蒙古自治区赤峰市喀喇沁旗锦山镇南环路
…… 负责人：关玉民
…… Tel：0476－3773725

**宁城县安胜煤矿**
地址：内蒙古自治区赤峰市宁城县大城子镇大梁东村
…… 负责人：宁占军
…… Tel：0476－4845098

**赤峰市关家营钼业有限责任公司**
地址：内蒙古自治区赤峰市松山区关家营乡碾子沟村
…… 负责人：钟志敏
…… Tel：0476－2218989

**赤峰华泰矿业有限责任公司**
地址：内蒙古自治区赤峰市松山区红花沟镇
…… 负责人：赵美光
…… Tel：0476－8161777

**赤峰京冶特种金属材料有限公司**
业务：赤峰京冶特种金属材料有限公司成立于2006年8月，主要生产高导磁非晶纳米晶带、带材及磁芯，真诚欢迎新老客户来电洽谈业务。
地址：内蒙古自治区赤峰市红山区长青街东段
…… 负责人：杨树发……邮　编：024000
…… 法　人：杨树发
…… Tel：0476－2208010

**赤峰市镦钞矿业有限责任公司**
地址：内蒙古自治区赤峰市松山区文钟镇
…… 负责人：王鹏飞
…… Tel：0476－8071361

**兴和县鑫源山亨石墨有限责任公司**
业务：兴和县鑫源山亨石墨有限责任公司主要生产销售石墨产品。欢迎新老客户光临、惠顾！
地址：内蒙古自治区乌兰察布市兴和县店子镇黄土夭村
…… 负责人：王金山……邮　编：012000
…… 法　人：王金山
…… Tel：0474－7578092

**乌兰察布市雄鹰塑钢有限责任公司**
业务：乌兰察布市雄鹰塑钢有限责任公司位于乌兰察布市集宁区怀远南大街51号，地理位置优越，交通十分便利。常年从事塑钢门、窗的生产及销售。产品质理保证、价格合理，欢迎光临、惠顾。
地址：内蒙古自治区乌兰察布市集宁区怀远南大街51号
…… 邮　编：120000
…… 法　人：赵英雄
…… Tel：0474－8250659
…… Fax：0474－8250659

**鄂尔多斯市胜能煤炭经销有限责任公司**
业务：我公司从事煤炭、矿产品、建材、钢材、化工产品销售、公司发展奉行“优质服务、用户至上”的理念，为广大新老客户提供最优质、最高效的产品和服务。
地址：内蒙古自治区鄂尔多斯市东胜区纺织工业园区
…… 负责人：杜·尔定生……邮　编：017000
…… Tel：0477－8500111

**内蒙古创联腐钠厂**
地址：内蒙古自治区乌海市海勃湾区
…… 负责人：武亚东
…… Tel：0473－6992283

**满洲里市天使金属材料有限公司**
业务：本公司成立于2006年，主要生产有色金属材料，五金电器，建筑材料等。欢迎广大客户来电洽谈业务！

地址：内蒙古自治区满洲里市府欣小区 A 区 4 号楼 3 单元 101 室

………… 负责人：陆国栋……邮　编：021400

…………………………………… 法　人：陆国栋

………………………………… Tel：0470－6263644

**乌海市鑫泰煤矿**

地址：内蒙古自治区乌海市海勃湾区前摩尔沟

…………………………………… 负责人：白洪节

………………………………… Tel：13848348888

**内蒙古青川铁合金有限公司**

业务：内蒙古青川铁合金有限公司成立于 2003 年，是一家生产硅铁、硅锰铁的公司。公司本着互利互惠、重合同、守信用的原则，竭诚欢迎国内外客商前来合作，共创美好未来。

地址：内蒙古自治区呼和浩特市武川县鑫川工业园区

…………………………………… 邮　编：011700

…………………………………… 法　人：耿永胜

………………………………… Tel：0471－8800288

………………………………… Fax：0471－8800288

**乌海市五虎山腐植酸有限责任公司**

地址：内蒙古自治区乌海市海勃湾区五虎山虎山路一栋一号

…………………………………… 负责人：查梦勋

………………………………… Tel：0473－3026828

**内蒙古金山聚鑫煤炭运销公司**

业务：内蒙古金山聚鑫煤炭运销公司成立于 2005 年，主营煤炭及煤制品运销，通过铁路面向全国各地销售煤制品。质量上乘，深受广大用户好评。

地址：内蒙古自治区呼和浩特市台阁牧火车站

…………………………………… 邮　编：010051

…………………………………… 法　人：余庆林

………………………………… Tel：0471－2285021

**神华乌海煤焦化有限责任公司**

地址：内蒙古自治区乌海市海勃湾区新华东街 36 号

…………………………………… 负责人：李怀国

………………………………… Tel：0473－6996701



## 辽宁省/Liaoning Province

**桓仁满族自治县腾达综合商店**

业务：矿山用品

地址：辽宁省本溪市桓仁满族自治县向阳乡北岔村

……… 负责人：胡臣利　邮　编：117200

…………………………………… 法　人：胡臣利

………… Tel：0414－8145173

13941472902

**科达经贸有限公司**

地址：辽宁省鞍山市爱群街 6 号鞍钢外招 120 号

…………………………………… 负责人：曲昭科

………………………………… Tel：0412－6366577

6565739

13804128127

**鞍山市科华电气设备制造有限公司**

业务：鞍山市科华电气设备制造有限公司成立于 1998 年，生产销售工矿灯具，欢迎新老客户来电洽谈业务。

地址：辽宁省鞍山市千山区齐大山镇桃山村 358 号

………… 负责人：蒲德鹏……邮　编：114000

…………………………………… 法　人：蒲德鹏

………………………………… Tel：0412－6483600

6483603

………… 网址：www.mtw26264.chinapyp.com

**百昌石粉厂**

地址：辽宁省鞍山海城市王石镇英北村

…………………………………… 负责人：程传印

………………………………… Tel：0412－3258540

13050073475

**海城市新达锻造有限公司**

地址：辽宁省鞍山市海城市大屯镇东房身村

…………………………………… 负责人：尹忠成

Tel:0412－3848888

**本溪市鹏运耐磨件有限公司**
业务:本溪市鹏运耐磨件有限公司生产销售矿山配件,主要产品有选矿、露天矿,欢迎新老客户来电洽谈业务!
地址:辽宁省本溪市本钢南芬选矿厂细碎车间
负责人:邵成喜……邮　编:117000
法　人:邵成喜
Mobile:13050236000
13190468888

**南山城镇金地草炭土经销部**
业务:专业从事草炭土加工、销售,本经销部有自己的基地,土质结构好,泥碳营养成份及有机含量高,我们真诚希望与您合作!
产品:草炭土
地址:辽宁省抚顺市清原满族自治县南山城镇本街
负责人:王伟　邮　编:113008
法　人:王伟
Tel:13234134777

**海城市东四型钢新轧钢有限公司**
地址:辽宁省鞍山市海城市东四管理区大二村路北
负责人:冯纯勇
Tel:0412－3348899

**辽阳聚源矿业有限公司**
业务:铁矿石、硅矿石、钠长石、钾长石等矿石的深加工,品质优良,望国内外有需求者与我公司联系,进行长期合作
产品:铁矿石、硅矿石、钠长石、钾长石等矿石
地址:辽宁省辽阳市辽阳县兰家镇马家村
负责人:马绍春　邮　编:111000
法　人:马绍春
Tel:0419－5121106
15941991707
Fax:0419－5121106

**海城市鑫海镁业有限公司**
地址:辽宁省鞍山市海城市马风镇腰岭村
负责人:范建山
Tel:0412－3130033

**沈阳全帅物资有限公司**
业务:圆钢,H型钢
地址:辽宁省沈阳市于洪区陵园街39号金山钢材市场416号
负责人:刘全　邮　编:110013
法　人:刘全
Tel:15940444606
024－86620128
Fax:024－86620128
网址:http://www.51zzt.com/user/zzt33020

**海城市毛祁镇腾达耐火材料厂**
地址:辽宁省鞍山市海城市毛祁镇山后村
负责人:吕正镇
Tel:0412－3359331

**辽宁省北票市凌河硼石矿**
业务:本厂主要开采销售硼石,硼石粉,石灰岩,碎石。热忱欢迎广大客户来电洽谈业务、共求发展!
地址:辽宁省朝阳市北票市南山街
负责人:李向三……邮　编:122100
Tel:0421－5822909

**海城东元工业耐火材料有限公司**
地址:辽宁省鞍山市海城市牌楼镇代家沟村
负责人:毕胜民
Tel:0412－3917169

**铁岭金事达彩板钢构有限公司**
业务:生产彩色钢板、钢结构工程
地址:辽宁省铁岭市铁岭县凡河镇红光村
负责人:李伟　邮　编:112000
法　人:李伟
Tel:13904102207
0410－4988567

**鞍山市振涵耐火材料有限公司**
地址:辽宁省鞍山市海城市腾鳌镇福安工业区
负责人:梁志栋
Tel:0412－8318288

**盖州市万宏矿产品开发有限公司**
业务:矿产品的生产与销售
地址:辽宁省营口市鲅鱼圈区海运大厦6楼
负责人:董启峰　邮　编:115007
法　人:董启峰
Tel:13504179923
0417－6195555

**鞍山市佳昶炉料有限公司**
地址:辽宁省鞍山市立山区灵山红旗路18号
负责人:康会芝
Tel:0412－2880669

**辽宁省庄河市元祥钢珠厂**
业务:辽宁省庄河市元祥钢珠厂成立于2001年,主要生产碳化钨球珠、不锈钢钢珠等产品。"以质量求生存,以信誉求发展",竭诚欢迎各方客户来电洽谈业务,共同合作。
地址:辽宁省大连庄河市太平岭乡大赵村
邮　编:116402
法　人:刘元祥
Tel:0411－89216478
Fax:0411－89216478

**鞍山金容特硅业有限公司**
地址:辽宁省鞍山市立山区沙河镇大红旗村
负责人:彭立敏
Tel:0412－6211136

**营口市明顺耐火材料有限公司**
业务:用于耐火材料,同时也适用于化工基础原料、建材用品
产品:辽宁省营口市营口南楼经济开发区工农村
负责人:张玉明　邮　编:115003
法　人:张玉明
Tel:0417－5251629
Fax:0417－5251629

**宁远美华玻璃钢制品厂**
地址:辽宁省鞍山市千山区安达路39号
负责人:林野
Tel:13050033158

**鞍山市正合金属材料有限公司**
地址:辽宁省鞍山市千山区鞍海路15号
负责人:钱英杰
Tel:0412－2326255

**凤城市爱阳西沟朝海煤矿**
业务:凤城市爱阳西沟朝海煤矿成立于1997年,专业从事开采煤矿(无烟煤)。"客户至上,信誉至上"是我们信守的经营理念,热忱欢迎广大客户来电洽谈业务!
地址:辽宁省丹东市凤城市爱阳镇西沟朝海煤矿
负责人:梁朝国……邮　编:118112
法　人:梁朝国
Tel:0415－8605413

**鞍山市金信耐火材料有限公司**
地址:辽宁省鞍山市千山区二台子村
负责人:张杰
Tel:0412－8166335

**营口金宏矿业有限公司**
业务:矿山开采,生产加工金属镁、镁合金制品及产品技术研发销售,菱镁石深加工销售,耐火材料、镁砂、高纯镁
地址:辽宁省营口市站前区世纪花园小区别墅8乙号
负责人:李胜男
法　人:李胜男
Tel:0417－2953597

**嘉兴物资经销处**
地址:辽宁省鞍山市千山区二台子村综合市场
负责人:王增利
Tel:0412－8422588
13904127669

**泰伦金属结构有限公司**
地址:辽宁省鞍山市千山区宁远镇小台子村
负责人:韩兆连
Tel:0412－8922422
13019636055

**抚顺市鹏鹰铝业有限公司**
业务:抚顺市鹏鹰铝业有限公司成立于2005年,生产销售铝、镁、硅,本公司诚愿与新老客户精诚合作,共谋双赢!
地址:辽宁省抚顺市望花区演武街小演武村
负责人:王秀霞……邮　编:113001
法　人:王秀霞
Tel:0413－6520215
网址:mtw25528

**华拓(鞍山)矿业开发有限公司**
地址:辽宁省鞍山市铁东区南胜利路21甲万科写字楼2016室
负责人:刘景贺
Tel:0412－5542900

**铭峰不锈钢管厂**
地址:辽宁省鞍山市铁西区大西街北口
负责人:申勋柱
Tel:0412－8424296
13942217189

**岫岩满族自治县福源石粉厂**
地址:辽宁省鞍山市岫岩满族自治县偏岭镇郭家堡村
负责人:李玉彦
Tel:0412－7892886

**辽宁省阜新市阜蒙县明远萤石有限责任公司**
业务:辽宁省阜新市阜蒙县明远萤石有限责任公司主要以出售萤石为主。热诚欢迎各方客户惠顾,来电洽谈业务。
地址:辽宁省阜新市阜蒙县中华路45号经济信息中心
邮　编:123000
法　人:张艳明
Tel:0417－2812444

**岫岩满族自治县偏岭宝山耐火材料厂**
地址:辽宁省鞍山市岫岩满族自治县偏岭镇荒沟村
负责人:王勇
Tel:0412－7891999

**岫岩满族自治县金泉矿产有限公司**
地址:辽宁省鞍山市岫岩满族自治县岫岩镇建材大市场
负责人:刘颖茹
Tel:0412－7824889

**诚达贵金属制品厂**
地址:辽宁省北票市五间房镇五间房村
负责人:矫洪星
Tel:0421－5833999
13634928000

**黑山县万程膨润土有限责任公司**
业务:公司创建于2005年,是集科研、开发、生产、销售膨润土系列产品于一体的民营高新技术企业,公司坚持诚信为根,以人为本,以科技为先导,以"质量是企业的命脉"为宗旨,竭诚为广大客户服务。
地址:辽宁省锦州市黑山县黑山镇城东下湾子村
负责人:王正军……邮　编:121400
法　人:王正军
Tel:0416－5503678
Fax:0416－5503377

**本溪金尊制钢厂**
地址:辽宁省本溪市本溪满族自治县泉水镇赛梨寨村
负责人:侯永驷
Tel:0414－6833033

**天河不锈钢制品厂**
地址:辽宁省本溪市明山区地工路
负责人:杨绍文
Tel:0414－4849688
13904144688

**昊翰铝型材经销处**
地址:辽宁省本溪市明山区地工路27号泰兴建材市场
负责人:姚志
Tel:0414－4836035
13019681653

**本溪市溪湖区积磊鑫选矿厂**
地址:辽宁省本溪市溪湖区火连寨下堡二道沟
负责人:欧立明
Tel:0414－5535688

**本溪市溪湖区竖井兴华水碱厂**
地址:辽宁省本溪市溪湖区井东街
负责人:孟庆泊
Tel:0414－5897280
13804148916

**国山岩棉保温材料厂**
地址:辽宁省本溪市溪湖区歪头山铁矿检查站
负责人:吴国山
Tel:13941451823

**团山白云灰厂**
地址:辽宁省朝阳北票市骆驼营村
负责人:芮国军
Tel:0421－5810432
13504215029

**鞍平矿业有限公司**
地址:辽宁省朝阳市建平县富山镇涝泥塘子村
负责人:陈殿林
Tel:0421－7411887
13704918275

**沈阳市苏家屯区兴华特钢厂**
业务:沈阳市苏家屯区兴华特钢厂成立于1985年,主要从事于金属熔炼,铸锻件加工。欢迎新老客户光临、惠顾!
地址:辽宁省沈阳市苏家屯区陈相屯镇蛇山路
负责人:李纪华……邮　编:110112
法　人:李纪华
Tel:024－89570985
Fax:024－89574599
网址:www.mtw50564.chinapyp.com

**北辰物资经销有限公司**
地址:辽宁省大连市甘井子区辛寨子钢材市场
负责人:马凤香
Tel:0411－86304766
13332286369

**创奇经贸有限公司**
地址:辽宁省大连市西岗区繁荣街55号
负责人:曲洪建
Tel:13804114775

**力通五矿有限公司**
地址:辽宁省大连市中山区人民路15号中银大厦8B
负责人:黄景泽
Tel:0411－82507216
13500757656

**元祥钢珠厂**
地址:辽宁省大连庄河市太平岭乡大赵村
负责人:刘元祥
Tel:0411－89216478
13084133178

**大石桥市沟沿镇青城硫磺粉加工厂**
地址:辽宁省大石桥市沟沿镇赵家村
负责人:郑忠华
Tel:0417－5112255
13941736134

**圣兴耐火材料厂**
地址:辽宁省大石桥市南楼开发区圣水村
负责人:王家学
Tel:0417－5284029
13304074111

**顺意焊接器材经销处**
地址:辽宁省丹东市振安区经山街九十号(自动化仪表厂院内)
负责人:张习顺
Tel:13898520985

**景盛煤炭经销处**
地址:辽宁省丹东市振安区鸭绿江办事处武营村
负责人:兰景
Tel:0415－4151034
13304953799

**灯塔石灰石矿**
地址:辽宁省灯塔市铧子镇花家街道
负责人:王作亚
Tel:0419－5629761
13804199749

**柳河子镇皓凯铁矿**
地址:辽宁省灯塔市柳河子镇
负责人:金宝安
Tel:0419－6613333
13050777777

**石门村滑石矿**
地址:辽宁省东港市前阳镇石门村
负责人:徐守军
Tel:0415－7161931
13942585555

**抚顺泰和洗煤有限公司**
地址:辽宁省抚顺市东洲区浑河南路东段18－1号
负责人:张显志
Tel:13804135139

**抚顺东方镁业有限责任公司**
地址:辽宁省抚顺市抚顺县哈达乡上年村
负责人:孙四成
Tel:0413－4095346

**抚顺市铁林矿业有限责任公司**
地址:辽宁省抚顺市抚顺县救兵乡马郡村
负责人:左大林
Tel:0413－4038158

**抚顺新韩不锈钢有限公司**
地址:辽宁省抚顺市望花区和平路西段11号
负责人:朴鹏远
Tel:0413－6880639

**先锋永磁材料厂**
地址:辽宁省抚顺市望花区康平街11号
负责人:修先毅
Tel:0413－6673375
13030701208

**兴鑫防腐材料厂**
地址:辽宁省抚顺市新宾满族自治县新宾镇拨卜沟村
负责人:牛凤友
Tel:0413－5042938
13942383955

**新宾满族自治县时顺选矿厂**
地址:辽宁省抚顺市新宾满族自治县新宾镇柳青新村
负责人:卜青华
Tel:0413－5042541

**葫芦岛市鑫源永磁材料厂**
地址:辽宁省葫芦岛市连山区东城经济开发区东方雅苑5号楼1单元131号信箱
负责人:张正远
Tel:0429－2652989
13998958333

**顺达耐火材料厂**
地址:辽宁省葫芦岛市沙锅屯乡高家屯
负责人:王昕
Tel:0429－4931066
13304293580

**锦州市太和区吉祥庆新煤炭经销处**
地址:辽宁省锦州市太和区吉祥村凌西大街路西
负责人:勾庆新
Tel:0416－5170590
13704966636

**凌源高利得物资有限公司**
地址:辽宁省凌源市监狱管理局
负责人:王翠珍
Tel:0421－2315919
6829016
13842126176

**沈阳新科特种陶瓷有限公司**
地址:辽宁省沈阳市大东区东北大马路东望街20号
负责人:马淑娟
Tel:024－88201636

**沈阳市金丰业不锈钢有限公司**
地址:辽宁省沈阳市大东区工农路223号8门
负责人:杨大军
Tel:024－88123998

**沈阳驰丰不锈钢有限公司**
地址:辽宁省沈阳市大东区工农路56号
负责人:葛业捷
Tel:024－88150605

**沈阳黎鑫金属制品有限公司**
地址:辽宁省沈阳市大东区和睦北二路26号
负责人:陈学良
Tel:024－24383985

**瓦房店三林锯带厂**
业务:瓦房店三林锯带厂成立于2001年,主要生产双金属带锯条、磨齿机、分齿机等。公司以先进的技术和稳固的产品质量服务于广大客户,深得用户信赖。
地址:辽宁省瓦房店市岗店办事处北王村
负责人:邢娜……邮　编:116300
法　人:邢娜
Tel:0411－85619906

**鑫德龙铸造材料厂**
地址:辽宁省沈阳市大东区沈铁路49－1－1号
负责人:夏杨
Tel:024－88509266
13504007575

**沈阳前进鑫发钢材交易中心**
地址:辽宁省沈阳市东陵区前进街道大洼村

…………负责人:张德新
…………Tel:024－81999433

**沈阳前进望花钢材交易中心**
地址:辽宁省沈阳市东陵区前进乡望花村
…………负责人:刘涛
…………Tel:024－88337390

**盛兴采石有限公司**
地址:辽宁省沈阳市法库县登仕堡镇
…………负责人:魏功安
…………Tel:13842032766

**华杰金属制品厂**
地址:辽宁省沈阳市金山建材市场 30、31 号
…………负责人:喻东
…………Tel:024－86626505
13700047282

**沈阳沅飞铝业工程有限公司**
地址:辽宁省沈阳市康平县康平镇城南街
…………负责人:刘春侠
…………Tel:024－89738502

**吴弼顺钢材经销处**
地址:辽宁省沈阳市苏家屯区玫瑰街 134 号 50 号
…………负责人:吴弼顺
…………Tel:024－89130208
13604066879

**辽宁博宇有色金属炉料有限公司**
地址:辽宁省沈阳市铁西区重工北街 26 号
…………负责人:李世涛
…………Tel:024－25523439

**沈阳德邦高分子材料有限公司**
地址:辽宁省沈阳市于洪区大兴朝鲜族乡爱国村
…………负责人:刘嘉仑
…………Tel:024－89315172

**沈阳市侨兴耐火材料厂**
地址:辽宁省沈阳市于洪区造化镇高力村
…………负责人:郑朝梅
…………Tel:024－89240616

**开原市汇源矿山配件厂**
地址:辽宁省铁岭市开原市新城街开原大街 298 号
…………负责人:王猛
…………Tel:0410－3800666

## 抚顺欧海特钢锻材有限公司

本公司前身为抚顺欧海物回有限公司成立于1995年，主要从事优钢、特钢的加工和销售以及钢材废旧物资的回收。在2005年6月我公司正式更名为抚顺欧海特钢锻材有限公司，经过十年的努力经营，我公司受到抚顺市人民政府和辽宁省各部门的认可。

我公司秉承"顾客至上，锐意进取"的经营理念，坚持"客户第一"的原则为广大客户提供优质的服务。欢迎惠顾！

联系人：姚威　13500438799　电话：0413-6682888

地址：辽宁省抚顺市望花区朝阳路中段1号　邮编：113000

## 本溪市鑫诺特钢实验制造有限公司

本溪市鑫诺特钢实验制造有限公司是一家经营纯铁、各种焊塑钢、特种钢生产及销售的企业。

公司秉承"顾客至上，锐意进取"的经管理念，坚持"客户第一"的原则为广大客户提供优质的服务。

欢迎惠顾！

联系人：尹女士

电话：0414-2824060　3129563

地址：辽宁省本溪市溪湖区居仁街　邮编：117000

## 沈阳金万和商贸有限公司

沈阳金万和商贸有限公司是一家钢材物流一体化公司，主要经销螺纹钢、线材、盘螺、圆钢。自创办以来一贯遵循诚信为本、信誉第一、顾客至上的经营宗旨，以优惠的价格、热情周到的服务与新老客户真诚合作，共谋发展。

联系人：林尚瑞

电话：13889805696、024-86673238、86671889　邮编：110045

地址：辽宁省沈阳市东陵区文储南街46号　网址：http://jwhsy.mysteel.com.cn

## 大连北辰金属材料有限公司

大连北辰金属材料有限公司专业生产和销售钢材和金属材料，我们争取在产品质量上做到精益求精，在服务客户方面做到无可挑剔，竭诚为广大客户提供最优质的产品！

联系人：马凤香　手机：13332286369

电话：0411-86304766

地址：辽宁省大连市甘井子区新水泥路6号永利钢材市场　邮编：116000

## 义县天缘硅石矿业有限公司

义县天缘硅石矿业有限公司成立于2008年6月，以硅石矿开采、加工、销售为主。

欢迎新老客户来电洽谈业务。

联系人：张志贵　13511116666　13904063034

邮编：121000

地址：辽宁省锦州市义县大榆树堡镇后尖山村

## 大连思铜表面处理有限公司

本公司成立于2003年，是大连地区最大的电镀及热镀表面处理工厂，是中国表面工程协会热浸镀专业委员单位。

公司热镀锌车间拥有9000mm×2000mm×2500mm热镀锌锅、两条生产线。年生产能力达6万吨。公司的电镀车间拥有四条全自动人工交互控制的电镀生产线，大连地区最大、全国名列前茅的电镀锌槽，采用多项新技术新工艺，如超声波除油、除锈，并有大型专用节能烘干设备。

公司通过与美国哥伦比亚公司的研发与合作，现已全部实现了当前国际上最先进的无氰电镀锌技术。同时三价铬/无铬钝化技术现已应用于实际生产。公司的电镀业务包括镀锌、镀铬、镀镍、镀铜、镀锌钛合金等，现年加工能力达3万吨。

联系人：刘秉洲　13309862789　电话：0411-87517868　网址：www.dalian-stone.cn

地址：辽宁省大连市开发区临港路北77号　邮编：116600

## 丹东市万达铜业有限公司

丹东市万达铜业有限公司成立于1999年，以铜、铅、锌等有色金属加工为主。公司秉承"顾客至上，锐意进取"的经营理念，坚持"客户第一"的原则为广大客户提供优质的服务。欢迎惠顾！

联系人：姜　军

电话：0415-2887866　手机：13898539929

地址：辽宁省丹东市中富街17号楼9单元1519室　邮编：118000

## 吉林省/Jilin Province

**白城市远通二氧化碳经营有限公司**
地址:吉林省白城市洮北区平台镇侯家村
…………负责人:王兴国
…………Tel:0436－3965118

**德惠市义合泰煤炭经销处**
业务:煤炭销售
地址:吉林省长春市德惠市拥军路向前街
……负责人:张焕成　邮　编:130000
…………法　人:张焕成
……Tel:15804489461
13846527617

**白山市裕隆煤研开发利用有限公司**
地址:吉林省白山市八道江区红旗街银河小区 2 号楼
…………负责人:张涛
…………Tel:0439－3219390

**长春市旭东煤炭有限公司**
业务:煤炭批发、型煤
地址:吉林省九台市卡伦镇集贸市场
……负责人:李彦彪　邮　编:130507
…………法　人:李彦彪
……Tel:13578835999
0431－82555222
82554777
……Fax:0431－82555222

**白山市荣华煤炭物资有限公司**
地址:吉林省白山市八道江区浑江大街 114 号
…………负责人:王淑荣
…………Tel:13843903848

**白山市乾胜煤业有限公司**
地址:吉林省白山市八道江区六道江镇西村
…………负责人:李长玉
…………Tel:13331597582

**磐石市黑石镇代锋铝合金加工厂**
业务:铝合金加工、白钢、铁艺、太阳能热水器
地址:吉林省磐石市黑石镇新民街
……负责人:代春峰　邮　编:132300
…………法　人:代春峰
……Tel:0432－5637111
15886276998
15124478668

**江源县爱林矿业有限责任公司**
地址:吉林省白山市江源县三岔子镇爱林村
…………负责人:贲庆国
…………Tel:13351593788

**吉林东北吊索具有限公司**
地址:吉林省长春市高新区卫星路 8722 号
…………负责人:韦轮远
…………Tel:0431－88569899

**磐石市方圆钢铁制品有限公司**
业务:高频直缝焊管、品种有方管、圆管、C 形管等
地址:吉林省磐石市明城镇五金工业区
……负责人:王志远　邮　编:132301
…………法　人:王志远
……Tel:13903384603

**蛟河市瑞锋金属材料有限公司**
地址:吉林省吉林市蛟河市民主街民发委(长安大街 201 号)
…………负责人:张文强
…………Tel:0432－67262071

**磐石市呼兰镇利达硅灰石矿**
地址:吉林省吉林市磐石市呼兰镇错草村南山
…………负责人:王作信
…………Tel:0432－65224240

**磐石市呼兰镇错草硅灰石有限公司**
地址:吉林省吉林市磐石市磐石市呼兰镇错草村
…………负责人:王克

……Tel:0432－65652415

**长岭县永胜珍珠岩厂**
业务:生产、销售珍珠岩
产品:防火、保温、耐火珍珠岩材料
地址:吉林省松原市长岭县集体乡工业园区
……负责人:王信志　邮　编:138000
……法　人:王信志
……Tel:13894174658
13894173258

**永吉县凯达采石场**
地址:吉林省吉林市永吉县双河镇黑石村12－12－1－101
……负责人:孙凯
……Tel:0432－64218189

**通化县东财矿业有限公司**
业务:本公司成立于2005年,主要加工销售铁矿石、铁精粉、烧结矿、选矿。热忱欢迎新老客户来电洽谈业务!
地址:吉林省通化市通化县果松镇七道沟村
……负责人:孙同财……邮　编:134001
……法　人:孙同财
……Tel:0435－3841777

**辽源市西安区胜利二矿**
地址:吉林省辽源市灯塔村三组
……负责人:兰仁库
……Tel:0437－3719509

**白山市金洋矿业有限公司安图分公司**
业务:采矿、选矿
地址:吉林省延边朝鲜族自治州安图县万宝镇东安村地矿
……负责人:丁军　邮　编:133000
……法　人:丁军
……Tel:0433－5658260
13894030961

**东辽县顺达铝业有限公司**
地址:吉林省辽源市东辽县安恕镇
……负责人:李德海
……Tel:0437－5153218

**东辽县金岗镇财源煤炭经销处**
地址:吉林省辽源市东辽县白泉镇金岗西柳村五组
……负责人:韩基瑞
……Tel:13904378661

**辽源市大宇煤炭销售有限责任公司**
地址:吉林省辽源市矿务局水泥厂院内
……负责人:曹庆君
……Tel:13943438008

**辽源市龙山区信誉铸造厂**
地址:吉林省辽源市山湾乡东升村一组
……负责人:郭长德

## 黑龙江省/Heilongjiang Province

**大庆市龙凤区龙鹏珍珠岩厂**
地址:黑龙江省大庆市龙凤区马家窑村
……负责人:宋洪凡
……Tel:13204592798

**鹤岗市金峰铁业有限公司**
业务:鹤岗市金峰铁业有限公司成立于2003年,主要从事铁矿粉的加工。质量可靠,价格合理,热诚欢迎新老客户惠顾!
地址:黑龙江省鹤岗市新安区峻德路
……邮　编:154103
……法　人:焦冰
……Tel:0468－3705788
……Fax:0468－3705788

**大庆瑞原钻采工具制造有限公司**
地址:黑龙江省大庆市萨尔图区西宾路51
……负责人:高国民
……Tel:13089053216

**哈尔滨吴江净化彩钢板有限责任公司**
地址:黑龙江省哈尔滨市道外区团结镇黄家葳子
……负责人:蒋海平
……Tel:13603674575

**立明硅钢片加工部**
地址:黑龙江省哈尔滨市呼兰县康金镇中华街
……负责人:张立明
……Tel:13936155527

**黑龙江龙煤矿业集团有限责任公司**
地址:黑龙江省哈尔滨市南岗区国民街23号
……负责人:李忠勤
……Tel:0451－82577521

**哈尔滨金诚煤炭销售有限公司**
地址:黑龙江省哈尔滨市南岗区文化街6号
……负责人:付丽强
……Tel:13895751118

**黑龙江富城发钢结构有限公司**
地址:黑龙江省哈尔滨市南岗区学府路239号
……负责人:朱帅
……Tel:13936645181

**黑龙江农垦广宇塑钢经销有限公司**
地址:黑龙江省哈尔滨市香坊区三辅三道街56－20号
……负责人:李松展
……Tel:0451－86113789

**鸡西市宏升石墨制品有限公司**
业务:鸡西市宏升石墨制品有限公司成立于1998年,现有员工200余人,专业从事天然磷片石墨的加工,公司以一流的产品、优良的服务,热忱欢迎国内外各界朋友前来观光考察、洽谈业务,共创辉煌。
地址:黑龙江省鸡西市恒山区柳毛乡工业小区
……邮　编:158143
……法　人:李洪生
……Tel:0467－2469192
……Fax:0467－2459577

……负责人:徐玉臣
……Tel:0467－5584636

**鸡西大和平煤炭销售有限责任公司**
地址:黑龙江省鸡西市鸡冠区康建82栋1单元1059号
……负责人:代和平
……Tel:13846018160

**东宁县吉祥贸易有限责任公司**
地址:黑龙江省牡丹江市东宁县东宁镇南宁街32号
……负责人:马文成
……Tel:0453－3662111
13845320237
13504605888

**七台河市黎明煤炭销售有限责任公司**
业务:七台河市黎明煤炭销售有限责任公司成立于2003年,从事煤碳生加工、经销,欢迎新老客户来电洽谈业务!
地址:黑龙江省七台河市桃山区旭日街新世纪蔬菜大楼
……负责人:周铁平……邮　编:156400
……法　人:邱彬
……Mobile:13304672998
13314640666

**东宁县太阳升煤矿火车站经销处**
地址:黑龙江省牡丹江市东宁县火车站铁路货场
……负责人:张忠孝
……Tel:13945337302

**七台河仕海腐植酸有限公司**
地址:黑龙江省七台河市桃山区大明街59号
……负责人:李仕新
……Tel:13304670045

**七台河市基兴型煤有限公司**
地址:黑龙江省七台河市桃山区桃南街万宝公园南侧
……负责人:孙立敏
……Tel:13904670076

**克山县聚财煤炭有限责任公司**
地址:黑龙江省齐齐哈尔市克山县克山镇利民路一段路东
……负责人:孙继才
……Tel:13766524666

**黑龙江新昕塑钢管道有限公司**
地址:黑龙江省双鸭山市集贤县福利镇工业园区
……负责人:赵相元
……Tel:0469－4693219

**双鸭山市金洲煤炭有限公司**
地址:黑龙江省双鸭山市集贤县福利镇石油分公司第四专用线
……负责人:张津
……Tel:0469－4660981

**伊春金林矿业有限公司**
地址:黑龙江省伊春市西林区文化街
……负责人:杨绍军
……Tel:0458－8902558

**伊春市七星钢材经销有限公司**
地址:黑龙江省伊春市伊春区旭日办铁林街
……负责人:朱丽新
……Tel:0458－3610677

户惠顾,来电洽谈业务,共同合作。
地址:江苏省丹阳市开发区贺巷村
……邮　编:212300
……法　人:王金华
……Tel:0511－6238788
……Fax:0511－6238673

**常州市广铁金属材料有限公司**
地址:江苏省常州市天宁区丽华一村59幢一1号101室
……负责人:左吉
……Tel:13961453353

**常州悦诚金属制品有限公司**
业务:金属铸、锻加工
地址:江苏省常州市武进区横林镇青司塘四组
……负责人:许福财　邮　编:213101
……法　人:许福财
……Tel:0519－88726823
……Fax:0519－88726821

**常州华翔玻璃钢厂**
地址:江苏省常州市武进区漕桥镇新康村
……负责人:徐伟
……Tel:13906118413

**常州市熙天时玻璃钢有限公司**
地址:江苏省常州市武进区漕桥镇运村村
……负责人:蒋培益
……Tel:13906120766

**常州照忠物资有限公司**
业务:煤炭,焦炭,贸易
地址:江苏省常州市武进区遥观镇钱家村(大自然印刷有限公司对面)
……负责人:张照忠　邮　编:213000
……法　人:张照忠
……Tel:13401659142
0519－88389520

**铁本钢铁有限公司**
地址:江苏省常州市武进区东安镇人民路
……负责人:刘经理
……Tel:0519－83739268
83739672

**东莞鹏驰五金制品有限公司苏州分公司**
业务:专业生产12.9级(德标、美制、英制)国标70内六角、7380元杯、7991平杯、DIN913－916止付、机米、塞打、进口喉塞、六角匙、钻头、丝攻、外迫壁虎、平爆、重型拉爆、锥螺母拉爆、羊眼拉爆、钩型拉爆、吊环等。(现货供应)
地址:苏州市相城经济开发区康元路883号
……Tel:0512－62031123
65755780
……Fax:0512－65755781
……网址:网格实名:东莞鹏驰
……E-mail:penchi@163.com

**常州市林特金属制品有限公司**
地址:江苏省常州市武进区横林镇林南村横洛东路233号
……负责人:俞忠林

**梨树县岭峰矿业有限责任公司**

梨树县岭峰矿业有限责任公司成立于2003年。
主要从事石灰石、方解石的开采加工及销售。
欢迎广大新老客户来电洽谈业务!

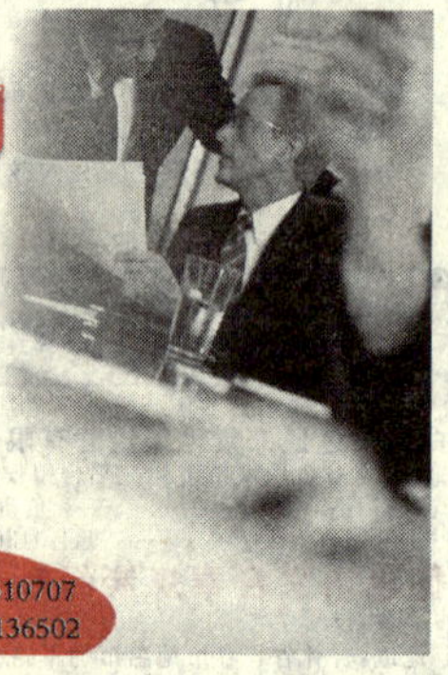

联系人：韩桂芹　13596622466
电话：0434-5510707　5531788　传真：0434-5510707
地址：吉林省四平市梨树县　邮编：136502

……Tel:0437－3391075

**汪清县北方石材有限公司**
业务:矿产开发、石材加工
地址:吉林省延边朝鲜族自治州汪清县春阳镇
……负责人:苑宝杰　邮　编:133000
……法　人:苑宝杰
……Tel:13843363904
0433－2485119

**辽源市西安区矿山配件加工中心**
地址:吉林省辽源市西安区灯塔乡新力村
……负责人:刘玉华
……Tel:13504370554

**辽源亚星铸造有限责任公司**
地址:吉林省辽源市西安区东育路1号
……负责人:张军
……Tel:0437－3636782

**四平市鸿源金属材料有限公司**
地址:吉林省四平市铁东区黄土坑街8委南一马路小区73号楼
……负责人:杨红
……Tel:0434－3334900

**四平市铁东区宏鑫钢材经销处**
地址:吉林省四平市铁东区南一马路1627号
……负责人:高庆波
……Tel:0434－3330083

**黑河市黎明金属材料经销有限责任公司**
地址:黑龙江省黑河市黑河市西兴路111号
……负责人:胡玉杰
……Tel:13199288808

**鸡西市龙凤煤炭销售有限公司**
地址:黑龙江省鸡西市恒山区红旗乡红旗村五组
……负责人:林育鹏
……Tel:0467－8143999

**鸡西市明月煤炭销售有限公司**
地址:黑龙江省鸡西市恒山区迎新委1组
……负责人:张爱珍
……Tel:13359956288

**鸡东县丰达煤炭销售有限责任公司**
地址:黑龙江省鸡西市鸡东县哈达镇
……负责人:崔云凤
……Tel:13945858810

**鸡东县振业煤炭有限责任公司**
地址:黑龙江省鸡西市鸡东县鸡东镇
……负责人:周学平
……Tel:13359966600

**鸡东县申达煤炭有限责任公司**
地址:黑龙江省鸡西市鸡东县鸡东镇

**康金镇立明硅钢片加工部**

康金镇立明硅钢片加工部有20多年的硅钢片加工经验了,可根据电器厂家配套加工各种规格的电器硅钢片。我公司锐意进取,不断追求,持续改进,保证最大程度地满足客户需求。

联系人:张立明
电话/传真:0451-55261116
地址:黑龙江省哈尔滨市呼兰区康金镇中华街　手机:13936155527

## 江苏省/Jiangsu Province

**常州市祥旺商贸有限公司**
业务:销售镀锌制品,联系镀锌业务
地址:江苏省常州市天宁区中吴大道777号
……负责人:王锁武　邮　编:213000
……法　人:付水庚
……Tel:13776887699

**盛源合金材料厂**
地址:江苏省常熟市梅李镇将泾村
……负责人:陈春乾
……Tel:0512－52262068
13806238163

**丹阳市华耀炉料有限公司**
业务:丹阳市华耀炉料有限公司成立于1996年,主要生产经营冶金材料,炼钢原料,轧钢材料,生铁、焦炭等炉料。欢迎新老客

……Tel:13004435267

**海门市东亚铝业有限公司**
业务:本公司成立于1992年,拥有20多名员工。主要经营铝管的生产与销售。
地址:江苏省南通市海门市海门镇城北村3组东亚铝业有限公司
……邮　编:226100
……法　人:林卫东
……Tel:0513－82265776
……Fax:0513－2115996

**丹阳市沿江铝加工厂**
业务:专业生产铝板,铝水壶、电水壶、发热管、插线等各种优质产品
地址:江苏省丹阳市后巷镇
……负责人:冷青春　邮　编:212312
……法　人:冷青春
……Tel:0511－86315292
……Fax:0511－86315292
……网址:www.jsyanjiang.com

**宏拓金属型材厂**

▲矿产冶金有色金属特种材料钢铁煤炭▼

地址:江苏省常州市武进区寨桥镇夏坊村股家塘
负责人:钱国锋
Tel:0519－86261130
13358189760

**邹记有色金属加工中心**
地址:江苏省常州市新北区薛家镇中巷西庄
负责人:邹国平
Tel:0519－85951331
13861199629

**恒发硬质合金有限公司**
地址:江苏省东台市广山镇北工业园区
负责人:金世德
Tel:0515－85410786
13962095337

**丹阳市吕城镇精诚烤漆厂**
业务:烤漆加工
地址:江苏省丹阳市吕城镇圣旨西路
负责人:徐建芳　邮　编:212300
法　人:徐建芳
Tel:0511－86821398
86479799

**盛达不锈钢制品厂**
地址:江苏省东台市溱东镇北首
负责人:吉向才
Tel:0515－85522160
13904086926

**江苏省东台市东信不锈钢制品厂**
地址:江苏省东台市溱东镇罗青路华威锈厂内
负责人:杨东春
Tel:0515－85921607
13327999607

**淮安市富源冶金材料有限公司**
地址:江苏省淮安市楚州区友谊路 2 号
负责人:陈雄
Tel:13776702999

**鼎明有色金属有限公司**
业务:专业从事有色金属分离器原机生产、销售及服务,生产能力 24 小时 20－30 吨目前是世界上最先进的技术发明!发明号码 200710019411.5 国家知识产权网(高级搜索),致力于为广大用户提供高品质的产品及服务。
产品:可生产空调散热片和不同焊接,铆接,铸造的连体金属非合金
地址:江苏省淮安市楚州区车桥镇受河村三组
负责人:陈鼎明　邮　编:223200
法　人:陈鼎明
Tel:15189515784

**盱眙康隆矿业科技开发有限公司**
地址:江苏省淮安市盱眙县淮河镇
负责人:胡其方
Tel:13606810999

**江阴申启伟业新材料有限公司**
地址:江苏省江阴市申港镇通江路南
负责人:黄连方
Tel:0510－86684030
13901523027

**昆山市淀山湖金属表面材料厂**
地址:江苏省昆山市淀山湖镇永新村
负责人:姜引中
Tel:0512－57486998
13706265928

**江苏恒星钨钼制造有限公司**
业务:钨钼材料生产销售
地址:江苏省江都市张纲工业配套园区
负责人:朱青　邮　编:225200
法　人:朱青
Tel:0514－86830410
网址:http://www.51zzt.com/user/zzt30165

**宏桥金属制品(昆山)有限公司**
地址:江苏省昆山市开发区高科技工业园民营中路 31 号
负责人:林世辉
Tel:0512－57797384
57783888

**海门市兴达钢带有限公司**
业务:海门市兴达钢带有限公司是一家从事钢带的生产、销售,主要产品有木工锯条。本公司秉承"先卖信誉、后卖产品"的公司理念。致力打造优良的品质,快捷的交货速度。欢迎各界朋友前来洽谈业务。
地址:江苏省南通海门市三和镇三和村 20 组
邮　编:226113
法　人:袁平
Tel:0513－82233056
Mobile:13906281263
Fax:0513－82335600

**昆山市星月昭源金属制品有限公司**
地址:江苏省昆山市开发区蓬朗陈家浜路
负责人:纪洁城
Tel:0512－57811767
57610832
13306260832

**张家港长力贸易有限公司**
地址:江苏省乐余镇乐红路 30 号
负责人:马建华
Tel:13806228006

**宏达混凝土构件有限公司**
业务:常州市宏达混凝土构件有限公司位于长江三角洲,经济繁荣,科技发达,风光秀丽,人杰地灵 的江南名城———常州市。宏达公司是常武地区第一家生产先涨法预应力混凝土管桩的专业化企业。公司现有生产设备先进,自动化运作程度高,制作工艺成熟,各种监测控制设备完备。宏达公司竭诚欢迎新老客户精诚合作,共创伟业,同铸辉煌。
地址:江苏省常州市卜弋镇林场路 17 号
邮　编:213141
法　人:洪志华
Tel:0512－3312068
Fax:0519－3316068

**江阴东旭金属贸易有限公司**
业务:钢材贸易
产品:槽钢、线材、螺纹钢、管材、中厚板、方管等
产品:江苏省江阴市澄杨路 98 号 5 幢 106 室
负责人:汤洪飞　邮　编:214432
法　人:汤洪飞
Tel:13073933399
13860377883
0510－80629169
网址:www.dx－steel.cn

**连云港市禾氏石英制品有限公司**
地址:江苏省连云港市东海县白塔埠镇驻地(农机站内)
负责人:李家安
Tel:13961390818

**东海县城南石英材料厂**
地址:江苏省连云港市东海县东海农场
负责人:姚仪白
Tel:0518－87560034
13179588189

**海门市悦来特种金属粉末材料厂**
业务:本厂是国内首家生产"微碳铬铁粉"的企业,产品遍及全国各大、中型电焊条厂。产品有:微碳铬铁粉,高、低碳铬铁粉,中碳锰铁粉,钛铁粉,电解金属锰粉,钒铁粉,钼铁粉,金属铬粉,雾化铁粉及其他粉末。还新增加了新产品 107－SSD、S－SSE、260－SSC、431－SSF 等埋弧焊剂。
地址:江苏省海门市悦来镇
邮　编:226131
法　人:蔡卫国
Tel:0513－82802988
Fax:0513－82804988
网址:www.jsfm.cn

**恒兴石英制品厂**
地址:江苏省连云港市东海县牛山镇幸福南路 165 号
负责人:王冲
Tel:0518－87228695
13961332811

**宝隆不锈钢有限公司**
业务:不锈钢销售
地址:江苏省江阴市周庄镇科技工业园区何家庄小区
负责人:张英　邮　编:214400
法　人:卞先生
Tel:0510－86221755
Fax:0510－86221755

**金日金属制品有限公司**
地址:江苏省连云港市赣榆县城西镇西朱堵村青班路
负责人:林水波
Tel:0518－86363005
13327878838

**泰瑞矿用器材设备厂**
地址:江苏省连云港市灌南县河滨路 180 号(木材公司西所)
负责人:惠康春
Tel:0518－83469569
13953865284

**靖江市德嘉实业有限公司**
业务:加工冶金
地址:江苏省靖江市朝阳路 118 号
负责人:夏晓飞　邮　编:214500
法　人:夏晓飞
Tel:0523－84956999
15152650888

**中复连众复合材料集团有限公司市场部**
地址:江苏省连云港市新浦区海连东路 195 号
负责人:张国军
Tel:0518－85150330

**连云港市宏固金属制品厂**
地址:江苏省连云港市新浦区花果山乡新滩村 88 号
负责人:张加建
Tel:13912155572

**同合型钢制造有限公司**
地址:江苏省连云港市幸福路 88 号
负责人:赵先生
Tel:0518－82284178
85250817

**江苏丹阳市金运合金有限公司**
业务:本公司成立于 2004 年,主要生产销售:废镍、电热丝、电阻丝、镍铬丝、电阻带、电热带、镍铬合金、工业炉条、电炉条、炉丝、工业电炉、网带、耐热材料。热忱欢迎新老客户来电洽谈业务!
地址:江苏省丹阳市吕城镇运河军民东路
负责人:杜金云　邮　编:212352
法　人:杜金云
Tel:13706102262

**昆山亚静铜业有限公司**
业务:生产,销售电镀阳极铜、磷铜球、磷铜角
地址:江苏省昆山市玉山镇 312 国道古城路 378 号华东造纸机械厂北侧
负责人:殷亚静　邮　编:215300
法　人:殷亚静
Tel:15190139307
0512－50101238
网址:www.ksyjty.cn

**徐州卓鑫煤炭销售运输有限责任公司南京分公司**
地址:江苏省南京市白下区登隆巷 19 号 1503 室
负责人:张之民
Tel:025－52338692

**溧水县众鑫矿业有限公司**
地址:江苏省南京市溧水县永阳镇工业园
负责人:王先宝
Tel:13813801313

**福建士鼎钢铁有限公司南京分公司**
地址:江苏省南京市秦淮区大明路 109 号
负责人:黄勇翔
Tel:025－84649163

**昆山泰利恒钢铁有限公司**
业务:专业从事钢铁销售,并为客户提供加工、仓储、配送等优质服务。产品价格合理起货快捷,我们将秉承"信誉是金、合作双赢"的经营理念,为您提供满意服务!
产品:电镀锌板、马口铁、热轧板、冷轧板、硅钢、不锈钢
地址:江苏省昆山市玉山镇北门路 2001 号 3 号楼
负责人:杨先生　邮　编:215300
法　人:杨泽芳
Tel:0512－50333886
15051652566
15962637168
Fax:0512－50333889
网址:www.kstlh.cn
E-mail:22889155@qq.com

**南京诚得达不锈钢有限公司**
地址:江苏省南京市秦淮区集合村路 95 号 17、18 号
负责人:张辉
Tel:13855532858

**淮安市祥龙磨具磨料有限公司**
业务:淮安市祥龙磨具磨料有限公司成立于 2003 年,主要从事超精油石、树脂珩磨油石,砂轮的生产与销售。产品质量第一,服务周到,愿与各方客户精诚合作,共同发展。
地址:江苏省淮安市楚州区车桥镇党校西侧
邮　编:223200
法　人:赵兵
Tel:0517－5655588
Fax:0517－5655588

**南京侨益金属材料有限公司**
地址:江苏省南京市下关区幕府东路 49 号
负责人:张勤夫
Tel:025－85522399

**南京钢捷金属材料有限公司**
地址:江苏省南京市下关区水关桥 46 号五厅 5327 室
负责人:季建新
Tel:025－58788911

**溧阳市超凡标牌有限公司**
业务:生产,销售标牌、PC 卡牌、配电柜、五金件
地址:江苏省溧阳市埭头镇后六集镇莲花路 80 号
负责人:狄旭超　邮　编:213003
法　人:狄旭超
Tel:13815098880
0519－87355050

**五矿钢铁上海有限公司南京分公司**
地址:江苏省南京市下关区燕江路 201 号 5215 室
负责人:刘国熙
Tel:025－58721601

**南京和诚金属材料有限公司**
地址:江苏省南京市下关区中央门外河路道 1 号
负责人:田宝和
Tel:13093328872

**崇川金属材料销售中心**
地址:江苏省南通市崇川区外环北路 331 号
负责人:李新民
Tel:13338822918

**江苏巨星集团公司**
业务:公司主要经营系列不锈钢无缝管、荒管、圆钢、合金钢管、焊管、不锈钢制品、钢锭。年生产不锈钢无缝管 2.5 万吨,焊管 5000 吨。产品畅销国内 30 多个省、市、自治区,远销西欧、北美、东亚及南亚等 10 多个国家和地区。2003 年 3 月公司通过了 ISO9001－2000 国际质量体系认证。
地址:江苏省泰兴市蒋华镇新世纪科技园
邮　编:225444
法　人:王振云
Tel:0523－7423168
Fax:0523－7423288
网址:www.juxinggroup.com

**连云港中条山有色金属有限公司**
业务:货运代理,有色金属,黑色金属矿产品的销售,进出口经营
产品:铜精矿,冰铜,紫杂铜,电铜,硫酸,铁矿粉,煤焦铁等及港口货运代理
地址:江苏省连云港市海棠中路 66 号澳连丽景广场 17 层 A 座 503 室
负责人:王泽军　邮　编:222042
法　人:王树琪
Tel:0518－82236896
Fax:0518－82237395
E-mail:lyg_zts@yahoo.com.cn

**南通启发金属材料有限公司**
地址:江苏省南通市崇川区钟秀街道运河村十二组
负责人:陆春飞
Tel:13606285903

**南通市飞鹤金属材料有限公司**
地址:江苏省南通市港闸区秦灶镇桥北村二组
负责人:成勇华
Tel:13301486438

**富诚碳素有限公司**
地址:江苏省南通市港闸区唐闸西市街 210 号(第二化工厂内)
负责人:王惠群
Tel:0513－85546180
13806295425

**溧水县东屏镇丽源白土加工厂**
业务:白土加工
地址:江苏省南京市溧水县珍珠北路美丽新城 27 栋 1 单元 302
负责人:刘继根　邮　编:210008
Tel:15951028588

**海安县日美冶金炉料厂**
地址:江苏省南通市海安县白甸镇思进工业园区
负责人:练友旺
Tel:13358079679

**江苏江都市群龙金属网带厂**
业务:我厂是专业生产各种金属网带企业,已有三十多年的历史,拥有专业生产设备和技术人才,质量可靠,实行三包,经国家技术质量检验局多次抽检为合格产品。本厂宗旨:以质量求生存,以技术求发展,以信誉求合作,群龙网业热忱欢迎新老客户来我厂考察指导,洽谈惠顾。
地址:江苏省江都市大桥镇三义村
负责人:卞忠平　邮　编:225269
法　人:卞忠平
Tel:0514－86443953
Fax:0514－86447953
网址:www.jdqlwd.com
E-mail:zhanglong51818@163.com

**江海坩埚制造有限公司**
地址:江苏省南通市海安县城东镇桥北路 4 号
负责人:谢加国
Tel:0513－88807125
13806276191

**远锦钢结构有限公司**
地址:江苏省南通市海安县海安镇海光村二组
负责人:席玉来
Tel:13328080076

**南京华浩石英制品有限公司**
业务:专业从事硅微粉、石英、石英制品的加工制造企业。我们拥有高素质的技术人才,一流的生产加工设备,先进的检测方法,优质完善的销售服务。
产品:各种型号的石英砂、300 目至 4000 目硅微粉产品
地址:江苏省南京市六合区雄州街道龙虎营村 100 号(老化工厂)
负责人:杨气鹏　邮　编:210008
法　人:陈亮
Tel:025－57510709
13805508933
Fax:025－57510709

**宝龙变形丝业有限公司**
地址:江苏省南通市海安县吉庆镇吉庆村一组
负责人:杨宝龙
Tel:0513－88465578
13358079283

**金丰合金钢制造厂**
地址:江苏省南通市海安县南莫镇沙岗人民西路 24 号
负责人:刘金丰
Tel:0513－88482498
88011811

**恒丰电镀化工材料有限公司**
地址:江苏省南通市教育路 33 号
负责人:龚佰丰

Tel:0513－85230515
13328062265

**顶天金属制品有限公司**
地址:江苏省南通市南通市经济技术开发区竹行镇
负责人:宋国良
Tel:0513－85916728
13358082222

**南京咸平不锈钢制品有限公司**
业务:不锈钢制品的加工和销售
地址:江苏省南京市栖霞区靖安街道南中村飞林队
负责人:夏咸平 邮 编:210058
法 人:夏咸平
Tel:13851424073
025－85713494

**苏州世博金属制品有限公司**
地址:江苏省苏州市沧浪区干将西路 311 号
负责人:姚国新
Tel:13806253929

**常熟市德文粉末冶金厂**
地址:江苏省苏州市常熟市董浜镇工业园区
负责人:邹育文
Tel:13606237789

**苏州喜凯隆金属制品有限公司**
地址:江苏省苏州市常熟市练塘镇颜巷村
负责人:陈喜龙
Tel:0512－52428330

**南通市众鑫金刚石制品有限公司**
业务:金刚石制品加工、销售
地址:江苏省南通市海安县海安镇闸北路6号
负责人:吉祖泉 邮 编:226000
法 人:吉祖泉
Tel:13606276582
0513－88832748

**常熟市向宏金属制品厂**
地址:江苏省苏州市常熟市练塘镇张桥嘉林村
负责人:徐军
Tel:0512－52462222

**苏州龙腾金属制品有限公司**
地址:江苏省苏州市常熟市王庄镇
负责人:周仲明
Tel:13906238822

**南通泽亚金属材料有限公司**
业务:专业从事金属材料购销,产品规格齐全、质量可靠。秉承"诚信为本、共赢共享"的经营理念,为广大用户提供最优秀的产品和服务。
产品:冷、热轧板卷,花纹板卷,镀锌板卷,中厚板,翼缘板,圆钢,扁钢,工字钢,槽钢,H 型钢,螺纹钢,优质线材,无缝钢管,焊接钢管,镀锌管等
地址:江苏省南通市南大街 129 号兴胜大厦 408 室
负责人:施泽亚 邮 编:226001
法 人:施泽亚
Tel:0513－85514588
Fax:0513－85514589
网址:www.nt8888.b2b.cn
E-mail:zyjs0513@sina.com

**苏州大林金属制品有限公司**
地址:江苏省苏州市常熟市王庄镇新鑫村
负责人:王正良
Tel:13906239395

**江苏省兴化市明辉铸钢有限公司**
业务:江苏省兴化市明辉铸钢有限公司成立于 2005 年,专业从事耐热钢的铸造。欢迎来电洽谈业务!
地址:江苏省兴化市经济开发区临城经济园区
邮 编:225753
法 人:王有明
Tel:0523－3458899
Fax:0523－3458699

**常熟市巨海钢材销售有限公司**
地址:江苏省苏州市常熟市王庄镇冶塘
负责人:周晓华
Tel:0512－52401748

**启东苏博物资有限公司**
业务:批发零售钢材
地址:江苏省南通市启东市汇龙镇江海中路 540 号 1－6 号
负责人:刘金球 邮 编:226200
法 人:刘金球
Tel:15862833558
0513－83343506

**常熟市金鸿顺钢铁制品有限公司**
地址:江苏省苏州市常熟市辛庄镇合泰村
负责人:姚金根
Tel:0512－52488178

**常熟市晓轶金属配件厂**
地址:江苏省苏州市常熟市辛庄镇张港泾村
负责人:朱建忠
Tel:0512－55661163

**苏州井上中鼎办公机器制品有限公司**
地址:江苏省苏州市高新技术产业开发区铜墩街
负责人:姚名超
Tel:0512－66618600
13805625669

**太仓宏远金属制品有限公司**
地址:江苏省苏州市太仓市城厢镇新丰村
负责人:郭明达
Tel:0512－53101000

**宜兴市张渚九岭冷作加工服务部**
业务:宜兴市张渚九岭冷作加工服务部成立于 1992 年,主要切割钢坯、不锈钢、不锈铁、普碳等。"诚信为本,信誉第一",热诚欢迎新老客户来电来人洽谈业务,共同合作!
地址:江苏省无锡市宜兴市张渚镇九岭村
负责人:陆小锁……邮 编:214231
法 人:陆小锁
Tel:0510－87305543
Mobile:13906157622

**南通丰佳机电设备有限公司**
业务:不锈钢标准件、工业用胶粘剂、各种型号标准件、非标件、钢材锻打件、零料板、管道件、玻璃连接件、冲压件、挂件、链条传动件、元棒、元角钢、方钢、扁钢、线材、各种材质、焊丝、焊条、钢管等
地址:江苏省南通市人民西路 316 号(高架桥十字路口)
负责人:焦先生 邮 编:226005
法 人:焦能文
Tel:0513－85855084
83517129
Fax:0513－83554469

**苏州市吴德胜金属材料有限公司**
地址:江苏省苏州市金阊区白洋湾储运路 58－15 号
负责人:吴德胜
Tel:13912791379

**苏州工业园区大明金属材料有限公司一洋分公司**
地址:江苏省苏州市金阊区枫桥镇枫桥路 605 号
负责人:张正明
Tel:0512－65325439
65329132

**江苏省徐州市华光铸造厂**
业务:江苏省徐州市华光铸造厂成立于 1994 年,公司主要生产各种钢铸件产品,凭着可靠的技术,一流的设备,打造一流的质量和品牌。取得广大客户对我们的信任和支持。
地址:江苏省徐州市沛县安国镇张双楼村
邮 编:221616
法 人:张光亮
Tel:0516－8999108
Fax:0516－8999108

**苏州市亿顺粉末冶金有限公司**
地址:江苏省苏州市金阊区虎丘街道新益村
负责人:刘鹏飞
Tel:13606131220

**淮安市海纳钢材贸易有限公司**
业务:钢材贸易
地址:江苏省苏州市苏州工业区唯亭镇东港钢材城 2 幢 19 号
负责人:郑少华 邮 编:215002
法 人:郑少华
Tel:13862636389
0512－62626213

**苏州旸天金属有限公司**
地址:江苏省苏州市金阊区虎丘立交桥北昌华集团大院内
负责人:宋余芳
Tel:13771711899

**苏州益隆钢材制品有限公司**
地址:江苏省苏州市金阊区虎丘路昌华实业集团公司内
负责人:黄展忠
Tel:0512－68278499

**太仓市益钢钢贸有限公司**
业务:钢材贸易
地址:江苏省太仓市横立小洋华钢材市场 228 号
负责人:张晓迪 邮 编:215000
法 人:张晓迪
Tel:13809055003
0512－53567047
网址:http://www.51zzt.com/user/zzt30122

**苏州市广宇金属材料有限公司**
地址:江苏省苏州市金阊区西园路 48 号
负责人:张皖跃
Tel:0512－6770703

**昆山市奔达金属制品厂**
地址:江苏省苏州市昆山市淀山湖镇民和村
负责人:张龙
Tel:13951183010

**江阴海豹铜业有限公司**
业务:海豹铜业生产的"海豹"牌各类铜产品现已达到产销能力 20000 吨左右。公司自开业以来,始终致力于以先进的生产工艺和严格的检测控制手段生产高质量的产品,凭着优质的产品和完善的客户服务体系,赢得市场的充分认可。
地址:江苏省江阴市周庄镇周北工业集中区
负责人:周卫东……邮 编:214423
法 人:周卫东
Tel:0510－86230638
网址:www.jyhaibao.com

**昆山市淀山湖永利金属制品厂**
地址:江苏省苏州市昆山市淀山湖镇永新村
负责人:凌小刚
Tel:0512－57488871

**泰兴市新城龙腾金属有限公司**
业务:金属材料加工
产品:金属铸件、不锈钢制品
地址:江苏省泰兴市蒋华镇同德村包东 8 号
负责人:朱志丹 邮 编:225400
法 人:朱志丹
Tel:15861094227
0523－87411201
Fax:0523－87411201

**昆山申鑫金属制品有限公司**
地址:江苏省苏州市昆山市花桥镇上岸村
负责人:许泉元
Tel:13862666015

**昆山市帆顺金属制品有限公司**
地址:江苏省苏州市昆山市开发区蓬朗蓬钱路
负责人:王金铭
Tel:13616283881

**无锡南宝金属材料有限公司**
业务:金属材料与贸易
产品:不锈钢板
地址:江苏省无锡市东降镇大通路 7 号(东降昌盛环保机械厂)
负责人:朱红球 邮 编:214001
法 人:朱红球
Tel:0510－83630796
Fax:0510－83630798

**昆山市捷凡金属材料有限公司**
地址:江苏省苏州市昆山市玉山镇朝阳西路 242 号
负责人:陆华敏
Tel:0512－57303719

**江阴市大创钢铁有限公司**
业务:江阴市大创钢铁有限公司于 2006 年 9 月创建,坐落在交通便利的江苏省江阴市青阳钢材现货交易市场 C 座 48 号。从事金属材料销售,其产品有螺纹钢、建材等。质量保证、价格合理,欢迎光临、惠顾!
地址:江苏省江阴市青阳钢材现货交易市场 C 座 48 号
邮 编:214401
法 人:叶启步
Tel:0510－86515348
Mobile:13382289368
Fax:0510－86515348

**昆山立特模具钢材有限公司**
地址:江苏省苏州市昆山市玉山镇城北民营中路 38 号
负责人:黄世达
Tel:13915754375

**镇江市至友精密压铸有限公司无锡分公司**
业务:有色金属材料(锌、铝、镁合金压铸)
产品:桥架、母线槽、高低压开关柜
地址:江苏省无锡市华东商贸城一楼 10839 号
负责人:刘发华 邮 编:214000
法 人:刘发华
Tel:13775311873
Fax:0510－82135846
网址:www.zjzhiyou.cn
E-mail:luifahua88@126.com

**昆山杰泰金属制品有限公司**
地址:江苏省苏州市昆山市玉山镇城北新北村八组
负责人:康加杰
Tel:13912696855

**昆山市超力铝业有限公司**
地址:江苏省苏州市昆山市玉山镇震川西路 315－38 号
负责人:查福龙
Tel:0512－56265229

**镇江市鑫达荣钼科技材料有限公司**
业务:公司成立于 2005 年,主要生产销售钼铁,钼酸铵,钼酸钠,角铁,H 型钢。竭诚欢迎新老客户来电洽谈业务!
地址:江苏省镇江市扬中市宜禾路
负责人:朱秀荣……邮 编:212200
法 人:朱秀荣
Tel:0511－85928827

**昆山市正方园不锈钢材料有限公司**
地址:江苏省苏州市昆山市玉山镇震川西路 326 号
负责人:徐圣国
Tel:0512－57512017

**昆山市鸿亚金属制品厂**
地址:江苏省苏州市昆山市张浦镇大市尚明甸村
负责人:陈林
Tel:0512－57256819

**昆山市恒信钢材有限公司**
地址:江苏省苏州市昆山市张浦镇团结桥北
负责人:翁金回
Tel:0512－57457662

**昆山荣宏金属有限公司**
地址:江苏省苏州市昆山市周市镇钢材现货交易市场 11 幢 2 号
负责人:叶锡会
Tel:13862391218

**永盛喷涂有限公司**
业务:本公司专业从事各类电器机壳喷涂业务
地址:江苏省无锡市江阴南闸开南路 18 号锦南工业园
负责人:张永全 邮 编:214000
法 人:苏正平
Tel:13601522320
0510－86175618
86187600

**张家港市凤凰镇西张金丰铁桶加工厂**
业务:张家港市凤凰镇西张金丰铁桶加工厂成立于 1996 年,主要生产销售包装铁桶。欢迎新老客户光临、惠顾!
地址:江苏省张家港市凤凰镇西张双龙村石龙组
负责人:单建锋……邮 编:215614
法 人:单建锋
Tel:0512－58448865
网址:www.mtw30703.chinapyp.com

**宝莱不锈钢科技(昆山)有限公司**
地址:江苏省苏州市昆山市周市镇宋家港路西侧
负责人:李水波
Tel:0512－57871991

**苏州市永建金属材料有限公司**
地址:江苏省苏州市平江区城北街道金星村内
负责人:俞建平
Tel:13962549000

**江阴市鸣鸿铁铜基粉末制品有限公司**
业务:江阴市鸣鸿铁铜基粉末制品有限公司成立于 1996 年,主要从事含油轴承、粉末冶金的生产与销售。产品深受广大客户的一致好评,公司竭诚为新老用户提供全方位的优质服务。
地址:江苏省无锡市江阴市南闸镇南焦路南运村委内
负责人:刘鸣红……邮 编:214405
法 人:刘鸣红
Tel:0510－86180752

**枣庄矿务局远大实业公司邳州远大石膏矿**
业务:枣庄矿务局远大实业公司邳州远大石膏矿成立于 1993 年,专业从事石膏的开采、销售、加工、运输,热诚欢迎广大有意之士前来参观考察,洽谈业务。
地址:江苏省邳州市四户镇桃园村
负责人:魏培军……邮 编:221300
法 人:魏培军
Tel:0516－86491826

**江阴市中特不锈钢有限公司**
业务:生产、销售不锈钢制品及其他金属制品、金属材料、建材
地址:江苏省无锡市江阴市锡城路 1075 号
负责人:许建冲 邮 编:214400
法 人:许建冲
Tel:13961696442
0510－86985152

**应用材料(中国)有限公司苏州分公司**
地址:江苏省苏州市苏华路 1 号世纪金融大厦 4F
负责人:吴缘元
Tel:0512－67628899
67625080
13179602685

**苏州市丽华有色金属制造有限公司**
地址:江苏省苏州市相城区黄桥镇永青路 11 号
负责人:郁林华
Tel:0512－65466881
13584831007

**无锡西谷金属材料有限公司**
业务:金属材料,各种钢材
产品:带钢热卷,线材,螺纹钢
地址:江苏省无锡市钱桥镇钱湖路 500 号振兴钢材市场 B28 号
负责人:陈先生 邮 编:214151
法 人:吴仙逢
Tel:0510－83219221
15221102166
Fax:0510－83219221
E-mail:398367654@qq.com

**苏州市伟顺金属材料有限公司**
地址:江苏省苏州市相城区望亭镇何家角
负责人:朱伟平
Tel:0512－68209278
13182607576

### 吴江市屯村五七电镀厂
业务:吴江市屯村五七电镀厂成立于1990年，公司拥有整套完整的镀镍、镀铬、镀锌、镀锡、仿金、仿古铜、化学镍等工艺，电镀工艺齐全，技术力量雄厚，拥有先进的检测设备，有实验设备，为出厂产品的质量提供了可靠的保证。
地址:江苏省吴江市同里镇邱舍开发区
负责人:张华　邮编:215216
法人:张华
Tel:0512－63378377
Fax:0512－63378377

### 苏州台兴模具钢材有限公司
地址:江苏省苏州市相城区元和镇娄北村
负责人:陈金坤
Tel:0512－65766405

### 华特铝热传输材料有限公司
地址:江苏省通州市川港镇工业园区E区
负责人:刘成荣
Tel:0513－86341111
13815227736

### 无锡市润锐钢铁有限公司
业务:钢材销售
产品:各类钢材
地址:江苏省无锡市太湖花园3区349号202室
负责人:朱明亚　邮编:214001
法人:朱明亚
Tel:0510－85495722

### 无锡中伟精密钢管有限公司
业务:公司可为广大客户提供Φ25×1－Φ102×4mm高精度去内毛刺精密焊接钢管。专业生产汽车传动轴钢管、冷拔、精轧管坯系列、纺机专用管、立柱管、托辊管及健身器械用管。热忱欢迎国内外广大客户、社会各界人士莅临指导，共铸辉煌。
地址:江苏省无锡市惠山区钱桥镇溪南赋和园区金山路
负责人:支伟民　邮编:214151
法人:支伟民
Tel:0510－83217212
网址:www.wxzhongwei.com

### 无锡亿昊金属材料有限公司
业务:无锡亿昊金属材料有限公司拥有几家专业生产角钢厂家代理商，以角钢批发为主，规格齐全，价格优惠，欢迎新老客户惠顾！
地址:江苏省无锡市锡山区东亭镇友谊北路288号2010室
负责人:钱邦福　邮编:214101
法人:钱邦珠
Tel:0510－88260651
88260659

### 南通超亮纤维有限公司
地址:江苏省通州市石港镇工业园区
负责人:胥兆亮
Tel:13906288775

### 新沂市成山熔融石英厂
业务:其他非金属矿物制品制造
产品:非金属矿物制品
地址:江苏省新沂市阿湖镇芦湖村
负责人:李成山　邮编:221413
Tel:0516－88666040

### 南京奥辉特金属制品有限公司
业务:南京奥辉特金属制品有限公司成立于2000年，主要从事金属制品的加工与销售。产品包括铁艺制品、工程栏杆扶手、钢构、钢架等。热诚欢迎广大新老朋友来我公司洽谈业务！
地址:江苏省南京市建邺区江东南路8号五金广场J221号
负责人:陈辉　邮编:210000
法人:陈辉
Tel:025－86561589

### 北郊精制石英砂有限公司
地址:江苏省扬州市仪征市马集镇八里村
负责人:朱道河
Tel:0514－83660186
13505272601

### 南京旭晖箔业有限公司
业务:南京旭晖箔业有限公司座落在南京东效龙潭镇，交通发达，水陆、铁路及航空皆十分便利。从事纯金箔、纯银箔、铜箔、铅箔、工艺贴金、佛教寺庙装饰贴金等服务。欢迎来电垂询！
地址:江苏省南京市栖霞区龙潭街道上首渔场
邮编:210058
法人:谢远亮
Tel:025－85701189
Fax:025－85731474

### 江阴市神舟网链传动有限公司
业务:江阴市神舟网链传动有限公司成立于2004年，主要从事于不锈钢网链的制造、加工。欢迎新老客户光临、惠顾！
地址:江苏省江阴市周庄镇澄杨路1516号
负责人:何建明　邮编:214423
法人:何建明
Tel:0510－86902817

### 无锡光大不锈钢总公司
地址:江苏省无锡市北环路333号
负责人:孔德余
Tel:0510－81015351
13921178896

### 无锡市银宏不锈钢有限公司
业务:无锡市银宏不锈钢有限公司专营国产进口各种不锈钢材料，本公司将以最优惠的价格、热情周到的服务为广大不锈钢用户提供优质的不锈钢材料，欢迎大家来电咨询。
地址:江苏省无锡市崇安区锡港路236号
负责人:朱国民　邮编:214000
Tel:0510－82446980

### 南通金熊不锈钢制品有限公司
业务:本公司是一家专业从事生产各种不锈钢带的企业，目前拥有国内先进的不锈钢冷轧、热处理设备的技术，已形成了熔炼、热轧、光亮退火等一条龙配套生产，年产各种材质不锈钢冷轧带2000多吨，产品质量达到了国内同行先进水平。
地址:江苏省南通市通州市张芝山镇凉棚镇村
邮编:226311
法人:熊健
Tel:0513－86317666
86315666
Fax:0513－86317111

### 江苏沂宝石英有限公司
业务:生产太阳能多晶硅铸造锭用石英陶瓷坩埚、石英砂、石英粉、熔融石英砂、熔融石英粉、石英玻璃材料及制品
地址:江苏省新沂市新郯路162号
负责人:谭文运　邮编:221400
法人:谭文运
Tel:0516－88930410
88922851
13905225156
Fax:0516－88930410

### 无锡市新兴钢结构件制造厂
地址:江苏省无锡市滨湖区华庄镇华联村
负责人:朱世良
Tel:0510－85388025

### 无锡市茂新冷轧带钢有限公司
业务:本公司位于无锡市山北镇南邻312国道，北靠京杭大运河交通及为方便，本公司冷轧设备齐全，专业生产黑色、冷硬光亮带钢。宽度15mm－300mm，厚度0.4mm－5mm，年秤能力50000吨，适用各种焊管，电镀带轻钢龙管，冷变型钢，自行车，摩托车零件，冲件，鞋料等，各种平直定尺带钢。
地址:江苏省无锡市江海西路金山北私营工业园31－32号
负责人:丁易如　邮编:214037
法人:丁易如
Tel:0510－83070228
Fax:0510－83070101
网址:www.mxlz.com

### 无锡市浩泉物资有限公司
业务:无锡市浩泉物资有限公司成立于2003年，主要从事金属材料的销售。产品规格齐全、质量稳定、价格合理，热诚欢迎广大新老客户光临、惠顾！
地址:江苏省无锡市锡沪路183号中心大楼1490室
负责人:朱娇娜　邮编:214011
Tel:0510－82404512

### 东煜不锈钢材料有限公司
地址:江苏省无锡市江海东路南方不锈钢市场南方北路6208号
负责人:吴新军
Tel:0510－82132228

### 江苏金鼎朗瑞矿业有限公司
业务:金刚砂及微粉、粒度砂
地址:江苏省新沂－无锡工业园
负责人:杜振力　邮编:221400
法人:杜振力
Tel:13805225899
0516－86718802
Fax:0516－88067678
E-mail:XYYLGS2007@163.COM

### 无锡振宏金属材料有限公司
地址:江苏省无锡市山北镇会西村委会一楼
负责人:汪洋
Tel:0510－83070797

### 江阴万国玻璃钢有限公司
业务:江阴万国玻璃钢有限公司是新加坡独资企业，生产销售玻璃钢船艇，救生设备，产品远销韩国、日本、新加坡、美国、欧洲等地，产品质量保证，深受国内外客户的青睐。
地址:江苏省江阴市月城镇健康路底
负责人:林凤　邮编:214400
法人:伍得炜
Tel:0510－86260971
86260972
Fax:0510－86260975
E-mail:vgaccount@vanguardsingapore.com

### 无锡康盛不锈钢有限公司
地址:江苏省无锡市通江市场
负责人:成天龙
Tel:0510－85026127

### 无锡宝闽钢铁有限公司
业务:无锡宝闽钢铁有限公司成立于1998年，位于江苏省无锡市运河东路518号。本公司大量供应热轧平板、中板、热轧卷板、冷轧卷板。公司可以按广大客户不同的要求，提供开平、分卷、运输等一条龙服务。并以优质的服务、优惠的价格来满足广大客户的要求，欢迎广大客户来人来电咨询。公司年销售量十五万余吨。为客户提供看货选货，开平、配货、提货、装船等各项优惠服务。公司宗旨:为客户提供质优、价廉的金属材料和全面周到的服务。
地址:江苏省无锡市运河东路518号
邮编:214000
法人:姜新平
Tel:0510－85755521
Fax:0510－85755165

### 亚力金属制品有限公司
地址:江苏省无锡市锡沪路175号
负责人:薛建钢
Tel:0510－82467122
13906188209

### 江苏泰钢不锈钢制品有限公司
业务:线材，管材，型材等一系列不锈钢制品
地址:江苏省兴化市戴南镇帅垛村园区西路北侧
负责人:张小勇　邮编:225700
法人:张小勇
Tel:13852411519
0523－80953016
Fax:0523－80953010

### 无锡派跃商贸有限公司
地址:江苏省无锡市锡沪西路999号现代之星819室
负责人:顾小姐
Tel:0510－82411907

### 苏州新区狮豪不锈钢产品加工厂
业务:本公司成立于2000年，主要定做各种不锈钢、铁质、铝质产品。热忱欢迎新老客户来电洽谈业务！
地址:江苏省苏州新区狮山街道何山村
负责人:朱春华　邮编:215000
法人:朱春华
Tel:0512－66612037

### 无锡市安镇安中板金加工厂
地址:江苏省无锡市锡山区安镇镇胶山路
负责人:张浩星
Tel:0510－88781772
13961883393

### 徐州德泰金属材料贸易有限公司
业务:钢材销售
地址:江苏省徐州市轻工路淮海金地五金机电城5－053
负责人:周新均　邮编:221000
法人:周新均
Tel:13775998468
0516－80116787

### 吴江合鑫金属材料有限公司
地址:江苏省吴江市金家坝工业园金长路1048号
负责人:沈金根
Tel:0512－63201301
63209271
13912765170

### 苏州市强吴金属制品有限公司
业务:本公司成立于2000年，主要加工冲压件，冷铸件，不锈钢制品，五金配件。欢迎新老客户光临惠顾！
地址:江苏省苏州市吴中区木渎镇金桥开发区10幢
负责人:吴泉云　邮编:215101
法人:吴泉云
Tel:0512－66514495
Fax:0512－66360860

### 吴江市鑫宇金属材料有限公司
地址:江苏省吴江市芦墟镇金家坝工业园(原光明轧制厂)
负责人:金新华
Tel:0512－63210802
13506252430

### 徐州盘锦物资贸易有限公司
业务:钢材贸易、螺纹钢线材、型材
地址:江苏省徐州市铜山县第四工业园内徐州龙太钢铁物流园C幢28号
负责人:付李平　邮编:221116
法人:付李平
Tel:0516－83316328
15162265226

### 吴江市盛泽高丽砂带厂
地址:江苏省吴江市盛泽镇北开发二区8号
负责人:孙德一
Tel:0512－63518502
13906252143

### 苏州市金茂祥物资有限公司
业务:苏州金茂不锈钢有限公司成立于2000年，占地1000平方米，是苏州地区首家同场经营不锈钢板材并以批发为主的企业。一直以来公司坚持"公司是我们的用武之地，客户是我们的衣食父母"的精神，以质量好、价格廉而深受广大客户的欢迎和信赖。公司同时配备剪折、滚圆、开槽、发纹和焊接制作设备。我公司现已是无锡、恒山等公司的指定经销商，公司库存千余吨，品种规格齐全，欢迎来电洽谈业务，"优质产品、一流服务，苏州市场、无锡价格，公司主要产品316、304、202、201等型号的不锈钢平板。
地址:江苏省苏州市相城区黄桥镇永方路(星和制冷配件厂内)
负责人:邱佩芬　邮编:215000
法人:陈勤
Tel:0512－65867531
65867532
Fax:0512－65867532

### 兴化华信达特钢科技有限公司
地址:江苏省兴化市锦绣园13号楼101室
负责人:张光华
Tel:13805269805

### 宜兴市长红冶金炉料有限公司
业务:石墨电极、石墨板、高纯制品、密封件、石墨条、石墨方舟
地址:江苏省宜兴市大浦镇北塘村郭家
负责人:周建军　邮编:214225
法人:何红旗
Tel:13801536197
0510－87449938
Fax:0510－87441453
网址:www.yxchll.com.cn

### 徐州市青山防水材料厂
地址:江苏省徐州市贾汪区青山泉镇
负责人:李德俊
Tel:0516－85338236

### 金坛市薛埠镇建国轧石厂
业务:金坛市薛埠镇建国轧石厂成立于2001年，主要生产石子、免烧砖等产品。"质量保证，价格合理"，热诚欢迎广大新老客户来电来人洽谈业务，共同合作。
地址:江苏省金坛市薛埠镇方麓村
邮编:213200
法人:胡海根
Tel:0519－2669838

### 恒诺密封技术有限公司
地址:江苏省徐州市郊区西苑人防小区10－2－602
负责人:陈社会
Tel:0516－85558117
13013953006

### 宜兴市伊诺炉业有限公司
业务:专业从事烧烤碳炉系列开发、生产、销售的一体化企业，产品具有高效、节能、安全、绿色环保的绝对优势，售后服务完善，常年出口日本，欢迎各界人士前来洽谈业务！并以足够的生产能力、完善的质量管理系统以优质、优价和及时的交付期来确保满足广大用户的每一项需要。
产品:烧烤碳炉的制作
地址:江苏省宜兴市丁蜀镇工业园区
负责人:王永明　邮编:214221
法人:王永明
Tel:0510－87448307
13906153290
Fax:0510－87448817

### 徐州夹河实业(多种经营)公司
地址:江苏省徐州市矿务局西北郊夹河煤矿
负责人:包预淮
Tel:0516－85876696
15952116134

### 苏州市高新区东渚型钢有限公司
业务:苏州市高新区东渚型钢有限公司成立于1992年，从事钢材的销售。公司追求"一流的质量、一流的服务，一流的效益，一流的企业"，奉行"严、精、高、明"的管理原则。公司将永远与您真诚合作，携手共创美好明天！
地址:江苏省苏州市高新区东渚镇黄区村
邮编:215163
法人:赵春发
Tel:0512－66892598
Fax:0512－66893677

### 张家港市顺腾金属制品有限公司
业务:金属制品生产
地址:江苏省张家港市金港镇后塍高桥村
负责人:许国清　邮编:215600
法人:许国清
Tel:0512－58783682

### 利国钢铁有限公司
业务:本公司主要经营各型铸造铁，炼钢铁，铁矿石，精粉，焦炭等。本公司秉承"顾客至上，锐意进取"的经营理念，坚持"客户第一"的原则为广大客户提供优质的服务。欢迎广大客户惠顾！
地址:江苏省铜山县利国镇利国宾馆旁
邮编:221138
法人:厉恩柱
Tel:0516－87250167
Fax:0516－87250167

### 苏州盛达不锈钢有限公司
业务:本公司成立于2005年，拥有20多名员工，主要经营各种不锈钢的加工与销售。

一年以来，以优越的品质，优质的服务为不锈钢业创造出一片新领域。
地址：江苏省苏州市相城区元和镇娄北村
邮　编：215133
法　人：付兴
Tel：0512－67513971
Fax：0512－67513973

**张家港市昌源环保科技有限公司**
业务：环保产品、大气除尘、烟气脱硫、废气净化
地址：江苏省张家港市金港镇占文村
负责人：胡文彬　　邮　编：215632
法　人：胡文彬
Tel：13961694409
0510－58339126

**如皋市罗普斯经经营部**
业务：本公司成立于2005年，主要加工销售铝合金型材、气密窗。产品质量保证，价格合理，欢迎新老客户光临惠顾！
地址：江苏省南通市如皋市兴隆装饰城102、103号
负责人：骆宗涛……邮　编：226500
法　人：骆宗涛
Tel：0513－82916928
Fax：0513－87656863

**张家港市东华制管厂**
业务：生产各种规格高频焊管、金属制品加工、帐篷制造
地址：江苏省张家港市南丰镇永丰村
负责人：林晓东　　邮　编：215600
法　人：林晓东
Tel：0512－58618289
13506221359
Fax：0512－58618089

**鼎辉模具钢材料有限公司**
地址：江苏省盐城市阜宁县经济区协鑫工业园区
负责人：周金椿
Tel：13914656666

**民盛铝业有限公司**
地址：江苏省扬州市宝应县沿河镇南塘大街
负责人：李爱明
Tel：13056306999

**运河金属瓶盖厂**
地址：江苏省扬州市车逻镇湾桥村
负责人：夏道贤
Tel：0514－84562971
13505276309

**江苏扬州市邗江凯业金属制品有限公司**
地址：江苏省扬州市邗江区头桥镇安阜村
负责人：翟文琳
Tel：0514－87489643
13952591372

**蓝星合金材料厂**
业务：主要经营：弹簧法条、小型钢带的制造、加工、销售
地址：江苏省无锡市钱桥镇胜丰村胜丰南路1号（312国道旁）
负责人：张浩兴……邮　编：214151
Tel：0510－83075314

**江苏海韵进出口有限公司**
业务：铁矿粉，煤炭贸易
地址：江苏省镇江市解放路自由领地6号楼1106房间
负责人：王书平　　邮　编：212000
法　人：王书平
Tel：0511－84418228
84491568
网址：http://www.51zzt.com/user/zzt30129

**泓瑞耐磨材料厂**
地址：江苏省扬州市江都市花荡镇
负责人：陈景瑞
Tel：13338146619

**南通豪业金属材料有限公司**
业务：南通豪业金属材料有限公司成立于2005年，主要从事管材、板材、型材的批发与零售。"质量保证，价格合理，服务周到"，竭诚欢迎您的光临与惠顾！
地址：江苏省南通市通州五接镇东首
负责人：姜军……邮　编：213146
法　人：姜军
Tel：0513－86746951
Fax：0513－86742070

**日泰物资有限公司**
地址：江苏省扬州市江都市江都镇龙城路花园新村10幢108号
负责人：张健
Tel：0514－86525288
13151124888

**无锡宁冶钢铁发展有限公司**
业务：罗纹钢、线材、型材、板材等钢材贸易
地址：无锡市无锡新区城南路32－7号5203室
负责人：林卫良　　邮　编：214028
法　人：林卫良
Tel：13818388488
13122788388
0510－85366520
85366521
Fax：0510－85366521

**明鑫金属材料有限公司**
地址：江苏省扬州市江都市邵伯钢材市场内
负责人：葛章明
Tel：0514－86582752
86931699

**鑫锋物资有限公司**
地址：江苏省扬州市江都市新区上海市路1号
负责人：高华林
Tel：0514－86838788
13305251872

**赵联轮窑厂**
地址：江苏省扬州市仪征市刘集镇联营村尚庄组
负责人：赵加禄
Tel：13852717322

**茅山沸石有限责任公司**
地址：江苏省镇江市丹徒区上党镇东贪村
负责人：李九成
Tel：0511－84465326
13952851387

## 慈利县金冬电热炉具厂

独家生产冬季取暖的专利产品金冬电热炉。

电话：0744—3260037　2136029
地址：湖南省慈利县零阳镇



## 江苏省常熟市金恬金属制品有限公司

金恬金属制品有限公司成立于2007年7月，是一家专业从事注塑加工的先进技术企业，主要产品有沙发脚、展厅衣架。

公司占地面积3000平方米，坐落于江苏省东南部长江三角洲经济发达地区，处于上海、南京、苏州、无锡、南通等城市组成的沿江都市圈，地理位置优越，交通便利。本公司设备精良，工艺先进，产品质量过硬。

欢迎新老客户光临指导，洽谈业务。

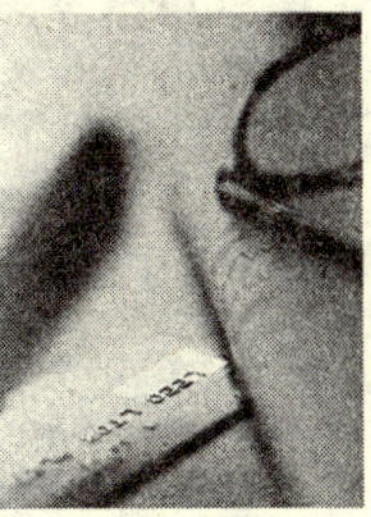

联系人：周伟君 13814987622
电话：0512-52440686
传真：0512-52422263
地址：江苏省常熟市尚湖镇练南村 邮编：215500

## 句容市天王镇杨德平铝合金经营部

本经营部是一家集批发、零售、加工铝合金为一体的个体经营企业，专营各品牌不锈钢管材、配件、铝合金材料。

经营十多年来，一直秉承“顾客至上，锐意进取”的经营理念，坚持“客户第一”的原则为广大客户提供优质的服务。欢迎惠顾！

传真：0511-85175418
联系人：杨德平 13505294418
地址：江苏省句容市天王镇东西大街东　邮编：212400

## 江阴市燎原锻压有限公司

本公司成立于1996年，主要经营锻压产品、金属材料，公司集锻造、机械加工、热处理、机械性能检验等为一体，为客户提供全方位的服务。

公司一贯坚持质量第一，用户至上的宗旨。

联系人：赵建斌 13656162688
电话/传真：0510-86212702
邮编：214421
地址：江苏省江阴市华士镇红旗路55号

## 句容市下蜀镇星辰石粉厂

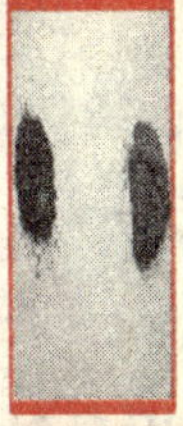

本公司成立于2004年，主要经营石粉涂料加工，主要产品有重钙粉，石庆石粉，方解石粉，滑石粉，灰钙粉（氢氧化钙），石英砂（粉）。

我们坚持以先进的管理模式确保品质监控为立厂之本，让用户评价信誉、让用户评价质量；为客户提供更优质的产品和更完善的服务。

联系人：孙立春 13952935016　网址：www.jsxingchen.com
电话/传真：0511-87751838 87751011　电子邮件：jsxingchen@163.com
地址：江苏省句容市下蜀镇引河村21号　邮编：212400

## 姜堰市鑫隆金属制品有限公司

姜堰市鑫隆金属制品有限公司成立于2007年，是一家专业的铜棒、铝锭、铜焊丝生产厂家。主要产品有：HPb59-1铜棒规格3-100圆棒S12-75六角铜棒各种牌号铝锭等；兼营：H62-H90铜棒、板、带、铜焊条及T2铜板带材等，并大量回收紫铜、黄铜、生铝、铜、铝屑等。

不断追求客户最大满意，为社会发展、人类进步作贡献，是我们的经营宗旨和理念。我们将以百倍的努力和服务回报社会和各界朋友！

聯系人：王德林 13901421384
电话：0523-88699858　网址：www.jsjyxl.com
传真：0523-88697391　电子邮件：168@jsjyxl.com
地址：江苏省姜堰市娄庄镇东网村　邮编：225500

## 昆山市鸿建研磨成套设备有限公司

昆山市鸿建研磨成套设备有限公司成立于2006年，主要从事于磨具、研磨机、研磨材料的生产、销售。“以质量求生存，以信誉求发展”，竭诚欢迎广大新老客户来我公司洽谈业务，共同发展！

联系人：蔡惠芬
电话：13913223099　0512-57283767
地址：江苏省昆山市陆家镇联谊路1-3号　邮编：215300

## 靖江市金辉不锈钢销售有限公司

靖江市金辉不锈钢销售有限公司是长期从事不锈钢材料销售、加工和配送业务的专业公司。

本公司主要经营各种规格材质不锈钢板、管、圆、丝、零板、法兰，特种规格预订。热诚欢迎新老客户光临！

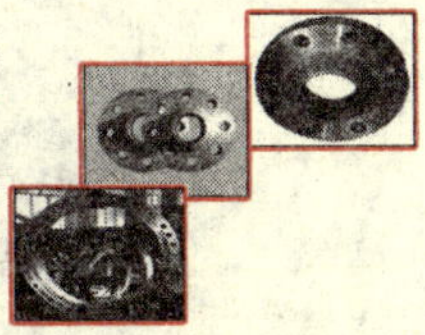

联系人：孙浩清 13052971329　电话：0523-84816983
网址：www.jjjhbxg.cn　传真：0523-84816983
地址：江苏省靖江市西环转盘消防队对面　邮编：214500

## 昆山市玉山镇城北天龙钢构件厂

昆山市玉山镇城北天龙钢构件厂成立于2002年，专业承接钢结构设计、安装工程。我公司坚持“质量第一、客户至上”的宗旨，为广大客户提供最放心的技术和服务！

联系人：吴福明 13906269984
电话：0512-57775866　传真：0512-57775766
地址：江苏省昆山市四方路1号　邮编：215316

## 靖江市永兴镀锌有限公司

靖江市永兴镀锌有限公司成立于2006年，本公司专业从事热镀锌外加工、金属表面处理。

本公司的宗旨是：质量第一，客户至上。按时、保质、保量、价廉、为客户提供优质服务是公司不懈的追求。

联系人：王德春
电话/传真：0523-84636268
地址：江苏省靖江市八圩镇八圩路34号　邮编：225300

## 连云港广友国际贸易有限公司

连云港广友国际贸易有限公司专业从事矿产品贸易，始终以“诚信为本　、平等互利”为原则，广泛开展国际贸易业务。

联系人：于广友
电话：0518-82316333　82236363
地址：江苏省连云港市连云区海滨大道阳光国际A座1901
邮编：222042

## 南京东达保温材料有限公司

南京东达保温材料有限公司成立于2006年，专业从事保温材料的生产、销售、安装。主要产品有泡沫板、EPS大板。我公司遵守“专业立足，品质为本”的经营理念，以最优质的产品和服务回馈广大客户。

联系人：胥保东 13601585384
电话：025-86134003 传真：025-86134331
地址：江苏省南京市江宁区谷里镇花岗村 邮编：210000

## 启东市精工热处理厂

本厂专业从事生产精密机加工，热处理加工，已有二三十年的经验了。工艺设备先进，保证了本地区中大型机械企业的产品质量。

我厂秉承“锐意进取，客户第一”的经营理念，竭诚为广大客户提供最可靠的技术和最满意的服务！

联系人：张松
电话：0513-83314411 13862893097
地址：江苏省南通市启东市启东经济开发区南苑西路891号 邮编：226200

## 南京市江宁区东祥喷塑厂

南京市江宁区东祥喷塑厂成立于2008年，从事金属表面处理业务，欢迎新老客户来电来函洽谈业务！

联系人：陶东祥
电话：025-52749789 邮编：211153
地址：江苏省南京市江宁区谷里街道贾辉庙社区后汉桥

## 启东市一鼎五金拉丝厂

启东市一鼎五金拉丝厂成立于2003年10月份，专业生产60mm以下的圆钢，60mm以下的六角钢和60mm以下的方钢。“品质第一，客户至上”是我们的服务宗旨，欢迎选购我们的产品。

联系人：樊锦冲 手机：13906283771
电话：0513-83759539 传真：0513-83758811
地址：江苏省启东市东海新造镇 邮编：226200

## 南通爱特有色金属制品有限公司

本公司成立于2003年，专业从事汽车配件生产销售。主要产品是锌合金压缩件和铝合金压缩件。

公司本着“锐意进取，客户至上”的原则，竭诚为客户提供优质的产品和良好的服务。欢迎惠顾！

联系人：姜同泉
电话：0513-85261098 手机：13606296438 传真：0513-86678528
地址：江苏省通州区先锋工业园区 邮编：226300

## 如皋市曙光钨钼材料厂

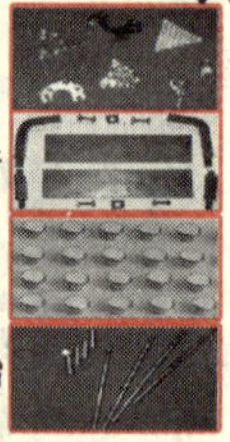

如皋市曙光钨钼材料厂成立于1998年，本厂主要经营钨产品：钨丝、钨杆、钨电极、钨触点、钨坩埚等；钼产品：钼板坯、钼丝、杆、片、板、棒、坩埚等；银触点：AgCuAgCAgW合金触点、铆钉等；钨、钼合金：合金丝、棒（电极）、合金坩埚等；本公司对外加工异型钨钼产品，代焊接汽车支架。

曙光钨钼坚持以市场为导向，注重科学管理、技术进步和销售服务，积数年经验，以“质”立厂，推动企业产品升级换代，提高品质。先后多次被评为省市科技进步奖，重合同守信用先进企曙光金石以产品质量为企业生命，以用户为企业上帝，热忱欢迎社会各届人士光临指导！

电话：0513-87839135 87052599 87839893
传真：0513-87832313 电子邮件：sales@chinawmo.com.cn
联系人：姚广荣 13906273952 网址：www.chinawmo.com.cn
地址：江苏省如皋市林梓镇高阳西路10号 邮编：226500

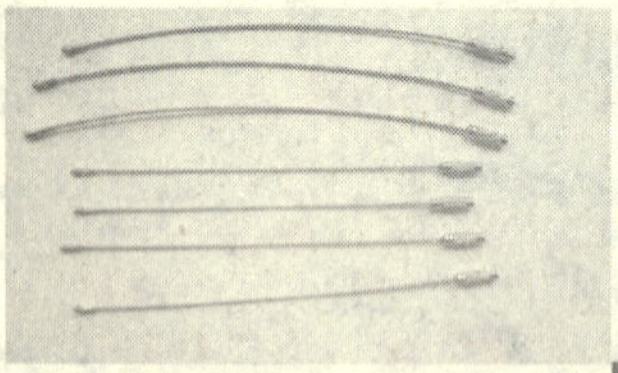

本公司成立于2005年，主要生产与销售钢绳。

公司遵循“以十分的诚意，向客户提供优质的产品及服务”的服务宗旨，品质第一，客户至上。

## 南通成威钢绳有限公司

联系人：陈晓艳 13962907728
电话：0513-85328618
传真：0513-85327968
邮编：226000
地址：江苏省南通市开发区竹行镇大安村

## 苏州工业园区明方金属材料有限公司

本公司主要经营各种钢材、各种充压件电镀产品。

以服务为核心为客户量身打造最具价值的产品。

联系人：徐小明 13646227517
电话：0512-65934221 65468684
地址：江苏省苏州市工业园区娄葑镇民生路8号 邮编：215000

## 邳州市泰宏金属制造有限公司

邳州市泰宏金属制造有限公司专业从事铝合金制造和销售，我们以质量求生存，以信誉求发展，愿与和各界朋友携手并进，共创辉煌。欢迎来电洽谈！

联系人：杨太宗 手机：13063536938
电话：0516-86218888
地址：江苏省邳州市运河镇张楼新庄村 邮编：221300

## 苏州双雄粉末冶金有限公司

苏州双雄粉末冶金有限公司建立于2006年，公司专业从事生产铜基，铁基，高精度含油轴承，齿轮，可广泛应用于汽车摩托车零件，农业机械，纺织机械零件、电动工具零件等各类粉末冶金制品。我公司成立多年以来为客户提供优质的粉末冶金制品，且赢得客户的好评，具有较强的产品研发能力，我们秉着"励精图治，开拓创新，顾客至上，质量第一"为我公司生产原则，真诚地和广大客户合作，共创事业上的成功！

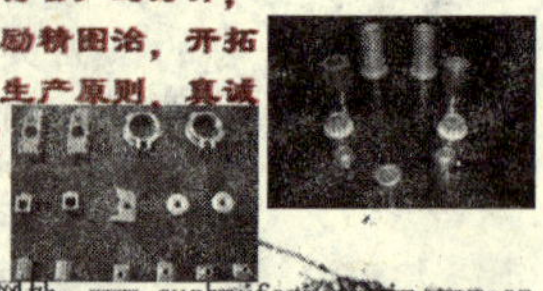

联系人：吴伟猛
电话：0512-66521293 13814839161
传真：0512-66520582 网址：www.suzhoufenmoye[illegible].cn
地址：江苏省苏州市吴中区临湖镇石庄工业园 邮编：215000

## 宿迁市宿城区强大煤炭经销部

宿迁市宿城区强大煤炭经销部成立于2007年，强大煤炭经销部位于宿迁市宿城区双庄镇双庄街西，主要经销煤炭。公司秉承"顾客至上，锐意进取"的经营理念，坚持"客户第一"的原则为广大客户提供优质的服务。欢迎惠顾！

联系人：李学强

电话：13951362887　邮编：223800

地址：江苏省宿迁市宿城区双庄镇双庄街西

## 无锡巨洲金属材料有限公司

无锡巨洲金属材料有限公司成立于2006年，本公司专业从事焊管、镀锌管、方管的销售。公司实力雄厚，重信用、守合同、保证产品质量，以多品种经营和薄利多销的原则，以互惠互利做生意诚心诚意交朋友为准则，赢得了广大客户的信任，我们热忱的欢迎各界朋友莅临指导、参观和业务洽谈。

联系人：杨自快

电话：0510-88266762　传真：0510-88268196　邮编：214100

地址：江苏省无锡市锡山区东亭镇友谊北路288号（友谊钢材市场内）2017号

## 太仓市荣海电工合金材料厂

太仓市荣海电工合金材料厂成立于1997年，本厂专业从事电工合金材料，铁铬铝圆线，不锈钢线材，电炉条，电加热器，铜镍合金，铁铬，镍铬，电炉维修。太仓市荣海电工合金材料厂坚持以最优良的品质、最实惠的价格、最完善的服务，为您提供最满意的产品。热忱欢迎您的垂询与惠顾！

联系人：徐增荣　传真：0512-53301128

电话：0512-53302679　13616226790　邮编：215437

地址：江苏省太仓市沙溪镇岳王星月村

## 无锡市天南不锈钢有限公司

无锡市天南不锈钢有限公司成立于2002年，本公司专业经营不锈钢板材201、202、304；平板卷板。

"上乘的品质、优惠的价格、细致的服务"是无锡市天南不锈钢有限公司对客户的永恒承诺。没有最好，只有更好，有您的支持，才有无锡天南光辉灿烂的明天。

我公司全体员工将以最好的精神风貌，饱满的工作热情，时刻欢迎您的到来！

联系人：张星

电话：0510-82131008　82131311　13656190211　传真：0510-82131355

地址：江苏省无锡市南方不锈钢市场内南方西路3011号　邮编：214000

## 通州市西亭镇金发不锈钢制品厂

本公司成立于1996年。

主要生产、销售不锈钢医疗产品、化工产品、加工模具。

本着质量第一、服务第一、信誉第一为宗旨，真诚与客户携手合作，建立战略伙伴关系。

联系人：刁金发　13506285917

电话：0513-86535045　86243045　邮编：226300

传真：0513-86243045　地址：江苏省通州市纱场镇

## 无锡市堰桥石粉有限公司

无锡市堰桥石粉有限公司成立于1987年，本公司专业生产200目–3000目不同规格的超细重质碳酸硫酸钡粉（重晶石粉）等产品，广泛用于涂料，油漆，塑料制品，橡胶，胶粘剂，电缆，造纸，电子，医药等领域，年生产能力10万吨。无锡市堰桥石粉有限公司全体员工竭诚欢迎国内外新老客户光临洽谈，共同发展，同创辉煌。

联系人：缪纪祖

电话：0510-83747877　13801512137

网址：www.wxyqsf.cn

地址：江苏省无锡市惠山区堰桥镇堰新路22号

邮编：214000

## 无锡宝全钢铁物资有限公司

我公司主要经营螺纹钢、线材、角钢、槽钢、圆钢、扁钢、焊管、方管、渡锌管、渡锌版、板材，无缝钢管等。

以"诚实守信，公平合理"的原则，"热情周到，优质高效"的服务态度，取得众客户的信赖。

联系人：刘宝全　13861780968

电话/传真：0510-88609109　邮编：214000

地址：江苏省无锡市锡山区锡北镇工业园区幸福路1号宝鼎钢材市场内6028号

## 无锡市重秋物资有限公司

无锡市重秋物资有限公司成立于2008年。

主要从事于钢材的贸易。

公司自成立以来在经营过程中以诚信为本，以质量求生存，以低价谋发展，本着一切按客户实际需求而经营，为客户提供最完善的服务，深得客户的信赖与支持。

联系人：张耀军

13701511549　电话：0510-82136746

地址：江苏省无锡市南长区南长街732号南长市场5218室　邮编：214028

## 无锡华玮不锈钢有限公司

邮编：214191

本公司成立于2007年，主要经营不锈钢金属材料。

我公司自成立以来，始终贯彻"高速高效，务实发展，以客为本，服务为先"的经营理念和服务宗旨。

电话/传真：0510-66005222　66005321

电子邮件：zhangchun_hal@126.com

地址：江苏省无锡市东方钢材城二期6号楼B116-119

联系人：张春海

13915349993

## 无锡伟荣不锈钢链条厂

本公司主要经营不锈钢链条，冲压件，五金配件，主要产品有不锈钢链条。"以客户至尊"为信念，把对客户信守承诺、有求必应为服务宗旨，赢得客户的普遍好评。

联系人：毛伟荣

电话：0510-88232323、13906172839　传真：0510-88232323

地址：江苏省无锡市锡山区鹅湖镇蔡湾村塘南7号　邮编：214117

## 无锡宇泰工业电炉厂

无锡宇泰工业电炉厂创建于2006年，是从事各种工业电炉制造的专业厂家，产品包括：GYT系列工频有芯熔铜炉及配件；系列退火炉及电阻炉；潜流式水平连铸机组等。

产品规格齐全，价格合理。

我们将秉承“质量第一，用户至上”的宗旨，为客户提供尽善尽美的优质产品及高水平的售后服务。

网址：www.yt-dl.com

联系人：万亚旭 13861884189
电话：0510－83620086
传真：0510－83620070
邮编：214177
地址：江苏省无锡市惠山区堰桥街道长安长八路

## 兴化市宝峰不锈钢制品厂（拉管厂）

兴化市宝峰不锈钢制品厂（拉管厂）成立于2007年，本厂专业从事生产不锈钢拉管。公司本着“客户第一、质量第一、诚信至上”的经营方针，严把质量关，与多家企业建立了长期的合作关系。热忱欢迎各界朋友前来参观、考察、洽谈业务。

联系人：翁丙宝　邮编：225721
电话：0523-83986399 13196924928　传真：0523-83985000
地址：江苏省兴化市戴南镇罗西工业园区2路

## 无锡宇自贸易有限公司

本公司主要经营螺纹钢，线材。

以诚挚的态度提供顾客需要的商品与服务。

联系人：金锦朝　13921156668
电话：0510-88265095　88266365
邮编：214000
地址：江苏省无锡市友谊中路288号1025室

## 兴化市宏冠钢丝绳厂

兴化市宏冠钢丝绳厂成立于2001年，本厂专业从事生产、销售钢丝、钢丝绳。本公司宗旨：以科学为先导，坚持质量第一，用户至上，凭过硬的产品质量赢得客户。

联系人：柳树勤
电话：13092287516　0523-82311608　邮编：225721
地址：江苏省兴化市戴南镇董北实验小学

## 吴江宏丰热处理有限公司

本公司成立于2003年，主要经营真空淬火、真空回火、真空时效、盐浴、发黑、普通时效、调质、退火、超深冷、大水磨加工、精密成型研磨，主要产品有真空淬火炉2台、高温车炉、超深冷箱、大水磨、桂林3台、建德2台、718m1台、250m1台。

本公司坚持以“质量为本、精益求精”为服务宗旨，热情为广大客户服务。

联系人：朱根元 13801555058
电话：0512-63462728　63463729
传真：0512－63463729
邮编：215200
地址：吴江市鲈乡北路781号

## 兴化市利源不锈钢制品厂

本公司成立于2006年，主要经营不锈钢线材，角钢，型钢，水处理、化工、冶金、造纸等方面的过滤产品，主要产品有角钢、型钢、棒材、筛管，水帽，筛板，进水装置，中间排水装置等配套产品。

欢迎您的光临！

联系人：刘春华　13505262588
电话/传真：0523－83902800　83981155
邮编：225721
地址：江苏省兴化市戴南镇人民四路204号亚泰金属材料检验站

## 吴江市鸿飞金属材料有限公司

吴江市鸿飞金属材料有限公司成立于2006年，位于吴江市芦墟镇金家坝。本公司专业从事扁钢生产销售。本厂以一流的产品，一流的服务，创一流的企业，为客户竭诚服务，共同发展！

联系人：汝爱军
电话：0512－63209289　13901551269
地址：江苏省吴江市芦墟镇金家坝金长路1075号
邮编：215215

## 张家港市东莱锻压厂

张家港市东莱锻压厂成立于1976年，张家港市东莱锻压厂位于张家港市东莱镇西闸村，本公司专业从事生产、加工、销售锻件。多年来，公司以其“价格实在，质量可靠，交货及时”受到了用户的广泛赞誉。我公司秉承“诚信为本，质量第一”的原则。

联系人：刘金石　邮编：215000
电话：0512-58202170　13901567390　传真：0512-58202002
地址：江苏省张家港市东莱镇西闸村

## 兴化市翱翔金属制品厂

兴化市翱翔金属制品厂自成以来，本厂专业生产316、321、304、301、202、201等不锈钢棒材、光圆、直条、角钢、扁钢、槽钢、六角钢、板材等等。本公司秉承“顾客至上，锐意进取”的经营理念，坚持“客户第一”的原则为广大客户提供优质的服务。欢迎广大客户惠顾。公司拥有一支训练有素、爱岗敬业的员工队伍。公司全体员工将以团结、务实、创新、发展的治厂精神，真诚希望与海内外朋友一道共创辉煌！我们将竭诚为广大新老客户服务！

联系人：夏立云　13852413966
电话：0523-83902018　83901338
地址：江苏省兴化市戴南科技园区史堡东区　邮编：257721

## 张家港市润鹏金属制品有限公司

本公司成立于2009年，主要经营金属制品。公司服务理念：推行现代化管理、追求精益求精、创造一流产品，满足顾客要求；重视环境、预防污染，节约能源，持续改进，服务社会。

手机：13962457058
联系人：丁亚明
电话：0512-58590558　传真：0512-56915218
地址：江苏省张家港市经济开发区塘市镇北西路1号　邮编：215612

矿产冶金有色金属特种材料钢铁煤炭

## 浙江省/Zhejiang Province

### 浦江县许氏抛盘厂
业务：专业从事抛光轮的生产销售，具有丰富的生产制作经验，工艺先进，我们将秉承专业、专注、高品质的经营理念，竭诚为您提供最优质的服务！
产品：水晶抛盘
地址：浙江省金华市浦江县黄宅镇勇进村长坟头
负责人：许炳煌　邮编：322200
法人：许炳煌
Tel：0579－84263082
13857916752

### 永康市石柱鑫权铝压铸厂
业务：铝压铸
地址：浙江省金华市石柱镇厚莘村中处216号
负责人：孙权　邮编：321304
法人：孙权
Tel：0579－87358745

### 景宁畲族自治县宁东不锈钢拉管厂
业务：景宁畲族自治县宁东不锈钢拉管厂成立于2006年，是一家专业生产不锈钢拉管的产家，客户满意是我们的追求，欢迎新老客户来电洽谈业务！
地址：浙江省丽水市景宁畲族自治县东坑镇东坑工业区（洋桥头）
负责人：陈根长　邮编：323000
法人：陈根长
Tel：0578－5080821
5063138

### 金华市婺城区和龙玻璃钢加工厂
业务：专业从事玻璃钢制品加工、销售，可根据客户需要来图定制，我们以质量求生存，以信誉求发展，期待与您真诚的合作
产品：高尔夫球车外壳，机械外壳，玻璃钢防腐
地址：浙江省金华市婺城区秋滨镇后周新村
负责人：胡清华　邮编：321000
法人：胡清华
Tel：0579－82256486
Fax：0579－82270829

### 乐清市大西洋不锈钢板材店
业务：销售不锈钢板材
地址：浙江省乐清市乐成镇长乐路98号
负责人：万齐柱　邮编：325600
法人：万齐柱
Tel：13695811543
0577－27851259

### 鑫杨钢构材料经营部
业务：销售钢构材料
地址：浙江省乐清市大荆镇西一村荆镇路大荆小学边（东首第一间）
负责人：郭声隆　邮编：325600
法人：郭声隆
Tel：13706601027
0577－62239789

### 宁波市鄞州石矸甬森五金经营部
业务：五金铁钉经营
地址：宁波市鄞州区石矸街道雅源南路21号
负责人：林卫青　邮编：315000
法人：林卫青
Tel：0574－87485048

### 富阳市宏运金属压延厂
地址：浙江省杭州市富阳市东洲街道红旗村
负责人：杨雪忠
Tel：13806515147

### 缙云县壶镇镇中德辉装饰品加工厂
业务：加工，批发铝管
产品：铝管刻花
地址：浙江省丽水市缙云县壶镇镇溪西大街169号
负责人：田国龙　邮编：321400
法人：田国龙
Tel：15805884849
0578－3155227
Fax：0578－3160597

### 慈溪市鑫丰金属制品有限公司
业务：慈溪市鑫丰金属制品有限公司成立于1997年，专业从事冷轧带钢的生产与销售。我们将不断提高管理水平，不断改进产品质量，愿与各界人士和朋友共谋发展，交流合作，携手共进，同创最佳效益。
地址：浙江省慈溪市宗汉街道潮塘村
负责人：杨贝科　邮编：315302
Tel：0574－63222699

### 青田亚泰有色金属有限公司
业务：金属材料、铸造炉料、机械设备、五金交电销售
地址：浙江省丽水市青田县船寮镇黄吉村丽青路38号
负责人：徐良　邮编：323911
法人：徐良
Tel：0578－6795256

### 宁波市鄞州古林弘兴五金厂
业务：金属表面处理、五金加工
地址：浙江省宁波市鄞州区古林镇郭夏村
负责人：任国栋　邮编：315177
法人：任国栋
Tel：0574－88276860

### 临安常胜炭业有限公司
业务：生产山核桃壳炭
地址：浙江省临安市锦城镇横溪村92号
负责人：陈长生　邮编：310026
法人：陈长生
Tel：13968035538
0571－56952671

### 宁波市北仑区浴杰铝制品加工厂
业务：铝制品加工
地址：浙江省宁波市北仑区新碶街道北海路25号第1幢
负责人：梁修全　邮编：315000
法人：梁修全
Tel：13884405276
15336676228

### 浙江永康市戴克工贸有限公司
业务：小酒壶、冲茶器、不锈钢制品专业制造商
地址：永康城西新区花城路37号
负责人：程小龙　邮编：321300
法人：程小龙
Tel：0579－87293968
Fax：0579－87367877
网址：Htpp：www.chinadaike.com
E-mail：daike@chinadaike.com

### 杭州奇成钢管有限公司
地址：浙江省杭州市拱墅区拱康路88号
负责人：赵金梅
Tel：13306509122

### 宁波市北仑凯东磁业有限公司
业务：生产、销售磁钢
地址：浙江省宁波市北仑小港前进村维科工业园南侧
负责人：晏银山　邮编：315000
法人：晏银山
Tel：13616598988
0574－26878955

### 宁波始丰贸易有限公司
业务：钢材贸易
地址：浙江省宁波市大庆北路276号
负责人：陈绪军　邮编：315000
法人：陈绪军
Tel：0574－87633499
87636167
13056775782

### 宁波市江北斌成磁性材料加工厂
业务：磁性材料（除污染）加工。
地址：浙江省宁波市江北区庄桥费市村
负责人：吴斌　邮编：315000
法人：吴斌
Tel：13957881524

### 浙江联众矿业有限公司
业务：浙江联众矿业有限公司成立于2006年，主要从事矿产的开采、加工与销售。我们将为广大用户提供“安全、高效、优质”的产品和服务。热诚欢迎您的来电咨询、洽谈业务！
地址：浙江省丽水市青田县黄垟乡底黄垟村
负责人：陈凌伟　邮编：323909
法人：陈凌伟
Tel：0578－6761371

### 富阳市灵桥镇文博不锈钢经营部
业务：销售不锈钢制品
地址：浙江省富阳市灵桥镇灵桥村灵桥
负责人：张学文　邮编：311400
法人：张学文
Tel：13868158603
0571－63558066
23232562

### 杭州以勒有色金属材料有限公司
地址：浙江省杭州市拱墅区拱康路88号（4号楼3、5号）
负责人：诸拿单
Tel：13588032803

### 余姚市科烨金属材料经营部
业务：金属材料的销售
地址：浙江省宁波市余姚市低塘街道芦城村（环镇东路63号）
负责人：任利群　邮编：315000
法人：任利群
Tel：13968261628
0574－62278500

### 遂昌县五洲炭业有限公司
业务：本公司座落中国竹炭之乡——————遂昌县，是专业生产竹炭厂家，可供1——3MM，2——5MM，5———10MM颗粒，100目..200目各种规格炭粉.
地址：浙江省丽水市遂昌县龙塘路136号
邮编：323300
法人：张育民
Tel：0578－8122290
Fax：0578－8122290

### 余姚市黄家埠文福抛光厂
业务：抛光处理
地址：浙江省宁波市余姚市黄家埠镇横塘村16处
负责人：金文福　邮编：315000
法人：金文福
Tel：13858206491
13291927383

### 余姚市子程不锈钢经营部
业务：不锈钢材料批发经营，六角、直条、角钢、异形材料、管材、中厚板材等
地址：浙江省宁波市余姚市丈亭镇渔溪村（朝阳路246号）
负责人：赖长宏　邮编：315000
法人：赖长宏
Tel：0574－58104698
Fax：0574－58104698

### 海宁市许村镇春农五金商店
业务：五金产品经营
地址：浙江省海宁市许村镇永福村16组
负责人：郑春农　邮编：314000
法人：郑春农
Tel：0543－87580908

### 衢州市常山县信盛钙业
业务：高纯度活性氢氧化钙，氧化钙，冶金石灰
地址：浙江省衢州市常山县辉埠镇工业新区
负责人：符红木　邮编：324000
法人：符红木
Tel：13967027408
13967028131
0570－5131857

### 衢州市衢江区华飞涂装厂
业务：专业从事各金属件静电喷塑、电泳、发黑、烤漆表面处理加工，本厂秉承“质量第一，用户至上，信誉为本，共同发展”的宗旨，热忱欢迎新老客户惠顾。
产品：电器配件、机械配件等来料加工
地址：浙江省衢州市衢江区樟潭街道戚家村三衢路880号
负责人：徐燕飞　邮编：324000
法人：徐燕飞
Tel：0570－3853911
13757018007
Fax：0570－3853911
网址：www.hftzc.com.cn
E-mail：1035036321@qq.com

### 瑞安市杨金诚信金属制品加工厂
业务：金属制品加工，销售（不含熔炼）
产品：制品加工印刷机外罩，包装机外罩，塑料机外罩，配电箱，电器箱，不锈钢罩，机械外罩
地址：浙江省瑞安市飞云镇坪西村208号
负责人：杨演义　邮编：325200
法人：杨演义
Tel：0577－65012178
13967770482
Fax：0577－65010878
E-mail：360688708@qq.com

### 杭州晶磊宝石磁性材料厂
地址：浙江省杭州市拱墅区杭印路67号
负责人：孙云青
Tel：13906510015

### 瑞安市云江有色五金加工场
业务：铝制品氧化、硬质氧化
地址：浙江省瑞安市飞云镇云周繁荣村
负责人：黄学森　邮编：325207
法人：黄学森
Tel：13868890195
0577－65059568
65059567
Fax：0577－65059567

### 上虞市海旺金属材料经营部
业务：金属材料销售
地址：浙江省上虞市曹娥街道大三角商住楼1幢13号
负责人：张海根　邮编：312000
法人：张海根
Tel：13505852562
0575－82162979

### 杭州擎天钢结构工程有限公司
地址：浙江省杭州市拱墅区沈半路230号

矿产冶金有色金属特种材料钢铁煤炭

负责人：葛俊岭
Tel:13105818666

**上虞市棋盘岩花岗石矿**
业务：建筑用花岗石开采、销售
地址：浙江省上虞市岭南乡丰树坪村44号
负责人：王云赋 邮编：312300
法人：王云赋
Tel:13625854677
0575－82911777

**上虞市新宅金塑表面工程有限公司**
业务：专业电镀（镀铜、镀镍、镀铬、镀锌、珍珠镍）
地址：浙江省上虞市小越新宅开发区
负责人：张九龙 邮编：312300
法人：张九龙
Tel:0575－82031113
2718278

**奉化世龙金属材料经营部**
业务：奉化世龙金属材料经营部主要销售金属材料，欢迎新老客户惠顾！
地址：浙江省宁波市奉化市岳林街道长汀村桃子市场内
负责人：毛水龙 邮编：315500
Tel:0574－88919676

**杭州萧山世纪建材市场德宝利不锈钢材料商行**
业务：销售不锈钢管
地址：浙江省杭州市萧山区宁围镇浙江世纪建材市场12－109号
负责人：王先秋 邮编：310026
法人：王先秋
Tel:0571－82703610
13357188850

**新昌县大市聚鑫发铝业**
业务：销售，安装铝合金、不锈钢门窗
地址：浙江省绍兴市新昌县大市聚镇西山村
负责人：张松 邮编：312500
法人：张松
Tel:13429546376

**新昌县南明街道吉丽五金厂**
业务：制造，加工：金属制品
地址：浙江省绍兴市新昌县南明街道新民村金钩湾52号
负责人：梁伟平 邮编：312500
法人：梁伟平
Tel:13676890906
0575－86132156

**嵊州市永一模具电器有限公司**
业务：订制各类电器模具
产品：电器模具
地址：浙江省嵊州市三江街道仙湖路811号
负责人：竺圣军 邮编：312400
Tel:13858566611
13858551096

**杭州南腾铝业有限公司**
地址：浙江省杭州市拱墅区沈半路198号
负责人：王运胜
Tel:13805747562

**温州市宏盛钢管厂**
业务：不锈钢钢管加工与销售
地址：浙江省温州市龙湾区海滨街道海滨街218号
负责人：吴毓燃 邮编：325000
Tel:0577－86850378
13705888778
Fax:0577－86880378

**温州市宏泰硅业有限公司**
业务：硅粉生产销售
地址：浙江省温州市龙湾区永中街道罗东锦苑11栋301室
负责人：王标 邮编：325000
法人：王标
Tel:0577－86886301

**温州市龙湾永中宇强不锈钢桶加工厂**
业务：专业加工、生产、制造各种形状不锈钢桶，并可根据客人的要求设计生产。产品广泛用于化工、制药、食品、酿造、净水等行业专用设备。秉承您的需要就是我们的目标的经营宗旨，真诚欢迎新老客户光临洽谈！
地址：浙江省温州市龙湾区永中街前街村前街8弄2号
负责人：项光强 邮编：325025
法人：项光强
Tel:0577－86912237
13017859270

**宁波市鄞州宝乐金属铸造厂**
业务：宁波市鄞州宝乐金属铸造厂成立于2006年，主要从事金属铸造。公司本着"开发创新、永续经营、互惠互利、真诚守信"的经营理念，热忱欢迎各界人士前来参观访问，来电咨询，来料加工！
地址：浙江省宁波市鄞州长区瞻岐镇西城村
负责人：朱重国 邮编：315100
法人：朱重国
Tel:0574－88406616

**温州市龙湾永中永发金属热处理加工厂**
业务：金属表面热处理
地址：浙江省温州市龙湾区永中街道王宅村
负责人：周光新 邮编：325000
法人：周光新
Tel:13706645346

**平阳县起伟标牌有限公司**
业务：生产、销售标牌
地址：浙江省温州市平阳县腾蛟镇工业园区西区5幢9号
负责人：蔡福銮 邮编：325000
法人：蔡福銮
Tel:13906663463
0577－63535821

**泰顺县南院顺达辉绿岩石矿场**
业务：辉绿岩开采、加工销售，方料
地址：浙江省温州市泰顺县南院乡桥下村
负责人：舒大跑 邮编：325000
法人：舒大跑
Tel:13757765821
15167857119

**泰顺县贵生金属服务部**
业务：铁、不锈钢等金属制品加工
地址：浙江省温州市泰顺县新城区银都花园101室
负责人：陈贵生 邮编：316000
法人：陈贵生
Tel:13758801706
0577－67583875

**杭州杭辉钢结构安装有限公司**
业务：制作、安装网架、高层、轻钢厂房、夹层等
地址：浙江省杭州市余杭区良渚句庄好运路
负责人：李大宝 邮编：311100
法人：郑力
Tel:0571－88753843
13116799725
Fax:0571－88753843
E-mail:lidabao2008@126.com

**杭州市萧山瓜沥佰根黑白铁加工店**
业务：金属制品加工
地址：浙江省萧山区瓜沥镇润水桥村23组
负责人：杨佰根 邮编：311200
法人：杨佰根
Tel:0571－82505259

**义乌市开天不锈钢制品商行**
业务：不锈钢厨具
地址：浙江省义乌市城中北路337号
负责人：汪卫锋 邮编：322000
法人：汪卫锋
Tel:0579－85570405
Fax:0579－85570405

**永康市东城琛楚炊具配件厂**
业务：钢柄加工
地址：浙江省永康市东城街道长城村长城街西区57号
负责人：林卫彬 邮编：321000
法人：林卫彬
Tel:0579－87227766

**永康市古山建速佳五金厂**
业务：铝制品加工，模具设计制造，工装夹具
地址：浙江省永康市古山镇古山三村古山模具城72－75号
负责人：束建兵 邮编：321000
法人：束建兵
Tel:0579－87510369
Fax:0579－87510369

**嘉兴大乘商贸有限公司**
业务：销售煤碳为主
产品：煤碳
地址：浙江省嘉兴市南湖区斜西街218号张根生收
负责人：李云龙 邮编：314000
Tel:13235776711
13356068777

**杭州旭特钢带有限公司**
业务：各种规格的淬火钢带
地址：浙江省杭州市余杭区塘栖镇张家墩路156号
负责人：沈杰良 邮编：311106
法人：沈杰良
Tel:13868062506
0571－86318077
86318760
Fax:0571－86318760
网址：www.hangzhouxute.com.cn

**杭州协作金属材料有限公司**
地址：浙江省杭州市拱墅区石祥路266号（3号楼236－238室）
负责人：葛惠良
Tel:0571－88167550

**长兴纳华碳化硅材料有限公司**
业务：大结晶碳化硅原料，并按照客户要求对微粒进行深度加工整理
地址：浙江省湖州市长兴县夹浦镇长平工业区
负责人：周长明 邮编：313000
法人：周长明
Tel:0572－6501666
Fax:0572－6501668

**杭州龙强金属材料有限公司**
地址：浙江省杭州市拱墅区石祥路266号（北区108至109室）
负责人：冯连法
Tel:0571－88167153

**湖州好利佳金属保温材料有限公司**
业务：金属保温、防火、隔热材料
地址：浙江省湖州市吴兴区东林镇锦山锦峰路2号
负责人：沈慧林 邮编：313021
法人：沈慧林
Tel:0572－3322388
Fax:0572－3322388

**杭州天寿金属材料有限公司**
地址：浙江省杭州市拱墅区石祥路266号A区424－425号
负责人：叶文雄
Tel:0571－87059535

**德清武康泰顺不锈钢板**
业务：从事不锈钢板材批发零售，剪板、折边、弯圆、刨槽、冲孔、大型拉弯、镀钛等加工一条龙服务
产品：各种不锈钢板材，2B板，8K镜面板，磨沙板，钛金板
地址：浙江省湖州市武康中兴北路133－137号
负责人：王云 邮编：313200
Tel:0572－8682137
13375825278
Fax:0572－8682137

**杭州萧冶钢铁有限公司**
地址：浙江省杭州市拱墅区石祥路266号A区431－432室
负责人：高海忠
Tel:0571－88167226

**嘉善山诚工业炉配件经营部**
业务：工业炉配件，电器设备，高温材料
产品：维修制创各种SBP炉，井式炉，罩式炉，光辉炉，RX炉
地址：浙江省嘉兴市嘉善县魏塘镇木业大道700号38幢219室
负责人：黄廉 邮编：314100
法人：黄廉
Tel:13600550535
Fax:0573－84191780
E-mail:kuanlian1965@126.com

**杭州联置金属材料有限公司**
地址：浙江省杭州市拱墅区石祥路350号杭州运河钢材市场内
负责人：袁红霞
Tel:13336010037

**嘉善长和模具有限公司**
业务：集贸易、仓储、加工、配送于一体，专营日立模具钢、工具钢的销售与加工、热处理加工。
产品：浙江省日立模具钢一级代理商
地址：浙江省嘉兴市嘉善县魏塘镇库浜村经济合作社6号厂房
负责人：陈佑任 邮编：314100
法人：吴巧云
Tel:0573－84283347
15157412269
Fax:0573－84282938
E-mail:cyj671027@163.com

**杭州源康金属构件建设工程有限公司**
地址：浙江省杭州市江干区杭海路758号4号楼
负责人：陈利木
Tel:13606717118

**嘉兴市全优铝制品有限公司**
业务：生产、销售铝制容器
地址：浙江省嘉兴市南湖区凤桥镇新篁青龙路北侧
负责人：郑华根 邮编：325000
法人：郑华根
Tel:0573－83143767
13484142238
Fax:0573－83143739

**杭州欧特金属制品有限公司**
地址：浙江省杭州市经济技术开发区临平园区（余杭区北沙东路2号）
负责人：吴青
Tel:0571－87249517

**嘉兴市南湖区凤桥镇梁超五金表面加工厂**
业务：五金表面处理
地址：浙江省嘉兴市南湖区凤桥镇庄史村28组
负责人：梁朝开 邮编：314000
法人：梁朝开
Tel:13819068328
15957325233

**桐乡市中琦金属材料有限公司**
业务：公司现货经营钢板、轧硬、镀锌、彩镀、建筑材料、有色金属、钢材、五金等，我们将秉承"信誉是金、合作双赢"的经营理念，为您提供满意服务！
产品：钢板、轧硬、镀锌、彩镀、建筑材料、有色金属、钢材、五金等
地址：浙江省嘉兴市桐乡市环城西路（文华路488号）
负责人：刘琦 邮编：314500
法人：刘良根
Tel:0573－88187138
Fax:0573－88183066

**杭州三杉金属材料经营部分部**
地址：浙江省杭州市上城区秋涛路196号－20
负责人：胡志洪
Tel:0571－86074053

**嘉兴市秀洲区王店文华表面处理厂**
业务：金属、塑料喷涂表面处理加工（不含电镀）；吊顶、厨卫配件加工及印刷加工销售
地址：浙江省嘉兴市秀洲区王店镇汇丰路南侧梅嘉路西侧
负责人：徐华明 邮编：314000
法人：徐华明
Tel:15858379278
0573－83251201

**温州市黎明低压铸造厂**
业务：温州市黎明低压铸造厂成立于1988年，专业从事有色金属的铸造。欢迎来电垂询。
地址：浙江省温州市鹿城区黎明东路100弄2－1号
邮编：325000
法人：黄国权
Tel:0577－88132622
Fax:0577－88132622

**南峰联红砂场**
业务：红砂开采加工
地址：浙江省建德市梅城镇南峰村
负责人：邬建华 邮编：311600
法人：邬建华
Tel:13588358699
13805768482

**金鑫保温制动材料厂**
地址：浙江省金华市武义县金鑫保温制动材料厂王宅居民区
负责人：金化平
Tel:0579－87792456
13967942418

**宁波江北荣晶磁业有限公司**
业务：专业生产第三代稀土永磁钕铁硼材料及其制品，兼营钐钴、铝镍钴、铁氧体等永磁材料。
地址：浙江省江北区庄桥镇康庄南路569号
负责人：刘平华 邮编：315032
法人：刘平华
Tel:0574－87561879

**余姚市丰源不锈钢厂**
业务：不锈钢板材
地址：浙江省余姚市丈亭镇新民北路4号（老大风车不锈钢厂）
负责人：陈水达 邮编：315000
法人：陈水达
Tel:0574－62970300
62970388
Fax:0574－62970388

## 慈利县金冬电热炉具厂

独家生产冬季取暖的专利产品金冬电热炉。

电话：0744－3260037　2136029
地址：湖南省慈利县零阳镇



### 宁波怡翔金属材料有限公司

业务：铝锭的生产、销售
地址：浙江省余姚市子陵路 63 号
负责人：吴新汉　邮　编：315000
法　人：吴新汉
Tel：13566913078
0574－56315236

### 慈溪经济开发区金腾金属材料有限公司

业务：铜棒，铜线等金属材料的加工
地址：浙江余姚市低塘街道厉山模具城 3 号
负责人：史宣东　邮　编：315000
法　人：史宣东
Tel：0574－62244028

### 温州市恒瑞不锈钢材料有限公司

业务：温州市恒瑞不锈钢材料有限公司 地处中国东海之滨，经济发达，美丽富饶的温州扶贫经济开发区。本公司生产设备齐全先进，主要致力于专业生产各种材质（304、321、316L 等）、规格（? 6－－－－？1000）的有缝不锈钢管和无缝不锈钢管。欢迎各位前来洽谈业务！
地址：浙江省温州市扶贫开发区长海路 124 号
邮　编：325013
法　人：姜祥淼
Tel：0577－86633728
Fax：0577－86633726
网址：www.wzhengrui.com

### 杭州中河金属制品有限公司

地址：浙江省杭州市上城区南星桥笤帚湾 1 号内
负责人：俞子江
Tel：13646840397

## 宁波市镇海森业钢铁贸易有限公司

我公司是一家集钢材冷板、热板、镀锌、不锈钢、铝卷、加工制造为一体的综合性贸易公司。主要经营宝钢、鞍钢、本钢、马钢等国内外各大钢厂的镀锌卷、冷轧卷、热轧卷、酸洗卷等金属材料。并可为客户提供优质的开平、剪分卷等配送加工服务。公司常年备有现货库存，品种齐全，规格齐全。

公司自成立以来，始终坚持以满足客户的需求为己任，秉承"诚信为本，顾客至上，品质为尊，共拓双赢"的经营理念，不断创新、追求卓越、精益求精，为企业注入先进的与社会经济环境相应适应的经营管理模式，持续提高企业的综合实力。

联系人：王剑平
电话：0574-86577861　13736053104
地址：浙江省宁波市北仑区京华茗苑7栋504　邮编：315202

## 慈溪經濟開發區余慈銅業有限公司

慈溪经济开发区余慈铜业有限公司成立于2007年，主要从事再生铜棒、铜管、铜制品、废铜回收、加工。

本着"以质量求生存，以信誉求发展"的宗旨，愿广大新老客户来电洽谈业务！

联系人：施国安
13805820819
电话：0574-63498363　63498433
传真：0574-63498433
地址：浙江省慈溪市周巷镇三江口村鲁丁63号　邮编：315300

## 平阳县天彩铝镁合金有限公司

平阳县天彩铝镁合金有限公司成立于2006年，主要从事于铝镁合金粉的生产与销售。

我公司的承诺：在同等质量下价格最低、在同等价格下质量、服务最佳！

热忱欢迎广大客户前来惠顾！

联系人：陈庆普
13868508155
网址：www.tclmhj.com
电子邮件：info@tclmhj.com
电话：0577-63580777　63580011
地址：浙江省温州市平阳县桃源乡57省道旁　邮编：325400

## 杭州肖孔物资有限公司

杭州肖孔物资有限公司主要从事煤炭(块煤、沫煤、原煤、各种精选煤)，钢材、轻纺、五金产品、机械产品为一体的综合性物资公司。

公司以"诚实信用"为立业之本，以"以质取胜"为经营理念。

诚挚欢迎您的洽谈合作！

联系人：孔建明　13616505550
电话：0571-82819501　82819502
地址：浙江省杭州市萧山区金城路金莱街272号　邮编：310026

## 青田南木腊石有限公司

青田南木腊石有限公司成立于2004年，专业从事叶腊石、伊利石和雕刻石等矿产资源的开采、销售。我公司围绕"创新、求实、诚信"的发展思路，会用最优质的服务回报客户的信赖，用优质的产品感谢客户的支持！

联系人：伍勇平　13867092800
电话：0578-6672123　6671199　传真：0578-6672111
地址：浙江省丽水市青田县仁庄镇文峰西路19号
邮编：323904

## 乐清市七里港金属器材厂

乐清市七里港金属器材厂成立于1990年，本厂主要生产器材DW15全套配件。本厂设备齐全，产品开发技术力量雄厚，一定能满足不同客户的需求。我们竭诚为客户提供优质的产品和服务。热忱欢迎国内外新老客户与我公司联系。

联系人：陈金远　邮编：325600
电话：0577-62673083　传真：0577-62673083
地址：浙江省乐清市七里港镇马道底村

## 嵊州市中希金属表面材料科技有限公司

嵊州市中希金属表面材料科技有限公司成立于2008年，公司专业生产环保型镀锌代氰剂、镀铜代氰剂、镀锌光亮剂、镀铜光亮剂。

公司坚持诚信生产经营、重管理、守信誉、坚持质量第一、用户至上。始终保证材料的品质，追求用户的终身价值和品牌效益。欢迎广大客户来电洽谈！

联系人：陈伯荣　13806765056
电话：0575-83111176　83018275
地址：浙江省嵊州市剡湖街道禹溪村
邮编：312400

## 宁波佳乐精密制品有限公司

网址：www.cn-bl.com

宁波佳乐精密制品有限公司成立于1997年，本公司专业生产不锈钢圆钢（规格：¢8mm~¢65mm）和模锻圆钢（规格：¢120mm以下）、不锈钢六角棒（规格：对边尺寸8mm~50mm）、不锈钢钢带（规格：厚度0.08mm~1.5mm、宽度小于200mm）和不锈钢精密铸件。材料范围有200系列、300系列、400系列不锈钢、耐热钢（牌号：HC、HD、HH、HK、HF等）和多种特种不锈钢，我公司并能生产304L、316L等超低碳不锈钢。

公司承诺"以技术为后盾、先进的管理理念为前提，为广大客户提供优质产品"。

联系人：郑国存
电话：0574-86050788
传真：0574-86050877
地址：浙江省宁波市北仑区柴桥工业园区　邮编：315809

## 余姚市联银不锈钢制品厂

余姚市联银不锈钢制品厂主要从事不锈钢产品制造。

产品有空心钢管。

欢迎您的光临！

联系人：李平南　13805807418
电话：0574-62392008　62392239
地址：浙江省宁波市余姚市陆埠镇水暖城
邮编：315420

矿产冶金有色金属特种材料钢铁煤炭

山东天欣木业有限公司
以木制刷柄、刷子、家具、婴儿床等木制品加工为主。
电话：0534－5691588
地址：山东省德州市齐河县恒力大道中段路北



## 云和县土岩岗头庵叶腊石矿

云和县土岩岗头庵叶腊石矿成立于2007年。是一家专门从事矿石开采和销售的企业。坚持"质量第一，信誉至上"的原则。欢迎您来电洽谈业务！

联系人：毛经理
手机：13957071666 13575363566
电话：0578-5125969
地址：浙江省云和县云和镇解放东路183号
邮编：323600

## 浙江巨泰特钢有限公司

浙江巨泰特钢有限公司是一家专业从事生产不锈钢系列产品的企业。

以品质取胜，以诚信为本，是我公司一贯宗旨！客户不分大小，都真诚欢迎你的光临！本公司定能以合适的价格，良好的服务，开展与您的合作！

联系人：王振中
电话：0578-7330587 7330588 7333333
地址：浙江省龙泉市塔石金岗工业园内 邮编：323700

## 浙江联众矿业有限公司

青田县联众矿业有限公司成立于2004年，专业从事钼矿的开采、加工、销售。2006年获得85号钼矿西矿段采矿经营权，我们利用原有青田国营钼矿的采矿平硐、工业场地、废石库等基础设施，进行适当改造并购置部分设备后，形成年开采3.5万吨钼矿的生产能力，同时对原有国有钼矿遗留的环境及生态问题进行生态修复和治理。

我公司遵循"开拓进取，环保开发并重"的经营理念，愿与您携手并进，共创美好明天！

联系人：陈凌伟
电话：0578-6761359 13906888966
传真：0578-6761376
地址：浙江省丽水市青田县黄垟乡底黄垟村
电子邮件：476187589@qq.com
邮编：323909

## 浙江水湘钢管有限公司

浙江水湘钢管有限公司成立于1995年，本公司是一家集生产销售于一体的综合性企业，主营钢管。公司经营的所有钢管全部符合国家标准，质优价低。我公司将凭借良好的信誉，优质的产品，雄厚的实力，优良的服务，低廉的价格与广大用户再展宏图，共创辉煌。

联系人：吴彤弟 邮编：310000
电话：0573-87960276 传真：0573-87960276
地址：浙江省海宁市连杭开发区海杭路3号

# 安徽省/Anhui Province

### 池州市东至县北山矿业有限公司
业务：开采、销售石灰石，碳酸钙、白云石
地址：安徽省池州市东至县尧渡镇河西走廊33号
负责人：庄进嗣 邮编：247100
法人：庄进嗣
Tel：13705663719
0566－7107199

### 怀宁县梅山冶炼厂
地址：安徽省安庆市怀宁县月山镇复兴村
负责人：刘同斌
Tel：0556－4069599

13866003888

### 滁州市金昊矿业有限公司
业务：矿产品加工、销售
地址：安徽省滁州市来安县舜山镇耿郢村
负责人：庄肃德 邮编：239000
法人：庄肃德
Tel：13215509666
15655028888

### 安徽凤阳县龙腾石英砂厂
业务：本公司成立于1996年，现有几十名员工。主要经营：高、中、低各种石英粉、石英砂的生产与销售。
地址：安徽省滁州市凤阳县工人路40－8号
邮编：233100
法人：王从娣
Tel：0550－6725789
Fax：0550－6725789

### 佳禾矿业有限公司
地址：安徽省池州市青阳县西华乡
负责人：钟建平
Tel：0566－5731198
13156621955

### 颍上泰宇矿业服务有限公司
业务：经营项目为建筑材料、土建工程、土方工程、矸石销售，以矿业技术服务为主业的综合性技术服务公司。我们本着以人为本、安全第一的原则，为客户提供优质的产品和完善的服务！
产品：建筑材料、煤炭、矸石等
地址：安徽省阜阳市颍上县谢桥镇吴海村
负责人：马传伟 邮编：236221
法人：马传刚
Tel：0558－4281111
13956783498
13965599987
Fax：0558－4281111

### 宿松县柳坪乡济生磷矿
地址：安徽省安庆市宿松县柳坪乡长溪山村
负责人：张济生
Tel：0556－7020181
13956522079

### 凤台县振凤商贸有限公司
业务：煤炭贸易
地址：安徽省淮南市凤台县岳张集镇井沿村178号
负责人：高怀敏 邮编：232101
法人：高怀敏
Tel：13855473653
0554－8117465

### 马鞍山龙威金属材料贸易有限公司
业务：生产与销售角钢、扁钢、钢管、槽钢、工字钢、有色金属等。
产品：角钢、扁钢、钢管、槽钢、工字钢、有色金属等。
地址：安徽省马鞍山市当涂经济开发区新桥段
负责人：陆小龙 邮编：241000
法人：陆小龙
Tel：0553－5313125
13955310203
Fax：0553－5313125

### 安徽徽铝铝业有限公司
业务：安徽徽铝铝业有限公司投资1亿元，占地面积近200亩，是安徽省最大的铝型材生产加工基地，年产量超过了30000吨，主要产品有阳极氧化，粉末喷涂，电泳，隔热及木纹转印等，高中档铝型材。产品广泛适用于建筑及装饰业、工业等行业，产品品质优于国家标准，由中国人民财产保险公司质量承保。
地址：安徽省马鞍山市当涂县围屏镇姑熟工业园
邮编：243000
法人：陈学松
Tel：0555－6871333
Fax：0555－6870000

### 宿州市双龙工矿物资有限公司
业务：矿产物资
地址：安徽省宿州市金茂大厦603
负责人：李军 邮编：234000
法人：李军
Tel：13395576555
0557－3023168

### 蚌埠市先行金属材料有限公司
地址：安徽省蚌埠市体育路2号
负责人：李改霞
Tel：0552－2056594

### 泗县亨运通不锈钢制品有限公司
业务：不锈钢制品生产销售
地址：安徽省宿州市泗县泗城镇工业园区（金环大道与金光大道西南交叉处）
负责人：庞士林 邮编：234000
法人：庞士林
Tel：0557－7098939

### 铜陵市富硫矿产品工贸有限公司
业务：加工硫铁矿（黄铁矿）并出口
地址：安徽省铜陵市花园新村69栋11号网点
负责人：洪岩 邮编：244000
法人：洪岩
Tel：13905627972
0562－2839600
2808008
Fax：0562－2808008

### 裕翔矿业商贸有限责任公司马头城铁矿
地址：安徽省蚌埠市怀远县马城镇南2公里处
负责人：白如彦
Tel：0552－8587283
13932090111

### 巢湖市鹏远金属制品有限公司
地址：安徽省巢湖市长江东路5公里碑
负责人：程群
Tel：0565－2359999

### 青苔山矿业有限公司
地址：安徽省巢湖市巢湖北路113号
负责人：靳立志
Tel：0565－2112879
13905652366

### 铜陵市中伟矿业有限责任公司
业务：矿业
地址：安徽省铜陵市金口岭铜矿职工活动中心
负责人：蔡义发 邮编：244000
法人：蔡义发
Tel：18905622507

### 安徽省宁国市宏福矿产品经销部
业务：安徽省宁国市宏福矿产品经销部成产于2000年，位于安徽省宁国市胡乐镇。从事矿产品销售，产品有莹石、石英石、精粉等。质量保证、价格合理、服务周到，欢迎来电垂询！
地址：安徽省宁国市胡乐镇
邮编：242361
法人：周振山
Tel：0563－4990268
Fax：0563－4990268

### 东至县长征重钙有限责任公司
地址：安徽省池州市东至县査桥乡査桥村
负责人：肖丽萍
Tel：0566－8216678

### 池州市黎虎矿业有限公司
地址：安徽省池州市贵池区涓桥镇桂畈村
负责人：谢琼娟
Tel：13856621869

### 宁国市飞腾钢制品有限公司
业务：制作钢结构
地址：安徽省宣城宁国市凤行路118号
负责人：刘正兵 邮编：242000
法人：刘正兵
Tel：0563－4185193

### 池州市保联矿粉厂
地址：安徽省池州市贵池区马衙镇保丰村
负责人：葛发来
Tel：0566－4711108
13335668058

### 安徽省宣城地区广德县新明稀土新材料有限公司
业务：安徽省宣城地区广德县新明稀土新材料有限公司成立于2001年，主要从事稀有金属的冶炼。"以质量求生存，以信誉求发展"，热诚欢迎广大新老客户来我公司洽谈业务，共同发展！
地址：安徽省宣城地区广德县邱村镇和平村
负责人：朱国新 邮编：242200
法人：朱国新
Tel：0563－6602388

### 池州市富锰渣冶炼厂
地址：安徽省池州市贵池区马衙镇金山村
负责人：徐银昌
Tel：13905662025

### 池州市红石矿业有限公司
地址：安徽省池州市贵池区牌楼镇牌楼村
负责人：杨劲松
Tel：13335668771

### 青阳县众志矿业有限公司
地址：安徽省池州市青阳县新河镇周桥村
负责人：汪迎春
Tel：13965919088

### 泾县天马矿粉有限公司
业务：各类高中档碳酸钙矿粉
地址：安徽省宣城市泾县云岭镇兰山工业园区
负责人：马国富 邮编：242000
法人：马国富
Tel：13956562198
0563－5941218

### 安徽旭阳金属颜料有限公司
业务：安徽旭阳金属颜料有限公司是一家集铝颜料（铝银浆）的研发、生产和销售于一体的高新技术企业，公司产品广泛用于工业涂料、船舶涂料、塑料机壳漆、五金家电漆、摩托车漆、自行车漆等领域。
地址：安徽省安庆市陈瑶湖开发区
邮编：246724
法人：朱双单
Tel：0556－2933989
2047821
Fax：0556－2047822

### 中信矿业有限责任公司
地址：安徽省滁州市凤阳县南环路东段
负责人：吴宝平
Tel：0550－6729622
13855076065

### 天山矿业有限公司
地址：安徽省滁州市凤阳县水利局二楼
负责人：周林
Tel：0550－6711508

13309608958

**安徽省凤阳县纳星矿业有限公司**
地址：安徽省滁州市凤阳县周圩乡
负责人：张朝和
Tel：0550－6632699

## 蚌埠市蚌铁轨枕有限责任公司
业务：蚌埠市蚌铁轨枕有限责任公司成立于2001年，现有员工100余人，从事混凝土轨枕的生产及销售。欢迎来电洽谈业务！
地址：安徽省蚌埠市胜利东路1440号
邮　编：233000
法　人：刘天许
Tel：0552－3931544
3161088
Fax：0552－3161088

## 繁昌县华彩铸造有限公司
业务：繁昌县华彩铸造有限公司成立于2003年，主要从事球铁的铸造。我们以"诚信为本、客户至上"的服务态度，竭诚为您提供快捷、高效、安全的服务。
地址：安徽省芜湖市繁昌县孙村镇田联村
负责人：俞立华　邮　编：241206
法　人：俞立华
Tel：0553－7252724

**星奇石英砂厂**
地址：安徽省滁州市凤阳县周圩乡
负责人：徐从星
Tel：0550－6631588
13955067288

**永国石英砂厂**
地址：安徽省滁州市凤阳县周圩乡苗郢
负责人：张永国
Tel：0550－6631406
13965972383

**滁州方大矿业发展有限公司**
地址：安徽省滁州市来安县复兴林场木港村
负责人：方长福
Tel：13956300699

## 繁昌县华光非金属矿业有限公司
业务：繁昌县华光非金属矿业有限公司成立于1998年，多年来一直从事非金属矿、高岭土、钠长石等系列产品的生产销售。诚信经营，质量第一，客户至上，热诚欢迎广大客户惠顾。
地址：安徽省芜湖市荻港镇
邮　编：241200
法　人：万甫银
Tel：0553－7319288
7317888
Fax：0553－7319288
7317888

**滁州市康德煤炭经营部**
地址：安徽省滁州市琅琊区滁定路城郊工商所楼下
负责人：於立才
Tel：0550－3066039

## 淮北盛旺工贸有限公司
业务：淮北盛旺工贸有限公司成立于2005年，主要经营煤炭。欢迎新老客户光临、惠顾！
地址：安徽省淮北市百善矿陆南村37幢102室
负责人：杜绍磊　邮　编：235000
法　人：杜绍磊
Tel：0561－7121110

**全椒县星宇新材料有限公司**
地址：安徽省滁州市全椒县武岗镇中心大街
负责人：姚开和
Tel：0550－5255461
5255222
13705507350

**天长市天铜铜业有限公司**
地址：安徽省滁州市天长市安乐镇建华村
负责人：黄巧梅
Tel：0550－7539999

## 淮南市天力达工矿配件厂
业务：淮南市天力达工矿配件厂成立于1969年，主要生产聚氨酯鼓形圈，聚氨酯蕾形圈，聚氨酯山形圈，各种聚氨酯制品，橡胶制品等。"诚信为本，信誉第一，质量保证，价格合理"，热诚欢迎广大客户来电来人洽谈业务。
地址：安徽省淮南市田家庵区淮舜南路
邮　编：232007
法　人：张胜利
Tel：0554－2511329
Fax：0554－2511329

**界首市盛源金属材料有限公司**
地址：安徽省阜阳市界首市新阳路南侧西城粮站
负责人：郜恒生
Tel：13773463837

**界首市福利有色金属有限公司**
地址：安徽省阜阳市界首市颍南办事处曹庄开发区
负责人：全伟
Tel：13956695668

**合肥嘉禾超硬材料厂**
地址：安徽省合肥市长丰县双凤工业区
负责人：庞成菊
Tel：13605699586

**合肥德盛超硬材料有限公司**
地址：安徽省合肥市长丰县双凤工业区
负责人：盛文新
Tel：13805513957

## 黄山市休宁县新光金属制品公司
业务：黄山市休宁县新光金属制品公司成立于2006年，一直竭诚为广大客户提供优质的不锈钢制品。
地址：安徽黄山市休宁新光金属制品有限公司（溪口东冲）
负责人：王德春　邮　编：245453
法　人：王德春
Tel：0559－7896026
Fax：0559－7896058
网址：www.mtw26866.chinapyp.com

**安徽宏泰印铁制罐有限公司**
地址：安徽省合肥市肥东县店埠镇撮镇路
负责人：郑明霞
Tel：0551－7749793

**安徽省路标石灰生产有限公司**
地址：安徽省合肥市庐阳区含山路中段29号317室
负责人：刘细霄
Tel：13705514079

**合肥日盛金属材料有限公司**
地址：安徽省合肥市庐阳区界首路21号
负责人：苏宾
Tel：13329014068

## 绩溪县家朋乡连坑碲石矿
业务：绩溪县家朋乡连坑碲石矿位于家朋乡连坑村口，于宁国洪门至晁岭的马路边，区内有7个开发点，其中四个小开发点，矿区以东西走向呈带状，长约800米，宽约50－80米，以井洞式开采，矿区面积约0.329平方公里，连坑碲石矿年生产能力达3万吨，主要开采萤石，精选，筛选，水选，是私营企业
地址：安徽省宣城市绩溪县家朋乡连坑村口
邮　编：245300
法　人：汪兆飞
Tel：0563－8163060
网址：www.jxfsk.chinapyp.com

**科德电力耐磨材料有限责任公司**
地址：安徽省合肥市濉溪东路6号惠康大厦503室
负责人：肖东
Tel：0551－5135955
4248385
13905513104

**永圣精选煤业有限责任公司**
地址：安徽省淮北市濉溪县古饶镇
负责人：梁会芹
Tel：0561－7051058
13856129888

## 金牛玛钢制品有限责任公司
业务：金牛玛钢制品有限责任公司成立于1991年，从事汽车农机配件的生产与销售。欢迎新老客户光临、惠顾！
地址：安徽省合肥市肥西县金牛乡
邮　编：231253
法　人：程大永
Tel：0551－8281577
Fax：0551－8281577

**六安市裕安合胜铁砂精选厂**
地址：安徽省六安市分路口洪联村
负责人：王奇胜
Tel：13905629888

**安徽开发矿业有限公司**
地址：安徽省六安市霍邱县冯井镇白庙
负责人：姜一勇
Tel：0564－6344388
13905644498

**金寨县斑竹园石英砂厂**
地址：安徽省六安市金寨县斑竹园镇
负责人：卜永胜
Tel：0564－7631615

## 磊鑫石英砂厂
业务：磊鑫石英砂厂成立于2002年，是一家生产销售石英砂、石英粉的厂家。以质量求生存、以信誉求发展，竭诚欢迎广大客户来电洽谈业务！
地址：安徽省滁州市凤阳县大庙镇郜岗工业区
负责人：高进　邮　编：233100
法　人：高进
Tel：0550－6622110

**怀远县裕翔矿业商贸有限公司金寨县沙河分公司**
地址：安徽省六安市金寨县沙河乡楼房村
负责人：鲁德喜
Tel：0564－7614095
13856489821

**诚达强磁材料厂**
地址：安徽省六安市舒城县柏林乡
负责人：叶书生
Tel：0564－8958999
8958899
13355642985

**当涂县居红矿石经营部**
地址：安徽省马鞍山市当涂县丹阳镇
负责人：刘居红
Tel：0555－6915679

## 青阳县万能矿业有限公司
业务：青阳县万能矿业有限公司位于安徽省池州市青阳县陵阳镇，经营非金属矿（方解石）加工、销售、农副产品（茶叶、蕨菜、竹笋等）销售。热忱欢迎来电垂询！
地址：安徽省池州市青阳县陵阳镇
邮　编：242801
法　人：江树能
Tel：0566－5842131
Fax：0566－58122231

**当涂县薛津向塘选矿厂**
地址：安徽省马鞍山市当涂县丹阳镇向塘村
负责人：杭道平
Tel：0555－6876018

**马鞍山市中桥金属材料有限公司**
地址：安徽省马鞍山市当涂县工业园
负责人：钱德桥
Tel：0555－3550680

## 商洛元一实业有限责任公司金寨分公司
业务：该公司经营铅锌矿的开采和精粉金属的销售。固定资产1100万元，开采占2.91平方公里
地址：安徽省六安市金寨县银山畈乡彭冲村
邮　编：233500
法　人：张来路
Tel：0564－7748022
7748011
Fax：0564－7748022

**当涂县万林金属材料有限责任公司**
地址：安徽省马鞍山市当涂县太白镇新桥工业园区
负责人：张万林
Tel：0555－6811156

**当涂县新港矿业工贸有限公司**
地址：安徽省马鞍山市当涂县乌溪镇
负责人：张久荣
Tel：0555－6781115

## 天长市千秋钢管出租站
业务：天长市千秋钢管出租站主要从事钢管出租业务，质量保证，价格合理，热诚欢迎新老客户光临、惠顾！
地址：安徽省滁州市天长市天康大道高庄2号楼2楼
邮　编：239300
法　人：王有兵
Tel：0550－7313699

**顺达焊接材料厂**
地址：安徽省马鞍山市当涂县新市镇横山村
负责人：李伦信
Tel：0555－6974274
13705559048

**马鞍山市华瀚金属材料有限公司**
地址：安徽省马鞍山市金家庄区工业园
负责人：陈月华
Tel：13805557360

**马钢（慈湖）钢材加工配售有限公司储运分公司**
地址：安徽省马鞍山市金家庄区工业园内
负责人：林浩
Tel：0555－3507503

## 天长市冶山白云石厂
业务：天长市冶山白云石厂主要从事精细白石粉、白石子、建筑用石料、碳砂、氧化镁矿石的开采和加工。本公司长年现货，保证其产品质量的可靠性。竭诚为广大客户服务！
地址：安徽省天长市冶山镇
邮　编：239356
法　人：丁文武
Tel：0550－7391787

## 天寅有色金属加工有限责任公司
业务：天寅有色金属加工有限责任公司成立于2002年，是一家专业从事有色金属加工的企业。以质量求生存、以信誉求发展、完美的售后服务为广大客户热情服务！
地址：安徽省铜陵市铜陵县新建乡大院村
邮　编：244100
法　人：童建国
Tel：0562－3612077
Fax：0562－3612077

**中信耐磨材料有限公司**
地址：安徽省宁国市中溪镇东坡村
负责人：张有根
Tel：0563－4676077
13805626583

**砀山通宇印铁制罐有限公司**
地址：安徽省宿州市砀山县城关镇金利大道（原烟厂院内）
负责人：杨醒宇
Tel：0557－8037299

**梅山采石厂**
地址：安徽省芜湖市繁昌县峨桥镇
负责人：高兰祥
Tel：0553－7162808

13966034758

**皖南矿业开发有限公司**
地址：安徽省芜湖市繁昌县繁阳镇检查院内
负责人：杨继友
Tel：0553－7915828
13956217354

**繁昌县杨材煤矿有限公司**
地址：安徽省芜湖市繁昌县马坝乡戴冲村
负责人：杨继发
Tel：0553－7715970
13956195228

**柳冲采石厂**
地址：安徽省芜湖市繁昌县马坝乡柳冲村
负责人：马贞刚
Tel：0553－7716468
13956190107

**芜湖市文俊金属加工有限公司**
地址：安徽省芜湖市鸠江区官陡镇南阳村16号
负责人：晋泽明
Tel：13339031018

**芜湖瑞尔新材料有限公司**
地址：安徽省芜湖市鸠江区广福工业园
负责人：骆劲松
Tel：13956190293

**如鹏工贸有限责任公司**
地址：安徽省芜湖市马潭区利民路156号
负责人：陈如鹏
Tel：0553－4115793
3216199

**芜湖浩达金属制品有限公司**
地址：安徽省芜湖市马塘区马塘镇二环路二路车站旁
负责人：肖辉
Tel：13085536292

**南太选矿厂**
地址：安徽省芜湖市南陵县工山镇大工村晚村后山
负责人：朱永松
Tel：0553－6062341
13955320841

**恒达矿业有限责任公司**
地址：安徽省芜湖市南陵县何湾镇铁山村
负责人：殷有明
Tel：0562－2876893
13305627665

**南陵新鸿飞电磁线有限公司**
地址：安徽省芜湖市南陵县芜湖南陵工业园区
负责人：徐国红
Tel：13956250886

**青源祥特种炭厂**
地址：安徽省芜湖市南陵县烟墩镇三星村
负责人：蔡来生
Tel：0553－6314568
13855325568

## 铜陵市铜都铜业铜达线材有限责任公司
业务：都铜业铜达线材有限责任公司是以铜产品为主的大型企业，有着30年的铜加工历史，主要设备从国外引进。装备好，规模大，科学管理，完善理化实验室，保证了高质量产品，多次获"省优"和安徽省名牌产品，交通过国际质量体系论证。商网站
地址：安徽省铜陵市金山路57号
邮　编：244021
法　人：周自力
Tel：0562－5863077
Mobile：13905627531
Fax：0562－5863072

**泾县佳鑫粉体有限公司**
地址：安徽省宣城市泾县包合乡粉体工业园
负责人：天沪晨
Tel：13856355855

**宣城市威特力超硬材料厂**
地址：安徽省宣城市经济技术开发区
负责人：阮善鸿
Tel：0563－2613311

**安徽东维铝业有限责任公司**
地址：安徽省宣城市宣州区双溪镇土桥村
负责人：付求木
Tel：0563－3377081
13329299909

**广德正发矿产销售有限公司**
地址：安徽省宣城市宣州下寺乡庙西村
负责人：余江发
Tel：13966169770

## 安徽永孚钢业有限公司

安徽永孚钢业有限公司成立于2007年，主要从事于不锈钢钢管、不锈钢焊管、管件的生产。

我公司常年以规格齐全、价格合同、发货及时为经营方针。以信守合同、客户至上为服务宗旨，广开渠道，规范服务，使您得到最大的满意。

联系人：周成松 15967432066
电话：0563-8157316
邮编：242000
地址：安徽省宣城市绩溪县生态工业园区永强路

## 宁国市石松耐磨材料厂

宁国市石松耐磨材料厂成立于2005年，本公司专业从事生产、加工、销售各种规格耐磨钢球。展望未来，石松人将遵循“以市场为先导、以科技为依托、以强有力的激励机制为杠杆、以科学的管理手段获取企业与用户的利益最大化、以高效益促进相互的高速发展”的经营战略。继续加大科技创新的力度，不断研制出新的耐磨材料产品，努力在五到十年内争创规模和质量世界第一，为中国乃至世界耐磨材料事业的发展做出自己新的贡献，创造石松公司更加美好的未来！

联系人：兰松 13485936888
电话：0563-4690819　传真：0563-4690111
地址：安徽省宁国市中溪镇石口村　邮编：242300

## 安庆市金鼎矿业服务有限公司

安庆市金鼎矿业服务有限公司是一家专业从事固体矿产勘查、矿产品开发、销售的企业。

公司秉承“顾客至上，锐意进取”的经营理念，坚持“客户第一”的原则为广大客户提供优质的服务。

欢迎惠顾！

联系人：刘奔 13505569909
电话：0556-5322627　邮编：246000
地址：安徽省安庆市皖江大道商城锦秀花园E栋46号

## 谯城区芦庙镇佳佳瓶盖厂

我厂主要经营各种高、中、低档开瓶器，铝合金瓶盖、塑料瓶盖的生产、销售，另出售AB胶、包头布等拥有多名高专业素质的员工，热情欢迎新老客户来电洽谈业务，并可按客户要求设计及生产。我们衷心的希望在不久的将来，与您建立良好的合作关系，携手共创美好的明天。

联系人：袁凯
电话：0558-5759562　13965761139
地址：安徽省亳州市谯城区芦庙镇袁庄
邮编：236800

## 当涂县东宁金属材料表面处理厂

当涂县东宁金属材料表面处理厂是一家专业的金属材料加工企业，公司秉承“顾客至上，锐意进取”的经营理念，坚持“客户第一”的原则为广大客户提供优质的服务。

联系人：龚明
电话：0555-6914068　手机：13913926837
地址：安徽省马鞍山市当涂县丹阳镇丹东村　邮编：243121

## 顺河活性炭有限公司

阜南县洪河桥镇顺河活性炭有限公司成立于2003年6月，是专业从事活性炭的生产、加工、产品研发和销售的企业。经过多年来的生产、经营、实践，公司为客户提供的产品主要有药用活性炭、针用活性炭、糖用活性炭、工业用活性炭、煤质活性炭、果壳活性炭和竹炭系列产品。

产品广泛应用于医药、化工、环保等行业的脱色、精制、提纯、去热源及废水处理，还适用于建筑装潢、土壤改造、饮用水及空气净化等领域。我们以创新求发展，将为广大客户提供更优质的产品。

电话：0558-6657138
联系人：孟庆亮 13965702863
地址：安徽省阜阳市阜南县洪河桥镇　邮编：236000

## 繁昌县华光非金属矿有限公司

繁昌县华光非金属矿有限公司成立于1998年，主要开采加工销售非金属矿。

我们秉承“顾客至上，锐意进取”的经营理念，坚持“客户第一”的原则为广大客户提供优质的服务。欢迎广大客户惠顾！

联系人：万萧银 13966003288
电话：0553-7319288
传真：0553-7317888
地址：安徽省芜湖市繁昌县芦南乡徐圩村　邮编：241100

## 铜陵县龙门镜铁粉有限责任公司

铜陵县龙门镜铁粉有限责任公司成立于2006年，主要从事于油漆防腐原料的生产、销售。

公司遵循“以市场为导向、以客户为中心、以效益为目标”的经营方针、不断创新，把更优质的产品更周到的服务奉献给新客户。

我们本着互惠互利合作双赢的原则，诚邀各界朋友，携手共进、共创辉煌！

联系人：汪德洲 13856245949　电话：0562-8298155
地址：安徽省铜陵市铜陵县钟鸣镇清泉村　邮编：244000

## 广德县鑫城矿产有限责任公司

广德县鑫城矿产有限责任公司成立于2001年，是以生产砩石、铁石、硅灰石、方解石、萤石粉为主并进行各种系列非金属矿石深加工的私营企业，可年产各种矿粉万吨以上。

多年来一贯追求产品实用性和稳定性的专业精神，我们致力于硅灰石粉、方解石粉、萤石粉等非金属矿产品的加工制造销售，经过不懈努力和积极推广，产品越来越得到业界的充分认同和广泛使用。我们正在积蓄力量，图谋发展，并以振兴中国非金属矿矿业为己任，努力推动广德县经济，创造更加辉煌的明天！

联系人：李德平 13805620777　电话：0563-6021577
网址www.xinchengkc.com:　传真：0563-6021577
地址：安徽省宣城地区广德县桃州镇横乡南路第七幢　邮编：242000

## 铜陵翔鹏铜业有限责任公司

铜陵翔鹏铜业有限责任公司成立于2003年，本公司专业处理处置铜冶炼烟、渣的专业厂，地处铜陵滨江大道附近，占地面积约二十亩，经过多年发展，本公司已由简单的固废处理发展成目前拥有成套设备处理冶炼、烟灰渣、含铜物料及危险废物处理的综合铜加工企业。自公司组建以来，共形成资产168万元。公司专业致力于铜冶废料的再利用业务。公司拥有生产车间500平方米。公司秉承“以市场为导向以专业为保准，以诚信为保障，以质量为生命”的经营方针，始终贯彻“以客户为中心与客户共发展”的服务理念，全力打造诚信务实，团结创新的企业文化，真诚面对客户，微笑椅徉市场。

联系人：沈德勇
电话：0562-3867699　传真：0562-3867617　邮编：244000
地址：安徽省铜陵市滨江大道江滨小学内　网址：www.tlxp.net

## 福建省/Fujian Province

### 永定县志杰不锈钢加工店
业务：主营：铁件加工、铝合金加工（铝合金门窗）、水电等
地址：福建省龙岩市永定县高头乡高曲路 170 号
负责人：江志杰　邮　编：364000
法　人：江志杰
Tel：13605926152
0597－5571484

### 南安市洪濑镇灯塔钢筋加工场
业务：钢筋加工
地址：福建省南安市洪濑镇祠口
负责人：戴清良　邮　编：362000
法　人：戴清良
Tel：0595－86699032
13675905598
18960222806

### 南安市仑苍镇隆生钢材经营部
业务：经营建筑用钢材
地址：福建省南安市仑苍镇 308 线公路边
负责人：黄景山　邮　编：362300
法　人：黄景山
Tel：13860761746
0595－86180528

### 福建省东南不锈钢有限公司
业务：专业从事不锈钢冷轧钢带销售，并为客户提供加工，仓储、配送等优质服务。产品价格合理起货快捷，欢迎各界朋友前来垂询订购。
产品：不锈钢带
地址：福建省长乐市营前镇岐头工商路 110－3 号
负责人：江松青、陈经理　邮　编：350201
法　人：江华强
Tel：0591－28271777
28990777
Fax：0591－28993777
网址：http://sestainless.com
E-mail：admin@sestainless.com

### 南安市码头树胜工艺厂
业务：主要经营石雕
地址：福建省南安市码头镇杏东村 1 组
负责人：洪杭胜　邮　编：362300
法　人：洪杭胜
Tel：0595－86465812
86465832

### 南安市水头镇群星锯片经营部
业务：锯片代理经营
地址：福建省南安市水头镇东泉村福厦路边
负责人：李现在　邮　编：362000
法　人：李现在
Tel：0595－86903698

### 福安市磊石石材经营部
业务：石材的翻新、护理。
地址：福建省宁德市福安市商贸园 30 号一层店
负责人：林高雄　邮　编：352000
法　人：林高雄
Tel：13509572138
18950519189

### 福州晋安银河给排水钢管加工厂
业务：本公司成立已 23 年，现有 100 多名员工。主要经营：给排水钢管的安装、配套、加工与销售。二十多年以来，以保证质量、为广大客户竭诚服务为宗旨。
地址：福建省福州市晋安区福鑫大道 56 号南方钢材物流中心一分厂三零三号
邮　编：350014
法　人：林银铨
Tel：0591－83662786
Fax：0591－83656898

### 福鼎市赖世胜钢筋加工场
业务：钢筋加工
地址：福建省福鼎市白琳镇三角牌
负责人：赖世胜　邮　编：355200
法　人：赖世胜
Tel：0593－7372560

### 梅恒冶炼有限公司
地址：福建省三明市尤溪县西滨镇七里村
负责人：肖方继
Tel：0598－6276222
6276898
13860590977

### 霞浦县三沙昌辉钢材加工点
业务：钢材加工
地址：福建省宁德市霞浦县三沙镇五沃街 69 号
负责人：谢昌辉　邮　编：352100
法　人：谢昌辉
Tel：13959438801
13626987850

### 莆田市城厢区林国飞煤渣煤粉场
业务：加工销售煤渣、煤粉
地址：福建省莆田市城厢区坂头村团结路自然村 181 号
负责人：林国飞　邮　编：351100
法　人：林国飞
Tel：0594－2395129

### 莆田市城厢区国荣钢筋店
业务：经营、加工各种不同规格的钢筋
地址：福建省莆田市城厢区东海镇西厝村 68 号
负责人：蔡国荣　邮　编：351162
法　人：蔡国荣
Tel：13459066589
0594－6218088

### 青口传铸钢材铁板店
地址：福建省福州市闽侯县青口镇建材市场内
负责人：郑传铸
Tel：0591－22773093
13805045530

### 建瓯市建州钢结构工程处
业务：建瓯市建州钢结构工程处位于建瓯市城关九曲巷 18 号，专业从事厂房钢结构的设计、制作、安装。本着诚信，面向未来，但愿我们能为您的辉煌事业添砖加瓦，共筑一个美好的明天！
地址：福建省建瓯市城关九曲巷 18 号
邮　编：353100
法　人：陈美席
Tel：0599－3834536

### 长乐业兴不锈钢
业务：不锈钢
地址：福建省福州市长乐市上湖建材市场
负责人：冯敬华　邮　编：350001
Tel：13774523797
0591－28809087

### 莆田市鸿达泓不锈钢商店
业务：专业从事不锈钢板材批发，剪板、折边、弯圆等机械加工一条龙服务
产品：不锈钢板，不锈钢圆条，角钢，工业不锈钢管
地址：福建省莆田市城厢区天九湾天妃路 F1－F3 店面
负责人：林丽红　邮　编：351100
法　人：林丽红
Tel：0594－2517318
13905048875
Fax：0594－6228875

### 玉溪钢材经销部
业务：经营钢材
地址：福建省泉州市惠安县辋川玉溪舒适家私有限公司楼下
负责人：柯文聪　邮　编：362031
法　人：柯文聪
Tel：0595－87269457
13860770063

### 惠安县张坂跃兴玻璃钢制品厂
业务：船舶制品
产品：玻璃钢
地址：福建省泉州市惠安县张坂镇玉前村井下 161 号
负责人：谢跃进　邮　编：362100
法　人：谢跃进
Tel：0595－87828236

### 山西龙成玛钢管件泉州销售处
业务：批发零售：管件、阀门、消防器材
地址：福建省泉州市洛江区安吉路五金机电商城 10 号楼 173－175 号
负责人：洪平山　邮　编：362000
法　人：洪平山
Tel：0595－22652338
22652131
Fax：0595－22652131

### 辉耀（泉州）非金属制品有限公司
业务：生产、销售发光陶瓷、发光玻璃
地址：福建省泉州市泉港区涂岭镇前欧村
负责人：陈乃岚　邮　编：362100
法　人：陈乃鍄
Tel：13960237360
13609610783

### 永春县蓬壶精艺五金管材经营部
业务：五金配件、不锈钢管材
地址：福建省泉州市永春县蓬壶镇三兴宫边
负责人：张怀艺　邮　编：362000
法　人：张怀艺
Tel：0595－23802808

### 武夷山市旺扬白铁加工店
业务：集设计、加工、安装于一体承接通风排气、厨房排烟、除尘消音、油烟净化治理，不锈钢防盗门，电子系统门，防盗窗，楼梯扶手，户外广告，钢结构，电焊加工。秉承"顾客至上，信誉第一"经营理念，竭诚为您服务！
产品：管道设备工程制作安装，油烟净化器工程制作安装保养，不锈钢防盗门，电子系统门，防盗窗，楼梯扶手，户外广告，钢结构等制作安装
地址：福建省武夷山市度假区玉华街 26 号
负责人：戴巨洋　邮　编：354300
法　人：戴巨洋
Tel：13850924135

### 福州晋安区建榕钢材经营部
业务：钢材经营
地址：福建省福州市晋安区南方钢材物流中心附座 3 号
负责人：陈依健　邮　编：350001
法　人：陈依健
Tel：0591－83928852
88050986

### 永定县镇昌不锈钢材料销售部
业务：不锈钢材料
地址：福建省永定县坎市福三北大路 107 号
负责人：简镇昌　邮　编：364000
法　人：简镇昌
Tel：0597－5666489

### 勇创不锈钢铁件装璜部
业务：各种不锈钢、防盗网、扶手、铝合金卷帘门、电动门
业务：木栅，拉闸门，玻璃门，高速公路网片，防盗门，翻板车库门
地址：福建省武夷山市五九南路中洲加油站旁 114 号
负责人：江勇　邮　编：354300
法　人：江勇
Tel：0599－5112286
Fax：0599－5102321
E-mail：1989.0613@163.com

### 福建省平潭县岚湖砂厂
业务：福建省平潭县岚湖砂厂主要生产销售玻璃珠、三氧化二铝、金属砂、除锈砂、过滤砂、玻璃砂、金钢砂等产品。本厂具有先进的生产设备，稳定的产品质量，一流的售后服务，热诚欢迎各界朋友来厂洽谈业务！
地址：福建省平潭县潭城镇新庄 503 号
邮　编：350400
法　人：王孙龙
Tel：0591－24316033
Fax：0591－24318303

### 苹果树工贸有限公司
地址：福建省三明市梅列区崇桂新村 92 幢十楼
负责人：杨发禄
Tel：0598－8220869
8222869
13860556969

### 福建省永安市宏胜彩钢新型钢经营部
业务：经营彩钢
地址：福建省永安市库区路双龙小区 7 号店
负责人：俞礼章　邮　编：366000
法　人：俞礼章
Tel：13605999289
0598－8819769

### 漳州华翔硅业有限公司
业务：硅生产销售
地址：福建省漳州市华安县沙建镇口新村
负责人：周远盛　邮　编：363000
法　人：周远盛
Tel：0596－7236046
7237888

### 郑坑煤矿有限公司
业务：郑坑煤矿有限公司专业从事煤矿的开采与销售，"以质量求生存、信誉求发展"，热诚欢迎新老客户前来参观考察、洽谈业务。
地址：福建省龙岩市永定县虎岗乡虎兴大道
负责人：林沐先　邮　编：364100
法　人：林沐先
Tel：0597－5611288

### 龙海市九湖林兴沙土加工场
业务：专业生产、销售优质水洗高岭土，细度均为 325 目，品质上乘，质量稳定。为顾客提供优质的产品是我们的一贯宗旨，欢迎广大客户来电洽谈。
产品：325 目水洗高岭土
地址：福建省漳州市龙海市九湖镇林下村
负责人：郑荣辉　邮　编：363118
法　人：郭明棋
Tel：13605017501

### 成泰玻璃纤维有限公司
地址：福建省厦门市侨岳路 313 号
负责人：李娴
Tel：0592－5332736
13600963124

### 平和金佳金属加工有限公司
业务：锡条，锡丝，粗锡，焊锡，锡泥等锡制品的生产
地址：福建省漳州市平和县九峰镇九峰村下湖中山西路 51 号
负责人：曾文旭　邮　编：363711
法　人：曾文旭
Tel：13459683866
0596－5570983

### 晋江市罗山荣金废旧金属回收站
业务：本公司是以回收、加工、销售为一体的综合性回收服务公司，回收业务范围：各种含锡废料、锡锭、锡渣、锡纸灰、锡沙等。
产品：锡锭、精锡
地址：福建省晋江市罗山街道后林工业区
负责人：吴振鹏　邮　编：362200
法　人：吴振鹏
Tel：0595－85023678
13506941783
Fax：0595－85023678

### 漳州市芗城明凤成木炭有限公司
业务：原木炭．原竹炭．机制无烟炭批发以及零售，木炭加工木屑加工、销售。
地址：福建省漳州市芗城区浦南镇诗朋村土楼
负责人：林高明　邮　编：363004
法　人：林高明
Tel：0596－2583280
13860879399

### 福建晋江荥阳金属
业务：铝合金型材，配件
产品：伟昌牌铝型材泉州地区总经销
地址：福建省晋江市青阳街道兴隆路 5 排
负责人：郑锋山　邮　编：362200
法　人：郑锋山
Tel：0595－85576680
13515059595
Fax：0595－85627680
E-mail：693738657@qq.com

## 山东天欣木业有限公司

以木制刷柄、刷子、家具、婴儿床等木制品加工为主。
电话：0534－5691588
地址：山东省德州市齐河县恒力大道中段路北



### 福建省漳州市云霄县漳伟不锈钢店

业务：不锈钢材料
地址：福建省漳州市云霄县莆美镇漳南大市场C7幢11－12号
负责人：张伟山　　邮　编：363000
法　人：张伟山
Tel：0596－8582838
Fax：0596－8582838

### 厦门金天山陶瓷颜料有限公司

地址：福建省厦门市同安县区凤南农场新塘村新塘埔59号
负责人：杨山
Tel：0592－7059787

### 诏安县裕兴不锈钢经营部

产品：不锈钢板剪、折、弯加工，专营万佳泓304不锈钢
地址：福建省漳州市诏安县南诏镇职业中学西侧大门南面
负责人：吴裕民　　邮　编：363500
法　人：吴裕民
Tel：0596－3358789
3358786
Fax：0596－3358786

### 厦门松勇金属制品有限公司

地址：福建省厦门市同安县区祥平街道城南工业区
负责人：魏金川
Tel：0592－7578982

### 龙岩市新罗区南鑫工贸服务部

业务：选矿、产品包装及装卸
地址：福建省龙岩市新罗区东宫下高岭土公司选矿厂内
负责人：叶贻猫　　邮　编：364000
法　人：叶贻猫
Tel：13906971082
0597－2311257

### 福建省诚明金属冶炼有限公司

业务：福建省诚明金属冶炼有限公司成立于2006年6月，从事有色金属冶炼（金、银、铜、锑、铅等）。公司始终以一流的技术、一流的产品、一流的信誉为已任，愿与广大用户精诚合作、协同发展、共创辉煌！
地址：福建省三明市尤溪县梅仙镇谢坑村
邮　编：365100
法　人：陈隆兴
Tel：0598－6277288
Fax：0598－6277266

### 伟顺工贸有限公司

地址：福建省厦门市育青路35号A座901室
负责人：潘荣杰
Tel：0592－2915918
13806006797

### 诏安县太平金属材料门市

业务：经营不锈钢管、镀锌水管、不锈钢门、钢质门
地址：福建省漳州市诏安县太平镇太平圩圩岭下
负责人：沈汝才　　邮　编：363000
法　人：沈汝才
Tel：0596－3022269
13605045269

### 龙岩市平健热处理有限公司

业务：热处理工程
地址：福建省龙岩市新罗区龙门镇龙门村意远路9号（龙门信用社后面）
负责人：黄平健　　邮　编：364000
法　人：黄平健
Tel：13605932920
13859589678

### 福建省三明市梅恒冶炼有限公司

业务：福建省三明市梅恒冶炼有限公司成立于2000年，主要从事电解铅、蓄电池极板的生产加工。竭诚欢迎各方客户来电来人洽谈业务，共同合作。
地址：福建省三明市尤溪县西滨镇七里
邮　编：365102
法　人：肖方继
Tel：0598－6276222
Fax：0598－6276888

### 永定县永春钢结构制作安装

业务：承接钢结构制作安装业务
地址：福建省龙岩市永定县抚市镇小片
负责人：张志荣　　邮　编：364000
法　人：张志荣
Tel：13959092881
13859531023

### 漳州市虹兴高岭土有限公司

业务：高岭土
地址：福建省漳洲市芗城区南昌路都市阳光B座1513号
负责人：陈艺虹　　邮　编：363000
法　人：陈艺虹
Tel：0596－2652624

### 莆田市涵江区钻山矿具厂

业务：本公司创立于1999年，专业生产碳化钨，YG混合料，硬质合金钎片，矿用钻头（一字型及十字型钻头），潜孔钻头，球齿钻头等系列，兼营凿岩机和空压机配件等。生产的'钻山'牌'天戈'牌钻头在客户中享有较高的知名度．本公司资金力量雄厚，年产值100万元以上，产品质优价廉，畅销国内外各地，深受用户信赖。欢迎来电来函洽谈业务以及来样加工。
地址：福建省莆田市涵江区镇前开发区
邮　编：351111
法　人：陈秋勇
Tel：0594－3511908
Fax：0594－3512908

## 福州大金环化工油料有限公司

福州大金环化工油料有限公司主要经营燃料油的采购和销售，公司恪守“服务第一，客户至上”的原则，竭诚为广大客户提供最专业的服务，我们恭候您的来电！

联系人：叶志琳　　手机：13799382210
电话：0591-83920884 87486729　　传真：0591-87486429
地址：福建省福州市台江区古田路柳宅巷2号金润大厦501　邮编：350000

## 福州晋安银河给排水钢管加工厂

福州晋安银河给排水钢管加工厂成立于2004年。
主要从事钢管制造。
本厂秉承“顾客至上，锐意进取”的经营理念。
坚持“客户第一”的原则为广大客户提供优质的服务。
欢迎广大客户惠顾！

联系人：林银铨
电话：0591－83662786　83656898
传真：0591－83656898　　邮编：350000
地址：福建省福州市晋安区福兴大道56号南方钢材物流中心一分厂三零三号

## 和盛化工有限公司(徐记金属冶炼厂)

本公司主要从事杂锌锭，氯化锌加工销售。我们本着以诚信经营、质量保证、合作第一的服务宗旨，致力为客户提供全面，快捷的服务。

联系人：徐私习
手机：13905086157
电话：0595-86287228　86288798　　传真：0595-86288798
地址：福建省泉州市南安市省新镇扶茂工业区　　邮编：213135

## 长乐玉田鑫田铸件厂

成立于2008年，专业从事铸钢配件生产加工销售，可根据客户的需要来图纸定做加工产品。

我们本着诚信为本，顾客至上的原则，竭诚为您服务！

联系人：陈明海　15960030660　　电话：0591-28977982
地址：福建省长乐市玉田镇玉田村岭下　　邮编：350203

## 泉州宏玮研磨有限公司

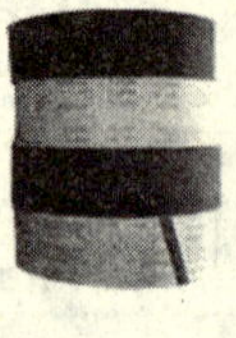

泉州宏玮研磨有限公司成立于2007年。
主要从事研磨产品的生产与销售。

我们的经营宗旨是“质量第一、用户至上，严守信誉、互惠互利”。我们愿以精湛的技术、最佳的质量、低廉的价格、优质的服务，奉献给用户。

联系人：张桂来
电话：0595－22501397　13805997769
地址：福建省泉州市丰泽区宝洲路南丰新城玉兰苑首层22号　　邮编：362000

## 福建省长乐市宇航钢管有限公司

福建省长乐市宇航钢管有限公司创建于2004年，本公司是专业生产镀锌钢管的企业 。本公司本着“创新为源，用户为本，人才为尊，团队精神”的企业理念，以“坚持技术创新，质量第一，满足顾客需求”为质量目标，科学管理，持续改进，树“宇航”品牌。

联系人：陈仁刚 13705001829
电话：0591-28791868　28792877
传真：0591-28791996　　网址：www.yhgg.com.cn
地址：福建省长乐市古槐镇下村工业区　　邮编：350200

## 泉州市南安市官桥调和矿山机械经营部

泉州市南安市官桥调和矿山机械经营部成立于2008年，本经营部专业从事矿山机械配件。泉州市南安市官桥调和矿山机械经营部坚持以最优良的品质、最实惠的价格、最完善的服务，为您提供最满意的产品。热忱欢迎您的垂询与惠顾！

联系人：郭建雄
电话：0595-86898627　13505966827　邮编：362341
地址：福建省泉州市南安市官桥镇社庄324线215公里处

**永定县融翔矿业有限公司**

永定县融翔矿业有限公司成立于2008年，主要从事矿产品的销售。欢迎新老客户来电咨询，洽谈业务！

联系人：陈文森
电话：13860208033、0597-2226396
地址：福建省龙岩市九一南路天马湾大厦D栋1103室　邮编：364000

**漳州旭升有色金属制造有限公司**

漳州旭升有色金属制造有限公司从事有色金属加工，长期收购废铜线、废电路板、废铜、电子厂各类边角料等，希望与各电子公司建立长期合作关系，本公司承诺根据行情现定价，全部现金交易。

联系人：蔡朝坤　电话：0596-8510827
地址：福建省漳州市云霄县云陵镇宝城里30号　邮编：363000

## 江西省/jiangxi Province

### 于都县顺亿锰钢厂
业务:专业为建材行业、小石加工行业、矿产品加工行业、市政工程(如井盖)、装载机等生产各种设备、易损件、材料等
产品:破碎机、窑车、摆渡车、牙板、雷蒙磨配件、球磨机牙板、各种锰钢铸件等
地址:江西省赣州市于都县工业园区工业大道
负责人:谢泽辉　邮　编:341000
法　人:谢泽辉
Tel:0797－6330769
网址:http://www.yudusy.com

### 再生资源公司第九购销部
业务:再生资源公司第九购销部主要从事有色金属的购销,以"诚信为本,服务第一"的宗旨,竭诚与广大客商洽谈合作、共谋发展!
地址:江西省丰城市河洲街太阳朱家
负责人:朱玉良　邮　编:331100
法　人:朱玉良
Tel:0795－6201815
Fax:0795－6219568

### 泰和县建民铝材配件店
业务:铝材配件,零售,批发.
地址:江西省吉安市泰和县城澄江大道江南大市场内
负责人:曾检平　邮　编:343700
法　人:曾检平
Tel:0796－5388234

### 丰城矿务局物资供应公司
地址:江西省丰城市上塘集镇
负责人:范立新
Tel:0795－6688394
6431676

### 泰和县禾市景丰金田石场
业务:块石开采
产品:块石
地址:江西省吉安市泰和县禾市镇景丰村
负责人:张润生　邮　编:343000
法　人:张润生
Tel:13907067352

### 汇丰汽车配件有限公司
地址:江西省抚州市崇仁县六家桥街上28号
负责人:吴金济
Tel:13879421539

### 江西省抚州瓷土矿
地址:江西省抚州市临川区云山镇沙子岭
负责人:詹顺成
Tel:13607949277

### 赣州常义矿业有限责任公司
业务:赣州常义矿业有限责任公司成立于2003年,从事钨酸钠、钼酸钠的加工及销售。竭诚与国内外客户共同合作。
地址:江西省赣州市赣区东胜山路25号
邮　编:341000
法　人:刘常义
Tel:0797－7067178
Fax:0797－8116069

### 南康市罗边有色金属制品有限公司
地址:江西省赣州南康市朱坊乡土石村罗边工业区
负责人:刘忠
Tel:0797－6574189
13807977835

### 欣荣钨业有限公司
地址:江西省赣州市大余县南安镇总隆口
负责人:赖荣富
Tel:0797－8700588
13907971389

### 江西鸿运矿业有限责任公司
业务:江西鸿运矿业有限责任公司成立于2005年,主要经营石英砂、矿产品销售。产品质量保证,价格合理,竭诚欢迎广大新老客户光临、惠顾!
地址:江西省赣州市全南县寿梅路84号
负责人:张运兴　邮　编:341800
法　人:张运兴
Tel:0797－2633322

### 宏远矿业开发有限责任公司
地址:江西省赣州市定南县鹅公镇田心村
负责人:龙小兵
Tel:0797－4299905
13707021470

### 瑞金市宏鑫矿业有限公司
业务:石灰石、白英石、标石、钾长石、钠长石、硅石、铁矿石、碳质页岩、膨润土
地址:江西省瑞金市象湖镇公园路
负责人:陈远亮　邮　编:342500
法　人:陈远亮
Tel:13970727269
0797－2511560
Fax:0797－2585906

### 定南县万友矿业有限公司
地址:江西省赣州市定南县历市镇龙下村
负责人:刘国伟
Tel:13970755512

### 鼎鹿金属制品有限公司
地址:江西省赣州市赣江路31号
负责人:袁兴辉
Tel:13907077244

### 江西赣源选矿设备制造有限公司
业务:江西赣源选矿设备制造有限公司位于赣州市石城县工业园内,生产的产品有碎矿、磨矿、输送、分级、重选、浮选、磁选等十余个系列六十余个品种,产品行销全国,出口东南亚各国,享有较高声誉。我厂一贯奉行"诚信服务,优质服务、科学创新"的经营宗旨,历年被评为"重合同、守信用"企业。本厂愿以优质的产品、优惠的产品价格,竭诚周到的服务一如既往的与各界朋友建立友谊并接受来图来样。
地址:江西省赣州市石城县琴江镇清华南大道工业园西区10号
邮　编:341000
法　人:黄光洪
Tel:0797－5792666
Fax:0797－5792688

### 阳光阳晨铝业有限公司
地址:江西省赣州市客家大道建材大市场西区A栋3、4、5号
负责人:王建平
Tel:0797－8370382
8370381
13907975633

### 兴国宏益矿业有限公司
地址:江西省赣州市兴国县城岗乡
负责人:郭世发
Tel:0797－5260000
13607976776

### 科典线材有限公司
业务:科典线材有限公司于2003年成立,是一家专业从事铜材加工的厂家,"质量为本、诚信第一、开创进取、顾客满意"是我们的质量方针。我们愿以优质的品质,一流的服务,良好的信誉与国内外客户精诚合作,共创灿烂辉煌的明天!
地址:江西省吉安市青原区富滩工业园A区
负责人:廖天秀　邮　编:343009
法　人:陈典祠
Mobile:13755454226
Fax:0796－3211868

### 赣州稀土矿业有限公司
地址:江西省赣州市章贡区红旗大道20号
负责人:谢基荣
Tel:0797－8122729

### 江西华威矿业有限公司
地址:江西省赣州市章贡区红旗大道25号
负责人:朱祥培
Tel:0797－8269261

### 江西经源矿业发展有限公司
业务:江西经源矿业发展有限公司成立于2006年,主要从事石英拉管、超纯微细粉等。"质量保证,价格合理",热诚欢迎广大新老客户光临惠顾!
地址:江西省九江市修水县民政局附楼四楼
负责人:陈冷斌　邮　编:332400
法　人:陈冷斌
Tel:0792－7263866
Fax:0792－7265266

### 宏丽保温材料厂
地址:江西省贵溪市柏里铜城瓷厂内
负责人:转胡荣
Tel:0701－3781570
13870002933

### 承信石膏矿
地址:江西省贵溪市罗河镇周家村
负责人:陈承纪
Tel:0701－3732233
13970191363

### 乐平市双田镇上冲坞煤矿
业务:乐平市双田镇上冲煤矿位于江西省乐平市横路,员工人数为200,年产值为40万,主要从事原煤开采,欢迎广大有意之士前来参观考察,洽谈业务!
地址:江西省乐平市双田镇横路村
负责人:叶新华　邮　编:333302
法　人:叶新华
Tel:0798－6689285

### 吉安县赣闽铁矿
地址:江西省吉安地区吉安县油田镇盐田村
负责人:苏东革
Tel:0796－8595018

### 江西涌山煤业有限责任公司
地址:江西省景德镇市乐平市涌山镇
负责人:刘碧玉
Tel:0798－6353806

### 景德镇市晨光矿产金属贸易有限公司
地址:江西省景德镇市珠山区新村北路42号
负责人:郑万滢
Tel:0798－8298958
8296599

### 南昌润赣金属加工厂
业务:南昌润赣金属加工厂成立于2006年,公司主要生产销售合金铝锭生熟铝锭牌号铝锭等产品。产品质量好,性能优。产品主要用于压铸,仪表等方面。公司秉承"质量第一,信誉至上"的服务理念,欢迎各界朋友光临惠顾!
地址:江西省南昌市东湖区贤士一路29号101室
负责人:熊卫兵　邮　编:330000
Tel:0791－8063168
3708156
Tel:0791－3708157

### 九江市宏泰恒盛硅业有限责任公司
地址:江西省九江市滨江路75号
负责人:陈建平
Tel:13870289959

### 林泉矿石粉厂
地址:江西省九江市德安县林泉乡小溪山村8组
负责人:孙家枝
Tel:0792－4652199
13979267639

### 湖口县金山金属再生有限公司
地址:江西省九江市湖口县金砂湾工业园
负责人:曹曙光
Tel:0792－6388769

### 废旧钢材交易市场有限责任公司
业务:废旧钢材交易市场有限责任公司成立于1998年,主要从事废旧钢材的收购及再加工。"诚信为本,信誉至上",热诚欢迎广大客户惠顾。
地址:江西省南昌市上海路废旧钢材交易市场
邮　编:330029
法　人:徐桂姚
Tel:0791－8220836
Fax:0791－8220836

### 瑞昌市弘大实业发展有限公司
地址:江西省九江市瑞昌市黄金工业园北园
负责人:陈洪湖
Tel:13907022418

### 瑞昌市江海矿产品经营部
地址:江西省九江市瑞昌市码头镇亚东大道
负责人:陈燕清
Tel:0792－4211509

### 九江顺达非金属矿业有限公司
地址:江西省九江市瑞昌市人民南路30号
负责人:龚勤
Tel:0792－2193619

### 江西宏伟矿业有限公司
业务:本公司成立于2002年,专业生产加工石英矿,石英粉,熔炼石英块,熔炼石英砂,熔炼石英粉,水晶原矿,水晶砂,水晶粉,高纯度熔炼水晶块,熔炼水晶粒(粉)等。上述各种产品广泛用于工业玻璃,陶瓷制釉,高硼玻璃,玻璃纤维,铸造,建筑材料,涂料,油墨,橡胶和硅橡胶等领域,欢迎广大用户前来洽谈选购。
地址:江西省南昌市湾里区磨盘山南路58号
邮　编:330004
法　人:唱新伟
Tel:0791－3798488
Mobile:13870889628
Fax:0791－3786039

### 宏远陶瓷原料厂
地址:江西省九江市星子县秀峰大道75号
负责人:万桂元
Tel:0792－2664133
13807922742

### 江西杰通金属材料有限公司
地址:江西省南昌市白水湖工业园工业三路
负责人:胡杰
Tel:13870079989

### 江西省宏跃金属材料有限公司
地址:江西省南昌市东湖区青山北路16号
负责人:何毛头
Tel:13803509721

### 南昌强力热镀锌有限公司
业务:南昌强力热镀锌有限公司成立于2003年,主要从事热镀锌的加工。我们以产品的质量来说话!以最诚的信誉来交流!客户利益高于一切!热诚欢迎广大新老客户来电咨询。
地址:江西省南昌市小蓝工业区金沙大道之路
邮　编:330200
法　人:谈长贵
Tel:0791－5295080
Fax:0791－5295080

### 江西省金昌矿山工程技术有限公司
地址:江西省南昌市东湖区青山南路25号1508室
负责人:罗会艳
Tel:13807080692

### 江西科桦实业有限公司
地址:江西省南昌市东湖区省机械科技中心大厦206室
负责人:朱卫国
Tel:13807910668

### 江西宇通实业有限公司
地址:江西省南昌市东湖区省政府大院东三路2号六楼
负责人:徐天敏
Tel:0791－8102171

### 萍乡市国鑫非金属材料有限公司
业务:本公司成立于2006年,主要研制开发生产的硅微粉系列原料产品,主要用于精密铸造:电子、高档涂料、油漆、陶瓷、特种耐火材料、齿科材料以及抛光材料等领域。
地址:江西省萍乡市湘东区下埠镇虎山村
负责人:欧阳开国　邮　编:337000
法　人:欧阳开国
Tel:0799－3415088
Fax:0799－3415148
网址:www.guoxin8888.com

### 南昌南方矿业有限公司
地址:江西省南昌市高新开发区高新一路190号金边瑞香苑香梅阁F栋A单元1001室
负责人:彭纪南
Tel:13330060338

### 广普新材料有限公司
地址:江西省南昌市湖滨南路60号
负责人:邓小明
Tel:0791－8509010
8051017
13979153288

### 华宝金属材料有限公司
地址:江西省南昌市郊区青山北路18号H区17号
负责人:夏犁勇
Tel:13907088163

### 华丰莹石选矿厂
业务:本公司成立已有20多年了,现有200多名员工。主要经营:莹石的开采、加工、销售。

地址：江西省上饶市上饶县四十八镇高门村
邮　编：334000
法　人：周毅
Tel：0793－8821418
Fax：0793－8821418

**江西江成钢制品有限公司**
地址：江西省南昌市郊区扬子洲乡前洲村委会内
负责人：陈雯
Tel：13970901551

**江西省建兴钢管租赁有限公司**
地址：江西省南昌市南昌经济技术开发区庐山南大道仓库4号楼
负责人：陈健碧
Tel：13870096663

**江西省瀚海矿业资源有限公司**
地址：江西省南昌市南昌县向塘镇物化探大队
负责人：强军
Tel：13870839951

**龙　达　科　贸　有　限　公　司**
业务：龙达科贸有限公司成立于2000年，从事矿产品（有色金属、非金属）开采、加工、销售。热忱欢迎各界朋友光临惠顾，携手合作。
地址：江西省上饶市信州区南门口5号302室
法　人：蔡选洪
Tel：0793－8217727
Mobile：13576325555

**江西可耐特玻璃钢有限公司**
地址：江西省南昌市南昌县小蓝工业园富山一路
负责人：郜东河
Tel：13979159112

**江西广鑫实业有限公司**
地址：江西省南昌市南昌县幽兰镇牌坊村第八组
负责人：未任保
Tel：13879132632

**江西长顺铝业有限公司**
地址：江西省南昌市青云谱区井冈山大道516号
负责人：胡智慧
Tel：13571975337

**新余市国鑫物资有限公司**
业务：新余市国鑫物资有限公司成立于2005年，主要经营硅铁、锰铁、铬铁，产品质量保证，价格合理，欢迎海内外客户前来咨询，洽谈业务。
地址：江西省新余市城南胜利南路21号13栋1单元4楼
负责人：李晋国……邮　编：338025
法　人：李晋国
Tel：0790－6247955

**江西省源通金属材料有限公司**
地址：江西省南昌市青云谱区南昌昌南工业园新地路36号
负责人：胡辉武
Tel：13970936755

**江西景源金属材料有限公司**
地址：江西省南昌市西湖区金盘路18号3栋2单元503室
负责人：邓坚勇
Tel：13970856768

**新余市渝水区良山合金耐磨制造厂**
业务：新余市渝水区良山合金耐磨制造厂成立于2002年，从事各种钢球合金材料的制造及销售。欢迎来电垂询！
江西省新余市渝水区良山镇
邮　编：338013
法　人：陈志坚
Tel：0790－6919788
Fax：0790－6919788

**江西大成钢构有限责任公司**
地址：江西省南昌市西湖区沿江中路39号
负责人：万义新
Tel：13879106009

**南昌精饰科技有限公司**
地址：江西省南昌市新建县长堎外商投资工业区第二块
负责人：曹经倩
Tel：13870908288

**修水县山口镇富星石英熔炼厂**
业务：修水县山口镇富星石英熔炼厂成立于2000年，主要从事熔炼石英等业务。欢迎各方客户来电洽谈业务。
地址：江西省修水县山口镇柘蓬村
邮　编：332400
法　人：刘成衮
Tel：0792－7622763
7579807

**江西核钢实业有限公司**
地址：江西省南昌市新建县长堎外商投资工业区工业大道38号
负责人：李津盛
Tel：13870909997

**罗边有色金属制品有限公司**
地址：江西省南康市罗边工业区
负责人：刘翼清
Tel：0797－6574183
6574189
13607970698

**萍乡青山煤业有限责任公司**
地址：江西省萍乡市安源区青山镇
负责人：林绍华
Tel：0799－6381942

**萍乡市长湘耐火材料厂**
地址：江西省萍乡市白源街长溪管理处
负责人：邓光富
Tel：13879924760

**萍乡市永鑫矿山机械制造厂**
地址：江西省萍乡市城郊汪公潭宝塔岭
负责人：刘艳萍
Tel：13006293088

**上高县华剑合金制品有限公司**
业务：上高县华剑合金制品有限公司是利用含镍、钴、铜的废弃物生产镍铁、钴铁、镍铜合金制品，需大量废金属，可节约资源。公司生产的镍铁、钴铁、镍铜，市场需求量大，经济效益十分可观。
地址：江西省宜春市上高县泗溪镇胡家村
负责人：王剑……邮　编：336400
Tel：0795－2592545

**鸿正贸易有限公司**
地址：江西省萍乡市开发区上湾金陵小区东区8幢3单元3楼5号
负责人：欧阳萍
Tel：13979925777

**萍乡市联泰矿业有限公司**
地址：江西省萍乡市上栗县东源乡
负责人：吴文萍
Tel：13807990990

**萍乡市东南矿产有限责任公司**
地址：江西省萍乡市湘东区老关荷叶塘
负责人：刘建萍
Tel：13879914580

**萍乡市湘东区下埠集益煤矿**
地址：江西省萍乡市湘东区下埠镇虎山村
负责人：兰晓辉
Tel：0799－3418336
13907999977

**宜丰县旺泰精细瓷业有限公司**
业务：本公司是专业生产精深加工锂瓷石精粉、硅灰石粉、钾长石粉原料的公司。我公司长期供应太白牌系列原料产品。我们遵循"用我产品，请您放心，您的优质，是我骄傲"的宗旨，热忱向陶瓷玻璃等行业厂家供应高品质产品。
地址：江西省宜春市宜丰县桥西工业园
Tel：336300
法　人：周太平
Tel：0795－2782989
Fax：0795－2782998

**萍乡市鑫盛矿业有限公司**
地址：江西省萍乡市跃进路基建村94栋－3－2号
负责人：文计华
Tel：13907990076

**德兴市龙鑫矿业有限公司**
地址：江西省上饶地区德兴市南门小区
负责人：孙文
Tel：0793－7521648

**德兴市金辉矿业有限公司**
地址：江西省上饶市德兴市朝阳路4号市委宿舍
负责人：刘蕙
Tel：13979393838

**鄱阳县金丰矿产实业有限公司**
地址：江西省上饶市鄱阳县芦田镇
负责人：胡中林
Tel：13707039623

**金鑫煤矿**
地址：江西省上饶市铅山县杨林乡中洲村
负责人：朱海建
Tel：0793－5339378
13803593825

**上饶县骏马矿业有限公司**
地址：江西省上饶市上饶县高洲乡
负责人：刘骏
Tel：13970386308

**上饶市恒信稀土开发有限公司**
地址：江西省上饶市上饶县清水乡政府院内
负责人：许卫平
Tel：13086128160

**万年县安泰铝业有限公司**
地址：江西省上饶市万年县城马家（县外贸中转站内）
负责人：吴崇山
Tel：13657939307

**上饶县五府山高岭土矿**
地址：江西省上饶市五府山镇徐潭
负责人：杨维盛
Tel：13907938732

**江西江怡铜铝制品有限公司**
地址：江西省上饶市弋阳县东站大道
负责人：刘广仁
Tel：0793－5987998

**中阳县昌鑫矿产品购销部**
地址：江西省上饶市中阳县宁乡镇庞家会村
负责人：刘江鸿
Tel：0358－5024619

**中阳县全顺选煤有限公司**
地址：江西省上饶市中阳县宁乡镇尚家峪后沟村
负责人：张四则
Tel：13994821101

**柳林县振富煤焦有限责任公司**
地址：江西省上饶市中阳县王家庄村
负责人：王于锁
Tel：0358－4018029

**山西云天煤焦有限公司忻州分公司**
地址：江西省忻州市忻府区长征西街46号
负责人：周凯云
Tel：0350－3142816

**赣西新源实业总公司防腐防火工程分公司**
地址：江西省新余市劳动南路
负责人：郭强
Tel：0790－6251725

**新余市明超物资有限公司**
地址：江西省新余市渝水区抱石东大道
负责人：徐金生
Tel：0790－6211451
13307908242

**新余市渝水区新苗耐火材料厂**
地址：江西省新余市渝水区良山镇白沙村
负责人：胡永发
Tel：0790－6721599
13979075588

**新余鸿联矿产品加工有限公司**
地址：江西省新余市渝水区良山周宇
负责人：符夫生
Tel：13879005777

**新瑞金属制品有限公司**
地址：江西省新余市渝水区珠珊镇
负责人：胡瑞庆
Tel：0790－6211168
6580688

**樟树市宇盛物资有限责任公司**
地址：江西省宜春地区樟树市义城镇义中路
负责人：张信云
Tel：0795－7342399

**瑞鹏博生金属材料有限公司**
地址：江西省宜春高安市新世纪工业园
负责人：邹因龙
Tel：13907052596

**丰城市华宏金属材料有限公司**
地址：江西省宜春市丰城市废品大市场
负责人：曾小兵
Tel：13879528017

**丰城市瑞丰矿山器材制造厂**
地址：江西省宜春市丰城市上塘镇
负责人：丁健
Tel：0795－6431589

**丰城市上塘镇煤矿机械制造有限公司**
地址：江西省宜春市丰城市上塘镇
负责人：徐红莲
Tel：0795－6688934

**江西丰龙矿业有限责任公司**
地址：江西省宜春市丰城市上塘镇
负责人：万火金
Tel：0795－6689221

**丰城市鸿运煤炭经营部**
地址：江西省宜春市丰城市尚庄华兴居委会
负责人：陈福根
Tel：0795－6792524

**江西创昱金属有限公司**
地址：江西省宜春市樟树市冯田经济开发区
负责人：刘根虎
Tel：0795－4605455

**宜黄县新宜矿业有限公司**
地址：江西省宜黄县梨溪镇尚源村
负责人：饶有华
Tel：0794－8293291

**江西中核铜业有限公司**
地址：江西省鹰潭市工业园区
负责人：何观生
Tel：0701－6230402

**中国十五冶金建设有限公司第二工程分公司**
地址：江西省鹰潭市贵溪市柏里路3号
负责人：鲁顺祥
Tel：0701－3717177

**贵溪骏达特种铜材有限公司**
地址：江西省鹰潭市贵溪市工业园区
负责人：胡遐秋
Tel：13006233255

**江西铜业铜合金材料有限公司**
地址：江西省鹰潭市贵溪市治金大道
负责人：何昌明
Tel：0701－3777792

慈利县金冬电热炉具厂

独家生产冬季取暖的专利产品金冬电热炉。

电话：0744－3260037　2136029

地址：湖南省慈利县零阳镇



## 江西宁新碳素有限公司

江西宁新碳素有限公司成立于2006年，主营碳素材料，碳化硅，增碳剂。

凭着良好的信用、优良的服务与多家企业建立了长期的合作关系。

公司全体员工热忱欢迎各界朋友前来参观、考察、洽谈业务。

联系人：李海航

電話：0795-4505288　4505227　4509033

郵編：330700

地址：江西省宜春市奉新工業園區

## 宜春市航宇热处理有限公司

宜春市航宇热处理有限公司成立于2008年，

从事热处理、高频感应站、氮化氰化模具站等服务。

我们愿与每一位新老客户真诚合作、共谋发展、共享成功！

联系人：耿航　13707050711

电话：0795－3252388　邮编：336000

地址：江西省宜春市袁州区（宜春市经济技术开发区长青机电园）

## 锦源钢铁制品有限公司

锦源钢铁制品有限公司成立于2007年4月，主要从事钢铁制品的深加工和销售。主要产品有双热镀锌管，圆管，方管，矩形管，产品广泛用于建筑装饰，如阳台护栏。

我们秉承"以质量求生存，以信誉求发展"的发展理念，严格把握质量关，做好每个生产环节。

欢迎新老客户前来洽谈业务。

联系人：陈锦秋　13879619088

电话：0796－8333377

传真：0796－8338877

邮编：343000

地址：江西省吉安市吉福路120号

## 弋阳恒祥超微细粉体有限公司

弋阳恒祥超微细粉体有限公司位于——江西弋阳。弋阳县有丰富矿产达56种，境内矿产资源丰富，有金、铜、瓷土、石灰石、蛇纹石等30余种，其中石灰石储量达30亿吨，蛇纹石5亿吨（亚洲第一），硅灰石储量约占全国1/4，原煤、岩盐、大方解石、石灰石储量列全省第一，品质优、分布广的大理石、花岗岩、高岭土等。公司本着团结、务实、拼搏、创新的理念，"领导垂范、全员参与、技术立厂、品质至上"是我们公司的企业宗旨。

联系人：冉晓斌　13970300188

电话：0793－5885877　5888277

地址：江西省上饶市弋阳县弋江镇式平路61号

网址：www.0793hx.com　邮编：334400

## 萍乡市兴源洗煤厂

萍乡市兴源洗煤厂成立于2004年，专业从事选煤、洗煤和煤炭销售。洗煤厂现有设备先进，总体生产能力高。

我厂恪守"诚信为本，质量第一"的原则，竭诚为新老客户服务，您的满意永远是我们最大的追求。

电话：0799－6328578

传真：0799－6767696

邮编：337000

地址：江西省萍乡市安源镇安源村

联系人：彭节　13707995726

## 新余市盛社冶金炉料有限公司

新余市盛社冶金炉料有限公司成立于2007年。是一家专门从事耐火材料、炼钢辅料、冶金材料的企业。

欢迎您的光临，我们将竭诚为您服务！

联系人：吴鹏

电话：0790－6221994　13755716666

地址：江西省新余市凯旋假日酒店607　邮编：338000

## 新余市腾晖矿业有限公司

新余市腾晖矿业有限公司成立于2007年，从事矿山开采、矿产品加工及销售。公司以"重质量、守诚信、讲信誉"的营销原则与国内外客户一起携手共进，为双方蒸蒸日上！

联系人：陈　晖

电话：0790-6447288　手机：13607902599

地址：江西省新余市仰天大道862号19栋　邮编：338000

## 山东省/Shandong Province

### 陵县永兴拔丝厂

业务：陵县永兴拔丝厂主要从事鞋钉、铁丝等拔丝制品。我厂以可靠的质量，优良的服务，竭诚欢迎各方客户来电洽谈业务，共同发展。

地址：山东省德州市陵县神头镇永兴80号

邮编：253500

法人：康荣亭

Tel：0534－8668189

### 安丘市博源经贸有限公司

业务：电煤（高挥发、低挥发）、块煤（有烟块、无烟块）

地址：山东省安丘市四马路南首

负责人：张之波　邮编：262100

法人：张之波

Tel：0536－4220178

15066361888

### 滨州市鑫盛金属网制作有限公司

地址：山东省滨州市滨城区里则镇中代村

负责人：彭毅

Tel：0543－3426915

### 博兴县兴福镇荣浩不锈钢销售部

业务：钢板、镀锌板、彩涂板、冷热板

地址：山东省滨州市博兴县兴福镇澳博路

负责人：蔺观涛　邮编：256510

法人：蔺观涛

Tel：13562304767

0543－2425222

2960369

Fax：0543－2960369

### 山东省博兴县盛隆钢铁有限公司

地址：山东省滨州市博兴县福旺钢材市场六路168号

负责人：付长超

Tel：0543－2423338

### 莱芜市钢信经贸有限公司

业务：莱芜市钢信经贸有限公司成立于2003年，从事工程机械的租赁服务。欢迎新老客户来电来涵洽谈业务！

地址：山东省莱芜市钢城区黄庄镇马家庄

邮编：271100

法人：孙丰和

Tel：0634－6841999

Fax：0634－6840588

### 邹平县正阳耐火材料有限公司

地址：山东省滨州市邹平县临池镇驻地

负责人：郭光

Tel：0543－4533868

### 德州东南煤炭有限公司

地址：山东省德州市德城区湖滨北路北首

负责人：刘书民

Tel：0534－2812168

### 博兴县兴福镇永强制壶厂

业务：生产、销售水壶

地址：山东省滨州市博兴县兴福镇村高村29号

负责人：高树河　邮编：256600

法人：高树河

Tel：0543－2882982

### 金力聚氨脂保温材料有限公司

地址：山东省德州市德城区池家堤口村南

负责人：郭力争

Tel：0534－2620966

13805342295

### 山东坤泰金属制品有限公司

业务：长期大量供应各种型号钢砂、钢丸、铁砂、铁丸

地址：山东省滨州市邹平县黄山街道办事处大李村

负责人：孙丙坤　邮编：256619

法人：孙丙坤

Tel：0543－4347133

Fax：0543－4347133

### 冠县金杨有色金属有限公司

业务：冠县金杨有色金属有限公司主营能源、矿产、冶金?、有色金属及制品，欢迎各方客户中来电洽谈业务，共同合作。

地址：山东省聊城市冠县辛集乡军盘寨村

负责人：杨继孟　邮编：252500

法人：杨继孟

Tel：0635－5550206

网址：www.mtw28967.chinapyp.com

### 永坚特钢有限公司

地址：山东省德州市德城区向阳南路176号

负责人：郝一然

Tel：0534－2601122

2681315

13791369999

### 邹平远大物资贸易有限公司

业务：钢材销售、矿石、矿粉、建筑材料、非金属材料收购及销售

地址：山东省滨州市邹平县青阳镇开发区

负责人：徐佃江　邮编：256619

法人：徐佃江

Tel：13954331285

0543－4572277

### 恒辉钢铁有限公司

地址：山东省德州市德州经济开发区苗庄

负责人：李贤弟

Tel：0534－2754333

2757519

13639455555

### 阳谷信民耐火材料有限公司

业务：阳谷信民耐火材料有限公司成立于2003年，主要生产销售耐火材料。公司以"质量求生存、信誉求发展"，欢迎广大用户光临惠顾。

地址：山东省聊城市阳谷县七级镇驻地

负责人：田守民　邮编：252324

法人：田守民

Tel：0635－6782148

网址：www. mtw27975. chinapyp. com

**东方炭业加工厂**
地址：山东省德州市平原县王打封乡赵庄村
负责人：赵先峰
Tel：0534－4520618
13336266680

## 德州速成焊接材料有限公司
业务：生产销售焊接材料
地址：山东省德州市德城区二屯镇工业大街
负责人：李方旭　邮　编：253079
法　人：王子忠
Tel：0534－2740666
2740999
13792225555
Fax：0534－2740666

**晋力煤炭运销有限公司**
地址：山东省德州市田渠西路 159 号
负责人：滕桂良
Tel：0534－2998806
13153456517

## 金峰特钢有限公司
业务：本公司成立于 1998 年，拥有 40 多名员工，主要经营金铸五金工具机械配件。
地址：山东省临沂市河东区九曲镇张斜坊村
邮　编：063400
法　人：孙绍礼
Tel：0539－8396114
8396288
Fax：0539－8396288

**宏利工业有限公司**
地址：山东省德州市武城县滕庄镇第十屯村
负责人：滕振岗
Tel：0534－6361016
13853417285

## 德州经济开发区连鑫钢材经销处
业务：专营钢材销售，厂价直销，批零兼营。长期为客户提供稳定的货源，并可按客户要求进行灵活订制。我们将以优惠的价格，专业的品质，一流的服务，竭诚欢迎您的光临。
产品：压花板、冷板、热板、镀锌板、开平板、花纹板、门板料、宽面卷板、角钢、槽钢
地址：山东省德州市德州经济开发区新城办事处岳庄钢材市场五区 8 号
负责人：王维连　邮　编：253000
法　人：王维连
Tel：0534－2589865
13012765182
Fax：0534－2589865

**兴业通风空调设备厂**
地址：山东省德州市武城县滕庄镇驻地
负责人：秘子兴
Tel：0534－6361753
13573409188

## 德州经济开发区安居塑钢型材经销处
业务：塑钢型材批发，塑钢门窗生产销售，安装工程
地址：山东省德州市经济开发区东七里铺村铝塑型材大市场
负责人：张丙友　邮　编：253000
法　人：张丙友
Tel：13953450511
0534－2580838

## 禹城市航城金属制品有限公司
业务：线材制造、加工、销售
产品：6.5mm、8mm、10mm 型号线材
地址：山东省德州市禹城市高新技术开发区 1366 号
负责人：黄鸿鸣　邮　编：253012
法　人：黄鸿鸣
Tel：15253462222
0534－2123777
Fax：0534－2123777

## 东营区东城勇胜钢材销售部
业务：销售钢材
地址：山东省东营市东城商贸城金磐园 38 号
负责人：郑建国　邮　编：257000
法　人：郑建国
Tel：15954610469
0546－7761538
15605467721
Fax：0546－7761538

## 东营市亿金达金属有限公司
业务：钢板、角钢、槽钢、H 型钢、钢管、无缝钢管、镀锌管、螺旋管
地址：山东省东营市利津县集贸城 180 号
负责人：李建国　邮　编：257400
法　人：李建国
Tel：15020590999
0546－5681578

## 临沂市利升铅业有限公司
业务：临沂市利升铅业有限公司成立于 2006 年，是一家专业生产铅锭的厂家。我们热情欢迎广大客商前来洽谈业务，谋求合作与发展，共创宏图伟业。
地址：山东省临沂市兰山区白沙埠小安子村工业园
邮　编：276035
法　人：蒋效兴
Tel：0539－8669566
Fax：0539－8669488

## 巨野县广元煤矸石厂
业务：煤炭加工，选煤，精煤、中煤、煤泥、矸石的批发和售
产品：选煤，精煤、中煤、煤泥、矸石
地址：山东省菏泽市巨野县董管屯镇甘庄村西
负责人：刘立斋　邮　编：274918
法　人：刘立斋
Tel：18605449999
0530－8303192

## 山东泰裕矿业投资有限公司
业务：矿山、有色金属铁
地址：山东省济南市槐荫区济齐路 27 号中信医药公司
负责人：马力　邮　编：250023
法　人：马力
Tel：0531－85600955
Fax：0531－80660568
网址：http://www.51zzt.com/user/zzt31419

**东营盛泰钢材有限公司**
地址：山东省东营市大王镇经济开发区
负责人：颜玉敏
Tel：0546－6898777

## 济南金星冶金科技有限公司
业务：冶金备件
地址：山东省济南市历下区解放东路 66 号
负责人：王利传　邮　编：250014
法　人：王利传
Tel：0531－88935206

## 济南宇翱钢铁物资有限公司
业务：济钢中板，容器板，高强板
地址：山东省济南市市中区七贤镇白马山南路 8 号商务楼 207 室
负责人：王经理　邮　编：250022
法　人：刘二雷
Tel：0531－58851908
网址：www. yuaosteel. com

**利津县风民冶金铸造有限公司**
地址：山东省东营市利津镇后北街村
负责人：李文宣
Tel：0546－5681029

## 济南勇帆钢件工贸有限公司
业务：生产研发销售 3 吨以下各种球铁铸件、灰铁铸件、各种碳钢、合金钢铸件、各种铜\铝铸件
产品：各种球墨铸铁件
地址：山东省济南市市中区十六里河办事处大涧沟东村村东
负责人：杨书勇　邮　编：250000
法　人：杨书勇
Tel：0531－66620666
Fax：0531－66620666

## 济南聚亿工贸有限公司
业务：钢材、法兰盘、机械塔吊
地址：山东省济南市章丘市明水街道办事处查旧村小楼村南街 10 号
负责人：董佑波　邮　编：250200
法　人：董佑波
Tel：0531－81292058

## 临沭县天宇铜业制造厂
业务：临沭县天宇铜业制造厂成立于 2006 年，生产销售铜棒，欢迎新老客户来电洽谈业务！
地址：山东省临沂市临沭县石门镇驻地安泰路 10 号
负责人：毛伟波　邮　编：276700
法　人：毛伟波
Tel：0539－6950880
网址：www. mtw50111. chinapyp. com

## 济宁鲁伟物资贸易有限公司
业务：煤炭的贸易
地址：山东省济宁市任城区石桥镇新闸村
负责人：朱耿伟　邮　编：272000
法　人：朱耿伟
Tel：15005476666

## 周村恒盛不锈钢有限公司
业务：周村恒盛不锈钢有限公司成立于 2000 年，主要销售不锈钢板，欢迎新老客户来电洽谈业务！
地址：山东省淄博市周村区 309 国道龙马不锈钢市场
邮　编：255300
法　人：盛绍杰
Tel：0533－6822816
Fax：0533－6809968
网址：www. sdhs. chinapyp. com

## 山东路仲物资贸易有限公司
业务：煤炭洗选、煤炭批发
地址：山东省济宁市任城区石桥镇新闸村
负责人：仲志卫　邮　编：272000
法　人：仲志卫
Tel：13854787999
13954794788
0537－2677588
Fax：0537－2677588

## 济宁圣运金属材料有限公司
业务：金属材料的销售
地址：山东省济宁市薛口钢材市场莱钢路 26 号
负责人：王幼卿　邮　编：272133
法　人：王幼卿
Tel：0537－2280158
2694696

## 青岛金贝重晶石有限公司
业务：矿石、重晶石粉
地址：山东省胶州市铺集镇铺集工业园
负责人：王学昭　邮　编：266326
法　人：王学昭
Tel：0532－86250778
13583211678
Fax：0532－86250398

## 锡安山物资经营部
业务：本部专营 8＃－30＃生铁、矿粉、煤碳以及莱钢生产的所有规格钢材，并为客户提供仓储、配送等优质服务。我们将秉承"信誉是金、合作双赢"的经营理念，为您提供满意服务！
地址：山东省莱芜市钢城区艾山街道办事处清泥沟村
负责人：栾贻科　邮　编：271104
法　人：栾贻科
Tel：715154096071

## 山东煜虎经贸有限公司
业务：钢材、木材、土建工程、土石方工程、钢结构工程、水渣铁、铁粉、钢精粉、配重铁
地址：山东省莱芜市钢城区颜庄镇西沟村村东沿街楼
负责人：高登超　邮　编：271100
法　人：高登超
Tel：13563431111
13346345456

**高密市聚鑫金属制品厂**
地址：山东省高密市醴泉街道北大王庄北侧（城北街中段）
负责人：呼聚鑫
Tel：0536－2317932

## 莱芜市海驰经贸有限公司
业务：带钢、卷板
地址：山东省莱芜市莱城区凤城街道办事处叶家庄村沿街楼
负责人：于海　邮　编：271100
法　人：于海
Tel：13963451926
0634－6186499
Fax：0634－6186488

## 山东盛德碳素制品有限公司
业务：碳素制品的生产零售
产品：超高功率石墨电极
地址：山东省莱芜市莱城区羊里镇陈家庄村
负责人：董斌　邮　编：271100
法　人：董斌
Tel：13963401399
13963423199
0634－6522666
网址：http://www.51zzt.com/user/zzt36114

## 莱芜市世杰工贸有限公司
业务：铁矿石、铁精粉，农副产品购销
地址：山东省莱芜市莱城区寨里镇公王庄村
负责人：苏杰　邮　编：271121
法　人：苏杰
Tel：0634－6519369
13963483789

## 山东腾信煤炭贸易有限公司
业务：煤炭贸易
地址：山东省聊城市高唐县邮电局
负责人：胡献忠　邮　编：252800
法　人：胡献忠
Tel：13963533550
13403462100

**诚誉煤业有限公司**
地址：山东省济宁市任城区济宁兖州矿物局济三煤矿
负责人：陈进前
Tel：0537－2670516
13954733344

## 莱州市嘉铖精密钢管厂
业务：精密钢管、珩磨管
地址：山东省莱州市城港路街道开宝路
负责人：陈艳玲　邮　编：261416
法　人：陈艳玲
Tel：0535－2297359
13573553418

**诚信工贸有限公司**
地址：山东省高密市人民大街 138 号
负责人：杨树君
Tel：0536－2313095
13606464159

## 聊城市东颖恒泰金属制品有限公司
业务：钢管、钢材、金属建材、五金交电产品的加工、制造、销售
产品：专业生产大口径埋弧焊管，直径 360－3000mm，壁厚 10－80mm；专营各种直缝管，合金管、镀锌管，高、中、低压锅炉管，液压支架管、螺旋管、冷拔冷轧精密无缝钢管、化肥专用管、石油裂化管等
地址：山东省聊城市经济开发区辽河路 220 号
负责人：李金伟　邮　编：252000
法　人：李金伟
Tel：0635－8880678
13258996080
Fax：0635－8880579
网址：www. dyhtgg. cn
www. gangguan51. cn
E-mail：xuexue88521@yahoo. cn

## 沂水玲铜矿业有限公司
业务：沂水玲铜矿业有限公司成立于 2005 年，开采加工铜铅矿，愿与您真诚合作，共创美好佳绩！
地址：山东省临沂市沂水县夏蔚镇西山村
负责人：张自友　邮　编：276000
法　人：张自友
Tel：0539－2462333

## 聊城市精诚钢联管材贸易有限公司
业务：管材、板材、线材、型材、机械配件加工
产品：无缝管、焊接管、流体管、合金管、石油套管、高压管等各种管材
地址：山东省聊城市经济开发区泰山路 3 号
负责人：王伟　邮　编：252000
法　人：王增余
Tel：0635－8878711
Fax：0635－8888928
网址：www. lcjcgl. com
E-mail：lcjcgl@163. com

**三宝煤炭销售有限公司**
地址：山东省高密市站北街货运室西侧
负责人：袁瑞山
Tel：0536－2330902
13605365917

**宏星钢球有限公司**
地址：山东省菏泽市郓城县黄集乡沙岭工业园区
负责人：孟磊
Tel：0530－6772998
13563863958

## 临清市春旭铝制品有限公司
业务：铝制品
地址：山东省临清市金郝庄乡肖南村
负责人：张杰雨　邮　编：252600
法　人：张杰雨
Tel：0635－2737505
13969532117

## 临西县永恒冷拔厂
业务：各种异型钢、方钢、管材、管件、冷拔丝、包装铁桶
地址：山东省临清市先锋办事处权庄村 82 号
负责人：张殿峰　邮　编：252600
法　人：张殿峰
Tel：13506352109
0635－2514363
15954170358

## 临沂市弘玺钢材有限公司
业务：各种型号钢材
地址：山东省临沂市河东区钢材物流城 142 号
负责人：解为龙　邮　编：276000
法　人：解为龙
Tel：13705390321
0539－3110050
网址：http://www.51zzt.com/user/zzt34749

**龙品物资有限公司**
地址：山东省济宁市市郊区李营镇李堂村
负责人：曹龙水

Tel:0537－2033369
13563704888

## 临沂市豪特铁合金炉料有限公司

业务:铁合金炉料生产销售
地址:山东省临沂市经济开发区大陆金属市场第10号
负责人:于志华　邮　编:276000
法　人:于志华
Tel:13054918839
13405492888
0539－8801519

## 凯体(K.T)民金属有限公司

业务:凯体(K.T)民金属有限公司成立于2004年,主要生产工艺品、链条配件。"以质量求生存,以信誉求发展",竭诚欢迎广大新老客户来电来人洽谈业务,共同合作!
地址:山东省青岛市城阳区流亭街道双元路西空港工业园一号路
负责人:李哲　邮　编:266000
法　人:李哲
Tel:0532－87723201
Fax:0532－87723204

## 莒南县恒伟金属制品厂

业务:主要经营金属制品,产品有不锈钢锅等
地址:山东省临沂市莒南县板泉镇东于湖村
负责人:纪现伟　邮　编:276000
法　人:纪现伟
Tel:13365490979
0539－7683418

## 平邑万鑫异型石材厂

业务:大理石加工、销售
地址:山东省临沂市平邑县平邑镇八埠庄村石都大道西段北首
负责人:李开平　邮　编:273300
法　人:李开平
Tel:13969931535
0539－7181769

## 临沂市沂水县浩华制针厂

业务:手缝针、工业针生产销售
地址:山东省临沂市沂水县东环路钢材市场后
负责人:王宝京　邮　编:276000
法　人:王宝京
Tel:0539－2271263

**郓城县金山钢球厂**
地址:山东省菏泽市郓城县李集乡四杰村
负责人:果继山
Tel:0530－6795777
6796088

## 蓬莱翔宇防腐保温机械加工处

业务:保温机械的防腐
地址:山东省龙口市港城大道498号(转盘西边150米处路南)美国小海龟儿童感统训练会所
负责人:刘日厚　邮　编:510000
法　人:刘日厚
Tel:15954956388
13583520001

## 青岛贝格尔化工有限公司

业务:化工原料.油漆,电镀黄锌.黑锌.机械镀锌;大型磷化.发黑处理
产品:油漆
地址:山东省青岛胶州市胶州西路
负责人:张宗加　邮　编:266001
法　人:张宗加
Tel:0532－82279853
15192560327
Fax:0532－82279853
网址:http://www.51zzt.com/user/zzt36157

**华美不锈钢制品有限公司**
地址:山东省菏泽市郓城县随官屯镇工业园区
负责人:谭健
Tel:13181555819

## 阜平县利国煤炭购销有限公司

业务:煤炭
地址:山东省青岛市阜平县平阳镇平阳村
负责人:王胜利　邮　编:73201
法　人:王胜利
Tel:15866821110
0312－7893143

## 莒县中楼诚聚铝合金加工部

业务:铝合金加工、不锈钢
地址:山东省日照市莒县中楼镇孙由村
负责人:于有乾　邮　编:276800
法　人:于有乾
Tel:15206431699
15954132878

**生源煤炭经营有限公司**
地址:山东省济宁市市郊区李营镇李堂村
负责人:杜广奎
Tel:0537－2031888
13153717568

## 永亮不锈钢加工中心

业务:不锈钢加工
地址:山东省日照市岚山区安东卫街道西村
负责人:马加东　邮　编:276800
法　人:马加东
Tel:13806335098
13963065332

## 日照澳科达钢结构有限公司

业务:钢结构
地址:山东省日照市上海路369号(东夏家村段)
负责人:夏兆阳　邮　编:276800
法　人:夏兆阳
Tel:13306339707
0633－8627888
网址:http://www.51zzt.com/user/zzt32380

## 招远市三才复合材料有限公司

业务:本公司成立于2006年,公司技术人员对于玻璃钢制品有20多年的生产经验,致力于玻璃钢风机、冷却塔、除尘器等机械设备的开发、更新和改造,研究耐腐蚀制品的工艺和配方,探索玻璃钢管、罐等制造机械设计、制造。
地址:山东省烟台市招远市齐山镇道西村504－1号
负责人:杨佩礼　邮　编:265414
法　人:杨佩礼
Tel:0535－8411188
网址:http://mtw29632.chinapyp.com

## 新潮厨房用品销售中心

业务:集研发、生产、加工、销售为一体,专业生产各类中高档不锈钢制品及厨房用品,生产工艺先进,产品种类丰富,安装及售后服务完善。真诚欢迎新老客户光临洽谈!
产品:家厨、茶几、挂衣柜、地八仙、多功能小吃车、酒店设备等
地址:山东省泰安市宁阳县蒋集镇彩山大街
负责人:武峰　邮　编:271409
法　人:武峰
Tel:0538－5251178
13455481694
Fax:0538－5251178

## 滕州市大坞红荷钢材批发部

业务:钢材批发
地址:山东省滕州市大坞镇济枣路南(三角花园南)
负责人:张涛　邮　编:277500
法　人:张涛
Tel:13963222273
0632－2301705
网址:http://www.51zzt.com/user/zzt31447

## 荣成市隆茂贸易有限公司

业务:矿产品的开采、销售
地址:山东省威海市荣成市大疃镇大疃村
负责人:李宝龙　邮　编:264200
法　人:李宝龙
Tel:15065358333
13181504128
0631－7778677

**章丘市木厂耐火材料厂**
地址:山东省济南市章丘市明水镇双山办事处木厂村东
负责人:苗成民
Tel:0531－83721173

## 烟台市福山区安远采石场

业务:钠长石和石英石的开采与加工
产品:钠长石和石英石
地址:山东省烟台市福山区回里镇中甲庄村
负责人:孙钰翔　邮　编:264010
Tel:0535－6989689
15853599998
Fax:0535－6989689

## 烟台金川矿业有限公司

业务:矿山开采
地址:山东省烟台市莱山区银海路566号世纪华府8号楼1单元2103
负责人:叶志贩　邮　编:264010
法　人:叶志贩
Tel:13553146888
13953540567

## 烟台市牟平区永兴铝粉厂

业务:金属铝、铝粉等产品生产销售
地址:山东省烟台市牟平区龙泉镇河北崖村
负责人:赵海波　邮　编:264000
法　人:赵海波
Tel:13285455788
0535－4697688

**济南市历城区三铭金属制品厂**
地址:山东省济南市祝甸村东(西周南路1号)
负责人:王秀忠
Tel:0531－88033022

## 山东华鑫矿业工程有限公司

业务:开采矿山
地址:山东省烟台市芝罘区通世路6号南山商务4楼
负责人:郑贤挺　邮　编:264010
法　人:郑贤挺
Tel:13905455525
0535－6666682
6666680

## 兖州市坤达经贸有限公司

业务:煤炭销售
地址:山东省兖州市兴隆庄镇三官庙村22号
负责人:赵经理　邮　编:272100
法　人:刘刚
Tel:13791778912
0537－3873678
13563751388
网址:http://www.51zzt.com/user/zzt123618

## 枣庄海林金属制品有限公司

业务:炉具,太阳能,卫生设备等
产品:海林牌炉具
地址:山东省枣庄市薛城区邹坞镇
负责人:胡从海　邮　编:277101
法　人:胡从海
Tel:0632－4511125
13506323332
网址:www.sdhailin.com

**南苑有色金属再生有限公司**
地址:山东省济宁市车站西路(程庄村南)
负责人:刘小姐
Tel:0537－2206660
13395379198
13395379197

## 峄城区亿晟石料场

业务:开采和销售白云石子和石粉
产品:白云石子和石粉
地址:山东省枣庄市峄城区阴平镇罗庄村
负责人:王得发　邮　编:277101
法　人:王得发
Tel:13969425399
13863208729

## 山东省枣庄市高新区更新金属制品厂

业务:金属产品制作,设计,安装
产品:金属精加工,模具,轻钢设计制作安装,印染机械等
地址:山东省枣庄市永福南路长安花园9号楼3单元1楼西户
负责人:刘延花　邮　编:277100
法　人:刘延花
Tel:0632－7663918

## 章丘市超元金属有限公司

业务:主营冷拔钢筋
地址:山东省章丘市龙山镇大官村
负责人:王超　邮　编:250200
法　人:王超
Tel:13954148365
15805418959
网址:http://www.51zzt.com/user/zzt40867product/33838.htm

**济宁市天府家具有限责任公司**
地址:山东省济宁市车站西路运和大桥西路北
负责人:甄天峰
Tel:0537－2552389
13905379605

## 山东凤和商贸有限公司

业务:钢材的销售和供应,无缝管,各种型材、线材、板材
地址:山东省邹城市平阳西路1029号邹城市医药大厦
负责人:孙凤启　邮　编:272133
法　人:孙凤启
Tel:0537－5232088
15318193907

**富通有色金属加工厂**
地址:山东省济宁市嘉祥县疃里镇三刘村
负责人:朱全付
Tel:13355116688

**康洪焊材有限公司**
地址:山东省济宁市嘉祥县县城东关批发市场5209号
负责人:洪庆喜
Tel:0537－6809645
13153736111

**金茂特钢有限公司**
地址:山东省济宁市金乡县司马镇驻地
负责人:高西明
Tel:0537－8835458
13853701193

**梁山汇丰钢材贸易有限公司**
地址:山东省济宁市梁山县马庄建材市场98号
负责人:范道鹏
Tel:0537－7337474
13854755199

**梁山水浒摩擦材料有限公司**
地址:山东省济宁市梁山县迎宾路西段
负责人:刘兴帮
Tel:0537－7326838
13705471813

**鼎基物资贸易有限责任公司**
地址:山东省济宁市廿里铺镇徐家村
负责人:张治国
Tel:0537－2596698
13053772968

**济宁中煤钢构工程有限公司**
地址:山东省济宁市任城区安居民营经济开发区
负责人:唐雪梅
Tel:0537－2225688

**三齐物资经贸有限责任公司**
地址:山东省济宁市任城区石桥镇许二[illegible]驻地
负责人:宋作顺
Tel:0537－2678668
13395478888

**云悦联运贸易有限公司**
地址:山东省济宁市任城区石桥镇新闸村
负责人:曹继云
Tel:0537－2678302
13355170296

**远达锚杆制造有限公司**
地址:山东省济宁市市中区车站西路88号
负责人:张友明
Tel:0537－2406827
2068098

**正大金属丝网厂**
地址:山东省济宁市市中区王母阁路33号
负责人:[illegible]丰
Tel:0537－2214122
13563732682

**泗水县柘沟镇圣源耐火材料厂**
地址:山东省济宁市泗水县柘沟镇
负责人:马相功
Tel:0537－4371072
13505372366

**微山县嘉能经贸有限公司**
地址:山东省济宁市微山县东风东路
负责人:刘汉奇
Tel:13954741040

**兴泉物资有限公司**
地址:山东省济宁市微山县付村镇高庄矿区
负责人:杨成泉
Tel:13805476879

**美杰经贸有限公司**
地址:山东省济宁市微山县付村镇小李庄村
负责人:陈美杰
Tel:0537－8582448
13805476998

**宽宏贸易有限公司**
地址:山东省济宁市微山县付村镇杨村
负责人:崔家宽
Tel:0537－8588586
13954725288

**微山县微山湖煤炭销售有限公司**
地址:山东省济宁市微山县韩庄镇
负责人:殷昭秀
Tel:0537－8431286
13605375718

**微山县创佳矿山设备有限公司**
地址:山东省济宁市微山县欢城填田陈煤矿生活区
负责人:柴修斌
Tel:13905471558

**宏强物资有限公司**
地址:山东省济宁市微山县欢城镇北村
负责人:蔡成峰
Tel:0537－8611282
13953767817

**泓盛煤炭洗选有限公司**
地址:山东省济宁市微山县欢城镇高谷堆村
负责人:陈端银
Tel:0537－8602999
13905471621

**微山县德行物资经销处**
地址:山东省济宁市微山县欢城镇於村
负责人:於德行
Tel:0537－8613163
13905478435

**春蕾物资贸易有限公司**
地址:山东省济宁市微山县夏镇东风东路7号
负责人:张兆全
Tel:0537－8221163
13905471668

**泰发经贸有限公司**
地址:山东省济宁市微山县夏镇红星村
负责人:陈明法
Tel:0537－8224218
13905376328

**前腾贸易有限公司**
地址:山东省济宁市微山县夏镇前村
负责人:曹继清
Tel:13853779848

**煤矿有限责任公司**
地址:山东省济宁市汶上县义桥乡驻地
负责人:房兆田

Tel:0537－7855920
7855367
13173195628

**山东省鱼台县碳化厂**
地址:山东省济宁市鱼台县王鲁镇潘庄
负责人:宋文亭
Tel:0537－6150638
13953832066

**盛发焦化有限公司**
地址:山东省济宁市鱼台县张黄镇南林村
负责人:杨为安
Tel:0537－3116999
13583709999

**微山湖铝业有限公司**
地址:山东省济宁微山县夏镇白庄村南
负责人:郑立民
Tel:0537－8266666
13562775888

**锦源煤业有限公司**
地址:山东省济宁兖州市兴隆庄镇百子堂村(兴隆庄煤矿西)
负责人:张跃斌
Tel:0537－3885789
13705479983

**万杰精制石英砂厂**
地址:山东省济宁邹城市钢山街道办事处朱家山村村东
负责人:刘宪明
Tel:0537－5276336
13563763713

**长兴物资有限公司**
地址:山东省莱芜市钢城区艾山街道办事处高庄村
负责人:刘长兴
Tel:0634－6831219
13306346866

**高硫合金钢开发中心**
地址:山东省莱芜市钢城区艾山街道办事处周家坡村
负责人:刘英周
Tel:0634－6863829
13963438915

**鑫祥经贸有限公司**
地址:山东省莱芜市钢城区黄庄镇
负责人:刘义军
Tel:0634－6841555
6996619
13563498088

**恒鑫源工贸有限公司**
地址:山东省莱芜市钢城区经济开发区
负责人:李传广
Tel:0634－5651555
13516345555

**强利金属材料制品有限公司**
地址:山东省莱芜市钢城区经济开发区卞家泉村
负责人:宋道利
Tel:0634－6831115
13906344245

**鹏程耐火材料有限公司**
地址:山东省莱芜市钢城区里辛镇凤凰峪村
负责人:段明喜
Tel:0634－6900508
13963402726

**莱芜市兄弟钢带有限公司**
地址:山东省莱芜市钢城区铁铜沟(钢区供应站对过)
负责人:杨广星
Tel:13906342283

**莱芜市双得金属有限公司**
地址:山东省莱芜市钢城区颜庄镇颜庄村
负责人:吕德强
Tel:0634－6461128
13563436789

**鲁成焦化有限公司**
地址:山东省莱芜市钢城区颜庄镇颜庄村
负责人:张庆中
Tel:0634－6462889
13906342356

**莱芜市兴盛源物资有限公司**
地址:山东省莱芜市经济开发区莱芜总站博莱高速路口对面
负责人:朱传连
Tel:0634－8859896
13306345881

**金昱昊物资有限公司**
地址:山东省莱芜市莱城区北埠经济园区 2－36 号
负责人:张永军
Tel:0634－6175055
13906342286

**莱芜市顺发冶金材料有限公司**
地址:山东省莱芜市莱城区口镇南街村
负责人:杨庆波
Tel:0634－6551738
13563472186

**德富石粉加工厂**
地址:山东省莱芜市莱城区苗山镇南辛庄村
负责人:毕德富
Tel:0634－6446678
13326343678

**莱新耐火材料有限公司**
地址:山东省莱芜市莱城区辛庄工业园
负责人:郭长伟
Tel:13376348057

**莱芜市涝坡煤矿精煤厂**
地址:山东省莱芜市莱城区辛庄镇(涝坡煤矿院内)
负责人:陈涛
Tel:0634－6405233
13054811866

**泰钢热电有限公司**
地址:山东省莱芜市莱城区新甫路 001 号
负责人:王明健
Tel:0634－6113801

**瑞银东来铸造材料有限公司**
地址:山东省莱芜市莱城区羊里镇仓上村
负责人:吕来东
Tel:0634－6521491
13031758003

**鲁中冶金矿业集团公司起重机械安装分公司**
地址:山东省莱芜市莱城区张家洼街道办事处
负责人:耿德华
Tel:0634－6811912
13963483266

**金石粉末冶金有限公司**
地址:山东省莱芜市辛庄镇西照林村
负责人:石勇
Tel:0634－6416099
6416088
13806340288

**聊城市合益金属材料有限公司**
地址:山东省聊城开发区大东钢管市场
负责人:孙克勇
Tel:0635－8884567

**茌平恒信铝业有限公司**
地址:山东省聊城市茌平县热电工业园西园区
负责人:孙作明
Tel:0635－4287761
13562084555

**泰山钢板网厂**
地址:山东省聊城市茌平县信发工业园
负责人:林广勇
Tel:0635－4287068
13866354556

**汇佳钢材有限公司**
地址:山东省聊城市东昌府区凤凰钢管城 2 号
负责人:付崇举
Tel:0635－8570426
13563008151

**神舟焊接材料有限公司**
地址:山东省聊城市高唐县金城西路西首路南
负责人:张春国

**山东上炜煤焦有限公司**
业务:煤焦、生铁、钢材、铁矿粉、建筑材料、轮胎、橡胶产品、化工产品(不含危险品)、炉料、耐火材料、工矿设备及配件、仪器仪表、五金家电、电线电缆、塑料制品、日用百货的批发零售。
产品:煤焦、化工产品
地址:总公司地址:东营港经济开发区 分公司地址:山西省太原市文源巷 35 号 4 层半
负责人:董小姐　邮　编:030001
法　人:王芳
Tel:0546－8027708
0351－4037683
13485317858
Fax:0351－4052262
网址:http://www.sdswmj.cn
E-mail:sdsw9999@126.com

**济宁洛克石灰岩有限公司**
地址:山东省济宁市嘉祥县马集乡
负责人:陈乃川
Tel:0537－6457698
13853713196

**枣庄市恒利特种钢材有限公司**
业务:枣庄市恒利特种钢材有限公司成立于 2004 年,从事特种钢材的加工、销售。公司自成立之日起即讲求""质量第一,信誉至上""的原则,以此赢得了广大客户的信赖。公司郑重向您承诺:保证以最好的质量,以最低的价格,最完善的售后服务,来答谢新老客户。
地址:山东省枣庄市市中区孟庄开发区 6 号
邮　编:277100
法　人:王广成
Tel:0632－3665678
Fax:0632－3665678

**永胜活性炭有限公司**
地址:山东省济宁市嘉祥县疃里镇高庙村
负责人:张小庆
Tel:0537－6979666
13863732888
Tel:0635－3603198
13963578288

**超力焊条厂**
地址:山东省聊城市高唐县州里铺田排
负责人:田志平
Tel:0635－3876398
13963001262

**宝路钢材有限公司**
地址:山东省聊城市经济开发区大东钢管市场 26 号
负责人:李正吉
Tel:0635－8884806
13606350711

**钢联物资有限公司**
地址:山东省聊城市开发区大东钢管市场 3 号
负责人:代素莲
Tel:0635－8884778

**海天钢管有限公司**
地址:山东省聊城市开发区辽河路大东钢管市场 1 区 6 号
负责人:张和涛
Tel:0635－8884568
8899908

**宏润煤炭有限公司**
地址:山东省聊城市临清市曙光路 1082 号
负责人:江云生
Tel:0635－2421998
2882818

**聊城恒大金属有限公司**
地址:山东省聊城市新南环路市凤凰钢管城 1 排 9 号
负责人:邓树立
Tel:0635－8577468

**联鑫矿业股份有限公司**
地址:山东省临沂市苍山县鲁城乡东门村
负责人:陈怀贞
Tel:13969927088

**临沂市昌达石广精粉制品有限公司**
地址:山东省临沂市苍山县鲁城乡石门铁矿
负责人:孙艳彬
Tel:13606321006

**宝德利家具有限公司东新兴铁矿**
地址:山东省临沂市苍山县南环路中段
负责人:赵洪林
Tel:0539－5206586

**国英矿石加工厂**
地址:山东省临沂市苍山县尚岩镇白水牛石村
负责人:刘善国
Tel:0539－5486699
13805394127

**宝诚晶硅砂岩有限公司**
地址:山东省临沂市苍山县尚岩镇白水牛石前村
负责人:刘成宝
Tel:0539－5480288
13375399888

**谊兴铁矿选粉厂**
地址:山东省临沂市苍山县新兴镇后大尧村
负责人:赵玉发
Tel:0539－5376369
13053949222

**临沂市华顺物资有限公司**
地址:山东省临沂市凤凰岭乡常庄村
负责人:张玉良
Tel:0539－8858868

**临沂三盛金属材料有限公司**
地址:山东省临沂市凤凰岭乡司庄村
负责人:司相三
Tel:0539－8855777

**银桥金属材料有限公司**
地址:山东省临沂市河东区钢材市场 248 号
负责人:褚延军
Tel:0539－8093313
13869998333

**景田钢材经销处**
地址:山东省临沂市河东区钢材市场东大门 1 号
负责人:张景田
Tel:0539－8093729
8092361
13905391612

**兴东异型钢有限公司**
地址:山东省临沂市河东区九曲镇驻地钢材市场 145 号
负责人:郁西宝
Tel:13355005696

**春诚五金有限公司**
地址:山东省临沂市河东区重沟镇
负责人:乔继春
Tel:13705392076

**山青磨料有限公司**
地址:山东省临沂市莒南县大店镇陡山驻地
负责人:曹现青
Tel:0539－7833782
13583960098

**山东省莒南县大圣堂铝粉厂**
地址:山东省临沂市莒南县岭泉镇大圣堂村
负责人:闫冠波
Tel:0539－7717616
13608906982

**欣达铝业有限公司**
地址:山东省临沂市莒南县坪上镇东南沟河村
负责人:臧治刚
Tel:0539－7554017
13953902938

**莒南县凯尔模具有限公司**
地址:山东省临沂市莒南县十字路镇前李家白龙村
负责人:张祯秀
Tel:0539－7281799
13573910366

**银海磨料磨具有限公司**
地址:山东省临沂市莒南县筵宾镇东略庄村
负责人:孙承学
Tel:0539－7789553
13953948739

**临沂鲁翔冶金材料有限公司**
地址:山东省临沂市兰山区白沙埠镇驻地
负责人:郑洪芝
Tel:0539－8196369
13153968666

**昌源煤业有限公司**
地址:山东省临沂市兰山区金源路 26 号
负责人:陈娟
Tel:13573902369

**临沂兴宝龙矿业发展有限公司**
地址:山东省临沂市临沭县大兴镇驻地
负责人:凌佩宝
Tel:0539－6911028
13864965999

**天元磨料厂**
地址:山东省临沂市临沭县临沭镇原周庄教委办
负责人:杨华
Tel:13792970938

**临沭县岩玉磨料厂**
地址:山东省临沂市临沭县南古镇湾里村
负责人:武新岩
Tel:0539－6350016
13969963666

**光伟物资有限公司**
地址:山东省临沂市临西一路 195 号
负责人:顾文安
Tel:0539－8163439
13969950929

**东志陶瓷原料有限公司**
地址:山东省临沂市罗庄区盛庄街道前盛庄村
负责人:石曾志
Tel:13573986888

**孟良崮石英砂厂**
地址:山东省临沂市沂南县岱庄乡赵家城子村
负责人:张廷福
Tel:0539－3223958
13705493828

**隆畅硅砂有限公司**
地址:山东省临沂市沂南县孙祖乔家庄村
负责人:高祥
Tel:13608994362

**沂南县华光硅砂厂**
地址:山东省临沂市沂南县依汶镇隋乐庄村
负责人:袁鹏涛
Tel:0539－3807888

**鑫顺硅砂石加工厂**
地址:山东省临沂市沂南县张庄镇花峪村
负责人:周彦斌
Tel:0539－3311055
13953919608

**沂南县金华金属制品有限公司**
地址:山东省临沂市沂南县张庄镇左家峪子村
负责人:王庆华
Tel:0539－3548889
3548606
13705398815

**山东临沂市坤元工贸有限责任公司**
地址:山东省临沂市沂水县马站镇杨家珠江村
负责人:魏九江
Tel:0539－2666088
13153939188

**全成钢材经营处**
地址:山东省临沂市沂水县许家湖镇裕丰开发区
负责人:李金亮
Tel:0539－2515286
13869950881

**临沂伟业能源有限公司**
地址:山东省临沂市义堂镇乾沂庄
负责人:刘光亮
Tel:0539－8174903

**金汇达保温材料厂**
地址:山东省青岛市城阳区城阳街道西城汇村
负责人:于庆祝
Tel:0532－87769944
13806398974

**杉青钢联实业有限公司**
地址:山东省青岛市城阳区夏庄街道西黄埠村 8 号
负责人:周兆江
Tel:0532－87796927
13853285720

**恒泰散热器有限公司**
地址:山东省青岛市即墨市青威路枣杭工业园
负责人:屈波
Tel:0532－87502386
13176506938

**帅康金属制品有限公司**
地址:山东省青岛市即墨市通济街道办事处王家院村
负责人:宫兆伦
Tel:0532－88507830
13506426760

**胶南市恒信不锈钢制品有限公司**
地址:山东省青岛市胶南市海滨工业园珠海园
负责人:周永武
Tel:0532－88180908

**恒祥保温材料有限公司**
地址:山东省青岛市胶南市隐珠镇北二路
负责人:王洪伟
Tel:0532－87198888
13808977951

**春泰金属制品有限公司**
地址:山东省青岛市胶南市珠山办东新村
负责人:赵永青
Tel:0532－86198696
13708972712

**北斗星特种防水材料厂**
地址:山东省青岛市李沧区长涧村 5 号楼 5 单元 401 室

……负责人:朴庆信
……Tel:0532－87608334
13589259768

**海通顺工贸有限公司**
地址:山东省青岛市李沧区环城南路 616 号
……负责人:王海波
……Tel:0532－87890886
88923888

**金泰运物资有限公司**
地址:山东省青岛市李沧区太原路 61 号
……负责人:陶振礼
……Tel:0532－84621130
88773877

**恒信机壳制造有限公司**
地址:山东省青岛市李沧区重庆中路 298 号
……负责人:藏和望
……Tel:0532－84610900
84657976
13335000033

**飞象实业公司**
地址:山东省青岛市平度市灰卜镇贾家村
……负责人:刘世森
……Tel:0532 86391055
13905428825

**恒发石墨加工有限公司**
地址:山东省青岛市平度市祝沟镇河西纸坊村
……负责人:王忠尧
……Tel:0532－87350858

**阳贸煤炭有限公司**
地址:山东省青州市玲珑山北路 638 号
……负责人:魏小平
……Tel:0536－3299557
13964708366

**青州市永立铸钢厂**
地址:山东省青州市云峡河回族乡宋阁村
……负责人:刘玉法
……Tel:0536－3813976

**寿光市银河聚酯胎有限公司**
地址:山东省寿光市台头镇大坨村
……负责人:郑新元
……Tel:0536－5510999

**泰安市岱岳区博源金属有限公司**
地址:山东省泰安市道朗镇鱼西村
……负责人:程树彬
……Tel:0538－8418711

**益民经贸有限公司**
地址:山东省泰安市东岳大街 158 号 63 号信箱
……负责人:赵衍民
……Tel:0538－8419619
13053887266

**泰安市贵和物资有限公司**
地址:山东省泰安市满庄钢材大市场最南排
……负责人:李延东
……Tel:0538－8106188
6888058

**宁阳县丸九钢球厂**
地址:山东省泰安市宁阳县罡城镇(华明热电有限公司院内)
……负责人:苏公奎
……Tel:13953896788

**泰山钢球厂**
地址:山东省泰安市泰山区省庄镇李家店村
……负责人:焦学广
……Tel:0538－6582106
13805385756

**泰瑞冶金材料有限公司**
地址:山东省泰安市泰山区泰东路 28 号
……负责人:张建才
……Tel:0538－6611248
13905384595

**新泰市德成物资有限公司**
地址:山东省泰安市新泰市新汶蒙馆路中段
……负责人:牛承敏
……Tel:0538－7332006

**天岩矿粉有限公司**
地址:山东省泰安新泰市谷里镇工业园
……负责人:王芳文
……Tel:0538－7762338
13953805781

**鲁泉煤炭有限公司**
地址:山东省泰安新泰市泉沟镇泉沟村
……负责人:吴乃彬
……Tel:0538－7532143
13905487543

**岳军石业有限公司**
地址:山东省泰安新泰市新汶办事处
……负责人:岳公明
……Tel:13153888888

**丽阳石粉厂**
地址:山东省泰安新泰市羊流镇东岭羊胡巷东 100 米
……负责人:林传禄
……Tel:13605387963

**威海嘉丰贸易有限公司**
地址:山东省威海市海滨北路 46 号
……负责人:魏薇
……Tel:0631－5288108
13806318017

**威海嘉丰贸易有限公司**
地址:山东省威海市海滨北路 46 号
……负责人:魏薇
……Tel:0631－5288108
13806318017

**威海经济技术开发区金海铁艺加工厂**
地址:山东省威海市杨家滩老人之家院内
……负责人:于进水
……Tel:0631－5324569
13356810878

**泽头合金厂**
地址:山东省威海文登市泽头镇泽头村
……负责人:王兵
……Tel:0631－8861192
13706490049

**益康工业供销有限公司**
地址:山东省潍坊高密市城南街 200 号
……负责人:范玉杰
……Tel:0536－2340789
13906463599

**山东高密亚非带钢有限公司**
地址:山东省潍坊高密市高源钢铁有限公司院内
……负责人:兰波
……Tel:0536－2336988
13356775999

**诸城市福利钢管厂**
地址:山东省潍坊山东省诸城市密州路东段北侧
……负责人:刘家礼
……Tel:0536－6061184

**展鹰彩钢轻质板有限公司**
地址:山东省潍坊山东省诸城市南外环西首 1500 米
……负责人:张宗辉
……Tel:0536－6121985
13721966856

**华恒钢管有限公司**
地址:山东省潍坊山东省诸城市舜王街道办民营经济工业园
……负责人:徐世法
……Tel:0536－6016288
6219046
13806465789

**潍坊市奎文区晨凯金属表面处理材料厂**
地址:山东省潍坊市北宫东街 262 号
……负责人:刘涛
……Tel:0536－8676615

**潍坊朱刘煤矿有限公司设备厂**
地址:山东省潍坊市昌乐县朱刘镇
……负责人:刘善德
……Tel:0536－6776908
13806362109

**升达矿业有限公司**
地址:山东省潍坊市昌邑市宋庄镇大连营村
……负责人:李清泉
……Tel:13903293978

**活性膨润土厂**
地址:山东省潍坊市坊子区眉村镇
……负责人:李传喜
……Tel:0536－7681295
13806472498

**龙凤膨润土有限公司**
地址:山东省潍坊市坊子区眉村镇
……负责人:王立才
……Tel:0536－7689739
13605367949

**宏远膨润土有限公司**
地址:山东省潍坊市坊子区眉村镇代家庄村
……负责人:代永寿
……Tel:0536－7688166
13806478977

**德刚煤炭经贸有限公司**
地址:山东省潍坊市坊子区七马路
……负责人:李德刚
……Tel:0536－7652990
13963666511

**潍北硅碳棒厂**
地址:山东省潍坊市寒亭区潍北农场
……负责人:陈子富
……Tel:0536－7541677
7541068
13505361887

**安丘市旺鑫不锈钢制品厂**
地址:山东省潍坊市经济开发区
……负责人:周俊峰
……Tel:0536－4751006

**强盛不锈钢经销处**
地址:山东省潍坊市临朐县不锈钢市场 A 区 03 号
……负责人:齐恩友
……Tel:0536－3150589

**临朐县伟盛铝业有限公司**
地址:山东省潍坊市临朐县城建材园区北方商贸城北侧
……负责人:曾宪玉
……Tel:0536－3712899
13305360605

**临朐县顺德金属制品有限公司**
地址:山东省潍坊市临朐县龙泉路北段
……负责人:张立青
……Tel:0536－3212689

**华昌玻璃铝合金配件经销处**
地址:山东省潍坊市临朐县型材市场
……负责人:王金诗
……Tel:0536－3111657
13606463456

**宏得不锈钢制品有限公司**
地址:山东省潍坊市临朐县冶源工业园
……负责人:张建
……Tel:0536－3333068
13508965920

**潍坊高新开发区三星金属制品厂**
地址:山东省潍坊市山后徐村(潍坊高新开发区内)
……负责人:徐向东
……Tel:13070705939

**山东鲁丽钢铁有限公司**
地址:山东省潍坊市寿光市侯镇政府驻地
……负责人:薛明浩
……Tel:0536－5361433

**亚鑫膨润土厂**
地址:山东省潍坊市潍城区机场路
……负责人:刘忠国
……Tel:13326361136

**韩家淘洗厂**
地址:山东省潍坊市潍城区望留镇韩家村
……负责人:韩红岩
……Tel:0536－8139139
13376361112

**堂信铁粉厂**
地址:山东省潍坊市潍城区于河镇东小河村
……负责人:李学信
……Tel:0536－8178617
13606469682

**城西钢砂厂**
地址:山东省潍坊市潍城区于河镇庙埠村
……负责人:陈学昌
……Tel:0536－8179903
13356727028

**永峥金属材料有限公司**
地址:山东省潍坊市潍坊经济开发区北城街办李家庄村
……负责人:李永江
……Tel:13906369382

**岔河氯化镁厂**
地址:山东省潍坊寿光市候镇西岔河一村
……负责人:宋瑞友
……Tel:0536－5391885
13583635075

**新泰市矿区燃料有限责任公司**
地址:山东省新泰市新汶办事处新汶大街
……负责人:武建军
……Tel:0538－2176181
13583819088

**新沂市润启矿业有限公司**
地址:山东省新沂市新店镇小湖宿新路东侧
……负责人:陆恒启
……Tel:13813252588

**波磊石业有限公司**
地址:山东省烟台莱州市柞村镇孙家村西
……负责人:孙国启
……Tel:0535－2851617
13012560078

**烟台华扬铝业有限公司**
地址:山东省烟台龙口市黄城北环路 83 号
……负责人:柳忠伟
……Tel:0535－8526711
13853500320

**栖霞市祥发滑石矿产有限公司**
地址:山东省烟台栖霞市庙后镇上林家村
……负责人:林祥发
……Tel:0535－5546248
13808915632

**环宇滑石粉厂**
地址:山东省烟台栖霞市庙后镇杨家夼村
……负责人:李宝见
……Tel:13705355798

**烟台艾森金属制品有限公司**
地址:山东省烟台栖霞市民营经济园
……负责人:张富行
……Tel:0535－5269800

**亚峰石材有限公司**
地址:山东省烟台栖霞市唐家泊镇东上寨村
……负责人:王昭华
……Tel:0535－5482069
13361377037

**铁口神州综合加工厂**
地址:山东省烟台栖霞市铁口镇肇家庄村
……负责人:芮和平
……Tel:0535－5161445

**烟台市福山区丰润长石厂**
地址:山东省烟台市福山区回里镇西黄山村
……负责人:田孟强
……Tel:0535－6328121
13589791866

**烟台市福山区鹏程塑钢加工厂**
地址:山东省烟台市回里镇旺远唐村
……负责人:唐与纪
……Tel:0535－6499171

**烟台铭江有色金属制造有限公司**
地址:山东省烟台市开发区星海广场 4 号楼
……负责人:贺文渊
……Tel:0535－6398532

**富业兴社工贸有公司**
地址:山东省烟台市莱州市虎头崖镇东小宋村南
……负责人:刘更海
……Tel:0535－2325868

**国强钢铁铸造有限公司**
地址:山东省烟台市牟平区沁水工业区
……负责人:姜国强
……Tel:0535－4659688
13054581999

**创佳铜铝制品有限公司**
地址:山东省兖州市谷村镇中心中学东邻
……负责人:卓凡彬
……Tel:0537－3819878
13805472849

**王因镇杨村煤矿**
地址:山东省兖州市王因镇杨村
……负责人:杨红卫
……Tel:0537－3457292
3457114
13605379308

**长兴塑铝制品有限责任公司**
地址:山东省枣庄市市中区长兴路 2 号
……负责人:刘明
……Tel:0632－4073185
13606321118

**科晶玻璃有限公司**
地址:山东省枣庄市市中区工业园区长江路 3 号
……负责人:付瑞霞
……Tel:0632－3759111
13606322338

**光明锰合金有限公司**
地址:山东省枣庄市市中区光明街道办事处岳楼村
……负责人:刘庆庭
……Tel:0632－3156977
13863298050

**贞源不锈钢设备有限公司**
地址:山东省枣庄市市中区光明路(三十中学内)
……负责人:董再保
……Tel:0632－3352891
13963207863

**居富源金属有限公司**
地址:山东省枣庄市市中区建设北路利民市场院内 18 号
……负责人:居电兴
……Tel:0632－3386017
13706322663

**枣庄矿业万得实业公司**
地址:山东省枣庄市微山县付村镇付村
……负责人:朱英留
……Tel:0632－4067138
13506322176

**澳祥燃料有限公司**
地址:山东省枣庄市薛城区海河路井亭矿 14－2 号楼
……负责人:张俊祥
……Tel:0632－4084556
13906374436

**枣庄正大煤业有限责任公司**
地址:山东省枣庄市薛城区枣庄高新技术开发区海河花苑
……负责人:刘学利
……Tel:0632－4618888
13863266816

**鲁国耐磨材料有限公司**
地址:山东省枣庄滕州市木石镇工业园区
……负责人:程新国
……Tel:0632－2355098
13863239858

**滕州顺祥矿用风筒厂**
地址:山东省枣庄滕州市南沙河镇上营村
……负责人:高宝佩
……Tel:0632－5967101

**恒强磨料有限责任公司**
地址:山东省枣庄滕州市羊庄镇工业园区
……负责人:杨明行
……Tel:0632－2919888
13306326239

**鑫发碳化硅磨料磨具工贸有限公司**
地址:山东省枣庄滕州市羊庄镇驻地
……负责人:程韬
……Tel:0632－2917888
13863235346
13906329299

**滕州市鹏洲煤业有限公司**
地址:山东省枣庄滕州市张汪镇南郝庄村
……负责人:刘潇璞
……Tel:0632－5673311

**极峰焊丝厂**
地址:山东省诸城市龙都街道办事处小栗亢村
……负责人:李志朋
……Tel:13953680202

**山东嘉华耐火材料有限公司**
地址:山东省淄博区沿河东路 3 号
……负责人:郭少华
……Tel:0533－4143609

**锦衡杰新型材料厂**
地址:山东省淄博市博山区夏家庄社区工业园
……负责人:张悦敏
……Tel:0533－4232989

**新维特种耐火材料厂**
地址:山东省淄博市博山区域城镇大峪口村
……负责人:刘新弟
……Tel:13806484079

**同迈复合材料有限公司**
地址:山东省淄博市博山区中心路 10 号
……负责人:王志国
……Tel:0533－4181577

**兴旺煤业有限责任公司**
地址:山东省淄博市高寿县民营经济园
……负责人:于卫华
……Tel:0533－6968750
13355224123

**淄博胜华耐火材料有限公司**
地址:山东省淄博市桓台县果里镇东果里村村南
……负责人:刘德广
……Tel:0533－8437876
13808943664

**龙泰冶炼有限公司**
地址：山东省淄博市桓台县果里镇侯庄村
负责人：路学飞
Tel：13869333566

**淄博建宗陶瓷有限公司**
地址：山东省淄博市桓台县周家镇闫家村
负责人：李怀荣
Tel：0533－8483590
13869308957

**临淄闽东活性炭厂**
地址：山东省淄博市临淄区路山镇北田旺村
负责人：李妙灯
Tel：0533－7681329
13505337992

**淄博齐银永磁材料有限公司**
地址：山东省淄博市临淄区牛山路 397 号
负责人：李敦岭
Tel：13792157079

**淄博市临淄宏武经贸有限公司**
地址：山东省淄博市临淄区迎宾路北首路西
负责人：褚纪宏
Tel：0533－7315837
13505337935

**澳淄锆材料有限公司**
地址：山东省淄博市山泉路 158 号
负责人：邹光明
Tel：0533－2987997
13969330948

**沂源县山田焊材有限公司**
地址：山东省淄博市沂源县南麻镇古泉村
负责人：田付国
Tel：13953388969

**淄博华瑞不锈钢有限公司**
地址：山东省淄博市张店 309 国道东侧路北
负责人：曹本武
Tel：0533－6822058

**淄博市铝业公司（铝加工厂）**
地址：山东省淄博市张店区沣水镇南首
负责人：聂先生订赵滨琪收
Tel：0533－2943255
3582998
13905330469

**淄博景弛商贸公司**
地址：山东省淄博市张店区劳动大厦 1206 室
负责人：李萍
Tel：0533－3166383

**张店华夏磨料厂**
地址：山东省淄博市张店区南定镇白家村
负责人：刘华
Tel：0533－2991992
13905333929

**淄博润泰磨料磨具有限公司**
地址：山东省淄博市张店区南定镇车站街
负责人：李金明
Tel：0533－2977533
13705334840

**永邦锆粉有限公司**
地址：山东省淄博市张店区山泉路 144 号
负责人：刘晓燕
Tel：0533－2989080

**冠鲁玻璃钢制品有限公司**
地址：山东省淄博市周村区北郊镇梅河工业园
负责人：朱秀成
Tel：0533－6532917
13864396299

**泰山磨具有限公司**
地址：山东省淄博市周村区和平小区 5 号楼
负责人：孙士英
Tel：0533－6418805
13508940275

**隆德有色金属加工厂**
地址：山东省淄博市周村区萌水镇北安村
负责人：贾世德
Tel：0533－6889592
13806436846

**淄博市周村宝山缸瓦厂**
地址：山东省淄博市周村区王村镇苏李村
负责人：柳文庆
Tel：0533－6680206
13355330822

**周村恒盛不锈钢有限公司**
地址：山东省淄博市周村区周隆路 59 号
负责人：盛绍杰
Tel：0533－6822816
6809968
13906436469

**盛宝玻璃钢有限公司**
地址：山东省淄博市周村区周隆路 766 号
负责人：袁义华
Tel：0533－6810679
13606436673

**安良钢带制品有限公司**
地址：山东省淄博市淄博开发区石桥办事处魏家村东侧
负责人：张传安
Tel：0533－3187296

**启瑞工贸有限公司**
地址：山东省淄博市淄博开发区石桥街道办事处刘西村
负责人：刘克胜
Tel：0533－3810169
13808941088

**淄博齐林燃料有限公司**
地址：山东省淄博市淄博开发区万杰路 110 号
负责人：李政
Tel：0533－2192883

**淄博斯壮铝业有限公司**
地址：山东省淄博市淄博铝厂内
负责人：石志聪
Tel：0533－2972017

**淄博天依铝塑板有限公司**
地址：山东省淄博市淄博市周村区太和路 170 号
负责人：王超
Tel：0533－6190000

**淄川耐火纤维一厂**
地址：山东省淄博市淄川区城南镇查王村东
负责人：孙造
Tel：0533－5750802
13806485886

**宏亚焊接材料厂**
地址：山东省淄博市淄川区城南镇南石村东首
负责人：吴立孟
Tel：0533－5750459
13355334522

**淄川兴国铁合金厂**
地址：山东省淄博市淄川区罗村镇梁家村西
负责人：孙振国
Tel：0533－5690686
13953312963

## 慈利县金冬电热炉具厂

独家生产冬季取暖的专利产品金冬电热炉。

电话：0744—3260037　2136029
地址：湖南省慈利县零阳镇



## 日照福泰煤炭有限公司

日照福泰煤炭有限公司成立于1999年。

主要从事煤炭的销售。

热忱欢迎广大新老客户光临惠顾。

联系人：范玉福　13806338618　电话：0633－2684088
地址：山东省日照市岚山区汾水办　邮编：276807

## 山西榆次大成雙九高嶺土有限公司 济南分公司

山西榆次大成双九高岭土有限公司济南分公司成立于2007年，主要从事于超细高岭土的生产、销售。主要产品有92、94、96级硬质锻烧高岭土。

公司秉承"追求卓越、科技创新、诚信为本、顾客至尊"的宗旨，坚持"以市场为导向、以质量求生存、以管理创效益"的发展方针，实现"以人为本、科技兴企"的战略目标。公司竭诚与各界同仁，新老宾朋建立长期、稳定、可靠的贸易关系，热忱欢迎国内外客商前来洽谈。

联系人：孙忠池
电话：0531-85013999　邮编：250031
地址：山东省济南市天桥区毕家洼小区40号1单元302室

## 山東金洲源煤碳洗選有限公司

山东金洲源煤碳洗选有限公司是一家专门从事煤碳洗选、矿山配件、销售加工的企业。

本公司秉承客户至上，质量第一的服务宗旨，愿与您携手共进，共创辉煌！

联系人：张超　15863727988　传真：0537-8152199
电话：0537-8153199　8152199　邮编：277606
地址：山东省济宁市微山县欢城镇常口北村湖滨路西侧

## 天岩矿粉有限公司

天岩矿粉有限公司成立于2003年，公司专业从事长石粉、石英砂。我们将奉行永续经营的服务宗旨，本着开拓进取，精益求精的精神，不断扩大销售网络，不断完善服务内涵，希望与您共建友好业务关系，为满足您的需求，生产最优质的产品，为您提供满意的售后服务。

联系人：王芳文
电话：0538-7762338　13953805781
地址：山东省泰安市新泰市谷里镇工业园
邮编：271215

## 山东京援矿业建材有限公司

山东京援矿业建材有限公司成立于2005年，本公司是一家以采矿建材为主的企业。

本公司秉承"顾客至上，锐意进取"的经营理念，坚持"客户第一"的原则为广大客户提供优质的服务。欢迎惠顾！

联系人：赵焕泰
电话：0539-2429518　网址：www.sdjingyuan.com
地址：山东省临沂市沂水县夏蔚镇　邮编：276000

## 万鑫达物资经营有限公司

万鑫达物资经营有限公司成立于1999年，本公司主要经营批发、零售煤炭、矿山配件、加工精煤。公司牢固树立用户至上，以诚为本，信誉第一，为宗旨；以"重合同，守信誉"为原则。

联系人：丁得索
电话：0632-5919668　13906325998
传真：0632-5919668
地址：山东省枣庄市滕州市洪绪镇西侯庄
邮编：277000

## 山东省博兴县兴福镇宏源物资经营部

博兴县兴福镇宏源物资经营部成立于2005年。主要经营不锈钢、冷板、热轧板、镀锌板、彩钢板等民用建材。

公司宗旨：质量为本、服务顾客、资源畅通、追求卓越、求实守信。

联系人：刘英涛　13615436251　13905434708　电话/传真：0543－2163087
地址：山东省滨州市博兴县兴福镇钢材市场六路170号　邮编：256510

## 微山县培玉煤炭洗选有限公司

微山县培玉煤炭洗选有限公司成立于2008年，专业从事洗煤和煤炭销售业务。主要产品有原煤、精煤、汇煤。我公司秉承"顾客至上，锐意进取"的经营理念，坚持"客户第一"的原则为广大客户提供优质的产品。欢迎您的来电！

联系人：郑勇
电话：0537-8631148　15964126512
地址：山东省济宁市微山县留庄镇土山村济微公路东
邮编：272000

## 山东省潍坊市寒亭区固堤电镀厂

山东省潍坊市寒亭区固堤电镀厂成立于1993年，我厂专业从事电镀加工，拥有挂镀、滚镀生产线，常年从事镀锌、镀铜、镀镍、镀铬等金属加工。

我们将以优质的质量，良好的信誉，低廉的价格，根据客户的要求，为客户精心加工。

您的要求，就是我们努力的方向！

电话/传真：0536-7278346
邮编：261000
地址：山东省潍坊市寒亭区

联系人：王成俊
13356789888

## 新泰市东瑞工矿配件有限公司

新泰市东瑞工矿配件有限公司成立于2007，本公司主要经营煤矿机械配套产品。主要有煤矿用链条、连接环、铆盘、铆杆等产品。本公司将以优质的产品，优惠的价格，优良的服务积极参与市场竞争，热忱欢迎各界朋友光临合作。

联系人：毕德东　传真：0538-6325771
电话：0538-6325771　13406217966　邮编：271208
地址：山东省新泰市羊流镇商业街

山东天欣木业有限公司
以木制刷柄、刷子、家具、婴儿床等木制品加工为主。
电话：0534－5691588
地址：山东省德州市齐河县恒力大道中段路北



## 鑫磊异型钢砂厂

鑫磊异型钢砂厂成立于2003年，本公司专业从事生产、加工、销售钢丝切丸，钢砂。鑫磊异型钢砂厂的诚信、实力和产品质量获得业界的认可。欢迎各界朋友莅临本厂参观、指导和业务洽谈。诚实、低价、优质高效是我们的经营理念。价格实惠才是硬道理，欢迎用户货比三家。

联系人：杨科村
电话：0543-4574826
地址：山东省滨州市邹平县青阳镇韩家村
邮编：256600

欢迎来电

## 淄博市临淄闽东活性炭厂

淄博市临淄闽东活性炭厂是一家集生产、科研、经营为一体的活性炭专业企业，公司聘用国内资深活性炭专家及医药化工权威人士，致力于产品研究开发。公司生产的"闽东牌"系列活性炭，广泛应用于制药、制糖、食品、味精酿造、净水环保电镀等行业。欢迎来电洽谈！

联系人：李妙灯　手机：13505337992
电话：0533-7681329　传真：0533-7687225
地址：山东省淄博市临淄区路山镇北田旺村北　邮编：255000

## 沂南县金华金属制品有限公司

金华金属制品有限公司成立于2003年，专业从事金属制品加工销售，主要产品是工艺护栏和铁艺制品。

我公司秉承"锐意进取，客户第一"的经营理念，会以优质的产品和周到的服务，来答谢广大客户的支持。

联系人：王庆华
电话：0539-3548889 13705398815
地址：山东省临沂市沂南县张庄镇左家峪子村　传真：0539-3548606

## 淄博斯壮铝业有限公司

淄博斯壮铝业有限公司成立于2003年，是生产销售铝合金型材，特种铝合金挤压产品的企业。主要生产从1000到7000系列各种合金牌号的铝棒、圆管、无缝管材及无缝方管、铝型材及工业铝材。我们追求的是为客户提供优质的产品和服务。

联系人：石志聪
电话：0533－2980723 2972017 13806489192　传真：0533－2971688
地址：山东省淄博市淄博开发区宝山路北首　网址：www.sdsz.net

## 枣庄际项矿山机械有限公司

枣庄际项矿山机械有限公司是一家专业从事生产钢球、衬板和其它铸件的企业。

我们真诚欢迎广大客户与我们联系，建立长期友好的合作关系，共谋发展。

联系人：郑顶轩
电话：0632－3511659　15966716598
地址：山东省枣庄市市中区税郭镇西长汪村　邮编：272133

## 淄博隆德金属制品有限公司

淄博隆德金属制品有限公司的主要产品是铸造铝合金和压铸件，"客户至上，信誉至上"是我们信守的经营理念，热忱欢迎广大客户联系洽谈业务。

联系人：贾世德　手机：13806436846
电话：0533-6889592　传真：0533-6886477
地址：山东省淄博市周村区萌水镇北安村　邮编：255200

## 淄博三林新型材料有限公司

我公司是一家专业生产与销售特大型设备台阶轴，高强度石油钻杆、钻铤，冷轧卷，海绵钛的企业。

公司坚持："技术领先、质量优质、求真务实、客户至上"的经营理念，诚挚的服务与国内外广大同仁。

联系人：李柏林
电话：0533－6287778　传真：0533－6076000
地址：山东省淄博市高新区北路以东北辛路以北　邮编：255086

## 河南省/Henan Province

**豫兴炉料加工厂**
地址：河南省安阳市安阳县曲沟镇东彰武村
负责人：牛海富
Tel：0372－5688360
13707665556

**安阳市利尔顺铁合金有限公司**
业务：我公司主要生产的铁合金产品有：硅钙合金、硅铁、硅铝钡钙、硅钡、硅铝、金属硅、增碳剂、硅钙碳等产品，欢迎前来洽谈业务！我公司经营宗旨："以质量求生存，靠科技求发展，以诚信求经营"，严把质量关，视用户如上帝。
地址：河南省安阳市龙安区龙泉镇工业区
邮　编：455000
法　人：吴保明
Tel：0372－2946877
Mobile：13137206433
网址：www.lesthj.com

**巩义市小关宏基耐材经销部**
业务：耐材销售
地址：河南省巩义市小关镇郑沟村
负责人：张栋椋　邮　编：451200
法　人：张栋椋
Tel：13700860897
0371－64459796

**国昌铁合金有限责任公司**
地址：河南省安阳市安阳县曲沟镇东彰武村北
负责人：王宗平
Tel：0372－5661888
13603466382

**林州市天龙铸造有限公司**
地址：河南省安阳市林州市横水镇东赵村
负责人：蔡海林
Tel：0372－6559349

**安阳市龙安区金龙冶金耐火材料厂**
业务：安阳市龙安区金龙冶金耐火材料厂成立于2004年，从事锰铁、合金包莘线芯、合金包莘线、耐火材料的生产及销售。
地址：河南省安阳市龙安区龙泉镇孟家庄
邮　编：455000
法　人：李志清
Tel：0372－3191348
Fax：0372－3194888

**安阳市龙安区新鑫合金炉料厂**
地址：河南省安阳市龙安区龙泉镇平吉村
负责人：张天计
Tel：0372－3191182

**安阳市金泰冶金材料有限责任公司**
地址：河南省安阳市龙安区文明大道西段路南
负责人：张勇锋
Tel：0372－3958291

**登封丰祥磨料磨具有限公司**
业务：本公司成立于2001年，有棕刚玉倾倒炉一台，硅铁炉一台，硅锰合金炉一台．粉砂生产线一条．公司有标准化化验室．固定资产已达3000万元．公司生产的棕刚玉，硅铁，硅锰合金产品远销国内外．本公司以质量求生存．以诚信谋发展．欢迎新老朋友惠顾．
地址：河南省登封市阳城开发区
负责人：李建勋　邮　编：452477
法　人：毛志修
Tel：0371－62955588
Fax：0371－62955369

**郑州市中原西湖不锈钢商行**
业务：加工不锈钢装饰材料
地址：河南省郑州市中原区须水镇郑上路北岗村
负责人：韩春贤　邮　编：450000
法　人：韩春贤
Tel：13007537500
0371－67815089

**汤阴优创金属制品有限公司**
地址：河南省安阳市汤阴县韩庄乡
负责人：张德峰
Tel：0372－6234888

**长葛市博信达铸造有限公司**
业务：长葛市博信达铸造有限公司专业从事铸造行业，以质量求生存、以信誉求发展，欢迎新老客户来电洽谈业务！
地址：河南省许昌市长葛市大周镇大尚庄村
负责人：尚文西　邮　编：461507
法　人：尚文西
Tel：0374－6660086

**稳和物资有限责任公司**
地址：河南省安阳市文源街路南十一中东侧
负责人：张平利
Tel：0372－3951550
3917760

**安阳市郊朝阳铁合金厂**
地址：河南省安阳市殷都区西郊乡北流寺
负责人：王新旺
Tel：0372－5680866
13903729037

**鹤壁市淇滨区龙兴金属冶炼厂**
地址：河南省鹤壁市淇滨区大河涧乡潘荒村
负责人：杨晓兰
Tel：0392－2576518

**鹤壁煤业(集团)有限责任公司**
地址：河南省鹤壁市淇滨区第十煤矿院内
负责人：吴学增
Tel：0392－2920615
13938009329

**鹤壁市通利标准件制造有限公司**
地址：河南省鹤壁市山城区铁东路土产仓库
负责人：陈保昌
Tel：0392－2668910

**大社五矿**
地址：河南省济源市克井镇大社村
负责人：卫和平
Tel：13569140273

**济源市双赢煤炭有限责任公司**
地址：河南省济源市克井镇苗庄村
负责人：原永道
Tel：0391－6709692

**登封市兴华铝矾土销售有限公司**

业务:本公司成立于2006年,主要销售铝钒土。热忱欢迎新老客户光临惠顾!
地址:河南省郑州市登封市卢店镇瓦叉沟村
负责人:秦志军 邮　编:452400
法　人:秦志军
Tel:0371－62867339

**焦作市鑫诺工具焊材有限公司**
地址:河南省焦作市解放区青年路167号
负责人:王桂香
Tel:0391－2906959

**沁阳市白云复合材料有限公司**
地址:河南省焦作市沁阳市宋学义中学南
负责人:任杰
Tel:0391－5661968

**河南东星玻璃钢有限公司**
地址:河南省焦作市沁阳市西向工业区
负责人:靳悦月
Tel:0391－5098000

**焦作市文昕矿产炉料有限公司**
地址:河南省焦作市山阳区解放路焦煤集团东方宾馆西楼101,103
负责人:连文新
Tel:0391－5882763

**焦作市亚峰镁合金有限公司**
地址:河南省焦作市武陟县北郭益庄工业区
负责人:王更云
Tel:0391－7432018

## 方城县祥星矿产品开发有限公司
业务:方城县祥星矿产品开发有限公司成立于2004年,是一家专业从事石英砂开采、生产、销售的民营企业。本公司生产销售高白高纯石英砂,石英粉,自有大型含硅纯度高石英主体矿山,矿产资源丰富,露天开采,运输便利,交通发达,欢迎来电定货及来厂考察。我公司始终坚持以质量求生存,以信誉求发展;信誉第一,用户至上的宗旨,产品远销国内十五个省市,受到广大用户的一致好评。竭诚欢迎广大新老客户洽谈、合作!
地址:河南省南阳市方城县杜凤瑞纪念馆北500米
邮　编:473200
法　人:王道运
Tel:0377－67231226
Mobile:13937775136
Fax:0377－67231226

**修武县方正矿山设备制造有限公司**
地址:河南省焦作市修武县郇封镇陈村
负责人:李卫霞
Tel:0391－7191248

**焦作市宏蓝金属制品有限公司**
地址:河南省焦作市中站区新工业园区
负责人:田胜利
Tel:0391－3892008

**尉氏县能达煤炭运销有限公司**
地址:河南省开封市尉氏县门楼任乡北街
负责人:刘子红
Tel:0378－7436168

## 河南省长葛市丰业有色金属有限公司
业务:河南省长葛市丰业有色金属有限公司成立于2002年,主要从事非生产性废旧有色金属的收购、加工、销售,机械配件加工、销售。热诚欢迎新老客户惠顾。
地址:河南省长葛市钟繇大道南段东侧
邮　编:461500
法　人:尚宗耀
Tel:0374－6229286
Fax:0374－6229286

**宏瑞金属材料加工有限公司**
地址:河南省林州市电厂路西端
负责人:郭瑞军
Tel:0372－6880408
13837262475

**洛阳朝宇金属材料有限公司**
地址:河南省洛阳市涧西区建设路50号
负责人:饶海燕
Tel:0379－64908208

**栾川县钰源铁合金有限公司**
地址:河南省洛阳市栾川县赤土店镇郭店村
负责人:高鸿昌
Tel:0379－66608187

**栾川县长红锌业有限公司**
地址:河南省洛阳市栾川县庙子乡庙子村
负责人:顾长随
Tel:0379－66668303

## 河南省济源市中原特殊钢销售有限责任公司
业务:河南省济源市中原特殊钢销售有限责任公司成立于1999年,主要销售钢材。公司以"质量求生存、信誉求发展",欢迎广大用户光临惠顾!
地址:河南省济源市天坛南路86号
负责人:胡俊国 邮　编:454650
法　人:胡俊国
Tel:0391－6661694
Fax:0391－6683985

**洛宁县荣正醒矿厂**
地址:河南省洛阳市洛宁县底张乡
负责人:胡正荣
Tel:13063206388

**汝阳县宏泽洗煤厂**
地址:河南省洛阳市汝阳县柏树乡柏树村
负责人:王万利
Tel:0379－68213536

**嵩县金迈矿业炉料有限公司**
地址:河南省洛阳市嵩县车村镇车村街
负责人:陈彦会
Tel:0379－66560598

**河南新安县城关鑫达耐火材料加工厂**
地址:河南省洛阳市新安县城关镇陈湾村
负责人:张仁营
Tel:13592023818

## 河南省蒲光特种金属制品有限公司
业务:河南省蒲光特种金属制品有限公司位于长垣新城开发区,交通十分便利。主要产品有:橡胶软管增强用钢丝(胶管钢丝)、橡胶履带用钢帘线、输送带用镀黄铜钢丝绳、子午轮胎用钢帘线、钢丝轮刷、研磨丝刷、磨料磨具、公路刷(扫路刷)、木柄塑柄钢丝刷、抛光布轮、麻轮、海绵轮、羊毛轮、钢丝刷辊、塑料线轴等。公司全体员工竭诚欢迎与新老客户多元化交流,广领域合作,实现利益双赢,确保共同发展。
地址:河南省新乡市长垣县建蒲路中段226号
邮　编:453400
法　人:张军安
Tel:0373－8889669
Fax:0373－8885960

**偃师市金涛镁业有限公司**
地址:河南省洛阳市偃师市道北路15号
负责人:周庆仁
Tel:0379－67760810

**洛阳键华炉料有限公司**
地址:河南省洛阳市伊川县城关罗村
负责人:李寿彬
Tel:0379－68309185

**伊川县弘阳刚玉有限公司**
地址:河南省洛阳市伊川县彭婆镇南寨村
负责人:郭健敏
Tel:0379－68330220

**南召晶鑫钼铁厂**
地址:河南省南阳市南召县马市坪乡西坡根组
负责人:徐长江
Tel:13782008878

## 辉县市航宇金属纤维有限公司
业务:辉县市航宇金属纤维有限公司成立于2006年,专用设备业生产不锈钢微丝,欢迎新老客户来电洽谈业务。
地址:河南省新乡市辉县市孟庄镇梁村
负责人:李会涛 邮　编:453621
法　人:李会涛
Tel:0373－6078068
Fax:0373－6078068

**南阳市卧龙区潦源矿产品有限公司**
地址:河南省南阳市卧龙区潦河坡街南头
负责人:高明
Tel:0377－66146460

**启翔冶金材料厂**
地址:河南省南阳市西峡县回车镇老庙岗
负责人:朱茂亭
Tel:13803773262

**淅川县康生特种材料厂**
地址:河南省南阳市西峡县荆关镇药王庙村
负责人:王桂娥
Tel:0377－64465012

## 济源市华洋铅业有限公司
业务:济源市华洋铅业有限公司主要经营国标一号电解铅、粗铅、铅粉、铅矿石。公司以"质量求生存、信誉求发展",欢迎广大用户光临惠顾!
地址:河南省济源市天坛中路718号
负责人:曹宣庭 邮　编:454650
法　人:曹宣庭
Tel:0391－6693911

**南阳市同德煤炭经销有限公司**
地址:河南省南阳市新华东路218号
负责人:林明才
Tel:13937709009

**南阳市伟鹏金属材料加工有限公司**
地址:河南省南阳市仲景北路七里园街东口
负责人:郭天生
Tel:0377－63369518

**恒源耐火保温材料厂**
地址:河南省平顶山市鲁山县库昭平台库区乡法庭西200米
负责人:许群
Tel:13837528980

## 灵宝市燎原工程有限责任公司
业务:本公司成立于1983年,现有300多名员工。主要经营矿山的开采与销售。
地址:河南省三门峡市灵宝市尹溪路29号
邮　编:472500
法　人:傅社
Tel:0398－6315976

**海银焦化有限公司**
地址:河南省平顶山市鲁山县梁洼镇保障村
负责人:李海现
Tel:13937541814

**鲁山县坤玉矿石浮选有限公司**
地址:河南省平顶山市鲁山县赵村乡赵村村二组
负责人:石庆东
Tel:0375－5767332

**东鑫焦化有限责任公司**
地址:河南省平顶山市石龙区宝山路16号
负责人:陈身松
Tel:0375－2528388
2528389

13903755573

**平陆县振国矿产品经销站**
地址:河南省三立峡市黄河东路46号
负责人:杨天增
Tel:0398－2585835
13939891157

## 栾川县鑫鑫矿业有限公司
业务:栾川县鑫鑫矿业有限公司成立于1994年,主要从事铅锌矿、钼等矿产品的开采,"诚信为本,信誉至上",热诚欢迎新老客户惠顾,来电洽谈业务。
地址:河南省洛阳市栾川县白土乡
邮　编:471500
法　人:杨福顺
Tel:0379－66718118
Fax:0379－66719339

**灵宝市金海矿产品有限责任公司**
地址:河南省三门峡市灵宝市车站路
负责人:肖红潮
Tel:0398－8833333

**灵宝市中鑫矿产品有限责任公司**
地址:河南省三门峡市灵宝市建设路中段
负责人:李帡锋
Tel:0398－8652828

**灵宝市华海矿产品加工有限责任公司**
地址:河南省三门峡市灵宝市尹溪路中段
负责人:牛海军
Tel:0398－8839288

**商丘市万通煤炭有限公司**
地址:河南省商丘市梁园区双八镇105国道西侧
负责人:张广运
Tel:0370－3401006

## 洛阳科威钨钼有限公司
业务:本公司成立于1996年,是专业生产钨钼制品的厂家。公司本着"以质量求生存,以信誉求发展"的经营理念,竭诚欢迎新老客户来电洽谈业务!
地址:河南省洛阳市涧西科技工业园
负责人:张灵杰 邮　编:471003
法　人:张灵杰
Tel:0379－62236170
Fax:0379－62236636
网址:www.electrode.com.cn
E-mail:kewei@electrode.com.cn

**宏冠耐火材料有限公司**
地址:河南省新密市米村镇方山村
负责人:陈继刚
Tel:13939091718

**昌达耐火材料有限责任公司**
地址:河南省新密市平陌工业区
负责人:冯文欣
Tel:0371－63180338
13803993086

**隆翔熔料有限公司**
地址:河南省新密市杨岗工业区
负责人:韩玉霞
Tel:0371－69213121
13703987361

## 洛阳鹏兴钨钼金属有限公司
业务:洛阳鹏兴钨钼金属有限公司位于河南省洛阳市飞机场工业园北区,从事钨钼化工系列产品的经营。目前,我公司在国内拥有长期稳定良好的客户群体。各种材料物资品种齐全,质量可靠,并保证现货供应。公司本着:质量第一,信誉之上的原则,以公平的价格和良好的服务取得了新老客户广泛称赞和信任。愿为广大工矿企业提供各种所需材料物资,并与各界人士建立业务关系。
地址:河南省洛阳市飞机场工业园北区
邮　编:471133
法　人:王留鹏
Tel:0379－67840105
Fax:0379－67840008

**新乡市鼎汇金属有限公司**
地址:河南省新乡市长垣县张寨乡米屯村
负责人:牛培强
Tel:0373－8920288

**新乡市金源铜业有限公司**
地址:河南省新乡市凤泉区大块镇大块村
负责人:赵岁芹
Tel:0373－5416126

**新乡市宏远钢球有限公司**
地址:河南省新乡市新乡县大召营镇新武公路十字路口北200米
负责人:黄平
Tel:0373－5465072

## 洛阳盛诚矿业有限公司
业务:本公司成立于2005年,主要从事矿产品产销,机械设备产销;产品有:钾长石粉,钠长石粉,白云石粉,石英沙粉,洗矿机械。竭诚欢迎新老客户来电洽谈业务!
地址:河南省洛阳市伊川县水寨镇工业开发区
负责人:韦建国 邮　编:471300
法　人:韦建国
Tel:0379－68446816

**长葛市邦威金属有限公司**
地址:河南省许昌市长葛市大周镇西昌路北段
负责人:朱长新
Tel:0374－6661117

**宏源(许昌)焦化有限公司**
地址:河南省许昌市襄城县紫云工业开发区
负责人:林贞雄
Tel:0374－3850000

13782289999

**耐磨材料厂**
地址:河南省偃师市大口乡经周村北街
负责人:张晨旭
Tel:0379－67585053
13603798752

## 洛阳市黑金龙色素碳黑有限责任公司
业务:专业生产高、中、普色素碳黑的生产制造,采用超微细研磨工艺。颗粒小,比表面积大,着色力强,分散性高等优点。
地址:河南省洛阳市洛龙区白马寺镇白王村
邮　编:471013
法　人:张桂花
Tel:0379－63789682
Fax:0379－63697910

**天兢钢制品有限公司**
地址:河南省偃师市寇店镇刘李村
负责人:李国斌
Tel:13503796830

**河南省永城市鱼山石料厂**
地址:河南省永城市鱼山石料厂
负责人:谭体灵
Tel:13503708769

## 洛阳市志恒钨钼制品有限公司
业务:洛阳市志恒钨钼制品有限公司成立于2006年,主要经营钨钼制品。欢迎新老客户光临,惠顾!
地址:河南省洛阳市洛龙区安乐镇东岗村
负责人:贾红强 邮　编:471022
法　人:贾红强
Tel:0379－65518268
Fax:0379－65519368

**远通耐材有限公司**
地址:河南省郑州巩义市北山口镇东门村
负责人:刘青山
Tel:0371－64110766

**顺和耐材有限公司**
地址:河南省郑州市登封市大冶镇川口村13组
负责人:陈松坤
Tel:0371－62943061
13607671356

## 三门峡市地久矿业有限责任公司
业务:三门峡市地久矿业有限责任公司是一家集地矿勘探、矿产品采选、开发、销售为一体的综合性矿产资源开发的企业。主要产品有:煤、铝、黄金、铜、铁、钼、铅锌等各种矿产品。
地址:河南省三门峡市文明路中段段
邮　编:472000
法　人:杨桂生
Tel:0398－2936719
Fax:0398－2936719

**香山永团耐火材料厂**
地址:河南省郑州市登封市大冶镇吴庄村
负责人:吴少勇
Tel:13938241135

**登封市广智冶炼有限公司**
地址:河南省郑州市登封市告成镇告成村
负责人:程广治
Tel:0371－62966189

## 上海银明冲孔网筛有限公司郑州桥架钢结构厂
业务:本公司是生产加工各类冲孔网板的专业厂家,可在大规格金属、非金属板材上冲制各类长孔、方孔、圆孔及异形孔,并拥有大规格1.5米×1米电火花线切割机。为您加工服务。
地址:河南省郑州市中原区须水镇富民路中段
负责人:王锋俊 邮　编:450042
法　人:王锋俊
Tel:0371－67846325
67846036
Fax:0371－67846325
网址:www.zzyinming.com

**登封市盛钰冶金有限责任公司**
地址:河南省郑州市登封市河南省五金矿产公司汽车队登封分队
负责人:秦松林
Tel:0371－62870999

**登封市航天耐材有限公司**
地址:河南省郑州市登封市唐庄乡下迁村
负责人:郭红宾
Tel:0371－62980086

## 新乡长明铅业有限公司
业务:公司始建于1987年,原名'新乡化工总厂冶炼分厂',1998年更名为'新乡县西环冶炼有限公司'1999公司年底李长明独资买断所有权进行经营,2001年再次更名为'新乡县长明冶炼有限公司'。2004更名为"新乡长明铅业有限公司"。
地址:河南省新乡县小冀镇西环路
邮　编:453731
法　人:李长明
Tel:0373－5588335
Fax:0373－5592335

**郑州大鹏陶瓷原料有限公司**
地址:河南省郑州市二七区齐礼闫贾砦村北
负责人:李玉涛
Tel:0371－68830135

**巩义市永成耐火材料有限公司**
地址:河南省郑州市巩义市北山口镇北湾村
负责人:石明磊
Tel:0371－64120128

▲矿产冶金有色金属特种材料钢铁煤炭▼

## 湖北省/Hubei Province

### 大冶市经纬矿产品有限公司
业务：大冶市经纬矿产品有限公司专业从事电镀污泥处理与利用；稀有金属的综合开发利用；工业污水处理，欢迎广大用户来电咨询、洽谈业务。
地址：湖北省大冶市东方路财产保险大厦5楼
………… 负责人：胡远全……邮 编：435100
………………………………… 法 人：胡远全
………………………………… Tel：0714－8716886

### 大冶市千湖膨润土开发有限公司
地址：湖北省大冶市保安镇盘茶村
………………………………… 负责人：赵国富
………………………………… Tel：0714－8826069
13329938726

### 武汉恒铭钢结构有限公司
地址：湖北省武汉市汉南区湖北省武汉市汉南经济开发区
………………………………… 负责人：周庆
………………………………… Tel：027－87655112

### 恩施市富民采石场
业务：矿山开采
地址：湖北省恩施土家族苗族自治州恩施市龙凤镇建设路115号
……… 负责人：徐世怀 邮 编：445000
………………………………… 法 人：徐世怀
…………Tel：13597798116
13469725278

### 鑫星选矿有限公司
地址：湖北省大冶市陈贵镇
………………………………… 负责人：柯荒林
………………………………… Tel：13886464808

### 大冶市志旺有色金属冶炼有限公司
业务：我公司成立于2006年，采取国内先进的冶炼技术进行冰铜粗铅冶炼生产及加工，我们将以一流的质量、一流的服务宗旨竭诚为新老客户服务。
地址：湖北省大冶市刘仁八镇张石村杨文明组
………… 负责人：杨启志……邮 编：435128
………………………………… Tel：0714－6617794
8930222

### 大冶市灵乡德兴选矿有限公司
地址：湖北省大冶市灵乡镇宫台村
………………………………… 负责人：陈海润
………………………………… Tel：13872116485

### 大冶市弘扬模具特钢厂
地址：湖北省大冶市汪仁镇山南工业园
………………………………… 负责人：余建民
………………………………… Tel：13507238204

### 大冶有色金生铜业有限公司
业务：我公司成立于2006年，采取国内先进的冶炼技术进行铜冶炼生产及加工，我们将以一流的质量、一流的服务宗旨竭诚为新老客户服务。
地址：湖北省黄石市下陆区新下陆街221－2号
………… 负责人：赵光华……邮 编：435005
………………………………… Tel：0714－5390238

### 丹江口市中天铝业发展有限公司
地址：湖北省丹江口市丹赵路
………………………………… 负责人：谭运梅
………………………………… Tel：13797824038

### 玉阳家和欣钢经营部
地址：湖北省当阳市南正街8号
………………………………… 负责人：王荣
………………………………… Tel：0717－3223569
13872554017

### 鄂州市燕矶钢丝丸厂
业务：鄂州市燕矶钢丝丸厂成立于1984年，主要从事于金刚石工具制造。欢迎新老客户光临、惠顾！
地址：湖北省鄂州市燕矶镇路牌村
………… 负责人：何福先……邮 编：436056
………………………………… 法 人：何福先
………………………………… Tel：0711－2712029
………… 网址：www.mtw30877.chinapyp.com

### 恩施众联矿业有限公司
地址：湖北省恩施土家族苗族自治州恩施市航空路32号
………………………………… 负责人：方斌
………………………………… Tel：13886783918

### 枫树坪煤业有限公司
地址：湖北省恩施州鹤峰县燕子乡
………………………………… 负责人：黎文静
………………………………… Tel：13593624837

### 谷城县顺丰矿业有限公司
业务：谷城县顺丰矿业有限公司成立于2005年，是一家以硅矿的开采、加工及销售为主，产品有耐火材料、石英材料，竭诚欢迎广大有意之士前来参观考察，洽谈业务。
地址：湖北省襄樊市谷城县南河镇温坪村
………… 负责人：龙德军……邮 编：441715
………………………………… 法 人：龙德军
………………………………… Tel：0710－7805508

### 黄冈盛碧矿业有限责任公司
地址：湖北省黄冈市黄州区刘家大湾五队（刘寿庭私宅）
………………………………… 负责人：黄细幼
………………………………… Tel：13972767382

### 黄冈市旺发金属工贸有限公司
地址：湖北省黄冈市黄州区沿江路刘家大湾村
………………………………… 负责人：应云飞
………………………………… Tel：0713－8690179
13508659181

### 广水市光学石英有限责任公司
业务：湖北省广水市石英粉厂建于1972年2月，拥有固定资产235万元，占地面积40亩，其中建筑面积22000平方米，主要设备94台（套）。年生产能力达24000吨。现有职工520人，工程技术人员26人，其中高级工程师1人、工程师5人。该厂生产石英石系列产品，其主要产品有精制石英砂、酸洗石英砂、高纯石英砂、硅溶胶和覆膜砂等产品计20多个品种，其中酸洗砂、高纯砂的产品标准先后被机械电子工业部评定为部颁标准，高溶砂为优质品，硅溶胶被列为国家级星火计划开发项目。本厂产品主要用于军工、化工、光学、电子、陶瓷、建材等行业，销往全国二十多个省、市。硅溶胶产品经武钢等厂家使用证明，其产品各项技术指标达到了国外同类产品技术指标，可替代进口同类产品。
地址：湖北省广水市广水北湖路1号
………………………………… 邮 编：432721
………………………………… 法 人：陈文斌
………………………………… Tel：0722－6414865
………………………………… Fax：0722－6416255

### 蕲春富源矿业有限公司
地址：湖北省黄冈市蕲春县横车镇横车街白石村办公楼
………………………………… 负责人：王青林
………………………………… Tel：13908688313

### 英山县进飞铁砂开采有限公司
地址：湖北省黄冈市英山县雷店镇跃进村
………………………………… 负责人：郑子进
………………………………… Tel：13995936696

### 汉川市天绘特种金属材料厂
业务：汉川市天绘特种金属材料厂成立于2006年，主要经营金属材料制品、制粉、特种金属材料研制。欢迎新老客户光临、惠顾！
地址：湖北省孝感市汉川市新发小区A5栋101室
………… 负责人：徐水清……邮 编：432300
………………………………… 法 人：徐水清
………………………………… Tel：0712－8393639

### 英山县弘扬矿业有限公司
地址：湖北省黄冈市英山县杨柳镇丝茅岭村
………………………………… 负责人：罗贵生
………………………………… Tel：13995929169

### 金瓶山丽名铜钼矿
地址：湖北省黄石市阳新县陶港镇官塘村
………………………………… 负责人：黄开玮
………………………………… Tel：0714－7332088
7320882
13872055658

### 荆门市姚河煤炭公司代湾煤矿三号井
地址：湖北省荆门市东宝区栗溪镇新华村一组
………………………………… 负责人：黄永成
………………………………… Tel：13908696935

### 汉海矿业投资有限公司崇阳分公司
业务：汉海矿业投资有限公司崇阳分公司成立于2006年，开采销售矿产品，欢迎新老客户来电洽谈业务。
地址：湖北省咸宁市崇阳县桂花泉镇东源村
………… 负责人：熊平……邮 编：437500
………………………………… 法 人：熊平
………………………………… Tel：0715－3891422
………………………………… 网址：mtw25831

### 荆门强台石膏有限公司
地址：湖北省荆门市东宝区牌楼镇团山果园场东侧
………………………………… 负责人：马德虎
………………………………… Tel：13908698540

### 磷祥矿粉厂
地址：湖北省荆门钟祥市胡集镇王集矿
………………………………… 负责人：齐桂祥
………………………………… Tel：13807265127

### 友元金属制品有限公司
地址：湖北省荆州市开发区联合乡跃进村
………………………………… 负责人：杜芝元
………………………………… Tel：0716－8472467
13907216478

### 湖北链条厂特种链条经营部
业务：湖北链条厂特种链条经营部成立于1950年，主要生产销售各种链条。质量保证，价格合理，热诚欢迎广大新老客户来电来人洽谈业务，共同发展。
地址：湖北省黄冈市蕲春县漕河镇芝麻山大道319号
………………………………… 邮 编：436300
………………………………… 法 人：高青松
………………………………… Tel：0713－7238103
………………………………… Fax：0713－7238103

### 荆州市奥兴铜业有限公司
地址：湖北省荆州市沙市区红门路186号
………………………………… 负责人：张仕文
………………………………… Tel：13593856777

### 蕲春县辉煌精制石英砂厂
地址：湖北省蕲春县漕河镇豁口路108号
………………………………… 负责人：詹先辉
………………………………… Tel：0713－7242631
13607252550

### 十堰嘉港矿产品有限公司
地址：湖北省十堰市张湾区汉江街办河南路15号
………………………………… 负责人：金泽民
………………………………… Tel：13593748388

### 湖北省赤壁市羊楼洞仕卿矿粉厂
业务：本厂主要从事石灰石，方解石，白云石，精制石灰等，开采加工销售。竭诚欢迎广大客户前来洽谈业务！
地址：湖北省咸宁市赤壁市羊楼洞镇北山街76#
………… 负责人：黄仕卿……邮 编：437319
………………………………… 法 人：黄仕卿
………………………………… Tel：0715－5863292

### 武汉市中环金属涂装有限公司
地址：湖北省武汉市蔡甸区查山街（蔡甸区经济开发区常福新城F16号地块）
………………………………… 负责人：杨军
………………………………… Tel：13707191245

### 湖北渣山大东炼灰厂
地址：湖北省武汉市蔡甸区查山镇大东村
………………………………… 负责人：周国堂
………………………………… Tel：027－84981802
13871304412

### 武汉众成防腐材料有限公司
地址：湖北省武汉市蔡甸区张湾沿渠3街号
………………………………… 负责人：毛文生
………………………………… Tel：13871205789

### 湖北省崇阳县青山钒铁有限责任公司
业务：湖北省崇阳县青山钒铁有限责任公司创建于2005年，其主导产品有钒铁、硅铁及其它合金。本公司一贯恪守“质量第一、信誉第一、用户至上”的宗旨，深受广大用户的认可和好评。
地址：湖北省咸宁市崇阳县青山镇水电公司院内
………………………………… 邮 编：437500
………………………………… 法 人：孙龙
………………………………… Tel：0715－3683717
………………………………… Fax：0715－3683717

**武汉亿胜材料有限公司**
地址：湖北省武汉市洪山区北港科技工业园书城路15号A座3－2房
负责人：林宗寿
Tel：027－87298961

**武汉市涛鑫冶金炉料有限公司**
地址：湖北省武汉市洪山区龚家岭路
负责人：桂玉伢
Tel：027－86465271

### 湖北省蕲春县富冲全顺精制石英砂厂
业务：湖北省蕲春县富冲全顺精制石英砂厂成立于2004年，是一家生产销售石英砂的厂家。欢迎新老客户惠顾。
地址：湖北省黄冈市蕲春县横车镇富冲村
邮　编：436300
法　人：董全顺
Tel：0713－7648038
Fax：0713－7648038

### 湖北远安县远大矿业有限责任公司
业务：本公司成立于2003年，现有60多名员工。主要经营各种矿业的开采与销售，西合鱼的养殖与销售。
地址：湖北省宜昌市远安县荷花镇政府
邮　编：444200
法　人：向先进
Tel：0717－3771203

**武汉鑫环宇钢材有限公司**
地址：湖北省武汉市江岸区后湖华庭3栋4单元5层2室
负责人：杨松林
Tel：027－82892357

**武汉市常顺煤炭有限公司**
地址：湖北省武汉市江汉区航空村16号楼31栋2单元501室
负责人：雷萍
Tel：027－83614705

**武汉市江夏区汉桥金属结构厂**
地址：湖北省武汉市江夏区纸坊街国岭新里122号
负责人：文坤泉
Tel：027－87910162
13971029846

### 黄石成大金属科贸有限公司
业务：公司成立于2005年五月，是一家从事特殊钢生产工艺、技术咨询，特钢品种开发，生产及销售的民营股份制公司。本着“科技立业，诚信为本，相互协作，实现双赢”的宗旨，努力提升企业科技创新能力和对社会资源的整合能力，坚持诚实守信原则，以优质的产品质量和高质量的售后服务广交天下朋友，广开市场渠道，达到共同发展，回报社会的目标。
地址：湖北省黄石市杭州西路298号青龙大厦12楼
邮　编：435000
法　人：陈幼金
Tel：0714－3091681
3091685
Fax：0714－3091685
网址：www.hbcd.chinapyp.com

**武汉武钢集团汉阳钢厂无缝钢管分厂**
地址：湖北省武汉市乔口区古田路36号
负责人：王大建
Tel：027－84845568

### 宜昌邓村金矿有限公司
业务：本公司成立于1991年，现有100多名员工。主要经营：金矿的开采、加工、销售。
地址：湖北省宜昌市夷陵区邓村
邮　编：443000
法　人：刘运林
Tel：0717－7500958
Fax：0717－7500958

**武汉材保表面新材料有限公司**
地址：湖北省武汉市乔口区古田五路17号
负责人：高万振
Tel：027－83640412

### 堰口采石厂
业务：堰口采石厂成立于1984年，主要经营建筑材料、地材，工民爆破等业务。本企业本着“平等互利、履约守信、客户至上”的原则，竭诚为客户服务。望各界新老客户前来指导洽谈！
地址：湖北省十堰市茅箭区堰口桥村村委会
邮　编：442000
法　人：何光洪
Tel：0719－8781758
Fax：0719－8781377

**武汉均和金属材料有限公司**
地址：湖北省武汉市青山区青翠苑小区98门7号
负责人：刘炜
Tel：027－50860512

### 荆州市荆州区拍马纸业公司滑石粉厂
业务：非金属矿产品加工与销售、生产滑石粉
地址：湖北省荆州市荆州区纪南镇拍马工业园区
邮　编：434112
法　人：杨保平
Tel：0716－8416777
Mobile：13607212706

**武钢工程技术集团计控公司**
地址：湖北省武汉市青山区冶金101街坊特1号
负责人：王卫平
Tel：027－86804012
1380715468

### 襄樊市文光金属材料有限公司
业务：本公司于1998年创办，主要生产各种铝合金锭及102型号铝锭，并大量收购各种废铝，铝削及饮料盒。
地址：湖北省襄樊市樊城区人民西路贾洼工业园
负责人：袁光文……邮　编：441400
法　人：袁光文
Tel：0710－3119523

**湖北燃源煤炭有限公司**
地址：湖北省武汉市武昌区中南一路64号
负责人：何昌杨
Tel：027－87811134

### 荆州市自力慧发钢材有限公司
业务：本公司主要销售各种特种圆钢，管材批零兼容（零售带下料），本公司本着诚信给广大顾客带来优质优惠的满意服务，确保顾客的利益是我们的宗旨
地址：湖北省荆州市江津东路18号玉桥钢材人市场
负责人：雷武云……邮　编：434100
Tel：0716－4300868
Fax：0716－4300847
网址：www.mtw25811.chinapyp.com

**平顶山市虹剑煤化有限公司武汉销售处**
地址：湖北省武汉市新洲区阳逻开发区高潮
负责人：杜冬菊
Tel：027－86863525

### 武穴市启金矿业石粉厂
业务：武穴市启金矿业石粉厂是以滑石粉、活性硅粉、超细粉、矿业（花岗石大理石）、化工业（RH－硅系列橡胶塑料助剂）生产的综合性厂家，欢迎惠顾。
地址：湖北省黄冈市武穴市梅川镇松阳
负责人：夏启金……邮　编：435411
Tel：0713－6737058

**宏顺煤炭有限责任公司**
地址：湖北省襄樊市谷城县城关镇筑银路5号
负责人：陈代学
Tel：13508663785

### 蕲春县恒祥矿粉有限公司
业务：本公司成立于2006年，主要生产销售滑石粉、石英砂、长石粉、硅灰石粉、重钙粉、超细钙粉。
地址：湖北省黄冈市蕲春县老街83号
负责人：蔡传金……邮　编：436100
法　人：蔡传金
Tel：0713－7242475

**弘都矿业贸易社**
地址：湖北省宜昌市远安县荷花镇青峰村一组
负责人：吴邦清
Tel：13986808549

### 武汉永成金属结构有限公司
业务：武汉永成金属结构有限公司自2002年成立以来，从事钢结构设计、制作、安装；房屋建筑结构加固及加固螺丝、结构胶的生产。
地址：湖北省武汉市汉口中超大厦704号
邮　编：430022
法　人：张泽亚
Tel：027－85790291
Mobile：13135690208
Fax：027－85790291

**宜都市荆昌防水材料有限公司**
地址：湖北省宜都市陆城长江大道30号
负责人：张祖柱
Tel：13986818883

### 十堰市劳莱斯卡粉末冶金有限公司
业务：十堰劳莱斯卡粉末冶金有限公司是以研发高新科技产品及专业生产粉末冶金产品的企业，生产能力已成规模，现为十堰地区技术含量高、最具市场潜力的专门生产粉末冶金产品的民营企业。公司技术先进，经验丰富，制造及检验、测试设备精良，质量保证体系完善，管理严格有效，从而生产的产品性能好、可靠性高。公司全体员工上下一心，瞄准市场积极开发适销对路产品，竭诚为顾客服务，不断提高顾客满意度。
地址：湖北省十堰市茅箭区丹江东路5号
邮　编：442012
法　人：王华
Tel：0719－8791333
Fax：0719－8796851

**武汉市洪山区德恩金属制品厂**
地址：武汉市洪山区和平乡和平二队
负责人：江进兵
Tel：027－86574290
13071278239
13317163873

### 武汉市永宏带钢有限公司
业务：我公司主要生产钢带，让我们携手共进，共同发展。作为公司，不进步则倒退，不发展则倒闭。现在的公司经营必须要依靠高科技才能更好的使公司更上一层楼。
地址：湖北省武汉市乔口区肖家地252号
负责人：桂菊香……邮　编：430034
法　人：桂菊香
Tel：027－83856503

## 湖南省/Huana Province

### 长沙县暮云镇正新铁艺不锈钢加工部

业务：不锈钢加工
地址：湖南省长沙市长沙县暮云镇北塘村长洪组
负责人：张正新 邮编：444300
法人：张正新
Tel：0731－6900497

### 惠友锰业有限公司

地址：湖南省保靖县复兴镇狮子桥电站内
负责人：彭司建
Tel：0743－7951099
13762102349

### 湖南省宁乡县光明矿石粉厂

业务：海泡石，石英砂，麦饭石，耐火材料，沸石粉，膨润土，石粉等
地址：湖南省长沙市宁乡县东湖塘镇光明矿石粉厂
负责人：周光明 邮编：410612
法人：周光明
Tel：13808436886
0731－87053190
Fax：0731－87053190
网址：www.nxgmksf.cn

### 茶陵鹏旺实业有限公司

业务：我公司从事外贸销售矿产品、公司坚持以诚为本、以诚为信的宗旨为广大客户服务。
地址：湖南省株州市茶陵县米江农贸有限公司五大队(米江茶场)鹏旺实业公司
负责人：彭建新……邮编：412400
Tel：0733－5752502

### 集里鹏祥不锈钢总汇

地址：湖南省长沙浏阳市集浏河建材市场9栋22号
负责人：易成建
Tel：0731－83654250
13808498262

### 桂阳县乐上煤炭石墨贸易有限责任公司

业务：煤炭石墨
地址：湖南省郴州市桂阳县太和镇谭沙村
负责人：曹满权 邮编：423000
法人：曹满权
Tel：0735－4791577
13762512588
Fax：0735－2268426

### 金狮矿品经营部

地址：湖南省长沙浏阳市马鞍山街45号
负责人：刘柏寅
Tel：0731－83656318
13007490338

### 茶陵湘东钨业有限公司

业务：茶陵湘东钨业有限公司成立于2003年，主要从事采矿选矿钨、铜、锡。本公司以“质量第一，用户至上”为宗旨，竭诚为用户提供高质量的产品和优良的售后服务，愿与各界朋友携手合作，共图发展。
地址：湖南省株洲市茶陵县汉背
邮编：412401
法人：王光华
Tel：0733－5822225
Fax：0733－5811119

### 永兴县鑫兴贵金属有限公司

业务：贵金属加工
产品：金、银、铂、铅、铋
地址：湖南省郴州市永兴县太和乡循环经济项目区
负责人：周文清 邮编：423000
法人：周文清
Tel：13973500818
0735－5563331

### 湖南长沙光明不锈钢装饰厂

地址：湖南省长沙市长沙县北山镇
负责人：陈学军
Tel：13874958758

### 衡阳县造基钠长石矿

业务：开采、加工钠长石
地址：湖南省衡阳市衡阳县界牌镇造基村红旗小组
负责人：阳召忠 邮编：421001
法人：阳召忠
Tel：13786487333
15873467349

### 光辉有色金属加工厂

地址：湖南省长沙市长沙县黄花镇机场口201号
负责人：王大平
Tel：13808474228

### 长沙正忠科技发展有限公司

业务：本公司成立于2003年，拥有120多名员工。主要经营矿山机械的生产与销售。
地址：湖南省长沙市井圭路41号
邮编：410004
法人：张立忠
Tel：0731－5059639
Fax：0731－5350116

### 长沙金林矿产品经贸有限公司

地址：湖南省长沙市芙蓉区八一东路343号五矿宿舍601室
负责人：肖柏林
Tel：0731－84766445

### 常宁市利烽再生资源废旧物质回收有限责任公司

业务：生产与销售铜类产品
产品：铜类产品
地址：湖南省衡阳市华新开发区光辉路欣星花园D栋1205室
负责人：康家林 邮编：421001
法人：康家林
Tel：13575282229

### 东方防火涂料有限公司

地址：湖南省长沙市芙蓉区火星大道付家弯小区B3幢201
负责人：黄继业
Tel：0731－82616788
13908471788

### 常德市武陵区珍春冷轧钢筋厂

业务：本公司成立于1992年，主要生产销售冷轧带肋钢筋、小型罗纹钢材。热忱欢迎新老客户来电洽谈业务！
地址：湖南省常德市武陵区落路口丹洲路3号
负责人：周建国……邮编：415100
法人：周建国
Tel：0736－7173488

### 长沙市金玉矿产品有限责任公司

地址：湖南省长沙市芙蓉区火星开发区1片凌霄路017栋304房
负责人：章玉清
Tel：13808484989

### 耒阳市华龙矿产品直销部

业务：富锰砂、生铁的生产及销售
地址：湖南省耒阳市仁义乡安和村14组
负责人：谢建辉 邮编：421800
法人：谢建辉
Tel：13875652531

### 佳益不锈钢经营部

地址：湖南省长沙市芙蓉区马王堆陶瓷建材新城E4栋1138、1148号
负责人：胡益辉
Tel：0731－84697717
13874971328

### 郴州博太超细石墨有限公司

业务：郴州博太超细石墨有限公司成立于2002年，现有员工30余人，从事石墨的加工及销售。欢迎新老客户光临、指导。
地址：湖南省郴州市桂阳县太和镇
邮编：424400
法人：曹小珍
Tel：0735－4674459
Fax：0735－4675666

### 长沙天时铁合金有限公司

地址：湖南省长沙市芙蓉区五一东路6号(香格里嘉园810室)
负责人：刘玉梅
Tel：0731－84469228

### 湘潭县易俗河金泰不锈钢店

业务：经营不锈钢门、窗及不锈钢材料
地址：湖南省湘潭市湘潭县易俗河凤凰东路梧桐小区2栋
负责人：陈朝阳 邮编：411100
法人：陈朝阳
Tel：13973214963
0731－22580258

### 湖南二十三冶金格工程有限责任公司长沙分公司

地址：湖南省长沙市芙蓉区远大一路五里牌第003栋
负责人：罗海军
Tel：0731－84726937

### 桂阳县磊鑫矿山建设有限公司

业务：桂阳县磊鑫矿山建设有限公司成立于2005年，专业从事矿山建设，欢迎来电洽谈业务。
地址：湖南省郴州市桂阳县
负责人：谭贵龙……邮编：424000
法人：谭贵龙
Tel：0735－4421385
网址：www.mtw50789.chinapyp.com

### 东安县横塘镇隆兴锰业经营部

业务：锰矿冶炼、焦炭销售
地址：湖南省永州市东安县横塘镇兴隆村
负责人：魏宙玲 邮编：425000
法人：魏宙玲
Tel：13085426468
13874783010

### 庐江精灰厂

地址：湖南省长沙市宁乡县黄材镇南坪村

负责人:何如山
Tel:0731－87573219
13507401379

## 衡东县自来水公司兴衡矿物质饮用水厂

业务:衡东县自来水公司兴衡矿物质饮用水厂成立于2000年,主要生产销售纯净水、矿泉水,兼营饮水机、饮水桶。“质量保证,价格合理,服务周到”,广大消费者可放心使用。
地址:湖南省衡阳市衡东县兴衡东路26号
邮　编:421400
法　人:夏新年
Tel:0734－5226778

**长沙湘佳金属材料有限公司**
地址:湖南省长沙市天心区湖南钢材大市场武5栋107号
负责人:游炎明
Tel:0731－82628845

**龙丰不锈钢经营部**
地址:湖南省长沙市雨花区长建市场正大门内北18栋3－4号
负责人:詹贤道
Tel:0731－84761497
13787072788

## 湖南邵东县真联铸锻厂

业务:专业生产:铸钢,高锰钢,高铬合金,钢丸。欢迎来人来函订购!
地址:湖南省邵阳市邵东县砂石镇真人岭
负责人:李德……邮　编:422800
法　人:李德
Tel:0739－2551168
Fax:0739－2551008

**汉魁不锈钢经营部**
地址:湖南省长沙市雨花区高桥大市场家电百货城二栋126号
负责人:梁汉魁
Tel:0731－85716017
13907481564

## 株洲乐泰金属粉末制品有限公司

业务:专业从事高比重钨合金、铜钨合金、硬质合金、银钨合金,及相关钨产品的制造、加工。公司技术力量雄厚、加工设备精良、生产工艺先进,我们以技术立足市场,以诚信服务和优秀质量赢得信赖。热诚欢迎各界朋友光临指导,携手合作,共创辉煌!
产品:金属粉末注射成型产品、高比重成型产品、硬质合金等
地址:湖南省株洲市渌口工业园
负责人:高荣民　邮　编:412100
法　人:麦志光
Tel:0731－27625333
Fax:0731－27626168
网址:www.heavy－tungsten.com
E-mail:lukegkj@hotmail.com

**旭升不锈钢制品有限公司**
地址:湖南省长沙市雨花区高桥家电百货城5栋128号
负责人:周喜长
Tel:0731－85716703
13873126635

## 湖南省安化县金鑫矿冶有限责任公司

业务:湖南省安化县金鑫矿冶有限责任公司成立于2003年,主要从事矿产冶金的生产销售。“诚信经营,信誉至上”,热诚欢迎广大客户惠顾。
地址:湖南省益阳市安化县高明乡适中村下印组
邮　编:413500
法　人:高建党
Tel:0737－7411018
Fax:0737－7411298

**长青冷轧带肋钢筋厂**
地址:湖南省长沙市岳麓区天顶乡川塘村
负责人:黄松柏
Tel:13908470498

**继善矿业有限公司**
地址:湖南省长沙市岳麓山大学科技园创业大厦4068号
负责人:柳建新
Tel:13807486248

## 湖南省辰溪华中莫来石有限责任公司

业务:湖南省辰溪华中莫来石有限责任公司成立于2003年,现有员工200余人,从事烧结莫来石、电熔莫来石的生产及销售。欢迎来电垂询!
地址:湖南省怀化市辰溪县火马冲镇
邮　编:419512
法　人:张仁靠
Tel:0745－5421427
5421476
Fax:0745－5421335

**临澧县友谊石煤有限责任公司**
地址:湖南省常德市临澧县修梅镇鸡山村
负责人:卓尚君
Tel:13807367158

**中美矽砂矿**
地址:湖南省常德市石门县宝峰开发区新街口村
负责人:吕郑
Tel:13786610088

## 湖南省桂阳县恒源锰业有限公司

业务:湖南省桂阳县恒源锰业有限公司成立于2002年,主要从事天然锰的加工与销售。我们以“诚信为本、客户至上”的服务态度竭诚为您提供快捷、高效、安全的服务。
地址:湖南省郴州市桂阳县城郊柏树大队红砖村
负责人:何镇宏……邮　编:424400
法　人:何镇宏
Tel:0735－4480048

**奇峰矿业有限公司**
地址:湖南省常德市石门县荷花电信新村
负责人:彭国煌
Tel:0736－5169989
13907362299

**诸国秋钢材经营部**
地址:湖南省常德市武陵区东江乡新坡村9组
负责人:诸国秋
Tel:0736－7951056
13508418196

## 湖南省花垣县正华友丰锰业有限责任公司

业务:本公司成立于2003年,现有400多名员工。主要经营:电解金属锰生产与销售。
地址:湖南省湘西土家族苗族自治州花垣县花垣镇边城步街
邮　编:416400
法　人:刘正华
Tel:0743－7256096
Fax:0743－7256096

**黎明福利厂**
地址:湖南省常宁市松柏镇常青路98号
负责人:黎东源
Tel:0734－7511261
13875644643

**草冲矿业有限公司**
地址:湖南省郴州市北湖区市郊乡铜坑湖村
负责人:李启宇
Tel:13007359571

## 花垣县金诚锰业有限责任公司

业务:花垣县金诚锰业有限责任公司是一家生产、销售硅锰合金的企业,产品销往日本、欧美等国家。公司将以优质的产品、良好的信誉、热情的服务,欢迎国内、外客商前来与我公司洽谈合作,共创美好蓝图。
地址:湖南省湘西土家族苗族自治州花垣县花垣镇王二桥村
邮　编:416400
法　人:陈仕勇
Tel:0743－7218678
Fax:0743－7218678

**桂阳国康锰粉有限公司**
地址:湖南省郴州市桂阳县城郊乡柏树村
负责人:刘国康
Tel:0735－4480168
13707355268

**桂阳县富利煤炭储运中心**
地址:湖南省郴州市桂阳县城郊乡黄腊塘
负责人:黎富佑
Tel:0735－4480689

## 花垣县金泰矿业有限责任公司

业务:花垣县金泰矿业有限责任公司成立于2006年,主要从事矿产品的开采与销售。公司拥有先进的检验设备和完善的质量管理,真诚欢迎与您合作,共创辉煌。
地址:湖南省湘西土家族苗族自治州花垣县花垣镇三岔路老工行宿舍三楼
负责人:周玉龙……邮　编:416400
法　人:周玉龙
Tel:0743－7255866

**鑫龙矿业有限公司**
地址:湖南省郴州市国庆北路43号
负责人:曹必龙
Tel:13973520588

**鲁泰石墨有限公司**
地址:湖南省郴州市解放路30－3号
负责人:刘冬生
Tel:0735－7499358
7499359
13875557966

**郴州市健和煤炭储运有限公司**
地址:湖南省郴州市桥口镇白溪村黄泥坳村民小组
负责人:何健
Tel:0735－6515177

## 焕新第二煤矿

业务:焕新第二煤矿是一家专业从事煤碳开采、销售的企业,产品质量保证、价格合理,欢迎来电洽谈业务。
地址:湖南省新化县温塘镇焕新村
邮　编:417600
法　人:崔云志
Tel:0738－3481156
Mobile:13873822239

**民兴矿业有限公司李屋选厂**
地址:湖南省郴州市汝城县大坪镇
负责人:郭洪涛
Tel:13107063666

**郴州市星光金属材料有限责任公司**
地址:湖南省郴州市三园路1号(燕泉花园二栋二单元304房)
负责人:尹声纪
Tel:13609010258

## 金沙矿业有限公司

业务:金沙矿业有限公司成立于2003年,从事矿产品(锰矿)加工及销售,产品远销日本、韩国、俄罗斯、美国、欧洲等国家和地区。本着“平等互利,诚信为本”的原则,我司愿与国内外各大用户及贸易商合作。
地址:湖南省吉首市大湘西商贸城A栋301室
邮　编:416000
法　人:田太军
Tel:0743－8720176
Fax:0743－8711519

**怡发矿业有限公司**
地址:湖南省郴州市文星路8号
负责人:邓卫军
Tel:13507351536

**星源矿业有限公司**
地址:湖南省郴州市香花路29号
负责人:王彪
Tel:13873563388

## 涟源市安平镇马兴煤矿

业务:涟源市安平镇马兴煤矿位于交通便利的涟源市安平镇马方口村,多年来从事煤矿开采和销售。本着以诚为本信誉第一的宗旨,与多家厂商建立了长期良好的合作关系。望新老客户在未来的日子里,携手合作共创美好未来。
地址:湖南省涟源市安平镇马方口村
邮　编:417106
法　人:陈建初
Tel:0738－4251616

**永兴县江泉稀贵金属有限责任公司**
地址:湖南省郴州市永兴县滨河路93号
负责人:黄友良
Tel:0735－5564528
13975734888

**富兴贵金属有限责任公司蒋家坪冶炼厂**
地址:湖南省郴州市永兴县塘门口镇工业区
负责人:蒋从宝
Tel:13808446488

## 临武县保升矿业有限公司

业务:临武县保升矿业有限公司成立于2005年,现有500余人,专业从事矿业开采(有色金属)。
地址:湖南省郴州市临武县花坛乡善源洞村
邮　编:424309
法　人:黄保升
Tel:0735－6325628
Mobile:13975734199
Fax:0735－6325628

**湖南兴盛矿业有限公司**
地址:湖南省郴州市资兴市晋宁路幼儿园大楼二楼
负责人:曾垂贵
Tel:0735－3333999

**汨罗市亮毅有色金属有限公司**
地址:湖南省汨罗市范家园镇伏家村一组
负责人:李德要
Tel:0730－5320081
13974050161

## 浏阳市长永锌业有限公司

业务:浏阳市长永锌业有限公司位于湖南省浏阳市永安镇,地理位置优越,交通十分便利。从事锌的冶炼、加工、销售,为强化市场竞争能力,公司始终追求“质量第一,用户至上、诚实信用”的宗旨,欢迎各新老客户惠顾。
地址:湖南省浏阳市永安镇上牌村
邮　编:410323
法　人:祖文光
Tel:0731－3260043
Fax:0731－3260041

**容大金刚石制品精密制造有限公司**
地址:湖南省衡阳市雁峰区白沙洲工业园区易家塘15号
负责人:全康平
Tel:0734－8495698
13367349898

**永郅采石场**
地址:湖南省怀化市新晃县鱼市镇鱼市村坳上组
负责人:张永志
Tel:13787516952

**溆浦县中都中联茶叶排石英矿开采站**
地址:湖南省怀化市溆浦县两丫坪中都乡
负责人:武思旭
Tel:13874430338

## 汨罗市华泰福利冶金材料有限公司

业务:本公司是以生产石墨电极及石墨异型产品为主的生产型企业。生产加工的各类石墨制品在钨、镁、锑、锡等稀有金属,铜、铅、锌、铝等有色金属,粉末冶金、硬质合金、稀有金属行业中广泛使用,本公司一贯坚持“产品质量第一、用户信誉第一”的原则,被汨罗市政府评为“重点保护企业”和“科技示范企业”。
地址:湖南省汨罗市黄柏镇
邮　编:414403
法　人:彭冬军
Tel:0730－5782748
Fax:0730－5782748

**溆浦县金大地锰业有限公司**
地址:湖南省怀化市溆浦县仲夏乡红花园村
负责人:刘让前
Tel:0745－3790388
3790798
13637457763

**天然耐火材料厂**
地址:湖南省醴陵市栗山坝镇居民委员会90号
负责人:朱建新
Tel:13786341538

**祥兴洗煤厂**
地址:湖南省涟源市斗笠山镇云盘村
负责人:曾谦和
Tel:0738－4662888
13337386913

## 汨罗市永泰铝业有限公司

业务:汨罗市永泰铝业有限公司成立于2006年,从事铝锭加工销售,欢迎新老客户来电洽谈业务!
地址:湖南省岳阳市汨罗市新市镇黄金街
负责人:朱振斌……邮　编:414000
法　人:朱振斌
Tel:0730－5612932

**联成锰业有限公司**
地址:湖南省涟源市湄江镇湄塘村
负责人:罗元球
Tel:0738－4720288
13907383958

**金坡玄武采石场**
地址:湖南省浏阳市龙伏镇段里村四楼组
负责人:陶民生
Tel:0731－85810085
13308409407

## 桑梓镇杨禾塘煤矿

业务:桑梓镇杨禾塘煤矿成立于2000年,主要从事煤炭的开采与销售。信誉第一,客户至上,竭诚欢迎广大新老客户来我公司洽谈业务,共同合作!
地址:湖南省新化县桑梓镇沙塘村
负责人:黎长庚……邮　编:417600
法　人:黎长庚
Tel:0738－3406000

**娄底市三星矿山设备制造有限公司**
地址:湖南省娄底地区娄星区乐坪西街
负责人:梁卫国
Tel:0738－8875333

**娄底市恒鑫铝业有限公司**
地址:湖南省娄底地区娄星区涟滨西街
负责人:彭曙初
Tel:0738－8511889

## 韶山宏锦铟银制品有限公司

业务:本公司成立于2004年4月,主要从事铟系列产品的深加工,银精矿及政策允许的矿产品和金属产品深加工,经营本企业自产产品及技术的出口业务和生产所需的原辅材料进口业务,产品广销国内各省、市、自治州,全年的产务及销售额达四千万元左右。
地址:湖南省韶山市韶山乡石忠村新田坳
邮　编:411300
法　人:宋若清
Tel:0732－5670638
Fax:0732－5670659

**娄底市中港冶化有限公司**
地址:湖南省娄底地区娄星区湘阳路10号
负责人:曾冬枝
Tel:13807381946

**涟源市祥兴煤业有限公司**
地址:湖南省娄底市涟源市斗笠山镇云盘村
负责人:曾谦和
Tel:13337386913

## 石门县太平镇重晶石矿厂

业务:石门县太平镇重晶石矿厂自成立十几年来,一直从事开采销售重晶石、萤石等石矿。本厂注重运用专业技术力量,从本质和技术上提高企业的安全生产水平。
地址:湖南省常德市石门县太平镇天鹅村
邮　编:430728
法　人:覃高潮
Tel:0736－5203278

**松达煤炭贸易有限公司**
地址:湖南省娄底市娄星区乐坪东街24号
负责人:刘如松
Tel:0738－3481999
13875498999

**娄底市英达工贸有限公司**
地址:湖南省娄底市娄星区涟钢钢城中路
负责人:陈亮如
Tel:0738－8610399
8613777
13873859516

## 双峰县长江耐磨铸件厂

业务:本公司成立于1994年,主要生产销售:各种型号的球磨机、衬板、破碎机齿板等耐磨铸件。竭诚欢迎新老客户来电洽谈业务!
地址:湖南省双峰县三塘铺镇长江村
负责人:戴利华……邮　编:417704
法　人:戴利华
Tel:0738－6624288
6624810

**佳友有色金属有限公司**
地址:湖南省汨罗市城郊乡上马村19幢
负责人:仇绍文
Tel:13973046828

**建峰有限责任公司**
地址:湖南省邵阳市洞口县山门镇双溪村
负责人:尹华洋

……………………Tel:0739－7110999
13829217172

**湘潭县凤凰矿业有限公司**
业务：我公司成立于2006年，主要开采褐铁矿，锰矿。
地址：湖南省湘潭市湘潭县响塘乡方石村高岭组
…………负责人：刘海春……邮　编：411202
……………………法　人：刘海春
……………………Tel:0732－7210277

**鼎胜建筑防水材料有限责任公司**
地址：湖南省邵阳市火车南站开发区园艺场新村三栋
……………………负责人：罗富光
……………………Tel:0739－5403333
13973901616

**邵东县昂利矿业有限责任公司**
地址：湖南省邵阳市邵东县工业品市场1栋2502号
……………………负责人：杨志华
……………………Tel:0739－2720468

**同信煤业有限公司**
地址：湖南省湘潭市潭家山镇紫竹村
……………………负责人：陈文光
……………………Tel:0731－57895788
13975232368

**湘潭县坪塘选煤有限公司**
业务：湘潭县坪塘选煤有限公司成立于2004年，主营燃煤、洗精煤（主焦煤）、焦煤、洁净煤等。本公司本着用诚信交朋友，以互惠做生意的宗旨，来不断发展完善自己！
地址：湖南省湘潭市湘潭县谭家山镇坪塘村
……………………邮　编：411231
……………………法　人：郭兵湘
……………………Tel:0732－7895702
……………………Mobile:13907322616
……………………Fax:0732－7895702

**建南金属制品有限公司**
地址：湖南省湘潭市下摄司阳塘路23号（阳塘木工厂内）
……………………负责人：周少明
……………………Tel:13007440876

**健力不锈钢制品厂**
地址：湖南省湘潭市湘潭县材总公司院内（107国道旁168公里附近）
……………………负责人：徐高中
……………………Tel:0731－57800428
13975257618

**永久社零零区泰山冶金炉料有限公司**
业务：本公司成立于2004年，主要生产硅锰合金。产品质量保证，价格合理。热忱欢迎新老客户来电洽谈业务！
地址：湖南省永州市珠山镇上田工业园
…………负责人：左仲富……邮　编：425000
……………………法　人：左名瑞
……………………Tel:0746－6551148

**湘潭县广源煤碳有限公司**
地址：湖南省湘潭市湘潭县谭家山镇榜塘村星屋组
……………………负责人：谭茂勇
……………………Tel:13707319662

**湘潭县林权锰业有限公司**
地址：湖南省湘潭市响塘乡农科村
……………………负责人：唐晓明
……………………Tel:13907322668

**攸县佳通煤业有限责任公司**
业务：攸县佳通煤业有限责任公司主要从事钢铁厂冶炼用动力精煤、发电厂用电煤，以质量求生存、信誉求发展，热忱欢迎国内外各界朋友光临，扩大合作，共谋发展！
地址：湖南省株洲市攸县上云桥镇枫岭村106国道旁
…………负责人：陈宁……邮　编：412300
……………………法　人：陈宁
……………………Tel:0733－4312516

**诚信不锈钢总汇**
地址：湖南省湘潭市雨湖区宝庆路万润大楼1号楼5号门面
……………………负责人：黄芝云
……………………Tel:0731－52320948
13873269368

**湘潭众一福利锰业有限公司鹤岭分公司**
地址：湖南省湘潭市雨湖区鹤岭镇红旗村斜井口
……………………负责人：李湘铭
……………………Tel:0731－57813578

**湘潭市德龙矿业有限公司**
地址：湖南省湘潭市岳塘区建设中路福星花园17号
……………………负责人：谭彩萍
……………………Tel:0731－58562007

**友丰锰业有限责任公司**
地址：湖南省湘西土家苗族自治州花垣县花垣镇狮子桥
……………………负责人：石宗武
……………………Tel:0743－7254176
13974387679

**久长矿业开发有限责任公司**
地址：湖南省湘西土家族苗族自治州保靖县魏竹路开发区
……………………负责人：吴国军
……………………Tel:0743－7862310
13707432378

**凤凰县宏洋工矿有限责任公司**
地址：湖南省湘西土家族苗族自治州凤凰县茶田镇工业区
……………………负责人：郑明友
……………………Tel:13517436618

**株洲市巨能焊材有限公司**
业务：株洲市巨能焊材有限公司成立于2003年3月，位于湖南省株洲市石峰区响石东路，交通便利。本公司生产、销售电焊条，产品销往全国各地，谒诚广大客户来电来函洽谈业务！
地址：湖南省株洲市石峰区响石东路
……………………邮　编：412000
……………………法　人：谭志远
……………………Tel:0733－8338192
……………………Fax:0733－8338596

**吉首市金泰矿业有限责任公司**
地址：湖南省湘西土家族苗族自治州吉首市文艺路2号
……………………负责人：王德静
……………………Tel:13574302666

**民友矿业有限责任公司**
地址：湖南省湘西自治州花垣县民乐镇
……………………负责人：丁晓兵
……………………Tel:0743－7644021
13574327595

**外贸锑品厂**
地址：湖南省益阳市安化县奎溪镇新华村
……………………负责人：龚朋飞
……………………Tel:13549710613

**雪峰铁合金冶炼有限公司**
地址：湖南省益阳市安化县平口镇
……………………负责人：谢国文
……………………Tel:0737－7522168
13875306313

**荣昌锑业有限责任公司**
地址：湖南省益阳市赫山区新市渡镇砖桥村
……………………负责人：刘建创
……………………Tel:0737－6645009
13907370652

**恒大粉末冶金有限责任公司**
地址：湖南省益阳市赫山区秀峰路72号
……………………负责人：吴新民
……………………Tel:0737－6182688
6186003
13007372688

**银丰活性碳有限公司**
地址：湖南省益阳市南县牧鹿湖乡哑巴渡
……………………负责人：陈克春
……………………Tel:13875334889

**江南冶金有限公司**
地址：湖南省益阳市桃江县泗里河乡朝中村
……………………负责人：王斗才
……………………Tel:0737－8310998
13973688648

**大洞锻造轧钢厂**
地址：湖南省永州市蓝山县大洞乡大洞村
……………………负责人：周继斌
……………………Tel:0746－2921094
13574608585

**永州远地铁合金有限公司**
地址：湖南省永州市祁阳县浯溪镇群力村
……………………负责人：刘国安
……………………Tel:0746－3280698
13327268287

**冶炼股份责任有限公司**
地址：湖南省永州市芝山区古木塘冶工业园
……………………负责人：陈建武
……………………Tel:13707462666

**芝山翔宇矿产品有限公司**
地址：湖南省永州市珠山镇广场西路9－10号
……………………负责人：唐中正
……………………Tel:13574662144

**金诚起重电磁铁有限公司**
地址：湖南省岳阳市九华山888号信箱
……………………负责人：彭日明
……………………Tel:0730－8312698
13908404319

**岳阳市鑫恒不锈钢制造有限公司**
地址：湖南省岳阳市冷水铺（原市铝型材厂内）
……………………负责人：苏维君
……………………Tel:0730－8517568

**华康玻璃钢制品厂**
地址：湖南省岳阳市汨罗市大众南路
……………………负责人：戴华国
……………………Tel:0730－5180020
13517308138

**汨罗市正利有色金属有限公司**
地址：湖南省岳阳市汨罗市汨罗江工业园
……………………负责人：何立高
……………………Tel:13974058272

**意达云母制品厂**
地址：湖南省岳阳市平江县南江镇柏树村
……………………负责人：陈海
……………………Tel:0730－6563558
13574009997

**恒标物资有限公司**
地址：湖南省岳阳市五里牌工业品批发大市场E栋19号
……………………负责人：肖功良
……………………Tel:0730－8223644
13873038583

**煤炭销售有限公司**
地址：湖南省岳阳市湘阴县三塘镇营田闸
……………………负责人：柳雄才
……………………Tel:13874075354

**福利硅沙矿**
地址：湖南省岳阳市岳阳县中洲乡
……………………负责人：周旭军
……………………Tel:0730－7880826
13574040822

**张家界市石林矿业有限公司**
地址：湖南省张家界市慈利县金坪乡
……………………负责人：何仁林
……………………Tel:0744－3537616

**湖南证大予捷矿业有限公司**
地址：湖南省张家界市永定区大桥路
……………………负责人：戴志康
……………………Tel:13974443008

**高桥冷轧带肋钢筋厂**
地址：湖南省张家界永定区大庸桥办事处高桥
……………………负责人：陈斌初
……………………Tel:13974440328

**株洲市唯楚不锈钢实业有限公司**
地址：湖南省株洲市荷塘区南岳岭
……………………负责人：杨朋汤
……………………Tel:13873307298

**株洲科锐硬质合金有限公司**
地址：湖南省株洲市天元区长江北路（株洲中小企业促进园A3栋1层1号）
……………………负责人：尹新龙
……………………Tel:13973366952

**群丰冶金化工有限责任公司**
地址：湖南省株洲市天元区群丰镇
……………………负责人：杜德忠
……………………Tel:13807410488

**南溟桥村红旗煤矿**
地址：湖南省株洲市攸县黄丰桥镇南溟桥村
……………………负责人：贺卫东
……………………Tel:0731－24683448
13317338978

**远鸿矿业有限公司**
地址：湖南省株洲市攸县新市镇火车站
……………………负责人：邱青山
……………………Tel:13907412948

**曾家坡电石厂**
地址：湖南省株洲市云田乡美泉村
……………………负责人：张红伟
……………………Tel:0731－22750238
13107000997

## 涟源市腾达洗煤厂

涟源市腾达洗煤厂具有优质高效低耗环保的洗煤设备，专业从事煤炭深加工，主营产品洗精煤。我厂秉承“顾客至上，锐意进取”的经营理念，坚持“客户第一”的原则为广大客户提供优质的产品。欢迎广大客户惠顾！

联系人：曾甲全

电话：0738-4663026 13807386150　传真：0738-4662388

地址：湖南省娄底市涟源市斗笠山镇石塘村　邮编：417119

## 湘潭县坪塘选煤有限公司

本公司专业从事煤炭洗选销售，主要产品包括原煤、洁净煤和焦炭。

我公司秉承“顾客至上，锐意进取”的经营理念，坚持“客户第一”的原则为广大客户提供优质的服务。欢迎广大客户惠顾！

联系人：郭文定

电话：0732-7895702 13873280888

地址：湖南省湘潭市湘潭县湘潭矿业公司三矿

## 临澧县城头山矿产开发有限公司

临澧县城头山矿产开发有限公司是一家专业从事矿产品开发与销售的企业。欢迎新老客户来电咨询，洽谈业务！

联系人：周启春

电话：0736-3138078、13508461143

地址：湖南省常德市临澧县九里乡五里村　邮编：415213

## 益阳胜希铸业有限公司

益阳胜希铸业有限公司成立于2003年，专业从事有色铸造加工，有色金属回收，机械加工，船舶轴系生产。

我厂将以最好的产品和服务来回馈广大客户的支持与厚爱，欢迎来电洽谈，来料加工！

联系人：肖志军

电话：0737-3272272 13973731380　传真：0737-2619466

地址：湖南省益阳市秀峰路78号　邮编：413000

## 祁东县建辰五金矿产有限公司

祁东县建辰五金矿产有限公司于2004年成立。本公司主要生产有色金属合金、电解二氧化锰深加工。现有反射炉六座，有色金属合金年生产能力为五万吨（以重有色金属计算）。现已定型产品有：镁锆（锆镁）合金；镁锶合金；铝铍（铍铝合金）；铅硒合金；铅砷合金；铅锑合金；铅锶合金；铅锡合金；铅基多元合金；铜砷（砷铜）合金。已按客户要求研制开发的合金有：铝镉合金；离心铸造用的锌镉合金及其替代品；锌锡合金；锌铝合金；高品质硫化钙。公司奉行“客户至上，信誉第一”的经营宗旨，视产品质量为企业生命。执行董事刘建辰先生率全体员工竭诚欢迎国内外朋友前来洽谈合作，共展宏图。www.jianchen-chem.cn

联系人：刘建辰

电话：0734-6338398、6339399　传真：0734-6337877　邮编：421661

地址：湖南省衡阳市祁东县过水坪镇　电子邮件：jianchen@jianchen-chem.cn

## 永州市零陵长冲锰业开发有限公司

永州市零陵长冲锰业开发有限公司成立于2008年。主要从事于锰矿的开采、销售。

紧紧围绕“创新、求实、诚信”的发展思路，努力创新开发具有竞争力的高品质产品，为企业营造更大的发展空间。

联系人：周武南

13711448988 15974091828

电话：0746-6245988

邮编：425000

地址：湖南省永州市零陵区香零山小区45号

## 邵阳市双清区琳然矿业加工厂

邵阳市双清区琳然矿业加工厂成立于2007年，本厂专业从事锰业加工、来料加工。“质量第一，诚信合作，用户至上”是我厂的经营宗旨，邵阳市双清区琳然矿业加工厂竭诚欢迎国内外朋友光临合作，携手并肩，共创未来。

联系人：姚琳然

电话：13786918376　13973954939　邮编：422000

地址：湖南省邵阳市双清区高崇山镇高崇山村1组

## 沅陵縣耀輝商貿有限責任公司

沅陵县跃辉商贸有限责任公司成立于2008年。

主要从事有色金属等矿产品贸易。

本着以质量求生存，以信誉求发展的方针。

欢迎您的来电，我们将竭诚为您服务！

联系人：李绍堂　13627458888

电话：0745-4322698

邮编：418000

地址：湖南省怀化市沅陵县兰波花园1单元402

## 松达煤炭贸易有限公司

松达煤炭贸易有限公司成立于2004年，主要从事煤炭的销售。

欢迎新老客户光临惠顾！

联系人：刘如松

电话：0738-3482628　13875498999

地址：湖南省娄底市新化县温塘镇祥星村　邮编：417000

## 岳阳中洲乡铜盆福利硅沙矿

岳阳中洲乡铜盆福利硅沙矿成立于1996年，主要从事于石英砂的生产和销售。

本公司秉承“顾客至上，锐意进取”的经营理念，坚持“客户第一”的原则为广大客户提供优质的服务。在同行供应中保证质优价廉的基本理念与国内外客商建立合作关系，竭诚为您提供一流的产品、全方位的服务，让我们在互惠双赢中共同发展。

联系人：周旭军　电话：0730-7880826

地址：湖南省岳阳市岳阳县中洲乡　邮编：414000

**久铭实业有限公司**
地址：广东省深圳市宝安区龙华镇大浪村华昌路52号
负责人：唐建忠
Tel：0755－28030829
13802573069

**廉江市青平龙达陶瓷原料厂**
业务：陶瓷原料，工业原料
产品：广东省廉江市青平镇石圭坡村委会蓝地岭
负责人：苏亚八　邮　编：524038
法　人：苏亚八
Tel：13827127228
13602818758
0759－6311198

**深圳市长泰金属材料有限公司**
业务：深圳市长泰金属材料有限公司成立于2006年，主要从事于金属材料的销售。欢迎新老客户光临、惠顾！
地址：广东省深圳市宝安区龙华镇街道下早新村1号厂房1楼
负责人：廖建立　邮　编：518109
法　人：廖建立
Tel：0755－28136968

**大埔县镍王不锈钢经营部**
业务：销售镍王不锈钢管、板及其配件
地址：广东省梅州市大埔县湖寮镇大埔大道富源楼3、4号
负责人：罗洪武　邮　编：051400
法　人：罗洪武
Tel：0753－5538360
Fax：0753－5538360

**海利特种石膏粉经营部**
地址：广东省深圳市宝安区龙华镇东环二路美丽365号E2座D单元107号
负责人：滕树清
Tel：0755－28114066
13600425802

**连山壮族瑶族自治县祥和机制木糠炭厂**
业务：木糠炭生产销售
地址：广东省清远市连山壮族瑶族自治县小三江镇加田移民村
负责人：黄本加　邮　编：511500
法　人：黄本加
Tel：0763－8970230

**金之华硬质合金商行**
地址：广东省深圳市宝安区龙华镇工业东路利金城科技工业园商铺12号1－2层
负责人：胡孝文
Tel：0755－89955196
13902998752

**连州市众城化工专用钙厂**
业务：重质碳酸钙、活性粉、人造石专用钙
地址：广东省清远市连州市西江镇外塘工业园内
负责人：黄文钦　邮　编：513439
法　人：黄文钦
Tel：0763－6531862
13709653489

**深圳市正源祥实业有限公司**
地址：广东省深圳市宝安区龙华镇水斗老围村新南工业区B2幢4楼
负责人：宋克榜
Tel：0755－28065800
13138896593

**清远市清城区天宝不锈钢批发店**
业务：惠州锐达牌进口材料不锈钢管批发；另开展室内外装修；加工防盗网、楼梯扶手、铝合窗、不锈钢家具、水电安装等业务
地址：广东省清远市清城区东城笔架中路工业区D幢首层
负责人：曾志宁　邮　编：511510
法　人：曾志宁
Tel：13413528718
0763－3900135
18926611487

**深圳市三青表面科技有限公司**
业务：深圳市三青表面科技有限公司主要从事电镀表面处理原物料的销售。"以质量求生存，以信誉求发展"，热诚欢迎广大新老客户光临、惠顾！
地址：广东省深圳市宝安区沙井镇大王山第三工业区第三栋第一层
负责人：陈旭位　邮　编：518104
法　人：陈树坚
Tel：0755－29879800
Fax：0755－29879807
网址：www.mtw51167.chinapyp.com
E-mail：teamly@hotmail.com

**深圳市龙昌模具钢材有限公司**
地址：广东省深圳市宝安区松岗镇广深路段109、110号
负责人：陈德昌
Tel：0755－27713308
13600274396

**清新县太平镇君合信钢材部**
业务：销售钢材
地址：广东省清远市清新县太平镇清四公路边15号（即清西市场商住小区售楼部对面）
负责人：许惠衡　邮　编：511500
法　人：许惠衡
Tel：13602939529
0763－5775236
Fax：0763－5775236

**长城五金模具行**
地址：广东省深圳市宝安区沙井镇黄埔东路2号
负责人：吴文庆
Tel：13714705799

**清新县太和镇中名管材经营部**
业务：锚牌工业管道、耐高温、耐酸碱，雄塑PVC管总经销，钢塑管
地址：广东省清远市新城区广清大道人民3路路口/清远市清新县太和镇清和大道凯逸酒店对面加油站旁空地
负责人：潘家华　邮　编：511500
法　人：潘家华
Tel：13211119919
0763－3384190
5811865

**金隆研磨材料行**
地址：广东省深圳市宝安区石岩镇老街侨联楼A栋401房
负责人：曾先生
Tel：0755－27604408

**阳山县黎埠镇湖洋坳铁矿经营部**
业务：经营铁矿
地址：广东省清远市阳山县黎埠镇大龙管理区
负责人：黄顺民　邮　编：511500
法　人：黄顺民
Tel：13922559842
0763－8472360

**锦顺发机械电热配件部**
地址：广东省深圳市宝安区石岩镇三祝里村
负责人：博元有
Tel：0755－27632788
13501572743

**英德市浛洸镇广华铝材店**
业务：经营铝材及铝结构安装
地址：广东省清远市英德市浛洸镇新市场湖洋路B24栋
负责人：文志权　邮　编：511500
法　人：文志权
Tel：0763－2854268
13726950388

**阳江市圣泰抛磨材料有限公司**
业务：阳江市圣泰抛磨材料有限公司生产销售尼龙轮等抛磨材料。
地址：广东省阳江市马南路金雅居101房
邮　编：529500
法　人：欧茂林
Tel：0662－3162613
Fax：0662－3623078

**龙广模架钢材有限公司**
业务：经营模架钢材
地址：广东省汕头市澄海区莱美路秀水园对面
负责人：潘生　邮　编：515000
法　人：潘占国
Tel：13902705755
0754－85835818
85835815

**聚源特殊钢商行**
地址：广东省深圳市宝安区石岩镇羊台山路35号
负责人：宋国勤
Tel：0755－27607397
13714740598

**汕头市长厦喷漆服务组**
业务：喷漆、烤漆
地址：广东省汕头市护堤路19号
负责人：林华青　邮　编：515000
Tel：0754－88229215
15815129510

**深圳市联胜钢化贸易有限公司**
地址：广东省深圳市福田保税区桥楠道福兴大厦6楼
负责人：李琼珊
Tel：0755－83599993

**航宇贸易有限公司**
地址：广东省深圳市福田区八卦二路西街华商达汽配城B6－7
负责人：胡涛
Tel：0755－82414472
13543320994

**健铝金属有限公司**
业务：铝板销售
地址：广东省深圳市南山区太子路华达大厦513号
负责人：方健　邮　编：518000
法　人：方健
Tel：0755－26670093
26672979

**汕头市金平区荣欣物资有限公司**
业务：钢材经营
地址：广东省汕头市金平区光华路99号右起第五一第六铺面
负责人：黄舜珠　邮　编：515000
法　人：黄舜珠
Tel：0754－88218313
88204494

**恒兴五金模具配件部**
地址：广东省深圳市宝安区松岗镇人民医院对面
负责人：邓承伟
Tel：13823728399

**深圳市新宏盛五金发黑厂**
业务：五金件，螺丝，模具
产品：五金件，螺丝，模具
地址：广东省深圳市宝安区观澜镇牛湖君子布
负责人：莫生　邮　编：518000
法　人：莫东春
Tel：0755－28017100
Fax：0755－28018411

**英德市巨元矿业有限责任公司**
业务：英德市巨元矿业有限责任公司主要从事铁矿的收购、加工，产品质量好，品种齐全，性价比高，欢迎新老客户来电咨询，洽谈业务！
地址：广东省清远市英德市英城城西管理区
负责人：叶整家　邮　编：513000
Mobile：13385883796
13357086707

**鸿达电镀厂**
业务：各种五金工件的环保锌（兰锌、白锌、彩锌、黑锌）环保镍、环保三价铬、煲黑等电镀项目
地址：广东省深圳市龙岗区坑梓镇大水湾工业区
负责人：龙经理　邮　编：518000
法　人：龙大华
Tel：13670039448
0755－61220081

**捷硕合金电子有限公司**
地址：广东省深圳市宝安区西乡镇76区富盈门花园A栋A1座907号
负责人：李芬
Tel：0755－27473586
13530664483

**深圳市华东模具特殊钢批发**
业务：钢材批发
地址：广东省深圳市龙岗区龙岗街道同乐村深汕路307号
负责人：刘少东　邮　编：518000
法　人：刘少东
Tel：0755－89616635
89616625
Fax：0755－89616615

**金永昌钢材零售店**
地址：广东省深圳市宝安区西乡镇固戍南昌新村北43号
负责人：顾庆明
Tel：0755－27475172
13760103593

**曙光电镀厂**
业务：镀金、镀铂金、镀银、镀PNP、白铜锡、玫瑰金
地址：广东省深圳市龙岗区坪山街道碧岭工业区秀明南路8#
负责人：张先生　邮　编：518118
法　人：张京隆
Tel：0755－89930164
89930731
Fax：0755－89930539

**四会市东城区鑫星光磨具销售部**
业务：磨具销售
地址：广东省四会市东城区四会大道北98座
负责人：李国明　邮　编：526200
法　人：李国明
Tel：0758－3165909

**湛江市霞山海新钢材市场**
业务：湛江市霞山海新钢材市场主要经营钢材、型材等建筑材料及装饰材料。海新钢材市场承蒙社会各界的鼎力支持，市场各种建筑型号材料齐全，价格适宜，欢迎广大客户光临惠顾！
地址：广东省湛江市霞山区东新路
邮　编：524018
法　人：林智仁
Tel：0759－2306891
Fax：0759－2310002

**兴宁市宁中镇鸭桥稀土灼烧加工厂**
业务：稀土加工，产品：氧化稀土
地址：广东省兴宁市洪达花园32号
负责人：钟惠杰　邮　编：514021
法　人：钟惠杰
Tel：13826695333
0753－3250302
3257631
Fax：0573－3257631

**深圳市福田区鸿发塑钢铝合金不锈钢制品行**
地址：广东省深圳市福田区福强路元盛兴苑B栋1楼16号
负责人：宋敦仍
Tel：13068722419

**阳江市江城区朝华不锈钢门窗厂**
业务：加工，销售，安装不锈钢豪华门、拉闸、铝窗，五金配件
地址：广东省阳江市江城区沿江北路99号
负责人：陈昌华　邮　编：529500
法　人：陈昌华
Tel：13664971258
0662－3686778

**宇力空调配套保温材料行**
地址：广东省深圳市福田区岗厦辛城花园首层D1栋1001号铺
负责人：李文生
Tel：0755－82921308
13502846919

**罗定市太平镇前进牌铝合金**
业务：前进牌铝合金代理经营
地址：广东省云浮市罗定市太平镇城东大道112号
负责人：黎汉泉　邮　编：527300
法　人：黎汉泉
Tel：0766－3272123

**深圳市六通实业有限公司**
地址：广东省深圳市福田区泰然四路泰康轩2716室
负责人：郭文华
Tel：0755－83453059
13556867211

**遂溪县北坡凤铝铝材店**
业务：经营铝材销售
地址：广东省湛江市遂溪县北坡镇文明路（北坡车站）
负责人：李国强　邮　编：524038
法　人：李国强
Tel：13827192896
0759－7172628

**三诚磨料磨具直销部**
地址：广东省深圳市龙岗区爱联新屯路31号
负责人：张纪华
Tel：0755－28992376
13510829779

**高要市白诸镇东村瓷砂场**
业务：陶瓷原料
产品：中英砂、低英砂
地址：广东省肇庆市高要市白诸镇东村村委会荔枝坑村
负责人：冼志良　邮　编：526040
法　人：冼志良
Tel：13824619229
0758－8428332

**欣向荣实业有限公司**
地址：广东省深圳市龙岗区布吉镇坂田吉华路555号第五楼
负责人：向建波
Tel：13602769568

**怀集县怀城镇文化煤场**
业务：煤碳的销售
地址：广东省肇庆市怀集县怀城镇解放北路（登云亭莲花庄坡下）
负责人：曾高潮　邮　编：526040
法　人：曾高潮
Tel：13542958233
13542911161

**新江益绝缘材料商行**
地址：广东省深圳市龙岗区布吉镇坂田新围村二巷十七号一楼
……负责人：裴军
……Tel:0755－28778780
13922815676

**怀集县马宁镇黎强新光机制木炭厂**
业务：专业生产和销售木炭
产品：木炭
地址：广东省肇庆市怀集县马宁镇谭播村芝岗经济合作社
……负责人：黎强　邮　编：526040
……法　人：黎强
……Tel:13556517863
0758－5461483

**中山市小榄镇典业金属材料经营部**
业务：中山市小榄镇典业金属材料经营部成立于2005年，主要经营冷轧板，不锈铁，不锈钢销售与加工分条，平直为一体，欢迎新老客户光临、惠顾、咨询！
地址：广东省中山市小榄镇环镇路小榄金属材料市场410－416商铺
……负责人：张晓南……邮　编：528415
……法　人：张晓南
……Tel:0760－2137165
……Fax:0760－2277689
……E-mail:dianye@163.com

**中山市南头镇海瑞不锈钢经营部**
业务：展架、铁艺花架、铁线工艺等
地址：广东省中山市南头镇光明南路67号
……负责人：黄海龙　邮　编：528400
……法　人：黄海龙
……Tel:0760－23833970
13824767926

**帝饰宝金属制品厂**
地址：广东省深圳市龙岗区布吉镇木棉湾工业区二排二座一楼
……负责人：郭利平
……Tel:0755－28882101
13603059779

**中山市三乡镇豪润五金塑胶厂**
业务：静电五金喷涂
产品：五金喷涂
地址：广东省中山市三乡镇大布村塘下大街4号
……负责人：黄祖伟　邮　编：528463
……法　人：黄祖伟
……Tel:0760－23387156
……Fax:0760－23387056
……E-mail:huangzuwei2008@21cn.com

**刚麟工贸有限公司**
地址：广东省深圳市南山区西丽镇长源工业区
……负责人：谢定升
……Tel:0755－26979470

**深圳市创格工业产品设计制作有限公司**
地址：广东省深圳市南山区兴海路南山荔山工业村2栋12层
……负责人：陈庆国
……Tel:0755－86060105
86060110

**上海港荣钢铁材料有限公司深圳市分公司**
地址：广东省深圳市南山区月亮湾大道妈湾钢材集散中心201室
……负责人：高观弟
……Tel:0755－26837528
13600404718

**圣泰抛磨材料有限公司**
地址：广东省阳江市江城区金山路北侧
……负责人：关则健
……Tel:0662－3623178
3623078
13926393808

**深圳市龙岗区布吉三兴技研制造厂**
地址：广东省深圳市龙岗区布吉镇水径上八约华兴工业区五幢一楼
……负责人：邱巧玉
……Tel:0755－28591717
13603063160

**中山市三乡镇毅雄五金制品厂**
业务：五金制品
地址：广东省中山市三乡镇西山村西山路75号
……负责人：王先生　邮　编：528403
……法　人：王毅
……Tel:0760－23803169

**深圳市森日有机硅材料有限公司**
地址：广东省深圳市龙岗区布吉镇下李朗新工业区5栋
……负责人：李向真
……Tel:13530692452

**中山市沙溪镇广兴隆不锈钢工程部**
业务：不锈钢、铝合金工程
地址：广东省中山市沙溪镇宝珠东路1号之5第2卡
……负责人：冯恕余　邮　编：528403
……法　人：冯恕余
……Tel:13590854396
0760－87819399
87819368
……Fax:0760－87819368

**深圳市中桥表业玻璃晶片厂**
地址：广东省深圳市龙岗区横岗镇四联村四联路291号四楼
……负责人：吴新强
……Tel:13138852139

**科誉研磨抛光材料商行**
地址：广东省深圳市龙岗区龙岗镇爱联吓村15号
……负责人：李丽华
……Tel:0755－28988825
81073303

**中山市小榄镇金鲸金属材料销售部**
业务：销售铁板
地址：广东省中山市小榄镇新市菊城大道中69号前排之二
……负责人：陈锡耿　邮　编：528403
……法　人：陈锡耿
……Tel:0760－86960120

**深圳市铝源通实业发展有限公司**
地址：广东省深圳市南山区东滨路东滨华苑悦山阁17F
……负责人：伯志伟
……Tel:0755－26735836

**利达五金手表玻璃厂**
地址：广东省深圳市南山区关口正街169号5栋4楼
……负责人：李海林
……Tel:0755－26462872
13113660593

**深圳市毅鑫金属制品有限公司**
地址：广东省深圳市南山区后海路云海天城B座11楼B号房
……负责人：李永平
……Tel:0755－27235236

**优普泰阻燃应用技术有限公司**
地址：广东省深圳市南山区南油天安工业区第3座5楼B
……负责人：杨芝花
……Tel:0755－26410569

**东砂磨料磨具深圳市有限公司**
地址：广东省深圳市南山区西丽湖工业区8栋2楼
……负责人：张文清
……Tel:0755－26624751
13632566404

# 广西壮族自治区 /Guangxi Zhuang Autonomous Region

**斯达特锰材料有限公司**
地址：广西壮族自治区百色市靖西县湖润镇
负责人：刘善方
Tel：0776－6189108
13347661621

**广东省化州市海利集团不锈钢制管厂**
业务：不锈钢管道经营
地址：广西北海市北京路珠城花园 B7 栋
负责人：张一辉 邮编：536000
Tel：0779－3215328
2076868

**上思县思林铁合金厂**
业务：上思县思林铁合金厂成立于 2001 年，是一家以生产硅锰合金为主的厂家，产品严格按国家标准和较先进的企业标准及用户需求组织生产，检测手段齐全，工艺先进，竭诚欢迎新老客户共谋企业发展，同创最佳效益。
地址：广西防城港市上思县县城东郊
邮编：535500
法人：潘汉文
Tel：0770－8500309
Fax：0770－8500309

**广西平果布荣矿业有限公司**
地址：广西壮族自治区百色市平果县果化镇布荣村石灰生产基地
负责人：林国信
Tel：13977604818

**贵港格雷蒙锑品有限公司**
业务：三氧化二锑
地址：广西省贵港市八塘镇江南工业园区三水铝业内
负责人：吕芳炜 邮编：537000
Tel：0775－4773814
Fax：0775－4772483

**平果县红地球石灰生产经营部**
地址：广西壮族自治区百色市平果县教育路 91 号
负责人：麻文趣
Tel：0776－5833666
1351750098

**鲁桂特钢有限公司**
业务：圆钢
地址：广西省柳州市红碑路红卫市场南区 4－5 号
负责人：王忠敏 邮编：545000
法人：王忠敏
Tel：0772－2508199
2523067

**平果县残留铝土矿开发有限责任公司**
地址：广西壮族自治区百色市平果县马头镇龙居开发区龙明街 89 号
负责人：龙柳雪
Tel：13807879888

**攀枝花新钢钒股份有限公司柳州销售分公司**
业务：钢铁产品
地址：广西省柳州市三中路 140 号
负责人：陈文龙 邮编：545000
法人：陈文龙
Tel：0772－2871210
2871201
13978079000
Fax：0772－2871211

**百色市卓越矿业有限责任公司**
地址：广西壮族自治区百色市右江区城北一路 33 号
负责人：梁伟
Tel：13087950081

**盛鑫源合金制品销售部**
业务：专门销售不锈钢制品
地址：广西省梧州市红岭路福兴大酒店 4 号楼一层 9 号
负责人：毛登扣 邮编：543002
法人：毛登扣
Tel：0774－3892898
13877405485

**乐业县澳鑫矿业有限责任公司**
业务：乐业县澳鑫矿业有限公司成立于 2005 年，从事各种矿产开采，黄金为主，矿产品购销及加工，欢迎新老客户来电洽谈业务！
地址：广西省百色市乐业县县城
负责人：罗建明 邮编：533200
法人：罗建明

Tel：0776－7926426

**沙陂镇铸件厂**
业务：耐磨钢球、各种钢板
地址：广西省玉林市博白县沙陂镇
负责人：邓允商 邮编：537615
法人：邓允商
Tel：13607753081
0775－8609288

**百色市新泰新开发矿业有限责任公司**
地址：广西壮族自治区百色市右江区东合一路东旦小区光华苑 J7 号
负责人：庞明坚
Tel：13877683388

**春达铝业**
业务：凤铝铝材荣获"中国驰名商标"、"中国名牌"。
地址：广西省玉林市陆川县城北建材专业市场 2 档
负责人：罗先生 邮编：537000
Tel：0775－7315978
8935598

**百色昶乐钢铸件有限公司**
地址：广西壮族自治区百色市右江区永乐乡岩洋村
负责人：郑孝勤
Tel：0776－8887829

**林祥孝建筑材料店**
业务：铁板、槽钢、角钢、扁铁、镀锌管
地址：广西省玉林市陆川县城北建材专业市场 6 号
负责人：林祥孝 邮编：537000
法人：林祥孝
Tel：13807752429
0775－7315969

**广西大新县新湖锰业有限公司**
地址：广西壮族自治区崇左市大新县桃城镇民生街
负责人：张绍同
Tel：13907819450

**田东县鑫华龙不锈钢总经销**
业务：鑫华龙不锈钢
地址：广西壮族自治区百色市田东县东宁西路
负责人：廖志 邮编：533000
法人：廖志
Tel：0776－5234767

**水口鑫星冶炼有限公司**
地址：广西壮族自治区崇左市龙州县水口镇
负责人：蒋诗顺
Tel：0771－8870559
13788704188

**恭城县竹搭桥石灰厂采石场**
业务：石头开采、加工、销售
产品：石灰
地址：广西壮族自治区桂林市恭城县平安乡黄埠村竹搭桥
负责人：常学良 邮编：541002
法人：常学良
Tel：13635160605

**河池市德高贸易有限责任公司**
业务：主要经营矿产品、有色金属
地址：广西壮族自治区河池市东江镇下伍尾屯 58 号
负责人：王清高 邮编：547000
法人：王清高
Tel：15878869111
13617781999
网址：http://www.51zzt.comuser/zzt40805/product/33425.htm

**富石矿业有限公司**
业务：富石矿业有限公司成立于 1998 年，主要生产销售重晶石及其它矿石（国家限制的除外）。热忱欢迎新老客户惠顾，洽谈业务，共同合作！
地址：广西省来宾市象州县象州镇光明路 3 号
邮编：545800
法人：梁石忠
Tel：0772－4366637
Fax：0772－4366637

**广西天等县达豪锰业有限责任公司**
地址：广西壮族自治区崇左市天等县进结镇（原水产养殖场）
负责人：零才光
Tel：13907819403

**鹿寨县黄冕乡龙屯重晶石矿场**
业务：重晶石矿的普查
地址：广西壮族自治区柳州市鹿寨县鹿寨镇南市街 1 号
负责人：罗家声 邮编：545600
法人：罗家声
Tel：13907821803
0772－6815382

**防城港市佳中溢矿业有限公司**
地址：广西壮族自治区防城港市防城区滩营乡菠萝根村
负责人：田野
Tel：0770－3253372

**防城港市坤龙矿业有限公司**
地址：广西壮族自治区防城港市港口区兴港大道外运宿舍二栋 304 室
负责人：张炳任
Tel：13877019865

**钦州市钦州港卓翔工贸有限公司**
业务：锰矿、锰合金
地址：广西壮族自治区钦州市钦州港大华财富广场一期第一幢 A—0909
负责人：唐易翔 邮编：535000
法人：唐易翔
Tel：0777－3885858
15907775818

**桂林恭城长行冶金炉料有限责任公司**
地址：广西壮族自治区桂林市恭城瑶族自治县鹅山弄苗圃
负责人：石宏
Tel：13635161970

**广西凤山县金龙矿业开发有限公司**
业务：广西凤山县金龙矿业开发有限公司成立于 2005 年，主要从事方解石的开采与销售。"以质量求生存，以信誉求发展"，竭诚欢迎您的光临、指导！
地址：广西壮族自治区河池市凤山县凤城镇坡雄堡
负责人：秦爱玲 邮编：547600
Tel：0778－6817976

**华阳冶炼有限公司**
地址：广西壮族自治区桂林市灌阳县黄关镇中秀村
负责人：王拥政
Tel：0773－4031088
13097931088

**灌阳县裕发冶炼厂**
地址：广西壮族自治区桂林市灌阳县西山坪工业区
负责人：唐晓艳
Tel：0773－4212789

**荔浦天周牛岩石灰厂**
地址：广西壮族自治区桂林市荔浦县新坪镇安民村牛岩
负责人：何天周
Tel：0773－7164689
13014856687

**广西桂林平乐健威矿产加工有限公司**
地址：广西壮族自治区桂林市平乐县同安镇华山村委涧头印山洲
负责人：肖石珍
Tel：13978422350

**广西环江毛南族自治县金港冶炼有限公司**
业务：广西环江毛南族自治县金港冶炼有限公司成立于 2004 年 10 月，本公司为冶炼电解金的厂家，数量稳定，质量可靠，欢迎垂询洽谈！
地址：广西壮族自治区河池市环江毛南族自治县城北加油站斜对面
邮编：547100
法人：何秀华
Tel：13481835188
Fax：0778－8870900

**全州县黄沙河拍全冶炼厂**
地址：广西壮族自治区桂林市全州县黄沙河镇变电站内
负责人：蒋材钦
Tel：13517536436

**兴安福兴金属加工厂**
地址：广西壮族自治区桂林市兴安县界首镇百里开发区
负责人：李其蔚
Tel：13788434288

**桂兴铁合金有限公司**
地址：广西壮族自治区桂林市兴安县溶江镇白竹铺
负责人：蒋树发
Tel：0773－6058398
13607738971

**河池市金城铟锌冶炼有限责任公司**
地址：广西壮族自治区河池市金城江区乾霄路 175 号
负责人：韦立凡
Tel：13317688269

**广西钟山县金易冶炼有限责任公司**
业务：公司成立于 1999 年，以金属锡的冶炼和销售为主，每年生产精锡约 3000 多吨，产品大部分出口国际市场，部分销往珠三角和长江三角洲地区，年产值可达 1 亿多元人民币。所创 GBS 品牌在国际市场享有较高知名度。
地址：广西壮族自治区贺州市钟山县县城西路
邮编：542600
法人：周顺
Tel：0774－8983298
8987769

Fax：0774－8985111

**南丹县坡前选矿厂**
地址：广西壮族自治区河池市南丹县车河镇坡前村
负责人：官寿德
Tel：13317781333

**广西环江金泰矿业有限责任公司**
地址：广西壮族自治区河池市南新东路 5 巷 28 号
负责人：骆海平
Tel：0778－2205911
13807785088

**广西合山市弘祥铁合金有限公司**
地址：广西壮族自治区来宾市合山市金山中路 98 号
负责人：何铁生
Tel：0772－8919166
8914128
13978216608

**金秀瑶族自治县文学矿产经营部**
地址：广西壮族自治区来宾市金秀瑶族自治县桐木镇向阳路
负责人：李文学
Tel：0772－6353078

**广西柳州雀城钢业有限公司**
地址：广西壮族自治区柳州市柳北区北雀路 104 号
负责人：张宏仙
Tel：13707828392

**弘祥铁合金有限公司**
业务：本公司集科研、生产、经贸、酒店服务于一体的科、工、贸的企业。主要产品有高、中、低碳锰铁，中、低微碳铬铁，锰铝合金和锰硅合金。公司愿以优良的服务，可靠的质量，为用户提供满意的产品，我们愿与国内外各界朋友竭诚合作，携手共进，共创美好未来。
地址：广西壮族自治区来宾市合山市金山中路 98 号
邮编：546500
法人：何铁生
Tel：0772－8919167
Fax：0772－8919168

**柳州市骏信金属制品有限责任公司**
地址：广西壮族自治区柳州市柳南区西鹅乡山头村大都湖二组
负责人：周德彪
Tel：13878220511

**鹿寨县龙达铁合金有限公司**
地址：广西壮族自治区柳州市鹿寨县城南综合经济开发区工业园二区（原罐头食品厂内
负责人：蒋建军
Tel：13877397891

**鹿寨县江东福利冶炼厂**
地址：广西壮族自治区柳州市鹿寨县鹿寨镇建中西路 4 巷 31 号
负责人：古应明
Tel：0772－6812513

**广西象州吉象锰业有限责任公司**
业务：经营范围：电解金属锰，锌锭，碳酸锰矿石，硫化锌精矿，硫酸，二氧化硒。
地址：广西壮族自治区来宾市象州县象州镇南文笔岭
负责人：陈德根 邮编：545800
Tel：0772－4369001

**鹿寨县三英金属制品有限责任公司**
地址：广西壮族自治区柳州市鹿寨县中渡镇朝阳村六末屯
负责人：曾俍瑾
Tel：13517728483

**广西河池市康吉矿业有限公司宾阳分公司**
地址：广西壮族自治区南宁市宾阳县芦圩镇商贸城东二区 100 号
负责人：邓治春
Tel：13307813485

**南宁市顺鑫金属材料有限公司**
地址：广西壮族自治区南宁市城北区虎邱城北钢材市场第 A 栋 1－2 号
负责人：廖卫星
Tel：13907717280

**广西南宁市淡氏钢材有限责任公司**
地址：广西壮族自治区南宁市城北区虎邱城北钢材市场有限公司
负责人：淡露露
Tel：13978883775

**广西胜邦矿业有限责任公司**
地址：广西壮族自治区南宁市城北区火炬路 1 号创业大厦 801
负责人：朱海东
Tel：13307710214

**广西南宁市桂润锰业有限责任公司**
地址：广西壮族自治区南宁市城北区科园大道 25 号科园大厦 524 号
负责人：朱军
Tel：13977198918

**来宾市金叶矿产品加工厂**
业务：来宾市金叶矿产品加工厂成立于 2000 年，公司主要业务是加工矿产品，其产品有石英砂、锰矿、烧结矿、硅石等。热忱欢迎来电垂询！
地址：广西壮族自治区来宾市兴宾区凤凰镇八一铁合金厂新华小区 421 号
邮编：546102
法人：叶瑞文
Tel：0772－4812488

…… Fax:0772－4812488
…… 网址:http://lbjy.chinapyp.com

**南宁美基铝业有限责任公司**
地址:广西壮族自治区南宁市隆安县那桐镇浪湾华侨农场(隆安华侨经济区)
…… 负责人:王洪飞
…… Tel:13367616458

**广西上林县能旺矿业有限责任公司**
地址:广西壮族自治区南宁市上林县大丰镇霞客路 194 号
…… 负责人:覃元旺
…… Tel:13768816899

## 鹿寨县乐荣金属制品有限公司
业务:鹿寨县乐荣金属制品有限公司成立于 1993 年,现有员工 1000 余人,从事钢材及建筑材料的生产。欢迎新老客户来电咨询,洽谈业务。
地址:广西壮族自治区柳州市鹿寨县雒容镇工业区
…… 邮　编:545616
…… 法　人:林程毫
…… Tel:0772－6511413
6513883
…… Fax:0772－6513890

**广西弘园矿业勘查开发有限责任公司**
地址:广西壮族自治区南宁市新城区民族大道 45 号金融大厦 B 座左侧 6F 号
…… 负责人:黄志灵
…… Tel:13878120003

**南宁市百济圣恒机电材料有限责任公司**
地址:广西壮族自治区南宁市新城区民族大道 86 号金和大厦第八楼 816 号
…… 负责人:廖桂青
…… Tel:13978895789

**广西鑫湾矿业有限公司**
地址:广西壮族自治区南宁市新城区钻石广场 16A10 号房
…… 负责人:黄民健
…… Tel:13878821198

**广西英邦铝业有限公司**
地址:广西壮族自治区南宁市邕宁县大塘镇太安南北二级公路 32 公里处
…… 负责人:吴桂全
…… Tel:13978859003

**广西钦州华泰五金塑胶新材料制品厂**
地址:广西壮族自治区钦州市大番坡镇进港公路边葵子小区
…… 负责人:邓健
…… Tel:0777－2832888

## 广西融水科化粉体有限公司
业务:我公司成立于 2004 年、公司生产销售碳酸钙、方解石、滑石、重晶石等、热诚欢迎新老客户来电洽谈!
地址:广西壮族自治区柳州市融水苗族自治县融水镇
…… 负责人:韦有文……邮　编:545300
…… Tel:0772－5125866
…… Fax:0772－5123366

**双发冰厂**
地址:广西壮族自治区钦州市灵山县七星开发区
…… 负责人:覃之双
…… Tel:0777－6421166

13014975221

**梧州市金鑫矿业有限公司苍梧分公司**
地址:广西壮族自治区梧州市苍梧县大坡镇胜洲村椿花组
…… 负责人:李三一
…… Tel:13635117775

**藤县荣隆铅锌选矿厂**
地址:广西壮族自治区梧州市藤县大黎镇平安村
…… 负责人:田庆芳
…… Tel:13337337777

**淄博福禄新型材料有限责任公司北流分公司**
地址:广西壮族自治区玉林市北流市北流镇一环北路 0015 号
…… 负责人:张砚庆
…… Tel:0775－6237016

## 广西南宁凯多贸易有限公司
业务:广西南宁凯多贸易有限公司主要经营煤炭、铁矿、锰矿、焦炭等。多年来,我们以诚信为本、质优为根、创新为先的经营理念,为广大用户提供了快捷、优质的服务。
地址:广西壮族自治区南宁市马山县白山镇巴更路 136－1 号
…… 邮　编:530600
…… 法　人:黄森
…… Tel:0771－6818576
…… Fax:0771－6818575

**北流市新圩永兴耐火材料厂**
地址:广西壮族自治区玉林市北流市新圩工业园区(神通水泥厂纸袋车间东边)
…… 负责人:叶振坤
…… Tel:13977511606

## 南宁钡安矿业有限公司
业务:南宁钡安矿业有限公司成立于 2005 年,主要从事矿产品出口业务。公司实力雄厚,并以优良齐全的产品、快捷周到的服务在国际、国内市场上赢得了良好的信誉。
地址:广西壮族自治区南宁市新城区汇春路 4 号金湖大厦十层 1005 号房
…… 邮　编:530013
…… 法　人:黄永红
…… Tel:0771－2265216
…… Fax:0771－5503073

**马田萤石矿**
地址:广西壮族自治区玉林市兴业县北市镇钦善村
…… 负责人:吴大深
…… Tel:13978502658

## 玉林市鑫鑫矿业有限责任公司
业务:玉林市鑫鑫矿业有限责任公司成立于 2006 年前,矿产资源开发,加工销售矿产品,生产销售空心砖等,本公司热忱欢迎您的来电!
地址:广西壮族自治区玉林市玉州区茂林镇鹿峰村马鞍山
…… 负责人:杨礼东……邮　编:537000
…… 法　人:杨礼东
…… Tel:0775－2131008
2131209
…… Fax:0775－2131008





# 海南省/Hainan Province

**海南钢铁公司集体企业公司**
地址:海南省昌江黎族自治区海钢集体企业公司办公室
…… 负责人:林炳雄
…… Tel:0898－26609904
13976506138

**海南保山矿业有限责任公司**
地址:海南省昌江黎族自治县石碌镇矿区东区 45 栋 101 房
…… 负责人:黄少波
…… Tel:13976660001

**海南昌江保地矿业有限公司**
地址:海南省昌江黎族自治县石碌镇武装部大楼 202 室
…… 负责人:熊国华
…… Tel:0398－26637775

**东方市华宇矿产贸易有限公司**
地址:海南省东方市抱板镇红泉农场内
…… 负责人:徐克雄
…… Tel:13737972583

**海口红泉山石业行**
地址:海南省海口市城西路 22 号
…… 负责人:王清池
…… Tel:13098989788

**海南凯龙矿业有限公司**
地址:海南省海口市大同路 25 号华发大厦 A501－502 房
…… 负责人:邢晓光
…… Tel:13324248888

**海南伯灿矿业有限公司**
地址:海南省海口市大同路华发大厦 A909 室
…… 负责人:高峰
…… Tel:13876009055

**海南大英矿业投资有限公司**
地址:海南省海口市海秀大道金牛岭新村 2 栋东单元 105 房
…… 负责人:叶英民
…… Tel:13876905062

**海南中非矿业投资有限公司**
地址:海南省海口市华海路琼岛石化办公楼 A2
…… 负责人:徐为民
…… Tel:0898－66734484

**海南京泉煤业发展有限公司**
地址:海南省海口市机场路群芳花园 A 幢 1002 房
…… 负责人:马玉泉
…… Tel:13005038510

**海南锐坊矿业有限公司**
地址:海南省海口市龙昆南 1 号华新大厦 5 楼 504 房
…… 负责人:赵勇
…… Tel:0898－66792000

**永荣石料加工场**
地址:海南省海口市秀英区永兴镇中线路十一公里
…… 负责人:詹成勇
…… Tel:13907682897

**永兴钢材贸易公司**
地址:海南省三亚市迎宾大道卓达大厦对面
…… 负责人:林小桂
…… Tel:0898－88662908
13807520013

# 四川省/Sichuan Province

## 四川省楚汉物资贸易有限责任公司
业务:主要经营武钢产品:取向硅钢片、无取向硅钢片、冷板卷、热板卷、镀锡板等,同时代理攀钢专用钢(镀铝锌板卷)
地址:成都市金牛区洞子口乡友联村量力钢材城 A 区 2 栋 13 号
…… 负责人:陈万友　邮　编:610081
…… 法　人:陈万友
…… Tel:028－83124438
…… Fax:028－83124428
…… E-mail:chuhan2006@126.com

**成都迈特轻钢结构有限公司**
地址:四川省成都市成华区二仙桥 1 号
…… 负责人:曹健英
…… Tel:13678009878

## 南江县中信矿业有限公司
业务:南江县中信矿业有限公司成立于 2006 年,主要从事矿产品的开发与销售,热忱欢迎新老客户前来参观考察、洽谈业务。
地址:四川省巴中市南江县上两乡
…… 负责人:丁炎彬……邮　编:663600
…… 法　人:丁炎彬
…… Tel:0827－8851486

**成都恒久金属制品有限公司**
地址:四川省成都市成华区二仙桥东路 12 号
…… 负责人:何凌
…… Tel:028－84133313

## 威远县金华炉料加工厂
业务:威远县金华炉料加工厂成立于 1997 年,专业从事铁合金、矿产品的加工与销售。“客户至上,信誉至上”是我们信守的经营理念,热诚欢迎广大客户与我们联系、洽谈业务。让我们一起携手共进,共创辉煌!
地址:四川省内江市威远县向义镇高硐村 10 组
…… 负责人:陈斌……邮　编:642431
…… 法　人:陈斌
…… Tel:0813－5300289

## 成都群利钢管有限公司
业务:无缝管、热轧管、热扩管、螺旋管、泵管、以及各种型号的焊管产品
地址:四川省成都市洞子口量力钢材市场 C 区 3 栋 24 号
…… 负责人:孙国强　邮　编:610000
…… 法　人:孙国强
…… Tel:028－83110178
13540416206

**成都市恒甲钢丝厂**
地址:四川省成都市都江堰市蒲阳镇南坪村
…… 负责人:胡霜
…… Tel:13348836955

## 大邑县斜源镇江源煤矿
业务:本公司成立于 1984 年,主要从事煤矿的开采、加工与销售。我们有着高素质的技术队伍,先进的生产设备,现代化的管理手段,可靠的产品质量,以顾客为中心的服务。竭诚欢迎您的光临!
地址:四川省成都市大邑县斜源镇江源村
…… 负责人:余尚青……邮　编:611330
…… 法　人:余尚青
…… Tel:028－88370108

## 四川鑫碧森物资有限公司
业务:热轧 H 型钢,工字钢,角钢,槽钢,C,Z 型钢,管材板材等各种金属材料。
地址:四川省成都市交大路 203 千佳大厦 405 室
…… 负责人:杨玉碧　邮　编:610000
…… 法　人:杨玉碧
…… Tel:13308183371
028－82987944
87621306

**成都市青川木门厂**
地址:四川省成都市府河市场二交易区 D 座 48 号
…… 负责人:刘先生
…… Tel:028－83911622
83188196
13808031306

## 宏威矿业有限责任公司
业务:本公司成立于 1995 年,现有 100 多名员工。主要经营各种矿业的开采、加工与销售。
地址:四川省威远县连界镇学府街 76 号附 8 号
…… 邮　编:642450
…… 法　人:杨玉书
…… Tel:0832－8812168

## 成都市金牛区宏峰商贸部
业务:主营:钢板,方钜管
地址:四川省成都市量力钢材城 D 区 2 栋 45－12 号
…… 负责人:阳伟名　邮　编:610000
…… 法　人:阳伟名
…… Tel:13056684033
028－83132282
87630576
…… Fax:028－83132282

**四川士兴钢结构有限责任公司**
地址:四川省成都市高新技术开发区天府大道高新孵化园 1 号楼
…… 负责人:魏劭
…… Tel:028－66122097

## 西昌市安定专业铸造厂
业务:西昌市安定专业铸造厂自成立几十年来,主要从事球磨机配件、矿山配件、有色金属、黑色金属的铸造。竭诚欢迎各方客户来人来电洽谈业务,共同合作。
地址:四川省西昌市东门坡后营巷 2 号
…… 邮　编:615000
…… 法　人:陈治远
…… Tel:0834－3284288

## 四川金峡矿业有限公司
业务:矿产开发
地址:四川省成都市青羊区正府街 28 号 1 栋 1 单元 7 号
…… 负责人:郑显亮　邮　编:610000
…… Tel:13980533996
15008203002

**成都市西乾钢铁贸易有限公司**
地址:四川省成都市金牛区洞子口量力钢材物流中心 5 区 1 排 1 号
…… 负责人:孙博伟
…… Tel:028－88069330

## 成都市金牛区臣翰不锈钢钢结构
业务:成都市金牛区臣翰不锈钢钢结构成立于 2000 年,主要加工销售不锈钢钢结构。公司本着“精益求精,不断创新,质量第一,

客户至上”的企业精神，为广大客户服务。欢迎有意者前来洽谈业务。
地址：四川省成都市金牛区都市人家二期营业房
邮　编：610036
法　人：周后志
Tel：028－87547595
Fax：028－87547595

**成都市金牛区鑫永建彩钢瓦经营部**
地址：四川省成都市金牛区洞子口乡新桥村6组
负责人：潘永香
Tel：028－89828835

**四川美丰云母工业有限责任公司**
业务：本公司主要生产云母纸、云母电容器、云母片、云母带、云母板、云母粉、和云母零件等为主导产品的八大类、数十个品种、千余种规格产品的系列生产线和与之适应的机械维修、机械制造等配套系统。公司牢固树立“以质量求生存，以管理出效益、以信誉求发展”的宗旨，愿汇聚各方之力，凝聚大家之智，共创公司美好未来。
地址：四川省雅安市陇西路25号
负责人：何琳……邮　编：625000
法　人：陈平
Tel：0835－8515888
8515999
Fax：0835－2873288
Tel：www.yamica.com
E-mail：yamica@yamica.com

**成都华玉铝业有限公司**
业务：专业生产加工各种彩色粉末喷涂高档系列铝型材
地址：四川省成都市双流九江镇石井村
负责人：钟建　邮　编：610000
法　人：钟建
Tel：028－85750969
85750689

**成都东方斯帝尔德金属构件有限公司**
地址：四川省成都市金牛区洞子口乡新桥村金泉路90号
负责人：吕莉
Tel：13880897698

**金牛区方圆燃气设备配件加工厂**
地址：四川省成都市金牛区互助村一组
负责人：吴光庆
Tel：13708173939

**汉源锰业有限责任公司驻成都办事处**
业务：汉源锰业有限责任公司驻成都办事处成立于1971年，现有员工300余人，从事铁合金的生产及销售。欢迎来电垂询。
地址：四川省成都市金牛区二环路北三段218号2幢1单元3号
邮　编：610081
法　人：张勇
Tel：028－83347807
Fax：028－83347807

**成都普斯顿钢铁贸易有限公司**
地址：四川省成都市金牛区交大路203号千佳大厦413号
负责人：傅国军
Tel：028－87616472

**四川精瑞硬质合金科技发展有限公司**
业务：本公司是应国民经济发展和市场的特殊要求，而建立起来的集科研、生产、经营的股份制企业。公司拥有雄厚的专业技术队伍和完善的生产、检验手段，能为客户设计和生产各种硬质合金产品和技术服务。公司生产的一些特殊、特种产品已达到和超过国内、国际先进水平，在国内、外市场享有良好的信誉。
地址：四川省内江市威远县高硐开发区10号楼
邮　编：643011
法　人：郭宗明
Tel：0813－5300257
Fax：0813－5300381

**成都市金牛区智力钢材经营部**
地址：四川省成都市金牛区金府钢材城7栋34号
负责人：毛世才
Tel：028－82987675
13980040338

**石棉县天乐选矿厂**
业务：石棉县天乐选矿厂成立于1997年，现有员工28人，是一家从事铅锌矿、铅锌精粉、铜镍、金精粉等产品加工的企业。欢迎来电垂询！
地址：四川省雅安市石棉县迎政乡八牌村
邮　编：625400
法　人：董明友
Mobile：13881644496
13908162678

**成都圣强金属构件有限公司**
地址：四川省成都市金牛区青杠村2组
负责人：张小强
Tel：028－87504598

**绵阳市西南明珠钢球厂**
业务：我厂是一家为水泥、矿山、热电、磷化工等行业配套生产高、中、低铬钢球、钢段、锤头、护板、齿板的专业厂家，年产量超过3000吨，产品经用户使用后，对本厂信誉、产品质量和售后服务深有好评。本企业已通过ISO9001国际质量体系认证，欢迎各方客户惠顾，洽谈业务，共同合作！
地址：四川省绵阳市安县河清镇保华村
邮　编：622658
法　人：邱长发
Tel：0816－4563099
Fax：0816－4563031

**成都嘉锋家杀佳砂磨材料有限公司**
地址：四川省成都市金牛区兴盛村6组
负责人：李俊
Tel：028－87510986
13908187642

**众志钢筘厂**
地址：四川省成都市锦江区琉璃乡琉新路110号
负责人：余晶
Tel：028－85917328
13980761166

**成都翰尔工业工具有限公司**
业务：成都翰尔工业工具有限公司成立于2004年，主要生产销售硬质合金刀具和矿用配件。热诚欢迎新老客户惠顾。
地址：四川省成都市金牛区万贯五金机电城B区13幢3号
邮　编：610036
法　人：赵攀
Tel：028－82840189
Fax：028－82840190

**正蓉金属箱柜厂**
地址：四川省成都市青羊区培风村七组
负责人：王翠蓉
Tel：028－87636662

**四川省泸州红旗钢模厂**
业务：四川省泸州红旗钢模厂，是西南地区生产定型组合钢模二十多年的企业，采用GBJ214－8精心制造，自建厂以来，我厂本着“以信誉求生存，以质量求发展”的宗旨，为省内外客户提供了大量的优质建筑模板，得到了新老客户的一致好评。欢迎来电垂询！
地址：四川省泸州市泸县加明镇
邮　编：646128
法　人：代高其
Tel：0830－8282218
Fax：0830－8282759

**成都市青羊区卓越金属加工部**
地址：四川省成都市青羊区文家乡快活村
负责人：卿左富
Tel：028－87468469
89003193

**成都侨光西卡高科技材料有限公司**
地址：四川省成都市青羊区文家乡快活村3座
负责人：张治水
Tel：028－87073528
87074565
13880800773

**成都阳光铝制品有限责任公司**
业务：全厂年产量达30000吨，挤压车间拥有日本进口、台湾挤压机九台，可同时生产“幕墙系列、门窗系列、装饰系列、工业材等民用型材近600多个品种。喷涂车间斥巨资引进全套德国瓦格纳尔涂装生产线，可生产氟碳喷涂和粉末喷涂彩铝；氧化电泳车间可生产香槟、银白、翠绿、仿木纹、钛金等电泳料。
地址：四川省成都市龙田驿区界牌工业园
邮　编：610100
法　人：杨加春
Tel：028－84863802
Fax：028－84847913
网址：www.ygly.com

**成都至高复合材料有限公司**
地址：四川省成都市双流蛟龙工业港北海路七座
负责人：李世斌
Tel：028－85369101
85362200
85368523
13880663268

**成都市武侯区亚达树脂制品厂**
地址：四川省成都市武侯区簇桥顺江村8组
负责人：吴正明
Tel：028－85013950
13320993762

**越西县碳化硅有限责任公司**
业务：越西县碳化硅有限责任公司成立于2000年，现有员工52人，从事碳化硅的生产及销售。欢迎新老客户光临！
地址：四川省凉山州越西县白石村
邮　编：616650
法　人：蒋昌华
Tel：0834－7545162
Fax：0834－7545162

**兴达金属配件加工厂**
地址：四川省成都市新都区桂林路1号17栋6号
负责人：何启荣
Tel：028－83047779
13881709389
13668299184

**天回顺明金属制品厂**
地址：四川省成都市新都区三和镇互助村二组
负责人：彭顺利
Tel：028－83572213
13808190083

**成都永森铸造有限责任公司**
业务：成都永森铸造有限责任公司成立于2005年，主要从事机械配件的铸造。公司技术力量雄厚，设备齐全检验手段先进，以“质量第一，客户满意”为宗旨，愿与各界朋友真诚合作，携手共创新天地。
地址：四川省成都市彭州市丽春镇
邮　编：611930
法　人：王永富
Tel：028－83831456

**成都市新都天盛金属件厂**
地址：四川省成都市新都区石板滩镇集体村4社
负责人：李盛木
Tel：028－83053166
81068516

**会理天宝矿业有限责任公司**
业务：会理天宝矿业有限责任公司成立于2003年，主要开采经营铅锌矿等矿产品。
地址：四川省凉山州会理县甸沙关
邮　编：615105
法　人：黄明
Tel：0834－5647988
Fax：0834－5647988

**崇州市小祥拉南门厂**
地址：四川省崇州市廖家镇石河村2组
负责人：郑小祥
Tel：028－82290986
13708236824

**达州市钢铁总厂拉丝分厂**
地址：四川省达州市西外五里店马踏洞7号
负责人：苏忠明
Tel：0818－2521250
13079006033

**四川兴达冶金能源开发有限责任公司**
业务：本公司成立于2005年，主要从事铅锌矿的洗选、加工。公司拥有雄厚的技术力量和先进的工艺设备，以及完善的检测手段，产品深受广大用户的一致好评！
地址：四川省凉山彝族自治州甘洛县全兴选矿厂
负责人：沙光全……邮　编：616800
法　人：沙光全
Tel：0834－7811882

**四川省乐山市沙湾区金沙矿业厂**
业务：四川省乐山市沙湾区金沙矿业厂成立于1997年，主要从事钾长石、石英砂、铝矿的开采、加工与销售。“以质量求生存，以信誉求发展”，竭诚欢迎广大新老客户来我公司洽谈业务，共同合作！
地址：四川省乐山市沙湾区加农镇
负责人：刘森林……邮　编：614901
Tel：0833－3540181
Fax：0833－3540181
E-mail：xue_ye2005@163.com

**成都昌兴金属制品有限公司**
业务：成都昌兴金属制品有限公司成立于2005年，从事锰渣带肋钢筋的生产及销售。公司追求与客户长期、稳定、互动的合作关系，努力当好钢厂与用户沟通的纽带，实现公司与钢厂、客户的利益多赢。
地址：四川省成都市新都区新都镇茶店子村
邮　编：610500
法　人：孟德顺
Tel：028－83014979
Fax：028－83973617

**华蓥市通贵采石场**
业务：华蓥市通贵采石场成立于2004年，开采销售白云石，含煤成份高，可作为玻璃材料，销售铁矿。
地址：四川省广安市华蓥市桂花路自立烟花炮竹有限公司
负责人：杨通贵……邮　编：621000
法　人：杨通贵
Tel：0826－4802128
网址：mtw25906

**达州市鹏飞煤业有限公司**
业务：达州市鹏飞煤业有限公司专业从事煤炭的开采、加工、销售，热诚欢迎广大有意之士前来参观考察，洽谈业务。
地址：四川省达州市通川区西外天恒花园G栋1单元10楼4号
负责人：王刚……邮　编：635000
法　人：王刚
Tel：0818－2528068

**石棉县迎鑫煤业公司**
地址：四川省雅安市石棉县迎政乡新民村一组
负责人：罗谭新
Tel：13908162512

**崇州市崇阳宋氏钢材经营部**

宋氏钢材经营部主要对外加工厚型卷管、厚型剪板（16*2500）：
1.卷制各种异型钢管、弧形板、锥体、锥管。
2.剪切各种预埋块板、标准板。
3.销售新旧钢板及大口径钢管和椭圆封头。
欢迎新老客户来电来函洽谈业务！

联系人：宋彬　电话：028－82213223　82278086
地址：四川省成都市崇州市崇阳镇钢材市场　邮编：611230

**崇州听涛金属制品有限公司**

我公司自成立以来，主要以生产加工金属制品为主。公司秉承“顾客至上，锐意进取”的经营理念，坚持“客户第一”的原则为广大客户提供优质的服务。欢迎广大客户惠顾！

联系人：杨番玉
电话：028－82249138　手机：13808039253
地址：四川省成都市崇州市三江镇顺金社区1组　邮编：611230

**隆昌县金燕打井机厂**

隆昌县金燕打井机厂主营钻井机、金刚石钻头、合金钻头等整套钻机设备，本公司生产的钻井机适用于地质勘探钻炮孔，单位和家庭用水井以及锚杆钻孔等多个领域的应用。公司秉承“顾客至上，锐意进取”的经营理念，坚持“客户第一”的原则为广大客户提供优质的服务。欢迎惠顾！

联系人：李文安　13548337566
电话：0832－3841011　传真：0832－3841011
地址：四川省内江市隆昌县李市镇开发区　邮编：642164

## 贵州省/Guizhou Province

### 福泉市东升矿业有限责任公司
业务：矿产开发
地址：贵州省福泉市高坪镇英坪村炮木山
负责人：张思明　邮　编：558000
法　人：张思明
Tel：0854－2183173
15985413688

### 赫章县中联矿业公司
业务：赫章县中联矿业公司成立于2006年，从事铅锌矿采选及冶炼，欢迎新老客户来电洽谈业务。
地址：贵州省毕节地区赫章县兴发乡营盘村
负责人：李天朝……邮　编：553200
法　人：李天朝
Mobile：13012481567
13908589099
网址：www.mtw30315.chinapyp.com

### 安顺市西秀区宇田镀锌有限公司
地址：贵州省安顺市龙潭路42号（安顺制革厂内）
负责人：丁贵朝
Tel：13985311226

### 普定县金鑫煤矿
地址：贵州省安顺市坪上乡果陇村
负责人：谭祖国
Tel：13012381066

### 贵阳白云申鳌五金加工厂
业务：铝丝生产销售
地址：贵州省贵阳市白云区都拉营银桥路包装厂内
负责人：李玉荣　邮　编：550000
法　人：李玉荣
Tel：0851－4450968

### 普定县莆坪煤矿
地址：贵州省安顺市坪上乡沙戈村
负责人：林添发
Tel：13885348078

### 中纸厂煤矿
业务：本公司成立于1992年，现有员工600多名。主要经营洗清煤、中煤、普煤、尭煤。
地址：贵州省六盘水市盘县红果镇
邮　编：553537
法　人：王岗强
法　人：0858－3665268
Fax：0858－3665268

### 贵州六盘水市松间月文化发展有限公司
业务：专业经营钢厂、炼钢厂专用白云石、轻烧白云石
产品：白云石、轻烧白云石
地址：贵州省六盘水市钟山区荷泉路18号河滨苑H4座二单元附201室
负责人：王宜结　邮　编：553400
法　人：王宜结
Tel：13398588899
Fax：0858－8965089

### 普定县普鑫煤矿
地址：贵州省安顺市普定县猫洞乡补堆村
负责人：吴玲华
Tel：13885367835

### 普定县江贵煤矿
地址：贵州省安顺市普定县坪上乡蒙佐村
负责人：张昌海
Tel：13765335376

### 大方县兴新硫铁矿采选厂
地址：贵州省毕节地区大方县东关乡朝阳村
负责人：曾世均
Tel：13116477735

### 水城县银锋锰矿厂
业务：水城县银锋锰矿厂成立于1992年，是一家专业开采、经营锰矿、铅锌矿、铜矿、錤矿、莹石矿等及中药材种植。
地址：贵州省六盘水市水城县比德乡立火村
邮　编：553025
法　人：彭道红
Mobile：13158284488

### 贵州中能煤业科技有限公司
地址：贵州省毕节地区大方县西大街中段
负责人：王志峰
Tel：13701789208

### 纳雍县残业矿产品开发有限责任公司
地址：贵州省毕节地区纳雍县雍熙镇县府路七号
负责人：肖金香
Tel：13595730003

### 织金县杨柳煤矿
地址：贵州省毕节地区织金县普翁乡
负责人：何松甫
Tel：13885793799

### 独山县孟孔冶炼厂象山分厂
业务：本厂主要以锑白粉、精锑冶炼经营为主，本厂宗旨：以质量求生存，以信誉求发展，热忱欢迎海内外客商和新老用户莅临指导，洽淡业务，共图发展。
地址：贵州省黔南布依族苗族自治州独山县古塘村拉力组63号
负责人：张家钟……邮　编：558200
法　人：张家钟
Tel：0854－3221465

### 毕节市威宁县振华煤矿
地址：贵州省毕节市威宁县炉山镇结里村
负责人：铙胡贤
Tel：0857－6639306
13985388280

### 凹河煤矿
地址：贵州省毕节市织金具马场乡
负责人：郭正帮
Tel：0857－7936116
13885743063

### 福泉市聚焦矿业有限公司
地址：贵州省福泉市牛场镇东南街下湾组21号
负责人：杨斌
Tel：0854－2386830
13885442185

### 北安矿业有限责任公司
业务：北安矿业有限责任公司成立于2005年，主要从事矿产的开采与销售。"以质量求生存，以信誉求发展"，竭诚欢迎广大客户来人来电洽谈业务，共同发展！
地址：贵州省黔南布依族苗族自治州贵定县城关镇县府路16号门面
负责人：马义龙……邮　编：551300
法　人：马义龙
Tel：0854－5220648

### 新达物资贸易有限责任公司
地址：贵州省贵阳市花溪大道中段69号钢材市场
负责人：皮永萍
Tel：0851－3714516
13809424855

### 中铁五局集团第六工程有限责任公司五新钢模厂
地址：贵州省贵阳市清镇市东门桥（原伟宏机械厂内）
负责人：王祥军
Tel：0851－2531051

### 贵州瓮安县黔盛工贸有限公司
业务：贵州瓮安县黔盛工贸有限公司成立于2005年，现有员工100余人，从事铝土矿的加工及销售，产品销往欧州、美国、日本等国家。欢迎广大海内外客商考察、洽谈业务。
地址：贵州省黔南布依族苗族自治州瓮安县草塘镇供电营业所三楼
邮　编：550402
法　人：翁强
Tel：0854－2786028
Fax：0854－2786028

### 贵阳鑫益物资贸易有限公司
地址：贵州省贵阳市蓑草路98号A幢1楼3号
负责人：熊先生
Tel：13809410084

### 何关小茶山煤矿
地址：贵州省贵阳市乌当区金华镇何关村
负责人：王泽友
Tel：0851－4800866
13985143606
13339614066

### 贵州金洛矿业有限公司
地址：贵州省贵阳市乌当区新天寨镇139号
负责人：杰克科林
Tel：0851－5213207

### 贵州省瓮安县天祥煤矿
业务：贵州省瓮安县天祥煤矿主要从事煤矿的开采与销售。公司以"提高煤矿安全生产水平，促进煤矿生产力发展"为己任，致力于为社会提供技术先进、质量优异的产品。我们的经营理念是："以质量求生存，以创新求发展"，让用户满意是我们永远的追求。
地址：贵州省黔南布依族苗族自治州瓮安县雍阳镇茅坡村
负责人：王天祥……邮　编：550400
法　人：王天祥
Tel：0854－2626632

### 贵阳经济技术开发区大忠砂石厂
地址：贵州省贵阳市小河区大坡村
负责人：黄国祥
Tel：0851－3834384
3911051
13985034467

### 修文益丰矿产品加工厂
地址：贵州省贵阳市修文县龙场镇平地村
负责人：张黎
Tel：13985021688

### 贵州玉屏兴鑫炉料冶炼有限公司
业务：高碳铬铁、中微铬铁、硅锰合金、工业硅
地址：贵州省铜仁地区玉屏县朱家场镇谢桥村
负责人：邹声亮　邮　编：554000
法　人：邹声亮
Tel：15185880555
0856－3383288

### 贵州同发矿业有限公司
地址：贵州省贵阳市盐务街126号6栋2单元
负责人：江兰
Tel：13985451175

**贵州修齐矿业开发有限公司**
地址：贵州省贵阳市中华中路 117 号（龙港大厦西楼 23 层）
…… 负责人：高昂
…… Tel：13885126737

## 三河泡桐树煤矿

业务：三河泡桐树煤矿坐落于贵州省贞丰县，主要从事煤矿开采，欢迎各方客户来电洽谈业务！
地址：贵州省黔西南布依族苗族自治州贞丰县康筑花园小区 B 区一单元 609 室
…… 邮　编：562200
…… 法　人：陈建春
…… Tel：0859－3121688
…… 网址：www.gzshp.chinapyp.com

**贵阳市南明区金利诚不锈钢制品制作部**
地址：贵州省贵阳市中新建材市场 23－13 号
…… 负责人：钟小龙
…… Tel：0851－5531823

**海纳铁合金有限公司**
地址：贵州省凯里市镇远县青溪镇工业园区
…… 负责人：刘海涛
…… Tel：13595588888

**贵州省镇远县黔东铁合金有限责任公司中碳厂**
地址：贵州省凯里市镇远县青溪镇慢坡江光屯
…… 负责人：张微涛
…… Tel：0855－5810199
13595511111

## 贵州省松桃三和锰业有限责任公司

业务：本公司成立于 2003 年，专业生产电解金属锰，是目前国内最大电解金属锰生产厂家之一，年产量达 2 万吨，月供应能力为 2000 吨，产品远销欧、美、东南亚等市场。竭诚欢迎广大客户来电洽谈业务、共求发展！
地址：贵州省松桃县蓼皋镇江桥小学旁三和锰业
…… 负责人：卓品荣……邮　编：554100
…… 法　人：卓品荣
…… Tel：0856－2838300
2839518

**六盘水市钟山区佳鑫洗煤厂**
地址：贵州省六盘水市（场坝）荷城办事处教场村
…… 负责人：王国朝
…… Tel：0858－8605828

**赫章县煤炭矿业总公司**
地址：贵州省六盘水市赫章县城关镇
…… 负责人：孙成云
…… Tel：0853－3221896

**盘县华阳煤业有限责任公司**
地址：贵州省六盘水市盘县红果五十米大街电视台旁
…… 负责人：张勇
…… Tel：13985911562

## 贵州省万山特区万泰锰业有限公司

业务：贵州省万山特区万泰锰业有限公司成立于 2003 年，主要生产销售电解金属锰、锰锭、钢材、锰粉等。"质量保证，价格合理"，竭诚欢迎广大新老客户来电来人订购。
地址：贵州省铜仁地区万山特区万山镇一坑
…… 邮　编：554300
…… 法　人：胡志国
…… Tel：0856－3524388
…… Fax：0856－3525568

**红果镇厨子田煤矿**
地址：贵州省六盘水市盘县红果镇石家庄村
…… 负责人：龚廷武
…… Tel：0858－6817603
13908585769

**福地煤矿**
地址：贵州省六盘水市盘县红果镇石家庄村
…… 负责人：李明福
…… Tel：13985375169

**贵州煤炭工业供销公司盘县煤焦经营部**
地址：贵州省六盘水市盘县松河乡
…… 负责人：王传泓
…… Tel：13595863200

## 玉屏湘黔锰业有限公司

业务：玉屏湘黔锰业有限公司成立于 2003 年，主要从事电解金属锰、金属锰粉、金属锰锭、硅锰、硫酸锰的生产销售。我们以可靠的质量，优良的服务。竭诚欢迎新老客户光临、惠顾！
地址：贵州省铜仁市玉屏县田坪镇罗家寨
…… 负责人：梁长训……邮　编：554002
…… 法　人：梁长训
…… Tel：0856－3322588

**普古乡新寨煤矿**
地址：贵州省六盘水市盘县淤泥乡下苏座村
…… 负责人：黄小田
…… Tel：0858－3570169
13885854789

**贵州玉舍煤业有限公司**
地址：贵州省六盘水市水城县玉舍乡
…… 负责人：龙海岑
…… Tel：0858－6602384

**盘县响水镇松山煤矿**
地址：贵州省六盘水市响水镇田坝村
…… 负责人：邹荣胜
…… Tel：13885884508

## 黔西南州金生煤焦有限责任公司

业务：黔西南州金生煤焦有限责任公司成立于 2002 年，主要从事原煤、精煤、焦炭、铁矿、锌矿、重晶石等矿石的开采销售。热诚欢迎各方客户惠顾。
地址：贵州省兴义市顶效开发区铁路家属小区 8 栋 2－2 号
…… 邮　编：562409
…… 法　人：何广生
…… Tel：0859－2281175
…… Fax：0859－2281175

**晴隆县兴源洗煤厂**
地址：贵州省六盘水市中营镇新民村
…… 负责人：杜迈
…… Tel：13908598866

**六盘水市钟山区鑫运洗煤厂**
地址：贵州省六盘水市钟山区汪家寨镇那罗村一组
…… 负责人：王可
…… Tel：13885818706

**六盘水市钟山区如峰矿业有限公司**
地址：贵州省六盘水市钟山区汪家寨镇新塘村十组
…… 负责人：熊和辉
…… Tel：13985373888

**连发冶炼有限公司**
地址：贵州省黔东南苗族侗族自治州黎平县洪州镇小寨村
…… 负责人：卢天明
…… Tel：0855－6286778
13885550595

**黔南州荔波县佳荣镇威桑煤矿**
地址：贵州省黔南布依族苗族自治州荔波县佳荣镇
…… 负责人：张松柏
…… Tel：0854－3741438

## 兴义市恒宝煤焦有限责任公司

业务：兴义市恒宝煤焦有限责任公司成立于 1997 年，主要从事原煤、焦煤、精煤的生产与销售。"诚信为本，信誉至上"，热诚欢迎新老客户惠顾。
地址：贵州省兴义市南环路 86 号四楼
…… 邮　编：562400
…… 法　人：果长忠
…… Tel：0859－2218085
…… Fax：0859－2218085

**贵州普安宏兴煤业有限公司**
地址：贵州省黔西南布依族苗族自治州普安县楼下镇
…… 负责人：周宏
…… Tel：13708598000

**黔西南州普安县恒泰煤矿**
地址：贵州省黔西南布依族苗族自治州普安县楼下镇坡脚村
…… 负责人：廖彩文
…… Tel：0859－7485981

**晴隆县长兴煤矿**
地址：贵州省黔西南布依族苗族自治州晴隆县长流乡兰田村
…… 负责人：肖根正
…… Tel：13708591628

**晴隆县宏程煤矿**
地址：贵州省黔西南布依族苗族自治州晴隆县鸡场镇桐家寨村
…… 负责人：曾万阔
…… Tel：13984683848

**独山县大虎采选矿厂**
地址：贵州省黔西南布依族苗族自治州下司新场村
…… 负责人：代明刚
…… Tel：13638541733

**安龙县吉利石料有限责任公司**
地址：贵州省黔西南布依族苗族自治州新安镇法统村
…… 负责人：黄朝进
…… Tel：0855－5224055

**兴义市合鑫煤焦有限公司**
地址：贵州省黔西南布依族苗族自治州兴义市黄草办向阳路二巷 20 号
…… 负责人：李玉军
…… Tel：13308595786

**贞丰县龙鑫煤矿**
地址：贵州省黔西南布依族苗族自治州贞丰县龙场镇枪杆寨村
…… 负责人：刘小萍
…… Tel：13984696586

**贞丰县勇兴煤矿**
地址：贵州省黔西南布依族苗族自治州贞丰县龙场镇枪杆寨村
…… 负责人：郭旺荣
…… Tel：0859－6617824

**贞丰县魏家岩煤矿**
地址：贵州省黔西南布依族苗族自治州贞丰县龙场镇向家寨村
…… 负责人：张维华
…… Tel：13985959151

**金蕾防水材料有限责任公司六盘水分公司**
地址：贵州省石首市钟山区凤凰乡（师专后面）印刷厂
…… 负责人：李祖兵
…… Tel：0858－8601081
13885878177

**磁县运昌洗煤厂**
地址：贵州省铜仁地区固义乡韩庄村北
…… 负责人：韩日洲
…… Tel：13700301915

**华兴锰粉厂**
地址：贵州省铜仁地区松桃苗族自治县大坪镇供销社老油库
…… 负责人：黄贵兴
…… Tel：0856－2420009
13595602978

**贵州铜仁市荣达机砖厂**
地址：贵州省铜仁市楚溪谢桥办事处桐木寨
…… 负责人：庄将义
…… Tel：13985868255

**大运焦煤厂**
地址：贵州省铜仁市思南县大坝场镇迎丰村
…… 负责人：李进
…… Tel：0856－7021698
13985851837

**竞发煤矿**
地址：贵州省兴义市晴隆县沙子镇余庄四组
…… 负责人：朱鹏德
…… Tel：0859－7931968
13195292555

**航达机制砖厂**
地址：贵州省紫云苗族布依族自治县松山镇红岩村
…… 负责人：陈秀斌
…… Tel：0853－5237477
13985313222

**遵义市阿尔泰有色金属合金制造有限公司**
地址：贵州省遵义地区红花岗区深溪镇坪桥
…… 负责人：马国忠
…… Tel：13985689719

**遵义县凯英矿业开发有限公司**
地址：贵州省遵义地区遵义县南白镇万寿街北段 36 号
…… 负责人：杨绍亮
…… Tel：0852－7251519

**仁怀市茅台镇桂花煤矿**
地址：贵州省遵义市仁怀市茅台镇桂花村
…… 负责人：刘崇德
…… Tel：0852－2289578

**绥阳县宽阔镇大岩脚煤矿**
地址：贵州省遵义市绥阳县宽阔镇宽阔村
…… 负责人：吴远书
…… Tel：13985669884

**桐梓县林桐矿业有限公司**
地址：贵州省遵义市桐梓县楚米镇（林东矿务局煤矿内）
…… 负责人：刘锡田
…… Tel：13984544066

**桐梓县九坝镇槐子煤矿**
地址：贵州省遵义市桐梓县九坝镇槐子村
…… 负责人：陈明达
…… Tel：13984264136

## 习水县民化乡群益五组煤矿

业务：生产煤矿
地址：贵州省遵义市习水县民化乡（农行银行李运平转蒋宏志收）
…… 邮　编：563000
…… 法　人：蒋宏志
…… Tel：0852－2749288

**恒力焦化厂**
地址：贵州省遵义市桐梓县松坎镇水通村底水
…… 负责人：李安林
…… Tel：0852－3208048
3208315
13984945000

**习水县平东煤矿**
地址：贵州省遵义市温水镇新店村
…… 负责人：胡生贵
…… Tel：0852－2536470

**贵州省习水县龙涛矿业有限公司**
地址：贵州省遵义市习水县东皇镇矿中路
…… 负责人：徐长春
…… Tel：0852－2526255

**习水县长青煤业有限责任公司**
地址：贵州省遵义市习水县二郎乡青丰村
…… 负责人：刘振福
…… Tel：0852－2736229
13901300939

**国生冶炼有限公司**
地址：贵州省遵义市遵义县三合镇新九重工业园区
…… 负责人：陈礼国
…… Tel：0852－7380058
13984900659

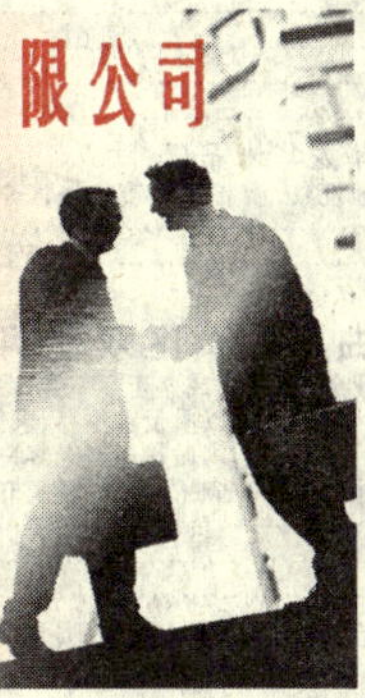

## 云南省/Yunnan Province

### 大理山川矿业有限公司

业务：大理山川矿业有限公司成立于2005年，主要从事于黑色、有色金属矿石开采加工销售。本公司宗旨“精业、信誉、创新、开拓”。欢迎各界客户洽谈业务。
地址：云南省大理市凤仪镇开发区元春酒店三楼
负责人：王永　邮　编：671005
法　人：王永
Tel：0872－2481446

### 个旧市和顺祥矿产有限责任公司

地址：云南省个旧市大屯镇官家塘
负责人：杨家祥
Tel：0873－2841247
13987300749

### 玉溪汇溪金属铸造制品有限公司

业务：本公司成立于2005年，主要经营各种材质规格的钢坯、带钢、线材、型材、板材。热忱欢迎来电洽谈业务！
地址：云南省玉溪市红塔区大营街镇黑龙潭
负责人：任新明　邮　编：653100
法　人：任新明
Tel：0877－2782333

### 昆明市西山区光头刘玻璃经营部

业务：玻璃贸易及加工
产品：（昆明玻璃，弥勒玻璃，株洲玻璃，）特约经销商
地址：云南省昆明市西山区宏业路石咀玻璃市场
负责人：刘义　邮　编：650000
法　人：刘义
Tel：0871－8185053
Fax：0871－8410875

### 进源矿冶有限责任公司

地址：云南省个旧市鸡街镇鸡街冶炼厂内
负责人：宋进军
Tel：0873－3158058
13769330459

### 玉溪市恒通有色制造有限公司

业务：玉溪市恒通有色制造有限公司成立于2005年，专业从事有色金属铸造、矿山机械制造、各种普钢、不锈钢、水冷电缆、锻造铜瓦，公司本着“以质量求生存，以效益求发展”的宗旨，竭诚欢迎全国各地厂家与我们携手合作，共创美好未来！
地址：云南省玉溪市北城镇玉丰路口
负责人：魏金成　邮　编：651301
法　人：魏金成
Tel：0877－2080088
Fax：0877－2080088

### 鸿达物资有限责任公司

地址：云南省红河哈尼族自治州个旧市新冠路71号附5号
负责人：杨承志
Tel：0873－2134125

### 峨山县鑫源钢铁有限公司

业务：峨山县鑫源钢铁有限公司成立于2004年，从事冶金业，销售钢铁，矿石，焦碳，欢迎新老客户来电洽谈业务！
地址：云南省峨山县小街镇白龙箐
负责人：郑莺官　邮　编：653200
法　人：卓仙林
Tel：0877－4064206
4064208

### 永林锡选厂

地址：云南省红河州个旧市卡房镇鸡心脑村
负责人：陈永林
Tel：13987300299

### 元阳县鑫达矿业有限责任公司

业务：元阳县鑫达矿业有限责任公司专业从事有色金属的开采、加工、销售，主要产品有铜、铅、锌，热诚欢迎新老客户前来参观考察，洽谈业务。
地址：云南省红河哈尼族彝族自治州元阳县俄扎乡哈播村委会楚脚河
负责人：鲍根富　邮　编：651200
法　人：鲍根富
Tel：0873－2973688

### 金宝稀贵金属冶炼厂

地址：云南省红河州河口县槟榔寨（老中波台）
负责人：刘金宝

### 金峰油罐厂

地址：云南省开远市白土墙（开远市金峰油罐厂）
负责人：陶毅
Tel：13988081888

### 华坪县基左村实体洗煤厂

业务：华坪县基左村实体洗煤厂成立于2005年，主要经营精煤、混煤、中煤、原煤等煤系列产品，热忱欢迎新老客户光临惠顾。
地址：云南省丽江市华坪县石龙坝乡基左村十一组
负责人：梁海东　邮　编：674800
Mobile：13769007378

### 石棉制品厂

地址：云南省昆明市高新技术产业开发区西郊黄土坡新村44号
负责人：宋家禄
Tel：0871－5512296
13708723529

### 云南冷作铆焊厂

业务：本公司成立于1993年，现有160多名名工。主要经营：变压器的油箱外壳、冷作加工、金属焊接。
地址：云南省昆明市西山区马街镇春雨路265号
邮　编：650100
法　人：杨茂芳
Tel：0871－8181057
Fax：0871－8181057

### 高坡冶金铸造有限责任公司

地址：云南省昆明市官渡区阿拉乡金马村
负责人：李昱坤
Tel：0871－7397128
13888201349

### 嵩明同盛炭素制品有限公司

地址：云南省昆明市嵩明县嵩阳镇寺脚村
负责人：夏泽民
Tel：0871－7911929
7915044
13577131675

### 晋宁方达鑫益有色金属加工厂

业务：晋宁方达鑫益有色金属加工厂成立于2002年，生产加工铸件制品，合金、铝金（型号：LY102、LY104、LY108、LY111等）。
地址：云南省昆明市晋宁县宝峰镇清水河村
邮　编：650600
法　人：方春富
Tel：0871－7841036
Fax：0871－7841036
网址：www.jnfd.chinapyp.com

### 西山宇航光学仪器厂

地址：云南省昆明市西山区马街镇张家村87号
负责人：姜劲涛
Tel：13708445805

### 锰固金属冷作厂

地址：云南省昆明市西山区苏家村西南木材市场对面
负责人：龚跃云
Tel：0871－8173417
13888293498

### 云南文山博冶铁合金厂

业务：云南文山博冶铁合金厂座落在云南省文山县德厚镇，始创于1998年，是一家专业生产硅锰合金系列产品的企业，产品型号有6517、6014。提供优质产品，满足客户需求。
地址：云南省文山县德厚镇
邮　编：663005
法　人：李达明
Tel：0871－3319208
0876－2826016
网址：http://kmby.chinapyp.com

### 凤鸣老深洞露天煤矿

地址：云南省昆明市宜良县汤池镇
负责人：王思明
Tel：0871－7673378
13987690771

### 旧城乡铁腾凹煤矿

地址：云南省泸西县旧城镇督布抚铁腾凹
负责人：赵家模
Tel：13887388888

### 昆明高坡冶金铸造有限公司

业务：昆明高坡冶金铸造有限公司成立于1987年，主要生产经营铸钢件、铸铁件、铁合金等金属制品。公司拥有一支高素质的员工队伍，拥有信息广泛、设计力强，精益求精的技术力量，欢迎各方客户来电洽谈！
地址：云南省昆明市官渡区阿拉乡金马村240号
邮　编：650211
法　人：师尚智
Tel：0871－7397128
Fax：0871－7397348

### 成龙煤业有限责任公司

地址：云南省泸西县旧城镇小松毛地
负责人：刘文云
Tel：0873－6961086
13769346498
13769346477
Fax：0873－6961106

### 回贤采石场

地址：云南省潞西市城郊镇回贤村
负责人：杨大良
Tel：13578237391

### 湿法冶炼厂

地址：云南省怒江洲兰坪县兔峨乡
负责人：卢品金
Tel：13988653292

### 磊鑫采石场

地址：云南省曲靖市富源县大河镇大河村委会范家坝
负责人：胡绍明
Tel：0874－4052051
13577438799

### 昆明市大兴龙云粉煤灰有限公司

业务：昆明市大兴龙云粉煤灰有限公司主要生产外加剂等建筑材料。“诚信经营，质量保证，价格合理”，热诚欢迎新老客户惠顾。
地址：云南省昆明市西山区团结乡宗龙箐

…………邮　编:650100
…………法　人:毕云
…………Tel:0871－8404173
…………Fax:0871－8305777

**云南省自主择业实业集团西双版纳汇丰经贸有限公司**
地址:云南省曲靖市金鑫小区西区汇东综合楼
…………负责人:吴代玲
…………Tel:13769820591

**龙丰钢铁有限公司**
地址:云南省曲靖市马龙县天源工业园区
…………负责人:林建胜
…………Tel:0874－8887776
13577378530

## 昆明市东川众智铜铅冶炼有限公司
业务:昆明市东川众智铜铅冶炼有限公司成立于1999年,专业从事有色金属冶炼,产品包括粗铜、冰铜、硫酸氨等。欢迎垂询洽谈!
地址:云南省昆明市东川区碧谷镇板河口
…………邮　编:654100
…………法　人:林世聪
…………Tel:0871－2422618
…………Fax:0871－2422618

**锦江焦化厂**
地址:云南省曲靖市马龙县通泉镇小寨办事处
…………负责人:晏祥雄
…………Tel:13887463127

**天生桥煤矿**
地址:云南省曲靖市麒麟区东山镇撒基格村
…………负责人:饶宝秦
…………Tel:13708686099

## 陆良县云峰耐磨材料铸造有限公司
业务:陆良县云峰耐磨材料铸造有限公司成立于2006年,主要生产销售耐磨配件。产品质量保证,价格从优。欢迎新老客户光临惠顾!
地址:云南省曲靖市陆良县西桥工业区
…………负责人:彭石生……邮　编:655600
…………法　人:彭石生
…………Tel:0874－6322389
…………网址:www. mtw29290. chinapyp. com

## 盐津县福新电石有限公司
业务:盐津县福新电石有限公司成位于昭通市盐津县柿子乡,交通十分便利。多年来,专业从事电石冶炼。欢迎来电垂询。
地址:云南省昭通市盐津县柿子乡
…………邮　编:675702
…………法　人:吴孝原
…………Tel:0870－6932558
…………Fax:0870－6932556

**越利煤业有限公司**
地址:云南省曲靖市麒麟区越州镇横大路村
…………负责人:陈稳生
…………Tel:0874－3943346
13987423526

## 宣威顺康焦化厂
业务:宣威顺康焦化厂成立于2002年,主要生产焦煤,经销原煤。欢迎新老客户惠顾。
地址:云南省宣威市羊场镇大松树
…………邮　编:655411
…………法　人:王周廷
…………Tel:0874－7970428

**盛凯焦化有限责任公司**
地址:云南省曲靖市越州镇向桂村委会附近
…………负责人:程长伟
…………Tel:0874－3317288
13988960568

## 宣威市田坝镇红星煤矿
业务:宣威市田坝镇红星煤矿主要从事煤矿的生产销售。"诚信经营,质量保证,价格合理",热诚欢迎广大新老客户惠顾。
地址:云南省曲靖市宣威市田坝镇
…………邮　编:665400
…………法　人:陈守宽
…………Tel:0874－7960088
…………Fax:0874－7960088

**靖鑫有限责任公司**
地址:云南省曲靖市沾益县白水镇杨梅山
…………负责人:李跃勇
…………Tel:0874－3080696
13988991891

## 西畴县鑫泰锌业有限责任公司
业务:西畴县鑫泰锌业有限责任公司从事电炉锌粉(一级、二级)、锌系列产品生产、加工及销售。以"质量第一、诚实守信、团结协作、拼搏进取"的企业精神,聚硕人将以高质量的产品和优质服务满足广大用户需求。
地址:云南省文山州西畴县西街道甘海子村
…………邮　编:663501
…………法　人:代培俊
…………Tel:0876－7877099
…………Fax:0876－7877099

**彦平钢材经营部**
地址:云南省思茅市翠山区北郊北连接线南侧
…………负责人:刘彦平
…………Tel:0879－9200246

## 禄丰广通青山铜镍冶金科技有限公司
业务:禄丰广通青山铜镍冶金科技有限公司成立于2003年,座落在云南省楚雄彝族自治州禄丰县。专业从事铜的湿法冶炼工厂设计;生产、销售标准阴极铜、铜萃取剂;产品广泛用于生产电线电缆、铜合金的企业。欢迎来电咨询、洽谈业务!
地址:云南省楚雄彝族自治州禄丰县广通镇下南屯
…………邮　编:651224
…………法　人:罗光臣
…………Tel:0878－4885567
…………Fax:0878－4885498

**隆兴矿业有限公司**
地址:云南省文山州广南县永安社区永安西路26号
…………负责人:刘科龙
…………Tel:0876－5151478
13887695999

## 田坝镇翠峰煤矿
业务:田坝镇翠峰煤矿成立于1976年,位于云南省宣威市田坝镇,交通便利。本矿开采烟煤、洗精煤、焦煤等。
地址:云南省宣威市田坝镇
…………邮　编:655407
…………法　人:黄照平
…………Tel:0874－7962978
…………Mobile:13099879699
…………Fax:0874－7962888
…………网址:www. yncfmk. chinapyp. com

**华祥矿业有限责任公司**
地址:云南省文山州马关县马白镇兴隆街45号
…………负责人:陆成华
…………Tel:13577679680

## 维西县博浩矿业有限公司
业务:维西县博浩矿业有限公司成立于2006年7月,专业从事矿产品的开采、加工、销售,热忱欢迎广大客户前来参观考察、洽谈业务。
地址:云南省维西县
…………负责人:李春龙……邮　编:674600
…………法　人:李春龙
…………Tel:0874－4612678

**福利焦化厂**
地址:云南省宣威市宝山镇虎场村
…………负责人:张怀登
…………Tel:13577448100

## 潞西市鑫源矿业开发有限公司
业务:本公司成立于2003年,主要加工销售铅锌矿。以质量求生存、以信誉求发展,竭诚欢迎广大客户来电洽谈业务!
地址:云南省德宏傣族景颇族自治州潞西市芒海镇前沿市场
…………负责人:徐春……邮　编:678401
…………法　人:徐春
…………Tel:0692－2988322

**福利金属制品厂**
地址:云南省宣威市向阳西街1号
…………负责人:李林
…………Tel:0874－7206350
13887408328

## 腾冲县恒益矿产品经贸有限责任公司
业务:本公司成立于2000年3月,主要从事铁矿石的开采与销售;主要产品有:铁矿石精矿,铜,锡,钨精矿。欢迎新老客户光临惠顾!
地址:云南省保山市腾冲县腾越镇秀峰社区泰安小区214号
…………负责人:李启美……邮　编:679100
…………法　人:段治葵
…………Tel:0875－5185313
…………Fax:0875－5185313

**天麟磷业有限公司**
地址:云南省宣威市羊场镇基场
…………负责人:代卫明
…………Tel:0874－7972121
13987467743

**福玉钢铁有限公司**
地址:云南省玉溪市大营街镇郭井黑龙源花椒箐
…………负责人:梁长明
…………Tel:0877－2771338
2782588
13908770015

## 麻栗坡县吉庆矿业开发中心
业务:麻栗坡县吉庆矿业开发中心成立于2006年4月,主要生产销售矿产品。欢迎新老客户光临、惠顾!
地址:云南省文山壮族苗族自治州麻栗坡县麻栗镇菜园路23号
…………负责人:查禹村……邮　编:663600
…………法　人:查禹村
…………Tel:0876－6627397
…………Fax:0876－6626986

**鑫源钢铁有限公司**
地址:云南省玉溪市峨山县小街镇白龙箐
…………负责人:郑莺官
…………Tel:0877－4064208
13908896660

## 瑞源矿业有限责任公司
业务:本公司成立于2000年,生产及开采设备完善,主要经营铅锌矿、铁矿的开采和销售。公司生产的矿产品质量稳定,品质上成,价廉物美,欢迎广大新老客户光临指导,愿我们精诚合作,共创辉煌!
地址:云南省保山市滕冲县明光乡中塘村百岩子
…………邮　编:679103
…………法　人:胥福全
…………Tel:0875－5161111
…………Fax:0875－5161110

**华龙华米石厂**
地址:云南省玉溪市红塔区李棋镇太极山
…………负责人:陈少龙
…………Tel:0877－2045688
13608891123

## 曲靖麒麟区双友钢铁有限公司
业务:本公司成立于2003年,主要生产销售钢材。本着"以质量求生存、求信誉求发展"的经营理念,竭诚欢迎新老客户来电洽谈业务!
地址:云南省曲靖市麒麟区麻黄一组
…………负责人:董春弟……邮　编:655000
…………法　人:董春弟
…………Tel:0874－3515646

**云南省镇雄县湘云碳素厂**
地址:云南省昭通市镇雄县乌峰镇南台路
…………负责人:黄廷雄
…………Tel:0870－3855945
13108587318

## 马关鹏程矿业有限公司
业务:马关鹏程矿业有限公司专业从事于采矿、选矿、销售;产品有:铅、锌、铜、锡、铁,欢迎新老客户来电洽谈业务。
地址:云南省文山州马关县夹寒箐镇坝脚选厂
…………负责人:郑华明……邮　编:663700
…………法　人:马跃良
…………Tel:0876－7379483
…………Fax:0876－7125810

**广丰煤炭运销有限责任公司**
地址:云南省昭通市珠泉路60号
…………负责人:郝国福
…………Tel:0870－2839858
2162150
13887055720

## 西藏自治区/Xizang Autonomous Region

**西藏昌都地区玉龙铜业**
地址：西藏自治区昌都地区玉龙铜矿
负责人：杨宇
Tel：0895－4517042

**西藏矿业公司**
地址：西藏自治区拉萨市金珠西路格桑林卡
负责人：陈杰
Tel：0891－6921885

**西藏山南地区福安矿业工贸有限责任公司**
业务：西藏山南地区福安矿业工贸有限责任公司成立于2004年，现有员工20余人，从事铁矿、铬铁矿、锑矿、铜的开采、加工及销售。我们本着互惠互利的原则，携手共进、精诚合作！
地址：西藏山南地区格山路14号
邮　编：856000
法　人：贾福安
Tel：0893－7821711
Fax：0893－7827858

**西藏卓朗基矿业投资有限公司**
地址：西藏自治区拉萨市金珠西路七十五号外经贸大厦一十三号
负责人：胡晓
Tel：0891－6869718

**西藏犀华矿业发展有限公司**
地址：西藏自治区拉萨市金珠西路七十五号外经贸大厦一十三号
负责人：李洪强
Tel：0891－6869728

**西藏永康煤炭销售有限公司**
地址：西藏自治区拉萨市金珠西路一百八十九号
负责人：徐玲霞
Tel：0891－6931218

**西部矿业西藏资源投资有限公司**
地址：西藏自治区拉萨市林廓西路
负责人：陈勇
Tel：0891－6837588

**西藏林卡丹矿业有限公司**



地址：西藏自治区拉萨市林周县卡孜乡珠归铁矿场
负责人：丹增
Tel：0891－6556025

**西藏夕瑞德矿业有限公司**
地址：西藏自治区拉萨市娘热北路（卫生学校商品房）
负责人：樊子珲
Tel：0891－6987369

**西藏浩瑞林铜矿有限公司**
地址：西藏自治区拉萨市娘热路（城北安居园二区五排一号）
负责人：瞿军
Tel：0891－6274621

**西藏嶔崟矿业有限公司**
业务：西藏嶔崟矿业有限公司成立于2006年，主要经营矿产资源勘查，矿产品加工、销售，欢迎新老客户光临惠顾。
地址：西藏自治区拉萨市鲁堆林卡路
负责人：朱代英　邮　编：850000
法　人：邓贵明
Mobile：13908918305
Fax：0891－6558305

**西藏金泰地质矿业公司**
地址：西藏自治区拉萨市娘热路67号
负责人：周连海
Tel：0891－6385930

**西藏玖源矿业有限公司**
地址：西藏自治区拉萨市色拉路（第四期安居园十三栋附十号）
负责人：陈琳
Tel：0891－6887269

**西藏隆昌工贸有限公司**
地址：西藏自治区拉萨市色拉路（第四期安居园五幢十五号）
负责人：李磊
Tel：0891－6509226

**拉萨市松源机械组赁有限责任公司**
地址：西藏自治区拉萨市色拉路扎细新村第1巷
负责人：腾俊
Tel：0891－6921914

**西藏正信安全科学技术研究中心**
地址：西藏自治区拉萨市宇拓路
负责人：李彦
Tel：0891－6329062

**西藏自治区矿产品经销公司**
地址：西藏自治区拉萨市扎基路十二号
负责人：徐忠吉
Tel：0891－6320567

**西藏宝发商贸有限公司**
地址：西藏自治区拉萨市中和国际城阿里农行退休基地
负责人：陈尧
Tel：0891－6871176

**雲龙沙石厂**
地址：西藏自治区日喀则地区曲下乡
负责人：丛培武
Tel：0892－8994777

**西藏雅江源建筑装修责任有限公司**
地址：西藏自治区日喀则市龙江路
负责人：桑杰顿珠
Tel：0892－8983048

## 陕西省/Shanxi Province

**靖边县天顺油井技术服务有限责任公司**
业务：油井技术服务
地址：陕西省榆林市靖边县杨米涧乡
负责人：王强　邮　编：718500
法　人：王强
Tel：13992207577

**陕西勉县润宇轧钢有限公司**
地址：陕西勉县定军山镇杨家山村
负责人：徐景玉
Tel：13992655932

**宝鸡高新区三和特种金属材料厂**
业务：我公司成立于1996年.本公司是一家专门从事金属材料焊接，研究及加工的生产单位.""信誉至上，诚信为本，急客户之所急，质量第一，保质保量"" 产品使用过程中实行质量跟踪.
地址：陕西省宝鸡市渭滨区八鱼镇范家崖村
负责人：李维尧　邮　编：721013
法　人：李维尧
Tel：0917－6735088
Fax：0917－6735088
网址：www. mtw26280. chinapyp. com
E-mail：wei88686@qq. com

**陕西省紫阳县湘贵锰业有限公司**
地址：陕西省安康市紫阳县麻柳镇
负责人：张哲波
Tel：0915－4886383

**宁强县白岩沟滑石矿**
业务：宁强县白岩沟滑石矿于1989年创律，从事铁矿及非金属（滑石、石棉、白云石、蛇纹石矿）开采、销售。
地址：陕西省汉中市宁强县庙坝乡
邮　编：714401
法　人：赵怀强
Tel：0916－4382048
Mobile：13992679968

**靖边县泰山煤炭经销有限责任公司**
业务：煤炭的销售
地址：陕西省榆林市靖边县张家畔镇新庄村永平加油站西
负责人：党泰山　邮　编：719000
法　人：党泰山
Tel：13992213851
13084834630

**南镇南湖碳素有限公司**
地址：陕西省汉中市汉台区舒家营办事处三里店村三组
负责人：吴建林
Tel：0916－2169027
13335363168

**洋县东方铸造厂**
地址：陕西省汉中市勉县和平路86号
负责人：王俊明
Tel：0916－8212245

**陕西商南三源矿业有限公司**
业务：本公司拥有丰富的矿产资源及先进的设备和完善的管理。公司开采加工的镁橄石砂质地优良，本厂从开采到加工，都采用机械化，半机械化设备，可按用户要求加工成各种类型的成品，质量稳定，公司将继续努力为广大消费者提供更完美、更优质的服务，努力为中国橄榄石行业发展作出新的贡献。
地址：陕西省商南县富水镇富水街
邮　编：726301
法　人：董志建
Tel：0914－6461459
Fax：0914－6461459

**勉县爱德粉业有限责任公司**
地址：陕西省汉中市勉县老道寺镇沙家庄村
负责人：张国春
Tel：0916－3486388

**华县金鑫矿产有限责任公司**
地址：陕西省渭南市华县金堆镇粟峪
负责人：王拥军
Tel：13399232908

**陕西宏利源丰实业有限公司**
业务：陕西宏利源丰实业有限公司成立于2005年，从事矿产品开发与投资。
地址：陕西省西安市含光路柠檬公寓2409号
邮　编：710000
法　人：赵红学
Tel：029－62866688
Fax：029－62866688

**榆林市海纳煤炭运销有限公司**
业务：矿山机电设备、煤炭、焦粉及化工产品的销售。
地址：陕西省榆林市神木县店塔镇
负责人：闫俊海　邮　编：719316
法　人：闫俊海
Tel：0912－8384444
8506888
Fax：0912－8451508

**渭南市莲花王钨钼有限责任公司**
地址：陕西省渭南市华县莲花寺镇长寿坡村
负责人：王尚民
Tel：13389130092

**陕西伟业金属材料有限公司**
地址：陕西省西安市灞桥区十里铺米秦路99号
负责人：王京显
Tel：13087506789

**陕西鑫盛矿业有限责任公司**
地址：陕西省西安市碑林区西四道巷12号
负责人：汪瑜
Tel：13519191130

**西安万德工贸有限责任公司**
业务：西安万德工贸有限责任公司主要经营钢铁、炉料、煤炭的销售，质量保证、价格合理，欢迎新老客户前来咨询、洽谈业务。
地址：陕西省西安市未央区东元路16号119室
负责人：王青春　邮　编：710032
法　人：王青春
Tel：029－82156369

**神木县鼎盛德力煤炭运销有限公司**
业务：煤炭
地址：陕西省榆林市神木县人民路中段（海川饭店对面）
负责人：郝德仁　邮　编：719300
法　人：郝德仁
Tel：13109229188
0912－2385388

**西安恩达医用钛合金开发有限公司**
地址：陕西省西安市风城三路26号文景苑2－7A
负责人：陈恩厚
Tel：13809156621

**西安伟业金属材料有限公司**
地址：陕西省西安市户县甘亭镇北街
负责人：张小军
Tel：13991942918

**陕西华联铝业有限责任公司**
业务：陕西华联铝业有限责任公司成立于1999年3月，主要从事铝合金型材的批发与零售。“质量保证，价格合理”，热诚欢迎新老客户惠顾。
地址：陕西省西安市新城区太华路建材市场北区五道街4－9号
邮　编：710016
法　人：靳忠智
Tel：029－86737149
Fax：029－86737149

**西安市嘉恒热处理有限公司**
地址：陕西省西安市泾河工业园北区
负责人：安峻岐
Tel：13630284773

**蓝田县盛宇矿业有限公司**
地址：陕西省西安市蓝桥乡扇车沟村
负责人：杨建平
Tel：029－87433061

**神木县盛龙煤炭运销有限公司**
业务：煤炭、焦炭、兰炭、焦油、建材的运输销售
地址：陕西省榆林市神木县中肌镇
负责人：王荣利　邮　编：719300
法　人：王荣利
Tel：13992284212
13409192228

**府谷县宏兴合金工贸有限责任公司**
业务：府谷县宏兴合金工贸有限责任公司成立于2005年，主要从事硅铁、硅钙、铬铁、金属镁等铁合金的销售。“质量可靠，价格合理”，热诚欢迎您的光临与惠顾！
地址：陕西省榆林市府谷县府谷镇大沙沟村
负责人：王建军　邮　编：719400
法　人：王建军
Tel：0912－8738280

**西安市伟业矿业开发有限公司**
地址：陕西省西安市蓝田县玉山镇玉山村北玻璃厂内
负责人：米志远
Tel：13991939776

**友华不锈钢材料经销部**
地址：陕西省西安市莲湖区自强西路353号
负责人：顾友华
Tel：029－86252728
13892872686

**榆林市金川金属网架有限公司**
业务：榆林市金川金属网架有限公司成立于2004年，主要承接各种钢结构，球型网架结构等大型厂房、超市、市场、仓库、体育场馆、加油站、活动房等。生产各种国内最新型号的彩钢压型瓦、复合夹心板、C、Z型钢檩等。公司将不断追求创新，力求更新更好的产品质量，良好的信誉，合理的价格和优质的服务与你真诚携手。期待您独具慧眼，光临合作，共创辉煌。
地址：陕西省榆林市上群南路（农科所北侧137号）
邮　编：719000
法　人：张洪川
Tel：0912－3350655
Fax：0912－8106544

**西安新格瑞特金刚石工具有限公司**
地址：陕西省西安市通济北坊7号
负责人：孙保宁
Tel：029－88587831
13193355080

**陕西正源煤炭有限责任公司**
地址：陕西省西安市未央区六村堡
负责人：拓振周
Tel：13991287300

**陕西欣达管业制造有限公司**
地址：陕西省西安市未央区谭家街道帽珥冢村村东

地址：甘肃省天水市麦积区马跑泉路 54 号
…………负责人：王信恩
…………Tel：13589754203

**天水华能伟业煤炭运销有限责任公司**
地址：甘肃省天水市麦积区渭河南路 16 号院 1 号楼 121 号
…………负责人：吕林伟
…………Tel：0938－2722718

…………Tel：13909778780

**格尔木宝峰矿业有限责任公司都兰县诺木洪分公司**
地址：青海省海西蒙古族藏族自治州都兰县诺木洪乡五龙沟矿区
…………负责人：戴保民
…………Tel：13897066636

## 酒泉市华阳实业有限公司

酒泉市华阳实业有限公司成立于2003年，主要经营矿产品。

我公司秉承"顾客至上，锐意进取"的经营理念，坚持"质量第一，信誉为本"的原则为广大客户提供最优质的产品和服务。欢迎广大客户惠顾！

电话：0937-2660825
联系人：李生庭 13809378125
地址：甘肃省酒泉市祁连路41号　邮编：735000

## 文县大林矿业有限责任公司

大林矿业是集采、选、冶、运为一体的现代化矿业企业，公司自2006年组建以来，始终按照开发生产规模适度、科技兴企的发展思路，加大探矿增储力度，增强企业发展后劲。

我们本着"开发一方，造福一方"的宗旨，贯彻科学发展观，致力于保护周边环境，做到绿色发展，健康发展和长足发展！

联系人：田大林 13993965123　电话：0939-5524968
电子邮件：td15123@163.com　传真：0939-5522169
地址：甘肃省陇南市文县柏林宾馆　邮编：746400

## 青海省/Qinghai Province

**兰州精华玻璃钢制品厂**
业务：兰州精华玻璃钢制品厂创建于 2000 年，位于兰州市南面滩经济开发区 45 号。专业从事玻璃钢餐桌、椅的生产、销售，还可根据用户要求设计。几年来，产品畅销全国各地，以优质的产品和至诚的服务，倍受客户青睐。我厂现在继续对产品进行技术改造。产品花样多、高质量多型号，深受客户欢迎，并伴您万事如意永攀高峰。
地址：甘肃省兰州市南面滩经济开发区 45 号
…………邮　编：730000
…………法　人：罗斌杰
…………Tel：0931－4866398
…………Fax：0931－4866398

**大通县昌通萤石矿**
业务：大通县昌通萤石矿成立于 2005 年 5 月，从事萤石原矿的开采及销售。产品主要销往宁夏、青海、甘肃等地，欢迎来电洽谈业务。
地址：青海省西宁市大通县公商联
…………邮　编：810100
…………法　人：徐继标
…………Tel：0971－2729337

**西部矿业股份有限公司锡铁山动力分公司**
地址：青海省海西蒙古族藏族自治州大柴旦锡铁山镇
…………负责人：何宗武

**青海西旺矿业开发有限公司**
地址：青海省海西自治州都兰县解放路 3 号
…………负责人：池立群
…………Tel：0977－8233605

**桥头铝电有限公司**
地址：青海省西宁市城北区朝阳西路 48 号
…………负责人：张先生
…………Tel：0971－5512157

**青海西宁金属构件工程有限公司**
地址：青海省西宁市城北区小桥大街 40
…………负责人：赵智
…………Tel：0971－5192238

**青海利汶矿业有限公司**
地址：青海省西宁市城东区互助中路 182 号
…………负责人：利汶·阿卜杜拉
…………Tel：13007707880

**西宁大江特种石膏有限公司**
地址：青海省西宁市城东区互助中路 99 号
…………负责人：江先生
…………Tel：0971－8080587

**西宁鸿达矿产品有限公司**
地址：青海省西宁市城东区建国路 15 号
…………负责人：王文余
…………Tel：13086252097

**西宁荣鼎玻璃纤维有限公司**
地址：青海省西宁市城东区团结桥路 51 号
…………负责人：黄瑞政
…………Tel：0971－6251969

**青海有色金属对外贸易有限公司**
地址：青海省西宁市城中区礼让街 1 号
…………负责人：闫先生
…………Tel：0971－8232476

**西宁市水磨煤业有限公司**
地址：青海省西宁市城中区南川东路 102 号
…………负责人：王勇
…………Tel：0971－5502245

## 青海湘和有色金属有限责任公司

青海湘和有色金属有限责任公司成立于 1997 年，本公司专业生产电炉锌粉、有色金属。公司秉承"顾客至上，质量优良"的经营理念，坚持"客户第一"的原则为广大客户提供优质的服务。欢迎惠顾！

联系人：马季龙 13327695191
电话/传真：0971-2291328　2291777
邮编：811600
地址：青海省西宁经济技术开发区甘河工业园区

## 宁夏回族自治区/Ningxia Hui Autonomous Region

**吴忠市振兴物资有限公司**
业务：吴忠市振兴物资有限公司成立于 1995 年，主要销售钢材、硅锰合金、硅铁、金属材料、建筑材料等。以质量求生存，以信誉求发展是我们一成不变的理念，为用户提供最优质的产品，最完善的服务。欢迎广大新老客户前来洽谈业务。
地址：宁夏回族自治区吴忠市西环路铁市场 24 号
…………邮　编：751100
…………法　人：郑全
…………Tel：0953－2024158
…………Fax：0953－2024158

**平罗县西夏炭素制品有限公司**
业务：太西煤，宁夏都油。西夏煤质全国一流。西夏炭素制品有限公司是取油优质的太西煤生产增炭剂的大企业，公司实力雄厚，生产设备先进，检测设备齐全，生产能力大，年产 20000 吨，品质好，质量高，规格齐全，包装精细，服务周到。近年来，我公司生产的增炭剂畅销国内外，各大中型钢厂使用效果良好，该产品据有增炭效果好、使用方便，低硫、低磷、无烟尘污染，属环保产品，价格便宜，成本低，是炼钢增炭的最佳选择。公司宗旨：用户至上、信誉第一。公司竭诚为您服务，欢迎新老朋友增加联系，增进友谊，携手共进，共同发展！
地址：宁夏石嘴山市平罗县崇岗镇
…………邮　编：753400
…………法　人：马叶
…………Tel：0952－6680056
…………Fax：0952－5810056

**塔城地区三鑫铝业有限公司**
地址：新疆维吾尔自治区塔城地区塔城市光明路西部货场
…………负责人：张明春
…………Tel：0901－6222309

**鄯善县鑫益铁业有限责任公司吐鲁番市分公司**
地址：新疆维吾尔自治区吐鲁番地区吐鲁番市七泉湖镇
…………负责人：高建强
…………Tel：0995－8632241

**托克逊县华隆煤炭加工有限公司**
地址：新疆维吾尔自治区吐鲁番地区托克逊县库米什镇
…………负责人：李勇
…………Tel：0995－8824697

**新疆盛达矿业有限公司**
地址：新疆维吾尔自治区乌鲁木齐市北京南路 2 号附 4 号
…………负责人：范林
…………Tel：13609919918

**乌鲁木齐鸿运佳兴钢铁有限公司**
地址：新疆维吾尔自治区乌鲁木齐市华凌市场钢材区
…………负责人：王希林
…………Tel：0991－2838511

**博乐市海山矿业有限责任公司**
业务：矿产品加工、销售、运输
地址：新疆维吾尔自治区博尔塔拉蒙古自治州博乐市团结路 35 号
………负责人：薛海山　邮　编：833400
…………法　人：薛海山
…………Tel：0909－2232323

**乌鲁木齐万全通达油气管件制造有限公司**
地址：新疆维吾尔自治区乌鲁木齐市克拉玛依西路 20 号
…………负责人：李勇

## 石嘴山市昊雪高岭土有限责任公司

石嘴山市昊雪高岭土有限责任公司成立于2001年，主要从事煅烧高岭土的生产与销售。

公司技术力量雄厚，工艺先进，高岭土储量丰富，欢迎广大客户来电来函洽谈。

电话：0952-3693778　联系人：王志波
地址：宁夏自治区石嘴山市惠农区花园路127号　邮编：753000

## 新疆维吾尔自治区/Xinjiang Wei We Er Autonomous Region

**拜城温州矿业开发有限公司**
地址：新疆维吾尔自治区阿克苏地区拜城县交通路金苑小区 4 号楼
…………负责人：杨传苏
…………Tel：0997－8632222

**独山子区北村攀峰油罐厂**
地址：新疆维吾尔自治区克拉玛依市独山子区北村联合办公室大院
…………负责人：闫功攀
…………Tel：0992－3692202
13579158378

…………Tel：13909967007

**乌鲁木齐市尚德伟业钢铁有限公司**
地址：新疆维吾尔自治区乌鲁木齐市苏州路八家户钢材市场
…………负责人：王文宾
…………Tel：0991－4331817

**乌鲁木齐市金瓯矿业有限公司**
地址：新疆维吾尔自治区乌鲁木齐市新华北路 92 号
…………负责人：汪洋
…………Tel：13899989215

**新疆烟管钢管有限公司**
地址：新疆维吾尔自治区乌鲁木齐王家沟北站路 10 号交易中心店铺 B－5
…………负责人：周长胜
…………Tel：0991－7882237

**新疆天和五矿钢铁有限公司**
地址：新疆维吾尔自治区乌市北京南路钻石城 1 号盈科国际中心 25 楼 A 楼
…………负责人：樊春平
…………Tel：0991－3820506

## 新疆海丰矿业有限公司

新疆海丰矿业有限公司成立于2005年，本公司是一家专业从事有色金属的企业。公司秉承"品质、诚信、创新"的经营理念，竭诚与您合作，在互惠互利的基础上实现双赢，共谋企业发展大计。

联系人：赵亚明
电话：0906-8725918
地址：新疆维吾尔自治区阿勒泰富蕴县迎宾路21号　邮编：836100

# 行业品牌展示窗

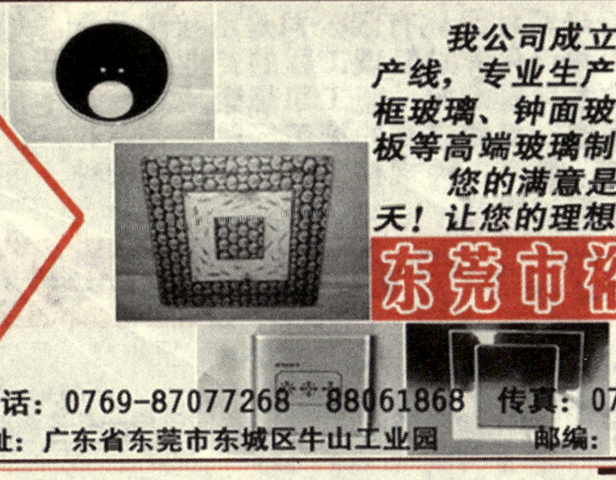

我公司成立于1995年，拥有国内外先进的玻璃机械生产线，专业生产加工钢化玻璃、家电玻璃、灯饰玻璃、相框玻璃、钟面玻璃、显示器玻璃、电子称及音响底座、面板等高端玻璃制品，同时经营玻璃原片批发。

您的满意是我们永远的追求！让我们携手共创美好明天！让您的理想在这里启航。

## 东莞市裕兴玻璃贸易有限公司

联系人：彭有才

电话：0769-87077268　88061868　传真：0769-22295298　网址：www.dg-glass.cn

地址：广东省东莞市东城区牛山工业园　邮编：523128　电邮：market@yuxingglass.com

## 淮安经济开发区佳峰建材经营部

本公司成立于1999年，主要经营地砖，墙砖，石材，水暖销售。本着“以质量求生存，以信誉求发展”为您服务。

联系人：赵永辉　电话：0517-83574338　13645233732　传真：0517-83713979

地址：江苏省淮安市经济开发区南方市场A区14-1号

## 核工业华东建设工程集团公司广州分公司

核工业华东建设工程集团公司是经中国核工业总公司批准，江西省工商行政管理局注册登记的一级施工企业，拥有国家建设部颁发的公路工程施工总承包壹级，房屋建筑工程总承包壹级，市政公用工程施工总承包壹级，地基与基础工程专业承包壹级，土石方工程专业承包壹级，隧道工程专业承包壹级，公路路基工程专业承包壹级资质；工程勘察甲级资质；工程测量甲级资质。同时还具有民航机场、电厂、境外施工等特殊要求的施工经历和承包资格。核工业华东建设工程集团公司信守合约，于2001年成为全国首批重合同守信用企业，并且连续多年被江西省工商行政管理局授予“重合同、守信用”单位。

我们热忱欢迎社会各界与本公司进行广泛的合作，并竭诚为客户提供优质服务。

联系人：朱赣华　13602734369

电话：020-62361220　62361221　电邮：wj8513@163.com

地址：广东省广州市海珠区昌岗中路166-3号富盈国际大厦2209房　邮编：510250

## 湖北鑫龙建筑劳务有限公司

湖北鑫龙建筑劳务有限公司于2007年4月12日成立。是具有砌筑作业分包壹级，木工作业分包壹级、抹灰作业分包、油漆作业分包、钢筋作业分包壹级、砼作业分包、脚手架搭设作业分包壹级、水暖电安装分包、焊接作业分包壹级资质。是一支长期依托湖南省第三工程公司劳务队伍。

联系人：李伟

电话：0716-8201888　13872219999

地址：湖北省荆州市沙市中山路沿江大道

邮编：434000

# 行业品牌展示窗

南京百豪园林绿化有限公司是承接现代园林绿化培植施工和园林绿化养护管理工程的专业施工队伍，公司设计施工技术力量雄厚，职工思想素质好，技术精湛，有严格的管理制度和丰富的施工经验，并有花卉、苗木基地千余亩，培育各种规格品种的苗木千余种，可满足供应绿化工程的用苗。

## 南京百豪园林绿化有限公司

联系人：陈钦光 18912975893

电话：025-52205893

传真：025-52205893　邮编：210000

地址：江苏省南京市秦淮区夫子庙一品嘉园8栋25号

## 蒙阴鑫磊石材厂

本厂于1998年创建，主要产品有齐鲁红、海浪花、粉红花、蒙山花、琥珀花、板材、异形、手加工块石。本厂以质量求信誉，客户至上，价格合理的经营宗旨，立足创新，严把质量关，以优质的产品，良好的信誉取得了广大新老客户的信赖。

联系人：刘洪新

电话：0539-4810528　13869992188

地址：山东省临沂市蒙阴县高都镇高都村　邮编：276219

## 娄底市恒美装饰工程有限公司

娄底市恒美装饰工程有限公司成立于2005年，具有设计、施工双乙级资质。公司专业从事室内外装饰设计、施工。竭诚欢迎新老客户来电洽谈业务，共同合作！

电话：0738-6771888　联系人：李腾芳

地址：湖南省娄底市娄星区火车站天成银座十二楼1224-1225室　邮编：417000

## 山东诚祥建安集团有限公司

山东诚祥建安集团有限公司前身为山东嘉祥建筑安装工程有限责任公司．目前已具有建筑安装、装饰装修、质量检测、液压滑模、消防设施、锅炉安装等多种经营发展格局的国家一级施工企业。我公司始终坚持以一流的质量、一流的服务和良好的信誉，期待着与各界朋友竭诚合作、共图发展、同创未来。

联系人：张培祥

电话：0537-6825629　6821924　6821569

地址：山东省济宁市嘉祥县城中心街55号　邮编：272400

# 行业品牌展示窗

# 行业品牌展示窗

## 株洲同鑫页岩空心砖厂

株洲同鑫页岩空心砖厂成立于2007年。
专业生产销售建筑材料，空心砖、实心砖，多孔砖等。
欢迎新老客户来电洽谈业务！

联系人：郭新忠 13017331586 15869702888
地址：湖南省株洲市株洲县南阳桥乡三望冲村 邮编：412000

## 重庆巴泰建材有限责任公司

重庆巴泰建材有限责任公司成立于1997年
经营管道、水泥、河沙、瓷砖，并从事承接相关工程建设
欢迎新老客户来电来函洽谈业务！

电话：023-67794668 67311110
联系人：邓夏晓
传真：023-67311110
地址：重庆市江北区红石路5号30-4 邮编：400021

## 武汉和信建筑装饰工程有限公司

公司是一家以室内外建筑装饰工程的设计与施工为主的企业。主要从事防水工程、装饰工程、安装工程。我公司始终坚持以一流的质量、一流的服务和良好的信誉，期待着与各界朋友共图发展、同创未来。

联系人：张利锋
电话：027-85352940 85352930 13907154333 邮编：430022
地址：湖北省武汉市江汉区建设大道562号（国贸新都）26层西G室 电邮：hexin585858@126.com

## 资阳市同兴砂石有限公司

资阳市同兴砂石有限公司成立于2006年，主要从事于河砂、石子开采与销售，卵石粉碎销售，砂金采集销售。

本公司产品经人工精心筛选，规格齐全，品质优良，适合工业，建筑等多领域使用。本公司以信誉第一，客户至上，重合同，守信用为经营理念，欢迎广大客户前来洽谈！

联系人：吴家海
电话：0832-6251809 13982976869
地址：四川省资阳市雁江区宝台镇天生村十社 邮编：641300

# 行业品牌展示窗

## 浩森木业有限责任公司

联系人：孙良

浩森木业有限责任公司成立于2006年，拥有员工50余人，从事胶合板、旋切单板生产与销售。

我公司以诚信为本，视质量为生命，具有价格和服务优势，欢迎新老客户前来视察、订购。

电话：0439-3756001 3756002

地址：吉林省白山市江源县孙家堡子镇苇塘街 邮编：134700

## 泾县长发建材有限公司

公司成立于2005年，主要从事于砖瓦的生产销售。我公司一如即往的本着“诚信、一切为了客户方便”的经营宗旨。以全新的产品，完善的服务，面向全国诚招合作商；并愿与商界朋友们精诚合作、共谋发展。

联系人：胡建友

电话：0563-5401666 13656336858

地址：安徽省宣城市泾县琴溪镇新元村 邮编：245300

## 海南鑫东恒贸易有限公司

本公司成立于2007年，主要从事钢材国内贸易。公司创办以来，本着“忠诚守信，开拓进取”的经营理念和“品种全、规格齐、价格优、质量好、服务佳”的竞争优势，在钢材行业内取得了良好的声誉。我们期盼能与您有更多的机会进行合作。让我们携手并肩"与时俱进"！

电话：0898-66629998 36319933 传真：0898-36319933 联系人：洪慰东

地址：海南省海口市海盛路海南钢材市场 邮编：570100

## 海南华成建设有限公司

公司成立于2005年。主要从事土木建筑、港口、码头、桥梁、隧道、公路、航道的投资建设、市政工程、室内外装饰装修、园林古建筑工程；推挖土石方工程、桩基础工程、钢材结构工程、数字化系统集成，计算机软、硬件，网络、智能化防范工程，科学仪器系统工程，数字化集成产品的生产与销售，房地产开发经营，旅游项目的开发，市场的投资与建设，建筑材料，钢材、煤炭的销售（凡需行政许可的项目凭许可证经营）

联系人：张琳悌 电话：0898-69020860 36335661

地址：海南省海口市玉沙路13号 邮编：570125

# 行业品牌展示窗

## 上海锐圣自动门有限公司

上海锐圣自动门有限公司成立于2007年7月，主要从事自动门、窗生产、加工、销售；普通机械设备、自动控制设备、电器设备安装、五金交电批零。主要产品有自动门、旋转门及相关配件。欢迎您前来选购，我们将竭诚为您服务！

联系人：何耿
手机：13601748070
电话：021-66163886
地址：上海市宝山区化工路69弄9-10号
邮编：200444

## 山西龙辉建材有限公司

山西龙辉建材有限公司成立于2006年，主要从事于水泥外加剂。“诚信经营，信誉至上，质量保证，价格合理”，热忱欢迎新老客户惠顾。

联系人：闫榜龙
电话：0359-4589556 4589526 13935960261
地址：山西省运城市万荣县荣河工业园区3号
邮编：044205

## 平利县寅祥石材工贸有限公司

本公司成立于2006年。
主要从事板岩生产和出口服务。
以质量求生存，以信誉求发展！
热忱欢迎您的光临、指导、洽谈业务！

联系人：肖胜能 13891526668
电话：0915-8428520 8422332
地址：陕西省安康市平利县东大街人民大道北
邮编：725500

## 泉州市宏思物业服务有限公司

泉州市宏思物业服务有限公司专业从事物业管理服务，客户就我们的上帝，我们将全心全意为您服务，欢迎来电咨询、洽谈业务！

联系人：陈成进 13774873729 电话：0595-22511289 22392277
地址：福建省泉州市丰泽区泉秀路豪盛花苑4号楼201室
邮编：362000

# 行业品牌展示窗

## 兰州高新区恒茂装饰贴面板厂

兰州高新区恒茂装饰贴面板厂成立于2000年。
多年来专业从事板材加工贴面。
质量保证、价格合理、客户至上。
欢迎新老客户来电洽谈业务！

联系人：曾文化 13038730706 电话：0931-8679778
地址：甘肃省兰州市天庆丽舍情园1号楼2单元1603 邮编：730013

## 江西省汇丰建设工程有限公司

本公司成立于2002年，主要主要从事于市政工程、房屋基础工程、园林绿化工程建筑施工；室内外装饰装修工程。

我公司一直秉承“顾客至上”的服务理念，欢迎您的光临。

联系人：宋勤云
电话：0791-6527256 13970015119 传真：0791-6525276
地址：江西省南昌市新洲路110号 邮编：330009

## 荆门洪源商贸有限公司

荆门洪源商贸有限公司成立于1997年，主要经营建材。在新的世纪里，我们改革创新，使产品品质更臻完美，以达到“尽真、尽善、尽美”之境界。我们不断将高品位、高档次的新产品推向市场，并为广大客户提供优质服务。竭诚欢迎新老客户光临惠顾，来电来函共创美好未来！

联系人：王 宗 斌
电话：0724-2362267 13807260196
地址：湖北省黄石市西塞山区颐阳路717号 邮编：435000

## 监利县饰美佳门业有限责任公司

监利县饰美佳门业有限责任公司成立于2005年。
生产销售安装：
室内门、免漆套装门、实木复合套装门、钢木门、高分子门
等产品。
品种多，保质保量。
欢迎新老客户来电来函洽谈业务！

联系人：李祖洪 13872448299 电话：0716-3380668
地址：湖北省荆州市监利县容城镇蓝星商贸城建材大市场 邮编：433000

# 行业品牌展示窗

## 上海松玉陶瓷有限公司

上海松玉陶瓷有限公司是一家私营企业，创建于2006年，本公司主营陶瓷、五金、不锈钢制品等业务。

以诚为本，诚信经营。

欢迎新老客户来电洽谈业务！

联系人：汪鹤松 13012834110

地址：上海市嘉定区老翔黄路318弄15号 邮编：201802

## 三明升立建工机械有限公司

三明升立建工机械有限公司成立于2006年，从事建筑机械设备租赁服务。秉着诚实守信的原则，竭诚为广大工程界朋友做好专业性服务。

联系人：任国龙

电话：0598-5865976 5843183 13599369652

地址：福建省三明市沙县际硋工业集中区 邮编：365500

## 青岛石群新型建材有限公司

青岛石群新型建材有限公司成立于2005年，专业生产、销售大理石、花岗岩、水磨石、各种彩色人行道板。

公司一直秉承“仁爱、团结、诚信、创新”的企业精神和“搏击时代潮流，实现自我价值，奉献社会民众”的经营理念，服务社会，回报社会。

联系人：何相友 13605421898 电话：0532-85239999 85239998

地址：山东省青岛市胶州市朱诸路杜村段99号 邮编：266300

## 南通市港闸区宏达建筑机械设备租赁站

南通市港闸区宏达建筑机械设备租赁站成立于2002年，华东地区专业的租赁企业，我公司对外出租各种型号的塔式起重机和施工升降机，欢迎新老客户来电咨询！

联系人：胡德军 13358101158 电话：0513-85406811

地址：江苏省南通市城港路210-3号 邮编：226300

# 行业品牌展示窗

## 南京土之源土石方工程队

南京土之源土石方工程队成立于1999年，主要从事于土石方工程、桥梁工程、道路工程、结构性工程的施工。

“务实、创新、提高”始终是我们在建设领域永远的追求，“以人为本，科技领先，信誉至上，创造更多建筑精品”始终是我们的目标。

联系人：魏继成

电话：025-58880466　58880499

地址：江苏省南京市浦口区江浦街道环宇家园32栋107室　邮编：211800

## 清遠市華川房地産開發有限公司

清远市华川房地产开发有限公司专业从事房地产设计，开发，经营。

结构简洁，色彩明快，合性鲜明，构思巧妙，寓意深刻，设计风格中性大气，欢迎选购！

电话：0763-5855022　5855128

联系人：陈兆举　13680021366

地址：广东省清远市清新商贸城H座18号　邮编：511500

## 南通市益多房地产开发有限公司

本公司主要经营房地产开发。公司始终坚持“业主至上、服务第一”的服务宗旨，竭诚为您服务。

联系人：徐林　13646195888　电话：0513-87595888　传真：0513-87595858

地址：江苏省如皋市江安农贸市场二楼办公室

## 青岛金鑫瑞绿化苗木培育园

青岛金鑫瑞绿化苗木培育园成立于2001年，2005年被评为山东省苗木生产示范基地。长年经营各种绿化苗木，并承接各类园林绿化工程。我们竭诚欢迎绿化的仁人志士莅临指导合作。

联系人：李伟　13869807369　邮编：266109

电话：0532-87735082　地址：山东省青岛市城阳区城阳街道仲村

# 行业品牌展示窗

## 烟台市福山区清洋海涛木器加工厂

本公司成立于2007年，主要从事加工木材、制作包装箱、托盘为主。有木托盘、包装箱等。

本公司以质量服务第一的宗旨，为广大新老客户提供满意的产品。

联系人：陆海涛 13371360177　　电话：0535-6421636
电邮：xu_linlove@126.com　　传真：0535-6303805
地址：山东省烟台市福山区万华路　　邮编：265500

## 新疆哈密市鑫田木业有限责任公司

新疆哈密市鑫田木业有限责任公司成立于2007年9月，专业从事木材加工销售，产品有建筑模板。公司的经营理念是：诚为本，和为贵，以质量，求生存。欢迎新老客户光临惠顾。

联系人：马维圣 13364948288　电话：0902-6403008 6402866
地址：新疆维吾尔自治区哈密地区黄田农场　　邮编：839000

## 信阳申飞房地产开发有限公司

信阳申飞房地产开发有限公司成立于2007年。
从事房地产开发、道路维修等业务。
诚信为本，欢迎新老客户来电洽谈业务！

联系人：王洪中
电话：0376-6785567　13507602656
地址：河南省信阳市民权路181号　　邮编：464000

## 阳谷县天源钢结构有限公司

山东阳谷天源钢结构有限公司始建于2001年，是一家集钢结构、网架设计、制作、安装二级资质的专业企业。主要从事于钢结构生产、销售、安装。天源公司严格贯彻ISO9001国际质量认证标准，不断优化产品品质和提高工程质量，为公司发展奠定了可靠的发展保障。天源钢结构是您成功的起步，携手天源、经营天下。热忱欢迎广大客户前来洽谈。

联系人：柴彦忠
电话：0635-6996999　　传真：0635-6392378
网址：www.sdtygjg.com　　电邮：sdygty@126.com
地址：山东省聊城市阳谷县博济办事处柴庄　　邮编：252300

城建房产建材装潢

# 行业品牌展示窗

## 厦门恒万投资有限公司

厦门恒万投资有限公司成立于2007年，地处厦门市海沧区海发路，环境优美，交通方便。公司集房地产开发、建筑机械租赁等为一体的综合型企业。

欢迎新老客户来电洽谈业务。

联系人：赵家贵

电话：0592-6583292　13606081260

地址：福建省厦门市海沧区海发路171号　邮编：361003

## 雲南華晶安厦玻璃制品有限責任公司

公司成立于2004年12月17日，是一家专业从事玻璃制品加工的企业。主要产品有：啤酒瓶、葡萄酒瓶、白酒瓶、饮料酒瓶等。公司本着“以人为本”的理念，坚持“质量第一、用户至上”的宗旨，用质量征服客户，用价格吸引客户，用诚信赢得客户。

电话：0872-6367309　6367246　13988542187　联系人：张开明

地址：云南省大理州巍山彝族回族自治县南诏镇五里坡工业园区　邮编：672400

## 盐城市宝盛基础工程有限公司

盐城市宝盛基础工程有限公司成立于2007年。

主要从事于桩基工程。

公司以“管理科学、技术创新；以人为本、安全健康；节能降耗、防治污染；社会满意、持续改进”为企业管理方针，以“团结拼搏、科技兴业、与时俱进、开拓创新”为企业精神，不断深化经营管理，为国内外客户提供高质量的服务！

联系人：陈树春

电话：0515-88997930　15851057788

地址：江苏省盐城市亭湖区西环路28号　邮编：224001

## 新疆奇台方正鸿昇石材有限公司

新疆奇台方正鸿昇石材有限公司成立于2006年，主要生产、加工、销售“卡拉麦里金”花岗岩板材、产品主要有1米内的各种板材、路缘石、地砖、墙砖、台面等。我公司一直坚持质量第一、诚实守信的原则、已成功承接了许多重大石材工程、为满足市场需要、公司在本县开发区设有大型货仓及工厂、常年储备有荒料、大板及各种艺术石材制品、并引进世界先进石材生产设备多台(套)、为承接国内外大型装饰工程提供了坚实的货源及加工保障。

电话：0994-7290899　7290898　传真：0994-7290868　联系人：方如春

地址：新疆奇台县西路石材开发区方正石材鸿昇石材有限责任公司　邮编：838200

电邮：hongshengstone@126.com

# 行业品牌展示窗

## 遵义行远陶瓷有限责任公司

遵义行远陶瓷有限责任公司成立于2007年。
经营建筑陶瓷、耐火材料、陶瓷化工原料；
产品有地砖、外墙砖、内墙砖、工业陶瓷等等。
质量保证，欢迎来电洽谈业务！

电话：0852－7721908　15985059902
联系人：王文
地址：贵州省遵义市遵义县龙坑镇苏池村　邮编：563102

## 郑州奥文装饰材料有限公司

公司成立于2006年，主要从事于各种装饰材料生产、销售。公司以先进的技术、科学的管理、优质的产品、完善的服务、良好的信誉为改善和提高人们的住房条件，满足人们的消费需要发挥了积极的作用。在今后的工作中，奥文人始终以技术为先导，与广大用户携手共进，创造辉煌明天。

电话、传真：0371－66530763　联系人：田纹停　13598886803
地址：河南省郑州市建材大世界郑州东建材铝材市场东区4排11号　邮编：450000

城建房产建材装潢

## 重庆鹏博建筑设计有限公司

重庆鹏博建筑设计有限公司是一家专业从事建筑工程设计、规划、勘察的企业。我们会以最真诚的态度为您提供最优质的服务，欢迎来电与我们洽谈。

联系人：冉隆平
电话：023－85566948　13983292634
地址：重庆市江津区几江三环路8号江津工商学校对面　邮编：402260

## 榆林市方正新型墙体材料有限责任公司

公司于2007年初成立，专业从事着墙体材料生产、销售，主要产品有环保砖等。

产品上市以来，以其环保、时尚、耐用等特点，备受消费者的青睐。产品款式新颖、质量精益求精、优良的售后服务，光临本公司定会让您满意而归。

联系人：王文斌　13409123456　13209129888
地址：陕西省榆林市青山西路崇礼巷5排4号　邮编：719000

# 行业品牌展示窗

# 行业品牌展示窗

## 漳浦县艺泉园林绿化场

漳浦县艺泉园林绿化场成立于2006年。

专业从事花卉苗木培育，承接园林绿化工程，主要销售榕树盆景、小叶榕，桂花。

欢迎新老客户来电洽谈业务！

联系人：李井泉 13605027255　　电话：0596-3816988　　传真：0596-3817376

地址：福建省漳州市漳浦县沙西镇庄前至高林路段公路边　　邮编：363000

## 重庆市昌宝建筑装饰工程有限责任公司

重庆市昌宝建筑装饰工程有限责任公司成立于2007年，主要从事于建筑装饰工程。

昌宝始终坚持诚信、诚实的原则，重信誉、守合同，赢得了社会的广泛赞誉。在激烈的市场环境下，不断地成长。昌宝人知道，没有最好，只有更好，我们将一如既往地追求卓越，创造精品。昌宝的宏伟目标是打造行业最优性价比的企业。

联系人：毛昌宝　　电话：023-57670300　13983537356

地址：重庆市巫山县平湖东路236号5-1　　邮编：404700

## 淄博卓凡陶瓷科技有限公司

淄博卓凡陶瓷科技有限公司是专业生产陶瓷壁画及手工艺术瓷砖：广场高温花釉壁画；广场喷泉水景艺术瓷砖；泳池艺术瓷砖；室内壁炉艺术瓷砖；橱房艺术瓷砖；卫生间艺术瓷。

我公司研发生产的手工艺术瓷砖，以纯陶瓷粘土和高温釉料为质地，自身具有环保功能，可谓当仁不让的"绿色环保建材"。

联系人：彭向阳

电话：0533-2989008　13964396000　　传真：0533-2989008

地址：山东省淄博市张店区付家镇黄家村南邻　　邮编：255000

## 玉溪自强红玉塑钢门窗有限公司

玉溪自强红玉塑钢门窗有限公司从事塑钢门窗生产、销售，产品：80系列，60系列，平开系列各类推拉，平开门窗。欢迎新老客户选购。

联系人：赵玉喜

电话：0877-2151990　13987730136

地址：云南省玉溪市红塔区李棋镇下赫庄大路　　邮编：653100

# 行业品牌展示窗

## 张家港市聚丰设备安装工程有限公司

张家港市聚丰设备安装工程有限公司建于2001年。
主要以建筑安装工程为主。
质量保证、价格合理、客户至上。
欢迎新老客户来电洽谈业务！

联系人：陈德军
电话：0512-58588098　13806228320
地址：江苏省张家港悦盛花园26幢301室　邮编：215600

## 遵义市兴源房地产开发有限公司

遵义市兴源房地产开发有限公司成立于2007年，主要从事于房地产开发。我们拥有一支专业、敬业、创新的高效团队，凭借丰富的市场经验，实效开创新的操作能力成为客户最可信赖的置业专家。我们秉承“规范、专业、诚信”的经营理念，赢得了业界及广大消费者的认可与好评。

联系人：赵兴元
电话：0852-7230438　13985651288
地址：贵州省遵义市遵义县南白镇贸易北街　邮编：563100

## 丽水市万顺建筑设备安装有限公司

本公司成立于2005年，现有员工200余人。主要从事机电设备安装，金属结构制造安装，小型水利、水电工程建筑安装。坚持“文明施工、安全第一、顾客满意”的管理方针和奋斗目标，竭诚为广大客户服务。

联系人：吴少华
电话：13905888170　0578-2657083　2616208
地址：浙江省丽水市灯塔新村59号　邮编：323000

## 昆山聚元机电安装工程有限公司

- 本公司成立于2007年。
- 主要从事水电安装、中央空调安装调试维修等服务。
- 公司以“技术创新、品质优良、以质为本、客户至上“的宗旨同客户建立忠实的伙伴关系从而共同发展。

联系人：黄东宏　邮编：215300
电话：0512-50335068　地址：江苏省昆山市罗马假日47栋706室

# 行业品牌展示窗

## 宣城市三妹水泥预制品有限公司

**宣城市三妹水泥预制品有限公司成立于2007年。
**从事生产水泥预制品，产品有离心式涵管、路面砖、路岩石、多孔砖。
**以质量求生存，欢迎新老客户来电洽谈业务！

联系人：曹春明
电话：0563-3642568 13195632568
地址：安徽省宣城市宣州区朱桥乡四合村 邮编：242000

## 中国新汇鑫集团有限公司

中国新汇鑫集团有限公司，为中共中央党校中稷产业所属企业。集团公司在各级领导的关心和支持下，2006年被世界杰出华商协会专家组评审委员会评审为全球杰出华商企业500强，被中国企业文化研究会、中国工业企业协会等五部门评审为“中国优秀企业”等称号。

主要从事海外工程项目招标，工程项目采购，国际贸易等进出口业务。

联系人：王克越
电话：0755-88822206 88822112 13826552488
电邮：xinhuixin@xinhuixin.com
地址：广东省深圳市福田区深南中路新闻大厦3211房 邮编：518000

## 张北县北方轻型保温建筑材料厂

张北县北方轻型保温建筑材料厂成立于2002年，主要从事于开采、加工浮石，生产、销售空心砖。我公司将坚持科技领先、质量第一、用户至上的方针，不断推陈出新生产出更精、更尖的优质产品，以满足客户的需求。在互惠互利的基础上加强与各界朋友的合作结盟，与您共同迈向成功。

电话：0313-85238080 13603135734 联系人：乔富有
地址：河北省张家口市张北县大河乡 邮编：076450

## 重庆长寿建设工程公司第七分公司

重庆长寿建设工程公司第七分公司于2007年成立，从事建筑材料的销售，土石方、市政道路施工等。

公司遵循“务实求新，追求卓越”的精神，热忱为各界服务。

联系人：骆 伟
电话：023-67518227
13883197307
电子邮箱：csjsd7@126.com
地址：重庆市渝北区新溉大道5号恋城大厦18-10 邮编：401147

城建房产建材装潢

# 行业品牌展示窗

## 内蒙古川联建筑劳务有限公司

内蒙古川联建筑劳务有限公司成立于2007年，主要从事于基础工程建设、建筑劳务、室内外装饰装修、市政工程等业务。

电话：0472-6963107 13947273988 联系人：程红

公司秉承“规范施工、真诚服务、诚信与责任、发展于创新、团队与合作、共赢与分享”作为企业核心价值观和经营理念，竭诚为总承包企业服务，立足内蒙、面向全国，实现创一流的速度质量和信誉走向世界。

地址：内蒙古自治区包头市128号信箱 邮编：014010

## 昆明绿色创馨装饰工程有限公司曲靖分公司

本公司成立于2006年，专业从事室内外装饰设计、施工。以客户为中心，想客户之所想，勤勤恳恳，全心全意做好服务。

联系人：李方举

电话：0874-8996266 13732731829

地址：云南省曲靖市胜峰西路 邮编：655000

## 贵州光友桩基劳务有限公司

貴州光友樁基勞務有限公司淀事建築勞務分包，公路基礎、橋墩基礎、房建基礎、土石方工程等工程施工。公司以至誠、至信、至善、至美為服務宗旨，以“服務家庭、服務社會”為經營理念，以“提供完美的服務”為追求目標。在未來的市場發展中以最及時、最快速、最准確的方式為求職者及用人單位提供最完善的服務。

联系人：贺光友 电话：0851-5527569

地址：贵州省贵阳市南门区嘉润路34号 邮编：550002

## 广西壮族自治区桂林市平乐县平乐镇二堂雄森木业制品厂

我公司自创立以来，从事建筑胶合板的生产与销售。公司本着诚信为本、客户至上的宗旨，为新老客户提供最优质的服务。我们的产品能为您带来更大的效益，是我们所期盼的。

热忱欢迎您的惠顾！

联系人：吴新德 13321635088 电话：0773-7628728

地址：广西壮族自治区桂林市平乐县二塘工业园区 邮编：542400

# 行业品牌展示窗

## 永方石英砂厂

永芳石英砂厂多年来从事石英砂、石英粉、滑石粉、滑石、长石粉、长石、叶腊石、高档硅微粉等非金属矿产品的生产与销售，是全国第一家石英砂厂家。

本公司将坚定执着地以上乘的质量、低廉的价格满足客户需求，衷心欢迎国内外新老朋友前来参观指导、洽谈合作，让我们在互惠互利的贸易中建立起相互间的信赖和友谊。

联系人：吴永方 13986551709 电话：0713-7506756

地址：湖北蕲春县蕲州瓷厂 邮编：436100

## 宇泰木业有限公司

宇泰木业有限公司成立于2006年，主要从事于木材加工、指接板、大芯板、装饰板、工艺品的生产、销售。我公司将以始为终，以质量求生存，以用户为上帝，不断开拓创新，努力为人类家居生活的进步和提高作出应有的贡献。

联系人：周恒禹

电话：0855-6625115

地址：贵州省黔东南苗族侗族自治州榕江县辣子寨 邮编：557200

## 诏安县顺昌建材有限公司

诏安县顺昌建材有限公司成立于2004年，主要从事于建材批发与零售。

我公司一如既往的本着“诚信、一切为了客户方便”的经营宗旨。以全新的产品，完善的服务，面向全国诚招合作商；并愿与商界朋友们精诚合作、共谋发展。

联系人：詹饶峰

电话：0596-3303678 3301088

地址：福建省漳州市诏安县南诏镇光良街康华路北80号 邮编：363500

## 重庆友强门窗有限公司

重庆友强门窗有限公司成立于2007，企业实行“管理一体化，产品系列化，服务优质化”，现开发并生产的铝合金门窗有：76、80、82、90推拉系列，38、46、50、60平开系列，60推拉塑钢门窗系列，60内外平开塑钢系列，80塑钢门窗等多种不同规格的铝合金塑钢门窗产品。除此外，公司还开发制作了隔热彩铝门窗产品。本着“以质量求生存、以信誉求发展”的经营理念，竭诚欢迎新老客户来电洽谈业务！

联系人：张永强

电话：023-68555751

地址：重庆市大渡口区建胜镇群胜村四社 邮编：400080

# 行业品牌展示窗

## 大连金华杨建筑劳务有限公司

大连金华杨建筑劳务有限公司是经大连城乡建设管理局批准的一家建筑劳务有限公司，公司的主要业务专业承包土建施工、家居装饰装修等工程，同时为工程分包队伍提供各种工程。

在新世纪里，公司将秉承“诚信求生存，创新求发展。”以经营宗旨与各建筑商财团建立“同创共赢”的合作机制，在大连土木建筑、大连建筑劳务、大连建筑工程劳务行业悄然打造一支精品队伍。

联系人：于澍　13700081688
电话：0411-87873387　87879787
地址：辽宁省大连市金州区站前街道斯大林路526号　邮编：116100

## 承德县豪门建筑装饰有限公司

承德县豪门建筑装饰有限公司是集高级装饰、设计、施工为一体的现代化企业。拥有国家建设部核发的建筑装饰设计甲级、建筑装饰工程专业承包一级、建筑幕墙工程专业承包一级、机电设备安装工程承包一级及建筑总承包二级资质；园林古建专业工程承包二级、钢结构工程；消防施工及建筑智能系统集成施工资质；并取得ISO9001质量体系认证、ISO14001环保体系及GB/T28001—2001职业安全健康管理体系认证。

公司本着“务实合理、追求卓越”的企业精神强化企业管理，严格规范现场施工，不断提高施工的技术和设计水平。成为大规模、配套完善、技术力量雄厚的装饰公司。

电话：0314-3015765
联系人：李凤清　13932490198　QQ:843784510
地址：河北省承德县下板城镇杨树林村　邮编：067400

## 鄂尔多斯市鼎恒园林绿化有限责任公司

鄂尔多斯市鼎恒园林绿化有限责任公司成立于2006年，主要从事于园林绿化，盆景、花卉种植，园林设备安装。公司全体员工愿以饱满的热情和完善的服务与社会各界精诚合作，以“发展绿色产业，构建和谐社会”为指导，为美化我们的家园，创造完美的生活空间而不断努力！

联系人：朝格图
电话：0477-8327167　15947377777
地址：内蒙古自治区鄂尔多斯市东胜区达拉特北路6号街坊6号楼105　邮编：017000

## 福建万国欧亚投资有限公司

福建万国欧亚投资有限公司于2007年成立，专业从事房地产业的投资，房地产开发、经营，投资信息咨询以及高新技术开发投资，土石方工程，装饰工程，园林开发，景观设计，另兼营批发零售机械设备，金属材料，建筑材料，电子产品，化工原料，石材，砂石等。

聯繫人：柳宗瑞
电话：0592-5825229　13950139215
地址：福建省厦门市思明区金榜路63号凯旋广场写字楼1号楼3层　邮编：361004

# 行业品牌展示窗

## 诸暨市日威建筑材料厂

本公司实力雄厚，并拥有一批庞大的、具有实际施工技术经验的专业队伍，以保障客户的需求，使客户用较小的代价获得理想的效果，我们以“以一流的产品、一流的服务”来获取客户的满意。本公司宗旨是：以质量求生存，以信誉求发展，以产量求效益，争创同行业名优产品。

联系人：王海

电话：0575-87057268　13858513638

地址：浙江省绍兴市诸暨市牌头镇斗岩村桑园　　邮编：311800

## 盐城市津林房地产开发有限公司

盐城市津林房地产开发有限公司成立于2006年，主要从事于房地产开发。公司以“聚集一流人才，铸造一流工程，打造一流小区，创造一流环境”为指导思想，遵循“创新、求精、务实”的企业精神，秉承缔造经典建筑、创建时代精品的开发理念，实现共赢开发建设出更多的符合大众需求的产品。

联系人：朱津林　13327988648

电话：0515-88501766

地址：江苏省盐城市亭湖区东河村东河新村七区168号

邮编：224000

## 鑫蒲华集团

——济南鑫蒲华防腐工程有限公司

——鑫蒲华防腐工程有限公司巨野分公司

——鑫蒲华防腐工程有限公司菏泽分公司

联系人：谢记省

我公司成立于2002年，主要从事电力，化工，矿业，核工业等，金属涂层表面处理，衬里材料、建筑防腐、绝热冷工程施工及其技术服务。管线，管件内外浸塑及保温，金属容器、污水处理设施、高塔内外壁防腐及脱硫工程，超高压无气喷涂聚脲(SPUA)弹性体，硫化，自然硫化橡胶防腐衬里现场施工。各类优质防水卷材和防水涂料。虹吸雨水及同层排水系统。

电话：0531-87379977
0530-8583777　0530-6168558

地址：山东省济南市长清区乐天小区A-08号

传真：0531-87379000

网址：www.jnxph.com.cn

电邮：puhuakeji8@163.com

邮编：250300

## 鹰潭市东兴房地产开发有限公司

本公司成立于2007年，是一家专业从事房地产开发；五金建材销售；室内外装饰装璜、园林规划设计及施工服务。以人为本，追求卓越，为客户创造舒适优美的生活环境，为社会创造不可替代的超越价值，为企业创造理想的经济效益。

电话：0701-6233297　13307011699　　联系人：毛立东

地址：江西省鹰潭市胜利东路44号三层两单元东套　　邮编：335000

# 行业品牌展示窗

# 行业品牌展示窗

## 鄂尔多斯市东胜区铭德物业管理服务有限责任公司

本公司成立于2004年，专业经营：物业管理、保安、保洁、绿化亮化工程、外墙清洗。

本着“以人为本，业主至上”为服务理念，致力为业主创造一个和谐、平安、健康的生活环境。真诚的希望与各界朋友和单位建立联系，开展合作！

联系人：蔺雪飞

电话：0477-8363275 电邮：chong0099@yahoo.cn

地址：内蒙古自治区鄂尔多斯市东胜区中新医院保洁办公室 邮编：017000

## 阳泉市鑫特石材有限公司

公司成立于2006年，主要产品为大理石、汉白玉、人物雕刻、西洋雕刻、园林雕刻、建筑雕刻、纪念性雕刻、室内装饰雕刻等几大类，几百个品种。产品以做工精美，信誉良好，深受新老客户欢迎。

电话：0353-2913855 13703532116 13935388538

电邮：wangguojian518@163.com 联系人：王国建

地址：山西省阳泉市经济技术开发区大连路（审计局办公楼三层） 邮编：045000

## 杭州半山石材市场恩惠石材经营部

本经营部主要从事石材加工，成品制造，主要用于家居装潢，装饰工程。我公司本着创新、求实、开拓、进取的宗旨，力求以“最优质的产品，最周到的服务”，来答谢各界的支持与厚爱。客户的成功才是我们的成功，是我们始终不渝的信念。半山真诚期盼与您携手共创辉煌灿烂的明天。

电话：0571-85082088 传真：0571-85082088 联系人：章汉江

地址：浙江省杭州市半山石材市场内F区26-27号 邮编：310015

## 安庆市远锦经贸发展有限公司

安庆市远锦经贸发展有限公司成立于2007年，主要从事于道路绿化、道路清洁。公司全体员工愿以饱满的热情和完善的服务与社会各界精诚合作，以“发展绿色产业，构建和谐社会”为指导，为美化我们的家园，创造完美的生活空间而不断努力！

联系人：谷小润 手机：13966602708 13966602716

地址：安徽省安庆市大观区十里铺乡凤凰村 邮编：246000

# 行业品牌展示窗

## 广西日鑫市场开发有限责任公司

本公司成立于2003年。
从事农贸市场的开发与建设。
公司秉承“顾客至上，锐意进取”的经营理念。
坚持“客户第一”的原则为广大客户提供优质的服务。

联系人：李应标　15977778999　电话：0771-5527183
地址：广西壮族自治区南宁市青秀区金湖路37号马可波罗大酒店10楼　邮编：530022

## 舟山市巨森钢结构有限公司

本公司成立于2000年，主要经营钢结构，网架结构制造加工，安装，维修，地基与基础工程/本公司主要承建厂房、网架、桥梁、行车等钢结构造型工程，地基与基础工程；以及销售各类重型钢结构材料。

我们有先进的技术、优质的产品、满意的服务与您真诚合作。

联系人：丁水平　电话：13957216639　传真：0580-8081969
地址：浙江省舟山市定海区马岙三江工业科技园区

## 连云港东晟装饰设计工程有限公司

连云港东晟装饰设计工程有限公司成立于2004年，主要从事室内外设计，装修，材料销售，房地产评估，委托担保等业务。荣获2007年连云港市优秀装饰企业称号。

联系人：嵇克标
电话：0518-85801609　85806222　13705132180　邮编：222000
地址：江苏省连云港市新浦区香溢世纪花城综合B楼G335号　电邮：lygdszs@163.com

## 阜南县于集乡808涂料胶粉厂

本公司成立于2002年，生产销售京九系列刮墙王、万家超人涂料、豫皖牌沙浆王、淮河牌砂浆精，经销各种425、325装饰白水泥。

公司以诚信为本，本着质量第一、顾客为上的服务宗旨，为您服务。

联系人：张泽超　传真：0558-6906588
电话：0558-6906268　13505666049　地址：安徽省阜阳市阜南县于集工业区

# 行业品牌展示窗

# 行业品牌展示窗

## 大连华中房地产开发有限公司

大连华中房地产开发有限公司成立于2005年。
从事房地产开发，
华中·朗悦华园；
华中·君悦天下。
欢迎来电来函咨询、共同合作！

联系人：李曰章
电话：0411-86370325　86633379　86370222
地址：辽宁省大连市旅顺口区向阳街20-4号　邮编：116041

## 湖南鼎鑫置业投资有限公司

湖南鼎鑫置业投资有限公司成立于2004年，致力于为房地产开发企业、投资者、公共管理部门、物业拥有者、物业使用者提供项目推介、评估策划、招商融资、市场营销、置业托管、企业发展等功能系统的组合性服务。

联系人：龚树生
邮编：411100
地址：湖南省湘潭市湘衡路2号
电话：0732-58398666　58396111

## 景谷傣族彝族自治县岩鑫石材厂

景谷傣族彝族自治县岩鑫石材厂成立于2004年8月28日。
公司主要经营石灰岩，建筑用材料石料，装饰材料加工销售同时可承接建筑工程。
公司秉承“客户至上、信誉第一”的宗旨，竭诚为广大客户服务！

联系人：王光明　13887959080　电话：0879-8360188
地址：云南省普洱市景谷傣族彝族自治县正兴镇　邮编：666408

## 洛阳艾克赛尔栅栏销售有限公司

公司成立于2006年12月，自成立以来，致力于各种安全防护类产品的销售，主要产品有栅栏、门、防护窗三大系列，一百余种产品供客户选择。

产品具有品牌高贵、新颖美观、不锈蚀、高强度、安全、环保、安装快捷的特点。

联系人：李大安　13838418579　电话：0379-66822021
地址：河南省洛阳市栾川县城兴华西路向阳路　邮编：471500

# 行业品牌展示窗

## 大连东方骄子建筑拆迁有限公司

我公司是一家专业从事房屋拆迁、土木建筑装修的企业。

自成立以来，一直秉承“诚信、专业、服务”作为公司的经营理念。我们热情期望与您的合作，为社会的可持续发展献上一份努力。

联系人：刁增庆 13889529999 电话：0411-87682457

地址：辽宁省大连市金州区中长街道花园小区16号1-2层7号 邮编：116100

## 海南宏辉装璜工程有限公司

我公司成立于2005年，从事装璜装修、土地开发。公司实行从设计到施工配套管理一体化的经营模式，在装饰设计施工管理方面积累了丰富的经验，并且具备一套高素质，现代化的施工队伍。

电话：0898-66500661 23880560 联系人：麦永红

地址：海南省海口市银湖路28号富华大厦905房 邮编：570000



## 亳州市新一建设施工有限公司

亳州市新一建设施工有限公司三年来主要从事建筑施工，各工种劳务资质。公司将始终本着“质量第一，信誉至上”的宗旨，视质量为企业的生命，真诚与广大新老客户携手并进，共同开创美好未来。

联系人：汪波

电话：13856712955 0558-5126200 电邮：wangbo2121@163.com

地址：安徽省亳州市检察院对过金安小区6单元301 邮编：236800

## 鄂尔多斯市金华商贸有限责任公司

鄂尔多斯市金华商贸有限责任公司成立于2006年，主要经营钢材，建材销售。公司以一流的质量和服务深受国内外厂家、经销商的信赖和支持。

公司真诚希望能与贵公司合作，共谋发展和建立长期的合作关系，开创双赢局面共同向前迈进！

欢迎广大客户来电来函洽谈。

联系人：白二换

13624879515 电话：0477-8131578 邮编：017000

地址：内蒙古自治区鄂尔多斯市东胜区塔拉壕镇添漫梁村（友元建材市场）

# 行业品牌展示窗

## 南京泰典装饰工程有限公司

南京泰典装饰工程有限公司成立于2007年，主要从事于室内外装修、装饰工程。

本着以客为尊的精神，以“质量第一、用户第一、信誉第一”为宗旨，赢得了客户的赞誉与信任。与此同时，泰典不断进取，以完整的业务组织结构，满足业主多样的需求。

联系人：谢建宁　13002595886　15895859853

地址：江苏省南京市浦口区大桥北路天润城六街区03幢201　邮编：210032

## 合肥达美建筑装饰工程有限责任公司
### 连云港分公司

公司主要从事建筑装饰、建筑幕墙、金属门窗、钢结构、建筑智能化工程及相关配套工程的设计、施工。

公司秉承“顾客至上，锐意进取”的经营理念，坚持“客户第一”的原则为广大客户提供优质的服务。

联系人：郭俊华　13951258745　电话：0518-85590572

地址：江苏省连云港市新浦区陇河小区1号楼4单元102室　邮编：222001

## 遵义市力强土工材料有限公司

遵义市力强土工材料有限公司成立于2007年，主要从事于各种规格的塑料盲沟，软式透水管的生产、销售。

公司奉客户为上帝，以诚信为本源，以创新为动力，以质量求生存，以科技促发展，正迅速而全面地建立了完善的服务体系和产品质量监控体系，力求以卓越的品质和完美的企业形象来赢得广大客户的首肯与盛赞。

联系人：赵留强　13639289161　电话：0852-8671196　地址：贵州省遵义市汇川区董公寺镇　邮编：563000

## 信源房地产开发有限公司

本公司自成立以来，主要从事房地产的开发。公司全体员工以全新、现代的管理观念，以开拓、创新、诚信求发展；以热情、尊重、无私回报社会。我们以精良的品质，真诚的态度，完美的服务占领市场，把公司进一步做大、做优、做强！

联系人：吴建伟

电话：0453-7986555

地址：黑龙江省宁安市东京城镇奋斗路东侧　邮编：157421

# 行业品牌展示窗

## 东宁广进水暖安装维修有限公司

东宁广进水暖安装维修有限公司成立于2007年，拥有员工15人，专业从事水暖设备安装与维修服务。公司秉承“顾客至上，锐意进取”的经营理念，坚持“客户第一”的原则为广大客户提供优质的服务。欢迎惠顾！

联系人：周广建

电话：0453－3631805 3767229

地址：黑龙江省牡丹江市东宁县东宁镇一街村太安街（职中后侧） 邮编：157200

## 贵州华厦腾龙建筑有限责任公司

贵州华厦腾龙建筑有限责任公司始创于1984年，专业从事房屋建筑工程施工。公司经过多年的努力，取得了令人瞩目的成绩，也得到了广大客户、社会各界的认可和肯定。

手机：13885644945

电话：0856-7224959 传真：0856-7224959 联系人：何晓飞

地址：贵州省铜仁地区思南县思唐镇城西村 邮编：550005

## 阜阳市精工铁艺装饰有限公司

阜阳市精工铁艺装饰有限公司主要产品有艺术大门、艺术防盗窗和艺术铁艺，铁艺楼梯、铁艺围栏等系列产品。产品规格齐全，公司集设计制作、安装、售后服务为一体。专业工厂化生产，专业技术人员安装。公司成立至今始终如一地贯彻“诚信为本”的企业理念，在产品上勇于开拓，不断创新，以优质的服务，精良的工艺，真诚的为您服务。

电话：0558-2186196 联系人：张修银 手机：133290891[illegible]

地址：安徽省阜阳市颍州区颍州南路转盘向南200米路东 邮编：236100

## 北海市奥晖装饰工程有限公司

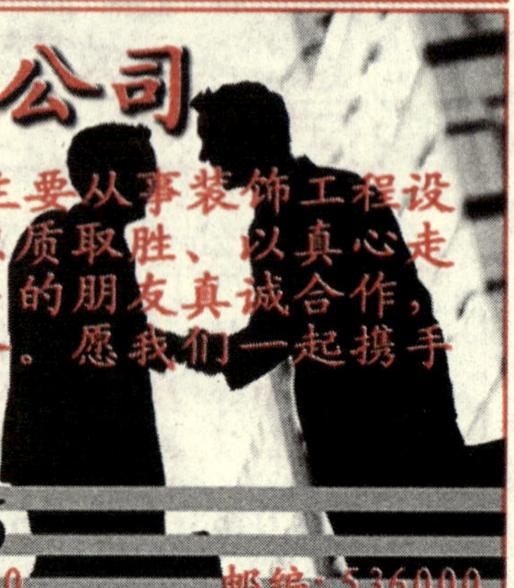

北海市奥晖装饰工程有限公司成立于2005年，主要从事装饰工程设计、施工。多年来，公司以人为本、以诚取信、以质取胜、以真心走天下的宗旨取得了客户的青睐。我们期待着与更多的朋友真诚合作，并致力于为广大客户及市场提供一流的产品和服务。愿我们一起携手奋进，共创辉煌！

联系人：扈佳华

电话：0779-3211596 13977950196

地址：广西壮族自治区北海市北部湾东路鸿翔大厦3单元120 邮编：536000

城建房产建材装潢

# 行业品牌展示窗

## 旅顺万里达公路工程处

旅顺万里达公路工程处成立于2006年，从事公路路基，路面，桥涵，防护工程施工，欢迎新老客户来电来函洽谈业务、共同发展！

联系人：王志波

电话：0411-86261144　86260616

地址：辽宁省大连市旅顺口区红光街4号　邮编：116041

## 广西洪德水泥有限公司

广西洪德水泥有限公司于2005年成立，是一家专业生产、销售水泥的厂家。“以质量求生存，以信誉求发展”，竭诚欢迎广大新老客户来我公司洽谈业务，共同合作！

电话：0775-7814688 7814699　传真：0775-7814699　联系人：廖健德

手机：13878538555

地址：广西壮族自治区贵港市平南县平丹工业大道　邮编：537100

## 陕西海润天成地产开发有限公司

本公司是一个以房地产策划、开发、经营为主的企业。公司以“聚集一流人才，铸造一流工程，打造一流小区，创造一流环境”为指导思想，遵循“创新、求精、务实”的企业精神，秉承缔造经典建筑、创建时代精品的开发理念。欢迎广大客户惠顾！

联系人：张鹏

电话：029-82333783

地址：陕西省西安市雁塔区南二环西段98号铁通商务大厦14楼　邮编：710000

## 南宁市润联建筑劳务分包有限责任公司

南宁市润联建筑劳务分包有限责任公司成立于2006年，主要从事于建筑劳务分包。公司以“团结 、真诚、自律、敬业、创新”的精神，坚持“以真诚赢得顾客信赖，以创新赢得顾客满意”为客户提供优质的服务。公司真诚希望国内外新老朋友、商家、企业及同行业人士加强合作、互通有无、互惠互利、团结共进，共创美好的明天。

联系人：陈启斌

电话：13877183148　0771-4781082

地址：广西壮族自治区南宁市青秀区仙葫开发区利源商住城313号一层小卖部　邮编：530000

# 行业品牌展示窗

## 安徽旺达门业有限责任公司

本公司是一家专业生产钢质防盗进户门企业。公司拥有世界上高科技型先进机械制造设备，产品全自动化制作，加工技术精良，工艺水平一流。公司生产的注册商标“福旺达”牌系列和“关公”牌系列钢质进户门，是城乡广大消费者值得信赖的产品。该产品经久保险、价廉物美，品种规格齐全，十分适用于现代城镇及农村家庭安装使用。

联系人：龙建华
电话：0556-7159208 7159218　手机：13033172936
地址：安徽省安庆市望江县经济开发区　网址：www.wdmy118.com　邮编：246200

## 桂林市灵川县桂湖竹木加工厂

公司于2002年成立，多年来从事着环保型高档细木工板，胶合板，胶水的生产加工及销售。公司以诚为本，和为贵，以质量求生存．欢迎新老客户光临惠顾。

电话：0773-2198886 2198885　手机：13978366923
传真：0773-2198885　www.ghmy@hotmail.com　联系人：龙春生
地址：广西壮族自治区桂林市灵川县灵川镇粑粑厂村朱家村民小组　邮编：541001

## 承德市龙腾水泥护栏工程有限公司

承德市龙腾水泥护栏工程有限公司成立于2007年，主要从事于非金属围栏，水泥护栏，水泥柱，混凝土构件。

“信誉第一、质量第一、服务第一”是我们永远遵循的宗旨。尊重传统、推崇时尚、锐意创新、志在超前是我们经久不变的理念。面对多类别装饰市场，服务各阶层客户朋友，高标准、平价位面对市场错位经营，是我们始终奉行的原则。

联系人：焦铁利　13582421662　电话：0314-2033280
地址：河北省承德市武烈路体育馆院内　邮编：067000

## 淮南市望峰岗长兴玻璃厂

本公司成立于1990年，主要经营玻璃试管。以质量求生存，以诚信求发展是我们的服务宗旨。

联系人：李元红　13855491561　电话：13855454716　传真：0554-2154018
地址：安徽省淮南市望峰岗火车站东侧　邮编：232046

# 行业品牌展示窗

## 牡丹江银邦房地产开发有限公司

本公司专业从事房地产开发，工程建设，园林绿化，物业管理。并以“聚集一流人才，铸造一流工程，打造一流小区，创造一流环境”为指导思想，遵循“创新、求精、务实”的企业精神，开发建设出更多的符合大众需求的产品。

联系人：李成斌　电话：0453-8928555 8807517

地址：黑龙江省牡丹江市东长安街东小三条路140号　邮编：157000

## 泰兴市永祥建筑装修施工队

泰兴市永祥建筑装修施工队成立于2007年，主要从事建筑防水工程施工。我们的团队为广大客户提供全方位、高效优质的服务。欢迎有意之士来电来函洽谈业务。

电话：0523-87310888　手机：13016757899　联系人：汪峰

地址：江苏省泰兴市张桥镇郭桥村3组6号　邮编：225400

## 桂林市鑫星房地产开发有限公司

桂林市鑫星房地产开发有限公司成立于2001年，多年来从事房地产开发兼营化工原料、矿产品。

公司不断完善内部管理机制，强化安全质量工作，以精心的设计、严格的施工、优良的质量、迅捷的速度、周到的服务赢得了广大客户的信任和好评。展望未来，本公司将以更诚信、更专业、更优质的服务奉献给广大用户。

联系人：胡国任

电话：0773-2889666　13807835888

地址：广西壮族自治区桂林市桂湖花园2-5栋4-3-1号　邮编：541002

## 赤峰军民房地产开发有限责任公司

赤峰军民房地产开发有限责任公司以房地产开发为主，“倾情投入，倾力付出”是本公司永恒的核心理念，倡导“宽仁友爱，和成天下”的企业核心价值观，形成了包容、积极向上的企业文化。欢迎广大客户携手合作。

联系人：赵伟民

电话：0476-8665307　13384767366

地址：内蒙古自治区赤峰市红山区沈阳房管局　邮编：024000

# 行业品牌展示窗

# 行业品牌展示窗

## 上饶市天鸿置业有限公司

上饶市天鸿置业有限公司成立于2005年，主要从事于国际标准厂房出租与销售。以诚信求发展、以质量求生存为宗旨，竭诚欢迎广大有意之士来电来函、洽谈业务。

联系人：黄秀敏

电话：0793-8457111 8457105 8457101

地址：江西省上饶市经济开发区七六路天鸿置业有限公司 邮编：334000

## 文安县新立板厂

本公司成立于98年，专业从事木板加工销售，主要产品：细木工板、槽板等绿色环保产品。

本公司将始终如一的坚持以客户为中心的理念、产品不断革新，不断提高服务质量，力争打造行业品牌，以更加优良的产品回报广大用户的厚爱。我们将本着诚信求发展、质量求生存的原则，期待与新老顾客真诚合作！

联系人：赵建智 13722656777

邮编：065800 电话：0316-7601483

地址：河北省廊坊市文安县滩里镇富管营村 传真：0316-7602488

## 苏州市吴中区长桥华叶五金建材店

苏州市吴中区长桥华叶五金建材店成立于2004年，专业经营PVC系列产品。我们将一如既往为顾客提供质优价廉的产品和最好的服务，为销售提供公平合理的销售机制，和建立互惠互利的合作伙伴关系。热情欢迎广大海内外客户前来洽谈。

电话：0512-65653384 68716022 传真：0512-68716022 联系人：叶学道

地址：江苏省苏州市吴中区石湖西路181-3号 邮编：215000

## 深圳市龙岗区众兴租赁有限公司

公司于2009年成立。

从事脚手架租赁服务。

本着“客户第一，诚信至上”的原则，与多家企业建立了长期的合作关系。

热忱欢迎各界朋友前来参观、考察、洽谈业务。

联系人：邱龙才

13590317848 电话：0755-84700669 邮编：518116

地址：广东省深圳市龙岗区布吉镇罗岗信意假日名城菁华园1栋506

# 行业品牌展示窗

## 启东市第二建筑设计院有限公司

启东市第二建筑设计院有限公司成立于1985年，专业从事建筑设计。

您的满意是我们的追求，欢迎新老客户来电来函洽谈业务，共同发展！

联系人：施洪辉

电话：0513-83356850　邮编：226200

地址：江苏省启东市汇龙镇人民中路683号建筑业大厦七楼

## 南昌市金柱古典建筑保护有限公司

公司成立于2006年，主要从事于古建筑、仿古园林建筑及文物建筑的维修设计。我们热忱欢迎国内外广大客户光临指导、洽谈业务，共同为弘扬祖国的民族文化和发展古典建筑与园林建设而努力，您的信任就是对我们的支持！

联系人：黄风雷

电话：0791-6578597　3871656　13065176588

地址：江西省南昌市新洲路2号　邮编：330025

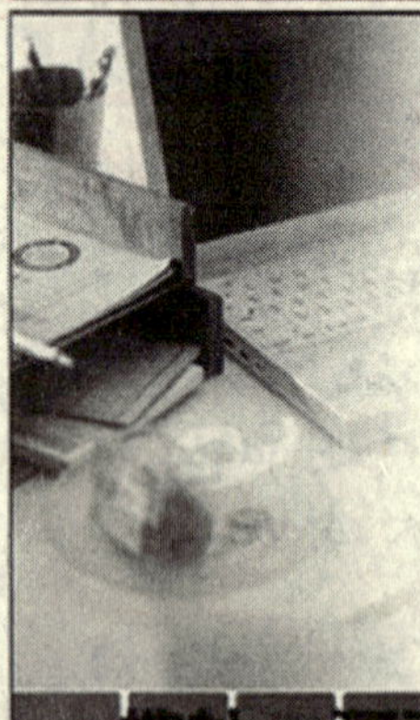

## 平顶山市意达园林绿化有限公司

本公司自成立以來，從事園林綠化，苗木、花卉培育。公司全體員工以“誠信、高效、務實、創新”的經營理念，竭誠爲建設單位提供最優質的服務和高品味的園林工程，爲生態環境、綠化事業作出應有的更大貢獻。

联系人：李民生

電話：0375-7295658　13503410831

地址：河南省平顶山市建设路中段30号养护科　邮编：467000

## 深圳市南利裝飾工程有限公司安徽分公司

公司于1983年创建，是一家专业从事室内外装饰装修的公司。我们以市场为指导，以质量、服务、信誉为宗旨，以雄厚的技术力量、高品质的产品，赢得广大用户的青睐和肯定。

电话：0551-2848185　13965110938　联系人：张正明

地址：安徽省合肥市长江中路365号CBD中央广场公寓楼16楼1607室　邮编：230000

# 行业品牌展示窗

## 杭州汉思建筑装饰材料有限公司

杭州汉思建筑装饰材料有限公司是一家专业从事高档卫生洁具的销售，服务为一体的代理型公司，代理潮州名牌品牌“畔岛卫浴”系列产品。有完备的售后服务，为消费者提供满意的服务！

联系人：刘旺晓　电话：0571-86817897

地址：浙江省杭州市上城区大资福庙前2号　邮编：310008

## 德州市德城区新龙腾门业门市部

本公司成立于2003年，专业生产、安装、维修各种手动、电动车库门、伸缩门、铁艺门等业务。我们将以一流的品质、一流的服务竭诚为您服务！

联系人：苏彦峰

传真：0534-2108537

电话：13645346388　邮编：253000

地址：山东省德州市德城区天衢工业园富民小区6区四排

## 二连浩特市瑞龙建材有限公司

二连浩特市瑞龙建材有限公司成立于2007年，从事建材的生产与销售。本公司“质量第一、价格合理、服务周到”，欢迎新老客户光临、惠顾。

联系人：金宪聪

电话：0479-7531288　手机：15647998888　13848497666

地址：内蒙古自治区锡林郭勒盟二连浩特市义乌商贸城北41号　邮编：011100

## 安阳市辽野房地产开发有限责任公司

安阳市辽野房地产开发有限责任公司成立于2007年，主要从事于房地产的开发。公司以“聚集一流人才，铸造一流工程，打造一流小区，创造一流环境”为指导思想，遵循“创新、求精、务实”的企业精神，秉承缔造经典建筑、创建时代精品的开发理念，实现共赢开发建设出更多的符合大众需求的产品。

电话：0372-2985008　13703725185　联系人：李清文

地址：河南省安阳市文峰区文峰东路路南（宏昌公寓2号楼6层）　邮编：455000

# 行业品牌展示窗

## 徐州新苑园林有限公司

本公司成立于2008年，主要经营园林设计，绿化，施工，苗木的销售，道路的施工和装修。

欢迎您的光临，我们将竭诚为您服务。

联系人：秦国栋　13033539157
电话：0516-80193222
传真：0516-80193666
地址：江苏省徐州市沛县沛城香城路中段89号永胜楼二楼　邮编：221600

## 太仓森田木业有限公司

太仓森田木业有限公司多年来专业生产，加工销售木包装制品。主要产品有进出口熏蒸，免熏蒸木箱，托盘等，产品质优价廉，欢迎客户前来参观订购！

电话：0512-53624880 53624660　手机：13815278192　联系人：张冬明
地址：江苏省太仓市浏河镇新塘张桥村　邮编：215434

## 新疆楚风园林景观工程有限公司

新疆楚风园林景观工程有限公司是一家专业从事园林绿化设计施工的企业。“科技领先、优质高效，把每一个工程都建设成顾客满意的放心工程”已成为每一位员工的不懈追求。公司以优良的质量、合理的工期、先进的管理、诚恳的服务赢得了客户的好评。

联系人：盛祥开　邮编：848000
电话：0903-2067506　13070073008　传真：0903-2067509
地址：新疆维吾尔自治区和田地区和田市乌鲁木齐北路昆仑综合批发市场B幢14号

## 武义县锦华园林绿化工程有限公司

武义县锦华园林绿化工程有限公司成立于2006年，主要从事于园林绿化、花卉租摆、病虫防治、园林庄园、休闲娱乐、绿化专用药肥、园林器材销售、批发。

公司自成立以来，始终坚持“诚信为本，优质服务”的宗旨，大力发展苗木及花卉生产，积极承揽绿化工程，取得了卓越的成绩。公司全体员工正以百倍的热心、饱满的热情、充足的干劲和科学的管理，将企业的生产和经营做得更好。

相信，有你的支持与我们的热情，定会为你提供更加卓越、更加优质的服务。

联系人：杨安庆　13516903085
地址：浙江省金华市武义县花鸟市场19-22号
邮编：321200
电话：0579-88515981

# 行业品牌展示窗

## 庆鑫建筑安装工程劳务分包有限公司

庆鑫建筑安装工程劳务分包有限公司成立于2007年，主要承接建筑安装工程，劳务分包等等。公司在08年被评为省十佳企业，在以后的日子，将继续以信誉为本，以客户为中心，为广大客户服务！

电话：0419-2164400
地址：辽宁省辽阳市富虹水月翰宫9幢3单元201
联系人：王全良
邮编：111000

## 六安华好综合大市场

六安华好综合大市场成立于2006年，主要从事于糖酒、百货大市场的管理。共建设经营门面103套（农资建材27套；餐饮36套；小商品批发40套），每套为二层独立商铺。服务区营业面积约10000平方米，是一个配套设施齐全、服务功能完善，前景十分乐观的市场。

联系人：陆大好
地址：安徽省六安汽车站南站
电话：0564-3268066
邮编：237000

## 隆昌县和泰五交化有限公司

本公司成立于1994，主要从事于五金交电，化工产品，机械，钢材，部分劳保产品等。“质量优良，价格合理，售后保障”仍然是我们的一贯追求，我们把它看作是经营中一个不可分割的部分。确保我们的用户感受到在得到高质量服务的同时，没有后顾之忧。责任心让我们十几年如一日，这理念不会改变。永远不会改变！

联系人：吴利柏
电话：0832-3921345　3921491　13808252550
地址：四川省隆昌县金鹅镇新华街100-102号
邮编：642150

## 南京基雄建筑劳务服务有限公司无锡分公司

南京基雄建筑劳务服务有限公司无锡分公司于1998年创建，从事建筑劳务服务。公司严守“服务第一，质量第一，信誉第一”的宗旨，竭诚为广大客户和社会公众提供优质高效的服务。

邮编：214021
联系人：李其将
地址：江苏省无锡市南长区芦庄六区220号-18
电话：0510-85138086　13806170693

# 行业品牌展示窗

## 四川省腾飞建筑劳务有限公司

公司成立于2007年，主要从事于工程劳务分包。腾飞公司以“团结、真诚、自律、敬业、创新”的精神，坚持“以真诚赢得顾客信赖，以创新赢得顾客满意”为客户提供优质的服务。公司真诚希望国内外新老朋友、商家、企业及同行业人士加强合作、互惠互利、团结共进，共创美好的明天。

电话：0755-83364888　13077895888　　联系人：朱绍灵
地址：广东省深圳市福田区雨田路28号莲丰大厦1幢26楼B1　　邮编：518002

## 武汉市纳斯达建材有限公司

武汉市纳斯达建材有限公司成立于2006年。
主要经营各种外墙砖，内墙砖，地面砖，各种进口、国产花岗岩、大理石销售。
诚信、合作、团结、创新，欢迎新老客户光临惠顾！

联系人：叶永丰　13907192098
电话：027-83741788　83741798　　电邮：nsd999@126.com
地址：湖北省武汉市硚口区硚口路135号航天星苑1908室　　邮编：430034

## 遂宁市天虹水晶玻璃制品有限公司

遂宁市天虹水晶玻璃制品有限公司于2006年成立，专业制造销售玻璃制品。主要产品有柜材，灯饰球，网格，灯罩，圆饼方体，气泡系列。欢迎广大客户前来参观、洽谈业务。

电话：0825-2620558　2621789　　联系人：朱红专
地址：四川省遂宁市船山区开善路535号　　邮编：629000

## 吴江市七都华森工艺木门厂

吴江市七都华森工艺木门厂成立于2003年，是生产木制品的专业厂家。企业引进国外先进木工机械，运用一流工艺技术，电脑设计，流水线操作，生产的木门品质卓越、价格优惠。华森产品主要有实木门、贴面门、夹板门、橱柜门等系列木门，款式高档且有很强的整体感和立体感。

我厂将实行产品售后跟踪服务。华森木门愿为您的生活开启成功之门！

电话/传真：0512-63814673　63828511
地址：江苏省吴江市七都望湖村21组
联系人：叶冬林
13906254738
邮编：215234

城建房产建材装潢

# 行业品牌展示窗

# 行业品牌展示窗

## 利达石业建材有限公司

利达石业建材有限公司成立于1995年，专业从事石材的加工与销售，产品包括进口、国产大理石、花岗岩等。产品品质优良，价格合理，竭诚欢迎新老客户来电来函、咨询业务！

联系人：刘利刚

电话：0595-88089095 13959735627

地址：福建省泉州市晋江市永和镇石材工业区 邮编：362000

## 江西省鄱陽縣袁氏木業有限公司

江西省鄱阳县袁氏木业有限公司于1998年成立，多年来专业从事各种木制品生产与加工，主要产品：椅料，桌料，床料，各种杉木装潢条，杉木，松木板。

本着互惠互利、双赢共存、力争让我们的新老客户，用得放心、用得满意，欢迎来电、来函洽谈！

联系人：袁启孙

13155906888 15879318906 13155925688

地址：江西省上饶市鄱阳县枧田街乡毛岭村 邮编：333108

## 惠安县崇武凹凸石木工程设计工作室

本工作室提供专业的石材、石雕、木雕工程设计、绘图、施工服务，有古建寺庙规划、传统雕刻、园林景观、欧式建筑、陵园墓组、城市雕塑等。创意无限，沟通无间，期望我们的服务能够使您百分百满意。

联系人：王万华13805977682

电话：0595-87673682

传真：0595-87687789

电邮：aotusheji@163.com 地址：福建省泉州市惠安县崇武镇电信局（左侧）

## 东营丽达建材有限公司

东营丽达建材有限公司是一家专业销售建筑、装饰材料及海上运输的公司。凭借品牌优势和专业化的销售队伍及优良的产品质量保证，公司与众多地产、家装公司结成了战略合作伙伴关系。

联系人：蒋国贤

电话：0546-8551668 13396476666

地址：山东省东营市北一路730号 邮编：257000

# 行业品牌展示窗

## 深利装饰工程有限公司

深利装饰工程有限公司成立于2007年，主要从事于室内装修。

深利秉承“经典在细节，装修在深利”的口号，本着“以质量求生存，凭信誉谋发展”的经营宗旨，以“诚实守信、优质高效”的服务态度为灵魂。在这样一个以人为本的时代，真诚细心的服务将给人们生活带来质的变化。有这么一群人，正以厚积薄发不可阻挡之势，致力于完美的服务，努力为客户的生活品质打造无限可能，深利让梦想成为现实！

联系人：林桂深　电话：0755-27045147　13802589270
地址：广东省深圳市龙华镇清湖新壁村74栋7楼701室　邮编：518000

## 日日红花卉苗木基地

日日红花卉苗木基地于2000年成立，现有员工20余人，是一家专业从事花卉苗木种植、销售，并承接绿化工程的企业。欢迎光临指导，洽谈业务，谢谢您的合作。

联系人：李 云
电话：0352-8525766　13033491720
地址：山西省大同市灵丘县武灵镇北环路南　邮编：034400

## 上饒縣光大集鎮建設有限公司

本公司具有房屋建筑、地基基础、市政工程、管道、水利水电工程等资质。

我们本着诚信、创业、务实奋进的企业宗旨，竭诚为您提供优质高效的服务！

联系人：章加光
电话：0793-7181339　13907935359
地址：江西省上饶市民德路9号工商大厦5楼　邮编：334100

## 上海軍芳防水工程有限公司

本公司是一家以防水工程施工、防水产品代理、销售、科研开发、防水设计、技术咨询服务于一体的专业防水工程公司，同时从事防水材料，建筑材料，劳保用品，五金机电等相关产品销售。

欢迎新老客户来电洽谈业务！

联系人：王乐军
15900656939
电话：021-57208699
邮编：201518
地址：上海市金山区干巷金张公路2448号

# 行业品牌展示窗

## 海口申宏泽装饰工程有限公司

海口申宏泽装饰工程有限公司成立2006年，专业从事室内外装修业务，以质量求生存，以信誉求发展，欢迎新老客户来电洽谈业务！

联系人：刘开云

电话：0898-65901656 13976016013

邮编：570216

地址：海南省海口市琼山区府城镇国兴中学

## 贵州燕华建筑工程有限责任公司

本公司成立于2002年，主要经营房建施工总承包，劳务分包序列，机电，建材销售，道路、桥梁，装饰工程施工及设计，计算机销售及服务，欢迎广大用户来电来函洽谈！

手机：13908500998

电话：0851-8639595 8639696 8639797 传真：0851-8639797 联系人：谭治华

地址：贵州省贵阳市南明区都司路凌云街8号中天商务港21楼A座 邮编：562300

## 安乡县宏仁建筑劳务有限责任公司

安乡县宏仁建筑劳务有限责任公司成立于2006年，专业从事建筑劳务工程施工。

公司严守“服务第一，质量第一，信誉第一”的宗旨，维护客户的合法利益，竭诚为广大客户和社会公众提供优质高效的服务。

聯系人：陳章清

电话：0736-4318771 13517360388

地址：湖南省常德市安乡县城关镇潺陵路18号 邮编：415600

## 江苏联城房地产开发有限公司

本公司成于2007年，是以房地产开发为主的企业。

公司以“聚集一流人才，铸造一流工程，打造一流小区，创造一流环境”为指导思想，遵循“创新、求精、务实”的企业精神，秉承缔造经典建筑、创建时代精品的开发理念，实现共赢开发建设出更多的符合大众需求的产品。

联系人：严毛华

电话：0511-88179888 13645290888

地址：江苏省句容市华阳镇华阳南路方兴集团综合楼 邮编：212400

# 行业品牌展示窗

## 苏州良胜特种玻璃有限公司

苏州良胜特种玻璃有限公司多年来加工销售建筑玻璃，公司拥有雄厚的技术实力和完善的质量管理体系，并同国内外玻璃企业进行广泛交流合作，引进先进的平钢化、夹层、防弹、中空等玻璃深加工设备，来接受市场的挑战，同时来满足市场的需求。

良胜将以一流的技术、一流的产品、一流的服务同广大新老客户携手共进、分享成功，同时“双赢”。

联系人：顾秋良 13806208461 电话：0512-66201310 66201325
地址：江苏省苏州吴中区越溪镇友翔路28号 邮编：215000

## 沭阳县陆建公路建筑劳务有限公司

沭阳县陆建公路建筑劳务有限公司成立于2006年，主要从事公路（高速、市政）辅助工程施工；建筑（厂房、高层建筑各项工种）；农村小区改造；劳务输出等。

公司以“严谨务实、开拓创新”为理念，以“抓质量、安全求生存，树诚信、精品谋发展”为宗旨，重合同、守信誉、优质、高效的完成各项施工任务。

联系人：陆如生
电话：0512-62930662 13815736285
邮编：223600
地址：江苏省苏州市吴江阳光嘉园19栋504室 13222231251

## 深圳市宝安区长峰装饰工程部

深圳市宝安区长峰装饰工程部成立于2007年，主要从事于室内外厂房装饰装修。我公司凭着多年的施工经验、质量信誉，坚持严格管理、文明施工、质量第一的经营方针深得广大客户的信赖，一如既往珍惜每一次机会，脚踏实地的为客户服务。

联系人：曾长青
电话：0755-29704188 13902969219
地址：广东省深圳市宝安区宝城73区布心一村9巷16号102室 邮编：518101

## 四川仁易劳务有限公司

公司成立于2007年，
承接路桥工程、土石方工程、园林绿化、劳务派遣等业务，
欢迎新老客户来电来函洽谈业务，共同合作！

电话：020-81114683 13332852199 联系人：陈兴仁
地址：广东省佛山市南海区大沥镇黄岐沙面新城天雄阁802 邮编：637000

# 行业品牌展示窗

## 监利县宏达建材有限公司

监利县宏达建材有限公司于2007年成立，专业从事建材的生产、销售，主要有砖、瓦、铝合金门窗等。另承接包工。

我们以“诚信、专业、创意”为宗旨，力求为每一位客户提供高品质的产品和专业的服务。

联系人：吴先志 13872227220 13972358222

地址：湖北省荆州市监利县棋盘乡码头村4-28号 邮编：433325

## 厦门东南明珠装修设计工程有限公司

公司成立于2007年，是一家专业从事建筑工程设计、装饰装修涂装正规公司。有建筑氟碳漆、外保温、涂料、地坪漆、防水等专业施工团队；是以建筑工程旧房涂装、防水翻新；建材和涂料销售；保温节能材料、涂料研发为一体的综合性企业。

联系人：李香桃 15985878868

电话：0592-5048188 5087388 邮编：361004 传真：0592-5361918

地址：福建省厦门市思明区红文七里6号楼5梯401 电邮：dongnanmingzhu@126.com

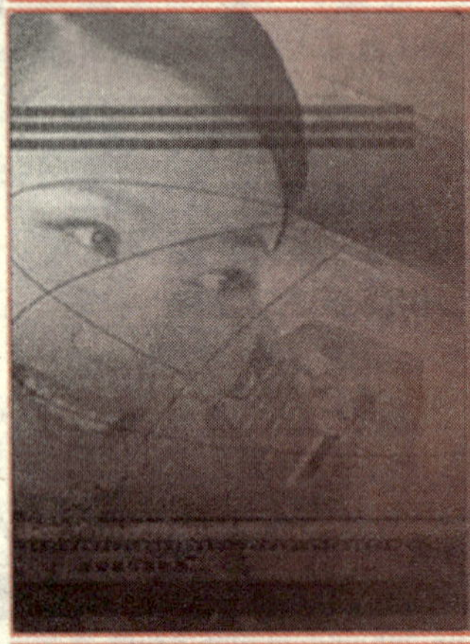

## 平安爆破中心

平安爆破中心是一家从事爆破工程作业的企业。我公司始终贯彻“安全第一、预防为主”的方针，将安全工作视为一切工作的生命线，在爆破设计和施工过程中做到安全制度健全、责任落实到位。施工安全和施工质量受到上级主管部门及社会各界的一致好评。

联系人：杨诚

电话：0353-2138987

地址：山西省阳泉市经济技术开发区御康小区4号楼8号底商

## 连云港云瑞建设监理有限公司

本公司成立于2004年，主要经营建设工程监理及咨询。我们将本着不断持续改进、追求卓越的服务宗旨，一如既往发扬“竭尽全力，做到最好。

联系人：杜成兵 电话：0518-88819818 13851226690 传真：0518-88855040

电邮：53532563@qq.com 地址：江苏省连云港市灌云县胜利西路煤海宾馆四楼

# 行业品牌展示窗

## 兰州森泰源园林工程有限公司

兰州森泰源园林工程有限公司成立于2006年，多年来从事园林绿化工程。我公司始终坚持质量求生存，信誉求发展、用户是上帝的宗旨，竭诚为您服务，随时欢迎您光临惠顾。

联系人：李建民
电话：0931-3969171　4900225　传真：0931-3969171
地址：甘肃省兰州市城关区安定门外58号甘霖大厦1501室　邮编：730030

## 靖边县金峰木材加工厂

靖边县金峰木材加工厂成立于2007年。
主要生产细木工板、多层板。
该产品是环保型产品，无异味、不易变形，质量保证，价位适中。
欢迎新老客户惠顾！

联系人：乔步峰　邮编：718500
13509128633　15891268507　地址：陕西省榆林市靖边县河东

## 冀南园林绿化工程有限公司

成立于2007年。

主要从事于园林机械、绿化工程。

"科技领先、优质高效，把每一个工程都建设成顾客满意的放心工程"已成为每一位员工的不懈追求。公司以优良的质量、合理的工期、先进的管理、诚恳的服务赢得了客户的好评。

联系人：贾其忠　13730550029　电话：0319-2618058　邮编：054000
地址：河北省邢台市桥西区郭守敬大道军港家园

## 巨鹿县丰翔自动门钢构彩板有限公司

本公司专业生产中空玻璃、铝门窗、钢结构、彩板等。

我们热忱欢迎新老客户光临本公司，我们愿意把最优良的产品和最优质的服务奉献给客户！

联系人：徐克勇
电话：0319-5136935
地址：河北省邢台市巨鹿县城新华北街　邮编：055250

城建 房产
建材 装潢

## 北京市/Zhuhai Municipality

### 安阳京泰建筑有限责任公司
业务:本公司成立于2003年,属壹级劳务分包企业,主要经营砌筑工程作业、水暖电安装作业、抹灰工程作业、钢筋工程作业、混凝土工程作业、模板工程作业、木工作业、脚手架搭设作业以及焊接工程等九项劳务分包作业项目。
地址:北京丰台区风北路庄围花园4号楼2102室
邮 编:100071
法 人:宋立顺
Tel:010－83836730
83823231
Fax:010－83836731

**北京奥通房地产开发有限责任公司**
地址:北京市昌平区城区镇五街太安胡同
负责人:赵晓炎
Tel:010－69705404

### 湖南秋实建筑劳务有限公司
业务:我公司是一家具有国家一级劳务专业承包资质的建筑劳务企业,注册资金为1000万元,公司长期在北京承接施工任务,公司完全具有承接整幢劳务施工的能力,且架子,砌筑等专业工种为公司获得了诸多的荣誉。
地址:北京市朝阳区金盏乡张万村秋实公司
邮 编:100018
法 人:银祎
Tel:010－64315954
Fax:010－64315954
网址:www.bjyw.chinapyp.com

### 信阳市第二建筑劳务有限公司济南分公司
业务:建筑工程、建筑劳务
地址:北京市海淀区玉泉路南4顷地3号院
负责人:谢泽权 邮 编:100000
法 人:谢泽权
Tel:13301043597
010－68667429



**北京凯盛装饰有限公司**
地址:北京市昌平区沙河镇白各庄村
负责人:张月娥
Tel:010－69739180

### 开江利华鸿运建筑劳务有限责任公司
业务:开江利华鸿运建筑劳务有限责任公司成立于2006年,主要从事建筑劳务施工。我们真诚希望与各界朋友携手合作,以质量第一,安全生产,文明施工为目标,为创造美好的未来而奋斗!
地址:北京市丰台区开阳里开阳六区8号楼203室
负责人:刘昌斌……邮 编:100069
Tel:010－63560078

**北京良友通产园林绿化工程有限公司**
地址:北京市朝阳区安外惠新东街甲7号
负责人:孙宝华
Tel:010－64916604

### 徐水县金泰建筑工程有限公司
业务:徐水县金泰建筑工程有限公司成立于2006年,经营房地产开发、工程劳务输出、工程设计、装饰装修、土石方工程等,欢迎来电洽谈业务!
地址:北京市丰台区新村街道韩庄子东里2号稳建祥装饰有限公司
负责人:刘文祥……邮 编:100070
法 人:刘文祥
Tel:010－51859332

**得力確工程有限公司**
地址:北京市朝阳区安源北里9号楼601室
负责人:萧泽洪
Tel:010－65280641

**北京利天伟业房地产经纪有限公司**
地址:北京市朝阳区安苑北里21号楼5楼507室
负责人:王立武
Tel:010－64951150

**北京磊鑫置业有限公司**
地址:北京市朝阳区德胜门外北沙滩一号
负责人:王彦忠
Tel:010－64882201

**北京中房房地产经纪有限公司**
地址:北京市朝阳区东三环中路25号住总大厦14层
负责人:陈佳
Tel:010－65061118

**北京红石建外房地产开发有限公司**
地址:北京市朝阳区建国门外大街4号
负责人:潘张欣
Tel:010－65673333

**北京德加美华环保技术有限公司**
地址:北京市朝阳区马甸裕民路12号元辰鑫大厦E2座2318室
负责人:肖忠伟
Tel:010－62021326

**北京万汇庄园房地产经纪有限责任公司**
地址:北京市朝阳区农光里109＃商业楼
负责人:吴国臻
Tel:010－68460196

**北京千富电子工程有限公司**
地址:北京市朝阳区农展馆南里12号
负责人:马志武
Tel:010－65389668

### 江西中恒建设集团公司北京密云分公司
业务:本公司成立于2006年6月,主要从事建设工程总承包、市政工程建设、道路桥梁工程建设、室内外装饰装修、机电安装、钢结构安装。
地址:北京市密云县鼓楼东大街3号山水大厦4楼
负责人:姚明芳……邮 编:101500
法 人:姚明芳
Tel:010－69057820
Fax:010－69057876

**北京空管设备安装有限公司**
地址:北京市朝阳区首都机场456电话局西侧
负责人:金川
Tel:010－64592540

**北京圣龙家园房地产经纪有限公司**
地址:北京市朝阳区松榆北路2号楼兆佳酒楼415室
负责人:毕宝华
Tel:010－64026358

**北京金澄房地产经纪有限公司**
地址:北京市朝阳区望京广顺北大街33号大西洋新城F1区502－1－1A
负责人:张小惠
Tel:010－64700971

**北京韩纳环境技术有限公司**
地址:北京市朝阳区望京新兴产业区利泽中园106号
负责人:崔东珉
Tel:010－64624869

**北京浩瀚联合建材有限公司**
地址:北京市朝阳区望京新兴产业区利泽中园二区208号A座二层
负责人:王立
Tel:010－64391099

**北京九郡房地产开发有限公司**
地址:北京市朝阳区阳光广场D2－2301
负责人:陈通义
Tel:010－64982652

**北京金苑日盛房地产经纪有限公司**
地址:北京市朝阳区樱花西街18号1205室
负责人:王凤祥
Tel:010－64446508

**北京市力图通达建材有限公司**
地址:北京市朝阳区裕民路12号(辰新写字楼F座3306室)
负责人:张建伟
Tel:010－62052889

**北京家欣房地产经纪有限公司**
地址:北京市朝阳区砖角楼南里(工美集团房管所)
负责人:王平忠
Tel:010－64215215

**北京天景鸿房地产经纪有限责任公司**
地址:北京市大兴区北臧村镇工业区12排88号
负责人:侯川
Tel:010－69266337

**北京泰兴玻璃钢制品有限公司**
地址:北京市大兴区北臧村镇工业区3排50号
负责人:王电锋
Tel:010－60279221

**北京中建谊安机电设备安装有限公司**
地址:北京市大兴区工业开发区广茂大街9号
负责人:贾国章
Tel:010－64723803

**北京东环信达置业有限责任公司**
地址:北京市大兴区黄村镇埝坛工业区天和西路18号
负责人:陈孝周
Tel:010－69252623

**北京君宝良线管有限公司**
地址:北京市大兴区黄村镇天堂河纬四路8号
负责人:周军
Tel:010－60279328

**北京市安迪意松轻钢结构有限公司**
地址:北京市大兴区黄村镇兴政东里15号楼底商8号
负责人:朱航
Tel:010－69238201

**北京天赫成铝塑门窗厂**
地址:北京市大兴区西红门镇十二村工业园区5号
负责人:林永生
Tel:010－60243139

**北京新实力房地产开发有限公司**
地址:北京市大兴区亦庄镇东部工业区125号
负责人:汤耀庭
Tel:010－69248171

**北京信永中和房地产评估有限公司**
地址:北京市东城区朝阳门北大街8号富华大厦C座11层
负责人:吕发钦
Tel:010－65542288

**北京东方银丰房地产开发有限公司**
地址:北京市东城区东中街29号东环广场B座写字楼6E
负责人:熊威
Tel:010－64183078

**山西省汾阳市建筑金属结构工业公司北京经营部**
地址:北京市东城区先晓胡同8号(汇雅写字楼301室)
负责人:李明荣
Tel:010－65285514

**北京良乡淼源建材供应站**
地址:北京市房山区良乡纸房村西广达港建材城内
负责人:赵玉华
Tel:010－69384837

**北京市前石门玉诚祥石料开采厂**
地址:北京市房山区南尚乐镇前石门村
负责人:邢延平
Tel:010－61382069

**北京美博晶宫有机玻璃制品有限公司**
地址:北京市丰台区鹅凤营147号华胜写字楼0320房间
负责人:张鸣
Tel:010－63396128

**北京亚能鸿业房地产开发有限公司**
地址:北京市丰台区蒲黄榆一里七号楼首层
负责人:黄帮谦
Tel:010－62548762

**北京九闽装饰材料经营部**
地址:北京市丰台区顺发伟业建材市场
负责人:陆享党
Tel:010－63720242

**北京元华城装饰中心**
地址:北京市丰台区太平桥银河路5号
负责人:秦文海
Tel:010－63310851

**北京嘉信佳誉格瑞建材商行**
地址:北京市丰台区西三环丽泽建材市场G35号
负责人:余雪梅
Tel:010－63450779

**北京新世纪房地产经纪有限公司**
地址:北京市海淀区北京大学燕东园32号专家楼104室
负责人:杨洁
Tel:010－62270417

**北京东点物业管理有限公司**
地址:北京市海淀区厂洼路5号东点写字楼A8103室
负责人:丁文栋
Tel:010－68475288

**南方兵器装备产业有限责任公司**
地址:北京市海淀区车道沟8号院5号楼3层
负责人:王德臣
Tel:010－68963780

**北京杰斯意环境技术有限公司**
地址:北京市海淀区车公庄西路20号东3区爱德大厦405室
负责人:叶雅彦
Tel:010－68438523

**北京永安泰来置业顾问有限公司**
地址:北京市海淀区翠微中里9号楼1门6层117号
负责人:白国珍
Tel:010－68519345

**北京国盛世嘉建筑装饰工程有限公司**
地址:北京市海淀区东升乡塔院盛宏达市场南楼F第10号
负责人:彭国良
Tel:010－62396868

**北京太行佳美给排水暖通技术有限公司**
地址:北京市海淀区复兴路83号(西四楼301号)
负责人:解秋菊
Tel:010－68730480

**北京信友房地产经纪有限公司**
地址:北京市海淀区冠城南园12号楼12－D
负责人:张月英
Tel:010－62059278

**北京宏发拆迁工程有限公司**
地址:北京市海淀区科学院南路5号2层211室
负责人:陈洪发
Tel:010－62557546

**北京上地著能园林绿化工程有限公司**
地址:北京市海淀区上地信息路38号上地数码科技大厦A座518室
负责人:郭涛
Tel:010－62978399

**北京盛世腾达门窗有限公司**
地址:北京市海淀区四季青乡巨山村375号平房
负责人:张爱军
Tel:010－62595688

**中航环境工程股份有限公司**
地址:北京市海淀区万寿寺北里紫竹写字楼四层
负责人:董毅
Tel:010－68454254

**北京莲花港物业管理有限公司**
地址:北京市海淀区吴家村10号院
负责人:刘均全
Tel:010－63310731

**北京筑磊伟业建筑工程咨询有限公司**
地址:北京市海淀区肖庄8号楼5门541室
负责人:赵胜
Tel:010－68984841

**北京科发佳工程技术有限公司**
地址:北京市海淀区皂君庙14号院1号楼702、703室
负责人:张胜坚
Tel:010－62199867

**北京天井圣地房地产咨询有限公司分公司**
地址:北京市海淀区增光路37号中海馥园3号楼3单元2C号
负责人:任莉华
Tel:010－68984858

**北京银洲伟业科技发展有限公司**
地址:北京市海淀区中关村甲七号楼一门二层203号
负责人:韩冬
Tel:010－65389337

**北京洛恺古代建筑技术咨询有限责任公司**
地址:北京市海淀区中关村南大街5号理工大厦B102室
负责人:田贵生
Tel:010－68914740

**香港利盛实业有限公司北京代表处**
地址:北京市海淀区中关村南大街5号理工科技大厦1102室
负责人:张国龙
Tel:010－68948001

**北京山天置业有限公司**
地址:北京市怀柔区怀柔镇红螺村南
负责人:孟昭霞
Tel:010－61667108

**北京晟富益建材市场有限公司**
地址:北京市怀柔区怀柔镇唐自口村西200米
负责人:徐庆云
Tel:010－69696663

**北京保利莱特建筑材料有限公司**
地址:北京市怀柔县北房镇经纬工业小区镇政府南侧
负责人:李跃
Tel:010－64442363

**北京华亭消防设备安装工程有限公司**
地址:北京市怀柔县渤海镇(北京平洋毛纺织厂内)
负责人:李新元
Tel:010－61681047

**北京中科物业管理有限公司**
地址:北京市怀柔县富乐南里226号
负责人:桂国良
Tel:010－69687678

**北京高乐乐家居装饰装修有限公司**
地址:北京市怀柔县怀柔镇下元村117号
负责人:张立成
Tel:010－69696367

**北京福瑞兴装饰有限责任公司**
地址:北京市怀柔县雁栖工业开发区
负责人:刘会涛
Tel:010－69657020

**北京万博苑园艺有限公司**
地址:北京市怀柔县雁栖镇南工业小区
负责人:杨霞
Tel:010－64712953

**北京群策东方房地产顾问有限公司**
地址:北京市门头沟区石龙西路66号4—216室
负责人:唐玉梅
Tel:010－69865407

**北京市门头沟龙华铝型材装修厂**
地址:北京市门头沟区双峪路北侧
负责人:张玉满
Tel:010－69843631

**北京立联建筑机械有限公司**
地址:北京市门头沟区新桥大街80号－316室
负责人:杨立敏
Tel:010－69839469

**北京永瑞建筑工程有限公司**
地址:北京市门头沟区永定镇曹各庄大队院内202室
负责人:张志国
Tel:010－69806981

**北京京泰泽兴物业管理有限公司**
地址:北京市密云县大城子镇华洋果脯厂院内
负责人:黄泽兴
Tel:010－69024786

**北京云水环境工程有限公司**
地址:北京市密云县工业开发区A区西祥路157号
负责人:贾立志
Tel:010－69029878

**北京恒华伟业装饰有限责任公司**
地址:北京市密云县工业开发区东祥路8号楼103室
负责人:陈秀英
Tel:010－69062002

**北京阿尔卡管材制品有限公司**
地址:北京市密云县巨各庄镇前焦家坞村
负责人:陈卡佳
Tel:010－69049577

**北京晟家佳美装饰装璜有限公司**
地址:北京市密云县密云镇园林路 68 号
负责人:王玉玲
Tel:010－69029969

**北京南国风情建筑设计咨询有限公司**
地址:北京市密云县西大桥路 21 号招商大厦 1709 室
负责人:陈健
Tel:010－69062202

**北京正恒隆和房地产开发有限公司**
地址:北京市密云县溪翁庄镇溪翁庄村
负责人:张波
Tel:010－69069630

**北京因文特环保科技发展有限公司**
地址:北京市密云县新北路北侧
负责人:徐军
Tel:010－69044666

**北京工美建筑装饰工程有限责任公司**
地址:北京市密云县新南路 5 号
负责人:许洪绪
Tel:010－69069298

**北京东方龙宇装饰有限公司**
地址:北京市平谷区平谷镇府前西街 40 号 A 座 1154 室
负责人:倪楠
Tel:010－64810506

**北京东方艺杰建筑装饰工程有限公司**
地址:北京市平谷县滨河工业开发区
负责人:刘俊声
Tel:010－64444444

**北京浩宇联益建材有限公司**
地址:北京市平谷县滨河工业开发区
负责人:蒋剑峰
Tel:010－68458251

**北京群鸿房地产开发有限公司**
地址:北京市平谷县滨河工业开发区
负责人:李冠军
Tel:010－68723381

**北京宽鑫元装饰工程有限公司**
地址:北京市平谷县金海角科技园区
负责人:张奇
Tel:010－60996072

**北京恒泽远建筑装饰工程有限公司**
地址:北京市平谷县金海角科技园区
负责人:白爱文
Tel:010－60996979

**北京誉兴源房地产开发有限公司**
地址:北京市平谷县平谷镇文化北街 13 号
负责人:张耀清
Tel:010－62556950

**北京贝迪克园艺有限公司**
地址:北京市平谷县平谷镇文化北街 7 号
负责人:张松林
Tel:010－63287730

**北京美瑞特建材有限公司**
地址:北京市平谷县平谷镇星宇昊工业区乙 2 号
负责人:许建龙
Tel:010－69962228

**北京和煦时代房地产开发有限公司**
地址:北京市平谷县兴谷工业开发区
负责人:王宝鹏
Tel:010－68463762

**北京市兰洋弟建材经营部**
地址:北京市石景山区古城南里五号楼后侧
负责人:秦西月
Tel:010－68877089

**北京市顺义长山福利建材厂**
地址:北京市顺义区大孙各庄镇府前东街 2 号
负责人:梁效金
Tel:010－61432029

**北京怡景园园林绿化有限公司**
地址:北京市顺义区高丽营镇高丽营村北
负责人:徐敢明
Tel:010－69455199

**北京市万景建筑工程公司**
地址:北京市顺义区高丽营镇张喜庄村南
负责人:魏春林
Tel:010－69495656

**北京市嘉兆风和房地产经纪有限责任公司**
地址:北京市顺义区京顺路东侧(北京西汉技术开发有限责任公司)
负责人:付福生
Tel:010－62073637

**北京地源达房地产开发有限公司**
地址:北京市顺义区马坡镇顺平路南法信段北侧
负责人:陈晓东
Tel:010－69447184

**北京市顺嘉苗木花卉研究所**
地址:北京市顺义区仁和地区胡各庄村东
负责人:段玉增
Tel:010－69446027

**北京安利得装饰装璜有限公司**
地址:北京市顺义区仁和地区前进村工业大院
负责人:刘莉莎
Tel:010－69422070

**北京风明颐有线电视台安装施工队**
地址:北京市顺义区杨镇下坡村
负责人:徐立东
Tel:010－69461816

**北京骏鼎鑫房地产经纪有限公司**
地址:北京市通州区工业开发区
负责人:茹美云
Tel:010－69518595

**北京金广厦建筑材料研究所**
地址:北京市通州区吉祥园小区 5 号楼 152 号
负责人:宋新红
Tel:010－69528986

**浙江绿洲农业股份有限公司北京绿化景观工程分公司**
地址:北京市通州区京华科技园
负责人:顾雪明
Tel:010－69550386

**北京友帮秋霞建材经销部**
地址:北京市通州区梨园地区小街二队
负责人:牛桂红
Tel:010－69529861

**北京奥乐美家和装饰有限公司**
地址:北京市通州区梨园镇翠屏北里 8 号
负责人:徐冬红
Tel:010－69540696

**北京中南锦城房地产开发有限公司**
地址:北京市通州区潞城工业区
负责人:陈锦石
Tel:010－69522902

**北京阳光新城装饰有限公司**
地址:北京市通州区潞城镇南刘村
负责人:杨汉
Tel:010－61521035

**北京天发地茂房地产有限公司**
地址:北京市通州区马驹桥镇工业区 18 号
负责人:张国强
Tel:010－62161423

**北京中土铁援装饰工程有限公司**
地址:北京市通州区马驹桥镇商业街 18 号
负责人:曹阳
Tel:010－68432759

**北京嘉隆昌保温墙材科技有限公司**
地址:北京市通州区西集镇国防路 13 号
负责人:邱少华
Tel:010－61576245

**北京土木舒克装饰有限公司**
地址:北京市通州区西营前街 19 号楼 322 号
负责人:王昶
Tel:010－69524237

**北京歆师园物业管理中心**
地址:北京市通州区新华大街 127 号
负责人:张振忠
Tel:010－69522231

**北京安露苑环保设备厂**
地址:北京市通州区永顺镇范庄村
负责人:张凤迎
Tel:010－69529561

**北京实义建筑材料有限公司**
地址:北京市通州区张家湾镇何各庄村
负责人:王荣珍
Tel:010－69571403

**北京同创源环保设备有限责任公司**
地址:北京市通州区张家湾镇牌楼营村
负责人:王香菊
Tel:010－61565675

**中机成套设备工程进出口公司**
地址:北京市西城区阜外大街 1 号四川大厦西塔楼 18 层
负责人:张国栋
Tel:010－68991685

**北京月坛房地产经纪有限公司**
地址:北京市西城区三里河东路 9 号迤东平房
负责人:姬同琪
Tel:010－68584087

**北京永安通物业管理有限公司**
地址:北京市西城区三里河二区 11 号院乙楼 303 室
负责人:周永健
Tel:010－68529987

**北京富阳天泰房地产经纪有限公司**
地址:北京市西城区三里河一区 2 号院 3 号楼 104 室
负责人:王洪友
Tel:010－68505075

**北京市增良装饰设计公司**
地址:北京市西城区新建胡同 28 号
负责人:姚增良
Tel:010－63017756

**北京新起点物业管理有限公司**
地址:北京市宣武区广安门内大街 210 号 106 室
负责人:张玉仁
Tel:010－63578886

**北京广合置业有限公司**
地址:北京市宣武区广外大街 180 号新纪元大厦二层
负责人:陶顺根
Tel:010－63281188

**北京鹂青环保工程有限公司**
地址:北京市宣武区红居斜街 4 号 3 号楼 3－102 号
负责人:关志青
Tel:010－63260215

**北京天伦伟业装饰装修有限公司**
地址:北京市宣武区鸭子桥路 24 号 A208 室
负责人:梁希伟
Tel:010－63311516

**北京恒安房地产经纪有限公司**
地址:北京市宣武区永安路甲 96 号
负责人:张颖
Tel:010－63012027

**北京建工一建工程建设有限公司**
地址:北京市宣武区右安门内大街 75 号
负责人:朱海晨
Tel:010－63562502

**北京昌华东阳建材有限公司**
地址:北京市延庆县千家店镇六道河村 576 号
负责人:孟繁昌
Tel:010－62455547

**北京现华建筑设备租赁中心**
地址:北京市延庆县延庆镇小营村 1 号
负责人:周现华
Tel:010－69186664

**北京长城碧泽绿化工程有限公司**
地址:北京市延庆县延庆镇新城街 4 号
负责人:尤亮
Tel:010－69183766

**天津市天意达环境工程有限公司**
地址:天津市大港区兴华路石化农贸市场南
负责人:齐伟新
Tel:13820261083

**天津圣方环境设备有限公司**
地址:天津市东丽区程林街南大桥村
负责人:高宝元
Tel:13332007350

## 天津市艺纹装饰工程有限公司
业务:天津市艺纹装饰工程有限公司成立于 2003 年,主要从事室内装饰、经营建材。竭诚欢迎各方客户来电来人洽谈业务,共同发展。
地址:天津市河西区围堤道 55 号红石宾馆 410 号
邮　编:300201
法　人:李志勤
Tel:022－28223000
Fax:022－28310558





## 天津市/Tianjin Municipality

### 天津胜勇建筑保温材料公司
业务:本公司成立于 2004 年,拥有 20 多名员工。主要经营聚苯保温板。
地址:天津市北辰区大张庄镇刘招庄村小学对面
邮　编:300402
法　人:王广胜
Tel:022－86853363
Fax:022－86853370

**天津市金碧地暖设备安装有限公司**
地址:天津市北辰区延吉道北仓织布厂东侧
负责人:甄立忠
Tel:13582666444

**天津市砼新物业管理有限公司**
地址:天津市北辰区杨北公路东(季庄村)
负责人:韩长泉
Tel:13820702055

### 天津宝晶建筑装饰有限公司
业务:承接各类建筑装饰、欢迎来电咨询!
地址:天津市大港区港西街太沙公路东侧
负责人:李金祥　邮　编:300282
Tel:022－63197518

**天津市瑞顺物业有限公司**
地址:天津市北辰区杨咀村
负责人:郭连群
Tel:022－26646009

**天津市金升装饰有限公司**
地址:天津市北辰区宜兴埠镇正义里六条 4 号
负责人:杨玉珍
Tel:13302157806

### 天津恒升建设工程有限公司
业务:本公司主要从事建筑工程,水电工程施工;土工材料,建筑防腐材料销售。
地址:天津市河东区新兆路裕阳花园 5－1－702
负责人:徐玉杰　邮　编:300011
法　人:徐玉杰
Tel:022－60895191

**天津黄埔置业发展有限公司**
地址:天津市大港区板桥农场外贸仓库
负责人:钟华卫
Tel:022－23320612
13820504300

**天津高信物业管理有限公司**
地址:天津市东丽区卫国道 204 号
负责人:宋威
Tel:022－24370335

**天津滨海环保科技开发有限公司**
地址:天津市东丽区跃进路(先锋建材厂内)
负责人:欧耀荣
Tel:13602046388

### 天津市津惠建筑安装工程有限公司
业务:天津市津惠建筑安装工程有限公司,是一家专业从事钢结构、彩色压型复合板材建筑工程设计、制造和施工的专业化企业,融欧洲先进技术与中国传统文化于一体,以雄厚的技术实力、先进的生产设备、科学的管理和一流的服务享誉国内建筑市场。本公司坐落在天津市塘沽区。公司采用先进的设计软件进行设计,在同行业中处于领先地位。本公司具备年产钢结构产品 10000 吨的生产能力。共有生产钢结构设备多台,采用数控程序切割下料、自动组力拼装、自动埋弧焊接、H 型钢调直整型、H 型钢整体抛丸除锈等先进工艺,保证了钢结构产品的质量要求。
地址:天津市塘沽区贻和花园 2 幢 6 门 602 室
邮　编:300456
法　人:惠志国
Tel:022－25311037
Mobile:13332066166
Fax:022－25310157

**天津市罡瑞达建筑安装工程有限公司**
地址:天津市汉沽区河西四经路南
负责人:岳朝明
Tel:13702101188

**天津汉滨建材制品有限公司**
地址:天津市汉沽区化工西街 38 号
负责人:包乃民
Tel:022－59910585

**天津富通基辅公路工程有限公司**
地址:天津市和平区大理道三友别墅 1 号 1301 室
负责人:王会亮
Tel:022－81732522

**天津市和平区华泽装饰装修工程中心**
地址:天津市和平区荣吉街 20 号 2 楼 223 房间
负责人:沙萍
Tel:13302112022

## 天津市发达水暖安装有限公司
业务:公司成立于 96 年,主营业务有水暖安装、锅炉维修。
地址:天津市武清区杨村镇秦安里小区 31 号楼 2 门 102 号
邮　编:301700
法　人:彭希文
Tel:022－82103679
Mobile:13821399777
Fax:022－82103679
网址:www.tjfd.chinapyp.com

**天津市飞龙市政工程有限公司**
地址:天津市河北区民权门 5 区 3 号楼 1 门 103 号
负责人:熊志刚
Tel:022－26449935

**天津天力玻璃科技有限公司**
地址:天津市河北区南口路
负责人:孙庆法
Tel:13110050004

**保定建业集团有限公司天津分公司**
地址:天津市河北区重光路 24 号
负责人:张援朝
Tel:13032228704

**天津军安置业有限公司**
地址:天津市河东区大王庄德厚里 2 号
负责人:蔡在超
Tel:13336669011

**杭州金星铜工程有限总公司天津分公司**
地址:天津市河东区津塘路矿泉大厦 1－5－902 室
负责人:张子平
Tel:022－24145650

**天津三木绿化工程有限公司**
地址:天津市河东区景泰公寓底商 13 号
负责人:林发铭
Tel:13312191899

**天津市三电建筑工程有限公司**
地址:天津市河东区龙潭路龙潭西里 1 号楼 1 门 104
负责人:董军
Tel:022－24022771

**天津天星物业管理有限公司**
地址:天津市河东区十一经路 81 号天星河畔广场 910 室
负责人:朱峙安
Tel:022－24109159

**天津大韩汉拿混凝土有限公司**
地址:天津市津南经济开发区
负责人:李兴泽
Tel:13752561233

**天津市莱德斯壮建筑装饰材料厂**
地址:天津市西青区南河镇姚村
负责人:杨颖
Tel:022－81575446

**天津雅之尚装饰工程有限公司**
地址:天津市河东区新开路琛赢大厦 1－1101
负责人:高歌伟
Tel:13132015566

**天津绿世界环境工程技术有限公司**
地址:天津市南开区白堤路 246 号 501－1 号(科技园)
负责人:高贵田
Tel:13323353293

**天津天诚净化工程设备安装有限公司**
地址:天津市南开区长江道 289 号(红旗路长江道交口)
负责人:何宗涛
Tel:13802052377

**天津市群益绿化工程有限公司**
地址:天津市南开区红磡大道 1 号
负责人:阎承志
Tel:13110030915

**天津市天政基础设施建设有限公司**
地址:天津市南开区红旗南路 251 号
负责人:张勇
Tel:022－83850322

**天津北方土地评估有限公司**
地址:天津市南开区红旗南路金杰里 1－1－102
负责人:张英华
Tel:13512201555

**天津市捷盛园林景观工程有限公司**
地址:天津市南开区华苑产业区华天道 6 号海泰大厦 A 座 503－1 室
负责人:张正
Tel:13042287765

**天津市卡弗特装饰有限公司**
地址:天津市南开区黄河道 487 号三楼 405、406 室
负责人:王磊
Tel:13502001139

**天津市大作为装饰有限公司广开分公司**
地址:天津市南开区西市大街 109－1 号
负责人:张建中
Tel:022－27497255

**天津市汇金建筑装饰工程有限公司**
地址:天津市南开区苑中路华巨公寓 3－1202 室
负责人:顾美德
Tel:022－23686395

**天津市百莹玻璃加工厂**
地址:天津市南开区咸阳路 62 号院内
负责人:李静
Tel:022－27652605
13388000300

**天津市圣斯克家俱工程有限公司**
地址:天津市天津港保税区国贸路 18 号 708－6 室
负责人:李宝明
Tel:022－28571330

**天津市津英房地产开发有限公司**
地址:天津市西青区外环线 9 号桥西侧
负责人:房贯英
Tel:022－23364053

**天津市顺达发木箱厂**
地址:天津市西青区西青道杨柳青发电厂对过
负责人:柳金华
Tel:022－87911493

**天津市旭雅人造石材厂**
地址:天津市西青区杨柳青福利化工厂院内(东咀村)
负责人:于俊江
Tel:022－27391371



## 上海市/Shanghai Municipality

## 上海准佳市政工程有限公司
业务:本公司成立于 2003 年,拥有 10 多名员工。主要经营土建工程、室内外装饰、建筑材料。
地址:上海市宝山区德都路 269 弄 22 号 202 室
邮　编:200941
法　人:秦宏奎
Tel:021－56641567

## 上海隆杨建设工程有限公司
业务:承接各类建筑工程
地址:浦东新区金桥镇巨峰路 868 号 1 幢 203 室
负责人:王阿二　邮　编:200000
法　人:王阿二
Tel:13501715668
021－50387386

**上海地田房产经纪有限公司鞍山路分公司**
地址:上海市鞍山路 66 号
负责人:王国富
Tel:021－51089862

**上海丰钢精密冷轧薄板有限公司第一分公司**
地址:上海市宝山区长江西路 850 号
负责人:邹海雄
Tel:021－56758783

**上海展鹏房地产经纪事务所**
地址:上海市宝山区陈太路 1395 号
负责人:陈艳
Tel:021－56126709

## 上海立强装饰材料有限公司
业务:本公司是目前上海地区具有较大规模、品种色彩丰富、信誉度颇高的新型现代人造石企业,有着良好口碑的品牌"百宝石"曾多次出口日本、俄罗斯、美国等地,现推出的新品"埃菲士"无论品种色彩还是工艺材质都在原有的基础上有了显著的提高。其中亚克力板材更为精工细作,具备抗菌、防霉的特殊性,先进的水磨机设备和精良的生产工艺确保了产品质量。
地址:上海市宝山区丰翔路 388 弄丰收东路工业小区 1 区 2 库
邮　编:200444
法　人:包国靖
Tel:021－66129962
Fax:021－66129961
网址:www.bbbscn.com

## 上海利煌建筑工程有限公司
业务:主要承接基础工程,土木工程,钢板房,拆迁,路基、路面、桥梁,整体破碎,焊割工程,压弧焊、压力焊,直螺纹连接,兼营五金电器、电焊机、直螺机、电线电缆、套管;我们有先进的技术、优质的产品、满意的服务与您真诚合作!
产品:基础工程,钢板房,桥梁,路面,钢筋焊连,直螺纹连接压力焊
地址:上海市宝山区大场镇祁连山路锦秋花园 658 号
负责人:雷红早　邮　编:201900
法　人:雷红早
Tel:021－26731729
13122534759
Fax:021－26731729

**上海庐丰房地产经纪有限公司第十六分公司**
地址:上海市宝山区虎林路 111 号
负责人:严防震
Tel:021－66216413

**上海市宝山区尚武木材店**
地址:上海市宝山区沪太路 2695 号尚武木业
负责人:郭尚武
Tel:021－56504478
13801960285

## 上海尚卫建筑材料有限公司
业务:室内外装潢,销售建筑材料
产品:建筑材料
地址:上海市宝山区共富新村富隆苑 35 号
负责人:叶卫国　邮　编:201914
法　人:叶卫国
Tel:13701751594
15601777507

**上海宁祺装潢设计工程有限公司**
地址:上海市宝山区沪太路 8885 号商务楼 1110 室
负责人:李俐
Tel:021－56870885

**上海科恒民防工程技术服务有限公司**
地址:上海市宝山区锦乐路一号综合楼 3－1209 室
负责人:卜耀新
Tel:021－56117233

## 上海神眷实业有限公司
业务:销售电脑配件、机械设备,物业管理
地址:上海市宝山区涵青路 398 弄 67 号 101
负责人:沙家翎　邮　编:200444
法　人:沙家翎
Tel:021－61470928

**上海金余玻瓷装饰材料有限公司**
地址:上海市宝山区锦秋路 48 号 C525
负责人:彭金阳
Tel:021－52846703

## 上海汉悦建筑材料有限公司
业务:本公司成立于 2005 年,主要经营建筑材料、小五金。
地址:上海市宝山区共富四村 374 号 301 室
邮　编:201906
法　人:代方奎
Tel:021－33708267
Fax:021－33708267

## 上海林升景观绿化工程有限公司
业务:专业从事园林绿化景观设计与施工、园林绿地养护、山水景观设计与施工及球场、跑道配套施工,致力于点靓城市、改善与美化人类生存空间。
地址:上海市宝山区锦秋路 2000 弄 55 号
负责人:钱松林　邮　编:200444
法　人:钱松林
Tel:13816910209

**兴达建材经营部**
地址:上海市宝山区庙行镇西弥浦水闸东侧
负责人:赵网锁
Tel:021－66504859
13701682282

**上海百城行房地产经纪有限公司**
地址:上海市漕溪北路 18 号 12C 室
负责人:曹阳
Tel:021－68886096

## 上海承旺门窗有限公司
业务:门窗的加工和销售
地址:上海市宝山区南大路 219 弄 89 号
负责人:胡后明　邮　编:200000
法　人:胡后明
Tel:13801873540
021－66501485
Fax:021－66501485
网址:http://www.51zzt.com/user/zzt33083

**上海坤隆置业顾问有限公司**
地址:上海市长宁区安化路 390 号 106 室
负责人:陈洁
Tel:021－68763210－8006

## 上海海轩建材有限公司
业务:上海海轩建材有限公司成立于 2006 年,经营水泥、黄沙、石子、砖块等建筑材料,欢迎新老客户来电洽谈业务!
地址:上海市宝山区锦秋路封村村港西码头
负责人:陈军　邮　编:200444
法　人:陈军
Tel:021－66166727

## 上海皖鑫不锈钢制品有限公司
业务:不锈钢工程施工
地址:上海市宝山区阳泉路附近 128 纪念路 195 号
负责人:郭国松　邮　编:200000
法　人:肖城富
Tel:13311773185
021－66224815

**上海鸿氿建筑装潢工程有限公司**
地址:上海市长宁区长宁路 641 号三楼
负责人:蒋立平
Tel:13801784522

**上海娴逸房地产经纪事务所**
地址:上海市长宁区定西路 650 号 771 室
负责人:胡颖娴
Tel:021－62824954

## 上海林然绿化园艺有限公司
业务:绿化亮化工程,园林设计,园林工程
地址:上海市宝山区月罗路 2420 号
负责人:熊火林　邮　编:200000
法　人:熊火林
Tel:021－66853106

## 上海同沐彩绘玻璃有限公司
业务:生产、销售铅条玻璃
地址:上海市宝山区真北路 4333 弄 24 号 102 室
负责人:蒋永生　邮　编:200000
法　人:蒋永生
Tel:13916760160

**上海建辉混凝土有限公司**
地址:上海市长宁区泾方西路 399 号
负责人:金剑
Tel:021－52172718
13564175412

**上海金奇盛房产经纪有限公司**
地址:上海市长宁区平溪路 19 号
负责人:李剑

Tel：021－62732226

## 上海名就门窗有限公司

业务：上海名就门窗有限公司是一家以塑钢、铝合金、防盗门窗、玻璃幕墙制作，销售，安装和园林绿化为一体的专业厂家，注册资金100万元，高级技工12名，设备齐全，服务一流，宗旨："以诚实换来信任，以辛勤得到好评"。
地址：上海市宝山区同济路339号
邮编：200940
法人：龙玉兵
Tel：021－56847308
Fax：021－56840917
网址：www.shmj.chinapyp.com

## 上海建亦斯微晶木科技有限公司

业务：集研发、生产、销售、安装、售后服务于一体的高新科技企业，公司技术力量雄厚，产品开发能力强，以质量第一、服务至上为宗旨，不断提供客户满意产品！
产品：微晶木地板、装饰板、户外地板、栏杆、装饰线条等系列产品
地址：上海市奉贤区大叶公路4510号
负责人：崔海明 邮编：201404
法人：崔海明
Tel：021－57489202
57489606
Fax：021－57489199
网址：www.jianyisi.com
E-mail：webmaster@jianyisi.com

## 上海海恒房地产经纪事务所

地址：上海市长宁区天山支路160号
负责人：蔡伟民
Tel：021－52063330

## 上海臻境工程建设有限公司分公司

地址：上海市长宁区幸福路137号4B
负责人：王子琪
Tel：021－62821631－803

## 上海名橡勃建材有限公司

业务：销售建材
地址：上海市奉贤区金汇镇金闸公路225弄107号401
负责人：杨太平 邮编：241404
法人：杨太平
Tel：13917214932
18918624555
021－57482562

## 南通通德工程有限公司上海办事处

地址：上海市长宁区宣化路299弄3号11D
负责人：李芳德
Tel：021－62408078
13917067074

## 上海泰基房地产投资顾问有限公司

地址：上海市长宁区天山西路789号2416室
负责人：龚彬
Tel：13801875459

## 上海博欢基础钢构件有限公司

业务：盾构机的制造，工程机械制造，钢结构制作与安装
产品：盾构机、工程机械
地址：上海市奉贤区南桥镇八字桥路1853号
负责人：周益军 邮编：200000
法人：周益军
Tel：13801622438
021－37572006
E-mail：bohuan@163.com

## 上海文佑建筑工程有限公司

业务：上海文佑建筑工程有限公司成立于1998年7月18日，承接建筑工程施工、室内外装修等。公司本着"质量第一、信誉至上、开拓进取、奉献社会"的宗旨，坚持走质量兴业道路，保证了所建工程质量合格率达100%，创建了一大批社会满意、用户放心的工程。
地址：上海市长阳路138弄4号208室
邮编：200082
法人：陈文斌
Tel：021－65462712
Mobile：13901724511
Fax：021－65465770

## 安徽劳联建筑安装装潢工程有限公司上海第二分公司

业务：房屋建筑工程施工总承包贰级
地址：上海市奉贤区南桥镇沪杭公路1778号南门
负责人：陈兵 邮编：201400
法人：陈兵
Tel：021－67106939
E-mail：021－67106928

## 上海长宁房屋土地咨询有限公司

地址：上海市定西路1308号
负责人：赵德恩
Tel：021－52531125

## 上海广田房地产开发有限公司

地址：上海市飞虹路360弄9号3335室
负责人：马灿洪
Tel：13764682235

## 上海洪梅喷泉设备有限公司

业务：生产、销售喷泉设备
地址：上海市奉贤区南桥镇解放新村197号204
负责人：蒋洪建 邮编：200400
法人：蒋洪建
Tel：13818051533

## 瑞商联城（上海）房地产顾问有限公司

地址：上海市桂平路96号
负责人：崔明军
Tel：13901953151

## 上海牛山建筑设备工程有限公司

业务：上海牛山建筑设备工程有限公司是华东地区同行业中优秀的企业。是一家专门从事钢结构安装，同时承接化工、建筑起重吊装等多类服务性企业。公司以"诚信为本，安全作业、优质高效"为宗旨。配套并具有一定的大型设备吊装的经验，以及视客户为上帝热忱服务。公司将发扬艰强拼搏的精神，信守合同，确保质量，为用户提供满意的、优质的服务。
地址：上海市奉贤区鲁汇镇浦新公路与永南路口
邮编：201112
法人：丁耀贵
Tel：021－54339915
Fax：021－54339915

## 上海莱正木业有限公司

业务：生产与销售
产品：橱柜实木门
地址：上海市奉贤区浦卫公路7998号种子厂八号厂房
负责人：胡华勇 邮编：201400
法人：胡华勇
Tel：021－57458766
13585740102
Fax：021－57458707
网址：http://lzwood.com
E-mail：LLHHY1986@163.COM

## 上海益民置业发展有限公司工会

地址：上海市淮海中路1号2308室
负责人：陈海荣
Tel：021－63748142

## 上海新世界城物业管理有限公司

地址：上海市黄浦区南京西路2－88号
负责人：周丽芬
Tel：021－63588888

## 上海双万建筑装潢有限公司朱家桥分公司

地址：上海市嘉定区朱家桥乡雨化村224号
负责人：张怀新
Tel：13301989385

## 上海鼎丽保温材料有限公司

业务：保温材料生产销售
地址：上海市奉贤区浦星路333号诸家村
负责人：夏志军 邮编：200000
法人：夏志军
Tel：13321829123
021－33616333

## 上海林晨工贸有限公司

地址：上海市嘉定上海市嘉定区江桥镇华江路392号
负责人：林景贤
Tel：021－59145106
27837858

## 上海川实钢结构有限公司

业务：上海川实钢结构有限公司成立于2004年，专业从事空间网架、轻钢结构的设计、制作和安装，并承接各类彩钢板、屋面及玻璃幕墙工程
地址：上海市奉贤区奉日镇沿钱公路589号
负责人：吴敦胜 邮编：200012
法人：吴敦胜
Tel：021－57581037
Fax：021－57581037
E-mail：chuanshi2005@126.com

## 上海思锐园艺有限公司

业务：花卉苗木、园林绿化工程
地址：上海市奉贤区青村镇吴家桃园艺场118号
负责人：李航 邮编：200000
法人：李航
Tel：021－57560504

## 江苏省苏中建设集团股份有限公司上海分公司

地址：上海市场中路241号4楼B室
负责人：张宝成
Tel：021－56668526

## 上海英伟建筑工程有限公司

地址：上海市大宁路660弄18号302－18室
负责人：王国荣
Tel：13901858502

## 上海市建设工程管理有限公司

地址：上海市金山区金山大道1621号6幢
负责人：朱美君
Tel：021－57966483

## 上海金鑫工程建设有限公司

地址：上海市金山区金山大道2738号
负责人：施界一
Tel：021－57966951

## 上海赛绿环保科技有限公司

地址：上海市金山区石化地区松南支路48号－482座
负责人：征兆干
Tel：021－57970188

## 上海银涛钢结构厂

业务：钢结构制作
地址：上海市奉贤区邬桥镇吴塘村1103号
负责人：梁南哲 邮编：201402
法人：梁南哲
Tel：13601746788
021－57402496

## 上海聚量楼宇设备安装工程有限公司

地址：上海市金山区石化地区松南支路48号－583座
负责人：杜翔威
Tel：021－62565435

## 上海五四农场

业务：上海五四农场主要从事园林绿化工程，苗木培育销售，价格优惠，规格齐全，让客户来的放心，走的满意。欢迎新老客户先考察后订货。
地址：上海市奉贤区五四农场三村8号楼402室
负责人：汤中仕 邮编：210422
法人：汤中仕
Mobile：13321860259

## 上海政也建筑装饰有限公司

业务：房屋建筑、设计装饰，景观绿化，销售建筑材料，销售服装
地址：上海市奉贤区庄行镇1庄公路171号
负责人：方建文 邮编：200000
法人：方建文
Tel：15226606728
021－57467301

## 上海舜虞装潢有限公司

地址：上海市金山区石化地区松南支路48号－593座
负责人：李惠江
Tel：021－64897758

## 上海君勤新型建材有限公司

地址：上海市金山区石化商场三楼444号
负责人：王静君
Tel：13817697772

## 上海正妮云建筑工程咨询有限公司

业务：商务咨询，建筑咨询，招投标咨询，法律咨询，五金销售，建筑材料销售，纺织品销售
地址：上海市虹口区公平路768弄8号1701室
负责人：吴国正 邮编：200086
法人：吴国正
Tel：13801904494
Fax：021－65048216

## 上海莆湖木业经营服务部

地址：上海市景风路516号
负责人：黄长春
Tel：021－56835841

## 上海苗杰装饰有限公司

业务：装饰、装潢工程，建筑材料的销售，大理石的加工
地址：上海市中山北路478号二层F区31号
负责人：纪苗根 邮编：200000
法人：纪苗根
Tel：15000622213
021－56320130

## 上海陶园花木有限公司

地址：上海市静安区安远路285号101H
负责人：陶冶
Tel：021－62153056

## 上海东燕物业管理有限公司

业务：物业管理
地址：上海市虹口区新嘉路1弄5号301
负责人：张东海 邮编：200000
法人：张东海
Tel：13371837932
网址：http://www.51zzt.com/user/zzt35682

## 上海季盛能源科技有限公司

业务：环保能源、高低压输配电设备与配件、电子产品
产品：矿用设备与原器件、泵阀轴承、电线电缆等
地址：上海市闸北区中兴路1286号201座
负责人：朱珠松 邮编：200070
法人：朱珠松
Tel：13918539578
Fax：021－56320197
E-mail：shzs158@sina.com

## 上海黎阳房地产经纪事务所

地址：上海市静安区海防路317号7幢101室
负责人：孙黎平
Tel：021－62662831

## 上海威萍建筑工程有限公司

业务：土建工程，园林绿化工程，工程材料经营
地址：上海市虹口区岳州路371弄49号601
负责人：廖建威 邮编：200086
法人：廖建威
Tel：13061647700

## 上海静安地产集团房地产代理有限公司一分公司

地址：上海市静安区石门二路483号903室－57
负责人：过若曾
Tel：021－62302850

## 上海蕲春建筑工程有限公司

业务：承揽建筑相关工程
地址：上海市闸北区虬江路997弄923
负责人：王迪祥 邮编：200000
法人：王迪祥
Tel：021－52954910

## 香港安达建材（中国）有限公司上海代表处

地址：上海市静安区武定西路1189号静安律德大厦4楼426室
负责人：纪永健
Tel：021－62493563

## 上海国元房地产开发有限公司

业务：房地产开发
地址：上海市虹口区中山北路7805号
负责人：冯士明 邮编：200080
法人：冯士明
Tel：13801654169

## 上海泽恒建筑装潢有限公司

业务：公司成立于2006年，主要从事室内外装饰装修、水电安装。公司始终坚持"客户至上、诚信经营、服务至上"的经营理念，为每位客户提供最优质的服务。
地址：上海市沪青平公路249弄2号401室
负责人：顾善官 邮编：201105
法人：顾善官
Tel：021－64343709

## 浙江海燕建设劳务有限公司（上海办事处）

业务：建设劳务
地址：上海市杨浦区双阳北路395号香格丽苑49栋901室
负责人：林赛文 邮编：200000
Tel：13917271639

## 上海金胜房地产经营有限公司

地址：上海市静安区镇宁路162号403室
负责人：凌云伟
Tel：021－32181580

## 上海奇奇地砖经营部

业务：上海奇奇地砖经营部成立于2005年4月6日，从事地砖、五金制品的销售。欢迎新老客户光临、惠顾。
地址：上海市虹口区同心路1号7号楼101室
邮编：200083
法人：严叶
Tel：021－65160198
Fax：021－65405066

## 上海智慎建筑工程有限公司

业务：建筑工程，装饰装修，市政工程，园林建筑工程，防水，水电安装，机械设备安装，租赁，园林绿化，及建材批发零售
产品：建筑，装潢，园林绿化，建筑防水，机械设备安装租赁，日用百货批发零售
地址：上海市沪青平公路1881号上海豪都国际花园1010－4A
负责人：陈相亮 邮编：201072
法人：陈相亮
Tel：021－69769246
13761995385
15212696268

## 上海欣明涂装有限公司

地址：上海市瞿溪路510号甲11室
负责人：洪坚
Tel：021－63772293

## 上海百强物业管理有限公司

业务：物业管理，保安服务、安防器材
产品：保安服务、安防器材
地址：上海市杨浦区控江路1159号－7
负责人：王惟开 邮编：200093
法人：王惟开
Tel：13901628222
Fax：021－51693816
网址：www.100－pm.com
E-mail：gm@100－pm.com

## 北京嘉联建筑工程有限责任公司上海分公司

地址：上海市康健路135号C座307室
负责人：吉有成
Tel：13817571209

## 上海纽创装饰工程有限公司

地址：上海市军工路 300 号生活楼 207 室
负责人：于莲英
Tel：021－65711856

## 上海晶盈园林绿化工程有限公司

业务：专业承接园林规划设计与施工、园林绿地养护、绿植租摆、会场布置，秉承“诚信为本、精益求精、拼搏创新、严谨务实”的企业精神，缔造人类文明的蓝天绿野。
地址：上海市黄浦区永寿路 117 号
负责人：李成华　邮　编：200021
法　人：李成华
Tel：021－63841315
13801826448
E-mail：sh_xinxin@163.com

## 上海朝玉建筑装饰工程有限公司

业务：装饰工程
产品：金属门的销售
地址：上海市杨浦区定海路 161 号
负责人：徐安旗　邮　编：200000
法　人：徐安旗
Tel：18918120557
021－65800557

## 上海市伟茂绿化工程有限公司

业务：上海市伟茂绿化工程有限公司成立于 2004 年，主要从事于绿化工程，景观设计，苗木栽培与销售。欢迎新老客户光临、惠顾！
地址：上海市沪太路 1012 号
负责人：陈昌伟　邮　编：200065
法　人：陈昌伟
Tel：021－56377911
Fax：021－56373008

## 上海赵晖水电安装有限公司

业务：水电安装
地址：上海市嘉定区安瓶镇紫荆二村 63 号 301 室
负责人：陆晶晶　邮　编：201805
法　人：陆晶晶
Tel：021－59578761

**上海元宇置业有限公司**
地址：上海市控江路 665 号 137 幢 238 室
负责人：吴宝林
Tel：021－65331988

## 上海专成机电设备安装工程有限公司

业务：机电水电设备安装
地址：上海市徐汇区钦州路 108 号梓树园 1 号楼 104 室
负责人：吴灿鑫　邮　编：200030
法　人：吴灿鑫
Tel：15921479898
021－64510090
Fax：021－64510047

**上海嵇光房地产经纪有限公司第九分公司**
地址：上海市奎照路 657 号底层
负责人：徐光欣
Tel：021－65407378

## 上海正欧节能科技有限公司

业务：地坪材料，墙面涂料，保温材料
地址：上海市嘉定区宝钱公路 1958 号
负责人：宗正新
法　人：宗正新
Tel：13901621162
021－59959188
网址：http://www.51zzt.com/user/zzt31145

**上海晨彤建筑工程有限公司**
地址：上海市凉城路 465 弄 60 号 1286 室
负责人：石燕霞
Tel：13901864706

## 上海纤与纤浔装饰材料有限公司

业务：生产、销售墙体，软包，窗帘
地址：上海市徐汇区凯旋路 2250 弄 13 号 1201 室
负责人：陈绍启　邮　编：200030
法　人：陈绍启
Tel：13916920461
18601701231
021－26529107

## 上海逸悦水电安装有限公司

业务：承接水电安装工程，销售水电安装材料，上下管道安装
产品：水电安装材料
地址：上海市松江区车墩镇自来水厂
负责人：周福海　邮　编：201611
法　人：周福海
Tel：13918636695

## 上海郑盛建筑设备租赁有限公司

业务：专业从事钢管扣件租赁、安装搭设，我们本着以人为本、安全第一的原则，以最优惠的价格，最好的诚信服务于广大客户！
产品：钢管扣件
地址：上海市嘉定区宝园九路 139－6 号
负责人：郑尾盛　邮　编：201812
法　人：郑尾盛
Tel：021－69136896
13916329588
Fax：021－69136856

**上海卓越产权经纪有限公司**
地址：上海市柳州路 557 号
负责人：陆豪
Tel：021－64365294

## 上海庆立建筑装饰工程有限公司

业务：室内外设计装饰装潢
产品：家装、工装
地址：上海市松江区涞寅路 1200 号 92 弄 102 室
负责人：鲁争林　邮　编：200000
Tel：13120597616
021－67841748
15221896656
E-mail：670765385@pp.com

## 上海祁氏良魏建材有限公司

业务：上海祁氏良魏建材有限公司成立于 2005 年，是一家专业经营国内知名品牌水泥，黄沙，石子，砖块，路基材料的企业。公司承接大，中，小型装饰工程材料供应。质量，信誉，诚实是我公司的生命，将真诚和实惠奉献给客户是我公司的宗旨。
地址：上海市金山区枫泾镇枫阳路向西到底
负责人：祁本宏　邮　编：201501
法　人：祁本宏
Tel：021－57351187

## 上海豪裕石材有限公司

业务：大理石生产加工、经销批发
产品：雅士白、爵士白、新西米、金线米黄、金碧辉煌、西班牙米黄、劳斯米黄、西耐珍珠等
地址：上海市嘉定区曹安路北栅桥路 199 号
负责人：黄灵宣　邮　编：201824
法　人：曾仁堤
Tel：021－59196688
Fax：021－59185649
网址：www.haoyu08.com.cn
E-mail：huanglingxuan@yahoo.cn

**上海盛流建材有限公司**
地址：上海市龙华后马路 147 号 11 幢 120 室
负责人：于振林
Tel：13301732665

## 上海肖宇建材有限公司

业务：主要经营市政工程、土方等建筑建材，本着以诚为根、以信为本的服务理念，提供优质的产品与完善的服务，我们期待与您真诚合作！
产品：上海市松江区科技园区界泾（原粮油公司旁）
负责人：肖高勇　邮　编：201616
法　人：肖高勇
Tel：021－57858069

**上海润庭建筑防水工程技术有限公司**
地址：上海市龙吴路 1270 号
负责人：朱强
Tel：021－57596201

## 上海红蚯蚓建筑装潢有限公司

业务：室内、室外装潢，酒店装潢
地址：上海市嘉定区鹤旋路 500 弄 113 号 802
负责人：葛国兵　邮　编：200000
法　人：葛国兵
Tel：13621922969
021－39552219
网址：http://www.51zzt.com/user/zzt35054

**上海帕艾装饰设计中心**
地址：上海市龙吴路 500 号
负责人：苏佩芳
Tel：13391179083

## 上海齐研建筑装饰设计工程有限公司

业务：建筑装饰设计
地址：上海市松江区沪松公路 1480 弄 1 号 201 室
负责人：钱有林　邮　编：200000
法　人：钱有林
Tel：15901630018
021－51860566
E-mail：glorg_168@163.com

**四川华尔派建筑装饰工程有限公司上海分公司**

地址：上海市卢湾区打浦路 1 号 1104 室
负责人：晏莉红
Tel：13818666600

## 上海腾豪建材有限公司

业务：专营矿粉、粉煤灰、散装水泥等建材，散装水泥中转库。公司本着“诚信造就信心，合作共创双赢”的经营理念，愿与广大客商共创双赢！
产品：矿粉、粉煤灰、散装水泥运输及中转
地址：上海市嘉定区沪议公路 1868 弄 119 号 102 室
负责人：桑凯　邮　编：201800
法　人：桑凯
Tel：021－59152587
15800347688
Fax：021－59152587

## 上海盐滨建筑材料有限公司

业务：上海盐滨建筑材料有限公司成立于 2004 年，经营房地产建筑材料，欢迎新老客户来电洽谈业务！
地址：上海市金山区山阳镇新江村 9 组
负责人：陈龙　邮　编：201508
法　人：陈龙
Tel：021－57282016

## 上海炫友建筑安装工程有限公司

业务：建筑安装工程
地址：上海市松江区洞泾镇百鸟村 279 号
负责人：江妙生　邮　编：200000
法　人：江妙生
Tel：13816759218
15821044431

**上海鼎铭房地产经纪有限公司卢湾店**
地址：上海市卢湾区鲁班路 388 弄 1 号 101 室
负责人：张志远
Tel：021－63051986

## 上海铭杰喷涂有限公司

业务：从事各种机械器械喷涂
地址：上海市嘉定区华亭镇霜竹路 1285 号
负责人：陈秀兴　邮　编：200000
Tel：13816824751
021－59953538

**上海伟能房地产经纪有限公司第三十八分公司**
地址：上海市闵行区沧源路 641 号
负责人：刘小龙
Tel：021－64300220

**上海康其莱绿化建设发展有限公司**
地址：上海市闵行区平阳路 258 号
负责人：贾玉林
Tel：13816691315

## 上海互兴玻璃有限公司

业务：批发和销售各类玻璃
产品：各类玻璃
地址：上海市嘉定区江桥镇宝园四路 16 号 2 幢 103 室
负责人：汪新安　邮　编：200000
法　人：汪新安
Tel：13585922356
021－69136148
网址：http://www.51zzt.com/user/zzt34871

**上海闸环三泉环境卫生工程有限公司**
地址：上海市平顺路 875 弄 17 号底楼
负责人：吴苗龙
Tel：021－56482268

## 上海家叶园艺有限公司

业务：园艺和鲜花
地址：上海市市区万航渡后路 33 号曹家度花市 202 号
负责人：姚家叶　邮　编：200040
法　人：姜小姐
Tel：021－62527189
网址：http://www.51zzt.com/user/zzt31730

**上海翔飞房地产开发有限公司**
地址：上海市浦东历城路 70 号甲 1038 室
负责人：王雪飞
Tel：021－58798309

## 上海煜力雕塑材料有限公司

业务：以研制、开发、设计、生产、销售为一体的高素质、高品位 GRC 装饰制品、园艺、艺术雕塑企业，公司以精湛的技术，忠诚的服务，合理的价格，良好的信誉获得了国内外客户的认可。
产品：玻璃钢艺术雕塑、外墙 GRC 水泥构件、石膏艺术雕塑制品、外保温装饰材料
地址：上海市青浦区赵巷镇沈泾塘村 127 号
负责人：张诺同　邮　编：201709
法　人：张诺同
Tel：13061653853
021－26805866
网址：www.yulids.cn
E-mail：Zhangpingwu2008@yahoo.cn

**上海敏鹏房地产经纪有限公司第一分公司**

地址：上海市柳州路 551 号
负责人：徐慧英
Tel：021－64834971

## 上海复晟净化设备有限公司

业务：本公司生产具有世界先进水平的冷冻式压缩机、无热吸附式干燥机、微热吸附式干燥机、组合式低露点干燥机、空气精密过滤器、空气油水分离器、粉尘精过滤器、风冷式后部冷却器、水冷式后部冷却器以及工业冷水机等多形式多特点的工业净化设备。其适合与各种空气压缩机配套，除去压缩空气中的水，油、尘等杂质。
地址：上海市金山区亭林镇松隐工业区松轩路 189 号
负责人：林丽芬　邮　编：201504
Tel：021－51028795
57382929
Fax：021－57382828

## 上海迪宏装饰材料有限公司

业务：销售出口遗留的地板及辅料（1.2g38 元/平方米，包括安装并且在各区域招经销商）
地址：上海市嘉定区江桥镇曹安路 1995 号豪美居建材市场 B1 区 3、4 号门面
负责人：尹春海　邮　编：200803
法　人：尹春海
Tel：13122427993
021－69117113

**上海长利置业有限公司**
地址：上海市浦东世纪大道 1500 号 9 楼 B 座
负责人：王建国
Tel：021－64897348

## 上海阳波建筑装饰工程有限公司

业务：室内外装饰、装潢工程，装饰材料的销售
地址：上海市青浦区徐泾镇前云路 116 弄 7 号
负责人：马辉　邮　编：200000
法　人：马辉
Tel：021－59897277

**上海巧房房地产经纪有限公司成山路分公司**
地址：上海市浦东新区成山路 2216 号底层
负责人：张瑞巧
Tel：021－50861348

## 上海仁誉建筑装饰有限公司

业务：建筑工程，室内外装修，外墙脚手架
地址：上海市嘉定区江桥镇封浜村宋介湾集体房小刘 17 号
负责人：贾仁奎　邮　编：201803
法　人：贾仁奎
Tel：15000388832

**兴达建筑装潢经营部**
地址：上海市浦东新区川沙镇护塘街 103 号
负责人：王国良
Tel：021－58921087

## 上海焕芸建筑工程有限公司

业务：专业从事房屋建筑、装饰装修及建材销售，公司综合实力雄厚，秉承诚实守信、客户至上、安全第一、质量为本的经营理念，服务于广大新老客户。
地址：上海市普陀区真南路 3407 弄 5 号楼 1404 室
负责人：张全能　邮　编：200333
法　人：张全能
Tel：021－36528035
13761160638
Fax：021－36528035
网址：www.hyjzgc.cn

**上海泰达房地产开发有限公司**
地址：上海市浦东新区芳甸路 77 弄 1 号
负责人：宋茂彬
Tel：021－50433366

## 上海平凤机械设备工程有限公司

业务：承接土石方工程和市政工程，租赁建筑工程机械
地址：上海市嘉定区江桥镇封浜镇金沙江西路新华路口加油站旁
负责人：李剑青　邮　编：200000
Tel：15921432037
13162315526

**上海京兆置业有限公司**
地址：上海市浦东新区高桥镇清溪路 574 号 3 幢 204 室
负责人：史立辉
Tel：021－62661474

**上海伊万灵建材有限公司**
地址：上海市杨浦区平凉路 1055 号甲 1－4 层
负责人：刘义强
Tel：021－65191664

**上海亚方建筑装饰工程有限公司**
地址：上海市杨浦区许昌路 1212 号 404 室 B
负责人：谢亚芳
Tel：13311692311

### 上海朗坤风度房产经纪有限公司
业务:房产经纪
地址:上海市浦东新区永泰路 575 号
负责人:孙祺 邮 编:200123
法 人:孙祺
Tel:021－50109899
50109755
Fax:021－50109755
E-mail:jinchend2005@yahoo.com

### 上海金山振利装潢材料厂
业务:上海金山振利装潢材料厂,座落于金山区松隐镇经济园区是一家集化工生产和贸易为一体的技术密集型企业。本企业主要生产内外墙乳胶漆和粘合剂,产品质量已达到国际先进涂料的水平,得到众多经销商和广大用户的认可。本企业致力于把环保和健康的高品质艺术涂料引入国内,向中国市场推出当今世界最前沿的涂料产品,将环保健康的产品与用户的需求紧紧融合在一起,真诚与用户共赴美好未来。
地址:上海市金山区亭林镇松隐镇经济开发区达福路 3108 号
邮 编:201504
法 人:陈理利
Tel:021－57380392
Fax:021－57383220

### 上海泉月物业管理有限公司
业务:物业管理、营销策划
地址:上海市嘉定区江桥镇海蓝路 318 号 32 幢 801 室
负责人:马之成 邮 编:200000
法 人:马之成
Tel:13816647446
网址:http://www.51zzt.com/user/zzt34919

### 上海浩蓝园艺有限公司
地址:上海市浦东新区金桥镇社庄村社庄庙 12 号 1 幢 14 室
负责人:李雁萍
Tel:021－68551109

### 上海港庆实业有限公司
业务:专业从事轻钢龙骨、石膏板、矿棉板生产经营,搭建临时活动房及车棚,全程跟踪,诚信为实。公司本着“质量第一、信誉第一”的经营宗旨,为客户提供优质的产品和优良的服务
产品:恒新龙骨,泰山石膏板,阿姆斯壮矿棉板
地址:上海市浦东新区杨高南路 4099 号木材胶合板区 2 排 1 号
负责人:范重庆 邮 编:200000
法 人:范重庆
Tel:021－51325602
Fax:021－64366599

### 上海欧豪房地产经纪事务所
地址:上海市浦东新区锦安西路 82 号
负责人:陈荪
Tel:021－50595011

### 上海驰家装饰材料有限公司
业务:五金交电、建筑材料及销售
产品:人造大理石、小五金及建材、装潢等
地址:上海市嘉定区马陆镇陈宝路 66 弄 35 号
负责人:李德文 邮 编:201800
法 人:李德文
Tel:021－39105156
Fax:021－39105157

### 上海尊源房地产经纪事务所
地址:上海市浦东新区栖山路 1542－7－A 号
负责人:瞿慧萍
Tel:021－50347035

### 上海蟠河金属材料有限公司
业务:专营船舶用钢,军工企业、路桥建设、企业用钢,长期为客户提供稳定的货源,并可按客户要求进行灵活订制,并为客户提供加工、仓储、配送等优质服务。我们始于客户需求,忠于客户满意,欢迎各界朋友前来垂询订购。
产品:矿工钢、支撑钢、轻轨、钢轨、碳结钢、角钢、8＃工字钢、10＃槽钢、钢板、带钢
地址:上海市浦东新区桃林路 18 号 B 座 3002B 室
负责人:李燕妮 邮 编:210135
法 人:陈敬红
Tel:021－51302865
13564228714
13886548566
Fax:021－51302865
网址:http://www.panhesteel.cn
E-mail:yannilee_101@hotmail.com

### 美国阁朗芙工程公司上海代表处
地址:上海市浦东新区新金桥路 201 号上海现代通讯电器交易市场大厦 4 楼 4335
负责人:应宇垦
Tel:13601920509

### 上海保如建筑装潢有限公司
业务:承接室内外装饰设计施工,厂房维修、建造、装潢工程
地址:上海市嘉定区南翔镇德华路 301 号 202 室
负责人:尚宝如 邮 编:200000
法 人:尚宝如
Tel:13818913587
021－69123161

### 上海维皓建筑工程有限公司
业务:建筑施工、民用水电安装、建材销售
地址:上海市浦东新区上南路 4588 号 8401 室
负责人:项永胜 邮 编:200000
法 人:张家平
Tel:13501755346
021－57613154
Fax:021－57613154
E-mail:xys1350@163.com

### 上海铭达经贸有限公司
业务:本公司主要从事金属材料、建筑装潢材料等批发销售。目前以经销建筑用螺纹钢、线材为主。经过几年的发展,企业建立起了良好的信誉,受到了广大用户和同行业的信赖和好评。
地址:上海市闵行区昆阳路铁闵钢市 1368 号 3027 室
负责人:冯志斌 邮 编:201111
法 人:冯志斌
Tel:021－51512327
网址:www.sh－mingda.com

### 上海海炎建筑装饰工程有限公司
业务:专营各类地坪销售及施工,配有专业的地坪施工队伍,在环氧地坪施工方面有丰富的经验。公司技术力量雄厚,产品质量稳定,服务周到及时,深受用户的好评,热忱欢迎广大客户前来洽谈合作。
产品:环氧树脂地坪、耐磨地坪
地址:上海市嘉定区南翔镇沪宜公路 408 号
负责人:汪加勇 邮 编:201802
法 人:汪加勇
Tel:021－61533357
15921158337
Fax:021－69125811
网址:www.haiyandp.com.cn

### 宝龙石材经营部
地址:上海市浦东新区阴刚南路 3251 号
负责人:宋明亮
Tel:021－50868751
13601624230

### 上海天际物业管理有限公司
业务:物业管理
地址:上海市浦东新区浦东大道 2515 号 801 室
负责人:何晨 邮 编:201306
Tel:13917777787
13916722223

### 怀珠防水保温工程队
地址:上海市普东新区张江益丰路 55 幢 40 号 101
负责人:郅怀珠
Tel:021－58958313
13901803372

### 上海利阁装饰装潢材料有限公司
业务:加工生产橱柜,销售建筑装潢装饰材料、橱柜、五金配件、板材。
产品:橱柜、板材
地址:上海市嘉定区南翔镇永利村 86 号龙婷家具厂
负责人:鲁荣贵 邮 编:201800
法 人:鲁荣贵
Tel:13122583902
021－39926539
Fax:021－59179840

### 上海朗园房地产经纪事务所
地址:上海市普陀区江宁路 1230 号底层北间
负责人:王龙
Tel:13916777110

### 上海爱喜家木业有限公司
业务:木材生产、加工与销售,电子产品、卫浴的销售
产品:香柏木、椿木、松木、杉木、杂木、香樟木等各种木材
地址:上海市浦东新区丰和路 1 号 2 幢 3218 室
负责人:向贵龙 邮 编:200000
Tel:021－51698296
Fax:021－33080266
E-mail:essylife2008@sina.com

### 上海市新恒标建设管理有限公司
业务:投、融资代建设
地址:上海市浦东新区龙阳路 2277 号永达大厦 9 楼
负责人:曾维嘉 邮 编:201204
法 人:曾维嘉
Tel:13505059898
18702100688
021－50117155
50117177
50117199
Fax:021－50117311

### 上海圳海门业有限公司
地址:上海市普陀区祁连山路 689 号 1 号楼 1－203 室
负责人:喻安泰
Tel:13641931973

### 上海海尧新型建材有限公司
业务:水泥砖的生产与销售
产品:水泥砖
地址:上海市嘉定区外冈镇恒冠路 249 号
负责人:胡圣海 邮 编:200000
法 人:胡圣海
Tel:13818639669

### 上海艺晨物业管理有限公司
业务:上海艺晨物业管理有限公司主要从事物业管理,园林绿化工程设计、施工;水电安装维修,房屋维护保养;建筑装饰材料,五金百货销售,公司积极引进、探索和创新先进的物业管理模式,视管理品质为生命,积极打造诚信、专业、高效、进取的物业管理品牌。
地址:上海市南汇区老港镇南港公路 1175 号
负责人:姚永章 邮 编:201302
Tel:021－58052698
58055353

### 上海诺托门窗有限公司
业务:销售门窗专利技术
地址:上海市浦东新区金湘路 345 号同华大厦 1208－1209 室
负责人:黄杰 邮 编:200000
法 人:黄杰
Tel:18901555558
13175614866
021－51386421

### 上海海螺置业发展有限公司
地址:上海市普陀区祁连山路 689 号 1 号楼 422 室
负责人:张润斌
Tel:021－62437885

### 上海臻昊环保科技有限公司
业务:环保科技
地址:上海市金山区枫泾镇泾商路 99 弄 3022 号 207 室
负责人:陆婉红 邮 编:200000
法 人:陆婉红
Tel:13174722958
021－57354192

### 上海百业房地产置换有限公司万镇路分行
地址:上海市普陀区清峪路 181、185 号
负责人:吴国华
Tel:021－52698766

### 上海梦境宇宙房地产经纪服务所武宁路店
地址:上海市普陀区武宁路 1696 号
负责人:吴怀英
Tel:021－62168579

### 上海际祥装饰工程有限公司
业务:专业从事建筑装饰工程、基础工程,水电安装、门窗制作与安装,兼营建筑装潢材料、门窗销售,本公司以重质量、讲信誉、抓安全、保工期为服务宗旨,服务于广大新老客户。
地址:上海市金山区亭林镇林吉路 833 弄第三栋 1163 号
负责人:林建华 邮 编:201505
法 人:朱贤祥
Tel:021－67232785
Fax:021－67232785

### 上海新积能建筑材料科技有限公司
地址:上海市普陀区武宁路 505 号 14 号楼 2025 室
负责人:朱晓健
Tel:021－62864407

### 上海耐视达市政工程有限公司
业务:土建工程、市政工程
地址:上海市金山区朱行工业区高楼村 5 组
负责人:高国辉 邮 编:200000
法 人:高国辉
Tel:13916015482

### 上海达国建筑装潢有限公司
业务:承接室内外装饰装修与施工
地址:上海市浦东区金港路 333 号 317 室
负责人:毛中法 邮 编:200000
法 人:毛中法
Tel:13764164818
021－51978285

### 上海恒马物资有限公司
业务:利用钢板、利用钢板圆钢切割并销售,槽钢、角钢等一些利用料的出售
产品:利用钢板、利用钢板圆钢,槽钢、角钢等一些利用料
地址:上海市浦东新区大团镇汇技路 210 号
负责人:邵闯 邮 编:200000
法 人:邵闯
Tel:13918368322

### 上海胜标室内建筑装潢有限公司
地址:上海市普陀区真北路 3370 号 24 号房 115 室
负责人:周胜标
Tel:021－52805233

### 上海卫家建材有限公司
业务:专营五金、龙头、小家电、水管开关等家居装潢建材产品,质量好价格优,并提供免费配送及家庭装潢服务。我们将以优质的服务、良好的信誉迎接您的惠顾。
产品:TOTO 卫浴、科勒卫浴等等
地址:上海市金山区卫清东路 2818 号
负责人:张新治 邮 编:210000
法 人:张新治
Tel:13127757100

### 上海乾冠乾海洋工程科技发展有限公司
地址:上海市普陀区真北路 3370 号 4 楼 434 座
负责人:马文英
Tel:021－62651492

### 上海业飞装饰设计有限公司
业务:室内设计及施工工程的承接
地址:上海市浦东新区曹路镇银丰路 549 弄 18 号 102 室
负责人:钱业飞 邮 编:200000
法 人:钱业飞
Tel:13795456818
13764700779

▲城建房产建材装潢▼

### 上海鑫燕房地产投资管理有限公司
业务:本公司成立于 2006 年,主要从事房地产开发、投资管理、装饰装修、土石方工程、钢结构制作安装。
地址:上海市浦东新区华东路 4201 号
负责人:毕小昌 邮 编:210210
法 人:毕小昌
Tel:021－58589311

### 上海宏岳物资有限公司
业务:销售各类建筑钢材、幕墙挂件,建材钢等
产品:各类建筑工程材料
地址:上海市金山区朱泾镇亭枫公路 2299 号 4 幢 17 号
负责人:吴永贤 邮 编:201500
法 人:吴永贤
Tel:021－57348273

### 上海意庐房地产经纪有限公司
地址:上海市普陀区志丹路 168 号南 6 室
负责人:李全木
Tel:021－62997441

### 上海丝湾实业有限公司
业务:pvc、ppr 等建筑管材、五金、钢材等建筑建材的销售
地址:上海市浦东区施湾镇施新路 955 号施湾建材市场 D 幢 1－3 号
负责人:周俊树 邮 编:200000
法 人:周俊树
Tel:13764068988
021－50960897
Fax:021－50960897

### 上海坤畅建筑装饰工程有限公司
业务:建筑装饰工程施工,园林绿化工程施工,市政工程施工,土石方工程施工,水电安装,建筑材料批发、零售
地址:上海市闵行区春申路畹町路 99 弄 323 号
负责人:唐天顺 邮 编:201100
法 人:唐天顺
Tel:13122443389
Fax:021－54996935
E-mail:tangts2008@yahoo.cn

### 上海华哲建设工程有限公司
地址:上海市普陀区中江路 839 号 403 室
负责人:谈怀华
Tel:021－52659588

### 上海华电源牌环境工程有限公司浦西分公司

地址：上海市天目西路 511 号 2601－2603 室
负责人：韩芸海
Tel：021－63530002－805

**上海炎腾建筑劳务有限公司**
地址：上海市四平路 710 号 716－C 室
负责人：赵毓敏
Tel：021－65086835

**上海合银置业发展有限公司**
地址：上海市天目中路 365 号
负责人：陈燕飞
Tel：021－62141012

## 上海华门建筑装饰工程有限公司
业务：建筑装饰工程
地址：上海市浦东区海阳路 424 号
负责人：张荣章　邮编：200000
法人：张荣章
Tel：13061671787
021－58426432
Fax：021－58426432

## 上海伊鸿建筑装饰设计工程有限公司
业务：本公司集装饰、装修、设计、施工于一体的专业化企业。承接室内装饰设计、装饰工程、水电暖安装工程等。公司推崇绿色装饰与人性化设计，秉承客户至上，诚信为本的经营原则，携手与你共建满意空间。
地址：上海市闵行区都市路 2501 弄 143 号
负责人：李天明　邮编：201108
法人：李天明
Tel：021－52715133
Fax：021－34638603－806
E-mail：ltm1006@yahoo.com.cn

**上海敏鹏房地产经纪有限公司第二分公司**
地址：上海市田林东路 460 号
负责人：徐慧英
Tel：021－64082224

## 上海金传装潢有限公司
业务：装潢设计
地址：上海市南汇区周浦镇繁荣东路 159 弄 36 号 102 室
负责人：尹金传　邮编：201318
法人：尹金传
Tel：021－68124452
13564082098
Fax：021－68124452
网址：http://www.51zzt.com/user/zzt31732

**上海闸环环境卫生运输有限公司**
地址：上海市汶水支路 5 号
负责人：蔡国亮
Tel：021－66523453

## 上海长琼建筑装潢有限公司
业务：专业承接建筑装潢、水电安装等业务，提供家装一条龙服务，我们愿为您打造一个时尚、个性、温馨而舒适的家园。
产品：精品家装，别墅，写字楼，店面
地址：上海市闵行区沪青平公路 525 号
负责人：王长俭　邮编：201100
法人：王长俭
Tel：021－54477922
13012887380
Fax：021－54477922

**上海高威玻璃制品有限公司**
地址：上海市祥德路 302 号 A251 室
负责人：倪国忠
Tel：13601999685

## 上海康蔚新型建材科技有限公司分公司
业务：干粉砂浆
地址：上海市南汇区宣桥镇南芦公路 199 号
负责人：沈早康　邮编：201314
法人：沈早康
Tel：13003138576
021－58183557

**上海复旦爆破建设工程有限公司**
地址：上海市杨浦区国泰路 127 弄复旦科技园 2 号楼 386 室
负责人：凤根宝
Tel：021－65119508

## 上海益鼎置业有限公司
业务：房地产开发
地址：上海市闵行区华漕镇华翔路 2088 号
负责人：高金海　邮编：201100
法人：高金海
Tel：13311863056
18918629900

**上海德邦物业管理有限公司**
地址：上海市杨浦区国泰路 88 号 8 号楼 205 室
负责人：杨华

Tel：021－65498901

## 上海浩玉玻璃有限公司
业务：玻璃制品，玻璃，装饰玻璃、压花、凹蒙玻璃批发
产品：玻璃移门，淋浴房，艺术玻璃
地址：上海市南汇区航头镇倪桥五组仓库
负责人：张二雪　邮编：201316
法人：张二雪
Tel：021－58227159
13391023819
Fax：021－58227159
E-mail：522418027@qq.com

## 上海渝桦空调工程有限公司
业务：上海渝桦空调工程有限公司成立于 2004 年，主要从事于空调安装。欢迎新老客户光临，惠顾！
地址：上海市浦东新区唐镇民丰村 25 号
负责人：周香万　邮编：200063
法人：周香万
Tel：021－62227949

## 上海子航建筑装饰工程有限公司
业务：建筑装饰工程、建筑工程(凭许可证资质经营)、安全技术防范工程设计、施工，幕墙工程、钢结构安装工程，室内外装饰、物业管理、保洁服务、五金交电的销售(企业经营设计行政许可证)凭许可证经营、金属材料
地址：上海市闵行区华漕镇金丰路 179 弄 83 号 101
负责人：钱先生　邮编：201107
法人：钱老华
Tel：021－62216092
网址：http://www.51zzt.com/user/zzt31178

**上海宏潇建筑装潢材料有限公司**
地址：上海市杨浦区佳木斯路 72 号 16 幢－2
负责人：徐平
Tel：021－51050580

## 上海林强建筑装饰有限公司
业务：室内设计及施工工程的承接
地址：上海市闵行区颛桥镇颛盛路 380 号
负责人：杨林俊　邮编：200000
法人：杨林俊
Tel：13162056829
13073386264
13764974172
021－64899026
Fax：021－64899026

**上海申科木材有限公司**
地址：上海市杨浦区军工路 1300 号
负责人：赵建国
Tel：021－65483961

## 上海永暄环保科技有限公司
业务：纯臭氧系列产品的研发、生产、销售
产品：纯臭氧多功能净水机，纯臭氧空气净化机，纯臭氧理疗养生产品，纯臭
地址：上海市闵行区华宁路 4018 弄 58 号
负责人：言海军　邮编：201108
法人：言海军
Tel：021－51098261
Fax：021－51085361
网址：www.hkyongxuan.com

**上海杨城绿化工程有限公司**
地址：上海市杨浦区控江路 665 号 137 幢 255 室
负责人：杨金城
Tel：13601818150

## 上海博广投资管理有限公司
业务：房地产、商业地产销售
地址：上海市闵行区中春路 6768 号 507 室
负责人：罗球辉　邮编：201100
法人：罗球辉
Tel：15001974446
021－51193602

## 上海宁徽建筑安装工程有限公司；子公司：上海瑞塔门窗有限公司
业务：建筑幕墙，门窗设计、制作、安装，子公司主要为铝合金门窗的加工与制作
地址：上海市闵行区梅陇镇曹联路 88 弄－8 号；子公司地址：上海市徐汇区华泾路 1425 弄 3 号厂房
负责人：张性安　邮编：200000
法人：张性安
Tel：021－54825998
13341809380
021－54826006
Fax：021－54825998
E-mail：ninghui188@126.com；ruita188@126.com

**上海林燕建筑装潢有限公司**
地址：上海市杨浦区平凉路 2767 号 111A 室

负责人：曹国林
Tel：13052424507

## 上海国和建筑装饰工程有限公司
业务：本公司成立于 2006 年，主要以玻璃幕墙，室内装饰为主。本公司本着以"诚信经营，质量至上"的服务宗旨，为广大新老客户服务。
地址：上海市浦东新区牡丹路 259 弄 23 号 203 室
负责人：陈万喜　邮编：201204
法人：陈万喜
Tel：021－50596021
Fax：021－50596021
网址：www.mtw26159.chinapyp.com

## 康可睿建筑材料(上海)有限公司
业务：生产与销售建筑材料，以地坪涂料、弹性混凝土、灌浆为主
产品：地坪涂料，弹性混凝土，灌浆
地址：上海市闵行区银都路 4358 号南郊别墅 130 号 502
负责人：钱睿科　邮编：201108
Tel：13801838679
021－54424382
Fax：021－54424382

## 上海石晟建筑装饰工程有限公司
业务：承接室外：别墅、高尔夫球场、渡假村、游乐场、乡村会所、人工瀑布；市内：酒吧、酒店大厅、咖啡厅、走廊幕墙及电视背景墙等独特的装潢设计
产品：盘古文化石
地址：上海市闵行区浦江镇杜行老街东首 8 号
负责人：刘为连　邮编：200000
Tel：13761495788
13681902188
021－64115589
021－64115598
Fax：021－64116659
网址：http://www.panguwhs.com

## 上海申拓建筑拆除工程有限公司
业务：建筑拆除工程，地铁工程
地址：上海市闵行区辛庄镇疏影路 789 弄 6 号 301
负责人：胡胜华　邮编：200000
法人：胡胜华
Tel：021－54886356

## 上海广阔装潢设计工程有限公司
业务：本公司成立于 2002 年，是一家专业从事建筑装潢设计、施工企业。企业拥有国家一级建筑施工资质。我们拥有专业的设计人员和经验丰富的施工队伍，以新颖的设计，优质的材料，合适的价格，可靠的施工质量赢得社会好评。
地址：上海市上南路 6333 弄 23 号 401 室
负责人：杨增海　邮编：200120
法人：杨增海
Tel：021－50858653
Fax：021－50858653
网址：www.shgkzh.cn
E-mail：guangkuo_yzh@126.com

## 上海闽德实业有限公司
业务：销售木材、胶合板
地址：上海市闵行区七宝镇九星村虹莘路 2079 号胶合板市场 1 幢甲/乙 5－8 号
负责人：张运林　邮编：201101
法人：张运林
Tel：021－54161731
54164385

**上海卢湾市政机具材料有限公司工会委员会**
地址：上海市中山南一路 1028 号
负责人：陈美贞
Tel：021－63033753

## 上海月盛景观绿化工程有限公司
业务：专业从事城镇绿化苗、经济苗、花卉培育销售，承接各种绿化工程、绿地养护、园林市政工程、球场跑道工程。致力以我们的努力打造绿色易居环境，扮靓祖国秀美山川。
产品：园林绿化工程，绿化养护工程，市政工程，球场跑道工程，绿化服务工程，建筑装饰工程，景观设计，雕塑工程，灯光设计工程
地址：上海市闵行区浦江镇世博家园八街坊 7 号 202 室
负责人：钱立胜　邮编：201112
法人：钱立胜
Tel：13651722028
18721363978
网址：www.yueshengsh.com
E-mail：yueshengsh@163.com

## 上海静心建筑装饰设计有限公司
业务：建筑装饰、设计
地址：上海市闵行区吴泾镇永德路 292 号
负责人：朱鸣国　邮编：200000
法人：朱鸣国
Tel：15901632725
021－64504030

**上海三爱环境水务工程有限公司**
地址：上海市宜化路 299 号 A 楼 21B
负责人：徐欣
Tel：021－62407850
13901974698

**上海欧森巴克工程材料有限公司徐汇分公司**
地址：上海市宜山路 439 号 1416 室
负责人：任国强
Tel：021－54254740

## 上海讯意工贸有限公司
业务：涂料销售、涂料技术服务、涂装服务、涂装设备和环保工程业、涂装、溶剂回收、油品处理服务和设备供应
产品：涂料
地址：上海市闵行区七莘路 3198 弄 31 号 102 室
负责人：崔亚东　邮编：201101
Tel：13586152061
021－54853566
Fax：021－54855163
网址：www.xunyigm.com
http://www.xunyigm.com

## 上海晗露实业有限公司
业务：专业生产经营合成树脂瓦、彩钢夹芯板、彩钢压型瓦
地址：上海市闵行区七宝镇九星村星强街 6 幢 1 号
负责人：葛长煌　邮编：201101
法人：葛长煌
Tel：021－64614060
13020250532

## 上海舜禄建设工程有限公司
业务：建设工程
地址：上海市闵行区七莘路 2299 弄 26 支弄 8 号 101 室
负责人：赖都成　邮编：200000
法人：赖都成
Tel：13301669760
15900985788
网址：http://www.51zzt.com/user/zzt33646

**上海盛夏室内装璜有限公司**
地址：上海市杨浦区平凉路 988 号 1 号楼 6005 室
负责人：陈颖
Tel：021－65117116



城建房产建材装潢

## 上海红达建筑工程有限公司

上海红达建筑工程有限公司成立于2005年，主要承接房屋、路、桥等建筑工程。

我们拥有专业的建筑施工队伍，对所接的每一个工程项目都尽心尽责，全心全意为客户服务。面对竞争日益激烈的市场，红达人将更加团结努力，本着“不断求进，精益求精”的集团精神，走向光辉灿烂的明天。

联系人：陈林 15921383100
电话：021-57494248 传真：021-57494248
地址：上海市奉贤区柘林镇新寺社区寺中路92号 邮编：201416

## 上海金额建筑劳务有限公司

上海金额建筑劳务有限公司成立于2008年，是一家专门从事建筑业劳务分包的企业。

公司本着“不断创新，永远服务”的宗旨，愿与国内外厂商精诚合作！

联系人：庄尚金 15021943703
电话：021-69110371
地址：上海市嘉定区江桥镇华江路965号 邮编：201803

## 上海佳德丽（地面防滑）清洗防护科技有限公司

我公司是集生产、销售、施工、服务为一体的专业型企业，主要经营项目是地面地砖石材和珐琅浴缸防滑产品，水泥、水磨石地面防滑、销售防滑贴（防滑胶带）、以及地板防滑产品销售施工的专业服务。我公司一贯注重专业人才的培训，同时不断拓展营销网络，欢迎您的来电！

联系人：孟波 13917488885
电话：021-28641008 传真：021-51255981
地址：上海市杨浦区宁国路199号1113室
网址：www.jdlfh.com 邮编：200090

## 上海立强装饰材料有限公司

上海立强装饰材料有限公司成立于2000年，是目前上海地区具有较大规模、品种色彩丰富、信誉度颇高的新型现代人造石企业，自主品牌有“白宝石”“埃菲士”“亚克力”。

我们的板材同时具有无放射性、易清洁、手感好、耐冲击、耐热、耐磨、防燃、无缝隙、可塑性强、美观等优点。

公司仍将不断地把优秀产品热诚推荐给21世纪享受优质生活的消费者！

电话：021-66129962
传真：021-66129961
电子邮件：baibaoshi@bbbscn.com
地址：上海市宝山区丰翔路388弄丰收都市工业小区1区3房
联系人：包国靖 13301622366
邮编：201900

## 上海江蜀建築裝飾有限公司

上海江蜀建筑装饰有限公司是一家专业从事市政、建筑装潢工程的企业。

公司成立以来，始终坚持“共享共赢，创新创造”的价值观，以雄厚的技术、人才、设备优势，竭诚为广大客户服务。

联系人：唐小江
电话：021-51283297 13764513811
邮编：210000
地址：上海市宝山区罗泾镇宝虹家园175号601室

## 上海迈量钢结构有限公司

专业生产彩钢瓦、彩钢夹芯板、楼层板、C型、H型钢等各类钢结构材料，承接各种天棚、厂房，设计安装一条龙服务。现代化的设计、规范化的管理，大众化的价格、一体化的保修。是我们对您的承诺！

联系人：石耀明
电话：021-59595406 59595426
地址：上海市嘉定区嘉松北路7910号乙幢
邮编：201804

## 上海忠勇建筑装饰工程有限公司

上海忠勇建筑装饰工程有限公司成立于2008年，提供钢筋工、木工、架子工、泥工、油漆工等。

公司秉承“严谨求实、尽善尽美、精益求精”的企业精神，为客户提供“高起点、高要求、高层次”的三高服务。

用过硬的技术，优良的品质来回报客户。

联系人：庞英中
13501631139 15601723896 13122734395
电话：021-61503563
地址：上海市青浦区徐泾镇宅东村384号 邮编：201702

## 上海普赖斯自控工程有限公司

网址：www.shpryce.com

本公司是一家专业从事智能建筑领域之产品研发设计、加工制造、营销服务及技术咨询为一体的高新技术企业。主要向各类建筑提供尖端、优质及全方位配套的阀门产品、建筑电气等智能化楼宇集成系统。产品覆盖暖通行业、消防行业、给、排水行业。

电话/传真：021-62508418
联系人：谢嘉捷 13901652499
邮编：200333
地址：上海市普陀区真北路3233号吉曼大楼510号

## 皖桂房屋装潢经营部

邮编：201821

皖桂房屋装潢经营部成立于2005年，本部专业从事室内外装潢装饰。

在未来，我们将一如既往的以提供优质、诚信、高效的服务为宗旨，竭诚为广大顾客服务。

欢迎广大顾客惠顾！

联系人：谢桂平
电话：021-59162465 13611772883
地址：上海市嘉定区南苑六村4号204

## 上海企浩装饰材料有限公司

上海企浩装饰材料有限公司成立于2006年，是专业生产建筑装饰材料的企业。

产品有欧式系列外墙罗马柱，窗套线条，雕塑、人像，承接酒店、商务室、石膏线、艺术型室内装潢，砂岩石、文化石、别墅用品、梁托花盆、石膏天花吊顶、石膏检修孔设计施工及配套设施等，公司以“质量求生存、创新求发展”为原则，竭诚与社会各界携手共创现代建筑装饰的新天地。

电话：021-65504396 传真：021-65504396
联系人：蔡玉明 13386212917 邮编：200433
地址：上海市杨浦区安波路800弄16号101室

城建房产建材装潢

## 上海万崇建筑装饰有限公司

上海万崇建筑装饰有限公司以室内外装修装饰设计与施工、小型土建工程施工为主。公司秉承"顾客至上，锐意进取"的经营理念，坚持"客户第一"的原则为广大客户提供优质的服务。欢迎惠顾！

电话：021-50841191

联系人：蒋永锋

地址：上海市浦东新区三林镇林浦路1553弄1085号　邮编：200124

## 上海禹寧防水堵漏工程有限公司

♪上海禹宁防水堵漏工程有限公司成立于2008年。

♪本公司具有三级施工资质，专业承接防水堵漏工程，销售防水堵漏材料。

♪本着"客户至上，质量第一"，竭诚为您服务！

联系人：吴根旺

电话/传真：021-56077577　13651880889

地址：上海市普陀区黄陵路151弄52号503室　邮编：200065

## 上海溪沿建筑工程有限公司

上海溪沿建筑工程有限公司是一家专业的建筑工程施工单位，资质齐全。

溪沿人用自己的心血和汗水、勤劳和智慧，为社会奉献一个个精品工程。公司始终重视人才的开发和利用，锻炼成长了一大批懂经营、会管理的高级管理技术人才，坚持人本管理、加强思想道德政治建设，精神文明、建设和企业文化建设，以"顾客永远是对的"信念，遵纪守法，诚实守信、服务用户、奉献社会。

联系人：黄东海

电话：021-33903770　13818110766

地址：上海市浦东新区三新路9号甲　邮编：210000

## 上海中建八局装饰有限责任公司

上海中建八局装饰有限责任公司（原中国建筑第八工程局装饰公司）是具有建筑装修装饰工程施工一级和设计甲级、建筑智能化施工一级和设计甲级、建筑幕墙施工一级和设计乙级、金属门窗工程施工一级资质的企业。公司始终坚持"以人为本"的管理理念，视人才为企业的第一资源，并将为应聘者提供优厚的待遇、广阔的发展空间和事业平台。

电话：021-50386823　50386820　13917999122　联系人：张后全

地址：上海市浦东新区德平路289号邮政大厦16楼　邮编：220136

## 上海湘杭钢结构工程有限公司

上海湘杭钢结构工程有限公司成立于2008年。

专业从事钢结构工程、钢构厂房、钢构雨篷、装饰线条、点式幕墙钢构等。

欢迎新老客户来电洽谈业务！

联系人：何志平

电话：021-59587778　邮编：210000

地址：上海市嘉定区外冈镇嘉松北路28号新业大厦306室

欢迎来电

## 上海言达石材装饰有限公司

本公司专业从事石材装饰工程，"技术精湛，设计新颖，信誉第一，服务周到"，竭诚欢迎广大新老朋友来我公司洽谈业务，共同合作！

联系人：陈方言

电话：021-64460355-8008　64460366　64460300

地址：上海市闵行区吴中路1235号新宏商务大厦9楼G室

邮编：352100

## 上海扬翼实业有限公司

本公司专业从事船舶装潢、维修，室内外装潢，房屋建筑工程，市政公用工程，绿化工程，钢结构安装。

欢迎新老客户来电洽谈业务，共同发展！

联系人：王卫华

电话：021-50824618

邮编：200124

地址：上海市浦东新区上南路3880弄18号302号

## 重庆市/Chongqing Municipality

**重庆力瑞建材有限公司**
地址：重庆市北部新区大竹林镇五云村4社
负责人：汪跃
Tel：023－67621368

**重庆聚强建筑劳务有限公司**
业务：本公司成立于2006年，经营范围包括：建筑劳务工程施工、建筑安装、室内外装饰装修。我们真诚希望能与您合作，共同创造美好的明天！
地址：重庆市巴南区麻柳嘴镇文明路209－8
负责人：蒋仕恒　邮编：401338
法人：蒋仕恒
Tel：023－66438168

**重庆市美欣环境艺术规划设计有限公司**
地址：重庆市北部新区龙湖西苑1－5－2－202
负责人：蔡朋征
Tel：023－67520050

**重庆永大恒基物业顾问有限公司**
地址：重庆市北部新区人和镇龙湖西路49号
负责人：邹斌
Tel：023－66828858

**重庆市意门装饰工程有限公司**
业务：承接室内、外设计装潢装饰工程，大型活动策划，房地产开发工程，市政工程，道路建设，道路施工，批发零售各类建筑材料
地址：重庆市万州区王牌路252号
负责人：陈建设　邮编：404000
法人：陈建设
Tel：13709432559
023－58113979

**重庆林久商务咨询有限公司**
业务：瓷砖、水泥等建筑材料
地址：重庆江北区富力海洋广场6栋20－5号
负责人：邹馥璐　邮编：400010
法人：邹馥璐
Tel：13983189999
0233－67022778
Fax：0233－67022779

**重庆森山进出口贸易有限公司**
地址：重庆市北部新区人和镇龙湖西路6号
负责人：郭明跃
Tel：023－61807018

**重庆管易非开挖工程技术有限公司**
地址：重庆市北部新区人和镇龙寿支路
负责人：张赫
Tel：023－67612259

**重庆人和国有资产管理有限公司**
地址：重庆市北部新区人和镇人寿路544－1号
负责人：马成文
Tel：023－67641908

**重庆市北部新区银通烟道制品厂**
地址：重庆市北部新区人和镇任家梁子天龙二支路14号4单元1－1
负责人：刘伦
Tel：023－63651143

**重庆市北部新区三福木业经营部**
地址：重庆市北部新区人和镇双宁路122号
负责人：程国侯
Tel：023－67640877

**重庆开投物业管理有限公司**
地址：重庆市北部新区人和镇万年路
负责人：王宇驰
Tel：023－67620971

**重庆长寿顺发土石方爆破工程有限公司**
业务：重庆长寿顺发土石方爆破工程有限公司成立于1997年，专业从事土石方工程爆破、土石方挖运。本公司恪守"质量第一、安全第一、信誉第一"的经营理念，我们真诚希望和兄弟单位合作，争创新优势，贡献全社会。愿意与有实力的公司合作，实现双赢。
地址：重庆市长寿区朱家镇喇叭口
邮编：401220
法人：查志德
Tel：023－40702868
Fax：023－40702868

**重庆市渝万建设集团有限公司直属分公司**
地址：重庆市北山大道钟鼓楼市场西区四楼
负责人：熊远胜
Tel：023－64895616

**重庆鼎恒装饰设计有限公司**
业务：室内外装饰、设计、施工，家装，公装
地址：重庆市巴南区李家沱融汇大道1号9栋3单元3楼2号
负责人：周昌全　邮编：400000
法人：周昌全
Tel：15825926589
023－62407028
Fax：023－62407028
网址：http://blog.sina.com.cn/cqdingheng

**重庆市梦渝园艺场**
业务：花卉苗木
地址：重庆市巴南区跳石镇梁岗村
负责人：熊科军　邮编：401349
法人：熊科军
Tel：023－86993310
13452098310
13032313098

**重庆蓝毅广告装璜有限公司**
地址：重庆市碚峡路126号
负责人：陈家蓉
Tel：023－68218176

**重庆市北碚区金龙综合贸易总店富通建材门市**
地址：重庆市碚峡路20－1号
负责人：杨运兰

▲城建房产建材装潢▼

Tel:023－68865610

**重庆蓝月装饰艺术工程有限公司**
地址:重庆市碚峡路 345 号附 4 号
负责人:钟剑华
Tel:023－68296357

**重庆吉旺房地产开发有限公司**
地址:重庆市璧城北二环路
负责人:邱吉
Tel:023－41401647

**重庆富皇混凝土有限公司**
地址:重庆市蔡家岗镇农林村
负责人:刘洪田
Tel:023－68276288

**重庆市垫江美华彩釉瓦有限公司**
业务:重庆市垫江美华彩釉瓦有限公司成立于2000 年,现有员工 200 余人,从事西式瓦的生产及销售。欢迎新老客户来电来函洽谈业务。
地址:重庆市垫江县桂溪镇天马桥
邮　编:408300
法　人:贾永明
Tel:023－74514597
Fax:023－74514110

**合川市周家桥采石场**
地址:重庆市草街镇大庙村二社
负责人:康中仁
Tel:023－42460639

**重庆市圣派建筑劳务有限公司**
业务:建筑劳务
地址:重庆市北部新区大竹林镇大路村 5 组
负责人:张圣新　邮　编:401123
法　人:张圣新
Tel:023－67681703

**合川市草街镇罗家湾采石场**
地址:重庆市草街镇大庙村一社罗家湾
负责人:徐斌
Tel:023－42461402

**重庆二航商品混凝土有限责任公司**
地址:重庆市茶园新城区世纪大道 60 号
负责人:王俊
Tel:023－68811020

**重庆市荣昌县宇涛房地产中介有限公司**
地址:重庆市昌元镇海棠大道
负责人:李小波
Tel:023－46782736

**重庆市冠融园林景观有限公司**
业务:园林景观工程设计、施工;雕塑、盆景制作与施工,园林绿化工程
地址:重庆市北部新区洪湖东路 9 号 508 室(物管收)
负责人:王瑾　邮　编:400000
法　人:王瑾
Tel:13108909194
023－86898911
Fax:023－86898911

**荣昌县恒一钢门窗有限责任公司**
地址:重庆市昌元镇花园街
负责人:吕建
Tel:023－46731242

**荣昌县荣绿建筑材料有限公司**
地址:重庆市昌元镇学院路
负责人:李治甫
Tel:023－46756368

**重庆睿加商贸有限公司**
地址:重庆市长江二路 177－9 号(金桥大厦)7－4#
负责人:何宇
Tel:023－68816774

**重庆嘉威建筑劳务有限公司**
业务:建筑劳务
地址:重庆市北部新区泰山大道东段 28 号 1 幢 6 楼 4 号
负责人:张春林　邮　编:401121
法　人:张春林
Tel:13708327262
023－86849016

**重庆市涪陵区渝怀装卸有限公司**
业务:重庆市涪陵区渝怀装卸有限公司成立于2004 年,从事车站、码头的货物装卸及运输。本公司以优质服务,价格合理为取胜之道.为求更高更优的服务,特培训了一批高素质的技术人员,使人机结合,有效地提高我们的服务水平,使本公司在同行中取得了领先地位。
地址:重庆市涪陵区北拱开发区正街
邮　编:408121
法　人:胡祖国
Tel:023－72137838
Fax:023－72137838

**重庆市雅筑装饰工程有限公司**
地址:重庆市长江一路 61 号 26－1 号
负责人:李国全
Tel:023－48609609

**重庆红臣物业管理有限公司**
地址:重庆市长生桥镇河街 20－1 号
负责人:陈弘
Tel:023－62450226

**重庆锞福钢结构有限公司**
地址:重庆市大渡口区八桥镇三木花园 11－2－1－2 号
负责人:康厚朴
Tel:023－89893822

**重庆佳尔美装饰材料有限公司**
业务:代理多个品牌的建筑建材,装饰材料
地址:重庆市璧山县璧城镇战斗路 108 号 7－－1
负责人:魏泽会　邮　编:404100
法　人:魏泽会
Tel:023－41427163

**重庆市奇函经贸有限公司**
地址:重庆市涪陵区白涛镇建峰中路
负责人:石棋
Tel:023－72591893

**重庆市拓前实业有限公司**
地址:重庆市涪陵区白涛镇政府办公楼 306 号
负责人:谭军
Tel:023－72874444

**重庆市高新技术产业开发区顺金石材加工厂**
地址:重庆市高新区巴山长兴石材市场内
负责人:柳金花
Tel:023－68883372

**重庆浩翱物资有限公司**
业务:电线、电缆、五金交电、建筑材料、水泥、化工产品、矿用配件、建筑设备、金属材料、电器设备、工程机械
地址:重庆市长寿区凤城街道黄桷湾创业街 2 号 2－1
负责人:唐翱　邮　编:401220
法　人:唐中宽
Tel:13983136163
Fax:023－85327247

**重庆市宫和置业有限公司**
业务:重庆市宫和置业有限公司成立于 2003 年,现有员工 60 余人,从事房地产开发、工程建设。欢迎来电垂询。
地址:重庆市九龙坡区科园三路 7－1－5－2
邮　编:400041
法　人:候必贵
Tel:023－68699868
Fax:023－86187646

**重庆市高新技术产业开发区奔宝陶瓷经营部**
地址:重庆市高新区巴山陶瓷城北环街仓库 14、15 号
负责人:詹海影
Tel:023－68610698

**重庆市高新技术产业开发区风山泉建材经营部**
地址:重庆市高新区高庙村玉灵洞社
负责人:邓生权
Tel:023－68691037

**重庆市高新技术产业开发区候盛石材厂**
地址:重庆市高新区柳背桥 17 号
负责人:曾文广
Tel:023－68692600

**重庆市长发建筑劳务有限公司**
业务:桥梁、道路、下水道、污水厂、净水厂
地址:重庆市长寿区凤城园丁路 6 号 4 幢 2－2－1
负责人:傅建清　邮　编:401120
法　人:傅建清
Tel:13888380146
023－40469506

**重庆市高新技术产业开发区荣华建材经营部**
地址:重庆市高新区石桥铺八益建材市场 1 区 18 号
负责人:张学龙
Tel:023－68888603

**重庆市高新技术产业开发区渝都建材经营部**
地址:重庆市高新区石桥铺街 254－61、63 号
负责人:程昌芬
Tel:023－68886863

**重庆市高新技术产业开发区强辉陶瓷经营部**
地址:重庆市高新区石桥铺正街 254－1－3 号
负责人:张建筑
Tel:023－68617327

**重庆本华园林景观工程有限公司**
业务:园林景观工程设计、施工
地址:重庆市大渡口区春晖路街道松青路 1046 号 3 栋 24－5 号
负责人:万本华　邮　编:400084
法　人:万本华
Tel:023－86230249

**宝瑞钢结构工程部**
地址:重庆市高新区石桥镇六店村新镇
负责人:邹全
Tel:13908363488

**梁平县天生石膏粉厂**
业务:梁平县天生石膏粉厂成立于 2004 年,专业从事石膏、石膏粉的加工与销售。我们以生产一流的产品,提供一流的服务,创造一流的效益为目标,竭诚欢迎您的来电咨询!
地址:重庆市梁平县屏锦镇竹海村 1 组
负责人:邱波……邮　编:405212
法　人:邱波
Tel:023－53511838

**重庆市高新技术产业开发区雅奥建材经营部**
地址:重庆市高新区石小路 160 号
负责人:孙宝坤
Tel:023－68630651

**重庆市高新技术产业开发区庞宇玻纤材料经营部**
地址:重庆市高新区石小路 222 附 22 号
负责人:庞烈仁
Tel:023－68620421

**重庆市博雨门业有限公司**
业务:家居木制门、套装门的生产、销售与安装
产品:套装门
地址:重庆市丰都县三合镇南天湖中路七支路 50 号
负责人:唐子伟　邮　编:408200
法　人:唐子伟
Tel:18996884789
15803636200
Fax:023－70660777
E-mail:974092531@qq.com

**重庆市高新技术产业开发区田村建材经营部**
地址:重庆市高新区石杨路 118 号
负责人:余曦
Tel:023－68652231

**重庆市高新技术产业开发区盛凯云石经营部**
地址:重庆市高新区渝福石材市场内
负责人:叶足兰
Tel:023－68620926

**重庆市高新技术产业开发区明日建材经营部**
地址:重庆市高新区玉灵洞 73－2 号
负责人:劳荣裕
Tel:023－68690625

**重庆市涪陵区三裕建材有限公司**
业务:批发电线电缆,五金工具,铝材塑钢,各种玻璃,中空玻璃及钢化玻璃
地址:重庆市涪陵区兴华东路 40 号(老车站对面)
负责人:夏万华　邮　编:408000
法　人:夏万华
Tel:13609479602
13996810008
023－72246117
72387328

**重庆市沙坪坝区永丰建材厂**
地址:重庆市歌乐山镇金刚村桐子坪社
负责人:王吉强
Tel:023－65500023

**重庆市通程物业管理有限公司**
业务:重庆市通程物业管理有限公司主要从事物业管理,本着"互惠互利、平等合作、利益共享、风险共担"的业务原则,通过全委托服务、顾问服务、合作经营、联合教学等方式输出先进的物业管理经验,"我们与顾客一起创造卓越"!
地址:重庆市南川市水江镇中国旅业重庆分公司保安部
负责人:范涛……邮　编:408400
Tel:023－71688899
71688066

**重庆市雅筑装饰工程有限公司綦江分公司**
地址:重庆市古南镇龙角路 55 号
负责人:蔡永刚
Tel:023－48657858

**重庆市垫江县供电有限责任公司水泥制品厂**
地址:重庆市桂溪镇城东白鹤林
负责人:李波
Tel:023－74692589

**重庆市全华玻璃钢有限公司**
业务:加工,生产,销售玻璃钢、酸雾净化塔、冷却塔、风机、植树盒、家私等可根据需要定做异形杂件
地址:重庆市涪陵区兴华东路顺江居委一组"朝华一祥和居"
负责人:庞炳全　邮　编:408000
法　人:庞炳全
Tel:13648265119
023－72305739
72307819
网址:www.qhfrp.cn
E-mail:cqqhblg@163.com

**垫江县宏凌水泥制品有限责任公司**
地址:重庆市桂溪镇城西集体一社
负责人:刘洪林
Tel:023－74517170

**重庆大地牡丹开发有限公司**
地址:重庆市桂溪镇南阳开小区
负责人:夏鼎有
Tel:023－74636036

**重庆市天绿园林绿化工程有限公司**
地址:重庆市桂溪镇人民路 77 号
负责人:夏彬
Tel:023－74512180

**重庆市建坤建筑劳务有限公司**
业务:建筑劳务
地址:重庆市江北区北滨太阳城 1 号 7 幢附 2 号
负责人:陈建明　邮　编:400000
Tel:18602312343
18602312341

**重庆新境界工程设计咨询有限责任公司**
业务:本公司主要是在重庆黔江区从事工程设计、业务咨询和代理、建筑方案设计、房地产开发业务咨询、策划和代理等业务。本公司在黔江成立以来做的设计有:黔江区谭家湾小区,黔江正阳黔阳住宅小区,黔江新华东路安置小区等 20 余个工程项目。
地址:重庆市黔江区官坝小区 59 号
邮　编:409000
法　人:胡刚
Tel:023－79252589
Fax:023－79252500

**重庆市天祥物业管理有限责任公司**
地址:重庆市桂溪镇天福瑞达城市家园
负责人:白强
Tel:023－74922389

**重庆市渝东园林景观工程有限责任公司**
地址:重庆市汉丰镇新盛街 97 号
负责人:谭贤明
Tel:023－52221188

**彭水县永兴建筑安装有限责任公司**
地址:重庆市汉葭镇鼓楼街十四号
负责人:吴成发
Tel:023－78493515

**重庆中晟管业有限公司**
业务:管业
地址:重庆市江北区金果园玉祥门 10 幢 11－3 号
负责人:蒋汶　邮　编:400000
Tel:023－86719255
13667678880
网址:http://www.51zzt.com/user/zzt34842

**彭水县佳鑫物业管理有限责任公司**
地址:重庆市汉葭镇河堡街商贸中心
负责人:陈洪建
Tel:023－78841700

**重庆银都房地产开发有限公司**
地址:重庆市汉葭镇河堡街享达大厦
负责人:刘剑平
Tel:023－78891333

**重庆智翔建设工程造价咨询有限责任公司**
地址:重庆市汉葭镇石嘴街
负责人:白现举
Tel:023－78446275

**重庆市江北区潘安通风净化技术研究所**
业务:环保设备的生产、销售、安装
产品:风机通、排风设计,厨房,油烟净化工程设计,水沫净化,国家专利,环保设备设计及技术咨询
地址:重庆市江北区桥北苑 5 号附 2 号 8－9
负责人:潘明贵　邮　编:404100
法　人:潘明贵
Tel:023－66651915
67985881

**重庆德勇建材经营部**
业务:重庆德勇建材经营部主要经营建筑材料,"以质量求生存、信誉求发展",热诚欢迎新老客户光临惠顾。
地址:重庆市沙坪坝区中梁镇永宁寺村
负责人:李昌德……邮　编:400036
法　人:李昌德
Tel:023－65546332

**重庆市尧舜房地产开发有限公司**
地址:重庆市汉葭镇石嘴街壹佰叁拾捌号
负责人:龙兴顺
Tel:023－78448098

**重庆市巴南区源粤建材经营部**
地址:重庆市花溪镇其龙村九社
负责人:黄通考
Tel:023－62860282

**重庆杰派家俱有限公司**
业务:生产与销售室内套装门
产品:室内套装门
地址:重庆市九龙坡区白市驿镇新店村六社
负责人:陈海升　邮　编:400000
法　人:陈海升
Tel:13708312246
023－65706256
Fax:023－65706256

**中国化学工程第三建设公司重庆分公司**

地址:重庆市花溪镇走马二村 51 号
负责人:颜士群
Tel:023－62555702

**重庆渝铁房地产开发有限责任公司**
地址:重庆市黄桷坪铁路四村 26 号
负责人:王金全
Tel:023－61649511

**重庆新古典房地产开发有限公司**
地址:重庆市回兴街道科技产业园
负责人:刘镇山
Tel:023－67456685

**重庆兴家景观雕塑设计工程有限公司**
业务:景观雕塑设计、工程
地址:重庆市九龙坡区黄桷坪搬运西村黄桷花园 6 号楼门面 10#
负责人:胥文武　邮　编:400053
法　人:罗丹丹
Tel:13996104282
13368205115
023－68504718

**重庆市边弘建材有限公司**
业务:重庆市边弘建材有限公司成立于 2006 年,主要建筑材料、五金交电,热诚欢迎新老客户光临惠顾。
地址:重庆市万州区大周镇凤凰村二组
负责人:陈建荣　邮　编:404000
法　人:陈建荣
Tel:023－58496094

**重庆高亿房地产营销策划有限公司**
地址:重庆市回兴街道兴科三路
负责人:苏勇
Tel:023－67459570

**重庆圆湖贸易有限公司**
地址:重庆市回兴镇长河八社
负责人:江德
Tel:023－63870385

**重庆利市物业发展有限公司**
地址:重庆市建新北路 65 号外贸宾馆 2－10 室
负责人:张阳
Tel:023－67891098

**重庆佳明建筑劳务有限公司**
业务:建筑劳务
地址:重庆市九龙坡区九龙三村 25 栋 1－2－2#
负责人:邓胜明　邮　编:400000
法　人:邓胜明
Tel:13036338096
023－66745936

**重庆富悦建设劳务有限公司**
地址:重庆市建新东路 251 号
负责人:吕光明
Tel:023－67850822

**重庆居雅装饰设计有限公司**
地址:重庆市建新东路 32－52 号 2－8
负责人:陈大才
Tel:023－67821638

**重庆捷安装饰工程有限公司**
地址:重庆市建新东路 57 号附 22－2 号
负责人:张礼文
Tel:023－66665882

**重庆仕勇建筑劳务有限公司**
业务:重庆仕勇建筑劳务有限公司是经劳动局批准,工商局注册,具有独立法人资格的建筑劳务服务组织. 公司拥有丰富的行业经验,秉承"诚信、专业、高效、优质"的理念,视质量为生命,凭借一个团结协作、学习进取、健康向上、勇担责任的集体,不断为社会奉献建筑精品。先后承担过后 40 万平方米高层住宅、公共大厦、市政等工程项目的基础、钢筋、木工、混凝土、油漆等专项作业分包。经过多年的努力,我们树立了优质的品牌形象,得到了合作客户的一致好评。乘风破浪、扬帆远航。前进中的仕勇劳务公司愿真诚携手各界朋友,共创辉煌灿烂美好的未来。
产品:土石方,基础,钢筋,混凝土,油漆等专项作业总包,分包
地址:重庆市九龙坡区兰花小区 9 号 7 单元 2－1 号
负责人:杜勇　邮　编:400039
法　人:杜勇
Tel:13752834050
13212343975

**重庆市万州区常景建筑劳务有限公司**
业务:本公司成立于 2004 年,专业从事砌筑,铁路隧道,桥梁等劳务工程施工。
地址:重庆市万州区沙龙路土堡街丰达公寓 1 号
负责人:何德宽　邮　编:404000
法　人:何德宽
Tel:023－64883291

**重庆靓色装饰设计工程有限公司**
地址:重庆市建新东路 85 号 4－1
负责人:陈世庆
Tel:023－67860117

**重庆东联物业策划有限责任公司建新东路分公司**
地址:重庆市建新东路一村 19 号附 9 号
负责人:蒋何兰
Tel:023－66885137

**博鑫建材加工厂**
地址:重庆市江北区五唐路 29 号
负责人:陈传友
Tel:13060212479

**重庆思涵装饰工程有限公司**
业务:装饰工程设计施工
地址:重庆市九龙坡区马王乡龙泉村 44 栋 1 单元 4－4 号
负责人:袁小龙　邮　编:400000
法　人:袁小龙
Tel:13883312183
13452951568

**重庆宇洁环卫设施制造有限公司**
地址:重庆市九龙坡区白市驿镇白欣路 21 号三单元 2－2
负责人:文国华
Tel:023－65701916

**杨博建材有限责任公司**
业务:杨博建材有限责任公司成立于 2001 年,主要生产销售水泥制品,承接电杆、土建工程隧道等工程。
地址:重庆市巫山县巫峡镇广东路太元大厦 11 楼
邮　编:404700
法　人:杨志刚
Tel:023－57681228
Fax:023－57681228

**重庆海业建筑材料有限公司**
地址:重庆市九龙坡区白市驿镇白新街 74－5 号
负责人:沈建中
Tel:023－65700395

**武汉华昌物资供应有限公司重庆分公司**
地址:重庆市九龙园区火炬大道 8 号 A 区 5 栋 125、126 号
负责人:晏松柏
Tel:023－68901231

**重庆万帮装饰设计有限公司**
业务:室内装修、设计
地址:重庆市九龙坡区石新路 121 号 1 单元 6－7 号
负责人:郭辉
法　人:郭辉
Tel:15802337896
023－68623003

**重庆市九龙坡区顺遂物资有限公司**
地址:重庆市九龙园区火炬大道 8 号重庆市绿云石都 A 区 4 栋 162 号
负责人:伍家华
Tel:023－61789693

**重庆市甘林钢管有限公司第二经营部**
地址:重庆市九龙园区火炬大道 9 号 B12 栋 9、11、13、15 号
负责人:甘建业
Tel:023－68666638

**重庆大强物资有限责任公司**
地址:重庆市九龙园区火炬大道 9 号 B14－20－22 号
负责人:刘学强
Tel:023－68666643

**重庆雕作装饰设计工程有限公司**
业务:室内装饰
地址:重庆市九龙坡区渝州路 4 号 36－22 号
负责人:韩万伦
法　人:韩万伦
Tel:023－66970759
89120811

**重庆创亚物资有限公司**
地址:重庆市九龙园区火炬大道 9 号 B15－10 号
负责人:孙振东
Tel:023－68901507

**巫山县建设工程交易所**
业务:巫山县建设工程交易所成立于 1999 年,公司主要从事建设工程信息发布,建设工程招标投标服务。欢迎各方客户来电洽谈业务。
地址:重庆市巫山县巫峡镇广东中路建委办公大楼七楼
邮　编:404700
法　人:熊晓国
Tel:023－57687716
57908088
Fax:023－57687716

**重庆源茂钢材有限公司**
地址:重庆市九龙园区火炬大道 9 号 B16－21、23、25、27 号
负责人:张元彬
Tel:023－68158885

**重庆恒超物资有限公司**
地址:重庆市九龙园区火炬大道 9 号 B3 栋 18、20 号
负责人:吴文超
Tel:023－68891883

**重庆祥驰建筑装饰设计有限公司**
业务:装饰,广告牌的设计、发布
地址:重庆市九龙坡区玉清寺华玉路半山二村综合楼 4 号门面
负责人:赵吉祥　邮　编:400052
法　人:赵吉祥
Tel:13983681818
023－65266001

**重庆市九龙坡区沪航阀门销售部**
地址:重庆市九龙园区火炬大道 9 号 B4 栋 23 号
负责人:黄金俊
Tel:023－68158123

**重庆九银物资有限公司**
地址:重庆市九龙园区火炬大道重庆市绿云石都 A 区 3 栋 203－205 号
负责人:巫昌禄
Tel:023－61789548

**河北蓝天板业有限公司重庆分公司**
地址:重庆市九龙园区双龙小区 11 栋 2 单元 3－1 号
负责人:杨志军
Tel:023－61580586

**开县白鹤街道东升沙场**
业务:连沙石,青沙
产品:连沙石,青沙
地址:重庆市开县白鹤街道荷花村
负责人:陈远桥　邮　编:405427
法　人:陈远桥
Tel:13509452630

**重庆市九龙坡区钢辉建材经营部**
地址:重庆市九龙园区桃花溪桥头办公楼门面 36 号
负责人:李进
Tel:023－68659656

**重庆市九龙坡区开福石材经营部**
地址:重庆市九龙园区重庆市绿云石都 B 区 4－4 号
负责人:米乙静
Tel:023－61789001

**巫山县小三峡水泥有限责任公司**
业务:巫山县小三峡水泥有限责任公司成立于 2006 年,我们秉承质量第一,诚信为本的经营宗旨,主要生产水泥制品,让每一位客户满意,是我们追求的目标,热诚期待您的到来。
地址:重庆市巫山县巫峡镇坪垵村
负责人:宁德华　邮　编:404700
法　人:宁德华
Tel:023－57636198

**重庆市九龙坡区顺豪石材经营部**
地址:重庆市九龙园区重庆市绿云石都 B 区 4 栋 13 号
负责人:陈玉珍
Tel:023－61789272

**开县肖家坝预制件厂**
业务:各类建筑预制构件的生产,加工,销售
地址:重庆市开县高桥镇晓阳村 4 组 58 号
负责人:刘道寒　邮　编:405400
法　人:刘道寒
Tel:023－52489100

**重庆市九龙坡区新永德兴石材厂**
地址:重庆市九龙园区重庆市绿云石都 C 区 8 栋 1－6、11－16
负责人:黄志勇
Tel:023－68159168

**重庆市来乐物资有限公司**
地址:重庆市九龙园区重庆市绿云石都钢材市场 A7 栋 48 号
负责人:秦世义
Tel:023－68874125

**重庆市九龙坡区永辉卷帘门厂**
地址:重庆市九龙镇马王五村 31 号
负责人:滕彩云
Tel:023－68833132

**重庆联锋建筑劳务有限公司**
业务:承接建筑劳务
地址:重庆市南岸区黄桷垭崇文路 23 号中商丽景 1 幢 5 单元 2－2 号
负责人:王建文　邮　编:400000
法　人:王建文
Tel:13370724342
023－62462568
网址:http://www.51zzt.com/user/zzt29889

**重庆海鑫物业管理有限公司**
地址:重庆市九龙镇上游村三社
负责人:江义勇
Tel:023－63871564

**重庆渝信建筑劳务有限责任公司**
业务:重庆渝信建筑劳务有限责任公司专业从事建筑劳务包,技术管理实力雄厚,并有一批技术过硬的施工工人,公司严守"服务第一,质量第一,信誉第一"的宗旨,竭诚为广大客户和社会公众提供优质高效的服务。
地址:重庆市渝北区龙溪街道龙华大道 1873 号
负责人:朱继科　邮　编:401147
Tel:023－67527971

**正大建材商行**
地址:重庆市开县新城开洲大道教育工会门市
负责人:潘金超
Tel:023－52254444
52264444
13609442777

**重庆红锦园林有限公司**
地址:重庆市科园三街 49 号楼 1－9－1
负责人:李劲松
Tel:023－68690515

**重庆市南川区宏德套装门厂**
业务:我厂系设计、生产、安装套装门、套房家具的专业生产厂家,欢迎各界朋友前来洽谈业务!
产品:室内套装门、家具
地址:重庆市南川区城北路卷洞门三潮水
负责人:周先生　邮　编:408400
法　人:周洪德
Tel:023－71410279
71404655
13896712209
Fax:023－71404655
E-mail:hongdemenye@yahoo.com

**重庆枫丹园艺工程有限公司**
地址:重庆市科园三街 78 号
负责人:王欣放
Tel:023－68609774

**重庆艾逊沟槽管件销售中心**
地址:重庆市科园一街 99－2 号 3－3 号
负责人:罗宏
Tel:023－68674981

**梁平县完美园艺有限公司**
地址:重庆市梁山镇大河坝街 311 号
负责人:郑早明
Tel:023－53256899

**重庆斌华建材贸易有限公司**
业务:钢材,水泥,建材,五金的批发零售
地址:重庆市彭水县汉关路阳光医院向前 50 米
负责人:马士华　邮　编:400000
法　人:马士华
Tel:023－78445227

**重庆名豪集团梁平实业有限公司物管分公司**
地址:重庆市梁山镇大众街
负责人:倪德建
Tel:023－53235920

**梁平县华星园林绿化有限公司**
地址:重庆市梁山镇时代村 4 组
负责人:袁素辉
Tel:023－53230504

**梁平县宝马金鞍装饰装潢材料有限公司**
地址:重庆市梁山镇双桂路鑫桂佳宛 8 单元 1－1 号
负责人:余方先
Tel:023－85700149

**重庆友邦建筑保温工程有限公司**
业务:承接外墙保温工程,外墙保温材料的销售
产品:外墙保温材料
地址:重庆市沙坪坝区磁器口南街 3－4－2－2 号
负责人:邓亮　邮　编:400031
法　人:邓亮
Tel:023－65182336
Fax:023－65182336

**重庆市民园物业管理有限公司**
地址:重庆市两路口新村 6 栋 1－14
负责人:韦斌
Tel:023－63629283

**重庆新动力置业顾问有限公司**
地址:重庆市两路双龙湖五星路 156 号
负责人:刘涛
Tel:023－67202696

**重庆毕业达建筑工程有限公司**
地址:重庆市两路镇双龙大道 174 号
负责人:毕凤良
Tel:023－68626237

**重庆卓富科技有限公司(卓宝科技重庆营销中心)**
业务:经营防水保温及屋面虹吸材料
地址:重庆市沙坪坝区凤鸣山西物市场 38 号附 3 号
负责人:杜伟　邮　编:400000
法　人:张远富
Tel:023－65238300
网址:http://www.51zzt.com/user/zzt29884

**重庆华润物业发展有限公司**
业务:重庆华润物业发展有限公司成立于 1998 年 7 月,注册资金 2000 万元,房地产开发资质二级。公司奉行的宗旨是:"敬业、求实、高效、创新",公司现有员工 88 人,其中专业技术人员 24 人,中级职称 12 人,高级职称 5 人。重庆华润物业公司以雄厚的实力及踏实的工作作风享有较高的声誉,被评为高新区重点骨干企业,曾多

次受到政府的嘉奖，是“质量万里行”的定点单位。
地址：重庆市渝北区五红路 66 号长安华都
邮　编：401120
法　人：李建华
Tel：023－67870672
Fax：023－67870672
网址：www. cqhr. chinapyp. com

**永川市普安建材综合厂**
地址：重庆市临江镇普安场镇
负责人：张术斌
Tel：023－49471115

**重庆市北碚区万富碎石厂**
地址：重庆市龙凤桥镇共和村五星社
负责人：雷世万
Tel：023－68209388

**重庆市北碚区仪才物业管理有限公司**
地址：重庆市龙凤桥镇重庆市龙凤三村
负责人：胡伟
Tel：023－68264976

## 重庆诚久装饰工程有限公司
业务：专业从事建筑、装饰、设计服务，我们拥有专业的装修团队，业内资深的设计师为您打造温馨、典雅、舒适的家居环境，让更多安居梦想成为现实！
产品：具有建筑，装饰资源及设计施工服务/住宅，别墅，商务，公装，店面等设计与施工
地址：重庆市沙坪坝区天马路临江商务大厦 22－17#
负责人：肖聪华　邮　编：400038
法　人：陈思远
Tel：023－65497218
Fax：023－65497218
网址：www. cqchj. com
E-mail：cqcj08@126. com

**重庆市博海建设工程（集团）有限公司**
地址：重庆市龙岗镇浓荫路 9 号
负责人：曾宪朝
Tel：023－43722171

**自贡市液压管件厂重庆销售处**
地址：重庆市龙溪红石路 16 号
负责人：姚志平
Tel：023－67903563

**重庆来恩建材有限公司**
地址：重庆市龙溪黄泥磅高科楼 9 层 6 号
负责人：吴志敏
Tel：023－61807579

## 重庆新志诚建筑装饰材料有限公司
业务：主要从事门控五金销售。公司拥有一支高素质的技术队伍，为用户商家提供高品质的产品及服务。欢迎各地客商来人、来电洽谈！
产品：1. 自动门，吊轮，地弹簧，门夹，中央锁，浴室夹，玻璃门拉手，门锁，合身门吸等，2. 立柱批发及立柱工程承包
地址：重庆市沙坪坝区显丰大道 76－21 号
负责人：唐志诚　邮　编：400000
法　人：唐佳英
Tel：023－65498360
Fax：023－65498359
E-mail：793759992@qq. com

**重庆欧华园林景观工程有限公司**
地址：重庆市龙溪加州花园 A1 幢
负责人：张鹏
Tel：023－67626202

**重庆金岳实业有限公司**
地址：重庆市龙溪加州花园 A6 幢－17－6
负责人：文永良
Tel：023－67622516

**重庆美联营销策划有限公司皇冠东和分公司**
地址：重庆市龙溪街道红黄路 99 号
负责人：郭应龙
Tel：023－67083638

## 重庆全景物资有限公司
业务：钢材
地址：重庆市沙坪坝区肖家湾上界高速公路收费站旁 C 区钢材市场 D 幢 2－9 号
负责人：甘广川　邮　编：400000
法　人：甘广川
Tel：023－61726323
13372601588

## 重庆家璐建材有限责任公司
业务：建材
地址：重庆市石柱土家族自治县南宾镇牛石嵌路 6 号
负责人：刘宗斌　邮　编：409100
法　人：刘宗斌
Tel：13896381998
13908262115

**重庆市威冠置业顾问有限公司**
地址：重庆市龙溪街道松红石北路 176 号 C－2－10－1
负责人：李雪强
Tel：023－66818284

**重庆凯钰科贸有限公司**
地址：重庆市龙溪街道松牌路 100 号
负责人：邓波
Tel：023－67601259

**广西第二测绘院重庆办事处**
地址：重庆市龙溪街道松桥路 100 号 2 栋
负责人：唐治华
Tel：023－67906710

## 虹泰五金店
业务：电线电缆、管材、卫浴、开关插座
地址：重庆市铜梁县半月路 212 号
负责人：金伟　邮　编：404000
法　人：金伟
Tel：023－45645062
13883152041

**重庆易成建筑工程有限公司渝北分公司**
地址：重庆市龙溪街道新牌坊一路 139 号 11 楼 2 号
负责人：易宗仁
Tel：023－42823568

**重庆同瑞物资设备有限责任公司**
地址：重庆市龙溪龙华大道 1889 号
负责人：张平
Tel：023－67628188

**重庆市北碚区雅美瞽装饰设计有限公司**
地址：重庆市龙溪路 132 号
负责人：孙后勤
Tel：023－68206287

## 重庆市美美森装饰建材有限公司
业务：装饰建材的销售、并承接一些装潢项目
地址：重庆市潼南县凉风垭家兴花园 27 底楼
负责人：曾斌　邮　编：402660
法　人：曾斌
Tel：023－44556555
44565266

**重庆市中实房地产开发有限公司**
地址：重庆市龙溪松石北 124 号
负责人：徐世平
Tel：023－66852333

**重庆咏风房地产经纪有限公司**
地址：重庆市龙溪镇花卉园西一路 59 号 A 三单元 4－1
负责人：易聘
Tel：023－67502217

**重庆德艺金属结构有限公司**
地址：重庆市龙溪镇加州花园
负责人：李震
Tel：023－67525336

## 重庆伦钻路桥基础工程有限公司
业务：基础工程
地址：重庆市潼南县梓潼镇前进村 4 社 210 号
负责人：蔡伦　邮　编：402660
法　人：蔡伦
Tel：023－44585090

**重庆韩星实业有限公司**
地址：重庆市龙溪镇金龙路 26 号附 12 号
负责人：李文涛
Tel：023－63622844

**重庆顺驰房地产经纪有限公司松石北路店**
地址：重庆市龙溪镇松石北路 132 号
负责人：陈茜
Tel：023－62926957

**重庆顺驰房地产经纪有限公司金岛花园店**
地址：重庆市龙溪镇松石北路 41 号附 7 号
负责人：易宇
Tel：023－67900600

## 重庆市万盛区喜来建筑队
业务：建筑工程施工
地址：重庆市万盛区万东镇榜上村天池社
负责人：王天进　邮　编：400000
法　人：王天进
Tel：13883186792
13618317761

## 重庆市昌润涂装工程有限公司
业务：室内外装饰，内外墙涂装，幕墙清洗，涂装设备租赁
产品：代理华润涂料、内外墙漆
地址：重庆市万州区沙龙路 1 段 1026 号
负责人：谭鑫　邮　编：400000
法　人：谭鑫
Tel：023－58919108
Fax：023－58136621

**重庆市九龙坡区天昼源石材厂**
地址：重庆市绿云石都 B 区 13，11 栋 11，16 号
负责人：郑山岳
Tel：023－66729728

**重庆市九龙坡区德顺石材厂**
地址：重庆市绿云石都 C 区 9 栋 1－16 号
负责人：吴连成
Tel：023－61789122

**重庆泽鸿装饰工程有限公司**
地址：重庆市南坪东路 11 号星宇花园 A 栋 8－B
负责人：王勇胜
Tel：023－66867093

## 重庆市万州区鑫成物业管理有限公司
业务：专业从事物业管理的企业，以管理体育中心、机关学校、企事业单位、居民小区为主。公司将秉承服务行业的宗旨，更好的服务于广大客户，真诚的希望与各界朋友和单位建立联系，开展合作！
地址：重庆市万州区沙龙路三段 183 号
负责人：陈伟鹏　邮　编：404000
法　人：陈伟鹏
Tel：023－85728501
13509455998
Fax：023－58967315

**重庆市腾飞房地产经纪有限公司南坪店**
地址：重庆市南坪东路特 2 号 6－2 号
负责人：彭杨华
Tel：023－66718386

**上海中瑞重庆市房地产经纪有限公司**
地址：重庆市南坪街道惠工路 192 号
负责人：袁永勇
Tel：023－63719529

**重庆凡艺装饰设计有限公司**
地址：重庆市南坪街道重庆市南坪东路 11 号 C 栋 2 单元 5－4
负责人：廖先勇
Tel：023－66823505

## 重庆市万州区文明物业管理有限公司
业务：物业管理
地址：重庆市万州区万里城墙 6 号 2 楼
负责人：谭有文　邮　编：400000
法　人：谭有文
Tel：023－85784110

**重庆格莱美装饰设计有限公司**
地址：重庆市南坪金紫街 118 号 10－5#
负责人：王继全
Tel：023－66759587

**重庆嘉木装饰设计工程有限公司**
地址：重庆市南坪南城大道 32 号 1 单元 2－1
负责人：宋红卫
Tel：023－67870335

**重庆恒正装饰设计有限公司**
地址：重庆市南坪南路江南明珠 18－E1 号
负责人：张孝如
Tel：023－62968363

## 巫山县大禹建筑劳务有限责任公司
业务：专业从事房屋建筑、装饰装修、水电安装、劳务输出、建材销售、土石方开挖及高等级公路铁路线外工程，本公司以重质量、讲信誉、抓安全、保工期为服务宗旨，服务于广大新老客户。
地址：重庆市巫山县巫峡镇平湖东路 259 号 3 幢 3 单元 8－1
负责人：朱宏彬　邮　编：404700
法　人：朱宏彬
Tel：13388913777
Fax：023－57670777

**重庆国通公路工程技术有限公司**
地址：重庆市南坪南路江南明珠 8－H 号
负责人：邹素国
Tel：023－66160777

**重庆市南岸区创元装饰设计服务所**
地址：重庆市南坪南路万凯新都会 1 幢 A 单元 25－4 号
负责人：金博
Tel：023－61918002

**北京高地装饰设计有限公司重庆分公司**
地址：重庆市南坪双石街科尔国际商务大厦 8－4 号
负责人：刘兆森
Tel：023－62815686

## 重庆立桓建筑劳务有限公司
业务：建筑劳务
地址：重庆市永川区环保局附近
负责人：徐小刚　邮　编：400000
法　人：徐小刚
Tel：13500302287
023－49602715

**重庆市鹏楠建材有限公司**
地址：重庆市南坪桃源路 118 号三单元 3－1 号
负责人：王刚
Tel：023－68573189

**重庆融裕房地产有限公司**
地址：重庆市南坪西路 23 号
负责人：林华
Tel：023－61901666

**重庆名景装饰工程有限公司**
地址：重庆市南坪西路 23 号金台大厦 16－1 号
负责人：张红旗
Tel：023－62984569

## 重庆翰龙建筑劳务有限公司
业务：专业从事建筑相关业务，销售建筑装饰材料、五金交电，工程技术咨询服务，公司以质量求生存，信誉拓发展的经营管理方针，竭诚为社会各界服务！
产品：建筑，土建，安装劳务，五金交电，电线，电缆，配电设备，石材等
地址：重庆市永川区五间镇五间社区五兴街 26 号三层 2 号
负责人：喻明和　邮　编：402160
法　人：喻明和
Tel：13368286888

**重庆桥至室内装饰设计有限公司**
地址：重庆市南坪西路 68 号骑龙山庄二区 13 幢 202 号
负责人：刘革
Tel：023－66195158

**重庆飞逸物业管理有限公司**
地址：重庆市南坪新街 86 号 2 单元 202
负责人：张丽
Tel：023－62909653

**重庆市巨成石材有限公司**
地址：重庆市南坪镇二塘村牟家咀
负责人：黄祖仁
Tel：023－62762668

## 俊祥门业
业务：不锈钢门、铜雕门
地址：重庆市永川区一环路香海温泉对面
负责人：朱莉　邮　编：404100
法　人：袁发俊
Tel：023－49906900
61186211
49800268

**重庆市巨成房地产有限公司**
地址：重庆市南坪镇二塘村牟家咀
负责人：黄衵仁
Tel：023－62763668

**重庆吉泰装饰工程有限公司**
地址：重庆市南坪正街 1 号
负责人：刘灿领
Tel：023－62986054

## 秀山县福星建筑材料销售有限公司
业务：专业从事各种建材、石灰石、煤矸石、锰矿生产销售，工艺一流、质量可靠，欢迎广大客户前来洽谈合作，共谋商机！
产品：煤矸石、页岩、生石灰、水泥及挖掘机、装载机租赁
地址：重庆秀山县孝溪乡复兴村
负责人：杨峰　邮　编：409900
法　人：杨峰
Tel：13896477908
15599481999
023－76670498

**重庆市标顶建筑材料有限公司**
地址：重庆市南坪正街 1 号 B－5－7
负责人：刘娟
Tel：023－62605443

## 重庆其彬建筑劳务有限公司
业务：劳务承包
地址：重庆市永川区中山大道中段 244 号 1 幢 1 号
负责人：苟其彬　邮　编：402173
法　人：苟其彬
Tel：13193104148
13068320080

**重庆自然美门业制造厂**
地址：重庆市綦江县赶水镇土台信用社
负责人：马力
Tel：023－48794988
13709409592

**铜梁县江涛卷帘门厂**
地址：重庆市铜梁县巴川镇兴农东街 18 号
负责人：张光平
Tel：023－45670903

**重庆宏福物业管理有限公司**
地址：重庆市铜梁县巴川镇中兴路 303 号
负责人：刘志福
Tel：023－64400222

## 酉阳县福泉木业有限责任公司
业务：木业
地址：重庆市酉阳县苍岭镇秋河村 3 组
负责人：吴金泉　邮　编：400000
法　人：吴金泉
Tel：13797248668
15923648503

**重庆顺达房地产评估有限责任公司**
地址：重庆市万州区白岩路 123 号八楼
负责人：刘义平
Tel：023－58221925

**重庆银杰装饰工程有限责任公司**
地址：重庆市万州区白岩路 125 号
负责人：杨华
Tel：023－87508788

## 云阳县兴盛玻璃艺术门窗经营部

业务：制作安装，豪华厨房隔断门，衣柜门，卫生间门，弹簧门，各种型号铝合金门，豪华玻璃门等，批发及零售，欢迎新老客户前来洽谈合作。
地址：重庆市云阳县滨江大道 2602 号
……… 负责人：彭达彬 邮 编：404100
…………………………… 法 人：彭达彬
………… Tel：023－85838111
55119696

## 重庆三筑路桥工程技术有限公司

业务：公路、路桥、路面施工、工程建设
地址：重庆市渝北区龙溪街道新牌坊一路 1 号世纪花园 1 幢 7－3
……… 负责人：周超正 邮 编：400000
…………………………… 法 人：周超正
………… Tel：13508350645
13220250701
023－86868941

## 重庆市万州区东德市政工程有限公司

地址：重庆市万州区白岩路 49 号
…………………………… 负责人：田东山
…………………………… Tel：023－87509778

## 重庆沽春装饰工程有限公司

业务：室内外装修、装饰工程
地址：重庆市渝中区学田湾农贸市场 2 楼 13－15 号门市
……… 负责人：辜庆华 邮 编：400000
…………………………… 法 人：辜庆华
………… Tel：023－61682090
15902326268

## 重庆松龙建筑劳务有限公司

地址：重庆市龙溪街道黄龙路 44 号
…………………………… 负责人：冯亚莉
…………………… Tel：023－61883888－9007

## 重庆时新物业管理有限公司

地址：重庆市龙溪街道龙华大道 1775 号
…………………………… 负责人：邓松
…………………………… Tel：023－67537816

## 重庆泰尔建筑劳务有限责任公司

地址：重庆市龙溪街道龙山路 64 号
…………………………… 负责人：胡咏军
…………………………… Tel：023－67820402

## 重庆丰筑建筑工程有限公司

重庆丰筑建筑工程有限公司成立于2006年，本公司专业从事建筑工程、市政工程、公路桥梁等。公司本着“百年大计、质量第一；求实创新、发展丰筑”的经营方针，恪守信誉，竭诚为业主服务。以一流的技术、一流的服务、一流的工程，向社会各界提供满意的产品，为重庆的发展作出贡献。

联系人：彭清强
电话：023-67507850、13330211141
地址：重庆市渝北区金山路汇景台祥云阁3单元8-1号 邮编：400020

## 重庆巾国建筑劳务有限公司

重庆巾国建筑劳务有限公司成立于2007年，主要从事建筑劳务派遣，热忱欢迎广大新老客户光临惠顾。

联系人：张治国
电话：023-62946578、13340229769
地址：重庆市南岸区南湖路15号18幢9-[illegible] 邮编：400064

## 重庆美名装饰工程有限公司

重庆美名装饰工程有限公司是一家专业从事装饰设计与施工的企业。视安全为生命，视质量为灵魂，用我们的辛勤和汗水为业主提供优质产品和满意服务，是公司的一贯宗旨。我们愿与社会各界广大建设单位精诚合作，携手并进，为国家的经济建设做贡献。

联系人：潘廷浩
电话：13132397098 023—89121420
地址：重庆市九龙坡区石桥铺凤凰路 5 号附 1 7 － 2 6 － 2 号
邮编：400930

## 重庆荣前林业开发有限公司

重庆荣前林业开发有限公司成立于2007年，从事木材加工、销售。

本着“诚信为根，质量为本”的原则，我们热忱欢迎广大新老客户参观考察，共创双赢的合作局面。

13308359078 联系人：李万桥
地址：重庆市万盛区关坝镇原渝洲齿轮厂内 邮编：400805

## 重庆市宾辉房地产营销有限公司

宾辉策划

重庆市宾辉房地产营销有限公司成立于2004年8月，自成立以来，公司本着公平、公正、专业、高效、顾客至上的服务理念和诚心服务的执业宗旨，一直致力于房地产项目的市场调研、专业规划、销售代理、企业形象推广、广告策划和发布等。

我们将以先进的管理和一流的服务，为广大房地产业界和社会单位提供最优质的服务！

联系人：郭成宾
网址：www.bhch.house.sxxww.com 电话：023-58908792 58125252
地址：重庆市万州区太白路3号外贸大厦1103室 邮编：404000

重庆市忠诚建筑劳务有限责任公司专业从事房屋建设、市政道路工程施工。

公司一贯承诺“高效可靠，减少维修，精心施工，务实求精，忠诚奉献”的企业精神，以诚为本，与社会各界携手合作。

## 重庆市忠诚建筑劳务有限责任公司

联系人：任中成
13251226999
电话：023-77762318
邮编：408527
地址：重庆市武隆县白马镇迎宾路43号附14号

## 重庆拓丰钢结构有限公司

重庆拓丰钢结构有限公司成立于2006年，专业从事钢结构的制作、安装。主要产品有钢结构、网架、厂房、库房。我公司秉承“质量为本、客户至上”的原则，竭诚为广大客户提供最优质的产品和最满意的服务。

联系人：吴学东
电话：023-67619275 13062380519 传真：023-67619275
地址：重庆市渝北区龙溪街花卉园西四路50号1幢1单元1-9-1
电子邮件：tuofenggg@163.com 邮编：401120

## 重庆万格特装饰工程有限公司

重庆万格特装饰工程有限公司专业从事外墙装饰及钢构工程施工，装修成品钢木，楼梯，栏杆，实木成品套房家具，防腐木工程。

热忱欢迎广大客户合作，共同缔造美好的明天！

电话：023-61826279
邮编：400037
地址：重庆市沙坪坝区西南物资交易市场17栋2楼
联系人：赵大进
13996401468

# 河北省/Hebei Province

## 霸州市岔河集建国建筑工程队

业务：建筑工程
地址：河北省霸州市岔河集乡岔河集村
……… 负责人：闫建国 邮 编：065700
…………………………… 法 人：闫建国
………… Tel：0316－7332888

## 安国市开发公司（安国市旭生建筑工程有限责任公司）

业务：安国市旭生建筑工程有限责任公司从事建筑工程设计施工，专业的设计专业的施工队伍，欢迎新老客户来电洽谈业务！
地址：河北省安国市兴安小区物业大楼
………… 负责人：刘彦刚……邮 编：071200
…………………………… 法 人：宋伟学
…………………………… Tel：0312－3579202
3589715

## 涞水县金成阳建材门市部

业务：地面砖的销售，室内外装修装饰
地址：河北省保定市涞水县北西租村北
……… 负责人：张辉甲 邮 编：071000
…………………………… 法 人：张辉甲
………… Tel：0312－4528583
13932220375

## 涞水兴成房地产开发有限公司

业务：房地产开发
地址：河北省保定市涞水县东大街红卫胡同 9 号
………… 负责人：马东 邮 编：71000
…………………………… 法 人：马东
………… Tel：0312－4522165
………… Fax：0312－4522165

**涞源县金泽保温材料有限公司**
业务：石棉，海泡石等保温材料生产销售
产品：河北省保定市涞源县
负责人：刘学宁 邮编：071000
法人：刘学宁
Tel：13930876351

**重庆东廷房地产顾问有限公司**
地址：重庆市龙溪镇紫荆路
负责人：温文
Tel：023－66630235

**重庆市九龙坡区宝光石材厂**
地址：重庆市绿云石都 B 区 10 栋 3 号
负责人：彭汝勋
Tel：023－61789163

**重庆市九龙坡区正达石材工艺厂**
地址：重庆市绿云石都 B 区 12、13 栋 6 号
负责人：潘绍志
Tel：023－68639381

**涞源县益隆铝塑加工厂**
业务：铝塑加工
地址：河北省保定市涞源县麻园村
负责人：王广玉 邮编：71000
法人：王广玉
Tel：13513413365
0312－7332988

**满城县晋成陶瓷**
业务：批发零售卫浴陶瓷
产品：中高档内外墙砖、地板砖
地址：河北省保定市满城县小许城村 98 号
负责人：王文胜 邮编：071000
法人：王文胜
Tel：13703127923
0312－7060229

**曲阳县垄上行雕塑石材有限公司**
业务：园林建筑雕塑
地址：河北省保定市曲阳县大南关大自然工作室
负责人：杨旭峰 邮编：071000
法人：
Tel：13930290312
0312－4217976

**曲阳县中翔园林雕塑有限公司**
业务：西方人物、东方传统人物、伟人像、动物、凉亭、栏杆、牌坊、石椅、喷泉、浮雕、柱子、壁炉、铜雕、不锈钢、城市园林雕塑
产品：西方人物、东方传统人物、伟人像、动物、凉亭、栏杆、牌坊、石椅、喷泉、浮雕、柱子、壁炉、铜雕、不锈钢、城市园林雕塑
地址：河北省保定市曲阳县羊平镇北村
负责人：高岳成 邮编：73102
法人：高岳成
Tel：13603129405
15227005758
Fax：0312－4319379

**红升木门经销处**
地址：河北省邯郸市东环路百发装饰城 3 号厅 8 号
负责人：程五星
Tel：13700302675

**顺平县冀兴建筑材料有限公司**
业务：建筑材料
地址：河北省保定市顺平县正童村北
负责人：冀广 邮编：071000
法人：冀广
Tel：13933233841
网址：http://www.51zzt.com/user/zzt33483

**唐县罗庄康禾采砂场**
业务：砂石料加工销售
地址：河北省保定市唐县东罗庄村
负责人：赵庆学 邮编：072350
法人：赵庆学
Tel：15230259078

**唐县顺通古建砖瓦厂**
业务：砖、瓦生产、销售
地址：河北省保定市唐县史家佐村
负责人：高福圈 邮编：071000
法人：高福圈
Tel：13785219613
0312－4960613

**承德晟杰建筑安装工程有限公司**
业务：承德晟杰建筑安装工程有限公司专业从事建筑工程施工、装饰装潢，竭诚欢迎新老客户前来洽谈业务。
地址：河北省承德市隆化县隆化镇派出所康居园小区
负责人：葛永刚 邮编：068150
法人：葛永刚
Tel：0314－7069020

**涿州市建筑安装工程公司第八分公司**
业务：建筑安装工程施工
地址：河北省保定市涿州市冠云东路南侧
负责人：叶春和 邮编：071000
法人：叶春和
Tel：15930646306
0312－3853840

**涿州市全永新型建材有限公司**
业务：水泥制品、青砖、页岩砖等加工生产
地址：河北省保定市涿州市松林店镇西庄头村
负责人：徐全永 邮编：71000
法人：徐全永
Tel：13930855008
0312－3673610

**沧州腾江管件有限公司**
业务：建筑管件生产
地址：河北省沧州市孟村回族自治县塔上工业区
负责人：刘井江 邮编：61001
法人：刘井江
Tel：13315776640
0317－6898995

**唐山鼎华建材有限公司**
业务：唐山鼎华建材有限公司成立于 2005 年，从事矿粉的生产及销售。产品主要销往北京、天津等地，欢迎新老客商来电来函垂询！
地址：河北省唐山市丰润区东马庄村东
邮编：064000
法人：符进国
Tel：0315－5292728
Fax：0315－5292728

**孟村回族自治县广运玻璃制品厂**
业务：生产、销售玻璃瓶
地址：河北省沧州市孟村县大坟庄
负责人：左松玉 邮编：061000
法人：左松玉
Tel：13803238459
0317－6893011
6828981

**任丘市华鑫金属制品有限公司**
业务：扁钢、带钢、镀锌板（卷）等建筑材料的生产销售
地址：河北省沧州市任丘市议论堡乡革新庄工业区
负责人：边振云
法人：边振云
Tel：0317－2290490
Fax：0317－2291288

**沧州市运河区千秋门业经销处**
业务：千秋防盗门、遥控车库门、欧瑞防盗门、白钢非标门。
地址：河北省沧州市运河区御河路迎宾装饰材料市场二楼七号
负责人：张国禄 邮编：061001
法人：张国禄
Tel：0317－7882766

**承德县诚信建筑设备租赁有限公司**
业务：建筑工程的施工、建筑设备租赁
地址：河北省承德市承德县下板城镇学苑路综合文化活动中心 006(2)号底商
负责人：胡汉成 邮编：067000
法人：胡汉成
Tel：13673243588
0314－3110678

**宽城德立电热膜地暖安装销售有限公司**
业务：电热膜地暖安装销售，小家电，百货销售。
地址：河北省承德市宽城满族自治县宽城镇新兴街德立商城
负责人：田艳生 邮编：064204
法人：田艳生
Tel：0315－6086909
15133897000
Fax：0315－6086909

**河北悦达房地产开发有限公司**
业务：房地产开发
地址：河北省邯郸市丛台区人民东路 12 号帝豪雅居二栋 5 层 7 号
负责人：陈向荣 邮编：056002
法人：陈向荣
Tel：0310－3298939

**承德云方环保节能设备有限公司**
业务：太阳能设备，节能超导暖气片，沼气发生器，采暖炉具的制造销售。
地址：河北省承德市隆化县步古沟镇西庙宫村
负责人：葛云芳 邮编：068162
法人：葛云芳
Tel：0314－7432216
13910153869
Fax：010－89424263
E-mail：gyf.ygp@163.com

**平泉县石磊石材贸易有限公司**
业务：经销装饰用大理石，花岗岩石材，石材干挂，湿铺等工程，并设计与安装
地址：河北省承德市平泉县平泉镇城北街
负责人：齐国东 邮编：067500
法人：齐国丰
Tel：13663349510
13832470547

**承德志承土木工程有限公司**
业务：承接土石方开山工程，房屋拆迁工程和绿化工程
地址：河北省承德市双桥区玉华商贸 2 号楼 1 单元 1101
负责人：刘刚 邮编：067000
法人：刘刚
Tel：13832444441
13932431101
E-mail：433525@qq.com

**围场满族蒙古族自治县双益建筑劳务有限公司**
业务：房屋建筑，园林绿化，装饰工程
地址：河北省承德市围场镇桃李街 141 号（凤凰小区 2 号楼四单元 601 室）
负责人：孙国学 邮编：067450
法人：孙国学
Tel：13503142333
0314－7525110

**兴隆县百富隆装饰工程有限公司**
业务：室内外装修、装潢
地址：河北省承德市兴隆县兴隆镇北环路北（宜馨桥北）
负责人：张建忠 邮编：067000
法人：张建忠
Tel：13703148525
0314－5515981
Fax：0314－5515981

**冀冶砌筑安装有限公司**
业务：冀冶砌筑安装有限公司成立于 2005 年，公司拥有一支年轻化、专业化的员工队伍，是一支素质高、业务精、充满活力、团结向上的团队。
地址：河北省唐山市丰润区中建二局办公大楼 5 层 11 号
邮编：063030
法人：黄启荣
Tel：0315－3236718
Mobile：13180419286
Fax：0315－3236718
网址：www.tsqz.chinapyp.com

**承德凯兴能源有限公司**
业务：煤炭，电力
地址：河北省承德市营子镇（鹰手营子矿区）南街 11 号
负责人：倪世康 邮编：067200
法人：倪世康
Tel：0314－5011748

**承德市鹰手营子矿区摩天新型建材有限责任公司**
业务：销售各型砖材，彩色路面砖
产品：各型砖材
地址：河北省承德鹰手营子矿区营子镇老爷庙村东北沟
负责人：张桂喜 邮编：67200
法人：张桂喜
Tel：0314－5211296

**肥乡县瑞峰塑钢门窗厂**
业务：生产、销售、安装塑钢门窗
地址：河北省邯郸市肥乡县肥乡镇梁庄路口
负责人：梁怀增 邮编：057550
法人：梁怀增
Tel：13603305751
0310－8561203
Fax：13827672998

**盛宇门业制造厂**
地址：河北省衡水市建设东路 3 号
负责人：赵国勇
Tel：0318－5718599
13932880089

**成安县中盛机电设备安装有限公司**
业务：水泥厂设备安装，非标制作安装
地址：河北省邯郸市成安县柏寺营乡柏东村
负责人：孙双印 邮编：056000
法人：孙双印
Tel：13483061677
0310－7338680
Fax：0310－7338680

**承德林峰木业有限公司**
业务：承德林峰木业有限公司主要从事于木材加工，收购，销售。欢迎新老客户光临、惠顾！
地址：河北省承德市平泉县七沟镇银窝沟村
负责人：刘轩 邮编：067509
法人：刘轩
Tel：0314－6298188
网址：www.mtw30163.chinapyp.com

**邯郸县华銮装饰工程有限公司**
业务：装饰装修
产品：装饰设计
地址：河北省邯郸市丛台路东头北方装饰城南门对面
负责人：袁秀琴 邮编：056000
法人：袁秀琴
Tel：0310－8080518
13932013128
Fax：0310－8080518
网址：www.xahualuan.com
E-mail：yl13128@163.com

**邯郸市聚龙房地产开发有限公司**
业务：房地产开发与经营
地址：河北省邯郸市丛台区人民路国贸大楼 A 座 1102
负责人：张秀萍 邮编：056002
法人：吕建明
Tel：0310－2038667
22038128
2038366
15030000078
Fax：0310－2038667
网址：www.51zzt.com/user/zzt37504.com zoutiaoxia8898

**唐山恒润水泥原料有限公司**
业务：唐山恒润水泥原料有限公司成立于 2005 年 10 月，主要从事水泥助磨剂的生产与销售，水泥厂的技术改造。我公司产品规格齐全，质量可靠，价格合理，服务周到，欢迎各大用户来人来电洽谈、订货！
地址：河北省唐山市路北区建华桥北侧
负责人：白钢 邮编：063000
法人：白钢
Tel：0315－6190896

**邯郸市丛台怡林木业有限公司**
业务：木材加工、销售
产品：木板、模板、方木
地址：河北省邯郸市丛台区浴新北大街 83 号
负责人：陈明瑞 邮编：056000
法人：陈明瑞
Tel：13082104447
0310－3298339

**今昊装饰工程有限公司**
业务：装饰材料，工程装修
地址：河北省邯郸市丛台区中华北 456 号
负责人：袁双林 邮编：056000
法人：袁双林
Tel：15831869828
13131023723
13503102430

**枣强县盛兴环保玻璃钢有限公司**
地址：河北省衡水市枣强县马屯镇韩太湖
负责人：谷存雨
Tel：13932854796

**邯郸市峰峰强信防水建材有限公司**
业务：生产、销售超强弹性防水材料，太阳能热水器销售
地址：河北省邯郸市峰峰矿区和村镇新华南街 14 号
负责人：高晓峰 邮编：056202
法人：杨文杰
Tel：15933309068

**承德新新建材有限公司**
业务：承德新新建材有限公司是一家集新型建材业、选矿业于一体的现代化工业企业，主要产品有系列新型免烧砖、复合材料井盖、高纯度铁精粉、铁精粉，其中免烧砖年生产能力达 4 亿标准块，目前是承德地区

最大的新墙体材料生产基地之一，新新建材企业重视科技，以人为本，视质量为企业的生存前提，新新建材人将以不断创新的理念、卓越的产品质量、优质的售后工作服务于社会。
地址：河北省承德市双滦区白庙子尾矿库
负责人：吴经理　邮编：067001
法人：常硕
Tel：0314－5912002
5912007
Fax：0314－4320002
5912007
网址：www.cdxxjc.com

## 河北金亿强钢结构有限公司

业务：建筑木板、异形木板、桥梁木板的生产和销售
产品：建筑木板、异形木板、桥梁木板
地址：河北省邯郸市邯郸县三陵乡王李庄村东（107 国道收费站南行 200 米路东）
负责人：杨玉苗　邮编：56000
法人：杨玉苗
Tel：13082146210
15831044365

## 临漳县弘盛木业有限公司

业务：土建工程施工
地址：河北省邯郸市临漳县建安小区
负责人：董镇领　邮编：056000
法人：董镇领
Tel：13910939125
13730083505

## 邯郸市丛台区瑞鑫不锈钢门市部

业务：承接不锈钢、卷闸门、大型塑钢工程
地址：河北省邯郸市陵西北大街 174 号北边
负责人：王兴　邮编：056000
法人：王兴
Tel：0310－3222462
13832091107

## 唐山伯兆枫安装工程有限公司

业务：唐山伯兆枫安装工程有限公司成立于 2006 年 3 月，现有员工 50 余人，从事冷暖设备的销售、包装；土地建设等，欢迎来电垂询！
地址：河北省唐山市路北区龙云小区物业办公楼三层
邮编：063000
法人：夏长勇
Tel：0315－2056100
Fax：0315－2056200

## 邯郸县弘正卷闸门销售处

业务：不锈钢网格门、遥控车库门、防火卷帘门、电动伸缩门等
地址：河北省邯郸市汽车东站东行常张侧南行 500 米西
负责人：王运成　邮编：056000
法人：王运成
Tel：13031995609
15324103203

## 涉县井店宏伟劳务队

业务：建筑工程、劳务
地址：河北省邯郸市涉县井店北郊村
负责人：王保成　邮编：056000
法人：王保成
Tel：13730037789
13784262708

## 永年县格莱斯陶瓷

业务：销售格莱斯陶瓷
地址：河北省邯郸市永年县高新区建材市场
负责人：康先粉　邮编：056000
法人：康先粉
Tel：0310－6880568

## 永年县博隆缸瓦厂

业务：制作销售缸瓦
产品：缸瓦
地址：河北省邯郸市永年县讲武乡尚古村西
负责人：冯红如　邮编：56000
法人：冯红如
Tel：0310－6758678
15231897678

## 故城县郑口维臣大理石板销售处

业务：销售：大理石材料
地址：河北省衡水市故城县郑口镇五大院村
负责人：李卫臣　邮编：053000
法人：李卫臣
Tel：0318－5328813

## 美佳装饰材料厂

地址：河北省廊坊市大厂县夏垫镇商贸大街 60 号
负责人：许春林
Tel：0316－8860801
13933935812

## 饶阳县凤铝铝材门市部

业务：销售凤铝铝材
地址：河北省衡水市饶阳县人民东路
负责人：姜永刚　邮编：053900
法人：姜永刚
Tel：13831862722
0318－7323508

## 衡水市桃城区广发室内外装修工程处

业务：承接室内外装修
地址：河北省衡水市桃城区自强街 1246 号门店
负责人：赵铁链　邮编：53000
法人：赵铁链
Tel：13703183885
0318－7089889

## 黄骅市南排河鑫盛锅炉安装修理厂

业务：安装锅炉、修理锅炉
地址：河北省黄骅市南排河镇李家堡
负责人：王泽安　邮编：061100
法人：王泽安
Tel：13103176260
0317－5802062

## 张北县鸿基房地产开发有限公司

业务：张北县鸿基房地产开发有限公司成立于 2006 年 5 月，四级开发资质，主要从事房地产开发及相关业务，愿与全国新老客户合作，共建美好家园。
地址：河北省张北县兴和路 28 号
邮编：076450
法人：孙维
Tel：0313－5218068
Fax：0313－5219998
E-mail：zjkrayy@yahoo.com

## 涞水县郦康建材有限公司

业务：生产和销售砂石、水洗砂、石料
产品：砂石、水洗砂、石料
地址：河北省涞水县石亭镇王家碾村
负责人：王晓宁　邮编：72750
法人：王晓宁
Tel：13111689918

## 廊坊市翔亚巍商贸有限公司

业务：经营水暖管材
产品：PPR 管、PVC 管
地址：河北省廊坊市安次区杨税务乡东风村
负责人：侯德青　邮编：065000
法人：侯德青
Tel：13722612618
0316－2820708
2820709

## 廊坊市培山广告有限公司

业务：户外广告设计、安装
地址：河北省廊坊市安次区于常甫村东口
负责人：李宗锁　邮编：065000
法人：李宗锁
Tel：13343266555
13011939465

## 文安县双久门窗配件有限公司

业务：门窗配件
地址：河北省廊坊市文安县董村管区大董村
负责人：张双全　邮编：065800
法人：张双全
Tel：0316－5228279
13831637138
Fax：0316－5228279
网址：http://www.51zzt.com/user/zzt31802

## 晋州市祁底建材拔丝厂

地址：河北省晋州市祁底乡祁底村
负责人：黄正强
Tel：0311－84421318
13703218562

## 廊坊市文安县龙泰室内门经销部

业务：室内木制门、钛镁合金门经营
地址：河北省廊坊市文安县二中前街北侧
负责人：李世兵　邮编：065000
法人：李世兵
Tel：0316－5139078

## 文安县鹏远龙骨厂

业务：生产龙骨
地址：河北省廊坊市文安县新镇西庄头村
负责人：莫景柱　邮编：065000
法人：莫景柱
Tel：0316－5315256
13930616848
Fax：0316－5315256

## 文安县凯威装饰材料大世界

业务：主要经营：木线，石膏线，油漆，乳胶漆，五金，装饰板等各类装饰材料并承揽室内装饰，装修业务。
地址：河北省廊坊市文安县赵各庄镇安祖辛庄村（辛庄医院门口）
负责人：张凯　邮编：65000
法人：张凯
Tel：0316－5023513

## 衡水中兴钢结构有限公司

业务：本公司是从事轻钢结构建筑体系的设计、制造、安装及钢结构塔制作的专业厂家，是生产金属构件的集团化公司，主要产品有轻钢结构、网架结构、活动房、钢结构厂房、通讯塔、工艺塔、装饰塔、电力塔、避雷塔等系列。
地址：河北省衡水市景县广川镇工业开发区
负责人：付振超　邮编：053511
法人：付振超
Tel：0318－4433061
网址：www.hszhongxing.com

## 鹿泉市南降壁巧花花木种植场

业务：花草、苗木、绿化工程
地址：河北省鹿泉市南降壁村
负责人：李雷生　邮编：050200
法人：李雷生
Tel：15831103666
15833939666

## 孟村回族自治县齐力三通厂

业务：生产管道三通
地址：河北省孟村回族自治县辛店镇卜宅村
负责人：张瑞朋　邮编：061400
法人：张瑞朋
Tel：13013226441
0317－6839838

## 迁安市百灵花卉有限公司

业务：花卉
地址：河北省迁安市迁安镇崔庄村
负责人：崔贺祥　邮编：064400
法人：崔贺祥
Tel：15132569319
15132569369
网址：http://www.51zzt.com/user/zzt34741

## 昌黎县海顺钢水泥制品厂

业务：水泥构件等各种水泥制品的生产销售
地址：河北省秦皇岛市昌黎县朱各庄镇下庄村
负责人：李宝顺　邮编：066000
法人：李宝顺
Tel：13785993888
13643356086

## 抚宁县宏源物资经销有限公司

业务：五金建材的销售
产品：五金建材
地址：河北省秦皇岛市抚宁县留守营镇刘义庄村
负责人：刘振奎　邮编：66000
法人：刘振奎
Tel：0335－6045494

## 秦皇岛市诚旺工贸有限公司

业务：生产各种规格建筑用砖
地址：河北省秦皇岛市海港区北港镇姚周寨村村北
负责人：王成石　邮编：066000
法人：王成石
Tel：0335－3897858

## 秦皇岛市基盛劳务服务有限公司

业务：我公司系多项资质的建筑劳务分包企业，拥有一支专业性强的职业队伍，以重质量、讲信誉、抓安全、保工期为服务宗旨，服务于广大新老客户！
地址：河北省秦皇岛市海港区金域大厦第 1 幢 8 层 819 号
负责人：潘俊国　邮编：066000
法人：潘俊国
Tel：0335－3896971
13833509035
13133509035
网址：www.51zzt.com/user/zzt371688

## 秦皇岛市笑顺工贸有限公司

业务：木材加工，室内外装饰
地址：河北省秦皇岛市海港区香格里小区 2 栋 2 单元 1801 号
负责人：姜校　邮编：514021
法人：姜校
Tel：13731768088
0335－3075789
Fax：0335－3081777

## 衡水市桃城区翔迩油漆公司

业务：衡水市桃城区翔迩油漆公司主要从事各种进口、国产汽车油漆及辅料。代理意大利“爱犬牌”高级汽车烤漆，美国 PPG 汽车油漆，常州普兰纳高级汽车漆（丽牌），深圳聪瑞实业有限公司芬得高级汽车漆，河南五一汽车漆河北总代理等等。
地址：河北省衡水市桃城区人民东路 1551 号
邮编：053000
法人：段晶旭
Tel：0318－2662789
7092136
Mobile：13231865565
Fax：0318－2698609

## 秦皇岛兴泉新型建材有限公司

业务：生产、销售内墙砖
地址：河北省秦皇岛市青龙满族自治县人寿保险公司
负责人：尹禄　邮编：066500
法人：尹禄
Tel：13933570142
0335－7605212

## 三河市远达平建材经销处

业务：石灰、沙石料、水泥
地址：河北省三河市段甲岭镇十百户村
负责人：阚连平　邮编：065200
法人：王秀霞
Tel：13932669525
0316－3610388

## 三河市景观园林绿化工程有限公司

业务：园林景观设计施工
地址：河北省三河市燕郊燕灵路口东侧中赵甫村北
负责人：曹家祥　邮编：065201
法人：曹家祥
Tel：13803227688
0316－3312238

## 春普铝塑门窗厂

业务：铝合金门窗、塑钢门窗、不锈钢门窗、卷帘门、自动门等制作安装业务
地址：河北省三河市一中院内
负责人：王春朴　邮编：065200
法人：王春朴
Tel：0316－8112885
3158236

## 石家庄市北二环祥辉窗纱经销部

业务：各种窗纱生产，销售
地址：河北省石家庄北二环铝材市场 144 号
负责人：刘建辉　邮编：050000
法人：刘建辉
Tel：13933192284
13833187512

## 张家口市创美工贸有限责任公司

业务：张家口市创美工贸有限责任公司成立于 2002 年，从事建筑材料（氯化镁、氧化镁）的生产及销售。诚信至上，以德兴企是我们的宗旨，欢迎来电垂询！
地址：河北省张家口市宣化百货分站
邮编：075100
法人：高文明
Tel：0313－8821666
Fax：0313－3084737

## 鹿泉市建业土建工程有限公司

业务：土石方工程，市政工程，地基路面工程
地址：河北省石家庄鹿泉市大河镇双合村
负责人：杨峰军　邮编：050204
法人：杨峰军
Tel：13582182678
13400210308

## 石家庄市长安天丰建筑工程队

业务：房屋建筑，装修工程
地址：河北省石家庄市长安区东塔口西大街 32 号
负责人：吴彦忠
法人：吴彦忠
Tel：13803342293
13073172621
13831172613

## 河北省张家口市怀来县和越创艺空间

业务：家居、门面的设计、装修
地址：河北省张家口市怀来县沙城镇永安街
负责人：曹鑫　邮编：075400
法人：曹鑫
Tel：0313－6282359

## 石家庄市桥西区富华房屋修缮队

业务：房屋修缮
地址：河北省石家庄市红滨路 8 号楼 4 单元 403
负责人：许志华　邮　编：050000
法　人：许志华
Tel：13931125707
15831990200

## 石家庄市长安惠成石材经销处

业务：销售、加工石材
地址：河北省石家庄市化肥厂四区 3 栋 3 单元 501 室
负责人：陈成宗　邮　编：050000
法　人：陈成宗
Tel：13803334932
0311－66195620
87185255

**香河县孙小营连起砖瓦厂**

地址：河北省廊坊市香河县五百户镇孙小营村
负责人：王连起
Tel：0316－8593330
13903166975

## 井陉县良河东村采石厂

业务：石材、石子、建筑材料
地址：河北省石家庄市井陉县微水镇良河东村
负责人：武锁文　邮　编：050011
法　人：武锁文
Tel：13722446264
15932681677

## 井陉县双益石灰厂

业务：石灰
地址：河北省石家庄市井陉县辛庄乡石瓮村
负责人：许建军　邮　编：50011
法　人：许建军
Tel：0311－82365161
13780403543

## 河北省石家庄市井陉县桃王庄新强理石厂

业务：大理石、路芽石、雕刻
地址：河北省石家庄市井陉县辛庄乡桃王庄村
负责人：董矿生　邮　编：050300
法　人：董矿生
Tel：13180056751

## 石家庄市长安天朗建筑维修服务队

业务：防腐保温
地址：河北省石家庄市南村镇中塔口村新丰路 4 号
负责人：谷文明　邮　编：050000
法　人：谷文明
Tel：13463187004
13930401063

**廊坊明泰房地产开发有限公司**

业务：廊坊明泰房地产开发有限公司经营房地产开发、售楼、物管、水电开发、工民建建设，欢迎来电咨询。
地址：河北省廊坊市大城县新华西街明泰家园小区售楼处
负责人：仝永志……邮　编：302950
法　人：仝永志
Tel：0316－8250888
网址：www. mtw50045. chinapyp. com

## 平山华诚节能材料科技开发有限公司

业务：节能材料的开发
地址：河北省石家庄市平山县平山镇南白楼石闫路南
负责人：杨建龙　邮　编：050011
法　人：杨建龙
Tel：15132138555
15175107555

## 唐山市丰润区丰远钢构厂

业务：集设计、加工、安装于一体的一级专业资质的钢结构公司，承接各种类型的钢结构、钢网架等钢结构建筑工程
产品：钢结构制作、建筑安装、设备检修、砌筑等
地址：河北省唐山市丰润区
负责人：王秋霖　邮　编：063000
法　人：王秋霖
Tel：0315－5500001
Fax：0315－5500001
E-mail：fengyuanganggou@126. com

**高碑店市诚和门窗制作有限责任公司**

业务：高碑店市诚和门窗制作有限责任公司成立于 2006 年，主要从事于门窗制作、安装、销售。欢迎新老客户光临、惠顾！
地址：河北省保定市高碑店市西大街建国路 1 号
负责人：孟德生……邮　编：074000
法　人：孟德生
Tel：0312－2831088
Fax：0312－2831088
网址：mtw51119

## 石家庄市桥东区胜景绿化队

业务：市政园林，绿化工程
地址：河北省石家庄市桥东区槐中西路 52 号
负责人：岳永建　邮　编：050000
法　人：岳永建
Tel：15532130933
13363815629

## 石家庄市桥东区鸿泰装饰设计工作室

业务：室内外装修设计
地址：河北省石家庄市桥东区民生路 99 号新休门 7－1－1002
负责人：路峰彬　邮　编：050700
法　人：路峰彬
Tel：13383290813
E-mail：hongtaigongzxoshi@163. com

**石家庄井陉县公路工程队**

地址：河北省石家庄市井陉县微矿路 5 号
负责人：杜贵文
Tel：0311－82095535
13014360516

## 深泽县玉鹏水暖工程安装有限公司

业务：大、中、小型水力工程，供暖工程
地址：河北省石家庄市深泽县秀武村南
负责人：常节士　邮　编：052560
法　人：常节士
Tel：13933070915
0311－83588015

## 石家庄鑫豪木业有限公司

业务：套装实木门生产销售
地址：河北省石家庄市无极县北苏镇明秩寺村
负责人：乔耀山　邮　编：052463
法　人：乔耀山
Tel：13503336333
0311－87237535

## 石家庄市新华区盛达卷闸门厂

业务：销售，安装卷闸门、伸缩门、车库门
地址：河北省石家庄市新华区赵佗工业园 6 号
负责人：冯东岐　邮　编：050000
法　人：冯东岐
Tel：0311－87763706

## 河北德聚源建筑工程有限公司

业务：公路房建，市政水利以及工程咨询
地址：河北省石家庄新华区友谊北大街 311 号 2421 室
负责人：邵明炬　邮　编：050000
法　人：邵明炬
Tel：13722880868
15832176000

## 河北大方建筑安装工程股份有限公司第三分公司

业务：房屋建筑工程的施工，装修装饰工程、钢结构安装工程、市政公用工程的施工。
地址：河北省石家庄新华区中华北大街 50 号
负责人：杨凯　邮　编：50011
法　人：杨凯
Tel：0311－85022192
Fax：0311－85022192

**廊坊市龙河建筑工程有限公司**

业务：本公司成立于 2003 年，拥有 70 多名员工。主要经营房屋建筑、室内外装修。
地址：河北省廊坊市银河南路收费站西侧
邮　编：065000
法　人：李燕青
Tel：0316－2680048

## 唐山海港金福电气焊加工有限公司

业务：钢结构加工
地址：河北省唐山海港开发区 25 号路西段北侧
负责人：樊亚军　邮　编：063611
法　人：樊亚军
Tel：13663365487
13463558728

## 唐山市丰南区唐坊镇洪赞建材经销处

业务：销售建材
地址：河北省唐山市丰南区唐坊镇新河庄 205 国道南侧
负责人：郑洪赞　邮　编：063000
法　人：郑洪赞
Tel：13930572278
13831566398

## 唐山市古冶区林西佳美门窗加工部

业务：铁艺、铝合金、不锈钢、塑钢门窗加工、销售、安装及售后服务
地址：河北省唐山市古冶区林西前兴二部前自建平房 8、9 号
负责人：刘良　邢女士
邮　编：063000
法　人：刘良
Tel：13931589752
13582844852

## 泊头市中科环保设备有限公司唐山分公司

业务：烟层、粉层等除尘设备（静电除层、脱硫设备）
地址：河北省唐山市路北区朝阳道 18 号
负责人：辛瑞芳　邮　编：63000
法　人：辛瑞芳
Tel：13803156886
0315－2796167

**长丰石材厂**

地址：河北省石家庄市平山县西柏坡
负责人：陈永斌
Tel：0311－82851127
13930474868

## 滦县西灰山采石场

业务：采矿
产品：石灰石、高钙石
地址：河北省唐山市滦县古城街道办事处西灰山村
负责人：李孟树　邮　编：63000
Tel：13930580036
0315－7150167

## 滦县新城太阳雨太阳能门市部

业务：太阳能热水器
地址：河北省唐山市滦县农资市场 C 区 1196 号
负责人：张佳悦　邮　编：063000
法　人：张佳悦
Tel：15233318658

## 迁安市君益居装饰有限公司

业务："北京豪门"木门，"欧象"地板，"雕牌"卫浴，"杰西卡"厨柜总代理与经销
产品："北京豪门"木门，"欧象"地板，"雕牌"卫浴，"杰西卡"厨柜
地址：河北省唐山市迁安市祺光大街西段北侧
负责人：蔡利军　邮　编：64000
法　人：蔡利军
Tel：0315－7279361
Fax：0315－7279361

## 迁西县城关兴城水暖店

业务：水暖
地址：河北省唐山市迁西县紫玉街
负责人：杨京军　邮　编：063000
法　人：杨京军
Tel：0315－5663206
13931492287

## 唐海锦疆新润园林绿化工程有限公司

业务：园林绿化工程
地址：河北省唐山市唐海县唐海镇新立小区大光一里
负责人：孙立新　邮　编：063200
法　人：孙立新
Tel：13131531566
0315－8719819

## 唐山金莱利土石方工程有限公司

业务：工程
地址：河北省唐山市唐海县小康东里 219 号
负责人：杨超　邮　编：63000
法　人：杨超
Tel：13582569199
0315－8722500

**迁安市太平庄乡银河采石厂**

业务：迁安市太平庄乡银河采石厂成立于 2006 年，主要经营石灰石的生产、加工、销售。欢迎新老客户光临惠顾！
地址：河北省迁安市建昌营镇平安村
负责人：霍旭东……邮　编：064407
法　人：霍旭东
Tel：0315－7631086
网址：www. mtw50675. chinapyp. com

## 唐海县驿鑫水暖管件经销处

业务：水暖管件、太阳能、炉具、中、高低档淋浴具、散热器、承接水. 暖. 电系统工程
地址：河北省唐山市唐海镇迎宾路与新城大街交叉口
负责人：李宝俊　邮　编：063200
法　人：李宝俊
Tel：13230886086
13012011601

## 飞跃油毡门市部

业务：建材、油毡批发
地址：河北省唐山市玉田县复兴街北（五州广场对面）
负责人：崔海超　邮　编：064100
法　人：崔海超
Tel：0315－6563307

## 玉田县春利铸造有限公司

业务：铸造、加工与销售各种水暖件
产品：水暖件
地址：河北省唐山市玉田县玉田镇西蒙各庄村南
负责人：刘友　邮　编：64100
法　人：刘友
Tel：0315－6138111
13785547971

## 武安市磁山镇牛洼堡协力铝合金门市

业务：高气密协力电泳铝材，隔热断桥铝材，内装材料等
地址：河北省武安市磁山镇牛洼堡村
负责人：李保太　邮　编：056000
法　人：李保太
Tel：13483081483

## 辛集市福海石业有限公司

业务：人造石制造、销售，加盟清华大学纳米微晶石的代理
地址：河北省辛集市建设街西段西苑小区门店 4 号
负责人：范大海　邮　编：052360
法　人：范大海
Tel：15231166888
0311－83209978

## 临西县摇鞍镇乡白地东龙井水泥管厂

业务：生产水泥管
地址：河北省邢台市临西县摇鞍镇乡秦白地村 39 号
负责人：张子华　邮　编：054900
法　人：
Tel：0319－8391350
13180289488

**河北海川基业房地产开发有限公司**

地址：河北省石家庄市桥东区建设北大街 132 号北辰大厦 506 室
负责人：王继英
Tel：13832106738

## 邢台市远洋泡沫有限公司

业务：专业生产挤塑板、泡沫板、钢丝网架、聚苯乙稀夹芯板，产品质量完善，绿色环保，我们愿以优质的产品、诚实的服务，与您真诚合作
产品：挤塑板，泡沫板，钢丝网架，聚苯乙稀夹芯板
地址：河北省邢台市隆尧县杜村
负责人：李彦均　邮　编：055350
法　人：李彦均
Tel：0319－6697385
13933732379

## 隆尧县恒通建材有限公司

业务：石料、矿粉、石灰等建材生产加工
地址：河北省邢台市隆尧县尹村镇西侯村
负责人：张桂云　邮　编：055350
法　人：张桂云
Tel：13933732266
0319－6692068

## 宁晋县旺兴物业管理有限公司

业务：物业管理
地址：河北省邢台市宁晋县兴宁街教师新村 106 号
负责人：鲁明华　邮　编：55500
法　人：鲁明华
Tel：0319－5833285

禹州市瑞华实业有限公司

从事建材销售的企业

电话：0374－8862633

地址：河南省许昌市禹州市火龙镇老官陈村



## 河北龙匠园林工程有限公司

业务：园林景观修建工程、室内外装修、道路广场工程、生态环境艺术建筑工程、建筑节能工程、安防等工程的施工与设计；花卉苗木基地。

地址：河北省邢台市桥西区泉北西大街天厦家园院内(天厦公司二楼)

负责人：孙庆龙　邮　编：054000

法　人：孙庆龙

Tel：13739699996

## 邢台力科钢化玻璃有限公司

业务：钢化玻璃、中空玻璃

地址：河北省邢台市桥西区西北留村村西

负责人：崔海民　邮　编：054000

法　人：崔海民

Tel：15075991111

0319－2599456

## 秦皇岛市凯壮木制板厂

业务：秦皇岛市凯壮木制板厂成立于2002，主要生产高档建筑模板，细木工板，高档贴面板等。质量上乘，价格合理，竭诚欢迎各界朋友惠顾。

地址：河北省秦皇岛市海港区东港镇东富店村

邮　编：066000

法　人：沈壮

Tel：0335－7958182

Fax：0335－7958888

## 任县泰斗合成材料厂

业务：合成材料的生产与销售，产品特点：环保、除臭、解毒。

地址：河北省邢台市任县任城镇新兴东路102号

负责人：刘仓坤　邮　编：055150

法　人：刘仓坤

Tel：0319－7631882

13091290555

## 邢台晟泰玻璃百叶窗加工有限公司

业务：百叶窗加工

地址：河北省邢台市胜利北小区西区4号楼301室

负责人：赵先胜　邮　编：054000

法　人：赵先胜

Tel：13483987740

0319－2628669

## 威县圣淼路桥工程有限公司

业务：路桥工程，护栏制作、销售，代销其它产品，联营等

地址：河北省邢台市威县高公庄乡李家屯村

负责人：田俊春　邮　编：054000

法　人：田俊春

Tel：15803390778

## 邢台县清泉联谊石材加工厂

业务：粉砂岩，高粱红，咖啡板

地址：河北省邢台市邢台县小西庄村

负责人：路纪武

法　人：路纪武

Tel：13932914896

## 海华玻璃制品有限公司

地址：河北省石家庄市赞皇县土门乡土门工业区

负责人：王海英

Tel：0311－84296359

13503310246

## 张家口市路远建筑安装施工队

业务：建筑安装工程施工

地址：河北省张家口市桥西区平门路4号

负责人：安振民　邮　编：075000

法　人：安振民

Tel：13663333685

13582410570

## 张家口市龙发房地产开发有限公司

业务：房地产开发、土木工程施工、建筑装饰材料、五金、水暖销售

地址：河北省张家口市桥西区西坝岗54号14号楼3号写字楼6层

负责人：忻龙有　邮　编：075000

法　人：忻龙有

Tel：0313－5915111

13663130111

Fax：0313－5985286

E-mail：longfa666@yahoo.cn

## 深州市南护附件厂

业务：我厂成立于1982年是生产胶木操作件的专业厂，生产品种有：手柄；手轮；把手；手柄球，手柄套，长手柄套，星型把手，五角星型把手，波纹把手，小波纹手轮，内波纹手轮，背面波纹手轮，油标，拉手；拖链；位置显示器等，并可来图加工非标产品。我厂致力于开拓创新，制造出适应现代化的精品，满足您的需要。

地址：河北省深州市南护耿家街148号

负责人：胡晓峰　邮　编：053873

法　人：胡双春

Tel：0318－3405126

Fax：0318－3400826

网址：www.nhfjc.com

## 容声集成吊顶经销处

业务：容声集成吊顶

地址：河北省张家口市桥西区西清河五金电器建材城南厅206号

负责人：金元林　邮　编：075000

法　人：金元林

Tel：13933776064

0313－5907997

## 尚义县建筑工程公司第九项目部

业务：建筑

地址：河北省张家口市尚义县南壕堑镇安宁街

负责人：孙海兵

法　人：孙海兵

Tel：0313－4321543

## 蔚县杨庄窠玄武岩开采有限公司

业务：玄武岩碎石和玄武岩板材的销售

产品：玄武岩碎石和玄武岩板材

地址：河北省张家口市蔚县窠玄武岩开采有限公司

负责人：李占林　邮　编：75700

法　人：李占林

Tel：13473313111

## 张家口市宣化区森美木业板材厂

业务：细木工板，装饰及家俱用原材料板材

地址：河北省张家口市宣化区北城壕1号

负责人：周会　邮　编：075061

法　人：周会

Tel：0313－3028115

## 张家口鑫阳房地产开发有限公司

业务：房地产开发

地址：河北省张家口市阳原县化稍营镇四村

负责人：陈建新　邮　编：075831

法　人：陈建新

Tel：13831384308

0313－7308518

## 石家庄市康年物资贸易有限公司

地址：河北省石家庄新华区北二环塑钢管材市场63－69号

负责人：郝春年

Tel：0311－87708137

13803398494

## 河北剑桥冶金建设有限公司

业务：河北剑桥冶金建设有限公司从事房地产开发，建设工程，装饰装修，物业管理等业务、真诚与您合作！

地址：河北省石家庄市长安区裕华东路谈固西街111号

负责人：刘崇举

Tel：0311－85056699

## 灵寿县中天公路工程有限公司

业务：中天公路工程有限公司成立于2006年，专来从事于道路桥梁工程，欢迎新老客户来洽谈业务。

地址：河北省石家庄市灵寿县交通局

负责人：何玉峰　邮　编：050500

法　人：何玉峰

Tel：0311－82521332

E-mail：mtw28609

## 遵化市北二环西路北京橱柜

业务：橱柜销售和制作

地址：河北省遵化市北二环西路82号

负责人：王福贵　邮　编：064200

法　人：王福贵

Tel：13903377889

0315－8277889

Fax：0315－8277889

## 栾城县华鼎丰物业有限公司

业务：本公司成立于2006的，主要从事物业管理、房屋维修、水管暖气安装。我们竭诚为您提供一流的服务。

地址：河北省石家庄市栾城县豆于村

负责人：田建刚　邮　编：051400

法　人：田建刚

Tel：0311－85465389

## 宏宇房地产开发有限公司

业务：宏宇房地产开发有限公司位于河北省保定市金台西路26号，公司成立于2005年3月，是从事房地产开发与经营。

地址：河北省保定市金台西路26号

邮　编：074200

法　人：王学金

Tel：0312－8211748

Fax：0312－8211748

## 遵化市盛泰物资经销处

业务：专业经营装饰材料、建筑材料、钢材、五金、电料等，并提供建筑机械租赁。我们将以优惠的价格，专业的品质，一流的服务，竭诚欢迎您的光临。

产品：各种建筑材料，机械，物资

地址：河北省遵化市团瓢庄乡东滩村

负责人：曹加权　邮　编：064202

法　人：曹加权

Tel：0315－6607021

15833552499

## 河北益元科技发展有限公司

业务：公司主营产品是“车内、室内纳米微孔空气净化系列产品”，对甲醛苯和细菌的清除率分别高达96%和99.88%，超过传统活性碳和净化设备数十倍，受12项有自主产权的专利保护，属“国内空白”和“国际先进”。此外还经营二氧化氯产品、设备及大气脱硫技术。公司宗旨是“提供最好的净化产品，让空气和水不再有毒”。

地址：河北省石家庄市裕华东路45号河北冶金大厦1819室

负责人：梁建山　邮　编：050019

法　人：梁建山

Tel：0311－86967938

85367029

Fax：0311－86967938

网址：www.hbyykj.cn

E-mail：hbyy2116@sina.com

## 河北银厦建筑工程有限公司

地址：河北省邢台市临城县北环路

负责人：杨秀川

Tel：0319－7182312

13930968606

## 唐山市林兴装饰材料有限公司

业务：本公司始建于1989年(原望北装饰材料厂)，主要从事铝单板加工制作、氟碳静电喷涂、铝天花板、各种门窗制作、吊顶、幕墙工程、承揽室内外装饰装修工程。竭诚欢迎广大客户来电洽谈业务！

地址：河北省唐山市丰南开发区高速出口北走400米

负责人：张子明　邮　编：063000

法　人：柳宝林

Tel：0315－8297868

Fax：0315－8297868

网址：www.lxzs.cn

E-mail：lxzg588@126.com

## 霸州马鲍门窗有限公司

霸州马鲍门窗有限公司成立于2006年，是一家专业生产铝合金、塑钢门窗，玻璃幕墙等建筑装潢材料的企业。

我们始终坚持品质为先，将您的满意视为我们最大的动力。诚挚欢迎您的合作！

联系人：戴有文

电话：0316-7572667　13832610308

地址：河北省霸州市杨芬港镇阙里墅村　邮编：065700

## 沧州市利达环保工程公司

沧州市利达环保工程公司专业从事废水、废气、噪音处理等业务，欢迎新老客户来电洽谈业务！

联系人：邓金华　电话：0317-3581028

地址：河北省沧州市新华区解放东路55号

邮编：061000

## 昌黎县朱各庄绅达石料厂

昌黎县朱各庄绅达石料厂成立于2008年，本厂主要开采、销售石子。昌黎县朱各庄绅达石料厂以雄厚的实力、合理的价格、优良的服务与多家企业建立了长期的合作关系。热忱欢迎各界前来参观、考察、洽谈业务。

联系人：陈国强

电话：0335-2095182

地址：河北省秦皇岛市昌黎县朱各庄镇朱各庄村　邮编：066602

本公司专业从事生产大理石、花岗岩：承德绿、燕山红、蓝豹、赤峰黑等荒料板材及各种异型石材。

公司自成立以来就秉承诚信为本、客户至上、品质俱佳、追求卓越的经营理念，以良好的信誉、完美的服务赢得广大客户及社会各界的好评。

## 承德县三奇石材有限公司

联系人：王成海　电话：0314-3085589

地址：河北省承德市承德县甲山镇赵家庄村　邮编：067400

## 本溪市鑫诺特钢实验制造有限公司

经营纯铁，各种焊塑钢，特种钢生产及销售的企业。

电话：0414—2824060　3129563
地址：辽宁省本溪市溪湖区居仁街

## 大城县顺安铝材厂

大城县顺安铝材厂成立于2008年。

主要从事于天线、中空条、中空玻璃条的原料生产。

我公司一如既往的本着“诚信、一切为了客户方便”的经营宗旨。以全新的产品，完善的服务，面向全国诚招合作商；并愿与商界朋友们精诚合作、共谋发展。

联系人：刘中旺
电话：0316-5602500　13832639266
地址：河北省廊坊市大城县旺村　邮编：065900

## 邯郸市世纪家园装饰城华迅人造石销售处

邯郸市世纪家园装饰城华迅人造石销售处成立于2004年，主要从事华迅人造石专卖。秉承全面，高效，优质的服务宗旨，为您创造更多的实惠，为您制造更多的完美。

电话：0310-5271358
手机：13111359575
联系人：刘国印
地址：河北省邯郸市滏园街2号市场内板材区3排13号　邮编：056001

## 阜平县鑫源木塑加工店

阜平县鑫源木塑加工店于2007年成立，本店专业从事加工木门，波浪板的企业。本公司秉承“顾客至上，锐意进取”的经营理念，坚持“客户第一”的原则为广大客户提供优质的服务。欢迎广大客户惠顾！

联系人：赵长寿
电话：13733326997　13623129026
地址：河北省保定市阜平县史家寨乡四里村　邮编：073200

## 河北衡湖水泥有限责任公司

河北衡湖水泥有限责任公司创立于1996年，是河北省东南部地区最大的水泥生产厂家，注册商标“衡湖牌”。

本公司生产过程全部采用微机控制，有先进齐全的质量控制检验设备和完整有效的质量控制体系，“衡湖牌”水泥在衡水市场占有率一直保持90%以上，连续十多年北京城建选定产品，参与了奥运场馆的建设。本公司以“博取创新，厚德自强”为企业精神，真诚希望与您进行友好合作，共建我们美好的家园！

联系人：王向前　13903289568
电话：0318-2122710　7929797
地址：河北省衡水市永安东路23号
网址：www.henghu.cn
电子邮件：henghu@126.com
邮编：053000

## 高碑店市京海园林有限责任公司

高碑店市京海园林有限责任公司从事园林苗木的种植和销售、园林绿化工程施工，诚心诚意与社会各界携手合作，共创一个绿色、和谐、美好的未来。

联系人：谷有良　电话：0312-5599795
地址：河北省高碑店市兴华中路金日家园8号楼4单元201
邮编：074000

## 河北庆林水源勘探有限公司

河北庆林水源勘探有限公司是一家专业从事工程勘察、物探评价、桩基降水；灌浆、堵漏、找水、岩石钻井、基础处理、设计与施工的企业。

我们拥有一流的专业团队，将为您提供高品质的产品与服务。

欢迎您的合作！

联系人：连庆林　13603309652　13785035680
地址：河北省邯郸市临漳县南东坊镇张修屯村　邮编：056000

## 邯郸市诚信建筑材料水暖配件经销处

本公司成立于2007年，主要经营建筑材料、水暖配件。

科学的管理，不断地创新，为顾客提供最满意的产品，遵循“客户至上”的服务宗旨，将客户的利益放在第一位。

联系人：杨吉峰　15831034199　13930754898　15132046479
邮编：056000　地址：河北省邯郸市北环路东头路南（金马加油站）西南角

## 河北圣亚管件有限公司
### 西北分公司

河北圣亚管件有限公司西北分公司成立于2006年，专业从事化工、电力、天然气、炼油等专用管道管件的生产销售。公司生产的钢制管件产品质量稳定可靠、供货快捷准时、售后服务热情周到，深受用户好评。

公司的质量方针是：以质量求生存、以高效创新求发展。

质量目标：产品一次交验合格率100%。公司董事长胡国政先生携全体员工热烈欢迎客户及同仁光临做客、业务往来！

电话：0317-6222010
联系人：马振行　13373174000　传真：0317-6222036
地址：河北省沧州市盐山县盐塔路　邮编：061300

## 邯郸市世纪家园装饰城奥龙楼梯经销处

本经销处成立于2000年，奥龙楼梯是一家集设计、制造、安装于一体，专业制造各类高档家用、商用工程楼梯及房产公司用简易楼梯、不锈钢、玻璃家用、工程栏杆的生产厂家。

质量是企业生存的命脉，服务是企业发展的保障，完善的售后服务使您更加相信奥龙。

电话：0310-8887773
联系人：徐照领　13191704808　13111364512
地址：河北省邯郸市滏园街2号市场内板材区路南6号　邮编：056001

## 河北万达环保设备有限公司

本公司成立于2006年，主要经营袋式除尘器及静电除尘器及配件。

万达人正以坚定的信念迎接挑战，正以充分的耐心研究市场，正以迅捷的速度切入潮流，正以苍劲的笔力描绘蓝图。

竭诚欢迎各界朋友光临我公司指导工作，与您携手共创美好明天！

网址：www.hbwdhb.com
电子邮件：info@hbwdhb.com
联系人：赵春峰　13722727184
电话/传真：0317-8049755　8349755
地址：河北省泊头市富镇张屯开发区　邮编：062157

## 井陉县秀林镇翟家庄采石厂

井陉县秀林镇翟家庄采石厂成立于2002年，主要产品有化工石子和民用石子。“诚信经营，品质为本”，我厂供应的石料深得建筑商的好评，随着规模的不断扩大愿更多有识之士前来参观，采购。

联系人：李喜庭 13832107884
电话：0311-82313101 传真：0311-82313333
地址：河北省石家庄市井陉县秀林镇翟家庄村
邮编：050300

## 石家庄汇丰房地产开发有限公司

本公司是一家房地产开发及施工综合企业，从事房地产和建筑行业多年。成立于2008年10月28日。我公司的经营范围为：市政工程、建筑、装饰装修工程、环保工程、绿化工程的设计与施工。

我公司拥有先进的经营管理体系，高级技术人员，管理人员；能够承建各类公共、民用建设项目的施工工作。我公司将以优质的服务，过硬的技术开拓市场，争做行业标兵，为建筑业增光添彩。

电话：0311-80918003 13930160999
联系人：宋洪欣
电子邮件：yly0311@163.com 邮编：050051
地址：河北省石家庄市桥西区自强路省二招待所院内1号楼2楼

## 涞水县利朋水暖器材商店

涞水县利朋水暖器材商店成立于2008年，本店专业销售水暖器材，承揽卫浴、橱房等各种水暖工程。涞水县利朋水暖器材商店以雄厚的实力、合理的价格、优良的服务与多家企业建立了长期的合作关系。涞水县利朋水暖器材商店热忱欢迎各界前来参观、考察、洽谈业务。

联系人：牛建喜
电话：15932121194 邮编：071000
地址：河北省保定市涞水县西关商贸街东侧

## 石家庄联力设备安装有限公司

石家庄联力设备安装有限公司成立于2008年，以建筑起重设备安装及租赁服务为主。

公司秉承“顾客至上，锐意进取”的经营理念，坚持“客户第一”的原则为广大客户提供优质的服务。

欢迎惠顾！

联系人：武制江 15933310315 13801054066 13400412054
邮编：050011
地址：河北省石家庄市高柱小区50楼4单元503室

## 廊坊双臣管材有限公司

廊坊双臣管材有限公司是一家专业生产经销中空玻璃铝隔条、分子筛、丁基胶、中空玻璃材料、分子筛干燥剂的专业化企业，位于大城县大会罗工业区，占地面积一万平方米，建筑面积六千平方米，年生产能力2000吨，公司自投产以来，以精良的技术设备，先进的管理方法，完美的质量保证体系，生产质优价宜的产品，畅销全国各地，深受用户的好评。

联系人：张刚臣

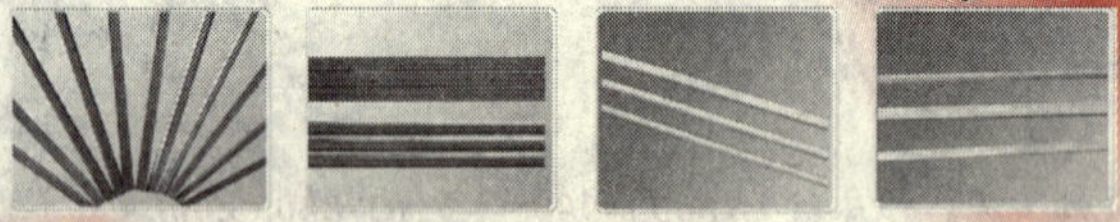

电话：0316-5951788 传真：0316-5952866 网址：www.s332.com
地址：河北省廊坊市大城县大会罗工业区 邮编：065901

## 石家庄市锦龙腾建筑安装工程有限公司

石家庄市锦龙腾建筑安装工程有限公司成立于2008年，从事建筑工程施工，国内劳务分包，筒仓滑模工程等。公司本着“服务社会、追求完美、不断超越、与时俱进”的企业精神，不断向更好的方向发展。欢迎新老客户来电来人联系、咨询、洽谈。

联系人：许占义
电话：0311-83028560、13803119815 邮编：050011
地址：河北省石家庄市永泰街88号信达花园B区13-3-703

## 滦县响堂镇杜营家乐装饰材料门市部

本公司成立于2007年，主要经营铝塑门窗、灯具、厨具及钢结构安装。我们对顾客服务宗旨是：产品质量一流，服务态度一流，精湛技术一流。

联系人：陈克忠
电话：0315-7468301 手机：13582873413 13103154121
地址：河北省唐山市滦县响堂镇杜营村 邮编：063700

## 唐海县建红混凝土外加剂销售处

唐海县建红混凝土外加剂销售处专业经营混凝土外加剂。

质量保证，信誉第一！

欢迎新老客户来电洽谈业务！

联系人：郭镇宇
13780506858 13653154769
邮编：063204
地址：河北省唐山市唐海县四场场部

## 孟村回族自治县世丰管件有限公司

河北世丰管件有限公司初建于2002年，座落于“中国弯头管件之都”--孟村回族自治县希望新区，是生产管件和管道配件的具有规模的专业公司。包括弯头（45度90度 180度）、三通、大小头、管帽、异径管、法兰、法兰盘，和一些其他管道配件。

我公司坚持“制造精品、履行承诺、不断改进、追求完善”的营销理念，用质量占领市场，用真诚服务客户。

联系人：赵金华 13832709636
电话：0317-6886218 6886996 邮编：61400
地址：河北省沧州市孟村回族自治县路庄子工业区辛大路

## 唐山海港绿景园林有限公司

唐山海港绿景园林有限公司从事园林绿化工程，花卉树苗培育及销售，园林景观设计，园林小品制作等。我公司始终坚持质量求生存，信誉求发展、用户是上帝的宗旨，竭诚为您服务，随时欢迎您光临惠顾。

联系人：崔涛
电话：0315-2915285 手机：13933426868
地址：河北省唐山市海港开发区 邮编：063000

城建房产建材装潢

## 本溪市鑫诺特钢实验制造有限公司

经营纯铁，各种焊塑钢，特种钢生产及销售的企业。
电话：0414－2824060　3129563
地址：辽宁省本溪市溪湖区居仁街

## 唐山弘亚实业有限公司

唐山弘亚实业有限公司成立于2004年，主要从事房地产和建筑工程。公司将一如既往以“诚信守法、优质臻善、以客为尊、环保安全”为管理方针，竭诚为用户提供最佳服务，与社会各界真诚合作，创建更多优秀的建筑产品，共同为我国现代化建设做出更大的贡献。

电话：0315-4155266　8220666　联系人：何绍红　13313291555
地址：河北省唐山市滦南县电厂路18号　邮编：063000

## 香河县英本物业服务管理有限公司

香河县英本物业服务管理有限公司成立于2007年12月，以小区物业管理和后勤服务为主。公司秉承“顾客至上，锐意进取”的经营理念，坚持“客户第一”的原则为广大客户提供优质的服务。欢迎广大客户惠顾！

电话：0316-8219198　8219280　联系人：张英本
地址：河北省廊坊市香河县安平商贸区　邮编：065400

## 唐山金诚房地产开发有限公司

唐山金诚房地产开发有限公司成立于2006年，主要从事房地产开发与房产销售，公司绕“团队、创新、务实、诚信”的企业精神，不断拓展经营思路，诚结经济合作伙伴，欢迎来电洽谈业务！

电话：0315-7120819
联系人：颜士云 13803307856
地址：河北省唐山市滦县新城农贸大市场B区24号　邮编：063706

## 邢台市宏达筑路队

邢台市宏达筑路队成立于2005年。
一家专门从事修筑公路的企业。
我们秉承“顾客至上，锐意进取”的经营理念，坚持“客户第一”的原则为广大客户提供优质的服务。欢迎广大客户惠顾！

联系人：吕现庆　13603196751　电话：0319-2215326
邮编：054000
地址：河北省邢台市桥西区八一路滨苑小区八号楼101室

## 田家窑镇蔡庄子鑫龙采石厂

田家窑镇蔡莊子鑫龍采石廠成立于2006年。
從事采石、黄石粉、玉石、碎石的生產銷售。
歡迎新老客户來電來函洽談業務，共同發展！

联系人：刘君生　电话：0313-6496213
地址：河北省张家口市赤城县田家窑镇蔡庄子村　邮编：[illegible]

## 元氏县蟠龙湖开发有限责任公司

元氏县蟠龙湖开发有限责任公司成立于2008年，从事旅游开发、房地产开发。

以人为本，追求卓越，为客户创造舒适优美的生活环境，为社会创造不可替代的超越价值，为企业创造理想的经济效益，使之成为对外具有磁性的吸引力，对内有凝聚力和充满活力的现代化企业。

联系人：任正国　13832337668
电话：0311-84558119
地址：河北省石家庄市北褚乡东阳村　邮编：051134

## 围场满族蒙古族自治县君祥物业管理服务有限公司

围场满族蒙古族自治县君祥物业管理服务有限公司是一家以完全依托市场，提供全方位服务，重信义、重社会责任感为特点的专业化物业服务公司。在广大客户群中有着良好的信誉及口碑。我公司将一如既往，为您提供最优质的服务。欢迎您的合作！

联系人：韩立君
电话：0314-7869266　13613148808
邮编：068450
地址：河北省承德市围场满族蒙古族自治县围场镇天宝路179号

## 枣强弘泰房地产开发有限公司

我公司自成立以来，以房地产开发、销售为主。公司以“聚集一流人才，铸造一流工程，打造一流小区，创造一流环境”为指导思想，遵循“创新、求精、务实”的企业精神，秉承缔造经典建筑、创建时代精品的开发理念，实现共赢开发建设出更多的符合大众需求的产品。

联系人：张庆升
电话：0318-8236901　手机：13831830816
地址：河北省衡水市枣强县福安小区　邮编：053100

## 无极县红楼建筑吊装工程处

- 无极县红楼建筑吊装工程处成立于1989年。
- 主要从事于建筑吊装，吊装机械的租赁。
- 我公司将以“质量第一、安全第一、信誉第一”的宗旨为您服务。

联系人：赵文祥
电话：0311-85776123　13803347080
地址：河北省石家庄市无极县马桥村
邮编：052460

## 张北县鸿基房地产开发有限公司

张北县鸿基房地产开发有限公司成立于2006年，我公司是集房地产开发、土建、安装、装饰装修、绿化、物业管理、售楼为一体的综合性房地产开发公司。

“以质量求生存、以信誉求发展”是我们的经营理念，欢迎来电洽谈业务！

联系人：孙维 13833342666
电话：0313-5218068　传真：0313-5219998
地址：河北省张北县张北镇兴和路28号　邮编：076450

## 山西省/Shanxi Province

### 安阳市永恒建筑安装有限责任公司

业务：安阳市永恒建筑安装有限责任公司位于山西省晋城市瑞丰大厦49号，成立于1980年。从事房屋建筑工程施工总成包。多年来信誉卓著，赢得社会各界的好评。
地址：山西省晋城市瑞丰大厦49号
邮　编：048000
法　人：史永庆
Tel：0356－2053822
Fax：0356－2053822

### 腾达建材经销部

地址：山西省长治潞城市翟店镇南舍村
负责人：李扎根
Tel：0355－6985221
13934308776

### 长治县北张村水泥构件厂

业务：生产水泥构件
地址：山西长治市长治县北呈乡北张村
负责人：秦保庆　邮　编：047100
法　人：秦保庆
Tel：13835508289
13593284946

### 长治晋榆自动门总汇

业务：山西长治城区晋榆自动门总汇主营：平移自动门机、手动旋转门、自动旋转门及伸缩门、配套门及五金、挡车器、医用气密门及不锈钢、铁艺的制作安装。我们现已拥有一支过硬的生产，制做、安装队伍。
地址：山西省长治市龙盛装饰城18号二楼
邮　编：046000
法　人：蒋智勇
Tel：0355－3529777
Fax：0355－3529755
网址：www.jyzdm.cn

### 古县小河西路万和装饰店

业务：装饰用品的销售
地址：山西临汾市古县小河西路（古岳食品有限公司楼下）
负责人：吴飞　邮　编：276000
法　人：吴飞
Tel：13663574187
0357－8324601
Fax：0357－8324601

### 兰佳门业经销部

业务：主要经营门业的销售、加工和维修
地址：山西省长治市滨河物贸商城东排1－3号
负责人：王红凯　邮　编：046000
法　人：王小姐
Tel：13453537710
13613550105

### 长治市凯悦房地产开发有限公司

业务：长治市凯悦房地产开发有限公司成立于2001年，公司现已在长治市东大街开发建设了十万平方米的商住楼，已开发"阳光假日小区"。开发的产品上质量、上档次，创立品牌个性，展示品牌特色，不断创新。
地址：山西省长治市东大街188号
邮　编：046000
法　人：冯军
Tel：0355－2191202
Fax：0355－2191202

### 长治市宜家装饰有限公司

地址：山西省长治市长兴中路紫金花园11号
负责人：吴玉峰
Tel：0355－2056196

### 长治县城光明建材城开源智达门业

业务：销售高、中、低档门
产品：烤漆门、实木门、实木门、实木复合门、免漆门、工艺门、移门
地址：山西省长治市长治县城光明建材装饰城A区19号
负责人：郑持伟　邮　编：047100
法　人：郑持伟
Tel：0355－5606794
13293702843
13303550480
Fax：0355－5606794

### 长治县石泰建材有限公司

地址：山西省长治市长治县贾掌镇镇里村
负责人：唐铁英
Tel：13015467191

### 大同市瑞伦天秀装饰有限责任公司

业务：大同市瑞伦天秀装饰有限责任公司成立于2005年，主要从事室内外建筑装饰工程施工，装饰材料销售，本着"以质量求生存、信誉求发展"的经营理念，竭诚欢迎新老客户光临惠顾。
地址：山西省大同市南三环路（浩海大酒店西侧）云城装饰大世界1208号
负责人：张学仕……邮　编：037008
法　人：张学仕
Tel：0352－5026859
Fax：0352－7658922

### 长治县盛兴装饰城森都室内套装门门市部

业务：套装门
地址：山西省长治市长治县城盛兴装饰城B区19－20号
负责人：张伟伟　邮　编：047100
法　人：张伟伟
Tel：13935592552

### 山西小长子县新型水工管材厂

地址：山西省长治市长子县北大街
负责人：杨联彬
Tel：13935536599

### 大同市永春园林绿化工程有限责任公司

业务：本公司成立于2005年，是一家专业从事园林绿化景观设计与施工、园林市政绿地养护、花卉苗木经营，公司将始终秉承绿化大地、保护环境、服务社会、造福人类的宗旨，热诚欢迎新老朋友光临惠顾。
地址：山西省大同市御河北路行署大院4号楼1层
负责人：孙久明……邮　编：037044
法　人：孙久明
Tel：0352－7687661
Fax：0352－7687683

### 长治县城迎宾路宏盛装饰材料门市部

业务：嘉宝莉万宜漆，五金套装门，木地板，板材
地址：山西省长治市长治县城迎宾路
负责人：冯晓虎　邮　编：047100
法　人：冯晓虎
Tel：13835551790
0355－8288082

### 韩世伟业装饰装潢有限公司

地址：山西省长治市城东北路36号
负责人：韩世群
Tel：0355－2193002
13903451388

### 长治县东山建材有限公司

业务：生产和销售钢材制品，石料、石灰溶剂和粉料
产品：钢材制品，石料、石灰溶剂和粉料
地址：山西省长治市长治县西池乡坟上村东
负责人：马永峰　邮　编：46000
法　人：马永峰
Tel：15934381999

### 金盾门业

业务：金盾门业于1998年创立，是一家专业制造、销售防盗门的企业。公司一直贯彻"诚信经营，质量为本"的方针，以关爱生命、保护环境的思想理念，以生产、销售、安装、服务、跟踪服务为宗旨，为您的建筑工程提供优质、安全的消防产品。
地址：山西省晋城市阳城县中条山木材转运站
邮　编：048100
法　人：雷学敏
Tel：0356－4228530
Fax：0356－4223060

### 长子县西大关冬明预制厂

业务：生产预制构件
地址：山西省长治市长子县宋村乡西大关村
负责人：宋冬明　邮　编：046000
法　人：宋冬明
Tel：0355－8467019

### 鼎盛建材经销部

地址：山西省长治市城区凯丰市场七排6号
负责人：梁会清
Tel：0355－5831267
13327459512

### 豫龙门业

业务：门的销售
地址：山西省长治市公盛铭5#8号西
负责人：董红民　邮　编：046000
法　人：董红民
Tel：13008066580
0355－5808557

### 晋城市路创沥青应用有限公司

业务：晋城市路创沥青应用有限公司成立于2000年，现有员工20余人，从事沥青的销售。欢迎新老客户来电洽谈业务。
地址：山西省晋城市经济技术开发区侯匠居委原沥青库院内
邮　编：048011
法　人：陈建龙
Tel：0356－2235668
Fax：0356－2235699

### 长治市城区弘景门业

业务：套装门，推拉门，五金配件，楼梯及其配件等.
地址：山西省长治市宏都装饰城
负责人：黄春龙　邮　编：046000
法　人：黄春龙
Tel：0355－3560550

### 山西鹏程房地产开发有限公司

地址：山西省长治市东华门21号
负责人：郭海城
Tel：0355－2081911

### 山西省壶关县泰龙装潢门市部

业务：经营汇森牌套装门及各种装潢材料
地址：山西省长治市壶关县奋进大街
负责人：王连生　邮　编：47300
法　人：王连生
Tel：13835540802
15534123486

### 晋城市森茂门窗装饰有限公司

业务：我公司从事装饰、安装及各类门窗生产，我们将以一流的质量、一流的服务宗旨竭诚为新老客户服务。
地址：山西省晋城市瑞丰路（康达建材市场2296号）
负责人：张威……邮　编：048000
Tel：0356－3087716

### 长治市郊区王庄光明建筑装修部

地址：山西省长治市郊区故县北市街221号
负责人：郭明生
Tel：0355－5932295

### 黎城县黄崖洞镇东旭板材厂

业务：木材加工，胶合板、复合板等
地址：山西省长治市黄崖洞镇上赤峪村
负责人：武利中　邮　编：046000
法　人：武利中
Tel：15835551138
13233357039

### 潞城市鸿源环保建材有限公司

地址：山西省长治市潞城市垂阳村
负责人：吴振聚
Tel：0355－5992811

### 中日友好农场

业务：花卉的培育、种植和销售
地址：山西省长治市鹿家庄村北
负责人：路志国　邮　编：046000
法　人：路志国
Tel：13835531677
13546655685

### 精细环保工业用布有限公司

业务：精细环保工业用布有限公司是一家专业从事防尘过滤布生产的企业，欢迎广大新老客户光临、考察、指导、洽谈业务！
地址：山西省运城市稷山县翟店老西街5号
邮　编：43202
法　人：任李元
Tel：0359－5996113
Fax：0359－5996113

### 方圆塑钢门窗厂

地址：山西省长治市平顺县彩凤小区16号楼一单元302室
负责人：申建功
Tel：0355－8921651
13835561669

### 山西立远测绘有限公司

业务：工程测量、测绘、房产测量、地籍测绘、矿山测绘
地址：山西省长治市平顺县青羊街（国土资源局内）
负责人：罗学斌　邮　编：46100
Tel：15034503361

### 世纪塑钢门窗厂

地址：山西省长治市沁县县城沁州北路9号
负责人：贾耀清
Tel：0355－7023474
13903450874

### 沁源县沁河镇雅豪家装部

业务：室内外装潢
地址：山西省长治市沁源县沁河镇东门街15号
负责人：王亚东　邮　编：46500
法　人：王亚东
Tel：15935541257
0355－7835282

### 平定天龙耐火材料有限公司

业务：平定天龙耐火材料有限公司成立于1987年，主要生产耐火球等耐火材料。质量第一，信誉至上，竭诚欢迎冶炼行业商家来电洽谈业务。
地址：山西省阳泉市平定县岔口乡罗面嘴村
邮　编：045205
法　人：石龙
Tel：0353－6096555
6096333
Fax：0353－6096333

### 康泰工贸有限公司

地址：山西省长治市史回乡小常村
负责人：王栓文
Tel：13835567501

### 鸿兴装饰部

业务：室内外装修
地址：山西省长治市云步街11号楼6室商铺
负责人：曹安仁　邮　编：046000
法　人：曹安仁
Tel：13835573353
0355－5876228

### 长治市路通达公路工程有限公司

地址：山西省长治市桃园南路3号
负责人：郝丽英
Tel：0355－3523020

### 大同市易洋装饰设计工程有限公司

业务：装饰设计工程
地址：山西省大同市城区南关小东门7号1－1－4
负责人：王淑英　邮　编：037000
法　人：王淑英
Tel：0352－5321300
0352－5321301

**山西晋城林艺装潢有限公司**
业务：山西晋城林艺装潢有限公司成立于2002年，专业从事室内外装饰、装修。欢迎来电垂询。
地址：山西省晋城市金华社区
邮 编：048000
法 人：王晋文
Tel：0356－2050496
Fax：0356－2050496

**大同市亿念装饰工程设计有限公司**
业务：室内装饰、装修设计，销售建筑材料、装修装饰材料、水暖五金、办公用品。
产品：建筑材料、装修装饰材料、水暖五金、办公用品
地址：山西省大同市城区新胜东街北侧新胜苑12楼11号商铺
负责人：杨建雄 邮 编：37005
法 人：杨建雄
Tel：0352－7629456
7929466

**东方装饰城**
地址：山西省长治市屯留县羿神东街
负责人：李新红
Tel：0355－7526811
13934051887

**大同县路路通水泥制管厂**
业务：水泥制品的生产与销售，有水泥管、下水道管、雨水管
产品：水泥管、下水道管、雨水管
地址：山西省大同市大同县马连庄村
负责人：李应武 邮 编：37008
法 人：李应武
Tel：13994372916

**银河水暖总汇**
地址：山西省长治市襄垣县城内太行路271号文化馆
负责人：杨碾栓
Tel：0355－7221192
13934297712

**浑源县华宇建筑装潢材料有限公司**
业务：承接室内外装饰装潢工程及装潢材料的销售
地址：山西省大同市浑源县永安镇南顺大街
负责人：杨志华 邮 编：038500
Tel：13513692024
0349－5024019
8407488

**山西俊峰装饰策划设计工程有限公司**
业务：本公司成立于2006年，主要从事室内外装饰装修。以优质、高效、竭诚为业主服务，欢迎新老客户来电洽谈！
地址：山西省太原市新建路192号鑫汇苑小区1号楼1单元202室
负责人：杨俊峰 邮 编：030009
法 人：杨俊峰
Tel：0351－5622823
Fax：0351－5622822

**和德胜装饰材料有限公司**
地址：山西省长治市站前北路8号
负责人：田爱忠
Tel：0355－6068991
3663305

**大同市南郊区牛元防水材料经销部**
业务：防水材料、辅料
地址：山西省大同市金牛第城东区1号
负责人：许智明 邮 编：037000
法 人：许智明
Tel：13753234465
15536230303
0352－5033801

**恒鑫石材加工厂**
地址：山西省大同市浑源县柳河
负责人：史振和
Tel：0352－8454137
13903424391

**大同市宏腾荣泰建材有限公司**
业务：建材经营
地址：山西省大同市南郊区水泊寺乡马家小村
负责人：李建刚 邮 编：037008
法 人：李建刚
Tel：0352－6032583
13935257861

**山西省长治市城区宏都装饰城**
业务：本公司成立于2001年，主要销售装饰材料，木地板、地板砖、卫生洁具，质量保证，价格合理，欢迎新老客户光临惠顾！
地址：山西省长治市华丰胡同28号
负责人：赵玉魁 邮 编：046000
法 人：赵玉魁
Mobile：13903552170

13015465542

**大同市维隆房地产开发有限责任公司**
地址：山西省大同市金华1楼6号
负责人：史维彬
Tel：13333528629

**江苏南通弘霖建设有限公司**
业务：建筑工程施工总成包（一级）
地址：山西省大同市三环路南侧城区武装部办公楼
负责人：顾卫国 邮 编：037000
Tel：15935235764
13620627886

**大同市科林金顶钢结构有限责任公司**
地址：山西省大同市西花园大庆西路28号
负责人：蒋望林
Tel：0352－4073099

**左云县五升涂料有限公司**
业务：建筑涂料
地址：山西省大同市左云县教育小区
负责人：席丙桥 邮 编：37008
法 人：席丙桥
Tel：13753292546
0352－3952441

**山西省潞城市佳丰新型环保墙材有限公司**
业务：山西省潞城市佳丰新型环保墙材有限公司成立于2006年5月，主要生产免烧环保砖、各种规格免烧空心砖、标砖。"质量保证，价格合理"。欢迎新老客户光临惠顾！
地址：山西省潞城市史回乡黄漳村
负责人：李根虎 邮 编：047500
法 人：李根虎
Tel：0355－6981328
6981329

**大同市鑫盛隆园林绿化工程有限责任公司**
地址：山西省大同市新胜新村17排5号
负责人：李维明
Tel：0352－7651187

**山西省汾阳市启发钢结构有限公司**
业务：专营各种色彩涂卷、复合板、各种规格C型钢、单板、6分－2寸焊管，承揽钢结构设计与安装工程，专业、一流的施工队伍，竭诚为您服务
产品：彩钢瓦楞单板、复合板、C型钢
地址：山西省汾阳市贾家庄镇西陈家庄村
负责人：赵启发 邮 编：032200
法 人：赵启发
Tel：0358－7557000
Fax：0358－7557688
E-mail：zqfgjg2009@163.com

**建筑安装工程有限公司龙盛分公司**
地址：山西省介休市龙凤镇龙头村
负责人：杨步国
Tel：0354－7276799
13934187719

**高平市正和复合板厂**
业务：彩钢瓦、复合板
产品：彩钢复合板、C型钢
地址：山西省高平市南城办下韩庄村苗圃院内
负责人：李建强 邮 编：48000
法 人：李建强
Tel：0356－3268916
13333563895
Fax：0356－3268916

**晋城市城区星晨塑钢门窗**
地址：山西省晋城市城区煤运公司对面
负责人：郎有闹
Tel：0356－2053406
13934069555

**山西安民装饰设计工程有限公司**
业务：专业从事工程内部装饰，装修工程，幕墙工程，公司具有装饰、装修专业承包壹级，幕墙工程专业承包壹级资质，安民以质优价实、新颖设计、精心施工为您创造完美舒适的生活环境！
产品：资质为装饰，装修专业承包壹级，幕墙工程专业承包壹级
地址：山西省河津市东都商城八区
负责人：谢正文 邮 编：043300
法 人：薛安民
Tel：0359－5058313
13753997678
Fax：0359－5058668
E-mail：sxamgs@163.com

**山西省吕梁宇阳物业管理有限公司**
业务：山西省吕梁宇阳物业管理有限公司成立于2006年，从事物业管理，为您的生活提供方便，欢迎来电垂询！
地址：山西省吕梁市孝义市新义街126号

负责人：郭小龙 邮 编：032300
法 人：郭小龙
Tel：0358－2131225

**晋城市强发装璜有限公司**
地址：山西省晋城市凤台小区230号
负责人：朱建军
Tel：13503564276

**山西省河津市东都康乐塑胶制品经销部**
业务：塑胶管件生产，销售
地址：山西省河津市东都一区2号
负责人：米平 邮 编：043300
法 人：米平
Tel：13099010868
0359－5058561

**晋城市王莽岭隧道有限公司**
地址：山西省晋城市交通局（交通大厦）
负责人：李海军
Tel：0356－2024814

**洪洞县明姜镇竹苑园林绿化有限公司**
业务：集园林规划设计与施工、园林绿地养护、园林绿化种苗生产与经营为一体的综合性园林企业。
产品：国槐、垂柳、月季、各种乔木，品种繁多，欢迎广大客户来基地考察！
地址：山西省洪洞县明姜镇南社村
负责人：温建国 邮 编：041600
法 人：温建国
Tel：0357－6360636
13700582488
13994786171

**晋城市百代建筑工程服务有限公司**
地址：山西省晋城市南环路（望川楼村194号）
负责人：陈勇
Tel：13935694818

**侯马市新平木器加工店**
业务：承接一切木器加工业务
地址：山西省侯马市北西庄南门口
负责人：李新平 邮 编：043000
法 人：李新平
Tel：13834179526
0357－4191408

**北京天信伟业装饰有限责任公司晋城分公司**
地址：山西省晋城市南环路东段9号
负责人：徐军
Tel：0356－2051716

**侯马市香港田原康居木门**
业务：经营室内套装门，橱柜门，门套，推拉门，顶角线，地角线，室内外设计与工程。
地址：山西省侯马市侯运建材市场2－49号
负责人：李文可 邮 编：43000
法 人：李文可
Tel：13753540353
13994792261

**山西省芮城县建筑工程公司第三工程处**
业务：我公司成立于1995年，主要从事土木工程。公司技术力量雄厚，经验丰富，拥有经验丰富的专家、技术人员，专业化的施工队伍和先进的专用施工设备，本着"诚实、信用、严谨、先进、可靠"的经营宗旨，以先进的、并且不断发展的高新技术，丰富的施工经验，优异的工程质量和良好的服务及施工中的环保意识，广泛面向社会开展服务，先后承接的多项不同类型的建筑结构改造，深得业主的信赖与好评，在业界树立了良好的企业形象。
地址：山西省运城市芮城县洞宾西大街
负责人：张伟刚 邮 编：044600
法 人：张伟刚
Tel：0359－3027876
Fax：0359－3027876

**山西沁水县龙港里必砖厂**
地址：山西省晋城市沁水县龙港镇里必村
负责人：翟玉龙
Tel：13834316038

**山西省介休市城区圣鼎洁具**
业务：经营太阳能、卫浴洁具
地址：山西省介休市新华南街
负责人：孟海俊 邮 编：032000
法 人：孟海俊
Tel：13327543458
0354－7253458

**晋城市城区德育石场**
地址：山西省晋城市西上庄办事处西梅村
负责人：王德育
Tel：0356－3058203

**祁县龙午木业有限公司**
地址：山西省晋中市祁县大运路贾令道口
负责人：杨万海
Tel：0354－5245505

**高平市清大涂装工程有限公司**
业务：室内外墙体装潢工程，水性涂料的销售及技术咨询和服务
产品：各类水性涂料
地址：山西省晋城市高平市南城办小龙渠飞龙彩瓦厂（高平市高速口往西200米）
负责人：郑德信 邮 编：48000
法 人：郑德信
Tel：15333463361
0356－6911249
网址：www.qdtzgp.cn
E-mail：994530459@qq.com

**晋城市金建建筑有限公司**
地址：山西省晋城市新市西街80号
负责人：张建牛
Tel：0356－3058739

**晋城市田园牧歌房地产开发有限公司**
业务：房地产开发
地址：山西省晋城市前进路1288号三楼
负责人：刘天河 邮 编：048000
法 人：刘天河
Tel：13753605599
0356－7025918

**山西省太原市龙彩涂料有限公司**
业务：本公司成立于2000年，主要生产销售建筑涂料。以"一流的质量和服务是我们的承诺，顾客的满意是我们永远的追求"为经营理念，为广大消费者和客户提供优质产品和服务。热忱欢迎广大客商来电洽谈业务！
地址：山西省太原市杏花岭区凯旋路3号
负责人：孟继俊 邮 编：030013
法 人：刘志根
Tel：0351－4650908
4436519

**金盾门业**
地址：山西省晋城市阳城县中条山木材转运站
负责人：雷学敏
Tel：0356－4228530
13703565641

**泽州县明伟环保型砖厂**
业务：空心砖、实心砖、地面砖
地址：山西省晋城市泽州县巴公镇东村村
负责人：冯小明 邮 编：048000
法 人：冯小明
Tel：0356－3877110

**泽州县泰佳建材经销有限公司**
地址：山西省晋城市泽州县大东沟镇贾泉村
负责人：郝晋武
Tel：135933304316

**泽州县兴东石灰厂**
业务：石灰加工
地址：山西省晋城市泽州县高都镇善获村
负责人：程双林 邮 编：48000
法 人：程双林
Tel：13935690023
0356－2027552

**兴茂经销部**
地址：山西省晋中市灵石县建材厂门口
负责人：张焕忠
Tel：0354－7657422
13903441042

**晋中开发区苏腾彩钢复合板厂**
业务：复合板的加工和销售
地址：山西省晋中开发区汇通路鸣李段
负责人：苏童 邮 编：030600
法 人：苏童
Tel：13734032059
0354－2461553
网址：http://www.51zzt.com/user/zztl23563

**介休市亚博建材有限公司**
业务：生产、销售水泥
地址：山西省晋中市介休龙凤镇水泥厂
负责人：张广生 邮 编：030600
法 人：张广生
Tel：13303541000

**介休市雅丽斯装饰有限公司**
业务：室内装饰设计、施工，主要代理品牌有：金迪室内门、双喜门业、中宇卫浴、汉堡地板、苏州立邦乳胶漆等
地址：山西省晋中市介休市建材大市场C座2－3号
负责人：荆小明 邮 编：030600
法 人：荆小明
Tel：0354－7356355
7359943

**山西四通建筑安装有限公司**
业务：山西四通建筑安装有限公司成立于2005年，主要从事建筑安装工程，室内外装修装潢，市政工程等。欢迎各界朋友来我公司洽谈业务，共同合作。
地址：山西省太原市小店区北营村新港街

邮　编:030031
法　人:刘志慧
Tel:0351－7135718
Fax:0351－7121498

**寿阳县朝阳镇草沟村广庆土建工程队**
地址:山西省晋中市寿阳县白家庄村
负责人:郭广庆
Tel:13835477380

**太谷县恒盛物业管理有限公司**
地址:山西省晋中市太谷县南正街 40 号
负责人:刘建德
Tel:0354－6185683

**灵石县翠峰镇太原广大彩钢公司驻灵石办事处**
业务:承揽各种彩钢房,钢结构厂房,仓库,楼房加层,拱形车间,工具办公室,复合板单板,彩涂板,镀锌板,保温夹芯板
地址:山西省晋中市灵石县翠峰镇玉成村玉成桥对面
负责人:尚秀文　邮　编:031300
Tel:13643549566
0354－7965273

**昔阳县桃源造地工程处**
地址:山西省晋中市昔阳县闫庄乡闫庄村
负责人:李小平
Tel:0354－4341005

**灵石县双利新型建筑材料厂**
业务:新型建筑材料
地址:山西省晋中市灵石县公路段寝室 301 室
负责人:韩如亮　邮　编:30600
法　人:韩如亮
Tel:0354－7620608

**山西南方海洋装饰设计工程有限公司**
地址:山西省晋中市榆次区建西街 41 号(裕鑫广场 1071 号)
负责人:吴金洋
Tel:13096538863

**灵石县金柜山石膏开发有限公司**
业务:建筑材料、石膏面板、石膏、石膏粉
地址:山西省晋中市灵石县南关镇石柜村
负责人:张小燕　邮　编:030600
法　人:张小燕
Tel:13835408944
0354－7657901

**平遥县段村叁合兴建材厂**
业务:建材
地址:山西省晋中市平遥县段村镇段村
负责人:张照庆　邮　编:30600
法　人:张照庆
Tel:13835482796
0354－5972788
5971448

**太原市皇超蓉生建筑安装有限公司**
业务:太原市皇超蓉生建筑安装有限公司成立于 2005 年 5 月,承接房屋建筑安装工程、线路管道安装、室内外装修等。公司严格秉承"追求卓越,走向世界"的企业精神理念,奉行"诚信、专业、热枕"的工作作风,恪守合同,发挥全面的科学管理机制,不断创新、恪守质量,争创行业第一人。
地址:山西省太原市义井二化建俱乐部门前小二楼西单元 3 层
邮　编:030021
法　人:崔玉生
Tel:0351－6558150
Mobile:13903403298
Fax:0351－6558438

**凯斯达实业有限责任公司**
地址:山西省晋中市榆次区乌金山镇峪头村
负责人:郭晓鹏
Tel:0354－2523188
2786239
13935486677

**晋中新宏大房地产中介有限公司**
地址:山西省晋中市榆次区西顺城街 14 号
负责人:冀锁伶
Tel:0354－2056310

**平遥县洪善镇东庄村林正砖厂**
业务:泥土砖加工制造
地址:山西省晋中市平遥县洪善镇东庄村
负责人:温玲珍　邮　编:030600
法　人:
Tel:13834847240
13834832471

**平遥县红日工业有限公司**
业务:建材
地址:山西省晋中市平遥县西郭村状元楼
负责人:刘维俭　邮　编:030600
法　人:刘维俭
Tel:0354－5878110
13903547157

**灵石县静升镇尹方继禄砖厂**
地址:山西省晋州市灵石县静升镇伊方村
负责人:任建国
Tel:0354－7728585
13313443000

**平遥县东郭村瑞玲砖厂**
业务:环保砖、空心砖等
地址:山西省晋中市平遥县岳壁乡东郭村
负责人:史瑞玲　邮　编:031100
法　人:史瑞玲
Tel:13994561928
0354－5758058
5758388
Fax:0354－5758058

**侯马经济技术开发区蓝天公路工程有限公司**
地址:山西省临汾市侯马步行街南段西三排 13 号
负责人:王新民
Tel:0357－4265678

**平遥县岳壁乡梁村昶明砖厂**
业务:建筑用砖的生产与销售
产品:红砖
地址:山西省晋中市平遥县岳壁乡梁村
负责人:史金海　邮　编:031100
法　人:史金海
Tel:0354－5756061
13994561233

**新绛县升源纺织厂**
业务:我厂建于 1996 年是新绛县较早的民营纺织企业之一.有先进的生产设备和完善的管理体制.年生产能力 500 万米、其中我厂生产的 21＊21 60＊58 47""、纯棉布远销日本.台湾等国家和地区.欢迎各地客商前来洽谈、共同发展.
地址:山西新绛县城北四公里侯禹高速路口
负责人:周福旺　邮　编:043100
法　人:周福旺
Tel:0359－7906013
Fax:0359－7906013

**侯马经济技术开发区佳兴装饰工程有限公司**
地址:山西省临汾市侯马开发区中天装饰建材广场 4－207 号
负责人:李有田
Tel:13994000848

**太谷县涌泉物贸有限公司**
业务:建材、沙石、水泥、苗木花卉、涂料、保温材料、地暖器材、钢筋、铝合金门窗等
地址:山西省晋中市太谷县 108 国道北关小区 6 号楼 4 单元 201/太谷县 108 国道道口朱家堡
负责人:薛永富　邮　编:030800
法　人:薛永富
Tel:13283663456
15035658555

**临汾市尧都区利达石料经销部**
地址:山西省临汾市金殿镇峪里村
负责人:张铁旦
Tel:0357－3928386

**榆次鑫浩装饰材料经销部**
业务:墙纸、墙毯、墙布
地址:山西省晋中市榆次汇通路华广巷 5 号
负责人:李浩　邮　编:030600
法　人:李浩
Tel:0354－2663155
Fax:0354－2663155

**临汾市祥诚物业管理有限公司**
地址:山西省临汾市临钢路 24 号
负责人:王晋文
Tel:0357－2081010

**晋中春虎养护绿化工程有限公司**
业务:公路养护,公路绿化
地址:山西省晋中市榆次区东阳镇魏岳村
负责人:何春虎　邮　编:030600
法　人:何春虎
Tel:15835439196

**晋中市广荣水电安装有限责任公司**
业务:无塔供水器变频器全套安装维修,大、小型给排水管道、室内外电路光纤安装、维修
地址:山西省晋中市榆次区锦纶东街自来水公司宿舍北楼 3 单元 201
负责人:王广民　邮　编:030600
法　人:王广民
Tel:13603540467
13453297199
网址:http://www.51zzt.com/user/zzt29888

**临汾市同立源建材有限公司**
地址:山西省临汾市刘村镇刘南村西
负责人:王宝贤
Tel:13835726266

**万汇科贸有限公司**
地址:山西省晋中市榆次区校园路 6 号
负责人:廉志杰
Tel:0354－3112289
13903444586

**临汾市文馨房地产开发有限公司**
地址:山西省临汾市曲沃县中心广场劳动局综合楼 101 号
负责人:王思武
Tel:0357－4525089

**榆次胜家宝水暖器材厂**
业务:水暖器材生产销售
地址:山西省晋中市榆次区乌金山镇小西沟村
负责人:李保山　邮　编:030600
法　人:李保山
Tel:0354－2516485
13133445596

**阳泉市高利达建设安装工程队**
业务:阳泉市高利达建设安装工程队从事基础工程、土石方工程,我们是专业的施工队伍,有着多年的经验,欢迎来电洽谈业务!
地址:山西省阳泉市新华西街 5 区 13 号楼 1 单元 6 号
负责人:袁家堂　邮　编:045000
法　人:袁家堂
Tel:0353－2023679

**临汾美加美装饰材料有限公司**
地址:山西省临汾市体育北街 65 号－4
负责人:姚学亮
Tel:0357－2060016

**榆社县同宇绿化工程有限公司**
业务:园林绿化工程,苗木培育经营
地址:山西省晋中市榆社县火车站附近
负责人:陈晋川　邮　编:30600
法　人:陈晋川
Tel:0354－6632248

**临汾市金璇建材有限公司**
地址:山西省临汾市五一东路 50 号
负责人:郭小虎
Tel:0357－2313188

**山西省临汾市洪洞县兴唐寺乡苑川霍山木业加工厂**
业务:木工板(主要运用于装潢的材料)
地址:山西省临汾市洪洞县兴唐寺乡苑川村
负责人:刘国芳　邮　编:031600
法　人:刘国芳
Tel:0357－6580239

**光明塑钢门窗厂**
地址:山西省临汾市西关小区 3 号楼 2 单元
负责人:王天春
Tel:0357－2055068
2052250
13008034290

**临汾市金盛豪装饰有限公司**
业务:室内外装饰设计、施工,装饰材料经营
地址:山西省临汾市平阳南街五中斜对面
负责人:武安祥　邮　编:041000
法　人:武安祥
Tel:0357－6792557

**阳泉市广鑫源耐火材料有限公司**
业务:阳泉市广鑫源耐火材料有限公司,创建于 2004 年 4 月,公司地处具有大量的优质高铝钒土资源的山西省阳泉市,是阳泉市最大的生产铝质不定型耐火材料的主导企业之一。现有固定资产 600 万元人民币,员工 80 人,年产各种不定型耐火材料 6 万吨,公司下辖两个分厂。作为阳泉市不定型耐火材料的主要生产企业,广鑫源公司开发了一系列独特的生产不定型耐火材料的生产工艺和产品,其中包括烧结铝镁尖晶石、烧结莫来石浇注制品、不定型浇注料、软质莫来石,180－－325 各种等级高铝细粉、0－－60mm 各种铝质骨料、40MPa、52MP、69MPa、86MPa 石油压裂支撑剂及石油压裂支撑剂原料,煅烧高岭土等产品。公司产品主要用于钢铁冶炼、石油、化工、电子、建材、陶瓷等行业。公司宗旨"路在脚下,事在人为,以人为本,与时俱进"。
地址:山西省阳泉市郊区固庄村
负责人:045060
法　人:张三虎
Tel:0353－5088996
Fax:0353－5087699

**临汾市华腾建材有限公司**
业务:建材
地址:山西省临汾市乔李镇北高村
负责人:潘吉华　邮　编:041000
法　人:潘吉华
Tel:13100175664
0357－3271099
Fax:0357－3271099

**襄汾县鑫达水泥厂**
地址:山西省临汾市襄汾县景毛乡北李村
负责人:薛海红
Tel:13903572189
13835739161

**乡宁县光华镇土窑村委阳坡石材厂**
业务:石材生产经营,承接相关工程
地址:山西省临汾市乡宁县光华镇土窑村委阳坡村
负责人:任有富
法　人:任有富
Tel:0357－6876019

**临汾市同力达水泥建材有限公司襄汾水泥厂**
地址:山西省临汾市襄汾县襄陵镇河北村
负责人:吕安民
Tel:0357－3688568

**河南省惠浦建设发展有限公司乡宁分公司**
业务:建筑、安装、装饰、钢结构工程
地址:山西省临汾市乡宁县县外贸局四楼
负责人:孔令友　邮　编:042100
Tel:13753797918
13835723187
13753706181

**阳泉市郊区通达耐火材料厂**
业务:阳泉市郊区通达耐火材料厂于 1994 年创建,位于山西省阳泉市郊区荫营镇东垴村,交通便利,环境优美、通迅发达。公司生产各种不定型耐火材料,主要产品有高铝骨料、高铝细粉等,也可根据客户的需要订制各种异型产品。欢迎新老客户来厂来电洽谈。
地址:山西省阳泉市郊区荫营镇东垴村
邮　编:045000
法　人:王拉牛
Tel:0353－5088583
Mobile:13037066427
Fax:0353－2028009

**洪森装饰材料厂**
地址:山西省临汾市襄汾县襄陵镇西阳村
负责人:赵耀恒
Tel:0357－3685007
13903571274

**襄汾县新城拓新水暖器材部**
业务:经营地暖、太阳能、暖气配件、锅炉、节能产品等
地址:山西省临汾市襄汾县龙山路西
负责人:张浩　邮　编:041500
法　人:张浩
Tel:13835382683
0357－3627968

**计福建材厂**
地址:山西省潞城市史回乡杨家庄村
负责人:程计福
Tel:13509752836

**临汾市尧都区顺森建筑劳务有限公司**
业务:建筑劳务分包、派遣、输出、服务
地址:山西省临汾市尧都区广宣街 26 号
负责人:田中峰　邮　编:041000
法　人:田中峰
Tel:0357－3330912
13703559712
网址:http://www.51zzt.com/user/zzt35253

**天宇水泥有限公司**
地址:山西省吕梁市交城县成村
负责人:候天宇
Tel:0358－3903573
13300585209

**临汾市尧都区新恒宇管业加工厂**
业务:楼房排水管及管件
地址:山西省临汾市尧都区贾得乡南孙村
负责人:李宏　邮　编:041000
法　人:李宏
Tel:0357－3055606
3055501

**宏达水泥有限公司**
地址:山西省吕梁市交城县西社镇曲里村
负责人:吕俊和
Tel:0358－3554129
13503588353

**临汾市尧都区永强混凝土外加剂厂**
业务:生产、销售混凝土外加剂
地址:山西省临汾市尧都区刘村镇南芦村
负责人:蔡永强　邮　编:041000
法　人:蔡永强
Tel:13753578039

**古交市龙岩建材有限公司**
地址:山西省太原市古交市岔口乡席麻沟沟儿口
负责人:马爱叶
Tel:0351－5151909

## 临汾市沈达园林绿化有限公司
业务:经营各种绿化苗木,绿化工程和各种高档花卉
产品:白皮松
地址:山西省临汾市尧都区尧庙镇尧庙村
负责人:沈永明 邮 编:041000
法 人:沈永明
Tel:13903578148
0357－2591605
网址:http://www.51zzt.com/user/zzt123629

**古交市鑫垒水利建筑工程有限公司**
地址:山西省太原市古交市邢家社乡中社村
负责人:李阎勤
Tel:13903416285

## 山西景泰物业管理有限公司
业务:物业管理
地址:山西省吕梁地区中阳县金鼎大酒店
负责人:张雨峰 邮 编:33400
法 人:张雨峰
Tel:0358－5026106
13803489104
Fax:0358－5026106
E-mail:958074903@qq.com

**太原沙得发建筑物拆除有限公司**
地址:山西省太原市尖草坪区江阳街1号135楼52号
负责人:刘仲明
Tel:13099099996

## 中阳县经典塑钢门窗店
业务:塑钢门窗设计、加工,室内外装潢
地址:山西省吕梁地区中阳县三O七线旁南街停车厂院内
负责人:高林平 邮 编:033400
法 人:高林平
Tel:13593408789
13593408569
13934359346

**太原江阳建筑装饰工程有限公司**
地址:山西省太原市尖草坪区西留路18号
负责人:赵国寿
Tel:0351－2812068

## 吕梁森众混凝土有限公司
业务:加工、销售:混凝土
地址:山西省吕梁市离石区七里滩
负责人:马奴元 邮 编:033000
法 人:马奴元
Tel:13803480107
0358－8323889
Fax:0358－8323889

**阳泉玉鑫耐火材料厂**
业务:本公司成立已10多年了,现有200多名员工。主要经营耐火材料的生产与销售
地址:山西省阳泉市郊区荫营镇西垴村
邮 编:045050
法 人:韩华锦
Tel:0353－5110666
Fax:0353－5110666

**山西天辰装饰工程有限公司**
地址:山西省太原市尖草坪区兴华街88号现代装饰大世界石材城7座7号
负责人:张润杰
Tel:13623465652

## 吕梁丰润玻璃有限公司
业务:4－19mm平弯钢化中空防弹、防火、夹层夹胶、喷砂喷漆,工艺玻璃,可按顾客要求订制各类玻璃
产品:钢化玻璃、中空玻璃
地址:山西省吕梁市离石区田家汇(高速东口以东3000米)
负责人:王利民 邮 编:33000
Tel:0358－8349888
Fax:0358－8331221
网址:http://www.llfrbl.com
E-mail:wlm3560@163.com

**太原天东宝典装饰材料有限公司**
地址:山西省太原市晋阳街28号山西毛纺织厂校办车间
负责人:袁江
Tel:0351－7131628
13834142379

## 柳林县银旺源泉彩钢玻璃建材销售部
业务:专业从事彩钢、钢材销售,并为客户提供加工,仓储、配送等优质服务。我们将秉承专业、专注、高品质的经营理念,竭诚为您提供最优质的服务
地址:山西省吕梁市柳林县柳林镇东十二米街
负责人:张银旺 邮 编:033300
法 人:张银旺
Tel:0358－5521676
Fax:0358－5521676

**太原康培房地产开发有限公司**
地址:山西省太原市晋源区晋源街道西街
负责人:原云花
Tel:0351－6942222

## 金创艺装饰部
业务:装饰装潢
地址:山西省吕梁孝义市美居家园505号
负责人:郭建忠 邮 编:33000
法 人:郭建忠
Tel:15835802333
0358－7657333

**太原通美园林绿化工程有限公司**
地址:山西省太原市康乐街98号
负责人:郭润明
Tel:0351－4165286
13803408689

## 朔州市敬德门业装饰有限公司
业务:本公司是集研发、生产、销售、安装一条龙的专业门类生产企业,兼营燃气锅炉、电梯。
产品:自主知识产权"尉迟恭牌"智能防爆门、肯德鸡门、实木门等
地址:山西省朔州市豪德光彩贸易广场六街127号
负责人:尹滋 邮 编:036002
法 人:尹滋
Tel:0349－2266685
13903492085
Fax:0349－2098485
E-mail:yinzhi2085@126.com

**清徐县信义建材供应站**
地址:山西省太原市清徐县清源镇凤仪街
负责人:米三梅
Tel:0351－5724345

## 朔州市朔城区豪德贸易广场永兴装饰材料经销部
业务:厂家直销各种樟松木材、木龙骨,各种装饰材料,代办各种工程材料,有四公分板、五公分板、4.5×7.5口料、3.8×8.8口料,欢迎新老客户携手合作,我们的服务是您成功的开始,诚信合作,携手共进。
地址:山西省朔州市豪德贸易广场5街190号
负责人:赵继奎 邮 编:036000
法 人:赵继奎
Tel:13934983433
0349－8188157

**山西海洋建材有限公司**
地址:山西省太原市清徐县徐沟镇张楚王村
负责人:申志龄
Tel:0351－5780387

## 怀仁县伯艺木门经销部
业务:伯艺木门的销售
地址:山西省朔州市怀仁县新华南路109号
负责人:张志宏 邮 编:036000
法 人:张志宏
Tel:13834979159
0349－6626413

**太原典雅居装饰有限责任公司**
地址:山西省太原市万柏林区滨河西路新晋汾装饰城A区12号
负责人:蒋仙云
Tel:0351－6620238

## 飞宇装饰材料门市部
业务:套装门、整体厨柜、成套家具等装饰材料
地址:山西省朔州市开发区银河装饰市场
负责人:许普 邮 编:036000
法 人:许普
Tel:13934402678
0349－8185419
Fax:0349－8185419

**山西宇鑫结构吊装有限公司**
地址:山西省太原市万柏林区和平北路195号(省建筑构件公司)
负责人:许仕全
Tel:0351－5630008

## 山阴县宏隆新型墙体材料有限公司
业务:新型墙体材料批发
地址:山西省朔州市山阴县马营乡马营村
负责人:常龙 邮 编:036900
法 人:常龙
Tel:0349－7089076
13453081369

**三新彩板门窗厂**
地址:山西省太原市万柏林区晋祠路三段(南屯村东)
负责人:孟跃文
Tel:0351－6070578
13603552633

## 山西省朔州市朔城区豪德广场唐河装修材料经销部
业务:经营给、排水管
地址:山西省朔州市朔城区豪德贸易广场9街150号
负责人:唐河 邮 编:036000
法 人:唐河
Tel:13513691096
0349－8186185

**左权县中盛建材有限责任公司**
业务:本公司成立于1986年,主要经营建材、洁具、地板、全友家俬。热忱欢迎新老客户光临、惠顾!
地址:山西省晋中市左权县城北大街13号(农业局楼下)
负责人:孙建军 邮 编:032600
法 人:孙建军
Tel:0354－8624135

**山西天舍建筑工程有限公司**
地址:山西省太原市万柏林区千峰工贸大楼七层
负责人:李世杰
Tel:0351－6187744

## 东方石棉保温材料经销部
业务:硅酸铝棉,各种规格的玻丝布,防火保温材料
地址:山西省太原市滨河物资贸易中心西四排北18号
负责人:墨中海 邮 编:30000
法 人:墨中海
Tel:0351－6538996

**太原昊锋建筑安装有限公司**
地址:山西省太原市万柏林区义井街南三巷2号8幢3层45号
负责人:孙晋锋
Tel:13894668698

## 蓬莱博展房地产经纪有限公司太原分公司
业务:房产经济咨询
产品:海景房和批发市场商铺销售
地址:山西省太原市草坪区十里铺东巷二条20栋2单元33号
负责人:张树平 邮 编:30003
法 人:李坤
Tel:13994231009
0351－3136333
Fax:0351－5689947

**太原美家乐装饰工程有限公司**
地址:山西省太原市万柏林区义井西一里5号3幢6号
负责人:谭杰
Tel:0351－4196673

## 山西君工建筑安装工程有限公司万盛分公司
业务:建筑工程劳务总成包(二级)
地址:山西省太原市和平北路彭村新区8号楼2单元6层211号
负责人:马武 邮 编:030082
法 人:马武
Tel:13835045657
15534021956

**太原市玲木木业有限公司**
地址:山西省太原市小店北营许坦东街21号
负责人:陈瑞
Tel:0351－7120207
13503511258

## 太原市尖草坪区佳雨建材经营部
业务:建筑材料的销售,有减水剂、防冻剂等
地址:山西省太原市尖草坪区柴村昌盛花园南区6号楼2单元302
负责人:李会荣 邮 编:030000
法 人:李会荣
Tel:0351－6035138
13835116723

**大代赵龙暖气片厂**
地址:山西省太原市小店区北格镇大代村
负责人:赵世荣
Tel:0351－7942593
13603513597

## 鑫盛磊达钢材经销部
业务:钢材、建材
地址:山西省太原市尖草坪区鑫佳源钢材市场C区13号
负责人:张月恩 邮 编:325024
法 人:张月恩
Tel:15534031866
0351－6106351
Fax:0351－6106352

**山西恒实文化物业管理有限公司**
地址:山西省太原市小店区长风街859号
负责人:孙国太
Tel:0351－7229871

## 山西神武建筑工程有限公司
业务:建筑、装潢
地址:山西省太原市解放路东头道巷省教委宿舍8号楼1单元7号
负责人:高树彬 邮 编:030082
法 人:郝玉霞
Tel:0351－3286681

**太原佳明环境工程有限公司**
地址:山西省太原市小店区高新区产业路48号新岛科技园E座504室
负责人:王云龙
Tel:13099076852

## 太原市晋源区凯翔暖气片直销处
业务:专营赵牌铸铁暖气片,钢制、钢铝复合、铜铝复合等散热器,太谷玛钢件,水暖配件。承接工程设计、安装、调试等一条龙服务。我们有完整的售前、售中、售后服务体系。致力为客户提供高质量、高水平的产品和服务。
产品:暖气片、玛钢件、散热器
地址:山西省太原市晋源区南堰万水物贸城五区70号
负责人:王鹏龙 邮 编:030000
法 人:王鹏龙
Tel:13099056060
13223642631
13653646540
E-mail:heilong517388282@qq.com

**五龙新型建材厂**
地址:山西省太原市小店区黄岭街道办事处五龙沟村
负责人:张拉贵
Tel:0351－7973811
13593063560

## 山西清卫建筑材料有限公司
业务:承接建筑工程和销售建筑材料
产品:建筑材料
地址:山西省太原市晋源区新晋祠路288号E区8座17号
负责人:吴世卫 邮 编:30000
法 人:李志清
Tel:15135185555

**山西川建建筑劳务有限公司**
地址:山西省太原市小店区黄陵路168号
负责人:陈茂华
Tel:0351－7136378

## 娄烦县尚居装饰设计有限公司
业务:承接室内外装饰装修工程
地址:山西省太原市娄烦县县城南大街(汾源宾馆)一层
负责人:胡云飞 邮 编:30300
法 人:胡云飞
Tel:13834693598
0351－5325600
网址:http://www.sjzssj.cn/
E-mail:981490936@qq.com

**太原永佳装饰工程有限公司**
地址:山西省太原市小店区经济开发区三星公司111室
负责人:孙志勇
Tel:13935118999

## 清徐县艾瑞克散热器厂
业务:集研发及生产于一体,专业制造销售钢制散热器,凭借优良的技术和质量保障及完善的售后服务,使我厂树立了良好的企业形象,得到广大用户的一致好评。
产品:各种型号钢制散热器
地址:山西省太原市清徐县王答乡赵家堡村
负责人:张蕴武 邮 编:030401
法 人:赵晋龙
Tel:0351－5978752
2959990
Fax:0351－5978752

**山西彼越家具装饰有限公司**
地址:山西省太原市小店区南内环街418号金茂国际数码中心A－26－C
负责人:毛彦亮
Tel:0351－8720410

## 清徐县嘉和佰丽装饰材料有限公司
业务:生产,销售橱柜、衣柜、浴室柜
地址:山西省太原市清徐县徐沟镇武家庄村
负责人:李志忠 邮 编:030082
法 人:李志忠
Tel:0351－5552201
13453186838

**京盛门窗厂**
地址:山西省太原市小店区农科南路106号
负责人:陈历
Tel:0351－7128728
13934145910

## 浙江铭仕管业集团有限公司太原总代理

业务：各类管材、管件和铜制阀门
地址：山西省太原市万柏林区滨河物贸东市场西排95－96号
负责人：何先生　邮　编：030000
法　人：何华灿
Tel：0351－5610824
15903435031

**山西汉唐房地产开发有限公司**
地址：山西省太原市小店区平阳路大马村东正街4排3号
负责人：胡化立
Tel：0351－4172236

## 太原市万柏林区云峰机械厂

业务：直螺纹连接套的生产
地址：山西省太原市万柏林区和平南路沙沟北小区西4号楼3单元202
负责人：曹建峰　邮　编：030021
法　人：曹建峰
Tel：13033485954
0351－6924249

**山西田润建筑工程有限公司**
地址：山西省太原市小店区平阳路太塑四厂院内
负责人：田计才
Tel：0351－8878609

## 兴贸建材总汇

业务：专营蹲便、坐便、水龙头、淋浴房、浴霸等卫浴用品，批零均可，免费送货上门安装，我们将以优质的服务、良好的信誉迎接您的惠顾。
地址：山西省太原市万柏林区彭村聚宝彭建材装饰市场9号楼3号
负责人：刘经理　邮　编：030000
法　人：刘慈林
Tel：0351－6290905
13754852443

**太原天日建材有限公司**
地址：山西省太原市小店区坞城北街42号9幢3－8号
负责人：郑崇慧
Tel：13753186900

## 太原市晋峒拆除有限公司

业务：机械拆除、土石方工程，房屋修缮、机械租赁，拆除旧厂房、楼房、烟筒及各种高层建筑物的拆除，尤其是特殊环境的高层建筑
地址：山西省太原市万柏林区彭村西街23号
负责人：吕侯伟　邮　编：30022
法　人：吕侯伟
Tel：13503505130
0351－2760741
网址：http://www.jjccyxgs.cn/

**山西城德园林绿化工程有限公司**
地址：山西省太原市小店区学府街98号7幢3层304号
负责人：姚拉文
Tel：13803403359

## 太原市万柏林区会生吊装服务部

业务：吊装130吨至8吨吊车出租
地址：山西省太原市万柏林区彭村新区一楼二单元203号
负责人：闫会生　邮　编：030000
法　人：闫会生
Tel：13994284988

**鑫美联房地产商务有限公司**
地址：山西省太原市新建路254号310室
负责人：吴国燕
Tel：0351－3531819
6682818

## 山西美佳锦环保科技有限公司

业务：环保设备的研发与销售，计算机软件开发，环保工程及咨询与服务，从事污染源在线监测及污水处理、大气治理、生态恢复、生态经济区划、垃圾填埋处理等各项工程
地址：山西省太原市万柏林区千峰南路1号国际能源中心十四层1409号
负责人：宋伟　邮　编：30082
法　人：宋伟
Tel：0351－4378899
网址：http://www.sxmjj.com/
E-mail：sxmjj_1409@163.com

**山西金伟华房地产开发有限公司**
地址：山西省太原市杏花岭区北大街中段82号一层
负责人：杨金贵
Tel：0351－3033952

**忻州为民物业管理有限公司**
地址：山西省忻州市忻府区前进西街南巷8号
负责人：赵燕燕
Tel：13803441619

## 山西春光物贸有限公司

产品：机电产品、钢材
地址：山西省太原市万柏林区下元小区6号楼3单元302室
负责人：洪文庆　邮　编：030024
法　人：洪文庆
Tel：0351－6190898

**太原市杏花岭区百兴旺水电维修部**
地址：山西省太原市杏花岭区城坊西街40号
负责人：贾润生
Tel：13099003323

## 庆峰时尚门业

业务：烤漆、套装窗套、套装哑口、烤漆柜门板
地址：山西省太原市现代装饰城五金门业馆M－43号
负责人：党秀峰　邮　编：030024
Tel：0351－6551278
Fax：0351－6551378

**山西融南装饰工程有限公司**
地址：山西省太原市杏花岭区府西街268号力鸿大厦B座0607室
负责人：张亚南
Tel：0351－4936975

## 山西泰怡环保设备有限责任公司

业务：环保设备销售与安装
地址：山西省太原市小店区滨河东路滨东花园3号楼1单元403室
负责人：李澄玉　邮　编：030000
法　人：李澄玉
Tel：0351－7656178
13503509697

**山西中信瑞驰房地产商务有限公司**
地址：山西省太原市杏花岭区新建北路254号房地产中介市场
负责人：张薇
Tel：0351－3535155

## 山西海基建筑工程有限公司

业务：市政工程，水利建设，绿化工程等
地址：山西省太原市杏花岭区府西二巷万厦华府3号楼东单元301室
负责人：刘华东　邮　编：30000
Tel：13803468047
15303516800
网址：http://www.51zzt.com/user/zzt34761

**太原市杏花岭区调崖湾石料厂**
地址：山西省太原市杏花岭区中涧河乡洪子峪村西
负责人：孙斌发
Tel：0351－3650008

## 山西鼎元伟业房地产开发有限公司

业务：房地产开发
地址：山西省太原市小店区亲贤北街109号
负责人：邓元福　邮　编：030006
法　人：邓元福
Tel：13903411952
0351－5694305

**太原中科弘天弘环保科技有限公司**
地址：山西省太原市迎泽区并州北路188号12幢3号2层
负责人：赵桂同
Tel：13934632328

## 山西嘉节房地产开发有限公司

业务：房地产开发、销售、施工、物业管理
地址：山西省太原市小店区文昌南路23号
负责人：吴文前　邮　编：030000
法　人：吴文前
Tel：0351－7671077
13453409200
13835135827

**太原市银典物业管理有限公司**
地址：山西省太原市迎泽区朝阳街38号院朝阳家园
负责人：陈瑞正
Tel：0351－2299970

## 鼎峰洁具经销部

业务：山西省规模最大、销量最大的浴室柜专业生产厂家
地址：山西省太原市兴华街润发陶瓷洁具城B区6号
负责人：李俊卿　邮　编：030027
法　人：李俊卿
Tel：0351－6265315
Fax：0351－6382217
网址：www.sxdfgy.cn

**太原市宏岩通勘查技术咨询有限公司**
地址：山西省太原市迎泽区东岗路156号1－4－10号
负责人：郭永刚
Tel：13633412786

## 山西省太原市杏花岭区日兴室内装饰部

业务：室内装饰（旧家翻新只需一天）
地址：山西省太原市杏花岭区东昌盛小区18号五单元一层东户
负责人：赵小平　邮　编：030000
法　人：赵小平
Tel：13099054577
0351－4435305
网址：www.rxzs365.cn

**太原市岩祥建筑有限公司**
地址：山西省太原市迎泽区东华苑小区C区3－2－9号
负责人：高晓苏
Tel：13834620868

## 山西华德成房地产开发有限公司

业务：房地产
地址：山西省太原市杏花岭区新建北路438号鑫磊大厦1210、1219室
负责人：刘寨成　邮　编：30082
法　人：刘寨成
Tel：15935611095
0351－5245623

**太原市建强建筑工程有限公司**
地址：山西省太原市迎泽区太榆路28号601、602房间
负责人：郝刚
Tel：0351－7589689

## 山西五台山建筑工程公司第七分公司

业务：建筑
地址：山西省太原市杏花岭区中涧河春怡苑C区3号楼5层7户
负责人：康宪伟　邮　编：030003
法　人：康宪伟
Tel：13223600442
0351－2613138

**忻州能元物业管理有限公司**
地址：山西省忻州市经济技术开发区
负责人：李德生
Tel：0350－2082204

## 太原市志诚通达塑料制管厂

业务：塑料管的生产与销售
产品：塑料管
地址：山西省太原市阳曲县大盂镇大盂村
负责人：王朴牛　邮　编：30082
法　人：王朴牛
Tel：0351－5597630

**忻州忻宁石材有限公司**
地址：山西省忻州市开发区
负责人：张祝川
Tel：13103500000

## 阳曲县东华不锈钢装饰店

业务：不锈钢扶手、门窗
地址：山西省太原市阳曲县东北街93号
负责人：潘旭东　邮　编：030000
法　人：潘旭东
Tel：13935144761
0351－5529960

## 迎泽区东升水泥制品厂

业务：生产，销售GRC水泥构件、通风管道
地址：山西省太原市迎泽区王家峰村赵北峰路九号院
负责人：卢正东　邮　编：030000
法　人：卢正东
Tel：13603589558
0351－8911338

**忻州市瑞志物业管理有限公司**
地址：山西省忻州市忻府区顿村派立高
负责人：刘瑞
Tel：0350－3610033

## 太原市迎泽区金凯室内装饰服务部

业务：五金电器、装饰材料、装饰服务
地址：山西省太原市迎泽区小沟街22号
负责人：王小林　邮　编：030001
法　人：王小林
Tel：13453431836
13623473629

## 屯留县河北脑现代装潢部

业务：室内外装饰设计与施工
地址：山西省屯留县麟绛镇河北脑村
负责人：张文岗　邮　编：046100
法　人：张文岗
Tel：13835562970
13835557424

**山西省五台县建筑安装有限公司第三分公司**
地址：山西省忻州市五台县建筑安装公司院内
负责人：郑宏
Tel：13994132909

**忻州金雅洁具有限公司**
地址：山西省忻州市忻府区云中路45号
负责人：张瑞
Tel：0350－3066899

## 保德县东关镇郭家滩预制厂

业务：空心楼板的生产、销售
地址：山西省忻州市保德县东关镇郭家滩村
负责人：韩保斌　邮　编：034000
法　人：韩保斌
Tel：13935095700
0350－7321403

**阳泉市宏阳工程安装有限公司**
地址：山西省阳泉市矿区赛鱼街（三矿多营服务公司办公楼内）
负责人：白军会
Tel：13096501152

## 保德县宏都塑钢加工门市

业务：塑钢门窗加工销售
地址：山西省忻州市保德县东关镇康家滩糖枣厂附近
负责人：韩永东　邮　编：036600
法　人：韩永东
Tel：13835075509
13097678477

**阳泉市汇鑫房地产开发有限公司**
地址：山西省阳泉市平定县东大街118号
负责人：李国希
Tel：13703539866

## 山西君工建筑安装有限公司保德强宇分公司

业务：房屋建筑与装潢，公路修建
地址：山西省忻州市保德县桥头支线北侧
负责人：韩培荣　邮　编：36600
法　人：韩培荣
Tel：0350－7323730

**阳泉市天泉房地产开发有限公司**
地址：山西省阳泉市平定县东大街75号
负责人：赵续泉
Tel：0353－6062450

## 保德县钓鱼台建材有限公司

业务：砂子、石子、水泥、砖、钢筋
地址：山西省忻州市保德县人民政府办公室
负责人：高勇前　邮　编：036600
法　人：高彦彪
Tel：13935053554
15935284335
网址：http://www.51zzt.com/user/zzt33643

**阳泉天山泉房地产开发有限公司**
地址：山西省阳泉市桃南中路1号
负责人：谢春光
Tel：0353－2032385

## 忻州市定襄县如意凿井队

业务：凿井
地址：山西省忻州市定襄县世纪花园2号5单元2楼西门
负责人：于俊如　邮　编：034000
法　人：于俊如
Tel：13803446446
15935030632

**原平克均装璜部**
地址：山西省原平市永兴南路铁中大门对面
负责人：周克均
Tel：0350－8242518
13994193578

## 山西龙鼎建材有限公司

业务：建材销售
产品：粉煤灰、蒸压砖
地址：山西省忻州市静乐县鹅城镇西坡崖村
负责人：郝振兴　邮　编：034000
法　人：贾伟铭
Tel：0350－7847289
13934211140
Fax：0350－7847289

## 静乐县满富涂料门市

业务：各种涂料出售
地址：山西省忻州市静乐县食品公司院
负责人：吕满富　邮　编：035100
法　人：吕满富
Tel：13835042423
13610606694

**运城市海纳房地产开发有限公司**
地址：山西省运城市东门外北一巷8号
负责人：谢湘
Tel：0359－2089598

**众和新型建筑材料有限公司**
地址：山西省运城地区芮城县东大街100号
负责人：牛世界
Tel：0359－3030233
13903598412

**稷山县顺达房屋拆迁有限责任公司**
地址：山西省运城市稷山县县建筑安装有限公司

司院内
负责人：宁更林
Tel：0359－5525692

**山西嘉和绿洲环保技术有限公司**
业务：专业从事环保技术研发；环保工程咨询；环境影响评价、咨询。致力于让您的呼吸更顺畅、生活更精彩！让我们构建和谐社会，建设绿色家园。
地址：太原市迎泽区建设南路162号山西三资企业商务中心409、426室
负责人：牛萨萨 邮编：030012
法人：闫海亮
Tel：0351－4725843
Fax：0351－4725842
网址：http://www.chinaeiasx.cn
E-mail：jhlz_sx2008@163.com

**襄汾县新城东风水渣砖厂/加喜水泥经销部**
业务：专业从事水渣砖的生产销售，是一种节能环保的新型墙体建筑用砖，我们将以优质的产品，合理的价格，良好的服务欢迎广大用户前来定购。另有11亩地进行商品房开发
产品：各系列砖材、各型号系列水泥
地址：砖厂：山西省临汾市襄汾县新城镇湖李村北水泥经销部：襄汾县新城镇县委北襄光路西
负责人：张加喜 邮编：041500
法人：张加喜
Tel：13133184863
Fax：0357－3625028

**忻州开发区富星建筑节能材料有限公司**
业务：外墙保温材料
产品：聚苯板粘结沙浆，聚苯板抗裂沙浆，聚苯颗粒浆料，内外墙防水腻子粉
地址：山西省忻州市开发区大檀村
负责人：周五星 邮编：034000
法人：周五星
Tel：0350－3120114
Fax：0350－3120114
网址：http://www.51zzt.com/user/zzt36162
E-mail：xzfx114@163.com

**神池县西后湾石料厂**
业务：石料销售
地址：山西省忻州市神池县龙泉镇西湾
负责人：张国民 邮编：34000
法人：张国民
Tel：0350－4231385

**运城市禹都经济开发区栖凤斋字业雕刻坊**
业务：花岗岩、大理石、青石、磁砖、木板等雕刻
地址：山西省运城市禹都经济开发区电视塔北500米
负责人：王权威 邮编：044500
法人：王权威
Tel：13835937193
15835260191

**运城市汉林装饰工程有限公司**
业务：五金材料代理
地址：山西省运城市禹都开发区南风工业园广汇公寓楼1单元204室
负责人：王芝亭 邮编：044000
法人：王芝亭
Tel：0359－8666121

**山西省忻州市忻府区天保新能源开发有限公司**
业务：农村生物质开发，推广，服务
产品：多功能气化炉，太阳能沼气，高洁滤，空气净化器
地址：山西省忻州市团结路温馨苑小区
负责人：王保才 邮编：034000
Tel：13663501235

**山西普天锅炉设备安装有限公司**
业务：锅炉设备安装、维修、改造
地址：山西省运城市盐湖区银湖南路4号
负责人：杨霖 邮编：044000
法人：杨霖
Tel：0359－8967359

**山西名豪房地产开发有限公司**
业务：房地产开发
地址：山西省运城市盐湖区禹都东大街28号
负责人：师文宏 邮编：44000
法人：师文宏
Tel：0359－2432333

**运城市巨龙门窗有限公司**
地址：山西省运城市解放北路428号

负责人：谢江波
Tel：0359－2164666

**王伟不锈钢铁艺饰业部**
业务：不锈钢栏杆、扶手、不锈钢有框门
地址：山西省忻州市五台县文昌路
负责人：王灵伟 邮编：035500
法人：王灵伟
Tel：13835050579
15835085500

**忻州常青园林绿化有限公司**
业务：园林绿化工程，绿化养护，花卉苗木培育经营
地址：山西省忻州市忻府区公园街人民公园办公楼
负责人：林国方 邮编：034000
法人：林国方
Tel：0350－3122686

**金天马钢结构彩板供应站**
地址：山西省运城市经济技术开发区九区南楼13－15号
负责人：卫道串
Tel：0359－2582988
13903480809

**太原市市政工程总公司运城分公司**
业务：市政公用工程施工总承包一级、公路工程施工总承包一级、公路路面工程专业承包一级、公路路基工程专业承包二级、房屋建筑工程施工总承包二级、城市道路照明工程专业承包二级、钢结构工程专业承包二级
地址：山西省运城市盐湖区凤凰南路72号御凤园4层东北04D
负责人：王加新 邮编：044000
Tel：13903489430
0359－2278220
Fax：0359－2278220

**运城市盐湖区科建防水建材厂**
业务：生产销售防水材料、混凝土外加剂
地址：山西省运城市盐湖区条山街怡景华庭14号1单元402
负责人：潘志愿 邮编：044000
法人：潘志愿
Tel：13753968311
0359－2189335
Fax：0359－2189335

**天泰塑钢门窗厂**
地址：山西省运城市马家窑19号
负责人：王晓宙
Tel：0359－8965205
13008000608

**原平市康泰虹木建材有限公司**
业务：烤漆门、免漆门、橱柜门、装饰材料
产品：实木、复合烤漆门
地址：山西省忻州原平市京原南路（原净水剂厂）
负责人：张鑫平 邮编：034100
法人：张鑫平
Tel：13333503888
0350－8238050
Fax：0350－8258777
网址：http://www.ypkthmjc.cn

**曙光加工部**
业务：隐形纱窗、中空玻璃、塑钢门窗的加工与销售
产品：隐形纱窗、中空玻璃、塑钢门窗
地址：山西省阳泉市郊区杨家庄乡加油站背后（义白路东大西线旁）
负责人：王书光 邮编：45000
法人：王书光
Tel：13663631750
0353－5022068

**运城经济开发区盛发门业经销部**
业务：实木门、原木门、实木复合门、钢木门、高分子门、玻璃推拉门、免漆门
地址：山西省运城市鑫源装饰材料城A区004号
负责人：曲连存 邮编：044000
法人：曲连存
Tel：0359－2988952
13935929781

**山西林煜绿化工程有限公司**
业务：城市园林，景观工程
地址：山西省运城市盐湖区北相镇北相村
负责人：卫国梁 邮编：044000
法人：卫国梁
Tel：13935950980
0359－8683558

**阳泉市郊区瑞阁装饰总汇**
业务：生产套装门、厨柜、推拉门
地址：山西省阳泉市郊区义东沟装饰城北区6排23号
负责人：李利 邮编：045000
法人：李利
Tel：0353－4277720
3302968
13994533987

**欧派集成吊顶阳泉地区总代理**
业务：集成吊顶、大型公共场合吊顶
地址：山西省阳泉市万通市场建材一条街5－7号
负责人：康文钦 邮编：045000
法人：康文钦
Tel：0353－2593123

**夏县三晋供暖设备有限公司**
业务：锅炉及配套设备、水暖设备及配件销售安装
产品：燃气、燃煤大型工业水暖锅炉、太阳能热水器
地址：山西省运城市夏县新建北路
负责人：秦典明 邮编：044400
法人：秦典明
Tel：15935566667
Fax：0359－8536366

**新绛县北张镇宏达建材城**
业务：销售铝合金、塑钢门、木制门窗等
地址：山西省运城市新绛县北张大街西端南侧
负责人：卫晓寒 邮编：043100
法人：卫晓寒
Tel：13935953047
13734293464

**河津市瑞盛砼搅拌有限公司**
业务：生产销售商品混凝土
产品：商品混凝土
地址：山西省运城市河津市清涧镇清涧一村西南
负责人：阮瑞祥 邮编：044000
法人：阮瑞祥
Tel：13903595073
13294675098
0359－5233686
Fax：0359－5233686

**稷山县吉武建材厂**
业务：铁丝生产销售
地址：山西省运城市稷山县化峪镇李马吴村
负责人：杜吉武 邮编：043200
法人：杜吉武
Tel：0359－5625557

**经济技术开发区中建金属材料有限公司**
地址：山西省运城市禹都十四区二号楼2－6号
负责人：陈国强
Tel：0359－2581263

13935930788

**清馨装饰材料城**
业务：室内外装潢材料批零，装潢工程承接
地址：山西省运城市闻喜县龙港建材市场东三排
负责人：张国瑞 邮编：044000
法人：张国瑞
Tel：0359－7033168

**夏县水头镇永安防盗门销售店**
业务：经营范围：防盗门、实木门、洁具
地址：山西省运城市夏县水头镇西下晁村15组
负责人：刘开慧 邮编：44000
法人：梁杰
Tel：13133399151
13466933853
网址：http://www.51zzt.com/user/yafdm/coinfo.htm

**三鑫铝合金门窗加工销售处**
地址：山西省运城市禹都十四区四号楼12－14号
负责人：刘峰
Tel：0359－8665998
13935988001

**绛县续鲁四分指砖厂**
业务：建筑用砖
地址：山西省运城市绛县续鲁村四分指基建处
负责人：张永贵 邮编：044000
法人：张永贵
Tel：13934869801
0359－6884341

**运城经济开发区石虎塑料制品经销部**
业务：PVC给水、排水管材等装潢材料销售
地址：山西省运城市经济开发区禹都市场八区北楼9－10号
负责人：赵石虎 邮编：044000
法人：赵石虎
Tel：0359－2581178
Fax：0359－2581178

**运城市空港新区天宇脱硫除尘设备有限公司**
业务：脱硫除尘设备加工、销售。
地址：山西省运城市空港新区关公机场商业街中段71号
负责人：张春义 邮编：044000
法人：张春义
Tel：13233224813

**闻喜县红鑫物业管理服务中心**
业务：物业管理
地址：山西省运城市闻喜县东镇国泰路红鑫阁4号楼301室
负责人：王冬鸽 邮编：043801
法人：王冬鸽
Tel：0359－7302495

## 长治市隆盛兴工程机械有限公司

长治市隆盛兴工程机械有限公司成立于96年，承揽大型设备吊装，工程机械及大型货物运输；建筑工程爆破挖运，公路、桥梁建设等工程；对外租赁各种工程机械，本公司24小时为您服务。2009年公司下设工程机械培训学校成立，对外招生培训各种工程机械驾驶员。即报即学，终身受益！

电话：0355-6080777　6081123　13934295616
传真：0355-6021177　　联系人：吕怀根
地址：山西省长治市太行西街199号　　邮编：046000

## 大同市宝鑫装饰有限公司

大同市宝鑫装饰有限公司代理经营"柯尚"套装门，承接室内外装饰设计施工业务。

欢迎您的光临！

电话/传真：0352-2489259
联系人：王希军　13934267165
邮编：037008
地址：山西省大同市城区新开西一路83号馨和园西区18号商铺

## 长治市瑞奇线材有限公司

长治市瑞奇线材有限公司自成立以来，以线材加工、销售为主。

公司以"质量第一、服务至上"为经营宗旨，热忱欢迎新老客户光临、惠顾。

联系人：常存成　15935540444　13935590307
邮编：046000
地址：山西省长治市郊区故县东街101号

## 东丽玻璃制品有限公司

东丽玻璃制品有限公司成立于1998年，主要从事玻璃器皿的制造与销售。

我们秉承"顾客至上，锐意进取"的经营理念，坚持"客户第一"的原则为广大客户提供优质的服务。欢迎广大客户惠顾！

联系人：赵峰　13603595086
电话：0359-7459036　7458039
传真：0359-7458039
地址：山西省运城市闻喜县郭家庄镇老中学　邮编：044000

## 长治市瑞祥房地产开发有限公司

长治市瑞祥房地产开发有限公司成立于2008年，主要从事于房地产开发。

公司在经营活动中坚持诚信为本，顾客至上，赢得政府、社会各界和广大业主的好评，确立了良好的信誉。

联系人：赵爱民
13453566626　13903556196
地址：山西省长治市工商银行东街支行　邮编：046000

## 汾阳市海滨建筑装饰有限公司

汾阳市海滨建筑装饰有限公司自成立以来，我公司是一家从事加工、销售艺术玻璃、铝合金门窗的企业。

本公司秉承"顾客至上，锐意进取"的经营理念，坚持"客户第一"的原则为广大客户提供优质的服务。欢迎惠顾！

联系人：李晋斌
电话：0358-7228896　邮编：032200
传真：0358-7236686　地址：山西省汾阳市汾平公路北头段272号

## 长治市伟业装潢有限公司

长治市伟业装潢有限公司成立至今已有20多年的历史，是专业从事办公大楼、酒店、居室等户内外装潢的企业。多年来虽然因种种因素阻碍企业的发展，但确也踏实地为企业打下了坚实的基础，总结了很多很宝贵的经验。

校为完善了各种设备、设施，基本完成了装潢工厂化、系列化，壮大了各种管理、设计、业务等英才及施工技术的队伍，同时也为能更好的服务于广大客户提供了有力的保障。

联系人：牛志学　13620657728
电话：0355-2125151　3508012　网址：www.czwyzh.com
地址：山西省长治市西大街营口小区西门面　邮编：046000

## 汾阳市恒泰建筑安装工程有限公司第一分公司

汾阳市恒泰建筑安装工程有限公司第一分公司成立于1999年，专业从事建筑安装工程的承接业务。

公司拥有一流的施工队伍，为客户提供最高品质的服务。

联系人：吕建光
电话：0358-7321881　7321882
传真：0358-7321882
地址：山西省汾阳市文明路1号　邮编：032200

## 长治市英豪装饰工程有限公司

长治市英豪装饰工程有限公司成立于2008年6月，专业承接室内外装璜，工程土建，场地绿化等大型工程。

欢迎来电洽谈业务。

地址：山西省长治市长治县黎都东街金盘园小区55号
联系人：刘丽英　13935503333
邮编：047100

## 河北昌业建筑工程有限公司

河北昌业建筑工程有限公司成立于2008年，主要从事于建筑工程。

公司将一如既往以"诚信守法、优质臻善、以客为尊、环保安全"为管理方针，竭诚为用户提供最佳服务，与社会各界真诚合作，创建更多优秀的建筑产品，共同为我国现代化建设做出更大的贡献。

联系人：李增昌　13903542558
电话：0354-4619686
传真：0354-3570103
地址：山西省晋中市寿阳县国家坪物资库
邮编：030600

## 侯马市燕山保温材料店

侯马市燕山保温材料店主要从事保温材料、塑料制品批发零售，已经有二十多年的经营经验，我们拥有广泛稳定的客户群，我们深知产品质量过硬是赢得客户的关键，我们将继续贯彻“以质量求生存，以信誉求发展”的经营理念，欢迎新老客户惠顾！

电话：0357-4210676
联系人：王颜秋 13935792946　传真：0357-4210676
地址：山西省临汾市侯马市紫金山街6号　邮编：041000

## 晋城市城区振辉门窗装饰部

晋城市城区振辉门窗装饰部成立于2003年，主要经营塑钢门窗的安装和销售。我们遵循“质量第一，诚信服务，信誉至上，真诚合作”的经营宗旨，热忱欢迎新老客户惠顾！

联系人：张树军
电话：0356-6980670　手机：13903562882
地址：山西省晋城市中原建材市场D区19号　邮编：048000

## 滑县土木建筑有限责任公司

滑县土木建筑有限责任公司主要承接房屋建筑工程的施工，我公司全体员工恪守“品质第一，客户至上”的原则，热忱欢迎新老客户来电洽谈。

联系人：曾永间
手机：13703576469　13096624631　邮编：041000
地址：山西省临汾市迎春中街第一土产公司1号楼302号

## 晋城市美大商贸有限公司

晋城市美大商贸有限公司主营钢管、暖气片、角铁、槽钢、方管、PVC管、PPR管及配件、热水器等。
价格合理，质量可靠。
热忱欢迎新老客户光临、惠顾。

电话：0356-2081599　13103561598
地址：山西省晋城市中原街和景小区(2#-4)

## 怀仁县晶屹建筑陶瓷有限责任公司

怀仁县晶屹建筑陶瓷有限责任公司成立于2009年，主要生产和销售800*800、1000*1000超节亮聚晶微粉抛光砖。“装饰雅致，超群脱俗”作为晶屹的理想追求，一直激励着晶屹向质量更优、样式更美、服务更好的方向拓展。展望未来，晶屹定会更加精益求精，不懈地致力于产品款式的创新和质量的提高，携手营造一个“心旷神怡”的理想、美好生活空间。

联系人：郭占平
Tel: 0349-3097090　13934918015
地址：山西省朔州市金沙滩镇刘晏庄村　邮编：038300

## 潞城市云青塑业型材有限公司

潞城市云青塑业型材有限公司是一家专业从事塑料型材制造销售的企业。

本公司秉承“顾客至上、锐意进取”的经营理念，坚持“客户第一”的原则为广大客户提供优质的服务。欢迎广大客户惠顾！

聯系人：王先生 13835532333　13546163096
地址：山西省长治市潞城市店上镇　邮编：047500

## 交城县明生煤炉设备有限公司

本公司主要经营：节煤设备，煤气发生炉、煤气发生炉配件。

本公司秉承“顾客至上，锐意进取”的经营理念，坚持“客户第一”的原则为广大客户提供优质的服务。

欢迎广大客户惠顾！

联系人：乔明生
13593425888
电话：0358-3538188　3527289
地址：山西省吕梁市交城县蒲渠河　邮编：030500

## 吕梁市远大物业服务有限公司

吕梁市远大物业服务有限公司在成立之初就注重引进最先进的管理体制和管理经验，秉承“追求卓越，服务真诚，力求完美”的企业精神，严格管理，真诚服务，创新进取。公司拥有一支服务意识强、自身素质好、敬业爱岗的员工队伍，以优良的服务、人性化的管理得到了社会各界和业主的好评。展望未来，公司将不断超越自我，精益求精，追求卓越，坚持走服务创新之路，为争创一流的物业服务品牌而不懈奋斗。我们相信选择了吕梁市远大物业服务有限公司，就拥有了一个温馨的“家”。

联系人：陶福平　地址：山西省吕梁市离石区袁一路
邮编：033000
电话：0358-8979900　8978800

## 介休市华锐不锈钢工程装饰有限公司

我公司是一家集不锈钢材料销售与加工为一体的综合性企业，主要加工各种不锈钢广告牌、路牌、伸缩门等。

欢迎各界新老朋友来电洽谈或来图、来样定制，我们将竭诚为您服务！

联系人：刘定山
电话：0354-3535505　7359568
邮编：032000
地址：山西省晋中市介休市绵山路22号

## 平定县桥头鑫隆石灰厂

平定县桥头鑫隆石灰厂成立于2008年，主要从事石灰系列产品的生产与销售。主要产品有高钙白灰、工业用灰。热忱欢迎广大新老客户光临惠顾。

联系人：耿开田
电话：0353-6132089、13935366673
地址：山西省阳泉市平定县石门口乡桥头村　邮编：045200

## 沁县长和嘉泰商砼有限公司

沁县长和嘉泰商砼有限公司成立于2008年，主要从事于混凝土砂浆的生产与销售。公司本着“诚实信用，平等互利”的原则，愿与各地朋友真诚合作！

联系人：常勇 15935509555

电话：0355－7163366
地址：山西省长治市沁县定昌镇西渠上村
电子邮件：chjtcd@163.com 邮编：046400

## 山西立卓建筑工程有限公司

本公司从事工业与民用建筑安装、装饰，工程设备专业设计、安装、维护保养，消防工程、消防器材与消防设备维修，防腐工程，给排水工程，空调设备、智能设备、线路管道系统、电器设备的安装与技术服务，建筑材料的销售。欢迎新老客户来电来函洽谈业务！

地址：山西省太原市小店区长治南路430号星荣大厦七层A区
电话：0351-7025349 7022495
联系人：申有科
邮编：030006

## 山西东盛塑胶管道有限公司

山西东盛塑胶管道有限公司，是新型的联合控股以塑胶管道为主的综合性塑胶加工企业集团。提供PE矿用、天然气、给水管材管件，产品主要有“东盛”牌PE管材、管件。

我公司遵循依托科技、诚信经营、质量第一、顾客至上的经营理念，为我国的城市管网建设和人类环境健康发展作出应有的贡献。

网址：www.dongshengsj.hxuu.com

联系人：梁向东 13903488488
电话：0359－3026488 传真：0359－3027822
地址：山西省芮城县洞宾西街58号 邮编：044600

## 山西名泊装饰设计工程有限公司

山西名泊裝飾設計工程有限公司成立于2007年，是一家集裝潢、鋼構、設計、施工、監理于一體專業工程公司。專業從事珀麗優陽光板的銷售及鋼結構的制作、安裝。公司本着“顧客至上，精益求精，創新超前，至善至美”的宗旨，推出“緑色環保裝飾”本着以質量取勝的原則，赢得廣大客户的一致好評。

聯系人：郝建功

电话：0351-5246667、13293713888 传真：0351-5246667
地址：山西省太原市万柏林区万水装饰城F区3号 邮编：030006

## 山西广发房地产开发有限公司

山西广发房地产开发有限公司是一家专业从事房地产开发与销售的公司，自成立以来，秉承“顾客至上，锐意进取”的经营理念，坚持“客户第一”的原则为广大客户提供优质的服务。欢迎惠顾！

联系人：郭新星

电话：0351-7831381 手机：13935114188
地址：山西省太原市小店区 邮编：030012

## 山西省长治县盛兴装饰城 威尔斯陶瓷门市部

山西省长治县盛兴装饰城威尔斯陶瓷门市部成立于2005年，本门市部主要经销墙地砖、威尔斯墙地砖。

公司衷心感谢社会各界新老客户的支持和协作，并竭诚希望同国内外各界的朋友建立广泛的业务关系，公司将一如既往为广大客户提供一流的产品、一流的服务。

联系人：陈文彬 13191250751
电话：0355-3590629 传真：0355-3590629
地址：山西省长治市长治县光明建材市场B区25号 邮编：047100

## 山西华栋塑钢装饰有限公司

本公司专业从事中高档门窗生产、加工和销售。主要产品有塑钢门窗、隔热断桥铝合金窗等。

我公司秉承“锐意进取，客户第一”的经营理念，竭诚为您提供最优质的产品和最满意的服务，欢迎惠顾！

联系人：刘佩华

电话：0351-6085389 13803402647
地址：山西省太原市晋源区化工路78号 邮编：030000

## 山西雅馨装饰工程有限公司古交分公司

我公司自成立以来，以室内外装修装饰设计及施工为主。公司秉承“顾客至上，锐意进取”的经营理念，坚持“客户第一”的原则为广大客户提供优质的服务。欢迎惠顾！

联系人：周晋忠

手机：13934232108

地址：山西省太原市古交市牛角上 邮编：030200

## 山西汇丰建业房地产开发有限公司

我公司自创建以来，以房地产开发与销售为主。公司秉承“顾客至上，锐意进取”的经营理念，坚持“客户第一”的原则为广大客户提供优质的服务。欢迎惠顾！

联系人：高良保

联系电话：0358-4015504 4011112 4012302

地址：山西省吕梁市柳林县自来水公司水厂 邮编：033300

## 太原市景苑物业管理有限公司

本公司为广大业主提供：卫生保洁、社区绿化、保安服务、工程维修。公司立足于服务中求发展，不断提高管理和服务水平，为业主创造一个安全、舒适、宁静、优美的居住环境。

联系人：樊泽恩 13834569560
电话：0351-8781099 8781109
地址：山西省太原市小店区长治路百万庄园1排3号
邮编：030006

## 太原市万柏林区红胜木业商行

太原市万柏林区红胜木业商行成立于1990年，主要从事装饰板材的生产和销售，主要产品有胶合板、细木工等。“品质第一，客户至上”是我们一直遵循的经管理念，我商行将以最优质的产品和最周到的服务回报广大客户的信赖和支持。欢迎来电洽谈！

联系人：柳永胜 传真：0351-6620743 电话：0351-6620743 13903437604
地址：山西省太原市万柏林区新晋汾装饰城A42号 邮编：30000

## 阳泉巨生墙材开发中心

www.yqjsqc.com

阳泉巨生墙材开发中心主要从事新型墙体材料的开发、生产、销售、安装为一体的综合性企业。主导产品FQ加筋轻质隔墙板，GJ聚苯多功能复合板，经专家审核，完全符合绿色建材的要求，本公司注重信誉，信守合同，重视产品质量。竭诚为您服务！

联系人：赵宏慧 手机：13935340627 13935300389
电话：0353-2391119
地址：山西省阳泉市李家庄金石电石厂内 邮编：001146

## 太原市万柏林区戎剑装潢部

专业从事家居、办公楼、酒店、宾馆等大型建筑装饰设计与施工。

欢迎新老客户来电来函咨询、共同发展！

联系人：戎建文 13233514086 13133022665
地址：山西省太原市万柏林区 邮编：030027

## 阳泉市郊区好家居装饰部

阳泉市郊区好家居装饰部成立于2008年，本部专业从事室内外装修设计、另有实木套装门、多层实木复合地板、各种高低档楼梯等装饰材料。本部一直坚持以“诚信”为本，为客户提供周到热情的服务。公司秉承“顾客至上，锐意进取”的经营理念，坚持“客户第一”的原则为广大客户提供优质的服务，欢迎惠顾！

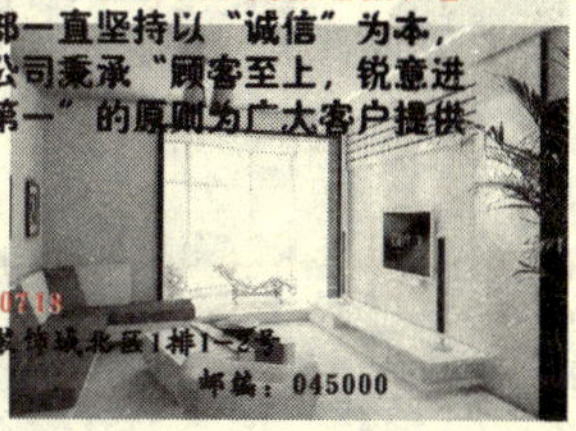

联系人：王义明
电话：13935388922 0353-2160718
地址：山西省阳泉市郊区义东沟装饰城北区1排1-2号
邮编：045000

## 太原市小店区金宏宇装饰材料厂

太原市小店区金宏宇装饰材料厂2008年，是集开发，设计，生产，销售高分子套装门、免漆套装门、烤漆套装门、模压套装门系列及定做各种工程门于一体的实体公司。

公司本着“完美、创新、诚信”的思想，质量第一，凭借精湛的工艺，新颖的款式，良好的售后服务，赢得广大消费者的信赖。

联系人：武金贵 13007015283
电话：0351-7560300 7941630
网址：www.jhymy.com 地址：山西省太原市小店区红寺村 邮编：030032

## 阳泉市一品堂装饰有限公司

阳泉市一品堂装饰有限公司成立于2008年。
一家从事室内装饰设计的企业。
欢迎您的光临，我们将竭诚为您服务！

电话/传真：0353-2913419
联系人：吴爱军
邮编：000012
地址：山西省阳泉市经济技术开发区大连路36号

## 太原市杏花岭区木林装饰工程部

太原市杏花岭区木林装饰工程部是一家专业从事装饰工程的企业。真诚与社会各界朋友开展广泛合作、共同塑造时代精品。

联系人：姜林
电话：0351-3339458、3339253、13700545840 邮编：030001
地址：山西省太原市杏花岭区府西街169号华宇国际B座23层E户

## 永济市迎新木业有限公司

永济市迎新木业有限公司成立于2007年，以生产和销售细木工板、多层板为主。公司以“质量第一，顾客至上”为宗旨，凭着“务实、进取、高效、创新”的精神，竭诚为您服务。

联系人：寇迎军
电话：0359-8060888 手机：13753904888
地址：山西省运城永济市席村 邮编：044500

## 文水县全顺房地产开发有限公司

文水县全顺房地产开发有限公司成立于2008年，以房地产开发为主。

公司秉承“顾客至上，锐意进取”的经营理念，坚持“客户第一”的原则为广大客户提供优质的服务。

电话：0358-3306622 3306611 3306633
邮编：033000
地址：山西省吕梁市文水县凤城镇私评村
联系人：何美英

## 运城市嘉禾房地产开发有限公司

运城市嘉禾房地产开发有限公司自成立以来，本公司主要经营房地产开发。

本公司秉承“顾客至上，锐意进取”的经营理念，坚持“客户第一”的原则为广大客户提供优质的服务。欢迎惠顾！

联系人：江宝
电话：0359-2291211 传真：0359-2223788 邮编：044000
地址：山西省运城市盐湖区红旗东街运城大酒店正对面

## 内蒙古自治区 /InnerMongolia AutonomousRegion

### 包头市雄峰工贸有限责任公司
业务：本公司主要销售润滑油、钢材、建材、木材、机电产品、化工产品、标准件、汽车配件、金属材料销售、普通机械加工、铝材、煤炭等。
地址：内蒙古包头市九源区井坪开发区
邮　编：014060
法　人：卢建雄
Tel：0472－7165977
Fax：0472－7142388

### 杭锦后旗怡和置业有限公司
地址：内蒙古自治区巴彦淖尔盟杭锦后旗陕坝镇南环路(政府宾馆 201 房间)
负责人：唐君
Tel：0478－6655858

### 包头大禹装饰工程有限公司
地址：内蒙古自治区包头市白云矿区稀土高新区新建区
负责人：畅卫东
Tel：0472－5175537
5158717

### 华德房地产有限责任公司
地址：内蒙古自治区包头市白云矿区稀土开发区
负责人：杨俊芳
Tel：0472－5311918

### 内蒙包头东河区鹿焱建材厂
地址：内蒙古自治区包头市东河区东方明珠小区 3 楼 37 号
负责人：师军
Tel：0472－6997360
2204433

### 伟业房地产开发有限公司
业务：伟业房地产开发有限公司成立于 1999 年，主要从事房地产开发。公司将秉承"以人为本，追求卓越"的创业理念，以房地产为龙头，多元化发展为导向，与时俱进，拓展新领域，寻求新合作，创造新辉煌！
地址：内蒙古通辽市科尔沁区福利路 42 号
负责人：骆成伟……邮　编：028000
法　人：骆成伟
Tel：0475－8421801

### 包头市东利线材有限公司
地址：内蒙古自治区包头市东河区二里半站南路货场出口对面
负责人：苏永莲
Tel：0472－4603141
4605573

### 内蒙古瑞洁物业管理有限公司
地址：内蒙古自治区包头市东河区青山莫泥路 58
负责人：王可竹
Tel：0472－3315900

### 浙江省东阳市第六建筑工程公司通辽分公司
业务：浙江省东阳市第六建筑工程公司通辽分公司成立于 2004 年，拥有房屋建筑工程总成包(二级)。能够独立承担各大型工业建筑及高层、超高层大型公共、民用建筑的施工。
地址：内蒙古通辽市科尔沁区西拉木丝大于罗马商贸楼 109 号
邮　编：028000
法　人：张国新
Tel：0475－8269982
Fax：0475－8269982

### 内蒙古吉泰铝业有限公司
地址：内蒙古自治区包头市九原区
负责人：韩建军
Tel：0472－6956658
6956656
6957777

### 包头市华宇装饰工程有限责任公司
地址：内蒙古自治区包头市昆都仑区林荫路松梅街底店
负责人：李建华
Tel：0472－2125762
2121851

### 内蒙古卓资县鑫兴土木工程有限责任公司
业务：内蒙古卓资县鑫兴土木工程有限责任公司位于卓资县十八台镇，地理位置优越，交通十分便利。公司现有员工 200 人－300 人，从事铁路工程建设。
地址：内蒙古卓资县十八台镇
邮　编：012300
法　人：兰卫鑫
Tel：0474－4706606
Mobile：13904743797

### 大舍装饰有限公司
地址：内蒙古自治区包头市青山区纺织道
负责人：刘总经理
Tel：0472－2851891
15047246323

### 包头市园林万科技术开发中心
地址：内蒙古自治区包头市青山区青年路 6＃1 栋 80＃
负责人：刘宝音
Tel：0472－5163700

### 巴彦淖尔市瑞祥装饰有限公司
业务：巴彦淖尔市瑞祥装饰有限公司专业从事室内外装饰装修工程施工，本公司一贯奉行"质量是生命、用户是上帝"的宗旨，遵循"一流服务、一流质量、一流信誉"的信条，竭诚为社会各界朋友服务。
地址：内蒙古自治区巴彦淖尔市临河市解放街城关综合楼
负责人：冯玉祥……邮　编：050000
法　人：冯玉祥
Tel：0478－8239886

### 神原经贸有限公司
地址：内蒙古自治区包头市市府西路太阳城南楼 A802
负责人：岳琮霖
Tel：0472－5189278
13847285866

### 内蒙古包头市土右旗鹏飞门窗公司
地址：内蒙古自治区包头市土默特右旗旗果园对面
负责人：宫建军
Tel：0472－8914818

### 乌后旗祺祥建材有限公司
业务：乌后旗祺祥建材有限公司成立于 2005 年 3 月，从事水泥的销售。谒诚欢迎新老客户光临、惠顾。
地址：内蒙古自治区巴彦淖尔市乌拉特后旗巴音镇乌兰村
邮　编：015500
法　人：李永利
Tel：0478－4652889
Mobile：13019588872

### 德瑞园艺有限公司
地址：内蒙古自治区赤峰市阿鲁科尔沁旗平庄镇
负责人：于德刚
Tel：0476－3511677
3522277

### 赤峰市国民房地产开发有限公司
地址：内蒙古自治区赤峰市红山区东城办事处长青街东段千禧综合楼
负责人：韩国民
Tel：0476－8360733

### 包头市博大海洋太阳能发展有限公司
业务：包头市博大海洋太阳能发展有限公司成立于 2006 年，从事太阳能系列产品、环保节能建筑材料的销售，欢迎新老客户来电洽谈业务！
地址：内蒙古自治区包头市东河区大华建材商城 43 号 2 楼
负责人：张月表……邮　编：014040
法　人：张月表
Tel：0472－4368780
Fax：0472－4368780
E-mail：zyb－bt@163.com

### 赤峰金日建筑涂饰工程有限责任公司
地址：内蒙古自治区赤峰市红山区哈达街东段 65655 部队院内
负责人：刘艳学
Tel：13304761205

### 赤峰腾亿装璜有限责任公司
地址：内蒙古自治区赤峰市红山区红星路润峰小区 2 号大厅
负责人：张大慰
Tel：0476－8370222

### 包头市天岳混凝土有限公司
业务：我公司生产混凝土、价格合理、我厂将以一流的质量、一流的服务宗旨竭诚为新老客户服务。
地址：内蒙古自治区包头市九原区新城乡前口子村
负责人：张善良……邮　编：014000
Tel：0472－5156547

### 赤峰天硕安全技术有限责任公司
地址：内蒙古自治区赤峰市红山区解放街三号
负责人：王桥文
Tel：0476－8808153

### 宁城县金龙房地产开发有限责任公司
地址：内蒙古自治区赤峰市宁城县天义镇兴隆街(金龙大厦五楼)
负责人：柳俊生
Tel：13804763578

### 包头市玉山混凝土建筑材料有限责任公司
业务：本公司专业生产商品砼、两套搅拌站、砼运输车 25 台、汽车泵 6 台。生产 C10－C60 林号商品混凝土。
地址：内蒙古自治区包头市昆都伦区南桥孟家河湾村
负责人：南玉山……邮　编：014010
Tel：0472－2186158
Mobile：0472－2186158

### 宁城光裕工程技术有限责任公司
地址：内蒙古自治区赤峰市宁城县天义镇兴隆街南侧(县强盛建筑工程有限公司四楼)
负责人：韩曙光
Tel：13604761049

### 鄂尔多斯市东方房地产开发有限责任公司
地址：内蒙古自治区鄂尔多斯市伊金霍洛旗伊煤路 28 号
负责人：赵冷
Tel：0477－2214040

### 赤峰双兴房地产开发有限责任公司
业务：赤峰双兴房地产开发有限责任公司于 1992 年创建，是一家以房地产开发与经营及建筑工程总成包为主的企业。我们始终坚持"守法、诚信、公正、科学"的准则，热诚寻求各界的合作与支持，建设有益于社会的、长期稳定的实业项目和基地，为用户提供最优质的服务，创建理想的幸福家园，共创辉煌的明天！
地址：内蒙古自治区赤峰市阿鲁科尔沁旗天山镇馨苑小区 1 单元 3 楼东
邮　编：025550
法　人：韩喜
Tel：0476－7222222
Fax：0476－7222222

### 大国地产
地址：内蒙古自治区呼和浩特市回民区国际酒店 26 层 2606－2608 室
负责人：张志强
Tel：0471－6665518－13

### 呼和浩特市保利康环境健康服务部
地址：内蒙古自治区呼和浩特市经济技术开发区
负责人：韩雷
Tel：0471－3386837

### 鄂尔多斯市嘉华装璜有限责任公司
业务：我公司主要从事室内外装饰装璜；门窗制作、销售；建筑材料、装饰材料销售，我们将以一流的技术质量、一流的服务宗旨竭诚为广大客户服务。
地址：内蒙古自治区鄂尔多斯市东胜区鄂尔多斯东街 33 号街坊 5 号
负责人：董大伟……邮　编：017000
Tel：0477－3990666

### 泰圆石材有限公司
地址：内蒙古自治区呼和浩特市赛罕区五塔花园
负责人：李经理
Tel：0471－5974984
5973544

### 内蒙古泰然智业有限公司
地址：内蒙古自治区呼和浩特市赛罕区昭乌达路 159 号
负责人：张先生
Tel：0471－4343840

### 鄂尔多斯市康兴物业管理服务有限公司
业务：本公司成立于 2006 年，主要从事园林绿化、物业管理。
地址：内蒙古自治区鄂尔多斯市伊旗第四中学
负责人：刘广生……邮　编：097200
法　人：刘广生
Tel：0477－8690000

### 富邦新技术房地产开发有限责任公司
地址：内蒙古自治区呼和浩特市赛罕区中山西路富邦商厦十楼
负责人：卢绍辉
Tel：0471－6607018

### 内蒙古泰圆石材有限公司
地址：内蒙古自治区呼和浩特市五塔花园
负责人：李先生
Tel：0471－5974984

### 华通路桥集团有限公司内蒙古路桥分公司
业务：本公司成立于 2006 年，从事路桥工程，煤炭开采销售，大型机械租赁，地质灾害治理，房地产开发，工程建设及安装，室内外装饰装修，园林绿化工程，物业管理等
地址：内蒙古自治区呼和浩特市赛罕区东影南街邮电长乐小区 11－1－1101
负责人：郭云……邮　编：010010
法　人：郭云
Tel：0471－4693867
网址：www.mtw50474.chinapyp.com

### 呼和浩特市浩诚科技工程有限责任公司
地址：内蒙古自治区呼和浩特市新城区团结小区东区 3－1－3
负责人：罗玉林
Tel：0471－4666317
4665461

### 内蒙古呼和浩特市杨翔石材经销部
地址：内蒙古自治区呼和浩特市兴安南路
负责人：杨翔
Tel：0471－2334869

### 呼和浩特市托克托县钧鼎门窗有限公司
业务：托克托县钧鼎门窗有限公司专业生产销售铝合金门窗，欢迎新老客户来电洽谈业务。
地址：内蒙古自治区呼和浩特市托克托县托新区文化路 18(原物资局机电公司院内)
负责人：张志强……邮　编：010200
法　人：张志强
Tel：0471－8520055
网址：www.mtw28579.chinapyp.com

### 网络安防工程施工队
地址：内蒙古自治区呼和浩特市玉泉区
负责人：常春旺
Tel：0471－5696021
13171031539

### 呼伦贝尔盟市钰坤房地产测绘有限责任公司阿里河分公司
地址：内蒙古自治区呼伦贝尔市鄂伦春自治旗阿里河镇中央街 38 号
负责人：张崇辉
Tel：0470－2248929

### 呼伦贝尔天成建筑安装工程集团有限公司通州分公司
业务：技术力量雄厚，施工装备精良，能独立承担工业、民用、建筑装饰等各类大中型的建筑施工工程。
地址：内蒙古自治区呼伦贝尔市海拉尔区安全局西侧小白楼
负责人：顾锦明……邮　编：021000
Tel：0470－8233906

### 扎兰屯市康乐室内外装饰有限责任公司
地址：内蒙古自治区呼伦贝尔市新巴尔虎右旗幸福东街正阳办文化居 6 组

…………………………………… 负责人：李秀成
…………………………………… Tel：13327009777

**乌海市明鑫玻璃制品有限责任公司**
地址：内蒙古自治区乌海市海勃湾区工业园区
…………………………………… 负责人：范少锋
…………………………………… Tel：0473－6994301

## 乌兰察布市成泰建筑安装有限责任公司长庆分公司

业务：乌兰察布市成泰建筑安装有限责任公司长庆分公司成立于1980年，主要从事建筑工程安装、装饰装修、园林绿化、桥梁工程、市政工程，欢迎新老客户来电来函，洽谈业务！
地址：内蒙古自治区乌兰察布市集宁区6马路56号
……………… 负责人：张孝……邮　编：012000
…………………………………… 法　人：张孝
…………………………………… Mobile：13500640615

**乌海市蒙龙房地产开发有限公司**
地址：内蒙古自治区乌海市海勃湾区海拉南路东
…………………………………… 负责人：齐文义
…………………………………… Tel：13847321999

**内蒙古乌海市凯达门业有限责任公司**
地址：内蒙古自治区乌海市海勃湾区新华西街28号
…………………………………… 负责人：刘
…………………………………… Tel：0473－2017125
2014082

**乌海市海南区神光石灰石矿**
地址：内蒙古自治区乌海市海南区老石旦东山
…………………………………… 负责人：焦光祥
…………………………………… Tel：0473－4880898

## 奈曼旗中华麦饭石开发有限公司

业务：奈曼旗中华麦饭石开发有限公司成立于1986年，主要从事麦饭石工艺品、板材、颗粒、生产销售矿泉水。欢迎新老客户光临、惠顾！
地址：内蒙古自治区通辽市奈曼旗新开街中段
……………… 负责人：孟凡俊……邮　编：028300
…………………………………… 法　人：孟凡俊
…………………………………… Tel：0475－4212162

**锡林浩特市大名装饰部**
地址：内蒙古自治区锡林郭勒盟阿巴嘎旗育红街2组21号
…………………………………… 负责人：王新跃
…………………………………… Tel：0479－8263569

## 鄂尔多斯市青清园林工程有限责任公司

本公司专业从事园林工程、园林绿化、古建、苗木培育销售，以高效的管理，优良的技术和严格的质量管理为广大客户提供满意的服务，竭诚与各界朋友真诚合作，携手共进，共创辉煌。

联系人：杨春光　电话：0477－3879797
地址：内蒙古自治区鄂尔多斯市东胜区园林局　邮编：017000

## 包头市昌盛装饰建材有限责任公司

本公司成立于2007年，从事铝合金门窗、塑料门窗、大型玻璃幕墙业务，以质量求生存，欢迎新老客户来电洽谈业务！

联系人：皇甫文彪
电话：0472-7155069　13848292920
地址：内蒙古自治区包头市九原区科技园区　邮编：014060

## 鄂尔多斯市腾强路桥有限责任公司

腾强路桥有限责任公司成立于1995年，是鄂尔多斯市华隆实业有限责任公司的下属单位，主要从事公路桥梁建设、铁路工程建设。我公司秉承“质量为本、客户至上”的原则，竭诚为您服务！

联系人：胡智华
电话：0477-3877604　3877605　13704775185
地址：内蒙古自治区鄂尔多斯市东胜区伊煤路国贸大厦12楼
邮编：017000

## 包头市昌兴路桥工程有限公司

包头市昌兴路桥工程有限公司成立于2006年，专业承接铁路修理工程、铁路桥涵工程、铁路局仓库改造工程等。工程预算合理、专业的队伍使工程质量有保障。本公司竭诚希望与国内外广大朋友合作，共同开创铁路工程事业的美好未来。

联系人：李国义
电话：0472-7146587　13704731251
地址：内蒙古自治区包头市九原区沙河镇黄金小区4号楼1单元1层2号
邮编：014000

## 鄂尔多斯市维帮物业管理服务有限责任公司

鄂尔多斯市维帮物业管理服务有限责任公司是一家专门为企事业单位，社区学校等提供综合性物业管理服务。公司经营范围：物业管理服务、绿化养护、绿化工程施工，楼宇清洗服务，房地产中介（房地产咨询和经纪）。

公司本着“以人为本，服务第一”的理念营造企业氛围，把社会效应放在第一位，引进科学先进的管理模式，努力打造维帮物业品牌。

联系人：刘金元　13948176863　13847759619
电话：0477-2203858　邮编：017000
地址：内蒙古自治区鄂尔多斯市东胜区伊化北路9号街坊6号楼

## 包头市东河区和兴建材厂

本厂专业生产销售重效砂浆灰、重效砂浆灰（代替白灰，节省水泥，节省工程造价，利于环保）。

有意与志同道合者合作创业或转让技术，每区县只限一家。

联系人：孙天兴
13384851557　13347095256
地址：内蒙古包头市东河区铸造厂院内　邮编：014000

## 呼和浩特市金奕达科贸有限责任公司

呼和浩特市金奕达科贸有限责任公司成立于2007年，本公司专业从事节能保温材料的生产与销售。

公司秉承“顾客至上，锐意进取”的经营理念，坚持“客户第一”的原则为广大客户提供优质的服务。欢迎惠顾！

联系人：陈胜利
电话：0471-6922494　15848905888
电子邮件：jinyida2007@126.com　邮编：010070
地址：内蒙古自治区呼和浩特市新城区新西街47号（汇通大酒店3层313室）

## 赤峰鑫跃房地产开发有限公司

赤峰鑫跃房地产开发有限公司成立于2006年，专业从事楼盘销售和物业管理。是赤峰地区一家规模较大的房地产开发企业，我公司秉承“顾客至上，锐意进取”的经营理念，坚持“客户第一”的原则为广大客户提供满意的服务。欢迎来电垂询！

联系人：张力
电话：0476-7885626　13789763881
地址：内蒙古自治区赤峰市巴林左旗林东镇上京路南段路西28号
邮编：025450

## 呼伦贝尔市兆华网围栏加工厂

呼伦贝尔市兆华网围栏加工厂成立于2007年，从事网围栏生产、销售、房地产开发等业务，“以质量求生存，以信誉求发展”，竭诚欢迎您的光临与惠顾！

联系人：商金伟　15047020000　13354815444
地址：内蒙古自治区呼伦贝尔学院外教公寓住宅楼1单元301
邮编：021000

## 内蒙古阔伟科技有限责任公司

内蒙古阔伟科技有限责任公司是一家集阀门、消防、水表和卫浴系列产品的销售、安装以及售后维护的商贸公司。

我公司注册资金300万，同时拥有上千万的流动资金。是内蒙古地区最大的阀门、消防、水表和卫浴工程供应商之一。

公司秉持“品质为本、诚信为基、市场为导、创新为魂”的经营理念，宏扬“踏实、学习、团结、奉献”的企业精神，扎实进取，稳健经营，敢闯敢干，勇于开拓，以过硬的产品质量和细致体贴的服务拓展市场，最大限度的提高客户的满意度。

联系人：黄种坚
13154884999
网址：www.nmcwkj.com.cn　电话：0471－3380899　6305084
电子邮件：chenchuqing639@sina.com　邮编：010020
地址：内蒙古自治区呼和浩特市玉泉区中山西路212号金旺角批发市场5楼1号

网址：tsmy.tcsw.cn

## 通辽市天顺门业有限公司

通辽市天顺门业有限公司是本地最大一家专业研发大型工业门、车库门、特种门窗行业的新兴企业。

我公司本着优质服务、价格低廉与兄弟单位共同发展的经营理念，期待与您合作！

联系人：高峰
电话：0475－8260202　电子邮件：gfhappy@126.com
传真：0475－8240772　邮编：028000
地址：内蒙古自治区通辽市科尔沁区科尔沁大街西段邮政局一楼

## 内蒙古天鼎仑建筑有限公司

内蒙古天鼎仑建筑有限公司成立于2008年，主要从事于工业与民用建筑。

视安全为生命，视质量为灵魂，用我们的辛勤和汗水为业主提供优质产品和满意服务是公司的一贯宗旨。我们愿与社会各界广大建设单位精诚合作，携手并进，为国家的经济建设做贡献。

联系人：段存云
电话：0471－4503091　4348150　15848192222
邮编：010010
地址：内蒙古自治区呼和浩特市金桥开发区九何家园3号楼2楼

## 兴和县东方建筑安装有限公司

兴和县东方建筑安装有限公司从事建筑安装，钢窗生产，仿古建筑园林建设，房地产开发等业务，欢迎新老客户来电来函洽谈业务，共同发展！

联系人：李亮
电话：0474－7216833
邮编：013650
地址：内蒙古自治区乌兰察布盟兴和县新城区三马路城建局院内

## 内蒙古西子房地产开发有限责任公司

汇豪天下

内蒙古西子房地产开发有限责任公司是一家专门从事房地产开发的企业，愿与各界人士密切合作、携手并进、共创未来！

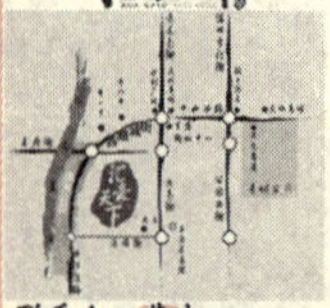

联系人：黄杰
13604717888　13816505888　电话：0471－6312777　6306448
地址：内蒙古自治区呼和浩特市玉泉区西顺城街6号　邮编：010020

## 山西锦龙宝鑫房地产有限公司
### 包头分公司

山西锦龙宝鑫房地产有限公司包头分公司成立于2008年，主要从事房地产开发，室内外装潢、工程建设、照明工程。

以质量求生存、以信誉求发展！
欢迎广大新老客户来电洽谈业务！

联系人：岳张义
电话：0472－6990011　13474995888
邮编：014030
地址：内蒙古自治区包头市青山区少先路农科研究所二楼

## 神宝房地产开发有限公司

神宝房地产开发有限公司是一家专业的房地产开发公司。

公司本着“诚信、务实、奋进、创新”的企业宗旨，向资本多元化、经营多样化的现代企业集团迈进。热忱欢迎各界前来参观、考察、洽谈业务。

联系人：党雷　13314776901　13296969066
电话：0477－8356193　邮编：017001
地址：内蒙古自治区鄂尔多斯市东胜区铁西经济开发区中华园5号楼2单元102室

## 辽宁省/Liaoning Province

**长海县君成房地产开发有限公司**
业务：本公司主要从事房地产开发，土建工程，安装工程，装饰工程，园林绿化，物业管理等。
地址：辽宁省大连市长海县大长山岛镇大甸街
………… 负责人：杨振和……邮　编：116500
…………………………………… 法　人：杨振和
…………………………………… Tel：0411－89883955
…………………………………… Fax：0411－89884567
………… 网址：www.mtw26348.chinapyp.com

**环氧玻璃制品厂**
地址：辽宁省鞍山市立山区北中华路231栋万帮超市八中店
…………………………………… 负责人：刘旭
…………………………………… Tel：0412－6812133
13332105898

**鞍山三冶钢管有限公司**
地址：辽宁省鞍山市立山区建材路三冶基地
…………………………………… 负责人：陆庆岩
…………………………………… Tel：0412－6983083

**大连市甘井子世都嘉华铝塑门窗厂**
业务：大连世都嘉华门窗厂成立于2005年，公司技术力量雄厚，引进欧洲先进的门窗生产技术及设备，拥有完整的断桥门窗生产设备。公司获市建委及国家技术监督局颁发的生产许可证。公司可生产安装各种档次的铝合金塑钢门窗，加工安装玻璃幕墙，及各种白钢旋转门自动门。公司坚持“质量、信誉”的管理方针，着重强化施工队伍的业务水平和行业素质，竭诚为每一位客户提供最优质的服务。
地址：辽宁省大连市甘井子区辛寨子镇
………… 负责人：刘培军……邮　编：116033
…………………………………… Tel：0411－86315189

**金泰塑钢门窗厂**
地址：辽宁省鞍山市立山区沙河镇陈家台村
…………………………………… 负责人：赵志利
…………………………………… Tel：0412－6485429
13841299666

**鞍山市首一商贸有限公司**
业务：销售中板、卷板
地址：辽宁省鞍山市达道湾工业规划区辽宁北方钢铁交易中心A座1台17号
……… 负责人：高仁升　邮　编：114001
…………………………………… 法　人：高仁武
………… Tel：0412－8409166
8409899
8212058

**雨虹门窗有限公司**
地址：辽宁省鞍山市千山区宁远镇
…………………………………… 负责人：刘华
…………………………………… Tel：0412－8921955
13322118357

**鞍山宝友管板有限公司**
地址：辽宁省鞍山市千山区巍家屯路（鞍山高新区巍家屯）
…………………………………… 负责人：金红
…………………………………… Tel：0412－6961999

**大连市金州区财兴水泥制品厂**
业务：大连市金州区财兴水泥制品厂是一家生产水泥制品的厂家，主要产品有彩色水泥方砖等。欢迎各方客户惠顾、洽谈业务，共同合作！
地址：辽宁省大连市金州区二十里堡镇初家村
…………………………………… 邮　编：116102
…………………………………… 法　人：王永财
…………………………………… Tel：0411－87393256
…………………………………… Mobile：13050531705
………… 网址：http://lncxsn.chinapyp.com

**鞍山市枫叶装饰装修有限公司**
地址：辽宁省鞍山市铁东区安乐街1栋2号
…………………………………… 负责人：宛树林
…………………………………… Tel：0412－5866662

**鞍山市市政工程有限责任公司**
地址：辽宁省鞍山市铁东区建国南路27号
…………………………………… 负责人：张永久
…………………………………… Tel：0412－2627548

**鞍山市立山区华营机械厂**
业务：工程机械及配件、大中小修
产品：推土机主离合器总成、转向总成、施压机构总成、助力器等
地址：辽宁省鞍山市立山区沙河镇灵山村东北工程机械城C区008号
……… 负责人：刘建华　邮　编：114042
…………………………………… 法　人：刘建华
………… Tel：0412－6211633
………… Fax：0412－7359079

**福铁木材供应处**
地址：辽宁省鞍山市铁东区南建国路12－1号
…………………………………… 负责人：李瑞强
…………………………………… Tel：0412－2610399
2621728
13841298666

**大连书苑房地产开发有限公司**
业务：大连书苑房地产开发有限公司专业从事房地产开民、经营，“以质量求生存、信誉求发展”，热诚欢迎广大有意之士前来参观考察、洽谈业务。
地址：辽宁省大连庄河市兴达街道桥东委
………… 负责人：苏在廷……邮　编：116400
…………………………………… 法　人：苏在廷
…………………………………… Tel：0411－89849168

**鞍山华宇电力工程监理有限公司**
地址：辽宁省鞍山市铁东区南胜利路52号
…………………………………… 负责人：刘波
…………………………………… Tel：0412－2295593

**鞍山市金泰保温防腐工程有限公司**
地址：辽宁省鞍山市铁东区南中华路402－2号
…………………………………… 负责人：李艳
…………………………………… Tel：0412－2222116

**鞍山洁派清洁工程有限公司**
地址：辽宁省鞍山市铁东区南中华路75号
…………………………………… 负责人：恒大为
…………………………………… Tel：0412－2819620

**鞍山凯亿达钢结构有限公司**
业务：钢结构厂房的制作与安装，非标设备的制作安装
产品：钢结构厂房
地址：辽宁省鞍山市千山区达道湾镇城昂堡村
负责人：刘海尧 邮编：114001
法人：刘海尧
Tel：13709803330
0412－8843777
Fax：0412－8439111

**鞍山市钢窗总厂**
地址：辽宁省鞍山市铁西区丰盛街1号
负责人：吴宝春
Tel：0412－8812970
13009382510

**宽甸东源木产有限公司**
业务：本公司主要加工销售樟子松（油松）、集成材、家俱、马桶盖、枕木、装饰材料等木制品，欢迎新老客户来电洽谈业务！
地址：辽宁省丹东市宽甸满族自治县宽甸镇铁南鹤大路20号
负责人：林卫东 邮编：118200
法人：林卫东
Tel：0415－5107766
5107966
Mobile：13941593697
Fax：0415－5107866

**鞍山大宇水处理工程设备有限公司**
地址：辽宁省鞍山市铁西区高新开发区西区3号
负责人：李大训
Tel：0412－8221603

**鞍山市新东热力工程有限公司**
地址：辽宁省鞍山市铁西区共同街87号
负责人：王育东
Tel：0412－2885896

**建平县二十家子镇大地福利来砖厂**
业务：红砖制造、销售
地址：辽宁省朝阳市建平县二十家子镇大地村
负责人：王喜文 邮编：122000
法人：王喜文
Tel：0421－7652688
15042822688

**鞍山市绿艺园林绿化有限公司**
地址：辽宁省鞍山市铁西区三道街57号
负责人：牛亚芝
Tel：0412－8521666

**沈阳和佳道桥工程有限公司**
业务：沈阳和佳道桥工程有限公司成立于2002年，主要从事道路、桥梁的建设，绿化工程。道路桥梁、绿化工程均属备级资质。竭诚欢迎各界朋友来电来人洽谈业务，共同合作。
地址：辽宁省沈阳市东陵区方凌路37甲
邮编：110043
法人：李新东
Tel：024－24600177
24600187
Fax：024－24600177

**荷花泡水泥制品厂**
地址：辽宁省鞍山市岫岩满族自治县北门小学后
负责人：李玉波
Tel：13604125865

**银丰石材厂**
地址：辽宁省鞍山市岫岩满族自治县岫岩镇棉织厂院内
负责人：吕志海
Tel：0412－7850288
13841218118

**洪利木业地板厂**
地址：辽宁省本溪市明山区前厂村
负责人：张晓东
Tel：13904947558

**喀左华电石料开采有限公司**
业务：高钙石灰石
地址：辽宁省朝阳市喀左县南公营子镇西村
负责人：陈延廷 邮编：122000
法人：陈延廷
Tel：0421－4385898
Fax：0421－4385898
网址：http://www.51zzt.com/user/zzt33634

**沈阳顺天建筑有限责任公司顺铭分公司**
业务：沈阳顺天建筑有限责任公司顺铭分公司是国家建设部批准的房屋建筑工程施工总承包一级企业，兼营资质为地基与基础专业承包二级、预应力工程专业承包二级、起重设备安装工程专业承包二级、机电设备安装工程专业承包三级、送变电工程专业承包三级。公司秉承"顺天与您并肩 构筑美好明天"的企业理念，愿与社会各界携手共创未来发展大业。
地址：辽宁省沈阳市和平区砂山街71号
邮编：110005
法人：张静海

Tel：024－23323499
Fax：024－23323499
网址：www.syst.chinapyp.com

**本溪市华昕物业有限责任公司**
地址：辽宁省本溪市明山区唐家华昕小区3－2－1－1
负责人：吕秋
Tel：0414－2120888

**伟业建筑材料销售中心**
地址：辽宁省本溪市平山区解放路26号馨明园茶楼3楼
负责人：李丽
Tel：13904144348

**本溪金达房地产开发有限公司**
地址：辽宁省本溪市平山区解放南路85号
负责人：徐哲平
Tel：0414－7119998

**沈阳盛福防水工程有限公司**
业务：我公司成立于2004年，公司经营防水工程。热诚欢迎客户来电咨询洽谈！
地址：辽宁省沈阳市沈河区地王国际花园6幢2单元十楼1号
邮编：110000
法人：陈伟
Tel：024－25614899
Fax：024－89656558

**本溪市天和钢塑复合管业有限公司**
地址：辽宁省本溪市溪湖区郑家路76号
负责人：王玉廷
Tel：0414－2337328

**大连阿科普建筑工程有限公司登沙河分公司**
业务：建筑工程承包
地址：辽宁省大连市金州区登沙河镇旗杆村旗杆底屯62号
负责人：苗德畅 邮编：116105
法人：王岐山
Tel：13079833528

**大连北海大新建材有限公司**
地址：辽宁省大连市甘井子区大连湾街北海工业园区
负责人：韩红霞
Tel：0411－82537476

**大连舒心机电安装工程有限公司**
地址：辽宁省大连市甘井子区华北路789号
负责人：张朝晖
Tel：0411－86878282

**大连龙迪地暖安装有限公司**
地址：辽宁省大连市甘井子区金山家具装饰材料市场
负责人：王峰
Tel：0411－86604367

**沈阳市于洪区邦斯特卫浴经销处**
业务：沈阳市于洪区邦斯特卫浴经销处成立于2004年，主要销售不锈钢制品、水槽、龙头等。欢迎新老客户惠顾。
地址：辽宁省沈阳市于洪区崇山东路15号柳湖绿园21－1号4－1－2
邮编：110033
法人：魏星
Tel：024－86629936
Fax：024－86629935

**大连三川绿景园艺有限公司**
地址：辽宁省大连市甘井子区凌海路9－2－1－9
负责人：李娜
Tel：0411－84435590

**丹东青松环保建材有限公司**
业务：环保建材生产销售
地址：辽宁省丹东市振兴区一经街70号楼401室
负责人：金刚浩 邮编：118002
法人：金刚浩
Tel：0415－3881750

**大连奥珂华房地产开发有限公司**
地址：辽宁省大连市甘井子区凌南路58号
负责人：傅仁成
Tel：0411－82101200

**大连三诚机电安装工程有限公司**
地址：辽宁省大连市甘井子区千山路273号1－1－2
负责人：姚华
Tel：0411－86536063

**大连正治物业管理有限公司**
地址：辽宁省大连市甘井子区泉水B2区30号
负责人：原有治
Tel：0411－82141477

**灯塔市奥雄建筑材料厂**
业务：建筑材料、水泥砖
地址：辽宁省灯塔市罗大台镇陆甲房村
负责人：朱宝君 邮编：111000
法人：朱宝君
Tel：13704192766
0419－6520488

**三威建材有限公司**
地址：辽宁省大连市甘井子区辛寨子镇派出所后院
负责人：李双江
Tel：0411－86309984
86309911

**大连市甘井子区大聚丰木材加工厂**
地址：辽宁省大连市甘井子区辛寨子镇小辛村
负责人：颜景文
Tel：0411－86308798

**益民实业有限公司**
地址：辽宁省大连市甘井子区迎客路8号
负责人：侯经理
Tel：0411－86642643
13352287922

**大连盛龙模板安装有限公司**
地址：辽宁省大连市甘井子区迎客苑4建2－1、2号
负责人：潘永大
Tel：0411－86568163

**营口经济技术开发区港晨土石方工程有限公司**
业务：营口经济技术开发区港晨土石方工程有限公司成立于2006年，专业从事海港工程、土石方工程，竭诚欢迎广大客商和各界人士前来合作，洽谈业务！
地址：辽宁省营口市鲅鱼圈区天山小区2#楼
负责人：徐丕奎 邮编：115007
法人：徐丕奎
Tel：0417－6211118

**芸成建筑安装工程有限公司**
地址：辽宁省大连市金石滩国家旅游度假区武夷路99号
负责人：宋春丽
Tel：0411－87900988
13941134148

**九城苗圃**
业务：绿化苗木培育，销售
地址：辽宁省东港市十字街镇孙家店村
负责人：李玉庆 邮编：118300
法人：李玉庆
Tel：13942566207
15941525205

**大连昊正机械化工程有限公司**
地址：辽宁省大连市金州区光明街道荣盛小区
负责人：柳放
Tel：0411－84083709

**阻燃装饰板厂**
地址：辽宁省大连市金州区亮甲店镇
负责人：孙击夫
Tel：0411－87282888
13998675578

**鑫达建材经销处**
地址：辽宁省大连市金州区先进街道七里村建材市场
负责人：陈焕奇
Tel：13332269126

**北方建材厂**
地址：辽宁省大连市金州区向应镇城西村
负责人：李明
Tel：0411－87299263
13050554681

**抚顺经济开发区慧普白钢装修处**
业务：旋转门等白钢制品、铁艺的生产销售
地址：辽宁省抚顺开发区高丽街
负责人：刘普慧
法人：刘普慧
Tel：15040807555
0413－6707895

**大连益宁房地产开发有限公司**
地址：辽宁省大连市经济开发区五彩城E区7栋2号
负责人：郎坤明
Tel：0411－87647866
13940933279

**大连大方房地产开发有限公司**
地址：辽宁省大连市旅顺口区经济开发区滨港路999－26号
负责人：刘福霆
Tel：0411－86207168

**大连春合物业有限公司**
地址：辽宁省大连市旅顺口区向阳街28号
负责人：刘茂珉
Tel：0411－86618333

**大连顺佳土石方工程有限公司**
地址：辽宁省大连市旅顺口区新港一条街
负责人：董志来
Tel：0411－86614637

**新锦程装饰装修工程处**
业务：承接室内外装饰工程，宾馆装修工程、洗浴室装饰工程
地址：辽宁省抚顺市顺城区前甸镇宇城轩花园2号楼3单元301室
负责人：佟士奎 邮编：113000
法人：佟士奎
Tel：13898337088
0413－7407779

**大连富达新型空心砖有限公司**
地址：辽宁省大连市普兰店市太平办事处矿洞社区
负责人：邵波
Tel：0411－83146889

**大连盛进玻璃技术有限公司**
地址：辽宁省大连市普兰店市铁西办事处花儿山村
负责人：杨学进
Tel：0411－83490449

**大连裕安房地产开发有限公司**
地址：辽宁省大连市沙河口区鞍山路71号48－1－18
负责人：张洪涛
Tel：0411－86581688

**辽宁省营口市熊岳老八石材**
业务：老八石材销售石材，承接幕墙干挂工程及设计，欢迎新老客户来电洽谈业务！
地址：辽宁省营口市熊岳镇幸福街
负责人：宁家珊 邮编：115009
法人：宁家珊
Tel：0417－7038898
2298898
网址：mtw50369

**抚顺市顺城区新天达装饰工程处**
业务：白钢加工、铝塑门窗、铁艺、防水工程
地址：辽宁省抚顺市顺城区新华四路17－2号楼3单元118号
负责人：杨辉 邮编：113008
法人：杨辉
Tel：13941355187
0413－8160466

**大连万家新世纪房地产经纪有限公司**
地址：辽宁省大连市沙河口区成仁街11号1306室
负责人：谷兴革
Tel：0411－84030289

**大连圣信达机电工程有限公司**
地址：辽宁省大连市沙河口区春柳街109号2－6－3
负责人：李青
Tel：0411－83690159

**大连广通管道器材经销有限公司**
地址：辽宁省大连市沙河口区黄河路566号27－5
负责人：王艳芝
Tel：0411－84606736

**大连神洲宏木业有限公司**
地址：辽宁省大连市沙河口区黄河路600号
负责人：周彬
Tel：0411－83785118

**阜新市海州区大军理石加工店**
业务：理石加工，整体橱柜，半成品加工
地址：辽宁省阜新市海州区振兴路19－02号
负责人：曲军 邮编：123000
法人：曲军
Tel：13065322125
0418－6628578

**大连玖华地热清洗有限公司**
地址：辽宁省大连市沙河口区南口街38号
负责人：葛俊华
Tel：0411－84649674

**大连居易装饰工程有限公司**
地址：辽宁省大连市沙河口区台山街27号
负责人：赵恩科
Tel：0411－84036898

**大连皇洲装饰工程有限公司**
地址：辽宁省大连市沙河口区西南路582号
负责人：郭丰志
Tel：0411－84312999

**大连美莱建材有限公司**
地址：辽宁省大连市沙河口区星海广场B3区10－3－1
负责人：汤泉
Tel：0411－84805859

**彰武东来板材有限公司**
业务：多功能板材、保温板、防火门
产品：多功能复合板材
地址：辽宁省阜新市彰武县兴工路12－3号
负责人：王海飞 邮编：123200
法人：田磊
Tel：0418－6943228
Fax：0418－7723709
E-mail：lrpp@163.com

**大连朗泽美莱装饰装修工程有限公司**
地址：辽宁省大连市沙河口区星海广场B3区壹品星海2－3－2
负责人：迟艳
Tel：0411－84805866

**大连筑成建设工程检测有限公司**
地址：辽宁省大连市沙河口区学工街7号
负责人：王建胜
Tel：0411－84441389

**瓦房店长青园林工程有限公司**
地址：辽宁省大连市瓦房店市北共济街一段1号
负责人：吕华山
Tel：0411－85501800

**大连五岛石灰石开采有限公司**
地址：辽宁省大连市瓦房店市复州湾镇崔屯村
负责人：姜连福
Tel：0411－85220258

**博大防水材料经销处**
业务：销售防水材料
地址：辽宁省葫芦岛市绥中县绥中镇西关街建安综合楼 11－1 号
负责人：赵文彬　邮　编：125000
法　人：赵文彬
Tel：13998997545
0429－8268131

**瓦房店市鑫龙物业管理有限公司**
地址：辽宁省大连市瓦房店市九三路 129 号
负责人：王瑞敏
Tel：0411－85612239

**大连宏鑫锅炉安装有限公司**
地址：辽宁省大连市瓦房店市太阳元宝工业区
负责人：韩立忠
Tel：0411－85366223

**瓦房店市园林绿化有限公司**
地址：辽宁省大连市瓦房店市西长春路一段 1 号
负责人：于黎
Tel：0411－85614326

**大连中环建筑项目管理有限公司**
地址：辽宁省大连市西岗区长江路 815 号
负责人：张典
Tel：0411－84607075

**绥中县现代暖通有限公司**
业务：现代暖通
地址：辽宁省葫芦岛市绥中县西关街 5－15 号
负责人：陈子会　邮　编：125000
法　人：陈子会
Tel：0429－6904222
13470604222

**大连港通物业有限公司**
地址：辽宁省大连市西岗区沿海街 8 号
负责人：于凤义
Tel：0411－82623121

**大连温州城物业管理有限公司**
地址：辽宁省大连市中山区二七广场 5 号
负责人：郑松坚
Tel：0411－82101888

**大连城山物业管理有限公司**
地址：辽宁省大连市中山区捷庆里 3－1－1 号
负责人：尹承君
Tel：0411－82684818

**大连力源装饰工程有限公司**
地址：辽宁省大连市中山区进展巷 72 号
负责人：张士军
Tel：0411－82893650

**兴城市高家岭通宝石材厂**
业务：石材，青山白麻
地址：辽宁省葫芦岛市兴城市高家岭乡西边村马家沟
负责人：黄光华　邮　编：125000
法　人：黄光华
Tel：0429－5784333
15142916266
15040956466

**大连羽兰制冷技术服务有限公司**
地址：辽宁省大连市中山区民意街 40 号 706 室
负责人：李兰媛
Tel：0411－82647782
13332233317

**宏风建筑装修工程有限公司**
地址：辽宁省大连市中山区南山路 110 号
负责人：张华军
Tel：13190104896

**大连天弘物业管理有限公司**
地址：辽宁省大连市中山区人民路 91 号
负责人：唐岩
Tel：0411－84030086

**锦州市正大房屋开发有限公司**
业务：房地产开发、成品混凝土的销售、大型工程车队
地址：辽宁省锦州市凌河区锦义路北园售楼处
负责人：尹民　邮　编：121000
法　人：尹民
Tel：0416－7122222
7188888
13604966666
Fax：0416－7175756

**诚谊建筑工程有限公司**
地址：辽宁省大连市中山区石葵路轻化工研究所往西 200 米
负责人：曲桂君
Tel：0411－82222532
13940866958

**大连朗诺工程设计有限公司**
地址：辽宁省大连市中山区友好路 103 号 401 室
负责人：王立江
Tel：0411－82507162

**保佳园林绿化工程有限公司**
地址：辽宁省大连市中山区中山广场 4 号大连宾馆 215 房
负责人：刘晓洁
Tel：13998699797

**大连元天建筑装饰装修工程有限公司**
地址：辽宁省大连市中山区祝贺街 35 号
负责人：王润红
Tel：0411－82528201

**锦州恒瑞商贸有限公司**
业务：五金建材
地址：辽宁省锦州市凌河区菊花里巴黎豪苑 8－96 号
负责人：孙士勇　邮　编：121000
法　人：孙士勇
Tel：13384167999
0416－4587999

**大连丰本房地产开发有限公司**
地址：辽宁省大连市中山区祝贺街 35 号 1302 室
负责人：晏永斌
Tel：0411－81832010

**双安环保节能设备厂**
地址：辽宁省丹东市振安区同兴镇变电村四组
负责人：王义安
Tel：0415－6223995
13604958171

**丹东杨子物业管理有限公司**
地址：辽宁省丹东市振兴区六纬路二十一号
负责人：杨英兰
Tel：0415－2300410

**新宇玻璃经营部**
地址：辽宁省丹东市振兴区三街六纬小区一号楼八号
负责人：周国彬
Tel：0415－2162212
13304959039

**锦州金磊土建工程有限公司**
业务：土建
地址：辽宁省锦州市凌河区新区金屯村
负责人：沈宝山　邮　编：121000
法　人：沈宝山
Tel：0416－4683565
13304966299

**万伟木材销售处**
地址：辽宁省丹东市振兴区四道沟南站
负责人：汪中华
Tel：0415－3155938
13904255988

**丹东格林木业有限公司**
地址：辽宁省丹东市振兴区五纬路 8－5 号
负责人：白永梅
Tel：0415－2178166

**抚顺顺隆房地产开发有限公司**
地址：辽宁省抚顺市东洲区南花园东三街 1 号
负责人：吴隆洁
Tel：0413－3895158

**抚顺市泷达房地产开发有限公司**
地址：辽宁省抚顺市清原满族自治县清原镇站南街（白云 15 门市 1）
负责人：董连奇
Tel：0413－3024111

**沈阳经济技术开发区佳晨之光灯饰经销部**
业务：佳晨牌室内外灯饰灯具的代理销售
地址：辽宁省沈阳经济技术开发区花海路 41 号 1032 室
负责人：曹一凡　邮　编：110013
法　人：曹一凡
Tel：15940300339
024－25813328

**清河花木苗圃**
地址：辽宁省抚顺市清原满族自治县土口子乡荒地村
负责人：祝阳军
Tel：0413－3150142
13941373756

**长兴地板厂**
地址：辽宁省抚顺市顺城区龚家村
负责人：麻兴武
Tel：0413－7640268
13804235592

**抚顺恒远电热工程有限公司**
地址：辽宁省抚顺市顺城区会元乡马金村
负责人：侯英
Tel：0413－3887777

**会元赵尔建材商店**
地址：辽宁省抚顺市顺城区会元乡赵尔村
负责人：陈绍富
Tel：0413－4069016
8221229
13019660494

**营口风景园林绿化工程有限公司沈阳分公司**
业务：园林绿化工程设计、施工、养护及苗木花卉培育，建筑施工
地址：辽宁省沈阳市大东区津桥路 31 甲号
负责人：秦世禹　邮　编：110042
法　人：秦世禹
Tel：13840798221
15940154013
网址：http://qishiyu.yuanlin114.com/
E-mail：qishiyu1@126.com

**抚顺市吉顺房地产开发有限公司**
地址：辽宁省抚顺市顺城区将军街延吉路 32 号
负责人：王喜元
Tel：0413－7729887

**抚顺市晶晶物业管理有限公司**
地址：辽宁省抚顺市望花区台安街东光明一路 20－2 号
负责人：杨晓晶
Tel：0413－6456666

**抚顺市长源公路工程公司**
地址：辽宁省抚顺市新宾满族自治县永陵镇
负责人：赵长春
Tel：0413－5164817

**沈阳妙泽装饰材料有限公司**
业务：经营各类装饰、建筑材料等，实现一站式成套建材购买，我们配备有精湛的设计施工队伍，精湛的装饰工艺为您提供最优质服务。
产品：西雅图纳米液体壁纸、塑胶地板、水暖建材等
地址：辽宁省沈阳市东陵区长青街 35 号 724 室
负责人：杨明明　邮　编：110015
法　人：杨明明
Tel：024－24225797
Fax：024－24225797
网址：www.symiaoze.cn
E-mail：yangming76@163.com

**顺发水泥制品厂**
地址：辽宁省抚顺市新宾满族自治县永陵镇夹河头道村
负责人：王亚民
Tel：0413－5154149

**宏辉烧结砖厂**
地址：辽宁省阜新市新邱区长营子镇于家沟村
负责人：孙辉
Tel：0418－2670556
13941812497

**永丰金属门窗厂**
地址：辽宁省海城市东四镇大榆村
负责人：金开明
Tel：0412－3341115
13130166766

**沈阳巨谷环保科技有限公司**
业务：环保材料、环保工程
地址：辽宁省沈阳市东陵区文翠路天堂二街 52 号楼
负责人：赵峰　邮　编：110015
法　人：赵峰
Tel：024－82674101
24514109

**锦州道桥工程有限责任公司黑山分公司**
地址：辽宁省锦州市黑山镇八街解放路东侧
负责人：聂玉东
Tel：0416－5522813
13940630777

**远光玻璃经销处**
地址：辽宁省锦州市太和区凌南东里铝材市场 5－1 号
负责人：潘颖涛
Tel：13841678008

**星泰装饰材料商店**
地址：辽宁省锦州市太和区中央南街 50－1 号
负责人：李侠
Tel：0416－3885179
13904064658

**辽阳县新风卷闸门厂**
地址：辽宁省辽阳市辽阳县首山镇胜利街
负责人：陈贺军
Tel：13904192416

**沈阳嘉禾鑫源装饰装修工程设计有限公司**
业务：集室内外装饰工程设计、施工，水电暖安装及建筑材料、装饰材料配置为一体的专业化装饰公司，公司推崇绿色与智能化装潢，秉承一条龙称心理念，携手与你共建满意空间。
产品：建筑材料、电梯、装饰材料
地址：辽宁省沈阳市皇姑区秀水街 69－1 号（太和苑）4 号楼 9－2－1
负责人：邓广海　邮　编：110000
法　人：邓广海
Tel：024－82892789
13889110767
Fax：024－86723481
E-mail：deng9guang9hai9@126.com

**守东石材加工厂**
地址：辽宁省凌海市白台子乡张家村
负责人：张守东
Tel：0416－8265248
13941682550

**阳光房屋维修队**
地址：辽宁省凌海市温滴楼乡温滴楼村
负责人：韩志良
Tel：0416－8801999
13704060000

**诚信保温防水建材经销处**
地址：辽宁省凌源市北街三眼井家俱城对过
负责人：闫海洋
Tel：0412－6820778
13942126888

**德顺涵管厂**
地址：辽宁省盘锦市双台子区双绕河路西
负责人：运德顺
Tel：0427－3565822
13604236366

**明水祥顺建筑工程劳务服务有限公司**
业务：承接建筑工程和工程劳务
地址：辽宁省沈阳市铁西区建设东路和谐大厦 B 座 1904 室
负责人：王振　邮　编：110013
法　人：王振
Tel：13478371777
13107117777
024－82965890

**沈阳地顺房地产开发有限公司**
地址：辽宁省沈阳经济技术开发区花海路 4－8 号
负责人：李德斌
Tel：024－25832201

**沈阳沈东燃气安装工程有限公司**
地址：辽宁省沈阳棋盘山水库宾馆 2048 室
负责人：王立岩
Tel：024－88533542

**沈阳谷鑫软管有限公司**
地址：辽宁省沈阳棋盘山水库宾馆 2060 房间
负责人：谷福友
Tel：024－86721916

**沈阳市东机钢结构建筑工程有限公司**
地址：辽宁省沈阳胜利经济开发区朝阳村
负责人：杨斌华
Tel：024－87253317

**沈阳帝邦装饰工程有限公司**
业务：城市雕塑，小区景观，装饰装修工程设计、承包及装饰材料销售
地址：辽宁省沈阳市铁西区兴胜街 112 号
负责人：史义升　邮　编：110024
法　人：史义升
Tel：13898858747
024－23844388

**佳林装饰材料厂**
地址：辽宁省沈阳市大东区大二台子街 130－1 号
负责人：王立军
Tel：024－81985088
13940356516

**隆成木制品工厂**
地址：辽宁省沈阳市大东区大十字街 80 号 19－6
负责人：孙显成
Tel：024－25377163
13066758791

**沈阳新英设备安装有限公司**
地址：辽宁省沈阳市大东区二台子街 18－2 号
负责人：邢梦梅
Tel：024－86267636

**沈阳华烨房产经纪有限公司**
地址：辽宁省沈阳市大东区津桥路 2 号甲 501 室
负责人：高阳
Tel：024－82859066

**沈阳市铁西区冯校其迪生管业**
业务：水暖器材
地址：辽宁省沈阳市铁西区艳欣街 54 号 2 门
负责人：冯校其　邮　编：110013
法　人：冯校其
Tel：024－62327710
Fax：024－62327712
网址：http://www.51zzt.com/user/zzt33642

**环宇新型防水材料厂**
地址：辽宁省沈阳市大东区沈铁路 180 号
负责人：李振鹏
Tel：024－28310219
13804016243

**沈阳思贝思装饰材料有限公司**
地址：辽宁省沈阳市大东区天后宫路 79 号
负责人：刘乃华
Tel：024－88567584

**沈阳富国陶装饰材料有限公司**
地址：辽宁省沈阳市大东区望花街 18 号
负责人：李娟
Tel：024－88216698

**沈阳美佳利新建材有限公司**
业务：建材加工和销售，主要产品是现浇轻质复合墙体
地址：辽宁省沈阳市铁西区云峰北街 62 号东环国际大厦 B 座 910 室
负责人：陈龙敏　邮　编：110013
法　人：陈龙敏
Tel：13358884766
024－25859222
Fax：024－25859222
网址：http://www.51zzt.com/user/zzt30008

**沈阳爱的展览艺术工程有限公司**
地址：辽宁省沈阳市大东区望花南街 46 号
负责人：张东升

Tel:024－88319918

**沈阳泰源表面技术工程有限责任公司**
地址:辽宁省沈阳市大东区小东路 241 号 540－541 室
负责人:赵庆峰
Tel:024－24337738

**沈阳红枫园林工程有限公司**
地址:辽宁省沈阳市大东区新东二街 16 号
负责人:韩霜
Tel:024－24123879

**沈阳中亚铝塑门窗有限公司**
地址:辽宁省沈阳市东陵区东陵乡凌云街二十八号
负责人:于平
Tel:024－24310472

**鑫建东耐火材料经销处**
业务:耐火材料，建筑材料，各种高温炉、低温炉的现场施工修筑
地址:辽宁省沈阳市于洪区造化乡高力村
负责人:胡振辉　邮　编:110035
法　人:胡振辉
Tel:024－89240673
Fax:024－89240673

**浑河站晨宇木线厂**
地址:辽宁省沈阳市东陵区浑河站前进村
负责人:张抗军
Tel:024－23700780
13019335227

**沈阳中城尚品房地产顾问有限公司**
地址:辽宁省沈阳市东陵区南塔街 65 号
负责人:王瑛
Tel:024－24500450

**贺虹轻钢彩板厂**
地址:辽宁省沈阳市东陵区前进乡榆林村
负责人:王瑛
Tel:024－88271588
13322496965

**辽宁省绥中县现代暖通有限公司**
业务:中央空调，锅炉，水暖器材，水泵，太阳能，热水器的生产、销售、安装
产品:节能锅炉，太阳能热水器，中央空调机组，风机盘管等
地址:辽宁省绥中县西关街 5－15 号
邮　编:125200
法　人:陈子会
Tel:0429－6904222
Fax:0429－6775333
网址:http://www.szxxdnt.cn
E-mail:szxdnt2008@163.com

**立业建材经销处**
地址:辽宁省沈阳市东陵区桃仙镇富家村
负责人:王英俊
Tel:024－23796138
13998241441

**沈阳世海佳源房地产开发有限公司**
地址:辽宁省沈阳市东陵区望花中街 197 号
负责人:乔成庆
Tel:024－88271202

**沈阳斯恩特建筑工程有限公司**
地址:辽宁省沈阳市和平区安图街 3 号 306
负责人:何海全
Tel:024－81626191

**沈阳艾邦洁净工程有限公司**
地址:辽宁省沈阳市和平区东纬路 2 号
负责人:陈涛
Tel:024－81023400

**辽宁省铁岭市银州区宏岳管业**
业务:销售宏岳管材
地址:辽宁省铁岭市银州区铜钟街金缘丽城 7 幢 3 门市
负责人:张英蕾　邮　编:112000
法　人:张英蕾
Tel:13464080085
0410－6115800

**嘉和网板厂**
地址:辽宁省沈阳市皇姑区牡丹街 12 号
负责人:席春芳
Tel:024－89108550
62066719
13940122898

**营口宏烨模具有限公司**
业务:制作与销售塑料模具、铁模具
产品:塑料模具、铁模具
地址:辽宁省营口市站前区渤海大街东 108 号
负责人:班耀福　邮　编:115000
法　人:班耀福
Tel:13941752108

**沈阳市金秋房地产开发有限公司**
地址:辽宁省沈阳市皇姑区嫩江街 23 号
负责人:李金兰
Tel:024－86253499

**沈阳三益环保科技有限公司**
地址:辽宁省沈阳市皇姑区宁山中路 12 号
负责人:石振国
Tel:024－86205751

**沈阳市雅溪园林绿化工程有限公司**
地址:辽宁省沈阳市皇姑区泰山路 69－58 号
负责人:洪利
Tel:024－86235608

**沈阳筑兴装饰工程有限公司**
地址:辽宁省沈阳市和平区三好街 18－1 号 2－19－1 室
负责人:姚桂香
Tel:024－81033327

**沈阳兴特龙机电设备安装工程有限公司**
地址:辽宁省沈阳市和平区十一纬路 79 号
负责人:汪加兴
Tel:024－81855440

**沈阳市华亮房产信息咨询中心**
地址:辽宁省沈阳市皇姑区华山路 319－1 号
负责人:曹广新
Tel:024－81858583

**沈阳康弘建筑有限公司**
地址:辽宁省沈阳市康平县方家屯镇镇西村
负责人:郭述成
Tel:024－87201330

**营口雅风暖通器材销售有限公司**
业务:中央空调销售、安装及维修
地址:辽宁省营口市站前区金牛山大街东 37 号
负责人:张广　邮　编:115001
法　人:张广
Tel:13904074428
0417－3325556

**沈阳市新海洲建筑工程有限公司**
地址:辽宁省沈阳市康平县海洲乡海洲村
负责人:齐志林
Tel:024－87280003

**远通水泥制品厂**
地址:辽宁省沈阳市辽中县茨榆坨镇太平村
负责人:刘阳
Tel:024－87752918
13604016818

**海通供暖设备厂**
地址:辽宁省沈阳市辽中县辽中镇中心街 168－8 号
负责人:韩旭
Tel:024－87886618
13804034205

**沈阳一环管业有限公司**
地址:辽宁省沈阳市辽中县潘家堡乡潘家堡村
负责人:潘军
Tel:024－87973355

**辽宁辽中县华夏水泥制品厂**
地址:辽宁省沈阳市辽中县四方台镇龙湾村
负责人:刘宏彬
Tel:024－87774888
13504048495

**中冶沈勘工程技术有限公司**
地址:辽宁省沈阳市沈河区东滨河路 152 号
负责人:王桂英
Tel:024－24810097

**桑乐太阳能经销店**
业务:销售桑乐太阳能，高档拉门、白钢大门、段桥铝塑门窗、罗普斯金门窗
地址:辽宁铁岭县新台子镇一路村
负责人:姜桐辉　邮　编:112611
法　人:姜桐辉
Tel:0410－4982503

**沈阳和华通信工程有限公司**
地址:辽宁省沈阳市沈河区青年大街 165 号
负责人:钱志杰
Tel:024－81018225

**沈阳奉都装饰工程有限公司**
地址:辽宁省沈阳市沈河区万柳塘路 42 号 1 门
负责人:刘贵财
Tel:024－81080808

**沈阳鑫金龙建筑装饰工程有限公司**
地址:辽宁省沈阳市沈河区望云寺路 59 号
负责人:祁效忠
Tel:024－81503633

**沈阳市华德防腐保温工程有限公司**
地址:辽宁省沈阳市沈河区中山路 375－1 号
负责人:王景霞
Tel:024－81176688

**沈阳荣耀装饰材料有限公司**
地址:辽宁省沈阳市苏家屯区玫瑰街 134 号
负责人:虞俊杰
Tel:024－89106988

**沈阳大野绿化工程有限公司**
地址:辽宁省沈阳市苏家屯区南沙柳路 37－3 号 6 门
负责人:宋洪福
Tel:024－89420424

**苏家屯区远洋木材加工厂**
地址:辽宁省沈阳市苏家屯区佟沟乡李沟村
负责人:张玉辉
Tel:024－89592642
13066505548

**辽宁沈阳桂城木制品有限公司**
地址:辽宁省沈阳市苏家屯区迎春北街 158 号
负责人:元太喜
Tel:024－23713331
13898883030

**吉诺尔装饰材料有限公司**
地址:辽宁省沈阳市铁西区大青工业园 1－2 号
负责人:王传波
Tel:024－89353976
89353980
13998184328

**沈阳市新全城建工程处**
地址:辽宁省沈阳市铁西区南滑翔路 24 号
负责人:张丽梅
Tel:024－81106020

**辽宁万年装饰工程有限公司**
地址:辽宁省沈阳市铁西区腾飞二街 22 号
负责人:付文煜
Tel:024－85900500

**沈阳保利盛华房地产开发有限公司**
地址:辽宁省沈阳市铁西区云峰北街 3 号
负责人:黄兵
Tel:024－62380088

**北龙木业有限公司**
地址:辽宁省沈阳市铁西区云峰南街八一仓库 33 号(转)
负责人:曲颖
Tel:024－25852411
13940558444
13998142999

**沈阳强盾消防工程维保有限公司**
地址:辽宁省沈阳市于洪区白山路 116 号
负责人:刘淑荣
Tel:024－86786666

**沈阳天宝泵业有限公司**
地址:辽宁省沈阳市于洪区大兴乡兴盛村
负责人:林晶
Tel:024－25823272

**福源地板厂**
地址:辽宁省沈阳市于洪区东陵村
负责人:范晓冰
Tel:024－89364058
13804901510

**东生地板厂**
地址:辽宁省沈阳市于洪区陵东乡东窑村永安路 137 号
负责人:胡翠华
Tel:024－86670813
13904035386

**沈阳乃思木业有限公司**
地址:辽宁省沈阳市于洪区洞庭湖街路南北巷 25 号
负责人:卢立然
Tel:024－25200008

**沈阳市正洪物业有限公司**
地址:辽宁省沈阳市于洪区沈辽路 167 号
负责人:钱玉霞
Tel:024－62246969

**沈阳鑫华瑞门窗制造有限公司**
地址:辽宁省沈阳市于洪区杨士乡杨士村
负责人:孙正瑞
Tel:024－25810825

**沈阳森鼎钢结构有限公司**
地址:辽宁省沈阳市于洪区于洪乡东民村
负责人:杨莉
Tel:024－25350885

**铁岭四海建筑工程有限公司**
地址:辽宁省铁岭市经济开发区城南街 3 委
负责人:单红卫
Tel:0410－2691211

**铁岭县双兴米业**
地址:辽宁省铁岭市铁岭县双井子乡
负责人:侯兵
Tel:0410－8765777

**通达电梯配件厂**
地址:辽宁省新民市东城街郭屯社区
负责人:马宝晶
Tel:024－87854261

**新民市吉康污水处理厂**
地址:辽宁省新民市南市西路 9 号
负责人:李光磊
Tel:024－27622042

**万通石材厂**
地址:辽宁省营口盖州市徐屯镇韩家沟村王屯桥西
负责人:徐邦义
Tel:0417－7585188
13941756288

**诚信石材加工厂**
地址:辽宁省营口盖州市徐屯镇芦屯村
负责人:于继超
Tel:0417－7585255
13604174156

## 长兴地板厂

长兴地板厂是一家从事专业实木地板的生产与销售的厂家。“以质量求生存、信誉求发展”，竭诚欢迎有意之士与我们携手合作，共创美好未来！

电话：0413－7640268 13804235592 联系人：麻兴武
地址：辽宁省抚顺市顺城区粪家村 邮编：113000

## 钢城市政设施工程有限公司

钢城市政设施工程有限公司成立于2006年，主要经营市政道路工程，桥涵工程，我们的代表工程实例有北京市体育馆道路工程，军分区道路工程，本溪经济开发区建设工程等。

公司秉承严谨、质优、求实、创新、和谐的经营原则。与新老客户及同行合作、双赢，谱写更加美好的明天，为本溪市及周边城市的美化、亮化献一份力。

电话：0414-2880975
联系人：史志学 13942474957 传真：0414-2880975
地址：辽宁省本溪市明山区樱花街30栋11号 邮编：117000

## 大连君亿科技发展有限公司

本公司主要从事新型豪华人造木门系列、UDP高分子络合超强复合万能装饰板材等高新环保科技产品的开发、生产、销售。

室内外装饰、装修工程设计及施工，建筑幕墙工程，园林绿化工程设计，施工及国内一般贸易。

电话：0411-82588010 传真：0411-82588010 82588009
联系人：潘军一 13019409188 邮编：116011
地址：辽宁省大连市西岗区长春路358号（八一路街道）

## 辽宁省新民市通达门窗厂

辽宁省新民市通达门窗厂专业订做各种白钢门、静电喷涂门、车库门、卷帘门等。本厂秉承“顾客至上、锐意进取”的经营理念、坚持“客户第一”的原则为广大客户提供优质的服务。欢迎惠顾！

联系人：马宝晶 手机：15940542233
电话：024-87854261
地址：辽宁省新民市磷肥厂大院内 邮编：110300

## 抚顺红透山铜矿建筑工程公司

公司始创于1979年，主营房屋建筑，包含民用与工业建筑，园林绿化工程。

公司本着美化环境、造福社会的精神，以诚信、创新为理念，真诚为各新老客户服务。

电话：0413-3265421
联系人：刘贵福 13019662497
邮编：113321 地址：辽宁省清原满族自治县红透山镇红透山村

## 沈阳虎跃房地产开发有限公司

沈阳虎跃房地产开发有限公司成立于2008年，以房地产开发及建材销售为主。公司秉承“顾客至上，锐意进取”的经营理念，坚持“客户第一”的原则为广大客户提供优质的服务。欢迎惠顾！

联系人：王跃虎
电话：024-24226298 手机：13940431778
地址：辽宁省沈阳市东陵区长青街52甲 邮编：110010

## 阜新市海宇开发有限公司

阜新海宇房地产开发有限公司是1999年成立的，拥有员工100多人。集施工、开发、物业为一体的民营企业。有高级工程技术人员各级管理人员。公司先后开发了多个楼盘，在建筑业中有较好的口碑。

我公司秉承“顾客至上，锐意进取”的经营理念，坚持“客户第一”的原则为广大客户提供优质的服务。欢迎惠顾！

电话：0418-2822945 13304189931
电子邮件：chixin021@163.com 联系人：肖海文
地址：辽宁省阜新市海州区滨河路36号 邮编：123000

## 沈阳市瓜尔佳氏经贸有限公司

沈阳市瓜尔佳氏经贸有限公司是一家专业从事水泥硫台、特种水泥等建筑材料的制造企业。

公司技术力量雄厚，设备先进齐全。

公司成立以来，始终坚持“共享共赢，创新创造”的价值观，以雄厚的技术、人才、设备优势，竭诚为广大客户服务。

联系人：关学礼
电话：024-89480200
邮编：110107
地址：辽宁省沈阳市苏家屯区林盛镇沙河站村门市北楼第12号

## 盖州市归州镇启成沙石经销处

盖州市归州镇启成沙石经销处成立于2006年，从事各种石材、建筑用碎石、建筑用沙的销售。

我们秉承“顾客至上，锐意进取”的经营理念，坚持“客户第一”的原则为广大客户提供优质的服务。

联系人：徐启成
电话：0417-7130888 13386711999
地址：辽宁省盖州市归州镇三台子村 邮编：115225

## 沈陽市于洪區騰騰卷簾門廠

沈阳腾腾门业成立于2002年，是专业从事各种电动卷帘门，推拉门、车库门、网门、水晶门、消音门、豪华拉闸门的专业厂家。 同时大量批发钢带。

我们有多年生产卷闸门的历史，工厂技术力量雄厚，生产工艺先进，设备精良。且全厂实行分步质量管理，保证产品出厂的质量与优质率，在东三省及内蒙古各地得到广泛应用与认可。

联系人：张士柱 13700009263
网址：www.tengtengmenye.cn 电话：024-25250610
地址：辽宁省沈阳市于洪区杨士乡小岗官村 邮编：110000

**本溪市鑫诺特钢实验制造有限公司**

经营纯铁，各种焊塑钢，特种钢生产及销售的企业。

电话：0414－2824060　3129563
地址：辽宁省本溪市溪湖区居仁街

## 沈阳鑫阔房产开发有限公司

本公司是一家专业从事房地产开发的企业。

公司"以人为本，以质为优，以诚取信，共同发展"为管理理念，开拓进取。

联系人：林京安
电话：0419－8180009
邮编：110000
地址：辽宁省辽阳市灯塔市烟台街道鑫阔家园售楼部

## 沈阳中建防水工程有限公司

沈阳中建防水工程有限公司成立于2007年，是一家专门从事防水工程、室内外装饰装修工程设计、施工的企业。

以质量求生存，以信誉求发展，愿我们携手共进，共创辉煌！

联系人：陈伟
电话：024－89193555　13504076024
地址：辽宁省沈阳市大东区沈铁路50号2门　邮编：110023

## 项城市浩洋防水防腐工程有限公司

项城市浩洋防水防腐工程有限公司成立于1984年，专业承揽建筑物墙体渗漏、返潮、发霉长毛防治工程及建筑物外墙翻新、维护及各种建筑防水、修缮工程和清洗、安装、拆除等高空作业工程等。

我公司拥有专业的工程施工队伍，给您提供全面高效的服务。让客户放心、省心是我们的追求，欢迎来电洽谈业务！

联系人：薛开贺 13322118355
地址：辽宁省鞍山市千山区宁远镇二台子新村13幢6号　邮编：114000

## 营口经济技术开发区宏发喷涂装饰工程队

营口经济技术开发区宏发喷涂装饰工程队成立于1996年，主要从事装饰及喷涂。

我们秉承"顾客至上，锐意进取"的经营理念，坚持"客户第一"的原则为广大客户提供优质的服务。欢迎广大客户惠顾！

联系人：曲敬德
电话：0417－6201004　13904173984
地址：辽宁省营口市鲅鱼圈区瑞康家园　邮编：115000

## 吉林省/Jilin Province

**白城市宇辉物业管理有限公司**
地址：吉林省白城市开发区幸福南大街64号楼
……负责人：钱文海
……Tel：0436－5083999

**镇赉县裕东房地产开发有限公司**
业务：镇赉县裕东房地产开发有限公司主要从事房地产开发、土建工程、安装工程、市政工程、园林绿化等业务，欢迎广大客户光临惠顾。
地址：吉林省白城市镇赉县镇赉镇正阳街1234号
……负责人：李福东……邮　编：131000
……法　人：李福东
……Tel：0436－7286777

**白山市友成建设有限责任公司**
地址：吉林省白山市八道江区
……负责人：程炳香
……Tel：0439－3391450
3391457
3391459
3391469

**金字塔免烧砖厂**
业务：免烧砖
地址：吉林省白城市岭下镇
……负责人：里景权　邮　编：137000
……法　人：里景权
……Tel：13331410888
0436－3883113

**白山市八道江区明达套装室内门经销处**
地址：吉林省白山市八道江区滨江路7号
……负责人：宁漱石
……Tel：0439－3227776

**白山市东方木业有限公司**
地址：吉林省白山市八道江区河口乡河口村
……负责人：张振东
……Tel：0439－3317000

**吉林省白城市通榆县顺风石材商店**
业务：窗台、灶台、楼梯踏步、各种工程板
地址：吉林省白城市通榆县国土资源局北
……负责人：雷生　邮　编：137000
……法　人：雷生
……Tel：15843646595
15943687599

**白山市隆德物业管理有限公司**
地址：吉林省白山市八道江区红旗街68号
……负责人：王澄云
……Tel：0439－3245055

**抚松县露水河金宇建筑有限公司**
业务：抚松县露水河金宇建筑有限公司成立于2005年，从事土石方工程，工程安装，室内外装饰装修，欢迎来电洽谈业务。
地址：吉林省白山市抚松县露水河镇宏伟街
……负责人：于相法……邮　编：134500
……法　人：于相法
……Tel：0439－6365224
……网址：www.mtw28282.chinapyp.com

**白山市生源水暖配套工程维修有限公司**
地址：吉林省白山市八道江区红旗街长安路23－1号
……负责人：何奎毅
……Tel：0439－5089857

**洪贵装潢材料商店**
业务：室内装潢材料销售
产品：扣板，高分子门，灯饰，防盗门，细木工，刮大白，油漆
地址：吉林省白城市镇赉县大屯镇大屯村
……负责人：张洪贵　邮　编：137000
……法　人：张洪贵
……Tel：13894649109
15944622351

**白山市鑫洁建筑装饰工程有限公司**
地址：吉林省白山市八道江区浑江大街168号
……负责人：崔静洁
……Tel：13943919959

**靖宇县万通房地产开发有限公司**
地址：吉林省白山市靖宇县靖宇镇营抚路
……负责人：庄会双
……Tel：0439－7239896

**靖宇镇贵川彩瓦厂**
地址：吉林省白山市靖宇县水果窖院内
……负责人：黄贵川
……Tel：0439－7224644
13843971186

**镇赉县恒源建筑劳务作业有限公司**
业务：土建、金属加工、水暖安装、园林绿化
地址：吉林省白城市镇赉县镇赉镇正阳南街
……负责人：张怀和　邮　编：137300
……法　人：张怀和
……Tel：0436－7220276
……Fax：0436－7220276

**长春市嘉禾房地产开发有限公司**
地址：吉林省长春市长春净月潭旅游经济开发区新加坡城5号楼北一门市
……负责人：李荔菲
……Tel：0431－88916199

**长春建设股份有限公司立德分公司**
业务：我公司将始终秉承"诚信服务、优质回报、不断超越"的企业宗旨，致立于中国的建设事业。
地址：吉林省长春市经济开发区海口路201号
……负责人：杨淑梅……邮　编：130033
……Tel：0431－84646678

**吉林省科环环境技术开发有限公司**
地址：吉林省长春市朝阳区丰顺街10号2－5
……负责人：李涌涛
……Tel：0431－84625250

**白山市海宇钢构彩钢制品有限公司**
业务：生产经营各种镀锌、彩涂压型板；夹芯（苯板、岩棉、玻璃棉）保温板；C、Z、U、V、H型轻钢结构；市政围挡瓦；不锈钢板以及各种金属型材；设计、制作及安装轻钢彩板结构厂房
地址：吉林省白山市八道江区滨江街森林警察支队东50米
……负责人：刘利华　邮　编：134300
……法　人：刘利华
……Tel：0439－3259866
3214999
8908696
3242555
13894019933
13894016333
……Fax：0439－3258696
……网址：http://www.bshycg.cn

**吉林省碧浪绿化工程有限公司**
地址：吉林省长春市朝阳区富锋镇万顺村徐家窝卜屯
……负责人：金玉惠
……Tel：0431－87774410

**吉林省通达环境工程有限责任公司**
地址：吉林省长春市朝阳区红旗街富锦小区10号
……负责人：陈桂兰
……Tel：0431－85588055

**白山市木林森木业有限公司**
业务：板材加工、销售
地址：吉林省白山市八道江区六道江镇新立村（五间房林场院内）
……负责人：钱胜喜　邮　编：134300
……法　人：钱胜喜
……Tel：15843941177
0439－8601123

**吉林省天泰建筑装饰工程有限责任公司**
地址：吉林省长春市朝阳区湖光小区1#3区
……负责人：赵辉
……Tel：0431－85687776

**吉林省金山建筑工程有限公司**
地址：吉林省长春市朝阳区开运街114号
……负责人：孙长臣
……Tel：0431－86193928

**中国建筑第六工程局装饰工程公司长春办事处**
业务：中国建筑第六工程局装饰工程公司长春办事处是一家从事室内外装修、装饰的企业，欢迎新老客户来电垂询业务！
地址：吉林省长春市南关区西四小区53幢二单元401室
……邮　编：130000
……法　人：缑会洋
……Tel：0431－8959909
……Mobile：13654375006

**百亿不锈钢装饰有限公司**
业务：室内外装修，白钢制品，维修各种电机及门窗各种牌匾制作，钢结构焊接，防盗监控系统安装
地址：吉林省白山市八道江区原豆制品厂楼下
……负责人：张明玉　邮　编：134300
……法　人：张明玉
……Tel：13894008839
0439－8918839
13596748888

**吉林省爱普勒冶金地质勘查有限公司**
地址：吉林省长春市朝阳区同志街2593号
……负责人：邹春辉
……Tel：13843029875

**吉林省业之峰装饰有限公司**
地址：吉林省长春市朝阳区西安大路336号1006室
……负责人：王琦
……Tel：0431－88964881

**吉林省煤炭新区勘探开发建设领导小组办公室**
地址：吉林省长春市朝阳区延安大街987号
……负责人：石金玉
……Tel：0431－85923844

**桦甸市永吉街盛兴卷闸门厂**
业务：金属门加工、生产及批发
地址：吉林省白山市家居商贸城院内A5－30号
……负责人：肖忠伟　邮　编：132400
……法　人：肖忠伟
……Tel：13620730686
15943909900

**吉林省申宇水泥制品有限公司**
地址：吉林省长春市二道区长郊区三道街
……负责人：王金键
……Tel：13304318233

**吉林省卓晟伟业建筑材料有限公司**
地址：吉林省长春市二道区长拖宿舍30栋3－4号
……负责人：刘洋
……Tel：13089118853

**吉林省云山装饰工程有限公司**
地址：吉林省长春市二道区吉林大路80号
……负责人：管云山
……Tel：0431－88658841

**白山市伟盛建材有限公司**
业务：生产及销售页岩瓦、页岩砖
产品：页岩瓦、页岩砖
地址：吉林省白山市江源区石人镇后堡子村
……负责人：姜大伟　邮　编：134300
……法　人：姜大伟
……Tel：13943421767
0439－3786196
……网址：http://www.51zzt.com/user/zzt35061

**吉林省华地装饰工程有限公司**
地址：吉林省长春市二道区万通花园A20号楼5单元
……负责人：王瑷瑛
……Tel：13804352502

**宽城区欧典地板经销处**
地址：吉林省长春市宽城区杭州路56号A座一

楼C区7B－7C号
负责人：刘文武
Tel:0431－82842650

**长春长城建筑工程有限公司盛园综合市场**
地址：吉林省长春市宽城区柳影路40号
负责人：王保金
Tel:13596140508

**抚松县喜林苗木有限公司**
业务：园林绿化、红松等
地址：吉林省百山市抚松县邮政局
负责人：任洪喜 邮 编：134500
法 人：任洪喜
Tel:0439－6234555

**长春市二道区群联水泥制品有限公司**
业务：我公司成立于2006年，专业生产空心砖，我们将以一流的质量、一流的服务宗旨竭诚为新老客户服务。
地址：吉林省长春市泉眼工业园
负责人：李俊文 邮 编：130124
Tel:0431－84629099

**长春一汽实业东风物业管理有限公司**
地址：吉林省长春市绿园区长青路25号
负责人：褚五州
Tel:0431－85901811

**吉林省大溧建材有限公司**
地址：吉林省长春市绿园区城西乡民丰村
负责人：马富英
Tel:0431－85966719

**吉林省汇仁达建材有限公司**
业务：制造销售建材
产品：轻型墙板、保温砖
地址：吉林省长春九台市西营城镇董家村
负责人：刘学双 邮 编：130000
法 人：刘学双
Tel:15843198768
13364688222

**长春一汽实业锦程物业管理有限公司**
地址：吉林省长春市绿园区东风大街666栋综合楼
负责人：褚五州
Tel:0431－85905535

**吉林省起能控制工程有限公司**
地址：吉林省长春市绿园区汽车厂510栋3门1楼
负责人：刘艳洁
Tel:13844188488

**吉林省佳禾建筑装饰材料经销有限公司**
地址：吉林省长春市绿园区翔运街星宇小区18栋
负责人：于劲
Tel:0431－87982504

**汇丰楼梯**
业务：石木楼梯
地址：吉林省长春市二道区中东瑞家3－1－20号
负责人：高为良 邮 编：130000
法 人：高为良
Tel:13009113129
0431－84788508
Fax:0431－84788508

**吉林惠邦木业进出口有限公司**
地址：吉林省长春市南关区建民街36号
负责人：刘永新
Tel:13353146580

**吉林省天岳安装有限责任公司**
地址：吉林省长春市南关区解放大路338号(21世纪商务总部A座1406室)
负责人：王刚
Tel:13944808585

**吉林省正林陶瓷有限公司**
地址：吉林省长春市南关区净月潭七十四中南
负责人：付美芝
Tel:0431－87980596

**长春睿鑫电热产品经销处**
业务：专门从事暖通产品引进、销售、设计、施工安装的高新技术公司，是韩国大宇、卡里奥、世纪电热膜在东北长春的总代理，质量好价格优，并以良好的信誉受到各界使用者的好评！
产品：电热膜、电热板、电热画、电地热、远红外辐射器、家用电磁锅炉、承建汗蒸房
地址：吉林省长春市火车站前中韩大厦1108室
负责人：万范伟 邮 编：130051
法 人：万范伟
Tel:0431－82629690
86799809
13074312264
Fax:0431－86124462
网址：www.ccruixin.cn
E-mail:37948495@qq.com

**吉林省大安市华鑫钻井桩基工程有限责任公司**
业务：吉林省大安市华鑫钻井桩基工程有限责任公司成立于2006年，专业从事钻井桩基工程。我们做到安全文明施工，重合同守信用，确保施工质量，致力塑造工程与企业的优秀形象，创造一流业绩，竭诚为广大客户提供优质服务。
地址：吉林省大安市长虹街西站货场南
负责人：赛建成 邮 编：131300
Tel:0436－5220251

**吉林省波森特装饰工程有限公司**
地址：吉林省长春市南关区南岭大街(吉盛小区2区)
负责人：向博
Tel:0431－84931618

**长春向上房地产服务有限公司**
地址：吉林省长春市南关区平治街7号
负责人：王立谦
Tel:0431－88995359

**长春市二道区前程木材经销处**
地址：吉林省长春市星宇集团建材厂
负责人：吴伟程
Tel:0431－86169612

**吉林省新格装饰有限公司**
业务：室内外装饰工程设计、施工
地址：吉林省长春市经济开发区海口路6－2号501,503室
负责人：孙蕴华 邮 编：130031
法 人：孙蕴华
Tel:0431－86821308

**榆树市宏英建材商店**
地址：吉林省长春市榆树市实验北路
负责人：朱洪英
Tel:0431－88200257

**吉林市吉化蓝盾防火材料有限责任公司商城经销处**
地址：吉林省吉林市昌邑区吉林大街11号楼6－99号
负责人：马峻
Tel:0432－62534139

**吉林市吉林商城鑫芳装饰材料经销处**
地址：吉林省吉林市昌邑区吉林大街315－7号
负责人：沈爱国
Tel:0432－62556818

**九台市其塔木镇天诚塑钢加工厂**
业务：塑钢门窗加工
地址：吉林省长春市九台市其塔木镇西市场内
负责人：王振忠 邮 编：130500
法 人：王振忠
Tel:15981021152
0431－82414371

**吉林市宏图测绘科技有限公司**
地址：吉林省吉林市船营区北京路127号
负责人：卢正南
Tel:0432－62082322

**吉林市朝阳物业管理有限公司**
地址：吉林省吉林市船营区怀德街0号楼1单元2层
负责人：张京
Tel:0432－62458179

**松原市华侨建筑工程有限公司**
业务：本公司主要从事建筑工程施工。该公司重合同，守信誉，注重施工质量，多次受到建设单位和质检部门的好评，有较高的社会信誉！
地址：吉林省松原市宁江区华侨农场
负责人：王相臣 邮 编：271515
法 人：王相臣
Tel:0438－6341603

**宏兴彩钢门窗公司**
业务：彩钢阳光房、彩钢门窗设计、制作、安装
地址：吉林省长春市绿园区城西镇红民村纪家屯
负责人：赵洪波 邮 编：130000
法 人：赵洪波
Tel:13756115388
0431－82283697

**吉林市乾丰物业管理有限责任公司**
地址：吉林省吉林市船营区顺城街59号
负责人：张丽巍
Tel:13904411603

**吉林市万隆市政路桥建设有限责任公司**
地址：吉林省吉林市丰满区恒山西路北侧
负责人：李万江
Tel:0432－64674199

**吉林市建龙物业管理有限责任公司**
地址：吉林省吉林市丰满区吉林大街120号
负责人：张伟祥
Tel:0432－64666003

**双阳区成男土建维修工程队**
业务：工程机械
地址：吉林省长春市双阳区奢岭街道前城村高家屯
负责人：徐财 邮 编：130000
法 人：徐财
Tel:0431－84171277

**吉林市鸿晟拆除工程有限公司**
地址：吉林省吉林市高新区恒昌科技公司综合办公楼A座2层右门
负责人：肖静
Tel:13314368822

**桦甸市阳光数码装饰装璜有限公司**
地址：吉林省吉林市桦甸市人民路216号
负责人：徐猛
Tel:0432－66190388

**桦甸市金杨木业有限责任公司**
地址：吉林省吉林市桦甸市永吉街永和委福利院胡同
负责人：康德宝
Tel:13331608825

**二道区古韵陶瓷经销处**
业务：专营瓷砖
地址：吉林省长春市中东瑞家居广场1－3－14号
负责人：车经理 邮 编：130000
Tel:0431－84735211
Fax:0431－84732411

**吉林市东宝新型建筑材料有限公司**
地址：吉林省吉林市吉林经济技术开发区新九站
负责人：王莉
Tel:0432－64836066

**舒兰市鑫馨物业管理有限责任公司**
地址：吉林省吉林市舒兰市民政府2080号
负责人：张广汉
Tel:0432－68226288

**舒兰市远东木业有限责任公司**
地址：吉林省吉林市舒兰市平安镇林业局车队院内
负责人：李彦和
Tel:13904443288

**敦化市翰章乡鸿瑞采石场**
业务：销售公路建筑石料
地址：吉林省敦化市翰章乡翰章村
负责人：张瑞杰 邮 编：133700
法 人：张瑞杰
Tel:13234339500
13943378556

**松原市宁江区北方铝塑门窗有限公司**
业务：本公司主要从事塑钢门窗、铝合金门窗、楼梯扶手、白钢门的制作与安装。公司一直凭借超前、独特的设计理念，本着"用最优的价格回报我们的客户"的宗旨，竭诚为新老客户提供过硬的产品和优质的服务。
地址：吉林省松原市宁江区前进街长宁邮政支局南侧
负责人：刘成 邮 编：138000
法 人：刘成
Tel:0438－3113578

**舒兰市海龙木业有限责任公司**
地址：吉林省吉林市舒兰市上营镇园艺石材厂北侧(上营镇蛟舒公路西侧)
负责人：王国春
Tel:13904445181

**辽源市龙山区诚信物业维修队**
地址：吉林省辽源市东吉街9委18号(交警宿舍楼下)
负责人：李东辉
Tel:0437－2980333

**敦化市新大地园林绿化装饰有限公司**
业务：园林工程、苗木销售
地址：吉林省敦化市胜利街常丰社区29组
负责人：邢亚军 邮 编：133700
法 人：刑先生
Tel:13694336446
18943310999

**辽源市通利水暖电安装作业分包有限责任公司**
地址：吉林省辽源市利源小区院内
负责人：潘德利
Tel:0437－3198058

**辽源市金正砌筑作业分包有限责任公司**
地址：吉林省辽源市利源小区院内
负责人：曲成波
Tel:0437－3198258

**辽源市恒兴水利园林绿化有限责任公司**
地址：吉林省辽源市人民大街536号
负责人：郑有海
Tel:0437－5095022

**和龙市科建人造大理石经销处**
业务：专业从事人造大理石制造、加工，所生产的样本板材、异形石材精致典雅、图案新颖美观，深得用户喜爱！
产品：人造大理石板材，框柜台面，墙面，吧台面等
地址：吉林省和龙市同心同路1－10
负责人：崔园彪 邮 编：133500
法 人：崔园彪
Tel:0433－4267278
13844717888
Fax:0433－4267278
E-mail:4267278@lv.com

**辽源市诚信测绘有限公司**
地址：吉林省辽源市人民大街新阳路2号
负责人：孙永军
Tel:0437－3515099

**公主岭市禹隆防水材料有限公司**
地址：吉林省四平市公主岭市长青小学后院
负责人：仲伟忠
Tel:13944455048

**珲春市业之峰装修设计工作室**
业务：装修设计
地址：吉林省珲春市靖和街(信德小区4号门市)
负责人：李艳平 邮 编：133300
法 人：李艳平
Tel:0433－7760555
15943382555

**前郭县三维房产测绘有限公司**
地址：吉林省松原市长岭县民主街
负责人：雷雨峰
Tel:13604389647

**前郭县建设工程招标造价咨询有限责任公司**
地址：吉林省松原市长岭县乌兰大街
负责人：赵立忠
Tel:0438－2107242

**珲春市鑫兴轻质环保节能墙体材料厂**
业务：主要生产高楼内墙，分户墙板，工厂厂房，新农村平房建设，生产保温墙板。
地址：吉林省珲春市新安街中华村
负责人：邵守君 邮 编：133300
法 人：邵守君
Tel:13089347888
0433－7621927
Fax:0433－7621927

**松原市诚成建材有限责任公司**
地址：吉林省松原市建材市场院内
负责人：雷连芹
Tel:0438－6281777

**长春新亚建筑工程有限责任公司松原分公司**
地址：吉林省松原市宁江区长宁南街
负责人：苏大元
Tel:0438－8986399

**永吉县一拉溪镇岩昇塑钢门窗厂**
业务：生产、销售塑钢门窗
地址：吉林省吉林市永吉县一拉溪镇三家子街道
负责人：石忠付 邮 编：132011
法 人：石忠付
Tel:13294328888
13039164888

**利民墙体材料有限责任公司**
业务：利民墙体材料有限责任公司成立于2006年，专业墙体空心砌块，热忱欢迎新老客户来电洽谈业务。
地址：吉林省松原市宁江区新城乡民主村
负责人：李启志 邮 编：138001
法 人：李启志
Tel:0438－3152395
网址：www.mtw26699.chinapyp.com
E-mail:mtw26699

**吉林省格尔新型墙体建材有限责任公司**
地址：吉林省松原市宁江区工业园区
负责人：孙德祺
Tel:13341555899

**松原市路通钻采技术服务有限责任公司**
地址：吉林省松原市宁江区雅达虹工业园区
负责人：吴双龙
Tel:0438－8250101

**蛟河市志诚砌筑有限公司**
业务：建筑工程施工
地址：吉林省蛟河市天岗镇新村1号楼(新村副食品商店)
负责人：褚功志 邮 编：132500
法 人：褚功志
Tel:13154322888
0432－7565566

**松原市建苑建筑工程施工图审查事务所(有限公司)**
地址：吉林省松原市沿江西路
负责人：于景双
Tel:0438－2127663

**通化市兴达建设工程检测有限公司**
地址：吉林省通化市东昌区滨江东路2829号
负责人：魏兆彬
Tel:0435－3618402

**蛟河市犀牛木业有限公司**
业务：木材制品
地址：吉林省蛟河市乌林乡
负责人：李家源 邮 编：132500
法 人：李家源
Tel:13804449288
0432－7245166

**通化市宏安装载加固材料有限责任公司**
地址：吉林省通化市东昌区建设大街 926－9 号
负责人：赵永
Tel：0435－6122872

**通化市森源木业有限公司**
地址：吉林省通化市东昌区建设大街团结胡同 55 号
负责人：靖坚
Tel：0435－3616559

**靖宇县天源采暖节能有限公司**
业务：专业从事太阳能取暖系列产品销售代理及售后服务为一体的现代化公司，产品绿色节能环保，售后服务完善，公司拥有一批高素质员工，精通各种施工方案，致力于提供完善的采暖服务。
产品：康宁太阳能系列产品、超导液、五金等
地址：吉林省靖宇县西大街南路 170 号
负责人：毛贵新　邮　编：135200
法　人：毛贵新
Tel：0439－7234005
6181618
13843977798

**通化市合鑫建材有限公司彤伟经销分公司**
地址：吉林省通化市东昌区胜利路 41 号
负责人：王军凯
Tel：13844592887

**通化华祥型钢制造有限责任公司**
地址：吉林省通化市东昌区自安村华祥路 1 号
负责人：王素华
Tel：0435－3653785

**鑫时代塑钢门窗商店**
业务：铝拉门、塑钢门窗设计，制作，安装
地址：吉林省九台市城西富贵新区东四门（老农电局对面）
负责人：高晓翠　邮　编：130500
法　人：白刚
Tel：0431－88345568

**集安经济开发区云峰建材加工有限责任公司**
地址：吉林省通化市集安市开发区电厂小区
负责人：祁德银
Tel：0435－2692338

**集安市恒基岩土工程勘测有限责任公司**
地址：吉林省通化市集安市迎宾路 23 号
负责人：郑洪华
Tel：0435－6223086

**吉林省九台市东湖镇隆达水泥制品厂**
业务：方砖生产、销售
产品：彩砖、水泥砌砖
地址：吉林省九台市东湖镇腰站村八组
负责人：孙志彪　邮　编：130505
法　人：孙志彪
Tel：0431－82545223
13756192426

**柳河县东翔路桥有限公司**
地址：吉林省通化市柳河县柳河镇振兴大街 3 号
负责人：翟小东
Tel：0435－7320988

**吉林敖东药业集团建筑安装有限公司二道分公司**
地址：吉林省延边朝鲜族自治州安图县二道白河镇
负责人：马宝利
Tel：0433－5714983

**东光村采石厂**
业务：销售公路建筑石料
地址：吉林省临江市长尾岗
负责人：付连生　邮　编：134600
法　人：付连生
Tel：0439－5222791

**延边林业白河象新木业有限公司**
地址：吉林省延边朝鲜族自治州安图县二道白河镇
负责人：唐复宽
Tel：0433－5717338

**敦化丹峰林业纤维板有限责任公司**
地址：吉林省延边朝鲜族自治州敦化市丹江街长松路 12 号
负责人：刘文荣
Tel：0433－6208219

**磐石市兴凯地板加工厂**
业务：地板加工销售
地址：吉林省磐石市烟筒山镇北安街加油站
负责人：李开春　邮　编：132001
法　人：李开春
Tel：13341518388
0432－5818055

**吉林省敦化市勘测有限责任公司**
地址：吉林省延边朝鲜族自治州敦化市翰章北大街 47 号
负责人：卢永吉
Tel：0433－6223877

**敦化市吉美木业有限责任公司**
地址：吉林省延边朝鲜族自治州敦化市胜利街西环路
负责人：孙熙今
Tel：0433－6323999

**洮南市瑞丰门业装潢商店**
业务："和谐"推拉防护门专业生产厂家，并承揽装潢业务
地址：吉林省洮南市关东农贸商城北侧门市楼
负责人：刘瑞峰　邮　编：137100
法　人：刘瑞峰
Tel：13843672377
0436－6220219

**延边南洋房地产开发有限公司**
地址：吉林省延边朝鲜族自治州珲春市新安街
负责人：战学艳
Tel：13630670003

**龙井市振兴木业有限公司木材经销部**
地址：吉林省延边朝鲜族自治州龙井市朝阳川镇胜利街（火车站院内）
负责人：纪风霞
Tel：13039330225

**泰和门窗部**
业务：白钢门，车库门，卷帘门，拉闸门
产品：澳式消音卷帘门
地址：吉林省通化市东昌区新岭路 35－1 号
负责人：刘清江　邮　编：134000
法　人：刘清江
Tel：15114390095
13844592698
15943501605

**龙井市宏裕物业管理有限公司**
地址：吉林省延边朝鲜族自治州龙井市朝阳川镇胜利街朝阳东路
负责人：刘永华
Tel：0433－3580582

**辉南县新颖木业有限公司**
业务：加工进出口木椅、办公用品，产家可直接定货或来样订做。主要原料：柞木、曲柳、桦木、楸木
地址：吉林省通化市辉南县抚民镇北关村一社
负责人：吴桂香　邮　编：134001
法　人：吴桂香
Tel：0435－8752306
网址：http://www.51zzt.com/user/zzt32683

**延边大弘装潢有限公司**
地址：吉林省延边朝鲜族自治州延吉市参花街
负责人：张哲镐
Tel：0433－2558879

**延吉市兴辉阀门物资有限公司**
地址：吉林省延边朝鲜族自治州延吉市河南街长白路 117 号
负责人：洪美治
Tel：0433－2816527

**柳河县三源浦镇通源彩瓦厂**
业务：彩瓦的加工
地址：吉林省通化市柳河县三源浦镇
负责人：梁新民　邮　编：134001
法　人：梁新民
Tel：13674454593
0435－7512961

**延吉市世纪天波装饰工程有限公司（筹建）**
地址：吉林省延边朝鲜族自治州延吉市河南街天池路 175 号
负责人：玄学兵
Tel：13704481828

**延边佳欣室内装修污染治理有限公司**
地址：吉林省延边朝鲜族自治州延吉市局子街 80 号
负责人：金雪梅
Tel：0433－2561668

**通化生纯房地产开发有限公司**
业务：房地产开发
地址：吉林省通化市人大常委会办公室
负责人：李生纯　邮　编：134001
法　人：李生纯
Tel：13500956555
0435－6175188

**延边百家信饰材有限公司**
地址：吉林省延边朝鲜族自治州延吉市太平街太平小区 1－2 号
负责人：马蓉
Tel：0433－2557919

**榆树市柏阳木业有限公司**
业务：实木家具、门窗、装饰、装修
地址：吉林省榆树市榆树大街 507 号
负责人：李振山　邮　编：130400
法　人：李振山
Tel：13304396658
0431－83633161
Fax：0431－83633161
网址：http://www.51zzt.com/user/zzt123700

**延吉盛世光华管道安装有限公司**
地址：吉林省延边朝鲜族自治州延吉市小营镇民主村
负责人：许东麟
Tel：0433－5083273

**龙井长白山石艺有限公司**
地址：吉林省延边朝鲜族自治州龙井市东盛涌镇龙山村
负责人：李海泳
Tel：13804488111

**通化县泰合装潢有限责任公司**
业务：装潢装饰
地址：吉林省通化市通化县快大茂镇长征路 297 号
负责人：侯少辉　邮　编：134001
法　人：侯少辉
Tel：13040350698
0435－5231788
网址：http://www.51zzt.com/user/zzt32493

**延吉市诚信玻璃有限公司**
地址：吉林省延边朝鲜族自治州延吉市新兴街光明街 43 号
负责人：陈英杰
Tel：0433－2517133

**吉林省榆树市圣火能源科技有限公司**
业务：专业致力于沼气罐、秸秆气化炉、太阳能采暖、超导液等环保节能产品的研究开发及技术推广，公司以优质的产品、合理的价格、诚信服务于各界人士。
产品：沼气罐，秸秆气化炉，太阳能采暖，超导暖气片，颗粒煤
地址：吉林省榆树市向阳路东段（原糖酒公司一楼）
负责人：辛世财　丁海波
邮　编：130400
法　人：辛世财
Tel：0431－83666690
13756351887

**延吉三色装饰设计有限公司**
地址：吉林省延边朝鲜族自治州延吉市新兴街光明街 53 号
负责人：申红天
Tel：13331635993

**延边百年建筑装饰工程有限公司**
业务：承接装饰工程设计施工
地址：吉林省延边朝鲜族自治州延吉市天池路 458 号 4 楼
负责人：黄海珊　邮　编：133000
法　人：黄海珊
Tel：0433－6901266

**延吉长城房地产开发有限公司**
地址：吉林省延边朝鲜族自治州延吉市依兰镇龙渊村
负责人：李惠和
Tel：0433－6227771

**榆树市泰源石材商店**
业务：大理石等建筑石材，装潢石材的加工销售
地址：吉林省榆树市南建材泰源石材
负责人：刘辉　邮　编：130400
法　人：刘辉
Tel：13756820220
13894790220
0431－84099233

**第三建筑有限公司**
地址：吉林省延吉市河南街春光胡同 1－1 号
负责人：张英爱
Tel：0433－2815821
2993843

**延边信泰门业有限公司**
业务：生产、销售防盗门、非标门、钢质进户门、白钢门
地址：吉林省延吉市经济开发区长白山东路 3777－1 号
负责人：李云龙　邮　编：133000
法　人：李云龙
Tel：15944330999
0433－2898803
Fax：0433－2898803

## 珲春市龙江木业有限公司

珲春市龙江木业有限公司成立于2008年。
主要从事于木材的加工。
我公司将以始为终，以质量求生存，以用户为上帝，不断开拓创新，努力为人类家居生活的进步和提高作出应有的贡献。

联系人：曲玉祥
电话：0433－7833060 13039093300
地址：吉林省延边朝鲜族自治州珲春市马川子乡
邮编：133300

## 吉林省广利特种水泥有限责任公司

公司自主研发“万和”牌特种水泥获得国家专利，产品具有防渗、防冻、速凝固等特质。是企业、工厂、工业园区、别墅等建筑用料的首选产品。我公司本着用户至上，信誉第一的原则，欢迎各界人士前来洽谈业务。

联系人：陈广林　　电话：0431-82796577
地址：吉林省长春市人民大街负54号省政府4号楼529房间
邮编：130000

## 吉林省金鑫环保设备有限公司

吉林省金鑫环保设备有限公司（原九台电器厂）从83年开始进入涂装领域并占领北方和南方部分市场，信誉极佳。以汽车涂装线、环保设备、粮食烘干设备为主要业务。

十年来，我公司励精图治、发奋涂强，使企业得到了稳步发展，现已具备了一定得规模优势，有众多的朋友。期待与您的合作！

联系人：邱丙学
电话：0431-82502431 13944043332
地址：吉林省九台市兴隆镇春阳街道　邮编：130521

## 通化市彬德五金建材销售有限公司

通化市彬德五金建材销售有限公司成立于2008年。
主要从事于五金建材的销售。
诚信经营，信誉至上，质量保证，价格合理。
热忱欢迎新老客户惠顾。

联系人：梁庆彬
电话：0435-3525555
地址：吉林省通化市建设大街1891号
邮编：134001

# 黑龙江省/Heilongjiang Province

**大庆公路工程有限公司林甸县地方道路分公司**
地址：黑龙江省大庆市林甸县四合道班
负责人：赵建丽
Tel：13349501333

**安达市百花园物业有限公司**
业务：安达市百花园物业有限公司成立于2005年，是一家专业从事物业管理的公司，多年的管理经验，欢迎新老客户来电洽谈业务！
地址：黑龙江省安达市四道街百花园二期东北角
负责人：苏为龙　邮编：151400
法人：苏为龙
Tel：0455－8166998

**大庆兴源建筑安装工程有限公司**
地址：黑龙江省大庆市龙凤区乙烯兴化三区交通银行右侧
负责人：董占春
Tel：13836765868

**大庆市盛世房地产开发有限公司**
地址：黑龙江省大庆市让胡路区工业开发小区三区一号
负责人：常广义
Tel：0459－6133133

**大庆市金三阳门窗有限公司**
业务：生产销售
产品：铝塑门窗、型材、弧形玻璃、钢衬
地址：黑龙江省大庆市高新区新科路48号
负责人：张先生　邮编：163311
Tel：13304596556
0459－4616168

**大庆市大全建筑劳务有限公司**
地址：黑龙江省大庆市让胡路区西干线东36号
负责人：李宗霖
Tel：0459－5319178

**大庆市让胡路区天雕装饰材料商店**
地址：黑龙江省大庆市让胡路区西强路38号
负责人：魏强
Tel：0459－5911801

**大庆亿都建筑工程有限公司**
业务：大庆亿都建筑工程有限公司成立于2006年，从事建筑工程、市政工程，欢迎新老客户来电洽谈业务！
地址：黑龙江省大庆市萨尔图区万宝小区万宁路
负责人：徐东　邮编：163311
法人：徐东
Tel：0459－6677316

**大庆市让胡路区成林装饰设计工作室**
地址：黑龙江省大庆市让胡路区西寨村3号楼10单元1号
负责人：李秀梅
Tel：13069612098

**大庆市鑫固新型建筑材料有限公司**
业务：生产和销售轻质高性能混凝土小型空心砌块，各种道板
产品：轻质高性能混凝土小型空心砌块，各种道板
地址：黑龙江省大庆市红岗区八百垧南五街八号
负责人：祁志群　邮编：163311
法人：祁志群
Tel：0459－5322128
5609377
5312562

**大庆奥翔钻井泥浆有限公司**
地址：黑龙江省大庆市让胡路区新建村
负责人：韩铁敏
Tel：0459－5711255

**大庆旭邦建筑装饰材料有限公司**
地址：黑龙江省大庆市让胡路区中央大街南段212号
负责人：王全红
Tel：0459－5099904

**大庆高新区恒信物业管理有限公司**
地址：黑龙江省大庆市萨尔图区高新区10－5－2商服
负责人：崔崇
Tel：0459－6282005

**延边广顺公路开发有限公司**
业务：道路工程、市政工程、房屋建筑
地址：黑龙江省哈尔滨市道里区工部街82号
负责人：田女士　邮编：150018
法人：施凤文
Tel：13654565167

**大庆建铭建设工程咨询有限公司**
地址：黑龙江省大庆市萨尔图区高新区创新大厦202室
负责人：崔丽君
Tel：0459－6288825

**大庆市华峻房地产开发有限公司**
地址：黑龙江省大庆市萨尔图区高新区批发市场4号楼
负责人：刘树林
Tel：0459－4631307

**大庆市康净物业管理有限公司**
地址：黑龙江省大庆市萨尔图区高新区新华园小区11号楼东二门
负责人：马玉叶
Tel：0459－6360561

**哈尔滨天辰建筑工程有限公司**
业务：从事建筑工程施工，建筑工程设备租赁
地址：黑龙江省哈尔滨市道里区河润街85号1单元1层1号
负责人：董志坚　邮编：150010
法人：董志坚
Tel：13633661587
0451－87603857

**大庆万达电力安装有限公司**
业务：大庆万达电力安装有限公司成立于2006年，从事电力安装工程，欢迎新老客户来电洽谈业务！
地址：黑龙江省大庆市肇源县三站镇
负责人：孙学柱　邮编：163000
法人：孙学柱
Tel：0459－8224342

**大庆黑大房地产开发有限公司**
地址：黑龙江省大庆市萨尔图区高新区中心二区
负责人：包良山
Tel：0459－6289577

**大庆市萨尔图区皖庆建材经销处**
地址：黑龙江省大庆市萨尔图区万宝2－60号楼商服2#
负责人：刘世君
Tel：13904861088

**伟拓房地产开发有限公司**
地址：黑龙江省大庆市友谊大街中山路灯港右侧
负责人：成汉学
Tel：0459－5810277
5810255

**黑龙江农垦玖阳生物质能源开发有限公司**
业务：污水处理，发展秸秆沼气等
地址：黑龙江省哈尔滨市香坊区珠江路29号
负责人：石晓明　邮编：150000
法人：石晓明
Tel：0451－87001887
13704805167

**源兴门业有限公司**
地址：黑龙江省哈尔滨市道外区东化工路10号
负责人：詹银兰
Tel：0451－57698855
57698555
13936459955

**哈尔滨市金大地建筑装饰有限公司**
地址：黑龙江省哈尔滨市道外区宏南街60号
负责人：刘振江
Tel：0451－86100999

**黑龙江省华威房地产开发有限公司分公司**
地址：黑龙江省哈尔滨市道外区南头道街59号
负责人：徐景利
Tel：0451－82575802

**黑河鼎欣保温建材销售有限公司**
业务：保温建材的销售
地址：黑龙江省黑河市文化街老妇幼保健站内2单元501室
负责人：李凤芝　邮编：164300
法人：李凤芝
Tel：13845658117
0456－6888995

**哈尔滨东方美晨房地产开发有限公司**
地址：黑龙江省哈尔滨市道外区南直路386号
负责人：陈连成
Tel：0451－82453033

**哈尔滨市嘉晨木业有限公司**
地址：黑龙江省哈尔滨市动力区哈平路151号龙茂小区2栋4单元3层2号
负责人：徐志晨
Tel：0451－89095329

**黑龙江海达园林工程有限公司**
地址：黑龙江省哈尔滨市南岗区高新技术产业开发区17号楼608室
负责人：冯云龙
Tel：0451－82283371

**黑龙江省北安农垦双百利建筑砌块有限公司**
业务：水泥砖，建筑砌块，步道板
地址：黑龙江省黑河市五大连池市引龙河农场场部物资科院内
负责人：魏金成　邮编：164300
法人：魏金成
Tel：0456－6414866
13804836667

**哈尔滨鑫隆新材料发展有限公司**
地址：黑龙江省哈尔滨市南岗区高新技术产业开发区26号楼616室
负责人：盖志文
Tel：13339303666

**哈尔滨舒雅装饰工程有限公司**
地址：黑龙江省哈尔滨市南岗区花园街98号
负责人：王铁男
Tel：13703689721

**塔河县恒达木业加工厂**
业务：塔河县恒达木业加工厂成立于1997年，主要从事木材加工。
地址：黑龙江省大兴安岭地区塔河县供电局
负责人：郭万江　邮编：165200
法人：郭万江
Tel：0457－3663999

**哈尔滨龙浩建材科技有限公司**
地址：黑龙江省哈尔滨市南岗区华山路75号
负责人：卢龙哲
Tel：0451－82665866

**抚远县辉腾土方挖运有限公司**
业务：水利工程、道路施工
地址：黑龙江省佳木斯市抚远县东岗区五委新兴街
负责人：梁云辉　邮编：156500
法人：梁云辉
Tel：13945400654
0454－2188887

**哈尔滨成业建筑工程有限公司**
地址：黑龙江省哈尔滨市南岗区昆仑商城隆顺街12号
负责人：岳延中
Tel：13313690856

**黑龙江君龙物业管理有限责任公司**
地址：黑龙江省哈尔滨市南岗区清滨路2号19单元501
负责人：王景贤
Tel：0451－86310802

**黑龙江省金都房地产开发有限责任公司**
地址：黑龙江省哈尔滨市南岗区文中街14号
负责人：刘德臣
Tel：0451－82623697

**佳木斯亮电建材经销有限公司**
业务：建材，外墙保温材料
地址：黑龙江省佳木斯市前进区共进巷（怡安社区2号楼1号门市）
负责人：周生田
法　人：周生田
Tel：13836609022
0454－8671293

**黑龙江保利澳娱房地产开发有限公司**
地址：黑龙江省哈尔滨市松北区怡园路8号
负责人：王旭
Tel：0451－82393038

**五常市彤瑞木业有限公司**
地址：黑龙江省哈尔滨市五常县山河镇东南街一委一组
负责人：王洪
Tel：0451－53561511

**哈尔滨松花江林业建筑安装工程公司云厦分公司**
业务：哈尔滨松花江林业建筑安装工程公司云厦分公司成立于2002年，主要从事房地产开发。"信誉第一，客户至上"，竭诚欢迎各界朋友来我公司参观、指导！
地址：黑龙江省哈尔滨市通河县清河林业局
负责人：潘书华　邮　编：150913
法　人：潘书华
Tel：0451－57482174
Fax：0451－57481441

**哈尔滨中科弘天弘室内环境污染防治有限公司**
地址：黑龙江省哈尔滨市香坊区成标街25号
负责人：范化敏
Tel：0451－88691237

**牡丹江市圣邦水暖电气安装有限公司**
业务：水暖、电气设备安装工程
地址：黑龙江省牡丹江市爱民区祥伦街
负责人：冯广平　邮　编：157000
法　人：冯广平
Tel：18903635999

**黑龙江新科为房地产开发有限公司**
地址：黑龙江省哈尔滨市香坊区成高子镇成育路1号
负责人：周曙光
Tel：13936220853

**广运建设工程有限公司哈尔滨分公司**
地址：黑龙江省哈尔滨市运华广场102栋1单元401室
负责人：李志波
Tel：0451－84823643

**鹤岗市创世纪装饰设计工程有限公司**
地址：黑龙江省鹤岗市工农区华厦路4号
负责人：李明
Tel：13159885155

**海林市森丰木业有限公司**
业务：板材生产销售
产品：石膏板、胶合板、细木工板、各种贴面板
地址：黑龙江省牡丹江市海林市柴河镇铁东路1号
负责人：张玉波　邮　编：157000
法　人：张玉波
Tel：13804801131
0453－7536077

**鹤岗市南山区聚银石材商店**
地址：黑龙江省鹤岗市南山区富力矿安居楼（麓林街）
负责人：王炳会
Tel：0468－3739127

**绥滨县屹利房地产开发有限责任公司**
地址：黑龙江省鹤岗市绥滨县绥滨镇技术监督局商住楼一单元101室
负责人：张守义
Tel：13304686588

**鹤岗市鹤绥公路有限责任公司**
地址：黑龙江省鹤岗市绥滨县绥滨镇七委
负责人：白玉库
Tel：0468－3340276

**牡丹江中维劳务工程有限公司**
业务：建筑劳务
地址：黑龙江省牡丹江市华威建筑公司东新荣街108号
负责人：何中文　邮　编：157000
法　人：何中文
Tel：13674535451
13504535251

**五常市森聚园木业有限公司**
业务：本公司成立于2006年，主要生产家具地板料。热忱欢迎广大客户前来选购！
地址：黑龙江省哈尔滨市五常县山河镇许油房村
负责人：刘树国　邮　编：150232
法　人：刘树国
Tel：0451－53571966

**嫩江县长福建材水暖商店**
地址：黑龙江省黑河市嫩江县化建楼下
负责人：杨秀梅
Tel：0456－7520124

**东方塑钢门窗厂**
地址：黑龙江省黑河市嫩江县造纸厂院内
负责人：孙海龙
Tel：0456－7543288
13945735579

**黑河市江海装饰有限责任公司**
地址：黑龙江省黑河市文化街370号
负责人：曹伟
Tel：0456－8255977

**林口县古城镇湖水采石场**
业务：建筑用花岗岩的开采、销售
地址：黑龙江省牡丹江市林口县古城镇湖水村
负责人：张文常　邮　编：157000
法　人：张文常
Tel：13694640412
13206876562

**鸡西市威翔物业管理有限公司**
地址：黑龙江省鸡西市鸡冠区建工委
负责人：郑秋喜
Tel：0467－8985923

**鸡西市兴军建筑工程有限公司**
地址：黑龙江省鸡西市鸡冠区西效乡仲兴村
负责人：薛振军
Tel：0467－2727131

**虎林市庆胜水泥建材有限公司**
地址：黑龙江省鸡西市密山市虎林镇东升村
负责人：柴庆江
Tel：0467－5826440

**林口县金才石制品加工有限公司**
业务：花岗岩、石材
地址：黑龙江省牡丹江市林口县龙爪镇楚山村
负责人：宋金臣　邮　编：157600
法　人：宋金臣
Tel：13704830779
0453－3391938
3391936
Fax：0453－3391936

**黑河正亿房地产开发有限公司**
业务：黑河正亿房地产开发有限公司成立于2006年，从事房地产开发、售楼及物业管理等业务，欢迎来电垂询。
地址：黑龙江省黑河市文化街中房公司92号楼361室
负责人：郑诚建　邮　编：164300
法　人：郑诚建
Tel：0456－8283918
网址：mtw50898

**汤原县南华木业有限公司**
地址：黑龙江省佳木斯市汤原县裕德乡南华村
负责人：朴浩善
Tel：13354549100

**同江市安捷建筑工程有限责任公司**
地址：黑龙江省佳木斯市同江市通江街南段
负责人：宿法礼
Tel：0454－2925633

**佳木斯市鸿运建筑设计有限公司**
地址：黑龙江省佳木斯市向阳区长安路877号
负责人：李连生
Tel：0454－8609029

**林口县腾俊装修有限公司**
业务：室内装饰、装修；装潢材料销售
地址：黑龙江省牡丹江市林口县新鸿基小区2号楼0111门市
负责人：张振伟　邮　编：157000
Tel：15545317666
0453－3536665

**黑龙江瑞达建筑设计有限公司**
地址：黑龙江省佳木斯市向阳区德祥街199号
负责人：周佳仪
Tel：0454－8440058

**寒地彩钢制品有限公司**
地址：黑龙江省密山市裴德镇
负责人：张俊达
Tel：0467－5403045
5402684

**牡丹江光彩装饰工程有限公司**
地址：黑龙江省牡丹江市爱民区康佳街119号
负责人：唐玉琪
Tel：0453－6821919

**富裕县如意装饰有限公司**
业务：承接室内外装饰设计及装修工程
地址：黑龙江省齐齐哈尔市富裕县富裕镇三社区（南四道街）
负责人：马宝忠　邮　编：161005
法　人：马宝忠
Tel：0452－8908501
15045240777
Fax：0452－3123238

**宁安市亿森木业有限公司**
地址：黑龙江省牡丹江市宁安市东京城镇团结路
负责人：刘锡权
Tel：0453－8982104

**绥芬河市金丰利木业有限责任公司**
地址：黑龙江省牡丹江市绥芬河市花园路（铁路82号楼7－123）
负责人：李桂彩
Tel：13946372527

**绥芬河市居安房屋拆迁有限公司**
地址：黑龙江省牡丹江市绥芬河市通亚街53号
负责人：管志勇
Tel：0453－3997953

**齐齐哈尔市鑫杰木业有限责任公司卜奎分公司**
业务：海绵木制品木材加工纤维板胶粘剂宝丽板。
产品：原木锯材、宝丽板、硬质纤维板
地址：黑龙江省齐齐哈尔市建华区繁荣街卜奎木业院内
负责人：王配鑫　邮　编：161005
法　人：王配鑫
Tel：13763585757
0452－2736311
13069995728

**绥芬河市林兴木业有限责任公司**
地址：黑龙江省牡丹江市绥芬河市永胜村
负责人：张春艳
Tel：0453－3980658

**虎林市晨光建筑安装有限责任公司**
业务：本公司是国家注册房屋建筑工程施工总承包三级资质企业，承建的工程，有数栋荣获市优质工程和省"文明工地"称号。本公司通过优质服务，赢得了社会各界的支持和赞誉，成为虎林市建筑业的一支骨干力量，为虎林的城市建设作出了贡献。
地址：黑龙江省虎林市晨光建筑公司
邮　编：158400
法　人：杨言平
Tel：0467－5823728
5858967
Fax：0467－5858967
网址：www.hlcg.chinapyp.com

**黑龙江万隆房地产开发有限公司旗镇街商贸城**
地址：黑龙江省牡丹江市绥芬河市中心广场西侧
负责人：林海涛
Tel：0453－3999612

**牡丹江铁路分局运动员公寓**
地址：黑龙江省牡丹江市西安区光华街142号
负责人：吴学宏
Tel：0453－8937618

**齐齐哈尔市融成水泥制品有限公司**
业务：专业生产水泥制品，并承接排水管道施工工程，产品规格齐全，价格合理，服务完善，以质量求创新，以服务求发展是我们的服务宗旨，与您携手共创美好家园。
产品：水泥板、排水管、水泥构件
地址：黑龙江省齐齐哈尔市龙沙区昊方名苑2号楼4单元101号
负责人：朱志均　邮　编：161000
法　人：朱志均
Tel：0452－2811956
2815055
Fax：0452－2811956

**牡丹江市柏泓矿产有限责任公司**
地址：黑龙江省牡丹江市西安区太平路46号华隆大厦
负责人：徐建华
Tel：0453－6299607

**牡丹江铭木木业有限公司**
地址：黑龙江省牡丹江市西安区沿江乡立新村一队
负责人：冯文春
Tel：13845353664

**七台河市同仁物业管理处**
地址：黑龙江省七台河市桃山区桃东街（同仁小区大门北侧）
负责人：闫秀萍
Tel：13349327277

**海伦市吉盛木业有限公司**
业务：定制和销售各类木板
产品：木板
地址：黑龙江省绥化市海伦市海伦镇连城村（北环路路北）
负责人：田立军　邮　编：152000
法　人：田立军
Tel：13836489108
0455－5762728

**七台河市龙云新型建筑材料有限公司**
地址：黑龙江省七台河市新兴区新兴矿八井
负责人：毛祝军
Tel：13960680295

**黑龙江广聚建筑工程有限责任公司富拉尔基分公司**
地址：黑龙江省齐齐哈尔市24街区11栋5门80号
负责人：刘天乙
Tel：0452－6724333

**双盈制砖厂**
地址：黑龙江省齐齐哈尔市昂昂溪区水师镇小三家子村
负责人：刘凡记
Tel：0452－2312829
13836227688

**庆安县宏远钢结构制造有限公司**
业务：钢结构制作
产品：钢结构厂房、库房；钢结构网架结构；钢梁；立式油罐
地址：黑龙江省绥化市庆安县洪泰小区4号楼1单元401室
负责人：张文志　邮　编：152000
法　人：张文志
Tel：13846717198
0455－4310977

**齐齐哈尔市百辉拆扒有限公司**
地址：黑龙江省齐齐哈尔市富拉尔基区新华路燕北A1－B号
负责人：刘才
Tel：13945272002

**齐齐哈尔市昊天物业有限责任公司**
地址：黑龙江省齐齐哈尔市建华区新江小区11号楼1单元101室
负责人：韦德彬
Tel：13766517000

**美佳华装饰材料有限责任公司**
地址：黑龙江省齐齐哈尔市龙沙区通航路12号（59号）
负责人：李国强
Tel：0452－2335781
13946204851

**齐齐哈尔宏达路桥工程有限公司**
地址：黑龙江省齐齐哈尔市铁锋区铁锋镇宛屯村
负责人：李立伟
Tel：13946213688

**五大连池艺苑房地产开发有限公司**
业务：房地产开发
产品：房地产
地址：黑龙江省五大连池市艺苑房地产开发有限公司
负责人：刘德才　邮　编：164100
法　人：刘德才
Tel：0456－6321286
Fax：15945278777
网址：http://www.51zzt.com/user/zzt34606

**宝清县宏基房地产开发有限责任公司**
地址：黑龙江省双鸭山市宝清县人民路南仁和楼一楼
负责人：米雪莲
Tel：13069919858

**黑龙江省建三江农垦乌苏里江通达建筑材料有限责任公司**
业务：本公司成立于2001年，生产混凝土预制构件，各种规格混凝土流管，欢迎来电洽谈业务。
地址：黑龙江省佳木斯市建三江管理局八五九农场
负责人：孟宪柱　邮　编：156326
法　人：孟宪柱
Tel：0454－5701234
网址：www.mtw51123.chinapyp.com

**双鸭山龙脉安装材料有限公司**
地址：黑龙江省双鸭山市尖山区东平行路四马路123号
负责人：王怀
Tel：0469－4242231

**双鸭山市金厦伟业建筑工程有限公司**
地址：黑龙江省双鸭山市尖山区一马路91号
负责人：单维纯
Tel：0469－4015158

**绥化市北通市政工程有限公司**
地址：黑龙江省绥化市奋斗街11委（北五西路北林区交警队家属楼一楼）
负责人：陈玉芹
Tel：13845508197

**绥化市北林区宝山镇林场村丰源陶粒砖厂**
地址：黑龙江省绥化市宝山镇林场村
负责人：徐洪梅
Tel：13895750657

**绥化市顺发建筑材料有限公司**
地址：黑龙江省绥化市东方红街2委10组
负责人：王凤
Tel：13836482666

**绥化市正大建筑工程有限公司天宇分公司**
地址：黑龙江省绥化市奋斗街（黄河北路）
负责人：尚勤娇
Tel：0455－8237431

**绥化市正大建筑工程有限公司天顺分公司**
地址：黑龙江省绥化市奋斗街（绥化市黄河北路）

负责人:钟和刚
Tel:0455－8882776

**伊春环宇木业有限公司**
地址:黑龙江省伊春市南岔区坝东街 13 组
负责人:葛雨
Tel:13304589333

**双丰凯世飞弘室内装饰材料有限责任公司**
业务:本公司成立于 1997 年,现有 60 多名员工。主要经营:室内装饰工程,套中门、整体厨柜的生产。
地址:黑龙江省铁力市双丰木材工业小区
邮　编:152000
法　人:辛凯
Tel:0458－2786833
6951222
Fax:0458－2786833

**伊春市恒利环保砖瓦有限责任公司**
地址:黑龙江省伊春市乌马河区双合街
负责人:张淑杰
Tel:0458－3609558

**鹤岗顺鑫源房屋修缮队**

鹤岗顺鑫源房屋修缮队组建于2008年，专业从事房屋修缮工程，我们秉承“信誉为本、客户至上”的原则，以精益求精的专业精神为您提供最满意的工程服务。竭诚欢迎您的来电！

联系人：张祥运　13159888450
电话：0468-8922156　8922157　8922158
地址：黑龙江省鹤岗市南山区 7 委
邮编：154104

**恒顺木业有限公司**

恒顺木业有限公司成立于2005年，主要从事于木材加工、销售，建材销售。
我公司将以始为终，以质量求生存，以用户为上帝，不断开拓创新，努力为人类家居生活的进步和提高作出应有的贡献。
欢迎广大客户来电、来函洽谈！

联系人：郑俊华
13766610594
电话：0453-8990594
传真：0453-3946289
地址：黑龙江省牡丹江市绥芬河市南木材加油站道西　邮编：157300

## 江苏省/Jiangsu Province

**腾达装饰有限公司**
地址:江苏省常州市北环路润德半岛 1 栋丁单元 302 室
负责人:吴连华
Tel:0519－85213668
13901507566

**淮安鑫诚建材有限公司**
业务:护栏、不锈钢制品、铝塑门窗、玻璃制品的生产和销售
产品:护栏、不锈钢制品、铝塑门窗、玻璃制品
地址:江苏淮安市淮阴区工业园区 621 号乔氏门窗厂
负责人:李强　邮　编:223001
法　人:李强
Tel:13390806000
0517－84802222

**滨海县八巨镇第二砖瓦厂**
业务:滨海县八巨镇第二砖瓦厂主要生产销售多孔砖、九五砖。产品质量保证,价格从优。欢迎新老客户光临、惠顾!
地址:江苏省滨海县八巨镇
负责人:王玉青　邮　编:224500
法　人:王玉青
Tel:0515－84828317
Fax:0515－84216883

**金坛市恒源路桥工程有限公司**
地址:江苏省常州市金坛市经济开发区纬向二路北侧
负责人:沈培元
Tel:13606115965

**常州市振顺建设机械有限公司**
地址:江苏省常州市溧阳市天目湖工业园区
负责人:杨小青
Tel:13813527778

**江苏省常州市长松建材经营部**
业务:建材生产经营
地址:江苏省常州市东南装饰城 106－107 号
负责人:张长松　邮　编:213000
法　人:张长松
Tel:0519－8259686

**常州市茅山绿岛度假村有限公司**
地址:江苏省常州市金坛市良常东路 20 号
负责人:周一如
Tel:13182560731

**金坛市清源环保设备厂**
地址:江苏省常州市金坛市南环二路 18 号院内
负责人:孙和生
Tel:13306146337

**金坛市华伟土石方工程有限公司**
地址:江苏省常州市金坛市薛埠镇薛埠村 3 组
负责人:唐华
Tel:13906147518

**常州科德水处理成套设备有限公司**
业务:工业水处理设备,环保水处理设备
地址:江苏省常州市横山桥镇沪宁高速道口
负责人:杨伟玢　邮　编:213119
Tel:0519－88603798
88610801
13915079732
Fax:0519－88605328

**常熟市福诚台板厂**
业务:常熟市福诚台板厂成立于 2004 年,主要生产工业缝纫机、机架台板、服装设备的配套设施等。产品坚固耐用,永不变形,畅销全国各地。本厂以“质量第一,信誉至上”为宗旨,为新老客户精诚服务。
地址:江苏省常熟市虞山镇大义中泾村
邮　编:215557
法　人:肖建锋
Tel:0512－52360178
Fax:0512－52360198

**溧阳市戴埠和平建材厂**
地址:江苏省常州市溧阳市戴埠镇谈家村
负责人:丁和平
Tel:13915381808

**溧阳市卫星建材经营部**
地址:江苏省常州市溧阳市溧城东升路 159 号
负责人:房卫星
Tel:13901495778

**常州市森胜特种门业有限公司**
业务:批发电动卷帘门,遥控车库门,不锈钢连接门,抗风卷门,中空门,翻板门。承接:轻钢结构彩钢瓦
地址:江苏省常州市圩墩路 58－1 号
负责人:查吉生　邮　编:213000
法　人:查吉生
Tel:0519－88955336
13701501428

**溧阳市绿洲工程有限公司**
地址:江苏省常州市溧阳市溧城昆仑南路 263 号
负责人:周忠
Tel:13801498185

**常州市利家居建材有限公司**
地址:江苏省常州市天宁区北环路 53 号二建司院内
负责人:陈亮
Tel:13961133333

**常州市惠国金属材料有限公司**
业务:金属材料的批发
产品:钢材
地址:江苏省常州市武进区湖塘镇长虹村湖塘纺织城 C1 幢 107
负责人:马国强　邮　编:213003
法　人:马国强
Tel:15961439818

**常州东理大全建材有限公司**
地址:江苏省常州市天宁区劳动东路 24 号
负责人:贺健泉
Tel:13961402850

**丹阳市建材机械有限公司**
业务:丹阳市建材机械有限公司成立于 1979 年,是一家新型建材机械专业生产单位,产品深受用户青睐。多年来始终坚持以质量为立足之本,以优良的性能,可靠的质量和一流的信誉畅销全国各地。
地址:江苏省丹阳市吕城镇圣子西路 92 号
邮　编:212351
法　人:张秉喜
Tel:0511－6476108
Mobile:13806108632

**常州市万豪纺织品有限公司**
地址:江苏省常州市天宁区武青北路 19 号
负责人:钱金花
Tel:13776883388

**常州伟路建筑材料有限公司**
地址:江苏省常州市天宁区新丰街 20 号 725 室
负责人:张路芳
Tel:13861139036

**常州浩新建材有限公司**
业务:销售各类建筑建材
产品:钢材
地址:江苏省常州市武进区湖塘镇府北新村 32 幢甲单元 802 室
负责人:周燕芬　邮　编:213162
法　人:周燕芬
Tel:0519－86588188
Fax:0519－89816787

**常州市鸿泰物业管理有限公司**
地址:江苏省常州市天宁区元丰巷 28 号
负责人:孙斌
Tel:13912318802

**常州市泰立幕墙有限公司**
地址:江苏省常州市武进区奔牛镇顾庄村
负责人:殷建东
Tel:13801509610

**常州市环菱园林绿化工程有限公司**
地址:江苏省常州市武进区卜弋镇新市路
负责人:曹新波
Tel:13601504150

**常州常发物业管理有限公司**
地址:江苏省常州市武进区湖塘镇东庄立志苑
负责人:谈乃成
Tel:13706119722

**常州市顺通拆房工程有限公司武进分公司**
业务:拆房工程
地址:江苏省常州市武进区湖塘镇新城南都 152 幢乙单元 901
负责人:陶洪洪　邮　编:213003
法　人:陶洪洪
Tel:13776833557
13961451240

**丰港卫浴洁具有限公司**
业务:丰港卫浴洁具有限公司专业生产各种电脑蒸气房、淋浴房、淋浴屏等卫浴产品的企业。公司拥有多条自动化生产流水线和一批经验丰富的技术人员,苏港一直是消费者喜爱信赖的知名品牌。产品畅销全国各地。为了完美体现人们对生活的更高追求、品位时尚、舒适的生活方式、呼唤对美好卫浴空间的关注。“苏港”豪华淋浴房的生产为卫浴空间提供了富有个性化的需求。公司本着以质取胜的宗旨,坚持“创用户户依赖的品牌,供用户需要的产品,做用户满意的服务”的现代化市场理念。
地址:江苏省大丰市日华镇万丰村
邮　编:224100
法　人:蒋高升
Tel:0515－3313588
Mobile:13914696670
Fax:0515－3313588

**常州市顺国土方工程队**
地址:江苏省常州市武进区湖塘镇四季新城 35 幢丙－101 室
负责人:王顺国
Tel:13186663190

**常州市天鑫拆房有限公司**
地址:江苏省常州市武进区湖塘镇武宜北路 145 号
负责人:刘国英
Tel:13186666631

**常州市福民园林绿化工程有限公司**
业务:大型苗木养护施工
产品:樟树、朴树、广玉兰
地址:江苏省常州市武进区嘉泽镇满墩村 9 号
负责人:曾福民　邮　编:213003
法　人:曾福民
Tel:13222506810
0519－83585632
Fax:0519－83585632

**常州市创美装璜工程有限公司**
地址:江苏省常州市武进区湖塘镇武宜中路 255－8 号
负责人:钱祥成
Tel:13004408639

**常州市洋宇铝塑复合材料有限公司**
地址:江苏省常州市武进区焦溪镇焦溪村
负责人:顾龙兴
Tel:[illegible]813658788

**常州市汉华建筑劳务有限公司**
地址:江苏省常州市武进区洛阳镇戴溪街建工路 6 号
负责人:陈汉文
Tel:13906121013

**常州卓宝防水科技有限公司**
业务:防水材料,防水施工
地址:江苏省常州市钟楼区五星街道新庄村委洪庄路 10 号
负责人:刘洪武　邮　编:213003
法　人:刘洪武
Tel:0519－83013157

**荣冠保温材料有限公司**
地址:江苏省常州市武进区夏溪镇西路 28 号(原农机配件厂)
负责人:许冬平
Tel:13915061823

**常州汇德房地产开发有限公司**
地址:江苏省常州市武进区雪堰镇雪马路 18 号
负责人:沈晓军
Tel:13306120888

**阜宁欧美佳楼梯扶手厂**
业务:阜宁欧美佳楼梯扶手厂专业生产不锈钢系列护栏、扶手,产品美观大方、精密、耐用,我厂一向以质量至上,互惠、互利为经营理念,欢迎海内外新老客户订购或来样定做。
地址:江苏省盐城市阜宁县施庄镇高峰村六组
负责人:吴乃兵　邮　编:224400
法　人:吴乃兵
Tel:0515－82096956

**海门市华磊水利建设工程有限公司**
业务:公司现拥有水利水电工程施工总承包、房屋建筑工程施工总承包、高耸构筑物工程专业承包、河湖整治工程专业承包、堤防工程专业承包、凿井工程、混凝土预制构件专业承包等二级施工资质,公司以一流的建设质量,速度和管理,全心全意为建设单位服务,热忱欢迎您前来洽谈业务
地址:江苏省海门市解放东路 436 号鹏腾公寓 11 层 C 座
负责人:俞建华　邮　编:226100
法　人:俞建华
Tel:0513－82187960
13806281300
Fax:0513－82187960

**常州市天运平摩房屋拆除有限公司**
地址:江苏省常州市新北区三井街道曹塘村曹塘组
负责人:王金龙
Tel:13775278999

**常州市巢玉拆房有限公司**
地址:江苏省常州市钟楼区北港乡北港村委后朱村 9 号
负责人:赵俊
Tel:13382847615

**淮安市楚淮建筑工程有限公司开发区分公司**
业务:房屋建筑,市政工程,园林绿化等
地址:江苏省淮安经济开发区海口路 9 号
负责人:徐长明　邮　编:223001
法　人:徐长明
Tel:0517－83600216

**常州正信建设工程检测有限公司**
地址:江苏省常州市钟楼区广化街 189 号五楼
负责人:周超
Tel:13338192088

**常州市淳煜涂装工程有限公司**
地址:江苏省常州市钟楼区花园新村 85 幢乙单元 202 室
负责人:李伟东

Tel:13815079059

**常州广顺建筑安装工程有限公司**
地址:江苏省常州市钟楼区清潭路262号
负责人:庄新强
Tel:13057180888

**浙江雄业建设有限公司淮安分公司**
业务:建筑安装业
地址:江苏省淮安经济开发区威海路190号B幢101室
负责人:王阿龙 邮编:223005
法人:王阿龙
Tel:13605751626 13735367233

**方舟置业有限公司**
地址:江苏省大丰市健康西路20号
负责人:李维新
Tel:0515－83929906 13906526833

**兴宁建材经营部**
地址:江苏省大丰市经济开发区大丰桥东大刘路南侧
负责人:石宁
Tel:0515－83855985 83987085

**阜宁星火除尘设备厂**
业务:阜宁星火除尘设备厂成立于2005年,主要生产销售除尘设备。欢迎新老客户光临、惠顾!
地址:江苏省盐城市阜宁县施庄镇通榆南路26号
负责人:袁飞 邮编:224400
法人:袁飞
Tel:0515－87390477

**淮安市楚州区生辉水泥制品有限公司**
业务:生产与销售各类水泥制品
产品:预制水泥板、预制水泥桩、水泥砖、水泥管等各类水泥制品
地址:江苏省淮安市楚州区季桥镇同兴路
负责人:韩乃兵 邮编:223001
法人:韩乃兵
Tel:15861718888 0517－85809333

**大丰市牛桥建材有限公司**
地址:江苏省大丰市小海镇新村
负责人:吴保祥
Tel:0515－83732666 13605113400

**淮安市瑞达土石方工程有限公司**
地址:江苏省淮安市楚州区泾口镇宥城村
负责人:陈瑞
Tel:13901510426

**淮安盛达门窗有限公司**
业务:专业从事建筑外窗加工、销售。立足于节能环保,不断创新,拥有丰富的制作经验,一流的生产线,工装设备齐全,生产工艺精良,检测设备完善。我们将以一流的品质、优质的服务欢迎您的光临!
产品:断桥铝门窗,塑钢门窗
地址:江苏省淮安市涟水县常青路温州花苑4号楼1单元701室
负责人:周玉奇 邮编:223400
法人:周玉奇
Tel:0517－82318598 13770458598
Fax:0517－82318598
E-mail:824529344@qq.com

**淮安市建设工程有限公司**
地址:江苏省淮安市楚州区镇淮楼西路127号
负责人:宣永灿
Tel:13626183816

**淮安扬帆房地产开发有限公司**
地址:江苏省淮安市淮阴区长江东路8号
负责人:钱关生
Tel:13901560158

**涟水县浙瓯房地产开发有限公司**
地址:江苏省淮安市涟水县涟城镇常青西大道(五岛公园闸对面)
负责人:陈继法
Tel:13625167999

**江苏祥淮建设工程有限公司**
业务:房屋建筑、市政工程、园林工程、钢结构、装饰装修
地址:江苏省淮安市西安路街道办事处
负责人:李明 邮编:223001
法人:李明
Tel:0517－88330598 13905237569 15851748999
Fax:0517－88330599

**涟水县金彩房屋开发有限公司**
地址:江苏省淮安市涟水县涟城镇涟州路涟州花园
负责人:朱蓉儿
Tel:13901491268

**淮安市九洲建筑安装科技发展有限公司**
地址:江苏省淮安市清河区淮海北路113号7幢206室
负责人:佘明海
Tel:13805238939

**赣榆县丰泽鸿建筑工程有限公司**
业务:赣榆县丰泽鸿建筑工程有限公司成立于2003年,主要从事高层、低层建筑物承包。
地址:江苏省连云港市赣榆县金山镇小河埃村
邮编:222115
法人:韦有排
Tel:0518－6735328

**淮安市安莱装饰工程有限公司**
业务:承接室内室外装饰、装修工程
地址:江苏省淮安市新世纪豪园1号楼1609室
负责人:花小光 邮编:223001
法人:花小光
Tel:15851726906 15851765609 0517－83787967
E-mail:dave_wei@yeah.net

**淮安市开源水电安装有限公司**
地址:江苏省淮安市清浦区东风花园C3－306室
负责人:陈扬
Tel:13056001000

**振华商品混凝土制造厂**
地址:江苏省淮安市武墩镇
负责人:胡玉虎
Tel:0517－83804839 13801408440

**禾佳建筑装饰工程有限公司**
地址:江苏省江阴市延陵路203号二楼
负责人:刘温民
Tel:0510－86759980 86277280

**盱眙赛力脚手架有限公司**
业务:脚手架设备租赁
地址:江苏省淮安市盱眙县盱城淮明园美食广场
负责人:徐建忠 邮编:223001
法人:徐建忠
Tel:13770468477

**江阴市南风装饰工程有限公司**
地址:江苏省江阴市中山南路33号601室
负责人:林克用
Tel:0510－86822491 13801528007

**江阴市江东绿化工程有限公司**
地址:江苏省江阴市周庄镇周庄村
负责人:何忠兴
Tel:0510－86900600 13771265888 13915242223

**江阴市虎达表面工程有限公司**
地址:江苏省江阴市祝塘镇西环路68号
负责人:刘金虎
Tel:0510－86381355 13706165716

**淮安博硕高分子科技有限公司**
业务:生产销售中空玻璃专用干燥剂,分子筛
地址:江苏省淮安市盱眙县盱城镇工业集中区太和创业园
负责人:娄松青 邮编:223001
Tel:13587888818 0517－88928928
Fax:0517－88298298

**淮安市通汇建材厂**
业务:江苏省淮安市通汇建材厂生产的混凝土空心隔墙条板是引进新技术,利用粉煤灰、水渣等工业废料制成的墙体材料,是建材领域的新技术、新专利、新产品、环保、节能、节地的建筑装饰新产品,它具有防水、防火、防震、抗老化、防虫蛀、轻质高强,施工方便,增大房屋使用面积,降低工程造价等特点。该项目是采用胶凝材料、加入粉煤灰、水渣及陶粒均匀搅拌注人设备挤压而成。关键技术主要是先进的科学配方,和创新的合成工艺。轻质墙体材主要用于各类建筑内外墙,框架结构的填充墙,写字楼、商场、酒店、宾馆、娱乐场所、民用建筑,围墙简易工棚,库房、隔断、隔热层等各类建筑。
地址:江苏省淮安市经济开发区杭州路北首
邮编:223005
法人:聂维忠
Tel:0517－3600078 3919191
Fax:0517－3600077

**凌云复合材料有限公司**
地址:江苏省姜堰市桥头镇工业园区
负责人:肖粉林
Tel:0523－88785888 13337786039

**城西永创雕刻厂**
地址:江苏省金坛市金城镇马干村邮堂所69号
负责人:高伟华
Tel:0519－82894824

13961104366

**汤氏园林有限公司**
地址:江苏省句容市华阳镇华阳公园南大门西侧7号
负责人:汤槿
Tel:0511－87228966 13705291559

**江都市强大建筑工程队**
业务:建筑工程施工总承包(二级)
地址:江苏省江都市仙女镇苏中商贸城
负责人:郭中兵 邮编:225002
法人:郭中兵
Tel:13179357832 0514－86438213

**鑫亚路港工程有限公司**
地址:江苏省句容市华阳镇西转盘向东加油站旁边
负责人:樊德林
Tel:0511－87280596 13905299553

**添力钢结构有限公司**
地址:江苏省昆山市巴城镇民营工业园
负责人:瞿芳
Tel:0512－57659285 13906261179

**淮安新区物业管理有限公司**
业务:淮安新区物业管理有限公司位于淮安市开发区厦门路6号,公司成立于2003年,主要从事物业管理、水电安装。
地址:江苏省淮安市开发区厦门路6号
邮编:223005
法人:李延军
Tel:0517－3718181 3297100
Fax:0517－3716363

**江阴市美泰装饰材料有限公司**
业务:集设计创作、生产制造、技术服务为一体,专业从事铝吊顶板、铝塑制品生产及装饰装潢工程承接。为您精心构筑品味舒适,幸福和谐的人居空间
产品:铝天花板、吊顶板、铝塑板、铝单板及其龙骨配件
地址:江苏省江阴市华士镇龙山路4号
负责人:赵敏 邮编:214421
法人:张虎
Tel:0510－86212866
Fax:0510－86202733
网址:www.meitaijc.com
E-mail:mt@meitaijc.com

**昆山欣鸿发环保科技有限公司**
地址:江苏省昆山市蓬朗镇马塘路东侧
负责人:陈佳琳
Tel:0512－57811681 57811682 13912657105

**昆山华一市政工程有限公司**
地址:江苏省昆山市玉山镇城北同心村四组
负责人:范建华
Tel:0512－57787168 13906260262

**连云港宏盟木业有限公司**
地址:江苏省连云港市东海县房山镇(镇工业园区内)
负责人:陈洪藩
Tel:13505137396

**江阴广昊置业发展有限公司**
业务:房地产开发
地址:江苏省江阴市临港新城夏港街道中央商务区1406室
负责人:陈剑峰 邮编:214400
法人:陈剑峰
Tel:0510－86032552

**金泰公路养护工程有限公司**
地址:江苏省连云港市赣榆县青口镇起锚北100米处
负责人:李业发
Tel:0518－86214357 82637983

**奥林泵业有限公司**
地址:江苏省连云港市灌南县经济开发区五路
负责人:何平
Tel:13805120008

**连云港市恒旺土石方工程有限公司**
地址:江苏省连云港市灌南县新安镇人民西路北侧(河滨小区)
负责人:相超
Tel:13705129939

**江阴市楷源建筑装饰工程有限公司**
业务:承接室内外装饰、装修工程,地面改造工程
地址:江苏省江阴市中山北路240号
负责人:姚伟丰 邮编:214400
法人:姚伟丰
Tel:13961616133 0510－86808200
E-mail:yaoweifeng6161@sina.com

**灌南县开源物业管理有限公司**
地址:江苏省连云港市灌南县新安镇人民中路18号
负责人:张超
Tel:13812441277

**慧鸿建材贸易有限公司**
业务:慧鸿建材贸易有限公司成立于2004年2月,主要经营陶瓷、石材、灯饰、卫生洁具、建筑材料等。我们坚持"以质量求生存、以信誉求发展"的精神,以质量好、价格廉而深受广大客户的欢迎和信赖。
地址:江苏省苏州市新区横塘家乐居装饰大厦二楼A－8
邮编:215009
法人:朱大清
Tel:0512－68133116
Fax:0512－67135099

**江苏吉富绅房地产开发有限公司**
地址:江苏省连云港市灌南县新安镇新东南路64号
负责人:斯朝富
Tel:13044113733

**大龙土石方工程有限公司**
地址:江苏省连云港市连云区大港西路
负责人:肖加兵
Tel:13905130675

**姜堰市泰港铁艺加工厂**
业务:专业生产铁制大门、围栏、栏杆、楼梯扶手
地址:江苏省姜堰市华港镇港口村
负责人:宋玉美 邮编:225517
法人:宋玉美
Tel:13901432434 0523－88718707
Fax:0523－88718707

**连云港市括苍房地产开发有限公司**
地址:江苏省连云港市连云区开发区经六路东
负责人:封兵林
Tel:13506828988

**江苏金宏业房地产评估咨询有限公司连云港分公司**
地址:江苏省连云港市新浦区国安商城3号楼3单元402室
负责人:张海兵
Tel:13338983232

**连云港中亚装饰设计有限公司**
地址:江苏省连云港市新浦区海昌北路158号国大商厦A楼1单元402室
负责人:吴秀承
Tel:13675205788

**姜堰市华港镇顺风建材经营部**
业务:建材经营
地址:江苏省姜堰市华港镇港口村顺风建材经营部
负责人:徐网红 邮编:225500
法人:徐网红
Tel:13337791990 0523－85018520

**连云港万达房产中介有限公司**
地址:江苏省连云港市新浦区海宁小区55号楼底层门面14号
负责人:吴桂银
Tel:13016910823

**江都市富源水泥制品厂**
业务:江都市富源水泥制品厂位于江苏省江都市新区,于2002年成立,主要生产非承受力水泥制品,有路牙,路沿,面包砖,植草砖,护坡砖,标准砖,空心砖砌块等,特殊规格可预约加工。
地址:江苏省江都市仙女镇刘桥
邮编:225233
法人:钱富春
Tel:0514－6977340
Fax:0514－6973853

**连云港市金鹰建筑装饰工程有限公司**
地址:江苏省连云港市新浦区通灌南路55号华润公寓三楼
负责人:沈艾筠
Tel:13338983690

**连云港润龙修缮装饰工程有限公司**
地址:江苏省连云港市新浦区通灌南路75号A座738室
负责人:孙召健
Tel:13961307813

**泰州辉华物资有限公司**
业务:建筑材料的销售和五金贸易
产品:五金材料、建筑材料
地址:江苏省姜堰市姜堰经济开发区龙城钢材市场A30－106
负责人:郑仕俭 邮编:225500
法人:郑仕俭
Tel:0523－82286311

**南京巨鑫房地产测绘有限责任公司**
地址:江苏省南京市白下区大光路49号宏鹰大厦第5层
负责人:吕鹏勃
Tel:025－84703834

**江苏淮安市中门装饰工程中心**
业务:淮安市中门装饰工程公司,成立于1996年,是专业从事办公空间,商业空间,娱乐场所,住宅,别墅等室内外设计与施工的工程公司。公司拥有雄厚的技术力量及

经验丰富的专业施工队伍，公司本着“客户第一，质量第一”的宗旨。积极与IS9001，IS014001国际质量环境管理体系接轨，打造江苏淮安装饰行业的明星企业。在经营中，公司以树立“金牌设计，金牌主材，金牌服务”的理念。以时尚的设计，精心的施工，科学的管理，全程的服务。创造精彩和谐空间，让您看的舒心，住得放心。
地址：江苏省淮安市黄河路与承德路交叉口西100米营东商住楼1号楼112号
负责人：于忠门　邮　编：223001
法　人：于忠门
Tel：0517－83218479
网址：www.haszmzs.met888.com

**南京文铭房屋测绘有限公司**
地址：江苏省南京市白下区府西街16号
负责人：江颖
Tel：025－85276575

**江苏融德置业有限公司**
地址：江苏省南京市白下区苜蓿园大街112号
负责人：伞翔宁
Tel：13905156647

**江苏五星波纹管有限公司**
业务：波纹管销售
地址：江苏省姜堰市姜堰镇城东开发区
负责人：程华林　邮　编：225500
法　人：程华林
Tel：0523－88808448
88800848
88808982
Fax：0523－88808982

**南京紫琼装饰工程有限公司**
地址：江苏省南京市白下区瑞金北村50幢
负责人：万丽
Tel：025－85107949

**南京盟泽装饰工程有限公司**
地址：江苏省南京市白下区瑞金北村50幢
负责人：刘斌
Tel：13382023030



**江苏射阳县锦屏土石方工程有限公司**
业务：江苏射阳县锦屏土石方工程有限公司成立于2006年，主要从事机械设备租赁、土石方工程等。“诚信为本，信誉第一”，热诚欢迎广大新老客户来电来人洽谈业务，共同合作！
地址：江苏省盐城市射阳经济开发区射东新四村401号
负责人：杨锦屏　邮　编：224300
法　人：杨锦屏
Tel：0515－82340880

**姜堰市嘉晨管件有限公司**
业务：不锈钢软管、补偿器、膨胀节、管件的生产和销售
产品：不锈钢软管、补偿器、膨胀节、管件
地址：江苏省姜堰市曙光公园金星高压软管厂
负责人：杨国庆　邮　编：225500
法　人：杨国庆
Tel：0523－88159088
Fax：0523－88159066

**江苏兴业幕墙工程有限公司**
地址：江苏省南京市白下区太平南路333号11楼A、B座
负责人：谈政
Tel：025－84529956

**南京金鸿玖壹装饰设计事务所有限公司**
地址：江苏省南京市白下区太平南路542号
负责人：徐荣
Tel：025－86626768

**中通建设股份有限公司南京办事处**
地址：江苏省南京市白下区西华东村7栋201室
负责人：张大聚
Tel：025－84623297

**南京简格装饰设计顾问有限公司**
地址：江苏省南京市白下区中山东路218号长安国际中心
负责人：刘红山
Tel：025－84650041

**靖江市家乐物业管理有限公司**
业务：房产开发、销售、售后维修等一条龙服务
地址：江苏省靖江市江平路384号
负责人：刘建亮　邮　编：225300
法　人：刘建亮
Tel：0523－85170922
84503157

**南京中冠装饰工程有限责任公司**
地址：江苏省南京市白下区中山东路482号纺织大厦2楼
负责人：唐杰晖
Tel：025－84515832

**南京泰鹏建筑装饰工程有限公司**
地址：江苏省南京市高淳县开发区服务区785号
负责人：林增旭
Tel：025－57338193

**江苏兴东海港置业发展有限公司**
业务：江苏兴东海港置业发展有限公司成立于2003年7月，主要从事大丰港码头的开发、建设与经营，港区房地产开发与经营等房地产业务。
地址：江苏省盐城市大丰市港区中央大道8号海润园第一街
邮　编：224100
法　人：吴振雄
Tel：0515－3555126
Fax：0515－3555133

**靖江市新村建设工程有限公司**
业务：房屋和土木工程建筑，装修装饰，建筑材料销售
地址：江苏省靖江市生祠镇人民政府内（思岳路）
负责人：王玉奇　邮　编：214531
法　人：王玉奇
Tel：13905261238
0523－84382268

**南京隆巍广告装饰有限公司**
地址：江苏省南京市高淳县外向型农业综合开发区淳溪配套区－33
负责人：崔高巍
Tel：025－57330118

**南京信择建材有限公司**
地址：江苏省南京市鼓楼区凤凰西街188号03幢409室
负责人：沈森
Tel：13851920952

**南京新城园林景观工程有限公司**
地址：江苏省南京市鼓楼区凤凰西街218号江东泵站院内
负责人：顾文明
Tel：025－86565393
13813969339

**靖江市中正机械制造有限公司**
业务：生产各种空调配件、消防风机
地址：江苏省靖江市西来镇土桥南首
负责人：王中其　邮　编：214515
法　人：王中其
Tel：13705261822
0523－84269519

**南京布凡房地产经纪有限公司**
地址：江苏省南京市鼓楼区和会街121号402室
负责人：朱峻
Tel：025－83910208

**南京东敖建筑安装工程有限责任公司第一分公司**
地址：江苏省南京市鼓楼区龙蟠里14号3幢2单元601室
负责人：王道春
Tel：025－86527023

**南京南源土地开发利用咨询有限公司**
地址：江苏省南京市鼓楼区马台街70号3号楼203室
负责人：朱雁
Tel：025－83996602

**靖江佳博士船用设备安装有限公司**
业务：船用设备安装
地址：江苏省靖江市玉带路曙光机械厂宿舍4幢307室
负责人：弓建跃　邮　编：214500
法　人：弓建跃
Tel：13914536855
15896029063

**江苏金陵绿地园林建设有限公司**
地址：江苏省南京市鼓楼区山西路68号颐和商厦18层B座
负责人：涂珺
Tel：025－83249090

**江苏友爱集团有限公司**
业务：江苏友爱集团有限公司以房屋建筑、古典建筑建设为主，我们希望与各界友人真诚合作，共绘宏图。
地址：江苏省海门市三阳镇宏基路8号
负责人：曹丕成　邮　编：226100
法　人：曹丕成
Tel：0513－82665199
82665017
网址：www.mtw28950.chinapyp.com

**江苏文信建设工程有限公司南京分公司**
地址：江苏省南京市鼓楼区四条巷38号1幢501室
负责人：刘建
Tel：025－84695230

**昆山威尼建筑安装工程有限公司**
业务：建筑工程、室内外装饰装潢工程、机电工程
地址：江苏省昆山市陆家镇东景苑商铺46号
负责人：陈长峰　邮　编：215300
法　人：陈长峰
Tel：15962646340
0512－57075645
Fax：0512－57075645

**南京傲云建筑材料有限公司**
地址：江苏省南京市建邺区南湖路2号
负责人：李航宇
Tel：025－85197205

**南京中满房屋防水工程有限公司**
地址：江苏省南京市鼓楼区银城花园115号502室
负责人：刘宁
Tel：13057515808

**安徽省含山县第一建筑安装工程有限责任公司南京分公司**
地址：江苏省南京市建邺区安如村6幢7号103室
负责人：刘仕平
Tel：13327823832

**南京万鸿物业管理有限公司**
地址：江苏省南京市建邺区凤栖苑58号101室
负责人：胡成萍
Tel：025－86644533

**昆山中驰建筑装饰工程有限公司**
业务：室内外装饰装修，装饰材料的销售
地址：江苏省昆山市玉山镇锦荣苑1号楼506室
负责人：马广成　邮　编：215300
法　人：马广成
Tel：18962673438
0512－50559249
网址：www.kszhongchi.cn

**南京锐腾建材有限公司**
地址：江苏省南京市建邺区河南后街72号1幢404室
负责人：孙飞
Tel：13951899192

**南京万宇物业管理有限公司**
地址：江苏省南京市建邺区湖西街70号
负责人：邵炳年
Tel：025－86382007

**南京智鹏装饰工程有限公司**
地址：江苏省南京市建邺区湖西街70号
负责人：吕寅江
Tel：13801596528

**东海县金源模板厂**
业务：生产与销售建筑木板、大砖托板、包装板，收购与销售新旧木房、新旧房板
产品：建筑木板、大砖托板、包装板
地址：江苏省连云港市东海县石榴镇新庄八组
负责人：李广敏　邮　编：222002
法　人：李广敏
Tel：0518－87872708

**金坛市常达金属构件有限公司**
业务：本公司成立于1990年，主要从事建筑装修、机器安装、钢结构制作、工程码头制作、建筑钢结构、钢厂房制作等。
地址：江苏省常州市金坛市水北镇西街金宜路20号
负责人：姚计琴　邮　编：213221
法　人：纪国平
Tel：0519－82551877
网址：www.mtw63867.chinapyp.com

**南京富威木业有限公司**
地址：江苏省南京市建邺区江东路1号
负责人：贾建中
Tel：13915937290

**南京先达路桥工程有限责任公司第二分公司**
地址：江苏省南京市建邺区江东南路166号
负责人：刑久奎
Tel：025－86808888

**连云港市润桥劳务有限公司**
业务：建筑劳务
地址：江苏省连云港市赣榆县
负责人：徐飞　邮　编：222100
法　人：徐飞
Tel：15895792366
13772733289

**南京八佰扮装饰设计工程有限公司**
地址：江苏省南京市建邺区江东南路28－8号
负责人：张洪军
Tel：13072593440

**赣榆县金康建筑安装工程有限公司**
业务：承接室内外装饰装修工程
地址：江苏省连云港市赣榆县宋庄镇新康村村委会
负责人：闫洪兵　邮　编：222002
Tel：0518－86281729
13775438499

**南京华欧建材有限公司**
地址：江苏省南京市建邺区江东南路2号
负责人：许祖杯
Tel：025－86504137

**南京港华房地产销售有限公司**
地址：江苏省南京市建邺区南湖安泰村49号15幢103室
负责人：苏志春
Tel：13057583389

**昆山创信装饰材料有限公司**
业务：昆山创信装饰材料有限公司成立于2005年，是一家生产、销售、安装为一体的铝合金门窗的公司。公司一直坚守以“诚信为本”的原则，欢迎广大客户惠顾！
地址：江苏省苏州市昆山市长江北路315号
邮　编：215300
法　人：高创城
Tel：0512－57688608
Fax：0512－57687028
网址：www.jscxzs.chinapyp.com

**南京亿谱环境服务有限公司**
地址：江苏省南京市建邺区南湖路2号
负责人：程道远
Tel：13032557702

**连云港市品威建筑机械设备销售有限公司**
业务：房地产，建筑机械设备销售、租赁、维修、安装及配件供应
产品：建筑类通用产品；进出口权；实业物流；项目投资；
地址：江苏省连云港市灌南县李集乡朱圩村朱圩小区163#
负责人：张亚丽　邮　编：222500
法　人：曹晖
Tel：0518－83569222
Fax：0518－83569222

**南京建群装饰工程有限公司**
地址：江苏省南京市建邺区南湖路2号
负责人：袁雪松
Tel：13584069909

**南京驰久工程有限公司**
地址：江苏省南京市建邺区南湖路2号
负责人：王丽娜
Tel：13770889999

**南京协庆装饰工程有限公司**
地址：江苏省南京市建邺区沙洲街道小青路43号
负责人：丁庆
Tel：13770600601

**南京智方环保工程有限公司**
地址：江苏省南京市建邺区拓园10幢
负责人：张西涛

**灌南天生建筑有限公司**
业务：建筑工程
地址：江苏省连云港市灌南县新安镇人民三桥曹庄村村委会
负责人：周建兵　邮　编：222002
法　人：周建兵
Tel：15905122000
0518－83261816

**南京震天宇体育场地设施工程有限公司**
地址：江苏省南京市江东门积余村262号
负责人：丁小姐
Tel：025－86532660
13605190777

**南京金面王装饰材料有限公司**
地址：江苏省南京市江宁区科学园天元东路118号
负责人：王思康
Tel：025－52166564

**昆山茂裕环保设备有限公司**
业务：昆山茂裕环保设备有限公司是专业从事废气处理系统，集尘设备的销售，设计规划及维护服务的企业。主要从事FPC厂，PCB厂，LCD Monitor及半导体生产企业等。诚信为本是我们的宗旨。用完善的售后服务让客户满意是我们永久的目标、我们会提供您高品质的技术支持，以及真诚的服务。愿我们携手明天，共筑辉煌！
地址：江苏省昆山市巴城镇民营开发区苇城路
负责人：王真涛　邮　编：215000
Tel：0512－57659806
57650949

**连云港汇祥桥梁模板厂**
业务：桥梁模板
地址：江苏省连云港市灌云县伊山镇任庄工业区2号
负责人：杨以春　邮　编：222002
法　人：杨以春
Tel：13775564288
0518－88283888
Fax：0518－88283888

**江苏金景园林建设工程有限公司**
地址：江苏省南京市江宁区上坊科技园天云南路68号
负责人：吴继尧
Tel：025－84730048

**天惠房地产开发有限公司**
地址：江苏省南京市江宁区双龙大道1008号
负责人：杨汉军
Tel：025－52107706
13584077111

**南京其昌园林绿化有限公司**
地址：江苏省南京市溧水县白马镇
负责人：杜敏
Tel：025－57255155

**南京徐溪园林绿化工程有限公司**

地址：江苏省南京市溧水县东屏镇徐溪村
负责人：赵明春
Tel：025－57490918

**连云港缘投土石方工程有限公司**
业务：土石方工程
地址：江苏省连云港市开发区朝阳镇张庄村1－15号
负责人：孙和军　邮　编：222002
法　人：孙和军
Tel：13905131951
13016909249

**南京好管家物业有限公司**
地址：江苏省南京市溧水县经济开发区
负责人：周肖虎
Tel：025－57423131

**南京美思美装饰配套有限公司**
地址：江苏省南京市溧水县柘塘镇华桥村
负责人：施锦祥
Tel：025－57242880

**南京荣天环保设备有限公司**
地址：江苏省南京市六合经济开发区
负责人：李忠芳
Tel：13505285579

**连云港顺意装饰工程有限公司**
业务：建筑装潢材料，钢结构工程，防弹玻璃的销售
产品：建材，防弹玻璃
地址：江苏省连云港市新浦区东方花园D－18号
负责人：宋以早　邮　编：222002
Tel：13675298888
0518－85801192
85826111
网址：http://www.51zzt.com/user/zzt30188

**厦门安能建设有限公司南京分公司**
地址：江苏省南京市六合区坝场晓山路网点房18号
负责人：赵传刚
Tel：13951858588

**南京同芳园林绿化工程有限公司**
地址：江苏省南京市六合区雄州镇马家岗11－1号
负责人：马明同
Tel：025－83112860

**南京金戈房地产开发有限公司**
地址：江苏省南京市浦口区龙华路
负责人：金广洲
Tel：025－58284256

**南京巨川市政工程公司**
业务：市政道路管网工程，土石方工程，园林工程、铁艺工程、装饰工程、房屋拆迁工程
产品：市政道路及管网工程、大中型土石方工程运输等
地址：江苏省南京市江宁区科学园天印大道388号
负责人：谈成玖　邮　编：211000
法　人：谈成玖
Tel：025－52135557
13851423333
Fax：025－52107388
网址：www.51zzt.com/vser/zzt29758

**昆山市巴城镇阳澄沙石经营部**
业务：昆山市巴城镇阳澄沙石经营部经营石子、水泥及其他等建材材料、竭诚为新老客户服务。
地址：江苏省昆山市巴城镇北星大桥下
负责人：戴粉堂　邮　编：215311
Tel：0512－57657569
Mobile：13906260478

**北京德基清源环境科技有限公司南京分公司**
地址：江苏省南京市浦口区桥林工业集中区1－18号
负责人：吴洪元
Tel：13951620778

**南京东圃园林建设有限公司**
地址：江苏省南京市浦口区桥林工业集中区1－6号
负责人：潘牧桃
Tel：13901587729

**南京星宏土石方拆迁有限公司禄口分公司**
业务：土石方工程
地址：江苏省南京市江宁区禄口街道商业街蓝天路42号
负责人：张啟昶　邮　编：211113
Tel：025－52770724
13245234788

**南京豪富物业管理有限公司**
地址：江苏省南京市浦口区桥林工业集中区57号
负责人：尚勇
Tel：025－83241999

**南京市浦口区永耀建筑材料有限公司**
地址：江苏省南京市浦口区桥林镇工业集中区12－2号
负责人：严桂元
Tel：025－58278518

**南京顺开装饰装潢工程有限公司**
地址：江苏省南京市浦口区汤泉工业开发区122号
负责人：徐颖
Tel：13814050330

**南京市六合区玉带诚兴木制品厂**
业务：木制品加工
地址：江苏省南京市六合区玉带镇白玉社区小吴庄组
负责人：葛恒建　邮　编：210008
法　人：葛恒建
Tel：025－86091952

**昆山市玉峰建设有限公司**
业务：昆山市玉峰建设有限公司从事房地产开发与经营，工程建设施工，愿与各界合作，欢迎来电咨询、洽谈业务！
地址：江苏省昆山市玉龙路118号
负责人：陆卫青　邮　编：215300
法　人：陆卫青
Tel：0512－57376638
57381663

**南京寰汇市政工程设计有限公司**
地址：江苏省南京市浦口区汤泉工业开发区143号
负责人：周征宇
Tel：13951084733

**南京全发工业水电设备安装装饰工程公司龙潭运输分公司**
地址：江苏省南京市栖霞区龙潭街道三官村三东21号
负责人：杨绪叶
Tel：025－85576438

**南京溢开脚手架工程有限公司**
业务：钢管，扣件生产销售及脚手架搭建
地址：江苏省南京市浦口区顶山镇北圩村商城组15幢11号
负责人：许文溢　邮　编：210031
法　人：许文溢
Tel：13062542888

**南京宏恒建材有限公司**
地址：江苏省南京市栖霞区栖霞街道新合村
负责人：张义绿
Tel：025－85591186

**南京卓宏建材有限公司**
地址：江苏省南京市秦淮区长乐路74号
负责人：刘存年
Tel：025－86662259

**南京杰楠建筑安装有限公司**
地址：江苏省南京市秦淮区长乐路74号
负责人：李楠
Tel：13512504921

**南京相德装饰工程有限公司**
业务：室内外装饰工程设计施工；机械设备安装；建材销售、旧机械设备，清洗喷漆等业务
地址：江苏省南京市栖霞区和燕路小庄大厦5楼
负责人：相德林　邮　编：210043
法　人：相德林
Tel：13913860895
025－85202875
13851783791

**昆山益顺金属（表面）材料有限公司**
业务：昆山益顺金属（表面）材料有限公司成立于2003年，主要生产金属表面处理剂、涂料等。“质量保证，价格合理”，热诚欢迎您的光临、指导！
地址：江苏省昆山市玉山镇仓基路138号
负责人：姜伦传　邮　编：215300
法　人：姜伦传
Tel：0512－57631051
57771487
Fax：0512－53416980
网址：www.mtw27423.chinapyp.com
E-mail：yaru－1234@163.com

**南京磊鋆建筑安装工程有限公司**
业务：建筑安装工程
地址：江苏省南京市栖霞区尧化街道天林建材市场三厅负一楼8－9号
负责人：吴凤彬　邮　编：210008
法　人：吴凤彬
Tel：13770768000
025－85576532
Fax：025－85576027

**南京宁芜建筑安装服务有限公司**
地址：江苏省南京市秦淮区长乐路74号
负责人：胡艳玉
Tel：13855398174

**南京盈嘉物业管理有限公司**
地址：江苏省南京市秦淮区长乐路74号
负责人：乔岗
Tel：13951809299

**南京名望装饰工程有限公司**
地址：江苏省南京市秦淮区岗虹苑23号之一
负责人：张建林
Tel：13305171551

**南京德欧装饰工程有限公司**
地址：江苏省南京市秦淮区宏光路118号
负责人：麻子德
Tel：13505175282

**南京雄业护栏丝网有限公司**
地址：江苏省南京市秦淮区升州路375号
负责人：陈如银
Tel：025－52330548

**南京卓韵达建筑设备租赁有限公司**
业务：专业从事建筑机械设备租赁，租赁品种齐全、设备先进、价格优惠，我们一贯坚持“快捷便利、价格公道”的经营理念，竭诚为您服务！
产品：施工电梯双笼物料提升机、单笼物料提升机、搅拌机、翻斗车、沙浆机、地磅等钢筋机械
地址：江苏省南京市栖霞区尧化门尧建新村100号
邮　编：210046
法　人：刘从美
Tel：13182808312
13382008265
网址：www.51zzt.com/user/zzt42367
E-mail：ggz801@126.com

**溧阳市好云建筑材料有限公司**
业务：溧阳市好云建筑材料有限公司成立于2006年，主要从事保温材料、油漆、涂料等建筑材料的销售与施工。公司以“诚信为本，信誉至上，服务周到”为宗旨，热诚欢迎广大新老客户光临、惠顾！
地址：江苏省常州市溧阳市溧城苏浙皖边界市场路2号楼12－13号
邮　编：213300
法　人：张浩
Tel：0519－87222259
Fax：0519－87222259

**南京顺豪装饰工程有限公司**
地址：江苏省南京市秦淮区西石坝街27号
负责人：丁钢
Tel：025－52218878

**南京旭和建材代理有限公司**
地址：江苏省南京市秦淮区小思古巷13号
负责人：严锐
Tel：13605190464

**南京顺美装饰工程有限公司**
业务：家装、工装室内外装饰工程
地址：江苏省南京市栖霞区尧化门中曹村19号
负责人：王洪顺　邮　编：210046
法　人：王洪顺
Tel：15850505929
025－85575328

**南京雪瑞房地产开发有限公司**
地址：江苏省南京市下关区建宁路263号
负责人：陆威
Tel：13816675503

**南京瑞捷装饰工程有限公司**
地址：江苏省南京市下关区幕府东路108号
负责人：张国胜
Tel：13605178023

**溧阳天工景观雕塑有限公司**
业务：溧阳天工景观雕塑有限公司成立于2005年，从事园林景光设计，建筑装饰，环境雕塑，艺术陈设等设计施工，欢迎新老客户来电洽谈业务！
地址：江苏省溧阳市天目工业园区滨河路
负责人：王光超　邮　编：213300
法　人：王光超
Tel：0519－87261680
87966665
Mobile：13961148875
网址：www.lytgjg.com
E-mail：jslysc@163.com

**南通志乾安装工程有限公司**
业务：专业从事钢结构制作，安装；室内外装饰装潢；电梯销售、安装、维修、保养服务等。我们拥有专业性强的职业队伍，并以优质的服务，合理的收费，过硬的技术，竭诚为您提供满意的服务。
地址：江苏省南通市段家坝商办楼806室
负责人：钱志刚　邮　编：226000
法　人：钱志刚
Tel：0513－85320198
15950807555
Fax：0513－85320198

**南京高迈克物业管理有限公司**
地址：江苏省南京市下关区热河南路223号
负责人：杜骏
Tel：025－85071305

**南京淮平建筑安装工程队**
地址：江苏省南京市下关区新九村13号办公楼
负责人：管其发
Tel：13327827207

**南京康特房地产测绘事务有限公司**
地址：江苏省南京市下关区正丰街16号104室
负责人：韩睿
Tel：13815855511

**南通富豪艺术玻璃有限公司**
业务：集钛合金、铝合金、艺术玻璃、玻璃零售、批发、加工为一体，并为你提供各种异型玻璃、屏风、吊门等订做、安装，欢迎新老顾客前来惠顾！
产品：钛合金、铝合金、艺术玻璃、玻璃
地址：江苏省南通市港闸区秦灶街道袁桥村六组二号
负责人：张建均　邮　编：226011
法　人：张建均
Tel：0513－89060989
13773612873
Fax：0513－89060989

**南京天和房地产开发有限公司**
地址：江苏省南京市下关区中山北路426号万江大厦8层
负责人：陈艳慧
Tel：025－83353856

**江苏骏图绿化工程有限公司**
地址：江苏省南京市玄武区百子亭4号
负责人：马骏
Tel：025－86862654

**连云港鲲腾水下工程有限公司**
业务：连云港鲲腾水下工程有限公司主要从事水下工程施工。我公司具备雄厚的经济、技术、管理实力，热诚欢迎广大新老客户来我公司洽谈业务，共同合作！
地址：江苏省连云港市连云区棠梨街123号
负责人：陈文海　邮　编：222042
法　人：陈文海
Tel：0518－82318092

**南通恒业建材有限公司**
业务：木材、建材、家具等产品生产销售
地址：江苏省南通市港闸区秦灶街道袁桥村四组
负责人：耿红军　邮　编：226011
法　人：耿红军
Tel：0513－85673393
Fax：0513－85673393



**南京宝平建筑安装有限公司**
地址：江苏省南京市玄武区百子亭4号A008室
负责人：许发宝
Tel：025－85232312

**江苏金捷广告装饰工程有限公司**
地址：江苏省南京市玄武区长江路192号
负责人：汪幼宁
Tel：13851567572

**南京爱维格建筑工程有限公司**
地址：江苏省南京市玄武区估衣廊38号A001室
负责人：王小林
Tel：13584055163

**晋美建筑材料有限公司**
业务：混凝土添加剂，外墙保温材料等生产销售
地址：江苏省南通市港闸区幸福乡
负责人：陈国旗　邮　编：226300
法　人：陈国旗
Tel：0513－85579808

**江苏安辰建筑工程顾问有限公司**
地址：江苏省南京市玄武区九华山13号A015室
负责人：高平平
Tel：13809006669

**连云港市榆班石材有限公司**
业务：本公司以水晶玉大理石矿开采为主，并加工各种规格大理石、花岗石、装饰百材、桥栏杆、公墓、石雕工艺品、化石粉、彩色鹅软石以及玻璃专用白云石粉等产品。欢迎各界新老朋友前来洽谈合作。
地址：江苏省连云港市赣榆县班庄镇演马场
邮　编：222100
法　人：谢佐助
Tel：0518－6511713

**南京青圃园林科技有限公司**
地址：江苏省南京市玄武区锁金南路8号A004室
负责人：徐晨
Tel：025－84436170

**江苏南通威远设备安装工程有限公司**
业务：钢结构工程
地址：江苏省南通市工农路98号东星复美513室
负责人：倪伟建　邮　编：226000
法　人：倪伟建
Tel：15862788888
0513－85351666

**南京先腾设备安装工程有限公司**
地址：江苏省南京市玄武区童卫路6号A003室
负责人：丁小年
Tel：025－83676505

**南京泽润环境工程有限公司**
地址：江苏省南京市玄武区杨家胡同85号A005室

负责人：周锋
Tel：13951921315

**南京赤峰装饰工程有限公司**
地址：江苏省南京市玄武区杨家胡同85号A012室
负责人：胡家青
Tel：025－84512489

**江苏省南通市崇川区建山建筑材料经营部**
业务：主要经营：各种规格多孔砖，节能砖
地址：江苏省南通市观音山镇青龙桥村二组
负责人：朱建山　邮　编：226000
法　人：朱建山
Tel：13506285780
13862934466
15251300374

**南京拜思特环保设备有限公司**
业务：本公司是一家专业致力于环保文化开发，集科研、设计、生产、内外销售、服务于一身的机电一体化企业。主导产品有潜水排污泵、潜水搅拌机、曝气机、格栅、刮吸泥机、闸门、螺旋输送机等污水处理设备，遍布全国各地的销售网络随时为用户提供最完美的服务，深得顾客的一致好评。
地址：江苏省南京市六合区雄州镇北外街106号
邮　编：211500
法　人：操中华
Tel：025－57133123
Fax：025－57125292

**江苏丰泰景观园艺实业有限公司**
地址：江苏省南京市玄武区珠江路687号
负责人：杨海华
Tel：025－84801369

**江苏嘉世龙建设工程有限公司**
地址：江苏省南京市玄武区珠江路东大影壁55号
负责人：张玮民
Tel：13951611158

**南京荣扬房屋租赁服务有限责任公司**
地址：江苏省南京市沿江工业开发区经久路扬子十七村
负责人：胡迎年
Tel：025－57771159

**南通开春园林绿化有限公司**
业务：苗木、花卉盆景，园林器械，绿化工程设计、施工
产品：园林绿化工程设计、施工，灌木、乔木销售
地址：江苏省南通市海安县开发区新宁南路37号
负责人：张玉稳　邮　编：226600
法　人：张玉稳
Tel：0513－88911260
Fax：0513－88911260
E-mail：kaichunyuanlin@163.com

**南京正文建材有限公司**
业务：南京正文建材有限公司成立于2005年，从事大理石、花岗石等建筑材料的生产、加工及销售。欢迎来电垂询。
地址：江苏省南京市江宁区竹山南路146号
邮　编：210008
法　人：肖正兴
Tel：025－52166848
Fax：025－52166848

**南京旋立水泥技术工程有限公司**
地址：江苏省南京市沿江工业开发区晓山西路5号
负责人：庄叶军
Tel：025－57055895

**南京尊地房地产营销顾问有限公司**
地址：江苏省南京市沿江工业开发区新华路148号－269
负责人：刘俊
Tel：13805173310

**南通宇峰装饰有限公司**
业务：办公楼、展厅、餐饮、别墅、家居等设计施工
地址：江苏省南通市海门市海门镇长江路附房248号
负责人：姚峰平　邮　编：226100
法　人：姚峰平
Tel：0513－68980222
Fax：0513－82205050
网址：http://www.51zzt.com/user/zzt30068

**南京天樽城市规划设计有限公司**
地址：江苏省南京市沿江工业开发区新华路317号－14
负责人：陆玉麒
Tel：13002511680

**南通江通石材贸易有限公司**
地址：本公司成立于2005年，现有80多名员工。主要经营：各种石材的加工、批发、销售。
地址：江苏省南通市港闸区沿江路15号（江东船务）
邮　编：226300
法　人：吴顺游
Tel：0513－85600222
Fax：0513－85600222

**南京联泰环保科技有限公司**
地址：江苏省南京市沿江工业开发区新华路317号－4
负责人：朱建忠
Tel：13675162038

**名高商贸有限公司**
业务：TOTO卫浴
地址：江苏省南通市濠西路98号好一家家居大世界
负责人：马峰　邮　编：226300
法　人：马峰
Tel：0513－85183677
81510661
Fax：0513－81510661

**上海尼乐环保科技有限公司南京分公司**
地址：江苏省南京市沿江工业开发区新华路391号－284
负责人：高云霞
Tel：025－57046478

**南京敏俊涵建筑装饰模型厂**
地址：江苏省南京市永元物业发展公司物业分公司内
负责人：孙朝和
Tel：025－58395575
13851670483

**南京博伟装饰工程有限公司**
地址：江苏省南京市雨花台区梅山办事处科贸公司内
负责人：王伟
Tel：13913931749

**南京土卫六建材有限责任公司**
地址：江苏省南京市雨花台区普德村153号
负责人：郭潇
Tel：025－86684650

**嘉祺装饰设计工程（南通）有限公司**
业务：承接室内装饰、装修、设计工程
地址：江苏省南通市人民路159号瑞景商业广场4－601
负责人：熊里福　邮　编：226000
法　人：熊里福
Tel：0513－81123088
Fax：0513－81123089
网址：http://xlfzjczd.to8to.com

**南京谷吉石材有限公司**
地址：江苏省南京市雨花台区普德村153号
负责人：马永久
Tel：13813852555

**南通林海疏浚工程有限公司**
业务：南通林海疏浚工程有限公司成立于2005年，主要从事河道疏浚，围堰吹填，土石方工程施工。我公司具备雄厚的经济、技术、管理实力，热诚欢迎广大客户来我公司洽谈业务，共同合作！
地址：江苏省南通市崇川区节制闸农贸市场4号门
负责人：林昌兵　邮　编：226100
法　人：林昌兵
Mobile：13405711111

**东陈建筑安装工程有限公司一分公司**
地址：江苏省南通市崇川区城北新村107幢306室
负责人：冒友权
Tel：0513－85898091
13338833918

**南通南化水处理有限公司**
业务：水处理剂、化学清洗、污水处理药品、化验仪器、水处理咨询服务
地址：江苏省南通市人民西路87－2号
负责人：张志军　邮　编：226000
法　人：张志军
Tel：0513－83557550
Fax：0513－83557550

**南通顶鼎建筑装饰工程有限公司**
地址：江苏省南通市崇川区德民花苑12幢105室
负责人：陈国军
Tel：13328069984

**公众房地产销售置换有限公司**
地址：江苏省南通市崇川区工农路附38号银星大厦
负责人：周玉华
Tel：0513－85868686
85527141
13057080888

**南通市崇川区第八建筑安装工程公司第一分公司**
地址：江苏省南通市崇川区观音山居委会四组
负责人：王汉清
Tel：0513－85527651
85868219

**南通雅居装饰设计工程有限公司**
地址：江苏省南通市崇川区濠西路98号好一家家居大世界5楼
负责人：管怀华
Tel：0513－85182658
13338826358

**腾龙装饰设计有限公司**
地址：江苏省南通市崇川区好一家家居市场五楼
负责人：季爱泉
Tel：0513－85193268
13328090788

**南通常丰钢结构有限公司**
业务：钢结构工程制作和安装，彩钢复合板、金属波纹瓦、塑钢门窗、彩钢压型瓦
地址：江苏省南通市如东县丰利镇枫发工业区3号
负责人：刘必左　邮　编：226001
法　人：刘必左
Tel：15262888077
0513－84582088
84582188

**南通市宝盛保温材料有限公司**
业务：南通市宝盛保温材料有限公司成立于2005年，是一家专业生产各种保温材料的企业。提供上等的质量和专业的服务，优惠的价格。
地址：江苏省南通市海安县孙庄镇仁桥村二组
邮　编：226600
法　人：韩宝圣
Tel：0513－88689116
Fax：0513－88688198
网址：www.ntbs.chinapyp.com

**南通市佳伟建筑安装工程有限公司**
业务：承接房屋总承包、房屋拆迁、市政工程，建筑机械出租，销售建筑材料
产品：水泥砖
地址：江苏省南通市如皋市白蒲镇朱家桥村34组
负责人：顾俊　邮　编：226500
法　人：顾俊
Tel：13338077936
13912210546
0513－8781792
6681729

**东南工程材料有限公司**
地址：江苏省南通市崇川区丽景花苑2幢101室
负责人：葛力
Tel：13906290351

**金达信房地产评估有限公司**
地址：江苏省南通市崇川区青年西路4号虹桥大楼五楼东座
负责人：陆剑鑫
Tel：0513－87285222
13806275222

**淦润长江油污水接收有限公司**
地址：江苏省南通市崇川区人民西路120号
负责人：陈存干
Tel：0513－3511279
13901483361

**扬州市安装防腐工程有限公司南通工程处**
地址：江苏省南通市崇川区任港新村23幢203室
负责人：陈根林
Tel：13806292581

**南通明胜四氟防腐设备有限公司**
业务：四氟设备的销售
地址：江苏省南通市通甲路111A号
负责人：翟广明　邮　编：226000
法　人：翟广明
Tel：0513－85270688
13003598790
Fax：0513－68601588

**江苏中发置业有限公司**
地址：江苏省南通市崇川区桃坞路89号
负责人：姚淑娟
Tel：0513－85108928
13814660899

**南通金达房屋拆迁有限公司**
地址：江苏省南通市崇川区桃坞路89号莘园大厦四层460室
负责人：姜福祖
Tel：13073215086

**南通金邦建材有限公司**
地址：江苏省南通市崇川区通吕一号桥南下
负责人：蒋其锋
Tel：13906296655

**通博设备安装工程有限公司苏北分公司**
地址：江苏省南通市崇川区外环北路303号
负责人：李强
Tel：0513－85660045
13306287115

**南通市佳宝石材装饰有限公司**
业务：生产、安装进口石材
地址：江苏省南通市越江新村26栋504
负责人：常银生　邮　编：226001
法　人：常银生
Tel：13814665188
0513－68838699

**南通勘察设计有限公司**
地址：江苏省南通市崇川区姚港路26号
负责人：陈晓波
Tel：0513－83534288
13306295525

**南通市第十建筑安装工程有限公司淮安分公司**
业务：南通市第十建筑安装工程有限公司淮安分公司经营范围：房屋建筑工程施工总承包（贰级），建筑装修装饰工程专业承包（贰级），机电设备安装专业承包（贰级），市政工程、防水工程施工。
地址：江苏省淮安市清河区学院路9号
邮　编：223000
地址：夏志明
Tel：0517－3646480
Fax：0517－3677109

**南通大华散装水泥销售有限公司**
地址：江苏省南通市崇川区姚港路附29－4号
负责人：梁中林
Tel：13083562666

**徐州瑞华石材有限公司**
业务：砖瓦、石材及其它建筑材料的制造和销售
产品：砖瓦、石材及其他建筑材料
地址：江苏省邳州市赵墩镇固子村六组
负责人：刘汉习　邮　编：221300
法　人：刘汉习
Tel：13952278858

**苏鸣建筑装饰工程有限公司**
地址：江苏省南通市崇川区怡安花苑27幢404室
负责人：方鸣
Tel：0513－85100646
13003578446

**南通市扶风纺织服装有限公司**
地址：江苏省南通市崇川区跃龙路71号濠河名邸A转0703室
负责人：张炜
Tel：13962962020

**南通市港闸区罗马柱预制厂**
业务：南通市港闸区罗马柱预制厂成立于2000年，从事古罗马柱、古罗马窗套、古罗马飞檐的生产及销售。欢迎来电垂询！
地址：江苏省通州市仙人镇孙家桥村
法　人：陈崇勤　邮　编：260371
法　人：陈崇勤
Tel：0513－86187623
网址：www.mtw28066.chinapyp.com

**启东市天地装饰工程有限公司**
业务：生产与销售玻璃幕墙、铝板幕墙、铝塑门窗
产品：玻璃幕墙、铝板幕墙、铝塑门窗
地址：江苏省启东市向阳镇向北村5组
负责人：刘健　邮　编：226200
法　人：刘健
Tel：13962732510

**南通建威建材有限公司**
地址：江苏省南通市崇川区钟秀街道运河村五组
负责人：张新建
Tel：13057095688

**华润建设工程有限公司**
地址：江苏省南通市港闸区城港路188号
负责人：凌敏
Tel：0513－85561918

**启东市兆民环境工程设备有限公司**
业务：生产销售污水处理设备（带式压榨过滤机、带式浓缩一体机、无轴螺旋输送机、皮带输送机、混合器等）
产品：带式压榨过滤机、带式浓缩一体机、无轴螺旋输送机、皮带输送机、混合器等
地址：江苏省启东市兆民镇南首
负责人：肖正飞　邮　编：226242
法　人：姜亚萍
Tel：0513－83277317
Fax：0513－83277309

**海华水泥销售有限公司**
地址：江苏省南通市港闸区曙光村三组32号
负责人：戴卫星
Tel：0513－85605363
13057012888

**南通五建跃进建筑安装工程有限公司市区分公司**
地址：江苏省南通市港闸区外环北路303－8号
负责人：缪衡
Tel：13906270408

**如皋市风景园林建设有限公司**
业务：绿化工程设计、施工及绿化苗木的销售
地址：江苏省如皋市花木世界南二楼
负责人：马娟　邮　编：226500
法　人：李书平
Tel：0513－87771588
Fax：0513－87771988

**华海钢铁企业发展有限公司**
地址：江苏省南通市港闸区外环北路港务四区
负责人：张红英
Tel：0513－85552959
85555605

13773605818

**幸福物业管理有限公司**
地址:江苏省南通市港闸区幸福乡幸福村三组
负责人:祁建明
Tel:0513－85577330
81507298
13328093983

**南通市通东建筑发展有限公司**
业务:我公司主要从事于建筑工程、装饰装修工程、安装工程的施工、预制构件(加工、销售、制造)建材批发。
地址:江苏省海门市余东镇凤城新街御苑宾馆
负责人:毛华玺 邮编:226152
法人:周建平
Tel:0513－82630878
网址:0513－82630137

**绿州园艺有限公司**
业务:园林绿化工程、设计、施工、管理
地址:江苏省如皋市如城镇
负责人:季书元 邮编:226500
法人:季书元
Tel:15862760999
0513－87771886
Fax:0513－81734588

**南通兴海房地产开发有限公司**
地址:江苏省南通市海安县海安镇长江中路84号
负责人:韦明军
Tel:13511575888

**江苏恒欣建设工程有限责任公司**
地址:江苏省南通市海安县海安镇海南村二十一组
负责人:杜桂兰
Tel:13773620092

**江苏新亚龙置业有限公司**
地址:江苏省南通市海安县海安镇海南村二十一组
负责人:金仁坤
Tel:13906291195

**南通祥云设备租赁有限公司**
业务:建筑机械的租赁
地址:江苏省如皋市如城镇申港豪园桃源路950号
负责人:陶久云 邮编:226500
法人:陶久云
Tel:15651985555
13276668111

**南通海泰建筑安装工程有限公司**
地址:江苏省南通市海安县海安镇江海东路3号
负责人:范泉
Tel:13901478066

**海安县华扬建筑安装工程有限公司**
地址:江苏省南通市海安县海安镇江海西路27号609室
负责人:赵广森
Tel:13906276965

**南通市轩岩新型建材有限公司**
业务:南通市轩岩新型建材有限公司从事轻集料、混凝土、砌块空心砖、煤渣空心砖、小型混凝土空心砖生产、加工销售、建筑材料销售
地址:江苏省南通通州市四安镇蒋桥村十四组
负责人:黄借云 邮编:226352
法人:黄借云
Tel:0513－86694401

**南通德佳窗业幕墙有限公司**
业务:专业生产施工玻璃幕墙，石材幕墙，铝板幕墙和高档铝合金门窗，塑钢门窗以及装饰装璜业务
地址:江苏省如皋市如皋港开发区通港路58号(宁通公路如皋港出口)
负责人:郭广才 邮编:226300
法人:郭广才
Tel:13906274027
0513－87582352
87680353
Fax:0513－87680353

**海安县汉举装饰服务部**
地址:江苏省南通市海安县海安镇宁海中路6号
负责人:刘进军
Tel:13301478198

**海门市嘉汇包装装潢有限公司**
地址:江苏省南通市海门市海门镇人民西路763号附1－5号
负责人:施雅珍
Tel:13862868778

**南通龙源建筑劳务有限公司**
地址:江苏省南通市海门市开发区人民中路320号
负责人:陆耀
Tel:13706289100

**启东市银宏建筑材料有限公司**
地址:江苏省南通市启东市久隆镇天东村十二组
负责人:沈辉
Tel:13901464061

**苏州金枫世家贸易有限公司**
业务:销售PVC地板、多层地板、实木地板、强化地板、水处理设备
产品:双鹿、戴尔马克
地址:江苏省苏州高新区横塘远发金屋家居装饰广场三楼北九号
负责人:张云峰 邮编:215002
法人:张云峰
Tel:13862156657
0512－68716186
Fax:0512－68716186
网址:www.szjfsj.com
E-mail:529679342@qq.com

**剑池防水堵漏工程有限公司**
地址:江苏省南通市濠西园63幢201室
负责人:顾建慈
Tel:13951317537

**如皋市石北乡赵庄水泥制品厂**
业务:如皋市石北乡赵庄水泥制品厂是一家专业生产水泥制品的厂家，主要产品有:预制构件、楼板等。产品质量保证、价格合理，欢迎新老客户光临、洽谈业务。
地址:江苏省如皋市石庄镇唐埠村28组
邮编:226531
法人:邵守根
Tel:0513－87928268
Mobile:13962755213

**昆山百罗建筑装饰有限公司**
业务:主要经营商业建筑装饰
地址:江苏省苏州市昆山开发区朝阳东路111号1幢4007号
负责人:左玄 邮编:215300
法人:左玄
Tel:13906268227
0512－57158033

**启东市中超房地产开发有限公司**
地址:江苏省南通市汇龙镇民胜中路511号
负责人:郁忠
Tel:0513－83119108
13906285788

**南通天星环保设备有限公司**
地址:江苏省南通市南通市经济技术开发区新开镇剑兴路56号
负责人:张亚聪
Tel:0513－85980266
13901485378

**苏州市水木瀚林建筑防水有限公司**
业务:承接室内外防水工程、室内外墙保温工程，室内外装饰、装修工程，销售防水材料、室内外墙保温材料、建材
产品:防水材料、室内外墙保温材料、建材
地址:江苏省苏州市平江区前街46－2号
负责人:罗红标 邮编:215128
法人:罗红标
Tel:0512－66358411
Fax:0512－66358411

**南通东鑫钢结构有限公司**
地址:江苏省南通市平潮镇赵坊村三组
负责人:秦建东
Tel:0513－86713849
13901488041

**启东市中意建筑劳务有限公司**
地址:江苏省南通市启东市汇龙镇彩臣二村65号S17号门面
负责人:黄瑜兵
Tel:13773881717

**南通嘉成建设工程监理有限公司**
地址:江苏省南通市启东市汇龙镇公园北路1185号
负责人:沈禹立
Tel:13806286308

**苏州海联建筑装饰工程有限公司**
业务:专业从事建筑装饰设计、施工，项目管理，咨询。从设计、效果图制作、施工到材料选购提供一站式服务，本公司将以最优惠的价格，最可靠的质量，真诚为您服务。
地址:江苏省苏州市新元路1号1幢201室
负责人:赵伟 邮编:215008
法人:胡文平
Tel:0512－65890797
13626199066
Fax:0512－65890797
E-mail:uwp2008@126.com

**新港建筑材料有限公司**
地址:江苏省南通市启东市久隆镇元北村
负责人:徐广忠
Tel:0513－83812888

**如皋市水利建筑材料公司**
地址:江苏省南通市如皋市常青镇吴庄大桥东首
负责人:郭载良
Tel:0513－87788309
13706279386

**张家港市强达玻璃有限公司**
业务:加工与销售各类玻璃制品
产品:钢化玻璃、平弯玻璃、夹胶玻璃、中空玻璃、家电玻璃
地址:江苏省苏州张家港市杨舍镇乘航河东路48号
负责人:徐燕斌 邮编:215002
法人:徐燕斌
Tel:13701566513
0512－56777182
Fax:0512－51777181

**沙家浜安成砂场**
业务:沙家浜安成砂场成立于1982年，主要生产销售砂石、建材、水泥、煤碳。欢迎新老客户来电洽谈业务!
地址:江苏省常熟市沙家浜镇昆承湖村B组
负责人:王安成 邮编:215559
法人:王安成
Tel:0512－51735778

**石琳置业(南通)有限公司**
地址:江苏省南通市启东市启东经济开发区
负责人:黄万来
Tel:13818808619

**沭阳县北丁集乡防水卷材厂**
业务:STS防水卷材
地址:江苏省宿迁市沭阳县北丁集乡张胡圩村胡南组
负责人:高全江 邮编:223663
法人:高全江
Tel:13773912350
0527－83626532

**南通市宇润装潢工程有限公司**
地址:江苏省南通市秦灶镇压桥北村四组
负责人:王健飞
Tel:0513－85800005
0513－82031154

**曹埠饮泉砖瓦厂**
地址:江苏省南通市如东县曹埠镇甜水村五组
负责人:莫新华
Tel:0513－84293158
13338834513

**宿迁市金鼎装饰工程有限公司**
业务:集设计、施工、服务于一体，承接室内外装饰装潢设计与装修工程，兼营建筑材料销售，我们拥有精湛的设计队伍，优良的施工品质，完善的售后服务，精心为您打造口味空间。
地址:江苏省宿迁市沭阳县光明花苑第3幢7号商铺
负责人:章程 邮编:223600
法人:章程
Tel:0527－83599133
18951531866
Fax:0527－83599122
E-mail:eama88@163.com

**斐宏实业公司**
地址:江苏省南通市如东县环城东路32号
负责人:周金林
Tel:0513－4534468
13328088398

**上海安肯装饰材料有限公司**
业务:本公司集彩砂涂料，真石漆系列销售施工一条龙服务。该涂料是旧户翻新，各种高档建筑内外墙装饰的最佳产品，供应石英砂、石英粉、金刚砂。并承接家居，办公写字楼装潢及铸铁大门、围墙、焊接耐磨地坪等业务，欢迎垂询。
地址:江苏省昆山市新镇白塘路57号
邮编:215300
法人:杨忠
Tel:0512－51300438

**沭阳县利豪木业制品厂**
业务:建筑模板的加工和销售(模板厂家直销)
地址:江苏省宿迁市沭阳县桑墟镇北大兴村二组
负责人:汤宜成 邮编:223643
法人:汤宜成
Tel:15996794913
13585274983

**海珠园艺有限责任公司**
地址:江苏省南通市如东县掘港镇南闸路13号
负责人:张晔
Tel:0513－84192807
84096056

**沭阳县桑墟镇爱民木制品厂**
业务:建筑木板的生产和销售
产品:建筑木板
地址:江苏省宿迁市沭阳县桑墟镇新顺河村二组
负责人:刘爱民 邮编:223643
法人:刘爱民
Tel:13812411198

**苏中建材装饰城有限责任公司**
地址:江苏省南通市如东县苏中家俱展销中心
负责人:沈经理

Tel:0513－84162777
13813623000

**畅磊建材有限公司**
地址:江苏省南通市如皋市九华镇
负责人:于学群
Tel:0513－87468310
13773819068

**南通海盛久威建材有限公司**
地址:江苏省南通市如皋市林梓镇高阳西路10号
负责人:张海林
Tel:0513－87832168
13862756768

**如皋市开发区经济合作有限公司**
地址:江苏省南通市如皋市如城镇跃进路永和豆浆北侧
负责人:卢涛
Tel:0513－87613335
87062610
13951387696

**盐城市恒林房地产开发有限公司**
业务:房地产开发经营
地址:江苏省宿迁市沭阳县塘沟镇中心街88号
负责人:苏小姐 邮编:223800
法人:王恒林
Tel:13236130505
15851181617

**恒一钢结构工程有限公司**
地址:江苏省南通市如皋市吴窑镇工业园区
负责人:杨建
Tel:0513－87941216
87942116
13615239988

**上海开达房地产开发经营分公司**
业务:上海开达房地产开发经营分公司是一家专业从事房地产开发与经营的企业，公司的经营理念是以人为本、诚信为本，以创造和谐住宅小区为己任，有着较好的美誉度、知名度。
地址:江苏省盐城市响水县县城东亢街英德电脑培训中心对面
邮编:224600
法人:杨中华
Tel:0515－6869001
Fax:0515－6869001

**宿迁翔宇木业制品厂**
业务:木工板、防火板等木制品生产
地址:江苏省宿迁市沭阳县贤官镇沙河工业园
负责人:胡江 邮编:223600
法人:胡江
Tel:0527－83355555
83353399
15252885555
Fax:0527－83353399

**金海植物组织繁育有限公司**
地址:江苏省南通市如皋市搬经镇农业科技示范区东区
负责人:马金海
Tel:0513－88500759
13862759347

**上海中纺机建筑装潢工程公司南通工程处**
地址:江苏省南通市通州市川港镇创新路1号
负责人:吴代千
Tel:13701770786

**三远水处理工程有限公司**
地址:江苏省南通市通州市银河公寓7号楼402室
负责人:钱进华
Tel:13301467777
13912428888

**沭阳远大装饰材料有限公司**
业务:家具纸
地址:江苏省宿迁市沭阳县贤官镇赵集工业园区
负责人:葛志松 邮编:223800
法人:葛志松
Tel:13815735777
0527－83352388
83355777
Fax:0527－83352388

**城山建设工程有限公司**
地址:江苏省南通市外环西路95号四楼
负责人:周德均
Tel:0513－83530318
13301481679

**富鑫装饰工程有限公司**
地址:江苏省启东市城南新村1－1号
负责人:王洪生
Tel:13801463888

**南通市建设集团有限公司**
地址:江苏省如皋市环城南路256号
负责人:秦凤斌
Tel:0513－87659598
87655630

13773812031

**宿迁市万通公路养护工程有限公司**
业务：公路养护工程
地址：江苏省宿迁市沭阳县扎下镇沙巷村新205国道和245省道交汇处
负责人：吴书保　邮　编：223800
法　人：吴书保
Tel：0527－87881958
15261212903
15261212988

**九天房地产开发有限责任公司**
地址：江苏省如皋市如城镇跃进西路九天大厦四楼
负责人：徐建华
Tel：0513－87530288

**上海曾武超群木业有限公司（江苏分部）**
业务：上海曾武超群木业有限公司（江苏分部）成立于2003年，经营原木加工，木地板生产销售，热忱欢迎来电洽谈业务。
地址：江苏省太仓市浮桥镇卫星村（沪浮璜公路边）
负责人：曾超鸿……邮　编：215000
法　人：曾超鸿
Tel：0512－53788787

**莱茵电梯设备销售有限公司**
地址：江苏省如皋市袁桥镇工业园区
负责人：王晶晶
Tel：0513－87381999
13235210257

**江苏中辉管业有限公司**
业务：生产和销售PVC管材、水管、电管
产品：PVC管材、水管、电管
地址：江苏省宿迁市泗洪经济开发区南湖路南侧
负责人：陈化中　邮　编：223800
法　人：陈化中
Tel：13951244390
18951068988

**苏州市永业电力工程有限公司**
地址：江苏省苏州高新区滨河花苑28幢604室
负责人：候广田
Tel：0512－68255677
65676772

**苏州市远顺绿化有限公司**
地址：江苏省苏州市沧浪区东大街131号
负责人：叶少宏
Tel：13771953246

**苏州高进环境工程有限公司**
地址：江苏省苏州市沧浪区东大街40号402室
负责人：邱小华
Tel：13913519836

**泗洪县建华五金建材经营部**
业务：五金工具、建材等产品批零
地址：江苏省宿迁市泗洪县青阳镇圣玛可购物广场
负责人：吴建中　邮　编：223800
法　人：吴建中
Tel：0527－88053857
13365259165

**苏州市东泰物业管理有限公司**
地址：江苏省苏州市沧浪区东大街7－19号
负责人：曹明
Tel：0512－61167607

**苏州居之然装饰工程有限公司**
地址：江苏省苏州市沧浪区干将东路19号85－107室
负责人：朱平
Tel：13962522122

**苏州市鸿嘉建筑安装有限公司**
地址：江苏省苏州市沧浪区金桥新村13幢304室
负责人：李占海
Tel：13906138408

**苏州市龙盛建筑市政工程有限公司**
地址：江苏省苏州市沧浪区盘门新村9幢112室
负责人：田全龙
Tel：13606133110

**宿迁市安源秸杆气化炉有限公司**
业务：秸杆气化炉，秸杆防火门，秸杆颗粒饲料
地址：江苏省宿迁市泗阳县人民北路49号安达广告
负责人：安辉　邮　编：223700
法　人：安辉
Tel：13327857668
0527－89682020
网址：http://www.51zzt.com/user/zzt30167

**苏州徐氏机电设备安装工程有限公司**
地址：江苏省苏州市沧浪区三香路179号
负责人：徐俊青
Tel：0512－68155069

**苏州永易建筑工程有限公司**
地址：江苏省苏州市沧浪区三香路192号
负责人：周文广
Tel：13062872688

**沭阳县中盛园林工程有限公司**
业务：沭阳县中盛园林工程有限公司成立于2002年，主要从事于园林绿化。欢迎前来考察指导、合作发展！
地址：江苏省宿迁市沭阳县新河镇山荡村1组
负责人：胡玉白……邮　编：223600
法　人：胡玉白
Tel：0527－83398265

**苏州太湖古典园林建筑有限公司文物古建筑分公司**
地址：江苏省苏州市沧浪区十梓街453、455号
负责人：戈荣华
Tel：0512－65240790
65240791
65240792
13806208628

**泗阳双盛建筑工程劳务分包有限公司**
业务：建筑工程、建筑劳务
地址：江苏省宿迁市泗阳县众兴镇淮海东路（康庭名苑9幢403）
负责人：陈业双　邮　编：223700
法　人：陈业双
Tel：13511783666

**苏州市建豪建材科技有限公司**
地址：江苏省苏州市沧浪区双桥新村17幢403、404室
负责人：朱浩
Tel：13771778988

**苏州祥鸣市政工程有限公司**
地址：江苏省苏州市沧浪区桐泾南路554号（劳动路85号）
负责人：黄海洋
Tel：13606130666

**苏州高新区鼎明冷作装潢厂**
业务：苏州高新区鼎明冷作装潢厂专业从事不锈钢装潢，以质量求生存、信誉求发展，欢迎新老客户光临惠顾。
地址：江苏省苏州市高新区通安镇华通路114号
负责人：孙志明……邮　编：215000
法　人：孙志明
Tel：0512－66063672

**苏州名发装饰装潢材料有限公司**
地址：江苏省苏州市沧浪区永生路1号14幢101室
负责人：杨国凤
Tel：13806213269

**宿迁市宿城区威利厨卫厂**
业务：集专业设计、开发、生产、销售为一体的厨卫生产厂家，产品包括橱柜、课桌、电脑桌、办公桌、卫生间隔断等，我们敢于创新，技术先进，产品款式新颖，美观大方。并组建了良好的售后服务队伍。竭诚为您服务！
产品：公共卫生间隔断，办公隔断，电脑桌，课桌，橱柜，衣柜，家具烤漆板等
地址：江苏省宿迁市宿城开发区宏业路10号
负责人：郜林峰　邮　编：223800
法　人：郜林峰
Tel：0376－7931977
13181870189
Fax：0376－7931977
E-mail：7931977a@163.com

**江苏华新建设工程有限公司苏州沧浪新城分公司**
地址：江苏省苏州市沧浪区友联行政综合楼207室
负责人：周根良
Tel：0512－66999239

**苏州崇阔拆建工程有限公司**
地址：江苏省苏州市沧浪区友联一村43幢202室
负责人：罗从阔
Tel：13606138099

**苏州清利建材有限公司**
地址：江苏省苏州市沧浪区友新街道友联农贸市场三楼317室
负责人：陈立功
Tel：0512－68218669

**江苏东威木业有限公司**
业务：生产5－25毫米环保胶合板，防火板地板基材等，胶水甲醛释放量达到P1、P2标准，符合CARB认证标准。
地址：江苏省宿迁市宿豫经济开发区（台商工业园）开发大道8号
负责人：王志聿　邮　编：223800
Tel：13705245807
0527－84430328
Fax：0527－84430318
网址：www.dongweigroup126.cn
E-mail：dongweigr@126.com

**苏州雄威建材经营部**
地址：江苏省苏州市沧浪区友新新村29幢101室
负责人：王勇
Tel：13063838305

**苏州苏绿园林绿化工程监理有限公司**
地址：江苏省苏州市间胥路70号开发大楼1楼
负责人：戴群
Tel：0512－68361929

**苏州金近幕墙有限公司**
业务：苏州金近幕墙有限公司是国内最早从事氟碳树脂铝幕墙板生产和铝型材氟碳喷涂的专业化公司之一，经过公司全体员工多年的努力，参与了幕墙工程几百项，树立了“金近”品牌形象，得到建筑装饰行业的认可和赞誉。
地址：江苏省苏州市相城区元和镇
负责人：章永瑞……邮　编：215000
法　人：章永瑞
Tel：0512－65451080
网址：www.jinjin－cn.com

**常熟市卯辰绿地养护有限公司**
地址：江苏省苏州市常熟市常福二区9幢－1号
负责人：陆激
Tel：0512－52855165

**宿迁市丰华装饰工程有限公司**
业务：生产断桥、节能门窗、铝塑门窗、承接装饰工程
地址：江苏省宿迁市宿豫区文昌花园21幢1、2、3门面房
负责人：曹德阳　邮　编：223800
法　人：曹德阳
Tel：13705248777
0527－84490777
Fax：0527－84490777

**常熟市东南经济开发区昆承污水处理有限公司**
地址：江苏省苏州市常熟市常熟东南开发区东南国际大厦
负责人：吴卫国
Tel：13801578990

**常熟市星宇置业有限公司**
地址：江苏省苏州市常熟市东南大道1号（珠泾路）
负责人：庞建元
Tel：13182695869

**常熟市董浜污水处理有限公司**
地址：江苏省苏州市常熟市董浜镇工业园区
负责人：倪国祥
Tel：13913662188

**常熟市宏伟拆房工程队**
地址：江苏省苏州市常熟市董浜镇天星东路
负责人：黄付兵
Tel：13328026198

**上海赵杰实业发展有限公司**
业务：建材销售
地址：江苏省太仓市陆渡镇华兴路18号
负责人：李贤琼　邮　编：215400
法　人：李贤琼
Tel：13773216078
0512－53453491

**常熟市天和建筑设计有限公司**
地址：江苏省苏州市常熟市枫林路10号
负责人：胡伟成
Tel：13358027758

**苏州金源送变电工程有限公司**
业务：苏州金源送变电工程有限公司成立于2000年，主要从事于电力安装。我们愿以一流的管理、一流的产品、一流的质量、一流的服务开拓创新，与客户携手共进，共图发展
地址：江苏省苏州市吴中经济开发区兴南路7号
负责人：查雪明……邮　编：215128
法　人：查雪明
Tel：0512－65648816

**江苏福兴房地产开发有限公司**
地址：江苏省苏州市常熟市古里镇工业园
负责人：施志坚
Tel：13915665888

**上海丽能装饰工程有限公司常熟分公司**
地址：江苏省苏州市常熟市海虞南路50号二楼
负责人：庄德裕
Tel：13311758086

**泰兴市名流建材物资有限公司**
业务：建材的销售
地址：江苏省泰兴市滨江镇卢碾村李元32号
负责人：袁小荣　邮　编：225400
法　人：袁小荣
Tel：13775730280
0523－87599320

**常熟市摩力克装饰材料有限公司**
地址：江苏省苏州市常熟市环城北路4号
负责人：顾和珍
Tel：0512－52783887

**常熟市高强建筑材料厂**
地址：江苏省苏州市常熟市练塘镇查村村
负责人：查民保
Tel：13306232627

**常熟市文杰装璜有限公司**
地址：江苏省苏州市常熟市梅李镇赵市罗目墩桥堍
负责人：曹建忠
Tel：13601554206

**常熟市好人家装饰设计有限公司**
地址：江苏省苏州市常熟市明日星城星城街24号
负责人：殷勇
Tel：0512－52844199

**泰兴市雨润房地产开发有限公司**
业务：房地产开发，房屋中介，装饰材料等
产品：盛润庄园，鑫润庄园
地址：江苏省泰兴市黄桥镇致富路西侧盛润庄园内
负责人：吕俊　邮　编：225411
法　人：李吉利
Tel：0523－88393888
Fax：0523－88393555
网址：www.yrfdc.com
E-mail：tzyurun@yrfdc.com

**常熟建工建设集团沙家浜建筑安装工程有限公司横泾分公司**
地址：江苏省苏州市常熟市沙家浜镇沙南路
负责人：王振华
Tel：0512－52501163

**苏州金钻装饰装璜工程有限公司**
业务：本公司成立于2006年，主要从事工程装饰、家庭装饰。本着“以质量求生存，以服务求市场，以诚信求发展”的宗旨，竭诚欢迎新老客户来电洽谈业务！
地址：江苏省苏州市沧浪区人民路438号A楼4030
负责人：张献忠……邮　编：215000
法　人：陈叶琴
Tel：0512－87676200

**常熟市申诚土方工程有限公司**
地址：江苏省苏州市常熟市沙家浜镇苏南村
负责人：顾建江
Tel：13182626655

**江苏华茂置业有限公司**
地址：江苏省苏州市常熟市十字东路141号
负责人：严丽霞
Tel：0512－52763239

**泰州龙海机电设备安装有限公司**
业务：机电设备的安装工程
地址：江苏省泰兴市泰兴镇南街新村7幢407室
负责人：张巧虎　邮　编：225400
法　人：张巧虎
Tel：13196951888
0523－87713207

**常熟市国顺建筑工程有限公司**
地址：江苏省苏州市常熟市王庄镇冶塘市镇
负责人：陶国红
Tel：13806238671

**常熟市金益立投资置业有限公司**
地址：江苏省苏州市常熟市辛庄镇（杨园）工业园
负责人：吴强华
Tel：13901573909

**常熟市瑞丰木业有限公司**
地址：江苏省苏州市常熟市新港镇三湾村
负责人：屈云芬
Tel：13706234958

**常熟市联盟置业有限公司**
地址：江苏省苏州市常熟市虞山镇联盟村
负责人：徐惠元
Tel：0512－52851863

**江苏信华路桥建设有限公司**
业务：路桥建设
地址：江苏省泰兴市泰兴镇文昌路14号
负责人：周志道　邮　编：225300
法　人：周志道
Tel：13852846558
0523－87617168

**常熟市明晶置业有限公司**
地址：江苏省苏州市常熟市虞山镇明晶村
负责人：顾正华
Tel：0512－52611192

**常熟市泰克园艺绿化工程有限公司**
地址：江苏省苏州市常熟市虞山镇青龙村
负责人：金鹤明
Tel：0512－52887218

**常熟市常胜防火门业有限公司**
地址：江苏省苏州市常熟市虞山镇新厍村
负责人：应铁军
Tel：0512－52831855

**泰州市东阳建筑材料有限公司**
业务：建筑模板、各种规格的木材等各类建筑材料的销售，五金电器、有色金属、电子产品的批发和零售
产品：建筑模板、各种规格的木材等各类建筑材料
地址：江苏省泰兴市泰兴镇兴燕路183号
负责人：张学春　邮　编：225400
法　人：张学春
Tel：13062999288
0523－87691183

**苏州市东吴装饰市场久欣石材经营部**
业务：本公司成立于 2000 年，主要经营进口、国产石材。"质量保证，信誉第一"。欢迎新老客户光临惠顾！
地址：江苏省苏州市东吴装饰市场 701 号
负责人：胡重年 邮编：215000
法人：胡重年
Tel：0512－68439851
82818018
Fax：0512－68439851

**常熟广宇环球置业有限公司**
地址：江苏省苏州市常熟市招商城纺织品交易市场七区
负责人：薛纲
Tel：13328020888

**常熟市金利盛新型建材有限公司**
地址：江苏省苏州市常熟市支塘镇任阳环镇南路
负责人：何金坤
Tel：13862309080

**北新天宏新型墙体材料厂**
业务：生产墙体材料
地址：江苏省泰兴市新街镇夏徐村
负责人：陈天宏 邮编：225400
法人：陈天宏
Tel：0523－87491900
13775733689

**常熟市松兴建材配套厂**
地址：江苏省苏州市常熟市支塘镇任阳徐政村
负责人：浦乾昌
Tel：13601556789

**常熟市景泰市政工程有限公司**
地址：江苏省苏州市常熟市珠江路 111 号
负责人：朱祥洪
Tel：0512－52829473

**德丽嘉环保装饰工程有限公司**
地址：江苏省苏州市东仓路 70－5
负责人：李冬
Tel：0512－53588488
13606247718

**宿豫县第一建筑工程有限公司苏州高新区分公司**
地址：江苏省苏州市高新技术产业开发区狮山新苑 38 幢 202 室
负责人：程荣奎
Tel：0512－68246592
13182603808

**泰州市钛美铝材门窗有限公司**
业务：专业批发销售各种铝材、豪华门配件，本着质量先行，客户至上的宗旨，欢迎您的光临惠顾！
产品：广州钛美铝材、浙江新祥铝材、南通烜昌铝材、各种豪华门门料、配件
地址：江苏省泰州市高港区金港装饰城内
负责人：唐仁师 邮编：225300
法人：唐仁师
Tel：0523－86967689
E-mail：tmlctrs@163.com

**苏州市虎丘区华星装潢材料门市部**
业务：苏州市虎丘区华星装潢材料门市部成立于 2004 年，主要经销创鑫地板。创鑫地板始终在市场中处于领先地位，成为中国和世界地板行业的领航者。
地址：江苏省苏州市大江南建材市场板材区 002 号
负责人：周明华 邮编：215009
法人：周明华
Tel：0512－68232246

**洪泽顺通建材有限公司**
地址：江苏省苏州市洪泽县洪泽东三街 47 号
负责人：林永刚
Tel：0517－87777200
87208200
13655159788

**苏州金明物业管理有限公司**
地址：江苏省苏州市金阊区阊胥路 134 号
负责人：李凌松
Tel：0512－65311853

**泰州鑫海科能新型材料有限公司**
业务：生产和销售新型自保温墙纸材料，粉煤灰加气混凝土
产品：新型自保温墙纸材料，粉煤灰加气混凝土
地址：江苏省泰州市高港区永安镇（国电泰州电厂内）
负责人：刘海军 邮编：225300
法人：刘海军
Tel：13852601518
13912860666
0523－6928789
Fax：0523－6928485
E-mail：lhj666ntwj@163.com

**苏州市陈氏门业有限公司**
地址：江苏省苏州市金阊区虎丘村青年路口
负责人：陈刚
Tel：0512－68686528
13913133315

**苏州常成置业有限公司**
地址：江苏省苏州市金阊区虎丘后山繁荣村 312 国道虹桥头 25 号
负责人：吴浩
Tel：0512－65338448

**苏州佳乐居建筑装饰工程有限公司**
地址：江苏省苏州市金阊区金门路 158 号协和金盛大厦 1701 室
负责人：余玉圆
Tel：0512－68672389

**苏州市启越建工劳务有限公司**
地址：江苏省苏州市金阊区路北村繁荣 9 组
负责人：华荣兴
Tel：13004585467

**泰州市海陵区禾瑞园林景观工程有限公司**
业务：园林景观工程
地址：江苏省泰州市海陵区东风南路 499 号 14 室
负责人：顾为 邮编：225300
法人：顾为
Tel：15252659683
0523－86858292
网址：http://www.51zzt.com/user/zzt31396

**苏州银基建筑安装工程有限公司**
地址：江苏省苏州市金阊区南阳里 26 号
负责人：吴日尧
Tel：13706132538

**苏州市绿创环保科技有限公司**
业务：我公司是一家专业从事室内空气污染治理的环保企业，专业提供装修前室内污染治理方案、装修过程进行防治施工及控制、对已装修的居室污染进行补救处理、室内或汽车内空气污染检测、室内、车内污染综合治理等优质服务项目。
地址：江苏省苏州市金门路 772 号
负责人：邵健康 邮编：215004
法人：邵健康
Tel：0512－65330737
Fax：0512－67234669

**苏州市景范园林绿化工程有限公司**
地址：江苏省苏州市金阊区倪家苑 14 幢 502 室
负责人：岳进范
Tel：13013797388

**泰州市境界建筑装饰工程有限公司**
业务：房地产开发、室内外装饰装修、市政工程
地址：江苏省泰州市海陵区宏基花园南侧 4 号
负责人：常华胜 邮编：225300
法人：常华胜
Tel：15850880038
0523－86669638

**苏州宏豪工程建设有限公司**
地址：江苏省苏州市金阊区三香路 206 号
负责人：张玉军
Tel：13706212356

**苏州图森园林营造工程有限公司**
地址：江苏省苏州市金阊区山塘街 97 号
负责人：蔡建清
Tel：0512－65550705

**苏州市益鸿安装工程有限公司**
地址：江苏省苏州市金阊区桐泾北路 688 号
负责人：章晓东
Tel：13338709998

**沭阳县市政工程处苏州市政工程分部**
地址：江苏省苏州市金阊区闻钟苑 41 幢 507 室
负责人：荣超
Tel：0512－61807353

**泰州市金盛家居装饰工程有限公司**
业务：室内外装饰设计与施工
地址：江苏省泰州市江洲南路凤凰 21 号小区西大门内南侧
负责人：周红玉 邮编：225300
法人：周红玉
Tel：13852616565
0523－86887717

**苏州市新元物业管理有限公司**
地址：江苏省苏州市金阊区西环路嘉业阳光城第二幢 S03 号
负责人：杨永亮
Tel：0512－68606658

**苏州市吴中区木渎洪源建材经营部**
业务：苏州市吴中区木渎洪源建材经营部成立于 2002 年，主要经营建筑材料。欢迎广大新老客户光临、选购！
地址：江苏省苏州市吴中区木渎花苑三村 9－1 号
负责人：张洪根 邮编：215101
法人：张洪根
Tel：0512－66260620
网址：www.mtw27840.chinapyp.com

**苏州祥宇物业管理有限公司**
地址：江苏省苏州市金阊区西园路 480 号倪家苑北区
负责人：徐镔
Tel：13606206954

**苏州市东方之珠新型建材有限公司**
地址：江苏省苏州市金阊区西园路 616 号
负责人：陈学华
Tel：13506212998

**靖江市辉煌模具厂**
业务：为混凝土彩色马路砖的塑料模具生产
产品：彩砖模具、草坪砖模具、侧平石、条纹砖模具、钢模窨井雨水井模具、花岗岩磨光砖模具、花瓶柱、铁路护栏系类、光亮剂彩色水泥系类等
地址：江苏省泰州市靖江市马桥镇靖侯路 188 号
负责人：施经理 邮编：214500
法人：施兴红
Tel：13805260077
0523－84588078
84588077
Fax：0523－84588079
网址：www.jjhuihuang.com
E-mail：info@jjhuihuang.com

**昆山市华锐市政工程有限公司**
地址：江苏省苏州市昆山市巴城镇湖亭路北 1 号楼 203 室
负责人：高建良
Tel：13906264946

**昆山市义信安装工程有限公司**
地址：江苏省苏州市昆山市巴城镇石牌开发区京阪路
负责人：张红云
Tel：13776310338

**昆山安桴木业有限公司**
地址：江苏省苏州市昆山市巴城镇石牌昆常公路西侧
负责人：罗文
Tel：13806261639

**昆山中尔美置业有限公司**
地址：江苏省苏州市昆山市巴城镇正仪环城西路西侧
负责人：陆卫
Tel：0512－51368788

**兴化市和信绿化景观工程有限公司**
业务：市政道路工程、园林绿化工程、园林苗木培植
地址：江苏省泰州市兴化市公元路 2 号
负责人：陈玉巧 邮编：225700
法人：陈玉巧
Tel：13814494916
0523－83482670

**昆山市宏源水电安装有限公司**
地址：江苏省苏州市昆山市巴城镇正仪下塘街 2 号 25 室
负责人：王国兴
Tel：13952453166

**苏州市吴中区浦庄立美建材批发商行**
业务：苏州市吴中区浦庄立美建材批发商行成立于 2002 年，主要从事于钢铁、管道的批发。欢迎新老客户光临、惠顾！
地址：江苏省苏州市吴中区浦庄镇木东路
负责人：彭秀华 邮编：215105
法人：彭秀华
Tel：0512－66538579

**上海绿杨建筑装饰工程有限公司昆山分公司**
地址：江苏省苏州市昆山市淀山湖镇淀兴路商城综合楼
负责人：朱惠明
Tel：13706265333

**昆山安福物业管理有限公司**
地址：江苏省苏州市昆山市花桥镇曹安开发区
负责人：陈尚鹏
Tel：0512－55556666

**金坛新华园林绿化有限公司**
业务：园林绿化
地址：江苏省亭湖区盐东镇李灶居委会高校农业示范园
负责人：周国祥 邮编：213200
法人：周国祥
Tel：13775161008
13218696699
0519－82362677
Fax：0519－82362677

**深圳市美然物业发展有限公司昆山分公司**
地址：江苏省苏州市昆山市经济技术开发区兆丰路 8 号国际商务大厦
负责人：张国强
Tel：0512－57608316

**昆山市百通水电安装工程有限公司**
地址：江苏省苏州市昆山市开发区柏庐中路 42 号（南侧）
负责人：黄健
Tel：13306261690

**昆山市宏鑫工程勘察设计有限公司**
地址：江苏省苏州市昆山市开发区保昆商苑 A 型 1 号楼 209 室
负责人：顾黎忠
Tel：0512－57332599

**昆山市纵衡测绘有限公司**
地址：江苏省苏州市昆山市开发区长江中路 498 号
负责人：王建华
Tel：0512－57330032

**南通华梁兄弟装饰有限公司**
业务：室内外装饰设计及施工
地址：江苏省通州市平东镇杨木桥村 9 组
负责人：钱栋梁 邮编：226001
法人：钱栋梁
Tel：0513－86771916
13718115255

**苏州市相城区新宝门窗有限公司**
业务：本公司是专业生产各类型卷门，拥有专业的技术人员和先进的生产设备。先后设计开发了一系列深受用户青睐的防盗门产品。公司始终坚持"精益求精、精诚合作。
地址：江苏省苏州市相城区黄埭镇斜桥村
负责人：王建宗 邮编：215143
Tel：0512－65711988、
E-mail：webmaster@szxbmc.com

**昆山市海岸线装饰工程有限公司**
地址：江苏省苏州市昆山市开发区东新街 B 幢 358 号 301 室
负责人：张文长
Tel：0512－57798906

**昆山市海光市政绿化工程有限公司**
地址：江苏省苏州市昆山市开发区富华路 50 号
负责人：曹剑
Tel：0512－57721755

**昆山鼎旺景观工程有限公司**
地址：江苏省苏州市昆山市开发区黑龙江南路 162 号
负责人：陈坚
Tel：0512－50551900

**无锡市索菲装饰装潢材料厂**
业务：装饰装潢材料经营
地址：江苏省无锡市坊前镇峰泉路 128 号
负责人：郭菊明 邮编：214000
法人：郭菊明
Tel：0510－82402080
88230791

**昆山古城物业管理有限公司**
地址：江苏省苏州市昆山市开发区黄河北路 170 号保昆商苑 D 楼
负责人：沈红林
Tel：0512－50595780

**昆山市悦鸣装饰装潢有限公司**
地址：江苏省苏州市昆山市开发区蓬朗栈泾东路 51 号 6 室
负责人：陆月明
Tel：0512－51332708

**昆山高腾建设有限公司**
地址：江苏省苏州市昆山市开发区杉欣路 15 号店面
负责人：陶一
Tel：0512－57337884

**常熟市港城建筑安装工程有限公司昆山分公司**
地址：江苏省苏州市昆山市开发区绣衣东村 29 号楼 306 室
负责人：曹建飞
Tel：0512－51709106

**无锡展鹏环境净化设备有限公司**
业务：环境净化产品
地址：江苏省无锡市惠山经济开发区堰桥配套区堰丰路 31 号
负责人：王鹏 邮编：214174
法人：王鹏
Tel：13961709703
0510－83575797
Fax：0510－83575819

**昆山昊川工程安装有限公司**
地址：江苏省苏州市昆山市开发区绣衣东村 6 号楼 303 室
负责人：何顺民
Tel：0512－57378083

**昆山市吉盛装饰工程有限公司**
地址：江苏省苏州市昆山市开发区绣衣新村 14 号楼 103 室
负责人：俞金青
Tel：0512－50505233

**苏州市翔盛河道疏浚工程队**
业务：本公司成产于 2004 年，经营项目有：河道疏浚、挖土、填土、土石方工程，绿化工程施工等
地址：江苏省苏州市吴中区太湖西路 125 号 1 幢 401 室
邮编：215007
法人：徐龙祥
Tel：0512－65625155
网址：www.szxs.chinapyp.com

**昆山大景绿化工程有限公司**
地址：江苏省苏州市昆山市开发区樾城花园 43

号楼 403 室
负责人：周浩
Tel：0512－50532226

### 无锡市南长区正堂石材经营部
业务：销售石材
地址：江苏省无锡市南长区前夹城 1－1
负责人：周宝明　邮　编：214000
法　人：周宝明
Tel：15852770869
0510－80217509
Fax：0510－80217509

### 昆山市森宝建筑工程有限公司
地址：江苏省苏州市昆山市开发区樾城路 32 号
负责人：狄秀根
Tel：0512－57360588

### 昆山市三鑫建筑装饰工程有限公司
地址：江苏省苏州市昆山市开发区樾城路樾城花园 49－1 号
负责人：张嵩
Tel：13906263112

### 无锡禾田装饰工程有限公司
业务：生产、销售地坪工艺
产品：混凝土压膜、混凝土着色、彩色透水混凝土地坪、采砂地坪、球场塑胶跑道（EPDM）系列、工业地坪停车场地等
地址：江苏省无锡市锡山区东北塘裕巷工业园 8 幢
负责人：祁建厂　邮　编：214001
法　人：祁建厂
Tel：13812194858
0510－66030775
Fax：0510－83778636

### 昆山市红叶林装饰工程有限公司
地址：江苏省苏州市昆山市开发区珠江北路 106 号
负责人：高啸峰
Tel：0512－57503030

### 昆山维诚建筑安装工程有限公司
地址：江苏省苏州市昆山市陆家镇合丰村金阳路南侧
负责人：王强
Tel：13962653500

### 昆山市豪华房地产开发有限公司
地址：江苏省苏州市昆山市千灯镇少卿西路
负责人：严福荣
Tel：13182607722

### 徐州比得宝高新装饰材料有限公司
业务：纳米建筑装饰材料
产品：彩晶三防石木地板
地址：江苏省新沂市南京路南京商厦 401 室
负责人：侯守义　邮　编：221400
法　人：赵立军
Tel：0516－88982345
Fax：0516－80185169
网址：xyrx. oukx. com
E-mail：zhaolj63@163. com

### 昆山华晨置业有限公司
地址：江苏省苏州市昆山市千灯镇石浦宏川路 88 号
负责人：黄龙彪
Tel：0512－57402168

### 苏州市兴泰门窗有限公司
业务：本公司主要加工销售铝金、塑钢门窗，销售装潢材料、五金交电、铸铁件加工。本着"以质量求生存、以信誉求发展"的经营理念，竭诚欢迎新老客户来电洽谈业务！
地址：江苏省苏州市吴中区光福镇工业园南区
负责人：姚长达……邮　编：215129
法　人：姚长达
Tel：0512－65266774

### 昆山市润时空间装饰工程有限公司
地址：江苏省苏州市昆山市玉山镇柏庐中路 401 号 5F39 号
负责人：孙红香
Tel：18913248031

### 昆山华林装饰工程有限公司
地址：江苏省苏州市昆山市玉山镇柏庐中路 401 号 6F25 号
负责人：顾锋华
Tel：0512－55880925

### 泰州市兆荣不锈钢有限公司
业务：生产和销售不锈钢线材，角钢，扁钢及各种异型材，棒材
产品：不锈钢线材，角钢，扁钢及各种异型材，棒材
地址：江苏省兴化市戴南镇宁盐公路史堡段
负责人：张兆荣　邮　编：225721
法　人：张兆荣
Tel：0523－83792777
13775776429
Fax：0523－83901277

### 昆山市中泰市政工程有限公司
地址：江苏省苏州市昆山市玉山镇板桥新村 103 号
负责人：陈志高
Tel：0512－57515970

### 徐州鸿利达门业有限公司
业务：免漆套装门、烤漆套装门
地址：江苏省徐州市丰县赵庄镇任庄村闫庄
负责人：连长春　邮　编：221723
法　人：连长春
Tel：13952216758
15852210479
0516－89580376

### 北京保利达工程设计有限责任公司昆山建筑设计所
地址：江苏省苏州市昆山市玉山镇采莲新村 4 号楼 303 室
负责人：徐孝宾
Tel：0512－62022536

### 昆山市森南绿化工程有限公司
地址：江苏省苏州市昆山市玉山镇朝阳西路 150 号楼 402 室
负责人：陆文明
Tel：13151155236

### 昆山星云环保科技有限公司
地址：江苏省苏州市昆山市玉山镇城北柏庐北路 363 号楼 518 室
负责人：豆阿英
Tel：0512－51350529

### 中扶建设有限责任公司徐州分公司
业务：建设工程
产品：土建、装修、园林工程、钢构
地址：江苏省徐州市鼓楼区苏堤北路沈场 110 号
负责人：刘敬林　邮　编：221000
Tel：15852216189
0516－85732188
Fax：0516－85732277

### 昆山金点子装饰工程有限公司
地址：江苏省苏州市昆山市玉山镇城北柏芦北路 460 号
负责人：王庭东
Tel：13182658812

### 苏州市颖艺装饰设计工程有限公司
业务：苏州市颖艺装饰设计工程有限公司成立于 2004 年，专业从事室内外装饰装璜，五金建材批发，本着以质量求生存、信誉求发展的经营理念，竭诚欢迎广大新老用户光临惠顾。
地址：江苏省苏州市吴中经济开发区天灵路 58 号
负责人：傅高青……邮　编：215168
法　人：傅高青
Tel：0512－65137706
Fax：0512－65770658

### 昆山市福娃娃物业管理有限公司
地址：江苏省苏州市昆山市玉山镇城北柏芦北路 92 号
负责人：朱建清
Tel：13063858109

### 徐州市汇融房地产经纪有限公司
业务：楼盘代理，二手房代理，货款借贷服务
地址：江苏省徐州市淮海西路 255＃公交商贸大厦 1－1
负责人：张忠振　邮　编：221000
法　人：张忠振
Tel：13236045928
0516－85550763
网址：www. xzhrfc. com

### 马鞍山市市政建设有限责任公司昆山分公司
地址：江苏省苏州市昆山市玉山镇城北昆北路 401、403 号
负责人：李国斌
Tel：13806269085

### 昆山鼎艺建筑装饰工程有限公司
地址：江苏省苏州市昆山市玉山镇城北尚城国际花园 1 幢 1 层 7 号
负责人：吴伟琦
Tel：13063756743

### 昆山通鼎金属结构工程有限公司
地址：江苏省苏州市昆山市玉山镇城北新港湾花园 59 号楼 401 室
负责人：蒲家桢
Tel：0512－57798250

### 海南军海建设有限公司徐州元盛分公司
业务：房建一级总承包，以及市政、路桥、水利、装璜、土石方、钢结构，园林古建
地址：江苏省徐州市黄河西路 111 号 3＃－2804
负责人：严关根　邮　编：221003
法　人：严关根
Tel：0516－83001121

### 常熟市南湖建筑有限责任公司昆山分公司
地址：江苏省苏州市昆山市玉山镇城北玉城南路 8 号
负责人：包国庆
Tel：0512－57775977

### 昆山市白金装饰工程有限公司
地址：江苏省苏州市昆山市玉山镇环城北路 40 号
负责人：宗明
Tel：13906268907

### 苏州华邦岩土工程有限公司
地址：江苏省苏州市昆山市玉山镇亭林路 158 号
负责人：吕雪男
Tel：0512－57573950

### 徐州振宇钢结构工程有限公司
业务：生产、加工、销售钢结构、网架空间结构
产品：钢结构、网架空间结构
地址：江苏省徐州市火花乡火花村十五队一幢
负责人：袁文浩　邮　编：221003
法　人：袁文浩
Tel：13382661355
0516－85856101

### 苏州市云龙墙纸有限公司
业务：我公司成立于 1995 年，主要代理销售国内外墙纸、墙布等系列产品，是以批发、零售、及工程配套一条龙优质服务的专业墙纸布艺公司。主要经营墙纸、墙布、布艺、装饰纸等系列产品。从民用化系列到商用系列，产品结构完整，品类齐全，档次从普通至高档，应有尽有。我们的产品以客户为本，崇尚"经济实惠，物美价廉"。
地址：江苏省苏州市吴中区盘里路 614 号
负责人：府建芳……邮　编：215128
法　人：府建芳
Tel：0512－65641758

### 安徽省第七建筑安装工程有限公司昆山分公司
地址：江苏省苏州市昆山市玉山镇亭林路 39－41 号
负责人：范军
Tel：0512－57593303

### 江苏博泰安装工程有限公司
业务：机电设备安装；锅炉、管道设备安装；石油化工设备安装；钢结构工程
地址：江苏省徐州市沛县歌风路 6 号
负责人：刘沛忠　邮　编：221003
法　人：刘沛忠
Tel：15952225265
0516－89643683
Fax：0516－89676133

### 昆山深国投商用置业有限公司
地址：江苏省苏州市昆山市玉山镇西塘街 2 号
负责人：丁力业
Tel：13008861000

### 盐城市中房建筑工程总承包有限公司昆山分公司
地址：江苏省苏州市昆山市玉山镇樾阁花园 14 号楼 301 室
负责人：仇华
Tel：0512－57593842

### 徐州博源建筑劳务有限公司
业务：承包建筑工程，室内外装饰、装潢工程
地址：江苏省徐州市沛县朱寨镇闫集老沛丰路南侧
负责人：李圣琦　邮　编：221600
法　人：李圣琦
Tel：13914816729
0516－89731040

### 昆山市华厦建筑门窗安装有限公司
地址：江苏省苏州市昆山市玉山镇震川西路 299 号
负责人：钱惠明
Tel：0512－57536904

### 苏州长三角装饰工程有限公司
地址：江苏省苏州市昆山市玉山镇中山路 201 号
负责人：张学林
Tel：13951187566

### 台玻昆山玻璃有限公司
地址：江苏省苏州市昆山市张浦镇台玻路
负责人：林伯丰
Tel：0512－57450015

### 邳州市康美佳人造板销售有限公司
业务：建材，人造板
产品：专业销售环保家具级专用板材
地址：江苏省徐州市邳州市世纪大道北侧通成商务公寓 7 楼 715
负责人：范林　邮　编：221300
法　人：范林
Tel：0516－86621377
86621388
Fax：0516－86286866

### 昆山美华装饰工程有限公司
地址：江苏省苏州市昆山市张浦镇新支浦段
负责人：徐玉明
Tel：0512－50803099

### 昆山市盛兴水泥彩瓦厂
地址：江苏省苏州市昆山市张浦镇振苏港口内
负责人：黄平寿
Tel：0512－57440530

### 苏州双阳管业有限公司
业务：企业经营实行经销制，为客户提供完善的技术和系统的解决方案。以质量为生命，以客户需要为必要，以科学管理、诚信经营为理念，欢迎各界有识之士和衷共济，携手共创美好未来！
地址：江苏省苏州市相城区望亭镇项路工业园丰业西路
负责人：陆楠……邮　编：215155
Tel：0512－66706096
66706033
Fax：0512－66706033
网址：http://szshuangyang. b2b. hc360. com/

### 江苏帝成建设工程有限公司
业务：房屋建筑、施工工程
地址：江苏省徐州市泉山区泰山东路科技城软件一区 37 号
负责人：马传银　邮　编：221006
法　人：马传银
Tel：13685178088
0516－82515598

### 昆山市裕强园林景观工程有限公司
地址：江苏省苏州市昆山市周市镇青阳北路 108 号
负责人：周演
Tel：0512－57669901

### 昆山聚兴装璜工程有限公司
地址：江苏省苏州市昆山市周市镇新镇白塘路新苑花园 037 幢
负责人：朱选民
Tel：13914969493

### 昆山宏广成环保机电有限公司
地址：江苏省苏州市昆山市周市镇新镇昆山花园 15 号楼 101 室
负责人：沈春霞
Tel：0512－57669171

### 徐州科达钢结构有限公司
业务：钢结构及钢结构工程
地址：江苏省徐州市三环东路九七医院后
负责人：孟昭锋　邮　编：221000
法　人：孟昭锋
Tel：13327950666
13912009035

### 苏州顺和建筑工程有限公司
业务：苏州顺和建筑工程有限公司成立于 2006 年，具有土建工程总承包贰级资质。公司拥有先进的技术、规范的管理、卓越的品质、完善的服务，我们将与广大朋友携手前进，共创美好未来！
地址：苏州市塔园路 203 号 33 幢 201 室
负责人：薛礼顺……邮　编：215000
法　人：薛礼顺
Tel：0512－68785965

### 昆山中北建筑装璜工程有限公司
地址：江苏省苏州市昆山市周市镇永共村（兰泾小区）
负责人：王琪中
Tel：13906267611

### 苏州市嘉业装饰设计工程有限公司
地址：江苏省苏州市劳动路 110 号 1 幢 205 室
负责人：梁昌枫
Tel：13606132538

### 苏州嘉盛建设工程有限公司伟鑫分公司
地址：江苏省苏州市平江区东北街 74 号
负责人：钱伟
Tel：18913258050

### 徐州龙峰物资贸易有限公司
业务：中空玻璃、彩晶实木防水地板生产加工及销售
地址：江苏省徐州市拾屯街道办事处杨东村
负责人：王建设　邮　编：221003
法　人：王建设
Tel：13115201988
0516－83787888
85775926
Fax：0516－85775926

### 苏州市茂盛绿化工程有限公司
地址：江苏省苏州市平江区富仁坊祥达大楼 511 室
负责人：吴沛亮
Tel：13092670336

### 苏州麦拓装饰工程有限公司
地址：江苏省苏州市平江区干将东路 636 号 1－806 室
负责人：童林
Tel：0512－67524218

### 泰兴市昊阳建材物资有限公司
业务：泰兴市昊阳建材物资有限公司位于我市新工业开发区，主要经营各类建材，煤炭，减速机。欢迎广大客户光临！
地址：泰兴市姚王工业开发区北首
负责人：徐玉林……邮　编：225300
法　人：徐玉林
Tel：0523－87554449

### 苏州伟业建筑设计有限公司城区分公司
地址：江苏省苏州市平江区中街路 11 号
负责人：陆淳

Tel:0512－63480188

**睢宁鑫升脚手架制造厂**
业务：生产、销售活动脚手架
地址：江苏省徐州市睢宁县高作镇八里村
负责人：刘连义　邮　编：221231
法　人：刘连义
Tel：13505221395
0516－88216853

**苏州双宏市政工程有限公司**
地址：江苏省苏州市平江区高井头6－1号
负责人：陶湘宏
Tel：13901541076

**苏州市剑桥广告装饰有限公司**
地址：江苏省苏州市平江区临顿路252号
负责人：王剑平
Tel：0512－66367088

**苏州市平江动迁有限公司**
地址：江苏省苏州市平江区临顿路曹胡徐巷16号
负责人：李智明
Tel：0512－67777679

**江苏天一门窗有限公司**
业务：集设计、加工、安装于一体，专业从事塑钢、铝合金门窗、玻璃幕墙的制作加工，承接大小工程，并赢得了用户的一直好评。公司秉承""顾客至上、锐意进取""的经营理念，欢迎各界人士前来洽谈业务。
产品：塑钢、铝合金门窗、中空玻璃等
地址：江苏省徐州市睢宁县睢城镇人民东路
负责人：朱军　邮　编：221200
法　人：朱军
Tel：0516－88396333
13905220777
Fax：0516－88396333
网址：www.xzsfmc.com
E-mail：xzsfmcc@126.com

**苏州艺禾营造工程有限公司**
地址：江苏省苏州市平江区马医科29号
负责人：曹莹光
Tel：13962110950

**苏州市隆盛装饰装璜工程有限公司**
地址：江苏省苏州市平江区齐门路平家巷20号
负责人：高宝桂
Tel：0512－68897716

**铜山县声响水电安装工程有限公司**
业务：水电安装工程
地址：江苏省徐州市铜山县徐庄镇吴集村
负责人：解维舵　邮　编：221122
法　人：解维舵
Tel：15062167383
0516－83380825

**泰兴市金戈建筑疏浚工程有限公司**
业务：本公司成立于2005年，主要从事各类大小河道、渠道的开挖施工、道路施工、江河湖泊及海水治理施工、大中型围堤吹填工程、水下清障、开挖、清淤工程施工、排水管道施工。
地址：江苏省泰州市泰兴市横垛镇文化路1号
负责人：钱广春　邮　编：225418
法　人：钱广春
Tel：0523－87388605

**苏州中鼎基础工程有限公司**
地址：江苏省苏州市平江区砂皮巷42号
负责人：张洪林
Tel：13771982223

**徐州恒远路面工程有限公司**
业务：路面摊铺
产品：沥青砼
地址：江苏省徐州市铜山县郑集镇第一工业园区
负责人：焦玉柱　邮　编：221003
法　人：焦玉柱
Tel：13805213570
0516－85071888
E-mail：hengyuanjsxz@163.com

**苏州亿达实业有限公司**
地址：江苏省苏州市人民南路大竹苑2号5楼
负责人：郑建良
Tel：0512－65638828
13906136181

**苏州建筑科学研究院有限公司**
地址：江苏省苏州市三香路三香弄1号
负责人：周先生
Tel：0512－68278474

**无锡市蓝翎保护膜有限公司**
地址：江苏省无锡市惠山区钱巷工业园
负责人：沈经理
Tel：0510－83308360

**南京市海防工程有限公司江阴分公司**
地址：江苏省无锡市江阴市文定菜场名时巷7、8号
负责人：周鸣华
Tel：0510－86290878
13801525389

**江苏扬安机电设备工程有限公司徐州分公司**
业务：工业设备、工业管道、水卫、消防设备、锅炉、制冷设备、通风空调、电梯、行车、动力照明、自控仪表、信号弱电、输水工程项目安装；压力容器、钢结构工程安装；市政工用工程、空气净化工程、建筑智能化工程、电子工程施工、房屋建筑工程、化工石油设备管道安装工程、管道工程、城市煤气管道安装、装饰装潢工程（以上范围凭资质证书经营）；五金、装饰装潢材料销售；电器修配
地址：江苏省徐州市望湖大厦21楼
负责人：田永林　邮　编：221000
法　人：田永林
Tel：13905279157
0516－85707895
0516－85707809
Fax：0516－85707809

**太仓市美斯门窗有限公司**
地址：江苏省苏州市太仓市城厢镇古塘街十一号
负责人：徐洁红
Tel：0512－53530955

**江苏顺通建设工程有限公司太仓分公司**
地址：江苏省苏州市太仓市城厢镇建材市场内
负责人：顾惠民
Tel：0512－53103886

**太仓高特设备安装工程有限公司**
地址：江苏省苏州市太仓市城厢镇锦绣园商住楼3幢112室
负责人：杨振南
Tel：0512－81602287

**新沂市安邦防水工程有限公司**
业务：防水、防腐、保温工程施工
地址：江苏省徐州市新沂市钟吾路华丰广场5号楼四楼
负责人：朱彩武　邮　编：221003
法　人：朱彩武
Tel：13815323101
18952107000
0516－88975789

**苏州陈氏建设工程有限公司**
地址：江苏省苏州市太仓市城厢镇南园路南园商住楼47号
负责人：陈洪才
Tel：0512－56784467

**泰州佳辉装饰有限公司**
业务：泰州佳辉装饰有限公司位于交通便利的泰州市高港区高港商城89号，从事室内外装修装饰。公司本着“信誉第一，质量第一，服务第一，不求最好，但求更好”的宗旨，欢迎新老客户咨询！
地址：江苏省泰州市高港区高港商城89号
邮　编：225321
法　人：李子军
Tel：0523－6968021
Mobile：13773583598
Fax：0523－6968021

**徐州市恒基水泥粉磨有限公司**
业务：普通硅酸盐水泥粉磨、矿渣超细粉制造、销售
产品：普通硅酸盐水泥粉磨、矿渣超细粉
地址：江苏省徐州市徐州经济开发区大黄山镇狼古墩村
负责人：丁峰　邮　编：221131
法　人：丁峰
Tel：0516－83059666
15205206668
Fax：0516－83059666

**苏州新发市政公用发展有限公司**
地址：江苏省苏州市桐泾南路800号
负责人：翁伟民
Tel：0512－68667882

**别样红装饰装璜有限公司**
地址：江苏省苏州市王天井巷142号
负责人：杨亚生
Tel：0512－67289837
13382199061

**徐州远方保温材料有限公司**
业务：生产和销售保温材料，以轻质复合隔墙板、聚苯乙烯外墙保温板为主
产品：轻质复合隔墙板、聚苯乙烯外墙保温板
地址：江苏省徐州市云龙区潘塘驰宇停车场
负责人：孟庆合　邮　编：221120
法　人：孟庆合
Tel：13236060690
0516－83917098
Fax：0516－83399579
E-mail：xzyfpm@126.com

**杭达水泥制品有限公司**
地址：江苏省苏州市吴中区车坊江东科技工业园
负责人：王林
Tel：0512－65920078

**苏州市艺诚门窗厂**
地址：江苏省苏州市吴中区郭巷街道徐浜村1号
负责人：俞雪坤
Tel：0512－65976505
13912783248

**苏州市绿城园林绿化养护工程有限公司**
地址：江苏省苏州市吴中区木渎镇天伦花园26幢
负责人：陈冬泉
Tel：13806211506

**盐城森泽玻璃纤维滤料有限公司**
业务：生产、销售滤料
地址：江苏省盐城市阜宁经济开发区黄河路88号
负责人：周军　邮　编：224005
法　人：周军
Tel：15251189488
0515－87260588

**苏州穹窿古建园艺有限公司**
地址：江苏省苏州市吴中区木渎镇竹园新村13号
负责人：周建康
Tel：0512－66512859
13913170155

**泰州市好易家装饰城家俱城**
业务：泰州市好易家装饰城家俱城成立于2004年，主要从事室内外装饰装修，销售各种装饰材料。欢迎新老客户来电洽谈业务。
地址：江苏省泰州市青年南路288号
邮　编：225300
法　人：徐连喜
Tel：0523－6338388

**盐城市兴隆门窗装饰有限公司**
业务：铝合金门窗、塑钢门窗、幕墙、室内外装修工程
地址：江苏省盐城市阜宁县沟墩镇人民北路团庄南区16号
负责人：戴加兵　邮　编：224433
法　人：戴加兵
Tel：0515－87455456
13851338448

**苏州市名城建筑劳务有限公司**
地址：江苏省苏州市吴中区胥口镇旅游专线公路三汇花园35－204号
负责人：陆振华
Tel：13962173350

**顺达土方有限公司**
地址：江苏省苏州市相城区黄埭镇金星花园6幢17号
负责人：刘长虎
Tel：0512－65481582
13862029836

**盐城市金成建设工程有限公司**
业务：房屋工程建筑，土木工程建筑，市政工程建筑，路桥工程建筑，房地产开发
地址：江苏省盐城市阜宁县射湖南路顶盛公寓1802号
负责人：陈尚猛　邮　编：224400
法　人：陈尚猛
Tel：0515－87218618
Fax：0515－87218618

**江苏省建工集团有限公司苏州分公司**
地址：江苏省苏州市星红路199号联发大厦3楼B2
负责人：郑航海
Tel：0512－62885727

**桃源绿化工程有限公司**
地址：江苏省宿迁市宿豫区商贸城兴七街26号
负责人：武以涛
Tel：0527－84459100
13605248516

**盐城市静峰装饰工程有限公司**
业务：本公司是集装饰、装修、设计、施工于一体的专业化企业。拥有专业的装修团队，业内资深的设计师，致力以崭新的设计构想，精湛的装饰工艺为客户提供最优质的服务。
产品：办公、餐饮、商业、娱乐空间及住宅设计、施工
地址：江苏省盐城市水街书画院
负责人：李巍巍　邮　编：224000
法　人：李巍巍
Tel：0515－88976915
13815577310
网址：http://www.51zzt.com/user/zzt43379
E-mail：Ycgeyf2001@sina.com

**宿迁市友诚新型建材厂**
地址：江苏省宿迁市宿豫区嶂山林场
负责人：张成
Tel：0527－84832090
13852806658

**太仓市星都房地产有限公司**
地址：江苏省太仓市城厢镇太平南路
负责人：叶丽亚
Tel：0512－53565001
13906221960

**典凡房产策划有限公司**
地址：江苏省太仓市城厢镇县府西街9－203室
负责人：胡显峰
Tel：0512－53534118
56567775

**盐城市建秋劳动服务有限公司**
业务：普通货物装卸；沟渠疏浚；道路养护；建筑劳务分包
地址：江苏省盐城市亭湖区青墩镇头灶村5组
负责人：周中秋　邮　编：224000
法　人：周中秋
Tel：13851046486
0515－88453727

**太仓市中厦集团有限公司**
地址：江苏省太仓市人民北路2号4楼
负责人：李长宏
Tel：0512－53530699
13906227681

**华正建材设备有限公司**
地址：江苏省通州市二甲镇袁南村
负责人：沈定义
Tel：13801481703

**通州市飞达装饰装璜有限公司**
业务：通州市飞达装饰装璜有限公司成立于1993年，主要从事室内外装饰装璜。公司始终奉行以设计为先导，以管理为基础，以质量为根本，以优质服务为宗旨的经营指导思想，在装饰行业中赢得了良好的声誉。
地址：江苏省通州市平东镇牛桥村23组
邮　编：226361
法　人：马汉生
Tel：0513－6719156
Fax：0513－6719156

**响水县天鸿装饰工程有限公司**
业务：专门承接室内装饰、装修工程
地址：江苏省盐城市响水县城花园小区E幢门面
负责人：金胜海　邮　编：224005
法　人：金胜海
Tel：13815507621
0515－86871778

**通州市兴新幕墙门窗有限公司**
地址：江苏省通州市金沙镇交通北路粮管所综合楼
负责人：张启新
Tel：13901467077

**通州市平潮镇水泥制品厂**
地址：江苏省通州市平潮镇胜利街13号
负责人：邵德炎
Tel：13606288438

**无锡市瑞普环保工程有限公司**
地址：江苏省无锡市滨湖区华庄镇南场村
负责人：周荣林
Tel：0510－85602199
13338748680

**盐城市辉煌园林绿化工程有限公司**
业务：园林绿化工程
地址：江苏省盐城市盐都区日月路C幢108号门市
负责人：陈岗　邮　编：224005
法　人：陈岗
Tel：13401781612
0515－83098555

**无锡市鸿声钢木玻璃钢家具厂**
地址：江苏省无锡市鸿声镇马桥村尤介湾
负责人：华才兴
Tel：0510－88583872
13182730317

**无锡路友交通设施材料有限公司**
地址：江苏省无锡市蠡园镇湖滨路胡田庄1号
负责人：杨凤兴
Tel：0510－85105707
13806172506

**盐城市标缘装饰工程有限公司**
业务：涂料装饰、工程建筑，华扬太阳能的订购与安装
产品：代理“多乐士”、“亚士”品牌涂料。
地址：江苏省盐城市盐马路106号绿苑小区5号楼305室
负责人：范德高　邮　编：224005
法　人：范德高
Tel：0515－86800777
Fax：0515－86010677

**无锡市崇安区钟山建材商行**
地址：江苏省无锡市山北会西储运仓库内
负责人：黄铭
Tel：0510－83079030

**无锡市天佳过滤材料厂**
业务：本厂专业生产块式、卷式空气过滤棉，袋式、筒式、平板式、组合式，密褶式、有隔板、无隔板、耐高温、耐湿、耐酸碱、抗静电、防水阻燃、抗菌除臭过滤器产品。天佳滤材以与您合作为荣，以为您解忧为本，竭诚欢迎广大朋友惠顾考察指导合作！

地址：江苏省无锡市惠山区玉祁镇工业园（蓉湖村）
负责人：吴鸣高　邮　编：214183
法　人：吴鸣高
Tel：0510－83898055
Fax：0510－83897055
网址：www.tianjialvcai.com

**无锡市龙舒机械工程有限公司**
地址：江苏省无锡市山北乡双河村纸箱厂内
负责人：石红生
Tel：0510－85225767

**江苏省精工建筑材料有限公司**
业务：生产、销售耐磨硬化剂
地址：江苏省盐城市盐兴路一号
负责人：凌庆富　邮　编：224005
法　人：凌庆富
Tel：13505102781
0515－88593781

**江苏鼎泽环境工程有限公司**
地址：江苏省无锡市宜兴市东山路西路 66 号
负责人：蒋军辉
Tel：0510－88562898
88562899
13906150048

**吴江伟诚钢构净化工程有限公司**
地址：江苏省吴江市芦墟镇金家坝工业园松北公路 8 号
负责人：计丙伟
Tel：13806252376

**杭州运城制版有限公司盛泽分公司**
地址：江苏省吴江市盛泽镇东泾南路金伦 21 号
负责人：宗涛
Tel：0512－63510670
13357115618

**吴江市龙华建筑材料装饰厂**
地址：江苏省吴江市松陵镇庞南村 12 组
负责人：周岑华
Tel：13901557839

**扬州市宏扬物业管理有限公司**
业务：物业管理、绿化养护、保洁、市政工程
地址：江苏省扬州市沙南一村 9 幢 302 室
负责人：胥元仁　邮　编：225002
法　人：胥元仁
Tel：13218960987
0514－82225708

**吴江市顺兴拆迁工程有限公司**
地址：江苏省吴江市松陵镇吴同路 7 幢 3 号
负责人：熊列明
Tel：13801557516

**同益木业（苏州）有限公司**
地址：江苏省吴江市震泽镇八都原建材市场同一八都地板邮送中心
负责人：林性凤
Tel：0512－63876088
13587226552

**吴江市创意彩钢板活动房厂**
地址：江苏省吴江市震泽镇镇西开发区
负责人：赵惠全
Tel：0512－63781565
13806258023

**扬州市鸿安安装服务有限公司**
业务：钢结构安装、焊接专业、设备安装
地址：江苏省扬州市湾头镇联合村季家组
负责人：季安家　邮　编：225002
法　人：季安家
Tel：0514－87459011
Fax：0514－87459011

**无锡市新辉新型墙体材料有限公司**
业务：无锡市新辉新型墙体材料有限公司是江苏地区专业生产轻质隔墙板的生产基地，公司生产的轻质隔墙板，是采用成组立模流水法生产的一种新型墙体。具有质轻、防火、隔音、保温、抗折、抗冲等性能。热忱欢迎各界新老客户前来洽谈指导。
地址：江苏省无锡市宜兴和桥镇福巷桥工业园
负责人：邵新国　邮　编：214216
法　人：邵新国
Tel：0510－87886186
网址：www.xhqtcl.com
E-mail：web@xhqtcl.com

**徐州埃菲尔钢结构工程有限公司**
地址：江苏省新沂市经济技术开发区新港路
负责人：赵亚非
Tel：0516－88922741
88923512
88818167

**徐州伟林木业有限公司**
地址：江苏省徐州邳州市戴庄镇振兴路 18 号
负责人：李伟
Tel：0516－86173666
86259198
13952270366

**福祥现代装饰工程有限公司**
地址：江苏省徐州市鼓楼区铜沛路 159 号
负责人：陈源水
Tel：0516－85838326
13805202126

**江苏火花集团徐州弘力钢结构工程有限公司**
地址：江苏省徐州市淮海西路公交大厦 2604 室
负责人：鲁贵原
Tel：0516－82186116
13820671137

**宜兴市海德装饰设计有限公司**
业务：装饰设计施工
地址：江苏省宜兴市环科园兴业路 88 号
负责人：陆勇　邮　编：214200
法　人：陆勇
Tel：0510－81728086
81728083

**张家港市锦丰永红耐火材料有限公司**
业务：张家港市锦丰永红耐火材料有限公司成立于 2004 年，主要经营保温材料、各种耐火材料、高温水泥、耐火砖、高铝砖、骨料，热诚欢迎新老客户光临惠顾！
地址：江苏省张家港市锦丰长红村
负责人：黄小雪　邮　编：215625
法　人：黄小雪
Tel：0512－58952062

**鸿韵网架钢结构工程有限公司**
地址：江苏省徐州市九里区苏山街道王新庄村
负责人：吴振
Tel：0516－85870953
13852096267

**宜兴市富盛石业有限公司**
业务：石材、承接工程
产品：云丝麻、芝麻白、芝麻黑、古典灰麻、白麻、山东锈石
地址：江苏省宜兴市万石镇石材市场 1 号路口 B1 期 1 号
负责人：洪金池　邮　编：214001
法　人：洪金池
Tel：13771308023
13952496923
Fax：0510－81700123

**徐州市联创建材发展有限公司**
地址：江苏省徐州市民主南路 244 号
负责人：李新方
Tel：0516－83807111

**沛县大屯矿区环保工程有限公司（中心区污水处理厂）**
地址：江苏省徐州市沛县矿区
负责人：崔剑
Tel：0516－84024165
13357938327

**徐州东圣物业管理有限公司**
地址：江苏省徐州市铜山新区无名山公园商业街 1 区 6 号楼
负责人：褚庆东
Tel：0516－83550999
13182326666

**无锡市兴富保温工程有限公司**
业务：保温工程承接、施工，保温材料销售
地址：江苏省宜兴市新建镇后仁村 18 号
负责人：储田富　邮　编：214001
法　人：储田富
Tel：0510－87287223

**无锡市宜刚耐火材料有限公司**
业务：公司主要从事耐火材料、保温材料的制造与销售，秉承"一切为了用户满意"的经营理念，不断应用新技术、新工艺、新材料。积极开发新品种，为用户提供更优质的产品和更完善的售后服务来报答广大用户的厚爱。
地址：江苏省宜兴市大蒲镇方钱村
负责人：裴小罗　邮　编：214200
法　人：裴小罗
Tel：0510－87451021
Fax：0510－87451741

**泰州市建设工程有限公司**
地址：江苏省徐州市西安北路 66 号亚华大厦 1405 室
负责人：张建玉
Tel：0516－85741213
85834202
13382661618

**张家港港区泽能木业经营部**
业务：本公司成立于 2004 年，主要从事进口木材的销售，主要产品：鸡翅、红檀、黑紫檀、花梨木、红酸枝、巴厘桑、紫檀木、红花梨、奥坎 、塔里巴花、绿柄桑、缅茄、金车花梨、大比马、乌木等。
地址：江苏省张家港市港区镇名人山庄
负责人：王小能　邮　编：215633
法　人：王小能
Tel：0512－58701927
Mobile：13913611756
Fax：0512－58701927
E-mail：wangxiaoneng88@126.com

**宜兴市华洲保温材料有限公司**
业务：保温材料
地址：江苏省宜兴市新庄街道学圩村七组
负责人：王海锋　邮　编：214200
法　人：王海锋
Tel：13801535339
0510－87662267

**苏东土石方工程有限公司**
地址：江苏省盐城江苏省东台市富东镇仲灶村十组
负责人：崔恒林
Tel：0515－85585306
13905111325

**百惠木业有限公司**
地址：江苏省盐城市滨海县大套乡育才村（纬中路北 150 米）
负责人：陈慰平
Tel：0515－84619888
13770116000

**福建省漳浦县新闻发展有限公司盐城防水堵漏分公司**
地址：江苏省盐城市城区曹家巷综合楼地 03 号
负责人：黄建东
Tel：0515－88364828
88957778
88033200
13328708862

**宜兴市聚龙水电安装有限公司**
业务：宜兴市聚龙水电安装有限公司成立于 2004 年，主要从事于环保工程安装、水电工程安装。公司以"质量求生存、信誉求发展"，欢迎广大用户光临惠顾！
地址：江苏省无锡市宜兴市和桥镇鹅州北路 107 号
负责人：马兆斌　邮　编：214200
法　人：马兆斌
Tel：0510－87803543
Fax：0510－87803543

**张家港市宏盛微化有限公司**
业务：超微粉
地址：江苏省张家港市金港镇双龙路 5 号
负责人：刘德芬　邮　编：215600
法　人：刘德芬
Tel：0512－58339855

**盐城兴东海港经济发展有限公司**
地址：江苏省盐城市大丰港港区中央大道 1 号 4 楼
负责人：王瑞海
Tel：0515－83555126
13770287789

**古建园装潢工程公司第一经营部**
地址：江苏省盐城市大丰市区健康西路 63 号
负责人：朱凯
Tel：0515－83931594
13851013558

**无锡市艺博保温节能材料有限公司**
业务：本公司依托中国建筑材料科学研究总院，是一家从事墙体、屋面保温系统及其保温隔热材料和抗裂防水材料研究、设计、生产、销售和施工的专业实体。并拥有江苏省建设科技成果推广项目认定书及耐侯性检验报告。
地址：江苏省宜兴市官林镇中工业集中区 A 区
邮　编：214251
法　人：周雪芳
Tel：0510－87212708
Fax：0510－87212709

**永升装饰有限公司**
业务：装饰工程
地址：江苏省镇江市环城南路
负责人：笪毛毛　邮　编：212000
法　人：笪毛毛
Tel：0511－85215898

**宜兴磊达水泥常熟任阳销售中心**
业务：宜兴磊达水泥常熟任阳销售中心成立于 2000 年，主要经营宜兴水泥和磊达水泥。欢迎新老客户光临、惠顾！
地址：江苏省常熟市任阳镇塘北街 16 号
负责人：陆爱君　邮　编：215539
法　人：陆爱君
Tel：0512－52582756
51522756
网址：www.mtw26667.chinapyp.com

**三联工业设备安装有限公司**
地址：江苏省盐城市大丰市区金丰大道 21 号
负责人：单延安
Tel：0515－83528881
13505112197

**盐城市明升防水工程有限公司**
地址：江苏省盐城市大丰市裕华镇天祥村五组
负责人：戴云升
Tel：0515－83319206
13151359938

**扬州市星佳新型科技建材有限公司**
业务：扬州市星佳新型科技建材有限公司成立于 2005 年，现有员工 11 人，是一家从事外墙内外保温系列产品的生产及贸易，欢迎来电垂询！
地址：江苏省扬州市江都市大桥镇工业集中区
邮　编：225211
法　人：高存书
Tel：0514－6448338
Fax：0514－66448448

**盐都金塔建设工程有限公司**
地址：江苏省盐城市解放南路清逸苑 3 号楼 206 室
负责人：倪雪峰
Tel：13805100899

**句容中海建筑工程有限公司**
业务：高速公路、铁路、桥梁、土石方工程
地址：江苏省镇江市句容市华阳南路万宏天源城 18 号楼 328 室
负责人：左忠海　邮　编：212001
法　人：左忠海
Tel：13775399226

**永生墙面装饰中心**
地址：江苏省盐城市阜宁县阜宁县城胜利百路老技术建筑局旁
负责人：朱永刚
Tel：13064848148

**王楼建材厂**
地址：江苏省盐城市阜宁县益林镇王楼居委会
负责人：赵才永
Tel：0515－87799339
13651573458

**扬州康顺膜结构工程有限公司**
业务：本公司成立于 2006 年，是专业从事膜结构、钢结构建筑设计、制作、安装及维护一体化的专业性企业。主要从事钢结构，膜结构设计，制作安装。我们必将以务实、严谨的作风，信守品质的诺言，精湛的专业技术和优质服务，为广大客户贡献优质精品的膜空间结构工程。
地址：江苏省扬州市施桥经济开发区横东余东 2#
负责人：季长松　邮　编：225101
法　人：季长松
Tel：0514－87589965
Fax：0514－87589965
网址：www.yz－ks.cn
E-mail：yzks2006@yahoo.com.cn

**盼盼安全防盗门镇江总经销**
业务：安全防盗门销售
地址：江苏省镇江市梦溪路 90－4 号
负责人：胡盛得　邮　编：212000
法　人：胡盛得
Tel：0511－82194229
88827303
88827761
88805929
Fax：0511－88827761

**艺邦设计装饰工程有限公司**
地址：江苏省盐城市海龙路 22 号
负责人：苏冰
Tel：0515－88207148
88997176

**芦北玻璃厂**
地址：江苏省盐城市建湖县芦沟镇大崔路 41 号
负责人：凌立峰
Tel：0515－86578488
13601420393

**吴江市圣德诺房地产咨询有限公司**
业务：吴江市圣德诺房地产咨询有限公司自 2003 年成立以来，坚持自强不息、追求卓越的创业之路，以诚信、专业、规范的服务赢得广大客户的信赖与支持。从地块分析研究、市场产品定位、广告企划表现到业务销售终端样样都与市场脉搏紧密相接，成就了公司房地产企划与营销的专业性。
地址：江苏省吴江市远东开发区
负责人：朱建男　邮　编：223300
法　人：朱建男
Tel：0512－63401522

**江苏省镇江市索普房地产开发有限公司**
业务：房地产开发
地址：江苏省镇江市南门大街 9 号 5 楼
邮　编：212000
法　人：宋勤华
Tel：0511－84417155
85988598
84417374
84418840
84417377

**盐城市顺高空建筑维修防腐有限公司**
地址：江苏省盐城市建新新村 71 号
负责人：张广前
Tel：0515－88066788
88504188
13851062588
13813770566

**扬州诚艺门窗装潢有限公司**
业务：本公司成立于 2005 年，现已有几十名员工。主要经营建筑门窗、室内装潢。
地址：江苏省扬州市宝应县安宜工业园区
负责人：225800　邮　编：刘剑
法　人：0514－8270511
8230368
Tel：0514－8270511

**华发卷闸门窗厂**
地址：江苏省盐城市射阳县合德镇人民东路大定公寓门市
负责人：颜玉华

Tel:0515－82326648

### 镇江市新润门窗有限公司

业务:金属门窗,幕墙,铝钢型材结构件的销售,室内外装饰
地址:江苏省镇江市润州路 34 号
负责人:匡斌　邮　编:212002
法　人:张阿宝
Tel:0511－85520036
13952889909
Fax:0511－85520038

### 利隆环保技术有限公司

地址:江苏省盐城市经济开发区新园路 48 号
负责人:倪隆
Tel:0515－88286651
13705106111

### 扬中市求正置业有限公司

业务:扬中市求正置业有限公司成立于 1998 年,专业研制和生产"球正"牌各类球化剂、孕育剂、蠕化剂和电器产品桥架、母线的企业。本公司始终坚持"质量第一、用户至上"的原则,本着"互惠、互利、共同发展"的经营宗旨,与您携手开展全方面的合作,为推动中国稀土"三剂"系列化的开发与应用作出应有的贡献。
地址:江苏省扬中市新坝镇西
负责人:夏国顺　邮　编:212211
法　人:夏国顺
Tel:0511－88417864
Mobile:0511－88417244
Fax:www.qiuzheng.com

### 伟业物业管理有限公司

地址:江苏省盐城市人民中路 2 号
负责人:马小彬
Tel:0515－88303910
88999854

### 射阳县阳泉凿井工程队

地址:江苏省盐城市射阳县合德镇红旗东路 16 号
负责人:刘学文
Tel:0515－82359549
13016538652

### 镇江新区润飞金属喷涂有限公司

业务:金属彩钢板、钢结构件的制造、加工、喷涂与销售,金属材料、金属制品,建材、五金、交电的销售,室内外装潢、装饰,提供劳务服务,装卸和劳务派遣
产品:金属彩钢板、钢结构件
地址:江苏省镇江市新区大港街道龙泉村委会后院
负责人:邵文勇　邮　编:212001
法　人:邵文勇
Tel:13775355266
0511－83175050
Fax:0511－83173577
E-mail:jiangsu.zhulin@163.com

### 扬中市南方阻燃玻璃钢制品厂

业务:扬中市南方阻燃玻璃钢制品厂成立于 1989 年,生产防火板、防火堵料、防火包、阻燃玻璃钢桥架、防火桥架等系列产品,愿与你合作,共创佳绩!
地址:江苏省镇江市扬中市新坝镇长虹路 54 号
负责人:陆贤春　邮　编:212200
法　人:陆贤春
Tel:0511－88411815
82894745
Fax:0511－88411815

### 振阳大理石厂

地址:江苏省盐城市射阳县合德镇人民西路 73 号
负责人:朱世文
Tel:13851105622

### 利群水暖经营部

业务:销售水暖洁具
地址:江苏省镇江市月星国际家俱广场
负责人:张仙琴　邮　编:212000
Tel:0511－84400922
13775366811

### 吴江市雄峰空调净化设备有限公司

业务:吴江市雄峰空调净化设备有限公司是一家专业生产各类洁净产品的企业,主要产品有净化工作台、风淋室、过滤器、送风口、自净器等。质量第一,客户至上,是我们的宗旨,我们竭诚欢迎您光临。
地址:江苏省吴江市芦墟镇大潮村(金家坝金华公路 299 号)
负责人:邹勤丰　邮　编:215215
法　人:邹勤丰
Tel:0512－63204802

### 华创建筑安装工程处

地址:江苏省盐城市射阳县黄尖镇五新北路
负责人:解建华
Tel:0515－82602908
13770181200

### 盐城市麒丞建筑装饰材料有限公司

业务:盐城市麒丞建筑装饰材料有限公司生产经营建筑装饰材料,公司产品种类齐全,均采用国际、国内先进技术标准生产,新的世纪,全体成员真诚期望与社会各界广交朋友,双赢合作,共创辉煌
地址:江苏省盐城市亭湖区开放大道 7 号 56 号门市
负责人:潘军　邮　编:224002
Tel:0515－88209105

### 建湖县昊达贸易有限公司

业务:装饰装璜材料、五金、玻璃工艺品、玻璃制品
地址:江苏盐城市建湖县德农装饰市场 11 号楼 105 号
负责人:贾春云　邮　编:224700
法　人:贾春云
Tel:0515－86110050

### 坚固水泥制造有限公司

地址:江苏省盐城市射阳县耦耕镇友爱村三组
负责人:王禹
Tel:0515－82193300
82958080

### 中明防水防腐公司

地址:江苏省盐城市西环路 88 号
负责人:戴桂明
Tel:0515－88438603
13770018688

### 盐城市广源新型建筑材料有限公司

业务:盐城市广源新型建筑材料有限公司成立于 2006 年,主要经营各种规格砼砖,砌块,路砖等建筑材料。欢迎新老客户光临、选购!
地址:江苏省盐城市亭湖区通港路 11 号
负责人:高山　邮　编:224003
法　人:高山
Tel:0515－88206953
网址:www.mtw30642.chinapyp.com

### 苏州万成建设工程有限公司

业务:专业承接市政工程、给排水工程、交通道路桥梁工程、设备电器安装工程、土石方工程、园林绿化工程、工业与民用建筑装饰工程、环保工程、消防工程、水利水电工程;销售:建筑材料。我们拥有专业性强的职业队伍,为客户提供优质的服务,竭诚欢迎各位新老客户前来咨询洽谈!
地址:苏州高新区横塘街道新丰村
负责人:许勇　邮　编:215104
法　人:朱守友
Tel:0512－62393715
13771700791
Fax:0512－62393706
网址:WWW.JSWANCHENG.CN
E-mail:suzhouwancheng@163.com

### 梦雅装饰材料有限公司

地址:江苏省盐城市响水县大有镇工业园区
负责人:刘玉江
Tel:0515－86919999
13901413188

### 盐城市北龙港建筑材料厂

地址:江苏省盐城市盐都县北龙港镇吟龙南路 8 号
负责人:刘广才
Tel:0515－88670546
13056187272

### 吴江通达市政工程有限公司

业务:吴江通达市政工程有限公司成立于 2006 年,主要承建市政桥梁、下水道、驳岸、土石方工程、污水处理池等市政工程。施工人员素质高、经验丰富、技术可靠、设备精良、管理科学。欢迎各方客户来电咨询。
地址:江苏省吴江市同里镇屯村松库路盐船港桥
邮　编:215200
法　人:周关友
Tel:0512－63481231
Mobile:0512－63016986

### 苏州尚古装饰材料有限公司

业务:艺术装饰材料、绘画装饰品生产;软装设计、制作
产品:丝绸手绘墙纸、艺术壁纸、装饰绘画、及手绘软装饰品
地址:苏州工业园区东港新村 7 区 86 栋 106
负责人:吴坚　邮　编:215000
法　人:沈国明
Tel:13862243034
0512－62111848
Fax:0512－62111418
网址:http://wallpaper.ccd.com.cn/Companys/24771.shtml
E-mail:shakeessss@gmail.com

### 盐城市新大高空维修防腐有限公司

地址:江苏省盐城市盐南西路 23 号
负责人:王林华
Tel:0515－88412987
88731219

### 金鑫建材厂

地址:江苏省扬州市宝应县范水镇苏律村
负责人:王荫俊
Tel:0514－88428318
13338130388

### 盐城市葛氏门窗建材经营部

业务:本公司成立于 1998 年,现有 100 多名员工。主要经营各种门窗、建筑材料的生产与销售。"守信、快捷"是公司的服务宗旨。
地址:江苏省盐城市滨海县东坎镇向阳大道 77 号
邮　编:224500
法　人:嵇春红
Tel:0515－4224004
4226004
Fax:0515－4224004

### 新沂市日月建筑装饰材料销售中心

业务:集销售、施工为一体,专营高品质陶瓷洁具、油漆涂料、液体壁纸等,并拥有一支技术熟练、工艺精湛的施工队伍,我们以质量为中心,诚信为基础,真诚期待与您的合作!
产品:洁具陶瓷、液体壁纸、油漆门窗
地址:新沂市阿湖镇黑埠街转盘向西 600 米
负责人:徐汉国　邮　编:221412
法　人:徐汉国
Tel:15252297726

### 亨利美装饰装璜有限公司

地址:江苏省扬州市高邮市前进路 1 号
负责人:倪坤松
Tel:0514－84666458
13064992908

### 清晔铁木加工厂

地址:江苏省扬州市高邮市送桥镇黄圩村
负责人:梅玉青
Tel:0514－84245930
13056323143

### 盐城市芳馨花木园艺场

业务:生产各类当前园林造景必需的树种,还承接各类城市园林,广场绿地,住宅小区,私家花园,个人豪宅,高速公路,城镇街道,等大中小园林绿化工程的图纸设计,工程造价的预算,工程的总体施工,欢迎来电洽谈业务!
地址:江苏省盐城市滨海县天场乡农业科技示范园区
负责人:贾菁　邮　编:224500
法　人:贾菁
Tel:0515－82086852

### 邗江第二凿井公司高邮办事处

地址:江苏省扬州市高邮市卸甲镇龙奔
负责人:于进
Tel:0514－84492049
13064994418

### 泰州亿民室内空气质量检测治理技术有限公司

业务:室内(车内)空气质量检测、治理,经营销售环保节能产品
地址:兴化地址:江苏省兴化市照阳路楚水学校教师公寓 103 栋 208 室;泰州地址:海陵区新仓街 24－18 号楼下
负责人:陈永桥　邮　编:225300
法　人:陈永桥
Tel:15161088298
0523－83267298
83267196
82088398
Fax:0523－82088398
0523－83267298
网址:http://www.tzymjh.com
E-mail:tzymjh@163.com

### 广源建筑安装工程处

地址:江苏省扬州市广陵区广陵路堂子巷 55 号
负责人:张龙
Tel:0514－87293260
13182015969

### 南京澳隆物业管理有限公司扬州分公司

地址:江苏省扬州市广陵区花园路 1 号
负责人:金添
Tel:0514－87250112

### 盐城盛德建材有限公司

业务:盐城盛德建材有限公司专业从事新型建材的生产,主要产品包括:砂加汽砖、灰砂砖,公司以最先进的技术、最优质的产品、最方便的施工、最满意的服务,竭诚欢迎广大用户前来洽谈业务,光临指导。
地址:江苏省盐城市青墩镇潭尖村六组
负责人:蒋建云　邮　编:224052
法　人:陈爱玲
Tel:0515－88529389
Fax:0515－88529788

### 金亿来建筑装饰工程有限公司

地址:江苏省扬州市邗江区槐泗镇西大街
负责人:魏明来
Tel:0514－87667398
13705272806

### 新方建筑装潢有限公司

地址:江苏省扬州市郊区念泗二村 34 幢 402
负责人:吉国清
Tel:0514－87984997
87128432

### 武进县奔牛南阳水泥制品厂

业务:武进县奔牛南阳水泥制品厂始建于 1992 年,是一家水泥制品生产厂家,热诚欢迎广大新老客户来电咨询。
地址:江苏省常州市武进县奔牛镇何家塘村委后鱼池村旁
负责人:王向阳　邮　编:213131
法　人:王向阳
Tel:0519－83212065
85388500

### 黄金砖瓦厂

地址:江苏省扬州市维扬区城北乡黄金村综合组
负责人:卜乃平
Tel:0514－87626068

### 迎新木材厂

地址:江苏省扬州市扬州经济开发区江阳中路 53 号
负责人:刘玉松
Tel:0514－87853499
87129822
87883612

### 徐州鑫华耐磨材料有限公司

业务:本公司专业生产耐磨、耐热、耐腐蚀材料!主要产品有:高低铬多元素合金钢球、高低铬多元素合金钢锻、高品质合金衬板、双金属复合铸件、锤式、反击式、颚式、立轴式系列破碎机锤头、反击板等耐磨配件、挖掘机,装载机斗齿、侧齿;稳定土拌和机锤形刀,稳定土、沥青、水泥混凝土搅拌站底板、刮料叶片等。
地址:江苏省徐州市沛县大屯煤电公司七号路中段
负责人:许庆　邮　编:221600
Tel:0516－89944999、
Fax:0516－89944888
网址:http://13357939999.b2b.hc360.com
E-mail:http://www.yonggu.net.cn

### 金典建筑装饰工程有限公司

地址:江苏省扬州市扬州经济开发区顺达路东侧金鑫花苑 12 号
负责人:刘凯斌
Tel:0514－87889722
87010138

### 固本防水材料厂

地址:江苏省扬州市仪征化纤生活区浦东一村 17 幢 201
负责人:程兵
Tel:0514－83280619
83280483
83014894

### 仪征市金美林建设材料有限公司

地址:江苏省仪征市虹桥路 80 号
负责人:翁立林
Tel:0514－83434691
13805256747

### 宜兴市佳羽环保设备有限公司

地址:江苏省宜兴市宜城镇丝绸花园 9 幢 404 室
负责人:赵年山
Tel:0510－87066603
13961513885

### 响水安源实业有限公司

业务:响水安源实业有限公司成立于 2006 年,主要从事于房屋基础,土石方工程。公司以"质量求生存、信誉求发展",欢迎广大用户光临惠顾!
地址:江苏省盐城市响水县响水镇城南大道交警队对面
负责人:于浩　邮　编:224600
法　人:于浩
Tel:0515－86981528
86875651

### 张家港保税区瑞丰建设工程有限公司

地址:江苏省张家港金港镇尚政村委大楼三楼
负责人:陈忠其
Tel:0512－58380158
13801562095

### 徐州福鼎装饰材料有限公司

业务:徐州福鼎装饰材料有限公司专业从事钢结构生产,主要有轻钢龙骨、C 型钢、彩钢瓦等系列产品,企业集科工贸为一体,全新的思想概念,精干的领导班子,现代化的经营理念,雄厚的专业技术力量,意把中国室内装饰行业领导到更高境界。
地址:江苏省徐州市邳州市炮车镇工业园 3 号
负责人:郭汝厚　邮　编:221300
法　人:郭汝厚
Tel:0516－85223408
86267444

### 张家港市澳博广告有限公司

地址:江苏省张家港市长安路官厅新村一幢 201 室
负责人:陈旭初
Tel:0512－58281883
13601561630

### 盱眙县世纪置业有限公司

业务:盱眙县世纪置业有限公司主要从事房地产开发与销售,物业管理,本公司宗旨"精业、信誉、创新、开拓"。欢迎各界客户洽谈业务。
地址:江苏省淮安市盱眙县淮河东路 81 号
负责人:李康辉　邮　编:211700
法　人:李康辉
Tel:0517－83356666
88228000

## 常熟市金通塑料管业有限公司

金通公司专业生产PP－R管材管件等，产品具有良好的柔软性，耐腐蚀，防水垢，耐高温，耐高压，施工简便快速等优点，用途广泛，可用于住宅的冷、热水及取暖用；公共建筑的给水及地板辐射采暖；交通用的配管及其它工业用水管等等。我公司秉承“顾客至上，锐意进取”的经营理念，坚持“客户第一”的原则为广大客户提供优质的产品。

联系人：李冬青 13306236519
电话：0512-52491845　传真：0512-52451845
网址：www.jsjintong.com.cn　电子邮件：ldq@jintonggy.cn
地址：江苏省常熟市虞山镇三和村　邮编：215556

## 常州市永发环保水泥制品有限公司

常州市永发环保水泥制品有限公司成立于2008年，本公司专业从事生产各种免烧砖、空心砖、多孔砖、路边砖。常州市永发环保水泥制品有限公司自生产以来一直坚持为您解决投资上的困难，为你实现创业上的理想为宗旨，倡导“真诚合作，共同发展”的企业理念。

联系人：王守昌　邮编：213000
电话：0519-86395807　传真：0519-86395807
地址：江苏省常州市武进区牛塘镇青云村

## 常熟市民润拉丝粉厂

本公司成立于2003年，我厂位于风景秀丽的常熟市沿江开发区，地理条件优越。系专业生产各种无酸洗及普通金属拉丝润滑粉。

具有二十余年生产经验，并不断采用先进的生产工艺及蒸汽烘干设备，使“卫东”牌产品不断精益求精。多年来深受广大用户青睐及全国金属丝行家的好评。

电话：0512-51500820
邮编：225300
地址：江苏省常熟市梅李赵市镇海城村
联系人：陈玉良 13182694097

## 大地勘探有限公司

大地勘探有限公司成立于2005年，专业从事地质勘探，我公司本着“锐意进取，客户至上”的原则，坚持客户至上，竭诚为客户提供专业的技术产品和良好的服务。欢迎来电洽谈！

联系人：李章军

电话：0515-87806448 13914001806　传真：0312-3412789
地址：江苏省盐城市阜宁县三灶镇后灶村88号　邮编：224000

## 常熟市沙家浜镇三鑫保温材料厂

常熟市沙家浜镇三鑫保温材料厂成立于2006年，主要从事新型环保节能建材—XPS三鑫板、XPS挤塑保温板的生产销售。

公司自建立以来，以超前的销售模式、优良的产品品质、完善的服务，受到广大用户的好评与关注，公司将秉承“以人为本、客户至上、信誉第一”的经营宗旨，竭诚为用户提供优质的产品和服务，回报社会各界用户关注和厚爱。

联系人：赵国军 13601575275
电话：0512-52576698
地址：江苏省常熟市沙家浜镇常昆工业园南新路12号　邮编：215559

## 大丰市华盛园林绿化工程有限公司

大丰市华盛园林绿化工程有限公司创建于2005年，本公司专业从事园林设计、绿化工程及各种花卉苗木等。

本着“质量为本、诚信待人”的宗旨，以“信誉第一，客户至上”的经营理念为准则。

电话：0515-83819762
联系人：郁鹏鹏 13092108666
地址：江苏省大丰市大中镇财政所　邮编：224100

## 常熟市旋力装饰工程有限公司

本公司成立于2007年。
装饰装修工程。
本公司以人为本、以质量为基础、以顾客需求为向导、以客户服务为宗旨。

联系人：沈亦冰 13913628361
电话：0512-52661088
地址：江苏省常熟市梅李镇梅北路84号　邮编：215500
欢迎来电

## 丹阳市华伟佳建材科技有限公司

本公司主要经营保温材料的生产与销售。自成立以来一直为客户提供优质，高效的服务。

我们的服务贴心，制造精心，价格称心，令客户放心。

联系人：眭福林 13606106511
电话：0511-86556365
邮编：212300
地址：江苏省丹阳市丹句路1号

## 常州市东家装饰材料有限公司

常州东家装饰材料有限公司成立于1999年，是专业生产强化木地板的生产企业。

随着市场的发展，企业的壮大，东家人凭着“我的目标、客户的需要”的企业精神，不断超越，以更高品质更优良的服务回报广大客户。

电话：0519-88509366 68863328
联系人：孟明莉
地址：江苏省常州市武进区横林镇崔桥村　邮编：213000

## 得顺建築劳務有限公司

得顺建筑劳务有限公司成立于2004年，主要从事国内建筑劳务输出业务。

秉着“安全第一，质量第一，信誉第一”的经营宗旨，以科学的管理，优质的服务，打造一流的企业形象，竭诚与建筑业同仁携手并进，共创美好未来！欢迎来电咨询、洽谈！

电话：0515-86281649
联系人：赵锦玉 13801411649　邮编：224000
地址：江苏省盐城市近湖县近湖镇太平新村41幢104室

## 鼎浩环保设备有限公司

鼎浩公司是江苏省专业制造复合（混）肥机械成套设备的定点企业，公司承接3-20万吨复混肥设备的工艺设计、设备制造、安装调试、旧设备改造及复肥配方、人员培训等钥匙工程。

我们将以优质的产品，一流的技术、合理的价格、优质的售前、售后服务以满足用户的要求，竭诚欢迎新老客户来厂参观、考察、洽谈业务及技术合作。共同为全国的复合肥企业做出更大的贡献。

联系人：范茜明　13801533869　网址：www.cndinghao.com
电话：0510-87137888　87137988　传真：0510-87137988
地址：江苏省宜兴市环科园百合场路　邮编：214200

## 赣榆县正西水泥制品厂

本公司成立于2000年，主要经营水泥制品生产与销售。以“发展水泥科技，服务水泥企业”为宗旨，以“提升水泥工业技术水平，促进水泥工业绿化进程，改进水泥生产模式，实现水泥生产与使用的有机统一”。

联系人：朱孔璞
电话：0518-86480555
手机：13775431222
地址：江苏省连云港市赣榆县沙河镇　邮编：222141

## 东海水泥厂

苏东海水泥厂主要生产水泥及制品，本厂年营业额达到了人民币700万元/年-1000万元/年。

本厂的宗旨是：质量、信誉是生存之本，开发，进取为成功之道。热忱欢迎各界朋友前来洽谈业务，携手共进！

联系人：张洪府
电话：0518-87212792　82982929　邮编：222300
地址：江苏省连云港市东海县牛山镇幸福南路158号

## 海安县特洁环保设备有限公司

公司成立于2006年，本公司从事专业生产各种玻璃钢制品，生产设备齐全，工艺先进，技术力量雄厚，可根据客户的各种需求加工生产，有完善的售后服务。

公司主要产品有：垃圾房、果壳箱、玻璃钢及不锈钢水箱、储罐、化粪池、酸池、餐桌座椅等，产品畅销全国各地，深受用户欢迎。

联系人：朱徐春　13706278876　电话：0513-88226468
网址：www.hatejie.cn　传真：0513-88226468
地址：江苏省南通市海安县李堡镇车站向东2公里　邮编：226631

## 飞龙木材加工厂

飞龙木材加工厂成立于2004年，本公司专业从事木材加工、生产、销售的企业。主要产品有多层板、包装箱。公司一贯秉乘以“质量第一、客户至上、严守信誉、互惠互利”为宗旨，与广大客户友好合作，共谋发展！

联系人：欧家豹　13515296388
电话：0527-84679699　84679196　传真：0527-84679699
地址：江苏省宿迁市宿城区南蔡乡苹果老村部
邮编：223834

## 海门市金达彩瓦有限公司

海门市金达彩瓦有限公司成立于2004年，专业从事各类彩瓦的制造、加工和销售。产品坚固耐久，采用高标号水泥和多种进口原料，抗渗防漏，抗风隔热，抗冻隔寒，广泛应用于各种建筑装饰。热忱欢迎广大客户垂询！

联系人：孙玉堂
电话：0513-82872055
地址：江苏省南通市海门市王浩镇工业园区　邮编：226145

## 福建省泉州远泰幕墙装饰工程有限公司 苏州分公司

福建省泉州远泰幕墙装饰工程有限公司苏州分公司成立于2008年，可承担各类型建筑幕墙及室内外装饰设计及施工；铝合金、不锈钢门窗、组合家具制作及安装；销售装饰材料。

电话：0512-63277897

联系人：汪孟良　电子邮件：yuantai_suzhou@126.com
地址：江苏省苏州市芦墟明丰花园1幢501室　邮编：215211

## 河南省恒昌防水防腐有限公司 无锡分公司

河南省恒昌防水防腐有限公司无锡分公司成立于2008年7月，主要从事于承接各种防水防腐堵漏工程、经销各种防水材料。

公司在强化质量管理、加强技术服务中，掌握了大量国内外先进技术和信息，积累了丰富的施工和管理经验，在全国的防水、防腐保温和水工基础等领域做出了突出贡献。公司将继续高举“团结、敬业、求实”的大旗，不断创新，永攀顶峰。

欢迎国内外新老客户光临，互利互惠、携手共进！

联系人：刘自军
电话：0510-81151915　13901512565
地址：江苏省无锡市新区梅村镇恒泰雅居1-907号　邮编：214112

## 赣榆县顺达路桥劳务有限公司

我公司自成立以来，以建桥、修路为主。

公司秉承“顾客至上，锐意进取”的经营理念，坚持“客户第一”的原则为广大客户提供优质的服务。

联系人：仲伟剑
电话：0518-86231556　13739121858
邮编：222100
地址：江苏省连云港市赣榆县青口镇华中路88号1号楼1单元102室

## 淮安市天恒装饰门窗有限公司

淮安市天恒装饰门窗有限公司成立于2006年，是集生产、制造、加工为一体的公司。主要产品有建筑门窗、霓虹灯、防盗门、不锈钢制品。

天恒人信奉的是“以信为本，至诚合作”，公司将与广大业主一起，共同创造“天恒”这一品牌。

欢迎广大客户来电洽谈业务！

电话：0517-84971566　13915113222
邮编：223300
地址：江苏省淮安市淮阴区香港路与宁连路交界处

联系人：岳国亭

## 淮安市天视装饰工程有限公司

淮安市天视装饰工程有限公司成立于2007年，是一家集办公室装修、写字楼装修、办公室设计、别墅装修设计、家装等各类装修设计于一体的品牌绿色装修公司。

公司始终贯彻"以人为本"的经营方针，坚实的后备力量，一流的施工队伍，完善的跟踪服务，踏实的工作作风，合理的工程报价，使我们成为以办公楼装饰为主的专业装饰公司，欢迎来电洽谈业务！

联系人：王明安 13905237917
电话/传真：0517-83998398
邮编：223001
地址：江苏省淮安市淮海北路28号西楼

## 江苏飞国混凝土有限公司

江苏飞国混凝土有限公司创办于2008年，年产30万立方混凝土，公司拥有先进的设备，一流的专业队伍，能为广大客户提供最好的产品及服务，愿与社会各界成为朋友！

联系人：朱新国 13196668888
电话：0515－8389888
地址：江苏省大丰市经济开发区河口村4组 邮编：224100

## 江都寶盛鋼材交易市場有限公司

江都宝盛钢材交易市场有限公司成立于2008年5月，以各类钢材的批发为主。

公司秉承"锐意进取"的经营理念，坚持"客户第一"的原则，欢迎新老客户光临、惠顾。

联系人：刘晨曦 15152753538
电话：0514－86935190
邮编：225000
地址：江苏省江都市仙女镇正谊村汤庄组

## 江苏嵘翔钢结构有限公司

江苏嵘翔钢结构有限公司成立于2004年，专业从事钢结构制作安装及承接标准厂房、彩钢瓦、仓库等各类建筑结构安装。主要产品有夹芯板，C型钢，EPS夹芯板等。

我公司的宗旨是"用我们的品质见证您的成功"。相信嵘翔钢结构是您可以信赖的建筑伙伴！

欢迎您的来电！

联系人：印国荣 13182259777
电话：0523－87205988 87206866
邮编：225419
地址：江苏省泰兴市溪桥镇华溪中路28号

## 江都市龙威水上工程疏浚有限公司

江都市龙威水上工程疏浚有限公司专业从事工程疏浚、围海造田等，热忱希望与国内外知名企业全力协作，共同打造精彩世界！

联系人：谢中全
电话：0514-86520090 13615272299
地址：江苏省江都市龙川街88号10幢1单元204室
邮编：225200

## 江苏省东台市翔盛建筑装璜有限公司

江苏省东台市翔盛建筑装璜有限公司成立于1998年，本公司是一家承接装饰装修，建筑外窗工程的企业。

本公司秉承"顾客至上，锐意进取"的经营理念，坚持"客户第一"的原则为广大客户提供优质的服务。欢迎广大客户惠顾！

联系人：俞强官 13801415006 电话：0515-85985006
电子邮件：dtxszh@sina.com 传真：0515-85223026
地址：江苏省东台市范公南路80号 邮编：224200

## 江都市明祥免烧砖厂

江都市明祥免烧砖厂自成立以来，本厂专业从事生产、销售免烧砖、多孔砖、混凝土砖。我厂全体员工本着"以质量求生存，以信誉求发展，以数量求利润"的原则竭诚欢迎新老客户的垂询与合作！

联系人：潘红松

电话：13773388804、0514-86306166
地址：江苏省江都市郭村镇周楼村永久组24号 邮编：225238

## 江苏省连云港东方门业

江苏省连云港东方门业创建于2003年，本公司是一家集生产、开发、销售为一体的门窗、门业、运输水泥、生产、加工矿粉专业生产的企业。

本公司坚持以诚信、求精、创新、服务为基本经营理念，在不断追求产品品质提升的同时，不断完善产品售后服务，力求让"东方"用户买得放心，用得称心。

电话：0518-87498888 87489999 82520777
联系人：宋红利 13961332227
传真：0518-87498888
地址：江苏省连云港市东海县白塔镇二中西50米 邮编：222000

## 江苏超业门业有限公司

江苏超业门业有限公司是江苏地区最大专业生产各种电动伸缩门、手移门、栏栅、自动道闸、岗亭、旗杆等不同规格非标件系列的大型企业。产品畅销全国各地：出口到欧洲及东南亚国家，并得到用户的一致好评。

超业人始终坚持团结、务实、诚信、勇于创新、产品创新、产品超前。超业人始终相信：您的满意是我们最大的动力、超业人永远做到款式超前：品质一流、服务一流。

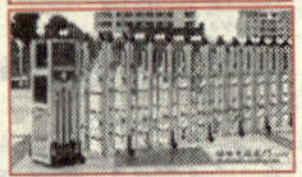

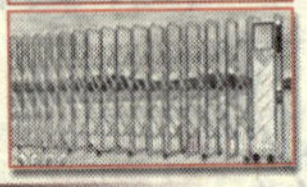

联系人：林云雪
电话：0510-82120836 88159895 88157650
传真：0510-82114814 88157310
地址：江苏省无锡市堰桥镇堰桥路35号20幢 邮编：2141[illegible]

## 江苏省水利建设工程有限公司机电设备安装公司

江苏省水利建设工程有限公司机电设备安装公司源于1952年，现具有机电安装壹级资质（成套设备安装）和市政工程贰级资质，本公司秉承"顾客至上，锐意进取"的经营理念，坚持"客户第一"的原则为广大客户提供专业的服务，欢迎来电洽谈。

联系人：毛恒进 手机：13301450692
电话：0514-87204804 传真：0514-87204804
地址：江苏省扬州市广陵运河北路1号 邮编：225000

## 江苏省苏中建设集团股份有限公司 南通宁通建筑劳务有限公司

江苏省苏中建设集团股份有限公司(南通宁通建筑劳务有限公司)成立于2006年，本公司主要经营建筑工程，建筑劳务。

公司始终坚持“至诚至信，尽善尽美”的经营理念和“环保安康 建时代精品、诚信守法、筑苏中丰碑”的管理方针，弘扬“励精图治、追求卓越”的企业精神，竭诚为国内外业主提供优质的产品和满意的服务，携手共创建筑事业更辉煌的明天！

联系人：秦德荣　电话/传真：025-86454142

地址：江苏省南京市建邺区黄山路19号苏建艳阳居4栋306　邮编：210019

## 江阴市顾林装饰材料厂

江阴市顾林装饰材料厂成立于2006年，本厂专业从事装饰材料的生产、加工、销售。主要有踢脚板。本公司秉承“顾客至上，锐意进取”的经营理念，坚持“客户第一”的原则为广大客户提供优质的服务。欢迎广大客户惠顾！

ggzl28218@126.com

联系人：林兴才

电话：0510-86576350　传真：0510-86578728

地址：江苏省江阴市峭岐镇人民东路103号　邮编：214400

## 江苏省吴江市松陵镇景盛门窗店

本公司成立于2006年。

主要经营各种铝合金门窗，无框阳台，有框阳台，淋浴房，静音移门，防盗门窗，隐形纱窗，承接大小工程等。

我们力求产品性价比与服务完善结合。

联系人：潘宽　13771638268

电话/传真：0512-63060189

地址：江苏省吴江经济开发区仲英大道1088号1076商铺

邮编：215200

## 江阴市周庄亿科楼梯周庄特约经销部

江阴市周庄亿科楼梯周庄特约经销部成立于2008年，本经销部主要经营钢木楼梯，实木楼梯，铁艺楼梯。

亿科楼梯以其时尚的设计，高贵的风格、精美的品质和精湛的工艺，以极高的性价比来赢得客户的青睐！

传真：0510-86230189

电话：0510-86230189　13616165988

地址：江苏省江阴市周庄世纪南大道62号

联系人：李协宏

邮编：214423

## 江苏武进星辰装饰有限公司

江苏武进星辰装饰有限公司成立于1993年成立，本公司专业从事室内外装饰装修。

公司秉承“顾客至上，锐意进取”的经营理念，坚持“客户第一”的原则为广大客户提供优质的服务。

联系人：冯仲贤

电话：0519-86617818　13706117562

网址：http://www.xczh.net/　电子邮件：xczh@xczh.net

地址：江苏省常州市北大街17号中亚大厦南9楼　邮编：213003

## 金湖县黎城镇新世界楼梯经营部

金湖县黎城镇新世界楼梯经营部成立于2007年。

本公司专业从事全实木楼梯、钢木楼梯、木制产品、围墙护栏。公司为客户提供优质的产品同时，并提供完整的售后服务体系，让你能享受与世界同步的楼梯产品和服务。

诚信为本，物美价廉，信誉至上，质量第一是我们公司永远不变的经营宗旨！

电话/传真：0517-86859298

邮编：223001

地址：江苏省淮安市金湖县金湖路4号

联系人：纪文金

13770420348

## 江苏鑫晟波纹管有限公司

江苏鑫晟波纹管有限公司成立于1996年，主要生产波纹补偿器、金属软管、非金属膨胀节等。本公司秉承“顾客至上，锐意进取”的经营理念，坚持“客户第一”的原则为广大客户提供优质的服务。欢迎惠顾！

联系人：于建兰

电话：0513-88488288　传真：0513-88488699

地址：江苏省南通市海安青墩工业区　邮编：226681

## 九天房地产开发有限责任公司

九天房地产开发有限责任公司成立于2007年，主营房地产开发，销售商品房，销售建筑材料，房地产信息咨询等服务。我公司秉承“锐意进取，客户第一”的原则，竭诚为您服务！

联系人：许建华

电话：0513-87530288　13906274066

传真：0513-87222186　地址：江苏省如皋市如城镇跃进西路“九天大厦”四楼

## 江蘇鎮江新區丁卯華升石材經營部

本公司成立于2003年，主要经营石材销售。

公司自成立之日起就秉承“客户就是上帝”的市场理念，为客户提供优良的产品、体贴的服务。

電話：0511-85780566

郵編：212000

地址：江蘇省鎮江市鎮江新區丁卯橋66號華升石材

聯系人：許占柱　13646109999

## 句容市后白镇宝万年木泥砖加工厂

句容市后白镇宝万年水泥砖加工厂成立于2008年。

是一家专门生产、销售各种水泥砖、粘土红砖、市政用砖的企业。

欢迎广大新老客户来电洽谈业务！

联系人：许守宝

电话：0511-87851806　13921555451

地址：江苏省句容市后白镇二圣后村　邮编：212432

## 句容四方化工设备装备防腐工程有限公司

本公司从事防腐内衬、工业炉窑气筑、硫酸交钥匙工程、保温、销售各种防腐材料，为硫酸的生产解决疑难问题、为化工企业设计防腐方案，欢迎新老客户来电洽谈业务！

联系人：方忠书
电话：0511-85178538
地址：江苏省镇江市句容市开发区羊角山433号
邮编：212001

## 昆山耐强建材陶瓷有限公司

昆山耐强建材陶瓷有限公司从事瓷砖的生产销售，该产品可广泛应用于高档住宅的卫生间、厨房、阳台、走廊、客厅等个性空间的装饰，更是别墅、星级宾馆、咖啡屋、夜总会、SPA房、私人会所等大型空间提升品位和档次的首选。

联系人：汤德余
电话：0512－57726208 57726209
邮编：215002
地址：江苏省苏州市昆山市周市镇339省道青阳路口昆山港龙建材市场A幢18-20号摊位

## 昆山恒通物业管理有限公司

昆山恒通物业管理有限公司是本市较早从事物业管理的专业公司。公司主要经营各类商住楼、办公楼、住宅楼的物业管理及工程咨询，提供与物业相配套的维修、绿化、保养、安保、清洁等一系列优质高效的全方位综合服务，并不断开拓物业管理服务的新领域。

公司自创建以来，不仅秉承“真切付出，心灵交汇”的服务理念，把“您的需要是我们不断的追求”作为我们的宗旨。

联系人：严雪兵
电子邮件：kshtwy2008@163.com
电话：0512-57503167
传真：0512-57510667
地址：江苏省昆山市昆泰路汉林路口滨江丽景会所三楼
邮编：215300

## 昆山市森林涂料装饰工程有限公司

昆山市森林涂料装饰工程有限公司于1997年成立，是一家集内外墙涂料销售、施工服务为一体的专业涂饰企业。

近10年来，昆山市森林涂料装饰工程有限公司以市场为导向，把用户的需求作为企业发展的根本动力，把用户的满意度作为企业追求的最终目标，以雄厚的实力及超前的服务走在同行业的前面。

联系人：杨振伟 13951180012
电话：0512-57780011
传真：0512-57779966
地址：江苏省昆山市昆北路158-160#
邮编：215300

## 昆山鸿星装饰设计工程有限公司

本公司成立于2002年。

主要经营室内外装璜；塑钢、铝合金门窗、不锈钢销售。

服务宗旨是以创新谋发展、以高质求生存、以诚信迎口碑！

联系人：孟宪同
13862663887
电话：0512－57516749 57084799
传真：0512－57084799
地址：江苏省昆山市玉山镇虹桥路628号
邮编：215300

## 昆山市双马土石方工程有限公司

昆山市双马土石方工程有限公司主要承接土石方工程，经营土石方、河沙、水泥、加气砖等新型建筑材料，爆破材料等。

我公司秉承“顾客至上，锐意进取”的经营理念，坚持“客户第一”的原则为广大客户提供优质的服务。欢迎惠顾！

联系人：施扣马 13906263798
電話：0512-57578318
地址：江苏省昆山市玉山镇假日山庄3号楼403
邮编：215300

## 昆山华耀建材玻璃有限公司

昆山华耀建材玻璃有限公司成立于2005年，从事玻璃、特种玻璃的加工、工程设计安装和销售批发，主要产品有中空玻璃、钢化玻璃、夹胶玻璃、防弹玻璃、防火玻璃等。

公司以人才为先导、以技术为依托、以管理为基础、以质量为生命、以追求可持续发展经营理念，致力于为用户提供优质的产品和一流的服务。

电话：0512-57555173
联系人：吴雪良 13584970886
传真：0512-57666014
地址：江苏省昆山市周市镇新镇新纬路119号
邮编：215300

## 昆山市通润不锈钢装饰装璜工程有限公司

本公司成立于2006年，主要经营景观设计、景观工程、生产不锈钢厨具、钢构制造，产品有不锈钢厨具、市政不锈钢井盖、大型广告灯箱。

我们的服务宗旨是沟通到永远，服务无极限。

联系人：姜旭东 13962635815 15951105118
电话/传真：0512-57399588 57399599
电子邮件：tongyun2007@163.com
地址：江苏省昆山市震川中路342号
邮编：215300
欢迎来电

## 昆山江城彩钢板钢结构有限公司

昆山江城彩钢板钢结构有限公司成立于2007年，本公司专业从事设计、生产、制造、安装、销售彩钢板、夹心板、C型钢。公司以质优价廉和为用户提供尽善尽美的服务，客户满意是公司永恒的追求。热忱欢迎各界朋友前来参观、考察、洽谈业务。

联系人：陈建奎
电话：0512-57533573 57534873
传真：0512-57534873 邮编：215300
地址：江苏省昆山市玉山镇震川西路518号二里桥

## 昆山市玉山镇鑫鸿兴装饰工程有限公司

本公司成立于2006年，主要从事室内外装饰、装潢。公司自成立以来，用信誉开拓市场，以品质演绎时尚，引领装饰文化，遵循阳光消费，恪守“诚信务实，精益求精”的经营理念。

联系人：王 新
电话：0512-57796828 传真：0512-57768928
手机：13809063028
地址：江苏省昆山市玉山镇正亿村
邮编：215300

城建房产建材装潢

## 昆山市周市镇美丽岛地板经营部

昆山市周市镇美丽岛地板经营部成立于2008年，本经营部专业批发、销售木地板。

多年来，我们坚持“以人为本 永续经营”的公司经营理念，为消费者以及我们的合作者提供最优质的服务以及最优质的产品，为创造人性的生活空间、诚信、敬业、尽心尽力。

联系人：邰志成
网址：www.meilidao.com
电子邮件：meilidao521@163.com
电话：0512-57188758
传真：0512-57082006
地址：江苏省昆山市周市镇港龙木材市场地板区2-12　邮编：215300

## 昆山维诚建筑安装工程有限公司

本公司成立于2005年，本公司主要经营机电设备安装、钢结构安装、土建工程、无尘室工程、空调工程、消防工程、配电工程、绿化工程、水电工程、给排水工程、装修工程、涂装工程、环氧地坪工程、防水工程、市政工程、弱电工程、管道工程、环保工程及相关工程技术咨询、设计、施工。

公司秉承“诚信承诺，合作和谐，求精求实，创造创新”的企业文化和“操作规范，管理严密，质量求精，恪守信用”的质量管理方针，在社会上赢得了卓著的信誉。

联系人：王强
电话：0512-57878489 13382510092
地址：江苏省昆山市陆家镇合丰村金阳路29号　邮编：215300

## 昆山吴氏土石方工程队

昆山吴氏土石方工程队自成立以来，专业从事土石方工程、桥梁工程、道路下水道。

本工程队坚持以"质量第一、服务第一、信誉第一"为宗旨，服务于广大的企事业单位、外商、外资企业等社会各界。相信经过我们全体员工的不懈的努力,一定会赢得社会各界的支持与信任。"力尽所能奉献真诚"是我们的企业精神。

联系人：吴观俊
电话：0512-57797501 13706260782　邮编：215300
地址：江苏省苏州市昆山市玉山镇力量村力量村居委会
欢迎来电

## 溧阳市房地产咨询服务有限公司

溧阳市房地产咨询服务有限公司成立于2007年12月，主要经营房地产策划销售，房产置换，房屋租赁，代办过户，融资、贷款等业务。

本公司秉承“顾客至上，锐意进取”的经营理念，坚持“客户第一”的原则为广大客户提供优质的服务，欢迎广大客户惠顾！

联系人：张剑　0519-87802888 87801000　传真：0519-87209103
地址：江苏省溧阳市溧城镇燕山中路3-2号（金谷广场正门旁）　邮编：213300

## 溧阳市社渚福平花木专业合作社

溧阳市社渚福平花木专业合作社是一家专业从事花卉苗木生产销售，园林绿化工程的企业。

我们拥有一流的专业团队，将为您提供高品质的产品与服务，欢迎您的合作！

联系人：陈福平 13003290868 13775259997
地址：江苏省溧阳市社渚镇周城汤山坝对面　邮编：213300

## 连云港大成公路工程有限公司

连云港大成公路工程有限公司成立于2004年，专业从事路桥工程施工，地基处理和桩基施工等。

公司以“树立精品意识，争创行业一流，建造优质工程，赢得顾客信任”为质量方针，全面实施品牌战略，欢迎您的来电！

电话：0518-85523500 13905131928　联系人：伏彩文
地址：江苏省连云港市新浦区康泰路康泰新村3号楼1-601室

## 连云港市新浦区建康社区跃龙装饰服务部

连云港市新浦区建康社区跃龙装饰服务部成立于2006年，本服务部专业承接各种大小型铝合金，塑钢以及不锈钢楼梯扶手的制作、内外墙涂料工程的制作。一流的品质，永远的信誉是我们企业的精神；客户第一，质量第一，信誉第一，服务第一是我们对客户的承诺，也是我们企业的行为准则。

联系人：冯茂松　传真：0518-85830939　邮编：222021
电话：0518-82285043　85830939　13056060562
地址：江苏省连云港市海州区许庄村150号

## 南京爱景路桥建筑安装有限公司

本公司承接路桥工程、建筑工程、装饰工程等等。
以质量求生存，信誉求发展。
欢迎新老客户来电洽谈业务！

联系人：肖显春
电话：025-57291888
邮编：211212
地址：江苏省南京市溧水县东屏镇爱景村

## 南京春禾钢结构有限公司

南京春禾钢结构有限公司是一家从事钢结构生产与钢结构工程施工的公司。“质量第一，顾客至上，诚信守约，开拓创新”是全体员工始终遵循、不懈追求的质量方针和目标。

竭诚欢迎您的参观、指导！

电话：025-86850766
13705173629
联系人：刘洪滨
地址：江苏省南京市栖霞区新卫村新都花园86号6幢203室　邮编：200000

## 南京东汽建筑材料厂

南京东汽建筑材料厂是一家专业从事新型建筑材料及各种汽车配件的生产及销售的企业。

本公司以诚信为本、以质量求生存，我们将竭诚为您服务！

联系人：葛绍全
电话：025-57271499　13585131611
地址：江苏省南京市溧水县石湫镇铜塘路　邮编：211100
欢迎来电

## 南京鼓楼输变电安装工程有限公司连云港分公司

南京鼓楼输变电安装工程有限公司连云港分公司成立于2007年，本公司主要经营输变电安装、高低压内外线的安装、维修。本公司秉承"顾客至上，锐意进取"的经营理念，坚持"客户第一"的原则为广大客户提供优质的服务。欢迎广大客户惠顾！

联系人：付怀沛
电话：0518-85203360 82799255 13003461778 邮编：222000
地址：江苏省连云港市新浦区瀛洲路16号桂菊苑小区A7号楼05-01号门面

## 南京强武钢结构安装中心

南京强武钢结构安装中心成立于2007年，本中心主要经营钢结构安装、制作，管道安装。公司秉承"顾客至上，锐意进取"的经营理念，坚持"客户第一"的原则为广大客户提供优质的服务。欢迎惠顾！

联系人：黄必强 邮编：211805
电话：13738097077 025-58230257
地址：江苏省南京市浦口区桥林镇

## 南京加龙装饰工程有限公司

南京加龙装饰工程有限公司成立于2007年，本公司专业从事室内外装饰装修工程、建筑工程、园林绿化工程、土石方工程、防腐保温工程的施工；管道。

我们以合理的价格、完善的售后服务，为客户打造科学性与人性化完美结合、符合您理想需求的作品。

联系人：余梅虎
电话/传真：025-58400548 13390782112
地址：江苏省南京市浦口区沿江镇京新村六组306号 邮编：210032

## 南京市江宁区东山城南建筑工程公司五处

南京市江宁区东山城南建筑工程公司五处是一家专业从事建筑工程施工的企业。

真诚与社会各界朋友开展广泛合作、共同塑造时代精品。

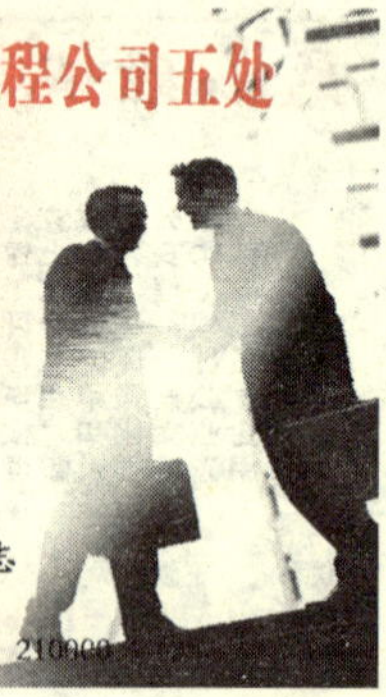

电话：025－52160543 联系人：朱志
13913800444
地址：江苏省南京市江宁区东山镇骆村社区 邮编：2100…

## 南京金盾物业管理服务有限公司

本公司成立于2004年，主要从事物业管理，大理石护理、餐饮、住宿等。对待客户就如同对待朋友一样，服务的成功来自于对客户的真诚。我们始终强调在服务过程中不断积累经验，提高服务质量。

联系人：吴文明
电话：025-84428289 84420379
传真：025-84420379 手机：13605161303
地址：江苏省南京市洪公祠1号 邮编：210005

## 南京市攀翔建材销售部

本公司成立于2005年。
主要经营建材的销售。
客户至上、服务第一。
欢迎各界朋友莅临指导、参观和业务洽谈。

联系人：翟兆生 13270731238 13270808138
邮编：210000
地址：江苏省南京市铁心桥155号

## 南京军创节能材料厂

本公司成立于2007年。
本公司生产建筑节能材料。
本公司愿意竭诚为各位客户服务，欢迎各界对本公司产品提出见解，我们将认真对待您的意见。

联系人：胡正军
13814019888 13851425763
地址：江苏省南京市江宁区禄口街道石埝村
邮编：210000

## 南京苏钢水暖阀门成套销售中心

本中心主要经营高、中、低压阀门，水暖器材，消防器材，主要产品有阀门，五金工具，卫生洁具，机电产品，单把陶瓷芯系列水龙头。

坚持恪守"质量第一，用户至上"的服务宗旨。

联系人：苏小凤 13605146506
电话/传真：025-84078937
地址：江苏省南京市石门坎61号东A区8号 邮编：210000

## 南京骏马建筑安装工程有限公司无锡分公司

我公司自成立以来，以建筑安装工程施工为主。公司秉承"顾客至上，锐意进取"的经营理念，坚持"客户第一"的原则为广大客户提供优质的服务。欢迎惠顾！

联系人：王茂仁
电话：0510-88217888 手机：15052255588
地址：江苏省无锡市锡山区东亭镇锡洲东路新光小区46号301 邮编：214101

## 南京谐合建设工程有限公司

南京谐合建设工程有限公司专业承接国内大型建筑工程，以质量求生存，信誉求发展，欢迎新老客户来电洽谈业务！

联系人：杨雪峰
电话：025-57306664 邮编：210008
地址：江苏省南京市高淳县淳溪镇北岭路277-5号

## 南京宇浩建築配套工程有限公司

我公司主要从事土石方工程，道路桥梁，安装等业务。

我公司施工配套成龙，技术力量雄厚，有先进的施工工艺技术，机械配备齐全，管理科学规范的综合性公司。在公司全体职工的拼搏努力下，经营管理，施工技术水平、职工队伍的素质等各方面的提高和壮大。

联系人：张虎
电话：025-86332935　13815884588
邮编：210001
地址：江苏省南京市建邺区江心洲街道永定村龙门28号

## 南通市金海润建筑劳务有限公司

本公司主要经营建筑劳务分包，建筑机械租赁。

公司坚持“以质量求生存，以信誉求发展”的服务宗旨，期待与您的真诚合作。

聯系人：丁孝晨
13962765288
电话：0513-88780101
邮编：226600
地址：江苏省南通市海安县中坝南路66号9幢105室

## 南通奥圣通风机械工程有限公司

南通奥圣通风机械工程有限公司成立于2007年。
主要从事于通风机械工程。
细致、严谨、更高的质量是我们的自我追求。
技术创新是我们发展的动力源泉。
客户的满意是我们的生存之本。
欢迎广大客户来电、来函洽谈！

联系人：曹建新
13901761212
电话：0513-82776868
传真：0513-82776969
地址：江苏省南通市海门市正余镇工业集中区　邮编：226153

## 南通市天乐物业管理有限公司

南通市天乐物业管理有限公司是一家从事物业管理的企业。天乐物业的主要服务对象为：高档写字楼、政府办公大厦、公寓、别墅、各类住宅小区、工业园区，以及高档开放型物业。主要业务范围有：公共区域管理、工程管理、配套设施设备的运行与维护、保洁专业服务、安保专业服务、车场管理、绿化、综合管理等服务。我公司员工一向以“精诚服务，热心奉献”的原则激励和要求自己，在自己的工作岗位上兢兢业业，努力工作，把爱心、服务价值和利益奉献给我们的客户。

联系人：孙桂根
电话：0513-88916688　88098688　15806270368
网址：www.nttlwy.cn　电子邮件：zhouyytt@163.com
地址：江苏省南通市海安县海安镇宁海南路138号　邮编：226600

## 南通乐华建材有限公司

本公司成立于1997年，主要销售箭牌卫浴、瓷砖。

公司始终坚持“以顾客为中心”的经营理念，秉承“以满足客户需求为中心、超值服务、互为伙伴、合作双赢”的服务宗旨，赢得了广大客户与分销商的信赖和厚爱。

联系人：吴用献　13906298158
电话：0513-85088888　85558158　传真：0513-85605818
地址：江苏省南通市长泰路箭牌仓库　邮编：226000

## 平江区晓旺建筑防水工程部

本公司成立于2007年，主要经营建筑防水工程施工。

本工程部一律奉行以质量求生存，以信用求名誉，奉客户至上，以最优惠的价格及优质高效的服务宗旨，真诚为社会各界朋友服务。

联系人：王长高　13906206427
电话/传真：0512-67218619　邮编：215000
地址：江苏省苏州市平江区虎丘新塘村一组（新星路65号）

## 南通龙恒建设工程有限公司

本公司主要经营建设工程。

一直秉承“顾客至上”的服务理念，坚持“干一项工程、树一座丰碑、占一方市场、交一批朋友”的经营宗旨，全心全意提供高质量的工程服务。

联系人：郭庆生
13584668588
电话：0513-80281388
邮编：350300
地址：江苏省启东市汇龙镇江海北路2133号

## 如皋市鼎峰物业管理有限公司

公司本着“以人为本，业主至上”为服务理念。专业从事：企事业物业管理、保安、保洁、绿化的布置养护及修整。为您创造一个和谐、平安、健康的生活环境。

联系人：沈亚波
电话：15162755998　0513-87563456
地址：江苏省如皋市石庄镇西行宫巷5号
电子邮件：dfwy_888@yahoo.cn　邮编：226531

## 南通市和谐装饰装潢有限公司

南通市和谐装饰装璜有限公司成立于2007年。

主要从事室内外装饰设计与施工。

多年来凭着“诚实、守信”已逐渐成为南通高品质装潢代言人。我们以全新的设计理念，不一味追求潮流，强调人与环境的和谐，立足个性，崇尚科技，创造适合您的生活环境，同时提出了现代家庭健康、和谐的装饰新标准。

联系人：朱鲜明　13906290960
电话：0513-85291828
地址：江苏省南通市方天大市场B区118号　邮编：226000
欢迎来电

## 如皋市水利建筑材料公司

本公司是一家专业从事建筑预制构件、市政工程、桥梁建设的企业。公司将一如既往以“诚信守法、优质臻善、以客为尊、环保安全”为管理方针，竭诚为用户提供最佳服务，与社会各界真诚合作，创建更多优秀的建筑产品，共同为我国现代化建设做出更大的贡献。

电话：0513-87788309　13706279386
联系人：郭載良
地址：江苏省南通如皋市常青镇吴庄大桥东首　邮编：226000

## 如皋市苏平钻井队

如皋市苏平钻井队专业提供钻井服务，我们的服务宗旨：更快更优更专业，服务承诺：持之以恒，信守一生，服务作风：快速反应，闪电行动。服务理念：客户的满意是我们最大的骄傲。服务目标：服务零缺陷，满意百分百。

电话：0513-87946169 13338071148 联系人：郝苏平
地址：江苏省如皋市吴窑镇黄石村 邮编：226500

## 沭阳县塘沟金顺木业

沭阳县塘沟金顺木业，自成立以来，以加工、销售胶合板为主。公司秉承“顾客至上，锐意进取”的经营理念，坚持“客户第一”的原则为广大客户提供优质的服务。欢迎惠顾！

联系人：王 军

手机：13805241636
地址：江苏省宿迁市沭阳县塘沟镇雷达村五组103号 邮编：223800

## 森杰园艺

本公司成立于2007年。

主要绿化工程设计、施工、养护，苗木生产，绿植租摆，园林建筑设计施工。

以最优惠的价格提供最优质的苗木，是我们的服务宗旨。

联系人：梁艳 13179356756
电话：0515-87580886 传真：0515-87295848
地址：江苏省盐城市阜宁县大关南路77号 邮编：224000

## 苏州华发保温材料有限公司

本公司主要经营外墙保温材料。公司遵循的服务宗旨是“质量第一、拥护至上”。

联系人：马国华 13913785908
电话：0512-53410006
邮编：215415
地址：江苏省苏州市太仓市双凤镇新湖东新路

## 上海佳运建筑装潢有限公司常州分公司

上海佳运建筑装潢有限公司常州分公司成立于2000年，主要从事室内外装饰、装潢。公司自成立以来，始终奉行“质量第一，信誉为本，科学发展”的经营宗旨，以科技为依托，以市场为导向，以用户为中心，以质量为生命”。

欢迎广大客户来电来函洽谈。

电话：0519-86685701 86685705 联系人：胡永刚 13301528696
地址：江苏省常州市健身北路汇金置业广场2栋1号楼 邮编：213000

## 苏州绿色园业有限公司

苏州绿色园业有限公司成立于2009年，本公司专业从事园林绿化、盆景、花草等。

本公司“以诚信求发展，以质量求生存”的经营理念。

热忱欢迎广大前来参观、洽谈！

电话：13814816881 0512-62818549 邮编：215000 联系人：何文龙
地址：江苏省苏州市胜浦镇园东新村71幢203室

## 射阳县捷利达新墙体材料厂

射阳县捷利达新墙体材料厂成立于1996年，本厂专业从事新型墙体材料的零售。勇于进取，不断开拓，是我们的工作精神；严谨踏实，诚信待人，是我们的工作作风，创新先导、质量保证。

我厂本着“质量第一，信誉至上”的原则，竭诚欢迎各大客商经营合作，共创美好未来！

联系人：陈家标
电话：0515-82881718 82871439
地址：江苏省射阳县阜余镇建业路（六份居委会一组） 邮编：224300

## 苏州南方信达木业有限公司

本公司成立于2002年，主要经营人造板，实木地板，实木复合地板，强化地板。

以企业信誉为服务保障，以工作效率为服务手段，以客户满意为服务标准。奉行质量第一，以客户为中心的服务理念。以质量第一、服务第一、信誉第一为企业追求。

电话：0512-63819666
传真：0512-63821987
邮编：215234
地址：江苏省吴江市七都桔园路
联系人：崔纪康 13906257180

## 申宏彩板活动房厂

本公司成立于2000年。

主要生产彩钢夹心板水泥板活动房。

用户满意是我们永恒的追求！

联系人：姚玉其 13906259502
电话：0512-63783855 63783770
邮编：215231
地址：江苏省吴江市震泽镇震西开发区

## 苏州市大中小建材有限公司

苏州市大中小建材有限公司成立于2009年9月9日，本公司专业从事水暖器材、建材销售。

主要产品有公元upvc给排水管管件、ppr管材管件、pvc电线管、江阴upvc排水管管件、ppr管材管件、upvc双壁波纹管、加筋管、镀锌管管件、铝塑复合管、铜配件、各种闸阀、水表、法兰片等洁具、洁具配件。以及水龙头、各种角阀、博士管及管件。

公司本着“客户至上、品质第一的服务宗旨。

联系人：刘俊美 13771840382
电话：0512-66269312 传真：0512-66795359
地址：江苏省苏州市吴中区木东路46-4号 邮编：215000

## 苏州市高新区金龙吊顶材料商行

苏州市高新区金龙吊顶材料商行成立于1997年，本商行位于苏州市高新区。主要经营批发零售：吊顶材料、装饰材料。本商行以人为本为广大客户服务。希望能和天下同行业朋友共同合作。

联系人：汪维建
电话：0512-68137715 13063896491
地址：江苏省苏州市高新区东吴装饰市场内 邮编：215000

## 苏州市榕成物资有限公司

本公司成立于2004年。
主要经营建材，有金属材料、镀锌管、焊管、角钢。
质量第一、信誉第一、用户第一。

联系人：杨军捷 13013808608
电话/传真：0512-68151608
邮编：215007
地址：江苏省苏州市苏福公路147-1康馨花园62幢

## 苏州市郭巷富昌门业加工部

苏州市郭巷富昌门业加工部于2008年成立，本加工部专业从事各种电动卷帘门、防火门、不锈钢连接门等系列，机电安装、彩钢大棚、轻钢结构、制作安装等。

我公司与全世界同行业真心合作，本着"团结创新"的企业精神和"敬业求实"的工作作风挑战自我、激励我们更有信心和毅力！为创建中国人自己的工业品牌而不断进取。走出中国，走遍全世界！！！

联系人：黄如亮 13912605592
电话：0512-65968516
地址：江苏省苏州市东环南路出口利新奔驰 邮编：215000

## 苏州市吴中区长桥连发防水材料经营部

苏州市吴中区长桥连发防水材料经营部成立于2002年，主要经营各种建筑防水材料，防水卷材、防水涂料等。

我们的宗旨是"质量第一，用户至上"，良好的信誉，全方位的售后服务将令您满意。竭诚欢迎各界朋友光临指导。

电话：0512-65647426
联系人：嵇跃松 13962164768
地址：江苏省苏州市吴中区盘蠡路388号 邮编：215128

## 苏州市鋐福幕墙装饰有限公司

苏州市鋐福幕墙装饰有限公司成立于2003年，本公司专业从事幕墙装饰。

公司将继续以发展幕墙装饰节能科技为导向，以领导市场潮流的顶级设计，完善的质保体系，良好的用户回访和一贯的"信誉为本"的原则。

联系人：殷群城 13506133125
电话：0512-68433856
邮编：215000
地址：江苏省苏州市高新区横塘镇青春村工业区永盛路1-1号

## 苏州市相城区渭塘勤良剪折板材加工场

本公司成立于2007年。
本厂实行经营、加工、销售一条龙服务，有制作、加工销售不锈钢板、冷板、镀锌板、板材系列。
热忱服务，欢迎洽谈。

联系人：潘勤良 13601549282
电话：0512-65908575
传真：0512-65413710
邮编：215000
地址：江苏省苏州市相城区渭塘镇渭北村黄家浜140号

## 苏州市华通玻璃钢有限公司

成立于2006年，本公司是专业生产拉挤、缠绕玻璃钢制品的股份制企业，主要生产玻璃钢缠绕[illegible]、格栅[illegible]、操作平台、以及Φ100—Φ1000的电缆[illegible]专业产品远销美国、加拿大、东南亚各国，内销国内电[illegible]等行业。

本公司的产品质[illegible]，对每一位合作的朋友将给予最佳的产品、最优质的服务、最合理的价格，以及最满意的回报。真诚欢迎广大客户[illegible]，携手共同发展！

网址：www.szhtfrp.com
联系人：徐仲达
电话：0512-67214862 65320885
传真：0512-67214862
地址：江苏省苏州市城北东路新星路68号 邮编：215000

## 苏州易亚物业管理有限公司

Athena
Athena Property Organization
亚易行物业机构

苏州易亚物业管理有限公司成立于2006年，专业从事房地产营销策划、销售代理、招商代理以及营销顾问。经过多年的房地产实战历练，十多个项目的成功运作，亚易行积累了丰富的理论知识与实战经验，赢得了良好的市场业绩和业界口碑。崇奉"专业服务、精益求精、以稳求胜、锐意进取"的精神，结合精干的策划团队、丰富的实战经验、对房地产形势全面深入的了解及分析判断使亚易行在业界声誉卓然。

联系人：章凡
电话：0512-65858011 65858022 65858033 网址：www.cn-athena.com
地址：江苏省苏州市吴中区文曲路301号 邮编：215006

## 苏州市绿野景观园林工程有限公司

本公司成立于1999年，主要经营园林工程。
公司自成立以来，积极增强专业综合水准，以"质量第一，信誉第一"的服务宗旨，加强企业管理，"诚信共赢"是公司的经营理念，"优质高效"是公司的服务宗旨。

电话/传真：0512-62858225 62858255
邮编：215021
地址：江苏省苏州市星海街206号106室
联系人：李建农 13906208092

## 宿迁东顺异型板厂

宿迁东顺异型板厂成立于2007年，本公司常年专业生产各种异型胶合板，公司始终注重"质量"和"诚信"，因为质量是企业的生命，诚信是企业发展的基石，自上至下贯彻一个宗旨"要干就干最好"，在全体员工的共同努力下，企业不断发展壮大。"专业、专注、专心"是我们的工作态度，"精湛、精致、精品"是我们的产品内涵，"完备、完善、完美"是我们的服务宗旨。东顺人真诚的期望同国内外新老朋友精诚合作，共谋发展。

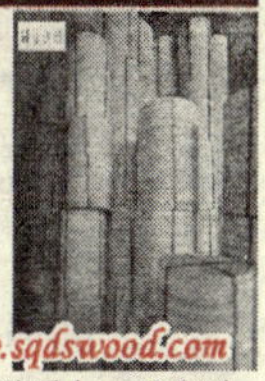

www.sqdswood.com
联系人：陈复东
电话：0527-85715746、13951247799 电子邮件：sqdswood@163.com
地址：江苏省宿迁市泗阳县三庄乡梨园村 邮编：223706

## 宿迁市金瑞钢结构工程有限公司

宿迁市金瑞钢结构工程有限公司成立于年，本公司专业承接钢结构工程及销售彩钢瓦、夹芯板、C型钢等业务。

公司秉承“顾客至上，锐意进取”的经营理念，坚持“客户第一”的原则为广大客户提供优质的服务。欢迎惠顾！

联系人：朱勇　　网址：www.sqjrgjg.cn

电话/传真：0527-84612688　　电子邮件：jssqjrgg@163.com

地址：江苏省宿迁市宿城区埠子镇工业集中区　　邮编：223800

## 泰兴市天辰建筑安装工程有限公司

泰兴市天辰建筑安装工程有限公司成立于1994年，专业从事建筑工程安装和水电安装。

我公司本着“向科学管理要效益”的经营方针，坚持以市场为向导，以质量为生命、以技术为支柱、以合作促发展的原则，愿同社会各界广大同仁合作，共同在高效、和谐、创新的发展平台上，再造领先行业的一流产品和一流服务！

联系人：石小龙　13905265560

电话：0523-87676678

传真：0523-87671118

邮编：225400

地址：江苏省泰州市泰兴市经济开发区28号

## 宿迁市永建建筑安装工程处

本工程处承接民用建筑、二级以下道路、市政、建筑安装等工程，我处十分重视企业信誉，全心全意为用户服务是我们的宗旨，并把产品质量视为企业的生命。

我处的质量方针是：规范施工，科学管理；技术精湛，工程精美；关注顾客，优质服务。欢迎同行、业主及各界朋友前来洽谈业务！

联系人：苏永建　13809098172

网址：www.3699646.71ab.com　　电话：0527-84672008

地址：江苏省宿迁市宿城区南蔡街人民路9号　　邮编：223800

## 泰兴市兴发装饰装潢队

泰兴市兴发装饰装潢队成立于2006年。销售装饰材料、承接装璜工程。以质量求生存，欢迎新老客户来电洽谈业务！

联系人：李兴发

电话：0523-89555297

地址：江苏省泰兴市胡庄镇周马村李元三组16号　　邮编：225300

## 宿迁市中大建材销售有限公司

宿迁市中大建材销售有限公司成立于2005年，主要经营建筑钢材的批发、零售。

我公司秉承“锐意进取，客户第一”的经营理念，竭诚为您提供最优质的产品和最满意的服务，欢迎惠顾！

联系人：王忠然

电话：0527-86262310　13951394178

地址：江苏省宿迁市泗洪县红利来建材市场钢材区G1-001　　邮编：714000

## 泰州多胜装饰工程设计有限公司

多胜装饰工程有限公司，自1999年进入泰州市场设立公司以来，在客户中树立了良好的口碑和自身形象，成为泰州家装行业的名牌企业。公司改变了目前装饰市场功能单一，填补泰州地区集成装潢的空白，吸引了中外知名品牌进驻展销，一站式装潢采购成为装饰市场的主要导向，集装潢策划——装潢设计——材料展示选购——施工安装——售后服务五位一体化的领先格局。

Tel：0523-86137808　86850426　13921709719　　联系人：赵多胜

Add：江苏省泰州市海陵南路济川路口　　http://www.duosheng.net

## 睢宁县青春建材有限公司

我公司成立于2001年，专业从事板材加工、销售。主要产品有各类建筑模板、多层板和胶合板等。

公司秉承“锐意进取，客户第一”的经营理念，竭诚为广大客户提供最优质的产品和服务。欢迎惠顾！

联系人：胡居楼

电话：0516-88372322　13805220248

地址：江苏省睢宁县睢城镇青春村　　邮编：221200

## 通博设备安装工程有限公司苏北分公司

通博设备安装工程有限公司苏北分公司成立于1998年，主要从事机电设备安装。奉行“团结、务实、高效、奉献”的企业精神，坚持“主业做优、专业做精、多元发展、先强后大”的经营理念，竭诚为海内外客户提供优质服务。

电话：0513-85660045　13306287115　　联系人：李强

地址：江苏省南通市崇川区外环北路303号　　邮编：226000

## 太仓星都房产有限公司

太仓星都房产有限公司成立于1997年8月，主要从事房地产开发及销售。

我公司秉承“顾客至上，锐意进取”的经营理念，坚持“客户第一”的原则为广大客户提供优质的服务。欢迎广大客户来电洽谈业务！

联系人：沙永顺

电话：0512-53565001　13906221960

地址：江苏省苏州市太仓市城厢镇太平路泰天南路32号　　邮编：215000

## 通州市环保玻璃钢厂

通州市环保玻璃钢厂成立于1972年，本厂专业生产、销售玻璃钢制品。主要产品有玻璃钢化粪池，油水分离池系列。储罐，储罐防腐容器系列。有机，无机玻璃钢通风管道系列。消防保温水箱系列。各种玻璃钢防腐内衬贴面等。公司秉承“顾客至上，锐意进取”的经营理念，坚持“客户第一”的原则为广大客户提供优质的服务。欢迎惠顾！

联系人：秦志明

电话：13951422048　0513-86563973　86563504

地址：江苏省南通市通州区兴东镇　　邮编：226371

## 通州市李港建筑安装工程有限公司

通州市李港建筑安装工程有限公司成立于1961年，本公司专业从事工业与民用建筑工程施工、市政公用工程施工，混凝土预制构件专业承包。我们的宗旨是用我们诚信的理念，取得您的满意和信任，达到互赢共利。

联系人：李兆华
电话：0513—86576403　86761000　传真：0513—86761000
地址：江苏省南通市通州区五接镇李港街8号　邮编：226361

## 吴江市松陵镇宝江水泥制品厂

吴江市松陵镇宝江水泥制品厂成立于1997年，本公司专业从事水泥的生产与销售。我厂全体员工本着"以质量求生存，以信誉求发展，以数量求利润"的原则竭诚欢迎新老客户的垂寻与合作！

联系人：刘步林
电话：0512-63407369、63015477　传真：0512-63407369
地址：江苏省吴江市松陵镇淞南村　邮编：215200

## 无锡千色家装潢有限公司

无锡千色家装潢有限公司成立于2007年，本公司专业从事室内外装潢，橱柜加工、生产、销售，墙纸营销。

我们坚持奉行以诚为本，客户至上的经营理念。诚邀您一道精诚协作，不断开拓创新，共创美好未来！

联系人：张建华
电话：0510-85621072　85621071　13093096589
地址：江苏省无锡市金泰国际广场高浪路518号7-288、266、222号
电子邮件：qiansejia@sina.com　邮编：214000

## 新沂市新奥特玻璃制品有限公司

本公司成立于2006年，主要经营玻璃制品生产与销售，主要产品有高档玻璃酒瓶。

客户至上，信誉为本，热忱欢迎国内外人士前来恰谈业务。

电话：0516-88737788
邮编：221000
地址：江苏省徐州市新沂市棋盘镇城岗街北
联系人：孙敬宝　13395272128

## 无锡市恒通装饰材料经营部

本公司成立于2000年，主要经营轻钢龙骨、烤漆龙骨、石膏板、矿棉板等，主要产品有吊顶隔墙材料，承接吊顶隔墙工程一条龙服务。一切以客户满意为出发点和落脚点，三个第一：质量第一、速度第一、信誉第一。

联系人：张健
网址：www.wxqglg.bmlink.com　邮箱：werzgsxs@sina.com
电话：0510-85621276、13400013419　传真：0510-85621276
地址：江苏省无锡市高浪路金泰装饰城9幢136-138号　邮编：214000

## 鑫华特种构件制造有限公司

本公司成立于2005年，主要生产和销售双T板。

质量第一，用户至上，信守合同，热情服务是公司真诚的承诺。公司热忱欢迎各界朋友来公司洽谈、考察、选用本公司产品，公司将以优质的产品，优惠的价格为广大用户提供优良的服务。

联系人：滕元虎　13952688288
电话：0523-86117708
地址：江苏省泰州市高岗科技创业园
邮编：225300

## 无锡市乾山轻钢龙骨装饰装潢经营部

无锡市乾山轻钢龙骨装饰装潢经营部成立于2003年，本经营部主要经营轻钢龙骨，烤漆龙骨，吊顶隔墙，纸面石膏板，防火板，矿棉板，铝扣板，承接大小工程，含人工。

本部秉承"顾客至上，锐意进取"的经营理念，坚持"客户第一"的原则为广大客户提供优质的服务。

欢迎惠顾！

联系人：郭依山　13057280666
电话：0510-82403129　传真：0510-82464060
地址：江苏省无锡市华东装饰城2327号　邮编：214000

## 興化市春興建材經營部

兴化市春兴建材经营部成立于2007年。主要从事于建材的销售。诚信经营，信誉至上，质量保证，价格合理。热忱欢迎新老客户惠顾。

联系人：刘桂春
电话：0523—85221291　83531292
地址：江苏省泰州市兴化市昭阳镇张阳新村中路33号
邮编：225700

## 无锡市忠新市政工程有限公司

无锡市忠新市政工程有限公司成立于2004年，本公司主要经营市政工程、公路桥梁、水电安装、道路施工。"质量是企业的生命、信誉是生存之本"是公司企业精神。我们相信：质量好、信誉诚才能赢得更多的回头客！我们真诚欢迎广大新老客户光临惠顾！

联系人：张建新　邮编：214174
电话：0510-82409666　82416000　传真：0510-82416000
地址：江苏省无锡市新区新洲人家25-212、215号

## 徐州宾飞新型墙材有限公司

徐州宾飞新型墙材有限公司成立于2007年，是一家专门从事新型墙材的企业。

诚信经营，顾客至上，欢迎广大新老客户光临，我们将竭诚为您服务！

联系人：廖晓滨
电话：0516-88138999
手机：13775821999
邮编：221200
地址：江苏省徐州市睢宁县104国道常青小学南300米

## 徐州美建科技有限公司

本公司主要经营钢结构，网架材料及配件销售，主要产品有玻璃钢制品设计，销售，五金建材，水处理剂销售。公司始终保持“客户至上,信誉第一”的宗旨,以“诚信、高效、务实、开拓”的精神为您提供更加完善、优质的服务。

联系人：王元伟

电话：0516-82388321、13092329961 传真：0516-82388321
地址：江苏省徐州市经济开发区淮海五金机电大市场1-132 邮编：221004

## 盐城建豪建设工程有限公司

盐城建豪建设工程有限公司成立于2008年，本公司是一家以工程承包为主的建筑企业。主要经营道路桥梁工程，土石方工程等劳务分包。本公司一贯坚持奉行“精心施工，不断改进质量，追求卓越，以一流的品质和服务，给顾客最大的满足和信任”，把客户的每一件小事都当成自己的大事，以“安全第一、质量第一、顾客第一、信誉第一”为服务宗旨，依靠科技进步提高企业素质，不断地完善企业的各项管理，提高企业核心竞争力，以便为广大客户提供更好更优质的服务。

联系人：朱伏建 电话：0515－84235716
地址：江苏省盐城市滨海县东坎镇人民北路XN－1号楼北幢302室
邮编：224500

## 徐州市防腐工程總公司鎮江分公司

徐州市防腐工程总公司镇江分公司成立于2008年，本公司专业承接设备安装、专业防腐、保温安装和维修及设计，兼营材料销售。

并坚持“客户第一，诚信服务”的原则为广大客户提供优质的服务。

联系人：郭继周
电话：0511－83363136 13952857019
邮编：212000
地址：江苏省镇江市谏壁镇焦湾社区居委会

## 盐城市高科建材有限公司

盐城市高科建材有限公司成立于2008年，本公司专业生产销售各种规格的加气混凝土砌块，各种干砂浆、保温砂浆、防裂砂浆、各类水泥灰砂砖等，欢迎各建设单位施工企业前来惠顾！

联系人：徐同元 传真：0515-83915999 邮编：224000
电话：0515-83395888 83915999 83805888
地址：江苏省盐城市大丰市工农西路201号（原糖厂）

## 徐州祥远门业有限公司

网址：www.xyxiangyuan.com

徐州祥远门业有限公司坐落在新沂经济开发区上海南路，主要产品有高分子室内套装门，实木复合烤漆门及实木烤漆门。

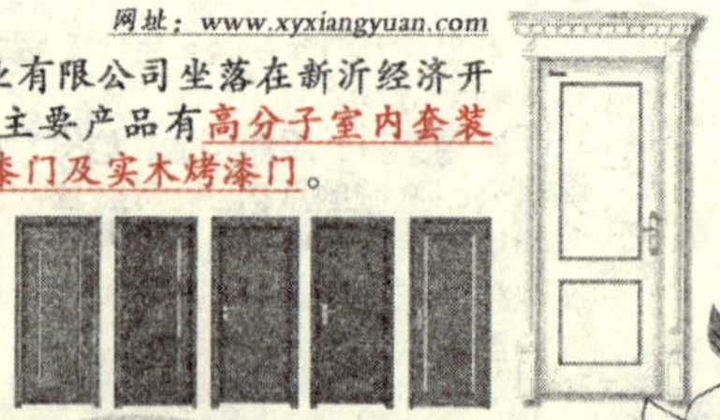

联系人：王庆路
电话：0516-88619388
传真：0516-88055021
地址：江苏省新沂市经济开发区上海中路
邮编：221400

## 盐城市联鑫钢铁有限公司

本公司专门从事建筑钢材生产，主要产品为HRB335、HPB235等系列6.5-25mm钢筋混凝土用热轧钢筋。公司以“造优质产品，创一流品牌，立诚信之本，树联鑫形象”为企业理念，致力于“一业为主，多元发展”的经营思路，坚持客户至上，诚信经营。欢迎您的来电！

联系人：陈居用

电话：0515-88550067 13851081666 http://www.yclxgt.com/
传真：0515-88563618 地址：江苏省盐城市城区人民北路355号

## 徐州運成建設（集團）有限公司蘇州分公司

本公司成立于2006年，主要經營房屋建築工程施工總承包一級，主要有工業與民用建築，市政公用工程施工，公路橋梁，室內外裝飾裝璜等。服務宗旨：全心全意為客戶服務。

联系人：陈建桥 邮箱：cjq0219@126.com
电话：0512-67087079、13013837598 传真：0512-67087079
地址：江苏省苏州市友新路168号 邮编：215128

## 盐城市乾丰路桥工程劳务有限公司

盐城市乾丰路桥工程劳务有限公司自成立以来，本公司专业从事路桥工程劳务。

公司秉承“顾客至上，锐意进取”的经营理念，坚持“客户第一”的原则为广大客户提供优质的服务。欢迎惠顾！

联系人：张斌
电话：0515-86218293 13905116239
地址：江苏省盐城市建湖县城建西路115-7号 邮编：224000

## 徐州置城建筑劳务有限公司

徐州置城建筑劳务有限公司成立于2008年，主要从事建筑安装、装修装饰、水利水电、市政公用、防腐保温、铁路公路、园林古建等工程的劳务作业分包；建材销售；建筑工程机械与设备的租赁。欢迎新老客户光临惠顾！

联系人：冯体春

电话：0516-82195969、15852023388
地址：江苏省徐州市沛县 邮编：221003

## 盐城市天宇石材有限公司

盐城市天宇石材有限公司是一家专业从事石材加工、销售的企业。

公司秉承“顾客至上，锐意进取”的经营理念，坚持“客户第一”的原则，为广大客户提供优质的服务。

欢迎惠顾！

电话：0515-83096118 联系人：翟亚和 13770001777
地址：江苏省盐城市盐都区农业银行向西50米
邮编：224042

## 盐城市盐都区秦南镇明族门板厂

盐城市盐都区秦南镇明族门板厂于2006年成立，本厂专业从事UV板、橱柜、金钢门。本公司以“质量是生命、信誉为根本”的宗旨，真诚希望与各界朋友好合作，共创美好未来。

联系人：李广生
电话：0515-88609838
地址：江苏省盐城市盐都区秦南镇美满村
邮编：224000

## 宜兴市人以豪家具装饰有限公司

宜兴市人以豪家具装饰有限公司成立于2003年，承接室内外装饰装修工程和商场货架、货柜，橱柜，免漆挂衣柜的设计和制造。我公司一贯坚持“以诚信为本，技术领先，互利互惠”的经营方针，竭诚为广大用户服务，欢迎您的来电！

联系人：姚俊良　手机：13771356028
电话：0510-87016722　传真：0510-87025672
地址：江苏省宜兴市阳泉路唐公村委西侧　邮编：214200

## 盐城市振瀛装璜装饰工程有限公司

成立于2008年。
承接室内外的装潢装饰工程及净化工程。
坚持“客户第一，信誉至上”的经营理念。
欢迎您的光临！

联系人：秦正银 13182107118
电话：0515-86805579
地址：江苏省盐城市人民北路67号(7)
邮编：224000

## 宜兴市胜宇环保设备厂

宜兴市胜宇环保设备厂成立于1995年，专业从事给水处理设备的生产、安装和销售。是集产品开发和研制，设备生产与销售，工业配套与安装，技术咨询与服务为一体的专业水处理设备供应商。欢迎来电洽谈！

联系人：袁洪胜
电话：0510-87872288 13861873622
地址：江苏省无锡市宜兴市和桥镇中巷村吴家56号　邮编：214200

## 扬中市永洪防火材料有限公司

本公司成立与2007年，主要经营防火材料；防火桥架。

服务宗旨：客户至上，诚信为本！客户永远是第一位的。取信于用户、取信于同仁，我们将竭诚为您服务。

电话：0511-85120009
邮编：212200
地址：江苏省扬中市新坝镇联合村

## 宜兴市苏湘豫建材有限公司

宜兴市苏湘豫建材有限公司成立于2007年，本公司专业从事建材的销售，主要有黄沙、石子、公路材料。

公司秉承“顾客至上，锐意进取”的经营理念，坚持“客户第一”的原则为广大客户提供优质的服务。欢迎惠顾！

联系人：许国良
电话：13914218083　0510-87010730
地址：江苏省宜兴市宜城街道陶瓷商城A区32-33号　邮编：214200

## 扬州市乐扬园林绿化工程有限公司

扬州市乐扬园林绿化工程有限公司自成立以来，专业从事园林绿化、工程设计、假山、喷泉、雕塑、施工、养护管理、花卉苗木种植及销售。扬州市乐扬园林绿化工程有限公司以雄厚的实力、合理的价格、优良的服务与多家企业建立了长期的合作关系。扬州市乐扬园林绿化工程有限公司热忱欢迎各界前来参观、考察、洽谈业务。

联系人：刘启扬
电话：0514-88211299 88212658
地址：江苏省扬州市宝应县运河大桥西首宝金路286号
邮编：225831

## 宜兴市湘旭环保工程有限公司

宜興市湘旭環保工程有限公司自成立以來，以環保工程施工爲主。

面向未來，我們願與社會各界朋友携手并進，共創人類更加美好的家園。

联系人：江建刀
13807389374
地址：江苏省宜兴市高塍镇工业集中区（远东大道塍东桥）　邮编：214200
电话：0510-87839107

## 宜兴市东源环保设备有限公司

宜兴市东源环保设备有限公司于1995年成立，本公司已经成功研发并生产出处理生活污水、工业给水、工业废水等不同工艺、不同规格的100多个系列水处理产品，尤其在城市生活污水、纯水制备、净水过滤、循环水设备制造方面，在同行中为佼佼者。

本公司竭诚希望与各用户愉快合作，为各用户提供优质的产品和优良的服务。

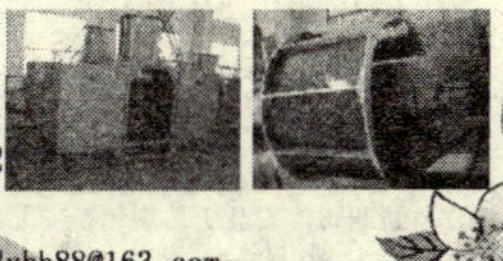

联系人：于叶明
电话：13861508209　0510-87839002
传真：0510-87833005
网址：www.dyhb.cn　电子邮件：dyhb88@163.com
地址：江苏省无锡市宜兴市高塍镇新裕秦华路12号　邮编：214214

## 张家港市联裕（铜门）金属装饰制品厂

我厂成立于1998年，生产铜质大门，汲取中华五千年青铜文化而衍生的铜装饰业，产品安全防盗、可靠、时尚，广泛适用于金融，保险、房地产、企事业及私人豪华别墅。

主要产品铜制门、铜纱门，铜窗、扶手等，规格齐全。本厂设备先进、技术力量雄厚，工艺规范，以“产品一流、服务最佳”深受客户赞誉。

联系人：龚建忠 13601569786
网址：www.ly-tm.com
电子邮件：webmaster@ly-tm.com
地址：江苏省张家港市鹿苑建材市场
电话：0512-58351131
传真：0512-58352485
邮编：215616

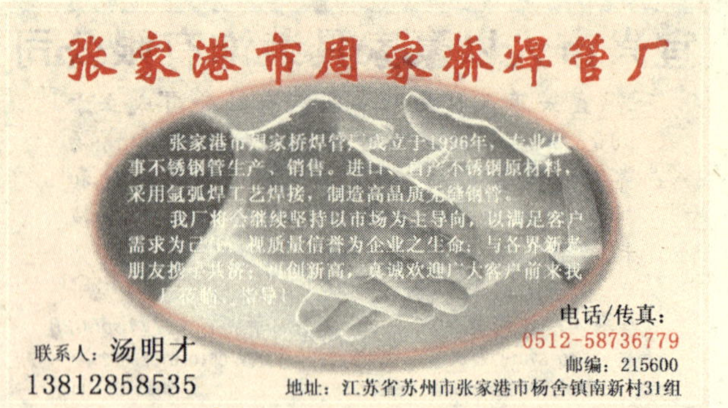


………… 网址：http://zjhxzmy.chinapyp.com

## 浙江省/Zhejiang Province

### 温州建峰矿山工程有限公司观美业务处

业务：矿山工程施工总承包，矿山井巷，土方石爆破，水利、水电、交通隧道工程，建筑机械等，我们拥有专业性强的职业队伍，为客户提供优质的服务，竭诚欢迎新老客户前来咨询洽谈！
地址：温州市苍南县观美镇三美路 119 号
……… 负责人：曾小姐　　邮　编：325806
…………………………… 法　人：苏传楷
…………Tel：0577－64887717
13695725201
…………Fax：0577－64887717
……………… E-mail：948848464@qq.com

### 上虞市小越镇欧标五金店

业务：好尚好五金、欧瑞斯吊顶上虞市总代理，质量好、价格优，批零兼营，并以良好的信誉受到各界使用者的好评！真诚欢迎新老客户惠顾
产品：好尚好系列五金，欧瑞斯集成吊顶
地址：浙江上虞市石狮商贸城建材馆五金区 C3003 号
……… 负责人：王建木　　邮　编：312300
…………………………… 法　人：王建木
…………Tel：0575－82032765
13819572290
…………Fax：0575－82032765

### 常山县许氏水暖

业务：水暖经营
地址：浙江省常山县衢州市天马镇富足山大桥东侧 A 区 114 号
……… 负责人：许建飞　　邮　编：324002
…………………………… 法　人：许建飞
…………Tel：0570－5571033

### 慈溪经济开发区开鑫新型建材厂

业务：各种界面剂、粘结剂的生产、销售
地址：浙江省慈溪经济开发区三洋村
……… 负责人：胡姒军　　邮　编：315000
…………………………… 法　人：胡姒军
…………Tel：13777199158
0574－63195999

### 慈溪市白沙路居然家建材商行

业务：卫生洁具批发和零售
地址：浙江省慈溪市白沙路街道南二环东路 1007 号
……… 负责人：吴之全　　邮　编：315300
…………………………… 法　人：吴之全
…………Tel：13486450861
0574－63839340
…………Fax：0574－63839340

### 安吉慧鑫竹木业有限公司

业务：浙江安吉慧鑫竹木有限公司地处”黄浦江源”“中国竹乡”的安吉，地理位置优越，交通便利。公司以桑枝为原料生产的华枝牌桑枝重组装饰地板，具有原木的天然纹理，质地细腻密实，外形美观大气，木质含有的中药成份具祛风湿，通经路之功效。公司倡导”自然、健康、环保、时尚”的理念，注重产品品质，致力于”以人为本”的现代化企业管理，以客户满意为宗旨，不断求索，不断创造出更优质的产品和尽善尽美的服务
地址：浙江省湖州市安吉县梅溪镇晓墅配套工业园区
…………………………… 邮　编：313300
…………………………… 法　人：丁志慧
…………………………… Tel：0572－5099555
…………………………… Fax：0572－5091666

### 杭州佰盛室内装饰设计

业务：本公司专业从事中高档家装、工装、单位、酒店及商业空间设计与施工，从设计、效果图制作、施工到材料选购提供一站式服务，以时尚的精品设计，优质的施工质量，一流的售后服务，为您专业打造美好家居
地址：杭州市滨江区明志路 123 号
……… 负责人：杜海龙　　邮　编：310000
…………………………… 法　人：杜海龙
…………Tel：0571－86619183
…………Fax：0571－86619183
…………………… 网址：www.baissheji.cn
…………………… E-mail：2243958@qq.com

### 杭州中江装饰工程有限公司

地址：浙江省杭州市滨江区长河街道长河村周家园 2 号
…………………………… 负责人：马文斌
…………………………… Tel：13805730074

### 上海台茂门窗开超门业店

业务：各种移门、断桥隔热门窗加工、销售
地址：浙江省慈溪市白沙路街道群丰社区四海装饰市场
……… 负责人：刘开超　　邮　编：315000
…………………………… 法　人：刘开超
…………Tel：0574－82368884

### 慈溪市白沙路润利门业

业务：承接制作不锈钢门窗、不锈钢楼梯扶手、木地板楼梯扶手、大小围栏系列
地址：浙江省慈溪市白沙路街道新城大道北路 120－124 号
……… 负责人：胡战飞　　邮　编：315300
…………………………… 法　人：胡战飞
…………Tel：13306749138
13028990999
0574－63040779

### 慈溪市长河联辉装璜材料店

业务：建筑装璜材料零售。
地址：浙江省慈溪市长河镇长丰村文化路 26 号
……… 负责人：潘树卿　　邮　编：315326
…………………………… 法　人：潘树卿
…………Tel：0574－63402196

### 慈溪市观海卫晳磊室内装修材料商行

业务：装饰材料
地址：浙江省慈溪市观海卫镇
……… 负责人：徐建明　　邮　编：315315
…………………………… 法　人：徐建明
…………Tel：0574－63623472

### 嵊州市胜源硅藻土保温材料厂

业务：嵊州市胜源硅藻土保温材料厂成立于 2002 年，主要生产硅藻土保温砖（普通砖和高强砖）、硅藻土生粉、硅藻熟料粉、硅藻土粒子。“以质量求生存，以信誉求发展”，热诚欢迎广大新老客户惠顾。
地址：浙江省绍兴市嵊州市崇仁镇上安田
…………………………… 邮　编：321473
…………………………… 法　人：周铁源
…………………………… Tel：0575－3923363
…………………………… 网址：0575－3923363

### 慈溪市宇浩水暖管件经营部

业务：水暖管道零件批发、零售。
地址：浙江省慈溪市横河镇乌山村
……… 负责人：赵宇浩　　邮　编：315000
…………………………… 法　人：赵宇浩
…………Tel：0574－63108604
…………Fax：0574－63108604

### 嵊州市顺源硅藻土保温材料厂

业务：嵊州市顺源硅藻土保温材料厂成立于 2002 年，主要生产硅藻土保温砖（普通砖和高强砖）、硅藻土生粉、硅藻熟料粉、硅藻土粒子。“以质量求生存，以信誉求发展”，热诚欢迎广大新老客户惠顾。
地址：浙江省绍兴市嵊州市崇仁镇上安田
………… 负责人：周铁源……邮　编：321473
…………………………… Tel：0575－83923363

### 慈溪市中良装饰工程有限公司

业务：是专业从事住宅、别墅、商铺、写字楼、办公空间等设计及施工的建设部室内装饰装修、设计乙级资质的老牌企业
地址：浙江省慈溪市浒山街道三北西大街 387 号一楼
……… 负责人：屠小良　　邮　编：315000
…………………………… 法　人：屠小良
…………Tel：0574－63805863
63804680
…………Fax：0574－63804680
…………… 网址：http://www.cxzlzs.com
…………… E-mail：cixizhongliang@126.com

### 慈溪市新浦星赐铜制品厂

业务：专业生产加工 PPI 铜件、活接、截止阀等各种阀门
地址：浙江省慈溪市新浦镇樟新公路 358 弄 2 号
………… 负责人：孙科　　邮　编：315322
…………………………… 法　人：孙科
…………Tel：13989334153
0574－63578787

### 慈溪市周巷焕钊花岗岩店

业务：销售花岗岩石材
地址：浙江省慈溪市周巷镇三江口村三江家园 54 号
……… 负责人：许焕钊　　邮　编：315000
…………………………… 法　人：许焕钊
…………Tel：0574－63498512

### 东阳市歌山镇圣丹涂料店

业务：经销圣丹涂料
地址：浙江省东阳市歌山镇尚侃村尚侃
……… 负责人：郭正华　　邮　编：321000
…………………………… 法　人：郭正华
…………Tel：13486972052
0579－86171193

### 杭州稀土保温材料厂

地址：浙江省杭州市滨江区长河街道长江中路 4 号 4 幢一层
…………………………… 负责人：汤金海
…………………………… Tel：13805717215

### 东阳市横店顺利洁具厂

业务：水暖卫浴
产品：各种卫生洁具
地址：浙江省东阳市横店塘雅村
……… 负责人：吴顺利　　邮　编：322118
…………………………… 法　人：吴顺利
…………Tel：0579－86563053
…………Fax：0579－86563153
…………… E-mail：taiyong9999@163.com

### 东阳市祖伟水暖器材商行

业务：水暖器材、五金
产品：镀锌管、不锈钢球阀、法兰球阀、法兰片、PPR 管、PVC 管、橡胶管、钢丝管
地址：浙江省东阳市横店镇十里街
……… 负责人：金祖伟　　邮　编：322118
…………………………… 法　人：金祖伟
…………Tel：13586955614
…………Fax：0579－86567133
……………… E-mail：jzw557748@163.com

### 浙江省东阳市鼎宏建设有限公司

业务：市政公用工程、土石方工程、水电工程、园林古建筑工程、园林绿化工程的设计、施工；房屋建筑工程、地基与基础工程、室内装饰工程的施工；城市道路照明设施的安装
地址：浙江省东阳市江北街道亭塘社区河头村
……… 负责人：任祖平　　邮　编：321000
…………………………… 法　人：任祖平
…………Tel：13967938697
0579－86355135

### 嘉红仿古木艺厂

业务：仿古门窗、明清家具
地址：浙江省东阳市南市街道环柳村环龙工业区
……… 负责人：许国中　　邮　编：322100
…………………………… 法　人：许国中
…………Tel：13858978334
0579－86212779
…………Fax：0579－86212779

### 淳安县千家源房地产代理有限公司

地址：浙江省杭州市淳安县千岛湖镇新安北路 2－3 号（千岛湖市场一楼）
…………………………… 负责人：金梅仙
…………………………… Tel：0571－64912015

### 东阳市三道梁装饰有限公司

业务：室内外装修、装饰、园林景观、设计、施工
地址：浙江省东阳市中山路 242 号
……… 负责人：陈宝志　　邮　编：321000
…………………………… 法　人：陈宝志
…………Tel：0579－86810565
…………Fax：0579－86810565

### 常山县飞碓碎石场

业务：常山县飞碓碎石场成立于 1995 年，主要加工销售碎石。
地址：浙江省衢州市常山县青石镇飞碓村
………… 负责人：廖家和……邮　编：324200
…………………………… 法　人：廖家和
…………………………… Tel：0570－5068888

### 杭州装饰城新恰装饰材料商行（客乐思人造石专卖店）

业务：本商行是一家综合性的建材超市，专营整体厨柜、人造石台板、简易沐浴房、玻璃移门、强化地板、集成吊顶、厨柜、卫浴五金配件、厨柜烤漆门板、汽车金属烤漆门板、模压门板、玻化门板、晶钢门板等，在这里您可以放心、省心地完成全部装修材料的采购。
地址：杭州市石桥路 456 号杭州装饰城五金区 111 号
……… 负责人：凌孔中　　邮　编：310000
…………………………… 法　人：凌孔中
…………Tel：15068774286
13484001363
…………Fax：0571－28918620
……………… E-mail：1131912773@qq.com

### 杭州兴汇房地产开发有限公司

地址：浙江省杭州市滨江区西兴街道办事处官河路 4 号 2 楼 202 室
…………………………… 负责人：谢肇坚
…………………………… Tel：0571－88808778

### 奉化市溪口吉鑫波涂装厂

业务：喷漆加工、塑料加工
地址：浙江省奉化市溪口镇工业园区元康路 3 号
……… 负责人：崔少波　　邮　编：315502
…………………………… 法　人：崔少波
…………Tel：13506699860
0574－88848567
…………Fax：0574－88848259

### 杭州菊水涂料有限公司

业务：日本菊水涂料代理商，建筑材料、五金商品销售
地址：浙江省富阳市春江街道建设村月台路 157 号
……… 负责人：王杭立　　邮　编：311400
…………………………… 法　人：王杭立
…………Tel：13516770053
0571－63327063

### 桦英橱柜商行

业务：橱柜，厨房电器，集成吊顶等配件零售
产品：桦英橱具，艾美柯集成吊顶
地址：浙江省富阳市富春街道金平路 111 弄 1 号
……… 负责人：费小国　　邮　编：310026
…………………………… 法　人：费小国
…………Tel：0571－23285202
13516850566
…………Fax：0571－23285202
…………………… 网址：www.hy5202.cn
……………… E-mail：648207446@qq.com

### 富阳市金鑫建材家居广场九牧卫浴专卖店/富阳市运通五金商行

业务：九牧卫浴专卖、红叶电器、中财管道
地址：浙江省富阳市富春街道金鑫建材家居广场一楼 A51/浙江省富阳市富春街道孙权路 33 号（新车站旁边）
……… 负责人：史训桥　　邮　编：310026
…………………………… 法　人：史训桥
…………Tel：0571－23238101
61701220
23238112

### 海宁市海昌艺搏室内装潢设计部

业务：服务：室内装潢设计、装修（先装修后付款）
地址：浙江省海宁市海昌街道洛隆路 353－355 号
……… 负责人：易竞平　　邮　编：314400
…………………………… 法　人：易竞平
…………Tel：15967326312
0573－87265076
87265077

## 海宁市袁花镇达峰装饰材料厂
业务:生产室内外装饰材料
地址:浙江省海宁市袁花镇夹山村庄康岭
负责人:庞达锋　邮　编:314416
法　人:庞达锋
Tel:0573－87788108
Fax:0573－87788109

## 海宁市许村镇得利卷帘经营部
业务:卷帘制作
地址:浙江省海宁市浙江许村被面装饰布市场东路25号
负责人:陈海平　邮　编:314000
法　人:陈海平
Tel:0573－87569391
87563668

## 杭州尺度装饰工程有限公司
业务:专业从事室内外装饰工程、市政工程等,从设计、效果图制作、施工到材料选购提供一站式服务,公司推崇绿色与智能化装潢,秉承客户至上,诚信为本的经营原则,携手与你共建满意空间.
地址:浙江省杭州建材城(杭海路1065号)
负责人:冯先生　邮　编:310025
法　人:宋晨曦
Tel:0571－86635870
18605888748
Fax:0571－86635870
网址:http://chiduzhuangshi8.cn.alibaba.com
E-mail:chiduzhuangshi8@alibaba.com.cn

## 杭州经济技术开发区杭磊石材经营部
业务:进口国产大理石,花岗岩
地址:浙江省杭州经济技术开发区武警浙江总队农场场道西侧249号
负责人:封李仁
法　人:封李仁
Tel:13958998929
13185050322

## 荆州市城市建设集团工程有限公司浙江公司
业务:国家房屋建设工程总承包一级资质施工企业,同时具备市政公用工程总承包二级资质和地基与基础工程、建筑装修、装饰工程、钢结构工程、土石方工程专业承包二级资质
地址:浙江省杭州经济技术开发区学林街447号对面公园内
负责人:李磊　邮　编:310026
Tel:0571－86920333

**杭州林哥石材工艺有限公司**
地址:浙江省杭州市淳安县临岐镇溪口街上
负责人:林伯平
Tel:13805760285

## 杭州市滨江区尹记建材经营部
业务:销售钢板止水带、复合止水带、遇水膨胀止水带、螺杆、BW遇水膨胀止水条(夹注浆管、夹钢丝网、夹尼龙网、BW－91、BW－96型遇水膨胀止水条)、PZ制品型遇水膨胀止水条等产品
地址:浙江省杭州市滨江区长河街道江二村滨兴小区7号
负责人:尹永军　邮　编:310000
法　人:尹永军
Tel:13186972086
0571－82360410

## 淳安县桃源口砖厂
业务:生产,销售大小水泥砖、九五砖、多孔砖
地址:浙江省杭州市淳安县千岛湖镇宕里村112号
负责人:方社红　邮　编:310026
法　人:方社红
Tel:15824187922
13750809071

## 新耀江门窗馆
业务:门窗销售
地址:浙江省杭州市淳安县千岛湖镇南山一路32、34号
负责人:方小金　邮　编:310000
法　人:方小金
Tel:13758197910
0571－64885085

**新昌县彩建劳务发展有限公司**
业务:新昌县彩建劳务发展有限公司成立于2005年,主要从事建筑劳务分包,公司以优质的服务、规范的流程、高效的运作、较高的派遣成功率,深受广大用人单位和求职者欢迎。
地址:浙江省绍兴市新昌县城关镇馒头山
负责人:张亚新　邮　编:312500
法　人:张亚新
Tel:0575－86289280

## 杭州市拱墅区则灵装修服务部
业务:室内外装饰设计、施工
地址:浙江省杭州市拱墅区总管堂西苑82号
负责人:曹国荣　邮　编:310000
法　人:曹国荣
Tel:13282848339
13282848329

## 鑫明装饰材料商行
业务:PVC管、电线电缆、五金
地址:浙江省杭州市东新路728号工业品市场三区392号
负责人:刘才荣　邮　编:310000
法　人:刘才荣
Tel:13282196100
0571－89909522

## 富阳市新登镇孙洁花岗石经营部
业务:各种各样花岗石、大理石
地址:浙江省杭州市富阳市新登镇南津村南四组
负责人:孙空军　邮　编:310026
法　人:孙空军
Tel:13706818793
0571－23292629

## 杭州森民装饰工程有限公司
业务:室内外装饰工程、景观工程的设计、施工;装饰材料的销售
地址:浙江省杭州市拱墅区刮山东苑5号305室
负责人:张伟成　邮　编:310026
法　人:张伟成
Tel:13185063955
0571－85135116

## 北京华茂中天建筑设计有限公司杭州分公司
业务:勘测、设计
地址:浙江省杭州市拱墅区祥符镇月亮路26号
负责人:周鑫华　邮　编:310026
Tel:0571－88194228

## 杭州圣仁建筑装饰有限公司
业务:建筑幕墙、建筑装饰
地址:浙江省杭州市拱墅区永庆坊6号1幢四层南侧12号
负责人:乔折仁　邮　编:310000
法　人:乔折仁
Tel:0571－86899217
Fax:0571－88001580
网址:www.hzsrzs.cn

## 杭州大黄蜂建材有限公司
业务:专业从事玻化砖、石英砖及各种石材翻新、镜面研磨、光泽保养、美容;抗污染、防护等处理。销售翻新养护机器设备、防护剂、光泽保养等系列产品。各种内外墙砖、地砖、五金、工具等建材之代理。日本可邦制漆杭州总代理,装饰家优质漆浙江总经销,并可为客户施工
产品:翻新养护机器设备、防护剂、光泽保养等系列产品
地址:浙江省杭州市古墩路新时代装饰广场F区19号
负责人:徐师罡　邮　编:310000
法　人:徐师罡
Tel:13221033687
0571－81538627
网址:http://www.dhfjc.cn/
E-mail:xsg－88@163.com

## 杭州木材交易市场祥伟木材经营部
业务:批发兼零售木材
地址:浙江省杭州市杭州木材交易市场190号
负责人:曹有全　邮　编:310000
法　人:曹有全
Tel:13505710246
15336559059

## 杭州陶瓷品市场欣轶卫浴商行
业务:卫浴洁具销售
产品:主营卡尼斯等品牌
地址:浙江省杭州市杭州陶瓷品市场4－2－18号
负责人:陈春燕　邮　编:310026
法　人:陈春燕
Tel:13735858321
13073606388

## 建德市下涯镇幸康装饰材料经营部
业务:板材、小五金、各种扣板、线条
地址:浙江省杭州市建德市下涯镇之江路146号
负责人:唐幸康　邮　编:311606
法　人:唐幸康
Tel:13033609386
0571－64102312

## 杭州笕桥木材市场崔昌福装饰材料商行
业务:批发零售亚洲之星油漆
地址:浙江省杭州市江干区笕丁路(杭州笕桥木材市场023号)
负责人:崔昌福　邮　编:310026
法　人:崔昌福
Tel:13067759214
0571－88043982
Fax:0571－88043982

**成志和建材有限公司**
业务:成志和建材有限公司成立于2005年9月,座落在浙江省温州市黎明中路278－4号。销售建材、各种彩色不锈制品(可按顾客需要定作),欢迎来电垂询!
地址:浙江省温州市黎明中路278－4号
邮　编:325000
法　人:陈成森
Tel:0577－88337738
Mobile:13780199000
Fax:0577－88351028
网址:http://zjczh.chinapyp.com

## 杭州大世界五金城赛霆装饰材料商行
业务:装饰材料、五金、酒店用品以及厨具批发、零售
地址:浙江省杭州市江干区笕丁路168号(杭州大世界五金城12幢一层A4、B4)
负责人:林亦章　邮　编:310026
法　人:林亦章
Tel:13157162380
0571－86415033

## 杭州市江干区宏涛美佳花圃
业务:景观绿化、庭院绿化屋顶花园、绿化专业养护及花木租赁、销售临时布展等自产自销的各类花木
地址:浙江省杭州市江干区笕桥镇笕桥村四区30号主楼
负责人:杨豪涛　谢玲玲
邮　编:310000
法　人:杨豪涛
Tel:13336171791
0571－85145791

## 杭州友余市政工程有限公司
业务:以市政工程施工及承包为主,兼营园林绿化工程设计、施工,水电安装,建筑材料。
地址:浙江省杭州市江干区九堡老杭海路138号4楼
负责人:许照平　邮　编:310026
法　人:许照平
Tel:13732201558
0571－87150721

## 杭州龙润建筑工程有限公司
业务:土石方挖填,旧房拆除,装饰装修
地址:浙江省杭州市江干区彭埠镇兴隆二区8－1号
负责人:干栋伟　邮　编:310021
法　人:干栋伟
Tel:0571－86493098
Fax:0571－86011553

## 杭州有益建筑设备有限公司
业务:建筑设备的租赁、维修、安装
地址:浙江省杭州市江干区彭埠镇御道东区51号
负责人:张思益　邮　编:310026
法　人:张思益
Tel:0571－86093329
网址:http://www.51zzt.com/user/zzt32234

## 骏宏美术装饰有限公司
业务:室内装饰设计,工程承接
地址:浙江省杭州市上城区景江城市花园1幢5单元1610室
负责人:姜红胜　邮　编:310000
法　人:姜红胜
Tel:13388615559
0571－86898065

**杭州千岛湖滨江房地产开发有限公司**
地址:浙江省杭州市淳安县千岛湖镇排岭南路68号
负责人:戚金兴
Tel:13606800072

## 杭州鎏荣景观工程有限公司
业务:景观设计、施工,精品苗木,玉石销售
产品:私家别墅设计,施工,罗汉松,日本大阪松,日本黑松,大型樱花、红枫,玉石等景观产品销售
地址:浙江省杭州市江干区秋涛北路296号杭州湾大酒店商务楼B楼七楼
负责人:许曹东　邮　编:310020
法　人:许曹东
Tel:0571－86463759
13758160282
Fax:0571－86463760
网址:www.hzlrjg.cn
E-mail:liurongwanjia@yahoo.cn

## 杭州市江干区胜祥玻璃店
业务:玻璃
地址:浙江省杭州市江干区秋涛路581号
负责人:程周荣　邮　编:310026
法　人:程周荣
Tel:13105811929
0571－86502371
Fax:0571－86502359

## 浙江九鼎石材陶瓷品市场诚富石材经营部
业务:经营各种石材、花岗岩、大理石等等
地址:浙江省杭州市九鼎石材陶瓷品市场
负责人:欧平斯　邮　编:310026
法　人:欧平斯
Tel:0571－82393179

## 临安市国石村叶燕玉石行
业务:石材经营
地址:浙江省杭州市临安大峡谷镇国石村
负责人:林祖亮　邮　编:310000
法　人:林祖亮
Tel:13758298033
15868838835

## 临安双峻防水工程有限公司
业务:承接各项防水保温工程
地址:浙江省杭州市临安市锦城街道恒锦苑50－85
负责人:伊俊峰　邮　编:311307
Tel:13685782225
0571－63802020
网址:http://www.51zzt.com/user/zzt33516

## 淳安县欧森装饰设计工作室
业务:从事室内外装饰设计施工
地址:浙江省杭州市千岛湖镇明珠路206号
负责人:江华明　邮　编:311700
法　人:江华明
Tel:0571－64829567

## 杭州市明豪建筑设备租赁有限公司
业务:建筑设备租赁、安装
地址:浙江省杭州市亲亲家园二区松雪坊8－2401
负责人:陆应友　邮　编:310000
法　人:陆应友
Tel:15868195988
13157160192

## 浙江省杭州市马可波罗瓷砖
业务:马可波罗瓷砖专卖
地址:浙江省杭州市上城区南复路59号
负责人:刘小成　邮　编:310026
法　人:魏军苗
Tel:13758272703
0571－86087858

## 麦格模雕背景墙.喜临门吊顶
业务:经营模雕背景墙、喜临门吊顶的销售
地址:浙江省杭州市桐庐县分水镇桥东村26号
负责人:邱解勇　邮　编:310026
法　人:邱解勇
Tel:15958143683
0571－64332165
15058156446
Fax:0571－64332165

## 桐庐县横村镇罗二坤移门店
业务:主营各种移门,卷闸门,家具等
地址:浙江省杭州市桐庐县深奥镇
负责人:罗二坤　邮　编:311509
法　人:罗二坤
Tel:15924125142

**杭州中亿嘉园房地产有限公司**
地址:浙江省杭州市富阳市富春街道馆驿路18号
负责人:潘叶清

…………Tel:0571－63322660

**桐庐盛源模具厂**
业务：水泥管桩、电杆、水管等模具的加工和销售，水泥制品厂的配套设备
地址：浙江省杭州市桐庐县富春江镇渡济村原杭州拖拉机厂内
………负责人：方继法　　邮　编：310026
………法　人：方继法
Tel：13968011512
0571－64667029
Fax：0571－64667029
网址：http://www.51zzt.com/user/zzt30504

**淳安县千岛湖姐妹房地产代理有限公司**
地址：浙江省杭州市淳安县千岛湖镇新安大街85号1幢
………负责人：徐建英
Tel：13588249884

**桐庐绿航节能设备有限公司**
业务：LED节能灯，环保空调
地址：浙江省杭州市桐庐县桐君街道桑园村
………负责人：张有权　　邮　编：310026
………法　人：张有权
Tel：13732274848
0571－69900133

**桐庐县桐君街道大洋窗帘桐庐加盟店**
业务：主营窗帘
地址：浙江省杭州市桐庐县桐君街道学圣路317号
………负责人：钱瑾　　邮　编：310000
………法　人：钱瑾
Tel：13567161298
0571－69967007

**桐庐县瑶琳镇国青小木加工厂**
业务：小木加工、工艺品加工、半成品
地址：浙江省杭州市桐庐县瑶琳镇高翔村沙潭
………负责人：毛国青　　邮　编：311516
………法　人：毛国青
Tel：0571－64377159
15906607936

**桐庐县瑶琳镇维伟景石经营部**
业务：经营园森景观石
地址：浙江省杭州市桐庐县瑶琳镇姚村村
………负责人：姚维伟　　邮　编：310026
………法　人：姚维伟
Tel：13205813079
0571－64363812

**杭州经济技术开发区灿辉石材经营部**
业务：石材经营
地址：浙江省杭州市武警浙江总队农场场道西侧建材41号
………负责人：郑灿武　　邮　编：310000
………法　人：郑灿武
Tel：0571－81601952

**杭州经济技术开发区文康不锈钢商行**
业务：不锈钢门窗制作、铝焊专业服务
地址：浙江省杭州市武警浙江总队农场场道西侧建材区78－79号
………负责人：郝剑　　邮　编：310026
………法　人：郝剑
Tel：0571－56616957
13386511308
13958069454

**浙江华铁通讯技术工程有限公司**
业务：浙江华铁通讯技术工程有限公司主要从事建筑智能化、铁路建设工程、消防设施，欢迎广大新老客户来电咨询，洽谈业务。
地址：浙江省杭州市上城区针织大厦10楼1003－1005室
………负责人：曹树华　　邮　编：310000
Tel：0571－86800731

**杭州市西湖区巴塞丽陶瓷商行**
业务：陶瓷洁具，不锈钢水槽
地址：浙江省杭州市西湖区三墩镇城北商贸园17幢1单元101室
………负责人：孙盘松　　邮　编：310030
………法　人：孙盘松
Tel：13575490999

**杭州恒旭装饰工程有限公司**
业务：室内外装饰装修工程
地址：浙江省杭州市西湖区文二西路社区西溪花园紫灵苑14幢2单元601室
………负责人：陈文峰　　邮　编：310026
………法　人：陈文峰
Tel：0571－28614737

**杭州华东陶瓷建材市场振华石材**
业务：花岗岩、大理石生产、加工、销售
地址：浙江省杭州市西湖区三墩镇杭州华东陶瓷建材市场石材区124－125号
………负责人：吴正令　　邮　编：310030
………法　人：吴正令
Tel：13958005676
0571－56767920
88963986

**余姚威尔智能化工程有限公司**
业务：本公司成立于2006年，主要从事建筑智能化设计施工，智能家具设计施工。
地址：浙江省宁波市余姚市四明西路239号
………负责人：陈其军　　邮　编：315400
………法　人：陈其军
Tel：0574－22706088

**杭州华东陶瓷建材市场俊新石材经营部**
业务：销售石材
地址：浙江省杭州市西湖区三墩镇杭州华东陶瓷建材市场石材区223－224号
………负责人：王时夏　　邮　编：310026
………法　人：王时夏
Tel：13805775919
0571－56761507

**豪派橱柜商行**
业务：专业定做橱柜、浴室柜、移门等，集设计、制作、销售、安装、售后一条龙服务，我们将以热忱专业的服务，人性化的空间设计及精湛的工艺，为您的家增添一份新意和温馨。
产品：整体橱柜、移门、卫浴柜、衣柜
地址：浙江省杭州市西湖区三墩镇杭州天亿家居广场4－010号
………邮　编：310011
………法　人：黄伟强
Tel：0571－88170818
13606625528
Fax：0571－88170818
E-mail：hap.grace@163.com

**杭州玛致建材有限公司**
业务：生产销售装饰建材
地址：浙江省杭州市西湖区三墩镇杭州新时代家居生活广场C座四楼A7号
………负责人：林世铭　　邮　编：310026
………法　人：林世铭
Tel：13922841118
0571－85262816

**杭州新时代家居生活广场埃米瓷砖商行**
业务：埃米瓷砖、美国原装进口本杰明·摩尔涂料
地址：浙江省杭州市西湖区三墩镇杭州新时代家居生活广场D座名品区二楼5号
………负责人：刘林　　邮　编：310026
………法　人：刘林
Tel：13186963256

**杭州千岛湖远洋置业有限公司**
地址：浙江省杭州市淳安县千岛湖镇新安东路601号205室
………负责人：李虹雨
Tel：13067795118

**杭州市西湖区英鹏木材经营部**
业务：生产制作木门，批发零售板材、木工板、塑料扣板、小五金
地址：浙江省杭州市西湖区三墩镇五幸村六组
………负责人：姚英鹏　　邮　编：310026
………法　人：姚英鹏
Tel：13606518598
13388611292

**江苏江中集团有限公司杭州分公司**
业务：房屋建筑工程施工总承包（特级）、建筑装修装饰工程、钢结构工程、机电设备安装工程（壹级）
地址：浙江省杭州市西湖区万塘路252号计量大厦1207室
………负责人：陈广　　邮　编：310012
………法　人：陈广
Tel：0571－28896256
Fax：0571－28896216
E-mail：gchen001122@126.com

**浙江环球市政工程建设有限公司**
业务：本公司成立于2005年，主要从事市政工程建设，房屋建筑，建筑装潢，材料批发零售。
地址：浙江省湖州市八里店镇人民东路
………负责人：杨阿四　　邮　编：313001
………法　人：杨阿四

………Tel：0572－2260166
Fax：0572－2260758

**杭州之江度假区铁南五金建材商行**
业务：经营五金建材产品。主要经营夹芯板、小钢方管、活动架、零售小五金产品、焊条、轻钢龙骨产品，活动板房，钢构等设计制作
地址：浙江省杭州市西湖区转塘街道方家畈社区
………负责人：郑建祥　　邮　编：310024
………法　人：郑建祥
Tel：13758259546
0571－56202799

**杭州市下城区安舒建材商行**
业务：钢架，门窗，阳光房，楼梯
地址：浙江省杭州市下城区白石巷134－1号
………负责人：沈孝安　　邮　编：310000
………法　人：沈孝安
Tel：13336182963
13957121147

**富阳市东方巨星水利建设有限公司**
地址：浙江省杭州市富阳市东洲街道工业功能区
………负责人：葛连柱
Tel：13806519119

**杭州市下城区幻彩装饰服务部**
业务：专业艺术背景、大地涂料的专卖
地址：浙江省杭州市下城区杭玻路永祥街85号
………负责人：郭韩孝　　邮　编：310000
………法　人：郭韩孝
Tel：13989893658
15068726259

**杭州运昌装饰工程有限公司**
业务：室内外装饰工程设计、施工，批发零售装饰材料
地址：浙江省杭州市下城区绍兴路347号1幢4单元602室
………负责人：余运迁　　邮　编：310000
………法　人：余运迁
Tel：13296749267
0571－88950897
网址：http://www.51zzt.com/user/zzt32148

**杭州市下城区尊帛装饰材料商行**
业务：装饰材料批发零售
地址：浙江省杭州市下城区石桥路238－2－9号
………负责人：陈胜华　　邮　编：310026
………法　人：陈胜华
Tel：0571－28802919
Fax：0571－28802920

**杭州长城机电市场鹭杭管阀器材商行**
业务：五金工具、卫浴洁具、管道阀门、卫浴水暖配件、金属软管
地址：浙江省杭州市下城区石桥路274号长城五金518号
………负责人：洪向荣　　邮　编：310000
………法　人：洪向荣
Tel：0571－88125503

**杭州市下城区升辉卷闸门经营部**
业务：卷闸门
地址：浙江省杭州市下城区永佳南苑68号
………负责人：许丰收　　邮　编：310026
………法　人：许丰收
Tel：13003693633
13388423395
0571－85794656
Fax：0571－85794656
网址：www.hzjzm.com
E-mail：sales@hzjzm.com

**杭州经济技术开发区杭桥石材经营部**
业务：批发、零售石材
地址：浙江省杭州市下沙月牙桥石材市场1区5－5号
………负责人：陈计春　　邮　编：310026
………法　人：陈计春
Tel：13706516863
0571－86878219

**富阳市富新建材有限公司**
地址：浙江省杭州市富阳市新桐乡程坟村
………负责人：章金福
Tel：13806529978

**杭州萧山耀汉室内装饰服务部**
业务：室内装饰设计；零售：建筑材料、装饰材料、五金材料等
地址：浙江省杭州市萧山区北干街道金鸡路318－19、318－20号
………负责人：蔡汉林　　邮　编：310026
………法　人：蔡汉林
Tel：13606711459
0571－82367908

**杭州萧山党山沈金友建筑材料经营部**
业务：建筑材料批发零售
地址：浙江省杭州市萧山区党山镇中沙村
………负责人：沈金友
………法　人：沈金友
Tel：13018981982
0571－82531639

**杭州捷扬电器设备有限公司**
业务：生产与销售桥架、输送带、平胶带、托辊、橡皮板
产品：桥架、输送带、平胶带、托辊、橡皮板
地址：浙江省杭州市萧山区机电市场7幢4号
………负责人：庞敏　　邮　编：310026
………法　人：庞敏
Tel：0571－22810471
E-mail：pangmin1211@163.com

**杭州协力建材有限公司**
业务：集工程设计，制作、安装销售为一体的专业装饰工程公司，承接铁制品、铝合金门窗、塑钢门窗、整体轻型钢房、不锈钢工程，我们秉着真诚合作，利益共享为宗旨，欢迎新老客户洽谈合作
产品：铁制品、铝合金门窗、塑钢门窗、整体轻型钢房、不锈钢橱窗、阳台护栏、楼梯扶手等
地址：浙江省杭州市萧山区临江开发区
………负责人：黄宾林　　邮　编：311215
………法　人：黄宾林
Tel：0571－82693437
13706503684
Fax：0571－82693437

**杭州萧山衙前徐景海钢结构安装队**
业务：承接钢结构、钢网架、彩钢板制作及安装，我们将以优质的服务，合理的收费，过硬的技术，竭诚为您提供满意的服务。
产品：钢结构，钢网架，彩钢板
地址：浙江省杭州市萧山区宁围镇振宁社区恒泰御庭园27栋
………负责人：徐景海　　邮　编：311215
………法　人：徐景海
Tel：0571－82832755
13967176498
15988442233
Fax：0571－82832755

**杭州明富涂料有限公司**
业务：建筑胶水、涂料
产品：高级环保涂料
地址：浙江省杭州市萧山区围中村
………负责人：熊月富　　邮　编：310026
………法　人：熊月富
Tel：0571－82174380

**安吉县学亮苗圃**
业务：水生植物、地被植物、竹类
地址：浙江省杭州市萧山区新街镇二期三环88号（浙江花木城）、浙江省湖州市安吉县孝丰镇
………负责人：姚先琴　　邮　编：311200
………法　人：余学亮
Tel：13738189011
13819265330
72－5501340
E-mail：502431769@qq.com

**杭州荣州装饰有限公司**
业务：室内外装饰设计施工，钢结构工程，结构改造
地址：浙江省杭州市萧山区新街镇花城名苑59栋2单元301室
………负责人：邓庆先　　邮　编：311217
………法　人：邓庆先
Tel：13958013541

**长兴林城卫波苗木场**
业务：城镇绿化苗种植、批发、销售。
地址：浙江省湖州市长兴县林城镇太傅村平阳5号
………负责人：金卫波　　邮　编：313000
………法　人：金卫波
Tel：13735131634

### 杭州萧山衙前陈晓建钢结构安装队

业务：钢结构安装工程
地址：浙江省杭州市萧山区衙前镇新林周村新中路 106 号
负责人：陈晓建　邮　编：310026
法　人：陈晓建
Tel：13819453259

### 杭州萧山峰迪洁具厂

业务：卫浴洁具
产品：PVC 柜，橡木实木柜、不锈钢支架等
地址：浙江省杭州市萧山区益农镇镇龙殿村
负责人：冯锦海　邮　编：311247
法　人：冯锦海
Tel：0571－82598528
Fax：0571－82598528
网址：http：www.hzfdwy.com/
E-mail：weh@hzfdwy.com

### 浙江九鼎石材陶瓷品市场山东琳峰石材经营部

业务：山东白麻，黄金麻，金白玉，红麻，皇室珍珠，玲珑灰等系列石材，幕墙设计加工安装.
地址：浙江省杭州市萧山蜀山街道东庄周村（浙江九鼎石材陶瓷品市场堆房 69 号）
负责人：付德民　邮　编：310026
法　人：付德民
Tel：15824163978
0571－82392358
15988841092

**富阳渌渚建材有限公司**
地址：浙江省杭州市富阳市渌渚镇阆港村
负责人：孙中平
Tel：13567120439

### 杭州余杭区百丈镇楼道谊门窗经营部

业务：门窗销售
地址：浙江省杭州市余杭区百丈镇百兴路 79 号
负责人：楼道谊　邮　编：310026
法　人：楼道谊
Tel：0571－88562356

### 杭州明威建设有限公司

业务：公司承建：建筑工程、市政工程、园林绿化工程、土石方工程、地基与基础等工程。集施工、安装、销售、租赁于一体，公司贯彻“建质量一流工程，创名牌企业形象”的企业宗旨，全心全意为建设单位服务，热忱欢迎您前来洽谈业务！
产品：建筑工程、市政工程、园林绿化工程、土石方工程、地基与基础工程等
地址：浙江省杭州市余杭区东湖街道天荷路 105－16＃
负责人：李明　邮　编：311100
法　人：陆伟民
Tel：0571－89282383
Fax：0571－89282383
E-mail：306628003@qq.com

### 杭州运旺建筑材料销售有限公司

业务：建筑材料、五金电器
地址：浙江省杭州市余杭区径山镇小古城村俞 11 组樟山 10 号
负责人：黄国惠　邮　编：311116
法　人：黄国惠
Tel：0571－88587682
Fax：0571－88587106

### 杭州余杭区良渚中盛门业

业务：大折门、小折门、平开门、上轮推拉门、下轮推拉门
地址：浙江省杭州市余杭区良渚镇大陆村十七组 43 号
负责人：郎建忠　邮　编：310000
法　人：郎建忠
Tel：13819184138
0571－88760221

### 浙江省杭州市马可波罗瓷砖

业务：马可波罗瓷砖专卖
地址：浙江省杭州市余杭区良渚镇杜甫村（浙江亿丰家居建材城 B1101）
负责人：刘小成　邮　编：310026
法　人：魏军苗
Tel：13758272703
0571－56827726

**慈溪市长河浪佳洁具厂**
业务：浪佳洁具专业生产各种花洒，升降支架，铜，塑顶喷及各种套装系列的综合生产厂家。浪佳洁具具有雄厚的实力，用先进的加工设备，精湛的加工工艺，不断开发和创造出符合现代生活标准的产品。产品经过严密的检测，质量稳定可靠，外形美观大方，深爱国内外客户的赞兴誉。公司执忱欢迎海内外客商前来企业洽谈合作，浪佳愿与您携手共创明日辉煌。
地址：浙江省慈溪市长河工业园区
负责人：朱森炎　邮　编：315326
法　人：朱森炎
Tel：0574－63418790
Fax：0574－63418790
网址：www.mtw26736.chinapyp.com

### 杭州余杭区经济开发区高翔幕墙配件经营部

业务：玻璃幕墙、门窗配件零售
产品：玻璃幕墙、门窗配件
地址：浙江省杭州市余杭区临平街道望梅路 578 号 3 幢 107 室
负责人：魏世高　邮　编：310000
法　人：魏世高
Tel：13958126845
0571－89180036
Fax：0571－89180023

### 杭州余杭区乔司周小艮不锈钢商行

业务：销售各种不锈钢方管、圆管、花管及各种配件；加工各种不锈钢防盗窗、防盗门、扶手等
地址：浙江省杭州市余杭区乔司镇北街（乔司社区四组 17＃楼）
负责人：周小艮　邮　编：311101
法　人：周小艮
Tel：0571－86700921

### 杭州之江度假区康庭建材经营部

业务：散装水泥、包装水泥等建筑材料
地址：浙江省杭州市余杭区谢村
负责人：王志宏　邮　编：310000
法　人：王志宏
Tel：15805818529
13666699830
13958092846

### 杭州余杭区余杭镇思文装饰材料商行

业务：装饰材料、五金零售。
地址：浙江省杭州市余杭区余杭镇禹航路 323－325 号
负责人：董思文　邮　编：310026
法　人：董思文
Tel：15888811558

### 杭州余杭区中泰乡宝超土石方工程队

业务：土石方工程
地址：浙江省杭州市余杭区中泰乡石鸽社区 10 组
负责人：柳锡宝　邮　编：310000
法　人：柳锡宝
Tel：13606527770
13567146640

**杭州富阳恒昌建筑工程有限公司**
地址：浙江省杭州市富阳市新登镇城南路 25 号
负责人：戴加有
Tel：13805767338

### 杭州余杭区中泰乡科锦建材经营部

业务：销售建筑材料
地址：浙江省杭州市余杭区中泰乡跳头 47 号
负责人：厉根荣　邮　编：310026
法　人：厉根荣
Tel：13868065182
0571－88631684

### 浙江钱江市场景新盆景经营部

业务：假山盆景、瀑布、喷泉、亭院景观
地址：浙江省杭州市浙江钱江市场花卉大棚 36 号
负责人：王运松　邮　编：310000
法　人：王运松
Tel：13067844326

### 杭州余杭区仁和镇宋子建材商行

业务：干黄沙销售
地址：浙江省杭州余杭区仁和镇新桥村五福桥
负责人：宋道贵　邮　编：310026
法　人：宋道贵
Tel：15925623878
0571－86305586

**杭州同捷物业管理有限公司**
地址：浙江省杭州市拱墅区长板巷 19－2 号 5 楼
负责人：金发根
Tel：13706719992

### 杭州建立园林绿化工程有限公司

业务：园林绿化工程
地址：浙江省杭州余杭区余杭镇福田花园 3 号楼 2 单元 501 室
负责人：赵建立　邮　编：311121
法　人：赵建立
Tel：15925622030
0571－88665327

### 杭州余杭区中泰乡郑征锋建材经营部

业务：建材销售
地址：浙江省杭州余杭区中泰乡紫荆村 7 组
负责人：郑征锋　邮　编：310000
法　人：郑征锋
Tel：0571－88630916

### 晓杨五金建材商行

业务：各种夹板、面板、地板、铝塑板、木线条、五金装饰配件等、奇力多元化吊顶
地址：浙江省湖州市安吉县递铺镇迎宾大道 289 号 293 号天平花园大门旁
负责人：雷海英　邮　编：313000
法　人：雷海英
Tel：0572－5232031
13136504836
Fax：0572－5233332

**浙江润欣港航工程有限公司**
业务：浙江润欣港航工程有限公司成立于 2007 年 1 月，是一家大型民营企业，专业从事港口、航道、近海、海岸的疏浚开挖、吹填和维护以及海洋环保工程、海洋资源开发、船舶及有关设备租赁等业务，拥有施工船舶两艘，3000m3 斗轮挖泥船和 8m3 抓斗挖泥船，年疏浚能力达 1200 成立方。
地址：浙江省宁波市兴宁路 42 弄 1 号 12 楼
负责人：罗成品　邮　编：315020
法　人：周军光
Tel：0574－87648888
Fax：0574－87645577

**杭州富登混凝土有限公司**
地址：浙江省杭州市富阳市渔山乡万众村
负责人：孔万贤
Tel：13968159688

### 安吉叶锋平建材经营部

业务：建材销售
地址：浙江省湖州市安吉县递铺镇云鸿东路 175－179 号
负责人：叶锋平　邮　编：313000
法　人：叶锋平
Tel：0572－5870982

### 安吉县荣建水泥砖厂

业务：水泥砖生产、销售
地址：浙江省湖州市安吉县高禹镇高庄村
负责人：王荣刚　邮　编：313000
法　人：王荣刚
Tel：13735176917
0572－5817539

### 安吉隆森建材经营部

业务：建材销售
产品：各种规格的木板
地址：浙江省湖州市安吉县浒畔区递铺镇吉庆桥村
负责人：费建国　邮　编：313000
法　人：费建国
Tel：13185265013
0572－5321663

### 安吉县怡欣苗圃

业务：苗木、花卉销售
地址：浙江省湖州市安吉县孝丰镇城北社区
负责人：傅强　邮　编：313300
法　人：傅强
Tel：13857296625
13666516625

### 湖州耀八方玻璃有限公司

业务：各种规格、型号、颜色的玻璃批发零售
地址：浙江省湖州市八里店镇陆家坝村钢材市场西隔壁
负责人：孙建荣　邮　编：313000
法　人：孙建荣
Tel：13706520680
0572－2812100

### 长兴水口徽州庄帮祥苗木场

业务：绿化苗木的培育及销售
地址：浙江省湖州市长兴县水口乡徽州庄村
负责人：黄邦祥　邮　编：313000
法　人：黄邦祥
Tel：13967258748
0572－6533186

### 湖州吴兴江鑫土石方挖填队

业务：承接土石方工程
地址：浙江省湖州市八里店镇社区纬一路东起第 33 间
负责人：尤国祥　邮　编：313000
法　人：尤国祥
Tel：13735101688
0572－2683288

**杭州齐力泡沫材料有限公司**
地址：浙江省杭州市拱墅区半山镇沈家桥村二组
负责人：柳留荣
Tel：13867456808

### 长兴天林市政园林工程有限公司

业务：园林
地址：浙江省湖州市长兴县城镇金陵北路 281 号兴云大厦 311 室
负责人：朱荣坤　邮　编：313000
法　人：朱荣坤
Tel：13375828666
0572－6028428

### 长兴峻叶绿化工程有限公司

业务：园林绿化工程设计、施工及养护、苗木、花卉种植销售，假山堆砌，销售黄石、红石、水冲石、太湖石、云片石等各种景观石
产品：各种景观石
地址：浙江省湖州市长兴县白岘乡
负责人：金俊　邮　编：313118
法　人：金俊
Tel：13757252288
0572－6770983

### 长兴白岘秀泽装饰材料经营部

业务：装饰材料，油漆、涂料、瓷砖、地砖、地板、板材等
地址：浙江省湖州市长兴县白岘乡访贤街
负责人：吴炯阳　邮　编：313118
法　人：吴炯阳
Tel：15957265228

### 长兴洪桥捷利花岗岩加工厂

业务：花岗岩、大理石
地址：浙江省湖州市长兴县洪桥镇图影村大公斗自然村
负责人：陈炳芳　邮　编：313000
法　人：陈炳芳
Tel：13905826653

### 长兴宸源建材有限公司

业务：建筑建材销售
产品：各种规格七零砂、精白砂、普白砂、彩砂、碳酸钙、双飞粉等
地址：浙江省湖州市长兴县李家巷镇沈湾村
负责人：沈秀方　邮　编：313000
Tel：13185227325
0572－6602787

### 浙江省湖州市长兴林城澄心苗木场

业务：苗木种植和培育
地址：浙江省湖州市长兴县林城镇新星村
负责人：汪书顺　邮　编：313000
法　人：汪书顺
Tel：15957211111
0572－6803111

### 长兴吕山云宏建材经营部

业务：建筑材料销售
地址：浙江省湖州市长兴县吕山乡南敖自然村
负责人：敖克云　邮　编：313000
法　人：敖克云
Tel：13656729988

### 长兴煤山国明建材店

业务：装潢材料，建材销售
地址：浙江省湖州市长兴县煤山镇煤山丰泽苑 5 幢 3－4 号
负责人：李国明
法　人：李国明
Tel：0572－6075875
13868263503

### 德清武康镇辉煌木材经营部

业务：木材刨皮
产品：木材、木皮
地址：浙江省湖州市德清县武康镇三桥村黄泥斗
负责人：金国惠　邮　编：313000
法　人：金国惠
Tel：13587220658
0572－8309207

### 安吉县新宇建筑装饰有限公司长兴分公司

业务：工业与民用建筑、建筑装饰、市政公用工程施工、园林绿化工程、钢结构工程、建筑起重设备安装、机械设备租赁、建筑材料零售。（以上经营范围涉及资质证经营的，凭有效资质证经营）

地址：浙江省湖州市长兴县雉城镇三星斗居委会办公大楼二楼西侧

负责人：邱国成　邮　编：313100

Tel：0572－6217093

Fax：0572－6217091

### 长兴泗安长意苗木场

业务：园林绿化专用苗木花卉

地址：浙江省湖州市长兴县泗安镇三里亭村

负责人：池长意　邮　编：313000

法　人：池长意

Tel：13567965281

### 长兴泗安百鸟苗木场

业务：城镇绿化苗生产、零售、批发

地址：浙江省湖州市长兴县泗安镇师姑岗村

负责人：王妙山　邮　编：313000

法　人：王妙山

Tel：13157229075

0572－6738783

**杭州博朗装饰设计有限公司**

地址：浙江省杭州市拱墅区长乐路22号

负责人：郑温柔

Tel：13958011792

### 长兴雉城焊成钢材门市部

业务：建筑钢材批发

地址：浙江省湖州市长兴县雉城镇高家墩村1组189号

负责人：吴永秋　邮　编：313000

法　人：吴永秋

Tel：0572－6605268

13567956052

### 长兴雉城洁诚建材商行

业务：建材销售

地址：浙江省湖州市长兴县雉城镇海兴路173－175号

负责人：许国兵　邮　编：313000

法　人：杨先生

Tel：15067229696

0572－6580577

### 长兴雉城森辉门业（正信门业经营部）

业务：经营全铜门、仿铜门；全实木门、仿实木门；防火门等

地址：浙江省湖州市长兴县雉城镇河滨路2号

负责人：李伟峰　邮　编：313000

法　人：李伟峰

Tel：13615727720

0572－6516198

### 长兴天豪建材有限公司

业务：销售煤灰、钢材

地址：浙江省湖州市长兴县雉城镇明珠路金成广场B座4楼

负责人：蔡宗芝　邮　编：313000

法　人：蔡宗芝

Tel：15957215525

0572－6026885

### 长兴雉城伟成大理石厂

业务：大理石的加工、销售

地址：浙江省湖州市长兴县雉城镇南张浜村

负责人：张伟成　邮　编：313100

法　人：张伟成

Tel：13567237888

0572－6598333

**杭州洪辰玻璃有限公司**

地址：浙江省杭州市拱墅区储鑫路88号

负责人：陈根洪

Tel：13805731092

### 德清县武康镇弘旺建材商行

业务：销售防盗门

地址：浙江省湖州市德清县武康镇群益东街664－666号

负责人：尹新星　邮　编：313000

法　人：尹新星

Tel：15157212777

0572－8088858

### 吴兴迁力防水材料商行

业务：防水工程和防水材料的销售

地址：浙江省湖州市外环东路88号

负责人：张水根　邮　编：313000

法　人：张水根

Tel：13185273511

### 嘉善县云都建材经营部

业务：油漆、涂料批发零售

地址：浙江省嘉兴市嘉善县大云镇云寺西路81号

负责人：邵森坤　邮　编：314000

法　人：邵森坤

Tel：0573－84663331

### 嘉善顺和装璜建材经营部

业务：装饰材料、五金建材、地板、扣板及油烟机、煤气灶等小家电

地址：浙江省嘉兴市嘉善县大云镇云寺西路85号

负责人：邓小军　邮　编：314000

法　人：邓小军

Tel：15067323950

### 德清县武康镇张氏不锈钢推拉门窗厂

业务：不锈钢推拉门窗及配件加工与销售

地址：浙江省湖州市德清县武康镇同心路132号对面

负责人：倪晋程　邮　编：313200

法　人：倪晋程

Tel：0572－8302059

15605827773

### 德清县武康镇戴才初填土队

业务：填土、挖土服务

地址：浙江省湖州市德清县武康镇兴山小区10幢102室

负责人：戴才初　邮　编：313000

法　人：戴才初

Tel：13511252658

### 新益水电建材经营部

业务：管道、电器、洁具

地址：浙江省湖州市德清县武阳街761号

负责人：范黎强　邮　编：313200

法　人：范黎强

Tel：13957265140

0572－8320355

### 德清县新安镇玉良水泥制品厂

业务：砖块

地址：浙江省湖州市德清县新安镇陈家圩村

负责人：嵇玉良　邮　编：313000

法　人：嵇玉良

Tel：13867251027

### 王波玻璃装璜店

业务：装潢玻璃销售

地址：浙江省湖州市高富路93号

负责人：王女士　邮　编：313000

法　人：王益华

Tel：0572－2387575

### 湖州南浔靖盛地板厂

业务：生产、销售地板

地址：浙江省湖州市旧馆镇潘家庄村大桥路27号

负责人：郑进康　邮　编：313000

法　人：郑进康

Tel：13819222695

0572－3510888

**慈溪市海波土石方工程有限公司**

业务：本公司成立于2005年，专业从事土石方工程、室内外装饰装修，本着信誉第一、用户至上的经营理念，竭诚欢迎各界朋友，用户前来咨询洽谈业务。

地址：浙江省宁波市慈溪市庵东镇新建路14号

负责人：陈海波　邮　编：315327

法　人：陈海波

Tel：0574－62650192

Fax：0574－63472436

### 湖州吴兴双运建材商行

业务：木工板、三夹板、装饰面板、各类五金、PPR管材

地址：浙江省湖州市南华路296－298号

负责人：朱伟强　邮　编：313000

法　人：朱伟强

Tel：13336838111

0572－2758901

### 明华防水材料厂

业务：生产销售防水材料

地址：浙江省湖州市南浔区和孚镇荻港村

负责人：章克明　邮　编：313000

法　人：章克明

Tel：0572－3770351

3770399

**杭州川原房地产代理有限公司**

地址：浙江省杭州市拱墅区广利·普金家园6幢附3

负责人：顾继军

Tel：13805743762

### 永兴木线厂

业务：生产木线条

地址：浙江省湖州市南浔区旧馆镇潘家庄园区一路28号

负责人：朱永胜　邮　编：313000

法　人：朱永胜

Tel：0572－3518848

Fax：0572－2827991

### 湖州南浔善琏芩华水暖器材商店

业务：专营水暖器材、卫浴洁具，批零兼营，另承接管道安装。优质的产品，贴心的服务，适中的价格，欢迎您的光临！

产品：座便器，管材，龙头洁具，太阳能

地址：浙江省湖州市南浔区善琏镇含山村中兴路144号

负责人：许新民　邮　编：313014

法　人：许新民

Tel：0572－3670628

13857275882

### 南浔善琏薪钿建筑维修队

业务：建筑维修工程，道路

地址：浙江省湖州市南浔善琏镇和平村西兜郎11号

负责人：张薪钿　邮　编：313000

法　人：张薪钿

Tel：0572－3678197

3958808

15257228122

### 华丽建陶商行

业务：三色砖，墙砖，地砖，卫生洁具，罗马柱等，水道配件

地址：浙江省湖州市南浔镇华丽建材市场

负责人：莫荣林　邮　编：313000

法　人：莫荣林

Tel：0572－3060002

3060000

3060005

### 浙江高牌木业有限公司

业务：生产、销售：实木、实木复合、强化、生态、仿古五大系列地板

地址：浙江省湖州市南浔镇金斗路2号

负责人：肖方军　邮　编：313000

法　人：肖方军

Tel：0572－3033029

2723999

网址：http://gaopaiwood.wood365.cn

E-mail：gaopai@gaopaiwood.com

**杭州高杰装饰工程有限公司**

地址：浙江省杭州市拱墅区德胜新村50幢3号207室

负责人：李煜燚

Tel：13967110330

### 丰凯楼梯商行

业务：丰凯牌实木，钢木等楼梯及配件的生产销售

地址：浙江省湖州市苕溪东路1045号

负责人：周云斌　邮　编：313000

法　人：周云斌

Tel：0572－2287220

13615823236

### 湖州南浔松权木业有限公司

业务：木制品加工

地址：浙江省湖州市双林镇曹桥村

负责人：刘万权　邮　编：313000

法　人：刘万权

Tel：0572－2805397

网址：http://www.51zzt.com/user/zzt31779

### 湖州桐江金属材料有限公司

业务：建筑金属材料经营

地址：浙江省湖州市太湖路315号

负责人：徐新江　邮　编：313000

法　人：徐新江

Tel：13252208230

15868200511

### 吴兴八里店水泥预制厂

业务：生产、加工各种型号的铺路砖板

地址：浙江省湖州市吴兴区八里店镇计家湾村

负责人：叶永华　邮　编：313000

法　人：叶永华

Tel：13616727688

13957270636

**杭州杭晨装饰设计有限公司**

地址：浙江省杭州市拱墅区湖墅南路255号5号楼303室

负责人：姜国强

Tel：0571－85591193

### 湖州开拓建设工程有限公司

业务：建筑工程

地址：浙江省湖州市亿丰国际建材城1幢210室

负责人：张云飞　邮　编：313000

法　人：张云飞

Tel：13157221590

13713388626

### 滨海翔飞土石方工程队

业务：建设工程、土石方工程

地址：浙江省湖州市织里镇庙斗村16

负责人：张飞　邮　编：313000

法　人：张飞

Tel：13587918658

0572－3227326

### 嘉兴成宇建设工程有限公司

业务：市政工程

地址：浙江省嘉兴市东升路盛大花园6幢401室

负责人：周国良　邮　编：314000

法　人：周国良

Tel：13736885656

0573－82117952

### 海宁市长安镇叶伟强沙石场

业务：沙石经营

地址：浙江省嘉兴市海宁市长安镇盐仓村叶家浜20号

负责人：叶伟强　邮　编：314000

法　人：叶伟强

Tel：15336553058

0573－87970904

### 海盐县百步镇益兴五金建材店

业务：五金、钢材、塑料管道配件零售

地址：浙江省嘉兴市海盐县百步镇横港村2组

负责人：徐先生　邮　编：314000

法　人：官泽清

Tel：13666723261

**杭州旦龙建筑装饰工程有限公司**

地址：浙江省杭州市拱墅区和睦路72号201室

负责人：祝华春

Tel：13588899932

### 海盐县阿林斯顿太阳能厂

业务：专业制造生产太阳能热水器等系列产品的节能型企业，工艺精湛、结构新颖、性能优越。我们坚信一流的产品品质，一流的专业化设计安装，将带给您零烦恼的快乐消费新体验

产品：阿林斯顿太阳能、热岛太阳能

地址：浙江省嘉兴市海盐县通元镇工业园区

负责人：钱阿林　邮　编：314306

法　人：钱阿林

Tel：0573－86616338

13906832952

Fax：0573－86617722

网址：www.alsdsolar.com

### 海盐县西塘桥镇元林玻璃店

业务：玻璃的销售

地址：浙江省嘉兴市海盐县西塘桥镇集镇中乐路（金腾工具有限公司对面）

负责人：苏元林　邮　编：314000

法　人：苏元林

Tel：13456391193

0573－86811525

### 嘉善县大云镇阿弟铝塑门窗厂

业务：铝塑门窗制作、销售

地址：浙江省嘉兴市嘉善县大云镇洋桥村横港北2号

负责人：林银良　邮　编：314000

法　人：林银良

Tel：0573－84668749

13867320383

### 嘉善县惠民街道富利来卷帘门加工店

业务：销售电动伸缩门、消声门、电动遥控车库门、电动防火门、以及上门安装服务。

地址：浙江省嘉兴市嘉善县惠民街道大泖村界泾98号

负责人：李洪铭　邮　编：314000

法　人：李洪铭

Tel：13819072879

15868367617

**杭州中庆房产经纪有限公司湖墅分公司**

地址：浙江省杭州市拱墅区湖墅南路337号

负责人：胡立峰

Tel：0571－87242623

## 兴运建材旧模板木料经营部
业务：本经营部以再生资源的发展为目标，专营新旧模板、木料买卖，收购销售工地旧料、旧模板。
产品：模板、木料
地址：浙江省嘉兴市嘉善县惠民街道横泾桥社区白漾里3号
负责人：陈彭军 邮编：314100
法人：刘琴
Tel：13666732966
E-mail：1005710842@qq.com

**杭州财年建材有限公司**
地址：浙江省杭州市拱墅区和睦新村24－1号
负责人：朱亲槐
Tel：0571－88181581

## 嘉善天欣房地产有限公司
业务：房地产开发
地址：浙江省嘉兴市嘉善县天凝镇民达电工材料有限公司
负责人：周先生 邮编：314109
法人：吴阿三
Tel：0573－84913218
13905833609

## 嘉兴宏振建筑工程有限公司
业务：建筑工程、园林绿化
地址：浙江省嘉兴市嘉善县天凝镇凝溪路198号
负责人：叶晏逢 邮编：314000
法人：叶晏逢
Tel：15825730666
13676690088
0573－84913877

## 嘉善惠禾装饰设计工作室
业务：装饰设计、橱柜代理
地址：浙江省嘉兴市嘉善县魏塘街道上海休闲街三区3－8号
负责人：周刚平 邮编：314118
法人：周刚平
Tel：15967337773
0573－84022207

## 嘉善县魏塘镇新红门窗经销部
业务：供应各类木制品、木门、木窗
地址：浙江省嘉兴市嘉善县魏塘镇华东建材市场木材区9号
负责人：童新红 邮编：314100
法人：童新红
Tel：13957307528
15068363562

## 嘉善德传建材有限公司
业务：建材批发
地址：浙江省嘉兴市嘉善县魏塘镇魏塘开发区
负责人：赵德传 邮编：314000
法人：赵德传
Tel：13736843888
13216348888
网址：http://www.51zzt.com/user/zzt31748

## 浙江久顺交通工程有限公司
业务：市政道路、桥梁工程施工（凭有效的资质证书经营）
地址：浙江省嘉兴市嘉善县魏塘镇永富路169号14幢
负责人：俞菊明 邮编：314000
法人：俞菊明
Tel：13575303099
0573－84187565

## 嘉善县姚庄镇金宇木材加工厂
业务：木材加工，包装材料，托盘料，进口高档杂木家俱料
地址：浙江省嘉兴市嘉善县姚庄镇南鹿村东徐浜
负责人：邱金林 邮编：314000
法人：邱金林
Tel：0573－84771278

## 巢湖市鑫杰建筑劳务有限公司嘉兴分公司
业务：建筑业劳务外包
地址：浙江省嘉兴市锦江商务楼6C室
负责人：吕常四 邮编：314000
法人：吕常四
Tel：13516734666

## 嘉兴市皖兴能源有限公司
业务：能源开发经营
地址：浙江省嘉兴市南湖区半岛公寓4幢1102号
负责人：王伯忠 邮编：314000
法人：王伯忠
Tel：0573－82262175
网址：http://www.51zzt.com/user/zzt32615

## 嘉兴市南湖区城东陈华明塑钢门窗店
业务：销售，安装铝合金塑钢门窗
地址：浙江省嘉兴市南湖区城东路163号商办楼南1－2号店
负责人：陈华明 邮编：314000
法人：陈华明
Tel：0573－83623952

## 嘉兴市南湖区大桥甘霖建材店
业务：建材销售
地址：浙江省嘉兴市南湖区大桥镇顾家浜28号
负责人：季甘霖 邮编：314000
法人：季甘霖
Tel：13388629658
13736894356

## 嘉兴市南湖区凤桥绿艺园林场
业务：园林绿化工程、各类苗木、盆景、假山、石头
地址：浙江省嘉兴市南湖区凤桥镇庄史村47组
负责人：沈军 邮编：314000
法人：沈军
Tel：13806734011
0573－83131209
Fax：0573－83131209

## 嘉兴市南湖区东栅金枫叶家装用品经营部
业务：集销售、施工为一体，专业代理销售"金枫叶"室内装饰材料，以真诚的服务，把最优质、最环保的装饰材料推荐给您，为您缔造一个温馨、健康、环保的家居环境。
产品：金枫叶液体壁纸、金枫叶硅藻泥、金枫叶艺术涂料
地址：浙江省嘉兴市南湖区凌公塘路1181号一楼
负责人：莫睿俊 邮编：314001
法人：莫睿俊
Tel：0573－82832600
15957351393
Fax：0573－82832566
E-mail：jfyjx1181@sohu.com

## 鼎盛装饰材料经营部
业务：装饰材料、装饰工程、轻钢龙骨、五金
地址：浙江省嘉兴市南湖区万好家居购物广场E幢158、160、162、166、168、176－3号
负责人：彭启多 邮编：314000
法人：彭启多
Tel：13456296111
0573－82869667

**杭州诺金装饰工程有限公司**
地址：浙江省杭州市拱墅区湖墅北路109号201室
负责人：谢毅文
Tel：13116704167

## 浙江省嘉兴市桐乡市洲泉新连沙石场
业务：加工沙石
地址：浙江省嘉兴市桐乡市洲泉镇东田村赵家角
负责人：胡朝彬 邮编：314000
法人：胡朝彬
Tel：13819023553

## 嘉善嘉昊建材有限公司
业务："群升"牌防盗门
地址：浙江省嘉兴市魏塘镇晋阳东路673－675－677号
负责人：周其峰 邮编：314100
法人：周其峰
Tel：0573－84833976

## 嘉兴市秀洲区高照街道今顶集成吊顶经营部
业务：集成吊顶
地址：浙江省嘉兴市秀洲工业区秀园南路好一家居购物广场主楼一层B区26号
负责人：郑勇 邮编：314000
法人：刘霞
Tel：0573－82758990

## 浦江县顺天水暖器材商行
业务：主要经营水暖器材
地址：浙江省金华市浦江县建材市场A17－18号
负责人：陈霞 邮编：321000
法人：陈霞
Tel：13738978833
13868919222

## 嘉兴市经开广胜窗业经销处
业务：门窗及焊锡丝的零售
地址：浙江省嘉兴市阳海景怡商铺23幢10－11号（嘉北街道）
负责人：金贤青 邮编：314000
法人：金贤青
Tel：13185346556
0573－82229091
87026688

## 嘉兴市港区园满劳务队
业务：钢结构设备服务。以钢结构制作、安装为主。
地址：浙江省嘉兴市乍浦镇雅山西路南侧江南钢构公司房屋1幢
负责人：赵园满 邮编：314000
法人：赵园满
Tel：13906736941
0557－6455613

## 建德市大同镇同心石材石矿场
业务：石材石矿产品
地址：浙江省建德市大同镇竹源村
负责人：赵志坤 邮编：310026
法人：赵志坤
Tel：13516877604
0571－64108531

## 建德市新安江街道旺业楼梯商行
业务：代理销售、安装楼梯，建材
地址：浙江省建德市太平洋建材市场夹板A－4区
负责人：张锡浩 邮编：310026
法人：张锡浩
Tel：0571－64786857

## 慈溪市精英建材有限公司
业务：本公司成立于2006年，主要经营墙地砖陶瓷。产品质量保证、价格合理，欢迎新老客户光临、惠顾！
地址：浙江省宁波市慈溪市新时代装饰市场北区东首
负责人：董晓东 邮编：315300
法人：董晓东
Tel：0574－63837466
63837477

## 江山市日明水泥预制场
业务：经营水泥砖、水泥瓦
地址：浙江省江山市清湖镇和睦村
负责人：陆日明
法人：陆日明
Tel：0570－4728877

## 江山市天艺装饰工程有限公司
业务：室内外装饰、装潢工程
地址：浙江省江山市双塔街道城北广场30号
负责人：陆根富 邮编：324002
法人：陆根富
Tel：0570－4386981
13511410226

## 江山市东丰装饰有限公司
业务：室内外装修、装饰设计
地址：浙江省江山市双塔街道凝秀南路391号
负责人：鲁克祥 邮编：324100
法人：鲁克祥
Tel：0570－4168625
15057028405
网址：www.jsdf88.cn
E-mail：jiangshandf@sina.com

## 江山市怡家木门厂
业务：木门的加工和销售
地址：浙江省江山市淤头镇光辉村平岗山（平岗山电器材厂内）
负责人：徐有海 邮编：324100
法人：徐有海
Tel：0570－4721809
13454016441

## 广东宏兴卷闸门材料批发部
业务：铝合金承接；卷闸门、伸缩门安装
地址：浙江省金华市东阳市南马供电所南马（加油站旁）
负责人：吴奕范 邮编：321000
法人：吴奕范
Tel：13706798089
0579－86280828
Fax：0579－86280828

**杭州腾峦装饰工程有限公司**
地址：浙江省杭州市拱墅区和睦新村24－1号二楼210室
负责人：刘建华
Tel：13588837088

## 东阳市大联跃燕木制品厂
业务：木工板生产销售
地址：浙江省金华市东阳市南市街道大联村高塘
负责人：蒋亿良 邮编：321000
法人：蒋亿良
Tel：0579－86211188

## 浙江省金华市东阳市吴宁菲尔普液体墙纸店
业务：液体墙纸批发
地址：浙江省金华市东阳市人民路225号
负责人：金秀强 邮编：321000
法人：金秀强
Tel：0579－86827606

## 金华市婺城区绿卫新型建材经营部
业务：新型建材批发
地址：浙江省金华市环城南路592号
负责人：叶建恒 邮编：321000
法人：叶建恒
Tel：0579－82474133

## 婺州建华装卸队
业务：装卸服务
地址：浙江省金华市解放西路1019号
负责人：贾水龙 邮编：321000
法人：贾水龙
Tel：0579－82347883
13116887769

## 兴源广告装璜设计有限公司
业务：喷绘写真、设计制作
地址：浙江省金华市解放西路425号2楼
负责人：陈明 邮编：321000
法人：陈晗
Tel：0579－82345747
13586989858
Fax：0579－82345747

## 金华市金东区良青苗木场
业务：绿化苗、花卉盆景种植、销售（林木种子生产）
地址：浙江省金华市金东区曹宅镇潘村（东陈村前王畈）
负责人：王良清 邮编：321000
法人：王良清
Tel：13388666688
0579－82599777

## 河南省天地建筑防水工程有限公司金华分公司
业务：承接防水工程、房屋油漆工程，批发和销售建筑材料
产品：建筑材料
地址：浙江省金华市金东区赤松镇下杨村
负责人：吴高尚 邮编：321000
法人：吴高尚
Tel：15858999606
13868972966

## 金锋铁件加工厂
业务：加工与销售钢性套管、柔性套管、方套等各种套管
产品：钢性套管、柔性套管、方套等各种套管
地址：浙江省金华市金东区多湖街道汀村雅地路口3号
负责人：吴伟娟 邮编：321000
法人：吴伟娟
Tel：15067078340
13806785312
E-mail：wxf0927@126.com

## 金华市金东区文章绿化苗木场
业务：绿化苗木，果苗盆景
地址：浙江省金华市金东区孝顺镇金江沿村
负责人：金文章 邮编：321035
法人：金文章
Tel：13586980005
0579－82952867

## 浦江县诚信木材经营部
业务：专业加工销售木材
地址：浙江省金华市浦江县郑宅镇广明村三区17号
负责人：于淑卫 邮编：322215
法人：于淑卫
Tel：0579－84317795

## 浦江县新吐水暖器材店
业务：零售水暖器材
地址：浙江省金华市浦江县中山南路78号
负责人：于新吐 邮编：321000
法人：于新吐
Tel：13750947733
0579－84159098

**武义县白洋恒友楼梯扶手店**
业务：经营楼梯扶手
地址：浙江省金华市武义县白洋街道熟溪小学边12号店面
负责人：麻土友 邮编：321000
法人：麻土友
Tel：13034258820
0579－83757599

**武义安富达木业有限公司**
业务：制造、销售
产品：钢木室内门
地址：浙江省金华市武义县百花山工业区
负责人：吕理通 邮编：321200
法人：吕理通
Tel：0579－87613588
Fax：0579－87613786
网址：www.chinaanfuda.com

**武义县熟溪伟林铝合金窗加工店**
业务：铝合金窗加工、销售
地址：浙江省金华市武义县熟溪街道栖霞花苑一区二幢5号
负责人：詹伟林 邮编：321000
Tel：13106417388
13735748119

**武义莱阳李山头石材有限公司**
业务：生产、销售石材
地址：浙江省金华市武义县新宅镇大莱村
负责人：周展宏 邮编：321000
法人：周展宏
Tel：13967943628
0579－87743159

**杭州市工业建筑设计院有限公司监理分公司**
地址：浙江省杭州市拱墅区湖墅南路452号二楼
负责人：李朝海
Tel：0571－88831789

**义乌市环健（管）家水暖器材**
业务：同正PVC管、上海汇丽PPR管、PE管、杭州锦程PVC加筋管、PVC波纹管、RPAP5双热熔PE－RT增强管、九牧王卫浴、消防器材及水暖附件的批发、零售
地址：浙江省金华市义乌市北苑丹溪北路400－1－2号
负责人：王凯 邮编：321000
法人：王凯
Tel：13676828058
15988510033
0579－85110490

**义乌市佳骅建材商行**
业务：经营建材
地址：浙江省金华市义乌市北苑丹溪北路493号
负责人：林银生 邮编：321000
法人：王香华
Tel：18957933188
0579－85382788

**义乌市登艺陶瓷商行**
业务：各种陶瓷、卫浴批零
地址：浙江省金华市义乌市北苑丹溪二区43幢2号9－12间
负责人：林长光 邮编：321000
法人：林长光
Tel：0579－81589168
13566777909

**义乌市运来装饰材料商行**
业务：装饰材料经营
地址：浙江省金华义乌市北苑街道丹溪二区6幢4－5号
负责人：楼鑫进 邮编：321000
法人：楼鑫进
Tel：0579－81589528

**兰溪市好上好门业经营部**
业务：销售防盗门
地址：浙江省兰溪市兰江街道振兴路290号
负责人：陈小兴 邮编：321100
法人：陈小兴
Tel：13173830377
15558677887

**奉化宏源公路绿化建设有限公司**
业务：奉化宏源公路绿化建设有限公司专业从事园林绿化工程，公司秉承"与民得方可为，与时进方可生"的宗旨，决心为国为民缔造高质量的生态环境。
地址：浙江省宁波市奉化市大成路267－15号
负责人：葛荣东 邮编：315500
法人：葛荣东
Tel：0574－88509688

**青田县晨丰防盗门店**
业务：防盗门的销售以及安装
地址：浙江省丽水市青田县船寮镇大洋村公路
负责人：叶双蕾 邮编：323000
法人：叶双蕾
Tel：15857851418
13757813259

**兰溪市悦丰建材综合经营部**
业务：水管、排污管、管材管件、电线、装潢材料等经营
地址：浙江省兰溪市云山街道莲花路98号
负责人：赵云芳 邮编：321000
法人：赵云芳
Tel：0579－88868005
13858988761

**杭州筑城建材贸易有限公司**
地址：浙江省杭州市拱墅区莫干山路856号（杭州祥和假日大酒店514室）
负责人：廖贤龙
Tel：0571－88180707

**乐清市盛广幕墙门窗配件总汇**
业务：门窗配件、幕墙配件
地址：浙江省乐清市北白象镇前星村交通东路802号
负责人：林晓节 邮编：325600
法人：林晓节
Tel：0577－62887735
15825696335
Fax：0577－57100321

**温州祥圣建筑节能工程有限公司**
业务：建筑节能工程
地址：浙江省乐清市虹桥镇府浩路58号
负责人：薛公柱 邮编：325000
法人：薛公柱
Tel：0577－62398190

**乐清市乐成阿宝时尚装饰材料店（金狮时尚天花）**
业务：专营时尚天花等装饰材料，批零兼营，以质量求生存，以信誉求发展是我们的宗旨，欢迎新老客户前来洽谈
产品：金狮时尚天花、硅钙板、各种龙骨等
地址：浙江省乐清市乐成镇宁康西路470
负责人：冯宝 邮编：325600
法人：冯宝
Tel：0577－62514666
13738796161
Fax：0577－62514000
E-mail：75700024@qq.com

**乐清市小包广告工作室**
业务：户外广告设计、施工，喷绘、写真等加工
地址：浙江省乐清市乐成镇人民路110号
负责人：包伟海 邮编：325600
法人：包伟江
Tel：0577－62525121
13958982850
13676573251

**乐清市佳丰装璜有限公司**
业务：承接室内外装饰、装潢
地址：浙江省乐清市象阳镇桥前村
负责人：朱丰垟 邮编：325000
法人：朱丰垟
Tel：0577－62618118
13353371862

**浙江丽水欧派门业**
业务：欧派门业丽水市总代理，专营室内套装门，实木烤漆门，并为您提供免费测量、免费送货、免费安装服务。专业的品牌，专业的质量，让新老顾客买的放心，用的舒心。
产品：室内套装门，实木烤漆门
地址：浙江省丽水市解放街547号
负责人：卢海兰 邮编：323000
法人：卢海兰
Tel：0578－2178615
13666558613
Fax：0578－2178615

**青田县相伟装饰材料店**
业务：木工板、木竹经营加工、小五金零售
地址：浙江省丽水市青田县鹤城镇水南公路4号
负责人：廖小伟 邮编：323000
法人：廖小伟
Tel：13857095606
0578－6036722

**浙江鑫直建筑有限公司丽水分公司**
业务：房屋建筑、施工、总承包二级，装饰、装修工程专业承包三级，土三石方填筑工程专业承包三级，地基与基础工程专业承包三级，钢结构工程专业承包三级，体育场地施工工程专业承包三级
地址：浙江省丽水市金贸国际大厦806室
负责人：范友强 邮编：323000
法人：范友强
Tel：13867060517
13867062188
Fax：0578－2662612

**缙云县郑钦塑钢门窗材料经营部**
业务：销售塑钢型材及其配件
地址：浙江省丽水市缙云县五云镇安顺巷13、15号
负责人：郑小波 邮编：321400
法人：郑小波
Tel：13957094525
0578－3316221

**浙江省缙云县创实门业有限公司**
业务：集设计生产、加工定做为一体的专业门类厂家，以生产加工木门为主营业务，完美的设计，优良的品质，并提供良好的售后服务。欢迎广大新老客户前来洽谈、订购。
产品：木门
地址：浙江省丽水市缙云县五云镇新中路11号
负责人：黄双明 邮编：321400
法人：黄双明
Tel：0578－3185878
Fax：0578－3185879

**缙云县佰福门业**
业务：主要生产，销售，安装卫浴门（折叠门系列，平开门系列），卫浴门铝材批发，玻璃批发
地址：浙江省丽水市缙云县新建镇中心街155、157、159号
负责人：刘建勋 邮编：321402
法人：丁祝洁
Tel：0578－3173955
13646783472
18967091277

**北京市第二建筑工程有限责任公司浙江分公司**
地址：浙江省杭州市拱墅区上塘路393号
负责人：吴愉平
Tel：13386535377

**景宁鹏达园林经济开发有限公司**
业务：园林绿化工程、旅游光观、水利工程
地址：浙江省丽水市景宁县鹤溪镇车站路25号
负责人：林清伟 邮编：323500
法人：林清伟
Tel：15857889498

**丽水市新丽玻璃装饰经营部**
业务：玻璃装饰
地址：浙江省丽水市开发路632、634号
负责人：汪良华 邮编：323000
法人：汪良华
Tel：13857070121
0578－2506922

**龙泉市远鑫供排水管道厂**
业务：水泥管道制造和销售
地址：浙江省丽水市龙泉市西街街道新茶村1号
负责人：叶大路 邮编：323000
法人：叶大路
Tel：0578－7383285
13906785346
Fax：0578－7383285

**丽水市东方龙办公家具厂**
业务：零售；铁制经营专业餐桌、铁床、会议桌（折叠桌）、车间工作证、配件等等。
地址：浙江省丽水市吕埠坑1号（老水泥厂内）
负责人：梅明富 邮编：323000
法人：梅明富
Tel：13884358288
0578－2682356
15805882488

**杭州盛德房地产开发有限公司售楼部**
地址：浙江省杭州市拱墅区上塘路假山路交界处
负责人：陈列平
Tel：0571－88223668

**青田县贵岙强财石材加工厂**
业务：牌坊，牌楼，石栏杆，石狮子，石桌，公园各种用石，地面板的生产和销售
产品：牌坊，牌楼，石栏杆，石狮子，石桌，公园各种用石，地面板
地址：浙江省丽水市青田县贵岙乡山阜上二级电站边
负责人：徐定财 邮编：323000
法人：徐定财
Tel：13615787923
0578－6721445

**青田县诚信铝合金加工店**
业务：防盗门、铝合金加工
地址：浙江省丽水市青田县仁庄镇牌坊路60号
负责人：伍群丰 邮编：323000
法人：伍群丰
Tel：13735989902
0578－6826116

**青田县石运来石雕经营部**
业务：石雕销售
地址：浙江省丽水市青田县山口镇中国石雕城7幢93号
负责人：陈李笋 邮编：323000
法人：陈李笋
Tel：13587136888
0578－6865303

**遂昌益雄装璜工程部**
业务：装饰装璜工程
地址：浙江省丽水市遂昌县妙高镇北街316号安居大厦1单元602室
负责人：叶益雄 邮编：323000
法人：叶益雄
Tel：15157830420
0578－8172033
18957059911

**遂昌县便民木材加工厂**
业务：松（杂、杉）板及方料加工、销售
地址：浙江省丽水市遂昌县云峰镇东亭村
负责人：雷伟明 邮编：323000
法人：雷伟明
Tel：13957069285
13282526927

**丽水市新伟装饰设计有限公司**
业务：承接室内外装饰，企业装饰设计等业务
地址：浙江省丽水市万丰北路29幢21号
负责人：吴建伟 邮编：323000
法人：吴建伟
Tel：15957815455
0578－2129092
2129091
18905886978

**景林工程队**
业务：专业从事造林苗、绿化苗、经济林苗种植与销售，提供技术指导及咨询服务，以"好种、好苗、种好树"为原则，以质量求生存，以信誉求发展，竭诚为广大客户服务！
产品：枫树、香樟、杜樱、紫薇等
地址：浙江省丽水市云和县云和镇下前溪53号
负责人：何先亮 邮编：323600
法人：何先亮
Tel：13884395459

**临安市沃溪木材加工厂**
业务：木材半成品加工
产品：啤酒包装箱
地址：浙江省临安市昌化镇联盟村（七里桥）
负责人：何红贵 邮编：310026
法人：何红贵
Tel：0571－63672168
13567182658

**临安新家园陶瓷经销部**
业务：瓷砖，地板砖等陶瓷制品
地址：浙江省临安市锦城街道钱王街1320号
负责人：谢木星 邮编：310026
法人：谢木星
Tel：13486143858

**临安市安顺移动脚手架商店**
产品：出租、销售移动脚手架
地址：浙江省临安市锦城街道石镜街533号
负责人：季浩亮 邮编：311300
法人：季浩亮
Tel：0571－63817619

## 临安市国华门窗商行、小红蛋糕店
业务：门窗的销售。经营蛋糕
地址：浙江省临安市锦城街道新溪桥村、浙江省临安市锦城街道西市街2号
负责人：周国华　邮　编：310026
法　人：周国华
Tel：13116773381
13868006851
0571－63922286

## 金良建材经营部、桥头石灰五厂
业务：经营石灰
地址：浙江省临安市青山湖街道桥头村
负责人：何金良　邮　编：311300
法　人：何金良
Tel：13868037161

## 临安新伟建材经营部
业务：经营建材
地址：浙江省临安市青山湖街道跃进门
负责人：王伟　邮　编：311300
法　人：王伟
Tel：13868036688
0571－63921688

## 临安市欧通建材商行
业务：销售建材
地址：浙江省临安市商城8A幢110号
负责人：张经华　邮　编：310026
法　人：张经华
Tel：0571－61077636
63800655
13868018116
Fax：0571－63800655

## 临安弘义建材经营部
业务：专业从事建筑材料的销售，承揽土方挖运、水泥基坑、定向爆破等工程，设有挖掘机、铲车等，我们将以先进的设施、一流的技术，竭诚为您服务！
地址：浙江省临安市太湖源镇杨桥头15号
负责人：陈于　邮　编：311300
法　人：陈于
Tel：0571－63929377
13666648788

## 临海市黄坦宏柳花木场
业务：种植销售花木
地址：浙江省临海市白水洋镇八村
负责人：李宏柳　邮　编：317000
法　人：李宏柳
Tel：13757696930

**杭州明磊特种建筑工程有限公司**
地址：浙江省杭州市拱墅区上塘镇赛马村
负责人：张先明
Tel：0571－88086995

## 临海市盛隆门业经营部
业务：门业销售，主要有防盗门、室内门、热水器等
地址：浙江省临海市白云小区2－28幢10号
负责人：朱昌国　邮　编：318000
法　人：朱昌国
Tel：0576－85286228
13905868097
Fax：0576－85286228

## 临海市丽居油漆店
业务：立邦保优丽油漆销售
地址：浙江省临海市大田街道东方大道729号
负责人：韩再新　邮　编：317004
法　人：韩再新
Tel：13018850513
131715383815
0576－85962382
Fax：0576－85962382

## 临海市林喜装饰材料经营部
业务：主营：亚士油漆，五金，卫浴等。
地址：浙江省临海市大洋西路499号
负责人：王林喜　邮　编：317000
法　人：王林喜
Tel：13732331558
15867627880

## 玖兴油漆辅料经营部
业务：油漆，墙面涂料
地址：浙江省宁波市江东区美化油漆涂料市场21号
负责人：陈国忠　邮　编：315000
法　人：陈国忠
Tel：0574－87809557

## 临海市鸿腾制管有限公司
业务：本公司是一家集铝型材生产、销售、加工为一体的以挤压为主营业务的企业，公司技术力量雄厚，产品质量稳定，新产品不断开发，欢迎广大客户来电洽谈业务！
产品：铝合金型材(以休闲用品为主)
地址：浙江省临海市东方大道351号
负责人：徐建国　邮　编：317000
法　人：王赵龙
Tel：0576－85176957
13906765188
Fax：0576－85176956
网址：www.lhhongteng.cn
E-mail：lhhongteng@163.com

## 宁波东钱湖旅游度假区王驰地坪施工队
业务：地坪施工业务
地址：浙江省宁波东钱湖旅游度假区钱湖北路788号
负责人：王翅　邮　编：315000
法　人：王翅
Tel：13186859218
0574－88361707

## 宁波市北仑区白峰石磊石材厂
业务：石材
地址：浙江省宁波市北仑区白峰镇门浦村周家边3号3幢、4幢
负责人：刘明强
Tel：13255843305

**杭州志康装饰材料有限公司**
地址：浙江省杭州市拱墅区沈半路198号
负责人：陈光荣
Tel：13805729505

## 宁波市北仑区大碶闪亮装潢服务部
业务：室内外装饰、装修
地址：浙江省宁波市北仑区大碶街道王隘村25号
负责人：杨代广　邮　编：315806
法　人：杨代广
Tel：13056785521
15088818988

## 宁波市北仑区新碶实在装饰
业务：门窗加工、室内外装修
地址：浙江省宁波市北仑区新碶辽河路35号
负责人：张新勇　邮　编：315000
法　人：张新勇
Tel：13185950836
13345740351

## 慈溪永盛建筑机械租赁有限公司
业务：建筑机械租赁、钢管租赁、安装
地址：浙江省宁波市慈溪浒山镇孙塘北路888号
负责人：谢利军　邮　编：315300
Tel：0574－63019817

## 宁波高新区多普特新型建材有限公司
业务：铝合金踢脚线，铝合金成品门套，铝合金除尘器材，铝合金伸缩门
地址：浙江省宁波市高新区院士路66号创业大厦3－50
负责人：陈冬子　邮　编：315000
法　人：陈冬子
Tel：13071921828
0574－27819007
网址：www.duopute.com

## 宁波祥乾建材贸易有限公司
业务：建筑材料、金属材料、机械设备、工艺品、日用品、塑料制品、五金交电、化工原料及产品(除化学危险品)的批发、零售
地址：浙江省宁波市海曙区南郊路135号
负责人：郑安国　邮　编：315012
法　人：郑安国
Tel：13757466498
0574－87466399
Fax：0574－86252336

## 象山绿源大棚支架厂
业务：一般经营项目：大棚支架、装饰材料加工，销售
地址：浙江省宁波市象山县丹城西谷路48号
负责人：罗金海　邮　编：315000
法　人：罗金海
Tel：13606786250
15558256886

## 慈溪经济开发区双龙门业有限公司
业务：专业生产门窗、卫生洁具等，并提供免费测量、免费送货、免费安装服务。我们以优质的型材、一流的技术，完美的售后服务，为您营造温馨的家居环境。
产品：不锈钢门、铝合金门、仿铜门、钢板门、防盗门，室内门、卫生洁具等
地址：浙江省宁波市杭州湾经济开发区
负责人：沈丽萍　邮　编：315325
法　人：沈权万
Tel：0574－63003888
63000222
63000555
Fax：0574－63588311
网址：www.cxshuanglong.cn
E-mail：shuanglongspw@yahoo.cn

**杭州南方正瑞建材有限公司**
地址：浙江省杭州市拱墅区沈半路201号
负责人：沈利平
Tel：13905714449

## 宁波市江北金普建材商行
业务：经营建材
地址：浙江省宁波市江北区北海路77号(轻纺城G区115－116)
负责人：金荣军　邮　编：315000
法　人：金荣军
Tel：13586911818
0574－83091013

## 宁波市江北鑫隆管业
业务：管道电线、洁具、地砖、卫浴、五金配件的批发零售
地址：浙江省宁波市江北区北海路77号G区112号(浙东轻纺城内)
负责人：陈志明　邮　编：315000
法　人：陈志明
Tel：13777122318
0574－26280589

## 宁波市江北辉煌橱柜商行
业务：主要经营橱柜、移门、淋浴房、晾衣架、厨房电器等
地址：浙江省宁波市江北区北海路77号辉煌橱柜
负责人：李辉明　邮　编：315032
法　人：李辉明
Tel：13486414738
0574－83090862

## 宁波市江北新东方五金扣板批发商行
业务：(韩国三星)集成吊顶铝塑板，塑钢扣板、高中档及普通扣板(以批发为主)、五金类：钉子、白胶、门锁轨道、节轮、吊轨、汽霸、万能胶、玻璃胶等，各类产品齐全，厂家直销
地址：浙江省宁波市江北区北海路77号浙东轻纺城D区125－126号
负责人：陈根富　邮　编：315032
法　人：陈根富
Tel：13071932858
0574－26278565

## 宁波市江北宁宁玻璃装饰部
业务：玻璃销售加工及安装一条龙服务
地址：浙江省宁波市江北区大庆南路297号(白沙菜市场二楼)
负责人：傅国平　邮　编：315000
法　人：傅国平
Tel：13805875405
13566035191
13967867687

## 宁波市仁德五金洁具商店
业务：金德管业、欧乐佳卫浴、意利宝陶瓷
地址：浙江省宁波市江北区三官堂风华路490号华东物资城新甬市场陶瓷区123－129
负责人：金荣军　邮　编：315000
法　人：金荣军
Tel：13586911818
0574－87676100

## 宁波市江北福隆石材经营部
业务：花岗岩销售及承揽工程
地址：浙江省宁波市江北区甬江街道河东村宝成路(华业街到底)
负责人：黄式坚　邮　编：315000
法　人：黄式坚
Tel：0574－87635904
26257292

## 海宁市黄山岭石料有限公司
业务：海宁市黄山岭石料有限公司成立于1998年，生产建筑用石料，欢迎新老客户来电洽谈业务。
地址：浙江省嘉兴市海宁市袁花镇镇东村黄山岭
负责人：俞锦瑞　邮　编：314416
法　人：俞建平
Tel：0573－87896142
网址：www.mtw28292.chinapyp.com

## 宁波市江北万隆石材经营部
业务：石材批发、厂家直销、酒店装饰、承接大型石材工程
地址：浙江省宁波市江北区庄桥东郡村(石材城内)
负责人：蔡金得　邮　编：315000
法　人：蔡金得
Tel：0574－88165396

## 宁波市江北华顺石材经营部
业务：国产、进口花岗岩石材加工、销售
地址：浙江省宁波市江北甬江河东村宝成路
负责人：余新营　邮　编：315000
法　人：余新营
Tel：13056953302
0574－26258602
Fax：0574－26258602

## 宁波市江东玻忆玻璃店
业务：加工，销售玻璃
地址：浙江省宁波市江东区江东北路367号－4－5
负责人：吴克庆　邮　编：315000
法　人：吴克庆
Tel：13003736283
15958848846
0574－87786141

## 宁波环邦生物科技有限公司
业务：有机废弃物(城市生活垃圾、污泥、禽畜粪便)处理、资源化利用
地址：浙江省宁波市江东区兴宁巷80号(2－15)－(2－18)
负责人：陈盛国　邮　编：315040
法　人：陈盛国
Tel：0574－87873457
13056852238
Fax：0574－87873457

## 宁波市江东小张不锈钢板材经营部
业务：板材的批发及零售
地址：浙江省宁波市江东区姚隘路735号
负责人：张庭进　邮　编：315040
法　人：张庭进
Tel：13386618768
0574－87771544

## 宁波新樟塘建设有限公司江东分公司
业务：施工建筑
地址：浙江省宁波市江东区姚隘路948弄1号
负责人：邵永法　邮　编：315040
Tel：13805874155
0574－87936228

**杭州碧海特种滤材有限公司**
地址：浙江省杭州市拱墅区沈半路2号
负责人：庞国州
Tel：13362620318

## 象山万有建设工程有限责任公司
业务：房屋建筑工程施工，机械工程施工，机械设备回收及维修，建筑材料批发、零售
地址：浙江省宁波市象山县丹东街道东谷路165号
负责人：朱水德　邮　编：315000
法　人：朱水德
Tel：13777951295
0574－65775588

## 丹城辉煌铁艺店
业务：门窗加工，有铁艺、防盗门、不锈钢加工
地址：浙江省宁波市象山县丹东街道育才路285号
负责人：熊新华　邮　编：315000
法　人：熊新华
Tel：13185950163
13486475209

## 浙江鲲鹏建设有限公司象山分公司
业务：建设工程
地址：浙江省宁波市象山县汇振路86号
负责人：颜传国　邮　编：315000
法　人：颜传国
Tel：0574－65653951

## 宁波港丰工程建设有限公司
业务：承接市政工程和交通工程
地址：浙江省宁波市象山县丹西街道城西路57号
负责人：李恒颂　邮　编：315000
法　人：李恒颂
Tel：13606788891
13082963732

## 象山丹城新星装潢材料经营部
业务：装潢材料销售
地址：浙江省宁波市象山县丹西街道丹峰路与西谷湖路交叉口蓬莱装璜建材市场内
负责人：董兴光　邮　编：315000
法　人：董兴光
Tel：13336695578
0574－65009191

## 象山恒大石材经营部
业务：装饰材料的加工与销售
地址：浙江省宁波市象山县丹西街道经济开发区中源模具公司内
负责人：叶秀忠　邮　编：315711
法　人：叶秀忠
Tel：13065857002
0574－65658600

## 象山县典尚室内设计工作室
业务：室内外装饰设计施工
地址：浙江省宁波市象山县丹西街道象山港路448号
负责人：谢伟民　邮　编：315700
法　人：谢伟民
Tel：70574－65764706

## 宁波爱瑞门业有限公司
业务：制造钢门窗
地址：浙江省宁波市象山县爵溪街道北塘工业区
负责人：张林贵　邮　编：315000
Tel：0574－65601475
65607245

## 象山县石浦百国门窗加工店
业务：制作各种车库门，卷帘门，厂房门，防盗门窗，栏杆，空调门帘，太阳棚，快速抢修
地址：浙江省宁波市象山县石浦兴港西路38号西起第2间
负责人：李百国　邮　编：350000
法　人：李百国
Tel：13373888873
0574－81700653

**杭州亚铝工贸有限公司建材分公司**
地址：浙江省杭州市拱墅区沈半路80号
负责人：沈建明
Tel：0571－88350008

## 象山县贤痒王伟忠建材店
业务：建材销售
地址：浙江省宁波市象山县贤痒镇贤痒村兴贤路279号
负责人：王伟忠　邮　编：315000
法　人：王伟忠
Tel：0574－65641588

## 宁波市北仑区小港十美楼梯厂
业务：成品楼梯、楼梯扶手的加工、制造与销售
产品：成品楼梯与楼梯扶手
地址：浙江省宁波市小港街道衙前经三路8号
负责人：田仁稳　邮　编：315008
法　人：田仁稳
Tel：0574－86174363
Fax：0574－86174667
E-mail：tianrenwen@126.com

## 宁波北仑吴峰建筑装饰工程有限公司
业务：钢结构、室内外装饰工程
地址：浙江省宁波市新碶东河路872号
负责人：吴保祥　邮　编：315000
法　人：吴保祥
Tel：13208068268
0574－26892925

## 宁波市鄞州洞桥友利木材加工厂
业务：木材加工
地址：浙江省宁波市鄞州区洞桥镇树桥村宝丰路1－1－1
负责人：张方敏　邮　编：315000
法　人：张方敏
Tel：15990559911

**杭州华灵房屋维修有限公司**
地址：浙江省杭州市拱墅区文晖路389号
负责人：贝林妹
Tel：13067917365

## 鄞州中河成运建材商行
业务：PPR，PERT管材取暖配件等
地址：浙江省宁波市鄞州区姜山镇华泰星城2号3栋5014
负责人：孙成运　邮　编：315100
法　人：孙成运
Tel：0574－56112977
13857896180
Fax：0574－56112977

## 宁波市鄞州邱隘旭升防水材料店
业务：防水材料批发
地址：浙江省宁波市鄞州区邱隘镇后新村漕头（百丈路旁）
负责人：李中点　邮　编：315000
法　人：李中点
Tel：13071911782
15058289272

## 宁波市鄞州卷帘门厂
业务：卷帘门，电动门，遥控车库门，网形门，铝合金，伸缩门等制造销售
地址：浙江省宁波市鄞州区石碶街道洪渡新村104号楼下店面房
负责人：丁科伟　邮　编：315000
法　人：丁科伟
Tel：13732116885
0574－28875305
网址：www.ndzxmy.com.cn

## 宁波市鄞州威力狮涂料厂
业务：专业生产各类丙烯酸内外墙乳胶漆，弹性涂料、建筑胶水、天然真石漆、金属闪光漆、彩砂涂料、浮雕涂料、防水腻子、纳米改性环保乳胶漆等几十种产品
产品：各类丙烯酸内外墙乳胶漆，弹性涂料、建筑胶水、天然真石漆、金属闪光漆、彩砂涂料、浮雕涂料、防水腻子、纳米改性环保乳胶漆等
地址：浙江省宁波市鄞州区首南街道李花桥工业区
负责人：蒋海宾　邮　编：315000
法　人：蒋海宾
Tel：13777043768
15058815522
网址：www.nbwls.cn

## 宁波市鄞州首南锦绣园艺场
业务：花卉租赁、苗木出售、绿化工程、绿化养护、大型场景布置、鲜花、真花布置
地址：浙江省宁波市鄞州区首南街道新林村
负责人：夏利孟　邮　编：315000
法　人：夏利孟
Tel：13386609781
0574－88083019
13386609782

**杭州一禾建筑设计有限公司**
地址：浙江省杭州市拱墅区沈塘东村2－5号209室
负责人：金利晓
Tel：13185004399

## 宁波市鄞州中河固美门窗店
业务：铝合金门窗，阳光棚
地址：浙江省宁波市鄞州区中河街道堇山中路2号
负责人：金则镁　邮　编：315000
法　人：金则镁
Tel：13336619056
0574－88225815
Fax：0574－88225915

## 宁波市鄞州中河伟强建材经营部
业务：建材的批发、零售，脚手架出租，室内外装饰服务
地址：浙江省宁波市鄞州区中河街道天静巷82号
负责人：王振强　邮　编：315192
法　人：王振强
Tel：13008931768
0574－88132880

## 宁波市鄞州钟公庙百惠门窗店
业务：铝合金阳台窗，阳光房，塑钢阳台窗，钛合金移门，淋浴房等
地址：浙江省宁波市鄞州区钟公庙街道宁南北路1440号
负责人：黄华　邮　编：315000
法　人：黄华
Tel：13586563830
0574－83052208

## 宁波市鄞州钟公庙开动建筑机械设备经营部
业务：销售350搅拌机、抹光机、电焊机、切断机、大型调直机等建筑机械设备
地址：浙江省宁波市鄞州区钟公庙街道钟公庙路2号
负责人：潘开动　邮　编：315192
法　人：潘开动
Tel：0574－88210687
15988670088
13116689618

## 余姚市永杰建筑机械租赁站
业务：建筑机械租赁、承揽相关工程
地址：浙江省宁波市余姚市低塘街道黄湖村
负责人：郭庆均　邮　编：315000
法　人：郭庆均
Tel：13306622511
13506740369

## 余姚市余晴水暖洁具厂
业务：水暖洁具的加工
产品：铝制挂件
地址：浙江省宁波市余姚市陆埠镇郭姆村（十二房）
负责人：桑伦德　邮　编：315000
法　人：桑伦德
Tel：13486432271
0574－62323841

## 余姚市四明山溪下苗木场
业务：苗木的种植，销售，园林绿化的服务。
地址：浙江省宁波市余姚市四明山镇梨洲村
负责人：王益明　邮　编：315000
法　人：王益明
Tel：0574－62340082
13606591044

## 宁波市镇海区招宝山真诚装潢部
业务：室内外装饰装潢工程承接
地址：浙江省宁波市镇海区招宝山街道工农路118号
负责人：徐衍庆　邮　编：315000
法　人：徐衍庆
Tel：13738415867
0574－86297044

## 宁波市江北永盛达石材工艺厂
业务：石材的批发、零售及加工
地址：浙江省宁波市镇海区庄市开发区工二路1号329国道边
负责人：谭永亮　邮　编：315000
法　人：谭永亮
Tel：13805868666
0574－26284629

## 宁波市镇海区庄市豫鑫防水材料经销部
业务：经销：骆驼、群升牌SBS、APP；汇源JS华辉851及各类防水涂料。上海红信高压注浆机、注浆液及其零配件；承接：各类屋面防水、外墙防渗、地下室、卫生间堵漏、补强防腐、保温工程施工。
地址：浙江省宁波市庄市街道庄市大道1290号（庄市建材城）
负责人：李俊岭　邮　编：315201
法　人：李俊岭
Tel：13566048425

**杭州市拱墅区盛浩装饰设计部**
地址：浙江省杭州市拱墅区塘河南村42－1－502室
负责人：谢建民
Tel：0571－88833075

## 余姚市森强水暖器材厂
业务：水暖器材、五金件、塑料制品的加工以及玻璃深加工
地址：浙江省宁波余姚市陆埠镇五马村（老八房61号）
负责人：李建强　邮　编：315000
法　人：李建强
Tel：13777161485
0574－62394520

## 平湖市曹桥街道金氏装璜经营部
业务：零售：装璜建材、装璜五金。
地址：浙江省平湖市曹桥街道曹桥南路67－69号
负责人：金秀平　邮　编：314207
法　人：金秀平
Tel：15868398511
0573－85963570

## 平湖市索罗门移门店
业务：钛合金移门，各类玻璃艺术，卫生洁具等
地址：浙江省平湖市当湖街道三港路200号
负责人：华金龙　邮　编：314200
法　人：华金龙
Tel：13575321898
0573－85150836
Fax：0573－85688708

## 平湖市黄姑镇正健建材经营部
业务：批发、零售建材、装潢材料
地址：浙江省平湖市黄姑镇南大街21号
负责人：蒋正健　邮　编：314000
法　人：蒋正健
Tel：13586308871
0573－85860158

## 常山县忠木板材经营部
业务：板材、五金、木线
地址：浙江省衢州市常山县金朝阳装饰材料市场A128－133号
负责人：甘忠木　邮　编：324000
法　人：甘忠木
Tel：15924096988
0570－5025298

## 有水石灰加工厂
业务：石灰加工、销售
地址：浙江省衢州市常山县宋畈乡石岩村
负责人：郑有水　邮　编：324000
法　人：郑有水
Tel：13454038220
0570－5451138

## 常山园全建材有限公司
业务：建材销售
地址：浙江省衢州市常山县宋畈乡宋畈村24号
负责人：赖美旺　邮　编：324002
法　人：赖美旺
Tel：15305700018
0570－5496178

## 衢州市衢江区大全园艺苗木场
业务：园林绿化、苗木种植
地址：浙江省衢州市大洲镇771矿26栋2单元4号
负责人：廖文良　邮　编：324007
法　人：廖文良
Tel：13819013171
0570－2856660

## 衢州市柯城爱森堡移门商行
业务：移门生产及销售
地址：浙江省衢州市灯具市场七区6－10号
负责人：王建兵　邮　编：324002
法　人：王建兵
Tel：13505707449
0570－3869933
8889688
3869391
Fax：0570－8889688

## 开化县江阳防腐防水材料经营部
业务：防水材料销售、房屋维修
地址：浙江省衢州市开化县城关镇林场路金泰家园
负责人：江伟平　邮　编：324002
法　人：江伟平
Tel：0570－6164018
13857032785

## 开化县杨林镇平川采石场
业务：开采，销售石子、石头
地址：浙江省衢州市开化县杨林镇号岭村
负责人：黄友清　邮　编：324002
法　人：黄友清
Tel：0570－6468008
13587113488

## 衢州市柯城建强门窗经营部
业务：铝合金、塑钢、不锈钢门窗
地址：浙江省衢州市柯城区巨化花径路142号
负责人：吴建强　邮　编：324004
法　人：吴建强
Tel：13676615553
0570－3068533

**杭州凯宏建筑材料有限公司**
地址：浙江省杭州市江干区艮山东路160号
负责人：王英林
Tel：13906505536

**龙游时青水泥制品经营部**
业务：水泥砖、水泥彩瓦、水泥人形造板
地址：浙江省衢州市龙游县东华街道下杨村
负责人：吕时青 邮 编：324000
法 人：吕时青
Tel：0570－7888158

**龙游超群苗木专业合作社**
业务：苗木花卉培育
地址：浙江省衢州市龙游县龙昌路永丰大厦14号营业房
负责人：应峰 邮 编：324002
法 人：应峰
Tel：0570－7261458

**龙鸣金属材料经营部**
业务：批发零售钢材
地址：浙江省衢州市龙游县龙洲街道衢龙路24号
负责人：方伯鸣 邮 编：324002
法 人：方伯鸣
Tel：0570－7211588
13967019918

**衢州市柯城帝七秀墙体艺术生活馆**
业务：主营环保系列产品：艺术涂料（质感漆，钻石漆，彩纹漆，马来漆，砂岩漆，花岗石漆，洞石漆），液体壁纸（印花系列，滚花系列，焕彩系列，云丝系列，液光系列，个性系列），硅藻泥
地址：浙江省衢州市区劳动路22号
负责人：周海军 邮 编：324002
法 人：周海军
Tel：13867021806
0570－8260332

**浙江衢州金字塔热水器厂**
业务：太阳能热水器生产、销售
产品：金字塔，家利彩太阳能
地址：浙江省衢州市衢江区浮石街道苏埔村
负责人：邹全福 邮 编：324002
法 人：邹全福
Tel：0570－2398678
13757026413
网址：www.qzjzt.com

**衢州市衢江区飞马碳酸钙厂**
业务：碳酸钙
地址：浙江省衢州市衢江区上方镇毛家山村
负责人：章良友 邮 编：324002
法 人：章良友
Tel：13957025348
0570－2318898
Fax：0570－2318898

**海宁市兴达架子有限公司**
业务：本公司成立于2003年，主要从事脚手架搭设，钢管及扣件租赁服务。"以质量求生存，以信誉求发展"，热诚欢迎广大客户来我公司洽谈业务，共同合作！
地址：浙江省嘉兴市海宁市盛堰路17号
负责人：冯国良 邮 编：314400
Tel：0573－87307799
87076782

**瑞安市盛瑞玻璃经营部**
业务：装潢、玻璃的销售及安装
地址：浙江省瑞安市安阳街道城东停车场内（交警大队边）
负责人：陈盛君 邮 编：325000
法 人：陈盛君
Tel：15857781438
0577－65897051

**瑞安市帝七秀液体壁纸总店**
业务：液体壁纸的代理销售
地址：浙江省瑞安市安阳街道拱瑞山路334号
负责人：余松亭 邮 编：325200
法 人：余松亭
Tel：0577－66808982

**瑞安市美克维家布艺店**
业务：布艺、墙纸
地址：浙江省瑞安市安阳街道罗阳大道景裕小区A3号楼店面2011号
负责人：沈岩彬 邮 编：325200
法 人：沈岩彬
Tel：13587568587
0577－66876868
Fax：0577－66806162

**杭州科成环保工程有限公司**
地址：浙江省杭州市江干区艮山西路章家坝东区72号
负责人：赵开方
Tel：13757167693

**温州市龙湾海城王元道洁具加工店**
业务：水龙头、洁具加工
地址：浙江省瑞安市场桥镇埭上村
负责人：王元道 邮 编：325000
法 人：王元道
Tel：13967716960
0577－65290089

**瑞安市富顺房产中介**
业务：房产中介服务（主要介绍锦湖街道西吾村旧村改造，瑞枫安置指标）
地址：浙江省瑞安市花园新村20栋群楼2号
负责人：林益兵 邮 编：325000
法 人：林益兵
Tel：0577－65678883
13958888703
13636900227
虚拟网号：650227

**瑞安市忠鹏房地产开发有限公司**
业务：从事房地产开发，自建房屋销售租赁
地址：浙江省瑞安市锦湖街道高速出口瑞枫路边二号村办公楼五楼
负责人：董文忠 邮 编：325000
法 人：董文忠
Tel：13388566668
0577－66605719

**瑞安市施诺尔液体环保壁纸瑞安市总代理、施诺尔液体壁纸墙艺管**
业务：主营：环保，高效，无接缝，寿命长，不褪色、不掉色，性价比高，基本上接近中等乳胶漆价格，施工简单，不断释放负离子、消除异味、净化空气、调节室内湿度，使居室更加健康、卫生，耐擦洗性强，清除和翻新简便，清除时不会产生任何废气物，另诚招瑞安市加盟商。
地址：浙江省瑞安市上望街道雅儒村新康小区莘阳大道759号、莘塍民莘中路226－2号
负责人：薛迪国 邮 编：325000
法 人：蔡芳芳
Tel：0577－66881323
15167705269
13958830002

**瑞安市塘下日汛水暖洁具厂**
业务：生产、销售水龙头，毛巾架，挂历配件
地址：浙江省瑞安市塘下镇场桥五方村兴泰街10号
负责人：何少燕 邮 编：325200
法 人：何少燕
Tel：13958817313
0577－65267565
65265506

**瑞安市陶山镇金象地板专营店**
业务："金象"地板、"原野"地板、木门、吊顶
地址：浙江省瑞安市陶山镇花园路143号
负责人：黄宗楼 邮 编：325215
法 人：黄宗楼
Tel：13967705922
0577－65960166

**浙江省瑞安市卡帝乐洁具制造厂**
业务：厨房刀架、卫生间浴巾架
地址：浙江省瑞安市仙降镇街头村
负责人：林济德 邮 编：325207
法 人：林济德
Tel：13758405688
0577－65795886
Fax：0577－65795887

**瑞安市桂森建材超市**
业务：建材销售
地址：浙江省瑞安市莘塍镇中村广场小区A幢12－22号
负责人：陈积贵 邮 编：325000
法 人：陈积贵
Tel：0577－65533633

**上虞市宏盛防水保温建材总汇**
业务：主营各种防水材料，保温材料及混泥土外加剂，承接防水施工。
地址：浙江省上虞市百官镇凤山路373号
负责人：毕代根 邮 编：312300
法 人：毕代根
Tel：0575－82207577

**上虞市丰惠镇阿波建材商行**
业务：建材销售
地址：浙江省上虞市丰惠镇人民路290－292号
负责人：宋波 邮 编：312000
法 人：宋波
Tel：0575－82706568

**上虞市崧厦镇何杰金属门窗加工店**
业务：金属门窗加工、销售
地址：浙江省上虞市崧厦镇双埠村何家
负责人：何杰 邮 编：312365
法 人：何杰
Tel：13515757517
0575－82652853

**上虞市小越镇奥尔氏淋浴房移门店**
业务：衣柜移门、厅柜移门
地址：浙江省绍兴上虞市小越镇越东路144号
负责人：孙伯锋 邮 编：312167
法 人：孙伯锋
Tel：0575－82036317

**绍兴市镜湖新区大庆寺设备租赁商行**
业务：建筑设备租赁钢管扣件等代理销售
地址：浙江省绍兴市灵芝镇大庆寺村
负责人：杨先生 平先生
邮 编：312000
法 人：杨凤祥
Tel：13588103550
13505755275

**绍兴市袍江兴达建材商行**
业务：建材销售
地址：浙江省绍兴市袍江越中新天地236－237号
负责人：谢先生 邮 编：312000
法 人：谢文龙
Tel：0575－88031344
Fax：0575－88031344

**绍兴欧佳装潢工程有限公司**
业务：公司主要承接各类室内装饰工程设计及施工，状有时尚的设计理念，资深的设计团队，精湛的制作施工队伍，完善的售后服务，竭诚为您服务。
产品：商业空间、写字楼、别墅等
地址：浙江省绍兴市人民中路160号2号楼3楼
负责人：裘诗林 邮 编：312000
法 人：裘诗林
Tel：0575－88680086
Fax：0575－88680086
E-mail：qiushilin2009@163.com

**上虞市梁湖镇城南建材商行**
业务：建材，装璜材料的销售
地址：浙江省绍兴市上虞市梁湖镇倪家堡村
负责人：赵苗森 邮 编：312000
法 人：赵苗森
Tel：0575－82430829
13857558932

**绍兴县滨海澳尔洁卫浴厂**
业务：专业生产澳尔洁高低档浴室柜、淋浴房、美容镜等系列产品。其技术和生产工艺精益求精，外观设计新颖，结构坚固。欢迎来图来样加工订购！将带给您完美的感受。
产品：橡木、实木、竹板、PVC、仿古、欧式浴室柜
地址：浙江省绍兴市绍兴县滨海工业区
负责人：方庆忠 邮 编：312000
法 人：方富君
Tel：713989584108
Fax：0575－85621113
E-mail：fang.4108@163.com

**浙江振涯纺织服饰有限公司轻纺城分公司**
业务：纺织服饰、经编、绣花
地址：浙江省绍兴市绍兴县湖塘镇湖塘街道滨色
负责人：赵建星 邮 编：312000
Tel：0575－84386159
85039898
网址：www.zhenyagroup.com

**杭州海达建筑安装有限公司**
地址：浙江省杭州市拱墅区小河路34号
负责人：王江峰
Tel：0571－85669161

**绍兴县诚德新型墙体建材有限公司**
业务：生产、销售新型墙体建材
地址：浙江省绍兴市绍兴县平水镇西湖桥村
负责人：单张堂 邮 编：312000
Tel：13173908578
0575－85733278

**嵊州市明一装饰工程部**
业务：室内外装饰、装潢
地址：浙江省绍兴市嵊州市鹿山街道长安路口2号二楼
负责人：施明军 邮 编：312400
法 人：施明军
Tel：0575－83213411
13806765190
Fax：0575－83213411

**新昌县南明街道海鑫电子建材贸易商行**
业务：主要经营电子建材的销售
地址：浙江省绍兴市新昌县南明街道东兴路17号
负责人：王红超 邮 编：312000
法 人：王红超
Tel：13305751285
0575－86128444

**新昌县南明街道黑磁铁设计工作室**
业务：室内设计，设施监督等专业服务
产品：酒店，餐饮，会所，综合住宅，商业咨询，私人居所等
地址：浙江省绍兴市新昌县南明街道金马公寓1幢832室
负责人：杨帅君 邮 编：312500
Tel：0575－86025665
13157585383
网址：www.zjhct.cn

**绍兴荣顺物业管理有限公司**
业务：物业管理
地址：浙江省绍兴市越城区北复线中兴路南面
负责人：吴荣 邮 编：312000
法 人：吴荣
Tel：0575－85127946

**绍兴市越城区华碧宝石英壁布店**
业务：石英壁布、蓝宝石外墙涂料的销售
地址：浙江省绍兴市越城区胜利东路278号
负责人：韩国富 邮 编：312000
法 人：韩国富
Tel：0575－85132208
13757592233

**绍兴市越城区宏伟装饰材料批发部**
业务：板材、五金批发零售
地址：浙江省绍兴市越城区塔山竹木市场
负责人：刘阿尚 邮 编：370100
法 人：刘阿尚
Tel：0575－85870206

**嵊州市天鸿彩钢瓦厂**
业务：彩钢瓦加工、销售、安装
地址：浙江省绍兴市嵊州市经济开发区东郭村沿宅8号底层一间
负责人：沈锋 邮 编：312000
法 人：沈锋
Tel：13858461751
0575－83348263

**诸暨市城东铁松铝合金店**
业务：铝合金门窗的加工和销售
地址：浙江省绍兴市诸暨市浣东街道詹徐王村
负责人：傅铁松 邮 编：312000
法 人：傅铁松
Tel：13456587566
0575－87397113

**诸暨市城东杨岳明陶瓷店**
业务：代理：王者陶瓷，金奥曼陶瓷，宝丽抛光砖
地址：浙江省绍兴市诸暨市暨阳街道（建材市场26号）
负责人：杨岳明 邮 编：312000
法 人：杨岳明
Tel：0575－87998566
Fax：0575－87998566

**杭州崇林建材有限公司**
地址：浙江省杭州市江干区笕丁路杭州笕桥木

材市场 6 号
负责人：叶福樑
Tel：13606640067

**浙江省绍兴市诸暨市聚沸钢材装潢部**
业务：钢材装潢，铝合金，不锈钢
产品：各种楼梯扶手，栏杆，防盗门窗，钢棚，铝合金，升缩门
地址：浙江省绍兴市诸暨市暨阳街道大侣孙陈村 8 号
负责人：谢荣水 邮编：311800
法人：谢荣水
Tel：13758581586

**诸暨市马剑潘良华木屑加工厂**
业务：加工销售木材及制品
地址：浙江省绍兴市诸暨市马剑镇龙门村（上施）
负责人：潘良华 邮编：312000
法人：潘良华
Tel：15968512176
15958028362

**诸暨市意大利华伦基尼厨卫店**
业务：抽油烟机、煤气灶、消毒柜、整体厨房、集成灶
地址：浙江省绍兴市诸暨市赵家镇保安路 80 号
负责人：陈炜 邮编：311819
法人：陈炜
Tel：0575－87462723
13575575549
13754360090

**浙江中厦新型建材有限公司**
业务：生产销售：蒸压加气混凝土砌块、蒸压灰砂砖、专用粘结剂等建材产品。我公司本着诚实守信，互利双赢的经营理念，竭诚为您服务！
产品：蒸压加气混凝土砌块、蒸压灰砂砖、专用粘结剂
地址：浙江省绍兴县平水镇工业园区
负责人：张先生 郑先生
邮编：312050
法人：杨学夫
Tel：0575－85745777
85725318
Fax：0575－85725321
E-mail：zhengqing6666@163.com

**嵊州市保佳室内环境检测治理中心**
业务：专业从事环保产品的销售和室内空气污染的治理及防治。目的在于服务提供环保、安全、健康的产品，以改善工作和生活空间的空气品质，致力于让您的呼吸更顺畅、生活更精彩！
产品：甲醛、苯氨、TVOC 等污染气体清除剂，光触媒，装修异味分解因子
地址：浙江省嵊州市鹿山街道东南路 491 号
负责人：卢登登 邮编：312400
法人：卢登登
Tel：0575－83201021
15958768798
网址：www.szbjfwwdj.cn
E-mail：785810794@qq.com

**台州家友·品生堂木门生活馆**
业务：各样式木门生产经营
地址：浙江省台州市广场南路 168 号家乐居广场 2 楼 B 区 36－50 号
负责人：林日考 邮编：318000
法人：林日考
Tel：0576－88899518
Fax：0576－88899518

**台州市黄岩小周钢结构设计工作室**
业务：专业设计各种钢结构工程的工作室，主营建筑钢结构设计。针对不同的客户群体，提供各具特色的专业服务。
产品：网架、厂房、房屋钢结构设计及咨询
地址：浙江省台州市黄岩区金顶大厦 1001 室
负责人：周贤英 邮编：318020
法人：周贤英
Tel：0576－84568800
13738555017
Fax：0576－84285555
E-mail：yfzxw@126.com

**杭州康业石材有限公司**
业务：杭州康业石材有限公司成立于 2006 年，主要经营各种进口国产石材、圆柱、石雕、石工艺品、承接石材工程及设计施工，欢迎新老客户光临惠顾！
地址：浙江省杭州市拱墅区半山石材市场临半路 181 号 1 号钢房

负责人：周遇仓 邮编：310022
法人：周遇仓
Tel：0571－85082033
Fax：0571－85082033
E-mail：maoxiyan－123@sina.com

**温岭市城东其宏建材商行**
业务：销售瓷砖，卫浴洁具
地址：浙江省温岭市城东街道曙光路
负责人：朱勇财 邮编：317500
法人：朱勇财
Tel：0576－86181666
Fax：0576－86183111

**台州市椒江秭溢石材经营部**
业务：石材销售
地址：浙江省台州市椒江华颖石材批发市场
负责人：曾庆新 邮编：318000
法人：曾庆新
Tel：13736292322
0576－88522685

**台州市椒江鼎顺钢管建筑机械设备租赁有限公司**
业务：钢管，建筑机械设备租赁
地址：浙江省台州市椒江区海门街道萱扬村菜场东
负责人：林玉根 邮编：318000
法人：林玉根
Tel：13858603128
13486893081

**台州市椒江宏佳装饰工程公司**
业务：装饰装潢工程
地址：浙江省台州市椒江区洪家城市港湾商铺 1028 号
负责人：孙玉勇 邮编：318000
法人：孙玉勇
Tel：13255868998
0576－82393788
88033376

**台州市椒江花泾建材经营部**
业务：建材
地址：浙江省台州市椒江区葭沚街道花泾村 173 号
负责人：吴旭明 邮编：318000
法人：吴旭明
Tel：13857662518
0576－88652863

**台州市山鑫建筑工程安装有限公司**
业务：建筑安装工程
地址：浙江省台州市椒江区解放南路方远商务楼 1201－1202
负责人：徐道明 邮编：318000
法人：徐道明
Tel：0576－88503377
88503388
Fax：0576－88503377

**台州市椒江卫兵洁具五金厂**
业务：卫生洁具、洁具五金制造、加工
地址：浙江省台州市椒江区三甲街道海岸村 122 号
负责人：潘慧平 邮编：318014
法人：潘慧平
Tel：0576－88124068
13336772698

**台州市椒江固美家居移门店**
业务：沐浴房、移门加工销售安装
地址：浙江省台州市椒江区章安街道景浦街 138 号
负责人：王灵兵 邮编：318000
法人：王灵兵
Tel：0576－88990033
Fax：0576－88990033

**台州中际建筑工程有限公司**
业务：承接建筑工程、房产开发、装饰装修工程、土石方工程、水利工程、市政道路工程、园林绿化工程
地址：浙江省台州市开发区海湾浪琴 85 号
负责人：倪忠权 邮编：318000
法人：倪忠权
Tel：13095768328
0576－88207035

**三门县三鑫大理石店**
业务：国产进口板材，加工销售
地址：浙江省台州市三门县海游镇黄埠突村
负责人：陈良敏 邮编：318000
法人：陈良敏
Tel：13968529651
0576－83380607

**临海市齐家装饰材料总汇**
业务：卫浴、洁具、陶瓷、灯具、灶具、太阳能、开关、电线等系列装饰材料
地址：浙江省台州市临海市杜桥镇环城东路 377 号
负责人：金恩兴 邮编：317000
法人：金恩兴
Tel：13905869687
0576－85513986
Fax：0576－85513986

**杭州百盛园林绿化工程有限公司**
业务：杭州百盛园林绿化工程有限公司成立于 2005 年，从事园林绿化工程施工、古建筑施工。希望能与各方朋友合作并携手共创辉煌大业！
地址：浙江省杭州市三新家园东区 24 栋 1 单元 203 室
邮编：310020
法人：何尧军
Tel：0571－86043702
Fax：0571－86043702

**临海市宏亚涂装有限公司**
业务：涂装工程施工
地址：浙江省台州市临海市涌泉镇戎旗岩下周村
负责人：员超 邮编：318000
法人：员超
Tel：13666821875
0576－85673129

**杭州东兴物业管理有限公司**
地址：浙江省杭州市江干区览桥路 1 号 1－128 号
负责人：戚传富
Tel：13858187777

**台州市路桥区麻云飞建材经营部**
业务：防水材料的销售
地址：浙江省台州市路桥区计划生育指导站旁边
负责人：麻云飞 邮编：318000
法人：麻云飞
Tel：13058881000
0576－82316888

**台州市路桥沃尔马装饰材料店**
业务：装饰材料批零、承接装饰工程
地址：浙江省台州市路桥区路北灵山街 1058、1060 号
负责人：陈孝才 邮编：318000
法人：陈孝才
Tel：0576－82450470

**台州博雅钢材有限公司**
业务：电工钢的销售
产品：电工钢
地址：浙江省台州市路桥区路南街道杨戴村 2 区 42 号
负责人：杨林志 邮编：318000
法人：杨林志
Tel：13586055518
0576－82928268
Fax：0576－82426768

**台州市路桥区蓬街仙邦预制场**
业务：生产与销售水泥预制空心板
产品：水泥预制空心板
地址：浙江省台州市路桥区蓬街仙邦预制场
负责人：陶仙邦 邮编：318000
法人：陶仙邦
Tel：0576－82735167
E-mail：lyfthf@163.com

**浙江省三门县宏鑫建材有限公司**
业务：销售水泥、钢材、石材
地址：浙江省台州市三门县海游镇滨海大道 1 号绿洲名苑 19 幢 4 号
负责人：黄道新 邮编：318000
法人：黄道新
Tel：13819691579
15325552222
0576－83302222

**三门县金大门业装修材料经营部**
业务：经营防盗门、室内套装门、不锈钢门等
地址：浙江省台州市三门县海游镇梧桐路 1 号
负责人：潘永军 邮编：318000
法人：潘永军
Tel：15990672518
0576－83492518

**杭州万千人家房地产代理有限公司景芳分公司**

地址：浙江省杭州市江干区景芳三区 38－1－101 室
负责人：姚掌华
Tel：13336053328

**天台县盛发铝业有限公司**
业务：本公司集铝型材加工、销售、安装为一体，技术力量雄厚，产品质量稳定，新产品不断开发，欢迎广大客户来电洽谈业务！
产品：铝材、五金件、建材
地址：浙江省台州市天台县福溪街道福溪南路 184 号
负责人：庹桂菜 邮编：317200
法人：庹桂菜
Tel：0576－83838222
13325764798
Fax：0576－83990981
E-mail：famiaolvcai@163.com

**天台吴才良滤袋加工部**
业务：专业生产工业用板框滤袋，除尘袋，离心机滤袋等，承接加工定做业务，专业的技术，卓越的品质，优质的服务，欢迎来电洽谈，我们期望与各界朋友真诚合作！
地址：浙江省台州市天台县平桥镇友谊东路（下街村大队屋）
负责人：吴才良 邮编：317203
法人：吴才良
Tel：0576－83681300
13073889558
Fax：0576－83662038

**浙江天台强陶精工砖**
业务：专营建材类陶瓷，产品包括：抛光砖、仿古砖、外墙砖等。我们本着忠诚客户，货真价实的宗旨，竭诚为您服务
产品："强陶"系列陶瓷、卫浴洁具
地址：浙江省台州市天台县平桥镇友谊东路 19 号
负责人：陈贤友 邮编：317200
法人：陈贤友
Tel：0576－83666316
13105665982

**天台县健康管道店**
业务：中财 PPR、PPC 管，镀锌管及配件、洁具
地址：浙江省台州市天台县始丰街道上清溪路 108 号
负责人：蔡必辉 邮编：317200
法人：戴天福
Tel：13116510806
13456624044

**天台县绿光汽车用品经营部、天台县鸿运油漆店**
业务：汽车用品的销售，室内装潢用品
地址：浙江省台州市天台县坦头镇坦头村上洋公路下
负责人：裘叶军 邮编：318000
法人：裘叶军
Tel：13666874653
0576－83711832

**温岭市箬横康安环保设备经营部**
业务：空气净化器，纯水机，净水器零售。
地址：浙江省台州市温岭市箬横镇人民南路西 77 号
负责人：刘克龙 邮编：318000
法人：刘克龙
Tel：15067698253
0576－86304193

**温岭市箬横馨康壁纸家园**
业务：专营进口，国产高中低档墙纸，并提供技术设计与施工，粘帖壁纸，刷涂料、刮腻子，刷乳胶漆，喷刷油漆等装修项目。价格合理，质量可靠，信誉第一，愿为您的家庭与事业添光添彩！
产品：墙纸，墙布，壁纸，壁贴，衣橱纸
地址：浙江省台州市温岭市箬横镇人民西路南 288 号
负责人：潘根富 邮编：318000
法人：潘根富
Tel：18958667383
Fax：0576－86818636
E-mail：panchaodan@sina.com

**仙居县宇吉装饰有限公司**
业务：室内设计装饰装修工程承接
地址：浙江省台州市仙居县南峰街道环城南路 136－9 号
负责人：蒋邦亮 邮编：317300
法人：蒋邦亮
Tel：15166127221
13506765630

## 玉环县东成装饰

业务：装饰
地址：浙江省台州市玉环县清港镇群兴路75号
负责人：郑余兵　邮　编：317700
法　人：郑余兵
Tel：13706864595
0576－87119551
Fax：0576－87119551

## 台州市玉环县恒兴铸造材料经营部

业务：覆膜砂
地址：浙江省台州市玉环县清港镇下湫村大湫塘坤2号
负责人：朱伟林　邮　编：317605
法　人：朱伟林
Tel：13777657888
0576－87102198

## 玉环县南燕水暖设备厂

业务：专业生产球阀、闸阀、煤气阀、水嘴等设备
地址：浙江省台州市玉环县珠港镇陈屿兴港东路477号
负责人：林献忠　邮　编：318000
法　人：林献忠
Tel：13989651658
0576－87378855

## 玉环县巨耀建材贸易有限公司

业务：建材的销售
地址：浙江省台州市玉环县珠港镇城关石井村广陵路306号
负责人：黄战胜　邮　编：318000
法　人：黄战胜
Tel：13336722888
0576－87557566

## 台州市玉环县坎门信和室内装潢设计室

业务：室内装饰设计与施工
地址：浙江省台州市玉环县珠港镇坎门振兴路185号
负责人：梁美勇　邮　编：317602
法　人：梁美勇
Tel：13634046799
0576－87550900
87550922
Fax：0576－87550922

**杭州宝意石业有限公司**
地址：浙江省杭州市江干区九堡镇九堡村14组
负责人：游立船
Tel：13606646413

## 桐乡市八方土石方挖掘工程有限公司

业务：公司专业承接土石方挖掘、填埋、公路修建、做路运输，拥有专业性强的职业队伍，为客户提供优质的服务，竭诚欢迎各位新老客户前来咨询洽谈！
地址：浙江省桐乡市梧桐街道梧丰路176号
负责人：罗玉均　邮　编：314500
法　人：罗玉均
Tel：0573－88192321
13567353798

## 桐乡市梧桐童爱国建材店

业务：建筑材料的零售兼批发.
地址：浙江省桐乡市梧桐振兴西路130－132号
负责人：童爱国　邮　编：314000
法　人：童爱国
Tel：0573－88038568

## 浙江宏建建设有限公司桐乡分公司

业务：房屋建筑工程、装修装饰工程、古建工程、钢结构工程
地址：浙江省桐乡市振东新区钟振路55－57号
负责人：李金铨　邮　编：314500
法　人：李金铨
Tel：13819055322
13806738028

## 温岭市红日市政工程有限公司

业务：市政施工、道路、桥梁施工
地址：浙江省温岭市繁锦公寓北区1幢1102
负责人：连友清　邮　编：317500
法　人：连友清
Tel：13958663272
0576－86135660
Fax：0576－86135660

## 台州京泰建设工程有限公司

业务：承接土建、房建、装饰装修工程
地址：浙江省温岭市温岭市中华路（天意大酒店后面）516弄2单元103室
负责人：王志彪　邮　编：317500
法　人：王志彪
Tel：13666850000
0576－81699858
Fax：0576－81699858
E-mail：231580183@qq.com

## 温岭市洁美保洁有限公司

业务：道路保洁、室内保洁、河道疏通、垃圾清运、城乡街道绿化养护服务。
地址：浙江省温岭市坞根镇街头村
负责人：张三姐　邮　编：318000
法　人：张三姐
Tel：0576－86908443
网址：http://www.51zzt.com/user/zzt32145

## 温岭市凯丰古建园林设计有限公司

业务：园林古建筑设计、施工；古建筑维修保护
地址：浙江省温岭市泽国镇丁字街居东河路96号
负责人：吴伟杰　邮　编：317523
法　人：吴伟杰
Tel：0576－86445598
86440398
网址：http://www.51zzt.com/user/zzt32247
E-mail：yakimur@163.com

## 乐清市乐成金狮时尚天花

业务：装饰材料零售
地址：浙江省温州乐清市乐成镇宁康西路470－2号
负责人：冯宝　邮　编：325600
法　人：冯宝
Tel：0577－62514666

**杭州龙泽家私制造有限公司**
地址：浙江省杭州市江干区彭埠镇建华村工业区三区128号
负责人：陈青余
Tel：13958072924

## 苍南韦特维佳集成吊顶商行

业务：集成吊顶等装潢材料零售
地址：浙江省温州市苍南县灵溪镇朝阳路142－144号
负责人：林守文　邮　编：325000
法　人：林守敏
Tel：13858725916

## 苍南县灵溪康宝橱柜商行

业务：销售橱柜
地址：浙江省温州市苍南县灵溪镇建兴东路669号
负责人：郑祥踞　邮　编：325000
法　人：郑祥踞
Tel：13958760323
0577－68810023

## 温州鸿福装饰工程有限公司

业务：室内外装修、建材
地址：浙江省温州市苍南县灵溪镇江滨路水利局宿舍223室
负责人：林宜奎　邮　编：325000
法　人：林宜奎
Tel：0577－68858768
13868366222
13780186333
Fax：0577－68858768
网址：http://www.51zzt.com/user/zzt31603

## 浙江雅林园林有限公司苍南分公司

业务：园林规划、设计、施工、养护、苗木产销、绿化装饰和仿古建筑
地址：浙江省温州市苍南县灵溪镇灵珠大厦B栋1603号
负责人：薛继存　邮　编：325800
法　人：薛继存
Tel：13958773333
0577－64418888

## 福建省福宁爆破工程有限公司苍南分公司

业务：矿山爆破
地址：浙江省温州市苍南县灵溪镇人民大道51－53号501室
负责人：罗进超　邮　编：325800
法　人：罗进超
Tel：0577－68815562
68815572

## 苍南县灵溪镇豪门装饰材料超市

业务：装璜材料、五金、家用电器、洁具批发兼零售，三棵树油漆代理
地址：浙江省温州市苍南县灵溪镇玉苍路354－364号
负责人：陶朝省　邮　编：325800
法　人：陶朝省
Tel：0577－64758885
64775297
Fax：0577－64775297

## 苍南县龙鑫中空玻璃厂

业务：中空玻璃、夹胶玻璃、防弹玻璃
地址：浙江省温州市苍南县龙港华电商贸城A栋1单元201室
负责人：陈吉快　邮　编：325000
法　人：陈吉快
Tel：0577－64449068
15888235550
Fax：0577－64449068

## 温州市康尔微晶器皿有限公司

业务：生产、销售微晶玻璃
地址：浙江省温州市苍南县龙港龙洲路258号城东工业区
负责人：陈明恳　邮　编：325802
法　人：陈明恳
Tel：0577－64194444
13758882688
Fax：0577－64190046

## 苍南县龙港镇龙南鑫益房地产经纪服务站

业务：房产信息咨询与服务，新房、二手房的交易服务与咨询
地址：浙江省温州市苍南县龙港镇白沙刘北村14号
负责人：刘学训　邮　编：325000
法　人：刘学训
Tel：0577－26868227

## 苍南县龙港象北投资有限公司

业务：房地产投资及开发，门面出租
地址：浙江省温州市苍南县龙港镇龙翔南路1965号
负责人：王木东　邮　编：325800
法　人：王木东
Tel：13091986656
0577－64192456

## 香港金飞马国际集团金飞马漆苍南县龙港营销中心

业务：金飞马漆专卖，国家免检产品，国际知名品牌，环保健康
地址：浙江省温州市苍南县龙港镇人民路701号一楼
负责人：林维合　邮　编：325802
法　人：许细梅
Tel：13958755616
0577－64257616
26825616

## 苍南科禹新型环保材料防水材料工程服务部

业务：环保材料，防水材料工程服务
地址：浙江省温州市苍南县马站镇朝阳小区A幢1楼
负责人：施成涨　邮　编：325000
法　人：施成涨
Tel：15057387251
15325010975

## 温州市方宇建筑装饰工程有限公司

业务：专业承接室内外建筑装饰工程施工，广告制作，以创新的设计，优质的工程质量，完美的客户服务，为您精心构筑品味舒适，幸福和谐的人居空间
地址：浙江省温州市苍南县钱库镇环西路276号
负责人：吴连道　邮　编：325804
法　人：林宣贵
Tel：0577－64471976
Fax：0577－64471976
E-mail：979456694@qq.com

## 苍南县钱库大自然地板店

业务：专营大自然牌木地板
地址：浙江省温州市苍南县钱库镇站中路33号
负责人：金安贵　邮　编：325000
法　人：金安贵
Tel：15968719227
0577－68111220

## 洞头县利天装饰工程有限公司

业务：室内外装饰设计施工
地址：浙江省温州市洞头县北岙镇新城区腾飞路81弄8号201室
负责人：吕志师　邮　编：325700
法　人：吕志师
Tel：0577－63383191
13968908898

**杭州巨成装饰建材有限公司**
地址：浙江省杭州市江干区彭埠镇御道村东区六组
负责人：易冬君
Tel：13326139087

## 洞头县北岙锦踏地板店

业务：木地板的零售
地址：浙江省温州市洞头县北岙镇新城区新城大道52号
负责人：洪旗省　邮　编：325000
法　人：洪旗省
Tel：13858827849
0577－81010073

## 洞头县大门青青花木经营部

业务：花木种植销售及后期养护管理等
地址：浙江省温州市洞头县大门镇王宅巷12号
负责人：王和青　邮　编：325000
法　人：王和青
Tel：13165898168
0577－63459690

## 温州市隆杰花岗岩建材有限公司

业务：建筑装潢材料
地址：浙江省温州市火车站广场瓯江大厦主楼608室
负责人：郑姆儿　邮　编：325000
法　人：郑姆儿
Tel：13780192785

## 苍南县龙城装饰有限公司

业务：专业从事室内外设计、装饰服务，我们拥有精湛的设计队伍，优良的施工品质，完善的售后服务，精心为您打造品味空间！
产品：写字楼公寓空间、家居别墅空间、商场娱乐酒店空间
地址：浙江省温州市龙港大道瓯南大厦3单元11楼
负责人：应仲文　邮　编：325802
法　人：应仲文
Tel：0577－68068811
Fax：0577－68068800

## 浙江省温州市龙湾海城育新水暖洁具加工厂

业务：销售、加工水龙头
地址：浙江省温州市龙湾海城街道邱宅村梅园路36号
负责人：缪享仂　邮　编：325000
法　人：缪享仂
Tel：13868821538
13656872293

## 温州市龙湾瑶溪阿周钢材经营部

业务：螺纹钢、线材、圆钢等建材
地址：浙江省温州市龙湾区白楼下滨江路38号
负责人：陈周　邮　编：325000
法　人：陈周
Tel：13806542368
0577－88133933

## 温州市龙湾海城康鹏洁具厂

业务：生产洁具
地址：浙江省温州市龙湾区海城街道东门村围垦路
负责人：朱良洪　邮　编：325055
法　人：朱良洪
Tel：13736700222
13967785470
13575435988

## 温州市龙湾海城金利卡卫浴厂

业务：专业生产水龙头、花洒、水管配件等水暖五金
地址：浙江省温州市龙湾区海城街道东昇路一幢2号
负责人：郑乃卡　邮　编：325000
法　人：郑乃卡
Tel：0577－85235198
Fax：0577－85212296
网址：www.jinlika.cn
E-mail：wzjinlika@163.com

## 温州市龙湾海城奥斯美集成吊顶店

业务：奥斯美集成吊顶、衣架零售业务
地址：浙江省温州市龙湾区海城街道繁荣北街 239－243 号
……… 负责人：王文烨 邮 编：325000
…………………… 法 人：王文烨
…………Tel：0577－85215815
18958865586
…………Fax：0577－85215815

**杭州汉格装饰工程有限公司**

地址：浙江省杭州市江干区秋涛北路 80 号杭州中号中豪建筑装饰材料市场三楼 1007 号
…………………… 负责人：范伟兵
…………………… Tel：13588805808

## 温州市龙湾海城郑和涂料店

业务：防水涂料销售
产品：美涂士漆
地址：浙江省温州市龙湾区海城街道龙瑞大道 252 号
……… 负责人：郑和 邮 编：325000
…………Tel：13587635043
0577－85232697

## 温州市龙湾海城欢豪洁具店

业务：欢豪洁具销售
地址：浙江省温州市龙湾区海城街道龙瑞大道 685 号－147
……… 负责人：蔡肖青 邮 编：325205
…………………… 法 人：蔡肖青
…………Tel：13958867868
13967736333

## 温州市龙湾海城真辉洁具店

业务：水龙头成品、半成品生产销售
地址：浙江省温州市龙湾区海城街道龙瑞大道 685 号－38
……… 负责人：黄真辉 邮 编：325000
…………………… 法 人：黄真辉
…………Tel：0577－85211896
13736351160

## 温州市龙湾海城厦门松井洁具店

业务：经营洁具
产品：淋浴管、花洒等
地址：浙江省温州市龙湾区海城街道龙瑞大道 685 号－56
……… 负责人：黄维彬 邮 编：325000
…………………… 法 人：黄维彬
…………Tel：15258023237
0577－85212272
85212271

## 温州市龙湾海城国帅仪表加工厂

业务：毛巾架，卫浴挂件
地址：浙江省温州市龙湾区海城街道清河路 70 号
……… 负责人：江朝勇 邮 编：325000
…………………… 法 人：江朝勇
…………Tel：13750900907
0577－85220935

**杭州汇洋装饰工程有限公司**

地址：浙江省杭州市江干区秋涛北路 80 号三楼 305 室
…………………… 负责人：于洪珍
…………………… Tel：0571－86965939

## 玖皇洁具专卖店

业务：生产、销售玖皇洁具
地址：浙江省温州市龙湾区海城街道水暖街 76 号
……… 负责人：许文学 邮 编：325000
…………Tel：15868798247
0577－85211469

## 温州市龙湾海城盛勒卫浴

业务：卫浴系列，产品有：水笼头、花洒、浴室挂件
地址：浙江省温州市龙湾区海城街道西川路 1 号
……… 负责人：李成锋 邮 编：325000
…………………… 法 人：李成锋
…………Tel：13867796631
0577－85222814

## 瑞安市三联涂料经营部

业务：销售涂料
地址：浙江省温州市瑞安市马屿镇朱岙底村
……… 负责人：项良娇 邮 编：325000
…………………… 法 人：项良娇
…………Tel：0577－65710124

## 温州市龙湾海城九露洁具店

业务：洁具销售
产品：水龙头
地址：浙江省温州市龙湾区海城街道屿门新村锦泉 39 号
……… 负责人：何继平 邮 编：325000
…………………… 法 人：何继平
…………Tel：13958882303
13025040102

## 温州市龙湾海城泉霸卫浴厂

业务：专业从事卫浴、卫浴五金生产销售。本厂拥有一支高素质的技术队伍，生产工艺精益求精，外观设计新颖，结构坚固。欢迎来图来样加工订购！
产品：水龙头、抽水马桶、浴室柜、毛巾架等卫浴配套部件
地址：浙江省温州市龙湾区海城街道中兴街 44 号
……… 负责人：刘付民 邮 编：325205
…………………… 法 人：刘付民
…………Tel：0577－65276786
13958873931
…………… E-mail：286132944@qq.com

**杭州市江干区钱塘建材商行**

地址：浙江省杭州市江干区秋涛路 615 号
…………………… 负责人：兰航程
…………………… Tel：0571－86513375

## 温州市龙湾天河富红管道疏通服务部

业务：机器疏通各种排污管、马桶、地漏、专车清理化粪池、管道疏通服务
地址：浙江省温州市龙湾区天河镇竹房底路 34 号
……… 负责人：汪基富 邮 编：325025
…………………… 法 人：吴小红
…………Tel：13957710340
13091971325

## 温州市龙湾永中欣达水暖店

业务：销售、安装水暖设备
地址：浙江省温州市龙湾区永中街道环海东路 48 号
……… 负责人：李新达 邮 编：325000
…………………… 法 人：李新达
…………Tel：15869433125
13282886857

## 成英塑钢门窗加工店

业务：铝合金、塑钢、不锈钢门窗加工、无框阳台、淋浴房、彩钢房、雨棚、移门、隐形纱门、窗加工及维修
地址：浙江省温州市龙湾区永中街道龙水东路 376 号
……… 负责人：颜泽荣 邮 编：325000
…………………… 法 人：颜泽荣
…………Tel：13968877584

## 浙江嘉宝莉涂料

业务：高档家具漆、装修漆、乳胶漆、木器漆
地址：浙江省温州市龙湾区永中街道棋盘村永宁西路 159 号
……… 负责人：姜国森 邮 编：325000
…………………… 法 人：姜国森
…………Tel：0577－86852187
13567788720

## 温州市龙湾永中聚鑫防盗窗门加工店

业务：订制与维修窗罩. 拉门. 卷门. 栏杆. 雨蓬. 生铁. PVC 护栏. 铝合金. 罗普斯金大门. 对外加工不锈钢. 氩焊. 电焊. 风割. 冷作等业务
地址：浙江省温州市龙湾区永中街道永宁路 197 号
……… 负责人：钟小新 邮 编：325000
…………………… 法 人：钟小新
…………Tel：13567780325
15558752305

## 温州市龙湾永中开洋门业店

业务：木门、防盗门零售及批发
地址：浙江省温州市龙湾区永中街道永强大道 2916－2918 号(衙前段)
……… 负责人：周勇爱 邮 编：325000
…………………… 法 人：周勇爱
…………Tel：0577－85980269
…………Fax：0577－85980269

## 永嘉县乌牛鑫兴装潢有限公司

业务：室内外装饰设计施工
地址：浙江省温州市永嘉县乌牛镇
……… 负责人：高显光 邮 编：325000
…………………… 法 人：高显光
…………Tel：0577－21899718

## 温州市鹿城区大南隆鑫装饰材料店

业务：批发集成吊顶、橱柜产家直销、铝格栅、轻钢龙骨、烤漆龙骨、石膏板、工程板、水暖、水槽、异形板等等
地址：浙江省温州市鹿城区三角巷 68 号
……… 负责人：周就雨 邮 编：325000
…………………… 法 人：周就雨
…………Tel：13806540635
0577－88865377

**杭州岩俊建设工程有限公司**

业务：杭州岩俊建设工程有限公司从事于土石方工程、室内外装饰装修、园林绿化工程，欢迎来电来函洽谈业务！
地址：浙江省杭州市萧山区龙发大厦 603 室
………… 负责人：王亚军……邮 编：311200
…………………… 法 人：王亚军
…………………… Tel：0571－57109099

## 温州市鹿城区上戍文清建筑架子板加工场

业务：安装并加工建筑架子板
地址：浙江省温州市鹿城区上戍戍浦北路 283 号
……… 负责人：林文清 邮 编：325000
…………………… 法 人：林文清
…………Tel：13616618716
13057933369

## 温州市鹿城区南浦百居装潢材料店

业务：销售装潢材料，脚手架、大宝乳胶漆、五金、水管等
地址：浙江省温州市南浦 6 区柳园 1 幢 126 号
……… 负责人：居瑞林 邮 编：325000
…………………… 法 人：居瑞林
…………Tel：0577－88399662
15858501133

## 温州市瓯海丽岙可光石材经营部

业务：石材批发、零售
地址：浙江省温州市瓯海丽岙石材市场 57、59 号
……… 负责人：周泰以 邮 编：325000
…………………… 法 人：周泰以
…………Tel：13758494436
15868508833
13967898188

## 百鸿石业

业务：花岗岩生产加工、经销批发，以最优惠的价格，最可靠的质量，真诚为您服务。
产品：海浪花－花岗岩(加工订做各种规格板)
地址：浙江省温州市瓯海丽岙石材市场 80 号
……… 负责人：刘祖华 邮 编：325000
…………………… 法 人：刘祖华
…………Tel：15158416263
13432344298
…………… E-mail：liu.zuhua@163.com

## 温州市瓯海南白象宏盛木业店

业务：生产门、门套、展示柜
地址：浙江省温州市瓯海南白象鹅湖安置房 109 号
……… 负责人：吴应众 邮 编：325000
…………………… 法 人：吴应众
…………Tel：0577－86699997

## 温州市瓯海潘桥晓笛门窗加工场

业务：加工金属门窗
地址：浙江省温州市瓯海潘桥镇马桥村马桥北路(变压器东面)
……… 负责人：钱梅花 邮 编：325000
…………………… 法 人：张晓笛
…………Tel：13957793830
13750909937

## 刘成海门窗加工场

业务：铝合金、不锈钢门窗、移门制作、销售
地址：浙江省温州市瓯海区郭溪镇江南村温巨西路 761 号
……… 负责人：刘成海 邮 编：325000
…………………… 法 人：刘成海
…………Tel：13505770357
0577－86122707

**杭州滨兴建设有限公司**

地址：浙江省杭州市江干区三里亭路 20 号
…………………… 负责人：余发明
…………………… Tel：13357159818

## 哈佛世家立体艺术液体壁纸温州总代理

业务：代理哈佛世家立体艺术液体壁纸
地址：浙江省温州市瓯海梧田火车站广场瓯江大厦写字楼 6 层 05 号
……… 负责人：蔡泱泱 邮 编：325000
…………………… 法 人：蔡泱泱
…………Tel：15968795253
0577－86787626

## 温州市瓯海梧田雄达装饰材料加工场

业务：木线条、门窗套加工
地址：浙江省温州市瓯海梧田林村西垟巷 23 弄 35 号
……… 负责人：戴本标 邮 编：325000
…………………… 法 人：戴本标
…………Tel：13676721132
0577－86782428

## 温州市瓯海梧田久如卫浴经营部

业务：经营卫浴
产品：蒙娜丽莎座便器 、意法热水器
地址：浙江省温州市瓯海梧田南堡村双堡新村 5 幢 18 号
……… 负责人：陈久如 邮 编：325000
…………………… 法 人：陈久如
…………Tel：13034223688
0577－88585571

## 温州锚锚门窗

业务：铝塑门窗、无框阳台、淋浴房、轻便门室内玻璃装潢，电子可视门、彩钢卷门、彩钢房、升降机、行车
地址：浙江省温州市瓯海仙岩下林村顺安路 74 号
……… 负责人：黄锚锚 邮 编：325000
…………………… 法 人：黄锚锚
…………Tel：0577－85300770

## 温州市瓯海仙岩钢结构加工经营部

业务：钢结构加工、安装
地址：浙江省温州市瓯海仙岩竹溪村 104 国道旁边
……… 负责人：章为存 邮 编：325000
…………………… 法 人：黄定安
…………Tel：13353385606

## 平阳鳌江元木造林队

业务：造林、园林绿化服务。
地址：浙江省温州市平阳县鳌江镇河滨路 73 号
……… 负责人：黄李多 邮 编：325401
…………………… 法 人：黄李多
…………Tel：13758808681
0577－63631196

## 平阳县欧雅壁纸经营部

业务：雅壁纸经销代理
地址：浙江省温州市平阳县昆阳镇车站对面(平阳县华美领带服装厂综合办公楼一层)
……… 负责人：倪育友 邮 编：325054
…………………… 法 人：倪育友
…………Tel：13396957800
0577－63738850

## 平阳玄点装饰工程有限公司

业务：室内设计及施工工程的承接
地址：浙江省温州市平阳县昆阳镇汇水河路 379 号
……… 负责人：缪必儒 邮 编：325400
…………………… 法 人：缪必儒
…………Tel：0577－63882236
…………Fax：0577－63882236
…………… E-mail：tiammombr@163.com

## 温州市海西建筑劳务承包有限公司

业务：建筑劳务承包(凭资质经营)；建筑材料的销售。(国家专项审批项目及法律法规禁止的项目除外)
地址：浙江省温州市平阳县昆阳镇兴工路丽都花园 1 栋 362 室
…………………… 负责人：张坤红
…………………… 法 人：张坤红
…………Tel：13566293726

**杭州杰豪装饰工程有限公司**

地址：浙江省杭州市江干区三里亭苑 18 号 202 室
…………………… 负责人：钱红飞
…………………… Tel：0571－87969692

### 平阳县明发建材有限公司

业务:沙、石子、矿渣销售
地址:浙江省温州市平阳县西湾乡海滨村移民区
……… 负责人:吴允千　邮　编:325000
…………………………… 法　人:吴允千
…………Tel:13958943366
13185887269

### 福得装璜工程部

业务:专业制作各种铝合金,塑钢玻璃门窗,安装,各式工艺玻璃,设计安装(木制、不锈钢、铝合金,钢结构)玻璃房、岗亭,彩钢房
地址:浙江省温州市勤奋路维和花苑B幢105号
……… 负责人:黄居福　邮　编:325000
…………………………… 法　人:黄居福
…………Tel:0577－88270067
…………Fax:0577－88271002

### 瑞安市瑞祥贸易有限公司

业务:销售各类建筑工程材料
产品:各类建筑工程材料
地址:浙江省温州市瑞安市莘塍镇双岙村
……… 负责人:王瑞祥　邮　编:325000
…………………………… 法　人:王瑞祥
…………Tel:13758776088
13356116088

### 温州市鹿城区蒲鞋市丽景防晒玻璃液经营部

业务:纳米节能,防晒产品,佳家利产品浙江总代理,诚邀省内各地区代理商
地址:浙江省温州市上陡门1组团9幢101室
……… 负责人:郑孝南　邮　编:325300
…………………………… 法　人:郑孝南
…………Tel:13305773081
0577－88350282
…………Fax:0577－88363282

### 浙江亿德建设工程有限公司

业务:矿山建设、房建、水利工程、隧道工程、公路桥梁
地址:浙江省温州市泰顺县罗阳镇景园路44号
……… 负责人:张德意　邮　编:325500
…………………………… 法　人:张德意
…………Tel:13526550888
0577－67636666

### 泰顺县城北装潢材料店

业务:装潢材料的加工销售
产品:木板、油漆、五金
地址:浙江省温州市泰顺县罗阳镇泰景路265号
……… 负责人:严立深　邮　编:325500
…………………………… 法　人:严立深
…………Tel:13033631343
15958717155
0577－67591053

### 泰顺县顺兴石材经销点

业务:石材经销
地址:浙江省温州市泰顺县罗阳镇泰寿路75号
……… 负责人:吴裕群　邮　编:325500
…………………………… 法　人:吴裕群
…………Tel:13958988305
13868889335

**杭州福霖房地产开发有限公司**
地址:浙江省杭州市经济技术开发区R4－3－1地块
…………………………………… 负责人:林宗仁
…………………………… Tel:0571－86840781

### 泰顺县新城联峰五金店

业务:建筑材料、装饰材料
地址:浙江省温州市泰顺县罗阳镇新城金都花园17幢7－8号
……… 负责人:吴正营　邮　编:325500
…………………………… 法　人:吴正营
…………Tel:0577－67560665
…………Fax:0577－67560665

### 泰顺县晖霞木制玩具加工厂

业务:木制玩具加工
地址:浙江省温州市泰顺县仙稔乡三滩村
……… 负责人:邓明龙　邮　编:325000
…………………………… 法　人:邓明龙
…………Tel:13858816832
…………Fax:0577－67588666
… 网址:http://www.51zzt.com/user/zzt31565

### 文成县黄坦镇建鑫石材加工厂

业务:专业从事石材的生产、加工及销售,主营:各种天然花岗石、大理石、台阶石、栏杆扶手、异型加工。我们将以最优惠的价格,最可靠的质量,真诚为您服务。
产品:青石、黄石、白石
地址:浙江省温州市文成县黄坦镇黄栖路第2幢10号
……… 负责人:邢庆丰　邮　编:325305
…………………………… 法　人:邢庆丰
…………Tel:13587960182

### 文成县巨屿镇潘岙王奶表花岗岩加工场

业务:花岗岩加工、栏杆板,栏杆柱
地址:浙江省温州市文成县珊溪镇新建村、浙江省温州市文成县巨屿镇潘岙村
……… 负责人:王奶表　邮　编:325000
…………………………… 法　人:王奶表
…………Tel:13353319128
0577－67709743

### 文成县谐成石材有限公司

业务:石材加工的项目投资
地址:浙江省温州市文成县玉壶镇玉东小区5幢7号
……… 负责人:胡志庭　邮　编:325311
…………………………… 法　人:胡志庭
…………Tel:13968910088
13606871129

### 温州市鹿城区海螺制业海炼加盟店

业务:房地产中介服务
地址:浙江省温州市吴桥大厦124号
……… 负责人:莫现春　邮　编:325000
…………………………… 法　人:莫现春
…………Tel:13758711054
0577－81878789

### 永嘉县瓯北镇定锋板箱有限公司

业务:木头加工、木箱、阀门包装箱
地址:浙江省温州市永嘉县瓯北镇金瓯居委员会
……… 负责人:章定锋　邮　编:325100
…………………………… 法　人:章定锋
…………Tel:0577－67370132
13587741277

### 永嘉县嘉达建材有限公司

业务:水泥、钢材、混凝土外加剂(不含危险化学品、易制毒化学品)等建材的销售
产品:主要是钢筋、水泥
地址:浙江省温州市永嘉县瓯北镇罗浦东路58号
……… 负责人:潘洪龙　邮　编:325102
…………………………… 法　人:潘洪龙
…………Tel:13968977766
13777772168

### 永嘉县顺信装饰有限公司

业务:室内外装修、装饰
地址:浙江省温州市永嘉县瓯北镇邮电路15幢306室
……… 负责人:刘存云　邮　编:325000
…………………………… 法　人:刘存云
…………Tel:0577－82966800

**杭州经济技术开发区宝众市政工程有限公司**
地址:浙江省杭州市经济技术开发区一号大街景园小区三幢二单元501室
…………………………………… 负责人:雷群
…………………………… Tel:0571－86926980

### 永嘉县沙头镇朱利忠花岗岩加工场

业务:花岗岩加工
地址:浙江省温州市永嘉县沙头镇罗坑村下倒湾
……… 负责人:朱利忠　邮　编:325000
…………………………… 法　人:朱利忠
…………Tel:0577－67901255
13075791933

### 永嘉南洋装饰

业务:承接本地装饰工程,室内装潢业务
地址:浙江省温州市永嘉县乌牛镇西垟中心路3号
……… 负责人:徐时多　邮　编:325000
…………………………… 法　人:徐时多
…………Tel:13758736972
0577－67393072

**杭州兴鸿装饰材料有限公司**
地址:浙江省杭州市经济开发区19号大街5号2幢三层

…………………………………… 负责人:陈成断
…………………………… Tel:13588325568

### 温州装饰材料市场希湖陶瓷经营部

业务:东诺抛光砖、狮王仿古砖、罗宾汉瓷片、金鼎耐磨砖等各种瓷砖,各种地角线。品种齐全,价廉物美。
地址:浙江省温州市装饰材料市场联建区东08号
……… 负责人:林希湖　邮　编:325000
…………………………… 法　人:林希湖
…………Tel:0577－86720166
…………Fax:0577－86720166

### 温州市龙湾状元大树园艺场

业务:花卉出售,花木租赁,绿化护理。
地址:浙江省温州市状元镇龙腾南路74号(前门)龙锦公寓36号(后门)
……… 负责人:许曹配　邮　编:325000
…………………………… 法　人:许曹配
…………Tel:13057762107
0577－85600589

### 象山县环保纳米液体壁纸店

业务:专业承接住宅、别墅、写字楼、贸易空间、会所、酒店等内墙装潢、电视背景装饰施工工程,环保、健康、实用,上千种图案供您选择,装点出最理想的时尚、个性效果。
产品:艺术浮雕系列、印花系列、喷沙系列、梦幻系列、夜光系列、真石漆系列
地址:浙江省象山县贤庠镇岑晁街144号
……… 负责人:叶伟敏　邮　编:315700
…………………………… 法　人:叶伟敏
…………Tel:15158330009
15958865551
……………………… 网址:www.bwsbz.cn

### 义乌市搏华建材商行

业务:批发零售墙地砖、马赛克
地址:浙江省义乌市北苑街道楼店66号
……… 负责人:王昌华　邮　编:321000
…………………………… 法　人:王昌华
…………Tel:15868989690
0579－85417106
…………Fax:0579－85417106

### 义乌市善美装饰工程有限公司

业务:主要经营家庭装潢
地址:浙江省义乌市北苑商贸区D区10号
……… 负责人:陈文龙　邮　编:321100
…………………………… 法　人:陈文龙
…………Tel:0579－85356505

### 义乌市之达市政工程有限公司

业务:承接道路市政工程
地址:浙江省义乌市大陈镇义北村楼村
……… 负责人:李根土　邮　编:321000
…………………………… 法　人:李根土
…………Tel:13429099076
0579－85978189

### 义乌市三处士墙体绘画工作室

业务:室内装潢设计(主要是墙绘)
地址:浙江省义乌市赵宅三街29号4楼405室
……… 负责人:王剑平　邮　编:321000
…………………………… 法　人:王剑平
…………Tel:0579－85540041

### 永康市古山妙根泥板批发部

业务:生产、销售泥板
地址:浙江省永康市古山镇古山五金市场7街246号
……… 负责人:陈妙根　邮　编:321300
…………………………… 法　人:陈妙根
…………Tel:13967461993
0579－87517518
13967924912

### 永康市晨轩装饰设计有限公司

业务:本公司集装饰、装修、设计、施工及建材零售于一体的专业化企业。从事办公、餐饮、商业、娱乐空间及住宅设计、施工业务。致力于以创新的设计,精湛的工艺,竭诚为您打造完美生活!
地址:浙江省永康市江南溪中路108号
……… 负责人:任刚武　邮　编:321300
…………………………… 法　人:任刚武
…………Tel:0579－87076307
…………Fax:0579－87076327

**杭州飞扬装饰工程有限公司**
地址:浙江省杭州市上城区海潮路53号204室
…………………………………… 负责人:杨益飞
…………………………… Tel:13905815130

**金华市欧华物资有限公司**
业务:金华市欧华物资有限公司销售、钢材、建筑材料、我公司坚持以诚为本、以诚为信的宗旨为广大客户服务。
地址:浙江省金华市碧春路198号碧春花园综合楼202室
………… 负责人:黄文进……邮　编:321000
…………………………… Tel:0579－82521299
…………………………… Fax:0579－82521299

### 余姚市众跃建筑材料有限公司

业务:销售建筑材料
地址:浙江省余姚市万年桥路196号
……… 负责人:魏可治　邮　编:315000
…………………………… 法　人:魏可治
…………Tel:13505780247
0574－82241167

### 亚萨合莱王力保安制品有限公司

业务:王力保安制品
地址:浙江省永康市五金科技工业园名园南大道9号五楼
……… 负责人:卿夫军　邮　编:321300
…………………………… 法　人:卿大军
…………Tel:0579－87228618

### 杭州余杭区中泰乡施林松建材商行

业务:建材销售
产品:石灰、生石灰
地址:浙江省余杭镇通济路8幢4单元502室
……… 负责人:施林松　邮　编:310000
…………………………… 法　人:施林松
…………Tel:13968077503
0571－88661190

### 余姚市姚北合鑫沙石场

业务:经销黄沙、石子
地址:浙江省余姚市低塘街道镆剑山村
……… 负责人:何纪德　邮　编:315000
…………………………… 法　人:何纪德
…………Tel:13136302599
0574－62295776
13071912788

### 余姚市永清新型建材安装有限公司

业务:新型建材预订与销售
产品:屋面保温发泡混凝土,地暖
地址:浙江省余姚市凤山街道九垒山村63号
……… 负责人:刘景想　邮　编:315400
…………………………… 法　人:刘景想
…………Tel:13586710959
13486430126

### 余姚市城东新新花木园艺场

业务:苗木种植、销售,承接绿化工程
产品:香樟、桂花、红枫、樱花、桃树、杨梅
地址:浙江省余姚市经济开发区穴湖村(西柳45号)
……… 负责人:马坚浩　邮　编:315400
…………Tel:13362478418
0574－62607907
…………Fax:0574－62607907

### 余姚市兆友洁具厂

业务:专业生产各种花样龙头、三角阀等
产品:各种花样龙头、三角阀等
地址:浙江省余姚市陆埠镇江南村(舜孙南路3号)
………… 负责人:柳杰　邮　编:315400
…………………………… 法　人:柳杰
…………Tel:15905849070
13989325191
0574－62391878
…………Fax:0574－62391878

### 余姚市晨航不锈钢制品有限公司

业务:不锈钢装饰管材、不锈钢制品的生产和销售
产品:不锈钢装饰管材、不锈钢制品
地址:浙江省余姚市三七市镇三七市工业园
……… 负责人:王富民　邮　编:315000
…………………………… 法　人:王富民
…………Tel:15268371333
…………… E-mail:wfm006788@163.com

### 余姚市泗门乐涛冲件厂

业务:冲件的加工(地漏、洁具)
地址:浙江省余姚市泗门镇镇南村吴巷1弄7号
……… 负责人:吴焕建　邮　编:315000
…………………………… 法　人:吴焕建
…………Tel:0574－62154650
13586717695

### 余姚市雨星灌溉设备厂
业务：生产、销售灌溉微喷
地址：浙江省余姚市丈亭镇丈亭村
负责人：陈伟明 邮 编：315400
法 人：陈伟明
Tel：0574－62971288

### 杭州元生装饰工程有限公司
业务：杭州元生装饰工程有限公司成立于2004年，主要进行室内装修、室外装修，并承接大型的装饰工程。欢迎各方客户来公司洽谈业务，共同合作！
地址：浙江省杭州市江心岛小学内
邮 编：310005
法 人：胡元生
Tel：0571－88394913
Fax：0571－88394913
网址：www.hzys.chinapyp.com

### 绍兴名雕装饰设计有限公司
业务：集装饰、装修、设计、施工于一体，专业从事办公、餐饮、商业、娱乐空间及住宅设计、施工业务。公司推崇绿色装饰与人性化设计，融合时代潮流，携手与你共建满意空间。
地址：浙江省中兴北路家宜花园9幢9号营业房
负责人：盛天 邮 编：312000
法 人：盛志龙
Tel：0575－88668858
Fax：0575－88686969
网址：www.sxmdzs.cn
E-mail：530418878@qq.com

### 舟山市定海冠好装饰工程有限公司
业务：承接室内外装饰设计与施工
地址：浙江省舟山市定海区百虎山路126号一2号
负责人：陈恩波 邮 编：316000
法 人：陈恩波
Tel：13705807381
0580－2053176
Fax：0580－2053176

### 浙江宝晟建设有限公司定海北蝉分公司
业务：建设工程、土石方工程、市政工程、钢结构工程
地址：浙江省舟山市定海区北蝉乡新街74号
负责人：诸葛龙角 邮 编：316000
Tel：13505802832
0580－8061215

### 浙江中欣建设有限公司定海环南分公司
业务：承接室内外装修工程，土石方工程，道路建设工程，市政工程等各项建筑工程
地址：浙江省舟山市定海区环南街道盘峙村盘峙路977号
负责人：王行军 邮 编：316000
法 人：王行军
Tel：0580－2624683

### 舟山康能保温材料有限公司
业务：主要经营保温材料、装饰材料、金属材料等。承接保温工程。公司本着"诚信造就信心，合作共创双赢"的经营理念，愿与广大客商共创双赢！
地址：浙江省舟山市定海人民南路125－11
负责人：陈伟康 邮 编：316000
法 人：陈伟康
Tel：0580－2052789
Fax：0580－2052789

### 浙江桦驰海洋工程公司
业务：水上（下）工程、江河疏浚、码头建造、打桩、围填、水下管线安装工程施工。大型的起重船、平板船、挖泥船、各类工程船和3000吨以下的载重船10条，提供工程服务和设备租赁
地址：浙江省舟山市东港外滩家园17幢601
负责人：汪万刚 邮 编：316000
法 人：汪先生
Tel：13666712888
0580－3826378

### 舟山市竣翔土石方有限公司
业务：土石方挖掘、围填、场地平整、绿化保护
地址：浙江省舟山市普陀区东港街道乐业家园9幢5－2号
负责人：苗跃军 邮 编：316100
法 人：苗跃军
Tel：13867206058
13867236622

**杭州佳鸿装饰工程有限公司**
地址：浙江省杭州市上城区环城东路23－1号103室
负责人：方志杰
Tel：13395815513

**杭州中荣机电安装工程有限公司**
地址：浙江省杭州市上城区惠民路75－5－2号408室
负责人：赵德毅
Tel：0571－87701665

**杭州兴合建筑装饰有限公司**
地址：浙江省杭州市上城区江城路393号－4
负责人：赵李明
Tel：13906501643

**杭州蓝科环保科技有限公司**
地址：浙江省杭州市上城区庆春路137号1005室
负责人：张颖嫩
Tel：0571－87785555

**杭州天润木业有限公司**
地址：浙江省杭州市上城区秋涛路190号木材交易市场内
负责人：史秀琴
Tel：13605714077

### 余姚市林海建材有限公司
业务：建筑材料的批发零售
产品：混凝土，水泥等
地址：浙江省余姚市兰江街道兰墅村
负责人：经海林 邮 编：315400
Tel：13606592915
0574－62642000
Fax：0574－62648677
网址：http://www.51zzt.com/user/zzt32848

**杭州长纲标牌支架安装有限公司**
地址：浙江省杭州市上城区中山中路382号－2
负责人：沈永敏
Tel：13588716224

**杭州成毅建材有限公司**
地址：浙江省杭州市西湖区翠苑新村三区66幢5单元配套用房
负责人：施福生
Tel：13567169976

**杭州直方大物业管理有限公司**
地址：浙江省杭州市西湖区古翠路怡泰科技大楼528室
负责人：夏临冈
Tel：0571－81826990

### 杭州中瑞装饰工程有限公司
业务：杭州中瑞装饰工程有限公司专业承接办公、家庭、商场、展厅道具等装修业务，本公司具有较强的设计，施工能力，业务遍及全省各地，欢迎广大客户上门参观咨询。公司宗旨：诚信重于泰山，服务着眼未来。
地址：浙江省杭州市下城区东园巷38栋3楼
邮 编：310003
法 人：沈月强
Tel：0571－85281925
28905978
Fax：0571－85281815
网址：www.hzzr.chinapyp.com

### 舟山市普陀区勾山小城故事五金建材店
业务：五金、建材零售。主营建筑行业、个人装修
地址：浙江省舟山市普陀区勾山街道浦西大道139网点
负责人：贝昌平 邮 编：316000
法 人：贝昌平
Tel：0580－3089115
13002626072

### 舟山市普陀区海洲石业
业务：石材
地址：浙江省舟山市普陀区浦西建材市场
负责人：王信国 邮 编：316000
法 人：王信国
Tel：13905806692
0580－3098033

### 诸暨市阿锋建材经营部
业务：建筑材料销售
地址：浙江省诸暨市次坞镇吕家村
负责人：吕伦锋 邮 编：311800
法 人：吕伦锋
Tel：13606850657
0575－87867657

### 诸暨市顺拓机械厂
业务：水暖配件
地址：浙江省诸暨市店口镇侠父村
负责人：石展 邮 编：311814
法 人：石展
Tel：13567529591
0575－87610389

**杭州布一龙家饰有限公司**
地址：浙江省杭州市西湖区文苑路2号727室
负责人：周益萍
Tel：13305716935

**杭州山河市政园林工程有限公司**
地址：浙江省杭州市西湖区文苑路360号204室
负责人：陈国明
Tel：13805777920

**杭州三杰装饰工程有限公司**
地址：浙江省杭州市西湖区文苑路360号香樟商贸楼517号房
负责人：陆永伟
Tel：0571－88979610

### 诸暨市枫桥家适木门厂
业务：生产、销售木门
地址：浙江省诸暨市枫桥镇海角村十一林场
负责人：黄其根 邮 编：311800
法 人：黄其根
Tel：13957557976
15988239044

**杭州丰瑞房地产代理有限公司**
地址：浙江省杭州市西湖区古墩路1203号
负责人：赵挺
Tel：13136155486

**杭州华洲房地产代理有限公司**
地址：浙江省杭州市西湖区古墩路392号兰桂花园H2幢6号商铺
负责人：陈祖权
Tel：13777865049

**杭州浅水湾装饰设计工程有限公司**
地址：浙江省杭州市西湖区华东陶瓷建材市场家装二楼240－242号
负责人：王陆胡
Tel：13003650061

### 余姚市双佳建筑装潢工厂
业务：建筑工程，装修工程
地址：浙江省余姚市兰江街道三凤桥村
负责人：袁吉梁 邮 编：315400
法 人：袁吉梁
Tel：0574－62511182

**杭州精度装饰设计工程有限公司**
地址：浙江省杭州市西湖区桃花弄2号302室
负责人：靳斌
Tel：13757181373

**杭州明耀新型建材有限公司**
地址：浙江省杭州市西湖区天目山路160号国际花园东塔楼161室
负责人：曾忆平
Tel：13958080221

**杭州埃美市政建设有限公司**
地址：浙江省杭州市西湖区天目山路317号
负责人：洪祥
Tel：3571－87998942

### 余姚市绿源机制炭厂
业务：生产机制木炭的专业厂，主要用于：烧烤、制药、化工、建筑等行业。我厂依托高新技术、完善的质量保证体系，各项产品技术指标匀达到国际水平，欢迎新老客户来厂实地考察，洽谈合作！
产品：机制竹炭、木炭
地址：浙江省余姚市梁弄镇如意路141号
负责人：黄佰军 邮 编：315000
法 人：黄佰军
Tel：13081957557
Fax：0574－62366572

**杭州泰时工业材料有限公司**
地址：浙江省杭州市西湖区文三路100号703室
负责人：郑亚芬
Tel：0571－87976684

### 创艺建材商店
业务：墙纸销售及施工
地址：浙江省诸暨市浣东街道苎萝东路777号福田花园桃园居C10幢
负责人：胡诚勇 邮 编：311800
法 人：胡诚勇
Tel：0575－87277665

**杭州瑞唐环保系统工程有限公司**
地址：浙江省杭州市西湖区文三路90号东部软件园科技大厦13楼1308室
负责人：柳显臣
Tel：13906536371

**杭州高峰建筑材料科技开发有限公司**
地址：浙江省杭州市西湖区文三路90号东部软件园综合楼224室
负责人：施跃进
Tel：0571－88313836

### 诸暨方诚万家乐门窗经营部
业务：完美品质，追求卓越。本店主要经营：复合防盗窗，隐形纱窗，折叠门，淋浴房，阳光房等
地址：浙江省诸暨市暨阳街道安康家园12幢1楼
负责人：方彪 邮 编：312000
法 人：方彪
Tel：13645857890
0575－88077322
13867581169
15988283818

**杭州中宇装饰工程有限公司**
地址：浙江省杭州市西湖区文苑路606号1186室
负责人：程伟
Tel：13175110116

### 诸暨市城北桂香钢板供应站
业务：钢板销售
地址：浙江省诸暨市暨阳街道废旧铝合金门窗市场
负责人：张桂香 邮 编：311800
法 人：张桂香
Tel：0575－87323065
13735312234

### 宁波佳诺疏浚有限公司
业务：宁波佳诺疏浚有限公司成立于2006年，主要从事港口、航道的疏浚开挖及维护、吹填，公司全体员工本着质量第一、信誉至上的宗旨，拼搏进取、务实创新，与国内外各界朋友携手共创美好未来。
地址：浙江省宁波市奉化市莼湖镇桐照村梧山路139号
负责人：林永辉 邮 编：315506
法 人：林永辉
Tel：0574－88756188

**杭州影响装饰工程有限公司**
地址：浙江省杭州市西湖区文苑路606号2007室
负责人：宋丰全
Tel：13575787788

**杭州中鼎建设工程有限公司**
地址：浙江省杭州市西湖区文苑路606号二楼1190室
负责人：曹慧丽
Tel：13588113737

**杭州五星建筑工程咨询有限公司**
地址：浙江省杭州市西湖区学院路130号156室
负责人：倪士坎
Tel：13588163903

### 诸暨市盛世名家建材商行
业务：建材批发
地址：浙江省诸暨市暨阳街道下坊门桂花园29幢1－2#
负责人：周建飞 邮 编：311800
法 人：周建飞
Tel：13706853048

**大成水电安装工程有限公司**
地址：浙江省杭州市下沙蔬果批发市场内（下沙路364号）
负责人：鲁国锋
Tel：0571－86926828
13606627178

**玉环县炜翔阀门有限公司**
地址：浙江省台州市楚门镇西南村13号
负责人：狄海峰
Tel：0576－87443949
13116549888

### 欧利达卫生洁具有限公司
业务：本公式成立于2003年，经过几年的努力，公司已经发展成为一个集压铸，仪表，抛光，电镀，装配于一体的大中型卫浴洁具企业，产品远销欧洲各国，其质量高价格低廉得到国外客户的一致好评。将会以更可靠的质量，更优惠的价格来面对市场的挑战。
地址：浙江省瑞安市塘下镇浦桥工业区
邮 编：325200
法 人：邱建兴
Tel：0577－65292999
Mobile：13506659995
Fax：0577－65295885

**温州市源兴建材经营部**
地址：浙江省温州市黄龙住宅区5区映翠15幢103室
负责人：江小姐
Tel：0577－81911398
13587616053

### 瑞安市敏丰管道配件厂
业务：本公司成立于2003年，拥有30多名员工。主要经营：法蓝（管道配件、阀门配件）、法蓝锻件。
地址：浙江省温州市瑞安市汀田镇金前村
邮 编：325206
法 人：林祥敏
Tel：0577－65113060
Fax：0577－65113060

**温州华倩珠光装饰颜料有限公司**
地址：浙江省温州市机场大道2199号
负责人：陈华强
Tel：0577--86788852
86632852
13957740530

### 绍兴县杨汛桥国炎新型建材厂
业务：绍兴县杨汛桥国炎新型建材厂成立于2005年4月，主要生产混凝土砖等产品。"以质量求生存，以信誉求发展"，热诚欢迎新老客户来电来人洽谈业务，共同合作。
地址：浙江省绍兴市绍兴县杨汛桥镇芝塘湖村委
邮 编：312008
法 人：胡国炎
Tel：0575－4500978
5303222
Fax：0575－4503968

本溪市鑫诺特钢实验制造有限公司

经营纯铁，各种焊塑钢，特种钢生产及销售的企业。

电话：0414－2824060　3129563

地址：辽宁省本溪市溪湖区居仁街



## 安吉县宏通疏浚工程队

本公司成立于2007年，主要从事疏浚工程。工程队自成立起本着："以质量求生存，以信誉求发展"的服务宗旨受到各企业单位的高度评价。

联系人：张宏伟　电话：0572-5082598

传真：0572-5081200　手机：13567277398

地址：浙江省湖州市安吉县梅溪镇华光村乌山　邮编：313000

## 高伟建材有限公司

高伟建材有限公司创建于2007年，公司主要生产销售水泥砖、多孔砖、地砖、罗马柱、烟道。

我们秉承"质量上乘，信誉第一"的信念；"用户至上，服务大众"的宗旨，欢迎国内外各界朋友前来考察指导，商洽合作事宜。

电话：0580-8075802

联系人：陈文康　13587069828　传真：0580-8075802

地址：浙江省舟山市白泉镇金星宋家弄　邮编：316000

## 苍南县胆发防水建材有限公司

苍南县胆发防水建材有限公司成立于2005年，主要经营屋顶、卫生间、地下室防水材料，主要产品有SBS防水材料，沥青瓦，861防水胶，858彩色胶，堵漏王，油膏等防水产品。我公司秉承"顾客至上，锐意进取"的经营理念，坚持"客户第一"的原则为广大客户提供优质的服务。欢迎惠顾！

联系人：陈德胆　13958757831

电话：0519-64196693

地址：浙江省温州市苍南县龙港镇龙翔路1695号

邮编：325802

## 杭州城南房地产物业公司

杭州城南房地产物业公司成立于1993年。

从事物业管理服务。

我公司将配以高质量的物业管理队伍，以一流的管理，一流的服务与该小区形成相得益彰的系统化操作，我们的服务宗旨是住户至上，信誉第一。我们坚信，通过我们的管理与服务，定能使小区建设日趋完善，给住户创造一个文明，安全，舒适，宁静的居住环境。

联系人：金叔华

电话：0571-86752501　13116746148

地址：浙江省杭州市紫花支路8号西8楼　邮编：310026

## 長興林波建材有限公司

长兴林波建材有限公司成立于2008年。

特色经营火山灰、海螺水泥等建筑产品。

公司始终秉承"超越自我，追求卓越"的企业精神。

热忱欢迎海内外新老客户前来洽谈。

联系人：吴方林

电话：0572-6191133　13305729618

地址：浙江省湖州市长兴县吕山乡龙溪村胥仓桥自然村　邮编：313000

## 杭州恒大陶瓷建材交易市场嘉恒水暖五金经营部

本公司成立于2007年，主要经营水暖、五金材料。服务宗旨是：货真价实，诚信第一，信誉第一，质量第一！我们的质量方针是：服务至诚，精益求精，管理规范，进取创新。

电话：0571-56656779

手机：13018987708　联系人：楼欢录

地址：浙江省杭州市杭州恒大陶瓷建材交易市场B1区1225.1227号　邮编：310019

## 淳安县千岛湖镇辉煌岁月灯具店

本公司成立于2008年，主要經營燈飾。

我們貫徹"高質，價廉，誠信"的企業精神，爲顧客提供上乘服務，歡迎您的光臨。

联系人：王伟　13968100864

邮编：311700

电话/传真：0571-64828388　64828383

地址：浙江省杭州市淳安县千岛湖镇南山二支22号

## 杭州恒大陶瓷建材交易市场新威建材经营部

本公司成立于2007年，专业代理销售威玛仿古砖、金钻陶瓷等，产品包括：地面砖、内墙砖、外墙砖等。我们将以优惠的价格，优质的产品及服务，竭诚期待您的光临！

联系人：应永东

电话：0571-56656182　88078023

传真：0571-88078023　手机：13605817461

地址：浙江省杭州市杭州恒大陶瓷建材交易市场A3-10号　邮编：310026

## 慈溪市路逸水暖管件有限公司

慈溪市路逸水暖管件有限公司成立于1997年，本公司专业从事水暖管件的生产与销售。

公司秉承"顾客至上，锐意进取"的经营理念，坚持"客户第一"的原则为广大客户提供优质的服务。欢迎惠顾！

联系人：陆国平

电话/传真：0574-63580893

地址：浙江省慈溪市新浦镇六扩南东区143号　邮编：315322

## 杭州金雕装饰设计工程有限公司

杭州金雕装饰设计工程有限公司成立于2007年。

从事酒店、办公楼、别墅、家装等室内装修服务。

我们将以最专业的精神为您提供安全、经济、专业的服务。

联系人：丰志军　13018945307

地址：浙江省杭州市滨江区月明路832号　邮编：310052

▲城建房产建材装潢▼

禹州市瑞华实业有限公司
从事建材销售的企业
电话：0374－8862633
地址：河南省许昌市禹州市火龙镇老官陈村

## 杭州骏龙装饰工程有限公司

杭州骏龙装饰工程有限公司成立于2006年，主要从事于商场展示柜的生产、销售。公司自成立以来，始终奉行“质量第一，信誉为本，科学发展”的经营宗旨，以科技为依托，以市场为导向，以用户为中心，以质量为生命。欢迎广大客户来电来函洽谈。

联系人：吴龙虎
电话：0571－86702516　13858035118
地址：浙江省杭州市江干区九堡镇三村村4区96号
邮编：310016

## 杭州市下城区真诚建筑玻璃贴膜经营部

本公司成立于2008年，专业销售隔热、防爆、防弹、防辐等功能玻璃贴膜，广泛用于居民住宅、商务办公楼宇以及汽车防护、防辐美容装饰等领域。

我们将以最优质的产品和服务竭诚期待您的光临！

联系人：杨中锭　13706513840
电话：0571－85166825
传真：0571－88280692
邮编：310004
地址：浙江省杭州市下城区东新路811号

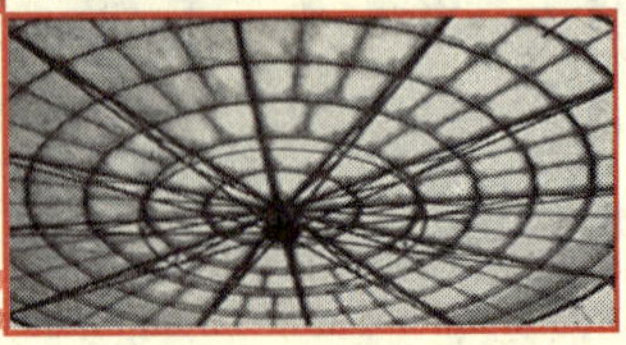

## 杭州品鑫装饰设计有限公司

成立于2008年，公司是上海威雅室内装饰有限公司旗下的子公司。

公司本着“顾客至上、精益求精、高速度、高质量、低价格、优服务、信益保障、服务保障、效率保障、顾客至上”为宗旨，赢得了广大客户好评，在社会上树立了良好形象。公司拥有专业的设计师，高素质的现场管理技术骨干，培养了技术过硬、工艺精湛的施工队伍。面对挑战，我们拥有充分的信心和决心，迈向新台阶，再创新辉煌。

网址：www.hzpxzssj.com
联系人：黄俊　13071877386
电话：0571－85024566　400－6769585
邮编：310026
地址：浙江省杭州市文山路康新花园B座905室

## 高郵市强勝特種水產品專業合作社

本公司成立于2007年，主要经营罗氏沼虾，南美白对虾苗种，饲料及成品虾。服务宗旨诚信第一、服务第一、客户至上”。

网址：www.virbien.com　　邮箱：13957768008@139.com
电话：0571－88799227、13957768008　　传真：0571－88799227
邮编：311100　　地址：浙江省杭州余杭区良渚杜甫村（浙江亿丰家居建材城B1059）

## 杭州三江园林绿化工程有限公司

本公司成立于2000年，专业从事园林绿化工程施工且具有国家园林一级资质，也承接市政工程施工且具有市政公共工程三级资质。

我公司本着“锐意进取，客户至上”的原则，竭诚为客户提供优质的产品和良好的服务。欢迎来电洽谈！

联系人：赵财法
电话：0571－82306026　82309187　　传真：0571－82486236
地址：浙江省杭州市萧山区闻堰镇亚太路1869号　　邮编：310000

## 杭州萧山城厢刚强移门店

本店主营滑动门、沐浴房、折叠门、平开门、无框阳台、阳光房及材料批发，为顾客提供优质的产品是我们的一贯宗旨，欢迎广大客户光临惠顾！

联系人：邓刚　13567193557
电话：0571－57123120　　传真：0571－57123120
地址：浙江省杭州市萧山区城厢街道萧西路75号10-11
邮编：311200

## 杭州桑企装饰设计工程有限公司

杭州桑企装饰设计工程有限公司成立于2006年，本公司是集设计、施工多元化的一家企业，专业从事家居、办公室、写字楼、行政楼、宾馆、酒店等装饰的设计施工。企业品牌有桑企装饰、桑企装饰设计机构、桑企福布斯装饰、桑企五洋橱柜等。

桑企企业有锐意进取的企业精神，以人为本的企业文化，海纳百川的企业胸怀，把装修当作“产品”来经营，以诚信对待客户，以虚心求进步，以创新谋发展而获取更大空间。

联系人：桑建明
电话/传真：0571－28891770、28896300
网址：www.5isq.com
电子邮件：sqzs77@126.com
地址：浙江省杭州市江干区秋涛北路176号交运大厦1608室
邮编：310018

## 杭州萧山围垦十七工段连月建材加工场

本公司成立于2008年，主要经营碎石加工水泥砖制作。

公司宗旨：“客户至上，服务第一”，欢迎各界朋友莅临指导、参观和业务洽谈。

电话：0571－82123650　　联系人：高连月　13805752297
地址：浙江省杭州市萧山区围垦十七工段　　邮编：312000

## 杭州市鼎晶楼梯装饰材料经营部

杭州市鼎晶楼梯装饰材料经营部成立于2008年，本部专业从事楼梯装饰材料的生产、安装、销售。

联系人：陆新年

经营部本着“客户第一，诚信至上”的原则，与多家企业建立了长期的合作关系。热忱欢迎各界朋友前来参观、考察、洽谈业务。

电话：15925682102　0571－88757653　　传真：0571－88757653
地址：浙江省杭州市余杭区好运路2号　　邮编：310000

## 杭州萧山新街镇佳诚园艺场

杭州萧山新街镇佳诚园艺场成立于1998年，主要种植苗圃并承接园林工程。

我们秉承“顾客至上，锐意进取”的经营理念，坚持“客户第一”的原则为广大客户提供优质的服务。欢迎广大客户惠顾！

联系人：徐建国
13336022670
电话/传真：0571－82859629
邮编：311217
地址：浙江省杭州市萧山区新街镇花木城9栋30号

## 杭州萧山义桥镇管陶建材商店

杭州萧山义桥镇管陶建材商店成立十多年来。专业从事水管，卫生洁具，小五金批发零售的企业。我们始终以最真诚的服务，为您提供高品质的产品。

联系人：周枝庆
电话：0571-82212152 82215388
邮编：311221
地址：浙江省杭州市萧山区义桥镇许贤王家桥开发区

## 江山市樱花装饰材料有限公司

我厂是一家专业生产中高档室内烤漆套装门的现代型企业。我厂坚持"专而精，精而质优"的生产理念，并结合"健康环保"的精神，专一生产实木烤漆门。产品以高档优质烘干原木为材料，选用高档环保的聚脂漆饰面，生产出来的实木烤漆门具有不变形、不变色、不开裂、不收缩、安装方便、绿色环保实质性特点。

我厂坚持"服务创新、质优价廉、薄利多销、永续经营"的经营理念，贯彻"共谋发展，共创未"的合作原则，诚邀中外客户前来洽谈合作，共一流品质，一流服务。

联系人：毛声法
电话：0570-4611111 4982111 传真：0570-4982111
地址：浙江省江山市十里牌工业园区（忆家园门业） 邮编：324100

## 杭州新时代家居生活广场鼎鑫装饰材料商行

本商行主要经营德国海蒂诗牌五金配件、卫浴龙头。

本公司秉承"顾客至上，锐意进取"的经营理念，坚持"诚信第一，效率第一，客户至上，服务至上"的服务宗旨，欢迎新老客户光临惠顾！

电话：0571-89962001
邮编：310026
联系人：郑明照 13777475548
地址：浙江省杭州市西湖区三墩镇杭州新时代家居生活广场F座一楼12号

## 乐清市恒泰门业有限公司

乐清市恒泰门业有限公司成立于2004年，专业从事彩色不锈钢板、不锈钢门花的制作和销售。我公司坚持"质量第一、客户至上"的宗旨，为广大客户提供最优质的产品和服务！

联系人：钱恒春
电话：0577-62382366 62388366 传真：0577-62382377
地址：浙江省温州市乐清市石帆镇后岭村
邮编：325600

## 杭州余杭区南苑申博装饰材料商行

本公司成立于2008年，主要经营装饰材料，主要产品有电视背景、床头背景、艺术涂料、质感涂料、液体墙纸及各类墙面装饰材料。一贯坚持"质量第一。顾客至上"为服务宗旨，不断创新产品，可根据客户不同要求服务。

联系人：王重阳
电话：0571-89283255 手机：13685751188
地址：浙江省杭州市余杭区南苑街道世纪大道75号 邮编：310026

## 丽水市亿家木门经营部

丽水市亿家木门经营部成立于2008年，本经营部主要经销、安装木门、五金锁具及承接室内外装璜（办公楼、酒店等）。我们将秉承"诚信敬业、改革创新、利益共享、与时俱进"的精神，我们热忱欢迎广大的客商来电来函洽谈业务，成为我们新的合作伙伴。

联系人：刘建忠
电话：0578-2123321、13957076779 传真：0578-2123321
地址：浙江省丽水市宇雷路183号 邮编：323000



## 湖州华锦房屋设备安装工程有限公司

本公司成立于2004年，主要电力设备、机电设备安装。以客户为中心，满足并超越客户期望，维护公认名牌产品的信誉，诚实守信，产品质量精益求精。

联系人：费锦荣
电话：0572-2079255 2073655
传真：0572-2870096 手机：13665721885
地址：浙江省湖州市环城东路235号汇豪名都2楼 邮编：313000

## 临安余临水泥辅助材料有限公司

临安余临水泥辅助材料有限公司是一家主要从事微矿粉的生产与销售。

诚信经营，信誉至上，质量保证，价格合理。热忱欢迎新老客户惠顾。

联系人：张建民
电话：0571-63781558 13606538117
地址：浙江省临安市青山湖街道青山村工业区 邮编：311305

## 湖州吴兴莱卡移门店

湖州吴兴莱卡移门店成立于2003年，本店主要经营金属移门、卫浴洁具。公司拥有雄厚的技术实力，先进的生产设备，健全的质量管理体系，技术精湛的专业安装队伍，强大的营销网络及完善的售后服务，产品投入市场数十年，深受广大用户的认可。

"精益求精"是我们的企业精神，"优质服务"是我们的一贯宗旨，竭诚欢迎与广大新老客户建立长期友好的业务关系。

联系人：吴国强 13706522591
电话：0572-2961177
传真：0572-2961177
地址：浙江省湖州市承天寺巷15号 邮编：313000

## 临海市福胜涂料厂

临海市福胜涂料厂专业从事涂料的研发、生产和销售，产品主要有水性内外墙漆，水性木器漆，产品通过ISO相关标准体系，中国环境标志认证，严格执行国家相关环保标准，健康环保，质优价廉，服务齐全。

公司秉承"顾客至上，锐意进取"的经营理念，坚持"客户第一"的原则为广大客户提供优质的服务。

联系人：徐跃辉
电话：0576-85809166、13073805308
邮编：317031
地址：浙江省台州市临海市白水洋镇上官村

## 宁波北仑璜锦装饰工程有限公司

宁波北仑璜锦装饰工程有限公司是一家专业从事室内外装饰装修、房屋维修业务的企业。

我们拥有专业的团队，一流的施工队伍，能为您提供优质的服务。欢迎同我们联系业务，共同发展。

联系人：左宗启

电话：0574－26870672 13606849475

地址：浙江省宁波市北仑区大碶镇新大陆1639号 邮编：315806

## 平湖市当湖圣洁奥装饰材料经营部

本公司成立于2007年，本商行经营欧琳整体橱柜、集成吊顶、移门等各种装饰材料。

我们将以良好的信誉，优质的产品期待与您的合作。

联系人：许跃杰 15988300111

电话：0573-85076158

传真：0573-85076159 邮编：314200

地址：浙江省平湖市当湖街道华都九龙广场19幢132-133号

## 宁波市江东雅安窗业有限公司

是一家具备多年生产安装铝木复合门窗、断桥隔热门窗、实木百叶、精品阳光房、高档隐形纱窗的企业。

以"精雕细琢、品质至上、开拓创新、超越期望"作为公司的质量方针。经过多年的不懈努力，取得了较好的口碑和市场！。本公司将始终如一的坚持以客户为中心的理念、以改善人们居住环境为目的。产品不断革新，不断提高服务质量，力争打造行业品牌，以更加优良的产品回报广大用户的厚爱。安装本公司的产品一定是您最佳的选择。让雅安纱门窗给您以温暖，创造一个尊贵、温馨的家。

联系人：周升亮

电话/传真：0574—88138298

邮编：315040

地址：浙江省宁波市江东区现代家居商城1号楼1楼001

## 衢州市柯城枫屏木材加工厂

衢州市柯城枫屏木材加工厂成立于2003年，从事木材包装箱加工、生产、销售。公司一贯秉承以"质量第一、客户至上、严守信誉、互惠互利"为宗旨，与广大客户友好合作，共谋发展！

联系人：陈康渭

电话：0570-2345596 手机：13957017559

地址：浙江省衢州市柯城区花园街道木材市场办公室 邮编：324100

## 宁波市鄞州集士港华青玻璃制品厂

宁波市鄞州集士港华青玻璃制品厂是一家专业的玻璃制品批发的企业。秉承"顾客至上，品质第一"的经营理念，坚持"客户至上"的原则为广大客户提供优质的服务。欢迎广大客户惠顾！

联系人：金华月

电话：13003724400、0574-56204966 邮编：315171

地址：浙江省宁波市鄞州区集士港镇卖面桥村

## 衢州市柯城通浩钢材批发部

衢州市柯城通浩钢材批发部成立于2007年5月。本批发部主营批发冷拔带肋，螺纹钢、线材。

衢州市柯城通浩钢材批发部本着"客户第一，诚信至上"的原则，与多家企业建立了长期的合作关系。

热忱欢迎各界朋友前来参观、考察、洽谈业务。

联系人：吴建军 13957012318

电话：0570-3826937 3083808

地址：浙江省衢州市上洋钢材市场东区12号钢构房 邮编：324000

## 宁波市鄞州区首南璐莎门窗店

宁波市鄞州区首南璐莎门窗店成立于2003年，本店专业从事门窗的生产、加工、销售、安装。主要有不锈钢门窗、防盗门窗、铝棚、衣架等。我们凭着优良的技术.良好的信誉.高质量的服务在市场上赢得了很好的口碑，本着质量第一.用户至上的原则我们将竭诚为您服务，欢迎新老客户光临垂询。

联系人：朱艳

电话：0574-28883951、138198[illegible]4、13056702991 传真：0574-28863735

地址：浙江省宁波市鄞州区首南街道陈婆渡小区天童南路1483-1487号

## 绍兴县齐贤安德莱卫浴洁具厂

绍兴县齐贤安德莱卫浴洁具厂成立于2008年，本厂专业从事卫浴洁具的生产与销售。主要有洗脸盆。

齐贤安德莱全体同仁将不懈努力，积极创新，为您提供更好的卫浴产品是我们永恒的追求目标。

联系人：金国恩

电话：0571-82524031 15958114947 传真：0571-82592939

地址：浙江省绍兴市齐贤镇光明村 邮编：310026

## 宁波市鄞州申威门窗装潢有限公司

宁波市鄞州申威门窗装潢有限公司专业加工销售塑钢窗、铝合金门窗。

我公司一直秉承"诚信为本，质量第一"的原则，竭诚为新老客户服务。

欢迎您的来电！

联系人：李申 13805883426

电话：0574-88486178

邮编：315000

地址：浙江省宁波市鄞州区五乡镇汇纤村爱民路21号

## 台州市金天地建设工程有限公司

台州市金天地建设工程有限公司成立于2006年，是一家房屋建筑施工总承包叁级企业。

公司秉承"顾客至上，锐意进取"的经营理念，坚持"客户第一"的原则为广大客户提供优质的服务。欢迎惠顾！

联系人：王秋斌

电话：0576-82525777

地址：浙江省台州市路桥区南官大道188号 邮编：318000

## 台州市路桥区腾兴洁具厂

台州市路桥区腾兴洁具厂是一家专业的洁具生产厂家，主要产品有铜P弯、铜S弯、冲水管、铜铸小便弯、波纹管等。欢迎广大客户来电来函洽谈。

联系人：王汝利

电话：13606666683、0576-82699333、82678709
地址：浙江省台州市路桥区峰江街道沧前村一区99号
邮编：318014

## 温州市鹿南标准件有限公司

浙江温州鹿南标准件有限公司创立于1985年，是集研发、制造、营销、服务为一体的专业性公司。其主要产品有8.8级、10.9级、12.9级等级别的全整套高强度系列螺栓和1228钢结构螺栓，并承制定做各类非标准件产品。

我公司一贯坚持“质量第一、信誉至上”经营宗旨，多年来工程合格率达100%，优良品率一直保持在98%以上。我们愿以高品质产品、完美服务与社会各界诚挚合作、携手共创辉煌事业。

联系人：陈陆妹

电话：0577－86527779
地址：浙江省温岭市机场大道4810号　邮编：325011

## 台州臻峰建材有限公司

台州臻峰建材有限公司成立于2006年3月，主要从事商品混凝土的生产与销售，是三门首家混凝土生产企业。

注册资金2280元，总投资9000多万元，本公司秉承“顾客至上，锐意进取”的经营理念，坚持“客户第一”的原则为广大客户提供优质的服务。欢迎广大客户惠顾！

联系人：李建辉　传真：0576-83310809
电话：0576-83310000　邮编：317100
地址：浙江省台州市三门县海游镇上枫坑工业园区

## 温州市瓯海仙岩大成有机玻璃加工厂

温州市瓯海仙岩大成有机玻璃加工厂成立于2005年。主要从事于有机玻璃制品的生产。

公司将一如既往，不懈努力，为您提供不断完善的工艺技术装备和一流服务。大成热忱渴望成为您值得信赖的朋友，携手共创美好的未来！

联系人：唐大成
电话：0577-85319458　13676716309
地址：浙江省温州市瓯海仙岩社枫村锦绣路80号
邮编：325203

## 天台县方兴木业超市

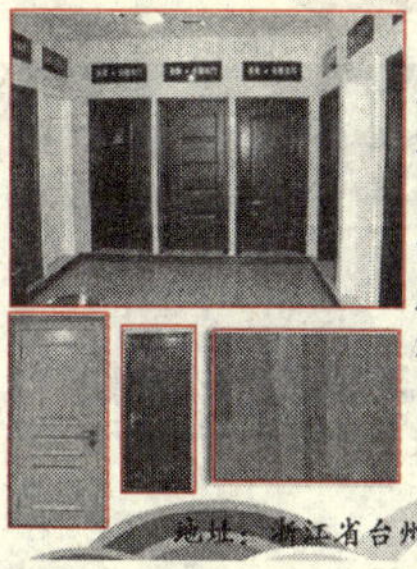

天台县方兴木业超市是一家专业销售高中档地板、墙纸、壁布、木门等于一体的家居木业超市。

我们奉行“顾客至上、信誉第一”的经营理念，始终坚持“优质产品、优质服务”的销售理念，赢得了广大消费者的信赖与支持。

联系人：陈方兴
电话：0576-83900263　83900163
邮编：317200
地址：浙江省台州市天台县始丰街道新城汇泉西街115-137号

## 温州市亿益源紧固件制造有限公司

本公司成立于1986年，主要生产及加工各种中低碳合金钢、不锈钢异型件。设备：螺母、螺栓冷镦机。

以科学管理，规范行为，完善自我，服务顾客为宗旨，是您理想的合作伙伴，欢迎国内外客户来公司考察指导，我公司竭诚为你服务。

联系人：袁银华　13738318888

电话：0577-86678551　86678611　86678622　86668885　传真：0577-86678655
网址：www.yiyiyuan.cn　电子邮件：yyy@yiyiyuan.cn
地址：浙江省温州市温州工业园区金江路3号　邮编：325000

## 温岭市泽国鹿南标准件经营部

联系人：陈陆妹

温岭市泽国鹿南标准件经营部创立于1985年，是集研发、制造、营销、服务为一体的专业性公司。其主要产品有8.8级、10.9级、12.9级等级别的全整套高强度系列螺栓和1228钢结构螺栓，并承制定做各类非标准件产品。

我公司一贯坚持“质量第一、信誉至上”经营宗旨，多年来工程合格率达100%，优良品率一直保持在98%以上。我们愿以高品质产品、完美服务与社会各界诚挚合作、携手共创辉煌事业。

电话：0576－86408856
邮编：325011
地址：浙江省温岭市泽国机电五金城综合楼8号

## 温州中铁置业有限公司

温州中铁置业有限公司成立于2008年，从事房地产开发经营、旅游项目开发等。

公司秉承“锐意进取”的经营理念，坚持“客户第一”的原则，欢迎新老客户光临、惠顾。

联系人：梅相仁

电话：0577-86600268、86600278
电子邮件：wenzhou.ztzy@163.com
邮编：325002
地址：浙江省温州市机场大道5465号国大广场东首7楼

## 温州建峰矿山工程有限公司 苍南分公司

温州建峰矿山工程有限公司始建于1969年，公司主要从事矿山采掘、隧道开挖、大型土石方爆破施工。

公司奉行“诚信合作、互利双赢、优势互补、共同发展”的从业原则，愿与各界人士密切合作、携手并进、共创未来！

网址：www.wzjf.com.cn　电子邮件：jfcnfgs158@yeah.net

联系人：欧阳松民　电话：0577-68751988　68705503
地址：浙江省温州市苍南县城仁英路158号德丰大厦7-B　邮编：325800

## 永康市关勇木材加工厂

永康市关勇木材加工厂是一家专门从事钢木门，室内门的门窗料的企业。

欢迎各界朋友来电来函洽谈业务！

联系人：徐关勇
电话：0579-87432705　13967926233
地址：浙江省永康市象珠镇派溪吕村梧桐山
邮编：321000

## 玉環衛易潔具有限公司

玉环卫易洁具有限公司成立于2008年。
主要从事毛巾架、三角阀的生产与销售。
欢迎新老客户来人、来函、来电、惠顾！

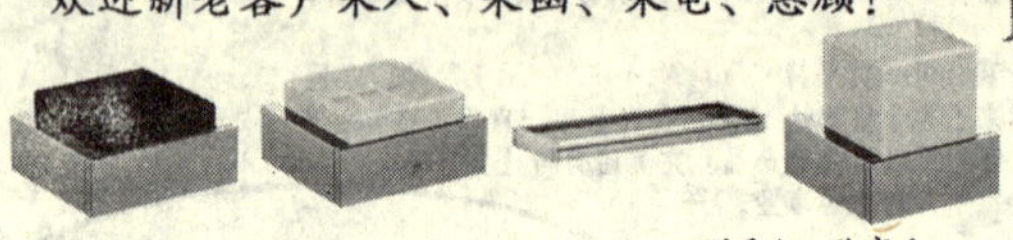

联系人：陈亨岳
电话：0576－87145488 15967091998
地址：浙江省台州市玉环县芦浦镇隔岭村 邮编：317605

## 浙江江山恩派木業有限公司

公司始创于2005年8月，占地60000多平方米，厂房面积26000多平方米；拥有在职职工600余人，高级技术人员50多人，是一家集中高档室内套装门的研发、生产、销售和服务为一体的现代型企业。

本公司拥有雄厚的技术力量，先进的加工设备，完备的检测手段，专业的设计理念和完善的售后服务体系，是国内室内门行业的一朵奇葩。公司已经通过ISO9001:2000国际质量管理体系认证并获得CE认证等证书和荣誉。我司拥有自营进出口权，并通过竹木草审核。

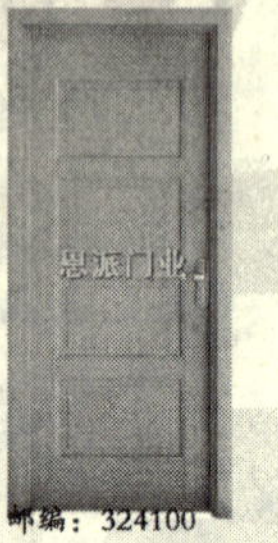

联系人：徐章恩 13750709588 网址：www.enpaidoor.com 电话：0570－4777788
地址：浙江省江山市凤林镇英岸村达溪淤 邮编：324100

## 玉环县万峰建筑工程有限公司

玉环县万峰建筑工程有限公司成立于2007年，专业承包地基与基础工程施工，承揽了玉环县内大多数房屋的基础工程。

我公司将一如既往地在本行业中奋力拼博，坚持倡导“务实、奉献、科学”的企业精神，遵循“以质量求生存、以诚信求发展”的服务宗旨，力争在建筑市场作出更大的贡献。

联系人：翁清平 13906762212
传真/电话：0576-87131222
邮编：317600
地址：浙江省台州市玉环县城关镇珠城东路121号

## 舟山锦图装饰工程有限公司

舟山锦图装饰工程有限公司成立于2008年。
主要从事室内外装饰装修，景观设计施工。
欢迎您的光临！

电话：0580－2025076 2026076 2026576
联系人：朱德贤 传真：0580－2263577
地址：浙江省舟山市烈士墩西路29号虎山别墅D座 邮编：316000

## 云南协力石化燃气有限公司宁波江北分公司

云南协力石化燃气有限公司宁波江北分公司成立于2008年，以燃气管道安装为主。公司将始终坚持“用户至上、用心服务”的服务宗旨，努力创造优良的安装和维护服务。

联系人：陶发惠
电话：0574－87352825 87479177
地址：浙江省宁波市江北区正大路正大花园48号101室 邮编：315020

## 舟山市明龙土石方有限公司

本公司成立于2006年，专业从事土石方工程、道路桥梁、水利公路修建、装饰装修、园林绿化、土方石爆破、金属材料销售。

本公司以重质量、讲信誉、抓安全、保工期为服务宗旨，服务于广大新老客户，竭诚欢迎前来咨询洽谈！

联系人：夏文龙 13186770288 13905805663
电话：0580－8103526
传真：0580－8103536
邮编：316100
地址：浙江省舟山市普陀区新家门街道夏新村

## 浙江安吉远大置业有限公司

浙江安吉远大置业有限公司成立于2007年。
主要从事于房地产开发。
公司以“聚集一流人才，铸造一流工程，打造一流小区，创造一流环境”为指导思想，遵循“创新、求精、务实”的企业精神，缔造经典建筑、创建时代精品的开发理念，实现共赢开发建设出更多的符合大众需求的产品。

联系人：朱中标 13867266968 电话：0572－5116677 5116388
地址：浙江省安吉县递铺镇祥和路178号(安吉新闻综合大楼) 邮编：313300

## 浙江德众节能幕墙门窗有限公司

浙江德众节能幕墙门窗有限公司是一家专门从事幕墙门窗的制作与安装的企业。
坚持客户至上，质量第一的原则。
欢迎您的光临！

联系人：陈先赐 13336171818
电话：0571－85381555
地址：浙江省杭州市石祥路78号
邮编：310026

## 安徽省/Anhui Province

### 铜陵建材精品超市

业务：板材，雅洁五金
地址：安徽省铜陵市中南建材大市场720号
负责人：杨贤明 邮 编：244000
负责人： 邮 编：杨贤明
Tel：13956257808
0562－2885998

### 安徽枞阳县城北建筑材料场

业务：安徽枞阳县城北建筑材料场创建于1963年，多年来本场集建筑材料开采、加工、销售为一条龙的企业。另外本场还生产、销售水泥预制构件，欢迎新老客户联系洽谈及莅临指导。
地址：安徽枞阳县城北建筑材料场
负责人：张启和 邮 编：246702
法 人：张启和
Fax：0556－2852688
2813000
网址：www.mtw27995.chinapyp.com

### 繁昌县成吉船舶管道安装有限公司

业务：船舶管道安装
地址：安徽省芜湖市繁昌县荻港镇老埠头
负责人：傅长余 邮 编：241000
法 人：傅长余
Tel：0553－7365639

### 安庆市富邦饰业有限公司

地址：安徽省安庆市光彩大市场四区四栋14－20号
负责人：钱一九
Tel：0556－5362288
5362299
13966601919
13955661920

### 宿州市惠通净水设备有限公司

业务：生产与销售各种水处理设备，反渗透纯净水设备，大桶灌装机，小瓶灌装机矿泉水设备、纯净水设备、高纯水设备、反渗透设备、化验室设备、灌装机设备、水处理设备配件、水泵设备、家用纯水设备，软化水设备
安徽省宿州市汴河路财富广场8栋408室
负责人：刘学海 邮 编：234000
法 人：刘学海
Tel：13093596411
0557－3027754
13014001223
Fax：0557－3690980
网址：http://www.ahht168.com
E-mail：ahht@ahht168.com

### 安徽广德节银装饰材料有限公司

业务：本公司成立于2005年，主要生产内外墙腻子粉，嵌缝膏，模型石膏粉等。产品质量保证，价格合理，竭诚欢迎新老客户来电洽谈业务，共求发展！
地址：安徽省宣城市广德县太极大道车站对面雅士利专卖店
负责人：严祥平 邮 编：242200
法 人：严祥平
Tel：0563－2218699

### 芜湖明玮生态科技园有限公司

业务：园林绿化
地址：安徽省芜湖市繁昌县平铺镇郭仁村
负责人：乔光明 邮 编：241000
法 人：乔光明
Tel：0553－7125388

### 怀宁县金穗物业管理有限公司

地址：安徽省安庆市怀宁县高河镇
负责人：丁卫东
Tel：13955642688

### 枞阳县中辉装饰工程有限公司

业务：枞阳县中辉装饰工程有限公司拥有各种

▲城建房产建材装潢▼

专业技术人员，专业施工队伍，您的满意是我们的追求，欢迎新老客户来电洽谈业务！
地址：安徽省安庆市枞阳县会宫乡
………… 负责人：姚光中……邮　编：246740
…………………………………… 法　人：姚光中
………………………………… Tel：0556－2534789
2534788

## 安庆豪府装饰有限公司
业务：集设计、制作、施工、售后服务于一体，专业从事商业空间、写字楼、公寓设计与施工的专业工程公司。先进的设计理念、精巧的设计工艺，精心为您打造舒适、现代的品牌居室。
地址：安徽省安庆市德宽路 34 号
……… 负责人：朱明生　　邮　编：246001
……………………………… 法　人：朱明生
………… Tel：0556－8735518
8735417

## 安徽省霍山隆兴竹业制造有限公司
业务：安徽省霍山隆兴竹业制造有限公司成立于 2003 年，现有员工 100 余人，从事竹胶建筑模板及其它竹制品制造、销售。欢迎广大客商来电垂询！
地址：安徽省六安市霍山县诸佛庵镇第一工业园
………………………………… 邮　编：237281
…………………………………… 法　人：曹钢
……………………………… Tel：0564－5517972
……………………………… Fax：0564－5517981

## 繁昌县万通水泥制品有限公司
业务：水泥制品
地址：安徽省芜湖市繁昌县新港镇高桥村
……… 负责人：田万喜　　邮　编：241000
……………………………… 法　人：田万喜
………… Tel：13955377118
15855989388

## 富新特墙材有限责任公司
地址：安徽省安庆市怀宁县石镜乡横塘村
………………………………… 负责人：李稳斌
……………………………… Tel：0556－4045789
13955688895

## 怀宁县太平建材有限责任公司
业务：水泥生产销售
地址：安徽省安庆市怀宁县石镜乡太平村石子厂
……… 负责人：董经文　　邮　编：246003
……………………………… 法　人：董经文
………… Tel：13955623083
0556－4040928

## 安徽省庐江县嘉园置业有限公司（安徽省庐江县嘉美物业管理有限公司）
业务：安徽省庐江县嘉园置业有限公司成立于 2007 年，主要从事于房地产开发，物业管理等。欢迎新老客户光临、惠顾！
地址：安徽省巢湖市庐江县庐城镇黄山北路越城花园
………… 负责人：王建成……邮　编：231500
…………………………………… 法　人：王建成
……………………………… Tel：0565－7311403

## 巢湖市圣源建材有限公司芜湖分公司
业务：塑钢门窗的生产和销售
产品：塑钢门窗
地址：安徽省芜湖市鸠江经济开发区飞阳产业园
……… 负责人：黄远自　　邮　编：241000
……………………………… 法　人：黄远自
………… Tel：0553－2866515

## 金鹏水泥制品有限公司
地址：安徽省安庆市集贤北路 232 号（原电焊条厂）
………………………………… 负责人：程学鹏
……………………………… Tel：0556－5203870
13329063999

## 怀宁县长立新型建材有限公司
业务：石膏粉，石膏砖
地址：安徽省安庆市怀宁县月山镇小元村
……… 负责人：查长根　　邮　编：246001
……………………………… 法　人：查长根
………… Tel：13365567861
0556－4046678

## 安徽省驷马山水利水电建筑安装有限公司
业务：安徽省驷马山水利水电建筑安装有限公司成立于 1986 年，主要从事水利水电工程施工总承包二级。"质量第一，客户至上"的经营宗旨。竭诚为用户服务。
地址：安徽省和县驷马山管理处
………… 负责人：丁尔俊……邮　编：238251
…………………………………… 法　人：丁尔俊
……………………………… Tel：0565－5393454
……………………………… Fax：0565－5393451

## 南陵富利管道安装有限公司
业务：管道安装，道路及附属工程施工
地址：安徽省芜湖市南陵县许镇镇黄塘小区
……………………………… 负责人：荘荣富
……………………………… 法　人：荘荣富
………… Tel：13485855208

## 欣华建材安装工程有限公司
地址：安徽省安庆市开发区（安枞西路公安驾校南侧）
………………………………… 负责人：吴新华
……………………………… Tel：0556－5345822
13805669166

## 宿松县鸿安房地产开发有限公司
业务：房地产开发与销售，建筑材料销售
地址：安徽省安庆市宿松县二郎镇人民路（农贸市场旁）
……… 负责人：洪术义　　邮　编：246003
……………………………… 法　人：洪术义
………… Tel：0556－7051272
13956521309

## 安徽省颍上县兰大村鲍庄轮窑厂
业务：安徽省颍上县兰大村鲍庄轮窑厂成立于 2003 年，专业制造各种土砖系列产品，以诚信求发展、以质量求生存为宗旨，随时欢迎您的惠顾。
地址：安徽省阜阳市颍上县兰大村
………… 负责人：王佩佩……邮　编：236200
……………………………… Mobile：13866213677

## 芜湖智德建筑劳务有限公司
业务：专业从事房屋建筑、装饰装修、水电安装、劳务输出、新型保温建材销售，本公司以重质量、讲信誉、抓安全、保工期为服务宗旨，服务于广大新老客户。
地址：安徽省芜湖市芜湖县六郎镇殷港工业园永春南路 2 号
……… 负责人：奚芝兵　　邮　编：241100
……………………………… 法　人：奚芝兵
………… Tel：0553－8524218
13855321825
………… Fax：0553－8524138
……………… E-mail：852519571@qq.com

## 潜山县第七建筑工程有限公司
地址：安徽省安庆市潜山县舒州东路
………………………………… 负责人：孟庆涛
……………………………… Tel：0556－8925802

## 安徽凯源建设集团有限责任公司益东分公司
业务：承接室内外装修工程，土石方工程，道路建设工程，市政工程等各项建筑工程
地址：安徽省安庆市宿松县龙门路
……… 负责人：吴东明　　邮　编：246500
……………………………… 法　人：吴东明
………… Tel：15855555369

## 安徽天立新材料开发有限公司
业务：公司致力于玻璃工业材料、新型建材、土工合成材料及玻璃深加工机械设备，专用配套工具的研制、开发与生产。公司生产的天立牌系列产品以优良的品质，完善的服务，深受客户赞誉，产品畅销国内外。天立公司愿与海内外朋友精诚合作，共图发展。
地址：安徽省蚌埠市高新技术产业开发区天立工业园
………… 负责人：侯树芳……邮　编：230061
…………………………………… 法　人：侯树林
……………………………… Tel：0552－4096658
4098778
……………………………… Fax：0552－4096658

## 芜湖市顺鑫土石方工程有限公司
业务：承接土石方工程
地址：安徽省芜湖市香格里拉小区 97 幢 2 单元 301
……… 负责人：詹叶武　　邮　编：241100
……………………………… 负责人：詹叶武
………… Tel：15055336777
15055301719

## 安徽中宜集团
地址：安徽省安庆市水上公园路 39 号安徽中宜集团总裁办
………………………………… 负责人：张万选
……………………………… Tel：0556－3176036

## 巢湖市亚峰土石方工程有限公司
业务：我公司在承建的工程中，有高层建筑的基础开挖，大范围的机械拆除，大中型工矿企业的扩建，国家重点建设、道路以及水利建设等多项工程，我们以严要求，高质量，真诚地为客户创一流的服务。
地址：安徽省巢湖市长江东路旗山脚下
…………………………………… 邮　编：238000
…………………………………… 法　人：黄传发
……………………………… Tel：0565－2359218
……………………………… Fax：0565－2815188

## 安徽华林房地产开发有限公司望江分公司
业务：本公司主要经营房地产开发、商品房销售及挑花刺绣工艺品制造，我们竭诚为您提供诚信、热情的服务，华林房产致力创造城市新生活。
产品：挑花刺绣工艺品
地址：安徽省安庆市望江县鸦滩镇鸦滩村
负责人：林先生、张先生……邮……编：246200
……………………………… 法　人：张双四
………… Tel：0556－7432666
15324557150
15324557153
………… Fax：0556－7432666
………………… 网址：www.huameicixiu.cn
……………… E-mail：nanrendelei@21cn.com

## 蚌埠市金舵陶瓷箭牌洁具有限公司专卖店
业务：蚌埠市金舵陶瓷箭牌洁具有限公司专卖店产品款式新颖、时尚、冲水洗刷功能良好，是环保节水型产品，售后服务安装，欢迎新老客户来电洽业务！
地址：安徽省蚌埠市纬肆路 95 号上海栈建材市场院内
…………………………………… 邮　编：233000
…………………………………… 法　人：陈爱娟
……………………………… Tel：0552－4115121

## 芜湖齐强建设工程有限公司
业务：承接建筑工程，市政工程，公路建设，公装和家装工程
地址：安徽省芜湖市弋江北路 2 号楼四层
……… 负责人：孙晓敏　　邮　编：241100
……………………………… 法　人：孙晓敏
………… Tel：13805534840
15055337847

## 松城建材工贸有限公司
地址：安徽省安庆市宿松县破凉镇破凉街
………………………………… 负责人：吴江涛
……………………………… Tel：0556－7081033
13905562249

## 安庆市宜秀区莲花山石料厂
业务：加工石子、化工高钙粉
地址：安徽省安庆市宜秀区大龙山镇永林村莲花山
……… 负责人：陈文宝　　邮　编：246000
……………………………… 法　人：陈文宝
………… Tel：13855609218
13500552975

## 亳州新城建设投资有限公司
业务：本公司成立于 2006 年，主要从事城市基础设施建设。公司拥有一支过硬的职工队伍，经全体干部职工的共同努力，我公司已形成了"自强、开拓、求实、创新"的企业精神，竭诚欢迎各界朋友莅临指导！
地址：安徽省亳州市谯城区木兰路 1 号
………… 负责人：段鹏路……邮　编：236800
……………………………… Tel：0558－5189620

## 广德县广华房地产开发有限责任公司华阳分公司
业务：房地产开发、销售、工程代建、商品房销售、建筑材料销售
地址：安徽省宣城市绩溪县华阳南路 59 号
……… 负责人：朱玉华　　邮　编：242000
……………………………… 法　人：朱玉华
………… Tel：0563－8163327
13805622337
………… Fax：0563－8163327

## 太湖县百合木业有限责任公司
地址：安徽省安庆市太湖县晋熙镇
………………………………… 负责人：马宝凤
……………………………… Tel：0556－4215668

## 岳西县白帽木业加工厂
业务：木竹加工、销售
产品：高中档建筑模板、杉、杂圆木销售、各种包装板制作
地址：安徽省安庆市岳西县白帽镇白帽村
……… 负责人：余杨柳　　邮　编：246660
……………………………… 法　人：余杨柳
………… Tel：13966428899
………… Fax：0556－2360624

## 旌德县利民装饰材料厂
业务：内外墙装饰材料
地址：安徽省宣城市旌德县原凫秀村粮站
……… 负责人：李立明　　邮　编：245300
……………………………… 法　人：李立明
………… Tel：13966230675
0563－8712155

## 安庆市安洁工江水上环保服务有限公司
地址：安徽省安庆市油港路（安庆海事局五里西站二楼）
………………………………… 负责人：胡龙飞
……………………………… Tel：0556－5217377

13956513713

## 岳西县旺火炭业有限公司
业务：生产销售各种环保炭
产品：竹炭、木炭
地址：安徽省安庆市岳西县菖蒲镇撞钟村下门工业区
……… 负责人：金声明　　邮　编：246600
……………………………… 法　人：金声明
………… Tel：0556－2477458
15856581345
… 网址：http://www.51zzt.com/user/zzt123542

## 池州市汇丰新墙体材料有限公司
业务：本公司主要生产各种新型环保节能砖，有小标砖、多孔空心砌块砖，公司全体员工以真诚的服务、优质的产品，恭贺您的光临！
地址：安徽省池州市贵池区殷汇镇汇丰村五组
………… 负责人：张鹏安……邮　编：247111
…………………………………… 法　人：张鹏安
……………………………… Mobile：13635668816
13696636658

## 安徽省瀚海置业有限公司
业务：房地产开发
产品：酒店，住宅
地址：安徽省宣城市郎溪县建平镇学后北路
……… 负责人：吴凤铃　　邮　编：242100
……………………………… 法　人：李安
………… Tel：0563－7020888
………… Fax：0563－7020888
……………………… 网址：www.ahhhzy.cn
……………… E-mail：6644122@qq.com

## 安徽兴皖玻璃钢制品有限公司城关办事处
地址：安徽省安庆市岳西县天堂镇解放路 97 号
………………………………… 负责人：夏竹
……………………………… Tel：0556－2177848

## 安徽省蓝天建筑装饰工程有限公司
业务：建筑装潢
地址：安徽省蚌埠市宝龙城市广场第 4 # 幢 1 单元 2 层 228 号
……… 负责人：刘殿绪　　邮　编：233000
……………………………… 法　人：刘殿绪
………… Tel：13605668365
15178351638

## 池州市黎虎水泥制造有限责任公司
业务：池州市黎虎水泥制造有限责任公司成立于 2003 年，是一家生产制造水泥的厂家。质量可靠，欢迎新老客户惠顾。
地址：安徽省池州市贵池区马衙镇灵芝村
…………………………………… 邮　编：247100
…………………………………… 法　人：王伟
……………………………… Tel：0566－4712570
……………………………… Fax：0566－4712570

## 郎溪县华林园艺场
业务：园林、道路等设计和绿化，同时供应大苗、小苗各类高中档盆景
地址：安徽省宣城市郎溪县十字镇十字村
……… 负责人：刘文书　　邮　编：242000
……………………………… 法　人：刘文书
………… Tel：15956391699
0563－7889176
… 网址：http://www.51zzt.com/user/zzt33224

## 闽兴新型建筑村料有限公司
地址：安徽省蚌埠市曹老集镇政府食堂二楼
………………………………… 负责人：蒋建明
……………………………… Tel：0552－6699988
13328222952

## 蚌埠市介永路桥工程劳务有限公司
业务：劳务建筑，桥梁，道路，房屋
地址：安徽省蚌埠市钓鱼台南湖组
……… 负责人：年介永　　邮　编：233000
……………………………… 法　人：年介永
………… Tel：13305525288
… 网址：http://www.51zzt.com/user/zzt29870

## 宣城市生茂石灰制品有限公司
业务：石灰制品
地址：安徽省宣城市宣州区朱桥乡魏村北山工业园区
……… 负责人：万回生　　邮　编：242000
……………………………… 法　人：万回生
………… Tel：13339139168
0563－3419121

## 华连板材商行
业务：主要经营板材的销售
地址：安徽省蚌埠市光彩大市场四区 1 栋 101、103 号
……… 负责人：张传文　　邮　编：233000
……………………………… 法　人：张传文
………… Tel：13865018181
0552－4116454

**蚌埠市安重工程机械有限公司**
地址：安徽省蚌埠市大庆路1楼237号
负责人：杨爱军
Tel：13905520444

**砀山县金银木业有限公司**
业务：砀山县金银木业有限公司成立于2004年，主要生产销售芯板、胶合板、多层板。欢迎新老客户光临、惠顾！
地址：安徽省宿州市砀山县赵屯乡万楼村
负责人：赵长青……邮 编：235300
法 人：赵长青
Tel：0557－8151616
Fax：0557－8151616

**蚌埠市永大工贸有限公司**
地址：安徽省蚌埠市公栈路12号1102室
负责人：程树平
Tel：0552－3961511
13905522325

**怀远县恒兴房地产开发有限公司**
业务：房屋开发
地址：安徽省蚌埠市怀远县常坟镇常坟街
负责人：常三军 邮 编：233413
法 人：常三军
Tel：0552－8685666

**东杰建材有限责任公司**
业务：东杰建材有限责任公司成立于2004年，主要从事板材、水泥制品的生产与销售。优质的产品，优良的服务，不断地创新是我们对客户的承诺，为了中国建筑环保、节能事业的发展，我公司期待与你携手并进，共创辉煌。
地址：安徽省池州市东至县东流镇长江路
邮 编：247230……邮 编：王杰明
法 人：0566－8121071
Tel：0566－8121071

**合肥安盾门窗装饰工程有限公司**
业务：集设计、制作、加工、销售于一体的专业门窗类生产企业，并提供免费测量、免费送货、免费安装服务。我们以优质的塑材，一流的技术，完善的售后服务，欢迎广大新老客户前来洽谈、订购。
产品：车库门、防火门、卷闸门、伸缩门，不锈钢扶手、围栏、塑钢、彩铝、彩钢板房
地址：合肥市蜀山区井岗路蜀新苑东区27幢103室
负责人：张新成 邮 编：230000
法 人：张新成
Tel：0551－2353751
13905696286
Fax：0551－2353751

**怀远县天龙房地产开发有限公司**
地址：安徽省蚌埠市怀远县城关禹王步行街四号楼中段
负责人：张定真
Tel：0552－8027328

**怀远县三教汇光玻璃制品厂**
业务：节能灯管生产销售
地址：安徽省蚌埠市怀远县龙亢镇三教村村委会院内
负责人：陈广亮 邮 编：233000
法 人：陈广亮
Tel：13965297312
0552－8742108

**东至县石城乡云雾坑林场**
业务：东至县石城乡云雾坑林场成立于1998年，从事花卉育苗，造林，种植，园林绿化专用苗木，欢迎新老客户来电来函洽谈业务，共创美好佳绩！
地址：安徽省池州市东至县石城乡古桥村
负责人：郭延寿……邮 编：247270
法 人：郭延寿
Tel：0566－8431062

**飞达水泥制品厂**
地址：安徽省蚌埠市怀远县万岔镇高皇村
负责人：陈建标
Tel：0552－8228558
13505621028

**怀远县唐集山后多孔建材厂**
业务：建材
地址：安徽省蚌埠市怀远县唐集镇山后村
负责人：常坡 邮 编：233417
法 人：常坡
Tel：0552－8623360
0552－8619777
13155226222

**东至县洋湖轮窑厂**
业务：东至县洋湖轮窑厂成立于1984年，主要生产销售红砖。产品质量保证、价格合理，欢迎广大客户来电洽谈业务！
地址：安徽省池州地区东至县洋湖镇金龙村
负责人：张国祥……邮 编：247241
法 人：张国祥
Tel：0566－8311098

**东进新型建筑装饰材料有限公司**
地址：安徽省蚌埠市怀远县项桥乡开发区丰地种业公司西首
负责人：邵东进
Tel：0552－8752818
13909653652

**五河县双忠庙镇荣渡轮窑厂**
业务：红砖，空心砖
地址：安徽省蚌埠市五河县双忠庙镇大扬村
负责人：卓恩田 邮 编：233000
法 人：卓恩田
Tel：13866484052

**繁昌县龙岗新型建筑材料厂**
业务：本厂成立于2002年，主要生产销售空心砖、实心砖、墙体砖。竭诚欢迎广大客户前来选购！
地址：安徽省芜湖市弋江区鲁港镇龙华村鲁港第二砖瓦厂
负责人：邹忠财……邮 编：241000
法 人：邹忠财
Mobile：13083266898

**上海三荣电梯有限公司蚌埠分公司**
地址：安徽省蚌埠市胜利路胜利二村20栋1单元4号
负责人：王树清
Tel：0552－3995069
3936234
13955217069

**利辛县巩店镇肖伦园**
业务：生产与销售空心板
产品：空心板
地址：安徽省亳州市利辛县巩店镇
负责人：肖顶海 邮 编：236802
法 人：肖顶海
Tel：13155685318
0558－8082341

**凤台县新集镇147预制厂**
业务：凤台县新集镇147预制厂成立于1988年，从事多孔板、过梁、涵管的生产及销售。本厂坚持"安全第一，质量为本，诚信服务"的原则。愿与广大同仁携手合作，共创辉煌。
地址：安徽省淮南市凤台县新集镇魏许村
邮 编：232100
法 人：刘献兵
Tel：0554－8141077
Mobile：13955497751

**蚌埠市珠城锅炉设备安装工程有限公司**
地址：安徽省蚌埠市新淮路291号
负责人：丁学孝
Tel：0552－3017505

**安徽省蒙城县蒙力高速冷轧有限公司**
业务：冷轧钢材的加工、钢材的销售
地址：安徽省亳州市蒙城县板桥镇板桥集
负责人：李经理 邮 编：233500
法 人：刘桃
Tel：13956733688
0558－7731121

**阜阳市百家居装饰工程有限公司**
业务：阜阳市百家居装饰工程有限公司是一家专业化的家居装修设计公司，公司本着诚实经营，顾客至上的经营宗旨，竭诚为您提供最好的服务。
地址：安徽省阜阳市颍泉区阜临路太平巷六号
负责人：黄治云……邮 编：236000
法 人：黄治云
Tel：0558－2253118
Fax：0558－2259538
网址：www.fybjj.cn
E-mail：fybjj888@163.com

**蚌埠市世纪门窗有限公司**
地址：安徽省蚌埠市雪华路小新庄
负责人：刘国模
Tel：0552－3129923

**阜阳市天坤房地产开发有限公司**
业务：阜阳市天坤房地产开发有限公司成立于2003年，以创造和谐住宅小区为己任，有着较好的美誉度、知名度，欢迎新老客户来电洽谈业务。
地址：安徽省阜阳市颍州区一道河中路51号龙腾静馨山庄1楼504室
负责人：彦纯才……邮 编：236000
法 人：彦纯才
Tel：0558－2118919
Fax：0558－2118919

**蒙城县广厦建材厂**
业务：建材
地址：安徽省亳州市蒙城县岳坊镇母集村
负责人：段松杰 邮 编：236802
法 人：段松杰
Tel：15805679378
0558－7628100
7637922

**蚌埠市大成工程咨询有限公司**
地址：安徽省蚌埠市中荣街143号中心花园5号楼203室
负责人：张颂良
Tel：13955257643

**合肥彩力装饰材料有限公司**
业务：合肥彩力装饰材料有限公司主要从事化纤针刺地毯，汽车地毯，各类PVC复合地垫、地毯的生产和销售，除国内销售外，还远销到俄罗斯，欧美国家等地区。竭诚为新老客户服务。
地址：安徽省合肥市蜀山区南岗镇侯店
负责人：陈利杰……邮 编：231283
法 人：陈利杰
Tel：0551－8629068
8629069
Fax：0551－8509833
网址：www.hfclzs.com

**亳州市科达工程咨询有限公司**
地址：安徽省亳州市谯城区南市区人民中路
负责人：高画
Tel：0558－5111265

**亳州市和强塑钢销售有限公司**
业务：塑钢、型材的销售
地址：安徽省亳州市谯城区南部新区
负责人：卢伟年 邮 编：236823
法 人：卢伟年
Tel：13500591333
0558－5580788

**合肥华泰门窗厂**
业务：合肥华泰门窗厂专业从事铝塑门窗、幕墙制作、设计与安装，以质量求生存、以信誉求发展，热忱欢迎新老客户光临惠顾。
地址：安徽省合肥市肥西县官亭镇西街
负责人：汤立宝……邮 编：231200
法 人：汤立宝
Tel：0551－8361895

**亳州市名居房地产经纪有限公司**
地址：安徽省亳州市谯城区魏武大道
负责人：闫增林
Tel：13856899899

**合肥皇宫装饰设计工程有限公司**
业务：公司成立于1993年，为建筑装饰装修工程专业承包贰级资质施工企业，集建筑、设计、安装、装饰装修工程施工（二级），水电、空调、管道安装、轻钢结构安装、装潢材料生产销售为一体。公司将一如既往的秉承"诚信经营，质量至上"的宗旨，奉献更多、更好的装饰产品，推行更完善的专业服务。
地址：安徽省合肥市花园街2号楼3楼
负责人：汪卫东……邮 编：230001
Tel：0551－2674291
2677614
Fax：0551－2649459
网址：http://www.hfzs.cn/corp/view.php?corp_id=16
E-mail：huanggong2003@mail.china.com

**永升金雁工贸有限公司**
业务：本公司是集设计、生产、安装、维修一条龙的专业门类厂家，采用优质的原材料，先进的加工设备，产品款式多样，保证质量，热诚欢迎新老顾客的光临
产品：非标门、仿钢门、防盗门、仿古门及各种时尚门
地址：安徽省亳州市涡阳县高公镇东经济开发区
负责人：张绍龙 邮 编：233669
法 人：赵于良
Tel：0558－7348822
Fax：0558－7340588
网址：www.ysjydoors.com

**亳州市大拇指新型建筑材料有限公司**
地址：安徽省亳州市谯城区张集镇
负责人：孙俊英
Tel：0558－5790039

**合肥刁友园林绿化有限公司**
业务：合肥刁友园林绿化有限公司是一家集园林绿化工程设计、施工、养护管理、苗木培育销售、道路保洁等为一体的综合型园林绿化公司。公司以"优质、诚信、高效"的精神，竭力为广大客户提供优质的服务。
地址：安徽省合肥市经济技术开发区海恒社区福禄园56栋103门面
邮 编：230601
法 人：王立平
Tel：0551－3836288
Fax：0551－3836288

**科创建筑工程材料有限公司**
地址：安徽省巢湖地区庐江县城区锦秀花园3幢201
负责人：卢业录
Tel：0565－7611883
13053054889

**含山县宏信建材厂**
业务：生产，销售免烧砖
地址：安徽省巢湖市含山县林头工业园区
负责人：黄荣木 邮 编：238161
法 人：黄荣木
Tel：13505658789
13966369060

**恒远建筑材料经营部**
业务：恒远建筑材料经营部成立于1999年，从事建筑材料的销售，主要产品包括水泥、钢材等。欢迎新老客户光临、惠顾！
地址：安徽省安庆市潜山县梅城镇梅陂路18号
邮 编：246300
法 人：程晓兵
Tel：0556－8924968
Fax：0556－8924968

**巢湖市皖巢建材有限公司**
地址：安徽省巢湖市官圩路45号
负责人：李全惠
Tel：13905650701

**华西新兴木业林安木业分公司**
业务：本公司成立于1998年，主要从事木线条、波浪板、吸音板的生产与销售。"以质量求生存，以信誉求发展"，竭诚欢迎广大新老客户来我公司洽谈业务，共同合作！
地址：安徽省合肥市临泉路香格里拉花园1期10栋502室
负责人：吕厚立……邮 编：230011
法 人：吕厚立
Tel：0551－7115568

**江苏亘盛建设工程有限公司巢湖分公司**
业务：建设工程施工
地址：安徽省巢湖市健康中路2号211001#
负责人：陶学春 邮 编：238000
Tel：13003098968
13505659088

**路达道路工程有限公司**
地址：安徽省巢湖市光明新村145号
负责人：郭文平
Tel：0565－2113330
13905652875

**淮北晶宫设计装饰工程有限公司**
业务：淮北晶宫设计装饰工程有限公司主要从事室内外装饰。我们在激烈的市场竞争中赢得了客户的信赖和良好的信誉，也得到了业界的一致肯定。
地址：安徽省淮北市淮海路
负责人：陈广……邮 编：235000
法 人：陈广
Mobile：13955965887

**马鞍山市皖江公路工程有限公司含山分公司**
地址：安徽省巢湖市含山县环峰镇得胜桥路西
负责人：李成胜
Tel：0565－4314711

**巢湖市泽伙爆破有限公司**
业务：土石方爆破
地址：安徽省巢湖市居巢区散兵镇佛岭行政村
负责人：黄泽伙 邮 编：238000
法 人：黄泽伙
Tel：13500512096

**淮北市新全石料厂**
业务：淮北市新全石料厂成立于1995年，生产销售建筑石材，欢迎新老客户前来电洽谈业务！
地址：安徽省淮北市烈山区蒋疃村太山头
负责人：皇新全……邮 编：235000
法 人：皇新全
Tel：0561－7068066

**含山县迅飞建材有限公司**
地址：安徽省巢湖市含山县环峰镇环峰西路142号
负责人：丁绍堂
Tel：13003098229

**黄山市建工集团有限公司绩溪分公司**
业务：黄山市建工集团有限公司绩溪分公司从事与房地产开发，工程建设施工，欢迎来电垂询。
地址：安徽省宣城市绩溪县适之街G楼6号
负责人：张国协……邮 编：245300
Tel：0563－8153899
8156199
网址：mtw25798

**巢湖市长三角建材有限公司**
业务：建材
地址：安徽省巢湖市居巢区银屏镇黄山行政村香潭村
负责人：周先学 邮 编：238000
法 人：周先学
Tel：0565－8385040

**巢湖市华科水泥机械装备有限公司**
地址：安徽省巢湖市健康路城管大厦
负责人：程建溪
Tel：0565－2315562

**黄山市中伟贸易有限公司**
业务：黄山市中伟贸易有限公司成立于2003年，主要从事建筑材料的经销。我们以品质求生存，以诚信求发展，高品质的产品、卓越的服务是我们的工作方针，我们竭诚欢迎您的光临，惠顾！
地址：安徽省黄山市屯溪区阳湖东路52号
负责人：吴春伟……邮 编：245000
法 人：吴春伟
Tel：0559－2349128
Fax：0559－2348995

**石强水泥发展有限公司**
地址：安徽省巢湖市居巢区散兵镇

城建房产建材装潢

负责人:叶国强
Tel:0565－8381968
13705511696

**庐江县涌泉深井工程队**

业务:深井工程
地址:安徽省巢湖市庐江县鲍井新村
负责人:徐国家　邮　编:238100
法　人:徐国家
Tel:0565－7318127

**霍邱县吉龙建材有限责任公司**

业务:霍邱县吉龙建材有限责任公司成立于1991年,生产销售建筑材料,产品有空心砖、多孔砖、普通砖、保温砖、水泥预制构件等建筑材料,欢迎新老客户来电洽谈业务!
地址:安徽省霍邱县姚李镇龙头村
负责人:陈仁忠……邮　编:237422
法　人:陈仁忠
Tel:0564－6841438

**巢湖市居巢区岱山先峰石料厂**

地址:安徽省巢湖市居巢区银屏镇高小圩行政村
负责人:史祖荣
Tel:0565－8385268
13956650286

**绩溪县龙源新型建材厂**

业务:本厂成立于2005年,专业生产各种规格多孔砖、空心砖、标砖、地面砖、草坪砖。以质量求生存,以信誉求发展,热忱欢迎广大客户来电洽谈业务!
地址:安徽省宣城市绩溪县瀛洲乡汪村
负责人:汪细阳……邮　编:245300
法　人:汪峰阳
Tel:0563－8310556

**巢湖明达建材有限公司**

业务:速凝剂、膨胀剂、防水剂、高性能、减水剂、泵送剂、早强防冻剂、新型建材生产销售
地址:安徽省巢湖市庐江县经济开发区五里北路东侧
负责人:夏志明　邮　编:235100
法　人:夏志明
Tel:0565－7315696
Fax:0565－7013278

**安徽省庐江县普东建材实业发展有限公司**

地址:安徽省巢湖市庐江县庐城镇越城花园1幢506室
负责人:许德普
Tel:0565－7969888
13329151038

**金桥不锈钢复合管制造有限公司**

业务:公司生产的"金桥牌"不锈钢复合管,是由优质不锈钢管和碳素钢管紧密复合而成。由于其独特的材料组合,使产品广泛应用于道桥防撞护栏,人行扶手,市政建设,灯杆旗杆,现代家具,装饰装潢,纺织器材,体育医护等众多领域,成为当今无与伦比的装饰与结构两用新型材料。产品成功应用在北京奥体中心、合肥铜陵路桥防撞护栏、及宜兴东外环大桥护栏工程。
地址:安徽省巢湖市无为县无城工业区
负责人:金玉山……邮　编:238300
法　人:金玉山
Tel:0565－6887222
6887333
Fax:0565－6316711
网址:www.304bxg.com/home.php?userid=111
E-mail:mtw50840

**庐江县三江混凝土外加剂有限公司**

地址:安徽省巢湖市庐江县罗埠乡合铜路边
负责人:王勇
Tel:0565－7058228
13305654768
13956626689

**庐江县泉兴房地产开发有限公司**

业务:房地产开发
地址:安徽省巢湖市庐江县庐城镇黄山大厦五楼
负责人:孟大权　邮　编:231500
法　人:孟大权
Tel:0565－7301611
7301622
Fax:0565－7301611

**津泉建筑安装有限责任公司**

业务:津泉建筑安装有限责任公司始建于1984年,系国家房屋建筑三级总承包企业,以建筑工程安装为主,公司将坚持"顾客至上,诚信守法,以人为本,精益求精"的管理方针,全心全意地服务顾客。
地址:安徽省马鞍山市马卜路冯桥头
负责人:李德军……邮　编:243000
Tel:0555－2771160

**缺口建筑安装有限公司**

地址:安徽省巢湖市庐江县缺口街道黄山西路111号
负责人:张炳生
Tel:0565－7661818

13965676888

**来安县长林园林绿化工程有限公司**

业务:来安县长林园林绿化工程有限公司成立于2005年,座落在安徽省滁州市来安县长山林场院内,地理位置优越,交通便利。长年可大量供应绿化工程用苗和小区绿化用苗及园林工程施工,苗木品种有乌桕、朴树、三角枫(五角枫)、枫香、黄连木、女贞、罗汉松、广玉兰、法梧、紫薇、马褂木、青桐、香樟、柳杉、铺地柏、石楠、金丝垂柳、西府海棠等。本公司愿承接社会各界的园林绿化设计施工。愿与大家一同创造绿色环境、共建美好家园。
地址:安徽省滁州市来安县长山林场院内
邮　编:239200
法　人:陈元山
Tel:0550－5785581
Fax:0550－5785592

**安徽省庐江县米戈美新型建材有限公司**

业务:涂料、内外墙保温
地址:安徽省巢湖市庐江县汤池镇工业集中区凤凰大道2号
负责人:黄波　邮　编:231511
法　人:黄波
Tel:13777051888
0565－7072777
7072888
Fax:0565－7072888
网址:http://www.51zzt.com/user/zzt31487

**庐江县汤池立彬建材经营部**

地址:安徽省巢湖市庐江县汤池镇东大街农贸市场47号
负责人:严德兵
Tel:13965439218

**临泉县阳光房地产开发有限公司**

业务:临泉县阳光房地产开发有限公司成立于2006年,主要从事房地产开发。"以质量求生存,以信誉求发展",竭诚欢迎您的光临惠顾!
地址:安徽省阜阳市临泉县城关镇新建西路24号
负责人:刘怀宏……邮　编:236400
法　人:刘怀宏
Tel:0558－6537768

**庐江县梅氏敬业建材有限公司**

地址:安徽省巢湖市庐江县万山镇火车站货场
负责人:夏杏美
Tel:0565－7011001

**巢湖市九鑫装饰工程有限公司**

业务:本公司集装饰、装修、设计、施工于一体的专业化企业。专业从事办公、餐饮、商业、娱乐空间及住宅设计、施工业务。公司推崇绿色装饰与人性化设计,秉承客户至上,诚信为本的经营原则,携手与你共建满意空间。
地址:安徽省巢湖市世纪新都C区4号楼1号营业房
负责人:雷先生　邮　编:238000
法　人:左新炎
Tel:13696791603
13966324972
网址:www.jxzhsh.chinapyp.com

**六安市新天地物业管理有限责任公司**

业务:六安市新天地物业管理有限责任公司成立于2006年,是一家专业从事物业管理的公司,有多年的管理经验,愿与各单位合作,共创佳绩!
地址:安徽省六安市六安经济技术开发区东海小区
负责人:耿海燕……邮　编:237100
法　人:陈先生
Tel:0564－3683831

**信诚装饰工程有限公司**

地址:安徽省巢湖市铁路新村56号
负责人:张千伙
Tel:0565－2336669
13856515357

**无为县少楼建材经营部**

业务:专营建材批发零售,并提供运输服务,我们将以一流的产品,热情的服务,优惠的价格恭候您的光临!
产品:钢材、水泥、砂石、彩钢瓦等
地址:安徽省巢湖市无为县白茆镇江坝南街车站
负责人:丁少楼　邮　编:238321
法　人:丁少楼
Tel:0565－6782102
13865235980

**六安市裕安区卫星木芯板厂**

业务:我厂是专业生产木芯板厂家,本厂以诚信为出发点、在购销上愿与诚信人相交、本厂追求一质量二信誉三利益。
地址:安徽省六安市平桥乡吴巷村
负责人:方仁新……邮　编:237000
法　人:方仁新
Tel:0564－3398093

**巢湖市盛宇水泥机械有限公司**

地址:安徽省巢湖市中垾镇合芜路长江设备有限公司东
负责人:温后军
Tel:0565－8532216

**六安市众成水务工程有限责任公司**

业务:六安市众成水务工程有限责任公司成立于2005年,承接水务工程,您的满意就是我们的追求,欢迎新老客户来电洽谈业务。
地址:安徽省六安市裕安区豪门花园10号楼2单元202室
负责人:殷光成……邮　编:237000
法　人:殷光成
Tel:0564－3210332
网址:mtw25348

**池州市绿美花卉园林有限公司**

地址:安徽省池州市翠微苑农贸市场1号
负责人:朱长俄
Tel:13905662343

**安徽省无为县民申建筑工程有限公司**

业务:建筑工程
地址:安徽省巢湖市无为县都市花园C室101
负责人:范先政　邮　编:238000
法　人:范先政
Tel:15805653366
13501922720
网址:http://www.51zzt.com/user/zzt33640

**庐江县青松园林绿化工程有限公司**

业务:庐江县青松园林绿化工程有限公司成立于2000年,从事木苗种植、销售及园林绿化工程。公司以诚实、信用、质量、服务为标准,希望能与各方朋友合作并携手共创雄图大业!
地址:安徽省巢湖市庐江县许桥乡大兴村
邮　编:231451
法　人:高青松
Tel:0565－7253258
Fax:0565－7206777

**东至县众兴木业有限责任公司**

地址:安徽省池州市东至县泥溪乡隐东村
负责人:程学保
Tel:0566－8066017

**马鞍山市太白建筑安装有限责任公司**

业务:马鞍山市太白建筑安装有限责任公司成立于1989年,现有员工1800余人,从事房屋建筑工程总成包(二级)。公司始终坚持"以质取胜,以诚求存,质量第一,信誉第一,顾客至上,打造满意工程,持续改进,增强顾客满意"的经营宗旨,为繁荣建筑业,创造美好的明天携手共进。
地址:安徽省马鞍山市当涂县太白镇新桥正北3华里处
邮　编:243102
法　人:贺勇
Tel:0555－6811838
Fax:0555－6813299

**无为县刘发根免烧砖厂**

业务:标准砖、空心砖、混凝土砖
地址:安徽省巢湖市无为县蜀山镇旅游街2号楼
负责人:刘发根　邮　编:238000
法　人:刘发根
Tel:0565－6989639

**东至三玲木业有限责任公司**

地址:安徽省池州市东至县昭潭镇思源河村
负责人:刘又三
Tel:0566－8061174

**池州市里山路桥涵管厂**

业务:经营水管产品,有钢筋混凝土排水管等
地址:安徽省池州市贵池区里山办事处里山村
负责人:徐耀森　邮　编:247100
法　人:徐耀森
Tel:13030622679
0566－2211600

**南陵县创美装饰有限公司**

业务:南陵县创美装饰有限公司成立于2005年,主要从事室内外装饰。公司以标准化、规范化、模式化的管理来不断的提升公司的综合实力,以创造舒适、个性、简约现代的设计为设计目的,以工厂化、产业化的施工来保证工程质量。
地址:安徽省芜湖市南陵县万森罗马假日S22号
负责人:钟家怀……邮　编:241000
法　人:钟家怀
Tel:0553－6839318

**池州市恒源金属材料有限公司**

地址:安徽省池州市九华山大道(三洋墩)
负责人:周恒友
Tel:13705666089

**深圳市时代风装饰工程有限公司合肥分公司**

业务:深圳市时代风装饰工程有限公司合肥分公司具备合法经营资格的集设计、施工、工程监督、配套为一体的专业公司,新颖的设计,精心的施工、真诚的服务使时代风在竞争激烈的装饰行业中独树一格,公司自创建以来,树立了良好的口碑,实现了真正意义上的零投诉,赢得了广大客户的称赞和信赖。
地址:安徽省合肥市庐阳区蒙城北路龙兴花园1幢2号门面
负责人:戴翔……邮　编:230000
Tel:0551－2169031
Fax:0551－2169032
网址:www.shidaifeng.cn
E-mail:fdygr@163.com

**池州市升金置业有限公司**

地址:安徽省池州市秋浦花园2号楼202室
负责人:檀斌
Tel:0566－2034658
13905665090

**泗县张宏石料加工厂**

业务:本公司成立于2002年,主要加工销售石子。热忱欢迎新老客户来电洽谈业务!
地址:安徽省宿州市泗县屏山镇邢路村洼张山
负责人:张宏……邮　编:234000
法　人:张宏
Mobile:13866871618
13855791358

**池州建筑安装有限责任公司**

业务:建筑安装,承包工程
地址:安徽省池州市南湖苑38幢
负责人:方文革　邮　编:247100
法　人:方文革
Tel:13856661996
0566－2627888
Fax:0566－2627667

**池州市蓝天物业管理有限公司**

地址:安徽省池州市秋浦西路商住楼18号门面房
负责人:操业友
Tel:13305669686

**濉溪县新蔡镇水冲石灰厂**

业务:本厂成立于2000年,主要从事石灰、石料的生产与销售。我厂本着"以质量求生存、以信誉求发展"的经营理念,不断提高管理水平,不断改进产品质量,愿与各界人士和朋友共谋发展,交流合作,携手共进,同创最佳效益!
地址:安徽省淮北市濉溪县新蔡镇蒋町村
负责人:宗保全……邮　编:235000
法　人:宗保全
Tel:0561－7068178

**安徽凤阳县凤城水泥制品有限公司**

地址:安徽省滁州市凤阳县城西乡金董村
负责人:张成坤
Tel:0550－6022048
13515500560

**石台县恒业水泥有限公司**

业务:水泥
地址:安徽省池州市石台县七都镇六都村
负责人:赵济华　邮　编:247100
法　人:赵济华
Tel:13866815498
0566－6732888
13965906825
网址:http://www.51zzt.com/user/zzt31884

**太和县大江建筑有限公司**

业务:本公司成立于2005年,主要从事工民建筑工程施工、道路工程、土石方工程。
地址:安徽省阜阳市太和县桑营镇淝南集
负责人:宋大江……邮　编:236639
地址:宋大江
Tel:0558－8456101

**苏皖联合石灰精加工厂**

地址:安徽省滁州市凤阳县武店镇灵泉村
负责人:王荣坦
Tel:0550－6286877
13905504592

**滁州恋尚家壁纸软装体验馆**

业务:专营墙纸、墙画,产品风格各异、花样繁多,总有一款适合您。并有施工队精心施工,"质量第一,用户为本"是我们不懈的工作目标。
产品:高中低档墙纸、墙画及辅料
地址:安徽省滁州市长江商贸城3－18、20号
负责人:冯红燕　邮　编:239000
法　人:邓月江
Tel:0550－7113338
Fax:0550－7113338
E-mail:544877104@qq.com

**铜陵市狮子山区西湖狮子山石料厂**

业务:本公司成立于2005年,主要生产石灰岩、石子、寸子、分子、瓜子片、石粉等产品。以质量求生存,以信誉求发展,竭诚欢迎新老客户来电洽谈业务!

地址:安徽省铜陵市西湖镇狮子山村
负责人:方顺青 邮 编:244100
法 人:方顺青
Mobile:13865626388

**新华石灰窑厂**
地址:安徽省滁州市凤阳县武店镇灵泉村
负责人:陈玉修
Tel:0550－6286943
13956329138

**铜陵市同庆市政劳务有限责任公司**
业务:本公司成立于 2006 年,主要从事道路修建,土石方工程,劳务服务。
地址:安徽省铜陵市市政工程养护管理所
负责人:毛同庆 邮 编:244000
法 人:毛同庆
Tel:0562－2621505

**云连型砂厂**
地址:安徽省滁州市凤阳县殷涧镇
负责人:范家志
Tel:0550－6311502
13965970182

**凤阳县府城诚信钢管租赁站**
业务:出租钢管、扣件,出售安全网,承包外墙钢管脚手架、提供架子队
地址:安徽省滁州市凤阳县府城凤临路七里桥
负责人:曹则刚 邮 编:233100
法 人:曹则刚
Tel:15155056230
13083329888

**望江县仁和物业管理有限责任公司**
业务:望江县仁和物业管理有限责任公司成立于 2005 年,主要从事物业管理、水电安装维修,公司奉行"住户至上,服务第一,管理科学,发展创新"的质量方针和服务宗旨;推崇"诚信为本"、"住户至上"的服务理念;把满足住户的需要作为企业永无止境的追求目标。
地址:安徽省安庆市望江县华阳镇湖心路
负责人:韩仁德 邮 编:246200
法 人:韩仁德
Tel:0556－7189188

**来安县好地木业有限公司**
地址:安徽省滁州市来安县工业园区
负责人:张俊娥
Tel:0550－5682488

**无为县安康电子植物有限公司**
业务:我公司致力于室内环保工艺产品的研究开发、生产制造和销售。现有"生命树"和根雕系列产品。公司宗旨:做诚实人,造诚实产品,办诚实事,以诚交天下友。
业务:安徽省巢湖市无为县福渡镇
负责人:艾学文 邮 编:238000
法 人:艾学文
Tel:0565－6342152
网址:www.mtw30698.chinapyp.com

**凤阳县武店镇彭武建材有限公司**
业务:建材,外墙保温材料
地址:安徽省滁州市凤阳县武店镇灵泉村
负责人:彭先生 邮 编:239000
法 人:彭介文
Tel:13155088666
13855054949

**来安县扬子江砼外加剂有限公司**
地址:安徽省滁州市来安县永阳西路 188 号
负责人:李明山
Tel:0550－5627698
13955241698

**芜湖金路土石方有限公司**
业务:芜湖金路土石方有限公司成于 2002 年,本公司承接高速、二级公路土石方工程。多年来本着"质量第一客户至上、服务一流"经营理念。坚持以人为本,注重企业形象,使每一位施工人员工作到哪里,就服务到哪里,赢得社会各界同仁的赞同。
地址:安徽省芜湖市九江区青水镇义元小区 7 幢 8 号
邮 编:241000
法 人:陈克桂
Mobile:13955307179
13956151012

**哈尔滨中盛建筑工程总承包公司滁州分公司**
地址:安徽省滁州市琅琊区丰乐北路 491 号 12 室
负责人:葛彦廷
Tel:0550－3061189

**芜湖市聚鑫装饰有限责任公司**
业务:芜湖市聚鑫装饰有限责任公司建于 1991 年,主要从事室内外装饰装修,公司愿以一流的管理水平,一流的工程质量和完善的质量跟踪回访服务,造福于社会,共创辉煌的明天。
地址:安徽省芜湖市新芜区天置山庄 2－1－601
负责人:穆亲松 邮 编:241000
法 人:穆亲松
Tel:0553－2279135

**滁州盛亚建筑装潢工程有限公司**
地址:安徽省滁州市琅琊区凤阳路 325 号
负责人:王玉山
Tel:13865508112

**滁州市顺福房地产开发有限公司**
业务:房地产开发
地址:安徽省滁州市南谯区沙河镇东街 44 号
负责人:林钦训 邮 编:239000
法 人:林钦训
Tel:13486777688
15605502221

**芜湖市同翔建筑装饰有限责任公司**
业务:公司始建于 2006 年 8 月,现资质为建筑装饰、装修叁级。我公司是一个较年轻的公司,充满积极向上的活力,公司注重人才培养,实行较灵活的人才引进机制,大力培养新人。在激烈市场经营活动中。我公司本着:"质量第一、安全第一、信誉第一、服务第一"的宗旨,欢迎结交各方朋友。
地址:安徽省芜湖市镜湖区源丰装饰城 D3－3－302 室
负责人:滕立枝 邮 编:241000
Tel:0553－5886812

**滁州市元龙土石方工程有限公司**
业务:土石方工程
地址:安徽省滁州市南谯区乌衣镇大同圩村
负责人:葛元龙 邮 编:239000
法 人:葛元龙
Tel:13865832199
0550－3940270

**安徽省东方建筑设计院滁州分院**
地址:安徽省滁州市琅琊区南谯南路路灯管理站北侧
负责人:赵长明
Tel:0550－3190470

**夏集宏宇建筑工程有限公司**
业务:夏集宏宇建筑工程有限公司于 1998 年成立,多年以来承接房屋建筑工程施工。欢迎来电垂询。
地址:安徽省淮南市夏集宏宇建筑公司
邮 编:232182
法 人:胡宗胜
Tel:0554－8281898
Mobile:13500579756

**滁州市振华新型建材有限公司**
地址:安徽省滁州市琅琊区铁路三村(仓库路) 42 号
负责人:戴振华
Tel:13063306186

**滁州市鹏松新型建材有限公司**
业务:混凝土
地址:安徽省滁州市外环路铁路大桥东北侧
负责人:朱为朋 邮 编:239000
法 人:朱为朋
Tel:13605502773
13855042299

**明光市苏明石材有限公司**
地址:安徽省滁州市明光市横山乡赵集村
负责人:邬素英
Tel:13093302591

**明光市永大车桥制造有限公司**
地址:安徽省滁州市明光市三界镇地下道附近
负责人:丁士荣
Tel:0550－8471095

**滁州市富丽来装饰工程有限公司**
业务:承接室内外装饰装修工程,灯具、家电、家具、洁具、五金、板材、地砖的批发和零售
产品:灯具、家电、家具、洁具、五金、板材、地砖
地址:安徽省滁州市乌衣镇滁宁西路
负责人:张寿文 邮 编:239000
法 人:张寿文
Tel:13965952466
0550－3912068

**新龙装饰有限公司**
业务:本公司成立于 2004 年,主要经营室内外装潢。经营宗旨:质量第一、信誉第一、客户至上。
地址:安徽省宁国市北园路中天门面房隔壁
邮 编:242300
法 人:程宁平
Tel:0563－4035566
Fax:0563－4035566

**明光市恒兴建材有限公司**
地址:安徽省滁州市明光市石坝镇苏郢村
负责人:杨昭文
Tel:0550－8591048

**安徽省金丰门业有限公司**
业务:钢木门,不锈钢门
地址:安徽省阜阳界首市机械工业园区
负责人:王向锋 邮 编:236500
法 人:曹玮
Tel:13349081666
0558－4868888
Fax:0558－4859888

**全椒县白酒木材加工厂**
地址:安徽省滁州市全椒县草庵乡白酒老街
负责人:丁魁
Tel:0550－5221585
13505507001

**广传预制厂**
地址:安徽省凤台县岳张集镇徐圩村
负责人:陈广传
Tel:0554－6419729
13905543672

**阜南县会龙富民空心砖厂**
业务:生产与销售空心砖
产品:空心砖
地址:安徽省阜阳市阜南县会龙乡藏寨村
负责人:王宝申 邮 编:236033
法 人:王宝申
Tel:13685588710

**金林木业有限公司**
地址:安徽省阜阳市阜南县城关淮河西路
负责人:胡家林
Tel:13805612926

**界首市曙光建筑安装有限公司**
地址:安徽省阜阳市界首市大桥北路 13 号
负责人:肖曙光
Tel:0558－4813365

**阜南县城西物业服务有限公司**
业务:物业管理、园林绿化、建材销售(水泥、石子、钢筋)、城市广告、承接建筑工程、卷帘门、防盗门等制作安装
地址:安徽省阜阳市阜南县鹿城镇京九大道路北侧(雅典皇宫对面)
负责人:杜传金 邮 编:236033
法 人:杜传金
Tel:0558－2885777

**宣城市宏立钢结构有限责任公司**
业务:本公司具备国宾钢结构工程专业承包贰级企业资质、承接钢结构工程(包括轻型钢结构工程)、网架工程的制作和安装、生产经营 C 型钢、彩钢瓦、夹芯板等钢结构配套产品、对外承接钢结构加工制作业务。公司本着立信为本、顾客至上的企业宗旨、不断技术创新、提升产品质量、为顾客提供全方位的优质服务!
地址:安徽省宣城市经济技术开发区兴隆路 2 号
负责人:张建军 邮 编:242000
法 人:张建军
Tel:0563－2625772

**振兴建筑门窗有限公司**
地址:安徽省阜阳市界首市富强路(宝蓝大酒店北侧)
负责人:徐振清
Tel:0558－4829485
3171860

**界首市福春预制构件有限公司**
地址:安徽省阜阳市界首市舒庄镇开发区
负责人:王福春
Tel:0558－4081126

**阜阳市春天门业**
业务:春天防盗门、非标门、工程门、室内门等
地址:安徽省阜阳市阜王路 116 号
负责人:宫春灵 邮 编:236000
法 人:宫春灵
Tel:0558－2238957
15805581566
Fax:0558－2293766

**阜阳市勇海建筑材料有限公司**
地址:安徽省阜阳市龙腾静馨山庄 6 号楼 202 室
负责人:王凤雨
Tel:0558－2118859

**阜阳市新洋房地产经纪有限公司**
地址:安徽省阜阳市新阳大道二期综合楼
负责人:张利
Tel:0558－2279252

**温州经济技术开发区东龙房地产开发有限公司阜阳分公司**
业务:房地产开发
地址:安徽省阜阳市开发区南二环路龙腾义耕新天地 9 号楼 701 室
负责人:张崇生 邮 编:233000
法 人:张崇生
Tel:0558－2319933
Fax:0558－2322929

**阜阳市永同昌房地产开发有限公司**
地址:安徽省阜阳市颍东区北京东路 288 号
负责人:李登瑾
Tel:0558－2328776

**阜阳市嘉和装饰材料医学公司**
地址:安徽省阜阳市颍州区阜王路银海花园 8 号
负责人:王桂彬
Tel:0558－2292789

**利辛县巩店镇佳美装饰门市部**
业务:室内外装饰设计施工
地址:安徽省阜阳市利辛县巩店镇
负责人:邹大增 邮 编:236033
法 人:邹大增
Tel:13856737807
0558－8086567

**阜阳市鹏程工程机械有限公司**
地址:安徽省阜阳市颍州区莲花路雪地公寓 3 号楼
负责人:郭辉
Tel:0558－2218821

**阜阳市鑫安康物业管理有限公司**
地址:安徽省阜阳市颍州区清河西路 66 号
负责人:刘红星
Tel:0558－2170905

**蒙城县小辛集乡郭守金建材厂**
业务:机砖生产、销售
产品:红砖
地址:安徽省阜阳市蒙城县小辛集乡茨河村西郭
负责人:郭守金 邮 编:236033
法 人:郭守金
Tel:13635672885
13966522871

**阜阳市永恒房地产开发有限责任公司**
地址:安徽省阜阳市颍州中路 396 号永恒大厦售楼部
负责人:陈广照
Tel:0558－2185563
13905586585

**安徽华鹏钢化玻璃有限公司**
地址:安徽省合肥龙岗工业区
负责人:卫修鹏
Tel:13705698750

**阜阳市福地陶瓷**
业务:批发,零售地板砖,内外墙砖以及彩瓦,各种建材用品
地址:安徽省阜阳市双龙桥建材市场西区
负责人:尹洞静 邮 编:236000
法 人:庄传占
Tel:13866222365
0558－2599012
15855588188
13805585532

**合肥市泽丰防火卷帘有限公司**
地址:安徽省合肥市包河区骆岗镇淝南村粉坊郢 10 号
负责人:陈道斌
Tel:13957514015

**合肥名佳房地产营销策划有限公司**
地址:安徽省合肥市包河区美菱大道银河路菜场第四层
负责人:蔚应雷
Tel:13705510226

**安徽金顶置业有限公司**
业务:房地产开发
地址:安徽省阜阳市太和县城关镇刘元社区东关庄 26 号
负责人:李广学 邮 编:236600
法 人:李广学
Tel:0558－8629560

**安徽天鼎工程造价咨询有限公司**
地址:安徽省合肥市包河区宁国路 150 号加烨广场五楼
负责人:柳建
Tel:13805588088

**安徽博奥古建园林技术服务有限公司**
地址:安徽省合肥市包河区祁门路 12 号 408 室
负责人:汪益军
Tel:13095516906

**太和县宁达门窗有限公司**
业务:塑钢门窗、铝合金门窗、卷帘门、护栏、钢结构厂房
地址:安徽省阜阳市太和县旧县镇三角元路口 500 米路西管庄
负责人:李强 邮 编:236033
法 人:李强
Tel:15655888889
0558－8259888
13034088866
Fax:0558－8198889

**金轮建经营部**
地址:安徽省合肥市包河区曙光路省人大 16 号楼－8 号
负责人:黄道瑜
Tel:0551－3663195
13083003989

**合肥市众鑫装饰材料有限公司**
地址:安徽省合肥市包河区芜湖路 323 号建工

大厦
负责人：张帮泉
Tel：0551－5512932

### 广州奇格木业有限公司安徽公司

业务：木制品，家具，装饰材料
产品：木门，线条
地址：安徽省阜阳市太和县五星镇上海路17号
负责人：耿万凯　邮　编：236033
法　人：耿万凯
Tel：0558－8349988
Fax：0558－8348109
网址：www.qgmm.cn
E-mail：qgmm2008@163.com

**安徽新鑫建材检测有限公司**
地址：安徽省合肥市包河区芜湖路329号院内
负责人：戴素萍
Tel：13605606867

**合肥南城建筑装饰有限责任公司**
地址：安徽省合肥市包河区芜湖路97号体育西村10幢107室
负责人：李永兵
Tel：13305693726

### 新细阳水暖建材门市部

业务：建材经营
地址：安徽省阜阳市太和县细阳中路西侧（西药分公司对面）
负责人：段得立
法　人：段得立
Tel：0558－8627845

**安徽徽超置业有限公司**
地址：安徽省合肥市包河区宣城路63号18号楼5－6层
负责人：杜世才
Tel：13805697795

**长丰县鑫顺工程机械施工有限公司**
地址：安徽省合肥市长丰县双墩镇
负责人：孟庆胜
Tel：13965080410

### 阜阳创美装饰材料有限公司

业务：销售铝塑板、有机板、耐力板、人造透光石、万能胶7等各种装饰材料
产品：七色牌、奥特邦牌、上海吉祥牌铝塑板，上海吉祥牌透光石
地址：安徽省阜阳市西二环路瑶海C区
负责人：王小松　邮　编：236000
法　人：王晓娟
Tel：13605588055
0558－2597760
Fax：0558－7111308

**长丰县北苑新型建材厂**
地址：安徽省合肥市长丰县双墩镇北苑村
负责人：叶志兵
Tel：13856988018

**合肥达美建筑装饰劳务有限公司**
地址：安徽省合肥市长江东路472号1幢
负责人：陈红娟
Tel：0551－4292218

### 阜阳市宏远渣土有限公司

业务：渣土清理、房屋基础挖掘、土石方工程
地址：安徽省阜阳市颍东区河东办农副产品批发大市场4幢303室
负责人：闫文礼　邮　编：236033
法　人：闫文礼
Tel：15856888066
0558－2311556

**海逸膜结构技术开发有限公司**
地址：安徽省合肥市长江东路555号三益大厦5楼
负责人：刘志强
Tel：0551－5695950
13956979311

**合肥浩远机械工程有限公司**
地址：安徽省合肥市大西门赵岗12号2幢104室
负责人：韩海舒
Tel：13856081085

### 阜阳市飞超建筑劳务有限公司

业务：建筑劳务
地址：安徽省阜阳市颍泉区颍河西路202号2幢202户
负责人：张明迁　邮　编：236033
法　人：王琮玮
Tel：13605587849
13665588818

**合肥市东方商城新世纪涂料商行**
地址：安徽省合肥市东方商城南A127号
负责人：符成兵
Tel：0551－4692837
13705699700

**安徽省元琛土木工程有限责任公司**
地址：安徽省合肥市东流路绿怡居小区14栋503室
负责人：王根杰
Tel：13866160706

### 颍上县长恒管业有限公司

业务：建筑PVC和线管及管件、的生产及销售
地址：安徽省阜阳市颍上县耿棚镇卞庄村耿罗路南侧
负责人：马点东　邮　编：236033
法　人：马点东
Tel：13855833997
0558－4123466

**合肥瑶海鸿昌涂料经营部**
地址：安徽省合肥市东市区红旗建材市场8栋13、14号
负责人：罗钊洪
Tel：0551－4537955
13905510844

**安徽宜锦装饰工程有限公司**
地址：安徽省合肥市东市区明光路67号1付1号303室
负责人：王建平
Tel：13955189061

### 安徽省颍上县凯事建材有限责任公司

业务：加工矸石和洗煤，销售建材
产品：矸石和煤
地址：安徽省阜阳市颍上县古城乡毛圩村
负责人：李家龙　邮　编：236033
法　人：李家龙
Tel：13855850709

**安徽迎客园林工程有限公司**
地址：安徽省合肥市肥东县撮镇镇
负责人：宋明耀
Tel：13955663586

**合肥市东顺公路养护有限公司**
地址：安徽省合肥市肥东县店埠镇梁园路1号
负责人：陈德金
Tel：0551－7737876
13909690158

### 颍上县五十铺文峰装饰材料有限公司

业务：农作物加工板材
地址：安徽省阜阳市颍上县五十铺乡耿圩村
负责人：付文峰　邮　编：236033
法　人：付文峰
Tel：15856798666
0558－4186111
Fax：0558－4186111

**合肥市龙辉置业有限公司**
地址：安徽省合肥市肥东县店埠镇沿河东路
负责人：杨明文
Tel：0551－7738999

**泉山石料厂**
地址：安徽省合肥市肥东县桥头集镇龙泉行政村
负责人：昂正泉
Tel：0551－7651188
13965104958

### 颍上县谢桥镇诚实建材厂

业务：钢筋、沙子、砖、水泥、煤炭
地址：安徽省阜阳市颍上县谢桥镇谢桥村万夏进井路北
负责人：彭传爱　邮　编：236000
法　人：彭传爱
Tel：13034080695
15555872578

**常青新型建材厂**
地址：安徽省合肥市肥西县官亭镇
负责人：朱守标
Tel：0551－8365577
13856047518

**肥西县长城土方机械施工工程有限公司**
地址：安徽省合肥市肥西县经济技术开发区桃花工业园大柳塘村
负责人：张大沛
Tel：0551－8992765

### 阜阳市隆鑫建筑劳务有限公司

业务：铁路、公路、桥、涵、土石方、机械租赁
地址：安徽省阜阳市颍州区二道河路万霖花园西区15幢306号
负责人：马廷金　邮　编：236033
法　人：马廷金
Tel：15256489888
0558－2113100
Fax：0558－2113100

**永盛园林绿化工程有限公司**
地址：安徽省合肥市肥西县上派镇三岗村
负责人：胡其山
Tel：0551－8894765
13605608158

**四十埠物资有限公司**
地址：安徽省合肥市肥西县上派镇四十埠居委会
负责人：李斌
Tel：0551－8843005
13909692562

### 阜阳市颍州区邦华装饰材料店

业务：经营装饰材料
产品：板材、石膏板、石膏线条、油漆、五金、龙骨等
地址：安徽省阜阳市颍州区阜南路
负责人：王邦华　邮　编：236000
法　人：王邦华
Tel：15856885993
0558－2593116

**孙集乡朱山石料厂**
地址：安徽省合肥市肥西县孙集乡朱山村
负责人：杨本营
Tel：0551－8405031

**肥西县章法建材销售有限公司**
地址：安徽省合肥市肥西县桃花镇田埠村
负责人：胡章法
Tel：13956074888

### 安徽省阜阳市晨光工贸有限公司

业务：主营门业
产品：防盗门、卷闸门成套配件
地址：安徽省阜阳市颍州区中南大道6号瑶海大市场7#楼
负责人：刘先生　邮　编：236033
法　人：刘亮
Tel：13205589385
13965561360
0558－2590838
网址：http://www.51zzt.com/user/zzt123620

**肥西县金星预制构件有限公司**
地址：安徽省合肥市肥西县桃花镇田埠村
负责人：张大荣
Tel：13965067513

**肥西县兴发预制品构件有限公司**
地址：安徽省合肥市肥西县烟墩乡四十井
负责人：周金华
Tel：13856943231

### 阜阳市云龙装饰

业务：装饰材料
地址：安徽省阜阳市颍河东路57号
负责人：王云龙　邮　编：236000
Tel：13965581261
0558－2328461

**肥西县驰诚建材销售有限公司**
地址：安徽省合肥市肥西县烟墩乡孙李村
负责人：赵家稳
Tel：13909690557

### 亳州市新达事业有限公司（亳州市蒙城县小涧镇吴飞建材门市部）

业务：建材的销售
产品：安徽省亳州市蒙城县金天地商业街433号
负责人：吴飞　邮　编：239500
法　人：吴飞
Tel：13965777152
0558－7687299

**肥西县建鑫混凝土制品有限责任公司**
地址：安徽省合肥市肥西县烟墩乡新年村
负责人：沈明
Tel：13805695295

**肥西县利盛机械施工有限责任公司**
地址：安徽省合肥市肥西县烟墩乡新年村
负责人：蔡侠
Tel：13956027758

### 亳州市鸿欣新型墙体材料有限公司

业务：新型墙体材料
地址：安徽省亳州市谯城区十河镇十河集村
负责人：王自豪　邮　编：236000
法　人：王自豪
Tel：13956680253
0558－5662999

**实力体育科技有限公司**
地址：安徽省合肥市凤阳路中洲大厦A座六楼
负责人：洪刚
Tel：0551－7116818
13805510926

**深圳市奥顺达实业有限公司合肥分公司**
地址：安徽省合肥市阜南路40号体育馆2楼
负责人：韩伟
Tel：0551－2655383
13329012060

### 合肥宽扩机械工程有限公司

业务：承接土石方工程，道路施工，工程技术咨询，工程机械租赁
地址：安徽省合肥长丰县罗塘乡徐庙街道
负责人：周茂宽　邮　编：230000
法　人：周茂宽
Tel：13955373798

**合肥钢铁公司利民建筑工程公司利民石灰窑厂**
地址：安徽省合肥市钢铁公司利民建筑工程公司合裕路合钢二厂内
负责人：赵克银
Tel：0551－4402206
13956000698

**安徽铸诚钢结构有限公司**
地址：安徽省合肥市高新区桃园村李大郢组
负责人：李荣铸
Tel：13909698860

### 安徽省垚鑫园林绿化工程有限责任公司

业务：承接园林绿化工程
地址：安徽省合肥市包河工业区义兴社区大院内
负责人：束从年　邮　编：230001
法　人：束从年
Tel：0551－3357687
Fax：0551－3357687

**合肥得园房地产开发有限公司**
地址：安徽省合肥市高新区望园小区14#－101、201
负责人：程振華
Tel：0551－5322186

**中环石材有限公司**
地址：安徽省合肥市合裕路959号红旗石材市场5栋2号
负责人：谢树龙
Tel：0551－7116755
13083003155

### 上海雪莹工贸有限公司合肥第二分公司

业务：内外墙乳胶漆，弹性拉毛乳胶漆，各种高低档乳胶漆，真石漆，化工原料，各种乳液助剂，粉料，品种齐全，保温材料及施工
地址：安徽省合肥市包河区长青镇飞龙工业园
负责人：胡永刚　邮　编：230000
Tel：13083001978
0551－3412085
Fax：0551－3422452

**合肥市舒森木业有限公司**
地址：安徽省合肥市合裕路双圩工业园
负责人：尤庆法
Tel：0551－4525377
13905692003

**安徽省江南公路工程有限公司**
地址：安徽省合肥市合作化南路114号桥南公寓102室
负责人：孙小俊
Tel：13905655437

### 合肥远宏金属结构有限公司

业务：专业制造及批发，各种型号手动，电动卷帘门，不锈钢门，防火门，钢构件制作安装，钢构厂房维修。
地址：安徽省合肥市包河区平塘王142号
负责人：马文刚　邮　编：230000
法　人：马文刚
Tel：0551－3465883

**安徽三友置业有限公司**
地址：安徽省合肥市黄山路441号
负责人：王阿玲
Tel：13956012509

**万豪装饰工程设计有限公司**
地址：安徽省合肥市徽州大道1208号兴业办公楼三楼
负责人：黄家斌
Tel：0551－3427711
13003067171
Fax：0551－3427722

### 合肥市包河区美菱地板经营部

业务：美菱地板销售
地址：安徽省合肥市包河区五里庙装饰城B区23号
负责人：李陈根　邮　编：230000
法　人：李陈根
Tel：13956937500
0551－3463195

**合肥市包河区伟业钢材经营部（第四家）**
地址：安徽省合肥市郊区肥合路与二环路交叉口（神力健身器材对面）
负责人：王成玉
Tel：0551－3464934
13500507724

**合肥万诚公用工程有限责任公司**
地址：安徽省合肥市经济技术开发区海恒社区习友路2－101门面
负责人：葛守柱
Tel：13956018103

### 赛亚装饰建材经营部

业务：立邦漆；PPG大师漆；泰达璐防水系列；高中低档腻子粉、胶水；奥克斯锁具及五金系列；化工油漆辅料；
产品：安徽省合肥市包河区五里庙装饰城北大门
负责人：李梅飞　邮　编：230000
法　人：李梅飞
Tel：13033004748
0551－3462649

**安徽地矿建设工程有限责任公司合肥经济开发区分公司**
地址：安徽省合肥市经济技术开发区九龙路
……负责人：史俊
……Tel：0551－4411922

**安徽三建工程有限公司合肥经济技术开发区项目部**
地址：安徽省合肥市经济技术开发区民营园
……负责人：方申柱
……Tel：0551－2873044

**吉茂五金经营部**
业务：移门，五金铝材、五金板材配件，波音软片，皮艺
产品：门业
地址：安徽省合肥市包河区五里庙装饰城北大门边
……负责人：王吉茂 邮编：230000
……法人：王吉茂
……Tel：13866666611
0551－3462202
……Fax：0551－3462202
……E-mail：794088927@qq.com

**合肥习友园林绿化有限公司**
地址：安徽省合肥市经济技术开发区紫蓬东路（农业科技示范园内）
……负责人：王立平
……Tel：0551－3836288

**金鹏新型建材有限责任公司**
地址：安徽省合肥市龙岗镇陈大郢村
……负责人：吕国鹏
……Tel：0551－7744346
13505695866

**无锡聚丰集团新日源建设有限公司安徽分公司**
业务：室内外装修、钢构幕墙
地址：安徽省合肥市长江中路168号招商大厦16楼东
……负责人：常军 邮编：230001
……Tel：15255162888
0551－2655639

**合肥威德装饰设计工程有限公司**
地址：安徽省合肥市庐阳区陈村南路100号省农技中心
……负责人：蒋冰洁
……Tel：13956981057

**合肥虹吉装饰设计有限公司**
地址：安徽省合肥市庐阳区阜阳北路杏林小区南村综合楼3幢501室
……负责人：胡能
……Tel：13855158908

**合肥市木韵地板有限公司**
业务：专营上海木韵地板
地址：安徽省合肥市大通路安美商业街D区2楼
……负责人：肖大利 邮编：230000
……法人：肖大利
……Tel：0551－4696049
……Fax：0551－4496673

**合肥市玉武房产信息有限公司**
地址：安徽省合肥市庐阳区阜阳路21幢110号
……负责人：姚玉武
……Tel：0551－3252893

**合肥天力混凝土有限公司**
地址：安徽省合肥市庐阳区合淮路与四河路处1幢
……负责人：沈圣祥
……Tel：13956084868

**合肥汤氏环保服务有限公司**
业务：环保服务
地址：安徽省合肥市砀山路金都华庭13幢302室
……负责人：汤恩波 邮编：230001
……法人：汤恩波
……Tel：13645517888
13645517999
0551－5556458
……网址：http://www.51zzt.com/user/zzt33581

**合肥晶典膜结构有限公司**
地址：安徽省合肥市庐阳区霍邱路18号2幢107号
……负责人：高琪
……Tel：0551－2659433

**安徽天信防腐保温工程有限公司**
地址：安徽省合肥市庐阳区霍邱路59号办公楼七层
……负责人：邱向党
……Tel：13955148158

**合肥吉美房产销售有限公司**
业务：房地产代理
地址：安徽省合肥市肥东县龙岗开发区华都城市花园南14号
……负责人：吴炳生
……法人：吴炳生
……Tel：13155127399
0551－4429289

**合肥粤美装饰材料有限公司**
地址：安徽省合肥市庐阳区庐江路127号22幢401室
……负责人：左建忠
……Tel：13905604493

**安徽新时代建材有限公司**
地址：安徽省合肥市庐阳区南国城市花园碧海阁401室
……负责人：郑家和
……Tel：13866196888

**肥东县团山滑石粉加工厂**
业务：石子、磷矿石
地址：安徽省合肥市肥东县桥头集镇龙光村
……负责人：付立新 邮编：230001
……法人：付立新
……Tel：0551－7327505
7328868
15956996789

**合肥建一装饰工程有限公司**
地址：安徽省合肥市庐阳区荣事达大道70号振信大厦A座13层
……负责人：曾志成
……Tel：0551－2613821

**合肥永凝奥润建材有限公司**
地址：安徽省合肥市庐阳区世纪家园7栋204室
……负责人：曹德才
……Tel：13966666456

**肥西县永恒钢制门窗厂**
业务：专业生产、设计、安装、销售金属非标门、金属防盗门和安全门
产品：金属非标门、金属防盗门和安全门
地址：安徽省合肥市肥西县高刘镇长岗街道
……负责人：张绍海 邮编：230001
……法人：张绍海
……Tel：18955127468
0551－8678039

**合肥恒力房地产开发有限公司**
地址：安徽省合肥市庐阳区濉溪东路6号汇众大厦
……负责人：黄建华
……Tel：0551－4230119

**合肥正阳居装饰工程有限公司**
地址：安徽省合肥市庐阳区濉溪路1号金龙大厦
……负责人：荣行
……Tel：0551－5523143

**肥西大地新型建材有限公司**
业务：建材
地址：安徽省合肥市肥西县花岗镇粉坊村（原刘店窑厂）
……负责人：黄厚林 邮编：230001
……法人：黄厚林
……Tel：15256018666
0551－8400666

**安徽瑞雪物业管理服务有限公司**
地址：安徽省合肥市庐阳区沿河路222号柏景湾香榭里道2－601室
……负责人：程德旺
……Tel：0551－5628930

**安徽省庆和房地产开发有限公司**
地址：安徽省合肥市美菱大道153号绿园小区8幢602室
……负责人：吴兆雄
……Tel：13075512219

**肥西县紫蓬山诚信机械工程施工队**
业务：土石方工程
地址：安徽省合肥市肥西县紫蓬山管委会甲塘村
……负责人：吴成美 邮编：230001
……法人：吴成美
……Tel：0551－8581976

**宁波华锦建设有限公司合肥分公司**
地址：安徽省合肥市上海城国际花都8幢101室
……负责人：俞祖威
……Tel：13966688505

**合肥建新中空玻璃有限公司**
业务：中空玻璃、钢化玻璃、夹胶玻璃等各种玻璃的加工与销售，可根据客户要求定制各种玻璃
产品：中空玻璃、钢化玻璃、夹胶玻璃等各种玻璃
地址：安徽省合肥市高新区合欢路12号2幢7号
……负责人：赵峰 邮编：230001
……法人：赵峰
……Tel：0551－5846128
……Fax：0551－5846128
……网址：http://www.jianxinboli.com/

**合肥嘉润物业管理有限公司**
地址：安徽省合肥市蜀山区长江西路321号（原蜀山路71号）
……负责人：尹国强
……Tel：0551－5562382

**合肥金星门窗有限公司**
地址：安徽省合肥市蜀山区芙蓉社区
……负责人：吴家宏
……Tel：0551－3511260
13826959249

**合肥飞龙装饰工程有限公司**
地址：安徽省合肥市蜀山区金湖新村9幢305室
……负责人：李宽桂
……Tel：13505693245

**合肥繁达贸易有限责任公司建材分公司**
业务：建筑钢材
地址：安徽省合肥市界首路21号A区2101号
……负责人：徐军 邮编：230000
……法人：徐先生
……Tel：0551－5682321

**合肥市启程建材有限公司**
地址：安徽省合肥市蜀山区美乐园商业街B区23号
……负责人：史以斌
……Tel：13856000577

**合肥名家防水防腐工程有限公司**
地址：安徽省合肥市蜀山区蜀山镇十里店村印墩坎
……负责人：赵胜勇
……Tel：13965122683

**合肥佳雪贸易有限公司**
业务：专业经营钢管扣件、木板木材、矸石空心砖、红砖、水泥、黄砂、石子等建筑材料，我们将以优惠的价格，专业的品质，一流的服务，竭诚欢迎您的光临。
地址：安徽省合肥市经开区上海城市2栋2301室
……负责人：吴道芳 邮编：230011
……法人：吴道芳
……Tel：0551－3839151
13855139252

**合肥市光照土石方工程有限公司**
地址：安徽省合肥市蜀山区蜀山镇仰桥村马西组
……负责人：徐军
……Tel：13956021875

**合肥今时装饰材料**
地址：安徽省合肥市双凤工业区岗集镇龙
……负责人：余厚传
……Tel：0551－5574585
13013196754

**宏润建设集团股份有限公司安徽分公司**
业务：建筑施工
地址：安徽省合肥市庐阳区濉溪路278号财富广场二期B幢1308室
……负责人：马绍权 邮编：230001
……Tel：0551－5639135

**安徽国鼎环保工程有限公司**
地址：安徽省合肥市濉溪路99号
……负责人：徐维章
……Tel：0551－3511922

**安徽省友尊置业有限公司**
地址：安徽省合肥市望江路162号
……负责人：台建军
……Tel：13033065864

**安徽省天任装饰有限公司**
业务：承接室内装饰装潢工程
地址：安徽省合肥市马鞍山路与屯溪路交口东环广场A－505室
……负责人：林树升 邮编：230001
……法人：林树升
……Tel：15156022558
0551－4679538
4673708
……Fax：0551－4673408
……网址：http://www.51zzt.com/user/zzt34855

**安徽良友工程咨询有限公司**
地址：安徽省合肥市芜湖路325号建工大厦
……负责人：汪世启
……Tel：0551－5511433

**五洲大厦物业管理部**
地址：安徽省合肥市五洲商场五洲大厦
……负责人：沈文涛
……Tel：0551－4246196
13965099869

**合肥亚杰盼盼安全门销售有限公司**
业务：安全门销售、安装、维修
地址：安徽省合肥市清溪东路康居时代家园南区大门西
……负责人：杨忠安 邮编：230000
……法人：杨忠安
……Tel：0551－4666349
5522436

**安徽东强置业有限公司**
地址：安徽省合肥市新站区凤阳路正泰大厦309室

……负责人：唐俊东
……Tel：13305690762

**合肥普佳装饰工程有限公司**
地址：安徽省合肥市新站区张洼路铁静苑A区10幢501号
……负责人：褚维健
……Tel：13856969564

**山东华峰建筑装饰工程有限公司合肥分公司**
业务：从事高中档别墅、办公楼、酒店宾馆、商业店面等设计，施工全流程服务。致力以创新的设计，优质的工程质量，为您精心构筑品味舒适，幸福和谐的人居空间！
产品：花岗岩幕墙，铝板幕墙，玻璃幕墙工程及室内外装修，装饰工程
地址：安徽省合肥市胜利路中环国际大厦A1座301室
……负责人：肖太强 邮编：230000
……法人：肖太强
……Tel：0551－4240783
1322461899
……Fax：0551－4240783
……E-mail：hfzs_2009@126.com

**合肥恒祥物业管理有限责任公司第一物业管理处**
地址：安徽省合肥市瑶海区长江东路658号202室
……负责人：阮永鹏
……Tel：0551－2115706

**安徽建工第四工程有限公司**
地址：安徽省合肥市瑶海区长江东路951号春晖大厦六楼
……负责人：陈桂林
……Tel：13855056988

**合肥市蜀山区金城钢艺装饰工程部**
业务：楼梯扶手，围栏，护栏，各种晾衣架，空调架，铝合金门窗，车棚，雨棚，各种钢结构，小区各种配套产品的制作，室内装潢洽谈各种工程等
地址：安徽省合肥市蜀山区黄山路博奥丽苑4D202
……负责人：吴法龙 邮编：230000
……法人：吴法龙
……Tel：13866179462

**大柱建材经营部**
地址：安徽省合肥市瑶海区长江东路当涂路一村2幢1号
……负责人：方立柱
……Tel：0551－4415472
13956957577

**安徽路港路面工程有限责任公司**
地址：安徽省合肥市瑶海区当涂路219号
……负责人：胡以亮
……Tel：0551－4311939

**合肥市包河区瑞嘉暖通器材经营部**
业务：散热气片、燃气壁挂炉、海信日立中央空调
地址：安徽省合肥市太湖路国华大厦103－203号
……负责人：张鹏宇 邮编：230000
……Tel：15077914961
18955119194
0551－3429923

**宏远不锈钢装饰工程部**
地址：安徽省合肥市瑶海区合裕路与铜陵路交叉口向东50米
……负责人：杨文寿
……Tel：0551－3152838
13856976578

**合肥安通建材有限公司**
地址：安徽省合肥市瑶海区龙岗镇三合村朱东组
……负责人：姚本祥
……Tel：13965070047

**合肥好德丽工贸有限公司**
业务：人造石，天然石
地址：安徽省合肥市新站区工业沱河路2号
……负责人：钟以德 邮编：230001
……法人：钟以德
……Tel：13505693741
0551－4859738
……网址：http://www.51zzt.com/user/zzt123510

**合肥邦华置业发展有限公司**
地址：安徽省合肥市瑶海区磨店乡方桥村桥坎组（瑶海工业园区内）
……负责人：黄建华
……Tel：0551－4321388

**安徽海峰环境艺术工程有限公司**
地址：安徽省合肥市瑶海工业园区（磨店乡方桥村万郢组）
……负责人：项勇
……Tel：0551－2679596

**百善建筑安装工程有限公司**
地址：安徽省淮北市濉溪县百善村

负责人：谢好伯
Tel：0561－7021197
13195605666

**安徽旭升钢结构工程有限公司**
业务：钢结构制造，施工，彩板制造销售
产品：H 型钢，C\Z 型钢，彩钢板，夹芯板
地址：安徽省合肥市新站区天柱山路东湖山庄 20 幢 406 号
负责人：鲁代斌　邮　编：230001
法　人：鲁代斌
Tel：0551－6370719
Fax：0551－7128420
E-mail：ldb7910558@126.com

**继华置业有限公司**
地址：安徽省合肥市站塘路华兴商业门面 106 号
负责人：张断华
Tel：0551－4311569
13909698496

**铁路线桥工程公司**
地址：安徽省合肥市张洼路 93 号
负责人：陈锡明
Tel：0551－2126348
13905513948

**合肥南塘装饰工程有限公司**
业务：专业从事室内外设计、装饰工程；广告传媒策划、制作；水电水暖；防水工程；空调制冷设备安装维修；五金、电器、装饰建材、防水材料、保温材料销售；从设计、效果图制作、施工到材料选购提供一站式服务，公司推崇绿色与智能化装潢，秉承客户至上，诚信为本的经营原则，携手与你共建满意空间.
地址：安徽省合肥市新站区站西路 1 号宝文国际 1917 室
负责人：杨传明　袁绍嗣
邮　编：230000
法　人：杨传明
Tel：0551－4213824
13645605006
15255153908
Fax：0551－4260229
网址：www.nantanggs.com
E-mail：nantanggs@163.com

**安徽绿境景观工程有限公司**
地址：安徽省合肥市张洼路东侧 6 幢
负责人：程瑞峰
Tel：13966767509

**合肥蓝天玻璃有限公司**
地址：安徽省合肥市中市区寿春路 47 号
负责人：蓝杰
Tel：0551－2610681
13955168448

**瑶海区徽建节能建材厂**
业务：内外墙保温材料，各种建筑外加剂等
地址：安徽省合肥市瑶海工业园勤居居苑 E1 栋 3 单元 305
负责人：刘北伟　邮　编：230000
法　人：刘北伟
Tel：13866680840
15105600303

**淮北市爱民建材经销部**
地址：安徽省淮北市杜集区矿山集镇四矿小食堂
负责人：姬岩
Tel：13909619998

**任建房地产开发有限责任公司**
地址：安徽省淮北市洪山路 123 号计生委五楼
负责人：任建
Tel：0561－3053368
13205618999

**合肥余友水环保科技有限公司**
业务：专业推广、销售环保、节能水处理设备及配件，并承接各项水处理工程的设计、施工、调试、运行及售后服务。
产品：玻璃钢膜壳、SEKO 计量泵、过滤器等水处理设备及配件
地址：安徽省合肥市瑶海区肥东路园林都市一号 0605
负责人：于水　邮　编：230000
法　人：余友水
Tel：0551－4467002
18955165449
Fax：0551－4467002
网址：www.yyshbkj.cn
E-mail：yuyou.shui@163.com

**恒通管材制品有限公司**
地址：安徽省淮北市濉溪县任集镇任楼矿风井
负责人：张昌华
Tel：0557－3994477
3984071
3984246

**翔宇建材有限公司**
地址：安徽省六安市霍邱县冯井镇白庙街道
负责人：徐飞
Tel：0564－6344999
13956125555

**霍邱县兴达薄板有限责任公司**
地址：安徽省六安市霍邱县洪集镇工业区
负责人：张恩海
Tel：0564－6851219

**复览山石料有限公司**
地址：安徽省六安市霍山县但家庙镇
负责人：刘军
Tel：0564－5417168
13905648638

**北京磊鑫建筑工程有限公司合肥分公司**
业务：专业承包、劳务分包、工程设计、销售装饰材料
产品：装饰一级、幕墙一级、设计甲级资质
地址：安徽省合肥市瑶海区凤阳路兴顺大厦
负责人：蒋忠场　邮　编：230000
法　人：蒋忠场
Tel：13739274498
Fax：0551－4216150
网址：www.leixin.net

**合肥市康博建材有限公司淮北分公司**
地址：安徽省淮北市相山南路盛世商贸城 D10 幢 2012 室
负责人：任雪茹
Tel：13053157383

**百花园林建设有限公司**
地址：安徽省淮南市朝阳中路(军供站)
负责人：张怀让
Tel：0554－6645235
13956421384

**合肥兴智环保节能科技有限公司**
业务：环保节能设备，固体废弃物无害处理装备开发、销售，新能源开发与利用，新技术节能产品、机电、建材产品推广与销售，节能环保能源项目工程咨询推广服务
产品：各种干燥机、环保专用锅炉
地址：安徽省合肥市瑶海区开源馨居 A 座 402
负责人：宋振林　邮　编：230001
法　人：宋振林
Tel：13705544647
0551－4227567
Fax：0551－4227567
E-mail：sy152001@yahoo.com.cn

**淮南市上窑镇治润砖厂**
地址：安徽省淮南市大通区上窑镇上窑社区居委会
负责人：凌治润
Tel：0554－3601294
13905544516

**凤台县城关镇龙鑫建材经销部**
地址：安徽省淮南市凤台县农水路
负责人：林秀林
Tel：0554－8617482

**合肥仁泰商贸有限公司**
业务：建材、五金、家电、环保设备销售
产品：钢材、管材、水泵、阀门、格栅、消毒设备等污水处理设备
地址：安徽省合肥新站区临泉路中环国际广场 A1605 号
负责人：王涛　邮　编：230000
法　人：王涛
Tel：0551－5258865
13739180197
Fax：0551－5258865
E-mail：hfrentai@163.com

**安徽省淮南市夏集宏宇建筑工程有限公司**
地址：安徽省淮南市毛集实验区夏集中心街
负责人：胡宗胜
Tel：0554－8281898
13500579756

**奥丽思涂饰厂**
地址：安徽省淮南市田家庵区电建路
负责人：孙宜宏
Tel：0554－3633243
13905545356

**淮北市巧木匠木业有限公司**
业务：实木楼梯的生产与销售
地址：安徽省淮北市濉溪县经济开发区白杨路 16 号
负责人：王明　邮　编：235000
法　人：王明
Tel：0561－5202777
15156163885

**居美建筑劳务有限公司**
地址：安徽省淮南市田家庵区前锋二村 8 号楼
负责人：张思考
Tel：0554－2687422
13309645888

**祥华建材总汇**
地址：安徽省淮南市田家庵庄香港街中段 10 号楼 18 号
负责人：缪长新
Tel：0554－3630916
13956450926

**淮南居家美精品装饰有限公司**
业务：承接室内外装饰、装修工程
地址：安徽省淮南市朝阳路(新时代广场 C－108)
负责人：梁伟　邮　编：232001
法　人：梁伟
Tel：0554－5310866

**海雅商贸有限公司**
地址：安徽省淮南市谢家集区卧龙山西路
负责人：常合奎
Tel：0554－5674830

**曙光建设集团有限公司**
地址：安徽省黄山市黄山区风景区园林开发公司基建科
负责人：朱士连
Tel：0559－5585305
13905590282

**华圣防腐保温有限公司**
业务：防腐保温工程及装饰装潢工程销售
地址：安徽省淮南市淮舜南路林厂新建综合楼 5 号
负责人：刘传路　邮　编：232082
法　人：刘传路
Tel：13705544868
0554－2685772

**新贝特科工贸有限公司**
地址：安徽省黄山市屯溪区九龙工业园 1 号
负责人：徐桂香
Tel：0559－2516677
13855960066

**大力新型墙材厂**
地址：安徽省黄山市屯溪区屯光镇湖边村 38 号
负责人：吴世芳
Tel：0559－2110588
13805597621

**淮南市裕林建材厂**
业务：建材销售
地址：安徽省淮南市田家庵区曹庵镇大树村
负责人：杨林　邮　编：232000
法　人：杨林
Tel：13155488959
0554－6912588

**歙州物业管理有限公司**
地址：安徽省黄山市歙县徽城镇古关村
负责人：徐新建
Tel：0559－6510160
13155592199

**六安市裕安区分路口镇杨集砖厂**
地址：安徽省六安市分路口镇杨集村
负责人：王国忠
Tel：13865754253

**湖南省第六工程有限公司安徽分公司**
业务：施工总承包
地址：安徽省淮南市田家庵区人民北路 1 号别墅
负责人：万崇志　邮　编：232001
法　人：万崇志
Tel：0554－3635006

**皖西新型装饰材料有限公司**
地址：安徽省六安市霍邱县城北五里村
负责人：王力祥
Tel：0564－6019399
6086918
13805644136

**霍邱县祥盛建材有限责任公司**
地址：安徽省六安市霍邱县城西湖乡
负责人：李成祥
Tel：13965489898

**淮南市尚居新概念装饰设计工程有限公司**
业务：建筑装饰工程设计、施工及咨询服务，国内广告设计、策划、制作及发布，建筑材料的销售
产品：建筑材料与装修设计
地址：安徽省淮南市田家庵区新时代广场 A105
负责人：李旭日　邮　编：232001
法　人：李旭日
Tel：0554－5335588
0554－5335771
网址：http://www.shangjuzs.com/
E-mail：shangjuzs@sina.com

**黄山区汤口镇常泰五金店门市部**
业务：五金建材、装饰材料
地址：安徽省黄山市黄山区汤口镇汤口高位路邮政局对面
负责人：张志祥　邮　编：242700
法　人：张志祥
Tel：0559－5561588
Fax：0559－5561588

**安徽新力房地产开发有限公司霍山分公司**
地址：安徽省六安市霍山县衡山镇六佛路
负责人：沈善平
Tel：13865452888

**安徽中兴建设工程有限公司六安分公司**
地址：安徽省六安市解放南路天盈星城 13 号楼
负责人：张立新
Tel：13965488185

**上海美圣园林建筑装饰工程有限公司六安分公司**
地址：安徽省六安市金安区望城岗乡政府
负责人：张豪诗
Tel：13956113085

**祁门县坚固预制厂**
业务：水泥预制
地址：安徽省黄山市祁门县祁山镇春明村洪宵口
负责人：黄宝钟　邮　编：242700
法　人：黄宝钟
Tel：13956279910
0559－4502008

**金松木业有限责任公司**
地址：安徽省六安市金寨县双河镇织造厂内
负责人：丰雨
Tel：0564－7751158
13905647011

**六安市绿居房地产开发有限公司**
地址：安徽省六安市六安经济技术开发区经三南路 1 号
负责人：余金海
Tel：13956131396

**六安市富人居新型装饰中心**
地址：安徽省六安市龙河路
负责人：潘声武
Tel：13865736838

**黄山市屯溪区桐徽水暖批发部**
业务：同正管业黄山总代理、长城电器黄山总代理、普田电器黄山总代理
地址：安徽省黄山市屯溪区跃进路 8 号
负责人：毛锋　邮　编：245001
法　人：毛锋
Tel：0559－2151318
13855916560

**安徽省六安市明宇资产管理有限公司**
地址：安徽省六安市梅山路 59 号院内
负责人：梅宇
Tel：13965493003

**六安市皖城房地产综合开发有限公司**
地址：安徽省六安市梅山路 73 号
负责人：鲁先春
Tel：0564－3217254

**六安三泰矿产开发有限公司(筹建)**
地址：安徽省六安市梅山路 77 号
负责人：韩风
Tel：13905641391

**六安市鑫都建筑安装工程有限责任公司**
业务：施工总承包
地址：安徽省六安市大别山东路滨河御景 2 号楼
负责人：邓士成　邮　编：237400
法　人：邓士成
Tel：15005644918
0564－6026645
Fax：0564－6026645

**六安市长安机电工程设计安装有限公司**
地址：安徽省六安市宁平路 10 号
负责人：丁兴洪
Tel：0564－3395706

**马巷预制厂**
地址：安徽省六安市平桥乡马巷
负责人：孙正朝
Tel：13605640644

**六安加烨中奇房地产开发有限公司**
地址：安徽省六安市裕安区平桥乡窑厂路
负责人：吕宗国
Tel：0564－3286429

**六安市裕安区马家庵园艺场轮窑厂**
业务：粘土砖的生产，销售
地址：安徽省六安市韩摆渡镇马家庵
负责人：周兆武　邮　编：237000
法　人：周兆武
Tel：0564－2865777
15905648881

**六安市永顺五金建材有限公司**
地址：安徽省六安市裕安私营经济园区内
负责人：梁军
Tel：13905643841

**龙禧物业管理有限公司**
地址：安徽省六安市云路街塘子巷 18 号附 1 号
负责人：汪家发
Tel：13966246086

**马鞍山丹阳胶合板厂**
地址：安徽省马鞍山市当涂县丹阳镇
负责人：夏军
Tel：0555－6924400

**霍邱县河口镇利源水泥砖厂**
业务：经营：标准砖、空心砖、内外墙涂料、乳胶漆、白水泥、石膏线条、砂浆王、胶水等自产自销。价位低廉，送货上门，建材一条龙服务！
地址：安徽省六安市霍邱县户胡镇黄港村杨店队
负责人：刘应伟 邮编：237400
法人：刘应伟
Tel：13966250758
0564－6711846

**马鞍山市志远道路设施劳务工程有限公司**
地址：安徽省马鞍山市当涂县丹阳镇
负责人：武学宝
Tel：13805197701

**马鞍山市涵响水泥制品厂**
地址：安徽省马鞍山市当涂县丹阳镇曹塘村
负责人：李俊
Tel：0555－6923115

**马鞍山马钢华阳设备诊断工程有限公司**
地址：安徽省马鞍山市当涂县工业园
负责人：杨厚宗
Tel：0555－2882612

**霍山县安园混凝土有限公司**
业务：建筑施工
地址：安徽省六安市霍山县衡山镇工业园区与儿街路
负责人：田家旺 邮编：237200
法人：田家旺
Tel：13905648097
0564－5105009

**马鞍山恒天建筑安装有限公司**
地址：安徽省马鞍山市湖西南路259号（开发区福昌工业园内）
负责人：张守军
Tel：13305550906

**杨家建材厂**
地址：安徽省马鞍山市花山区卜塘镇杨家村
负责人：陈化胜
Tel：0555－3152868

**马鞍山市花山保平建材店**
地址：安徽省马鞍山市花山区湖北东路8号
负责人：林宝平
Tel：0555－2880680
2880226
13013117711

**马鞍山汇华岩土工程技术有限公司**
地址：安徽省马鞍山市花山区湖东路44号
负责人：汤本臣
Tel：0555－5551359

**安徽海霍建筑装饰工程有限公司**
业务：建筑装饰、装饰设计，室内外装潢，设计信息与建材销售
产品：建筑装饰材料
地址：安徽省六安市霍山县衡山镇绿色商城4幢3号
负责人：王华生 邮编：237006
法人：王华生
Tel：15856491178
0564－5630229
Fax：0564－5103672
E-mail：haihezs@163.com

**马鞍山市腾达装饰工程有限公司**
地址：安徽省马鞍山市花山区外贸大厦804－805号
负责人：郭振忠
Tel：0555－2510918
13956239566

**马鞍山市兴渡黄砂经销有限责任公司**
地址：安徽省马鞍山市金家庄化工路
负责人：吕成玖
Tel：0555－3500435
13805536068

**马鞍山市精典环保工程技术有限公司**
地址：安徽省马鞍山市金家庄区慈湖工业园
负责人：秦茹
Tel：13195555550

**安徽尚泰建筑工程有限公司**
业务：建筑工程、建筑劳务
地址：安徽省六安市霍山县上土市镇镇政府
负责人：郭忠海 邮编：237006
法人：郭忠海
Tel：0564－5711321

**采石刘海燕黄沙建材经营部**
地址：安徽省马鞍山市雨山区采石航运公司大院
负责人：张伟
Tel：0555－2101758
13705552386

**马鞍山市力锋门窗有限公司**
地址：安徽省马鞍山市雨山区佳达工业园
负责人：陈雪峰
Tel：13515555888

**马鞍山市雨山龙马预制构件厂**
地址：安徽省马鞍山市雨山区芦场村后刘队19号
负责人：马炳喜
Tel：0555－2102978
13083109033

**六安市万家建材厂**
业务：建材
地址：安徽省六安市金安区城北乡二十铺村
负责人：张万和 邮编：237006
法人：张万和
Tel：15212855983
网址：http://www.51zzt.com/user/zzt31977

**马鞍山市金辉置业有限公司**
地址：安徽省马鞍山市雨山区汤阳大院
负责人：汪贻明
Tel：13905551858

**新龙装饰有限公司**
地址：安徽省宁国市北园路中天门面房隔壁
负责人：程宁平
Tel：0563－4035566
13905639878

**凯奥建材厂**
地址：安徽省宁国市港口镇北河桥
负责人：王先举
Tel：0563－4801057
13805634455

**六安市宏兴房地产开发有限公司**
业务：房地产开发
地址：安徽省六安市金安区施桥镇北头生产队
负责人：杨本宏 邮编：237171
法人：杨本宏
Tel：13956142058
0564－2513066

**太平轮窑四厂**
地址：安徽省宁国市港口镇五磁村三组
负责人：黄芝明
Tel：0563－4870088
13956604702

**宁峰门业有限公司**
地址：安徽省宁国市宁阳东路中国建行斜对面
负责人：袁宝华
Tel：0563－4033690
13856306824

**广宁石材店**
地址：安徽省宁国市宁阳西路泾泾旅馆广宁石材店
负责人：董大祥
Tel：13856328511

**六安犇祥建材有限公司**
业务：保温材料
地址：安徽省六安市金安区望城岗街道
负责人：牛传锐 邮编：237006
法人：牛传锐
Tel：15609644888
15609644999
0564－3374822
Fax：0564－3374822

**宿州市民正石料有限责任公司**
地址：安徽省宿州市北苑小区D区10号楼506室
负责人：周金华
Tel：0557－3086787

**安徽远景置业有限公司**
地址：安徽省宿州市汴河路698号
负责人：仇青平
Tel：0557－5572606

**安徽省六安市犇祥建材有限公司**
业务：专业从事保温材料、建材生产与销售，承接保温工程。公司本着"诚信道就信心，合作共创双赢"的经营理念，愿与广大客商共创双赢！
产品：墙体保温材料、砂浆保温系统、EPS保温系统、XPS保温系统以及干粉腻子砂浆、玻化微珠保温系统
地址：安徽省六安市金安区望城街道望城岗村
负责人：牛传锐 邮编：237400
法人：牛传锐
Tel：0564－3374822
15609644888
15609644999
Fax：0564－3374822
网址：www.labxjc.chinapyp.com

**砀山县方圆工程有限公司**
地址：安徽省宿州市砀山县城关镇居民新村
负责人：汪赛赛
Tel：0557－8020970

**砀山县权博木业有限公司**
地址：安徽省宿州市砀山县黄楼乡赵庄
负责人：范成勋
Tel：0557－8386168

**宿州市顺发木业有限公司**
地址：安徽省宿州市顺河乡王龚村
负责人：李强
Tel：0557－4181999

**金寨县志达木材经营有限公司**
业务：松（杂）木半成品木方、建筑模板、原木的加工与销售
产品：松（杂）木半成品木方、建筑模板、原木
地址：安徽省六安市金寨县梅山镇双河路阳光小区
负责人：李志儒 邮编：237300
法人：李志儒
Tel：13685640418

**安兴木业有限责任公司**
地址：安徽省宿州市泗县刘圩镇大杨村
负责人：葛得君
Tel：0557－7950388
13905678699

**泗县环球房地产开发有限公司**
地址：安徽省宿州市泗县泗城镇汴河路58号
负责人：陈志明
Tel：0557－7018668

**安徽诚源建筑工程有限公司**
业务：建筑工程
地址：安徽省六安市经济开发区皋城东路
负责人：张克军 邮编：237006
法人：张克军
Tel：0564－5390888
15905641268

**鹏程新型建材厂**
地址：安徽省宿州市埇桥区芦岭镇许詹村
负责人：许鹏
Tel：0557－2876888
13955746888

**铜陵市飞翔铝塑板经销部**
地址：安徽省铜陵市东效联盟村4号
负责人：鲁宏霞
Tel：0562－2830662
2121081
13905622163

**六安市鑫宇土石方工程有限公司**
业务：承接土石方工程
地址：安徽省六安市平桥乡南外村
负责人：卞礼勇 邮编：237006
法人：卞礼勇
Tel：15905641333
0564－3275151

**铜陵市宗兴天然石材加工厂**
地址：安徽省铜陵市中南建材大市场内914号
负责人：黄文红
Tel：0562－2871365
13905626497

**茶山双岭石子厂**
地址：安徽省芜湖市繁昌县马坝乡茶山村
负责人：胡尚学
Tel：0553－7715728
13855393740

**六安市华伟土石方工程有限公司**
业务：土石方工程
地址：安徽省六安市齐云西路南苑山庄20号B楼2单元603室
负责人：吴勇 邮编：237006
法人：吴勇
Tel：13705643876
0564－3272366

**芜湖市立成房地产经纪有限责任公司**
地址：安徽省芜湖市镜湖区渡春路4号
负责人：武立霞
Tel：0553－3812823

**美邦涂装服务有限公司**
地址：安徽省芜湖市镜湖区扦坡路154号
负责人：马永根
Tel：0553－3114682
13955305886

**舒城县古绿园花木有限责任公司**
业务：盆景制作销售、大型古木绿化等树苗
地址：安徽省六安市舒城县山七镇大河沿村
负责人：黄孝安 邮编：231300
法人：黄孝安
Tel：13865442356

**六安市裕安区韩摆渡镇环保砖厂**
业务：生产销售水泥制品转
产品：空心、实心混凝土砖（主要型号：200×240×115、200×115×58、200×240×53、390×190×190）
地址：安徽省六安市裕安区韩摆渡镇三拐店村
负责人：尤成广 邮编：237000
法人：尤成广
Tel：15856404301
13805647498

**芜湖市明泰建筑架业有限公司**
地址：安徽省芜湖市鸠江区弋江北路花塘行政村
负责人：张高明
Tel：0553－2869921

**芜湖市海润环保科技有限公司**
地址：安徽省芜湖市马塘区高新技术开发区
负责人：蒋立勋
Tel：0553－5874421

**芜湖市鑫泰房地产估价有限公司**
地址：安徽省芜湖市镜湖区文化路46号1－2－101
负责人：仇天剑
Tel：13905530088

**芜湖瑞正环保制品有限公司**
地址：安徽省芜湖市鸠江区汽车部件工业园
负责人：昝林生
Tel：0553－5865777

**芜湖市新嘉和土石方有限责任公司**
地址：安徽省芜湖市马塘区马塘新镇
负责人：季春野
Tel：13309631331

**六安市安畅土石方工程有限公司**
业务：承接各项土石方的运输项目
地址：安徽省六安市裕安区解放路上院小区8号楼604
负责人：周东 邮编：237005
法人：周东
Tel：13966281117
13605645333

**诚安建筑劳务有限责任公司**
地址：安徽省芜湖市马塘区马塘镇松元村查屋基7号
负责人：李敏钰
Tel：0553－4111796
13909634528

**安徽省南陵县公路工程有限公司**
地址：安徽省芜湖市南陵县城关镇交通局六楼
负责人：范木生
Tel：0553－6829800
13053262309

**南陵何湾水泥厂**
地址：安徽省芜湖市南陵县何湾镇顺冲村
负责人：戴安荣
Tel：0553－6486488
13305532048

**当涂县佳盛房地产开发有限公司**
业务：房地产开发销售
地址：安徽省马鞍山市当涂县年陡乡商贸新街
负责人：杨家忠 邮编：243001
法人：赵万金
Tel：13955335777
0555－6473038

**祖卉园林绿化有限责任公司**
地址：安徽省芜湖市芜湖县方村镇埭南
负责人：周以品
Tel：0553－8421551
13966005850

**芜湖鸠兹建筑安装工程有限公司第二分公司**
地址：安徽省芜湖市芜湖县湾址镇荆江西路
负责人：梁念富
Tel：0553－8823997

**马鞍山华原装饰工程有限公司**
业务：装饰工程
地址：安徽省马鞍山市花山区清华园4栋102号
负责人：吴义中 邮编：243001
法人：吴义中
Tel：13855516976
0555－8336035
网址：http://www.51zzt.com/user/zzt34353

**自强土石方工程有限公司**
地址：安徽省芜湖市芜湖县新丰街5号
负责人：高成凤
Tel：0553－8810068
13966017848

**誉达新型建材有限公司**
地址：安徽省芜湖市芜湖县赵桥工业园
负责人：陈根明
Tel：0553－8736998
8736999
13966027888

**明光市志伟木业有限公司**
业务：精细木工板、装饰装潢材料的加工与销售
产品：精细木工板、装饰装潢材料
地址：安徽省明光市管店镇罗岭村管罗路农场北
负责人：仲志维 邮编：239400
法人：仲志维
Tel：15255071112
0550－8041628

**广德县润星物业有限公司**
地址：安徽省宣城市广德县桃州镇桃州路7－2号
负责人：邵叶红
Tel：0563－6028632

**广德万厦房地产开发有限公司**

地址：安徽省宣城市广德县桃州镇团结西路
…………………………………… 负责人：周柏林
………………………………… Tel：13905637502

## 安徽富力工贸有限公司

业务：波纹管的生产与销售
地址：安徽省潜山县经济开发区潜阳大道88号
……… 负责人：潘剑锋　邮　编：246300
……………………………… 法　人：潘剑锋
…………Tel：0556－8920658

**绩溪县家德钢结构有限责任公司**
地址：安徽省宣城市绩溪县华阳镇埠头上88号
…………………………………… 负责人：许家德
……………………………… Tel：0563－8162065
13905636488

**宣城市志强土石方建筑工程队**
地址：安徽省宣城市金山小区3幢7号
…………………………………… 负责人：李扬
………………………………… Tel：13033130988

## 安徽泗县恒兴木业有限公司

业务：细木板、夹芯板、南木板
地址：安徽省宿州市泗县黄圩镇武圩村
………… 负责人：孟伟　邮　编：234300
……………………………… 法　人：孟伟
…………Tel：0557－7695683
…………Fax：0557－7099222
… 网址：http://www.51zzt.com/user/zzt32505

## 安徽泗县顺通建筑安装工程有限公司

业务：承接建筑安装工程
地址：安徽省宿州市泗县泗城镇铁市街新华书店南侧
……… 负责人：任勇霖　邮　编：234300
……………………………… 法　人：任勇霖
…………Tel：13505578392
0557－7015765

**兴达建材有限公司一分厂**
地址：安徽省宣城市郎溪县定埠镇敬老院旁边
…………………………………… 负责人：王瑞伢
……………………………… Tel：0563－7691798
13961281358

## 铜陵市合力建材批发部铜陵大市场分店

业务：经营卫浴陶瓷
地址：安徽省铜陵市铜陵大市场4B26－27号
……… 负责人：钱叶平　邮　编：244000
……………………………… 法　人：钱叶平
…………Tel：13956256059
0562－2603723

## 宿州市顺达保温材料有限公司

业务：经营外墙保温材料、防毒面罩、防毒口罩、防毒服
地址：安徽省宿州市墉桥区西二铺乡大黄村
……… 负责人：黄贺龙　邮　编：234000
……………………………… 法　人：黄贺龙
…………Tel：0557－3657745

**郎溪县顺通建筑安装有限公司**
地址：安徽省宣城市郎溪县十字镇水鸣街道
…………………………………… 负责人：张家顺
……………………………… Tel：0563－7921907

## 铜陵市天一门窗幕墙材料有限责任公司

业务：罗普斯金、美源三星铝材及配件
产品：苏州罗普斯金铝材，广东美源三星铝材
地址：安徽省铜陵市天山大道南段铜陵大市场1318号
……… 负责人：王敦祥　邮　编：244000
……………………………… 法　人：王敦祥
…………Tel：0562－2605069
…………Fax：0562－2885779
…………… E-mail：zhangerhu520@126.com

**郎溪县新盛新型建材厂**
地址：安徽省宣城市郎溪县新发镇官桥村
…………………………………… 负责人：盛志青
……………………………… Tel：0563－7653108

## 宿州市埇桥区栏杆镇振海采石厂

业务：石材加工、销售
产品：石料
地址：安徽省宿州市埇桥区栏杆镇石相村41号
……… 负责人：朱振海　邮　编：234105
…………Tel：15955763388
15956000268
… 网址：http://www.51zzt.com/user/zzt33386

**郎溪县金龙新型建材厂**
地址：安徽省宣城市郎溪县新发镇涧西村
…………………………………… 负责人：唐兴龙
……………………………… Tel：0563－7659288

## 桐城市欣怡家园装饰有限公司

业务：装饰工程、装饰材料的销售
地址：安徽省桐城市文昌街道龙眠西路碧峰小区
……… 负责人：严家园　邮　编：231400
……………………………… 法　人：严家园
…………Tel：13855687863
0556－6124087

**十字铺实丰建材厂**
地址：安徽省宣城市郎溪县宣郎广茶业总公司轮窑厂
…………………………………… 负责人：杨祖法
……………………………… Tel：0563－7882434
13965415388

## 天长市景弘房地产开发有限公司

业务：房地产开发
地址：安徽省天长市二凤南路三桥居民组
……… 负责人：王有兵　邮　编：239300
……………………………… 法　人：王有兵
…………Tel：13855013688
18955095789
0550－7312000

**宣城市胡星海木材加工厂**
地址：安徽省宣城市宣州区孙埠镇
…………………………………… 负责人：胡星海
……………………………… Tel：0563－3150159

## 桐城市宏大建筑劳务有限公司

业务：承接地铁、公路、桥梁工程
地址：安徽省桐城市龙眼街道和缘小区第2幢303室
……… 负责人：胡中传　邮　编：231410
……………………………… 法　人：胡中传
…………Tel：13505150945
0556－6600716

**安徽宝元置业发展有限公司宣城分公司**
地址：安徽省宣城市宣州区委大院北大门边平房
…………………………………… 负责人：焦坤
……………………………… Tel：0563－3032260

## 天长市天意装饰工程有限公司

业务：建筑工程装修、装饰总承包
地址：安徽省天长市开发区聚宝路160－162号
……… 负责人：余在佳　邮　编：239300
……………………………… 法　人：余在佳
…………Tel：13965644777
…………… E-mail：zaijiayu@yahoo.com.cn

**安徽省旌德县诚茂房屋拆迁有限公司**
地址：安徽省宣城市旌德县版书乡南关南长岭15号
…………………………………… 负责人：王存木
……………………………… Tel：13856339615

**旌德县源丰木业有限公司**
地址：安徽省宣城市旌德县蔡家桥高溪村
…………………………………… 负责人：冯士祥
……………………………… Tel：0563－8051808

## 蚌埠市阿尔贝斯建材有限公司

本公司主要经营外墙墙体保温材料，我们一贯坚持"服务第一，用户至上"的原则，让我们用真诚的手握着您，期待与您的合作.

联系人：张殿楼 13855260088
电话：0552-3878318
电子邮件：WANJIAAN520@126.COM
传真：0552-3878318
地址：安徽省蚌埠市光彩大市场综合楼北1栋24号
邮编：233000

## 巢湖市宏海建筑装饰安装有限公司

巢湖市宏海建筑装饰安装有限公司成立于2008年，是一家专业从事建筑装潢业务的企业，拥有建筑装饰三级。

在行业的激烈竞争中成立了，公司宗旨创造出自己的品牌，特色与众不同来服务于社会，服务于市场。为体现公司的价值而奋斗！

联系人：孙习军
电话：0565－2335661 13905651205
地址：安徽省巢湖市长江西路桃谊商场 邮编：238000

## 蚌埠市蚌铁轨枕有限责任公司

蚌埠市蚌铁轨枕有限责任公司成立于2001年，公司生产、试验设备先进，产品种类齐全，主要产品有：YⅡ－F型轨枕、新Ⅱ型轨枕、Ⅲa型轨枕、、Ⅲb型轨枕、ⅡZQ–C型桥枕、Ⅲ型桥枕和各种规格的电气化铁道横腹杆式预应力混凝土支柱。多年来产品被广泛应用在津浦线、阜淮线、西安南京线、宁启线、青芦线、合肥枢纽等铁路干线及专用线上，产品质量稳定，企业信誉良好。 随着社会主义市场经济的深入发展，我公司将依托先进的管理模式和"顾客永远满意，自己永不满足"的企业文化不断开发新产品，努力提升产品质量，竭诚为新老用户提供优质的产品和服务以创造"管理上一流、质量创第一、坚守信誉、顾客满意"的经营理念，打造完善的蚌铁轨枕，实现公司跨越式发展的战略目标。衷心感谢新老用户对我公司的支持和惠顾，热忱欢迎各界朋友光临蚌埠！

联系人：李毕海
电话：0552-3931544 3931899 传真：0552-3161088
地址：安徽省蚌埠市胜利东路1440号 邮编：233000

## 枞阳县江海砂岩有限责任公司

枞阳县江海砂岩有限责任公司成立于2007年。

主要从事于砂岩的生产与销售。

本着"以人为本，诚信做事"的宗旨，走行业前端，创一流品牌。

联系人：钱礼友 13956504800
电话：0556-2613800 2610041
地址：安徽省安庆市枞阳县义津镇镇政府 邮编：246735

## 北京河山引水管业有限公司合肥分公司

北京河山引水管业有限公司合肥分公司是一家主要从事引水工程的企业。

公司本着"科技兴企、艰苦创业、敢为人先"的企业精神，利用现代化的管理手段，力争创建国内一流的管材制造企业，并推动北京及华北地区管材制造业向高新技术产业的发展。

联系人：翟仲仁
电话：0551－4328961 13966675466
地址：安徽省合肥市肥东龙岗开发区临泉东路1号安徽省水泥制品厂院内
邮编：231633

## 肥西县鑫源建材有限公司

肥西县鑫源建材有限公司成立于2006年。

从事各种透水型路面砖，侧石、条石、树围石等预制品生产与销售。

热忱欢迎新老客户光临、惠顾。

联系人：姚文玉 13515650318
电话：0551－8893019
地址：安徽省合肥市肥西县上派镇馆驿村 邮编：231200

## 亳州市方杰建筑劳务工程有限公司

本公司专业从事建筑劳务分包（瓦工、木工、钢筋工劳务分包），欢迎新老客户来电咨询、洽谈业务！

联系人：方俊安
电话：0558-5115128
地址：安徽省亳州市交易中心24幢3号 邮编：236033

## 凤台县水泥预制构件厂

凤台县水泥预制构件厂成立于1986年，是一家生产水泥预制构件，预应力空心板，水泥涵管的企业。

本厂秉承"顾客至上，锐意进取"的经营理念，坚持"客户第一"的原则为广大客户提供优质的服务。欢迎广大客户惠顾！

联系人：刘冠江
13956464368
电话：0554－8219015
邮编：232000
地址：安徽省淮南市凤台县新集镇二级站

## 亳州市三豪装饰工程有限责任公司

本公司专业从事内外墙粉刷、墙体保温、楼顶防水，"信誉第一，客户至上"，竭诚欢迎您的光临指导，洽谈业务！

联系人：孙华
电话：0558-5532609
地址：安徽省亳州市谯城区前局街5号 邮编：236800

## 凤阳县皓峰石英砂厂

凤阳县皓峰石英砂厂成立于2003年，专业从事石英砂等玻璃原材料的加工，销售。专业铸就品质，选择我厂产品使您事业成功又多了一份保证。

我长将竭诚为新老客户提供最优质的服务，欢迎新老客户来电洽谈业务！

联系人：徐浩
15005507999
电话：0550-6652998 6653388
邮编：233100
地址：安徽省滁州市凤阳县大庙镇杨圩村

本溪市鑫诺特钢实验制造有限公司
经营纯铁，各种焊塑钢，特种钢生产及销售的企业。
电话：0414—2824060　3129563
地址：辽宁省本溪市溪湖区居仁街



## 凤阳县金平沙业有限公司

凤阳县金平沙业有限公司从事沙石加工及销售，您的满意我们的追求，欢迎来电洽谈业务！

联系人：刘金平　电话：0550-6692018
地址：安徽省滁州市凤阳县门台镇顾台码头　邮编：233121

## 合肥市国澳机械施工有限公司

合肥市国澳机械施工有限公司是一家专门从事机械施工、土方工程、道路工程、市政工程、地基与基础工程施工、工程设备租赁的企业。

欢迎您的光临，我们将竭诚为您服务！

电话：0551-4491940　13909694532
联系人：程桂银
地址：安徽省合肥市和平路宝业城市绿苑18幢B座1108室　邮编：230011

## 凤阳县武店宏顺石灰厂

凤阳县武店宏顺石灰厂成立于2003年，专业从事白石灰，生石灰块的生产和销售。我厂本着“锐意进取，客户至上”的原则，坚持客户至上，竭诚为客户提供最优质的产品和良好的服务。欢迎惠顾！

联系人：张汝叔
电话：0550-6215588　0550-6215079　13956312373
地址：安徽省滁州市凤阳县武店镇搬井村　邮编：239000

## 合肥瑶海区兴业玻璃配件加工厂

合肥瑶海区兴业玻璃配件加工厂成立于2004年，主要从事于各种铝条，插角，分子筛。公司愿以优质的服务来满足用户的需求，以实现公司的宗旨：以诚相待，互惠互利，共同发展，为您服务。

联系人：吕自刚
电话：0551-5904182　13965004038　13956952728
地址：安徽省合肥市瑶海区大兴镇合裕路胡岗巷14号
邮编：230000

## 阜阳市承德中空玻璃有限公司

阜阳市承德中空玻璃有限公司成立于2008年，是一家专门从事玻璃加工销售的企业，主要产品有：中空玻璃、夹石玻璃、夹胶玻璃、防弹玻璃。

欢迎您的光临！

联系人：张成德　电话：0558-2221990　2222308
地址：安徽省阜阳市开发区九期厂房　邮编：236000

## 合肥中宇建筑材料有限公司

合肥中宇建筑材料有限公司成立于2007年，以生产和销售带肋钢筋为主。

公司全体员工热忱欢迎新老客户光临、惠顾。

聯系人：李朝兵　13965071100
郵編：230011
地址：安徽省合肥市銅陵路寶業城市绿苑東區7棟601室

## 合肥锦都新型建材有限责任公司

我公司成立于2006年8月，是以生产经营商品混凝土为主的新型建材公司。

公司本着“以人为本、质量第一、服务优先、用户至上”为企业宗旨，为客户提供百分之百合格的产品，顾客满意率达百分之百。

联系人：黄义发
电话：0551-3462722　13505699488
地址：安徽省合肥市义城镇义城社居委　邮编：230000

## 怀宁万科房地产开发有限公司

怀宁万科房地产开发有限公司是一家专业从事房地产开发与经营的企业。

公司在经营活动中坚持诚信为本，顾客至上，赢得政府、社会各界和广大业主的好评，确立了良好的信誉。

联系人：陈义结
电话：0556-4648518
地址：安徽省安庆市怀宁县高河镇稼先路(宁兴花园项目二部)
邮编：246121

## 合肥千策地产营销策划有限公司

合肥千策地产营销策划有限公司成立于2007年，千策地产顾问主要服务于房地产项目的市场调查研究、产品定位、营销代理、全程策划等。

本公司秉承“顾客至上，锐意进取”的经营理念，坚持“客户第一”的原则为广大客户提供优质的服务。欢迎广大客户惠顾！

联系人：孙经理
电话：0551-4238325　电子邮件：yishui8565@126.com
地址：安徽省合肥市胜利路元一时代广场3#1404室
邮编：230011

## 淮北市磊森工程有限公司

淮北市磊森工程有限公司是一家专业承接土石方工程、爆破工程、水泥、矿山、道路建设工程的工程单位，

资质齐全。公司拥有一流的施工队伍，在与多家事业单位的的合作中赢得了良好的口碑，我们愿与您携手，共创未来！

联系人：郑兵
15656115999　13205610639
电话：0561-3065616
邮编：235000
地址：安徽省淮北市人民路温哥华城44幢

▲城建房产建材装潢▼

## 淮北万富缘门业有限公司

淮北万富缘门业有限公司成立于2008年，主要从事防盗门的生产与销售。做工精细，色泽艳丽，造型大方，使其成为了高贵与典雅的象征。热忱欢迎您的光临惠顾！

联系人：魏长海　邮编：235155
电话：15056186084、0561－7123001
传真：　地址：安徽省淮北市濉溪县百善镇肖淮路东侧

## 泾县泾泉砂石有限公司

泾县泾泉砂石有限公司成立于2008年，以砂石的加工及销售为主。公司秉承"顾客至上，锐意进取"的经营理念，坚持"客户第一"的原则为广大客户提供优质的服务。欢迎广大客户惠顾！

手机：13966225867　联系人：肖延林
地址：安徽省宣城市泾县茂林路148号　邮编：242000

## 淮南市广传防水服务中心

淮南市广传防水服务中心成立于1985年，本公司专业从事建筑防腐、防水材料、预制产品。公司秉承"顾客至上，锐意进取"的经营理念，坚持"客户第一"的原则为广大客户提供优质的服务。欢迎惠顾！

联系人：陈广传
电话：0554－6887362　13905543672
地址：安徽省淮南市裕安小区16号楼一单元一户
邮编：232000

## 凯达市政工程有限责任公司

凯达市政工程有限责任公司成立于2007年，主要从事市政道路工程、市政设施工程承包。我们先后承接过临泉县临化路中堤改造、港口北路改造、小区道路工程、下水道清理疏通工程等。

对于我们接手的每一项工程都尽心尽责，"质量为本，追求效率"，我们专业的施工队伍将继续为城市建设贡献自己的智慧与汗水，完善我们的居住环境。

电话：0558－6532016
传真：0558－6535529
联系人：王庆宇　13966587279
地址：安徽省阜阳市临泉县城关镇环卫巷2号
邮编：236000

## 霍邱利群公路工程机械服务有限公司

我公司主营混凝土和沥青搅拌设备，沥青摊铺机，挖掘机，铲车，压路机等，欢迎广大新老客户光临、惠顾。

联系人：倪德群
13865769127
电话：0564－6020027　6080303
地址：安徽省六安市霍邱县城关镇双湖东路　邮编：237400

## 来安县扬子江砼外加剂有限公司

来安县扬子江砼外加剂有限公司专业生产"扬子江"牌WJ系列砼外加剂。目前，已在全国十几个省市设立办事机构。中科院与我公司联合研制生产的WJ系列产品，其性能是国内首创，达国际先进水平。我们的承诺是：敢于创新，敢于竞争，敢于保证，永不停息，追求一流。

电话：0550－5633818　13955241698　联系人：李明山
地址：安徽省滁州市来安县永阳西路188号　邮编：239000

## 霍邱县家家福纳米复合防实木门制造有限公司

霍邱县家家福纳米复合防实木门制造有限公司成立于2008年，主要从事于纳米复合防实木门、纳米复合新型环保材料的生产与销售。

公司将始终坚持"百折不挠，追求卓越"的企业精神，"管理为本、诚实守信、顾客至上、质量取胜"的经营策略和"追求效益最大化"的经营宗旨，实施品牌战略。

欢迎广大客户光临惠顾！

联系人：吴问波
电话：0564－6628008　6812128　15055222222
地址：安徽省六安市霍邱县姚李工业区　邮编：237421

## 庐江县博境建筑设计有限公司

庐江县博境建筑设计有限公司成立于2006年，专业从事建筑工程设计、勘察、咨询、监理，设计项目涉及城市规划、商业、办公、宾馆酒店、住宅、工业厂房等领域，能为客户提供项目策划、方案设计、初步设计及施工图设计等全程服务。公司自成立以来，始终注重诚信、不断提升服务品质，凭借强大的设计实力、先进的设计理念，在业界广受好评。

联系人：夏继明　18956565555

电话、传真：0565－7326333　电子邮件：shajim_1976@163.com
地址：安徽省巢湖市庐江县庐城镇文明北路12号(四楼)　邮编：231500

## 金寨县金江混凝土有限公司

金寨县金江混凝土有限公司创办于2008年，是金寨县首家商业混凝土搅拌站，主要从事混凝土产品的开发生产。

我们秉承高品质的理念,在专业精神上精益求精，保持一贯的传统，提高服务的理念，用最专业的服务，最敬业的精神，迎接每一位朋友！

联系人：王先生
电话：0564－7332388　13956137005
地址：安徽省六安市金寨县梅山镇汪冲村　邮编：237006

## 蒙城县森源建筑模板有限公司

蒙城县森源建筑模板有限公司成立于2005年，专业从事高、中、低档建筑模板的生产、销售。我公司秉承"质量为本、客户至上"的原则，竭诚为广大客户提供最优质的产品和最满意的服务！

联系人：侯启顺
电话：0558－7656045　13856812135
地址：安徽省亳州市蒙城县小辛集乡关帝中学对面
邮编：233500

本溪市鑫诺特钢实验制造有限公司

经营纯铁，各种焊塑钢，特种钢生产及销售的企业。

电话：0414－2824060　　3129563

地址：辽宁省本溪市溪湖区居仁街



## 南京东大智能化系统有限公司合肥分公司

南京东大智能化系统有限公司合肥分公司成立于2005年，本公司专业从事建筑智能化弱电工程、消防工程、机电工程等等。在市场竞争激烈的今天，我们深知：品质求生存、服务求发展，客户第一、诚信至上，铭锐人正是本着上乘的服务与高品质的产品求得广大客户与同行的认可并与多家企业建立了长期的合作关系。“客户的需求我们铭刻在心，客户的满意我们锐意力争”，东大竭诚期待您的合作，您的支持赋予了我们动力，我们定会用行动还您满意，热忱欢迎各界朋友前来参观、考察、洽谈业务。

联系人：周信　　邮箱：dongzhihf06@126.com

电话：0551-3826278　3844326　传真：0551-3844326　邮编：230601

地址：安徽省合肥市经济技术开发区繁华世家雅景苑2-302室

## 濉溪县天顺房屋拆迁有限公司

濉溪县天顺房屋拆迁有限公司成立于2008年。

主要从事于房屋拆迁工程。

公司本着安全第一、客户至上、快捷可靠、收费合理、技术专业的宗旨，将一如既往，追求卓越与新老客户携手共创未来。

联系人：许冬冬

13696666683

电话：0561-6072888

地址：安徽省淮北市濉溪县西关小康村157号

邮编：235000

## 寧國市藍天除塵設備廠

宁国市蓝天除尘设备厂是一家专业从事除尘设备制造销售的企业。

我们重视技术，重视人才，不断强化内部管理，狠抓产品质量。保证了向顾客提供高质量的产品。已先后与许多客商建立了长期、稳定的互利合作关系。

热忱欢迎新老客户来公司参观指导！

联系人：刘伟林

电话：0563-4110489　13865631248

地址：安徽省宣城市宁国市经济技术开发区工业西路　　邮编：242300

## 太和县渡口轮窑厂

太和县渡口轮窑厂成立于1996年，专业从事空心砖、红砖的煅烧，经验丰富，技术精湛，出窑产品质量可靠，是方圆数十里的建材首选。

我厂秉承“顾客至上，锐意进取”的经营理念，坚持“服务第一，信誉为本”的原则为广大客户提供优质的服务。欢迎广大客户惠顾！

联系人：王家强　13966596872　　电话：0558-8229357

地址：安徽省阜阳市太和县大新镇渡口村　　邮编：236000

## 舒城锦致装饰有限公司

舒城锦致装饰有限公司成立于2008年，是一家专业从事室内外装饰业务的企业。

公司拥有专业设计师，高素质现场管理技术骨干，培养了技术过硬，工艺精湛的施工队伍，争创了一流的经营宗旨，为广大市民服务！

联系人：李军

电话：0564-8661148　13637277788

地址：安徽省六安市舒城县青青家园锦致五金　　邮编：237006

## 涡阳县广友新型墙体材料厂

涡阳县广友新型墙体材料厂成立于2008年。

主要从事于实心砖、空心砖的生产与销售。

诚信经营，信誉至上，质量保证，价格合理。

热忱欢迎新老客户惠顾。

联系人：席广友

13505664586　13731806388

邮编：233600

地址：安徽省亳州市涡阳县闸北镇涡东村前席庄178号

## 舒城县汇通建材经营部

舒城县汇通建材经营部成立于1999年，主要经营钢材及水泥。

我经营部秉承“顾客至上，锐意进取”的经营理念，坚持“质量第一，信誉为本”的原则为广大客户提供最优质的产品和服务。欢迎广大客户惠顾！

电话：0564-8620951

联系人：董照林　13856465063

地址：安徽省六安市舒城县城关镇桃溪路178号　　邮编：237000

## 芜湖市东海防腐工程有限公司

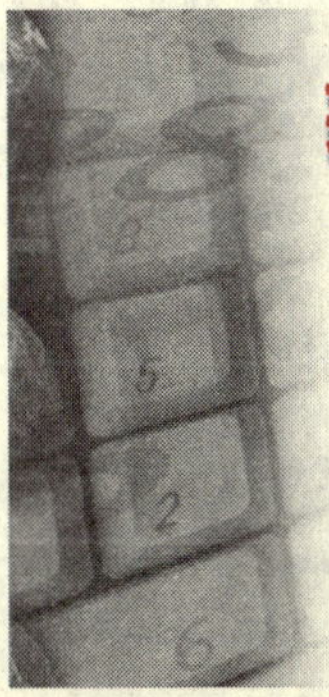

芜湖市东海防腐工程有限公司成立于2007年，主要从事于防腐工程。

您的满意，是我们最佳的广告，是我们事业做大做强的基石。欢迎国内外新老客户光临，互利互惠，携手共进！

联系人：程仁岭

13966028882　13866391074

地址：安徽省芜湖市镜湖区长江路53号　　邮编：241000

## 宿州市中彩遮陽蓬有限公司

宿州中彩、为您添彩。

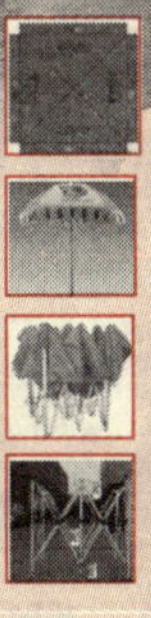

公司拥有优秀的管理人员和专业娴熟的技工，公司专业生产销售遮阳蓬、折叠帐蓬、大型停车帐蓬、气拱门、太阳伞等休闲用品及放雨系列。

具有外型美观、简约洁净、实用方便等特点。产品质量可靠、规格齐全、颜色鲜亮、该产品被广泛应用与家居住宅、度假休闲、旅游露宿、野外作业、宾馆饭店、娱场所、各种促销活动、各种大型展示会等等。

公司以客户至上、品质第一为宗旨，真诚期望能够与您合作，共创美好明天。

联系人：李光辉　15155458391

电话/传真：0557-3900345

邮编：234000

地址：安徽省宿州市三里湾淮河五巷佛晓报社东侧

网址：www.whsltgs.com

## 芜湖市十里铁钢砂厂

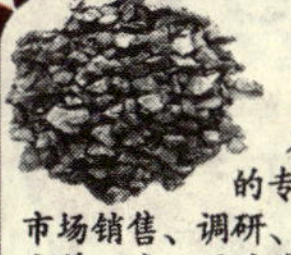

本厂专业生产、开发高强度耐磨建筑材料“铁钢砂”的专业厂家，是一家股份制企业。在科研、新产品开发、市场销售、调研、产品质量、客户信息反馈等方面有了进一步的提高和完善，唯一通过芜湖市矿山研究所岩石检测中心质量检测认证的企业。目前，开发使用的各类基建工程，建筑耐磨材料有“铁钢砂”、“硅铁砂”、“棕刚玉”、“黑钢砂”、“钢丸”等十余种产品。按照工程设计施工要求可提供各种建筑使用铁钢砂耐磨材料。

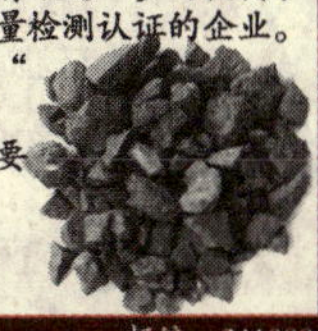

联系人：王征友　13033049255

电话：0553－4822255　3021005　　邮编：241000

传真：0553－3021005　　地址：安徽省芜湖市马塘区十里村委会内

城建房产建材装潢

**禹州市瑞华实业有限公司**
从事建材销售的企业
电话：0374－8862633
地址：河南省许昌市禹州市火龙镇老官陈村

## 芜湖市同翔建筑装饰有限责任公司

本公司成立于1996年，专业承包建筑工程及装饰工程，具有三级（皖）JZ安许证字，"质量创优，争创名牌"是公司的质量战略，多年来为客户创造了无数精品工程。

工程施工管理实施项目承包责任制，全心全意为客户服务，以"诚信为本"为服务宗旨，不断发展自己，完善自己，形成自己的新优势，充分展示公司的形象和专业水平。

电子邮件：wuhu114@99114.com　联系人：滕立枝
网址：www.wuhu.99114.com　电话：0553-5886812
地址：安徽省芜湖市镜湖区源丰装饰城B－1－205　邮编:241000

## 冶山白云石厂

冶山白云石厂成立于1979年，本公司主要经营白云石，白云石粉，20--40，40--60，60--80目的白云石粉等。

本公司秉承"顾客至上，锐意进取"的经营理念，坚持"客户第一"的原则为广大客户提供优质的服务。欢迎广大客户惠顾！

联系人：丁文武　邮编：239300
电话：13605505091 0550-7392972
地址：安徽省天长市冶山镇街道

## 芜湖市益安建材有限公司

本公司成立于2004年，本公司主要经营外墙外保温体系、装饰涂料及地坪体系，墙体节能工程体系、墙体系统工程体系等。

本公司真诚地期待着与您的合作。我们热爱我们的工作和事业，期待能满足您的需求。

网址：www.whyajc.com
联系人：马永根
电话：0553-3116242
传真：0553-3121482
邮编：241000
地址：安徽省芜湖市营盘山路8号(海军干休所右侧)

## 颍上县森林木业有限公司

颍上县森林木业有限公司成立于2006年，主要从事细木工板、家具沙发的生产与销售。我们会以最真诚的态度为您提供最优质的服务，欢迎来电与我们洽谈。

联系人：曹培松
电话：15955889259、15855826599、0558-4216868
地址：安徽省阜阳市颍上县黄桥镇双楼村　邮编：236200

## 芜湖市永宝电动门业有限公司

芜湖市永宝电动门业有限公司，是一家集开发、研究、生产、销售及服务为一体的专业公司。主导产品有：电动伸缩门、道闸门、小区智能系统、自动工艺铁门、感应门、电动车库门、护栏等。欢迎各界客户来电、来样洽谈订购。我们将以最佳的质量、合理的价格、优质的服务奉献给各界朋友。我们期待与您携手共进，共创灿烂辉煌的明天！

联系人：段永权　电话：0553-3881797　3842891
网址：www.whybmy.cn
地址：安徽省芜湖市弋江中路高翔工业园Y1号厂房　邮编：241000

## 裕森木业公司

合肥裕森木业有限公司成立于1993年2月，是一家从事装饰板材、木地板、建筑模板、实木门、移门、橱柜及木线条加工和销售的综合性民营企业。

公司重点销售的全国知名板材主要品种有：江西"绿野（绿海）"广东"天成"、漳州"鸿伟"、"金裕森"等畅销品牌。欢迎新老客户惠顾！

联系人：曹昌仁 13966716666
网址：www.yusen.com.cn　电话：0551-4695688 4696888
地址：安徽省合肥市明光路48号东方商城　邮编：230000

## 芜湖县清水镇中心元钉厂

芜湖县清水镇中心元钉厂成立于1999年，主要从事木制品的制造，欢迎新老客户来电洽谈业务！

联系人：汪德玉
电话：0553-8232188　13063360518
地址：安徽省芜湖市芜湖县清水镇中心村98号　邮编：241100

## 张店轮窑厂

张店轮窑厂有二十多年的生产经验，专业从事红砖的煅烧，经验丰富，技术精湛，出窑产品质量可靠，是方圆数十里的建材首选。

我厂秉承"顾客至上，锐意进取"的经营理念，坚持"服务第一，信誉为本"的原则为广大客户提供优质的服务。欢迎广大客户惠顾！

联系人：张国珍　13965280628
电话：0552-6574028
地址：安徽省蚌埠市固镇县连城镇　邮编：233000

## 下湖稻草制品厂

下湖稻草制品厂成立于2001年，主要从事草绳的生产与销售。本着"质量第一，信誉至上"的经营宗旨，竭诚欢迎新老客户光临、惠顾！

电话：0563-7650238　13063247817　联系人：张杏贵
地址：安徽省宣城地区郎溪县新发镇涧西村　邮编：242000

## 浙江吉安安装有限公司合肥分公司

浙江吉安安装有限公司是国家建设部批准的消防设施工程专业承包一级企业，公司同时承担建筑智能化工程，城市道路亮化工程，机电设备工程、电子工程、环保工程建设，是全国重质量、守诚信、讲信誉百家优秀建筑企业之一。

欢迎广大客户携手合作。

联系人：姜忠民 13865966466
网址：www.jaaz.cn
电话：0551-5226846 5226618
电邮：jaazjzm@sina.com
地址：安徽省合肥市庐阳区长江中路CBD广场2-2303

## 福建省/Fujian Province

**南安市梅山镇玉峰建材店**
业务：水泥，防水涂料，填缝剂，批零兼营
地址：福建泉州南安市梅山镇林板村
负责人：林玉峰 邮 编：362000
法 人：林玉峰
Tel：13505066677

**长乐市漳港镇渡桥福鑫石料场**
业务：长乐市漳港镇渡桥福鑫石料场成立于2006年，专业生产建筑用石料，欢迎新老客户来电洽谈业务！
地址：福建省长乐市漳港镇渡桥村沟东
负责人：陈家亮 邮 编：350209
法 人：陈家亮
Tel：0591－28620398

**长乐金峰洁蕾经编厂**
业务：涤纶布料，蚊帐布料，服装面料
地址：福建省长乐市金峰镇华阳村双星厝35号
负责人：吴学良 邮 编：350200
法 人：吴学良
Tel：0591－28676866
13489070888
Fax：0591－28561617
网址：www.jielei1001.cn.alibaba.com

**尤溪县三杉木制品有限公司**
业务：尤溪县三杉木制品有限公司专业生产集成板、指接板、细木工板，特殊需要的规格，可按客户需求定制。是家庭装饰的理想用材。热情欢迎新老朋友光临惠顾，洽谈业务，互赢互利，共创明天！
地址：福建省三明市尤溪县西滨镇刘坂村
负责人：詹克木 邮 编：365104
法 人：詹克木
Tel：0598－6276117

**南安市官桥金帅防水材料经营部**
业务：经营防水材料
产品："金帅"防水材料、武汉"美利信"防水材料
地址：地址一：福建省泉州市成洲路建辉楼101室；地址二：福建省南安市官桥镇中国粮食城300＃311室
负责人：江克文 邮 编：362000
法 人：江克文
Tel：13806031955
0595－22228619

**佳晖石材工艺厂**
地址：福建省安溪县龙门镇溪坂村
负责人：周祝辉
Tel：0595－23018389
13959808389

**长乐罗联蕉岭钢筋水泥店**
业务：销售钢筋、水泥
地址：福建省长乐市罗联乡吴村蕉岭
负责人：郑明康 邮 编：350001
法 人：郑明康
Tel：0591－28973381
13489099986

**湖北宏鑫建设有限公司**
业务：湖北宏鑫建设有限公司成立于1992年，主要从事建筑工程施工。建筑工程总承包一级，市政二级，园林工程三级，地基与基础工程三级。目前在全国各地均设有分公司，主要业务覆盖福建、广东、新疆、北京等地。
地址：福建省厦门市海昌生活区富家苑82号702
邮 编：361026
法 人：范支元
Tel：0592－6050398
网址：www.fjfzy.chinapyp.com

**兰花装饰材料店**
业务：室内装饰材料
产品：卫浴洁具，浴室门，爱尔美室内钢木门，塑钢天棚扣板
地址：福建省福安市富春批发市场A区1号楼16号、17号
负责人：陈焕茂 邮 编：355000
法 人：兰花
Tel：0593－6533959
13599805850
Fax：0593－6533959

**福安市甘棠镇毛振涂料店**
业务：销售涂料、油漆
地址：福建省福安市甘棠镇府前路
负责人：毛振 邮 编：352100
法 人：毛振
Tel：0593－6893292
Fax：0593－6301687

**长乐珠峰建材装饰品商场**
地址：福建省长乐市金峰镇胪峰第三大道永康广场A座1楼
负责人：杨启晨
Tel：0591－28679777
28731515

**厦门厦艺环境艺术设计工程有限公司**
业务：厦门厦艺环境艺术设计工程有限公司成立于2000年，主要从事室内工程，景观工程设计及施工，公司拥有优秀的设计团队，我公司诚邀同行莅临交流，委托设计和合作。
地址：福建省厦门市思明区文曾路上李公寓楼606号
邮 编：361000
法 人：林天喜
Tel：0592－2510727
Fax：0592－3927176

**福鼎市加利利建材有限公司**
业务：水泥砖，水泥预制板的生产和销售
产品：水泥砖，水泥预制板
地址：福建省福鼎市点头镇马洋村
负责人：陈维快 邮 编：352100
法 人：陈维快
Tel：13706026447
18950562353

**顺忆陶瓷有限公司**
地址：福建省德化县三班镇东三村
负责人：郑忆府
Tel：0595－23576188
13505040096

**福鼎市龙安华东建材贸易中心**
业务：专业代理销售中国建材南方立马水泥，厂价直销，特惠批发，我们本着"用户至上，信誉第一"的原则，欢迎新老客户前来洽谈业务！
产品：立马集团被列为全国建材百强企业，浙江立马水泥有限公司、北京立马水泥有限公司，年产优质水泥500万吨的大型企业。产品质量稳定，强度高，应用于高层建筑、高速公路、桥梁、隧道、北京奥运场馆、温福铁路、闽东福鼎中兴大厦等重点工程选用产品。
地址：福建省福鼎市龙安开发区安湖东路227号
负责人：吴宜孟 邮 编：355200
法 人：吴宜孟
Tel：0593－7285899
15059273899
13859694093
15259396786
Fax：0593－7285899

**厦门市剑鑫建材有限公司**
业务：厦门市剑鑫建材有限公司是一家专业从事建筑材料的开发、生产和销售，公司坚持质量是生命，顾客是上帝，推陈出新，精益求精的宗旨，严格按照国家标准组织生产，期待着与您的真诚合作，欢迎广大有识之士光临指导。
地址：福建省厦门市同安区洪塘镇新厝村
负责人：林剑 邮 编：361100
Tel：0591－85621835

**福鼎市秦屿镇港务码头砂石批发部**
业务：砂石的批发
地址：福建省福鼎市秦屿镇港务码头
负责人：丁作文 邮 编：355200
法 人：丁作文
Tel：13860378763
15859321487

**福鼎市华童石业有限公司**
业务：福鼎市华童石业有限公司成立于2006年，主要生产石材684＃，福鼎黑石板材，欢迎新老客户来电洽谈业务。
地址：福建省福鼎市白琳金山工业区
负责人：李学童 邮 编：355213
法 人：李学童
Tel：0593－7378555
Fax：0593－7377818
网址：www.mtw28441.chinapyp.com

**福鼎市秦屿世忠室内装饰材料店**
业务：洁具、热水器、地板、室内门、工艺玻璃等装潢材料的销售
地址：福建省福鼎市秦屿镇高速公路出口南侧第1排H幢2号
负责人：徐女士 邮 编：355200
法 人：许世忠
Tel：0593－6177611

**厦门佳祺建材有限公司**
业务：厦门佳祺建材有限公司主要经营建筑材料，产品质量保证，价格合理，欢迎新老客户来电咨询，洽谈业务。
地址：福建省厦门市同安县区祥平街道西湖村综合楼1号
负责人：钱学连 邮 编：361100
法 人：钱学连
Tel：0592－7890556

**福清市东耀建设工程有限公司**
地址：福建省福清市东张镇浒平路北9号
负责人：刘明建
Tel：0591－85391045

**兴福石材厂**
业务：G684福鼎黑石板材，异型加工，工程板，规格板，大板等，热忱欢迎各界朋友前来参观，考察，洽谈业务。
地址：福建省福鼎市秦屿镇洋里村宝铭里
负责人：许阿振 邮 编：355209
法 人：许阿振
Tel：0593－7265108
Fax：0593－7265108

**福清市港头义平木材店**
业务：木材加工、销售
地址：福建省福清市港头镇岭头村木材市场
负责人：何义平 邮 编：350300
法 人：何义平
Tel：13809530268
0591－85730389

**厦门厦艺环境艺术设计工程有限公司**
业务：厦门厦艺环境艺术设计工程有限公司成立于2004年，是一家是以室内设计，景观工程设计及展览设计施工为主的专业环境艺术设计公司。"诚信为本，信誉第一，设计新颖"，热诚欢迎新老户来电来人洽谈业务。
地址：福建省厦门文曾路（上李公寓二楼）龙虎山路606号
邮 编：361005
法 人：杨寒松
Tel：0592－2510721
Fax：0592－3927176

**福清市高山广成铝材**
业务：销售铝材
地址：福建省福清市高山镇侨乡特区5号楼01－02
负责人：林杰 邮 编：350001
法 人：林杰
Tel：13705022512
0591－85899563

**利明环境工程有限公司**
地址：福建省福清市融城东门街北段48号二楼
负责人：俞晓玲
Tel：0591－85151997
85111119

**福建省福清市明建建筑劳务有限公司**
业务：建筑劳务
地址：福建省福清市冠发国际新城空中花园C6号
负责人：林明华 邮 编：350300
法 人：林明华
Tel：15985711999
0591－86076099

**漳州市常山区亚珠顺益建材有限公司**
业务：漳州市常山区亚珠顺益建材有限公司主要经营"马可波罗"瓷砖洁具、华帝集成厨房、集成吊顶、管材等一系列建筑材料，"以质量求生存，信誉求发展"，热诚欢迎新老客户光临惠顾。
地址：福建省漳州市常山经济开发区4－13号漳州市新华南路东盛温泉公寓1－2号对面
负责人：陈亚珠 邮 编：363307
法 人：陈亚珠
Tel：0596－8629751
2870899
Fax：0596－2870616

**福建南平闽江铝材**
业务：销售铝材
地址：福建省福清市龙山街道龙山85号一层第式、第叁间
负责人：廖福志 邮 编：350001
法 人：廖福志
Tel：0591－85260812
13960802498
Fax：0591－85260812

**福清市康源林艺有限公司**
地址：福建省福清市上迳镇东林村
负责人：林建炎
Tel：0591－85623578

**福清市音西光华木地板店**
业务：大自然地板福清市总代理
地址：福建省福清市清荣大道洋埔段广益家居建材市场7＃205－206
负责人：林光华 邮 编：350300
法 人：林光华
Tel：13799933521
0591－86070875
Fax：0591－86070875

**福建省龙祥建设工程有限公司**
业务：福建省龙祥建设工程有限公司成立于2006年，从事工程建设，年施工能力可超过亿元，坚持求一流质量、争一流速度、创一流企业、树一流信誉的经营理念，欢迎来电来函洽谈业务！
地址：福建省福清市宏路镇龙塘村福平街（敬老院边座）
负责人：陈德龙 邮 编：350301
法 人：陈德龙
Tel：0591－85366137
85856555
28078777

**福清市龙江中横门窗店**
业务：各种材质门窗生产、加工、销售、安装
地址：福建省福清市融城镇龙江路新亚乐园一层15＃店面
负责人：林敬爱 邮 编：350300
法 人：林敬爱
Tel：0591－86884488
85218535

**福州乐居物业有限公司**
地址：福建省福州市鼓楼区华林路212号29座509单元
负责人：程礼连
Tel：13609576000

**福清市音西学忠铝型材商行**
业务：销售铝材、铝材门窗
地址：福建省福清市音西建材市场第二期西起第二排第四号
负责人：倪学忠 邮 编：350300
法 人：倪学忠
Tel：0591－85173267
85237966
85272660
15880187603

**福建省漳浦县东湖镇众鑫石制品厂**
业务：本公司成立于1999年，拥有30多名员工。主要经营石材的加工与销售。
地址：福建省漳州市漳浦县赤湖镇前张村赤湖工业区
邮 编：363000
法 人：陈长和
Tel：0596－3700486
Fax：0596－3700496

**福清市福英贸易有限公司**
业务：瓷砖、卫浴的贸易
地址：福建省福清市音西街道广益建材市场10号楼106－107号强辉陶瓷专卖店
负责人：崔永健 邮 编：350300
法 人：崔永健
Tel：13400558562
0591－85211250
网址：www.fuyingmy.cn
E-mail：cuiyongjian1965@yahoo.com.cn

**新概念主题装饰设计工程有限公司**
地址：福建省福州市鼓楼区杨桥路5号宏建大楼306室
负责人：郑伟仪
Tel：0591－87619096
87619068
13055528185

**福清市融峰装饰材料商行**
业务：装饰材料销售，承接装饰相关工程
地址：福建省福清市音西街道音西村桔园新村塘路
负责人：陈平 邮 编：350300
法 人：陈平
Tel：0591－85251687

**福州吉光玻璃制品有限公司**
地址：福建省福州市晋安区福兴投资区前横北路日光公司东侧
负责人：李幸雨
Tel：0591－83233698

**福清市渔溪章洪水暖店**
业务：水管、洁具
地址：福建省福清市渔溪镇侨联北侧
负责人：林秉玲 邮 编：350307
法 人：吴章洪
Tel：0591－85682425
13960994890

**康城物业有限公司**
地址：福建省福州市晋安区国贸大厦26楼G
负责人：张君励
Tel：0591－87957770
13600800938

**福建省乾通建筑劳务有限公司**
业务：建筑劳务工程、机械设备租赁
地址：福建省福清市元洪路元洪花园43号
负责人：林贻良 邮 编：350300
法 人：林贻良
Tel：15860806666
15859118777

**福建省泰华水暖电安装工程有限公司**

业务：福建省泰华水暖电安装工程有限公司成立于 2006 年，公司专业从事水电安装，欢迎新老客户来电洽谈业务。
地址：福建省福清市龙山路融鑫花园 5 号楼 503 室
负责人：陈太水 邮 编：350300
法 人：陈太水
Tel：0591－86078666
网址：mtw25725

## 福州市仓山区胡福铝合金店

业务：铝合金门窗制作与销售
产品：铝合金推拉门，窗，纱窗，不锈钢推拉门，防盗网等
地址：福建省福州市仓山区东园二路 59 号东福 7－9 号楼 A13 号店
负责人：胡祥兵 邮 编：350001
法 人：胡祥兵
Tel：0591－28316986
15859009961

**福州欧林石材有限公司**
地址：福建省福州市罗源县起步镇工业区
负责人：赵建设
Tel：0591－26808111

## 福州市仓山区蔡氏家具有限公司

业务：实木楼梯、实木门、实木家具等家居装饰材料的生产销售
地址：福建省福州市仓山区建新镇凤高村 1 幢二层
负责人：蔡先生 邮 编：350000
法 人：蔡胜财
Tel：13799348913
13599956821

**福州科正建设工程检测技术有限公司**
地址：福建省福州市台江区国货路东段南公商厦一层
负责人：许金腾
Tel：0591－83364840

## 福州市仓山区华润漆专卖店

业务：华润油漆专卖
地址：福建省福州市仓山区金山街道金桔路 393 号金海岸俊仕苑 4 号楼一层 06 店面
负责人：黄铭 邮 编：350001
法 人：黄铭
Tel：15960094178
0591－88201499

**永泰县刘岐水泥预制品厂**
地址：福建省福州市永泰县城峰镇塔山路刘岐开发区
负责人：林金旺
Tel：0591－24836120

## 长乐首占恒盛五金店

业务：五金、水暖
地址：福建省福州市长乐市首占镇首占村新明路 8 号
负责人：郑品 邮 编：350001
法 人：郑品
Tel：0591－28988898
13799433538

**永泰县大洋西山建材贸易有限公司**
地址：福建省福州市永泰县大洋镇广安街 16 号
负责人：潘友生
Tel：0591－24772111

## 福清市港头黄吓清建材业

业务：石材加工、大理石加工、室内门
地址：福建省福州市福清市港头镇马湖村垃圾转运站北 70 米
负责人：黄吓清 邮 编：350001
法 人：黄吓清
Tel：15605089601
13067433377
0591－85736264

## 福清市音西金明水暖洁具店

业务：TOTO 水暖洁具店
地址：福建省福州市福清市音西建材市场第二期西起第一排第二号店/福建省福州市福清市广益建材家居市场 12 幢 1 号
负责人：薛嫣蜜 邮 编：350001
法 人：薛嫣蜜
Tel：0591－85230969
85289568
85238872

## 福州市琅岐经济区建鸿冷作店

业务：加工门窗、扶手、栏杆
地址：福建省福州市琅岐镇海屿东进新村 10 号
负责人：陈川建 邮 编：350000
法 人：陈川建
Tel：15959066080
0591－83608685

## 福州晨鑫建筑型材有限公司

业务：护栏系列，防盗窗，实木门
产品：护栏，防盗窗，实木门，铁艺门，别墅护栏等
地址：福建省福州市晋安区连江北路 201－203 号
负责人：陈先生 邮 编：350000
Tel：0591－83150132
13959160627
Fax：0591－87312683
网址：www.cxjzcl.cn

**荣新水暖洁具厂**
地址：福建省南安市仑仓镇黄甲村
负责人：王荣忠
Tel：0595－86142979
13959984349

## 福州雅比斯装饰饰品有限公司

业务：生产高档人造石材板，橱具、橱柜，人造石制品
产品：高档人造石材板
地址：福建省福州市晋安区连江路南方装饰材料市场新四区二楼展示厅
负责人：曹怡源 邮 编：350001
Tel：0591－28656222

**南安市星安桥石业工艺有限公司**
地址：福建省南安市水头镇荷楼
负责人：洪文彬
Tel：0595－86988579

## 福州物联民用爆破器材有限公司晋安分公司

业务：销售：爆炸物品
地址：福建省福州市晋安区新店镇西园村文明新村 501 号
负责人：陈君坚 邮 编：350012
法 人：陈君坚
Tel：0591－87902787
13609598833
Fax：0591－87902787

## 福州市晋安区伦桂石灰店

业务：石灰加工与销售
地址：福建省福州市晋安区新店镇新店村古城路
负责人：沈伦桂 邮 编：350000
法 人：沈伦桂
Tel：15005002225
13805065631
0591－87918309

## 福建省创隆盛建材有限公司

业务：防水建材
产品：聚合物水泥 JS，K11 防水浆料，结晶渗透性防水材料，防水剂及各种水性防水涂料
地址：福建省福州市晋安区远洋路三木花园 D 区
负责人：张银强 邮 编：350014
法 人：张银强
Tel：400－703－5388
13328983788
Fax：0595－88218079
网址：www.ficsfs.com

**城关一鸣装饰工程部**
地址：福建省南平市顺昌县城中路 72 号
负责人：张玉明
Tel：0599－7831816
7828555
13960605658

## 海南华成建设有限公司福州分公司

业务：房建、水利、港口、市政施工
地址：福建省福州市晋安区岳峰镇东岳路 256 号岳峰苑 3 号楼 209 单元
负责人：陈蘂 邮 编：350011
法 人：陈蘂
Tel：0591－87339477
Fax：0591－87336392
E-mail：hh_cxr@126.com

## 连江县凤城镇介仁玻璃店

业务：艺术玻璃、室内装修玻璃加工、销售、安装、售后服务
地址：福建省福州市连江县凤城镇温麻庙门口南片第二间
负责人：颜世福 邮 编：350000
法 人：颜世福
Tel：13675056711
0591－26185980

## 罗源县碧里乡奇文沙场

业务：淡水沙，咸水沙
地址：福建省福州市罗源县碧里乡狮歧头
负责人：陈奇文 邮 编：350001
法 人：陈奇文
Tel：15959050786
0591－26971577

## 连江县马鼻镇天恩门业

业务：防盗门、不锈钢门、钢木门、铝合金门、实木门等各种门
地址：福建省福州市连江县马鼻镇四中斜对面
负责人：许在锦 邮 编：350014
法 人：许在锦
Tel：15880110079

## 连江县浦口镇嘉友家具厂

业务：家具生产销售（沙发、橱柜、床、桌椅等等）
地址：福建省福州市连江县浦口镇浦口街星辉新村 39 号
负责人：林振仁 邮 编：350000
法 人：邱同和
Tel：15980135011
0591－26230831

**福州永锦达装饰设计工程有限公司**
业务：福州永锦达装饰设计工程有限公司成立于 2005 年，从事室内外装修装饰及建材销售（涂料）。竭诚欢迎新老客户光临、惠顾。
地址：福建省福州市鼓楼区黎明斗池路商住楼 205 室
邮 编：350001
法 人：陈香俤
Tel：0591－83724337
Fax：0591－83779397

## 连江县苔菉镇后港新辉门业销售店

业务：集销售、安装、施工于一体，专营门、地板、扣板、墙纸等，为您提供免费测量、免费送货、免费安装等服务。我们将以优惠的价格，专业的品质，一流的服务，竭诚欢迎您的光临。
产品：不锈钢门，防盗门，钢木门，实木门，地板，扣板，墙纸，卫生间门等
地址：福建省福州市连江县苔菉镇后港西南路右排第四间
负责人：陈崇芳 邮 编：350500
法 人：陈崇芳
Tel：0591－26481010
13799320093
E-mail：122603653@qq.com

## 福建省长鸿建筑工程有限公司罗源分公司

业务：工业建筑和民用建筑，市政工程和道路工程的施工，室内外装饰装潢工程
地址：福建省福州市罗源县凤山镇三道综合楼 4 梯 205
负责人：欧仁满 邮 编：350001
法 人：欧仁满
Tel：0591－26859231
Fax：0591－26851032

## 罗源县吉祥石材厂

业务：花岗岩销售及相关产品工程
地址：福建省福州市罗源县洪洋
负责人：申长征 邮 编：350001
法 人：申长征
Tel：13696833558
0591－26932288
Fax：0591－26932288

## 闽清县溪口五金商行

业务：销售五金水暖
地址：福建省福州市闽清县上埔村溪口街（亚通管道）
负责人：曾太金 邮 编：350800
法 人：曾太金
Tel：13850126884
15959179987
0591－22352579

## 闽清县下祝乡下祝昌杰建筑材料店

业务：建筑材料销售
地址：福建省福州市闽清县下祝乡下祝街 36 号
负责人：祝昌杰 邮 编：350001
法 人：祝昌杰
Tel：13950374341
13606974150

## 平潭县城关风力田石板材加工厂

业务：加工、销售石板材
产品：花岗岩，平潭白、平潭黑板材
地址：福建省福州市平潭县潭城镇莲花山庄风力田
负责人：高仁学 邮 编：350000
Tel：13067223833
0591－24312242

**宁德市建诚建材有限公司**
地址：福建省宁德市蕉城区城东路下道尾东兴花苑 D401 室
负责人：吴建勇
Tel：13305032308

## 平潭县流水晨辉花卉培育场

业务：花卉培育，假山销售，园林绿化
地址：福建省福州市平潭县潭城镇农中 401 号 1403 单元
负责人：郑辉清 邮 编：350001
法 人：郑辉清
Tel：13960891669

## 福州市台江区博仑诺贝尼橱柜店

业务：主营橱柜、电器、水槽、衣柜等
地址：福建省福州市台江区广达路汇多利地下层 07 号店
负责人：许品华 邮 编：350000
法 人：许品华
Tel：13509384401
0591－83282561
Fax：0591－83283648

## 福州市台江区利野休闲服饰店

业务：多品牌女装销售
地址：福建省福州市台江区中亭街利业苑二层 06、07、08 号
负责人：朱利飞 邮 编：350001
法 人：朱利飞
Tel：0591－83296395
13600822117

## 伟昌铝材店

业务：专业加工订做、安装、维修各种手动、电动卷帘门、防火门、遥控车库门；艺术玻璃、异型玻璃、屏风、吊门等，我们将以一流的品质、一流的服务竭诚为您服务！
产品：铝合金门窗、艺术玻璃、铝合金吊门、钢化玻璃、地弹环门
地址：福建省福州市永泰县城峰镇马洋小区 396 号
负责人：陈青 邮 编：350700
法 人：陈青
Tel：0591－24876612
13400570523
18906907375
Fax：0591－24876612

## 东园镇山紫阳建材行

业务：建材销售
产品：陶瓷、彩色水泥广场砖
地址：福建省惠安县东园镇阳光村紫阳六组 11 号
负责人：江伟杰 邮 编：362100
法 人：江伟杰
Tel：0595－87176700
13959777000

**德和自动门业有限公司**
地址：福建省莆田市城厢区凤凰路 597 号
负责人：郑春秀
Tel：0594－2657268
13706096120

**福建津港石材开发有限公司**
地址：福建省南平市延平区太平镇江滨路 12 号
负责人：李立友
Tel：0599－8471072

**福州青隆建筑工程有限公司建瓯工程处**
地址：福建省建瓯市东峰路 67 号
负责人：王建民
Tel：0599－3832877

## 建瓯市东游镇精诚石材加工厂

业务：石材加工
地址：福建省建瓯市东游镇东际村前村
负责人：李进能 邮 编：353000
法 人：李进能
Tel：15860965863
0599－3678588

## 建瓯市同心水暖洁具商行

业务：经营水暖洁具，给、排水管材
地址：福建省建瓯市兴侨花园 A 区 5 号楼 102 店
负责人：江明才 邮 编：353100
法 人：吴灿梅
Tel：13706012957
0599－3713555

## 龙岩舒裕物业有限公司

业务：物业管理
地址：福建省龙岩市闽西粮油塑料城 3 栋 A5－205 室
负责人：池天清 邮 编：364000
法 人：池天清
Tel：0597－2321168

**建瓯市徐墩镇礼贤石材加工店**
业务：用于楼梯、灶台、工程板、洗脸盆、洗衣池的石材加工，各种异形边加工
地址：福建省建瓯市徐墩镇205国道边兴业饭店旁
负责人：刘礼贤 邮 编：353100
法 人：刘礼贤
Tel：13960607370
13950628832

**建阳市书坊书林装修材料部**
业务：经营装修材料
地址：福建省建阳市书坊后隆路97号
负责人：黄传宋 邮 编：353000
法 人：黄传宋
Tel：13459927279
0599－5597489

**建阳市万全房产中介所**
业务：房产中介服务
地址：福建省建阳市西市尚彩虹楼Ⅱ 12号店
负责人：黄万全 邮 编：353000
法 人：黄万全
Tel：0599－5838985
13859341971

**中山市新星装饰设计有限公司福清分公司**
业务：中山市新星装饰设计有限公司福清分公司成立于2005年，从事室内装饰装修（别墅、宾馆、酒楼、写字楼等）、园林规划设计、施工一条龙服务。公司实现了多元化、专业化、规模化的经营战略。力求打造超大规模的集空间环境设计、装饰施工等全方位服务的企业。
地址：福建省福清市融城加洲城9号楼二层12号
邮 编：350300
法 人：林群
Tel：0591－86007299
Fax：0591－86007288

**莆田城乡规划设计院**
地址：福建省莆田市城厢文献路1688号
负责人：李志强
Tel：0594－2635799
13599886618

**晋江市安海奋发建材经营部**
业务：销售建材、卫浴
地址：福建省晋江市安海庵前开发区菜市场旁
负责人：伍世义 邮 编：362200
法 人：伍世义
Tel：13599991580
0595－88390330

**泉州市丰泽鼎成装饰工程有限公司晋江分公司**
业务：室内外装饰装修、设计
产品：园林、工装、酒店、写字楼、别墅
地址：福建省晋江市长兴路174号江南大厦二楼
负责人：范远标 邮 编：362000
Tel：0595－82031038
82031058

**佳辉（福建）陶瓷有限公司**
业务：生产，销售陶瓷、外墙砖
地址：福建省晋江市磁灶镇大埔村
负责人：吴清江 邮 编：362200
法 人：吴清江
Tel：13805956658
0595－85880330

**晋江市磁灶镇金磁陶瓷**
业务：生产销售建材，主要是陶瓷、瓷砖
地址：福建省晋江市磁灶镇下官路建材市场
负责人：吴友龙 邮 编：362214
法 人：吴友龙
Tel：13960204598
0595－85890227

**张家界高科工贸有限公司泉州办事处**
地址：福建省泉州市鲤城区东浦部队集资楼3栋104室
负责人：王其虎
Tel：0595－22461158
13960393912

**三利陶瓷建材商行**
业务：瓷砖，建材销售
地址：福建省晋江市磁灶镇新安天工陶瓷城13栋
负责人：吴孝章 邮 编：362200
法 人：吴孝章
Tel：0595－85832998
Fax：0595－85837998

**晋江市英林镇豪盟自来水配件商店**
业务：自来水工程安装，自来水配件销售
地址：福建省晋江市英林镇九三路76、78、80号
负责人：陈长存 邮 编：362200
法 人：陈长存
Tel：0595－85152349
85484859
13799852349

**龙海市港尾泉佳美装饰材料店**
业务：装饰材料
地址：福建省龙海市港尾镇汤头村东厝社
负责人：郭明坤 邮 编：363000
法 人：郭明坤
Tel：0596－6897180
13605091359

**龙海市海澄奕强瓷砖店**
业务：瓷砖的销售
地址：福建省龙海市海澄镇内楼桥头226号
负责人：苏永辉 邮 编：363000
法 人：苏小强
Tel：0596－6747905
13906949191
13605078598

**龙海市角美兴佳室内装饰**
业务：承接室内外装饰设计与施工
地址：福建省龙海市角美镇荣昌新村2幢301室
负责人：林进邻 邮 编：363107
法 人：林进邻
Tel：13960110189
0596－6111258

**福州同顺祥设计装饰工程有限公司**
业务：福州同顺祥设计装饰工程有限公司成立于2005年，以室内装饰设计、施工为主，欢迎来电垂询。
地址：福建省福州市鼓楼区五四路273号高景华庭2座102室
负责人：姜芳斌 邮 编：350003
法 人：姜芳斌
Tel：0591－87728086

**龙海市角美凯成洗沙场**
业务：洗沙
地址：福建省龙海市角美镇吴宅村西山
负责人：陈加明 邮 编：363100
法 人：陈加明
Tel：13695911688
13015673688

**龙海市九湖永祥园艺场**
业务：园林绿化、室内观叶、水仙花
地址：福建省龙海市九湖镇长福村后方坑45号
负责人：孙亚元 邮 编：363118
法 人：孙亚元
Tel：0596－6628122
13906963233
Fax：0596－6628122

**龙海市石码极家卫浴商行**
业务：卫浴洁具、集成吊顶
地址：福建省龙海市石码镇平宁路经贸大厦2、3幢113号
负责人：郑勇杰 邮 编：363100
法 人：郑勇杰
Tel：15960638099
0596－6388399

**长汀县南山柏雅装潢装饰部**
业务：主要经营装潢装饰
地址：福建省龙岩市长汀县南山镇蔡屋桥头
负责人：付先群 邮 编：364000
法 人：付先群
Tel：15960347112
15059902432

**黄石建材机械厂**
地址：福建省泉州市鲤城区浮桥镇黄石村
负责人：吴春平
Tel：0595－22423855
13805991435

**兴亮门窗店**
业务：门窗的销售
地址：福建省龙岩市长汀县南山镇南山村村部1号
负责人：李力亮 邮 编：364000
法 人：李力亮
Tel：13950875875
13860227950
0597－6561531

**龙岩地区超纪门窗装潢部**
业务：内部装饰、内部设计及施工，虹泰铝材总经销。
地址：福建省龙岩市长汀县南山镇中复村北街
负责人：蔡超纪 邮 编：366302
法 人：蔡超纪
Tel：13559965285
0597－6631051

**长汀县圣象地板条经营部**
业务：木地板条
地址：福建省龙岩市长汀县汀州豪廷5号楼4号店
负责人：戴林寿 邮 编：366300
法 人：戴林寿
Tel：0597－6699109
Fax：0597－6699109

**长汀县创易天盛装饰设计部**
业务：室内装修与设计
地址：福建省龙岩市长汀县汀州镇卧龙商城F－3T－102号
负责人：马系文 邮 编：364000
Tel：13950842880
0597－5361768

**长汀县濯田佳缘门业室内装璜经营部**
业务：门业：实木门、钢制门、以及承接一些室内装璜项目
地址：福建省龙岩市长汀县濯田镇水口村
负责人：陈荣火 邮 编：366304
法 人：陈荣火
Tel：0597－6769229

**必胜和环保设备有限公司**
地址：福建省泉州市洛江区双阳镇前洋村莲村
负责人：董素梅
Tel：0595－22068668
22831277

**连城县林坊乡辉豪建筑石料场**
业务：生产、销售饰面板材
地址：福建省龙岩市连城县冠景小区F栋1号
负责人：林报顺 邮 编：366200
法 人：林报顺
Tel：13559309013
0597－8930533

**茂森木门经营部**
业务：销售木门
地址：福建省龙岩市连城县莲峰镇北大东路408号
负责人：吴振铭 邮 编：366200
法 人：吴振铭
Tel：0597－8930513
Fax：0597－8930513

**龙岩市水文地质钻井队**
业务：农业、工业、家用机井维修；旧井维护、加深；水泵维修；岩土工程勘察；基础降水工程；矿山工程勘察；水文地质勘察
地址：福建省龙岩市连城县庙前镇庙前村永济路130号
负责人：江道钦 邮 编：366215
法 人：江道钦
Tel：13960649656

**龙岩市连城县庙前三得利门业**
业务：门的销售
地址：福建省龙岩市庙前镇芷溪村319国道旁店背路口
负责人：杨广健 邮 编：364000
法 人：杨广健
Tel：13110689326
0597－8326285

**上杭县益龙林产品有限公司**
业务：建筑模板制造与销售
地址：福建省龙岩市上杭县白砂镇大坪岗竹木园区
负责人：林进展 邮 编：364000
法 人：林进展
Tel：13959072202
0597－3821888

**上杭县蛟洋乡华家吉彩陶瓷建材经营部**
业务：瓷砖等陶瓷装饰材料
地址：福建省龙岩市上杭县蛟洋乡华家开发区
负责人：华绪滨 邮 编：364000
法 人：华绪滨
Tel：0597－3622472
13959083568

**上杭县永新铝合金店**
业务：铝合金、不锈钢加工销售及安装
地址：福建省龙岩市上杭县蛟洋乡丘坊村
负责人：丘永生 邮 编：364223
法 人：丘永生
Tel：15880398202

**新华石灰厂**
地址：福建省三明市将乐县龟山北路35号
负责人：吴明华
Tel：0598－2329838
13605967832

**上杭县鑫杭油漆经营部**
业务：中华制漆——长颈鹿系列
地址：福建省龙岩市上杭县临城镇北环路248号
负责人：雷桂华 邮 编：364200
法 人：雷桂华
Tel：13806992318
0597－5239858
Fax：0597－5239858

**上杭县强辉瓷砖店**
业务：瓷砖销售、铺贴，室内设计装潢
地址：福建省龙岩市上杭县临城镇风山巷9号
负责人：吴祖康 邮 编：364000
法 人：吴祖康
Tel：0597－3966058
15059917667
Fax：0597－3966058

**上杭县风度之光集成吊顶材料经营部**
业务：风度之光品牌吊顶、厨卫吊顶、集成环保灶批发零售
地址：福建省龙岩市上杭县临城镇金山商业城E6幢7房
负责人：王启穗 邮 编：364200
法 人：王启穗
Tel：13515917940
0597－3966871

**上杭县广源五金店**
业务：板材，五金，水电，瓷砖，木地板等
地址：福建省龙岩市上杭县临城镇金山商业城北区2号楼一层43号商铺
负责人：傅文斌 邮 编：364000
法 人：傅文斌
Tel：0597－3886332
13850697340
Fax：0597－3886332

**东盛钢结构发展有限公司**
地址：福建省泉州市南安市水头镇五里桥开发区（振万园对面）
负责人：王谋胜
Tel：0595－86811668
13808500193

**宁化县三鑫木业有限公司**
地址：福建省三明市宁化县安远乡安远村
负责人：马永臣
Tel：0598－6732599
13507552077

**福建省上杭县长生物业服务有限公司**
业务：物业管理，国内广告设计，制作发布
地址：福建省龙岩市上杭县临城镇上吴新村左二巷2号
负责人：熊杭昌 邮 编：364200
法 人：熊杭昌
Tel：0597－3961261
15960897351
Fax：0597－3961261
E-mail：xiong867758@yahoo.com.cn

**上杭县鑫达不锈钢经营部**
业务：不锈钢管材，板材，不锈钢门生产销售
地址：福建省龙岩市上杭县临城镇紫金路62号
负责人：王庆洪 邮 编：364000
法 人：王庆洪
Tel：0597－5239919
13859593153

**上杭县威尔斯陶瓷店**
业务：陶瓷、洁具
地址：福建省龙岩市上杭县临城镇紫金路95号
负责人：陈金华 邮 编：364200
法 人：陈金华
Tel：13616926961
0597－3997878

**福建省长汀县第一建筑工程有限公司福州分公司**
业务：房屋建筑工程施工总承包二级；市政公用

工程施工总承包二级；土石方工程专业承包二级；钢结构工程专业承包二级；建筑装饰装修工程专业承包二级；园林古建筑工程专业承包三级。
地址：福建省福州市晋安区环南一村3号楼408室
邮编：350013
法人：曾观荣
Tel：0591－87720663
Fax：0591－83106659
网址：www.fzjz.chinapyp.com

### 上杭县南阳远东建材店
业务：瓷砖建材销售
产品：瓷砖、家用洁具、水电材料
地址：福建省龙岩市上杭县南阳镇射山村桥头街射山小学对面
负责人：黄冬发 邮编：364000
法人：黄冬发
Tel：13959079218
0597－3543225
18950881685

### 上杭县下都乡广发装饰门业店
业务：铝合金不锈钢零售，订做不锈钢大门，电动车库门，室内门
地址：福建省龙岩市上杭县下都乡吉安村崇英路42号（下都中学旁）
负责人：郑裕燕 邮编：364000
法人：郑裕燕
Tel：13850653156

### 上杭县下都乡兆强装饰
业务：室内外装饰设计
地址：福建省龙岩市上杭县下都乡昔上1号
负责人：郑喜华 邮编：364224
法人：郑喜华
Tel：13959004368
0597－3703953

### 中都镇佳丽装璜
业务：集设计生产、加工定做为一体，专业从事实木门、木扶手等木制品的经营，欢迎广大客户与我们联系，洽谈合作。
产品：实木门、各种豪华门、各种各样楼梯扶手
地址：福建省龙岩市上杭县中都镇第二市场
负责人：邓利雄 邮编：364216
法人：邓利雄
Tel：13515913753

### 汇源竹地板厂
地址：福建省三明市尤溪县中仙乡中仙村
负责人：蒋振选
Tel：0598－6420210
13605963763

### 武平县馨成不锈钢铝合金装璜店
业务：承接各种不锈钢、铝合金系列制品制作、安装
产品：防盗网、防盗门窗、拉闸门、玻璃地弹簧门及不锈钢、铝合金各种制件
地址：福建省龙岩市武平县城厢乡南通路农民街69号
负责人：吴正才 邮编：364300
法人：吴正才
Tel：0597－4865810
13950870884
网址：499482925qq.com

### 枫尚装饰设计工作室
业务：住宅别墅、办公空间、商业空间、接待中心、园林景观设计、建筑效果图制作
地址：福建省龙岩市武平县平川镇环城西路农业局一楼1号门面
负责人：钟伟 邮编：364300
法人：钟伟
Tel：0597－4866356
13850624202
Fax：0597－4866356
E-mail：zwfszs@163.com

### 武平县盛世利民装饰经营部
业务：广告灯箱、牌匾高空安装，不锈钢、铝合金销售及安装
地址：福建省龙岩市武平县平川镇西门市场32#店面
负责人：饶德聪 邮编：364000
法人：饶德聪
Tel：15280836678
0597－4634369

### 武平县十方良秋建材店
业务：主要销售各种建材
地址：福建省龙岩市武平县十方镇十方村水乌潭
负责人：林良秋 邮编：364000
法人：林良秋
Tel：0597－4563899
13605905402

### 武平县闽发建材店
业务：整套陶瓷制品销售，包括陶瓷砖、卫浴洁具等
地址：福建省龙岩市武平县岩前镇东峰村国道205线旁
负责人：陈寿光 邮编：364302
法人：陈寿光
Tel：0597－4587812
15059928203

### 龙岩市钦扬建筑建材有限公司
业务：专业从事建筑材料的销售，承揽土石方工程、建筑装潢等工程，设有挖掘机、铲车等，我们将以先进的设施、一流的技术，竭诚为您服务！
产品：水泥制品、建材
地址：福建省龙岩市西陂园田塘东大门出200米
负责人：赖孟钦 邮编：364000
法人：赖孟钦
Tel：0597－2238146
13850691080

### 武夷山龙腾竹木胶合板厂
地址：福建省武夷山市洋庄乡五渡桥
负责人：颜建生
Tel：0599－5426889
13706016013

### 龙岩市新罗区宏兴钢结构件加工厂
业务：钢构件
地址：福建省龙岩市新罗区曹溪镇梅花山矿泉水仓库旁
负责人：陈五福 邮编：364000
法人：陈五福
Tel：0597－2755065

### 龙岩市新罗区上连水泥经营部
业务：水泥、钢筋和瓷砖的销售
产品：水泥、钢筋和瓷砖
地址：福建省龙岩市新罗区大池镇大山村矿山下组319国道边
负责人：杨胜利 邮编：364000
法人：杨胜利
Tel：0597－2580819
13859554995
Fax：0597－2580819

### 龙岩市新罗区清义玻璃店
业务：玻璃加工销售
地址：福建省龙岩市新罗区大洋五交化批发市场81－83号
负责人：卢清义 邮编：364000
法人：卢清义
Tel：13906071705
0597－2523483

### 中国第四冶金建设公司第二安装工程公司厦门分公司
地址：福建省厦门市沧虹路亚桥花园6407
负责人：胡巍
Tel：0592－6580377
13606095152

### 龙岩市正企装饰有限公司
业务：室内外装璜，设计与施工，园林，绿化设计与施工
地址：福建省龙岩市新罗区登高西路170号香榛名郡D幢3梯1308室
负责人：徐锦智 邮编：364000
法人：徐锦智
Tel：0597－2590288
Fax：0597－2590388
网址：正企装饰
E-mail：280731148@qq.com

### 龙岩市新罗区嘉达欧艺经营部（龙岩市新罗区永连石膏线条厂、欧式构建厂）
业务：经营范围：网格布（做产品用的）保温内外墙布，低碱高强度水泥，石膏粉，石膏粘粉，不饱和树脂，玻纤布
地址：福建省龙岩市新罗区龙门镇319国道龙门段潮二桥下第一间店面
负责人：吴培安 邮编：364000
法人：吴培安
Tel：13860232925
13459712929

### 南安市仑苍李郑全水暖洁具店
业务：水暖洁具
地址：福建省南安市仑苍水暖城二期9幢8号
负责人：李郑全 邮编：362300
法人：李郑全
Tel：0595－86188696
13799463738

### 龙岩市新罗区威斯梦水家电商行
业务：威斯梦水家电商行是一家专业从事水处理工程的高新科技企业，主导产品为"安吉尔"牌饮水机与净水设备，并提供净水设备售后的安装、维修及更换滤芯等一条龙服务。产品性能优越，其稳定性、耐久性在国内同类产品中享有盛名。
产品：安吉尔牌家用\商用净水器、纯水机、饮水机、中央净水器、软水机
地址：福建省龙岩市新罗区闽西交易城C5－2－25号店
负责人：刘高威 邮编：364000
法人：刘高威
Tel：0597－5270600
Fax：0597－5270600
网址：www.angelgroup.com.cn

### 恒升木竹制品厂
地址：福建省三明永安市小陶镇下甲洋老公路
负责人：邱升元
Tel：0598－3705358
13806972270

### 龙岩市新罗区美步楼梯经营部
业务：美步楼梯的代理销售及保修
地址：福建省龙岩市新罗区闽西交易城家天下建材广场A4－3三层D区301号
负责人：王胜扬 邮编：364000
法人：王胜扬
Tel：0597－2533169

### 厦门迅发石业有限公司
地址：福建省厦门市枋湖工业区金龙客车厂后面
负责人：陈孝锋
Tel：0592－5774057
13306005197

### 福建省龙岩伟龙装饰工程有限公司
业务：专业从事中高档家装、工装、单位、酒店、洗浴中心、ktv及大型展会、户外广告、防水工程设计与施工、铝合金加工、制作，致力于以创新的设计，精湛的工艺，竭诚为您打造完美生活！
地址：福建省龙岩市新罗区南城双泉路78号（恒宝豪庭18幢1110室）
负责人：吴永禄 邮编：364000
法人：吴永禄
Tel：0597－5395920
Fax：0597－5395981
E-mail：wlzs1110@sina.com

### 龙岩市新罗区石宝山水泥搬运队
业务：水泥包装、装车，运输
地址：福建省龙岩市新罗区南环中路19号
负责人：石宝山 邮编：364000
法人：石宝山
Tel：0597－2390398
13950869788

### 龙岩市新罗区银昌机砖厂
业务：机砖
地址：福建省龙岩市新罗区适中洋东村
负责人：谢银昌 邮编：364000
法人：谢银昌
Tel：13959038282
0597－2975209

### 顾家门业
业务：批发零售门
地址：福建省龙岩市新罗区西安南路司法局楼下左侧
负责人：沈中灿 邮编：364000
法人：沈中灿
Tel：0597－3186086
3188249
13600987060
Fax：0597－3188249

### 中铁二十四局集团福建铁路建设有限公司龙岩分公司
业务：铁路建设工程，市政总承包一级
地址：福建省龙岩市新罗区西城西安罗龙路天龙富贵花园11号
负责人：郭添华 邮编：364000
法人：郭添华
Tel：13806981680
13338394959

### 永定县闽沪钢材经营部
业务：销售钢材
地址：福建省龙岩市永定县高陂金德啤酒厂对面
负责人：胡邵育 邮编：364102
法人：胡邵育
Tel：13507523097

### 永定县天厦建材瓷砖批发店
业务：瓷砖批发
地址：福建省龙岩市永定县高陂镇先富大道阳排
负责人：苏银万 邮编：364000
法人：苏银万
Tel：0597－5682206
Fax：0597－5682206

### 永定县宝生装潢部
业务：铝合金、不锈钢、加工铁件、灯箱广告
地址：福建省龙岩市永定县下洋镇侨兴大道
负责人：张春添 邮编：364000
法人：张春添
Tel：15959710062
15860168952

### 厦门海湾房市房产行销代理有限公司
地址：福建省厦门市海沧区沧湖东路416号
负责人：张苗东
Tel：0592－6588301

### 福建省南安市天陶卫浴有限公司
业务：生产及销售水暖、卫生洁具、五金及配件
产品：水暖，卫生洁具，五金及配件
地址：福建省南安市贵峰工业区
负责人：王志森 邮编：362300
法人：王志森
Tel：0595－86310886
Fax：0595－86310881
网址：www.tiantaoweiyu.com.cn
E-mail：435327233@qq.com

### 南安市仑苍俞红伟水暖洁具店
业务：水暖洁具代理经营
地址：福建省南安市仑苍水暖专业市场一期C4－6号
负责人：庞永超 邮编：362000
法人：俞红伟
Tel：0595－86180361

### 南安市仑苍意佳门门窗经营部
业务：门窗（防盗门、不锈钢门等）
地址：福建省南安市仑苍镇仑苍西街93号
负责人：洪玉珍 邮编：362300
法人：洪玉珍
Tel：13055667790
0595－26911010

### 天重钢结构有限公司
地址：福建省厦门市海昌海富广场3号楼601室
负责人：曹永林
Tel：0592－6053138
0592－6583846
13906013468

### 南安市仑苍思航洁具厂
业务：洁具经营
地址：福建省南安市仑苍镇园美街42号
负责人：李全辉 邮编：362000
法人：李怡来
Tel：0595－86141546
13039102773

### 南安市仑苍迅闻水暖配件店
业务：水暖配件
地址：福建省南安市仑苍中国水暖城1期A6.1－2号
负责人：岑光林 邮编：362000
法人：岑光林
Tel：0595－86180660

### 南安市美林溪洲文剑水暖配件商行
业务：水暖配件、卫生洁具等产品经营
地址：福建省南安市美林办事处溪洲工业区57号
负责人：陈文剑 邮编：362300
法人：陈文剑
Tel：13600761654
0595－86275030

### 福建天翔建设工程有限公司
业务：福建天翔建设工程有限公司属股份制企业，公司大量吸收隧道工程的精英为股东成员和技术骨干，以百年学校"福建工程学院"为坚强的技术后盾；公司机械设备齐全，资本实力较强；公司具备隧道专业承包二级资质，兼营：建筑装修与装饰，地基与基础工程、土石方工程、公路路基工程的施工。
地址：福建省福州市晋安区六一北路216号晋花园元宝阁202
邮编：350400
法人：林忠喜
Tel：0591－24399732
Fax：0591－24237618
网址：www.fjtx.chinapyp.com

### 厦门港湾试验检测有限公司

地址：福建省厦门市湖里区东渡路 15 号
负责人：王晓明
Tel：0592－6016122

### 南安市鸿辉氟塑洁具厂
业务：卫浴、洁具、密封带(生料带)
地址：福建省南安市美林街道溪洲村溪洲 52 号
负责人：陈鸿图　邮　编：362300
法　人：陈鸿图
Tel：13655912298
0595－86285061
86275867

### 南安市宝驰水暖设备厂
业务：水暖设备、卫浴洁具、阀门、消防器材
地址：福建省南安市美林溪洲村开元 12 号
负责人：尤梅　邮　编：362300
法　人：尤梅
Tel：13805965917
0595－86287918

### 南安市阿里斯顿洁具厂
业务：生产、销售洁具
地址：福建省南安市美林溪洲村巷头
负责人：徐礼过　邮　编：362300
法　人：徐礼过
Tel：13505960345
0595－86192222

**厦门义高设计装修工程有限公司**
地址：福建省厦门市湖里区国泰大厦 18 层 F 单元
负责人：曾万盛
Tel：13599910299

### 福建省南安市西锦石材有限公司
业务：进口花岗岩、大理石的加工销售
地址：福建省南安市区水头福山工业区
负责人：颜新民　邮　编：362300
Tel：13505052166
0595－86002899
86002599
86002799
86006333

### 南安市水头镇奥瑞石材经营部
业务：经营石材
地址：福建省南安市水头镇滨海工业区新奥顺工厂
负责人：陈战国　邮　编：362300
法　人：孙忠刚
Tel：13906996650
13645914999
0595－86006290

### 南安市水头镇创瑞石材经营部
业务：承接国内外花岗岩的加工服务
地址：福建省南安市水头镇闽南建村市场加工区 9 幢 3 号
负责人：陈瑞国　邮　编：362342
法　人：陈瑞国
Tel：0595－86097859
Fax：0595－86082356

### 福建南安市新世纪圆柱
业务：生产、销售石材
地址：福建省南安市水头镇铁场湾成功路
负责人：王文艺　邮　编：362342
法　人：王文艺
Tel：13850744888
0595－26896777
Fax：0595－86095456

**厦门市鑫闽威保温材料有限公司**
地址：福建省厦门市湖里区禾山路 210 号
负责人：方丽
Tel：0592－5551656

### 南安市丹妮斯卫浴洁具有限公司
业务：集设计、生产、销售为一体，专业生产高级卫浴洁具系列产品，主要生产有水暖配件、卫浴洁具等一系列浴室产品，还可以根据客户的需要来图订做，以独特的设计风格，精良的制作工艺引领卫浴家具行业新潮流。
产品："威斯特"、"丹妮斯"、"奥克美"卫浴洁具产品
地址：福建省南安市溪美街道莲塘村八中 202 号
负责人：陈小平　邮　编：362300
法　人：陈小平
Tel：0595－86312208
13960217691
Fax：0595－86312982
网址：www. wstwy. com

### 柯泰水暖洁具厂
业务：生产、销售水龙头
地址：福建省南安市溪美镇山村工业路东 39 号
负责人：郑海强　邮　编：362300
Tel：13559067638
0595－86310032

### 南安市英都协丰洁具厂
业务：洁具生产
地址：福建省南安市英都镇民山村民山街 92 号
负责人：洪建林　邮　编：362305
法　人：洪建林
Tel：0595－86168686

### 南安市露霸洁具
业务：销售；中、高档卫浴
地址：福建省南安市中国水暖城 18 幢 19 号
负责人：陈勇筑　邮　编：362300
法　人：陈勇筑
Tel：13960323282
13959863837

**连江县定海和顺疏浚工程船队**
业务：连江县定海和顺疏浚工程船队成立于 2003 年，专业从事疏浚工程，欢迎新老客户来电洽谈业务。
地址：福建省福州市连江县筱埕镇定海村四角井路 115 号
负责人：何崇勤……邮　编：350000
法　人：何崇勤
Tel：0591－26471220
网址：www. mtw51736. chinapyp. com
E-mail：mtw51736

### 建阳市阿旺水暖配件经营部
业务：销售水暖配件，PVC 管、PPR 管
地址：福建省南平建阳市火车站水泥厂对面
负责人：汪恭来　邮　编：354200
法　人：汪恭来
Tel：15960985648
13859319349

### 建瓯市清华防水防腐材料店
业务：防水材料、涂料、保温、腻子粉
地址：福建省南平市建瓯市中山西路 228 号
负责人：林安君　邮　编：353000
法　人：林安君
Tel：0599－3716099
13799108410
Fax：0599－3716099
网址：www. raick. com

### 浦城县远方陶瓷批发部
业务：批发内墙砖、外墙砖、地板砖
地址：福建省南平市浦城县交警大队门口 B 楼 8－12 号店
负责人：林建宁　邮　编：353000
法　人：林建宁
Tel：13860009670
0599－2889670

### 浦城县健新铁件加工店
业务：铁件加工、厂房建造
地址：福建省南平市浦城县千里马 138 号
负责人：郑仁华　邮　编：353400
法　人：郑仁华
Tel：13509503499
0599－2950218

### 浦城县徐荣虎油漆经营部(立邦漆浦城专卖店)
业务：立邦油漆专卖
地址：福建省南平市浦城县五一三路南侧(莲塘镇政府对面)店面
负责人：徐荣虎　邮　编：353000
法　人：徐荣虎
Tel：0599－2821752

**浙江金都物业管理有限公司厦门分公司**
地址：福建省厦门市湖里区湖里街 27 号
负责人：姚慧年
Tel：0592－5711070

### 浦城县宏翔设备安装有限公司
业务：厂房机器设备安装、工业管道安装
地址：福建省南平市浦城县怡源 C 区 43 号
负责人：余定中　邮　编：353000
法　人：余定中
Tel：0599－2830308
13706911189
Fax：0599－2829321

### 福安市冠龙装饰材料经营部
业务：玻璃、玻璃制品
地址：福建省宁德市福安市解放路 95 号
负责人：吴成坚　邮　编：352100
法　人：吴成坚
Tel：0593－2185198

### 浦城县锦宏铝合金门窗加工店
业务：不锈钢门窗、钛合金移门加工、销售
地址：福建省南平市浦城县怡源 D 区 14－15 号
负责人：吴永洪　邮　编：354200
法　人：吴永洪
Tel：0599－2826911
15859946911
13009946911

### 浦城县欧美亚室内外装璜设计室
业务：室内外装饰设计
地址：福建省南平市浦城县怡源 D 区 16－17 幢 5－6－7 号店
负责人：李伟　邮　编：353000
法　人：李伟
Tel：0599－2833533

### 浦城县火阳室内外装璜制作部
业务：户外门销售及室内外装修
地址：福建省南平市浦城县正大路气象局店面
负责人：熊火阳　邮　编：353400
法　人：熊火阳
Tel：13859301692
0599－2842925

**厦门甜桔房地产代理有限公司**
地址：福建省厦门市湖里区嘉禾路 388 号 6H 单元
负责人：徐婉苹
Tel：0592－5580113

### 福建省南平森发建材有限公司
业务：建材
地址：福建省南平市三元路 112 号
负责人：饶毓森　邮　编：353000
法　人：饶毓森
Tel：13960660196
0599－8831825

### 顺昌县天峰门业
业务：天峰门业代理
地址：福建省南平市顺昌县水南狮峰坑口新法院对面(车世界隔壁)
负责人：高宗明　邮　编：353000
法　人：高宗明
Tel：13599315215
0599－7857210
Fax：0599－7857210

### 松溪县利松玻璃商行
业务：移门、移房、玻璃、工程玻璃、艺术玻璃
地址：福建省南平市松溪县工农东路 270－7 号
负责人：谢利松　邮　编：353000
法　人：谢利松
Tel：0599－6919115

### 松溪县德进挖掘机服务中心
业务：土石方工程施工
地址：福建省南平市松溪县河东乡金岭村
负责人：吴德进　邮　编：353000
法　人：吴德进
Tel：13859371856

**厦门恩建建筑设计有限公司**
地址：福建省厦门市湖里区嘉禾路 392 号国泰大厦 29D
负责人：杜毅军
Tel：0592－5557366

### 哥得门业、玉兰墙纸松溪县总经销
业务：钢木门、实木复合门、防盗门、墙纸
产品：高档墙纸、防盗门、钢木门、实木复合门、门锁等
地址：福建省南平市松溪县来龙路 76 号
负责人：张乾宝　邮　编：353500
法　人：张乾宝
Tel：0599－2323932
Fax：0599－2323932

### 南平市延平区奇力建材商行
业务：各种楼梯，配件批发，金刚板，集成吊顶
产品：各种楼梯，配件批发，金刚板，实木板，集成吊顶
地址：福建省南平市延平区马坑路 168 号
负责人：俞聿斌　邮　编：353001
法　人：俞聿斌
Tel：0599－8621318
Fax：0599－8326556
E-mail：qljc78@126. com

**洪　洋　乡　宏　鑫　石　材　厂**
业务：洪洋乡宏鑫石材厂位于福建省福州市罗源县洪洋乡，交通便利，地理位置优越。本厂创造于 2004 年，从事石材的加工、销售。本厂一贯奉行"用户至上，信誉第一"的宗旨，竭诚欢迎国内外有识之士前来洽谈合作，共求发展。
地址：福建省福州市罗源县洪洋乡
邮　编：350600
法　人：尤庆恩
Tel：0591－26933788
Fax：0591－26933788

### 福建南平和盛钢构有限公司
业务：钢构件、门业加工，安装销售等
产品：钢结构，门业加工等
地址：福建省南平市延平区南山镇迁乔路 38 号
负责人：吴增灿　邮　编：353021
法　人：吴增灿
Tel：0599－8427589
Fax：0599－8427189

### 南平市延平区盛世保温防腐材料经营部
业务：销售防腐材料
地址：福建省南平市延平区夏道镇龙景路 1 号
负责人：丁盛亮　邮　编：353000
法　人：丁盛亮
Tel：13878186688
0599－8463368

**厦门市天逸达工程技术有限公司**
地址：福建省厦门市湖里区嘉兴里 28 号 112 房
负责人：郭永强
Tel：0592－5744596

### 南平市延平区顺佳石材加工厂
业务：石材加工
地址：福建省南平市延平区樟湖镇龙池村卷龙蛇工业区
负责人：王庆伴　邮　编：353016
法　人：王庆伴
Tel：13656961316
0599－8481288

### 政和县东门水泥经营部
业务：水泥销售
产品："虎山"、"红狮"水泥
地址：福建省南平市政和县城关东大路长坑桥头 12 号店
负责人：李荣定　邮　编：353600
法　人：李荣定
Tel：13860011124
0599－3326259
3326209

### 政和县恒泰交通建设材料有限公司
业务：淘沙、销售沙子
产品：沙子
地址：福建省南平市政和县金诚凤源佳苑三楼四单元 501 室
负责人：周和　邮　编：353000
法　人：周和
Tel：13860045369
13960674369

### 宁德市东侨经济开发区裕治不锈钢加工店
业务：不锈钢、铝合金门窗及纱窗加工、制作
地址：福建省宁德市东侨经济开发区东侨花苑 1 号楼 5 号店
负责人：汤裕治　邮　编：352000
法　人：汤裕治
Tel：13635218252
13959394282

### 宁德市东侨经济开发区福兴旺建材
业务：批发零售建筑材料、装修材料、吊顶、家具、五金
地址：福建省宁德市东侨经济开发区金玉良城 1 楼 23 号店
负责人：高玉文　邮　编：352100
法　人：高玉文
Tel：0593－7186869

### 福安市罗江荣茂钢材经营部
业务：钢材的加工与销售
地址：福建省宁德市福安市赛岐开发区南安路 1 号
负责人：马仕铃　邮　编：352100
法　人：马仕铃
Tel：0593－6963838
13706035003

**厦门市鑫腾飞房地产代理有限公司第六经营部**
地址：福建省厦门市湖里区嘉园路 85 号之 4 号店面
负责人：郭守勤
Tel：0592－8877110

## 古田县鹤塘镇华锦石材厂
业务：板材加工
地址：福建省宁德市古田县鹤塘镇西洋村
负责人：林延柱 邮编：352265
法人：林延柱
Tel：13959338256
0593－3981632

## 古田县鹤塘新兴利石材厂
业务：建筑用石材
地址：福建省宁德市古田县鹤塘镇新村上堂
负责人：黄昭辉
法人：黄昭辉
Tel：13859632120
0593－3935888

## 宁德市蕉城区蕉南扬子门业经营部
业务：门、地板、五金
地址：福建省宁德市蕉城区城东路西侧15－9号
负责人：陈石福 邮编：352100
法人：陈石福
Tel：0593－6109668
Fax：0593－6109668

**厦门吉家物业管理有限公司**
地址：福建省厦门市湖里区金湖路118号二层
负责人：赵伟
Tel：0592－3837000

## 宁德市蕉城区蕉南刘作花木材经营店
业务：木材销售
产品：各类木材
地址：福建省宁德市蕉城区富洋林木市场97、98、99号
负责人：黄火俤 邮编：352000
法人：黄火俤
Tel：13859602978

## 屏南田宇家政服务公司
业务：专业承接水电安装、高空作业、金刚钻孔、管道疏通及五金建材销售，公司以质量和工期为生命，秉承"质量第一、用户至上、诚信为本"的企业宗旨，竭诚为用户提供一流的产品及服务。
地址：福建省宁德市屏南县古峰镇城北路188号
负责人：周学田 邮编：352300
法人：周学田
Tel：13626997254
15859338239

## 福建省霞浦县康辉房地产开发有限公司
业务：房地产开发
地址：福建省宁德市霞浦县龙贤社区霞富弄100号
负责人：黄华超 邮编：355100
法人：黄华超
Tel：0593－8796888

**厦门市众益房地产开发有限公司**
地址：福建省厦门市湖里区金山街道高林培训基地
负责人：陈金滨
Tel：0592－5665588

## 溪南台江德凤水电经营部
业务：电线，排水管销售
地址：福建省宁德市霞浦县溪南镇台江村
负责人：叶德凤 邮编：352000
法人：叶德凤
Tel：0593－8796361
15892113229

## 宁德市霞浦县牙城镇锋辉陶瓷店
业务：专营五金、瓷砖、水暖配件及卫浴洁具，批零均可，我们将以优质的产品，合理的价格，良好的服务欢迎广大用户前来定购。
产品：高中档品牌瓷砖，各种规格抛光砖，地砖等和卫浴洁具
地址：福建省宁德市霞浦县牙城镇牙城凤发路70号
负责人：林诗锋 邮编：355102
法人：林诗锋
Tel：0593－8658175
13859613866

## 柘荣县林春生铝合金加工店
业务：铝合金门窗销售及安装
地址：福建省宁德市柘荣县双城镇河滨东路78号
负责人：林春生 邮编：352000
法人：林春生
Tel：13959315513
13959314539

## 周宁县灵峰木材经营加工厂
业务：建筑板材加工销售
地址：福建省宁德市周宁县玛坑乡杉洋村新期街20号
负责人：王郑秀 邮编：352100
法人：王郑秀
Tel：13905039169

**厦门晶昱玻璃有限公司**
地址：福建省厦门市湖里区金尚东孚花园东侧厂房
负责人：欧阳丽
Tel：0592－5255561

## 周宁县创宏建材商行
业务：塑胶管等建筑装潢五金批发零售
地址：福建省宁德市周宁县狮城镇西环路40号
负责人：詹陈斌 邮编：354000
法人：詹陈斌
Tel：0593－5631229
15859333873
Fax：0593－5631229

## 周宁县丰源水电材料经营部
业务：水电材料，装修材料，家用电器
地址：福建省宁德市周宁县狮城镇兴业街127号
负责人：郭秀荣 邮编：355400
法人：郭秀荣
Tel：0593－5623400
13959340190
18959356190

## 宁德霞浦县牙城镇安家玻璃加工点
业务：从事室内外工程装饰，艺术玻璃加工，铝合金门窗工程，大板玻璃工程安装，安佳移门，石材雕刻，批发零售
地址：福建省宁德霞浦县牙城镇凤兴东路60号
负责人：王效干 邮编：355102
法人：王效干
Tel：15159395167
0593－8650908
8650907
Fax：0593－8650907

## 欧派门业
业务：室内烤漆门、生态门、免漆门、中高档防盗门，卫生间平开门，地板
地址：福建省平潭县城关农中庄聚富佳园聚富楼1号店
负责人：吴正凯 邮编：350000
法人：吴正凯
Tel：0591－24378173
13950345339
Fax：0591－24378173

**厦门市天厦建筑设计有限公司**
地址：福建省厦门市湖里区南山路23号101室
负责人：魏明
Tel：0592－3113590

## 屏南县程华石材店
业务：经营石材
产品：大理石
地址：福建省宁德市屏南县古峰镇金际新村粮站旁边
负责人：卓正程 邮编：352300
法人：卓正程
Tel：13860305280
0593－3329271

## 莆田市城厢区盛和建材经营部
业务：钢结构，钢管架
地址：福建省莆田市城厢区东海镇东沙村（华丰鞋业对面）
负责人：蔡金洪 邮编：351100
法人：蔡金洪
Tel：0594－5363398

## 莆田市城厢区新加固五金店
业务：合板五金、五金交电
地址：福建省莆田市城厢区东海镇东沙村新街路口125号
负责人：蔡秋九 邮编：351100
法人：蔡秋九
Tel：0594－5366919
13860976999

**福建省厦门三良石业有限公司**
地址：福建省厦门市湖里区五通村泥金社三良石业
负责人：吴少利
Tel：0592－5210911
8882278

## 莆田市城厢区昇龙不锈钢加工店
业务：加工制作防盗门、防盗窗、扶手栏杆、室外伸缩衣架等不锈钢制作业务
地址：福建省莆田市城厢区东园路1－3－17
负责人：肖龙 邮编：351100
法人：肖龙
Tel：13459060351
0594－2899328

## 金项装饰设计工程有限公司
业务：金项装饰设计工程有限公司成立于2006年，主要从事办公室、写字楼、商铺装饰、家装等室内装饰。"设计新颖，服务周到"，竭诚欢迎广大客户来我公司参观指导、洽谈业务！
地址：福建省福州市五一北路171号新都会花园广场5A－02
负责人：周孙良 邮编：350001
法人：周孙良
Tel：0591－83361908
Fax：0591－83361198
网址：www.0591jx.com
E-mail：jx888999@163.com

## 仙游县盖尾鑫点水暖五金店
业务：鑫点水暖五金
地址：福建省莆田市城厢区福兴路675号、莆田市仙游县盖尾镇仙华村郑厝112号
负责人：郑庆洪 邮编：351100
法人：郑庆洪
Tel：13959577856
18950759555

## 宗楷铝合金店
业务：铝合金、铝合金配件、五金配件
地址：福建省莆田市城厢区华亭镇濑榜路3.5公里处
负责人：翁宗楷 邮编：351100
法人：翁宗楷
Tel：13959530595
0594－6290033
Fax：0594－6290033

## 莆田市城厢区永兴水泥预制厂
业务：水泥预制
产品：井盖、花格砖
地址：福建省莆田市城厢区华亭镇山牌村9组31号
负责人：黄传权 邮编：351100
法人：黄传权
Tel：13799692038
0594－6292355

## 莆田市城厢区佳怡建材装饰有限公司
业务：腾达仿古瓷砖专卖及承接大中小型装饰装潢工程
地址：福建省莆田市城厢区嘉新建材市场A栋25－27号店
负责人：罗德健 邮编：351100
法人：罗德健
Tel：13599858337
0594－6286377
6991617
Fax：0594－6991617

**厦门尧风景观艺术有限公司**
地址：福建省厦门市湖里区南山路257号302室
负责人：黄江湖
Tel：0592－5668009

## 莆田市城厢区韩彩保温材料批发行
业务：保温材料：批发零售；项目承包施工建设
地址：福建省莆田市城厢区嘉新商业城13栋B座137号
负责人：张秋荣 邮编：351100
法人：张秋荣
Tel：13950788116
0594－2816222
Fax：0594－2816111

## 金源（莆田）环保节能有限公司
业务：环保治理工程设备，工业节能，商业节能，市政公共照明系统节能设备，太阳能及LED节能设备
地址：福建省莆田市城厢区明星路西山小区2#楼202室
负责人：郭志强 邮编：351100
法人：郭志强
Tel：0594－2813588
2813288
Fax：0594－2818566
网址：www.jinyuankj.cn
E-mail：fjjinyuan@yeah.net

## 莆田市城厢区闽中化工建材经销部
业务：销售化工建材
产品：华润涂料、爱的漆
地址：福建省莆田市城厢区农贸市场门口后巷街766号
负责人：林寿群 邮编：351100
法人：林寿群
Tel：0594－2527777

## 莆田市城厢区华迪装璜服务部
业务：室内外装饰、装璜
地址：福建省莆田市城厢区霞林街道沟西街572号
负责人：陈建德 邮编：351100
法人：陈建德
Tel：13706070195
0594－2511598

## 莆田市涵江区白沙金碧铝合金装潢店
业务：加工销售铝合金
地址：福建省莆田市涵江区白沙镇西亭村半埔5号
负责人：陈金碧 邮编：351100
法人：陈金碧
Tel：13706097097
13015973796

## 莆田市涵江区江口亚忠铝材店
业务：铝材销售
地址：福建省莆田市涵江区江口镇锦江东路239号
负责人：戴文忠 邮编：351115
法人：戴文忠
Tel：13959535929
0594－3699238

## 莆田市涵江区江口福临门业
业务：经营地板、楼梯扶手、实木门、卫生间门、防盗门
地址：福建省莆田市涵江区江口镇锦江东路415、419号
负责人：戴桥林 邮编：351100
法人：戴桥林
Tel：15080165165
0594－3619001
3611112

## 莆田市涵江区鸿兴铝塑门窗工程部
业务：铝塑门窗加工、销售
产品：塑钢窗、铝合金门窗等各式门窗地址：
地址：福建省莆田市涵江区三信水乡花园2栋23号
负责人：熊军 邮编：351100
法人：熊军
Tel：15860031478
13599466432

## 莆田市涵江区清华瑞克
业务：主营：清华防水防腐材料
地址：福建省莆田市涵江区延宁宫C5栋13号
负责人：黄瑞芳 邮编：351111
法人：黄瑞芳
Tel：0594－3512203
13706063003
8008584868

## 莆田市永信环能设备有限公司
业务：节能环保材料、设备的生产和销售
产品：玻璃钢管、电线管、饮用给水管、玻璃钢整体橱柜、玻璃钢围栏、玻璃钢格栅
地址：福建省莆田市荔城区宝胜小区D区三紫花园7号楼1703室
负责人：罗来田 邮编：351100
法人：罗来田
Tel：13950760071
0594－2226869
Fax：0594－2226869

## 王光临建筑工程队
业务：承接混凝土工程
地址：福建省莆田市荔城区北高镇坑园村上坑园225号
负责人：王光临 邮编：351100
法人：王光临
Tel：13859886229
0594－5203002

**厦门福骥石材有限公司**
地址：福建省厦门市湖里区象屿保税区银盛大厦12N单元
负责人：魏雅庵
Tel：0592－5065636

**莆田市荔城区北高镇金武建材经营部**

业务：生产空心砖
地址：福建省莆田市荔城区北高镇栏山村西山路口
负责人：翁金武　邮编：351100
法人：翁金武
Tel：13159441666
0594－5215366

**厦门萧氏房地产代理有限公司**

地址：福建省厦门市湖里区仙岳路 1419 号第一层
负责人：肖炜铭
Tel：0592－8771918

**莆田市荔城区黄石新洪兴石雕工艺品经销部**

业务：石雕、龙柱工艺品、大理石等产品经营
地址：福建省莆田市荔城区黄石镇东埭村
负责人：张维洪　邮编：351100
法人：张维洪
Tel：0594－2176858
Fax：0594－2176858

**莆田市荔城区黄石华建铝业**

业务：铝材销售
地址：福建省莆田市荔城区黄石镇南洋大道 929 号
负责人：陈国辉　邮编：351100
法人：陈国辉
Tel：0594－2122233
13959568716

**莆田市荔城区黄石镇建安砂浆王加工点**

业务：砂浆王加工
地址：福建省莆田市荔城区黄石镇清后村和丰 20 号
负责人：宋明　邮编：351100
法人：宋俊杰
Tel：13989822560
13859821661

**莆田市荔城区黄石鸿一门窗加工店**

业务：塑钢金属门窗加工、安装
地址：福建省莆田市荔城区黄石镇沙坂村北辰东路 195 号
负责人：黄智山　邮编：351100
Tel：13859859811

**光勇瓷砖店**

业务：本店专业经营建筑陶瓷、卫浴洁具，我们将恪守"质量第一、客户第一、信誉至上"的宗旨，热诚欢迎新老顾客的光临
产品：地面砖、内墙砖、外墙砖等
地址：福建省莆田市荔城区新度镇下坂村后巷 58 号
负责人：周光勇　邮编：351100
法人：周光勇
Tel：0594－2982609
13799011581

**斯通达（厦门）石材进出口有限公司**

地址：福建省厦门市湖里区象屿保税区象屿大厦九层 F1 单元
负责人：阿尔方索
Tel：0592－6024988

**莆田市荔城区大众建材店**

业务：批发零售瓷砖
地址：福建省莆田市荔城区镇海汉庭小区 B14 幢 BD19 坎店铺
负责人：方志山　邮编：351100
法人：方志山
Tel：13706074128
0594－2658909

**莆田市荔城区同正地产策划工作室**

业务：地产规划咨询、工程管理、项目策划
地址：福建省莆田市荔城区镇海胜利北街金麟大厦 404 房
负责人：严金贵　邮编：351100
法人：严金贵
Tel：13205947072
0594－2260916

**莆田市湄洲岛德春装璜材料总汇**

业务：装璜材料批发
地址：福建省莆田市湄洲岛湄洲大道 3116
负责人：吕德春　邮编：351100
法人：吕德春
Tel：0594－6218886

**莆田市湄洲湾北岸经济开发区忠门黄文清钢材店**

业务：销售钢筋
地址：福建省莆田市湄洲湾经济开发区忠门镇秀华村忠东公路边
负责人：黄建强　邮编：351100
法人：黄建强
Tel：0594－5958618
13599021313

**福建闽北木业基地投资发展有限公司**

业务：福建闽北木业基地投资发展有限公司成立于 2006 年，在闽北经济开发区林产工贸园建设有木材采购、烘干到生产终端产品并销往国际市场的一条龙生产、销售的基地。公司主要产品有：建筑构件、户外家具、宠物家具、儿童户外家具等四大类。
地址：福建省建阳市民祖南路华夏花苑 46 幢
负责人：陈智华　邮编：354200
法人：陈智华
Tel：0599－6533355

**仙游县郊尾建雄不锈钢铝合金加工部**

业务：不锈钢门窗、防盗门、扶手、广告牌、玻璃门面、铝合金门窗等
地址：福建省莆田市仙游县郊尾镇亿承鞋厂斜对面
负责人：蔡建雄　邮编：351100
法人：蔡建雄
Tel：13959516327
0594－6202915

**金兰铝材店**

业务：建筑铝材销售
地址：福建省莆田市仙游县鲤城木兰路 1113
负责人：李光庆　邮编：351100
法人：李光庆
Tel：0594－8289996

**厦门奎东装饰防水工程有限公司**

地址：福建省厦门市湖里区兴隆路 507 号 505 室
负责人：江汉奎
Tel：0592－5717868

**仙游县鲤城镇新河铝材店**

业务：加工销售铝合金
地址：福建省莆田市仙游县鲤城镇龙仙路兰溪华年小区第 10 店面
负责人：陈燕敞　邮编：351200
法人：陈燕敞
Tel：15980369789
0594－8591692

**福建省莆田市仙游县鲤南御豪装饰建材店**

业务：销售各类装修材料
地址：福建省莆田市仙游县鲤南自来水公司斜对面
负责人：张春良　邮编：351100
法人：张春良
Tel：13860962223
0594－8280679
Fax：0594－8280679
E-mail：dwvy07@sina.com

**厦门市众艺装饰工程有限公司**

地址：福建省厦门市湖里区兴隆路博士山庄 252 号
负责人：黄鹏鹏
Tel：13306006098

**莆田市秀屿区东峤瑞源石材经营部**

业务：石材的销售
地址：福建省莆田市秀屿区东峤镇东峤村东郑
负责人：许文瑞　邮编：351100
法人：许文瑞
Tel：13808578769
0594－5194969

**晋江市金鹏新型建材有限公司**

业务：晋江市金鹏新型建材有限公司成立于 2002 年，从事复合板的生产、销售。所有产品工艺先进，选料精良，质量严格，在生产技术，制造工艺、售后服务等方面打下了坚实的基础。凭着多年的从业经验，我们的产品销往全国各地，深受广大用户好评。本公司宗旨"以质量求生存，以效益求发展"。用优质的产品服务于用户，以经济实惠的价格满足用户，为您的事业发展贡献我们的力量。
地址：福建省晋江市新塘街道办事处杏田工业园
邮编：362218
法人：王鹏辉
Tel：0595－88126559
Fax：0595－88124844

**文周建材店**

业务：瓷砖，水泥，室内门销售
地址：福建省莆田市秀屿区埭头镇下街道
负责人：胡文周　邮编：351100
法人：胡文周
Tel：0594－5286568
7558222

**厦门市众益房地产开发有限公司**

地址：福建省厦门市湖里区宜宾路 147 号
负责人：陈金滨
Tel：0592－5661828

**莆田市万丰木业有限公司**

业务：胶合板、建筑模板加工、销售
地址：福建省莆田市秀屿区东峤镇前沁村（木材加工区内）
负责人：李进财　邮编：351100
Tel：13808561155
0594－5183966
Fax：0594－5183966

**莆田市佳德贸易有限公司**

业务：销售建材、钢材
产品：建材、钢材
地址：福建省莆田市秀屿区笏石工业园九洲新型建材有限公司
负责人：郑亚通　邮编：351100
法人：郑亚通
Tel：13559818808
0594－2720011
Fax：0594－5616999

**厦门市陇西土石方工程有限公司**

地址：福建省厦门市集美区兑山居委会办公楼底层
负责人：李庆熔
Tel：0592－6152698

**春恩装璜材料经营部**

业务：装璜材料批发
地址：福建省莆田市秀屿区莆田第十一中学北侧
负责人：林春恩　邮编：351100
法人：林春恩
Tel：0594－5296612

**莆田市秀屿区宏伟沙石有限公司**

业务：采购、销售沙石
地址：福建省莆田市秀屿区山亭乡利山村利店
负责人：武航海　邮编：351100
法人：武航海
Tel：13860967158
0594－5998279
5981689

**厦门福滨房屋拆迁工程有限公司**

地址：福建省厦门市集美区杏林西滨村四组
负责人：王秀云
Tel：0592－6212366

**南安市申元水暖洁具厂**

业务：加工销售：水暖，卫浴，洁具
产品：中\高档水暖，卫浴，洁具系列
地址：福建省泉州南安市美林街道溪洲村巷头 459 号
负责人：徐帮助　邮编：362000
法人：徐帮助
Tel：0595－86282558
13850749536
Fax：0595－86282558
网址：www.sanyuanmeiji.com

**汇泉建材经营部**

业务：经营建筑材料
地址：福建省泉州石狮市东港路 945－947 号
负责人：施宣镖　邮编：362700
法人：施宣镖
Tel：13505982288
0595－88736228

**盖州市徐屯镇富邦石业有限公司**

业务：盖州市徐屯镇富邦石业有限公司成立于 2006 年，加工销售花岗岩，欢迎各大商家来电联系！
地址：福建省南安市水头镇东南小区 2 号楼 302 室
邮编：张拼旭　邮编：115200
法人：张拼旭
Tel：0595－86998368
网址：www.mtw30150.chinapyp.com

**泉州市牧芳洁具**

业务：生产、销售水暖，卫浴
地址：福建省泉州市安溪县玉田工业区
负责人：林振枝　邮编：362000
法人：林振枝
Tel：13959982055
0595－23381318

**泉州市贵宾卫浴设备有限公司**

业务：厨卫洁具电器产品研发销售
产品：全自动感应洁具、自动干手器、卫浴洁具、淋浴花洒、自动皂液器、感应垃圾桶、自动飘香器、换气扇、卫生陶瓷、磁化健康龙头、连接供水管等系列产品
地址：福建省泉州市安溪玉田工业开发区
负责人：林文勇　邮编：362000
法人：林文勇
Tel：15905990444
0595－86825188
Fax：0595－68706666
网址：www.jmwvip.com
E-mail：lwy614@163.com

**厦门市现代家园房产代理有限公司东浦分公司**

地址：福建省厦门市思明区东坪二里 37 号
负责人：沈文礼
Tel：0592－5808801

**德化县文书涂料店**

业务：盛邦牌水泥漆、涂料；系列装修材料；
地址：福建省泉州市德化县龙浔镇丁溪村瓷城花园第三小区 6 幢
负责人：涂文书　邮编：362000
法人：涂文书
Tel：13859700355
0595－22355987

**福建省桃城建设工程有限公司**

业务：房屋建筑施工总承包壹级资质，并兼有市政公用工程施工总承包贰级、地基基础工程叁级、钢结构叁级、建筑幕墙叁级资质
产品：福建省泉州市德化县龙浔镇浔东东区二层 201 室
负责人：潘耿春　邮编：352600
法人：潘耿春
Tel：13850712889

**厦门市耀兴物业管理有限公司**

地址：福建省厦门市思明区故宫路 26 号 303 室
负责人：蔡志兴
Tel：0592－2227525

**德化县宝度木线店**

业务：木线销售
地址：福建省泉州市德化县浔中镇景苑花园 3 号楼 3 号店
负责人：童宝度　邮编：362000
法人：童宝度
Tel：0595－23575523
13960333591

**德化县美佳胜塑业专卖店**

业务：水电材料专营
地址：福建省泉州市德化县浔中镇龙东小区 7 号楼 15－16 号店
负责人：陈木建　邮编：362500
法人：陈木建
Tel：0595－23527875
18959912309

**福建华地房地产开发有限公司**

业务：主要从事房地产投资、开发等业务，以打造精品楼盘，营造美好空间为宗旨，注重楼房品质，紧跟城市发展规划。
地址：福建省泉州市丰泽街意都大厦 11 楼
负责人：程秋平　邮编：362000
法人：程秋平
Tel：13960392066
0595－22288269
E-mail：huadi999@yahoo.cn

**泉州市丰泽区美家美户环保技术服务中心**

业务：室内空气排毒，净化
地址：福建省泉州市丰泽区湖心街景仁楼 154 号
负责人：徐诚　邮编：362000
法人：徐诚
Tel：13599766562

**厦门九鼎轩置业企划有限公司**

地址：福建省厦门市思明区禾祥西路 483 号 201 室之三
负责人：余友明
Tel：0592－5367463

## 丰泽区清岩茶庄、泉州市丰泽区明通建材经营部
业务：经营范围：全国铁观音茶叶批发零售、经营范围：建材销售
地址：福建省泉州市丰泽区假日城堡11栋16号店、福建省泉州市丰泽区清源山田路106号
负责人：林奕精 邮 编：362000
法 人：林奕精
Tel：0595－22602888
28886076
22530319
18906096188
18906094999
Fax：0595－22530319

## 哈哈建材商行
业务：经营建材
产品：实木门、楼梯扶手
地址：福建省泉州市丰泽区田安北路百安居装修市场二楼B7号
负责人：胡国林 邮 编：362000
法 人：胡国林
Tel：15905057118
15959533736

**厦门市思明区永鑫德防水材料厂**
地址：福建省厦门市思明区何厝顶何533号
负责人：叶保志
Tel：0592－5932528

## 惠安县明胜磁砖商行
业务：磁砖陶瓷
地址：福建省泉州市惠安县东桥镇后苑路
负责人：吴锦标 邮 编：362000
法 人：吴锦标
Tel：13505078546
0595－87861138

## 京京门业
业务：门的销售
地址：福建省泉州市惠安县螺阳镇五洲建材市场3037－3038
负责人：曾少标 邮 编：362000
法 人：曾少标
Tel：13799577410

**中国核工业华兴建设公司福建分公司**
地址：福建省厦门市思明区后埭溪路28号皇达大厦22A
负责人：徐宝柱
Tel：0592－5185093

## 星奇建材有限公司
业务：建材销售
产品：水泥、腻子粉，石英砂，真石漆，水泥漆，金属漆，氟炭漆，油性外墙漆，环氧地坪漆，K11防水涂料
地址：福建省泉州市惠安县洛阳镇陈坝村
负责人：何建强 邮 编：362121
法 人：何建强
Tel：0595－27386777
13615928777
Fax：0595－22214333
网址：www.pznzfs.com

## 福建省泉州市惠安县洛阳金伺楼梯扶手店
业务：生产销售木梯扶手、实木门、古典家私
地址：福建省泉州市惠安县洛阳镇杏田三叉路口
负责人：黄冬水 邮 编：362121
法 人：黄冬水
Tel：13774813358
0595－28805396

**厦门盛信置业有限公司**
地址：福建省厦门市思明区湖滨北路10号7A单元
负责人：张志猛
Tel：0592－5311752

## 惠安县洛阳三和建材商行
业务：本商行是一家综合性的建材超市，主营橱窗、洁具。
地址：福建省泉州市惠安县洛阳镇云庄村
负责人：苏清河 邮 编：362121
法 人：苏清河
Tel：13559407772

## 泉州市洛江区河市明兴门业店
业务：实木门等室内门的生产销售
地址：福建省泉州市洛江区河市镇炉田村玉泉街
负责人：郑明兴 邮 编：362000
法 人：郑明兴
Tel：0595－22222665
13859795115
Fax：0595－22031665

## 福建省筑信工程建设有限公司
业务：公司现有房屋建筑、建筑装饰、市政公用、道路桥梁等多项施工资质，公司以一流的建设质量，速度和管理，全心全意为建设单位服务，热忱欢迎您前来洽谈业务
地址：福建省泉州市惠安县世纪大厦B幢1103室
负责人：刘群红 邮 编：362000
法 人：林建忠
Tel：0595－87311288
18965676818
Fax：0595－87311288
E-mail：18959975888@189.cn

## 三发石材有限公司
业务：三发石材有限公司成立于1994年，从事石材加工及销售（大理石、花岗岩）。欢迎有需者光临惠顾，三发石材全起员工竭诚欢迎您的到来。
地址：福建省南安市水头镇西锦村林前
邮 编：362346
法 人：王发明
Tel：0595－86999122
Fax：0595－86999122

## 惠安县辋川老姑水泥店
业务：水泥零售业务
地址：福建省泉州市惠安县辋川镇社坑村
负责人：陈灿平 邮 编：362000
法 人：陈灿平
Tel：13489339780
0595－87264584

## 惠安县锐凯达石制品有限公司
业务：生产、销售石材
地址：福建省泉州市惠安县辋川镇玉溪工业区内
负责人：蒋光平 邮 编：362000
法 人：蒋光平
Tel：0595－87252578
13774868668

**厦门华睿工程科技有限公司**
地址：福建省厦门市思明区湖滨北路10号新港广场九层C座01－03室
负责人：胡志明
Tel：0592－3112826

## 福建省惠安第六建筑工程公司惠南分公司
业务：建筑工程承接
地址：福建省泉州市惠安县张坂镇仑前村
负责人：黄志明 邮 编：362000
法 人：黄志明
Tel：13505973755
0595－87896166

## 惠安县张坂平发石材厂
业务：石材加工、销售
产品：栏杆、板材、石雕工艺
地址：福建省泉州市惠安县张坂镇门头村通港公路路边
负责人：蔡江平 邮 编：362000
法 人：蔡江平
Tel：13505041184
0595－87512395

**厦门二木景观规划设计有限公司**
地址：福建省厦门市思明区湖滨北路有秀中心D幢2804单元
负责人：黄延华
Tel：0592－5114472

## 泉州市鲤城区亿兴木材店
业务：木材加工，复合板、胶合板、木地板，装饰工程
地址：福建省泉州市鲤城区伍堡街178－180号
负责人：傅小园 邮 编：362000
法 人：傅小园
Tel：0595－22379558
28292688

**香港狄升石材有限公司驻厦门代表处**
地址：福建省厦门市思明区湖滨东路9号华闽酒店1401室
负责人：黄裕中
Tel：0592－5887148

## 泉州市乾景古建筑设计研究院
业务：古建筑设计、工程监理
地址：福建省泉州市洛江区首富商城D幢301号
负责人：刘永琦 邮 编：362011
法 人：刘永琦
Tel：13559365998
13859765898
0595－22365998

**厦门美联华电子有限公司**
地址：福建省厦门市思明区莲花五村龙华里41号601室
负责人：张映明
Tel：0592－2207298

## 恒兴门窗装饰行
业务：专业从事门窗制作、安装
地址：福建省泉州市洛江区万冠亚东方星城50号
负责人：涂飞良 邮 编：362000
法 人：涂飞良
Tel：13055810719
0595－22630789

## 培兴石材有限公司
业务：培兴石材有限公司主要从事石材的销售。我公司讲究质量，价格底廉，交货及时，我们愿为贵司进行来料加工或联营合作，欢迎新老客户垂询。
地址：福建省南安市水头镇下店村
邮 编：362342
法 人：黄金榜
Tel：0595－86909618
Fax：0595－86903618

## 南安市东田瑞祥装潢部
业务：室内外装潢，销售门窗
产品：钢结构工程，铝合金，不锈钢工程，防盗门
地址：福建省泉州市南安市东田镇东田村后坑3号
负责人：陈助守 邮 编：362303
法 人：陈助守
Tel：0595－86216210
13655988865

## 南安市清清建筑装璜部
业务：室内装饰设计施工
地址：福建省泉州市南安市美林街道李东村江滨路122号
负责人：庄振清 邮 编：362000
法 人：庄振清
Tel：0595－86288402

**厦门闽矿置业咨询有限公司**
地址：福建省厦门市思明区湖滨南路81号17A
负责人：邱贞生
Tel：0592－2272555

## 泉州市泉港区楼龙建材经营部
业务：建材销售
地址：福建省泉州市泉港区泉二路鸿基商贸大厦底层106店面
负责人：郭斌煌 邮 编：362000
法 人：郭斌煌
Tel：0595－87929921
87085996
13625978996

## 泉港区奋族石板材经营部
业务：石材生产，地板砖等建筑石材加工
地址：福建省泉州市泉港区山腰镇钟厝村
负责人：钟志挺 邮 编：362000
法 人：钟志挺
Tel：0595－87962178

**厦门市住佳房地产代理有限公司湖光店**
地址：福建省厦门市思明区湖光路183号
负责人：张跃煌
Tel：0592－5053766

## 永春县湖洋阳泽装潢部
业务：室内外装修装饰
地址：福建省泉州市永春县湖洋镇丁字街中路281号
负责人：黄阳泽 邮 编：362000
法 人：黄阳泽
Tel：0595－23756911
13959823558

## 大田县岩惠石材加工厂
业务：石材加工
地址：福建省三明市大田县均溪镇城东村湖山路68号
负责人：叶清义 邮 编：365000
法 人：叶清义
Tel：13616932373
13459898907

**厦门豪嘉景房产行销策划有限公司**
地址：福建省厦门市思明区湖光路199号
负责人：叶荣光
Tel：0592－5031228

## 大田县杰胜门业加工厂
业务：室内套装门，钢木门
地址：福建省三明市大田县均溪镇周田村125号
负责人：茅有杰 邮 编：366100
法 人：茅有杰
Tel：13859116890
0598－7321631
Fax：0598－7321631

## 大田县太华镇万彩卷闸门加工店
业务：承接卷闸门加工，安装，销售业务及生产，批发手动，电动卷帘门
地址：福建省三明市大田县太华镇群团村
负责人：沈成杰 邮 编：365000
法 人：沈成杰
Tel：13459897968
0598－7391263

**厦门市广晖设计有限公司**
地址：福建省厦门市思明区嘉禾路256号武汉大厦2号楼23C
负责人：王美白
Tel：0592－5129755

## 建宁县里心镇鑫辉建材经营部
业务：各种建材的销售
地址：福建省三明市建宁县里心镇永福路59号
负责人：谢洪强 邮 编：365000
法 人：谢洪强
Tel：15859803810

## 亮兴装璜店
业务：铝合金玻璃门窗
地址：福建省三明市建宁县濉溪镇水南新区2号
负责人：项明权 邮 编：354500
法 人：项明权
Tel：13774711062
13850873525

**厦门市海湾家园房地产代理有限公司建业路分公司**
地址：福建省厦门市思明区建业路31号之七店面
负责人：范丽丽
Tel：0592－5314077

## 丽珍装饰商行
业务：主要经营灯具，橱柜，移门，板材，油漆，墙纸等装饰材料零售兼批发
地址：福建省三明市将乐县古镛镇建新路208号（功华家具城一楼）
负责人：余石其 邮 编：365000
法 人：余石其
Tel：13860582859
0598－2265188

## 将乐县墨方装饰建材商行
业务：室内外装饰设计与施工，销售建材
地址：福建省三明市将乐县古镛镇日照东门水木玉华东苑二幢19－20号店面
负责人：卢家木 邮 编：365000
法 人：卢家木
Tel：13616959338
13950917428
0598－5027377

## 泉州红星人防工程建设有限公司
业务：泉州红星人防工程建设有限公司成立于2006年，主从事于遂道开挖、水利水电工程、工程装修等。公司以"质量求生存、信誉求发展"，欢迎广大用户光临惠顾！
地址：福建省南安市霞美镇四黄工业区128号
负责人：黄清波 邮 编：362302
法 人：黄清波
Tel：0595－86752666
Fax：0595－86763628

## 将乐县恒福陶瓷店
业务：销售陶瓷、承接建筑工程、室内外装饰装修
地址：福建省三明市将乐县水南盛亚花园4号楼15－16号
负责人：李国田 邮 编：365000
法 人：李国田
Tel：0598－2262278
Fax：0598－2262279

## 福建省三明市新明珠装饰建材有限公司
业务：经营各类装饰装修环保材料，实现一站式成套建材销售的新方式，在这里您可以放心、省心地完成全部装修材料的采购。我们还备有精湛的设计施工队伍，为您打造品味空间！
产品：装饰建材
地址：福建省三明市将乐县水南镇溪南路盛亚花园8幢1号
负责人：王员华 邮 编：353300
法 人：王员华
Tel：13960552239
Fax：0598－2262097

**厦门木午景观艺术有限公司**
地址：福建省厦门市思明区莲花香秀里62号九洲商社大厦十楼
负责人：李国兵
Tel：13365929933

城建房产建材装潢

## 将乐县万安新荣沙石销售店
业务：建筑用沙石
地址：福建省三明市将乐县万安镇万安村
负责人：肖庆谋　邮编：363000
法人：肖庆谋
Tel：13850892222
18906087776
0598－2965977

## 三明市梅列区诺贝尔瓷砖店
业务：诺贝尔、格莱斯瓷砖
地址：福建省三明市梅列区工业北路109号1幢31、32、33、35、36号店
负责人：林逸　邮编：365000
法人：林逸
Tel：0598－8892882
8881888
8881999

## 三明市梅列区欧佳实木楼梯经营部
业务：生产、加工、销售实木楼梯
地址：福建省三明市梅列区工业北路9幢126号
负责人：袁继合　邮编：365000
法人：袁继合
Tel：13950971875

## 三明市梅列区创点装饰店
业务：室内设计及施工
地址：福建省三明市梅列区沪明新村51幢二楼
负责人：张发凯　邮编：365000
法人：张发凯
Tel：0598－8888516
13850859837

**厦门光大物业管理有限公司**
地址：福建省厦门市思明区莲前大道海峡农业科技交流培训中心大楼地下3号
负责人：郑宏荣
Tel：0592－5936768

## 三明市梅列区艺家装饰材料商行
业务：楼梯，室内、外门，装饰材料，建筑材料
地址：福建省三明市梅列区江滨新村12幢115号
负责人：邹梅兰　邮编：365000
法人：邹梅兰
Tel：0598－8879796
Fax：0598－8879796

## 三明市梅列区艾美柯办事处
业务：绿色环保、享受经典；集成吊顶、放气扇、装修材料、埃美柯太阳能
地址：福建省三明市梅列区列西五四新村41幢7号店
负责人：林仁芳　邮编：365000
法人：林仁芳
Tel：13960565862
0598－8281893
Fax：0598－8238315

**厦门市阔达装饰设计有限公司**
地址：福建省厦门市思明区莲前西路2号莲富大厦写字楼F16A室
负责人：李传星
Tel：13606051975

## 三明市梅列区旭榕建材商行
业务：建材销售
产品：板材、五金、油漆
地址：福建省三明市梅列区绿颜新村160幢附楼东侧沿街1－3号
负责人：冯建榕　邮编：365000
法人：冯建榕
Tel：13850816133
0598－8216333

## 明溪县益昌洁具商行
业务：九牧王卫生间洁具用品，九牧王开关系列，水暖器材，国内品牌下水管，PVSV电缆护导管，内包PE农用管，矿用管，给水管等
地址：福建省三明市明溪县雪峰镇明珠路17号A1幢77、78号店
负责人：吕进昌　邮编：365000
法人：吕进昌
Tel：0598－2868797
Fax：0598－2868797

## 泰宁县朱口镇渤渤采砂场
业务：采砂、砂石料
地址：福建省三明市泰宁县朱口镇婆婆湾
负责人：江德桃　邮编：354402
法人：江德桃
Tel：13235986188
13616962573

## 宁化县安乐乡安华装璜店
业务：铝合金门窗制作；不锈钢门窗制作；彩钢瓦活动房制作；水电装璜
产品：铝合金门窗、不锈钢门窗、彩钢瓦活动房
地址：福建省三明市宁化县安乐乡北街林业站对面
负责人：肖安华　邮编：365000
法人：肖安华
Tel：0598－6502793
13860553113

## 宁化县泉上华美装潢店
业务：专业设计，承接室内外装潢装修工程
地址：福建省三明市宁化县泉上镇泉下街上
负责人：翁金伟　邮编：365000
法人：翁金伟
Tel：0598－6761560
13859420672

**厦门景江装饰工程有限公司**
地址：福建省厦门市思明区龙盛里23栋402室
负责人：刘国新
Tel：0592－5562612

## 清流县林畲新意陶瓷建材经销部
业务：建材销售
产品：瓷砖，水暖材料，防水材料，PVC、PVR管，灯饰等
地址：福建省三明市清流县林畲乡孙坊村天康街
负责人：舒建清　邮编：365000
法人：舒建清
Tel：0598－5261800
13859158512

## 清流县富荣商店
业务：水暖水管、水电安装、洁康水管
地址：福建省三明市清流县龙津镇碧林南路131幢
负责人：赖富长　邮编：365000
法人：赖富长
Tel：13850815931
0598－5325311

**厦门华允节能环保工程有限公司**
地址：福建省厦门市思明区吕岭路262号10楼E室
负责人：廖建华
Tel：0592－5594329

## 亿隆房地产服务有限公司
业务：亿隆房地产服务有限公司成立于2003年，主要代理上海申得欧有限公司生产的迪诺瓦外墙涂料、外墙保温系列等。质量保证，价格合理，热诚欢迎新老客户惠顾。
地址：福建省莆田市城厢区月塘街438号
邮编：351100
法人：李志强
Tel：0594－2633558
Fax：0594－2633558

## 清流县新兴林业苗圃
业务：造林苗、绿化苗、经济林苗种植及销售，园林绿化景观设计与施工，城市园林绿化及咨询服务为一体，公司以“好种、好苗、种好树”为原则，以质量求生存，以信誉求发展，竭诚为广大客户服务！
产品：杉木良种苗、杉木2代、杉木2.5代、湿地松、木荷、枫香、光皮桦、杞木、油茶、火力楠、香樟、竹柏、红豆杉、罗汉松、桂花、楠木等
地址：福建省三明市清流县嵩口镇立新村16号
负责人：李广兴　邮编：365307
法人：李广兴
Tel：0598－5235622
13459883609
Fax：0598－5235622
网址：www.qlskmp.com
E-mail：qlskmp@qlskmp.com

## 清流县嵩溪镇健基年发工程队
业务：承接建筑工程附属工程
地址：福建省三明市清流县嵩溪镇解放路203号
负责人：杨金红　邮编：365000
法人：杨金红
Tel：15860853619
0598－5255400

## 清流县嵩溪新丰砖厂
业务：水泥砖加工制作及销售
地址：福建省三明市清流县嵩溪镇塘背村
负责人：余根秀　邮编：365304
法人：余根秀
Tel：0598－5397622
15059011586

**厦门玉麒麟石材有限公司**
地址：福建省厦门市思明区水牛堀22号后
负责人：杨玉姝
Tel：0592－5814248

## 三明市三元区家豪装饰有限公司
业务：室内装修与设计
地址：福建省三明市三元区下洋新村13幢7号
负责人：刘梓明　邮编：365000
法人：刘梓明
Tel：15160601908
0598－8588919
8588959

**厦门振顺房地产营销策划有限公司思北分公司**
地址：福建省厦门市思明区思明北路155号1层之21
负责人：张丹峰
Tel：0592－2020155

## 三明市三元区永达玻璃行
业务：销售各种玻璃
产品：特种玻璃，塑钢玻璃，中空玻璃，钢化玻璃
地址：福建省三明市三元区新市中路133号1幢102号
负责人：赵东江　邮编：365000
法人：赵东江
Tel：0598－8898618
13507591262

## 瑞景建材供应站
业务：夹芯泡沫板、双层隔音轻质墙板、植物纤维高强轻质隔墙板、工业厂房外墙挂板、隔热（保热）防水屋面瓦、高速公路（铁路）隔音屏条板、一次战型浇铸模具，建筑内外墙漆，工业商业地坪漆，工业防腐漆
地址：福建省三明市三元区新市中路206号一层20－22轴、21－23轴
负责人：俞开峰　邮编：365000
法人：俞开峰
Tel：13507598587
0598－8598008

**厦门市鼎旭装修工程有限公司**
地址：福建省厦门市思明区天鹭大厦A幢28H
负责人：赵庆华
Tel：13599523661

## 沙县金田木门经营部
业务：木门、橱柜、楼梯
地址：福建省三明市沙县鸿图花园鸿辉园15幢F05号店
负责人：杨志雄　邮编：365000
法人：杨志雄
Tel：0598－5847696
Fax：0598－5847696

## 沙县夏茂创信建材总汇
业务：销售建材
地址：福建省三明市沙县夏茂镇中山路142－150号
负责人：卢伟梁　邮编：365501
法人：卢伟梁
Tel：0598－5504801

**江西省第三建筑有限责任公司厦门分公司**
地址：福建省厦门市思明区文园路文塔里1号（弘龙商业城）403室
负责人：林主恩
Tel：0592－2021788

## 泰宁县和成发集成装饰部
业务：家具装修
地址：福建省三明市泰宁县朱口镇隆盛路
负责人：李比兴　邮编：365000
法人：李比兴
Tel：0598－7661619
13459849990
Fax：0598－7661619

**上海天祥质量技术服务有限公司厦门办事处**
地址：福建省厦门市思明区厦禾路189号银行中心1509室
负责人：夏威
Tel：0592－2395200

## 永安市长城瓷砖店
业务：主营长城瓷砖兼营各种其它品牌屋内外瓷砖，地面砖，抛光砖，仿古砖，各种防水材料
地址：福建省三明市永安市豪门御景8号楼156－157号
负责人：陈福英　邮编：366000
法人：陈福英
Tel：0598－3858668
13960576913
13960561816

## 尤溪县金花建材经营部
业务：经营建材
地址：福建省三明市尤溪县城关镇环城路58号
负责人：叶开海　邮编：365000
法人：叶开海
Tel：0598－6306486
13666950633

**厦门绿家缘环境技术有限公司**
地址：福建省厦门市思明区厦禾路871－1号F梯601室
负责人：陈海珊
Tel：0592－5888622

## 尤溪县乐家居门业销售部
业务：防盗门
地址：福建省三明市尤溪县城关镇水东路1号大儒名城8幢一层08－09
负责人：廖先生　邮编：365000
法人：廖翌勇
Tel：13774710805
0598－6325970
13626010006

## 尤溪县诚信水暖
业务：同济阳光太阳能，太阳村太阳能热水器 尤溪总代理 兼营：泰力开关 华雕水暖 奥维丝洁具 水电管材
地址：福建省三明市尤溪县城西西街102号，分店地址：西城镇七口街414号（大池塘）
负责人：王光信　邮编：365000
法人：王光信
Tel：0598－6311351
6399862
13062490351

**厦门时代家园房地产代理有限公司禾祥东分公司**
地址：福建省厦门市思明区厦禾路881号之32号店面
负责人：陈由强
Tel：0592－8899432

## 尤溪县尤溪口镇福优细木工板厂
业务：细木工板的生产、加工
地址：福建省三明市尤溪县尤溪口镇镇政府旁
负责人：欧庭刚　邮编：365105
法人：欧庭刚
Tel：0598－6270117
13774727728

## 尤溪县中仙乡杨光建材经营部
业务：建材销售
地址：福建省三明市尤溪县中仙乡华仙村东乾1号
负责人：陈邵杨　邮编：365000
法人：陈邵杨
Tel：0598－6423296

## 仙游县沙溪建材有限公司
业务：仙游县沙溪建材有限公司位于福建省莆田市仙游县郊尾镇沙溪村53号，从事沙石开采、销售；水泥预制品加工、销售。仙游县沙溪建材有限公司期待着与您的真诚合作，欢迎广大有识之士光临指导。
地址：福建省莆田市仙游县郊尾镇沙溪村53号建材公司
邮编：351253
法人：黄柏存
Tel：0594－7396119
Fax：0594－7378888

## 石狮市福顺石材商行
业务：石材加工、销售
产品：大理石
地址：福建省石狮市长福濠江路11－12号
负责人：曾金松　邮编：362700
法人：曾金松
Tel：13774812221
0595－83050783

## 石狮市崇景建材店
业务：防盗门、不锈钢门窗、瓷砖
地址：福建省石狮市石蚶大道洪窟崇景开发区9－14号
负责人：洪辉跃　邮编：362700
法人：洪辉跃
Tel：0595－88778388
83879997

**厦门首佳房地产行销企划代理有限公司松柏物业部**
地址：福建省厦门市思明区莲岳路154号之4
负责人：管杰
Tel：0592－8881094

**厦门市欣佳运置业代理有限公司**
地址：福建省厦门市思明区厦禾路冠成大厦571号店面
负责人：林建超

Tel:0592－2234608

## 武夷山市荣盛装璜广告工程有限公司

业务:集装饰工程设计施工、广告制作、城市亮化工程,为一体的专业化装饰公司,我们推崇绿色与智能化装潢,以时尚的精品设计,优质的施工质量,一流的售后服务,竭诚为您打造完美生活!
地址:福建省武夷山市度假区玉女峰路19－22号2楼
负责人:黄从荣 邮 编:354300
法 人:黄从荣
Tel:0599－5255877
Fax:0599－5234200
网址:www.wysrs.com
E-mail:rongshengmail@163.com

## 武夷山市华盈建材

业务:碧圣,欧式全瓷连锁瓦,陶瓷栏杆古建筑琉璃瓦,内墙砖,外墙砖,地板砖,玻化砖,仿古砖,天然文化石,路延石,石雕,石桌子。
地址:福建省武夷山市五九南路武夷魂对面兴明加油站旁
负责人:吴鸿权 邮 编:354300
法 人:吴鸿权
Tel:13850944897
0599－5112055

**厦门五福居装饰设计工程有限公司**
地址:福建省厦门市思明区仙岳路580号602室
负责人:金权
Tel:0592－5368439

## 武夷山市鹰卫浴小王水暖配件行

业务:鹰卫浴及水暖配件批发零售
地址:福建省武夷山市湘达小区E幢13－14号(火车站路口绿园小区对面)
负责人:王碧英 邮 编:353000
法 人:王碧英
Tel:15959926398
13799105144

## 武夷山市兄弟不锈钢装饰店

业务:门面装修
地址:福建省武夷山市兴田镇湖山路92号
负责人:徐军 邮 编:354305
法 人:徐军
Tel:13860094740
13695053842

## 建平塑钢门窗加工店

业务:各种铝合金,塑钢栏杆,不锈钢门窗加工,无框阳台,淋浴房,雨棚,彩钢房,隐形纱门窗加工及维修。
地址:福建省武夷山市站前大道南侧一号楼(信用社对面)
负责人:暨建平 邮 编:354300
法 人:暨建平
Tel:13859473756
13859369644

**厦门兴庄房地产开发有限公司**
地址:福建省厦门市思明区香莲里35号35D
负责人:梁民强
Tel:0592－5563869

## 霞浦县世友地板材店

业务:世友地板专卖
地址:福建省霞浦县松港街道东兴社区福宁大道31号4幢112房
负责人:叶雄 邮 编:352100
法 人:叶雄
Tel:0593－8787688

## 厦门怡采智能科技有限公司

业务:自动门产品系列:滑升遥控车库门,智能遥控开门机,感应自动门,豪华遥控伸缩门,道闸及停车路障减速设备,工业仓储门,停车场智能化管理系统及楼宇智能化产品。
地址:福建省厦门市莲花九州商社大厦四楼
负责人:陈振邦 邮 编:361000
法 人:陈振邦
Tel:0592－5519291

## 仙游县榜头宏艺家居装饰材料商行

业务:批发零售等安装服务,整体衣柜,拉门
产品:品牌整体衣柜,拉门,工艺玻璃,木地板,等装饰材料
地址:福建省仙游县榜头镇九仙西路58号
负责人:林立兴 邮 编:351200
法 人:林立兴
Tel:0594－6861398
13850261398
Fax:0594－7772398
E-mail:linlixing1398@163.com

**厦门绘艺装饰设计有限公司**
地址:福建省厦门市同安区大同街道环城西路佳展楼504室
负责人:林斌艺
Tel:0592－7122852

## 永安市群成脚手架经营部

业务:专业销售和出租脚手架,我们本着以人为本、安全第一的原则,为客户提供优质的产品和完善的服务!
产品:扣件、步步紧、模板扣、安全网
地址:福建省永安市江滨路548号
负责人:陈志明 邮 编:366000
法 人:陈志明
Tel:0598－3858832
13616931552

**同安耐特丽人造大理石厂**
地址:福建省厦门市同安区凤南南山324国道217公里处
负责人:熊平伟
Tel:0592－7570385
13015951166

## 永安市盛大装饰有限公司

业务:室内外装饰设计与施工,广东欧雅陶瓷盛世豪门专卖,广东神舟爱丽诗漆专卖
地址:福建省永安市五洲小区111号
负责人:盛玉兵 邮 编:365000
法 人:盛玉兵
Tel:0598－3803800
3869949
13030800510
Fax:0598－3869949
QQ:455451755

## 永安市永华不锈钢铁件加工店

业务:不锈钢、铝合金、广告牌
地址:福建省永安市下茅坪小区141号
负责人:郑元梧 邮 编:366000
法 人:郑元梧
Tel:13859166994
13616931304

**厦门长洋疏浚工程有限公司**
地址:福建省厦门市同安区西柯镇美星村
负责人:马兆胜
Tel:0592－8999483

## 福建省永泰县祥宇建筑劳务有限公司

业务:建筑劳务施工
地址:福建省永泰县龙峰园安华小区B栋
负责人:王尧祥 邮 编:350001
法 人:王尧祥
Tel:18906902399
0591－24715845

## 云霄县青山水暖五金店

业务:排水管、给水管、不锈钢水塔、电线、节能灯
地址:福建省云霄县火田镇莱埔村城外公路边
负责人:黄青山 邮 编:363302
法 人:黄青山
Tel:13959668960
0596－8516325

**五金机电商城物业管理有限公司**
业务:五金机电商城物业管理有限公司成立于2001年,以物业管理与服务为主业。
地址:福建省泉州市洛江区安吉路中段中园泉州五金机电商城主楼4楼
邮 编:362011
法 人:汪流川
Tel:0595－22636600
Fax:0595－22635078

## 漳平市愿平水电洁具经营部

业务:水电(水暖)五金、洁具的批发、零售
地址:福建省漳平市闽西南建材城D8号楼20－21号店
负责人:黄愿平 邮 编:364000
法 人:黄愿平
Tel:13860230025
0597－7838898

## 漳平市春光玻璃装饰

业务:玻璃加工、玻璃衣柜门的定制与销售
产品:玻璃加工、玻璃衣柜门
地址:福建省漳平市永福镇三角线凤福新村31号
负责人:吕建照 邮 编:364400
法 人:吕建照
Tel:13004988734

## 漳平市小李卫浴店

业务:卫浴器具经营
地址:福建省漳平市永福镇畜牧站一楼
负责人:李建州 邮 编:364400
法 人:李建州
Tel:0597－7881469

## 杜浔镇金兴园艺场

业务:花卉、苗木(以出口为主)
产品:榕树、虎皮兰
地址:福建省漳浦县杜浔镇范阳村环城路
负责人:黄志文 邮 编:363200
法 人:黄志文
Tel:13960129106
0596－3817360

**厦门联福盛建材有限公司**
地址:福建省厦门市同安县区西柯镇西柯村顶柯159号
负责人:柯福进
Tel:0592－7110305

## 长泰县建益石材厂

业务:石材加工、销售
地址:福建省漳州市长泰县陈巷镇祖地村
负责人:黄建才 邮 编:363900
法 人:黄建才
Tel:0596－8227680
8227760

## 长泰县银河石材厂

业务:生产、销售石材
产品:G645芝麻黑
地址:福建省漳州市长泰县林墩工业区乔美村林口洋
负责人:林本寿 邮 编:363900
法 人:林棉花
Tel:0596－8267122
13605072102

**厦门国贸东润置业有限公司**
地址:福建省厦门市翔安区大嶝镇
负责人:熊之舟
Tel:0592－7099999

## 漳州市常山开发区喜聪建材店

业务:建材批零
地址:福建省漳州市常山华侨经济开发区吉仔管区
负责人:付喜聪 邮 编:363000
法 人:付喜聪
Tel:0596－8629050

## 东山县铜陵镇迦南门业店

业务:各类门窗加工、订制与销售
产品:各类门窗
地址:福建省漳州市东山县铜陵镇铜亭街162幢6号
负责人:陈满强 邮 编:363000
法 人:陈满强
Tel:0596－5656889
Fax:0596－5656889

**厦门市永恒发装饰板有限公司**
地址:福建省厦门市翔安区内厝镇官路村
负责人:黄镇西
Tel:0592－7076027

## 建瓯市阿广保洁服务部

业务:城市保洁,高空作业
地址:福建省漳州市建瓯市莲花路21号
负责人:陈浙广 邮 编:353100
法 人:陈浙广
Tel:0599－3735219

## 漳州开发区豫隆钢结构安装服务有限公司

业务:钢结构安装服务
地址:福建省漳州市开发区珊瑚苑12幢101号
负责人:闫水河 邮 编:363900
法 人:闫水河
Tel:13860839203
13605084948

**厦门日懋园林绿化有限公司**
地址:福建省厦门市翔安区内厝镇莲前村
负责人:苏进展
Tel:13606027000

## 龙海市东园意川建材经营部

业务:建材销售
地址:福建省漳州市龙海市东园镇新林村新厝71号
负责人:陈亚川 邮 编:363000
法 人:陈亚川
Tel:0596－6713032
13960062907

## 厦门市篔筜新市区工程监理有限公司漳州分公司

业务:工程监理
地址:福建省漳州市芗城区南昌路东段悦华文元路901号
负责人:赵卫华 邮 编:363000
法 人:赵卫华
Tel:15959446965
0596－2962058
网址:www.zzydjl.cn

## 龙海市角美勇全木材经营部

业务:专业从事建筑材料、木材半成品销售及加工的专业木材厂。具有先进的机械和设备行车,专业的技术人员,为客户提供全面优质的服务!
产品:木材半成品、建筑材料,竹胶板、木胶板(厂方直销)
地址:福建省漳州市龙海市角美镇田里村
负责人:王子勇 邮 编:363000
法 人:王子勇
Tel:0596－6773477
Fax:0596－6773477

**厦门名达石业有限公司**
地址:福建省厦门市同安区祥平街道双吉路134号601室
负责人:吴福年
Tel:0592－8870956

**厦门泓皓管业有限公司**
地址:福建省厦门市翔安区巷北工业区
负责人:严增评
Tel:0592－7166786
13860109338

## 龙海市龙池鸿祥石制品加工场

业务:石制品的加工,销售
产品:石制品
地址:福建省漳州市龙海市龙池开发区角嵩路边松柏山
负责人:许建忠 邮 编:363000
法 人:许建忠
Tel:0596－6268658
Fax:0596－6768558

## 南靖县国强铝合金加工店

业务:铝合金门窗代加工
地址:福建省漳州市南靖县和溪镇兴林路137、139号
负责人:庄国强 邮 编:36605
法 人:庄国强
Tel:13599586982

## 南靖县祥瑞瓷砖店

业务:瓷砖
地址:福建省漳州市南靖县靖城镇草前村忠声路027号
负责人:陈瑞森 邮 编:363000
法 人:陈瑞森
Tel:13625901606
15960633646

## 平和县少清建材经营部

业务:销售建材、水泥
地址:福建省漳州市平和县小溪镇大坂洋工业区
负责人:李少清 邮 编:363000
法 人:李少清
Tel:13489635551
0596－5266951

**厦门洪兄弟园林工程有限公司**
地址:福建省厦门市翔安区新店镇洪厝村下楼
负责人:洪乘谋
Tel:0592－7121158

## 漳州市芗城区志兴建材店

业务:水泥、瓷砖、墙面灰、石棉瓦、烤漆门
地址:福建省漳州市芗城区漳华公路浦林村路段
负责人:杨志明 邮 编:363003
法 人:杨志明
Tel:13960157955
0596－2588768

**厦门翔安征地拆迁有限公司**
地址:福建省厦门市翔安区新店镇永兴路13号
负责人:戴文平
Tel:0592－7889068

## 漳浦县杜浔惠兴石材厂

业务:销售灰绿岩石材
地址:福建省漳州市漳浦县杜浔镇后因村
负责人:陈林兴 邮 编:363215
法 人:陈林兴
Tel:13960052388
0596－3896869
Fax:0596－3896662

## 淑龙门业

业务:集设计、制作、加工、销售为一体,专业从事防盗门、防盗网、烤漆门、铝合金、不锈钢门花及不锈钢配件的销售,产品款式多样、保证质量,热忱欢迎新老顾客的光临!
产品:不锈钢、门花
地址:福建省漳州市漳浦县佛昙镇下坑村
负责人:杨淑龙 邮 编:363208
法 人:杨淑龙
Tel:0596－3660741
15880508741

**福建省明溪先科建筑材料厂**
业务:福建省明溪先科建筑材料厂成立于1996

年，生产各种新型建筑用砖，地板砖、彩面砖、水管、下水道管等一系列水泥制品。
地址：福建省三明市明溪县汉仙镇王陂村
………… 负责人：叶福才……邮　编：365200
…………………………………… 法　人：叶福才
…………………………………… Tel：0598－2792069
…………………………………… 网址：mtw26048

## 漳浦县湖西乡蓝永武建材店
业务：钢筋、水泥销售
地址：福建省漳州市漳浦县湖西乡城内村兴华路52号
……… 负责人：蓝永武　邮　编：363206
………………………………… 法　人：蓝永武
…………Tel：0596－3602185
13799810228

## 漳浦县深土镇伟煌建材店
业务：三明钢材，国家免检水泥三德水泥、紫金水泥、金城水泥等销售
地址：福建省漳州市漳浦县深土镇庵下吴村丹山中路
……… 负责人：林伟煌　邮　编：363000
………………………………… 法　人：林伟煌
…………Tel：0596－3724567
13960120567

## 漳州市芗城区欧亨PU建材商行（漳州总代理）
业务：欧亨PU系列产品
产品：罗马柱、灯盘、梁托等
地址：福建漳州市芗城区新浦路博美家建材城一层121号
……… 负责人：王江彪　邮　编：363000
………………………………… 法　人：王江彪
…………Tel：15859605188
0596－2685372

## 诏安县太平玉利建材行
业务：钢筋，水泥，瓷砖，漆
地址：福建省漳州市诏安县太平镇太平村麻寮路口
……… 负责人：陈伟平　邮　编：363508
………………………………… 法　人：陈榕良
…………Tel：0596－3024678
13859230908

## 华安县如意花园
业务：各种各样鲜花及花盆，水培植物和水培植物营养液
地址：福建省漳州市华安县华丰镇大同西路15号105店面
……… 负责人：阙旺木　邮　编：363800
………………………………… 法　人：高燕如
…………Tel：13959665932
13400946266

**福州义利陶齿配制有限公司**
地址：福马路五里亭立交桥（福州医疗设备厂内）
…………………………………… 负责人：陈志健
…………………………………… Tel：13107628083

## 漳州美林石业有限公司
业务：建筑用石材，雕塑用石，观赏石的加工及销售
地址：福建省漳州市漳浦县绥安镇麦市东街8幢31号507室
……… 负责人：陈溪法　邮　编：363000
………………………………… 法　人：陈溪法
…………Tel：13959692620
0596－3204568

## 漳浦县远恒石板材加工厂
业务：石板材加工
地址：福建省漳州市漳浦县霞美镇五社村
……… 负责人：林建乐　邮　编：363000
………………………………… 法　人：林建乐
…………Tel：0596－3742020
13906952220

**厦门同安安胜土方工程有限公司**
地址：福星大地A座106室
…………………………………… 负责人：陈央
…………………………………… Tel：13328313138

## 诏安县桥东雪平建材店
业务：瓷砖、洁具
地址：福建省漳州市诏安县桥东镇外凤村92号
……… 负责人：许雪平　邮　编：363000
………………………………… 法　人：许雪平
…………Tel：0596－3385598
13605056339

## 诏安县荣鑫建材经营部
业务：钢筋水泥、瓷砖、铝合金等产品经营
地址：福建省漳州市诏安县桥东镇西沈村乌仔寮市场
……… 负责人：沈荣宗　邮　编：363000
………………………………… 法　人：沈荣宗
…………Tel：13605050480
0596－3387352

**福建省城乡建设工程有限公司沙县分公司**
业务：本公司主要从事工程建设，承接土石方工程，安装工程，装饰装修，园林绿化等工程项目，欢迎来电垂询。
地址：福建省三明市沙县城西园小区鸿翔园4栋502
………… 负责人：林家健……邮　编：365500
…………………………………… 法　人：林家健
…………………………………… Tel：0598－5858530
…………………………………… Mobile：13859192363
………… 网址：www.mtw30844.chinapyp.com

**志松胶合板加工场**
地址：福建省漳州市龙文区蓝田镇梧桥村梧店社188号
…………………………………… 负责人：陈兆根
…………………………………… Tel：0596－2100652
13055893188

## 春发不锈钢装饰材料总汇

春发不锈钢装饰材料总汇于2005年成立，本汇主要经营生产、加工、批发各种品牌不锈钢管材、配件、防盗门、防盗网、铝合金材料及承接室内外装修工程。

本汇一如既往秉持“质量至上，诚信为本”的经营理念，以质量求生存，信誉求发展，客户为中心，市场为导向，不断开拓、创新，努力把企业进一步做优、做强。

联系人：王嘉春 13860503067 传真：0598-6839185
电子邮件：chuenfai@163.com　邮编：365400
地址：福建省三明市宁化县中环路翠江大厦19－20号

## 大田县鸿雅装饰材料店

大田县鸿雅装饰材料店于2005年成立，本店专营墙纸、地毯、塑胶地板、隔热膜、小车太阳伞、室内装饰品零售，我们愿以优质的产品、诚实的服务，与您真诚合作，共创双赢！

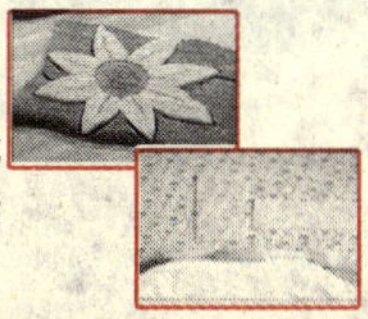

电话：0598-7265522
联系人：高加塬 13599363266　传真：0598-7265522
地址：福建省三明市大田县建山路111号、117号、119号　邮编：366100

## 福安市创益防水材料店

福安市创益防水材料店成立于2003年，本店经营各种防水，防腐，保温，隔热材料。

主要产品有K11防水浆料、隔热、保温系列，内外防水系列，本店经营理念是以客户为尊，以诚信为本，以环保为己任，以双赢为目标。

联系人：张梓金 13905933964　电话：0593-6955526
地址：福建省宁德福安市赛岐赛江花园62幢9号　邮编：355000

## 昌华石板材有限公司

昌华石板材有限公司成立于1989年，本公司专业从事建筑用石的加工与销售。主要产品有G612、G648、G688、G682、漳浦黑、安山岩，加工成墓碑、薄板、外墙粘石、异形加工等业务，产品销往欧美、日本、东南亚及全国各地。深受广大海内外客户青睐。

联系人：陈民有
电话：0596-3700089　13806908757　传真：0596-3704426
地址：福建省漳州市漳浦县赤湖镇开发区
电子邮件：changhua828@126.com　邮编：363209

## 福鼎市店下先秀塑钢门窗有限公司

福鼎市店下先秀塑钢门窗有限公司自成立以来，专业从事塑钢门窗，铝材的加工。公司本着“客户第一、质量第一、诚信至上”的经营方针，严把质量关，与多家企业建立了长期的合作关系。热忱欢迎各界朋友前来参观、考察、洽谈业务。

联系人：陈先秀　邮编：355208
电话：0593-7296779　传真：0593-7292957
地址：福建省福鼎市店下镇象山客运站楼下

## 城厢区光荣装璜材料经营部

本公司主要经营板材、五金、木线条、地板等装潢材料，主要产品有扬子地板、威尔舒地板、集成吊顶、豪华推拉门等。本经营部秉承一站式购物省心、一条龙称心理念，为广大消费者服务。

联系人：林光荣
电话：0594-2522568、2522658、2526288、13808594988 传真：0594-2526288
地址：福建省莆田市城厢区农贸市场路口　邮编：351100

## 福建大德建设工程发展有限公司

福建大德建设工程发展有限公司从事：

建筑承包、装饰、装修、土石方、市政园林等。

欢迎惠顾！

联系人：王德渠　电话：0595－22211165　22211167
地址：福建省泉州市丰泽区北峰镇招联村井山路90号　邮编：362000

## 福建古田祥云石材厂

福建古田祥云石材厂成立于2008年，主要生产桃花红、金沙黄等花岗岩的工程板、荔枝板、火烧板等各种规格板，矿山资源丰富，所生产的板材、异型石精致典雅，产品深得用户青睐！

联系人：彭时富 13950556788
电话：0593－3936655 3937546
邮编：352000
地址：福建省宁德市古田县鹤塘镇芝山工业园区

## 福建玉融建材有限公司

从事建筑材料的销售。

公司秉承“顾客至上，锐意进取”的经营理念，坚持“客户第一”的原则为广大客户提供优质的服务。

联系人：翁坤官
13705986678 电话：0591－85617378
地址：福建省福清市江阴镇南曹村新江公路东侧 邮编：350309

## 福建龙岩伟龙装饰工程有限公司

邮编：364000

福建龙岩伟龙装饰工程有限公司以室内外装饰设计，防水工程设计与施工，国内外广告代理，不锈钢、铝合金制作为主。

公司全体员工热忱欢迎新老客户光临、惠顾。

联系人：吴永禄
电话：0597－5395981 5395920
地址：福建省龙岩市新罗区双龙路城市桂冠18号楼1110室

## 福清市東張賢坤水暖店

福清市东张贤坤水暖店于1997年成立，本店经销水暖配件、五金。主要产品有卫生洁具、太阳能、水暖配件、U-PVC给排水管、PPR给水管等。

本店将以一流的质量、卓越的信誉，务实创新的精神、完善的售后服务，给用户带来舒心与满意。

联系人：林文华 电话：0591－85393207
地址：福建省福清市东张镇清荣路南3号 邮编：350305

## 福建省龙岩市华宏建筑工程有限公司晋江分公司

我公司是一家房屋建筑工程施工总承包的企业。

多年来，公司以“优质、高效、诚信”的宗旨，扩大市场份额，推动技术进步，提升科技含量，打造优质、满意、精品工程。创新机制，科学管理，逐步建立完善现代企业制度，积聚优势，提高竞争能力，促进企业持续、稳定、和谐发展。

联系人：翁长河
电话：0595－88127989 88157989
邮编：362200
地址：福建省晋江市罗山福埔汽车交易市场D幢三楼

## 福清市江陰今典裝飾建材

公司成立于2003年，公司经营透光石、艺术玻璃、墙纸、推拉门、移门、木地板、玉石柱、集成吊顶，具备品种齐全，档次高，质量稳定，价格合理，绿色环保等特点，并组建一支高水准专业制作安装队伍，欢迎广大新老客户前来洽谈业务。

电话：0591－85968868
联系人：彭发顺 13124021507 传真：0591－85968163
地址：福建省福清市江阴镇邮电局对面 邮编：350309

## 福建省南安市怀远门窗装饰有限公司

福建省南安市怀远门窗装饰有限公司从事建筑门窗制作、销售，做工精细，造型大方，热诚欢迎您的光临惠顾！

联系人：戴成辉
电话：0595－86680808
地址：福建省南安市洪濑镇东大路B1608 邮编：362331

## 福清市龙田龙达艺术玻璃店

本公司成立于1999年，主要销售艺术玻璃。

我们始终秉承“一切为家”的经营理念和服务宗旨，不断开发“更耐用、更时尚、更健康”的产品，欢迎您的光临。

聯系人：薛從兵 13110789000
電話：0591－85789350
地址：福建省福清市龍田鎮上一村福龍商場A－6

## 福建省邵武市博发环保制品有限公司

福建省邵武市博发环保制品有限公司成立于2006年，主要从事环保建材的开发、生产、销售。

自成立以来，公司依托先进的设备，优质的产品，优惠的价格和完善的售后服务体系，赢得了客户和社会的肯定。

我们将继续本着“以勤为本，以诚待人”的企业宗旨，在市场推广“节能、绿色、轻型、美观”的建筑板材和建筑理念，为客户带来健康和便捷！

联系人：赵汝雄
13960645678
邮编：354000
电话：0599－6612866
地址：福建省邵武市中竹纸业有限公司四号门

## 福清市音西祖亮瓷砖店

福清市音西祖亮瓷砖店成立于2005年，本店专业从事瓷砖、防水材料的销售。

我们将以优质的产品质量，合理的价格，完善、及时的售前售后服务，竭诚为您提供最佳的服务！

联系人：洪祖亮
电话/传真：0591－85283058 13705099006
地址：福建省福清市音西建材市场西起第11排第3-5间 邮编：350300

## 福州健龙建筑劳务有限公司

福州健龙建筑劳务有限公司主要从事脚手架安装、脚手架租赁、脚手架搭设、门架顶拖等业务，欢迎新老客户来电洽谈业务！

联系人：何虾明　电话：0591-87591799　13705056902
地址：福建省福州市晋安区华林路338号福城花园福城楼16层1003号房
邮编：350013

## 汇森木业有限公司

汇森木业有限公司成立于2006年，主要销售装饰板材、中纤板。

本公司秉承"顾客至上，锐意进取"的经营理念，坚持"客户第一"的原则为广大客户提供优质的服务。

欢迎广大客户惠顾！

联系人：卞伟宏
电话：0591-83640096　87253188　83649918
邮编：350000
地址：福建省福州市晋安区连江北路251号南方装饰材料市场6号仓库

## 福州金弘基房产营销策划有限公司

福州金弘基房产营销策划有限公司自成立以来是一家集房产代理、营销策划、广告运作为一体的房地产服务机构。业务涉及房地产土地评估、投资分析、项目测算、市场调研、项目归划、产品归划、营销推广和销售代理等各个环节。

联系人：郑谷　13906927648

GOLD KING REAL ESTATE MASTERMIND AGENCY CO.,LTD

金弘基

电话：0591-87513580　87390067
传真：0591-87507128　邮编：350001
地址：福建省福州市鼓楼区东街43号新都会财经广场17A

## 惠安明翔石业有限公司

本公司是集设计、出口为一体的现代企业。本公司总经理和所有管理设计人员已经有做欧美墓碑和园林雕刻及异型建筑雕刻、东西方人物雕刻有10多年的历史经验。产品远销欧美等20多个国家和地区，深受国内外新老客户的信任并保持着长期的合作。本公司将以不断提高产品质量、优化服务、诚信求实的企业精神和国内外客户、贸易公司长期合作共创双赢！

联系人：张海仓
电话：0595-87698398　13805974224
地址：福建省惠安县崇武镇港乾村　邮编：362100

## 福州奇胜建筑工程有限公司

福州奇胜建筑工程有限公司创办于2007年。

主要从事建筑劳务分包，脚手架，房屋建设等业务。

公司坚持以"以客户为中心、以市场为导向、以科技为动力、以开创新产品为宗旨"的经营理念。

欢迎广大客户惠顾！

联系人：施炳辉　13799996918
电话/传真：0591-88078037
地址：福建省福州市省委党校函授大楼6D　邮编：350005

## 惠安縣東園短腳沙場

惠安县东园短脚沙场成立于2007年，惠安县东园短脚沙场是一家建筑、建材的企业，主营沙子、石子。

公司本着"客户第一，诚信至上"的原则，热忱欢迎各界朋友前来参观、考察、洽谈业务。

联系人：骆炳祥　13906090403　13559080020
地址：福建省泉州市惠安县东园镇秀涂村7组　邮编：362000

城建房产建材装潢

## 古田县鹤塘镇欣荣装饰材料行

古田县鹤塘镇欣荣装饰材料行成立于1995年，本行专业从事室内装修及各种室内材料的销售。诚信是我们的一贯作风，为客户提供优质.全面.快速的服务是我们不断前进的动力，让顾客永远满意是我们永远的目标。

联系人：余新榕　邮编：352000
电话：0593-3936866　传真：0593-3936866
地址：福建省宁德市古田县鹤塘镇鹤塘村坊下

## 惠安县飞翔石材制品厂

惠安县飞翔石材制品厂成立于2006年，本厂专业从事雕塑，建材等石材制品的加工及销售。长期以来，本厂以优质的产品，公道的价格，获得许多客户的长期信赖。秉承专心专业的态度，精益求精，发扬诚信，诚心的精神，信誉第一，我们期待与您合作！

联系人：张建江
电话：13505973392　0595-87162366　87860216
传真：0595-87860216　邮编：271100
地址：福建省泉州市惠安县东岭镇东坂村

## 光泽县德顺林业服务队

成立于2007年，专业从事林木管护、城市造林服务。

我们秉承"顾客至上，锐意进取"的经营理念，坚持"客户第一"的原则为广大客户提供优质的服务。

欢迎广大客户惠顾。

联系人：余财健
13950615188　13358458888
地址：福建省南平市光泽县寨里林场　邮编：354106

## 惠安县力山石材工艺厂

惠安县力山石材工艺厂成立于1997年，公司主要经营：超大异型系列配套，空心圆柱、罗马柱、欧式配套、线条、园林雕塑、寺庙墓园、装饰工程、建筑材料等工艺品。力山人秉承信誉第一、质量第一、客户第一的企业理念，积极进取的拼搏精神，不断创新、以顺应市场的需求，竭诚欢迎海内外及各界人士光临指导。

联系人：陈桂平　13906090657
电话：0595-87218536　传真：0595-87235200
地址：福建省泉州市惠安县涂寨镇曾厝工业区
邮编：362000

## 建宁县辅材装饰材料店

本公司成立于2007年，主要油漆及其辅助材料的销售。以“诚信至上，顾客第一”的服务宗旨愿与各界同仁携手共创，打造完美的创意空间。

联系人：刘沐奇

电话：0598-3970116　手机：13515992816

地址：福建省三明市建宁县下坊街　邮编：354500

## 龙海市闽龙建材经营部

龙海市闽龙建材经营部主要经营建材。公司成立以来，一直“诚信、合作、创新”，永远秉承顾客至上，以诚待客，以信取人，以消费者为中心的全新服务宗旨。

联系人：郭志君　电话：0596-6625110

手机：13709392433　13960003322

地址：福建省龙海市九湖镇林下村拥军路口86号　邮编：363100

## 晋江市磁灶镇广科窑炉设备安装维修部

本公司成立于2008年，主要从事辊道窑设备安装及维修。公司自成立以来以创建美好家园为宗旨，本着顾客至上的服务，坚持质量第一、信誉第一、服务于社会。

联系人：钱伏秋

电话：0595-22483945　手机：13905953945　13559544488

地址：福建省泉州市清盟经济开发区嘉龙现代城5号楼209　邮编：362000

## 龙岩市连城县欧龙建材店

龙岩市连城县欧龙建材店自成立以来，专业从事建材的销售。

本店秉承“顾客至上，锐意进取”的经营理念，坚持“客户第一”的原则为广大客户提供优质的服务。欢迎惠顾！

联系人：杨流明

手机：13850661329　邮编：364000

地址：福建省龙岩市连城县新泉镇洋梅村28号

## 晋江市国兴玻璃有限公司

晋江市国兴玻璃有限公司成立于1993年，本公司专业从事各种建筑安全玻璃，镜器，镀膜，室内高档工艺装饰玻璃，各种不锈钢形材，加工，剪，折，弯，数控开槽，不锈钢板，承接各种玻璃、不锈钢工程制作。晋江市国兴玻璃有限公司本着“客户第一，诚信至上”的原则，与多家企业建立了长期的合作关系。热忱欢迎各界朋友前来参观、考察、洽谈业务。

联系人：张培养　邮编：362200

电话：0595-85690588　传真：0595-85622388

地址：福建省晋江市青阳曾井钢材市场兴德路6幢8幢15幢

## 龙岩市新罗区家永隆不锈钢水塔厂

本公司成立于1993年，主要经营不锈钢水塔生产、销售，瓷砖的销售。

公司配有完善的生产设备，拥有一批高、中级专业人才和高素质稳定的管理队伍，从生产设计、工艺质量，工程安装、售后服务等环节均能提供优质的服务。产品畅销全国各地市场。

联系人：江明镁　13859583181

电话：0597-2565625

邮编：364015

地址：福建省龙岩市新罗区龙门镇湖一村龙岩焊条厂

## 晋江协顺陶瓷有限公司

本公司是菲律宾合资企业，引进意大利全套外墙通体砖生产线，日产通体砖18000平方，总投资3688万元，产品远销全国各大城市和东南亚各国。色彩丰富，质地坚硬，优良。

联系人：尤全金

电话：0595-88325222　传真：0595-88326222

地址：福建省晋江市内坑镇砌坑工业区　邮编：362000

## 龙岩震祥建筑劳务有限公司

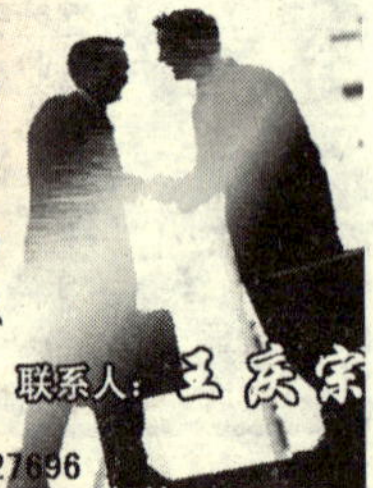

龙岩震祥建筑劳务有限公司成立于2006年，本公司主要经营建筑劳务。

本公司以"客户第一"的原则为广大客户提供优质的服务。欢迎惠顾！

联系人：王庆宗

电话：0597-2227696　传真：0597-2227696

地址：福建省龙岩市新罗区曹溪西洋村沿河路15号　邮编：364000

## 连江县大洋石料加工有限公司

连江县大洋石料加工有限公司成立于2007年，本公司专业从事石料加工。

我们将以更好的品质，服务，价格和信誉欢迎您的接洽！

地址：福建省福州市连江县下宫乡大洋村过湾里

电话：13859028988

联系人：俞家辉

邮编：350512

## 闽侯县美林青红豆杉种植有限公司

成立于二00七年，公司种有南方红豆杉两百多亩、三十多万株、盆栽一万多盆，公司员工七十六人。

红豆杉还是一种珍贵的药材，能提取一种叫紫杉醇的物质，能够制成对多种癌症疗效好，副作用小的抗癌药物，红豆杉并且还可以作为盆景，城市绿化等树种。

联系人：曾光美

13599077230

邮编：350104

地址：福建省福州市闽侯县廷坪乡洪山村1号

## 闽侯县中泰玻璃纺纱有限公司

公司坐落于青山环绕的闽侯珍山工业园区，拥有年产5000吨玻璃纤维，年处理碎玻璃6000吨。闽侯中泰玻璃纺纱有限公司愿接洽天下有缘的共识之士！

联系人：黄开纯
电话：0591-28802486　手机：13960991211
地址：福建省福州市闽侯县大湖乡珍山村委　邮编：350100

## 南安市三发石材有限公司

南安市三发石材有限公司专业从事石材加工和销售，主要产品是黑金沙石材。

我公司秉承“锐意进取，客户第一”的经营理念，会以最优质的产品，最周到的服务，来答谢广大客户的支持！

电话：0595-86999122 13906990039　联系人：王发明
地址：福建省南安市水头镇西锦村林前　邮编：362300

## 南安市春雷水暖厂

本公司成立于2004年，主要经营顶喷花洒、卫生洁具等。

公司始终秉着以质量求生存，靠信誉求发展的经营理念的同时；并时刻恪守"以顾客为中心"的思想，一切活动以满足顾客需求为己任的服务宗旨，处处为顾客着想。

联系人：罗长明
13860766057
电话/传真：0595-86189107
邮编：362000
地址：福建省南安市水暖城2区8幢17号

## 南安市石井鑫同发石材厂

本厂成立于2005年，主要经营各种石材（大理石、花岗岩）。我公司将以优惠的价格，周到的服务，过硬的产品，来为大家服务，愿我们产品能给您美好的家增加一些温馨。

联系人：林守善
电话：0595-86077233　86077232
传真：0595-86077232　手机：13805957633
地址：福建省南安市石井镇三乡蔡营工业区　邮编：362000

## 南安市红金龙洁具厂

本厂主要经营水暖洁具。“质量保证，诚信为重，顾客至上”是本厂全体同仁的服务宗旨。

联系人：王声坑
电话：0595-86668855　86142107
手机：13803104453
传真：0595-86142107
网址：hppt://www.kimies.com
电子邮箱：kimies08@163.com
地址：福建省南安市仑苍镇辉煌路136号　邮编：362304

## 宁化县曹坊杰出装饰装修材料行

宁化县曹坊杰出装饰装修材料行成立于2005年，本行主要经销装饰装修材料。宁化县曹坊杰出装饰装修材料行坚持以最优良的品质、最实惠的价格、最完善的服务，为您提供最满意的产品。热忱欢迎您的垂询与惠顾！

联系人：周金发
电话：13616934675　邮编：365411
地址：福建省三明市宁化县曹坊乡上曹村

## 南安市仑苍南阳王卫浴洁具厂

本厂专业从事水暖管件的生产、销售、安装一条龙服务，主要产品有各种管件、阀门、龙头、水暖洁具配件，我们真诚期待您的光临与合作。

联系人：叶永火
电话：0595-86182278
手机：13067151307
地址：福建省泉州市南安市仑苍镇综合水暖城　邮编：362000

## 宁化县济村乡武层村石料场

宁化县济村乡武层村石料场成立于2006年，本石料场专业从事加工、销售碎石。

公司秉承“顾客至上，锐意进取”的经营理念，坚持“客户第一”的原则竭诚为广大客户提供优质的服务。欢迎您电话联系或到工厂参观。

联系人：李启力 13960573250
地址：福建省三明市宁化县济村乡武层村桐子窠　邮编：365400

## 南安市梅山镇晨丰钢门店

本公司成立于2006年，主要经营钢门定制及销售，免费测量，免费送货，免费安装，现代设计与实用功能相结合。

本公司将真诚为您提供优异的性价比，竭诚做好服务的各项工作，确保您买得称心，用得放心！

联系人：李银贵　13067085488
电话/传真：0595-86577252　邮编：362321
地址：福建省南安市梅山镇成智大厦22-24

## 平和县正国装饰材料经营部

平和县正国装饰材料经营部成立于2006年，本经营部专业从事不锈钢、铁件制作、钢结构安装、制造、铝合金门窗、材料批发零售。

本经营部以质为先，以诚为本，是我们创业的基本宗旨，令我们的产品更贴近市场。真正的服务不仅为消费者提供高品质的产品，同时亦注重市场对产品的反馈意见。做得更好，是我们不懈追求的目标！

联系人：黄镇国 13605095681　传真：0596-5225555
电话：0596-5225555　邮编：363000
地址：福建省漳州市平和县小溪镇北环路90-92号

## 平潭县城关时代建材店

平潭县城关时代建材店自成立以来，关时代建材店位于福州市平潭县城关桂山庄，专业从事瓷砖，水暖，油漆等装潢材料。平潭县城关时代建材店本着“客户第一，诚信至上”的原则，与多家企业建立了长期的合作关系。热忱欢迎各界朋友前来参观、考察、洽谈业务。

联系人：许申凤
电话：0591-24367432 24155188 邮编：350000
地址：福建省福州市平潭县城关桂山庄8弄65号

## 泉州市丰泽区敏达装饰材料商店

泉州市丰泽区敏达装饰材料商店成立于1999年，本商店主要经营铝合金配件、幕墙配件。

公司本着“以质量为生存、信誉为宗旨、服务为根本”的经营理念，保障广大客户的利益为导向，真诚满足客户的需求，为公司的发展打下了坚实的基础。

联系人：陈春生
电话：0595-22578554 22598554 传真：0595-22598554
地址：福建省泉州市丰泽区温陵新城9号店 邮编：362000

## 莆田市涵江区江口俊友铝材店

本公司成立于1992年，主要经营坚美铝材代理、罗普斯金豪华大门制作、窗帘布艺制作。

公司本着诚信经营的服务宗旨，致力于与客户建立起相互信任、共同发展的长期伙伴关系。

联系人：刘俊友 13706069078
电话：0594－3789078
地址：福建省莆田市涵江区江口镇石庭东路838-5、6、7号 邮编：351100

## 泉州市丰泽区欧昇铁花建材经营部

泉州市丰泽区欧昇铁花建材经营部是一家建筑、建材的企业。本经营部专业生产和销售欧式铁件制品及铁件工艺品，工程安装的综合公司。

产品选用优质材料，精心设计、精打细锻：主要生产锻打、冲压铁花、铸栏杆、大门、铸铜、铸铝、配件等铸锻铁艺产品。欧昇将一如既往地为广大客户提供优质的产品，良好的售后服务，可根据客户提供来图，来样订做。欧昇愿真诚与广大朋友携手合作，共创美好未来。

联系人：杨元庆 13505057497 传真：0595-22597697
电话：0595-22268697 22566697 网址：www.qzousheng.cn
地址：福建省泉州市丰泽区金帝花园第13幢21-25号 邮编：362000

## 莆田市仙游县赖店镇盛和水泥空心砖厂

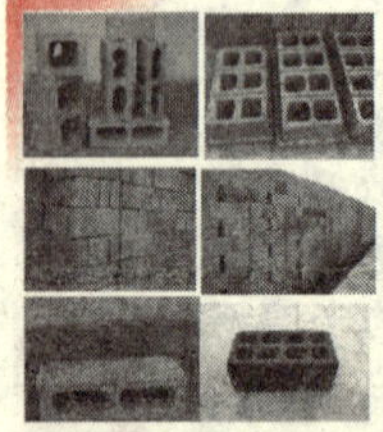

本公司成立于2009年，主要生产销售各种规格水泥空心砖及水泥实心砖，主要产品有空心砖：390×190×190、190×190×190，水泥实心砖：240×115×55。服务宗旨：技术领先、产品优质、诚信服务、共谋发展。

电话：0594-8662288、13859884567 联系人：陈国标 邮编：351200
地址：福建省莆田市仙游镇闽南派出所 电子邮件：cgb8662288@163.com

## 泉州市惠安县信达油漆商行

本公司成立于1999年，主要是世界名牌、ICI、多乐士漆惠安总代理。

公司成立以来，始终坚持以诚为本，诚信第一的服务宗旨，努力满足各层次合作伙伴的需要。

联系人：曾文振 13805907180
电话：0595-87392822
邮编：362100
地址：福建省泉州市惠安县螺城建设南路东升商住楼15#楼3-4号店

## 泉州丰泽恒信兴保温材料经销部

泉州丰泽恒信兴保温材料经销部成立于2008年，本经销部主营隔音隔热，橡塑保温材料，PE托码，胶水。

泉州丰泽恒信兴保温材料经销部本着“客户第一，诚信至上”的原则，与多家企业建立了长期的合作关系。热忱欢迎各界朋友前来参观、考察、洽谈业务。

联系人：凌启发 13110857778
电话：0595-68225518 传真：0595-68225518
地址：福建省泉州市丰泽区成洲工业区 邮编：364200

## 泉州中联石凤水泥公司

泉州中联石凤水泥公司成立于1993年，本公司专业从事生产、销售各种型号规格的水泥。诚信为本，让客户满意，是泉州中联石凤水泥公司的永恒追求。本公司全体员工竭诚欢迎海内外各界朋友来人来函考察指导，洽谈合作，携手共创美好明天！

联系人：王建设
电话：0595-22839751 传真：0595-86885513
地址：福建省南安市官桥镇塘上工业区
邮编：362300

## 泉州市丰泽区大自然地板店

本公司成立于1998年。

主要零售木地板。

以质量求第一，以技术求发展，以信誉求生存的服务宗旨，深得新老客户的一致好评和信赖。

联系人：林少杰 13959891186
电话：0595-22110556
传真：0595-22114856
邮编：362000
地址：福建省泉州市丰泽区湖心街凯旋楼19、21、23号

## 三马洁具经营部

三马洁具经营部自成立以来，本经营部专业从事卫浴洁具的销售。

公司秉承“顾客至上，锐意进取”的经营理念，坚持“客户第一”的原则为广大客户提供优质的服务。欢迎惠顾！

联系人：黄国贤
电话：13959865268 0595-86180896
地址：福建省南安市仑苍水暖城7-22号 邮编：362300

## 三明市大田县伟龙装璜部

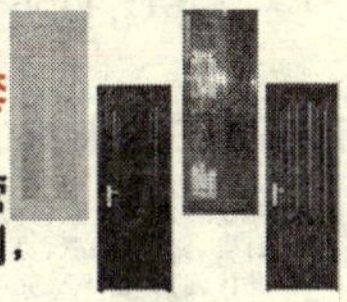

三明市大田县伟龙装璜部成立于2006年，本部专业加工铁件、不锈钢、铝合金、室内套装门、防盗门等。

本部秉承“顾客至上，锐意进取”的经营理念，坚持“客户第一、顾客至上”，的原则，深得广大客户的信赖。

联系人：陈永钻　电话：0598-7231591
地址：福建省三明市大田县均溪镇福田大道189号　邮编：366100

## 厦门永鑫爆破工程有限责任公司

厦门永鑫爆破工程有限责任公司是从事工程爆破设计、施工和咨询的专业技术公司，公司在建筑物拆除爆破、城乡土石方爆破、特种爆破等方面进行了大量的工程实践，积累了丰富的工程施工经验，拥有一支训练有素、管理严格的施工队伍。

我公司以“安全、求实”为宗旨，立足信阳、放眼外界，在为顾客提供满意服务的同时，竭诚与社会各界广交朋友，携手共进，再创辉煌！

电话：0592-5773333
联系人：林爱中 13806019686　传真：0592-5053889
地址：福建省厦门市思明区体育路78号8楼　邮编：361000

## 沙县南方建材有限公司

沙县南方建材有限公司成立于2008年，主要从事水泥等再生资源胶凝项目的研究、生产。

公司以优质的产品，优良的服务，获得了广大客户的一致好评。公司欢迎广大客户朋友、志士同仁实地考察、真诚合作。公司将根据客户需要一如既往竭诚地为广大客户服务，为营造良好的居住环境而努力。

联系人：李国炎
电话：0598-5631566　13906988119
地址：福建省三明市沙县高砂镇龙江村　邮编：365500

## 仙游县鲤南诚信装璜装饰

仙游县鲤南诚信装璜装饰成立于2008年7月，本装饰部主要经营室内外装修、装饰、室内设计、装璜材料批发、销售。“信誉是企业的生命，信誉度高企业才能长久的生存”是诚信装璜装饰的施工宗旨。我们把每一位客户都视为第一位顾客，并贯穿于整个企业管理中；完善的施工与客户服务体系是工程质量最有力的保证。我们力求让每一个进入公司的顾客都感受到朋友般的体贴。在设计施工中，以过硬的质量赢得客户的信赖与支持，为客户的需求提供尽善尽美的服务，是诚信装璜装饰公司不变的信念。

联系人：陈岩仙
电话：0594-8265525 13599026681
地址：福建省莆田市仙游县鲤南镇新园街国税斜对面　邮编：351200

## 石狮市勤业木制加工厂

石狮市勤业木制加工厂是一家专业经营经热处理过的包装用木制品加工的企业。

产品因质量优良走出国门，赢得了良好的信誉和口碑。公司秉承“顾客至上，锐意进取”的经营理念，坚持“客户第一”的原则为广大客户提供优质的服务。欢迎惠顾！

联系人：许荣续
电话：0595-88585869　13400808888
地址：福建省石狮市永和镇英墩沪坑东区1号　邮编：362000

## 兴达装饰门窗材料商行

本公司成立于2008年，主要销售各种铝合金、不锈钢型材及室内外金属防盗门窗，承接室内外装饰工程。

本公司以“追求顾客的满意”为宗旨，给顾客以全方位的贴心服务。

电话：0595-22300559
传真：0595-22098295
联系人：吴贵阳　15905996295
邮编：362000
地址：福建省泉州市洛江区马甲镇美岭新村

## 霞浦县牙城凤翔碎石经营部

霞浦县牙城凤翔碎石经营部创建于2008年，本经营部主要经营普通民用建筑碎石及各种规格碎石与片石。价格从优，欢迎惠顾！

联系人：王忠贤　15860679588　电话：0593-8659999
地址：福建省宁德市霞浦县牙城镇凤发路52号　邮编：355102

## 永泰梧桐岩谈铝合金加工店

本公司专营室内、室外铝合金门窗加工业务。

本公司以“客户满意”为服务宗旨，坚持脚踏实地的作风，以最热情的服务特点赢得了广大消费者的认可与信赖。

联系人：陈岩谈
电话：0591-24686988　15980580690
地址：福建省福州市永泰县梧桐镇富民新村20号　邮编：350000

## 厦门威尔思装饰工程有限公司

公司以“金牌设计、金牌工程、金牌服务”为经营理念。威尔思是厦门装饰行业率先在施工现场实行教学式施工的装饰公司。公司汇集业界十大设计精英，并组建了一支有着雄厚人才优势和技术力量的专业施工队伍。施工严格执行ISO:9002国际质量管理体系及绿色家装环保规定，所承接家庭、别墅、办公场所、酒楼等装饰工程项目，施工工艺及环保合格率达100%，受到客户及各权威部门的普遍好评。

联系人：林涛　13950107995
电话：0592-3975666
网址：www.xmwers.com
地址：福建省厦门市湖里区台湾街天地花园5层　电子邮件：xmwers@163.com

## 漳浦县恒丰石材发展有限公司

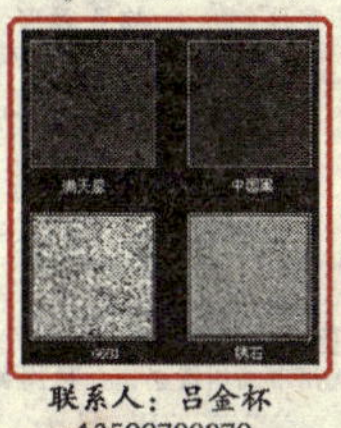

漳浦县恒丰石材发展有限公司成立于2008年8月，主营染色板、花岗岩、荒料及各种规格板、工程板、台面板。

公司成立始终坚持以客户为中心、以市场为导向、以质量为基础、以发展为动力、以诚信为理念的方针，力求以高品质产品，最优惠价格和最完善服务成为您工程建设中可信赖的最佳合作伙伴！诚挚欢迎国内外客商亲临指导，携手共创"石"业辉煌！我们愿与您真诚握手，拥有你我共同的事业而搏持久的精彩。我们是值得您信赖的石材合作伙伴！所以我们将足以胜任您的放心！

联系人：吕金杯
13599799979
电话：0596-3850533　传真：0596-3850633
网址：www.fuquan.stonemsn.com　电子邮件：hengfengstone@163.com
地址：福建省漳州市漳浦县长桥镇春光工业区　邮编：362342

## 江西省/jiangxi Province

**抚州市志海实业发展有限公司**
业务：抚州市志海实业发展有限公司成立于2003年，是一家集房地产开发、机械设备、土石方工程为一体的综合性企业。谒诚欢迎各界朋友来电垂询！
地址：江西省抚州市赣东大道1313号
邮 编：344000
法 人：张志刚
Tel：0794－8260777
Fax：0794－8266828

**德兴市德龙建筑安装有限公司**
业务：建筑安装，室内外装饰装修，液体壁纸、集成吊顶、五金建筑材料
地址：江西省德兴市张潜大道金都花园8号楼3－4店
负责人：高招娣 邮 编：334000
法 人：高招娣
Tel：0793－7585058
13755386291

**天河房地产开发有限公司**
地址：江西省丰城市工业园景物区
负责人：鄢细荣
Tel：13807951913

**江西宇杰房地产发展有限公司广昌县分公司**
地址：江西省抚州地区广昌县盱江镇建设西路
负责人：陈哲新
Tel：13979478577

**繁球装饰有限公司**
业务：装饰工程，建材销售
地址：江西省丰城市梅林镇丰田村罗家桥
负责人：熊细求 邮 编：331132
法 人：熊细求
Tel：0795－6761637

**抚州市临川青春彩瓦制造厂**
业务：抚州市临川青春彩瓦制造厂成立于2005年，生产销售高、中、低档彩瓦，烟花爆竹用包装纸，欢迎新老客户来电洽谈业务！
地址：江西省抚州市临川区七里岗
负责人：刘青荣……邮 编：344108
法 人：刘青荣
Tel：0794－8582086

**抚州市长龙建材发展有限公司**
地址：江西省抚州地区临川区上顿渡桥东路249号
负责人：丁水堂
Tel：0794－8437808

**绿欣木业有限公司**
地址：江西省抚州市崇仁县马安镇
负责人：缪留三
Tel：13907942081

**大余县青隆房地产开发有限公司**
业务：大余县青隆房地产开发有限公司专业从事房地产开发经营，以质量求生存、信誉求发展，热诚欢迎广大客户光临惠顾。
地址：江西省赣州市大余县南安镇梅国北路（梅国学校对面）
负责人：林勇……邮 编：341500
Tel：0797－8713178

**广昌县昌达园林石雕工艺厂**
业务：园林石雕工艺
地址：江西省抚州市广昌县盱江镇黄府门（殡仪馆）
负责人：连加云 邮 编：344000
法 人：连加云
Tel：13958671125
18970477539

**抚州恒达建设工程质量司法鉴定所**
地址：江西省抚州市抚北东路
负责人：徐飞
Tel：0794－8293571

**抚州市经典建筑装饰工程有限公司**
地址：江西省抚州市赣东大道57号
负责人：潘国庆
Tel：0794－8216651

**江西洁灵空调净化有限公司**
业务：我公司是江西一家专门从事空调，净化设备生产安装的企业，是江西省唯一一家列入中国空调与洁净技术专业生产，设计，安装单位名录的专业企业，厂长陈访君于九一年前先后获得四项国家专利，其中包括“空气净化设备”，“八字形导风装置”，“无源风淋设备”，“直角换向导风装置”等，并先后为一百六十多个单位安装了利用该项技术制造的设备，获得了良好的实用效果。
地址：江西省赣州市红旗大道16号－4
邮 编：341000
法 人：陈访君
Tel：0797－8112178

**广昌驿前镇曾华生太阳能经销店**
业务：世纪沐歌太阳能、水电安装、电线、水管、插座、门窗制作
地址：江西省抚州市广昌县驿前镇农贸市场进惯背村路口
负责人：曾华生 邮 编：344909
法 人：曾华生
Tel：15179457120

**抚州市环宇测绘有限公司**
地址：江西省抚州市赣东大道85号
负责人：陶媛
Tel：13979425899

**江西省抚州市文业装饰工程有限公司**
地址：江西省抚州市黄巢东路31号
负责人：戢文安
Tel：0794－8229866
13970406888

**赣州市安泰电力工程有限公司**
业务：赣州市安泰电力工程有限公司成立于2006年11月3日，专业从事35kv－10kv及以下电压等级线路的安装工程施工，电线电缆、电气成套设备的销售及维修
地址：江西省赣州市章贡区滨江大道金海岸花园D栋1单元301室
负责人：黄旭宇……邮 编：341000
法 人：黄旭宇
Tel：0797－8135388
7028568

**抚州市长达实业有限公司**
地址：江西省抚州市金巢开发区钟岭资溪工业园
负责人：徐娟清
Tel：13707049987

**江西瑞恒建筑有限公司**
业务：承接建筑工程、市政工程
地址：江西省抚州市金溪县秀谷西大道225号
负责人：刘溪 邮 编：344000
Tel：13807943708

**抚州市长启实业有限公司**
地址：江西省抚州市金巢开发区钟岭资溪工业园
负责人：徐灵伟
Tel：13707049987

**朝阳物业管理有限公司**
业务：朝阳物业管理有限公司成立于2003年，主要从事房地产开发、物业管理。“诚信为本，信誉第一，客户至上”，热诚欢迎广大客户来电咨询。
地址：江西省高安市桥南路朝阳物业管理有限公司
邮 编：330800
法 人：唐显明
Tel：0795－5223688
Fax：0795－5223688

**抚州市临川区福江建材厂**
地址：江西省抚州市临川区崇岗镇凤岗黄家村
负责人：郑文斌
Tel：13979404203

**远安茗杏绿地花木有限公司**
地址：江西省抚州市临川区温泉镇青莲山村
负责人：潘润明
Tel：13979496388

**抚州铭将门业有限公司**
业务：生产、销售实木门
地址：江西省抚州市临川区云山镇工业园316国道旁
负责人：姜会清 邮 编：344000
法 人：姜会清
Tel：13501649611
0794－8617511

**江西省三鼎装饰工程有限公司**
业务：本公司是2006年从浙江金华招商引进的专业装饰设计工程公司。业务涉及家居，酒店，宾馆，别墅，办公，休闲娱乐等工程设计施工，精于欧美风格，擅长实木工艺。“高品位的设计、高品质的工程、高品位的服务”是三鼎提倡的。一站式家居工程服务宗旨，公司凭借着富有创意的设计，丰富的施工经验，极具竞争力的价位，优质的工程质量，完善的售后服务，致力为广大的客户营造一个温馨，健康，幸福的美好家园。
地址：江西省吉安市吉州区中山桥东信和新城一嘉苑1栋
负责人：朱卫国……邮 编：343000
法 人：朱卫国
Tel：0796－8329688
Fax：0796－8329689
E-mail：lilifu523@sina.com

**南丰县中建设开发有限公司**
地址：江西省抚州市南丰县桔都大道51号
负责人：陈永华
Tel：0794－3220777
13979415877

**抚州江海实业有限责任公司**
地址：江西省抚州市青云峰路80号
负责人：黄文林
Tel：0794－8228367

**南城县振洪木竹制品厂**
业务：生产、加工、销售
产品：多种规格的建筑模板
地址：江西省抚州市南城县洪门镇洪岭村小岭湾
负责人：官凤平 邮 编：344000
Tel：0794－7361419
13879402932
13870464287

**抚州市宏旺麻绳有限公司**
地址：江西省抚州市孝桥镇下李村
负责人：颜光章
Tel：0794－8339068

**江西天佑爆破有限责任公司**
地址：江西省抚州市瑶坪路
负责人：谢新生
Tel：13707023006

**科典线材有限公司**
业务：科典线材有限公司于2003年成立，是一家专业从事铜材加工的厂家，位于吉安市青原区富滩工业园A区。自成立之日起注重人才培养，广纳行业精英，竭尽所能学习，形成一种团结，创新，诚信，奉献的企业文化，以提高自身技术和管理技巧，迎接市场激烈的竞争。“质量为本、诚信第一、开创进取、顾客满意”是我们的质量方针。面对全球经济一体化的今天，公司员工正以务实的工作态度，精益求精的敬业精神，热忱优质的服务积极工作，从而提高自身素质，发扬企业文化，塑造新的企业形象，迎接进一步的市场挑战．我们愿以优质的品质，一流的服务，良好的信誉与国内外客户精诚合作，共创灿烂辉煌的明天！
地址：江西省吉安市青原区富滩工业园A区
邮 编：343009
法 人：陈典祠
Tel：0796－3211868
Fax：0796－3211868

**宜黄县华豪铝材装璜部**
业务：铝材加工、生产、销售
产品：铝合金门窗、不锈钢拉门、移门、室内装潢材料
地址：江西省抚州市宜黄县凤凰大道22号
负责人：吴顺平 邮 编：344400
法 人：吴顺平
Tel：0794－7602328
13507046056
13870471646
15907045965

**青云地板有限公司**
地址：江西省抚州市资溪县高阜镇石陂村
负责人：曾操华
Tel：0794－5636666
13907943467

**盛竹有限责任公司**
地址：江西省赣州市关田镇崇义县
负责人：赖庆敏
Tel：13607976156

**天华房地产开发有限公司**
地址：江西省赣州市黄屋坪路新华书店住宅区B幢
负责人：杨衍军
Tel：0797－8358149
13879752097

**昌盛装饰有限公司**
地址：江西省赣州市会昌县文武坝镇塘巴41号
负责人：刘林福
Tel：0797－5622426
13807075385

**宜黄县永鸿建材有限责任公司**
业务：生产、销售琉璃瓦
地址：江西省抚州市宜黄县凤冈镇官仓村琉璃瓦厂
负责人：吴永鸿 邮 编：344400
法 人：吴永鸿
Tel：13870429638

**赣州市龙发基础工程有限公司**
地址：江西省赣州市建材大市场金光街14号
负责人：肖斌
Tel：0797－8373677

**星宇装饰工程有限公司**
地址：江西省赣州市建材大市场西区A1栋9－10号
负责人：陈朝柱
Tel：13907076798

**景德镇市新洲房地产开发有限公司**
业务：公司秉承“诚信、稳健、卓越””的经营理念，精心打造大型山水精品住宅。
地址：江西省景德镇市北环路春天花园2楼
负责人：章琳……邮 编：333000
Tel：0798－8296699

**兴达木业有限公司**
地址：江西省赣州市建材市场西区1号
负责人：韩英平
Tel：0797－8373516
13907077065

**宏达水暖灯饰洁具**
业务：室内外装修，机电安装工程.
地址：江西省赣州市大余县池江镇新世纪街
负责人：黄秀 邮 编：341500
法 人：黄秀
Tel：13870722172
15083725512

**福兴房地产建设开发有限公司**
地址：江西省赣州市于都县贡江镇环城西路福兴花苑
负责人：钟福源
Tel：0797－6217988
13907971586

**澳源装饰有限公司**
地址：江西省赣州市章贡区大公路48号
负责人：邓小燕
Tel：13870777669

**江西昌厦建设工程集团公司赣州分公司**
地址：江西省赣州市章贡区东环路摩托车市场北区
负责人：赖正辛
Tel：0797－8133510

**尚品装饰设计**
业务：室内设计装修
地址：江西省赣州市大余县南安镇金莲山大道6－1#3号店面
负责人：吴德明 邮 编：341500
法 人：吴德明
Tel：13879799476
0797－8723608

**赣州永益置业有限公司**
地址：江西省赣州市章贡区二糖厂内
负责人：吕土水
Tel：0797－8293432

**浮梁县经公桥镇精制活性炭厂**
业务：浮梁县经公桥镇精制活性炭厂成立于2001年，是一家专业生产活性炭的厂家，质量可靠，价格合理，欢迎新老客户来电洽谈业务！
地址：江西省景德镇市浮梁县经公桥镇港口新村
负责人：何志成……邮 编：333423
法 人：何志成
Tel：0798－2731848
Fax：0798－2731848

**赣州景荣物业管理有限公司**
地址：江西省赣州市章贡区南河路9号
负责人：彭景荣
Tel：0797－7032308

**大余县德美瓷砖**
业务：瓷砖专卖、附带一些装潢项目
产品：主要是德美瓷砖
地址：江西省赣州市大余县新检察院往西门方箱50米
负责人：刘发讲 邮 编：341500
法 人：刘发讲
Tel：13576716903
0797－8715006

**赣州市通达房地产开发有限公司**
地址：江西省赣州市章贡区青年路吉祥花园H栋中503室
负责人：张慈锦
Tel：0797－8218988

**江西昌南建设工程集团公司赣州分公司**

地址：江西省赣州市章贡区文明大道132号
负责人：丁文文
Tel：0797－8178449

**佳丽建筑装饰工程有限责任公司**
地址：江西省赣州市章贡区文明大道加油站旁南外办事处二楼
负责人：邹雪雪
Tel：0797－8235516
13097309075

**赣州兴盛建设工程有限公司**
业务：建筑工程
地址：江西省赣州市赣县赣新大道134号
负责人：赖存仰 邮 编：341100
法 人：孙水沅
Tel：13767732798
13879775156
0797－4433068
Fax：0797－4433068

**赣州市锦融房地产有限公司**
地址：江西省赣州市章江新区赞贤路（新区医院西侧）
负责人：张在淦
Tel：0797－8389066

**景德镇市远大空调制冷工程有限公司**
业务：我公司成立于2002年，目前包括二个实体：一、空调工程公司；二、机电设备安装分公司。主要从事名牌家用空调、中央商用空调销售、机电设备安装，是一家集中央空调设计、安装、售后服务为一体的专业公司。
地址：江西省景德镇市珠山区马鞍山路46号
负责人：蒋泽荣 邮 编：333000
Tel：0798－8212683
8213926
Fax：0798－8213926
网址：http://www.gao8dou.com/p/c17640.html
E-mail：yuanda3@126.com

**赣县茅店六根水泥销售部**
业务：普通硅酸盐水泥，大量供应煤灰
地址：江西省赣州市赣县茅店镇洋塘村
负责人：刘六根 邮 编：341100
法 人：刘六根
Tel：15970847986
0797－8132433

**永发路桥水利工程有限公司**
地址：江西省高安市连锦住宅园公建区8号
负责人：刘小炎
Tel：0795－5284868
13707003931

**朝阳物业管理有限公司**
地址：江西省高安市桥南路（银府大厦）
负责人：聂建司
Tel：0795－5668288
13807953023

**相垦建材厂**
地址：江西省高安市相城垦殖场
负责人：付向阳
Tel：13870574026

**吉安市环境保护科学研究中心**
地址：江西省吉安地区井冈山大道162号
负责人：陈永兴
Tel：0796－8234386

**章贡区九牧洁具经营部**
业务：九牧卫浴洁具
地址：江西省赣州市建材大市场五街50－52号
负责人：蔡建英 邮 编：341001
法 人：蔡建英
Tel：15970098958
0797－8373205

**九江金凤凰装饰材料有限公司**
业务：九江金凤凰装饰材料有限公司成立于2002年，从事建筑材料（凤凰玉石）生产及销售。以"务实、创优、拓新"的企业精神，"质量第一，用户至上"企业服务宗旨，为社会创造美好生活环境。
地址：江西省九江市永修县恒丰镇黄金山
邮 编：330300
法 人：朱新明
Tel：0792－3081888
Fax：0792－3081886

**赣州市经济技术开发区凯美特新型建材厂**
业务：新型建材
产品：内外墙腻子粉、石膏粉等产品
地址：江西省赣州市经济技术开发区机械厂内
负责人：潘柳生 邮 编：341000
法 人：潘柳生
Tel：13766355327
0797－8382821

**浒坑胶合板厂**
地址：江西省吉安市安福县浒坑镇
负责人：喻端龙
Tel：13970468477

**吉安市航务工程处**
地址：江西省吉安市吉州区大校场路2号海事局工程处
负责人：胡富昌
Tel：0796－8238459
13979691755

**江西省星港湾物业管理有限公司吉安市分公司**
地址：江西省吉安市吉州区井冈山大道205号
负责人：熊华冰
Tel：0796－8268078

**景德镇佳佳基实业有限公司**
业务：本公司成立于1999年，主要从事房地产开发、酒店经营、西式快餐、商业贸易等。热诚欢迎广大客户来电咨询、洽谈业务、共同合作！
地址：江西省乐平市西街广场佳佳基大酒店
负责人：郭玉燕 邮 编：333300
法 人：郭玉燕
Tel：0798－6229999
Fax：0798－6788886
网址：www.lepingjiajiaji.com
E-mail：fyang19860504@sian.com

**鑫磊工程造价咨询有限公司**
地址：江西省吉安市吉州区井冈山大道56号
负责人：邹帆
Tel：0796－8289565
8289665
13907969416

**龙南县莲塘兄弟新型建材厂**
业务：生产各类砖，页岩多孔砖，煤矸石标砖
产品：普通砖，页岩多孔砖，煤矸石标砖
地址：江西省赣州市龙南县渡江镇莲塘村
负责人：曾宣赣 邮 编：341000
法 人：曾宣赣
Tel：0797－3508198

**泰和县豪诺装饰工程有限公司**
地址：江西省吉安地区泰和县文田工业园区
负责人：郑小方
Tel：0796－5373388

**吉安市万福物业管理有限公司**
地址：江西省吉安市吉州区平安路1号
负责人：邓文荣
Tel：13030521689

**赣州信和物业管理有限公司吉安分公司**
地址：江西省吉安市吉州区中山东路嘉苑8栋1、2号门面
负责人：张志同
Tel：0796－8222183

**江西恒泰路桥工程有限公司**
业务：江西恒泰路桥工程有限公司成立于2003年12月成立，是一家走向市场参与竞争的路桥施工企业，主要从事高速公路建设、国道改造、农村公路建设及高速公路养护业务，并积极参与交通工程，交通监理业务。恒泰公司始终坚持"以人为本，科学管理，质量保证，顾客满意"的质量方针，树立了良好的社会形象与信誉。公司以"竞争、创新、合作、互益"为企业理念；坚持"质量第一、信守合同、信誉至上"的服务方针；努力塑造品牌型企业，为省内外顾客提供优质的服务。
地址：江西省南昌市卢山南大道919号
邮 编：330013
法 人：吴小平
Tel：0791－3875629
Fax：0791－3875914

**赤土礼明木业加工厂**
业务：进口木材，高档实木家具生产销售
地址：江西省赣州市南康市赤土福田村34号
负责人：黄礼明 邮 编：341000
法 人：黄礼明
Tel：15970995919
0797－6595893
13870882863

**井冈山市天乐府实业有限公司**
地址：江西省吉安市井冈山市茨坪天街
负责人：邓志斌
Tel：0796－6559906

**吉安市青原区云江土石方有限责任公司**
地址：江西省吉安市青原区河东街道云江村委会三楼
负责人：陈夏根
Tel：0796－8120190

**吉安市青原区通达实业有限责任公司**
地址：江西省吉安市青原区青原大道（天河煤矿宿舍A栋602室）
负责人：朱世峰
Tel：0796－8109181

**梅江镇罗家砂场**
业务：中沙，细沙，高速公路的沙
地址：江西省赣州市宁都县梅江镇罗家村
负责人：王林生 邮 编：342800
法 人：王林生
Tel：13767780488
13979700177

**富源工艺石材厂**
地址：江西省吉安市遂川县禾源镇谷田村工业区1号厂
负责人：邹金富
Tel：0796－6270358
13879683399

**南昌辉鸣建材物资有限公司**
业务：本公司成立于2003年，主要销售扁钢。质量保证，价格合理，竭诚欢迎新老客户来电洽谈业务！
地址：江西省南昌市青山湖区罗家镇货场村委会
负责人：万小妹 邮 编：330012
Tel：0791－8391637

**华泰水泥制管厂**
地址：江西省吉安市泰和县文田镇105国道职业中专左面侧
负责人：华发红
Tel：0796－5370731
13979608178

**欣森竹地板厂**
地址：江西省吉安市万安县工业园区
负责人：邱胡生
Tel：0796－5839040
13707965458

**上犹县鑫吉装潢不锈钢工程部**
业务：承接铝合金不锈钢加工、工程
地址：江西省赣州市上犹县东山镇高园路61号
负责人：张鸿权 邮 编：341200
法 人：张鸿权
Tel：13207971878
15870719831

**江西江华实业有限公司**
地址：江西省吉安市峡江县玉峡大道105号
负责人：方华
Tel：0796－3673109

**阳光木业有限公司**
地址：江西省吉安市新干县城南工业园
负责人：江兆虎
Tel：0796－2681768
13970650658

**江西南昌军平模型制造有限公司**
业务：江西南昌军平模型制造有限公司成立于2004年，专业设计房地产模型制作，房地产策划、广告全程服务，欢迎新老客户来电。
地址：江西省南昌市青山湖区南京东路136号
负责人：谢军泉 邮 编：330000
法 人：谢军泉
Tel：0791－8308973
Fax：0791－7109290
网址：www.528668.com/aa
E-mail：386014371@qq.com

**上犹县兄弟装饰**
业务：承接各种室内外装潢及制作展览。
地址：江西省赣州市上犹县黄埠镇黄埠圩
负责人：陈兴权 邮 编：341200
法 人：陈兴权
Tel：13479790201

**新干县滔略玻璃厂**
地址：江西省吉安市新干县城南工业园区
负责人：刘小兵
Tel：0796－2607025

**江西玉金实业有限公司**
地址：江西省吉安市新干县工业园南区
负责人：李文钦
Tel：0796－2689618

**新干县鸿盛玻璃厂**
地址：江西省吉安市新干县金川镇路口村
负责人：邓海生
Tel：0796－2686009

**信丰凯旋无声卷闸门厂**
业务：卷闸门制作、安装
地址：江西省赣州市信丰县加定镇马鞍山迎宾大道
负责人：黄伟文 邮 编：341600
法 人：黄伟文
Tel：13970759167
0797－3342929
Fax：0797－3342929

**江西金子土石方建筑工程有限责任公司**
地址：江西省金溪开发区金星大酒店斜对面
负责人：吴军宾
Tel：13907943998

**江西洪都卷帘门业有限公司**
业务：江西洪都卷帘门业有限公司成立于2006年，专业生产销售防火卷帘门窗、防火门及各类卷帘门系列产品，欢迎新老客户来电洽谈业务。
地址：江西省南昌市青云谱区楞上村116号
负责人：徐金保 邮 编：330001
法 人：徐金保
Tel：0791－8213053
Fax：0791－8213053
网址：www.nchd119.com
E-mail：xjb@rx－group.com

**台州椒北房地产开发有限公司**
地址：江西省井冈山市新城区
负责人：蔡财宝
Tel：0796－6558008
6676222
13576619228

**景德镇福地物业管理有限公司**
地址：江西省景德镇市昌江区昌南大道（城市名都写字楼内）
负责人：钟文蒙
Tel：0798－8526588

**于都三福红砖厂**
业务：生产、销售红砖
地址：江西省赣州市于都县贡江镇蜜坑村
负责人：孙既文 邮 编：341000
法 人：孙既文
Tel：13870731676
0797－6316266

**景德镇市恒达装璜有限公司**
地址：江西省景德镇市昌江区瓷都大道豪德贸易广场5街82号
负责人：余利民
Tel：0798－7038258

**景德镇锦绣物业管理有限公司**
地址：江西省景德镇市昌江区迎宾大道388号（瓷园10号2楼）
负责人：马志民
Tel：0798－8562999

**浙江杭州湾建筑集团有限公司江西分公司**
业务：本公司成立于1996年，主要从事建筑工程施工。始终坚持"百年大计，质量第一"的原则，严把质量关，坚持标准规范施工，保质保量按期完成施工任务！
地址：江西省南昌市西湖区朝阳中路1号福田花园6栋404室
负责人：蒋光明 邮 编：330006
法 人：蒋光明
Tel：0791－6597938

**景德镇市王港建筑有限公司**
地址：江西省景德镇市浮梁县王港乡王港村
负责人：朱立智
Tel：13879849999

**于都县亚太频果铝材经销部**
业务：铝材的销售
地址：江西省赣州市于都县贡江镇新龙都大市场D幢1号
负责人：谢先生 邮 编：342300
法 人：谢起仁
Tel：0797－6335616

**乐安江工业园塔山工业区**
地址：江西省景德镇市乐平市塔山工业区
负责人：王长兴
Tel：0798－6701049

**锦龙集团有限公司**
地址：江西省景德镇市里村农机大市场四楼
负责人：万莉
Tel：0798－8296000
8298803
13507988000

**九江市第三建筑工程公司景德镇市分公司**
地址：江西省景德镇市中国陶瓷城北繁路2号
负责人：全华盛
Tel：13979889906

**赣州市卓福建材有限公司**
业务：建筑装饰材料、建筑门窗生产、销售、加工，专业塑钢门窗生产，实德型材总代理
地址：江西省赣州市章贡区建材大市场6街42号
负责人：刘福建 邮 编：341000
法 人：刘福建
Tel：0797－8377488
Fax：0797－8377366

**南昌远东物业管理有限公司景德镇怡景花园管理处**
地址：江西省景德镇市珠山区昌江大道（远东怡景花园2栋1单元3－6层）
负责人：黄培刚
Tel：0798－8288767

**江达园林实业有限公司**
地址：江西省靖安县香田街31号
负责人：邓达江
Tel：0795－4778178
13907957891

**江西创艺城市景观建设有限公司**
业务：本公司成立于2005年，拥有15个员工。主要经营：绿化工程和苗木销售。
地址：江西省南昌市西湖区江铃桃花住宅区3栋2单元501室
邮 编：330000
法 人：江和艳
Tel：0791－6509680
Fax：0791－6509680

**赣州市太武新型建材有限公司**
业务：加气混泥土砌块
地址：江西省赣州市章贡区水东镇红星村六组
负责人：廖太平 邮 编：341000
法 人：廖太平
Tel：13807978526
13879787690

**九江鑫源物业发展有限公司**

地址:江西省九江市长虹大道与金凤路交汇处198号
负责人:余小军
Tel:13907922501

**源丰房地产开发有限公司**
地址:江西省九江市甘棠北路118号
负责人:刘勇源
Tel:0792－8569130
13979267787

**九江县新园地钻探服务有限公司**
地址:江西省九江市九江县渊明路一支巷3号
负责人:何应良
Tel:13970210296

**章贡区鑫林装潢经销部**
业务:室内外装修、木工、泥水、水电、玻璃铝合金、防盗网
地址:江西省赣州市章贡区水西镇赤珠村水西中学旁
负责人:赖崇忠　邮　编:341007
法　人:赖崇忠
Tel:13576766418
0797－8251685

## 江西省萍乡市鑫源水电安装有限公司
业务:江西省萍乡市鑫源水电安装有限公司专业从事亮化工程、消防工程、防雷接地、电视监控工程、配电柜设计、安装、室内外水暖电气工程,热忱欢迎广大有意之士前来参观考察、洽谈业务。
地址:江西省萍乡市芦溪县芦溪镇凯景花园一期六号楼二层
负责人:周文芳　邮　编:337200
法　人:周文芳
Tel:0799－7588899

**九江百姓涂装工程有限公司**
地址:江西省九江市庐山路171号
负责人:彭斌
Tel:13907928231

**九江市豫伟建设有限公司**
地址:江西省九江市庐山路263号403室
负责人:蔡定炎
Tel:13979282146

**九江市宏远置业有限公司**
地址:江西省九江市庐山区俊逸山庄F7栋
负责人:吴昭树
Tel:0792－8252999

**嘉祥装饰设计工程有限公司**
业务:装饰工程设计、施工
地址:江西省赣州市章贡区杨公路5号滨江城市广场3号君嘉大厦1301－1305室
负责人:李小雨　邮　编:341000
法　人:李小雨
Tel:0797－8170019
8170009
15970093999

**九江大明装饰工程有限公司**
地址:江西省九江市十里大道23号
负责人:叶发永
Tel:13970268816

## 乐平市有生城镇房地产开发有限公司横峰分公司
业务:乐平市有生城镇房地产开发有限公司横峰分公司成立于2002年,主要从事房地产开发,淀粉加工等业务。公司以“以人为本、以质为优、以诚取信、共同发展。”为管理理念,开拓进取。
地址:江西省上饶市横峰县解放东路下窑口36号4单元101
邮　编:334300
法　人:朱少鸿
Tel:0793－8390620

**龙兴石材厂**
地址:江西省九江市星子县横塘乡西平村
负责人:查文坊　查小平
Tel:0792－2597518
2596518
13507060889

**强升石材有限公司**
地址:江西省九江市星子县南康镇迎春桥234号
负责人:黄海林
Tel:0792－2666981
13907922602

**吉安县宏达水泥制品有限公司**
业务:生产、销售水泥电线杆
地址:江西省吉安市吉安县凤凰镇工业园
负责人:彭足烟　邮　编:343100
法　人:彭足烟
Tel:13707967401
0796－8479021
Fax:0796－8479022

**汉锦石材厂**
地址:江西省九江市星子县温泉镇东山村
负责人:陈林滚
Tel:13979281038

**金园园林绿化有限公司**
地址:江西省九江市修水县县城宁红大道45号
负责人:王雪书
Tel:0792－7262098

13907023654

## 江西蓝丰置业有限公司
业务:江西蓝丰置业有限公司成立于1995年,现有员工400余人,从事煤炭、化工原料的销售及房地产开发与经营。欢迎各界朋友光临指导!
地址:江西省上饶市横峰县解放西路405号
邮　编:334000
法　人:兰英福
Tel:0793－5782266
Fax:0793－5787728

**吉安市星新建筑新型材料有限公司**
业务:生产与销售保温材料
地址:江西省吉安市吉州区吉福路四公桩
负责人:彭文大　邮　编:343000
法　人:彭文大
Tel:13879641821
0796－8307673

**修水县融贸石材有限公司**
地址:江西省九江市修水县征村乡
负责人:陈福如
Tel:13979290219

**九江安邦房地产营销策划有限公司**
地址:江西省九江市浔阳东路2号金贸大厦14层
负责人:芦邦社
Tel:0792－8229289

**东宝发展有限公司**
地址:江西省九江市浔阳区十里大道33号
负责人:陈远东
Tel:0792－8231860
8132002
13907927779

**江西罗鑫建材发展有限公司**
地址:江西省南昌市安义县安义县长均
负责人:罗红印
Tel:13870903777

**华强石材**
业务:本公司是以石材为主营结构的供销、安装、施工一条龙服务的综合性建材公司,所生产的板材、异型石精致典雅,产品深得用户青睐。欢迎各界人士来电洽谈业务!
产品:灶台,石材,火烧板,路沿石,工业品,圆柱,石狮,异形板,铜条,铜片等高级装修一条龙服务
地址:江西省井冈山市龙市镇庄前村(原水泥制品厂内)
负责人:陈章兴　邮　编:343604
法　人:陈章兴
Tel:15170699655

## 鄱阳县小林装饰行
业务:小林装饰行(原双港五金店)自一九九三年开业以来,本行业八个字“人正口真、诚信如金”的经营理念深受广大用户的好评才立足扎根。本行经营品种:惠达洁具、申鹭达龙头、皇明太阳能、月兔橱柜、金管管业、八一电线、赣昌电缆、德意烟机灶具、TCL开关、奥普浴霸等全都是国家免检、中国各牌产品,让用户买得放心、用得舒心、售后称心。口种齐全,薄利多销,诚信服务质量第一的宗旨,让用户媒传佳音,在况况争市场做大做强,更加辉煌。小林装饰行总经理王小林凭着吃苦耐劳,艰苦创业,专业管理在装璜行业中打造特色的旗舰航母,凭顾客是上帝送货上门、免费安装。欢迎新老客户惠顾。
地址:江西省上饶市鄱阳县老车站路小林装饰
负责人:王小林　邮　编:333100
法　人:王小林
Tel:0793－6287968

**江西省龙宇沙石土方工程有限公司**
地址:江西省南昌市安义县安义县凤凰山开发区
负责人:徐昌锋
Tel:13807046888

**江西省安强房地产开发有限公司**
地址:江西省南昌市安义县城东门路
负责人:王习墅
Tel:13807042168

**江西华富房地产开发有限公司**
地址:江西省南昌市安义县县城曹操山
负责人:陈享仁
Tel:13970974868

**甫田华宁建材超市**
业务:钢筋,水泥,铝合金,不锈钢,瓷砖,水电,家电的销售以及四季沐歌太阳能专卖。
产品:钢筋,水泥,铝合金,不锈钢,瓷砖,水电,家电
地址:江西省九江市德安县甫田乡集镇
负责人:刘华宁　邮　编:332309
法　人:刘华宁
Tel:0792－2933366

**南昌市佳盛物业管理有限公司**
地址:江西省南昌市白水湖工业三路
负责人:胡金龙
Tel:13870882200

## 上饶市旭日新型泡沫包装建材有限公司
业务:上饶市旭日新型泡沫包装建材有限公司专业从事泡沫包装、建材制造与销售,竭诚欢迎新老客户光临惠顾。
地址:江西省上饶市上饶县旭日工业园区
负责人:陶国兴　邮　编:334000
法　人:陶国兴
Tel:0793－8461199
8461155

**力威建筑材料厂**
地址:江西省南昌市北京西路省政府大院宾招写字楼205室
负责人:廖光龙
Tel:0791－6253917
13803523350

**大陆建筑装饰工程有限公司**
地址:江西省南昌市船山路481号
负责人:李寿印
Tel:0791－6622681
13970011799

**江西三绿园林工程有限公司**
地址:江西省南昌市电厂南路二单元三楼
负责人:郑介和
Tel:13970850110

**凯莱地板**
业务:凯莱地板专卖,零售板材、线条、五金、扣板等
地址:江西省九江市德安县建材大市场
负责人:孙法久　邮　编:330402
法　人:孙法久
Tel:13879284976
15079210508

## 中外合资上饶龙江房地产开发有限公司
业务:中外合资上饶龙江房地产开发有限公司成立于1999年,多年来从事房地产开发业务。
地址:江西省上饶市信州区沿河路19号
邮　编:334000
法　人:吴元国
Tel:0793－2562620

**江西申威物业管理有限公司**
地址:江西省南昌市东湖区爱国路92号
负责人:方建成
Tel:13803504231

**上海领峰建筑装饰有限公司江西分公司**
地址:江西省南昌市东湖区叠山路533号
负责人:陈奉刚
Tel:13767181568

**江西赣中防水材料有限公司**
地址:江西省南昌市东湖区二七北路402号6栋2单元601室
负责人:杨淑平
Tel:13517004280

**都昌县众兴石材有限公司**
业务:经营各类花岗岩,火烧面,光面,荔枝面,路岩面
产品:各类花岗岩,火烧面,光面,荔枝面,路岩面
地址:江西省九江市都昌县春桥乡云山村
负责人:刘年生　邮　编:332000
法　人:刘年生
Tel:13970253796
15949578076

**浙江广厦市政工程有限责任公司南昌分公司**
地址:江西省南昌市东湖区福州路28号奥林匹克大厦1706室
负责人:卢遥航
Tel:13970038955

**深圳市国际招标有限公司江西办事处**
地址:江西省南昌市东湖区福州路28号省体委内
负责人:吴涛
Tel:13970992653

## 江西省奉新县绿源苗木场
业务:本场成立于1996年,主要经营城市绿化苗木、荒山造林苗木。热忱欢迎新老客户前来选购!
地址:江西省宜春市奉新县罗市镇梧岗
负责人:彭德钊　邮　编:330706
法　人:彭德钊
Tel:0795－4501050

**南昌信达建设工程有限责任公司**
地址:江西省南昌市东湖区福州路390号五楼
负责人:陈国金
Tel:13807031383

**浔阳区传龙中空玻璃厂**
业务:加工、销售中空玻璃
产品:各种规格的普通中空玻璃、钢化镀膜中空玻璃、花格中空玻璃
地址:江西省九江市金鸡坡畜产厂内
负责人:余传龙　邮　编:332000
法　人:余传龙
Tel:15879222151
0792－8631318
Fax:0792－8631318

**南昌市南方物业管理有限公司**
地址:江西省南昌市东湖区民德路337号南方大厦A幢702号
负责人:衷保
Tel:13707916678

**江西天顺土石方工程有限公司**
地址:江西省南昌市东湖区民德路518号
负责人:朱永庆
Tel:13907099877

**江西省群林建筑材料有限公司**
地址:江西省南昌市东湖区南京西路277号A座1205室
负责人:李小林
Tel:13517007316

## 江西百顺釉业有限公司
业务:江西百顺釉业有限公司成立于2004年,从事陶瓷釉料、色料的研发、生产、销售一条龙服务。公司将以先进的研发手段,强有力的营销网络,严格的管理,为广大关爱我们的客户提供精益求精的产品质量和全方位的技术服务!
地址:江西省宜春市袁州区彬江镇清老路45号
邮　编:336002
法　人:邓小兵
Tel:0795－3523666
Fax:0795－3521518

**彭泽县金融水泥制砖厂**
业务:水泥砖、水泥制品、建材的生产、销售
地址:江西省九江市彭泽县黄岭乡长乐村
负责人:史浩南　邮　编:332000
法　人:史浩南
Tel:13479894893

**福建恒亿建设集团有限公司南昌分公司**
地址:江西省南昌市东湖区南京西路552号物华楼1栋A单元602室
负责人:娄小明
Tel:13979165555

**江西省智力道桥建筑工程有限公司**
地址:江西省南昌市东湖区青山南路408号01栋2单元401室
负责人:熊智万
Tel:13907090058

**江西省华资建筑装饰有限公司**
地址:江西省南昌市东湖区青山南路青山小区第1栋4单元203室
负责人:刘友梅
Tel:13507919767

**江西东祥实业有限公司**
地址:江西省南昌市东湖区三经路40号
负责人:姚东奎
Tel:13065182101

**九江市纵恒装饰设计工程有限公司彭泽分公司**
业务:室内装饰、设计、施工
地址:江西省九江市彭泽县龙城大市场旁
负责人:周文广　邮　编:332700
法　人:周文广
Tel:13507020618
0792－5628081

**江西乐天涂装工程有限公司**
地址:江西省南昌市东湖区胜利路155号1栋1单元704室
负责人:丁成锟
Tel:13307919087

**江西诚建建筑装饰工程有限公司**
地址:江西省南昌市东湖区胜利路金麟大厦704室
负责人:叶修记
Tel:13607003500

**江西都市亮点保洁装饰有限公司**
地址:江西省南昌市东湖区石厂街20号102室
负责人:谢斌
Tel:13970053539

## 江西省宜春市中联石材有限公司
业务:江西省宜春市中联石材有限公司成立于2001年,从事花岗岩板材的加工及销售。本公司以“诚信、互惠、优质、高效”为宗旨,竭诚欢迎海内外客商前来合作洽谈,共谋发展!
地址:江西省宜春市袁州区南庙乡邮桥工业园
邮　编:336000
法　人:袁黎明
Tel:0795－3130988
Mobile:13607059725

**鸿运竹木加工厂**
业务:杉木加工、销售
产品:原木(长:2米－5米,直径:8－20公分);杉指接板(长:50公分,厚:2.1公分,宽:4、5、6、7公分);杉梢(长:2－4米,小头直径:4－8公分)
地址:江西省九江市武宁县船滩镇石人岭
负责人:汪献　邮　编:332000
法　人:汪献
Tel:15949514650
0792－2911268

**江西赣建建设工程技术服务有限公司**
地址:江西省南昌市东湖区文教路418号
负责人:汪贵生
Tel:0791－8500935

**江西洪赣实业有限公司**
地址:江西省南昌市东湖区五纬路168号
负责人:熊国良
Tel:13970881977

**宁波市强人置业发展有限公司南昌分公司**
地址：江西省南昌市东湖区沿江路2,3片12栋701室
负责人：李剑晖
Tel：13870951966

**江西省宏顺建筑工程公司南昌分公司**
地址：江西省南昌市东湖区阳明路159号2栋5单元101室
负责人：胡彪
Tel：13879165919

**江西文城建筑工程有限公司九江分公司**
业务：市政工程施工、总承包三级，房屋建筑工程、施工总承包二级、土石方工程施工三级，房屋装饰、装修施工三级
地址：江西省九江市香榭丽舍15栋1单元402室
负责人：蔡国生　邮　编：332000
法　人：蔡国生
Tel：13607067526
0792－2160686
Fax：0792－2160686

**江西至辉置业有限公司**
地址：江西省南昌市东湖区阳明路310号
负责人：陈建男
Tel：13607005629

**长胜木业加工厂**
地址：江西省南昌市高新技术开发区昌东镇长胜村
负责人：龚千贵
Tel：0791－8195339
13970801375

**江西省汇豪新型建材有限公司**
地址：江西省南昌市高新开发区高新大道589号南昌大学科技园孵化大楼
负责人：黄凤群
Tel：13803511888

**星子县来林石材厂**
业务：各种石材加工套墓，路边石，花板
地址：江西省九江市星子县金鹿石材城
负责人：罗来成　邮　编：332800
法　人：罗来成
Tel：13117826110
13879268280

**江西省寰宇房地产评估事务所有限公司**
地址：江西省南昌市高新开发区火炬大道138号
负责人：胡燕彪
Tel：13907093997

**新蒲建设集团有限公司江西分公司**
地址：江西省南昌市高新区火炬大街31号伟业大厦
负责人：戈阳春
Tel：13807006396

**江西日月物业管理有限公司**
地址：江西省南昌市高新区火炬大街609号
负责人：黄宽
Tel：13330071016

**鑫源房地产开发公司**
业务：房地产的开发及建筑。开发项目：沙河名城
地址：江西省九江市浔阳区四码头金山角公寓906室
负责人：庄惟水　邮　编：332000
Tel：13507023333
15307923311
13979285533
13788888555

**江西省玉山县活性炭销售公司**
业务：本公司成立于1999年，主要生产各种粉状，颗粒和不定型颗粒炭．广泛适用于食品，医药，化工，味精，油脂，制糖等行业的脱色，精制，去杂，除臭，提纯等方面．并普遍应用于废水处理，空气净化，溶剂回收．产品远销世界各地，深受国外客商青睐．公司本着以优质产品开拓市场，优质的服务满足用户。
地址：江西省玉山县人民大道181号
负责人：支金水　邮　编：334700
Tel：0793－2555755、
Fax：0793－2568788
网址：www.jxyus.cn.alibaba.com

**永修县春华木材加工厂**
业务：木材加工
地址：江西省九江市永修县梅棠镇祥林村
负责人：赵益春　邮　编：332000
法　人：赵益春
Tel：13507024568
0792－3168086

**浙江中富建筑集团股份有限公司南昌分公司**
地址：江西省南昌市高新区火炬大街75号三楼
负责人：陈立刚
Tel：0791－8105153
8107003
13807096776

**南昌市七色花绿化养护有限公司**
地址：江西省南昌市红谷滩新区沙井村35号
负责人：张雄
Tel：13576960091

**江西世纪天成置业有限公司**
地址：江西省南昌市红谷滩新区市委大院北一楼
负责人：熊贤忠
Tel：0791－6300020

**南昌市红谷装饰工艺工程有限公司**
地址：江西省南昌市红谷滩中心区19幢1单元1层103号
负责人：朱磊
Tel：0791－7079733

**江西满堂春园林建设养护工程有限公司**
地址：江西省南昌市红谷滩中心区红谷春天花园3幢2单元101号
负责人：刘建美
Tel：13907917735

**江西省第七建筑工程有限公司南昌分公司**
业务：建筑工程施工
地址：江西省南昌市东湖区仿古街91号1228房
负责人：刘国根　邮　编：330013
法　人：刘国根
Tel：0791－6738485
13627006188

**江西省赣达建筑装饰有限公司**
地址：江西省南昌市蛟桥镇金年集团内
负责人：万丽丽
Tel：13687008180

**泊才欧式建筑装饰材料厂**
地址：江西省南昌市解放路辛家庵村委会(转)
负责人：刘泊才
Tel：13970022548

**江西省良建建筑工程有限公司**
地址：江西省南昌市进贤县城
负责人：龚良鹏
Tel：13879106320

**江西省广力治建环保工程有限公司**
地址：江西省南昌市进贤县工业开发区
负责人：汪文广
Tel：13707083798

**红谷滩新区海津彩钢防护店**
业务：彩钢防护门窗、铝合金、塑钢门窗加工
地址：江西省南昌市红谷滩新区卫东大道116号
负责人：高德华　邮　编：330000
法　人：高德华
Tel：13767035052

**江西省博鳌房地产开发有限公司**
地址：江西省南昌市进贤县徐家岭小区
负责人：方陵
Tel：13807060099

**红壤草业有限公司**
地址：江西省南昌市进贤县张公镇
负责人：万自成
Tel：0791－55337754
13970945592

**久鼎钢结构有限公司**
地址：江西省南昌市进贤县张公镇红壤研究所
负责人：黄爱平
Tel：0791－5533088
13907915702

**南昌市君昊环保设备有限公司**
业务：环保设备经营
地址：江西省南昌市进贤县
负责人：胡红献　邮　编：330013
法　人：胡红献
Tel：0791－5440238

**翠园生态工程有限公司**
地址：江西省南昌市进贤县钟陵乡
负责人：张文清
Tel：0791－5679288
13970043015

**江西省中兴建筑企业有限公司南昌分公司**
地址：江西省南昌市京东镇塘南淦村
负责人：张国勇
Tel：13970861338

**南昌慧科建材检测有限公司**
地址：江西省南昌市经济技术开发区麦庐大道
负责人：夏俊
Tel：13970088318

**江西嘉尔顿物业管理有限公司**
业务：物业管理
地址：江西省南昌市进贤县滨湖大道半岛豪园沿街二区1111号
负责人：胡丽丽　邮　编：330013
法　人：郑峰
Tel：0791－5666456
13617084360
13970909680

**江苏省第一建筑安装有限公司江西分公司**
地址：江西省南昌市井冈山大道703号2栋1单元202室
负责人：饶长福
Tel：13807911777

**南昌沃尔沃洁具用品制造有限公司**
地址：江西省南昌市民营科技园高新大道388号
负责人：叶云灿
Tel：13767108805

**南昌绿兴物业服务有限公司**
地址：江西省南昌市南昌高新开发区火炬大道高新变电站内
负责人：胥竞华
Tel：13803519026

**江西贵泰建设工程有限公司**
业务：承接房屋建筑工程、土木工程、市政工程、园林建筑工程、装修装饰工程，物业管理
地址：江西省南昌市进贤县民和镇西北四路
负责人：李贵标　邮　编：330013
法　人：李贵标
Tel：13807064289

**中标装饰材料有限公司**
地址：江西省南昌市南昌市青云谱区迎宾北大道1208号附5号
负责人：邱建洪
Tel：13907090606

**南昌县新洲砂石有限公司**
地址：江西省南昌市南昌县东新乡
负责人：熊也崽
Tel：13907091109

**江西汇宝实业发展有限公司**
地址：江西省南昌市南昌县富山大道以南金沙大道以东(小蓝工业园内)
负责人：包遂
Tel：0791－5988118

**南昌县向塘高上免烧砖厂**
业务：水泥砖销售
地址：江西省南昌市南昌县向塘高田上坊
负责人：衷友平　邮　编：330013
法　人：衷友平
Tel：13732954938
网址：http://www.51zzt.com/user/zzt123511

**向塘五星砖瓦厂**
地址：江西省南昌市南昌县何塘荆山村
负责人：齐海根
Tel：0791－5050688
13807038188

**南昌县诚发造型材料厂**
地址：江西省南昌市南昌县黄马乡黄马街
负责人：张尧君
Tel：13970026991

**江西省祥橱实业有限公司**
地址：江西省南昌市南昌县蒋巷镇交管站西侧
负责人：徐春发
Tel：13907085462

**南昌县华清建材厂**
业务：本厂主要生产各种彩色人行道板，吸水砖，植草砖，路沿石，窨井盖等市政建材
地址：江西省南昌市南昌县向塘荆山村
负责人：邓水清　邮　编：330013
法　人：邓水清
Tel：13870818178
0791－5708195

**欣荣房地产开发有限公司**
地址：江西省南昌市南昌县莲塘五一路
负责人：胡小荣
Tel：0791－5725858
6310252
13307085382

**江西恒达房地产开发有限公司**
地址：江西省南昌市南昌县莲塘五一路326号弄2栋
负责人：曾建强
Tel：13576072777

**江西省国利建筑工程有限公司第一分公司**
地址：江西省南昌市南昌县莲塘向阳路495号
负责人：章献忠
Tel：13803531212

**江西可门港建设工程有限公司**
业务：公司专业承接建筑工程、装饰装璜工程、消防工程、市政工程、园林绿化工程、水电安装工程、钢结构工程、土石方工程，我们拥有专业性强的职业队伍，为客户提供优质的服务，竭诚欢迎各位新老客户前来咨询洽谈！
地址：江西省南昌市青山湖区洪都中大道87号隆鑫广场B区4＃商住楼二单元1801号房
负责人：陈晋光　邮　编：330002
法　人：陈晋光
Tel：0791－8291118
13607915648
Fax：0791－8291118
网址：www.中国可门港.com
E-mail：kemengang@163.com

**江西省鑫科房地产开发有限公司**
地址：江西省南昌市南昌县莲塘中大道415号
负责人：罗敏
Tel：13576029999

**江西省国利建筑工程有限公司莲塘分公司**
地址：江西省南昌市南昌县莲武路
负责人：熊伟光
Tel：13307918118

**新建县能成花木场**
地址：江西省南昌市南昌县望城镇
负责人：徐秋云
Tel：0791－5861187
13879194759

**南昌市明俊装饰有限公司**
业务：室内外装饰工程、水电安装
地址：江西省南昌市西湖路47号二单元102室
负责人：王士明　邮　编：330002
法　人：王士明
Tel：0791－6781850
Fax：0791－6781850
E-mail：newsm@163.com

**南昌国鸿建筑工程有限公司**
地址：江西省南昌市南昌县武阳镇
负责人：樊友红
Tel：13576990040

**新型彩板钢窗厂**
地址：江西省南昌市南昌县向塘村
负责人：赵仲秋
Tel：13907081517

**江西蓝宝实业发展有限公司**
地址：江西省南昌市南昌县小蓝工业园银湖工业小区小蓝大道
负责人：张烨
Tel：13576056398

**江西省隆盛建材有限公司南昌分公司**
业务：汇德邦陶瓷
产品：釉面砖、精品抛光砖、精品仿古砖
地址：江西省南昌市西湖区洛阳路61号市场大道4栋79号店面
负责人：吴秋霞　邮　编：330008
法　人：吴秋霞
Tel：0791－6101817

**东联砖瓦厂**
地址：江西省南昌市南昌县幽兰镇东联村东皋荒山
负责人：万根云
Tel：0791－5061757
5066415

**江西今典建筑装饰工程有限公司**
地址：江西省南昌市南昌香江商贸中心广场一街56号
负责人：邓陆儿
Tel：13870874824

**南昌市粤欣豪实业有限公司**
地址：江西省南昌市青山湖区昌东工业区
负责人：汪爱珍
Tel：13803541859

**莲花县金荷石灰厂**
业务：生产、销售石灰(建筑、炼钢)
地址：江西省萍乡市莲花县湖上乡圳贝村
负责人：刘新民　邮　编：337000
法　人：刘新民
Tel：15170335218
13437995928

**江西华通玻璃实业有限公司**
地址：江西省南昌市青山湖区昌东工业园10号
负责人：朱云华
Tel：13507918151

**兴发人造板厂**
地址：江西省南昌市青山湖区朝阳农场农贸批发市场西二栋
负责人：杨辉
Tel：13307087111

**江西省宁致科技有限公司**
地址：江西省南昌市青山湖区高新大道
负责人：刘漫春
Tel：13064116565

**江西仁江科技有限公司**
业务：集研发、生产、销售、服务于一体，专业生产不锈钢水箱、太阳能等系列产品，并承接热水工程的节能型企业，产品绿色节能环保，售后服务完善。欢迎各界人士前来洽谈业务！
产品：仁江阳光不锈钢水箱，清华阳光太阳能
地址：江西省萍乡市湘东陶瓷工业基地
负责人：谢小姐　邮　编：337000
法　人：朱仁江
Tel：0799－7053888
7053808
Fax：0799－7053808
网址：http://www.renjiangkj.com/
E-mail：xieyingping6@163.com

**江西佳宏实业有限公司**
地址：江西省南昌市青山湖区罗家镇竹山村
负责人：罗宏
Tel：13970827597

**文远石业有限公司**

地址:江西省南昌市青山南路 347 号京九铁路西旁
负责人:王小远
Tel:13807085845

**长喜房地产开发有限公司**
地址:江西省南昌市青云谱路 354 号
负责人:徐长喜
Tel:0791－5274917
13907916750

**江西晶磊工程材料有限公司**
地址:江西省南昌市青云谱区何坊西路 305 号
负责人:杜激流
Tel:13077980726

**瑞昌市恒兴建材有限公司**
业务:经营外墙保温材料
地址:江西省瑞昌市黄金工业园西区
负责人:陈清江 邮 编:332000
法 人:陈清江
Tel:15870859666
0792－8230766

**江西艺雅装饰工程有限公司**
地址:江西省南昌市青云谱区洪城路 8 号
负责人:涂远强
Tel:13879128672

**南昌市蓝友环保产业有限公司**
地址:江西省南昌市青云谱区洪都大院内 703 号厂房
负责人:陈明友
Tel:0791－6837702

**江西创达装饰工程有限公司**
地址:江西省南昌市青云谱区井冈山大道 576 号 4 栋附 1 单元 201 室
负责人:李钦新
Tel:13767172797

**瑞金市惠康保温砂浆厂**
业务:保温防爆材料的生产和销售
产品:保温砂浆等各类保温材料
地址:江西省瑞金市城南原五金厂内
负责人:刘军 邮 编:342500
法 人:刘军
Tel:13767748169
13767796793
0797－2526812

**南昌煌家门窗有限责任公司**
地址:江西省南昌市青云谱区南莲路 453 号
负责人:何乃沅
Tel:13065186908

**青云谱万溪装饰材料厂**
地址:江西省南昌市青云谱区万溪村
负责人:何书荣
Tel:0791－8448084
13870626025

**江西澄源环保工程有限公司**
地址:江西省南昌市青云谱区新溪桥路新二区 35 栋 2 单元 601 室
负责人:黄志军
Tel:13970869030

**广丰县富贵铜门制造有限公司**
业务:专业从事铜门、不锈钢门制造销售,完美的设计,优良的品质,合理的价位,并提供良好的售后服务。欢迎广大新老客户前来洽谈、订购。
产品:铜门,不锈钢门
地址:江西省上饶市广丰县芦林工业园区
负责人:叶俭峰 邮 编:334600
法 人:叶俭峰
Tel:13707931739

**江西立德工程材料有限公司**
地址:江西省南昌市青云谱区熊坊村
负责人:陈春梅
Tel:13970839007

**江西惠琴物业管理有限责任公司**
地址:江西省南昌市湾里区翠岩路 81 号
负责人:王惠琴
Tel:13803505469

**南昌诚德装饰装修实业有限公司**
地址:江西省南昌市湾里区太平乡瀚德公寓 8 号店面
负责人:周善华
Tel:13184596656

**江西省婺源县太清华阳太阳能热水器厂**
业务:加工销售太阳能热水器
产品:太阳能热水器(冬天也热才是好热水器!)
地址:江西省上饶市婺源县紫阳镇(婺源首家)
负责人:吴彬治 邮 编:333200
法 人:俞翠英
Tel:0793－7338106

**南昌市湾里区住宅开发公司幸福景苑项目部**
地址:江西省南昌市湾里区幸福路 288 号
负责人:邓亮金
Tel:13870867777

**南昌市洪恒花园物业管理有限公司**
地址:江西省南昌市湾里区招贤大道
负责人:邬经恒
Tel:13807089278

**江西正新物业管理有限公司**
地址:江西省南昌市西湖区八一大道 96 号华龙国际大厦
负责人:黎金荣
Tel:13870999666

**婺源县仁宝装饰公司**
业务:室内设计与装修
地址:江西省上饶市婺源县紫阳镇源头路丰原小区 109 号 104
负责人:戴元保 邮 编:333200
法 人:戴元保
Tel:13576377788
13576377733
13576377755

**江西科瑞建筑装饰工程有限公司**
地址:江西省南昌市西湖区八一大道 99 号洪城广场洪福阁 301 室
负责人:赵亿久
Tel:13870078788

**南昌铁宏实业有限公司**
地址:江西省南昌市西湖区北京西路 74 号
负责人:张敬土
Tel:13607080781

**江西省宇达实业有限公司**
地址:江西省南昌市西湖区船山路 386 号 5 单元 201 室
负责人:胡宇
Tel:13970803629

**弋阳县龙腾混凝土有限公司**
业务:混凝土、钢材的销售
产品:混凝土、钢材
地址:江西省上饶市弋阳县自来水公司方志敏大道北路 159 号
负责人:饶锋 邮 编:334000
法 人:饶锋
Tel:15270341818

**南昌市华天房产信息咨询有限公司**
地址:江西省南昌市西湖区带子巷 24 号
负责人:龚雪云
Tel:13970049816

**南昌市中意物业有限公司**
地址:江西省南昌市西湖区抚生路中段
负责人:张志忠
Tel:13970094807

**南昌市超强实业有限公司**
地址:江西省南昌市西湖区广场南路 26 号
负责人:李光华
Tel:13177864423

**余干县香盈源环保机砖厂**
业务:红砖的生产和销售
产品:红砖
地址:江西省上饶市余干县吴艾村香盈源小组
负责人:徐青龙 邮 编:335101
法 人:徐青龙
Tel:13687935888
0793－3308999
Fax:0793－3271298

**南昌好人家物业有限公司**
地址:江西省南昌市西湖区洪城路 23 号(大桥商厦)
负责人:王保福
Tel:13803520943

**南昌市精雕美家设计装饰有限公司**
地址:江西省南昌市西湖区井冈山大道 1028 号 8 楼 803 室
负责人:黄波
Tel:13065153811

**江西省泰鑫实业发展有限公司**
地址:江西省南昌市西湖区井冈山大道 232 号
负责人:刘辉放
Tel:13607063618

**新余市渝水区勇平木竹加工厂**
业务:竹木板加工、销售
地址:江西省新余市城南办桥下管理处
负责人:胡勇平 邮 编:338025
法 人:胡勇平
Tel:13320000312
15979873036

**分宜县沔村建筑工程有限公司**
业务:建材的销售
产品:建材
地址:江西省新余市分宜县昌山北路 229 号中亚一村路口钢材批发市场
负责人:李权根 邮 编:336600
法 人:李权根
Tel:13807900011
0790－5811880

**江西集成置业有限公司**
地址:江西省南昌市西湖区井冈山大道 717 号
负责人:钟洪
Tel:0791－6109577

**江西省佰利雅装饰工程有限公司**
地址:江西省南昌市西湖区前进路 241 号 3 栋 3 单元 302 室
负责人:刘廷云
Tel:13870969817

**江西好家园房地产中介服务有限公司**
地址:江西省南昌市西湖区孺子路 191 号
负责人:陈可
Tel:13065165833

**南昌大圣科技有限公司**
地址:江西省南昌市西湖区上坊路排渍道西桂苑商住楼 B 栋 2 单元 101 室
负责人:邓锋伟
Tel:13320014958

**泰昌投资实业有限公司**
地址:江西省南昌市西湖区十字街 777 号蓝天雅苑 1 楼 3 单元 302 室
负责人:万香儿
Tel:0791－7103170
13807918442

**江西省富通置业有限公司**
地址:江西省南昌市西湖区桃花路桃苑公寓 2 栋 2 单元 601 室
负责人:黄武斌
Tel:13979889356

**分宜县绿宝花木发展有限公司**
业务:绿化花木
地址:江西省新余市分宜县分宜镇水北村
负责人:江文龙 邮 编:336600
法 人:江文龙
Tel:13979001888
0790－5788666

**江西中昌物业管理有限公司**
地址:江西省南昌市西湖区桃苑苑中园 14 栋 2 单元 702 室
负责人:李力
Tel:13807098348

**江西省金石工程建设监理咨询有限公司**
地址:江西省南昌市西湖区系马桩 65 号 2 栋 2 单元 402 室
负责人:袁国清
Tel:13907917492

**江西省嘉恒装饰工程有限公司**
地址:江西省南昌市西湖区象山南路 272 号
负责人:陈昌
Tel:13807085685

**分宜县为民水电安装有限公司**
业务:水电安装工程
地址:江西省新余市分宜县怡心花园 9 幢 201 室
负责人:莫乾文 邮 编:338025
Tel:13979041012
0790－5810952

**南昌雅新建筑装璜设计工程有限公司**
地址:江西省南昌市西湖区站前路 1 号
负责人:李国峰
Tel:13803520740

**福建省中马建设工程有限公司南昌分公司**
地址:江西省南昌市西湖区站前西路 119 号
负责人:瞿理思
Tel:13907186857

**南昌大正创业有限公司**
地址:江西省南昌市西湖区站前西路 195 号
负责人:吴剑虹
Tel:13970977015

**新余市诚信金属焊接工程有限公司**
业务:金属焊接工程
地址:江西省新余市青年路环处旁
负责人:杨建弟 邮 编:338025
法 人:杨建弟
Tel:15607907811
Fax:0790－6437811

**江西圣象越意建材有限公司**
地址:江西省南昌市西湖区站前西路 289 号
负责人:赵欣
Tel:13933318111

**南昌煜嵩实业有限公司**
地址:江西省南昌市西湖区站前西路 289 号 C 座 502 室
负责人:任立成
Tel:13979147428

**南昌大同建材有限公司**
地址:江西省南昌市香江中路 18 号
负责人:陈火才
Tel:13576051600

**江西绿洲建材有限公司**
业务:经营装潢建筑材料
地址:江西省宜春市上高县野市乡
负责人:陈其虎 邮 编:336000
法 人:陈其虎
Tel:13767538751
0795－2462135

**南昌恒艺林业开发有限责任公司**
地址:江西省南昌市新建县厚田乡三洲村
负责人:罗时平
Tel:13807000897

**新建县伍福建材有限公司**
地址:江西省南昌市新建县乐化镇新石村
负责人:高国荣
Tel:13970012594

**捷通自动门设备有限公司**
地址:江西省南昌市迎宾大道 165 号永安车厢厂
负责人:徐美炎
Tel:0791－5212721
13907080874

**江西绿洋木业有限公司**
业务:生产、销售细木工板,指接板,竹胶板,装潢材料
地址:江西省宜春市万载县三兴镇湖源村
负责人:张小平 邮 编:336113
法 人:张小平
Tel:13879540710
0795－8318126

**新源木地板厂**
地址:江西省南昌市永新县建设街(原林业车队内)
负责人:戴长发
Tel:0796－7735171
7980717
13687969768

**新丰幕墙材料商行**
地址:江西省南昌市装璜建材大商场 17 栋 10 号
负责人:邓晨诚
Tel:0791－6406302
8720168
13803506084

**天富建筑装璜设计工程有限公司**
地址:江西省萍乡市富丽花园别墅 8 号
负责人:姚均建
Tel:13907992678

**宜丰肖中云钢化玻璃加工厂**
业务:中空玻璃、钢化玻璃等各种玻离的加工与销售,可根据客户要求定制各种玻璃
产品:中空玻璃、钢化玻璃等各种玻离
地址:江西省宜春市宜丰县漆家山钢化玻璃加工厂
负责人:肖中云 邮 编:336000
法 人:肖中云
Tel:13979562967
13970553387

**萍乡市神州房地产有限公司**
地址:江西省萍乡市豪门国际大酒店 10 楼
负责人:黎征
Tel:13907991636

**江西和令集团萍乡泰尔陶瓷制造有限公司**
地址:江西省萍乡市开发区登岸西路 1 号
负责人:钟南衡
Tel:0799－6760991
13979970729

**萍乡市蓝天环保节能有限公司**
地址:江西省萍乡市开发区金陵西路
负责人:姚海宏
Tel:0799－6239575

**宜春市海涛工程建设有限公司**
业务:工程建设
产品:土石方工程、园林绿化工程、道路建设工程施工
地址:江西省宜春市袁州区明月北路汇盛花园 C 幢 2 单元 401 室
负责人:袁军平 邮 编:336000
法 人:袁军平
Tel:13755871999

**玲珑建筑装饰工程有限公司**
地址:江西省萍乡市开发区体育新村 29 号
负责人:黄新梅
Tel:13907997171

**芦溪县现代愚公土方工程有限公司**
地址:江西省萍乡市芦溪县芦溪镇人民西路 282 号
负责人:宋文萍
Tel:13807991507

**金艺装璜有限公司**
地址:江西省萍乡市萍乡开发区公园路 114 号
负责人:刘培阳
Tel:13507999097

**鹰潭市易居装饰设计工程有限公司**
业务:室内外装修装饰
地址:江西省鹰潭市五洲路天洁西湖嘉苑 7 栋 31A 号
负责人:周红武 邮 编:335000
法 人:周红武
Tel:0701－6271988
13617011188

**萍乡市青城水泥有限公司**
地址:江西省萍乡市青山大城村
负责人:杨治丰
Tel:0799－6381031

**龙山建材厂**
地址:江西省萍乡市上栗县东源乡东源村
负责人:朱富明
Tel:0799－3631751
13320098885

**上栗县善友建材经营部**
地址:江西省萍乡市上栗县彭高镇 319 国道边
负责人:黄友生

…………………… Tel:0799—3672688

**联达冶金有限公司高新建材厂**
地址:江西省萍乡市湘东工业园内
…………………… 负责人:康秋敏
…………………… Tel:0799—3445288
3445289
13907995844

**百乐房地产开发有限公司**
地址:江西省萍乡市昭萍东路 91 号
…………………… 负责人:刘理祥
…………………… Tel:0799—6219188
6226158
13907999260

**锦宇房地产开发有限公司**
地址:江西省鄱阳县鄱阳镇五一北路 117 号
…………………… 负责人:叶印平
…………………… Tel:0793—6218668
13979396899

**月湖区拥政水泥制砖厂(月湖区拥政建材经营部)**
业务:1.免烧砖、水泥砖制作;2.水泥代理销售
地址:江西省鹰潭市月湖区工业园区检测站往龙虎山方向向前 200 米(江西省鹰潭市月湖区白露镇杨塘庙上村 7 号)
……… 负责人:王拥政　邮　编:335000
…………………… 法　人:王拥政
………… Tel:13870171189
13870171089

**上饶市星光建材有限公司**
地址:江西省上饶地区信州区紫阳大道江南商贸城 E2 栋 120 室
…………………… 负责人:吴有臣
…………………… Tel:0793—7085578

**华厦房地产开发有限公司**
地址:江西省上饶市带湖路 82 号 2 楼
…………………… 负责人:李春龙
…………………… Tel:0793—8259246
13970337880

**江西省广丰县金鑫拆迁有限公司**
地址:江西省上饶市广丰县永丰镇芦林大道 122 号
…………………… 负责人:潘金河
…………………… Tel:0793—2656536

**双龙集团房地产开发有限公司**
地址:江西省上饶市广丰县永丰镇小康城县房改办三楼
…………………… 负责人:毛红勇
…………………… Tel:13879395258

**上饶全盛置业有限公司鄱阳分公司**
地址:江西省上饶市鄱阳县鄱阳镇大芝路
…………………… 负责人:黄亚林
…………………… Tel:13870365555

**鄱阳县华丰房地产有限公司**
地址:江西省上饶市鄱阳县鄱阳镇五一路 90 号
…………………… 负责人:叶志敏
…………………… Tel:13567129999

**江西晨曦地产开发有限公司**
地址:江西省上饶市上饶县煌固镇
…………………… 负责人:徐晨曦
…………………… Tel:13970369333

**清源石材厂**
地址:江西省上饶市上饶县望仙乡桥头村
…………………… 负责人:谢祯禄
…………………… Tel:0793—8781577
13979375738

**江西名江房地产开发有限公司**
地址:江西省上饶市上饶县旭日镇新建东路
…………………… 负责人:林耿
…………………… Tel:0793—8442328

**万年县红昱水泥制品有限公司**
地址:江西省上饶市万年县汪家乡菩提庵
…………………… 负责人:饶品雷
…………………… Tel:13970314268

**万年县城市建设投资经营有限公司**
地址:江西省上饶市万年县政府大楼二楼
…………………… 负责人:黄祝庆
…………………… Tel:0793—3833436
3830462
3833436
13870305399

**婺源县绿州房地产开发有限公司**
地址:江西省上饶市婺源县紫阳镇星江西路 32 号
…………………… 负责人:张渭良
…………………… Tel:13097133688

**上饶市永安行物业管理有限公司**
地址:江西省上饶市信州区凤凰大道 99 号
…………………… 负责人:许利锋
…………………… Tel:0793—7066530

**杭州圣奥装饰工程有限公司上饶分公司**
地址:江西省上饶市信州区赣东北大道 2 号(时代广场 1004—1005 房)
…………………… 负责人:韩雪英
…………………… Tel:13755302118

**上饶市科乐装饰材料厂**
地址:江西省上饶市信州区灵溪镇丁家洲村
…………………… 负责人:洪清树
…………………… Tel:0793—8062367

**上饶市佳乐家装饰材料有限公司**
地址:江西省上饶市信州区绿景家园第 22 幢 107 室
…………………… 负责人:洪华
…………………… Tel:0793—8272300

**力天物业管理公司**
地址:江西省上饶市旭日镇信美路友邦小区
…………………… 负责人:丁冬火
…………………… Tel:13086118830
13607032699

**玉山县宏达物业有限公司**
地址:江西省上饶市玉山县冰溪镇将军庙小区 C1 栋二层 8—9 号
…………………… 负责人:王健
…………………… Tel:0793—2559238

**玉山县玉虹物业管理有限公司**
地址:江西省上饶市玉山县冰溪镇玉虹西路 1 号楼
…………………… 负责人:饶梅枝
…………………… Tel:0793—2550968

**交通发展实业公司玉山县江通碎石厂**
地址:江西省上饶市玉山县文成镇山也村
…………………… 负责人:杨佑生
…………………… Tel:13970376831

**江西岩宁水泥有限公司**
地址:江西省上饶市玉山县岩瑞镇岩洲村
…………………… 负责人:吴力林
…………………… Tel:0793—2533777
13907030969

**中阳县祥源石料购销部**
地址:江西省上饶市中阳县宁乡镇车鸣峪村
…………………… 负责人:乔三民
…………………… Tel:0358—5036115

**祥华贸易商行**
地址:江西省新余市长青花园三栋 104 号
…………………… 负责人:李宝华
…………………… Tel:0790—6202378
13907906786

**江西德鑫置业有限公司**
地址:江西省宜春地区奉新县沿河北路 122 号
…………………… 负责人:徐士彪
…………………… Tel:13907055669

**高安市金狐装饰设计有限公司**
地址:江西省宜春地区高安市邮电新村
…………………… 负责人:胡海涛
…………………… Tel:13807952681

**江西坤威实业有限公司**
地址:江西省宜春地区上高县锦江镇五里岭
…………………… 负责人:钱杰亭
…………………… Tel:13907953110

**江西建投实业发展有限公司**
地址:江西省宜春地区袁州区明月北路 620 号
…………………… 负责人:廖宜勤
…………………… Tel:13970529586

**江西红土地建设工程有限公司**
地址:江西省宜春地区樟树市广场 33 号
…………………… 负责人:吕若兰
…………………… Tel:0795—7333993

**高安市八景镇建通土石方施工队**
地址:江西省宜春市高安市八景火车站
…………………… 负责人:丁建民
…………………… Tel:13320055566

**刀牯胶合板厂**
地址:江西省宜春市上高县锦江镇新华村
…………………… 负责人:况刀牯
…………………… Tel:13507952955

**上高县金磊石材有限责任公司**
地址:江西省宜春市上高县蒙山乡小步月光山
…………………… 负责人:徐福登
…………………… Tel:13807957770

**华辉实业有限公司**
地址:江西省宜春市铜鼓县排埠镇
…………………… 负责人:张国辉
…………………… Tel:0795—8761888
13907056608

**万载县维丰竹木复合板有限公司**
地址:江西省宜春市万载县万载县工业园
…………………… 负责人:李志华
…………………… Tel:0795—8915558

**万载县怡和实业有限公司**
地址:江西省宜春市万载县县工业园 C1 区
…………………… 负责人:刘秀岳
…………………… Tel:13879538718

**万通房地产开发有限公司**
地址:江西省宜春市秀江中路 198 号金色外滩大酒店五楼
…………………… 负责人:谢飞婷
…………………… Tel:0795—3286168
3286128
13970565601

**江西铭豪房地产开发有限公司**
地址:江西省宜春市袁州区沿河路(检察院宿舍一栋一单元 602 室)
…………………… 负责人:袁铭
…………………… Tel:13879560933

**江西栋华实业有限公司毛衫分公司**
地址:江西省宜春市樟树市城北工业园
…………………… 负责人:朱烈栋
…………………… Tel:0795—7858888

**江西南方测绘院**
地址:江西省宜春市樟树市洋湖乡九一五大队院内
…………………… 负责人:邬宇平
…………………… Tel:0795—7312279

**樟树市众祥实业有限公司**
地址:江西省宜春市樟树市药都南大道 158 号
…………………… 负责人:肖正连
…………………… Tel:0795—7378879

**樟树市金达实业有限公司**
地址:江西省宜春市樟树市镇东路 12 号
…………………… 负责人:袁芳
…………………… Tel:0795—7338168

**宜黄县潭坊永鸿红砖厂**
地址:江西省宜黄县凤岗镇集贤村
…………………… 负责人:吴永鸿
…………………… Tel:13870429638

**江西三川集团鹰潭房地产开发有限公司**
地址:江西省鹰潭市工业园三川大道
…………………… 负责人:李建林
…………………… Tel:0701—6318010

**贵溪市周坊采石场**
地址:江西省鹰潭市贵溪市周坊镇神前村胡家村小组
…………………… 负责人:周兵辉
…………………… Tel:0701—6251551

**美国陈氏(鹰潭市)基础设施建设有限公司**
地址:江西省鹰潭市湖西路十一栋三十九号
…………………… 负责人:陈砚田
…………………… Tel:13320109188

**福建省平潭县第二建筑工程有限公司鹰潭分公司**
地址:江西省鹰潭市林荫西路 11 号
…………………… 负责人:蔡家增
…………………… Tel:13607011811

**深圳市新科特种装饰工程公司鹰潭分公司**
地址:江西省鹰潭市胜利东路 1 号 4 楼
…………………… 负责人:俞来全
…………………… Tel:13970178011

**江西圆方建筑设计院有限公司**
地址:江西省鹰潭市胜利东路 34 号
…………………… 负责人:童才生
…………………… Tel:0791—6221650

**黎明建材总汇**
地址:江西省余干县城新建大街
…………………… 负责人:梁黎明
…………………… Tel:13707930098

**星辉房地产开发有限公司**
地址:江西省虞山市上高县新人武部院内
…………………… 负责人:卓宝琳
…………………… Tel:0795—2509088
13576506066

**雅阁房地产开发有限公司**
地址:江西省樟树市药都路乡镇企业局三楼
…………………… 负责人:刘婷
…………………… Tel:0795—7330888
13006270688

## 赣州市章贡区招标投标中心

赣州市章贡区招标投标中心创办于2008年。
主要从事政府采购及工程的招标投标服务。
本公司将以真诚的态度对待每一位合作伙伴！

联系人：缪女士　电话：0797－8292056
地址：江西省赣州市章贡区西津路46号　邮编：341000

欢迎来电

## 江西骐键房地产开发有限公司

江西骐键房地产开发有限公司是一家专业从事房地产开发，物业管理，销售策划，建设工程施工的企业。

公司拥有一流的建设队伍，将为您提供最优质的服务。

联系人：应小平
电话：0795－2486386
地址：江西省宜春市上高县城学园路19号　邮编：336400

## 高安瑞鹏陶瓷有限责任公司

高安市瑞鹏陶瓷有限责任公司是一家专业的陶瓷生产厂家，是经国家相关部门批准注册的企业。主营地脚线、抛光砖、水晶砖、地脚砖、内墙砖等。

公司本着“客户第一，诚信至上”的原则，与多家企业建立了长期的合作关系。热忱欢迎各界朋友前来参观、考察、洽谈业务。

联系人：涂秀鹏　13707952740　13970500859
邮编：330800
地址：江西省高安市高安大道连锦涂家庄

## 江西省芦溪县南坑镇新富石英粉厂

新富石英粉厂从事天然石英粉，硅粉等产品加工销售，竭诚欢迎各界人士光临、参观、洽谈业务。

联系人：刘清生　15083885985
地址：江西省萍乡市芦溪县南坑镇阪田村
电话：0799-7521168
邮编：337037

## 华朋实业有限公司

华朋实业有限公司成立于2003年，主要生产玻璃钢。

我们秉承“顾客至上，锐意进取”的经营理念，坚持“客户第一”的原则为广大客户提供优质的服务。

欢迎广大客户惠顾！

联系人：袁建国
电话：0799-3673239　13979929368
地址：江西省萍乡市彭高镇动漫产业园　邮编：337000

## 江西遂川县富源石材厂

江西遂川县富源石材厂成立于2004年，专业从事花岗岩石板材的生产加工和销售。主要产品：江西红，芝麻白和青石板。

我厂将以最好的产品和服务回馈广大客户的支持与厚爱，欢迎来电洽谈，来料加工！

联系人：邹金富
电话/传真：0796-6270358　手机：13879683399
地址：江西省吉安市遂川县禾源镇谷田村工业区1号厂　邮编：343100

## 江西广盛石材有限公司

江西广盛石材有限公司成立于2001年，专业从事矿产开采、青石加工、销售，主要产品有青石台球板、青石建材板。我公司恪守“质量第一，服务至上”的原则，不断创新，致力为广大用户提供更优质的产品和服务！

联系人：陈青毅
电话：0792-2597588　1330008669
地址：江西省九江市星子县横塘镇　邮编：332800

## 江西永修县鑫磊石业有限公司

鑫磊石业有限公司始建于2004年，经过近几年发展形成了以生产和销售为一体的专业石材厂家，其主导产品有菊花黄系列花岗岩产品及火烧板，路沿石，毛板等产品。欢迎各地朋友来电联系，或索取样品。

联系人：林峰
电话：0792-3125677　15270589235
电子邮件：zhangshoubin0591@163.com
地址：江西省永修县江上乡丰源村　邮编：330300

## 江西可耐特玻璃钢有限公司

本公司创办于2005年2月28日，是江西首家生产大口径玻璃钢管道的专业厂家，生产的大口径夹砂玻璃钢管道荣获2005年江西省建筑新技术新产品推荐品牌。产品质量好，性能优越，广泛应用于城市给排水领域和其它行业。欢迎选购我公司的产品！

联系人：薄瑞强　手机：13576265616
电话：0791-5988180 5988185　传真：0791-5988181
地址：江西省南昌市南昌县小蓝工业园富山一路　邮编：330000

## 进贤县军湖建材有限公司

进贤县军湖建材有限公司创办于2007年，主要从事节能砖等建材的开发生产。

长期以来，得到了广大消费者的普遍好评和社会各界朋友的良好赞誉。欢迎广大新老客户联系洽谈业务！

联系人：宋卫　13707083873
电话：0791-5651079　5692003
地址：江西省南昌市进贤县工业开发区　邮编：331700

## 景德镇市景顺房地产开发有限公司

景德镇市景顺房地产开发有限公司成立于2001年，专业从事楼盘销售和物业管理。我公司秉承"顾客至上，锐意进取"的经营理念，坚持"客户第一"的原则，为您提供最满意服务，欢迎来电洽谈！

联系人：王庭顺
电话：0798-8576070　13879360808
地址：江西省景德镇市中华南路469号　邮编：333000

## 上饶县昌荣机电炉窑保温有限公司

上饶县昌荣机电炉窑保温有限公司成立于2007年，专业从事水泥厂、化工厂等厂专用的大型电炉窑的安装施工。质量第一，信誉至上是我公司的宗旨，热忱欢迎您的来电，我们可以随时为您提供优质、高效的服务。

联系人：郑建荣
电话：0793-8263853　13970307998　传真：0793-8056818
地址：江西省上饶市带湖路5号1栋1单元1201室
邮编：334000

## 九江邦一饰品有限公司

九江邦一饰品有限公司专营生产销售玻璃钻胚，玻璃钻产品。

我们将以最周到的服务，最低廉的价格，最优质的产品，竭诚为您服务！欢迎社会各界朋友前来订购，洽谈业务！

联系人：陈特
电话：0792-2831666 2830030　传真：0792-2830030
地址：江西省九江市武宁县万福工业园　邮编：332300

## 新余市迅通物资有限公司

新余市迅通物资有限公司成立于2000年，公司专业生产、加工、销售钢材、金属材料。本公司秉承"顾客至上，锐意进取"的经营理念，坚持"客户第一"的原则为广大客户提供优质的服务。欢迎广大客户惠顾！

联系人：邵军
电话：0790-6227654　传真：0790-6244277
地址：江西省新余市城东开发区南源大道 邮编：338000

## 九江市平顺实业有限公司

九江市平顺实业有限公司成立于2003年，专业从事房地产开发、售楼及物业管理。

我公司秉承"顾客至上，锐意进取"的经营理念，坚持"客户第一"的原则，为您提供最满意服务，欢迎惠顾！

联系人：林钦平
电话：0792-8228618　13907920687
地址：江西省九江市九龙街广西一路口安居大厦六楼
邮编：332000

## 宜春雪岭木业有限公司

本公司专业从事建筑模板和装饰板材的生产和销售，主要产品有竹胶板、细木工板、和指接板。

我们以优质的产品、诚实的信誉、完善的服务、合理的价格赢得客户，欢迎惠顾。

联系人：钱雪琴
电话：13807956099 0795-3653699　传真：0795-3653988
地址：江西省宜春市经济技术开发区袁州医药工业园　邮编：336000

## 上海中亚园林建设有限公司南昌分公司

上海中亚园林建设有限公司南昌分公司系专业园林景观绿化建设公司，集设计、施工于一体，主营园林景观工程建造、园林规划设计、园林绿化、园林雕塑、园林艺术工程监理，"每建必优,精细管理"是中亚永恒的主题.业务要优，队伍要优，组织要优，管理要优，质量要优，安全文明，用户满意，创造信誉，创造价值。致力以我们的努力为您打造绿色易居环境，扮靓祖国秀美山川。

联系人：孙义良
电话：0791-6665757　传真：0791-6665656　邮编：330003
地址：江西省南昌市西湖区广场南路205号恒茂国际华城16栋B座708室

## 华毅建筑装饰工程有限公司

我公司成立于2002年，专业从事室内外装修装潢工程。我公司拥有多项大型装修工程施工经验，"精工精做、顾客至上"是我们工程质量所遵循的原则，竭诚为客户提供最优质的服务，欢迎惠顾！

联系人：项禄华
电话：0793-8267778 13907038818
地址：江西省上饶市上饶市信州区上玉路188号　邮编：334000

## 山东省/Shandong Province

### 莱阳市东兴彩钢复合板厂

业务：彩钢复合板、钢结构设计、制作、安装
地址：山东烟台莱阳市盛隆建材批发市场院内
负责人：郝乃冬　邮编：265200
法人：郝乃冬
Tel：0535－7292799
13863849599
Fax：0535－7292798

### 德州安邦建材有限公司

业务：德州安邦建材有限公司成立于2006的7月，生产产品主要是10万立方米蒸压粉煤灰加气混凝土砌块，新型环保节能建筑材料，本着"以质量求生存，以信誉求发展"的目标，欢迎来电洽谈业务！
地址：山东省德州市顺河西路18号
负责人：邢桂东　邮编：253000
法人：邢桂东
Tel：0534－2436281
网址：www.abjc.cn

### 山东东春地产开发有限公司

业务：房地产开发，土地、房屋租赁，物业管理，家具设备运输
地址：山东省滨州市滨城区渤海一路538号
负责人：范春东　邮编：256619
Tel：0543－3276690
15954358999

### 华宇木业公司

地址：山东临沂费县探沂柴埠庄柴埠庄
负责人：崔广宇
Tel：0539－5616098
13053930888

### 烟台市福山区城区瑞鑫建材商店

业务：PVC管材，PPI管材，批零兼营
地址：山东烟台市福山区永达街892－3
负责人：肖芳雄　邮编：264000
法人：肖芳雄
Tel：15066386408
15098471150
0535－2130071

### 山东惠民诚信建设装饰工程有限责任公司

地址：山东省滨州市惠民镇车站路食品公司
负责人：庞成洲
Tel：0543－5987337

### 滨州市恒达路桥工程有限公司

业务：承包路桥建设工程
产品：高速公路建设，省道、农村公路的改造；木桥、拱桥、立柱桥等的建设
地址：山东省滨州市滨城区杜店街道办事处平方王村
负责人：孔凡忠　邮编：256600
法人：孔凡忠
Tel：13754658477
网址：http://www.51zzt.com/user/zzt33216

### 阳信县诚信房地产评估有限公司

地址：山东省滨州市阳信县建设局办公室二楼东
负责人：蒋海妞
Tel：0543－8213019

### 德州巨峰环保建材有限公司

业务：德州巨峰环保建材有限公司成立于2005年，从事五防轻体隔墙板的销售。我们永远秉承"质量第一，用户至上"的服务宗旨，欢迎新老客户光临，洽谈业务。
地址：山东省德州市陵县陵东农机大市场东邻
邮编：253500
法人：付巨峰
Tel：0534－8422666
Fax：0534－8262111

**金帝木业有限公司**
地址：山东省茌平县茌平镇李孝堂村
负责人：李先生
Tel：0635－4248866
13863531888

**滕州市荆河富达石材**
业务：国产进口石材，台阶石，栏杆扶手，异型加工
地址：山东枣市滕州市鲁南装饰大世界B1区46－48号
负责人：王思宁　邮　编：277500
法　人：王思宁
Tel：13561140600
0632－3958070

**滨城区铭轩门窗销售部**
业务：门窗维修，制作，经营防盗门窗，隐形纱窗
地址：山东省滨州市滨城区黄河五路马家南沿街楼西二单元402室
负责人：赵国强　邮　编：256600
法　人：赵国强
Tel：13465439053

**南鑫置业有限公司**
地址：山东省德州乐陵市阜盛东路市教育局办公楼东大厅
负责人：冯波
Tel：0534－6229922

**红旗水泥制品有限公司**
地址：山东省德州乐陵市市中街道办事处张园子村
负责人：张长军
Tel：0534－6522578
13953417676

**德州菱镁工贸有限公司**
业务：德州菱镁工贸有限公司成立于2003年，是从事建筑材料，建筑节能技术开发、研制、生产经营专业化企业。主要产品有玻镁防火板系列，轻质保温隔墙板系列等各种产品。公司有完善的质量保证体系，为您提供优质的产品、良好的施工、技术支持、售后服务等。
地址：山东省德州市德城区天衢工业园金鑫路18号
邮　编：253000
法　人：杨宝连
Tel：0534－2356528
网址：www.dzlmgm.com
E-mail：dzlm888@126.com

**华鹏商行**
业务：地板砖的销售
地址：山东省滨州市滨城区黄河一路渤海七路向西200米512号D座164号
负责人：张宝俊　邮　编：256600
法　人：张宝俊
Tel：15905435188
0543－2220116

**华腾置业集团有限公司**
地址：山东省德州市德城区湖滨南路马东二街九巷1号
负责人：王辉
Tel：0534－2666787
13953438916

**天丰建筑工程有限公司**
地址：山东省德州市德城区经济开发区天衢东路杨庄村
负责人：杨海龙
Tel：0534－2759889
13805341265

**天海工贸有限公司**
地址：山东省德州市德城区天衢办事处太平洋酒水市场罗长路166号
负责人：赵福华
Tel：0534－2358266
13305346687

**东营亿威建材科技有限公司**
业务：我公司专业从事新型建材的开发、研制、生产及销售。我们将以一流的技术质量、一流的服务宗旨竭诚为广大客户服务。
地址：山东省东营市东营开发区莒州路8号
负责人：赵振军……邮　编：257091
Tel：0546－8302377

**滨州市滨城区广宇涂料厂**
业务：涂料，建材生产销售
地址：山东省滨州市滨城区市东办事处郭集
负责人：崔金华　邮　编：256600
法　人：崔金华
Tel：13562339967
13562312954

**科辉太阳能有限公司**
地址：山东省德州市德城区西外环路七西工业园
负责人：仇立鸿
Tel：13605340818

**长青玻璃装饰有限公司**
地址：山东省德州市德州经济开发区齐庄加油站东面
负责人：庞立庄
Tel：13395341999

**临邑金岩建筑劳务分包有限公司**
地址：山东省德州市临邑县苍圣大街中段北侧
负责人：赵金芳
Tel：0534－4227666

**滨州市金海商贸有限公司**
业务：房地产
地址：山东省滨州市滨城区市东办事处屈家村居委会
负责人：刘海洋　邮　编：256619
法　人：刘海洋
Tel：0543－3287762
13220708687
网址：http://www.51zzt.com/user/zzt33223

**临邑临林霓虹灯装饰有限公司**
地址：山东省德州市临邑县东市场街32号
负责人：姜金策
Tel：13953433866

**临邑县斯军建筑劳务分包有限公司**
地址：山东省德州市临邑县恒源工业园C8号
负责人：魏斯军
Tel：0534－4238622

**博兴县城东街道办事处清河木业厂**
业务：木门生产经营
地址：山东省滨州市博兴县城东街道办事处中小企业贸易区
负责人：卞法滨　邮　编：256500
法　人：卞法滨
Tel：13854386868
0543－2126699

**济南金泰德混凝土有限公司**
业务：济南金泰德混凝土有限公司成立于2005年，专业生产加气混泥土制品的企业。质量第一、价格合理、产品畅销省内各地。我们竭诚欢迎新老客户光临，愿与大家一起共创二十一世纪美好空间。
地址：山东省济南市高新开发区经十东路南胡村村南
邮　编：250101
法　人：王成
Tel：0531－88896688
Fax：0531－88896688

**新亚装饰工程有限公司**
地址：山东省德州市临邑县开元大街
负责人：刘仁良
Tel：0534－4224166
13905441322

**滨州市信泰木业有限公司**
业务：生产、销售各种实木集成材
地址：山东省滨州市博兴县吕艺镇龙三村曹纯路口北500米
负责人：牟延庆　邮　编：256605
法　人：牟延庆
Tel：0543－2965188
13561516155
Fax：0543－2965188

**防腐安装公司**
地址：山东省德州市临邑县临南镇
负责人：张玉强
Tel：13365346777

**玉奎砖厂**
地址：山东省德州市陵县糜镇周家村
负责人：王玉奎
Tel：0534－8852628
13395345671

**滨州市金河房地产开发有限公司**
业务：房地产开发、销售
地址：山东省滨州市黄河区五路以南渤海十九路以西
负责人：柯惠敏　邮　编：256600
法　人：陈香伟
Tel：13475089999
Fax：0543－3269111
E-mail：hjmhappy@126.com

**春利圆五金制品有限公司**
地址：山东省德州市宁津县保店镇开发区
负责人：刘红森
Tel：0534－5582686
13953430016

**济宁市任城区市政工程公司**
业务：济宁市任城区市政工程公司成立于1993年3月，从事道路排水、桥梁架设。公司本着"诚信、优质"的宗旨竭诚欢迎各位来电咨询、合作！
地址：山东省济宁市任城区云路街2号平房
邮　编：272000
法　人：胡传河
Tel：0537－2881926

**宁津县三杰建材有限公司**
地址：山东省德州市宁津县城西环路北首（水利局预制厂门口）
负责人：刘榆
Tel：0534－5231586
13573498788

**广通城市建设工程有限公司预制构件分公司**
地址：山东省德州市平原县平原镇鲁庄村
负责人：张磊
Tel：0534－4386168
13355449838

**山东天工纺织集团装饰有限公司**
地址：山东省德州市齐河县城齐兴大街西首
负责人：郑敏
Tel：13791322987

**滨州永通港务开发有限公司**
业务：港口投资、开发
地址：山东省滨州市黄河十二路渤海8路777号
负责人：陈子荣　邮　编：256619
法　人：陈子荣
Tel：15154398379
0543－3363469

**山东省惠民县四方金属结构有限公司**
业务：金属钢结构焊接服务
地址：山东省滨州市惠民县姜楼镇开发区
负责人：王吉树　邮　编：256619
法　人：王吉树
Tel：0543－5235188
Fax：0543－5235238

**庆云镇第二砖瓦厂**
地址：山东省德州市庆云县城南
负责人：王俊堂
Tel：13516301366

**济宁温鑫房地产开发有限公司**
业务：济宁温鑫房地产开发有限公司成立于2005年，位于山东省济宁市任城区南张镇西刘村，从事房地产开发、建材经营。公司以"物超所值的房价、优良的品质、典雅大方的造型、齐全的配套以及规范化并日臻完善的物业管理服务为众多客户提供理想的居所。
地址：山东省济宁市任城区南张镇西刘村
邮　编：272100
法　人：温德成
Tel：0537－2781766
Fax：0537－2781766

**阳光体育设施有限公司**
地址：山东省德州市庆云县崔口工业园
负责人：郑国通
Tel：0534－3738888
13791360185

**滨州新国木业有限公司**
业务：木材加工
地址：山东省滨州市惠民县清河镇高庙魏村
负责人：魏丰国　邮　编：256619
法　人：魏丰国
Tel：0543－5689239

**九衢筑路设备厂**
地址：山东省德州市武城县城东区工业园区
负责人：王桂亭
Tel：0534－6211766
13356268266

**武城县园林绿化公司**
地址：山东省德州市武城县振华街东首
负责人：王其东
Tel：0534－2172916
13905443778

**大江网厂**
业务：建筑安全网生产销售
地址：山东省滨州市李庄镇惠青路西侧
负责人：邢大江　邮　编：251712
法　人：邢大江
Tel：13153591072
0543－5832498

**华泰新材料有限公司**
地址：山东省德州市禹城市高新区富华街
负责人：王琳
Tel：0534－7268388

**东营市同正工程设计事务所有限公司**
地址：山东省东营市东城曹州路9号
负责人：寇立星
Tel：0546－2962305

**滨州市路通工程有限公司**
业务：公路、桥梁、房屋建筑工程施工
地址：山东省滨州市梁才乡杨沟朱村
负责人：郭风岭　邮　编：256600
法　人：郭风岭
Tel：15154382588
13173285788

**济宁兴业新型材料有限公司**
业务：济宁兴业新型材料有限公司公司位于济宁市任城区，始建于2001年，依托卓越的技术品质，凭借良好的信誉魅力，公司现已发展成为一家生产乳胶漆的大型民营企业。
地址：山东省济宁市任城区长沟镇张山南村
邮　编：272000
法　人：张利业
Tel：0537－2583231
Fax：0537－3210638
网址：www.sdxy.chinapyp.com

**东营市黄河口建设工程施工图审查中心**
地址：山东省东营市东城府前街105号
负责人：杨立亮
Tel：0546－8332051

**山东省阳信滨强装饰材料有限公司**
业务：生产、销售装饰板材
地址：山东省滨州市阳信县新商业街南端
负责人：刘强　邮　编：251800
法　人：刘强
Tel：0543－8232676
15206898777

**东营市永凝环保建材有限责任公司**
地址：山东省东营市东平路1号
负责人：王贯粉
Tel：0546－8788830

**东营市东营区洪波保温材料厂**
地址：山东省东营市东营区牛庄镇西范村
负责人：王洪波
Tel：0546－8221839

**滨州顺达混凝土有限公司**
业务：混凝土生产销售
产品：混凝土C60以下
地址：山东省滨州市沾化县大高镇马家坊村
负责人：位翠萍　邮　编：256802
法　人：位翠萍
Tel：0543－7565999
Fax：0543－7515999

**胜利油田金泰管道预制有限责任公司**
地址：山东省东营市东营区西四路222号
负责人：孙国庆
Tel：0546－8788188
13906474444

**江苏滨海第二建筑安装工程有限公司东营分公司**
业务：江苏滨海第二建筑安装工程有限公司东营分公司是一家专业从事土木工程建设、市政桥梁建设、钢结构安装、房地产开发的企业。欢迎来电垂询！
地址：山东省东营市东城商贸城华鑫园96号
邮　编：257091
法　人：吕玉俊
Tel：0546－8089018
Fax：0546－8089018

**沾化县富国镇林博农机服务专业合作社**
业务：筑路、土建农机工程
地址：山东省滨州市沾化县富国镇丁家村
负责人：王如申　邮　编：256600
法　人：王如申
Tel：13754672555

**博森商贸有限责任公司**
地址：山东省东营市东营区燕山路278号
负责人：秦奇峰
Tel：0546－8781788
13563382388

**中国化学工程第十三建设公司东营分公司**
地址：山东省东营市广饶大王镇东王路东侧
负责人：彭发林
Tel：13854676916

**山东邹平广达实业有限公司**
业务：生产建筑机械
地址：山东省滨州市邹平县经济开发区月河一路
负责人：王广明　邮　编：256619
法　人：王广明
Tel：0543－4337757
15954360378
Fax：0543－2107708

**邹平远大物资贸易有限公司**
业务：钢材销售、矿石、矿粉、建筑材料、非金属材料收购及销售
地址：山东省滨州市邹平县青阳镇开发区
负责人：徐佃江　邮　编：256619
法　人：徐佃江
Tel：13954331285
0543－4572277

**东营市河口区胜强石粉有限责任公司**
地址：山东省东营市海康路西渤海路南
负责人：王永辉
Tel：0546－8570659

**东营海化房地产有限公司**
地址：山东省东营市开发区沂州路56号
负责人：彭广春
Tel：0546－8300433

**垦利县伟正水泥制品厂**
地址：山东省东营市垦利县垦利镇民丰村
负责人：张道锋
Tel：0546－2521649

**垦利县新民泥浆助剂厂**
地址：山东省东营市垦利镇高盖村南
负责人：李新民
Tel：0546－2560170

**邹平县希峰贸易有限公司**
业务：主营建材
产品：木材，钢材，五金
地址：山东省滨州市邹平县魏桥镇官牛村
负责人：牛希峰 邮 编：256215
法 人：牛希峰
Tel：13406231188
0543－4756196
网址：http://www.51zzt.com/user/zzt123626

**临沂市东盛新型建材有限公司**
业务：临沂市东盛新型建材有限公司成立于2004年，从事新型建材的生产及销售。其主要产品是环保型多孔砖。我们能为顾客提供稳定良好的产品及服务。
地址：山东省临沂市罗庄区盛庄街道葛庄村
邮 编：270016
法 人：薛宝
Tel：0539－8598788

**利津宏建新型建材销售有限公司**
地址：山东省东营市利津县虎滩乡工业园区
负责人：郭洪军
Tel：0546－5355878

**德州市德城区华远建筑设备租赁站**
业务：铁管租赁、建筑设备租赁
地址：山东省德州市德城区105国道堤岭钢材市场153号
负责人：吴友强 邮 编：253012
法 人：吴友强
Tel：0534－8943177

**高吉木质地板有限公司**
地址：山东省东营市利津县经济开发区
负责人：张中宝
Tel：13601663531

**肥城万星房地产开发有限公司**
地址：山东省肥城市泰西大街38号物资大厦
负责人：王柏明
Tel：0538－3251228

**德州嘉特苗木有限公司**
业务：园林绿化工程
地址：山东省德州市德城区共青团路银座商城4楼438室
负责人：梁续辉 邮 编：253012
法 人：梁续辉
Tel：0534－5017733

**曹县益森木业有限公司**
地址：山东省菏泽市曹县八里湾上海市工业园区
负责人：刘德生
Tel：0530－3350866
6126866
3350800
13805401855

**单县工业设备安装公司**
地址：山东省菏泽市单县单父路西段王桥
负责人：鲁增布
Tel：0530－4689068
13573063700

**德州市正大广告装饰工程有限公司**
业务：广告装饰、室内外装修、广告工程
地址：山东省德州市德城区新华路38号外西119号
负责人：李振东 邮 编：253000
法 人：李振东
Tel：15805340097
0534－2222197

**平安建筑有限公司**
地址：山东省菏泽市鄄城县鄄二路137号（农机局三楼）
负责人：郭士林
Tel：0530－2403069
13905403398

**临沂市东宇建筑有限公司**
业务：临沂市东宇建筑有限公司成立于1998年，主要从事建筑劳务工程。“质量第一，顾客至上，诚信守约，开拓创新”是全体员工始终遵循、不懈追求的质量方针和目标。竭诚欢迎您的参观、指导！
地址：山东省临沂市临沂经济开发区芝麻墩办事处驻地
负责人：杜召文 邮 编：276023
法 人：杜召文
Tel：0539－8803366

**德州经济开发区朝晖钢材经销处**
业务：销售罗纹钢、线材等钢材
地址：山东省德州市德州经济开发区岳庄钢材市场1排13号
负责人：李霞 邮 编：253012
法 人：李霞
Tel：13905341684
0534－2589827

**大成房地产开发有限公司**
地址：山东省菏泽市开发区黄河东路2999号
负责人：成清华
Tel：0530－5133666
13953026668

**舒典装饰有限公司**
地址：山东省菏泽市牡丹区青年路菏建商城南－23号
负责人：刘敬东
Tel：0530－5923000
13305301393

**山东省德州市空调设备有限公司**
业务：中央空调：组合式空调机组，吊顶式机组，风机盘管．通风系列：轴流式风机，离心式风机，排烟风机，斜流式风机．通风管道．玻璃钢系列：玻璃钢缠绕管道，玻璃钢/储存罐，玻璃钢管道，风机．
地址：山东省德州市河东开发区岳庄新村20号楼1单元402室
负责人：张跃峰 邮 编：253012
法 人：张跃峰
Tel：0534－2726656
13583491326
15166908222
E-mail：zhangyuefeng06081221@126.com

**福泰木业有限公司**
地址：山东省菏泽市牡丹区沙土镇
负责人：邱志金
Tel：0530－5799888
5799088
13905407748

**金地来房地产开发有限责任公司**
地址：山东省菏泽市永昌路中段
负责人：任忠武
Tel：0530－5966137

**临邑县双鲍木材加工厂**
业务：木材加工、销售
地址：山东省德州市临邑县临邑镇汽配城A5－5号
负责人：石真科 邮 编：253012
法 人：石真科
Tel：0534－4435519
15965945588

**临沂市恒旭装饰工程有限公司**
业务：我公司是一家专业从事建筑装饰，装修，工程设计施工的大型企业，是有建筑装修装饰专业承包三级资质，注册资金1000万元，净资产600万元，现有员工500多名，基中高、中级职称工程技术和经济管理人才80人，且建筑学和环境艺术暖通，给排水，电气等专业人员齐全。我公司承接大中型内外墙工程设计制作安装各类塑钢门窗，PVC护栏，楼顶防水工程，园林设计，拆迁工程等，欢迎广大客户前来洽谈合作！
地址：山东省临沂市罗庄区文化苑售楼部（文化路中段）
邮 编：276017
法 人：李从俊
Mobile：13953940999
Fax：0539－8925999
网址：www.lyhengxu.com

**菏泽立业工贸发展有限公司**
地址：山东省菏泽市中华西路广兴华邑A座109室
负责人：范茂森
Tel：0530－5901111
13954004477

**陵县鑫牛装饰工程有限公司**
业务：承接室内外装饰设计与施工，销售铝材
地址：山东省德州市陵县义渡口乡新安街蒙山铝材
负责人：牛学龙 邮 编：253506
法 人：牛学龙
Tel：0534－8817533
8819686
Fax：0534－8819686

**恒丰水暖环保设备厂**
地址：山东省济南市长清区崮山镇大刘村大汇丰工业园内
负责人：陆奉国
Tel：0531－87438123
7287376

**济南建邦房产营销策划有限公司**
地址：山东省济南市华信路6－1号208室
负责人：刁希忠
Tel：0531－88904628

**齐河县泉城人家装饰设计有限公司**
业务：家庭装饰、工装
地址：山东省德州市齐河县迎宾路北首路西
负责人：司庆浩 邮 编：251100
法 人：司庆浩
Tel：0534－2153667

**济南通易工程建设监理咨询有限公司**
地址：山东省济南市解放东路56号金泉大厦西座7单元0702室
负责人：张景根
Tel：0531－85182940

**济南易路建筑劳务有限公司**
地址：山东省济南市解放路28号
负责人：张耀亚
Tel：0531－82238823

**山东顺发电力建设工程有限公司**
业务：承接送变电工程
地址：山东省德州市齐河县赵官镇政府驻地顺发加油站
负责人：胡永刚 邮 编：253012
法 人：胡永刚
Tel：0534－5837686

**济南艺豪装饰工程有限公司**
地址：山东省济南市科苑小区北区19号楼4单元202室
负责人：张玉标
Tel：0531－86693156

**广水市广大丽固化工建材有限责任公司济南分公司**
地址：山东省济南市历城区工业南路103号17号楼2－402室
负责人：史永贵
Tel：0531－88556066

**山东省德州市夏津经济开发区鑫旺木门**
业务：加工与销售各类木门
产品：复合实木门，免漆门
地址：山东省德州市夏津县经济开发区
负责人：王永旺 邮 编：253012
法 人：王永旺
Tel：15965955588
0534－2198898
Fax：0534－2198898

**临沂市宋苑物业管理有限公司**
业务：我公司成立于2005年，为广大业主缔造精美色社区，争创一流服务质量、管出一流品牌物业、树立一流企业形象。
地址：山东省临沂市兰山区宋王庄居委会
负责人：陈宝宏 邮 编：276002
Tel：0539－8888985
Fax：0539－8356255

**济南市历城区建筑安装工程公司创鑫分公司**
地址：山东省济南市历城区洪楼西路90号
负责人：张波
Tel：0531－88901346

**济南华诚房地产营销策划有限责任公司**
地址：山东省济南市历城区花园路32号
负责人：靳磊
Tel：0531－85612060

**东营区东城恢宏五金建材商店**
业务：建材销售，水泥、沙子、砖等等
地址：山东省东营市东营区东城曹州路84号
负责人：赵爱杰 邮 编：257000
法 人：赵爱杰
Tel：13181858262
13465297055

**济南华迪智能工程有限公司**
地址：山东省济南市历下区花园庄东路16号4号楼4H－11室
负责人：刘强
Tel：0531－86950345

**济南鑫兴利达工程发展有限公司**
地址：山东省济南市历下区燕子山路4号
负责人：巩守朋
Tel：0531－85062660

**东营区隆兴装饰材料销售部**
业务：主营木门材料，密度板。
地址：山东省东营市东营区西四路西营村
负责人：闫光松 邮 编：257000
法 人：闫光松
Tel：13306470088
0546－8795050

**济南舜怡物业管理有限责任公司**
地址：山东省济南市山大南路48号
负责人：刘文佳
Tel：0531－88617086

**济南汇隆新型建材有限公司**
地址：山东省济南市市中区，水泥厂路汇统花园峰翠苑2号楼1－704室
负责人：程丽波
Tel：0531－86733193

**东营市瑞鹏保温材料有限公司**
业务：生产和销售外墙保温材料、防盗门
产品：外墙保温材料、防盗门
地址：山东省东营市东营区西四路以东、辛店中心初中对面
负责人：王瑞 邮 编：257093
Tel：0546－8167833
13792082208

**临沂信天翁水电暖卫安装有限公司**
业务：本公司成立于2006年，是一家专业从事室内水电安装的公司，公司拥有一支专业售后服务团队。本着“顾客至上，以人为本”的理念，竭诚为每位客户带来最专业、优质的服务！
地址：山东省临沂市罗庄区（临沂高新区湖北路与罗七路交汇处）
负责人：王善付 邮 编：276000
法 人：王善付
Tel：0539－8253522

**天泰恒信工程造价咨询有限公司**
地址：山东省济南市市中区经五路256号青年大厦506房
负责人：许强
Tel：0531－87922279

**英达五金建材经营部**
地址：山东省济南市天桥区北园大街217号
负责人：梁培军
Tel：0531－88624313
86617307
13806403478

**广饶县花官乡太阳宝太阳能专卖店**
业务：太阳能热水器、铝合金门窗
地址：山东省东营市广饶县花官乡
负责人：王少伦 邮 编：257343
法 人：王少伦
Tel：13156076228
15154676540

**山东宝通建材有限公司**
地址：山东省济南市小清河北路齿轮厂宿舍南邻
负责人：王玉兰
Tel：0531－88603392

**济南恒旺建筑工程有限公司**
地址：山东省济南市张庄路老屯小区12号楼2－402号
负责人：酒荣旺
Tel：0531－88330258

**河口区孤岛同承屋面防水店**
业务：承接各种屋面防水工程
产品：各种防水材料
地址：山东省东营市河口区孤岛共青团路
负责人：闫迎春 邮 编：257000
法 人：闫迎春
Tel：13656476208

**章丘市创鑫实业有限公司**
地址：山东省济南市章丘市明水镇双山办事处横沟村
负责人：张恒东
Tel：0531－83321258

**章丘市海洋建材物资供应站**
地址：山东省济南市章丘市普集镇普中村
负责人：李克华
Tel：0531－83310931

**东营东茂商贸有限公司**
业务：专业生产和销售防水材料的
产品：防水材料
地址：山东省东营市河口区孤岛镇永兴路197－1号
负责人：谷元庆 邮 编：257093
法 人：谷元庆
Tel：0546－8881371

**龙口市永基房业有限公司轻质建材厂**
业务：本企业常年大量生产EPS泡沫大板，并可根据客户需求加工至需要的尺寸，容重自9－22KG/每立方米；并大量生产建筑保温用的舒乐舍板，欢迎新老客户来人来函咨询定购业务!!
地址：山东省龙口市北马镇唐家泊村1号
邮 编：265702
法 人：张瑞芳
Tel：0535－8918446
Fax：0535－8662567

**济南吉明建筑安装工程有限公司**
地址：山东省济南市仲宫镇仲北村
负责人：吴吉明
Tel：0531－82991421

**曲阜鲁汉木业有限公司**
地址：山东省济宁曲阜市静轩西路西首
负责人：马建华
Tel：13963766236

**东营市林源绿化工程有限公司**
业务：园林绿化工程、苗木销售
地址：山东省东营市河口区河滨路66号
负责人：张建华 邮 编：257000
法 人：张建华
Tel：15963879888
15963879699
0546－3656587

**余华环保建材厂**
地址：山东省济宁曲阜市陵城镇苑庄村
负责人：张学功
Tel：0537－4671460
13562781092

**山东省济宁市华兰木业有限公司**
地址：山东省济宁市安居镇八里庙村
负责人：王祥红
Tel：0537－2552207

13899778866

**东营市胜强建筑劳务有限公司**
业务：建筑劳务
地址：山东省东营市河口区六合乡广河村26号
负责人：刘希红　邮　编：257093
法　人：刘希红
Tel：15154618318
0546－3631376

**圣源房地产开发有限公司**
地址：山东省济宁市车站东路46号
负责人：王树芹
Tel：0537－2859168

**王因镇四通钢构公司**
地址：山东省济宁市高新技术开发区王因镇苏庄村
负责人：王怀敏
Tel：0537－3862258
13505472458

**东营埃迪建筑工程保温有限公司**
业务：外墙体温
地址：山东省东营市金大地金四路2号
负责人：冯春生　邮　编：257000
法　人：冯春生
Tel：0546－8080607
13561099619
13142852188

**济宁开发区中威电动门厂**
地址：山东省济宁市高新区东外环路崇文大道路口北50米路西
负责人：耿长胜
Tel：0537－2860080
2162569
13325188080

**平邑县长春石材有限公司**
业务：本公司是专业的建筑用石加工产品和服务提供单位。公司以“一流的产品质量、一流的工作效率和一流的企业信誉”为经营宗旨，秉承“同价比质，同质比价”的企业理念，热忱欢迎海内外新老客户的光临惠顾！我们将竭诚为您服务、共创辉煌明天！
地址：山东省临沂市平邑县石材市场北大门口198号
负责人：苏长春　邮　编：273300
法　人：苏长春
Tel：0539－4281419

**垦利县垦利镇聚盈建材商场**
业务：专营灯具、洁具、炊具、乳胶漆、地板砖、窗帘，这里汇集全国名优品牌，高品质、低价格，以诚信经营为宗旨，聚盈建材是你家居装修的首选
产品：米尼灯具、万家乐热水器、梅赛德斯芦荟漆、广东佛山磁砖等
地址：山东省东营市垦利县黄河路128号中国银行南邻
负责人：陈希文　邮　编：257500
法　人：陈希文
Tel：0546－7736807
13220526788
Fax：0546－7737457

**济宁开发区鲁钰物资供应处**
地址：山东省济宁市高新区建材市场27号
负责人：韦广玉
Tel：0537－2331121
13953709269

**圣华房地产开发集团有限公司**
地址：山东省济宁市高新区林花南路盛花园
负责人：朱士全
Tel：0537－2087556
13355185616

**垦利县垦利镇兴国石材厂**
业务：大理石雕刻、异形石材加工、承揽各种石材工程，批发国产、进口各种高、中、低档石材
地址：山东省东营市垦利县垦利一中南大门南边10米
负责人：范影昌　邮　编：257500
法　人：范影昌
Tel：15065469778
0546－2687318

**万隆彩钢板加工厂**
业务：钢板加工销售
地址：山东省东营市垦利县垦利镇净化站向西150米
负责人：蔡文祥　邮　编：257000
法　人：蔡文祥
Tel：13455706058
13589459270

**济宁超艺装饰工程有限公司**
地址：山东省济宁市济宁高新区嘉祥工业园
负责人：李大宾
Tel：0537－6982888
13954709222

**城市建设综合开发公司**
地址：山东省济宁市嘉祥县城建设北路东侧
负责人：苏衍伦
Tel：13395470399

**薏琳物资建材供应站**
地址：山东省济宁市嘉祥县大张楼镇驻地
负责人：彭悦连
Tel：0537－6752798、13153745669

**平阴县鼎新装饰有限责任公司**
业务：平阴县鼎新装饰有限责任公司成立于1992年，从事室内外装修、装饰；钢结构设计、制作、安装；石材加工、施工。欢迎新老客户光临惠顾！
地址：山东省济南市平阴县榆山路147号
邮　编：250400
法　人：车道武
Tel：0531－7872726
Fax：0531－7872726

**园林石雕艺术品厂**
地址：山东省济宁市嘉祥县石雕城内
负责人：付吉臣
Tel：13953775219

**东营市望盛石材有限责任公司**
业务：石材加工及销售
地址：山东省东营市石油大学北门北王屋
负责人：马正栋　邮　编：257000
Tel：13954609722
13475464460

**祥汇石业有限责任公司**
地址：山东省济宁市嘉祥县石雕城内
负责人：田常亮
Tel：0537－6853686
13355105777

**长虹石雕厂**
地址：山东省济宁市嘉祥县石雕艺术城
负责人：刘一开
Tel：0537－6855263
13963760283

**肥城隆东新型建材有限公司**
业务：石膏砌块，内墙施工
产品：空心石膏砌块
地址：山东省肥城市边院镇中古村
负责人：王东　邮　编：271605
法　人：王雷
Tel：13581198069

**宏达建材有限公司**
地址：山东省济宁市嘉祥县县城兖兰路93号
负责人：刘太新
Tel：0537－6808843
13325183586

**山东平安消防工程有限责任公司**
地址：山东省济宁市建设路51号
负责人：温德来
Tel：0537－2359806
13953702703

**肥城金鑫腾达木材有限公司**
业务：加工、销售木材
地址：山东省肥城市康王河东路003号
负责人：肖海军　邮　编：271000
法　人：肖海军
Tel：13734401899
0538－3239986

**安利木业有限公司**
地址：山东省济宁市金乡县鸡黍镇任楼村
负责人：张来运
Tel：0537－8858998
13905473933

**青岛恒基业墙体保温工程有限公司**
业务：本公司成立于2005年，主要生产保温砂浆、网格布、EPS、SPS保温板。热忱欢迎广大客户来电洽谈业务！
地址：山东省青岛市胶南市北环路南
负责人：郭伟　邮　编：266400
法　人：郭伟
Tel：0532－87199989

**肥城宝润窗业有限公司**
业务：铝合金、塑钢门窗生产销售，承接装饰工程
地址：山东省肥城市老城镇济兖路东火车站南200米
负责人：赵善保　邮　编：271000
法　人：赵善保
Tel：0538－3460076
Fax：0538－3460076

**肥城市聚鑫康石膏建材有限公司**
业务：专业从事石膏砌块生产、销售、施工及安装，纯天然石膏制作。
产品：砌块：100、120、150、200型
地址：山东省肥城市汶阳镇工业园
负责人：康广勤　邮　编：271606
法　人：康广勤
Tel：0538－6821779
Fax：0538－6821779
网址：www.fcjxk.cn
E-mail：kangmengzhuang@sina.com

**永正预制厂**
地址：山东省济宁市梁山县黑虎庙乡包那里村
负责人：包连侠
Tel：0537－7550512
7555558
13854755558

**弘通物资有限公司**
地址：山东省济宁市南岱庄建材市场105号
负责人：王红军
Tel：13515370339

**华盛木业有限公司**
地址：山东省济宁市金乡县王丕镇驻地（华盛公司院内）
负责人：崔俊峰
Tel：0537－8891748
13505370286

**梁山县金阳光建材有限责任公司**
地址：山东省济宁市梁山县韩岗镇工业园区
负责人：侯庆余
Tel：0537－7625666

**肥城市桃都保温材料销售中心**
业务：销售保温材料
地址：山东省肥城市新城明桂花园公建6号楼第17户
负责人：李正　邮　编：271600
法　人：李正
Tel：13475389666

**荣旺经贸有限责任公司**
地址：山东省济宁市任城区李营镇李塘村
负责人：李海霞
Tel：0537－2033383
13605371571

**青岛秀凤劳务作业有限公司**
业务：青岛秀凤劳务作业有限公司成立于2006年，主要承接建筑框架主体工程。
地址：山东省青岛市南坛小区6号楼东山网点
负责人：岳秀奉　邮　编：266000
法　人：岳秀奉
Tel：0532－87265811
Fax：0532－87265811

**唐口密度板有限责任公司**
地址：山东省济宁市任城区唐口镇驻地
负责人：张厚法
Tel：0537－2514235
13853786235

**曹县中鼎混凝土制品有限公司**
业务：混凝土制品经营
地址：山东省荷泽市曹县普连集镇王庄寨村
负责人：李现平　邮　编：274000
法　人：李现平
Tel：0530－3437893

**佰安迪电梯安装有限公司**
地址：山东省济宁市市郊区接庄镇申庄开发区
负责人：张金房
Tel：0537－2370699
13954733999

**洪堂节能砖制品有限责任公司**
地址：山东省济宁市市郊区李营镇芦庙村
负责人：曹洪堂
Tel：0537－2033888
13355193438

**单县南城塑钢门窗厂**
业务：塑钢门窗
产品：塑钢门窗
地址：山东省荷泽市单县舜师路中段
负责人：李少林　邮　编：274000
法　人：李少林
Tel：0530－462228
网址：http://www.51zzt.com/user/zzt34848

**济宁长虹建筑有限公司**
地址：山东省济宁市市中区红星中路小南门公建2－4号
负责人：陈兴
Tel：0537－2409999
13805378822

**高耸房地产开发有限公司**
地址：山东省济宁市市中区火车站南路南首39号
负责人：程现河
Tel：0537－2317890
13518675889

**巨野县新德塑钢门市部**
业务：塑钢铝合金门窗的加工与销售，代理与销售远东铝材
地址：塑钢铝合金门窗
地址：山东省荷泽市巨野县县城前进路北段路西（店内经营）
负责人：吴长贵　邮　编：274000
法　人：吴长贵
Tel：13583079166
0530－6138818

**日照开光置业有限公司**
业务：本公司成立于2002年，主要经营：房地产开发与销售，土建工程。
地址：山东省日照市烟台路中段
邮　编：276800
法　人：范开光
Tel：0633－2220001
2220002
Fax：0633－2220002

**德麟祥房地产开发有限公司**
地址：山东省济宁市市中区火炬南首火炬庄园四楼
负责人：胡德建
Tel：0537－2361019
13325187717

**金昊物业管理有限责任公司**
地址：山东省济宁市市中区来鹤商城玉盛楼1011号
负责人：李上伟
Tel：0537－3922611
13963750311

**郓城县惠翔木材加工厂**
业务：专业生产高档建筑模板：红覆膜板，黑覆膜板，胶合板，多层板等，产品具有强度高，韧性好等优点，欢迎新老客户前来洽谈业务！
地址：山东省荷泽市郓城县黄安镇
负责人：季敬波　邮　编：274000
法　人：季敬波
Tel：0530－6853198
13561306089
网址：http://hxmcjg.chinapyp.com

**土地开发整理中心**
地址：山东省济宁市市中区琵琶山北路21号
负责人：翟中民
Tel：0537－2323252
13608919303

**东方房地产开发有限公司**
地址：山东省济宁市市中区琵琶山西路11号
负责人：朱代振
Tel：0537－2357866
13563755555

**郓城县佳成木材加工厂**
业务：杨木建筑模板的生产销售
地址：山东省荷泽市郓城县黄安镇季垓村
负责人：季立新　邮　编：274000
法　人：季立新
Tel：0530－6853336
Fax：0530－6852336

**美福莱水处理有限公司**
地址：山东省济宁市市中区吴泰闸路锦华组团小区1号楼4单元102号
负责人：徐爱国
Tel：0537－2357798
13805379667

**荣成市恒泰石材有限公司**
业务：荣成市恒泰石材有限公司位于荣成市靖海镇，石材资源丰富、品种齐全、价格低廉、来料送货交通十分便利。本公司集大理石、花岗石雕刻、安装；路边石、台阶石等石材制品加工于一体的大型综合性企业。产品销往韩国、日本、法国、英国、俄罗斯等国家。公司以“优质的服务、科学的管理、严格的质量和国内外各界朋友在互惠互利的基础上携手共同振兴中国石材的辉煌未来。
地址：山东省荣成市靖海镇炮前村
邮　编：264200
法　人：张立新
Tel：0631－7461238
Fax：0631－7468238

**瑞丰瓷砖建材门市**
业务：地板砖
地址：山东省荷泽市郓城县郓城镇崛起广场南200米路西
负责人：薛新启　邮　编：274000
法　人：薛新启
Tel：0530－6539609
6966828
网址：http://www.51zzt.com/user/zzt30200

**泗水永胜房地产开发有限公司**
地址：山东省济宁市泗水县城光明路48号
负责人：叶洪宪
Tel：0537－4252881
13562439898

**刚磊石材有限公司**
地址：山东省济宁市泗水县柘沟镇凤仙庄村
负责人：孙廷刚
Tel：0537－4378388
13963703118

**曹县双林木业有限公司**
业务：木材加工
地址：山东省菏泽市曹县常乐集乡郑庄行政村前郑庄村
负责人：郑严重　邮　编：274400
法　人：郑严重
Tel：13346212348
0530－3734388

**腾达热力物业管理有限公司**
地址：山东省济宁市太白东路东首
负责人：李岩
Tel：0537－2321612
13905379066

**邹城市宏发粉煤灰真空制砖有限公司**
地址：山东省济宁市太平镇庄里村南
负责人：樊中鲁
Tel：0537－5450029

13705377348

## 山东成武龙运建筑装饰工程有限公司

业务：建筑工程、装饰工程
地址：山东省菏泽市成武县
……… 负责人：宋聚睛　邮　编：274000
…………………………… 法　人：宋聚睛
…………Tel：13853052168
15666185822

**鲁盟墙材有限公司**
地址：山东省济宁市微山县县城十七中西
…………………………………… 负责人：卜昭海
…………………………………… Tel：13792377766

## 山东德正置业有限公司

业务：本公司是一家新兴的集团性企业，集房地产开发、电器、管业经营、高档门窗、配电产品的生产及高档装饰装修设计、施工于一体的多元化公司。秉承“诚信为德，品质为正”的经营理念。希望与国内外朋友携手并进、共创辉煌！
地址：山东省德州市经济开发区晶华路6号
…………… 负责人：李勇……邮　编：253034
…………………………………… 法　人：李勇
…………………………… Tel：0534－2569999
2568099
…………………………… Fax：0534－2562399

## 菏泽开发区宏运土方机械施工服务队

业务：土方机械施工服务
地址：山东省菏泽市和平路中段
……… 负责人：李华庆　邮　编：274000
…………………………… 法　人：李华庆
…………Tel：0530－5180788

**汶上县陈氏门业有限责任公司**
地址：山东省济宁市汶上县城北105国道西
…………………………………… 负责人：陈尚华
…………………………… Tel：0537－7887988

**汶上县南旺镇建筑公司**
地址：山东省济宁市汶上县南旺镇驻地
…………………………………… 负责人：吴兆功
…………………………… Tel：0537－7154138
13954752888

## 菏泽市3515强人旗舰店（菏泽市3515强人专卖店）

业务：3515强人皮鞋，皮靴专卖
地址：山东省菏泽市牡丹区步行街99－101号（山东省菏泽市牡丹区军分区附近）
……… 负责人：庞效敏　邮　编：274000
…………………………… 法　人：庞效敏
…………Tel：13953075388
0530－5620601

**中国山东国际经济技术合作公司济宁分公司**
地址：山东省济宁市仙营路5号
…………………………………… 负责人：宫秀洲
…………………………… Tel：0537－2313025
13905370091

**富通公路设施工程有限公司**
地址：山东省济宁市兖州市大安镇穆庙村（穆庙公路站院内）
…………………………………… 负责人：李德玉
…………………………… Tel：0537－3836778
13583718185

## 菏泽市牡丹区玉环水电暖建材销售处

业务：经营水暖建材
产品：座便器、水龙头、水表、各种阀门等
地址：山东省菏泽市牡丹区句阳路88号（大学片）
……… 负责人：周范学　邮　编：274000
…………………………… 法　人：周范学
…………Tel：0530－5630558
6693836

**华辰门窗有限公司**
地址：山东省济宁市兖州市南环路（兖州市建筑装饰工程公司院内）
…………………………………… 负责人：李祥伟
…………………………………… Tel：13905375905

**兖州市漕河建筑工程公司**
地址：山东省济宁市兖州县漕河乡驻地
…………………………………… 负责人：王建喜
…………………………… Tel：0537－3862315
3865666
13905376810
………………………… Fax：0537－3869979

## 菏泽市力强建材有限公司

业务：混凝土加气砖的生产与销售
产品：混凝土加气砖
地址：山东省菏泽市牡丹区牡丹办事处220国道侯集路路口
……… 负责人：邓志力　邮　编：274000
…………………………… 法　人：邓志力
…………Tel：0530－5287799
15020449999
…………Fax：0530－5287899
……………… E-mail：dzl.999999@163.com

## 山东冠县银河交通设施有限公司

业务：我公司成立于2006年，主要生产销售高速公路的相关设施，公司以质量第一、信誉第一、服务第一为宗旨，竭诚欢迎广大客户前来洽谈业务。
地址：山东省聊城市冠县冠城镇孙疃村
………… 负责人：张子顺……邮　编：252500
…………………………………… 法　人：张子顺
…………………………… Tel：0635－5432818
…………………………… Fax：0635－5432818
……………………… 网址：www.SDYHjt.com
……………… E-mail：sdyhjt168168@126.com

**水利局王庙水利站**
地址：山东省济宁市鱼台县王庙镇水利站
…………………………………… 负责人：冷振连
…………………………………… Tel：13805475015

**利国建材有限公司**
地址：山东省济宁兖州市龙桥商贸路（新兖镇中心小学北200米）
…………………………………… 负责人：袁立国
…………………………… Tel：0537－3633195
13905475790

## 郓城县福兴木材加工厂

业务：清水覆膜板的加工、销售
地址：山东省菏泽市郓城县唐庙乡陈庄集村
……… 负责人：陈传灵　邮　编：274000
…………………………… 法　人：陈传灵
…………Tel：13953053776
0530－6815589

**永丰建材城有限公司**
地址：山东省济宁兖州市新兖镇官庄村327国道南
…………………………………… 负责人：赵学坤
…………………………… Tel：0537－3651018

**新纪元物业管理有限公司**
地址：山东省济宁兖州市新兖镇赵家村
…………………………………… 负责人：龚留修
…………………………… Tel：0537－3653612
13905375458

## 菏泽市牡丹区信合路桥水利工程技术有限公司

业务：修路修桥，拆除楼房，承接水利工程
地址：山东省菏泽市中华西路57号
……… 负责人：沙清山　邮　编：274000
…………………………… 法　人：沙清山
…………Tel：0530－5561611
13225407222

**青岛大正道路工程有限公司**
地址：山东省胶南市汽运总公司珠山路75号
…………………………………… 负责人：董明
…………………………… Tel：0532－88193000
13964299688

## 山东弘腾建设有限公司

业务：本公司成立于2005年，现在有1000多名员工。主要经营：房屋建筑，室内外装饰、装修，水电设备安装，金属门窗、玻璃幕墙的销售。
地址：山东省肥城市工业二路东首南侧086－6号
…………………………………… 邮　编：271600
…………………………………… 法　人：顾修红
…………………………… Tel：0538－6333768
…………………………… Fax：0538－6333767

## 青岛勤丰市政配套设施有限公司

业务：各种钢纤维砼古力检查井盖、雨水箅子的生产和销售
产品：各种钢纤维砼古力检查井盖、雨水箅子
地址：山东省即墨市大信镇司家疃三村
……… 负责人：范召春　邮　编：266001
…………Tel：13070880588
0532－85792885
…………Fax：0532－85792885

**庆鑫装饰材料经销部**
地址：山东省晋中市榆次区华钜装饰城C棚3－6号
…………………………………… 负责人：李岩
…………………………… Tel：0354－2662250
13903444426

**苏州巨星玻璃工业有限公司莱芜分公司**
地址：山东省莱芜市长勺北路（城北经济开发区）
…………………………………… 负责人：许永刚
…………………………… Tel：0634－6270784
13963411778

## 济南志锐建筑工程有限公司

业务：建筑工程
地址：山东省济南市长清区丹凤小区商业街东2－2－3号
……… 负责人：王道志　邮　编：250001
…………………………… 法　人：王道志
…………Tel：15165073794
0531－87420484

**统一物流有限公司**
地址：山东省莱芜市钢城区黄庄镇
…………………………………… 负责人：阚顺吉
…………………………… Tel：0634－6840456

13863451888

**双利经贸有限公司**
地址：山东省莱芜市钢城区黄庄镇驻地
…………………………………… 负责人：杨树兴
…………………………… Tel：0634－6841316
13906342141

## 济南铭德建筑工程有限公司

业务：建筑工程施工
地址：山东省济南市长清区万德镇程庄村
……… 负责人：朱京义　邮　编：250000
…………………………… 法　人：朱京义
…………Tel：13969019059

**恒泰换热设备有限公司**
地址：山东省莱芜市莱城区雪野镇冬暖村
…………………………………… 负责人：吕盛河
…………………………… Tel：0634－6559287

**莱芜市三星建筑安装工程有限公司**
地址：山东省莱芜市辛庄镇矿区路001号
…………………………………… 负责人：路光中
…………………………… Tel：0634－6419258

## 济南国帅建筑工程有限公司

业务：承接建筑工程
地址：山东省济南市长清区万德镇灵岩村
……… 负责人：马永奇　邮　编：250001
…………………………… 法　人：马永奇
…………Tel：13853120719
0531－87468589
…………Fax：0531－87468589

## 山东临沂鲁蒙桩基有限公司

业务：山东临沂鲁蒙桩基有限公司成立于2004年，主要从事桩基、打井、自来水安装、水泵、变频器等。“诚信为本，信誉第一，客户至上”，热诚欢迎新老客户来电来人洽谈业务，共同合作。
地址：山东省临沂市兰山区开源路22号
…………………………………… 邮　编：276004
…………………………………… 法　人：宋景法
…………………………… Tel：0539－2970180

**新港木业有限公司**
地址：山东省聊城市茌平县茌平镇家庙村
…………………………………… 负责人：杨洪涛
…………………………… Tel：0635－4679669
4678268
13706354481

**茌平县长城新型建材有限公司**
地址：山东省聊城市茌平县胡屯乡王九村南
…………………………………… 负责人：秦爱清
…………………………… Tel：0635－4276576
3012301
13153562280

## 山东瑞清环境工程有限公司

业务：设计、生产、销售、安装工业水处理设备、海水淡化设备、污水处理及回用工程设计及施工，水处理工程设计及施工，机电产品开发。
地址：山东省济南市长清区张夏水龙王工业园
……… 负责人：尹延红　邮　编：250308
…………………………… 法　人：尹延红
…………Tel：0531－87478099
13668824471
…………Fax：0531－87215578

**茌平县长城新型建材有限公司**
地址：山东省聊城市茌平县胡屯乡王九村南（105国道与北环路交叉处）
…………………………………… 负责人：秦爱清
…………………………… Tel：0635－4276576

**信成木业有限公司**
地址：山东省聊城市茌平县热电工业园
…………………………………… 负责人：娄子刚
…………………………… Tel：0635－4287588
13706354026

## 济南鲍安环保技术开发有限公司

业务：环保工程
地址：山东省济南市高新区世纪财富中心
………… 负责人：回勇　邮　编：250101
…………………………… 法　人：回勇
…………Tel：0531－81921292

## 山东龙口三和石业有限公司

业务：本公司成立于2000年，主要从事珍珠花花岗岩、石材的加工与销售。公司遵循“技术服务为根本，产品质量为核心，规范管理为手段，客户满意为目标”的质量方针，达到顾客满意，超越顾客要求。
地址：山东省烟台市龙口市北马镇东周村东
………… 负责人：殷增福……邮　编：265902
…………………………………… 法　人：殷增福
…………………………… Tel：0535－8982853

**富民浮桥有限公司**
地址：山东省聊城市东阿县刘集镇前吴村
…………………………………… 负责人：代德明
…………………………… Tel：0635－3435192
13963529498

**东阿县建设工程质量检测站（有限责任公司）**
地址：山东省聊城市东阿县青年路88号
…………………………………… 负责人：司家锋
…………………… Tel：0635－3260983转8017

## 济南巴山喜建筑劳务有限公司

业务：建筑劳务
地址：山东省济南市槐荫区匡山小区外海西子花园明月园8号楼1单元201
……… 负责人：邓绍峰　邮　编：250001
…………………………… 法　人：邓绍峰
…………Tel：13205319733
0531－68816669

**国发电动门厂**
地址：山东省聊城市东昌府区长途汽车站进口对面
…………………………………… 负责人：代广路
…………………………… Tel：0635－8335636
13963518156

**兴盛建材有限公司**
地址：山东省聊城市东昌府区道口铺办事处
…………………………………… 负责人：田光印
…………………………………… Tel：13181062518

## 山东浩润建筑工程有限公司

业务：建筑，装饰，钢结构，玻璃幕墙
地址：山东省济南市槐荫区西郊机场拖机东路名士花园C型26号
……… 负责人：王锡国　邮　编：250001
…………………………… 法　人：王锡国
…………Tel：0531－87566669
13325121111
…………Fax：0531－87566669

**聊城润达新型建材有限公司**
地址：山东省聊城市东昌府区道口铺办事处安庄村（329省道南侧）
…………………………………… 负责人：郝荣秀
…………………………… Tel：0635－3011043

**聊城安康物业管理有限公司**
地址：山东省聊城市东昌府区东昌东路新世纪花园内
…………………………………… 负责人：张树立
…………………………… Tel：0635－8361868

## 山东八达路桥机械施工有限公司

业务：公路工程机械销售、租赁及配件维修服务，公路工程施工，园林绿化
地址：山东省济南市槐荫区新沙产业园粟山路西首四通公司内3楼
……… 负责人：于瑞杰　邮　编：250118
…………………………… 法　人：于瑞杰
…………Tel：13583853980
13365449222
0531－85986516
…………Fax：0531－85986516



## 济南市历城区荣兴达矿粉厂

业务：矿粉生产销售
地址：山东省济南市历城区港沟镇有兰峪村北
……… 负责人：李殿利　邮　编：250001
…………………………… 法　人：李殿利
…………Tel：0531－88898208
13964191627
… 网址：http://www.51zzt.com/user/zzt31406

**建招工程咨询有限公司**
地址：山东省聊城市东昌路建设大厦七楼
…………………………………… 负责人：杨存栋
…………………………………… Tel：13606350567

**聊城市建审建设工程施工图审查中心**
地址：山东省聊城市东昌西路西首建设大楼14层
…………………………………… 负责人：袁怀峰
…………………………… Tel：0635－8495468
13906358798

## 聊城市东昌府区鑫程工程劳务分包有限公司

业务：钢结构制作、安装，水、电、暖、油漆作业
地址：山东省济南市历城区孙村镇
………… 负责人：梅雪　邮　编：252052
…………………………… 法　人：梅雪
…………Tel：13969055351

**聊城市路兴路桥有限公司**
地址：山东省聊城市高唐县春场街133号
…………………………………… 负责人：郭文广
…………………………… Tel：0635－3952236

## 山东鹏达建设工程有限公司

业务：公司工艺设备先进，技术力量雄厚，是集工业、民用建筑、装饰、路桥、渠道综合性为一体的国家施工资质企业。公司拥有筑路建桥等成套工程设备，具有雄厚的资金实力和强有力的施工队伍及一系列的管理运营机制，业务立足山东，面向全国。
地址：山东省临沂市通达路184号2号楼4楼
…………………………………… 邮　编：276006
…………………………………… 法　人：张建启
…………………………… Fax：0539－8172566

**木森建筑装饰有限公司**
地址：山东省聊城市东昌府区凤凰工业园纬3路6号

负责人：曾庆华
Tel：0635－8570669
8555888
13906350400

**奥力防腐工程有限公司**
地址：山东省聊城市东昌府区利民东路8号
负责人：刘飞
Tel：0635－8517859
13508930199

## 山东省高唐县园林工程有限公司
业务：本公司成立于1991年，主要从事园林绿化工程规划、设计与施工；绿化苗木销售；园林机械销售。竭诚欢迎广大客户来电洽谈业务！
地址：山东省聊城市高唐县北湖东岸
负责人：党桂清 邮 编：252800
法 人：党桂清
Tel：0635－2137767

**龙泉环保设备厂**
地址：山东省聊城市阳谷县北关
负责人：王全龙
Tel：0635－6262969
13506356001

## 济南市历城区成汉园林苗木专业合作社
业务：园林苗木
地址：山东省济南市历城区唐王镇老僧口村
负责人：张成汉 邮 编：250106
法 人：张成汉
Tel：0531－88710682
Fax：0531－88708086

**阳谷景阳岗玻璃钢有限公司**
地址：山东省聊城市阳谷县阳谷镇魏楼村
负责人：王秀杰
Tel：0635－6336608
13606356866

**阳谷江北木业加工厂**
地址：山东省聊城市阳谷县张秋镇花园村
负责人：陈东震
Tel：0635－6737668

## 济南尚鼎装饰工程有限公司
业务：室内外装饰装修工程
地址：山东省济南市历下区花园庄东路16号数码港6D－10号
负责人：杨冲 邮 编：250001
法 人：杨冲
Tel：0531－86981830

**聊城香江物业管理有限公司**
地址：山东省聊城香江光彩大市场内南京路与北京路交叉路口
负责人：夏颢
Tel：0635－8689707

**瑞泰石膏有限公司**
地址：山东省临沂市苍山县兰陵镇董塘村
负责人：王胜启
Tel：0539－5576866
13953938056

## 济南福美来不锈钢制品有限公司
业务：扶手、防盗门、防盗窗生产销售
地址：山东省济南市商河县玉皇庙街道办事处杨庄铺村
负责人：李永军 邮 编：251601
法 人：李永军
Tel：15098845431
13698616922

**费县沂蒙园林石开发有限责任公司**
地址：山东省临沂市费县城北乡荣合村
负责人：朱学友
Tel：0539－5085158
13953963888

## 山东省临沂市蒙顺石材有限公司
业务：我公司成立于2000年，主要经营花岗岩。主要产品有印度红，大花绿，黑金沙，将军红，孔雀绿，蒙山花，焦灰等。欢迎广大新老客户光临选购！
地址：山东省临沂市平邑县沂蒙石材市场156号
负责人：王纪斌 邮 编：273300
法 人：王纪斌
Tel：0539－4287056
网址：www.mtw50483.chinapyp.com

**大明木业有限公司**
地址：山东省临沂市费县探沂镇工业园
负责人：张现林
Tel：0539－5610566
13905390923

## 济南德朋经贸有限公司
业务：建材批发
地址：山东省济南市市中区福祥街18号
负责人：王德朋 邮 编：250000
法 人：王德朋
Tel：0531－86030329
网址：http://www.51zzt.com/user/zzt31505

**森工木业有限公司**
地址：山东省临沂市费县探沂镇工业园
负责人：谭建滨
Tel：0539－5616677
13905398383

**盛宝木业有限公司**
地址：山东省临沂市费县探沂镇碗窑村
负责人：薛保东
Tel：0539－5618116
5618115
13905494380

## 山东瀚达建筑安装工程有限公司
业务：房屋建设、土石方工程、室内外装饰设计施工，建材、装饰材料批发
地址：山东省济南市市中区建设路85号三箭如意苑17－1－1204室
负责人：毛玉顺 邮 编：250001
法 人：毛玉顺
Tel：0531－87902158

**南山湾新型墙体材有限公司**
地址：山东省临沂市费县新庄镇东杨庄村
负责人：张配贤
Tel：0539－5679128
13395391199

## 山东省武城县园林绿化公司
业务：山东省武城县园林绿化公司主要从事园林绿化工程，新颖的设计理念，独到的设计方案，精湛的施工工艺，优质的后期服务，给您满意的心情，惬意的环境！
地址：山东省德州市武城县振华街东首路南
负责人：王其东 邮 编：253300
法 人：王其东
Tel：0534－2172916

**临沂市正兴建陶有限公司**
地址：山东省临沂市付庄办事处工业园
负责人：宋立志
Tel：0539－8505888

## 济南仁诚建材有限公司
业务：华艺龙头济南总代理、特洁尔智能马桶、浪鲸卫浴总代理、锐枫淋浴房济南总代理、康纳卫浴山东总代理
地址：山东省济南市天桥区北园大街以南历黄路北首路西12层1212室
负责人：李绍杰 邮 编：250010
法 人：李绍杰
Tel：13075362988
0531－88675588
E-mail：li585858@126.com

**临沂新都建陶有限公司**
地址：山东省临沂市付庄办事处前官战湖村
负责人：杨荣建
Tel：0539－3096654

**临沂华泰钢结构工程有限公司**
地址：山东省临沂市高新技术产业开发区双月湖路西段南侧
负责人：张玉靖
Tel：0539－8116966

## 济南金威奥照明装饰工程有限公司
业务：照明装饰设计、安装
地址：山东省济南市天桥区黄桥工业园38号
负责人：樊长雨 邮 编：250001
法 人：樊长雨
Tel：0531－88660128
13583174214

## 山东省烟台市新艺装饰工程有限公司
业务：本公司成立于2000年，现有100多名员工。主要经营：室内外装饰、装修，土建工程，水电安装，各种铝合金制造。“新艺、新艺，创新如意”
地址：山东省烟台市芝罘区奇山东街38号
邮 编：264000
法 人：周迎远
Tel：0535－6091378
Fax：0535－6091378

**泽田装饰有限公司**
地址：山东省临沂市海关路65号
负责人：李泽平
Tel：0539－8102031
13869906638

## 山东鑫海水泥有限公司
业务：本公司成立于2006年，主要加工销售普通硅酸盐水泥。产品质量保证，价格合理，欢迎新老客户光临、惠顾！
地址：山东省泰安市东平县城龙山街002号
负责人：刘振海 邮 编：271500
法 人：刘振海
Tel：0538－2829299
2833869

## 济南察氏建筑装饰工程有限公司
业务：建筑装饰工程
地址：山东省济南市天桥区济南第五十六中学
负责人：察同建 邮 编：250001
法 人：察同建
Tel：13605408689
13964194631
E-mail：chatongjian8689@163.com

**临沂市中成房地产开发有限公司**
地址：山东省临沂市河东区汤头镇东北村
负责人：蔡忠诚
Tel：0539－8711260

**临沂忠诚木业有限公司**
地址：山东省临沂市华东胶合板市场133号
负责人：马彦忠
Tel：0539－8292012

## 济南嘉振建筑劳务有限公司
业务：建筑施工与承包、建筑安装、劳务服务
地址：山东省济南市天桥区历山北路石桥小区12号楼2－201室
负责人：王广利 邮 编：250001
法 人：王广利
Tel：0531－88962922

**超豪新型建材有限公司**
地址：山东省临沂市莒南县滨海路
负责人：李运良
Tel：0539－7223488
13188738088

**庆生门窗厂**
地址：山东省临沂市莒南县草沟小区南环路北150米
负责人：曹宪生
Tel：0539－7280177
13953906437

## 济南红金建筑材料有限公司
业务：销售建筑材料
地址：山东省济南市天桥区桑梓店镇大郑村76号
负责人：米鹏 邮 编：250001
法 人：米鹏
Tel：13793114718

**鲁冠建材有限公司**
地址：山东省临沂市莒南县大店镇街疃村
负责人：陈德干
Tel：0539－7837688
13705495485

**华美建筑安装工程有限公司**
地址：山东省临沂市莒南县南环路中段
负责人：孟凡国
Tel：0539－7287667
13573909199

## 济南绿鑫缘苗木专业合作社
业务：种植、收购以及销售造林苗、城镇绿化苗、经济苗、花卉，这里品种齐全、价格优惠，我们本着客户至上的宗旨，竭诚为您服务
产品：苗木、水果、坚果
地址：山东省济南市西城区西营镇
负责人：高存文 邮 编：250111
法 人：高存文
Tel：0531－82822155
13176662155

## 泗水县柘沟圣源耐火材料厂
业务：泗水县柘沟圣源耐火材料厂成立于1996年，主要从事高效煤粉、膨润土、添加剂、粘合剂、烧结添加剂等耐火材料的生产与销售。热诚欢迎新老客户光临惠顾。
地址：山东省济宁市泗水县柘沟镇
邮 编：273214
法 人：马华昌
Tel：0537－4371072
Fax：0537－4371072

**强龙滤料建材厂**
地址：山东省临沂市莒南县十字路镇隆山路南首
负责人：任强
Tel：0539－7228620
13345086777

**临沂金鑫新型建材有限公司**
地址：山东省临沂市兰山区李官镇工业园
负责人：张志伟
Tel：0539－8010625
13853901238

## 济南中意装饰工程有限公司
业务：室内设计及施工工程的承接，装饰材料的销售
地址：山东省济南市章丘明水鲁宏大道东首路南
负责人：韩连云 邮 编：250001
法 人：韩连云
Tel：13853146782
0531－83564235

## 济宁伊藤建材有限公司
业务：卫生洁具加工销售，建材销售
产品：伊藤整体卫生间
地址：山东省济宁市嘉祥县汶金线2公里处路西
负责人：孙乃光 邮 编：272410
法 人：孙乃光
Tel：0537－6809126
Fax：0537－6809126
E-mail：itnx@163.com

**鲁班混凝土有限公司**
地址：山东省临沂市兰山区蒙山大道铁路桥南100米路西
负责人：胡家志
Tel：0539－8686323

**临沂昌隆房地产开发有限公司**
地址：山东省临沂市兰山区通达路307号
负责人：姜圆
Tel：0539－8205555

**恒光木业有限公司**
地址：山东省临沂市兰山区义堂镇尤庄村工业园
负责人：张扬
Tel：0539－2914678
13505392356

**临沂市兴达铝塑装饰材料有限公司**
地址：山东省临沂市兰山区朱保工业园中纬大道
负责人：许中山
Tel：0539－2916066

## 海龙石材厂
业务：专业生产天青石板材及各种异形石加工等
产品：机切面，荔板面，斧剁，机刨，火烧，亚光，喷砂面及石雕作品
地址：山东省济宁市嘉祥县纸坊镇
负责人：杜海龙 邮 编：272412
法 人：杜海龙
Tel：0537－6608865
13792317983
Fax：0537－6608865
E-mail：dushishiye@163.com

## 泰安市宇园物业管理有限公司
业务：本公司成立于2006年3月，是一家物业管理公司。我们运用先进的管理手段和全新的服务理念，为顾客提供优质、环保、安全的物业服务。公司热诚希望与社会各界朋友真诚合作，为顾客创造整洁、安全、舒适、便捷、优美的生活、学习和工作环境，创造和谐社会。
地址：山东省泰安市宁阳县七贤路南首路西
负责人：王玉靖 邮 编：271400
法 人：王玉靖
Tel：0538－5610010

**万丰木业发展有限公司**
地址：山东省临沂市兰山区朱保镇前耿家埠村
负责人：孙成果
Tel：0539－8027286
13705496805

**明珠木业有限公司**
地址：山东省临沂市兰山区朱保镇驻地
负责人：刘军
Tel：0539－2916988
13605392788

## 嘉祥县赛德利保温材料厂（泡沫厂）
业务：保温材料
地址：山东省济宁市嘉祥县纸坊镇武翟山村造纸北场
负责人：徐留生 邮 编：272000
法 人：徐留生
Tel：13305476865
0537－6603766
6605876

**富源井业有限公司**
地址：山东省临沂市临沭县城常林路大街东首37号
负责人：班彦福
Tel：13953961983

**东盛板业有限公司**
地址：山东省临沂市临沭县大兴镇
负责人：李相东
Tel：0539－6915999
13854921899

## 友恒五金经营部
业务：集设计、制作、加工、销售为一体，承接钢木门、防盗门、塑钢门窗的专业设计、精工制作，兼营配件销售
产品：五金，钢木门，防盗门，塑钢门窗配件
地址：山东省济宁市金乡县高河乡高河工业园
负责人：王树海 邮 编：272200
法 人：王树海
Tel：13963744560
Fax：0537－8962488

**临沂顺成建陶有限公司**
地址：山东省临沂市罗庄街道办事处官战湖村
负责人：魏建海
Tel：0539－8241351

## 梁山县忠德工贸有限公司
业务：木材加工、销售
地址：山东省济宁市梁山县220国道收费站前500米
负责人：高继贞 邮 编：272119
法 人：高继贞
Tel：13506389135
15315376999

**永昌石材厂**
地址：山东省临沂市蒙阴县新华路中段
负责人：刘安邦
Tel：0539－4279662
13605396736

**天宇石材有限公司**
业务:本公司成立于 2002 年,拥有 30 多名员工。主要经营石材加工和销售。
地址:山东省泰安市岱岳区黄前镇麻塔村
邮　编:271000
法　人:朱文军
Tel:0538－8721019
Fax:0538－8721019

**常马花岗石厂**
地址:山东省临沂市蒙阴县常马乡政府驻地
负责人:苗顺溪
Tel:0539－4528129
13953982376

**宏达基建工程有限公司**
地址:山东省临沂市蒙阴县桃曲镇大庙村
负责人:王兆峰
Tel:0539－4836136
13508996298

**梁山县正伟建材有限公司**
业务:玻璃制品,玻璃深加工
产品:烤漆玻璃,镂花玻璃等
地址:山东省济宁市梁山县韩垓镇靳楼玻璃批发市场
负责人:贾存新　邮　编:272133
法　人:贾存新
Tel:13953765321
0537－7650528
Fax:0537－7655288
网址:http://www.51zzt.com/user/zzt34468

**临沂鲁萌新型建材有限公司**
地址:山东省临沂市平安路与商城路交汇处
负责人:李光辉
Tel:0539－8166200
3082028

**蓝盾石材有限公司**
地址:山东省临沂市平邑县城蒙阳路南首
负责人:祝均新
Tel:0539－4260898
13905392669

**济宁市众申商贸有限公司**
业务:陶瓷洁具、五金电料、化工产品(不含危险的化学品)、装饰材料(不含危险的化学品)、灯具、塑钢门窗、建材(不含木材)、普通劳保用品的批发零售。
产品:陶瓷洁具、五金电料、化工产品、装饰材料、灯具、塑钢门窗、建材、普通劳保用品
地址:山东省济宁市任城区金宇装饰材料城 2 号
负责人:蔡旺养　邮　编:272133
法　人:蔡旺养
Tel:13181328543
0537－2608978
Fax:0537－2608978

**成龙石材有限公司**
地址:山东省临沂市平邑县城平保路
负责人:吴成龙
Tel:0539－4269351
13608905838

**汇源异型石材有限公司**
地址:山东省临沂市平邑县城石材市场北
负责人:郭永增
Tel:0539－4287017
13505491299

**济宁市任城区宁大建筑设备租赁站**
业务:专业从事建筑设备租赁及搭设一条龙服务,本站建筑设备质量可靠、价格优惠、品种齐全,我们一贯坚持"快捷便利、价格公道"的经营理念,竭诚为您服务!
产品:建筑用高层爬架、碗扣架、钢管、机件等
地址:山东省济宁市任城区南张黄井村村内
负责人:周贺平　邮　编:272000
法　人:周贺平
Tel:0537－2113399
13791719109
Fax:0537－2111199

**泗水县济河办博艺装饰材料经营部**
业务:销售室内装饰材料;承接室内外装饰工程
产品:钢木门、暖气门、高分子门、灯饰
地址:山东省济宁市泗水县济河办五里庙村
负责人:田茂涛　邮　编:272000
法　人:田茂涛
Tel:15063757728
15166372680

**金星石材有限公司**
地址:山东省临沂市平邑县城仲里路
负责人:金兴华
Tel:0539－4268767
13905392677

**兴隆花岗石厂**
地址:山东省临沂市平邑县平邑镇民居庄
负责人:刘淑宝
Tel:0539－4266096
13355096509

**平邑县平邑镇发达石材有限公司**
地址:山东省临沂市平邑县仲里路美丽石材对面
负责人:胡广亮
Tel:0539－4218916
4268538
13705393711
13954981387

**平邑拜尔建材有限公司**
地址:山东省临沂市平邑县资邱乡驻地
负责人:孙小力
Tel:0539－4983789
13355007539

**天安门窗经销处**
业务:销售门窗、太阳能
地址:山东省济宁市泗水县泗河办泗河路以东古城路北
负责人:张化印　邮　编:273200
法　人:张化印
Tel:13863799480
0537－4236212

**威海市中电钢结构安装有限公司**
业务:本公司成立于 2003 年,主要从事钢结构的制作与安装。公司坚持"以人为本,追求卓越"的经营理念,我们将继续以"求实、诚信、团结、创新"来构筑一个具有高质量、高水准的成功企业!
地址:山东省威海市荣成市港西镇
负责人:赵学信　邮　编:264329
法　人:赵学信
Tel:0631－7865399
Fax:0631－7865388
E-mail:zhao088@126.com

**郯城县福利建筑材料厂**
地址:山东省临沂市郯城县郯城镇繁荣路 81 号
负责人:葛兆营
Tel:0539－6222767
6881126

**泗水县兴鑫石材厂**
业务:销售石材
地址:山东省济宁市泗水县柘沟镇凤仙庄村
负责人:许庆振　邮　编:273200
法　人:许庆振
Tel:0537－4379398
13854786988

**沂南县广安市政园林工程有限公司**
地址:山东省临沂市沂南县大庄镇驻地
负责人:范如兵
Tel:0539－3825587
13325092686

**恒鑫建材有限责任公司**
地址:山东省临沂市沂水县东环路(长虹建材市场)
负责人:邱恒友
Tel:0539－2231838
2231699
13854903123

**微山县夏镇万顺装饰总汇**
业务:装饰,装修
地址:山东省济宁市微山县夏镇城后路
负责人:付正建　邮　编:272000
法　人:付正建
Tel:0537－3187018

**山东大唐木业有限公司**
地址:山东省临沂市沂水县沙沟镇于家庄村
负责人:唐兆宏
Tel:0539－2381298
13953997888

**龙口市永兴化工建材厂**
地址:山东省龙口市石良镇黄城集
负责人:周可元
Tel:0535－8755415

**汶上县力源石材制品厂**
业务:花岗岩石板材的生产,加工,销售
地址:山东省济宁市汶上县白石乡小楼村北 1000 米
负责人:王衍峰　邮　编:272500
法　人:王衍峰
Tel:13563710288
0537－7808588

**汶上康驿腾飞板业有限责任公司**
业务:建筑用模板、复模板、家具装饰用多层板等
地址:山东省济宁市汶上县康驿镇 105 国道旁
负责人:李先生　邮　编:272000
法　人:李夫安
Tel:0537－7137998
7134014

**蓬莱同心装饰装修有限公司**
地址:山东省蓬莱市黄海路黄海花园西区 33－34 号
负责人:王振江
Tel:0535－5628888
13853559738

**长乐祥山石材厂**
地址:山东省平度市长乐镇前沙岭村
负责人:张春山
Tel:0532－85388389

**山东方园爆破有限公司**
地址:山东省青岛市长宁街办徐家大路村
负责人:方翠英
Tel:0532－88269559

**林源劳务分包有限公司**
地址:山东省青岛市城阳区流亭街道西流亭村
负责人:周环
Tel:0532－84718508
13969893333

**山东国大钢结构有限公司**
业务:钢结构、钢结构工程
地址:山东省济宁市兖州市漕河镇后楼村东 1000 米
负责人:赵建民　邮　编:272133
法　人:赵建民
Tel:13793780808
0537－3755111

**前海铝塑门窗厂**
地址:山东省青岛市高科技工业园山东头 958 号
负责人:辛克友
Tel:0532－88892805

**潍坊立邦美联防腐材料有限公司**
业务:潍坊立邦美联防腐材料有限公司专业从事防腐材料、防水材料、防腐工程施工,本公司重质量、讲信誉,竭诚为用户提供满意的服务是我们生存和发展的基础。
地址:山东省潍坊市坊子区凤凰大街西首南侧庄检路东
负责人:王新成　邮　编:261200
Tel:0536－8826732
8826735

**济宁市兖州市华东水暖经销处**
业务:销售水暖设备、太阳能
产品:中科蓝天牌太阳能
地址:山东省济宁市兖州市九州大道东路 467 号
负责人:刘东　邮　编:272100
法　人:刘东
Tel:13355145766
13355102488

**青岛高科技工业园惠特物业管理中心**
地址:山东省青岛市高科技工业园株洲路 177 号(惠特工业城)
负责人:傅承江
Tel:0532－85806210
13805320566
13606420385

**林海木材经营部**
地址:山东省青岛市即墨市夼山卫镇商业街西
负责人:苗先生
Tel:0532－86551205
13361279699

**鱼台县念祥凿井队**
业务:建筑工程(打桩)水利工程(凿井)
地址:山东省济宁市鱼台县罗屯乡前李村
负责人:闫念古　邮　编:272347
法　人:闫芝彬
Tel:0537－6063402
13287205886

**顺福木业有限公司**
地址:山东省青岛市即墨市省级高新技术开发区创新一路
负责人:朱作顺
Tel:0532－84559575

**远大玻璃钢厂**
地址:山东省青岛市即墨市通济街道办事处刁家疃村
负责人:单英辉
Tel:0532－88533866
87957599

**鱼台县存义沙石经营部(一公司)**
业务:沙子,石头销售
地址:山东省济宁市张黄镇大翟村万福河滩北
负责人:翟存义　邮　编:272000
法　人:翟存义
Tel:15106375988
0537－3118669

**嘉祥县天宝水泥制品有限公司**
业务:水泥制品
地址:山东省嘉祥县兖兰东路机场路口东 200 米路南
负责人:张建　邮　编:272400
法　人:张建
Tel:15063739098
15064768188

**永坤水泥有限公司**
地址:山东省青岛市胶南市黄岛经济技术开发区红石崖工业园
负责人:林永坤
Tel:0532－83169593
13396393057

**德丽新装饰工程有限公司**
地址:山东省青岛市胶南市开发区珠海路圣泉商务大厦
负责人:李华东
Tel:0532－85171701
13863967966

**恒盛太阳能销售中心**
业务:专业生产销售太阳能热水器、太阳能电池等系列产品,并承接太阳能热水工程的节能型企业,产品绿色节能环保,售后服务完善。欢迎各界人士前来洽谈业务!
产品:太阳能、防盗门
地址:山东省莱芜高新区南孝义村裕丰小区
负责人:刁西波　邮　编:271100
法　人:刁西波
Tel:13963463137

**福运通工程安装有限公司**
地址:山东省青岛市即墨市小李村商住楼 4 号
负责人:王平
Tel:0532－83501077
13706301856

**兴通保温建材厂**
地址:山东省青岛市胶南市红石崖镇大窑
负责人:李德科
Tel:0532－83168477
13853203985

**青岛荣发房地产开发有限公司胶州分公司**
地址:山东省青岛市胶州市福州南路中段
负责人:林秉瑞
Tel:0532－87231097

**潍坊市博卉艺园绿化工程有限公司泰安分公司**
业务:本公司主要从事园林绿化工程施工;种植、销售造林苗、城镇绿化苗、经济林苗、花卉、城市绿化、工程养护服务
地址:山东省泰安市东平县彭集镇西郭果庄村
负责人:彭秀波　邮　编:262200
Tel:0536－6440239

**青岛科信达钢结构有限责任公司钢结构制造厂**
地址:山东省青岛市胶州市胶州市胶北工业二园(建铨路)
负责人:李彦文
Tel:0532－82222999
82221999
13953243980

**莱芜市莱城区加永防水材料经营店**
业务:经营防水材料
地址:山东省莱芜市凤城西大街中医院西邻
负责人:李加永　邮　编:271100
法　人:李加永
Tel:13181769875
0634－5990027

**青岛金昌红彩瓦有限公司**
地址:山东省青岛市胶州市李哥庄镇李哥庄村
负责人:肖维胜
Tel:0532－88286588

**长兴房屋修缮队**
地址:山东省青岛市胶州市南关庄里头村
负责人:郑刚
Tel:13705422267

**莱芜市钢城区宏祥建设工程施工处**
业务:土石方工程
地址:山东省莱芜市钢城区黄庄镇北丈八丘村
负责人:董红生　邮　编:271127
法　人:董红生
Tel:13963452221

**华盛冲天炉环保设备厂**
地址:山东省青岛市胶州市扬州东路 6 号
负责人:陈永祥
Tel:0532－82219997
13806392277

**青岛金绿地园林工程有限公司**
地址:山东省青岛市胶州市洋河镇大村
负责人:肖吉创
Tel:0532－86205888
13708968038

**莱芜市莱城区海盾防水材料批发中心**
业务:生产、销售防水材料
地址:山东省莱芜市莱城区长勺路 81 号
负责人:李福发　邮　编:271100
法　人:李福发
Tel:13326340178
0634－6175086

**天盛源建材有限公司**
地址:山东省青岛市胶州市洋河镇工业园
负责人:崔术元
Tel:0532－86220718
13805429288

**腾鑫物业管理有限公司**

地址：山东省青岛市经济技术开发区辛安办事处南泥村
负责人：潘林
Tel：0532－86814656
13705426815

**莱芜市昭瑞物资有限公司**
业务：建材，水暖洁具，钢材，铜材，铝材
地址：山东省莱芜市莱城区东方红村村西（立交桥北首）
负责人：景茂军　邮　编：271100
法　人：景茂军
Tel：13963473790

**潍坊鑫田置业有限公司**
业务：潍坊鑫田置业有限公司主要从事房地产开发、物业管理，欢迎广大有意之士前来参观、洽谈业务。
地址：山东省潍坊市坊子区四马路西首北侧2幢1号
负责人：刘端相　邮　编：261200
法　人：刘端相
Tel：0536－7668111

**顶固钢结构工程有限公司**
地址：山东省青岛市莱西市烟台路95号
负责人：赵志
Tel：0532－88478608
13954206888

**莱芜市爱传物业管理有限公司**
业务：物业管理、建筑工程、外墙保温
地址：山东省莱芜市莱城区花园南路36号
负责人：李爱传　邮　编：271100
法　人：李爱传
Tel：0634－6226656
13516342709

**青岛海真新实业有限公司**
地址：山东省青岛市崂山区沙子口街道办事处中崂村
负责人：李胜海
Tel：0532－88996623

**青岛良运预制构件有限公司**
地址：山东省青岛市崂山区沙子口松山后村
负责人：曲振连
Tel：0532－88818745

**莱芜市莱城区振鑫建材批发部**
业务：地板砖、太阳能、厨房用品、灯具
地址：山东省莱芜市莱城区杨庄镇陈徐村
负责人：朱振鑫　邮　编：271100
法　人：朱振鑫
Tel：0634－6538677
13863464128

**精程科技有限公司**
地址：山东省青岛市崂山区香港东路81号（亚麦山庄大B4号楼2单元501室）
负责人：韩首信
Tel：0532－88010559

**金凯源建筑安装有限公司**
地址：山东省青岛市崂山区中韩街道办事处世纪华庭
负责人：杨立平
Tel：0532－88911386

**莱芜市兴华防水保温工程有限公司**
业务：专业从事防水保温工程设计施工
地址：山东省莱芜市上海明珠花园北A1楼301室
负责人：魏公平　邮　编：271100
法　人：魏公平
Tel：0634－8866189
13002768897

**锦立泰设备安装工程有限公司**
地址：山东省青岛市李沧区308国道625号1号楼102号
负责人：于兆明
Tel：0532－87636926

**青岛天嘉装饰有限公司**
地址：山东省青岛市李沧区东王埠工业园内
负责人：张恒嘉
Tel：0532－88856866

**福祥五金陶瓷商场**
业务：装饰材料批发零售
地址：山东省莱阳市沐浴店镇巷子口村
负责人：尹建智　邮　编：265200
法　人：尹建智
Tel：0535－7811576

**隆庆铝塑门窗加工厂**
业务：铝塑门窗加工
地址：山东省莱州市虎头崖镇西滕村
负责人：刘高庆　邮　编：261428
法　人：刘高庆
Tel：13791193736
0535－2882355

**建安机械化施工处**
地址：山东省青岛市李沧区环城南路711号
负责人：于卫华
Tel：0532－87635623
13806423930

**青岛亮牌幕墙高新技术有限公司公司**
地址：山东省青岛市李沧区兴国路42号2门402室
负责人：张亮斌
Tel：13361298701

**潍坊元泰建筑有限公司**
业务：潍坊元泰建筑有限公司主要从事房屋建筑工程施工承包；建筑装饰装修、建筑防水工程、金属门窗工程、土石方工程，欢迎新老客户来电咨询！
地址：山东省潍坊市奎文区中学街1号东边源街楼3楼
负责人：孙承志　邮　编：261031
法　人：孙承志
Tel：0536－8239697
Fax：0536－8239697

**陆运机械化工程有限公司**
地址：山东省青岛市李沧区重庆中路372号院内
负责人：昝金跃
Tel：13006512788

**银凤杰工贸有限公司**
地址：山东省青岛市李沧区重庆中路575号（配货广场内）
负责人：孙克银
Tel：0532－84612746
87067278
13395323553

**莱州市瑞福装饰材料有限公司**
业务：销售实木门、家具
地址：山东省莱州市文昌路街道南关村（万通建材市场）
负责人：姜瑞福　邮　编：261400
法　人：姜瑞福
Tel：13705354888
0535－2611785

**青岛市一宅建筑集团股份有限公司黄岛分公司**
地址：山东省青岛市辽阳西路241号
负责人：高志强
Tel：0532－85691947
13361292517

**亚铝金桥铝业有限公司**
地址：山东省青岛市南区丰田路8号
负责人：李爱玉
Tel：0532－85757509
13806360764

**莱州市安隆石业有限公司**
业务：销售石材
地址：山东省莱州市夏邱镇槐树村
负责人：孙善臣　邮　编：264010
法　人：孙善臣
Tel：0535－2862318
13791272777

**禹城市永钢木业有限公司**
业务：禹城市永钢木业有限公司成立于2005年，现有员工40余人，从事建筑模板的加工及销售。"质量第一，信誉第一"是我们公司的经营宗旨，欢迎广大客户光临、洽谈业务。
地址：山东省德州市禹城市辛寨镇魏寨村
邮　编：251200
法　人：高永钢
Tel：0534－7750777
Fax：0534－7750666

**沛县设备安装总公司青岛办事处**
地址：山东省青岛市沛县南昌路中庭山井十一号楼二单元201
负责人：张成彬
Tel：0532－85688578
13505425875

**津磊石材厂**
地址：山东省青岛市平度市大泽山镇北昌村
负责人：张坤国
Tel：0532－85371036
13806421788

**梁山县宏兴不锈钢装饰装修工程部**
业务：室内装修装饰，室内空气检测、治理
地址：山东省梁山县水泊中路68号
负责人：王保应　邮　编：272600
法　人：王保应
Tel：13853782856
0537－7332517

**青岛慧晶石材有限公司**
地址：山东省青岛市平度市店子镇工业园路东
负责人：于传章
Tel：0532－85312018
13708977347

**青岛凯敦科技培训学校**
地址：山东省青岛市市北区长山路13号
负责人：牟敦龙
Tel：0532－85767672

**聊城冠县鑫光石棉瓦制造厂**
业务：生产、销售石棉瓦
地址：山东省聊城冠县兰沃乡张保管村
负责人：高俊路　邮　编：252000
法　人：高俊路
Tel：0635－5663666
13734459777

**青岛绿馨园楼宇服务有限公司**
地址：山东省青岛市市北区辽宁路228号
负责人：张洪江
Tel：0532－83922617
13864854052

**青岛永华成建筑装饰工程有限公司**
地址：山东省青岛市市北区无棣一路34号
负责人：于计伯
Tel：0532－83818661
13954215871

**茌平县信然装饰工程有限公司**
业务：装饰工程
地址：山东省聊城市茌平县新政路西首
负责人：初士军　邮　编：252052
法　人：初士军
Tel：13963551789

**舒华建筑装饰有限公司**
地址：山东省青岛市市南区澳门路136号泾海广场15幢3单元202室
负责人：杨书华
Tel：0532－85067521
13376488666

**水利建设开发总公司一分公司**
地址：山东省青岛市市南区汇泉路7号
负责人：周金炉
Tel：0532－83883317
13906429521

**茌平县盛源木业有限公司**
业务：生产、加工、销售木地板
产品：嘉丽森牌木地板
地址：山东省聊城市茌平县信发街道办事处北八里村
负责人：张涛　邮　编：252052
法　人：张涛
Tel：13969594492
0635－4281688
Fax：0635－4281688

**金飞马工贸有限公司**
地址：山东省青岛市市南区闽江路138号1单元702室
负责人：杨军
Tel：0532－85757602
13805420370

**青岛建辉土木建筑工程培训学校**
地址：山东省青岛市市南区韶关路54号甲
负责人：夏秀芳
Tel：0532－83866985
13808999738

**东昌府区许营宏昌铝塑门窗加工部**
业务：铝合金塑钢门窗、不锈钢防盗门窗、承接各种钢构房
地址：山东省聊城市东昌府区于集镇邢庄村
负责人：邢瑞锋　邮　编：252000
法　人：邢瑞锋
Tel：13863598817

**诸城市广源建材有限公司**
业务：本公司成立于2004年，主要经营各种建筑材料。产品质量保证，价格合理，热忱欢迎新老客户光临、惠顾！
地址：山东省潍坊市诸城市吕标镇指挥四村
负责人：刘光华　邮　编：262201
法　人：刘光华
Tel：0536－6162999

**宇宏物业管理有限公司**
地址：山东省青岛市市南区香港中路69号
负责人：李丽
Tel：0532－85880079

**方圆视觉艺术设计有限公司**
地址：山东省青岛市市南区漳洲二路9号中商广场3号楼2单元501户
负责人：黄德
Tel：0532－85755424

**冠县鸿森木业有限公司**
业务：家具制造、销售；板材、木材销售
地址：山东省聊城市冠县斜店乡斜店村
负责人：郭佰勇　邮　编：252052
法　人：郭佰勇
Tel：13561286979
0635－5730317
E-mail：992283795@qq.com

**聊城市东昌府区水利卷帘门厂**
业务：自动卷帘门、手动卷帘门、感应门、工业起升门、防火门
地址：山东省聊城市广源型材装饰市场内
负责人：任明亮　邮　编：252000
法　人：任明亮
Tel：0635－2188389
13061505956
Fax：0635－2188389

**诸城市扬子装潢有限公司**
业务：诸城市扬子装潢有限公司创立于1989年，主要从事室内外装潢。并以设计新颖、造型独特、质量可靠、价格优惠而赢得广大客户的信赖。
地址：山东潍坊市诸城市龙都街办岔道口141号
负责人：孙玉英　邮　编：262200
法　人：孙玉英
Tel：0536－2162118

**山东青岛顶尖装饰设计工程有限公司**
地址：山东省青岛市市南区漳洲一路35号1栋A单元1703户
负责人：邹文平
Tel：0532－85782289

**麒麟广告装璜有限公司**
地址：山东省青岛市四方区嘉定路17号8楼
负责人：张吉馨
Tel：0532－83773933

**青岛方大建设工程造价师事务所有限公司**
地址：山东省青岛市四方区山东路171号金祥大厦103室
负责人：王皎
Tel：0532－85625381
13708985197

**通达伟业工贸有限公司**
地址：山东省青岛市四方区重庆南路146号
负责人：陈锡标
Tel：0532－85644626
13191916518

**莘县腾达建材厂**
业务：生产与销售免烧砖
地址：免烧砖
地址：山东省聊城市莘县河店镇河店村十字路口东300米
负责人：王善飞　邮　编：252412
法　人：王善飞
Tel：13963509111
0635－7960898

**博宇地产营销策划有限公司**
地址：山东省青岛市延安三路114号金环大厦C座508
负责人：赵丕松
Tel：0532－87955777
13156221266

**青州市宏源公有资产经营有限公司**
地址：山东省青州市范公亭西路1035号
负责人：康效臣
Tel：0536－3222352

**莘县嘉源装饰材料部**
业务：装饰设计、装饰材料的批发
地址：山东省聊城市莘县通运路老八队路口南路东
业务：虞技斌 252400
法　人：虞技斌
Tel：0635－7366788
13176250077

**山东省青州桦荣工程机械配件有限公司**
地址：山东省青州市将军山路
负责人：孙建玉
Tel：0536－3758198
13853651756

**天成安装有限公司**
地址：山东省青州市庙子镇九公台村
负责人：刘大国
Tel：0536－3781367
13964767315

**久久星石膏装饰材料加工部**
业务：生产加工石膏天花板、石膏线
地址：山东省聊城市新区办事处墩台王村
负责人：赵延强　邮　编：252000
法　人：赵延强
Tel：13153823375

**东芳园林绿化工程有限公司**
地址：山东省青州市南阳河祖团小区8号楼1单元501室
负责人：李文山
Tel：13188855588

**淄博市东阳石料有限公司**
业务：淄博市东阳石料有限公司成立于2005年，位于交通便利的淄川区罗村镇。从事石灰石、白云石、冶金石灰、工业用灰、石灰粉（含钙量95%以上）的加工、销售。欢迎新老客商光临、指导！
地址：山东省淄博市淄川区罗村镇西官村村北
邮　编：255138
法　人：吴群
Tel：0533－5687749
Mobile：13581032881
Fax：0533－5687749

**聊城市东昌府区环球防腐保温有限公司**
业务：公司以其诚信、优质的服务理念，专业承接设备管道安装，防腐保温，工程施工。
地址：山东省聊城市新区办事处范恭屯村1003号
负责人：王维忠　邮　编：252000
法　人：王维忠
Tel：13210469216
Fax：0635－8327226
E-mail：wangweizhong666@163.com

**鑫丰建材厂**
地址：山东省青州市五里镇五里村

负责人：李景刚
Tel:0536－3701236
13356737236

曲阜市金利安装有限公司
地址：山东省曲阜市静轩东路鲁城商场5号
负责人：丁庆彪
Tel:0537－4429718
13905477873

**临清市魏湾工业园奥达扣板厂**
业务：集开发、生产、销售和售后服务为一体，专业生产高中低档PVC扣板、其他隔断与吊顶，产品规格齐全、花色繁多。为顾客提供优质的产品是我们的一贯宗旨，欢迎广大客户来电洽谈。
产品：PVC塑钢型扣板
地址：山东省临清市魏湾镇商业街
负责人：王武臣 邮编：252600
法人：王玉成
Tel:0635－2797878
13666382346
13561472068
Fax:0635－2797878
E-mail:790665872@qq.com

曲阜生力建材贸易城有限责任公司
地址：山东省曲阜市书院街道办事处北外环路北张王庄以西
负责人：张洪生
Tel:0537－4912000

同泰装饰总汇
地址：山东省日照市海区东路小孙家村
负责人：薄子宝
Tel:0633－8782719
13906335035

**临沂绿川绿化工程有限公司**
业务：园林施工设计下设物业公司生态园
地址：山东省临沂经济开发区芝麻墩街道大岗村
负责人：王银涛 邮编：276000
法人：王银涛
Tel:0539－6012119
8809982
Fax:0539－8809982

永盛石材装饰有限公司
地址：山东省日照市海曲东路113号
负责人：费立勋
Tel:13606336393

日照市竹苑园林绿化有限责任公司
地址：山东省日照市山东路东段（西碌碡村）
负责人：管廷贵
Tel:0633－3383018

**费县泰龙石料场**
业务：石料加工销售
地址：山东省临沂市费县明珠花苑9号楼东单元101
负责人：杨平 邮编：276000
法人：杨平
Tel:13969998639

日照方城建材有限公司
地址：山东省日照市山东路中段
负责人：李亮
Tel:0633－8778799
13336331777

海化晨光化工建材经营处
地址：山东省寿光市海源街中段（海化开发区内）
负责人：王丰社
Tel:0536－5336658
5312658
13805365608

**临沂友瑞木业有限公司**
业务：加工销售全杨多层板，产品规格0.6mm、0.7mm、0.75mm、0.8mm、0.85mm、0.9mm、10mm、12mm、13mm、15mm、16mm、18mm、20mm
地址：山东省临沂市费县南张庄乡保安村工业园
负责人：郑纪友 邮编：276000
法人：郑纪友
Tel:13905496361
0539－5838595
Fax:0539－5838595

寿光市鑫隆防水材料有限公司
地址：山东省寿光市化龙镇辛店村
负责人：隋万贞
Tel:0536－5534801
13863695098

寿光市信通管道工程有限公司
地址：山东省寿光市经济开发区建筑机械厂办公楼2楼
负责人：张继禹
Tel:0536－5108329
13793652999

宗鑫钢结构建筑工程集团有限公司
地址：山东省寿光市洛城工业园区
负责人：李福吉
Tel:0536－5669999
5678911
13792680118

寿光市华阳管业有限公司
地址：山东省寿光市孙家集镇政府驻地
负责人：孙友钢
Tel:0536－5484999
13853622912

**临沂金才木业有限公司**
业务：木材加工
产品：胶合板
地址：山东省临沂市费县探沂镇东升村
负责人：满玉才 邮编：273411
法人：满玉才
Tel:0539－5619136

**淄博市周村朝晖建材厂**
业务：淄博市周村朝晖建材厂成立于2005年，专业从事钢塑、铝合金门窗生产与销售，生产的产品质量稳定，价格低廉，欢迎国内外新客户前来洽谈合作！
地址：山东省淄博市周村区二十里铺工业园
负责人：袁冰 邮编：255300
法人：袁冰
Tel:0533－6196555

**费县洪乾石料厂**
业务：石料石材加工销售
地址：山东省临沂市费县石井镇银河村
负责人：常洪乾 邮编：273415
法人：常洪乾
Tel:13355032369

盛源防水材料有限公司
地址：山东省寿光市台头镇大坨村
负责人：王在禄
Tel:0536－5511397
13806465255

华庆防水材料有限公司
地址：山东省寿光市台头镇李王村
负责人：张延庆
Tel:0536－5548958
13705361146

**费县探沂卓达板材厂**
业务：生产多层板
地址：山东省临沂市费县探沂镇三南尹村
负责人：任庆喜 邮编：276000
法人：任庆喜
Tel:13853978328
0539－5228408

祥惠房地产开发有限公司
地址：山东省泰安肥城市城东小区
负责人：何惠跃
Tel:0538－6330599，13954807286

兴达水泥制管厂
地址：山东省泰安肥城市汶阳镇水利站
负责人：刘良
Tel:0538－3850172

**费县汪沟镇锦恒石材厂**
业务：大理石、花岗岩
地址：山东省临沂市费县汪沟镇闵家寨村1号
负责人：闵凡伟 邮编：276000
法人：闵凡伟
Tel:0539－5780881
网址：http://www.51zzt.com/user/zzt30184

西安西海防腐保温工程有限公司泰安分公司
地址：山东省泰安市岱岳区天平街道办事处
负责人：李建虎
Tel:0538－8253288

天宇石材有限公司
地址：山东省泰安市郊区黄前镇麻塔村
负责人：朱文军
Tel:0538－8721019
13905389345

**诚进木业**
业务：生产、销售桦木单板和表板（用于弯曲木家具）
产品：弯曲木家具用的桦木单板
地址：山东省临沂市费县新桥镇（在山东诸城、黑龙江鸡西都有分厂）
负责人：秦丽军 邮编：273407
法人：秦丽军
Tel:13954419922
网址：http://www.51zzt.com/user/zzt34271
E-mail:313354699@163.com

**临沂市宝晨木业有限公司**
业务：木材加工，销售
产品：胶合板
地址：山东省临沂市费县薛庄镇吴岩村（原盘石村）
负责人：姜召华 邮编：276000
法人：姜召华
Tel:13969962787
0539－5873558

泰安市龙潭水处理中心
地址：山东省泰安市泮河路31号
负责人：程同兴
Tel:0538－6626059

山东省泰安市泰山区房屋建设综合开发公司
地址：山东省泰安市泰山区东湖路中段
负责人：赵西元
Tel:0538－5381869
13583813088

格润苑装饰工程有限公司
地址：山东省泰安市泰山区东岳大街56号（泰安市装饰市场）
负责人：董继荣
Tel:13953816419

泰安圣雅装饰有限公司
地址：山东省泰安市泰山区广生泉路6号
负责人：康斌
Tel:0538－8253168

**临沂市吉粤石材厂**
业务：专业从事石材的生产、加工及销售，主营：各种花色，各种规格大理石，沙岩。本厂将以最优惠的价格，最可靠的质量，真诚为您服务。
产品：各种花色，各种规格大理石，沙岩
地址：山东省临沂市河东区九曲工业园东
负责人：李萌 邮编：276000
法人：李文忠
Tel:0539－3116166
Fax:0539－3116168
E-mail:whip0208@hotmail.com

泰安迎胜铝塑门窗装饰有限公司
地址：山东省泰安市泰山区迎胜路126号
负责人：刘兆生
Tel:0538－6212345
6693648

山东中煤物探测量总公司测绘院
地址：山东省泰安市泰山区粥店办事处南岭
负责人：李勤忠
Tel:0538－8495818
13805386508

**临沂市兰山区康池水处理设备生产厂**
业务：生产净化水器
地址：山东省临沂市兰山区临西十一路涑河桥南头西1200米兰山办事处响河屯村328号
负责人：李宗盖 邮编：276000
法人：李宗盖
Tel:13181232127
0539－8171837

新泰锡钢经贸有限责任公司
地址：山东省泰安新泰市向阳路中段公交公司（北）铁通向阳营业部
负责人：刘西童
Tel:0538－2173000
13375488566

明源建材支护用品有限责任公司
地址：山东省泰安新泰市小协镇政府西临协庄煤矿内
负责人：牛之平
Tel:0538－7834140
13953866588

**山东临沂水利工程总公司**
业务：水利工程、市政工程、房地产开发、综合经营
产品：橡胶坝、闸门、水利工程、各种门窗、中空玻璃、幕墙等
地址：山东省临沂市兰山区庙岭村临沂市工业园
负责人：马守艳 邮编：276000
法人：胡成刚
Tel:0539－8529698
Fax:0539－8529698

新泰市益欣贸易有限公司
地址：山东省泰安新泰市新汶办事处新建二路
负责人：郑传信
Tel:0538－7830159
13953866159

**邹城市昌泰建安装饰防腐保温有限公司**
业务：邹城市昌泰建安装饰防腐保温有限公司成立于1993年，主要从事防腐保温设备的销售及安装，装饰装修等。热诚欢迎新老客户惠顾。
地址：山东省邹城市宏达路东首
邮编：273500
法人：王庆高
Tel:0537－5315138
Fax:0537－3985315

**临沂庄园园林工程有限公司**
业务：苗圃种植、销售，承接园林工程
地址：山东省临沂市兰山区通达路315号
负责人：庄自省 邮编：276000
法人：庄自省
Tel:15866938859
0539－8109933

一木木业有限责任公司
地址：山东省滕州市龙阳镇新兴工业园区（北王村）
负责人：丁伯棋
Tel:0632－2050488
13361423799
13336323529

万隆房地产开发有限公司
地址：山东省威海荣成市俚岛镇中我岛村
负责人：于文正
Tel:0631－7980533

佳磊石材厂
地址：山东省威海荣成市人和镇南下河村西
负责人：逄会英
Tel:0631－7951339
13326311339
13361162769

**临沂国信木业有限公司**
业务：胶合板生产销售
地址：山东省临沂市兰山区义堂镇堰角工业园
负责人：蒋国信 邮编：276000
法人：蒋国信
Tel:13508994086
0539－8567333
Fax:0539－8563789
网址：http://www.51zzt.com/user/zzt29800

山东省威海市度假区华金装璜有限公司
地址：山东省威海市度假区长江路南18号
负责人：崔宇
Tel:0631－5780668

富祥建材物资有限责任公司
地址：山东省威海市高技术产业开发区大厦商城2楼2206号
负责人：葛雪梅
Tel:0631－5682278
13863055295

**临沂市兰山区亮金木业单板厂**
业务：加工销售单板
地址：山东省临沂市兰山区义堂镇尤家村村委
负责人：刘玉荣 邮编：276013
法人：刘玉荣
Tel:0539－2157632

威海市恒永建材销售有限公司
地址：山东省威海市高技术产业开发区青州街6号306室
负责人：徐丽
Tel:0631－5682208

威海市春阳地暖制品有限公司
地址：山东省威海市高技术开发区沈阳路108号创业大厦401室
负责人：崔玉梓
Tel:0631－5625765
13012727116

**安利木业**
业务：奥古曼、杂木单板
地址：山东省临沂市兰山区义堂镇苑朱里村村东
负责人：张克安 邮编：276000
法人：张克安
Tel:0539－8435161
13853999668
13573902827

保盈房屋修缮有限公司
地址：山东省威海市高区阮家寺村
负责人：慕春波
Tel:0631－5252480
13326319985

保盈房屋修缮有限公司
地址：山东省威海市高区阮家寺村
负责人：慕春波
Tel:0631－5252480
13326319985

**临沂市大亮多层板厂**
业务：生产、加工异型板、多层板
地址：山东省临沂市兰山区朱保镇前寨村
负责人：王玉建 邮编：276000
法人：王玉建
Tel:13884900820
0539－8557599

**临沭县孙昊板门厂**
业务：高中档木制板门的生产与销售，承接室内装修工程
产品：高中档木制板门
地址：山东省临沂市临沭县临沭镇周庄西街09062401号1号楼
负责人：孙西德 邮编：276000
法人：孙西德
Tel:0539－6281125
13953913658
Fax:0539－6281125

威海市金豪装饰工程有限公司
地址：山东省威海市华锦生活区20－23号楼旁3号普陀网点10号
负责人：任广江
Tel:0631－5753617
13863138299

欧典装饰工程有限公司
地址：山东省威海市环翠区海滨中路4－1号
负责人：王青文
Tel:0631－5307318
2987180

**欧典装饰工程有限公司**
地址：山东省威海市环翠区海滨中路4－1号
负责人：王青文
Tel：0631－5307318
2987180

**威海长青园林绿化工程有限公司**
地址：山东省威海市环翠区孙家疃远遥村（孙家疃建筑公司西）
负责人：冷洪好
Tel：0631－2889884

**临沂蒙阴康寿宝石材厂**
业务：石材加工及销售
地址：山东省临沂市蒙阴县蒙阴经济开发区徐家沟村
负责人：王莹　邮　编：276000
法　人：王莹
Tel：13953951390
13869951208

**坤泰涂料材料有限公司**
地址：山东省威海市环翠区望岛村
负责人：石振白
Tel：0631－5317192

**威海成进木业有限公司**
地址：山东省威海市环翠区张村镇桃园村
负责人：金成奎
Tel：0631－5755640

**蒙阴泉鑫石材有限公司**
业务：花岗石、板材加工、销售及安装
地址：山东省临沂市蒙阴县蒙阴镇小田庄村
负责人：李风水　邮　编：276000
法　人：李风水
Tel：13969921266
0539－4833668

**威海市皇冠南区永业铁艺装饰公司**
地址：山东省威海市皇冠南区8－2号永业铁艺装饰公司
负责人：宋长清
Tel：0631－3630455
13963127518

**威海市增威建筑工程有限公司**
地址：山东省威海市经济技术开发区长峰西一区14号402室
负责人：陈增平
Tel：0631－5990577
13061122277

**蒙阴县朱家铺页岩砖厂**
业务：红砖、多孔砖
地址：山东省临沂市蒙阴县桃曲镇朱家铺村
负责人：路红义　邮　编：276000
法　人：路红义
Tel：13953987153
0539－4555369

**晋源石材有限公司**
地址：山东省威海市经济区海滨南路26－1号
负责人：李润成
Tel：0631－3631301
13869068080

**威海一铭装饰设计有限公司**
地址：山东省威海市经济区金海湾花园－11号
负责人：王刚
Tel：0631－5999123

**泰盛石材厂**
业务：建筑石材生产销售
地址：山东省临沂市平邑县城平保路中段
负责人：吴启全　邮　编：276000
法　人：吴启全
Tel：0539－4990678

**威海市铁通房地产开发有限公司**
地址：山东省威海市经济区深圳路－1号附8号
负责人：刘奎芳
Tel：0631－5318994

**刘公岛建筑工程有限责任公司**
地址：山东省威海市钦村路50－1号
负责人：王坤宪
Tel：0631－5251179
13863198850

**平邑县龙达建筑工程有限公司**
业务：建筑工程
地址：山东省临沂市平邑县温水镇元郭四村南头号27国道北
负责人：林来喜　邮　编：276000
法　人：林来喜
Tel：13455953258
网址：http://www.51zzt.com/user/zzt29805

**刘公岛建筑工程有限责任公司**
地址：山东省威海市钦村路50－1号
负责人：王坤宪
Tel：0631－5251179
13863198850

**威海市环翠区金泰（梁氏）建筑防水材料厂**
地址：山东省威海市青岛市中路45号
负责人：王先生
Tel：0631－5300361
13326318562

**金宝木材加工厂**
地址：山东省潍坊安丘市金冢子镇周家店村
负责人：周焕金
Tel：0536－4793919
13589156850

**临沂市三星元市政园林工程有限公司**
业务：市政工程施工，园林工程绿化，下水管道维护
地址：山东省临沂市沂南县城困山路
负责人：袁中任
法　人：袁中任
Tel：0539－3639788
Fax：0539－3639788

**张店东华房地产开发公司乳山分公司**
地址：山东省威海市乳山市银滩旅游度假区海景花园小区
负责人：郝敬芝
Tel：0631－6723508

**威海市远鸿建筑工程有限公司**
地址：山东省威海市世昌大道193号
负责人：吴健
Tel：0631－5251591
13906302565

**沂水县高桥镇改作村金川板材厂**
业务：板材、木材
地址：山东省临沂市沂水县高桥镇改作村
负责人：张金川　邮　编：276000
法　人：张金川
Tel：0539－2825518
15953962510
网址：http://www.51zzt.com/user/zzt31210

**威海市远鸿建筑工程有限公司**
地址：山东省威海市世昌大道193号
负责人：吴健
Tel：0631－5251591
13906302565

**春秋建筑安装有限公司**
地址：山东省威海市烟台东路18－1号
负责人：王志波
Tel：0631－5291779
13561856699

**沂水九龙木业有限公司**
业务：胶合板、木地板基材、防腐木板
地址：山东省临沂市沂水县沙沟镇九岭坡村
负责人：王保义　邮　编：276414
法　人：王保义
Tel：0539－2769158
2769222
15265895568
Fax：0539－2769222

**春秋建筑安装有限公司**
地址：山东省威海市烟台东路18－1号
负责人：王志波
Tel：0631－5291779
13561856699

**文城顺达装璜门市部**
地址：山东省威海文登市龙山路41号
负责人：高波
Tel：0631－8469473
13806315805

**沂水宏翔钢结构园林绿化工程有限公司**
业务：钢结构工程、钢结构材料、保温材料、防火材料
地址：山东省临沂市沂水县许家湖镇于家官庄村
负责人：杨淑祥　邮　编：276000
法　人：杨淑祥
Tel：0539－2515786
网址：http://www.51zzt.com/user/zzt29903

**老常木线条加工厂**
地址：山东省威海文登市天福路街道办事处凉水湾社区居民委员会
负责人：常家卫
Tel：0631－8191056
13061105277

**福州承信房地产开发有限公司安丘分公司**
地址：山东省潍坊安丘市华安路中段东侧
负责人：林翁虎
Tel：0536－4250978
13791668888

**沂水石鑫矿业有限公司**
业务：花岗岩矿石
地址：山东省临沂市沂水县杨庄镇上磨山村
负责人：赵月余　邮　编：276000
法　人：赵月余
Tel：0539－2851112
网址：http://www.51zzt.com/user/zzt32231

**山东省高密市银丰玻璃有限公司**
地址：山东省潍坊高密市开发区凤凰大街东首
负责人：郭明科
Tel：0536－2352295
13806360406

**潍坊洁星水处理设备有限公司**
地址：山东省潍坊市安顺路12号
负责人：邵容珠
Tel：0536－8324547

**龙口市九辉房产策划销售有限公司**
业务：房产策划销售
地址：山东省龙口市东海开发区商业街C－1号
负责人：张振卿　邮　编：264010
法　人：张振卿
Tel：15854572828
13953531199
网址：www.lkjhzlx2009.cn

**山东高密市荣吉钢结构工程有限公司**
地址：山东省潍坊高密市开发区工业一路以东密州大街以南
负责人：单波
Tel：0536－2570818
13780808999

**华波金属装饰安装工程有限公司**
地址：山东省潍坊奎文区梨园村
负责人：刘华波
Tel：13903367697

**龙口市裕龙散热器厂**
业务：钢质暖器片、钢质散热器、钢质换热器、钢质片头“双柱”散热器、对接70＊25、卫浴“背篓”系列
地址：山东省龙口市新嘉街道位焦村
负责人：马国涛　邮　编：265700
法　人：马国涛
Tel：13465359685
15866467847

**三龙建材设备厂**
地址：山东省潍坊青州市东坝镇压玉皇阁村西
负责人：崔丰忠
Tel：0536－3537806

**青州市污水处理厂**
地址：山东省潍坊青州市东方路房家村东首
负责人：蒋来今
Tel：0536－3205158
13853672800

**蓬莱市北沟镇环城水泥制品厂**
业务：水泥制品生产销售
地址：山东省蓬莱市北沟镇北王绪村
负责人：李国栋　邮　编：265600
法　人：李国栋
Tel：13505457308
0535－5919385

**飞利宁地板厂**
地址：山东省潍坊青州市东夏镇堂子村
负责人：王振勇
Tel：0536－3517880
13953663350

**青州包装装璜材料厂**
地址：山东省潍坊青州市驼山中路1565号
负责人：佟秋生
Tel：0536－3285371
13563692788

**青岛苏青塑胶有限公司**
业务：生产与销售塑胶系列产品，PVC实壁管
产品：PVC实壁管
地址：山东省青岛即墨市灵山镇河南一村新兴路北侧
负责人：宋惠洪　邮　编：266001
法　人：宋惠洪
Tel：0532－84531806

**海南军海建设有限公司青岛胶南分公司**
业务：承接建筑施工工程，市政工程，道路建设，土石方工程，钢结构工程
地址：山东省青岛胶南市泊里镇海泊二路2号楼36号果品批发市场
负责人：张理旦　邮　编：266001
Tel：15315528081

**青岛市坤宇木业有限公司**
业务：胶合板，木质包装箱、托盘、木制家具加工、锯材加工、销售
产品：木托盘、胶合板
地址：山东省青岛胶州市铺集镇小庄村
负责人：刘忠东　邮　编：266001
法　人：刘忠东
Tel：0532－86257188
13869809936
Fax：0532－86257188

**明庆混凝土制品有限公司青州银龙分公司**
地址：山东省潍坊青州市王母宫经济开发区
负责人：吴长平
Tel：0536－3984240
13780803375

**红蓝俊杰涂装工程有限公司**
地址：山东省潍坊山东省诸城市贾悦镇驻地
负责人：宋秀兰
Tel：0536－6426999
13306468611

**诸城市多维金属构件有限责任公司**
地址：山东省潍坊山东省诸城市龙都街道办事处韩戈庄村
负责人：赵宏伟
Tel：0536－6122838
13806470088

**昌乐县新发多层板厂**
地址：山东省潍坊市昌乐县昌乐镇东徐村前
负责人：赵光欣
Tel：13386363526

**潍坊东盛公路工程有限公司**
地址：山东省潍坊市昌乐县朱刘镇东圈村昌潍路南
负责人：张永龙
Tel：0536－6711323
13793608888

**江苏中柱建筑工程有限公司青岛分公司**
业务：房屋工程建筑、市政公用工程建筑、土石方工程建筑、建筑装饰钢结构工程建筑、建材销售
地址：山东省青岛胶州市中云办事处兴峰商贸城39号营业房
负责人：刘兆礼　邮　编：266300
Tel：0532－87298222
15318897666
Fax：0532－87257268
E-mail：38670731@qq.com

**青岛铁路工程建筑有限公司潍坊电务分公司**
地址：山东省潍坊市东新街34号
负责人：罗培军
Tel：0536－2972651

**潍坊市宏祥建工有限公司**
地址：山东省潍坊市坊子区北海路116号
负责人：韩先生
Tel：0536－7609299
13906368679

**青岛宏雅装饰工程有限公司**
业务：外墙涂料、外墙保温、环氧自流平
地址：山东省青岛平度市南村青沙路东侧
负责人：辛长征　邮　编：266736
法　人：辛长征
Tel：13176850355
0532－83398288

**奥捷工贸有限公司**
地址：山东省潍坊市坊子区潍坊东站
负责人：蔡纪森
Tel：0536－7677026
13806363203

**潍坊市华诚工程咨询监理有限公司**
地址：山东省潍坊市高密人民大街中段（会议中心三楼）
负责人：栾述传
Tel：0536－2305658
13905361063

**青岛恒益园林绿化有限公司高新区分公司**
业务：园林设计、工程施工、工程养护管理、苗圃开发等
产品：园林工程施工、养护管理、设计以及苗木供应等
地址：山东省青岛市城阳区长城路323号
负责人：辛静　邮　编：266109
法　人：贲焕玉
Tel：0532－89093808
Fax：0532－89093808
E-mail：hengyi－2002@163.com
benhuanyu@163.com

**永信物资有限公司**
地址：山东省潍坊市高新开发区健康东街89号
负责人：张永和
Tel：0536－7618906
13606478637

**潍坊爱能化工建材有限公司**
地址：山东省潍坊市海化开发区新兴工业园
负责人：王智英
Tel：13806497813
13863676102

**青岛春晖石业有限公司**
业务：石材加工，批发石材、矿石、建筑材料、装潢材料、陶制品、金属材料、管道配件、五金交电，房地产开发经营，建筑工程、管道工程、环保工程施工，室内外装潢设计，水电工程安装，国际货运代理，仓储服务，货运及技术进出口。
产品：石材、矿石、建筑材料、装潢材料、陶制品、金属材料、管道配件、五金交电
地址：山东省青岛市崂山区海尔路61号天宝国际商务中心2号楼12层1207户
负责人：高小姐　邮　编：266001
法　人：张先生
Tel：0532－55576444
Fax：0532－55576132
网址：www.chunhuistone.com
E-mail：chunhuishiye@163.com

**潍坊明亮建安装饰工程劳务有限公司**
地址：山东省潍坊市寒亭区开元街办海龙路

408号
……负责人：冯亮
……Tel:0536－8716191
13395366191

**潍坊市富海保温材料科技有限公司**
地址：山东省潍坊市经济开发区北环路北
……负责人：孙元滨
……Tel:0536－5531288

## 北京龙邦装饰有限公司青岛分公司
业务：公装（企事业单位装修，不承接私装）
地址：山东省青岛市李沧区福岛路162号
……负责人：乔朋先　邮　编：266100
……法　人：乔朋先
……Tel:0532－87629956
87629967

**协盛建材有限公司**
地址：山东省潍坊市奎文区北宫东街177号（潍坊高新开发区）
……负责人：谢润泽
……Tel:13869699118
13708982939

**潍坊奥瑞装饰工程有限公司**
地址：山东省潍坊市奎文区北宫街339号－13
……负责人：刘永明
……Tel:0536－8203899
13306360899

## 青岛鹏骏德商贸有限公司
业务：专业从事钢材、管材、木材、五金化工、机床设备销售的综合型贸易公司，我们始于客户需求，终于客户满意，以最优惠的价格和最优质的产品竭诚为您服务！
产品：螺纹钢、线材、圆钢、角钢、工业拉丝材等
地址：山东省青岛市李沧区楼山支路东侧楼山花园一号楼二单元三号网点
……负责人：孙习庆　邮　编：266100
……法　人：孙习庆
……Tel:0532－84815969
15969820777
……Fax:0532－84815969

**潍坊市绿洲建材有限公司**
地址：山东省潍坊市奎文区鸢飞路578号
……负责人：杜振香
……Tel:0536－8226086
13906461586

**朋博物业管理有限公司**
地址：山东省潍坊市奎文区鸢飞路886号
……负责人：李海龙
……Tel:13583666893

## 青岛新源环境技术工程有限公司
业务：承接环保工程
地址：山东省青岛市李昌区四流中路221号44号楼2单元102室
……负责人：宿振智　邮　编：266001
……法　人：宿振智
……Tel:0532－86056212
13964830386

**宏信钢结构工程有限公司**
地址：山东省潍坊市临朐县北方商贸城
……负责人：魏先贵
……Tel:0536－3710338
13305362081

**临朐县齐东石材厂**
地址：山东省潍坊市临朐县大关镇王家庄子村北
……负责人：沈汝海
……Tel:0536－3480102
13964780108

## 青岛长武建筑工程有限公司
业务：土木工程、市政工程、房屋维护、城市亮化、绿化工程、管道安装、室内外装修装潢、国内外劳务派遣、小区智能化管理工程
地址：山东省青岛市市北区台东六路93号801户
……负责人：李长武　邮　编：266001
……法　人：李长武
……Tel:0532－88860139
88860138

**山东临朐东城铝业有限公司**
地址：山东省潍坊市临朐县东城经济开发区
……负责人：吴维兆
……Tel:0536－3158166
3158577

**临朐县大明门窗有限公司**
地址：山东省潍坊市临朐县东城临朐南路
……负责人：王兴生
……Tel:0536－3153687
13336360168

**桃村宏源石材加工厂**
地址：山东省烟台栖霞市桃树镇南涝都村
……负责人：孙晓东
……Tel:0535－5496616
5496084
13705455889

## 海门市恒盛建筑劳务有限公司
业务：建筑劳务服务
地址：山东省青岛市市北区同安路566号8号楼1单元402室［浦西花园］
……负责人：毛军强　邮　编：266001
……法　人：毛军强
……Tel:13176886121
0532－88787462

**临朐鑫鑫然复合板制品有限公司**
地址：山东省潍坊市临朐县东东城区吴家庙村
……负责人：吴维朋
……Tel:13505363999

**廷庆环保设备有限公司**
地址：山东省潍坊市临朐县临朐镇太平村
……负责人：肖廷庆
……Tel:0536－3112852
13805362385

## 青岛道行装饰工程有限公司
业务：室内外装饰、装修
地址：山东省青岛市市南区兰山路9号2单元501户
……负责人：史月寿　邮　编：266000
……法　人：史月寿
……Tel:13361272805
13869803416
0532－82865373

**临朐县建材专用设备厂**
地址：山东省潍坊市临朐县临朐镇五里庄村
……负责人：张辉
……Tel:0536－3152238
13706467978

**华阳玻璃加工厂**
地址：山东省潍坊市临朐县铝型材市场
……负责人：程继柱
……Tel:0536－3151028
13806364298

## 青岛华鑫源工贸有限公司
业务：集不锈钢材料销售与加工为一体的综合性企业，主要加工食品不锈钢、大型广告牌、路牌等金属制品。并承接装饰工程及景观雕塑。
产品：不锈钢制品，板，管
地址：山东省青岛市四方区德兴路29号A2－5
……负责人：华兰岗　邮　编：266000
……法　人：华兰岗
……Tel:13012957512
……Fax:0532－89074021

**济南鲁泉欣祥保温材料有限公司**
地址：山东省潍坊市临朐县七贤镇79号（市中液压件厂综合楼后院）
……负责人：温立民
……Tel:0536－7117859

**东方化工建材厂**
地址：山东省潍坊市临朐县上林镇南山村
……负责人：席教平
……Tel:0536－3421618
13869629036

## 日照市东港区雨虹水暖器材部
业务：专业经营太阳能热水器及其配件，电力及其配件五金，销售、安装、售后一条龙服务。产品具有高效、节能、安全、绿色环保的绝对优势，欢迎你前来订购！
产品：太阳能热水器及其配件销售安装，电力器材及其配件销售安装
地址：山东省日照市东港区两城镇两城七村
……负责人：刘欣雨　邮　编：276803
……法　人：刘强
……Tel:15206337258

**吕匣亚泰金属制品厂**
地址：山东省潍坊市临朐县寺头镇五庄村
……负责人：刘夫芝
……Tel:0536－3771258
13606463372

**天元装饰石材有限公司**
地址：山东省潍坊市临朐县营子镇（农信大楼北侧150米）
……负责人：张国柱
……Tel:0536－3719256
13780870788

## 日照市东港区佳超门窗加工厂
业务：门窗加工，安装
地址：山东省日照市东港区日照街道屯沟村
……负责人：刘玉贤　邮　编：276800
……法　人：刘玉贤
……Tel:13906335416
0633－8292610

**山东省汇园建材集团潍坊华东防水材料有限公司**
地址：山东省潍坊市寿光市台头镇南兵村西
……负责人：吴怀英
……Tel:0536－5510088
13336368398

**潍坊市翔隆防水材料有限公司**
地址：山东省潍坊市台头镇工业园区
……负责人：郑宪明

……Tel:0536－5525788

## 日照市东港区励和建材厂
业务：各类建材生产、加工、销售及工程机械租赁服务
地址：山东省日照市东港区兴海西路西段
……负责人：丁仕杰　邮　编：276800
……法　人：丁仕杰
……Tel:0633－8286777
……Fax:0633－8291777

**潍坊渤海建筑工程有限责任公司**
地址：山东省潍坊市泰祥街中段
……负责人：于波
……Tel:0536－7252295

**潍坊华茂木业有限公司**
地址：山东省潍坊市潍城区机场南路2289号
……负责人：武法静
……Tel:0536－8125385
13608956001

## 日照市澳业建材有限公司
业务：销售建材
地址：山东省日照市荟阳路85号江豪建材市场C区4号商铺
……负责人：魏本同　邮　编：276800
……法　人：魏本同
……Tel:13561915956
0633－8252388

**华夏玻璃缸有限责任公司**
地址：山东省潍坊市潍徐北路157号
……负责人：曹洪伟
……Tel:0563－4330518

**潍坊辰隆建筑有限公司**
地址：山东省潍坊市小河北村（潍坊高新区内）
……负责人：徐光福
……Tel:0536－8798218
13356756868

## 莒县同晨建材销售处
业务：建材销售
地址：山东省日照市莒县长岭镇小埠子村
……负责人：张安全　邮　编：276800
……法　人：张安全
……Tel:15954027758
0633－6731969

**鑫丰木业有限公司**
地址：山东省潍坊市寿光市稻田镇王望村东头
……负责人：伦玉怀
……Tel:0536－5862568
13705367732

**明堂玻璃有限公司**
地址：山东省潍坊寿光市稻田镇王望村潍高路南
……负责人：王明堂
……Tel:0536－5861903
13606465486

## 莒县荣丰园林绿化有限公司
业务：苗木培植、销售，环境设计、绿化
地址：山东省日照市莒县城区青年北路东侧荣丰橡胶公司
……负责人：王廷加　邮　编：276500
……法　人：王廷加
……Tel:0633－6267359
13863364113

**寿光市圣龙建筑有限公司**
地址：山东省潍坊寿光市稻田镇政府驻地
……负责人：刘德书
……Tel:0536－5058669
13356756022

**增祥新型建材有限公司**
地址：山东省潍坊寿光市侯镇工业园区岔河以北
……负责人：王钦智
……Tel:0536－5393999
13906464522

## 莒县天丽装饰材料有限公司
业务：专业生产销售高中低档PVC扣板、角线，产品规格齐全、花色繁多。为顾客提供优质的产品是我们的一贯宗旨，欢迎广大客户来电洽谈。
产品：天丽牌PVC塑料扣板、边角线
地址：山东省日照市莒县棋山镇天宝工业园
……负责人：张彦志　邮　编：276531
……法　人：张彦志
……Tel:0633－6531018
13863387537
……Fax:0633－6531615
……网址：http://sdtianbaotianli.cn.alibaba.com
……E-mail：tianbaotianli@163.com

**圣美建材有限公司**
地址：山东省潍坊寿光市金光街东段工业园开发区
……负责人：沈继民
……Tel:0536－5222773
13791868888

**圣大管材有限公司**
地址：山东省潍坊寿光市孙家集镇范于村
……负责人：孙友强
……Tel:0536－5488998

## 开鸿木材加工厂
业务：木材加工，板材销售
地址：山东省日照市岚山区安东卫街道潘庄二村
……负责人：张东强　邮　编：276800
……法　人：张东强
……Tel:15266337777
18953335855

**山东省潍坊市春美防水材料有限公司**
地址：山东省潍坊寿光市台头镇北洋头村
……负责人：候玉华
……Tel:0536－5511129
13905360938

**丰源新型防水材料有限公司**
地址：山东省潍坊寿光市台头镇工业园区
……负责人：候启亮
……Tel:0536－5512689
13806471199

## 福顺木材加工厂
业务：工程用木方、龙骨
地址：山东省日照市岚山区安东卫街道潘庄一村园区一路以山出向西200米路北
……负责人：刘杜福　邮　编：276800
……法　人：刘杜福
……Tel:13256058888
0633－2235066

**鑫盛防水材料有限公司**
地址：山东省潍坊寿光市台头镇工业园区
……负责人：汪国文
……Tel:0536－5512695
13361555296

**金盈防水材料有限公司**
地址：山东省潍坊寿光市台头镇一座楼村南
……负责人：王守亮
……Tel:0536－5521968
13863600328

## 岚山路明模板租赁站
业务：建筑模板租赁
地址：山东省日照市岚山区虎山镇徐家村
……负责人：路仕明　邮　编：276800
……法　人：路仕明
……Tel:13012773746
13181183862

**翼龙新型建筑材料厂**
地址：山东省潍坊寿光市田柳镇田柳村东南角
……负责人：田思龙
……Tel:0536－5411072
13516365677

**寿光市巨龙物资有限公司**
地址：山东省潍坊寿光市万全钢材市场35号
……负责人：张志光
……Tel:0536－5222745

## 日照市岚山区贺鹏竹器加工厂
业务：建筑竹笆、各种型号火车皮竹围挡
地址：山东省日照市岚山区虎山镇驻地
……负责人：窦贺鹏　邮　编：276800
……法　人：窦贺鹏
……Tel:13468312888

**双庆保温节能材料有限公司**
地址：山东省潍坊寿光市文家街道办事处高家村
……负责人：张兰双
……Tel:0536－5503828
13906366366

**新沂市远发置业有限公司**
地址：山东省新沂市国际商贸城二期1号楼8407
……负责人：薛学
……Tel:0516－82808588
13775866666

## 日照禄苑房地产开发有限公司
业务：房地产开发、建造、销售、出租和管理自建商品房及配套设施。
地址：山东省日照市五莲路南华达机电圣贤苑2号楼1单元104号
……负责人：王其旭　邮　编：276800
……法　人：王其旭
……Tel:0633－2227618
……Fax:0633－2227618

**新沂市大企建筑安装装璜工程处**
地址：山东省新沂市徐海路153号
……负责人：陈大启
……Tel:13805225880

**永宁建材厂**
地址：山东省烟台海阳市方圆街道办事处秋林头村
……负责人：刘正勇
……Tel:13356387856

## 五莲百基混凝土有限公司
业务：生产、销售混凝土
地址：山东省日照市五莲县高泽镇秦家庄北
……负责人：张宏坤　邮　编：261323
……法　人：张宏坤
……Tel:0633－5456688
……Fax:0633－5456688

**泰丰通用门窗厂**
地址：山东省烟台莱阳市城南村
负责人：姜明东
Tel：13002729103

**福兴建筑工程有限责任公司**
地址：山东省烟台莱阳市共建路（唐家洼村南）
负责人：王福兴
Tel：0535－7280771
13806454207

**五莲县圣福石材厂**
业务：五莲花、五莲红、石板材各种规格
地址：山东省日照市五莲县洪凝镇小古家沟村
负责人：朱其斌 邮 编：262300
法 人：朱其斌
Tel：13963346545
0633－5316118
Fax：0633－5316118

**亚泰石材有限公司**
地址：山东省烟台莱阳市龙门路东首
负责人：于建文
Tel：0535－7291738
13805459593

**宏丽建材有限公司**
地址：山东省烟台莱州市城港路街道办事处
负责人：陆柄霖
Tel：13356997588

**五莲县来波石材厂**
业务：加工石材
地址：山东省日照市五莲县街头镇花山口村
负责人：宋来波 邮 编：262369
法 人：宋来波
Tel：13409039899

**镐强石材厂**
地址：山东省烟台莱州市柞村镇迟家村
负责人：迟晓强
Tel：0535－2859119
13963822166

**华丰石材工艺加工厂**
地址：山东省烟台莱州市柞村镇黄花村路北
负责人：王恩杰
Tel：0535－2851482
13805457456

**五莲县街头镇多利石材厂**
业务：石材
地址：山东省日照市五莲县街头镇坡子村
负责人：张敬校 邮 编：276800
法 人：张敬校
Tel：13455035028
0633－5562226
Fax：0633－5562226

**风光石材厂**
地址：山东省烟台莱州市柞村镇口子村
负责人：王风光
Tel：0535－2851478
13805450874

**金行铝塑门窗厂**
地址：山东省烟台龙口市中村
负责人：刘金行
Tel：13705456649

**五莲县鸿利石材厂**
业务：石材经营
地址：山东省日照市五莲县街头镇王世疃工业一区
负责人：陈为红 邮 编：276800
法 人：陈为红
Tel：13863367848
13863387163

**中民大立置业有限公司**
地址：山东省烟台市福山区永福园
负责人：宋晓艳
Tel：0535－6303278
13964598173

**山东省荣成市广厦新型防水保温材料厂**
业务：本厂是保温材料开发、生产、销售、施工为一体的综合性高新技术企业，专业生产新型绿色环保防水涂料、乳胶漆、腻子粉、保温砂浆，具备高素质的施工队，承接各种防水外墙保温工程，竭诚为新老客户提供优质高效的服务。
产品：ZH 强力耐水材料、外墙晴雨漆、液体壁纸涂料、乳胶漆、腻子粉、保温砂浆
地址：山东省荣成市工业园（润土巷）
负责人：于秀红 邮 编：264300
法 人：于秀红
Tel：0631－7572018
13863115110
Fax：0631－7572018
网址：http://www.51zzt.com/user/zzt39905/
E-mail：305966864@qq.com

**烟台市世回尧建筑工程公司第十二工程处**
地址：山东省烟台市黄务镇卧龙小区 80－9 号
负责人：刘永全
Tel：0535－6011046

**烟台铁兴装饰工程有限公司**
地址：山东省烟台市建设路 8 号
负责人：侯作斌
Tel：0535－6247789

**荣成市人和全明石材厂**
业务：石材加工、销售
产品：墙面、地面大理石石板
地址：山东省荣成市人和镇大庄村（路北）
负责人：刘全明 邮 编：264300
法 人：刘全明
Tel：13012732527
0631－7463403

**烟台开发区新东方装饰家居博览中心有限公司**
地址：山东省烟台市开发区长江路 188 号
负责人：李旭日
Tel：0535－6128001

**烟台和顺能源环保技术有限公司**
地址：山东省烟台市开发区留学人员创业园区
负责人：王雨勃
Tel：0535－6124333

**荣成市人和镇亮磊石材厂**
业务：大理石、花岗岩
地址：山东省荣成市人和镇东河口村东
负责人：刘汉亮 邮 编：264300
法 人：刘汉亮
Tel：0631－7955188
13863195188

**烟台弘邦新型材料有限公司**
地址：山东省烟台市开发区泰山路 87 号华明大厦 1 号楼 201 室
负责人：徐建
Tel：0535－6934518
13356900111

**临朐正昌园林艺术厂**
业务：园林绿化，花卉、苗木、盆景的种植和销售
产品：花卉、苗木、盆景
地址：山东潍坊市临朐县城关街办北陈家庄（东红路北侧）
负责人：聂清俊 邮 编：261041
法 人：聂清俊
Tel：13793625131

**龙口市伟晔装潢材料有限公司**
地址：山东省烟台市龙口市龙港开发区
负责人：高润奇
Tel：0535－8864388
13325156558

**荣城城顺达水暖品牌托管公司**
业务：专业经营水暖器材、五金建材、各种名牌热水器
产品：伟星管、华扬太阳能、欧格诺即热式电热水器、荣事达纯净水机、九牧洁具、澳可玛暖气片等
地址：山东省荣城市成山大道于家小区
负责人：高均飞 邮 编：264300
法 人：高均飞
Tel：0631－7550387
Fax：0631－7550387

**海联特种门加工厂**
地址：山东省烟台市牟平城区工商大街 167 号
负责人：张敬海
Tel：13854552738

**诸城市丰汇建筑劳务分包有限公司**
业务：建筑施工
地址：山东省诸城市枳沟镇赵庄村
负责人：臧运建 邮 编：262200
法 人：臧运建
Tel：0536－6451668
13306361796

**福州开发区中贸实业有限公司烟台分公司**
地址：山东省烟台市青年路 33 号
负责人：陈友山
Tel：0535－6583801

**乳山市忠磊石材厂**
业务：花岗岩、大理石、各种型号的板材加工
地址：山东省乳山市白沙滩镇翁家埠村
负责人：王世忠 邮 编：264500
法 人：王世忠
Tel：0631－6723415
13356808880

**日照江磊石材有限公司**
业务：销售石材
地址：山东省诸城市城关镇古城子村
负责人：孙世江 邮 编：261041
法 人：孙世江
Tel：15863333638
13475690497

**吉祥防水工程有限责任公司**
地址：山东省烟台市芝罘区建设路 17 甲－12－204 号
负责人：李德桥
Tel：13606387152

**乳山市旭建装饰有限公司**
业务：室内装修装潢
地址：山东省乳山市金岭开发区温州路通用铝塑门窗厂内
负责人：刘书林 邮 编：264500
法 人：王欣荣
Tel：13656313683
0631－3600988
Fax：0631－3600988
网址：http://www.51zzt.com/user/zzt33112

**冠宇钢结构有限公司**
地址：山东省烟台市芝罘区民生少区大兴街 9－10 号
负责人：姜甸平
Tel：0535－6217141
13905357920

**济南玉恒投资咨询有限公司**
业务：企业投资咨询，房地产、房屋咨询
地址：山东省章丘市明珠广场步行街
负责人：仇玉恒 邮 编：250200
法 人：仇玉恒
Tel：13854174796
0531－83233796
网址：http://www.51zzt.com/user/zzt31390

**烟台市创越工贸有限公司**
地址：山东省烟台市芝罘区南大街 156 号平安大厦副楼 306 室
负责人：阎良东
Tel：0535－2971818
13361339925

**乳山市天信诚房产营销策划部**
业务：房产营销策划
地址：山东省乳山市三庆碧海华庭南区 35 号楼 2 单元 204
负责人：史连成 邮 编：264500
法 人：史连成
Tel：15163130160
0631－6770872

**烟台平安爆破工程有限公司**
地址：山东省烟台市芝罘区上夼东路 28 号 21P 房间
负责人：孙厚贵
Tel：13002751527

**滕州市科韵建筑材料有限公司**
业务：销售混凝土外加剂、防盗检查井盖
地址：山东省枣庄滕州市文昌路 8 号
负责人：田红卫 邮 编：277101
法 人：田红卫
Tel：13969423558
0632－5896929
Fax：0632－5896929

**华安建筑安装工程公司第八分公司**
地址：山东省烟台市芝罘区世青路 301 号付 3 号
负责人：郭宝贵
Tel：0535－6013388
13953581818

**泰安市岱岳区粥店一木装饰部**
业务：室内外装饰
地址：山东省泰安光彩大市场泰山区 5 栋 2 层 21、23 号
负责人：王福 邮 编：271000
法 人：王福
Tel：13668684407
15163853255
网址：http://www.51zzt.com/user/zzt31183

**烟台宏亮建筑安装工程有限公司**
地址：山东省烟台市芝罘区新建西巷付 21 号
负责人：徐滋素
Tel：0535－6643148

**学才建筑工程有限公司**
地址：山东省烟台市芝罘区黄务镇西林村北街 1 号
负责人：官学才
Tel：0535－6746985
13355359966

**枣庄鹏飞太阳能有限公司**
业务：专业从事太阳能生产加工销售，绿色节能环保，售后服务完善。兼营建材、钢材、矿山机械设备及配件。
产品：“清大奥普”太阳能、真空超导暖气片
地址：山东省枣庄市薛城区兴仁街道办事处兴仁村北
负责人：王传朋 邮 编：277000
法 人：王传朋
Tel：0632－8062852
13516325575
网址：www.qdap168.com

**烟台超强装饰材料有限公司**
地址：山东省烟台市芝罘屯路 20 号
负责人：马益权
Tel：0535－6279451

**泰安市岱岳区兄弟建材厂**
业务：加工，销售水泥制品、钙粉、铁粉、塑钢铝合金门窗、石膏制品
地址：山东省泰安市岱岳区道朗镇鱼中村
负责人：张启祯 邮 编：271000
法 人：张启祯
Tel：15065813337
15065811515

**豪门装饰装潢有限公司**
地址：山东省兖州市文化西路
负责人：黄振
Tel：0537－3499388
13562426659

**枣庄基洪筑路工程有限公司**
业务：公路工程施工、化工产品、建筑材料销售
产品：各种国产、进口沥青、沥青油、煤焦油
地址：山东省枣庄市薛城区陶庄镇夏庄村
负责人：马洪泉 邮 编：277013
法 人：马洪泉
Tel：13346378796
18906372366

**诚信钢结构有限公司**
地址：山东省兖州市永丰建材城内
负责人：王广席
Tel：0537－3652858
13905375604

**泰安市岱岳区满庄镇圣明奇石花卉销售中心**
业务：奇石花卉的销售
地址：山东省泰安市岱岳区满庄镇北迎村
负责人：杨圣明 邮 编：271000
法 人：杨圣明
Tel：15853823069
15318121528

**枣庄市福人装饰有限公司**
地址：山东省枣庄市建华路德利源装饰城 E 区 4—5 号
负责人：焦兴科
Tel：0632－5103888

**枣庄市市中区富山石料厂**
业务：建筑用石材，碎石
地址：山东省枣庄市市中区孟庄镇上道沟村
负责人：张国发
法 人：张国发
Tel：13371100866

**金厦装饰工程有限公司**
地址：山东省枣庄市市中区安庆路 1 号
负责人：钱进
Tel：0632－3180886
13963256788

**泰安市岱岳区广运园林绿化有限公司**
业务：园林绿化、苗木种植
产品：出售大小规格绿化种苗及太山奇石
地址：山东省泰安市岱岳区山口镇张家户村 78 号
负责人：张广运 邮 编：271038
法 人：张广运
Tel：13562808511
0538－6788163
Fax：0538－8612018

**亚鑫水泥有限公司**
地址：山东省枣庄市市中区税郭镇王庄村
负责人：杨列修
Tel：0632－3455668
13963291209

**鑫鑫装饰部**
业务：经营装饰装修服务，主要是门窗
地址：山东省枣庄市山亭区北庄镇半湖村
负责人：贾钦章 邮 编：277000
法 人：贾钦章
Tel：0632－8919051
13793716226

**枣庄市薛城区海宇市政工程有限公司**
地址：山东省枣庄市薛城区永福北路
负责人：郑仰海
Tel：0632－4411020

**山东东平龙峰商砼有限公司**
业务：建筑用混凝土加工
地址：山东省泰安市东平县城 105 国道南段
负责人：孔令科 邮 编：271500
法 人：李峰
Tel：0538－2899777
Fax：0538－2899777
E-mail：wangya17564@163.com

**枣庄龙泰装饰材料有限公司**
地址：山东省枣庄市薛城区原兴仁乡（现枣庄高新区民营园内）
负责人：李龙军
Tel：0632－4611369

**上海柏慧贸易有限公司**
业务：木地板加工、销售
地址：山东省禹城市站南路煤建公司
负责人：翟学刚 邮编：253012
法人：翟学刚
Tel：13969292586
0534－7182586

**万顺建筑工程有限公司**
地址：山东省枣庄市薛城区邹坞汽车站
负责人：王現杰
Tel：0632－4437659
13906374308

**山东利欣园林工程有限公司**
业务：集园林规划设计与施工、园林绿地养护、园林绿化种苗、花卉培育销售为一体的综合性园林企业。致力以我们的努力为您打造绿色易居环境，扮靓祖国秀美山川。
产品：各类苗木，花卉
地址：山东省泰安市东平县城东山路041号
负责人：马先生 邮编：271500
法人：马忠欣
Tel：13854866322
Fax：0538－2821304

**德柱水泥制品有限公司**
地址：山东省枣庄滕州市鲍沟镇姜店村
负责人：高德柱
Tel：0632－2656218
13806370888

**禹城市洪星电动门业**
业务：加工制作销售电动车库门
地址：山东省禹城市南环路（101国道旁）
负责人：李爱星 邮编：251200
法人：李爱星
Tel：13583400199
0534－7321226
Fax：0534－7321226

**建国新型建材有限公司**
地址：山东省诸城市舜王街道办事处田家庄村
负责人：梁建国
Tel：0536－6019878
13964721588

**东平县沐浴春歌太阳能厂**
业务：太阳能销售、安装
地址：山东省泰安市东平县城汶河街与105国道交叉路口
负责人：徐滨 邮编：271500
法人：徐滨
Tel：13668689127
0538－2855009

**福焱玻璃制品有限公司**
地址：山东省淄博市博山区八陡镇茂岭村
负责人：房海峰
Tel：0533－4466606

**兖州市国强铝合金塑钢门窗厂**
业务：生产和销售铝合金塑钢门窗，可根据客户要求订制各种塑钢门窗
产品：各种金塑钢门窗
地址：山东省兖州市新兖镇前杨村
负责人：常保国 邮编：272119
法人：常保国
Tel：13854743466
0537－3650587

**东平县龙福建材厂**
业务：建筑材料生产销售
地址：山东省泰安市东平县东平镇尹范村
负责人：陆璐 邮编：271500
法人：陆璐
Tel：15853890680

**淄博水环真空设备有限公司**
地址：山东省淄博市博山区白塔镇大庄村东首
负责人：闫力
Tel：0533－4684580

**淄博天威建工集团有限公司**
地址：山东省淄博市博山区城里凤凰园2号楼
负责人：窦修玲
Tel：0533－4293510

**烟台五洲建材有限公司**
业务：销售建材
地址：山东省烟台市只楚路146号
负责人：张献珍 邮编：264010
法人：张献珍
Tel：13361368478
0535－6512777

**肥城瑞家装饰工程有限公司**
业务：室内外装饰设计、施工
地址：山东省泰安市肥城市龙山路西首路南明桂花园沿街楼29号
负责人：耿甲水 邮编：271600
法人：耿甲水
Tel：0538－3365877

**东边保温建材厂**
地址：山东省淄博市桓台县城南开发区
负责人：任纪平
Tel：0533－8400418
13355210357
13508946040

**烟台市芝罘尊国防水材料经销部**
业务：专营三元乙丙、PVC、SBS、SBC、JS防水等系列产品，承接建筑物防水补漏工程。欢迎各界朋友来电洽谈业务，期待与您合作！
产品：土工布，土工复合膜，APP改性沥青防水卷材，SBC系列丙纶专用干胶粉
地址：山东省烟台市芝罘区兴楚街17号楼2号网点
负责人：鞠尊友 邮编：264000
法人：鞠尊友
Tel：13256943706
13562591559

**高青县筑巢保温材料厂**
地址：山东省淄博市高青县高青县常家镇
负责人：王荣
Tel：13953389686

**乐山玻璃建材有限公司**
地址：山东省淄博市桓台县果里镇政府对过
负责人：贾乐山
Tel：0533－8409555
13306465666

**泰安高新区华兴新型建材水洗烘干沙厂**
业务：水洗烘干沙
产品：山东省泰安市开发区北集坡镇西旺村
负责人：张华兴 邮编：271000
法人：张华兴
Tel：13853896238
0538－8946518

**三重钢塑门窗厂**
地址：山东省淄博市桓台县开发区
负责人：胡更
Tel：0533－8015555
13606438963

**烟台市芝罘区清福木材经销处**
业务：木材
地址：山东省烟台市芝罘区幸福南路12号内25号
负责人：赵建清 邮编：264000
法人：赵建清
Tel：13792528878
0535－2990531

**桓台县腾龙园林有限公司**
地址：山东省淄博市桓台县起凤镇夏一村
负责人：周茂胜
Tel：0533－8681211

**宁阳县东盛石材厂**
业务：山东锈石加工销售
地址：山东省泰安市宁阳县东疏镇疏里村村北
负责人：闫恪栋 邮编：271410
法人：闫恪栋
Tel：15066739993
13863768688
0538－5461340

**竟迅钢构制品有限公司**
地址：山东省淄博市桓台县索镇前毕村
负责人：孙建敏
Tel：0533－8102965
13508947445

**烟台市芝罘厚德建材经销部**
业务：建材销售、机械（塔吊、搅拌机）
地址：山东省烟台市芝罘区同福路160号
负责人：姜玉萍 邮编：264000
法人：姜玉萍
Tel：13365452098

**宁阳县才运铝合金加工厂**
业务：铝合金的加工
地址：山东省泰安市宁阳县罡城镇商业街
负责人：马玉才 邮编：271400
法人：马玉才
Tel：13053864558
15949796630

**山东鑫泽装饰工程有限公司**
地址：山东省淄博市桓台县唐山镇驻地
负责人：张利
Tel：0533－8510145
13505332917

**新泰市国华商贸有限公司**
业务：房地产开发、建材贸易、超市
地址：山东省泰安市新泰市果都镇府前街9号
负责人：陈新民 邮编：271000
法人：陈新民
Tel：13954869967

**烟台华邦木塑材料科技有限公司**
业务：钢筋支架
地址：山东省烟台市芝罘区花园里10号
负责人：戴佐旭 邮编：264002
法人：李学青
Tel：0535－6875345
Fax：0535－6875345
网址：http://www.51zzt.com/user/zzt30414

**山东鑫泰公路工程有限公司**
地址：山东省淄博市桓台县唐山镇政府驻地
负责人：耿宪成
Tel：0533－8519338
13341256888

**汇德胶合板厂**
地址：山东省淄博市桓台县田庄镇田庄村
负责人：周德宝
Tel：0533－8583209
13605338660

**宁阳县葛石镇佳和木制品厂**
业务：建筑模板生产、销售
地址：山东省泰安市宁阳县葛石镇徐挂村
负责人：徐广清 邮编：271000
法人：徐广清
Tel：0538－5403089
13053873488

**昌达暖通设备厂**
地址：山东省淄博市桓台县新城镇城北村
负责人：宋元刚
Tel：0533－8888978
13605338018

**烟台市芝罘学富建材经销处**
业务：木材、木方、建筑模板
地址：山东省烟台市莱山区初家镇大郝家木材市场
负责人：林志强 邮编：264000
法人：林志强
Tel：13553132530
13475355106
0535－6712676

**淄博启新建材有限公司**
地址：山东省淄博市良乡工业园4号路15号
负责人：孙启刚
Tel：0533－8635616

**宁阳县万通土地整理整平中心**
业务：土地整平、修路
地址：山东省泰安市宁阳县鹤山乡王卞东村102号
负责人：刘万忠 邮编：271000
法人：刘万忠
Tel：15153800999
0538－5113298

**淄博峰源化工有限公司**
地址：山东省淄博市临淄区凤凰镇张宁路东首
负责人：朱林茂
Tel：0533－7600701
13355219997

**烟台开发区天澳装饰材料店**
业务：各种装饰材料的销售
地址：山东省烟台市开发区长江路16号一楼A58室（富雅家具城进口处右首）
负责人：袁伟平 邮编：264000
法人：袁伟平
Tel：15305357750
0535－6384044

**凯丰利工贸有限公司**
地址：山东省淄博市临淄区敬仲镇北伯村
负责人：王金光
Tel：0533－7700637

**宁阳县华丰建国煤矸石砖厂**
业务：煤矸石砖
地址：山东省泰安市宁阳县华丰镇煤研颜义村
负责人：李建国 邮编：271413
法人：李建国
Tel：13954851289
0538－5148043

**烟台中安装饰防水工程有限公司**
业务：LM防腐防水涂料
地址：山东省烟台市开发区E－15工业园38号
负责人：吕世宁 邮编：264010
法人：吕世宁
Tel：13184015999
0535－2165087
Fax：0535－6373557
网址：www.shandongzhongan.com.cn
E-mail：zhonganlm@163.com

**淄博市淄川捷隆物资经销处**
地址：山东省淄博市西外环路中段

负责人：李玉明
Tel：0533－5410101

**淄博加利达新材料有限公司**
地址：山东省淄博市辛三街78号
负责人：李显
Tel：0533－7321276

**松泽园艺场**
业务：培养苗木，奇石，泰山松
地址：山东省泰安市泰山区安家林村
负责人：郭长军 邮编：271000
法人：郭长军
Tel：13685485769

**淄博舜华园林绿化工程有限公司**
地址：山东省淄博市邢家镇中心路8号
负责人：黄树波
Tel：0533－8080867

**烟台高新区宏泰建材经销处**
业务：经销宏泰建材
地址：山东省烟台市高新区草埠村
负责人：任洪成 邮编：264003
法人：任洪成
Tel：15854550226
0535－6751855

**永丰装饰有限公司**
地址：山东省淄博市沂源县城沿河东路4号
负责人：何培法
Tel：0533－3246680
13953307968

**泰安市泰山区立军园林绿化工程处**
业务：园林绿化工程
地址：山东省泰安市泰山区上高办事处桑家疃村
负责人：张立军 邮编：271000
法人：张立军
Tel：13053808691
0538－8542293

**土门镇芦芽粘土砖厂**
地址：山东省淄博市沂源县土门镇芦芽村
负责人：孟令荣
Tel：0533－3680263

**力特工程机械处**
业务：出租8吨—200吨各种型号的汽车吊，承接厂房、桥梁、设备各种建筑工程的吊装
地址：山东省烟台市福山区高疃镇鹿家村131号
负责人：李振华 邮编：264000
法人：李振华
Tel：13806382221
13053555533

**山西凯迪建材有限公司淄博分公司**
地址：山东省淄博市张店区大张镇董家村
负责人：李承祥
Tel：0533－3813518
13953329105

**淄博泰房地产开发有限公司**
地址：山东省淄博市张店区东一路39号
负责人：陈涛
Tel：0533－6208616

**烟台市三星资源再生有限公司**
业务：进口加工塑料杂件
地址：山东省烟台莱州市鸿庆家具城
负责人：任立强 邮编：261413
Tel：13688663829
0535－2173057
Fax：0535－2173057
网址：http://www.51zzt.com/user/zzt33109

**房镇东孙村砖厂**
地址：山东省淄博市张店区房镇镇东孙村
负责人：吴振海
Tel：0533－3882101

**新泰市广龙装饰材料有限公司**
业务：经营装饰板材
地址：山东省泰安新泰市青龙路中段（青龙市场北东首）
负责人：庞纪斌 邮编：271000
法人：庞纪斌
Tel：13854814278
0538－7073403

**众成置业有限公司**
地址：山东省淄博市张店区联通路6号
负责人：苏洪林
Tel：0533－3588799
3588766
13953320398

**烟台钰鹏五金建材有限公司**
业务：五金建材销售
地址：山东省烟台开发区长江路148号
负责人：位杰安 邮编：264006
法人：位杰安
Tel：13002725888
0535－6398108

**广业建材有限公司**
地址：山东省淄博市张店区南定镇漫泗河村
负责人：张业涛
Tel：0533－2989241
13708941379

**鲍沟运东民用建筑设备租赁服务处**
业务：建材、建筑设备租赁
地址：山东省滕州市鲍沟镇姜店村
负责人：杨运东 邮 编：277522
法 人：杨运东
Tel：13062087003

**金昆门窗加工厂**
地址：山东省淄博市张店区南定镇田家村
负责人：张立承
Tel：0533－2988775
13964480666

**新泰市中丙坤建筑机械租赁中心**
业务：建筑材料和建筑机械租赁
地址：山东省新泰市杏山路266号
负责人：刘春元 邮 编：271000
法 人：刘春元
Tel：13625481216
0538－7221018

**深圳市金浩安装饰设计工程有限公司淄博分公司**
地址：山东省淄博市张店区南西四路18号太平小区7号楼
负责人：陈玉秀
Tel：0533－2716202

**俊泰装饰安装工程处**
业务：室内外装饰、不锈钢制作、豪华艺术门、铝合金门窗制作、无框门窗、塑钢门窗、玻璃幕墙、钢结构工程、水电暖安装
地址：山东省滕州市荆河东路程堂村
负责人：张后俊 邮 编：277500
法 人：张后俊
Tel：13863210186
0632－5686939

**汉邦经贸有限公司**
地址：山东省淄博市张店区商场西街72－1号（国旅3楼）
负责人：李本平
Tel：13953319977

**山东省新泰市宏建玻璃纤维有限公司**
业务：销售玻璃纤维
地址：山东省新泰市宫里镇宫里村
负责人：王建 邮 编：271214
法 人：王建
Tel：13954860707
0538－7781188

**万龙机械化施工有限公司**
地址：山东省淄博市张店区中心路277号
负责人：解成刚
Tel：0533－3585345
13953398777

**滕州市恒通租赁有限公司**
业务：土石方工程，市政工程，道路工程设备租赁
产品：山东省滕州市龙阳镇龙阳村
负责人：刘西法 邮 编：277500
法 人：刘西法
Tel：13561122108
0632－5871006

**乾顺门窗有限公司**
地址：山东省淄博市张桓路4－30号
负责人：付兴东
Tel：0533－3163797

**新泰市宫里镇文明木片加工厂**
业务：木片加工
地址：山东省新泰市宫里镇李灵村路口南
负责人：孙文明 邮 编：271214
法 人：孙文明
Tel：13953893767
0538－7788767

**淄博佳和物资有限公司**
地址：山东省淄博市正阳路北首石门村
负责人：张桂珍
Tel：0533－6682728

**滕州市荆河富贵洁具店**
业务：洁具销售
地址：山东省滕州市鲁南装饰大世界西大棚C区15－16号
负责人：孙红涛 邮 编：277500
法 人：孙红涛
Tel：0632－5679810

**丁家砖厂**
地址：山东省淄博市周村区南郊镇丁家村
负责人：许聿广
Tel：0533－6800627

13708946361

**威海市德科新型建材有限公司**
业务：集研发、生产、销售、施工于一体，从事建筑节能环保型保温材料的综合性企业。承接保温施工工程。公司秉承"顾客至上，锐意进取"的经营理念，坚持"客户第一"的原则，竭诚为广大客户提供优质的服务。
产品：胶粉玻化微珠外墙保温系统，聚氨脂胶粉聚苯颗粒外墙保温系统，EPS聚苯板薄抹灰外墙保温系统，XPS挤塑板薄抹灰外墙保温系统，矿棉板外墙保温系统
地址：山东省文登市文昌路天福工业园
负责人：李经理 邮 编：264400
Tel：0631－3580078
18953855699
Fax：0631－3580078
网址：www.dekexinxingjiancai.cn

**新平建材有限公司**
地址：山东省淄博市周村区南郊镇商家村1号
负责人：孙太广
Tel：0533－6016588
13705336195

**滕州市华奥新型建材模板厂**
业务：建材模板
地址：山东省滕州市四方城小区10号楼207室
负责人：李忠贤 邮 编：261400
法 人：李忠贤
Tel：13863209886
13869432522
0632－5959886
Fax：0632－5959886

**淄博市周村汇源节能防腐设备修理厂**
地址：山东省淄博市周村区南闫镇南闫村
负责人：吕呈河
Tel：0533－6530629
13508941992

**文登市昌盛伟业建材经销处**
业务：建材销售
地址：山东省文登市开发区九里水头木材市场
负责人：田金芳 邮 编：264400
法 人：陈丽强
Tel：13963142999
0631－8355648
Fax：0631－8355648

**富达人造板厂**
地址：山东省淄博市周村区新公安大楼向北养鸡厂北邻
负责人：梅永达
Tel：13706436539

**滕州市鑫源电器设备安装有限公司**
业务：电气设备安装工程
地址：山东省滕州市文昌路118号
负责人：王延才 邮 编：277500
Tel：13869418805
0632－5698877

**华隆金属板材有限公司**
地址：山东省淄博市周村区周隆路6000号
负责人：武涛
Tel：0533－6067333
13589535678

**文登市盛泰水暖器材经销处**
业务：水暖器材、水暖管件、天津盛泰暖气片
地址：山东省文登市横山路30－5号
负责人：张世明 邮 编：264400
法 人：张世明
Tel：0631－8455977
Fax：0631－8455977

**淄博汇东硅塑复合材料有限公司**
地址：山东省淄博市周家镇孔家村
负责人：成兆刚
Tel：0533－8486018

**滕州市龙翔玻璃制品厂**
业务：玻璃镜子的加工、磨边（圆边、斜边、直边）打孔、丝印、异型镜子、贴膜、钢化等
地址：山东省滕州市羊庄镇南塘村村委会
负责人：倪玉峰 邮 编：277500
法 人：倪玉峰
Tel：13563238637
0632－2915660
Fax：0632－2915866
网址：http://www.51zzt.com/user/zzt30139

**文登市葛家群磊石材加工厂**
业务：花岗岩、大理石等建筑石材的加工
地址：山东省文登市葛家镇下口村
负责人：刘大群 邮 编：264400
法 人：刘大群
Tel：0631－8884879

**山东中润物业管理有限公司淄博分公司**
地址：山东省淄博市淄博高新区中润大道20号
负责人：王波
Tel：0533－3116240

**众力节能技术有限公司**
地址：山东省淄博市淄博开发区宝山工业园中润大道149号
负责人：杨俊
Tel：0533－3580842
13325213281

**滕州市鸿和木业有限公司**
业务：建筑木板
产品：建筑木板
地址：山东省滕州市张汪镇葛村
负责人：张洪玉 邮 编：277500
法 人：张洪玉
Tel：13506320769
0632－2817666
网址：http://www.51zzt.com/user/zzt36311

**淄博华通环保设备有限公司**
地址：山东省淄博市淄川区城南镇白庙村
负责人：从沛岭
Tel：0533－2980761

**潍坊润德装饰工程有限公司**
业务：承接家装与公装工程，专业生产与销售配套家居
地址：山东省潍坊市世纪泰华水印公寓D座2009室
负责人：杨刚 邮 编：261041
法 人：杨刚
Tel：0536－8275557
Fax：0536－8275557
E-mail：runde_2009@126.com

**淄川建材城崇亮建材销售部**
地址：山东省淄博市淄川区洪山镇西省村
负责人：魏崇亮
Tel：0533－5481363
13508945984

**旭阳五金建材商店**
业务：五金建材用品的销售
地址：山东省威海高技术产业开发区槐云村商业街丁路口北街路西29号
负责人：吕阳 邮 编：264200
法 人：吕阳
Tel：15163122533
0631－5805107

**淄川鑫冠陶瓷有限公司**
地址：山东省淄博市淄川区黄家铺镇贾村
负责人：贾世荣
Tel：0533－5331100

**潍坊鲁环机械有限公司**
业务：电除尘器为主的环保设备的生产销售
地址：山东省潍坊市临朐县城关街办陈家庄南
负责人：张国利 邮 编：262600
法 人：张国利
Tel：0536－3283975

**海庆建材销售部**
地址：山东省淄博市淄川区建材城1140号
负责人：张召
Tel：0533－5480591

**威海灵昊城置业顾问有限公司**
业务：房地产开发
地址：山东省威海经济技术开发区华夏生态园46号
负责人：王建智 邮 编：264200
法 人：王建智
Tel：13306315768
0631－5906706
5906713

**永胜建材销售部**
地址：山东省淄博市淄川区建材城5街1117号
负责人：槐文通
Tel：0533－5480332

**潍坊晟晖置业有限公司**
业务：房地产开发，销售
地址：山东省潍坊市奎文区苇湾小区16号楼西单元501室
负责人：张来春 邮 编：261041
法 人：张来春
Tel：0536－8251262
13356708208

**威海市大地德兰建材有限公司**
业务：建材
地址：山东省威海经济区海滨南路55号3109－3110
负责人：戚其兰 邮 编：264200
法 人：戚其兰
Tel：13906303979
13906313055

**亿良建材经营部**
地址：山东省淄博市淄川区建材城北区1044号

负责人：车其良
Tel：0533－5483779
13605335704

**盛彤建材销售部**
地址：山东省淄博市淄川区建材城三街1064号
负责人：陈爱华
Tel：0533－5480010

**潍坊星艺品味装饰有限公司**
业务：承接装饰工程设计施工
地址：山东省潍坊市奎文区胜利街与潍州路交叉口金融街B座1110室
负责人：方玄喜 邮 编：261041
法 人：方玄喜
Tel：0536－6100011
6100013

**美峰商贸有限公司**
地址：山东省淄博市淄川区建材城兴辉二街218号
负责人：宋家峰
Tel：13573331999

**荣成市崖头仁基建筑材料经营部**
业务：建筑材料销售
产品：钢材
地址：山东省威海荣成市南山南路35号
负责人：汤新军 邮 编：264200
法 人：汤新军
Tel：13806313965
13561801266

**新阳建材经营部**
地址：山东省淄博市淄川区建材城脏市场2019－1
负责人：杜希新
Tel：0533－7901252
13906433438

**潍坊万世兴房地产经纪有限公司**
业务：房屋租赁、买卖、营销和代理，房地产策划，代销建筑材料
地址：山东省潍坊市奎文区工福街福临花园3号楼
负责人：武法香 邮 编：261041
法 人：武法香
Tel：0536－8290707
8718821
Fax：0536－8290707
E-mail：1416479349@qq.com

**奥运达建陶有限公司**
地址：山东省淄博市淄川区建材城赵瓦村
负责人：胡立强
Tel：0533－5482739
13953331469

**山东省威海市高技术产业开发区利华门窗加工制作**
业务：经营范围：专业门窗加工制作、商务门
地址：山东省威海市高技术产业开发区怡心苑5号110室
负责人：李建 邮 编：264200
法 人：李建
Tel：13336306326
0631－2882084

**韩庄水泥制品厂**
地址：山东省淄博市淄川区龙泉镇韩庄村
负责人：韩克玉
Tel：0533－5881507
13808949277
13964471388

**潍坊玖和钠土有限公司**
业务：钠质膨润土
地址：山东省潍坊市寒亭区朱里镇前吉村
负责人：吉连国 邮 编：261041
法 人：吉连国
Tel：13615367678
0536－7580788

**淄川杨寨水泥预制厂**
地址：山东省淄博市淄川区杨寨村杨寨村
负责人：于承春
Tel：13864379416

**威海市环翠区日明装饰材料经销处**
业务：实木、五金、装饰材料的销售
产品：进口樟子松、水曲柳、秋木、进口泰国橡木，家装五金、工程五金
地址：山东省威海市环翠区世昌大道87号
负责人：孙新忠 邮 编：264200
法 人：孙新忠
Tel：0631－5863568
13863081389
13181888103

**建材城科达瓷砖经销部**
地址：山东省淄博市淄川区杨寨建材城新市场7街1207号
负责人：程帆

………………………………Tel:13853389666

## 潍坊鼎泰装饰工程有限公司

业务：集设计、制作、施工、售后服务于一体，专业从事办公、餐饮、商业、娱乐空间及住宅设计、施工业务。公司推崇绿色与智能化装潢，秉承客户至上，诚信为本的经营原则，携手与你共建满意空间./专业从事商业空间、写字楼、公寓设计与施工的专业工程公司，我们拥有精湛的设计队伍，优良的施工品质，完善的售后服务，精心为您打造品味空间。

产品：室内外装饰设计、小型土木工程维修

地址：山东省潍坊市东风东街 279 号

……… 负责人：李之仲　　邮　编：261041

………………………… 法　人：李之仲

…………Tel:0536－8250288

13506491002

…………Fax:0536－8250288

网址：www.dtsogo.com

………………… E-mail:wfdtzs@126.com

### 淄川建材城岳阳港浴洁具经营部

地址：山东省淄博市淄川区杨寨建材城张博路月庄段 291 号

……………………………… 负责人：李长荣

…………………………… Tel:0533－5485458

13355211687

## 威海樱方花卉有限公司

业务：各色花卉的培育销售

地址：山东省威海市环翠区塔山中路 244 号

……… 负责人：刘先恩　　邮　编：264200

………………………… 法　人：刘先恩

…………Tel:0631－5317456

13013586787

15318276111

### 建材城鑫源建材经营部

地址：山东省淄博市淄川区杨寨建陶交易中心七街 7003 号

……………………………… 负责人：冯英岭

…………………………… Tel:0533－5480356

## 昌乐宝城建材有限公司

业务：各类的建材的销售

产品：建材

地址：山东省潍坊市昌乐县立兴街 4 号

……… 负责人：丁志成　　邮　编：261041

………………………… 法　人：丁志成

…………Tel:0536－6288268

## 威海弘坤建材有限公司

业务：建筑材料的研究、开发、销售

地址：山东省威海市经技区金海湾花园 15－10 号

……… 负责人：吕文松　　邮　编：264200

………………………… 法　人：吕文松

…………Tel:0631－5333698

13361180689

…………Fax:0631－5333698

……………… E-mail:554709148@qq.com

### 慕龙陶瓷经销处

地址：山东省淄博市淄川区杨寨镇月庄建材市场新北区 4028 号

……………………………… 负责人：王学友

…………………………… Tel:13561601321

## 潍坊盛东装饰工程有限公司

业务：集装饰工程设计、施工、水电暖安装和建筑工程设计施工为一体的专业化装饰公司，我们以时尚的精品设计，优质的施工质量，一流的售后服务，为您专业打造美好家居

产品：出售壁纸、壁布

地址：山东省潍坊高新区新华路 2112 号嘉汇大厦 1408

……… 负责人：郑汝波　　邮　编：261041

………………………… 法　人：郑汝波

…………Tel:0536－8959916

…………Fax:0536－8959916

………… 网址：www.wfsdzs.chinapyp.com

## 威海经济技术开发区隆江房产置业部

业务：房地产开发

地址：山东省威海市经济技术开发区渤海路 16 号 803

……… 负责人：田国建　　邮　编：264200

………………………… 法　人：田国建

…………Tel:13561870423

0631－5964277

………………… E-mail:whtgj@126.com

### 孙磊建材经营部

地址：山东省淄博市淄川区月庄大世界 3006 号

……………………………… 负责人：孙磊

…………………………… Tel:0533－5482746

13853315796

## 威海庆祥建筑配套工程有限公司

业务：建筑配套工程

地址：山东省威海市文登市埠口港管委会海兴路 46 号

……… 负责人：战显胜　　邮　编：264200

………………………… 法　人：战显胜

…………Tel:13792724555

0631－8476555

### 海森木业而限公司

地址：山东省淄博市淄川区寨里镇袁家村

……………………………… 负责人：孙兴国

…………………………… Tel:13605333399

## 威海振坤土石方工程有限公司

业务：公司专业承接土石方爆破、挖掘、填埋、公路修建、做路运输、园林绿化，我们拥有专业性强的职业队伍，为客户提供优质的服务，竭诚欢迎各位新老客户前来咨询洽谈！

产品：石材、石子、园林绿化

地址：山东省威海市前进街 18 号瀚海铭人会馆六楼

……… 负责人：洪建军　　邮　编：264200

………………………… 法　人：洪建军

…………Tel:13276318876

13173409533

………………… 网址：www.cnid.gov.cn

## 蒿泊亿祥阳光装饰材料店

业务：主要经营装饰材料的销售，有地板、门以及装修服务

地址：山东省威海市深圳路 1 号附 7 号华客隆装饰材料市场 215

……… 负责人：李志奎　　邮　编：264200

………………………… 法　人：李志奎

…………Tel:13869005975

0631－5998717

### 政道木业有限公司

地址：山东省邹城市大束镇东孟村

……………………………… 负责人：于玉杰

…………………………… Tel:0537－5594589

13355167081

## 乳山市嘉忆房产营销服务部

业务：专业从事房产销售、房产信息咨询、新楼盘策划推介、二手房交易、房屋租赁、金融贷款、权属变更。致力于为客户提供专业、稳定、便捷、长期的购房及后续服务。

产品：威海市海景房、乳山市海景房、荣成市海景房、烟台市龙口市海景房

地址：山东省威海市乳山市银滩忆海苑小区

……… 负责人：王冰　　邮　编：264500

………………………… 法　人：王冰

…………Tel:15318259911

13220827532

……………… E-mail:1021163874@qq.com

### 松龄建筑陶瓷有限公司

地址：山东省淄博市淄川区杨寨镇赵瓦村张博路东边

……………………………… 负责人：柳青芳

…………………………… Tel:0533－5481772

13395334121

## 东营虹泰装饰有限公司

东营虹泰装饰有限公司成立于2007年。是一家专门从事室内装饰、装修，门窗加工、安装的企业。以“客户第一，信誉至上”为经营理念。欢迎您的光临！

联系人：张成彬 13505461755
电话/传真：0546－5628658
地址：山东省东营市利津县城集贸新村
邮编：257400

## 高唐县固河镇志山木材购销处

本公司主要经营木材购销及加工板。

本公司以诚信为本、信誉至上的服务宗旨为广大客户服务。欢迎各新老顾客前来考察洽谈。

联系人：张志山 13561238556
电话：0635－3632958
邮编：252000
地址：山东省聊城市高唐县固河镇南刘村

## 方园木门商店

方园木门商店成立于2007年，方园木门商店位于东营区金大地建材城，本店专业从事批发零售木门。

本公司秉承“顾客至上，锐意进取”的经营理念，坚持“客户第一”的原则为广大客户提供优质的服务。

欢迎广大客户惠顾！

联系人：王伟 13792075477
电话/传真：0546－7362968
地址：山东省东营区金大地建材城兴平街9号 邮编：257100

## 高唐县恒盛木业有限公司

高唐县恒盛木业有限公司始建于2001年，主要从事建筑模板的加工销售。我公司起点高，设备先进，现拥有一批高素质的工程技术人员，公司设有专门的研发队伍，保证产品的连续性和领先性，能承揽并定做各种型号、尺寸的防水板材。

您的需求，我们的追求，恒盛人本着“质量求生存，创新求发展”这一理念，以“诚实守信”为待客原则，热忱欢迎新老客户来厂洽谈业务！

电话：0635－3759998
联系人：姜玉涛 13963001268
地址：山东省聊城市高唐县刘寺镇东首 邮编：252864

## 肥城市瑞兴板业有限公司

肥城市瑞兴板业有限公司位于风景秀丽，五岳独尊的泰山脚下，齐鲁必争汶阳田的高新开发园区内。我公司生产的“聚花”牌板类系列高科技产品新型装饰材料，填补了国内装饰材料市场的一大空白。

我们一贯支持“质量每一，服务至上”的经营宗旨，坚持以人为本的经营理念，积极探索可持续发展的企业管理模式，在科学化、规范化、专业化的道路上不断创新，锐意进取。

我们的承诺：

永远为您开发，研究出最适合您的优质产品。

网址：www.ruixingbanye.com

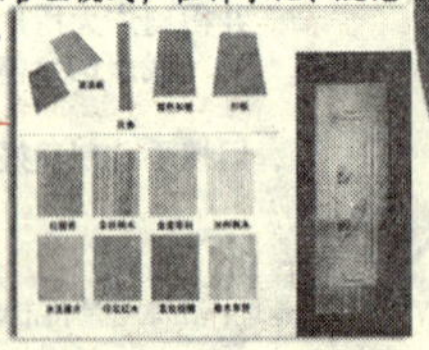

联系人：李英喜
电话：0538－3850828 13561796462
地址：山东省肥城市汶阳镇工业园区 邮编：271600

## 济南众英道路维修有限公司

济南众英道路维修有限公司成立于2006年，主要从事于道路施工、维修。

我们的活力来自客户的信赖，我们不是简单把客户界定为双方协作关系，而是把客户纳为朋友和知己，我们会珍惜和抓住每一次给予我们的机遇，以我们的诚恳、优质的服务，使客户成为我们永远的朋友，我们将由此而得到满足。

热忱欢迎广大客户对我公司承接的工程进行监督！

联系人：钟传华
电话：0531－87388889 邮编：250001
地址：山东省济南市长清区孝里一村（孝里新镇城南220国道路西）

## 肥城市永胜工程材料有限公司

肥城市永胜工程材料有限公司成立于2008年8月5日，专业生产、销售钢塑网，土工格栅等各种工程材料。我公司一如既往的本着“诚信、一切为了客户方便”的经营宗旨。以全新的产品，完善的服务，面向全国诚招合作商；并愿与商界朋友们精诚合作、共谋发展。

联系人：张华 13563830156
电话：0538－6331458 3500569 3500589
地址：山东省肥城市王庄镇驻地
电子邮箱：feichenghr@yahoo.cn 邮编：271611

## 济宁汇能经贸有限责任公司

济宁汇能经贸有限责任公司是一家专业承接墙体保温、防腐、防水等工程的企业，施工资质齐全。

公司在与多家事业单位的的合作中赢得了良好的口碑，我们愿与您携手，共创未来！

联系人：张承豪 13475379488 电话：0537－2389488
地址：山东省济宁市琵琶山路2号（任城供销联社） 邮编：[illegible]

## 风光石材厂

风光石材厂是一家专业加工大理石、花岗岩并提供相应板材的厂家。

我们将一如既往地继承“技术领先，优质高效，顾客至上，遵信守约”的质量方针，新老客户携手并进，共创美好明天！

联系人：王风光 13805450874
电话：0535－2851478 2670578
地址：山东省烟台莱州市柞村镇口子村 邮编：261400

## 济宁市任城区志刚方正门业销售部

方正门业任城地区经销商，免费测量、免费送货、免费安装，专业的品牌，专业的质量让新老顾客买的放心，用的舒心。

联系人：王志刚
电话：0537－2035669 手机：13515371991
地址：山东省济宁市任城区李营镇岱庄村 邮编：272000

城建房产建材装潢

本溪市鑫诺特钢实验制造有限公司
经营纯铁，各种焊塑钢，特种钢生产及销售的企业。
电话：0414—2824060　3129563
地址：辽宁省本溪市溪湖区居仁街



## 济宁市市中区市政工程公司

济宁市市中区市政工程公司成立于1993年，主要承接市政工程，包括：城市、道路、桥梁、排水、广场、园林等。

本公司秉承“顾客至上，锐意进取”的经营理念，坚持“客户第一”的原则为广大客户提供优质的服务。

欢迎广大客户惠顾！

联系人：胡传河
电话：0537-2863626　2785526　传真：0537-2785526
地址：山东省济宁市市中区济安桥北路兴东小学南邻

## 莱芜市兴达爆破工程有限公司

莱芜市兴达爆破工程有限公司成立于2008年5月，主要从事于爆破、土石方、挖运工程。

我公司遵循立足莱芜，面向全国，社会效益第一的宗旨，为提高我国地下工程的设计与施工水平，节约资金，防止工程事故做贡献。

联系人：王金明
15066347201　13863485961
地址：山东省莱芜市钢城区艾山街道办事处逯家庄社区
邮编：271100

## 金都置业有限公司

金都置业有限公司成立于2001年，专业从事房地产开发。

我公司以“创建美好家园是我们的共同心愿”为使命，以“追求进步、超越自我”的企业精神为指引，将坚持品牌经营之路，努力以低成本、差异化打造金都核心竞争力，计划实现销售收入持续高速增长，由衷期待与您的合作！

电话：0534-2652860
联系人：张先生 13805340101
地址：山东省德州市德城区新湖南路96号　邮编：253000

## 莱芜正和双泰建安有限公司

本公司是一家专业从事建筑安装、吊装设备、货物运输等业务的企业，您的满意是我们的追求，欢迎新老客户来电来函洽谈业务！

联系人：王京峰
电话：0634-6901886
地址：山东省莱芜市钢城区黄庄镇菠萝村　邮编：271104

## 锦秋街道办事处华宇粉刷店

本公司成立于2007年，主要承接内外墙粉刷工程，销售各种名牌乳胶漆、立邦漆。我们以专业的精神，一流的服务为宗旨，为您服务。

联系人：相建福
电话：0543-2685585　手机：13792268705
地址：山东省滨州市博兴县锦秋街道办事处北关商贸城　邮编：256500

## 莱阳市永进彩钢复合板厂

莱阳市永进彩钢复合板厂成立于2007年，本厂生产、销售各种型号彩钢复合板、彩钢瓦、异型钢、并承接钢结构的设计制作和安装。

本公司秉承“创新、敬业、诚信、服务”的经营理念，诚挚恭迎各界人士、朋友，前来洽谈业务，共创美好前景。

联系人：杨宝华 13953541088
电话：0535-7332778
传真：0535-7332178
地址：山东省莱阳市盛隆建材批发市场　邮编：265200

## 莒县浩源建材厂

莒县浩源建材厂成立于2006年，本厂专业从事建材的生产与销售。主要有石灰、石子。

公司秉承“顾客至上，锐意进取”的经营理念，坚持“客户第一”的原则为广大客户提供优质的服务。欢迎惠顾！

联系人 商金余
电话：13396233668
0633-6831561
传真：0633-6831561
地址：山东省日照市莒县洛河商店子村　邮编：276800

## 聊城市东昌府区科丹管材管件经营部

公司创建于2004年，主要经营PPR管材管件、PE管材管件、PVC管材管件、地暖管。“服务于客户、取信于客户”是我们公司服务宗旨。“向客户提供高质量的产品和满意的服务，让我们永远留在客户的心中”是我们公司的质量承诺。

联系人：王红梅
电话：0635-6969692　传真：0635-6969692
手机：13287569930
地址：山东省聊城市香江市场东经七街3号　邮编：252000

## 莒县金磊花岗岩石材厂

本厂成立于1998年，主要经营花岗岩石材。本厂自成立以来，始终坚持以“质量求生存、以信誉求发展”的服务宗旨，赢得了海内外各新老客户的信赖。

联系人：翟玉竹
电话：0633-6461699　传真：0633-6461877
手机：13181192667　15863382988
地址：山东省日照市莒县寨里河乡大翟沟村　邮编：276500

## 聊城市东昌府区新盛建材厂

聊城市东昌府区新盛建材成立于2008年，从事建材生产销售，我厂坚持以诚为本、以诚为信的宗旨为广大客户服务。

联系人：曾刚
13306356220
电话：0635-8986766
地址：山东省聊城市东昌府区于庄　邮编：252000

## 临朐县大明门窗有限公司

临朐县大明门窗有限公司成立于2003年，主要从事铝合金门窗、复合门窗的生产、销售、安装。客户是公司的根本，客户升华我们的价值，我们因客户的成长而发展壮大！秉承雕琢自身，设计与执行的完美结合，不断开拓进取，真诚服务于客户，为客户争创更高的价值！

电话：0536-3153687 13336360168 联系人：王兴生
地址：山东省潍坊市临朐县东城临朐南路 邮编：261000

## 临沂罗湖物业服务有限公司

本公司成立于2004年，主要从事物业管理。公司理念是我们必须坚持的事情，秉承“全心全意全为您”的服务宗旨，全心全意为您服务。

联系人：韩亚平
电话：0539-6308888 2976555 2976955
传真：0539-2976555
地址：山东省临沂市罗庄区盛庄街道大埠东村 邮编：276000

## 临朐县东城铝业有限公司

临朐县东城铝业有限公司成立于2003年，是一家集铝合金建筑型材、工业铝材生产，铝门窗、幕墙研发设计于一体的大型专业企业。

公司“华一”牌铝材以稳定的产品质量及完善的售前、售中和售后服务，赢得了国内外广大客户的信赖，产品覆盖全国20多个省、市、自治区，并逐步打入国际市场，部分产品销往美国、日本、韩国及东南亚等国家。山东东城铝业将始终坚持“诚信为本，用户至上，互利双赢，质量立业”的原则，携手与您共创美好明天。

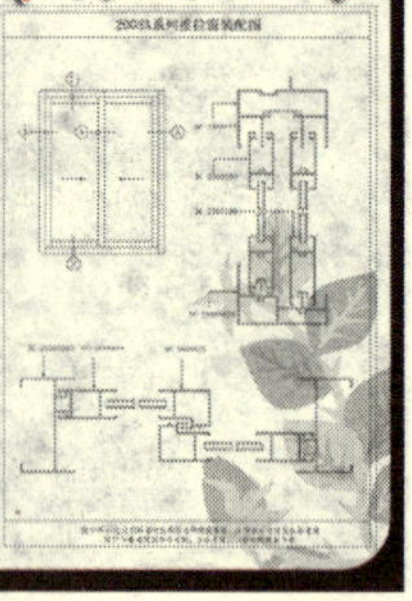

联系人：吴维兆 13963639275
电话：0536-3712983 网址：www.sddcly.com
传真：0536-3158166 电子邮件：dc@sddcly.com
地址：山东省潍坊市临朐县东城开发区 邮编：262600

## 临沂全友太阳能工程安装服务有限公司

临沂全友太阳能工程安装服务有限公司成立于2008年，本公司专业从事太阳能工程安装服务。

本公司秉承“顾客至上，锐意进取”的经营理念，坚持“客户第一”的原则为广大客户提供优质的服务。欢迎惠顾！

联系人：綦全友
手机：18606335858 13181158551
地址：山东省临沂市香江机电城A2-3A号 邮编：276000

## 临朐县宏鑫钢结构工程材料厂

临朐县宏鑫钢结构工程材料厂专业生产加工彩钢瓦，镀锌瓦，新型彩色压型板和彩色隔热夹芯复合板，C型钢，H型钢并承接钢结构安装工程。我厂的办厂宗旨是以质量求生存、以信誉求发展，与客户互惠互利，携手共创美好明天。欢迎来电洽谈！

联系人：魏先贵 手机：13305362081
电话：0536-3710338 传真：0536-3710376
地址：山东省潍坊市临朐县北方商贸城C区10号-12号 邮编：261000

## 临沂市恒旭装饰工程有限公司

恒旭装饰

本公司是一家专业从事建筑装饰装修工程设计施工的大型企业，具有建筑装修装饰专业承包三级资质。同时代理代销各种品牌建筑装饰材料。河北澳德化工涂料有限公司、菏泽万山红化工涂料有限公司的内外墙乳胶漆、济南鼎邦PVC彩色护栏、防水等多个公司的鲁南总经销商。欢迎各建筑装饰材料厂家前来洽谈产品代理业务。

电话：0539-8925999
13954472777
联系人：李从俊
地址：山东省临沂市罗庄区文化路中段文化苑小区隔壁 网址：www.lyhengxu.cn

## 临沭县丰岭石材加工厂

临沭县丰岭石材加工厂成立于2008年，主营石材、石雕及石料的加工。我厂本着“诚信为本，客户至上”的服务宗旨，热情的欢迎新老朋友光临惠顾，洽谈业务！

联系人：杨观祥 手机：13869940809
地址：山东省临沂市临沭县朱苍乡月庄村 邮编：276000

## 临沂市兰山区久大板材厂

本厂主要经营板材，胶合板的生产和销售。

本公司以信誉至上为宗旨，以优质服务为准则，以安全快捷为目标，在竞争中求生存，在开拓中求发展。

电话/传真：0539-8437198
邮编：276000
地址：山东省临沂市兰山区义堂镇南楼工业园
联系人：王金龙
15963333361

## 临沂宝镜装饰工程有限公司

临沂宝镜装饰工程有限公司从事不锈钢、耐磨材料、彩色地坪等业务工程，以质量求生存，欢迎新老客户来电洽谈业务！

联系人：刘强
电话：0539-7120266 邮编：276400
地址：山东省临沂市沂水县裕丰小区南100米路西（宝镜不锈钢）

## 临沂市盛光物业服务有限公司

临沂市盛光物业服务有限公司从事物业管理，水电安装，防水工程等业务，欢迎新老客户来电洽谈业务！

联系人：徐胜光
电话：0539-8366302
地址：山东省临沂市兰山区工业大道49－1号 邮编：276000

## 临沂市亚洪管业有限公司

临沂市亚洪管业有限公司是一家以非金属管道为主的综合性营销企业，公司下辖三个经销处。临沂亚洪管业有限公司经营全国十几家名优非金属管道，品种多、规格全、质量优、价格廉。竭诚欢迎新老客户光临指导，携手共创和谐社会！

联系人：盖云卿
电话：0539-8352534　8350033　13953999203
传真：0539-8339063　网址：www.yhcn888.cn
地址：山东省临沂市鲁南建材市场1021号　邮编：276000

## 平舆县豫印防水有限责任公司

本公司承接屋面防水，楼顶防水，内外墙涂料工程，以优良的产品品质、完善的服务体系、诚信的合作方式、高效的管理机制。

热忱为广大客户服务。

联系人：董文正
电话：13583666335　13011672005
网址：http://www.mtw104104.chinapyp.com
地址：山东省潍坊市奎文区东关街办
邮编：261041

## 鲁中冶金矿业集团公司起重机械安装分公司

鲁中冶金矿业集团公司起重机械安装分公司成立于1992年，主要从事起重机械安装服务。"以质量求生存，以信誉求发展"，热忱欢迎广大客户来电来人洽谈业务，共同合作！

Tel：0634-6811912　13963483266
联系人：耿德华
地址：山东省莱芜市莱城区鲁中矿山公司起重机安装公司　邮编：271100

## 栖霞市德民建材厂

栖霞市德民建材厂成立于2005年，主要从事石子、滑石粉、白云岩等的加工销售。

我公司本着"质量第一，信誉为本，价优物美"的经营宗旨，热忱欢迎各界朋友惠顾合作！

传真：0535-6235288
联系人：吕德环　13361309566　邮编：265306
地址：山东省烟台市栖霞市庙后镇李博士夼村石子厂

## 欧佰利木业有限公司

欧佰利木业有限公司成立于2008年，本公司专业从事木地板、木门的生产与销售。

成就源于思维，搭搏起于信心欧佰利木业的忠旨是以诚信为本，顾客至上，欢迎各位朋友的到来。

联系人：周长军
13963514958
电话/传真：0635-4282298　网址：www.sdobl.com
邮编：252000　电子邮件：sdobl@126.com
地址：山东省聊城市茌平县热电工业园区

## 齐河丽万佳木业有限公司

齐河丽万佳木业有限公司创办于2008年，主要从事实木门、实木复合门、高档烤漆门、免漆门及办公家具的生产销售。工艺独特、健康环保，我们将是您最明智的选择。

联系人：李金明　13176273578
电话：0534-2158558　2158567　传真：0534-2158567
地址：山东省德州市齐河县县城西路口向西160米路南　邮编：253012

## 平安建筑有限公司

平安建筑有限公司是一家专业从事建筑工程的企业。公司将一如既往以"诚信守法、优质臻善、以客为尊、环保安全"为管理方针，竭诚为用户提供最佳服务，与社会各界真诚合作，创建更多优秀的建筑产品，共同为我国现代化建设做出更大的贡献。

电话：0530-2403069　13905403398　联系人：郭士林
地址：山东省菏泽市鄄城县鄄二路137号（农机局三楼）　邮编：274200

## 齐河县超强管道工程有限公司

本公司成立于2008年。

专业从事城市地下管道非开挖工程设计、技术研究、咨询和施工为一体的先进型企业。

以先进的施工技术，严格的施工管理，竭诚为您服务。

联系人：赵电林
电话/传真：0534-5666118　13853435878
地址：山东省德州市齐河县城永乐小区11号西单元201室　邮编：251100

## 平邑县宝业建筑工程有限公司

平邑县宝业建筑工程有限公司成立于1970年，本公司主要经营房地产开发、工程施工、物业管理。

本公司秉承"顾客至上，锐意进取"的经营理念，坚持"客户第一"的原则为广大客户提供优质的服务。欢迎广大客户惠顾！

联系人：李学刚
电话/传真：0539-7931177　邮编：273300
地址：山东省临沂市平邑县城石都大道4号

## 青岛港隆桩基工程有限公司

本公司拥有800T静压桩、振冲桩、高压施喷桩、各种吨米强夯、土石方工程、陆上排水板真空顶压深层搅拌桩、专业海上船打排水板。

联系人：潘春芳
电话：0532-86997003　电子邮件：ganglongzhj@163.com
传真：0532-86999037　邮编：266555
地址：山东省青岛市开发区长江中路216-2号城市桂冠裙楼711室

## 青岛金亮板业有限公司

青岛金亮板业有限公司成立于2006年，本公司是生产工业缝纫机配套机架、台板的专业厂家，其技术力量雄厚，加工设备优良，生产的全包边（后成型）水曲柳封边台板、木条封边塑面台板及固定或升降喷塑机架、服装裁剪机、照明系列等，结构合理标准、美观精致耐用，深受广大客户的欢迎与信赖。

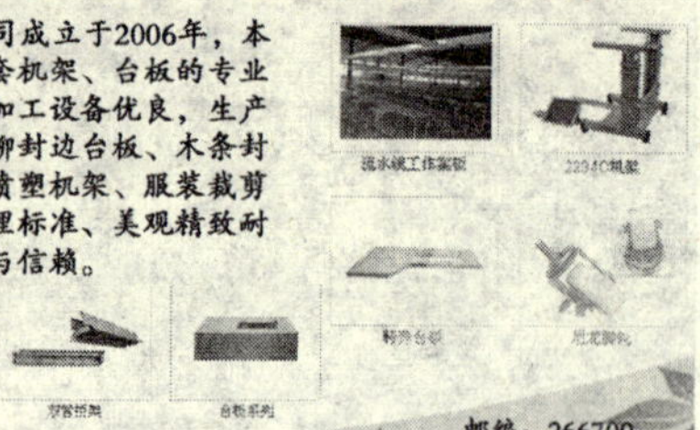

联系人：孙金亮
电话/传真：0532-82386396
网址：www.qdjlby.putop.com
邮编：266700
地址：青岛市平度市崔家集镇小刘家庄

## 乳山市碧海嘉园售楼处

乳山市碧海嘉园售楼处成立于2006年，本售楼处主要从画海景房的销售。乳山市碧海嘉园售楼处本着“客户第一，诚信至上”的原则，与多家企业建立了长期的合作关系。热忱欢迎各界朋友前来参观、考察、洽谈业务。

联系人：陆雨
电话：013287873535 0631-6722888
传真：0631-6779977 邮编：264500
地址：山东省乳山市银滩海岸明珠商铺2-101号

## 青岛市金汇达保温材料厂

我厂主要生产各种保温隔热材料岩棉管.板,橡塑海绵管.板,胶带、专用胶,玻璃棉管、板,聚乙烯管、板,硅酸铝板、毡,玻璃丝布,玻璃钢,铝薄(纸、胶带)聚胺脂发泡,管壳,PAP板材,外墙保温用XPS聚苯乙稀挤塑板及聚苯泡沫板等,欢迎来电订购!

联系人：于庆祝
电话：0532-87769944 13465859990 传真：0532-86033313
地址：山东省青岛市城阳区城阳街道西城汇村 邮编：857000

## 乳山市东湖石材厂

本公司成立于2008年，主要經營大理石石材。

我們的經營理念：追求卓越、完善自我，質量可靠，價格實惠是我們的服務宗旨，歡迎您的惠顧！

電話：0631-6560888
郵編：264500
地址：山东省乳山市冯家镇卧龙村
联系人：孔凡忠 13361311798

## 青岛市兰青环保工程有限公司

青岛市兰青环保工程有限公司成立于1997年，主要从事工业窑炉的除尘、除灰设备、工业及城市的污水处理、噪声治理设备及其他环保工程项目的开发、设计、制造和安装。公司以“质量第一、客户第一、信誉第一、服务第一”为宗旨，以“创造一流产品，服务世界客户”为目标，使用户利益最大化和企业长期、高效、快速、健康的发展，创造用户与企业双赢的局面，愿为广大客户的发展贡献真诚和力量，成就企业的美好未来。

联系人：秦成甫
电话：0532-87871199 手机：13953250629
地址：山东省青岛市城阳区夏庄街道华阴社区西 邮编：266107

## 山东奥吉置业有限公司

山东奥吉置业有限公司成立于2008年。
主要从事于房地产的开发。
公司在经营活动中坚持诚信为本，顾客至上，赢得政府、社会各界和广大业主的好评，确立了良好的信誉。

联系人：王合吉
13853101669
邮编：272133
电话：0531-87587977 地址：山东省济南市市中区七贤镇西红庙190号

## 曲阜市金利安装有限公司

曲阜市金利安装有限公司于1993年由曲阜市劳动局组建成立，现为股份制，是具有特种设备安装许可证的专业单位。设有锅炉压力容器安装公司、压力管道安装公司、水质监测化验服务站、设备清洗服务处。我公司秉承“顾客至上，锐意进取”的经营理念，坚持“客户第一”的原则，为您提供最满意服务，欢迎您的来电！

联系人：丁庆彪
电话：0537-4429718 13905477873
地址：山东省曲阜市静轩东路建设路
邮编：237100

## 山东宝鼎房地产开发有限公司

我公司自成立以来，以房地产开发为主。公司秉承“顾客至上，锐意进取”的经营理念，坚持“客户第一”的原则为广大客户提供优质的服务。欢迎惠顾！

联系人：王西顺
电话：0539-2771777 手机：13615398869
地址：山东省临沂市兰山区工业大道南段78号 邮编：276002

## 日照信美房地产开发有限公司

日照信美房地产开发有限公司成立于2005年，是一家集房地产开发、商业贸易、物业管理于一体的集团化、多元化综合性公司。

我们的理念：以人为本，追求卓越，为客户创造舒适优美的生活环境！

联系人：唐先生
13792025555
电话：0633-2293555
邮编：276800
地址：山东省日照市兴海路第四实验小学往西60米

## 山东青岛华青安倍五金制造厂

山东青岛华青安倍五金制造厂是专业的铁门生产厂家。

我公司本着“锐意进取，客户至上”的原则，坚持客户第一的原则，竭诚为客户提供优质的产品和良好的服务。欢迎惠顾！

联系人：李汉绍
电话：0532-88351891 手机：13806393509
地址：山东省青岛平度市青沙路向北300米路西 邮编：266000

城建房产建材装潢

## 山东省华诚工程咨询监理有限公司

山东省华诚工程咨询监理有限公司成立于2003年，公司专业从事项目管理、工程监理、勘察设计、造价咨询等。华诚监理公司成立以来，以"公正执业、诚信服务"为宗旨，坚持客观、公正的原则，认真执行国家的有关法律法规。以先进的监理技术和规范的监理程序、丰富的监理经验，顺利完成了许多项目的监理任务。在服务中积累了大量的工程经验及先进的管理技术、方法。

联系人：栾述传
电话：0536-2123099　传真：0536-2319388
网址：www.sdhcjl.cn　电子邮件：wfhcjl@163.com
地址：山东省高密市人民大街中段（会议中心二楼）　邮编：261500

## 泗水县泉林镇温泉水暖安装经营部

泗水县泉林镇温泉水暖安装经营部成立于1998年，主要经营各种型号的阀门、水表、卫生洁具、PVC上下管、PPR管，承接自来水及给排水工程，安装高中低档卫生间。公司本着"客户第一、质量第一、诚信至上"的经营方针，严把质量关，与多家企业建立了长期的合作关系。热忱欢迎各界朋友前来参观、考察、洽谈业务。

联系人：段元修
电话：13793764999　0537-4014999
传真：0537-4014999　邮编：272000
地址：山东省济宁市泗水县泉林镇卞桥三村

## 山东省济宁市北城郑氏园林苗圃

山东省济宁市北城郑氏园林苗圃是一家专业从事种植、育苗的企业，主要产品有：大乔木、法桐、国槐、白腊、合欢、银杏、青桐、黄栌、栾树、苦楝、马褂木、楸树、各种速生杨、柳树苗、另有大叶女贞、紫叶李、美人梅、百日红、樱花、灯台树、广玉兰、七叶树等各种长绿、彩叶、稀有珍贵苗木。

至诚服务，诚信经营，欢迎您的加入！

联系人：郑钦孝
13963787268
电话：0537-2031381
地址：山东省济宁市李营镇耿南村　邮编：272100

## 泗水永胜房地产开发有限公司

泗水永胜房地产开发有限公司是一家专业从事房地产开发、物业管理的企业。公司以"聚集一流人才，铸造一流工程，打造一流小区，创造一流环境"为指导思想，遵循"创新、求精、务实"的企业精神，缔造经典建筑、创建时代精品的开发理念，实现共赢开发建设出更多的符合大众需的产品。

电话：0537-4252881
13562439898
联系人：叶洪宪
地址：山东省济宁市泗水县光明路48号　邮编：273200

## 山东省莱州市玉泽石材有限公司

网址：www.yuzestone.com

莱州市玉泽石材有限公司建于1988年6月。石材、石材荒料、大理石、花岗岩、石制品、工艺雕刻品的加工及进出口贸易。"玉泽"牌系列产品内销全国各地、外销20多个国家和地区。我公司1999年1月被国家对外贸易经济合作部批准为自营进出口权企业。

联系人：迟合德　13805457072
电话：0535-2855277　2855177
传真：0535-2855177
地址：山东省莱州市柞村工业园区　邮编：261429

## 泰安市岱岳区山口天源苗圃

泰安市岱岳区山口天源苗圃成立于2007年，本公司主要批发零售紫薇、雪松、樱花、柿子树、五角枫、白腊、青桐、银杏、东乔木、大乔木等各种园林花木，品种齐全，大大满足了不同客户的不同需求。我公司愿与各个园林，企事业单位，部队，学校的绿化工作者，建立广泛的业务联系。欢迎各界同行来我公司洽谈、交流合作。竭诚为你服务。

联系人：张继振
电话：13583893192　0538-8612516　传真：0538-8612516
地址：山东省泰安市岱岳区山口镇
电子邮件：tianyuan100abc@163.com　邮编：271000

## 山东省潍坊市春美防水工程集团有限公司

山东省潍坊市春美防水工程集团有限公司是集防水材料、涂料的研制开发、生产销售、设计施工于一体，技术力量雄厚、品种齐全，是全国较大的防水材料专业生产企业之一。欢迎来电洽谈！

联系人：候玉华　手机：13905360938
电话：0536-5511129
地址：山东省潍坊寿光市台头镇北羊头村　邮编：261000

## 滕州市荆河卓玉陶瓷经销处

滕州市荆河卓玉陶瓷经销处成立于1997年，本经销处主要经营陶瓷墙、地砖等各类的装饰装修材料。滕州市荆河卓玉陶瓷经销处本着"客户第一，诚信至上"的原则，与多家企业建立了长期的合作关系。热忱欢迎各界朋友前来参观、考察、洽谈业务！

联系人：王依厚
电话：13806377098　0632-5678850　邮编：277500
地址：山东省枣庄市滕州市鲁南装饰大世界A8区34-36号

## 山東一諾玻璃制品有限公司

联系人：王龙云
13583728206

山东一诺玻璃制品有限公司成立于2006年，本公司专业从事生产高硼硅玻璃毛胚管及太阳能真空集热管、三高集热管系列、铜钢膜集热管系列、铜铝膜集热管系列、铝膜集热管系列为主的专业特种玻璃生产企业，目前企业主要生产有φ37、φ47、φ58管径的多种尺寸的高硼硅玻璃毛坯管和φ47、φ58管径，1.2米，1.5米，1.6米，1.8米，2.0米，2.1米长度的单靶、双靶、三高、三腔四大系列太阳能真空集热管。

公司热忱欢迎国内外新老客户前来洽谈业务，诚邀各界同仁莅临指导工作，精诚合作，携手共进，共筑辉煌。

电话：0632-4067653
传真：0537-8588566
网址：www.sdynbl.com
电子邮件：yinuo@sdynbl.com
邮编：277605
地址：山东省济宁市微山县付村镇宋寺村南500米处

## 滕州市天池景观有限公司

滕州市天池景观有限公司成立于2008年9月，主要从事景观，园林的策划以及文化艺术品的经营。

公司设计施工技术力量雄厚，职工思想素质好，技术精湛，有严格的管理制度和丰富的施工经验。在陈曦总经理的领导下，公司始终坚持开拓创新，以一流产品竭诚为用户服务。

联系人：陈曦
电话：0632-5660988
地址：山东省滕州市善北市场二楼219号　邮编：277500

## 通贺石材场

通贺石材场成立于2008年，主要从事滑石粉，白石子，各种超细粉的生产与销售。“以质量求生存，以信誉求发展”，热忱欢迎广大新老客户来我公司洽谈业务，共同合作！

联系人：姜后明
电话：0539-6416161 13953906221
地址：山东省临沂市临沭县牛仓乡石河村
邮编：276709

## 潍坊山水水泥有限公司

潍坊山水水泥有限公司成立于1958年，公司主要经营水泥。潍坊山水水泥有限公司能够为国内外客户提供优质适用的产品和满意的服务，愿意与海内外的朋友精诚合作，与各界朋友携手共创辉煌的明天。

联系人：李文忠
电话：0536-8111045 传真：0536-8111045
地址：山东省潍坊市潍城区乐埠山生态管理区
电子邮件：wfbts@shanshiuijioup.com 邮编：261055

## 万川玻璃深加工有限公司

山东德州万川玻璃深加工有限公司成立于2004年10月，主要经营：家具玻璃、汽车玻璃、钢化玻璃、中空玻璃、夹层玻璃，拥有进出口经营权。

公司是鲁北生产规模最大、品种最全、技术含量最高的玻璃深加工企业。

您的支持是我们前进的动力，我们愿与您携手并进，共创美好未来！

电话：0534-2751388
传真：0534-2751966
邮编：253000
地址：山东省德州市德州经济开发区晶华大道虹都路
联系人：庞风涛
13396269799

## 汶上县仓兴新型建材厂

汶上县仓兴新型建材厂成立于2008年。主要从事于新型墙体材料的生产和销售。诚信经营，信誉至上，质量保证，价格合理。热忱欢迎新老客户惠顾。

联系人：崔德明
电话：0537-7238030 13792384949
地址：山东省汶上县郭仓乡 邮编：272501

## 威海晨阳净化设备厂

我厂成立于2000年，主要是经营水净化设备、水消毒设备、空气消毒设备、臭氧发生器、紫外线消毒设备等。我厂的产品在山东省的客户已经有100多家，我们以真诚的优质服务取得了良好的信誉，得到了用户的一致好评。

联系人：李军儒
电话：0631-5626615 5626611 13963109847
地址：山东省威海市高技区丹东路69-7号 邮编：264200

## 五莲县街头镇于同峰花岗石矿

本公司成立于1999年，生产经营各类花岗石石制品，主要产品有石材装饰、路沿石、铺面石。

专业的品质，良好的服务，竭诚欢迎广大新老客户的光临合作。

電話/傳真：0633-5237156
郵編：262309
地址：山東省日照市五蓮縣玉景園28號樓2單元103室
联系人：于同峰
13455043422
13863358768

## 威海经济技术开发区泊于祥威采石场

威海经济技术开发区泊于祥威采石场成立于2008年8月，主要经营建筑用花岗石的生产加工及销售。本场宗旨：“以质量求生存，以信誉求发展。”

联系人：温伟国 邮编：264200
电话：13306350047 13806300047
地址：山东省威海经济技术开发区泊于镇邮电局

## 鑫建鐵塑制品廠

鑫建铁塑制品厂成立于2000年，生产加工金属家具、金属床。

本着“客户第一，诚信至上”的原则，与多家企业建立了长期的合作关系。

热忱欢迎各界朋友前来参观、考察、洽谈业务。

联系人：王存江
电话：0532-82578182 13953235660
邮编：266000
地址：山东省青岛即墨市南泉镇挪城王村

## 威海坤通機械化建築工程有限公司

我公司自成立以来，以从事土石方工程，铁路工程、道路工程建筑施工，室内外装修及建筑材料、五金交电的销售为主。

欢迎新老客户来电洽谈业务。

聯系人：靳井坤
13791523999 13565300398
邮编：264200
地址：山东省威海市经济技术开发区海滨南路三海花园第47栋302室

## 烟台市芝罘区志超石材经销处

烟台市芝罘区志超石材经销处成立于2006年，本店主要经销大理石石材、花岗岩石材。公司秉承“顾客至上，锐意进取”的经营理念，坚持“客户第一”的原则为广大客户提供优质的服务。欢迎惠顾！

联系人：毕可波 传真：0535-6510595
电话：0535-6535312 6510595 邮编：264000
地址：山东省烟台市芝罘区新桥西路付1号

## 河南省/Henan Province

### 新密市富鑫新型墙体材料有限公司
业务：多功能砖、多孔砖、空心砖、实心砖等生产销售
地址：河南省新密市大隗镇桃园村桃上组
负责人：张福嵩　邮　编：452370
法　人：张福嵩
Tel：13598421686
0371－69272395
15838257528

### 林州市中意环保设备厂
地址：河南省安阳林州市五龙镇陈家岗村
负责人：刘计林
Tel：0372－6991166
13837288126

### 安阳县许家沟乡建材水泥厂
地址：河南省安阳市安阳县许家沟乡下堡村东
负责人：赵保书
Tel：13700717236

### 禹州市奋发建材有限公司
业务：建筑材料生产销售
地址：河南省许昌市禹州市浅井乡扒村
负责人：刘现亭　邮　编：461670
法　人：刘现亭
Tel：13598962179
13460515966

### 安阳市久远安装工程有限责任公司
业务：本公司创建于1983年，主要从事钢结构安装、机电设备安装。我们将以一流的服务，良好的质量，较快的速度，合理的价格，真诚希望能与您合作！共求发展！
地址：河南省安阳市安钢技校东侧100米路南原五龙集团院内
负责人：牛海峰　邮　编：455000
法　人：牛海峰
Tel：0372－3917759

### 安阳市兴业农工基地置业有限责任公司
地址：河南省安阳市北关区创业大道东段
负责人：郝存周
Tel：0372－2263844

### 河南五月天土石方有限公司
业务：土石方
地址：河南省郑州市二七区京广路办事处佛岗村
负责人：吴振奎　邮　编：450000
法　人：吴振奎
Tel：15937100555
13323859926

### 安阳市福泰房地产开发有限公司
地址：河南省安阳市北关区胜利路中段路西
负责人：杜怀生
Tel：0372－2920451

### 长垣县中建市政工程有限公司
业务：长垣县中建市政工程有限公司主要以自来水、市政工程两项为主，竭诚与致力于城市建设的各界人士和朋友精诚合作，共同拓展市场，服务社会，携手共进，再创辉煌。
地址：河南省新乡市长垣县南环路中段
邮　编：453400
Tel：0373－8188002
法　人：张经理

### 郑州华星物业管理有限公司
业务：物业管理、装修装饰、图文制作
地址：河南省郑州市二七区汝河路64号河南省电力公司培训中心内
负责人：杨木易　邮　编：450000
法　人：杨木易
Tel：0371－67802265

### 太行建筑有限公司
地址：河南省安阳市人民大道东段
负责人：路太林
Tel：0372－2275906
13935126695
13803725119

### 汤阴县精忠公路养护工程有限公司
地址：河南省安阳市汤阴县城关镇铁东路103号
负责人：单保安
Tel：0372－6213768

### 河南安华宏建房地产开发有限公司
地址：河南省安阳市文峰区南关办事处相西路房产楼1号
负责人：王建昌
Tel：0372－6618988

### 巩义市银龙给排水材料有限公司
业务：巩义市银龙给排水材料有限公司，是从事研制、开发、生产给排水材料的专业公司。主要产品有：各种管道铸铁、钢制、热力套管式伸缩器、承插式伸缩器、可曲挠单、双球橡胶接头、松套伸缩接头、单双法兰传力接头、中线对夹式蝶阀、法兰式蝶阀、钢性、柔性防水套管、高级软密封闸阀、微阻缓闭消声止回阀、对开式伸缩管卡、过滤伸缩器、堵漏器，以及各种管道连接器，异经接头，快速三通装置，石英砂、聚合氯化铝、活性炭、无烟煤滤料等产品。
地址：河南省巩义市西村镇西村
邮　编：451281
法　人：赵建国
Tel：0371－64031758
Fax：0371－64031759
网址：www.china－yinlong.com

### 鹤壁市天祥防水工程有限公司
地址：河南省鹤壁市淇滨区卫河路中段锦绣园
负责人：候明杰
Tel：0392－3361201

### 济源市五龙口镇董庄陶瓷厂
地址：河南省济源市五龙口镇董庄村
负责人：王有战
Tel：0391－6758629
13523190598

### 郑州德瑞建筑劳务有限公司
业务：建筑劳务
地址：河南省郑州市二七区新圃西街18号院5号楼38号
负责人：张廷祝　邮　编：450000
法　人：张廷祝
Tel：13513809410
13294567789

### 战成水泥厂
地址：河南省济源市轵城镇东天江村南
负责人：石战成
Tel：13303894288

### 河南登封雅山水泥有限公司
业务：河南登封雅山水泥有限公司成立于1993年，主要生产铝酸盐水泥，铝酸盐钙粉等。热诚欢迎各方客户来电来人洽谈业务，共同发展。
地址：河南省登封市大冶镇
邮　编：452473
法　人：李长明
Tel：0371－62938598
Fax：0371－62938752

### 焦作市万基置业有限公司
地址：河南省焦作市解放区解放中路房管局改建10号楼
负责人：郭锦波
Tel：0391－2939999

### 正峰装饰工程有限公司
地址：河南省焦作市三阳区塔南路定和村西
负责人：苗建丰
Tel：13839152875

### 焦作市恒泰房地产开发有限公司
地址：河南省焦作市山阳区解放东路六号院二十三中巷
负责人：何海玉
Tel：0391－2869091

### 河南高速公路发展有限责任公司
业务：河南高速公路发展有限责任公司成立于2002年，以市政工程建设为主，欢迎来电垂询。
地址：河南省商丘市民权县商开高速公路170公里处
负责人：孙朋举　邮　编：476800
法　人：李建伟
Tel：0370－8985011
Fax：0370－8985014
网址：www.mtw28590.chinapyp.com

### 开封宝特漆业制造厂
地址：河南省开封市郊区郑汴路小王屯西头（开封市树脂厂院内）
负责人：张秋胜
Tel：0378－3923851

### 河南富裕节能环保科技发展有限公司
业务：生产、销售
产品：保温产品、内外墙乳胶漆、弹性柔性腻子、外墙真石漆、聚合物、砂浆
地址：河南省郑州市高新技术开发区沟赵办事处
负责人：付富余　邮　编：450000
法　人：付富余
Tel：0371－67821933
67822032
13849192119
Fax：0371－67821722
E-mail：hnfy2008@163.com

### 兰考县鑫源木业有限公司
地址：河南省开封市兰考县许河乡东扫怀村
负责人：高中华
Tel：0378－6510818

### 开封市昌达公路工程有限公司
地址：河南省开封市尉氏县城人民路东段27号
负责人：路煜崎
Tel：0378－7991117

### 河南名亨置业有限公司
业务：河南名亨置业有限公司从事房地产开发及售楼，热忱欢迎新老客户来电垂询。
地址：河南省许昌市禹州市迎宾路荣升小区9号楼1单元102室
负责人：李伟平　邮　编：452500
法　人：李伟平
Tel：0374－8916666
网址：www.mtw50125.chinapyp.com

### 河南路达公路养护工程有限公司
地址：河南省开封市尉氏县大桥乡大孙村
负责人：宗远轩
Tel：0378－7585296

### 绿汇生物工程有限公司
地址：河南省洛阳市高新开发区清华科技产业园丰华路3号综合办公楼418室
负责人：金现军
Tel：13903883961

### 河南省环发工程监理有限公司
业务：我公司成立至今，以规范的管理体制、科学的管理手段、良好的人员素质、精湛的专业技术、认真的工作态度承担了多个项目的工程监理工作。我们将以公司的质量方针“精心监理，公正守法；科学管理，顾客满意。”为行动指南，为建设单位提供优质的服务。
地址：河南省郑州市华山路97号2号楼4单元6号
邮　编：450007
法　人：索水法
Tel：0371－67696260

### 洛阳市建豫建筑检测试验有限公司
地址：河南省洛阳市涧西区建设路119号
负责人：任美香
Tel：0379－64225397

### 洛阳成翔置业有限公司
地址：河南省洛阳市经济技术开发区创业中心办公楼212号
负责人：张中书
Tel：0379－64855238

### 河南省建筑安装工程有限公司驻马店分公司
业务：河南省建筑安装工程有限公司驻马店分公司成立于2003年，专业从事建筑工程施工、安装，竭诚欢迎广大有意之士来电来函、咨询洽谈。
地址：河南省驻马店市高新区工业园三超实业

有限公司内
负责人：赵相初 邮　编：463000
法　人：赵相初
Tel：0396－2636688

### 郑州建材京珠石材基地福泰石业商行

业务：石材
地址：河南省郑州市管城区郑汴路京珠石材基地A排1号附1
负责人：林泽欣 邮　编：450000
法　人：林泽欣
Tel：13598091509
0371－65805601
Fax：0371－65805601

### 洛阳天依采光板有限公司

地址：河南省洛阳市孟津县会盟镇油坊村
负责人：李平良
Tel：0379－67877059

### 河南三建中唐建设有限公司

地址：河南省洛阳市西工区唐宫中路60号
负责人：马君贤
Tel：0379－63182707

### 河南省林州建筑工程九公司

业务：河南省林州建筑工程九公司成立于1978年，是一家施工总承包一级的企业。公司全体员工向长期以来以关心支持林九事业发展的各位领导及社会各界朋友致意、问候，并谒诚为您服务，共图大业、共同发展！
地址：河南省驻马店市乐山路南段（区人才市场四楼）
邮　编：463000
法　人：董得中
Tel：0396－2919631
Fax：0396－2919631

### 洛阳力天世纪装饰工程有限公司

地址：河南省洛阳市西工区王城南路38号
负责人：苏伟光
Tel：0379－63379690

### 恒发水暖电气门市部

地址：河南省洛阳市伊川县杜康大道裕兴祥楼下
负责人：尹俊杰
Tel：0379－68352059
13333898098

### 河南省天地建筑防水工程有限公司郑州分公司

业务：河南省天地建筑防水工程有限公司郑州分公司成立于2006年，主要从事于防水工程。欢迎新老客户光临、惠顾！
地址：河南省郑州市管城区航海东路南五里堡付371号
负责人：魏国周 邮　编：450009
法　人：魏国周
Mobile：13007609585

### 方城县大乘山石材有限公司

地址：河南省南阳市方城县二环路东段
负责人：孙元俊
Tel：13937727546

### 南阳市世纪华彩金属建材有限公司

地址：河南省南阳市高新区钢材市场3栋102号
负责人：胡晓娥
Tel：13782096616

### 郑州春兰居环保技术有限公司

业务：专业从事室内空气检测仪器、空气净化治理产品的代理销售，致力于让您的呼吸更顺畅、生活更精彩！
产品：空气净化机、甲醛净化颗粒、改性空气净化炭、太空一号甲醛自动消除宝
地址：河南省郑州市金水区丰乐五金机电城19号楼3单元702室
负责人：王栋梁 邮　编：450000
法　人：王栋梁
Tel：0371－65371072
15515510836
Fax：0371－65371071
网址：www.zzcljhb.com
E-mail：zzclj2008@163.com

### 鹤壁市绿色环保生产有限公司

业务：鹤壁市绿色环保生产有限公司专业开发设计与制造冶金、电力、化工、建材、矿山等行业用除尘设备、物料输送设备、振动机械、噪音冶理设备等四大类产品。产品畅销国内并远销泰国、印度与巴基斯坦等国外市场。曾获得河南省科技成果奖，河南省优秀新产品奖，河南省环保协会信得过产品证书。
地址：河南省鹤壁市淇滨科技工业区淇山路83号
负责人：郭志刚 邮　编：458030
法　人：郭志刚
Tel：0392－3361893
Fax：0392－3328068
网址：www.hblshb.china315.com
E-mail：hblshb1@126.com

### 南阳市佳兆业房地产开发有限公司

地址：河南省南阳市建设东路建中北巷
负责人：常红霞
Tel：13837796088

### 南阳市金裕城门业有限公司

地址：河南省南阳市建设西路建材大世界（电工街6－7号）
负责人：王小廷
Tel：13837700568

### 开封市宏光保温节能技术有限公司

业务：公司采用国际上先进的高科技生产工艺，集研发，生产销售，施工和技术咨询为一体的高技术公司，率先在国内引进"聚合物水泥聚苯板外保温技术"。产品：聚苯板，桥型板，玻纤网格布，锚固件，聚合干粉，砂浆，聚苯颗粒等系列，轻质陶粒隔墙板，增强石膏聚苯保温板。
地址：河南省开封市豪德贸易广场西区16栋15号
邮　编：475000
法　人：骆洪勋
Tel：0378－2536733
3878865
Fax：0378－3878865
网址：www.hnhg.chinapyp.com

### 欧特装饰材料有限公司

地址：河南省南阳市内乡县大桥乡磙子岗
负责人：张志田
Tel：0377－65433378
13938954493

### 南阳市瑞利华园林科技开发有限公司

地址：河南省南阳市七一路69号
负责人：李留长
Tel：13782069948

### 林州市富林玻璃制品有限公司

业务：林州市富林玻璃制品有限公司成立于1963年，公司位于林州市河顺镇火车站北，是一家从事玻璃制造的公司。主要产品有饮料瓶、酒瓶、玻璃瓶。
地址：河南省林州市河顺镇火车站路东100米
邮　编：456564
法　人：黄伏林
Tel：0372－6031383
Fax：0372－6031383

### 明升置业有限公司

地址：河南省南阳市人民北路方园小区附1号
负责人：杜晓明
Tel：0377－62260555
13782015555

### 南阳市尚善装饰工程有限责任公司

地址：河南省南阳市人民路汇银花园四号楼临街房
负责人：龚妹莲
Tel：13903770815

### 河南省贵增建筑装饰工程有限公司

业务：房屋建设、土石方工程、室内外装饰
地址：河南省郑州市洛阳龙门大酒店4楼
负责人：郭茂贵 邮　编：450001
法　人：郭茂贵
Tel：0371－66770261

### 洛阳新生水暖厂

业务：本厂是专业生产铸铁、球墨、给、排水管、高层柔性管、管件及暖气片、高强复合（水泥）井圈井盖、篦子、铁艺、PE、焊管、镀锌管、消防沟槽管件的厂家。产品出口日本、英国、苏丹等国，深受国内外用户好评。
地址：河南省洛阳市洛浦东路神都大厦北
邮　编：471000
法　人：崔松明
Tel：0379－63482552
Fax：0379－63482371
网址：www.lyxssnc.com

### 卧龙安装材料总汇

地址：河南省南阳市三里桥综合市场西街A区10号
负责人：姚红
Tel：13603412478

### 南阳市全力建筑材料有限公司

地址：河南省南阳市宛城区白河镇溧河店
负责人：裴均中
Tel：0377－63621166

### 泌阳县中原石材厂

业务：本公司成立于2005年，主要从矿山开采到石材加工一条龙服务，并销售板材、建筑材料。
地址：河南省驻马店市泌阳县春水镇
负责人：涂创忠 邮　编：463700
法　人：涂创忠
Tel：0396－7800399
7800388

### 南阳市卧龙区新鑫水利工程有限公司

地址：河南省南阳市卧龙区陆营镇水利水产管理站
负责人：李冬凯
Tel：0377－66150158

### 南阳市渊泓房地产经纪有限公司

地址：河南省南阳市卧龙区中州路中建七局中建小区3号楼
负责人：李艾达
Tel：0377－66088066

### 南阳市金函建材有限公司

地址：河南省南阳市武侯路7号（建材市场360号）
负责人：杨猛
Tel：13937776690

### 南阳市凌弘建设工程检测有限公司

业务：本公司成立于2005年，主要从事建筑材料的质量检测。
地址：河南省南阳市宛城区白河镇朱湾村
负责人：王传宝 邮　编：473000
法　人：王传宝
Tel：0377－63622799

### 南阳市昊德房地产经纪有限公司

地址：河南省南阳市新华东路
负责人：赵现荣
Tel：0377－63228084

### 盘金园房地产开发公司

地址：河南省南阳市中州路（缘宛宾馆内）907房间
负责人：刘鹏
Tel：13598278888

### 郑州市梦塬环境艺术实业有限公司

业务：城市园林绿化工程承包，苗木销售
地址：河南省郑州市沙口路111号院沙口路与黄河路交叉口
负责人：霍先生 邮　编：450000
法　人：张爱国
Tel：13213101678

### 汝州市银地土地开发整理有限公司

地址：河南省平顶山市汝州市广成东路安平街口路西
负责人：陈风朝
Tel：0375－6886978

### 南阳宇达福康建材有限公司

业务：南阳宇达福康建材有限公司主要经销免烧砖、免烧砖托板等建材。欢迎新老客户光临惠顾！
地址：河南省南阳市宛城区白河办事处姜营村二组
负责人：刘涛 邮　编：473000
法　人：刘涛
Tel：0377－63621111
Mobile：13937776632

### 平顶山市隆丰房地产开发有限公司

地址：河南省平顶山市新华区新建设路中海酒楼二楼
负责人：王俊超
Tel：0375－7880844

### 叶县宏发建材销售有限公司

地址：河南省平顶山市叶县广安路中段路西
负责人：王俊发
Tel：0375－8054680

### 宁陵县城关镇双羊涂料厂

业务：宁陵县城关镇双羊涂料厂主要生产销售钢化涂料、"888"仿磁涂料、乳胶漆、建筑白乳胶。企业以提高产品质量，恪守"质量第一，信誉至上"，创立品牌为目标，树立良好的企业形象和信誉。
地址：河南省商丘市宁陵县万寿路161号
邮　编：476700
法　人：崔传录
Tel：0370－7813770
Fax：0370－7813770

### 平顶山市丙寅预制构件有限公司

地址：河南省平顶山市湛南区南环路西段叶刘村
负责人：王丙寅
Tel：0375－8028011

### 平顶山市港源化工建材有限公司

地址：河南省平顶山市湛南区新华路南段路东（喜来登酒店北50米二楼）
负责人：李小平
Tel：0375－3937982

### 濮阳市博巍管道工程有限公司

地址：河南省濮阳市北环路中段路北
负责人：叶磊
Tel：0393－4828559

### 平顶山市安信建筑劳务工程有限公司

业务：平顶山市安信建筑劳务工程有限公司主要从事于水电安装、机电安装、建筑劳务工程。欢迎新老客户光临惠顾！
地址：河南省平顶山市矿工西路19号
负责人：吴效泉 邮　编：467000
法　人：吴效泉
Tel：0375－2725986

### 郑州市郑东新区金粉世家装饰材料商行

业务：装饰材料批发，承接相关装饰设计施工工程
地址：河南省郑州市郑东新区商都路22号C12号楼1－3层14号
负责人：王新富 邮　编：450000
法　人：王新富
Tel：0371－68086593

### 濮阳市威浮玻璃制品有限公司

地址：河南省濮阳市黄河路中段路北（纺织厂东侧）
负责人：杜汝辉
Tel：0393－4625346

### 鸿鑫工程造价咨询有限公司

地址：河南省濮阳市建设路东段路南
负责人：李光明
Tel：13903930083

### 平顶山市正旺建筑劳务分包有限公司

业务：平顶山市正旺建筑劳务分包有限公司成立于2006年，主要从事于建筑劳务分包。欢迎新老客户光临、惠顾！
地址：河南省平顶山市湛河区北渡镇水库路（平职学院南门对面）
负责人：赵国正 邮　编：467001
法　人：赵国正
Mobile：13183326667

### 濮阳市城创建筑有限公司

地址：河南省濮阳市京开路北段 天科街26号
负责人：任丙祥
Tel：0393－8689996

### 濮阳市金河水利工程检测有限公司

地址：河南省濮阳市人民路33号
负责人：马延玉
Tel：0393－4401115

### 三门峡市金化物业管理有限公司

地址：河南省三门峡市虢国路化机厂涧北生活区6号楼1单元3号
负责人：张四喜
Tel：0398－2817342

### 濮阳地豪置业有限公司

业务：本公司成立于2003年，拥有40多名员工，主要经营房地产开发与销售。多年以来，以诚信销售为宗旨，竭诚为您服务。
地址：河南省濮阳市市区胜利西路三强大厦8楼
邮　编：457000
法　人：朱文斋
Tel：0393－8960916
Fax：0393－8960979

### 万泉园林绿化工程有限公司

地址：河南省商丘市火神台北100米路西
负责人：李松华
Tel：13937006528

### 商丘开捷门窗有限公司

地址：河南省商丘市梁园区八一路与酒厂路交叉口东北角
负责人：崔钟元
Tel：0370－2919988

### 淇县敦恒石材有限责任公司

业务：淇县敦恒石材有限责任公司成立于2006年，主要从事于石材的开采与加工。欢迎新老客户光临、惠顾！
地址：河南省鹤壁市淇县庙口乡庙口村
负责人：王桂香 邮　编：456750
法　人：王桂香
Tel：0392－5628961

### 中牟县北环路富友世纪建材行

业务：建材，板材
地址：河南省郑州市中牟县城关镇北环路（转盘西100米）
负责人：张九群 邮　编：451450
法　人：张九群
Tel：0371－62119158

### 长垣县友谊房地产开发有限公司

地址：河南省新乡市长垣县城关镇文明路路北
负责人：张瑞红
Tel：0373－8894586

### 新乡市瑞影视听工程有限公司

地址：河南省新乡市红旗区胜利路359号2号楼
负责人：胡宇栋
Tel：0373－2029022

### 商丘市长兴实业有限公司

业务：商后市长兴实业有限公司成立于2006年，生产办公家俱、室内外装饰设计施工，欢迎新老客户来电洽谈业务！
地址：河南省商丘市睢阳区南京西路28号
负责人：鲍艳峰 邮　编：476000
法　人：鲍艳峰
Mobile：13937009333

### 新乡市利华物业管理有限公司

地址：河南省新乡市开发区道清路21号街坊
负责人：杜树华
Tel：0373－5062133

### 新乡市凯达装饰设计有限公司

地址：河南省新乡市开发区向阳路340号
负责人：刘克强
Tel：0373－5015992

### 中国建筑技术集团河南建筑设计分院

地址：河南省新乡市胜利路新世纪广场中塔七楼
负责人：井大学
Tel：0373－2717758
13598681101

### 上蔡县聚龙板业制品厂

业务：上蔡县聚龙板业制品厂成立于2000年，主要从事板材的加工与销售。"以质量求生存，以信誉求发展"，热诚欢迎广大客户来我公司洽谈业务，共同合作！
地址：河南省驻马店市上蔡县五龙乡
负责人：张海旺 邮　编：463800
法　人：张海旺
Tel：0396－6481556

### 青竹苑园林绿化工程有限公司

地址：河南省信阳市浉河区南湾街188号
负责人：李化泉
Tel：0376－3696815
13937678551

**许昌中科弘天弘环保科技有限公司**
地址：河南省许昌市魏都区桃园大酒店 419 室
……负责人：冯伟立
……Tel：0374－2266868

## 嵩县恒鑫劳务工程队

业务：嵩县恒鑫劳务工程队成立于 2003 年，主要从事矿山开采，承接一系列隧道工程。"一切为了用户，一切源于创新"，欢迎新老朋友与我公司携手发展，共创美好未来。地址：河南省洛阳市嵩县德亭乡黄水庵村
……邮　编：471400
……法　人：向恒
……Tel：0379－66550223

## 中牟县超越塑钢型材厂

业务：塑钢型材
地址：河南省郑州市中牟县九龙镇工业园
……负责人：崔永军　邮　编：450000
……法　人：崔永军
……Tel：0371－62381868
……Fax：0371－62381868

**禹州市绿苑装饰材料有限公司**
地址：河南省许昌市禹州市顺店镇顺口北村
……负责人：王许川
……Tel：0374－8651417

**禹州春辉生态园林有限公司**
地址：河南省许昌市禹州市中药材专业市场南 2 路
……负责人：刘够
……Tel：0374－8170054

## 睢县公路工程公司

业务：睢县公路工程公司成立于 2000 年，现有员工 150 余人，从事道路、桥梁工程施工。
地址：河南省商丘市睢县解放路
……邮　编：476900
……法　人：王茂杰
……Tel：0370－8126000
……Fax：0370－8129000

**郑州新东园林绿化有限公司**
地址：河南省郑州市 107 国道与北环交叉口路东
……负责人：魏立栋
……Tel：0371－65646375

**河南宇峰实业有限公司**
地址：河南省郑州市登封市市区耿庄南 100 米处
……负责人：耿占省
……Tel：0371－62801789
62801001
13603995789

## 项城市三店机制砖瓦厂

业务：项城市三店机制砖瓦厂成立于 1993 年，是一家专业生产砖瓦的厂家。"诚信为本，信誉第一"，热诚欢迎各方客户惠顾，洽谈业务。
地址：河南省项城市三店乡杨楼行政村
……邮　编：466200
……法　人：杨新义
……Tel：0394－4416588

**郑州恒圣源物业管理有限公司**
地址：河南省郑州市二七区代庄西街 1 号 3 号楼东单元 11 号
……负责人：李平衡
……Tel：0371－65204998

**龙泉排水设备销售有限公司**
地址：河南省郑州市二七区黄岗寺北二街 15 号
……负责人：柴志华
……Tel：13938519666

## 新密市嵩基耐材有限责任公司

业务：本公司长年供应冶金、锅炉、化工、各种普异型耐火砖，不同规格的高铝细料，细粉，粘土，各种耐火浇注料和钢纤维耐火浇注料。可根据用户不同要求生产各种规格耐火产品。本公司的经营方针是"以质量求生存，以效益求发展"，本着"信誉第一，用户至上"的宗旨，竭诚为广大用户服务。
地址：河南省郑州市新密市平陌镇界河村
……邮　编：452300
……法　人：陈垠甫
……Tel：0371－63179688
……网址：www. hnsjnc. chinapyp. com

**河南天祥园林绿化工程有限公司**
地址：河南省郑州市二七区陇海路 88 号
……负责人：朱林春
……Tel：0371－66211777

**河南省乾坤商品混凝土有限公司**
地址：河南省郑州市管城回族区圃田乡圃田村
……负责人：王喜松
……Tel：0371－65584812

## 新乡市三辛建筑劳务有限公司

业务：新乡市三辛建筑劳务有限公司专业承揽建筑劳务工程，本着质量第一、诚信至上的经营理念，竭诚欢迎有意之士前来参观考察、洽谈业务。
地址：河南省新乡市封丘县城幸福路中段
……负责人：范钦胜……邮　编：453300
……法　人：范钦胜
……Tel：0373－8256653

**郑州汇康装饰装修工程有限公司**
地址：河南省郑州市管城区十八里河镇五里堡村芦邢庄
……负责人：林爱英
……Tel：0371－66991797

**郑州尤莱特水处理有限公司**
地址：河南省郑州市管城区魏庄东里 4 号院 10 号楼 2 单元 17 号
……负责人：孙晓华
……Tel：0371－65087215

**三源装饰设计工程有限公司**
地址：河南省郑州市航海中路亚星投资大厦 8 楼
……负责人：李心力
……Tel：0371－68258188
682551866
13014579639

## 新乡市王氏实业有限责任公司

业务：我公司成立于 2001 年，主要生产水泥、水泥助磨剂、绣花线我们本着"用户至上，质量可靠，信誉第一"的宗旨，让满意永远伴随广大客户。
地址：河南省新乡市凤泉区团结路北段
……负责人：李东光……邮　编：453700
……Tel：0373－3976802、
……Fax：0373－3976399

**郑州世鹏园艺工程有限责任公司**
地址：河南省郑州市黄河食品城十区 41－43 号
……负责人：李彩方
……Tel：0371－63580314

**塔星建筑装饰工程有限公司**
地址：河南省郑州市祭城镇白庄村
……负责人：贾彩荣
……Tel：0371－65860053
13838046293

## 信阳辉禹装饰工程有限公司

业务：信阳辉禹装饰工程有限公司成立于 2006 年，建筑装修工程，建筑工具租赁，经营茶叶，欢迎新老客户前来参观指点。
地址：河南省信阳市师河区二号桥转盘 50 米处建筑公司
……负责人：陈辉雨……邮　编：464000
……法　人：陈辉雨
……Tel：0376－6388365

**郑州建苑物业管理有限责任公司**
地址：河南省郑州市金水区城东路 108 号
……负责人：刘德奎
……Tel：0371－66350505

**河南顺龙装饰工程有限公司**
地址：河南省郑州市金水区东明路 34 号
……负责人：龙志宏
……Tel：0371－65656301

## 信阳市东方装饰工程有限公司

业务：本公司成立于 2005 年，主要从事室内外装饰装修、销售建筑材料。竭诚欢迎广大客户来电洽谈业务！
地址：河南省信阳市师河区贸易广场东区二栋 9－10 号
……负责人：刘怀军……邮　编：464000
……法　人：刘怀军
……Tel：0376－6612080
……Fax：0376－6612080

**河南中孚建筑工程有限公司**
地址：河南省郑州市金水区黄河路 26 号中孚大厦 12 层
……负责人：王亚东
……Tel：0371－63854065

**河南美好家园不动产经纪有限公司**
地址：河南省郑州市金水区黄河路 97 号
……负责人：刘福生
……Tel：0371－67025889

## 信阳市天威置业有限公司

业务：信阳市天威置业有限公司成立于 2004 年，位于信阳市文化宫院内北侧，从事房地产开发与经营。公司自成立以来，始终以"建造精品工程，服务购房大众""为经营宗旨，积极致力于信阳的房地产开发建设。尽心竭力为业主提供放心房、称心房！"这是公司不变的宗旨，也是公司不懈的追求。
地址：河南省信阳市文化宫院内北侧 2 号楼
……邮　编：464000
……法　人：左孝国
……Tel：0376－6215959
……Fax：0376－6237089

**河南省绿城园林绿化工程有限公司**
地址：河南省郑州市金水区健康路 176 号院 3 号楼 13 号
……负责人：崔建国
……Tel：0371－65192695

**河南聚美堂装饰工程有限公司**
地址：河南省郑州市金水区经二路 2 号
……负责人：侯良安
……Tel：0371－65933869

**郑州新诚塑钢门窗有限公司**
地址：河南省郑州市金水区柳林镇刘庄村
……负责人：杨新胜
……Tel：0371－65018650

## 许昌鸿业房地产开发有限公司

业务：许昌鸿业房地产开发有限公司是一家专业从事房地产开发的公司，自公司 1993 年成立以来，就以"高科技"、"高素质"、"高品位"为核心标准来要求所经营的每一个项目。也正是在这一核心标准的指引下，成功开发出了一系列高品质的住宅楼盘。
地址：河南省许昌市魏都区五一路中段 30 号
……负责人：孙改名……邮　编：461000
……法　人：孙改名
……Tel：0374－3329588

**郑州田岛洁净地板有限公司**
地址：河南省郑州市金水区农科路 38 号 7 号楼东 1 单元 12 号
……负责人：黄彦
……Tel：0371－66183366

**河南联大置业有限公司**
地址：河南省郑州市金水区农业路 69 号
……负责人：陈国华
……Tel：0371－65593178

## 许昌鸿业房地产开发有限公司

业务：许昌鸿业房地产开发有限公司是一家房地产开发的专业公司，自公司 1993 年成立以来，就以"高科技"、"高素质"、"高品位"为核心标准来要求所经营的每一个项目。也正是在这一核心标准的指引下，成功开发出了一系列高品质的住宅楼盘。
地址：河南省许昌市魏都区五一路中段 30 号
……邮　编：461000
……法　人：孙改名
……Tel：0374－3329588

**郑州华丰环保科技有限公司**
地址：河南省郑州市金水区彭公祠 1 号楼 4 层
……负责人：张西谦
……Tel：13503719803

**郑州典艺装饰设计工程有限公司**
地址：河南省郑州市金水区宋砦小区 13 号楼东 1 单元
……负责人：孙小茵
……Tel：0371－65227172

## 许昌九洲鸿豫置业有限公司

业务：许昌九洲鸿豫置业有限公司是一家集房地产开发和经营，公司本着"安居置业、百年大计、以人为本、用户至上"的理念，信守坚持：真心诚心待人，实实在在干事，广交四海朋友，携手创立事业。公司总经理刘智温先生带领全体员工，精诚团结，迎接新的挑战，开创新的辉煌。
地址：河南省许昌市东城区学院路与八一路交叉口
……负责人：陈军喜……邮　编：461000
……Tel：0374－2777018
2777698

**河南野浪谷装饰工程有限公司**
地址：河南省郑州市金水区纬四路东段金水花园东区 67 号
……负责人：高英战
……Tel：0371－66228801

**愚人屋顶花园开发有限公司**
地址：河南省郑州市金水区未来大道 65 号
……负责人：王耀甫
……Tel：0371－65933557
13592636458

## 禹州市建材设备厂

业务：禹州市建材设备厂位于市北关花园路口，地理位置优越，交通便利，是以生产"钧发"牌颚式破碎机整机合金刚铸钢件销售为一体的综合性企业。我厂始终坚持"以市场为导向、以创新求发展、以质量求生存"的经营方针
地址：河南省禹州市北广花园工业街
……邮　编：461000
……法　人：张东兴
……Tel：0374－8208688
8201168
……Fax：0374－8202168

**郑州晓阳建材有限公司**
地址：河南省郑州市金水区郑汴路东建材大世界东区 412 号
……负责人：常树喜
……Tel：0371－66512320

**河南省恒宇建筑工程有限公司**
地址：河南省郑州市金水区紫荆山路 72 号裕鸿花园 E 座 22 层 C 户
……负责人：刘超
……Tel：0371－66291638

## 豫诚耐火材料有限公司

业务：我公司是开采、加工、销售橄榄石系列产品的专门企业，公司所在地西峡县豫边村，镁橄榄石资源丰富，是亚洲最大的露天镁橄榄石矿床，且与铬矿共生，品质优良。当地已成为全国最大的镁橄榄石资源，加工、销售基地。本公司承接出口原橄榄砂石及铸造用砂业务，提供有关镁橄榄砂石在铸造使用方面的技术咨询服务。欢迎国内外客户，来函洽谈业务，本公司将竭诚为您服务！
地址：河南省南阳市西峡县西坪镇豫边村
……邮　编：474591
……法　人：罗燕
……Tel：010－83024857
……Mobile：13838965938

**郑州安居防水工程有限公司**
地址：河南省郑州市新密市嵩山大道中段
……负责人：王发群
……Tel：0371－69860488

**郑州强力新型建材有限公司**
地址：河南省郑州市荥阳市城关乡杨垌村
……负责人：宫凤仙
……Tel：0371－64958909

## 正阳县第二建筑工程有限公司

业务：正阳县第二建筑工程有限公司成立于 1971 年，主要从事建筑工程施工，建筑工程总承包叁级资质。"诚信为本，信誉至上"，竭诚欢迎各方客户来电来人洽谈业务，共同发展。
地址：河南省驻马店市正阳县正大路 74 号
……邮　编：463000
……法　人：崔富文
……Tel：0396－8922103

**郑州腾龙建筑安装工程有限公司**
地址：河南省郑州市荥阳市广武镇政府院内
……负责人：吴海聚
……Tel：0371－64813200

**郑州(东)建材大世界高士五金商行**
地址：河南省郑州市郑汴路东建材东区 133 号
……负责人：刘秋理
……Tel：0371－66515142
13803899142

## 郑州方兴建筑技术服务部

业务：郑州方兴建筑技术服务部成立于 2004 年，主要从事建筑技术咨询服务。本公司本着为客户服务，对客户负责的经营理念，公司全体员工将用最优质、完善的服务竭诚为您效劳！
地址：河南省郑州市二七区淮河东路 5 号
……邮　编：450052
……法　人：程中华
……Tel：0371－68322421
68326921
……Fax：0371－68322421

**郑州中凯东兴房地产开发有限公司**
地址：河南省郑州市郑东新区管委会 101 室
……负责人：周光国
……Tel：0371－63920516

**中牟县永固建筑工程有限公司**
地址：河南省郑州市中牟县八岗乡八岗村
……负责人：张兵强
……Tel：0371－62246003

## 郑州青辰空气净化有限公司

业务：本公司是一家从事专业空气净化系统的设计，安装，检测，物业管理为一体的具有行业特色的公司。本公司建立了一系列灵活的经营方针和保质、保量。守合同，重工艺，保工期赞美严格的管理措施。
地址：河南省郑州市大学路 40 号
……邮　编：450052
……法　人：石国春
……Tel：0371－66975361
……Fax：0371－66989158



**中牟县中发建筑安装有限公司**
地址：河南省郑州市中牟县谢庄镇席庄村
……负责人：王爱国
……Tel：0371－62270005

**郑州铁科岩土工程有限公司**
地址：河南省郑州市中原区陇海西路 385 号
……负责人：刘昆山
……Tel：0371－68322433

## 郑州市宏盛水泥管桩有限公司

业务：郑州市宏盛水泥管桩有限公司成立于 2006 年 5 月，注册资金 600 万元。公司以生产、销售预应力高强混凝土管桩为主，目前，一期投资 1000 多万元，已形成日产管桩 1500 米，年产量可达到 50 万万米的生产规模。欢迎有志之士前来洽谈业务。
地址：河南省郑州市中原区须水镇三十里铺村九龙寨
……负责人：吴茂盛……邮　编：450000
……法　人：吴茂盛
……Tel：0371－62512829
62502229

**中原五星建材厂**
地址：河南省郑州市中原区石羊寺村五组
……负责人：李志信
……Tel：0371－67620623
13838262684

**河南境艺绿化工程有限公司**
地址：河南省郑州市中原区协作路 12 号院
……负责人：王万涛
……Tel：0371－67640011

## 郑州市铝城园林绿化服务有限公司

业务：郑州市铝城园林绿化服务有限公司成立于 2000 年，主要从事园林绿化工程的施工与养护。"诚信为本，客户至上"，热诚欢迎各方客户来电洽谈业务。
地址：河南省郑州市上街区绿化队
……邮　编：450041
……法　人：李书强
……Tel：0371－68920877
……Fax：0371－68920878

**新密市超化镇第二筑路队**
地址：河南省郑州新密市超化镇楚岭村 10 队
……负责人：楚小坤
……Tel：0371－69241016
13783558877

**古猿人艺术石有限公司**
地址：河南省郑州荥阳市豫龙镇政府西 500 米
……负责人：陈胜恩
……Tel：0371－64971285
13007511927

**金华夏装饰工程有限公司彩钢制品分公司**
地址：河南省周口市建设路东段韩庄
……负责人：喻红霞
……Tel：0394－8561058
13303875588

**周口市冠亚环境艺术装饰工程有限公司**
地址：河南省周口市交通路中段
……负责人：闫冠杰
……Tel：0394－8368988

**郑州市瑞鑫建筑设备租赁有限公司**

业务：郑州市瑞鑫建筑设备租赁有限公司成立于2003年，是一个出租钢管扣件的公司。公司以"诚信为本，共同发展"为经营宗旨，自开办以来，赢得了广大客户的一致好评。服务于用户，让您满意是我们的不懈追求。

地址：河南省郑州市高新区化工路与瑞达路交叉口西50米路南

负责人：舒春亮……邮　编：450000

法　人：舒春亮

Tel：0371－67993880

**西华兴业水泥有限责任公司**

地址：河南省周口市西华县址坊镇

负责人：叶保臣

Tel：0394－2553618

13949975334

13903759511

**鸿祥土石方挖运队**

地址：河南省驻马店市泌阳县泌水镇大桥路八号

负责人：张国珍

Tel：0396－7584897

13849622827

**平舆县永乐防水有限公司**

地址：河南省驻马店市平舆县古槐镇铁塔路东段

负责人：李怀全

Tel：0396－5028040

**中国建筑技术集团有限公司河南建筑设计分院**

业务：本公司成立于2003年，现有员工100多名。主要经营建筑设计。中建集团河南建筑设计分院全体同仁愿意成为您一生的旅途难得的同路伙伴，互相关照、共同前进。

地址：河南省新乡市胜利路新世纪广场中塔七楼

邮　编：453000

法　人：井大为

Tel：0373－2717758

Fax：0373－2717758

**上蔡县西洪乡水泥预制厂**

地址：河南省驻马店市上蔡县西洪集

负责人：张秋生

Tel：0396－6642306

13849616808

**正阳县平原土地开发整理有限公司**

地址：河南省驻马店市正阳县真阳镇南环路（金环宾馆一楼）

负责人：王现华

Tel：0396－8930488

## 河南省建筑安装工程有限公司振豫分公司

河南省建筑安装工程有限公司振豫分公司成立于2008年，本公司专业从事建筑工程安装、施工。

公司秉承“顾客至上，锐意进取”的经营理念，坚持“客户第一”的原则为广大客户提供优质的服务。欢迎惠顾！

联系人：张子贵
电话：0373-5702958　5702158　15836009888
地址：河南省新乡市新乡县朗公庙镇贺提村　邮编：453000

## 焦作市金力佳装饰工程有限公司

焦作市金力佳装饰工程有限公司从事室内外装饰工程、外墙外保温，“信誉第一，客户至上”，热忱欢迎广大新老客户来公司洽谈业务，共同合作！

联系人：王连清
电话：13703918987　0391-2036999
地址：河南省焦作市站前路公路局路苑宾馆303号
邮编：454001

## 河南省鑫和建筑劳务分包有限公司

本公司成立于2006年5月26日，主要从事建筑劳务分包，建筑工程。服务宗旨是：“诚信为先、技术领先、服务全球化、用户第一、为人民服务”。

联系人：彭少华　手机：13937168030　13676995311
电话：0371-60953328　传真：0371-60953318
地址：河南省郑州市金水区森林半岛31号楼1单元5B　邮编：450000

## 兰考县林丰木业有限公司

兰考县林丰木业有限公司成立于2007年9月。
主要从事桐木加工销售。
优质的服务，带给您无限的便利。
欢迎广大新老客户来电垂询！

联系人：许运福
13783998905（段先生）
电话：0378-6440956
邮编：475300
地址：河南省开封市兰考县张君墓镇赵寨村

## 河南省信阳市光山县万帮物业管理有限公司

河南省信阳市光山县万帮物业管理有限公司成立于2007年，公司位于信阳市光山县东城紫弦庭苑，本公司专业从事物业管理。河南省信阳市光山县万帮物业管理有限公司将以最专业的精神为您提供安全、舒适、温馨与和谐的物业专业服务。

联系人：冷华义　邮编：465450
电话：0376-8855699　13939765258　传真：0376-8855699
地址：河南省信阳市光山县东城紫弦庭苑2幢37号

## 南阳鸿德房地产开发有限公司

南阳市鸿德房地产开发有限公司成立于1993年，主要从事房地产开发、工程设备租赁、二手房中介及普通商业零售。我公司恪守“信誉为本、客户至上”的经营原则，会用最优质的服务回报客户的信赖，用优质的产品感谢客户的支持！

联系人：董卫峰　13937707788
电话：0377-63891997　63890099　传真：0377-63136757
地址：河南省南阳市人民路中心广场鸿德街1号
邮编：473002

## 河南太平洋环境艺术工程有限公司

河南太平洋环境艺术工程有限公司专业从事园林绿化工程设计、施工，旅游规划设计。我们以质量求生存，以信誉求发展，愿与和各界朋友携手并进，共创辉煌。欢迎来电洽谈！

联系人：刘增智　手机：13598862551
电话：0371-66280353
地址：河南省郑州市金北区金水路103号西3楼　邮编：450000

## 宁陵县异型钢管有限公司

宁陵县异型钢管有限公司主要从事异形钢管、纺织配件、冷拔丝、剑杆配件的的恒产销售，我公司有二三十年的生产经验，技术完全成熟，对质量做出承诺，保证达到要求。

“质量第一，信誉为本，价优物美“是公司的经营宗旨，我们热忱欢迎各界朋友惠顾合作！

电话：0370-7811407
联系人：于思印 13503406608　传真：0370-7817321
地址：河南省商丘市宁陵县北环新村97号　邮编：476700

## 焦作市鸿鑫房屋拆迁有限公司

焦作市鸿鑫房屋拆迁有限公司成立于2008年，本公司具有大型装载机械设备，并提供房屋拆迁、加工爆破、土石方工程服务。

本公司秉承“顾客至上，锐意进取”的经营理念，坚持“客户第一”的原则为广大客户提供优质的服务。欢迎惠顾！

联系人：范兆灵
电话：0391-2910093　13903918865
地址：河南省焦作市解放区上百作废旧市场内　邮编：454000

## 濮阳市正大建设有限公司通达分公司

濮阳市正大建设有限公司通达分公司成立于1991年，本公司主要经营建筑工程、水电安装、装饰装潢、防水防腐。

本公司秉承“顾客至上，锐意进取”的经营理念，坚持“客户第一”的原则为广大客户提供优质的服务。

欢迎广大客户惠顾！

电话：0393-6222438　13803930963　联系人：段新民
地址：河南省濮阳市南乐县县城昌州中路北侧　邮编：457400

## 三门峡顺达建筑劳务分包有限公司

三门峡顺达建筑劳务分包有限公司成立于2008年，是一家专业的建筑劳务分包企业。本着“以人为本、诚信立业”的经营理念，坚持以严格求质量、以速度求效益，以创新求发展的原则，为社会各界提供优质的服务，竭诚与建筑行业同仁携手并进，共创美好未来！

联系人：金光有

电话：0398-2185998　　手机：13939858436
地址：河南省三门峡市六峰北路　　邮编：472000

## 信阳市芸森园林绿化工程有限公司

信阳市芸森园林绿化工程有限公司成立于1995年，我公司拥有大型苗圃基地，每年面向全国供应100多个品种40多万棵的各种规格绿化苗木。经过10余年的发展壮大，成为一家集园林绿化景观设计与施工、园林市政绿地养护与管理及岩石边坡生态防护设计与施工、园林绿化种苗生产与经营为一体的综合性园林企业。

自创建以来，本着“诚信为本，客户至上，优质服务，大胆创新”的经营理念，逐步成为园林行业的龙头企业。我们真诚希望与各界人士携手，共同做好园林绿化事业。

联系人：殷财昌 13803760846
网址：www.yunsenyl.cn
电子邮件：yunsen23378@163.com
电话：0376-2161002
传真：0376-2161002
地址：河南省罗山县城关镇天园北路林业新区28号　　邮编：464200

## 太康县朱口镇明杰木板加工厂

太康县朱口镇明杰木板加工厂成立于1992年，主要从事木材的加工及各种旋切板的生产。产品齐全，价格合理。

欢迎新老朋友前来参观，订购！

联系人：石云明

电话：0394-6931178　15896726888
地址：河南省周口市太康县朱口镇崔古同村　　邮编：477150

## 信阳市政衡房地产开发有限责任公司

信阳市政衡房地产开发有限责任公司以房地产开发为主。自成立以来，公司秉承“顾客至上，锐意进取”的经营理念，坚持“客户第一”的原则为广大客户提供优质的服务。欢迎广大客户惠顾！

联系人：钟守全

电话：0376-8663196　　手机：13937619555
地址：河南省信阳市明港镇大世界市场街27号　　邮编：464000

## 息县科威建设工程检测有限责任公司

息县科威建设工程检测有限责任公司主要从事建设、建筑用材料检测及结构检测等。

“依法行政，文明执法”我们的宗旨，我们将以优质服务，面向全社会，真诚为广大建房户提供最高质量的便捷服务！

联系人：赵军 15937639989
电话：0376-5957170 5952906
地址：河南省信阳市息县城关西大街建设路1号　　邮编：464300

## 信阳天宝置业有限公司

信阳天宝置业有限公司自成立以来，以房地产开发与经营为主。

公司以“聚集一流人才，铸造一流工程，打造一流小区，创造一流环境”为指导思想，遵循“创新、求精、务实”的企业精神，秉承缔造经典建筑、创建时代精品的开发理念，实现共赢开发建设出更多的符合大众需求的产品。

联系人：熊心亮 13569788555
电话：0376-6326677
邮编：464000
地址：河南省信阳市工区路天宝宾馆院内247号

## 新兴页岩砖业有限责任公司

新兴页岩砖业有限责任公司成立于1996年，专业从事墙体材料的研发、生产和销售。利用页岩、煤矸石，采用一次性码烧隧道窑等先进技术，实现墙体材料自动化生产，技术成熟，质量可靠，设备先进。欢迎来电咨询洽谈！

联系人：靳会锋

电话/传真：0377-65888868　手机：3837747998 13937786708
邮编：474250　地址：河南省南阳市镇平县高丘镇

## 信阳中凯建筑安装工程有限责任公司

信阳中凯建筑安装工程有限责任公司成立于2007年，主要从事于建筑工程、绿化工程、土石方工程的施工。

公司将一如既往以“诚信守法、优质臻善、以客为尊、环保安全”为管理方针，竭诚为用户提供最佳服务，与社会各界真诚合作，创建更多优秀的建筑产品，共同为我国现代化建设做出更大的贡献。

联系人：从光科
电话：0376-6267201 6267202 6267700
邮编：464000
地址：河南省信阳市浉河区统一街东方京城D区

## 信阳红都房地产开发有限公司

信阳红都房地产开发有限公司获河南省2006年第十一批房地产开发资质证书，是专业从事房地产开发的企业。

公司秉承“顾客至上，锐意进取”的经营理念，坚持“客户第一”的原则为广大客户提供优质的服务。欢迎广大客户惠顾！

联系人：祝永健 13937633228
电话：0376-2951816　　传真：0376-2981592
地址：河南省信阳市黄河新县潢间路中段　　邮编：464100

## 伊川县天宏安装有限公司

伊川县天宏安装有限公司成立于2008年。专门从事水电安装、室内外装饰、中央空调安装、管道安装等。

欢迎您的光临，我们将为您提供最优质的服务！

联系人：张洪克 13937955976
电话：0379-68335976 69365168　　传真：0379-69365168
地址：河南省洛阳市伊川县城关镇商都街　　邮编：471300

## 湖北省/Hubei Province

**友谊建筑工程有限公司**
地址：湖北省大冶市保安镇保安大道 50 号
…… 负责人：柯海云
…… Tel：0714－8822689
8822448
13872123248

**鄂州市文达物业管理有限公司**
地址：湖北省鄂州市滨湖路 15 号
…… 负责人：汪中文
…… Tel：13908683111

### 大冶市日盛房地产开发有限责任公司
业务：大冶市日盛房地产开发有限责任公司专业从事房地产开发项目，公司本着"品质如金、共信互赢"的经营理念，倡导健康住宅，引领住宅新时尚，凭着后来居上的雄心壮志，将为黄石地区地产业的发展作出应有的贡献。
地址：湖北省大冶市东风东路 9 号老干局 1 楼
…… 负责人：饶丰收……邮　编：435100
…… 法　人：饶丰收
…… Tel：0714－8736567

### 恩施州杰能工贸有限责任公司
业务：民用建筑外墙内、外保温，屋面保温
产品：无机复合保温防水砂浆系统
地址：湖北省恩施土家族苗族自治州恩施市学院路 200 号
…… 负责人：李应斌　邮　编：445000
…… 法　人：李应斌
…… Tel：13477888538
0718－8411610

**湖北省葛店开发区建筑工程质量检测中心**
地址：湖北省鄂州市葛店开发区一号工业区
…… 负责人：王兰芳
…… Tel：13607236962

**湖北凡人装饰工程有限公司**
地址：湖北省鄂州市古城南路 34 号
…… 负责人：易凡凯
…… Tel：13034441111

**湖北鑫诚塑胶工程有限公司**
地址：湖北省鄂州市花湖开发区（管委会）
…… 负责人：徐逢来
…… Tel：13907234212

### 鄂州市雷山水泥营运有限公司
业务：从事运输、水泥销售、公司坚持以诚为本、以诚为信的宗旨为广大客户服务。
地址：湖北省鄂州市鄂城区武昌大道雷山三坊
…… 负责人：何凡荣……邮　编：436000
…… Tel：0711－3247580

**鄂州市临江乡胡林土石方工程队**
地址：湖北省鄂州市华容区临江乡临江村
…… 负责人：吴树平
…… Tel：13972779829

**鄂州市广发建材物资经营部**
地址：湖北省鄂州市塘角头村马家湾 37 号
…… 负责人：马哲军
…… Tel：13972978261

### 恩施市蓝田园林绿化有限责任公司
业务：恩施市蓝田园林绿化有限责任公司成立于 2000 年，主要从事园林绿化工程的规划，设计，施工，花卉，盆景，绿化用苗木，草坪的加工，销售。欢迎新老客户光临惠顾！
地址：湖北省恩施市黄泥路 113 号
…… 负责人：谭金波……邮　编：445000
…… 法　人：谭金波
…… Tel：0718－8233164
8412890
…… Fax：0718－8275175
…… 网址：www.mtw50265.chinapyp.com

**鄂州市李世显井巷工程有限责任公司**
地址：湖北省鄂州市汀祖镇丁坳村
…… 负责人：李树得
…… Tel：13971995157

**湖北天盛建设工程招标代理有限公司恩施分公司**
地址：湖北省恩施土家族苗族自治州恩施市施州大道 16 号
…… 负责人：陈晨
…… Tel：13635756080

### 湖北国威房地产开发有限公司
业务：房地产开发
地址：湖北省黄冈市黄梅县大胜工业园区 3 号
…… 负责人：吴国斌　邮　编：435500
…… 法　人：吴国斌
…… Tel：0713－3363117
13971706888

### 鹤峰县红鸿装饰装潢有限公司
业务：鹤峰县红鸿装饰装潢有限公司专业从事于装饰装潢，设计、装修、施工为一体的综合性公司，欢迎来电洽谈业务。
地址：湖北省恩施土家族苗族自治州鹤峰县容美镇中坝路六号
…… 负责人：田国鸿……邮　编：445000
…… 法　人：田国鸿
…… Tel：0731－5294136
…… 网址：www.mtw30322.chinapyp.com

**建始县老岩沙石料销售有限责任公司**
地址：湖北省恩施土家族苗族自治州建始县业州镇业红路清水湾
…… 负责人：周美贤
…… Tel：13886765673

**黄石华博房地产开发有限公司**
地址：湖北省黄石市黄石港区大桥南路甲一号
…… 负责人：李晶博
…… Tel：13387105717

### 汉川市祥和物业管理有限责任公司
业务：为广大业主缔造精美色社区，争创一流服务质量、管出一流品牌物业、树立一流企业形象。
地址：湖北省汉川市北祥寺路祥和花园
…… 负责人：栾艳平……邮　编：432300
…… Tel：0712－8393902

**黄石市品味空间装饰设计工程有限责任公司**
地址：湖北省黄石市黄石港区天方百花园 18、19 商铺
…… 负责人：王英勇
…… Tel：13971767488

**黄石碧水环保工程有限责任公司**
地址：湖北省黄石市西塞山区沿湖路 191－82 号
…… 负责人：郭庆丽
…… Tel：13907233377

### 黄梅县广厦建材有限责任公司
业务：黄梅县广厦建材有限责任公司主要从事各类树脂，水性内、外墙涂料，高级木漆，家具漆，金属漆和氟碳漆等的销售，"以质量求生存，以信誉求发展"，热诚欢迎广大新老客户光临惠顾！
地址：湖北省黄冈市黄梅县黄梅大道 2 号
…… 负责人：蒋建议……邮　编：435500
…… Tel：0713－3352228

**黄石市龙乾置业有限公司**
地址：湖北省黄石市西塞山区颐阳路 259 号（商业储运综合楼）
…… 负责人：龙少明
…… Tel：13707236399

**黄石建成建筑装饰设计工程有限公司**
地址：湖北省黄石市下陆区团城山街办青龙山社区办公楼
…… 负责人：丁自建
…… Tel：13971787733

### 麻城市源能建筑材料有限公司
业务：我公司成立于 2007 年，主要从事石材开采、加工、销售。欢迎新老客户光临惠顾！
地址：湖北省黄冈市麻城市龟山乡花桥河村
…… 负责人：胡元清……邮　编：438315
…… 法　人：胡元清
…… Tel：0713－2862156
…… 网址：www.mtw27274.chinapyp.com

### 松滋市华鑫伟业装饰设计工程有限公司
业务：承接室内外装饰工程、大型公共空间商业设计与施工，办公娱乐场所设计、施工
地址：湖北省荆州市松滋市新江口镇二环路 299 号
…… 负责人：尤新华　邮　编：434200
…… Tel：13508613462
0716－6218505

**黄石春茂工贸有限公司**
地址：湖北省黄石市下陆区团城山竹林苑 16－12 号
…… 负责人：陈春林
…… Tel：13872106558

**阳新县森海环境工程有限公司**
地址：湖北省黄石市阳新县富池镇
…… 负责人：谈际满
…… Tel：13972793616

### 麻城市鑫诚建筑工程有限公司
业务：麻城市鑫诚建筑工程有限公司主要从事建筑工程施工、市政工程、道路桥梁施工。"诚信为本，信誉第一，技术精湛"，热诚欢迎各方客户来电来人洽谈业务。
地址：湖北省黄冈市麻城市中一镇
…… 邮　编：438300
…… 法　人：程涛
…… Tel：0713－2725820

**荆门市敬云装饰材料有限责任公司**
地址：湖北省荆门市宝塔巷 16 号
…… 负责人：王敬云
…… Tel：13886908868

**荆门市全才水务有限公司**
地址：湖北省荆门市掇刀区深圳大道 18 号
…… 负责人：郑荃
…… Tel：13986964888

### 浠水通达建材有限公司
业务：浠水通达建材有限公司专业从事建材的生产与销售，质量保证、价格合理，欢迎新老客户来电订购。
地址：湖北省黄冈市浠水县地方海事局内
…… 负责人：涂裕清……邮　编：436100
…… 法　人：涂裕清
…… Tel：0713－4655061

**荆门市超元装饰材料有限公司**
地址：湖北省荆门市掇刀区兴隆大道 283 号
…… 负责人：陈书龙
…… Tel：13972863234

**荆门市慧泉房地产开发有限公司**
地址：湖北省荆门市海慧路 40 号
…… 负责人：陈卫国
…… Tel：13908691378

**荆门普天置业有限公司**
地址：湖北省荆门市陆九渊路 36 号
…… 负责人：王忠德
…… Tel：13339756988

### 湖北省民族建筑工程有限责任公司黄石分公司
业务：本公司成立于 2006 年，主要从事建筑工程施工，公司本着一切为用户服务的宗旨，自觉做到重合同，守信用，把企业效益和社会效益结合起来，并使之逐年提高，制定和完善了一系列规章制度，有力地保证了工程建设的顺利进行。
地址：湖北省黄石市黄石港区黄石大道 628 号
…… 负责人：汤晓龙……邮　编：435000
…… 法　人：汤晓龙
…… Tel：0714－6320711

**公安县万成置业有限公司**
地址：湖北省荆州市公安县斗湖堤镇治安路
…… 负责人：吴成兰
…… Tel：13886580898

**公安县藕池鹏程建筑材料厂**
地址：湖北省荆州市公安县藕池镇荆江二路 121 号
…… 负责人：潘道林
…… Tel：13507255977

**荆州市创景装饰设计工程有限公司**
地址：湖北省荆州市荆州区屈原路 33 号 1 门 2 层 2 室
…… 负责人：朱凯
…… Tel：13997639783

### 荆门市宏明复合板有限公司
业务：荆门市宏明复合板有限公司成立于 2001

年，主要从事于洁净化工程，净化产品，按装活动房，岩棉保温隔热板，彩钢夹心板。欢迎新老客户光临、惠顾！
地址：湖北省荆门市掇刀高新经济技术开发区
……负责人：计志新……邮　编：448000
……法　人：计志新
……Tel：0724－2498630
2498881
……Fax：0724－2498881

荆州市宜景装饰工程有限公司
地址：湖北省荆州市荆州区武德路1栋76号（电力勘测设计院大楼）
……负责人：吴晓铁
……Tel：13508610012

超时代汽车精品装璜批发总汇
地址：湖北省荆州市沙市区白云路30－21号
……负责人：张方平
……Tel：0716－8513605
13797320666

**荆门市飞虎建材有限责任公司**
业务：荆门市飞虎建材有限责任公司成立于2005年，主要从事石膏及其制品的销售。"质量保证，价格合理"，竭诚欢迎您的光临与惠顾！
地址：湖北省荆门市麻城工业区
……负责人：阳国虎……邮　编：448000
……法　人：阳国虎
……Tel：0724－2402069

荆州市天瑞建设咨询有限公司
地址：湖北省荆州市沙市区大赛巷6栋
……负责人：于学苏
……Tel：13907219622

永安建筑勘察设计院
地址：湖北省麻城市城市建委大厦八楼
……负责人：徐俊杰
……Tel：0713－2950996
13707258277

**荆州市津厦房地产投资有限公司**
业务：公司成立于2005年、主要从事建筑工程、房地产投资、欢迎来电垂询！
地址：湖北省荆州市城南开发区南环路北侧
……负责人：张光亮……邮　编：434000
……Tel：0716－8474559
……Fax：0716－8471069

▲ 城建房产建材装潢 ▼

潜江市飞达建材机械有限公司
地址：湖北省潜江市熊口镇熊阳路
……负责人：陈传斌
……Tel：13907228381

十堰市虹桥建材商城威德士居家装饰部
地址：湖北省十堰市茅箭区龙华大厦10楼
……负责人：王坚
……Tel：0719－8655987
13972492008

十堰中坤装饰设计工程有限公司
地址：湖北省十堰市茅箭区人民北路11号
……负责人：李胜龙
……Tel：13597888930

**湖北省公安县安达房地产开发有限公司**
业务：湖北省公安县安达房地产开发有限公司成立于2005年，从事房地产开发、物业管理、投资咨询等。欢迎来电垂询！
地址：湖北省荆州市公安县长江路45号
……邮　编：434300
……法　人：甘新军
……Tel：0716－5151910
……Mobile：13886633829

十堰牵手富科工贸有限公司
地址：湖北省十堰市张湾区车城西路37号
……负责人：桂千富
……Tel：13807283317

十堰天顺房地产开发有限公司
地址：湖北省十堰市张湾区车城西路54号
……负责人：袁渊远
……Tel：13597909558

**松滋市大桥水利预制构件有限公司**
业务：松滋市大桥水利预制构件有限公司成立于2001年，从事钢材加工，预制构件、水泥制品的生产及销售。欢迎广大客户考察、指导、来电来涵洽谈业务。
地址：湖北省荆州市松滋市新江口镇大桥东
……邮　编：434000
……法　人：冉文才
……Tel：0716－6232631
……Mobile：13986733813

十堰骄龙置业有限公司
地址：湖北省十堰市张湾区六堰食品沟
……负责人：王正国
……Tel：13807285393

随州大信房地产价格评估事务所
地址：湖北省随州市烈山大道67号
……负责人：徐建平
……Tel：13607284666

武汉盟博建筑装饰工程有限公司随州分公司
地址：湖北省随州市曾都区西城草店子
……负责人：杨祖亮
……Tel：13135735399

**十堰天飞工贸有限公司**
业务：十堰天飞工贸有限公司成立于2006年，主要从事于新型环保建材，载重车底盘件。欢迎新老客户光临、惠顾！
地址：湖北省十堰市花果街办二堰村委会
……负责人：何敏……邮　编：442000
……法　人：何敏
……Mobile：13986890150

新港房地产开发（武汉）有限公司武汉分公司
地址：湖北省武汉市蔡甸经济开发区特8号
……负责人：潘汉华
……Tel：13507185723

武汉市宏泰环保节能建材厂
地址：湖北省武汉市蔡甸区蔡甸街黄陵村
……负责人：杨四宏
……Tel：13035100449

**十堰市华企建筑劳务有限公司**
业务：本公司成立于1990年，主要从事房屋建设、劳务输出、水道工程、土石方工程、桥梁工程、市政建设工程、钢结构安装、销售建筑材料等。热忱欢迎新老客户来电洽谈业务！
地址：湖北省十堰市深圳街人民医院家属区湖北华企房屋建设开发有限公司
……负责人：阮忠华……邮　编：442000
……法　人：阮忠华
……Tel：0719－8668846

武汉常福星城置业发展有限公司
地址：湖北省武汉市蔡甸区常福镇土山村三组
……负责人：李三春
……Tel：027－82610922

武汉东发置业有限公司
地址：湖北省武汉市蔡甸区大集街全新路特1号
……负责人：李建华
……Tel：13886127710

**十堰楚园丰园林有限公司**
业务：十堰楚园丰园林有限公司成立于2005年，主要从事于园林景观，古树苗木等。
地址：湖北省十堰市张湾区车城街办谢家村居委会
……负责人：陈咸吉……邮　编：442000
……法　人：陈咸吉
……Tel：0719－8106228
6911111

金田建材有限公司
地址：湖北省武汉市蔡甸区参山街
……负责人：周才军
……Tel：027－84674130
13349877588

武汉市雄达砖瓦厂
地址：湖北省武汉市蔡甸区张湾街梅丰村
……负责人：杨启雄
……Tel：13607124588

**十堰诚科佳业房地产有限公司**
业务：十堰诚科佳业房地产有限公司成立于2005年8月，是一家以房地产开发销售为主业，多种经营共同发展，管理科学规范，资金和技术力量雄厚的现代化企业。
地址：湖北省十堰市张湾区东风汽车悬架弹簧有限公司综合楼三楼
……邮　编：442046
……法　人：叶华猛
……Tel：0719－8242708
……Fax：0719－8242708

武汉港迪机械工程设计有限公司
地址：湖北省武汉市东湖开发区江夏大道理工大科技园
……负责人：徐林业
……Tel：13507187357

广州行盛玻璃幕墙工程有限公司武汉分公司
地址：湖北省武汉市东湖开发区理工大学科技园
……负责人：翁华银
……Tel：027－87926792

**石首市华丰建材有限公司**
业务：本公司成立于2000年，主要生产销售防水材料。产品质量保证、价格合理，热忱您的来电、来函！
地址：湖北省石首市大垸镇
……负责人：张作华……邮　编：434400
……法　人：张作华
……Tel：0716－7656828

利嘉置业（武汉）有限公司
地址：湖北省武汉市东湖新技术开发区华光大道18号高科大厦1618号
……负责人：柯法诚
……Tel：13816889856

武汉瑞德木业有限公司
地址：湖北省武汉市东西湖区柏泉农场窑上湾特1号
……负责人：张正国
……Tel：027－83236395

**天门市正大装璜公司**
业务：天门市正大装璜公司成立于1995年，主要从事于室内外装饰、装修。本公司宗旨"精业、信誉、创新、开拓"。欢迎各界客户洽谈业务。
地址：湖北省天门市新东方建材城45号
……负责人：涂圣春……邮　编：431700
……法　人：涂圣春
……Tel：0728－5341365
网址：www.mtw27245.chinapyp.com

武汉百家居房地产信息咨询有限公司常青花园第二分公司
地址：湖北省武汉市东西湖区常青花园11村2号
……负责人：柴伟防
……Tel：027－83923151

广州中南民航机场建设工程有限公司驻武汉办事处
地址：湖北省武汉市东西湖区常青花园4小区9栋201号
……负责人：陈洪跃
……Tel：027－85778407

**通山县通南石材厂**
业务：我厂创立于1992年，它位于"中国大理石之乡"—湖北通山，是一家从事石材矿山开采、加工、销售为一体的专业公司，拥有进出口经营权，产品畅销无锡、宜兴、福建及广东等地区，经营各种花岗石、大理石、文化石及相关产品。欢迎新老客户光临、选购！
地址：湖北省通山县南林桥镇
……负责人：程克明……邮　编：437600
……法　人：程克明
……Tel：0715－2681816

武汉威其新型建材有限公司
地址：湖北省武汉市东西湖区东西湖大道特1号12区14号
……负责人：易自月
……Tel：13886014960

武汉佳新装饰设计工程有限公司
地址：湖北省武汉市东西湖区华光大道2号金龙城D幢15A室
……负责人：陈春梅
……Tel：027－84265389

**武汉市中兴园林有限公司**
业务：本公司成立于2006年，主要从事园林景观工程设计、施工及养护；花卉、苗木生产及销售。
地址：湖北省武汉市蔡甸区参山街鹤泉西路
……负责人：戴剑翔……邮　编：430104
……法　人：戴剑翔
……Tel：027－84983542

中铁四局集团有限公司武汉汉西污水处理厂工程项目经理部
地址：湖北省武汉市东西湖区金银湖
……负责人：严从林
……Tel：13886027707

武汉安信房屋咨询有限公司
地址：湖北省武汉市东西湖区万科四季花城紫荆苑1－2栋E1单元201室
……负责人：周安顺
……Tel：13995622947

**广州行盛玻璃幕墙工程有限公司武汉分公司**
业务：本公司专业从事建筑安全玻璃、家具玻璃、工艺玻璃及玻璃洁具的生产与销售，"诚信、团结、高效、务实、创新、拼搏"是公司的经营理念，"精益求精、持续创新、满意服务、全员参与"是公司的质量方针，我们关注客户的需求，追求共同的发展。
地址：湖北省武汉市东湖开发区理工大学科技园共达玻璃钢公司一楼
……邮　编：430060
……法　人：翁华宝
……Tel：027－87926792
……Fax：027－87926772

武汉市东西湖华新维修队
地址：湖北省武汉市东西湖区新沟农场新华大队四队
……负责人：吴红卫
……Tel：13886150328

云梦县第四建筑工程公司东西湖分公司
地址：湖北省武汉市东西湖区新沟农场新华集
……负责人：任国清
……Tel：13707135196

**武汉兆何劳务有限公司**
业务：本公司成立于2006年，主要从事劳务分包。公司始终坚持重合同，守信用，质量第一，安全第一的宗旨，始终秉承以人至诚，从业至精，高起点，严要求的企业理念，以质量优，工期短，价格合理，安全生产，文明施工为目标，搞好每一个建设项目，努力做好每一个细节，与合作单位精诚团结，共同打造精品工程。
地址：湖北省武汉市洪山区洪山乡向阳村涂家岭
……负责人：何仁贤……邮　编：430070
……法　人：何仁贤
……Tel：027－65009189

武汉金丰市政工程有限公司
地址：湖北省武汉市东西湖区养殖场李家墩102号
……负责人：李四献
……Tel：13995640895

武汉丰达置业有限公司
地址：湖北省武汉市汉南区汉南大道158号
……负责人：陈祖斌
……Tel：027－84632953

**武汉三角集团股份有限公司**
业务：武汉三角集团股份有限公司成立于1995年，主要生产经营大型水泥制品、薄板加工、农副产品。
地址：湖北省武汉市洪山区友谊大道118号（湖北大学对面）
……负责人：叶和平……邮　编：430062
……法　人：叶和平
……Tel：027－86819477
86819180
……Fax：027－86819408

武汉嘉泰置业有限公司
地址：湖北省武汉市汉南区汉南大道158号
……负责人：陈家文
……Tel：13968106331

武汉华厦建筑防水堵漏工程有限公司
地址：湖北省武汉市汉南区汉南大道216号
……负责人：刘绍华
……Tel：13307191610

**湖北黄鑫建设集团公司**
业务：本公司成立于1986年，主要承接房屋建设工程施工、窑炉安装工程施工。我们以严谨的敬业精神和良好的服务获得客户、同行及权威机构的普遍好评，树立了良好的企业形象！
地址：湖北省武汉市洪山区张家湾特1号
……负责人：孙月先……邮　编：430065
……法　人：孙月先
……Tel：027－88138342

武汉九土建设工程有限公司
地址：湖北省武汉市汉南区汉南大道458号
……负责人：胡国庆
……Tel：13870227575

天石（武汉）建筑工程有限公司
地址：湖北省武汉市汉南区汉南大道472号
……负责人：杨光秀
……Tel：027－82606332

武汉市汉南区建设木材加工厂
地址：湖北省武汉市汉南区汉南大道73号
……负责人：高建设
……Tel：027－84852296

**黄鑫窑炉建设总公司武汉分公司**
业务：黄鑫窑炉建设总公司武汉分公司是一家大型的建工程施工企业
地址：湖北省武汉市洪山区张家湾特1号
……邮　编：430065
……法　人：孙月先
……Tel：027－88138342
……Fax：027－88138342

武汉金科基础工程有限公司
地址：湖北省武汉市汉南区汉月小区6－1－2－3号
……负责人：邓志军
……Tel：027－82771930

武汉市光缘物业管理有限公司
地址：湖北省武汉市汉阳区碧溪苑小区2栋4单元102号
……负责人：陈训森
……Tel：027－50438116

武汉和盛建筑装饰工程有限公司
地址：湖北省武汉市汉阳区汉阳大道630号
……负责人：周启荣
……Tel：027－65650874

**武汉市黄陂区前川脚手架安装工程有限公司**
业务：武汉市黄陂区前川脚手架安装工程有限公司成立于2003年，主要承接脚手架安装工程：工棚搭设、建造；公司以一流的服务、一流的质量，确保客户的一切后顾之忧。
地址：湖北省武汉市黄陂区前川街宝塔村
……负责人：李仕回……邮　编：430300
……法　人：李仕回
……Tel：027－86599779

武汉琴台绿化工程有限责任公司
地址：湖北省武汉市汉阳区汉阳大道74号
……负责人：余建益
……Tel：027－84843630

武汉金粤装饰工程有限公司
地址：湖北省武汉市汉阳区赫山新村46号204栋一单元102室
……负责人：王建林
……Tel：13007196424

武汉恒佑装饰工程有限公司
地址：湖北省武汉市汉阳区建桥新村25栋
……负责人：唐衡刚
……Tel：13907105089

**武汉市君悦建筑工程有限公司**
业务：武汉市君悦建筑工程有限公司专业从事建筑工程、土石方工程、装饰装潢等工程，欢迎广大有意之士来电咨询，洽谈业务。
地址：湖北省武汉市江岸区谌家矶平安铺村榨树咀4号
……负责人：王平……邮　编：430000
……法　人：王平
……Mobile：13971490895
15927379791

武汉科皇新型装饰材料有限责任公司
地址：湖北省武汉市汉阳区江堤乡升牌村林家墩98号
……负责人：刘俊禄
……Tel：027－84513568

武汉金隆建筑材料有限公司
地址：湖北省武汉市汉阳区江堤乡渔业村陈家湾21号
……负责人：陈开金
……Tel：13971647837

武汉众和成房地产营销策划有限公司
地址：湖北省武汉市汉阳区马沧湖路236号
……负责人：祁青云
……Tel：13971115982

**武汉程鸿耐火材料有限公司**
业务：本公司主要产品有镁碳砖、中镁砖、增碳剂、镁砂砖、补炉料、喷粉、冶金灰、轻烧白云石、活性灰等。公司多年来为顾客提供优质的产品服务，形成一整套生产、销售和服务一条龙流水作业，产品畅销全国各地。
地址:湖北省武汉市江夏区乌龙泉街灵山矿031号
邮 编:420213
法 人:程良福
Tel:027－87965988
Fax:027－87965988

**武汉雅贝斯物业管理有限公司**
地址:湖北省武汉市汉阳区玫瑰园东路特8号
负责人:刘爱祥
Tel:027－51471218

**武汉鼎吉瑞营建筑劳务有限公司**
地址:湖北省武汉市汉阳区墨水湖路41号
负责人:蔡章银
Tel:027－85352588

**武汉市佳居园物业管理有限公司**
地址:湖北省武汉市汉阳区平田北村66号3－1室
负责人:饶志敏
Tel:027－59409110

## 湖北航通建筑工程有限公司
业务:湖北航通建筑工程有限公司成立于1983年,公司主要业务有:建筑工程设计施工、机电设备配件、钢结构加工、建筑材料、五金、办公用品、劳保用品、金属材料、橡胶制品、化工产品、汽车零配件、矿山机械销售。
地址:湖北省武汉市理工大学余家头校区
邮 编:430063
法 人:李福成
Tel:027－86534487
Fax:027－86548802
网址:www.hbhtjz.chinapyp.com

**武汉江武建筑工程有限公司**
地址:湖北省武汉市汉阳区七里庙小区14栋
负责人:徐财茂
Tel:027－84641053

**武汉好佳居装饰设计工程有限公司**
地址:湖北省武汉市汉阳区十里后街附4号
负责人:杨振
Tel:027－62711536

**武汉盼盛金属结构安装工程有限公司**
地址:湖北省武汉市汉阳区十里铺巷子口31号
负责人:李润生
Tel:13886172060

## 广源铝材经营部
业务:广源铝材经营部主要销售建筑铝型材、幕墙胶及配件。欢迎新老客户惠顾。
地址:湖北省武汉市桥口区古田一路31号
邮 编:430030
法 人:陈方德
Tel:027－83853853
Fax:027－83865027

**武汉市汉阳区永固门窗厂**
地址:湖北省武汉市汉阳区新五里后堤36号
负责人:王继民
Tel:027－84522366

**武汉市海山物业管理有限责任公司**
地址:湖北省武汉市汉阳区阳新路特1号
负责人:黄道国
Tel:027－50433789

**武汉天浩桥梁技术有限公司**
地址:湖北省武汉市汉阳区鹦鹉小道17号
负责人:戴传安
Tel:13625155155

## 武汉市武钢新型保温材料公司
业务:本公司成立于1993年,多年业专业生产防水保温材料,防水材料有高弹性防水胶、有机硅防水剂、JS复合防水涂料;保温材料有聚氨脂保温材料、SBT(稀土)复合保温涂料。公司的宗旨是:质量第一、信誉第一、用户至上。欢迎各新老用户前来洽谈合作,共同创造新的业绩。
地址:湖北省武汉市青山区冶金大道50号
负责人:宋廷忠……邮 编:438000
Tel:027－86803477、
Fax:027－86854522
网址:http://whwg.chinapyp.com

**武汉铭泽景观工程有限公司**
地址:湖北省武汉市汉阳区永丰乡十里铺村冯家畈234号
负责人:欧阳继军
Tel:13018060388

**西民石棉瓦厂**
地址:湖北省武汉市汉阳区永丰乡汤山村
负责人:许西民
Tel:027－84613269
13908638755

**武汉弘基建筑材料有限公司**
地址:湖北省武汉市汉阳区永丰乡杨家潮88号
负责人:胡红胜
Tel:13098825479

## 武汉市华骏石业有限公司
业务:武汉市华骏石业有限公司成立于2005年,生产加工石材,销售花岗岩、建材,您的满意我们的追求,欢迎新老客户来电洽谈业务!
地址:湖北省武汉市武昌区大庆岭6村3幢11号楼
负责人:李勇为……邮 编:430064
法 人:李勇为
Tel:027－87138664
Mobile:13409936608

**武汉市青龙物业管理有限公司**
地址:湖北省武汉市汉阳区永丰乡郑家咀村汪家咀45号
负责人:汪映革
Tel:027－84874049

**武汉平顺建材有限公司**
地址:湖北省武汉市汉阳区自力新村11栋2－4－2号
负责人:陶和平
Tel:13098812839

## 湖北一林防水工程有限公司
业务:湖北一林防水工程有限公司成立于1998年11月28日,位于湖北省武汉市武昌区解放桥小区1－甲－1－2号。从事建筑防水工程,销售建筑装饰材料、涂料、木材、金属材料、五金交电、化工产品等。本公司承接隧道、地铁、防空洞,地下室、屋顶花园等混凝土结构中的一切渗漏的修堵及加固处理。满意付款。
地址:湖北省武汉市武昌区解放桥小区1－甲－1－2号
邮 编:430060
法 人:陈永崗
Tel:027－88111729
Fax:027－88866984

**武汉光利建筑安装有限公司**
地址:湖北省武汉市洪山区北洋桥村二组69号
负责人:陈光利
Tel:13707189058

**信阳市上林园林工程有限公司武汉分公司**
地址:湖北省武汉市洪山区楚雄大街吴家湾63号
负责人:宋先文
Tel:13207155148

**武汉市洪山区竞成建筑装饰材料经营部**
地址:湖北省武汉市洪山区楚雄建材广场东3－1号
负责人:王会仙
Tel:027－88013546

## 湖北鄂广物业发展有限责任公司
业务:公司成立于2005年,公司本着质量第一,用户第一的原则,努力开拓市场,我们将以一流的质量、一流的服务宗旨竭诚为新老客户服务。
地址:湖北省武汉市武昌区粮道街紫金村
负责人:王建新……邮 编:430071
Tel:027－87838762－3459

**武汉市东亭建筑装饰有限公司**
地址:湖北省武汉市洪山区东亭地中北路154号
负责人:陈青松
Tel:027－86780469

**武汉玉龙布艺装饰工程有限公司**
地址:湖北省武汉市洪山区广八路59号
负责人:张承军
Tel:027－88058607

**宏振水泥成品厂**
地址:湖北省武汉市洪山区和平乡武丰村六组旁
负责人:杜丽芳
Tel:027－86330652
13871555792

## 武汉市先龙土石方工程有限公司
业务:武汉市先龙土石方工程有限公司成立于1994年,是一家从事土石方工程、房屋施救、小建筑工程(高8层、跨度18米)等。我公司愿与您真诚合作,共谋发展。
地址:湖北省武汉市武昌区友谊大道华城广场24幢1单元16楼0304
邮 编:430060
法 人:孙云龙
Tel:027－86537203
Mobile:13098837113

**武汉顺得置业有限责任公司**
地址:湖北省武汉市洪山区和平乡徐东村新绿美地8－3－701
负责人:黄筱秋
Tel:13006182588

**武汉荣氏房地产代理有限公司**
地址:湖北省武汉市洪山区洪山路2号
负责人:荣毅
Tel:13100620292

## 武汉铁成塑钢门窗厂
业务:武汉铁成塑钢门窗厂成立于2001年,从事塑钢六窗、防盗门、彩铝的生产及销售,欢迎广大新老客户来电来函咨询,洽谈业务,同时欢迎广大客户对我厂提出宝贵的意见和建议!
地址:湖北省武汉市武昌区喻家山中国地质大学内
邮 编:430074
法 人:李带平
Tel:027－67883809
Fax:027－67883780

**兄弟土石方有限责任公司**
地址:湖北省武汉市洪山区洪山乡北港村67号
负责人:汪秋标
Tel:027－87393595
13995652138

**湖北金利屋房地产有限公司**
地址:湖北省武汉市洪山区洪山乡关山村93号
负责人:鲍友清
Tel:027－85633561

**武汉惠安置业顾问有限公司**
地址:湖北省武汉市洪山区洪山乡关山村熊家咀181号西区2单元701房
负责人:杨旭波
Tel:027－87526438

## 武汉市新洲区中亚建材厂
业务:我厂成立于2006年,主要从事建材的制造销售。主要产品有粉煤灰沙砖,蒸压气砌块,多孔砖,水泥预制构件。欢迎新老客户光临、惠顾!
地址:湖北省武汉市新洲区阳逻街汽渡路秋瑜陶102号
负责人:陶中胜……邮 编:430415
法 人:陶中胜
Tel:027－86967186
Fax:027－86981895
网址:www.mtw27968.chinapyp.com

**武汉天资建筑工程施工有限公司**
地址:湖北省武汉市洪山区洪山乡磨山方家村
负责人:胡晓业
Tel:027－87424467

**武汉建利建筑工程施工有限公司**
地址:湖北省武汉市洪山区洪山乡杨柳咀
负责人:秦火成
Tel:13707164898

**武汉市洪山区第二建筑工程公司第八工区**
地址:湖北省武汉市洪山区洪山乡姚家岭群建村
负责人:李波
Tel:027－87259608

## 通城县龙腾竹业有限责任公司
业务:通城县龙腾竹业有限责任公司座落在山清水秀,民风纯朴的隽水河畔—通城县经济开发区,前傍106国道,距武汉市200公里,紧靠京珠高速公路,交通十分便利。是国内目前超大规模的,生产高档楠竹地板的专业公司之一。
地址:湖北省咸宁市通城县经济开发区
负责人:方昌保……邮 编:437400
法 人:卢月文
Tel:0715－4351081
Fax:0715－4338687

**武汉仕杰建筑工程有限公司**
地址:湖北省武汉市洪山区洪山乡余家湖村沿湖路2栋
负责人:朱泽明
Tel:13607121786

**武汉名涛土石方工程有限公司**
地址:湖北省武汉市洪山区花山镇25号
负责人:梁守涛
Tel:13517274107

**武汉亚华建筑装饰有限公司**
地址:湖北省武汉市洪山区黄鹂路
负责人:严皮文
Tel:027－86773575

## 湖北省通山县辉煌石材厂
业务:湖北省通山县辉煌石材厂成立于2000,主要从事大理石的销售。"质量保证,价格合理",竭诚欢迎您的光临、惠顾!
地址:湖北省咸宁市通山县大理石厂内
负责人:石立煌……邮 编:437600
法 人:石立煌
Tel:0715－2382176

**武汉华汉房地产评估咨询有限公司江南分公司**
地址:湖北省武汉市洪山区建设乡青化路
负责人:邓文
Tel:027－82835950

**汉市洪山区兴兴门窗厂**
地址:湖北省武汉市洪山区江南竹木大市场
负责人:周希武
Tel:027－50655186
88127775

**北京市京旅建筑设计有限责任公司武汉分公司**
地址:湖北省武汉市洪山区街道口南路6号京韵花园
负责人:彭菊香
Tel:027－88078846

## 通羊镇李渡村明水建材厂
业务:通羊镇李渡村明水建材厂成立于2005年,主要开采加工碎石、精制石灰、免烧砖、方铁石等。公司诚信经营,精益求精,高效、准确、快速的满足顾客的需求。
地址:湖北省咸宁市通山县通羊镇李渡村明水湾
邮 编:437600
法 人:陈正龙
Tel:0715－2391749

**武汉市康雅装饰有限责任公司**
地址:湖北省武汉市洪山区街道口小区34栋702号
负责人:刘辉
Tel:13886024703

**武汉德源电力工程有限公司**
地址:湖北省武汉市洪山区鲁磨路9号
负责人:谢正国
Tel:027－87802226

**武汉天朗地洁环保技术有限公司**
地址:湖北省武汉市洪山区珞南街珞喻路409号
负责人:李宏斌
Tel:027－50655771

## 咸宁市永晟装饰工程有限责任公司
业务:咸宁市永晟装饰工程有限责任公司创建于1998年,专业从事室内外装饰装修。公司以上乘的专业质量,优质的专业服务,精益求精的态度,形式多样的合作关系、牢不可破的信誉立足于市场,本着"质量、信誉、优质服务"为宗旨,以争做装饰行业的品牌公司为目标,"团结全作、高效管理、开拓创新"为思路,为客户营造一个环保、节能、清新、亮丽的环境而奋斗。
地址:湖北省咸宁市温泉路70号
邮 编:437100
法 人:徐唐海
Tel:0715－8254266
Fax:0715－8259716

**武汉派菲特建筑装饰工程有限公司**
地址:湖北省武汉市洪山区珞狮北路2号樱花大厦A座11层
负责人:张自明
Tel:027－87871867

**武汉博泰安全环保科技有限公司**
地址:湖北省武汉市洪山区珞狮路198号
负责人:冯杰
Tel:13100057508

**武汉中和工程安装有限公司**
地址:湖北省武汉市洪山区珞狮路61号二单元
负责人:程红
Tel:13018096930

## 襄樊市汉洋建筑装饰装潢工程部
业务:襄樊市汉洋建筑装饰装潢工程部成立于2005年,主要从事装饰装修工程施工,家具销售,园林设计、绿化。欢迎各方客户来电咨询。
地址:湖北省襄樊市长征路73号
邮 编:441000
法 人:董汉阳
Tel:0710－3403033

**上海名华工程建筑有限公司武汉分公司**
地址:湖北省武汉市洪山区珞狮南路517号
负责人:沈劲松
Tel:027－87677336

**武汉南极物业管理有限公司南极电脑广场分公司**
地址:湖北省武汉市洪山区珞瑜路125号武汉大学门口
负责人:龙少斌
Tel:027－87885957

**湖北弘驰电子工程有限公司**
地址:湖北省武汉市洪山区珞瑜路9号
负责人:路为民
Tel:027－87214385

## 谷城县裕兴建材有限责任公司
业务:谷城县裕兴建材有限责任公司成立于2006年,销售钢材、水泥、润滑油等一系列建筑材料,欢迎新老客户来电洽谈业务!
地址:湖北省襄樊市谷城县石花镇大峪桥社区
负责人:朱正斌……邮 编:441704
法 人:朱正斌
Tel:0710－7577629

**武汉市中美家装饰装璜有限公司**
地址:湖北省武汉市洪山区名都花园202栋9B座
负责人:刘承锋
Tel:13554625019

**武汉烽火劳务分包有限公司**
地址:湖北省武汉市洪山区乔木湾特1号
负责人:彭早新
Tel:027－88114102

**武汉市新王市政工程建设有限责任公司**
地址:湖北省武汉市洪山区青菱乡长江村1号
负责人:王建周
Tel:13971159608

## 襄樊市李南瓜建筑装饰设计工程有限公司
业务:襄樊市李南瓜建筑装饰设计工程有限公司集装饰、设计、施工为一体的现代化企业,以一流的设计、一流的管理、一流的施工技术,诚信经营,取得了骄人的业绩。
地址:湖北省襄樊市襄城区荆州街73号
负责人:李财军……邮 编:441000
法 人:李财军
Tel:0710－3553991

**武汉博艺特装饰工程有限公司**
地址:湖北省武汉市洪山区青菱乡烽火村二组
负责人:饶永和
Tel:13986050205

**武汉金玉装饰工程有限公司**
地址:湖北省武汉市洪山区青菱乡烽火新村
负责人:方连珍
Tel:027－88111890

**武汉康普冷暖工程有限公司**
地址:湖北省武汉市洪山区狮子山街内新2栋2－4－1
负责人:林杰
Tel:13871372386

## 应城市方圆土石方工程有限公司
业务:应城市方圆土石方工程有限公司专业从事高速公路、铁路的土石方工程,坚定"信守合同,质量第一,客户至上,服务一流"的经营理念,坚持以人为本,注重企业形象,使每一位施工人员干到哪里,就服务到哪里。赢得社会各界同仁的赞同,使公司的业务承接范围不断扩大,同时跨区域的工程项目连接不断。
地址:湖北省孝感市应城市郎君镇程谢村
负责人:李应华……邮 编:432406
法 人:李应华

Tel:0712－3581298

**武汉市泰然房地产开发有限公司**
地址:湖北省武汉市洪山区狮子山街王家湾特1号
负责人:马新建
Tel:13802283510

**武汉兴利义装饰工程有限责任公司**
地址:湖北省武汉市洪山区狮子山街周家湾特1号
负责人:刘鸿义
Tel:027－61083262

**武汉华城路桥工程咨询有限公司**
地址:湖北省武汉市洪山区武黄公路189号华氏花园8栋2单元302号
负责人:王昌武
Tel:027－87648845

## 长阳超越建设安装有限公司
业务:长阳超越建设安装有限公司成立于2000年,从事民用建筑、建筑安装工程、预制构件、大型土石方工程等。我公司愿与各界朋友精诚合作、携手共进,同创美好未来。
地址:湖北省宜昌市长阳土家族龙舟大道129号
邮编:443500
法人:刘金龙
Tel:0717－5322992
Fax:0717－5322992

**武汉市葆兴园林景观工程有限公司**
地址:湖北省武汉市洪山区武黄公路41号
负责人:熊运生
Tel:027－87804351

**武汉吕氏房地产代理有限公司**
地址:湖北省武汉市洪山区雄楚大道华城新都16栋1101室
负责人:吕树荣
Tel:13349958148

**武汉领袖装饰设计工程有限公司**
地址:湖北省武汉市洪山区雄楚大街419号
负责人:王伟
Tel:13971110454

## 惠旺环卫服务有限责任公司
业务:本公司于2003年创建,现有员工80余人,服务范围有:清扫保洁、垃圾清运、垃圾处理等。
地址:湖北省宜昌市兴山县古夫镇香溪大道
邮编:443700
法人:许统会
Tel:0717－2585120
Mobile:13872587377
Fax:0717－2585964

**武汉万峰测绘工程技术有限公司**
地址:湖北省武汉市洪山区雄楚大街981号
负责人:张田丁
Tel:13871028290

**湖北军安置业有限公司**
地址:湖北省武汉市洪山区雄楚大街杨柳咀270号
负责人:李国胜
Tel:027－87292929

**蓝天木材场**
地址:湖北省武汉市洪山区杨家湾特二号蓝天木材场
负责人:彭海兵
Tel:027－87533031
13971135856

## 宜昌市葛洲坝风景园林有限公司
业务:宜昌市葛洲坝风景园林有限公司成立于1994年,园林绿化,古建设计施工,苗木花卉培育,公园设计施工,屋顶花园,边坡防护,苗圃600亩,欢迎来电洽谈业务!
地址:湖北省宜昌市沿江大道1号
负责人:冯园……邮编:443002
法人:冯园
Tel:0717－6766358
6713360
Fax:0717－6790196

**武汉本元环保工程有限公司**
地址:湖北省武汉市黄陂区湖北省武汉盘龙开发区刘店村蔡家经61号
负责人:张发志
Tel:027－61880258

**武汉佳琦建设工程监理有限公司**
地址:湖北省武汉市黄陂区湖北省武汉市黄陂盘龙城开发区佳海都市工业基地A1栋
负责人:袁化
Tel:027－82802765

**武汉宏松建筑工程有限公司**
地址:湖北省武汉市江岸区百步亭花园温馨苑C区501－2－4－1号
负责人:刘劲松
Tel:027－62345088

## 湖北省宜昌市昌鑫水下基础有限公司
业务:湖北省宜昌市昌鑫水下基础有限公司专业从事水下打捞工程、水下建设工程、水下电焊、码头建设工程等。我们做到安全文明施工,重合同守信用,确保施工质量,致力塑造工程与企业的优秀形象、创造一流业绩,竭诚为广大客户提供优质服务!
地址:湖北省宜昌市育才路(四方堰)30－M
负责人:周喜昌……邮编:443000
法人:周喜昌
Tel:0717－6742761

**武汉红桥蔬菜批发市场物业管理有限责任公司**
地址:湖北省武汉市江岸区蔡家田北区特一号
负责人:郭德焱
Tel:027－82628277

**武汉鼎顺建材有限责任公司**
地址:湖北省武汉市江岸区谌家矶大道113号
负责人:王秀莲
Tel:027－82816535

**武汉索米尔装饰有限责任公司**
地址:湖北省武汉市江岸区德润大厦祥润楼2603号
负责人:王宇飞
Tel:027－82751103

## 秭归县珍珠陶粒建材有限责任公司
业务:秭归县珍珠陶粒建材有限责任公司主要从经营页岩陶粒,陶粒砌块,陶粒砖。致力于珍珠陶粒品牌的打造是我们永恒的追求,用优质的产品、满意的价格、完美的服务与新老客户共同创造珍珠陶粒更加美好的明天!
地址:湖北省宜昌市秭归县屈原镇长江村
负责人:柳舰祥……邮编:443604
Tel:0717－2771088
2771668

**武汉扬光水务工程有限公司**
地址:湖北省武汉市江岸区后湖乡二七村韦家桑园26号
负责人:熊建臣
Tel:027－62209937

**武汉三顺建筑工程技术有限公司**
地址:湖北省武汉市江岸区花桥二村79号2单元803室
负责人:谢贤火
Tel:027－65610396

**武汉创高基础建设工程有限公司**
地址:湖北省武汉市江岸区解放大道1328号中原大厦19层D室
负责人:汪国寿
Tel:027－82740379

## 申佳水泥有限公司
业务:申佳水泥有限公司成立于2004年9月,从事水泥制造及销售。常年为广大新老客户提供优质的服务。
地址:湖北省钟祥市磷矿镇刘冲村
邮编:431900
法人:郭长德
Tel:0724－4947588
Fax:0724－4947588

**北京东海防腐防水工程技术有限责任公司武汉分公司**
地址:湖北省武汉市江岸区京汉大道898号
负责人:陈金洲
Tel:027－82821898

**武汉市飞讯商贸有限公司**
地址:湖北省武汉市江岸区劳动街球场路4－2号302室
负责人:肖平
Tel:027－82420937

**湖北泛华建筑劳务有限公司**
地址:湖北省武汉市江岸区三阳广场A座3008号
负责人:李玉辉
Tel:027－82701128

**武汉阳光东润建筑装饰工程有限公司**
地址:湖北省武汉市江岸区台北1路27号A栋1－201.202
负责人:方敏
Tel:027－65667176

**武汉恒富士智能系统工程有限公司**
地址:湖北省武汉市江岸区香港路125号安和九龙阁1幢3单元1302号
负责人:罗恒
Tel:027－85803123

## 重庆市欣宏建筑有限责任公司宜昌分公司
业务:重庆市欣宏建筑有限责任公司宜昌分公司成立于1993年,主要从事建筑总承包贰级,公路总承包叁级,桥梁工程贰级,遂道工程贰级,市政工程贰级。竭诚欢迎各方客户来电咨询。
地址:湖北省姊归县茅坪镇桔苑小区黄果路3－102室
邮编:443600
法人:付绿国
Tel:0717－2884278
Fax:0717－2884278

**武汉港银物业有限公司**
地址:湖北省武汉市江岸区香港路153号
负责人:彭智慧
Tel:027－85771487

**武汉建班建筑设计工程有限公司**
地址:湖北省武汉市江岸区赵家条路65－2号
负责人:黄宇锋
Tel:027－85991046

**浙江东源建设有限公司硕湖苑项目部**
地址:湖北省武汉市江汉北路34号九运大厦B152
负责人:金崇高
Tel:027－85807209

**武汉开拓装饰工程有限公司**
地址:湖北省武汉市江汉区常青路128号
负责人:邓华平
Tel:027－85633097

**达利雅窗饰制品厂**
地址:湖北省武汉市江汉区堤角新村54号
负责人:洪艳
Tel:027－85624123
13100621158

**武汉东方二航建设工程有限公司**
地址:湖北省武汉市江汉区东方商都四层A室
负责人:罗明涛
Tel:027－85888668

**武汉富通装饰工程有限公司**
地址:湖北省武汉市江汉区复兴村小区常福里79号11栋2门101号
负责人:苗大忠
Tel:027－83531555

**武汉瑞尊房地产开发有限公司**
地址:湖北省武汉市江汉区富豪花园J栋2单元501号
负责人:宋文敏
Tel:027－62206602

**武汉市连源装饰工程有限责任公司汉口分公司**
地址:湖北省武汉市江汉区红旗渠路特8号
负责人:伍细白
Tel:027－65650006

**武汉棕榈泉物业管理有限公司**
地址:湖北省武汉市江汉区建设大道847号瑞通广场B座8层2室
负责人:程连英
Tel:027－84210817

**湖北宏业房地产开发有限公司**
地址:湖北省武汉市江汉区江汉北路34号611室
负责人:赵金元
Tel:027－62356621

**武汉杰虎涂料工程有限公司**
地址:湖北省武汉市江汉区江汉路179号俊华大厦23－01
负责人:夏兆年
Tel:027－62937265

**武汉巨飞装饰装潢工程有限公司**
地址:湖北省武汉市江汉区江汉路33号
负责人:曹群
Tel:027－62235888

**武汉新财装饰工程有限公司**
地址:湖北省武汉市江汉区民生路洪益2巷6号
负责人:杜爱国
Tel:027－62359258

**武汉安信地产有限公司**
地址:湖北省武汉市江汉区前进四路电子商城1号楼二楼
负责人:蓝宁
Tel:027－59514886

**武汉明大物业管理有限公司**
地址:湖北省武汉市江汉区青年广场A栋25层C室
负责人:杨慧
Tel:027－82654682

**武汉大通环艺装饰工程有限公司**
地址:湖北省武汉市江汉区青年路103号
负责人:苏训霞
Tel:027－83649602

**武汉天安房产代理有限公司新一佳分公司**
地址:湖北省武汉市江汉区青年路155号
负责人:潘清钢
Tel:027－82601380

**武汉金昌消防工程有限公司**
地址:湖北省武汉市江汉区香江花园7栋102号商铺
负责人:邓应建
Tel:027－85612338

**武汉市丰华建筑设备租赁有限责任公司**
地址:湖北省武汉市江汉区站前北路万丰花园1幢1单元1层7号房
负责人:曹庆军
Tel:027－85626526

**武汉巨成建筑劳务有限公司**
地址:湖北省武汉市江夏区经济开发区玉龙岛
负责人:熊莉
Tel:027－87921895

**武汉市杨林建筑工程队**
地址:湖北省武汉市江夏区流芳街
负责人:贾旺望
Tel:027－87947507

**武汉三能土石方工程有限公司**
地址:湖北省武汉市江夏区龙井路21号
负责人:李学明
Tel:027－81817806

**武汉枫烨建材装饰有限公司**
地址:湖北省武汉市经济技术开发区蔡家村新区95号
负责人:王常福
Tel:027－84296714

**随州市兴一建筑有限公司武汉分公司**
地址:湖北省武汉市经济技术开发区东方花园79栋102号
负责人:叶华猛
Tel:027－84297307

**湖北大有工程造价咨询有限公司**
地址:湖北省武汉市经济技术开发区建业道金荷花园A－B1幢
负责人:盛祝云
Tel:027－62711409

**武汉金色时代园林景观工程有限公司**
地址:湖北省武汉市经济开发区碧波花园I－5－301
负责人:魏明军
Tel:027－83466647

**广州市建筑置业公司湖北分公司**
地址:湖北省武汉市洛狮北路特1号
负责人:刘军海
Tel:027－62122338

**武汉武建建筑混凝土有限责任公司汉口站分公司**
地址:湖北省武汉市乔口区长丰大道丰华路1号
负责人:李福林
Tel:027－83846415

**武汉山川石材有限公司**
地址:湖北省武汉市乔口区汉西路56号
负责人:桂明清
Tel:027－83539511

**武汉市商资物业有限公司**
地址:湖北省武汉市乔口区利济北路149号
负责人:沈斌
Tel:027－83756116

**武汉市粤港房地产开发有限公司**
地址:湖北省武汉市乔口区荣华街集贤里38号(老40号)
负责人:张三忠
Tel:027－85326955

**武汉市水塔自来水管道安装有限公司**
地址:湖北省武汉市桥口区操场角商住楼6号楼10－5号
负责人:丁伟俊
Tel:027－62398688

**武汉佳骏建筑材料有限公司**
地址:湖北省武汉市桥口区崇仁路23号
负责人:肖峰
Tel:027－83605667

**常发建筑有限责任公司**
地址:湖北省武汉市桥口区汉西2路特2号
负责人:汪正喜
Tel:027－83836723
13907113394

**武汉市博威复合地板厂**
地址:湖北省武汉市桥口区解放大道26号
负责人:刘国庚
Tel:13871195958

**武汉市商建物业管理有限公司**
地址:湖北省武汉市桥口区六角正街5号
负责人:方运泉
Tel:027－83786031

**武汉市美加一装饰材料有限责任公司**
地址:湖北省武汉市桥口区太平洋路602号
负责人:王健
Tel:027－83986642

**武汉市永通水电工程有限公司**
地址:湖北省武汉市桥口区武胜路下荣华里B栋603室
负责人:孙腊荣
Tel:027－82654353

**武汉满江盛源防腐工程有限公司**
地址:湖北省武汉市青山区钢都花园123街
负责人:牛贵满
Tel:027－86555001

**武汉市金山汇通工程项目管理有限公司**
地址:湖北省武汉市青山区工业一路6号
负责人:管富春
Tel:027－62226197

**武汉长鑫船舶工程技术有限公司船务分公司**
地址:湖北省武汉市青山区任家路49街64门13号
负责人:王伟明
Tel:027－86303309

**武汉凯迪钢结构工程有限公司**
地址:湖北省武汉市青山区冶金大道35号
负责人:曹克来
Tel:027－86867603

**武汉富盈装饰设计工程有限公司**
地址:湖北省武汉市青山区冶金大道51号
负责人:万明
Tel:027－86866559

**武汉安俊物业管理有限公司街绿景酒店**
地址:湖北省武汉市青山区园林路特1号(绿景花园)
负责人:余晓华
Tel:027－86848226

**武汉万安特消防工程有限公司**
地址:湖北省武汉市武昌区柴东社区82门8－30号
负责人:胡朝晖
Tel:027－87542039

**武汉中大明建筑装饰材料有限公司**
地址:湖北省武汉市武昌区东亭小区牡丹苑101栋A区3单元501室
负责人:缪爱群
Tel:027－61230082

**武汉俊海物业管理有限责任公司锦江苑分公司**
地址:湖北省武汉市武昌区临江大道76号蓝湾俊园管理处2楼
负责人:潘军
Tel:027－88231319

**湖北利强玻璃钢有限公司**
地址:湖北省武汉市武昌区珞瑜北路2号樱花大厦B座13层
负责人:胡继祥
Tel:027－62011055

**武汉景园规划设计咨询有限公司**

地址：湖北省武汉市武昌区民主路 786 号（老 472 号）华银大厦 7 层 7 号
…………负责人：陈祖明
…………Tel：027－65610146

**武汉豪戎建筑劳务有限公司**
地址：湖北省武汉市武昌区南湖花园松涛苑 E 区 20 幢 5 层 506 号房
…………负责人：童清波
…………Tel：027－88315054

**武汉瑞成市政工程检测中心**
地址：湖北省武汉市武昌区昙华林 201 号
…………负责人：陈晓娟
…………Tel：027－88850559

**北京国信兴业国际工程咨询有限公司湖北分公司**
地址：湖北省武汉市武昌区体育馆路 2 号新凯大厦 5 楼
…………负责人：邢宏
…………Tel：027－87320655

**武汉文思特信息工程有限公司**
地址：湖北省武汉市武昌区武珞路 201 号
…………负责人：柯玉静
…………Tel：027－62013832

**武汉湖锅煤油改气工程技术有限公司**
地址：湖北省武汉市武昌区武珞路 628 号
…………负责人：彭锦
…………Tel：027－87655789

**湖北省工业建筑总承包集团公司市政环保分公司**
地址：湖北省武汉市武昌区雄楚大街 42 号
…………负责人：李东
…………Tel：027－85803790

**绍兴第一建工集团有限公司驻武汉办事处**
地址：湖北省武汉市武昌区巡司河保望堤 24 号
…………负责人：裘国水
…………Tel：027－88073955

**武汉爱生恒物业管理有限公司**
地址：湖北省武汉市武昌区中北路 126 号
…………负责人：吴良斌
…………Tel：027－88848574

**武汉嘉杰系统工程有限公司**
地址：湖北省武汉市武昌区中北路 148 号天源城小区新澳园天星阁 A 座 1 层 4 号
…………负责人：张献忠
…………Tel：027－84872325

**武汉绿园装饰工程有限公司**
地址：湖北省武汉市武昌区中北路 163 号
…………负责人：严丹文
…………Tel：027－61085171

**湖北绿苑嘉辉置业发展有限公司**
地址：湖北省武汉市武昌区中北路 64 号安顺星苑 10－2－903
…………负责人：许良荣
…………Tel：027－87328563

**新正源环保节能科技发展有限公司**
地址：湖北省武汉市武昌区中北路姚家岭 234 号（建材设计院 5 楼）
…………负责人：胡述武
…………Tel：027－87898847
62129810
13907102214

**武汉明合建筑技术咨询有限公司**
地址：湖北省武汉市武昌区中南二路 10 号 30 单元
…………负责人：王强
…………Tel：027－87337417

**武汉市军乐装璜设计工作室**
地址：湖北省武汉市武昌区中南路 8 号鹏程时代 19 层 09－2 号
…………负责人：张利军
…………Tel：027－62210128

**武汉市德标工程咨询有限公司**
地址：湖北省武汉市武昌区中南路鹏程时代广场 290901 室
…………负责人：洪波
…………Tel：027－87122522

**武汉市双全建筑工程施工队**
地址：湖北省武汉市新洲区徐古街沙河村
…………负责人：周双喜
…………Tel：027－89470432

**湖北老河口建筑材料厂**
地址：湖北省襄樊市老河口市北效小桥河砖瓦厂
…………负责人：井元志
…………Tel：0710－8513528
13396103626

## 湖北荆凯塑料科技有限公司

荆凯塑料科技有限公司成立于2003年，是一家专业生产承压PE管材的企业。质量是企业的生命，信誉是企业持续发展的根本保证，我公司不断追求用户、社会、企业三者利益的有机结合。相信我们优质的产品、低廉的价格、尽心尽责的优质服务将会在激烈的市场竞争中助您一臂之力！

竭诚欢迎您光临指导！

联系人：田恕 15827776616
电话：0716－5154169
传真：0716－5154598
网址：www.hbjingkai.com
电子邮件：kaiquangy308@163.com
地址：湖北公安县金猫口工业园　　邮编：434100

## 湖北省松滋市星星林木种苗站

湖北省松滋市星星林木种苗站成立于1999年，常年从事树苗种植和销售。

主要产品有桂树，香樟，栾树，冬青和柚子树等，我站将发挥资源优势，调整林业结构，在名、特、优上下功夫，创特色的种苗生产基地。

欢迎广大客户来电垂询、洽谈。

联系人：罗文发 13986710917
电话：0716-6792390
邮编：434200
地址：湖北省荆州市松滋市陈店镇李桥村5组

## 湖北晶泰装饰工程有限公司

湖北晶泰装饰工程有限公司成立于2001年，本公司专业从事装饰工程。

公司的宗旨“开拓.进取.务实.求精”诚信、实力和产品质量获得业界的认可。

欢迎各界朋友莅临本公司参观、指导和业务洽谈。

联系人：刘建国
电话：0711-3216399　18908686915
地址：湖北省鄂州市古城路和明塘后路交叉处　　邮编：436000

## 湖北省孝感市科振房地产开发有限责任公司

湖北省孝感市科振房地产开发有限责任公司于2000年5月12日成立，本公司专业从事房地产开发建设经营的股份制企业。

本公司经营理念是以人为本，追求卓越，为客户创造舒适优美的生活环境，为社会创造不可替代的超越价值，为企业创造理想的经济效益，使之成为对外具有磁性的吸引力，对内有凝聚力和充满活力的现代化企业。

电话：0712-2511053
联系人：陈能振 13545458129
地址：湖北省孝感市毛陈镇龙宫街农机科振小区　　邮编：432000

## 克诺 Kenuo 湖北凯克诺建设工程有限公司

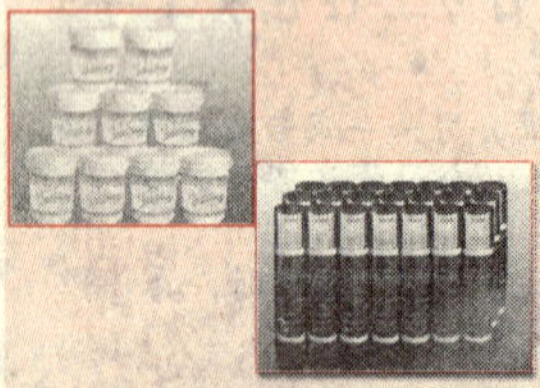

工程承接、新旧屋面、地下室、隧道、铁路、公路、外墙渗漏等各种防水工程、内外墙保温、防腐、屋面保温隔热工程、内外墙装饰涂料、塑胶、球场、跑道工程，生产销售：防水卷材、防水涂料、保温材料、彩色沥青油毡瓦。

联系人：王茂兵
电话/传真：027-87559571　电子邮件：kaikenuo888@163.com
地址：湖北省武汉市武昌区鲁磨路紫菘公寓D栋1403室　　邮编：430074

## 湖北雄发水利水电工程有限公司

湖北雄发水利水电工程有限公司成立于1999年，主要从事疏浚清淤，放淤固堤，围海造地及道路桥梁的桩基等施工工程。

欢迎新老客户来人、来函、来电、惠顾！

联系人：刘守雄
13638622257　13986221603　电话：027-84477113
邮编：433200
地址：湖北省武汉市汉阳区经济技术开发区芳草2路锦程公寓4-401（708终点站）

## 湖北龙楷科技有限公司

是一家综合信息咨询顾问服务机构，集策划、科技、装饰、广告、培训五大服务窗口为一体。

秉承“行有楷、立于新、术攻专、诚守信”的价值理念，以全面的行业视角，动感的创意思维，专注立体信息领域，致力构建全景服务新模式；个性的服务设计，特立的整合营销，强力打造中部地区首家一站信息服务平台。

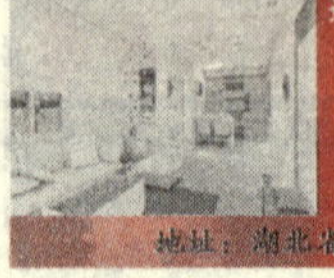

联系人：郭先生
电话：027-88868876
传真：027-88393651
邮编：430060
地址：湖北省武汉市武昌区首义路顺民大厦B座1602室

## 黄冈市中原建筑总公司襄樊分公司

黄冈市中原建筑总公司襄樊分公司主营房屋建筑工程、室内外装修装潢及土石方工程施工，“品质第一，客户至上”是我们的服务宗旨，欢迎来电洽谈！

联系人：冯继雄

电话：0710-3349067　13507283247
地址：湖北省襄樊市长虹北路72号华光小区居委会　　邮编：441000

## 湖北省大冶市起华房地产开发有限公司

本公司主要经营房产。

本公司秉承“顾客至上，锐意进取”的经营理念，坚持“客户第一”的原则为广大客户提供优质的服务。

欢迎广大客户惠顾！

联系人：夏自高
13597634899
电话：0714-3817788
地址：湖北省大冶市桔园小区7号
电子邮件：qihuafangdichan@126.com
邮编：435100

## 江西怡正环保科技有限公司

本公司从事环保系统工程设计、施工、运营，环保技术咨询、服务，环保高科技产品开发、制造、销售，环境仪器及设备销售（国家有专项规定的除外）等业务，以质量求生存，欢迎新老客户来电来函洽谈业务！

联系人：周发武　13871154598

电话：027-87890072　网址：www.yizhenghb.com.cn
地址：湖北省武汉市武昌区民主路786号华银大厦7楼武汉慧正环保公司
电子邮件：yizhenghb@126.com　邮编：330096

城建房产建材装潢

## 荆州市雅克力工贸有限公司

荆州市雅克力工贸有限公司集设计、生产、销售于一体，专业生产压克力板材、有机玻璃板材系列产品，品种齐全、价格合理。

秉持着品质第一，服务至上的经营理念，致力为客户提供最优质的服务。

电话：0716-8848492
传真：0716-8848890
联系人：王方军 13986709312
地址：湖北省荆州市荆州区八岭山镇三桥工业园
邮编：434000

## 荆州市重远工业炉窖技术服务有限公司

荆州重远炉窖技术服务公司是一家专业提供窑炉不停产热态维修技术服务的高新技术企业。公司以耐材的焊补为重点，窑炉不停产热态维修方案的设计和施工为主，采用国内外最先进的陶瓷焊补技术对各种工业炉窑进行焊补修复，技术服务主要应用于焦化，玻璃工业，水泥，化工钢铁，有色金属冶炼等领域。

公司拥有当代最先进的窑炉不停产热态维修新技术，已经在国内各大型玻璃炉窑上成功应用，为客户带来显著经济效益，我们一直专注于工业炉窑领域，开发了一系列窑炉维修领域新材料及设备，满足广大客户的更多要求。

联系人：任重
电话：0716-8212132　13231907775　电子邮件：styy703@163.com
地址：湖北省荆州市沙市区解放路团结村13栋2单元602室　邮编：434000

## 柳陂镇第一砖厂

柳陂镇第一砖厂成立于2000年，主要从事实心砖的生产与销售。

热忱欢迎广大新老客户光临惠顾。

联系人：狄洪有
13035283922
电话：0719-7475910　邮编：442000
地址：湖北省十堰市郧县柳陂镇周家湾村五组

## 潜江市长青园艺场

潜江市长青园艺场主要从事苗木种植销售及园林绿化工程。

我园艺场以生产、科研、工程为一体，以信誉喜迎八方客，以诚实广交四海朋。严把质量，坚守信誉是我们一贯的经营宗旨！

联系人：刘长青 13507221559
电话：0728-6400676
地址：湖北省（直辖）潜江市森林公园　邮编：433100

## 十堰市骏华置业顾问有限公司

十堰市骏华置业顾问有限公司成立于2007年，本公司专业从事房地产营销策划、销售代理。公司本着"客户第一，诚信至上"的原则，与多家企业建立了长期的合作关系。热诚欢迎各界朋友前来参观、考察、洽谈业务。

联系人：汪令波
电话：0719-8213110
地址：湖北省十堰市北京南路宏林花园1栋1单元1202　邮编：442000

## 通山兴和建筑有限公司

通山兴和建筑有限公司成立于2007年。

主要从事于建筑工程，室内外装饰装修。

视安全为生命，视质量为灵魂，用我们的辛勤和汗水为业主提供优质产品和满意服务，是公司的一贯宗旨。我们愿与社会各界广大建设单位精诚合作，携手并进，为国家的经济建设做贡献。

联系人：余国和 13617152788
电话：0715-2310678　2360855
地址：湖北省咸宁市通山县土地局旁边　邮编：437600

欢迎来电

## 武汉澳深投资有限公司

武汉澳深投资有限公司成立于2006年。

主要对建筑工程、房地产开发、物流投资、投资信息咨询服务，五金交电、水暖器材机械设备、电子产品、农副产品销售等。

欢迎您的光临！

联系人：林卫华　13886137253　电话：027-86962572
地址：湖北省武汉市新洲区阳逻街高新路锦阳花园A座7号　邮编：431400

## 武汉蔡王工贸有限公司

武汉蔡王工贸有限公司成立于2006年，主要从事于建材的生产与销售。

诚信经营，信誉至上，质量保证，价格合理。

热忱欢迎新老客户惠顾。

联系人：向家富
电话：027-81626345　13907127503
邮编：430200
地址：湖北省武汉市江夏经济开发区藏龙岛办事处凤凰山

## 武汉大花山苗木配送中心

武汉大花山苗木配送中心是武汉一家多年从事苗木花卉种植配送的单位。

中心成立以来，已经与多家单位合作，赢得了新老客户良好的口碑。我们将一如既往，为您提供最优质的服务。欢迎您的合作！

联系人：余泽乾
电话：027-81822005　81822010
地址：湖北省武汉市江夏区林业局　邮编：430200

## 武汉冠帆建筑工程有限责任公司

武汉冠帆建筑工程有限责任公司成立于2007年，以建筑工程施工为主。公司秉承"顾客至上，锐意进取"的经营理念，坚持"客户第一"的原则为广大客户提供优质的服务。欢迎惠顾！

联系人：徐艳
电话：027-84294868　84294858
地址：湖北省武汉市武汉经济技术开发区洪山西大街特1号海滨城花园洋房4-2-102号　邮编：430056

## 湖南省/Huana Province

**长沙永旭物业管理有限公司**
地址：湖南省长沙市长沙县长沙经济技术开发区板仓北路11号
负责人：庄汉禄
Tel：0731－84012691

**长沙市银鑫房地产开发有限公司**
地址：湖南省长沙市长沙县干杉乡干杉村
负责人：汪志浩
Tel：13805838444

**溆浦县永兴木业有限公司**
业务：木业
地址：湖南怀化市溆浦县桥江镇林家坡村
负责人：马昌富 邮编：418000
法人：马昌富
Tel：15074504111 13487400158

**长沙飞龙建筑外加剂有限公司**
地址：湖南省长沙市芙蓉区长沙市高新区隆平高新技园（长沙警备区教导队院内）
负责人：曹望远
Tel：0731－84734789

**湖南省辰溪县胜利预制构件厂**
业务：湖南省辰溪县胜利预制构件厂成立于1990年，从事混凝土预制构件专业承包叁级。可生产除预应力吊车梁、桥梁、屋面梁、屋架和预应力钢筋混凝土管以外的其他各类混凝土预制构件。
地址：湖南省长沙市辰溪县城郊乡胜利桥
邮编：419500
法人：张立高
Tel：0745－5228376

**湖南中达建设工程有限公司**
地址：湖南省长沙市芙蓉区车站北路168号都市先锋B栋619室
负责人：杨勇
Tel：13875861117

**湖南省五美园林景观绿化工程有限公司**
业务：苗木
地址：湖南省长沙市长沙县江背镇金洲村司古组
负责人：盛正雄 邮编：410136
法人：盛正雄
Tel：0731－6282568 13808471616

**湖南省瑞星置业发展有限公司**
地址：湖南省长沙市芙蓉区车站北路王府花园会所五楼
负责人：王晓军
Tel：0731－82191258

**长沙舒逸佳环保科技有限责任公司**
地址：湖南省长沙市芙蓉区登隆街32号南栋中门403房
负责人：王爱明
Tel：13637411971

**长沙县暮云镇天发水泥制品厂**
业务：空心砖，实心砖，其它水泥制品
地址：湖南省长沙市长沙县暮云镇高云村云塘桥组149号
负责人：张建文 邮编：410000
法人：张建文
Tel：13974980885 0731－6950898

**湖南长城投资有限公司**
业务：湖南长城投资有限公司是以湖南天城置业发展有限公司、长沙长大房地产开发有限公司的资产为纽带，以"长城投资"为品牌组建的集团公司。公司技术力量强大、经济实力雄厚，管理经验丰富，是以投资城市道路和公用基础设施以及房地产、高新技术开发、物业管理为主的现代专业型投资集团企业。
地址：湖南省长沙市芙蓉南路友谊路口
负责人：谭凯明 邮编：410004
Tel：0731－5570488

**长沙市红墙涂装工程有限公司**
地址：湖南省长沙市芙蓉区芙蓉路唐朝大厦9层D号
负责人：刘舜强
Tel：0731－82560333

**鑫龙建筑装饰工程有限公司**
地址：湖南省长沙市芙蓉区建乡路162号凤凰大厦2102房
负责人：龙泽
Tel：13874904008

**湖南省长沙东方防火涂料有限公司**
业务：湖南省长沙东方防火涂料有限公司成立于1997年，现有员工20多人，从事防火涂料的生产及销售。欢迎来电垂询！
地址：湖南省长沙市芙蓉区马王堆北路雄锯都市东家1301室
邮编：410001
法人：张术其
Tel：0731－2865918
Fax：0731－2865919

**长沙市飞云建材有限公司**
业务：建材销售
地址：湖南省长沙市开福区丽臣路287号海利新城（万煦园）A14栋403房
负责人：杜国强 邮编：444300
Tel：13875810038 0731－84551756

**星宇房地产开发有限公司**
地址：湖南省长沙市芙蓉区解放西路11号
负责人：杨旗
Tel：0731－82810116 13807494288

**东莞市路海园林绿化有限公司长沙分公司**
地址：湖南省长沙市芙蓉区三湘花卉培植销售基地43号
负责人：袁旭

Tel:0731－82188810

**翔龙房地产开发有限公司**
地址:湖南省长沙市芙蓉区韶山路1号
负责人:郭汉林
Tel:0731－82215395
13873256667

## 长沙市雨花区福名门业加工厂
业务:各种木质门的加工
地址:湖南省长沙市雨花区黎托乡花桥村七组邵云房屋
负责人:蒋勇　邮　编:444300
法　人:蒋勇
Tel:13755055691
0731－85145018
85145691
84435691

## 长沙金诚建筑有限公司
业务:本公司成立于2003年,主要从事房屋建筑、水电安装、基础工程。
地址:湖南省长沙市开福区金霞路
负责人:周琼　邮　编:410008
法　人:徐冠雄
Tel:0731－4807788

**长沙景泰来园林绿化工程有限公司**
地址:湖南省长沙市芙蓉区桐荫里51号1栋203房
负责人:黎应德
Tel:0731－82226282

**湖南万源装饰建材有限公司**
地址:湖南省长沙市芙蓉区五里牌湘湖渔场南湖公寓303室
负责人:周国辉
Tel:0731－82183439

## 长沙市泛海建设工程有限公司
业务:房屋、道路建设,土石方工程施工
地址:湖南省长沙市岳麓区坪塘镇洋湖村
负责人:吴正文　邮　编:410208
法　人:吴正文
Tel:0731－8508810

**长沙康岛置业有限公司**
地址:湖南省长沙市芙蓉区五一中路69号东16幢401房
负责人:曾惠芬
Tel:0731－86545566

## 长沙华程建筑工程有限公司
业务:长沙华程建筑工程有限公司成立于2003年,是一家专业从事建筑工程施工的企业。欢迎来电垂询!
地址:湖南省长沙市宁乡县玉潭镇一方西路
邮　编:416000
法　人:潘继斌
Tel:0731－7870388
Fax:0731－7870388

**长沙大禹建筑防水工程有限公司马王堆分公司**
地址:湖南省长沙市芙蓉区远大路813号
负责人:郭琼芝
Tel:0731－84728096

## 湖南省长沙市岳麓区顺平门业经营部
业务:经营电动卷闸门、手动卷闸门、车库门、卷帘门、不锈钢防盗门、楼梯扶手、不锈钢拉闸门、不锈钢网帘门、消音卷闸门、水晶卷闸门。
地址:湖南省长沙市岳麓区天顶乡青山镇青山农贸超市旁
负责人:彭泽顺　邮　编:410000
法　人:彭泽顺
Tel:0731－2845973
15874135170

**长沙力锐铝合金材料有限公司**
地址:湖南省长沙市芙蓉区张公岭村251号
负责人:张忠
Tel:13874880351

**长沙市益伟房地产经纪有限公司**
地址:湖南省长沙市开福区戥子桥2号省参室大院办公楼107室
负责人:邓益超
Tel:13786181434

## 湖南兴嘉置业发展有限公司
业务:湖南兴嘉置业发展有限公司成立于2002年,现有员工20余人,是一家从事房地产开发与经营的企业。欢迎来电垂询!
地址:湖南省长沙市天心区大托镇政府办公楼西单元4楼
邮　编:400114
法　人:甘剑
Tel:0731－6955969
Fax:0731－6955969

## 汉寿县绿之歌园艺有限公司
业务:园林绿化,苗木的种植与销售
地址:湖南省常德市汉寿县毓德铺镇毓龙路
负责人:李又初　邮　编:415000
法　人:李又初
Tel:13974250499

**长沙宏盛吊装运输有限公司**
地址:湖南省长沙市开福区芙蓉中路芙蓉综合楼5楼4号

负责人:凌朵权
Tel:0731－82251019

**长沙市第五制水有限公司**
地址:湖南省长沙市开福区浏阳河路113号
负责人:邹华超
Tel:0731－84485041

**杨林玻璃厂**
地址:湖南省长沙市宁乡县花明楼镇铁炉村
负责人:罗春明
Tel:0731－87010124
87010328
13508496533

## 桃源县阔达高速公路经营开发有限责任公司
业务:高速公路养护
地址:湖南省常德市桃源县漳江镇梅溪桥居委会
负责人:刘勇　邮　编:415000
法　人:刘勇
Tel:13907310413
0736－6678313

## 湖南浩美安全环保科技有限公司
业务:湖南浩美安全环保科技有限公司于2003年7月10日挂牌成立,是一家从事安全环保技术开发、咨询服务、安全环保系列产品专业性较强的科技公司。专业范围覆盖环保、冶金、安全、化学、化工、采矿、选矿、分析、质量、管理等。公司具有环境影响评价资质;安全预评价、非煤矿山专项安全评价资质;环境工程设计资质,水土保持方案编制等。
地址:湖南省长沙市天心区芙蓉南路281号
邮　编:410015
法　人:杨建国
Tel:0731－5239303
Fax:0731－5239428

**长沙天美装饰工程有限公司**
地址:湖南省长沙市宁乡县玉潭镇人民北路文化超市A16
负责人:杨长生
Tel:0731－87871828

**蓝岭膜结构技术开发有限公司**
地址:湖南省长沙市人民中路238号上城星座2513－2516
负责人:黄小姐
Tel:0731－85540288
0731－85794986

## 桂阳县鑫隆塑业
业务:批零兼营:鑫隆塑业、塑料扣板、高档铝合金门、防盗门、富湘铝质天花板
地址:湖南省郴州市桂阳县城关镇大市场
负责人:吴英策　邮　编:424400
法　人:吴英策
Tel:13975547493
13467841218

**长沙丰景建材商贸有限公司**
地址:湖南省长沙市天心区蔡锷南路139号鸿盛大厦B2523房
负责人:曾云
Tel:13873017891

## 长沙华星建设监理有限公司
业务:长沙华星建设监理有限公司专门从事工程建设监理、工程技术咨询的建设部甲级资质国有企业。竭诚欢迎社会各界光临指导和合作,愿为您提供更加满意的监理服务,为我国监理事业的发展,为各行各业经济建设的腾飞贡献力量。
地址:湖南省长沙市雨花区圭塘镇长化院内
负责人:胡志荣　邮　编:410117
Tel:0731－5637457

**长沙卓宝防水工程有限公司**
地址:湖南省长沙市天心区芙蓉中路三段558号建鸿达现代空间大厦A栋1911
负责人:钱道年
Tel:13975183638

**嘉龙新型建筑材料厂**
地址:湖南省长沙市天心区金盆岭路43号
负责人:刘嘉英
Tel:0731－85233975
13974803899

## 宜章城关镇长冲采石场
业务:采石、碎石、石灰石
地址:湖南省郴州市宜章县城关镇长冲村
负责人:朱桂凤　邮　编:424200
法　人:朱桂凤
Tel:13574558072
13873585643

**长沙鑫润佳置业有限公司**
地址:湖南省长沙市天心区劳动西路226号电建大厦505－515房
负责人:黄树庚
Tel:0731－84456855

## 湖南启航景观园林有限公司
业务:本公司成立于2006年,主要从事景观园林的设计与施工。公司拥有独特的设计理念、精湛的制作技术和诚实守信的态度,愿与社会各界人士合作!
地址:湖南省长沙市岳麓区金峰沐春园1栋6－7号
负责人:戴启文　邮　编:410003

法　人:戴启文
Tel:0731－8834678

**长沙开拓者房地产营销策划有限公司**
地址:湖南省长沙市天心区西湖路鸿信大厦北栋508室
负责人:卢浩
Tel:0731－85135398

**望城县星城建设工程设计咨询有限公司**
地址:湖南省长沙市望城县高塘岭镇五银路
负责人:佘桂成
Tel:0731－88082636

## 湖南省衡阳市衡山县利达装璜部
业务:室内外装修装饰
地址:湖南省衡阳市衡山县开云镇人民东路89号
负责人:胡新平　邮　编:421300
法　人:胡新平
Tel:13007469415
0734－5816639

**长沙市东升有机玻璃有限公司望城县分公司**
地址:湖南省长沙市望城县星城镇湘江村吴家祠堂
负责人:廖建平
Tel:0731－88582335

## 安乡县中正建设监理有限责任公司
业务:安乡县中正建设监理有限责任公司拥有多年的工作经验,专业从事房屋工程监理,热忱欢迎电来垂询。
地址:湖南省常德市安乡县建设局院内
负责人:贺精忠　邮　编:415600
法　人:贺精忠
Tel:0736－4317714
网址:mtw26069

**宏强混凝土有限公司**
地址:湖南省长沙市新开铺镇柏家河路2－1号
负责人:黄武斌
Tel:13808463108

**长沙德实特工贸有限公司**
地址:湖南省长沙市星沙镇山水美蓉3号
负责人:周望明
Tel:13187315884

## 衡山县永明钢结构工程公司
业务:各种钢结构制造(厂棚的制造与安装,铁艺,电焊,氧焊,铝合金,不锈钢)、各种防盗门,不锈钢门,水电安装和室内外装修
地址:湖南省衡阳市衡山县开云镇五一北路118号
负责人:谷长玉　邮　编:421300
法　人:谷长玉
Tel:13786467728
15074795848

## 郴州宏力车库有限公司
业务:郴州宏力车库有限公司成立于2005年,现有员工20余人,从事全自动组装立体车库的研发、制造。欢迎来电垂询!
地址:湖南省郴州市北湖工业园
邮　编:423000
法　人:张保庆
Tel:0735－2156216
Fax:0735－2156236

**长沙大吉门窗集团公司**
地址:湖南省长沙市雨花区劳动东路79号
负责人:刘景琳
Tel:13036798290

**广东中南建设物业发展总公司湖南分公司**
地址:湖南省长沙市雨花区韶山路449号福乐名园一号栋西单元302号
负责人:彭新明
Tel:0731－85451528

## 郴州市绿地工程有限责任公司
业务:本公司是集风景园林、园林绿化、园林建筑工程的规划设计、施工、房地产开发,花卉苗木的科研、繁育、生产、销售,国际贸易,技术合作以及园林旅游等为一体的城市园林绿化二级施工企业,是一支在湖南省,特别是郴州市的城市园林绿化史上作出过突出贡献的重要城市园林绿化力量。
地址:湖南省郴州市人民西路18号
邮　编:423000
法　人:唐征贵
Tel:0735－2326329
Fax:0735－2326329

## 衡阳市民众房地产开发有限公司
业务:房地产开发
地址:湖南省衡阳市雁峰区黄白路104号
负责人:何龙增　邮　编:421001
法　人:何龙增
Tel:13974711616
0734－8161588

**长沙市金钻物业管理有限公司**
地址:湖南省长沙市雨花区万家丽路(长远华樟名府101房)
负责人:唐利民

Tel:0731－82259659

**长沙高新开发区圣基房地产开发有限公司**
地址:湖南省长沙市岳麓区长沙高新开发区麓谷大道662号软件中心大楼后栋2楼
负责人:杨健来
Tel:13509633510

## 湖南湘达环保工程有限公司
业务:湖南湘达环保工程有限公司生产、销售以及环保工程的设计、安装、运营和维护为一体的专业环保企业,欢迎新老客户来电洽谈业务。
地址:湖南省汨罗市高泉南路37号
负责人:熊国富　邮　编:414400
法　人:熊国富
Tel:0730－5242118
5231415

**湖南湘晟房地产开发有限公司**
地址:湖南省长沙市岳麓区银盆南路208号沁园春小区临江阁15楼
负责人:祝云
Tel:13905150395

## 永顺县湘顺木业销售部
业务:经营装潢材料
产品:实木门、地板、线条
地址:湖南省吉首市永顺县灵溪镇河西街
负责人:张顺平　邮　编:416700
法　人:张顺平
Tel:13574353032
0743－5230388

**常德市鼎城区周家店镇兴隆砖瓦厂**
地址:湖南省常德市鼎城区周家店镇九岭村
负责人:梁战坤
Tel:0736－7661888

**鸿维建材有限公司**
地址:湖南省常德市洞庭大道金城小区
负责人:徐鸿飞
Tel:0736－7087588
7271688
13607360518

## 衡阳市诚信物业管理有限责任公司
业务:衡阳市诚信物业管理有限责任公司主要从事物业管理,以"业户的好管家、开发商的好帮手"为职业目标,精心打造劳动密集型行业中的管理密集型企业,追求物业管理市场中遥遥领先的综合竞争优势。
地址:湖南省衡阳市高新技术产业开发区长丰大道金星花园2－5号
邮　编:421001
法　人:贺训斌
Tel:0734－8852103
8817331

## 耒阳市裕景陶瓷店
业务:经营内、外墙面砖
地址:湖南省耒阳市体育路57、58号
负责人:欧阳昭和　邮　编:421001
法　人:欧阳昭和
Tel:0734－2554369
13875698772

**汉寿县金诚房地产开发有限公司**
地址:湖南省常德市汉寿县龙阳镇南岳路(工商局对面)
负责人:王建常
Tel:0736－2880938

**常德卧竹风景园艺有限公司**
地址:湖南省常德市汉寿县株木山集镇
负责人:徐克利
Tel:0736－2861938

**四友联谊建材厂**
地址:湖南省常德市澧县码头铺镇
负责人:廖如柏
Tel:0736－3481831
13873689386

## 浙江绍兴南池凿井工程队驻衡阳防腐打井队
业务:浙江绍兴南池凿井工程队驻衡阳防腐打井队专业从事防腐、打井,热诚欢迎广大客户来电来函,咨询业务!
地址:湖南省衡阳市和平小区23栋3单元106号
负责人:赵水荣　邮　编:421002
法　人:赵水荣
Tel:0734－8332820

## 冷水江市永祥混凝土有限公司
业务:生产、销售混凝土预制件
产品:预制排水管、预制方砖
地址:湖南省冷水江市金竹山乡大平村
负责人:李志强　邮　编:417500
Tel:15973869999
13337383338

**湘福新型建材有限公司**
地址:湖南省常德市临澧县安福工业园
负责人:刘明华
Tel:13873619227

**兴鼎建材有限公司**
地址:湖南省常德市石板滩镇
负责人:胡宽永
Tel:0736－7481378

13707360283

**衡山景华园林绿化有限公司**
业务：衡山景华园林绿化有限公司成立于2006年，从事园林绿化工程，景观设计施工，欢迎来电洽谈业务。
地址：湖南省衡阳市衡山县开云镇金峰村委会
负责人：李桂梅　邮　编：421300
法　人：李桂梅
Tel：0734－5889288
Mobile：13975458397
网址：www.mtw28583.chinapyp.com

**桃源县九溪水泥有限责任公司**
地址：湖南省常德市桃源县九溪乡狮子村
负责人：郑浩然
Tel：13786602323

**醴陵市盛日建材商行**
业务：鹰牌卫浴
地址：湖南省醴陵市阳三石办事处泉湖路71号
负责人：魏建军　邮　编：412200
法　人：魏建军
Tel：0731－23027888

**桃源县天慧园林建设有限公司**
地址：湖南省常德市桃源县漳江镇漳江北路
负责人：夏慧琼
Tel：13975646290

**常德蓝光装饰设计工程有限公司**
地址：湖南省常德市武陵区三岔路龙昌滨湖苑1栋
负责人：张光辉
Tel：13077253089

**湖南省辰溪华中莫来石有限责任公司**
业务：湖南省辰溪华中莫来石有限责任公司成立于2003年，主要生产销售莫来石，欢迎来电洽谈业务。
地址：湖南省怀化市辰溪县火马冲镇
邮　编：胡永明　邮　编：419512
法　人：张仁靠
Tel：0745－5421427
5423226
网址：mtw25832

**娄底市经济开发区五江防水材料经销部**
业务：防水材料
地址：湖南省娄底市经济开发区五江建材城B区3栋16号
负责人：邓桂华　邮　编：417000
法　人：邓桂华
Tel：13327388973
0738－8678789
Fax：0738－8678789

**安仁县星城建筑有限责任公司**
地址：湖南省郴州市安仁县城关镇七一东路37号
负责人：肖胡生
Tel：13907357636

**郴州市深科新型建材有限公司**
地址：湖南省郴州市白露塘镇锁石桥(郴资路锁石桥收费站旁)
负责人：卢达斌
Tel：0735－2864388

**北湖综合农贸市场物业管理有限公司**
地址：湖南省郴州市北湖农贸市场
负责人：李炳国
Tel：0735－2266922
13607356818

**娄底市顺安爆破有限公司**
业务：一般土岩爆破
地址：湖南省娄底市娄星区湘阳路东街(无线通信局八楼)
负责人：周剑　邮　编：417000
法　人：周剑
Tel：0738－8182958

**靖州县木易木材有限责任公司**
业务：靖州县木易木材有限责任公司成立于2005年，是以木材加工、销售为主的企业。公司以质量第一、信誉第一为宗旨，立足市场，服务经济建设，取信广大新老客户，树立企业良好形象，公司为了进一步开拓发展，真诚欢迎全国各地适销本公司产品的企业，客户与本公司联系洽谈，实地考察合作。
地址：湖南省怀化市靖州苗族侗族自治县药材市场8幢4号
邮　编：418400
法　人：杨修毅
Tel：0745－8227178
Fax：0745－8227178

**博纳泽工贸有限责任公司**
地址：湖南省郴州市郴州电脑城212号(长宏电脑网络商行)
负责人：曹惠娟
Tel：0735－2273779
13975733328

**郴州市万利房地产开发有限责任公司**
地址：湖南省郴州市飞虹路1－14号
负责人：朱跃初
Tel：13807355201

**双峰县三塘铺镇九房头采石场**
业务：石材经营
地址：湖南省娄底市双峰县三塘铺镇山冲村新元组(九房头)
负责人：戴炉全　邮　编：417000
法　人：戴炉全
Tel：0738－6249002

**郴州志诚房地产开发公司**
地址：湖南省郴州市开发区招商楼508号
负责人：刘加燕
Tel：13875506871

**怀化市永鑫置业发展有限公司**
业务：怀化市永鑫置业发展有限公司成立于2006年，经营房地产开发，承接工程建设，欢迎来电垂询。
地址：湖南省怀化市沅陵县沅陵镇建设银行2楼
负责人：吴维欣　邮　编：419600
法　人：蔡龙溪
Tel：0745－4232668
Fax：0745－4235677
网址：www.mtw28694.chinapyp.com

**郴州岳垣房地产开发有限责任公司**
地址：湖南省郴州市同心路2号(原玻璃厂办公楼2楼201房)
负责人：张鹏
Tel：0735－2222851

**欧豪古典建筑装饰有限公司**
地址：湖南省郴州市万华岩镇增湖村
负责人：谢志平
Tel：0735－2185579
13319678718

**五里牌钛美铝材店**
业务：钛美铝材、玻璃
地址：湖南省娄底市双峰县五里牌复兴西路
负责人：肖自立　邮　编：417000
法　人：魏美英
Tel：0738－6883477
13973827136

**天福物业有限公司**
地址：湖南省郴州资兴市鲤鱼江镇大兴路31号
负责人：马冬平
Tel：0735－3233163
13347357672

**雄鹰房地产开发有限责任公司**
业务：雄鹰房地产开发有限责任公司成立于2004年，从事房地产开发、建筑工程施工总成包、旅游开发、建材、五金零售。我们将以长远的眼光和最为诚挚热情的胸怀与各商家通力合作，共创辉煌！
地址：湖南省怀化市沅陵县中南门雄鹰城市广场
邮　编：419600
法　人：熊泽英
Tel：0745－4228599
Fax：0745－4235461

**衡阳市吉欣物业有限公司**
地址：湖南省衡阳市高新开发区38号
负责人：刘伟
Tel：0734－8868031

**衡阳市非凡装饰设计有限公司**
地址：湖南省衡阳市华新开发区西外环路东侧三楼
负责人：王忠华
Tel：0734－8853533

**双峰县杏子粉灰厂**
业务：粉灰
地址：湖南省娄底市双峰县杏子铺镇品端村
负责人：阳春华　邮　编：417000
法　人：阳春华
Tel：13707383754
0738－6331154

**衡阳市木源装饰设计工程有限公司**
地址：湖南省衡阳市华新开发区延安路
负责人：陈立云
Tel：0734－2551859

**衡阳市湘江木业有限责任公司**
地址：湖南省衡阳市雁峰区白沙洲欧水岭47号
负责人：张前胜
Tel：0734－8461339

**双峰县亭峰木业合成压板厂**
业务：合成压板
地址：湖南省娄底市双峰县梓门桥镇茶亭村
负责人：吴景文
法　人：吴景文
Tel：0738－6552300

**湖南省醴陵市傲立防腐保温工程有限公司**
业务：湖南省醴陵市傲立防腐保温工程有限公司成立于2005年，现有员工100余人，从事防腐保温工程施工。
地址：湖南省醴陵市沈潭镇夏新村
邮　编：412200
法　人：丁傲中
Tel：0733－3364019
Fax：0733－3364059

**迅源装饰设计有限公司**
地址：湖南省衡阳市石鼓区解放路202号
负责人：肖彪生
Tel：0734－8233129
13973462087

**湖南鑫茂园林建设有限公司**
地址：湖南省衡阳市岳屏公园2号
负责人：全秀珍
Tel：0734－8153746
13908441497

**国达彩瓷厂**
业务：国达彩瓷厂位于湖南省醴陵市，公司成立于1999年，主要以生产陶瓷为主，包括各种类型的杯、碗、盘子、套具等。生产的产品销往国内外，主要销往俄罗斯。
地址：湖南省醴陵市阳三石路76号
邮　编：412205
法　人：唐仕红
Tel：0733－3025198
Fax：0733－3025198
网址：www.hngd.chinapyp.com

**衡阳市意程隆物业管理有限公司**
地址：湖南省衡阳市蒸湘区解放西路173号
负责人：欧召良
Tel：13507345538

**衡阳市明成湘江水泥有限公司**
地址：湖南省衡阳市蒸湘区幸福路58号
负责人：吴会明
Tel：13875781636

**天瑞建材有限公司**
业务：外墙保温材料、大理石、瓷砖
地址：湖南省邵阳市大祥区敏州西路敏州大厦2号
负责人：陈剑南　邮　编：422000
法　人：贺欣安
Tel：15897399333
0739－2339333

**金麟房地产开发有限公司**
地址：湖南省衡阳市珠晖区东风路2号
负责人：冯志喜
Tel：13975491888

**羊楼司拼花地板条厂**
业务：本公司成立于1993年，拥有10多个员工。主要经营木板、木材的加工与销售。10多年来，我们以卓越的品质竭诚为您服务。
地址：湖南省临湘市羊楼司镇尖山南街
邮　编：414300
法　人：舒洪丁
Tel：0730－3984633

**虎林板材厂**
地址：湖南省洪江市安江镇玩具公司内
负责人：贺俊俄
Tel：13874592240

**怀化市金帝房地产开发有限公司**
地址：湖南省怀化市河西舞阳大道(宝庆商贸城9号楼)
负责人：汤回成
Tel：0745－2315555

**湘潭县石鼓镇鸿发建材店**
业务：销售建材、承接建筑工程
地址：湖南省湘潭市湘潭县石鼓镇海鸥路
负责人：朱海涛　邮　编：411226
法　人：朱海涛
Tel：13517322339
0731－57875118

**怀化市银龙房产实业有限公司**
地址：湖南省怀化市河西舞阳大道(家电城)
负责人：李旺
Tel：0745－2310678

**湘潭县信和房屋拆迁有限公司**
业务：公司本着一流的服务质量，热情的工作态度，承接各级政府及建设单位委托城市房屋拆迁、土方挖运、水泥基块、定向爆破等工程，我们期待与您共创美好未来。
地址：湖南省湘潭市湘潭县易俗河镇凤凰中路梧桐小区步行街2－4栋
负责人：曹治国　邮　编：411228
法　人：赵胜
Tel：0731－57222278
Fax：0731－57222278
E-mail：276058316@qq.com

**双峰县青树振兴建筑劳务有限公司**
业务：本公司成立于2006年，主要从事建筑劳务工程。
地址：湖南省娄底市双峰县青树坪镇青三路(从丰学校旁边)
负责人：陈贞祥　邮　编：411500
法　人：陈贞祥
Tel：0738－6741908

**怀化市金汇长城石业有限公司**
地址：湖南省怀化市红星中路
负责人：舒斯维
Tel：0745－2725211

**怀化荣发设计装饰有限公司**
地址：湖南省怀化市怀芷路
负责人：余峰
Tel：13874556970

**靖州县规划设计室**
地址：湖南省怀化市靖州苗族侗族自治县渠阳西路
负责人：王勇
Tel：0745－8224771

**双峰县茶亭合成压板厂**
业务：双峰县茶亭合成压板厂主要生产细木工板。产品质量保证，价格从优，欢迎前来选购！
地址：湖南省娄底市双峰县梓门桥镇茶亭村委会载塘加组
负责人：吴景学　邮　编：417700
法　人：吴秋成
Tel：0738－6552191

**湖南省通道县通郦水泥有限责任公司**
地址：湖南省怀化市通道侗族自治县双江镇棉花地
负责人：吴祥榜
Tel：0745－8623440

**经典新一代装饰设计有限公司**
地址：湖南省怀化市迎丰西路289号2楼
负责人：杨泽光
Tel：0745－2242267
13974593089

**益阳市国旺园林有限公司**
业务：园林绿化，苗木的种植与销售，培育大型香樟、桂花、杜荫、广玉兰、栾树
产品：大型香樟、桂花、杜荫、广玉兰、栾树
地址：湖南省益阳市沧水铺镇珠波塘村
负责人：杨国贤　邮　编：413000
法　人：杨国贤
Tel：13807377819
0737－4721119
Fax：0737－4721119

**桃花庄装饰材料有限公司**
地址：湖南省怀化市沅陵县马底驿乡喜眉村
负责人：文爱华
Tel：0745－4651188
13034887348

**湖南新化县星宇炉料有限公司**
业务：湖南新化县星宇炉料有限公司成立于2002年，从事锌冶炼、探发窑用铬尖晶石砖、铬渣砖、PA磷酸、耐磨砖、高荷软砖及各种不定型耐火材料。本公司将以最佳的质量，最好的服务，最优的价格，真诚地欢迎新老客户光临惠顾，愿我们合作愉快。
地址：湖南省娄底市新化县青峰村
邮　编：417600
法　人：孙政怡
Tel：0738－3217868
Fax：0738－3217868

**吉凤投资开发有限责任公司**
地址：湖南省吉首市人民南路69号
负责人：向顺荣
Tel：0743－8532789
13762122222

**华洁石材工艺有限公司**
地址：湖南省耒阳市五一南路107国道
负责人：兰开华
Tel：13707473117

**湖南省南县星源活性炭制造有限公司**
业务：活性炭制造、销售
地址：湖南省益阳市南县南洲镇
负责人：熊志希　邮　编：413200
法　人：熊志希
Tel：0737－5229028
5233666
13973684017

**汨罗市西北麻石厂**
业务：湖南省汨罗市西涨麻石厂，建厂于1976年，是生产麻石除尘器历史悠久的专业厂家。具有多年的生产实践经验和技术实力，产品畅销全国，出口远销到马来西亚，菲律宾等国。本厂生产麻除尘有石质冲击式水浴脱硫、麻石水膜、旋流脱硫三个系列，二十八个规格型号。是湖南省麻石除尘行业的名星企业。
地址：湖南省汨罗市川山镇川山坪中街9#
邮　编：414405
法　人：卢新赞
Tel：0730－5840039
Fax：0730－5840039

**瑞通招标代理有限公司**
地址：湖南省醴陵市江源开发区6号财政局院内瑞通招标代理处
负责人：黄敏
Tel：13907414757

**栗山坝硅质耐火泥厂**
地址：湖南省醴陵市栗山坝乡江富村
负责人：王阳生
Tel：13974109218

**中意房地产开发有限公司**
地址：湖南省龙山县民安镇长沙路25号
负责人：邓顺泽
Tel：13574324248

**邵东县金利投资置业有限公司**
业务：邵东县金利投资置业有限公司成立于2002年，主要从事房地产开发、开矿等业务。多年来公司敢于开拓、锐意进取，以

质量为生命、顾客为焦点、服务为宗旨的理念。在市场竞争中树立了良好形象。
地址:湖南省邵东县新衡宝路 1327 号
邮　编:422800
法　人:夏怡炉
Tel:0739－2611668
Fax:0739－2665888
网址:www. hnjltz. chinapyp. com

**益阳市中浩园林绿化有限责任公司**
业务:园林绿化
地址:湖南省益阳市桃江县桃花江镇芙蓉路锦秀佳园
负责人:龚浩　邮　编:413000
法　人:龚浩
Tel:13507379222
0737－3284222

**皇力门业有限公司**
地址:湖南省娄底市娄星南路(交警大队门面)
负责人:李小云
Tel:0738－8220026
13337389188

**娄底园艺科学研究所**
地址:湖南省娄底市娄星区茶园镇
负责人:刘兰兰
Tel:0738－78491933

**湖南省娄底娄星区涟钢建工集团**
地址:湖南省娄底市娄星区黄泥塘办事处
负责人:朱远胜
Tel:13337385618

**金龙灯饰城**
业务:金龙灯饰城创建于 1994 年,是一家集多种名优灯饰品牌于一身的大型灯饰超市,品种上万种。我们以奉行勇于进取,真诚合作的精神,以高品质、高技术含量和合理的价格以及优质服务,满足于广大的客户。
地址:湖南省邵阳市建材城金龙灯饰
负责人:岳金美　邮　编:422000
法　人:雷定成
Tel:0739－5161808

**益阳市朝阳姣龙门业经营部**
业务:门窗制作
地址:湖南省益阳市维克市场 C 区 2 栋
负责人:刘创姣　邮　编:413000
法　人:刘创姣
Tel:13973762839
18907372525

**娄底市建设房地产开发有限公司**
地址:湖南省娄底市娄星区乐坪西街
负责人:刘庆颐
Tel:0738－8873620

**双峰县建筑工程有限公司**
地址:湖南省娄底市双峰县永丰镇复兴路
负责人:刘舒民
Tel:0738－6822398
13307383139

**金工板业有限公司**
地址:湖南省邵阳市白马工业基地管委会省物探院大门口旁
负责人:李日升
Tel:0739－5281368
13873987688

**邵阳市宝庆质量安全检测技术有限公司**
地址:湖南省邵阳市北塔区江北汽配城 11 栋 6、8、10 号
负责人:伍国渊
Tel:0739－2363899

**益阳市诚信园林有限公司**
业务:苗木销售,绿化施工
地址:湖南省益阳市迎风桥镇新塘村
负责人:匡建军　邮　编:413000
法　人:匡建军
Tel:13973737908
0737－4625908
Fax:0737－4625908

**益阳市匡民装饰安装维修有限公司**
业务:生产与销售各类不锈钢制品,不锈钢门窗业务,装饰装修,水电安装维修,金属焊接加工
产品:各类不锈钢制品
地址:湖南省益阳市资阳区三益街 85 号
负责人:龚建华　邮　编:413000
法　人:龚建华
Tel:0737－3337928

**周官桥刨花板厂**
地址:湖南省邵阳市邵东县周官桥工业小区
负责人:裴小峰
Tel:0739－2141999
13973951898

**湖南省邵阳市冶金建材厂**
业务:湖南省邵阳市冶金建材厂成立于 1995 年,生产建材,产品有砂石、水泥砖,欢迎新老客户来电洽谈业务!
地址:湖南省邵阳市双清区两路口 100 号
负责人:彭东南　邮　编:422000
法　人:彭东南
Tel:0739－5322431
5225950

**邵阳路达工程建设有限公司**
地址:湖南省邵阳市双清区东大路 442 号
负责人:陈立忠
Tel:13973962973

**满门红装饰工程有限公司**
业务:满门红装饰工程有限公司成立于 2006 年,专业从事室内装修工程,建材销售。我们以市场为指导,以质量、服务、信誉为宗旨,以雄厚的技术力量、高品质的产品,赢得广大用户的青睐和肯定。
地址:湖南省邵阳市邵阳县塘渡口白虎街 874 号
负责人:吕小林　邮　编:422100
Tel:0739－6831833

**邵东县恒大建筑材料有限公司**
地址:湖南省邵阳市邵东县两市镇白沙路 56 号
负责人:李德新
Tel:13973981549

**湖南省邵乐金属型材有限公司**
地址:湖南省邵阳市邵东县余田桥镇
负责人:陈文
Tel:0739－2738488

**绥宁县玉佳板业有限责任公司**
地址:湖南省邵阳市绥宁县长铺镇大公坪 9 号
负责人:王会柱
Tel:13973945949

**永州市东安县微利多建材商行**
业务:水电材料
地址:湖南省永州市东安县白牙市镇建设大道 164－168 号
负责人:蒋秋明　邮　编:425900
法　人:蒋秋明
Fax:13787680099

**绥宁县路发公路桥梁建设有限公司**
地址:湖南省邵阳市绥宁县绥宁县长铺镇长征路四零七号
负责人:罗建平
Tel:0739－7611130

**新邵县洪溪水泥有限责任公司**
业务:新邵县洪溪水泥有限责任公司成立于 1986 年,公司所生产的"泉石牌"425＃普通硅酸盐水泥,各项品质指标优于国家标准。产品适用于道路、大坝、桥梁、高层建筑等工程建设。质优价平,深受广大用户欢迎。
地址:湖南省邵阳市新邵县坪上镇磨石村
邮　编:422911
法　人:钟仁安
Tel:0739－3530185
Fax:0739－3530185

**邵阳市北塔区创辉园艺场**
地址:湖南省邵阳市新邵县茶元头马家回族村
负责人:朱道创
Tel:13517422213

**江永县顺发石场**
业务:石材加工销售
地址:湖南省永州市江永县城东路(洪发木材加工厂)
负责人:阳军磊　邮　编:425000
法　人:阳军磊
Tel:0746－5858666

**武冈市云峰水泥有限公司**
地址:湖南省邵阳武冈市龙溪镇连山坪村
负责人:陈立彪
Tel:0739－4561288
13873979999

**湘潭县建发石灰厂**
地址:湖南省湘潭市湘潭县响塘乡农科村
负责人:黄发益
Tel:13327326976

**安化县建筑工程公司**
业务:安化县建筑工程公司于 1950 年创建,现有员工 500 余人,是一个具有 50 年建筑历史的国家三级施工企业。
地址:湖南省益阳市安化县东坪镇煤建路 3＃
邮　编:413500
法　人:李景山
Tel:0737－7224708
Mobile:13807376689
Fax:0737－7224708

**长城水暖建材经营部**
地址:湖南省湘潭市雨湖区砂子岭潭邵路 17 号
负责人:陈江平
Tel:0731－52320679
13973208062

**祁阳县浯溪镇时美装饰兴湘板材营销中心**
业务:室内外装修板材、五金门窗及装饰材料
地址:湖南省永州市祁阳县浯溪镇新兴路 386 号
负责人:李石山　邮　编:426100
法　人:李石山
Tel:0746－3281982
15907473982

**富丽山川装饰设计工程有限公司**
地址:湖南省湘潭市岳塘区河东大道红旗公寓 1 号门面
负责人:夏建良
Tel:13807328415

**昭山经济建设投资有限公司**
地址:湖南省湘潭市岳塘区易家湾街道 101 大院 100 号
负责人:唐秋阳
Tel:0731－53582579
13907329596

**花垣县城园房地产开发有限责任公司**
地址:湖南省湘西土家族苗族自治州花垣县建设中路老政府
负责人:刘志球
Tel:13907431305

**双牌县兔宝宝健康饰材经销店**
业务:板材
地址:湖南省永州市双牌县平阳路
负责人:肖立新　邮　编:425000
法　人:肖立新
Tel:0746－6211666

**谢林港镇复兴砂石预制场**
业务:本公司成立于 2002 年,主要经营:水泥预制板,砂石加工,销售
地址:湖南省益阳市赫山区谢林港镇复兴村
邮　编:413000
法　人:卜芝林
Tel:0737－6710299
Fax:0737－6710299

**吉首市宇园林绿化有限责任公司**
地址:湖南省湘西土家族苗族自治州吉首市人民南路金宏商业广场内
负责人:张光照
Tel:13907438401

**湘西自治州湘银投资置业有限责任公司**
地址:湖南省湘西土家族苗族自治州吉首市文艺路 3 号
负责人:邓为成
Tel:13974389028

**益阳春华房地产开发有限公司**
地址:湖南省益阳市赫山区办事处毛家塘居委
负责人:周春华
Tel:0737－6101199

**永州市关爱置业发展有限公司**
业务:工业厂房租赁,物业管理,建材销售,建筑安装,装饰和装潢
地址:湖南省永州市新田县委党校
负责人:杨凤莲　邮　编:425700
法　人:刘晓晴
Tel:0746－4713839
Fax:0746－4713839
网址:www. xcec. com
E-mail:xtcec@163. com

**益阳市交通建设工程试验检测有限公司**
地址:湖南省益阳市赫山区长益路粟公巷 50 号
负责人:杨年红
Tel:0737－4203557

**湖南桃江县元通置业有限公司**
业务:湖南桃江县元通置业有限公司成立于 2006 年,主要从事于房地产、酒店、小商品市场等。公司以"质量求生存、信誉求发展",欢迎广大用户光临惠顾!
地址:湖南省益阳市桃江县休闲广场团山大厦 1 楼 5 号
负责人:徐解放　邮　编:453600
法　人:徐解放
Tel:0737－8218801
8218881
Fax:0737－8218886

**益阳万城国际家居大世界物业管理有限公司**
地址:湖南省益阳市赫山区火车站对面(金山路与迎宾路交汇处)
负责人:张范良
Tel:0737－2611188

**湖南同升房地产开发有限公司**
业务:房地产开发
地址:湖南省沅江市巴山西路
负责人:周先生　邮　编:413100
法　人:张卫兵
Tel:0737－2739883

**鑫五环(益阳)房地产开发有限公司**
地址:湖南省益阳市赫山区龙洲中路金城花园南楼 410 号
负责人:陈宛声
Tel:0737－4381395

**复兴砂石预制场**
地址:湖南省益阳市赫山区谢林港镇复兴村
负责人:卜芝林
Tel:13507371676

**益阳天辰物业管理有限公司**
业务:益阳天辰物业管理有限公司是一家物业管理资质的专业物管企业,公司在日常物业管理中,坚持"以诚相待、以信为本"的企业宗旨,坚持"人性化"的服务,作好开发商的参谋,业主利益的忠实代言人,受到开发商和业主的信赖。
地址:湖南省益阳市资阳区三益南街 210 号
负责人:施云林　邮　编:413001
法　人:施云林
Tel:0737－3266888
2626333
E-mail:shiyunlin22888@yahoo. com. cn

**沅江市湖乡新村建设有限公司**
业务:房屋及水利工程建筑
地址:湖南省沅江市南大镇
负责人:马正庚　邮　编:413100
法　人:马正庚
Tel:13016147100

**华威木业经营部**
地址:湖南省益阳市赫山区银城大市场 A 区 15－16 号
负责人:孙月华
Tel:0737－6500648
13973712518

**南县普华房地产开发有限公司**
地址:湖南省益阳市南县南洲镇双堰路
负责人:熊吉人
Tel:0737－5216788

**沅江市辉达机械化施工有限公司**
地址:湖南省益阳市沅江市泗湖山镇
负责人:鼓立虹
Tel:13874303656

**欧美欧室内外装饰工程有限公司**
业务:本公司成立于 2004 年,拥有 30 多名员工,主要经营生产水泥彩瓦、欧式材料、防水材料、真石漆。(以上产品都可以技术转让)
地址:湖南省永州市凤凰园迎春路 28 号
邮　编:425000
法　人:唐红梅
Tel:0746－8445258

**岳阳市大工匠装饰工程有限公司**
业务:从事室内外装饰设计施工,专业是一种沉淀,是大工匠装饰走上品牌的支柱
地址:湖南省岳阳市巴陵中路九盛欣邦写字楼
负责人:王雄　邮　编:414000
法　人:王雄
Tel:0730－8226566



**强胜卫材有限公司**
地址:湖南省永顺县灵溪镇大桥街 162 号
负责人:张前汉
Tel:0743－5235523
13907433448

**湖南省东安舜皇水泥有限责任公司**
地址:湖南省永州市东安县白牙市镇建设西路
负责人:唐开忠
Tel:0746－4212805

**湖南广聚源房地产开发有限公司**
地址:湖南省永州市凤凰园中心花坛城市商业广场 7 楼
负责人:陈山龙
Tel:0746－8221898

**宁远县运发房地产开发有限公司**
业务:本公司成立于 2006 年,主要从事房地产开发。
地址:湖南省永州市宁远县舜陵镇重华南路 76 号
负责人:阙运林　邮　编:625000
法　人:阙运林
Tel:0746－7239237

**岳阳市箭牌卫浴陶瓷销售中心**
业务:卫浴陶瓷销售
地址:湖南省岳阳市太阳桥建材广场 28 栋
负责人:王命魁　邮　编:414000
法　人:卓国清
Tel:0730－3362016
13762062766

**湖南方圆工程咨询监理有限公司永州分公司**
地址:湖南省永州市冷水滩区翠竹路检察院旁
负责人:王阳春
Tel:13974618853

**永州市华南建设工程有限公司**
地址:湖南省永州市冷水滩区凤凰园渡假村梧春小区
负责人:李安
Tel:13974619878

**永州市云路房地产开发有限公司**
地址:湖南省永州市冷水滩区零陵南路 993 号
负责人:唐健
Tel:13638410388

**湘阴县蓝天物业管理有限责任公司**
业务:物业管理
地址:湖南省岳阳市湘阴县文星镇滨江大道滨江茗园
负责人:郑运辉　邮　编:410500
法　人:郑运辉
Tel:13874028609
13469266188

**湖南省岳阳市欣发人造板有限公司**
业务:湖南省岳阳市欣发人造板有限公司成立于 2002 年,从事建筑材料生产销售。产品有建筑模板、桥梁模板、免烧砖托板等。公司热诚欢迎各界同仁光临惠顾。
地址:湖南省岳阳市平江县伍市镇莲花村

邮　编:414000
法　人:李九如
Tel:0730－6801868
Fax:0730－6801868

**万盛建筑有限公司**
地址:湖南省永州市冷水滩区零陵中路 143 号
负责人:万满宝
Tel:0746－8441116
13973481553

**永州市时兴房地产开发有限公司冷水滩分公司**
地址:湖南省永州市冷水滩区零陵中路 833、854 号
负责人:李亮英
Tel:0746－8416168

**岳阳市文良建筑劳务有限公司**
业务:建筑劳务
地址:湖南省岳阳市岳阳楼区花板桥金虹大厦湖南六建
负责人:简文　邮　编:414000
法　人:简文
Tel:13007309718
网址:http://www.51zzt.com/user/zzt33084

**永州广利来房地产有限公司**
地址:湖南省永州市冷水滩区双舟路 97 号
负责人:李良树
Tel:13085440996

**沛县防腐保温工程总公司岳化项目部**
业务:沛县防腐保温工程总公司岳化项目部成立于 1982 年,主要从事防腐保温工程及设备管道安装。客户至上,信誉第一,竭诚欢迎广大客户来电咨询。
地址:湖南省岳阳市云溪区
邮　编:414000
法　人:赵宝国
Tel:0730－8497579
Fax:0730－8497579

**永州市中大特种水泥有限责任公司**
地址:湖南省永州市冷水滩区珍珠路 298 号
负责人:胡忠林
Tel:0746－8413396

**建筑模板厂**
地址:湖南省永州市宁远县舜陵镇工业园一区
负责人:唐仲义
Tel:0746－7373186
13874643815

**茶陵县浣溪镇小军水暖材料店**
业务:太阳能,电热水器,金杯电线,九牧洁具,室内厂房的水电设计,安装,室内装潢。
地址:湖南省株洲市茶陵县浣溪镇
负责人:刘小军　邮　编:412400
法　人:刘小军
Tel:13574282911
13618435559

**振聖物资贸易有限公司**
地址:湖南省永州市祁阳县浯溪镇平安路消防队隔壁拉丝厂附近
负责人:刘胜利
Tel:0746－3236799
3265838
13307468197

**永州市华美房地产开发有限公司**
地址:湖南省永州市芝山区黄古山安居小区
负责人:邓新华
Tel:13974621757

**岳阳市大众空调水质处理服务有限公司**
业务:岳阳市大众空调水质处理服务有限公司成立于 1999 年,主要从事中央空调水质分析、水质处理,中央空调设计、维修、安装服务。
地址:湖南省岳阳市正湘行大厦五楼 503
邮　编:414000
法　人:郑孟军
Tel:0730－8244180
Fax:0730－8244180

**洞庭木业有限公司**
地址:湖南省岳阳市华容县万庾镇富强村
负责人:竺先金
Tel:0730－4595688
13593823263

**岳阳汇影置业有限公司**
地址:湖南省岳阳市炮台山路新胜巷
负责人:白石华
Tel:0730－8223516

**湘潭县恒湘木业有限公司**
业务:专业生产高中档建筑模板,规格齐全,产品具有强度高,韧性好等优点,欢迎新老客户前来洽谈业务!
产品:建筑模板、清水模板
地址:湖南湘潭县乌石镇(原政府院内)
负责人:谭建雄　邮　编:411209
法　人:谭建雄
Tel:13873277698
13973297155

**欣发人造板有限公司**
地址:湖南省岳阳市平江县伍市镇莲花村
负责人:李九如
Tel:0730－6801868

13707409589

**振辉木业有限公司**
地址:湖南省岳阳市屈原管理区营田镇
负责人:阳应辉
Tel:0730－5720988
13787999849

**株洲新湘交通建筑安装有限公司**
业务:我公司成立与 2000 年,专业从事工业建筑安装及电力安装,我们将以一流的质量、一流的服务宗旨竭诚为广大客户服务。
地址:湖南省株洲荷塘区麻园 1 村 6 栋
负责人:周禄益……邮　编:412000
Tel:0733－8213679

**城市建设投资有限责任公司**
地址:湖南省岳阳市湘阴县文星镇江东东路
负责人:刘正仁
Tel:0730－2268406
13307400399

**凉亭山轻型建材厂**
地址:湖南省岳阳市岳阳楼区凉亭山北港乡望岳村万家组
负责人:佘关心
Tel:13973056146

**湘株水泥管有限公司**
地址:湖南省岳阳市岳阳县筻口镇
负责人:石宏林
Tel:0730－7377015
13874017709

**明沛建材有限公司**
地址:湖南省张家界市慈利县苗市镇苗市居委会
负责人:李书源
Tel:0744－3577244
13327242620

**新荷花水泥制品厂**
地址:湖南省张家界市水利局
负责人:刘大圣
Tel:13907446867

**株洲市宏信特种建材有限公司**
业务:本公司成立于 2000 年,拥有 20 多名员工。本公司专业生产水泥助磨剂,混凝土外加剂.拥有自己的技术研发中心和独立的生产基地.产品全部为液体,使用方便.诚望与水泥生产企业,水泥粉磨站,混凝土搅拌站,大型建筑商携手合作,共创辉煌.
地址:湖南省株洲市攸县城关镇新城路
邮　编:412300
法　人:邓民慧
Tel:0733－4256991
Fax:0733－4256991

**永兴不锈钢玻璃有限公司**
地址:湖南省张家界市五金建材大市场 E3 幢 12 号
负责人:屈国聪
Tel:13907440284

**广益建材批发部**
地址:湖南省株洲市白石港建材大市场大门口
负责人:罗炳炎
Tel:0731－22201218
13507333578

**宏伟装饰行**
地址:湖南省株洲市北区白石港建材市场 D 座 27－28 号
负责人:曹志伟
Tel:0731－22201141
13873317238

**威高特建筑保护装饰材料厂**
地址:湖南省株洲市北区建设北路 1 号四楼 D54B11
负责人:贺江波
Tel:0731－22325677
13807412232

**株洲市东亚家承置业有限公司**
地址:湖南省株洲市长城大酒店四楼
负责人:刘忠于
Tel:13974131083

**株洲艳阳添装饰设计工程有限公司**
地址:湖南省株洲市荷塘区华湘苑 5 栋 5 号门面
负责人:柳其成
Tel:13074280488

**株洲市长海房地产开发有限公司**
地址:湖南省株洲市荷塘区新华西路 50 号
负责人:潘长海
Tel:0731－28166818

**鹏程金属装饰厂**
地址:湖南省株洲市芦淞区百货批发总公司杨柳冲仓库
负责人:胡星
Tel:13873380900

**德光成套工程有限责任公司**
地址:湖南省株洲市芦淞区南华街 188 号
负责人:王公予
Tel:0731－28522862
13707333157

**株洲市龙盛园林景观艺术工程有限公司**
地址:湖南省株洲市石峰区龙头铺镇镇政府院内
负责人:张雪辉
Tel:13607422461

**金威新型建材经营部**
地址:湖南省株洲市石峰区清水塘清水路 66－13 号
负责人:李双利
Tel:0731－88620297
13973382741

**齐益建材商行**
地址:湖南省株洲市石峰区石峰建材市场 G2 栋 4－5 号
负责人:丁中齐
Tel:0731－22321818
1330741886

**先锋建材厂**
地址:湖南省株洲市石峰区铜藕路 84 号
负责人:欧彬斌
Tel:0731－28308768
13873397458

**湘建电梯贸易有限公司**
地址:湖南省株洲市泰山路留学生创业园 136 号
负责人:周守军
Tel:13327211588

**株洲市诚华房地产投资交易策划有限公司**
地址:湖南省株洲市天元区长江北路(保利大厦 A 座 10 层 11 号)
负责人:高华
Tel:0731－28823670

**株洲万达工程项目管理有限公司**
地址:湖南省株洲市天元区长江北路 1 号建工技协服务中心六楼
负责人:彭健全
Tel:13973368286

**株洲银力混凝土有限公司**
地址:湖南省株洲市天元区泰山路 47 号
负责人:朱劲鹏
Tel:13707310132

**株洲市万邦物业管理有限公司**
地址:湖南省株洲市天元区泰山路明月湖小区 11 栋附 101 号
负责人:王洪海
Tel:0731－28896429

**永新建材贸易有限公司**
地址:湖南省株洲市攸县城关镇攸衡路 1 号
负责人:周春桂
Tel:13517412568

**攸县湘林苗木绿化有限公司**
地址:湖南省株洲市攸县新市镇北街
负责人:张相林
Tel:13974145388

**株洲市第三建筑工程公司株洲县分公司**
地址:湖南省株洲市株洲县太湖乡机关院内
负责人:曾元满
Tel:0731－27241001

## 长沙雪璞净化设备有限公司

长沙雪璞净化设备有限公司成立于2008年，本公司主要经营企业生产车间、空气净化设备、空调设备、实验台、机械设备、轻质隔热夹心板、办公家具、建筑材料、五金交电产品的销售、豪华室内外装修设计与安装、洁净厂房、无菌手术室、无菌净化房、整体设计与制作安装。我们将以完善的服务、优质的产品，热忱期待您的光临！

联系人：黎金许　邮编：410000
电话：0731-83280272　13875823946
地址：湖南省长沙市浏阳生物医药园区物流中心A1栋20号门面

## 洞口县建设工程有限责任公司

洞口县建设工程有限责任公司成立于1975年，本公司主要经营建筑工程、水利水电工程、市政工程、房屋建筑。公司本着"客户第一，诚信至上"的原则，与多家企业建立了长期的合作关系。热忱欢迎各界朋友前来参观、考察、洽谈业务。

联系人：肖友宝
电话：0739-7230196　传真：0739-7225528
地址：湖南省邵阳市洞口县洞口镇蔡锷路
邮编：422000

## 常德市九重天房地产有限公司

常德市九重天房地产开发有限公司成立于2001年5月，具有三级房地产开发资质。公司坚持"以质量求生存，以信誉求发展，开发精品，回馈社会"的经营宗旨，于2003年成功开发了"九重天花园"。该项目被市人民政府列为市旧城区重点改造项目，并被授予"十佳优秀楼盘"和"先进房产开发经营企业"的光荣称号。欢迎来电洽谈业务！

联系人：张焕希
电话：0736-7769599　13873667777
地址：湖南省常德市人民中路九重天花园
电子邮件：ee@123.com　邮编：415000

## 广州大禹防水材料永州市总代理

广州大禹防水材料永州市总代理成立于2008年，本店经销各种高中档防水材料（雨虹、东方雨虹、快立美）。

公司秉承"顾客至上，锐意进取"的经营理念，坚持"客户第一"的原则为广大客户提供优质的服务。欢迎惠顾！

联系人：曾平元
电话/传真：0746-8465199　15974061416
地址：湖南省永州市冷水滩区珊瑚路1号门面　邮编：425000

## 常德市科辉墙材有限责任公司

常德科辉墙材责任有限公司成立于2006年，总投资1800万元（一期工程）主要以粉煤灰为原料生产加气砌块，下设桃源创元粉煤灰经营部，成立于2008年，经营粉煤灰、渣的销售业务。

公司本着"合作互助、共同发展"的宗旨，业务不断扩展的同时，愿与您携手同进、共创美好明天。

联系人：王同贵　13317360680736
电话：0736-6689988　6689688
邮编：415100
地址：湖南省常德市桃源县陬市镇

## 桂东县城关镇家兴装璜部

桂东县城关镇家兴装璜部于2008成立。
从事卷闸门、铝合金、不锈钢门窗的生产、销售及安装服务。
热忱欢迎新老客户光临、惠顾。

联系人：黄正松　13517355923
邮编：423500
电话：0735-6751810　地址：湖南省郴州市桂东县城关镇湘赣路

## 朝阳碎石场

朝阳碎石场主要经营碎石。

我们秉承"顾客至上，锐意进取"的经营理念，坚持"客户第一"的原则为广大客户提供优质的服务。

欢迎广大客户惠顾！

联系人：余中理
13807365567　13907423058
地址：湖南省常德市桃源县架桥镇朝阳村　邮编：415000

## 桂东县城关镇装修材料经营部

本公司成立于2007年6月，本店是立邦漆桂东县总代理商，并且经营装修材料。

我们的服务宗旨是：产品质量一流、服务态度一流、精湛技术一流。

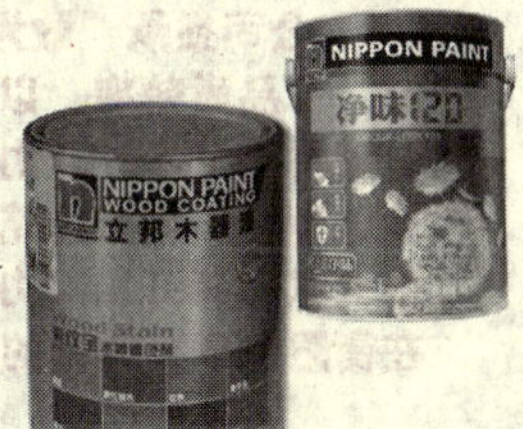


联系人：李天祥　13487850354
电话：0735-8623097　8629777
地址：湖南省郴州市桂东县城关镇西街201号　邮编：423500

## 郴州恒康房地产开发有限公司

郴州恒康房地产开发有限公司成立于2007年，主要从事房地产的开发。公司将一如既往以"诚信守法、优质臻善、以客为尊、环保安全"为管理方针，竭诚为用户提供最佳服务，与社会各界真诚合作，创建更多优秀的建筑产品，共同为我国现代化建设做出更大的贡献。

联系人：谷春文
电话：0735-2251318　邮编：423000
地址：湖南省郴州市五岭大道73号招商大楼601、603室

## 恒宇建材有限公司

湖南恒宇建材有限公司成立于2003年，是一家以水泥制造、销售为主，兼营超细粉、水泥助磨剂及混凝土外加剂、物流为一体的中外合资企业，主要产品"鑫煜"牌P.042.5和P.C32.5水泥为国家免检产品，欢迎来电洽谈！

联系人：廖先生
电话：0731-58550323　传真：0731-58550323
地址：湖南省湘潭市岳塘区双马工业园　邮编：411100

禹州市瑞华实业有限公司 从事建材销售的企业
电话：0374－8862633
地址：河南省许昌市禹州市火龙镇老官陈村



## 衡阳市畅能玻璃贴膜店

衡阳市畅能玻璃贴膜店成立于2008年，本店主要经营批发、零售玻璃贴膜。本公司秉承“顾客至上，锐意进取”的经营理念，坚持“客户第一”的原则为广大客户提供优质的服务。欢迎广大客户惠顾！

**联系人：张诚**

电话：13786489918、0734-2896262 邮编：421001
地址：衡阳市高新区长丰大道长胜小区2-1幢5号门面（市交警队对面）

## 湖南凤凰建设工程有限公司

湖南凤凰建设工程有限公司承接各种工程建设，是建设工程一级资质。

欢迎新老客户来电咨询、洽谈业务！

电话：0731－5950280
邮编：410000
地址：湖南省长沙市雨花区香樟路
联系人：彭树明

## 衡阳市恒瑞水泥有限公司

衡阳市恒瑞水泥有限公司成立于2007年，生产、销售水泥及水泥制品。

我们始终把成为最优秀的专业水泥制造商做为奋斗目标。坚持以市场为导向，以满足用户需求、为用户提供超值服务为宗旨。

欢迎新老客户光临指导，洽谈业务。

联系人：文先年 13974722326
电话：0734－8364752
邮编：421001
地址：湖南省衡阳市珠晖区东阳渡镇南村39号

## 湖南福中福投资有限公司

本公司成立于2005年，主要经营投资、房地产开发。为客户创造丰厚收益，为客户提供满意服务，为员工创造发展空间，与合作伙伴携手共进。

联系人：陈希祥

电话：0731－6909961 6909953 手机：13755112355
地址：湖南省长沙市长沙县暮云镇暮云镇政府4楼 邮编：410100

## 衡阳市南岳区东鹏陶瓷店

本公司成立于2008年，本店专业经营东鹏、冠珠陶瓷，洁具，电器，定做整体厨柜，我们将恪守“质量第一、客户第一、信誉至上”的宗旨，热诚欢迎新老顾客的光临。

联系人：刘国峰
电话：0734-5678228、5678226 传真：0734-5678226
地址：湖南省衡阳市南岳区万福建材大市场集贤路5号 邮编：421900

## 湖南省衡阳市泽达房地产开发有限公司

衡阳市泽达房地产开发有限公司，是由衡阳市祁东县民营企业家王泽伙先生投资创办的一家股份制企业，是一家集房地产开发、建设于一体的综合性公司。公司的经营理念是：以人为本、服务社会。

联系人：匡艳美
电话：0734-6299999 6296666
地址：湖南祁东县城新区竹苑路南侧
邮编：421600

## 衡阳市瑞裕房地产开发有限公司

公司秉承“敢为人先、诚信务实”的经营宗旨，“品质效率、以客为尊”的经营理念，积极引进香港资本，全力打造新雁城为己任，集市政设施建设、城市道路建设、房地产开发于一身，是一家极具开发实力和发展潜力的房地产公司，在衡阳市享有较高的赞誉。

联系人：杨清德

电话：0734-8167888 8167556
地址：湖南省衡阳市蒸湘区衡祁路65号 邮编：421001
网址：www.ruiyufdc.com 电子邮件：ruiyufdc@ruiyufdc.com

## 湖南永兴皓天环保科技发展有限责任公司

湖南永兴皓天环保科技发展有限责任公司成立于2001年，专业从事废气、废水治理。主要产品有高效脱硫、除尘设施及废水处理设施。我们将进一步加大科技投入，加强售后服务，与您携手为实现经济发展，环境友好的和谐社会而共同努力。

联系人：谭经理 13973538476
电话：0735-5536086 传真：0735-5538187
网址：www.hthb.com.cn 电子邮件：hthbkj@163.com
地址：湖南省郴州市永兴县三胞经济开发区 邮编：42

## 衡阳云华建筑劳务有限公司

衡阳云华建筑劳务有限公司成立于2008年，专业从事建筑劳务经营。

您的满意是我们的追求，欢迎新老客户来电来函洽谈业务，共同发展！

联系人：王云华
13925054466

电话/传真：0734－6815778
邮编：421200
地址：湖南省衡阳市衡阳县

## 江永县德文木材购销部

江永县德文木材购销部成立于2005年，主要经营木材购销，经营套林树苗、绿化苗木。服务宗旨：诚信为本，让利合作，互惠共赢，为适用单位降低成本！

联系人：蒋德文
电话：0746－5871818
手机：13574634008
地址：湖南省江永县上江圩镇呼家村九组 邮编：425409

城建房产建材装潢

## 滦县响堂镇杜营家乐装饰材料门市部

本公司成立于2007年，主要经营铝塑门窗、灯具、厨具及钢结构安装。我们对顾客服务宗旨是：产品质量一流，服务态度一流，精湛技术一流。

联系人：陈克忠

电话：0315-7468301　手机：13582873413　13103154121

地址：河北省唐山市滦县响堂镇杜营村　邮编：063700

## 平江县大全新型机砖厂

平江县大全新型机砖厂成立于2008年。主要从事于建材的生产与销售。

我公司将以始为终，以质量求生存，以用户为上帝，不断开拓创新，努力为人类家居生活的进步和提高作出应有的贡献。

欢迎广大客户来电、来函洽谈！

联系人：魏茂盛　13974070716　电话：0730-6282160

地址：湖南省岳阳市平江县三阳乡大众村　邮编：414000

## 康纳卫浴娄底专卖店

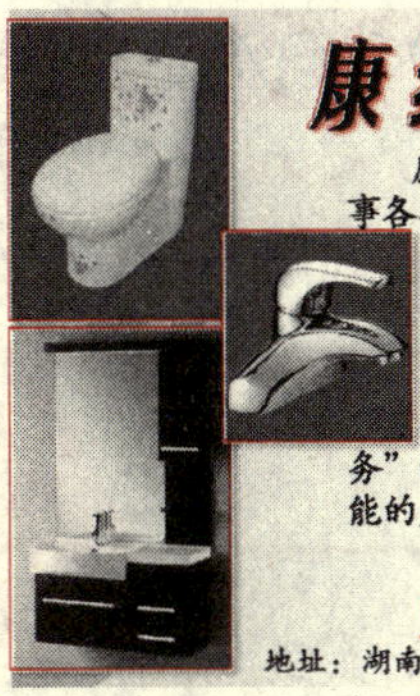

康纳卫浴娄底专卖店成立于2009年，本店专业从事各类陶瓷卫生洁具的销售。主要有柜盆系列、龙头系列、座便器系列、淋浴房、浴缸系列、五金系列。

务实、坦诚、高品质的产品、严格的市场保护体系以及更完善的售后服务是康纳公司的经营理念。我们将以"每天前进一步，永远真诚服务"的精神，竭诚为世界各地客商提供舒适、环保节能的产品。质量同步，康纳之路！

联系人：李经理

电话：0738-6781666　13973899073

地址：湖南省娄底市五江建材家居城B区7栋　邮编：417000

## 森林产品综合经营服务部白石渡分部

本部成立于1998年，主要从事木材和各类建筑模板的销售。主要产品有杉木、松木和夹层模板。

我公司秉承"顾客至上，锐意进取"的经营理念，为广大客户提供优质的产品和最称心的服务，欢迎惠顾！

联系人：史财有

电话：0735-3652283　13973541998　传真：0735-8221237

地址：江苏省南京市栖霞区龙塘镇龙井花园07幢501室　邮编：210000

## 涟源市嘉程门窗工程部

涟源市嘉程门窗工程部成立于2007年，本部专业从事铝合金门窗的制作、安装、销售。涟源市嘉程门窗工程部本着"客户第一，诚信至上"的原则，与多家企业建立了长期的合作关系。热诚欢迎各界朋友前来参观、考察、洽谈业务。

联系人：吴跃鸿

电话：0738-4499228、13873846879　传真：0738-4499228

地址：湖南省涟源市光蓝路118＃　邮编：417100

## 沙港市建筑工程有限责任公司

沙港市建筑工程有限责任公司成立于1963年，于2001年改制，主要从事于建筑工程。主要有房建、市政、装饰装修、混凝土。

公司将一如既往以"诚信守法、优质臻善、以客为尊、环保安全"为管理方针，竭诚为用户提供最佳服务，与社会各界真诚合作，创建更多优秀的建筑产品，共同为我国现代化建设做出更大的贡献。

联系人：文正元　电话：0737-5711788　13807375321

地址：湖南省益阳市南县青树嘴镇街道78号　邮编：413000

## 娄底市经济技术开发区晋新精品门业店

本公司成立于2004年，主要经营卷闸门。尊重客户，理解客户，持续提供超越客户期望的产品与服务，做客户们永远的伙伴。

欢迎您的光临！

联系人：陈朝辉

13973835776

13786842671

邮编：417000

地址：湖南省娄底市经济技术开发区晋新街

## 桃源县大兴土石方工程服务有限公司

本公司是一家专业从事土石方工程设计施工的企业，坚持走质量兴业道路，保证所建工程质量合格率达100%，创建了一大批社会满意、用户放心的工程。

联系人：张明　电话：0736-6472340

地址：湖南省常德市桃源县陬市镇毛家桥村砖厂　邮编：415000

## 汨罗市环保设备制造有限公司

本公司专业从事高效脱硫、静电布带、防腐、污水处理等环保设备的生产和销售，同时经营石材雕刻制品、城市雕塑等各种石材，并为客户提供快捷高效的售后服务。我公司一贯坚持"以诚信为本，技术领先，互利互惠"的经营方针，竭诚为广大用户服务，欢迎您的来电！

联系人：吴实培　手机：13907406251

电话：0730-5242555　传真：0730-5242555

地址：湖南省汨罗市高泉南路37号　邮编：414000

## 株洲威高特　威高特建筑保护装饰材料厂

株洲市威高特建筑保护装饰材料厂是建筑保护、翻新、建筑涂料和专用腻子等系列材料的专业生产厂家。在引进国外新材料和新技术的基础上研制开发出系列产品，推广到工程实际应用成功地解决了建筑物裂缝、外墙面砖和涂饰层起鼓、脱落、渗漏、腐蚀等系列问题。让我们携手合作，共同推进建筑保护、环保节能、建筑翻新产业向前发展！

电话：0733-2325677　13807412232　联系人：贺江波

网址：www.zzwgt.com

地址：湖南省株洲市北区建设北路1号四楼D54B11　邮编：412005

## 湘潭县金益房屋拆迁有限公司

湘潭县金益房屋拆迁有限公司成立于1996年，本公司主要经营房屋拆迁。公司一贯秉承“宁可天下人负我不可我负天下人”的诚信理念，继续诚寻国内稳定合作客户！热诚欢迎各界朋友前来参观、考察、洽谈业务。

联系人：侯锡芝
电话：0732-2582648、13873237668
地址：湖南省湘潭市湘潭县易俗河雪松路7号　邮编：411100

## 攸县森星木业有限责任公司

森星木业有限责任公司成立于2003年，坐落于美丽的湖南酒埠江风景区四面环山，为公司取材提供了原材料的保障。

公司主营床板，包装箱，建筑用木板。自成立以来就本着质量优，信用佳，价格廉的原则，与数十家中小型企业有过多次合作，信誉有口皆碑。希望广大客户前来合作，你们的要求就是我们的追求！

联系人：艾冬云　电话：0731-24461976　传真：0731-24461976
地址：湖南省株洲市攸县酒埠江镇东塘村　邮编：412300

## 新化县星鑫板业有限责任公司

新化县星鑫板业有限责任公司成立于2006年，本公司专业从事生产、加工、销售竹胶板。

公司的发展理念是：做专做精，做强做久！能成为您成功的支点是我们的真诚愿望！

联系人：戴贻斌
电话：0738-8675533 13762816908 15973858880
地址：湖南省娄底市新化县琅塘镇苏溪开发区　邮编：417606

## 沅江市白竹房地产开发有限公司

沅江市白竹房地产开发有限公司成立于2006年，是专业从事房地产开发、经营管理的综合性开发企业。

公司自成立以来，依靠团结和信誉，秉承科学、稳健、积极进取的经营作风，已形成了目前集人才优势、地缘优势、资本优势于一体的极富生机和活力的企业实体。“做市场先锋，走品牌之路”是公司迈上市场的主要目标和经营宗旨。

欢迎来电咨询、洽谈！

联系人：刘益清
电话：0737-2881111
邮编：413100
地址：湖南省益阳市沅江市巴山路园丁花苑

## 岳阳市开发区百信卷闸门销售中心

本公司主要从事各种金属门窗、自动门、遥控门、遥控器、驱动系统、电机及其配件为主的专业设计。百信牌是我公司的知名品牌注册商标，同时代理意大利faac专业自动门业电机控制系统。

联系人：刘焰星

电话：0730-3258888　手机：13873002528
传真：0730-3258888　电子邮箱：liuyanxing888@163.com
地址：岳阳市经济开发区亚华大市场A1栋3号门面　邮编：414000

## 永州市泰丰物业管理有限公司

永州市泰丰物业管理有限公司成立于2008年，以房地产开发及物业管理为主。公司以“服务业主、追求完美、锐意创新、管理规范、争创品牌”为目标，奉行“以业主、住户为关注焦点”的服务宗旨，不断加强公司管理层和员工队伍建设。同时不断提高管理和服务水平，让业主、住户的权益和公司的利益实现双赢无限接近。

联系人：龙祥华

电话：0746-8411857　8411855　手机：13874616609
地址：湖南省永州市冷水滩区零陵中路823号　邮编：425000

## 岳阳市天赋置业有限公司

岳阳市天赋置业有限公司自成立以来，专业从事房地产投资开发、物业管理，欢迎各地客商前来安家置业！

联系人：龙玉舟　电话：0730-8855862
地址：湖南省岳阳市炮台山路美丽家园
邮编：413200

## 永州市新鑫建材有限责任公司

永州市新鑫建材有限责任公司成立于2007年，以销售螺纹钢和线材为主。公司坚持以诚信为原则，优秀的品质、合理的价格、真诚的服务，欢迎广大新老客户惠顾。

联系人：唐日华

电话：0746-2885519　6371518　电子邮箱：82019095@qq.com
地址：湖南省永州市芝山区南津北路　邮编：425006

## 株洲晨源置业有限公司

我公司致力于房地产开发及销售，以及相应的商业开发和物业管理。公司以高品质的房产、一流的服务、诚信经营。牵手繁华，养尊处幽闲适生活尽在晨源。

株洲晨源实业有限公司
总　机……28893218
业务部……28893258
地址：株洲市天元区天台路建行城西分行综合楼六楼

联系人：刘四新
电话：0733-28893218　28893268
地址：湖南省株洲市天元区天台路3号建设银行6楼
电子邮件：chenyuanzhiye@163.com　邮编：412007

## 广东省/Guangdong Province

### 珠海市香洲江港五金交电建材商行
业务:建材销售
地址:广东省珠海市香洲梅溪所健民路5号商铺
负责人:刘君智　邮　编:519000
法　人:刘君智
Tel:13527273720
0756－8553523
Fax:0756－2615002

### 潮安县凤塘镇锦泰钢结构经营部
业务:钢结构工程一条龙服务
地址:广东省潮州市潮安县凤塘镇安拮路大埕路段
负责人:谢宗怀　邮　编:515646
法　人:谢宗怀
Tel:13502627283
13435555341
0768－6852156

**广州东方电梯有限公司**
地址:广东省从化市江埔镇九里步纬思工业区内
负责人:罗小姐
Tel:020－87993268
87993329

### 潮安县凤塘镇瑞洽陶瓷经营部
业务:陶瓷制品
地址:广东省潮州市潮安县凤塘镇盛户村邢厝前
负责人:苏镇森　邮　编:515600
法　人:苏镇森
Tel:0768－6852513

### 珠海市香洲锐煌建材店
业务:建材批发
地址:广东省珠海市香洲前山兰埔路244号"果菜收购站"一层302号
负责人:邱锐煌　邮　编:519000
法　人:邱锐煌
Tel:0756－8613553

**洪新五金模具钢材商店**
地址:广东省东莞市长安镇乌沙兴民路长荣国际机械五金广场B313号
负责人:蔡碧洪
Tel:0769－85329005
13925594959

### 珠海市香洲永兴益大理石店
业务:大理石销售
地址:广东省珠海市香洲前山明珠南路2108号2,3栋一层4、5号铺
负责人:廖衍柏　邮　编:519000
法　人:廖衍柏
Tel:0756－8628490
13824137188
Fax:0756－8628490

### 饶平县三饶耀兴机砖厂
业务:页岩机砖的生产和销售
产品:页岩机砖
地址:广东省潮州市饶平县三饶镇马岗村
负责人:张耀葵　邮　编:515735
Tel:0768－8185368
13502615255

**宏洋装饰材料有限公司**
地址:广东省东莞市长安镇涌头村山泉路第一工业区
负责人:游秋芳
Tel:0769－85355796
13922915867

### 珠海市昌泰石材
业务:加工销售石材
地址:广东省珠海市香洲前山逸仙路223号
负责人:陈棒　邮　编:519002
法　人:陈棒
Tel:13539568203
0756－3861568
Fax:0756－3861568

### 珠海市香洲峰艺装饰设计室
业务:室内设计与装璜
地址:广东省珠海市香洲香海路103号
负责人:梁锦彬　邮　编:519001
法　人:梁锦彬
Tel:13527202859
0756－2293149

### 东莞市长安丰达装饰工程服务部
业务:装饰工程、五金销售
地址:广东省东莞市长安镇锦厦摩围路五巷6号
负责人:梁明彬　邮　编:523003
法　人:梁明彬
Tel:13559719666
0769－85096699
Fax:0769－85096699

**高露卫浴有限公司**
业务:我公司成立于2000年,主要经营卫生洁具系列产品。二十一世纪,高露人将继续秉承开拓进取,求实创新的精神,以信誉为先,竭诚与新老客户、社会各界朋友合作,共创多赢事业!
地址:广东省潮州市潮安县登塘开发区
负责人:舒细弟　邮　编:515600
法　人:舒细弟
Tel:0768－6825757
Fax:0768－6825889

### 珠海市香洲赛群军霞信息服务部
业务:二手房买卖、房屋收售、融资、房产评估
地址:广东省珠海市香洲区梅溪所明珠北路143号A铺(棕榈假日花园)
负责人:张军　邮　编:519070
法　人:张军
Tel:0756－3825658
6637908
8987150
Fax:0756－8987150

### 广州腾龙装甲门业有限公司
业务:代理腾龙装甲门、防盗门、房门
地址:广东省东莞市长安镇咸西莲峰北路15号之六号铺
负责人:李飞　邮　编:523846
法　人:李飞
Tel:13560862668
0769－82387822

**金源装饰工程有限公司**
地址:广东省东莞市东城中路恒泰大厦301室
负责人:彭卫东
Tel:0769－22608633
13712372223

### 珠海市香洲闽盛建材商行
业务:经营建材
产品:PVC水管、胶管等
地址:广东省珠海市香洲区前山翠微西路泰然花园嘉年华建材有限公司
负责人:叶永盛　邮　编:519000
法　人:叶永盛
Tel:15992677188
0756－8613909

### 东莞市常平彩陶营陶瓷商行
业务:建材陶瓷
产品:陶瓷、瓷砖、洁具
地址:广东省东莞市常平镇常朗大道金美村路段常平建材城C1－2号
负责人:李欣　邮　编:523000
法　人:李欣
Tel:15916837495
0769－83817803

**比奥室内装饰店**
地址:广东省东莞市东坑镇丁屋村一环西路保利得电子厂后面
负责人:李文中
Tel:0769－83691595
13929299033

### 珠海市香洲宏开安建筑工具租赁部
业务:建筑工具租赁
地址:广东省珠海市香洲区前山造贝临时钢材市场10B号铺
负责人:谢开安　邮　编:519000
法　人:谢开安
Tel:0756－8639159
13798983222

### 东莞市大朗名泽防蚊纱窗店
业务:各种规格防蚊纱窗加工销售
产品:广东省东莞市大朗镇松柏朗村松佛路712号一楼
负责人:张明旺　邮　编:523003
法　人:张明旺
Tel:13428490998
0769－83116009

**创鑫装饰工程有限公司**
地址:广东省东莞市南城区金丰大道宏远汽车厂后面
负责人:钟树辉
Tel:0769－22429723
13809267730

### 东莞市大岭山祥泰石材加工厂
业务:石材加工
地址:广东省东莞市大岭山镇旧飞鹅村22、23号
负责人:曾祥贵　邮　编:523003
法　人:曾祥贵
Tel:0769－81662336

**东莞市常平成元室内净化用品经营部**
业务:广东省东莞市常平成元室内净化与韩国成元(株)式会社主要从事研发纳米产品的技术与销售,目前,由韩国成元(株)式会社研制了纳米银光触媒组合产品和抗菌产品,将更有效解决环境污染的治理和增强工业产品中高效抗菌性能。
地址:广东省东莞市常平镇河滨花园盛河楼5－6号
负责人:袁沛华　邮　编:523560
法　人:袁沛华
Tel:0769－82209788
Fax:0769－82209788
网址:www.gdsungwon.com

### 珠海市横琴豪鑫建材五金综合商场
业务:五金建材
地址:广东珠海市横琴德政街31号
负责人:杨明青　邮　编:519000
法　人:杨明青
Tel:13727853228
0756－8842711
8842698
Fax:0756－8842698

### 东莞市勤丰装饰工程有限公司
业务:室内外装饰、装潢工程
地址:广东省东莞市大岭山镇农场社区一队48号
负责人:黄仁坤　邮　编:523003
法　人:黄仁坤
Tel:0769－82780379
13712257287

**中国建筑第四工程局安装公司东莞分公司**
地址:广东省东莞市南城区莞太路享美工贸大厦406号
负责人:杨忠
Tel:0769－22428069
13360665828

### 湖南长沙中格建设(集团)有限公司广州分公司
业务:房屋建筑工程施工总承包一级,市政公用工程施工总承包一级,水利水电工程施工总承包二级,公司工程施工总承包二级,地基与基础工程专业承包二级,建筑装修装饰工程专业承包二级,园林古建工程专业承包三级
地址:联系地址:广东省广州市天河区天阳路132号穗园小区I栋1906
负责人:杨建华　邮　编:510130
Tel:13592715218
020－38849986
Fax:020－38849986

### 东莞市道滘恒昌防盗门店
业务:防盗门、铝合金门、实木门
地址:广东省东莞市道滘北永金牛新村东路市场斜对面
负责人:何林海　邮　编:523003
法　人:何林海
Tel:15992822291
0769－88833917
88833915
Fax:0769－88833915

### 珠海威锦装饰材料有限公司
业务:生产和销售石英石、实体面材等新型建筑装饰材料
产品:石英石、美玉石、家宝石、科迪二代、科迪、米兰雅、弗罗兰、LUOLALAI、Genuine. Polyacrlic
地址:珠海市金湾区三灶镇鱼林村槛坑工业威锦厂区
负责人:蒋益民　邮　编:519040
法　人:蒋益民
Tel:13809209699
13928815311
0756－7789600
7789606
7789607
7789609
Fax:0756－7789601
网址:http://www.china－froland.com

**金之声喷泉设备厂**
地址:广东省佛山市禅城区平桂西格三工业区30号
负责人:王鉴
Tel:0757－86121321
13702983180

### 东莞市东城帕斯卫浴店
业务:卫浴产品
地址:广东省东莞市东城区花园新村红荔路126号、128号
负责人:劳明新　邮　编:523003
法　人:劳明新
Tel:13809267123
0769－27283225

**南海桂城南桂塑料门窗型材厂**
地址:广东省佛山市南海区桂城海八路叠北东胜工业区一巷13号
负责人:招载强
Tel:0757－86375824

### 东莞市东城忆江南幻图漆
业务:室内装饰、液体墙纸
地址:广东省东莞市东城区花园新村育兴路80号
负责人:吴启榕　邮　编:523003
法　人:吴启榕
Tel:13669848830
0769－84437055

**恒达房地产信息服务有限公司**
业务:本公司成立于2005年,主要从事房地产中介、代办房产证、房地产评估。
地址:广东省东莞市大郎镇升平路(自来水公司往洋乌方向前行100米)
负责人:叶惠强　邮　编:523770
法　人:叶惠强
Tel:0769－83017898
83150233

### 东莞市东城金花苗木场
业务:莞香、四季、红山茶、红豆杉、金花茶、花梨木、珍珠松、罗汉松、檀香木等高档庭院树
地址:广东省东莞市东城区立新横岭村背室外空地
负责人:王永基　邮　编:523003
法　人:王永基
Tel:13580808863
0769－22097821

**盐步龙益木业经营部**
地址:广东省佛山市南海区盐步大转湾夹板城中区34－37号
负责人:黄炳华
Tel:13006714818

### 东莞市东城蒋飞不锈钢店
业务:承接不锈钢门、窗、扶手加工、安装、销售
地址:广东省东莞市东城区立新路65号
负责人:蒋飞　邮　编:523000
法　人:蒋飞
Tel:13712760958
0769－22087425

**南海区小塘科邦陶瓷原料有限公司**
地址:广东省佛山市南庄镇白屋坊3042号
负责人:霍铭波
Tel:13923129898

### 东莞市东坑明裕玻璃店
业务:玻璃零售,承接一些工程如酒店玻璃安装
地址:广东省东莞市东坑镇坑美村东兴东路106－1号
负责人:张业贵　邮　编:523935
法　人:张业贵
Tel:13712554728
0769－83697667

**景利工程建设有限公司**
地址:广东省佛山市顺德区容桂镇桂中南路3号
负责人:劳礼顺
Tel:13702627808

### 东莞市凤岗鸿业防水材料经营部
业务:承接防水工程,防水材料销售
地址:广东省东莞市凤岗镇塘沥村金凤凰大道A52－62号铺位
负责人:郑敦明　邮　编:523000
法　人:郑敦明
Tel:0769－82137698
Fax:0769－82137698

**东莞市雅久装饰工程有限公司**
业务:东莞市雅久装饰工程有限公司成立于2005年,主要从事于室内外装饰装修工程。本公司宗旨"精业、信誉、创新、开拓"。欢迎各界客户洽谈业务。
地址:广东省东莞市东城区东城中路商贸花园C区地铺8号
负责人:陈九华　邮　编:523110

法　人：陈九华
Tel：0769－22384735
Fax：0769－22384835
网址：www. mtw29198. chinapyp. com

## 东莞市厚街莫木友建材经营部
业务：建材
地址：广东省东莞市厚街镇桥头
负责人：莫木友
法　人：莫木友
Tel：13712508388

**广州市林格环境工程有限公司**
地址：广东省广州市白云路芳村大道东 11 号二楼南 202 房
负责人：丁培贤
Tel：020－38620548

## 东莞市虎门聚宝门贸易部
业务：卷闸门、车库门
地址：广东省东莞市虎门镇北面环岛路北面加油站后 50 米楼房一楼铺位
负责人：许志军　邮　编：523003
法　人：许志军
Tel：0769－85019308
15813709998

**广州市白云人和忠兴建材石料经销部**
地址：广东省广州市白云区人和新庄公路边
负责人：邓健忠
Tel：020－86453655
13602211869

## 东莞市虎门穗兴防水补漏装饰工程队
业务：防水补漏、装修
地址：广东省东莞市虎门镇北栅商业区 F 座 415 室
负责人：黄炳明　邮　编：523000
法　人：黄炳明
Tel：13790665992
13532359532

**广州德昌实业有限公司**
地址：广东省广州市白云区人和镇华侨医院北侧科技城
负责人：梁小姐
Tel：020－86454696
86454695

## 东莞市虎门鸿合装饰工程部
业务：承接各种室内外装饰业务，包括家电设备安装，水电安装等。
地址：广东省东莞市虎门镇怀德社区矮岗小组一巷 11 号
负责人：管志全　邮　编：523003
法　人：管志全
Tel：13713439078
0769－81509810
13532865267

## 东莞市东成环保科技有限公司
业务：东莞市东成环保科技有限公司成立于 2003 年，主要从事环保三废处理，环保产品的开发、宣传，环保技术的开发、推广，博物馆展品的制作等。欢迎各方客户来电洽谈业务，共同发展。
地址：广东省东莞市东城中路恒泰大厦三楼 301
邮　编：523120
法　人：彭卫东
Tel：0769－22621181
Fax：0769－22692163

## 东莞市黄江雪山红马水处理设备有限公司
业务：生产 RO 反渗透纯水机. 家庭净水机. 能量滤芯. 纯水机配件. 家用超滤机等.
地址：广东省东莞市黄江镇宝灵一街 11 号一楼
负责人：许泽军　邮　编：523003
法　人：许泽军
Tel：0769－83666159
13038829789
Fax：0769－83635337

**广州市白云区神山伦昌建材加工场**
地址：广东省广州市白云区神山镇中八村老鼠岗南码头
负责人：伦月能
Tel：020－86060310
88438193

## 东莞市东和钢结构有限公司
业务：设计、加工、制作钢结构产品，产销与配送钢材
产品：钢结构产品
地址：广东省东莞市黄江镇龙见田村民营工业园(东莞莱钢)后院
负责人：刘太平　邮　编：523000
法　人：刘太平
Tel：0769－82055032
Fax：0769－82055031
E-mail：dgrg18@163. com

**广州市创兴水泥制品厂**
地址：广东省广州市白云区太和镇白山村七队
负责人：何汉华
Tel：020－87422371
13318850371

## 东莞市寮步荣发建筑设备租赁经营部
业务：建筑设备租赁
地址：广东省东莞市寮步镇横坑禾合田新村 10 巷 36 号
负责人：左国兵　邮　编：523000
法　人：左国兵
Tel：13711997182
0769－89161872

**广州市白云区城市规划设计研究所**
地址：广东省广州市白云区政通路 8 号一楼
负责人：潘贯泉
Tel：020－86591608

## 东莞市寮步建就建材店
业务：建材批发
地址：广东省东莞市寮步镇坑口石大路段 56 号
负责人：罗铭迪　邮　编：523003
法　人：罗铭迪
Tel：0769－81103248
81103249
Fax：0769－81103247

## 东莞市恒嘉装饰有限公司
业务：东莞市恒嘉装饰有限公司专业从事室内外装饰装修工程，热诚欢迎新老客户来电咨询，洽谈业务。
地址：广东省东莞市虎门镇银龙南路东三巷恒基大夏 303 室
负责人：张如海……邮　编：523900
法　人：张如海
Tel：0769－85299899
85115864

## 东莞市星火建筑劳务有限公司
业务：建筑劳务
地址：广东省东莞市南城区胜和银丰路联益新村三号楼第 4 间
负责人：陈迪德　邮　编：523003
法　人：陈迪德
Tel：13556641999
13829127607

**广州市虹霓装饰工程有限公司**
地址：广东省广州市从化市街口镇新城区蓝田路二层
负责人：欧阳卫东
Tel：020－87967362

## 东莞市南城巧园园林服务部
业务：销售园林产品
地址：广东省东莞市南城区西平上手村东五路 2 号铺
负责人：李智泉　邮　编：523000
法　人：李智泉
Tel：13556768985
0769－22409196

**广州捌零德堡建材有限公司**
地址：广东省广州市东山区共和南路天祥里 10 号 403 房
负责人：崔明翔
Tel：020－38866432

## 东莞市太龙湾实业投资有限公司
业务：承接房建工程、路桥工程
地址：广东省东莞市南城体育路盈锋中心西区 7 楼
负责人：林俊顺　邮　编：523003
法　人：林俊顺
Tel：13509840088
0769－23065888

**广州珠江物业酒店管理公司广怡大厦管理处**
地址：广东省广州市东山区华乐路 34－38 号广怡中心大厦一楼大堂
负责人：苏国强
Tel：020－83601206

## 东莞市企石祥和玻璃制品加工店
业务：玻璃制品加工
地址：广东省东莞市企石镇东山村东山大道 158 号
负责人：姚进权　邮　编：523003
法　人：姚进权
Tel：13809273322
0768－86784888

## 东莞市建兴建筑劳务分包有限公司
业务：东莞市建兴建筑劳务分包有限公司成立于 2005 年，现有员工 6000 余人，专业从事建筑工程施工。欢迎来电垂询。
地址：广东省东莞市南城区雅园工业区
邮　编：523083
法　人：刘洪平
Tel：0769－22905368
Fax：0769－22988536

## 同创不锈钢门窗加工店
业务：不锈钢门窗加工
地址：广东省东莞市企石镇铁炉坑振华中路绿兰岗 76 号
负责人：钟海望　邮　编：523000
法　人：钟海望
Tel：13650383919
13650257239
0769－87347786

**广州菊花装饰设计工程有限公司**
地址：广东省广州市东山区陵园西路 32－34 号首层
负责人：叶永芝
Tel：13054402661

## 东莞市顺昌门科技有限公司
业务：专业生产销售电动伸缩门及各种防盗网、阳台围栏、新型围栏、楼梯扶手、户外栅栏等
地址：广东省东莞市企石镇霞朗村向丁工业区
负责人：范海成　邮　编：523003
法　人：范海成
Tel：0769－86710698
15152259157
网址：www. shunchangmen. com

**广州方圆地产顾问有限公司绿荫路分公司**
地址：广东省广州市东山区绿荫路 3 号 104 房
负责人：谢丽华
Tel：020－22815533

## 源信机械钻井队
业务：专业机械钻井
地址：广东省东莞市清溪镇青皇村青皇路 78 号
负责人：温娘朋　邮　编：523000
法　人：温娘朋
Tel：0769－87590885
82139078

**广州市红螺湖建筑材料有限公司**
地址：广东省广州市东山区先烈中路 75 号穗丰大厦主楼三楼 A04 室
负责人：朱先赤
Tel：020－37589960

## 东莞市石龙旺涛装饰材料店
业务：木线条工艺品
地址：广东省东莞市石龙镇新园路 615 号之一
负责人：黄世涛　邮　编：523003
法　人：黄世涛
Tel：13058526319
13925721868
0769－86615922
Fax：0769－86283396

## 佛山市禅城区沃尔夫净化设备厂
业务：本厂是生产空气设备的专业厂家，一贯坚持"诚信敬业，以人为本"的企业精神，以及为社会、用户创造效益的经营理念，我厂认真对待每项工程以优质产品、优质的服务取信用户。
地址：广东省佛山市禅城区环市镇安东路十四亩围工业区一号 B 座
负责人：易峰……邮　编：528000
Tel：0757－83379420

**广州市益高环保科技有限公司**
地址：广东省广州市东山区先烈中路 92 号 7 楼
负责人：方向东
Tel：020－37636730

## 东莞市石排鸿上润建筑材料批发部
业务：水泥模板加工及销售
地址：广东省东莞市石排镇福隆村杨屋塱吓竹木市场铺位
负责人：苏胜强　邮　编：523003
法　人：苏胜强
Tel：13925517635
0769－87580088

**广州市福致房地产代理有限公司**
地址：广东省广州市番禺区大石镇丽江花园丽茵楼 B5 铺
负责人：陆天祥
Tel：020－83825288

## 东莞市塘厦何工室内设计事务所
业务：主要经营室内设计
地址：广东省东莞市塘厦镇环市西路诸佛岭迎宾小区 24 号地铺 101－102
负责人：何少林　邮　编：523003
法　人：何少林
Tel：13925553879
0769－82770712

**广州市番禺华隆实业有限公司吉祥房地产代理分公司**
地址：广东省广州市番禺区大石镇洛溪新城吉祥北园吉祥北道 168 号铺
负责人：邱辉
Tel：020－84700777

## 东莞市万江家家美门窗店
业务：门窗销售
地址：广东省东莞市万江区拔蛟窝社区河东路四十巷六号
负责人：覃耀武　邮　编：523003
法　人：覃耀武
Tel：0769－23621746
13729900537

## 佛山市博尼斯厨饰有限公司
业务：佛山市博尼斯厨饰有限公司成立于 2007 年，本公司专业生产人造石，产品具有恒久防污，自洁抗菌，防滑耐磨，超强硬度，绿色环保五大优势，欢迎广大客户来电咨询订购。
地址：广东省佛山市禅城区南庄镇罗南村龙庆工业区
负责人：吴茂丁……邮　编：528031
法　人：吴茂丁
Tel：0757－82013179
Fax：0757－82013172
网址：www. jzpcn. com
E-mail：jzpcn@jzpcn. com

## 东莞市万江升艺水暖器材店
业务：升艺牌不锈钢地漏，高中档不锈钢浴巾架，衣钩，玻璃托盘，水龙头，水暖器材，地弹簧，拉手，门控五金等。
地址：广东省东莞市万江区万江社区万高路新昌综合楼首层
负责人：林卫彬　邮　编：523003
法　人：林卫彬
Tel：13713353171
0769－22713929
Fax：0769－23291617
网址：www. shengyidlou. cn

**广州市番禺区宏胜人造石加工厂**
地址：广东省广州市番禺区大石镇南浦沿沙路 30 号
负责人：晏永圣
Tel：020－33126616

## 东莞市樟木头新宝发木制品加工店
业务：木制品加工
地址：广东省东莞市樟木头镇石新路 63 号
负责人：林奕态　邮　编：523003
法　人：林奕态
Tel：13712227931

**广东建设工程监理有限公司南沙分公司**
地址：广东省广州市番禺区广州南沙开发区海景路 125 号二楼
负责人：任广贤
Tel：020－34680981

## 东莞市樟木头诚信清洁服务部
业务：清洁、装修、房屋防漏防水等
地址：广东省东莞市樟木头镇石新社区大兴路 64 号
负责人：王永强　邮　编：523003
法　人：王永强
Tel：0769－87137748

**广州艺铭装饰材料有限公司**
地址：广东省广州市番禺区南村镇里仁洞村迎宾路西侧
负责人：程众
Tel：020－61904432

## 东莞市中堂洪升石材店
业务：加工及销售天然大理石、花岗岩；承接各种广场地面铺设、室内外石材装饰及安装
地址：广东省东莞市中堂镇斗朗新村二街一巷 1 号
负责人：严金洪　邮　编：523003
法　人：严金洪
Tel：13712600392
0769－88886610
Fax：0769－88886610

## 佛山市城鑫洋木业经营部
业务：城鑫洋木业经营部主要经营橡胶木，苦栋木，榄木，杂木等各种板材、枋材、纱发胚料、苏公系列胚料，欢迎新老客户长期合作惠顾。
地址：广东省佛山市龙江镇亚太国际木业城 C 座首层 3－5 号商铺
负责人：关锦羡……邮　编：528318
法　人：关锦羡
Tel：0757－23630769
Mobile：13674085959
Fax：0757－23630769

**广州市番禺南沙鸿盛装饰材料部**
地址：广东省广州市番禺区南沙金洲进港大道 50 号
负责人：朱先生

Tel：020－84682456
13928753899

## 东莞市中堂彩景装饰材料店

业务：经营装饰材料
产品：内、外墙涂料，艺术涂料、液态墙纸
地址：广东省东莞市中堂镇潢涌村南堤大街8巷1号
负责人：苏海文　邮　编：523221
法　人：苏海文
Tel：13712755886
0769－88898192
E-mail：skw8899@163.com

**广州三人行装饰设计工程有限公司**
地址：广东省广州市番禺区沙湾奥林匹克花园奥园阳光路12座2梯401
负责人：周勇
Tel：020－33109069

## 广州舒健体育场馆设施有限公司

业务：设计、销售、研究、开发体育场馆设施及配件
产品：体育场地材料、铺设、安装、田径场、网球场、篮球场等
地址：广东省番禺区大石镇105国道233号203室
负责人：钟永明　邮　编：510130
法　人：钟永明
Tel：020－22633893
Fax：020－22633836
网址：http://www.chinasoking.com
E-mail：chinasoking@163.com

**广州市中鸿地产代理有限公司南郊分公司**
地址：广东省广州市番禺区沙湾镇陈涌村虾云东街5号
负责人：梁敬桃
Tel：020－84594228

## 佛山市禅城区坤荣白铁店

业务：本店经销各种铁板、铝板；上门设计安装各种通风管道，中央空调、环保空调管道；承接排气\换气工程。技术一流、服务周到。
地址：广东省佛山市禅成区张槎四路东鄱路口红绿灯旁
负责人：翁坤荣　邮　编：528000
法　人：翁坤荣
Tel：0757－86125720
13450793920
Fax：0757－86125720
E-mail：wengkunrong@163.com

**广州莎迪雅玻璃制品有限公司**
地址：广东省广州市番禺区沙湾镇沙湾西村
负责人：区兆东
Tel：020－34732223

## 佛山市禅城区旭龙建材经销部

业务：不锈钢管，水暖配件等建材批发零售
地址：广东省佛山市禅城区汾江中路201号
负责人：邓家勇　邮　编：528000
法　人：邓家勇
Tel：13824504698
0757－83210969

## 希凯耐火材料经营部

业务：本公司成立于2004年，主要经营：耐火材料的销售。
地址：广东省佛山市南海区小塘五星星辉楼1号铺
邮　编：528222
法　人：訾文彬
Tel：0757－86666552
Fax：0757－86666552

## 佛山市禅城区洋明玻璃店

业务：玻璃批发零售
地址：广东省佛山市禅城区季华六路22号彩管厂一座首层西面
负责人：皮卫　邮　编：528000
法　人：皮卫
Tel：0757－83275685

**广州番禺忠信五金建材经营部**
地址：广东省广州市番禺区石基镇东华花园5座2梯202
负责人：何忠明
Tel：020－33842959

## 佛山市禅城区广利士达卫浴经营部

业务：陶瓷卫浴、五金等
地址：广东省佛山市禅城区江湾三路2号佛山中国陶瓷城B113号
负责人：林增通　邮　编：528000
法　人：林增通
Tel：0757－82706446

**广州市番禺荣辉环保装饰厂**
地址：广东省广州市番禺区石基镇石岗东村码头路
负责人：张炳辉
Tel：020－84636803

## 佛山市禅城区云峰装饰设计有限公司

业务：装饰设计，绿化园林，电子监控
产品：木方，夹板，油漆，假山石，电子方面：全球监控，半球监控，红外线辐射
地址：广东省佛山市禅城区绿景二路9号六座403房
负责人：朱国学　邮　编：528000
法　人：朱国学
Tel：0757－83877716
Fax：0757－83877716

**广州市天幕物业管理有限公司**
地址：广东省广州市番禺区市桥桥南路西侧(综合楼)
负责人：王兆祥
Tel：020－34616393

## 佛山市禅城区兴盛房地产中介服务部

业务：房地产中介服务
地址：广东省佛山市禅城区玫瑰西路7－11号首层1号铺
负责人：范国兴　邮　编：528000
法　人：范国兴
Tel：0757－83218815

## 佛山市顺德区波茵厨具设备有限公司

业务：波茵厨具设备有限公司主要销售不锈钢整体厨柜、实木整体厨柜、欧式板式整体厨柜。欢迎新老客户光临、惠顾！
地址：广东省佛山市顺德区容桂华口高新工业区新发路10号
负责人：曾德辉……邮　编：528300
Tel：0757－28372011

## 佛山市禅城区喜名贴纸加工厂

业务：加工贴纸
产品：中纤板、泡花板
地址：广东省佛山市禅城区南庄镇河滘工业园麻陈工业区
负责人：贺兴洪　邮　编：528000
法　人：贺兴洪
Tel：0757－26182268

**广州市坤林绿化园林工程有限公司**
地址：广东省广州市番禺区市桥清河东路311号
负责人：黄志广
Tel：020－84611899

## 佛山市禅城区千乐建材店

业务：建筑材料
地址：广东省佛山市禅城区南庄镇南庄大道永丰路段北区4号铺位
负责人：莫勇　邮　编：528000
法　人：莫勇
Tel：13923133654
0757－83860543

**广州市金匡环保有限公司番禺分公司**
地址：广东省广州市番禺区市桥镇富华中路73－75号二楼
负责人：区瑞华
Tel：020－84668198

## 佛山市威图建材有限公司

业务：建材的销售
地址：广东省佛山市禅城区南庄镇陶博路会展三环路5座B3、B4铺位
负责人：梁伟景　邮　编：528000
法　人：梁伟景
Tel：0757－85288811
13902804033

**广州市番禺区荣记砂石场**
地址：广东省广州市番禺区新造镇秀发村沙石码头
负责人：黎志荣
Tel：020－34819822

## 佛山市华盟艺五金家具有限公司

业务：餐桌椅制作销售；家具五金销售
地址：广东省佛山市禅城区南庄镇杏头工贸开发区
负责人：胡桂山　邮　编：528000
法　人：胡桂山
Tel：13432651586
0757－82010067
Fax：0757－82010956

## 佛山市顺德区容桂镇联发木器加工厂

业务：佛山市顺德区容桂镇联发木器加工厂专业生产制造国内外使用地台板、木制产品包装箱，可按客户要求制作，热诚欢迎新老客户来电咨询，洽谈业务。
地址：广东省佛山市顺德区容桂街容里沿江西路24号
负责人：尤立贵……邮　编：528305
法　人：尤立贵
Tel：0757－28370336
Mobile：13702602306
Fax：0757－28370336

## 佛山市德磊装饰设计有限公司

业务：地面装饰、环氧地面、耐磨地面、金钢砂地面
地址：广东省佛山市禅城区石湾镇街道深村大道北东坑田工业区第1号
负责人：刘德磊　邮　编：528000
法　人：刘德磊
Tel：13929985092

**广州市祈福物业有限公司**
地址：广东省广州市番禺区钟村镇祈福新邨住客第一会所
负责人：彭磷基
Tel：020－84771199

## 佛山市禅城区柯泥达瓷业经营部

业务：经营卫浴陶瓷
地址：广东省佛山市禅城区雾岗路看守所东侧B座1楼15号
负责人：陈永辉　邮　编：528000
法　人：陈永辉
Tel：0757－2702860
13332787783

**广州市文华木业有限公司**
地址：广东省广州市芳村区红棉苑擎天阁1号楼601－602房
负责人：何兆文
Tel：020－81588821
13902229028

## 佛山市禅城区冠澳玻璃工艺加工厂

业务：门窗玻璃用品
地址：广东省佛山市禅城区张槎大沙工业区四路8号
负责人：陈辉景　邮　编：528000
法　人：陈辉景
Tel：13794078389
0757－82516063

## 佛山市禅城区专雅装饰设计部

业务：装饰设计
地址：广东省佛山市禅城区祖庙街道镇安升一村龙头沙工业区8号之(9－10)
负责人：罗献　邮　编：528000
法　人：罗自立
Tel：0757－83013127

**芳村区翠然园艺场**
地址：广东省广州市芳村区花卉博览园芙蓉路
负责人：黎逸敏
Tel：13802966512

## 佛山市高明区更合镇鑫丰木厂

业务：生产、销售单板，水泥模板，细木工板
地址：广东省佛山市高明区更合镇更合大道宅布工业区
负责人：严国平　邮　编：528000
法　人：严国平
Tel：13798608759
13690405889

**广州市俊涛装饰工程有限公司**
地址：广东省广州市广源路景泰北街22号103之一房
负责人：张式伟
Tel：020－86595463
13802751056

## 达豪防水补漏工程部

业务：防水补漏工程兼营装饰材料
产品：代理广州坚美特公司防水产品、立邦牌墙面漆、天智防水隔热材料
地址：广东省佛山市高明区荷城街道泰和路458号
负责人：茹立亳　邮　编：528500
法　人：茹立亳
Tel：0757－88230576
Fax：0757－88230576
网址：www.dhfs.chinapyp.com
E-mail：dahaobulou@21cn.com

**广州市东引道道路发展有限公司**
地址：广东省广州市广州南沙开发区进港路蝴蝶洲花园管委会大楼B座
负责人：张锦铧
Tel：020－84682318

## 佛山市南海区大沥雄滔装饰材料商行

业务：生产经营金象五金，铝门窗五金件，幕墙配件，幕墙玻璃胶
地址：广东省佛山市南海区大沥广佛路凤池路段(凤池装饰市场对面)C1座8号商铺首层
负责人：丁先生　邮　编：528231
法　人：丁先生
Tel：0757－81186235
81186234
Fax：0757－81186499

## 广州博雅物业管理有限公司

业务：本公司成立于2005年，主要从事物业管理、房地产信息咨询服务、园林绿化、室内外装修。我们将以为业主创造美好生活空间为己任，牢固树立精品管理和一流服务意识，以规范化、专业化、信息化的管理方式服务于广大客户。
地址：广东省广州市番禺区洛溪新城吉祥北街230号
负责人：高桂有……邮　编：511430
法　人：高桂有
Tel：020－39980323

## 得而达水龙头(中国)有限公司

业务：得而达水龙头公司是世界500强企业之一MASCO集团的核心企业，是美国最大的水龙头生产企业，为全世界用户提供15000余种款式，5万种组合水龙头。得而达水龙头将为您提供优质的服务和享受！
地址：广东省广州市番禺区南村镇兴南大道618号
邮　编：511442
法　人：林生民
Tel：020－84760018
39950287
Fax：020－84568829
网址：www.deltafaucet.com

## 佛山市南海大沥星艺装饰有限公司

业务：专业从事别墅、复式楼、高尚家居、商铺、写字楼等室内空间的装饰设计及施工一条龙服务
地址：广东省佛山市南海区大沥沥苑路名汇苑首层商铺23A号
负责人：刘先生　邮　编：528000
法　人：刘导舫
Tel：0757－81185258
13928626278
Fax：0757－83326736
网址：www.xydec.com.cn
E-mail：xyfs@xyfoshan.com

**广州集英社装饰设计有限公司**
地址：广东省广州市海珠区昌岗中路166号佳都商贸中心406室
负责人：翁永军
Tel：020－34337969
13430248689

## 佛山市南海区大沥威星门窗店

业务：承做不锈钢、铝合金门窗、防盗网
地址：广东省佛山市南海区大沥兴贤红星村前榕树头(博爱路边)由东往西数第8间
负责人：刘义　邮　编：528000
法　人：刘义
Tel：13687434995
0757－88721203

**广东合富房地产置业有限公司中海名都营业部**
地址：广东省广州市海珠区江湾路136号(即：中海名都花园A9栋A3铺
负责人：冯依敏
Tel：020－83312122

## 佛山市南海区大沥鹰翔木材加工厂

业务：木材加工、销售
地址：广东省佛山市南海区大沥兴贤文行村地段长红禾丰投资有限公司商铺E3区10号
负责人：邓伟庆　邮　编：528000
法　人：邓伟庆
Tel：13516624301
13630147936

**广州艺创石业有限公司**
地址：广东省广州市花都区花侨镇港头工业区
负责人：谢子瑜
Tel：020－34310342

## 佛山市南海盐步鑫沣木业经营部

业务：木板、装饰材料、中纤板、刨花板、夹板
地址：广东省佛山市南海区大沥镇盐步大转湾夹板装饰材料市场以东"华嘉欣铺"第13栋6、7、8号
负责人：曾志高　邮　编：528231
法　人：曾志高
Tel：13528587688
0757－88567858
81103759
88567859
Fax：0757－88567859

## 广州泛亚工程设计有限公司

业务：广州泛亚工程设计有限公司主要从事水电安装，建筑工程设计，装饰工程设计等。"诚信为本，信誉第一，客户至上"，热诚欢迎新老客户来电来人洽谈业务，共同发展。
地址：广东省广州市海珠区江海路东翠西街18

号 05 室
邮　编:510230
法　人:梁晓翔
Tel:020－34298055
Fax:020－34298055 转 848

**喜春来木门厂**
业务:石木门生产
地址:广东省佛山市南海区大沥镇盐步横沙路 93 号厂房
负责人:赖日金　邮　编:528000
法　人:赖日金
Tel:0757－85723233

**广州花都区紫西建材厂**
地址:广东省广州市花都区花山镇紫西村
负责人:王久欢
Tel:020－86951138
13502418383

**佛山市南海菲诗特卫浴厂**
业务:生产、销售浴室柜
地址:广东省佛山市南海区丹灶镇大金工业区建设大道 2 号
邮　编:528000
Tel:0757－85441433

**广州市太子置业有限公司**
地址:广东省广州市花都区狮岭镇田心路
负责人:林方金足
Tel:020－86918101

**佛山市南海区丹灶亚航门窗店**
业务:门窗加工
地址:广东省佛山市南海区丹灶镇丽山经济社扁岗地段粤华有色金属轧延有限公司左边东北角五至
负责人:戴世德　邮　编:528000
法　人:戴世德
Tel:0757－85409416

**广州亿基建筑工程有限公司**
地址:广东省广州市花都区新华镇花城北路 61 号 20、21 号铺
负责人:柴奕文
Tel:020－86818750

**佛山市筑林空间装饰设计有限公司**
业务:从事室内外装饰设计及施工,针对家居、办公空间、别墅、宾馆、园林及商业建筑装修等项目,集设计、施工、监理于一体的装饰工程公司
地址:广东省佛山市南海区丹灶镇有为大道都市晴园 A 座 14 号铺
负责人:罗龙　邮　编:528000
法　人:丘伟文
Tel:0757－85448595
13560080961
网址:http://www.zlkjzss.cn/
E-mail:929088937@qq.com

**广州市华浔品味装饰有限公司花都分公司**
业务:广州华浔品味装饰有限公司成立于 1998 年,是一家集设计、施工、服务于一体的装饰公司,专业从事家居、写字楼、商铺、酒店等设计,是中国装饰协会会员单位,广东装饰行业的旗舰品牌企业,连续三年被评为"广州十大品牌装饰公司",是首批取得广州家庭装饰装修企业资格证的单位之一,广州家装委员会主任单位,广州建筑装饰协会会员单位,品味生活空间的引领者。
地址:广东省广州市花都区新华镇紫薇路 16 号钻石豪庭 D03、D04 号房
负责人:叶俊祥……邮　编:510800
法　人:叶俊祥
Tel:020－36883019
Fax:020－36883009
网址:www.hxdec.com

**佛山市南海区涛宇铝制品有限公司**
业务:铝制品,门窗配件
地址:广东省佛山市南海区凤池装饰材料城凤东路 1 号
负责人:陈明权　邮　编:528000
法　人:陈明权
Tel:0757－88710181

**广州市艺能装饰设计有限公司**
地址:广东省广州市花都区新华镇华侨商业城 1 幢 2 号
Tel:梁有灿
Tel:020－86887887

**佛山市南海舒雅轩石材加工厂**
业务:大理石家具
地址:广东省佛山市南海区九江镇龙高路梅圳中和一村工业园区
负责人:李炳森　邮　编:528000
法　人:李炳森
Tel:0757－81862680
13702267182

**广州市粤花混凝土有限公司**
地址:广东省广州市花都区新华镇马溪村东秀路南
负责人:黄福宪
Tel:020－36869650

**佛山市南海钦天燊五金制品厂**
业务:专业生产和销售家具、卫浴配件,以金铸不锈钢配件和铝锌合金拉手为主
产品:金铸不锈钢配件和铝锌合金拉手
地址:广东省佛山市南海区里水镇北沙伴仙岗渡头工业区南边 1 号
负责人:蒋金焱　邮　编:528000
法　人:蒋金焱
Tel:13702425495
0757－85652860
Fax:0757－85652860
E-mail:jiangjingyan24688@163.com

**广州市京英装饰工程有限公司**
地址:广东省广州市花都区新华镇新都大道 63 号 A 座 402 房
负责人:王海全
Tel:020－36898269

**佛山市南海区联众博雅复合板材料有限公司**
业务:专业生产金属复合材料,产品在建筑、电子等行业得到了广泛的应用,我们愿以一流的质量、及时的交货期、完善的售后服务满足客户需求
产品:铝蜂窝板、铝单板、瓦楞板
地址:广东省佛山市南海区里水镇邓岗南隅工业区二路 24 号
负责人:戴雨晴　邮　编:528200
法　人:戴雨晴
Tel:0757－85651771
13702426190
Fax:0757－85651783

**深圳市英龙建安(集团)有限公司广州分公司**
业务:本公司从事房屋建筑工程施工总承包一级;地基与基础工程专业承包一级、建筑装修装饰工程专业承包一级、消防设施工程专业承包一级、土石方工程专业承包一级;市政公用工程施工总承包一级;建筑幕墙工程专业承包二级;河湖整治工程专业承包二级;环保工程施工二级、智能工程二级。
地址:广东省广州市天河区广园东路 2193 号 1206 房
负责人:吴清松……邮　编:510500
法　人:吴清松
Tel:020－87749122

**佛山市南海区银叶不锈钢厂**
业务:生产与销售不锈钢制品,以装饰材料为主
产品:装饰材料
地址:广东省佛山市南海区罗村广三铁路路边新村围塘明进工业区第 11 之二
负责人:吕海兵　邮　编:528000
法　人:吕海兵
Tel:0757－81802659
13902801223
Fax:0757－88572628
E-mail:yingyebxg@163.com

**广州骏威置业有限公司**
地址:广东省广州市花都区新华镇云山大道 21 号东座
负责人:梁汝强
Tel:020－86831268

**佛山市南海罗村星艺装饰有限公司**
业务:室内装饰
地址:广东省佛山市南海区罗村罗湖北湖一路雅居豪庭 4 号楼(南座)18 号商铺
负责人:杨珑　邮　编:528000
法　人:杨珑
Tel:13535758788
0757－81266358

**广州市博绿景观园林绿化有限公司**
地址:广东省广州市黄埔区荔香路 41 号大院 112 号 402 房
负责人:邓双喜
Tel:13500039418

**佛山市南海区永康盈玻璃原料经营部**
业务:专营玻璃原料,品种齐全,价格便宜,质量可靠,批零兼营。我们始于客户需求,终于客户满意,真诚的欢迎与您携手共同发展。
产品:石灰料碎玻璃、铅料碎玻璃、石英砂、高棚料碎玻璃
地址:广东省佛山市南海区罗村务庄工业区
负责人:王汝田　邮　编:528000
法　人:王汝田
Tel:13702915612
Fax:0757－86632062

**广州市美帝装饰材料有限公司**
地址:广东省广州市荔湾区中山八路新虹街 40－48 号荔景楼商务中心 708
负责人:白向军
Tel:020－81722727
81722771
13112238668

**佛山市南海区名发建材有限公司**
业务:加工与销售建材,设计、加工与安装异型天花吊顶、铝幕墙,一条龙服务
产品:异形天花吊顶、铝幕墙
地址:广东省佛山市南海区罗村务庄荣星工业区
负责人:焦秭华　邮　编:528000
法　人:焦秭华
Tel:13534427718
13620100058
E-mail:fsmingfa058@163.com

**广州润诚工程技术咨询有限公司**
业务:广州润诚工程技术咨询有限公司成产于 2006 年,从事工程监理、招标代理、造价咨询等,欢迎来电垂询。
地址:广东省广州市越秀区华乐大厦北塔 6 楼 A 座
负责人:张文建……邮　编:510600
法　人:张文建
Tel:020－83824786
83866799

**佛山市南海区森林水管批发部**
产品:水管批发兼零售
产品:水管
地址:广东省佛山市南海区松岗龙头富邦建材市场 E 区 33 号铺
负责人:钟小林　邮　编:528000
法　人:钟小林
Tel:0757－85222082

**广州市番禺区南沙合成土石方工程队**
地址:广东省广州市南沙东瓜宇村
负责人:陈永潮
Tel:13751819677

**佛山市南海区松岗嘉柏门店**
业务:加工门窗
地址:广东省佛山市南海区松岗龙头龙丰商贸城 E13 号
负责人:梁柏坚　邮　编:528000
法　人:梁柏坚
Tel:13798669924
0757－85237315

**广州市野生林园林绿化工程有限公司**
地址:广东省广州市天河区广汕一路 680 号大院自编 1 号楼 104、105
负责人:周涛

**佛山市南海区西樵振宏天花装饰店**
业务:装饰材料
地址:广东省佛山市南海区西樵樵乐路 12 号
负责人:苏新民　邮　编:528000
法　人:苏新民
Tel:13420812772

**广州市欣平地毯装饰有限公司**
地址:广东省广州市天河区林和西路 121 号 409 房
负责人:陈新平
Tel:13022039918

**佛山市南海区通亨门业有限公司**
业务:生产制造室内金属门类产品
产品:室内门
地址:广东省佛山市南海区西樵镇大同街口队
负责人:梁生　邮　编:528200
法　人:梁志友
Tel:13590635048
E-mail:lzyou08@163.com

**广东省连平县源泰房地产开发有限公司**
业务:广东省连平县源泰房地产开发有限公司成立于 2006 年,主要从事房地产开发。"诚信为本,信誉第一",热诚欢迎广大客户来电来人咨询,洽谈业务!
地址:广东省河源市连平县生态工业园区
负责人:吴少康……邮　编:517139
法　人:吴少康
Tel:0762－4612555

**佛山市南海区紫龙玻璃材料经营部**
业务:主营各种碎玻璃
地址:广东省佛山市南海区小塘五星王坊村工业区朱岗节王汝田第二铺位
负责人:晏光胜　邮　编:528000
法　人:晏光胜
Tel:15989981998
13058302524

**广州市天河添恒建材经营部**
地址:广东省广州市天河区天府路东晖东街 12 号 901 房
负责人:曹希贵
Tel:13016000360

**佛山市南海区耀坤木制品厂**
业务:生产、销售木线履皮
地址:广东省佛山市南海区盐步东秀聚龙村工业区中心路 9 号
负责人:李笋　邮　编:528000
法　人:李笋
Tel:18927239772
0757－81118295
Fax:0757－81118296

**广州市天河区五山建兴建筑模型制作部**
地址:广东省广州市天河区五山路科技南街综合市场(95020 部队)综合楼 203
负责人:齐见兴
Tel:13302860352
13924224484

**佛山市三水富地多不锈钢有限公司**
业务:不锈钢生产、销售
产品:不锈钢管材、不锈钢装饰管
地址:广东省佛山市三水区乐平镇暨塘村兴业园 B1、B2 号厂房
负责人:李少昆　邮　编:528000
法　人:李少昆
Tel:15099871418
0757－87393662
Fax:0757－87393660

**广州市天河贤成木业经营部**
地址:广东省广州市天河区中山大道华景路粤生街 72 号 401 房
负责人:黄志贤
Tel:13002016976

**广东万源建设工程有限公司五分公司**
业务:建筑工程施工
地址:广东省佛山市三水区西南街广海大道 23 号 201
负责人:舒占红　邮　编:528000
法　人:舒占红
Tel:13702267945
0757－87762250

**博罗县永兰实业有限公司**
业务:博罗县永兰实业有限公司从事房地产开发,土建工程,装饰装修等业务,欢迎来电洽谈业务,共创佳绩!
地址:广东省惠州市博罗县罗阳一路国税局宿舍 301 号
负责人:姚永和……邮　编:516100
法　人:姚永和
Tel:0752－6631988

**佛山市顺德区北滘镇家好月圆装饰设计工程有限公司**
业务:承接各种室内外装璜,装饰工程、建筑设计,园林设计,智能家居安装工程。
地址:广东省佛山市顺德区北滘镇东基路 81 号
负责人:何锦江　邮　编:528000
法　人:何锦江
Tel:13326739936
0757－22114086
22114090
Fax:0757－22114090
网址:www.jhyyzs.com
E-mail:50911408.QQ.com

**广州智邦装饰设计工程有限公司**
地址:广东省广州市五羊新城寺右南一街广日大厦 701
负责人:李英豪
Tel:020－87365239
13808865139

**佛山市顺德区祥天建筑工程劳务有限公司**
业务:主项:混凝土作业分包不分级;增项:钢筋作业分包二级、木工作业分包二级、脚手架搭设作业分包二级、抹灰作业分包不分级、砌筑作业分包二级、模板作业分包二级
地址:广东省佛山市顺德区大良新宁路 76 号弘昇商业大厦二楼 201－202 室
负责人:李清艳　邮　编:528300
法　人:李清艳
Tel:13044288128
0757－22606319
Fax:0757－22287260
E-mail:liqing13044288128@yahoo.cn

**康杰地装饰工程有限公司**
地址:广东省广州市先烈南路青龙坊 7 号 206 房
负责人:王云先生
Tel:020－83838083

**佛山市顺德区乐从镇宏安成石材店**

业务：石材销售，花岗岩
地址：广东省佛山市顺德区乐从镇荷村村委会荷岳路 52－56 号之三
负责人：张桂彬　邮编：528000
法人：张桂彬
Tel：0757－29923073

**广州市越秀区宜峰装饰设计中心**

地址：广东省广州市越秀区大南路 82 号大院 B 座 402 号
负责人：梁冠新
Tel：020－83385591

**佛山市顺德区乐从镇富丽家石材店**

业务：各种石材零售
地址：广东省佛山市顺德区乐从镇荷村村委会荷岳路 52－56 号之一
负责人：曾繁昌　邮编：528000
法人：曾繁昌
Tel：13590672418
0757－29923062
13794621832

**佛山市顺德区乐从镇世冠室内装饰行**

业务：室内装饰
地址：广东省佛山市顺德区乐从镇乐从居委会萝卜围新宁村首层铺位镇安路 B40 号
负责人：吴弟林　邮编：528000
法人：吴弟林
Tel：0757－29920086
22980026

**北京世邦魏理仕物业管理服务有限公司广州分公司**

地址：广东省广州市越秀区解放北路 986 号以太广场＃108 单
负责人：刘蔚海
Tel：020－83633119

**佛山市顺德区乐从镇百福堂易经中家居环境风水设计工作室**

业务：家居环境风水设计
地址：广东省佛山市顺德区乐从镇乐从居委会兴华路 A19 号旭翠庭 23 号铺
负责人：林的仕　邮编：528000
法人：林的仕
Tel：13509955065
0757－28906266

**广州市越秀区大元装饰材料商行**

地址：广东省广州市越秀区解放中路与惠福西路惠湖百货商场 28 号
负责人：黎伟强
Tel：020－83195357
13914172230

**佛山市顺德区乐从镇振鑫石材加工厂**

业务：别墅、酒店、洋房、办公大楼的室内外石材装饰
产品：圆柱，扶手，栏河，地面，脚线，屏风，门槛，天官，地官，背景，门套，窗套，石材雕刻，石线，风水球，楼梯，墙体，各种高难度拼花、拼图，壁炉，喷水池及欧陆风格的艺术雕塑等等
地址：广东省佛山市顺德区乐从镇良教工业区理教树森江头基
负责人：李玉振　邮编：528000
法人：李玉振
Tel：0757－29230378
13728505588
Fax：0757－29230378
网址：www.51zzt.com/user/zzt35867
E-mail：zhenxinshicai168@163.com/1226167055@qq.com

**广州市许李严建筑设计有限公司**

地址：广东省广州市越秀区泰康路 111 号泰富中心 1606 房
负责人：许文博
Tel：13066385041

**佛山市顺德区乐从镇华茂合创木业经营部**

业务：柏圆木，香樟木，松木，杂木，荷木，果木等各种木材批发零售
地址：广东省佛山市顺德区乐从镇水藤木业市场八排 A 座 6－7 前半仓
负责人：周日东　邮编：528315
法人：周日东
Tel：13690616468
0757－28786428
13923271938

**惠州市基润实业有限公司**

业务：惠州市基润实业有限公司成立于 2006 年，从事房地产开发，工程建设，欢迎来电垂询。
地址：广东省惠州市惠阳区淡水镇万顺三路 5 号 402 室
负责人：何振堂　邮编：516200
法人：何振堂
Tel：0752－5105119
网址：www.mtw50428.chinapyp.com

**惠东县升达房地产实业有限公司**

业务：惠东县升达房地产实业有限公司成立于 2007 年，主营房地产开发，工程建设，房屋销售及出租，欢迎来电垂询。
地址：广东省惠州市惠东县平山镇富利花园一栋 301 号
负责人：陈振勇　邮编：516300
法人：陈振勇
Tel：0752－8811618

**佛山市顺德区乐从镇万木轩木业经营部**

业务：木材加工销售
地址：广东省佛山市顺德区乐从镇水藤木业市场三排 A 座 17 后仓
负责人：戴建生　邮编：528000
法人：戴建生
Tel：15014710006

**荔发土石方工程有限公司**

地址：广东省广州市增城区荔城镇西城路 18 号
负责人：刘淦波
Tel：020－82753663
13928956698

**佛山市顺德区乐从镇名宇木材经营部**

业务：销售木材
地址：广东省佛山市顺德区乐从镇水藤木业市场四排 B 座 12－13 前仓
负责人：岑昌荣　邮编：528000
法人：岑昌荣
Tel：0757－29231203

**广东中房建设工程造价咨询有限公司增城分公司**

地址：广东省广州市增城市荔城街健生西路 39 号首层之二
负责人：郑映梅
Tel：020－82649233

**佛山市亮点装饰设计有限公司**

业务：装饰设计服务
地址：广东省佛山市顺德区乐从镇振华路 A50 号（乐豪居）P61 号铺
负责人：刘志华　邮编：528000
法人：刘志华
Tel：13516602663
0757－22133548
Fax：0757－29230673
E-mail：326730350@qq.com

**广州市成超置业有限公司**

地址：广东省广州市增城市荔城街荔城工业区 1 号
负责人：姚日富
Tel：020－82617676

**广东省佛山市顺德区亮点装饰设计有限公司**

业务：集设计、制作、施工、售后服务于一体，专业从事家装、公装、室内外装饰设计、施工业务。公司推崇绿色与智能化装潢，携手与你共建满意空间.
产品：家装、公装、室内外装饰
地址：广东省佛山市顺德区乐从镇振华路 A50 号乐豪居 61 号铺
负责人：刘志华　邮编：528000
法人：刘志华
Tel：0757－88738790
13516602663
Fax：0757－29230673
E-mail：exhuayjhfnwxf@yahoo.cn

**惠州市心怡装饰工程有限公司**

业务：惠州市心怡装饰工程有限公司成立于 2005 年，主要从事室内装饰、装璜，水电安装工程、园林绿化工程、广告经营等。“诚信为本，信誉至上”，热诚欢迎各方客户来电咨询，惠顾。
地址：广东省惠州市麦地南路雍逸园 B1 栋 6 号铺面
邮编：516001
法人：宁长寿
Tel：0752－2671969
Fax：0752－2671969

**佛山市顺德区佰比万皮革有限公司**

业务：沙发表面材料，面料，皮料，皮革等生产销售
地址：广东省佛山市顺德区龙江镇龙湾豪庭 1 期 C203
负责人：李永东　邮编：528000
法人：李永东
Tel：0757－23373690

**广州市景舜装饰工程有限公司**

地址：广东省广州市增城市新塘镇新康花园康乐苑 A 区 5B302 房
负责人：黄校桂
Tel：020－82610003

**佛山市顺德区伦教百奇氏室内环境检测治理服务部**

业务：环境治理
地址：广东省佛山市顺德区伦教常教新成路 18 号阳光棕榈园二期 25 号铺
负责人：丘億华　邮编：528000
法人：丘億华
Tel：0757－27889719

**政通房地产开发公司**

地址：广东省惠州市博罗县罗阳镇商业西街桥溪 3 号长城大厦 A 栋 A 座 301
负责人：关镜亮
Tel：0752－6291518
13928344448

**佛山市顺德区容桂长坤塑料五金粉末厂**

业务：收购与加工塑料、五金粉末
产品：塑料、五金粉末
地址：广东省佛山市顺德区容桂马冈工业区宝岗北路 10 号首层之二
负责人：刘长坤　邮编：528000
法人：刘长坤
Tel：13751521235
0757－26162159
Fax：0757－26162159

**盛源门窗有限公司**

地址：广东省惠州市大亚湾响水河工业园 2 号
负责人：康翠霞
Tel：0752－5108930
13902629559

**佛山市顺德区恒豪路桥建筑工程有限公司**

业务：公路、桥梁建设
地址：广东省佛山市顺德区三洲大道
负责人：石华龙　邮编：528000
法人：石亮根
Tel：13560096611

**高要市白诸镇河洞泥碳土工场**

业务：种花用泥炭土的开采销售
地址：广东省高要市白诸镇河洞村 324 国道边
负责人：陈炎森　邮编：526040
法人：陈炎森
Tel：13760048845
13431922273
0758－8421638

**金鼎装饰工程公司**

地址：广东省惠州市鹅岭南路 42 号 2 楼
负责人：曾新华
Tel：13902626220

**高要市金利镇米高五金装饰制品厂**

业务：五金装饰制品生产销售
地址：广东省高要市金利镇肇星五金表面技术处理工业园之三
负责人：范汉权　邮编：526040
法人：范汉权
Tel：0758－6820068

**磊鑫土石方工程有限公司**

地址：广东省惠州市惠阳区淡水镇南二东路招商花园信业大厦 301 房
负责人：黄国雄
Tel：0752－3776613
13927348223

**高州市荷塘镇砖家陶瓷总汇**

业务：陶瓷砖代理经销
地址：广东省高州市荷塘镇人民大道（国土所对面）
负责人：徐得贵　邮编：525261
法人：徐得贵
Tel：13927587751
0668－6114438

**晶品装饰工程有限公司**

地址：广东省惠州市惠阳区淡水镇人民五路 90 号
负责人：陈福明
Tel：0752－3398758
13829921282

**梅县振丰人造板有限公司**

业务：梅县振丰人造板有限公司成立于 2002 年，从事人造板生产销售，木地的基材板，欢迎新老客户来电来函洽谈业务！
地址：广东省梅州市梅县城东镇上坑村（新村门斜对面）
负责人：陈汶清　邮编：514700
法人：梁松珍
Tel：0753－2652094

**广州漆巧板化工涂料有限公司**

业务：专业生产、销售水溶性涂料，PU 聚酯家俱漆、硝基装修漆、PE 底漆、内外墙乳胶漆的化工涂料
地址：广东省广州市白云区黄石西路 188 号第 5 栋十全十美装饰材料交易市场 D 一铺
负责人：曹梅初　邮编：510130
法人：曹梅初
Tel：13610299388
020－62690071
Fax：020－62690072

**广东禹神建筑防水工程有限公司清远分公司**

业务：本公司主要从事建筑防水设计咨询，承接各种防水、防潮、防腐、补强、堵漏、隔热等工程业务。诚邀广大客户共铸建筑物防水优质精品工程。
地址：广东省清远市小市 13 号区国荣楼 302 号
邮编：511518
法人：杨国君
Tel：0763－3856752
3883801
Fax：0763－3856752
网址：www.mtw25359.chinapyp.com
E-mail：lxxmm9999@126.com

**广东中经投资有限公司喜来沃分公司**

业务：生产，销售活动隔断
地址：广东省广州市白云区太和镇军民路自编 6 号
负责人：方海涛　邮编：510130
Tel：13726711888
020－87475123
网址：http://www.sliwal.cn

**惠州市玻璃世界**

地址：广东省惠州市桥东区水东东路 18 号
负责人：李月明
Tel：0752－2217692
13502278948

**广州保乐物业管理有限公司**

业务：物业管理
地址：广东省广州市白云区太和镇天鸿花园内自编 6 号
负责人：周保享　邮编：510540
法人：周保享
Tel：13711789769

**惠州市瑞宁环保技术开发有限公司**

地址：广东省惠州市上排红花湖路 76 号
负责人：赖志宁
Tel：0752－2560918
13352674499

**广州市雅图灵丰装饰工程有限公司**

业务：室内外装饰装修工程
地址：广东省广州市番禺区东涌镇长莫村莫沙街三巷 27 号 A2
负责人：卢永　邮编：510130
法人：卢永
Tel：13922312188
020－34910178

**聚德建材经营部**

地址：广东省江门市江海区外海金溪金溪坑口厂房
负责人：关德仁
Tel：0750－3793221
3792689
13702283238

**广州市众源沼气设备有限公司**

业务：沼气设备生产与销售，承接沼气池工程，污水处理
产品：沼气饭煲、沼气灶、沼气热水器、沼气成套设备
地址：广东省广州市番禺区南村镇陈边工业园商铺二层 01 号
负责人：崔敬洲　邮编：511442
法人：崔敬洲
Tel：020－61955775
13332866636
15323384016

**广州市番禺区沙头街万江兴烟道厂**

业务：厨房排烟管道
地址：广东省广州市番禺区沙头街横江村第三工业区自编 20 号之一
负责人：曾万江　邮编：510000
法人：曾万江
Tel：13533887670

**汕头市步达门业有限公司**

业务：汕头市步达门业有限公司主要从事于锻铁艺制作及不锈钢门金属门窗制作，电动伸缩门，电子产品的销售。欢迎新老客户光临、惠顾！

地址：广东省汕头市金平区南墩下路 21 号厂房
负责人：余庆得 邮　编：515041
法　人：余庆得
Tel：0754－8672009

**耀康装饰材料有限公司**
地址：广东省江门市江华二路盛华苑 6 栋之二 203
负责人：徐明辉
Tel：0750－3120628
13500280359

**广州市有骏物业管理有限公司钟村分公司**
业务：物业管理
地址：广东省广州市番禺区钟村镇锦绣花园趣园 13 座 423 号
负责人：伍有骏 邮　编：510130
法　人：伍有骏
Tel：15603002888
020－61962148

**嘉禾装饰工程部**
地址：广东省江门台山市台城镇平湖路 33 号地下
负责人：陈小勇
Tel：0750－5533289
5178098

**中山市钻神管道工程有限公司**
业务：管道工程
地址：广东省广州市番禹区南村镇恒生花园 8 期 604 室
负责人：叶明建 邮　编：510130
法　人：叶明建
Tel：020－39050580

**澄海市佳麒贸易有限公司**
地址：广东省汕头市澄海市澄华街道岭亭工业区
负责人：蔡喜文
Tel：0754－85866244
13825839393

**广州市艺匠建筑装饰工程有限公司**
业务：专业从事室内装饰设计、园林设计、机械设备安装、展示展览设计，从设计、效果图制作、施工到材料选购提供一站式服务，本公司将以最优惠的价格，最可靠的质量，真诚为您服务。
产品：零售建筑装饰材料
地址：广东省广州市海珠区江南西路 112 号江南商厦 505 室
负责人：姚成添 邮　编：510220
法　人：姚成添
Tel：020－84404432
13922175768
Fax：020－84404685
E-mail：yj_g.z@163.com

**汕尾市城区生源石矿有限公司**
业务：汕尾市城区生源石矿有限公司成立于 2006 年，主要从事于土石方工程。公司愿以一流的技术、良好的信誉、竭诚的服务与社会各界朋友携手共创美好未来。
地址：广东省汕尾市城区红草镇南陵村三村五巷 7 号
负责人：黄春雄 邮　编：516626
法　人：黄春雄
Tel：0660－3444000
Fax：0660－3443007

**广州虹途路桥工程有限公司**
业务：本公司专业承接路桥施工、劳务承包等业务，拥有一支专业性强的职业队伍，为客户提供优质服务。期待与您真诚合作
地址：广东省广州市花都区新华街宝华大道海关西街 4 号 120 商铺
邮　编：510800
法　人：罗承南
Tel：020－36995490
13926226546
Fax：020－36995490

**汕头市嘉裕地产评估公司**
地址：广东省汕头市凤凰山路 19 号 2 栋 105 号房
负责人：吕理和
Tel：13005213577

**广州市畅恒劳动服务有限公司**
业务：批发、零售、贸易
产品：五金机电、钢材、焊接设备、焊材批发
地址：广东省广州市黄埔区大沙东路 403 号 621 室
负责人：刘先生 邮　编：510000
法　人：阮勇涛
Tel：13826234942
Fax：020－82389387
E-mail：liujifa.2008@163.com

**金源热能设备厂**
地址：广东省汕头市金平区汕樟路浮东路段针织厂内
负责人：辛锡歆
Tel：0754－88384014
13902730504

**广州市黄埔区振宏工程修缮部**
业务：承接市政、路桥工程，房屋建筑，工程修缮
地址：广东省广州市黄埔区广深路王洋坦 4 号之一房
负责人：黄碧盛 邮　编：510725
法　人：黄碧盛
Tel：020－82190169

**汕头市泰安房地产开发有限公司**
地址：广东省汕头市金夏园中区 7 栋 103 室
负责人：郑纯南
Tel：0754－88527333
13502937480

**湖南六建机电安装有限责任公司广州分公司**
业务：机电安装工程，消防工程，城市道路照明工程，电梯工程，管道工程，环保工程等
地址：广东省广州市黄埔区护林路骊丰大厦 405
负责人：刘扩军 邮　编：510130
Tel：020－32389001
32389035
13570090149

**海丰县海丽房地产开发有限公司**
业务：海丰县海丽房地产开发有限公司从事房地产开发，工程建设施工，欢迎来电咨询，洽谈业务！
地址：广东省汕尾市海丰县后门镇海丽国际高尔夫球厂
负责人：林从军 邮　编：516466
法　人：林从军
Tel：0660－6794333

**广州自信装饰工程有限公司**
业务：室内外设计与装修，销售装修材料
地址：广东省广州市萝岗区长安村龙伏街 3 巷 7 号 302 房间
负责人：张仲文 邮　编：510130
法　人：张仲文
Tel：15018747808
13053220568

**长荣厂房开发有限公司**
地址：广东省汕头市龙湖区金砂东路长荣大厦五楼 A、B、C 单元
负责人：张融
Tel：0754－88263608

**广州市声辉园林发展有限公司枫下园艺分公司**
业务：销售苗木和花卉
地址：广东省广州市天河区大观中路老虎佛 3－2 号
负责人：刘华胜 邮　编：510130
法　人：刘华胜
Tel：020－82332905

**金海鸥建安实业有限公司**
地址：广东省汕头市龙湖区汕樟路下蓬段北侧 169 号三楼
负责人：王和平
Tel：0754－88330422

**广州市乐邦防水补强有限公司**
业务：专业从事防水补漏，基础加固，室内装饰，高空清洗等工程
地址：广东省广州市越秀区八旗二马路 14－1(红江宾馆)
负责人：张乐凡 邮　编：510040
法　人：张乐凡
Tel：15812434218
020－34151526
4008805668
Fax：020－34263143
网址：http://www.51zzt.com/user/zzt33379

**松山下远东建筑村料部**
地址：广东省韶关市曲江县沿堤南路沛金综合大楼 401 房
负责人：曹华保
Tel：0751－6681798
13902344989

**广州迅业建材有限公司**
业务：批发、零售建材
产品：钢筋
地址：广东省广州市越秀区寺右新马路 5 号之六 6 楼 603 室
负责人：邱鸿武 邮　编：510130
法　人：邱鸿武
Tel：13631452599
E-mail：Qiuhongwu@163.com

**陆河县金叶发展公司**
业务：陆河县金叶发展公司隶属汕尾市烟草系统体制改革后成立的公司，建于 2002 年 4 月。主要经营物业管理，与县烟草有限公司共同参股。卷烟经营，属国营企业，下设有二个部(经营部、财务部)和二个厂(金叶种养厂、金叶矿泉水厂)。
地址：广东省汕尾市陆河县城人民路 218 号
邮　编：516700
法　人：朱明理
Tel：0660－5528640
Fax：0660－5528640
网址：www.lhjyfz.com

**方圆门业直销**
业务：防火门、防盗门、铝合金门窗、钢塑门、无声卷帘门、卫生间门、楼梯扶手、不绣钢防盗网
地址：广东省河源市东源县蓝口镇学生路
负责人：张石友 邮　编：517564
法　人：张石友
Tel：0762－8687932

**陈康玻璃有限公司**
地址：广东省深圳市八卦四路 422 栋 1 楼
负责人：陈康友
Tel：0755－83139831
82433212

**东源县同兴卷闸门安装店**
业务：承接卷闸门安装，卷闸门制作
地址：广东省河源市东源县仙塘镇徐洞村幸福路地址：
负责人：胡海清 邮　编：517001
法　人：胡海清
Tel：15986011668
13690950756

**超达体育设施有限公司深圳市分公司**
地址：广东省深圳市宝安 8 区新安湖花园新安村 1 栋 101 室
负责人：李晶融
Tel：0755－27756156
13825293583

**和平县明生苗圃场**
业务：花卉苗木，园林绿化工程，园林、造林用
地址：广东省河源市和平县下车镇和一村
负责人：朱明华 邮　编：517001
法　人：朱明华
Tel：0762－5382345
13539118713

**深圳市林联园林实业有限公司**
地址：广东省深圳市宝安区 30 区冠利达大厦 1221#
负责人：范俊波
Tel：13603003666

**连平县隆街镇恒基装饰材料经销部**
业务：装饰材料的销售
地址：广东省河源市连平县隆街镇隆东村 105 国道边
负责人：季长强 邮　编：517100
法　人：季长强
Tel：0762－4493300
13502322418

**强记金属门窗店**
业务：专业加工订做铝合金门窗、不锈钢等
产品：铝合金塑钢门窗、不锈钢防盗门窗
地址：广东省河源市连平县三角镇石马街
邮　编：517100
法　人：何少强
Tel：0762－4619269

**深圳市南宏装饰设计工程有限公司**
地址：广东省深圳市宝安区 34 区雅然居雅然阁 505#
负责人：陈春南
Tel：0755－22173528

**连平县油溪镇万绿园林场**
业务：园林、苗木、绿化施工
地址：广东省河源市连平县油溪镇兴中村村委
负责人：吴月彬 邮　编：517145
法　人：吴月彬
Tel：0762－4552531

**深圳市易源钢材有限公司**
地址：广东省深圳市宝安区 47 区翻身村 334 号
负责人：张方红
Tel：0755－27330262

**龙川县嘉兴房地产物业代理行**
业务：售楼、租售店铺
地址：广东省河源市龙川县老隆镇两渡河汇龙小区 110 号商铺
负责人：邹嘉聪 邮　编：517001
法　人：邹嘉聪
Tel：0762－6769883
13480869026

**恒鹏建筑安装工程有限公司**
地址：广东省深圳市宝安区 50 区上川路群贤花园 A 栋二层
负责人：李勇
Tel：0755－27922337
13922868792

**龙川县居家美门业经销店**
业务：经营不锈钢防盗门、豪华室内门、铝合金推拉门、吊趟门、厨卫门、不锈钢防盗网工程、铝合金窗等。
地址：广东省河源市龙川县新城开发区吉祥路 73 号
负责人：唐学强 邮　编：517300
法　人：唐学强
Tel：0762－6299238
18923693300

**深圳市裕达房地产开发有限公司**
业务：深圳市裕达房地产开发有限公司成立于 2005 年，公司主要从事商品房、厂房建筑。
地址：广东省深圳市宝安区沙井街道菱塘路 15 巷 2 号首层
邮　编：518104
法　人：叶裕耀
Tel：0755－27282788

**河源市源城区鑫达建筑工程有限公司**
业务：土石方建筑
地址：广东省河源市埔前镇陂角村
负责人：刘文斌 邮　编：517000
法　人：刘文斌
Tel：13318998982

**富通实业有限公司**
地址：广东省深圳市宝安区 62 区榕江大楼 5 楼
负责人：胡学梅
Tel：0755－27934000
13622351222

**河源市源城区欧美陶瓷**
业务：中国驰名商标“欧美”陶瓷一条龙服务；陶瓷销售安装
地址：广东省河源市源城区东华路丰泽都市花园西侧第三、四卡
负责人：陈建华 邮　编：517001
法　人：陈建华
Tel：0762－3898898
13068579319

**珠海经济特区德正装饰工程有限公司**
地址：广东省深圳市宝安区 76 区富盈门 C1 栋 304 号
负责人：容伟振
Tel：13823123698

**广东省河源市源城区建安广告装饰部**
业务：室内各种装修，广告牌设计，制作
地址：广东省河源市源城区河埔迎宾大道白田火车桥侧
负责人：张卫迎 邮　编：517000
法　人：张卫迎
Tel：0762－3212616

**深圳市长江木业有限公司**
地址：广东省深圳市宝安区 86 区海宾胶合板市场 A 区 7 幢 1 号
负责人：魏计发
Tel：13823209996

**河源市源城区欧豪门窗经营部**
业务：门窗制作销售及安装
地址：广东省河源市源城区永福路雅居悦花园商铺 3 号
负责人：欧阳治 邮　编：517001
法　人：欧阳治
Tel：0762－3892992

**广东省台山市鸿坚建筑工程有限公司宝安分公司**
地址：广东省深圳市宝安区安乐村 39 区 57 栋首层
负责人：伍洪想
Tel：0755－27898803
27899773
13802702902

**河源市源城区志强建筑劳务有限公司**
业务：工业、民用建筑劳务承包
地址：广东省河源市源城上城东横巷 18 号住宅楼 C1－101 房
负责人：肖伯福 邮　编：517001
法　人：肖伯福
Tel：0762－3306189
13553294808

**聚美堂装饰工程设计有限公司**
业务：聚美堂装饰工程设计有限公司主营产品或服务有居家设计、办公室设计、商铺设计、大堂设计、公装、家装、效果图、平面图、施工图。经过多年不懈的努力，聚美堂已发展成为一个集设计、工程、材料及装饰研究的多领域、跨地区的综合型家居装饰企业。
地址：广东省深圳市宝安区龙华龙观东路金龙华广场商务大厦 901 室
负责人：马金媛 邮　编：518000
法　人：马金媛
Tel：0755－28062880

**深圳市鼎达成吊装运输有限公司**

业务：本公司成立于1999年，现有100多名员工。主要经营吊装运输。
地址：广东省深圳市福田区福田保税区福源花园南海院603室
邮 编：518000
法 人：付保国
Tel：0755－83818088

## 永安门窗工程部
业务：主要经营不锈钢防盗门、防盗网、铝合金门窗、不锈钢楼梯扶手、豪华室内门、洗手间门、国内防蚊纱窗
地址：广东省河源市紫金县古竹镇紫古大道东(派出所旁)
负责人：杨必江 邮 编：517000
法 人：杨必江
Tel：13690987805
0762－2215279

**深圳市宝安区新安华威木业商行**
地址：广东省深圳市宝安区宝城47区怡景北三巷14号
负责人：刘武中
Tel：0755－27825629
13510731429

## 广东省河源市紫金县义容镇锦荣铝合金装修工程队
业务：铝合金装修工程
地址：广东省河源市紫金县义容镇东公路
负责人：张锦荣 邮 编：517000
法 人：张锦荣
Tel：0762－7107814

**欧斯龙天花装饰材料店**
地址：广东省深圳市宝安区宝城47区自由路50号
负责人：梁冠波
Tel：0755－27827466
13823736677

## 紫金县金禹水利水电建筑工程有限公司
业务：承接水电水利工程
地址：广东省河源市紫金县紫城镇长安大道19号之一
负责人：谢炯堂 邮 编：517001
Tel：0762－7833118
13825325938
E-mail：jinyu938@163.com

**新安迅兴装饰材料行**
地址：广东省深圳市宝安区宝城49区河东第二工业区4号厂房楼下3号
负责人：罗爱深
Tel：0755－27441150
13714454288

## 鹤山市宅梧镇陆广棚架工程部
业务：制作铁皮棚、杉皮棚、山庄棚等，代销水泥瓦、机制瓦，销售各种搭棚材料
地址：广东省鹤山市宅梧镇双和路46号侧
负责人：张建武 邮 编：529700
法 人：张建武
Tel：13536086120
13427205806

## 深圳市伟全房地产咨询部
业务：深圳市伟全房地产咨询部成立于2005年11月，公司主要从事房屋出租、房屋管理。
地址：广东省深圳市福田区沙尾综合楼A座18号
负责人：莫贵全 邮 编：518048
法 人：莫贵全
Tel：0755－82867999
82839777

## 化州市合江李文中合木业有限公司
业务：木材加工
地址：广东省化州市合江镇月水工业园
负责人：李文 邮 编：525100
法 人：李文
Tel：13590008778

**宝瑞达建材有限公司**
地址：广东省深圳市宝安区大道86F钢材批发市场8号
负责人：丘瑞灵
Tel：0755－27890546

## 化州市中天房地产开发有限公司
业务：房地产开发
地址：广东省化州市河东站前北路77号
负责人：李一锋 邮 编：525100
法 人：李一锋
Tel：0668－7298118
Fax：0668－7298078

**深圳市新绿源健康产业科技开发有限公司**
地址：广东省深圳市宝安区福永街道办后面房管大楼2楼南边
负责人：文兆辉

Tel：0755－27380203

## 广东省惠州市博罗县柏塘镇惠惠兴钢材行
业务：批发零售钢材，品质保证
地址：广东省惠州市博罗县柏塘镇罗塘村罗塘组荷排开发区
负责人：余惠良 邮 编：516148
Tel：0752－6335960
13172719905

**深圳市明和腾五金建材贸易行**
地址：广东省深圳市宝安区福永街道凌宵花园C栋205
负责人：樊敬群
Tel：0755－27860413

## 博罗县光辉汤泉林场木材加工厂
业务：木材加工
地址：广东省惠州市博罗县国营汤泉林场场部
负责人：宋光辉 邮 编：516001
法 人：宋光辉
Tel：0752－6228635
6968038
13531710255

## 福建省华远建设发展有限公司博罗分公司
业务：建筑安装，市政公用，公路，园林，土石方
产品：市政公用二级，房屋建筑二级，土石方工程二级，机电设备安装二级，城市道路照明二级，公路施工总承包三级，园林古建筑三级
地址：广东省惠州市博罗县湖镇富裕大道商住楼A5－6
负责人：陈惠奇 邮 编：516139
法 人：陈惠奇
Tel：0752－6658658
Fax：0752－6658758
E-mail：fhf20090511@163.com

**深圳市益鑫成环保科技有限公司**
地址：广东省深圳市宝安区福永镇大洋开发区大洋路福安工业城2期厂房14栋
负责人：沈碧渊
Tel：0755－33809366

## 博罗县湖镇镇响水鸿兴门店
业务：不锈钢门，塑钢门，防盗门，铝合金窗，扶手，不锈钢之类等
地址：广东省惠州市博罗县湖镇镇响水厂梅路加油站旁
负责人：冯锡坤 邮 编：516001
法 人：冯锡坤
Tel：13669596638
0752－6323446

**富凌电梯实业有限公司办理处**
地址：广东省深圳市宝安区福永镇凤凰村西13栋
负责人：刘官华
Tel：13823729215

## 惠州市惠城区惠强装饰材料经营部
业务：综合性建材超市，主要经营各类装饰装修环保材料，在这里您可以放心、省心地完成全部装修材料的采购。我们还备有精湛的设计施工队伍，为您打造品味空间！
地址：广东省惠州市河南岸金山湖花园
负责人：梁惠新 邮 编：516000
法 人：梁惠新
Tel：15976119888
Fax：0752－2503332
E-mail：svnlhni@yahoo.com.cn

**深圳市盛源斯大环保科技发展有限公司**
地址：广东省深圳市宝安区福永镇凤凰第一工业区B19栋5楼502室
负责人：吴雪琴
Tel：13066800123

## 博信天花装饰材料行
业务：销售及安装天花装饰材料
地址：广东省惠州市惠城区陈江街道办事处大新路8号
负责人：徐检来 邮 编：516000
法 人：徐检来
Tel：0752－3251352
13536257633
Fax：0752－3251352

**深圳市宝安区福永镇永源建材店**
地址：广东省深圳市宝安区福永镇富桥工业2区蚝业路口华美钢材经销部
负责人：魏胜华
Tel：0755－27335866
13509685981

## 惠州市惠城区湛鑫防水涂料商行
业务：防水涂料，水性油漆销售
产品：超弹性防水涂料，工程外墙防雨漆，金属木料油漆
地址：广东省惠州市惠城区河南岸金湖路15号
负责人：伍常青 邮 编：516000
法 人：伍常青
Tel：0752－2514895

## 深圳市捷达玻璃有限公司
业务：深圳市捷达玻璃有限公司成立于2004年，是一家生产工艺玻璃及工程玻璃的企业。公司位于广东省深圳市福田区石厦工业区七栋1楼，交通便利，地理位置优越。公司自成立以来，始终坚持"服务客户、激励同行、回报社会、创造效益、体现价值"的企业使命，坚持以"卓越的品质、完美的追求"地质量方针，为客户提供高质量的产品和服务。
地址：广东省深圳市福田区石厦工业区七栋1楼
邮 编：518048
法 人：庄钦捷
Tel：0755－83802213
Fax：0755－83836112

## 惠州市惠城区惠鑫建筑材料经营部
业务：建筑材料经营
地址：广东省惠州市惠城区河南岸金山湖姚屋园5－7号
负责人：陈建求 邮 编：516001
法 人：陈建求
Tel：0752－2283022
2504425

**香港捷美企业有限公司**
地址：广东省深圳市宝安区福永镇怀德村方华二区8D幢1－2层
负责人：潘有良
Tel：0755－27385108
13077811157

## 惠州市惠城区惠而美园艺
业务：集园林绿化、假山设计与施工、园林养护及各种进口防腐木批发零售为一体的综合性园林企业
产品：工艺品及艺术浮雕制作
地址：广东省惠州市惠城区河南岸南岸路48号
负责人：林生泰 邮 编：516000
法 人：林生泰
Tel：0752－2130992
13516666082

**深圳市腾达钢结构有限公司**
地址：广东省深圳市宝安区公明街道将石大围村工业区B区16栋A
负责人：刘克文
Tel：0755－27541346

## 惠州市惠城区福尔卡汽车用品销售部
业务：从事安康驾居舒缓仪、车用夜行镜、车载清新吧、车用水吧、车用冰箱、登山、露营、游泳、极限运动等户外用品销售
地址：广东省惠州市惠城区下埔北四街5号新银小区临街1、2铺位(广东发展银行惠州分行背后)
负责人：姚国成 邮 编：516001
法 人：姚国成
Tel：13286262366
0752－2100667
Fax：0752－2100667
网址：www.51zzt.com/user/zzt31826

**雅华庭家居装饰工程有限公司公明分公司**
地址：广东省深圳市宝安区公明镇红花路7号
负责人：陈钦明
Tel：0755－27100638
13603070249

## 惠东县白花镇锦兴建材店
业务：专营各种型号螺纹钢筋，平面钢筋及加工业务
地址：广东省惠州市惠东县白花镇义山工业区(平深路)
负责人：胡剑辉 邮 编：516001
法 人：胡剑辉
Tel：13669589858
0752－8786318
Fax：0752－8786318

**深圳市荣发木业有限公司**
地址：广东省深圳市宝安区公明镇蒋石村上石家工业区1号
负责人：邹定钦
Tel：0755－27166239

## 深圳市华晨装饰设计工程有限公司
业务：本公司成立于2006年，主要从事室内外装饰工程设计，施工，园林绿化工程，热诚欢迎新老客户来人来电洽谈业务。
地址：广东省深圳市福田区深南中路3037号南光捷佳大厦910信箱
负责人：朱瑞华 邮 编：518032
法 人：朱瑞华
Tel：0755－83046359
Fax：0755－83981079

## 惠东县黄埠新慧丰装饰材料店
业务：装饰材料销售，专业代理怡家半导体节能灯并承接一些装潢项目
地址：广东省惠州市惠东县黄埠海滨大道后段
负责人：曾广慧 邮 编：516000
法 人：曾广慧
Tel：0752－8382309
Fax：0752 － 8692496

## 深圳市田岛建筑装饰材料有限公司
业务：深圳市田岛建筑装饰材料有限公司专业致力于地面装饰材料，以国内外名优、环保、节能的名牌产品为主。主力产品有日本TAJIMA（田岛）地材、意大利REMP（瑞普）橡胶地材，专项配备了工程设计人员、专业技术施工队伍，承担着各个工程施工质量监督管理，并有着一个完善的售后服务网络，每项工程无论大小，都以一年以上售后服务为准，为广大新老客户提供最优质的服务。
地址：广东省深圳市福田区万科城市花园白合园D座301室
负责人：陈明清 邮 编：518035
法 人：陈明清
Tel：0755－83700914

## 惠东县铭堂设计装饰工程有限公司
业务：室内外装修，中央空调安装、维修，园林绿化
地址：广东省惠州市惠东县平山南湖路51号
负责人：古庆军 邮 编：516001
法 人：古庆军
Tel：13622999879
0752－8966633
8926291

**唯昌木器制品厂**
地址：广东省深圳市宝安区公明镇李松朗村第二工业区32幢
负责人：陈耀江
Tel：0755－27126701
13715296135

## 惠州市天宇水电安装有限公司
业务：专业承接水电安装、维修、疏通室内外下水管道及电力设备、设施、建材销售，公司以质量和工期为生命，秉承"质量第一、用户至上、诚信为本"的企业宗旨，竭诚为用户提供一流的产品及服务。
地址：广东省惠州市惠阳区淡水万福路61号二楼
负责人：梁志坚 邮 编：516211
法 人：梁志坚
Tel：0752－3772699
13502211881
Fax：0752－3772699
E-mail：lcy20070808@163.com

**柏卓装饰材料厂**
地址：广东省深圳市宝安区公明镇楼村第一工业区第8幢8号
负责人：许毅娟
Tel：13902945103

## 惠州市惠阳区淡水江南不锈钢门窗店
业务：不锈钢门窗制作与销售
地址：广东省惠州市惠阳区淡水镇承修四路62－64号(原草洋)一楼
负责人：余建松 邮 编：516000
法 人：余建松
Tel：0752－3388944
13825498918

**东昌华盛实业有限公司**
地址：广东省深圳市宝安区观澜街道大水坑社市新村二巷10号
负责人：陈国华
Tel：0755－28054626
13823204405
13823207405

## 惠州市惠阳区淡水世盛建材搭棚店
业务：搭棚，排山架，钢管，模板
地址：广东省惠州市惠阳区淡水镇石桥熊老屋
负责人：缪永台 邮 编：516211
法 人：缪永台
Tel：0752－5993136

**华驰钢结构有限公司**
地址：广东省深圳市宝安区观澜镇大水坑村桔

城建房产建材装潢

黄工业区
负责人：刘世全
Tel：0755－28055988
13823515572

**惠州市惠阳区锦远水处理设备贸易有限公司**
业务：水处理设备及其配件的销售
地址：广东省惠州市惠阳区莲塘西路 87 号
负责人：沈耀宏 邮 编：516001
法 人：沈耀宏
Tel：13669558686
0752－3777427

**江苏中核华兴建筑装饰有限公司深圳分公司**
业务：江苏中核华兴建筑装饰有限公司深圳分公司主要从事室内外装饰装修，竭诚欢迎各方客户来电洽谈业务，共同发展。
地址：广东省深圳市龙岗区大鹏王母建设路华兴新村蔷薇阁 4－13
负责人：刘宝明 邮 编：518000
法 人：刘宝明
Tel：0755－84301946
84479134
网址：www.mtw28899.chinapyp.com

**惠州市惠阳区沙田兴业门窗店**
业务：铝合金门窗，塑钢门窗加工及销售
地址：广东省惠州市惠阳区沙田镇长安大道中 5 号
负责人：杜世坚 邮 编：516001
法 人：杜世坚
Tel：0752－3728613
13928370887

**宇胜装饰材料有限公司**
地址：广东省深圳市宝安区观澜镇龙兴工业区 1 号
负责人：李泱胜
Tel：0755－28057008
13602655058

**惠州市惠存实业有限公司**
业务：经营国内贸易，土石方工程，室内装修，房地产开发
地址：广东省惠州市惠阳三和开发区龙基小区 019＃
负责人：祝恩孙 邮 编：516000
法 人：祝恩孙
Tel：0752－3635293
Fax：0752－3635293

**丰彩井盖实业有限公司**
地址：广东省深圳市宝安区观澜镇樟坑径村白鸽湖
负责人：肖尔城
Tel：0755－27998858
13826989399

**龙门县华辉装饰材料购销部**
业务：装饰材料销售
地址：广东省惠州市龙门县龙田镇邬村小径村
负责人：梁军华 邮 编：516800
法 人：梁军华
Tel：13829979318
0752－7785887

**腾达模具真空热处理厂**
地址：广东省深圳市宝安区观澜镇樟坑径上围村村委东江热处理
负责人：洪鹏腾
Tel：13316812568

**印江土石方工程部**
业务：土石方工程
地址：广东省惠州市龙门县迎宾大道半岛明珠 9 栋 601
负责人：车国勇 邮 编：516000
法 人：车国勇
Tel：13829976173
0752－7892878

**福建省八方建筑工程有限公司东莞分公司**
业务：本公司成立于 1954 年，主要从事房屋建筑壹级，市政贰级，土石方壹级，装饰贰级。园林古建筑贰级、钢结构贰级、管道叁级。
地址：广东省深圳市龙岗区岗贝村岗树 8 巷 5 号
负责人：陈仁权 邮 编：518000
法 人：陈仁权
Tel：0755－28905818
Fax：0755－28905633

**龙门县永汉镇展鸿专业装饰店**
业务：承接小型装修工程
地址：广东省惠州市龙门县永汉镇增龙路 160 号
负责人：黎国均 邮 编：516001
法 人：黎国均
Tel：13632832023
0752－7606699

**深圳市宝安区光明安明装饰工程部**
地址：广东省深圳市宝安区光明街道光明大街原食品公司饲料门市部
负责人：马建威
Tel：0755－27401766
13510312016

**惠州市永辉建筑工程有限公司**
业务：建筑工程施工总成包
地址：广东省惠州市马安镇新楼村南亚
负责人：林春辉 邮 编：516001
法 人：林春辉
Tel：13829906508

**深圳市利滔房地产经纪有限公司**
地址：广东省深圳市宝安区龙华街道办工业西路上塘商业大厦五楼 A 单元
负责人：吴宇铭
Tel：0755－28106938

**惠州市家华物业管理有限公司南坛分公司**
业务：物业管理
地址：广东省惠州市下埔大道 2 号四层
负责人：陈楚翔 邮 编：516001
Tel：0752－2081686

**深圳市展房房地产经纪有限公司**
地址：广东省深圳市宝安区龙华街道办事处富通天骏 18 号
负责人：李大军
Tel：0755－28117458
28118655
13923462892

**惠州市钻通管线工程有限公司**
业务：线路管道安装工程（顶管、电缆沟、打斜井）
地址：广东省惠州市下埔惠沙堤路滨江花园 14 栋 A 楼 401B 室
负责人：李达能 邮 编：516001
法 人：李达能
Tel：0752－2160478

**深圳市艺润装饰设计工程有限公司**
地址：广东省深圳市宝安区龙华街道人民南路日出印象花园 3 栋 2 单元
负责人：王胜旺
Tel：0755－28073042

**惠州市惠城区惠建建材厂**
业务：混凝土外加剂，装饰材料，钢粉系列
产品：粘合剂、填缝剂，界面剂，石灰王
地址：广东省惠州市小金口青一组一巷 90 号
负责人：王杏清 邮 编：516001
法 人：王杏清
Tel：0752－2822595
13531650985
网址：http://www.51zzt.com/user/zzt35464
E-mail：185971009@qq.com

**深圳市海洋建筑工程有限公司**
业务：本公司是从事以金刚砂硬化剂地坪、环氧树脂地坪、耐磨地坪、地下停车场地坪、工业地坪、压模艺术装饰地坪、康体工程、防腐工程生产施工为一体的综合性地坪企业。公司信守："以质量求生存，以信誉求发展"为宗旨、"一切以顾客为中心"的经营理念，为客户提供优质高效的服务。
地址：广东省深圳市南山区蛇口赤湾石油大厦 517＃
邮 编：518068
法 人：舒象楚
Tel：0755－26867651

**惠城区盛泰装饰材料店**
业务：销售装饰材料
地址：广东省惠州市仲恺高新区 15－16 号铺
负责人：田会良 邮 编：516001
法 人：田会良
Tel：15917778620
0752－5322162
2770865

**龙华创新业材料门市部**
地址：广东省深圳市宝安区龙华镇龙观西路 115 号
负责人：章四发
Tel：0755－27043221
13502817795

**恩平市圣堂中星砂场**
业务：经营砂石、毛料
地址：广东省江门市恩平市圣堂镇中星工业区
负责人：宣瑞和 邮 编：529020
法 人：宣瑞和
Tel：13360227070
0750－7381777
Fax：0750－7381777

**龙华明记夹板店**
地址：广东省深圳市宝安区龙华镇龙胜建材市场布龙路商铺 B10 号
负责人：沈志明
Tel：0755－28095223

**江门市新赣新日美乐家具制品有限公司**
业务：加工进口橡胶木拼板、石木门
地址：广东省江门市江海区滘北工业区藕山 7 号厂房
负责人：杨琳 邮 编：529020
法 人：李菊如
Tel：0750－3622221
3622211
3622296

**深圳市宝岛家园房地产经纪有限公司**
地址：广东省深圳市宝安区龙华镇中环路大信花园 5 栋 503 室
负责人：张达强
Tel：0755－27110860

**开平市水口镇泰亨抛光材料店**
业务：抛光材料的销售
地址：广东省江门市开平市水口镇新市北路 343 号
负责人：陈卫鹏 邮 编：529020
法 人：陈卫鹏
Tel：0750－2022591
22713829
13702220673
Fax：0750－2713829

**夺天工园林建设有限公司**
地址：广东省深圳市宝安区前进二路流塘公园管理处
负责人：吴堂香
Tel：0755－27942644
13602579383

**江门市蓬江区益万家建材厂**
业务：生产高分子板材
地址：广东省江门市蓬江区荷塘镇塔岗村龙田浪
负责人：陈祥军 邮 编：529020
法 人：陈祥军
Tel：0750－3739136
3739855
13923242188
Fax：0750－3739855

**深圳市海洋建筑工程有限公司**
业务：本公司是从事以金刚砂硬化剂、环氧树脂地坪、艺术装饰地坪、康体工程、防腐工程生产施工为一体的综合性企业。目前海洋公司在华南及珠江三角洲地区的施工面积及产品应用面积在 200 多万平方米以上。
地址：广东省深圳市南山区蛇口赤湾石油大厦 517＃
邮 编：518068
法 人：舒晓河
Tel：0755－26867651
Fax：0755－26672218
网址：www.szseas.com

**江门市蓬江区祥光玻璃加工厂**
业务：玻璃加工、玻璃丝印
地址：广东省江门市蓬江区荷塘镇霞村工业区积水闸
负责人：曾宪龙 邮 编：529020
法 人：曾宪龙
Tel：13422672645
0760－86107393

**深圳市大安静电净化经营部**
地址：广东省深圳市宝安区前进一路 176 号 502 室
负责人：林琼容
Tel：0755－81254812

**江门市蓬江区昌礼不锈钢门窗加工店**
业务：不锈钢门窗设计、加工、销售、安装
地址：广东省江门市蓬江区荷塘镇中兴三路 85 号之二
负责人：曾锡昌 邮 编：529000
法 人：曾锡昌
Tel：13318983569

**嘉华混凝土管桩有限公司**
地址：广东省深圳市宝安区沙井镇民主村民主工业园
负责人：喻志燕
Tel：0755－27259737
27329468
13823122626

**台山市赤溪镇立诚建材部**
业务：建材加工
地址：广东省江门市台山市赤溪镇田头村委会茭笋新村 28 号
负责人：罗先生 邮 编：529211
Tel：0750－5277158
13822312513

**建宏陶瓷店**
地址：广东省深圳市宝安区沙井镇沙四东宝工业区装饰材料城 E1－3 号
负责人：卢柏锦
Tel：0755－27269752
13560789212

**江门市新会区会城鸿业构件场**
业务：经营路面转，水泥围栏，高墙围栏等
地址：广东省江门市新会区会城永安第二工业区 43 号
负责人：林建强 邮 编：529020
法 人：林建强
Tel：13302582248
0750－6311600
Fax：0750－6311600

**阳春市南泰电业安装有限公司**
业务：本公司成立于 2005 年，主要从事电力安装。一流的服务、一流的设备、一流的人员、一流的管理、一流的质量、我们期待与您携手，共创辉煌！
地址：广东省阳春市春城镇泰安小区泰安二街二巷 11 号
负责人：黄定畴 邮 编：529600
法 人：黄定畴
Tel：0662－7655259

**江门市新会区会城森艺红木家具厂**
业务：生产销售中高档红木家具
地址：广东省江门市新会区会城永安紫竹里牌坊对面
负责人：陈继波 邮 编：529020
Tel：13824084539

**深圳市森丰装饰材料部**
地址：广东省深圳市宝安区沙井镇万丰第三工业区 29 栋第 8 间
负责人：李甘庆
Tel：0755－27231662

**江门市新会区会 [illegible]雪花石膏 [illegible]饰材料商行**
业务：经营装饰材料
产品：石膏板
地址：广东省江门市新会区会城振兴三路 11 号 115
负责人：黄栋良 邮 编：529020
法 人：黄栋良
Tel：13556904192

**科伟环保设备经营部**
地址：广东省深圳市宝安区沙井镇万丰公园南路 8 栋 C 座 301 号
负责人：范国仁
Tel：13923470292

**江门市新会区三江永福商店**
业务：花木场，小百货销售
地址：广东省江门市新会区三江镇新江村沙坪村口
负责人：田军 邮 编：529020
法 人：田军
Tel：13923073615
13536060599
0750－6203182

**深圳市江城装饰净化工程有限公司**
地址：广东省深圳市宝安区沙井镇西环路沙二新村 4 栋 02 号铺位
负责人：曾俊雄
Tel：0755－33251728

**揭阳市大南山侨区昌顺采石场有限公司砂石经营部**
业务：砂石
地址：广东省揭阳市大南山侨区桃园办事处桃园村铜锣山
负责人：钟华 邮 编：522000
法 人：钟华
Tel：13434980082

**云浮市佳信物业管理有限公司**
业务：云浮市佳信物业管理有限公司位于云浮市市区育华路，公司成立于 2005 年，是一家从事物业管理的公司。公司本着"诚信、务实、创新"的经营宗旨，为广大用户提供满意的服务。
地址：广东省云浮市市区育华路
邮 编：527300
法 人：吴海
Tel：0766－8923230
8923236
Fax：0766－8923236 转 833

**揭阳市东山区东阳万荣木线厂**
业务：生产、销售木线条
地址：广东省揭阳市东山区东阳岐山村大垢母片
负责人：罗从填 邮 编：522000
法 人：罗从填
Tel：0663－8201480
13376548999

**大鹏冷气工程有限公司**
地址：广东省深圳市宝安区沙井镇新桥村北环路南侧 8 号

负责人：蓝朋世
Tel：0755－27467791
27566579
13502845755

## 揭阳市东山区东升伯乐装饰服务部

业务：专业室内装潢服务
地址：广东省揭阳市东山区临江北路以南梅东大桥头铺面
负责人：蔡少歆　邮　编：522000
法　人：蔡少歆
Tel：15913984222
0663－8278298

**深圳市盛龙建筑材料有限公司**
地址：广东省深圳市宝安区石岩镇宝石路宝达石场
负责人：唐振进
Tel：0755－27624316
13802240027

## 珠海市市政建设有限公司惠来分公司

业务：市政、房屋等建筑工程承接
地址：广东省揭阳市惠来县南环一路 8 号
负责人：方朝河
法　人：方朝河
Tel：0663－6688827

**深圳市诚信中空玻璃有限公司**
地址：广东省深圳市宝安区石岩镇罗租村建兴路 1 号 3 栋 201 房
负责人：韩元成
Tel：0755－27643798

## 惠来县豪鑫建筑工程有限公司

业务：承接土石方工程、道路市政工程等各类建筑工程
地址：广东省揭阳市惠来县前詹镇庵泉路 23 号
负责人：詹桂泉　邮　编：515225
法　人：詹桂泉
Tel：13318180555
0663－6755555

## 宏浦道路设施工程有限公司

业务：宏浦道路设施工程有限公司成立于 2003 年，主要从事于道路交通设施、道路绿化、园林绿化工程、设计、制作、代理、发布国内各类广告。欢迎新老客户光临、惠顾！
地址：广东省增城市荔城大道 338 号
负责人：巫宗华……邮　编：511300
法　人：巫宗华
Tel：020－82642822

## 揭东县地都镇大都石材厂

业务：石材加工和销售
地址：广东省揭阳市揭东县地都镇大瑶村
负责人：林继发　邮　编：522000
法　人：林继发
Tel：0663－3310778
13509030418

## 揭东县砲台镇泓源石板厂

业务：板材加工销售
地址：广东省揭阳市揭东县砲台镇青溪村玉溪开发区
负责人：吴少武　邮　编：522000
法　人：吴少武
Tel：13302766910
0663－3350111

**明辉人造板贴面加工厂**
地址：广东省深圳市宝安区石岩镇塘头村委大道
负责人：翁明辉
Tel：0755－27628360
13809889856

## 揭东县锡场镇绿之园花木场

业务：花卉苗木培育经营
地址：广东省揭阳市揭东县锡场镇江边村高速路顶右侧
负责人：王伟强　邮　编：522000
法　人：王伟强
Tel：0663－3965333

## 揭阳市东山区东兴忠发水暖器材经营部

业务：金牛管业、沃茨、时达软管、美年华光能电热水器、绿之保卫浴、康立源卫浴、爱丽名镜
地址：广东省揭阳市揭丰公路特美思大酒店斜对面
负责人：许列忠　邮　编：522031
法　人：许列忠
Tel：13318180578
0663－8220578
8222572
Fax：0663－8222572

## 雷州市泉源木料有限公司

业务：雷州市泉源木料有限公司成立于 2005 年，从事木材、木片生产销售，欢迎新老客户来电洽谈业务。
地址：广东省湛江市雷州市覃斗镇流沙港
负责人：黄妃付……邮　编：524500
法　人：黄妃付
Tel：0759－8225999
网址：mtw50340

## 揭西县粤塑管业有限公司

业务：管材生产、大型 HDPE 管材生产
地址：广东省揭阳市揭西县京溪园镇第一工业园区第三区
负责人：吕明刚　邮　编：515431
法　人：吕明刚
Tel：13771228628
13923561588
0663－5858008
5858018
Fax：0663－5858008

**港昌装饰材料行**
地址：广东省深圳市宝安区松岗镇东方路 8 号
负责人：赖洁英
Tel：0755－27107678
13809899117

## 乐昌市宏鑫砂石场

业务：砂石
地址：广东省乐昌市长来镇大寨坝村
负责人：陈玉新　邮　编：512000
法　人：陈玉新
Tel：13602917122
13640185460

**振垲涂装设备经营部**
地址：广东省深圳市宝安区松岗镇东方一街 35 号
负责人：曾凡林
Tel：13823674515

## 乐昌市黄圃来亮木材加工厂

业务：装修用的拼板、装修条等
地址：广东省乐昌市黄圃镇紫溪村樟塘
负责人：曾来亮　邮　编：512236
法　人：曾来亮
Tel：0751－5792193
13600213659

**深圳市高美森实业有限公司**
地址：广东省深圳市宝安区松岗镇江边新村 C 区一巷 4 号
负责人：刘益华
Tel：0755－27137276
27138788
013510063692

## 连州市东陂镇大同环保机制炭厂

业务：生产、批发环保炭
地址：广东省连州市东陂镇塘联荷坪村
负责人：黄志新　邮　编：513400
法　人：黄志新
Tel：13553967670
13553928396

## 封开县七星云龙石场

业务：封开县七星云龙石场生产销售石材石料，您的满意是我们的追求，欢迎新老客户来电洽谈业务！
地址：广东省肇庆市封开县河儿口加油站转云龙石场
负责人：陈河清……邮　编：526500
法　人：陈河清
Tel：0758－6387081

## 廉江市河唇新屋仔花木场

业务：花木，苗木的种植销售，绿化工程承包
地址：广东省廉江市河唇新屋仔路口（廉石公路边）
负责人：黄焕胜　邮　编：524400
法　人：黄焕胜
Tel：0759－6458831
13922069389

**西乡顺鑫木材贸易部**
地址：广东省深圳市宝安区西乡海城新村 B 栋 37 号
负责人：周毅
Tel：0755－29920821
13066924423

## 廉江市雄胜石材厂

业务：生产、销售、加工石材
地址：广东省廉江市罗洲大道西（石龙加油站斜对面）
负责人：唐上雄　邮　编：524038
法　人：唐上雄
Tel：13822513768
0759－6670136

**深圳市众尔泰五金建材贸易行**
地址：广东省深圳市宝安区西乡街道蟠龙居 A1 栋 6 号
负责人：翁全英
Tel：0755－27110960

## 廉江市石城陈玉国木扶手经营店

业务：木楼梯扶手，实木门制作销售
地址：广东省廉江市新风中路 59 号
负责人：陈玉国
法　人：陈玉国
Tel：0759－6609576

**世外桃源物业管理（深圳市）有限公司**
地址：广东省深圳市宝安区西乡桃源居世外桃源会所
负责人：刘凯
Tel：0755－27453536
13302316309

## 廉江市龙树门业销售部

业务：主营：广州市龙树门业专卖
地址：广东省廉江市新风中路 7 号
负责人：陈境学　邮　编：524038
法　人：陈境学
Tel：0759－6686790
13822511683

## 中山君润新型材料有限公司

业务：本公司成立于 2004 年，主要生产销售高档装饰膜材、高光膜、珠光膜、吸塑膜等，应用于家用电器、橱柜、天花吊顶、铝塑复合板、地板装饰等领域。以质量求生存，以信誉求发展，竭诚欢迎广大客户来电洽谈业务！
地址：广东省中山市南头镇升辉北工业区
负责人：陈沁君……邮　编：528427
法　人：陈沁君
Tel：0760－3122007
3122008
Fax：0760－3122006

## 陆丰市绿秀园林绿化有限公司

业务：园林工程
地址：广东省陆丰市大安镇红山果林场内
负责人：朱华传　邮　编：516500
法　人：朱华传
Tel：13828932788
0660－8213915

**深圳市宝安区永泰涂料经营部**
地址：广东省深圳市宝安区西乡镇固戍石街新村八巷 12 号
负责人：陈建
Tel：0755－27448776
13925276570
13510571087

## 陆丰市东海盛豪建材经营部

业务：租售建筑支架，龙门架（脚手架），建筑模板
地址：广东省陆丰市东海镇乌坎滨南四小区
负责人：彭成豪　邮　编：516500
法　人：彭成豪
Tel：13184881088
0660－3237777

**弘景园林设计有限公司**
地址：广东省深圳市宝安区西乡镇劳动村西山大道友情基地 8 楼
负责人：钟永坚
Tel：0755－27913233
13502892728

## 罗定市联盛石灰厂

业务：石灰团（氧化钙）、石灰粉，氢氧化钙、灰钙粉、腻子粉
地址：广东省罗定市满塘镇木头塘天子岭脚
负责人：陈秋喜　邮　编：527224
法　人：陈秋喜
Tel：0766－3609117
13902376928

## 电白县鑫建装饰设计室

业务：室内外装饰设计与施工
地址：广东省茂名市电白县水东镇人民路 108 号
负责人：邓国强　邮　编：525400
法　人：邓国强
Tel：13727708115
0668－5287121

## 中山市品逸装饰设计工程有限公司

业务：本公司是一家从事室内设计、装饰工程及水电线路、设备安装工程，园林绿化工程、计算机网络安装工程的综合性工程公司。长期以来，无论大小项目工程都以至真至诚、质量第一、用户至上的原则贯通于整个生产经营活动中，为用户赢得了效益，深得客户的信赖。
地址：广东省中山市石岐区莲兴路 33 号
负责人：林孝煜……邮　编：528400
Tel：0760－8722888、
Fax：0760－8788306
网址：http://www.jobems.com/C_50323540.htm

## 茂名市永成建材有限公司

业务：钢材批发
地址：广东省茂名市高山建材市场 B 区 22 号
负责人：李权清　邮　编：525000
法　人：李权清
Tel：0668－2525555

**泰迪防火门板材有限公司**
地址：广东省深圳市宝安区西乡镇铁岗水库旁宝安桃花源科技创新园主楼 610（办公场所）
负责人：张迪昌
Tel：13823503309

## 海南省第四建筑工程公司茂名分公司

业务：建筑工程
地址：广东省茂名市茂南开发区锦华北路一街 6 号 102 房
负责人：黄国周　邮　编：525000
法　人：黄国周
Tel：13724806745
13005686888

**深圳洪盛意房地产有限公司**
地址：广东省深圳市宝安区新安办 38 区中南花园 5 栋 102－103
负责人：洪汉亮
Tel：0755－27575832

## 茂名天云球建筑材料有限公司

业务：集销售、施工为一体，专营高品质陶瓷洁具、五金配件、油漆涂料、液体壁纸等，并拥有一支技术熟练、工艺精湛的施工队伍，我们以质量为中心，诚信为基础，真诚期待与您的合作！
产品：油漆、涂料、模板、水泥制作
地址：广东省茂名市茂南区水务局 B 栋东北 1 号商铺
负责人：李先生　邮　编：525000
法　人：李瑞球
Tel：0668－2703638
18929722137
Fax：0668－2703638
网址：www.tyqjc.cn

**深圳市新安上合股份合作公司物业管理分公司**
地址：广东省深圳市宝安区新安办上合村公园路东侧
负责人：黄国兴
Tel：0755－27573368

## 茂名东鹏洁具

业务：建陶卫浴、五金等
地址：广东省茂名市人民南路口岸南街 27－28 号
负责人：李春晓　邮　编：525000
法　人：李春晓
Tel：0668－2739199
Fax：0668－2739199

## 珠海市威霖环保科技有限公司

业务：珠海市威霖环保科技有限公司是一家集环保产品的研发、生产和销售于一体的高新企业，公司秉承“创造绿色、营造健康”的事业理念，依靠一流的科技人才、优良的产品质量和完善的服务体系，成为健康生活的首选。
地址：广东省珠海市吉大白莲路 130 号 1 栋 2 单元 602 室
负责人：陈文夫……邮　编：519000
法　人：陈文夫
Tel：0756－6689256

**深圳市泰尼松实业发展有限公司**
地址：广东省深圳市宝安区西乡镇桃源居 14 区 A 栋 204
负责人：徐志松
Tel：0755－27999229
13602636436

**深圳市百惠污染控制工程有限公司**
地址：广东省深圳市宝安区松岗街道办东方上报美红绿灯路口 274 号
负责人：洪耀辉
Tel：0755－27082382

**石岩国源建材店**
地址：广东省深圳市宝安区石岩镇水田宝燃加油站边
负责人：黄佳运
Tel：13823130938

## 兴宁市大业建筑工程有限公司大埔分公司

业务：房屋建筑工程施工承包，市政公用工程施工承包
地址：广东省梅州市大埔县城中心大街中心花园嘉福阁 702
负责人：刘兴溪　邮　编：514239
Tel：13802369876
0753－5857386
5558489
网址：http://www.51zzt.com/user/zzt33974

**深圳市白金房地产有限公司**

地址：广东省深圳市宝安区新安街道宝民路东侧白金酒店公寓1栋3210号
负责人：闫中林
Tel：0755－27880288

## 广东省梅州市大埔县枫朗镇顺艺不锈钢装修店

业务：防盗门、防盗网、楼梯扶手
地址：广东省梅州市大埔县枫朗镇桥头黄沙1号店铺
负责人：刘顺礼　邮　编：514000
法　人：刘顺礼
Tel：15986488900
0753－5743793

**红桂物业管理有限公司**
地址：广东省深圳市保安路松园西街48号1幢3楼316室
负责人：郭根喜
Tel：0755－25560495
13902982766

## 梅州金澜空间设计有限公司

业务：室内设计及施工，装饰材料和家居精品的销售
产品：装饰材料和家居精品
地址：广东省梅州市金利来时尚步行街E区09铺
负责人：陈国胜　邮　编：514021
法　人：陈国胜
Tel：0753－2399986
Fax：0753－2399986

**辉煌彩瓦店**
地址：广东省深圳市保安区观澜镇建筑装饰材料市场G109号
负责人：张玉辉
Tel：0755－27993319
13809884458

## 梅州市梅江区炳盛家具厂

业务：木制家具
产品：木制家具
地址：广东省梅州市梅江区环市西路一五二地质队老家属区
负责人：徐炳盛　邮　编：514021
法　人：徐炳盛
Tel：13825901615
网址：http://www.51zzt.com/user/zzt36417

**珠海荣发土石方工程有限公司**
业务：本公司的经营范围是：土石方工程，房屋工程建筑，道路工程建筑，园林绿化工程。兼营商业批发。本公司的宗旨是：诚信，守诺，拓展效益。
地址：广东省珠海市金湾区金海北园莲花楼一楼
邮　编：519041
法　人：韦发奇
Tel：0756－7613230
Mobile：13697789899
Fax：0756－7611216

## 梅州市雅庆发展有限公司

业务：建筑材料（金德牌PVC排污排水，PPR、PE给水管系列）、装饰材料、五金交电、汽车配件、办公用品；室内装潢装饰设计；室内水电安装；房地产信息咨询及中介、商业信息咨询服务；货物、技术进出口（国家法律法规禁止经工营的不得经营；国家法律法规需取得前置审批或许可的项目，未经得审批或许可之前得营）
产品：建筑材料（金德牌PVC排污排水，PPR、PE给水管系列）、装饰材料、五金交电、汽车配件、办公用品
地址：广东省梅州市梅县大新城新贵街梅龙居1栋3号
负责人：温庆欣　邮　编：514021
法　人：温庆欣
Tel：0753－2565386
Fax：0753－2565386

**深圳市国艺实业有限公司**
地址：广东省深圳市福田保税区红花路长平商务大厦35层01－03，29－33号
负责人：钟观永
Tel：0755－88308661
88308662
13509638313

## 平远县阿六铁艺店

业务：铁艺楼梯、铁艺大门、铁艺护栏、铁艺家具
地址：广东省梅州市平远县大柘镇梅东路
负责人：温志良　邮　编：514021
法　人：温志良
Tel：13421010044

## 平远县南丰装饰材料加工厂

业务：生产、销售建筑胶水
地址：广东省梅州市平远县大柘镇跃进岗路
负责人：刘汶兴　邮　编：514600
法　人：刘汶兴
Tel：13543239142
0753－8892338

**深圳市重量行房地产顾问有限公司**
地址：广东省深圳市福田区八卦岭八卦路众鑫科技大厦1105室
负责人：谢晓星
Tel：0755－25487915

## 安居石材

业务：石材销售
地址：广东省梅州市五华县安流镇司前街长塘面头
负责人：陈裕雄　邮　编：514000
法　人：陈裕雄
Tel：0753－4511689

**珠海市宏峰装饰设计工程有限公司**
业务：我公司是集高级装饰、设计、施工为一体的现代化企业、公司本着"务实合理、追求卓越"的企业精神强化企业管理，严格规范现场施工，不断提高装饰施工的技术和设计水平，精巧的设计构思，先进一流的施工工艺，为广大的客户提供最优质的服务。
地址：广东省珠海市香洲区前山逸仙路119号23号铺
负责人：周宁锋　邮　编：519000
Tel：0756－8513062

## 五华县横陂相华豪华门经销店

业务：销售豪华门、防盗门
地址：广东省梅州市五华县横陂镇小都圩
负责人：蔡相华　邮　编：514021
法　人：蔡相华
Tel：0753－4392173
13536721730

**佳美乐装饰材料有限公司**
地址：广东省深圳市福田区八卦三路荣深大厦305室
负责人：王烈勇
Tel：0755－25846798

## 广东省五华县工程技术实业公司

业务：房建、建筑
地址：广东省梅州市五华县华兴北路84号
负责人：连群辉　邮　编：514400
法　人：李清如
Tel：0753－5552570

**雅美居装饰材料广场惠泉建陶店**
地址：广东省深圳市福田区八卦五街23号远东大厦022号
负责人：余小斌
Tel：0755－82261065
82436757
13509621855

## 五华县水寨镇恒昌名门总经销

业务：门的销售
地址：广东省梅州市五华县水寨镇华一路（国税侧）
负责人：谢电嶙　邮　编：514021
法　人：谢电嶙
Tel：0753－4430106
18923007158

**深圳市铁汉园林绿化有限公司**
地址：广东省深圳市福田区北环大道7043号青海大厦21楼C室
负责人：刘水
Tel：0755－83547728
13802700877

## 南雄市乌迳镇雄洲建材门市部

业务：经营建材
地址：广东省南雄市乌迳镇新公路乌迳客运站对面
负责人：赖小春　邮　编：512400
法　人：赖小春
Tel：13415686688
0751－3757819

**光世防水材料有限公司**
地址：广东省深圳市福田区北环路神彩苑C座4D
负责人：陈光石
Tel：0755－83185040
13538232925

**深圳市大福行房地产投资顾问有限公司八卦岭分公司**
地址：广东省深圳市福田区八卦二路深圳家乡人连锁百货商店店内铺1－B4
负责人：洪汛
Tel：0755－25876178

## 南雄市雄州街道完美选择服饰店

业务：销售女装
地址：广东省南雄市雄州街道成新路步行街71号
负责人：邓茂林　邮　编：512400
法　人：邓茂林
Tel：0751－6137288
13719700093

**新疆永昌积水复合材料有限公司广州分公司**
业务：永昌积水：中国玻璃钢行业先锋。主要生产玻钢制品、玻璃纤维及制品、塑料制品计算机线路板、高尔夫球杆、研究开发复合材料。
地址：广州市番禺区东涌镇马克工业区
邮　编：511400
法　人：王建斌
Tel：020－34912951
Fax：020－34912950
网址：www.china－frp.com

## 南雄市雄州街道锦鑫装饰

业务：装饰
地址：广东省南雄市雄州街道光明市场朝阳南路51号
负责人：胡世煌　邮　编：512000
法　人：胡世煌
Tel：13570791333

**北林苑景观规化设计有限公司**
地址：广东省深圳市福田区滨村路爱地大厦西座26层
负责人：何经理
Tel：0755－83555755
13502839160

## 普宁市石牌四古木材经营部

业务：销售木材
地址：广东省普宁市里湖镇寨洋村三方
负责人：杨四古　邮　编：522000
法　人：杨四古
Tel：13822940464
0663－2753464

**碧海园林花艺有限公司**
地址：广东省深圳市福田区滨河路5003号爱地大厦西座五楼500室
负责人：秦臻
Tel：0755－83551740

## 普宁市流沙宏昌工艺玻璃店

业务：室内装修、装潢玻璃、工程玻璃
地址：广东省普宁市流沙赤水管区城南大道北侧第三幢一层西第1、2间
负责人：邹先生　邮　编：515300
法　人：邹登仁
Tel：0663－2201122
13380569338

**中旅联合物业管理有限公司**
地址：广东省深圳市福田区滨河路5022号联合广场1601室
负责人：袁志文
Tel：0755－82945744

## 普宁市梅塘大宏家具厂

业务：套房家具、窗台椅、电视柜等家具生产经营
地址：广东省普宁市梅塘镇涂洋村
负责人：纪银君　邮　编：515300
法　人：纪银君
Tel：13925695534
13502675294

**深圳市金基房地产经纪有限公司**
地址：广东省深圳市福田区彩田路彩福大厦J1007号
负责人：蔡晓辉
Tel：0755－82902999

## 佛冈县石角镇长鸿建材店

业务：专营瓷砖，店面砖
地址：广东省清远市佛冈县石角镇环城东路157－2、3
负责人：杨少滨　邮　编：511500
法　人：杨少滨
Tel：0763－4200192
15012833212
13828537982

**荆州市博信建筑分包有限公司广州分公司**
业务：本公司成立于2005年，主要从事建筑劳务分包。
地址：广州市增城市新塘镇港口大道321顶好大厦A栋1610房
负责人：张新柏　邮　编：511300
法　人：张新柏
Tel：020－61775898
61771365

## 连南瑶族自治县三江镇农机木材加工厂

业务：木材加工、销售
地址：广东省清远市连南县三江镇城西村（淳溪中学侧）
负责人：李云生　邮　编：511500
法　人：李云生
Tel：0763－8663216
15975880566

**深海物业管理有限公司**
地址：广东省深圳市福田区彩田路东华大厦管理处
负责人：张德国
Tel：0755－83379793
13798373046

## 连山壮族瑶族自治县荣翔木糠板厂

业务：刨花板、木糠板、锯糠板、木屑板
地址：广东省清远市连山壮族瑶族自治县福堂镇永丰木材站内
负责人：莫荣才　邮　编：511500
法　人：莫荣才
Tel：13828578363
0763－8731819

**深圳市财宝实业发展有限公司**
地址：广东省深圳市福田区彩田路福建大厦B座2503室
负责人：郑信成
Tel：0755－82992722
13823136665

## 连山壮族瑶族自治县禾洞镇学水石材加工厂

业务：石材加工
地址：广东省清远市连山壮族瑶族自治县禾洞镇禾坪小学
负责人：彭国强　邮　编：511500
法　人：彭国强
Tel：13415236438
15876356987

**深圳市金阁建材有限公司**
地址：广东省深圳市福田区彩田南路彩虹新都彩霞阁20C
负责人：卢承
Tel：0755－82924669
13607156463

## 连山壮族瑶族自治县林锋绿化工程队

业务：园林绿化工程、销售树木、苗木及各种园林设计
地址：广东省清远市连山壮族瑶族自治县吉田镇勤政路26号2幢401
负责人：乐少琴　邮　编：513200
法　人：乐少琴
Tel：13828573683
0763－8737585

**建筑装饰集团一公司**
地址：广东省深圳市福田区车公庙安华工业区6栋5楼
负责人：许建华
Tel：0755－83412608
13950163975

## 清远市清城区楚天不锈钢装饰工程部

业务：不锈钢装饰
地址：广东省清远市清城区东城澜水中心村增强东大街34号
负责人：滕慧壹　邮　编：511500
法　人：滕慧壹
Tel：13360922103
0763－3939767

**美佳汽车装饰用品行**
地址：广东省深圳市福田区车公庙安华工业区四栋一层西侧之四
负责人：曾雄冠
Tel：0755－83445328
81128010

## 清远市清城区古艺装饰设计工作室

业务：室内装修设计、施工，专业复古工程
地址：广东省清远市清城区汇博美居广场B1馆二层273、274#
负责人：周海华　邮　编：511500
法　人：周海华
Tel：13927668804
0763－3384698

**华汇设计有限公司**
地址：广东省深圳市福田区车公庙天安数码时代大厦主楼A座1101室
负责人：肖诚
Tel：0755－83476603
13828776870

## 清远市清城区新城有成建材店

业务：从事钢筋，水泥，水泥制品等建筑材料销售
地址：广东省清远市清城区新城东14号区三角白石村29号
负责人：何友成　邮　编：511500
法　人：何友成
Tel：13500295312
13415275435

**深圳市萨凡迪实业有限公司**
地址：广东省深圳市福田区东园路150号玉福楼3D
负责人：谢卫鹏
Tel：13682589080

## 清远市清城区新城远大石材销售部

业务：批发零售进口国产花岗岩大理石，石材异形加工，承接私人工程
地址：广东省清远市清城区新城东 34 号区 31 栋旁 27 铁皮房
负责人：黄思湖　邮　编：511500
法　人：黄思湖
Tel：0763－3111778
Fax：0763－3111778
E-mail：dg88@168.com

**煜达丰贸易有限公司**
地址：广东省深圳市福田区福虹路世贸广场 C 座 1209 室
负责人：唐永良
Tel：0755－83003182
13809880784

## 清远市清城区新城丽清不锈钢装饰部

业务：不锈钢工程制作、安装，装饰工程
地址：广东省清远市清城区新城东 3 号区明珠佳 B 栋一楼 D9 房
负责人：余志荣　邮　编：511500
法　人：余志荣
Tel：13553993811

**深圳市川业实业有限公司**
地址：广东省深圳市福田区福华路漾福居东座 10B 号
负责人：周洪君
Tel：0755－33361149
13602672177

## 清远市清城区新城精致整体厨柜店

业务：整体厨柜、天花板
地址：广东省清远市清城区新城东 7 号区连江路创益楼 A 座 103 号
负责人：黄旭东　邮　编：511500
法　人：黄旭东
Tel：0763－3377955
Fax：0763－3377955
网址：www.jzcg88.cn
E-mail：qy114chn@21cn.com

**顺益五金装饰材料商行**
地址：广东省深圳市福田区福华三路 2 号 11 栋 101 室
负责人：叶国展
Tel：13602563986

## 清远市清城区新城艺成园林绿化场

业务：承接园林绿化工程
地址：广东省清远市清城区洲心清源公路旁
负责人：卢润波　邮　编：511538
法　人：卢润波
Tel：13828504483
13926646348

**深圳市海阳园林环境设计有限公司**
地址：广东省深圳市福田区福华三路恒运豪庭 1 幢 12E 室
负责人：宁旨文
Tel：0755－83023498
13603017132

## 清新县太和镇金德创新装饰材料店

业务：金德管件
地址：广东省清远市清新县太和镇府前路 19 号之 6[龙泉花园对面]
负责人：胡希望　邮　编：511500
法　人：胡希望
Tel：0763－5858933
15622567039

**深圳市特科物业管理有限公司**
地址：广东省深圳市福田区福华三路恒运豪庭 2 栋 22A 座
负责人：吴炎成
Tel：13502835388
0755－83023758

## 清新县太和镇世豪装饰材料总汇

业务：销售各种装饰材料，承接装潢装修工程
产品：装饰材料
地址：广东省清远市清新县太和镇清和大道 181 号
负责人：耿世孟　邮　编：511500
法　人：耿世孟
Tel：13631087272
0763－5781572
Fax：0763－5781572

**深圳市巴洛克室内环境艺术设计有限公司**
地址：广东省深圳市福田区福华新村装饰集团 201 室
负责人：阮斌
Tel：0755－83393463
13902960071

## 清新县太和镇慧星装饰设计

业务：室内装饰设计，承接室内外装饰工程
地址：广东省清远市清新县太和镇瑞枫花园 3 号楼 9 号铺
负责人：范树伙　邮　编：511500
法　人：范树伙
Tel：13926685722
0763－5855862

**长河房地产经纪有限公司(总公司)**
地址：广东省深圳市福田区福华一路 88 号中心商场大厦 7 楼
负责人：陈鹏
Tel：0755－82031819

## 清远市清城区小市其利园林装饰

业务：室内外装饰、园林建筑工程、园林景观规划设计、户外园林、木工程
地址：广东省清远市小市连江西路华美综合楼首层 1 卡
负责人：林伟荣　邮　编：511500
法　人：林伟荣
Tel：13679527642
0763－3855517
Fax：0763－3855517

**深圳市蔚蓝海岸实业有限公司**
地址：广东省深圳市福田区福民路 2 号皇庭居一楼南部分、二楼、三楼、五楼
负责人：杨波
Tel：0755－83586578
13802581900

## 海南军海建设有限公司清远分公司

业务：房屋建筑工程，水泥水电工程，市政公用工程，钢结构工程，公路工程，土石方工程，建筑装修装饰工程
地址：广东省清远市新城八号区方正二街五号朝南大厦 C 栋 901 号
负责人：吴修安　邮　编：511500
法　人：吴修安
Tel：13229832121
0763－3788818
13417271348
Fax：0763－3788356

**奥斯本环境艺术设计有限公司**
地址：广东省深圳市福田区福民路东方雅苑写字楼 1A、1B
负责人：洪巨焜
Tel：0755－83483687
83483690
13510344408

## 清远市清城区兴隆不锈钢部

业务：制作和安装不锈钢系列工程部
地址：广东省清远市新城八号区温泉综合楼首层东边商场之一
负责人：林胜全　邮　编：511500
法　人：林胜全
Tel：0763－3881757
13435294863

**深圳市捷达玻璃有限公司**
地址：广东省深圳市福田区福民路石厦工业区第七幢一楼
负责人：庄钦捷
Tel：0755－25419961

## 阳山县城南穗华装饰店

业务：室内外装潢
地址：广东省清远市阳山县阳城镇城南大道东 200 号
负责人：戴成都　邮　编：511500
法　人：戴成都
Tel：15914986156

**宇恒实业有限公司**
地址：广东省深圳市福田区福民路星河明居星朗轩 1205
负责人：曾作兵
Tel：0755－83568646
13823630651

## 英德市望埠镇景峰园艺场

业务：假山奇石，园林绿化
地址：广东省清远市英德市望埠镇同心大队赖屋路口对面(广东省清远市英德市望埠镇老虎山新村向前 300 米)
负责人：谭先生　邮　编：513047
法　人：谭远峰
Tel：13501450808
0763－2767638
13501450703

**新伟星主地产经纪有限公司**
地址：广东省深圳市福田区福明路弊馨苑 3 楼
负责人：张宗志
Tel：13802560149

## 英德市英城缤纷家居装饰工程部

业务：承接企事业单位；家庭装饰工程
地址：广东省清远市英德市英城建设北路环保局对面
负责人：黎佐林　邮　编：511500
法　人：黎佐林
Tel：0763－2231483
13922567300

**千里环保设备有限公司**
地址：广东省深圳市福田区福星路大门村 64 幢 102
负责人：李坤法
Tel：0755－83335009
13798308124

## 英德市英城译榜装饰设计中心

业务：室内设计
地址：广东省清远市英德市英城建设路 42 号
负责人：万小波　邮　编：511500
法　人：万小波
Tel：0763－2222326
13727129770

**深圳市雅科建筑技术咨询有限公司**
地址：广东省深圳市福田区福中路 315 号王莆雅燕第三期第二幢 13 西单元
负责人：陈富谦
Tel：0755－82920002
13501584080

## 英德市好想你门市部

业务：好想你卷闸门、玻璃门
地址：广东省清远市英德市英城教育路(英中斜对面)
负责人：李达源　邮　编：513000
法　人：李达源
Tel：0763－2286169
13828526169

**深圳市瑞立保建材有限公司**
地址：广东省深圳市福田区福中路海莲大厦莲天阁 32H
负责人：孙家旺
Tel：0755－81173854

## 汕头市潮南区峡山浩兴五金装饰材料行

业务：销售五金、装饰材料
地址：广东省汕头市潮南区峡山峡华路 237 号首层
负责人：林树琳　邮　编：515440
法　人：林树琳
Tel：0754－87753188
87753088
13692099996

**汇龙装饰材料商店**
地址：广东省深圳市福田区岗厦村东一坊 3 号之一
负责人：范长韩
Tel：0755－83337111
26282693

## 杭徽钢结构制作安装有限公司

业务：本公司承接钢构厂房钢混厂房，钢结构加层，人行天桥，多层大型仓库等车间工程项目，根据客户要求设计加工。
地址：广东省汕头市潮阳区和平镇和惠路和平酒店斜对面
负责人：陈仰辉　邮　编：515000
法　人：陈仰辉
Tel：13926772056
0754－82601406
Fax：0754－82601406

**凯鹏装饰材料商店**
地址：广东省深圳市福田区岗厦村西二坊 99 号 103
负责人：叶文史
Tel：0755－83052128
13808832098

## 汕头市潮阳区建兴水泥制品厂

业务：预制水泥顶管的生产与销售
产品：预制水泥顶管
地址：广东省汕头市潮阳区金灶镇玉浦村玉华路 88 号
负责人：林利忠　邮　编：515000
法　人：林利忠
Tel：13923923418
0754－83386889

**深圳市千绿坊花木园艺有限公司**
地址：广东省深圳市福田区红荔路 4018 号 82A
负责人：谢素平
Tel：0755－83980520
13602664843

**丰林空间结构有限公司**
地址：广东省深圳市福田区景田路深茂大厦 21 楼 F 座
负责人：闫丽艳
Tel：0755－82949468
13823501458

## 兴隆装饰材料商行

业务：高级工程五金，装饰材料，万能胶，白乳胶、家乐士经典名牌油漆、油漆进口，国产大门锁，防盗锁，家具五金，玻璃，门夹，数字电控，对讲器材等
地址：广东省汕头市潮阳区棉城西环路 107－110 号
负责人：魏镇隆　邮　编：515000
法　人：魏镇隆
Tel：0754－83821045
83843045

**天创健工程造价咨询有限公司**
地址：广东省深圳市福田区红荔西路 7012 号第一世界广场 B 座 7G
负责人：熊小刚
Tel：0755－82968471
13602531588

## 汕头市培基建筑有限公司

业务：建筑工程
产品：房建、市政、装修
地址：广东省汕头市潮阳区文光街道平和东兰竹苑南区 5 幢 3 号
负责人：江垂鹏　邮　编：515100
法　人：江垂鹏
Tel：15014313333
0754－83843838

**深圳市圭派景观设计有限公司**
地址：广东省深圳市福田区红荔西路第一世界广场 B 座 15E
负责人：马骏
Tel：0755－82969599

## 汕头市金通建材经营门市

业务：陶瓷制皮及建材的销售
地址：广东省汕头市潮阳区西胪镇波美村老公路边
负责人：黄学辉
法　人：黄学辉
Tel：0754－83312173
13546896368

**华能兴节能环保科技有限公司**
地址：广东省深圳市福田区华富村北区 44 栋 406
负责人：黄尚华
Tel：0755－83321826
13802251446

## 汕头市南华房地产开发有限公司

业务：房地产经营、开发
地址：广东省汕头市红领巾路 32 号
负责人：陈伟忠　邮　编：515031
法　人：陈伟忠
Tel：0754－88554877
Fax：0754－88555428

**锦芳装饰材料店**
地址：广东省深圳市福田区华强南路 2046 号
负责人：项言佳
Tel：13924677423

## 海丰县城金鼠塑胶地板店

业务：塑胶地板经营
地址：广东省汕尾市海丰县海城二环南路北侧
负责人：郑素婵　邮　编：516601
法　人：郑素婵
Tel：0660－6817303

**深圳市福田区荣仕达五金装饰商店**
地址：广东省深圳市福田区金地工业区 139 栋 D3－9 号
负责人：李荣书
Tel：13808832612

## 海丰县附城鸿达建材贸易购销部

业务：建材和建筑石料的销售
产品：建材和建筑石料
地址：广东省汕尾市海丰县海城广富路置富花园西座楼下第二间铺面
负责人：孙伟强　邮　编：516601
法　人：孙伟强
Tel：15900118888
0660－3441868
Fax：0660－3441288

## 海丰县海城成旺涂料店

业务：防水涂料、内外墙涂料、木器漆等各种装潢涂料
地址：广东省汕尾市海丰县海城南湖新村 15 巷 1 号
负责人：钟伟成　邮　编：516600
法　人：钟伟成
Tel：0660－6620796

**春鹏房地产经纪有限公司**
地址：广东省深圳市福田区金田路银庄大厦 B 座 1 楼西侧
负责人：詹放军

Tel:0755－83568134
13316816818

**海丰县附城美家居建材经营部**
业务：建筑装潢材料
地址：广东省汕尾市海丰县海城镇城西居委西华路南侧
负责人：罗军生 邮编：516600
法人：罗军生
Tel:0660－6852186

**深圳市艾斯特幕墙工程服务有限公司**
地址：广东省深圳市福田区景田路万托家园31B
负责人：姚达川
Tel:0755－83278433
83278466
13316990088

**海丰县平东镇湖洋水泥砖厂**
业务：建筑材料，实心砖、空心砖、多孔砖等生产销售
地址：广东省汕尾市海丰县平东镇平东乡湖洋村
负责人：朱汉标 邮编：516601
法人：朱汉标
Tel:13729521125

**深圳市方浩实业有限公司**
地址：广东省深圳市福田区莲花北路莲峰花园9栋9楼
负责人：林建辉
Tel:0755－83060888
13602631933

**汕尾红海湾骐兴实业有限公司**
业务：承接建筑工程、园林绿化工程，建筑材料销售
地址：广东省汕尾市红海湾遮浪街道长沟村大龟骨养殖场楼房西侧底层2间
负责人：陈胜金 邮编：516600
法人：陈胜金
Tel:13751906238
13923571280
0660－3402277

**士兴建筑技术有限公司**
地址：广东省深圳市福田区莲花北新莲大厦11C
负责人：黄菊华
Tel:0755－83169126

**陆丰市金厢下埔水泥砖厂**
业务：水泥砖生产销售
地址：广东省汕尾市陆丰金厢镇下埔村
负责人：陈武标 邮编：516500
法人：陈武标
Tel:0660－8608811

**深圳市冠泰装饰工程公司**
地址：广东省深圳市福田区林园东上、路3号A座7楼
负责人：陈健强
Tel:0755－83184322
26112240

**汕尾市城区建筑安装总公司陆丰分公司**
业务：建筑安装工程施工
地址：广东省汕尾市陆丰市河东镇后坎村陆伍公路南侧
负责人：郑木雄 邮编：516601
法人：郑木雄
Tel:0660－8919899
18998512266

**南方密克罗模型设计有限公司**
地址：广东省深圳市福田区梅华路振兴工业楼五楼
负责人：何宗泽
Tel:0755－83116160
13502860958

**汕尾市城区阿特拉斯.集成厨房专卖店**
业务：整体橱柜、衣柜，推拉门等设计安装，厨具批发
地址：广东省汕尾市区滨海A区香洲西路114号
负责人：马学超 邮编：516601
法人：马学超
Tel:0660－3292698
13432781720

**广东省韶关市第二建筑工程公司曲江第一分公司**
业务：建筑工程施工总成包(壹级)
地址：广东省韶关市曲江区马坝镇城东东苑新村二号综合楼
负责人：余建文 邮编：512000
Tel:0751－6652683
13602900355

**世华房地产投资顾问有限公司兴业分公司**
地址：广东省深圳市福田区民田路兴业银行大厦首层商铺115号铺
负责人：龙波
Tel:0755－82026066
13008868303

**深圳市景春园艺有限公司**
地址：广东省深圳市福田区农科中心花卉总汇D区13号
负责人：刘开岭
Tel:0755－83164011
13603051593

**曲江区东城花园格尼雅装饰**
业务：室内外装修装饰
地址：广东省韶关市曲江区马坝镇东城花园6－7号
负责人：谢爱平 邮编：512000
法人：谢爱平
Tel:13553640659
0751－6650518

**益华园艺部**
地址：广东省深圳市福田区农科中心花卉总汇E区18号
负责人：吴训华
Tel:0755－83709895
13632833066

**乳源瑶族自治县利众装修店**
业务：室内外装饰设计施工
地址：广东省韶关市乳源县乳城镇侯公渡商业街
负责人：廖如坚 邮编：516000
法人：廖如坚
Tel:13435093776
13435094528

**合利爆破技术工程有限公司**
地址：广东省深圳市福田区农林路鑫竹苑A幢16层
负责人：周燕波
Tel:0755－82932136
13802273630

**始兴县金华房地产开发有限公司**
业务：房地产开发、酒店
地址：广东省韶关市始兴县太平镇东升居委会石俚坝村
负责人：蔡国华 邮编：512000
法人：蔡国华
Tel:13902347819
0751－3333456

**奥克力体育场地设施有限公司**
地址：广东省深圳市福田区强路沙尾村发展银行单身公寓B幢1楼
负责人：林静安
Tel:0755－83413555

**始兴县维鑫工程机械租赁有限公司**
业务：工程机械租赁，承接相关工程及施工
地址：广东省韶关市始兴县太平镇河驳头文昌楼首层第一、二间门店
负责人：陈高维 邮编：512000
法人：陈高维
Tel:0751－3323313

**燕浩建材有限公司**
地址：广东省深圳市福田区商步南路锦峰大厦21楼AH
负责人：李燕华
Tel:0755－82077889
13902441289

**始兴县瑞冠空间装饰工程部**
业务：专业从事商业空间、写字楼、公寓、别墅设计与施工的专业工程公司，着重演绎个人的风格，充分体现与众不同的品味，令业主尽享安居之乐！
地址：广东省韶关市始兴县太平镇九龄商业步行街华宏阁东二栋C201室
负责人：林克瑞 邮编：512500
法人：林克瑞
Tel:0751－3331212
13827972678
Fax:0751－3331212

**深圳市福田房地产开发公司**
地址：广东省深圳市福田区上步中路二号工会大厦十四楼
负责人：梁开平
Tel:0755－83288129
13602664322

**翁源县保源污水处理厂**
业务：污水处理
地址：广东省韶关市翁源县官渡开发区办公大楼建设科
负责人：张新民 邮编：512000
法人：张新民
Tel:0751－2888236

**深圳市顺达太阳能有限公司**
地址：广东省深圳市福田区上梅林凯丰路凯凤综合楼3楼
负责人：陈汉文
Tel:0755－83315329
83182985
13602520706

**韶关市武江区华江水电安装有限公司**
业务：承接水电安装工程，销售水电安装材料
地址：广东省韶关市武江北路248号光娜测控研究所实验楼两层
负责人：江俊荣 邮编：512000
法人：江俊荣
Tel:0751－8775315

**新海港装饰设计工程有限公司**
地址：广东省深圳市福田区上梅林路海康大厦2805号
负责人：张英
Tel:0755－83117768
13510583326

**武江区华美艺术玻璃工程部**
业务：加工销售及安装艺术玻璃
地址：广东省韶关市武江区北路74号
负责人：董绳元 邮编：512026
Tel:0751－8733077
13415678988

**财富房地产开发有限公司**
地址：广东省深圳市福田区深南大道7060号财富广场A座28层
负责人：梁勇
Tel:0755－33343628
33343618
13823157513

**武江区鹏明门业经营部**
业务：钢质、木质防火门、防盗门、室内门、铝合金门、可视对讲系统、阳台护栏、不锈钢件加工、防火卷帘
地址：广东省韶关市武江区芙蓉东路111号
负责人：阮富标 邮编：512000
法人：阮富标
Tel:0751－8534866

**深圳市百万佳家居装饰工程有限公司**
地址：广东省深圳市福田区深南大道财富广场A座11楼
负责人：张涛宏
Tel:0755－83021159
13902969459

**武江区顺祥石材工艺店**
业务：酒店装修 家庭装修等等
地址：广东省韶关市武江区芙蓉东路162号北面
负责人：何文祥 邮编：512000
法人：何文祥
Tel:0751－8526111

**深圳市合众联横房地产顾问有限公司**
地址：广东省深圳市福田区深南中路2018号兴华大厦十楼西厅10008室
负责人：白华
Tel:0755－82951365
13802257527

**胡可嘉沙场**
业务：沙石开采、加工、销售
地址：广东省韶关市武江区西联镇下胡村委会
负责人：胡可嘉 邮编：512000
Tel:13229390927

**深圳市联亚华城地产顾问有限公司**
地址：广东省深圳市福田区深南中路国际文化大厦A座1106室
负责人：李钰
Tel:0755－61269820

**武江区钰兴五金电器经营部**
业务：批发零售五金、电器、管槽兼营奥地板砖、陶瓷
地址：广东省韶关市西郊七公里阳山综合市场对面
负责人：徐钰城 邮编：513125
法人：徐钰城
Tel:13719746530
0751－8136358
13415663879

**天洁水处理科技有限公司**
地址：广东省深圳市福田区石下北2街东方欣悦居东方阁12B
负责人：张剑
Tel:13590309787

**明文土石方工程服务部**
业务：承接建筑土石方工程
地址：广东省韶关市浈江区聆韶路一横巷36号
负责人：邓明文 邮编：512000
法人：邓明文
Tel:0751－8932309

**深圳市福田区大福石材店**
地址：广东省深圳市福田区水围村建材市场C栋3号
负责人：李木任
Tel:0755－83837475
13802286957

**创恒装饰部**
业务：室内外装饰设计、施工
地址：广东省韶关市浈江区十里亭靖村(园田村)91号
负责人：王敏 邮编：512000
法人：王敏
Tel:0751－8696536

**深圳市华强钢结构工程有限公司**
地址：广东省深圳市福田区天安数码城创新科技广场Ⅱ期东座502
负责人：李燕
Tel:0755－83776059
13602501546

**陆宇皇金建材(河源)有限公司**
业务：研究、开发、生产及销售：蛭石及膨胀蛭石制品；耐火、隔热、隔音的材料；膨胀蛭石新型节能、环保合成材料；非金属船舶材料。
产品：皇金防火板(非金属)、皇金防火板吸音隔声板、皇金防火板装饰板、皇金防火板绝热板、皇金防火隔声隔墙
地址：广东省深圳市CBD福华三路168号国际商会中心609室
负责人：李小花 邮编：518048
法人：周国富
Tel: 0755 － 82852999 转805
Fax:0755－88315995
网址：www.luyurg.com
E-mail:luyurg@luyurg.com

**光明玻璃商店**
地址：广东省深圳市福田区下梅林布尾村10号南面一楼商铺
负责人：吴玉强
Tel:13066918182

**深圳市鼎发建材管业有限公司**
业务：销售建材、水管、钢塑管
产品：菲夫牌、鼎浩牌、华洁牌钢塑管
地址：广东省深圳市宝安区宝安40区中商花园A栋25号
负责人：汤孙清 邮编：518000
法人：汤孙清
Tel:0755－27883468
27883351

**深圳市福田区盛业建材行**
地址：广东省深圳市福田区下梅林河背村118号
负责人：陈业光
Tel:0755－83310122
83103621
13902951997

**深圳市特华坚钢结构制造有限公司**
业务：生产各种集装箱，发电机组箱，冷冻箱，流动办公室箱及各种特殊用途集装箱
地址：广东省深圳市宝安区光明新区公明街道楼村第二工业区8号B座
负责人：罗光文 邮编：518107
法人：罗光文
Tel:0755－26483433
26483486
13509630642
Fax:0755－86051410
E-mail:huajian@szonline.net
或者:hjbox888lgw@126.com
或 thjlgw2009 @126 .com

**深圳市福田区香山装饰材料店**
地址：广东省深圳市福田区下梅林华恒盛居111号
负责人：庄永见
Tel:0755－83116299
13602507890

**深圳市开达园林实业有限公司**
业务：园林绿化工程
地址：广东省深圳市宝安区石岩街道净峰大厦4楼
负责人：李辉劝 邮编：518000
Tel:0755－27618444
15815569639

**深圳市盈利通实业有限公司**
地址：广东省深圳市福田区下沙村壹坊84号201
负责人：廖启明
Tel:0755－83426962
13602635665

**深圳市顺发物业管理有限公司**
业务：物业管理、自有物业租赁管理、代理工程施工、园林绿化
地址：广东省深圳市宝安区西乡街道海城路林荣商业楼701
负责人：吴锦顺 邮编：518101
法人：吴锦顺
Tel:0755－27905535

**深圳市宗泰房地产投资顾问有限公司熙园分公司**
地址：广东省深圳市福田区香蜜湖路熙园商业109号商铺
负责人：李庆
Tel：0755－25511706

**深圳市博思创环保设备有限公司**
业务：环保清洗设备销售
产品：超声波清洗机、碳氢清洗设备、环保设备、非标自动化设备等
地址：广东省深圳市宝安松岗街道山门第三工业区A4栋
负责人：曹小红　邮　编：518000
法　人：曹小红
Tel：0755－29945360
29945350
13714222659
Fax：0755－29945319
网址：http://wjb18812.b2b.youboy.com/
E-mail：wjb18812@163.com

**上海松南阀门厂福南水暖店**
地址：广东省深圳市福田区香蜜新村边廊1060号
负责人：陈族坤
Tel：0755－83900313

**协创工业环保设备公司**
产品：吸尘，除尘，吊线，地线，废气，废水
地址：广东省深圳市宝安松岗塘下涌洋涌路66号
负责人：熊永西　邮　编：518105
Tel：0755－27051573
13686481048
Fax：0755－27051423

**星百胜建筑科技开发有限公司**
地址：广东省深圳市福田区新闻路深茂商业中心3楼
负责人：傅礼铭
Tel：0755－82949909
82949969
13510019988

**顺兴玻璃店**
业务：玻璃制品
地址：广东省深圳市福田区福强路水围村西9号边防武警门诊部对面
负责人：王荣顺　邮　编：518000
法　人：王荣顺
Tel：13802267391
0755－83814277
Fax：0755－82717975
E-mail：liuailing2527@yahoo.com

**新宏发玻璃店**
地址：广东省深圳市福田区新洲北村新岭综合楼102号
负责人：张红平
Tel：0755－83423951
13686427791

**深圳市中鼎建筑工程技术咨询有限公司**
业务：幕墙门窗设计与施工，建筑工程信息咨询，建材、五金配件的购销
地址：广东省深圳市福田区红岭中路南国大厦1栋23－A
负责人：徐文学　邮　编：518000
法　人：徐文学
Tel：0755－22203737
13631679528
网址：www.zhong－ding.com.cn

**深圳市骏丰城投资发展有限公司**
地址：广东省深圳市福田区新洲路北村73号二楼
负责人：庄镇坚
Tel：13802206899

**宏建行五金店**
业务：五金材料，装修工程，有线电视安装
地址：广东省深圳市光明新区公明街道楼村社区同富裕路19巷25号一楼
负责人：陈少凡　邮　编：518106
法　人：陈卓洪
Tel：0755－27115868
13560788955

**深圳市蓝福金雕塑壁画艺术有限公司**
业务：专业从事雕塑壁画的设计制作，主题公园规划、广场雕塑、园林景观雕塑、建筑户外艺术品的服务机构
地址：广东省深圳市华侨城侨香路西段沙河工业区
负责人：蓝福金　邮　编：518000
法　人：蓝福金
Tel：0755－26606774

**枫丹科技有限公司**
地址：广东省深圳市福田区新洲路景洲大厦B－6C
负责人：周金华
Tel：13554839780

**深圳市公诚物业管理有限公司**
地址：广东省深圳市福田区益田中路48号信息枢纽大厦20层
负责人：张增平
Tel：0755－25500683

**深圳安步楼梯有限公司**
业务：楼梯及楼梯配件
地址：广东省深圳市龙岗区龙岗镇龙翔大道国安居F195号
负责人：任家清　邮　编：518172
法　人：任家清
Tel：0755－28959842
28903857
13724307859
Fax：0755－28903857
网址：www.szamble.cn
E-mail：xiyund@xiyund.cn

**深圳市绿之美园林绿化有限公司**
地址：广东省深圳市福田区振华路航苑大厦东座508室
负责人：周玲
Tel：13502828668

**深圳市广兴财装饰行**
业务：室内外装修、市政工程、园林绿化、水电安装等
地址：广东省深圳市龙岗区南湾街道上李朗社区大崋埔21号一楼
负责人：徐益雄　邮　编：518112
法　人：徐益雄
Tel：13714745533
0755－89702547
89701433
Fax：0755－89701433

**深圳市建锋工程造价咨询有限公司**
地址：广东省深圳市福田区振华路桑达小区406栋兰光大厦C座310房
负责人：刘波
Tel：0755－83322924

**泰宇铝业有限公司**
业务：各种工业流水线挤压铝型材，家具铝型材，门窗铝型材
地址：广东省深圳市龙岗区坪地白石塘工业区1栋
负责人：真荣　邮　编：518000
法　人：庞先生
Tel：0755－84073353
84865663
84865826
Fax：0755－84072828

**深圳市集美堂美术装饰设计有限公司新华分公司**
地址：广东省深圳市福田区中心区民田路新华保险大厦1126、1128室
负责人：黄明义
Tel：0755－26109277

**深圳市友好装饰设计工程有限公司**
业务：装饰，装璜，设计工程
地址：广东省深圳市罗湖区桂园路111号三楼
负责人：赵桂友　邮　编：518001
法　人：赵桂友
Tel：0755－25568883
Fax：0755－25562233
网址：www.szyhzs.com.cn
E-mail：szyhzs@126.com

**金创意装饰工程有限公司**
地址：广东省深圳市福田区竹子林四路教育科技大厦28C室
负责人：雷云龙
Tel：13714537858

**深圳市罗湖区恒阳建材店**
业务：批发零售各种品牌的瓷砖、洁具
地址：广东省深圳市罗湖区农机装饰材料商城48号
负责人：向桂平　邮　编：518000
法　人：向桂平
Tel：0755－25632704
25633578
13923436665

**岱景园林技术有限公司**
地址：广东省深圳市福田区竹子林益华街11号2楼
负责人：李才华
Tel：0755－83704133
13902315937

**仙桃源实业发展有限公司工业区分公司**
地址：广东省深圳市龙岗区横岗镇排榜村仙桃源工业区8幢一层
负责人：潘宣涛
Tel：0755－28685254
13928419208

**深圳市安康石材加工厂**
业务：大理石批发、零售
地址：广东省深圳市南山区北环路北侧南山北石材市场B18号
负责人：段余胜　邮　编：518000
法　人：段余胜
Tel：13823539109
0755－26977565
Fax：0755－26977565

**鼎视美术设计有限公司**
地址：广东省深圳市海外装饰大楼B座10楼1008号
负责人：何志勇
Tel：0755－83293800
13322999897

**深圳市龙山园林石材有限公司**
业务：文化石、花岗岩、艺术石、雨花石
地址：广东省深圳市南山区月亮湾大道北头石材物流中心B19.C19
负责人：匡俐　邮　编：518000
法　人：匡俐
Tel：0755－61377055
61377056
13662209958
Fax：0755－61377059
网址：www.szls66.com
E-mail：wangzhijiang@126.com

**深圳市中正方实业有限公司**
地址：广东省深圳市龙岗坑梓镇人民路115号
负责人：郑小姐
Tel：0755－84133692
13510020821

**协创工业环保设备有限公司**
业务：集研制开发、生产销售为一体化高新技术企业，从事风机、吸尘机吊线、废气工程、废水工程的设计、施工、调试、运行。致力为您提供一流的产品、技术及咨询服务
产品：风机，吸尘机吊线，废气工程，废水工程
地址：广东省深圳市松岗镇塘下涌洋涌路66号
负责人：熊勇西　邮　编：518000
法　人：熊勇西
Tel：0755－27051573
13686481048
Fax：0755－27051423

**庆兴建材贸易行**
地址：广东省深圳市龙岗区布吉镇坂田布龙路592号金裕城一楼
负责人：廖庆松
Tel：13823543183

**四会市大沙镇双九耐火材料店**
业务：耐火材料销售
地址：广东省四会市大沙镇宜兴新村A座1、2号
负责人：王根怀　邮　编：526200
法　人：王根怀
Tel：18929877281
0758－3868784

**康邦环保有限公司**
地址：广东省深圳市龙岗区布吉镇坂田村河背民营工业园第三幢
负责人：王钟贤
Tel：0755－28777198
13714437519

**四会市栢兴装饰工程有限公司**
业务：装饰工程
地址：广东省四会市蓝天保洁中转站
负责人：刘福万　邮　编：526200
法　人：刘福万
Tel：13827581479

**华泓建材贸易行**
地址：广东省深圳市龙岗区布吉镇布吉一村阳光花园B1栋3单元205
负责人：郭惠速
Tel：13902952117

**国荣装饰材料加工场**
业务：加工、销售装饰材料
产品：天然真石漆
地址：广东省四会市下茆镇粮站原加工厂
负责人：温群荣　邮　编：526200
法　人：温群荣
Tel：13527075250
0758－3231387

**深圳市瑞来科技有限公司**
地址：广东省深圳市龙岗区布吉镇布吉中心区灏景明苑2栋20楼G座
负责人：王兰艳
Tel：0755－84708811
13827429936

**台山市保达五金装饰工程有限公司**
业务：装饰工程
地址：广东省台山市台城环市东路73号129卡
负责人：陈达文　邮　编：529020
法　人：陈达文
Tel：0750－5502828
13760522888

**为海建材有限公司**
地址：广东省深圳市龙岗区布吉镇大芬村南景豪庭星皓阁16楼
负责人：孙国彬
Tel：0755－84739688

**吴川市黄坡镇银泉水处理设备商行**
业务：专业设计、安装各种家用、商用水处理工程，承接大中小型工厂机关单位饮用水工程，批发零售各种品牌净水设备及其配件
地址：广东省吴川市黄坡镇人民路100号
负责人：梁观弟　邮　编：524500
法　人：梁观弟
Tel：13553508369
0759－5996258
Fax：0759－5996258

**深圳市华顺钢管钢带有限公司**
地址：广东省深圳市龙岗区布吉镇甘坑村秀峰工业城西侧二期厂房
负责人：张书顺
Tel：0755－28558015
13510389148

**云城区永顺建材商店**
业务：销售建材
地址：广东省新兴市云浮市云城区金山小区新平路（金山市场斜对面）
负责人：周汝洲　邮　编：527400
法　人：周汝洲
Tel：0766－8333866

**深圳市金佳源装饰设计工程有限公司**
地址：广东省深圳市龙岗区布吉镇南下村军民路54号三楼304室
负责人：杨加支
Tel：0755－28533433
13332986543

**信宜市东镇巧太太橱柜衣柜店**
业务：橱柜、衣柜等生产经营
地址：广东省信宜市市府背小区
负责人：丘钊明　邮　编：525000
法　人：丘荣贵
Tel：0668－8901327

**中信华美工业管理区**
地址：广东省深圳市龙岗区布吉镇中信华美工业区管理处
负责人：王翰仕
Tel：0755－28571448
13602677485

**广东龙江旋窑水泥有限公司**
业务：各型号碳酸盐水泥生产销售
地址：广东省兴宁市龙田镇兴牛公路则
负责人：曾宪东
法　人：曾宪东
Tel：0753－3585228

**深圳市龙岗区横岗镇绿嘉花木场**
地址：广东省深圳市龙岗区横岗镇保安简龙村横坪路边
负责人：由树涛
Tel：0755－28622098
13602666624

**广东省阳春市春城格莱斯陶瓷商行**
业务：主营陶瓷、洁具、淋浴房、水龙头批发零售，免费送货上门安装，品质保证、价格从优。
地址：广东省阳春市南新大道88号
负责人：严洪　邮　编：529600
法　人：严洪
Tel：0662－6155887
Fax：0662－6155881

**阳春市潭水镇红升建材厂**
业务：灰钙粉、内外墙腻子粉、水性钢化仿瓷
地址：广东省阳春市潭水镇陂头山红升建材厂
负责人：吴泽升　邮　编：529600
法　人：陈方红
Tel：13542698468
0662－7853901
网址：http://www.51zzt.com/user/zzt31514

**深圳市鹰豪房地产开发有限公司**
地址：广东省深圳市龙岗区龙城欧景城华庭北区N7栋A－1502
负责人：欧海鹰

Tel:0755－28982484

**阳江市江城区科顺防水材料经营部**
业务:防水隔热材料、建筑减水剂、承接防水隔热补漏工程
地址:广东省阳江市江城区安宁路 617 号首层
负责人:王德飞 邮 编:529525
法 人:王德飞
Tel:0662－3160808

**深圳市龙岗镇盛业建材部**
地址:广东省深圳市龙岗区龙岗村沿河路
负责人:罗勇
Tel:0755－84833563
13902901563

**阳江市江城富团石料销售中心**
业务:砂料、石料的销售
产品:砂料、石料
地址:广东省阳江市江城区石湾北路祥兴街四巷一号
负责人:罗廷团 邮 编:529525
法 人:罗廷团
Tel:0662－2893682
15813830739

**天贸实业有限公司**
地址:广东省深圳市龙岗区龙岗南约汉田工业区龙南路 2 号
负责人:詹立旺
Tel:0755－28735113
84845226
13609615617

**阳江市江城区建皇装修材料超市**
业务:装修装饰材料
地址:广东省阳江市江城区西平路 64 号(发货地址)1。广东省阳江市新江北路 169 号 2。广东省阳江市阳东县始兴路口 3。阳江市新江呀雅苑鹏翔楼
负责人:谭升亮 邮 编:529500
法 人:谭升亮
Tel:0662－3200198
Fax:0662－3433555

**南湖勘测技术有限公司**
地址:广东省深圳市龙岗区龙岗镇翠竹村 50 栋
负责人:胡卫国
Tel:0755－84812322
13802218280

**阳春市春湾镇华泰木厂**
业务:木材加工
地址:广东省阳江市阳春市春湾镇火车站煤场侧
负责人:冯华 邮 编:529525
法 人:冯华
Tel:13922026068
0662－7825199

**粤丰建材商行**
地址:广东省深圳市龙岗区龙岗镇龙岗村建材市场 A8 号
负责人:林朝
Tel:0755－84865929
13316921789

**阳东县东城镇美国威士伯涂料店**
业务:美国威士伯涂料销售
产品:美国威士伯涂料
地址:广东省阳江市阳东县东城镇始兴中路 101 号首层商铺
负责人:李始轩 邮 编:529525
法 人:李始轩
Tel:13664967455
13719855498

**深圳市龙岗区龙岗镇豪盛木业装饰板厂**
地址:广东省深圳市龙岗区龙岗镇同乐村新布村第二幢
负责人:尤国良
Tel:13828890759

**广壹仿石条纹砖厂**
业务:仿石条纹砖、泡沫隔热砖、路沿石、花基石、植草砖、环保标砖,专业 铺接地面砖和绿化工程施工队伍
地址:广东省阳江市阳西县城大垌山路口直人 300 米
负责人:梁庆琴 邮 编:529800
法 人:梁庆琴
Tel:0662－5533328
13827607211
Fax:0662－5533328

**润兴装饰材料有限公司**
地址:广东省深圳市龙岗区龙岗镇杨梅村公鸡拢(垄)地段交坡路东侧 B 座
负责人:郑锦存
Tel:0755－84865821
13927450948

**阳西县艺和门业店**
业务:经营门
地址:广东省阳江市阳西县新城七区教育南路 28 号
负责人:徐观星 邮 编:529525
法 人:徐观星
Tel:13680600616
0662－5558299

**骏泰钢结构工程有限公司**
地址:广东省深圳市龙岗区龙岗镇中心城园景花园 1 栋 C 座 706 室
负责人:黄河辉
Tel:0755－28943048
13902471935

**阳西县织篢镇宏大水泥砖厂**
业务:水泥砖的生产与销售
地址:广东省阳江市阳西县织篢镇大泉管理区新村
负责人:黎观伙 邮 编:529800
法 人:黎观伙
Tel:13680626221
0662－5501838

**深圳市林政实业发展有限公司**
地址:广东省深圳市龙岗区龙河路榭丽花园 28B 栋 102 室
负责人:林友文
Tel:13058185188

**英德市东华镇鱼湾宝洞木厂**
业务:卡板半成品
地址:广东省英德市东华镇鱼湾宝洞村
负责人:温福图 邮 编:511500
Tel:13926620026
0763－2520069
网址:http://www.51zzt.com/user/zzt30375

**明兴达抛光服务部**
地址:广东省深圳市龙岗区平湖镇辅城坳岐岭凤岐路仨岭小区 2 号厂房
负责人:刘兴明
Tel:13691758759

**华宝奇石场**
业务:集英石、太湖石、黄腊石、鹅卵石、吸水石销售及园林工程、绿化工程设计施工为一体,本公司致力以最优惠的价格,最可靠的质量,真诚为您服务。
产品:英石、太湖石、黄腊石、鹅卵石、吸水石
地址:广东省英德市望埠镇英青公路女足基地往前 1 公里处
负责人:潘希宜 邮 编:513047
法 人:潘希宜
Tel:13922569080
E-mail:shijiamingqin@yahoo.com.cn

**强发门窗店**
地址:广东省深圳市龙岗区坪山镇碧岭村金碧路 50 号 1 楼
负责人:刘峰
Tel:0755－28823615
13823537850

**英德市英城皓运装饰设计部**
业务:室内外装修、设计及施工
地址:广东省英德市英城仙水中路东第 10－11 号商铺
负责人:段定财 邮 编:511500
法 人:段定财
Tel:0763－2285640
13922416062
Fax:0763－2285640

**联成有机玻璃加工厂**
地址:广东省深圳市龙岗区坪山镇碧岭村沙坑路 1 层 32 号
负责人:王华
Tel:0755－84640088

**东南石业**
业务:帝皇金板材、荒料、桥切加工、磨边加工、异形加工
产品:帝皇金
地址:广东省云浮市国际石材城往广州方向 800 米、广东省云浮市白村牌坊侧面
负责人:叶生 邮 编:527300
法 人:叶永丰
Tel:0766－8223558
13719815951
Fax:0766－8223448
E-mail:yfdnsy@163.com

**罗定市金鸡镇金富石料厂**
业务:石料
产品:石粉
地址:广东省云浮市罗定市金鸡镇石龙村委上迳村
负责人:黄小文 邮 编:527300
法 人:黄小文
Tel:13288727344
0766－3308889

**海龙钢结构材料有限公司**
地址:广东省深圳市龙岗区新生西路
负责人:郑梅蕊
Tel:0755－28982528
13556876854

**深圳市雅庭居家装修设计工程有限公司(龙城分公司)**
地址:广东省深圳市龙岗区中心城城市花园 10 栋 101 号
负责人:汪京鹏
Tel:0755－28925641

**罗定市第五建筑工程公司云浮分公司**
业务:水利二级、房建三级
地址:广东省云浮市市区恒安路一巷 5 号第五层 501 房
负责人:余桂明 邮 编:527300
法 人:余桂明
Tel:13421782289
网址:http://www.51zzt.com/user/zzt35912

**四维园林绿化有限公司**
地址:广东省深圳市龙岗区中心城和兴花园 3 栋 C2－301 号
负责人:罗志平
Tel:0755－28963431
13802564836

**郁南县都城镇喜乐居门窗经营部**
业务:销售、安装铝合金,塑钢门窗
地址:广东省云浮市郁南县都城镇二环路九塘边第一幢 5 号首层
负责人:陈进材 邮 编:527300
法 人:陈进材
Tel:0766－7315322

**深圳市诚朴工程造价咨询有限公司**
地址:广东省深圳市龙岗区中心城吉福中路 138 号
负责人:陈卫东
Tel:0755－28918979
13923845189

**云城区卓艺石材厂**
业务:石材工艺加工,大理石、花岗岩等商业板材的销售
产品:各类石材,花岗岩、大理石等
地址:广东省云浮市云城区安塘街桐围村委燕子迳地段
负责人:钟荣南 邮 编:527300
法 人:钟荣南
Tel:0766－8552362
Fax:0766－8552361

**深圳市龙房物业管理有限公司紫薇花园停车场**
地址:广东省深圳市龙岗区中心城龙翔路紫薇花园
负责人:周瑞宝
Tel:0755－28912468

**云城区石湖居石材厂**
业务:专业生产石材马赛克,马赛克艺术图,常规型,常规拼图,异型拼图,腰线拼花及马赛克复合板等石材工艺制品
产品:马赛克
地址:广东省云浮市云城区高峰星岩五路 174 号
负责人:方正明 邮 编:527300
法 人:方正明
Tel:13824687381
0766－8750903
Fax:0766－8750903
网址:www.stonelakelay.com
E-mail:shjsfzmfwft@126.com

**中心城永隆环保器材化工行**
地址:广东省深圳市龙岗区中心城清林东路 32 号
负责人:刘桂香
Tel:0755－28958666
28920328

**云浮市合景石业有限公司**
业务:生产和销售西班牙米黄板材、荒料,意大利木纹板、荒料,闪电板材、荒料,黄金板材、荒料等大理石材料
产品:西班牙米黄板材、荒料,意大利木纹板、荒料,闪电板材、荒料,黄金板材、荒料等大理石材料
地址:广东省云浮市云城区河口初城工业区
负责人:伍剑林 邮 编:527300
法 人:伍剑林
Tel:0766－8212323
13602961263
Fax:0766－8212383
E-mail:63845951@qq.com

**深圳市龙岗区生明浩建材商行**
地址:广东省深圳市龙岗区中心城新鸿基花园西 2 栋 107 号
负责人:黄俊海
Tel:13006662382

**武汉武钢科技产业公司深圳分公司**
地址:广东省深圳市罗湖区春风路锦星花园 8 栋一单元 201 室
负责人:陈少安
Tel:0755－25100427

**云城区富力神石材养护店**
业务:石材养护
地址:广东省云浮市云城区河口街府前路 28 号
负责人:王少雄 邮 编:527300
法 人:王少雄
Tel:0766－6622002
13005386899

**绿宝园林绿化有限公司**
地址:广东省深圳市龙岗区中心城紫薇苑 10 栋 501 室
负责人:邓淑波
Tel:0755－89912173
13922869328

**云浮市云城区罗沙德伦石材工艺厂**
业务:石材工艺、建材、承揽石材相关工程
地址:广东省云浮市云城区罗沙村(即华中石材厂侧)
负责人:张泽成 邮 编:527300
法 人:张泽成
Tel:0766－8230998
8230989

**星联地产顾问有限公司龙岗新亚洲分公司**
地址:广东省深圳市龙岗镇中心城吉祥中路 1C07
负责人:张建平
Tel:0755－28950186
13148884700

**云浮市云城区文创新石材工艺厂**
业务:各种大理石、花岗岩
产品:专业线条、洗手台、厨具板、拉丝承接:酒店、大厦室内外装修工程、代订:各种大理石、花岗岩、工程板
地址:广东省云浮市云城区腰古镇芙蓉开发区 324 国道侧
负责人:陶飞 邮 编:527300
法 人:甘亚金
Tel:0766－8512998
Fax:0766－8515618
E-mail:TaoFeihao@126.com

**龙岗电子世界华达电子展柜**
地址:广东省深圳市龙岗中心城志联佳大厦一楼 1063A 号
负责人:翁伟彪
Tel:0755－28939631
13925263296

**广州市桦成装饰有限公司**
业务:室内设计、装修工程
地址:广东省增城市荔城街岗前西路 30 号 2 栋 101－103 铺
负责人:尹赞清 邮 编:511300
法 人:尹赞清
Tel:13424116708
020－32822498
E-mail:boyi888@126.com

**恒洁利环保设备经营部**
地址:广东省深圳市龙山岗区布吉镇下水径坑尾十巷 2 号一楼
负责人:周任龙
Tel:13600174122

**广州市增城众胜不锈钢加工部**
业务:不锈钢加工
地址:广东省增城市新塘镇港口大道 241－243 号首层
负责人:黄传辉 邮 编:510130
法 人:黄传辉
Tel:020－82771481

**深圳市科林环保材料有限公司**
地址:广东省深圳市罗湖区宝安北路国际商品交易大厦五楼 A 区 A01
负责人:白宇新
Tel:0755－25938596

**湛江市国盛沥青混凝土工程有限公司**
业务:从事沥青混凝土生产、销售和施工、建筑工程承包
地址:广东省湛江东海岛民安镇三角站畜禽改良站
负责人:郑荣松 邮 编:524038
法 人:郑庚国
Tel:13531030338
18927621987

**深圳市多盛房地产经纪咨询有限公司**
地址:广东省深圳市罗湖区布心路东乐花园 86 栋一1B
负责人:朱茂胜
Tel:0755－25007886

**雷州市顺达木制品厂**

业务：我厂系原木收购、销售及加工的专业木材厂，拥有专业的技术人员、先进的机械和设备行车，可根据客户要求订做加工各类型规格单板。产品出口国外，深受外商的好评！
产品：各类型规格桉木单板
地址：广东省湛江市雷州市火炬农场场部原油库前
……负责人：刘大权　邮　编：524259
……法　人：刘大权
……Tel：13030195111

**湛江市麻章区江绿园艺花木场**

业务：园林花木、各种规格的园林风景树、绿化树木
地址：广东省湛江市麻章区麻章镇南畔村（新赤水村口）
……负责人：江山　邮　编：524000
……法　人：江山
……Tel：13058382166
13360106166

**深圳市通诚交通建设工程检验有限公司**

地址：广东省深圳市罗湖区翠山路 77 号公路工程总队综合楼一层、二层 207－21
……负责人：詹标
……Tel：0755－25673274

**湛江市中江建材有限公司**

业务：经营沙石和建材产品
产品：沙石和建材产品
地址：广东省湛江市坡头区官渡镇广湛路南官渡工业园旭骏水产湛江有限公司对面
……负责人：雷润强　邮　编：524000
……法　人：雷润强
……Tel：13902435283

**深圳外贸物业管理公司天俊大厦物业管理处**

地址：广东省深圳市罗湖区东门南路天俊大厦十楼
……负责人：赖向宇
……Tel：0755－33380329

**湛江市坡头区航发机电有限公司**

业务：承接水电安装工程，加工、安装和对航标器材的保养
产品：航标器材
地址：广东省湛江市坡头区麻斜街广播电视站
……负责人：林志强　邮　编：524038
……法　人：林志强
……Tel：13828242122
13553519922
……Fax：0759－3980223

**南洋建筑工程有限公司**

地址：广东省深圳市罗湖区和平路全田大厦 1704、1705 室
……负责人：杨俊山
……Tel：13823233285

**遂溪县城月镇万隆木材加工厂**

业务：木材加工，单板
地址：广东省湛江市遂溪县城月镇竹叶塘村
……负责人：王海香　邮　编：524038
……法　人：王海香
……Tel：13827199198
0759－7886488

**邯郸建工集团有限公司深圳市分公司**

地址：广东省深圳市罗湖区湖滨新村 9 栋 3B
……负责人：黄先生
……Tel：0755－25415567
13510036998

**湛江市霞山区睡宝涂料专卖店**

业务：内墙水性腻子粉、外墙水性腻子粉、纳米复合防坏抗菌内墙漆、纳米复合抗菌耐侯外墙漆、防火涂料、地平漆、外墙保温材料、墙面漆等各种涂料
地址：广东省湛江市霞山区建设路 12 号物资总公司综合大楼首层铺面东 2 间
……负责人：叶卓然　邮　编：524000
……法　人：叶卓然
……Tel：13428107185
13413686918

**湛江市富国土石方工程有限公司**

业务：土石方工程施工
地址：广东省湛江市霞山区建设路 33 号住宅小区 C 幢 31 号 501
……负责人：陈华锋　邮　编：524038
……法　人：陈华锋
……Tel：13828263988
0759－2169191

**深圳市众佳好物业管理有限公司**

地址：广东省深圳市罗湖区解放路民仕商城 3 楼
……负责人：吴湧章
……Tel：0755－82297382
13332906293

**福迪实业有限公司**

地址：广东省深圳市罗湖区金湖路 18 号武警医院生活区综合楼 26 号商铺
……负责人：杨先锋
……Tel：0755－82450002
13570849915

**肇庆市鼎湖区永辉不锈门窗加工部**

业务：铝窗、门窗、栏杆等生产加工
地址：广东省肇庆市鼎湖区桂城五区 321 国道西侧（0009）号
……负责人：陈炳其　邮　编：526040
……法　人：陈炳其
……Tel：13679550573

**捷达装饰材料店**

地址：广东省深圳市罗湖区梨园路单身住宅楼 10 栋 1－1 号
……负责人：黄发春
……Tel：0755－82402745
13600412469

**徐闻县金鹏房地产开发有限公司**

业务：房地产开发、售房
地址：广东省湛江市徐闻县徐城镇德新一路 192 号
……负责人：杨钦　邮　编：524038
……Tel：13902579248
0759－4801738
……Fax：0759－4860172

**百年业环保节能科技有限公司**

地址：广东省深圳市罗湖区罗芳路口纬三路支径芳庭苑 A－20 室
……负责人：夏其聪
……Tel：13802201723

**封开县江口镇意境玻璃工艺总汇**

业务：集玻璃零售、批发、加工等为一体，为你提供各种异型玻璃切割、屏风、吊门等订做、安装，欢迎新老顾客前来惠顾
产品：玻璃开介、磨边、屏风、鱼缸、吊门、衣柜门、地弹簧门等
地址：广东省肇庆市封开县江口镇封州二路（国道 321 线粤运车站对面）
……负责人：张雄　邮　编：526500
……法　人：张雄
……Tel：0758－6685885
……Fax：0758－6685885

**深圳市丰源景观工程有限公司**

地址：广东省深圳市罗湖区罗沙路惠名花园 9B203 室
……负责人：赖子军
……Tel：13828836228

**封开县南丰镇丽陶陶瓷店**

业务：各种园林陶瓷、琉璃瓦、栏杆、瓷砖、石棉瓦、给水管、下水管
地址：广东省肇庆市封开县南丰镇酒井门开发区
……负责人：侯英华　邮　编：526533
……法　人：侯英华
……Tel：13425277026

**深圳市陆浩铁艺喷锌厂**

地址：广东省深圳市罗湖区梅园路家乐区装饰超市 AT12A
……负责人：赖文光
……Tel：13923447282

**肇庆市高新区惠丰装饰工程部**

业务：承接各种装饰工程项目
地址：广东省肇庆市高新区信宜村三巷 43 号
……负责人：潘智慧　邮　编：526040
……法　人：潘智慧
……Tel：13380757162

**深圳市世鹏工程造价咨询有限公司**

地址：广东省深圳市罗湖区南湖路国贸商业大厦 22 楼 G
……负责人：王丽芳
……Tel：0755－25195195

**高要市南岸镇濠土石方工程服务部**

业务：承接土石方工程
地址：广东省肇庆市高要市城区象山高尚住宅区（湖西路南侧）
……负责人：陈镇杰　邮　编：526000
……法　人：陈镇杰
……Tel：13556538668

**美联物业代理（深圳市）有限公司**

地址：广东省深圳市罗湖区彭年广场 3408 室
……负责人：王书权
……Tel：13922834922

**林铿园艺有限公司**

地址：广东省深圳市罗湖区田贝四路 29 号金贝苑 A 栋 12C
……负责人：林钦城
……Tel：13902908448

**高要市金利镇江南花艺场**

业务：花卉苗木培育经营
地址：广东省肇庆市高要市金利镇高速公路收费站门口右边
……负责人：汤先生　邮　编：526040
……法　人：汤细白
……Tel：0758－8594252

**新力钢构工程有限公司**

地址：广东省深圳市罗湖区钱贝 4 路 2 号化工大厦东 703
……负责人：储先生
……Tel：0755－25637036
25164562
13602603187

**广宁县南街镇腾飞沙石材料购销部**

业务：销售沙石材料
地址：广东省肇庆市广宁县南街镇大迳检测站侧宁安宿舍楼下
……负责人：高祖坚　邮　编：526040
……法　人：高祖坚
……Tel：13802856465
0758－86601155

**深圳市圳昌投资实业有限公司**

地址：广东省深圳市罗湖区深南路 5002 号信兴广场地王商业中心写字楼 63 楼 13、15 单元
……负责人：黄先生
……Tel：0755－82461268

**广宁县南街镇和顺铝材营业部**

业务：专门代理伟业牌铝材
地址：广东省肇庆市广宁县南街镇南东三路 135－137 号
……负责人：曾海明　邮　编：526040
……法　人：曾海明
……Tel：0758－8669230

**深圳市鸿景置业有限公司**

地址：广东省深圳市罗湖区水贝村水贝一路逸湖居 0135、0136
……负责人：林楚锐
……Tel：0755－25602268

**广宁县南街镇形象不锈钢装饰工程部**

业务：不锈钢装饰工程
地址：广东省肇庆市广宁县圣堂下寨 16 号
……负责人：伍尚飞　邮　编：526000
……法　人：伍尚飞
……Tel：13509970505

**汉高生物净化技术开发有限公司**

地址：广东省深圳市罗湖区笋岗东路 1002 号宝安广场 A 座 7 楼 H 室
……负责人：邓仕伦
……Tel：0755－25161038
13502822266

**怀集县怀城镇森堡装饰工程部**

业务：装饰工程、土建工程、机电安装、水电建设
地址：广东省肇庆市怀集县怀城镇上郭中路 33 号
……负责人：李志海　邮　编：526400
……法　人：李志海
……Tel：13760091826
0758－5598143
……Fax：0758－5598143
……E-mail：senbao@163. vom

**怀集县冷坑镇南门杉木门销售部**

业务：专营杉木门、杉木家具，产品采用纯天然杉实木，看得见的木纹，看得见的自然！欢迎来图来样订做。
产品：杉木实木门，杉木家私
地址：广东省肇庆市怀集县冷坑镇冷坑街 355 号
……负责人：罗建山
……法　人：罗建山
……Tel：0758－5437416
……网址：www. chxtcn. cn
……E-mail：samrow@yahoo. cn

**四会市名匠装饰设计工程有限公司**

业务：承接室内外装饰设计
地址：广东省肇庆市四会市东城区四会大道中 24 号（新大新侧）
……负责人：余伙剑　邮　编：526060
……法　人：余伙剑
……Tel：0758－3287950
3287952
……Fax：0758－3287952

**南化安热能设备有限公司**

地址：广东省深圳市罗湖区田贝四路 2 号金贝苑东座 13A
……负责人：曾清音
……Tel：0755－25608351
13923869581

**中山市三晶玻璃制品有限公司**

业务：玻璃制品加工
地址：广东省中山市东凤镇伯公村北社 2 号（2 队）工业厂房 C 栋 3 号
……负责人：冯奕义　邮　编：528403
……法　人：冯奕义
……Tel：13560651910
0760－23665959

**深圳市艺丰建设总承包有限公司**

地址：广东省深圳市罗湖区文锦中路 8 号联兴大厦 4 楼
……负责人：陈水潮
……Tel：0755－82226338
13808839136

**中山市东凤镇佳鼎五金洁具厂**

业务：水槽的生产和销售
地址：广东省中山市东凤镇同安大道西 36 队（乐昌玻璃厂右侧）
……负责人：黄明　邮　编：528403
……法　人：黄明
……Tel：13420313358
0760－23665928
……Fax：0760－23663829

**深圳市俊恒房地产开发有限公司**

地址：广东省深圳市罗湖区新秀村秀南街 97 号三楼
……负责人：蔡玮城
……Tel：0755－25110929

**中山市东区景新工艺玻璃加工厂**

业务：加工与销售衣柜门，各类玻璃门
产品：衣柜门，玻璃门
地址：广东省中山市东区白沙湾大龙井街一号
……负责人：文传杰　邮　编：528403
……法　人：文传杰
……Tel：13226097206
0760－86995399
……Fax：0760－88382572

**怡翠环境综合服务有限公司**

地址：广东省深圳市罗湖区秀南路 89 号罗湖排水工区三楼
……负责人：黄建文
……Tel：0755－25115482

**中山市东区庚莲五金装饰工程部**

业务：五金装饰工程
地址：广东省中山市东区白沙湾涌下横街 41 号
……负责人：莫若庚　邮　编：528403
……法　人：莫若庚
……Tel：13703047632
0760－88820007

**山春江实业有限公司**

地址：广东省深圳市罗湖区沿河南路 1177 号
……负责人：肖泽江
……Tel：13902948786

**鸿发防潮补漏装饰工程部**

业务：承接防水补漏工程、室内外装修工程
地址：广东省中山市东区土瓜岭锦新街 19 号
……负责人：黄益昌　邮　编：528403
……法　人：黄益昌
……Tel：13802667811
0760－88389732
……Fax：0760－88389732

**达而通实业有限公司**

地址：广东省深圳市南山区创业路怡海广场东座 3308 室
……负责人：谢小波
……Tel：0755－26430755
13509628365

**大地通物业管理有限公司**

地址：广东省深圳市罗湖区太白路 4007 号维富大厦 4 楼
……负责人：孟繁春
……Tel：0755－25783203
83094799

**中山市东升镇永宜园艺场**

业务：花卉、苗木、园林绿化
地址：广东省中山市东升镇花木市场 A4 区
……负责人：唐国波　邮　编：528403
……法　人：唐国波
……Tel：13702396784
0760－22227467
……Fax：0760－22227467

**深圳市日丰物业管理有限公司**

地址：广东省深圳市南山区大冲小商品市场 38

号3楼
负责人:谢仁海
Tel:0755-26992211

## 中山市明都物业管理有限公司
业务:物业管理
地址:广东省中山市东升镇同茂社区同茂街立六巷7号
负责人:彭林海 邮 编:528400
法 人:彭林海
Tel:0760-22829312
Fax:0760-22829312

**深圳招商物业管理有限公司半山海景.兰溪谷小区停车场**
地址:广东省深圳市南山区大南山东侧沿山路半山海景.兰溪谷小区
负责人:陈东龙
Tel:0755-26834000

## 中山市九美展示制品有限公司
业务:生产、加工、销售展示柜
产品:展柜、中岛柜、手机专柜、收银台、演示台等
地址:广东省中山市东升镇同兴西路85号
负责人:占锡玖 邮 编:528403
Tel:13432129696
0760-22224322
Fax:0760-88439875
网址:http://wwwjiumeizs.cn
E-mail:jiumeizs@163.com

**伟利建材贸易行**
地址:广东省深圳市南山区登良路后海综合楼一楼临2号
负责人:丁伟
Tel:13823611360

## 中山市阜沙镇名凯五金门业厂
业务:钢质复合门,钢质防火门,不锈钢防水门,防火卷帘门,防火玻璃门,防盗入户门
地址:广东省中山市阜沙镇阜港东路(即中学路口)
负责人:曾艳洪 邮 编:528403
法 人:曾艳洪
Tel:0760-23450180

**深圳市南山区龙兴筛网商店**
地址:广东省深圳市南山区桂庙路向南东街青少年活动中心一楼23号
负责人:杨彦波
Tel:13662555367
0755-26418514

## 中山市港口镇丰盛装饰工程部
业务:室内装饰设计施工
地址:广东省中山市港口镇美景花园4期A2幢W12卡商铺
负责人:赵令丰 邮 编:528400
法 人:赵令丰
Tel:13189206402
0760-88439797

**深圳市鸿达名门**
地址:广东省深圳市南山区后海路乐安居市场187号
负责人:黄兵
Tel:0755-26444210
13902944238

## 中山市港口镇德盛洁具制造厂
业务:生产、销售洁具
地址:广东省中山市港口镇群富工业村路66号2楼第2卡
负责人:刘会兵 邮 编:528403
法 人:刘会兵
Tel:13416069811
0760-86268393

**深圳市南山区友兴玻璃店**
地址:广东省深圳市南山区华府花园一栋101商铺
负责人:陈全
Tel:0755-26084233
13902980489

## 中山市永菁园林景观工程设计有限公司
业务:园林景观工程设计
地址:广东省中山市港口镇兴港南路17号88卡商铺
负责人:梁业平 邮 编:528403
法 人:梁业平
Tel:13823948448
0760-88483488

**深圳市鸿威物业管理有限公司海怡东方花园停车场**
地址:广东省深圳市南山区科技南路海怡东方花园
负责人:丘克
Tel:0755-26745007

**鸿新五金建材商行**
地址:广东省深圳市南山区南新路2032号
负责人:徐新忠

Tel:13823171136

## 中山市港口镇友华建材经营部
业务:建材经营
地址:广东省中山市港口镇兴港南路36号首层左侧第一卡
负责人:罗尚友
法 人:罗尚友
Tel:13018735672
0760-88403298

**深圳市碧水蓝天科技发展有限公司**
地址:广东省深圳市南山区科技园科技发路5号201室
负责人:李小姐
Tel:0755-26504063
13322983948

## 中山市港口镇翔鸿疏浚水利工程队
业务:疏浚水利工程、吊船出租
地址:广东省中山市港口镇兴港中路2号
负责人:林伟江 邮 编:528403
法 人:林伟江
Tel:13702394646
0760-88400602

**深圳市方信建材有限公司**
地址:广东省深圳市南山区荔湾路148号D-702
负责人:陈永川
Tel:0755-26450888

## 天门创新玻璃棒门市部
业务:玻璃棒等玻璃制品批零
地址:广东省中山市古镇古二村顺成二路4号首层之2
负责人:李永普 邮 编:528400
法 人:李永普
Tel:0760-23669606

**新富利钢材装饰部**
地址:广东省深圳市南山区南山大道北钢材市场12号
负责人:温镇坤
Tel:13823297802

## 中山市古镇彩陶瓷艺灯罩门市部
业务:陶瓷、陶瓷灯饰
地址:广东省中山市古镇镇古二顺成一路11号15卡首层
负责人:朱训光 邮 编:528403
法 人:朱训光
Tel:13549916998
0760-86989296
Fax:0760-86989296

## 中山市汉铭铝合金不锈钢装饰工程部
业务:专业加工不锈钢,防盗网,门,扶手,铝合金.
地址:广东省中山市横栏镇宝裕村大街192号(荣胜隆地产往六沙方向200米处)
负责人:黄自汉 邮 编:528400
法 人:黄自汉
Tel:13169888008
13169335566

**深圳市南山区宏达建材商行**
地址:广东省深圳市南山区南新路1150号华联花园1150号
负责人:王达文
Tel:0755-26521555
13823263329

## 中山市利拓装饰板材有限公司
业务:专业从事塑料板材、装饰板材、铝板材生产加工及销售的科技开发型企业。产品规格齐全,具有强度高,韧性好等优点,欢迎新老客户前来洽谈业务!
产品:塑料板材、装饰板材、亚克力PMMA板材
地址:广东省中山市横栏镇横西村永兴工业区
负责人:邓永祥 邮 编:528400
法 人:邓永健
Tel:0760-87689668
13702307272
Fax:0760-87689668
E-mail:lituojt@163.com

## 中山市横栏镇小李铝合金不锈钢工程部
业务:承接铝合金不锈钢加工,安装业务
地址:广东省中山市横栏镇六沙村六沙大道44号首层
负责人:李传发 邮 编:528400
法 人:李雄
Tel:13232578775
15913339233

**深圳市鸿洲有限公司**
地址:广东省深圳市南山区南新路3229号鸿洲

新都G栋1808室
负责人:温小权
Tel:0755-26464465

**恒信装饰材料行**
地址:广东省深圳市南山区南商业街55号
负责人:郑鑫
Tel:0755-26431261
86066061
13088866099

## 中山市横栏镇晶艺达玻璃加工厂
业务:座落于交通便利的珠江三角洲腹地,专业从事玻璃深加工,可长期为客户提供生产各式各样的玻璃配件产品。以一流的质量、合理的价格、诚实的信誉,竭诚为各方客户提供满意的服务。
产品:灯饰配件及玻璃、水晶工艺品等
地址:广东省中山市横栏镇三沙工业区富裕路20号B幢
负责人:包小姐 邮 编:528400
法 人:包远强
Tel:0760-87899706
13532037459
Fax:0760-87899705
E-mail:jiayi9188@163.com

**深圳市南山区方雅防蚊沙窗店**
地址:广东省深圳市南山区南新路富嘉名阁117号
负责人:刘泽方
Tel:0755-26076293

## 中山市横栏镇新长宏玻璃工艺厂
业务:加工销售灯饰玻璃、包括平钢、弯钢、印油、打砂、烤弯
产品:平钢、弯钢、印油、烤弯、打砂、热熔玻璃
地址:广东省中山市横栏镇三沙工业区兴裕四路10号
负责人:黄建东 邮 编:528478
法 人:张明理
Tel:0760-87760100
Fax:0760-87298892
E-mail:xinchanghongglass@163.com

**润阳置业有限公司**
地址:广东省深圳市南山区南油大道百富大厦B栋308室
负责人:程晋
Tel:0755-28943515
13802586889

## 中山市横栏镇宝盛源建材经营部
业务:建材的销售
地址:广东省中山市横栏镇新茂工业区2号首层(宝利恒灯饰厂侧)
负责人:蔡文铁 邮 编:528403
法 人:蔡文铁
Tel:18925335775
13432124666
0760-87764117

**瑞和锋装饰工程公司**
地址:广东省深圳市南山区南油大道新保辉大厦3楼
负责人:肖道宇
Tel:0755-26067756
13076965510

## 中山火炬开发区佳利达装饰材料商行
业务:墙面油漆、ICI、防水材料、微化铝材、装饰五金、承接装饰工程及广告制作
地址:广东省中山市火炬开发区康乐大道宇宏健康花城17号楼5卡
负责人:王林 邮 编:528403
法 人:王林
Tel:0760-85331703

**深圳市嘉和美装饰工程有限公司**
地址:广东省深圳市南山区南油大道新能源大厦A座705G
负责人:赵春琼
Tel:0755-26214286

## 中山火炬开发区中阿五金工程部
业务:五金工程
产品:不锈钢门窗制作、钢结构工程等
地址:广东省中山市火炬开发区张家边康祥路8之38号
负责人:郭佳孟 邮 编:528403
法 人:郭佳孟
Tel:13527139268
0760-86933135

**四川省金园物业管理工程有限公司深圳市分公司**
地址:广东省深圳市南山区南油路1128号粤海办公楼四楼402室
负责人:周首行
Tel:0755-26414551

13808807017

## 中山市立建钢材有限公司
业务:镀金管、焊管、工字钢、彩瓦钢、钢板等钢材的销售,消防器材的销售
产品:镀金管、焊管、工字钢、彩瓦钢、钢板
地址:广东省中山市火炬开发区中山港大道20号
负责人:彭汉锐 邮 编:528403
法 人:彭汉锐
Tel:0760-89935866
Fax:0760-89935966

**深圳市强力隆工程设备有限公司**
地址:广东省深圳市南山区沙河建工村25号
负责人:王志品
Tel:0755-26910824
13509694351

## 中山市南朗镇金鑫装饰工程部
业务:装饰,装修
地址:广东省中山市南朗镇南岐路102号2卡商铺
负责人:唐万保 邮 编:528400
法 人:唐万保
Tel:13610455516
0760-85216960

**深圳市运利达房地产经纪有限公司沙河批发行**
地址:广东省深圳市南山区沙河路海滨市场
负责人:柯基跃
Tel:0755-26606836

## 中山市南朗镇润隆石灰场
业务:石灰加工销售
地址:广东省中山市南朗镇平顶村
负责人:姚伟溢 邮 编:528400
法 人:姚伟溢
Tel:13922953581
13068896888

**原野环保科技有限公司**
地址:广东省深圳市南山区沙河路金三角大厦721房
负责人:王云卫
Tel:13005455990

## 永泰县葛岭顺发建材店
业务:销售土石方工程、砂石
地址:广东省中山市南头镇低沙村中铁二局
负责人:王言俊 邮 编:350001
法 人:王言俊
Tel:13925377138
13612598588

**深圳市南山区兰园装饰材料店**
地址:广东省深圳市南山区蛇口东滨路兰园大厦底层59号
负责人:余锦胜
Tel:0755-26688897
13802200654

## 中山市三乡镇古财建材店
业务:钢管、扣件,承接脚手架工程
地址:广东省中山市三乡镇古鹤村大基下45-1号
负责人:李德华 邮 编:528463
法 人:李德华
Tel:13427730642

**深圳市陈记复合材料有限公司**
地址:广东省深圳市南山区西丽红花岭工业区二区二栋一楼东
负责人:陈绍伟
Tel:0755-26519988
13823258215

## 中山市三乡镇来来水电维修工程部
业务:水电维修、装潢
地址:广东省中山市三乡镇金涌大道雅居乐花园F9幢1号铺
负责人:陈良来 邮 编:528400
法 人:陈良来
Tel:0760-23387803

**斑马装饰材料部**
地址:广东省深圳市南山区西丽沙河西路丽新花园F栋18号商铺
负责人:冯兵
Tel:0755-26621316
13602530660

## 中山市慧源装饰工程有限公司
业务:从事高中档别墅、办公楼、酒店宾馆、商业店面等设计,施工全流程服务。时尚的设计理念,资深的设计团队,精湛的制作施工队伍,完善的售后服务,构筑了舒适、和谐的人居空间!
地址:广东省中山市三乡镇平东村那朗新盛世花园A区06号商铺
负责人:兰元慧 邮 编:528400
法 人:兰元慧
Tel:13823061377
13823026085
E-mail:huiyuanzhuangshi@yeah.net

**泰华兴建材部**
地址：广东省深圳市南山区西丽镇嘉兴院 4 栋 502 室
…………负责人：林智华
…………Tel：0755－26622452
13600194108

**中山市三乡镇万峯石材店**
业务：销售石材
地址：广东省中山市三乡镇平东金谷大道 210、212 号
………负责人：宋仕洪 邮 编：528463
…………法 人：宋仕洪
…………Tel：13528297580
0760－86339638
86339639
…………Fax：0760－86339639

**深圳市沃星洁源环保设备有限公司**
地址：广东省深圳市南山区西丽镇锦新大厦东座 526 室
…………负责人：许云秋
…………Tel：13826586002

**中山市聚峰装饰工程有限公司**
业务：承接水电安装工程，室内外装饰工程，不锈钢及机电安装工程，销售机械设备及其零配件
地址：广东省中山市三乡镇雅居乐柏丽一街三之 10 西———30 号
………负责人：陈衣军 邮 编：528403
…………法 人：陈衣军
…………Tel：13500141859
0760－86339162
…………Fax：0760－86339162
…网址：http://www.51zzt.com/user/zzt34738

**深圳市南山区文锋玻璃经销部**
地址：广东省深圳市南山区西丽镇留仙大道高职院西校区对面
…………负责人：蔡先生
…………Tel：0755－26015609
13602621593

**中山市沙溪镇惠华防水补漏装饰工程部**
业务：防水补漏，防水材料
地址：广东省中山市沙溪镇下朗工业大道 1 号之 12
………负责人：黄练达 邮 编：528471
…………法 人：黄练达
…………Tel：13809879409
0760－86226079

**景新工业地板经营部**
地址：广东省深圳市南山区西丽镇平山村 33 幢 201 室
…………负责人：张华
…………Tel：0755－26985118
13823247699

**中山市石岐区海马风情家具店**
业务：家具生产销售
地址：广东省中山市石岐区莲员西路 166 号富逸装饰广场好百年商场三层 313、315 卡
………负责人：罗锡水 邮 编：528403
…………法 人：罗锡水
…………Tel：0760－88713458
13432134832

**深圳市景新工业地板有限公司**
地址：广东省深圳市南山区西丽镇沙河西路鼎新大厦西座 1105 室
…………负责人：张华
…………Tel：0755－26528818
26528860
13823247699

**中山市石岐区享家防蚊纱窗商行**
业务：无框玻璃、防蚊、纱窗、门窗等系列
地址：广东省中山市石岐区盛华路 2 号玫瑰苑 13 卡
………负责人：李元华 邮 编：528400
…………法 人：李元华
…………Tel：13420089616

**侨虹玻璃制品厂**
地址：广东省深圳市南山区西丽镇旺棠工业区 16 栋 5 楼
…………负责人：查志锋
…………Tel：0755－26545758
26545759
13530038711

**海利不锈钢直销部**
业务：不锈钢销售
地址：广东省中山市坦洲镇南坦路 27 号之十八
………负责人：王建伟 邮 编：528400
…………法 人：王建伟
…………Tel：0760－86289103
13580082389
…………Fax：0760－86289103

**深圳市南山区利强五金玻璃厂**
地址：广东省深圳市南山区西丽镇珠光村东区 248 号之二 1－3 楼
…………负责人：卢强
…………Tel：13823356209

**中山市坦洲镇银兴石材店**
业务：加工和销售国产、进口的大理石、圆柱、石雕、石线、石狮、刻字、假山、工艺品等，承接工程安装业务
地址：广东省中山市坦洲镇神利路 61 号商铺 A 段 05 号
………负责人：冯汉兴 邮 编：528403
…………法 人：冯汉兴
…………Tel：13640494703
0760－87804406
…………E-mail：yinxingstone@163.com

**燊邦装饰材料经营部**
地址：广东省深圳市南山区西丽珠光汇文苑 5 栋 402
…………负责人：宋邦金
…………Tel：0755－26792022
13823168898

**深圳市夺天工园林建设有限公司中山分公司**
业务：园林绿化（不含限制项目）
地址：广东省中山市西区富华道 383 号柏景台 2 座 12C 房
………负责人：方泽鑫 邮 编：528400
…………法 人：方泽鑫
…………Tel：0760－88632830
…………Fax：0760－88632830
…………E-mail：zsdtg88632830@126.com

**深圳市集恒木业装饰材料有限公司**
地址：广东省深圳市南山区向南商业街 41 号
…………负责人：刘木填
…………Tel：0755－26492907

**中山市安心节能科技开发有限公司**
业务：专业致力于环保节能产品的研究开发及技术推广，主要生产燃油优化剂，公司以优质的产品、合理的价格、诚信服务于各界人士。
产品：燃油优化剂
地址：广东省中山市西区西河东路愉翠雅园地铺 88 号
………负责人：韦生 邮 编：528400
…………法 人：韦文华
…………Tel：0760－89889999
…………Fax：0760－89889886

**深圳市唯美林园艺有限公司**
地址：广东省深圳市南山区玉泉路南侧麒麟花园唐轩 1－601 房
…………负责人：古伟贤
…………Tel：0755－26749183
13802286035

**中山市小榄镇关金建材店**
业务：建筑材料批发
地址：广东省中山市小榄镇东区十八村兴宁路 3 号楼首层之八
………负责人：魏建军 邮 编：528400
…………法 人：魏建军
…………Tel：0760－86168598

**深圳市锦苑花卉园林有限公司**
地址：广东省深圳市南山区玉泉路毅哲大厦 7 楼
…………负责人：刘政荣
…………Tel：0755－26526656

**斗门区白蕉镇百家乐窗饰行**
业务：无框阳台窗，各种纱窗，窗帘，布帘，铝窗，不锈钢防盗网，隐形防护网
地址：广东省珠海市斗门区白蕉镇城东连兴路 115 号
………负责人：邵荣水 邮 编：519000
…………法 人：邵荣水
…………Tel：13928013679
13631200418

**深圳市安康居五金卷帘经销部**
地址：广东省深圳市南山区中山园路同乐二路城乡交易市场 503 号房
…………负责人：邢洪桔
…………Tel：0755－26621026

**珠海市斗门区白藤大成建材胶管批发部**
业务：建材胶管、五金机电的批发兼零售
地址：广东省珠海市斗门区城南白藤二路泰和苑 41 号铺
………负责人：蔡铭城 邮 编：519000
…………法 人：蔡铭城
…………Tel：13798985128
0756－7225779
…………Fax：0756－7225779

**深圳市宏华欣工程结构诊治有限公司**
地址：广东省深圳市南山区中深大厦 14 楼
…………负责人：林学宏
…………Tel：0755－83940328
13808832301

**斗门区井岸镇福易门业行**
业务：门、铝合金
地址：广东省珠海市斗门区井岸镇中兴南路 131 号
………负责人：马纤 邮 编：519000
…………法 人：马大金
…………Tel：0756－5131058
13532239352
13431565169
…………Fax：0756－5131058

**珠海安科房地产代理有限公司**
业务：二手房买卖
地址：广东省珠海市港昌路 537 号
………负责人：黄楚淇 邮 编：519000
…………Tel：0756－3888878
…………Fax：0756－3699010

**珠海市唐家日鑫玻璃经营店**
业务：玻璃销售
地址：广东省珠海市高新区唐家片唐家湾镇龙岗北路商业城 111 号商铺
………负责人：符常胜 邮 编：519000
…………法 人：符常胜
…………Tel：0756－6122485
13727073310

**深圳市盛艺苑园林绿化有限公司**
地址：广东省深圳市深圳市盐田区洪安围桥边角地临房 12 号
…………负责人：蔡文桂
…………Tel：0755－25204115
13609629038

**珠海市惠中装饰有限公司**
业务：承接室内外装饰设计及装修工程，五金建材的批发与零售
地址：广东省珠海市拱北莲安路丽景花园 3 幢 6A
………负责人：李正中 邮 编：519000
…………法 人：李正中
…………Tel：0756－6102163
…………Fax：0756－6102163

**珠海市拱北虹兴建筑材料行**
业务：中山、珠海（东莞金鲤水泥）总代理，运输、钢筋、水泥、沙子、煤灰、砖头、河沙、小石子
地址：广东省珠海市拱北迎宾南路 1085 号 11F 房、广东省珠海市夏湾港昌路 449 号百合花园一期 13 幢地下室
………负责人：林宝煌 邮 编：519000
…………法 人：林宝煌
…………Tel：13902532450
0756－8870389
8575013

**深圳市众艺环境艺术设计有限公司**
地址：广东省深圳市新洲路国际商会大厦 A 座 810－812 室
…………负责人：庄志东
…………Tel：0755－82931970
82931971

**珠海市横琴艺清奇石轩**
业务：各类奇石
地址：广东省珠海市横琴石博园内
………负责人：邓艺清 邮 编：519000
…………法 人：邓艺清
…………Tel：0756－8688168

**珠海市壹空间装饰设计工程有限公司**
业务：室内外装修设计
地址：广东省珠海市吉大区 C 派公寓 43 幢 302－2
………负责人：谭文斌 邮 编：519000
…………法 人：谭文斌
…………Tel：13232201004
0756－2326658

**福建省上杭县亿鑫钢业有限公司珠海分公司**
业务：钢结构设计，制作，安装
产品：钢制品，大型钢结构（国家一级资质）
地址：广东省珠海市金湾区红旗镇矿山路口金山花园 6 栋 1123 号
………负责人：阙发旺 邮 编：519090
…………法 人：阙发旺
…………Tel：0756－7798366
…………Fax：0756－7798266
…………网址：www.qiguanggroup.com
…………E-mail：yixingnxi@126.com

**珠海市香洲贝文园林园艺花木场**
业务：苗木种植、销售；园林工程设计、施工
地址：广东省珠海市梅溪所山猪坑红山楼水库内水保站南侧
………负责人：黄百胜 邮 编：519000
…………法 人：黄百胜
…………Tel：13106817160
13005699299

**珠海市香洲郑红装饰材料商行**
业务：主营装饰材料
地址：广东省珠海市梅溪所红山路 161 号商铺
………负责人：郑时德 邮 编：519000
…………法 人：郑时德
…………Tel：13016308566
0756－8673658

**罗源镇水泥厂**
地址：广东省四会市罗源镇石寨
…………负责人：胡德干
…………Tel：13560907088

**广东省冶金建筑安装有限公司宝安分公司**
地址：广东省深圳市围场 44 区新华一路 1 栋 5 楼
…………负责人：张伟坤
…………Tel：0755－27891936
27886910

## 潮安县金石镇金信汇五金厂

潮安县金石镇金信汇五金厂创建于2004年，是专业生产高级五金门控系列产品的企业，不锈钢拉手是主要产品，有金浪斯、吉拉斯等系列。

金信汇一贯恪守"质量第一、用户至上"的服务宗旨，注重用户利益和社会效益。所有产品以国家标准为检测依据，不断完善、提高检测方法以加强质量监控，竭力为广大消费者提供更优质、更完美多元化的产品。

联系人：林应秋 13902799586
网址：www.cn-jxh.com
电子邮件：jxhcn@21cn.com
地址：广东省潮安县金石镇上官路工业区
电话：0768-6559488
传真：0768-6557458
邮编：515600

## 佛山金吉城门花经营部

佛山金吉城门花经营部集设计、制作、加工、销售为一体，专业从事不锈钢门花及不锈钢配件的销售，采用优质的原材料，先进的加工设备，产品款式多样、保证质量，热忱欢迎新老顾客的光临！

联系人：邱继凤
电话：0757-82444111 83836771
传真：0757-83836771
邮编：528000
地址：广东省佛山市禅城区石湾镇街道石头前街13号

## 东莞市茶山鹏兴卡板厂

东莞市茶山鹏兴卡板厂是一家专业从事胶合卡板、卡板生产的厂家。

我公司将以始为终，以质量求生存，以用户为上帝，不断开拓创新，努力为人类家居生活的进步和提高作出应有的贡献。

联系人：陈得春 13609670065
电话：0769-81869318 81869328
地址：广东省东莞市茶山镇南社工业区横岭小区
邮编：523000

## 佛山市恒志建筑劳务分包有限公司

佛山市恒志建筑劳务分包有限公司是一家专业从事路桥、地铁、铁路工程劳务输出、分包的企业。

我们拥有专业的团队，一流的施工队伍，为您提供最优质的服务。

竭诚欢迎您的合作！

联系人：罗志杰 13902489244 13631483968 电话：0757-27775665
地址：广东省佛山市顺德区杏坛镇高赞村文豪前街17号 邮编：528000

## 东莞市新发物业投资有限公司

东莞市新发物业投资有限公司成立于2006年，主要从事物业开发、管理、投资。

公司秉承"诚信为本，卓越服务"的原则为广大客户提供最优质的服务。热忱欢迎各位商家垂询！

联系人：杨兴彬 13609689802
电话：0769-85568932 85568982
传真：0769-85560932
地址：广东省东莞市虎门南栅二区太沙路 邮编：523932

## 佛山市南海罗村森兴中空玻璃材料销售部

佛山市南海罗村森兴中空玻璃材料销售部成立于2004年12月，本部专业从事中空玻璃材料、密封胶、夹胶片、玻璃门窗配件的销售。本部以雄厚的实力、合理的价格、优良的服务与多家企业建立了长期的合作关系。热忱欢迎各界前来参观、考察、洽谈业务。

联系人：彭春盈
电话：0757-86410770（传真）
13006703599 15088022102 邮编：528000
地址：广东省佛山市南海区罗村罗湖北湖一路碧翠豪城18-25座首层30号

## 东威弯曲木加工厂

东威弯曲木加工厂成立于2003年，专业生产销售各种弯曲木异形板，客户只需来订单说明要求，规格，另附有1：1图纸即可；产品定型稳定，有蒸汽干燥。欢迎各位厂商垂询洽谈！

联系人：周开满
电话：0752-3598365 3598265 13902653786
地址：广东省惠州市惠阳区新圩镇东威弯曲木加工厂
电子邮件：dongwei988@sina.com 邮编：516200

## 佛山市南海区创璟装饰材料厂

我厂直属创璟集团深圳市南来实业发展有限公司,是中国最早从事木地板配件生产与销售的专业厂商之一。主要产品有铝合金收口条（香槟色与香槟金色），多功能防滑静音收口条，铝合金基材木纹喷涂收口条，铝合金基材贴耐磨PVC收口条，瓷砖与地毯收口条，中密度板地脚线，PVC发泡地脚线，新概念组合地脚线，三氧化二铝模压扣条与地脚线，实木扣条与实木地脚线，铝合金豪华地脚线等等！产品除销往国内各大中城市以外，还出口欧美和东南亚国家，以及中亚和俄罗斯等国家和地区！创璟地板配件已发展成为全球地板配件领域的主流供应商。

联系人：明熙航 13535670838 网址：www.createking.net.cn
电话：0757-85122983 85122985 85122986
传真：0757-85122982
地址：广东省佛山市南海区里水镇和桂工业园A区商业大道8号 邮编：528241

## 东源县森源木制品有限公司

东源县森源木制品有限公司成立于2008年，以胶合板、地板以及其它木制品的生产销售为主。

欢迎新老客户来电洽谈业务。

电话：0762-8436310
邮编：517500
地址：广东省河源市东源县蓝口镇
联系人：谭顺友
13553280078

## 广东保顺房屋鉴定有限公司

我公司成立于2000年，并在广东省工商行政管理局登记注册，2004年我公司取得甲级房屋安全鉴定资质，并取得广东省质量技术监督局计量认证资格，成为CMA认证合格单位，现为中国物业管理协会房屋安全鉴定委员会会员单位，广州房屋安全鉴定协会副会长单位。我鉴定公司成立5年来，鉴定了大量的工业及民用建筑。其中民用建筑1426宗、鉴定总面积1102225平方米；工业建筑828宗、鉴定总面积1400267平方米。在所有鉴定工程中，无一例鉴定事故或因鉴定结果不准确而导致的鉴定纠纷；并因提供及时、准确的鉴定结论及热情、周到的服务而赢得社会的广泛好评，产生了积极、深远的社会影响，得到有关行政主管部门的充分肯定。我鉴定公司设置有经理室、技术顾问、总工室、鉴定部、行政部、财务部等部门，鉴定部下设四个鉴定组。现有从事土建工作多年的高级工程师3人，结构工程鉴定与加固方向硕士研究生2人，取得一级注册结构工程师资格有1人，从事过土建结构设计与施工的工程师12人。公司现有6名员工持有广州市国土房管局核发的房屋安全鉴定员证。另外还聘请省内外多名建筑物鉴定方面的知名专家作为顾问。

联系人：杨磊
电话：020-83229176
传真：020-83229251 网址：www.gdbsjd.com
地址：广东省广州市越秀区小北路小石新街24号 邮编：510045

## 广东格林环境工程有限公司

广东格林环境工程有限公司成立于1999年，本公司专业从事水处理设备、环保产品的销售、技术开发、技术服务；商品信息咨询服务。公司本着："科技先行，质量第一，诚信为本"的经营理念，为新老用户提供优质可靠的服务。

联系人：杨英亮
电话：020－83730226 83730978 传真：020－83730103
网址：www.gdgreen.hxuu.com
电子邮件：master@green-tekleen.com
地址：广东省广州市白云路27号之一交通大厦南楼1602室
邮编：510100

## 广州文华木业有限公司

本公司有多年科技木生产加工经验，产品有各种科技木，如紫樱桃、紫罗兰（薄板）柚木、沙比利、红胡桃、黑檀，品质卓越。

我公司秉承"顾客至上，锐意进取"的经营理念，为广大客户提供优质的产品。欢迎惠顾！

联系人：朱万山
电话：020-39721269
手机：13826124910 13002011990 e-mail：wenhua@163.com
地址：广东省广州市天河区黄埔大道东鱼珠木材市场7号门2406号

## 广西容县建筑工程公司番禺分公司

本公司从事建筑工程、道路桥梁，"信誉第一，客户至上"，热诚欢迎广大客户来我公司洽谈业务，共同合作！

联系人：杜仲威
电话：020-84644411 84646170
地址：广东省广州市番禺区市桥街沙圩村沙乐大街146号 邮编：510000

## 和兴利门业城

本公司成立于2008年，主营钢塑门、实木门、卫生间门、镜画，完美的设计，优良的品质，合理的价位，并提供良好的售后服务。欢迎广大新老客户前来洽谈、订购。

电话：13428181059、0668-8629870 联系人：肖荣胜
地址：广东省信宜市怀乡镇圩头开发区（中巴站对面） 邮编：525300

## 广州岷腾机电安装有限公司

广州岷腾机电安装有限公司成立于2008年，主要从事机电设备维修、提供技术咨询服务、室内设计装饰、管道安装、批发零售贸易。"以质量求生存，以信誉求发展"，热忱欢迎广大客户来电来人洽谈业务，共同合作！

联系人：何玉娥
电话：020-82330263、13926409462
地址：广东省广州市黄埔区信华路深北里10号102房 邮编：510000

## 恒润房地产开发有限公司

恒润房地产开发有限公司是一家专业的房地产开发与经营的公司。
公司本着"客户第一，诚信至上"的原则，与多家企业建立了长期的合作关系。
热忱欢迎各界朋友前来参观、考察、洽谈业务。

联系人：田运生
电话：0752-8763808
邮编：516000
地址：广东省惠州市惠东县白花镇竹头坝

## 广州市番禺区大岗东明花木草场

广州市番禺区大岗东明花木草场于2005年成立，主要经营园林绿化、草坪。我厂以良好的信誉、稳定的质量赢得广大消费者的信赖。我们始终坚守质量和信誉，让每个客户都买到称心、舒心、安心的产品。

联系人：陈荣坤
电话：13922711904
地址：广东省广州市番禺区大岗镇增沙村第一村民小组林份耕地 邮编：511470

## 恒森装修有限公司

恒森装修有限公司专门从事家居、写字楼、厂房、商铺办公室的装修和防水补漏工程。

公司始终坚持设计以人为本，服务以客户为中心，视质量为企业的生命在实践中不断完善管理制度，组成设计、施工监理一条龙服务的经营管理体系，为您营造一个舒适安逸的生活，工作环境。

网址：www.hengsengc.com
联系人：张序明
电话：0769-87916259 传真：0769-82093591
地址：广东省东莞市塘厦镇清湖头高裕北路232号 邮编：523710

## 广州市强旺实业发展有限公司

广州市强旺实业发展有限公司是一家专业从事房屋建筑，路桥市政工程的企业。
公司拥有专业的团队及一流的施工队伍，为您提供高品质的服务。
诚挚欢迎您的来电来函洽谈！

联系人：吴泽航
电话：020-87743333 13922406888
地址：广东省广州市天河区沙和路20号3楼 邮编：510500

## 湖南省勘察测绘院顺德分院

湖南省勘察测绘院顺德分院成立于2006年，专业从事资源勘查，地形测量、工程测量和房产测量等测绘项目。我院有专业的人才队伍，我公司恪守"节约经济，服务至上"的原则竭诚为您服务！

联系人：曹海军 13928210401
电话：0757-22208597 传真：0757-22258360
地址：广东省佛山市顺德区大良东胜大街19号
邮编：528000

## 华厦工程管理咨询有限公司

华厦工程管理咨询有限公司成立于2007年底，是一家专业从事工程项目建设全过程管理的责任有限公司。

公司经营范围：工程招标代理、工程造价咨询、工程监理、工程项目管理、建筑企业管理及投资咨询，建筑产品营销策划。

欢迎国内外新老客户光临，互利互惠、携手共进！

联系人：吴海华
13902595318
电话：0760－88301455
地址：广东省中山市东区亨尾
邮编：528403

## 揭东县骏驱花岗石厂

0663-3352687 3351348 3360529 3360829

我厂主要从事各式花岗石，大理石，大板，薄板的生产、销售及进出口服务，品种型号为：大白花（439#）、揭阳红（436#）、面利红（435#）、潮州红、粉红麻、印度红、乌金砂、海浪花、海底乌、大花绿、金花米黄、白麻等。

欢迎各界新老朋友来电洽谈订货，我们将竭诚为您服务！

联系人：吴奕葵
邮编：515500
地址：广东省揭阳市揭东县炮台居委会

## 惠州市恒润房地产开发有限公司

惠州市恒润房地产开发有限公司成立于2008年3月，集房地产开发、房地产中介咨询服务、物业管理、土方工程、建筑材料销售为一体的综合性开发经营企业。本公司拥有当地丰富的土地资源和人力资源，秉承“诚信、专注、创新、超越”的企业精神，致力于为大众提供地产精品，创导优质生活空间。努力实现与合作者，消费者价值共享，互利双赢的目标。

联系人：李生
电话、传真：0752－8789696
网址：www.mtw106028.chinapyp.com
电子邮件：mtw106028@163.com
地址：广东省惠州市惠东县白花镇竹头坝村白花中学右侧100米 邮编：516369

## 揭阳市惠发建材有限公司

揭阳市惠发建材有限公司是一家主要从事建材生产、销售的企业。

“诚信经营，信誉至上，质量保证，价格合理”。

热忱欢迎新老客户惠顾。

联系人：蔡惠光
13927028388 电话：0663－8224386
地址：广东省揭阳市东山区九号街以东四号路以南光明楼B幢401号
邮编：522000

城建房产建材装潢

## 惠州市惠城区荣发建材经营部

惠州市惠城区荣发建材经营部成立于2007年。
主要经营建筑材料、建筑机械并承接装修工程。
本着“质量第一，信誉至上”的原则。
欢迎广大客户来电洽谈业务！

电话：0752－2501582 2589266
联系人：杨暖 13502297289
传真：0752－2501582
地址：惠州市惠城区河南岸三环路边
邮编：516001

## 立正環境藝術設計有限公司

立正环境艺术设计有限公司成立于2007年，是一家专业从事室内环境设计、园林规划设计的企业。

欢迎广大新老客户来电洽谈业务！

联系人：朱葆春
电话：0755－86106139
邮编：518000
地址：广东省深圳市南山区华侨城东金众工业区202栋4楼

## 惠州市惠城区水口宏利合板厂

惠州市惠城区水口宏利合板厂成立于2009年，生产各种高品质的建筑夹板，经过精心打磨，是建筑高楼大厦的极佳材料。确保产品质量稳定、优良，且具有很强的性价比，各项技术均遥遥领先于国内同行。

本厂同时生产各种水泥砖、适用于工业与民用建筑内、外墙的普通混凝土、小型空心砌块，年生产能力6万立方米。欢迎广大客户来电洽谈！

电话：0752－3313834
联系人：徐锦新 13923624089
地址：广东省惠州市惠城区水口镇大和横沙A-02-2号 邮编：516000

## 汕尾市凯韵装饰设计有限公司

本公司专业承接室内外装饰、设计、施工，专业的技术力量，先进的设计理念，一流的施工队伍，为新老客户提供最满意的服务。

联系人：彭永贵
电话：0660－3987903 13922694202
地址：广东省汕尾市城区奎山文明北路9号
邮编：516400

## 江门市蓬江区艺达装饰部

本公司成立于2008年。

主要经营室内外装修装饰设计与施工、销售建筑材料。

质量第一、信誉第一是我们公司全体员工的服务宗旨。

电话：0750－3702661 3708038
联系人：李德存 13725980091
传真：0750－3702661
邮编：529020
地址：广东省江门市蓬江区荷塘镇区[illegible]路益丽花园8幢103、105

## 深圳市班度装饰设计有限公司

深圳市班度装饰设计工程有限公司创建于2003年，专业从事厂房、写字楼、酒店、商场、展厅、展柜装饰设计，装修装饰配套工程、滚动灯箱开发等。

班：像鲁班一样地精雕细琢；度：宽宏大度的度，以宽广、大度的心胸去面对人生事业和社会。班度以专业精神和博大心胸面对社会、面对客户、面对事业，以人为本、以专业为本、以诚信为本，全心全意服务客户。

电话：0755－27383711
传真：0755－27383550
网址：www.szbd168.com
电子邮件：szbd168@szbd168.com
邮编：518103
地址：广东省深圳市宝安区福永街道怀德社区政丰北路福华大厦11F
联系人：尚国庆
13428912108

## 深圳市崇威装饰工程有限公司

深圳市崇威装饰工程有限公司厦门分公司成立于2007年，本公司专业从事建筑装饰工程设计、施工。

本公司秉承"顾客至上，锐意进取"的经营理念，坚持"客户第一"的原则为广大客户提供优质的服务。

欢迎广大客户惠顾！

联系人：麦土康

电话：0755-82177335　13606900018

地址：广东省深圳市罗湖区宝安北路水产大厦12楼1号　邮编：361009

## 深圳市新澜物业管理有限公司

深圳市新澜物业管理有限公司成立于2006年，经过不断的摸索，积累了一套成熟的物业管理经验，造就并汇聚了一流的管理人才。

公司以"精耕细作，做精做强"为企业发展战略，立足于细微化、人性化、亲情化服务的鲜明特色，坚持"上善若水，以人为本"的企业文化，不断推行创新管理和增值服务。

联系人：钟伟球　13602629566

电话：0755-28194768　28199238

邮编：518131

## 深圳市多隆多建材

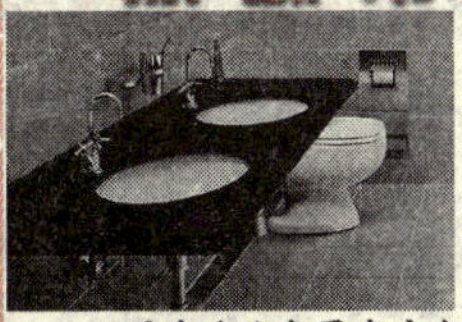

深圳市多隆多建材店专业生产现代化高档镜饰与高级浴室的企业。

产品有高级水龙头、玻璃层架、热熔镜、有电脑刻花镜、卫生间浴镜、卫浴挂件等多个系列1000多个品种。

竭诚欢迎各界客户光临惠顾，我们愿与您建立长期友好有合作伙伴关系，一起开拓，共同发展！

联系人：李填鑫　13823518296

电话：0755-25633428　传真：0755-25507552

地址：广东省深圳市罗湖区水贝村103号1楼　邮编：518000

## 深圳市中惠达幕墙门窗有限公司

深圳市中惠达幕墙门窗有限公司是一家专业从事铝合金门窗、塑钢门窗、幕墙玻璃窗的加工、安装的厂家。做工精细，色泽艳丽，造型大方，使其成为了高贵与典雅的象征。热忱欢迎您的光临惠顾！

联系人：倪铁中　15920000080

电话：0755-27608882　27986310

地址：广东省深圳市宝安区观兰镇福民悦兴围悦兴路57号

电子邮件：OK1112@sina.com　邮编：578128

## 深圳市福田区盛业建材行

深圳市福田区盛业建材行主要经营建筑装潢材料的批发和零售。我们秉承"锐意进取，客户第一"的经营理念，坚持客户至上的原则，竭诚为您提供最优质的产品和最满意的服务，欢迎惠顾！

联系人：陈业光

电话：0755-83310122 13902951997　传真：0755-83103621

地址：广东省深圳市福田区下梅林河背村118号　邮编：518000

## 深圳泰兴建筑劳务分包有限公司

深圳泰兴建筑劳务分包有限公司成立于2007年，主要从事于建筑劳务分包。公司围绕着"以质量求生存，以信誉求发展"的原则，做到安全文明施工，重合同守信用，确保施工质量，期待与各界朋友携手前进，共创美好未来！

联系人：林伟明

电话：13602632837　0755-28168469

地址：广东省深圳市宝安区龙华街道办花园新村18幢506

邮编：518000

## 深圳市龙岗区敬群机械设备制造厂

深圳市龙岗区敬群机械设备制造厂成立于1991年，本厂专业生产各种工程机械、建筑机械、道路工程机械、200T/300T路沿石、路面砖液压多用机，混凝土砌块成型机(又名砖机,免烧砖机,空心砖机,水泥砖机,全自动彩砖机)、悬辊式水泥制管机、生产各种花纹及规格不一的水泥制品模具,如:排污水管模、西班牙模、电缆沟盖板及电缆支架模、各式各样植草砖模、楼面隔热层模、烟囱管及空调架模、欧陆风情建筑、水泥花盆、瓶模、窗边的水泥装饰条模、窗套、罗马园柱模,并可根据客户要求订制特殊模具。

本厂宗旨是敬业、求精、开拓、创新，我们热情欢迎各界朋友或引荐用户来电咨询，前来洽谈业务，订购产品，我们将为您的事业提供一流的设备、模具及售后服务。

联系人：周昔闻　13823736818

电话：0755-27647868　27647898　传真：0755-27647898

地址：广东省深圳市龙岗区龙东兰水坐工业区138号　邮编：518116

## 深圳伟诚达不锈钢商行

深圳伟诚达不锈钢商行成立于2005年，本商行主要经营不锈钢原材料的批发销售业务。

深圳伟诚达不锈钢商行以"诚信、热情、客户至上"的经营理念、力求为客户提供快捷准确周到的服务。热忱欢迎各界的新老客户来电垂询或光临惠顾。

联系人：王伟中

電話：0755-28657121　28657196　电子邮件：wcd839@163.com

地址：广东省深圳市横岗镇街道办大康安华路二号　邮编：518115

## 深圳市南山区金高信装饰材料行

金高信装饰材料行成立1999年，是一家专业的集生产、代理、销售为一体的家装、公装公司的装饰材料配送服务中心。本商行主要经营：夹板、木线、饰板、铝塑板、天花扣板，龙骨，油漆等。本商行以良好的信誉、过硬的质量、贴心的服务、实惠的价格赢得了客户的支持与信赖。是深圳市装饰行业协会、家庭装饰委员会指定的材料供应商。商场品种齐全、送货快捷、可根据客户要求加工定做。

联系人：郑鑫　13088860999

电话：0755-8606812　86066038　传真：0755-8606812

网址：www.jgxsc.com　电子邮件：v13088860999@163.com

地址：广东省深圳市南山区南商业街55号　邮编：518000

## 燕浩实业发展有限公司

燕浩实业发展有限公司成立于1993年，经营建材。

本公司秉承"顾客至上，锐意进取"的经营理念，坚持"客户第一"的原则为广大客户提供优质的服务。

欢迎广大客户惠顾！

联系人：李燕华

电话：0755-82077889　13902441289

邮编：518000

地址：广东省深圳市福田区商步南路锦峰大厦21楼AH

## 永隆门业

本公司主要经营不锈钢门、红木门、卫生间门、定制不规格大门，加工剪压板等。

宗旨“质量求生存,服务求发展”。

欢迎您的光临。

联系人：蔡锐浩　13502765453

电话：0754-85898587　85898267　传真：0754-85898267

地址：广东省汕头市澄海区澄城德政路澄江花园楼下13-18号　邮编：515000

## 中山市石岐区爱力格装饰材料经营部

本经营部集销售、施工为一体，专营高品质建筑膜，并拥有一支技术熟练、工艺精湛的施工队伍，我们以质量为中心，诚信为基础，真诚期待与您的合作！

联系人：陈庆　网址：www.zselegant.com　电话：0760-88238203

电子邮件：cq138@163.com

地址：广东省中山市石岐区孙文东路雅景街18号地下6卡　邮编：528400

## 优雅居装饰工程有限公司

优雅居装饰工程有限公司成立于2008年。专业从事商业空间、写字楼、公寓设计与施工的专业工程公司。

我们拥有精湛的设计队伍，优良的施工品质，完善的售后服务，精心为您打造品味空间！

联系人：温德文　电话：0758-8594488

地址：广东省高要市金利镇新中心城区(金龙大道)　邮编：526105

## 珠海鼎豐源铝合金門窗有限公司

珠海鼎丰源铝合金门窗有限公司从事幕墙铝门窗加工、制作、安装等装饰工程。

我们将继续一如既往，以质量谋市场、以技术求发展，朝着讲质量、重信誉、负责任的方向稳步发展。

联系人：陈光华

电话：0756-8595853　8595852　邮编：519000

地址：广东省珠海市香洲区前山金鸡工业区金山二巷8号仲幸大厦二层

## 湛江开发区海滨新国秀玻璃装饰店

湛江开发区海滨新国秀玻璃装饰店专业生产销售夹胶、防爆、钢化、磨砂玻璃，承接家居、酒店、娱乐场所等装饰玻璃的定制安装。

为客户奉献至上精品，美化生活永远是我们新国秀玻璃的不懈追求！

联系人：钟卫国　13553538837

电话：0759-2110575　3635828

邮编：524000

地址：广东省湛江市乐华装饰材料市场403-404号

## 珠海市华力贸易有限责任公司（珠海市多宜家商行）

珠海市华力贸易有限责任公司（珠海市多宜家商行）自成立以来，专业从事感应水龙头、高低水龙头、节能灯的企业。希望广大国内外客户有更密切的往来，使我们之间的贸易更上一层楼！欢迎国内做以上产品的厂家请同我们联系，欢迎国外的客户来电来函咨询，我们将以热忱的态度为您服务！

联系人：曾建平

电话：0756-2666922　2666923

地址：广东省珠海市人民西路332号

邮编：519000

## 肇庆市冠粤土地开发有限公司

肇庆市冠粤土地开发有限公司成立于2008年，主要从事土地开发、房地产开发、建筑材料的销售。公司以“聚集一流人才，铸造一流工程，打造一流小区，创造一流环境”为指导思想，遵循“创新、求精、务实”的企业精神，缔造经典建筑、创建时代精品的开发理念，实现共赢开发建设出更多的符合大众需求的产品。

联系人：罗广强

电话：13660943333、0758-6818923、6818092、6818280

地址：广东省肇庆市前进北路10号联通新时空大厦11楼　邮编：526600

## 珠海市香洲区华芳装修工程部

本公司成立于1991年，专业生产各种包装木箱，另承接室内装修工程，铝合金门窗制作安装工程，主要产品有电源设备包装木箱、医疗器械包装木箱、木卡板。以质量求发展，以创新服务为理念；以诚实守信为基础，以客户满意为目的。

网址：www.zhhuafang.com　邮箱：zh_huafang@yahoo.cn

电话：0756-2238177、2518256　地址：广东省珠海市香洲区神前路156号

传真：0756-2518256　邮编：519000

## 中山市青松机电工程有限公司

中山市青松机电工程有限公司成立于2008年5月28日，从事水电安装工程、五金安装工程、园林绿化工程、装饰装修工程等。公司秉承“用户至上，质量第一”的企业宗旨，诚挚感谢社会各界对我司一如既往的厚爱和支持。

联系人：李泽锭

电话：0760-88557789　88732448　手机：13425519168

邮箱：zd666s@yahoo.com.cn

地址：广东省中山市东区齐富花园11幢A座3卡　邮编：528403

## 紫金县建安建筑劳务分包有限公司

紫金县建安建筑劳务分包有限公司成立于2008年。

主要从事建筑工程劳务分包。

长期以来，本着以质量求生存，以信誉求发展的方针。

欢迎您的光临！

联系人：陈桂廷

电话：0762-7825038　13902634013

地址：广东省河源市紫金县城新紫路183号　邮编：517000

## 广西壮族自治区 / Guangxi Zhuang Autonomous Region

**勇拓净化彩板有限公司**
地址:广西省壮族自治区南宁市邕宁沿海经济开发区玉洞工业园兴业二街 13 号
负责人:张健康
Tel:0771－4014170
13978857868
13707816170

**宏成石材有限公司**
业务:专业从事大理石板材的生产、加工及销售,主营:浪花白、花岗岩。本公司将以最优惠的价格,最可靠的质量,真诚为您服务。
产品:毛板、光板、火烧板
地址:广西贵港市博白县那卜镇东路
负责人:郑明香　邮　编:537600
法　人:郑明香
Tel:0775－8663788
Fax:0775－8663788

**广西德保嘉鑫建材有限责任公司**
地址:广西壮族自治区百色市德保县初级中学旁
负责人:杨瑜
Tel:13807762866

**广西金宜建筑装饰工程有限公司**
业务:我公司的经营范围是:建筑工程,室内外建筑装饰,园林景观,道路绿化,小区绿化,体育设施,门窗制作,建筑幕墙工程的设计及施工。我公司已承做了多项具有代表性的大型装饰工程项目,深爱客户的信赖和肯定。我们期待着与您结识,与您合作! 乘势而上,共创辉煌!
地址:广西桂林市七星区漓江路 26 号国展购物公园写字楼 4－17 号
负责人:张文友　邮　编:541004
法　人:张文友
Tel:0773－2135866
Fax:0773－2135868
网址:www.jyzs.net
E-mail:jinyigs@163.com

**华润水泥(平南)有限公司**
业务:水泥、混凝土、预制件生产和销售
产品:高端 PO42.5R、PII42.5R 水泥
地址:广西贵港市平南县丹竹镇三河工业区
负责人:张军　邮　编:537300
法　人:周俊卿
Tel:0775－7768808
Fax:0775－7768811
网址:www.crcgxpn.com

**平果县同福页岩红砖厂**
地址:广西壮族自治区百色市平果县城关乡同仁村长沙屯
负责人:黄国章
Tel:13217766608

**广邑装饰有限责任公司**
地址:广西壮族自治区百色市平果县铝城大道上马头街 85 号
负责人:覃安勇
Tel:0776－5828505
13768262888

**建城水泥有限责任公司**
业务:水泥
地址:广西贵港市人民西路 1001 号(原独山水泥厂)
负责人:阮凯燃　邮　编:537000
Tel:15907859938
0775－4263666

**桂林舒康建材有限公司**
业务:专业生产 PVC 电线槽,扣板,可敷设电线的高分子专利踢脚板,能覆盖钉痕的有美感的高分子专利踢脚板,PVC 楼梯扶手,承接塑钢门窗辅型材及其他塑料异型材的委托加工业务,常年回收 PVC 塑钢门窗边角料,诚征市、县独家经销商。
地址:广西桂林恭城县平安农家乐工业园区
负责人:卢李勤　邮　编:542508
法　人:卢李勤
Tel:18977371399
0773－8186336
E-mail:shu－336@163.com
QQ:640739366

**广西罗城金堆水泥有限公司**
业务:广西罗城金堆水泥有限公司成立于 2006 年,主要从事水泥的制造与销售。欢迎新老客户光临、惠顾!
地址:广西罗城县四把镇四把村三堆屯
负责人:莫思杰　邮　编:546300
法　人:吴顶强
Tel:0778－8376088

**广西田阳荣鑫房地产开发有限公司**
地址:广西壮族自治区百色市田阳县隆平大道
负责人:杨金友
Tel:13877636666

**万马商贸有限公司**
地址:广西壮族自治区百色市右江区桂林街北段美景苑万马购物中心
负责人:金洪堂
Tel:0776－3586388
13877695080

**南宁德全建材有限公司**
业务:本公司是一家集设计、制造、营销、以及家庭装璜、预算、工程策划、服务于一体的企业,专业生产万能管、万能 PP—R 管材、管件等系列产品。"创新、务实、高效、追求卓越"我们将致力于这一经营理念,关注时代发展,用先进的技术、不断创新,以更优的质量、更好的服务来满足我们的用户。
地址:广西南宁市明秀东路虎邱装饰材料市场 20 栋 10－13 号
负责人:高德权　邮　编:530000
法　人:高德权
Tel:0771－3290539

**南宁华达装饰工程有限公司百色银蓝分公司**
地址:广西壮族自治区百色市右江区中华街 41 号 103 房
负责人:毛维强
Tel:13977622505

**北海市金海大理石工程部**
地址:广西壮族自治区北海市广东省南路鸿兴花园第二栋
负责人:黄英海
Tel:0779－3205768
13517791689

**桂林全生建材总代理**
业务:销售建材
地址:广西桂林市八里街富桥市场 11 幢王者陶瓷旗舰店
负责人:余全生　邮　编:541000
法　人:余全生
Tel:0773－2636771

**北海市龙阊砂石有限责任公司**
地址:广西壮族自治区北海市海城区海宁小区 928 栋 601 号
负责人:陈永福
Tel:13877953083

**柳州市桂东防火门厂**
业务:柳州市桂东防火门厂创建于 2002 年,自成立以来,致力开发和生产各种优质防火门系列产品,一直本着精益求精、推陈出新、匠心独特的设计风格和严谨的质量管理及专业精神,赢得广大客户的赞誉与信任。立足现在。展望未来。模河门业将继续不断进步,坚持以市场需求为先导。依靠创新和优良的品质,出一流产品,创一流效益,与您共创美好灿烂的明天!
地址:广西省柳州市鱼峰区鸡喇新村七组
邮　编:545005
法　人:张辉
Tel:0772－3132688
Fax:0772－3116885

**北海家家旺房地产发展有限公司**
地址:广西壮族自治区北海市海城区湖南路金星花园 B 区 65 号二楼
负责人:庞春远
Tel:13307790288

**栗木预制构件厂**
业务:各种规格水泥电杆、输水管、排水管
地址:广西桂林市恭城县栗木镇
负责人:常耀华　邮　编:542502
法　人:朱连德
Tel:13977342712
0773－8322146

**北海雄泰房地产开发有限责任公司**
地址:广西壮族自治区北海市银海区侨港镇小巷北二路 30 号
负责人:黄雄光
Tel:13807791998

**岑溪市昙容镇鸿兴木材加工厂**
地址:广西壮族自治区岑溪市马路镇福村
负责人:黎学文
Tel:13977435618

**桂林南铝门窗有限公司**
业务:大型铝门窗、铝幕墙的制作,及室内装饰装修工程
地址:广西桂林市环城西 2 路 46－6 号(铁西加油站旁)
负责人:谭祥林　邮　编:541003
法　人:谭祥林
Tel:13707837384
0773－2169132
2169131
Fax:0773－2169131

**贺州市嘉丰建筑脚手架安装工程有限公司**
业务:我公司专业从事建筑脚手架安装工程,公司本着质量第一,用户第一的原则,努力开拓市场,我们将以一流的质量、一流的服务宗旨竭诚为新老客户服务。
地址:广西省南宁市万秀小区后面南宁市第二物资维修有限公司西 1－8 号
负责人:严洁文　邮　编:542800
Mobile:13635070999

**德宜物业投资发展有限公司**
地址:广西壮族自治区东兴市花溪小区
负责人:高德成
Tel:0770－7671166
7671066

**东兴市建设工程质量检测中心**
地址:广西壮族自治区防城港市东兴市东兴镇解放路口(城东市场后面)
负责人:吴宗辉
Tel:0770－7684161

**凤铝铝材荔浦专卖店**
业务:铝材,铝合金门。(凤铝铝材中国驰名商标,中国名牌产品)
地址:广西桂林市荔浦县五十米街荔塔路 240 号
负责人:邹香练　邮　编:546600
法　人:邹香练
Tel:13877384590
0773－7228455

**东兴中盟建材有限公司**
地址:广西壮族自治区防城港市东兴市黄花岗路(海鲜市场旁)
负责人:刘昌辽
Tel:0770－7684946

**广西天等县建筑工程有限公司靖西分公司**
业务:广西天等县建筑工程有限公司靖西分公司成立于 1985 年,现有员工 420 余人。多年来从事建筑工程施工总成包。我们本着互惠互利的原则,携手共进、精诚合作!
地址:广西壮族自治区百色市靖西县东方红宾馆
邮　编:533800
法　人:吴德平
Tel:0776－6221136
Mobile:13197562912

**防城港市花溪物业管理有限公司**
地址:广西壮族自治区防城港市东兴市兴宁南路(花溪小区)
负责人:卢耀辉
Tel:0770－7680609

**海南军海建设有限公司桂林泓宇分公司**
业务:房屋建筑、水利水电、公路桥涵、市政、装修装饰、土石方、钢结构及园林古建筑工程等专业总承包施工贰级、建材、钢材销售、房地产开发经营
地址:广西桂林市象山区大风山路 93 号、广西桂林市九岗岭小区 68 号二楼
负责人:吴仁保　邮　编:541001
Tel:0773－2882961
13977312728
18977326286
Fax:0773－2882961

**防城港市新绿环建筑材料有限公司**
地址:广西壮族自治区防城港市港口区渔洲城工业园区
负责人:付志洪
Tel:0770－2861808

**防城区结利装饰材料厂**
地址:广西壮族自治区防港市防城区华石镇
负责人:李玉林
Tel:0770－8519051
13907704775

**金德管专卖店**
业务:金德管专卖
地址:广西桂林市兴安县兴安镇朝阳路 48 号
负责人:庄铭　邮　编:541000
法　人:庄铭
Tel:0773－6218176

**来宾市兴宾区兴隆建材店**
业务:销售瓷砖、琉璃瓦、耐酸砖
地址:广西来宾市维林大道东山巷 7 号
负责人:吴建宁　邮　编:541600
法　人:吴建宁
Tel:13263874165
13481946896

**广西宁鑫房地产开发有限公司**
业务:本公司成立于 2004 年,主要从事房地产开发与经营。自成立以来,本着"专业、诚信、勤奋、创新"的经营理念,坚定不移的为客户创造价值;为员工创造前途;为社会创造繁荣。推行科学严谨的管理体制,坚持积极热忱的为客户服务!
地址:广西壮族自治区百色市田阳县隆平大道
负责人:应海平　邮　编:533600
法　人:杨金友
Tel:0776－3282266

**桂平市三通广告装璜有限公司**
地址:广西壮族自治区贵港市桂平市桂贵路农业银行旁
负责人:梁志伟
Tel:0775－3322222

**平南县六陈镇益众墙面光亮粉加工厂**
地址:广西壮族自治区贵港市平南县六陈镇新塘村
负责人:莫华勇
Tel:13977503780

**凌云县万胜建筑工程有限公司**
业务:凌云县万胜建筑工程有限公司成立于 1999 年,主要从事建筑工程施工,建筑工程叁级资质企业。"诚信为本,信誉第一,客户至上",竭诚欢迎广大客户来电来人洽谈业务,共同合作。
地址:广西壮族自治区百色市凌云县泗城镇解放社区正南小区 113 号
邮　编:533100
法　人:万崇宽
Tel:0776－7614726

**贵港市巨星房地产开发有限公司**
地址:广西壮族自治区贵港市凤凰街贵都楼旅馆
负责人:张小芳
Tel:13801859092

**广西旭家物业管理有限公司**
地址:广西壮族自治区贵港市港北区中山路世纪广场邮政大楼三楼
负责人:陈德伦
Tel:13768057999

**柳州市贵福祥装饰材料商行**
业务:代理 ICI 多乐士墙面漆、木器漆、高士达铝塑板、CAC 木器漆、TCL 开关/插座、ABC 银冠万能胶等
地址:广西柳州市西环建材市场北区大楼 1315 号
负责人:邹贵祥　邮　编:545007
法　人:邹贵祥
Tel:13907722042
0772－3637888
3828412
3611802
Fax:0772－3611802

**广西平南县月亮湾房地产有限公司**
地址:广西壮族自治区贵港市平南县平南镇乌江路月亮湾
负责人:欧炎根
Tel:13076819195

**广西田阳荣鑫房地产开发有限公司**
业务:广西田阳荣鑫房地产开发有限公司成立于 2004 年,从事房地产的开发与经营。
地址:广西壮族自治区百色市田阳县隆平大道
邮　编:533600
法　人:应海平
Tel:0776－3282266
Mobile:15907760000
Fax:0776－3282222

**恒宇房地产开发有限公司**
地址:广西壮族自治区桂林市安新洲安新北路 361 栋 A－3
负责人:王翠莲
Tel:0773－3841961
13507732733

**横县鼎隆商贸陶瓷店**
业务:经营内、外墙面砖
地址:广西南宁市横县校椅镇青桐街
负责人:吴培贞　邮　编:530000
法　人:吴培贞
Tel:0771－7116163
13737018922

**桂林市奥润装饰有限公司**
地址:广西壮族自治区桂林市叠彩区中山北路 568 号二楼
负责人:马铁
Tel:13988138979

**荔浦艺锋装饰有限公司**
地址:广西壮族自治区桂林市荔浦县荔城镇五十米大街(荔塔路 230 号)
负责人:黄科锋
Tel:13878389777

**森锐设计装饰有限公司**
业务:室内外装修、装饰
地址:广西钦州市文峰北路 61 号
负责人:赵汝森　邮　编:535000
法　人:赵汝森
Tel:0777－2997718
3601788
13977793026

**百色市金联新型建材有限公司**
业务:百色市金联新型建材有限公司成立于 2006 年,专业生产新型材料多孔砖,欢迎新老客户洽谈业务。
地址:广西壮族自治区百色市右江区城东路真龙大酒店总台
负责人:吴永清　邮　编:533200
法　人:吴永清
Tel:0776－2939188
Mobile:13877690199

**桂林西创房地产投资有限责任公司**
地址:广西壮族自治区桂林市临桂县临桂镇(天下步行街 B2—14 号)

负责人：张文涛
Tel：13307110879

**桂林市临桂成信房地产开发有限公司**
地址：广西壮族自治区桂林市临桂县临桂镇金水路（恒利花园内）
负责人：李明伦
Tel：0773－5581222
13977352669

**乐业县九鼎墙体砖业有限公司**
业务：专业生产和销售水泥管、水泥砖、透水砖、盲道砖
产品：水泥管、水泥砖、透水砖、盲道砖
地址：广西省百色市乐业县建设局
负责人：黄云顶　邮　编：533000
法　人：黄云顶
Tel：13737619268
0776－2552908
2552909
Fax：0776－2552908
E-mail：157785571@qq.com

**桂林好德好得建材有限责任公司**
地址：广西壮族自治区桂林市临桂县鲁山工业区
负责人：沈光杰
Tel：13877317398

**桂林航杰建筑劳务分包有限公司**
业务：桂林航杰建筑劳务分包有限公司成立于2006年，主要从事建筑工程、水电安装工程、高压送变电工程、市政工程、桥梁工程、土石方工程、园林绿化工程等。"务实、创新、提高"始终是我们在建设领域永远的追求，"以人为本，科技领先，信誉至上，创造更多建筑精品"始终是我们的目标。
地址：广西壮族自治区桂林市象山区雉山路70号
负责人：廖杰　邮　编：541000
法　人：廖杰
Tel：0773－3834004

**灵川县昊洋胶合板厂**
地址：广西壮族自治区桂林市灵川县养殖场院内
负责人：刘有生
Tel：0773－6860888
13877310558



**广西国营钦廉林场纤维板厂**
业务：主要生产加工中密度纤维板和硬质纤维板。硬质纤维板年产量50000M3，规格为1220（1000）×2440（2000）×2.0～6.0（mm），环保型室内装饰纤维板，规格为1220（1000）×2440（2000）×2.0～6.0（mm），还可应顾客需要生产防水板等特殊用途板
地址：广西省北海市合浦县乌家镇
负责人：龙祥坤　邮　编：536128
法　人：胡礼伟
Tel：0779－7708639
7707311
7707555
Fax：0779－7707311
网址：www.qinlian.wood365.cn
E-mail：gxqinlian@hotmail.com

**桂林市源恒装饰设计有限公司**
地址：广西壮族自治区桂林市七星区东环路漓江花园101栋7号
负责人：蔡海华
Tel：13977328047

**桂林市和顺环保节能砖厂**
地址：广西壮族自治区桂林市七星区金鸡路2号
负责人：周德英
Tel：13087736781

**平南县六陈镇三星沙砖厂**
业务：沙砖
地址：广西省贵港市平南县六陈镇吉和村
负责人：刘炳南　邮　编：537304
法　人：覃培林
Tel：0775－7667798
13878564773

**广西沪源置业投资开发有限公司桂林分公司**
地址：广西壮族自治区桂林市七星区普陀路53号6楼
负责人：甘建宏
Tel：13737733399

**柳州市晨辉装饰有限公司**
业务：本公司专业从事家居、别墅、办公楼、商铺、酒店、宾馆的装饰设计、施工一条龙服务。晨辉装饰价格合理、服务热诚，对所承接的装饰装修工程不转包不分包，按规范工艺施工，按行业标准验收，按国家规定保修、终身维修。
地址：广西壮族自治区柳州市长风路金水岸6栋1－20号门面
负责人：邓永健　邮　编：545002
法　人：邓永健
Tel：0772－2513988
网址：www.lzchzs.com

**广西桂林绿岛环保科技有限公司**
地址：广西壮族自治区桂林市象山区安新小区219栋1号门面
负责人：武枳均
Tel：13317830927

**平南县华夏门业**
业务：室内门、卷闸门等销售
地址：广西省贵港市平南县征稽所对面
负责人：夏景武　邮　编：537000
法　人：夏景武
Tel：13237852188
0775－7866569

**桂林市沙河热能有限公司**
地址：广西壮族自治区桂林市象山区沙河路149号
负责人：张结福
Tel：13807836082

**桂林市良居装饰有限责任公司**
地址：广西壮族自治区桂林市象山区中山南路27号桂青园1号楼
负责人：张志杰
Tel：13977324341

**桂林荔浦宏发胶合板厂**
业务：胶合板生产销售，木材加工
地址：广西省桂林市荔浦县岭背路
负责人：全鸿德　邮　编：541000
法　人：全鸿德
Tel：15977360888
0773－7225969

**衢县志云建材厂柳江分厂**
业务：衢县志云建材厂柳江分厂成立于1995年，主要生产内外墙水性腻子粉、灰钙粉、建筑石灰粉、水性腻子胶粉、钢化涂料等。"诚信经营，信誉至上，质量保证，价格合理"，热诚欢迎新老客户惠顾。
地址：广西壮族自治区柳州市柳江县新兴农场白莲洞斜对面
邮　编：545112
法　人：叶志云
Tel：0772－7508326
Fax：0772－7508128

**桂林康泰房地产置业咨询策划服务有限责任公司**
地址：广西壮族自治区桂林市秀峰区滨江路18号滨江大厦5楼2号
负责人：赵国平
Tel：13788589120

**广西桂林德新工程监理咨询有限责任公司**
地址：广西壮族自治区桂林市秀峰区滨江南路18号滨江大厦4－2
负责人：罗其华
Tel：13307738073

**全州名廊装璜部**
业务：室内外装修装饰
地址：广西省桂林市全州县黄沙河镇前进街供销社门面
负责人：张云　邮　编：541000
法　人：张云
Tel：0773－4561656
13878397617

**桂林市瀚浩房地产开发有限公司**
地址：广西壮族自治区桂林市秀峰区解放东路42号
负责人：李本汉
Tel：13807731538

**广西壮族自治区马山县里当钢材经营部**
业务：广西壮族自治区马山县里当钢材经营部销售：钢材、水泥、热诚欢迎新老客户来电洽谈业务！
地址：广西壮族自治区马山县里当乡里当街上
负责人：韦文良　邮　编：530611
Tel：0771－6860008

**桂林市智博装饰设计有限公司**
地址：广西壮族自治区桂林市秀峰区西凤路51号
负责人：黄智波
Tel：13077662666

**港深红木家俱店**
业务：家具生产销售
地址：广西省桂林市相人山路红太阳家居城C栋13号
负责人：粟金山　邮　编：541000
法　人：粟金山
Tel：0773－3622515

**桂林市瑞麟装饰有限责任公司**
地址：广西壮族自治区桂林市秀峰区西环二路环西苑3－5栋
负责人：宁涛
Tel：13788576818

**阳朔白沙顺发石材厂**
业务：石材生产销售
地址：广西省桂林市阳朔县解放街
负责人：李六九　邮　编：541000
Tel：0773－8772168

**桂林永福县兴兴矿石粉厂**
地址：广西壮族自治区桂林市永福县罗锦镇粮所
负责人：刘桂平
Tel：13907734348

**广西北流市建筑工程公司南宁分公司**
业务：本公司成立于1955年，现在已有1088个员工。主要经营：房屋建筑总承包二级，装饰、装修工程二级，市政公用工程三级。"技术领先、创造精品、诚信服务。"
地址：广西壮族自治区南宁市东葛路24－8号凯丰大厦6楼A603室
邮　编：530022
法　人：邹忠耀
Tel：0771－2094523
Fax：0771－2094523

**永福县苏桥镇创固水泥制品厂**
地址：广西壮族自治区桂林市永福县苏桥镇大埠村下江坪屯
负责人：莫志刚
Tel：13014851297

**仁孝木材综合加工厂**
地址：广西壮族自治区河池市南丹县罗富乡罗更村
负责人：莫仁孝
Tel：13907788314

**贺州市信都隆华门业**
业务：加工销售各种木门，防盗门
地址：广西省贺州市八步区信都镇商贸城
负责人：李华　邮　编：542813
法　人：李华
Tel：13978439189
13635068216

**宜州市青山绿化服务部**
地址：广西壮族自治区河池市宜州市山谷路70号
负责人：程树山
Tel：13977886698

**广西南宁硅纲建材有限公司**
业务：本公司专业研制、生产无机铝盐防水剂销售产品，BS系列、DHZ混凝土高效减水剂，早强减水剂，堵漏剂，早强砼防水剂等系列产品。公司产品属国家专利，我们愿为广大用户竭诚服务！
地址：广西壮族自治区南宁市江南区五一东路1号群众艺术馆5幢3楼202室
负责人：张晓霞　邮　编：530031
法　人：张晓霞
Tel：0771－4819257

**汇业工程造价咨询有限公司**
地址：广西壮族自治区贺州市八步区八步镇建设东路（市种子公司三楼）
负责人：赖志远
Tel：0774－5125705
13367847388

**昭平县忠华铝材玻璃总汇**
业务：铝材、玻璃制品
地址：广西省贺州市昭平县西宁北路1－3号
负责人：叶忠华　邮　编：546800
法　人：叶忠华
Tel：0774－6687089

**重庆市欣宏建筑有限责任公司来宾分公司**
地址：广西壮族自治区来宾市滨江圆小区
负责人：付绿国
Tel：13597219866

**来宾市双信建材有限公司**
地址：广西壮族自治区来宾市来宾华侨投资区
负责人：岑国韶
Tel：13788675878

**来宾市华昌门业金迪室内门总代理**
业务：室内外门的销售
地址：广西省来宾市桂中大道红河建材市场A2栋17－18号
负责人：黄宗喜　邮　编：546100
法　人：黄宗喜
Tel：0772－4298089
2956560

**广西华省房地产评估咨询有限公司**
业务：广西华省房地产评估咨询有限公司成立于2004年，主要从事房地产评估与咨询。我公司恪守"独立、客观、公正"的执业宗旨，本着"诚信、专业、高效"的执业精神，竭诚为每一位客户提供优质、专业、严谨、高效的评估咨询服务，以满足客户的各项需要。
地址：广西壮族自治区南宁市民族大道109号广西投资大厦13层
负责人：黄正艳　邮　编：530028
法　人：黄正艳
Tel：0771－5536577

**广西凯宁物业管理有限公司武宣分公司**
地址：广西壮族自治区来宾市武宣县武宣镇仙蜜路七号仙蜜小区
负责人：江超明
Tel：0772－5226038

**广西来宾市东来物业管理有限公司**
地址：广西壮族自治区来宾市西二路1号
负责人：黄华山
Tel：13977208018

**柳州市蓝天艺术装饰**
业务：装潢工程
地址：广西省柳州市白沙路4号信和美庐12号门面
负责人：徐军　邮　编：545000
法　人：徐军
Tel：0772－2501731

**广西平果福源房地产开发有限公司象州分公司**
地址：广西壮族自治区来宾市象州县象州镇东井路
负责人：黄庆杨
Tel：13737209866

**南宁市龙亨建筑脚手架有限责任公司**
业务：南宁市龙亨建筑脚手架有限责任公司经营劳务分包、脚手架搭设作业，欢迎新老客户来电洽谈业务！
地址：广西壮族自治区南宁市民族大道168号徽翠园小区东坡阁5单元602
负责人：杨迪龙　邮　编：530023
法　人：杨迪龙
Tel：0771－5661585

**忻城县北丹建材厂**
地址：广西壮族自治区来宾市忻城县果乡北丹村北丹屯
负责人：蓝李军
Tel：13597260388

**柳州市东建五金建材经营部**
业务：五金建材销售
地址：广西省柳州市北雀路43号
负责人：莫成华　邮　编：545000
法　人：莫成华
Tel：0772－2511231
13978028863

**南宁全俱物业管理服务有限公司来宾分公司**
地址：广西壮族自治区来宾市兴宾区维林大道时代广场
负责人：曹玻
Tel：13768592255

**柳州市炫羽房地产信息有限公司**
地址：广西壮族自治区柳州市城中区高新一路科技一条街2101－3号
负责人：韦秋光
Tel：13737242685

**柳州市阔兴陶瓷批发部（华鸿仿古砖专卖店）**
业务：陶瓷、彩瓦、外墙砖、仿古砖
地址：广西省柳州市城站路新风建材市场15－43号
负责人：吴再兴　邮　编：545007
法　人：吴再兴
Tel：0772－3637896
3621005
Fax：0772－3635555
网址：www.kuoxing99.com

**广西艺高水处理工程有限公司**
业务：广西艺高水处理工程有限公司成立于2006年，专业从事环保水处理工程。我们不断从实际应用中积累丰富的工程经验，发展有自己特色的水处理技术，并且技术力量和工程质量均获得同行的广泛好评。
地址：广西壮族自治区南宁市青秀区东葛路24－8号
负责人：王建平　邮　编：530021
法　人：王建平
Tel：0771－2094359
Fax：0771－2094359
E-mail：gxyg5818@163.com

**柳州公路主枢纽管理服务有限责任公司**
地址：广西壮族自治区柳州市城中区解放北路1号
负责人：何继耀
Tel：13907724140

**柳州蓝宝测绘工程有限责任公司**
地址：广西壮族自治区柳州市城中区解放南路28号永意大厦6楼606室
负责人：潘汉清
Tel：13977290200

**柳州市意利宝陶瓷专卖店**
业务：陶瓷、彩瓦、外墙砖、仿古砖
地址：广西省柳州市城站路新风建材市场17－30号
负责人：吴再兴　邮　编：545007
法　人：吴再兴
Tel：0772－3637896
3621005
Fax：0772－3635555
网址：www.kuoxing99.com

**柳州市友邦房地产开发有限责任公司**
地址：广西壮族自治区柳州市城中区解放南路97号华侨大厦7楼701号
负责人：张金平

Tel:13907725231

**广西杜威装修工程有限公司**
业务:广西杜威装修工程有限公司成立于2001年,承接大中小型室内外装饰装修工程,欢迎来电洽谈业务
地址:广西壮族自治区南宁市青秀区民族大道92－1号新城国际大厦2102号房
负责人:曾炳光　邮编:530028
法人:曾炳光
Tel:0771－5531079
网址:www.mtw30854.chinapyp.com

**广西天华土地评估有限责任公司**
地址:广西壮族自治区柳州市城中区中山东路55号中旅大厦6楼
负责人:李佩琪
Tel:13907721012

**东潭水暖器材经营部**
业务:五金交电、洁具、陶瓷、水暖器材、塑料制品、工具、轴承
地址:广西省柳州市高新南路2号
负责人:李寿均　邮编:545006
法人:李寿均
Tel:0772－2610492
13132621336
Fax:0772－2610492
网址:www.lzdtsq.com
E-mail:lzdtsq@163.com

**柳州市功胜耐磨材料铸造有限公司**
地址:广西壮族自治区柳州市柳北区白露乡白露村云头冲
负责人:刘功胜
Tel:13707729822

**大众建筑工程公司拆房分公司**
地址:广西壮族自治区柳州市柳北区白云路82号
负责人:廖树开
Tel:0772－7261010
13877231933

**柳州市泉龙机电设备有限公司**
业务:污水处理,环境工程
地址:广西省柳州市柳邕路269号声福国际机电城1栋1－14号
负责人:王华杰　邮编:545000
法人:王华杰
Tel:0772－3980008
3980009
13788126418

**南宁帝江物业管理有限公司**
业务:南宁帝江物业管理有限公司成立于2003年,主要从事房产经营与管理等物业管理,经营陶瓷、瓷器、装饰材料、建材、石材、水暖器材等。
地址:广西壮族自治区南宁市新城区平湖路8－7号
邮编:530022
法人:文国华
Tel:0771－5702798
Fax:0771－5701377

**广西宜州市第五建筑有限公司柳州分公司**
地址:广西壮族自治区柳州市柳北区北雀路11区115号10栋三单元6－2号
负责人:房臣
Tel:13607824316

**柳州市粤港平安气体有限公司**
地址:广西壮族自治区柳州市柳北区长塘镇香兰村欧阳岭山边
负责人:岑汝梅
Tel:13907728901

**柳州市粤新装饰工程队**
业务:装饰、装潢工程
地址:广西省柳州市三中路
负责人:陈新仁　邮编:545000
法人:陈新仁
Tel:0772－2838416
13977210709

**柳州市明振沙石经营有限责任公司**
地址:广西壮族自治区柳州市柳北区石碑坪镇古木村委办公楼
负责人:吴振华
Tel:13807722428

**柳州市建业装饰工程有限公司**
业务:专业室内外装饰设计施工
地址:广西省柳州市潭中中路华泰大厦
负责人:覃志勤　邮编:545000
法人:覃志勤
Tel:0772－2879018

**柳州市嘉安房屋拆迁有限责任公司**
地址:广西壮族自治区柳州市柳北区三中路64号院内二楼
负责人:叶肖平
Tel:13607729927

**钦州赛格置业有限公司**
业务:钦州赛格置业有限公司成立于2003年,主要从事房地产开发、百货、酒店。热诚欢迎各界朋友来电来人洽谈业务,共同合作。
地址:广西壮族自治区钦州市钦州湾大道69号赛格电子市场6楼
邮编:535000
法人:崔虹
Tel:0777－2868333
Fax:0777－2106918

**柳州市天力建筑安装工程有限责任公司**
地址:广西壮族自治区柳州市柳北区跃进路39号二楼
负责人:林建华
Tel:13707725033

**柳州市丰茂房地产开发有限责任公司**
地址:广西壮族自治区柳州市柳北区跃进路71号四楼
负责人:余志荣
Tel:13807721229

**微杨装饰材料经营部**
业务:国美铝塑板,上海白云吉祥铝塑板
地址:广西省柳州市西环建材市场A10栋22－25号
负责人:缪有建　邮编:545000
法人:缪有建
Tel:13978077851
0772－3701785

**大华房地产开发有限公司**
业务:大华房地产开发有限公司于2004年成立,从事房地产开发与经营。
地址:广西壮族自治区钦州市远福西大街18号新华书店2楼
邮编:535500
法人:周训吉
Tel:0777－2100999
Mobile:13737778666
Fax:0777－2100990

**柳州祥云建材有限公司**
地址:广西壮族自治区柳州市柳南区柳太路62号
负责人:谭海进
Tel:13087720382

**广西柳州鹿寨金利水泥有限公司**
地址:广西壮族自治区柳州市鹿县鹿寨镇对亭
负责人:许武林
Tel:0772－6809209
6809255
13768694228

**美铭装饰**
业务:室内、外装饰,装潢
地址:广西省柳州市跃进路47号欧雅明珠1－41、42号
负责人:王宜高　邮编:545000
法人:王宜高
Tel:13877257081
0772－2503672
网址:www.lzmeiming.com
E-mail:lzmeiming@163.com

**柳州市桃源木业有限公司**
地址:广西壮族自治区柳州市鱼峰区东环路东一巷二区58号
负责人:申长胜
Tel:13317728833

**广西梧州市华球通建材发展有限公司**
业务:广西梧州市华球通建材发展有限公司成立于2004年,主要从事水泥的生产销售。"以质量求生存,以信誉求发展",热诚欢迎新老客户惠顾。
地址:广西壮族自治区梧州市东正路63号金正华庭四单元801
邮编:543000
法人:林社球
Tel:0774－2839109
Fax:0774－2839109

**俊宁房地产有限责任公司柳州分公司**
地址:广西壮族自治区柳州市鱼峰区屏山大道341号605、607、609号
负责人:冼汉波
Tel:13978088857

**芝加宇贸易有限责任公司**
业务:湖南聚乙稀醇、可抗可拉专业防水材料、福旺水性腻子粉自产自销
产品:湖南聚乙稀醇、可抗可拉专业防水浆料、国际品牌防水材料等、湖南永利石灰王、早强剂、澎胀剂、专用桥梁、污水厂、地下室
地址:广西省南宁市明秀西路113－B2号
负责人:张召竹　邮编:530000
法人:张召竹
Tel:0771－3844296
Fax:0771－3844296

**钦州市骏生水泥制品有限公司**
业务:生产、销售水泥管
地址:广西省钦州市大番坡镇葵子开发区
负责人:李其海　邮编:535000
法人:李其海
Tel:13387779488
0777－3211866

**南宁市海空钢结构有限公司**
地址:广西壮族自治区南宁市城北区北湖路东三里6号
负责人:薛炽祥
Tel:13977115336

**广西乐万邦房地产开发有限公司**
地址:广西壮族自治区南宁市城北区高新区科园东五路8号533房
负责人:张喜全
Tel:13802311130

**广西柳州津致装饰设计有限公司**
地址:广西壮族自治区柳州市鱼峰区西江路7号双龙苑18栋2单元3－1号
负责人:韦江龙
Tel:13307726840

**广西安业房地产开发有限公司**
地址:广西壮族自治区南宁市城北区北湖北路35－1号
负责人:郭瑞安
Tel:13737115091

**广西省梧州市新格材料装饰商行**
业务:水暖等
产品:陶瓷洁具、不锈钢钢盆、玻璃洗手盆、水暖器材、装饰材料
地址:广西省梧州市蝶山一路38号2－3铺
负责人:左泽　邮编:543002
法人:左泽
Tel:0774－3823485
Fax:0774－3823485
E-mail:ncwsm@163.com

**容县运通交通设施有限公司**
业务:本公司是从事道路交通安防设施等相关产品研制、生产、销售为一体的专业厂家。下属有驾校、汽车修理厂等。我们珍惜每一次与您合作的机会;我们将致力于专业的科学生产,完善的技术服务,倾力打造卓越的品质,来赢得源自市场的认同。
地址:广西壮族自治区玉林市容县容城镇城南大道158号
邮编:537500
法人:苏尚皖
Tel:0775－5112645
Fax:0775－5113027

**广西安得房地产开发有限公司**
地址:广西壮族自治区南宁市城北区高新区科园东五路8号生产综合楼3区
负责人:吕荣星
Tel:13808521525

**南宁嘉鸿房地产项目管理有限公司**
地址:广西壮族自治区南宁市城北区火炬路1号创业大厦12楼B07号
负责人:范耀义
Tel:13317618288

**新格材料装饰商行**
业务:陶瓷洁具,不锈钢钢盆,玻璃洗澡盆,玻璃套镜,水暖器材,五金电器。
地址:广西省梧州市蝶山一路38号2栋1－3号
负责人:左泽　邮编:543002
法人:左泽
Tel:0774－3823485
2357335

**南宁鹏丰装饰有限公司**
地址:广西壮族自治区南宁市城北区火炬路1号创业大厦第五层B05号
负责人:何好
Tel:0771－2819759

**广西南宁市宝翔建材有限公司**
地址:广西壮族自治区南宁市城北区火炬一支路11号富达花园2栋1单元103号
负责人:彭信福
Tel:0771－2272345

**濛江新时代建材店**
业务:陶瓷瓷砖、洁具、卫浴、排污管等建材销售
地址:广西省梧州市藤县濛江镇河东
负责人:黄永金　邮编:543000
法人:黄永金
Tel:0774－7502678

**广西连华置业有限公司**
地址:广西壮族自治区南宁市城北区科园大道高新苑3栋1单元501号
负责人:陈海连
Tel:13707827805

**南宁云鹰建材有限公司**
地址:广西壮族自治区南宁市城北区明秀东路187号数码文化城B单元6B008号
负责人:陈达华
Tel:13517662856

**象棋沙砖厂**
业务:加工沙砖,销售河沙、水泥及建筑材料
地址:广西省梧州市藤县象棋镇
负责人:吴甲富　邮编:543000
法人:吴甲富
Tel:13807747668
0774－7386666
7386778

**广西真善美置业有限公司**
地址:广西壮族自治区南宁市城北区明秀东路238号
负责人:林义峰
Tel:13978685515

**简阳市建筑工程有限责任公司南宁分公司**
地址:广西壮族自治区南宁市城北区沈阳路40号
负责人:张忠海
Tel:13980382255

**福旺红砖厂**
业务:生产、销售红砖
地址:广西省梧州市旺甫镇旺甫村
负责人:黄玉平　邮编:537000
法人:黄玉平
Tel:0774－5720097
13481422555

**四川省建筑防腐工程公司广西南宁分公司**
地址:广西壮族自治区南宁市城北区沈阳路40号
负责人:张忠海
Tel:13980382255

**南宁港美建筑装饰策划有限公司**
地址:广西壮族自治区南宁市城北区秀灵路西一里7－3号1栋二楼
负责人:廖万夫
Tel:13378691940

**艺泉宝石工艺厂**
业务:长期生产各种 立方氧化锆、红刚玉、蓝刚玉、尖晶兰、稀土玻璃等各种人造宝石及各种天然石
地址:广西省梧州市西环路宝石城2楼65号
负责人:倪金泉　邮编:537000
法人:倪金泉
Tel:0774－3888619
3832593

**南宁鼎富房地产开发有限责任公司**
地址:广西壮族自治区南宁市城北区秀厢路16号北湖安居小区A区7栋1单元301
负责人:覃仕平
Tel:13907714569

**广西大凌建筑工程有限公司**
地址:广西壮族自治区南宁市城北区秀厢路16号北湖安居小区A区7栋1单元702
负责人:谭毅
Tel:13878806055

**博白县伟昌铝材**
业务:铝材,不锈钢等金属建材代理
地址:广西省玉林市博白县城南人民中路618号
负责人:陈业良　邮编:537000
法人:陈业良
Tel:13507855389
0775－8331812

**广西南宁泰宇水电安装有限公司**
地址:广西壮族自治区南宁市城北区秀厢路20号宝海公寓第一幢1单元1301号房
负责人:李定辉
Tel:13887990550

**南宁市庭雅装饰工程有限公司**
地址:广西壮族自治区南宁市城北区友爱北路11号老干局3栋1单元101号
负责人:乐运亮
Tel:13517661895

**玉林荔景装饰工程公司**
业务:承接室内外装饰工程设计、施工
地址:广西省玉林市东门商业广场B座802号
负责人:蔡诗国　邮编:537000
法人:蔡诗国
Tel:0775－2665818
13197755275
E-mail:ljzs802@163.com

**南宁方固门窗有限公司**
地址:广西壮族自治区南宁市城北区友爱北路41号
负责人:陶修贤
Tel:13877103077

**瑞金水泥制品厂**
地址:广西壮族自治区南宁市横县横州镇长安路(牡丹茶厂内)
负责人:叶瑞金
Tel:0771－7210638
7296461

**永法水管店**
业务:各类水管、水暖器材的生产、加工与销售
产品:各类水管、水暖器材
地址:广西省玉林市区垌新路永法水管店太阳鞋城对面
负责人:吴超标　邮编:537000
法人:吴超标
Tel:0775－2084272
Fax:0775－2080538

**广西横县西津物业管理有限公司**
地址:广西壮族自治区南宁市横县西津电厂内
负责人:韦世勇
Tel:0771－7253009

**横县五福板业有限公司**
地址:广西壮族自治区南宁市横县西南公路线

良圻农场路口
负责人:陈正照
Tel:0771－7350268

**玉林市宝冠水暖器材经营部**
业务:经营水暖器材
地址:广西省玉林市一环西路 60 号
负责人:吴朝静 邮 编:537000
法 人:吴朝静
Tel:0775－2090797
13877527170

**广西胤建工程咨询有限公司**
地址:广西壮族自治区南宁市江南区白沙大道35 号南国花园 H3－10 号
负责人:张建明
Tel:13807811943

**广西裕达房地产开发有限公司**
地址:广西壮族自治区南宁市江南区白沙大道荣和新城 D 区 6 栋二单元 702 号
负责人:邓亚保
Tel:13878293232

**梧州市景辉照明工程安装有限公司**
业务:承接照明工程,销售照明灯具
地址:广西梧州市长洲区丰业装饰市场 B217 号
负责人:唐志阳 邮 编:537000
法 人:唐志阳
Tel:13737878881
0774－3891448

**南宁市利安工程抗震设防技术咨询服务有限公司**
地址:广西壮族自治区南宁市江南区淡村路五号科技大楼
负责人:韦飞
Tel:13978754332

**建业房地产开发有限责任公司**
地址:广西壮族自治区南宁市江南区江南路 213 号
负责人:喻剑霞
Tel:0771－4923460
13036865882

**田东县祥华物业管理有限公司**
业务:负责广西田东锦盛化工有限公司的物业管理
地址:广西壮族自治区百色市田东县平马镇油城路兴宁巷 135 号
负责人:徐荣华 邮 编:533000
法 人:徐荣华
Tel:15878479782
0776－5228362

**南宁市华雄房地产有限公司**
地址:广西壮族自治区南宁市江南区江南路 48 号
负责人:叶敏华
Tel:0771－3016179

**广西南宁新桂环保与新能源工程有限公司**
地址:广西壮族自治区南宁市江南区经济技术开发区迎凯路创业园 513 号
负责人:周小飞
Tel:13807715337

**北海市铁山港区李瑞达建贸发展有限公司**
业务:园林绿化、建筑、运输
地址:广西壮族自治区北海市铁山港区南康镇长安东路 109 号
负责人:李瑞达 邮 编:536000
法 人:李瑞达
Tel:13324799999
0779－8608888

**广西富富高建材有限责任公司**
地址:广西壮族自治区南宁市江南区南站路 30 号
负责人:覃善荣
Tel:13878185518

**南宁市金伟大型设备吊装有限公司**
地址:广西壮族自治区南宁市江南区平西村 3 组 34 号
负责人:雷建忠
Tel:13878885030

**防城港市元兴石材开发有限公司**
业务:石材开采、加工、销售,搅拌站、混凝土、砂子
地址:广西壮族自治区防城港市港口区渔万路 15 号
负责人:严培根 邮 编:538001
法 人:胡祖胜
Tel:0770－6101880
15277000668
13667709376

**南宁西屯建筑安装工程有限公司**
地址:广西壮族自治区南宁市江南区五一中路 4－2 号丽江村小区 15 号楼 2 单元 60
负责人:郑远杰
Tel:13978806668

**武鸣县兴和房地产开发有限公司**
地址:广西壮族自治区南宁市武鸣县城东新兴社区二支路 113 号
负责人:杨梅奇
Tel:13768612669

**恭城县日发采石场**
业务:采石、碎石的生产销售
地址:广西壮族自治区桂林市恭城县平安乡北溪村
负责人:莫日发 邮 编:541002
法 人:莫日发
Tel:13877333479
0773－8187119

**南宁市陆平砖厂**
地址:广西壮族自治区南宁市武鸣县城厢镇五海村
负责人:陆鸿星
Tel:0771－6211518
13978111368

**南宁华侨投资区恒丰物业管理有限公司**
地址:广西壮族自治区南宁市武鸣县南宁华侨投资区原武帽初中内
负责人:宁朝敏
Tel:13517810087

**泰源房地产开发有限公司**
业务:房地产开发
地址:广西壮族自治区桂林市环城南 2 路 36 号国际旅游商品批发城 B 座 5 楼
负责人:胡育荣 邮 编:541002
法 人:胡育荣
Tel:13100597666
0773－3603888

**广西南宁京姿装饰工程有限公司**
地址:广西壮族自治区南宁市新城区滨湖路 9 号 1 栋 1 单元 101 号房
负责人:黄昭山
Tel:13197719506

**广西南宁金恒利建材有限公司**
地址:广西壮族自治区南宁市新城区长岗路一里回族公墓侧旁(37 号)
负责人:毛海兵
Tel:13878120618

**平乐县同安镇恒大石材厂**
业务:红色花岗岩、桂林红石材
地址:广西壮族自治区桂林市平乐县同安镇石材开发区
负责人:彭军 邮 编:541002
法 人:彭军
Tel:13807732813
0773－7698968
7698988
Fax:0773－7698988
网址:http://www.51zzt.com/user/zzt32367
E-mail:pjdxp0106@163.com

**广西东华房地产开发有限公司**
地址:广西壮族自治区南宁市新城区长湖路琅东 46 栋 4 号
负责人:梁亚同
Tel:13978139799

**南宁市新邦环境艺术设计工程有限公司**
地址:广西壮族自治区南宁市新城区长湖路琅东村十组 B2 区 104 号房
负责人:莫寒
Tel:13014999447

**全州县石桥头采石场**
业务:片石,碎石
地址:广西壮族自治区桂林市全州县文桥镇新塘村委石桥头村密石岭
负责人:胡斌强 邮 编:541002
Tel:13481342883
0773－4521388

**广西南宁桂宁工程技术咨询有限公司**
地址:广西壮族自治区南宁市新城区东葛路 18－1 号
负责人:张福来
Tel:13877152828

**南宁京伦房地产有限责任公司**
地址:广西壮族自治区南宁市新城区东葛路 26 号余苑公寓宗合楼 901 号
负责人:巢辉
Tel:0771－2031943

**兴安县鑫灵灰钙粉厂**
业务:生产氢氧化钙
地址:广西壮族自治区桂林市兴安县严关镇严关口
负责人:赵松林 邮 编:541002
法 人:赵松林
Tel:13877368104
网址:http://www.51zzt.com/user/zzt32079

**广西南宁荣景园林绿化工程有限责任公司**
地址:广西壮族自治区南宁市新城区东葛路 58 号城中城商住小区 21 号地 C2 栋 1 单
负责人:陆增彪
Tel:13117601181

**广西南宁铭晟工程咨询有限公司**

地址:广西壮族自治区南宁市新城区东葛路 62 号金汇大厦 9 楼 906 室
负责人:梁竖
Tel:13877112331

**桂林名居装饰有限公司**
业务:承接室内、室外装饰、装潢,是"嘉俊"牌陶瓷桂林总代理
产品:"嘉俊"牌陶瓷
地址:广西壮族自治区桂林市中山南路 32 号 1 栋 3 号门面
负责人:丁存银 邮 编:541002
法 人:丁存银
Tel:13307832120
0773－3810646
Fax:0773－2610123
网址:http://b.ju51.com/156777

**广西珈创工程勘察有限责任公司**
地址:广西壮族自治区南宁市新城区葛塘巷 22 号新景花园 H 栋 2 单元 703 号房
负责人:宋瑶琴
Tel:13707729659

**广西振业交通能源投资有限公司**
地址:广西壮族自治区南宁市新城区古城路 22 号银宇大厦 A 座 5 楼
负责人:张鹏程
Tel:13897801798

**桂平市福瑞建材厂**
业务:页岩的生产和销售
产品:页岩
地址:广西壮族自治区桂平市罗播乡西村
负责人:李国辉 邮 编:537100
法 人:李国辉
Tel:13117666777
13132888111

**南宁灏轩建筑工程有限公司**
地址:广西壮族自治区南宁市新城区古城路 28 号
负责人:叶建华
Tel:13517663691

**广西南宁市高岳土石方工程有限公司**
地址:广西壮族自治区南宁市新城区古城路 4 号 2 栋 3 单元 4 层 8 号房
负责人:钟由情
Tel:13977103576

**罗城仫佬族自治县三宝木业有限责任公司杉樯木材加工厂**
业务:木材来料加工
地址:广西壮族自治区河池市罗城县东门镇朝阳路开元食品厂后面
负责人:陈勇 邮 编:547000
Tel:18977841288
0778－8289668
18977841428

**广西碧海天资产置业有限公司**
地址:广西壮族自治区南宁市新城区桂春路佳运公寓二单元 405 号
负责人:刘权波
Tel:13005928683

**南宁景泰置业有限公司**
地址:广西壮族自治区南宁市新城区汇春路 2－1 号英华楼 7 层 13－14 号房
负责人:林璋
Tel:13977126198

**来宾市昌盛建材有限责任公司**
业务:房地产开发、土特产外贸
地址:广西壮族自治区来宾市兴宾区迁江镇迁江华侨农场
负责人:欧朝龙 邮 编:545001
法 人:韦发昌
Tel:13297821516
0772－4906888
13878257358
Fax:0772－4906888

**广西绿晨环境工程有限公司**
地址:广西壮族自治区南宁市新城区汇春路 4 号金湖大厦 10 层 1001 号房
负责人:高彪文
Tel:13977153826

**军安投资广西置业经营有限公司**
地址:广西壮族自治区南宁市新城区汇春路 4 号金湖大厦 1 栋 3 单元 0308、030
负责人:覃耕
Tel:13807819968

**柳州市东誉建筑装饰有限公司**
业务:娱乐会所、酒店装修、装饰、设计
地址:广西壮族自治区柳州市桂中大道 7 号东方百盛 4 幢 17 层 4、5 号
负责人:黄柳军 邮 编:545001
法 人:黄柳军
Tel:13877232933
0772－2630969
Fax:0772－2630969
E-mail:DONGYU2630969@qq.com

**南宁宁泰基础工程建设有限公司**
地址:广西壮族自治区南宁市新城区汇春路汇

春名庭 6 栋 805 室
负责人:宁旭展
Tel:13607718621

**中铁电气化局集团北京建筑工程有限公司广西分公司**
地址:广西壮族自治区南宁市新城区嘉湖路 6 号佳和大厦 12 层 1203 号房
负责人:顾荣
Tel:13977132158

**柳州市鼎源房屋拆迁服务有限公司**
业务:承接房屋拆迁工程
地址:广西壮族自治区柳州市锦绣路 10 号飞龙富苑 11 栋 2 单元 1－1 号
负责人:申凯 邮 编:545001
法 人:申凯
Tel:0772－6087654

**广西盛景房地产开发有限公司**
地址:广西壮族自治区南宁市新城区建政路 24 号文华公苑 2 单元 203 号房
负责人:麻先勇
Tel:0771－2054484

**南宁市沃德房地产置业顾问有限公司**
地址:广西壮族自治区南宁市新城区建政路 49 号区石化 12 栋一层二层
负责人:吴耿勋
Tel:13878813579

**广西南宁市正晟贸易有限公司**
业务:建材贸易
地址:广西壮族自治区南宁市大学路 35 号 29 栋 5 号铺面
负责人:傅加天 邮 编:530012
法 人:傅加兴
Tel:0771－3831322
13807814999

**广西德隆荣昌房地产开发有限公司**
地址:广西壮族自治区南宁市新城区建政路 8 号集美都市新村 4 号楼 3 单元 3 层 320
负责人:黎有彬
Tel:13977173173

**广西南宁翰业建材贸易有限公司**
地址:广西壮族自治区南宁市新城区郊区津头乡琅东村第玖组
负责人:罗新华
Tel:13607886496

**横县横州镇洪达石灰膏厂**
业务:石灰膏生产销售
地址:广西壮族自治区南宁市横县横州镇柳明路华南 2 巷 02 号
负责人:刘瑞洪 邮 编:530012
法 人:刘瑞洪
Tel:0771－7295875
网址:http://www.51zzt.com/user/zzt32179

**南宁市大黑土土地开发有限公司**
地址:广西壮族自治区南宁市新城区金湖南路圣展独立公社 B 栋三层 B0321 房
负责人:覃忠海
Tel:13557599998

**广西南宁俊之雅装饰有限公司**
地址:广西壮族自治区南宁市新城区琅东区嘉湖巷佳和大厦 1805 号
负责人:韩峻
Tel:13978887881

**广西铭桂国际贸易有限公司**
业务:兼营国际贸易、投资融资等
地址:广西壮族自治区南宁市金湖路 63 号金源 CBD 现代城 2706B 号
负责人:匡世刚 邮 编:530012
法 人:匡世刚
Tel:0771－3195177
Fax:0771－3195077

**广东星恒高效涂料开发有限公司南宁分公司**
业务:真正彻底隔热和基本 100%隔热系列的"星恒多功能高效保温隔热砖"、星恒屋面热反射防水漆、星恒外墙、外露金属保温隔热漆、100%防水系列的星恒强膜防水漆、星恒瓷砖补漏漆、星恒刚性防水漆、星恒丙烯酸高效防水漆;星恒外墙系列:星恒高效外墙漆、星恒外墙防水抗污隔热漆;内墙系列:星恒墙面高效防污漆、星恒负离子防潮漆、星恒高效乳胶漆;地坪系列:星恒水性环氧地坪漆等五大系列产品
地址:广西壮族自治区南宁市仙葫开发区通福路 37 号
负责人:罗景澜 邮 编:530200
法 人:罗景澜
Tel:0771－4782529
网址:www.china－xingheng.com

**广西南宁佳海装饰建材有限公司**
地址:广西壮族自治区南宁市新城区麻村路 12 号米兰大厦
负责人:赵和权
Tel:13978655557

**南宁润文房地产项目管理咨询服务有限责任公司**

地址：广西壮族自治区南宁市新城区民主路 21 号 15 栋 601 室
负责人：张啸
Tel：13907860335

**南宁西源电气有限公司**
地址：广西壮族自治区南宁市新城区民主路十三号文化大院彩调剧团 3－1－502
负责人：韦坚
Tel：13977277183

**广西嘉美房地产开发有限责任公司**
地址：广西壮族自治区南宁市新城区民族大道 155 号荣和山水美地五组团 6 号楼 B 座
负责人：尹素萍
Tel：13507821383

**钦州市达成水泥建材有限责任公司**
业务：水泥
地址：广西壮族自治区钦州市黄屋屯镇钦州市水泥厂内
负责人：郑开富 邮 编：535000
法 人：郑开富
Tel：0777－3525338
13788491115
Fax：0777－3526809

**广西民安耕地开垦有限公司**
地址：广西壮族自治区南宁市新城区民族大道 49 号广西民族宫商业中心住宅楼 140
负责人：李安文
Tel：13877160111

**广西天元建筑装修装饰工程有限公司**
地址：广西壮族自治区南宁市新城区民族大道 49 号广西民族宫商业中心住宅楼 200
负责人：吴东
Tel：0771－2825829

**广西华南建设集团有限公司**
业务：建筑工程、建筑劳务
地址：广西壮族自治区钦州市建设街 18 号
负责人：陈汉夫 邮 编：535000
法 人：陈汉夫
Tel：0777－2819281
Fax：0777－2825937

**广西宏恒房地产开发有限公司**
地址：广西壮族自治区南宁市新城区民族大道 89 号金禄大厦 13 层 H 座
负责人：黄红
Tel：13507712898

**南宁市皇牛建材有限责任公司**
地址：广西壮族自治区南宁市新城区平湖路 8 号 13 栋 1 单元 501 号
负责人：王义松
Tel：13878743016

**蒙山县顺发宏业介板厂**
业务：木材加工，成品、半成品销售
地址：广西壮族自治区梧州市蒙山县汉豪乡
负责人：何志杰 邮 编：543000
法 人：何志杰
Tel：13878436691
13457456075
0774－6242389

**广西华力房地产有限公司**
地址：广西壮族自治区南宁市新城区青山路 6 号东方园大厦九层 8908 室
负责人：刘容在
Tel：13807725233

**藤县科正建设工程质量检测有限公司**
业务：工程质量检测、常规建材检测
地址：广西壮族自治区梧州市藤县藤州镇河东区安泰花园 15 号楼 C 层
负责人：粟有源 邮 编：543300
法 人：粟有源
Tel：13977417225
0774－7270103

**南宁市桂淞物业管理有限公司**
地址：广西壮族自治区南宁市新城区青山路 7 号
负责人：黄静
Tel：0771－2918200

**广西前锋建设工程咨询有限公司**
地址：广西壮族自治区南宁市新城区青山路 8－2 号东方园 8 栋 5－39 号
负责人：唐培文
Tel：13367713448

**梧州市城大房地产开发有限公司**
业务：房地产开发
地址：广西壮族自治区梧州市藤县藤州镇金桃八街 28 号二楼
负责人：林健 邮 编：543000
法 人：林健
Tel：13737881568
13317645688

**南宁市春华房屋租赁有限公司**
地址：广西壮族自治区南宁市新城区双拥路 24 号
负责人：李绍华
Tel：13807805066

**南宁中平房地产测绘有限责任公司**
地址：广西壮族自治区南宁市新城区新民路 34－18 号中明大厦十二层 A 座
负责人：肖玲
Tel：13807719022

**北京军中煜水利建筑实业有限公司梧州分公司**
业务：承接国家国防工程
地址：广西壮族自治区梧州市下三云路 166 号
负责人：詹大成 邮 编：543000
法 人：詹大成
Tel：0774－3908187

**南宁市鹏州建材有限公司**
地址：广西壮族自治区南宁市新城区新民路 4 号华星时代广场 1233 号
负责人：陈剑刚
Tel：0771－2022383

**南宁市广民建材设备租赁有限公司**
地址：广西壮族自治区南宁市新城区新竹路 19 号新竹大厦 C 座 325 号
负责人：黄凤新
Tel：13907719381

**武鸣县甘圩镇岜红山甘露石场**
业务：生产和销售碎石
产品：碎石
地址：广西壮族自治区武鸣县甘圩镇岜红山甘露石场
负责人：冯国权 邮 编：530100
法 人：冯国权
Tel：15878780188
15978109097

**广西南宁融通房地产开发有限责任公司**
地址：广西壮族自治区南宁市新城区新竹路 41 号 306、307 号
负责人：叶松刚
Tel：13878646855

**广西鸿基建设工程有限公司**
地址：广西壮族自治区南宁市新城区新竹路 41 号办公楼 502、503 号
负责人：李炯荣
Tel：13878995248

**武鸣县安迪装饰材料经营部**
业务：经营装饰材料
地址：广西自治区南宁市武鸣县东鸣路阿里山茶庄旁边
负责人：谢明龙 邮 编：530000
法 人：谢明龙
Tel：15078728832
15978100598

**重庆林鸥监理咨询有限公司南宁分公司**
地址：广西壮族自治区南宁市新城区新竹路 8 号办公楼 6 楼
负责人：赖子柱
Tel：13808326691

**广西南宁华洲置业咨询有限公司**
地址：广西壮族自治区南宁市新城区星湖路南一里 18 号
负责人：韦福生
Tel：0771－3067285

**南宁市尊华房地产咨询有限公司**
地址：广西壮族自治区南宁市新城区园湖路 23 号 18 栋 2 单元 203 号
负责人：唐春泉
Tel：13978673688

**南宁创辉房产置换有限公司**
地址：广西壮族自治区南宁市新城区园湖路 24 号第二铺面
负责人：陆小数
Tel：13877172808

**青海路桥建设股份有限公司广西分公司**
地址：广西壮族自治区南宁市新城区园湖南路 11 号 5 栋 401 室
负责人：韩爱国
Tel：13978666085

**广西国冠能源开发有限公司**
地址：广西壮族自治区南宁市新城区园湖南路 21 号
负责人：李东方
Tel：13317812090

**广西南宁三恒房地产投资咨询有限公司**
地址：广西壮族自治区南宁市新城区竹溪路 27 号竹青苑小区 3 幢 2 单元 201 号房
负责人：韦庆健
Tel：13737092628

**广西南宁隆嘉房屋租赁有限公司**
地址：广西壮族自治区南宁市新城区竹溪路东面（白石嘴）亿利城第一栋 1 单元 101
负责人：韦峰
Tel：13878868885

**南宁杭宇建筑工程设计有限公司**
地址：广西壮族自治区南宁市兴宁区杭州路 40 号
负责人：黄统球
Tel：13517714435

**南宁市鹭欧房产咨询有限责任公司**
地址：广西壮族自治区南宁市兴宁区杭州路 40 号 7 栋 2 单元 2－8 号房
负责人：韦元宗
Tel：13877106965

**南宁市庆东石材有限公司**
地址：广西壮族自治区南宁市兴宁区快环建材装饰机电批发市场 F2－1、2 号
负责人：林东海
Tel：13977133224

**广西亚联建设项目管理有限公司**
地址：广西壮族自治区南宁市兴宁区民族大道 1 号 21 时代公寓第 15 层 17 室
负责人：栗改运
Tel：13878179982

**广西超越爱迪建筑设计顾问有限公司**
地址：广西壮族自治区南宁市兴宁区南环路 130 号金融小区 1 栋 9G 号房
负责人：熊林军
Tel：13217808456

**广西城景生态园林工程有限公司**
地址：广西壮族自治区南宁市兴宁区人民东路 210 号福莱阁 1111 号房
负责人：陈峰宁
Tel：0771－2632750

**广西洪氏房地产开发有限公司**
地址：广西壮族自治区南宁市兴宁区兴宁路 99－105 号
负责人：洪玉树
Tel：13878117888

**南宁市悦森木业有限责任公司**
地址：广西壮族自治区南宁市兴宁区邕武路 23 号路西村老直队垒屯坡东北面
负责人：许春华
Tel：13507810296

**广西志利达建筑拆迁工程有限责任公司**
地址：广西壮族自治区南宁市兴宁区友爱南路 41 号农行友爱商住楼 1 单元 702 号房
负责人：韦尚志
Tel：13977136871

**广西正龙地产投资有限公司**
地址：广西壮族自治区南宁市邕宁县大沙田一区三街
负责人：陆开富
Tel：13517719018

**邕宁县紫金沙场**
地址：广西壮族自治区南宁市邕宁县仙葫区五合村砧板坡
负责人：谢海新
Tel：13978808539

**振腾建材有限公司**
地址：广西壮族自治区南宁市永新区北际路 17 号边阳派出所旁
负责人：杨聿振
Tel：0771－3178552
13737096666

**南宁市郊利华砂石场**
地址：广西壮族自治区南宁市永新区陈东村河边
负责人：黄礼钟
Tel：13517711636

**恒明建材经营部**
地址：广西壮族自治区南宁市永新区鲁班路 1 号肉联厂内 8 栋 12 号
负责人：黎金星
Tel：0771－3840026
13877122489

**广东省化州市第二建筑工程公司南宁分公司**
地址：广西壮族自治区南宁市永新区新阳路新阳造纸厂内
负责人：周文红
Tel：13788111483

**钦州市国土资源局城区管理所**
地址：广西壮族自治区钦州市永福西大街
负责人：李祥春
Tel：0777－2851762
2836602
13977789969

**广西钦州大华房地产开发有限公司**
地址：广西壮族自治区钦州市子材西大街 41 号供水大厦五楼
负责人：周训吉
Tel：13737778666

**苍梧县双环钢件厂**
地址：广西壮族自治区梧州市苍梧县龙圩镇恩义村深咁冲
负责人：钟灿强
Tel：0774－2506011
2320015

**桂平市第二建筑工程公司梧州分公司**
地址：广西壮族自治区梧州市长洲区新兴二路 119－5 号 803、804 房
负责人：李永强
Tel：13977416762

**广东中海工程建设总局梧州分局**
地址：广西壮族自治区梧州市蝶山区西堤路一路 10 号
负责人：陈康健
Tel：13808886249

**贺州市顺生园林绿化工程有限公司梧州分公司**
地址：广西壮族自治区梧州市蝶山区新兴一路 196 号二楼 202 房
负责人：冯燕中
Tel：13877407803

**广西梧州华城房地产开发有限责任公司**
地址：广西壮族自治区梧州市蝶山区新兴一路 32 号三楼
负责人：朱树成
Tel：13977486303

**广西梧州市冠豪房地产开发有限公司**
地址：广西壮族自治区梧州市万秀区南环路 35 号
负责人：刘嘉柱
Tel：13352890330

**金利瓷业有限公司**
地址：广西壮族自治区玉林北流市新荣镇新荣圩
负责人：龙培
Tel：13507802307

**北流澳馨房地产开发有限公司**
地址：广西壮族自治区玉林市北流市二环西路 110 号
负责人：梁东林
Tel：13005962015

**万力铝合金门窗厂**
地址：广西壮族自治区玉林市玉州区城站路 90 号
负责人：吴启明
Tel：0775－3815800
13907758898

## 扶绥腾龙基础设施服务有限责任公司

扶绥腾龙基础设施服务有限责任公司是一家从事建筑基础设施、水泥制品构件、建筑材料销售的企业。

公司拥有一流的设计施工队伍，期待您的合作！

联系人：方扬斌
电话：0771－7510380
地址：广西壮族自治区崇左市扶绥县新宁镇南密路 邮编：532100

## 广西万昌房地产开发有限公司

广西万昌房地产开发有限公司是一家专业从事房地产开发的企业。

公司本着"客户第一，诚信至上"的原则，与多家企业建立了长期的合作关系。

热忱欢迎各界朋友前来参观、考察、洽谈业务。

联系人：杨松寿 13878118111
电话：0771－5846890
地址：广西壮族自治区南宁市思贤路4号 邮编：530012

## 福建联泰建设工程有限公司桂林分公司

福建联泰建设工程有限公司桂林分公司是一家专业从事钢结构钢材设计，房屋建筑，市政公用工程，建筑装修装饰工程的企业。

我们拥有一流的专业队伍，为您提供最优质的服务。

联系人：黄炳泰
电话：13507730458 0773－5582378
地址：广西壮族自治区桂林市临桂县临桂镇大律村 邮编：541100

## 柳州市桂东防火门厂

柳州市桂东防火门厂成立于2002年，本公司专业从事生产、安装、销售防火门。主要产品有木质防火门、钢质防火门、钢质防火卷帘门、双轨双帘、无机特级防火卷帘。本着"专心、专注、专业"经营理念，竭诚希望与阁下合作。

联系人：张冬寒
电话：0772-3132688 传真：0772-3116885
地址：广西壮族自治区柳州市鱼峰区鸡喇路4号（双电扇厂内）
邮编：545005

## 广西东聪房地产开发有限责任公司

广西东聪房地产开发有限责任公司从事房地产开发、建筑工程承接及建材、装饰材料的代理销售等业务，欢迎新老客户来电咨询、洽谈业务！

联系人：郁聪聪
电话：0771-2433966 13878828303
地址：广西壮族自治区南宁市西乡塘区中华路32号
邮编：530000

## 柳州市柳空房屋修缮装饰有限公司

本公司成立于2006年，主要提供房屋修缮，家庭室内装饰，水电维修，防水补漏，庭院绿化施工服务等，我们始终本着"诚信为本，顾客至上"的原则竭诚为您服务！

联系人：罗祖英
电话：0772-3917392 3222971 传真：0772-3222971
地址：广西壮族自治区柳州市柳南区永前路五三八信用社大楼 邮编：545000

## 广西东兰泡沫玻璃厂

我厂专业生产各种低温、绝热、吸声材料。主要产品泡沫玻璃是应用最广泛的隔热保冷材料。我公司秉承"顾客至上，锐意进取"的经营理念，坚持"客户第一"的原则为广大客户提供优质的服务。欢迎惠顾！

联系人：陈锡焕 手机：13907783316
电话：0778-6320653
地址：广西壮族自治区河池市东兰县东兰镇曲江路151号 邮编：547000

## 广西东兴市明基房地产开发有限公司

广西东兴市明基房地产开发有限公司成立于2008年。主要经营房地产开发、经营、房地产交易、房地产租赁经营活动、物业管理、建筑材料加工销售。

我们愿与您真诚握手，拥有你我共同的事业而搏持久的精彩。

我们是值得您信赖的合作伙伴！

联系人：李式鼎
电话：0770-7683666 13907807665
地址：东兴市北仑大道与新华路交汇处 邮编：538100

## 海南省/Hainan Province

**海南方海木业开发有限公司昌江木片加工十五厂**
地址：海南省昌江黎族自治县石碌镇片石村
……负责人：刘中文
……Tel：0398－68912192

**海南子杰实业有限公司澄迈分公司**
地址：海南省澄迈县老城镇马村
……负责人：吉小平
……Tel：13876089182

**澄迈霖凯装饰工程有限公司**
业务：澄迈霖凯装饰工程有限公司专业承接房屋装饰装修、防腐工程、水电安装工程、土石方工程、土建工程、绿化工程、欢迎惠顾。
地址：海南省澄迈县金江镇江南长堤路 36 号
……负责人：王恩法……邮　编：571900
……法　人：王恩法
……Tel：0898－67600899

**海南原通地产有限公司**
地址：海南省儋州市白马井中六路
……负责人：易作人
……Tel：0898－23880921

**海南军海建设有限公司**
业务：土木工程建筑公路，桥梁，钢结构，海上码头，土石方工程，室内外装修装饰，幕墙安装，公路运输等
地址：海南省海口市沿江路
……负责人：余经理　邮　编：519001
……Tel：0898－66291958
13807590358
13687581958
……网址：http://www.hnnj.net/qyjj.htm
……E-mail：china.njgroup@163.com

**儋州木排成明木材厂**
地址：海南省儋州市和庆镇木排农场
……负责人：郑成明
……Tel：0898－23742033
13876255769

**儋州东林木业有限公司**
地址：海南省儋州市那大先锋路四街 2 号房
……负责人：田野
……Tel：13807550869

**海南兆川实业有限公司**
业务：海南兆川实业有限公司成立于 2005 年，主要从事房地产开发，物业管理。"信誉第一，客户至上"，竭诚欢迎您的光临、指导，洽谈业务！
地址：海南省海口市海甸三东路 23 号金星城 5－552 室
……负责人：曾献川……邮　编：570208
……法　人：曾献川
……Tel：0898－66183999

**海南富铭祥装饰工程有限公司**
地址：海南省海口市白龙南路 25 号成信丽苑 C 栋 C505 室
……负责人：卢祥
……Tel：13907562960

**海南新丰石材开发有限公司**
地址：海南省海口市白龙南路 40 号琼苑广场 E2 栋 201 房
……负责人：甘德松
……Tel：13198926260

**海南安美居装饰工程有限公司**
地址：海南省海口市白坡里良缘公寓 A－505
……负责人：马书林
……Tel：13976012182

**海南成智装饰工程有限公司**
业务：海南成智装饰工程有限公司成立于 2006 年，主要从事于室内装饰、装修。公司以"质量求生存、信誉求发展"，欢迎广大用户光临惠顾！
地址：海南省海口市海垦路八 0 厂 3 栋 402 室
……负责人：何成全……邮　编：570000
……法　人：何成全
……Tel：0898－66826103

**海口睿虹龙房地产经纪有限公司**

地址:海南省海口市滨海大道 119 号福昌大厦 2005 房
负责人:卢云龙
Tel:13976015669

**海口丰和建设工程安全技术有限公司**
地址:海南省海口市滨海大道 45 号城建大楼四楼
负责人:蒙斌
Tel:13907599632

**海口雅邦装饰装修工程有限公司**
地址:海南省海口市滨海大道港务局西区 29 幢 102 室
负责人:陈清辉
Tel:13005033056

## 海南华天鑫盈装饰工程有限公司
业务:海南华天鑫盈装饰工程有限公司成立于 1993 年，现有员工 50 余人，是一家专业从事室内外装修、装饰及建材销售的企业。欢迎新老客户光临、惠顾!
地址:海南省海口市龙昆南路钟城大厦 A 座 15 楼
邮　编:570206
法　人:李万春
Tel:0898—66768790
Fax:0898—66768790

**海南双利成装饰工程有限公司城西分店**
地址:海南省海口市城西路新华陶瓷精品街第 D15 号
负责人:周枫
Tel:13807663598

**海口御居装饰工程有限公司**
地址:海南省海口市大同路 25 号华能大厦十九层 1909 号
负责人:童文跃
Tel:13337661778

**海南来利建筑有限公司**
地址:海南省海口市大同路华能大厦 1909 房
负责人:冯柏洪
Tel:0898—68912154

## 海南盛腾建筑安装工程有限公司
业务:本公司主要经营范围:工业与民用建筑工程，市政工程，公路桥梁工程，水利水电工程，园林仿古建筑，工业设备安装，装璜装饰，建材工程技术咨询，房地产开发经营等。我公司热情欢迎社会各界人士前来合作、共同发展。
地址:海南省海口市南沙路 48 号明珠星苑 1 幢 601 室
邮　编:570206
法　人:朱文昇
Tel:0898—66759997
Fax:0898—66705989

**海南美安达房地产营销策划有限公司**
地址:海南省海口市大同路华能大厦 5A—9
负责人:吴委
Tel:13976898347

**海南金亚士装饰工程有限公司**
地址:海南省海口市大英村 59 号双南居室
负责人:陈积锐
Tel:13807687225

**海南金利源房地产开发有限公司**
地址:海南省海口市甸花新村 V—5 幢 201 室
负责人:邵兴华
Tel:13976000888

## 海 南 佳 慧 实 业 有 限 公 司
业务:海南佳慧实业有限公司成立于 2005 年，主要从事于园林绿化。公司以“质量求生存、信誉求发展”，欢迎广大用户光临惠顾!
地址:海南省海口市琼山区文庄路泰峰公寓丁单元 801 房
负责人:刘远佳……邮　编:570000
法　人:刘远佳
Tel:0898—28410078

**海南绿色家园物业管理有限公司**
地址:海南省海口市凤翔东路绿色佳园小区 5 号商铺首层
负责人:王水耀
Tel:0898—65982508

**海口磊玉石材有限公司**
地址:海南省海口市凤翔路诚联林产品综合市场 C—9 号
负责人:文雄
Tel:13006020981

**海口日升石材工艺工程有限公司**
地址:海南省海口市凤翔路诚联林产品综合市场内
负责人:郭龙江
Tel:0898—68593123

## 海南龙泰房地产开发有限公司
业务:房地产投资开发及经营，产权交易服务，我公司坚持以诚为本、以诚为信的宗旨为广大客户服务。
地址:海南省海口市万华路 2—1 号新兴大厦附楼
负责人:陈辅龙……邮　编:570206
Tel:0898—66791944

**海口鑫豪盛石材贸易有限公司**
地址:海南省海口市凤翔路诚联林产品综合市场内 A—15 号
负责人:刘金英
Tel:0898—66890135

**海南巨富房地产开发有限公司**
地址:海南省海口市凤翔路天龙王大酒家新楼第六层
负责人:朱万贵
Tel:0898—65916163

**琼海益润园房地产开发有限公司海口分公司**
地址:海南省海口市府城新桥路中行宿舍楼 A 幢 401 房
负责人:杨居壮
Tel:0898—65880888

**海口威元装饰工程有限公司**
地址:海南省海口市府城镇文庄路琼山区社保管理中心铺面 101 号
负责人:张良
Tel:13005087056

## 洋 浦 诚 建 信 工 程 有 限 公 司
业务:洋浦诚建信工程有限公司主要从事土石方工程、土木建设工程、管道工程、线路工程、设备安装工程、道路工程、桥梁工程、防水工程、装饰装修工程等业务。“诚信为本，信誉第一”，竭诚欢迎广大新老客户来我公司洽谈业务，共同合作!
地址:海南省洋浦经济开发区通山公寓 502 号
负责人:吴亚平……邮　编:578000
法　人:吴亚平
Tel:0898—28821068

**海口群乐环境美护有限公司**
地址:海南省海口市国贸北路 10 号金融花园国贸新村 2 栋 502 房
负责人:张向群
Tel:13178925277

**海南丰茂房地产开发有限公司**
地址:海南省海口市国贸大道 1 号景瑞大厦 A 座 1101 房
负责人:张秀燕
Tel:13005043438

**珠海西蒙企业有限公司海南分公司**
地址:海南省海口市国贸大道 1 号景瑞大厦 A 座一层
负责人:潘贤
Tel:0898—68551467

**海南汇金得生广告有限公司**
地址:海南省海口市国贸大道 25 号汇通大厦 1125 号
负责人:茅翀
Tel:13907563498

**海南双江物业管理有限公司**
地址:海南省海口市国贸大道 25 号汇通大厦 12 楼 1299 单元
负责人:胡万其
Tel:0898—66767975

**海南科尼电梯安装工程有限公司**
地址:海南省海口市国贸大道 CMEC 大厦东区 902 室
负责人:林叶敏
Tel:0898—68592393

**海南建东工程造价咨询有限公司**
地址:海南省海口市国贸大道建行大厦 A 座 599 房
负责人:陈志军
Tel:13337651588

**海口博胜艺装饰装修工程有限公司**
地址:海南省海口市国贸路 19 号城市精英大厦 A 座 2502 室
负责人:周国旺
Tel:13807505529

**海口金鲁声水电安装有限公司**
地址:海南省海口市国贸路 2—1 号海南省国际贸易商务大厦 C—502 房
负责人:黄厚银
Tel:13034900099

**海南奥森房地产开发有限公司**
地址:海南省海口市国贸路 25 号嘉陵大厦 1510 房
负责人:许宇飞
Tel:0898—68585976

**海南华语装饰工程有限公司**
地址:海南省海口市国贸路 49 号
负责人:唐楠林
Tel:13005046818

**海南华奎地产有限公司**
地址:海南省海口市国贸路 49 号新达商务大厦一层
负责人:梁华仁
Tel:13518059999

**海南欣嘉欣环保科技有限公司**
地址:海南省海口市国贸路 59 号正昊大厦 12A
负责人:王世文
Tel:13807663511

**海南雅点装饰工程有限公司**
地址:海南省海口市国贸路正昊大厦 12—A 房
负责人:吉家辉
Tel:13307655818

**海口鸿洋土石方有限公司**
地址:海南省海口市国兴大道瓦灶村 188 号
负责人:吴月琴
Tel:0898—65221618
13807694286

**海口中绿环保科技有限公司**
地址:海南省海口市海甸岛四东路福安上村 125 号
负责人:张国胜
Tel:0898—66261101

**海口大明防水工程有限公司**
地址:海南省海口市海甸岛万恒城市花园 E1 栋 105 室
负责人:李子芳
Tel:13976671980

**海南加富利房地产开发有限公司**
地址:海南省海口市海甸岛沿江五西路 49 号德发公寓 202 室
负责人:郭招南
Tel:13901068317

**海口佳大装饰装潢有限公司**
地址:海南省海口市海甸二东路 19 号
负责人:卢中森
Tel:0898—66264772

**海南兆雅装饰工程有限公司**
地址:海南省海口市海甸三西路 22 号兆南公寓 2 号楼 A505 房
负责人:林奋光
Tel:13337676899

**海口先锋物业管理有限公司**
地址:海南省海口市海甸四东路颐和花园二栋首层
负责人:陈晓萌
Tel:0898—66256575

**海口中实物业管理有限公司**
地址:海南省海口市海甸五西路港湾花园 A 栋 110 房
负责人:王国胜
Tel:0898—66192280

**海南广智装饰工程有限公司**
地址:海南省海口市海甸五西路南海大厦 1002 室
负责人:王庭高
Tel:13178980913

**海南炜翔房地产开发有限公司**
地址:海南省海口市海甸沿江二东路 19 号宏海大厦 12A
负责人:彭方柳
Tel:0898—66291551

**海南鑫林银装饰工程有限公司**
地址:海南省海口市海甸沿江五西路 15 号白沙门别墅 A5 座
负责人:王济林
Tel:13807637899

**美兰陈亚福搭棚工程队**
地址:海南省海口市海甸一西路 6 号
负责人:陈亚福
Tel:13807661513

**海南惠林木业有限公司**
地址:海南省海口市海府路 105 号综合楼 2 楼 2 单元
负责人:陈波
Tel:0898—65343781

**海南石琼建筑工程有限公司**
地址:海南省海口市海府路 105 号综合楼三楼
负责人:吴华保
Tel:13907609888

**海南扬光玻璃装饰工程有限公司**
地址:海南省海口市海府路 122—2 号铺面
负责人:杨志
Tel:0898—65328533

**海南捷晖生物环境工程有限公司**
地址:海南省海口市海府路 140 号嘉安园别墅 A2 丙 2 层
负责人:胡福森
Tel:13086095388

**海南谦诚劳务有限公司**
地址:海南省海口市海府路 140 号院内嘉安花园别墅小区 C 幢 C2 房
负责人:李晓波
Tel:13006001627

**海南室内环境检测中心**
地址:海南省海口市海府路 55 号康胜公寓 A15A
负责人:张琼海
Tel:0898—65355163

**海口福德利渔业渔港疏浚工程有限公司**
地址:海南省海口市海府路 91 号华运大厦 209 室
负责人:郑曲利
Tel:13807562886

**海南伊维萨房地产开发有限公司**
地址:海南省海口市海府路海口宾馆 E 座三楼
负责人:司立民
Tel:0898—68513788

**湖北省建筑工程总公司第三工程公司海南分公司**
地址:海南省海口市海府一横路 12 号 202 室
负责人:邓代发
Tel:0898—65342018

**海南峰华装饰工程有限公司**
地址:海南省海口市海府一横路 1 号海牧大厦七层 505 房
负责人:陈立峰
Tel:13807662205

**海南净源水处理工程有限公司**
地址:海南省海口市海垦路 29 号金都花园 1 幢 1201 室
负责人:贺小莲
Tel:0898—68914566

**海口怡乐建材有限公司**
地址:海南省海口市海垦路 99 号金山小区 22 栋 105 房
负责人:张乃运
Tel:13322061960

**海南广汉建筑装饰工程有限公司**
地址:海南省海口市海南农垦金环物资实业总公司宿舍 2 栋 401 室
负责人:蒋世国
Tel:0898—68327829

**海南柯瑞恩建材有限公司海口分公司**
地址:海南省海口市海盛路 111 号
负责人:姚俊敏
Tel:13807568217

**海口鹏达炎苍埔建材有限公司**
地址:海南省海口市海盛路 5 号海口钢材交易市场 A111 号
负责人:庄贵贤
Tel:0898—68662431

**海口制安市政工程有限公司**
地址:海南省海口市海秀大道 29 号纺织大厦 5 楼 512 房
负责人:刘海波
Tel:13976950998

**海南优力维特电梯有限公司客户服务中心**
地址:海南省海口市海秀大道 49 号一楼铺面
负责人:赵静
Tel:0898—66512265

**海南安昌装饰工程有限公司**
地址:海南省海口市海秀大道顺发新村 A2—2—1 栋 502 号
负责人:范昌盛
Tel:13518838300

**海南美源装饰工程有限公司**
地址:海南省海口市海秀路 155 号金海大厦 5 层 509 房
负责人:张铁
Tel:13976986699

**海南聚安物业管理有限公司**
地址:海南省海口市海秀路 25 号海建花园 C 座底层
负责人:陈泽宝
Tel:0898—66773000

**海口美兰万宝龙建材商行**
地址:海南省海口市海秀路 29—2 号
负责人:银贞
Tel:0898—66776629

**岳阳长岭炼化通达建筑安装工程有限公司海南分公司**
地址:海南省海口市海秀路凤凰新村凤凰大厦东座 509 房
负责人:刘伯仲
Tel:13907625668

**海南伟兴房地产开发有限公司**
地址:海南省海口市海秀路凤凰新村凤天阁 205 房
负责人:庄伟民
Tel:0898—68968730

**海南圣雅装饰工程有限公司**
地址:海南省海口市海秀路顺发新村 A1—4—2
负责人:贾晓兰
Tel:13178981788

**海南饰家装修装饰工程有限公司**
地址:海南省海口市和平大道 55 号国森花园 2 栋 10A
负责人:于新浩
Tel:13907545808

**海南志宏建设工程有限公司**
地址:海南省海口市和平大道 59 号金椰都花园 5A201
负责人:郭贻宝
Tel:13907602188

**海口欧亿装饰材料有限公司**
地址:海南省海口市和平南路 9 号
负责人:李志纬
Tel:13807689943

**海南金易居装饰工程有限公司**
地址:海南省海口市华海路安海大厦 2D2 房
负责人:龙峰
Tel:0898—66750125

**海口龙华海川建材商行**
地址:海南省海口市金地路 4 号
负责人:唐盛国
Tel:13876627888

**海南复杨装饰工程有限公司**
地址:海南省海口市金花路 99 号
负责人:胡学永
Tel:13036048166

**海南江恒房地产开发有限公司**
地址:海南省海口市金龙路深发展大厦 2019 室
负责人:薛健
Tel:0898—66160666

**海南笙笙房地产开发有限公司**
地址:海南省海口市金贸区玉沙路 5 号国贸中心 22A 房
负责人:陈农
Tel:0898—68535592

**海南俊怡冷气工程有限公司**
地址:海南省海口市金贸区紫荆路 2—1 号紫荆花园信息公寓 19 层 C 号房
负责人:邝道胜
Tel:13907601699

**海南国鳌装饰工程有限公司**
地址:海南省海口市金贸西路 19 号华茂大厦 15 楼 A1
负责人:张举
Tel:13876400011

**海南瑞可森建材有限责任公司**
地址:海南省海口市金盘开发区金盘路 25 号南楼 202 室
负责人:刘羽桐
Tel:13876068581

**海口锦盈华装饰工程有限公司**
地址:海南省海口市金盘路 15 号嘉海大厦 11—C 号

负责人:林茂
Tel:13078906900

**海南长福装饰工程有限公司**
地址:海南省海口市金宇东路 2－5 号二楼
负责人:符长林
Tel:0898－68123713

**海南宇诚房地产经纪有限公司**
地址:海南省海口市龙昆北路 19 号龙园别墅 A 型 9 栋
负责人:王振东
Tel:0898－66784181

**海南徽园物业管理有限公司**
地址:海南省海口市龙昆北路 25 号旭龙大厦 904 房
负责人:刘建华
Tel:0898－65881041

**海南金禧物业管理有限公司**
地址:海南省海口市龙昆北路 29 号华银大厦 1101 室
负责人:孙学丽
Tel:13976996023

**海南拓浪装饰设计有限公司**
地址:海南省海口市龙昆北路 29 号华银大厦 11 楼 1115 室
负责人:羊敏
Tel:13976639101

**海口仕居房地产咨询有限公司**
地址:海南省海口市龙昆北路 29 号华银大厦 1509 房
负责人:刘小兰
Tel:13005035456

**海口元健装饰材料工程有限公司**
地址:海南省海口市龙昆北路 29 号华银大厦 2205 室
负责人:张映霞
Tel:13807659986

**海口宝捷房地产经纪有限公司**
地址:海南省海口市龙昆北路 29 号华银大厦 2229 号房
负责人:张玉德
Tel:13778906546

**海南普瑞装饰设计有限公司**
地址:海南省海口市龙昆北路 2 号珠江广场帝晶大厦 20F
负责人:胡旸
Tel:0898－66776830

**海南新瑞龙建筑水电工程有限公司**
地址:海南省海口市龙昆北路海外大厦 5A1 房
负责人:叶智蔚
Tel:13907583108

**海南绿庭房地产开发有限公司**
地址:海南省海口市龙昆北路华银大厦六层
负责人:丁文相
Tel:13355781928

**海南双诚装饰工程有限公司**
地址:海南省海口市龙昆北路华银大厦十九楼 1902 室
负责人:颜启胜
Tel:13907593786

**海南鸿裕物业管理有限公司**
地址:海南省海口市龙昆南路 5 号昌乐园小区
负责人:陈松泉
Tel:0898－66514835

**海南普立电气工程有限公司**
地址:海南省海口市龙昆南路凤翔山庄 A105 房
负责人:肖清英
Tel:13907576053

**海南金阳物业管理有限公司**
地址:海南省海口市龙昆南路国森大厦内
负责人:汪曙光
Tel:0898－66758767

**海口广亿土木工程有限公司**
地址:海南省海口市龙昆上村 249 号
负责人:王广艺
Tel:13907596223

**海南龙华兴业拆迁工程有限公司**
地址:海南省海口市民声东路 9 号龙华区政府办公大楼 210 房
负责人:林海龙
Tel:13876015335

**海口万象建材有限公司金意陶经销部**
地址:海南省海口市南海大道 99 号海南万佳家居装饰广场内 A109－A110 号
负责人:张丽玲
Tel:0898－66823666

**兰州宏业防火门有限责任公司海南分公司**
地址:海南省海口市南沙路 59 号瑞丰公寓 A 座 1505 室
负责人:王佰铭
Tel:0898－66802818
13907558196

**海口丰金源建筑材料有限公司**
地址:海南省海口市坡博路 1 号虹冠大厦 2 单元 502 房
负责人:邵永道
Tel:0898－68630130

**海南容德建设工程监理有限公司**
地址:海南省海口市坡博路 1 号虹冠大厦 2 单元 505 室
负责人:杨岚
Tel:0898－66282678

**海南昊汇房地产销售代理有限公司**
地址:海南省海口市坡博路 40 号商铺 5 号
负责人:余金木
Tel:13876801288

**海南文海装饰工程有限公司**
地址:海南省海口市坡巷村 42 号
负责人:李文海
Tel:13976909575

**海南博冠涂饰工程有限公司**
地址:海南省海口市青年路 29 号美华苑 2 栋 501 室
负责人:张胜
Tel:13098907583

**海南盈茂木业有限公司**
地址:海南省海口市青年路乳胶厂职工住宅 A102 号
负责人:李明
Tel:13876061498

**海南美霖装饰设计工程有限公司**
地址:海南省海口市琼山区交通大厦第一层铺面
负责人:陈虹宇
Tel:13016295288

**海南易周环境规划设计有限公司**
地址:海南省海口市人民大道 22 号仙桃花园 9－F
负责人:游小林
Tel:0898－66261723

**海南安佳装饰工程有限公司**
地址:海南省海口市人民大道 45 号侨达花园 A1－2－209
负责人:李明洋
Tel:0898－66271292

**海口佳朋物业管理有限公司**
地址:海南省海口市人民大道 45 号侨达花园 A 栋 1002 房
负责人:刘强
Tel:13976096683

**海口暇光装饰工程有限公司**
地址:海南省海口市万华路 5 号大天花园 12 幢 2－202 房
负责人:李耀明
Tel:13136069722

**海南京信置业有限公司**
地址:海南省海口市五指山路 19 号民源小区佳苑 2 号
负责人:曾奕如
Tel:0898－68510526

**海口福美地装饰设计有限公司**
地址:海南省海口市五指山路 25 号恒利空中花园 A501 房
负责人:赵凤梅
Tel:13876567776

**海南益光房地产开发有限公司**
地址:海南省海口市五指山路附 14 号南海大厦第三栋别墅
负责人:邢增仪
Tel:13976907373

**海南双林装璜工程有限公司**
地址:海南省海口市五指山路民源小区丽苑 A 座
负责人:史双林
Tel:13976655728

**海口佳瑞装饰工程有限公司**
地址:海南省海口市秀英村 521 号 5 楼
负责人:陈金武
Tel:13098915673

**金泉建材制品厂**
地址:海南省海口市秀英区琼华商业街对面
负责人:钟伟辉
Tel:13322039019

**海南博索建筑装饰工程有限公司**
地址:海南省海口市盐灶一横路 45 号 D4 栋 505 房
负责人:洪嘉庆
Tel:13976988628

**海口里源房地产营销策划有限公司**
地址:海南省海口市盐灶一横路 45 号海景湾花园怡景楼 202 房
负责人:李玉媛
Tel:0898－66772228

**海南百安居装饰工程有限公司**
地址:海南省海口市义龙后路 15 号 A 栋 A－101 房
负责人:胡建新
Tel:13807567958

**海南昱程建筑装饰工程有限公司**
地址:海南省海口市义龙后路华龙公寓 1 栋 2 单元 102 室
负责人:李国栋
Tel:13876088181

**海南三亚永桂联合水泥制品有限公司**
地址:海南省海口市永桂工业开发区内
负责人:傅军
Tel:13320023322

**杭州中敬置业投资咨询有限公司海口分公司**
地址:海南省海口市玉沙路 15 号富豪大厦十三 E
负责人:刘晓兰
Tel:0898－68537161

**陵水建发建筑工程队**
地址:海南省陵水黎族自治县人武部大院内
负责人:张炳昆
Tel:13907610876

**琼海鑫之泰房地产开发有限公司**
地址:海南省琼海市嘉积镇元亨街 45 号
负责人:翁先正
Tel:0898－62839588

**海南京博房地产有限公司**
地址:海南省琼海市人民路中铁十六局集团有限公司楼
负责人:郭松乾
Tel:0898－62829879

**琼中营根鑫源木材加工厂**
地址:海南省琼中黎族苗族自治县碳酸钙厂
负责人:赖义龙
Tel:13907529313

**海南梁大园林工程有限公司**
地址:海南省三亚市港门上村三路 21 号
负责人:麦志丹
Tel:13976280666

**三亚海博装修工程有限公司**
地址:海南省三亚市海坡陶然度假村综合楼壹层
负责人:张吉勇
Tel:0898－88275485

**三亚京汇房地产开发有限公司**
地址:海南省三亚市河东区榆亚大道 09 号
负责人:李元刚
Tel:13086076789

**新进装饰材料商行**
地址:海南省三亚市解放四路 112 号 5－6 号铺面
负责人:陈柳淑
Tel:0898－88290029
13907600645

**恒力建材店**
地址:海南省三亚市金鸡岭路中级法院斜对面
负责人:庄明炜
Tel:13016271888

**海南丰裕年盈石材装饰工程有限公司**
地址:海南省三亚市军械库 55 号－55 号铺面
负责人:傅希杨
Tel:13876853336

## 海南铭鸿林业开发有限公司

海南铭鸿林业开发有限公司成立于2005年，主要经营道路土方工程、土木工程等。

本公司本着"客户第一，诚信至上"的原则，与国内外多家企业建立了长期的合作关系。热忱欢迎各界朋友前来参观、考察、洽谈业务。

联系人：朱治明　　电话：0898－68915248

地址：海南省海口市海垦路88号金山小区20栋404

邮编：570206

## 洋浦诚建信工程有限公司

洋浦诚建信工程有限公司成立于2003年。

主要从事建设工程。

本公司秉承"顾客至上，锐意进取"的经营理念。

坚持"客户第一"的原则为广大客户提供优质的服务。

欢迎广大客户惠顾！

联系人：徐卫彬

电话/传真：0898－28821068

邮编：578000

地址：海南省洋浦市经济开发区通山公寓402号

## 海南省晨龙装饰工程有限公司

海南省晨龙装饰工程有限公司成立于2006年，本公司专业从事室内外装饰、设计，经销太阳能、建材、装饰材料。　　联系人：曹进国

本公司宗旨"开拓.进取.务实.求精"诚信、实力和产品质量获得业界的认可。欢迎各界朋友莅临公司参观、指导和业务洽谈。

电话：0898-38291448　13005089357　　传真：0898-38291449

地址：海南省三亚市河东区月川居委会东二巷178号　　邮编：572002

## 海南亚福脚手架股份有限公司

海南亚福脚手架股份有限公司成立于2000年，主要从事外墙脚手架工程。亚福人相信，只要坚持秉承"不断改进，永不满足"的精神，我们一定会达成我们的目标。那时，我们亚福一定会以一个全新的姿态屹立于世界民族企业之林。

电话：13876036505　13807661513　　联系人：陈亚福

地址：海南省海口市海甸一西路8号向前　　邮编：570100

## 三亚恒大园林装饰工程有限责任公司

三亚恒大园林装饰工程有限责任公司自成立以来，主要经营：园林工程，装饰工程，填挖土石方工程，水电安装，工程运输，管道工程。本着"客户第一，诚信至上"的原则，与国内外多家企业建立了长期的合作关系。热忱欢迎各界朋友前来参观、考察、洽谈业务。

联系人：陈清木

电话：0898-88680388　　传真：0898-88283692

地址：海南省三亚市解放3路698号　　邮编：572000

## 陕西洁净建设工程有限公司海南分公司

陕西洁净建设工程有限公司海南分公司是一家专业从事洁净工程建设、工业三废处理、装饰装修业务的企业。

公司成立以来，圆满地执行了许多承包工程项目，为项目所在地的社会经济发展作出了贡献，受到项目业主和社会各界的好评。

联系人：孟庆逵

电话：0898－69919800　13098993180　传真：0898－66211928

地址：海南省海口市文明中路文明大厦B－303室　　邮编：570203

## 四川省/Sichuan Province

**张公龙泉砖厂**

地址：四川省巴中市平昌县张公乡龙泉村四社

负责人：张自勇

Tel：0827－6755057

13158437838

**小金县红胜建筑工程有限责任公司**

业务：本公司是从事房屋建筑加固与改造的建筑企业，公司凭借优良的设计、施工质量诚实守信的经营风格赢得了良好的市场业绩和众口交赞的客户口碑。我公司将继续本着"诚信经营，热忱服务，精益求精，力求创新"的经营宗旨，以优质、高效的工程服务质量与各界朋友真挚合作、谋求双赢、共同发展、共创未来。

地址：四川省阿坝藏族羌族自治州小金县美兴镇政府街

负责人：杨昌林　　邮　编：624000

法　人：杨昌林

Tel：13882496668

网址：www.hongshengjz.cn

**巴中市井巷土石挖掘有限责任公司**

业务：巴中市井巷土石挖掘有限责任公司专业从事挖掘工程、工程建设，热忱欢迎新老客户来电洽谈业务！

地址：四川省巴中市巴州区茶坝镇滨河路

负责人：张峻源　　邮　编：635500

法　人：张峻源

Tel：0827－5520109

**成都东方朗洁室内环境监测治理有限公司**

地址：四川省成都东方长城家装广场5楼K座

负责人：钟桂兰

Tel：13882157228

**成都迅达卷帘门厂**

业务：专业从事各种卷帘门的生产、安装。

地址：四川省成都市成华区保和乡崔家店南路

负责人：毛杰　　邮　编：610000

法　人：毛杰

Tel：13060055880

028－84712069

85917969

**金牛区振阳石材经营部**

地址：四川省成都市成都市金牛区金府石材城12幢2号

负责人：徐锋

Tel：028－87515629

13086618828

**通江县乡镇供水总站**

业务：通江县乡镇供水总站成立于2001年，现有员工60－70人，从事自业水的供应，日供应量达3000吨左右。

地址：四川省巴中市通江县诺江镇新建街

邮　编：636700

法　人：张志刚

Tel：0827－7838830

**四川正阳房地产开发有限责任公司**

业务：房地产开发、销售及铁路工程、公路工程、隧道工程、桥梁工程、园林绿化工程施工总承包，我们本着用户至上，质量第一，安全保证的服务理念真诚为您服务！

地址：四川省成都市成华区二环路东一段29号

负责人：王继华　　邮　编：610051

法　人：王继龙

Tel：13808055305

**成都市成华区宏宇建材经营部**

地址：四川省成都市成华区512建材市场

负责人：陆建宇

Tel：028－83271078

**成都市鑫阳光门窗有限责任公司**

地址：四川省成都市成华区长林盘村工业园区6组

负责人：彭明刚

Tel：13980085479

**成都市邑腾装饰工程有限公司**

业务：广告发布制作，室内外装饰工程，园林绿化工程，建筑工程预算、造价，网络工程制作发布

地址：四川省成都市大邑县晋原镇温泉大道99号

负责人：孙小君　　邮　编：611330

法　人：孙小君

Tel：13488927777

028－88291311

Fax：028－88291311

**四川省华国能交科技开发建设有限公司**

业务：四川省华国能交科技开发建设有限公司成立于2003年8月22日，主要从事于高科技石化气。本公司宗旨"精业、信誉、创新、开拓"。欢迎各界客户洽谈业务。

地址：四川省成都市二环路西三段49号永利大厦7楼7号

负责人：席琼　　邮　编：610000

法　人：席琼

Tel：028－87732033

Fax：028－87732033

**成都地盘房产营销有限公司**

地址：四川省成都市成华区崔家店380号

负责人：汤勇

Tel：13608220918

**成都交大五洲建筑工程有限公司**

地址：四川省成都市成华区二环路东三段18号

负责人：李成辉

Tel：028－88853006

**成都九宏达建筑工程有限公司**

地址：四川省成都市成华区二环路东一段香木林路1号9幢

负责人：杨长江

Tel：028－83271628

**成都市玮浩建筑材料有限公司**

业务：塑料管材、彩砖、彩瓦

产品：塑料管材、彩砖、彩瓦

地址：四川省成都市大邑县温泉路292号

负责人：肖丁玮　　邮　编：611330

法　人：肖丁玮

Tel：15882021226

13032895552

网址：http://www.51zzt.com/user/zzt36146

**四川利安建设工程有限公司**

业务：四川利安建设工程有限公司是房屋建筑工程施工贰级总承包企业。公司已获得国家CNAB质量体系认证、企业健康安全体系认证和环境管理体系认证三大体系认证。利安建设公司能出色完成房屋建筑工程、大型钢结构工程、市政工程、园林工程和防水处理、水暖安装工程等工程施工。

地址：四川省成都市金牛区金府机电城1幢2楼

邮　编：610031

法　人：车天发

Tel：028－87607016

Fax：028－87636913

**成都占川装饰材料有限责任公司**

地址：四川省成都市成华区府青路三段16号

负责人：张占广

Tel：13982292758

**四川家通饰材有限公司**

地址：四川省成都市成华区富森美家居装饰材料批发市场3区10－13号

负责人：刘彬

Tel：028－83550006

**重庆市锦阁装饰工程有限公司成都分公司**

地址：四川省成都市成华区建设北路三段华厦大厦405室

负责人：王明晶
Tel：13881883819

四川广艺不锈钢门业有限公司
地址：四川省成都市成华区龙潭寺院山村七组
负责人：王永现
Tel：028－84207266
84207066
13981974l272

**四川腾昇节能科技有限公司**
业务：生产节能产品，外墙保温材料
地址：四川省成都市二环路西三段 35 号
负责人：杨小国　邮　编：610000
**Tel：13908204017**
**028－87737756**

成都碧海景观工程有限责任公司
地址：四川省成都市成华区龙潭乡石马村九组
负责人：曹忠民
Tel：13908216088

金色阳光建材有限责任公司
地址：四川省成都市成华区青龙乡白莲池村六组
负责人：廖建
Tel：028－84863802
13908032480

**四川诚锦钢结构工程有限公司**
业务：制作钢结构、钢结构工程施工
地址：四川省成都市金牛区高科技产业园二期隆华路 258 号
负责人：官喜明　邮　编：610000
法　人：官喜明
**Tel：13871526166**
**028－83575699**

**成都金阳管业有限公司**
业务：金阳铝塑复合管由中间层搭接焊铝管，内外层为高密度的聚乙烯树脂，经高分子热熔胶共挤复合而成。金阳铝塑复合管具有诸多独特的优势，防腐性能优越、耐压性能良好、脆化温度极低；管内阻力小、流体畅通、不易结垢、不滋生微生物、无毒；重量轻，运输安装方便且节约费用，使用寿命长。
地址：四川省成都市金牛区金牛乡洞漕村 10 组
法　人：郭支政
Tel：028－87514479
Mobile：13668237769

成都左邻右舍房屋置换有限公司
地址：四川省成都市成华区双建路 332 号
负责人：钟明磊
Tel：13981777217

成都东润郦物业管理有限公司
地址：四川省成都市成华区天祥街 59 号
负责人：赵光辉
Tel：13350059535

成都市成华区中外建工程咨询部
地址：四川省成都市成华区万兴街 3 号
负责人：陈丽娟
Tel：028－89608611

**成都高宏盛世装饰有限责任公司**
业务：室内外设计装修
地址：四川省成都市金牛区花照壁西胜街 96 号
负责人：高洪东　邮　编：610031
法　人：高洪东
**Tel：13880174888**
**028－83288136**
**Fax：028－83288136**

**成都荣欣玻璃钢产业技术开发有限公司**
业务：我公司是西部地区生产各种异型玻璃钢壳体的厂家。产品包括：军民用特种车辆、医疗、机电设备壳体、天线罩，以及化工贮罐、水箱、雕塑、浮雕等。我公司的宗旨是：质量、生存、发展，一切为客户服务。
地址：四川省成都市金牛区外西土桥金泉路 43 号
负责人：魏荣　邮　编：610036
法　人：魏荣
Tel：028－87516818
Fax：028－87516818 转 17
E-mail：rongxinfrp@163.com

成都市成华区华泰建材经营部
地址：四川省成都市成华区五一二建材市场壹区 E 座 3 号
负责人：杨未
Tel：028－83282338

成都快又乐房地产经纪有限公司
地址：四川省成都市成华区新鸿路 303 号 2 栋 1 单元 4 号
负责人：梁波
Tel：028－84322339

成都延成广告装饰有限公司
地址：四川省成都市成华区新鸿南路 79 号
负责人：王庆林
Tel：13882005073

聚源铝合金加工部
地址：四川省成都市崇阳镇辰居路
负责人：孙友权
Tel：13086635897

**成都博雅居装饰有限公司**
业务：家装与公装工程
地址：四川省成都市金堂县赵镇观湖路 27－33 号
负责人：高宗陆　邮　编：610400
法　人：高宗陆
**Tel：028－84909298**
E-mail：365829626@qq.com

**四川公路桥梁建设集团有限公司路一分公司**
业务：我公司主要承接公路，桥梁，隧道及市政工程施工。公司坚持"一业为主、两翼并举、多元发展"的战略，在巩固路桥施工主业优势的同时，稳步推进基础建设投资和资本运营。
地址：四川省成都市锦江区上沙河铺街 212 号
负责人：鲜峻岭　邮　编：610066
法　人：鲜峻岭
Tel：028－84783377
网址：www.mtw30864.chinapyp.com

金阳木业经营部
地址：四川省成都市大西南建材城一区一厅 23#
负责人：刘书哲
Tel：028－83129778
13880373325

四川华天玻璃纤维有限公司
地址：四川省成都市大邑县工业集中发展区工业大道二段 387 号
负责人：鲁明
Tel：028－88280234

四川省立泰房地产开发有限公司
地址：四川省成都市大邑县晋原镇大邑大道
负责人：张成松
Tel：028－88293081

**成都汉辉装饰工程有限公司**
业务：室内外装饰装修工程施工，防腐保温工程施工，销售，建材，保温材料，化工产品
产品：干混砂浆、混凝土外加剂、建筑保温材料，特种工程材料，建筑环保涂料等新型建材
地址：四川省成都市锦江区锦华路一段 8 号 1 幢 9 单元 29 楼 2 号
负责人：罗军　邮　编：610000
法　人：罗军
**Tel：15902815469**
**028－84191020**
**Fax：028－84191020**
网址：http://www.cdhanhui.cn
E-mail：hanhui268@163.com

成都弘丰环保工程有限责任公司
地址：四川省成都市大邑县晋原镇建华村四社（斜江桥）
负责人：黄林
Tel：028－88296138

**四川宏得房地产开发有限公司**
业务：四川宏得房地产开发有限公司成立于 2003 年，从事房地产的开发与经营、房屋建筑工程施工。欢迎来电垂询！
地址：四川省成都市龙泉驿区北干道聚和综合楼 4 楼
邮　编：610100
法　人：张松
Tel：028－89063388
Fax：028－84869839

四川华地房地产开发有限公司
地址：四川省成都市大邑县晋原镇温泉路中段
负责人：郑国惠
Tel：028－88296366

四川省大邑县民用爆破器材专营有限公司
地址：四川省成都市大邑县晋原镇小东街 26 号
负责人：曹忠建
Tel：028－88222620

都江堰市聚友装饰工程部
地址：四川省成都市都江堰市安轻路 144－146 号
负责人：谢胜龙
Tel：13708226569

**技诚门业安装有限公司**
业务：专业从事卷帘门、水晶门、不锈钢门、自动感应门和车库门的销售，安装及维修服务。
地址：四川省成都市景江区经天路 4 号 2 栋 2 单元 2 号
负责人：毛杰　邮　编：610000
法　人：毛杰
**Tel：13060055880**
**028－84712069**
**85917969**

成都市雅墅物业有限责任公司
地址：四川省成都市都江堰市大观镇两河乡
负责人：熊少军
Tel：13808051123

**庆兴鑫鑫矸砖厂**
业务：庆兴鑫鑫矸砖厂成立于 1996 年，从事页石砖、空心砖、多孔砖、标砖的生产及销售。产品质量保证，价格合理，服务周到，欢迎广大新老客户来电来函咨询，洽谈业务。
地址：四川省成都市彭州市丽春镇上溪村
邮　编：611936
法　人：刘世伟
Tel：028－83830568
Fax：028－83830568

成都德尔房地产代理有限责任公司
地址：四川省成都市都江堰市胡家巷
负责人：张玉慧
Tel：028－87126908

成都青晨园林绿化工程有限公司
地址：四川省成都市都江堰市奎光路 189 号
负责人：陈体斌
Tel：028－87295240

**四川川经节能技术有限责任公司**
业务：节能环保产品推广，运用，销售及国家相关优惠政策咨询服务
地址：四川省成都市青羊区白丝街 2 号 7－16
负责人：阳继东　邮　编：610017
**Tel：028－86267089**

都江堰市公平房屋拆迁有限公司
地址：四川省成都市都江堰市龙池商住城 12－14 号
负责人：王克明
Tel：13881757139

成都甲秀绿化工程有限公司
地址：四川省成都市二环路南四段 9 号
负责人：陈胜满
Tel：13980601437

**成都市龙泉成才木材加工厂**
业务：成都市龙泉成才木材加工厂成立于 2000 年，主要从事木材的加工与销售。"以质量求生存，以信誉求发展"，竭诚欢迎广大新老客户来我公司洽谈业务，共同发展！
地址：四川省成都市十陵镇东方家园 13 幢 1 单元 5 楼 2 号
负责人：周成才　邮　编：610100
法　人：周成才
Tel：028－84608729

成都达洪房屋营销策划有限公司
地址：四川省成都市二环路南一段 13 号群益商务大厦 3B17－18 号
负责人：路洪宽
Tel：028－85120427

**四川德胜集团钢铁有限公司成都销售处**
业务：销售钢材、水泥
地址：四川省成都市双林巷 5 号 5 单元 4 楼
负责人：龚志强　邮　编：610000
法　人：龚志强
**Tel：13708139184**

成都市金牛区华杰装饰材料经营部
地址：四川省成都市府河大道 4 区 22 号
负责人：唐玉村
Tel：028－83187368
88856225
13348851447

富荣建材经营部
地址：四川省成都市府河桥市场地砖卫浴三厅 10－11 号
负责人：胡麟
Tel：028－83193928
13198592008

成都阡陌土木工程咨询有限公司
地址：四川省成都市高新技术开发区芳草街 4 号新 1
负责人：杨晓燕
Tel：028－81669636

成都华本环境科技有限公司
地址：四川省成都市高新技术开发区芳草街 6 号 2－3 幢 17 号
负责人：杨厚智
Tel：028－85123248

**四川怡合园林景观工程有限公司**
业务：园林景观工程
地址：四川省成都市武侯区高升桥燃灯寺北街 86 号
负责人：曹忠良　邮　编：610000
法　人：曹忠良
**Tel：15902840282**
**028－61812386**

**成都市龙泉成才木材加工厂**
业务：成都市龙泉成才木材加工厂成立于 2000 年，是一家木材加工销售的厂家，主要以生产家具用板材为主。本厂生产的产品质优价廉，欢迎新老客户来电洽谈业务！
地址：四川省成都市十陵镇铝制品厂生活区
邮　编：610100
法　人：周成才
Tel：028－84608729

成都中科新材料科技工程有限公司
地址：四川省成都市高新技术开发区高朋大道 5 号中国成都博士创业园
负责人：何宇华
Tel：13608094721

成都欧尚装饰设计工程有限公司
地址：四川省成都市高新技术开发区高新大道创业路 14－16 号
负责人：易利
Tel：028－85199712

成都友成管道有限公司
地址：四川省成都市高新技术开发区桂溪办民乐村
负责人：林文豪
Tel：028－85158834

**成都斑马石材有限公司**
业务：专业生产、加工人造石材
地址：四川省成都市武侯区武侯大道文昌段 7 号
负责人：刘迎杰　邮　编：610000
法　人：李建生
**Tel：13808023862**
**028－85027572**
网址：www.cdbmsc.cn

成都市王道管业有限责任公司
地址：四川省成都市高新技术开发区神仙树西路 3 号 1 幢
负责人：汪仕斌
Tel：028－85154750

**鑫科装饰工程部**
业务：鑫科装饰工程部成立于 1998 年，专业从事室内外装修装饰、建筑材料销售，包装箱制作等。我们的宗旨是确保产品的高品质、迎和客户的不同需求，着重于对客户的服务，力求至善至美。以"客户至上、精益求精、互惠互利"的服务精神，竭诚为您提供最完美的专业服务。
地址：四川省成都市双流县文星镇光电所内
邮　编：610209
法　人：赵扬全
Tel：028－85101112

成都高新区黄荆建材经营部
地址：四川省成都市高新技术开发区石羊街道办事处石桥村七组
负责人：吴能军
Tel：028－89085689

**成都斑马石材有限公司**
业务：生产、加工、销售各种规格形状的人造石、大理石、透光石
产品：人造大理石
地址：四川省成都市武侯区武侯大道文昌段 7 号
负责人：刘迎杰　邮　编：610043
法　人：刘迎杰
**Tel：13808023862**
**028－85027572**
**Fax：028－85038983**
网址：www.cdbmsc.cn
E-mail：ban.mashicai@163.com

成都市鸿鑫景雅环保科技有限责任公司
地址：四川省成都市高新技术开发区西区西芯大道
负责人：杨鸿
Tel：13980591998

成都怡和天成房地产开发有限公司
地址：四川省成都市高新技术开发区一环路南三段 80 号信都大厦五楼
负责人：黄建原
Tel：028－85260512

四川省京龙绿化有限公司
地址：四川省成都市高新技术开发区永丰路 52 号
负责人：王秀成
Tel：028－85153525

**四川原林环保有限责任公司**
业务：本公司成立于 1993 年，拥有 60 多名员工，主要经营环保设计、制造、安装。
地址：四川省成都市武侯区簇桥乡新苗村
邮　编：610043
法　人：袁建
Tel：028－85021858
Fax：028－85021858

**广州华浔品味装饰达州有限公司**
业务：装饰
地址：四川省达州市通川区凤凰大道体育中心 C 栋 7－9 号
负责人：曾祥平　邮　编：635000
法　人：曾祥平
**Tel：0818－5150029**
**Fax：0818－5150028**
网址：www.hxdec.com

成都赛洋玛雅房屋中介有限公司
地址：四川省成都市高新技术开发区紫荆西路 34 号
负责人：孟劼
Tel：13881866989

成都统和置业投资管理有限公司
地址：四川省成都市高新技术开发区紫竹北街 85 号大世界广场 2 楼 R 座
负责人：杨志荣
Tel：028－82955560

成都西城建筑有限责任公司
地址：四川省成都市光荣北路
负责人：陈强
Tel：028－87652341
13087652341

**四川省鑫焱建筑劳务工程有限公司**
业务：四川省鑫焱建筑劳务工程有限公司成立于2006年，主要从事土建工程，房地产经纪。以"质量第一，客户至上"的经营宗旨。欢迎广大客户光临指导。
地址：四川省成都市武侯区机投镇双星大道98#海天实业
负责人：周海平　邮　编：610041
法　人：周海平
Tel：028－87483239
网址：www.mtw27911.chinapyp.com

**成都市俊源装饰工程有限公司**
地址：四川省成都市红运花园40幢1单元4号
负责人：向俊福
Tel：028－85433153

**达州市诚意彩钢有限责任公司**
业务：轻钢结构
产品：轻型钢结构工程专业设计安装及相关的材料生产销售
地址：四川省达州市通川区附平路金属仓库内
负责人：龚正学　邮　编：635000
法　人：龚正学
Tel：13989160118
0818－2536166
Fax：0818－2536188

**红新国际（成都）地产顾问有限公司**
地址：四川省成都市金牛区安蓉路8号
负责人：胡钧
Tel：028－89924458

**金牛区豪新建材经营部**
地址：四川省成都市金牛区白果林小区银杏路7号5栋附20号
负责人：徐跃东
Tel：028－89520798

**成都景熙环境艺术工程有限公司**
地址：四川省成都市金牛区白马寺路16号4单元1号401室
负责人：余秋
Tel：13668299801

**成都市武侯区明君复合门厂**
业务：成都市武侯区明君复合门厂成立于2001年，是专业生产室内装饰门的厂家，具有多年的木门生产加工经验。以质量求生存、以信誉求发展是我们的经营宗旨，确保质量、强化服务是我们的承诺。
地址：四川省成都市武侯区鸡投镇九架村
邮　编：610045
法　人：陈先明
Tel：028－87486880
Fax：028－87486880

**成都杰杰建筑装饰材料有限公司**
地址：四川省成都市金牛区茶店村城市绿洲花园绿锦苑6幢6－67号
负责人：段捷
Tel：028－88002068

**德阳阳升塑钢门窗有限公司**
业务：生产与销售各种型号塑钢铝合金门窗
产品：各种铝合金门窗
地址：四川省德阳市旌阳区天元镇47号
负责人：马阳升　邮　编：618000
法　人：马阳升
Tel：13088279919

**成都易家房地产经纪有限公司**
地址：四川省成都市金牛区茶店子蜀光路14号
负责人：韩志成
Tel：028－89610785

**四川格雷环境工程技术有限公司**
地址：四川省成都市金牛区茶店子西街11号
负责人：杨小松
Tel：028－87528591

**金牛区振业建材经营部**
地址：四川省成都市金牛区长新金府钢材批发城1801号
负责人：杨小红
Tel：028－82987889

**四川省通业建设有限公司广元分公司**
业务：公路桥梁建设、水利水电施工建设、市政建设、房屋开发
地址：四川省广元市利州东路市建一公司办公楼3楼
负责人：陈继永　邮　编：628017
法　人：陈继永
Tel：0839－3310530
2803037

**成都市新都区集协建筑工程公司**
业务：成都市新都区集协建筑工程公司成立于1992年，现有员工1000余人，从事房屋建筑工程总成包（二级）。欢迎来电垂询！
地址：四川省成都市新都区新都镇东环路231号
邮　编：610500
法　人：袁贤福
Tel：028－83973835
Fax：028－83990211

**四川怡天建筑工程有限责任公司**
地址：四川省成都市金牛区成彭路东二段11号
负责人：彭朗
Tel：028－84465920

**四川璐毅围栏工程有限公司**
地址：四川省成都市金牛区洞子口长久机电交易广场7栋8号
负责人：李彬彬
Tel：028－89599399

**成都市惠华金属材料有限公司**
地址：四川省成都市金牛区洞子口量力钢材市场三期一排附11号
负责人：鄢丽芳
Tel：028－83151822
13183805799

**成都市新津和平建筑机具租赁有限公司**
业务：成都市新津和平建筑机具租赁有限公司主要从事钢模、架管、扣件、搅拌机等建筑机具租赁。品种齐全、数量众多的各类各型建筑施工机具。热诚欢迎新老客户惠顾。
地址：四川省成都市新津县花源镇官林村
邮　编：611432
法　人：潘光和
Tel：028－82410034
Fax：028－82410034

**成都市贝尔特橱柜制造厂**
地址：四川省成都市金牛区洞子口陆家9组
负责人：夏时朴
Tel：028－68140518

**金牛区深川富丽装饰材料经营部**
地址：四川省成都市金牛区洞子口乡陆家村2组
负责人：田韦卿
Tel：13076080176

**广元市茂翔建筑材料有限公司**
业务：建筑材料生产销售
地址：四川省广元市利州区凤翼路8号
负责人：费世凯　邮　编：628000
法　人：费世凯
Tel：0839－3223769

**成都量力华星管件有限公司**
地址：四川省成都市金牛区洞子口友联村量力钢材物流中心3区5排28号
负责人：张杰
Tel：028－83121377

**四川省振龙装饰有限公司**
业务：本公司创建于1991年，主要从事室内装饰装修、建筑智能化工程和计算机房工程的设计和施工、我们的努力就是你们的微笑为前提。力争做到更好！
地址：四川省成都市一环路北二段62号2－301号
负责人：刘来龙　邮　编：610081
Tel：028－86243729
83189178
Fax：028－83189178
网址：www.mtw52141.chinapyp.com
E-mail：cdzhenlong2009@163.com

**成都市天祥建材经营部**
地址：四川省成都市金牛区洞子口贮木场四川大西南建材城4厅2－6号
负责人：吴茂林
Tel：028－85960551
13882202469

**成都市富贸建材有限公司**
地址：四川省成都市金牛区二环路北三段191号1栋2层68－73号
负责人：刘蓉
Tel：13808078299

**成都宏大装饰工程有限公司**
地址：四川省成都市金牛区二环路北三段388号
负责人：李涛
Tel：028－83387758

**四川省南部县海信房地产开发有限公司阆中分公司**
业务：房地产开发、物业管理
地址：四川省阆中市七里新区塔山路18号
负责人：张凤林　邮　编：637000
Tel：13990746111
13890887577

**四川省崇州市隆兴建筑工程公司**
业务：四川省崇州市隆兴建筑工程公司一家从事房屋建筑工程总成包的企业，公司自创建以来，始终坚持"质量为本、信誉第一、用户至上、精心施工"的企业宗旨，为文明城市的建设和社会各界竭诚服务，创造出企业更加辉煌灿烂的明天！
地址：四川省崇州市隆兴镇府青路
邮　编：611230
法　人：郑怀强
Tel：028－86547588
Fax：028－86547588

**成都易禾景观工程设计有限公司**
地址：四川省成都市金牛区二环路北一段111号24－2－25号
负责人：赵存忠
Tel：028－88198971

**四川林亭草园生态工程有限公司**
地址：四川省成都市金牛区抚琴街15号
负责人：宿跃华
Tel：13808015192

**金牛区鹏洁木材商店**
地址：四川省成都市金牛区府河桥市场建材第五交易区3－48号
负责人：刘大东
Tel：028－83197266
13908172141

**大竹县远鸿商混实业有限公司**
业务：大竹县远鸿商混实业有限公司成立于2006年，专业从事房地产开发、工程建设、园林绿化、物业管理、商品混凝土生产与经营，公司始终坚持"信誉第一，服务至上"的宗旨，热诚欢迎广大客户光临惠顾。
地址：四川省达州市大竹县竹阳镇高峰村
负责人：戴光友　邮　编：635100
法　人：戴光友
Tel：0818－6106577

**四川省泸州散装水泥粉磨站**
业务：水泥生产与销售
地址：四川省泸州市泸县天兴镇田坝村
负责人：胡焱基　邮　编：646000
法　人：胡焱基
Tel：0830－8365555
15309082111

**金牛区宏易建材经营部**
地址：四川省成都市金牛区府河桥市场建材交易五区A－15、16号
负责人：徐江
Tel：028－81272909

**成都鑫浩瀚木业有限公司**
地址：四川省成都市金牛区付家村2组
负责人：胡洪亮
Tel：13808087435

**四川丽景房产经纪有限公司**
地址：四川省成都市金牛区化成街10号
负责人：李飞
Tel：028－89606199

**渠县砂石场**
业务：渠县砂石场成立于1982年，主要生产销售河砂、石子砂、机制砂等。公司凭着"可靠的产品质量、现代化的经营理念、完善的售后服务"赢得广大客户的信赖，我公司愿以真诚专业的服务与客户朋友建立合作，共同发展。
地址：四川省达州市渠县渠江镇渠光路东一段
邮　编：635200
法　人：向久长
Tel：0818－7327121
Fax：0818－7206666

**绵阳市今昔装饰设计工程有限公司**
业务：家居、店铺、办公、商业空间装饰施工
地址：四川省绵阳市涪城区桃园街190号峻峰金岸
负责人：顾海清　邮　编：621000
法　人：顾海清
Tel：18981101276
15882868966
0816－2336006
Fax：0816－2347006
网址：http://www.51zzt.com/user/zzt36118

**四川大西南金新元建筑安装工程有限公司**
地址：四川省成都市金牛区黄忠西街6号1幢2单元2楼2号
负责人：娄高
Tel：028－87563608

**成都富豪装饰建材有限公司**
地址：四川省成都市金牛区火车北站府河桥市场4区1号
负责人：陈志勇
Tel：13340995958

**成都因宜物业管理咨询有限公司**
地址：四川省成都市金牛区交大路256号4幢2单元102室
负责人：刘小惠
Tel：028－87686980

**宣汉县忠信房地产开发有限公司**
业务：宣汉县忠信房地产开发有限公司成立于1999年，主要从事房地产开发经营，欢迎有意之士前来光临惠顾。
地址：四川省达州市宣汉县东乡镇石岭路104号
负责人：张自斌　邮　编：636100
法　人：张自斌
Tel：0818－5205989

**西昌天正建设工程有限责任公司**
业务：承接道路桥梁、市政工程等
地址：四川省西昌市张家屯凉钢干休所
负责人：雷喻天　邮　编：271000
法　人：雷喻天
Tel：13882439666

**金牛区锐鑫建材经营部**
地址：四川省成都市金牛区金府钢材机电城二交易区36区6号
负责人：周锐
Tel：028－87630387

**成都市金牛区伸阳装潢材料经营部**
地址：四川省成都市金牛区金府路218号金府五金机电城
负责人：范东富
Tel：028－87620502

**成都万申装饰工程有限公司**
地址：四川省成都市金牛区金府路503号
负责人：钟琪
Tel：13308069318

**沈玻璃工艺磨边厂**
业务：本公司成立于1993年，主要加工销售玻璃。欢迎新老客户光临惠顾！
地址：四川省德阳市舟山街60号
负责人：沈仕建　邮　编：618000
法　人：沈仕建
Tel：0838－2304988
2305409

**利达石材销售部**
地址：四川省成都市金牛区金府石材城3幢4－6号
负责人：阮自能
Tel：028－87511318
13982113830

**巨龙艺术装饰材料厂**
地址：四川省成都市金牛区金牛乡
负责人：王椅
Tel：028－68025848
87514908
13308045168

**成都市金牛区嘉利成功石材经营部**
地址：四川省成都市金牛区金牛乡涧漕河村5组
负责人：李加耀
Tel：028－87502828

**都江堰市航洲美尔乐玻璃制品厂**
业务：都江堰市航洲美尔乐玻璃制品厂成立于2003年，主要生产各种全钢化玻璃卫生洁具。质量第一，服务到位，欢迎新老客户来电洽谈业务。
地址：四川省都江堰市石羊镇清平村二组
邮　编：611838
法　人：沈荣军
Tel：028－87163099
Fax：028－87163099

**东星石材经营部**
地址：四川省成都市金牛区金牛乡涧潮村
负责人：吴火箭
Tel：028－87508822
13980709168

**成都情川花语园林绿化有限公司**
地址：四川省成都市金牛区金牛乡郎家村2组
负责人：杨鑫友
Tel：028－80895212

**自贡市洪鑫燃气有限公司**
业务：天然气销售、安装；燃气灶、热水器销售
地址：四川省自贡市贡井区长土镇镇政府内
负责人：李洪斌　邮　编：643000
法　人：李洪斌
Tel：13990025555
0813－3200588

**成都市好家好房地产代理有限公司光荣店**
地址：四川省成都市金牛区金沙路16号
负责人：刘准验
Tel：028－80618883

**武胜县川泰装饰有限责任公司**
业务：武胜县川泰装饰有限责任公司成立于1995年，从事室内外装饰装修，欢迎新老客户来电洽谈业务！
地址：四川省广安市武胜县沿口镇振兴路
负责人：何永斌　邮　编：638400
法　人：何永斌
Tel：0826－6232886

**成都单行道房地产经纪有限公司光荣经营部**
地址：四川省成都市金牛区金沙西巷40号明苑西区
负责人：张杰
Tel：028－89921587

**成都市合达创展房地产营销代理有限公司**
地址：四川省成都市金牛区金鱼街175－265号3幢3号
负责人：李泽云
Tel：028－81071170

**成都木易装饰工程有限公司**
地址：四川省成都市金牛区金周路628号
负责人：杨启文
Tel：028－89636708

**广安浩浪建设工程有限公司**
业务：广安浩浪建设工程有限公司承包各种建设工程，量质保证，热忱欢迎新老客户来电洽谈业务。
地址：四川省广安市岳池县九龙镇园田路下段483号
负责人：柏森　邮　编：638000
法　人：柏森
Tel：0826－5233333
网址：www.mtw28985.chinapyp.com

**成都巨量建材有限公司**
地址：四川省成都市金牛区九里堤北路52号1区20厅50号

负责人:唐正华
Tel:13219051928

**成都家美居房产置换有限公司**
地址:四川省成都市金牛区九里堤南路 68 号附 3 号
负责人:熊定权
Tel:028－88844383

**金牛区爱康建材经营部**
地址:四川省成都市金牛区九里堤南路 78 号
负责人:崔保强
Tel:13308228638

### 青川县上马建材有限公司
业务:青川县上马建材有限公司位于川甘陕三省交接地区,生产经营强应力空心板,电杆,涵管及其它水泥制品,销售各类建筑,装饰材料。企业产品执行国家标准生产,经销。产品质量合格,多年来得到用户良好的认知与好评。
地址:四川省广元市青川县板桥乡上马村
邮 编:628105
法 人:王生勇
Tel:0839－7401126
Fax:0839－7401126
网址:www.scsm.chinapyp.com

**丰盈装饰材料经营部**
地址:四川省成都市金牛区九里堤生产资料交易市场 3 栋 16 号
负责人:王坤
Tel:028－87633513
13808083722

**成都干道百通物业公司物业管理部**
地址:四川省成都市金牛区马家花园 1 号
负责人:高春惠
Tel:028－87686473

**泰兴市苏鑫建筑安装工程有限公司成都分公司**
地址:四川省成都市金牛区内化成营康路 1 号 2 栋 2 单元 4 楼
负责人:叶正华
Tel:028－87798608

### 青川县木鱼镇建兴机砖厂
业务:本厂成立于 1985 年,主要经营土砖、页岩砖。建兴机砖厂在过去的十多年中,以先进的技术、优良的品质,为砖产业开创了一片新天地。竭诚欢迎新老客户前来选购!
地址:四川省广元市青川县木鱼镇
负责人:高世兴……邮 编:628110
法 人:高世兴
Tel:0839－7402651

**成都市创典玻璃工程有限公司**
地址:四川省成都市金牛区平福路 124 号附 6 号
负责人:张孚斌
Tel:13980950506

**成都欧泰铁艺装饰有限公司**
地址:四川省成都市金牛区青羊西路一巷 5－3－1 号
负责人:刘海
Tel:13060027858

**金牛区永和装饰材料经营部**
地址:四川省成都市金牛区全兴路 16 号
负责人:廖绍杰
Tel:13708170528

### 乐山市长盛工程建设投资有限公司
业务:我公司成立于 2006 年,承接机械工程、建筑工程、道路建设、汽车运输及租赁服务、我公司坚持以诚为本、以诚为信的宗旨竭诚为广大客户服务。
地址:四川省乐山市犍为县玉津镇桂花街 224 号
负责人:彭湘富……邮 编:614400
法 人:0833－2920368

**成都兴源瑞丰装饰材料有限公司**
地址:四川省成都市金牛区全兴路 2 号 9 栋 17 号
负责人:吴杰泓
Tel:13880578366

**成都守信人家房产经纪有限公司**
地址:四川省成都市金牛区沙湾东一路 2 号
负责人:潘勤
Tel:13885603773

**成都上舍装饰设计工程有限公司**
地址:四川省成都市金牛区蜀汉路 189 号采灏美的生活美妆城 5 楼
负责人:杨永楷
Tel:13880894001

### 乐山市科恒营销策划有限公司
业务:科恒营销策划有限公司成立于 2006 年,专业房地产营销策划,室内外装饰装修,欢迎新老客户来电洽谈业务!
地址:四川省乐山市中心城区天星路锦绣公寓
负责人:潘剑东……邮 编:614000
法 人:潘剑东
Tel:0833－2432229
网址:mtw50862

**玉康建材有限公司**
地址:四川省成都市金牛区蜀汉路 289 号
负责人:陈开云
Tel:13908005513

**成都凯远流体控制工程有限公司**
地址:四川省成都市金牛区蜀汉路 289 号锦城苑商厦 A 座 605 室
负责人:戴富林
Tel:13808041452

**成都春祥建材有限公司**
地址:四川省成都市金牛区蜀汉路 526 号
负责人:张青春
Tel:028－87527722

**铁二局机械租赁公司新兴金属门窗厂**
地址:四川省成都市金牛区天回镇
负责人:刘章明
Tel:028－83571906
13808081800

### 西昌市金茂实业有限公司
业务:西昌市金茂实业有限公司成立于 2004 年,主要生产销售预应力混凝土电杆,水泥制品,经销水泥、建筑材料、通讯器材等。
地址:四川省凉山彝族自治州西昌市礼州镇田坝村七组
邮 编:615014
法 人:黄德翠
Tel:0834－3800430
Fax:0834－3800430

**成都林安元木业有限公司**
地址:四川省成都市金牛区天回镇杜家碾村 7 组
负责人:米本林
Tel:13982092788

**金德管业集团有限公司成都分公司**
地址:四川省成都市金牛区通锦路 16 号中铁二局大厦 4 楼
负责人:张澎
Tel:028－87667270

**成都焦点房产经纪有限公司**
地址:四川省成都市金牛区同和路 53 号
负责人:郭显云
Tel:028－88848027

### 泸州天韵瓷业有限公司
业务:泸州天韵瓷业有限公司成立于 2006 年,生产地面砖,质量可靠,价格合理,欢迎新老客户来电洽谈业务。
地址:四川省泸州市龙马潭区安宁镇
负责人:李全清……邮 编:646608
法 人:许多轩
Tel:0830－2665111
2666526

**成都市金牛区智敏建材经营部**
地址:四川省成都市金牛区同善路 99 号
负责人:蓝维刚
Tel:13980583963

**成都市有作物业管理有限公司**
地址:四川省成都市金牛区五块石蓉北商贸大道一段 39 号
负责人:代秀珍
Tel:13982071733

**四川垒石建设项目管理有限公司**
地址:四川省成都市金牛区一环路北四段 112 号
负责人:乔维东
Tel:13882126918

### 泸州市龙马潭区旭斗门业装饰工程部
业务:泸州市龙马潭区旭斗门业装饰工程部成立于 2003 年,主要销售自动门、伸缩门、铝合金门窗、塑钢门窗、防火防盗门等。"质量保证,服务周到",热诚欢迎您的光临惠顾!
地址:四川省泸州市龙马潭区龙南路荣平阁 14 号
负责人:刘昌海……邮 编:646000
法 人:刘昌海
Tel:0830－2503090
Fax:0830－2503090

**成都市景雅装饰材料有限公司**
地址:四川省成都市锦江区东风路 27 号 4 楼 402－405 号
负责人:徐艳
Tel:13882066708

**四川东方人家房地产经纪有限责任公司东怡店**
地址:四川省成都市锦江区东怡街 56 号附 15 号 1 幢 9 号
负责人:汪洋
Tel:028－84414003

**成都福格建筑装饰有限责任公司**
地址:四川省成都市锦江区二环路东四段 93 号
负责人:余彦
Tel:028－86613843

### 泸州龙脑建筑工程有限公司
业务:泸州龙脑建筑工程有限公司成立于 2005 年,从事工业与民用建筑,土石方工程,消防防火,公路,桥梁,水电安装,各种金属结构及彩构制品设计,制作,销售,安装,铝合金及设备以及制品安装,建筑机器租赁,销售建筑材料.
地址:四川省泸州市龙马潭向阳路 3 号楼
负责人:肖开辉……邮 编:646000
法 人:肖开辉
Tel:0830－2572680

**成都聚缘房地产营销策划有限公司**
地址:四川省成都市锦江区公平巷 23 号 2 栋 4 单元 1 楼 2 号
负责人:朱富贵
Tel:13030066606

**锦江区科瑞园艺场**
地址:四川省成都市锦江区三圣乡红砂村
负责人:张洪平
Tel:028－85505603
13881749692

**三美石材厂**
地址:四川省成都市郫县犀浦镇福隆市场昌隆街 2 号
负责人:周志勇
Tel:028－87842518
13072807579

### 四川省泸县潮河建筑工程有限公司
业务:四川省泸县潮河建筑工程有限公司成立于 1980 年 1 月,本公司是一家专业房屋总承包企业。房屋建筑总承包贰级,我们力造"形象美、品位高"的优质建筑,为城市建设提交满意答卷。
地址:四川省泸州市泸县潮河镇桂兴路 2 段
邮 编:640108
法 人:韩朝全
Tel:0830－8343259
Fax:0830－8343259

**林盛未来木门**
地址:四川省成都市青白江区弥牟镇国光村 2 组
负责人:张林
Tel:028－83676008
83675118
13908054795

**兵兵玻璃经营部**
地址:四川省成都市青羊区苏坡乡培风村三组
负责人:钟兵
Tel:028－87461919
88828008

### 自贡中兴建业有限公司
业务:自贡中兴建业有限公司位于四川省自贡市汇东新区汇西路鹰大花苑 B1－1 号,公司专业从事房屋建筑工程,是一支强硬的施工劲旅。
地址:四川省自贡市汇东新区汇西路鹰大花苑 B1－1 号
邮 编:643000
法 人:罗正智
Tel:0813－8261928
Fax:0813－8261928
网址:http://zgzx.chinapyp.com

**成都市双流县华阳二江新型建材厂**
地址:四川省成都市双流县华阳镇红瓦村 7 社
负责人:万明洪
Tel:028－85768176
13518127695

### 四川省泸州红旗钢模厂
业务:本厂是西南地区生产定型组合钢模二十多年的企业,系用 GBJ214－8 精心制造,自建厂以来,我厂本着"以信誉求生存,以质量求发展"的宗旨,为省内外客户提供了大量的优质建筑模板,得到了新老客户的一致好评。欢迎来电垂询!
地址:四川省泸州市泸县加明镇
负责人:代高其……邮 编:646128
法 人:代高其
Tel:0830－8282218

**鑫科装饰工程部**
地址:四川省成都市双流县文星镇光电所内
负责人:赵扬全
Tel:028－85101112
13980666340

**庆云沙石运销场**
地址:四川省成都市双流县西安路 108＃千喜公寓 4 幢 1 单元 1 号
负责人:陈述双
Tel:028－82641907
13908088559

### 自贡市齐星装饰材料有限公司
业务:本公司是一家专业经营各类装饰材料公司,经营各类国产进口墙纸,高中挡装饰面板,金属天花,异型天花,木工板,石膏板,砂棉板,吊顶龙骨,配件等。
地址:四川省自贡市汇东华立装饰城 1 楼大棚区
负责人:苏宗培……邮 编:643000
Tel:0813－8211620、
Fax:0813－8203939
E-mail:yaoliuyi369@sing.com

**成都双流永安彩砖厂**
地址:四川省成都市双流县永安镇南通路 169 号
负责人:付前荣
Tel:13096332842

**成都市武侯区建辉建材经营部**
地址:四川省成都市武侯区大石西路 195 号
负责人:杨建辉
Tel:028－88183463
13183898959

### 叙永县分水镇鱼洞采石厂
业务:叙永县分水镇鱼洞采石厂成立于 2003 年,主要经营砂石、砂砖、石粉,本厂服务宗旨:质量第一,信誉第一。诚信地为客户提供优质产品、优质服务,竭诚欢迎各界朋友光临加盟叙永县分水镇鱼洞采石厂。
地址:四川省泸州市叙永县分水街邮电局
负责人:陈浪……邮 编:646407
法 人:陈浪
Tel:0830－6955348

**新艺装饰工程部**
地址:四川省成都市武候区金花镇金履路 275 号
负责人:范瑞强
Tel:028－85365413
13708188339

**渠县砂石场**
地址:四川省达州市渠县渠江镇渠光路东一段
负责人:向久长
Tel:0818－7327121
13808244866

### 宜宾佰川房地产开发有限责任公司
业务:宜宾佰川房地产开发有限责任公司主要经营房地产开发,欢迎新老客户来电来函洽谈业务。
地址:四川省宜宾市南溪县南溪镇青龙村四社
负责人:钟林……邮 编:644100
法 人:钟林
Tel:0831－3321299

**岷江新型建材有限责任公司**
地址:四川省都江堰市金凤乡银杏村
负责人:刘春云
Tel:13320998518

### 仁寿县创新竹模板有限公司
业务:本公司成立于 2005 年,主要生产销售建筑模板、桥梁模板。热忱欢迎广大客户来电洽谈业务!
地址:四川省眉山市仁寿县文林镇三圣村二组(上马桥)
负责人:安昌明……邮 编:612500
法 人:安昌明
Tel:0833－6359565
Fax:0833－6203036

**青川县竹园镇龙泉石英砂厂**
地址:四川省广元市青川县竹园镇白沙
负责人:刘英蓉
Tel:0839－7602132
13990176396

**乐山市沙湾顺安石灰石矿厂**
地址:四川省乐山市太平镇罗一村
负责人:冯家文
Tel:0833－3449167
13350502470

### 宣汉县阳春物业有限公司
业务:宣汉县阳春物业有限公司主要从事物业管理、房地产开发,阳春物业始终坚持以客户满意为先导,以目标管理为核心,以基础管理、质量管理为两翼,促进并带动各项经营管理工作。
地址:四川省宣汉县东乡镇新桥沟(原酒厂)
负责人:张仲春……邮 编:636150
法 人:张仲春
Tel:0818－5226386
E-mail:shihaiqing@163.com

**眉山市东坡区宏运广告装饰工程部**
地址:四川省眉山市大北街 533 号
负责人:田卫军
Tel:13990320492

### 绵阳市西南明珠钢球厂
业务:本公司成立于 1993 年,是一家专业生产耐磨铸球的个人独资企业,主要是为水泥、矿山、热电、磷化工等行业配套生产及设计各种规格和型号的高、中、低铬钢球、钢锻、锤头及护板等设计与加工为一体的企业。经四川双马水泥集团及宁夏赛马水泥集团等一些国内知名企业使用后效果证明我厂产品已达到国内同类产品先进水平。
地址:四川省绵阳市安县河清镇保华村
负责人:韦明虎……邮 编:622658
法 人:邱长发
Tel:0816－4563099

**开泰特种玻璃门市部**
地址:四川省绵阳市涪城区临园西段 6 号
负责人:王飞
Tel:0816－62100003
13035660426

### 叙永县头塘建材厂兴隆分厂
业务:本厂成立于 1994 年,主要生产水泥砖、水泥板。竭诚欢迎新老客户来电洽谈业务!
地址:四川省叙永县兴隆乡兴隆街村
负责人:姚华刚……邮 编:646400
法 人:姚华刚
Tel:0830－6711036

**绵阳市涪城区兴茂木业制板厂**
地址:四川省绵阳市涪城区新皂镇皂角铺
负责人:文代兴
Tel:0816－2563419
13708123480

**绵阳市通泰建材有限责任公司**
地址:四川省绵阳市游仙区游仙镇游仙东路
负责人:张翠丽
Tel:0816－2284898

### 平武县响岩建材经营部
业务:平武县响岩建材经营部于 2005 年 8 月成立,专业经营建材。我们将以优良的产品、低廉的价格、热情的售后服务欢迎新老用户来人、来电洽谈业务.
地址:四川省绵阳市平武县响岩镇清水村五组
邮 编:622555
法 人:田友祥
Tel:0816－8869253

**东兴区欣亿碎石厂**
地址:四川省内江市东兴区新江街道清流十一队
负责人:李林

………………………… Tel:0832—2613842
13508057861

**遂宁市邦威建筑防水工程有限公司**

业务：遂宁市邦威建筑防水工程有限公司主要承接建筑、防水工程，内外墙涂装，生产销售内外墙腻子粉、克漏王防水剂。我们将用最好的材料质量、最好的施工质量和最好的服务质量来回报新老客户对我公司的支持与厚爱。

地址：四川省遂宁市遂州中路 600 号

………………………… 邮　编:629000

………………………… 法　人:伍贤沛

………………………… Tel:0825—6863475

………………………… Fax:0825—5801515

**坪川干磨复粉厂**

地址：四川省攀枝花市西区新庄八社

………………………… 负责人:李昌文

………………………… Tel:0812—5910062
13980341897

**彭州九陇镇页岩砖厂**

地址：四川省彭州市九陇镇石牛村八组

………………………… 负责人:夏兴洪

………………………… Tel:13183817588

**城家良预制构件厂**

业务：城家良预制构件厂成立于 2001 年，从事预制构件的生产及销售。欢迎新老客户来人来电咨询，洽谈。

地址：四川省绵阳市游仙区魏城镇牌坊村 6 组

………………………… 邮　编:621000

………………………… 法　人:陈仕得

………………………… Tel:0816—2744366

**邛崃市金橙绿顺环保轻质建材有限公司**

业务：邛崃市金橙绿顺环保轻质建材有限公司成立于 2003 年，主要从事异型墙板、内隔墙板、L 型墙板、T 型墙板的生产安装，公司可根据客户来图进行生产。热诚欢迎新老客户惠顾。

地址：四川省邛崃市南君平乡大林村

………………………… 邮　编:611530

………………………… 法　人:刘崇英

………………………… Tel:028—88700711

………………………… Fax:028—69101438

**遂宁市林海化工建材有限公司**

地址：四川省遂宁市南京路 171 号

………………………… 负责人:卢海军

………………………… Tel:0825—2638068
13882501862

**四川东盛建设有限责任公司**

业务：四川东盛建设有限责任公司成立于 1963 年，主要从事建筑工程总承包。我公司将秉承“开拓、诚信、务实、求精”的企业精神和经营理念，以“规范管理、过程控制、严格打造、顾客至上、持续渐进”为宗旨，为内江建设塑造建筑精品。

地址：四川省内江市沿江路 139 号(一层第 8 — 节 13 间)

………… 负责人:赵胜利……邮　编:641000

………………………… 法　人:谢鹏

………………………… Tel:0832—2108855

………………………… Fax:0832—2110288

………… 网址:www.mtw30858.chinapyp.com

**盐边县华丽家私装璜装饰经营部**

业务：盐边县华丽家私装璜装饰经营部成立于 1992 年，主要从事房屋装饰装修，家具、办公用品经营，欢迎新老客户光临惠顾。

地址：四川省攀枝花市盐边县西华南路 207 — 211 号

………… 负责人:吴杰文……邮　编:617100

………………………… 法　人:吴杰文

………………………… Tel:0812—8657890

**南充宏城建筑工程有限责任公司**

业务：南充宏城建筑工程有限责任公司成立于 2000 年，具备独立承担中高层建筑工程、装饰工程、道路工程、预制构件、大型土石方及隧洞工程的施工经验和能力。具备房屋建筑工程施工总承包二级；水利水电施工总承包三级；装饰装修专业承包二级。

地址：四川省南充市顺庆区西河南路 280 号

………………………… 邮　编:637000

………………………… 法　人:冉启枰

………………………… Tel:0817—2188338
2812176

………………………… Fax:0817—2812179

**甘孜州海螺沟风景区辰龙建筑劳务服务有限责任公司**

甘孜州海螺沟风景区辰龙建筑劳务服务有限责任公司是一家专业从事建筑劳务、民用爆破服务、建材销售的企业。

公司自成立以来，一直秉承“顾客至上，锐意进取”的经营理念，坚持“客户第一”的原则为广大客户提供优质的服务。

欢迎广大客户惠顾！

联系人：姚代辉

电话：0836-3266381　13990489649

邮编：626102

地址：四川省甘孜藏族自治州泸定县磨西镇中街

**广安万达装饰广告工程有限公司**

GUANG AN WANDA DECORATION ADVERTISING ENGINEERING CO.,LTD

广安万达装饰广告工程有限公司是一家集室内外装饰、广告策划、设计、制作、发布为一体的综合性公司。

公司成立于2006年3月，注册资本50万元人民币。

公司成立以来，通过公司领导和全体员工不懈努力，已拥有批忠实客户，并成功动作完成了一系列装饰工程及商业广告策划，在装饰广告行业中独树一帜！

创造经典　扩展未来

地址：四川省广安市岳池县大西街下段金土地27号　邮编：638

广元大业能源发展有限公司主营煤炭、轻质碳酸钙系列产品、针纺织床上用品。

为消费者服务，让消费者放心是我们企业的宗旨。

热忱欢迎广大客商来人来电垂询，共同拓展国内外市场。

**广元大业能源发展有限公司**

联系人：袁光林　13881218468

电话：0839-4024570　8722655　电子邮件：DY2007@163.com

地址：四川省广元市元坝工业集中区　邮编：628000

**巴中市巴山友来门窗有限公司**

巴中市巴山友来门窗有限公司自成立以来，本公司专业从事玻璃门窗的生产、销售及安装。

公司秉承“顾客至上，锐意进取”的经营理念，坚持“客户第一”的原则为广大客户提供优质的服务。欢迎惠顾！

联系人：魏登军

电话：0827-5555628

邮编：636006　传真：0827-5555628

地址：四川省巴中市巴州区回风大道苗圃 2 号楼

**成都兴民鲜盆花股份有限公司**

成都兴民鲜盆花股份有限公司（简称成都兴花公司）是成都市首家专营鲜盆花的股份公司。公司成立于2002年，本公司主营各种季节鲜盆花，各种绿化苗木，草皮等，主要做批发业务，兼营零售，承包各类绿化项目工程。欢迎各经销商现场参观、洽谈、联系，共谋发展。

联系人：韩易风

电话：028-87975818　13388173188

地址：四川省成都市郫县新民场镇

邮编：611730

**德顺花岗石厂**

德顺花岗石厂成立于1995年，是一家较具规模的石材生产加工型企业。产品包括花岗岩、大理石（墙贴、地板用）等。

“质量第一，信誉至上”是我厂的宗旨，您的光临及您的指导，永远是检验我厂品质的标准和动力。

联系人：曹德清　13038117555

电话：0830-2500523

地址：四川省泸州市龙马潭区 5 9 公里　邮编：646000

**广元市万科建筑有限责任公司**

广元市万科建筑有限责任公司从事建筑工程、装饰、市政工程等。

欢迎各界朋友莅临广元市万科建筑有限责任公司指导和业务洽谈。

联系人：熊得富

电话：0839-3246281　13808121097

地址：四川省广元市蜀门北路福兴家园17号

邮编：628017

**桂花房地产综合开发有限公司**

桂花房地产综合开发有限公司成立于1994年，本公司专业从事房地产开发、物业管理、建筑建材销售。公司秉承“顾客至上，锐意进取”的经营理念，坚持“客户第一”的原则为广大客户提供优质的服务。欢迎惠顾！

联系人：陈世明

电话：0833-5052439　5053288　传真：0833-5052439

地址：四川省峨眉山市桂花桥镇　邮编：614218

禹州市瑞华实业有限公司

从事建材销售的企业

电话：0374－8862633

地址：河南省许昌市禹州市火龙镇老官陈村



## 宏程美工装饰部

宏程美工装饰部主要从事美工制作服务。

我们秉承“顾客至上，锐意进取”的经营理念。

坚持“客户第一”的原则为广大客户提供优质的服务。

欢迎广大客户惠顾！

联系人：袁红成 电话：028－88892386

地址：四川省成都市金牛区同善路99号1幢4单元C2号 邮编：610031

## 马尔康嘉绒藏式装饰有限公司

马尔康嘉绒藏式装饰有限公司从事藏式室内外装修装饰，以质量求生存，信誉求发展，欢迎新老客户来电洽谈业务！

电话：0837-8665365 联系人：田革新

地址：四川省阿坝藏族羌族自治州马尔康县城区老车站旁乡巴拉商城三栋一楼

## 洪雅县建远木材加工厂

洪雅县建远木材加工厂成立于2006年，从事木材加工，木墙板和指接板等产品生产销售，以质量求生存。

欢迎新老客户来电洽谈业务！

电话：0833－7562128

邮编：620360

地址：四川省眉山市洪雅县迎宾路4－2号

联系人：赵云

## 绵阳地区旭东装饰材料经营部

绵阳地区旭东装饰材料经营部主要经营铝型材、铝合金塑钢配件、各种门窗胶条、玻璃胶、中性耐火胶等。

我经营部以“质量至上，诚信为先”为经营理念，以最大的热情和诚意为您提供满意的服务。

联系人：刘登辉

电话：0816－2361821 13088271027

邮编：621000

地址：四川省绵阳市三汇路三汇五金机电市场3栋8号

## 金冠超细微粉制品有限责任公司

金冠超细微粉制品有限责任公司成立于2008年，主要从事废煤灰、矿粉等建筑用超细微粉的生产销售。我公司秉承“质量第一，客户至上”的原则，竭诚为您提供最优质的产品，欢迎您的来电！

联系人：孙胜平

手机：13700936818 电话/传真：0833-5572049

地址：四川省峨眉山市乐都镇顺江四组 邮编：614200

## 彭山县华丽污水处理有限公司

彭山县华丽污水处理有限公司成立于2007年，是一家专门从事水污染处理的企业。

我们始终坚持“质量是企业的生命线，市场是企业发展的血液”的宗旨，全心全意打造本行业的标兵企业。

电话：0833－7670627

联系人：宋利华

邮编：620864

地址：四川省眉山市彭山县观音镇曾家村一组

## 金明市政建设绿化工程部

金明市政建设绿化工程部成立于1998年，本部专业从事市政建设改造、绿化工程施工、旧房拆迁、河道疏通业务。

我们本着“做放心工程”的原则，注重细节的完美，立志为美化城市做贡献！

联系人：倪天明 13708086496

电话：028－88882777

邮编：610000

地址：四川省成都市青羊区石人中巷1单元4楼13号

## 坪川干磨复粉厂

坪川干磨复粉厂于2002年建厂，主导产品是双飞粉，滑子粉和重质碳酸钙等建筑材料，我厂以“质量求生存，信誉求发展”为办厂宗旨，竭诚为您提供优质的产品和满意的服务！

联系人：李昌文

电话：0812－5910062、13980341897

地址：四川省攀枝花市西区新庄八社 邮编：617000

## 泸州垒鑫建筑装饰有限公司

泸州垒鑫建筑装饰有限公司成立于2005年，本公司专业从事建筑室内外墙装饰、装修；建筑外窗等服务。

公司秉承"顾客至上，锐意进取"的经营理念，坚持"客户第一"的原则为广大客户提供优质的服务。欢迎惠顾！

联系人：蒋永财

电话：0830－3332677 传真：0830－2510818

地址：四川省泸州市蜀泸大道15号 邮编：646100

## 青川县上马建材有限公司

青川县上马建材有限公司成立于1984年，专业从事混凝土预制构件四级制造、销售（凭资质证书经营）；民用建材（不含危险化学品）销售；汽车货物运输服务；免烧砖、瓦制造、销售。

我公司秉承“顾客至上，锐意进取”的经营理念，坚持“客户第一”的原则为广大客户提供优质的服务。

欢迎惠顾！

联系人：王生勇 13981225729 13518320285

邮编：628000

地址：四川省广元市青川县板桥乡上马村

## 什邡市星月建筑劳务有限公司

什邡市星月建筑劳务有限公司成立于2007年12月，主要从事于钢结构、网架、交通设施及不锈钢复合管产品的应用。

“质量第一，顾客至上，诚信守约，开拓创新”是全体员工始终遵循、不懈追求的质量方针和目标。

竭诚欢迎您的参观、指导！

联系人：何理建　13981087738
电话：0838-8604087　8660333
邮编：618400
地址：四川省什邡市师古镇清泉村13组

## 四川明兴建设工程有限公司
## 四川明兴物业管理有限责任公司

本公司从事房地产开发，公路桥梁建设，土木建筑，室内外装修，物业管理等业务。

企业服务宗旨：为社会创造美好生活环境。

联系人：关祖明　电话：0826-2363168　2352168
地址：四川省广安市五福南路383号明兴集团　邮编：638000

## 市中区永安预制构件厂

市中区永安预制构件厂是一家从事混凝土预制构件的生产厂家。公司本着“诚实信用，平等互利”的原则，愿与各地朋友真诚合作！

电话：0832-2675044　联系人：
13118065333　赵康华
地址：四川省内江市市中区永安镇西街83号附1号　邮编：641000

## 四川省金开爆破工程有限公司

金开爆破工程有限公司专业承接爆破工程设计、施工。我公司以质量求生存，以信誉求发展，公司通过超前的规划设计、合理的方案编制、规范的施工管理和有效的后勤保障，做安全放心的工程，欢迎您的来电！

联系人：敬金權
电话：0839-3268085、18980169999
地址：四川省广元市老城柳树林（公安3处宿舍楼）　邮编：628000

## 四川多维雕塑设计研究院

四川多维雕塑设计研究院成立于2003年，本院专业从事城市雕塑、园林雕塑、环境艺术设计、制作、园林绿化设计、制作、装修、室内外装修、工艺品设计、制作。研究院将一如继往，以“三位一体、链接设计”为思想核心，以“时尚的理念、至诚的合作”为服务宗旨，为社会发展与进步做出贡献！

联系人：严永明
电话：028-85072888　13908022998
网址：www.scduowei.com
电子邮件：scduowei@163com
地址：四川省成都市武侯大道城市别墅B—9
邮编：610000

## 四川省巨道机电工程有限公司

是一家专业从事机电工程安装的企业。

欢迎新老客户来电来函咨询，洽谈业务！

联系人：彭伟
电话：0816-3266397
地址：四川省江油市金轮干道1号楼1单元　邮编：621700

## 四川洪雅南林木业有限公司

南林木业位于四川省洪雅城东开发区，背靠川西大森林“瓦屋山”，其资源丰富，环境优雅，洪雅城素有“生态之源”之称。其主导产品为“森都”牌高级淋漆实木地板、柳杉墙板；指接拼板；踢脚线等各种室内装饰材料。南林木业“森都”牌实木产品，用材考究、工艺独特，制作精细，为装饰环境和居家的理想选择。

联系人：李高洪
电话：0833-7490093　13708166848
邮编：620360
地址：四川省眉山市洪雅县洪川镇文路一段

## 四川萬德投資有限公司

四川万德投资有限公司成立于2003年，是一家专门从事房产开发，商品批发与零售，生产机械产品，进出口业务，项目投资的企业，欢迎广大客户来电洽谈业务！

联系人：吴泽民　13378245698
13890750777
电话：0817-6937777　6931111　电子邮件：scwdgs@163.com
地址：四川省南充市仪陇县新政镇琳琅大道中段2号　邮编：637641

## 四川利安钢结构有限公司

四川利安钢结构有限公司成立于2001年，主要从事钢结构工程。“技术力量雄厚，信誉第一，客户至上”，竭诚欢迎您的光临、指导！

邮编：610000
电话：028-87607016
联系人：李天发　13908001268
地址：四川省成都市金牛区金服机电城1幢2楼

## 四川欣兴金属门窗有限公司

四川欣兴金属门窗有限公司成立于2005年，是公安部定点生产防火系列产品的专业厂家。公司本着“用户至上，质量第一”、“重合同，守信用”的宗旨，产品远销国内30多个大中型城市，所生产的钢质复合式防火卷帘、气雾式防火卷帘、木质（钢质）无机复合防火门系列等主要产品的质量在各大城市的标志性建筑中广泛使用，深受客户好评。

电话：028-83571906　13808081800
网址：www.scxxmc.cn　联系人：刘章明
地址：四川省成都市金牛区天回镇一帆大道

## 四川鑫强建筑工程劳务有限公司

四川鑫强建筑工程劳务有限公司从事建筑劳务总承包，桥梁、道路施工等业务。公司秉承"顾客至上，锐意进取"的经营理念，坚持"客户第一"的原则为广大客户提供优质的服务。欢迎惠顾！

电话：028-87527098　手机：13982080589

联系人：吴鑫为

地址：四川省成都市蜀光路15号　邮编：610000

## 宜宾市翠屏区杨柳采石厂

联系人：杨从森

电话：13568101880　0831－3720545

地址：四川省宜宾市翠屏区象鼻镇杨柳村司林组

邮编：644012

## 遂宁市宏胜水泥科技有限公司

遂宁市宏胜水泥科技有限公司是一家专业从事水泥生产与销售的企业。主要产品有P.C32.5、P.C32.5R强度高级水泥。

公司坚持"以质为纲、以诚为本"的经营方针，诚信经营精益求精，高效、准确、快速的满足顾客的需求。在公司管理队伍的领导下，以一流的技术，先进的设备、富有创新而高效的管理，不断地把高品质的产品，最优质的服务提供给广大新老客户．愿与新老客户竭诚合作共同创造美好的明天！

联系人：王宏军　13982598822

电话/传真：0825－5468050

地址：四川省遂宁市蓬溪县火车站经济区　邮编：629100

## 宜宾市铭洁建设工程审图有限公司

宜宾市铭洁建设工程审图有限公司成立于2007年，主要经营市政工程，建设工程审图，房地产咨询服务。

公司秉承"顾客至上，锐意进取"的经营理念，坚持"客户第一"的原则为广大客户提供优质的服务。欢迎惠顾！

联系人：王开富

电话：0831－8204358　13309092310

邮编：644000

地址：四川省宜宾市翠屏区稚房街11号2楼6号

## 通江县春林物业管理有限责任公司

专业从事物业管理服务，对房屋及配套的设施、设备和相关场地的维修、养护、管理、维护，欢迎新老客户来电来函洽谈业务！

联系人：苟春林　电话：0827－7220101

地址：四川省巴中市通江县诺江中路179号　邮编：636700

## 岳池富强物业管理有限公司

岳池富强物业管理有限公司成立于2007年底。专业从事城市住宅物业管理，家政，中介服务。我们将为您提供一流的服务，竭诚欢迎您的惠顾！

联系人：谭宪春　13982607207

电话：0826－5257318　5266618　传真：0826－5266618

地址：四川省广安市岳池县九龙镇玉皇观社区新风路　邮编：638300

## 汶川商旅正诚建材贸易有限公司

汶川商旅正诚建材贸易有限公司成立于2008年。主要从事于建筑用钢材、水泥、五金建材的经营。诚信经营，信誉至上，质量保证，价格合理。热忱欢迎新老客户惠顾。

电话：0837－6332599　6223968

联系人：向志勇

地址：四川省汶川县威州镇新桥村　邮编：623000

## 中太建设集团股份有限公司达州分公司

公司现拥有房屋建筑工程总承包特级，土建总承包一级、市政工程总承包一级、装修装饰工程承包一级、钢结构工程承包一级、机电设备安装承包一级资质。

我们将一如既往地贯彻"建质量一流工程，创名牌企业形象"的企业宗旨，团结奋斗，努力拼搏，科学管理，精心施工，为社会各界奉献更多的优质工程。

联系人：潘小华　电话：0818－2136345

13982890777　13882878811

邮编：635000

地址：四川省达州市通川区大北街华夏对面原乡镇企业局办公室

## 兄弟公司

兄弟公司主要经营五金日杂和室内外装修材料。本着"锐意进取，客户至上"的原则，坚持客户至上的原则，竭诚为客户提供最专业的服务。欢迎惠顾！

联系人：李经理

电话：0838-2365231　8994529　手机：13778214266

地址：四川省德阳市岷山路二段124号　邮编：618000

## 贵州省/Guizhou Province

**安顺市西秀区建材检测中心**

地址：贵州省安顺地区西秀区市府路43号（面粉公司内）

……负责人：孙立

……Tel：0853－3282559

**贵州省安顺开发区新源综合材料加工厂**

地址：贵州省安顺市开发区土桥村

……负责人：刘胜元

……Tel：0853－3627158

13885376851

13595302139

**贵州协同建筑设计有限责任公司**

业务：本公司是集建筑设计、规划设计、施工、监理于一体的大型设计院，隶属贵州省建设厅，下属十多个设计事务所，公司拥有各类注册建筑师、结构师、规划师等若干人，实力强大。

地址：贵州省贵阳市宝山南路30号

……负责人：王湘平……邮　编：550002

……法　人：王湘平

……Tel：0851－5584201

**贵州安顺顺源工程贸易有限公司**

业务：房屋建筑节能施工、节能产品销售、电力物资销售

地址：贵州省安顺市北街茶城1栋3号铺面

……负责人：周伟仪　邮　编：561000

……法　人：周伟仪

……Tel：13885358777

13618535777

**平坝县房地产交易中心**

地址：贵州省安顺市平坝县中山南路房管局大楼

……负责人：张植新

Tel:0853－4224220

**贵州特美科技建材有限公司**
地址:贵州省安顺市开发区迎宾大道(兴伟家具城后门对面)
负责人:邹卫国
Tel:13985708485

**六合页岩砖厂**
地址:贵州省安顺市普定县马宫镇
负责人:李德飞
Tel:0853－8611588
13985730301

**贵州弘盛劳务有限公司**
业务:工程劳务承包,劳务派遣,工程建筑施工,工程技术咨询,装饰设计施工,销售建材、有色金属、化工产品,代理运输业务
产品:建材、有色金属、化工产品
地址:贵州省贵阳市白云区白云中路 61 栋 3 单元 3 号
负责人:熊成东　邮　编:550000
法　人:熊成东
Tel:13678501577
0851－4611577
Fax:0851－4611577

**恒丰水泥厂**
地址:贵州省毕节地区威宁县草海镇人民北路 200 号
负责人:徐银土
Tel:0857－6234688
6288688

## 贵州卢帝亚物业管理有限责任公司
业务:贵州卢帝亚物业管理有限责任公司成立于 2005 年,从事房地产开发,工程建设,钢结构安装,室内外装饰装修,园林绿化等工程
地址:贵州省贵阳市南明区花溪大道北段 168 号
负责人:周华……邮　编:550000
法　人:周华
Tel:0851－8616338
8616582
网址:mtw25411

**毕节市清丰页岩砖厂**
地址:贵州省毕节市长春堡镇清丰村
负责人:王程
Tel:0857－8644268

**宏达建筑工程有限责任公司第二分公司**
地址:贵州省赤水市商业步行街
负责人:陈明华
Tel:0852－2822139
2861222
13984421555

**贵阳盛唐园林绿化有限公司**
地址:贵州省贵阳市安云路 15 号 2 单元
负责人:唐中泽
Tel:13765001147

**贵州金福源建材有限公司**
业务:本公司专业经营建材、钢材、建筑材料、水泥,我们将恪守"以质取胜,真诚服务"的经营理念,以优惠的价格,专业的品质,一流的服务,竭诚欢迎您的光临。
产品:代理销售钢材、水泥
地址:贵州省贵阳市四方河路 1 号山水黔城 7 组团 4 号楼 1 单元
负责人:林雄宁　邮　编:550009
法　人:林雄宁
Tel:0851－5151075
13809406666
Fax:0851－5151076

**贵阳正源房地产开发有限公司**
地址:贵州省贵阳市白云区艳山红镇刘庄街
负责人:郑维才
Tel:13885049283

## 贵阳同辉物业管理有限公司
业务:为广大业主缔造精美色社区,争创一流服务质量、管出一流品牌物业、树立一流企业形象。
地址:贵州省贵阳市南明区体育路 26 号同辉花园
负责人:李光曦……邮　编:550002
Tel:0851－5770609
5755867

**贵阳兴众邦冷气设备有限公司**
地址:贵州省贵阳市白云区云峰大道 7 号
负责人:汤惠
Tel:0851－4610322

**贵州天域园林绿化有限公司**
地址:贵州省贵阳市城基路 18 号针纺大厦 6 层 4 号
负责人:倪岚
Tel:0851－5281279

**贵阳燕兴装饰有限公司**
地址:贵州省贵阳市后巢村郭家寨南明笔山综合养殖场
负责人:范宏波
Tel:13087815290

**贵州祥和古建工程有限公司**
地址:贵州省贵阳市南明区花溪大道北段 163 号(贵州有色大厦 9 楼)

负责人:赵永祥
Tel:13608503549

**先锋门业经营部**
地址:贵州省贵阳市南明区清新巷中段 28 号
负责人:吴海明
Tel:0851－5981824
13885031830

**贵阳小河区鑫磊建材有限公司**
业务:专业生产销售商品混凝土、水泥制品,产品具备品种齐全、质量稳定、绿色环保等特点,公司以质量为保证,以服务为至上,欢迎广大新老客户前来洽谈业务!
产品:各标号商品混凝土,各型号水泥制品
地址:贵州省贵阳市小河区丰报云村
负责人:何忠胤　邮　编:550009
法　人:何忠胤
Tel:0851－8316019
Fax:0851－8316019

## 贵州金阳水电建设监理工程有限公司
业务:公司自成立以来,我们一直秉承"诚信经营、客户至上"的经营理念为广大新老客户提供承担三水利建筑工程、水电工程实施阶段、监理等产品或服务,公司将继续以"以人为本,科技领先,诚信经营,创知名品牌"为宗旨,一如既往为广大新老客户提供可靠的产品,完善的服务,共同发展,共创佳绩,欢迎国内外新老客户光临,互利互惠、携手共进!
地址:贵州省贵阳市南明区新华路 9 号 23 楼 7 室
负责人:丁贵林……邮　编:550002
Tel:0851－5784688

**贵州永祥利房地产开发有限公司**
地址:贵州省贵阳市花溪区花溪镇清溪南路杨柳巷
负责人:周永聪
Tel:13985181653

**贵州景隆房地产开发有限公司**
地址:贵州省贵阳市花溪区霞晖路(静晖花苑)C 幢 1－101 号
负责人:陈美景
Tel:0851－3866688

**贵阳琦鑫建材厂**
地址:贵州省贵阳市花溪区小碧乡小碧村 9 组
负责人:张德贵
Tel:0851－3910068

## 浙江新力门业有限公司贵阳办事处
业务:浙江新力门业有限公司贵阳办事处主要经营防盗门、室内套装门、装甲门;电热电器、五金工具,产品齐全,价格合理,欢迎新老客户光临惠顾。
地址:贵州省贵阳市南明区玉厂路 39 号
负责人:骆章起……邮　编:550007
法　人:骆章起
Tel:0851－5750667

**贵州川东钢结构有限公司**
业务:出售、安装钢结构厂房,活动房,彩钢大棚及相关材料
产品:彩钢瓦、C 型钢、夹心钢、岩棉板
地址:贵州省贵阳市云岩区延安西路瀑布商厦 20 楼 02 号
负责人:宋礼明　邮　编:550000
法　人:宋礼明
Tel:13518514863
0851－5981961
Fax:0851－5981791
网址:www.gzcdgg.cn
E-mail:gzcdggcn@163.com

**贵阳久力建材有限公司**
地址:贵州省贵阳市金阳新区下麦村 880 号
负责人:向国彪
Tel:0851－4613108

**贵州健树室内环境监测技术服务有限公司**
地址:贵州省贵阳市南明区公园南路 9 号 3 单元 1 号
负责人:费文林
Tel:0851－5829289

**贵阳恒福建筑装饰工程有限公司**
地址:贵州省贵阳市南明区花溪大道北段 128 号灵达新苑 C－13－8 号
负责人:金一
Tel:0851－5976511

## 贵州弘翔建筑工程劳务有限责任公司
业务:本公司坚持"优质高效、信誉第一客户至上的宗旨,竭诚为全国客户服务,愿与各界新老朋友、行业同仁真诚合作共创辉煌。
地址:贵州省贵阳市云岩区贵乌路幼育巷 3 号 3 单元 1 层 1 号
负责人:蒋宗华……邮　编:550000
Tel:0851－6773938

**法罗力比力奇(鹤山)水暖设备有限公司贵阳办事处**
地址:贵州省贵阳市南明区花溪大道北段 12 号三联紫欣楼 A 栋 301 房

负责人:伍献强
Tel:0851－5978297

**六盘水市钟山开发区恒大复合材料厂**
业务:锚固材料、水泥外加剂生产企业,集科研、生产、贸易为一体,秉承"以质量求生存,以信誉求发展,以顾客满意为宗旨"的经营理念,愿与建筑行业的各位朋友真诚合作、携手共进!
产品:水泥速凝剂、树脂锚固剂、建筑植筋胶、减水剂
地址:贵州省六盘水市德坞高架桥下
负责人:刘传兰　邮　编:553000
法　人:刘传兰
Tel:0858－8966590
Fax:0858－8966590

**贵州省聚龙建筑装饰设计工程有限公司**
地址:贵州省贵阳市南明区狮峰路 2－1－4 号
负责人:王大照
Tel:13984087339

## 贵州恒翔装饰工程有限公司
业务:贵州恒翔装饰工程有限公司主要从事建筑装饰,装修工程设计及施工,景观设计,建筑装饰材料、五金交电的销售。竭诚欢迎广大客户来我公司洽谈业务,共同合作!
地址:贵州省贵阳市云岩区枣山路 2 号(鸿基馨苑)19 层 8 号
负责人:黄悠震……邮　编:550005
法　人:黄悠震
Tel:0851－8103188
8503555
Fax:0851－8103188

**贵阳美缔装饰有限公司**
地址:贵州省贵阳市南宁区体育路 10 号
负责人:唐永禄
Tel:13312268999

**恒昌物资有限公司**
地址:贵州省贵阳市三林路 100 号
负责人:戴小龙
Tel:0851－6519579
13908511819

**贵州鼎诚房地产开发有限公司**
地址:贵州省贵阳市省府北街 9 号
负责人:张本能
Tel:13985424304

## 贵阳不辞劳动服务有限公司
业务:我公司成立于 2006 年、公司从事建筑施工劳务输出服务等业务、欢迎来电咨询洽谈!
地址:贵州省贵阳市云岩区筑新巷 25 号 1 栋 3 单元 103 室
负责人:汪更生……邮　编:550000
Tel:0851－6770228
Fax:0851－6770228

**贵阳自在天装饰有限公司**
地址:贵州省贵阳市市府路 58 号怡景华庭 6 层 1 号
负责人:刘达强
Tel:13765134359

**岜赖村秀明砂石场**
业务:开采和销售砂石
产品:砂石
地址:贵州省黔西南州望谟县复兴镇岜赖村秀明砂石场
负责人:陈锡刚　邮　编:554200
法　人:陈锡刚
Tel:13648590568

**兴南管件经营部**
地址:贵州省贵阳市乌当区金关钢材市场 C 区 21 号
负责人:肖永茂
Tel:0851－4858198

**贵州资森建筑劳务有限公司**
地址:贵州省贵阳市西湖路 A 栋 2 号
负责人:邵立新
Tel:0851－5930807

## 贵州环洁工贸有限公司
业务:贵州环洁工贸有限公司成立于 2006 年 7 月,是一家生产、销售净水材料——聚合氯化铝的专业企业。产品适用于城市给水、排水、化工、油田冶炼、热电、印染、造纸等工业污水处理领域,是水质净化的理想过滤材料。产品销往全国各地,受到用户的一致好评。
地址:贵州省凯里经济开发区第二工业园区
邮　编:556000
法　人:吴志程
Mobile:13985296298

**贵州息烽仁都建材有限公司**
地址:贵州省贵阳市息烽县永靖镇马当田村龙塘湾组
负责人:汪明刚
Tel:0851－7721268

**贵州力生房地产开发有限公司**
地址:贵州省贵阳市小河区长江路 7 号二栋 503 室
负责人:武国桢
Tel:0851－5895211

**湖南省湘乡市新研建筑工程公司第七工程部**
地址:贵州省贵阳市小河区金竹镇
负责人:谭学锋
Tel:13608568591

## 盘县乐民龙李石材厂
业务:盘县乐民龙李石材厂位于六盘水市盘县乐民镇中海子村,从事石灰石开采、砂石加工、销售。欢迎新老客户来电垂询。
业务:贵州省六盘水市盘县乐民镇中海子村
邮　编:553504
法　人:龙再国
Tel:0858－6817179
Mobile:13158288073

**思南县瓮溪镇宽坪采石场**
业务:砂石、标砖加工及销售
地址:贵州省铜仁地区思南县瓮溪镇
负责人:郑仕华　邮　编:565115
法　人:郑仕华
Tel:13885680911
0856－7531046

**贵州华海门窗有限公司**
地址:贵州省贵阳市小河区桐荫路 43 号
负责人:李海宁
Tel:13984112999

**贵州开磷集团房地产开发有限责任公司息烽分公司**
地址:贵州省贵阳市永靖镇福利桥(原朝晖厂住宅区)
负责人:吴逢镜
Tel:0851－7731175

**贵阳万家房地产咨询有限公司**
地址:贵州省贵阳市云岩区北新区路 3 号 1 单元 9 层 1 号
负责人:单东波
Tel:0851－6506919

**贵阳美通景观建设有限公司**
地址:贵州省贵阳市云岩区金辉大厦六楼 A 座
负责人:张毅
Tel:13984040371

## 石阡县信德房地产开发有限责任公司
业务:本公司成立于 2006 年,主要从事房地产开发、销售建筑材料。
地址:贵州省铜仁地区石阡县汤山镇平桥街 406 号
负责人:杨秀国……邮　编:555100
法　人:杨秀国
Tel:0856－7621196

**贵阳置远房地产评估有限公司**
地址:贵州省贵阳市云岩区陕西路 23 号 3 层
负责人:郑旭
Tel:0851－5828589

**贵州锦泰来绿色产业有限责任公司**
地址:贵州省贵阳市云岩区外环城东路 255 号 2 单元 5 楼附 9 号
负责人:项振宝
Tel:0851－5963585

**万山特区永兴再就业建筑材料厂**
业务:建筑材料、标砖、预制砖、路面砖、建筑用砂
地址:贵州省铜仁地区万山特区万山镇冲脚於泥坝
负责人:钟传清　邮　编:554300
法　人:钟传清
Tel:13885618893

**贵阳美宜佳装饰工程有限公司**
地址:贵州省贵阳市云岩区延安中路 1 号虹祥大厦 22 楼
负责人:杨彦
Tel:13885133819

**贵州滴仕得绿化工程有限责任公司**
地址:贵州省贵阳市云岩区延安中路 40 号
负责人:杨昌模
Tel:13985338896

## 贵州省思南县共和建筑工程有限责任公司
业务:贵州省思南县共和建筑工程有限责任公司成立于 2002 年,主要从事建筑工程施工,建筑工程总承包叁级资质。"诚信为本,信誉第一",热诚欢迎新老客户来电来人洽谈业务,共同合作!
地址:贵州省铜仁地区思南县思唐镇城北街 154 号
负责人:王强……邮　编:565100
法　人:王强
Tel:0856－7226681

**贵阳京贵房地产开发有限公司**
地址:贵州省贵阳市宅吉村世纪园小区 17 栋 3 单元 3 层 1 号
负责人:张韫健
Tel:13985015836

**贵州华福房地产开发有限公司**
地址:贵州省贵阳市中华北路 58 号(华诚凯旋门)7－2 号
负责人:刘斌
Tel:0851－6812610

**富海陶瓷建材经营部**
地址:贵州省贵阳市总后西南物资订购局贵阳办事处 10 号库
负责人:陈章炎

Tel:0851－5799407
13078596388

**永利木材加工厂**
地址:贵州省凯里市榕江县古州镇丰乐村
负责人:裴学喜
Tel:0855－6626366
13985294820

## 铜仁市百盛房地产开发有限公司
业务:本公司成立于 2004 年,主要从事房地产开发、旅游开发、土建工程、装饰工程、市政工程、水电站开发。
地址:贵州省铜仁地区铜仁市东太大道金都大酒店
负责人:洪世军 邮 编:554300
法 人:洪世军
Tel:0856－5930868

## 遵义科能建材有限公司
业务:生产外墙保温材料,外墙保温系统生产销售及施工
地址:贵州省遵义市汇川区董公寺工业区
负责人:田宇 邮 编:563000
法 人:田宇
Tel:13017409090
0852－8218288
8218118
Fax:0852－8218118

**金土地开发有限责任公司**
地址:贵州省凯里市镇远县舞阳镇共和街皮家院
负责人:李帮清
Tel:0855－5715454
13885559977

**六盘水市钟山区石桥马鞍营砂石厂**
地址:贵州省六盘水市(人民路)石桥村
负责人:李仲琴
Tel:0858－8241379

**六盘水美地绿化有限公司**
地址:贵州省六盘水市德坞西宁村聚福园渔村
负责人:喻崇铭
Tel:13985916111

**六盘水渝黔建筑工程有限公司**
地址:贵州省六盘水市凤凰新区怡景小区会所二三四层
负责人:向仁庆
Tel:0858－8693193

## 黔西南州泓伟建材有限公司
业务:黔西南州泓伟建材有限公司成立于 2005 年,经营板材,木材加工销售,欢迎新老客户来电洽谈业务!
地址:贵州省兴义市南环路 226 号
负责人:龙泓志 邮 编:562400
法 人:龙泓志
Tel:0859－8886555
2237333

**康盟工程技术服务有限公司**
地址:贵州省六盘水市康乐北路
负责人:刘晓康
Tel:0858－8238705
13308588788

**六盘水山水环境咨询服务有限公司**
地址:贵州省六盘水市明湖路 44 号(市环保局办公大楼二楼)
负责人:李家珍
Tel:0858－8202228

## 遵义金美建筑防水工程有限公司
业务:装饰装修、设计施工建筑防水,并为厂家代理一系列装饰材料
产品:MN 超弹性防水有材料、超级防雨漆、高品技环保乳胶漆、液体墙纸涂料、不锈钢管材、防盗门卷帘门。
地址:贵州省遵义市汇川区上海路花园商贸城
负责人:王美伦 邮 编:563000
法 人:王美伦
Tel:15085570816
0852－8660258

**盘县平关大洞门前砂石厂**
地址:贵州省六盘水市平关镇大街村大洞门前
负责人:白光华
Tel:0858－3680802

**六盘水德远房地产开发有限公司**
地址:贵州省六盘水市人民西路 223 号
负责人:熊维萍
Tel:0858－8332093

**重庆市渝川园林工程有限公司六盘水分公司**
地址:贵州省六盘水市人民中路 14 号
负责人:何飞
Tel:0858－8225776

**六盘水金宇建筑工程劳务有限公司**
地址:贵州省六盘水市市场路 9 号 2 单元 9 号
负责人:何国雄
Tel:13096882828

**自强建材经营部**
地址:贵州省六盘水市中山区凉都大道老城南门路口
负责人:雷冬云
Tel:0858－8960629
13985909920
13885831918

**平顺页岩砖厂**
地址:贵州省六盘水市钟山区月照乡马坝村
负责人:王成顺
Tel:13086973233

**贵州广颢城乡建设工程有限公司六盘水分公司**
地址:贵州省六盘水市钟山中路 48 号 1 号楼 501 室
负责人:刘基忠
Tel:0858－8686478

**黔东南州霖勇物业管理有限公司**
地址:贵州省黔东南苗族侗族自治州光明路 18 号
负责人:杨霖勇
Tel:0855－8229099

**黔东南州恒丰房地产有限责任公司**
地址:贵州省黔东南苗族侗族自治州凯里市宁波西路 3 号
负责人:郑根发
Tel:0855－8533153

**凯里市万豪房地产开发有限公司**
地址:贵州省黔东南苗族侗族自治州凯里市永乐路腾龙花园腾龙鸿阁 8 层 C 座
负责人:禹东林
Tel:13885548555

**镇远县金晶房地产开发有限责任公司**
地址:贵州省黔东南苗族侗族自治州镇远县舞阳街共和街 30 号
负责人:赵树建
Tel:0855－3873311

**黔南州远达装饰装璜工程设计有限责任公司**
地址:贵州省黔南布依族苗族自治州都匀市经济开发区黔南州地税局 2 号门面
负责人:吴平江
Tel:0854－8310080

**都匀市拓新石材有限责任公司**
地址:贵州省黔南布依族苗族自治州都匀市肉类联合加工厂旁
负责人:陈克平
Tel:0854－8320156

**独山县林场花木苗圃场**
地址:贵州省黔南布依族苗族自治州独山县城关镇三井村
负责人:彭学华
Tel:13985780637

**安龙县翠波石材经营部**
地址:贵州省黔西南布依族苗族自治州安龙县新安镇顺城街 108 号
负责人:吴翠波
Tel:13985967696

**祥烨页岩砖厂**
地址:贵州省黔西南州册亨县者楼镇浪沙组
负责人:廖军烨
Tel:0859－4215398
13508594283

**重庆华彩房地产开发有限公司贵州松桃分公司**
地址:贵州省铜仁地区松桃苗族自治县蓼皋镇东风路
负责人:毛虹
Tel:0856－2832080

**印江土家族苗族自治县巨创装饰材料厂**
地址:贵州省铜仁地区印江土家族苗族自治县峨岭镇肖家坡
负责人:李运华
Tel:13985633448

**铜仁市金诚建材经营部**
地址:贵州省铜仁市梵净山大道
负责人:秦秀建
Tel:13985468834

**铜仁市架梁山园林绿化苗圃场**
地址:贵州省铜仁市架梁山
负责人:杨玉娥
Tel:0856－5228239

**贵州省铜仁禾丰绿色产业有限责任公司**
地址:贵州省铜仁市绵江南路 65 号
负责人:陈启章
Tel:0856－5226658

**贵州省铜仁市新天房地产开发有限公司**
地址:贵州省铜仁市市政府招待所
负责人:杨胜亚
Tel:0856－5223359

**贵州省铜仁市木森装饰设计工程有限公司**
地址:贵州省铜仁市新华南路 16 号附 26 号
负责人:杨军
Tel:13595638158

**遵义市点石装饰工程有限公司**
地址:贵州省遵义地区北京路瑞鑫大厦七楼 H 座
负责人:赵兴平
Tel:0852－8852166

**重庆鼎鼎装饰设计有限公司遵义市分公司**
地址:贵州省遵义地区汇川区澳门路星金大厦 10 楼
负责人:张佐
Tel:0852－8650706

**遵义冈正房地产开发有限责任公司第二分公司**
地址:贵州省遵义地区汇川区大连路连吉弟小区 F 栋一单元
负责人:罗宗前
Tel:0852－8628168



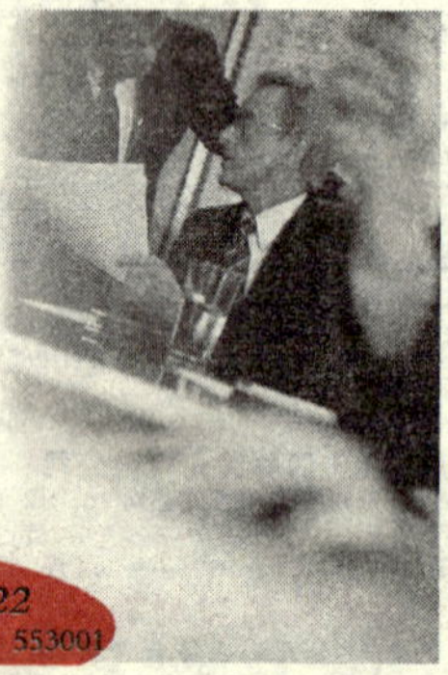

网址：www.xdh-gz.com

**貴州衆力科技有限責任公司**

贵州众力科技有限责任公司是贵州新对话景观工程设计有限责任公司下属设立的分支机构。本公司致力于聚氨酯(PU)新型复合材料的研发与推广，整合最新科技、设备、制造人员，运用该材料生产各种艺术建材、工艺礼品、彩色地坪和户内外雕塑作品等。使用该材料生产的各种制品，集诸多优点于一身，已广泛使用于各种场所的装修装饰，如高层建筑、别墅、星级酒店、娱乐会所、园林景观及旧房墙体改造等，已逐步成为室内外装修装饰的潮流和新宠。

艺术建材-1

广场-001

联系人：郭宏强
13985417648
18985160579　电话：0851－5575977　5576977
地址：贵州省贵阳市清镇市东门桥前进路400号　邮编：550001

**贵州众品建筑物拆除有限公司**

贵州众品建筑物拆除有限公司，敏锐地发现国内尤其是本省拆除市场的需求，斥巨资到国外参观、考察，走访了国际知名的拆除公司和专业设备生产厂家，虚心学习，听取建议，并率先引进了世界上最先进的拆除机械，创立新型的专业拆除公司。除了拥有先进专业的拆除设备，众品公司还拥有一流的团队，具有先进管理理念的企业精英以及具有高级职称的道桥、建筑结构、机械工程技术专家。因为拥有雄厚的实力，公司摒弃原始的拆除方式，通过对拆除工艺反复研究探讨，制定出一套规范化且行之有效并符合行业特点的先进拆除方案，降低成本、缩短工期。

联系人：周林鹤　13984845999
电话：0851-5861821　5826001
网址：www.gzzpcc.cn　电子邮件：gzzp0851@163.com
地址：贵州省贵阳市南明区小河巷39号　邮编：550002

**桂华工程机械服务部**

桂华工程机械服务部创办于2008年。
专业从事工程机械租赁、承接土石方工程。
我们拥有一流的建设队伍，
将为您提供最优质的服务。

联系人：李桂华
13885806287　13985387178
地址：贵州省六盘水市钟山区青圆路68号　邮编：553001

**六盘水市钟山区杉树林预制构件有限公司第三分厂**

六盘水市钟山区杉树林预制构件有限公司第三分厂成立于2005年，专业从事水泥预构件、水泥轨枕、混凝土涵管、植草砖、路岩砖等的生产销售。

我厂实行科学管理，诚信经营，严把质量关，以赢得了当地和附近不少客户的信任，我们将继续贯彻“质量第一，客户至上”的原则为您提供一流的产品和服务！

电话：0858-82695408
联系人：刘俊　13985378079
地址：贵州省六盘水市钟区德坞中心学校旁　邮编：553000

**遵义县绿丰造林有限公司**

遵义县绿丰造林有限公司自成立以来，以胶合板、多层板生产销售及植树造林为主。

公司全体员工欢迎新老客户光临、惠顾。

邮编：563126
联系人：杨晓宋　15329026666　13984921363
地址：贵州省遵义市汇川区上海路西苑17栋101

## 云南省/Yunnan Province

### 云南寻甸县东山水泥厂
业务：云南寻甸县东山水泥厂成立于1993年，现有员工92人，从事32.5复合水泥的生产及销售。欢迎新老客户来电垂询！
地址：云南省昆明市寻甸县羊街镇
…… 邮　编：655200
…… 法　人：迟登有
…… Tel：0871－2741096
…… Fax：0871－2741096

### 伟业房地产开发有限公司
地址：云南省保山市隆阳区南山环路三馆对面
…… 负责人：张正玺
…… Tel：0875－2218851
13094369805

### 云南文山州建筑工程有限公司
业务：文山州建筑工程有限公司是文山创新建材总公司属下的二级企业，是以建筑施工为主，集房地产开发、物资经贸、物业管理、建材生产加工、经济林果产品开发为一体的综合性公司制企业。社会、企业双赢是公司永远追求的目标。
地址：云南省文山壮族苗族自治州文山县开化镇建禾东路66号
…… 负责人：苗文胜……邮　编：663000
…… Tel：0876－2122388

### 森成木业有限责任公司
地址：云南省保山市腾冲县和顺镇和顺工业园区
…… 负责人：李宗骏
…… Tel：0875－5146558
13887828168

### 楚雄州现代装璜工程有限公司
业务：承接工装、室内外装饰工程
地址：云南省楚雄市东新路99号
…… 负责人：欧主任　邮　编：675000
…… Tel：0878－3015998
3016999
3013699

### 云南玉溪锦裕达房地产开发有限公司
业务：云南玉溪锦裕达房地产开发有限公司成立于2006年，专业从事房地产开发经营，欢迎各界有意之士前来参观考察、洽谈业务。
地址：云南省玉溪市红塔区龙马路72号2楼
…… 负责人：李永胜……邮　编：653100
…… 法　人：李永胜
…… Tel：0877－2010288
2016677

### 云南玉溪市志程房地产有限公司墨江分公司
业务：云南玉溪市志程房地产有限公司墨江分公司专业从事房地产开发、经营；建筑材料销售，室内装饰、水电安装，欢迎惠顾！
地址：云南省思茅市墨江县民俗商贸街D7－19号
…… 负责人：李永国……邮　编：654800
…… 法　人：李永国
…… Tel：0879－4230586

### 永翔建材装饰有限责任公司
地址：云南省保山市腾冲县腾越镇环城东路212号
…… 负责人：胡钟翔
…… Tel：0875－5164362
13987056688

### 昆明市官渡区盈鑫建筑材料经营部
业务：主营门业，地板
产品：高档实木门，整套木，全实木地板
地址：云南省昆明市官渡区三环路中林建材城E区6幢15、16、17号
…… 负责人：柏玉萍　邮　编：650000
…… Tel：0871－7359501
13078724320

### 昌宁县学超房地产开发有限责任公司
业务：学超房地产开发有限责任公司成立于1975年，经营房地产开发、售楼、物管、水电开发、工民建建设，欢迎来电垂询。
地址：云南省保山市昌宁县水利局办公室
…… 负责人：字学超……邮　编：678100
…… 法　人：字学超
…… Tel：0875－7130273
7128768
…… 网址：mtw50847

### 建昌工程监理有限责任公司
地址：云南省保山市永昌镇升阳路市委出租房36－38号
…… 负责人：黄永康
…… Tel：0875－2210938
6224158

### 云南省腾冲县承信经贸有限公司
业务：公司成立于1992年，位于腾冲县石头山工业园区，土地168.9亩，总投资5500多万元，注册资金1168万元，是一家集装饰材料，家具材料，古典门窗，现代木门开发、生产、装饰设计，装修服务为一体的省级龙头企业。公司“承信美居”在2005度被评为云南省著名商标。
地址：云南省保山市腾冲县石头山工业园区
…… 邮　编：679116
…… 法　人：陈诗忠
…… Tel：0875－5146966
…… Fax：0875－5146859

### 现代劳务有限责任公司
地址：云南省楚雄市大姚县六苴镇
…… 负责人：童朝亮
…… Tel：0878－6366294
13987075818

### 云南省昆明市渝荣玻璃供应站
业务：经营玻璃
地址：云南省昆明市西山区岷山陆家村
…… 负责人：张先华　邮　编：650000
…… 法　人：张先华
…… Tel：13888412518
0871－8186410
8100585

### 云南省河口县宏辉公司
业务：云南省河口县宏辉公司，地处滇东南的南大门——河口。这里是橡胶和香蕉的产地，也是云南旅游热线之一。宏辉公司于1994年成立，主要以生产橡胶木自然板材为主，同时开发香蕉、竹子种植业。
地址：云南省河口县曼章小区
…… 邮　编：661400
…… 法　人：罗宏辉
…… Tel：0873－3424870
…… Fax：0873－3421083

### 丰彩园艺有限公司
地址：云南省楚雄市禄丰县罗川镇彩云办事处
…… 负责人：陈晓喜
…… Tel：0878－4809006

### 云县水泥制品厂
业务：云县水泥制品厂成立于1999年，从事水泥管的生产及销售。产品质量保证、价格合理，欢迎新老客户光临！
地址：云南省临沧市云县
…… 邮　编：675803
…… 法　人：赵得利
…… Tel：0883－3218883
…… Fax：0883－3218883



### 大理惠丰房地产开发有限公司
业务：大理惠丰房地产开发有限公司专业从事房地产开发、土建工程，装饰工程、市政工程，热诚欢迎广大有意之士前来洽谈业务。
地址：云南省大理白族自治州大理市下关茫涌路
…… 负责人：赵体光……邮　编：671000
…… 法　人：赵体光
…… Tel：0872－8896666

### 雄沣建材经营部
业务：建材销售
产品：钢材、管材、铁皮
地址：云南省昭通市环城东路488号（农资公司正对面）
…… 负责人：陈永洪　邮　编：657000
…… Tel：13087481370
0870－2238125

### 云南省大理市第四建筑公司古城钢窗厂
业务：云南省大理市第四建筑公司古城钢窗厂主要生产铝合金门窗。公司秉承“客户至上、诚信为本”的经营理念，根据客户的需求订做，欢迎新老客户前来洽谈业务！
地址：云南省大理市大理镇古城复兴路94号
…… 邮　编：671003
…… 法　人：李永昌
…… Tel：0872－2670204

### 东陆装饰工程有限公司大理分公司
地址：云南省大理白族自治州大理经济开发区苍山路天马建材市场西二楼
…… 负责人：乔治
…… Tel：0872－2175099
13308726619

### 祥龙能源开发有限责任公司
地址：云南省大理白族自治州脉地镇江桥村沙坝电站
…… 负责人：刘杰凡
…… Tel：0872－7788008
13170756266

### 大理纳思屋业有限公司
业务：大理纳思屋业有限公司是一家讲诚信、重质量、求进步的专业性房地产综合开发企业，欢迎广大客户光临惠顾。
地址：云南省大理白族自治州大理市下关镇纳思苑
…… 负责人：李志军……邮　编：671000
…… Tel：0872－2687288
2687266

### 云南巨人集团有限公司
业务：我公司主要以房地产开发，建筑，文化传播，学校开办。我们本着“用户至上，质量可靠，信誉第一”的宗旨，让满意永远伴随广大客户。

地址：云南省昆明市拓东路20号巨人大厦
负责人：梁家江……邮编：650015
Tel:0871－3131292

### 厦门安能建设有限公司大理分公司
地址：云南省大理经济开发区苍山东路子元汽车城C1幢16号
负责人：白无良
Tel:0872－2328783
13987256889

### 昭通市创艺装饰工程有限责任公司
业务：专业从事室内装饰设计、施工及广告设计、制作、代理、发布。我们拥有精湛的设计队伍，优良的施工品质，完善的售后服务，精心为您打造品味空间。
地址：云南省昭通市珠泉路192－6号
负责人：戴堂奎 h657000……邮编：代堂兴
法人：0870－2163333
Tel:0870－2848688
E-mail:yn_zl@163.com

### 佳兴装饰工程有限公司
地址：云南省大理市大理经济开发区息龙路龙山市场
负责人：杨永明
Tel:0872－3100988
13320559888
13988593888

### 玉溪市东宏水泥制品有限公司
业务：玉溪市东宏水泥制品有限公司成立于2005年，专业生产水泥制品，公司贯彻执行"优质高效、服务一流、开拓创新、追求卓越"的质量方针，秉承"凭质量求生存、靠管理出效益，以创新谋发展"的经营理念，"以人为本"的管理理念，奉行"质量第一，信誉至上"的经营宗旨，巩固企业永续经营之根基。
地址：云南省玉溪市红塔区西凌路南段
负责人：冯建华……邮编：653100
法人：冯建华
Tel:0877－2665096

### 兴立房地产开发经营有限公司
地址：云南省个旧市永胜街商住楼2单元201号
负责人：胡立洪
Tel:0873－2154377
13577335229
13887333588

### 滇南温州商贸城管理有限公司
业务：滇南温州商贸城管理有限公司成立于2004年，从事商场的管理。
地址：云南省个旧市建设路219号
邮编：661000
法人：赵天仕
Tel:0873－2215692
Mobile:13908732166
Fax:0873－2229161

### 祥云县大兴页岩砖厂
业务：祥云县大兴页岩砖厂成立于1995年，现有员工600余人，从事页岩砖、墙体材料的生产、销售及技术转让。欢迎广大客户光临、指导，洽谈业务。
地址：云南省大理白族自治州祥云县下庄镇工业区
邮编：675000
法人：陈林
Tel:0872－3360997
Mobile:13987219746

### 开远市鸿基房地产开发有限责任公司
地址：云南省红河哈尼族彝族自治州开远市兴远南路
负责人：杨财林
Tel:0873－7232107
13808779060

### 大唐装饰装璜部
地址：云南省红河哈尼族彝族自治州泸西县阿庐大街城建局旁
负责人：唐永星
Tel:0873－6633686
13908737616

### 乡土名特花木园
业务：乡土名特花木园成立于2001年，主要从事绿化工程施工，土建工程，种植兰花等业务。"诚信为本，信誉第一，客户至上"，竭诚欢迎各方客户来电咨询。
地址：云南省丽江市古城区祥和办事处文智社区
邮编：674100
法人：沈耀星
法人：0888－5179501

### 新桥页岩机砖厂
地址：云南省红河哈尼族彝族自治州弥勒县弥阳镇禄丰村委会新桥村
负责人：李永柱
Tel:13887318379

### 福建省南平市保温安装总公司第一公司昆明办事处
业务：本公司主要承接管道设备保温防腐工程，工程建设，室内外装饰装修，安装工程等
地址：云南省昆明市金星小区161－1－501室
负责人：乐志亮……邮编：650224
法人：乐志亮
Tel:0871－5722971

网址：mtw50871

### 腾冲县中龙房地产开发有限公司
业务：腾冲县中龙房地产开发有限公司主要从事房地产开发。我们以"诚信为本、客户至上"的服务态度，竭诚为您提供一流的服务。
地址：云南省宝山市腾冲县华严路延长线以西饮马水河旁
负责人：赵先生……邮编：679100
Tel:0875－5188777

### 恒信房屋建筑面积测绘有限公司
地址：云南省红河州蒙自县桂林街32号
负责人：段恒松
Tel:0873－3660377
13808771452

### 嵩明县杨桥水泥制品厂
业务：嵩明县杨桥水泥制品厂成立于1984年，主要生产销售水泥。
地址：云南省昆明市嵩明县杨桥乡布能小庄子
邮编：651700
法人：杨志
Tel:0871－7921715
Fax:0871－7923517

### 小桥街村天恒页岩红砖厂
地址：云南省昆明市安宁市连然镇武家庄办事处放马坪村
负责人：李文玉
Tel:0871－8782815
13888156868

### 富民青青防水材料厂
业务：富民青青防水材料厂成立于2000年，现有员工20余人，专业从事防水卷材、防水涂料的生产。我厂将以一流的产品、一流的质量、一流的服务，贡献社会，造福人民，热烈欢迎新老朋友光临指导。
地址：云南省昆明市富民县大营镇合丰磷肥厂院内
邮编：650400
法人：杨昌武
Tel:0871－8830008
Mobile:13987157308

### 圣雄门窗工程有限公司
地址：云南省昆明市白龙新区商网28号
负责人：张继忠
Tel:0871－5641787
13908847137

### 嵩明县四营凌鹏机化工程处
业务：嵩明县四营凌鹏机化工程处成立于1998年，从事公路、机场、水库、水电站的机械化施工。
地址：云南省昆明市书林街富邦花园E栋1单元502室
邮编：650000
法人：马俊平
Tel:0871－3176715
Fax:0871－3176093

### 国利商贸有限公司建筑材料分公司
地址：云南省昆明市大观建材市场明品城A区22号
负责人：黄醒文
Tel:13518719799

### 天佑木业加工厂
地址：云南省昆明市东郊羊方凹389号
负责人：詹建知
Tel:0871－3920580
13888899668

### 富源县中安镇华兴采石场
业务：富源县中安镇华兴采石场成立于2002年，开采销售石灰石、煤炭，从事房屋建设，热忱欢迎新老客户来电洽谈业务！
地址：云南省曲靖市富源县中安镇东河路89号
负责人：余林华……邮编：655000
法人：余林华
Tel:0874－4611112

### 岩峰园艺经营部
地址：云南省昆明市官渡区北大门花鸟市场C－405
负责人：李云
Tel:13888606284

### 凯地招标咨询代理有限公司
地址：云南省昆明市官渡区东风东路62号
负责人：郑明莲
Tel:0871－4578612
3120672
13888327586

### 双龙新型建材有限公司
业务：双龙新型建材有限公司成立于1991年，自成立以来主营五金建材等。欢迎新老客户光临、惠顾！
地址：云南省玉溪市通海县四街镇十街五组
邮编：652702
法人：刘文光
Tel:0877－3075232
Fax:0877－3075232

### 阳光建筑机械厂
地址：云南省昆明市官渡区菊盛达五金机电市场4厅2号
负责人：霍明华
Tel:0871－6557981
13008695698

### 贵州省建筑设计研究院建筑公司香格里拉县水利水电工程分公司
业务：本公司专业从事水利水电工程、房屋建筑工程。始终坚持"百年大计，质量第一"的原则，严把质量关，坚持标准规范施工，保质保量按期完成施工任务！
地址：云南省大理市经济开发区方井居委会72号
负责人：赵绍明……邮编：671000
法人：赵绍明
Tel:0872－2326167

### 沛县防腐保温工程总公司昆明办事处
业务：沛县防腐保温工程总公司昆明办事处成立于1984年，主要从事防腐保温工程，防水、防火工程，安装工程，装饰工程，土木工程，建筑施工等。
地址：云南省昆明市东风东路118号1栋1单元502室
负责人：孙守同……邮编：650041
法人：孙守同
Tel:0871－3316106

### 玻璃门市部
地址：云南省昆明市官渡区前卫路马加赢大型综合批发市场1栋29号
负责人：吴富衡
Tel:0871－4593465
13577176628

### 明达机化处
业务：本公司成立于2000年，拥有20多名员工，主要经营公路建筑、建筑工程的承包。
地址：云南省昆明市嵩明县小街镇哈前办事处哈后村
邮编：651708
法人：杨明庄
Tel:0871－7991020

### 广大自动门销售部
地址：云南省昆明市经济技术开发区东菊村62号
负责人：郑俊喜
Tel:0871－7266588
13108800618
13187815999

### 红河宇通工程有限责任公司
业务：红河宇通工程有限责任公司主要承接土地石方工程，欢迎广大客户电来洽谈业务。
地址：云南省红河哈尼族彝族自治州个旧市新街55号3幢1－701号
负责人：李昆……邮编：310051
法人：李昆
Tel:0873－2139544
网址：www.mtw28826.chinapyp.com

### 石林天成石材石雕厂
地址：云南省昆明市石林县西街口乡大甯布宜村
负责人：杨忠明
Tel:0871－7706188
13888460352

### 弥渡县金鑫刨花板厂
业务：弥渡县金鑫刨花板厂主要生产销售刨花板。质量保证，价格合理。欢迎新老客户光临、惠顾！
地址：云南省大理白族自治州弥渡县寅街镇白塔湾
负责人：高孝辉……邮编：675603
法人：高孝辉
Tel:0872－8371628

### 贵华铝塑窗设备厂
地址：云南省昆明市西山区明波居委会庄房村洋子底
负责人：方贵华
Tel:0871－8227836
13901737585

### 勐腊绿洲园林花卉有限公司
业务：勐腊绿洲园林花卉有限公司成立于1996年3月20日，从事园林绿化、苗木种植。欢迎海内外各界人士光临、指导、洽谈、合作！
地址：云南省勐腊县城南路56号
邮编：666300
法人：王建华
Tel:0691－8121530
Fax:0691－8123790

### 云宏石料厂
地址：云南省昆明市西山区团结乡白眉村
负责人：毕小云
Tel:0871－8404636
13987658764

### 景洪市第二机砖厂
业务：景洪市第二机砖厂成立于1997年，主要从事红砖的生产。本厂"以质量求生存、以信誉求发展"的经营理念，不断提高管理水平，不断改进产品质量，愿与各界人士和朋友共谋发展，交流合作，携手共进，同创最佳效益。
地址：云南省西双版纳傣族自治州景洪市曼燕路
邮编：666100
法人：陈立财
Tel:0691－2130960

### 华威特环保科技有限公司
地址：云南省昆明市云纺装饰广场1楼36号
负责人：朱乃荣
Tel:0871－4158301
13608714075

### 丽江中泰房地产开发有限公司
地址：云南省丽江市香格里拉大道古云山大酒店一楼
负责人：苏维发
Tel:0888－5157648
13908881931

### 六库旺达钢窗厂
业务：六库旺达钢窗厂创建于1989年，主要生产塑钢门窗，欢迎新老客户来电洽谈业务！
地址：云南省怒江州六库镇江西老干村
邮编：673100
法人：何敬
Tel:0886－3622108
Mobile:13308860298
网址：www.ynwd.chinapyp.com

### 滇东水泥有限公司
地址：云南省陆良县马街道大龙潭村
负责人：杨爱国
Tel:0874－6335688
13887436852

### 景洪市祥兴木材厂
业务：景洪市祥兴木材厂主要从事农业种植：木材加工、销售，欢迎新老客户前来咨询、洽谈业务！
地址：云南省西双版纳州景洪市橄榄坝祥兴木材厂
负责人：龙康广……邮编：666100
法人：龙康广
Tel:0691－2412021

### 亚美陶磊装饰材料经营部
地址：云南省曲靖市麒麟区张三口建材市场58号
负责人：杨国秀
Tel:0874－3251670
3251671
13013466718

### 四联新拆迁有限责任公司
地址：云南省曲靖市麒麟区珠街乡中所村委会
负责人：叶国强
Tel:0874－3913124
13987431943

### 临沧市凯龙房地产开发有限公司
业务：临沧市凯龙房地产开发有限公司成立于2005年3月，主要从事房地产开发。"诚信为本，信誉至上"，竭诚欢迎您的光临、指导！
地址：云南省临沧市临翔区洪桥路298号
负责人：陈凯……邮编：677000
法人：陈凯
Tel:0883－2128656
Fax:0883－2128811

### 天利建材有限公司
地址：云南省曲靖市麒麟幸福小区福禄园41栋
负责人：邓谋
Tel:0874－3337928
13988978889

### 昆明玻璃四达实业有限公司
业务：昆明玻璃四达实业有限公司经营、建材产品，深加工玻璃制品，欢迎新老客户惠顾！
地址：云南省昆明市五华区黑林铺直街63号
负责人：李自力……邮编：650106
Tel:0871－8185646
8182727

### 宏基誉砖厂
地址：云南省曲靖宣威市虹桥
负责人：陶成邦
Tel:13887147688

### 丽江鸿志名特花木有限公司
业务：丽江鸿志名特花木有限公司成立于2004年，主要从事绿化工程施工，土建工程，种植兰花等业务。"诚信为本，信誉第一，客户至上"，竭诚欢迎广大新老客户来电咨询。
地址：云南省丽江市古城区大研文智社区
邮编：674100
法人：沈志洪
Tel:0888－5179501

### 林钙建筑装饰材料有限责任公司
地址：云南省文山州麻栗坡县麻栗镇磨山文麻路48号
负责人：黄连洪
Tel:0876－6626786
13577626271

### 昆明诚宸物业管理有限责任公司
业务：昆明诚宸物业管理有限责任公司成立于2003年，主要从事物业管理，园林绿化。
地址：云南省昆明市羊仙坡北路80号
邮编：650102
法人：储汝坤
Tel:0871－5531727
Fax:0871－5531727

### 宏华水泥厂
地址：云南省文山州砚山县江那镇平街村旁
负责人：何国洪
Tel:0876－3644622
3644618
13908766689

### 泰山建材经营部
地址：云南省西双版纳州勐腊县综合建材市场
负责人：沈志勇
Tel:13608782205

### 昆明筑安玻璃装饰工程有限公司
业务：昆明筑安玻璃装饰工程有限公司成立于2005年，主要销售建材、玻璃，承包室内装饰、玻璃幕墙等工程。欢迎各方客户来电来人洽谈业务，共同合作。

城建房产建材装潢

地址：云南省昆明市西山区人民西路豪赛玻璃商场内
……邮　编：650100
……法　人：罗建
……Tel：0871－8211942
……Fax：0871－8216873

**兴达实业有限公司**
地址：云南省宣威市热火镇新集镇
……负责人：陶周红
……Tel：0874－7832498
13013341696

**昆明华祥建筑设备租赁有限公司**
业务：昆明华祥建筑设备租赁有限公司成立于2004年，主要从事建筑设备租赁。"诚信为本，信誉至上"，竭诚欢迎新老客户来电来人洽谈业务，共同合作！
地址：云南省昆明市晋宁县晋城镇兴贸大街
……负责人：谭兴祥……邮　编：650605
……法　人：谭兴祥
……Tel：0071－7816125

**丰瑞基础工程有限公司**
地址：云南省玉溪市红塔区东风中路42号
……负责人：郭从能
……Tel：0877－2051157
2029498
13988431088

**昆明星德建材有限公司**
业务：昆明星德建材有限公司主要从事建材的销售。"质量保证，价格合理"，热诚欢迎广大新老客户光临、惠顾！
地址：云南省昆明市富民县永定镇环城南路
……负责人：李绍德……邮　编：650400
……法　人：李绍德
……Tel：0871－8818888

**天地石材厂**
地址：云南省玉溪市江川县江城镇二级路旁
……负责人：潘文洪
……Tel：0877－8092856
13887738749

**昆明欢耀装饰工程有限公司**
业务：我公司成立于1992年，从事装修、装潢、装饰工程，我们将以一流的质量、一流的服务宗旨竭诚为新老客户服务。

地址：云南省昆明市人民西路132号军安组团7栋2单元302
……负责人：黄建春……邮　编：655000
……Tel：0871－6795528
5345372

**元谋建筑安装有限责任公司**
地址：云南省元谋县元马镇环城南路45号
……负责人：郭有伦
……Tel：0878－8212047
13908783388

**昆明五华穗滇装饰墙板厂**
业务：昆明五华穗滇装饰墙板厂成立于1999年，采用进口设备，生产销售各类贴面装饰万用板，立体波浪板，通花装饰板及各种波浪线条的企业。具有立体效果突出，装饰方便，用于高级宾馆，酒楼，KTV，商业卖场，住宅等。本厂加快了产品的更新换代步伐，承蒙新老顾客的大力支持，共创大好商机。
地址：云南省昆明市中林建材城B区10栋7号
……邮　编：650032
……法　人：李绍全
……Tel：0871－7363307
……Mobile：13987115688
……Fax：0871－4575257
……网址：http://kmwh.chinapyp.com

**西苑建筑安装工程有限公司**
地址：云南省昭通市昭阳区珠泉路个私经济园区118号
……负责人：周朝惠
……Tel：0870－2848666、6860700

**昆明市双龙建材五金商贸发展有限公司**
业务：昆明市双龙建材五金商贸发展有限公司成立于1996年，主要销售胶粘剂系列、装饰五金系列、油漆等产品。欢迎各界朋友来我公司洽谈业务。
地址：云南省昆明市昌鸿路国雅建材市场A区6幢1号
……邮　编：650200
……法　人：谭冲
……Tel：0871－7359186
……Fax：0871－7359184

**楚雄凯宏地基基础工程有限公司**

楚雄凯宏地基基础工程有限公司成立于2003年11月。专业承接各类地基基础工程施工。公司坚持"以质量求生存，以信誉求发展，开发精品，回馈社会"的经营宗旨，以美化城市为己任，欢迎广大客户来电洽谈业务。

联系人：董华富　13308788599
电话：0878-3025099　传真：0878-3025088
地址：云南省楚雄市青龙路127号　邮编：675000

**大理三源经贸有限责任公司**

大理三源经贸有限责任公司成立于2008年1月，从事各类建材批发、销售。

公司本着质量第一，用户至上的宗旨，广交天下朋友，我们的合作定会使您的企业锦上添花，蓬勃发展！

联系人：陈源龙
电话：0872－2256739
地址：云南省大理市下关万花路玉水金都商城　邮编：671000

**安宁和达装饰设计工程有限公司**

安宁和达装饰设计工程有限公司成立于2007年，是集室内外建筑装潢装饰、生产、销售为一体的综合性工程公司，主要产品有福人净化地板。

公司自成立以来，一直以"质量保证、安全高效、信誉第一"为经营理念，"终生服务，包修一年"是我们的承诺，全面贯彻ISO9001质量体系，工程和产品质量值得您的信赖！

电话：0871-8695012
联系人：李大贵　13888213375　邮编：650300
地址：云南省昆明市安宁市兴屯小区14幢61-63号商铺

**耿马县国有孟定农场红砖厂**

耿马县国有孟定农场红砖厂成立于1990年，本厂专业从事制造、销售红砖。公司秉承"顾客至上，锐意进取"的经营理念，坚持"客户第一"的原则为广大客户提供优质的服务。欢迎惠顾！

联系人：兰朝花
电话：0883-6510032　13908836258
地址：云南省临沧市耿马县孟定农场　邮编：677000

**保山奥新绿色资源开发有限公司**

保山奥新绿色资源开发有限公司是一家专业从事园艺植物、花卉种植、园林设计及施工的企业。

我们始终关注客户价值，赢得了广大客户的厚爱和尊重。在园林景观行业蓬勃发展的重大历史机遇面前，我们在园林景观行业蓬勃发展的重大历史机遇面前，

联系人：李尹　13908755917
电话：0875-2233336
传真：0875-2233399
邮编：678000
地址：云南省保山市隆阳区兰城路（北段西侧奥新集团公司）

**贵华铝塑窗设备厂**

贵华铝塑窗设备厂自成立以来，本厂专业从事铝塑窗加工设备。本厂宗旨：质量第一、信誉第一、用户至上。完善的售前售后服务是我们华信永远的承诺。我厂全体员工欢迎全国各地朋友光临惠顾，共同合作、共谋发展。

联系人：方贵华
电话：0871-8227836　传真：0871-8227836
地址：云南省昆明市西山区明波居委会庄房村泽子底　邮编：650000

**保山市宝城建筑防水材料厂**

保山市宝城建筑防水材料厂成立于2004年，本公司专业从事生产、销售防水材料，主要产品有SBS、JS、丙烯酸。为满足社会对建筑防水愈来愈高的需求，宝城防水公司将继续秉承"宝城防水，滴水不漏"的经营理念，综合传统技术与高新技术，开发符合社会需求的新产品、新工艺，为促进中国建筑防水行业的健康发展倾注持久的动力。

联系人：宋声波
电话：0875-2874079
地址：云南省保山市隆阳区上巷街27号
邮编：678000

**昆明市官渡区龙头街塑料厂**

昆明市官渡区龙头街塑料厂成立于2001年，现专业从事各种建筑塑料管材的生产和销售，产品有PP，PE，PPR和PVC板材。

我厂生产的塑料管材具有无毒，无味，防腐蚀，抗老化，耐候性好等诸多特点，使用寿命长。欢迎惠顾！

电话：13078769377 0871-7203987 15887038008　联系人：陈启辉
邮编：650000　地址：云南省昆明市经开区

## 绍武修缮队

绍武修缮队主要从事道路修缮。

我们秉承“顾客至上，锐意进取”的经营理念，坚持“客户第一”的原则为广大客户提供优质的服务。

欢迎广大客户惠顾！

联系人：李绍武
电话：0871－3337246 13708845510
邮编：650000
地址：云南省昆明市董家湾办事处苏家村50号－1号

## 宣威市龙场镇永昌石厂

宣威市龙场镇永昌石厂成立于2006年，主要从事于各种建筑用石料的生产与销售。

我公司将以始为终，以质量求生存，以用户为上帝，不断开拓创新，努力为人类家居生活的进步和提高做出应有的贡献。

欢迎广大客户来电、来函洽谈！

联系人：蔡昌满
电话：0874－7078198 13988967610
邮编：655403
地址：云南省曲靖市宣威市龙场镇龙场村委会平川自然村

## 石林县西街口乡茂盛大理石厂

石林县西街口乡茂盛大理石厂成立于1995年，主要从事大理石的开采、加工与装修。“以质量求生存，以信誉求发展”，热忱欢迎广大新老客户来我公司洽谈业务，共同合作！

联系人：王谷明
电话：0871－7702388 13708887238
地址：云南省昆明市石林县西街口乡茂舍租村 邮编：650000

## 玉溪市富康房地产开发有限责任公司

我公司自2006成立以来，在房地产市场竞争激烈的情况下，坚持诚信经营、客户至上的理念，不断创新、抢抓机遇，以建筑精品、绿色环保、创最佳人居环境为目标。

坚持以人为本，一切为客户着想、一切让业主满意的经营理念，完成我们接手的每一项工程！

联系人：聂建国 13987710973
电话：0877－2151769
传真：0877－2151083
地址：云南省玉溪市红塔区李棋镇康井村委会 邮编：653100

城建房产建材装潢

## 通海县第三建筑工程有限公司晟誉分公司

通海县第三建筑工程有限公司晟誉分公司成立于2007年，本公司专业从事建筑工程、施工。

我公司推行以服务求生存、以信誉求发展的精神，本着互惠互利，共同发展，薄利多销，保质保量，顾客至上的经营原则打造市场。

联系人：苗云非
电话：0877－3075430 13987739049
地址：云南省玉溪市通海县四街镇十街村委会 邮编：652702

## 云南华俊建材有限公司

云南华俊建材有限公司（原昆明市官渡区鑫源新型建筑材料厂）是2008年建成的一家致力于新型墙体材料、加气混凝土的研发、生产、销售为一体的高新技术企业。华俊的加气混凝土，选用优质原材料，采用目前国内最先进的JQF4.2m翻转式切割机组，机械化程度高，年生产能力30万立方米，该切割机组对胚体进行六面切割，外观良好，几何尺寸准确，产品的气孔结构好，抗压强度高，物理性优越，是一种理想的新型墙体材料。

华俊建材有限公司全体员工将以最诚挚的信念与社会各界通力合作，携手并进，为墙体材料的革新努力！保护环境，造福人类！

电话：0871－7210789
传真：0871－7210989
联系人：高明华 13908853949
地址：云南省昆明市经济开发区阿拉街道办事处小石坝村 邮编：650292

## 文山金兴广信工程建设有限公司

文山金兴广信工程建设有限公司成立于2008年。

主要从事通信线路建设。

本公司一贯坚持奉行“精心施工，不断改进质量，追求卓越，以一流的品质和服务，给顾客最大的满足和信任”，把客户的每一件小事都当成自己的大事，以“安全第一、质量第一、顾客第一、信誉第一”为服务宗旨，依靠科技进步提高企业素质，不断地完善企业的各项管理，提高企业核心竞争力，以便为广大客户提供更好更优质的服务。

联系人：梁金亮 13887605999
电话：0876－2190117 2196859
传真：0876－2196859
邮编：663000
地址：云南省文山壮族苗族自治州文山县钟灵小区西五路52号

## 转龙汉奎石材厂

转龙汉奎石材厂成立于1989年，本公司专业从事开采、加工、销售建筑用石、建筑材料及各种规格其全。本公司秉承“顾客至上，锐意进取”的经营理念，坚持“客户第一”的原则为广大客户提供优质的服务。欢迎广大客户惠顾！

联系人：马培仓 13888651919
电话：0871－8941456
传真：0871－8941456
地址：云南省禄劝彝族苗族自治县转龙镇月牙村
邮编：651515

## 文山文星建设工程咨询有限公司

文山文星建设工程咨询有限公司自成立以来，本公司主要从事规划咨询编项目建议书、编可行性研究报告、项目评估、工程设计、施工监理等业务。

联系人：李文兴
电话：0876－2193488 13033306448
邮编：663000

公司本着“安全质量至上、诚信经营”的原则，与多家施工企业建立了长期的合作关系。希望通过本平台，在更多的地方留下精品工程。

地址：云南省文山壮族苗族自治州文山县开化路12号（文山州林业局八楼）

## 西藏自治区/Xizang Autonomous Region

**西藏华冠康龄建筑安装工程有限公司阿里分公司**
地址：西藏自治区阿里地区旅游公司院内
…… 负责人：赵顺永
…… Tel：0897－2824690

**西藏阿里地区实通路桥工程有限公司**
地址：西藏自治区阿里地区狮泉河镇
…… 负责人：刘宝林
…… Tel：0897－2821299

**西藏富丽建筑工程有限公司**
业务：房屋建筑，水利水电，公路施工，房地产开发，预制购件，网围栏
地址：西藏自治区拉萨市仙足岛老年活动中心内
…… 邮 编：850000
…… 法 人：杨正清
…… Tel：0891－6271386
…… Fax：0891－6271396

**西藏阿里地区工程建设监理有限公司**
地址：西藏自治区阿里地区狮泉河镇文化路建设局大院
…… 负责人：罗江国
…… Tel：0897－2821164

**扎达县托林镇民建队**
地址：西藏自治区阿里地区扎达县托林镇
…… 负责人：米玛次仁
…… Tel：0897－2622555

**西藏鑫发建设有限责任公司昌都分公司**
地址：西藏自治区昌都地区邦达街五十八号
…… 负责人：杜永福
…… Tel：0895－4828745

**西藏智力工程建筑有限公司**
业务：西藏智力工程建筑有限公司始建于2006年，专业从事房屋建设工程、市政工程、水利水电工程，本公司始终坚持“立足现实，

发展自己，服务社会”的宗旨，愿与社会各界朋友真诚合作，追求卓越，共创未来！
地址：西藏自治区林芝地区八一镇泉州路春香茶坊
………… 负责人：唐国忠……邮　编：850400
…………………………………… 法　人：唐国忠
…………………………………… Tel：0894－5991238

**昌都自立建材厂**
地址：西藏自治区昌都地区嘎东街
…………………………………… 负责人：阿比
…………………………………… Tel：0895－4821270

**四川省通业建筑有限公司昌都分公司**
地址：西藏自治区昌都地区建行
…………………………………… 负责人：鲜春林
…………………………………… Tel：0895－4821015

**西藏宏庆建设有限公司昌都分公司**
地址：西藏自治区昌都地区人民银行出租房
…………………………………… 负责人：谭明建
…………………………………… Tel：0895－4822603

**西藏福生建筑安装工程有限公司昌都分公司**
地址：西藏自治区昌都地区司法处
…………………………………… 负责人：谢君江
…………………………………… Tel：0895－4843546

**西藏南方建设有限公司第五分公司**
地址：西藏自治区拉萨市北京西路 208 号
…………………………………… 负责人：刘成辉
…………………………………… Tel：0891－6838931

**四川景尚建设工程有限公司拉萨分公司**
地址：西藏自治区拉萨市当热西路
…………………………………… 负责人：黄元军
…………………………………… Tel：0891－6331067

**四川眉山市中泰房地产开发有限公司拉萨分公司**
地址：西藏自治区拉萨市当热西路（区人大退休基地旁）
…………………………………… 负责人：徐杨
…………………………………… Tel：0891－6833088

**拉萨华邑建设工程有限公司**
地址：西藏自治区拉萨市德吉路北段教材编退休基地
…………………………………… 负责人：赵国军
…………………………………… Tel：0891－6821196

**德隆电杆预制构件厂**
地址：西藏自治区拉萨市堆龙德庆县乃琼镇乃琼镇附近
…………………………………… 负责人：朱先伏
…………………………………… Tel：0891－6151534

**兴达康工贸有限公司**
地址：西藏自治区拉萨市堆龙德庆县羊达乡工业园区
…………………………………… 负责人：王翔
…………………………………… Tel：0891－6839640

**西藏飞虹钢结构有限公司**
地址：西藏自治区拉萨市夺底路 18 号
…………………………………… 负责人：吕文玑
…………………………………… Tel：0891－6381258

**西藏自治区桑伊建筑建材开发中心**
地址：西藏自治区拉萨市夺底路 56 号
…………………………………… 负责人：张先生
…………………………………… Tel：0891－6328827

**汕头市建筑工程总公司西藏分公司**
地址：西藏自治区拉萨市夺底路二十五号（市卫生防疫站院内二十九号房）
…………………………………… 负责人：许志辉
…………………………………… Tel：0891－6386072

**吉林省世邦咨询有限公司西藏分公司**
地址：西藏自治区拉萨市朵森格路九号（新影西藏摄影记者站内）
…………………………………… 负责人：王家树
…………………………………… Tel：0891－6363193

**梓江建筑工程有限公司**
地址：西藏自治区拉萨市红旗联锁公司
…………………………………… 负责人：刘钟元
…………………………………… Tel：0891－6235672

**西藏正大招投标有限公司**
地址：西藏自治区拉萨市江苏东路 23 号
…………………………………… 负责人：刘小毅
…………………………………… Tel：0891－6363779

**西藏福臣工程建设有限公司**
地址：西藏自治区拉萨市江苏路 7 号（教育宾馆）
…………………………………… 负责人：肖莎
…………………………………… Tel：0891－6332555

**西藏华氏供暖公司**
地址：西藏自治区拉萨市金珠路 111 号
…………………………………… 负责人：杨玉龙
…………………………………… Tel：0891－6805136

**西藏地热地矿水文工程勘察公司**
地址：西藏自治区拉萨市金珠西路 15 号
…………………………………… 负责人：张小姐
…………………………………… Tel：0891－6336229

**中铁十五局集团第四工程有限公司西藏分公司**
地址：西藏自治区拉萨市金珠西路七号
…………………………………… 负责人：王文
…………………………………… Tel：0891－6875555

**西藏宏信物业管理有限公司**
地址：西藏自治区拉萨市金珠西路一百三十八号
…………………………………… 负责人：张强
…………………………………… Tel：0891－6935099

**成都森宇实业集团有限公司拉萨分公司**
地址：西藏自治区拉萨市金珠西路一百五十八号
…………………………………… 负责人：高洁
…………………………………… Tel：0891－6615505

**泸州市水电建筑安装工程公司西藏分公司**
地址：西藏自治区拉萨市金珠中路（哈达集团商品房朝天火锅）
…………………………………… 负责人：黄建新
…………………………………… Tel：0891－6833724

**西藏精诚物业有限公司**
地址：西藏自治区拉萨市金珠中路九十六号
…………………………………… 负责人：何思明
…………………………………… Tel：0891－6815534

**西藏威龙装饰工程有限公司**
地址：西藏自治区拉萨市金珠中路六十一号附一号
…………………………………… 负责人：谢伟
…………………………………… Tel：0891－6811148

**拉萨市山水石材厂**
地址：西藏自治区拉萨市拉萨市林廓东路 59 号
…………………………………… 负责人：田野
…………………………………… Tel：0891－6559000

**武汉添添名雕装饰工程有限公司西藏分公司**
地址：西藏自治区拉萨市林廓北路二十一号（自治区卫生防疫站旁）
…………………………………… 负责人：成波
…………………………………… Tel：0891－6336777

**西藏兴旺铝业装饰工程有限公司**
地址：西藏自治区拉萨市林廓西路三十号（政府接待车队商品房）
…………………………………… 负责人：李运文
…………………………………… Tel：0891－6833978

**西藏兴达装璜有限公司**
地址：西藏自治区拉萨市罗布林卡（西藏大学医学院内）
…………………………………… 负责人：朱召文
…………………………………… Tel：0891－6960487

**保山市下村建筑公司西藏分公司**
地址：西藏自治区拉萨市罗布林卡十号附十七至十八号（交通厅机关工会商品房）
…………………………………… 负责人：史卫东
…………………………………… Tel：0891－6926260

**西藏中原石材防水有限公司**
地址：西藏自治区拉萨市民族北路天海建材市场二栋一号
…………………………………… 负责人：江平
…………………………………… Tel：0891－6824661

**西藏金龙建设工程有限公司**
地址：西藏自治区拉萨市纳金路二十号附五号
…………………………………… 负责人：何燕
…………………………………… Tel：0891－6358129

**拉萨市城关区弟四建筑安装工程公司**
地址：西藏自治区拉萨市纳金路七十四号
…………………………………… 负责人：洛旦
…………………………………… Tel：0891－6326084

**西藏高盛工贸有限公司**
地址：西藏自治区拉萨市娘热路城北安居园三区六排三号
…………………………………… 负责人：田云贵
…………………………………… Tel：0891－6920350

**西藏拉萨古艺建筑美术公司**
地址：西藏自治区拉萨市恰彩岗路 11 号
…………………………………… 负责人：普次
…………………………………… Tel：0891－6329078

**四川省嘉泰建筑装饰工程有限公司西藏分公司**
地址：西藏自治区拉萨市色拉北路安居园（商品房二，三，四号）
…………………………………… 负责人：林小兵
…………………………………… Tel：0891－6920121

**西藏基石建设工程有限公司**
地址：西藏自治区拉萨市色拉路北路
…………………………………… 负责人：阴川
…………………………………… Tel：0891－6920134

**四川应林集团建筑工程有限公司西藏分公司**
地址：西藏自治区拉萨市色拉路圣城花园
…………………………………… 负责人：张明星
…………………………………… Tel：0891－6382973

**西藏宏豪装饰装潢有限公司**
地址：西藏自治区拉萨市五叉路口江苏东路大吉酒店门面房
…………………………………… 负责人：张霓
…………………………………… Tel：0891－6992279

**西藏昆仑基础工程有限公司第一分公司**
地址：西藏自治区拉萨市喜玛拉雅饭店六七零一室
…………………………………… 负责人：多魁星
…………………………………… Tel：0891－6321111

**西藏圣光房地产开发有限公司**
地址：西藏自治区拉萨市雪新村一村三区八幢四号
…………………………………… 负责人：吴自立
…………………………………… Tel：0891－6862031

**西藏中天华正房地产估价事务所有限公司**
地址：西藏自治区拉萨市宇拓路 22 号 301 室
…………………………………… 负责人：苟尚斌
…………………………………… Tel：0891－6335630

**西藏佳徽工贸有限公司**
地址：西藏自治区拉萨市宇拓路二十六号
…………………………………… 负责人：余开刚
…………………………………… Tel：0891－6913263

**中交第四航务工程勘查设计院有限公司**
地址：西藏自治区拉萨市扎基东路扎基小区 4 区 4 排附 3 号
…………………………………… 负责人：李珊
…………………………………… Tel：0891－6923529

**西藏弘立工程监理有限公司**
地址：西藏自治区拉萨市扎基路（阿里人行退休基地四栋）
…………………………………… 负责人：晏斌
…………………………………… Tel：0891－6386674

**西藏熠昱工程招标代理有限公司**
地址：西藏自治区拉萨市扎基路 8 号圣城花园 C11 号
…………………………………… 负责人：牛俊飞
…………………………………… Tel：0891－6382666

**西藏圣城物业管理有限公司**
地址：西藏自治区拉萨市扎基路六号
…………………………………… 负责人：谭文富
…………………………………… Tel：0891－6555561

**西藏圣央建筑安装有限公司林芝分公司**
地址：西藏自治区林芝地区八一新村广东花园之三（司法处办公楼邻）
…………………………………… 负责人：毛世其
…………………………………… Tel：0894－5824101

**广东省南兴建筑工程有限公司西藏分公司**
地址：西藏自治区林芝地区八一镇林芝花园 22 栋 2－1 号
…………………………………… 负责人：马秋强
…………………………………… Tel：0894－5885886

**西藏林芝地区布久实木门厂**
地址：西藏自治区林芝县西安北三环大明宫建材批发市场板材区 A 区 7 排 1－8 号
…………………………………… 负责人：王寿康
…………………………………… Tel：0894－5900885

**西藏那曲地区发达公路工程有限责任公司**
地址：西藏自治区那曲地区那曲镇拉萨路 68 号
…………………………………… 负责人：达吉
…………………………………… Tel：0896－3822368

**重庆蓬盛水泥制品有限公司日喀则分公司**
地址：西藏自治区日喀则地区东郊（子妹山）
…………………………………… 负责人：苟文霞
…………………………………… Tel：0892－8836936

**西藏日喀则地区圣日建材有限责任公司**
地址：西藏自治区日喀则地区东郊子妹北边
…………………………………… 负责人：才航
…………………………………… Tel：0892－8830187

**西藏日喀则地区乌孜房地产开发有限公司**
地址：西藏自治区日喀则地区黑龙江路
…………………………………… 负责人：罗桑多吉
…………………………………… Tel：0892－8834088

**日喀则地区人民医院房地产经营部**
地址：西藏自治区日喀则地区解放中路 05 号
…………………………………… 负责人：李先生
…………………………………… Tel：0892－8822829

**西藏日喀则市市政建筑设计院**
地址：西藏自治区日喀则市科技路 15
…………………………………… 负责人：兰希悠
…………………………………… Tel：0892－8831184



## 陕西省/Shanxi Province

**汉中市常氏装饰有限公司**
地址：陕西汉中市前进东路十字街口门面
…………………………………… 负责人：常红强
…………………………………… Tel：0916－2189271

**宝鸡市中远建筑安装工程有限公司**
地址：陕西省宝鸡市陈仓区水莲寨村
…………………………………… 负责人：张格翠
…………………………………… Tel：0917－6220888

**汉中市新家园木业有限公司**
业务：建筑木板、多层复合实木地板、胶活板的生产与销售
产品：建筑木板、多层复合实木地板、胶活板
地址：陕西省汉中市汉台区十里村
……… 负责人：袁成国　　邮　编：723005
…………………………………… 法　人：袁成国
………… Tel：13892699320
0916－2313788
………… Fax：0916－2313789

**绿之风装饰工程有限责任公司**
地址：陕西省宝鸡市连盟建材市场二楼 30 号
…………………………………… 负责人：唐荣军
…………………………………… Tel：0917－3450113
13335462226

**安康市香城房地产开发有限公司**
业务：本公司成立于 2006 年，主要业务是经营商品房开发、房地产咨询，销售。企业宗旨：创新、求实、惠民、共利。
地址：陕西省安康市白河县城关镇向荣村一组
…………………………………… 邮　编：725800
…………………………………… 法　人：林建荣
…………………………………… Tel：0915－7821228
…………………………………… Fax：0915－7821228

**南郑县兴和新型建材有限公司**
业务：免烧砖、免烧砖瓦、地面砖的生产和销售
产品：免烧砖、免烧砖瓦、地面砖
地址：陕西省汉中市南郑县城关镇杨家坝村
……… 负责人：马红伟　　邮　编：723000
…………………………………… 法　人：马红伟
………… Tel：15909163316

**宝鸡市渭滨区西海防水防腐工程部**
地址：陕西省宝鸡市渭工路 64 号
…………………………………… 负责人：杨秋田
…………………………………… Tel：0917－3243152
13891716703

**陕西延安圣地园林绿化工程有限公司西安办事处**
地址：陕西省翠华南路 105 号
…………………………………… 负责人：曹旭平
…………………………………… Tel：029－85381387

**中建防水材料经销处**
地址：陕西省汉中地区张万营 1 号小区 40 号北段
…………………………………… 负责人：张韩义
…………………………………… Tel：0916－2612737
13892665059

**陕西华汉建筑劳务有限责任公司**

地址：陕西省汉中市汉台区西环南路10号
负责人：曹增明
Tel：0916－2221473

**陕西骏马房地产开发有限公司**
业务：房地产开发销售
地址：陕西省西安市红光路加贝小区8号楼四层西户
负责人：赵万金
法 人：赵万金
Tel：13891908633
029－83110896

**宝鸡市中宝泰金属有限公司**
业务：公司是以有色金属钛材、镍材等稀贵金属的研制、生产及加工为主的综合性企业。公司拥有先进的生产技术和管理模式，以一流的信誉、一流的服务、优质的产品，创建一个让千家万户受益的名优企业。
地址：陕西省宝鸡市高新开发区东区
负责人：寇小会……邮 编：721013
Tel：0917－3388938
3388668
网址：http://www.zbti.cn/
E-mail：zbtijs@163.com

**西乡县房产物业开发有限责任公司鑫隆商务大酒店**
地址：陕西省汉中市西乡县金牛路安居广场北侧
负责人：王志远
Tel：0916－2879868

**陕西浩邦不动产服务有限公司**
业务：房地产营销策划、代理销售、信息咨询、房地产营销顾问
地址：陕西省西安市建工路9号
负责人：赵凤举 邮 编：710000
法 人：赵凤举
Tel：029－81812844

**江南装饰装璜有限责任公司**
地址：陕西省商洛市商南县南大街72号
负责人：王聿金
Tel：0914－6371960
13991401886

**陇县永昌水泥制品有限责任公司**
业务：陇县永昌水泥制品有限责任公司成立于2001年，主要从事水泥制品、预制构件的制造销售。"以质量求生存，以信誉求发展"，竭诚欢迎新老客户惠顾。
地址：陕西省宝鸡市陇县杜阳镇上凉泉村
邮 编：721200
法 人：徐桂民
Tel：0917－4581088

**陕西大地园林绿化有限公司**
地址：陕西省神木锦界工业园区东B1－03
负责人：王国建
Tel：13571898410

**陕西朴华建筑装饰有限公司**
业务：室内外装潢工程，园林绿化工程，土石方工程，钢结构工程，路桥工程，工业、民用建筑施工，房地产策划、代理销售
地址：陕西省西安市莲湖区四府街139号北楼118室
负责人：张家帮 邮 编：710003
法 人：张家帮
Tel：13193395502
029－87627636
Fax：029－87627636

**八大建材有限责任公司**
地址：陕西省渭南市高新区大寨村二组
负责人：赵永全
Tel：0913－3216783
13609233206

**韩城市海燕房地产开发有限责任公司渭南分公司**
地址：陕西省渭南市临渭区站北路电池厂
负责人：强少德
Tel：0913－2021666

**陕西蒲白高岭土有限责任公司**
地址：陕西省渭南市蒲城县罕井镇
负责人：宋老虎
Tel：0913－7560397

**宝鸡市鑫源置业有限公司**
业务：宝鸡市鑫源置业有限公司成立于2006年，房地产开发，工程建设，安装工程，装饰装修，园林绿化等
地址：陕西省宝鸡市渭滨区经二路163号
负责人：雷锁银……邮 编：721002
法 人：雷锁银
Tel：0917－2802089
网址：www.mtw26287.chinapyp.com

**咸阳惠普铭远物业管理有限公司**
业务：物业管理
地址：陕西省咸阳市朝阳二路中段
负责人：秦小鸿 邮 编：712000
Tel：029－38160821

**蒲城荣光水泥制品有限公司**
地址：陕西省渭南市蒲城县上王乡荣光村
负责人：郭建斌
Tel：0913－7774035

**西安雪洁科工贸有限责任公司**
地址：陕西省西安市灞桥区浐河东路1号
负责人：章晓敏
Tel：029－83200773
13309292081

**中翔装饰有限责任公司**
地址：陕西省西安市灞桥区十里铺南街
负责人：薛登峰
Tel：029－82547513
13572272739

**宝鸡市德耀建筑安装有限公司**
业务：宝鸡市德耀建筑安装有限公司成立于2005年，主要从事于土石方工程、建筑安装工程、装饰装修。欢迎新老客户光临、惠顾！
地址：陕西省宝鸡市文化路4号北楼309室
负责人：肖德耀……邮 编：721000
法 人：林春华
Tel：0917－8817625
3218703
Mobile：13991752998

**咸阳开运建筑机械工程有限公司**
业务：建筑机械工程
地址：陕西省咸阳市泾阳县城南环路东段
负责人：崔文军 邮 编：710003
Tel：029－36216661

**西安瑞琪土方工程有限公司**
地址：陕西省西安市灞桥区幸福中路149号
负责人：郜瑞琪
Tel：029－87758420

**西安同济赛尔环境建筑设计有限公司**
地址：陕西省西安市碑林区长安北路91号富城大厦601－602号
负责人：侯晓文
Tel：13991925987

**西安德旺房地产信息咨询服务有限公司**
地址：陕西省西安市碑林区东大街36号
负责人：张德成
Tel：029－81019095

**蒲城县三合水泥制品有限公司**
业务：本公司成立于2003年，主要生产混凝土、通信电力电杆、各种规格排水管。热忱欢迎新老客户光临惠顾！
地址：陕西省蒲城县三合乡五陵路
负责人：李江海……邮 编：715500
法 人：李江海
Tel：0913－7430888

**陕西永辉劳务有限公司**
业务：劳务介绍、工程中介建筑、水利、水电、铁路、高速公路、隧道、桥梁、煤矿、油田、建筑、绿化、城市排污、工程机械设备与租赁等工程的劳务分包
产品：本公司系建筑劳务分包企业，综合实力雄厚，以诚实守信、客户至上、安全第一、质量为本的经营理念，竭诚为您提供国家重点大型工程的修筑及水利、水电、铁路、高速公路、隧道、桥梁、煤矿、油田、建筑、绿化、城市排污、工程机械设备与租赁等工程的劳务分包，本公司凭借多年的工作经验已积聚了大量的管理人才和技术工人，基本掌握了市场规划规范和法律政策依据，本公司已与多家建设总承包合作，诚恳欢迎同行和社会各界朋友的真诚合作、帮助支持，携手共进，为国家建设和社会和谐做出贡献。
地址：陕西省咸阳市渭城区抗战路粮苑小区9号
负责人：李香林 邮 编：712000
法 人：李香林
Tel：029－28182537
15991289608
Fax：029－38182537
E-mail：qhui1966@yahoo.com.cn

**陕西陕安工程有限公司**
地址：陕西省西安市碑林区含光北路111号
负责人：张文光
Tel：029－88415571

**陕西智渊房地产经纪有限责任公司**
地址：陕西省西安市碑林区含光北路138号
负责人：武明儒
Tel：029－88403219

**陕西艺宸设计装饰有限公司**
地址：陕西省西安市碑林区环城南路东段66号
负责人：李学语
Tel：029－85381387

**陕西天星建设有限公司**
地址：陕西省西安市碑林区建国路100号
负责人：程计健
Tel：029－81034086

**铜川市王益区文茂装饰工程责任有限公司**
业务：门窗、铝合金门窗加工及装饰装修
地址：陕西省铜川市王益区王家河南路柿树沟口
邮 编：727000
法 人：张文茂
Tel：0919－2880600

**西安市未央区青力建材经销部**
地址：陕西省西安市北余寨村口

负责人：李珑
Tel：029－85007048

**咸阳鑫迪土方工程有限公司**
业务：承接开挖、运输土石方工程，销售和运输沙石料
地址：陕西省咸阳市渭城区渭城羊过村
负责人：牛有刚 邮 编：712000
法 人：牛有刚
Tel：13892022278
13571000155

**陕西典石建筑空间设计有限公司**
地址：陕西省西安市碑林区建设东路102号
负责人：李新义
Tel：13096902129

**西安市房地产开发第五公司房屋中介分公司**
地址：陕西省西安市碑林区炮房街2－15号
负责人：肖沛
Tel：13572222200

**西安秦建房地产咨询代理有限公司**
地址：陕西省西安市碑林区文艺南路18号
负责人：石峰磊
Tel：13772103056

**西安明亮诚信建筑劳务有限公司**
地址：陕西省西安市碑林区文艺南路市场4楼14排18号
负责人：李明亮
Tel：029－85842629

**陕西三忻集团实业有限责任公司二分公司**
业务：建筑工程
地址：陕西省榆林市府谷县三道沟乡新庙村
负责人：齐振华 邮 编：719000
Tel：15332622666
15909289188

**韩城市天隆公路工程有限公司**
业务：韩城市天隆公路工程有限公司成立于1995年，主要从事于公路建设、土石方工程、道路沥青铺建等。公司以"质量求生存，信誉求发展"，欢迎广大用户光临惠顾！
地址：陕西省渭南市韩城市新城区服装市场南单体楼12－－2
负责人：薛占义……邮 编：715401
法 人：薛占义
Tel：0913－8388668

**西安市图豪装饰工程有限责任公司**
地址：陕西省西安市碑林区友谊西路295号
负责人：刘海芬
Tel：13186068770

**陕西国汇房地产置业发展有限公司**
地址：陕西省西安市碑林区友谊西路476号7层716号
负责人：毕左锦
Tel：029－88481209

**西安明丰置业有限公司**
地址：陕西省西安市北关正街31号开元北方大厦7楼706室
负责人：陈利民
Tel：029－86230798

**韩城市双龙装饰有限责任公司**
业务：韩城市双龙装饰有限责任公司成立于2003年，公司拥有国家三级资质，技术力量雄厚，做工专业、标准、精良。已连续五年被评为优秀装饰企业。先后做过二炮、领头羊、恒源酒楼等几十家大型装修工程和数百家家装工程。
地址：陕西省渭南市韩城市新城区贞洲大街北段
邮 编：715400
法 人：赵百虎
Tel：0913－5208706
Fax：0913－2233665

**榆林鑫通路桥有限公司**
业务：公路桥梁、水利水电、房建、市政、矿物建筑
地址：陕西省榆林市红山民生路南龙凤小区1幢102室
负责人：杜来虎 邮 编：719000
法 人：杜来虎
Tel：13891254104
15529861199
0912－3825466

**西安市长安区西华科技建材厂**
地址：陕西省西安市长安区王曲镇满江红村三组
负责人：刘小民
Tel：029－85943087

**西安金利基础工程有限公司**
地址：陕西省西安市长安区西汤公路王莽路口
负责人：王军利
Tel：029－85937137

**陕西绿通筑路工程有限公司**
业务：本公司成立于2005年，主要从事道路工程施工。
地址：陕西省渭南市蒲城县胜利街9号
负责人：李锋……邮 编：715500
法 人：李锋
Tel：0913－7851938

**长安一诺工程咨询有限公司**
地址：陕西省西安市长安区信合巷春之原小区
负责人：司建宇
Tel：029－85658516
13891987651

**神木县李振华石料厂**
业务：加工与销售石料
产品：石料
地址：陕西省榆林市神木县中鸡镇李家畔一组
负责人：李振华 邮 编：719300
法 人：李振华
Tel：13572638616

**陕西万叶门窗制造有限公司**
地址：陕西省西安市长安县郭杜南街69号
负责人：张国华
Tel：029－85845567

**陕西德春顺建筑劳务分包有限公司**
地址：陕西省西安市长安县鑫园小区
负责人：王兴顺
Tel：13991310777

**西安金港混凝土有限公司**
业务：西安金港混凝土有限公司成立于2006年，专业以水泥制品、混凝土的生产与销售为主，本着以质量求生存、信誉求发展，竭诚欢迎广大用户来电来函咨询业务！
地址：陕西省西安市灞桥区半坡圆盘西南侧草临公路
负责人：薛强……邮 编：710024
法 人：薛强
Tel：029－83411087

**陕西强生置地房地产投资咨询有限公司**
地址：陕西省西安市长安中路26号
负责人：李伟
Tel：13389269920

**福建省九建建筑工程有限公司**
地址：陕西省西安市长乐西路西京医院病房楼工程福建九建工地
负责人：陈炎官
Tel：029－83275795
13609188178

**陕西丰源建材有限责任公司**
地址：陕西省西安市东关新巷世贸大厦C座19单元D号
负责人：刘智军
Tel：029－82219020

**陕西亚美保温建材开发有限公司**
业务：本公司主要生产销售保温材料等产品。产品质量好，性能优。也可以按照客户的要求加工定做。我们秉承"质量第一，信誉至上"的服务理念，欢迎各界朋友光临惠顾！
地址：陕西省西安市未央区东宏路范南村东
负责人：王合理……邮 编：710016
法 人：王合理
Tel：029－86266201

**榆林市福家居装饰工程有限公司**
业务：室内外装饰工程施工设计制作，代理发布户外广告
地址：陕西省榆林市榆阳区东沙无量殿向北100米天顺巷
负责人：杜兵 邮 编：719000
法 人：杜兵
Tel：13909122526
13209122526

**陕西玛雅房屋中介有限公司东关店**
地址：陕西省西安市东关正街东方星座B座10103号
负责人：王秀梅
Tel：029－82025373

**华诚木材加工厂**
地址：陕西省西安市东郊电厂东路付19号
负责人：马建发
Tel：029－83529912
13572217822

**西安欧博迈业工程建设咨询有限公司**
地址：陕西省西安市东四路北区59号
负责人：张伟
Tel：029－87759928

**西安市永学建筑加固有限责任公司**
业务：本公司是一个有长期丰富实践经验的专业化加固公司，有独立承担民事行为的企业法人，具有独立总承包(含粘钢板、粘碳纤维、植筋、钻孔、修补裂缝、基础处理、房屋纠偏、房屋修膳、建筑物加固施工及建筑物加固设计服务，公司自已生产植筋胶、碳纤维配套树脂胶，为生产、销售一体化的企业。公司秉承一贯的"环保、优质、安全、文明、高效、守信、创优"的服务理念，为客户提供优质、满意的服务。
地址：陕西省西安市新城区山勤路425号
负责人：龚永学……邮 编：710000
法 人：龚永学
Tel：029－87421728
Mobile：13571857379
网址：www.xayxjz.com
E-mail：xayxjz@163.com

**西安茂盛基建工程有限公司**
地址：陕西省西安市纺织城纺一路交通局办公楼3号

……负责人:吴有勇
……Tel:13991938380

**西安腾祥建筑装饰有限公司**
地址:陕西省西安市高陵县鹿苑镇北街村
……负责人:张金宝
……Tel:029－86918828

**西安市民建工程设计咨询有限公司**
地址:陕西省西安市工农路2号
……负责人:王建民
……Tel:13572156899

**陕西鑫源建筑安装工程有限公司**
业务:陕西鑫源建筑安装工程有限公司成立于2006年6月,专业从事土建工程、房屋安装、建筑机械租赁,热诚欢迎新老客户光临惠顾,洽谈业务。
地址:陕西省咸阳市渭城区朝阳二路惠普紫薇苑小区
……负责人:李源……邮 编:712000
……法 人:李源
……Tel:029－33415711

**榆林市科源装饰建材有限公司**
业务:生产防水涂料、保温沙浆、内外墙腻子粉、乳胶漆等
地址:陕西省榆林市榆阳区榆阳镇刘官寨村
……负责人:曹李信 邮 编:729000
……法 人:曹李信
……Tel:13991080760
0912－3602345

**陕西瑞玉房地产开发有限公司**
地址:陕西省西安市含光北路168号
……负责人:王相瑞
……Tel:029－88416962

**陕西鹏鑫环境艺术设计工程有限公司**
地址:陕西省西安市科技二路77号光电大厦411室
……负责人:吴春生
……Tel:029－88452598

**西安环友清洁用品有限公司**
地址:陕西省西安市劳动南路18号
……负责人:郝晓红
……Tel:029－84203770
13891918345

**志丹县新世纪装饰装璜有限责任公司**
业务:志丹县新世纪装饰装璜有限责任公司成立于1996年,主要从事室内装饰工程。公司本着"顾客至上,信誉第一,精益求精,勇于创新"的经营宗旨,按照"以智取胜,业主满意"的经营方针,竭诚欢迎新老客户光临。
地址:陕西省延安市志丹县保安镇县城一道街邮政局背面
……负责人:717500
……法 人:王世富
……Tel:0911－6624490
……Fax:0911－6624490

**西安市重信置业有限公司北关家具分公司**
地址:陕西省西安市莲湖区北关正街39号(人人乐超市三层)
……负责人:李维奇
……Tel:029－86239500

**陕西南方建筑装饰工程有限公司**
地址:陕西省西安市莲湖区莲湖路204号
……负责人:王民科
……Tel:029－86389791

**陕西双龙物业管理有限公司**
地址:陕西省西安市莲湖区未央路双龙饭店8201房
……负责人:丁健
……Tel:029－86266108

**横山县建设开发总公司**
业务:横山县建设开发总公司成立于1992年,主要从事房屋建筑工程,属房屋建筑总承包叁级资质。热诚欢迎新老客户来电来人洽谈业务,共同发展。
地址:陕西省榆林市横山县城南大街
……邮 编:719100
……法 人:孙有钰
……Tel:0912－7611709
……Fax:0912－7611709

**西安正宏建筑市政工程有限公司**
地址:陕西省西安市莲湖区枣园西路162号3401室
……负责人:张敬东
……Tel:13379217366

**陕西瑞达建筑工程有限公司**
地址:陕西省西安市太白立交北路95号农业堪察设计院四楼
……负责人:邵培伦
……Tel:029－88466758
13991894153

**西安大成建筑装饰材料有限责任公司不锈钢分公司**
地址:陕西省西安市太华北路146号南排7－8号
……负责人:张永华
……Tel:029－88482203

**神府经济开发区兴鑫建材有限责任公司**
业务:我公司创建于2006年,是通讯管道、塑料管材、管件专业生产制造,目前现拥有国内最先进的PVC双壁波纹管生产、我们将以一流的产品,优质的服务,至高的信誉,殷切期待与您的合作。
地址:陕西省榆林市神木县神府经济开发区锦界工业园
……负责人:高铁虎……邮 编:719319
……Tel:0912－8496067
……Fax:0912－8496066
……网址:http://www.smxxjc.com
……E-mail:zsz@1265.com

**陕西天翼防水工程有限公司**
地址:陕西省西安市太华北路365号
……负责人:张祖华
……Tel:029－86319533
13991832315

**西安汉斯物业经营有限公司**
地址:陕西省西安市太华北路啤酒路1号4号楼
……负责人:王爱菊
……Tel:029－86709125

**兰天房地产开发有限公司**
地址:陕西省西安市未央路106号
……负责人:刘志道
……Tel:029－86290111
88062398

**西安西北石油管道公司物业管理分公司**
地址:陕西省西安市未央路149号
……负责人:梁斌
……Tel:029－87662148

**榆林市天宇装饰有限公司**
业务:本公司成立于2002年,主要从事家居、办公楼、商铺、酒店的装饰装修业务。公司时刻铭记"质量第一、信誉第一、服务第一"的经营宗旨,欢迎新老客户惠顾!
地址:陕西省榆林市榆阳区柳营西路建榆路建材市场A区1排60号
……负责人:罗宏……邮 编:719000
……法 人:罗宏
……Tel:0912－3838456

**陕西海荣工程劳务有限公司**
地址:陕西省西安市未央路省未央路中段B2区16号
……负责人:刘玉海
……Tel:029－81061865

**陕西北开控制工程有限公司**
地址:陕西省西安市未央区北郊团结工业园区86号
……负责人:于健
……Tel:13809195756

**陕西凯升新材料装饰有限公司**
地址:陕西省西安市未央区大明宫南余家寨新村五排3号
……负责人:吕春旗
……Tel:029－88327017

**榆林市成信建筑工程有限责任公司**
业务:榆林市成信建筑工程有限责任公司专业从事房屋建筑工程、市政工程、水利工程施工,热诚欢迎新老客户来电咨询,洽谈业务。
地址:陕西省榆林市榆阳区西沙文化路
……负责人:艾成……邮 编:719000
……法 人:艾成
……Tel:0912－3857333
3853088

**西安达仁房地产开发有限公司**
地址:陕西省西安市未央区大明宫商业街2层5号
……负责人:吴恒莉
……Tel:029－86533060

**陕西海元建筑工程有限公司**
地址:陕西省西安市未央区方新村小区西十号楼中单元六层西号
……负责人:王海涛
……Tel:13609202075

**陕西新境界装饰工程有限责任公司**
地址:陕西省西安市未央区凤城四路12号
……负责人:马宏伟
……Tel:029－81061889

**西安利君北区物业服务有限责任公司**
地址:陕西省西安市未央区凤城一路6号
……负责人:李喜源
……Tel:029－86155110

**陕西智超建材有限责任公司**
地址:陕西省西安市未央区岗家寨新村小区
……负责人:刘鹏武
……Tel:029－81699375

**西安祺云置业有限公司**
地址:陕西省西安市未央区纬二十九街经贸小区1号楼10501室
……负责人:刘翠琴
……Tel:029－86291362

**陕西德明装饰工程有限公司**
地址:陕西省西安市未央区未央路豪盛花园B909
……负责人:于渊学
……Tel:13991324500

**陕西大自然景观园艺有限公司**
地址:陕西省西安市文艺南路82号
……负责人:陈学军
……Tel:13759939666

**陕西嘉美得环境工程有限公司**
地址:陕西省西安市文艺南路副1号和平花园C座1504室
……负责人:贺平
……Tel:13679166056

**陕西盈栋房地产开发有限公司**
地址:陕西省西安市西北二路1号
……负责人:黄军梁
……Tel:029－84035558

**弘旭实业有限公司**
地址:陕西省西安市西大街安定广场3号楼B座805室
……负责人:张建营
……Tel:029－87626386
13700223567

**陕西隆基置业有限公司**
地址:陕西省西安市新城区长乐中路101号
……负责人:许建新
……Tel:029－82525023

**西安茂木园林绿化有限公司**
地址:陕西省西安市新城区红华巷1号3号楼3单元7层中户
……负责人:郭玉萍
……Tel:029－83217030

**陕西佳欣装饰工程有限公司**
地址:陕西省西安市新城区金花北路25号
……负责人:王国宝
……Tel:029－81918809

**西安新地标房地产营销策划有限公司**
地址:陕西省西安市雁塔路中段26号迪赛大厦808室
……负责人:顾江鸿
……Tel:029－81911380

**陕西丽景天成置业顾问有限公司**
地址:陕西省西安市雁塔区产业园凯丽大厦A座505号
……负责人:杨景茂
……Tel:13991264126

**西安旅游集团恒大置业有限公司**
地址:陕西省西安市雁塔区长安南路375号惠群大厦二层
……负责人:徐莉娜
……Tel:029－82065686

**西安铭甲装饰设计工程有限公司**
地址:陕西省西安市雁塔区电子二路36号1幢101室
……负责人:李桐
……Tel:029－81930300

**陕西龙记房地产开发有限公司**
地址:陕西省西安市雁塔区含光南路14号
……负责人:毛培周
……Tel:029－85075728

**西安石木装饰工程设计有限公司**
地址:陕西省西安市雁塔区吉祥路84号(豪盛时代A幢2单元21层22104室)
……负责人:朱志亮
……Tel:029－88233583

**陕西华方工程有限公司**
地址:陕西省西安市雁塔区吉祥路豪盛时代5－801
……负责人:范作凯
……Tel:029－88212655

**陕西天利安装工程有限公司**
地址:陕西省西安市雁塔区科技二路72号
……负责人:刘小勇
……Tel:13991838302

**陕西圣森建筑装饰工程有限公司**
地址:陕西省西安市雁塔区西安市高新区科技路10号
……负责人:鲍艳
……Tel:029－88238683

**天鉴景观环境设计工程有限公司**
地址:陕西省西安市雁塔西路双鱼花园A幢2401F
……负责人:王科鉴
……Tel:029－85223098
13363968968

**西安东安置业服务有限责任公司**
地址:陕西省西安市药王洞33号四楼404室
……负责人:王正安
……Tel:13087506292

**西安丹娜干粉建材有限公司**
地址:陕西省西安市周至县马召镇西富饶村
……负责人:王志保
……Tel:029－85190777

**西安庆华水泥有限责任公司**
地址:陕西省西安市周至县渭河桥南1号
……负责人:王佑民
……Tel:029－87152697

**黄陵县惠家河房屋工贸中心**
地址:陕西省延安市黄陵县桥山镇惠家河村
……负责人:惠炳新
……Tel:0911－3816018

**永昌钻井工程有限公司**
地址:陕西省延安市志丹县供销公司家属楼一单元4楼2号
……负责人:左林海
……Tel:13809114627

**新世纪砖厂**
地址:陕西省榆林地区靖边县杨桥畔镇九里滩村三队
……负责人:樊树勇
……Tel:13992204557

**旺达装饰装璜有限公司**
地址:陕西省榆林市西沙槐树巷7排7号
……负责人:马维军
……Tel:0912－3885875
13991081989

**榆林市天一建筑工程有限责任公司**
地址:陕西省榆林市榆阳区常乐北路
……负责人:张玉杰
……Tel:13809120991

**榆林市兴亚集团装饰装修有限责任公司**
地址:陕西省榆林市榆阳区上郡路北凌霄宾馆
……负责人:任爱芳
……Tel:13309127106

**榆林市华宇建设工程有限公司**
地址:陕西省榆林市榆阳区乡企城东大街(市公证处办公楼1－2层)
……负责人:任炳武
……Tel:0912－3851186

**榆林市恒通建筑劳务装饰有限公司**
地址:陕西省榆林市榆阳区宴平巷十一排一号
……负责人:刘忠强
……Tel:0912－3899800

**陕西凯达装饰装修工程有限公司**
地址:陕西省西安市西安经济技术经济开发区凤城二路9号
……负责人:韩志杰
……Tel:029－88787285

## 汉中市久盛装饰工程有限公司

汉中市久盛装饰工程有限公司是一家专业从事室内外装饰装修、园林绿化工程的单位。

对于家居装饰，我们的理解是：现代而不失传统，舒适而不失环保，豪华而不失节约。每一个客户，都是朋友。我们坚持"诚实守信，专业尽职"的精神面貌，秉承"高水准的设计；高质量的施工；高品位的服务"打造家装界精英品牌，为您的生活提供更满意的服务。

联系人：林其亮 13571613999 电话/传真：0916－2224666
地址：陕西省汉中市汉台区西大街西段 邮编：723000

## 华阴市绿家园林绿化有限公司

华阴市绿家园林绿化有限公司成立于2008年，专业从事园林绿化、设计、管护等业务，我们的园林绿化让您不出城市便可感受到山林的自然之美。

欢迎来电来函咨询！

联系人：张向荣 13991651003
电话/传真：0913－4360558
邮编：714200
地址：陕西省华阴市四五零路北

## 榆林市榆陽區鴻盛木業有限責任公司

榆林市榆阳区鸿盛木业有限责任公司成立于2005年，主要从事于木材加工、销售。主要生产细木工板、清水模板等。

公司本着诚信为本、客户至上的宗旨，为新老客户提供最优质的服务。我们的产品能为您带来更大的效益，是我们所期盼的。

热忱欢迎您的惠顾！

联系人：李治荣 13379399889 15319671293
地址：陕西省榆林市榆阳区牛家梁林场院内 邮编：796668

## 重庆建安建设(集团)有限公司
安康分公司

重庆建安建设(集团)有限公司安康分公司成立于2001年，是一家专门从事房屋建筑施工、桥梁施工、隧洞、道路、园林绿化、市政管网的企业。

公司秉承"信誉至上，质量第一"的原则，欢迎您的来电，我们将竭诚为您服务！

联系人：胡相军 15991190666
电话：0915－8238068
邮编：725300
地址：陕西省安康市紫阳县紫阳广场项目部

## 子洲县鹏宇建筑工程有限公司

子洲县鹏宇建筑工程有限公司成立于2008年，从事楼房、道路、桥梁的建筑工程施工。

公司将以一流的施工质量、科学严谨的管理、先进的施工技术和完善的服务为业主和社会提供建筑精品，为祖国的建设事业作出更积极的贡献。

联系人：乔炳旺
13991065689
13891205555
地址：陕西省榆林市子洲县双镇西街16号
邮编：718400

## 甘肃省/Gansu Province

**白银俊胜门窗装饰有限公司**
地址：甘肃省白银市白银区建设北路88号
负责人：李更新
Tel：13909439230

**白银路通物业管理有限公司**
地址：甘肃省白银市白银区水川路94号
负责人：汪小东
Tel：0943－8313713

**景泰陇信源房地产开发有限责任公司**
地址：甘肃省白银市景泰县一条山镇
负责人：王柱
Tel：0943－5539293

**景泰县泰盛房地产开发有限责任公司**
业务：房地产开发经营
地址：甘肃省白银市景泰县一条山镇大安路
负责人：毛书庭 邮编：730400
法人：毛书庭
Tel：13893033606
0943－5529689

**定西市熙园房地产开发有限责任公司**
业务：创造和谐住宅、将以一流的服务宗旨竭诚为新老客户服务。
地址：甘肃省定西市安定区水门巷40
负责人：马季林
Tel：0932－3669979
3690158

**白银市宝宏塑钢门窗有限公司**
地址：甘肃省白银市平川区中区
负责人：房宝
Tel：13519011498

**白银市红日房地产开发有限公司**
地址：甘肃省白银市西区西苑小区10－101号
负责人：黄华平
Tel：0943－8234568

**甘肃正立房地产开发有限公司**
地址：甘肃省定西市安定区西川园区
负责人：景利明
Tel：0932－8263858

**靖远县北滩乡宏远建材厂**
业务：青砖瓦、实心砖、空心砖、多孔砖等产品经营
地址：甘肃省白银市靖远县北滩乡大红沟村
负责人：梁仲强 邮编：730600
法人：梁仲强
Tel：13893040248
0943－7110058

**定西市岷县渭陇钢铝门窗厂**
业务：定西市岷县渭陇钢铝门窗厂成立于1995年，铝合金门窗、钢铁门窗的制作、安装。
地址：甘肃省定西市岷县教场街启明路31号
邮编：748400
法人：尚建军
Tel：0932－7721314
Mobile：13909327669

**陇西金宝宏峰置业有限责任公司**
地址：甘肃省定西市陇西巩昌镇东城路
负责人：汤宝金
Tel：0932－6614666

**陇西县栋梁泡沫板厂**
地址：甘肃省定西市陇西县巩昌镇春场
负责人：赵国栋
Tel：13939213086

**渭陇钢铝门窗厂**
地址：甘肃省定西市岷县城关镇中华街213号
负责人：尚建军
Tel：0932－7721314
13909327669

**迭部县义达民爆有限责任公司**
地址：甘肃省甘南藏族自治州兴迭西街98号
负责人：达杰
Tel：0941－5622038

**定西市悦达彩钢加工厂**
业务：专业加工彩钢板、复合板、C型钢，承揽各种轻重型钢结构，工业厂房仓库，各类彩钢大棚，安装设计一条龙服务。
产品：彩钢瓦、夹心板
地址：甘肃省定西市安定区交通路425号
负责人：王益东 邮编：743000
Tel：0932－8282729
18919320300
Fax：0932－8282729
网址：http://www.ydcgjgc.cn
E-mail：zcyhenny@yahoo.com

**玛曲县更盼建材有限公司**
业务：玛曲县更枫建材有限公司成立于1985年，生产工程用建筑材料，欢迎新老客户来电洽谈业务！
地址：甘肃省甘南藏族自治州玛曲县城北
负责人：胜考 邮编：747300
法人：胜考
Mobile：13909418065

**嘉峪关市兴肃明建筑材料有限责任公司**
地址：甘肃省嘉峪关市兰新西路七十一号
负责人：戴义
Tel：0937－6225058

**武山旺平建筑劳务有限公司**
业务：建筑劳务
地址：甘肃省天水市武山县滩歌镇野峪沟村
负责人：关王平 邮编：741300
法人：关王平
Tel：15847257922
15120581843

**嘉峪关市纳新水处理有限责任公司**
地址：甘肃省嘉峪关市迎宾路九号西部大厦301室
负责人：邹洪昌
Tel：0937－6326801

**安西县三力建筑建材有限责任公司**
地址：甘肃省酒泉市安西县布隆吉乡
负责人：何力
Tel：13369372689

**酒泉格瑞建筑设计有限公司**
地址：甘肃省酒泉市南市街16号
负责人：赵永生
Tel：0937－2613680

**天水林峰建材有限公司**
业务：地面工程、建材销售
地址：甘肃省天水市麦积区社棠镇中街32号
负责人：刘虎林 邮编：741024
法人：刘虎林
Tel：13993898867
0938－2727600

**甘肃宏辰装饰工程有限公司**
业务：甘肃宏辰装饰工程有限公司成立于2006年，主要从事于室内外装饰装修。公司以"质量求生存、信誉求发展"，欢迎广大用户光临惠顾！
地址：甘肃省兰州市城关区天水路8号
负责人：肖志民 邮编：730000
法人：肖志民
Tel：0931－8517186
Fax：0931－8517186

**岷县福昌石材有限公司**
业务：石板材
地址：甘肃省定西市岷县闾井镇背后滩
负责人：杜宗锋 邮编：748407
法人：杜宗锋
Tel：15293227488
0932－7476099
15293227600

**酒泉市创美广告装饰有限公司**
地址：甘肃省酒泉市肃州区肃州路70号
负责人：郅朝晖
Tel：0937－3853338

**兰州大卫广告装饰设计有限公司**
地址：甘肃省兰州秦安路28号
负责人：沈小君
Tel：0931－8729526

**兰州福尔佳保温材料有限公司**
地址：甘肃省兰州市安宁区长新路41号
负责人：郑茂新
Tel：0931－2179997

**天水恒远房地产开发有限公司**
业务：房地产开发
地址：甘肃省天水市麦积区桥南建材市场（宇泰建筑公司）
负责人：陈庆明 邮编：741000
法人：陈庆明
Tel：13993897968
13993805677

**兰州美胜建材有限公司**
业务：本公司成立于2006年，主要生产销售建筑装饰材料。产品质量保证，价格合理，竭诚欢迎新老客户来电洽谈业务！
地址：甘肃省兰州市西固区陈官营吊庄39号
负责人：吴文生 邮编：730060
法人：吴文生
Tel：0931－7325086

**兰州悦苑房地产代理有限责任公司**
地址：甘肃省兰州市安宁区费家营银滩路132号
负责人：倪孝花
Tel：0931－7952293
3350043

**甘肃黎华商贸有限责任公司**
业务：建材批发
地址：甘肃省定西市通渭县平襄镇北街（县医院大十字转角楼）
负责人：贾灵花 邮编：743300
法人：贾灵花
Tel：0932－5553245

**兰州豪盛装饰工程有限责任公司**
地址：甘肃省兰州市安宁区金安路2号
负责人：李占豪
Tel：0931－7952209

### 庆阳市富源工程技术服务有限公司
业务：承揽原油钻探、钻前工程、试油等、人饮钻井施工，竭诚为您提供一流的服务、一流的钻井设备，为您保证一流的质量。
产品：石油项目钻井、试油、修井、人饮钻井、施工
地址：甘肃省庆阳市镇原县城中街 20#
负责人：张建年　邮　编：744500
法　人：张建年
Tel：0934－7124110
13830405855
Fax：0934－7121384

**甘肃格兰建筑装饰工程有限公司**
地址：甘肃省兰州市北城壕 2 号
负责人：常科
Tel：0931－8464576

### 庆阳汇兴起重设备租赁有限公司
业务：销售与租赁塔机、混凝土输泵、施工电梯等工程设备
产品：塔机、混凝土输泵、施工电梯
地址：甘肃省庆阳市西峰区九龙路市科技局小区 132 号 2 单元 602
负责人：施俊先　邮　编：745000
法　人：施俊先
Tel：0934－8211150
Fax：0934－8898888

### 成县智广建材有限责任公司
业务：成县智广建材有限责任公司成立于 1996 年，公司主要产品大小破碎石、选矿厂用白灰、建筑用白灰，机械设备出租、大件托运，诚信发展，热诚欢迎新老客户惠顾。
地址：甘肃省陇南市成县抛沙镇
负责人：苏智广　邮　编：742508
法　人：苏智广
Tel：0939－3263156
Fax：0939－3798666

**兰州丽景园林装饰工程有限公司**
地址：甘肃省兰州市城关区北滨河中路 26 号
负责人：陈建安
Tel：0931－8439348

### 庆阳市西峰区陇姿水泥彩瓦厂
业务：小型水泥制品（不含楼板）、水泥彩瓦加工零售
地址：甘肃省庆阳市西峰区董志镇周庄村
负责人：白军林　邮　编：745000
法　人：白军林
Tel：0934－8531051

**甘肃四联工程安装有限公司**
地址：甘肃省兰州市城关区滨河东路 323 号
负责人：周杨凡
Tel：0931－8432108

**甘肃汇能新型建筑设备技术有限公司**
地址：甘肃省兰州市城关区东岗东路 1746 号
负责人：岳亭龙
Tel：0931－4908908

### 通渭县五鑫路桥工程机械有限公司
业务：路桥工程机械租赁，承接相关工程施工
地址：甘肃省定西市通渭县平襄镇南街 34 号
负责人：杨孝　邮　编：743300
法　人：杨孝
Tel：13919466898
15009325559

**甘肃鹏洲建材有限公司**
地址：甘肃省兰州市城关区东岗西路 385 号
负责人：戴卫东
Tel：0931－8844882

### 华亭县金龙物业有限责任公司
业务：华亭县金龙物业有限责任公司成立于 2005 年，从事房屋维修及保洁卫生，欢迎新老客户来电洽谈业务。
地址：甘肃省平凉市华亭县心晴花园
负责人：杨宏亮　邮　编：744100
法　人：杨宏亮
Tel：0933－7722319
网址：www.mtw51311.chinapyp.com

### 庆城县伊佳博新型节能建材有限公司
业务：彩色压型复合板、隔热材料、塑钢窗及有色金属门窗、小型混凝土制品生产、销售；保温防腐工程；钢结构、节日彩灯、玻璃幕墙设计、制作安装；装饰材料，建筑材料，机械设备批发零售；煤矿设备维修，机电设备安装、维修。
地址：甘肃省庆阳市庆城县卅铺镇阜城村
负责人：赵贵　邮　编：745100
法　人：赵贵
Tel：0934－3251678
3251234

**兰州千艺装饰工程有限责任公司**
地址：甘肃省兰州市城关区广场北路 55 号
负责人：王德华
Tel：0931－4921239

**兰州建达烁建材有限责任公司**
地址：甘肃省兰州市城关区火车站东路 385 号兰州邮政公寓
负责人：刘向华
Tel：0931－8622098

**甘肃百年木业装饰工程有限责任公司**
地址：甘肃省兰州市城关区静安门外 5 号（沛丰大厦）
负责人：郝秀芳
Tel：13893295749

### 敦煌市山地工程有限公司
业务：房屋工程、市政路桥工程
地址：甘肃省敦煌市敦煌种业棉花公司租房
负责人：崔永廷　邮　编：736200
法　人：崔永廷
Tel：13519378481
0937－5952216

**澳门環安建筑工程有限公司兰州代表处**
地址：甘肃省兰州市城关区临夏路 139 号静安大厦
负责人：王克荣
Tel：0931－8477366

**甘肃兴全建筑工程有限责任公司**
地址：甘肃省兰州市城关区临夏路 89 号
负责人：杨兴文
Tel：0931－8473098

### 镇原县恒昌建材厂
业务：生产销售粉煤灰、空心砖；空心楼板销售；各种地面砖预制销售
地址：甘肃省庆阳市平泉镇西环路 3 号
负责人：李志峰　邮　编：745000
法　人：李志峰
Tel：13993423846
0934－7182526

### 甘谷茂源建材有限责任公司
业务：本公司采用国内最新设备加工各种机砖，机瓦。以诚实守信经营各类建材用品，欢迎新老客户前来光临指导。
地址：甘肃省天水市甘谷县大石乡王川村
负责人：王向来　邮　编：741208
Tel：0938－5565486
网址：www.mtw28520.chinapyp.com

**兰州八闽装饰工程有限公司**
地址：甘肃省兰州市城关区民主西路 7 号
负责人：章仁庄
Tel：0931－4638931

### 甘南鸿盛建筑安装有限公司
业务：建筑安装，公路路基工程承包
地址：甘肃省甘南藏族自治州合作市师范诚信后勤服务公司办公楼
负责人：杜三刚　邮　编：747000
法　人：杜三刚
Tel：13893933988
13893949589
网址：http://www.51zzt.com/user/zzt35053

**兰州绿源装饰设计工程有限公司**
地址：甘肃省兰州市城关区庆阳路 1 号
负责人：李文彬
Tel：13919188029

**兰州掘创装饰工程有限公司**
地址：甘肃省兰州市城关区天水北路 10 号
负责人：王志鹏
Tel：0931－8413078

### 华池县元城镇双万建材有限责任公司
业务：空心砖、普通标砖生产、销售
地址：甘肃省庆阳市华池县元城镇
负责人：周怀全　邮　编：745000
法　人：周怀全
Tel：13884119226
13892249028

**兰州鸿元房地产代理有限公司**
地址：甘肃省兰州市城关区通渭路 1 号
负责人：刘向英
Tel：0931－4607986

**甘肃瑞辉环保科技工程有限公司**
地址：甘肃省兰州市城关区小稍门外 280 号
负责人：乔继睿
Tel：0931－8826324

### 静宁县绿源建材有限公司（不写）
业务：建材，物流
地址：甘肃省平凉市静宁县县城中街 1 号（新世纪物业公司）
负责人：靳宝仓　邮　编：744000
法　人：靳宝仓
Tel：13649330858
093312521470
13739334199

**明新地板商行**
地址：甘肃省兰州市城关区雁滩家具市场 4 号楼家居超市 1008－1009 号
负责人：陈明新
Tel：0931－8283080
13609319313

**兰州西部房地产评估咨询有限公司**
地址：甘肃省兰州市城关区绣河沿 49 号安泰大厦 1410 室
负责人：张金华
Tel：0931－8470895
0931－8406912

**甘肃瑞迪建安建筑工程技术有限公司**
地址：甘肃省兰州市城关区雁滩乡刘家滩村 324 号
负责人：罗拥军
Tel：0931－8366491

### 嘉峪关市浩海节能保温建材有限公司
业务：XPS 聚苯乙烯保温板、EPS 聚苯板、挤塑板、墙体保温材料的生产、批发、零售
地址：甘肃省嘉峪关市朝阳街 9 号楼 2 单元 7 号
负责人：罗玉兵　邮　编：735100
法　人：罗玉兵
Tel：15009471389
0937－6325237

**甘肃秦宝园林工程有限公司**
地址：甘肃省兰州市城关区永昌路 63 号
负责人：席君侠
Tel：0931－8428329

**兰州佳佳房地产代理有限公司**
地址：甘肃省兰州市城关区张掖路 143 号
负责人：冯婉
Tel：0931－8463566

### 陇南市信达工程有限公司
业务：小型水利、水土保持工程施工；土石方工程施工（凭许可证经营）
地址：甘肃省陇南市武都区城关镇盘旋路区水保局办公楼
负责人：赵理生　邮　编：746000
法　人：赵理生
Tel：15193933889
13309396728

**北京中建建筑设计院兰州办事处**
地址：甘肃省兰州市城关区郑家台 257 号 410 室
负责人：张开明
Tel：0931－8438685

**甘肃中北佳宇装饰设计工程有限公司**
地址：甘肃省兰州市城关区中山路（桥门大厦）
负责人：陈加东
Tel：13919806655

**兰州士杰房地产代理有限公司**
地址：甘肃省兰州市城关区中山路 275 号
负责人：王建委
Tel：0931－8446322

### 礼县永盛和建材有限责任公司
业务：生产与销售建筑用砖
产品：建筑用砖
地址：甘肃省陇南市礼县永兴乡友好村
负责人：赵万森　邮　编：742200
法　人：赵万森
Tel：0939－3981668

### 嘉峪关市煜弘劳务有限责任公司
业务：矿山剥离，井巷掘进及土石方施工
地址：甘肃省嘉峪关市朝阳街区五一南路 1398－15 号
负责人：王志胜　邮　编：735100
法　人：王志胜
Tel：0937－6330500
Fax：0937－6330500
E-mail：jygwzs@sina.com

**兰州泽锐园林工程有限责任公司**
地址：甘肃省兰州市化工街 1 号
负责人：王红赤
Tel：0931－7356954－4580

**兰州比特装饰设计工程有限责任公司**
地址：甘肃省兰州市南昌路 421 号
负责人：李国忠
Tel：0931－8417480

**兰州信立物业管理有限公司**
地址：甘肃省兰州市东岗东路 1722 号
负责人：吕福平
Tel：0931－8461278

**金德管业集团有限公司兰州分公司**
地址：甘肃省兰州市鼓楼巷小稍门外 98 号
负责人：张澎
Tel：0931－8450252

### 礼县城关杨庄空心机砖厂
业务：生产与销售空心砖、雕砖
产品：空心砖、雕砖
地址：甘肃省陇南市礼县城关镇青林村杨庄
负责人：李含子　邮　编：742200
法　人：李含子
Tel：15193936516

**亚龙科技有限责任公司**
地址：甘肃省兰州市七里河区大滩村 418 号
负责人：崔永金
Tel：0931－2510658
13309401089

**兰州安一物业管理有限公司**
地址：甘肃省兰州市七里河区敦煌路 69 号
负责人：徐建华
Tel：0931－2354786

### 广河县广源建材商贸有限公司
业务：销售建材
地址：甘肃省临夏自治州广河县
负责人：杜增量　邮　编：730030
法　人：杜增量
Tel：15120473535
13919101257
0931－8836101
8836177

**延生水暖阀门供应站**
地址：甘肃省兰州市七里河区磨沟沿 5 号楼 431 号
负责人：王延生
Tel：0931－2613792
13919008182

**兰州德昌房地产经纪有限公司**
地址：甘肃省兰州市七里河区西津西路 1097－1107 号
负责人：戴世强
Tel：13919268006

### 徐州安装防腐保温工程总公司嘉峪关分公司
业务：防腐保温工程、钢结构工程、管道安装
地址：甘肃省嘉峪关市大众街区 29 号楼 1503 号
负责人：卜凡旋　邮　编：735100
Tel：13299347768
0937－6285409

**甘肃星龙特种门窗有限公司兰州分公司**
地址：甘肃省兰州市七里河区小西湖硷沟沿 21－22 号
负责人：赵永清
Tel：0931－2614127

### 临夏市振兴装潢有限责任公司
业务：室内外装饰设计施工
地址：甘肃省临夏市民主西路 49 号
负责人：李辅　邮　编：731100
法　人：李辅
Tel：0930－6918036

**兰州红楼房地产开发有限公司**
地址：甘肃省兰州市庆阳路 275 号
负责人：朱宝良
Tel：0931－8473866

**三森美居建材博览中心星星饰材经营部**
地址：甘肃省兰州市三森美居博览中心一楼 14－1 号
负责人：武红
Tel：0931－8538431

### 永靖县欣瑞房地产开发有限公司
业务：房地产开发
产品：甘肃省临夏回族自治州永靖县刘家峡镇盐国峡路 152 路
负责人：胥光权　邮　编：731600
法　人：胥光权
Tel：0930－8832898
13909308198

### 酒泉市兴达保温聚合物砂浆厂
业务：干粉式砂浆加工、销售。
地址：甘肃省酒泉市肃州区北环西路 143 号
负责人：刘宏生　邮　编：735000
法　人：刘宏生
Tel：15095668807
0937－2625968
Fax：0937－2625968
网址：www.xingdabw.cn

### 榆中嘉盛铁路电气化工程有限公司
业务：铁路电气化工程具有多年施工经验、房屋建筑、公路桥梁、钢结构工程、建筑劳务
地址：甘肃省兰州市榆中县城关镇栖云北路 301 之 4 号 201（文化小区）
负责人：张维礼　邮　编：730030
法　人：张维礼
Tel：0931－5238894
Fax：0931－5238894

**甘肃华典建筑装饰工程有限公司**
地址：甘肃省兰州市西固区福利西路 57－126－1702 号
负责人：鲁永华
Tel：0931－3333115

**兰州蓝海房地产代理有限责任公司**
地址：甘肃省兰州市武威路 173 号

禹州市瑞华实业有限公司
从事建材销售的企业
电话：0374－8862633
地址：河南省许昌市禹州市火龙镇老官陈村

……负责人:陈学海
……Tel:0931－2349303

**兰州实佳装饰展示工程有限公司**
地址:甘肃省兰州市西固柳沟 2 号
……负责人:吴建军
……Tel:0931－7318618

**平凉市林业生态工程监理有限责任公司**
地址:甘肃省平凉地区崆峒区城南路 55 号
……负责人:罗年军
……Tel:0933－8213850

**平凉巨兴缸瓦有限责任公司**
地址:甘肃省平凉市白水镇打虎村二社
……负责人:潘志民
……Tel:13993372386

**平凉市崆峒区草峰润土建材厂**
地址:甘肃省平凉市草峰镇赵家村
……负责人:何绪斌
……Tel:13034172078

**永登城关天旭门窗不锈钢装饰部**
业务:铝塑门窗、彩钢钢结构、不锈钢工程
地址:甘肃省兰州市永登县中华街南段
……负责人:苏天旭　邮　编:730300
……法　人:苏天旭
……Tel:13919814028
13919041961

**平凉市规划局测绘队**
地址:甘肃省平凉市崆峒中路建设大厦
……负责人:高有为
……Tel:0933－8236016

**宁县中村乡东庄砖厂**
地址:甘肃省庆阳市宁县中村乡东庄村一组
……负责人:王义财
……Tel:0934－6689563
13830403447

**兰州德盛土方工程有限责任公司**
业务:土方工程施工
地址:甘肃省兰州市安宁区沙井驿三岔路 338 号
……负责人:王汝涛　邮　编:730070
……法　人:王文雨
……Tel:13919448858

**鼎茂门业有限公司**
地址:甘肃省庆阳市西峰区北环路西段
……负责人:李广博
……Tel:0934－8618662
13884118389

**庆阳市创兴管道技术服务有限公司**
地址:甘肃省庆阳市西峰区广场路南段
……负责人:张君
……Tel:0934－8687777

**清水县上邽钢窗厂**
地址:甘肃省天水清水县永清镇金河南路县中队隔壁
……负责人:温天珍
……Tel:0938－7151765
13830881278

**兰州文辰劳务服务有限责任公司**
业务:建筑工程劳务分包服务、钢筋、模板、混凝土、外架、砌墙抹灰劳务分包服务、室内装饰服务
地址:甘肃省兰州市七里河区安西路 100 号
……负责人:范龙　邮　编:730030
……法　人:范龙
……Tel:13893272188

**甘肃美艺达装饰工程有限公司**
业务:装饰、装潢工程
地址:甘肃省兰州市城关区上沟 109 号
……负责人:马有冬　邮　编:730000
……法　人:马有冬
……Tel:0931－8486550
8481677

**甘谷鸿泰铝塑门窗有限公司**
地址:甘肃省天水市甘谷县大像山镇阀门街
……负责人:安美祥
……Tel:0938－5622356

**天水凌志装饰工程有限公司**
地址:甘肃省天水市秦州区七里墩建材市场
……负责人:杨少红
……Tel:13993889069

**甘肃天顺装饰工程有限公司**
业务:室内外装修服务、装饰材料的销售(国家禁止的项目除外,须取得专项许可的凭许可证经营)。
地址:甘肃省兰州市城关区雁园路 206 号兰司基地住宅 9 号楼 3 单元 301 室
……负责人:王博　邮　编:730000
……法　人:王博
……Tel:13919038946
18993180888

**武威市恒通物业服务有限责任公司**
地址:甘肃省武威市凉州区南二环路 2 号
……负责人:李平
……Tel:0935－5967699

**甘肃艺海建筑装饰工程有限公司**
业务:建筑装饰工程、室内外装潢设计、园林绿化工程、市场营销策划、广告设计制作发布、商务信息咨询、装饰材料、包装材料、工艺美术品、五金交电、通用机械专用设备、化工产品(不含危险品)、电线电缆、轴承标准件的销售。
地址:甘肃省兰州市城关区雁滩雁兴 17－4－401 号
……负责人:靳祎璠　邮　编:730000
……法　人:靳祎璠
……Tel:13919285250
0931－6188863

**第四建筑工程有限责任公司**
地址:甘肃省张掖市甘州区环城东路 162 号
……负责人:邓永平
……Tel:13993660986

**玉门市金盛物资有限责任公司**
地址:甘肃省玉门市南坪二村退管站一楼
……负责人:王健
……Tel:0937－3931155
13993716242

**肃南裕固族自治县昌盛围栏制造有限责任公司**
地址:甘肃省张掖地区肃南裕固族自治县红湾寺镇马蹄路
……负责人:李有才
……Tel:13909370649

**兰州圣力装饰设计有限公司**
业务:室内外中高档装饰装潢设计施工。本公司专业承接各种室内外装饰装修工程,从设计、效果图制作、施工到材料选购提供一站式服务,愿我们的努力能充分彰显你的家居档次和生活品味。
地址:甘肃省兰州市城关区雁北路 2213 号 761 室
……负责人:王圣权　邮　编:730000
……法　人:王圣权
……Tel:0931－8511361
13919196178
……E-mail:wuwei9987@163.com

**张掖市甘州区长城门窗厂**
地址:甘肃省张掖市甘州区南环路长沙门大理石厂院内
……负责人:刘学海
……Tel:0936－8261358
13993611425

**兰州盛裕工贸有限公司**
业务:热量表、铝塑复合管、铜管件、PE 管、PPR 管
地址:甘肃省兰州市城关区雁滩乡新港城 A 区 8 号
……负责人:耿振江　邮　编:730030
……法　人:耿振江
……Tel:13919988848
0931－4611746
……Fax:0931－4611746

**甘肃辉丽建筑装饰工程有限公司**

甘肃辉丽建筑装饰工程有限公司是一家专门从事建筑装饰,装璜的企业。
本公司秉承"顾客至上,锐意进取"的经营理念,坚持"客户第一"的原则为广大客户提供优质的服务。
欢迎广大客户惠顾!

联系人:蔡培辉
13909315509
电话:0931－8437666　8439199
传真:0931－8439199
地址:甘肃省兰州市城关区庆阳路488号25楼　邮编:730000

**和政县元龙装饰工程有限责任公司**

和政县元龙装饰工程有限责任公司成立于2007年,主要从事于上下水暖电制作与安装、铝合金塑钢门窗、室内外装修工程、不锈钢制作。防盗门、玻璃门、无框门的制作与安装、船舶制造等。

客户是公司的根本、客户升华我们的价值,我们因客户的成长而发展壮大!秉承雕琢自身,设计与执行的完美结合,不断开拓进取,真诚服务于客户,为客户争创更高的价值!

联系人:朱同生
13993077415　15025828048
邮编:731200
地址:甘肃省宁夏回族自治州和政县城关镇前川

**兰州东湾鸿业工贸股份有限公司**

兰州东湾鸿业工贸股份有限公司成立于2008年,主要从事于房地产开发、物业管理、房屋场地租赁。

以人为本,追求卓越,为客户创造舒适优美的生活环境,为社会创造不可替代的超越价值,为企业创造理想的经济效益。

联系人:牟业盛
电话:0931－7325737　7328999
地址:甘肃省兰州市西固区陈坪街道东湾村委会　邮编:730060

**兰州祥宝房产建筑装饰工程有限公司**

兰州祥宝房产建筑装饰工程有限公司成立于2007年,从事室内外建筑装饰工程,您的满意、我们的追求,欢迎新老客户来电来函洽谈业务!

联系人:朱祥宝
电话:0931-6216158、6213033
地址:甘肃省兰州市红古区红古路９００－１号　邮编:730084

**兰州林欣园林绿化工程有限公司**

兰州林欣园林绿化工程有限公司是一家专门从事绿化工程、仿古园林、园林机械、苗木销售的企业。

本着"客户至上,信誉第一"的原则,欢迎您的来电!

联系人:孔小琴
电话:0931-7362655　13919363520
地址:甘肃省兰州市西固区生产街52号
邮编:730060

**平凉万宝木业有限责任公司**

平凉万宝木业有限责任公司成立于2008年8月,主要从事于细木工板、建筑模板的生产。

我公司将以始为终,以质量求生存,以用户为上帝,不断开拓创新,努力为人类家居生活的进步和提高作出应有的贡献。

联系人:刘兴福
电话:13830326495　0933－3841109　3841086
地址:甘肃省平凉市灵台县百里乡新集街万宝川农场　邮编:744409

## 青海省/Qinghai Province

**青海海西化工建材股份有限公司**
地址:青海德令哈市茫崖路 15 号
负责人:张先生
Tel:0571－23239505

**鼎鑫五金水暖建材经销部**
地址:青海平安县平安大道 217－4
负责人:吴刚
Tel:0972－7692480

### 门源县金浩苑物业管理有限公司
业务:本公司创建于 1986 年,主要从事房地产开发、物业管理、室内外装饰装修。
地址:青海省海北藏族自治州门源回族自治县北大街市场西路
负责人:樊金德　邮　编:810300
法　人:樊金德
Tel:0970－8817536

**祁连县永固建安有限责任公司**
地址:青海祁连县八宝西路 109 号
负责人:卜建华
Tel:0970－8673302

**大通县朔北藏族乡社会福利砖厂**
地址:青海省大通回族土族自治县朔北乡阿家堡
负责人:李国顺
Tel:0971－2722087

**江山有限责任公司**
地址:青海省格尔木市八一中路 49 号
负责人:江山
Tel:0979－8416009

### 四川篷溪县第九建筑工程公司青海分公司
业务:四川篷溪县第九建筑工程公司青海分公司成立于 1999 年,现有员工 300 余人,从事土木工程建筑及物资供应,欢迎来电垂询!
地址:青海省西宁市城东区互助东路 128 号
邮　编:810006
法　人:胥泽顺
Tel:0971－7131208
Fax:0971－7131208

**兰州铭旺建材有限公司**
地址:青海省格尔木市人和乡 405 号
负责人:李广生
负责人:0931－2982834

**共和县民族网围栏加工厂**
地址:青海省共和县恰卜恰镇团结南路 442 号
负责人:索南加
Tel:0974－8527496
13897040446

### 泰德建筑材料厂
业务:泰德建筑材料厂成立于 2000 年,从事砂石加工;预制构件生产、销售;彩砖彩瓦生产、销售。质量保证、价格合理、欢迎新老客户来电垂询!
地址:青海省西宁市城西区彭家寨乡杨家湾村
邮　编:810029
法　人:梁应德
Tel:0971－5214262

**杰华采暖设备厂**
地址:青海省海北藏族自治州门源县浩门镇北山一号
负责人:张志杰
Tel:0970－8612212
13897002655

**青海西威水泥股份有限公司**
地址:青海省海东地区互助县沙塘川乡总寨
负责人:邱永平
Tel:0972－8391659

**青海省威远水泥有限公司**
地址:青海省海东地区互助县威远镇北郊 7 号
负责人:刘先生
Tel:0972－8322211

### 青海柏林建设工程有限公司
业务:本公司成立于 1984 年,现有 1000 多人员工。主要经营:工业、民用建筑工程,房地产的开发与销售。"我们一直向科学管理开拓进取"
地址:青海省西宁市湟中县多巴镇东街 42 号
邮　编:811601
法　人:马柏林
Tel:0971－2297346
Fax:0971－2298366

**民和祁连山水泥有限公司**
地址:青海省海东地区民和县享堂村 1 号
Tel:0972－8523440
0972－8523441

**平安海盛建材贸易有限责任公司**
地址:青海省海东地区平安县海东农贸批发市场
负责人:张四德
Tel:0972－8616265

**青海省循化县胜利湾预制厂**
地址:青海省海东地区循化县积石镇胜利湾
负责人:韩联福
Tel:0972－8896698

**共和县得利工贸有限公司**
地址:青海省海南自治州共和县恰卜恰镇绿洲南路 95 号
负责人:赵礼
Tel:0974－8513454

**贵德县水泥厂**
地址:青海省海南自治州贵德县河东乡麻吧村
Tel:0974－8552364

**兴海县建筑材料厂**
地址:青海省海南自治州兴海县建设路 4 号
负责人:韩志文
Tel:0974－8581206

**格尔木市鹏程有限公司**
地址:青海省海西自治州格尔木市通宁路
负责人:李哲
Tel:0979－8490308

**尖扎县俄家台预制厂**
地址:青海省黄南自治州尖扎县坎布拉镇俄家台村
负责人:马海明
Tel:0973－8742680

**青海生物产业园物业管理有限公司**
地址:青海省生物科技产业园管委会大楼
负责人:熊增强
Tel:0971－5317220

**西宁经济技术开发区创业园物业管理服务公司**
地址:青海省西宁经济技术开发区民和路 33 号 3 楼
负责人:张继波
Tel:0971－8867603

**青海金长城建筑装饰工程有限公司**
地址:青海省西宁市长江路 50 号
Tel:0971－6127780

**青海省广厦建筑工程有限公司第九分公司**
地址:青海省西宁市城北区柴达木路 159 号
负责人:张文志
Tel:13997485497

**西宁申克公路建筑仪器设备有限公司**
地址:青海省西宁市城北区朝阳东路 5 号
负责人:王俊利
Tel:0971－5511808

**西宁富帮建材有限公司**
地址:青海省西宁市城北区朝阳东路 6 号
负责人:任有峰
Tel:0971－5513292

**西宁市城北区大堡子预制构件厂**
地址:青海省西宁市城北区大堡子镇严小村
负责人:严先生
Tel:0971－5201947

**西宁城北顺达预制构件厂**
地址:青海省西宁市城北区二十里铺镇花园村
负责人:宋迎德
Tel:0971－5318533

**西宁市城北区三其水泥制品厂**
地址:青海省西宁市城北区马房办事处三其村
负责人:李世元
Tel:0971－5202430

**西宁旺源房地产开发有限责任公司**
地址:青海省西宁市城北区门源路 21－24 号
负责人:赵智
Tel:0971－5192370

**西宁坤帆房屋拆迁有限公司**
地址:青海省西宁市城北区小桥大街 26 号 3 幢 3 单元 361 室
负责人:周迎红
Tel:13519750039

**西宁丽华百姓装饰装潢有限公司**
地址:青海省西宁市城北区小桥大街 29 号
负责人:张汉义
Tel:0971－5133371

**西宁九力房屋拆除有限公司**
地址:青海省西宁市城北区小桥大街 50 号 3 单元 312 室
负责人:李杰
Tel:13109786698

**青海新型建筑材料厂**
地址:青海省西宁市城东区德令哈路 195 号
负责人:徐先生
Tel:0971－8809355

**西宁老振兴装潢广告有限公司**
地址:青海省西宁市城东区共和路 198 号
负责人:李建全
Tel:0971－6127738

**西宁泰宁杰座物业管理有限公司**
地址:青海省西宁市城东区康西二路
负责人:陈明
Tel:0971－7126286

**东阳市天宏装饰有限公司西宁分公司**
地址:青海省西宁市城东区南小街国际村 1 号楼 14 号
负责人:郭江峰
Tel:13909787071

**西宁成伟房地产开发有限公司**
地址:青海省西宁市城东区下滨河路 117 号
负责人:冶成伟
Tel:0971－8130028

**西宁市新民预制厂**
地址:青海省西宁市城东区韵家口镇韵家口村
负责人:姚永泉
Tel:0971－8011690

**西宁王力防盗门有限公司**
地址:青海省西宁市城东区中华巷南口
负责人:朱孟良
Tel:0971－6123863

**西宁市城南区天顺昌五金建材家装商场**
地址:青海省西宁市城南新区南京路 45 号
负责人:杜全
Tel:0971－6510215

**青海通商贸易有限公司**
地址:青海省西宁市城西区海晏路 6 号国贸大厦 17 层
负责人:张军
Tel:0971－6310601

**青海省栋润房地产建设实业有限公司**
地址:青海省西宁市城西区昆仑路 30 号
负责人:翟永栋
Tel:0971－8211036

**西宁市城西区沈家寨乡砖厂**
地址:青海省西宁市城西区沈家寨乡
负责人:张先生
Tel:0971－6259832

**青海利普工程有限责任公司**
地址:青海省西宁市城西区胜利路 58 号
负责人:赵联群
Tel:0971－6110819

**西宁恒昌泰家具有限公司**
地址:青海省西宁市城西区五四大街 37 号
负责人:江来节
Tel:0971－6166344
5126119

**青海力盟海怡房地产开发有限公司**
地址:青海省西宁市城西区五四大街 41 号
负责人:马海龙
Tel:0971－6139666－4333

**西宁市城西区兴海物业管理处**
地址:青海省西宁市城西区兴海路 43 号
Tel:0971－6106274

**西宁市世明环卫设施建设有限公司**
地址:青海省西宁市城西区兴海路 51 号
负责人:李洪全
Tel:0971－6158537

**西宁欣凯房屋拆迁有限公司**
地址:青海省西宁市城中区长江路 50 号 1 幢 1－603 室
负责人:李丁先
Tel:13519757609

**青海大兴源房地产开发有限公司**
地址:青海省西宁市城中区长江路 53 号
负责人:马新民
Tel:0971－8243618

**青海省天诚房地产开发有限公司**
地址:青海省西宁市城中区解放路 22 号
负责人:程宁福
Tel:0971－8230073

**西宁海翔建筑门窗有限公司**
地址:青海省西宁市城中区南川东路 56 号
负责人:尹先生
Tel:0971－6272061

**青海汇源房地产开发有限公司鑫泰招待所**
地址:青海省西宁市城中区人民街 15 号
负责人:沈华
Tel:0971－8243676

**西宁海鸥彩板型材门窗有限公司**
地址:青海省西宁市城中区园山路 468 号
负责人:马军
Tel:0971－8171043

**大通回族土族自治县华腾建材贸易有限公司**
地址:青海省西宁市大通回族土族自治县桥头镇解放路 78 号
负责人:许西魁
Tel:0971－2730029

**大通县城关镇砖瓦厂**
地址:青海省西宁市大通县城关镇大庄村
负责人:乔先生
Tel:0971－2831041

**青海省新型建材工贸有限责任公司**
地址:青海省西宁市大通县黎明路 88 号
负责人:韩高升
Tel:0971－2761633

**宁夏成城建设开发(集团)总公司西宁分公司**
地址:青海省西宁市大众街 71 号
Tel:0971－8171180

**双洁隐型纱窗有限公司**
地址:青海省西宁市德令哈路 193 号
负责人:王师傅
Tel:0971－8243843

**湟源县塔湾砖厂**
地址:青海省西宁市湟源县塔湾乡后庄村
负责人:李自献
Tel:0971－2496188

**西宁市湟中县拦隆口镇东拉科村砖厂**
地址:青海省西宁市湟中县拦隆口镇东拉科村
负责人:陈子明
Tel:0971－2260539

**西宁翼安技术实业有限公司**
地址:青海省西宁市解放路 16 号
负责人:陈宝全
Tel:0971－8224434

**青海省中房银川公司**
地址:青海省西宁市昆仑中路 16 号
负责人:武文卓
Tel:0971－8122493

**青海省鹏程城建有限责任公司第四分公司**
地址:青海省西宁市南川西路 79 号
Tel:0971－6256299

**青海金益铝业股份有限公司**
地址:青海省西宁市宁张路 67 号
负责人:王宝金
Tel:0971－5315268

**西宁城东银武五金建材批发部**
地址:青海省西宁市青海省西宁市小商品市场
负责人:徐世德
Tel:0971－8139285

**阳江市江城建筑工程公司西宁分公司**
地址:青海省西宁市胜利路 16 号
Tel:0971－6114730

**青海长城建设工程造价咨询事务所**
地址:青海省西宁市五四西路 30 号
Tel:0971－6304977

**青海天龙实业有限公司**
地址:青海省西宁市西关大街 3#
负责人:秦岭
Tel:0971－5226868

**西宁城北金月装饰设计工程有限公司**
地址:青海西宁市城北区柴达木路 26 号金帝都市花园 4 号楼 4 单
负责人:胡东文
Tel:0971－5508947

**西宁恒洲物资公司**

地址：青海西宁市城北区朝阳东路
……负责人：连龙
……Tel：0971－7724828

**青海东亚建筑设计有限责任公司**
地址：青海西宁市城北区西宁市西关大街 08 号
……负责人：张学仁
……Tel：0971－6131642

**汇康门业公司**
地址：青海西宁市共和南路 8 号
……Tel：0971－4110867

## 新疆克拉玛依区统一玻璃
业务：新疆克拉玛依区统一玻璃系上海恒昊玻璃的克拉玛依区总代理，是克拉玛依区上规模的玻璃，铝材及小五金经销商，是家佳兴型材门经销商，是以“经营灵活，薄利多销”的原则，欢迎新老客户惠顾。
地址：新疆维吾尔自治区克拉玛依市阳光建材市场 D 楼 27 号
……邮　编：834000





# 宁夏回族自治区/Ningxia Hui Autonomous Region

## 宁夏回族自治区盐池县宏亚房地产开发有限公司
业务：本公司成立于 1998 年，现有 88 名员工。主要经营房地产开发、土建工程、室内外装潢。
地址：宁夏回族自治区吴忠市盐池县西环路居安小区内
……邮　编：751500
……法　人：闫生斌
……Tel：0953－6015488
……Fax：0953－6015488

## 银川市志峰表面工程技术实验室
业务：银川市志峰表面工程技术实验室成立于 2003 年，从事表面工程喷涂刷镀。欢迎来电垂询！
地址：宁夏回族自治区银川市西夏区北京西路 105 号
……邮　编：750021
……法　人：张志峰
……Tel：0951－2087363
……Fax：0951－2088063

## 银川百泰遮阳技术有限公司
业务：本公司成立于 1995 年，主要从事电动智能遮阳系统、窗饰、遮阳伞、遮阳篷。以质量求生存，以信誉求发展，竭诚欢迎新老客户来电洽谈业务！
地址：宁夏回族自治区银川市兴庆区长城东路 420 号
……负责人：张福敬……邮　编：750004
……法　人：张福敬
……Tel：0951－4114576

# 新疆维吾尔自治区/Xinjiang Wei We Er Autonomous Region

**阿克苏市星源物业管理有限责任公司**
地址：新疆维吾尔自治区阿克苏地区阿克苏市北大街 30 号
……负责人：杨军
……Tel：0997－2125203

……法　人：王利成
……Tel：0990－6966313
6246280
……Fax：0990－6966313

**阿克苏金昇建材检测有限责任公司**
地址：新疆维吾尔自治区阿克苏地区阿克苏市英阿瓦提路 37 号
……负责人：张鹏
……Tel：0997－2583446

**库尔勒新莆竹陶建材有限责任公司明锋建材分公司**
地址：新疆维吾尔自治区巴音郭楞蒙古自治州库尔勒市华凌市场 B 区 16 号
……负责人：黄立飞
……Tel：0996－2286338

## 石河子市政工程有限责任公司霍尔果斯分公司
业务：市政工程
地址：新疆伊犁霍尔果斯友谊路客运站商住楼二单元 402 室
……负责人：刘斌　邮　编：835221
……法　人：刘斌
……Tel：13201115959
13199999919

**巴州宏盛房屋拆迁有限责任公司**
地址：新疆维吾尔自治区巴音郭楞蒙古自治州库尔勒市石化大道建设大厦 6 楼
……负责人：师为荣
……Tel：13899013616

**库尔勒阳光建筑劳务服务有限责任公司**
地址：新疆维吾尔自治区巴音郭楞蒙古自治州库尔勒市天山西路 34 号鸿运大酒店
……负责人：贺仲炎
……Tel：13899010468

**库尔勒诺德泥浆材料有限公司**
地址：新疆维吾尔自治区巴音郭楞蒙古自治州库尔勒市乌喀公路北侧
……负责人：胡斌
……Tel：13909966669

## 岳普湖县学军预制构件有限责任公司
业务：岳普湖县学军预制构件有限责任公司是生产预制构件的专业公司，公司宗旨：“重合同，守信誉，产品第一，质量第一”，热忱欢迎各界商朋来电来函咨询业务。
地址：新疆维吾尔自治区喀什地区岳普湖县工业园区 12 号院
……负责人：王学军……邮　编：844400
……法　人：王学军
……Tel：0998－6828338

**库尔勒广联房地产经纪有限公司一分公司**
地址：新疆维吾尔自治区巴音郭楞蒙古自治州库尔勒市小康城
……负责人：任国军
……Tel：0996－6765080

## 博乐市西域新型材料销售有限公司
业务：博乐市西域新型材料销售有限公司成立于 2005 年，主要从事于钢结构的销售。欢迎新老客户光临、惠顾！
地址：新疆维吾尔自治区博尔塔拉蒙古自治州博乐市新华路（农五师三中学对面）
……负责人：孙和平……邮　编：833400
……法　人：孙和平
……Tel：0909－7672779
……Fax：0909－7672779
……E-mail：shp1974@163.com

**昌吉市居泰装饰工程有限责任公司**
地址：新疆维吾尔自治区昌吉回族自治州昌吉市北京南路园丰七队小康村
……负责人：金毅
……Tel：13899615606

## 昌吉市锦诚钢结构工程有限责任公司
业务：昌吉市锦诚钢结构工程有限责任公司成立于 2006 年，主要从事钢结构厂房等的安装，金属门窗安装，钢网架制作安装。
地址：新疆维吾尔自治区昌吉市乌伊西路南侧九家沟村二队
……负责人：王天宝……邮　编：831100
……法　人：王天宝
……Tel：0994－2290500
……Fax：0994－2291033

**新疆卓越投资集团有限公司昌吉园林装饰分公司**
地址：新疆维吾尔自治区昌吉回族自治州昌吉市南公园西路 10 号
……负责人：刘登志
……Tel：0994－2343771

## 阿图什博格拉物业有限责任公司
业务：为广大业主缔造精美色社区，争创一流服务质量、管出一流品牌物业、树立一流企业形象。
地址：新疆维吾尔自治区克孜勒苏柯尔克孜自治州阿图什市幸福路 59 号
……负责人：库尔班·热合米图拉
……邮　编：845350
……Tel：0908－4221982

**昌吉市昊嘉置业有限责任公司**
地址：新疆维吾尔自治区昌吉回族自治州昌吉市延安北路 7 号
……负责人：王伟
……Tel：0994－2952656

**哈密市馨园物业管理有限责任公司**
地址：新疆维吾尔自治区哈密地区哈密市东河区青年南路（八一住宅小区院内）
……负责人：于红德
……Tel：0902－2290946

## 阿勒泰市中泰建筑劳务有限责任公司
业务：本公司成立于 2006 年，主要从事建筑劳务工程施工总承包。
地址：新疆维吾尔自治区阿勒泰地区阿勒泰市金山路 2 号区 72 号
……负责人：王治国……邮　编：836500
……法　人：王治国
……Tel：0906－6260067
2136186

**和田市东兴水泥制品有限责任公司**
地址：新疆维吾尔自治区和田地区和田市艾依提卡尔路阿里热巷
……负责人：吴奇东
……Tel：13999437978

## 托克逊县勇昌建材厂
业务：托克逊县勇昌建材厂生产建筑用的水磨石、饲料级碳酸钙等。热忱欢迎各界朋友光临惠顾，携手合作。
地址：新疆维吾尔自治区吐鲁番地区托克逊县库米什镇
……邮　编：838104
……法　人：赵勇
……Tel：0995－8868037
……Mobile：13009650898

**和田地区金威房地产开发有限责任公司**
地址：新疆维吾尔自治区和田地区和田市乌鲁木齐北路 22 号
……负责人：蒲延伟
……Tel：13319973988

## 美汇建筑劳务有限公司
业务：本公司成立于 2002 年，现有 200 多名员工。主要经营建筑劳务的介绍。
地址：新疆维吾尔自治区石河子市 1 号小区 41 栋 088 号
……邮　编：832000
……法　人：刘淑霞
……Tel：0993－2666025

**和田和光系统工程有限责任公司**
地址：新疆维吾尔自治区和田地区和田市乌鲁木齐南路 1 号
……负责人：韩冰
……Tel：13899462008

**新疆玉洲建设工程有限公司**
地址：新疆维吾尔自治区和田地区和田市迎宾路 22 号
……负责人：迪力木拉提阿不都拉
……Tel：13899458973

## 阿勒泰建业建筑工程有限公司
业务：阿勒泰建业建筑工程有限公司成立于 1958 年，主要生产销售混凝土预制构件、膨胀珍珠岩、水溶性涂料、塑钢等建筑材料。质量保证，价格合理，欢迎新老客户惠顾。
地址：新疆维吾尔自治区阿勒泰地区阿勒泰市解放路 17 号
……邮　编：836500
……法　人：丁江奎
……Tel：0906－2122971
……Fax：0906－2123655

**喀什市平安养路工程有限公司**
地址：新疆维吾尔自治区喀什地区喀什市莱巴扎路 166 号
……负责人：付于中
……Tel：13999089165

## 乌鲁木齐市新市区鲁祥石材石雕厂
业务：乌鲁木齐市新市区鲁祥石材石雕厂成立于 1998 年，从事石材、石雕的加工及销售。欢迎新老客户光临、惠顾。
地址：新疆维吾尔自治区乌鲁木齐市外运司 1 楼
……邮　编：830016
……法　人：张福金
……Tel：0991－3734488
……Fax：0991－3734488

**喀什鑫盛物业管理有限责任公司**
地址：新疆维吾尔自治区喀什地区喀什市阔纳机场路 15 号
……负责人：李春林
……Tel：0998－2960157

## 乌鲁木齐翔羚房地产经纪有限公司
业务：我公司成立于 2002 年，主要从事房地产策划，楼盘销售，二手房交易，房屋租赁等。
地址：新疆维吾尔自治区乌鲁木齐市公园北街 162 号
……负责人：肖雪峰……邮　编：830002
……法　人：肖雪峰
……Tel：0991－5584065
……Fax：0991－5852618

**克拉玛依市绿广园林绿化工程有限公司**
地址：新疆维吾尔自治区克拉玛依市红星路 39 号
……负责人：孙茂叶
……Tel：0990－6223265

**新疆方厦强力工程建设监理有限公司克州分公司**
地址：新疆维吾尔自治区克孜勒苏柯尔克孜自治州阿图什市光明路 8 院
……负责人：唐英杰
……Tel：0908－4225478

## 新疆庆中科技有限责任公司
业务：新疆庆中科技有限责任公司成立于 2005 年，主要从事污水处理技术。
地址：新疆维吾尔自治区乌鲁木齐市友好路明园石油花园 B 座 1206 室
……邮　编：830000
……法　人：庄奇
……Tel：0991－4290001
……Fax：0991－4290001

## 阿勒泰地区关爱福利园林有限责任公司

本公司成立于2006年，经营喷泉、景观、雕塑等相关园林绿化工程，同时还有特色冰雕的制作。

我们秉承"设计为先导，质量求发展，运用更少资源，创造更多价值"为理念，愿与更多的国内外专家、园林景观公司以及各界朋友真诚合作，不断进行科技创新、全面提高喷泉雕塑园林造景规划设计能力和施工水平，为广大客户创建更加美丽、舒适的绿色家园。

电话：0906-2135740
联系人：王正军 13070330161　传真：0906-2135740
地址：新疆维吾尔自治区阿勒泰地区阿勒泰市解放路550号　邮编：836500

## 新疆巴州坦胜路桥建设有限责任公司

我公司具备路桥工程叁级资质，市政工程叁级资质。"质量至上"是立业之本，"崇尚质量、精心施工、构筑精品"是我们不懈的追求。欢迎您的来电！

联系人：曾文江　手机：13031238666
电话：0996-2271781　传真：0996-2271781
地址：新疆维吾尔自治区巴音郭楞蒙古自治州库尔勒市铁门关路22号　邮编：841000

## 巴州宏银不锈钢装饰有限公司

巴州宏银不锈钢装饰有限公司成立于2003年，是一家专门从事不锈钢装饰的企业。

本公司秉承"顾客至上，锐意进取"的经营理念，坚持"客户第一"的原则为广大客户提供优质的服务。

欢迎广大客户惠顾！

联系人：李乖堂　13899038618　电话：0996-2288011
地址：新疆维吾尔自治区库尔勒市北山路华凌市场不锈钢区　邮编：841000

## 新疆福田门业有限公司

新疆福田门业有限公司主要生产和销售旋转门（二翼、三翼、四翼），断桥隔热型材门。我公司全体员工恪守"品质第一，客户至上"的原则，热忱欢迎新老客户光临选购。

联系人：高成辉
电话：0991-4824038　13999127776
传真：0991-4824682　邮编：830000
地址：新疆维吾尔自治区乌鲁木齐市友好北路225号11楼M座

## 东方房地产开发有限责任公司

东方房地产开发有限责任公司专业从事房地产开发与销售及转手业务。

我公司本着"锐意进取，客户至上"的理念，坚持客户第一，竭诚为客户提供优质的产品和良好的服务。欢迎惠顾！

联系人：张国辉

TEL：13070020363　0997-6318333　6320272
地址：新疆维吾尔自治区阿克苏市人民北路　p.c.：843000

## 新疆泉发投资开发有限公司

新疆泉发投资开发有限公司成立于2006年，主要投资领域有房地产开发、天然气管道、石油管道等。

公司本着"客户第一，诚信至上"的原则，与多家企业建立了长期的合作关系。热忱欢迎各界朋友前来参观、考察、洽谈业务。

联系人：何泉发
电话：13201296000　13325567778　邮编：830000
地址：新疆维吾尔自治区乌鲁木齐市北京北路136号江轩大厦1210室

## 乌鲁木齐市铁山劳务有限公司

我公司主要承建漆柱、钢筋、脚手架、建筑施工、装饰装潢、劳务派遣、模板作业等。

公司自成立以来，以优质的服务和良好的信誉赢得了广大合作伙伴的支持和信赖，事业蓬勃发展，业务蒸蒸日上！您的成功-我们的事业！我劳务公司愿以此为己任，与社会各界真诚合作！

联系人：朱桂山　13999108401　电话：0991-7882010
电子邮件：tslw@163.com　传真：0991-7882010
地址：新疆维吾尔自治区乌鲁木齐市西站八街　邮编：830011

## 新疆天润阳置业有限公司

新疆天润阳置业有限公司以房地产开发，工、民建建筑施工，室内外装饰装修，园林绿化，建筑设备租赁，汽车运输服务为主。公司秉承"顾客至上，锐意进取"的经营理念，坚持"客户第一"的原则为广大客户提供优质的服务。欢迎广大客户惠顾！

联系人：冯映元
电话：0902-2328897　手机：15809022287
电子邮箱：fyy9416@163.com
地址：新疆维吾尔自治区哈密地区哈密市新民四路宝丰商业街南侧5楼1单元22　邮编：839000

## 新辰高新产品服务中心

销售加固系列材料和水处理系列材料、涂装系列材料，混凝土结构耐久性检验、鉴定及有关问题，HPC类特殊混凝土添加剂和混凝土耐久性方面问题处理业务，欢迎来电咨询，共同发展！

联系人：郎益林
电话：0991-2628433　6257696
邮编：830017
地址：新疆维吾尔自治区乌鲁木齐市水磨沟区红山路283号2号楼2单元101室

## 新疆兴教建设监理有限责任公司和田分公司

新疆兴教建设监理有限责任公司和田分公司成立于2006年，已具备甲级资质，主要经营房屋建筑工程监理、市政公用工程监理、人民防空工程监理及各类一般工程监理等。我公司会用最优质、最专业的服务回报客户的信赖！

联系人：石凌云
电话：13999650371
地址：新疆维吾尔自治区和田市市委家属院54幢楼1单元201
邮编：848000

# 行业品牌展示窗

## 速亮针织有限公司

速亮针织有限公司成立于2006年，主要从事袜业及针纺织品的生产与出口业务，产品种类繁多，品质优秀，并常年出口欧美发达国家和地区，受到消费者的一致好评。

欢迎国内外新老客户莅临指导，洽谈业务，共创经济辉煌！

联系人：楼速亮

网址：www.slsock.com
电邮：datangsock@yahoo.com.cn
电话：0575-87731066 87731088
传真：0575-87731099 邮编：312000
地址：浙江省绍兴市诸暨市大唐镇商城北路88幢425-428号

## 西安昱周针织有限公司

本公司主要从事印染加工，针织内衣生产销售，以"质量求生存，以信誉求发展"，欢迎新老客户来电洽谈业务！

联系人：马永新

电话：029-83232452 13991151446

地址：陕西省西安市灞桥区十里铺长乐坡村西1号 邮编：710000

## 吴江市超隆纺织整理有限公司

苏州市吴江超隆纺织整理有限公司成立于2000年，现已发展成为中国最具发展潜力的纺织整理企业。公司生产加工各类耐水洗、耐干洗、耐砂洗、环保、贴合皮様、透气性好的复合布、涤纶布、针织布、同时生产经营各类高低档箱包里布、服装面料、里料等。并对外加工制网业务同时承接各类内、外贸订单。欢迎广大客户惠顾！

联系人：陈建新

电话：13906253199、0512-63504161 网址：www.wjclfz.com 邮编：215228
地址：江苏省吴江市盛泽镇圣塘村南三环路东首 电邮：chaolongfangzhi@163.com

## 温州市中天无纺制品厂

本厂专业生产、加工、销售无纺制品，仿丝棉、无胶棉、喷胶棉。

以一流的产品和完美的售后服务，始终处于行业的领先地位，成为众多客户的首选。

联系人：陈其速

电话：0577-86367767 13858871177
地址：浙江省温州市慈湖路195号1幢 邮编：325000

# 行业品牌展示窗

## 宝璐制衣厂

本厂成立于2007年。

一家专业从事针织服装生产的厂家。

公司秉承“质量是企业的生命，客户的满意就是我们的追求”。

欢迎各界客商前来指导、洽谈。

联系人：陈秀珠

电话：0574-88232978　13081961899

地址：浙江省宁波市鄞州区下应街道　邮编：315105

## 常熟市虞山镇永佳经编厂

常熟市虞山镇永佳经编厂是集研发、生产和销售经纬编针织面料、服装、家纺面料、床上用品以及配件于一体的中型企业。

公司高品质的产品深受海内外用户的青睐，在广大拥护中树立了良好的形象。我们将始终本着客户至上的宗旨，真诚的期望与世界各地的朋友建立长期、良好、稳定的合作关系，共展鸿图！

联系人：黄永祥　13606237376

电话：0512-52341811

电邮：hyx@csyjjb.cn　邮编：215500

地址：江苏省常熟市虞山镇谢桥谢寺路8号

## 常州市新湖针织印染有限公司驻扬州经营部

我经营部主要销售公司自产产品，业务主要有经编纯人造丝针织面料，针织制品的制造和加工，染色及后整理。价格公平以质论价。

欢迎你的到来！有意者请来电联系！

联系人：王建刚

电话：0514-87633706　13852713071

地址：江苏省扬州市蜀岗东路150号4号楼　邮编：225000

## 保定凯华纺织有限公司

保定凯华纺织有限公司成立于2005年，专业从事棉织品的加工、生产，主要产品有浴巾、毛巾、沙滩巾、毛巾被、套巾等棉织品。

公司将本着以顾客为宗旨的原则，继续为广大客户提供优质的产品和一流的服务以求得到客户的广泛认可。

联系人：段大伟

13803282516　13931279918

电话：0312-6073126

地址：河北省保定市高阳县小汪工业区　邮编：071500

# 行业品牌展示窗

我厂主要生产染色：机织布、剪毛布等，印花产品主要用于服装，围巾，工艺鞋，帽子，玩具，工厂还承接各类定型加工业务质量一流，价格最优。

竭诚欢迎中外客户来电、来函，洽谈业务，共谋发展！

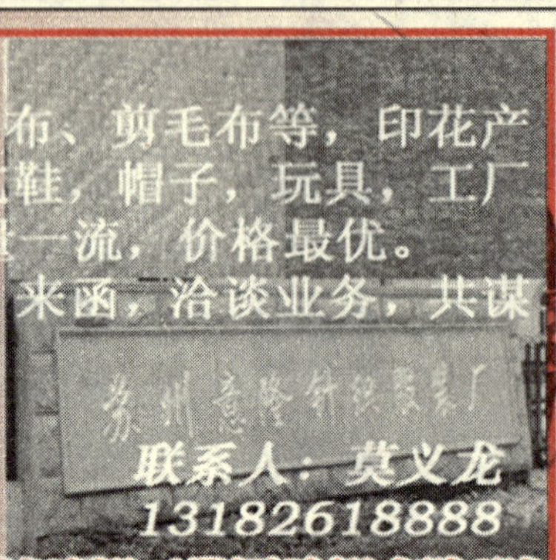

電話：0512-65418518
網址：www.szylzz.com
地址：江蘇省蘇州市相城區北橋鎮希望工業園希望南路3號
联系人：莫义龙
13182618888

## 深圳市华乐织带工艺有限公司

本公司成立于2009年，主要经营织带，织绳，吊带，挂绳，腰带等。公司本着“品质、技术、服务”的经营理念，以消费者利益至上为根本宗旨。

电话：0755-89728182　84516712　13603099178　　联系人：刘涛
地址：广东省深圳市龙岗区龙西村务地铺7巷1号5楼　　邮编：518172

## 无锡贵升服饰有限公司

公司成立于2006年，是国内最早从事保暖内衣研发及生产的企业之一。公司集研发、设计、生产、销售于一体，拥有强大的技术力量，严谨的生产管理，规范的市场运作能力。在多年的发展中，一直遵循稳步发展的思路，一年一个台阶，被誉为最稳健的保暖内衣企业。

联系人：胡桂生
电话：0510-83623388　13906172511　　传真：0510-83623390
地址：江苏省无锡市惠山区堰桥镇长安长欣路209号　　邮编：214177

## 深圳市龙岗区炜森五金钮扣厂

深圳市龙岗区炜森五金钮扣厂是一家专业生产五金钮扣、钮，工字钮，撞钉，鸡眼等五金服饰配件的厂家。面对日益竞争激烈的市场，我们将不断自我检讨、总结、改进，以“诚信、创新、长远”的经营理念、在未来的岁月里，我厂将一如既往，以最优质的产品，最诚恳的态度，最坚韧的毅力和勇于创新的精神，最大限度满足客户的需求，竭诚为新老客户提供优质产品和完善的售后服务，欢迎广大客户来电咨询、洽谈合作。

联系人：陈其森
电话：0755-89944482　89944483　13823715482　电邮：w.s6868@163.com
地址：广东省深圳市龙岗区坪地街道四方埔社区牛眠岭工业区A15栋　　邮编：518000

# 行业品牌展示窗

## 东莞市惠茂针织有限公司

本公司从事针织时装行业二十多年经验，专业设计生产国内外高档时装品牌，自有工厂，专业做时装制衣厂、针织、罗纹、领、袖口、下摆、后片、袖片。

欢迎各界同行落单订做。

电话：0769-81031680 81031681
联系人：梁自茂 13712029208 传真：0769-81031681
地址：广东省东莞市常平镇朗贝新围村一街56号 邮编：523003

## 东莞市大朗天旭毛织厂

本厂是一家集产品开发、设计、生产和销售于一体的现代化毛衫企业。主要产品男女各式毛织服装，童装毛衣及各类毛织品。本厂自创办以来一直坚持以“质量求生存，信誉促发展”为企业精神，认真了解客户对设计风格、毛料、品质、货期、价格及特别工艺的要求，从而为客户提供一流的服务。

电话：0769-83137028 13829172751
网址：www.tianxv.com.cn 联系人：何平 电邮：tianxv@tianxv.com.cn
地址：广东省东莞市大朗镇竹山工业园大宝路23号 邮编：523770

## 广州市天河区大观佳美洗水厂

广州市天河区大观佳美洗水厂成立于2006年。

主要从事于服装洗水、工艺加工。

本厂具有一定加工实力，有一班技术过硬的工艺师傅，对洗水加工一条龙服务。现深得各大客户的信赖！质量是企业的生命，客户是我们的上帝。诚望与各贵公司企业友好合作共创辉煌！有您的支持我们会做得更好！

联系人：陈暹平 13556136588 电话：020-32010507
地址：广东省广州市天河区珠吉街灵山路白粉田工业区A2号 邮编：510000

## 春德鞋类经营部

本公司成立于2007年，从事鞋子、衣服、裤子、包、杂货等贸易与销售。公司产品款式多样，品种齐全，做工精细，价格适中，深受广大顾客信赖。

联系人：黄金银
电话：0769-85821051 13602333170
邮箱：goldshoe88@163.com
地址：广东省东莞市厚街镇厚街大道西76号 邮编：523961

# 行业品牌展示窗

## 南通帝萱家用纺织品有限公司

南通帝萱家用纺织品有限公司是经典品牌法国宝姿BAOZI在亚洲的总代理。法国宝姿BAOZI品牌床品汲取了欧洲家纺时尚理念之精华，敏感地捕捉了国际流行元素，注重款式、色调的搭配，对细节的精妙把握及结构的深刻感悟，使得法国宝姿BAOZI的每一件作品均处时尚的前列，引领时尚潮流。

公司以市场为导向，以服务为宗旨，以双赢为原则，为广大有识之士提供发展平台。

联系人：董谨源 13390998688 电话：0513-82907666

地址：江苏省南通市海门市叠石桥国际家纺城1110-1113号 邮编：226300

## 盐城市宝赢纺织有限公司

盐城市杰悦化纤纺织有限公司专业生产销售纺纱制品。公司一直本着“客户利益为先、服务竭尽忠诚，公司团结一心，团结阔步成长”的经营理念，竭诚为广大客户服务，欢迎社会各界人士来函来电联系业务！

电话：0515-86400828 联系人：张连生 地址：江苏省盐城市建湖县草堰口镇 邮编：224700

## 超越（福建）体育用品有限公司

超越（福建）体育用品有限公司是成立于2007年的外商独资企业，主要生产和出口各类运动鞋、慢跑鞋、登山鞋、网球鞋、滑板鞋和休闲鞋等。

超越——在每一次的超越自我、超越梦想的历练中，不断获取能量，不断成长壮大。

网址：www.chaoyuegroup.com.cn

联系人：胡有德 邮编：362000

电话：0595-28058555 28058680 地址：福建省泉州市江南高新技术电子信息产业园区

## 上海小茜子時装有限公司

上海小茜子时装有限公司成立于2006年。

从事服装的加工及销售。

产品畅销国内外，深受广大消费者的信任与青睐。

联系人：黄友祥 13801762735

电话：021-69160840 69160947

地址：上海市嘉定区菊园新区沪宜公路5055弄58# 邮编：201821

# 行业品牌展示窗

## 青田县克斯得服饰有限公司

青田县克斯得服饰有限公司成立于2005年，主要从事服装进出口。愿本着互惠互利，共同发展的原则与海内外朋友精诚合作，共谋发展。

联系人：夏献敏

电话：0578-6732711、15988028888

地址：浙江省丽水市青田县温溪镇新村新兴街23号　邮编：323903

## 大连紫润针织服装有限公司

大连紫润针织服装有限公司创建于2006年，属专业水平较高的外向型、全能型针织企业。产品出品韩国。

公司秉诚“以质量求生存，以信誉求发展，以诚待人，以德兴业”的发展理念。欢迎新老客户来电洽谈业务！我们将竭诚为每位客户服务！

联系人：全仁福　13842644044　传真：0411-86527022

电话：0411-86527822　电邮：zirun0411@hotmail.com

地址：辽宁省大连市甘井子区华北路664号　邮编：116037

## 杭州展亚纺织品有限公司

杭州展亚纺织品有限公司成立于2007年。

主要从事于纺织品的销售。我公司以良好的产品质量和商业信誉，在互惠互利的前提下，诚盼与国内外客商成为友好的合作伙伴。

联系人：徐迪红

电话：0571-82992998　13588766788　邮编：311223

地址：浙江省杭州市萧山区靖江镇商贸街133号（机场大酒店内）

## 千鹤制衣厂

千鹤制衣厂成立于2006年，主要从事休闲服装加工，销售及外贸加工，主要产品有休闲男装，休闲裤，牛仔裤等。

本厂特以设计新颖实用为已任，以货优价廉、交货快捷，质量信誉为宗旨。

联系人：廖朝本　电话：0512-52507058　52507068

地址：江苏省苏州市常熟沙家浜镇沙霞西路　邮编：215000

# 行业品牌展示窗

## 昆山市兴达丝织有限公司

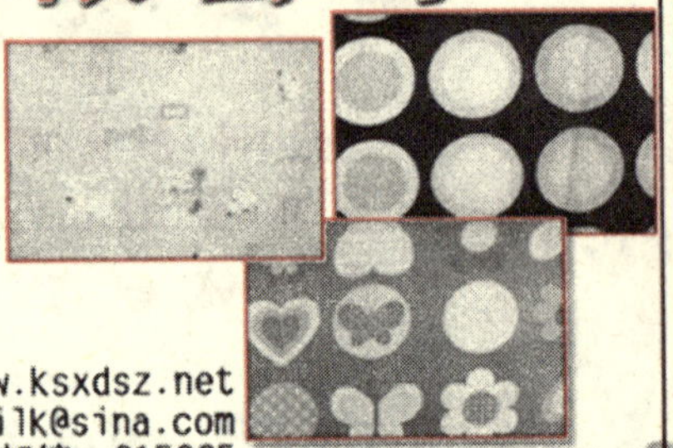

昆山市兴达丝织有限公司是一家以外贸、纺织、印染、童车专用布料为主业的外向型、专业性，并以生产与工贸相结合的新型实力企业。

"一切让客户满意"是我们始终追求的目标，热忱欢迎新老朋友到我公司参观指导，洽谈业务！

联系人：徐林根
电话：0512-57201151 57215666
传真：0512－57218303
网址：www.ksxdsz.net
电邮：xingdasilk@sina.com
邮编：215325
地址：江苏省昆山市周庄镇祁浜村

## 江西联豪实业有限公司

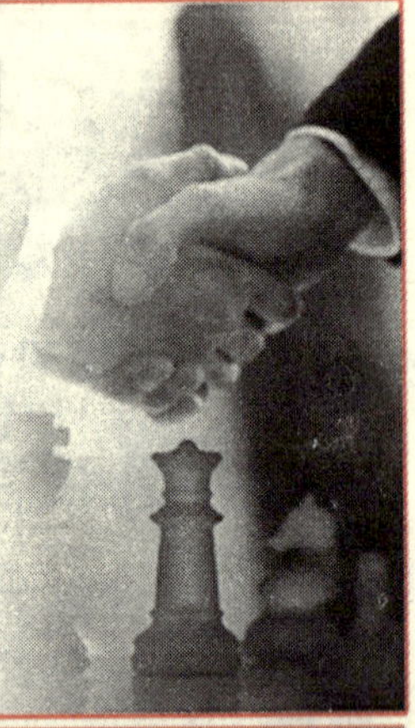

江西联豪实业有限公司成立于2006年，主要从事于鞋帽及无纺布生产、销售。我们的服务宗旨：客户永远是我们的中心、信誉是我们的生命、市场是我们努力攀登的高峰、质量象长城一样经受考验。

联系人：袁定湘
电话：0792-3050818 3050898
地址：江西省九江市永修军山经济开发区 邮编：330308



## 惠民县金源棉业有限责任公司

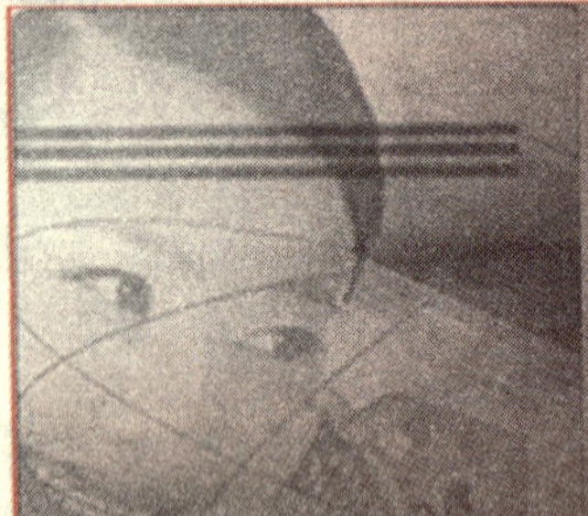

惠民县金源棉业有限责任公司是一家专业从事皮棉购销及棉副产品加工，销售的企业。

本公司始终坚持诚信服务，欢迎您的光临！

联系人：刘华村
电话：0543-5685066、13011795878
地址：山东省滨州市惠民县清河镇富刘村 邮编：251708

## 九江县利达棉业有限公司

九江县利达棉业有限公司是一家专业从事**棉花收购、加工销售**的公司。
价格合理，服务周到。
欢迎新老客户来电咨询！

联系人：张礼智 电话：0792-6922237
地址：江西省九江县马回岭镇交通路39号 邮编：332101

# 行业品牌展示窗

# 行业品牌展示窗

## 南充鑫源刺绣有限公司

精武馆

HOUSEOF 天地山水

南充鑫源刺绣有限公司是一家有着十多年历史的专业电脑刺绣加工企业，专业加工的服装制品来自省内外，加工后的服装(服饰)、丝绸品，其做工精良，美观时尚，远销日本、俄罗斯、澳大利亚等国家。多次被四川省质量技术监督局评为“质量信誉AA级企业”。

欢迎广大客商的光临洽谈。

联系人：任和平 13064306362 电话：0817-3632407

地址：四川省南充市嘉陵工业集中区 邮编：637000

## 上饶县致发针织厂

上饶县致发针织厂成立于2004年，专业从事羊毛衫等成品的加工出售，产品远销国外。质量保证，价格合理，欢迎海内外客户前来咨询，洽谈业务。

联系人：李光保

电话：0793-8616307、13870343956

地址：江西省上饶市上饶县茶亭镇白沙村创业基地 邮编：334114

## 江苏博览家纺有限公司

江苏博览家纺有限公司是一家专业生产床上用品面料和酒店用品面料的大型实业公司，公司秉承”诚信第一，品质至上，性价最优”，双赢是我们合作的基础，让客户更大的盈利是我们长期的追求。

联系人：余世林 13358066198 电话：0513-85360069 86802966

地址：江苏省南通市通州市川港镇金川大道41号 邮编：226300

## 金华市乔尼皮具有限公司

本公司成立于2007年，主要经营箱包，皮具。

服务宗旨： 以诚信的态度，高品质的产品，为你提供最周到的服务。

传真：0579-83915207

联系人：陈旭东 13586968897 电话：0579-83915208 83915211

地址：浙江省金华市白龙桥洞溪工业园区 邮编：321000

# 行业品牌展示窗

## 广州市天河区东棠盈丰制衣厂

本工厂主要生产中、高档真丝针织、梭织服装及高档服装来料加工，一直从事国际知名品牌服装的生产、加工与出口贸易的运作，使之具有较强的生产、技术、管理、经营等业务水平，“客户的要求，就是我们的目标”是我们的企业宗旨；“质量第一、信誉第一”为企事业的发展主体，全体人员将以诚信为本，热情优质的服务于客，愿与各地新老客户建立长期互信、双赢而稳定的合作关系。

联系人：衡春成
电话：020-82307533 82520319 电邮：marginaltest@yahoo.com.cn
地址：广州市天河区棠东广棠路35号3-4楼 邮编：510640

## 杭州道同衣业有限公司

杭州道同衣业有限公司是杭州喜得宝进出口公司的下属服装企业。杭州喜得宝进出口有限公司自1997年成立开始，就确立了“诚信互利，优质高效”的经营方针，充分依托集团公司科研与生产的优势，以丝绸面料、服装、围巾、领带出口为主，兼营出口棉麻化纤服装及床上用品。

联系人：陶志刚 电话：0571-85096946 传真：0571-85191095
地址：浙江省杭州市环城北路57号喜得宝酒店东侧二楼 邮编：310004

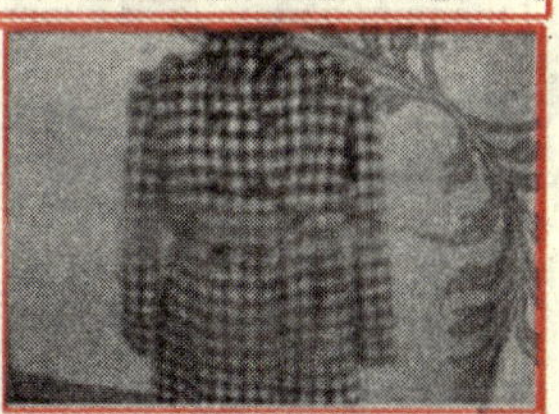

## 杭州欧蒋萝服装有限公司

本公司成立于2001年，主要从事于女式服装的生产、销售。

公司一直奉行生产和提供高品位、高品质的企业宗旨。以精细的面料、考究的工艺、缤纷的色彩与无限的创意，为众多的企业演绎了经典与现代、时尚与个性、丰富与简约的完美融合，以优质的服务在广大客户中赢得了良好的信誉和企业形象。

联系人：孙国良 13757109644
电话：0571-56180109 56180127 传真：0571-56180127
地址：浙江省杭州市下城区尧典桥路153号 邮编：310004

## 华县旭丰棉业有限公司

华县旭丰棉业有限公司成立于2007年4月，拥有员工40余人，从事棉花收购、销售及深加工业务。

我们将一如既往地与广大客商真诚合作，生产更多完美的产品，提供更全面的服务。

联系人：马旭锋
电话：0913-4852125 13892518800
地址：陕西省渭南市华县毕家乡拾村 邮编：714100

# 行业品牌展示窗

# 行业品牌展示窗

## 江西诚民纺织有限公司

公司于2007年中旬成立，是一家集纺织品、羽绒制品生产、加工、销售为一体的纺织企业，生产规模宏大，资金雄厚。

面对瞬息万变的市场，我们始终坚持，以质量求生存，以信誉求发展为宗旨，服务第一，想用户所想为经营理念，用最好的服务、最好的质量、最好的性价比奉献给广大用户，真诚欢迎您的到来，共创纺织业辉煌灿烂的明天。

电话：0792-4378388 联系人：赵记胜13879255811 邮编：332000

地址：江西省九江市共青城（江西诚民纺织有限公司）

## 建湖县盛峰纱线有限公司

建湖县盛峰纱线有限公司成立于2005年3月，是专业生产棉型腈纶和毛腈纱线、竹纤维纱线、莫代尔纱的厂家。

秉持“以人为本”的企业文化，贯彻“质量至上”的生产理念，奉行“诚信务实”的经营作风，竭诚欢迎海内外客户、朋友莅临公司指导，洽谈业务。

联系人：杨长松

电话：0515-86383999 传真：0515-86386188

地址：江苏省盐城市建湖县庆丰镇高峰村 邮编：224000

## 金霸服装厂

本公司成立于2007年，主要从事于男女式各类服装的生产与加工。我们的服务宗旨：质量第一、客户至上、诚实守信。您的满意就是我们的追求，在这日新月异的环境里，公司竭诚欢迎各界同仁携手合作，共创美好未来。

联系人：钱卫东

电话：0792-5669399 13970257728

地址：江西省九江市彭泽县龙城镇闵家桥 邮编：332700

## 劲昆塑胶手袋（昆山）有限公司

劲昆塑胶手袋（昆山）有限公司是一家专业生产各类POLYESTER，尼龙及PVC手袋的台资企业，主要产品有电脑袋、投影机袋、摄影机袋等影音配套系列手袋以及拉杆箱、工具袋、背包、运动包。

功能齐全，款式新颖，并已通过ISO9001：2000品质管理体系认证。

我们期待成为您最佳的合作伙伴

联系人：熊小兵

电话：0512-55569918 57658491 传真：0512-57658196

地址：江苏省昆山市巴城镇古城路 邮编：215300

# 行业品牌展示窗

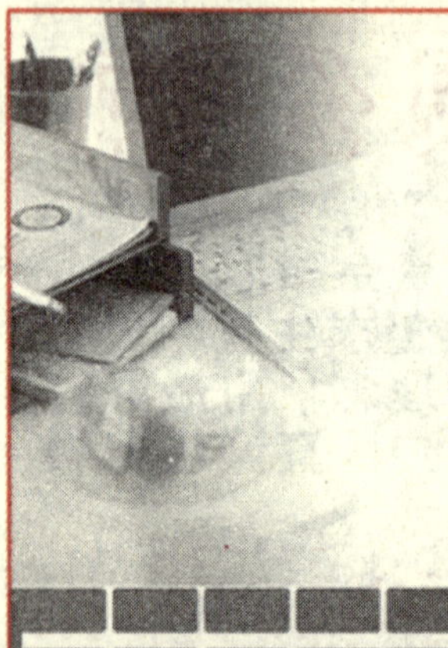

## 青岛德望名纺织有限公司

青岛德望名纺织有限公司成立于2002年。

主要从事于来料加工各种针织布、胚布、各种胚光布。

公司将始终贯彻“差异化发展个性企业、走品牌兴企之路”的发展理念，以“服务高端客户、引领纺织潮流”为企业宗旨。我们将以最诚挚的服务，最优质的产品，与您携手，共创美好未来！

联系人：刘建梁 15153288837　电话：0532-87500517

地址：山东省青岛市即墨经济开发区泰山一路北首西侧　邮编：266200

## 浙江烟斗老人服饰有限公司

公司创建于1988年1月。公司组建了国际标准的成衣流水线，采用全空调、全封闭式的生产环境，产品从原料到成品，一步到位，一次成型。先进的技术和科学的管理致力塑造一流的企业形象，创造一流的品牌和卓越的业绩。公司拥有经贸部批准的进出口自主权。公司产品远销美国、欧洲、日本、东南亚等国家和地区。拥有多年外贸订单出口经验。

联系人：邵茂林

电话：0571-82993788、13906717188

地址：浙江省杭州市萧山区靖江镇（机场旁边）　邮编：311223

## 吴江市天创纺织品有限公司

本公司主要经营针织类：线布，平布，汗布，弹力布，网眼布；梭织类：春亚纺，塔丝绒，尼丝纺，色丁系列。主要产品有鹿皮线，花点线，圈线，珊瑚绒，摇粒绒，不倒绒，网眼布，塔丝绒，尼丝绒，色丁，卡丹绒等。我们将竭诚为您服务。

联系人：王代武

13862190119　电话：0512-85178822　传真：0512-63527076

电邮：wdwtex@163.com

地址：江苏省吴江市盛泽丝绸商城一区83-84号　邮编：215228

## 深圳市晶德服饰设计有限公司

本公司成立于2006年，公司主要从事团体职业装的设计生产与销售。公司技术力量雄厚，设备精良，配套齐全，做工精细，款式新颖，本公司专业为企事业团体定做职业装，提供最满意方便的服务。

电话：0755-28751110　28750431

传真：0755-28751110

联系人：吴建春 13076987289

邮箱：zhouyunlei2007@yahoo.com.cn　网址：www.jingdefs.cn

地址：广东省深圳市龙岗区沙湾樟树布坪埔路9号4楼　邮编：518114

# 行业品牌展示窗

# 行业品牌展示窗

## 深圳市依人秀服装厂

深圳市依人秀服装厂专业从事女士时装的生产、销售。

我们紧抓时尚流行元素，为都市女性设计，设计风格流行，精致，充分诠释了现代女性的优雅和迷人。让所有的女性都成为一道亮丽的风景线，美丽风景，与您同在！是依人秀服饰最大的愿望。

联系人：孔凡勇

电话：0755-89746461 13823357048

地址：深圳市龙岗区坂田街道办岗头社区风门路禾坪岗工业区金源科技园A栋3楼 邮编：518129

## 弘翔布业有限公司

为了能迎合时装、泳装、内衣、玩具、鞋帽、沙发、汽车座垫套、运动用品厂等，本公司专业生产各种氨纶布、莱卡布、弹力布、拉架布、单拉色丁布、磨毛布、氨纶网布等面料。并能根据不同客户的需求设计不同的面料产品。我们真诚以待，以“互惠为力”共同发展。

电话：0769-81619126、13509808816 Http://www.hongyubuye.cn.alibaba.com

Emaila:hongxiangweave@hotmail.com 传真：0769-85226057

地址：广东省东莞市虎门镇博涌富康工业区22号 联系人：郭海明 邮编：523915

## 南通天景纺织有限公司

南通天景纺织有限公司成立于2006年。主要从事针纺织品、织布、服装、家用纺织品生产，色织布、服装面料及特殊品种开发。

以质量取胜——是我们唯一的选择；

让客户满意——是我们永恒的追求。

朋友：请提供一次让我们为您服务的机会，也让您行使一次衡量我们企业的权利。

联系人：徐华

电话：0513-85261353 86908850 传真：0513-85271353

地址：江苏省南通市观音山镇棉织商场内 邮编：226300

## 赣顺制衣有限公司

赣顺制衣有限公司成立于2007年，生产各式休闲服装，主要业务面向海外出口。

热情欢迎新老朋友光临惠顾，洽谈业务，互赢互利，共创明天！

联系人：刘泽荣 王宪财

电话：0797-8382588 8382599 传真：0797-83822518

地址：江西省赣州市客家大道139号 邮编：034100

纺织服装

# 行业品牌展示窗

## 库尔勒利华棉业有限责任公司

库尔勒利华棉业有限责任公司成立于2004年，主要从事于籽棉收购与加工、销售皮棉、国标三级棉清油、棉粕、棉短绒。

我公司热忱地欢迎新老客户的真诚合作，并将坚持贯彻“勤奋、求实、开拓、进取！”的企业精神，履行“质量第一、客户至上。”的承诺，积极开发市场，拓宽供销渠道，使公司与客户在双赢的基础上共谋发展。

联系人：赵清才
电话：0996-2618996
邮编：841000
地址：新疆库尔勒市团结南路西侧75号

## 常州市腾蛟机械厂

本公司主要生产销售涂料油墨化工机械，公司以质量第一、信誉第一、服务第一的宗旨服务于广大客户，以诚实守信的品格与您共同谋求发展！

联系人：汤伟英
电话：0519-88651371　88651171　网址：www.tengjiaojx.com　邮编：213118
地址：江苏省常州市芙蓉镇双庙村矮凳桥92号　电邮：tengjiaojx@tengjiaojx.com

## 普宁市醉伊人制衣有限公司

普宁市醉伊人制衣有限公司成立于2006年，主要从事于各式服装、内衣、海棉、纺织品、服装辅料的生产、销售。

公司本着以质量求生存、促发展的原则，坚持信誉第一、顾客至上、团结拼搏、求效创新，竭诚与海内外广大客商在互惠互利的基础上开展多种形式的合作，共谋发展，共创辉煌。

电话：0663-2370000
传真：0663-2355588
地址：广东省普宁市军埠镇何厝围工业区
联系人：何史雄
13322755155
邮编：515322

## 宿松县畅美服饰有限公司

宿松县畅美服饰有限公司成立于2006年。

主要从事服装开发、生产、销售及承接各种校服生产定单。

联系人：朱先友　13605560733
电话：0556-7763588　7819177
地址：安徽省安庆市宿松县五里乡孚玉东路
邮编：246500

# 纺织服装

## 北京市/Zhuhai Municipality

**北京宝恒博通服装服饰有限公司**
地址：北京市大兴区黄村镇兴丰街18号星城商厦三楼
……负责人：张志宝
……Tel：010－69226177

**北京泰和日盛纺织品经营部**
地址：北京市东城区藏经馆胡同17号北楼2－111室
……负责人：刘刚
……Tel：010－64009764

**北京市宇海服装厂**
地址：北京市东城区东内北官厅2号院3楼地下室
……负责人：郑京杰
……Tel：010－64010882

**亿泰时装（北京）有限公司**
地址：北京市东城区新中街68号聚龙花园7号楼9E座
……负责人：高妙铃
……Tel：010－65516186

**北京瑞得赛服装厂**
地址：北京市密云县三环啤酒厂路口
……负责人：孙广新
……Tel：010－69042594

**北京市美丝妮服饰制品有限责任公司**
地址：北京市顺义区李桥镇沿河村（沿河供销社）
……负责人：廖自清
……Tel：010－69481014

**北京富顿纺织浆料有限公司**
地址：北京市通州区潞城镇运潮民营工业区
……负责人：陈燕菁
……Tel：010－65050046

**北京依利爽服装服饰有限公司**
地址：北京市通州区新华北街75号（京华科技园）
……负责人：董旭栎
……Tel：010－65063257

纺织服装

## 天津市/Tianjin Municipality

**天津市升华制鞋厂**
地址：天津市北辰区季庄子村
……负责人：季守海
……Tel：022－86990006

**天津市北辰区新瑞针织有限公司**
地址：天津市北辰区宜兴埠镇津围公路东侧
……负责人：王瑞来
……Tel：022－26998885

**天津市真维斯服饰有限公司**
地址：天津市和平区滨江道187－191号
……负责人：杨振勋
……Tel：022－27237621

**宁波雅戈尔北方服饰有限公司天津第二专卖店**
地址：天津市和平区和平路220号
……负责人：陈志高
……Tel：022－27213002

**天津市和平区贵秀服饰商店**
地址：天津市和平区新兴路都市花园5号楼1203－74室
……负责人：刘明秀
……Tel：13001358966

**天津市河东区信利达针织品加工厂**
地址：天津市河东区津塘路一机床院内食堂操作间
……负责人：张晓桐
……Tel：022－84286299
81510395

**光民金属丝绳（天津）有限公司**
地址：天津市津南区小站镇传字营村
……负责人：金孝善
……Tel：022－88615070

**天津市雅丝制衣厂**
地址：天津市南开区白堤路119号
……负责人：张维
……Tel：022－27374632

**天津道生安祺毛制品有限公司**
地址：天津市天津港保税区天保大道85号301－1室
……负责人：姜卉君
……Tel：13820382807

**天津婴姿宝幼儿服饰有限公司**
地址：天津市武清区黄庄乡黄庄街
……负责人：沈继龙
……Tel：022－29337161

## 上海市/Shanghai Municipality

**上海凯华制衣有限公司**
地址：上海省崇明县永迁经济开发区向化公路918号
……负责人：张坤
……Tel：021－59443846
59443716
13817763902

**上海宏宝纺织品有限公司**
业务：销售男女时装面料、里料、服装辅料
地址：上海市普陀区真北路3725弄108号101室
……负责人：吴克颂　邮　编：200331
……法　人：吴克颂
……Tel：021－66360193
56688808
13391125725

**上海欣谊制衣有限公司**
业务：上海欣谊制衣有限公司成立于1998年，是一家专门从事各种款式针织服装设计、生产、出口的生产厂家。本公司产品设计时尚、做工精细、有多种款式多种规格供客人选择、价格具有竞争力。愿与各国商贸人士密切合作，共同开发新产品和新市场。
地址：上海市金山区兴塔镇双庙村五组3072号
……邮　编：201502
……法　人：王金弟
……Tel：021－57360128
……Fax：021－67361195

**上海名悦家用纺织品有限公司**
地址：上海市宝山区沪太路8885号商务楼931室
……负责人：秦健
……Tel：021－56871753

**上海意饰服饰有限公司**
地址：上海市长宁区东诸安浜路103号1046室
……负责人：殷宝耘
……Tel：021－62104495
13311806625

**上海尚野服饰有限公司南桥经营部**
业务：服装
地址：上海市奉贤区南桥镇人民南路270－272号
……负责人：张建平　邮　编：200000
……法　人：张建平
……Tel：021－67117471

**上海东北虎皮草时装有限公司**
地址：上海市长宁区天山西路789号2410室
……负责人：张志峰
……Tel：021－52188446

**上海欢凡针织有限公司**
业务：上海欢凡针织有限公司成立于2006年，主要从事于针织服装的生产，加工，销售。欢迎新老客户光临、惠顾！
地址：上海市南汇区黄路惠民路2号
……负责人：顾林建……邮　编：201301
……法　人：顾林建
……Tel：021－27233447
……Fax：021－68270663
……网址：www.mtw50522.chinapyp.com

**上海如泽服饰有限公司**
业务：服装
地址：上海市虹口区四平路850弄2号1002室
……负责人：杨绍杰　邮　编：200092
……法　人：杨绍杰
……Tel：021－65152456
13524633377

**上海新世界时装总公司工会委员会**
地址：上海市淮海中路613弄22号
……负责人：王琪
……Tel：021－53862733

**上海卓尔皮饰厂江西路服饰经营部**
地址：上海市黄浦区江西中路436号底层
……负责人：王志远
……Tel：021－63230347

**上海路通纺织品有限公司**
业务：上海路通纺织品有限公司成立于2002年，承接动物纤维（羊毛、防缩羊毛、羊绒、兔绒、并与动物纤维混纺的各种针织纱，成衣等）、植物纤维（棉、天丝、竹纤维、莫代尔、粘胶，并与动物纤维、化纤混纺的各种针织纱、成衣等）的染色加工及销售。
地址：上海市浦东新区合庆镇东川公路5538号
……邮　编：201201
……法　人：陆明华
……Tel：021－58979929
……Fax：021－58978452

**上海芳儿服装有限公司**
业务：生产与销售各类服装
产品：服装
地址：上海市嘉定区金汤路655弄5号501室
……负责人：黄侃　邮　编：200000
……Tel：13761585220

**上海村子秀贸易有限公司**
地址：上海市黄浦区斜土东路339号大都鞋城196#
……负责人：肖建华
……Tel：021－53071835
13764906771

**上海卓尔皮饰厂浙江路服饰经营部**
地址：上海市黄浦区浙江中路445号底层
……负责人：王志远
……Tel：021－63516620

**上海喜屋针织制衣有限公司**
业务：我公司成立于2006年，主要从事于针织品加工销售。本公司加工经验丰富，质量保证。可以为您做到织、缝、挑、后整、包装一条龙服务，在保证质量的同时，为您节省了成本和时间。
地址：上海市青浦区练塘镇蒸淀蒸康路87号
……负责人：陶再利……邮　编：201715
……法　人：陶再利
……Tel：021－59820369

**上海浩古纺织品有限公司**
业务：成品布料及服装辅料的生产
地址：上海市闵行区春申路3355弄16号301室
……负责人：朱利炯　邮　编：201100
……法　人：朱利炯
……Tel：13052251151
021－64607363

**上海人立服饰有限公司人立制衣分公司**
地址：上海市金陵东路197号
……负责人：孙迪邦
……Tel：021－63214764

**上海力偶时装有限公司**
地址：上海市金山区石化地区松南支路48号－469座
……负责人：周征
……Tel：13505711091

**上海越泽服饰有限公司**
业务：服装加工、销售
地址：上海市闵行区纪王镇红卫村徐家31号
……负责人：刘长乐　邮　编：201107
……法　人：刘长乐
……Tel：13817767286
021－62961853
……Fax：021－62961853

**上海宝珍服饰有限公司**
业务：本公司成立于2004年，主要生产销售及对外加工品牌女装，本公司秉诚"以质量求生存，以信誉求发展"竭诚欢迎新老客户来电洽谈业务，共谋发展！
地址：上海市松江区九亭镇涞坊路599弄11号301室
……负责人：陈先华……邮　编：201615
……法　人：陈先华
……Tel：021－67624287

**上海英卓服饰有限公司**
地址：上海市金山区石化地区松南支路48号－595座
……负责人：潘杏凤
……Tel：13817828546

**上海菊斯服饰进出口有限公司**
地址：上海市凉城路465弄60号1225室
……负责人：殷融
……Tel：021－65419777

**上海蔚虹服饰有限公司**
业务：服装加工、批发、零售、针棉织品加工
产品：电脑绣花、印花、手工绣花、服装加工、服装辅料
地址：上海市闵行区浦江镇塘浦路621弄8号
……负责人：郑炎武　邮　编：201100
……法　人：郑炎武
……Tel：021－54336598
……Fax：021－54336598
……E-mail：wei_hong126@126.com

**浙江解放装饰工程有限公司上海分公司**
地址：上海市凉城路465弄60号1285室
……负责人：姚联根
……Tel：13386039530

**上海昶菁服饰商行自忠店**
地址：上海市卢湾区自忠路117号底层
……负责人：周忠义
……Tel：13916108849

**上海焜灿鞋业有限公司**
业务：上海焜灿鞋业有限公司成立于2004年，主要从事于制鞋。欢迎新老客户光临、惠顾！
地址：上海市松江区泗泾镇张施村张施路188号
……负责人：张红友……邮　编：201601
……法　人：张红友
……Tel：021－57629097
……Fax：021－57629122

**上海厚全缝制设备有限公司**
业务：专营进口、国产缝纫机设备及零配件批发，我们将以诚信打造品牌，合作实现共赢的宗旨，竭诚为您服务！
产品：日本重机、兄弟、天马、台湾金轮、银箭等知名品牌
地址：上海市南汇区惠南镇南团公路31号
……负责人：王权　邮　编：201300
……法　人：王权
……Tel：021－68050223
13701619566
……Fax：021－68050221

**上海宏日裴语装饰有限公司**
地址：上海市闵行区虹梅南路1755号
……负责人：王建
……Tel：021－64777799

**上海萱彩服装有限公司**
地址：上海市闵行区龙吴路5417号
……负责人：徐晓如
……Tel：13361931383

**上海华一制衣有限公司工会委员会**
地址：上海市宁波路595号402室D
……负责人：汪建华
……Tel：021－63284505

**上海源通羊绒时装有限公司**
业务：本公司是一家集羊绒时装、服饰加工、设计、生产、销售为一体的现代化企业，承接国内及外贸加工单，可根据客户需求提供款式设计、打版起样。卓越的品质、诚信的服务是我们对您的承诺，欢迎国内外客商前来看样订货或来样加工。
产品：羊绒衫、羊毛衫
地址：上海市浦东新区金桥路715号268室
……负责人：王文良　邮　编：200136
……法　人：王文良
……Tel：021－58502873
13501971178
……Fax：021－58713483

**上海新山久纺织品有限公司**
地址：上海市浦东上钢三村45号甲129室
……负责人：朱延秋
……Tel：021－58356296

**上海爱叶服饰有限公司**
业务：生产、销售服装
地址：上海市浦东新区六里顾全路245弄88号
……负责人：崔恒平　邮　编：200125
……法　人：崔恒平
……Tel：021－58537338
13122495843

**上海喜尔登皮鞋厂**
地址：上海市浦东新区高桥镇欧高路226号102室
……负责人：王席国
……Tel：13801980395

**上海高森服饰有限公司平江路店**
地址：上海市平江路232号
……负责人：陈碧飞
……Tel：021－64430990

**上海圣吉澳服饰有限公司**
业务：上海圣吉澳服饰有限公司位于徐汇区龙

漕路137号，是一家以设计、生产、销售为一体，以经济、时尚为导向的，以外贸批发、专卖零售、连锁经营为主要销售渠道的，高效管理，锐意创新的专业服饰企业。
地址：上海市徐汇区龙漕路137号
法　人：吴伟光
Tel：021－64942089
Mobile：13901628550

## 上海羽织佳纺织品有限公司
业务：纺织品、服装里料、窗帘、床上用品的生产与销售
产品：西服里料、面料，窗帘布，人造丝，阳离子，色钉布各种纺织品
地址：上海市浦东新区浦东大道2738号1122室
负责人：张佳海　邮　编：200136
法　人：张佳海
Tel：021－60893270
Fax：021－60893270
E-mail：shanghaiyuzhijia@live.cn

**上海莱昂服饰有限公司**
地址：上海市浦东新区浦东南路1862弄20号2楼
负责人：陈新
Tel：021－68761823

**上海满地可服装有限公司**
地址：上海市浦东新区三林路234号4号楼301室
负责人：杨文激
Tel：13761763989

**上海华上服饰企业有限公司**
地址：上海市浦江闵行区关中路2708号
负责人：殷秋生
Tel：021－64591596－18
13501640208

## 上海咏良电脑针织制衣有限公司
业务：针织服装加工
地址：上海市浦东新区张江镇孙桥孙环路奚家队58号
负责人：范守洋　邮　编：200000
法　人：范守洋
Tel：15921786961
021－58577956

**上海益纺纺织专件制造厂**
地址：上海市普陀区长风二村82号302－303室
负责人：余克敏
Tel：021－62776895

**上海君阳服装有限公司**
地址：上海市普陀区真北路3370号4楼472座
负责人：吴向阳
Tel：021－64502368

## 上海璟泽服饰有限公司
业务：加工销售服装
地址：上海市普陀区澳门路288弄23号703室
负责人：朱先生　邮　编：200061
法　人：朱尧明
Tel：021－63174084
15902165788

**上海宝得贝露服饰有限公司**
地址：上海市外高桥保税区富特北路432号6楼E部位
负责人：陈元泽
Tel：021－58682897

## 上海芮瑞服饰有限公司
业务：服装批发
产品："芮RUI"品牌少女装、少妇装、童装
地址：上海市闸北区七浦路368号3楼312室
负责人：芮荣莲　邮　编：200085
法　人：芮荣莲
Tel：13651632656
021－63563727
Fax：021－63093509

**上海辛大西服有限公司第五经营部**
地址：上海市吴淞路415号
负责人：陈秋明
Tel：021－63060096

## 上海顺圣实业发展有限公司
业务：服装辅料的加工与销售
产品：服装辅料
地址：上海市青浦区赵巷镇东德村129号
负责人：李小龙　邮　编：200000
法　人：李小龙
Tel：021－59757270
Fax：021－59757271
网址：www.shun－sheng.cn

## 上海橡菲贸易有限公司
业务：水洗皮生产、加工、设计
地址：上海市杨浦区黄兴路1999弄1号楼305室
负责人：艾纯光　邮　编：200433
法　人：艾纯光
Tel：13524824555
021－55067981
Fax：021－55067981

**上海福步鞋业有限公司**
地址：上海市延长路149号科技楼504－26室
负责人：鲍姚海
Tel：021－56331163

## 上海麦适可无纺布制品有限公司
业务：专业加产与加工一次性无纺布口罩
产品：一次性无纺布口罩
地址：上海市松江区新桥镇新格路767号
负责人：李长红　邮　编：201610
法　人：李长红
Tel：13916336896
021－37787512
Fax：021－37787512

**上海爱斯可莱特时装有限公司**
地址：上海市杨浦区佳木斯路72号41幢213室
负责人：马国清
Tel：021－55621038

## 上海彬悦服饰有限公司
本公司位于浦东区张江孙桥三灶路1379号，从事服饰生产，来样定做，来料加工。公司秉承“顾客至上，锐意进取”的经营理念，坚持“客户第一”的原则为广大客户提供优质的服务。欢迎惠顾！

联系人：孙兴旺
电话：021-50201016　50200525
地址：上海市浦东区张江孙桥三灶路1379号　邮编：201210

## 上海家佩纺织有限公司
上海家佩纺织有限公司成立于2006年，主要从事于R、T/R、R/C、A/C、A/R、A/W，木代尔，竹纤维，竹节纱等各种纱线针织面料的生产与销售。

公司以“质量就是生命”的经营理念，融合服务至上的管理方式，为国内外客户提供最好的品质和服务。

联系人：谈东林　15950390292
电话：021-57406658　57406639　57406612
地址：上海市奉贤区大叶公路2199号
邮编：210000

## 上海阔巴依服饰（辅料）有限公司
上海阔巴依服饰有限公司成立于2004年，是一家综合性服饰辅料供应商，公司除了生产经营单一的织唛、吊牌、塑料制品、金属制品等之外，还将多元化的工艺产品有机结合起来，使辅料更具有多样性、欣赏性。

我公司以卓越的品质、良好的服务及合理的价格，竭诚为您服务！

联系人：叶桑　13901825570
电话：021-50753157
电子邮件：angela@china91.com
邮编：200120
地址：上海浦东新区羽山路1980弄14号908室

## 光隆羽绒制品（苏州）有限公司上海分公司
光隆羽绒制品（苏州）有限公司系台商独资企业，设立于1993年12月，主要从事隶属企业生产的羽绒（毛）原料、羽绒制品、羽绒服装、滑雪服/防寒服，运动休闲系列服装的生产和销售，产品95%以上外销。

公司自成立以来，秉承“诚信、创新、品质、服务”的经营理念，全面贯彻“经营合理化、管理制度化、设备自动化”的经营方针，致力推行和执行“追求卓越、品质保证、安全可靠、顾客满意”的品质政策。

网址：www.klf.com.tw
邮编：200336
地址：上海市长宁区天山路301号5楼A座
联系人：刘国兴
电话：021-62917345
传真：021-62371640

## 上海夏梅线业有限公司
上海夏梅线业有限公司成立于2003年，是一家生产经营高档人造丝电脑绣花线及粘胶人造丝为主的先进企业，其主打产品“夏梅”牌高级电脑绣花线，颜色齐全，色彩鲜艳，手感柔软，规格多样，品质上乘，专业用于电脑刺绣，针线服装、工艺制造等。竭诚欢迎广大新老客户前来光临，洽谈业务。

联系人：俞乔洪
电话：021-54314688、54314188、13585938217　邮编：201112
传真：021-54314188　地址：上海市闵行区浦江镇杜行建岗路2号

## 上海傲峰纺织品有限公司分公司
上海傲峰纺织品有限公司分公司成立于2003年，从事国内外纺织品服装加工。我司秉“客户第一，信誉至上，以求实，共发展”的宗旨，在提高质量，保交期，反映迅速上下功夫，努力服务于老客户。公司热忱欢迎新老客户莅临指导。

联系人：黄翼
电话：021-62361717　手机：13916601607
地址：上海市长宁区延安西路2299号05C68　邮编：200040

# 重庆市/Chongqing Municipality

**重庆名媛职业服饰有限公司销售分公司**
地址：重庆市北区路18号9－3号
负责人：李世雄
Tel：023－63532651

**重庆市沙坪坝区树才服装厂**
地址：重庆市歌乐山镇山洞村坪上社
负责人：雷定琼
Tel：023－65532146

**梁平宏美达丝绸纺织有限公司**
地址：重庆市梁山镇皂角村
负责人：李新建
Tel：023－53222489

## 璧山县康力顺鞋底有限公司
业务：本公司主要经营 鞋底等。公司秉承“顾客至上，锐意进取”的经营理念，坚持“客户第一”的原则为广大客户提供优质的服务。欢迎惠顾！
地址：重庆市璧山县璧城街道三角村三社
负责人：袁继友
法　人：袁继友
Tel：023－41508791
41508166

**重庆天洲丝绸有限公司**
业务：重庆天洲丝绸有限公司成立于1987年，公司采用自产自销、代购代销的经营方式，主营：缫丝、织绸、蚕桑发展、蚕茧收购，兼营：丝织品，缫丝副产品及绢纺半成品等。热诚欢迎新老客户惠顾。
地址：重庆合川市太和镇新村街80号
邮　编：401555
法　人：唐树华

纺织服装

…………………………… Tel:023－42663531
…………………………… Fax:023－42663532

**重庆璧山县金子棋皮鞋有限公司**
业务:公司自行设计、开发、生产时尚男女皮鞋精品,另承接订做加工业务,我们将以良好的信誉,优质的产品竭诚与您合作
产品:男女精品皮鞋
地址:重庆市璧山县璧城皮鞋三区
……… 负责人:汪学万　　邮　编:402760
…………………………… 法　人:汪学万
…………Tel:023－41422658
13983045473

**重庆市沙坪坝区守洪服装厂**
地址:重庆市歌乐山镇山洞村坪上社
…………………………… 负责人:杨守洪
…………………………… Tel:023－65532507

**重庆市沙坪坝区宏扬服装厂**
地址:重庆市歌乐山镇山洞村坪上社
…………………………… 负责人:杨守国
…………………………… Tel:023－65532509

**璧山县互帮鞋楦有限公司**
业务:鞋线加工
地址:重庆市璧山县璧城皮鞋三区北二街10号
…………………………… 负责人:何刚
…………………………… 法　人:何刚
…………Tel:023－41402487

**重庆红火鸟鞋业有限公司**
业务:重庆红火鸟鞋业有限公司成立于2004年5月,现有员工100余人,专业从事男、女式皮鞋的生产及销售。欢迎来电垂询!
地址:重庆市璧山县奥康工业园
…………………………… 邮　编:402760
…………………………… 法　人:郭勇
…………………………… Tel:023－41448881
…………………………… Fax:023－41448888

**重庆市沙坪坝区雅尔斯服装厂**
地址:重庆市歌乐山镇山洞村坪上社
…………………………… 负责人:匡泽银
…………………………… Tel:023－65532573

**重庆市华亚纺织有限公司**
地址:重庆市回龙坝镇回龙坝村10社
…………………………… 负责人:刘帮容
…………………………… Tel:023－65651290

**璧山县名椒鞋业有限公司**
业务:加工、销售女工皮鞋
地址:重庆市璧山县皮鞋城皮革二区北一街5－2号
……… 负责人:张长钊　　邮　编:402760
…………………………… 法　人:张长钊
…………Tel:023－41439103
13883184788

**重庆市沙坪坝区卓越织布厂**
地址:重庆市回龙坝镇回龙坝村十三社
…………………………… 负责人:王中荣
…………………………… Tel:023－65650492

**重庆市沙坪坝区海华棉织厂**
地址:重庆市回龙坝镇回龙村二社
…………………………… 负责人:唐绍海
…………………………… Tel:023－65651146

**重庆市沙坪坝区作林织布厂**
地址:重庆市回龙坝镇梁滩桥村二社
…………………………… 负责人:刘作林
…………………………… Tel:023－65650756

**璧山县华胜纺织有限公司**
业务:生产棉布
地址:重庆市璧山县正兴镇正石路
……… 负责人:林华友　　邮　编:402760
…………………………… 法　人:林华友
…………Tel:13883355320
023－41560956
…………Fax:023－41561619



**重庆银轮纺织机械器材有限公司**
业务:银轮纺织机械器材公司专业生产高精度纺织机械器材系列产品,我公司将一如即往的本着“质量第一、信誉至上”的宗旨,提倡团结、敬业、进取的企业精神,与广大海内外客商携手共进、共同发展。
地址:重庆市南岸区南坪玛瑙苑6号2单元8－3室
………… 负责人:赵力诚……邮　编:400060
…………………………… Tel:023－62795119

**重庆永达纺织有限公司**
地址:重庆市回龙坝镇青龙庙村3社
…………………………… 负责人:项镜
…………………………… Tel:023－65650029

**重庆兴天纺织有限公司**
地址:重庆市回龙坝镇西溪桥村13社
…………………………… 负责人:雷兴文
…………………………… Tel:023－65651491

**重庆市开县树珍针织厂**
业务:集设计、生产、销售于一体,专业从事各类针织服装制造及加工,款式新颖,品质优越,本厂一贯秉承服务、质量取胜,诚信经营,欢迎新老客户来电洽谈。
产品:毛衣、成衣
地址:重庆市开县大德乡人和街124号 总厂:广东省东莞市大朗镇洋坑塘白牙香区119号
……… 负责人:王楚树　　邮　编:405405
…………………………… 法　人:王楚树
…………Tel:023－52170235
15622911318
13712621311
…………Fax:023－52170235
…… 网址:www.szwang.com
www.51zzt.com/user/zzt37168
…………………………… QQ:845119369

**重庆市江北区王露颖服装坊**
地址:重庆市建新北路60号2层3号
…………………………… 负责人:王玉霞
…………………………… Tel:023－67620631

**云阳县太湖丝绸有限责任公司**
业务:云阳县太湖丝绸有限责任公司成立于2005年,主要从事绢丝、绵球的生产销售。公司以“诚信为本、质量第一”为宗旨,产品一直受到消费者的青睐。欢迎各方客户前来洽谈订购,共同合作,共创辉煌!
地址:重庆市云阳县双江镇民德路277号
…………………………… 邮　编:404500
…………………………… 法　人:谢卫国
…………………………… Tel:023－55130656
55130406
…………………………… Fax:023－55130406

**重庆市南川区胜丰皮鞋厂**
业务:生产与销售各类皮鞋
产品:皮鞋
地址:重庆市南川区水江镇大燕村3组
……… 负责人:唐明胜　　邮　编:408400
…………………………… 法　人:唐明胜
…………Tel:15826276739
023－71458915

**重庆金丝燕制衣厂**
地址:重庆市龙溪街道黄泥磅西南面粉厂
…………………………… 负责人:高勇
…………………………… Tel:023－67746382

**重庆极盛服装销售有限公司**
地址:重庆市南坪西路171号2幢2－1号
…………………………… 负责人:刘明春
…………………………… Tel:023－89028111

**重庆美可尼服饰有限公司**
地址:重庆市南坪镇二塘村大屋基社
…………………………… 负责人:郝廷均
…………………………… Tel:023－62768147

**重庆市南岸区舒梦床上用品厂**
地址:重庆市南坪镇四公里村立石村民小组1号
…………………………… 负责人:杨孔德
…………………………… Tel:023－62765818

## 河北省/Hebei Province

**河北省石家庄市桥东区麦高鞋业经营部**
业务:麦高鞋子批发
地址:河北省石家庄市桥东区华北鞋城E区3－2、4号
……… 负责人:张宏华　　邮　编:053800
…………………………… 法　人:张宏华
…………Tel:15081808886
0311－86868806
86868809

**高县立信巾被纺织有限责任公司**
地址:河北省保定市高阳县野王工业区
…………………………… 负责人:刘俊山
…………………………… Tel:0312－6635205
13603128029

**广州红谷皮具有限公司河北办事处**
业务:本公司经营红谷(honggu)、曼蒙特(manmont)两大品牌,是红谷皮具河北省总代理,致力为您提供一流的产品以及全面专业的服务。
产品:男女各式真皮皮具,真皮钱夹,真皮腰带,真皮小饰品,旅行箱等
地址:河北省石家庄市桥西区天元名品一楼乙238
………… 负责人:梁枫　　邮　编:050000
…………………………… 法　人:梁枫
…………Tel:18990076007
…………Fax:0311－85338495
…………………… 网址:www.honggu.cn
……………… E-mail:lf@honggu.sina.net

**石家庄市桥东区悦丽娜鞋业批发部**
业务:鞋子批发
地址:河北身石家庄市桥东区华北鞋城E区8排9号
……… 负责人:方崇元　　邮　编:053800
…………………………… 法　人:方崇元
…………Tel:13832163083
0311－86868752
86868563
…………Fax:0311－86868563

**石家庄市无极县北丰永胜皮革经营部**
业务:销售皮革
地址:河北省石家庄市无极县北丰村
……… 负责人:朱立谦　　邮　编:052460
…………………………… 法　人:朱立谦
…………Tel:13931889518
0311－85595200

**百隆皮业有限公司**
地址:河北省保定市蠡县留史镇中百楼路口
…………………………… 负责人:颜建富
…………………………… Tel:0312－6338138
13933236888

**栾城县宏利纺织品有限公司**
业务:生产与销售棉纺织品
产品:棉纺织品
地址:河北省石家庄市栾城县南五里铺
……… 负责人:张书品　　邮　编:50011
…………………………… 法　人:张书品
…………Tel:0311－85402197
…………Fax:0311－85402197

**石家庄市裕华区拼搏郎服装厂**
业务:服装生产、加工、销售
地址:河北省石家庄市裕华区青年街市场同庆街1号
……… 负责人:王彦会　　邮　编:050000
…………………………… 法　人:王彦会
…………Tel:0311－87919655
13931999885

**保定华泽衬布有限公司**
业务:保定华泽衬布有限公司成立于2002年,主要生产销售衬布。公司以“质量求生存、信誉求发展”,欢迎广大用户光临惠顾!
地址:河北省保定市博野县北祝
………… 负责人:杜占东……邮　编:071300
…………………………… 法　人:杜占东
…………………………… Tel:0312－8360688

**强力绳类加工厂**
地址:河北省唐山市丰润区丰登坞镇曹坨子村
…………………………… 负责人:曹平付
…………………………… Tel:0315－5540020
13603250907

**赵县利达纺织有限公司**
业务:生产棉纱、棉布
地址:河北省石家庄市赵县南柏舍镇高庄村
……… 负责人:高书秋　　邮　编:051530
…………………………… 法　人:高书秋
…………Tel:13833392696
13933069919

**霸州市德尔惠服装专卖**
业务:德尔惠服装专卖
地址:河北省霸州市建设道
……… 负责人:高洪云　　邮　编:065700
…………………………… 法　人:高洪云
…………Tel:13513260948
0316－7219825

**乐亭县万道隆皮草制品有限责任公司**
业务:皮毛加工
地址:河北省唐山市乐亭县古河乡前小营村
……… 负责人:闫永新　　邮　编:063000
…………………………… 法　人:闫永新
…………Tel:13932572508
0315－4976089

**肃宁县顺发皮革厂**
地址:河北省沧州市肃宁县尚村镇新街
…………………………… 负责人:赵宋谦
…………………………… Tel:0317－5099061
13703273286

**滦南县鑫利纺纱厂**
业务:生产、销售涤纶棉纱
地址:河北省唐山市滦南县长宁镇西孙庄村
……… 负责人:周振山　　邮　编:063100
…………………………… 法　人:周振山
…………Tel:0315－4490026

**任丘市361度运动休闲服装店**
业务:361°运动服装、鞋帽专卖
地址:河北省任丘市华油商业街、河北省任丘市京开大药房旁
……… 负责人:边艳彬　　邮　编:062550
…………………………… 法　人:边艳彬
…………Tel:0317－2361361

**圣宏裘革制品有限公司**
地址:河北省沧州市肃宁县站前街
…………………………… 负责人:王志宏
…………………………… Tel:13601181511

**滦南县丰源纺纱厂**
业务:21支棉纱
地址:河北省唐山市滦南县马城镇湛店子村
……… 负责人:李志民　　邮　编:063501
…………………………… 法　人:李志民
…………Tel:0315－4488555
4488666
…………Fax:0315－4488666

**迁西县城关特步服装店**
业务:服装专卖
地址:河北省唐山市迁西县景忠东街
……… 负责人:孙峥艳　　邮　编:063000
…………………………… 法　人:孙峥艳
…………Tel:13931587103
13832956033

**涿州市书和服装厂**
业务:涿州市书和服装厂自建厂以来,一直保持良好的企业信誉,受到客户好评,并与各企事业单位建立了长期的合作关系。本厂主要从事各类服装加工,外贸服装,工作服,制服,牛仔服,春秋服装,皮革皮毛,针织品等,热诚欢迎您的光临、洽谈业务。
地址:河北省涿州市开发区亨通北街49号
…………………………… 邮　编:072750
…………………………… 法　人:张书和
…………………………… Tel:0312－5520508
…………………………… Fax:0312－5520506

**玉田县宏美制衣厂**
业务:服装设计加工及销售
地址:河北省唐山市玉田县鸦鸿桥镇刘现庄
……… 负责人:杜万来　　邮　编:064102
…………………………… 法　人:杜万来
…………Tel:0315－6396501
…………Fax:0315－6566302

**南宫市腾达制刷厂**
业务:纺织专用毛刷,工业异形毛刷
地址:河北省南宫市苏村镇拦头城陈东余收
……… 负责人:陈丙元　　邮　编:055750
…………………………… 法　人:陈丙元
…………Tel:13784134697
13582494534
0319－5318429
…………Fax:0319－5318429

**枣强县仓茂皮草有限公司**
地址:河北省衡水市枣强县大营镇皮毛市场

东侧
负责人：张万申
Tel:13383680033

## 河北省内邱县鲁宾汉服装专卖店

业务：销售鲁宾汉服装
地址：河北省邢台市内邱县内邱镇西街村（中兴市场对面）
负责人：刘增良 邮编：054000
法人：刘增良
Tel:0319－6869212
13780296493

## 安新县留村宇踏鞋厂

业务：运动鞋
地址：河北省保定市安新县南环城兴达日化
负责人：刘成群
法人：刘成群
Tel:0312－5321170

## 内邱县陈升羽绒服加工店

业务：专业翻新订做各种新款规格系列羽绒服、羽绒被，也可来样加工，终身免费维修。
产品：羽绒服，羽绒被
地址：河北省邢台市内邱县内邱镇中心市场西牌坊口
负责人：陈升 邮编：054000
法人：陈升
Tel:15939745120

## 河北省鹿泉市晨晖红豆形象男装专卖店

业务：红豆形象男装专卖
地址：河北省鹿泉市石邑街
负责人：陈永 邮编：050200
法人：陈永
Tel:13733316286
13831184050

## 枣强县华亨皮草有限公司

地址：河北省衡水市枣强县新屯乡经济小区
负责人：李荣华
Tel:13932819255

## 安新县三台华峰鞋材厂

业务：加工、销售鞋材
地址：河北省保定市安新县三台镇山西村
负责人：张定 邮编：071000
法人：张定
Tel:0312－5154583
13731292119

## 张家口市涿鹿县新时代服装城

业务：零售男女服装
地址：河北省张家口市涿鹿县涿鹿镇东风大街
负责人：郑修道 邮编：075000
法人：郑修道
Tel:13630888879
0313－6525998

## 雅鹿集团有限公司唐山分公司

业务：雅鹿集团有限公司唐山分公司建于2006年，公司位于唐山路南区学院南路1－9号，是一家从事羽绒服、休闲服、西装、衬衫、女式时装等，企业在实现中国雅鹿到世界雅鹿的成功转型过程中，从容面对挑战，不断超越，从羽绒服领域的一匹黑马成为真正的行业领跑者。
地址：河北省唐山市路南区学院南路1－9号
负责人：曹宏峰 邮编：063000
Tel:0315－5267216

## 涿州市紫罗兰家纺店

业务：婚庆系列床品，儿童系列床品，休闲系列，被子系列，枕芯系列，夏令系列等等。相信品牌的力量，绽放"中国品牌500强"
地址：河北省涿州市范阳中路中央公馆门口西侧
负责人：刘宇敬 邮编：072750
法人：刘宇敬
Tel:13032069233
0312－3979780
Fax:0312－3979780

## 晋州市东张村锁立织布厂

地址：河北省晋州市东张村
负责人：宿锁立
Tel:0311－84332642
13803361746

## 枣强县日日旺皮毛加工厂

业务：兔皮、兔皮褥子
地址：河北省衡水市枣强县新屯乡娄东街
负责人：李长国 邮编：053000
法人：李长国
Tel:0318－8336604
13932876539

## 恒达织布厂

地址：河北省晋州市田村
负责人：杨发起
Tel:0311－84340222
13832135568

## 安新县三台镇日豪情鞋厂

业务：运动鞋生产销售
地址：河北省保定市安新县三台镇狮子村
负责人：花喜光 邮编：071600
法人：花喜光
Tel:0312－5154448

## 金松手套厂

业务：金松手套厂成立于1991年，生产销售皮制手套，来料加工及订做，欢迎新老客户来电洽谈业务！
地址：河北省保定市蠡县北埝乡泊东村
负责人：冯占国 邮编：071400
法人：冯占国
Tel:0312－6036685
Fax:0312－6036858

## 故城县谊诚皮草有限公司

业务：裘革制品，服装加工、销售
地址：河北省衡水市故城县商业街
负责人：李友谊 邮编：253800
法人：李友谊
Tel:15533835869

## 绒鑫纺织有限公司

地址：河北省石家庄晋州市赵位乡楼底村
负责人：张保来
Tel:0311－84466083
13603210384

## 刘锋帆布厂

业务：生产、销售帆布、蓬布
地址：河北省衡水市故城县青罕镇北王庄
负责人：刘锋 邮编：253800
法人：刘锋
Tel:15130821818
0318－5647808
Fax:0318－5647808

## 河北省辛集市瑞普皮草有限公司

业务：河北省辛集市瑞普皮草有限公司成立于2005年，主要经营狐皮、水貂皮、貉皮等细杂皮的染色加工业务，另外生产销售澳羊皮、羊剪绒及毛革等。
地址：河北省石家庄市辛集市错普制革工业区
邮编：052360
法人：王少普
Tel:0311－83206005
Fax:0311－83206613

## 高阳县郭磊印染设备维修厂

业务：印染设备制作
地址：河北省保定市高阳县建新大街南段东侧
负责人：郭兴瑞 邮编：071500
法人：郭兴瑞
Tel:13933205955

## 天恒裘革制品有限公司

业务：裘革制品
地址：河北省衡水市故城县故城镇南门外
负责人：乔先生 邮编：253800
法人：乔海彬
Tel:0534－2229868

## 无极县同发皮革有限公司

业务：无极县同发皮革有限公司成立于1994年，公司自成立以来，一直致力于牦牛皮手套革、猪皮手套革、母猪皮手套的生产制造。质量保证，欢迎广大客户来电订购。
地址：河北省石家庄市无极县尚皮革有限责任公司院内
邮编：052460
法人：张中保
Tel:0311－85724191
Fax:0311－85724191

## 高阳县万德毛巾厂

业务：毛巾加工和销售
地址：河北省保定市高阳县王福村
负责人：韩万德 邮编：071500
法人：韩万德
Tel:13832260209
0312－6716912

## 元氏县爱欣纺织制线厂

地址：河北省石家庄市元氏县槐阳镇影院街
负责人：谷玉海
Tel:13102886686

## 邯郸市大洋箱包制造有限公司

业务：服装、箱包生产、加工
地址：河北省邯郸市魏县野胡拐乡岸上村
负责人：王红山 邮编：056800
法人：王红山
Tel:0310－3438925
13315063500

## 河北省肃宁县龙泉纱业有限公司

业务：河北省肃宁县龙泉纱业有限公司成立于2003年，主要生产棉纱，规格为20支－45支的纯棉纱。生产的产品销往全国各地！
地址：河北省沧州市肃宁县河北乡龙泉新村西侧
邮编：062350
法人：李东至
Tel:0317－5042222
Fax:0317－5042223
网址：www.hblq.chinapyp.com

## 邯郸县家兴服装厂

业务：服装加工
产品：男裤、女裤
地址：河北省邯郸市邯郸县南吕故乡东召里村
负责人：温小辉 邮编：056000
法人：温小辉
Tel:13722482897
15027976793

## 石家庄惠宝童装有限公司

业务：石家庄惠宝童装有限公司成立于2006年，从事童装设计、生产、销售，欢迎来电洽谈业务！
地址：河北省石家庄市长安区八家庄新村五里1号
负责人：黄良榜 邮编：050000
法人：黄良榜
Tel:0311－86815137

## 高阳县腾达织物厂

业务：各种乙烯网，用途，防蚊，防虫，建筑等
地址：河北省保定市高阳县未庄村
负责人：刘冬日 邮编：071500
法人：刘冬日
Tel:13722219938

## 邯郸市丛台区秀芬服装店

业务：服饰销售
地址：河北省邯郸市丛台区和平路东头东苑小区1号楼3单元4号（送货地址）
负责人：李艳庆
法人：郭秀芬
Tel:15933871790

## 高碑店市张六庄钧天箱包厂

业务：箱包设计、生产、销售
地址：河北省高碑店市张六庄乡小高科庄村
负责人：李健 邮编：074000
法人：李健
Tel:0312－2862025

## 天一缝纫机零件厂

业务：天一缝纫机零件厂是一家专业生产各种缝纫机零配件的厂家，产品主要销往东南亚、日本、韩国等地。多年来，公司一直遵循"品质一流，用户至上"的宗旨，竭诚欢迎国内外客商光临指导，洽谈业务！
地址：河北省秦皇岛市昌黎县五街新村
邮编：066600
法人：蒋树昌
Tel:0335－2983679
Fax:0335－2885326
网址：www.cltianyi.cn

## 保定冰山雪貂羊绒制品有限公司

业务：（羊、貂、兔、貉）绒以及皮草，羊、貂、兔绒纱以及所用各种原料和皮革、
产品：羊绒衫、貂绒衫
地址：河北省保定市蠡县辛兴工业区
负责人：曹青梅 邮编：071402
法人：曹青梅
Tel:0312－6579888

## 海兴县雪梅地毯厂

业务：羊毛地毯加工、销售
地址：河北省沧州市海兴县辛集镇苑堤头
负责人：苑宝明 邮编：061000
法人：苑宝明
Tel:0317－6688339
13803171995

## 昌黎浩月皮毛贸易有限公司

业务：我公司常年加工生皮、熟皮并出售狐貉貂皮。种类主要有银狐、蓝狐、乌苏里貉等。现已发展狐貉养殖户上万户，占全国狐貉市场交易量的1/6，而且发展势头强劲。我县的貉皮远销全国各地，深受广大客商青睐。保证质量，信誉至上！
地址：河北省秦皇岛市昌黎县马坨店乡潘各庄村
负责人：刘栋信 邮编：066600
法人：刘栋信
Tel:0335－2068585

## 雄县东留栽布店

业务：箱包，里布加工
地址：河北省保定市雄县东留官营村
负责人：刘金龙 邮编：071806
法人：刘艳成
Tel:15603120133
0312－5770266

## 容城县辉煌拉链有限公司

业务：服装拉链生产销售
地址：河北省保定市容城县古贤村
负责人：张芳 邮编：071000
法人：张芳
Tel:0312－5436688

## 馆陶县红霞制衣厂

业务：馆陶县红霞制衣厂成立于2006年，专业从事服装的加工及销售，主要产品有休闲裤、牛仔裤，以质量求生存、以信誉求发展，热忱欢迎新老客户来电来函、咨询订购！
地址：河北省馆陶县
负责人：李书章 邮编：057700
法人：李书章
Tel:0310－2860896

## 安新县山西村永泰牛巴商行

业务：牛巴皮革
地址：河北省保定市安新县三台镇山西村
负责人：李波 邮编：071000
法人：李波
Tel:13832294222
0312－5154181

## 邯郸市顺达棉纺有限公司

业务：我公司成立于2006年，从事纺织行业，主要生产纺织棉纱、公司坚持以诚为本、以诚为信的宗旨为广大客户服务。
地址：河北省邯郸市鸡泽县杨庄村棉花工业区
负责人：张海相 邮编：057300
Tel:0310－7595988
Fax:0310－7595988

## 容城县立萌皮具厂

业务：箱包生产，休闲包、书包
地址：河北省保定市容城县南张镇西牛村大队
负责人：肖磊 邮编：011000
法人：肖磊
Tel:15033290958
15100269065

## 河北高碑店市玉兔皮具有限公司

业务：本公司成立于2005年，是一家自有厂房、自有品牌、产销同步，兼营代理的箱包专业生产经营企业。主导产品有公文包、女包、手袋、银包、旅游包等系列；代理品牌有中国河北－玉兔、法国－鳖鱼侬、意大利－华伦天奴、露迪、英国－伊凡世家等国内外知名品牌。热诚欢迎广大客商前来洽谈业务，共创美好！
地址：河北省保定市高碑店市白沟镇箱包大厅二楼南五道7号
负责人：张金英 邮编：074004
法人：张金英
Tel:0312－2889068
Fax:0312－2889068
网址：http://yutupiju.b2b.hc360.com

## 保定海欣长毛绒有限公司

保定海欣长毛绒有限公司从事仿天然裘皮、素色、提花、平剪绒、高低毛、纺羊羔、绒印花等人造毛皮生产与销售。

我们以“质量可靠，价格合理”为经营宗旨，欢迎新老客户来电洽谈业务！

联系人：刘林华 电话：0312-6011999 6013058
地址：河北省保定市北郭丹镇枣林村 邮编：071403

## 鸡泽县鑫玉峰棉纺有限公司

鸡泽县鑫玉峰棉纺有限公司成立于2007年，从事皮棉、棉纱生产销售，“以质量求生存，以信誉求发展”，热诚欢迎您的光临惠顾！

联系人：田月峰
电话：0310-7596828 13930017844
地址：河北省邯郸市鸡泽县棉纺工业区北段 邮编：057350

## 磁县华亿绒业有限公司

磁县华亿绒业有限公司位于河北省邯郸市，公司主要收购、加工、销售羊皮、羊毛、羊绒、羊绒纱、山羊绒、绵羊绒。本公司秉承“顾客至上，锐意进取”的经营理念，坚持“客户第一”的原则为广大客户提供优质的服务。

我们相信：在全体工作人员的精诚合作和团结奋战下，磁县华亿绒业有限公司必将迈新台阶，走向光辉灿烂的明天。欢迎广大顾客惠顾！

联系人：魏文良 0310-2287686
传真：0310-2287686
地址：河北省邯郸市磁县辛庄营乡太平村 邮编：056500

## 佳家纺织有限公司

本公司专业从事纱线的生产和销售。主要产品有纯纺纱，混纺纱，特种纱，色纱和缝纫线等。已有电脑控制的高速气流纺纺机16台，赐来福全自动气流纺纱机3台，生产10支－24支纯棉涤棉纱，欢迎贵客来厂指导，本公司宗旨：“诚信第一，质量第一”。欢迎客户来电洽谈！

联系人：宋立家

电话：13326367888、0312-3412999 传真：0312-3412789
地址：河北省安国市伍仁桥镇棉织小区 邮编：071200

纺织服装

## 高碑店市白沟酷尔尊箱包加工厂

本公司成立于2008年，集箱包制作开发设计、产品销售为一体，主要生产酷尔尊牌箱包，能及时为客户提供新款、精致、优质的各类箱包，并可根据客户的要求开发生产新产品。

电话：13582289590、0312-2877616 联系人：张强
地址：河北省高碑店市白沟镇小营村第二小区53号 邮编：074004

## 清河县欧利羊绒制品有限公司

我公司是专业生产羊绒纱线及羊绒制品的综合性企业。地处羊绒之都的河北清河县，地理位置优越，交通便利。我公司采用优质羊绒原料利用意大利先进的工艺技术生产各种羊绒纱线，其产品超柔软，爽滑细腻，配上流行色高贵典雅，充分体现了羊绒的优良品质。经理：穆建成希望与各界同仁携手合作共创辉煌！

联系人：穆建成

电话：15832979588 0319-8060969
网址：www.oliyr.com 电子邮件：olirongye@163.com
地址：河北省邢台市清河县东高羊绒园区 邮编：054800

## 河北风云服装有限公司

河北风云服装有限公司从事服装，布匹，饰品生产和销售，并常年诚聘高级主管、服装设计师、服装熟练工。

欢迎来电来函洽谈。

电话：0310-3588299 3588099
邮编：056800
地址：河北省邯郸市魏县生物化工园区
联系人：张晓锋

## 容城县万佳制衣有限公司

容城县万佳制衣有限公司是一家有着二十多年生产经验的服装企业。主要产品有厂服、工服、校服等。

公司以质量和信誉赢得客户，竭诚欢迎相关业务单位来我厂洽谈业务、合作。

联系人：孔杏恋
13833238777
15931814909
电话：0312－5612872
邮编：000013
地址：河北省保定市容城县东安大街89号

## 鸡泽县巨发棉业有限公司

本公司主要经营籽棉收购、棉花加工。产品有皮棉、棉籽、开花棉、棉短绒等，同时兼营各类农副产品购销。

联系人：王富元
电话：0310-7638548 13633206581
地址：河北省邯郸市鸡泽县曹庄乡李曹庄村南
邮编：056000

## 石家庄露妮贝莎服饰有限公司

石家庄露妮贝莎服饰有限公司成立于2006年，主要生产女裤等服饰产品，以牛仔裤、休闲裤为主。我公司的经营理念：以市场的需要为航标，逐步走向品牌专卖。竭诚欢迎您的来电！

联系人：葛素国 13933106329

电话：0311-88209178 87606708
地址：河北省石家庄市正定县新城铺村
邮编：050800

## 山西省/Shanxi Province

### 美国圣大保罗皮具山西总代理

业务：美国圣大保罗皮具山西总代理，各类箱包、皮具产品设计独树一帜，自成一格，深受消费者的喜爱，我们致力为您提供一流的产品以及全面专业的服务，竭诚欢迎国内外新老客户光临惠顾、洽谈订购。
产品：男包，女包，男式钱夹，女式钱夹，皮带，礼盒，箱包
地址：山西省太原市柳南千里写字楼601室
负责人：詹崇孝 邮编：030000
法人：詹崇孝
Tel：0351－2338696
13007082556
Fax：0351－2338698
网址：www.sxsdbl.cn
E-mail：sx_sbpolo@126.com

**阳城县佳美茧丝有限责任公司**
地址：山西省晋城市阳城县坪头路63号
负责人：吴美棠
Tel：0356－6920786

### 广灵县维帅裤城

业务：维帅男女西裤，牛仔裤，休闲裤，价格动心，品质打天下。经营模式：坚持直营销售，不设中间商，为顾客直接省钱40%，真正为顾客着想，亲情服务。
地址：山西省大同市广灵县壶泉镇商业街路东南段
负责人：李建明 邮编：037500
法人：李建明
Tel：15935289865
0352－8823803

**榆次兴盛纺织机械制造有限公司**
地址：山西省晋中市榆次区经纬路126号
负责人：周林军
Tel：0354－2426656
13509749837

### 卫东皮具商行

业务：皮具，皮带
产品：皮带
地址：山西省太原市民营区晋阳小商品市场义乌街89、90号
负责人：黄为东 邮编：030025
法人：黄为东
Tel：0351－4370893
13546726713

**榆次顺源纺机配件厂**
地址：山西省晋中市榆次区经纬路郭家堡新苑新区
负责人：郭建林
Tel：0354－2430555
13703543799

### 丹河路巴拉巴拉童装店

业务：巴拉巴拉童装专卖
地址：山西省高平市丹河南路
负责人：田彩霞 邮编：048400
法人：田彩霞
Tel：13834907786
0356－5236619

### 清徐县李宁体育用品专卖店

业务：专营李宁运动服装、鞋帽
地址：山西省太原市清徐县步行街
负责人：王佳飞 邮编：030400
法人：王佳飞
Tel：13485382971

**运东品牌服饰折扣连锁店（山西总代理）**
业务：主要经营山西代理运东品牌服饰。企业宗旨：质量第一、信誉第一。经营宗旨：与全球时尚同步发展，与合作伙伴分享成功。经营理念：内抓管理、外塑形象，联合双赢。
地址：山西省太原市双塔北路78号
邮编：30045
法人：李镇宇
Tel：0351－2235938
2235638
Fax：0351－4391839

### 太原市宝威裕达体育用品有限公司

业务：鸿星尔克体育用品专卖，经营范围包括鸿星尔克运动鞋、运动服、运动配件、皮箱包具全系列产品。欢迎各界朋友光临惠顾，让我们一起分享运动带给我们的快乐！
产品：运动系列，服装，器械
地址：山西省太原市迎泽区朝阳街新东方服装城8楼
负责人：尚大为 邮编：030082
法人：尚大为
Tel：0351－4558386
Fax：0351－4558186

**晋中市阳欣女饰经销中心**
地址：山西省晋中市榆次区新天地时尚购物广场010号
负责人：杨熙英
Tel：0351－8896503

### 鞋业有限公司

业务：鞋料、鞋材的生产加工
地址：山西省侯马市东风路
负责人：胡善发 邮编：043000
法人：胡善发
Tel：13663489862
0351－5684835

**太原市迎泽区依尔施丹服饰店**
地址：山西省太原市迎泽区桃园四巷14号房
负责人：厉微珍
Tel：0351－4034350

### 迎泽区大红帆精典窗纱布艺

业务：销售中高档窗纱，窗帘布，工程纱，工程布，遮光布等
地址：山西省太原市迎泽区郝庄正街15号综合楼二层
负责人：高国金 邮编：030000
法人：高国金
Tel：0351－4391160
13835181396

**晋丰棉纺有限公司**
地址：山西省永济市卿头镇许家营村
负责人：王丰录
Tel：0359－8120080
13603594683

### 宾奴皮具店

业务：皮具的销售，有腰带、钱夹、男包、女包、手包等
地址：山西省阳泉市城区沃尔玛前区一层269号
负责人：梁志明 邮编：45000
法人：梁志明
Tel：13935373530
13097501302

**彩佳印染有限公司**
地址：山西省永济市西厢南路31号
负责人：柴化珍
Tel：13835917888

### 友谊时代广场

业务：童装、男女服装、老年服装、帽销售
地址：山西省永济市舜都大道3号
负责人：肖德云 邮编：044000
法人：肖德云
Tel：13466928258
0359－8052779
Fax：0359－8052779

### 高平市凤林刺绣厂

业务：手工刺绣制作、销售
产品：人物肖像刺绣、古今名画刺绣、挂屏、装饰画、双面绣
地址：山西省晋城市高平市陈区镇魏庄村.
负责人：赵翠林 邮编：048000
法人：赵翠林
Tel：13111160531
13103565660

### 山西省芮城县大禹西街意尔康专卖店

业务：意尔康芮城专卖店，主营意尔康皮鞋、运动鞋、皮具，批零兼营，漫漫人生路，步步意尔康——欢迎新老顾客光临惠顾！让你乘兴而来，满意而归。
产品：皮鞋、运动鞋、皮具等
地址：山西省运城市芮城县大禹西街公安局对面
负责人：杜青菊 邮编：044600
法人：武克勤
Tel：0359－3287535
13834711217
Fax：0359－3032387
网址：www.sxrcyek.cn
E-mail：ycnfh－001@163.com

**瞭望服装厂**
地址：山西省运城市芮城县永乐北街
负责人：阴朝辉
Tel：0359－3029899
13903598125

### 临县临泉镇富丽窗帘装饰部

业务：经营各种窗帘布，沙发布，窗帘加工安装。凡在本店订做窗帘，免费安装。另有各种窗帘配件，辅料销售和安装
地址：山西省吕梁地区临县临泉镇革命街（商贸斜对面）
负责人：李荣堂 邮编：033000
法人：李荣堂
Tel：15035850911
15035850922

### 山西省运城市芮城县五一路南国广场管军鞋店

业务：老北京布鞋
地址：山西省运城市芮城县五一路南国广场38号
负责人：牛管军 邮编：44600
法人：牛管军
Tel：13903598941



**青松微利内衣商行**
地址：山西省运城市禹都市场四区东二排6号
负责人：郭雪松
Tel：0359－2581764
13834105015

### 新绛县古交镇中苏村红平袜厂

业务：生产销售男袜、女袜，童袜等各式各样的袜子
地址：山西省运城新绛县古交镇中苏村108国道路北
负责人：张红平 邮编：043100
法人：张红平
Tel：13466974575
0359－7935158
网址：http://www.51zzt.com/user/zzt33374

### 山西省临汾市乡宁县昌宁彩虹针织店

业务：针织
地址：山西省临汾市乡宁县昌宁镇商贸市场西一楼2号
负责人：李伟 邮编：042100
法人：李伟
Tel：0357－6828415

## 内蒙古自治区/InnerMongolia AutonomousRegion

**内蒙古兰介绒毛制品有限公司**
地址：内蒙古自治区巴彦淖尔盟临河区万丰经济技术开发区
……负责人：呼和平
……Tel：0478－8611685

**内蒙古鑫龙防寒制品厂**
地址：内蒙古自治区包头市昆都仑区青年路蒙古族中学旁商业街7号
……负责人：辛红梅
……Tel：0472－5160687

**鄂尔多斯市牧星绒羊绒制品有限公司**
业务：鄂尔多斯市牧星绒羊绒制品有限公司，是中国羊绒巨头内蒙古鄂尔多斯羊绒集团有限责任公司的投资控股企业，与鄂尔多斯集团在羊绒原料、生产设计、营销网络等方面资源共享，有着与生俱来的羊绒制品设计生产、加工销售的优势。
地址：内蒙古自治区鄂尔多斯市东胜区白天马路5号东昊四楼
……邮 编：017000
……法 人：张秀彪
……Tel：0477－8543553
……Fax：0477－8532248
……网址：www.erdos－online.com

**赤峰华彩色织品有限责任公司**
地址：内蒙古自治区赤峰市元宝山区元宝山镇
……负责人：白凤华
……Tel：0476－3344528

**内蒙古福东羊绒制品有限责任公司**
地址：内蒙古自治区鄂尔多斯市东胜区农业发展银行大厦七层
……负责人：郝丽莉
……Tel：0477－8341155

**内蒙古其其格羊绒服饰有限责任公司**
地址：内蒙古自治区呼和浩特市回民区巴彦淖尔南路
……负责人：包小姐
……Tel：0471－3690880

**呼和浩特市酷铠服饰有限责任公司**
地址：内蒙古自治区呼和浩特市回民区展东路中华家园商业2号楼3层
……负责人：杜毅
……Tel：0471－6561231
13704718766

**呼和浩特蒙娇地毯厂**
地址：内蒙古自治区呼和浩特市兴安北路
……负责人：黄慧敏
……Tel：0471－2330228

**奈曼旗草原之秀绒毛制品有限公司**
地址：内蒙古自治区通辽市奈曼旗
……负责人：李萍娟
……Tel：13858246808

**苏尼特右旗宏达绒毛有限责任公司**
地址：内蒙古自治区锡林郭勒盟苏尼特右旗赛汗塔啦镇工业园区
……负责人：吕彪
……Tel：0479－7212690

## 辽宁省/Liaoning Province

**兴绿州织布厂**
地址：辽宁省鞍山海城市感王镇内
……负责人：王素芝
……Tel：13904202987

**铁岭市千羽堂鞋业有限公司**
地址：辽宁省铁岭市银州区工人街委5组天兴综合楼
……负责人：王彩霞
……Tel：0410－2852496

**大连盛佳服装辅料有限公司**
地址：辽宁省大连市普兰店市商业大街10号商业网点
……负责人：张苏
……Tel：0411－83142566

**鞍山市芮豪纺织有限公司**
业务：销售纺织品
地址：辽宁省鞍山市铁东区五一路26号
……负责人：孙艺桐 邮 编：114001
……法 人：孙艺桐
……Tel：0412－8210403
2217599
13304208066
……Fax：0412－2237599

**宏达棉品加工厂**
地址：辽宁省鞍山海城市西柳镇东柳服装加工园
……负责人：许业风
……Tel：0412－3835036
13942227947

**北镇市天福制鞋厂**
业务：生产销售
产品：棉鞋
地址：辽宁省北镇市赵屯镇赵屯村
……负责人：张希伟 邮 编：121309
……法 人：张希伟
……Tel：0416－6319988
13941611750
15164168111

**大连明美服饰有限公司**
业务：本公司成立于2006年，是一家集设计、生产、销售服装为一体的综合性公司。款式新颖、价格合理、信誉至上，竭诚欢迎广大客户光临、惠顾！
地址：辽宁省大连市甘井子区华北路664号
……负责人：丁雪梅……邮 编：116600
……法 人：丁雪梅
……Tel：0411－86510117
……Fax：0411－86516335

**凌源时尚内衣坊**
业务：主营内衣，批零兼营，货真价实、物美价廉、诚信经营。欢迎各界新老朋友、惠顾、咨询、洽谈、选购、合作！
产品：婴童内衣、成人内衣、老年内衣
地址：辽宁省凌源市南大街27－2号
……负责人：杨新宇 邮 编：122500
……法 人：杨新宇
……Tel：0421－6890645
18904916896
……Fax：0421－6890645
……网址：www.lynyf.com
……E-mail：wfktj689@126.com

**海城市胜达纺织有限公司**
地址：辽宁省鞍山市海城市中小镇齐沙村
……负责人：王刚
……Tel：0412－3868765

**沈阳奔月鞋业有限公司**
业务：销售丹尼波仕、法国老人头等品牌鞋子
地址：辽宁省沈阳市东陵区文化东路1号(2楼2068号)
……负责人：马丹 邮 编：110015
……法 人：马丹
……Tel：024－31055126
……Fax：024－31055126

**大连斯皮尔服装有限公司**
业务：大连斯皮尔服装有限公司主要从事服装的加工、销售，公司本着品质至尊、客户致上、信誉第一、精心设计制作、以一流的技术水准服务于社会。
地址：辽宁省大连市金州区友谊街道龙王庙村
……负责人：潘永波……邮 编：116100
……法 人：潘永波
……Tel：0411－87853600

**婧怡服装有限公司**
地址：辽宁省大连市金州区站前街道马家新村
……负责人：孙晶晶
……Tel：0411－87840526
13709867336

**沈阳翰飞服饰有限公司**
业务：专业生产职业服饰、酒店布草的实体型企业。职业服装类：宾馆、酒店、洗浴、企事业、厂矿、学校等品质制服；酒店布草类：台布、口布、椅套、床上用品等布草系列产品。并承接各类客户来料加工。
产品：服装、服饰、毛巾、口布、台布、床上用品
地址：辽宁省沈阳市皇姑区长江街60号中乾花园B座25楼11号
……负责人：鄂小姐 邮 编：110013
……法 人：何建
……Tel：024－86083370
13840399995
……Fax：024－86083370
……E-mail：hffs2009@163.com

**鞍山益民隆玻璃纤维有限责任公司**
地址：辽宁省鞍山市台安县新台镇大台村
……负责人：张振英
……Tel：0412－4644422

**岫岩满族自治县兴宇丝绢有限公司**
地址：辽宁省鞍山市岫岩满族自治县红旗营子乡窝凤村
……负责人：李达
……Tel：0412－7713111

**大连美誉来服装有限公司**
业务：我公司专业从事制服生产，主要生产厨师服、工作服、酒店服及商场、邮电、铁道、行政、银行等职业服装，诚邀有优质客户资源的各界精英并竭诚提供资源互补、利润共享的双赢合作，谋求共同发展。
地址：辽宁省大连市开发区岗盛里44＃－2－2－2
……负责人：耿俊杰……邮 编：116600
……法 人：耿俊杰
……Mobile：13998586768

**华兴编织线厂**
地址：辽宁省大连普兰店市普兰店新村
……负责人：杜英恕
……Tel：13942675905

**韩一拉链(大连)有限公司**
地址：辽宁省大连市甘井子区华林路2号
……负责人：崔在裕
……Tel：0411－82629019

**沈阳市奇力嘉制鞋厂**
业务：加工与销售各类女鞋
产品：各类女鞋
地址：辽宁省沈阳市于洪区大兴乡大兴村
……负责人：李剑锋 邮 编：110013
……法 人：李剑锋
……Tel：024－89327379
13322477770
……Fax：024－89327375

**大连鸿盛鞋材有限公司**
地址：辽宁省大连市甘井子区南关岭街道姚家工业园姚工街
……负责人：施清江
……Tel：13332208830

**松晛时装(大连)有限公司**
地址：辽宁省大连市甘井子区西北路888－8号
……负责人：金显柱
……Tel：0411－82057216

**大连依丽娜服装服饰有限公司**
地址：辽宁省大连市甘井子区西南路950－1号
……负责人：张丽娜
……Tel：13998564765

**沈阳市于洪区沙岭新春制线厂**
业务：本厂成立于1988年，自成立以来主要生产经营产品如下：粘胶丝刺绣线、工艺品用线，涤纶长丝刺绣线、工业、工艺品用线，锦纶长丝线、工业、工艺品用线，锦纶长丝高弹线，涤纶服装缝纫线，涤纶高强丝绗缝线。
地址：辽宁省沈阳市于洪区沙岭镇工业园区
……邮 编：110000
……法 人：韩维春
……Tel：024－89370164
89371077
……Fax：024－89375002
……网址：www.syxczx.com

**大连盛业制衣有限公司**
地址：辽宁省大连市甘井子区辛寨子镇小辛寨子村沿海路168号
……负责人：叶晓春
……Tel：0411－83033800

**普兰店市君安服装有限公司**
地址：辽宁省大连市普兰店市丰荣办事处满店村
……负责人：张玲
……Tel：0411－83290477

**亨德利服装有限公司**
地址：辽宁省大连市太平办事处柳家社区
……负责人：王德辉
……Tel：0411－83162058
13940828248

**大连大九制衣有限公司**
地址：辽宁省大连市西岗区鸣鹤西巷27－34号二层8－16轴公建
……负责人：刘德英
……Tel：0411－82115272

**东升服饰有限公司**
地址：辽宁省大连市西岗区新开路82号越秀大厦2808
……负责人：韩曙光
……Tel：0411－83769206

**大连鲜京物产有限公司**
地址：辽宁省大连市中山区南松路9号
……负责人：安文学
……Tel：0411－86939888
13804113688

**大连伊卓雅服饰有限公司**
地址：辽宁省大连市中山区新生街54号
……负责人：王丽娟
……Tel：0411－84096185

**福原织带厂**
地址：辽宁省抚顺市清原满族自治县清原镇铁北街
……负责人：管云飞
……Tel：0413－3061058
13804939554

**天丰针织厂**
地址：辽宁省抚顺市顺城区长春路22号
……负责人：赵素俊
……Tel：0413－7648354
13804232480

**昊伟服装厂**
地址：辽宁省辽阳灯塔市万宝桥街道碾盘村
……负责人：李伟
……Tel：0419－8282768
13081769699

**千百惠专卖店**
地址：辽宁省盘锦市兴隆台区百特服饰城B区28号
……负责人：林涛
……Tel：13909875810

**沈阳抻丰纤维有限公司**
地址：辽宁省沈阳经济技术开发区昆明湖街39号
……负责人：柳根赫
……Tel：024－25817057

**兰草美术厂**
地址：辽宁省沈阳市茨榆坨开发区
……负责人：李保军
……Tel：024－87752891
13940567558

**沈阳市丰雷服装制造有限责任公司**
地址：辽宁省沈阳市大东区德增街5号
……负责人：丰雷
……Tel：024－62439029

**沈阳北驰制衣有限公司**
地址：辽宁省沈阳市大东区凯翔一街28号
……负责人：付国
……Tel：024－81567621

**沈阳高新区泓达大棚被厂**
地址：辽宁省沈阳市东陵区天堂一街16号东北日杂市场11区19号
……负责人：朱富雀
……Tel：024－24501745
24563449
13940221377

**沈阳娜美服装有限公司**
地址：辽宁省沈阳市和平区北市二街25号11门
……负责人：阿尔克
……Tel：024－81118577

**紫微源皮鞋厂**
地址：辽宁省沈阳市皇姑区秀水街83号－2
……负责人：李铁生
……Tel：024－86731517
13940417998

**李朝鞋业有限公司**
地址：辽宁省沈阳市黄姑区于洪区北陵乡和宜很平村
……负责人：李成国
……Tel：024－86026368
13332495110

**宏泰制衣厂**
地址：辽宁省沈阳市辽中县茨榆坨镇五委
……负责人：刘艳萍
……Tel：024－87754640
81716676

**辽中鑫澳制衣厂**
地址：辽宁省沈阳市辽中县茨榆坨镇五委
……负责人：李春鹏
……Tel：024－87758988
13898837622

**宏伟服装厂**
地址：辽宁省沈阳市辽中县肖寨门镇肖北村
……负责人：卢宏伟
……Tel：024－87766367
13998348967

**沈阳市东华海制衣有限公司**
地址：辽宁省沈阳市沈河区广宜街52－9号
……负责人：王丽华
……Tel：024－81662365

**沈阳派羽企业服装有限公司**
地址：辽宁省沈阳市沈河区小南街19甲8号
……负责人：赵立群
……Tel：024－24152566

**沈阳诚美服装有限公司**
地址：辽宁省沈阳市苏家屯区城郊街道办事处新兴村
……负责人：李美子
……Tel：024－89422585

**沈阳秀伊服饰商行**
地址：辽宁省沈阳市苏家屯区金桔二路13号

2门
负责人:张浙宁
Tel:024－89163210

**沈阳市铁西区俏牡丹服装厂**
地址:辽宁省沈阳市铁西区大青乡团结村
负责人:赵联福
Tel:13840025444

**沈阳双鑫棉制品有限责任公司**
地址:辽宁省沈阳市新城子区尹家乡小营子村
负责人:潘建道
Tel:024－89693966

**新春制线厂**
地址:辽宁省沈阳市于洪区沙岭镇沙岭村
负责人:韩维春
Tel:024－89370164
13889165112

**方林服装厂**
地址:辽宁省沈阳市于洪区沙岭镇沙岭村
负责人:彭光林
Tel:024－89374255
13066538216

**沈阳爱罗格服装有限公司**
地址:辽宁省沈阳市于洪区沙岭镇团结村
负责人:陈铁俊
Tel:024－25639669

**沈阳于洪鞋业园有限公司**
地址:辽宁省沈阳市于洪区永安街99号
负责人:李恭友
Tel:024－86623777

**沈阳生亿隆服装有限公司**
地址:辽宁省沈阳市于洪区彰驿站镇彰驿村
负责人:黄伟军
Tel:024－89339488

**盖州市东兴棉绢纺织有限公司**
地址:辽宁省营口盖州市榜式堡镇泉眼沟村
负责人:崔树高
Tel:0417－7785999
13941760888



## 吉林省/Jilin Province

**吉林省钰翔服装有限公司**
地址:吉林省长春市宽城区蔡家村工业区
负责人:赵秀华
Tel:0431－88811099

**长春永旭老唐鞋业有限公司**
业务:皮鞋、皮具的销售与维护,可根据客户需要订制各类皮鞋与皮具
产品:各类皮鞋与皮具
地址:吉林省长春市朝阳区西康路百汇街交汇处15号楼
负责人:唐艳东　邮编:130021
Tel:13844062588
0431－86761215
Fax:0431－85667855
E-mail:laotang126@126.com

**吉林省新新洁王宾馆纺织用品有限公司**
地址:吉林省长春市宽城区长白路34号昆仑百货D栋1210
负责人:毛书芳
Tel:13894895488

**长春市顺发服装有限公司**
业务:本公司是一家集新产品开发、设计、生产于一体的生产特殊劳保手套的厂家。主要产品有钢丝手套、紧腰手套、凡布手套、防静电手套等六大系列二十多个品种。主导产品“铁手牌”钢丝手套是我公司自己开发、设计、命名的产品。我公司产品不仅占领国内的半壁江山,还远销南非、朝鲜、印度等国。
地址:吉林省长春市绿园区安居小区2－13栋105室
邮编:130062
法人:刘继影
Tel:0431－7993512
Fax:0431－7990111

**长春市缔达制衣厂**
地址:吉林省长春市绿园区城西镇四间村
负责人:赵福新
Tel:13894875866

**法蕾雅生态家纺世界吉林延吉专卖店**
业务:纺织日用品
产品:毛巾系列,袜子,内衣,内裤,床上用品,衫衣
地址:吉林省延吉市天池路同乐小区生态家纺世界
负责人:崔今玉　邮编:135000
法人:崔今玉
Tel:13321447928
0433－8627123

**东丰县智达福利服装厂**
地址:吉林省辽源市东丰县东丰镇北街七委一组
负责人:高智
Tel:0437－6230382

**吉林省查干湖罗布麻有限公司**
地址:吉林省松原市长岭县源江东路
负责人:杨宏伟
Tel:13304388688

**榆树市法蕾雅生态家纺专卖店**
业务:原生态家居纺织品、竹纤维、珍珠纤维、莫代尔等天然作物纤维混纺健康无公害产品的销售
地址:吉林省榆树市华鸿小区景观街中段
负责人:李鑫　邮编:130400
法人:李鑫
Tel:0431－83651889
83738686

**珲春银齐经贸有限公司皮尔卡丹平价内衣总汇**
地址:吉林省延边朝鲜族自治州珲春市新安街
负责人:于喜田
Tel:13843378322

**龙井宇别尔鞋业有限公司**
地址:吉林省延边朝鲜族自治州龙井市河西街
负责人:翟立志
Tel:13894399600

## 黑龙江省/Heilongjiang Province

**贵夫人皮草广场**
地址:黑龙江省大庆市萨尔图区东风新村7区10号
负责人:谢涛
Tel:0459－6382188
13936729999

**大庆市云熙经贸有限公司**
业务:销售品牌女装和皮具,代理“蕾朵”牌女装和“圣龙”牌皮具
产品:“蕾朵”牌女装和“圣龙”牌皮具
地址:黑龙江省大庆市新潮丽水摩尔街S8－17、S8－18
负责人:杨峰　邮编:163000
法人:杨峰
Tel:13115395555
13304598582
Fax:0459－6109000

**方正县星期六鞋行二部**
地址:黑龙江省哈尔滨市方正县方正镇前进街
负责人:毛立伟
Tel:0451－57174666

**北安市三彩服饰店**
地址:黑龙江省黑河市北安市商贸大厦一楼
负责人:王金友
Tel:0456－6693979

**绥芬河市鹏程帽业**
业务:制作和销售各类帽子
产品:帽子
地址:黑龙江省牡丹江市绥芬河市通亚街238号
负责人:李洪成　邮编:157000
法人:李洪成
Tel:13836387858
0453－3930166

**黑河市佐丹奴服饰店**
地址:黑龙江省黑河市中央街253号
负责人:郭坤
Tel:13945718171

**小芳针织品批发部**
地址:黑龙江省佳木斯市向阳区裕民街南段
负责人:徐辉
Tel:0454－8675327
13069764851

**学子被服厂**
地址:黑龙江省牡丹江市爱民区北安乡银龙村
负责人:刘松波
Tel:0453－6831777
13089839785

**齐齐哈尔市法诗玲制衣有限责任公司**
地址:黑龙江省齐齐哈尔市铁锋区龙华街道土产公司综合门市3号
负责人:徐超
Tel:13601113640

**牡丹江市金泰染织有限公司**
业务:染色、印花后整理、服装加工生产
产品:各种漂白及染色床单、枕套,以及医用专业纺织品和周边产品;家用床品套件、被子、枕芯、床垫、靠垫、毯子、羽绒床品等
地址:黑龙江省牡丹江市铁岭河护路街1号
负责人:隋喜湖　邮编:157000
法人:隋喜湖
Tel:13359887878
0453－6396338
Fax:0453－6396238
网址:http://www.sunnyhometex.com/
E-mail:frankliu@sunnyhometex.com

**伊春市千百内衣服饰有限责任公司**
地址:黑龙江省伊春市伊春区通河路(设计院楼下)
负责人:夏志
Tel:0458－3339003

**伊春市金龙亚麻有限责任公司**
地址:黑龙江省伊春市友好区朝阳委
负责人:樊兴
Tel:0458－3692405

## 江苏省/Jiangsu Province

**常熟市远东经编织造有限公司**
地址:江苏省常熟市东张镇南园开发区
负责人:姚先生
Tel:0512－52644930
13606234378

**常熟市神舟针纺织品有限公司**
地址:江苏省常熟市古里镇湖东工业区204国道旁
负责人:腾晓良
Tel:0512－52302588
52353188

**江苏省九鹿王服饰有限公司**
业务:“九鹿·王”(Worthy)品牌的国内总代理——江苏九鹿王服饰有限公司创建于1997年,公司主要生产休闲男装。公司秉承“以信誉为根本,用质量求发展”的经营理念,在此,真诚欢迎全国各地的广大客户加入我们的行列,共享成功的喜悦,实现共同的发展和进步。
地址:江苏省常熟市南沙路2788号
负责人:唐根妹　邮编:215500
法人:钱仁龙
Tel:0512－52618788
Fax:0512－52617988
网址:www.ninedeerking.com
E-mail:info@ninedeerking.com

**常熟市嘉祥服装辅料贸易有限公司**
业务:销售服装、床上用品外包装及各种服装辅料
产品:大型彩印包装袋、无纺布包装袋、纽扣、吊牌、洗唛等
地址:江苏省常熟市九龙大市场二楼2323室
负责人:李强　邮编:215002
法人:李强
Tel:13306234848
0512－52742585
Fax:0512－52742585

**常熟市锦杰织造厂**
业务:超细纤维毛巾
地址:江苏省常熟市梅李镇珍南村
负责人:金健　邮编:215514
法人:金健
Tel:13773070078

**军墩针织罗纹厂**
地址:江苏省常熟市古里镇琴东村
负责人:吴振国
Tel:0512－52521696
55664768

**苏州啸天虎服饰有限公司**
地址:江苏省常熟市海虞镇王市南塘村
负责人:王虎忠
Tel:0512－52567388
13601551738

**江苏省常熟市招商城锦帆服饰商店**
业务:经营酒店工作服
地址:江苏省常熟市鑫鑫市场216号
负责人:徐锦花　邮编:215500
法人:徐锦花
Tel:0512－51863828
13063721320

**常熟市金昇制衣厂**
地址:江苏省常熟市梅李镇何村
负责人:陈志刚
Tel:0512－52388558
13301570698

**江苏正泰反光材料有限公司**
业务:反光材料的生产与销售
地址:江苏省常熟市招商城青莲路新小商品市场1楼653号
负责人:徐扎杰　邮编:321000
法人:徐扎杰
Tel:13601553873
0512－52746498
网址:http://www.ztfgcl.com

**常州市鹏鑫纺织品有限公司**
业务:经营床上用品、服装面料
地址:江苏省常州市天宁区和平北路135号643室
负责人:嵇道彭　邮编:213003
法人:嵇道彭
Tel:13775126058
0519－88138169
E-mail:jidaopeng1234@sina.com

**常熟市天盛不织布有限公司**
业务:常熟市天盛不织布有限公司成立于2006年,生产无纺布、高档纺丝棉等系列不织布产品,欢迎新老客户来电洽谈业务!
地址:江苏省常熟市任阳镇中心北路118号
负责人:殷小姐　邮编:215539
法人:殷惠忠
Tel:0512－52588618
52588616

**万兴纺粘无纺布业有限公司**
地址:江苏省常熟市梅李镇通江路177号
负责人:周坚明
Tel:0512－52668777
13962377777

**常熟市裕鑫植绒厂**
地址:江苏省常熟市王庄镇蒋巷村
负责人:余金良
Tel:0512－52407448
13906231153

**常熟市鸿盛服装辅料有限公司**

业务：常熟市鸿盛服装辅料有限公司成立于1999年，生产各种服装辅料，欢迎新老客户来电洽谈业务！
地址：江苏省常熟市王庄镇工业园东区（204国道常熟尚湖段168号）
负责人：洪剑猛　邮　编：215553
法　人：洪剑猛
Tel：0512－51528869
52409887

**常州市武进苏南纺织有限公司**
业务：棉化纤纺织及印染精加工
地址：江苏省常州市武进区牛塘镇卢家巷振兴北路1号
负责人：王建良　邮　编：213000
法　人：王建良
Tel：0519－86354627
86351308
86355015

**涟水县同心工艺鞋厂**
业务：生产、销售室内拖鞋
地址：江苏省淮安市涟水县高沟镇花园村
负责人：丁士成　邮　编：223001
法　人：丁士成
Tel：0517－82423886
15152577180

**苏州市阮氏宾度鞋业有限公司**
地址：江苏省常熟市新丰小商品市场525号
负责人：阮新聪
Tel：0512－52758957
13806237177

**常熟市凯佳越制衣厂**
地址：江苏省常熟市兴隆私营城一区B2幢
负责人：王月茂
Tel：0512－52763397
13701571089

**江都市双磊辅料织造有限公司**
业务：服装辅料的生产与销售
产品：绳带、纽扣
地址：江苏省江都市浦头镇东元村栾桥组
负责人：栾伯山　邮　编：225200
法　人：栾伯山
Tel：13813130699
0514－86921943

**福鑫砂洗后整理（常熟）有限公司**
业务：福鑫砂洗后整理（常熟）有限公司从事砂洗后整理，满足顾客的需求，欢迎新老客户来电洽谈业务！
地址：江苏省常熟市辛庄开发区杨园沈浜工业园
负责人：洪奕煌　邮　编：215500
法　人：洪萍萍
Tel：0512－52478999
Fax：0512－52476999

**常熟市中晟纺织有限公司**
地址：江苏省常熟市招商城商城中路18号商务中心4112
负责人：周建峰
Tel：0512－52759005
136906235866

**江苏双宇镍业高科有限公司（江阴市镍网厂有限公司）**
业务：各种规格镍网、印染机械配件、BM特种超线镍粉奔特系列制造
产品：江苏省江阴市山前路118号
负责人：汪国平　邮　编：214431
法　人：孙兴焕
Tel：13901522568
0510－86853900

**常熟市嘉盛无纺布厂**
地址：江苏省常熟市支塘镇（任阳）徐政村
负责人：汪继军
Tel：0512－52587397
13601951603

**常州市绅来服饰有限公司**
地址：江苏省常州市春江镇百丈杏村
负责人：余来生
Tel：13775076003

**江阴市好好之家纺织有限公司**
业务：生产桌布
地址：江苏省江阴市新桥镇工业集中区锦园路（金业毛纺有限公司）
负责人：方正成　邮　编：214400
法　人：方正成
Tel：13585064966
13961676903

**常熟市美而雅针纺织有限公司**
业务：美而雅针纺织有限公司主要经营针纺织品、床上用品、服装、服饰、化纤面料，是加工、销售于一体的现代化企业。公司年生产各种规格、品种纺纱产品800多吨。产品远销台湾、印度等国家地区。
地址：江苏省常熟市冶塘镇王介村（大河加油站对面）
邮　编：215554
法　人：邹妹珍
Tel：0512－51893612
Fax：0512－52405278

**西湖纺织助剂有限公司**
地址：江苏省常州市郊区龙虎塘镇樊家村
负责人：黄国成
Tel：0519－85481264
13901501488

**南通新绿叶非织造布有限公司**
业务：生产、销售无纺布
地址：江苏省南通市崇川区观音山镇通甲路828号
负责人：王洪云　邮　编：226000
法　人：王洪云
Tel：0513－83578006
68961999
68961888
13328090918

**金坛市正浩纺织机械厂**
地址：江苏省常州市金坛市北环东路29号
负责人：叶昆玉
Tel：13706141698

**江苏省南通市老纺车家纺有限公司**
业务：自行设计、开发、生产和销售于一体的专业化企业，对外承接加工、定做业务，我们将以专业的素质，为您提供优质的产品.您的满意我们的追求
产品：床上用品、多种四件套、被芯系列、枕芯、羊毛被、羽绒家居用品、学校、宾馆用品
地址：江苏省南通市港闸区6－1号
负责人：廖兴元　邮　编：226000
法　人：廖兴元
Tel：0513－82350190
15996636996
Fax：0513－82350190

**金坛市兴达印纺机械厂**
地址：江苏省常州市金坛市朱林镇王家村
负责人：陈国兴
Tel：13901493565

**金坛市晨翔服饰有限公司**
业务：金坛市晨翔服饰有限公司成立于2001年，主要从事各种类型裤子的生产与销售。“以质量求生存，以信誉求发展”，热诚欢迎广大新老客户来人来电洽谈业务，共同发展！
地址：江苏省常州市金坛市茅麓镇南工业集中区
负责人：师锁才　邮　编：213254
法　人：师锁才
Tel：0519－82436988

**南通老纺车家纺有限公司**
业务：生产床上系列产品
地址：江苏省南通市港闸区港闸路6－1号
负责人：廖兴元　邮　编：226011
法　人：廖兴元
Tel：15996636996
0513－82350190
Fax：0513－82350190

**常州市宏鑫隆家纺有限公司**
地址：江苏省常州市天宁区采菱路36－1号
负责人：袁宏亮
Tel：13901506939

**常州市贝诺服装有限公司**
地址：江苏省常州市天宁区采菱路38号
负责人：吴文英
Tel：13601590220

**南通琪钰嘉纺织有限公司**
业务：本公司常年接受各类色织布订单生产，专业生产各类全棉及涤棉双层等色织格子，条子，剪花，提花等，来样加工生产；并且常年现货供应各类印花布
产品：各类全棉及涤棉双层等色织格子，条子，剪花，提花等
地址：江苏省南通市南通开发区小海镇定海村12组42号
负责人：张韩亮　邮　编：226001
法　人：张韩亮
Tel：0513－85908622
Fax：0513－85908622

**常州市同德纺织有限公司**
地址：江苏省常州市天宁区茶山街道复兴工业园13号
负责人：张雪
Tel：13682500396

**常州富日服饰有限公司**
地址：江苏省常州市天宁区常锡路108号
负责人：王南亭
Tel：13813550761

**吴江长河纺织品有限公司**
业务：家纺面料、麂皮绒、桃皮绒、春亚纺、涤塔夫
地址：江苏省苏州市吴江市盛泽镇渔业村6区120号
负责人：刘成军　邮　编：215228
法　人：刘成军
Tel：13451547866
0512－63162329
网址：http://www.51zzt.com/user/zzt30181

**常州市天娇箱包厂**
业务：常州市天娇箱包厂成立于2005年，主要从事各种箱包的生产销售。产品质量保证，价格合理，销往全国各地，部分产品销往美国、韩国、日本等国。竭诚欢迎国内外客商来电来人订购。
地址：江苏省常州市武进区卜弋镇文昌村
邮　编：213147
法　人：葛国华
Tel：0519－3562208
Fax：0519－3560208

**常州市鸿泉纺织有限公司**
地址：江苏省常州市天宁区雕庄团结工业园内
负责人：蒋锡伟
Tel：13306118222

**苏州梦奇围巾有限公司**
业务：围巾加工和销售
地址：江苏省苏州市相城区渭塘镇渭西村
负责人：钱惠民　邮　编：215134
法　人：钱惠民
Tel：13584823943
15851495333
网址：http://www.51zzt.com/user zzt41036/product/35727.htm

**常州市蝶宇纺织品有限公司**
地址：江苏省常州市天宁区凤凰路1号
负责人：何旭
Tel：13606121161

**常州禾亚纺织品有限公司**
地址：江苏省常州市天宁区古村2号
负责人：蒋旺
Tel：13961160228

**张家港市顺成纺织有限公司**
业务：色织、染色、印花面料出口
地址：江苏省苏州市张家港市杨舍镇世纪新城12幢301室
负责人：玄成哲　邮　编：215600
法　人：玄成哲
Tel：0512－56300721

**常州市益康纺织厂**
业务：常州市益康纺织厂成立于1985年，目前是一家专业生产保健擦背巾的工厂.主要产品：擦背巾.海绵洗澡球.绵蒸布等各种绢，绵，麻材质的纺织品。在各界朋友，客商的关心支持下，企业不断对生产进行投入，每年新品迭出，以适应外贸不断增长的需求。
地址：江苏省常州市新北区孟河镇
邮　编：213139
法　人：严培林
Tel：0519－3535188
Fax：0519－3531133

**常州市圣玛丹奴服饰有限公司**
地址：江苏省常州市天宁区晋陵中路398号2902室
负责人：李炜
Tel：13706120938

**泗洪县崇领毛衣针织厂**
业务：毛针织品及编织品制造
地址：江苏省宿迁市泗洪县周李寸八组
负责人：周崇领　邮　编：223800
法　人：周崇领
Tel：0527－86687202
13511797502

**常州市卡罗福纺织有限公司**
地址：江苏省常州市天宁区景福苑9幢乙单元1101室
负责人：徐浩明
Tel：13606148160

**科特纺织整理有限公司**
地址：江苏省常州市天宁区丽华路7号
负责人：宣琪先生
Tel：13809073677

**宿迁市仁和玻纤有限公司**
业务：专业从事玻璃纤维布、玻璃纤维纱、玻璃钢、绝缘材料、五金、建筑材料加工，销售；化工产品、日用百货销售等。公司秉着诚信务实，积极创新的经营理念，竭诚为新老客户提供优质高效之服务！
地址：江苏省宿迁市宿豫经济开发区新安江路26号
负责人：陆启刚　邮　编：223800
法　人：陆启刚
Tel：0527－84452262
Fax：0527－84452262
网址：http://www.51zzt.com/user/zzt37045/

**东台市欣成线带厂**
业务：我公司专业生产木纱产品种有纯棉腊光线、纯棉粘梳丝光线、纯涤纶线、化纤线、金银丝、真丝、人造丝、维尼纶透明线等。公司本着以质量求生存、以信誉求发展的宗旨竭诚为广大客户服务。
地址：江苏省东台市范公工业区富民路6号
负责人：陈志刚　邮　编：224200
Tel：0515－85458889
Fax：0515－85457766

**月飞纺织品有限公司**
地址：江苏省常州市天宁区丽华勤丰工业园1号
负责人：翟琪明
Tel：13861261333

**泰兴市浩翔制衣厂**
业务：男女时装设计加工及销售
地址：江苏省泰兴市滨江镇石桥村居委会前大门
负责人：石峰　邮　编：225400
法　人：石峰
Tel：13645268670
0523－87513589
Fax：0523－87513589

**宏瑞纺织品有限公司**
地址：江苏省常州市天宁区浦南路67号四楼
负责人：陈海
Tel：0519－86652303
13806123890

**常州市国阳布厂**
地址：江苏省常州市武进区奔牛镇东首黄马村
负责人：杜青
Tel：13951201306

**泰兴市虹丰线业有限公司**
业务：服装辅料生产销售
地址：江苏省泰兴市黄桥镇封庄村
负责人：汪碗章　邮　编：225411
法　人：汪碗章
Tel：0523－87117295

**常州市海棠缘纺服有限公司**
地址：江苏省常州市武进区高新技术产业开发区菱江路29号
负责人：唐小娴
Tel：13701502780

**扬州冬知音制衣有限公司**
业务：本公司专业生产的国内外各种羽绒服，丝绸服装，各种内衣系列畅销东西欧和东南亚等10多个国家和地区。公司将以"创新，诚信，敬业，双赢"为经营理念，竭诚欢迎海内外朋友，投资合作，共创辉煌。
地址：江苏省高邮市龙虬镇张轩工业园区
负责人：马建勇　邮　编：225000
Tel：0514－84439999

**旭林棉纺织原料有限公司**
地址：江苏省常州市武进区横林镇殷坂段6号
负责人：邹淑丰
Tel：13951271778

**泰兴市军威箱包有限公司**
业务：公司专业生产铝箱、三角架、布包、防震内衬，并可根据客户不同的需求，自行设计及加工生产，秉承“顾客至上，锐意进取”的经营理念，为广大客户提供优质的服务。
产品：铝箱、仪器三角架等
地址：江苏省泰兴市蒋华镇唐港村东小组
负责人：赵军　邮　编：225452
法　人：赵军
Tel：13626135722
Fax：0523－87435403

**常州市经天纬地织造有限公司**
地址：江苏省常州市武进区湖塘镇湖塘村工业1区河西路7号
负责人：包金方
Tel：13186663252

**常州市晨佳织带有限公司**
地址：江苏省常州市武进区湖塘镇烈帝村沟湾村民小组（农干校内）
负责人：李绍林
Tel：13915075238

**泰兴市绣丽坊服饰有限公司**
业务：纺织服装、纺织面料与鞋帽制造销售
产品：服装
地址：江苏省泰兴市泰兴镇燕头村火一组44号
负责人：顾峰　邮　编：225400
法　人：顾峰
Tel：15961026543
0523－82365818
Fax：0523－82365818
网址：www.txjiefeng.com
E-mail：xiulifang518@163.com

**顺盛经编网业有限公司**
地址：江苏省常州市武进区湖塘镇鸣凰工业园区
负责人：许汉平
Tel：0519－85071918
13809071128

**伊婷人家用纺织品有限公司**
业务：伊婷人家用纺织品有限公司创建于2002年，是一家专业从事设计、生产、销售被套、床单、羽绒被、鹅绒被、蚕丝被、云丝被、毛巾、浴袍、浴巾、毛毯、床裙、床垫等一系列床上用品。公司本着“质量第一、诚信为本”的原则，以市场需求为导向，以科技进步为动力，励精图治，奋发图强。竭诚欢迎贵单位领导和专家光临指导！
地址：江苏省海门市叠石桥大岛路107号
邮　编：226314
法　人：谭杰

…… Tel:0513－86344198
…… Mobile:13862811008
…… Fax:0513－86344255

**泰州市高港区朗峰制衣厂**
业务:服装的加工和销售
地址:江苏省泰州市高港区永安洲镇中心村二十三组
…… 负责人:徐勇　邮　编:225300
…… 法　人:徐勇
…… Tel:0523－86927145
15951165288
… 网址:http://www.51zzt.com/user/zzt31133

**常州明辉纺织有限公司**
地址:江苏省常州市武进区湖塘镇小留村
…… 负责人:周益明
…… Tel:13606124133

**常州市骏旺绣品有限公司**
地址:江苏省常州市武进区焦溪镇
…… 负责人:高志伟
…… Tel:13806122250

**泰州市开发区庆颖经纬织造厂**
业务:绳网袋、纺布制品
地址:江苏省泰州市开发区寺巷镇西汪村(盛大塑业有限公司)
…… 负责人:徐改娣　邮　编:225300
…… 法　人:徐改娣
…… Tel:13505123477
0523－86846386
…… Fax:0523－86846386

**常州市文英纺织厂**
地址:江苏省常州市武进区遥观镇通济村
…… 负责人:顾建平
…… Tel:13182589888

**圣达菲(南通)家用纺织品有限公司**
业务:本公司成立于1998年,目前已开发的主打产品有套件类、被子类、床褥类、枕芯靠垫类、宾馆用品类及宠物用品等100多个品种。圣达菲始终坚持以顾客为中心,不懈追求卓越的产品品质,并认真按照ISO9002国际质量体系标准执行,其产品在国内同行业的评比中屡屡获奖。
地址:江苏省海门市三星工业园区
…… 邮　编:226112
…… 法　人:张建蒙
…… Tel:0513－82331558
…… Fax:0513－82331518
…… 网址:www.shengdafei.com

**南通开发区鸿筠贸易有限公司**
业务:毛毯生产销售
地址:江苏省通州市川港镇工业园88号
…… 负责人:付海波　邮　编:226001
…… 法　人:付海波
…… Tel:0513－68809555

**常州贝升服饰有限公司**
地址:江苏省常州市钟楼区新闸镇新昌路206－10号
…… 负责人:潘新华
…… Tel:13186661306

**温民纺织有限公司**
地址:江苏省大丰市开发区西康路
…… 负责人:李秀泽
…… Tel:0515－83855345
83855661
13770232227

**南通珀莱雅纺织品有限公司**
业务:生产销售针织品、家纺、床上用品
地址:江苏省通州市川姜镇川港工业区F区
…… 负责人:刘云雷　邮　编:226300
…… Tel:13222179262
0513－68803588
…… Fax:0513－68803688

**长华织造厂**
地址:江苏省大丰市万盈镇万盈村六组
…… 负责人:冷长华
…… Tel:0515－83765448

**淮安市楚州区振驰针织厂**
业务:淮安市楚州区振驰针织厂主要生产销售针织产品。产品质量保证。价格从优。欢迎新老客户光临、惠顾!
地址:江苏省淮安市楚州区淮安泽江动物药品厂院内(南门外100米)
…… 负责人:张晓云……邮　编:223200
…… 法　人:张晓云
…… Tel:0517－87129763

**无锡市江业纺织品有限公司**
业务:销售服装辅料和纺织成品布
产品:服装辅料和纺织成品布
地址:江苏省无锡市北塘区光源北路金马商城638号－2208
…… 负责人:吴英　邮　编:214001
…… 法　人:吴英
…… Tel:13814247400

**丹阳市鑫达莱服饰有限公司**
地址:江苏省丹阳市蒋墅镇迎宾东路11号
…… 负责人:王敏
…… Tel:0511－86613779
13806109936

**镇江永乐裘皮制品有限公司**
地址:江苏省镇江市高桥镇镇杨村
…… 负责人:吴法勇
…… Tel:0511－83300148
13805289576

**华奥纺织机械配件厂**
地址:江苏省东台市后港镇九龙村一组
…… 负责人:施仕华
…… Tel:0515－85544767
13951542767

**东台市弘琳针织厂**
地址:江苏省东台市弶港镇新港居委会
…… 负责人:朱春林
…… Tel:13338096168

**张家港可大毛纺织有限公司**
地址:江苏省凤凰镇双龙村
…… 负责人:于佳合
…… Tel:0512－858879106

**江阴市宇航印花材料有限公司**
业务:销售各种印花材料
产品:环保弹性胶浆系列、厚板胶浆、尼龙胶浆、发泡浆、烫金浆
地址:江苏省无锡市江阴市周庄镇华宏村大陆家巷
…… 负责人:陆国飞　邮　编:214001
…… 法　人:陆国飞
…… Tel:13906166582
0510－86225702
…… Fax:0510－86225702

**淮安市茂发服饰有限公司**
业务:淮安市茂发服饰有限公司主要经营针织袜、围巾、手套、帽和手工编织等。我公司具有先进的生产设备可以来实地考察,质量第一,我们以上乘的服务于人。欢迎来电洽谈业务!
地址:江苏省淮安市楚州区淮城镇河北村
…… 负责人:王国祥……邮　编:320018
…… 法　人:王国祥
…… Tel:0517－85821858

**恒洋纺织品有限公司**
地址:江苏省海门市三星镇工贸园区
…… 负责人:沈峰
…… Tel:13328078186

**无锡市东北塘服装印花厂**
业务:服装印花加工
地址:江苏省无锡市锡山区东北塘锡通村一号
…… 负责人:王晓东　邮　编:214191
…… 法　人:王晓东
…… Tel:0510－83853020
13861831199

**海门市金银莱家用纺织品有限公司**
地址:江苏省海门市三星镇工贸园区C区
…… 负责人:蔡九平
…… Tel:13057067058

**淮安市天浩帽业有限公司**
地址:江苏省淮安市楚州区工业新区
…… 负责人:王大舟
…… Tel:13705238507

**吴江市嘉春纺织贸易有限公司**
业务:纺织贸易
地址:江苏省吴江市盛泽镇东方丝绸市场三分场四区56、57号
…… 负责人:张春林　邮　编:215228
…… 法　人:张春林
…… Tel:13806255860
13962588943

**金湖县瑞祥制衣有限公司**
地址:江苏省淮安市金湖县黎农路118号
…… 负责人:于瑞兵
…… Tel:13770429788

**姜堰市升腾纺织厂**
业务:姜堰市升腾纺织厂成立于1999年,主要生产服装布料、纺纱等。公司坚持"以诚信为本、以质量取胜"为企业理念,竭诚与广大新老客户携手共进,望各界新老客户前来指导洽谈!
地址:江苏省姜堰市沈高镇后堡村六组
…… 邮　编:225529
…… 法　人:刘春根
…… Tel:0523－8662048
…… Fax:0523－8662048

**长兴永海纺织有限公司**
业务:纺织品
地址:江苏省吴江市盛泽镇和服商业区D幢12号
…… 负责人:彭永海　邮　编:215002
…… 法　人:彭永海
…… Tel:0512－63095844
…… Fax:0512－63088033

**涟水伟特纤维有限公司**
地址:江苏省淮安市涟水县工业新区西区
…… 负责人:何贤伟
…… Tel:13770363737

**江苏江都市飞龙手帕有限责任公司**
地址:江苏省江都市武坚镇龙耳村龙车组
…… 负责人:张长宏
…… Tel:0514－86601433
13805258468

**江阴市解伟织物涂层厂**
地址:江苏省江阴市长泾镇长东村
…… 负责人:季解伟
…… Tel:0510－86316082
13093117613

**吴江市顺民纺织有限公司**
业务:生产、销售纺织品
地址:江苏省吴江市盛泽镇轻纺商城圆明商区3幢20号
…… 负责人:李新华　邮　编:215200
…… 法　人:李新华
…… Tel:13771692067
18913060963

**华娜服装厂**
业务:华娜服装厂成立于1995年,现有员工100余人,专业从事绅士短裤的出口业务。产品主要销往新加坡、马来西亚、泰国等国家,欢迎海内外客商来电垂询!
地址:江苏省金坛市直溪镇镇北
…… 邮　编:213251
…… 法　人:徐国华
…… Tel:0519－2445086
…… Fax:0519－2445086

**通晟服饰有限公司**
地址:江苏省江阴市澄江新澄路7号新华工业园
…… 负责人:徐耀进
…… Tel:0510－86289111
13306166029

**上海翰霞纺织品有限公司**
业务:纺织品、布料
地址:江苏省吴江市盛泽镇轻纺市场闵南商区5－6号
…… 负责人:徐士强　邮　编:215228
…… Tel:13862517375
0512－63082468
…… 网址:www.hangxinfz.cn

**江阴市云盛纺织有限公司**
地址:江苏省江阴市月城镇月城东路88号
…… 负责人:马秋云
…… Tel:0510－86580688

**德福纺织服饰有限公司**
地址:江苏省江阴市周庄镇门楼下村田里四房13号
…… 负责人:陈全德
…… Tel:0510－88839550
86239555
13337913688

**吴江市千里马纺织器材有限公司**
业务:韩国千理马塑胶棕丝代理
地址:江苏省吴江市盛泽镇盛泽纺机市场7－101
…… 负责人:侯社民　邮　编:215002
…… 法　人:侯社民
…… Tel:15150290018
0512－63136868

**江苏艺迪超纤革业有限公司**
业务:江苏艺迪超纤革业有限公司成立于2004年,主要生产服装、沙发、鞋革、箱包革等产品。由于我公司生产的人造革具有极佳手感,耐磨柔韧,能让我们的客户生产与众不同的产品,使我们的客户有高增值优势和竞争优势。
地址:江苏省昆山市千灯镇黄蒲江路288号
…… 负责人:黄国兴……邮　编:215341
…… 法　人:王玺
…… Tel:0512－57475001
…… Fax:0512－57472278

**吴江市广德纺织有限公司**
业务:棉绵、绵棉、全棉、弹力、提花
地址:江苏省吴江市盛泽镇舜湖西路8幢12号
…… 负责人:孙增永　邮　编:215200
…… 法　人:孙增永
…… Tel:13952417877
0512－63086329
…… Fax:0512－63086057

**三联染整设备制造有限公司**
地址:江苏省靖江市城东二号桥东首
…… 负责人:顾亚军
…… Tel:0523－84593299
13815944533

**蓝天织带化纤制品有限公司**
地址:江苏省昆山市巴城镇古城路
…… 负责人:鲁先生
…… Tel:0512－57656779

**昆山市富臣服装有限公司**
地址:江苏省昆山市花桥镇花环路9号
…… 负责人:戴福元
…… Tel:0512－57693888
13052857798

**昆山惠峰服装厂**
业务:昆山惠峰服装厂成立于2002年,来料加工订做,以工作服,厂服,校服为主,热忱欢迎来电洽谈业务!
地址:江苏省昆山市亲秧港富花东村39号楼204室
…… 负责人:姚惠忠……邮　编:215300
…… 法　人:姚惠忠
…… Tel:0512－57707063
50699580

**昆山市雅群服饰有限公司**
地址:江苏省昆山市开发区长江南路1189号
…… 负责人:李雅琴
…… Tel:0512－57321233
13182658063

**扬州市双喜纺织品有限公司**
业务:服装、鞋、帽等印花业务
地址:江苏省扬州市开发区二桥村(扬子江路西侧、第三横)
…… 负责人:王双喜　邮　编:225002
…… 法　人:王双喜
…… Tel:0514－8774093

**张家港市奥龙纺织品有限公司**
业务:针织面料制造加工及销售
地址:江苏省张家港市凤凰镇双龙村
…… 负责人:杜志军　邮　编:215002
…… 法　人:杜志军
…… Tel:13815113268
0512－58427068
58427067
…… Fax:0512－58427067

**赣榆县龙文服装辅料厂**
地址:江苏省连云港市赣榆县青口镇徐官庄村
…… 负责人:贺龙文
…… Tel:13961313816

**连云港百佳纺织有限公司**
地址:江苏省连云港市灌南县经济开发区
…… 负责人:陈呈闯
…… Tel:13706694537

**昆山永丰达纺织服饰有限公司**
业务:昆山永丰达纺织服饰有限公司于2004年成立,从事纺织面料的批发与零售。质量第一,以诚为本,诚信双赢是我们一贯的经营理念,于广大新老客户共创发展之路是我们的宗旨。我们竭诚希望和国内外各界朋友进行"诚信,平等,互利"的友好合作,共创美好未来!
地址:江苏省昆山市亭林路158号3楼
…… 邮　编:215300
…… 法　人:嵇雪生
…… Tel:0512－57591369
…… Mobile:13179618633
…… Fax:0512－57591363



**双云鞋业有限公司**
地址:江苏省连云港市灌云县通榆路3号
…… 负责人:任惠斌
…… Tel:0518－88813168
82212268

**泰达纺织有限公司**
地址:江苏省连云港市灌云县伊山镇振兴南路
…… 负责人:彭勃
…… Tel:0518－88801807
13338991656

**连云港市佳利床用木棉制品公司**
地址:江苏省连云港市新浦区解放东路农资巷12号
…… 负责人:刘学君
…… Tel:0518－85454671
13056088736

**昆山市张浦镇大市芳芳制衣厂**
业务:昆山市张浦镇大市芳芳制衣厂专业生产企业工作服、劳保用品、防静电服装,欢迎新老客户来电洽谈业务。
地址:江苏省昆山市张浦镇大市盛家浜路
…… 负责人:朱正芳……邮　编:215123
…… 法　人:朱正芳
…… Tel:0512－57252084
…… Mobile:13382156832

**连云港重机缝纫设备有限公司**
地址:江苏省连云港市新浦区人民路29号新站花园小区C－17号楼116、216室
…… 负责人:童建勇
…… Tel:13511565559

**南京鼎峰纺织品有限公司**
地址:江苏省南京市白下区中山东路218号
…… 负责人:于照峰
…… Tel:13951980234

**南京三达制衣股份有限公司**
地址:江苏省南京市高淳县淳溪镇丹阳湖北路9号
…… 负责人:吴佩景
…… Tel:025－57339588

**南京博宇五金包装材料厂**
业务:我厂主要生产箱包,丝网印刷。欢迎新老客户光临、惠顾!
地址:江苏省南京市江宁区东山镇竹山村18号
…… 负责人:赵忠富……邮　编:211100
…… 法　人:赵忠富
…… Tel:025－52162262

**南京优时纺织品进出口有限公司**
地址:江苏省南京市鼓楼区江东北路305号7层
…… 负责人:周苓

Tel:025－84563026

**南京远景羽绒有限责任公司**
地址:江苏省南京市江宁区麒麟镇锁石村
负责人:吴春花
Tel:13913998179

**南京和泽制衣有限公司**
地址:江苏省南京市溧水县洪蓝镇
负责人:戴孝生
Tel:025－57230888

## 南通山南工贸有限公司
业务:我公司主要从事各类纺织品的生产、销售、出口,在各类纺织品中尤其对色织布、化纤布、印染布有独特优势。我公司力求为国内外客人提供更多、更好、新、特、优产品,并寻求与国内外朋友建立长期、广泛的贸易合作。
地址:江苏省南通市崇川区工农路155号天鑫大厦506
邮　编:226007
法　人:薛静波
Tel:0513－83580736
Fax:0513－83577359

**南京好易德服饰有限公司**
地址:江苏省南京市溧水县经济开发区珍珠北路3号
负责人:陆永生
Tel:025－57420928

**南京祥云制衣厂**
地址:江苏省南京市六合区程桥镇长青村
负责人:严邦茂
Tel:025－57651238

**南京悦祥服饰有限公司**
地址:江苏省南京市六合区雄州工业园区
负责人:章子祥
Tel:13605159706

## 南通云瑞工贸有限公司
业务:南通云瑞工贸有限公司成立于2006年,主要以经营针织面料、针织服装为主,竭诚欢迎广大新老用户光临惠顾。
地址:江苏省南通市崇川区龙王新村1栋605室
负责人:庄小飞……邮　编:226001
法　人:庄小飞
Tel:0513－85255022
85846043

**南京皇朝服饰有限公司**
地址:江苏省南京市六合区雄州镇工业园
负责人:于冉
Tel:13951925770

**南京迪安服饰有限公司**
地址:江苏省南京市浦口区浦珠北路110号－20
负责人:倪一春
Tel:13801599009

**南京建驰服装辅料有限公司**
地址:江苏省南京市秦淮区宏光路118号
负责人:张建军
Tel:025－84450393

**南京安澜服装有限公司**
地址:江苏省南京市下关区幕府西路99号8－1－502室
负责人:刘志秀
Tel:025－58830948

## 南通市崇川非非服饰店
业务:南通市崇川非非服饰店经营各类男、女服装。竭诚欢迎您的光临,愿与您携手合作,共创新世纪的辉煌!
地址:江苏省南通市崇川区南大街33号
邮　编:226300
法　人:王建华
Tel:0513－85954123
Mobile:13806296418
Fax:0513－85532668
网址:ntff.chinapyp.com

**南京百联服饰有限公司**
地址:江苏省南京市下关区新河村93号
负责人:王成新
Tel:025－83420175

**南京蔓莎纺织进出口有限公司**
地址:江苏省南京市玄武区珠江路88号新世界中心B座4312室
负责人:罗建敏
Tel:025－84732055

**南通万源纺织品有限公司**
地址:江苏省南通市崇川路1号
负责人:季林苗
Tel:13003598811

## 南通市吉鹏纺织品有限公司
业务:南通市吉鹏纺织品有限公司成立于2001年,主要从事床上用品的生产与销售。我们以生产一流的产品,提供一流的服务,创造一流的效益为目标,竭诚欢迎广大新老客户来我公司洽谈业务,共同发展!
地址:江苏省南通市观音山镇学堂桥村
负责人:袁玉华……邮　编:226000
法　人:袁玉华
Tel:0513－85271448

**南通金纯化纤有限公司**
地址:江苏省南通市崇川区城山路69号
负责人:王一飞
Tel:13901484356

**东龙拉链有限公司**
地址:江苏省南通市崇川区工农路26号文峰大厦A幢805室
负责人:成海
Tel:0513－85230258
13921465487

**南通开发区舒乐纺织品有限公司**
地址:江苏省南通市崇川区观音山镇
负责人:张云忠
Tel:0513－83591880
13901489150

## 海安县苏豪制丝有限公司
业务:海安县苏豪制丝有限公司创建于1994年,主营产品、二手设备、白厂丝、真丝绸等、多年来企业凭借一流的设备,一流的管理,一流的员工队伍努力生产出一流的产品,深受国内外高档真丝绸生产厂商的青睐。
地址:江苏省南通市海安县海安镇河滨东路148号
负责人:陆忠顺……邮　编:226600
Tel:0513－88824029
88897231
Fax:0513－88853896

**大发纺织有限公司**
地址:江苏省南通市崇川区观音山镇
负责人:旺学才
Tel:0513－85265436
13606290361

**华贵纺织品有限公司**
地址:江苏省南通市崇川区观音山镇观建大楼301室
负责人:黄袁生
Tel:0513－85271403
85260313

**三达纺织有限公司**
地址:江苏省南通市崇川区观音山镇国胜村五组
负责人:葛春林
Tel:0513－88111366
13506289234

## 海安合胜服饰有限公司
业务:海安合胜服饰有限公司成立于1996年,从事羊毛衫的生产及销售。公司将坚持以'质量第一,信誉第一'为经营宗旨,本着'开拓、进取、求实、创新'的企业精神,竭诚为国内外客户提供最优质的服务。欢迎国内外客户来电来函联系业务!
地址:江苏省南通市海安县角斜镇老庄村4组
邮　编:226633
法　人:张政策
Tel:0513－88272237
Fax:0513－88276066

**盛华毛纺厂**
地址:江苏省南通市崇川区观音山镇海洪村八组
负责人:葛建康
Tel:0513－85266030
13901469231

**裕泰纺织有限公司**
地址:江苏省南通市崇川区观音山镇海洪村办厂内
负责人:蔡志新
Tel:0513－85265552
13003557905

**九天纺织品有限公司**
地址:江苏省南通市崇川区观音山镇海洪村九组
负责人:任洪光
Tel:0513－85266551
13073270168

## 南通慧丰纺织机械有限公司
业务:我公司成立于2004年,主要销售纺织机械装配、坯布织造、各种棉布,提花坯布等。欢迎新老客户光临惠顾!
地址:江苏省南通市如东县岔河镇南桥村开发区
负责人:王金华……邮　编:226403
法　人:王金华
Tel:0513－84379728
Fax:0513－84379728

**南通市信华纺织有限公司**
地址:江苏省南通市崇川区观音山镇海洪村十一组105号
负责人:刁将华
Tel:13773674668

**富林纺织品有限公司**
地址:江苏省南通市崇川区观音山镇盘香沟村11组
负责人:王敏林
Tel:0513－85266536

## 南通巨帆纺织品有限公司
业务:南通巨帆纺织品有限公司主要生产销售纺织品,主要产品有毛巾、沙滩巾、毛巾布、浴巾、毛巾被等产品。欢迎新老客光临、惠顾!
地址:江苏省南通市如东县掘港镇潮墩村二组
负责人:王新生……邮　编:226400
法　人:王新生
Tel:0513－84286959

**南通祥芸纺织有限公司**
地址:江苏省南通市崇川区观音山镇十八湾村十组
负责人:葛红祥
Tel:13862806154

**南通新雅博纺织辅料有限公司**
地址:江苏省南通市崇川区观音山镇中沙村
负责人:周颖
Tel:13962950799

**华鹏纺织有限公司**
地址:江苏省南通市崇川区观音山镇转盘西198号
负责人:王汉华
Tel:0513－85278830
13328079639

## 美洲羚家纺(南通)有限公司
业务:美洲羚家纺(南通)有限公司成立于2006年,生产销售床上用口,以质量求生存,以信誉求发展,欢迎新老客户来电洽谈业务!
地址:江苏省南通市通州市二甲镇袁南村
负责人:沈泉……邮　编:226124
法　人:沈泉
Tel:0513－86454600

**南通市雅阁纺织配套有限公司**
地址:江苏省南通市崇川区弘运园6幢202室
负责人:吴俊华
Tel:13328066500

**南通樱都服饰有限公司**
地址:江苏省南通市崇川区洪江路天都花苑22幢101室
负责人:张宏安
Tel:13921606514

**南通龙龙箱包制造有限公司**
地址:江苏省南通市崇川区虹桥新村77幢404室
负责人:张坚
Tel:13057005588

## 韩玉世家(南通)纺织品有限公司
业务:本公司成立于2005年,现在300多名员工。一年以来,以卓越的品质、优质的服务,为纺织业开创了一片新天地。
地址:江苏省南通市通州市二甲镇袁灶东首
邮　编:226321
法　人:孙新兵
Tel:0513－86458111
Fax:0513－86458222

**山弘服饰有限公司**
地址:江苏省南通市崇川区狼山静海商贸街南首
负责人:任经理
Tel:0513－85712789

**南通爱尔达服装辅料有限公司**
地址:江苏省南通市崇川区青纺城辅料区3号
负责人:金俊杰
Tel:0513－85190739

**南通希格玛服饰有限公司**
地址:江苏省南通市崇川区青年西路40号
负责人:金志军
Tel:13003563025

## 南通晟达利服饰有限公司
业务:本公司成立于2005年,现在有200多人。主要经营:服装的生产与销售,各种家电的销售。精益求精,追求卓越是我们的目标,你的满意是我们永恒的追求。
地址:江苏省南通市通州市金沙镇金余街道283号
邮　编:226300
法　人:季国均
Tel:0513－86484456
Fax:0513－86484769

**银风工艺品有限公司**
地址:江苏省南通市崇川区通启路南五一村六组
负责人:陈兰珍
Tel:0513－83588305
13962911255

**金城服饰中心**
地址:江苏省南通市崇川区文峰北苑4幢303室
负责人:袁燕
Tel:0513－83587822
13962976321

**雷诺针织制帽有限责任公司**
地址:江苏省南通市崇川区文峰街道城南经济园区
负责人:黄新林
Tel:0513－83564286
13901481252

## 启东市缤峰服饰有限公司
业务:启东市缤峰服饰有限公司成立于1996年,是专业生产羽绒服厂家,主要生产童装羽绒服。公司本着"质量第一,客户至上"的服务宗旨,竭诚欢迎新老客户前来洽谈业务!
地址:江苏省启东市汇龙镇紫园路38号
负责人:龚旦华……邮　编:226200
法　人:龚旦华
Tel:0513－83219580
Fax:0513－83219580

**南通润益纺织辅料有限公司**
地址:江苏省南通市崇川区文峰街道祠堂桥村工业园区
负责人:梁庆
Tel:13901485012

**南通市天龙棉织厂**
地址:江苏省南通市崇川区文峰街道星工业园区
负责人:陈建华
Tel:0513－83570992
13706291381
Fax:0513－83575718

**胜季纺织有限公司**
地址:江苏省南通市崇川区跃龙南路28号5号楼付7号
负责人:孙立夫
Tel:0513－85583022
13962983659

## 常熟市泰杰隆制衣厂
业务:常熟市泰杰隆制衣厂是一家集开发设计、生产、批发销售各种服装,热枕欢迎国内外客户来电、来函、来人洽谈合作、携手共进、共创美好未来!
地址:江苏省苏州市常熟市海虞镇
负责人:马利锋……邮　编:215500
Tel:0512－52625420

**南通三秀时装有限公司**
地址:江苏省南通市崇川区钟秀中路8号付1号
负责人:于革修
Tel:13083568130

**南通燕子纺织器材有限公司**
地址:江苏省南通市港闸区陈桥乡河口村十组
负责人:姚汉明
Tel:13073270323

## 昆山市兴新鞋用材料厂
业务:昆山市兴新鞋用材料厂成立于1998年,公司生产销售鞋用材料、欢迎新老客户来电洽谈业务!
地址:江苏省苏州市昆山市张浦镇南港文化站
负责人:郭晓东……邮　编:512326
Tel:0512－57420059
Fax:0512－82087020

**江苏南通森川时装有限公司**
地址:江苏省南通市港闸区城港路299号
负责人:徐建泉
Tel:0513－85568303
85957585

**南通浩普服饰有限公司**
地址:江苏省南通市港闸区港闸经济开发区建材路3号
负责人:钱浩
Tel:13809081813

**麒洛服饰有限公司**
地址:江苏省南通市港闸区秦灶镇桥北村十组
负责人:姜玉民
Tel:0513－85666511
13951300530

## 昆山市繁利印花厂
业务:我公司主要从事纺织印花,我厂将以一流的质量、一流的服务宗旨竭诚为新老客户服务。
地址:江苏省苏州市昆山市张浦镇南市稍(七桥村)
负责人:周巧根……邮　编:215300
Tel:0512－57450338

**珍宝鞋材厂**
地址:江苏省南通市港闸区唐闸河东南路43号
负责人:吴夕贤
Tel:13809083011

**南通明阳万濠时装有限公司**
地址:江苏省南通市港闸区外环北路168号
负责人:曹成康
Tel:13901487920

**兴达电脑刺绣厂**
地址:江苏省南通市港闸区外环北路汽车东站西首
负责人:吴阶平
Tel:13906281550

## 苏州星彩服饰有限公司
业务:本公司专业生产丝巾、披肩、晴纶围巾、仿羊绒围巾、丝绒围巾、真丝印花领带,欢迎新老客户前来洽谈业务!
地址:江苏省苏州市通园路699号5号楼2楼
负责人:马孝韵……邮　编:215006
Tel:0512－62888991、
Fax:0512－62888992
网址:http://www.c－qyk.com/20062/17774/information.shtml

**南通帅洲服饰有限公司**
地址:江苏省南通市港闸区闸东乡闸东村13组
负责人:王碧霞
Tel:13776911680

**中南布业有限公司**
地址:江苏省南通市港闸区闸西乡龙潭村2组
负责人:顾云飞
Tel:0513－85630984
13912285298

**旭源贸易有限公司**
地址:江苏省南通市工农路方天大市场C7 604－605号
负责人:陈振民
Tel:0513－85297252
13814716666

## 苏州市康达专业工艺绣珠厂
业务:专绣手工穿珠亮片、抽丝、同针、毛巾绣、盘带绣、花边、钩花、机绣以及各种绣花均可。
地址:江苏省苏州市望亭镇项路村七组
负责人:张明康……邮　编:215000
法　人:张明康
Tel:0512－66701108
Fax:0512－66708385
E-mail:zmk16888@yahoo.com.cn

**欣典特种布艺有限公司**
地址:江苏省南通市海安开发区宁海南路233号
负责人:宋晓联
Tel:13306276191

**银月棉业纤维厂**

地址:江苏省南通市海安县白甸镇周垛村朱南三组
负责人:林大银
Tel:0513－88444045
13951380901

**陆氏服饰有限公司**
地址:江苏省南通市海安县城东镇立发桥村十二组二十八号
负责人:陆忠来
Tel:0513－88806269
13506279773

## 吴江市韩泰纺织品有限公司
业务:吴江市韩泰纺织品有限公司成立于2005年,是一家以纺织品生产与销售的一条龙公司,也可来样订做,公司本着客户至上,信誉第一的宗旨,真诚与广大客户合作,共同发扬中国纺织品
地址:江苏省苏州市吴江市盛泽东方市场八商区14幢40号
负责人:沈文良……邮 编:215227
法 人:沈文良
Tel:0512－63578457
Fax:0512－63578456

**海安县精诚绣品有限公司**
地址:江苏省南通市海安县大公镇贲巷村十八组
负责人:王小林
Tel:13806276802

**海岸银针编结有限公司**
地址:江苏省南通市海安县海安镇长江中路30号
负责人:张晓华
Tel:13806276533

**海安县亨达色织有限公司**
地址:江苏省南通市海安县海安镇丹凤西路6号
负责人:吴维忠
Tel:13186569912

## 吴江市裕新通纺织品有限公司
业务:吴江市裕新通纺织品有限公司主要生产成衣面料、里料、箱包面料、里料、玩具毛绒布等纺织品和化纤原料。我公司可根据客户的意向,设计出一系列花样产品,满足客户的要求。我们希望与各界友人真诚合作,共绘宏图。
地址:江苏省苏州市吴江市盛泽镇丝绸商城8区3幢25－26号
邮 编:215200
法 人:陈宁
Tel:0512－85168870
Fax:0512－63525902

**海安县朝阳服饰有限公司**
地址:江苏省南通市海安县海安镇通榆中路88－31号
负责人:章朝晖
Tel:13962921290

**俊达针织天鹅绒厂**
地址:江苏省南通市海安县角斜镇工业园区
负责人:唐俊生
Tel:0513－88990173
88247907
13914356148

**雨生化纤制品厂**
地址:江苏省南通市海安县隆政镇建设村二十组
负责人:程广雨
Tel:0513－88723291

## 苏州徽恒服饰有限公司
业务:公司成立于2006年6月12日。是一家专门从事服装出口产品生产、开发、销售等。公司,主要销售:服装及其面辅料、纺织品、鞋帽,箱包等。欢迎新老客户光临惠顾!
地址:江苏省苏州市吴中经济开发区迎春南路117号迎春家园11－1
负责人:丁友龙……邮 编:215128
法 人:王国光
Tel:0512－89172888
Fax:0512－89170998

**寅川布业有限公司**
地址:江苏省南通市海安县孙庄镇工业园区
负责人:顾玉广
Tel:0513－88651728
13706278546

**德和布业有限公司**
地址:江苏省南通市海安县雅周镇工贸园内
负责人:林玉梅
Tel:0513－88632711
13511578028

**牵切纱业有限公司**
地址:江苏省南通市海安县雅周镇工贸园区东区
负责人:钱平
Tel:13951316348

## 苏州市相城区渭塘坤伦线厂
业务:苏州市相城区渭塘坤伦线厂成立于2005年,主要生产缝纫线。欢迎新老客户光临、惠顾!
地址:江苏省苏州市相城区渭塘镇渭北村赵家浜7号
负责人:周坤明……邮 编:215134
法 人:周坤明
Tel:0512－65402896
Fax:0512－82153519

**海安县天成纺织有限公司**
地址:江苏省南通市海安县雅周镇王垛村二组
负责人:王子来
Tel:0513－88668199
13862718369

**南通永雅服饰有限公司**
地址:江苏省南通市海安县雅周镇王垛村六组
负责人:朱永官
Tel:13584701098

**南通久马服饰有限责任公司**
地址:江苏省南通市海安县雅周镇周机村一组
负责人:李保红
Tel:13962809998

## 苏州美而德针织服饰有限公司
业务:苏州美而德针织服饰有限公司成立于2002年,主要从事羊毛衫的生产与销售。"以质量求生存,以信誉求发展",竭诚欢迎广大新老客户来我公司洽谈业务,共同发展!
地址:江苏省苏州市相城区阳澄湖镇思贤路8号
负责人:朱衡生……邮 编:215138
法 人:朱衡生
Tel:0512－65421811
Fax:0512－65426988

**海门太平洋服装城有限公司**
地址:江苏省南通市海门市海门镇解放东路43号二楼
负责人:施嘉宁
Tel:13806289888

**南通龙世界服饰有限公司**
地址:江苏省南通市海门市海门镇人民中路26号
负责人:黄剑宏
Tel:13862700000

**海门市天明针织有限公司**
地址:江苏省南通市海门市海门镇新窑村一组
负责人:王天明
Tel:13328087200

## 明星鞋材配件有限公司
业务:明星鞋材配件有限公司地处苏州市吴江临沪经济技术开发区,与浙江、上海、苏州相邻。本公司主要引进广州、温州先进的真皮跟,组合底生产技术。本公司宗旨:以诚为本,以质取信,不断创新,竭诚为广大鞋业商服务.
地址:江苏省苏州吴江市芦墟镇莘塔彩虹新路
邮 编:215213
法 人:肖庆福
Tel:0512－63298020
Fax:0512－63298605

**顺裕纺织材料厂**
地址:江苏省南通市海门市海门镇秀山新村508栋120室
负责人:沈裕丰
Tel:13951306050

**南通盛昌服饰有限公司**
地址:江苏省南通市海门市三厂镇工房街中华西路西首2号
负责人:陈春霞
Tel:13912895997

**南通提香家饰用品有限公司**
地址:江苏省南通市海门市三星镇召良村12组
负责人:张荣继
Tel:13912890620

## 太仓市东麟化纤有限公司
业务:本公司成立于2003年,生产销售化纤、加弹热纱线、服装、经销纺织原料。本着"以质量求存、以信誉求发展"的经营理念,竭诚欢迎新老客户来电洽谈业务!
地址:江苏省太仓市浮桥镇金浪新仓村
负责人:史凤娟……邮 编:215423
法 人:谢介平
Tel:0512－53787756

**南通铭博纺织品有限公司**
地址:江苏省南通市海门市天补镇大石村11组
负责人:张健
Tel:13962888068

**海门市金盛纺织有限公司**
地址:江苏省南通市海门市天补镇建安村
负责人:陈兴
Tel:13906281752

**南通盛达色织有限公司**
地址:江苏省南通市经济技术开发区通富路4号桥向东1500米
负责人:鲁建忠
Tel:13809085226

## 太仓市振沁针织有限公司
业务:本公司成立于1997年,主要生产销售针织品原辅料、服装辅料、围巾、帽子、手套等。产品质量保证、价格合理,欢迎广大客户来电洽谈业务!
地址:江苏省太仓市双凤镇黄桥村
负责人:杨振明……邮 编:215416
法 人:杨振明
Tel:0512－53434588
Fax:0512－53439962

**明宏纺织有限公司**
地址:江苏省南通市经济开发区通富北路冠达纺织商城J－9号
负责人:袁伯军
Tel:13934111628

**南通林东织造有限公司**
地址:江苏省南通市拼茶镇浒零居委会
负责人:曹保林
Tel:0513－84862636
13656295658

**辉煌皮鞋厂**
地址:江苏省南通市启东市东元镇
负责人:王永辉
Tel:0513－83470818
13912223529

## 泰州和仁服装有限公司
业务:泰州和仁服装有限公司成立于2003年,现有员工200余人,从事服装加工及销售。欢迎来电垂询。
地址:江苏省泰州市兴化市陈堡工业区
邮 编:225714
法 人:周永旺
Tel:0523－3725828
Fax:0523－3725399

**启东市申达针纺织品有限公司**
地址:江苏省南通市启东市和合镇工业园
负责人:宋辉
Tel:13806285141

**启东南晶制衣有限公司**
地址:江苏省南通市启东市汇龙镇人民东路80号
负责人:耿鼎人
Tel:13912882050

**凯凯服饰有限公司**
地址:江苏省南通市启东市近海镇大圩村
负责人:顾立松
Tel:13906284200

## 兴化市佳诺服饰厂
业务:兴化市佳诺服饰厂成立于2003年,是一家专门从事外贸的厂家,主要生产加工各式男女针织服装。款式新颖,质量保证,大多销往美国、欧州、澳大利亚等国。产品深受国外客户的青睐。
地址:江苏省泰州市兴化市戴窑镇人民路1号
邮 编:225741
法 人:吴佳旺
Tel:0523－3841107
Fax:0523－3841107

**天欣针织手套有限公司**
地址:江苏省南通市启东市近海镇合兴圩村
负责人:袁天新
Tel:0513－83266140
13901466218

**金铁蹄服饰有限公司**
地址:江苏省南通市启东市民主镇小花效加油站对面
负责人:黄丽英
Tel:0513－83851182
83029610

## 泰州市三得利服饰有限公司
业务:泰州市三得利服饰有限公司成立于2003年,主要从事服装的加工与销售。公司技术力量雄厚,设备精良,配套齐全,做工精细,款式新颖,我们将为您提供最优质的产品!
地址:江苏省泰州市兴化市陶庄镇潘洋汉村
负责人:孙卫东……邮 编:225730
法 人:孙卫东
Tel:0523－83853566

**华夏针织制衣厂**
地址:江苏省南通市启东市永阳镇永阳村
负责人:陈超
Tel:0513－83035369
83633256

**启源纺织有限公司**
地址:江苏省南通市青年东路86号
负责人:侯启彬
Tel:0513－83562291
13057085398

**南通听荷服饰有限公司**
地址:江苏省南通市如东县掘港镇港南村
负责人:戴保兵
Tel:13328075455

## 无锡尼克服饰有限公司
业务:我公司成立于2006年,生产经营服装,欢迎各方客户来电洽谈业务!
地址:江苏省无锡市安镇镇锡沪路68号
负责人:钱晓亚……邮 编:214105
Tel:0510－88531883
Fax:0510－88531885

**南通东昌纺织有限公司**
地址:江苏省南通市如东县掘港镇友谊西路25号
负责人:卫金强
Tel:0513－84192035
13806271810

**江苏南通市益华针纺织品有限责任公司**
地址:江苏省南通市如东县马塘镇长路村
负责人:顾玉广
Tel:0513－84543528

**腾达纺织绣品有限公司**
地址:江苏省南通市如东县马塘镇马东工业园区
负责人:邵艳红
Tel:0513－84414198
840998868

## 无锡市佳特皮革制品厂
业务:无锡市佳特皮革制品厂于1998年创建,多年业专业从事人造皮革手套的生产、销售。本厂本着诚实友好、互惠互利的原则,竭诚希望国内客商精诚合作,光临公司洽谈业务,携手共创未来。
地址:江苏省无锡市滨湖区南泉镇锡南路2号
邮 编:214128
法 人:王云峰
Tel:0510－5955933
Fax:0510－5950959

**健辉工艺服饰有限公司**
地址:江苏省南通市如东县袁庄镇西首时桥村
负责人:李继宏
Tel:0513－84681988
84685866
13862795695

**南通市威尔斯家纺有限公司**
地址:江苏省南通市如东县袁庄镇先民路18号
负责人:李建
Tel:13602695795

**白蒲轧花厂**
地址:江苏省南通市如皋市白蒲镇文峰村
负责人:孙建华
Tel:0513－88571079
13606274022

## 无锡市大卫服饰有限公司
业务:无锡市大卫服饰有限公司成立于2000年,主要从事于服装面料的生产、加工、销售。我们竭诚敬业、殚精竭虑、精益求精,以质优价廉的产品热忱回报广大客户。
地址:江苏省无锡市东港镇港下科技园区
负责人:苏卫江……邮 编:214199
法 人:苏卫江
Tel:0510－88768888
Fax:0510－88767777
网址:www.mtw50633.chinapyp.com

**南通市明泰服饰有限公司**
地址:江苏省南通市如皋市皋南新村501楼507车棚
负责人:翁志凤
Tel:13338071665

**南通迈恩众和时装有限公司**
地址:江苏省南通市如皋市经济开发区太平村四组(环北路8号)
负责人:黄永新
Tel:13912217272

**南通市瑞旺服饰有限公司**
地址:江苏省南通市如皋市九华镇小马桥村
负责人:钱瑞荣
Tel:13218830801

## 无锡市金麒麟织物整理有限公司
业务:无锡市金麒麟织物整理有限公司专营:普通涂层,环保涂层,油蜡涂层,珠光涂层,七彩涂层,阻燃涂层,防紫外线涂层,变色涂层,远红外线保健涂层,反光涂层,高耐水压涂层,湿法防水透气透湿涂层加工及轧光整理.热诚欢迎全国、全世界客户莅临指导,洽谈合作,共同开发。
地址:江苏省无锡市惠山区前洲镇张明桥村
负责人:郁建梁……邮 编:214181
法 人:郁建梁
Tel:0510－83380108
Fax:0510－83382108

**如皋市沃特纺织有限公司**
地址:江苏省南通市如皋市九华镇小马桥村九组(福达公司内)
负责人:范雪云
Tel:13584697399

**如皋市工艺制鞋厂**
地址:江苏省南通市如皋市如城镇新生村1组
负责人:陈忠富
Tel:0513－87532156
13912211366

**鑫盛服饰品有限公司**
地址:江苏省南通市如皋市桃园镇工业园区(桃园镇天堡村)
负责人:徐建新
Tel:0513－87736626
13338071785

## 江阴市博纳纺织有限公司
业务:江阴市博纳纺织有限公司成立于2006年,主要从事纺织原料的销售。我们以优惠的价格、优良的品质、优质的服务,期待与您的合作!
地址:江苏省无锡市江阴市纺织市场西侧金石路79号
负责人:马玲……邮 编:214400
法 人:马玲
Tel:0510－86996933

**南通奥尼斯特纺织有限公司**
地址:江苏省南通市如皋市吴窑镇吴窑居委会12组
负责人:蔡剑
Tel:13962756588

**南通欧惠莱纺织品有限公司**
地址:江苏省南通市通州市川港镇川北
负责人:蔡庆剑
Tel:0513－86347679
13815221555

**通州市凯旺纺织品有限公司**
地址:江苏省南通市通州市川港镇工业园B区(志浩村七组)
负责人:黄裕忠
Tel:13906289389

## 江阴市江宇纺织有限公司
业务:本公司成立于2006年,是一家专业生产各种平绒产品如:(全棉平绒、弹力平绒、印花平绒、天丝平绒、涤棉平绒、粘棉平绒、双色平绒等)。热忱欢迎新老客户光临、惠顾!
地址:江苏省无锡市江阴市霞客镇峭岐芦青翻水站
负责人:沈敏江……邮 编:214407
法 人:沈敏江

Tel:0510－86564777

**通州市宝丽莱纺织用品有限公司**
地址:江苏省南通市通州市川港镇工业园区B区
负责人:刘中兵
Tel:13328086888

**南通贻程纺织有限公司**
地址:江苏省南通市通州市川港镇工业园区E区
负责人:王胜
Tel:13901468608

**通州市锦儒纺织有限公司**
地址:江苏省南通市通州市川港镇志浩村八组
负责人:朱红儒
Tel:13814731888

**无锡茂盛特种纱线有限公司**
业务:本公司成立于2005年,主要生产销售棉纱,绒,坯布。欢迎来电洽谈业务!
地址:江苏省无锡市南长区中南路(无锡市南方工业用布厂内)
负责人:陈卫东……邮 编:214024
法 人:陈卫东
Tel:0510－85401360
Fax:0510－85401367

**通州市佳特美卧室用品有限公司**
地址:江苏省南通市通州市川港镇志浩村六组
负责人:蔡崇高
Tel:13901467926

**通州市金益来纺织有限公司**
地址:江苏省南通市通州市二甲镇新玻村14组
负责人:陈平
Tel:13801481778

**南通捷达纺织有限公司**
地址:江苏省南通市通州市姜灶镇工业园取(三圩埭村16组)
负责人:尹洪达
Tel:13946278999

**吴江盛泽百顺发布行**
业务:吴江盛泽百顺发布行主要批发、零售服装面料及里料,价格合理、质量保证,热诚欢迎新老客户光临惠顾。
地址:江苏省吴江市东方市场五区口
负责人:陈巧云……邮 编:215200
法 人:陈巧云
Tel:0512－63564550

**南通市佳景纺织品有限公司**
地址:江苏省南通市通州市姜灶镇正场村
负责人:杨新华
Tel:13920852888

**南通永来利服装有限公司**
地址:江苏省南通市通州市平潮镇湾子头村一组
负责人:吴勇
Tel:13912292520

**南通亿思利特阔纺织有限公司**
地址:江苏省南通市通州市张芝山镇工业园区
负责人:沈新涛
Tel:13906288289

**吴江市勤高纺织贸易部**
业务:吴江市勤高纺织贸易部主要经营化纤面料、针纺织品、箱包、服装等布类产品,热诚欢迎有意之士光临惠顾,洽谈业务。
地址:江苏省吴江市盛泽东方市场八区10幢45号
负责人:肖勤观……邮 编:212558
Tel:0512－85176095
63516252

**宇力纺织(南通)有限公司**
地址:江苏省南通市通州市张芝山镇工业园区
负责人:朱群力
Tel:13073230688

**南通森帝纺织品有限公司**
地址:江苏省南通市通州市张芝山镇通启大桥
负责人:陈辉
Tel:13912871550

**南通市芯林纺织辅料有限公司**
地址:江苏省南通市永兴开发区城闸新路
负责人:李兵
Tel:0513－85655239
85655139
13306296578
Fax:0513－5655039

**苏州豪辉纺织有限公司**
业务:本公司是一家集"生产、研发、销售"于一体的实体企业。经营:家纺、服装、装饰布面料。公司主要喷织生产各种规格的麂皮绒、金属丝和记忆面料、塔丝隆、春亚麻、尼丝纺、桃皮绒、涤丝纺、牛津布、锦涤纺、提花绸的坯布及成品。
地址:江苏省吴江市盛泽东方市场祥盛商区C幢东6－8号
负责人:洪雅雅……邮 编:215200
法 人:洪雅雅
Tel:0512－63528728
Fax:0512－63528727
网址:www.haohuitextile.cn.alibaba.com
E-mail:hongsenyang@126.com

**启东市乐达纺织品有限公司**
地址:江苏省启东市惠丰镇庙角工业园区
负责人:陆建平
Tel:13806282628

**跃龙服饰有限公司**
地址:江苏省如皋市邓元工业园区
负责人:秦龙华
Tel:0513－87507693
13625231838

**富登纺织服饰有限公司东陈分公司**
地址:江苏省如皋市东陈杨庄居委会8组
负责人:韩美兰
Tel:0513－88552985转806
13358071029

**吴江春豪纺织有限公司**
业务:本公司在其前身"吴江春豪织造厂"的基础上组建而成,专业从事各种面料、里料的生产,拥有喷水织机150台,大量生产春亚纺、涤塔夫、牛津布等产品,可提供染色、涂层、复合、磨毛等面料加工业务。发挥地域优势,服务八方客人,诚信经营,共谋发展。
地址:江苏省吴江市盛泽轻纺市场南商区14幢9号
邮 编:215200
法 人:黄金明
Tel:0512－63523766
Fax:0512－63523966

**如皋市石庄镇天马扎染厂**
地址:江苏省如皋市面上石庄镇
负责人:李昌秀
Tel:0513－87928304
87928153

**丽雅蔓服饰有限公司**
地址:江苏省如皋市下原镇工业园区内
负责人:朱志伟
Tel:13862750578

**锡泰针织时装有限公司**
地址:江苏省如皋市下原镇沈阳居委会十组
负责人:郭锡林
Tel:0513－87995217
13901475523

**吴江市泽兵化纤有限公司**
业务:吴江市泽兵化纤有限公司始建于2004年,是专业从事纺织品、化学纤维、低能丝开发生产的化纤企业,公司坚持"质量第一、用户至上"的产品方针,不断提高素质、完善自我、争创品牌、追求卓越品质,是我们永恒的目标!
地址:江苏省吴江市盛泽镇东方大街西侧辽吴实业公司内
负责人:汪宽……邮 编:215228
法 人:汪宽
Tel:0512－63532262
Fax:0512－63532263

**祥盛织造有限公司**
地址:江苏省如皋市袁桥镇狮垛村
负责人:胡祥华
Tel:0513－87811202
13862753463

**苏州品臻纺织服饰有限公司**
地址:江苏省苏州市沧浪区盘门景区庙湾街63号
负责人:戴志萍
Tel:0512－65266123

**苏州满都针织制衣有限公司**
地址:江苏省苏州市常熟市常昆工业园区北新路
负责人:沈宝智
Tel:13825721700

**吴江市盛泽博达织物整理厂**
业务:吴江市盛泽博达织物整理厂主要产品是纺织品后整理工艺深加工,主要生产涂层技术应用产品开发,贴布复合系列等两大类。
地址:江苏省吴江市盛泽镇红安经济开发区
邮 编:215228
法 人:姚达明
Tel:0512－63561204
Fax:0512－63595900
网址:www.jsbdzl.chinapyp.com

**常熟盖奇海天纺织有限公司**
地址:江苏省苏州市常熟市常熟东南经济开发区
负责人:王衍筑
Tel:0512－52579916

**常熟市瑞丽纺织品有限公司**
地址:江苏省苏州市常熟市常熟东南经济开发区宏顺工业坊
负责人:周正
Tel:13851158818

**常熟市子晨纺织有限公司**
地址:江苏省苏州市常熟市董浜镇黄石村
负责人:王雪英
Tel:13606232212

**吴江市诚铭纺织有限公司**
业务:诚铭纺织公司以诚信、严谨为原则.以信誉求发展以质量求生存.本公司主要销售各种箱包里布和面料.几年来我们从蹒跚中慢慢长大,现在已形成了规模,欢迎广大客户来电咨询.
地址:江苏省吴江市盛泽镇郎中开发区
负责人:黄志林……邮 编:215200
法 人:黄志林
Tel:0512－63521387

**常熟市麒麟服装辅料有限公司**
地址:江苏省苏州市常熟市枫林路27号
负责人:陈云林
Tel:13338725688

**常熟市依美特服饰有限公司**
地址:江苏省苏州市常熟市古里镇白茆沪宜路
负责人:姚丽芳
Tel:0512－52530778

**常熟市洁韵巾被有限公司**
地址:江苏省苏州市常熟市古里镇陈塘村
负责人:毛梅吉
Tel:0512－52371410

**吴江市宏华纺织有限公司**
业务:我公司是一家生产销售:箱包手袋料、服饰面里料;服装面、涤纶布系列;尼龙布系列;加捻产品;化纤面料、混纺、交织类面料;色织、扎染、印花布;本公司憑藉,"以人為本、品質優先"的經營理念在廣大新老客戶中頗得好評,我們竭誠期待您的惠顧!
地址:江苏省吴江市盛泽镇商城八区2栋10号
负责人:罗宏飞……邮 编:215228
Tel:0512－63503243、

**常熟市金德针织有限公司**
地址:江苏省苏州市常熟市古里镇湖东村
负责人:李俊
Tel:13962335228

**常熟市顺怡针纺织有限公司**
地址:江苏省苏州市常熟市古里镇湖东村
负责人:邹卫东
Tel:0512－52529138

**常熟市东海毛纺织有限公司**
地址:江苏省苏州市常熟市古里镇康博村
负责人:徐良宝
Tel:0512－52305658

**吴江市盛泽镇华联鞋服城**
业务:吴江市盛泽镇华联鞋服城成立于1999年,主要经营各种鞋类,男女服装,欢迎新老客户,光临、惠顾!
地址:江苏省吴江市盛泽镇西大街165号
邮 编:215228
法 人:郑振军
Tel:0512－63559916
Fax:0512－63565916

**常熟市吉宏针纺织品有限公司**
地址:江苏省苏州市常熟市古里镇铁琴北街63－65号
负责人:袁吉学
Tel:0512－52301262

**常熟成友服饰有限公司**
地址:江苏省苏州市常熟市海虞镇
负责人:金良3
Tel:0512－52323945

**常熟易达服饰商贸有限公司**
地址:江苏省苏州市常熟市海虞镇里泾村
负责人:吴律开
Tel:13906230618

**吴江市文丰纺织品有限公司**
业务:吴江市文丰纺织品有限公司主要生产化纤服装,诚信待人,诚信经营是我们的宗旨。热诚欢迎国内外客商前来垂询、合作。
地址:江苏省吴江市盛泽镇园明寺桥西埝荡口街3区55号
负责人:李卫明……邮 编:215228
法 人:李卫明
Tel:0512－63523113
63523400

**常熟市东润经纬编织造厂**
地址:江苏省苏州市常熟市海虞镇里泾村
负责人:谢晓东
Tel:0512－52597955

**常熟市盛威针织服装有限公司**
地址:江苏省苏州市常熟市海虞镇汪桥村
负责人:陆俊
Tel:13328026699

**常熟市梦迪安家饰用品有限公司**
地址:江苏省苏州市常熟市海虞镇徐桥村
负责人:陆卫新
Tel:13806230362

**吴江市八坼双杰服装厂**
业务:本厂成立于2004年,主要生产加工、服装、服饰(来料加工、针棉织品)销售;服装面料、化纤原料、于质量求生存、于信誉求发展、欢迎各地新老客户光临。
地址:江苏省吴江市松陵镇八坼社区友联村
负责人:朱建东……邮 编:215222
Tel:0512－63369269

**常熟市鑫泰服饰辅料厂**
地址:江苏省苏州市常熟市练塘镇练虞村
负责人:朱良保
Tel:0512－52428003

**苏州阿凡提服装电脑特种提花有限公司**
地址:江苏省苏州市常熟市练塘镇颜巷村
负责人:洪连堤
Tel:0512－51533369

**常熟市通瀛服装有限公司**
地址:江苏省苏州市常熟市梅李镇师桥村
负责人:殷春
Tel:13962399195

**徐州华瑞纺织有限公司**
业务:徐州华瑞纺织有限公司主要从事于德国赐来福汽流纺纱机,生产6s－40s棉纱,30s粘胶针织纱。欢迎新老客户光临、惠顾!
地址:江苏省徐州市沛县杨屯工业区
负责人:甘孟兴……邮 编:221612
法 人:甘孟兴
Tel:0516－89902999
Fax:0516－89909111
网址:www.mtw27016.chinapyp.com

**常熟市洲洲纺织品有限公司**
地址:江苏省苏州市常熟市沙家浜镇唐东村
负责人:徐振明
Tel:13706233627

**常熟市仟村服饰有限公司**
地址:江苏省苏州市常熟市王庄镇(冶塘)工业园区
负责人:孙惠新
Tel:0512－51500978

**苏州里奥古琦服饰有限公司**
地址:江苏省苏州市常熟市王庄镇冶塘工业园
负责人:李泽生
Tel:13906230366

**徐州市亚华纺织有限公司**
业务:徐州市亚华纺织有限公司成立于2002年,主要从事纺棉纱、织布、卫生材料的生产。公司一贯奉行"质量第一,用户至上"的经营理念,愿为广大客户提供一流的产品,一流的服务。
地址:江苏省徐州市睢宁县工业园区
邮 编:221200
法 人:王丙亚
Tel:0516－8336916
8300444
Fax:0516－8300444

**常熟市方盛纺织机械厂**
地址:江苏省苏州市常熟市王庄镇冶塘新巷村
负责人:季彩华
Tel:13151629761

**常熟市登峰制衣厂**
地址:江苏省苏州市常熟市辛庄工业园
负责人:黄士呈
Tel:0512－51578329

**苏州市云鹰纺织品有限公司**
地址:江苏省苏州市常熟市辛庄工业园(轻纺园)
负责人:范云
Tel:13862259067

**建湖县杰悦化纤纺织有限公司**
业务:建湖县杰悦化纤纺织有限公司成立于2005年,主要从事各种规格晴纶纱的生产与销售。"诚信为本,质量第一",热诚欢迎广大客户光临惠顾。
地址:江苏省盐城市建湖县庆丰镇马庄东首九号桥南
负责人:张连生……邮 编:224700
法 人:张连生
Tel:0515－86385366

**苏州尼奥诗顿服饰有限公司**
地址:江苏省苏州市常熟市辛庄镇(杨园)工业园
负责人:徐岩东
Tel:13706757369

**常熟市华日针织服装厂**
地址:江苏省苏州市常熟市辛庄镇吕舍村
负责人:王俊琪
Tel:13301574839

**常熟赛特织造有限公司**
地址:江苏省苏州市常熟市新港镇港南村
负责人:归若文
Tel:13906235165

**盐城市三友纺织器材厂**
业务:盐城市三友纺织器材厂专业从事纺织器材的生产与销售,我厂坚持用户至上,品质第一,信誉第一的宗旨,真诚地为广大客户服务。
地址:江苏省盐城市秦南镇关陈村
负责人:许宏伟……邮 编:224021
Tel:0515－88602277

**常熟市家诚制衣有限公司**
地址:江苏省苏州市常熟市虞山高新技术产业园建业路9号
负责人:袁梅萍
Tel:0512－52848685

**常熟市朝光服装有限公司**
地址:江苏省苏州市常熟市虞山工业园建邺路2号
负责人:陆晓宇
Tel:13328035770

**盐城侨发纺织有限公司**
业务:盐城市侨发纺织有限公司座落在黄海之滨,世界珍稀动物盐城丹顶鹤自然保护区附近。是集棉花收购、加工、经营棉纱制造,纺织品自营进出口民营企业。主要生产80支以下各种类别的普、精梳纱线、纯棉本色和色纺纱线。产品质量达同行领先水平。
地址:江苏省盐城市射阳解放四路47号
负责人:戴启猛……邮 编:224000
Tel:0515－82349860
Fax:0515－82349860

**常熟市大义诚信针织服装厂**
地址:江苏省苏州市常熟市虞山镇(大义)光明路口
负责人:卜正清
Tel:0512－52391012

**常熟市嘉华针织品有限公司**
地址:江苏省苏州市常熟市虞山镇丁坝村
负责人:张卫生
Tel:0512－52841799

**常熟市红犀牛服装厂**
地址:江苏省苏州市常熟市虞山镇翻身村
负责人:李文华
Tel:0512－51533369

**扬州市本特利服饰有限公司**
业务:本公司主要生产羽绒服、晴棉服、睡袋、羽绒靴、床上用品,并经营服装辅料。同时也出口各类服装、鞋帽,床上用品和服装辅料。产品和业务以外销为主，主要销往美国、日本、意大利、德国等20多个国家和地区。本公司年生产羽绒服装35万件左右，注册品牌"锦兰鑫羽"羽绒制品在市场上深受广大消费者欢迎。
地址：江苏省扬州市方巷镇
邮　编：225117
法　人：张锦兰
Tel：0514－7381888
7389666
Fax：0514－7385876
网址：www.benteli.com

**常熟市力沛服饰有限公司**
地址：江苏省苏州市常熟市虞山镇高新技术产业园(大义)光明路
负责人：张红英
Tel：0512－52362968

**常熟市洁君制衣厂**
地址：江苏省苏州市常熟市虞山镇莫城安定村
负责人：朱成荣
Tel：13913681278

**常熟市福泰服饰印花有限公司**
地址：江苏省苏州市常熟市虞山镇苏锋村
负责人：陈利利
Tel：0512－52834678

## 宏亿服饰辅料厂
业务：宏亿服饰辅料厂，加工销售，绳网袋、服装辅料，欢迎客户前来订购。
地址：江苏省扬州市江都市浦头镇吉孔村
负责人：吉春花　邮　编：225218
法　人：吉春花
Tel：0514－86921714
Fax：0514－86922714

**常熟市元丰服饰有限公司**
地址：江苏省苏州市常熟市元和路21号
负责人：薛卫平
Tel：0512－52775103

**常熟市兰达精毛纺厂**
地址：江苏省苏州市常熟市支塘镇何市何项路9号
负责人：那锋
Tel：13962395206

**常熟市华意仿丝棉有限公司**
地址：江苏省苏州市常熟市支塘镇任阳中兴南路28号
负责人：顾健华
Tel：13506245880

## 扬州新劲纬纺织服装有限公司
业务：扬州新劲纬纺织服装有限公司成立于2002年，生产销售棉纺、毛纺、色织布、服装，"以质量求生存，以信誉求发展"，欢迎来电洽谈业务！
地址：江苏省扬州市江阳中路43号九州大厦802室
负责人：庄新兵　邮　编：225001
法　人：庄新兵
Tel：0514－87888848

**苏州特爱丝服饰有限公司**
地址：江苏省苏州市金阊区新元路2号8幢3楼
负责人：三矢博史
Tel：0512－65521377

**苏州利尔箱包有限公司**
地址：江苏省苏州市昆山市巴城镇东部工业区
负责人：赖福膶
Tel：0512－56269335

**昆山葡丽菊服装有限公司**
地址：江苏省苏州市昆山市巴城镇石牌工商管理区塔基路西侧
负责人：中西均
Tel：0512－57681266

## 江苏省张家港市妙桥凯利达针织制衣厂
业务：本厂成立于2003年，主要加工销售羊毛衫、针织品系列。竭诚欢迎广大客户来电洽谈业务，共求发展！
地址：江苏省张家港市妙桥镇
负责人：吴卫平　邮　编：215615
法　人：吴卫平
Tel：0512－58463787
Fax：0512－58415760

**昆山兴联针织服饰有限公司**
地址：江苏省苏州市昆山市淀山湖镇双马路南侧
负责人：唐燕平
Tel：13662657270

**昆山杰梵诗服饰有限公司**
地址：江苏省苏州市昆山市花桥镇312国道边
负责人：林保霖
Tel：0512－57690000

**昆山丝路纺织品有限公司**
地址：江苏省苏州市昆山市花桥镇巷浦工业区
负责人：周玉峰
Tel：13912659889

## 张家港市妙桥兴达针织制衣厂
业务：张家港市妙桥兴达针织制衣厂生产加工经营针织衣片，服装附件等针织服装，本公司自始至终以客户为上帝，质量为生命，我们还将以更大的热忱，不断的努力与各位新老朋友一起开创美好未来。
地址：江苏省张家港市妙桥镇永进东路72号
负责人：邹正兴　邮　编：215615
法　人：0512－58464495

**昆山华鑫皮革有限公司**
地址：江苏省苏州市昆山市开发区保民商苑D楼0132室
负责人：岑玲
Tel：0512－57503661

**昆山市华益印花厂**
地址：江苏省苏州市昆山市开发区兵希夏驾南路西侧
负责人：王国洪
Tel：13052858998

**AB国贸(昆山)针织有限公司**
地址：江苏省苏州市昆山市开发区出口加工区第一大道33号
负责人：周晨曦
Tel：0512－57892018

## 张家港市吉诚针织品有限公司
业务：张家港市吉诚针织品有限公司于2002年成立，生产、销售针织面料。公司拥有雄厚的技术力量，配备有纺织、印染等各类专业人员，不断完善质量管理和服务体系，现形成"品质优，品种多，批量大，交货快"的企业特色形象。公司宗旨：以绿色产品求生存，靠科技创新谋发展。为了进一步拓展国内外市场，我们本着"信誉第一，服务至上"的原则，热忱欢迎海内外广大朋友与我公司建立业务联系，真诚与我们合作，共创佳绩。
地址：江苏省张家港市杨舍镇城北村委大院
邮　编：215600
法　人：周钱
Tel：0512－58181171
Mobile：13906244671
Fax：0512－58181271

**昆山德盛纺织品有限公司**
地址：江苏省苏州市昆山市开发区同丰新村6号楼603室
负责人：董柱武
Tel：0512－50554213

**昆山市嘉浩洗涤有限公司**
地址：江苏省苏州市昆山市开发区赵浦路52号
负责人：张陆飞
Tel：13906262129

**昆山阿曼尼服饰有限公司**
地址：江苏省苏州市昆山市玉山镇城北城北路北侧环庆路西
负责人：林万隆
Tel：13501006600

**昆山宏泰纺织品有限公司**
地址：江苏省苏州市昆山市玉山镇城北富贵花园14号楼507室
负责人：田梅英
Tel：13063756784

## 丹阳市新兴纺机专件厂
业务：丹阳市新兴纺机专件厂是专业生产各种型号的气流纺、转杯、分梳辊、压轮、活络通道、阻捻头、减震套及各种小配件并合作研制、开发的专业化工厂。工厂并代理进口艾立泰克斯、立达、转杯、分梳辊、德国针布、金井针布及格拉夫针布、轴承。
地址：江苏省镇江市丹阳市新桥镇群益村
邮　编：212322
法　人：陈志波
Tel：0511－6358277
Fax：0511－6358277

**昆山市峰芸制衣厂**
地址：江苏省苏州市昆山市玉山镇姜巷村
负责人：周金花
Tel：13182656658

**昆山市周庄文浩服装辅料厂**
地址：江苏省苏州市昆山市周庄镇龙亭村
负责人：张荣
Tel：0512－57217827

**昆山市周庄镇荣鑫服饰辅料厂**
地址：江苏省苏州市昆山市周庄镇祁浜村
负责人：朱正荣
Tel：0512－57202765

## 扬中市三茅镇凯福莱制衣厂
业务：扬中市三茅镇凯福莱制衣厂主要生产各种服装。产品销往国内外。欢迎各方客户来电洽谈业务，共同合作。
地址：江苏省镇江市扬中市三茅镇中盛路中乔村186号
邮　编：212000
法　人：戎厚福
Tel：0511－8329934

**苏州亿嘉服饰有限公司**
地址：江苏省苏州市平江区白塔东路26号
负责人：赵林浩
Tel：0512－67797799

**太仓市立昕皮革制品有限公司**
地址：江苏省苏州市太仓市城厢镇南郊利民村
负责人：钱立新
Tel：0512－53408658

**太仓市万达鞋材有限公司**
地址：江苏省苏州市太仓市城厢镇南郊胜昔村
负责人：余飞燕
Tel：0512－53560487

**吴江市华昕纺织有限公司**
地址：江苏省苏州市吴江市平望镇
负责人：徐巧宋
Tel：0512－63688918
13906252599

**吴江市晨丰喷织厂**
地址：江苏省苏州市吴江市盛泽镇
负责人：陈利荣
Tel：0512－63836253
13962585533

**苏州市荣源针织制衣有限公司**
地址：江苏省苏州市吴中区渡村镇工业园
负责人：徐金荣
Tel：13801541710

**苏州市吴中区舒美工艺织造厂**
地址：江苏省苏州市吴中区郭巷镇浮桥村
负责人：施文男
Tel：13706135490

**苏州市林达针织工艺服装厂**
地址：江苏省苏州市吴中区郭巷镇六浦村
负责人：龚建林
Tel：0512－65975220

**苏州凯顺服饰厂**
地址：江苏省苏州市吴中区太湖国家旅游度假区蒋墩香山南路
负责人：徐成刚
Tel：0512－66511916

**苏州大康纺织有限公司**
地址：江苏省太仓市璜泾镇鹿河东影村
负责人：苏国平
Tel：0512－53824198
13806245936

**申欣无纺材料厂**
地址：江苏省太仓市沙溪镇胜利村
负责人：张申白
Tel：0512－53210748
13901872353

**康达绳网厂**
地址：江苏省泰州市经济开发区
负责人：严泰康
Tel：0523－86842008
86635498
13901432869

**野徐兴隆防水服装厂**
地址：江苏省泰州市野徐镇解家村六组
负责人：赵建中
Tel：0523－86131875
13809013516

**达威服饰有限公司**
地址：江苏省泰州兴化市安丰镇工业园区
负责人：徐小军
Tel：13382567999

**富丽佳无纺棉织品厂**
地址：江苏省通州市川港镇双桥村16组
负责人：季金石
Tel：0513－86346375
13901472214

**南通华伟运动服饰有限公司**
地址：江苏省通州市经济开发区
负责人：徐彩坤
Tel：0513－86524310
86524307
13962866345

**通州市先锋镇龙翔色织厂**
地址：江苏省通州市先锋镇花园村
负责人：葛明志
Tel：0513－86671018
86678660
13358061168

**建发纺织有限公司**
地址：江苏省通州市欣锋镇16里墩
负责人：周建成
Tel：13951417838

**荣毅纺织品有限公司**
地址：江苏省通州市正场大桥南
负责人：邱祖芬
Tel：0513－86999968
13606288966

**财林纺织品有限公司前洲分公司**
地址：江苏省无锡市惠山区前洲镇谢村
负责人：张才平
Tel：0510－83383020

**无锡市长安赵氏制衣厂**
地址：江苏省无锡市惠山区堰桥镇友谊路
负责人：赵伟夫
Tel：0510－83620987
83762317

**无锡恒阳纺织有限公司**
地址：江苏省无锡市江阴市长泾镇花园村花园西路
负责人：王健
Tel：0510－86311868

**江阴市凯欣纺织有限公司**
地址：江苏省无锡市江阴市新桥镇工业园区北区
负责人：王进良
Tel：0510－86930188
13606161096

**无锡宏涂布业有限公司**
地址：江苏省无锡市钱桥镇工业园区景镇路50号
负责人：郑志英
Tel：0510－83207300

**裘达美毛绒有限公司**
地址：江苏省无锡市锡北民营经济园A区－23号
负责人：常发明
Tel：0510－83117083
83114564
83103194

**无锡市新颖纺织有限公司**
地址：江苏省无锡市锡山区东北塘镇农坝路东
负责人：张治国
Tel：0510－83773130

**无锡市雄鹰服饰厂**
地址：江苏省无锡市新惠路11号
负责人：熊文进
Tel：0510－83722522

**丝密斯科技有限公司**
地址：江苏省无锡市新区泰山路2号国际合作园B座
负责人：过宗宪
Tel：0510－85435019
85258616

**无锡市华彬纺织品有限公司**
地址：江苏省无锡市堰桥中路六环一号402室
负责人：华培明
Tel：0510－83742875

**越华毛纺织有限公司**
地址：江苏省无锡市祝塘镇茂龙村(陶家降1号)
负责人：徐忠新
Tel：0510－86384621
13606166289

**吴江市横扇振宇纺织厂**
地址：江苏省吴江市横扇镇圣牛村二组
负责人：周炳荣
Tel：0512－63699008
13801552008

**苏州裕益丝绸服饰绣品有限公司**
地址：江苏省吴江市横扇镇菀坪经济开发区
负责人：朱爱萍
Tel：0512－63793953
13901550953

**吴江市神力织造有限公司**
地址：江苏省吴江市临沪开发区黎里工业园
负责人：顾云峰
Tel：0512－63627888
63627999

**金鑫绣花服饰辅料厂**
地址：江苏省吴江市芦墟镇西南街4号
负责人：金志平
Tel：0512－63252206

**吴江市平云纺织有限公司**
地址：江苏省吴江市平望镇顾扇村
负责人：顾坤荣
Tel：0512－63661399
13962553375

**吴江市蜂球丝绸有限公司**
地址：江苏省吴江市盛泽东方市场温州路东13－14
负责人：吴伟江
Tel：13906259285

**吴江富士达纺织有限公司销售分公司**
地址：江苏省吴江市盛泽东方市场一分场东楼15－16号
负责人：沈云峰
Tel：0512－63551357

**吴江市冠宏纺织品整理有限公司**
地址：江苏省吴江市盛泽南宵开发区
负责人：张玲芳
Tel：0512－63502978
13616250231

**苏州三立乙铨纺织有限公司**
地址：江苏省吴江市盛泽镇北开发二区8号
负责人：徐立志经理收
Tel：0512－63507748
60680161

**吴江市盛泽盈鑫纺织厂经销部**
地址：江苏省吴江市盛泽镇林桑场4号
负责人：艾磊
Tel：0512－63505313
13906259845

**吴江市双盈化纺实业有限公司**
地址：江苏省吴江市盛泽镇盛湖西路1－2号
负责人：堵振明
Tel：0512－63515868
13806251828

**吴江市永仁喷织厂**
地址：江苏省吴江市盛泽镇双熟村
负责人：钱永良
Tel：0512－63601261
013801555651

**吴江市裕发纺织有限责任公司**
地址：江苏省吴江市盛泽镇舜湖西路7幢9－11号
负责人：沈锋
Tel：0512－63516196
13606256563

**江苏吴江市新东方蚕丝被服厂**
地址：江苏省吴江市震泽镇158#
负责人：庾金明
Tel：13862522981
13712711078
0512－63751833
61580555

**万姿服饰有限公司**
地址：江苏省徐州经济开发区淮海食品城维维市场3号楼2层
负责人：杨日昕
Tel：0516－83875345
13815302508

**徐州茗流格尚雅尼服饰有限公司**
地址：江苏省徐州市丰县向阳中路
负责人：燕苏峰
Tel：13505227866

**神龙纺织有限公司**
地址：江苏省徐州市沛县龙固镇东工业园
负责人：杨继来
Tel：13905226786

**兴隆制衣有限公司**
地址：江苏省徐州市睢宁县高作镇轧花厂院内

负责人:芝玉兰
Tel:0516－88212881
13151229933

**鑫海纺织有限公司**
地址:江苏省盐城大丰市小海镇工业园区
负责人:花英贞
Tel:0515－83715688
1377028399

**江苏省东台市玉华色织厂**
地址:江苏省盐城江苏省东台市谢家湾(原市绢纺厂内)
负责人:张玉华
Tel:0515－85261749
13861416288

**八滩轧花有限责任公司**
地址:江苏省盐城市滨海县八滩镇韩湾村
负责人:王启元
Tel:0515－84884888
13505106188

**滨海金鹰服饰有限公司鞋业购物中心**
地址:江苏省盐城市滨海县城天裕商厦阜东中路188号
负责人:杨光辉
Tel:0515－84238918
13914637388

**鑫诚彩印织带厂**
地址:江苏省盐城市滨海县东坎镇蔬菜居委会沪东北路268号
负责人:施玉海
Tel:0515－84133658
84989050
13382633068

**大华龙高空维修防腐有限公司建材销售分公司**
地址:江苏省盐城市城区耿伙新村三区131号
负责人:唐红云
Tel:0515－88411378
13092182071

**诚意纺织设备厂**
地址:江苏省盐城市城区南洋镇民联村
负责人:陈玉红
Tel:0515－88890230
13921887988

**典彤服装厂**
地址:江苏省盐城市城区盐南新村二区四幢305室
负责人:唐兆英
Tel:0515－88963706
86017177

**九九纺织有限公司**
地址:江苏省盐城市大丰市东陵路西侧
负责人:施海燕
Tel:13705113560

**三发织布厂**
地址:江苏省盐城市大丰市刘庄镇三圩小街敬老院东侧
负责人:卞传进
Tel:0515－83664586
83963813
13851001716

**银祥剥绒厂**
地址:江苏省盐城市大丰市三龙镇开明村四组
负责人:李银祥
Tel:0515－83469353
13305113409

**蓝光工业布有限公司**
地址:江苏省盐城市阜宁县板湖镇工业园区
负责人:王永恩
Tel:0515－87598088
13327980018

**鼎盛布业有限公司**
地址:江苏省盐城市阜宁县阜城工业园区A区2#
负责人:王功富
Tel:0515－87214470
13815528469

**远东布业有限公司**
地址:江苏省盐城市阜宁县硕集镇工业园区
负责人:王成东
Tel:0515－87220526
87572508
13905117320

**大森缝制设备有限公司**
地址:江苏省盐城市黄海东路41－110号
负责人:吕顺红
Tel:0515－88227022
88337348
13921817563
13905107963

**银海棉业有限公司**
地址:江苏省盐城市建湖县草堰口镇桃园村五组
负责人:唐霞斌
Tel:0515－86409066
13327982288

**建湖县万利工业布厂**
地址:江苏省盐城市建湖县建阳镇瓦瓷村一组
负责人:陈玉高
Tel:0515－86568266
86568966
13905116200

**同伟服饰有限公司**
地址:江苏省盐城市建湖县经济开发区冠华东路1588号
负责人:黄立新
Tel:0515－86252199
13851145888

**永悦制衣有限公司**
地址:江苏省盐城市建湖县经济开发区永兴路2号
负责人:徐海霞
Tel:0515－86218855
86182687

**盛宇纺织印染机械厂**
地址:江苏省盐城市建湖县芦沟镇建新路
负责人:崔文荣
Tel:0515－86578391
13601421702

**虹顺纺织有限公司**
地址:江苏省盐城市建湖县庆丰镇水柳路280号
负责人:葛林超
Tel:0515－86385999
86383958
13056136666
13770206633

**法国啄木鸟专卖店**
地址:江苏省盐城市解放北路64号(法国啄木鸟专卖店)
负责人:娄文君
Tel:0515－88399598
88069872
13327985880

**春贵制线厂**
地址:江苏省盐城市射阳县合德镇兴农路
负责人:姚学贵
Tel:0515－82322443
82989644

**金鹤亚麻纤维有限公司**
地址:江苏省盐城市射阳县经济开发区海都路2号
负责人:陈京鹰
Tel:0515－82305991
82996777
13813217777

**协新纺织有限公司**
地址:江苏省盐城市射阳县藕耕镇工业园区内
负责人:刘亚东
Tel:13905114746

**富源棉业有限公司**
地址:江苏省盐城市射阳县盘湾镇工业园区内(原华新小学内)
负责人:董平
Tel:0515－82756688
13905115576
13770187958

**华明织造有限公司**
地址:江苏省盐城市射阳县盘湾镇中心工业园区
负责人:尤付华
Tel:0515－82752288
13301418766

**鹤林棉业有限公司**
地址:江苏省盐城市射阳县中路港养殖场盐海公路南侧
负责人:陈清荣
Tel:0515－82690958
13805107344

**宏盛棉业有限公司**
地址:江苏省盐城市身阳县盘湾镇盘西居委会
负责人:沈玉洪
Tel:0515－82733911
13186452848

**邗江梦华多无纺布厂**
地址:江苏省扬州市北郊黄珏镇
负责人:赵春科
Tel:13301452303

**高邮市华丽制衣厂**
地址:江苏省扬州市高邮市高邮镇通湖路82号
负责人:张华
Tel:13348134441

**通裕纺织集团有限公司**
地址:江苏省扬州市广陵区江阳中路7号
负责人:马宝祥
Tel:0514－87858768

**华信织带有限公司**
地址:江苏省扬州市邗江区甘泉工业园
负责人:黄昌华
Tel:13805250121

**金诚鞋厂**
地址:江苏省扬州市邗江区新坝镇恩余村
负责人:沙正明
Tel:0514－87411449
13705276039

**新胜玩具服装辅料厂**
地址:江苏省扬州市郊区西湖镇台扬路9号
负责人:沈荣华
Tel:0514－87305257

**创新旅游用品经营部**
地址:江苏省扬州市汤汪乡同心村华庄组7号
负责人:王祖建
Tel:13905273445

**新宇非织造布有限公司**
地址:江苏省扬州市仪征市经济开发区内西园北路30号
负责人:费承天
Tel:0514－83424200
13905256613

**张家港市协诚贸易有限公司**
地址:江苏省张家港经济开发区悦丰大厦附属楼
负责人:陈楠
Tel:13182630230

**张家港市顺达经编厂**
地址:江苏省张家港欧洲工业园(塘市粮管所内)
负责人:徐国良
Tel:13906247102

**张家港市宝利马针织机械厂**
地址:江苏省张家港市妙桥镇第一羊毛衫市场北大门
负责人:倪向阳
Tel:0512－58412628
13706238538

**丹阳佳源服饰有限公司**
地址:江苏省镇江丹阳市南门芳草经济园
负责人:潘荣正
Tel:0511－86894886
86894888
13506105198

**恒泰和裘皮服饰制品厂**
地址:江苏省镇江市丹徒区高桥镇集镇南街东112号
负责人:周梅芳
Tel:0511－83306237
13338813902

**鑫美纺机配件厂**
地址:江苏省镇江市丹徒区姚桥镇
负责人:姚建荣
Tel:0511－83381537
13705286892

**鸿鹄服饰有限公司**
地址:江苏省镇江市丹阳里庄镇
负责人:吴斌
Tel:0511－86675351
13327766028

**丹阳市皮鞋六厂**
地址:江苏省镇江市丹阳市访仙镇工农路16号
负责人:戎平西
Tel:0511－86462139
82200780
13806100780

**凯瑞宝纺织品有限公司**
地址:江苏省镇江市丹阳市皇塘工业园
负责人:钱利民
Tel:0511－86628888
13358187808

## 常熟市振盛针织绒有限公司

常熟市振盛针织绒有限公司成立于2007年，本厂拥有各种毛绒生产及后加工设备，可生产玩具，服装，床上用品，卫生洗涤等各种家纺面料，里料。主要有儿棉花绒，落水绒，PV绒，皱花绒，双面绒，羚羊绒，麻花绒等一系列产品，欢迎广大客户前来洽谈。本厂一贯宗旨：以诚待客，信誉至上！

联系人：刘训杭

电话：0512-52838960、13338718699

地址：江苏省常熟市东南开发区集中工业坊A栋　邮编：215500

## 东台双剑服饰有限公司

东台双剑服饰有限公司成立于2001年。主要从事服装的加工销售。

我们秉承“顾客至上，锐意进取”的经营理念，坚持“客户第一”的原则为广大客户提供优质的服务。

欢迎广大客户惠顾！

联系人：郭春粉　13861415369

网址：www.dtytfs.com

电话：0515-85422244　85432166　85421111

地址：江苏省东台市廉贻镇工业园区　邮编：224200

## 常州市波普纺织有限公司

联系人：陆美华 18961229587

常州市波普纺织有限公司成立于2009年，本公司专业从事服装面料开发和生产、销售。

把自己的产品质量做好，对客户诚实守信是我们一直秉承的办厂理念。把我们的优质产品和服务告诉广大客户，与客户共同发展是我们的经营理念。

电话：0519-85113665
传真：0519-85135058
邮编：213022
地址：江苏省常州市新北区府琛商务广场2号楼A区乙1205-1207室

## 高邮市东元服饰有限公司

高邮市东元服饰有限公司自成立以来，专业从事服装的生产与销售。本公司以雄厚的实力、合理的价格、优良的服务与多家企业建立了长期的合作关系。高邮市东元服饰有限公司热忱欢迎各界前来参观、考察、洽谈业务。

聯系人：王元明

电话：0514-84323199、84328199　传真：0514-84328199

地址：江苏省高邮市临泽镇工业园区　邮编：225621

## 常州市武进区雪堰镇非常男女服装店

常州市武进区雪堰镇非常男女服装店成立于2005年，本店专业从事服装的销售。常州市武进区雪堰镇非常男女服装店的诚信、实力和产品质量获得业界的认可。欢迎各界朋友莅临常州市武进区雪堰镇非常男女服装店参观、指导和业务洽谈。

联系人：林友富　电话：0519-85377698

地址：江苏省常州市武进区雪堰镇雪湖东路3号　邮编：213000

## 海安县俊达针织天鹅绒厂

本厂具备完整的工艺流程和齐全的设备，是生产天鹅绒系列面料的专业工厂，专业生产各种规格的天鹅绒、毛巾布、汗布、棉毛布。我们恪守以优质的产品、诚实的信誉、完善的服务、合理的价格拓展国内外市场，在激烈的市场竞争中求生存、谋发展，竭诚为国内外顾客提供优质的产品。

联系人：唐俊生　手机：13914356148

电话：0513-88247907　传真：0771-8520829

地址：江苏省南通市海安县角斜镇工业园区　邮编：226633

纺织服装

## 丹阳市明轩皮革有限公司

本公司成立于1999年，主要经营鞋用、箱包、手袋、木业等接着剂。产品有PU胶、药水糊、黄糊、特殊用胶及各类天那水、处理剂、硬化剂等环保系列产品。

欢迎您的光临！

联系人：袁伟新 18906109901

电话：0511-86887777
传真：0511-86988811　邮编：212300
地址：江苏省丹阳市开发区东方皮革商城三区南过街楼13-14号

## 海安县浦港棉业有限公司

海安县浦港棉业有限公司成立于2002年，专业从事棉花加工，主要产品有皮棉、棉短绒、棉籽和不孕棉。

我公司秉承“锐意进取，客户第一”的经营理念，竭诚为广大客户提供最可靠的技术和最满意的服务。欢迎来料加工！

联系人：梅广浦

电话：0513-88267769 13506299666

地址：江苏省南通市海安县老坝港镇工业园区　邮编：226000

## 丹阳市鑫达莱服饰有限公司

丹阳市鑫达莱服饰有限公司成立于2004年，本公司专业生产牛仔裤、服装，棉纺织品，床上用品，旅游用品制造、加工、销售。我们深信企业的成功来源于产品的卓越品质，来源于客户的信赖与支持，我们一定会不懈努力，以优良的产品和服务来回报客户对我们的信赖。鑫达莱对所有朋友的宗旨就是：“制造最好产品，保障最高的利益，造就一生的伙伴”。

联系人：王敏　13806109936

电话：0511-86613779　传真：0511-86618778

地址：江苏省丹阳市蒋墅镇迎宾东路11号　邮编：212300

## 佳明德贸易有限公司

我公司下设有注塑厂，拉链厂和织带厂，经营的服装辅料种类齐全。注塑厂专业生产，研发，销售塑胶衣架。企业秉“信誉为本，品质第一”的经营理念，以良好的信誉，热情的服务，用户满意的原则，诚邀你的加盟！

联系人：陈通峰

电话：0513-85291827 85858640　地址：江苏省南通市崇川区中原综合批发市场3-17号

邮编：266000

## 建湖缤纷服饰有限公司

本公司成立于2007年，主要从事服装生产、加工、销售。以“创新为使命、质量为保证”的思想为经营理念，以“更好的品质、更快的速度”的业务要求为服务宗旨，从发展中不断的提高自我、完善自我。

联系人：肖 芬

电话：0515-86501668 手机：13338950168
传真：0515-86581656
地址：江苏省盐城市建湖县恒济镇建中村（原建中小学旁） 邮编：224763

## 江苏省无锡市石塘湾心悦针织机械厂

我厂成立与1995年，是一家专业从事针织机械，针织品制造的企业。

我们将以最周到的服务，最低廉的价格，最优质的产品，竭诚为您服务！

热忱欢迎国内外客商的垂询洽谈。

联系人：顾国平
0510-83279312 83279290
传真：0510-83279290 电子邮件：whzzjx@126.com
地址：江苏省无锡市惠山区洛社镇石塘湾五秦村新跃桥境 邮编：214185

## 建湖县盛泰纺织有限公司

网址：www.Jhstfz.com

公司建地面积2万平方米，产品远销广东、西安、浙江、东南业等。现在员工200余人，专业技术人员16人，年产值5000万。企业主要生产腈纶雪尼尔纱，腈混纺纱线，品种有等品种，也可以根据客户要求来样生产。

公司全体员工热忱欢迎国内外客商惠顾指导，我们将以优质的产品，优质的服务，竭诚与新老客商共创美好未来。

联系人：姚红连
电话：0515-86579188
传真：0515-86579166
地址：江苏省盐城市建湖县芦沟镇玮达工业集中区 邮编：224100

## 江苏省张家港市飞龙针织制衣厂

我厂创立于1999年，主要从事针织服装，睡衣的制造、加工、销售。

我公司坚持以科技兴厂，领针织业潮流，“创新，求实”永远是我们公司的发展宗旨。我们将以诚恳的服务，优惠的价格，期待与您的合作！

电话：0512-58596309
联系人：陆岐 13506225970
地址：江苏省张家港市塘市镇刘市村 邮编：215000

## 江都市凯旋绳网带厂

本公司成立于2006年，主要经营网带、回收带、各种胶带。

凯旋胶带的服务宗旨：以质量求生存，以信誉求客户。营销方略：诚结四海朋友，让利五洲客商，竭诚为国内外用户提供优质服务！

电话/传真：0514-86464599 86464699
邮编：225217
地址：江苏省扬州市江都市大桥沿江开发区
联系人：周祥荣 13775666376

## 江阴纺织器材厂

法尔胜集团江阴纺织器材厂，创建于1958年，1997年加入法尔胜集团，是原纺工部定点生产纺机配件及木制品的重点企业。纺织器材系列产品棉、毛、丝、麻、化纤等各类纺机木配件也赢得了客户信任和好评。

今日的质量，明日的市场；顾客的需求，我们的追求。紧握双手，共臻未来，相信我们的产品和服务一定能为您参与竞争、拓展市场提供帮助。

联系人：韩志平
电话：0510-86278760 网址：www.jyfzqcc.com
传真：0510-86276647 电子邮件：hzp581@sina.com
地址：江苏省江阴市澄江镇璜铜桥399号 邮编：214400

## 江都市鹏盛服饰辅料厂

江都市鹏盛服饰辅料厂成立于1990年，本厂专业从事各种罗纹织带、各种棉绳、丝绳弹力绳等系列产品。我们凭借高素质的员工，精良的工艺，合理的设计方案，细致入微的售后服务，赢得国内外众多知名企业的信赖和合作机会。力争为客户体现其独有的企业精神和企业形象。客户满意是我们不懈的追求！

联系人：刘其鹏 传真：0514-86426178
电话：0514-86924699、86426178、13382726066
地址：江苏省扬州市江都市浦头镇江灵路 邮编：213011

## 江阴市司迪纺织品有限公司

本公司成立于2006年，主要经营纺织品、生产加工销售，经营和代理各类进出口业务，主要产品有牛仔布系列、色织布系列、针织布系列及服装。客户是企业的命脉，顾客的信赖是企业生存的基础，我们提倡顾客满意的理念，重视顾客满意的价值。

联系人：曹凤迪
电话：0510-86233900、86237333、13915215155 传真：0510-86223707
地址：江苏省江阴市周庄镇宗言村金门路 邮编：21442

## 江苏虹宇服饰有限公司

江苏虹宇服饰有限公司成立于1994年，公司以生产外贸服装为主，主要产品有衬衫、夹克衫、羽绒服、毛呢上衣、毛皮上衣、裤装等各类时装，年创汇600万元左右。公司以创名牌企业为目标，以顾客满意为原则，热忱欢迎各界朋友莅临指导、洽谈业务！

联系人：陈勤芳 13705112668
电话：0515-83512909 传真：0515-83513601
网址：www.chinahongyu.com.cn
电子邮件：hongyu@chinahongyu.com.cn
地址：江苏省大丰市区大华路19号 邮编：224100

## 江阴市隆裕纺织机械有限公司

江阴市隆裕纺织机械有限公司成立于2003年，主要加工电脑纺机配件。

本厂秉承“顾客至上、锐意进取”的经营理念，坚持“客户第一”的原则为广大客户提供优质的服务。欢迎广大客户惠顾！

联系人：袁建国 13801522393
电话：0510-86327638 86925638 传真：0510-86925638
地址：江苏省无锡市江阴市顾山镇顾北村

## 江阴市先锋纺织有限公司

江阴市先锋纺织有限公司自成立来，主要从事各色粗纺面料的生产及销售。

我们坚持品质，我们坚持创新。为您提供高品质的产品与服务，欢迎您的合作！

联系人：陈国锋 13584133631

电话：0510-80279078　传真：0510-80279077

地址：江苏省江阴市周庄镇倪家巷村虎跑大厦旁　邮编：214001

## 涟水县涟城镇新世界服饰超市

涟水县涟城镇新世界服饰超市创建于2000年，主要经营服装。我们恪守"一切为了客户"的服务原则，力求为客户带来效益，让客户真正的满意。

联系人：陆金飞

电话：0517-82350107　手机：15962703777

地址：江苏省淮安市涟水县涟城镇安东路221号　邮编：223001

## 昆山市富臣服装有限公司

昆山市富臣服装有限公司成立于1997年，专业从事各类服装、箱包和毛巾的生产和销售。我公司以广阔的市场前景和广大消费者强有力支持为后盾，坚持一流的管理，一流的服务，一流的经营理念，欢迎来电洽谈！

联系人：戴福元　手机：13052857798

电话：0512-57697118　传真：0512-57697111

地址：江苏省昆山市花桥镇国际商务城蓬青路1186号　邮编：215300

## 南京市皮草服饰店

本公司成立于2007年，皮草、水貂的销售。

我司自成立以来，一直秉持"质量第一、客户至上"的服务宗旨，终使公司稳步成长，逐步发展壮大。

联系人：冯贤站 13851488662

电话：025－52468080

地址：江苏省南京市雨花台区西路安德新寓20号1幢205室　邮编：210000

## 昆山市花橋鎮帆順服飾修色廠

帆顺服饰修色厂成立于2001年，本厂是采用进口原料、设备、技术、专业人员修补、纺织品与面料、成衣修色的企业。技术人员在日本学习此专业1－2年。实际工作经验均有5－6年之久。服务项目是采用日本技术、日本材料，专业为各种面料服装、羊毛衫、针纺织品修补；色差、段差、搭色、色花、白印、黑白条洗污等业务，服务周到！

联系人：王玉良

电话：0512-57695628、13616268197　传真：0512-57697127

地址：江苏省昆山市花桥镇花溪路98弄19号　邮编：215332

## 南京市浦口区卓然服饰设计制作中心

南京市浦口区卓然服饰设计制作中心主要从事酒店服装的设计和制作。我们本着"质量第一，信誉至上"的服务宗旨，专业为您设计制作酒店制服。

联系人：乔德齐

电话：025-58880105　手机：13705195491

地址:江苏省南京市浦口区珠江镇珠泉花园25幢306　邮编:210000

## 昆山市信隆纺织品有限公司

昆山市信隆纺织品有限公司成立于2007年，本公司主要经营纺织品印染，主要产品有全棉和尼龙交织、化纤类及各类后整理加工。我司秉着："客户第一，信誉至上，以求实，共发展"的宗旨，在提高质量，保交期，反映迅速上下工夫，努力服务于老客户。公司热忱欢迎新老客户莅临指导。

聯系人：戴剛華

电话：0512-57997658、57997705、13328055561　传真：0512-57997705

地址：江苏省昆山市玉山镇震川西路111号1505室　邮编：215300

## 南京众艾服饰有限公司

南京众艾服饰有限公司成立于2008年，专业从事服装设计、加工、来料来样订做，欢迎新老客户来电来函洽谈业务。

联系人：胡惠珍

电话：15077887336、025-58859281

邮编：210031

地址：江苏省南京市浦口区浦珠北路137号-1

## 昆山市周庄志愿服饰辅料厂

本公司位于昆山市周庄镇云南开发区，主营吊牌、洗唛、织唛、卡头、不干胶等各类印刷品等。

公司秉承"顾客至上，锐意进取"的经营理念，坚持"客户第一"的原则为广大客户提供优质的服务。欢迎惠顾！

电话：0512-57213163 57214163

邮编：215325

地址：江苏省苏州市昆山市周庄镇云南村

联系人：陆全弟

## 南通格拉吾劳护用品有限公司

本公司成立于2003年，主要生产和销售手套。如需购买，请联系我们，我们将为您提供性价比最高的产品与服务！

联系人：李 栋

电话：0513-88563798　手机：13962725608

地址：江苏省如皋市丁堰镇团结北路　邮编：226500

## 如東縣海納紡織有限有限公司

成立于2004年，主要纺织棉纱、棉布。

本公司秉承“顾客至上，锐意进取”的经营理念，坚持“客户第一”的原则为广大客户提供优质的服务。

欢迎广大客户惠顾！

电话：0513-84612424 84613040
联系人：吴浩
传真：0513-84610999
邮编：226404
地址：江苏省南通市如东县双甸镇镇百村1号

## 如皋市永扬服饰有限公司

本公司成立于2006年，主要经营针，梭织服装生产加工销售，主要产品有衬衫，棉衣，时装。

为您服务是我们的责任，赢得双赢是我们的追求。

联系人：石飞 15996657348 13390762518
电话/传真：0513-87926118 87926658
邮编：226531
地址：江苏省南通市如皋石庄镇石北工业园区

## 如皋市滨江拼线有限公司（如皋市毛纺有限公司）

本公司成立于2005年，主要经营纺织业的生产，有各种规格毛纱、针织纱。公司以“优质、廉价、信誉”为宗旨。

欢迎新老客户与我公司合作，共展宏图。

联系人：高建国 13646185448
电话/传真：0513-87680255 87680862
邮编：226500
地址：江苏省如皋市如皋港经济开发区二百亩村

## 苏州君秀服装有限公司

本公司成立于2008年，主要經營服裝縫制加工，主要產品有梭織婦女服裝，男式休閑服裝等各種中、高檔服裝。

本公司以質量第一，服務至上爲宗旨，竭誠爲您服務。

联系人：周建国 13656250888
电话：0512-63501248
邮编：215212
地址：江苏省吴江市汾湖经济开发区黎里段

## 如皋市建银织布有限公司

如皋市建银织布有限公司是一家以布的生产与销售为主的企业。公司自成立以来，竭诚为客户服务，不断为客户提供优质、物美价廉之产品及服务，赢得了客户的信赖。

联系人：邱成华
电话：0513-87391026 15851367521
地址：江苏省南通市如皋市高明镇高明庄村 邮编：226000

## 苏州市平江区播牌服装经营部

本公司成立于2006年，主要经营播牌服装、服饰产品。“最大可能地满足消费者的需求”是公司售后服务的宗旨。

欢迎您的光临！

电话：021-57783232
邮编：215000
地址：江苏省苏州市玄妙广场6-9铺（富仁坊5号）
联系人：郑征 13818955569

## 如皋市双龙健制衣有限责任公司

本公司成立于2001年，主要生产男女系列休闲裤、休闲夹克及童装.

产品远销日本、意大利、丹麦、美国及香港等部分国家和地区，拥有相对独立的自营进出口权。遵循质量管理体系要求，公司日益走向规模化发展.

热忱欢迎国内外新老客户光临指导！

联系人：邵海建 13862738188
网址:rgssljzy.cn.china.cn
电话：0513-87505800 87507007
地址：江苏省南通市如皋市经济开发区香江路8号 邮编：226572

## 苏州市吴中区舒美工艺织造厂

苏州市吴中区舒美工艺织造厂于1995年成立，本厂专业生产加工销售：各种款式和不同规格的丝带，线、绳类物品和多种服饰、服装辅料等产品。

主要产品有鞋带、松紧带、水浪花边、圆绳及各种扁带。我们以“质量为主、诚信为本”为宗旨，欢迎来样加工，来样定做。

电话：0512-65961851
联系人：施文男
传真：0512-65972528
地址：江苏省苏州市郭巷镇西村路25# 邮编：215124

## 如皋市伍元拼线厂

如皋市伍元拼线厂成立于2008年，本厂专业从事生产、销售拼线。

公司秉承“顾客至上，锐意进取”的经营理念，坚持“客户第一”的原则为广大客户提供优质的服务。欢迎惠顾！

联系人：戴伍元
电话：0513-81715657 邮编：226001
地址：江苏省南通市如皋市袁桥镇浦东村二十九组18号

## 苏州市相城区望亭正一工艺绣品厂

正一工艺绣品厂成立于2002年，专业从事绣花制品、各类服装的加工、生产和销售。产品包含手工订珠片、特种刺绣及各式服装。我公司秉承“顾客至上，锐意进取”的经营理念，坚持“客户第一”的原则为广大客户提供优质的服务。欢迎惠顾！

联系人：吴忠贤 13506201978 15050142583
电话：0512-66707579
地址：江苏省苏州市相城区望亭镇华阳村如意路8号
电子邮件：SZZYEMB@163.com 邮编：215155

## 蘇州市相城區渭塘研色服裝專賣店

本店主要经营服装专卖，品牌代理。

我们一直遵循“以客为尊，以诚相待，以信立本，以质取胜”的服务宗旨。

联系人：李华 13701548083
电话：0512－65806063
邮编：215500
地址：江苏省相城区渭塘镇谓星街商业城105号

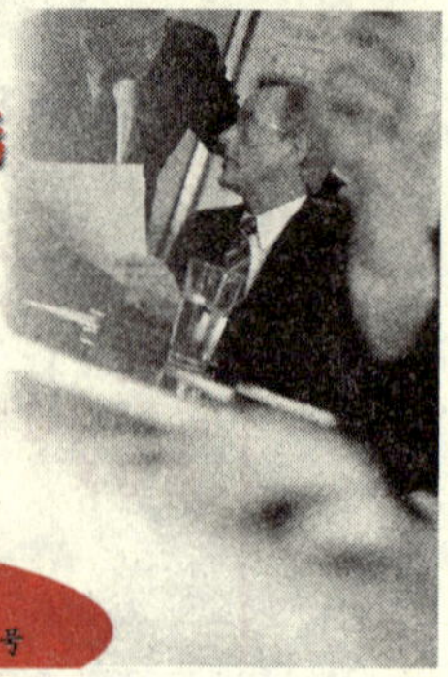

## 泰兴市泰润纺织有限公司

泰兴市泰润纺织有限公司成立于2009年，专业从事纺织品加工和销售，产品主要包括各类服装和服装面料。我公司以广阔的市场前景和广大消费者强有力支持为后盾，坚持一流的管理，一流的服务，一流的经营理念，欢迎来电洽谈！

联系人：赵建生 手机：15961003878
电话：0523-87460331 传真：0523-87460323
地址：江苏省泰兴市泰兴区黄桥镇祁巷村小学内 邮编：225400

## 苏州市相城区阳澄湖镇佰度制衣厂

苏州市相城区阳澄湖镇佰度制衣厂成立于2005年，本厂主要经营服装面料纱洗。本着价格最平、质量第一、信誉至上、薄利多销的原则，欢迎国内外企业、大型批发商来电话、传真或来人联系服务，愿与海外客商结盟，真诚合作！

联系人：陆志海
电话：0512-65421206 邮编：215000
传真：0512-65499880
地址：江苏省苏州市相城区阳澄湖镇湘城圣堂村早花村

## 通州市川港镇金佳利宾馆配套

通州市川港镇金佳利宾馆配套创建于2006年，通州市川港镇金佳利宾馆配套主要经营锻条、锻革、皮花、平纹兼做成品。本公司秉承“顾客至上，锐意进取”的经营理念，坚持“客户第一”的原则为广大客户提供优质的服务。欢迎广大客户惠顾！

联系人：夏娟
电话：13921463370 0513-80255055
传真：0513-86800221
地址：江苏省南通市通州区叠石桥金一路89号
邮编：226300

## 太仓市金祥氨纶纤维厂

太仓市金祥氨纶纤维厂成立于2003年，本公司专业从事生产氨纶纤维丝。

本厂始终坚持“质量第一”为原则，为广大客户提供优质产品。诚信合作，共求发展。欢迎前来洽谈业务。

联系人：杨惠彪
电话：0512-53858599 传真：0512-53855118
地址：江苏省太仓市璜泾镇长浜村 邮编：215400

## 通州市川港镇盈丰宾馆面料经营部

通州市川港镇盈丰宾馆面料经营部自成立以来，主要经营锻条、锻革、皮花、平纹兼做成品。本公司秉承“顾客至上，锐意进取”的经营理念，坚持“客户第一”的原则为广大客户提供优质的服务。欢迎广大客户惠顾！

联系人：常剑 15862761888
电话：0513-82904688 86808186
传真：0513-82904688 邮编：226300
地址：江苏省南通市通州区川港镇金一路188号

## 太仓市沙溪镇润邦针织厂

太仓市沙溪镇润邦针织厂成立于2004年成立，本厂专业从事针织品。太仓市沙溪镇润邦针织厂位于太仓市沙溪镇。在新一轮的发展中，公司全体员工将精心打造出更多品质一流的产品，竭诚为广大用户服务，诚意邀请与您携手“编织美好生活”！

联系人：韩修君
电话：0512-53337266 53226106
地址：江苏省太仓市沙溪镇化肥厂边 邮编：215400

## 通州市川姜镇小鱼儿布业经营部

本公司成立于2008年，主要经营布业。

公司秉承“诚信”的服务宗旨，坚持“规范”的企业理念，心怀感恩、真诚与各界朋友合作，携手共进！

联系人：徐伯松
13962770956 电话：0513－86808083
地址：江苏省通州市中国南通家纺城 邮编：226300

## 太仓市顺昌塑业有限公司

太仓市顺昌塑业有限公司成立于2003年，本公司专业从事服装辅料、塑料外包装（PE、PP、OPP、ph），主要有20%－80%等不同规格的涤纶线及棉线、尼龙线等各种产品。公司将秉承质量第一、客户至上、诚信经营的承诺，至真至诚携手新老客户共同发展、共创辉煌！

联系人：储建强 电子邮件：tcshunchang@sohu.com
电话：0512-53405689 53404318 13182681299
传真：0512-53404318 邮编：215411
地址：江苏省太仓市城厢镇永丰村18组3号

## 通州市刘桥镇天顺（智诚）缝制设备经营部

通州市刘桥镇天顺（智诚）缝制设备经营部成立于2007年，本部主要经营缝纫设备的销售。

我们本着“客户第一，诚信至上”的原则，热忱欢迎各界朋友前来参观、考察。

联系人：黄卫清
电话/传真：0513-86815755 86812755
地址：江苏省南通市通州市刘桥镇政府斜对面 邮编：226363

## 万小刚服装加工厂

本厂成立于2009年。
主要从事波司登羽绒服加工。
本着“质量第一，信誉至上”的宗旨。
欢迎广大新老客户来电洽谈业务！

联系人：万小刚 13812812915
地址：江苏省常熟市邻近村 邮编：215536

## 吴江市东方丝绸市场凯敏纺织仪器商店

联系人：赵凯 13301555554

本公司成立于2002年，主要经营经销纺织测试仪器及常用品，主要产品有照布镜，潘通色卡，测厚仪，糖量仪，光源箱等。

公司自成立以来，本着顾客至上，服务第一的宗旨，为您提供优质服务。

电话/传真：0512-60665554 63515823
电子邮件：133015554@qq.com
邮编：215228
地址：江苏省吴江市盛泽丝绸商城新东方宾馆路口对面

## 无锡市锡山区张泾镇老鹰服装厂

无锡市锡山区张泾镇老鹰服装厂是一个专业生产防雨服饰的厂家，有各式防雨雨衣，我们的承诺是：把优质的产品，优良的服务奉献给每一位消费者！鹰王品质，值得信赖！热忱欢迎新老客户来电咨询！

联系人：殷玉良 手机：13961666968
电话：0510-83798362 传真：0510-83798362
地址：江苏省无锡市锡山区张泾镇锡港路75号 邮编：214000

## 吴江市硕业纺织有限公司

吴江市硕业纺织有限公司是一家专业从事针纺织品、化学纤维、皮革制品、服装、箱包销售的企业。

公司以“质量就是生命”的经营理念，融合服务至上的管理方式，为国内外客户提供最好的品质和服务。

联系人：范云富
电话：0512－85178682 13606256282
地址：江苏省吴江市盛泽镇商城新区1幢4号
邮编：215002

## 吴江安服布业有限公司

本公司成立于2006年。
主要经营化纤、涤粘交织布。
本公司遵守“诚信为本、质优价廉”的原则。
以“您的满意是我的心愿”为服务宗旨。

联系人：钮培荣 13913098818
电话/传真：0512－63526112
邮编：215228
地址：江苏省吴江市盛泽镇如意路999号

## 吴江市新兴印花厂

吴江市新兴印花厂自成立以来，吴江市新兴印花厂位于吴江市横扇镇环河路，专业从事印花针刺、针织系列、丝绒等。本公司秉承“顾客至上，锐意进取”的经营理念，坚持“客户第一”的原则为广大客户提供优质的服务。欢迎广大客户惠顾！

联系人：范永根 邮编：215300
电话：0512-63692928 传真：0512-63695258
地址：江苏省吴江市横扇镇环河路299号

## 吴江川岛纺织有限公司

吴江川岛纺织有限公司成立于2008年4月。
主要从事于服装面料的生产与销售。
公司以“质量就是生命”的经营理念，融合服务至上的管理方式，为国内外客户提供最好的品质和服务。

联系人：许雪良
电话：0512－63089976 13951127171
地址：江苏省吴江市盛泽镇南环二路东开发区8号 邮编：215228

## 鑫盛针织制衣厂

我厂成立于1998年，专业从事针织服装生产销售，主要产品是羊毛衫。我公司本着“锐意进取，客户至上”的原则，坚持客户至上，竭诚为客户提供最优质的产品和良好的服务。欢迎您的来电！

联系人：陈卫星
电话：0513-83221889 13901466790 传真：0513-83221958
地址：江苏省启东市台角工业园区 邮编：226200

## 吴江市登峰纺织有限公司

吴江市登峰纺织有限公司成立于2003年，位于吴江市梅堰镇。本公司是一家自行设计、开发、生产、销售为一体的专业化企业。主要生产化纤布，花色品种繁多，质量保证，我们将为您提供最优质的产品和最真挚的服务。

联系人：吴玉根
电话：0512-63689303 传真：0512-63689303
地址：江苏省吴江市梅堰镇敬业路 邮编：215200

## 雅格尔布行

雅格尔布行成立于2006年，本行经营各式高中低档沙发布、植绒布、酒店宾馆的工程布，可来样订做各种布料。步入雅格尔布行，就如到了布的世界，艺的海洋。

本行宗旨：质量第一、服务第一、顾客至上，您的满意是我们最大的荣信，欢迎您随时垂询！

地址：江苏省苏州市相城区蠡口华风布艺广场A15-17号
电话：0512-65754629 65750289
传真：0512-65750289
邮编：215100
联系人：金才营

## 雅鹿家纺有限公司

雅鹿家纺有限公司成立于2008年，本公司专业从事床上用品的生产与销售。

公司秉承"顾客至上，锐意进取"的经营理念，坚持"客户第一"的原则为广大客户提供优质的服务。欢迎惠顾！

联系人：尤彪

电话：0513－82331000 地址：江苏省南通市海门市三星工业园区

传真：0513－82331996 邮编：221000

## 扬州艾奇鞋业有限公司

扬州艾奇鞋业有限公司成立于2007年。主要从事于皮鞋的生产、销售。

服务宗旨：以最新的品种、最好的质量、最合理的价格、最完善的服务适应市场需求，让客户满意。

联系人：庞雪梅

电话：0514－6353642 15952588501

地址：江苏省扬州市江都市吴桥镇红河村 邮编：225222

## 盐城市联发助剂厂

盐城市联发助剂厂自成立以来，本厂专业从事印染助剂生产及销售、洗涤原料销售。

我厂以严格的质量保证体系，高质量的产品，优质的一流服务，崇高的信誉，竭诚为新老客户服务。

联系人：张忠智

电话：0515－88601710

地址：江苏省盐城市盐都县秦南镇西桥新村13号 邮编：224021

## 扬州怡东服饰有限公司

本公司成立于2007年，主要经营服装的加工销售以及面料、服装辅料的销售，主要产品有羽绒服，滑雪装，运动装等。为您服务是我们的责任，赢得双赢是我们的追求。

联系人：马红梅 邮箱：master@yzeasydone.js.bnet.cn

电话：0514－87889763、13815805891 传真：0514－87867679

地址：江苏省扬州市邗江中路440号兰庄商贸楼5楼 邮编：225012

## 盐城市盐都区龙冈劳防手套厂

盐城市盐都区龙冈劳防手套厂建立于1989年，本厂主要生产销售各种劳动防护手套，电脑绣花，服装辅料。

公司本着"创新"的理念，在手套行业中不段的创新，立足手套行业数十年。

电话：0515－88702797

传真：0515－88702797

联系人：还留成 13338922399

地址：江苏省盐城市龙冈镇许巷村 邮编：224011

## 仪征市宏程无纺布有限公司

本公司成立与2007年，主要经营无纺布生产。

公司一贯坚持"质量第一，用户至上，优质服务，信守合同"的宗旨，凭借着高质量的产品，良好的信誉，优质的服务，产品畅销全国。竭诚与国内外商家双赢合作，共同发展，共创辉煌！

電話/傳真：0514－83029028 83266013

郵編：225000

地址：江蘇省揚州市儀征市真州鎮胥浦街道168號11、12幢

联系人：赵帮军 13773351034

## 盐城市友人制衣有限公司

盐城市友人制衣有限公司是一家专业从事服装、童装出口的企业。

公司本着以质量求生存、促发展的原则，坚持信誉第一、顾客至上、开拓拼搏、求实创新，竭诚与海内外广大客商在互惠互利的基础上开展多种形式的合作，共谋发展，共创辉煌。

联系人：丁贵忠

电话：0515－88071291 13770010785

邮编：224005

地址：江苏省盐城市亭湖经济开发区民航路7－3号（18）

## 张家港市长江润发服装有限公司

张家港市长江润发服装有限公司成立于2003年，本公司专业从事服装的加工。公司将以"真诚、创新、优质、高效"企业经营宗旨，以"一流的产品、一流的服务、一流的信誉"为企业经营方针，我们的经营理念是客户至上、真诚合作、信誉第一、实现双赢！

联系人：卢阿林 传真：0512－58318819

电话：0512－58318916 58886111 邮编：401334

地址：江苏省张家港市金港镇长江西路滨江路8号

## 扬中市线带实业公司顺达皮件厂

扬中市线带实业公司顺达皮件厂于90年代创办，是一家专门从事皮件加工销售的企业。

本厂秉承"顾客至上，锐意进取"的经营理念，坚持"客户第一"的原则为广大客户提供优质的服务。欢迎广大客户惠顾！

联系人：黄顺生

电话：0511－88221576 13812359586

邮编：224000

地址：江苏省镇江市扬中市开发区新杨寨区西湾小区1弄11号

## 张家港市广大纺机有限公司

张家港市广大纺机有限公司是一家专业从事纺织气动储架研发、生产、销售为一体的民营企业，我公司立足建设企业的文化品牌，凭借"永远快半拍"的企业精神和"市场无限——创新无限"的品牌内涵，为广大客户提供全程、终身、至善、至诚的特色品牌服务。

欢迎您的来电！

联系人：朱永前 13601560776

电话：0512－58639631

网址：www.zjgsgd.com

电子邮件：gd@zjgsgd.com

邮编：215600

地址：江苏省张家港市常阴沙管理区常南工业区

纺织服装

## 浙江省/Zhejiang Province

### 温州永加圣者制扣厂

业务：本公司专业生产各种高、中档塑料纽扣，款式新颖、色泽多样，可多方面满足客户需求。我们以诚信为本，用户至上为企业宗旨。真诚欢迎各界朋友光临洽谈合作，我们将竭诚为您服务！

产品：水晶扣

地址：浙江省温州市永嘉县桥头镇桥头南大街96号

负责人：沙海明 邮编：325107

法人：沙海明

Tel：0577－67485269

Fax：0577－21870169

### 温州市鹿城区夏华针织

业务：针织品批发兼零售

地址：浙江省温州市鱼鳞浃路老人协会楼下第6间

负责人：叶东国 邮编：325000

法人：叶东国

Tel：13075752562

0577－86061117

### 桐庐县晴艺针纺厂

业务：专业生产各种款式围巾、帽子，产品款式新颖、做工精细、品质优良，我们一直坚持诚信经营，品质第一的经营理念，欢迎新老客户前来洽谈业务

产品：梭织围巾

地址：浙江省杭州市桐庐县横村镇方埠工业区

负责人：邱国强 邮编：311500

法人：沈玉琴

Tel：0571－64698394

Fax：0571－64693353

E-mail：tlsy9777@163.com

### 温州浙南鞋料市场万瑞达鞋料店

业务：销售鞋材

地址：浙江省温州浙南鞋料市场六街76号

负责人：黄平 邮编：325000

法人：黄平

Tel：0577－88738113

Fax：0577－88738114

### 绍兴宝丰纺织服装有限公司

业务：绍兴宝丰纺织服装有限公司成立于2004年，是一家从事牛仔、针织、服装、塑料、五金的经营及印染服务等。欢迎国内外客商来我司洽谈业务。

地址：浙江省绍兴市袍江工业区三江路国际物流对面

邮编：312000

法人：许自更

Tel：0575－8916606

Fax：0575－8916607

### 温州浙南鞋料市场文克鞋料店

业务：销售鞋料

地址：浙江省温州浙南鞋料市场三街25号

负责人：方文克 邮编：325000

法人：方文克

Tel：13695723588

0577－88729182

### 武义县壶山吾佳内衣店

业务：内衣专卖

地址：浙江省武义县城解放中街5号地块汇景新城8号9号

负责人：郭俐君 邮编：321200

法人：郭俐君

Tel：0579－88518951

15058593208

### 义乌市大坝纺织品商行

业务：经营纺织品

地址：浙江省义乌市宾王商贸区六区17号

负责人：金国红 邮编：321000

法人：金国红

Tel：13567305396

0579－85554539

### 海宁市海洲碧霞服装辅料行

业务：里料、衬料、填充料、絮料、缝纫线、扣子、拉链、装饰品（花边、珠子、烫钻等）、商标、洗水唛头、吊牌等

地址：浙江省（嘉兴市）海宁中国皮革城原辅料市场2幢C16号

负责人：徐顺俩 邮编：314000

法人：徐顺俩

Tel：13002605881

0573－87291998

### 桐庐依林达针纺厂

业务：围巾、手套、帽子

地址：浙江省杭州市桐庐县横村镇胜峰村柴家边

负责人：林建春 邮编：310026

法人：林建春

Tel：0571－64679679

Fax：0571－64679679

### 杭州市下城区棠丽服饰店（爱丽舍服饰店）

业务：服装经营

地址：浙江省杭州市下城区再行里116号（21号）

负责人：王翠润 邮编：310026

法人：王翠润

Tel：0571－56370973

### 富阳市建业箱包有限公司

地址：浙江省杭州市富阳市场口镇联群村

负责人：章建平

Tel：0571－63571115

### 义乌市瑞梽纺织皮革商行

业务：集开发、设计、销售、贸易于一体，专业经营PVC、PU、人造革，诚心经营，优质服务是我们的宗旨，欢迎来样订做，期待着与您的精诚合作！

产品：台湾尼龙布，箱包手袋革，PVC革，汽车/沙发革，家俱革，托底杂胶三文治，色丁革，米高花猪革等牛津革及PU/半PU革

地址：浙江省义乌市诚信一区19幢3－1号

负责人：鲁勤中 邮编：322000

法人：鲁勤中

Tel：0579－85298850

15336925528

网址：www.51188ruijie.cn

E-mail：LQZ51188@163.com

### 东阳市白云帅靓针织品厂

地址：浙江省东阳市白云街道银田村五马塘综合楼

负责人：吴志明

Tel：13566791866

### 义乌市欧凯花边商行

业务：销售弹力花边

地址：浙江省义乌市诚信一区39幢3－2、3－3号

负责人：郑林 邮编：332000

法人：郑林

Tel：13282516555

0579－85555671

### 义乌市合那服装有限公司

业务：服装加工、销售

地址：浙江省义乌市城西街道工业园区求真路518号四楼

负责人：李光柱 邮编：321000

法人：李光柱

Tel：15988526167

0579－85025701

### 绍兴县锦源纺织品有限公司

业务：各类全棉布，涤纶布，印花染色，纺织品，轻纺布的生产销售

地址：浙江省（绍兴市）绍兴县裕民路兴越小区北大门86栋4号

负责人：徐国根 邮编：312000

法人：徐国根

Tel：0575－89851588

Fax：0575－89851529

### 山东天工纺织集团有限公司浙江办事处

业务：我公司主要经营气流纺纯棉纱、纯棉普梳纱等各类棉纱和棉线。竭诚欢迎国内外新老客户前来订购或来样定产，我们将以"诚信、务实、前瞻、创新"为宗旨，为您提供一流的产品，一流的服务。

地址：浙江省绍兴市绍兴县钱清镇轻纺原料市场1区D7－12号

邮编：312025

法人：商军

Tel：0575－84223619

Fax：0575－84223619

### 杭州市西湖区铜鉴湖服装加工场

业务：服装加工

地址：浙江省杭州市西湖区双浦镇铜鉴湖村（杭州灵峰商标印刷厂内）

负责人：缪富强 邮编：310000

法人：缪富强

Tel：13175058765

0571－87602140

### 杭州三玄化纤纺织有限公司

地址：浙江省杭州市滨江区长河街道汤家井村

负责人：丁文喜

Tel：13819183319

### 合肥合派拉链有限公司

业务：加工与销售服装辅料，专业生产树脂、尼龙、金属等各种型号拉链及拉头，并承接拉链、花边染色业务

产品：服装辅料，拉链

地址：浙江省义乌市机场路515号9单元701

负责人：孟军 邮编：322000

法人：孟军

Tel：13305799008

0579－85471278

Fax：0538－3680562

网址：http://www.ahhpl.cn/

### 沈家门阿迪达斯专卖店

业务：阿迪达斯专卖

地址：浙江省舟山市普陀区沈家门菜市路101号

负责人：缪成刚 邮编：316000

Tel：0580－6375007

### 义乌市建远皮带厂

业务：经营各种装饰皮带等等

地址：浙江省义乌市江东街道东苑工业区B区－53号地块

负责人：韩小平 邮编：321000

法人：韩小平

Tel：13958492932

13515892039

0579－85611072

### 义乌市亚志皮具厂

业务：皮带生产销售

地址：浙江省义乌市江东街道马村龙背32号

负责人：朱丽松 邮编：322000

法人：朱丽松

Tel：15057917696

### 余姚市洽乐制衣厂

业务：印花

地址：浙江省余姚市长元路55 8号

负责人：胡定波 邮编：315000

法人：胡定波

Tel：13958362633

0574－62813038

Fax：0574－62813038

### 慈溪市白沙路红典缝纫设备经营部

业务：专营进口、国产缝纫机设备及零配件批发零售，这里有专业的技术员为客户提供完善的售后服务。我们以诚信为本，热诚欢迎各界朋友光临指导！

产品：进口国产品牌缝纫机及配件，裁剪设备，熨烫设备及零配件等

地址：浙江省慈溪市白沙路街道白沙路村

负责人：龚利平 邮编：315300

法人：龚利平

Tel：0574－23634199

13736009999

Fax：0574－23714299

### 慈溪市君诚织造有限公司

业务：慈溪市君诚织造有限公司成立于2005年，坐落在浙江省慈溪市胜山镇工业区。主要业务是加工长毛绒，欢迎询价、来电来洽谈。期待成为您的忠心合作伙伴。感谢您对我们公司的支持和信赖。

地址：浙江省慈溪市胜山镇工业区

邮编：315323

法人：高映君

Tel：0574－63526588

Fax：0574－63526590

网址：http://zjjczz.chinapyp.com

### 余姚市锦可皮草厂

业务：水貂皮服装的生产与销售

地址：浙江省余姚市朗霞街道杨家村

负责人：诸建根 邮编：315400

法人：诸建根

Tel：0574－62198477

62191477

13606594277

### 舟山市定海杰克沃克服饰店

业务：服饰销售

地址：浙江省舟山市定海区人民中路38－3号

负责人：金敬跃 邮编：316000

法人：金敬跃

Tel：0580－2024088

13175806888

### 舟山佳欣制衣有限公司

业务：生产、销售针织服装

地址：浙江省舟山市定海区小洋岙村阳光路89号

负责人：汪伦 邮编：316000

法人：汪伦

Tel：13575636828

0580－8126088

### 慈溪市白沙路嘉友针织加工厂

业务：加工、生产、销售针织布

产品：棉、涤等各种针织布料

地址：浙江省慈溪市白沙路街道樟王村二灶谭路东10号

负责人：宋育梁 邮编：315000

法人：宋育梁

Tel：13588678133

0574－66351578

### 杭州万凯纺织有限公司

地址：浙江省杭州市滨江区聚园路9号西兴工业园区南区块综合楼4楼

负责人：董伟

Tel：13685778089

▲纺织服装▼

## 诸暨市双笑针织有限公司
业务:生产、销售袜子
地址:浙江省诸暨市安华镇蔡家畈村袜业区
负责人:周友灿 邮编:312000
法人:周友灿
Tel:0575-87541785
网址:www.zjshuangxiao.com.cn
E-mail:zhouyoucan@yahoo.com.cn

## 杭州萧山北干 E-Lin(叶霖欧洲精品女装)
业务:欧洲精品女装
地址:浙江省杭州市萧山北干街道心意广场7幢201号
负责人:叶春霞 邮编:310026
法人:叶春霞
Tel:0571-82893203

## 诸暨市欣马针织厂
业务:袜子加工、制造、销售
产品:袜子
地址:浙江省诸暨市草塔镇杭金七村顾家工业园
负责人:马海松 邮编:311807
法人:马海松
Tel:0575-87742910
13957537637
Fax:0575-87742325
E-mail:mahaisong2002@163.com

## 诸暨市杨逍袜厂
业务:袜子生产销售
地址:浙江省诸暨市草塔镇杨家楼村(南屏)
负责人:吴周德 邮编:325600
法人:吴周德
Tel:0575-87718137

## 诸暨市大唐天果针织厂
业务:加工自销,袜子
产品:袜业,男女老小电脑袜,童袜,运动袜,连裤袜,内衣袜,棉袜等.围巾,帽子,手套,各有多种
地址:浙江省诸暨市大唐镇马店新村167号
负责人:陈孝夫 邮编:311800
法人:陈孝夫
Tel:0575-87754212
13675741663

## 浙江省杭州市萧山城厢草房子牛仔商行
业务:"草房子"牛仔服装
地址:浙江省杭州市萧山城厢街道人民路234号
负责人:李荣焕 邮编:310000
法人:李荣焕
Tel:13868018602
0571-83115938

## 绍兴源泰锦纶有限公司
业务:本公司成立于2006年,主要生产销售锦纶长丝、锦纶POY丝。竭诚欢迎新老客户来电洽谈业务!
地址:浙江省绍兴市兰亭工业园区
负责人:赵来兴 邮编:312000
法人:赵来兴
Tel:0575-84606269
Fax:0575-84606269

## 杭州萧山楼塔镇孙建锋化纤原料店
业务:各种规格的有色丝、涤纶化纤(150D、300D)
地址:浙江省杭州市萧山楼塔镇楼英村(楼一)
负责人:孙建锋 邮编:311266
法人:孙建锋
Tel:13867435728
0571-82291327

## 诸暨市金丰制衣厂
业务:生产、销售服装
地址:浙江省诸暨市暨阳街道暨南村149幢
负责人:蔡焕云 邮编:311800
法人:蔡焕云
Tel:15968583198
13784387231

## 诸暨市新河服饰有限公司
业务:服饰的加工和销售
地址:浙江省诸暨市牌头镇拜曲村1号
负责人:徐新和 邮编:312000
法人:徐新和
Tel:13575945122、
网址:http://www.51zzt.com/user/zzt123571

## 奉化市荣发服装辅料厂
业务:奉化市荣发服装辅料厂成立于1994年,从事毛衫布、无纺衬布的生产及销售。竭诚欢迎新老客户来电来函洽谈业务。
地址:浙江省奉化市江口民营科技园区

邮编:315504
法人:林阿伍
Tel:0574-88557548
Fax:0574-88557548

## 杭州市江干区笨笨熊童鞋行
业务:笨笨熊牌童鞋批发兼零售
地址:1、浙江省江干区汽车东站小商品市场2144-2145档口 2、浙江省杭州市江干区浙江华贸鞋业皮具城一楼D区D1-722
负责人:蔡天助 邮编:310026
法人:蔡天助
Tel:0571-86727873

## 永嘉县天生一对鞋行
业务:鞋业批发
地址:(1)浙江省温州市永嘉县瓯北镇双塔路1094号(2)浙江省温州市永嘉县上塘镇楠江中路176号
负责人:陈益新 邮编:325000
法人:陈益新
Tel:0577-67367768

## 金顺纺织面料有限公司
业务:纺织面料的开发、加工、销售
产品:各类中高档纺织面料及涂层里料
地址:浙江省慈溪市古塘街道开发大道1277#
负责人:董玉贵 邮编:315300
法人:董玉贵
Tel:0574-23880080
Fax:0574-23880080
网址:www.jsf.88.com
E-mail:dyg9528@163.com

## 淳安千岛湖群乐制衣厂
地址:浙江省杭州市淳安县文昌镇潭头村
负责人:陆超群
Tel:0571-64901013

## 杭州周铭纺织品有限公司
业务:中高档针织面料生产销售
地址:浙江省杭州市萧山区北干街道荣星村
负责人:周焕明
Tel:13588700592
0571-82808287
Fax:0571-86684018
网址:http://www.51zzt.com/user/zzt30441

## 绍兴县浩业纺织品有限公司
业务:本公司有自营进出口权,主营外贸纺织面料。公司一贯奉行"质量第一、信誉至上"的经营,服务宗旨,与多个国家和地区建立了长期稳定的经营业务关系。
地址:浙江省绍兴市柯桥世贸中心D区405
负责人:田志良 邮编:212025
法人:田志良
Tel:0575-84516778
85469050
Fax:0575-84562179
E-mail:huikai1962@hotmail.com

## 恒源祥阿尔派特萧山特许羊绒专营店
业务:恒源祥、阿尔派特羊绒衫、羊毛衫、量身定制、终身服务、品质保证、追求卓越,承担各类团购业务,本店是萧山地区羊绒独家总代理
地址:浙江省杭州市萧山区城厢街道潘水路57幢2号店面
负责人:张怡 邮编:311200
法人:张利民
Tel:0571-57112759
13989495018
Fax:0571-57112759

## 慈溪市康奈皮鞋店
业务:皮鞋、皮具
地址:浙江省慈溪市观城镇观海卫路274号
负责人:李丹 邮编:315315
法人:李丹
Tel:0574-63600337

## 杭州萧山伯如利箱包厂
业务:专业从事箱包的设计、生产,并承揽加工订做业务,以诚为本,以质取生是我企业的服务宗旨,欢迎新老客户光临惠顾!
产品:商务包、休闲包、拖轮包、帆布背包、学生书包、户外旅游用具
地址:浙江省杭州市萧山区党山镇党山村里湖横路69号
负责人:潘伯先 邮编:311245
法人:潘如花
Tel:0571-83520835
Fax:0571-83520835
网址:www.hzxsbrl.cn

## 奉化市惠杰制衣厂
业务:公司主要生产服装(西服)公司坚持以诚为本,以诚为信的宗旨为广大客户服务。
地址:浙江省奉化市江口街道方桥工业区新建西路
负责人:马素永 邮编:315514
Tel:0574-88652632
Fax:0574-88652631

## 杭州萧山智斌纺织品绣品有限公司
业务:绣品,针织品,服装,面料的生产与销售
产品:绣品,针织品,服装,面料
地址:浙江省杭州市萧山区瓜沥镇城中社区三组15号
负责人:朱智斌 邮编:311241
法人:朱智斌
Tel:0571-82502198
Fax:0571-82502198
E-mail:zz731117@163.com

## 慈溪市观海卫金贸百货
业务:日用百货、服装、鞋零售
地址:浙江省慈溪市观海卫镇南城边街
负责人:林交官 邮编:315300
法人:林交官
Tel:15824588359
15824588752

## 富阳苛尔针织有限公司
地址:浙江省杭州市富阳市万市镇工业功能区
负责人:徐炜宇
Tel:0571-63261168

## 杭州萧山义蓬镇夏娃之秀魔力挺专卖店
业务:内衣
地址:浙江省杭州市萧山区瓜沥镇航坞路77号(农业银行对面)
负责人:高明德 邮编:310026
法人:高明德
Tel:0571-82582607

## 杭州萧山北干簇慕服装工作室
业务:国外品牌折扣品的销售,整体形象设计、制定服
地址:浙江省杭州市萧山区金城路433号
负责人:丁迪 邮编:311201
法人:丁迪
Tel:0571-82921919
13282019191

## 嵊州市凌洁利织造有限公司
业务:嵊州市凌洁利织造有限公司是一家主要生产纺织品的企业,产品包括全棉面料、丝制面料、TTC、TC等。公司以"诚信是企业精神,质量是企业生命,顾客是上帝,创一流品牌的企业发展方向"。真心愿与同行精英相互学习,与国内外顾客朋友多方位合作,共同发展!
地址:浙江省绍兴市嵊州市甘霖镇大岩坂村
邮编:312461
法人:王均平
Tel:0575-3625198
Fax:0575-3624211

## 杭州韩酷贸易有限公司
业务:集各类服装面料、服装于一体的贸易型公司,产品包括T/R,T/C,棉布,记忆布,针织系列,公司以一流的管理、一流的技术和一流的服务,与国内外的朋友建立良好的业务关系,共同发展,共创辉煌。
产品:批发零售服装及各类服装面料,T/R,T/C,棉,记忆布,针织系列
地址:浙江省杭州市萧山区南阳镇横蓬工业区839号
负责人:施校军 邮编:311224
法人:施校军
Tel:0571-82180638
13867108392
Fax:0571-82180328
网址:www.51zzt.com/user/zzt41933

## 杭州萧山浦阳镇倪秀丽鞋机店
业务:销售:制鞋机及各种缝纫机
地址:浙江省杭州市萧山区浦阳镇谢家村工业园区
负责人:陈占运 邮编:311255
法人:倪秀丽
Tel:0571-82411105
13123938885
15924146266
Fax:0571-82411105

## 慈溪市横河繁丰制衣厂
业务:针织服装的生产,销售
地址:浙江省慈溪市横河镇工业园区越上支营路006-1号
负责人:罗卿波 邮编:315300
法人:罗卿波
Tel:13606882895

## 杭州富阳永昌鞋业有限公司
地址:浙江省杭州市富阳市永昌镇民政村
负责人:叶志洪
Tel:0571-63093366

## 杭州伊妩悠服装有限公司
业务:承接羊毛衫生产,加工,销售
产品:各类针型羊毛衫,及梭织配套罗纹加工
地址:浙江省杭州市萧山区新塘街道目才庄社区48号4楼
负责人:陈红兵 邮编:311201
法人:陈红兵
Tel:0571-82393597
Fax:0571-82393591

## 杭州萧山义蓬镇夏娃之秀魔力挺专卖店
业务:内衣
地址:浙江省杭州市萧山区义蓬镇义蓬路192号
负责人:高明德 邮编:310026
法人:高明德
Tel:0571-82582607

## 宁波象山爵溪云建制衣厂
业务:宁波象山爵溪云建制衣厂成立于2004年,坐落在浙江省宁波市象山县爵溪镇望海路31号。我们公司主要产品是针织品系列。本公司与社会各界朋友共谋发展,并恳请多提宝贵意见。
地址:浙江省宁波市象山县爵溪镇望海路31号
邮编:315708
法人:杨建刚
Tel:0574-65604956
Mobile:13777193800
Fax:0574-65604956
网址:http://zjjx.chinapyp.com

## 克莱迪服饰商行
业务:商务男装系列
地址:浙江省杭州市新杭派休闲服饰城1楼B122号
负责人:潘先生 邮编:310026
法人:潘林男
Tel:0571-87803579

## 杭州市余杭区良渚杨光富服装店
业务:服装销售
地址:浙江省杭州市余杭区良渚镇良港路113号
负责人:杨光富 邮编:310000
法人:杨光富
Tel:0571-88772335

## 慈溪市横河豪锴纺织带厂
业务:生产、销售鞋用带子、服装用带子
地址:浙江省慈溪市横河镇龙泉村新庄
负责人:徐福军 邮编:315000
法人:徐福军
Tel:0574-63252203
13606889695
13355956668
Fax:0574-63252203

## 杭州佳创装饰设计有限公司
地址:浙江省杭州市拱墅区德胜新村50幢3号202室
负责人:邵勇敢
Tel:13336108343

## 杭州建缘箱包有限公司
业务:箱包的生产、销售
地址:浙江省杭州市余杭区乔司镇良熟村9组22号
负责人:刘彬 邮编:310026
法人:刘彬
Tel:13666695859
0571-86295578
13093796667

## 杭州余杭区塘栖镇宏哟制衣厂
业务:服装设计、制板、制作、销售
地址:浙江省杭州市余杭区塘栖镇莫家桥洋口
负责人:周巨炳 邮编:310026
法人:周巨炳
Tel:0571-86323256
13157197465

## 杭州余杭区塘栖千百惠服装专卖店
业务:千百惠品牌服装零售
地址:浙江省杭州市余杭区塘栖镇西小河街12号
负责人:唐桂菊 邮编:311106
法人:沈国平
Tel:0571-89023525
15988821633

## 奉化市森茂制衣厂
业务:奉化市森茂制衣厂专业从事服装的制造

与销售，公司自成立以来，一直遵循"质量上乘，工艺精细，价格合理，"为经营宗旨，欢迎新老客户来电、来函咨询、洽谈！
地址：浙江省奉化市新丰路283号
负责人：孙百宽……邮　编：315500
法　人：孙百宽
Tel：0574－88964099

## 杭州余杭区运河镇麦锋围巾厂
业务：生产、销售围巾
地址：浙江省杭州市余杭区运河镇新宇社区12组
负责人：周进锋　邮　编：310000
法　人：周进锋
Tel：15825524188
15267181373
0571－86285249

## 杭州萧山闻堰镇华俊童装店
业务：童装销售
地址：浙江省杭州萧山区闻堰镇三江路39号－2
负责人：华俊　邮　编：311258
法　人：华俊
Tel：13386508719
13967104405

## 慈溪市瑞凡服饰有限公司
业务：经营服装
地址：浙江省慈溪市浒山街道孙塘南路西侧文景苑1号楼店123＃
负责人：陆央红　邮　编：315000
法　人：陆央红
Tel：13958297211

**杭州绿盛服饰有限公司**
地址：浙江省杭州市拱墅区广利.普金家园6幢附3
负责人：金爱英
Tel：13757179807

## 杭州余杭临平轻纺原料市场许先进纺织原料经营部
业务：经营纺织原料
地址：浙江省杭州余杭临平轻纺原料市场一期50－51号
负责人：许先进　邮　编：310000
负责人：　邮　编：许先进
Tel：0571－86255826
15068139630

## 杭州余杭区临平街道玻璃鞋服装店
业务：时尚女装销售
地址：浙江省杭州余杭区临平街道新大地广场D区21号
负责人：吕祺　邮　编：310026
法　人：吕祺
Tel：0571－86238212

## 杭州楠茜服饰有限公司
业务：生产、开发时尚女装
地址：浙江省杭州余杭区乔司镇胜稼村6组36号
负责人：徐勇祥　邮　编：310000
法　人：徐勇祥
Tel：13958008441
0571－86290357
网址：www.yss.net.cn

**宁波奉化市中和服饰有限公司**
业务：化市中和服饰有限公司，是集手套、围巾、帽子设计、生产、销售及售后服务于一体，并立足于服装品牌领域发展的企业，将在全国范围内展开运作，致力于加盟合作、自主经营、委托管理等多种方式的战略联盟。中和服饰追求在关键价值环节培养企业的核心竞争力，以创造卓越品牌为己任，把目标消费群的导向作为发展的基本要求，并竭尽全力为目标消费群提供增值的差异化服务。
地址：浙江省宁波奉化市西坞开发区花厅路
邮　编：315500
法　人：马忠义
Tel：0574－88540699
Fax：0574－88540798
网址：www.nbzh.chinapyp.com

## 杭州余杭区乔司博强缝纫设备商行
业务：销售缝纫设备
地址：浙江省杭州余杭区乔司镇永和村16组28号
负责人：王章义　邮　编：310026
法　人：王章义
Tel：0571－86295709
13957183248

**杭州圣卡夏诺服饰有限公司**
地址：浙江省杭州市江干区采荷路1号杭州四季青精品童装市场三楼33号
负责人：柯亦顺
Tel：13905816935

## 湖州吴兴新国元织物整理厂
业务：植绒布
地址：浙江省湖州市八里店戴山工业园区
负责人：姚美华　邮　编：313000
法　人：戴先生
Tel：0572－3207378
3207789
3206258
13857277328
Fax：0572－3206278

## 长兴夹浦长平纺机配件经营部
业务：销售纺织机配件
地址：浙江省湖州市长兴县夹浦镇长平村长大自然村45号
负责人：吴惠明　邮　编：313000
法　人：吴惠明
Tel：13706531496
0572－6018571

## 慈溪市坎墩宝丰制衣厂
业务：员工类服装加工
地址：浙江省慈溪市坎墩街道孙方村孙方中路117号
负责人：周长宝　邮　编：315000
法　人：周长宝
Tel：0574－63289445
13081925180

**杭州展宏服饰有限公司**
地址：浙江省杭州市拱墅区石祥路196号
负责人：林锡镛
Tel：0571－88293370

## 长兴夹浦金纺纺织机械维修部
业务：机械维修及配件销售
地址：浙江省湖州市长兴县夹浦镇夹浦村
负责人：邢左良　邮　编：313000
法　人：邢左良
Tel：13757068727
0572－6015478

## 长兴夹浦啊龙化纤布磨毛加工厂
业务：化纤布磨毛加工、销售
地址：浙江省湖州市长兴县夹浦镇夹浦村溪南自然村
负责人：臧月龙　邮　编：313000
法　人：臧月龙
Tel：13867257317
0572－6016190

## 长兴雉城鑫华服装厂
业务：集服装设计、生产、加工销售为一体，产品涉及：针织、梭织男装、女装及童装，我们将竭诚为您提供优质的产品、完善的服务。
地址：浙江省湖州市长兴县经济开发区钱家斗村
负责人：范书华　邮　编：313000
法　人：范书华
Tel：0572－6591863
15857288280

**嵊州市非凡领带服饰有限公司**
业务：我公司成立于2001年，主要生产领带、领结、领花、丝巾、腰带、服装服饰等、产品销售全国各地、欢迎各方客户来电洽谈业务、共同合作、共创辉煌
地址：浙江省嵊州市嵊州大道336号
负责人：施妃连……邮　编：312400
Tel：0575－83563332
83563331
Fax：0575－83563331
网址：www.china－tie.com
E-mail：sflmay@12.com

## 浙江省湖州市长兴林城秒表制衣厂
业务：服装销售，加工
产品：服装，家纺，缝纫类制品
地址：浙江省湖州市长兴县林城镇北汤村
负责人：汤华峰　邮　编：313112
法　人：汤华峰
Tel：0572－6089836
13868269095
E-mail：tanghuafeng800907@163.com

## 德清县武康镇吉儿美围巾店
业务：批发供应混纺围巾、腰带等
地址：浙江省湖州市德清县武康镇春溪华庭小区文欣阁3幢1001室
负责人：李文豪　邮　编：313203
法　人：李文豪
Tel：15957231383
0572－8069632

## 德清武康品皇羊绒衫店
业务：经营范围：专业订做各种款式，高级羊绒衫、高级羊绒裤，零售、批发、款式时尚、质量保证、价格合理
地址：浙江省湖州市德清县武康镇群益街152号
负责人：杨友德　邮　编：313000
法　人：杨友德
Tel：15257243338
0572－8300569
Fax：0572－8300569

## 慈溪市匡堰豪源制衣厂
业务：经营童装，保暖内衣，承接外贸
地址：浙江省慈溪市匡堰镇高家村五大弄297号
负责人：王杰鑫　邮　编：315300
法　人：王杰鑫
Tel：0574－82388938
63537071

**丽水市隆欣皮饰有限公司**
业务：丽水市隆欣皮饰有限公司主要从事全套专业人造革后处理。公司以最好的质量，精诚的服务，欢迎新老客户光临惠顾。
地址：浙江省丽水市水阁工业园区金亭路21号
邮　编：323000
法　人：温作文
Tel：0578－2691566
Fax：0578－2691568

## 德清水龙油品有限公司
业务：生产、销售油制品，围巾
地址：浙江省湖州市德清县新安镇舍南村
负责人：嵇水根　邮　编：313000
法　人：嵇水根
Tel：13706823076
0572－8491065

## 德清县新安镇润辉丝织厂
业务：丝织品加工
地址：浙江省湖州市德清县新安镇下舍村周家埭4号
负责人：佘泉忠　邮　编：313000
法　人：佘泉忠
Tel：0572－8492825

## 德清县新市镇博艳丝绸工艺厂
业务：围巾加工（除印染工序），围巾织造。
地址：浙江省湖州市德清县新市镇士林村打网里组
负责人：孙文祥　邮　编：313000
法　人：孙文祥
Tel：0572－8475598
13867240824
Fax：0572－8475598

**杭州梅城宝衣服饰有限公司**
地址：浙江省杭州市建德市梅城镇葛家村（梅城镇城南工业功能区内）
负责人：张勇
Tel：0571－64140978

## 湖州德瑞纺织服饰有限公司
业务：服装面料、针织服装、功能性针织面料、针织毛衫，女装的专业制作与销售
产品：服装面料、针织服装、功能性针织面料、针织毛衫，女装
地址：浙江省湖州市经济开发区创业大道318号天明四楼
负责人：刘君　邮　编：313000
法　人：刘君
Tel：0572－2610808
Fax：0572－2610809
网址：www.dereal.com.cn
E-mail：daveylan@dereal.com.cn

## 湖州练市国华服饰厂
业务：生产、销售针织服装
地址：浙江省湖州市练市镇庄家村彩蝶路
负责人：沈国华　邮　编：313000
法　人：沈国华
Tel：13906727356
0572－2725336
3561578

## 南浔善琏星良达织布厂
业务：织布
产品：头巾
地址：浙江省湖州市善琏镇姚家桥28号
负责人：杨卫星　邮　编：313000
法　人：杨卫星
Tel：0572－3935282

**杭州思甜重量制衣厂**
地址：浙江省杭州市江干区机场路238－15号
负责人：吕苏祥
Tel：13071801913

## 吴兴播牌服装店
业务：经营休闲，时尚女士服装等
地址：浙江省湖州市吴兴区爱山街325号
负责人：陈雅君　邮　编：313000
法　人：陈雅君
Tel：15925712475
0572－2037260

## 湖州织里睿智制衣厂
业务：童装的生产与销售
产品：童装
地址：浙江省湖州市织里镇东安路260号
负责人：周永冰　邮　编：313000
法　人：周永冰
Tel：15905720008
0572－3211756

## 湖州织里真美制衣厂
业务：加工与销售各类服装，以童装为主，生产"今的保"牌童装
产品："今的保"牌童装
地址：浙江省湖州市织里镇富盛西路3号
负责人：周平　邮　编：313008
法　人：周平
Tel：0572－2818666
13567287666
Fax：0572－3179966

## 浙江省慈溪市曼嘉服饰有限公司
业务：服装及服装饰品制造加工
地址：浙江省慈溪市匡堰镇环城西路
负责人：赵林煊　邮　编：315333
法　人：赵林煊
Tel：0574－63826002
Fax：0574－63537291

## 湖州织里荣华服装辅料商行
业务：服装辅料、毛皮
地址：浙江省湖州市织里镇织里中路36号
负责人：屠根荣　邮　编：313008
法　人：屠根荣
Tel：0572－2827870
13905722867
Fax：0572－2827876

## 平湖市黄姑镇蒙发利亚服装包装部
业务：专业承接各类服装整烫、圆头等包装业务，生产管理人员及机车操作工都受过严格的技术培训，从而保证了一流的产品质量。欢迎新老客户前来洽谈业务，携手发展，共创辉煌。
产品：各类服装（包括针织、牛仔）
地址：浙江省嘉兴平湖市黄姑镇南大街21号
负责人：张建东　邮　编：314202
法　人：张建东
Tel：0573－85920896
13567339832
Fax：0573－85920896
E-mail：zhangjia_80418@qq.com

## 平湖天翔服饰有限公司
业务：生产、加工、销售服装
地址：浙江省嘉兴平湖市林埭镇共和村村部底层
负责人：范林强　邮　编：314000
法　人：范林强
Tel：0573－85926385
Fax：0573－85926385

**温岭市安步鞋厂**
业务：温岭市安步鞋厂成立于2006年，专业生产男、女式休闲鞋，欢迎新老客户来电来函咨询！
地址：浙江省台州市温岭市横峰街道马鞍桥村供电局隔壁
负责人：董书东……邮　编：317500
法　人：董书东
Tel：0576－86951533

## 海宁合旺皮业有限公司
业务：经销干、湿法PU，PVC，服装，沙发，鞋类
产品：干、湿法PU，PVC，水洗革，101纹消光革，压纹革
地址：浙江省嘉兴市海宁经编产业园区经都一路28号（和谐新村1403）
负责人：蒋观清　邮　编：314419
法　人：冯延峰
Tel：0573－87986906
13646751276
Fax：0573－87985806
网址：www.hewangpy.cn
E-mail：hainingghewang@163.com

### 海宁市盈都经编有限公司

业务：生产纺织品
地址：浙江省嘉兴市海宁市马桥街道红旗东路11号
负责人：沈陈松 邮 编：314400
法 人：沈陈松
Tel：13575306677
0573－87766955
Fax：0573－87766155

### 桐乡市惠雅贸易有限公司

业务：针织布、纺织品的贸易
地址：浙江省嘉兴市海宁市许村老市场53号
负责人：盛晓忠 邮 编：314000
法 人：盛掌荣
Tel：13819417701
0573－88441008

### 海宁市海洲闽狮服饰辅料店

业务：批发、零售皮革辅料
地址：浙江省嘉兴市海宁中国皮革城原辅料市场C15号
负责人：王渊 邮 编：314000
法 人：王渊
Tel：13335733193
0573－87236909

### 丽水市集宝鞋材有限公司

业务：丽水市集宝鞋材有限公司成立于2005年，生产皮革(人造革)，“以质量求生存，以信誉求发展”，欢迎新老客户来电洽谈业务。
地址：浙江省丽水市水阁工业区石亭路13号
负责人：谢德其 邮 编：323000
法 人：谢德其
Tel：0578－2959168
Fax：0578－2957168

### 海盐县通元恒鑫并线厂

业务：并线，倍捻，槽桶
地址：浙江省嘉兴市海盐县通元镇丰义村
负责人：姜建良 邮 编：314306
法 人：姜建良
Tel：13656838323
0573－86612975

### 海盐县金柳制线厂

业务：缝纫线加工制造
地址：浙江省嘉兴市海盐县武原镇华星村
负责人：孙春山 邮 编：314000
法 人：孙春山
Tel：13306832330
0573－86157161

### 嘉兴市南湖区城西金舞银饰舞蹈用品商店

业务：各种演出服饰，饰品销售及出租
地址：浙江省嘉兴市洪声路148号
负责人：张伟城 邮 编：314000
法 人：糜金妹
Tel：0573－83701828

### 慈溪市康奈皮鞋店

业务：皮鞋、皮具
地址：浙江省慈溪市逍林镇桥一村樟新南路897号
负责人：李丹 邮 编：315315
法 人：李丹
Tel：0574－63600337

### 嘉善县鑫奇水洗有限公司

业务：成衣水洗加工
地址：浙江省嘉兴市嘉善县干窑镇南宙村3号
负责人：刘鎏 邮 编：314000
Tel：0573－84612500
13605830491
Fax：0573－84612501
网址：http://www.51zzt.com/user/zzt33494

### 嘉善博创木粉厂

业务：生产和销售木粉
产品：木粉
地址：浙江省嘉兴市嘉善县魏塘街道外环西路803号6幢底层
负责人：邬建强 邮 编：314000
法 人：邬建强
Tel：13605833641
0573－84163095
Fax：0573－84163095

### 杭州金平线业有限公司

业务：本公司创建于2000年，是一家私营独资企业，专业生产各种纱线加工。主要产品有：75D/2、108D/2、120D/2、135D/2、150D/2、15OD/3和240D/2等等规格的涤纶线、高强线、箱包线等。本公司服务宗旨是在保证质量前提下，以最优惠的价格为客户服务。我们期待您的真诚合作！
地址：浙江省杭州市滨江区浦沿东冠工业园
负责人：来方金 邮 编：310053
法 人：来方金
Tel：0571－87704308
Fax：0571－87704308
网址：www.jinpingxianye.com.cn
E-mail：hzjpxy@alibaba.com.cn

### 嘉善阿杰邦尼童装店

业务：童装
地址：浙江省嘉兴市嘉善县魏塘镇温州商业街180－182号
负责人：唐丽丽 邮 编：314000
法 人：唐丽丽
Tel：0573－84121587

### 杭州张氏通和鞋业有限公司

地址：浙江省杭州市江干区杭海路450号
负责人：张熙能
Tel：13905718450

### 嘉善雪祺服装辅料厂

业务：钮扣及钮扣材料生产销售
地址：浙江省嘉兴市嘉善县西塘镇大舜村新江2号
负责人：姜台伦 邮 编：314000
法 人：姜台伦
Tel：0573－84465448

### 嘉善贝腾服饰辅料厂

业务：各种服装辅料、纽扣的生产、加工与销售
产品：金属扣、一字扣、背壳扣、中国结扣等
地址：浙江省嘉兴市嘉善县西塘镇大舜钮扣路17号
负责人：黄玲华 邮 编：314102
法 人：黄玲华
Tel：0573－84791959
13736400126

### 嘉善盈鑫服饰辅料厂

业务：服装辅料
地址：浙江省嘉兴市嘉善县西塘镇大舜钮扣路9号6车间
负责人：浦学华 邮 编：314000
法 人：浦学华
Tel：0573－84798277
13645735288
Fax：0573－84466996

### 桐乡迪奈特皮草有限公司

业务：本公司是一家设计、生产、销售裘皮服装为主的专业企业。主要经营以水貂、貉子、獭兔、家兔、兰狐等为原料皮的各式裘皮服装及皮毛饰品。并以其做工考究，质量优越赢得国内外客商的青睐。
地址：浙江省桐乡市洲泉镇永秀集镇58号
邮 编：314513
法 人：郑国良
Tel：0573－8493131
Fax：0573－8493456

### 嘉兴市凯隆服饰有限公司

业务：集设计、生产、销售、服务于一体的现代化服饰公司，专业生产各类时尚男女时装、童装等，卓越的品质、创新的产品、诚信的服务，期待与您的合作！
产品：纺织服装、化纤、针织品、丝针织品等
地址：浙江省嘉兴市经济开发区东升路1号
负责人：黄满林
法 人：吴美芳
Tel：0573－82217877
Fax：0573－82216855
E-mail：huanmanlin@yahoo.com.cn

### 嘉兴市经开城南街道姚德明羊毛衫加工厂

业务：羊毛衫加工
地址：浙江省嘉兴市经开城南街道八字桥村21组马家头7号
负责人：姚德明 邮 编：314000
法 人：姚德明
Tel：13067609318

### 天赐鑫达蚕丝被专业定做店

业务：专业定做蚕丝被，主营产品蚕丝被、100%纯蚕丝、被芯、被套等，产品具有无气味、不易泛黄、免翻蓬松、无杂质等特点，具有极高的保温性，对健康极其有益！
产品：被芯或被套
地址：浙江省慈溪市宗汉街道史家村
负责人：张华珍 邮 编：315300
法 人：张华珍
Tel：15958222194

### 杭州建华服饰有限公司

地址：浙江省杭州市江干区彭埠镇建华村三区131号
负责人：曹政强
Tel：13606709016

### 嘉兴市南湖区城东金丝源时装厂

业务：针织服装的加工，外贸
地址：浙江省嘉兴市南湖区创业路608号2幢
负责人：王曙来 邮 编：314000
法 人：王曙来
Tel：13221363177
13957305413
0573－82806093

### 平湖市当湖小封服装后整理

业务：服装、箱包后道整理服务
地址：浙江省嘉兴市平湖市林埭工业园三区
负责人：封依军 邮 编：314000
法 人：封依军
Tel：0573－85930550
13757387755

### 桐乡市中顺布业有限公司

业务：沙发布、装饰布的生产、销售
地址：浙江省嘉兴市桐乡河山镇华台村
负责人：钟国荣 邮 编：314500
法 人：钟国荣
Tel：13505838708
0573－88677908

### 海宁宏强纺织有限公司

业务：本公司成立于2006年，主要加工销售装饰布，沙发布，窗帘布，床上用品，其他纺织用品。产品质量保证，价格合理，竭诚欢迎广大客户来电洽谈业务！
地址：浙江省海宁市许村镇永福工业小区
负责人：许一平 邮 编：314409
法 人：许一平
Tel：0573－87567689

### 桐乡市崇福甲尔申鞋厂

业务：皮鞋的生产销售。
地址：浙江省嘉兴市桐乡市崇福镇联丰村盛家浜1号
负责人：孙江涛 邮 编：314000
法 人：孙江涛
Tel：0573－88456308

### 桐乡市濮院千花瓣羊毛衫门市部

业务：羊毛衫的批发、零售
地址：浙江省嘉兴市桐乡市国贸名品港362号
负责人：梁文斌 邮 编：314000
法 人：梁文斌
Tel：13605832706
0573－88696336

### 桐乡市濮院江河辅料商行

业务：羊毛衫辅料
地址：浙江省嘉兴市桐乡市濮院大道3998号(濮院机械辅料城)2011室
负责人：刘川 邮 编：314000
法 人：刘川
Tel：0573－88221522

### 杭州华汉鞋业有限公司

地址：浙江省杭州市江干区笕桥镇水墩村二组23号
负责人：薛东
Tel：0571－85041981

### 桐乡市濮院花韵伊人羊毛衫门市部

业务：批发花韵伊人女装
地址：浙江省嘉兴市桐乡市濮院三区224号
负责人：刘庆军 邮 编：314000
法 人：刘庆军
Tel：0573－88269136
13067658849

### 桐乡市濮院茂金羊毛衫门市部

业务：销售羊毛衫
地址：浙江省嘉兴市桐乡市濮院羊毛衫市场交易中心054号
负责人：管学金 邮 编：314500
法 人：管学金
Tel：13857367879
0573－88819661

### 桐乡市濮院周建华针织品加工厂

业务：针织品毛衫加工制作及销售
地址：浙江省嘉兴市桐乡市濮院中兴路139号内第435号
负责人：周建华 邮 编：314500
法 人：周建华
Tel：0573－88608790
13505736646

### 东阳市白云弘雅针织内衣厂

业务：保暖内衣、紧身内衣、加工内衣
地址：浙江省东阳市白云街道东山村56号
负责人：陈再洪 邮 编：321000
法 人：陈再洪
Tel：13516923633
0579－85228209

### 乐清市旭升服装设备有限公司

业务：本公司主要生产整烫机，各式服装烫台，裁剪桌，凳子，各式推车，服装验收桌，衣架，服装立体包装箱横架，货架，电线架等服装厂常用设备。公司采用先进的设计，科学的管理，不断满足客户的需求，深得用户的满意。
地址：浙江省温州乐清市磐石镇芝湾工业区
邮 编：325602
法 人：冯献忠
Tel：0577－62849152
Fax：0577－62849151

### 桐乡市屠甸龙腾制衣厂

业务：羊毛衫
地址：浙江省嘉兴市桐乡市屠甸镇联星村
负责人：徐伟林 邮 编：314000
法 人：徐伟林
Tel：0573－88865188
网址：http://www.51zzt.com/user/zzt31042

### 桐乡市屠甸奥尔羊毛衫加工厂

业务：羊毛衫加工、销售
地址：浙江省嘉兴市桐乡市屠甸镇三门街南路320号
负责人：金炳良 邮 编：314000
法 人：金炳良
Tel：0573－88863118
88869666

### 桐乡市梧桐徐丽华服装店

业务：女装销售
地址：浙江省嘉兴市桐乡市梧桐镇北港步行街118号
负责人：徐丽华 邮 编：314500
法 人：徐丽华
Tel：13819305907
0573－88029507
88106005

### 青田欧华鞋业有限公司

业务：青田欧华鞋业有限公司成立于2004年，从事各类男、女式好鞋的生产及销售。自主开发，款式多变，竭诚欢迎新老客户光顾，指导工作。我们愿以十分的热情换取您真心的笑容。
地址：浙江省丽水市青田县温溪镇丽温东路33－37号
邮 编：323903
法 人：尹强飞
Tel：0578－6751838
Fax：0578－6091180

### 海盐秦山重峰服装商行

业务：销售男女品牌服装、童装系列、羊毛衫、床上用品
地址：浙江省嘉兴市武原镇新桥南路100号三楼
负责人：高志成 邮 编：314000
法 人：高志成
Tel：13867487008
0573－86039792
86039798

### 海盐海菱服装厂

业务：服装制造、加工和销售
产品：外贸服装、内销服装、皮革制品
地址：浙江省嘉兴市西塘桥镇东港村方家埭
负责人：包强 邮 编：314000
法 人：包强
Tel：13906831977
0573－86866318

### 嘉兴市凯美贸易有限公司

业务：纺织、印花、印染材料及相关化工原料的销售
地址：浙江省嘉兴市秀洲区洪合镇国贸路386号
负责人：周发源 邮 编：314023
法 人：周发源
Tel：13806739623
0573－83341606

### 东阳市贝拉鸟皮具厂

业务：皮具制造加工
地址：浙江省东阳市城东街道李宅五四村
负责人：李伟红 邮 编：322100
法 人：李伟红
Tel：13857930030
Fax：0579－86722227

### 杭州喜碧服饰有限公司

地址：浙江省杭州市江干区九堡镇九盛路9号9

幢1－2层
…………负责人：刘红军
…………Tel:13857174408

**嘉兴市秀洲区洪合佳珍电脑绣花加工部**
业务：电脑绣花加工
地址：浙江省嘉兴市秀洲区洪合镇民和路378号
……负责人：任德华 邮 编：314000
……法 人：任德华
……Tel:13605835676
13575311958

**嘉兴市秀洲区王江泾凤华纺织厂**
业务：衣服里料
地址：浙江省嘉兴市秀洲区王江泾镇民和村3组70号
……负责人：王凤华 邮 编：314000
……法 人：王凤华
……Tel:13771873252
15150177780

**海宁市许村镇伟峰纺织原料经营部**
业务：纺织原料。主要经营丝、线及各种纱
地址：浙江省嘉兴市许村镇海宁·中国家纺装饰城纺织原料交易中心123号
……负责人：李伟峰 邮 编：314000
……法 人：李伟峰
……Tel:0573－87563583

**东阳市大联宏岗皮具加工厂**
业务：皮具加工、销售
产品：皮夹、皮包
地址：浙江省金华市东阳市南市街道紫溪村东永二线
……负责人：邵宏岗 邮 编：321000
……法 人：邵宏岗
……Tel:13575996351
0579－86218001

**浙江苍南县凯力布标材料厂**
业务：本厂主要生产商标带，商标布，缎带，胶带，床垫商标布，地毯商标布，礼品包装带，丝带，无纺布，不干胶布；各种服饰商标，鞋、帽及纺织品商标与材料。兼营各种皮牌、吊牌、水洗唛等商标，生产销售于一体，赢得了新老客户的信赖。
地址：浙江省温州市苍南县龙港镇龙湖路537号
……邮 编：325802
……法 人：黄圣义
……Tel:0577－64296122
……Fax:0577－64285122

**瑞雪内衣针织厂**
业务：生产、加工、销售内衣
地址：浙江省金华市金东区东孝街道施村常青路146号
……负责人：项瑞元 邮 编：321000
……法 人：项瑞元
……Tel:15958459951
0579－82156200

**浦江县白马镇淑强废布加工厂**
业务：化纤粒籽
地址：浙江省金华市浦江县白马镇三塘上贾村
……负责人：傅增强 邮 编：322200
……法 人：傅增强
……Tel:13758918871
13566959957

**浦江县百信商场**
业务：服装、鞋帽零售
地址：浙江省金华市浦江县和平南路2号
……负责人：周邦浓 邮 编：321000
……法 人：周邦浓
……Tel:0579－84115355

**浦江县黄宅镇芮氏服装厂**
业务：外贸
产品：运动服装
地址：浙江省金华市浦江县黄宅镇东一村
……负责人：芮美林 邮 编：321000
……法 人：芮美林
……Tel:13600697940
13777509720

**武义县泉溪镇炫酷地带服装店**
业务：个性男装
地址：浙江省金华市武义县泉溪镇勤政路5号
……负责人：夏小江 邮 编：321000
……法 人：夏小江
……Tel:0579－88036911

**杭州天蓝刺绣有限公司**
地址：浙江省杭州市江干区九堡镇牛田村一组35号
……负责人：姚来宝
……Tel:0571－86904282

**金华市婺城区长生床上用品经营部**
业务：长生健康床垫诚招全国代理商
地址：浙江省金华市婺城区丹溪路天和大厦A座401室
……负责人：徐敏贞 邮 编：321000
……法 人：徐敏贞
……Tel:0579－82380428
13174975137
13106404118

**浙江缝配城众得利针车行**
业务：缝纫设备及配件的销售
地址：浙江省东阳市虎鹿缝配城218号
……负责人：赵江平 邮 编：322111
……法 人：赵江平
……Tel:0579－86150381
13516915121
……网址：http://wanying66.cn.alibaba.com/

**义乌市锦隆纺织**
业务：布料、服装辅料批发、零售
产品：布料、服装辅料
地址：浙江省金华市义乌市诚信一区38幢5－1号
……负责人：翁舜玲 邮 编：322000
……法 人：翁舜玲
……Tel:0579－81576013
……Fax:0579－81576031
……网址：www.gdjinlong.cn

**义乌市立普袜业有限公司**
业务：生产电脑提花女袜，男袜，童袜，中筒袜，长筒袜，连裤袜，五分裤，七分裤，九分裤，各类丝制品
地址：浙江省金华市义乌市佛堂镇江北路88号
……负责人：杨者富 邮 编：321000
……法 人：杨者富
……Tel:15158988125
0579－85728200
……Fax:0579－85726503
85728200
……网址：http://www.lipuwy.cn/Home.aspx? if=true

**义乌市黄源针织手套厂**
业务：加工、销售手套（不含染色定型）
地址：浙江省金华市义乌市江东街道后园村173号
……负责人：黎育明 邮 编：321000
……Tel:13606898309
0579－85692728

**东阳市画水跃伟线带厂**
业务：生产、销售线带
地址：浙江省东阳市画水镇后宅村
……负责人：朱华伟 邮 编：322100
……法 人：朱华伟
……Tel:0579－86536355

**义乌市旭兴服装商行**
业务：服装销售
地址：浙江省金华市义乌市江东街道五爱路70号
……负责人：陈孝恭 邮 编：321100
……法 人：陈孝恭
……Tel:13735759211
0579－81011968

**义乌市以蓝鞋厂**
业务：集生产加工、招商代理为一体，主营恩彩韩版雪地靴，韩版雪地靴，款式新颖，品质卓越，厂方以最低的价格回报顾客，欢迎广大客户来我厂洽谈合作！
产品：各款韩版雪地靴、恩彩韩版雪地靴
地址：浙江省金华市义乌市苏溪镇齐山楼村
……负责人：张健康 邮 编：322000
……法 人：张健康
……Tel:0579－85918162
……Fax:0579－85914717
……网址：http://yilanxiecheng.cn.alibaba.com
……E-mail:jiankang01@126.com

**义乌市伯森印花厂**
业务：热转印加工、转印雨伞布、转移印花纸等产品专业生产加工
地址：浙江省金华市义乌市义亭镇工业区
……负责人：俞女士 邮 编：321000
……Tel:0579－85816877
85819846

**温州百里挑一内衣厂**
业务：温州百里挑一内衣厂专业生产内衣、内裤，企业根据不同的季节，推出多单元、多系列、多样化，及时吸取欧美时尚潮流设计新概念，结合本市女性的体型特征及崇高审美意念。"百里挑一"质优价宜、款新的内衣产品深受国内外客户和热爱者的青睐。
地址：浙江省温州市苍南县宜山镇下市街19号
……负责人：傅万谢……邮 编：325803
……法 人：傅万谢
……Tel:0577－64382998
……Fax:0577－68510728

**义乌市日朋饰品配件商行**
业务：经营服装配件、皮带扣头
地址：浙江省金华市义乌市银海一区15幢8号
……负责人：王传庆 邮 编：321000
……法 人：王传庆
……Tel:15967979933
13575960099

**兰溪市博文家纺有限公司**
业务：生产，销售服装、毛毯、浴袍
地址：浙江省兰溪市环城北路111号温州商贸城21幢B10号
……负责人：郭斌 邮 编：321000
……法 人：郭斌
……Tel:15167975857
0579－88807800

**乐清市百丽橱服饰店**
业务：女装销售，以韩版、欧版为主
地址：浙江省乐清市北白象镇东大街118－120号
……负责人：方春达 邮 编：325603
……法 人：方春达
……Tel:0577－62960062
13868633298

**杭州岳航服饰辅料商行**
地址：浙江省杭州市江干区九环路63－2－201
……负责人：岳喜东
……Tel:13396819238

**青田一品秀服装店连锁海贝专卖、红袖专卖、衣香丽影专卖**
业务：品牌服装的销售。青田电视台主持人指定品牌
地址：浙江省丽水市青田县龙津路82号、青田县龙津路42号、丽水市继光街63－3号
……负责人：汪海燕 邮 编：323000
……法 人：汪海燕
……Tel:13967093390
0578－2571166
6061266
6061566

**青田县斯洛皮鞋厂**
业务：皮鞋的生产和销售
地址：浙江省丽水市青田县温溪镇安定东路292号
……负责人：程建崇 邮 编：323000
……法 人：程建崇
……Tel:0578－6851692
15157857619

**快乐小天使童装店**
业务：本店经营中高档童装，品种齐全，款式新颖，价格优惠，欢迎新老客户前来选购！
地址：浙江省丽水市青田县温溪镇小康路57号
……负责人：邹献光 邮 编：323903
……法 人：邹献光
……Tel:13906882593

**海宁市鑫泰纺织品有限公司**
业务：主要经营经编系列产品及缝纫线
产品：花涤纶，金光线，网布，印布，色织布；绣花线，特种线等
地址：浙江省海宁市海昌街道金利社区居委会办公楼三楼
……负责人：金桂福 邮 编：314000
……法 人：金桂福
……Tel:13567317226
0573－87313681
……Fax:0573－87266202
……网址：http://www.51zzt.com/user/zztl23466
……E-mail:jgf87313681@163.com

**平阳县万利达皮革有限公司**
业务：平阳县万利达皮革有限公司成立于2007年7月1日，公司主要从事猪皮革的生产、制作与销售。质量保证，信誉第一，竭诚欢迎新老客户来电来人洽谈业务，共同发展！
地址：浙江省温州市平阳县桥下路29号
……负责人：董加永……邮 编：325400
……法 人：董加永
……Tel:0577－63873775

**遂昌博祥服装加工厂**
业务：服装加工，主要经营羽绒服
地址：浙江省丽水市遂昌县妙高镇尹村路3号
……负责人：唐隆纯 邮 编：323000
……法 人：唐隆纯
……Tel:13626787826
13884362625
……网址：http://www.51zzt.com/user/zzt40598/product/32440.htm

**丽水市博斯绅威服装店**
业务：专业销售博斯绅威服装
地址：浙江省丽水市中山街498号百货大楼三楼
……负责人：卢惠贞 邮 编：323000
……法 人：卢惠贞
……Tel:13306796536
0578－86636736

**杭州临安奥宝莱袜业有限公司**
业务：生产与销售各类袜子
产品：袜子
地址：浙江省临安市三口镇三口村
……负责人：吕磁林 邮 编：311300
……法 人：吕磁林
……Tel:13606515631
……Fax:0571－63767358
……网址：http://aobaolai.cn.alibaba.com

**临安华宏服饰工艺厂**
业务：沙洗、拉毛、服饰压皱、印花加工、销售，主要用于围巾生产
地址：浙江省临安市於潜镇横山工业园区01号
……负责人：俞永明 邮 编：311311
……法 人：俞永明
……Tel:13968060000
13732231088

**临安鑫丰围巾厂**
业务：围巾的生产和销售
地址：浙江省临安市藻溪镇松溪村永鑫围巾厂
……负责人：陈建军 邮 编：311300
……法 人：陈建军
……Tel:13372535131
0571－63896310

**A牌名品**
业务：品牌男装
地址：浙江省临海市杜桥镇南大路87号
……负责人：邵勇志 邮 编：317016
……法 人：邵勇志
……Tel:0576－85663353

**海宁市许村镇老金纺织原料经营部**
业务：纺织原料的批发、零售
地址：浙江省海宁市海宁·中国家纺城纺织原料交易中心274号
……负责人：金新明 邮 编：314409
……法 人：金新明
……Tel:0573－87557088

**平阳县怀塔制革厂**
业务：平阳县怀塔制革厂始创于1993年，坐落在浙江省温州市平阳县桥下镇7号，主要业务是生产皮革，欢迎新老客户来电垂询！
地址：浙江省温州市平阳县桥下路7号
……邮 编：325400
……法 人：郑怀淡
……Tel:0577－63873775
……Mobile:13906668342
……Fax:0577－63873775
……网址：www.wzht.china.pyp.com

**慈溪市崇寿宣芬服装加工厂**
业务：服装，来料加工
地址：浙江省宁波市慈溪市崇寿镇相公殿村洋路头中兴路6号
……负责人：宣秀芬 邮 编：315000
……法 人：宣秀芬
……Tel:13858302755

**慈溪市古塘人群皮具店**
业务：迪尼斯公仔，家居用品，皮包等
地址：浙江省宁波市慈溪市古塘街道北二环中路550号
……负责人：傅明 邮 编：315000
……法 人：傅明
……Tel:13056955383
0574－63811030

**慈溪市桥头丰瑞鞋厂**
业务：生产、销售鞋
地址：浙江省宁波市慈溪市桥头镇桥三路430弄7号
负责人：岑志丰 邮 编：315000
法 人：岑志丰
Tel：0574－63551152

**慈溪市胜山清友箱包厂**
业务：箱包生产、销售
产品：无纺布、环保袋
地址：浙江省宁波市慈溪市胜山镇上蔡村蔡丁北路36号
负责人：周清友 邮 编：315000
法 人：周清友
Tel：0574－63394209
13065847032

**青田县天虹服装辅料饰品有限公司**
业务：青田县天虹服装辅料饰品有限公司成立于2002年，主要从事手镯、手链、项链、戒指等系列饰品的专业生产，本公司产品齐全，欢迎广大客户来电来函选样订购！
地址：浙江省丽水市青田县温溪镇7号工业区
负责人：金玉勤 邮 编：323900
法 人：金玉勤
Tel：0578－6066369
Fax：0578－6066359

**海宁柯莱妮服装有限公司**
业务：专业从事中高档皮革、毛皮服装等系列产品设计、生产、加工及批发零售，可为时装公司贴牌生产。公司以一流的管理、一流的技术和一流的服务，与国内外的朋友建立良好的业务关系，共同发展、共创辉煌。
产品：皮革皮草服装
地址：浙江省海宁市海宁皮革城二期12号楼202室
负责人：马桂香 邮 编：314400
法 人：骆专旺
Tel：0573－87219389
网址：www.kelanni.cn
E-mail：kelaini88@yahoo.com.cn

**杭州嘉贤时装厂**
地址：浙江省杭州市江干区天成路1号
负责人：蒋振华
Tel：13858039991

**慈溪市塞飞洛皮具店**
业务：真皮系列，皮包，皮带，钱包等
地址：浙江省宁波市慈溪市天九街170号
负责人：傅明 邮 编：315000
法 人：傅明
Tel：13056955383
0574－63811030

**宁波东钱湖旅游度假区乾坤缝纫机配件厂**
业务：缝纫机配件、五金件的加工
地址：浙江省宁波市东钱湖旅游度假区青山村马岙
负责人：毛岳年 邮 编：315000
Tel：15968077868
0574－88497521

**奉化市太平鸟男装专卖店**
业务：太平鸟男装专卖
地址：浙江省宁波市奉化市锦屏街道惠政西路65号第6－9间
负责人：傅耀波 邮 编：315000
法 人：傅耀波
Tel：0574－28512663

**平阳县步顺皮革有限公司**
业务：本公司主要生产猪皮革，头层里革，二层里革，头层手套革，头层反绒革，二层反绒革等产品，质量可靠，价格合理，热诚欢迎新老客户惠顾。
地址：浙江省温州市平阳县水头镇溪心制革基地繁华西路9号
负责人：吴邦快 邮 编：325405
法 人：吴步顺
Tel：0577－63855885
Fax：0577－63855558

**奉化市杰杰印花厂**
业务：服装印花加工，服装印花，印花，童装印花，片装印花，转移印花，牛仔印花，针织印花，纺织印花，织带印花的专业服装印花厂家，广泛应用于服装，鞋面，花边等各种面料的水浆、胶浆、热固厚浆、凸浆、烫石、烫金烫银、彩拨印及立体多色植毛等各种特殊印花纺织面料
地址：浙江省宁波市奉化市萧王庙街道五星村黄家淎村原学校
负责人：黄益萍 邮 编：315000
法 人：黄益萍
Tel：0574－88837581
13867889736

**宁波海曙梵丝内挺服装店**
业务：梵丝内挺内衣，服饰字说总代理
地址：浙江省宁波市海曙区开明街293号
负责人：张建 邮 编：315000
法 人：张建
Tel：13958363198
0574－87290404

**象山丹城歌笛服饰店**
业务：歌笛服饰专卖
地址：浙江省宁波市象山丹城金鹰路17号
负责人：邵宏 邮 编：315000
法 人：邵宏
Tel：13626814660
13429229213

**海宁市海洲威特服饰商行**
业务：毛皮、服饰、牛仔等产品批发
地址：浙江省海宁市海宁中国皮革城毛皮服饰牛仔城二楼26号
负责人：孔繁通 邮 编：314000
法 人：孔繁通
Tel：13803058833
13920985222

**百源制衣有限公司**
业务：生产服装
地址：浙江省宁波市象山县工业园区园南路10号
负责人：金哲浩 邮 编：315000
法 人：金哲浩
Tel：0574－65773536
65773537
65773538

**象山木青鸟制衣有限公司**
业务：服装的制造
地址：浙江省宁波市象山县爵溪街道东城路10号开源针织厂
负责人：郑林亚 邮 编：315000
法 人：郑林亚
Tel：0574－25706002
13806654114

**象山爵溪小灵鹊服饰厂**
业务：服饰加工，烫钻、手工绣花、穿珠片
地址：浙江省宁波市象山县爵溪街道前街15－1号
负责人：周林通 邮 编：315000
法 人：周林通
Tel：0574－65603814
81765977

**象山丹城帝梦诗内衣店**
业务：主要经营帝梦诗牌的各种内衣：修正内衣；男、女品牌短裤；男、女品牌睡衣等等。价格公道，欢迎广大客户光临。
地址：浙江省宁波市象山县塔山路36－3号
负责人：陈佩佩 邮 编：315700
法 人：陈佩佩
Tel：0574－63372885
13606785206

**象山县西周如家装饰店**
业务：灯具、窗帘代理销售
地址：浙江省宁波市象山县西周镇嵩溪路70号
负责人：赖小姐 邮 编：315722
法 人：夏炬
Tel：0574－65833339
13958333384

**宁波市北仑区新碶街道唠叨牛仔服装店**
业务：唠叨牛仔专卖
地址：浙江省宁波市新碶街道新大路129号
负责人：陈士银 邮 编：315000
法 人：陈士银
Tel：0574－86898120
15990561918

**宁波市鄞州高桥宜东制衣厂**
业务：各式外贸服装、时装、休闲服装制作、销售
产品：休闲服装
地址：浙江省宁波市鄞州区高桥镇长乐村李十四房224号
负责人：苑纪方 邮 编：315000
Tel：15990588975
0574－82387093

**西西服饰**
地址：浙江省杭州市秋涛路489号中华大厦8楼
负责人：周秋
Tel：0571－86526991
86526990

13758228129

**宁波市鄞州邱隘爱泊尔制衣厂**
业务：服装
地址：浙江省宁波市鄞州区邱隘镇后新漕头251号
负责人：肖世仙
法 人：肖雪欢
Tel：0574－88361248
15258163252
E-mail：abefushi@163.com

**海宁市海洲锦诚皮革服饰制衣厂**
业务：皮毛服饰设计、生产
地址：浙江省海宁市海洲街道新桥社区沙泾桥东区191号
负责人：高中余 邮 编：314400
法 人：高中余
Tel：0573－87211088
Fax：0573－87211088
网址：http://www.51zzt.com/user/zzt31571

**温州市尚凡服饰有限公司**
业务：本公司是一家以经营生产羊毛衫、羊绒衫、丝绒衫，T恤等为主导产品的生产贸易型企业，拥有国际上先进的德国STOLLCMS3系列4针床电脑控制（全自动）横编机等毛衫设备、后整理工艺设备和专用检测设备共230台（套）。
地址：浙江省温州市新城大道晚报大厦503－505室
邮 编：325000
法 人：吴探春
Tel：0577－88952828
Fax：0577－88951177

**宁波市鄞州石碶欣瑞服装厂**
业务：男女针织服装的加工与销售
产品：男女针织服装
地址：浙江省宁波市鄞州区石碶街道冯家村
负责人：高三红 邮 编：315000
法 人：高三红
Tel：15888128290
网址：http://www.51zzt.com/user/zzt40935/product/34604.htm

**宁波市鄞州五乡艾高制衣厂**
业务：服装的制造、加工
地址：浙江省宁波市鄞州区五乡镇涵玉村
负责人：高建华 邮 编：315000
法 人：高建华
Tel：15924318858
15990266686
E-mail：gjh558668@126.com

**余姚市精捷服装印花厂**
业务：服装印花的制造、加工。
地址：浙江省宁波市余姚市低塘街道西郑巷工业小区
负责人：高惠飞 邮 编：315000
法 人：高惠飞
Tel：13606747117
0574－63824813

**余姚市鑫丰皮草厂**
业务：生产和销售皮草
产品：皮草
地址：浙江省宁波市余姚市朗霞街道杨家村（西干）裘皮一条街2号
负责人：钱之平 邮 编：315000
法 人：钱之平
Tel：0574－62192982

**杭州摩尼斯服饰有限公司**
地址：浙江省杭州市上城区长生路24号7楼7室
负责人：来伟民
Tel：0571－87781711

**建德市乾潭镇佳诚针织厂**
业务：建德市乾潭镇佳诚针织厂成立于2004年，主要从事针织品的加工。我们以新颖的款式、优良的品质、准时的交货，深受客户的欢迎。本着互惠互利的原则，为广大客户提供最完善的服务和产品。
地址：浙江省杭州市建德市乾潭镇西桥村大岭自然村
邮 编：311602
法 人：俞锡平
Mobile：13858160652
13968139348

**余姚市盛澳皮草商行**
业务：澳大利亚皮毛制品：床垫、汽车垫、沙发垫
地址：浙江省宁波市余姚市朗霞街道中国裘皮城A幢4012号，4023号
负责人：郭信龙 邮 编：315000
法 人：郭信龙
Tel：0574－62218068

**杭州汉帛伟业服饰有限公司**
地址：浙江省杭州市上城区东坡路19号
负责人：高建幸

Tel：0571－28808159

**平湖市九州箱包有限公司**
业务：生产和销售各类箱包
产品：拉杆箱，旅行包等
地址：浙江省平湖市广陈镇前港村12组（平湖市海派纯鸟服饰有限公司内2－3楼）
负责人：吴卫 邮 编：314217
法 人：吴卫
Tel：0573－85669868
Fax：0573－85668833
E-mail：jiuzhoubag@163.com

**平湖市立得服饰贸易有限公司**
业务：生产、加工、销售：服装
地址：浙江省平湖市林埭镇新庄村新村
负责人：张留生 邮 编：314200
法 人：张留生
Tel：13185739398
0573－85920868
Fax：0573－85088620
网址：www.chlide.cn
E-mail：zls_888@126.com

**海宁中统纺织有限公司**
业务：专业生产数码喷绘布、蓬盖材料、水床布、经编网格布和涂层网格布
地址：浙江省海宁市硖石工人路122号6层608室
负责人：浦宁江 邮 编：314400
法 人：浦宁江
Tel：13656603277
0573－87090991
Fax：0573－87090991
网址：www.hn－zt.com

**永嘉县东欧鞋业有限公司**
业务：我公司主要经营进出口女鞋，有足够的生产服务能力。公司以先进的生产设备，制造完善，环境优美，产品远销乌克兰，波兰，罗马尼亚，匈亚利，捷克斯，法国，德国，西班牙，意大利，俄罗斯，日本，韩国等国家。
地址：浙江省温州市永嘉县瓯北镇浦西村东瓯工业区
邮 编：325100
法 人：张雪康
Tel：0577－67983588
Fax：0577－67983585
网址：www.chinadongou.com.cn

**科琪服装配件加工厂**
业务：服装，服饰加工，无缝口袋等
地址：浙江省平湖市新仓镇华南路1号
负责人：潘新来 邮 编：314200
法 人：潘新来
Tel：13564484316
15824369163

**平阳县西南皮革有限公司**
业务：皮革的生产和销售
产品：头层绒革、头层鞋里革、头层服装革，二层绒革、二层鞋里革
地址：浙江省平阳县水头镇中后制革基地中后东路32号
负责人：刘化善 邮 编：325000
法 人：刘化善
Tel：0577－63851115

**瑞安市成发针织厂**
业务：针织品加工，主要产品：围巾
地址：浙江省瑞安市碧山镇林华村
负责人：林建成 邮 编：325000
法 人：林建成
Tel：0577－65422966
13958811383
Fax：0577－6542977

**瑞安市南城印花加工厂**
业务：服装印花加工
地址：浙江省瑞安市飞云镇东风村城南大道树坛内
负责人：白福志 邮 编：325000
法 人：白福志
Tel：0577－65573222

**瑞安市完美伊人鞋厂**
业务：鞋业制造及销售
产品：各类女鞋、学生鞋、按样制造各种内销外贸鞋
地址：浙江省瑞安市飞云镇马头工业区
负责人：邓顺信 邮 编：325207
法 人：邓顺信
Tel：0577－65012708
Fax：0577－65012508

**缙云县求精缝纫配件厂**
业务：缙云县求精缝纫配件厂成立于2000年，是一家集生产与销售缝纫机配件为一体的厂家。欢迎广大新老客户光临指导－

一愿我们精诚合作，共创辉煌！
地址：浅江省丽水市缙云县壶镇工联吕花园
邮 编：321400
法 人：卢干勤
Tel：0578－3152328
Fax：0578－3152969

## 瑞安市振飞鞋料加工厂
业务：生产加工鞋材，鞋料
地址：浙江省瑞安市瑞光大道1095号
负责人：吴振飞 邮 编：325200
法 人：吴振飞
Tel：13868820678
15606776882
0577－66873535

## 瑞安市华宝鞋材厂
业务：鞋材附件、鞋垫、鞋扣、标牌、模具制造、加工、销售
地址：浙江省瑞安市汀田镇汀三村工业园区
负责人：尤作胜 邮 编：325000
法 人：尤作胜
Tel：0577－65108869
13958807772
Fax：0577－65109919

## 海宁市金德盛皮革工艺品厂
业务：汽车皮垫等皮革制品的生产销售
地址：浙江省海宁市斜桥镇庆云洛塘街24号
负责人：朱金法 邮 编：314000
法 人：朱金法
Tel：0573－87780617
Fax：0573－87780637

## 瑞安市都市红鞋厂
业务：女鞋生产销售
地址：浙江省瑞安市仙降镇横街村横街新工业区122、123、124号
负责人：彭茂都 邮 编：325000
法 人：彭茂都
Tel：0577－65056889
13967733669

## 瑞安市万佳好鞋厂
业务：生产、销售女鞋
地址：浙江省瑞安市仙降镇横街工业区
负责人：金锦锋 邮 编：325207
法 人：金锦锋
Fax：13868811721
0577－65058325

## 瑞安市强牛鞋厂
业务：鞋业
地址：浙江省瑞安市仙降镇金光工业区
负责人：陈国华 邮 编：325000
法 人：陈国华
Tel：0577－65584520
Fax：0577－65030568

## 余姚市牟山镇永峰皮件厂
业务：本公司专业生产各类面料的箱包及皮件制品。本厂质量保证，生产力量雄厚．先后同许多知名企业、外贸公司建立了良好的合作贸易关系，在同行与客户之间建立了良好的信誉与口碑，我们愿以优良的品质，合理的价格，诚信的服务，取信于市场．热忱欢迎广大客户及企事业单位前来考察并洽谈业务！
地址：浙江省余姚市牟山镇后新路
负责人：茹岳峰 邮 编：315456
法 人：俞文英
Tel：0574－62497159

## 瑞安市力杰夫鞋业有限公司
业务：鞋制造、销售
地址：浙江省瑞安市仙降镇上西垟村
负责人：陈彦锋 邮 编：325200
法 人：陈彦锋
Tel：0577－65058559
65035616
Fax：0577－65035616
E-mail：ys740424@163.com

## 瑞安市百斯特鞋厂
业务：生产女式休闲鞋
地址：浙江省瑞安市仙降镇仙降工业区
负责人：王艇 邮 编：325000
法 人：王艇
Tel：13676753953
0577－65588380

## 绍兴市普菲哥特服饰有限公司
业务：衬衫、家纺、服装、服饰的设计，生产、销售
地址：浙江省绍兴市袍江越英路以东
负责人：钱卫江 邮 编：312000
Tel：13606558595
13185752355

## 金万利皮革经营部
业务：皮革批零
地址：浙江省瑞安市仙降镇镇前东路55－57号
负责人：周小丽 邮 编：325200
法 人：周小丽
Tel：0577－65037377
65037311

## 瑞安市蓝精灵童鞋厂
业务：生产、销售童鞋
地址：浙江省瑞安市莘塍镇上村工业园区E幢2号
负责人：张肇汉 邮 编：325000
法 人：张肇汉
Tel：0577－65128680

## 桐庐东升针织厂
业务：桐庐东升针织厂成立于2004年，主要生产围巾、帽子、手套、丝巾、针织包等针织类服饰及其配件。公司坚持以"质量第一，诚信为本"的原则，欢迎新老客户惠顾。
地址：浙江省杭州市桐庐县横村镇徐家埠
邮 编：311500
法 人：俞红生
Tel：0571－64699197
Fax：0571－64699690

## 上虞市千度服饰
业务：服装销售
地址：浙江省上虞市百官街道劳动路97号
负责人：李君芬 邮 编：312300
法 人：李君芬
Tel：0575－82112196

## 新一羊毛衫有限公司
业务：羊毛衫生产经营
地址：浙江省上虞市崧厦镇南路
负责人：阮槐荪 邮 编：312300
Tel：0575－82061333

## 上虞市汤浦鸿亿针织布行
业务：针织系列批发
地址：浙江省上虞市汤浦镇童装产业园区4幢104号
负责人：傅方月 邮 编：312300
法 人：傅方月
Tel：0575－82337697
13989505555

## 绍兴市耀翔针纺织品有限公司
业务：批发、零售：针纺织品、服装面料、服装辅料、床上用品、轻纺原料（除皮棉、蚕茧）、家纺用品、五金家电、纺机配件、染料（除危险化学品）、皮革制品、钢材、五金机械。
地址：浙江省绍兴市柯桥轻纺城北6区3楼3004号
负责人：周大勇 邮 编：312069
法 人：周大勇
Tel：13588586245
0575－85719369
Fax：0575－85696036
E-mail：http://www.51zzt.com user/zzt32910

## 海宁市许村镇永博特纺织经营部
业务：销售沙发布，家纺面料
地址：浙江省海宁市许村被面装饰市场372号
负责人：沈亚平 邮 编：314409
法 人：沈亚平
Tel：13511367888
0573－87560668
E-mail：yongbobuye@163.com

## 杭州科思特服装有限公司
地址：浙江省杭州市上城区海潮路53号217室
负责人：尧小芬
Tel：13396583370

## 绍兴县凯冉针纺织有限公司
业务：生产针纺织品
地址：浙江省绍兴市马鞍镇国庆村
负责人：马定良 邮 编：312000
法 人：马定良
Tel：0575－85108291
13905756115
Fax：0575－85106720

## 绍兴县爱利斯纺织染整有限公司
业务：加工、染色
地址：浙江省绍兴市绍兴县安昌镇盛陵村
负责人：邢科丽 邮 编：312000
Tel：13957572299
0575－85649666

## 康美乐鞋服超市
业务：服装零售
产品：服装，鞋
地址：浙江省绍兴市绍兴县华舍街道民生村大池头
负责人：胡立巧 邮 编：312000
法 人：胡立巧
Tel：13626867679

## 绍兴县华舍康美乐服装店
业务：销售男女服装
地址：浙江省绍兴市绍兴县华舍街道民生村大池头
负责人：胡立巧 邮 编：312000
法 人：胡立巧
Tel：13626867679

## 诸暨市迦南袜业有限公司
业务：诸暨市迦南袜业有限公司成立于2005年4月，主要生产销售地板袜、毛圈袜、双针等袜子。质量保证，价格合理，欢迎各方客户来电来人洽谈业务。
地址：浙江省诸暨市大唐镇永新路37幢3楼
邮 编：311801
法 人：赵坚钢
Tel：0575－7751087
Fax：0575－7757186

## JACK WALK 专卖店
业务：JACK WALK 休闲男装柯桥总代理，其产品款式新颖、时尚，JACK WALK专卖店以顾客满意为服务理念，欢迎您的光临！
产品：衬衫，茄克，西装，风衣，裤，鞋子，包，皮带，围巾系列
地址：浙江省绍兴市绍兴县柯桥街道笛扬路609号
负责人：华英姿 邮 编：312000
法 人：华英姿
Tel：0575－84216645

## 绍兴县昊海纺织品有限公司
业务：集自行设计、开发、生产、销售于一体的专业化企业，主要生产各种涤棉、纯棉等优质产品，我们致力为您提供最优质的产品和最真挚的服务！
产品：服装面料、室内装饰布、沙发布、里料、化纤、家纺等
地址：浙江省绍兴市绍兴县柯桥轻纺城大道1685号3楼313室
负责人：孙建忠 邮 编：312000
法 人：孙建忠
Tel：0575－84292399
Fax：0575－84781685
网址：www.haohaitex.com
E-mail：sjz@haohaitex.com

## 绍兴县怡璐纺织品有限公司柯桥分公司
业务：批发、零售：针纺织品、床上用品、地毯、轻纺原料；货物进出口（法律、行政法规禁止的除外）。
地址：浙江省绍兴市绍兴县柯桥轻纺大厦B楼115号
负责人：吕文英 邮 编：312000
法 人：吕文英
Tel：13157552919
0575－85813699

## 绍兴县柯岩德富烫金厂
业务：布匹烫金、布匹转移印花、压胶
地址：浙江省绍兴市绍兴县柯岩街道澄湾路路南工业园区泰邦纺织服饰有限公司二楼
负责人：王天友 邮 编：312100
法 人：王天友
Tel：0575－84316726
Fax：0575－84316736

## 杭州东旭服饰辅料有限公司
地址：浙江省杭州市上城区海潮路53号221室
负责人：李桂红
Tel：13067766923

## 绍兴县柯岩鑫展纺织品切带厂
业务：生产、销售纺织品切带
地址：浙江省绍兴市绍兴县柯岩街道路南村
负责人：李鑫 邮 编：312000
法 人：李鑫
Tel：0575－85569283

## 绍兴县聪聪针织有限公司
业务：针织品的生产和销售
地址：浙江省绍兴市绍兴县漓渚镇洞桥村
负责人：潘爱锦 邮 编：312000
法 人：潘爱锦
Tel：0575－84010231
13362512372

## 杭州万新服饰有限公司
地址：浙江省杭州市上城区解放路26号金衙庄大厦五楼F号
负责人：张学新
Tel：13958010377

## 绍兴县雪宏针织花边厂
业务：针织花边
地址：浙江省绍兴市绍兴县马鞍镇宝善桥村
负责人：杨利洪 邮 编：312000
法 人：杨利洪
Tel：13957574413
0575－85101741

## 绍兴宝涛纺织品有限公司
业务：主营棉纱
地址：浙江省绍兴市绍兴县钱清轻纺原料市场D4(40)
负责人：王志良 邮 编：312000
法 人：王志良
Tel：15857509626
0575－88703639
Fax：0575－88703639

## 海宁市许村镇林明装饰布复合厂
业务：加工销售各类装饰布
产品：沙发布，海绵，汽车坐垫布，防水布
地址：浙江省海宁市许村镇荡湾村赵家一组6号
负责人：金忠明 邮 编：314000
Tel：0573－87563933
13067529231
网址：http://www.51zzt.com/user/zzt32847

## 江山华顿服饰有限公司
业务：本公司专业生产各种中高档针织和梭织服装。一流的品质，已获得美国JCPenny等百货公司的认可。产品销往日本、欧盟、美国、加拿大市场。本公司主要生产各种婴儿装、童装、男装、女装、包括婴儿的礼盒、睡衣、休闲服和运动服。
地址：浙江省江山市区城北大修新村40号
邮 编：324100
法 人：周肖华
Tel：0570－4014938
4021818
Fax：0570－4020867

## 绍兴县博昌纺织品有限公司
业务：生产、销售纺织原料
地址：浙江省绍兴市绍兴县钱清原料市场D4(7)
负责人：张博 邮 编：312000
法 人：张博
Tel：13858439369
0575－85707321

## 绍兴县欧雪娜家纺有限公司
业务：欧雪娜家纺系列产品
地址：浙江省绍兴市绍兴县钱清镇东江村永通国贸大厦17楼1704
负责人：金连兴 邮 编：312025
法 人：金连兴
Tel：0575－85510578
84511948
Fax：0575－84511948

## 绍兴县鑫斯陆纺织有限公司
业务：主要经营各种针纺织品、床上用品、地毯等，公司依托成熟的技术和先进的工艺，产品主要出口欧洲、非洲等地，以最新的花样储备向您提供一流的专业产品。
产品：地毯，毛毯，朝拜毯，床上用品
地址：浙江省绍兴市绍兴县轻纺大厦B幢139号
负责人：许永杰 邮 编：312030
法 人：李海红
Tel：0575－84125382
Fax：0575－85682070
网址：www.youyiditun.com.cn
E-mail：sx1001sx@163.com

## 浙江省绍兴市绍兴县信合圆布艺厂
业务：加工床上用品，家纺产品，毛毯，面料，窗帘等
地址：浙江省绍兴市绍兴县孙端镇许家埭村碧波潭
负责人：岳雷 邮 编：312000
法 人：岳雷
Tel：13575552114
13575518360

## 绍兴县建越纺织厂
业务：台布、窗帘布等纺织品生产销售
地址：浙江省绍兴市绍兴县夏历镇莲增村
负责人：张华桥 邮 编：312000
法 人：张华桥
Tel：0575－84063527
84065558

**绍兴县吉航纺织有限公司**
业务:蕾丝、网布、植绒印花布
地址:浙江省绍兴市绍兴县中国轻纺城北市场2区1楼481号
负责人:谢胜元 邮 编:312030
法 人:谢胜元
Tel:0575－84122805
13735269376

**绍兴县裕安纺织品有限公司**
业务:生产与销售各类棉布,以纤维棉、平纹、斜纹小花布、床上用品为主
产品:各类棉布,以纤维棉、平纹、斜纹小花布、床上用品为主
地址:浙江省绍兴市绍兴县中国轻纺城东市场大桥21号
负责人:刘国民 邮 编:312000
法 人:刘国民
Tel:0575－85717578
85691553
Fax:0575－84121876

**绍兴县罗博进出口有限公司**
业务:生产各类针织纺织面料:全棉,锦棉,涤棉,T/R/W,弹力,亚麻,毛纺,人造棉,混纺系列;各类特种家纺面料(阻燃);以及进口澳洲纯羊毛加工制造
地址:浙江省绍兴市绍兴县中国轻纺城国贸中心北区13幢2002号
负责人:赵世民 邮 编:310030
法 人:赵世民
Tel:0575－81182388
网址:www.robbtex.com

**浙江义乌市真光围巾厂**
业务:真光针织厂是一家专业生产针织品企业,拥有最专业的设计师队伍和一流的品质控制系统。企业以生产各种高、中、低档围巾、三角巾、披巾、长巾、金丝巾、腰带、网巾、圆筒巾、双面巾等针织品系列为主,并与各生产企业有着互补的优势。使产品资源全面化,价值最大化。
地址:浙江义乌市徐村徐中路15号
负责人:陈碧 邮 编:322000
法 人:陈碧
Tel:0579－85271127

**绍兴县绍坤纺织有限公司**
业务:集自行设计、开发、生产、销售于一体的专业化企业,专业生产涤纶、仿真丝时装面料、里料;箱包布、装饰用布。产品销往全国各地。我们致力为您提供最优质的产品和最真挚的服务!
产品:色丁、五美锻、春亚纺、涤塔夫等
地址:浙江省绍兴市绍兴县中国轻纺城精混纺织品市场1楼10403号
负责人:雷炳江 邮 编:312000
法 人:雷炳江
Tel:0575－85582806
13588540820
Fax:0575－84118532

**嵊州市甘霖镇顶峰纺织厂**
业务:加工、销售:纺织品。
地址:浙江省绍兴市嵊州市甘霖镇田东村
负责人:俞伯银 邮 编:312000
法 人:俞伯银
Tel:0575－83627778
13857545842

**新昌县羽林街道伟伟服装厂**
业务:服装生产加工
产品:男女装T恤,文化衫
地址:浙江省绍兴市新昌县羽林街道大道东路263号A幢222
负责人:孙伟 邮 编:312500
法 人:孙伟
Tel:0575－86989083
Fax:0575－86501388
E-mail:qq443214434@qq.com

**绍兴市越城区奋斗服装店**
业务:销售服装
地址:浙江省绍兴市越城区城市广场3号
负责人:潘可 邮 编:312000
法 人:潘可
Tel:13676881112
0575－85146109

**桐庐县横村镇杭青针织厂**
业务:针织,小商品(帽子、手套等)
地址:浙江省桐庐县横村镇锦华路中大公寓南区25－27号
负责人:朱杏军 邮 编:311500
法 人:朱杏军
Tel:15906679981
13567166608

**杭州彭绅服饰有限公司**
地址:浙江省杭州市上城区庆春路137号6层616室
负责人:彭建勇
Tel:13857193888

**海宁市许村镇金典纺织品有限公司**
业务:沙发面料、工程布
地址:浙江省海宁市许村镇孙桥村桥西组129号
负责人:尹锐 邮 编:314000
法 人:尹锐
Tel:13515836527
0573－87389777
87563658
Fax:0573－87563658

**杭州古奇服饰有限公司**
业务:杭州古奇服饰有限公司成立于2004年,公司长年生产各种款式的休闲裤,产品质量可靠,竭诚欢迎各方客户来电订购,洽谈业务,共同合作。
地址:浙江省杭州市西湖区三墩镇三联村西蒋斗一号
邮 编:310030
法 人:蒋祖良
Tel:0571－88961001
Fax:0571－88961008

**诸暨市逸裕针织厂**
业务:加工自销:针织品、袜子
地址:浙江省绍兴市诸暨市草塔镇上余村(庄余霞)275号
负责人:杨裕雷 邮 编:312000
法 人:杨裕雷
Tel:0575－87716830
13857585182

**诸暨市大唐小其袜厂**
业务:加工与自销各类袜
产品:各类袜
地址:浙江省绍兴市诸暨市大唐镇赵家路南91号
负责人:杨胜琪 邮 编:312000
法 人:杨胜琪
Tel:0575－87705315

**诸暨市城北嘉合服装厂**
业务:夹克衫、羽绒衣、棉衣等生产、加工、销售
地址:浙江省绍兴市诸暨市暨阳街道袁家新村西一幢一至二单元
负责人:宋方方 邮 编:312000
法 人:宋方方
Tel:15967593371
15968517813

**诸暨市鹏宇服饰有限公司**
业务:主要从事出口服装生产、加工及销售
地址:浙江省绍兴市诸暨市街亭镇街亭村新街22号
负责人:徐云芳 邮 编:311805
法 人:徐云芳
Tel:0575－87370168

**杭州雪松手绘服饰工作室**
地址:浙江省杭州市上城区木材新村16幢2单元702室
负责人:张铮
Tel:13958001582

**绍兴县锦尚美印花有限公司**
业务:印纸,热转移印花
产品:家纺、服装、遮阳伞、地毯、毛毯、沙发布等布料的热转移印花
地址:浙江省绍兴县柯桥柯北宝龙工业园区B2幢
负责人:刘士西 邮 编:312030
法 人:刘士西
Tel:0575－81181166
13567208688
Fax:0575－81181123

**绍兴县胜基纺织有限公司**
业务:批发零售:针纺织品及原料,公司以"质量第一,信誉至上"的经营理念欢迎新老客户光临指导
产品:化纤、涤棉、全棉布,T/R布的染色、印花、绣花等
地址:浙江省绍兴县钱清镇西后街70号
负责人:孙国海 邮 编:312025
法 人:孙国海
Tel:0575－84513013
Fax:0575－84517513
E-mail:shengjitextile@163.com

**温岭市城北盛继鞋厂**
业务:鞋
地址:浙江省台州市温岭市城西街道莞田村
负责人:贺正平 邮 编:318000
法 人:贺正平
Tel:13819661726
0576－86247091

**浙江台州市碧海帽厂**
业务:专业生产棒球帽、广告帽、休闲帽、儿童帽等种四季帽或来料加工,价格合理,我们以真诚的服务、质量的保证为根本,欢迎新老客户光顾洽谈
产品:各种帽
地址:浙江省台州市黄岩区院桥镇胡家桥村
负责人:胡道初 邮 编:318020
法 人:胡道初
Tel:0576－84898959
13116529896
13606823515
Fax:0576－84898959
网址:www.51zzt.com/user/zzt37096/bihai888.cn
E-mail:774226829@qq.com

**海宁市海洲时尚领域皮草行**
业务:皮草服饰批零
地址:浙江省海宁中国皮革城毛皮服饰城四楼118号
负责人:张伟甫 邮 编:314400
法 人:张伟甫
Tel:13957333115

**嘉兴市鼎盛服饰有限公司**
业务:嘉兴市鼎盛服饰有限公司成立于2006年,专业生产羊毛衫,欢迎新老客户来电洽谈业务。
地址:浙江省嘉兴市秀洲区洪合镇毛纺织工业城B9号楼
负责人:孔志明 邮 编:314023
法 人:孔志明
Tel:0573－83617998
83618111

**台州市椒江新越服装印花加工厂**
业务:针织服装印花加工、针织品加工
地址:浙江省台州市椒江区洪家街道王桥村1－228号
负责人:王建国 邮 编:318000
法 人:王建国
Tel:0576－88016550
13586088515

**台州市椒江GENESY服饰店**
业务:genesy服饰专卖
地址:浙江省台州市椒江区解放北路2号\台州市黄岩区横街路169－171号\台州市路桥区富士广场步行街对面
负责人:陈志全 邮 编:318000
法 人:陈志全
Tel:15026862131
18958800589

**台州市椒江创美缝纫机厂**
业务:缝纫机及配件制造、加工
地址:浙江省台州市椒江区下陈街道下六份村242号
负责人:叶林友 邮 编:318000
法 人:叶林友
Tel:18906583389
0576－88171332
网址:http://www.51zzt.com/user/zzt32891

**温岭市横峰惠足鞋厂**
业务:女鞋、凉拖鞋、靴子、棉鞋
地址:浙江省台州市临海市后塘路37号2102室
负责人:张天荣 邮 编:318000
法 人:张天荣
Tel:13968435735

**杭州美洲羚服饰有限公司**
地址:浙江省杭州市上城区清江路136号四季星座大厦601室
负责人:钟惠国
Tel:13606624448

**临海市缘和服饰加工厂**
业务:服装来料来样加工
地址:浙江省台州市临海市上盘镇翻身村2组2－77号
负责人:王官平 邮 编:317000
法 人:王官平
Tel:0576－85751718

**台州市路桥星辰时装商行**
业务:服装、鞋帽、箱包批发、零售。
地址:浙江省台州市路桥区富仕广场A东步行街金佩13－14号
负责人:陈培俭 邮 编:318000
法 人:陈培俭
Tel:0576－82435393
Fax:0576－82915298

**杭州瑞派制衣有限公司**
地址:浙江省杭州市桐庐县桐君街道乔林路887号
负责人:朱毅
Tel:0571－64221197

**台州君忆皮具有限公司**
业务:皮包的生产和销售
产品:皮包
地址:浙江省台州市路桥区横街镇洋屿村信用社旁
负责人:杨庭军 邮 编:318056
法 人:杨庭军
Tel:0576－82650792
Fax:0576－82626239
E-mail:junhuapiju@163.com

**台州市路桥博拉皮具厂**
业务:集设计、生产、销售为一体的箱包生产厂家,生产的各类箱包、手袋、皮具等产品设计独树一帜,自成一格,深受消费者的喜爱。
产品:女包、男包、休闲包、旅行箱包、皮夹等
地址:浙江省台州市路桥区蓬街工业区
负责人:罗婉娜 邮 编:318000
法 人:罗婉娜
Tel:0576－82789088
13989626555
Fax:0576－82789077
网址:www.bolabags.com
E-mail:anniefang.good@163.com

**杭州蒙乃针织服饰有限公司**
业务:羊绒、羊毛针织品加工销售
产品:羊绒、羊毛衫
地址:浙江省杭州市滨江区滨康路188号1号楼2楼201室
负责人:刘将 邮 编:310000
法 人:刘将
Tel:13429612489
E-mail:mnlg2009@yahoo.cn

**桐乡市龙鑫纺织整理有限公司**
业务:我公司成立于2006年,主要生产及销售毛绒,欢迎广大客户前来洽谈业务!
地址:浙江省嘉兴市桐乡市屠甸镇轻纺工业园区前进路170号
负责人:赵建荣 邮 编:314503
Tel:0573－88861038
88867828
Fax:0573－88867828

**天台吴才良滤袋加工部**
业务:专业生产工业用板框滤袋,除尘袋,离心机滤袋等,承接加工定做业务,专业的技术,卓越的品质,优质的服务,欢迎来电洽谈,我们期望与各界朋友真诚合作!
地址:浙江省台州市天台县平桥镇友谊东路(下街村大队屋)
负责人:吴才良 邮 编:317203
法 人:吴才良
Tel:0576－83681300
13073889558
Fax:0576－83662038

**温岭市美步达鞋业有限公司**
业务:专业生产男、女、童鞋及各种高、中档凉鞋、拖鞋
地址:浙江省台州市温岭市城北街道沿江路23号
负责人:杨云来 邮 编:318000
法 人:杨云来
Tel:18957663333
0576－86916105
Fax:0576－86941888

**青铜峡市林盛皮毛有限责任公司崇福直销处**
业务:销售:毛皮
地址:浙江省桐乡市崇福皮毛市场一区82号
负责人:马志军 邮 编:314000
法 人:马志军
Tel:13586395499
13995157886
0573－88380256
Fax:0573－88380256

**桐乡市崇福佳怡裘皮制品厂**
业务:加工、销售皮草类服装,毛领、围巾等
产品:狐狸、豹子、兔皮等家养动物皮毛
地址:浙江省桐乡市崇福镇城郊村石移庙后头
负责人:陆建秋 邮 编:314500
法 人:陆建秋
Tel:0573－88383583
13586313868
Fax:0573－88385776
E-mail:abcd583@sina.com

**平湖市欧若拉服装有限公司**
业务:平湖市欧若拉服装有限公司成立于2005年,主要生产女式时装、童装、男装等。货品充足,质量保证,讲究信誉。我公司期

纺织服装

待与您的合作！
地址：浙江省嘉兴市平湖市经济开发区兴平路333号
邮　编：314200
法　人：陆玉华
Tel:0573－5078392
Fax:0573－5078389

## 桐乡市大麻金良纺织厂
业务：纺织加工
产品：布，纱织布
地址：浙江省桐乡市大麻镇北街208号
负责人：沈金良　邮　编：314000
法　人：沈金良
Tel:13605834846
0573－88495379

## 桐乡市濮院久掫羊毛衫门市部
业务：羊毛衫的批发
地址：浙江省桐乡市濮院二区1784号
负责人：罗本进　邮　编：314000
法　人：罗本进
Tel:13291509392
0573－88815582

## 桐乡市濮院北极羊羊毛衫门市部
业务：羊毛衫的批发。
地址：浙江省桐乡市濮院国贸名品港202、203号
负责人：徐伟　邮　编：314000
法　人：胡小红
Tel:0573－88696100

## 桐乡市濮院雷派针织制衣厂
业务：生产、销售休闲男装
地址：浙江省桐乡市濮院镇工贸大道633－635号
负责人：陈亮亮　邮　编：314502
法　人：陈亮亮
Tel:0573－88812111

## 桐乡市侨丰服饰有限公司
业务：服装贸易
地址：浙江省桐乡市濮院镇工业园区南北大道东侧（嘉兴侨亚服饰有限公司内）
负责人：周卫华　邮　编：314500
法　人：周卫华
Tel:13105738822
0573－88876678

## 桐乡市濮院中迪毛纺厂
业务：生产、销售半精纺纱，波纹纱，圈圈纱
地址：浙江省桐乡市濮院镇中新社区华生东路1号
负责人：周立忠　邮　编：314500
法　人：周立忠
Tel:0573－88770828

## 飞红羊毛衫门市部
业务：羊毛衫批发经营
地址：浙江省桐乡市濮院郑州街一区1004号
负责人：钱颂飞　邮　编：314500
法　人：钱颂飞
Tel:0573－88814470

## 浙江钱江市场锐轩布料经营部
业务：专营各种全棉布、化纤布、真丝系列，经营品种齐全，价格合理，批零兼营，我们将竭诚为您服务。另长期收购各种库存面料及辅料机械设备
地址：浙江省杭州市拱墅区钱江市场零料西区84号
负责人：解金华　邮　编：310014
法　人：解金华
Tel:13738073463
13296769778

## 杭州汉喜服饰有限公司
地址：浙江省杭州市上城区庆春路225号401室
负责人：何岸
Tel:0571－86584803

## 桐乡市濮院鼎福羊毛衫门市部
业务：经营羊毛衫
地址：浙江省桐乡市濮院中央商城3－078、3－079号
负责人：朱孟福　邮　编：314000
法　人：朱孟福
Tel:0573－88836575
88836551
13819028188

## 杭州永合纺织助剂有限公司
业务：杭州永合纺织助剂有限公司于2005年4月成立，专业从事生产纺织印染助剂。公司热忱希望与国内外客商建立并保持友好合作关系，促进共同发展。
地址：浙江省杭州市萧山区河庄镇向公村
邮　编：311222
法　人：金柏官
Tel:0571－82177088
Mobile:13588780888
Fax:0571－82174333

## 桐乡市唐风丝绸有限公司
业务：提供各类丝绸纺织品的印花、染色、纱洗及服饰的制造、加工业务，产品时尚、精致、完美、耐用，服务完善。
产品：丝棉纺，真丝绸，各种真丝交织面料，围巾，全棉府绸，亚麻面料
地址：浙江省桐乡市梧桐街道振东新区灵悟小区269号
负责人：陈树强
法　人：陈树强
Tel:0573－88950266
Fax:0573－88950233
网址：www.tfsilk.com
E-mail:chenshuqiang1981@163.com

## 杭州奔捷皮业有限公司
业务：杭州奔捷皮业有限公司创建于二零零五年，专业的经营范围是中高档皮革服装，公司在迅猛发展的历程中，一直以质量求生存，以品牌求发展，经过奔捷人求实、创新的辛勤耕耘，使公司发展为一个集皮革服装设计、生产、经营为一体的新型现代化企业。
地址：浙江省杭州市西湖区袁浦镇袁家浦村
负责人：陆上竹　邮　编：310024
法　人：陆上竹
Tel:0571－87643085
Fax:0571－87648716
网址：HangzhouBenjie3258@163.com

## 上海仙贝实业发展有限公司桐乡分公司
业务：品牌男装的贴牌为主
产品：圆机类主要产品有：全羊毛系列，羊绒系列全棉系列棉加莱脂纤维系列，棉加真丝系列及亮丝系列长、短袖T恤衫，圆领衫。横机类主要产品有：全羊毛系列，巴素兰羊毛系列，美丽诺羊毛系列，混绒系列、羊绒系列及四合一系列秋冬装。
地址：浙江省桐乡市梧桐街道中山东路城东村G幢4－7层
负责人：严汝西　邮　编：314000
法　人：严汝西
Tel:0573－88985868

## 桐乡市振东鸿顺服装印花加工厂
业务：专业从事服装、鞋、帽、环保袋、箱包等各种手工印花加工，质优价廉，交货快捷，收货送货。欢迎来人来电洽谈业务。
地址：浙江省桐乡市振东新区草新村灵悟小区131号/杭州市萧山经济开发区宁围镇金二村288号（业务部）
负责人：余小年　邮　编：314000
法　人：俞素英
Tel:0573－88950050
15068385836
0571－82863225
13033613129

## 桐乡市洲泉尊者服装店
业务：服装
地址：浙江省桐乡市洲泉镇新洲路东金鸡路南一层
负责人：周春松　邮　编：314000
法　人：周春松
Tel:0573－88516865
Fax:0573－88516865

## 桐乡市洲泉珂伊家纺厂
业务：床上用品、蚕丝被的生产、销售
地址：浙江省桐乡市洲泉镇义马村北王
负责人：沈雪明　邮　编：314500
法　人：沈雪明
Tel:13967368195
0573－88553111

## 温岭市大溪鸿程高频印花厂
业务：鞋料印花、热切、高频印压、二次冲压，来料加工
产品：成品鞋料
地址：浙江省温岭市大溪镇后瓦屿村
负责人：蒋卫德　邮　编：317525
法　人：蒋卫德
Tel:13758683068
0576－81678138

## 苍南舒美纺织有限公司
业务：生产、销售地毯、毛毯、挂毯
地址：浙江省温州市苍南县龙港镇平等办事处张东村274号
负责人：陈洁静　邮　编：325803
法　人：陈洁静
Tel:0577－64360660
Fax:0577－64361855

## 温岭市横峰显江皮革商行
业务：皮革
地址：浙江省温岭市横峰街道工业路23号（中国银行向东100米）
负责人：胡显萍　邮　编：318000
法　人：胡显萍
Tel:13676798858
0576－81688811
Fax:0576－81688822

## 温岭市横峰新华鞋扣商行
业务：各类鞋扣批发、零售
产品：各类鞋扣
地址：浙江省温岭市横峰街道横石西路108号
负责人：李新贵　邮　编：318000
法　人：李新贵
Tel:13506083934
13960258983
0576－81633917
Fax:0595－85196736

## 浙江旧货交易市场衣诺佳服饰经营部
业务：销售、批发服装
地址：浙江省杭州市拱墅区石祥路旧货交易市场3区2楼十一厅A4号服装市场办公室
负责人：解连明　邮　编：310000
法　人：解连明
Tel:13588884108
0571－88468932

## 温岭市横峰妮娜公主鞋厂
业务：生产、销售女鞋
地址：浙江省温岭市横峰街道石埭村东岸188号
负责人：洪辉鸽　邮　编：318000
法　人：洪辉鸽
Tel:13291655582
15967665582

## 温岭市横峰浪漫公主鞋厂
业务：专业生产和销售时装鞋
产品：时装鞋
地址：浙江省温岭市横峰街道下洋林村横石路19号
负责人：周作春　邮　编：318000
法　人：周作春
Tel:13575882218
0576－86932776

## 温岭市横峰天健鞋厂
业务：鞋类
地址：浙江省温岭市横峰街道下洋林村横石路1号
负责人：刘立国　邮　编：317500
法　人：刘立国
Tel:13736662658
13957629062
Fax:0576－86931216

## 温岭市光辉制衣有限公司
业务：生产、加工与销售服装，以男式休闲夹克为主，加工各类服装尾单
产品：男式休闲夹克
地址：浙江省温岭市箬横镇大路毛村长安路398号
负责人：朱光辉　邮　编：317500
法　人：朱光辉
Tel:0576－86895288
Fax:0576－86575656

## 温岭市佳冶布料复合厂
业务：专业复合汽车座垫、鞋、帽、服装、空调凉席及其它布类，本厂以质量为本，复合及时，送货及时，欢迎您到腾达来，腾达是您理想的合作伙伴，腾达助您飞黄腾达！
地址：浙江省温岭市新河镇城北村东区8号
负责人：吴云法　邮　编：317500
法　人：吴云法
Tel:0576－86538685
13757651598

## 温岭市泽国特步服装店
业务：主要经营服装销售
地址：浙江省温岭市泽国镇牧西村西新街14号
负责人：金海　邮　编：318000
法　人：金海
Tel:13858656823
0576－89680862

## 杭州双叶服饰有限公司
地址：浙江省杭州市西湖区环城西路新5号C区303室（新环城西路33号）
负责人：叶卫新
Tel:13858069953

## 苍南县灵溪欧莎坊时装店
业务：经营欧日韩时装
地址：浙江省温州市苍南县灵溪镇仁英路282号
负责人：李丕宪　邮　编：325000
法　人：李丕宪
Tel:15888202788
13858750015
0577－26655866

## 杭州意弘骏皮具有限公司
地址：浙江省杭州市上城区秋涛支路336号505室
负责人：严志芳
Tel:0571－85681879

## 惠特鞋业
业务：皮鞋
地址：浙江省温州金虹西街2号
负责人：郑源远　邮　编：325300
Tel:13806692931
0577－88266867

## 苍南县灵溪秋华名店
业务：经营女装，主要经营"上海地素"、"法国歌力思"、"深圳天尚服饰"品牌女装
产品："上海地素"、"法国歌力思"、"深圳天尚服饰"品牌女装
地址：浙江省温州市苍南县灵溪镇江湾路284－296号
负责人：陈宜平　邮　编：325800
法　人：陈宜平
Tel:15912000000
0577－64764078
Fax:0577－64764078

## 苍南县小芳箱包厂
业务：无纺布袋加工
地址：浙江省温州市苍南县龙港镇华电路82号一楼
负责人：吴合美　邮　编：325000
法　人：吴合美
Tel:13566187863
13250889501

## 苍南胜利进出口贸易有限公司
业务：生产加工各类毛毯（平网绒，珊瑚绒，双面绒，圆网绒等）再生棉纱，纺织品
地址：浙江省温州市苍南县龙港镇龙港大厦B座405室
负责人：郭求鹏　邮　编：325802
法　人：郭求鹏
Tel:0577－26660011
Fax:0577－68612311

## 苍南县望里罗明鹏拼纱厂
业务：拖把纱、气流纺纱、手套棉纱；织布棉纱；打绳棉纱；拖把纱；合股纱；各种色纱；气流纺纱、牛仔布、真丝、大化纤
地址：浙江省温州市苍南县望里镇镇前街85号
负责人：罗民鹏　邮　编：325804
法　人：罗民鹏
Tel:13255774499
0577－64418630

## 浙江省苍南县宜山日升服饰厂
业务：专业生产T恤、广告衫、童装及订单产品，本企业一直坚持诚信经营，品质第一，竭诚为您提供最优质的服务。
产品：广告衫
地址：浙江省温州市苍南县宜山镇球新路57号
负责人：黄开学　邮　编：325803
法　人：黄开学
Tel:13706627517
Fax:0577－64380887

## 苍南县佳泰无纺布厂
业务：无纺布加工及销售
地址：浙江省温州市苍南县宜山镇球新西路42号
负责人：林国志　邮　编：325000
法　人：林国志
Tel:0577－64389842
64380148
13958757168
Fax:0577－64389842

## 杭州名婕制衣有限公司
业务：杭州名婕制衣有限公司成立于2005年5月，主要从事服装及面料的生产及出口，产品主要销往欧洲、美国、加拿大、西班牙等国。我们"以质量求生存，以创新求发展"，欢迎新老客户洽谈业务。
地址：浙江省杭州市萧山区通惠北路888号
负责人：罗耕峰　邮　编：311210

法 人:罗群峰
Tel:0571-82862318
Fax:0571-82877208
网址:www.hzclothing.com
E-mail:mjzy1982@163.com

## 温州市鹿城区五马乔帛服装店

业务:乔帛品牌女装代理销售,JAOBOO(乔帛)历史悠久、风格知性、优雅,它将带你走进时尚、流行的最前端。
产品:女装,淑女装,欧、韩时尚女装,包,鞋
地址:浙江省温州市府前街146号
负责人:阮生 邮 编:325000
法 人:阮建岳
Tel:0577-88689002
13858881707
Fax:0577-88689001
网址:www.wz-jaoboo.cn
E-mail:jaobooo@163.com

## 杭州萧山河庄镇胜翔制衣厂

业务:服装服饰
地址:浙江省杭州市河庄镇围中村22组
负责人:张水荣 邮 编:310026
法 人:张水荣
Tel:13967198095
0571-82120939

## 第五大道服饰有限公司

业务:专业生产和销售"第五大道"品牌时尚男装
产品:时尚男装
地址:浙江省温州市华盟商务广场17114
负责人:李云敏 邮 编:325000
Tel:0577-56787777
Fax:0577-56787778
网址:www.keenfive.cn
www.keenfive.com.cn
E-mail:keenfive@keenfive.cn

## 温州市鹿城区黄龙康宝莱服装厂

业务:服装的生产和销售
地址:浙江省温州市黄龙街道马坑新街66号
负责人:洪保全 邮 编:325000
法 人:洪保全
Tel:15990766782
13757707699
0577-89777966
Fax:0577-89777966

## 温州市阔达鞋业有限公司

业务:生产、销售鞋
地址:浙江省温州市黄龙街道双岙村双岙路6号
负责人:郑晓虎 邮 编:325000
法 人:郑晓虎
Tel:13858856378
0577-89780021

## 温州瓯博皮草有限公司

业务:主要经营服装真皮系列,皮草系列。公司秉承诚信为本、质量第一的经营理念,为客户提供最优质的服务。瓯博皮草装典高贵亮丽生活!
业务:水洗羊皮、光面羊皮、油光皮、蜡变皮、仿鹿皮、猪皮、植鞣皮、胎牛皮等,羊羔毛、獭兔毛、貉子毛、水貂毛及进口皮革等
地址:浙江省温州市黄龙商贸城精纺街4-5-336号
负责人:罗先生 邮 编:325000
法 人:罗增久
Tel:0577-88705389
13736759198
Fax:0577-88705389
网址:http://oubopicao.fur.com.cn
E-mail:oubopicao007@qq.com

## 温州瞿溪诚强鞋底厂

业务:鞋底制造
地址:浙江省温州市瞿溪镇雄溪中岙山脚下
负责人:龚明海 邮 编:325016
法 人:龚明海
Tel:0577-86276789

## 杭州市江干区雪利奴真皮女鞋

业务:雪利奴真皮女鞋专卖
地址:浙江省杭州市华贸鞋城C1-722号
负责人:朱丰杰 邮 编:310026
法 人:朱丰杰
Tel:13588832002
0571-85065921
Fax:0571-85065921

**温州瀛洲无纺布有限公司**
地址:浙江省温州市扶贫经济开发区长海路139号
负责人:孙作席
Tel:0577-86651555
13906632800

## 乐清市白石童话森林童装店

业务:童装批零
地址:浙江省温州市乐清市白石镇龙溪街12号
负责人:支建丹 邮 编:325000
法 人:支建丹
Tel:13165888335
13858782275

## 乐清市圣豆诗服装店

业务:销售圣豆诗服装
地址:浙江省温州市乐清市乐成镇马车河村望河路16号
负责人:郑海芳 邮 编:325000
法 人:郑海芳
Tel:15057510612

## 温州市龙湾海滨景顺鞋底加工场

业务:鞋底加工
地址:浙江省温州市龙湾区海滨街道宁村西门
负责人:冯宪樑 邮 编:325000
法 人:冯宪樑
Tel:0577-86911637
Fax:0577-86917637

## 温州市龙湾海城阿伍服装加工厂

业务:生产和销售各类服装
产品:服装
地址:浙江省温州市龙湾区海城街道海宁路133号
负责人:吴建英 邮 编:325000
法 人:吴建英
Tel:0577-85220092

## 温州市龙湾沙城漂亮宝贝童装店

业务:童装经营
地址:浙江省温州市龙湾区沙城镇七甲街205号
负责人:项洁玲 邮 编:325000
法 人:项洁玲
Tel:0577-6813117

## 海宁龙锦绣绣品有限公司

业务:本公司主要生产和加工家纺类产品,有窗帘,床单,靠垫等。主绣的花形为链式绣和毛巾绣。承接杭州周边的一系列有关的加工,本公司还主推:压绉,烂绉,特宽幅,激光印花等。欢迎您的加盟。
地址:浙江省嘉兴市海宁市农业对外综合开发区海杭路
负责人:张志峰……邮 编:314423
Tel:0573-87967611
87968958
87967769
E-mail:hnlongjixiu@sina.com

## 杭州市江干区迪芬娜皮具商行

业务:皮具批发、零售
产品:箱包、女包
地址:浙江省杭州市江干区(浙江华贸鞋业皮具城三楼A区A3-512、516、518、520)
负责人:雷晓加 邮 编:310026
法 人:周桂云
Tel:15167196886
0571-28211396
Fax:0571-28211395

**杭州国连服装加工厂**
地址:浙江省杭州市西湖区三墩镇山联村11组
负责人:张国连
Tel:0571-88969363

## 温州市龙湾永中麻吉服装店

业务:销售男装
地址:浙江省温州市龙湾区永中街道罗东南街769号
负责人:王天兴 邮 编:325000
法 人:王天兴
Tel:0577-86932598

## 温州市龙湾永中风尚服装店

业务:销售男士休闲服装
地址:浙江省温州市龙湾区永中街道罗东南街822-824号
负责人:张羲 邮 编:325000
法 人:张羲
Tel:0577-86969876

**杭州扬云纺织有限公司**
地址:浙江省杭州市西湖区三墩镇山联村2组
负责人:毕为群
Tel:0571-88963097

## 温州市龙湾永中雅轩服装店

业务:女装服装零售
地址:浙江省温州市龙湾区永中街道永强路59号
负责人:陈光胜 邮 编:325000
法 人:陈光胜
Tel:13757725525
15967405848

## 温州市鹿城区双屿创新皮鞋厂

业务:皮鞋加工
地址:浙江省温州市鹿城工业区天瓯路2号
负责人:郑圣由 邮 编:325000
法 人:郑圣由
Tel:13819737288
0577-56772888

## 温州市鹿城区大南克拉克服饰店

业务:男装服饰销售
地址:浙江省温州市鹿城区诚达大厦A\B幢111号
负责人:项海燕 邮 编:325000
法 人:项海燕
Tel:0577-88800507

## 温州市1001夜童装店

业务:1001夜童装的销售
地址:浙江省温州市鹿城区高盈公寓华盈童装城A9-10号
负责人:叶可爱 邮 编:325000
法 人:叶可爱
Tel:13857736148
0577-88213411

## 温州市鹿城区黄龙多多针织加工场

业务:针织加工
地址:浙江省温州市鹿城区黄龙半垟东路7-1号
负责人:肖多 邮 编:325000
法 人:肖多
Tel:0577-89771812

## 温州市鹿城区黄龙信艺鞋材厂

业务:生产、加工、销售鞋底
产品:中高档组合底,PU底,TPR底,轻泡底
地址:浙江省温州市鹿城区黄龙梧师南路68号
负责人:吴晓峰 邮 编:325000
法 人:吴晓峰
Tel:13676783388
0577-89778918
Fax:0577-89778928

## 温州市鹿城区广化鑫位皮鞋厂

业务:女鞋生产与销售
地址:浙江省温州市鹿城区黄龙路89号
负责人:单金位 邮 编:325000
法 人:单金位
Tel:0577-88726687
13957787538

## 温州市鹿城区南郊创源服装加工场

业务:服装半成品加工、服装印花
地址:浙江省温州市鹿城区龙方工业区13号
负责人:梁庆富 邮 编:325000
法 人:梁庆富
Tel:0577-88615359

## 杭州市江干区启智鞋类经营部

业务:鞋类、皮具批发
地址:浙江省杭州市江干区华贸鞋业皮具城二楼C区C2-312、316
负责人:金建兴 邮 编:310026
法 人:金建兴
Tel:0571-89876533
89876522
85278046

## 温州市鹿城区广化锦熙服装辅料店

业务:拉链、服装辅料的外贸
地址:浙江省温州市鹿城区鹿城路185弄19号对面(12号)
负责人:何铭 邮 编:325000
法 人:何铭
Tel:0577-88587150
18958995708

## 海宁市伟民轻纺原料有限公司

业务:本公司成立于2005年,主要生产销售轻纺原料。以质量求生存,以信誉求发展,热忱欢迎广大客户来电洽谈业务!
地址:浙江省嘉兴市海宁市工人路100号中茂商厦905
负责人:沈惠明……邮 编:314400
法 人:沈惠明
Tel:0573-87013088

## 理想钮扣有限公司

业务:金属钮扣
地址:浙江省温州市鹿城区全坊巷81号
负责人:麻先生 邮 编:325000
法 人:陈之利
Tel:0577-88261231
15158531200
Fax:0577-88261231
E-mail:mafl123@163.com

## 乔奥皮鞋厂

业务:各款女士皮鞋的设计、生产、销售
地址:浙江省温州市鹿城区双屿华意路6号
负责人:林绍海 邮 编:325000
法 人:林绍海
Tel:0577-89771621
89771629

## 温州东杰服饰有限公司

业务:专业加工订做各类职业服装,本公司根据各企事业单位的特点和风格,精心设计制作职员制服,充分树立企业形象,秉承"顾客至上,锐意进取"的经营理念,为广大客户提供优质的服务。欢迎广大客户惠顾!
产品:各连锁企业、酒店、KTV、导购、中餐、西餐、桑拿足浴等各式工作服,领带,帽子
地址:浙江省温州市鹿城区双屿镇温金路76-2号
负责人:谢茂畅 邮 编:325000
法 人:谢茂畅
Tel:0577-86759456
15868062988
Fax:0577-86759938
网址:www.wzdjfs.com
E-mail:wzdjfs@163.com

## 浙江迪王鞋业有限公司

业务:抗菌、透气健康休闲鞋
地址:浙江省温州市鹿城区双屿镇仰义沿江工业区19号地块
负责人:黄李武 邮 编:325000
法 人:黄丽华
Tel:13600675182
0577-88798388
88798830
Fax:0577-88798830
网址:www.wzdwxy.com
E-mail:wjpycbl@21cn.com

## 温州市鹿城区藤桥华以勒服饰

业务:生产全年外贸女衬衣,你我获利都满意
地址:浙江省温州市鹿城区藤桥镇南中路218号
负责人:夏景凯 邮 编:325000
法 人:夏景凯
Tel:0577-88622082
88610380
Fax:0577-88610380

## 海华鞋面加工厂

业务:鞋面加工,产品质量保证,交货时间准确,信誉高
产品:鞋面针车、锋马克、缝珠片等鞋面加工
地址:浙江省温州市鹿城区仰义乡仰义移民区C11幢6号
负责人:姜德海 邮 编:325008
法 人:姜德海
Tel:15990718227

## 杭州市江干区美之美鞋类经营部

业务:多品牌女士皮鞋代理销售
地址:浙江省杭州市江干区华贸鞋业皮具城一楼C区C1-120、122、319、321
负责人:金安君
法 人:金安君
Tel:0571-28212888
28212999
28212333

## 温州市鹿城区仰义帝依豪皮鞋厂

业务:生产、销售皮鞋
地址:浙江省温州市鹿城区仰义沿江工业区沿兴路152号
负责人:王桂元 邮 编:325000
法 人:王桂元
Tel:13372468559
0577-88793618

## 温州市鹿城区南浦舞美人演出服装店

业务：销售及出租各种演出服装、练功服、体操服、舞蹈用品等。
地址：浙江省温州市南浦路190号
负责人：章方武 邮编：325000
法人：章方武
Tel：13777766773
0577－88655805

## 温州市鹿城区意尔康皮具

业务：意尔康品牌皮具的销售
地址：浙江省温州市牛山北路炬光园炬高路8号
负责人：戴葛洲 邮编：325000
法人：戴葛洲
Tel：13857774666
0577－89612178

## 温州市瓯海君利鞋材有限公司

业务：生产鞋垫，猪皮系列
产品：EVA鞋垫，海波丽透气鞋垫，乳胶发泡鞋垫，增高垫，PU鞋垫，脚床，按摩鞋垫，硅胶鞋垫，竹炭鞋垫，保暖鞋垫等，猪皮系列
地址：浙江省温州市瓯海娄桥街道东耕村吹台西路108号
负责人：白福君 邮编：325400
法人：白福君
Tel：0577－86126911
13566205888
Fax：0577－86126933

## 温州市瓯海娄桥运通鞋材加工场

业务：鞋材加工
地址：浙江省温州市瓯海娄桥街道环西村张施桥路18号第1—3间
负责人：胡立笋 邮编：325000
法人：胡立笋
Tel：0577－85771988
85771288

## 平阳县奔牛制革有限公司

地址：浙江省温州市平阳县腾蛟镇南溪工业区革路10号
负责人：包连宝
Tel：0577－63532688
13806839528

## 温州市瓯海娄桥合家欢鞋厂

业务：各式男鞋、女鞋童鞋的生产
地址：浙江省温州市瓯海娄桥街道古岸头村前岸东路14号
负责人：蒋冠武 邮编：325000
法人：蒋冠武
Tel：0577－86298121

## 温州市瓯海娄桥海湖达装饰扣厂

业务：装饰钮扣
地址：浙江省温州市瓯海娄桥街道娄桥村前头路43号
负责人：吴冬海 邮编：325000
法人：吴冬海
Tel：13806557059
0577－86289288
网址：http://www.51zzt.com/user/zzt31715

## 温州市瓯海娄桥飞虎制线加工厂

业务：制造、加工、销售服装线、鞋线等。
地址：浙江省温州市瓯海娄桥街道前园村晚霞路78号
负责人：胡正义 邮编：325000
法人：胡正义
Tel：13858861729
0577－86280983

## 浙江省温州市瓯海娄桥光园鞋面印花加工厂

业务：鞋面印花
地址：浙江省温州市瓯海娄桥街道上汇村西头路17弄5号
负责人：许良群 邮编：325300
法人：许良群
Tel：15868516307
15990726140

## 温州市欧迪娜运动服饰有限公司

地址：浙江省温州市梧田蟠凤十八家路3－4号
负责人：王伽伽
Tel：0577－86732216
13867704585

## 速联拉链有限公司

地址：浙江省温州市永嘉县桥头镇梨村白云路23－25号
负责人：陈胜仙

Tel：0577－67466558
13777705618

## 杭州市江干区广源皮具经营部

业务：库奇世家皮具有限公司杭州总代理，主要经营各种男士箱包，批零兼营，还可根据客户的需求订做各式奖品，竭诚欢迎国内外新老客户光临惠顾、洽谈订购。
产品：男士休闲包、公文包、手包、背包、拉杆箱等
地址：浙江省杭州市江干区九堡华贸鞋业皮具城三楼A区A3－503、505
负责人：彭诗坚 邮编：310000
法人：彭诗坚
Tel：0571－28211236
13707918064
E-mail：542453081@qq.com

## 佳舜时装（杭州）有限公司

业务：佳舜时装（杭州）有限公司成立于2006年，从事时装设计、生产、销售，"质量求生存，信誉求发展"，欢迎新老客户来电洽谈业务！
地址：浙江省杭州市余杭区余杭经济开发区振兴东路9号
负责人：胡晓青 邮编：311100
法人：胡晓青
Tel：0571－89181832
89181830

## 温州市瓯海南白象锦华服装厂

业务：服装生产、加工
产品：男士休闲服为主
地址：浙江省温州市瓯海南白象横港头村横港头路50弄18号
负责人：徐金华 邮编：325000
法人：徐金华
Tel：13806891405
0577－86082887

## 温州市瓯海潘桥伟诚橡塑制品加工场

业务：生产加工及销售橡胶化工材料，主要用于鞋底
地址：浙江省温州市瓯海潘桥镇陈岙村新桐路181号
负责人：章兴武 邮编：325000
法人：章兴武
Tel：13758725509
0577－86155851
86155852
Fax：0577－86155852

## 温州市瓯海潘桥艾美诗皮鞋厂

业务：男、女士皮鞋生产、订做、销售
地址：浙江省温州市瓯海潘桥镇陈庄村后岸东路46号
负责人：梁廷军 邮编：325000
法人：梁廷军
Tel：0577－86150328
13736735652

## 温州市瓯海潘桥红珊瑚皮鞋厂

业务：主要生产中档休闲女式皮鞋
地址：浙江省温州市瓯海潘桥镇陈庄村前岸东路30号
负责人：林才玉 邮编：325000
法人：林才玉
Tel：13867711328
0577－86156178
网址：http://www.51zzt.com/user/zzt32856
E-mail：180385750@qq.com

## 温州市瓯海潘桥建勋箱包厂

业务：箱包
地址：浙江省温州市瓯海潘桥镇丁岙村丁腰路5弄4号
负责人：胡建勋 邮编：325000
法人：胡建勋
Tel：13587886239
0577－86169942

## 温州市瓯海潘桥衍青服装加工场

业务：服装加工
地址：浙江省温州市瓯海潘桥镇焦下村芙蓉路5号
负责人：梁军强 邮编：325000
法人：梁军强
Tel：0577－86162288

## 天合服装加工厂

业务：服装生产加工
地址：浙江省温州市瓯海梧田蟠凤村蟠前路33号
负责人：张天鹏 邮编：325300
Tel：13868654292
0577－86080292

## 温州99鞋材

业务：专业生产、高中低档组合底、女鞋片底、EYA鞋底
地址：浙江省温州市瓯海娄桥镇仙门村仙河街110号
负责人：王龙珊 邮编：325000
法人：王龙珊
Tel：0577－86160301
86163995

## 温州市瓯海郭溪好梦服装厂

业务：制造、加工服装。
地址：浙江省温州市瓯海区郭溪镇浦东西路3弄25号3－4间
负责人：胡崇华 邮编：325000
法人：胡崇华
Tel：13088682808
0577－86131138

## 湖州市织里南天织造有限公司

业务：湖州市织里南天织造有限公司主要生产纺织产品，产品销往全国各地，欢迎各方客户来电洽谈业务，共同合作。
地址：浙江省湖州市织里镇长安西路216号
负责人：程亚威 邮编：313000
法人：王慧琴
Tel：0572－3179818
Fax：0572－2829728

## 杭州市江干区赛美诗鞋类商行

业务：销售皮鞋
地址：浙江省杭州市江干区浙江华贸鞋业皮具城一楼D区D1－102、106、301－303－305
负责人：王晋瑜 邮编：310026
法人：王晋瑜
Tel：0571－28211133
18957181818

## 温州市瓯海郭溪欣晨皮鞋厂

业务：皮鞋制造、加工。
地址：浙江省温州市瓯海区郭溪镇浦西村金田路17号
负责人：张余金 邮编：325000
法人：张余金
Tel：13695855998
0577－86131006

## 温州市瓯海郭溪阿泉鞋面印花加工场

业务：鞋面印花加工、服装印花加工
地址：浙江省温州市瓯海区郭溪镇三合村白塔路39号（东一二间）
负责人：林喜泉 邮编：325000
法人：林喜泉
Tel：13456077772
0577－86105768
86116697

## 温州市瓯海郭溪森驰皮鞋厂

业务："东风公牛"男士休闲皮鞋
地址：浙江省温州市瓯海区郭溪镇塘下村山前路38－1号
负责人：吴国强 邮编：325000
法人：吴国强
Tel：15868539858
0577－86100208
Fax：0577－86100208

## 温州市瓯海郭溪金利福皮鞋厂

业务：生产、加工、销售皮鞋
产品：中高档"金牛骑士"各式皮鞋
地址：浙江省温州市瓯海区郭溪镇塘下村霞叶路53号
负责人：郑纯伟 邮编：325000
法人：郑纯伟
Tel：18958852788
0577－86119055

## 温州市瓯海仙岩邵作尧鞋带加工点

业务：鞋带加工
地址：浙江省温州市瓯海区花台村花记路5幢21号
负责人：邵作尧 邮编：325000
法人：邵作尧
Tel：13806539705

## 温州市瓯海梧田明亮鞋包加工场

业务：鞋、包加工
地址：浙江省温州市瓯海梧田蟠凤村后岸路108弄10号二楼
负责人：赵明亮 邮编：325000
法人：赵明亮
Tel：0577－28824273

## 温州市瓯海梧田飘云服装加工厂

业务：专业从事各类针织服装制造及加工，款式新颖，品质优越，本厂一贯秉承服务、质量取胜，诚信经营，欢迎新老客户来电洽谈。
产品：针织时装
地址：浙江省温州市瓯海区梧田寮东村安东路49弄12号
负责人：周仕保 邮编：325000
法人：周仕保
Tel：0577－81282350
13106178488

## 温州市瓯海三垟武兴鞋包加工场

业务：鞋子、鞋面加工
地址：浙江省温州市瓯海三垟黄屿村山福路77弄37号
负责人：龚大武 邮编：325000
Tel：13004759736
13575441908

## 温州市皇家鞋业有限公司

地址：浙江省温州市中国鞋都二期径二路6号地块
负责人：黄振忠
Tel：0577－88768051
13506668369

## 卡帝尼诺

业务：生产加工、批发各类鞋类
产品：各类休闲鞋和皮鞋
地址：浙江省杭州市良山西路116号神州鞋城568号
负责人：李卫军
法人：李卫军
Tel：0571－86983753
13958019065

## 湖州练市俊烨织造厂

业务：湖州练市俊烨织造厂成立于2006年，专业从事纺织，欢迎新老客户来电洽谈业务。
地址：浙江省湖州市练市镇湖盐东路2号
负责人：费建根 邮编：313013
法人：费建根
Tel：0572－2990586
网址：www.mtw28689.chinapyp.com

## 安利得鞋厂

业务：女士鞋设计生产经营
地址：浙江省温州市瓯海梧田街道104国道慈湖段187号二楼
负责人：庄林立 邮编：325300
法人：庄林立
Tel：0577－86199798

## 温州市瓯海梧田飞妙服装加工场

业务：加工、销售服装、羊毛衫
地址：浙江省温州市瓯海梧田林村下林路12弄2号
负责人：吴丰 邮编：325300
法人：吴丰
Tel：13506516798
0577－88424498
Fax：0577－88424498

## 依奈制衣厂

业务：集服装设计、生产、加工销售为一体，产品涉及：针织、梭织男装、女装及订单产品，我们将竭诚为您提供优质的产品、完善的服务
产品：男装，女装，工作服等
地址：浙江省温州市瓯海梧田塘西村后岸北路8弄3号
负责人：韩绪平 邮编：319000
法人：韩绪平
Tel：13736996482

## 浙江省义乌市水仙花服饰有限公司

地址：浙江省义乌市廿三里街道李宅盘山自然村
负责人：陈正和
Tel：0579－85016079
5015005
13867933877

## 临安浙皖农贸城鑫柔家纺批发部

业务：家纺批发
地址：浙江省杭州市临安锦城街道浙皖农贸城B2区116、117号
负责人：林晓玲 邮编：310026
法人：林晓玲
Tel：13868021935
0571－63969185
63712664

## 温州市瓯海梧田曼娜服装加工场

业务：服装来料加工，招聘整件流水车工
地址：浙江省温州市瓯海梧田北村慈湖路顺发巷6号
负责人：曹开茂　邮　编：325000
法　人：曹开茂
Tel：0577－28993433

## 温州市瓯海梧田佳之梦内衣加工厂

业务：内衣加工
产品：针织类内衣、纯棉类内衣
地址：浙江省温州市瓯海梧田月落垟村新街后巷22号
负责人：黄国华　邮　编：325000
法　人：黄国华
Tel：15988769168
0577－85696896
网址：http://www.wzjzm.cn

## 温州市瓯海仙岩雅诗丹皮鞋厂

业务：皮鞋
地址：浙江省温州市瓯海仙岩花台村花建路5弄1－2号
负责人：曹春法　邮　编：325000
法　人：曹春法
Tel：0577－85325567
网址：http://www.51zzt.com/user/zzt30486

## 温州市瓯海新桥王明奎皮鞋加工场

业务：皮鞋加工、销售
产品：童鞋、休闲鞋、时装鞋、绅士鞋等
地址：浙江省温州市瓯海新桥新桥村富新路35弄2号
负责人：王明奎　邮　编：325000
法　人：王明奎
Tel：13676790483
15906495762

## 温州市瓯海新桥美丽脚丫鞋店

业务：订做各种皮鞋（从少年到老年），经营各种时装女鞋兼批发零售，各种样式的女鞋都有
地址：浙江省温州市瓯海新桥住宅区8组团14幢102室
负责人：彭京明　邮　编：325006
法　人：彭京明
Tel：15158585321
13806685059

## 湖州吴兴双伟针织厂

业务：湖州吴兴双伟针织厂成立于2005年，化纤制造，织布，专为大专院校学生提供蚊帐，欢迎前来订购。
地址：浙江省湖州市八里店镇尹家圩村八百亩开发区
负责人：沈红伟　邮　编：313008
法　人：沈红伟
Tel：0572－2977385

## 平阳县威平服饰厂

业务：服装加工及销售
地址：浙江省温州市平阳县鳌江镇鞋城D区17幢二楼
负责人：姚益平　邮　编：325000
法　人：姚益平
Tel：0577－63677787
13115815841

## 平阳县创意花边厂

业务：生产、销售针织花边
地址：浙江省温州市平阳县麻步镇渔塘村
负责人：徐艺　邮　编：325403
法　人：徐艺
Tel：13867738801
0577－63518300

## 平阳县闹村乡嘉盛东皮革制品加工厂

业务：皮革制品加工、销售
地址：浙江省温州市平阳县闹村乡大施村交溪公路边
负责人：周青东　邮　编：325000
法　人：周青东
Tel：0577－63981766
13868563319

## 平阳县誉锦鞋垫厂

业务：专业生产和销售皮鞋垫
产品：专业生产和销售皮鞋垫
地址：浙江省温州市平阳县水头镇振德路51号
负责人：周荣誉　邮　编：325000
法　人：周荣誉
Tel：13606778408
Fax：0577－23828722

## 平阳县创拓者皮件厂

业务：集设计、生产、销售为一体的皮带生产厂家，产品设计独树一帜，自成一格，欢迎广大海内外新老客户来函来样定制，真诚合作，共创未来！
产品：真皮皮带
地址：浙江省温州市平阳县腾蛟镇青湾村
负责人：郑贤君　邮　编：325404
法　人：郑贤君
Tel：0577－63526770
Fax：0577－63526772
网址：www.51zzt.com/user/zzt42134
E-mail：pyctzl88@163.com

## 义乌市名鑫织带有限公司

地址：浙江省义乌市下骆宅工业区
负责人：盛红英
Tel：0579－85089332
85229318
13868966626

## 品牌折扣鞋批发部

业务：品牌折扣鞋的批发
地址：浙江省杭州市上城区新塘路307号
负责人：周林军　邮　编：310002
法　人：周林军
Tel：13116732843
13868168075

## 湖州吴兴新龙翔丝织厂

业务：湖州吴兴新龙翔丝织厂位于湖州市杭长桥南路37号，交通十分便利。从事2.8门幅各类窗纱、1.5门幅各类窗纱及各类提花化纤布的生产。我们公司本着互惠互利的原则，将以高质量的产品、优惠的价格和完善的服务竭诚为广大新老客户服务。
地址：浙江省湖州市杭长桥南路37号（绸厂内院）
邮　编：313000
法　人：陆斌
Tel：0572－2041937
Fax：0572－2041987

## 温州市鹿城区南郊珍凤鞋店

业务：鞋品销售
地址：浙江省温州市葡工路31号
负责人：黄女士　邮　编：325000
法　人：黄珍凤
Tel：15858708948

## 瑞安市捷一缝纫设备商行

业务：缝纫机及配件
地址：浙江省温州市瑞安市飞云镇东风村飞龙路88号
负责人：王上多　邮　编：325207
法　人：王上多
Tel：13958863568
0577－65568568
65566561
Fax：0577－65566561

## 瑞安市所罗门帽厂

业务：帽子的生产、销售
产品：广告帽、太阳帽、旅游帽、棒球帽、圆帽、绣花帽、童帽等
地址：浙江省温州市瑞安市飞云镇林垟办事处南爿村
负责人：蒋小丹　邮　编：325000
法　人：蒋小丹
Tel：13958910499
0577－65599995

## 瑞安市金百川鞋厂

业务：鞋子加工和销售
地址：浙江省温州市瑞安市飞云镇杏里村建设路76号
负责人：朱晓激　邮　编：325200
法　人：朱晓激
Tel：0577－65037766
15825656606

## 美洲羚服饰有限公司

业务：ANTLP品牌专卖加盟
地址：浙江省杭州市清江路138号四季星座大厦6楼
负责人：钟惠国　邮　编：310016
法　人：钟惠国
Tel：0571－86526111
Fax：0571－86521322
网址：www.antlp.cn
E-mail：antlp@sohu.com

## 瓯北镇宏光鞋类包装厂

业务：无纺布环保袋
地址：浙江省温州市永嘉县瓯北镇浦二村（后垟工业区）
负责人：郑志　邮　编：325000
法　人：郑志
Tel：0577－67950078

## 永嘉县咔啦来童装厂

业务：童装加工、销售
地址：浙江省温州市永嘉县瓯北镇浦一村工业区
负责人：李立宗　邮　编：325000
法　人：李立宗
Tel：13738333313
13165888999
0577－67922599

## 永嘉县瓯北镇金鼎服饰厂

业务：服装生产
产品：男装
地址：浙江省温州市永嘉县瓯北镇双塔路1068号
负责人：林建光　邮　编：325102
法　人：林建光
Tel：0577－67355780
13906651210

## 永嘉县瓯北镇新欧激光鞋面加工场

业务：鞋面加工
地址：浙江省温州市永嘉县瓯北镇五星工业区
负责人：曾友谊　邮　编：325000
法　人：曾友谊
Tel：0577－67982095

## 瑞安市邦尔泰鞋材加工厂

业务：鞋子生产销售
地址：浙江省温州市瑞安市飞云镇云周十八江村
负责人：彭茂楼　邮　编：325000
法　人：彭茂楼
Tel：0577－65583127

## 温州市鹿城区双屿晓强鞋料店

业务：经营各类鞋材料；108103202406黄胶白胶快干PU胶处理剂广东珠光线
地址：浙江省温州市双屿屿头南路85号
负责人：秦志强　邮　编：325000
法　人：秦志强
Tel：13777712636
15325027525

## 永合复合厂

业务：鞋材复合加工
产品：鞋材、特殊鞋材
地址：浙江省温州市双屿镇中国鞋都三期正吞巷62弄2号
负责人：施德在　邮　编：325000
法　人：施德在
Tel：0577－89781782
13868445007

## 温州市鹿城区双屿卓升皮鞋厂

业务：时装女鞋
地址：浙江省温州市温金路188弄6号
负责人：幸坤美　邮　编：325000
法　人：幸坤美
Tel：0577－89771863
89765818

## 温州豪玛鞋业有限公司

业务：抗菌、透气健康休闲鞋
地址：浙江省温州市仰义乡黄山新街1幢5号二层
负责人：黄李武　邮　编：325000
法　人：陈大劝
Tel：13566196935
0577－88798837
88798831
Fax：0577－88798831
网址：www.myyihao.com
E-mail：wjpycbl@21cn.com



纺织服装

## 东阳市生活秀专卖店

东阳市生活秀专卖店成立于2008年5月，本店代理经营"生活秀LIVEX"品牌休闲服饰系列，包括T恤、毛衫、茄克、棉服、风雪衣、休闲裤、牛仔、羽绒等19大系列、上千个款式品种，目标消费群以16-28时尚青年、学生和工薪阶层为主。

本店品种多，款式新，价廉物美。欢迎新老顾客光临惠顾，一定让你乘兴而来，满意而归！

联系人：张小青 13867949585　电话：0579-86681323
网址：www.livex.com.cn　传真：0579-86681323
地址：浙江省东阳市振兴路129号　电子邮件：375404311@qq.com　邮编：322100

## 杭州余杭五升化纤织造有机公司

杭州余杭五升化纤织造有机公司成立于1995年，专业从事牛津布及鞋类复合材料的生产和销售。我公司秉承"锐意进取，客户第一"的经营理念，坚持客户至上，欢迎惠顾！

联系人：俞松祥
电话：13606814263、0571-86183588　传真：0571-86183253　邮编：310000
地址：浙江省杭州市余杭区运河镇　电子邮件：535625877@qq.com

## 鄂尔多斯青藏牧王服饰有限公司

鄂尔多斯青藏牧王服饰有限公司成立于2007年，本公司专业生产、销售"青藏牧王牌"羊毛衫，羊绒衫，T恤，保暖内衣，衬衣。鄂尔多斯青藏牧王服饰有限公司本着"客户第一，诚信至上"的原则，与多家企业建立了长期的合作关系。热忱欢迎各界朋友前来参观、考察、洽谈业务。

联系人：钱金良
电话：0573-88813898　88815730
传真：0573-88696099　邮编：314500
地址：浙江省桐乡市濮院镇名品港260号

## 湖州卡尔贝妮服饰有限公司

湖州卡尔贝尼服饰有限公司是一家主营服装的企业，是经国家相关部门批准注册的企业。公司位于中国浙江长兴县虹星桥镇工业园区。湖州卡尔贝尼服饰有限公司本着"客户第一，诚信至上"的原则，与多家企业建立了长期的合作关系。热诚欢迎各界朋友前来参观、考察、洽谈业务。

联系人：潘青松
电话：0572-6903380　7659525
地址：浙江省湖州市长兴县虹星桥镇虹星桥工业园区
邮编：313000

## 海宁众恒经编染整有限公司

海宁众恒经编染整有限公司成立于2003年，主要从事纺织品染色，经编织物、毛织制品、针织内衣裤的制造、加工；同时经营本企业自产产品的出口业务和本企业所需的机械设备、零配件、原辅材料的进口业务。

我们本着"质量求生存，创新求发展"这一理念，以"诚实守信"为待客原则，热忱欢迎新老客户前来洽谈业务！

联系人：钱继忠 13806702111
电话：0573-87987301
地址：浙江省嘉兴市海宁市中国经编针织科技工业园经编五路１９号　邮编：314419

## 嘉善新亿达服饰辅料有限公司

嘉善新亿达服饰辅料有限公司创建于1994年，本公司是一家专业生产服饰辅料的企业。主要产品有：树脂扣，金属扣，合金扣，贝壳扣等一系列服装辅料。

"质量第一，服务第一，诚信第一，以满足客户需求为中心"公司本着三个第一，一个中心为经营理念，开拓市场，寻求合作伙伴，竭诚欢迎国内外客商来厂指导洽谈、携手合作！

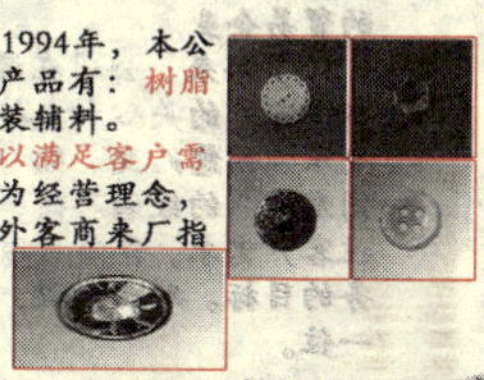

联系人：陶云林 0573-84562728
网址：www.zjxyd.net　3G总机：4008-120-114转新亿达服料
电子邮件：xinyu_3958@163.com　传真：0573-84562768
地址：浙江省嘉兴市嘉善县西塘镇钮扣南路133号　邮编：314102

## 杭州锦特羽绒制衣有限公司

杭州锦特羽绒制衣有限公司成立于2008年，是一家从事制造加工：羽绒服、棉衣的企业，主要产品有男女各式羽绒衣、棉衣等防寒服装。

以质量求生存，以信誉求发展，欢迎您的来电！

联系人：姜凤泉　13967101025
电话：0571-83723838　83723839
电子邮件：jinte88@sina.com
地址：浙江省杭州市萧山区新塘街道前塘村　邮编：311265

## 宁波海曙星明服装店

本公司成立于2002年，主要经营杉杉牛仔专卖，有牛仔裤、休闲裤、羽绒服。

我们本着"一切为了客户"的服务原则，力求为客户带来效益，让客户真正的满意。

联系人：杨明飞
13732117062　电话/传真：0574-87321909、
地址：浙江省宁波市江北区慈城解放路78号杉杉牛仔　邮编：315000

## 杭州世銘紡織有限公司

杭州世铭纺织有限公司为独家私营企业，主要以生产各种纺织面料和生产各种成品窗帘为主，目前本公司主要生产的产品有铁圈式有衬窗帘、吊带窗帘、麂皮绒窗帘、以及靠垫套和被套床单。

本公司本着"今天重质量，明天赢市场"的宗旨，走向世界，走向全球，欢迎各位朋友前来洽谈！

电话：0571-86383318　86187886
联系人：谈震乔
地址：浙江省杭州市余杭区塘栖镇丁河村　邮编：311106

## 宁波市镇海丹缘制衣厂

宁波市镇海丹缘制衣厂是一家专业从事服装加工及销售的企业。我们诚挚欢迎海内外各行各界，同行好友致电致函，我们将以诚信的经营理念，热情的经营态度，为我们将来的合作成功谱写出绚美的华章！

联系人：胡惠明
电话：0574-26279191、13566356828
地址：浙江省宁波市镇海庄市聚兴路旺隆小区　邮编：315201

## 青田欧华鞋业有限公司

青田欧华鞋业有限公司主要从事男、女各式凉鞋生产和销售。我公司以质量求生存，以信誉求发展，竭诚为广大客户提供最优质的产品。欢迎您的来电！

联系人：尹强飞　手机：13606694888
电话：0578-6751838　传真：0578-6092555
地址：浙江省丽水市青田县温溪镇丽温东路33-37号　邮编：323000

## 台州市椒江汪氏针织厂

网址：www.hjwszz.cn

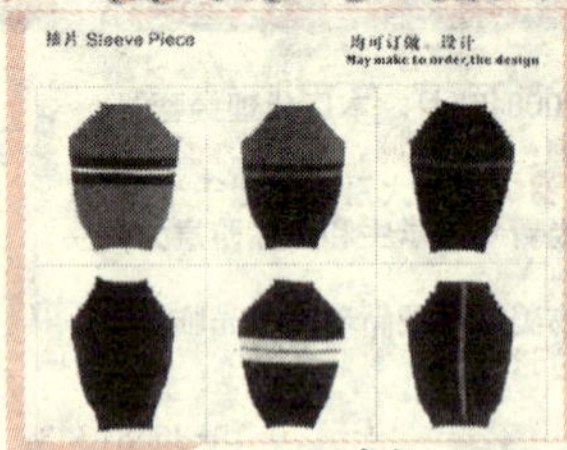

台州市椒江汪氏针织厂成立于2008年，是一家专门从事针织服装制造、加工的企业。

本厂秉承客户至上、质量第一的服务宗旨，愿与您携手共进、共创辉煌。

联系人：汪官康
电话：0576-88028226　13857681231　电子邮件：hjwszz@126.com
地址：浙江省台州市椒江区洪家街道坦职村2-135号　邮编：318015

## 上海风鼎服饰有限公司

上海风鼎服饰有限公司专业从事服饰设计、生产、经营，自成立以来，重视产品质量，严格内部管理，立足长远发展。欢迎新老客户来电来函洽谈业务！

联系人：潘建忠
电话：0573-87231121　87265272
地址：[illegible]

## 桐庐恒盛针织厂

桐庐恒盛针织厂是针织电脑编织、横机、平缝、梭织为一体的多功能生产厂家，并初具规模。公司主要生产：针织、梭织、平缝系列的帽子、围巾、手套、披肩、袜子等产品。厂长方根汉率全体干部员工竭诚欢迎国内外各界人士、客商洽谈指导，有意者也可前来厂合资共创！

电话：0571-64698416
联系人：方根汉　15958028178　13357177388
地址：浙江省杭州市桐庐[illegible]村徐家埠2号　邮编：310000

## 绍兴县丰穗进出口有限公司

绍兴县丰穗进出口有限公司是一家经营纺织制品进出口的贸易企业。

多年来，公司在海关、国检局、航空快递公司以及广大新老客户的关心和支持下，公司的业务量取得了快速发展。秉承"因您而变、贴心服务"的服务理念和"诚信合作、共同发展"的经营思想；以"不断追求卓越"为服务精神；关注客户需求，是持穗服务的起点；满足客户需求，是持穗服务的目标。对我们说，通过服务为客户创造价值，永远是第一位。

联系人：龙国荣　电话：0575-84134318
地址：浙江省绍兴市绍兴县阳光绿园6栋501　邮编：312000

## 桐乡市濮院百花钮扣机械配件商行

桐乡市濮院百花钮扣机械配件商行自成立以来，主要经销钮扣、钮扣机械、模具、羊毛衫辅料。桐乡市濮院百花钮扣机械配件商行以雄厚的实力、合理的价格、优良的服务与多家企业建立了长期的合作关系。宏鹰钮扣商行热忱欢迎各界前来参观、考察、洽谈业务。

联系人：张瑞旺
电话：0573-88698868
电子邮件：657808091@qq.com　邮编：314500
地址：浙江省桐乡市濮院大道3998号（濮院机械辅料城四号楼1156号）

## 绍兴县华舍华北纺织厂

绍兴县华舍华北纺织厂成立于2004年，公司位于绍兴市绍兴县华舍街道大西庄村，本厂专业从事纺织织布。公司以良好的声誉和一流的质量在国际市场中立足发展。绍兴县华舍华北纺织厂，期待与您共建辉煌！

联系人：李建强　邮编：312000
电话：13106436666　15968579056
地址：浙江省绍兴市绍兴县华舍街道大西庄村福斯特纺织公司内

## 温州市瓯海梧田溴阳服装加工厂

温州市瓯海梧田溴阳服装加工厂成立于2005年，主要从事服装及来料的加工。欢迎新老客户光临惠顾！

联系人：刘加兵
电话：15868581452、13806811393、0577-86197228
地址：浙江省温州市瓯海区梧田街道蟠凤灯笼浃振风路33号　邮编：318000

## 绍兴友盟纺织品有限公司

绍兴友盟纺织品有限公司成立于2008年，以生产及销售服装面料、床上用品为主。公司秉承"顾客至上，锐意进取"的经营理念，坚持"客户第一"的原则为广大客户提供优质的服务。欢迎惠顾！

联系人：朱卫峰
电话：0575-88121582　手机：13857557881
地址：浙江省绍兴市人民东路镜湖路18号　邮编：312000

## 温州市香香扣业

温州市香香扣业成立于2007年，专业从事鞋扣、皮带扣等、五金压铸件。本厂成立以来，便以"客户至上，信誉第一"作为经营方针。我们热忱欢迎世界各地贸易界人士与本公司建立业务关系，携手并进，共创辉煌！

联系人：林奇彬
电话：0577-89796880　传真：0577-89797500
地址：浙江省温州市鹿城区仰义乡洞桥工业区2号
邮编：325000

## 桐乡市濮院媚力香妃子羊毛衫门市部

桐乡市濮院媚力香妃子羊毛衫门市部于2004年成立，门市部主要从事各款式媚力香妃子羊毛衫。以最新、最时尚的产品，最好的质量，优质的价格，真正让客户感觉到省时、省钱、省力的服务宗旨。欢迎新老客户光临或电联。

联系人：吴国忠
电话：13586397729 13356029966
地址：浙江省桐乡市濮院镇宏苑新村98号 邮编：314500

## 义乌市佳田制衣有限公司

义乌市佳田制衣有限公司创建于2002年，主要从事：服装加工销售。倡导以人为本、爱岗敬业的企业文化，推崇并遵循以诚为本、恪守承诺、业精于勤、合作双赢的经营理念。期待着在激烈的市场竞争环境中，与全国各地的商业伙伴能有更加良好地合作，共同创造事业的春天。

联系人：沈根兴
电话：0579-85322932 85321293
地址：浙江省义乌市经发大道368号 邮编：322000

## 桐乡市喜羊羊羊毛衫厂

桐乡市喜羊羊羊毛衫厂成立于2002年，是一家专业从事各种针织品加工及生产的企业，主要有电脑提花针织毛衫，针织围巾等各种针织品。

欢迎您的光临！

联系人：朱建荣
电话：0573-88181936 13905838266
地址：浙江省桐乡市梧桐镇革新小区150号 邮编：314500

## 义乌市清锦复合厂

义乌市清锦复合厂成立于2002年，本厂专业从事合成皮、人造革、布料的生产与销售。

本公司秉承"顾客至上，锐意进取"的经营理念，坚持"客户第一"的原则为广大客户提供优质的服务。欢迎广大客户惠顾！

联系人：曾清锦
电话：13705796165 传真：0579-85201002
地址：浙江省义乌市宗塘二区80幢 邮编：322000

## 桐乡市中胜皮毛制品厂

我厂选用优质獭兔、水貂等优质皮毛为原料，生产加工各种高中档裘皮制品。

产品制作精良，款式新颖，深受国内外客户青睐

联系人：劳胜琪 15868311122
电话：0573-88446160 88443843 88446162
地址：浙江省桐乡市崇福镇东安村章桥南境 邮编：314511

## 永嘉县嘉上嘉鞋业有限公司

永嘉县嘉上嘉鞋业有限公司成立于2007年，本公司专业从事皮鞋制造、销售。

公司秉承"质量第一，诚信服务"的宗旨，为广大的客户提供更加优质的服务和高品质的时尚产品。选择与嘉上嘉公司的合作将会使你更快的获得商机，友谊及成功。

联系人：叶祥平
电话：0577-67302111 传真：0577-67302116
地址：浙江省温州市永嘉县乌牛镇工业区 邮编：325103

## 温州市佳琳职业服装有限公司

温州市佳琳职业服装有限公司成立于2007年，本公司专业从事各企事业单位职业服装的生产，订购，主要有厂服，医疗服，酒店服，办公行政服。公司将以"真诚、创新、优质、高效"企业经营宗旨，以"一流的产品、一流的服务、一流的信誉"为企业经营方针。我们的经营理念：客户至上、真诚合作、信誉第一、实现双赢！

联系人：刘成佳
电话：0577-86911338 28906479 13091931120
传真：0577-28906479 邮编：325000
地址：浙江省温州市龙湾区永中上水门路1号

## 浙江嘉兴豪华缝纫设备有限公司

嘉兴豪华缝纫公司成立于2006年。

主要经营：电脑花样机、服装、箱包、制鞋等缝纫设备批发零售、进口国产缝纫配件；专业订做服装、箱包、制鞋、包边模具。

我们以诚信为本、商业为目标，欢迎你的光临！

联系人：先天华 电话/传真：0573-83028184
地址：浙江省嘉兴市南湖区新丰镇广场路167号 邮编：374005

## 温州市瓯海郭溪雄冠鞋底厂

本公司成立于2006年。

主要生产鞋底。

坚持"以信誉求客户，以效率求发展"的服务宗旨，不断拼搏。

联系人：凌小秋 13777777119
电话：0577-89781589 86129586

传真：0577-86129586
邮编：325000
地址：浙江省温州市瓯海区郭溪镇宋岙[illegible]溪路66号

## 安徽省/Anhui Province

**枞阳县会宫乡晓春久耐鞋厂**
地址：安徽省安庆市枞阳县会宫乡晓春村
……………………………… 负责人：朱泽得
……………………………… Tel：0556－2544506
13855616182

**怀宁县月山镇日鸿制衣厂**
业务：服装制造和加工
地址：安徽省安庆市怀宁县月山镇黄林村红旗组8号206国道旁边
……… 负责人：方永霞 邮编：246100
……………………………… 法人：方永霞
………… Tel：15922386992
13866053331

**安庆天瑞实业有限公司**
业务：安庆天瑞实业有限公司主要经营各类针、梭织服装加工、FOB、库存服装、外贸余单、品牌代工、库存面料，品牌贴牌等业务。本公司产品远销欧美、俄罗斯、台湾、及南韩。真诚欢迎广大对我公司产品有兴趣的新老客户，来电来函洽谈业务。
地址：安徽省安庆市枞阳县经济开发区纺织服装工业园
…………… 负责人：汤青……邮编：246700
……………………………… 法人：方开莲
……………………………… Tel：0556－2854488
……………………………… Fax：0556－2854477
…………………… E-mail：tianrui0695@126.com

**蚌埠市好乐制衣有限公司**
业务：好乐制衣有限公司成立于2006年5月，主要以出口服装为主。我公司秉承质量是产品的生命，风格是产品的灵魂的理念，努力向品牌核心发展，以便为广大客户提供优质的产品，以求共同发展。
地址：安徽省蚌埠市朝阳路[illegible]号

负责人:马学刚……邮 编:233000
法 人:马学刚
Tel:0552－4036192
Fax:0552－4036172
网址:www.mtw27394.chinapyp.com

### 坤胜服饰有限公司
业务:专业生产销售企事业单位工作服、学校校服、酒店、厨师服、大褂、医院医护服等,可以按照客户的相关要求,量身定制
产品:春冬季工作服、厨师服、医护服等
地址:安徽省安庆市宜秀区大桥街道三义村中心组
负责人:黄全华 邮 编:246003
法 人:郑翠红
Tel:0556－5228592

### 天柱晶鑫制衣有限责任公司
地址:安徽省安庆市潜山县彭岭开发区
负责人:朱兴赞
Tel:0556－8933386
13355561966

### 蚌埠市川夏服装商行
业务:生产企业工作服、酒店服、西服
地址:安徽省蚌埠市光彩大市场三区12栋20号
负责人:车兆付 邮 编:233000
法 人:车兆付
Tel:13275524026
0552－4116330

### 蚌埠市永康纺织有限公司
地址:安徽省蚌埠市大学城北800米
负责人:郑贤移
Tel:0552－3161489
3163797
2057988
13956399671

### 巢湖市佳和鞋业有限公司
业务:各种男、女拖鞋,出口日本
地址:安徽省巢湖市居巢区炯炀镇农民工创业园
负责人:张明翠 邮 编:238000
法 人:张明翠
Tel:18956502688
0565－8512156

### 池州市宝灵益家丝绸家纺有限公司
业务:集研发、设计、销售为一体的家用纺织品企业,专营蚕丝被、丝绸产品,兼营办公用品。对外承接加工、定做业务,产品制作精良,款式新颖,我们将以专业的素质,为您提供满意服务。
产品:蚕丝被、针纺织品
地址:安徽省池州市百牙路百荷园丹荣楼2F(卫校斜对面)
负责人:钱灵 邮 编:247100
法 人:钱灵
Tel:0566－2081015
Fax:0566－2081015
E-mail:baolingyijia@163.com

### 振兴布艺制品厂
地址:安徽省蚌埠市怀远县兰桥乡兰桥街
负责人:钱少领
Tel:0552－8712248
13956355851

### 阜阳市富申服饰有限公司
业务:制造销售服装
产品:西装,休闲裤,男式青年装
地址:安徽省阜阳市开发区黄庄A区1号9栋
负责人:程艳 邮 编:236000
法 人:程银顶
Tel:0558－2225016

### 蚌埠市欧琳服装有限公司
地址:安徽省蚌埠市淮河路547号青年街小区8号楼7层706号
负责人:刘素云
Tel:0552－3290758

### 飞林服饰专业定做
业务:酒店制服、校服、工作服
产品:蓝大褂、T恤衫、围裙、厂服、工号牌、团体服装、桑拿服、医院工作服、加工酒店椅套、服装印字、绣字等
地址:安徽省阜阳市蓝天商业街169号博士娃幼儿园对面(蓝天浴池向南60米)
负责人:孙建林 邮 编:236000
法 人:孙建林
Tel:13966546984
0558－2280184
3568645

### 巢湖新兴纺织服装有限公司
业务:本公司成立于2006年,主要从事服装加工、出口、销售。本着"以质量求生存、以诚信求发展"的经营理念,竭诚欢迎新老客户光临惠顾!
地址:安徽省巢湖市巢湖经济技术开发区金山路8号厂房

负责人:周剑武……邮 编:238000
法 人:周剑武
Tel:0565－2818333

### 蚌埠思达尔纺织有限公司
地址:安徽省蚌埠市涂山路893号
负责人:许红梅
Tel:0552－4077819

### 临泉县金福服饰有限公司
业务:生产,销售服装、针织品
地址:安徽省阜阳市临泉县杨关镇杜庄村
负责人:郭福汉 邮 编:236033
法 人:郭福汉
Tel:15955819300
0558－6553636
Fax:0558－6553939

### 巢湖市云剑鞋业有限公司
业务:巢湖市云剑鞋业有限公司位于安徽省会合肥市,是一家国内专业从事鞋类纸包装,生产,加工,销售和技术等为一体,工业园厂房,现代机械,畅销国内外的运动鞋,信誉至上,质量保证,价格合理。
地址:安徽省巢湖市东唐路世纪新都C区28号楼2单元601室
邮 编:331500
法 人:郑绍水
Tel:0565－2365233
Fax:0565－2365233
网址:www.ahyjxy.chinapyp.com

### 安徽欧兰朵家纺有限公司
业务:销售针织品,纺织品,服装,床上用品
产品:内衣,内裤,毛巾,袜子
地址:安徽省阜阳市临泉县阜临路98号阳光家园
负责人:程金喜 邮 编:236400
法 人:程金喜
Tel:0558－6258000
Fax:0558－6258000
网址:www.olanduo.com
E-mail:olanduo@163.com

### 巢湖维信服饰有限公司
地址:安徽省巢湖市巢湖经济技术开发区金巢大道
负责人:庄景贤
Tel:0565－2856018

### 安徽省无为县华盛棉纺织有限公司
业务:安徽省无为县华盛棉纺织有限公司主要从事纺纱、棉花的生产、加工与销售,以质量求生存,信誉求发展,热忱欢迎国内外各界朋友光临,扩大合作,共谋发展!
地址:安徽省巢湖市无为县姚沟镇(石桥行政村)工业区
负责人:叶显华 邮 编:238335
法 人:叶显华
Tel:0565－6763666
Fax:0565－6763555

### 太和县双赢纺织有限公司
业务:纺织
地址:安徽省阜阳市太和县皮条孙镇工业园区
负责人:张平 邮 编:236033
法 人:张平
Tel:13855825583
0558－8203270

### 巢湖市佳诚纺织有限公司
地址:安徽省巢湖市含山县含山县铜闸镇工业区
负责人:仲成武
Tel:0565－4882222

### 安徽爱达针织服饰有限公司
业务:本公司成立于2006年,是一家大型针织服饰生产和加工企业。主要生产销售"爱达"牌系列羊毛衫,羊绒衫及其饰品。热忱欢迎广大客户来电洽谈业务,共同发展!
地址:安徽省安庆市宿松县工业园区
负责人:何瑞玉 邮 编:246500
法 人:何瑞玉
Tel:0556－7848399
Fax:0556－7848129
网址:www.ahaida.com
E-mail:aidazz@126.com

### 安徽省阜阳市伟娅娜针织制衣有限公司
业务:劳保服装的生产与销售,进出口毛衣的加工与制作,成品线的批发
产品:劳保服,针织毛衣,成品线
地址:安徽省阜阳市颍州区沙河路东苑雅居3幢3单元605
负责人:江林伟 邮 编:236000
法 人:江林伟
Tel:15256385285

### 滁州市嘉诚纺织制品厂
地址:安徽省滁州市琅琊区北关转盘西侧
负责人:曹玉荣
Tel:0550－3112326

### 合肥市露露编织店
业务:从事羊绒衫生产及销售
地址:安徽省合肥市百花井荣事达大道60号
负责人:沈国琴 邮 编:230000
法 人:沈国琴
Tel:0551－4269151
2650992

### 东至县大阳服装有限公司
业务:本公司成立于2006年7月,是一家专业从事服装生产、加工、销售(含自营出口)的公司。热忱欢迎新老客户来电洽谈业务!
地址:安徽省池州市东至县胜利镇金湖园
负责人:汤宝琳 邮 编:247000
法 人:汤宝琳
Tel:0566－8913456
Fax:0566－8913455

### 滁州市琅琊欣荣羊毛衫服装加工厂
地址:安徽省滁州市琅琊区东后街1号
负责人:周德云
Tel:0550－3115742

### 安徽华映时装有限公司
业务:服装加工,来料来样订做
地址:安徽省合肥市庐阳区天水路11号百帮创业园8号楼4楼
负责人:窦政禹 邮 编:230000
法 人:童菊
Tel:0551－5651816
13856096721

### 阜南县大福制革有限公司
地址:安徽省阜阳市阜南县地城南路106号
负责人:曾强
Tel:0558－6752306

### 黄山市荣昌服饰有限公司
业务:面料、辅料,服装加工,服装经销、服装加工,承接各类工作服,企事业单位工作服校服。
地址:安徽省黄山市徽州区城北工业园
负责人:曹拥华 邮 编:242700
法 人:曹拥华
Tel:13905591302
0559－3534479
Fax:0559－3585108
E-mail:932573297@qq.com

### 滁州精诚无纺制品厂
业务:滁州精诚无纺制品厂,精=品质、诚=信用,滁州精诚无纺制品厂位于风景秀丽的琅琊山下。我厂主要产品有珍珠棉,PP棉,赛羽绒,喷胶棉,仿丝棉及其它棉类产品,质优价廉,薄利多销,信誉灵活,愿与新老客户精诚合作,共同发展。
地址:安徽省滁州市琅琊区琅琊西路32号
邮 编:239000
法 人:仲崇林
Tel:0550－3026455
Fax:0550－3036160
网址:www.ahjc.chinapyp.com

### 界首市超群纺织有限公司
业务:纺织品生产销售
地址:安徽省界首市光武工业园区繁兴三路14号
负责人:李超群 邮 编:236033
法 人:李超群
Tel:0558－49655858
13956786638

### 太和县诚信服饰有限公司
地址:安徽省阜阳市太和县人民中路123号
负责人:周四春
Tel:0558－8622622

### 舒城县永成服饰有限公司
业务:服装加工与销售
产品:服装
地址:安徽省六安市舒城县经济开发区
负责人:李加雨 邮 编:237006
法 人:李加雨
Tel:13685664222

### 裕安区新安镇佳杰鞋帮加工厂
业务:皮鞋,运动鞋,马靴等等,只要是鞋帮都可以。
地址:安徽省六安市裕安区新安镇鲍湾村土桥路口
负责人:陈若魁 邮 编:237000
法 人:陈若魁
Tel:15955966766
13812726579

### 界首市茂盛纺织有限公司
业务:界首市茂盛纺织有限公司成立于2006年,织造销售棉纱,色织布,欢迎新老客户来电洽谈业务。
地址:安徽省阜阳市界首市靳寨乡政府东侧
负责人:谢海涛 邮 编:236500
法 人:谢海涛
Tel:0558－4862688

网址:www.mtw28498.chinapyp.com
E-mail:mtw28498

### 颍上田川皮革涂饰有限公司
地址:安徽省阜阳市颍上县列集乡刘元村
负责人:刘传利
Tel:0558－4306036

### 徽州区诚惠服装有限公司
业务:本公司成立于2006年,主要从事服装的生产及出口。我们以生产一流的产品,提供一流的服务,创造一流的效益为目标,合作共赢,同创精品!我们期待与您的合作!
地址:安徽省黄山市徽州区城北工业园内
负责人:朱惠兰 邮 编:245000
法 人:朱惠兰
Tel:0559－3584788

### 马鞍山市当涂县中宝服装加工厂
业务:服装加工,来料加工,订做各种工作服,羽绒服,承接各种牛仔服
地址:安徽省马鞍山市当涂县姑孰镇竹山社区
负责人:尚中宝 邮 编:243100
法 人:尚中宝
Tel:13866839375
13083104129

### 合肥金三达服装辅料有限公司
地址:安徽省合肥市安徽大市场西区1718、1719号
负责人:陈勇
Tel:0551－5145152
4242039
13805510718

### 砀山县天隆皮件有限公司
业务:服装,手套用皮革生产加工
地址:安徽省宿州市砀山县官庄坝镇徐楼行政村胡广屯
负责人:胡文勇 邮 编:235300
法 人:胡文勇
Tel:13866863307

### 丑小鸭家纺有限公司
地址:安徽省合肥市绩溪路251号12幢602室
负责人:张少艳
Tel:0551－3637458
13956012008

### 安徽达易鞋业有限公司
业务:安徽达易鞋业有限公司成立于2000年,主要从事女士时装鞋设计、生产与销售。"质量第一,价格合理",热诚欢迎广大客户来电来人洽谈业务,共同合作!
地址:安徽省六安市金寨县郑岭工业区
负责人:易志祥 邮 编:237321
法 人:易志祥
Tel:0564－7365555
Fax:0564－7357588

### 华派制衣有限公司
地址:安徽省合肥市蒙城北路99号七楼
负责人:王波
Tel:0551－5620357
13003054293

### 源梦家纺
业务:经营床上用品、外贸服装
地址:安徽省铜陵市人民三路51栋1号
负责人:李海雁 邮 编:244000
法 人:李海雁
Tel:13605623182
13655625898

### 宝翔服饰有限公司
地址:安徽省合肥市瑶海工业园区东站社区委向二21号
负责人:窦维翔
Tel:0551－4320186
13956961508

### 六安市潇汕皮件有限责任公司
业务:六安市潇汕皮件有限责任公司成立于2006年8月,主要生产各种款式钱包。公司以产品质量赢得信誉,以款式独特大方赢得市场。产品深受广大消费者的青睐!
地址:安徽省六安市新安镇街道
负责人:鲍远杰 邮 编:237151
法 人:鲍远杰
Tel:0564－2314988

### 合肥安利鞋业有限公司
地址:安徽省合肥市瑶海区东七站塘路10号
负责人:余长虹
Tel:13305697369

### 合肥市浩阳针纺织品有限公司
地址:安徽省合肥市瑶海区凤阳东路商网1号楼
负责人:郑东
Tel:13956944830

### 当涂县起龙服装有限公司
业务:当涂县起龙服装有限公司成立于2002年,主要从事外贸服装的加工、生产及销售,以新颖的设计,精细的工艺,力求满足海、内外客观存在户日益提高的品味需求。热诚欢迎海内外朋友光临惠顾。
地址:安徽省马鞍山市当涂县石桥镇起龙村
负责人:戴鸠鸣 邮 编:243000
法 人:戴鸠鸣

……………………………… Tel:0555－6223518

**蕴丰麻纺有限公司**
地址:安徽省淮北市濉溪县烈山路85号
……………………………… 负责人:颜忠胜
……………………………… Tel:0561－6071999
13856123666

**启发毛巾厂**
地址:安徽省淮南市田家庵区洞山黎明村宏阳工贸有限公司内
……………………………… 负责人:曹启林
……………………………… Tel:0554－6660170
13004003781

**六安叶集王子服饰有限公司**
地址:安徽省六安市叶集改革发展试验区北外环路浙江工业城
……………………………… 负责人:蔡忠诚
……………………………… Tel:0564－6491570

**马鞍山大自然服饰有限责任公司**
业务:马鞍山大自然服饰有限责任公司成立于2006年4月,主营:批发、零售服装,针纺织品,五金交电,文化用品,化妆品,鞋帽,百货,化工原料(除危险品,易制毒品)
地址:安徽省马鞍山市花山区解放路59号
………… 负责人:廖金宾……邮　编:243000
……………………………… 法　人:廖金宾
……………………………… Tel:0555－2472859
2268892
……………………………… Fax:0555－2472859

**当涂县祥瑞服装厂**
地址:安徽省马鞍山市当涂县大陇乡
……………………………… 负责人:高宗祥
……………………………… Tel:0555－6271088

**佳人时装厂**
地址:安徽省马鞍山市当涂县化肥厂内
……………………………… 负责人:吴国庆
……………………………… Tel:0555－6738488
13855539586

**宿州博洋纺织有限公司**
地址:安徽省宿州市经济技术开发区纺织路54号
……………………………… 负责人:屠益均
……………………………… Tel:0557－3926962

**春晖制衣厂**
地址:安徽省宿州市埇桥区曙光南路石油公司东二巷
……………………………… 负责人:刘春青
……………………………… Tel:0557－3312702
13305571368

**安徽武鹰制衣有限公司八五零三工厂**
地址:安徽省宿州市埇桥区西关大街
……………………………… 负责人:张卫
……………………………… Tel:0557－3021176
13305572771

**铜陵市忆达服饰有限责任公司**
地址:安徽省铜陵市狮子山区青霞路28号
……………………………… 负责人:钱叶芝
……………………………… Tel:13905626938

**繁昌县泓舟喷织有限责任公司**
地址:安徽省芜湖市繁昌县孙村镇黄浒
……………………………… 负责人:王顺洲
……………………………… Tel:13956169111

**方圆服饰有限责任公司**
地址:安徽省芜湖市繁昌县孙村镇军民路
……………………………… 负责人:吴永东
……………………………… Tel:0553－7257308
13004051731

**裕昌服饰有限责任公司**
地址:安徽省芜湖市繁昌县孙村镇龙华路
……………………………… 负责人:俞福平
……………………………… Tel:0553－7256658
13505591875

**盛达服饰有限公司**
地址:安徽省芜湖市繁昌县孙村镇芜铜路
……………………………… 负责人:高传虎
……………………………… Tel:0553－7257798
13309638018

**麻纺品供销经营部**
地址:安徽省芜湖市南陵县城关镇东关口陵阳东路3号
……………………………… 负责人:乔石林
……………………………… Tel:0553－6822439
13905539382

**泾县康乐服饰加工厂**
地址:安徽省宣城市泾县榔桥镇街道
……………………………… 负责人:孙家根
……………………………… Tel:0563－5620988

**锦富箱包有限公司**
地址:安徽省宣城市郎溪县建平镇锦富箱包城
……………………………… 负责人:黄龙云
……………………………… Tel:0563－7370207
13906145697

# 升龙服饰有限责任公司

升龙服饰有限责任公司成立于2005年，主要从事男女各式服装的加工销售，主要产品有T恤衫、拉链衫。产品工艺创新、品类丰富、品质卓越。

我们以"团结、奋进、开拓、进取"为企业精神，以满足客户要求为目标，热忱欢迎海内外新老朋友光临惠顾。

联系人：李洋 13966009788
电话：0553-7259197
传真：0553-7259222
邮编：241206
地址：安徽省繁昌县孙村镇军民路军民小学

# 宿松县丰源纺织有限公司

宿松县丰源纺织有限公司成立于2005年，主要从事毛巾、浴巾的生产与销售。公司以"质量就是生命"的经营理念，融合服务至上的管理方式，为国内外客户提供最好的品质和服务。

电话：0556-7588848
13966906666
联系人：李行锋
地址：安徽省安庆市宿松县汇口镇龙堂 邮编：246542

# 芜湖市天龙绣品服饰有限公司

芜湖市天龙绣品服饰有限公司始建于2002年，是繁昌县招商引资的企业。公司主营产品：服装（电脑）绣花、印花、服装辅料等，是安徽省服装行业大型综合配套企业之一。

公司投资总额人民币1500万元。征用土地16亩，自建工业厂房、办公楼6000平方米，专用电脑绣花机31台套，印花生产线12条，年设计生产能力2500万元，税利500万元。

总公司竭诚欢迎四方有识之士的加盟。

联系人：陈超
电话/传真：0553-7257755 13505590328
邮编：241200
地址：安徽省芜湖市繁昌县孙村镇服装工业园东区

# 五河县齐进服装厂

五河县齐进服装厂成立于2004年，本公司主要经营承接各种款式服装、来样来料加工及订做。五河县齐进服装厂产品销往世界各地，本厂本着以质量，信用第一的原则，得到一致的好评。

联系人：周广其 13063310598
电话：0552-5026662 传真：0552-5026662
地址：安徽省蚌埠市五河县禾香小区 邮编：233000

## 福建省/Fujian Province

### 长乐金峰洁蕾经编厂
业务：涤纶布料、蚊帐布料，服装面料
地址：福建省长乐市金峰镇华阳村双星厝35号
负责人：吴学良 邮编：350200
法人：吴学良
Tel：0591－28676866
13489070888
Fax：0591－28561617
网址：www.jielei1001.cn.alibaba.com

### 福州华升纺织有限公司
地址：福建省福清市松下镇首祉村
负责人：陈勤建
Tel：0591－28887681

### 龙岩市中山路金路达皮具店
业务：皮包、旅游箱包、皮带、小皮夹
地址：福建省龙岩市新罗区中山路D幢55号店
负责人：檀儒镜 邮编：364000
法人：檀儒镜
Tel：0597－5280558

### 福建省长乐市山力化纤有限公司
业务：生产涤纶长丝、差别化纤维
地址：福建省长乐市滨海工业区文武沙段
负责人：陈仕清 邮编：350001
法人：陈仕清
Tel：0591－28765895

### 鑫怡新线带有限公司
地址：福建省福州市金山工业区桔园洲仓山园A区8座
负责人：黄水萍
Tel：0591－83767836
13799998713

### 长泰锦昌鞋业有限公司
业务：长泰锦昌鞋业有限公司成立于1990年，是一家从事出口生意的企业。公司主要设计、生产沙滩拖、木织鞋等产品，生产的产品大多销往欧州国家。
地址：福建省漳州市长泰县岩溪镇工业园区
邮编：363902
法人：王汉章
Tel：0596－8288488
Fax：0596－8287386

### 新罗区都市物语服装店
业务：销售服装
地址：福建省龙岩市新罗区中山路一期129号
负责人：杨哲 邮编：364000
法人：杨哲
Tel：0597－5271010

### 福州瑞盛服装有限公司
地址：福建省福州市晋安区新店镇后山村
负责人：林小霖
Tel：13600889787

### 福建省伊辰服饰有限公司
业务：高级休闲风雨衣系列、自行车雨衣系列、摩托车雨衣系列、休闲长装雨衣系列、中小学生雨衣系列、儿童雨衣系列
地址：福建省福安市城北街道富春北路168号
负责人：王星集 邮编：352100
法人：王星集
Tel：13616090597
0593－6796388

### 融马研磨店
地址：福建省福州市连江北路589号
负责人：黄隆斌
Tel：0591－83992155
13805087922

### 福鼎市马克华菲男装专卖店
业务：马克华菲男装专卖
地址：福建省福鼎市南大路国际大酒店北侧临街由东至西第3－4间
负责人：苏丹丹 邮编：352100
法人：苏丹丹
Tel：13799900169
0593－7299299

### 华速鞋业有限公司
地址：福建省晋江市罗山街道缺塘工业区（味前集团内）
负责人：吴清云
Tel：0595－88178051
88128339
13305977051

### 福鼎市秦屿王氏服装厂
业务：生产和销售中老年人服装
产品：中老年人服装
地址：福建省福鼎市秦屿镇秦川路244号
负责人：王孝通 邮编：352100
法人：王孝通
Tel：13599195598
0593－7265822

### 福建惠安县三峰制衣有限公司
业务：公司自成立以来，我们一直致力于运动，校服的生产能力和产品开发能力的制服生产工厂。三峰制衣，将会是您制服的首选。为服装企业争创名牌和提供最满意服务是三峰永久的承诺。三峰公司的品质与服务得到服装业界的支持与认可。
地址：福建省泉州市惠安县螺阳镇蔡厝工业区6号
邮编：362100
法人：林景峰
Tel：0595－87308338
Fax：0595－87307338

### 永定县秀连窗帘店
业务：定做窗帘
地址：福建省龙岩市永定县凤城镇环城东路101－8号
负责人：吴女士 邮编：364000
法人：吴女士
Tel：13459711561

### 福鼎市博奥服装加工厂
业务：皮装等其他服装加工及销售
地址：福建省福鼎市山前路108号
负责人：黄文潮 邮编：355200
法人：黄文潮
Tel：13599841166
0593.－7820299

### 隆新服装织造有限公司
地址：福建省晋江市深沪金屿工业区
负责人：柯孙山
Tel：0595－88282886
88288838
13905974333

### 永定县莲福制衣厂
业务：专业从事休闲服装、茄克、棉衣等系列产品设计、生产、加工，可承接来料加工业务，为时装公司贴牌生产。本厂秉承"诚实守信，互惠互利"原则，致力为客户提供优质的产品和服务。
产品：专业贴牌生产休闲服装、茄克、棉衣等
地址：福建省龙岩市永定县凤城镇金凤开发区二巷33号
负责人：陈春莲 邮编：364100
法人：陈春莲
Tel：0597－5938913
13850682235
Fax：0597－5938913

### 福鼎市都市丽人风服装店
业务：都市丽人风服装专卖
地址：福建省福鼎市中山中路63号
负责人：肖国雄 邮编：352100
Tel：15959323113
0593－6123327

### 益民服饰织造发展有限公司
地址：福建省龙岩市长汀县汀州镇腾飞经济开发区
负责人：黄辉转
Tel：0597－6815988
13959056777

### 永定县丽江服装来料加工店
业务：服装加工
地址：福建省龙岩市永定县凤城镇竹园路
负责人：陈初漳 邮编：364100
法人：陈初漳
Tel：13860282290
0597－5827561

### 恒兴制衣厂
地址：福建省莆田市涵江区白塘镇周墩村
负责人：吴祖华
Tel：0594－3500888
13859566396
13515938899

### 福清市雄兴纺织品有限公司
业务：棉纱，劳保用织布纱，手套纱
地址：福建省福清市城头镇星桥村坤金路大桥旁
负责人：吴章雄
法人：吴章雄
Tel：13859077652
0591－85284725

### 福建隆盛轻工有限公司
业务：本公司主要生产男女时装鞋底、工作鞋底、皮鞋底、凉鞋底、动动鞋底和拖鞋等。目前年生产能力可达8000万双，是本省较大规模的鞋底生产重点企业。一大批知名企业选中了我公司产品，富贵鸟、特步、百丽、奥康等成了合作伙伴。
地址：福建省泉州市惠南工业区
邮编：362124
法人：郭爱清
Tel：0595－87551772
Fax：0595－87556699

### 永定县静夜诗家纺
业务：床上用品，家纺
地址：福建省龙岩市永定县高陂开发区
负责人：陈江丽 邮编：364000
法人：陈江丽
Tel：13850656431

### 三丰鞋模厂
地址：福建省莆田市涵江区兴南纺织厂内
负责人：翁志永
Tel：0594－3585878
6965233
13760888760
13607516666

### 福清市V时尚服饰店
业务：V时尚和您一起与时尚贴的更近
地址：福建省福清市玉屏街道向高街明鹤楼101号
负责人：薛俊杰 邮编：350300
法人：薛俊杰
Tel：13665058403
0591－85270093

### 南安市洪濑镇雅雪琦内衣店
业务：南安市'雅雪琦'独家专卖，主要经营内衣的销售
地址：福建省南安市洪濑镇洪东街4号楼第二间
负责人：黄阿怀 邮编：362300
法人：黄阿怀
Tel：13960303994
13615963085

### 福建惠安县达威陆服饰有限公司
地址：福建省泉州市惠安县黄塘镇省吟村湖墘自然村8号

负责人:林振龙
Tel:0595-87329817

**星泰鞋材有限公司**
地址:福建省泉州市晋江陈埭四境村陈埭商品房19号
负责人:丁家平
Tel:0595-85171377
13505057789

## 连江县琯头镇慈爱手袋包加工厂
业务:环保无纺布购物袋、卡通型编织袋、婴儿背袋、婴儿学步袋。
地址:福建省福州市连江县琯头镇梅屿新村78号
负责人:任建春 邮编:350001
法人:任建春
Tel:13960882400
0591-38151052

## 福建明泰亚鞋业有限公司
业务:福建明泰亚鞋业有限公司成立于2005年,从事休闲运动鞋的生产及销售。凭着"勤奋、开拓、创新、务实"的精神,热情欢迎世界各地贸易商同我们联络与联系。愿我们成为真诚友好的合作伙伴,共创辉煌的明天!
地址:福建省晋江市池店镇下福东区51号
邮编:362212
法人:朱昕泰
Tel:0595-85996379
Fax:0595-85995367

## 福建泉州市家满春服装有限公司
业务:针织服装生产销售
地址:福建省南安市洪濑镇谯琉村赤土埕54号
负责人:戴加财 邮编:362300
法人:戴加财
Tel:0595-86609773

**皇辉制衣有限公司**
地址:福建省泉州市洛江区马甲镇旧南村
负责人:驾辉
Tel:0595-22083881
13959924791

## 闽侯县上街星亚伦服装加工场
业务:服装加工、销售
地址:福建省福州市闽侯县上街镇新峰村工贸路
负责人:范景文 邮编:350100
法人:范景文
Tel:0591-62181988
13859052665
15880109815

## 厦门市湖里区万龙发服装厂
业务:万龙发服装厂成立于2006年3月,主要经营休闲服装的生产与销售。欢迎新老客户光临惠顾!
地址:福建省厦门市湖里区禾山镇高殿村殿前组3106号
负责人:陈志平 邮编:361000
法人:陈志平
Tel:0592-5688649
8527312
Fax:0592-3966398

## 阳辉服饰商行
业务:服装、服饰、加工销售
地址:福建省南安市洪梅镇六都村尾垵
负责人:黄辉鸿 邮编:362300
法人:黄辉鸿
Tel:13328425555
0595-86614666
86614555
Fax:0595-86614999

**泉港亿丰鞋业有限公司**
地址:福建省泉州市泉港区界山镇界山村
负责人:陈宗良
Tel:0595-87723666
13960337856

## 南安市水头雅致女装服饰
业务:主要经营服装零售
地址:福建省南安市水头镇福兴路46号
负责人:许文识 邮编:362000
法人:许文识
Tel:0595-86813197
13905962261

## 闽侯县尚干街头时尚服装店
业务:销售服装
地址:福建省福州市闽侯县尚干三十路车站洋中村村委边
负责人:李保成 邮编:350001
法人:李保成
Tel:13905239889

**格勒斯服饰有限公司**
地址:福建省石狮市蚶江镇莲塘村石祥公路边
负责人:陈毓山
Tel:0595-88916618
13805980839

## 福建省建瓯市雅伦特制衣厂
业务:集设计、生产、销售于一体,专业生产服装、各类针纺制品及OEM订单产品,品质优越,交货及时,欢迎新老客户来电洽谈。
产品:棉衣,夹克,套装等
地址:福建省南平市建瓯城东工业园区东岳路2号
负责人:张建友 邮编:353100
法人:张建友
Tel:0599-3727288
Fax:0599-3727229
E-mail:fjjojx@163.com

## 福建省晋江市锦绣鞋业有限公司
业务:主要经营:各种鞋子的生产与销售。
地址:福建省晋江市陈埭涵口工业区
邮编:362211
法人:陈秀芬
Tel:0595-85182395
Fax:0595-85165395

## 浦城县石陂镇芳荣服装经营部
业务:销售服装
地址:福建省南平市浦城县石陂镇振兴路133号
负责人:陈芳荣 邮编:353608
法人:陈芳荣
Tel:0599-2633129

## 福州市台江区混合公社潮流服饰店
业务:时尚休闲服装,时尚鞋帽,配饰
地址:福建省福州市台江区交通路1号(鸿运星城)1#楼16号店面
负责人:余鹏飞 邮编:350004
法人:余鹏飞
Tel:0591-83371330

**宝湖时时新服装厂**
地址:福建省石狮市湖兴路48号
负责人:吴寅寅
Tel:0595-88872681
13905052151

## 南平市松溪县影城服饰店
业务:服饰销售
地址:福建省南平市松溪县解放街电影院大厅
负责人:叶文军 邮编:353000
法人:叶文军
Tel:13509545777
13809597663

**蒙狄丘制衣有限公司**
地址:福建省石狮市石狮市嘉禄路767-777号
负责人:林永瑜
Tel:0595-88765138
13600745589

## 政和县NIKE、ADIDAS专卖店
业务:NIKE、ADIDAS服装,鞋帽专卖
地址:福建省南平市政和县城关水南中路87号
负责人:刘政良 邮编:353000
法人:刘政良
Tel:0599-3327558

## 福州市台江区陈建堤内衣店
业务:品牌内衣销售
地址:福建省福州市台江区中亭街嘉同苑F1-83-86.93-95号
负责人:陈敏杰
法人:陈敏杰
Tel:13805088488
0591-83296801

## 厦门佳鹏珠饰绣花(印花)有限公司
业务:厦门佳鹏珠饰绣花(印花)有限公司主要从事于植绒套染、胶珠厚版高频、发泡孜浆、水浆等各种特殊印花、手绣、缝珠、片、手钩、烫钻、激光雕刻、电脑绣、特种绣各种特殊效果刺绣。欢迎新老客户光临、惠顾!
地址:福建省厦门市枋湖工业区建发物流对面黄楼
负责人:李文鹏 邮编:361000
法人:李文鹏
Tel:0592-5773238
5773958

## 福鼎市时烨服饰加工厂
业务:专业承接生产贴牌休闲服,风衣皮衣,羊绒大衣,针织等系列。
地址:福建省宁德市福鼎市富丰小区二栋9号
负责人:石家木 邮编:352100
法人:石家木
Tel:13073901288
Fax:0593-7960183

## 鑫永丰皮革商行
业务:人造革,布料纺织品
产品:服装,箱包,鞋帽等特殊面辅料,手袋,沙发,玩具
地址:福建省晋江市陈埭镇中国鞋都B1-60号
负责人:蔡彬彬 邮编:362200
法人:蔡彬彬
Tel:0595-85115567
13960357078
Fax:0595-85111567
网址:www.XYFPG.cn
E-mail:caibinbin0595@hotmail.com

**元河针织有限公司**
地址:福建省石狮市永宁镇港边工业区(信宁电子旁边)
负责人:李雅婷
Tel:0595-88492758
13799884567

## 福建省宁德市蕉城区蕉北青春一族服饰行
业务:销售女装
地址:福建省宁德市蕉城区城路小东门都市商厦106号
负责人:陈素微 邮编:352000
法人:陈素微
Tel:13850369773
0593-2079003

## 晋江市陈埭镇志源纺织贸易商行
业务:生产、贸易布料
地址:福建省晋江市陈埭镇中国鞋都H幢27号
负责人:丁志用 邮编:362000
法人:丁志用
Tel:0595-85172266

## 福建省晋江市永和联得利服装有限公司
业务:福建省晋江市永和联得利服装有限公司专业生产男女服饰,拥有多年生产经验,热忱欢迎新老客户来电洽谈业务。
地址:福建省晋江市永和镇坂头
负责人:蔡芳量 邮编:362215
法人:蔡芳量
Tel:0595-88083259
Fax:0595-88026059
网址:www.mtw29244.chinapyp.com

## 宁德市蕉城区蕉南先奇服装店
业务:服装经营
地址:福建省宁德市蕉城区环城路165号一层
负责人:阮先奇 邮编:352000
法人:阮先奇
Tel:0593-6866966

## 晋江市池店镇华宝鞋店
业务:经营美国苹果、新加坡卡帝乐鳄鱼运动鞋
地址:福建省晋江市池店镇梧潭工业区
负责人:郑元清 邮编:362000
法人:郑元清
Tel:0595-85993588
13860707033

## 漳州市芗城区皮皮猪童装店
业务:销售服装
地址:福建省漳州市芗城区进步新村32号店面(九龙公园南大门)
负责人:林艺娜 邮编:363000
法人:林艺娜
Tel:0596-2969756
13400904077

## 漳州市芗城区旺旺童装经营部
业务:童装
地址:福建省漳州市芗城区闽南商业城南区2幢7号
负责人:蔡志明 邮编:363000
法人:蔡志明
Tel:0596-2870786
13605013817
Fax:0596-6158020

## 诏安县吴溪龙鞋店(耐客王运动鞋)
业务:耐客王运动鞋专卖
地址:福建省漳州市诏安县西潭乡潭光村商品街
负责人:吴溪龙 邮编:363000
法人:吴溪龙
Tel:0596-3422991
3421505

## 莆田市城厢区新靓点服饰
业务:以男女休闲、正装为主
地址:福建省莆田市城厢区华林工业区(鸿盛金属构件厂一层)
负责人:杨飞洪 邮编:351100
法人:杨飞洪
Tel:0594-2027676

**厦门帛茂服饰有限公司**
地址:福建省厦门市海沧区新阳工业区阳平路39号
负责人:郑石勤
Tel:0592-6051211

## 莆田市城厢区歆逸贵族
业务:中青年主流时尚款式女装
地址:福建省莆田市城厢区梅园路中段13号
负责人:杨进财 邮编:351100
法人:杨进财
Tel:0594-2338788
Fax:0594-2338788

## 晋江市永昌隆鞋服贸易有限公司
业务:各种鞋服的国内外贸易
产品:鞋服
地址:福建省晋江市江滨花苑9栋803
负责人:郭峰 邮编:362200
法人:郭峰
Tel:13675995899
0595-85613605
Fax:0595-85631510
网址:http://www.ycl-trading.cn/
E-mail:efficient2009@yahoo.cn

## 龙海市海澄春兴棉被加工店
业务:棉被加工
地址:福建省漳州市龙海市海澄镇屿上村丹坑社
负责人:黄秋冬 邮编:363000
法人:黄秋冬
Tel:13489620169
0596-6568129

## 龙海市榜山煜煌服装厂
业务:服装来料加工
地址:福建省漳州市龙海市径水城60号
负责人:吴栋煌 邮编:363000
法人:吴栋煌
Tel:0596-6387203

**韦伽(厦门)服饰有限公司**
地址:福建省厦门市湖里区坂上村尚忠社
负责人:吕建全
Tel:13606939771

## 莆田市城厢区堡马服装店
业务:服装
地址:福建省莆田市城厢区梅园路中段武警支队斜对面
负责人:陈丽金 邮编:351100
法人:陈丽金
Tel:13859886556
0594-2389980

## 莆田市荔城区猫和老鼠童装店
业务:美国华纳公司猫和老鼠童装莆田总代理;代理地区:莆田、城厢区、荔城区、仙游县、涵江区、秀屿区;代理品牌:童装、童鞋、文具、玩具
地址:福建省莆田市荔城区步行街(才子男装后面)
负责人:何伟 邮编:351100
法人:何伟
Tel:13599870601
0594-2228221

## 晋江市青阳建强鞋类经营部
业务:女鞋、男鞋、运动鞋、童鞋等的销售
产品:运动休闲鞋
地址:福建省晋江市青阳街道青华大井口金利花苑8号
负责人:李建强 邮编:362200
法人:李建强
Tel:13655927827

## 石狮市贤宝服饰织造有限公司
业务:本公司成立于2005年,主要加工销售针织童装。本着"以质量求生存,以信誉求发展"的经营理念,竭诚欢迎新老客户光临、惠顾!
地址:福建省石狮市香江路凤里中学边第三栋46-49号
负责人:张伙山 邮编:362700
法人:张伙山
Tel:0595-88508728

## 泉州中晋鞋材有限公司
业务:中晋鞋材拥有雄厚的资金、过硬的技术、先进的设备、专业生产;鞋底TPU、鞋面TPU电镀及喷漆等,产品畅销全国各地,

拥有良好的客户群。我们追求卓越的经营理念，致力于新产品的开发、品质的提升、成本的控制，深受广大新老客户的好评。
地址：福建省晋江市西园街赖厝新村富邦企业对面
负责人：丁江山 邮 编：352200
法 人：丁江山
Tel：0595－85618444
Fax：0595－85617444
网址：http://zhongjin.shoes.net.cn

## 武夷山市威狐男装店
业务：销售男士休闲服装、青少年休闲服装
地址：福建省武夷山市星村镇商贸街
负责人：黄宙清 邮 编：354303
法 人：张进娇
Tel：13960628764

## 龙海市鑫协泰服饰有限公司
业务：男、女服装生产、销售
地址：福建省漳州市龙海市榜山平宁工业区
负责人：郭文辉 邮 编：363000
法 人：郭文辉
Tel：0596－6115595
Fax：0596－6533769

**厦门日诚服饰有限公司**
地址：福建省厦门市湖里区殿前社第一工业区居泰安厂房二楼
负责人：林小陵
Tel：0592－5754990

## 莆田市荔城区黄石盛昌电脑车加工店
业务：电脑车车鞋面织带固定，车鞋眼扣，滴塑，布标等加工
地址：福建省莆田市荔城区黄石镇黄石居委会丰石西路68号
负责人：黄城镁 邮 编：351100
法 人：黄城镁
Tel：0594－2178880
13859809231
Fax：0594－2120333

## 晋江市深沪镇菲族流鞋服店
业务：鞋服、服装制品
地址：福建省晋江市深沪镇东路头25－27号
负责人：吴文程 邮 编：362200
法 人：吴文程
Tel：0595－88283658

**厦门隆泰兴服装有限公司**
地址：福建省厦门市湖里区殿前四组外口公寓西侧一栋二楼
负责人：张金星
Tel：0592－8708280

## 石狮市俩泽兴纺织有限责任公司
业务：麻灰纱的生产、销售
产品：21支、32支、42支
地址：福建省石狮市永宁镇西偏工业区4区
负责人：陈伟其 邮 编：362700
法 人：陈伟其
Tel：13959882767
0595－83032929

## 顺昌县彪马专卖店
业务：主营彪马品牌类服装、鞋、外套、袜等
地址：福建省顺昌县双溪顺昌县工商大厦二楼15号店面
负责人：张和平 邮 编：353200
法 人：张和平
Tel：13850996173
0599－7826277

## 莆田市荔城区远丰鞋材有限公司
业务：鞋用辅料生产销售
地址：福建省莆田市荔城区西天尾镇东星居委会沟尾土产棉麻公司内
负责人：陈志远 邮 编：351100
法 人：陈志远
Tel：0594－2866880
13859829253

## 莆田市荔城区兴大皮业经营部
业务：牛皮
地址：福建省莆田市荔城区镇海东园路鞋材市场北区3号楼
负责人：陈金座 邮 编：351100
法 人：陈金座
Tel：13599868000
Fax：0594－2333377

**福建省莆田市秀屿区华泰油脂助剂有限公司**
业务：本公司成立于2006年，主要生产销售皮革加脂剂、皮革助剂、各种类型鞣剂。热忱欢迎新老客户来电洽谈业务！
地址：福建省莆田市秀屿区笏石镇珠坑村郑塘
负责人：方庆柱 邮 编：351146
法 人：方庆柱
Mobile：13328828939
Fax：0594－5867999
E-mail：hlf2510@sina.com

## 宝露（福建）鞋服有限公司
业务：生产、销售凉拖
地址：福建省晋江市西滨镇跃进村
负责人：陈移钦 邮 编：362000
法 人：陈移钦
Tel：0595－85121877
85122877
Fax：0595－85126877

## 石狮市竞技龙服饰有限公司
业务：竞技龙牌运动休闲服饰的生产和销售
地址：福建省石狮市彭田村溪东区65号
负责人：蔡志益 邮 编：362000
法 人：蔡志益
Tel：13505083125

## 李霞制衣有限公司
业务：男式、女工西装，职业套装的生产与销售
地址：福建省石狮市五星工业区21号
负责人：张云场 邮 编：362700
法 人：张云场
Tel：0595－88877160
15859488828
网址：www.fujianlixia.cn
E-mail：fzlixia88@163.com

**厦门峰泉工房服装有限公司**
地址：福建省厦门市湖里区高殿村寨上庄2374号
负责人：黄雅峰
Tel：0592－5690610

## 莆田市荔城区东城鞋料店
业务：劳保用品、水解笔、五金配件
地址：福建省莆田市荔城区镇海街道八二一中街669号
负责人：林志霞 邮 编：351100
法 人：林志霞
Tel：13607536796
0594－2268099
2268098
Fax：0594－2268098

## 晋江市三跃鞋业有限责任公司
业务：鞋子生产销售
地址：福建省晋江市新塘街道办事处杏板社区
负责人：王跃挺 邮 编：362200
法 人：王跃挺
Tel：13506085959
13959887987
网址：http://www.51zzt.com/user/zzt32596

**泉港亿丰鞋业有限公司**
业务：本公司主要经营：拖鞋、凉鞋的生生与销售。
地址：福建省泉州市泉港区界山镇界山村
邮 编：362000
法 人：陈宗良
Tel：0595－87723666
Fax：0595－87723295

## 三跃鞋业有限公司
业务：休闲鞋、运动鞋、鞋底
地址：福建省晋江市新塘杏板工业区
负责人：王跃挺 邮 编：362700
法 人：王跃挺
Tel：0595－88128138
Fax：0595－88128139
网址：http://www.51zzt.com/user/zzt32596/index.htm
E-mail：wwz2009.new@163.com

## 曼飞龙布行
业务：布料
地址：福建省石狮市华泰小区3幢C01号（君悦酒店后面）
负责人：许经理 邮 编：362700
Tel：0595－88788892
Fax：0595－88553892

## 力坤（福建）服饰有限公司
业务：生产服装
地址：福建省石狮市灵狮开发区兄弟工业大厦
负责人：蔡自力 邮 编：362700
Tel：13959888380
0595－83005255
83005266

**厦门市湖里区三祥制帽厂**
地址：福建省厦门市湖里区后坑村西潘组49号一层
负责人：徐国林
Tel：0592－5981533

## 莆田市荔城区泰宇鞋材店
业务：鞋材加工，销售
地址：福建省莆田市荔城区镇海街道东园路鞋材市场北幢105AB号
负责人：陈鹏辉 邮 编：351100
法 人：陈鹏辉
Tel：0594－6223111
Fax：0594－6253111

**强云鞋材有限公司**
业务：强云鞋材有限公司成立于2003年，主要生产各种EVA底台，定型中底，各种PVC大底片，加工底部各种部件（包跟、包麻绳、包中底、贴大底）。
地址：福建省福州市仓山区建新镇金山投资区9号楼1层
邮 编：350001
法 人：陈凌云
Tel：0591－88075992
Fax：0591－83766043

## 晋江市英林镇肇锦世家服装厂
业务：服装的加工和销售
地址：福建省晋江市英林镇东仓1号
负责人：谢志瑜 邮 编：362000
法 人：谢志瑜
Tel：13506063382
0595－85474022
15880764335
Fax：0595－85474022

**丽邦（厦门）时装有限公司**
地址：福建省厦门市湖里区湖里大道55号联发16号厂房四楼东面
负责人：吴诗辉
Tel：13063064203

## 莆田市荔城区新星源皮革经营部
业务：专业生产各类中、高档PU革、太空革、牛巴革、PVC、移膜革、反绒皮、植绒革等。厂家直销!!!
地址：福建省莆田市荔城区镇海鞋材市场北5幢105A
负责人：王宏星 邮 编：351100
法 人：袁培尧
Tel：0594－2383218
15869687688
15060383077

## 泉州市长荣鞋业制造有限公司
业务：生产鞋子
地址：福建省石狮市服装城北区B座2417号
负责人：叶宏册 邮 编：362700
法 人：叶宏册
Tel：13805983588
0595－838703888

## 泉州市同创五金饰品有限公司
业务：鞋扣系列配件；包袋扣系列；五金饰品五金鞋扣；鞋链工艺精品系列；饰扣冲件鞋头；鞋材皮带扣系列；鞋花服装扣系列；鞋标系列工艺品；
地址：福建省石狮市蚶江镇洪窟南路137号
负责人：戴伟 邮 编：362700
法 人：戴伟
Tel：13506943117
0595－88654811
85978580
Fax：0595－88653911
网址：www.tongchuang.cn

**福建省漳州市釉粕润百货鞋业**
业务：福建省漳州市釉粕润百货鞋业成立于1992年，从事鞋子（"富贵鸟"、"华伦天奴"，广州"老匠人"、日本"奥特曼"）的批发及零售。热情欢迎世界各地贸易商同我们联络与磋商，愿我们成为真诚友好的合作伙伴，共创辉煌的明天！
地址：福建省漳州市闽南商业批发市场北区6栋1－2号
邮 编：363000
法 人：蔡文财
Tel：0596－2873719
Fax：0596－2884833

## 晋江市沃尔斯纺织服装有限公司
业务：专业生产男式针织服装、休闲装
产品：男式针织服装、休闲装
地址：福建省晋江市英林镇高潮黛芬妮工业区C栋
负责人：洪宏伟 邮 编：362256
Tel：0595－85480448
Fax：0595－85488418
E-mail：wo_ersi@yeah.net

**厦门弘祺服装有限公司**
地址：福建省厦门市湖里区湖里大道59号13号厂房第三层
负责人：吴瑞祺
Tel：0592－5651626

## 仙游县鲤城劲爆鞋店
业务：鞋类销售
地址：福建省莆田市仙游县鲤城胜利路240号
负责人：俞恒文 邮 编：351100
法 人：俞恒文
Tel：13850212937

**莆田市成峰鞋业有限公司**
业务：本公司成立于2002年，有300多个员工，主要经营各种鞋子的生产与销售。
地址：福建省莆田市仙游县枫亭工业路8号
邮 编：351100
法 人：邹剑清
Tel：0594－7666299
Fax：0594－7666199

## 石狮市宝佳达塑料工艺制品厂
业务：服装辅料，鞋帽类，塑料工艺品，广告品，滴塑，环保材料（欧标），该公司产品可用于多个行业
地址：福建省泉州晋江市龙湖镇新街豪兴大厦
负责人：洪朝宗 邮 编：362000
法 人：洪朝宗
Tel：0595－85800688
13600753789

## 晋江市英林镇男佐服装经营部
业务：男士休闲服装
地址：福建省晋江市英林镇上廊街183－185号、福建省晋江市安海镇益安路35－37号
负责人：洪文博 邮 编：362200
法 人：洪文博
Tel：0595－85486974
85727911

## 石狮市璐婷美内衣商行
业务：内衣、家居服、床上用品
地址：福建省石狮市步行街E4区203－205
负责人：王桂兰 邮 编：362700
法 人：王桂兰
Tel：13859731777
0595－88352666
Fax：0595－88737709

## 石狮市邵阳皮具批发店
业务：皮具批发零售
地址：福建省石狮市大仑树德路32号
负责人：彭志球 邮 编：362000
法 人：彭志球
Tel：15905958098
0595－86014028

**厦门市湖里区源盛鑫纺织品贸易商行**
地址：福建省厦门市湖里区南山路234号302室
负责人：林岩
Tel：0592－5639760

## 德化县参号仓库服饰店
业务：经营服装
地址：福建省泉州市德化县瓷都广场商业城下层D20、D21号
负责人：杨彩凤 邮 编：362000
法 人：杨彩凤
Tel：0595－22025622
23517933
E-mail：yocafa@126.com

**凯昇服饰有限责任公司**
业务：凯昇服饰有限责任公司专业生产服饰服装，欢迎新老客户来电洽谈业务！
地址：福建省三明市清流县灵地粮站内
负责人：罗宗求 邮 编：265312
Tel：0598－5451998
5451996

## 龙海市角美芸清服装店
业务：经营品牌男装
产品：柒牌男装
地址：福建省龙海市角美镇东美街店面
负责人：张芸清 邮 编：363107
法 人：张芸清
Tel：0596－6761248
13400971008

## 德化县约翰服饰有限责任公司
业务：服饰设计、生产、销售，承接相关定单
地址：福建省泉州市德化县龙浔镇宝美街19栋921号
负责人：苏珠元 邮 编：362000
法 人：苏珠元
Tel：0595－23537718

**厦门怡佳宝工贸有限公司**

地址：福建省厦门市湖里区悦华东路166－170号恒兴大厦五楼
负责人：王秀玫
Tel：0592－5600633 5600655 5600300

## 石狮市杰洪辅料店
业务：钮扣弹力绳五金服装辅料等
地址：福建省石狮市八七路1910巷55号
负责人：池万其 邮编：362700
法人：池万其
Tel：13600791848 0595－88881951
Fax：0595－88881951

## 石狮市新义辅料店
业务：钮扣生产销售
地址：福建省石狮市八七路1986号
负责人：谢道新 邮编：362000
法人：谢道新
Tel：0595－88880155 13860779990

## 福清市三姐妹服装店
业务：福清市三姐妹服装店主要销售服装、鞋帽、饰品。品种繁多，质量保证，价格合理，欢迎新老客户光临惠顾！
地址：福建省福清市龙田商贸城一期B区105－109＃，131－1＃
负责人：施迎新 邮编：350315
法人：施迎新
Tel：0591－85762988 28397595

## 泉州市丰泽区兴达缝纫设备公司
业务：销售针车、缝纫车
地址：福建省泉州市丰泽区城西路北六区四号楼15号店
负责人：黄谋南 邮编：362000
法人：黄谋南
Tel：0595－28031850 13506065352

## 长汀县休闲频道服饰店
业务：销售服饰
地址：福建省龙岩市长汀县水东街大观庙一层
负责人：余养武 邮编：364000
法人：余养武
Tel：13696835688 0597－6699988

## 厦门市思明区奥米格服饰店
地址：福建省厦门市思明区禾祥西路482号C3室
负责人：陈凤霞
Tel：0592－2221578

## 泉州市丰泽区爱朵儿服饰店
业务：经营服装
地址：福建省泉州市丰泽区温岭北路北拓9号楼10号店
负责人：施雅丽 邮编：362000
法人：施雅丽
Tel：13600743861 0595－22221950

## 德国宝马服饰三明专卖店
业务：男士服装、鞋、皮带、袜子
地址：福建省三明市三元区青年路38号1号楼8－10号
负责人：张德鑫 邮编：365001
法人：张德鑫
Tel：0598－8899866

## 石狮市恒丹服装有限责任公司
业务：服装的生产和销售
地址：福建省石狮市八七路1430号张平汉收转
负责人：林积文 邮编：362700
法人：林积文
Tel：13850782678 13960285001

## 晋江雄锋鞋业有限公司
业务：本公司创建于1997年8月，是一家专业生产高、中、低档各系列足球鞋的厂商。年生产量可达100万双，远销亚、非、拉、欧美等国家和地区，同时公司精心打造的"振足"品牌深受国内外客户的青睐。我们将不断地更新开发适应市场需求的产品，公司相信有你的支持我们一定能以一流的产品和一流的服务，为客户创造更高的价值。
地址：福建省晋江市池店镇潘湖村
邮编：362200
法人：黄文山
Tel：0595－85982849
Fax：0595－85983849
网址：www.jjxf.chinapyp.com

## 长汀县特步专卖店
业务：特步鞋专卖
地址：福建省龙岩市长汀县汀州镇兆征路卧龙楼101－102号店
负责人：林文辉 邮编：364000
法人：林文辉
Tel：0597－6688828 13599642399

## 泉州市丰泽区同兴鞋服店
业务：经营特步品牌鞋服
地址：福建省泉州市丰泽区温陵路汇金广场B1、2、3、5、6、7号店
负责人：曾爱华 邮编：362000
法人：曾爱华
Tel：0595－24661706

## 厦门原始服饰工贸有限公司
地址：福建省厦门市思明区湖滨北路29号中信广场A幢28D
负责人：黄春光
Tel：0592－5315163

## 长汀县涂坊宜章布匹经营部
业务：经营布匹的销售
地址：福建省龙岩市长汀县涂坊镇红坊村丹溪东路202号
负责人：赖宜章 邮编：364000
法人：赖宜章
Tel：13559992889 15259001812

## 将乐县金贝壳纺织品店
业务：经营各式窗帘及床上用品
地址：福建省三明市将乐县古镛镇七星街七星苑
负责人：余丽萍 邮编：365000
法人：余丽萍
Tel：13559874116 0598－2266171

## 三明市梅列区密斯特李服饰有限公司
业务：服装生产销售
产品：休闲服装、男士T恤
地址：福建省三明市梅列区沪新村55栋301室
负责人：李德祥 邮编：516001
法人：李德祥
Tel：13516667452 0598－8288999
Fax：0598－8288999

## 福州开发区智能鞋材加工厂
业务：本公司成立于2003年，拥有30几个员工。主要经营鞋材的加工与销售。
地址：福建省福州市马尾区龙门村后山园
邮编：350000
法人：邓铁辉
Tel：0591－87308061
Fax：0591－87308062

## 泉州市鲤城区新星针车店
业务：销售缝纫机
地址：福建省泉州市桥兴贤路303
负责人：吕其新 邮编：362000
法人：吕其新
Tel：13959749169 0595－28050062
Fax：0595－28050062

## 丹比奴时尚女包长汀专卖店
业务：经营时尚女包、男包、手抓包、钱包、皮带，产品风格：既可夸张前卫，又可活泼可爱；既能大方实用，又能简约休闲。品牌路线：dambolo坚持高品位、高质量、高档享受、独一无二的品牌路线。独一无二的音乐风格、零缺点的一流品质、合理适中的实惠价格。dambolo面向：面向所有向往美好自由、追求个性品味、热爱音乐生活的时尚一族！
地址：福建省龙岩市长汀县西外街客家广场A栋30号店（县民政局对面）
负责人：范长洲 邮编：366300
法人：范长洲
Tel：13850615695 0597－5219125

## 惠安县东园鑫源鞋类辅材加工厂
业务：鞋类辅材加工
地址：福建省泉州市惠安县东园镇东园村溪头365号
负责人：黄国良 邮编：362000
法人：黄国良
Tel：13400888444 0595－87220777
Fax：0595－87587663

## 厦门市伊璐服装有限公司
地址：福建省厦门市思明区西林路38号301室
负责人：杜抡治
Tel：0592－5807808

## 石狮市欧米皮具店
业务：皮具、箱包
地址：福建省泉州市石狮市九二路1118号狮城国际广场一楼L1－71号胡丽彬代收
负责人：易军 邮编：362000
法人：张先生
Tel：13950157207 0595－83087098

## 魔斗士贝斯唯奇牛仔系列大田专卖店
业务：专营魔斗士、贝斯唯奇服装
地址：福建省三明市大田县均溪镇南山路110号9＃楼12＃店
负责人：林青建 邮编：366100
法人：林青建
Tel：13860561377 0598－7269199

## 晋江市平和鞋材有限公司
业务：晋江市平和鞋材有限公司是一家专业生产EVA鞋底、TPR鞋底和橡胶大底的企业。本公司严格遵循ISO9001管理体，所生产的产品款式新颖、质量可靠、价格合理。
地址：福建省晋江市陈埭镇沟西工业区
邮编：362211
法人：林世河
Tel：0595－85181999
Fax：0595－85187000
网址：www.fjphxc.chinapyp.com

## 惠安鑫步鞋厂
业务：布鞋生产销售
地址：福建省泉州市惠安县螺阳镇后田工业区
负责人：吴振明 邮编：362000
法人：吴振明
Tel：0595－87301629

## 武平县贝兰妮变色休闲服饰专卖店
业务：贝兰妮变色休闲服饰专卖
地址：福建省龙岩市武平县平川镇东门市场易安居二楼2号店
负责人：钟冬荣 邮编：364300
法人：钟冬荣
Tel：13959084151

## 惠安县张坂兴艺高频材料行
业务：印花高频材料批发
地址：福建省泉州市惠安县张坂玉埕村埕边联翔路
负责人：郭丽聪 邮编：362000
法人：郭丽聪
Tel：13805971906 0595－87890789

## 建宁县远光皮件厂
业务：建宁县远光皮件厂成立于2002年，主要从事真皮钱包的生产销售。产品销往国内外，大多出口墨西哥、俄罗斯等国。产品质量保证，深受国内外客户的青睐。
地址：福建省三明市建宁县黄舟坊工业园小区
邮编：354500
法人：温兰金
Tel：0598－3961559 3992688
Fax：0598－3961559

## 南安市罗东镇威威服装加工厂
业务：服装、毛衣、拉链等服装来料加工
地址：福建省泉州市南安市罗东镇新雨亭金狮花苑A幢
负责人：刘桂治 邮编：362000
法人：刘桂治
Tel：0595－86556618

## 龙岩市新罗区诱惑服装店
业务：服装经营
地址：福建省龙岩市新罗区登高西路丰华世纪城1幢13号店
负责人：汤晓龙 邮编：364000
法人：汤晓龙
Tel：0597－2299959

## 福建省泉州帮兴鞋服有限公司
业务：生产、销售：鞋
地址：福建省泉州市南安市美林街道梧山村
负责人：傅文烟 邮编：362300
法人：傅文烟
Tel：0595－86278122

## 泉港区万盛工贸有限公司
业务：生产鞋材、鞋拉链
地址：福建省泉州市泉港区南埔镇南埔中心小学对面32号
负责人：林秀明 邮编：362000
Tel：13489287788 0595－87770688 87771218
Fax：0595－87771218

## 晋江市青阳雅婕服饰
业务：经营各种服饰的销售
地址：福建省泉州市晋江市青阳锦青福隆广场华庭街7号
负责人：陈媚辉 邮编：362000
法人：陈媚辉
Tel：13805900366 0595－85666089

## 龙岩市新罗区雅典娜皮具店
业务：皮包、旅游箱包、皮带、小皮夹
地址：福建省龙岩市新罗区中山路1期主街14号店
负责人：檀儒镜 邮编：364000
法人：檀儒镜
Tel：0597－5280558

## 江西省和谐纺织品助剂有限公司
业务：江西省和谐纺织助剂厂是生产及销售水洗、染整等系列助剂，其产品涉及到染后整理之环保固色剂、树脂及皮革与牛仔水洗所需的光亮剂，酵素酶等系列，公司在全国各大省市设有分销点，为客户提供快捷的配送服务与销后技术支持。
地址：福建省石狮市濠江路547－549号（江西省上饶市鄱阳县）
邮编：362700
法人：李荣发
Tel：0595－88721760
Fax：0595－88721790

## 泉州市洛江区双阳良发服装加工厂
业务：服装来料加工
地址：福建省泉州市洛江区双阳街道新阳社区仕林坑
负责人：许建良 邮编：362000
法人：许建良
Tel：0595－22962852 22063563
Fax：0595－22063563

## 龙岩市莱尔波士服装专卖店
业务：莱尔波士服装专卖
地址：福建省龙岩市新罗区登高西路香樟名都5号店
负责人：林毛生 邮编：364000
法人：林毛生
Tel：13859544444 0597－2223566

## 丹比奴时尚女包长汀专卖店

经营时尚女包、男包、手抓包、钱包、皮带，产品风格：既可夸张前卫，又可活泼可爱；既能大方实用，又能简约休闲。品牌路线：dambolo坚持高品位、高质量、高档享受、独一无二的品牌路线。独一无二的音乐风格、零缺点的一流品质、合理适中的实惠价格。dambolo面向：面向所有向往美好自由、追求个性品味、热爱音乐生活的时尚一族！

电话：0597－5219125
邮编：366300　联系人：范长洲　13850615695
地址：福建省龙岩市长汀县西外街客家广场A栋30号店（县民政对面）

## 福州杰森制衣有限公司

福州杰森制衣有限公司是一家生产雨衣、劳保用品、防寒服系列产品的企业。

热忱欢迎国内外客商前来洽谈订货及来样加工业务，我们将以上乘的品质、优惠的价格、细致的服务，与您精诚合作！

联系人：郑立杰　电话：0591－63300617　63300619
邮编：350012
地址：福建省福州市晋安区新店镇南平路金城投资区银城楼二、三层

## 福建隆盛轻工有限公司

福建隆盛轻工有限公司，是“泉州市百家重点工业企业”之一。发展至今已成为集中高档鞋底、真皮机注鞋、橡胶硫化鞋、EVA、TPR塑胶粒料生产以及贸易、模具制造为一体的大型综合性企业。

公司自创办以来，坚持“以质量求生存、以信誉求发展”的立业宗旨，2003年公司通过了ISO9000质量管理体系认证，并导入ERP计算机管理系统，正逐步形成管理信息现代化。

联系人：郭修荣　13805908772
网址：www.fjls.net　电话：0595－87551872
电子邮件：fjls@pub2.fj.qz.cn　传真：0595－87556699
地址：福建省泉州市惠安县百崎五一工业区　邮编：362124

## 福州市台江区金华鞋店

福州市台江区金华鞋店成立于2009年，本店主要经销童鞋，经营的品牌有：尼特猫、数码熊、福德隆等十余种知名品牌，批零兼营。我公司位于鞋城7号楼，交通十分便利，我们的客人遍及全国，产品远销欧美、中东、南非等地。许多外国朋友慕名而来。有朋自远方来，不亦悦乎！我们真诚欢迎你的到来！

联系人：陈文浩
电话：0591－22023666　13075988877
传真：0591－83322719
地址：福建省福州市台江区鞋城7号楼719号店
邮编：350000

## 福建省泉州鸿利来皮塑服装有限公司

福建省泉州鸿利来皮塑服装有限公司成立于1993年，专门生产中高档的学生包、旅行包、运动包、登山背包、时款包及箱包等，产品全部销往德国、英国、法国、意大利等西欧及美国、澳大利亚等国家。国内注册品牌PACKDALE（百达），也可根据客人要求进行贴牌生产。本公司立志开发国内潜在的巨大市场，竭诚欢迎各大中城市代理商加盟。

电话：0595－22900511　22900512　22910355
联系人：颜和爽
地址：福建省泉州市丰泽区东海滨城工业园　邮编：362000

## 福州市台江区每美内衣店

福州市台江区每美内衣店于2006年成立，本店主要经营批发、零售针织品、内衣、内裤、保暖内衣、袜子。客户的满意是我们永远的追求！创一流企业是我们始终的目标！坚持以市场为主线、科技为先导、薄利为原则，永远保持与顾客、供应商及所有合作伙伴之间的共赢互利。竭诚欢迎广大新老客户垂询惠顾！

联系人：翁玉宝
电话：0591－28355707　13599443630
传真：0591－28355707
地址：福建省福州市台江区农贸二群体一楼75、76号　邮编：350000

## 福建省泉州市丰泽区阿迪克鞋服行

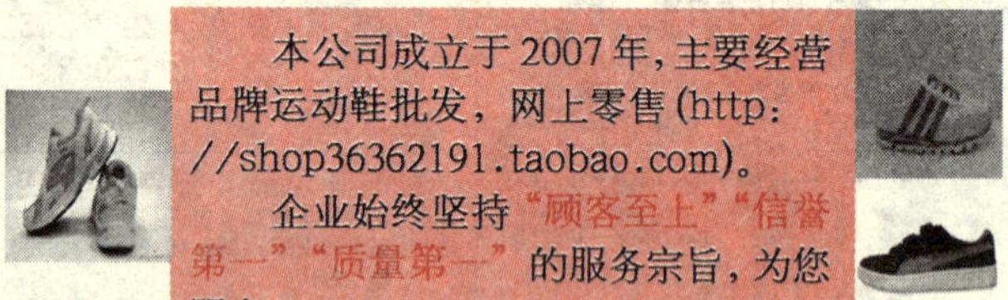

本公司成立于2007年，主要经营品牌运动鞋批发，网上零售（http://shop36362191.taobao.com）。

企业始终坚持“顾客至上”“信誉第一”“质量第一”的服务宗旨，为您服务。

联系人：林光武　13505025253
电话/传真：0595－85850253　22289896　网址：www.aerdic.cn
地址：福建省晋江市梅岭街道双沟东4楼303室　邮编：362200

## 惠安县荣踏鞋塑厂

惠安县荣踏鞋塑厂成立于2007年，本厂是一家生产帆布鞋、注塑鞋、注塑布鞋的企业。

惠安县荣踏鞋塑厂本着“客户第一，诚信至上”的原则，与多家企业建立了长期的合作关系。

热诚欢迎各界朋友前来参观、考察、洽谈业务。

电话/传真：0595－87309290　87309320
邮编：362100
网址：www.rongtaxieye.cn
地址：福建省泉州市惠安县螺阳后田工业区
联系人：林紫惺

## 福建省永泰县安利席业有限公司

福建省永泰县安利席业有限公司是一家专业生产草制品，竹制品，床上用品，产品有蔺草席，荞麦枕，竹丝席，皮凉席，布边席，枕套，保健枕等竹草类制品及冬季家纺类床上用品。

欢迎来电洽谈业务。

电话：0591－83386857　83408772
电子邮件：anlimat@163.com
邮编：350009
地址：福建省福州市台江区南台商都2号楼7号
联系人：伊发锋

## 晋江市安海镇永丰针车贸易商行

本公司成立于2005年，主要经营缝纫设备、新旧针车及服装辅料。本公司凭着“诚实守信、互惠互利”的服务宗旨，与国内外服装行业厂商取得积极配合，为您服务。

联系人：沃先云

电话：0595－85775721　传真：0595－85755721
手机：13959946721　13799859194
地址：福建省晋江市安海镇兴安路323号　邮编：362261

## 晋江市铭兴达鞋业有限公司

泉州市铭兴达鞋业有限公司创办于2006年，本公司下设EVA拖鞋厂。引进国外先进的EVA生产线、EVA射出机、组合和成型流水线。专业生产各种EVA拖鞋及花园鞋等产品。款式新颖，质优价廉，满足客户不同层次的需求，产品畅销国内外市场。深受中外客商的青睐。

公司位于福建省泉州市安平开发区9区20号，月产量100万双，欢迎订购，“保质保量、德信经营、顾及长远”是我们的宗旨，铭兴达鞋业公司愿同广大朋友一起携手共进，共创辉煌的明天。

联系人：张友志
电话：0595－88389118　88328118　13808542118
地址：福建省泉州市晋江市安平开发区九区20号　邮编：362268

## 石狮市源之源服装厂

本公司主要生产牛仔童装系列。

我们恪守"一切为了客户"的服务原则，力求为客户带来效益，让客户真正的满意。

联系人：陈增默
13960266117
电话/传真：0595－88786177　邮编：362700
地址：福建省石狮市湖滨琼林巷98号

## 晋江市兆克鞋塑有限公司

晋江市兆克鞋塑有限公司成立于1998年，主要从事运动鞋的生产销售，我们生产的兆克牌鞋子价格适中，美观大方，实用耐穿。

我公司秉承“顾客至上，锐意进取”的经营理念，坚持“质量第一，信誉为本”的原则为广大客户提供最优质的产品和服务。欢迎广大客户惠顾！

联系人：丁文镇　13905079555
电话：0595-85195131　85193131　传真：0595-85192131
地址：福建省晋江市陈埭镇江头村　邮编：362200

## 石狮市豪德盛实业有限公司

石狮市豪德盛实业有限公司成立于1994年，本公司专业生产各种鞋、帽、服装、针纺织品、橡胶皮革。公司秉承"顾客至上，锐意进取"的经营理念，坚持"客户第一"的原则为广大客户提供优质的服务。欢迎惠顾！

联系人：王明亮
电话：0595-86727888　86723333　传真：0595-86723333
地址：福建省石狮市宝盖镇玉浦村　邮编：362700

## 南安官橋鎧潤服飾有限公司

南安官桥铠润服饰有限公司主要从事服饰设计加工与销售的企业。

质量第一，信誉至上。

欢迎您的加盟！

联系人：黄志勇
电话：0595-86899480　86899495　传真：0595-86899495
邮编：362341　地址：福建省泉州市南安官桥镇南桥工业区东环路59号

## 石狮市和平皮革商行

本公司主要经营皮革，有猪皮、牛皮、人造革。

以“诚实守信、顾客至上、价格公道”的服务宗旨与客户实现共同盈利、创美好未来！

联系人：王和平
13805912716
电话：0595－88584369
邮编：362700
地址：福建省泉州市石狮市石泉路28号

## 泉州捷足轻工有限公司

本公司成立于1987年，主要经营各种鞋类，主要产品有休闲鞋、工作鞋。公司本着信誉第一、质量第一、服务第一的宗旨。

网址：http://www.langbao.net
联系人：郭仁生　电子邮件：langabao@shoes.net.cn
电话：0595-87591381、87592381、13805908295　传真：0595-87592381
地址：福建省泉州市惠安县东园镇琅山村　邮编：362000

## 石狮市恒派针纺贸易有限公司

石狮市恒派针纺贸易有限公司主营各种中高档针织面料。主要产品有单双面料、交织布、罗纹布、罗马布、提花布、鱼鳞布、摇粒布、卫衣拉绒布、单双面、氨纶布、针织特种面料（SP/T/C/CVC纯棉等）针织品。公司秉承“顾客至上，锐意进取”的经营理念，坚持“客户第一”的原则为广大客户提供优质的服务。欢迎惠顾！

联系人：朱迁港　13599177888
电话：0595—88581158　传真：0595-88598922
地址：福建省石狮市南洋路元兴花园4幢3号　邮编：362700

## 泉州龙冠帽业有限公司

泉州龙冠帽业有限公司是一家集缝纫、织造的专业生产帽子和运动袜的厂家。公司拥有雄厚的技术力量，现代化的管理体系，主要生产各种绣花运动帽、空顶帽、广告帽、军帽、太阳帽及运动袜等系列产品，面料以纱卡、涤卡、磨毛粗斜纱卡、起毛帆布、灯芯绒、毛布皮革等系列。产品设计新颖、款式华丽，用户喜爱。公司可接受客户的特殊定单（提供样品或来料加工）。

公司秉承"超越自我，追求卓越"的企业精神，热忱欢迎海内外新老客户前来洽谈，共创帽子系列的新纪元。

联系人：王志强
电话：0595－22466718
传真：0595－22466719
地址：福建省泉州市鲤城区南环路　邮编：362000

## 石狮市晋发五金服饰有限公司

我公司是一家专业生产五金服饰辅料的厂家，主要产品包括：钮扣、装饰扣、皮带扣、装饰链、标牌、钥匙扣和礼品件等。

公司创立近二十年以来，现已拥有一百多部先进的模具和压铸生产设备和雄厚精湛的技术力量，为广大客户提供从商产品开发到制模生产全面的服务。

网址：www.jinfaco.com　联系人：黄瀛洲
电话：0595－88706541　传真：0595－88706955
地址：福建省石狮市宝盖镇铺锦香江路553号　邮编：362700

## 石狮市利发电脑织唛有限公司

石狮市利发电脑织唛有限公司成立于1992年，专业从事电脑织唛，吊牌，绣章的设计、生产和销售。拥有进口先进设备，生产的高级平面、缎面、鱼丝制点、花边刺绣品及各类精美商标广泛应用于服装服饰产品中，专业配套生产品牌手提袋、广告纸、画册、产品包装挂历等并行销全国各地。

本公司以“以人为本，人尽其才”为基础，不断追求，持续改进，最大程度地满足客户需求。

联系人：蔡再添

电话：0595－88911058 13905072048

传真：0595 88911048

邮编：362700

地址：福建省石狮市蚶江莲塘利发工业园

## 厦门鸿德鑫毛皮制品有限公司

厦门鸿德鑫毛皮制品有限公司成立于2007年，主要生产毛皮制品：真皮毛，人造毛，面料等。真皮毛：狐狸毛，貉子毛，兔毛，水貂毛，加工成毛条，领头，衣服。人造毛：大毛皮，割圈绒，羊羔毛，麂皮绒，仿狗毛，加工成毛条，毛领。

愿与各界人士密切合作、携手并进、共创未来！

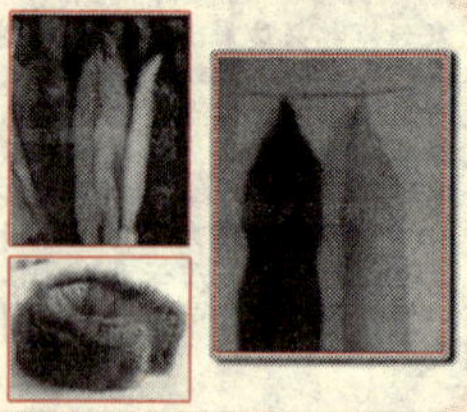

联系人：许京达 13779963661 电话：0592－5665801 5236170

地址：福建省厦门市湖里区尚忠社278号5楼 邮编：361009

## 石狮市猛斯克服饰织造有限公司

石狮市猛斯克服饰织造有限公司成立于1998年。

专业生产各类男式休闲装。

产品风格从年轻休闲到成熟精典。

欢迎新老客户来电来函垂询。

联系人：张佳慰 13295952222

电话：0595-88550788 88571858 83976999

地址：福建省泉州市石狮市灵狮路 邮编：362700

## 厦门市同安区鑫美兴服装水洗厂

厦门市同安区鑫美兴服装水洗厂成立于2004年，本厂主要加工服装包袋类的各式工艺水洗，销售水晶玻璃钻国产，进口压克力钻、烫钻拼图。本公司秉承“顾客至上，锐意进取”的经营理念，坚持“客户第一”的原则为广大客户提供优质的服务。欢迎广大客户惠顾！

联系人：江志胜

电话：0592-7775878、13696939778

地址：福建省厦门市同安区新民镇柑岭村下棋盘三号 邮编：361000

## 石狮市义明制衣厂

石狮市义明制衣厂是一家集设计、生产、销售为一体的综合性服装生产公司，成立于2007年，产品主要生产高级雨衣、时尚女装、交通安全反光背心、环保服等。

“以品质为中心，以客户为导向”是本厂的服务宗旨，欢迎您前来公司参观指导！定购！

联系人：洪建义 13599107928 电话：0595－88650752 传真：0595－88650752

地址：福建省石狮市蚶江镇洪窟村一区3号 邮编：362700

## 永定县坎市河马·占尼专卖店

永定县坎市河马·占尼专卖店成立于2005年，位于福建省龙岩市永定县坎市云川街。本店专业销售河马·占尼童装、童鞋。

永定县坎市河马·占尼专卖店本着“客户第一诚信至上”的原则，与多家企业建立了长期的合作关系。热忱欢迎各界朋友前来参观、考察、洽谈业务。

联系人：陈晓龙

电话：0597-5689105

地址：福建省龙岩市永定县坎市云川街 邮编：364102

## 石狮市裕源针纺布业

本公司成立于2005年。

生产销售各种针织面料，主要产品有单双面拉架布、提花、罗纹、卫衣及各种棉涤功能性运动休闲面料。

公司秉承“诚信”的服务宗旨，坚持“规范”的企业理念，真诚与各界朋友合作，携手共进！

联系人：黄泉源 15960757888

电话：0595－83039997 83059997

地址：福建省泉州市石狮市南洋路金汇花园1期3幢14A 邮编：362700

## 与狼共舞服装店

与狼共舞服装店成立于2003年，与狼共舞产品以活力休闲为主，配合与狼共舞独具个性的风格，精确的传达美国西部精神的核心内涵，体现了时尚的现代人对高尚生活的追求。产品包括休闲茄克、T恤、衬衫、风衣、棉衣、休闲西装，更有香水、箱包、领带等配套产品。

产品风格大致分为商务系列、生活系列、时尚系列、运动系列、情侣系列五种系列。在国际化的时尚大舞台，与狼共舞正迎来搏击长空、大展宏图的时刻。引导休闲时尚的“与狼共舞”邀你一起做生活冒险家，活出无限精彩，活出无限可能！

联系人：周劲松13505094685 电话：0595-23887617

地址：福建省泉州市永春县桃城路67-71号 邮编：362600

## 伟明纺织商贸有限公司

伟明纺织商贸有限公司成立于2000年，本公司主要经营纺织品、牛津布系列各种伞布、PU、PVC、服装面布、箱包类及鞋材类。本公司欢迎新老客户在“精诚合作，合创双赢”的原则下开展广泛的合作，携手共创辉煌的明天！

联系人：杨伟共

电话：0595-85667033 85659253

传真：0595-85667032

地址：福建省晋江市青阳街道办事处东环北侧华丰大厦

邮编：362200

## 漳州市佰利隆毛织有限公司

联系人：江镇溪

漳州市佰利隆毛织有限公司是专业生产、经营毛衫纺织的企业，主要产品有机织、手织毛衫。

我们的产品以新颖的款式，上乘的物料，精细的工艺，合理的价格服务于大众，我公司始终坚持以人为本，以市场为导向，加强和改善企业管理机构，坚持‘研发、生产、销售、服务’为一体的经营模式。

欢迎您的来电！

电话：0596-3311116 13709329799

传真：0596-3311118

邮编：363500

地址：福建省漳州市诏安县桥东镇桥园工业园区

## 江西省/jiangxi Province

**江西华阳羽绒有限公司**
地址:江西省丰城市拖船集镇
负责人:杨春平
Tel:0795－6741333
13607957877

**德兴市高翔制衣**
业务:从事各种服装外贸加工
地址:江西省德兴市绕二镇绕二村
负责人:陈财高 邮 编:334200
法 人:陈财高
Tel:13767337848
0793－7640085
Fax:0793－7640085

**江西古民服饰有限公司**
地址:江西省抚州市工业园区
负责人:顾红
Tel:13979499500

**三益服装发展有限公司**
业务:三益服装发展有限公司成立于2003年7月,主要从事服装的生产制造,生产的产品一般出口欧洲、南美等国。公司秉承"为顾客创造价值,为员工创造机会,为社会创造效益"的服务宗旨,产品深受国内外客商的喜爱。
地址:江西省抚州市崇仁县工业园区
邮 编:344200
法 人:许金榜
Tel:0794－6362999
Fax:0794－6361877

**江西省南城县通用缝纫机配件厂**
业务:生产、销售缝纫机台板
产品:缝纫机台板
地址:江西省抚州市南城县里塔镇大山
负责人:郭培雄 邮 编:344000
法 人:郭柔华
Tel:13415063333
Fax:0754－84441168
网址:www.tycfjtbc.cn

**抚州市日兴纺织品有限公司**
地址:江西省抚州市临川区工业园区
负责人:徐日祯
Tel:0794－8253970
8229259
13907949950

**赣州江口国源制衣有限公司**
业务:承接各种服装的加工与销售
产品:服装
地址:江西省赣州市赣县江口镇六十里店村
负责人:钟惟辉 邮 编:341000
法 人:钟惟辉
Tel:15070763999
0797－4483338
Fax:0797－4483339
E-mail:guoyuan999@163.com

**赣州鸿达洗水服装有限公司**
地址:江西省赣州市大余县南安镇新安村
负责人:陈春英
Tel:13870776449

**抚州欣意毛衫有限公司**
业务:本公司成立于2002年,现有500多名员工。主要经营:羊毛衫的生产与销售。多年以来,本公司以先进的技术、卓越的品质为广大新老客户竭诚服务。
地址:江西省抚州市青云峰路132号
邮 编:344000
法 人:刘萍
Tel:0794－8239991
Fax:0794－8239992

**赣州新迪五金拉链厂**
地址:江西省赣州市赣县县城梅林大街东延
负责人:郑忠心
Tel:0797－4431756

**赣州泽亿制衣有限公司**
业务:制造及销售各类成衣
产品:运动形滑雪风褛
地址:江西省赣州市信丰县工业园绿源大道3号
负责人:韩文锋 邮 编:341600
法 人:韩任鹏
Tel:0797－3337988
Fax:0797－3337488

**裕峰制衣有限公司**
地址:江西省赣州市湖边镇
负责人:郑喜容
Tel:0797－8259198
13576766626

**江西省遂川如意皮革制品厂**
业务:江西省遂川如意皮革制品厂成立于1997年,主要生产摩托车用护膝手套。"质量可靠,信誉第一,客户至上",竭诚欢迎各界朋友来我公司洽谈业务,共创佳绩。
地址:江西省吉安市遂川县川江路8号
邮 编:343900
法 人:姚若如
Tel:0796－6112263
Fax:0796－6112263

**信丰县璜莉制衣厂**
业务:服装
地址:江西省赣州市信丰县加定镇迎宾大道西江桥
负责人:王小秋 邮 编:341000
法 人:王小秋
Tel:0797－3318189
Fax:0797－3318189
网址:http://www.51zzt.com/user/zzt32052

**赣州新雅长生制衣有限公司**
地址:江西省赣州市经济技术开发区金丰路22号
负责人:黄振胜
Tel:0797－8376602

**龙南县飞腾鞋业有限公司**
地址:江西省赣州市龙南县金塘开发区
负责人:张国俊
Tel:0797－3523188

**信丰县兴鑫制衣厂**
业务:加工服装
地址:江西省赣州市信丰县迎宾大道257号
负责人:王华兴 邮 编:341000
法 人:王华兴
Tel:15970014812
0797－3342986
Fax:0797－3342986
网址:http://www.51zzt.com/user/zzt32256

**江西福帮服饰织造实业有限公司**
地址:江西省赣州市宁都县水东工业园
负责人:王嘉诚
Tel:0797－6811555

**峡江县博升皮革手套厂**
业务:峡江县博升皮革手套厂是一家具有生产各类出口皮革劳保手套的企业。本厂将以"卓越品质,周到服务,不断创新"为宗旨,继续秉承"质量第一、顾客至上"的经营理念,欢迎新老客户来电来函洽谈合作事谊!
地址:江西省吉安市峡江县新县城公安局附属楼二楼
邮 编:331409
法 人:周小安
Tel:0796－3631537
Fax:0796－3673526

**赣州创纪服装辅料有限公司**
地址:江西省赣州市信丰县工业园
负责人:张步青
Tel:13829228158

**兴国县受禄制衣玩具有限公司**
业务:生产服装、玩具
地址:江西省赣州市兴国县洪门工业园B区
负责人:陈受禄 邮 编:341000
法 人:陈受禄
Tel:0797－5342775
Fax:0797－5342775
网址:http://www.51zzt.com/user/zzt31998

**杨丹服饰有限公司**
地址:江西省赣州市章贡区人民巷33号2#店
负责人:杨晓筠
Tel:13979769036

**江西宝绿苎麻纺织有限公司**
业务:江西宝绿苎麻纺织有限公司是一家生产苎麻纱、落麻、精干麻等企业,现有员工360余人,坐落在交通便利的吉安市永丰县桥南工业园新区。
地址:江西省吉安市永丰县桥南工业园新区
邮 编:331500
法 人:肖二仔
Tel:0796－2222338
Mobile:13807965461
Fax:0796－2222339

**兴琳皮革化工厂**
地址:江西省高安市大城开发区
负责人:吴建新
Tel:0795－5793322
13979598972

**兴国县圣伟印花厂**
业务:主要从事匹、片装、成衣、手袋、鞋材等水性、油性、烫金、烫银、植绒等印花业
地址:江西省赣州市兴国县潋江镇红门工业园D区
负责人:刘长生 邮 编:342400
法 人:刘长生
Tel:15970889111
15070196268
网址:http://www.swyhc.cn/

**华昌针织有限公司**
地址:江西省吉安地区永丰县佐龙镇灵岗福利厂内
负责人:朱桂华
Tel:0796－2211699
8801222

**江西省南昌市东湖华盛棉制品经营部**
业务:江西省南昌市东湖华盛棉制品经营部成立于2003年,位于江西省南昌市东湖区二经路18号。经营服装、棉制品、床上用品等,欢迎前业订购、洽谈业务!
地址:江西省南昌市东湖区二经路18号
邮 编:330006
法 人:黄未卫
Tel:0791－6820215

**安福县寮塘乡永联手套加工厂**
业务:专业加工与出口各类手套
产品:手套
地址:江西省吉安市安福县寮塘乡
负责人:彭长泉 邮 编:343000
法 人:彭长泉
Tel:0796－7622062
7309698
Fax:0796－7309678

**万安县中纺制衣有限公司**
地址:江西省吉安市万安县工业园区
负责人:高国邦
Tel:0796－5708038

**峡江县博升皮革厂**
地址:江西省吉安市峡江县新县城公安局附属楼二楼
负责人:吴德寻
Tel:0796－3673526

**江西新泰制衣有限公司**
业务:本公司成立于1990年,拥有100名员工,主要经营针织内衣。新泰制衣公司多少以来以卓越的品质,诚信的服务为针织内衣开创了一片新天地。
地址:江西省南昌市青山湖区罗家镇白兰村针织城
邮 编:330012
法 人:吴晓新
Tel:0791－8378833
Fax:0791－8376611

**江西省进贤县文帛针织厂**
业务:羊毛衫加工销售
产品:羊毛衫,针织品
地址:江西省进贤县二塘乡
负责人:文景和 邮 编:331707
法 人:文景和
Tel:0791－7590720
Fax:0791－7590720

**运吉纺织品有限公司**
地址:江西省景德镇市枫叶小区万富路3号
负责人:陈国平
Tel:13907986990

**共青长青制衣厂**
地址:江西省九江市德安县共青加油站对面(同乐集资楼)
负责人:熊美照
Tel:0792－4349373
13879221110

**南昌市露高实业有限公司**
业务:南昌市露高实业有限公司成立于2005年,主要经营纺织品。产品质量保证,价格合理。欢迎新客户光临、惠顾!
地址:江西省南昌市青云谱区前万村朱桥东2号
负责人:蔡勇 邮 编:330001
法 人:蔡勇
Tel:0791－5294534
Fax:0791－5293370
网址:mtw25313

**瑞昌市陈平鞋厂**
业务:鞋子设计、生产、经营
地址:江西省九江市瑞昌市黄金工业园南园(车辆检测站内)
负责人:陈平 邮 编:332000
法 人:陈平
Tel:0792－4217144

**绒丹王制衣有限公司**
地址:江西省九江市都昌县蔡岭镇
负责人:汪自强
Tel:13870249518

**宏源纺织有限公司**
地址:江西省九江市湖口县三里台山棉麻公司院内
负责人:陈洪洲
Tel:0792－6324166
13517929222

**星子县素聪服装厂**
业务:羽绒马甲、羽绒背心等防寒系列服装。
地址:江西省九江市星子县横塘红星村
负责人:况何清 邮 编:332808
法 人:况何清
Tel:0792－2595510
13767222916

**九江合信电脑绣品有限公司**
地址:江西省九江市开发区杭州路14号
负责人:金磊
Tel:0792－8360075

**江西赣卫服装厂**
业务:江西赣卫服装厂成立于1992年,主要从事职业装的生产与销售。"款式新颖、做工精细、质量上乘、价格合理",竭诚欢迎广大新老客户来人来电洽谈业务,共同发展!
地址:江西省南昌市西湖区中山路12号6楼
负责人:雷建钢 邮 编:330003
法 人:雷建钢
Tel:0791－6268538

**銓庆亚祥制衣有限公司**
地址:江西省九江市彭泽县定山镇
负责人:韩祥
Tel:0792－5862728
13803563267

**九江市德强兄弟服饰有限公司**
业务:专业承接行政、企事业单位、酒店等各类制服,根据各企事业单位的特点和风格,精心设计制作职员制服,充分树立企业形象,彰显企业文化。
地址:江西省九江市赵家花园8号楼一楼
负责人:颜迪 邮 编:332000
法 人:胡德强
Tel:0792－8120981
13479898758

**芙蓉纺织器材厂**
地址:江西省九江市彭泽县芙蓉镇
负责人:王仕马
Tel:0792－5950209
13803563382

**江西南康飞鸿羽绒制品有限公司**
业务:江西南康飞鸿羽绒制品有限公司成立于1997年,主要从事羽绒的生产销售,羽绒水洗、消毒,服装制品的加工。本公司本着"诚信、严瑾、服务至上"的企业精神,热忱欢迎各界新老客户来电来函洽谈业务!
地址:江西省南康市唐江镇平田十里街238号
邮 编:341411
法 人:刘历亮
Tel:0797－6666899
Fax:0797－6662888

**南昌市青山湖区永顺针织厂**
业务:针织大圆机布料加工销售
产品:各类服装面料,针织布料
地址:江西省南昌市青山湖区昌东路8号腾飞实业内
负责人:王细多 邮 编:330012
法 人:王细多
Tel:0791－8519089
15807911899

**广丰县荣汇夏布纺织有限公司**
业务:广丰县荣汇夏布纺织有限公司是一家进出口公司,位于江西省广丰县芦林工业区。公司成立于2003年,从事夏布纺织及夏布加工;服装制作及服装加工。本公司宗旨:质量第一,信誉第一。不断的发展来自您们的不断的支持!我们将承诺以更专业的姿态!会为您们做的更好!"用质量创造未来.用信誉铸造辉煌!"竭诚欢迎世界各地新老宾客光临.指导.回顾。
地址:江西省上饶市广丰县洋口镇
邮 编:334600
法 人:王燕华
Tel:0793－2695888
Fax:0793－2695730

**南昌市西湖区浪漫英伦休闲服装批发中心**
业务:生产、批发服装
产品:中、高档男女各式服装、儿童政治服装
地址:江西省南昌市西湖区付家坡9号
负责人:余达明 邮 编:330013
法 人:余达明
Tel:0791－6797643
13177771491

**昆山哈森鞋业有限公司南昌办事处**
地址:江西省南昌市东湖区福州路28号1栋5单元202室
负责人:陈昌位
Tel:13907084202

**江西麦克森国际服饰有限公司**
地址:江西省南昌市东湖区南京东路99号
负责人:熊玮
Tel:0791－8152595

**江西中亿纺织有限公司**
地址:江西省南昌市东湖区佘山路66号
负责人:沈庆宝
Tel:13767056611

**南康联达制衣厂**
业务:从事以针织布料为主,梭织料为辅的各类高档品牌服装设计、制板、成型、加工及外单联营产销一条龙服务
地址:江西省南康市东山街道办工业园三路
负责人:钟宝华 邮 编:341400
Tel:15079748966
15079748688
0797－6635026

**长凤实业有限公司**
地址:江西省九江市十里大道118号
负责人:胡凤生

…………………………… Tel:0792－8131588
13907928130

**江西东润服饰有限公司**
地址:江西省南昌市东湖区北京东路京东南洋花园 C2－4
…………………………… 负责人:史桂芬
…………………………… Tel:13970087035

**江西富瑞纺织有限公司**
地址:江西省南昌市东湖区贤士二路 3 号
…………………………… 负责人:徐金保
…………………………… Tel:13803537435

**江西伊尚服饰有限公司浪漫一身中山路经营部**
地址:江西省南昌市东湖区中山路 85 号浪漫一身专卖店
…………………………… 负责人:罗春萍
…………………………… Tel:0791－6737502
13879121432

**南昌市洪城大市场桂新布行**
地址:江西省南昌市洪城大市场 B 区 17 栋 32 号
…………………………… 负责人:张桂新
…………………………… Tel:0791－6502160
13803521288

**瑞昌市竹宜家竹纤维家纺店\九江市十里派拉蒙竹宜家竹纤维专柜**
业务:九江总代理诚招九江地区加盟商(批发兼零售)
产品:被子,凉席,吊带衫,家居服,毛巾,文胸,内裤,袜子,鞋垫
地址:江西省瑞昌市中心街(小香港)\江西省九江市十里派拉蒙一楼
……… 负责人:王炳芳 邮 编:332200
法 人:王炳芳
………… Tel:15949576970
18907926970
…………………… 网址:www.zhuyijzxianwei.chinapyp.com
…………………… E-mail:wang.bingfang@163.com

**联进服饰批发部**
地址:江西省南昌市洪城大市场 B 区 8 号楼一楼 6－7 号
…………………………… 负责人:林克升
…………………………… Tel:0791－6513345
13907093332

**洪城大市场互利纺织品批发部**
地址:江西省南昌市郊区洪城大市场 B 区 05 栋 01 号
…………………………… 负责人:邓玉珍
…………………………… Tel:0791－6513697
7095528
13879116103

**南昌洪城大市场发达服饰行**
地址:江西省南昌市郊区洪城大市场 C 区 34 栋 21 号
…………………………… 负责人:万太发
…………………………… Tel:0791－6523351
13803522673

**隆泰针织来料加工厂**
业务:来料加工
产品:加工,各种羊毛
地址:江西省瑞金市
……… 负责人:刘水兵 邮 编:342500
法 人:刘水兵
………… Tel:13715870341

**南昌金华源针纺实业有限公司**
地址:江西省南昌市郊区湖坊镇湖坊工业园 C 区 7 栋
…………………………… 负责人:章权
…………………………… Tel:13803542725

**环球针织制衣有限公司**
地址:江西省南昌市解放东路李巷村
…………………………… 负责人:李春明
…………………………… Tel:0791－6372511
13807096063

**南昌市同心针织纺织品有限公司**
地址:江西省南昌市南昌县东工业园区昌东一路 9 号
…………………………… 负责人:林明新
…………………………… Tel:13970077085

**瑞金市八达服装厂**
业务:服装加工、生产销售
产品:男女各式时装
地址:江西省瑞金市壬田镇邮电所隔壁
……… 负责人:朱爱春 邮 编:342500
法 人:朱爱春
………… Tel:15970169068

**鸿发纺织有限公司**
地址:江西省南昌市南昌县莲塘横岗
…………………………… 负责人:陈元眼
…………………………… Tel:0791－5702168
13970030069

**南昌兆丰纺织有限公司**
地址:江西省南昌市青山湖大道 198 号
…………………………… 负责人:严散鑫
…………………………… Tel:13907917686

**南昌市鑫晖针纺服饰有限公司**
地址:江西省南昌市青山湖区湖坊镇肖坊村
…………………………… 负责人:吴英华
…………………………… Tel:13870852236

**江西广丰县横山镇国裕针织厂**
业务:我厂为加工企业,专业从事羊毛衫加工业务,客户来料加工、内销等。本企业一直坚持诚信经营,品质第一,竭诚为您提供最优质的服务。
产品:羊毛衫
地址:江西省上饶市广丰县横山镇廿三都村
……… 负责人:余教国 邮 编:334606
………… Tel:13479383718
………… Fax:0793－2601168

**南昌市伟发制衣有限公司**
地址:江西省南昌市青山湖区湖坊镇辛家庵村
…………………………… 负责人:周水平
…………………………… Tel:13803508849

**南昌利宏制衣有限公司**
地址:江西省南昌市青山湖区湖坊镇永人村 330 号(北京东路)
…………………………… 负责人:徐银秀
…………………………… Tel:13970081535

**南昌市明顺制衣有限公司**
地址:江西省南昌市青山湖区解放东路中段李巷村
…………………………… 负责人:周淑兰
…………………………… Tel:13803539609

**南昌市格曼制衣有限公司**
地址:江西省南昌市青山湖区顺外路 181 号
…………………………… 负责人:杨文兰
…………………………… Tel:13970994639

**恒盛针织厂**
地址:江西省南昌市青云谱城南村
…………………………… 负责人:史文华
…………………………… Tel:0791－8292288
13607002178

**万年县正凯服装厂**
业务:服装加工
地址:江西省上饶市万年县齐埠乡
……… 负责人:孔清友 邮 编:334000
法 人:孔清友
………… Tel:13799595907

**江西省欣隆纺织有限公司**
地址:江西省南昌市青云谱区昌南工业园 C－10
…………………………… 负责人:蔡淑平
…………………………… Tel:13807915436

**南昌市新运制衣有限公司**
地址:江西省南昌市青云谱区前万民营工业园 6 号
…………………………… 负责人:蔡海军
…………………………… Tel:13707090752

**南昌市安赣发展有限公司**
地址:江西省南昌市青云谱区施尧村 25 号
…………………………… 负责人:陶细连
…………………………… Tel:13307093930

**南昌三保纺织有限公司**
地址:江西省南昌市青云谱区小兰工业园邓埠村
…………………………… 负责人:张建强
…………………………… Tel:13807082037

**上饶市东洋服饰有限公司**
业务:服装加工、销售
地址:江西省上饶市信州区灵溪镇灵溪新街 320 国道边
……… 负责人:胡建民 邮 编:334000
法 人:胡建民
………… Tel:0793－8098636
13857937489

**南昌市效区中奇制衣厂**
地址:江西省南昌市上海市路 445 号(华安针织厂内)
…………………………… 负责人:袁小宝
…………………………… Tel:13247910868

**江西仁森纺织制造业有限公司**
地址:江西省南昌市小蓝工业园富山大道永通工业城内
…………………………… 负责人:丁丽亚
…………………………… Tel:13767053338

**南昌益旺纺织有限公司**
地址:江西省南昌市新建县新祺周江西丝绸厂内
…………………………… 负责人:徐国铭
…………………………… Tel:13970923931

**昌发苎麻纺织有限公司**
地址:江西省瑞昌市桂林桥
…………………………… 负责人:冷绪义
…………………………… Tel:0792－4986148
13907022635

**鸿龙夏布工艺编织厂**
地址:江西省上饶市广丰县湖丰镇尖山村
…………………………… 负责人:郑龙茂
…………………………… Tel:0793－2962285
13968263659

**广丰县安吨利服饰织造有限公司**
地址:江西省上饶市广丰县永丰镇丰溪路庵塘沿 72 号
…………………………… 负责人:安吨利吴
…………………………… Tel:13879336178

**兴城纺织机械有限公司**
地址:江西省宜春市奉新县干洲镇
…………………………… 负责人:龚绍金
…………………………… Tel:0795－4531168
13607950689

## 星子县卧雪堂羽绒服装有限公司

星子县卧雪堂羽绒服装有限公司成立于2003年，专业从事卧雪牌各式羽绒服的生产和销售。品种多样，种类齐全，公司秉承“以诚为信，以质为本”的企业宗旨，坚持“团结创新，开拓进取”的发展理念，服务社会，走向世界，热忱欢迎新老客户光临惠顾。

联系人：袁桂水　手机：13807925579
电话：0792-2571266　传真：0792-2573018
地址：江西省九江市星子县泽泉街18号　邮编：332800

## 永修县百合谷箱包实业有限公司

江西永修百合谷箱包实业有限公司是一家专业生产、销售、代加工各种规格旅行包、书包、背包、休闲包等箱包产品的企业。承接各种类型箱包及手袋的内销和外销订单，随时可以满足您的要求，为您提供满意的服务。

联系人：刘洋华　电话：0792-3269889、3269876
地址：江西省九江市永修县城永昌大道工业园区创业园内
电子邮件：dwjmydear@163.com　邮编：330304

## 山东省/Shandong Province

### 德州美达针织有限公司
业务：德州美达针织有限公司于2001年成立，主要生产针织品、针织服装。经多年发展，公司积累了丰富的加工经验，能根据不同的客户要求，提供各种款式的设计，并提供不同的规格及原料，欢迎国内外公司及个人来我司参观，我们将以诚信热情的服务，质优价廉的产品与您共创美好明天！
地址：山东省德州市天衢工业园（二屯镇前小屯村）
邮　编：253035
法　人：周宝成
Tel：0534－2746699
Mobile：13355346899
Fax：0534－2746699

### 聊城市东昌府区万佳流行前线服装店
业务：经营时尚流行服饰
地址：山东聊城市东昌府区柳园南路105号
负责人：田刚　邮　编：252000
法　人：田刚
Tel：15865732888
0635－8224287
8227068
Fax：0635－8227068

### 惠民县金益棉制绳网厂
地址：山东省滨州市惠民县李庄镇政府驻地
负责人：方可峰
Tel：0543－5831999

### 新特织造有限公司
地址：山东省昌邑市北海路南首西侧
负责人：刘全林
Tel：0536－7180218
13705369689

### 忠信织布厂
业务：经营床上用品、老粗布
地址：山东省滨州市滨城区梁才办事处北崔村
负责人：崔滨防　邮　编：256600
法　人：崔滨防
Tel：13675430207
0543－3719487

### 昌邑市东安纺织厂
地址：山东省昌邑市卜庄镇刘庄村
负责人：陆当安
Tel：0536－7862417
13070796781

### 忠达棉业有限责任公司
业务：忠达棉业有限责任公司成立于1999年，从事棉纱的纺织、销售。本厂“以市场为导向，不断创新。以客户为中心，诚实守信”的经营方针。欢迎海内外新老客户与我们联系，我们将真诚的为你服务！
地址：山东省德州市夏津县城南栾路东侧
邮　编：253200
法　人：王为忠
Tel：0534－3591688
Fax：0534－3883599

### 滨州春悦服饰有限公司
业务：生产、销售、贸易服饰
地址：山东省滨州市黄河四路807号
负责人：王和岩　邮　编：256600
法　人：王和岩
Tel：0543－2113115
2110337

### 昌邑市美晨纺织服饰有限公司
地址：山东省昌邑市开发区东首原化肥厂院内
负责人：张述超
Tel：0536－7125356
13386460677

### 昌邑四达纺织制造有限公司
地址：山东省昌邑市奎聚路8号
负责人：王云
Tel：0536－7119088
7111758

### 禹城宏润羊绒纺织有限公司
业务：我公司专业生产各类针织、机织纱线。主要产品：各种纱（14NM－150NM）的纯羊绒纱、丝羊绒纱、棉羊绒纱、绒毛纱、丝毛纱、兔绒纱、驼绒纱、天丝、莫代尔、竹纤维系列混纺纱等。欢迎各方客户来电洽谈业务！
地址：山东省德州市禹城市十里望工业园
负责人：周禹　邮　编：251200
Tel：0534－21250888
Fax：0534－2125089
网址：http://www.sdychongrun.com/

### 无棣县兴磊纺织有限公司
业务：生产与销售棉线、棉纱
产品：棉线、棉纱
地址：山东省滨州市无棣县无棣镇冯家村
负责人：孙玉庆　邮　编：256619
法　人：孙玉庆
Tel：13954313369
0543－6364225

### 海华织业有限公司
地址：山东省昌邑市柳疃镇久丰村
负责人：姚艳华
Tel：0536－7811338
13506479569

### 恒兴锦纶纺织有限公司
地址：山东省昌邑市石埠镇工业园
负责人：翟峰林
Tel：0536－7708718
13806367356

### 艺绣纺织有限公司
地址：山东省昌邑市太保庄乡西树村
负责人：王述松
Tel：0536－7732102
13356753268

### 恒顺纺织有限公司
地址：山东省德州市夏津县宋楼镇西张官屯
负责人：田文星
Tel：13953406118

### 齐河县天元纺织有限公司
业务：棉纱，布匹，服装
产品：棉纱，布匹
地址：山东省德州市齐河县经济开发区科信路东首路北
负责人：商瑞栋　邮　编：251100
法　人：商瑞栋
Tel：0534－5601388
Fax：0534－5601555

### 高密市南方纺织有限公司
业务：高密市南方纺织有限公司成立于2003年，专业从事布匹织造。几年来，我们锐意进取，孜孜不倦，不断学习先进工艺，更新生产设备，提高技术含量，在激烈的同行竞争中脱颖而出。对新时期的机遇和挑战，公司将不断提高企业的竞争力，打造“万事利”公司品牌，以先进的技术、优秀的品质和满意的服务为客户尽心尽力，共同创造美好的未来。
地址：山东省高密市南外环路中段（周阳东）
邮　编：261522
法　人：刘洪福
Tel：0536－2627836
Mobile：13605365822
Fax：0536－2627836

### 昌邑市民丰织布厂
地址：山东省昌邑市饮马镇前赶村
负责人：王敬坤
Tel：0536－7799188

### 玉青纺织有限公司
地址：山东省德州市德城区德兴北路67号（纺校院内）
负责人：刘俊强
Tel：0534－2309999
13953445788

### 东营市东营区明天顺美服饰专卖店
业务：销售：“顺美”服装
地址：山东省东营市商业大厦2楼
负责人：郑连磊　邮　编：257000
法　人：郑连磊
Tel：13884910777
E-mail：qqqqq.578@163.com

### 曹县瑞丰纺织有限公司
业务：曹县瑞丰纺织有限公司是一家私营企业，拥有日本丰田喷气，中纺，四纺剑杆织机．专业订织60－88纯棉坯布、弹力坯布、纯棉纱卡、弹力贡缎、弹力府绸、弹力斜纹等
地址：山东省菏泽市曹县曹城镇师范路中段
邮　编：274400
法　人：唐志勇
Tel：0530－6213166

### 美达针织有限公司
地址：山东省德州市二屯镇前小屯村
负责人：周宝城
Tel：0534－2746699
13355346899

### 德州双鑫纺织有限公司
地址：山东省德州市经济开发区
负责人：许钰敏
Tel：0534－3880166

### 于良金蒂贝尔皮鞋旗舰店
业务：金蒂贝尔女士皮鞋
地址：山东省菏泽市成武县文亭街中段路北
负责人：杨于良　邮　编：274000
法　人：杨于良
Tel：0530－5580881
18953032885

### 大华标志服装有限公司
地址：山东省德州市临邑县恒源工业园
负责人：田圣泉
Tel：0534－4366068
13905441815

### 嘉祥华宇缝纫制品有限公司
业务：公司主要生产滑雪防寒手套，帽子，围巾，等系列产品；产品销往欧州，韩国，日本及国内诸多大型超市，滑雪场。欢迎国内外客商来电垂询。
地址：山东省济宁市嘉祥县城兖兰中路50号
邮　编：272400
法　人：西小英
Tel：0537－6834158
Fax：0537－6835158

### 金洋纺织配件有限公司
地址：山东省德州市临邑县宿安乡崔家村
负责人：崔维洋
Tel：0534－4796888
13639461999

### 济南同丰棉业有限公司
业务：新疆棉花
地址：山东省济南市槐荫区张庄路297号1号楼1－101室
负责人：刘永山　邮　编：250001
法　人：刘永山
Tel：0531－85985886

### 山东宏祥新材料工程有限公司
地址：山东省德州市陵县经济开发区华茂工业园内
负责人：郝学勇
Tel：0534－8421666
13953436078

### 鱼台县银祥棉制品有限公司
业务：本公司成立于2004年，主要从事棉花的加工及纺纱销售。公司本着“质量第一、信誉至上”的企业原则为顾客提供优质的产品。竭诚欢迎广大客户来电洽谈业务！
地址：山东省济宁市鱼台县王庙镇周堂村
负责人：胡建里　邮　编：272100
法　人：胡建里
Tel：0537－6338066

### 济南靓萌服饰有限公司
业务：生产和销售淑女装
产品：淑女装
地址：山东省济南市历下区历山路95号
负责人：蒋冬梅　邮　编：250000
法　人：蒋冬梅
Tel：13791106063
0531－86955386
Fax：0531－86955386

### 平原县汇源纺织品有限公司
地址：山东省德州市龙门经济技术开发西区
负责人：付坤
Tel：0534－4212177

### 通宝纺织机械配件厂
地址：山东省德州市宁津县尤集乡张牦村
负责人：刘恒德
Tel：0534－5881183
13853660956

### 山东远东农科环保发展有限公司
业务：生产与销售环保餐具，进出口环保餐具
产品：环保餐具
地址：山东省济南市市中区龙头西路（原黄庄乡政府院内）
负责人：张先生　邮　编：272133
法　人：尤寿印
Tel：0632－3361333
Fax：0632－3333305

### 宏源纺织配件有限公司
地址：山东省德州市庆云县庆云镇卞家
负责人：刘天钊
Tel：13953458535

### 鱼台县银祥棉制品有限公司
业务：鱼台县银祥棉制品有限公司成立于2004年，从呈棉花的加工及纺纱销售。公司本着质量第一、信誉至上的企业原则从事各项经营活动，为顾客提供优质的服务。
地址：山东省济宁市鱼台县王庙镇周堂村
邮　编：272100
法　人：胡建里
Tel：0537－6338188
Fax：0537－6338198

### 夏津经纬纺织有限公司
地址：山东省德州市夏津县城北经济开发区
负责人：栗心义
Tel：0534－3881699
13706398568

### 济宁可人服饰设计制作有限公司
业务：生产与销售各类服装、工作服、西服时装，订制工、矿、企、事业单位的工作服，生产与销售窗帘、针织品，订做酒店用品
产品：各类服装、窗帘、针织品与酒店用品
地址：山东省济宁市市中区海关路5号（中区政府宿舍）
负责人：张良敏　邮　编：272133
法　人：张良敏
Tel：13863772669
15898609669
E-mail：22798.yang@163.com

### 联艺印花厂
地址：山东省德州市夏津县地毯厂院内
负责人：王庆斌
Tel：13853417107

### 江西华风纺机有限公司
业务：江西华风纺机有限公司成立于1987年，主要生产加工纺机、化工等。产品畅销全国，深受广大纺织用户的信任。热忱欢迎新老客户来涵，来电洽谈选购！
地址：山东省聊城市柳园北路
邮　编：252000
法　人：况俊忠
Tel：0635－6975288
Fax：0635－8497886

### 莱芜市钢城区青青丽人内衣连锁机构
业务：品牌内衣，高档家居服，针织类品。
地址：山东省莱芜市钢城区金水路
负责人：张文肖　邮　编：271100
法　人：张文肖
Tel：0634－6995100
Fax：0634－6995100

**宏祥棉制品有限公司**
地址：山东省德州市夏津县东李镇经济开发区
负责人：王玉芹
Tel：0534－3682999
13589916067

**夏津县环平皮棉经营有限公司**
地址：山东省德州市夏津县双庙镇西鸭村
负责人：侯环先
Tel：0534－3558188

**阳光纺织有限公司**
地址：山东省德州市夏津县宋楼镇高李庄村
负责人：时传华
Tel：0534－3580688
13573435188

## 莱城区佰特服装厂
业务：服装、布匹、服装辅料
地址：山东省莱芜市胜利南路西关街07号
负责人：张民　邮　编：271100
法　人：张民
Tel：0634－5630066
Fax：0634－5630899

## 莒南县金来纺织品有限公司
业务：本公司成立于2002年，主要生产销售：医用纱布、各种纯棉抹布、洗碗巾、卫生口罩等。产品远销美国、德国、台湾、香港等国家和地区及全国各地。我们将以优质的产品，竭诚为国内外客户提供优质的服务！
地址：山东省临沂市莒南县城南环路东段
负责人：刘朝增　邮　编：276600
法　人：刘朝增
Tel：0539－7288778

**永瑞纺织有限公司**
地址：山东省德州市夏津县宋楼镇刘芦村
负责人：王德恒
Tel：0534－3582777
13953410759

**利华纺织有限公司**
地址：山东省德州市夏津县宋楼镇时庄村
负责人：时吉军
Tel：0534－3580888
13853435188

## 青岛晟鑫达制衣厂
业务：服装加工、销售
产品：针织服装
地址：山东省莱西市水集街道办事处青岛路73号（职教中心院内）
负责人：张志阳　邮　编：266001
法　人：张志阳
Tel：13061358266
0532－66897656

**明达皮棉经营有限公司**
地址：山东省德州市夏津县宋楼镇时庄村
负责人：时继才
Tel：0534－3586968
13853417951

## 临沂美路家家居服饰有限公司
业务：临沂美路家家居服饰有限公司成立于2004年，主要生产销售室内用拖鞋、服饰等。款式新颖，质量保证，热诚欢迎各方客户来电来人洽谈业务，共同合作。
业务：山东省临沂市兰山区工业大道澳龙开发区316号
邮　编：276000
法　人：徐京宣
Tel：0539－8062697
Fax：0539－2196817

## 茌平县世纪新秀裤业专卖店
业务：新秀裤业销售
地址：山东省聊城市茌平县人民广场
负责人：王恒俭　邮　编：252000
法　人：王恒俭
Tel：15095089309
15095089359

**瑞祥纺织有限公司**
地址：山东省德州市夏津县宋楼镇时庄村
负责人：李反修
Tel：0534－3588666
13905340911

**海润纺织有限公司**
地址：山东省德州市夏津县宋楼镇西屯村
负责人：王华岭
Tel：13396269666

## 阳谷正大标志服装厂
业务：集研发、生产、销售为一体，专业从事各种标志服装、配套鞋帽、标志徽及其他服装（警服及警徽除外）加工销售。我厂信守合同，保证质量，实行三包。秉承诚信为本，客户满意的经营宗旨，竭诚欢迎新老客户惠顾！
地址：山东省聊城市阳谷县黄山路168
负责人：李道刚　邮　编：252300
法　人：李道刚
Tel：0635－6665999
13563576088
Fax：0635－6393111
网址：www.zdbzfz.com

## 临沂正中被服有限公司
业务：临沂正中被服有限公司地处临沂市兰山区华丰服装批发市场，地理环境优越交通便利。加工、销售军用品（海、陆、空）、劳保用品、床上用品等。欢迎广大客户全来洽谈业务！
地址：山东省临沂市兰山区华丰服装批发市场北外楼3号
邮　编：276000
法　人：顾风村
Tel：0539－8234079
Fax：0539－8234079
网址：www.sdzzbf.chinapyp.com

**瑞通纺织有限公司**
地址：山东省德州市夏津县夏津镇白庙村北
负责人：曲传玉
Tel：0534－3601777
13905442706

## 费县金源纺织有限公司
业务：化纤纱线、不锈钢微丝
地址：山东省临沂市费县城东工业园327国道西侧
负责人：王伟　邮　编：273400
法　人：吴秀梅
Tel：0539－5797596
13053932557

**同惠纺织有限公司**
地址：山东省德州市夏津县夏津镇建设街西首
负责人：董文泉
Tel：0534－3882081
3882698
13953427286

**登高纺织有限公司**
地址：山东省德州市夏津县夏津镇吴井村
负责人：吕宪文
Tel：0534－3262579
13905442806

## 青岛泰美鞋业有限公司
业务：青岛泰美鞋业有限公司是一家大型生产男、女、童等工艺室内拖鞋的企业。我厂始终坚持“以质量求生存、以信誉迎客户”的宗旨，多年来与多个国家和地区的客户建立了长期的贸易伙伴关系，赢得了良好的信誉。
地址：山东省青岛市城阳区棘洪滩街道
负责人：纪国方　邮　编：266109
法　人：纪国方
Tel：0532－87704628
Fax：0532－87704628

## 临沂鸿宇服饰有限责任公司
业务：服装
地址：山东省临沂市兰山区金雀山二路与临西二路交汇处往西150米路南132号
负责人：魏茂伟　邮　编：276000
法　人：魏茂伟
Tel：0539－8166166
Fax：0539－8166166

**瑞鑫纺织有限公司**
地址：山东省德州市夏津县香赵庄南刑村
负责人：姜金星
Tel：0534－3502888
13706398315

**源丰纺织有限公司**
地址：山东省德州市夏津县香赵庄镇史王庄村
负责人：赵中锋
Tel：0534－3537979
13706398588

**夏津县宏川皮棉经营有限公司**
地址：山东省德州市夏津县新盛店镇大李庄村
负责人：张洪川
Tel：0534－3545999

## 蓬莱市登州日嘉服装厂
业务：服装加工和销售
地址：山东省蓬莱市登州东关路商住城小区
负责人：李风娥　邮　编：265600
法　人：李风娥
Tel：0535－5600278
13002726373
13305456373
Fax：0535－5600278

## 青岛天地龙刺绣有限公司
业务：青岛天地龙刺绣有限公司成立于2005年，从事服装、箱包刺绣及手工艺品制作。本公司拥有多种型号绣花机设备，制版师数名，加工业务灵活方便，绣花品质卓越超群，本公司为客户专业设计、制版、能将您的完美设想变为为真实。希与您建立长久合作，愿与贵公司共同发展，共创辉煌！
地址：山东省青岛市城阳区上马街道刘家社区东
邮　编：266112
法　人：金桂顺
Tel：0532－87015077
87015078
Fax：0532－87015757

**夏津县众兴纺织有限公司**
地址：山东省德州市夏津镇小殷庄村
负责人：孙连贞
Tel：0534－3596168

**东营天华金马鞋业有限公司**
地址：山东省东营市东营区大码头乡政府驻地
负责人：徐遵祥
Tel：0546－6611168

## 青岛阳元工贸有限公司
业务：服装及其它//主要经营服装及其它，我们以品质取信于顾客，以创新领先于市场，真诚为您服务！
地址：山东省青岛即墨市
负责人：鲁小姐　邮　编：266200
法　人：承东海
Tel：15265228730
Fax：0532－81727881
网址：www.yangwon98.com
E-mail：lianhua0619@hotmail.com

**利津县远达油棉加工有限公司**
地址：山东省东营市利津县陈庄镇西三村
负责人：王士顺
Tel：0546－5657667

## 日照翰德工贸有限公司
业务：日照翰德工贸有限公司成立于2006年，主要从事于服装的生产与销售。价格低廉，产品合格。欢迎广大新老客户光临惠顾！
地址：山东省日照市黄海二路65号
负责人：徐其柏　邮　编：276826
法　人：徐其柏
Tel：0633－3666512
Fax：0633－8338686
网址：www.mtw29149.chinapyp.com

## 青岛继昌服饰有限公司
业务：生产、加工、销售“日韩风格”服装、贸易。华北地区总代理商
地址：山东省青岛即墨市北安办事处辛庄一村营普路68号
负责人：邵继华　邮　编：266000
法　人：邵继华
Tel：0532－87519176
13687630938
13911794890
Fax：0532－87519218

**利津县丽织纺织有限公司**
地址：山东省东营市利津县经济开发区
负责人：孙兴隆
Tel：0546－5678201

**高密市宏润纺织有限公司**
地址：山东省高密市高家岭
负责人：楚世润
Tel：0536－2334608
13806365975

**瑞雪皮革有限公司**
地址：山东省高密市姜庄镇邓家屯村
负责人：张瑞军
Tel：13964769211

## 日照三德科技药业有限公司丝制品分公司
业务：本公司是一家以桑蚕制品、丝绸制品、服装针织的加工与销售，百货零售为一体的综合型公司，以诚信求发展、以质量求生存为宗旨，随时欢迎您的惠顾。
地址：山东省日照市莒县工业园北区（莒县丝绸公司）
负责人：陈成泉　邮　编：276500
法　人：陈成泉
Tel：0633－6882635
6268931

## 青岛颖华纳针纺织品有限公司
业务：劳保用品
地址：山东省青岛即墨市通济办事处仇家沟岔村
负责人：李文颖　邮　编：266001
法　人：李文颖
Tel：13070890880
0532－82505376

## 青岛锐锐鞋业有限公司
业务：生产，销售男、女皮鞋
地址：山东省青岛胶州市李哥庄镇北张家庄
负责人：张强　邮　编：266001
法　人：张强
Tel：0532－88290401
13791471880

**春蕾纺织有限公司**
地址：山东省高密市姜庄驻地
负责人：高庆信
Tel：0536－2733208
13356725338

**大伟线业有限公司**
地址：山东省高密市醴泉街道苗家村居委会（长熟实业总公司）
负责人：赵强
Tel：0536－2346625
13853653726

**中惠纺织有限公司**
地址：山东省高密市醴泉区尧头村后
负责人：张新忠
Tel：0536－2306871
13356751917

**万隆纺织有限公司**
地址：山东省高密市密水街办卞家庄村居委会前
负责人：宋西学
Tel：0536－2340391
13793626698

## 日照玉马服饰有限公司
业务：日照玉马服饰有限公司成立于1994年。主导产品：医用服装、医用床上纺织用品、医用敷料、宾馆酒店制服、工矿企业工服、机关事业、银行、保险、航空等单位的职业制服及行业制服，以及宾馆酒店的床上用品。热忱欢迎广大客商光临我公司携手共进、真诚合作、共创美好明天！
地址：山东省日照市连云港路中段
负责人：马玉海　邮　编：276800
法　人：马玉海
Tel：0633－8360611
2226262
Fax：0633－8360611

**南方纺织有限公司**
地址：山东省高密市南外环中段（周阳东）
负责人：刘洪福
Tel：0536－2627836
13953653792

## 青岛鑫犇纺织服装有限公司
业务：生产与销售各类纺织服装
产品：各类纺织服装
地址：山东省青岛胶州市南关办事处西辛置村.
负责人：张德义　邮　编：266001
法　人：张德义
Tel：0532－82216978
Fax：0532－80010276

**高密三爽针织服装超市有限公司**
地址：山东省高密市区立新街48号
负责人：冯涛
Tel：0536－2311268
13606369114

**健辉纺织有限公司**
地址：山东省高密市仁和镇工业园
负责人：李振刚
Tel：0536－2716877
13608954878

**和丰纺织有限公司**
地址：山东省高密市仁和镇工业园驻地
负责人：薛丰
Tel：0536－2716188
13853611088

## 青岛峰成纺织机械制造有限公司
业务：纺织机械制造、销售
地址：山东省青岛胶州市洋河镇冷家村
负责人：高义成　邮　编：266300
法　人：高义成
Tel：0532－86202998

## 金玉羽绒制品有限公司
业务：金玉羽绒制品有限公司主要是从事服装的进出口贸易，并有自己的加工工厂。主要的加工品种有羽绒服，防寒服等各种服装，欢迎世界各地的客商前来考察，合作！
地址：山东省威海市文登市米山镇南古场村
邮　编：264424
法　人：王思智
Tel：0631－8872855
Fax：0631－8878397

**高密联合纺织有限公司**
地址：山东省高密市站前街西首
负责人：王好堂
Tel：0536－2899088

## 青岛亿丰元纺织品有限公司
业务：纺织品成品加工
地址：山东省青岛市李沧区东李村东100米
负责人：袁绍华　邮　编：266001
法　人：袁绍华
Tel：13954273666
0532－81888166
87686566
Fax：0532－87686566

## 诚达皮革厂
业务：皮革加工
地址：山东省乳山市市区黄山路小区北端
负责人：赵本凤　邮　编：264500
法　人：赵本凤
Tel：13863154002
13793357811

**海阳市麦迪森制衣有限公司**
地址：山东省海阳市工业园
负责人：赵进杰
Tel：0535－3232021

**广茂纺织有限公司**
地址：山东省菏泽市曹县曹城镇袁岔楼
负责人：董灵彦
Tel：0530－3310888
13336200108

**曹县金源皮毛裘革制品有限公司**
地址：山东省菏泽市曹县候集镇北沙楼村

负责人:沙启征
Tel:0530－3571888
13953099181

**潍坊亿美佳织带有限公司**

业务:潍坊亿美佳织带有限公司是一家专业生产涤纶缎带的企业,现已生产高品质涤纶缎带、涤纶罗纹带、雪纱带、印花带、丝绒带、金银葱带、圣诞礼品带、手工艺花等,产品广泛用于服装、玩具、礼品包装、家居装饰品等行业,特别是家纺抽纱行业,因我公司产品多、颜色全,且备有现货,完全满足抽纱行业辅料供应快速及时的特点,并且来样定做,今天定货,明天交货,已由梦想变为现实。许多厂家疑惑而来,满意而归。经过我们的不懈努力,现已成为山东省抽纱行业最大最专业的辅料供应生产厂家。
地址:山东省潍坊市昌乐县朱刘街道办事处309国道南
负责人:时红梅 邮编:262404
法人:时红梅
Tel:0536－6776776
Fax:0536－6776678
网址:www.yimeijiatex.com
E-mail:shmweifang@163.com

**东达民族皮毛制品有限公司**

地址:山东省菏泽市曹县候集镇工业园区
负责人:沙卫东
Tel:0530－3579789
13356202279

**泰安市岱岳区范镇宏运羊绒制品加工厂**

业务:羊绒制品加工
地址:山东省泰安市岱岳区范镇临溪村
负责人:赵治云 邮编:271033
法人:赵治云
Tel:0538－8881039
13853869597
网址:http://www.51zzt.com/user/zzt31751

**诚辉皮毛经贸有限公司**

地址:山东省菏泽市曹县候集镇回族镇工业园区
负责人:沙元菊
Tel:0530－3579999
13791495666

**曹县青固集和中皮革厂**

地址:山东省菏泽市曹县青固集镇前杨庄村
负责人:胡和忠
Tel:0530－3596968
13563853629

**曹县城关镇地毯厂**

地址:山东省菏泽市曹县中兴路北端
负责人:朱超富
Tel:13953037688

**泰安市岱岳区范镇连珠纱线合股加工厂**

业务:销售棉纱,棉纱合股加工
产品:棉纱
地址:山东省泰安市岱岳区范镇孙埠东村
负责人:岳建利 邮编:271000
法人:岳建利
Tel:0538－6755930
15092852006
15165386554

**高密市嘉盛纺织有限公司**

业务:高密市嘉盛纺织有限公司成立于从事纺织,质量求生存,信誉求发展,欢迎新老客户来电洽谈业务!
地址:山东省潍坊市高密市仁和镇岔河村
负责人:苏孝成 邮编:261000
法人:苏孝成
Tel:0536－2722327

**富国绣品有限责任公司**

地址:山东省菏泽市定陶县兴华路东段
负责人:张富国
Tel:13356216096

**鸿翔纺织器材有限公司**

地址:山东省菏泽市巨野县城光明路南段老王庄村
负责人:闫程新
Tel:0530－8258018
13515306506

**泰安浩文服饰有限公司**

业务:制作与销售以羊绒大衣、西装为主的各类服装
产品:羊绒大衣、西装
地址:山东省泰安市岱岳区良庄镇驻地
负责人:赵文 邮编:271000
法人:赵文
Tel:13563829899
Fax:0538－8018186

**鹰昊皮草制品有限公司**

地址:山东省菏泽市鄄城县箕山镇工业区
负责人:王常搞
Tel:0530－2911666
13869702618

**三元纺织有限公司**

地址:山东省菏泽市牡丹区都司镇
负责人:李志挺
Tel:0530－5670049
13905300966

**潍坊凯沣纺织有限公司**

业务:公司创办于2006年,主要生产销售:针织布及各类服装。公司本着"以质量求生存,以信誉为根本",竭诚欢迎新老客户光临惠顾!
地址:山东省潍坊市寒亭区潍县北路563号
负责人:王宏伟 邮编:261100
法人:王宏伟
Tel:0536－7253551
Fax:0536－7283989

**宁阳县双阳制衣有限公司**

业务:服装生产销售
地址:山东省泰安市宁阳县葛石镇徐营村
负责人:迟国玺 邮编:271000
法人:迟国玺
Tel:0538－5513689

**郓城县恒大纺织有限公司**

地址:山东省菏泽市郓城县侯咽集镇
负责人:谭成迪
Tel:0530－6733999
13563863975

**庆安纺织有限公司**

地址:山东省菏泽市郓城县武安镇开发区
负责人:董洪亮
Tel:0530－6867718
13375308071

**郓城县成丰棉纺织有限公司**

地址:山东省菏泽市郓城县西门街北段88号
负责人:黄贵成
Tel:0530－6582399
13905405800
13395400888

**滕州市东沙河宝丰手套厂**

业务:生产棉纱手套
地址:山东省滕州市东沙河镇江楼村146号
负责人:周保生 邮编:277500
法人:周保生
Tel:13475229655
0632－5050252

**聚福装饰有限公司**

地址:山东省即墨市青岛市服装工业园城西三路青威北1路交汇处
负责人:栾克生
Tel:0532－83502137
13780616961

**临朐县艺烽印花厂**

业务:我厂成立于2006年,主要从事纺织印花,我厂将以一流的质量、一流的服务宗旨竭诚为新老客户服务。
地址:山东省潍坊市临朐县东城街办夏西路东
负责人:吴克忠 邮编:262619
Tel:0536－3713850
Fax:0536－3713850

**滕州市同富手套厂**

业务:棉纱,手套等生产销售
地址:山东省滕州市东沙河镇史楼村273
负责人:党相强 邮编:277500
法人:柴彦芳
Tel:15863203888
13562239969
0632－5054678
Fax:0632－5054678
网址:www.tztfst.com

**帅鹿服饰有限公司**

地址:山东省即墨市西部经济区天山二路
负责人:于路艳
Tel:0532－83553711
13969682572

**济南银领服饰设计制作中心**

地址:山东省济南市二环东路3899号
负责人:陈亮
Tel:0531－86323758

**东营黎民棉业有限责任公司**

地址:山东省济南市济阳县太平乡(滨孤路以南)
负责人:李敏
Tel:0531－83281578

**金鹰箱包皮具行**

业务:高中档箱包、皮具、钱包、公文包、挂包、腰带等
地址:山东省滕州市新兴路步行街(北区)府前路11号营业房
负责人:梁斌 邮编:277500
法人:梁斌
Tel:13863200777
0632－6088777
Fax:0632－5623111

**潍坊依赛雅服饰有限公司**

业务:潍坊依赛雅服饰有限公司主要销售服装、服饰、鞋帽、针织品、服装辅料、日用百货,以超前的审美设计、独特的个性搭配,精美的制作工艺,打造时尚生活元素.始终走在世界流行服饰的前沿,领跑中国女装市场。
地址:山东省潍坊市潍城区胜利西街以南和平路以东(盛和步行街106号)
负责人:周恩马 邮编:261011
法人:周恩马
Tel:0536－2970755

**勇南服装辅料经销部**

地址:山东省济南市历城区孙村镇辛庄村161号
负责人:王永南
Tel:0531－88761277
88767820
13583168858

**平阴喜哥马服装有限公司**

地址:山东省济南市平阴县济西工业园
负责人:王京柱
Tel:0531－87877266

**威海经济技术开发区联鑫服装加工厂**

业务:服装水洗
地址:山东省威海市经济技术开发区平度路59号
负责人:吴莲花 邮编:264200
法人:吴莲花
Tel:0631－5786691
Fax:0631－5309872
E-mail:wenchunzai@hotmail.com

**海阳市佳美针织有限公司**

业务:海阳市佳美针织有限公司成立于2000年,主要生产童装、羊毛衫等。我们本着质量至上、价格公道的原则,以诚实和信誉来为广大客户服务。热忱欢迎广大客户前来参观及洽谈业务。
地址:山东省烟台海阳市凤城镇高家庄村
邮编:265118
法人:罗建勇
Tel:0535－3319777
Fax:0535－3319555

**金建油棉有限公司**

地址:山东省济南市商河县郑路镇张王村
负责人:卢长河
Tel:0531－84686178
13869162958

**济宁诚和领带有限公司**

地址:山东省济宁市车站西路58号
负责人:魏明福
Tel:0537－2216531
13355376486

**威海九鑫贸易有限公司**

业务:销售电热剪
地址:山东省威海市省级旅游度假区火炬南路558号－2号
负责人:李光熙 邮编:264200
法人:李光熙
Tel:13606490505
13906300505
0631－5898311

**淄博永祥纺织有限公司**

业务:淄博永祥纺织有限公司是一家专业生产毛巾的厂家。自创建以来,不断完善企业经营管理机制,努力提高产品质量和档次,我们的产品质地优良、工艺精湛、款式新颖、品位高雅。并可根据客户要求订做各种规格的产品,欢迎广大客户惠顾。
地址:山东省淄博市桓台县索镇河涯头村205国道西
邮编:256400
法人:马念英
Tel:0533－8014788
Fax:0533－8014728

**盛达经贸有限公司**

地址:山东省济宁市金乡县鸡黍镇西李村
负责人:李新春
Tel:0537－8872888
13791703970

**烟台益楚服装有限公司**

业务:专营各种梭、针织服装,家用纺织品以及服装原辅料等进出口业务的外贸企业集团
产品:纺织品服装及辅料
地址:山东省烟台市芝罘区北马路付75号
负责人:胡兴平 邮编:264000
法人:胡兴平
Tel:0535－6273665
Fax:0535－6273261
E-mail:hxp80888@163.com

**金樱纺织有限公司**

地址:山东省济宁市金乡县县城济商路西侧文峰路北
负责人:田广富
Tel:0537－8738007
8738008
13583700776

**淄博嘉和纺织有限公司**

业务:我公司成立于2006年,从事牛仔布加工及牛仔服装生产,我们将以一流的质量、一流的服务宗旨竭诚为新老客户服务。
地址:山东省淄博市周村区经济开发区丝绸路1168号
负责人:李宪军 邮编:225300
Tel:0533－6409777
Fax:0533－6408777

**绮丽针织服装有限公司**

地址:山东省济宁市任城区张营工业区
负责人:胡绪波
Tel:0537－2299888
13953773888

**枣庄林海服装有限公司**

业务:加工、销售服装
产品:棉服、羽绒服、制服
地址:山东省枣庄市台儿庄经济开发区中心路东侧
负责人:郑仰海 邮编:277400
法人:郑仰海
Tel:0632－5282797
13676322222

**爱登堡服装店**

地址:山东省济宁市市中区刘庄路西首
负责人:丁延波
Tel:0537－2370222
13012620222

**济宁晨姿服饰有限公司**

地址:山东省济宁市汶上县东关
负责人:李继臣
Tel:0537－7230648
13705372656

**淄博莹丽制衣有限公司**

业务:我公司生产的"冉彩"牌婴幼儿礼品盒、睡袋、抱毯、披风、用品等系统200多个花色品种,年生产能力近百万件,我国加入世贸组织后公司成立了外贸生产部,新增牛仔服生产线可根据客户的需求承接各类牛仔服饰系列产品订单,公司产品供不应求,客户遍及全国各地,产品远销日本、韩国、俄罗斯、欧美等国家和地区,赢得外商的信任。公司树立以人为本,诚信经营理念,为我市在鲁中率先掘起做出我们的贡献。
地址:山东省淄博市淄川区聊斋路18号
邮编:255100
法人:李维林
Tel:0533－5812187
Fax:0533－5812187

**枣庄兴泰织造有限公司**

业务:玻璃产品及其化工产品生产加工
地址:山东省枣庄市台儿庄区泥沟镇东黄庄村驻地村西
负责人:李为灿 邮编:277101
法人:李为灿
Tel:13181297899
0632－6512618
Fax:0632－6512618

**蛟龙纺织有限公司**

地址:山东省济宁市鱼台县老砦乡葛桥
负责人:商义交
Tel:0537－6358888
13188818888

**天龙制衣厂**

地址:山东省济宁市鱼台县县城鱼新一路
负责人:徐来君
Tel:0537－6216482
13355118282

**高智能温室技术发展中心**

地址:山东省济宁邹城市北宿镇科技示范园
负责人:高宗智
Tel:0537－5423007
13012932668

**恒阳纺织有限公司**

地址:山东省济宁邹城市北宿镇南渐兴村北
负责人:赵洪军
Tel:0537－5415852
5428789
13805470586

**新泰市海鹰服饰有限公司**

业务:新泰市海鹰服饰有限公司成立于2006年,主要从事工作服、劳保用品的生产、加工、销售。欢迎新老客户光临、惠顾!
地址:山东新泰市不夜城南段
负责人:张海英 邮编:271200
法人:张海英
Tel:0538－7226278
Fax:0538－7226278
网址:www.mtw30913.chinapyp.com

**邹城制革厂**

地址:山东省济宁邹城市外环西路红河路1号
负责人:马加朋
Tel:0537－5314150
13605378979

**天下服装辅料有限公司**

地址:山东省胶南市临港经济开发区204国道路西上海市路北端
负责人:徐祥双
Tel:0532－86198780

**雅士制衣有限公司**

地址:山东省莱芜市军分区孙故事营房院内
负责人:鹿效同
Tel:0634－8802690
8871181

**鑫奥经贸塑编有限公司**

地址:山东省莱芜市莱城区辛庄村政府
负责人:陈良田
Tel:0634－6413272
6410999

**金秋棉业有限公司**

地址:山东省聊城临清市金郝庄乡谷庄村

负责人:谷启波
Tel:0635－2778688
2778129
13706398137

**临清市锦源棉业纺织有限公司**
地址:山东省聊城临清市康庄
负责人:杨春厚
Tel:0635－2714048

**华岳棉业有限公司**
地址:山东省聊城临清市先锋办事处上堤村
负责人:孙风河
Tel:0635－2511036
13869552561

**聊城市胜锐服饰有限责任公司**
地址:山东省聊城市东昌府区香江光彩大市场广州路1号
负责人:孙学胜
Tel:0635－8461866
13906351406

**山东永恒纺织有限公司**
地址:山东省聊城市高唐县经济技术开发区城西南
负责人:余永强
Tel:0635－3991692

**天龙针织厂**
地址:山东省聊城市冠县振兴东路339号
负责人:贾学禹
Tel:13906355768

**宏瑞棉纺有限公司**
地址:山东省聊城市莘县莘城镇工业园区
负责人:晋庚瑞
Tel:13906357962

**阳谷县黄山皮业有限公司**
地址:山东省聊城市阳谷县安乐镇东街
负责人:张立奎
Tel:0635－6775288

**山东阳谷县清华羽绒制品有限公司**
地址:山东省聊城市阳谷县金斗营乡张堤村
负责人:张清华
Tel:0635－6885777

**阳谷华阳巾被厂**
地址:山东省聊城市阳谷县阳谷镇潭庄村
负责人:王传彪
Tel:0635－6820688
13806356089

**临清市益兴棉纺织品有限公司**
地址:山东省临清市金郝庄乡肖北村
负责人:李德军
Tel:0635－2734169
13361466078

**小晶纺织工艺品有限公司**
地址:山东省临沂莒南县板泉镇小王刘庄村
负责人:彭文彦
Tel:0539－7667859
13602506735

**美情制衣有限公司**
地址:山东省临沂市成衣批发市场五区2楼112号
负责人:石晓芳
Tel:13805395553

**宝业印花有限公司**
地址:山东省临沂市费县费城工业大道
负责人:王宝臣
Tel:0539－5025968
13905393093

**临沂中健纺织有限公司市场部**
地址:山东省临沂市服装市场二楼25号
负责人:陈磊
Tel:0539－2979900

**国豪商贸有限公司**
地址:山东省临沂市河东区东兴路49号
负责人:郭玉好
Tel:13508999988

**伟轮生物工程开发有限公司**
地址:山东省临沂市河东万胜租赁站驻地
负责人:李凤伟
Tel:0539－2936895
13508991768

**仁达无纺布制造有限公司**
地址:山东省临沂市莒南县岭泉镇
负责人:林进任
Tel:0539－7713037

**成安鞋业有限责任公司**
地址:山东省临沂市莒南县洙边镇工贸小区
负责人:蒋成安
Tel:0539－7624069
13508996535

**龙声服装辅料有限公司**
地址:山东省临沂市兰山区后十居委76号
负责人:李春雷
Tel:0539－8026700
13013525960

**华韵纺织有限公司**
地址:山东省临沂市兰山区南坊镇谢宅村工业园
负责人:田开亮
Tel:13953969630

**临沂市育新服装厂**
地址:山东省临沂市兰山区通达路165号
负责人:赵国敏
Tel:0539－8012130

**红领服饰专卖店**
地址:山东省临沂市兰山区新华一路北首兰山工行对面
负责人:张显法
Tel:0539－8208372
13305495555

**明辉劳保服装有限公司**
地址:山东省临沂市兰田劳保市场1094号
负责人:李伟明
Tel:0539－8065889
13176980369

**临沂金贝贸易有限公司**
地址:山东省临沂市临西一路新潮服装市场沿街9号
负责人:韩涛
Tel:0539－8213088
13325095618

**临邑鑫东纺织有限公司**
地址:山东省临沂市临邑县恒源经济开发区3号路东侧
负责人:陈士听
Tel:13356260688

**平邑县绣品厂**
地址:山东省临沂市平邑县浚河路184号
负责人:陈文国
Tel:13508996076

**郯城县永飞服装厂**
地址:山东省临沂市郯城县杨集镇文化路4号
负责人:刘福刚
Tel:0539－6501698
13954928928

**永盛猪皮加工厂**
地址:山东省临沂市沂南县湖头镇曹家庄村
负责人:曹淑高
Tel:0539－3885100
13853979188

**鹏昊鞋业有限公司**
地址:山东省临沂市沂南县民营工业园
负责人:刘佩华
Tel:0539－3272556
13325085566

**海宇工贸有限公司**
地址:山东省临沂市沂南县县城振兴路6号
负责人:刘善刚
Tel:0539－3221975
13791555888

**山东前进鞋业有限责任公司**
地址:山东省临沂市沂水县长安路南段
负责人:高成三
Tel:0539－2518888
13573992888

**沂水鸿富皮革有限公司**
地址:山东省临沂市沂水县城沂蒙路225号
负责人:吴乃文
Tel:0539－2221951
13969999312

**德运家纺有限公司**
地址:山东省临沂市沂水县城沂蒙山路东段
负责人:刘新军
Tel:0539－2262035
13395399281

**远征制鞋有限责任公司**
地址:山东省临沂市沂水县许家湖
负责人:吕清全
Tel:0539－2518198
13705399279

**山东杉青针织科技开发有限公司**
地址:山东省蓬莱西城临港工业区
负责人:栾经理
Tel:0535－5697718

**青岛千萃纺织有限公司**
地址:山东省青岛保税去美晶大厦三区513号
负责人:张维晶
Tel:0532－86766951

**青岛鑫银纺水洗喷砂服装有限公司**
地址:山东省青岛市城阳区棘洪滩街道青大工业园内
负责人:陈敬涛
Tel:0532－87700758
13808960075

**青岛斗林纤维有限公司**
地址:山东省青岛市城阳区金岭工业园
负责人:孙建华
Tel:0532－87909731
13396390306

**青韩服装有限公司**
地址:山东省青岛市城阳区流亭街道洼里村
负责人:尹英七
Tel:0532－87727586

**金益达服饰品厂**
地址:山东省青岛市城阳区流亭街道杨埠寨村
负责人:金扬统
Tel:0532－87768787
13869887727

**天棉针织有限公司**
地址:山东省青岛市城阳区夏庄街道秦家小水村
负责人:卫健华
Tel:0532－89655961
13395427058

**青岛巨岩服装有限公司**
地址:山东省青岛市高科园孙家下庄
负责人:黄莉春
Tel:0532－88703079

**青岛元奇针织制衣有限公司**
地址:山东省青岛市即墨市店集工业园
负责人:孙元喜
Tel:0532－85500688
85502449
13706303958

**双兴织布厂**
地址:山东省青岛市即墨市段泊岚镇孟戈庄村
负责人:孙善欣
Tel:0532－83576633
13606342503

**通济办事处华裕缝制设备经销部**
地址:山东省青岛市即墨市鹤山路342号
负责人:焦延诚
Tel:0532－88524187

**华明纺织品有限公司**
地址:山东省青岛市即墨市鹤山路秀水街51号
负责人:殷成基
Tel:0532－88529458

**福鑫兴箱包饰品厂**
地址:山东省青岛市即墨市环秀街道办事处林家土桥头
负责人:金哲
Tel:0532－86036117
13396392321

**青岛比特尔皮革制品有限公司**
地址:山东省青岛市即墨市环秀街道办事处前东城村
负责人:李光同
Tel:0532－88567838

**即童服饰有限公司**
地址:山东省青岛市即墨市经济开发区
负责人:孙绍涛
Tel:0532－87500505

**青岛金盛纺织品有限公司**
地址:山东省青岛市即墨市经济开发区城东五路17号
负责人:毛运道
Tel:0532－87559686
87587089
13806397089

**即墨市东方编织品厂**
地址:山东省青岛市即墨市刘家庄镇大吕戈庄村三村
负责人:杨本忠
Tel:0532－83582868

**益和苑针织有限公司**
地址:山东省青岛市即墨市龙山街道办事处东九村
负责人:江敬科
Tel:0532－86585366
13176398278

**新盛源复合材料厂**
地址:山东省青岛市即墨市南泉镇赵家屯村
负责人:赵典贵
Tel:13964852113

**青岛苏娜服装有限公司公司**
地址:山东省青岛市即墨市青岛市服装工业园刁家疃村工业园
负责人:徐英
Tel:0532－88598981

**昌盛纺织服装辅料厂**
地址:山东省青岛市即墨市通济办事处小李村
负责人:刘崇厂
Tel:0532－87510988
13905423663

**一泽水洗服装有限公司**
地址:山东省青岛市即墨市通济街道办事处枣杭村
负责人:任日晓
Tel:0532－87505666
13791826789

**福盛服装辅料有限公司**
地址:山东省青岛市即墨市西环二路北段4号
负责人:贾升福
Tel:0532－83501100
13573880888

**福华大伟服饰有限公司**
地址:山东省青岛市即墨市窑头工业园
负责人:沃积善
Tel:0532－83502938
13963978666

**泽通纺织制造有限公司**
地址:山东省青岛市胶南市海滨工业园(大珠山)滨海大道
负责人:阎聚朋
Tel:0532－84123816
13953250178

**和盛海绵服饰有限公司**
地址:山东省青岛市胶南市海滨工业园(海青)
负责人:杨汉青
Tel:0532－88139561
13335099952

**山兴集团有限公司**
地址:山东省青岛市胶南市海滨工业园16号路
负责人:石发军
Tel:0532－88139529
13608960378

**东宏纺机有限公司**
地址:山东省青岛市胶南市灵山卫镇驻地
负责人:金志斌
Tel:0532－83187399

**新福春机械制造有限公司**
地址:山东省青岛市胶南市王台镇驻地
负责人:魏希泊
Tel:0532－83132918

**华堂服饰有限公司**
地址:山东省青岛市胶州市广州南路62号(原商业大厦)
负责人:王飞
Tel:13853686999

**大兴鞋业有限公司**
地址:山东省青岛市胶州市亳州路西二号路北(皮革城内)
负责人:武景光
Tel:0532－87259328
87271693

**洪海手套加工厂**
地址:山东省青岛市胶州市胶西镇付家村
负责人:魏洪海
Tel:0532－85027888
13806392638

**顺吉皮件厂**
地址:山东省青岛市胶州市胶西镇付家村
负责人:葛柏吉
Tel:0532－85207687
13806392750

**青岛宏乾鞋帽有限公司**
地址:山东省青岛市胶州市李哥庄镇小辛疃村
负责人:李昌坤
Tel:0532－88296325

**金顺达箱包有限公司**
地址:山东省青岛市胶州市马店镇陆家村南
负责人:李显
Tel:0532－83232858
13606307236

**鑫磊箱包有限公司**
地址:山东省青岛市莱西市望城街道办事处辇止头村
负责人:臧磊
Tel:0532－88410718

**聚鑫达服饰整理有限公司**
地址:山东省青岛市李沧区长顺路15号
负责人:高洪德
Tel:0532－84826130
13188977077

**圣雪峰箱包厂**
地址:山东省青岛市李沧区瑞金路
负责人:李晓锋
Tel:0532－84821418
13361496612

**玉昌服装厂**
地址:山东省青岛市李沧区湾头村北
负责人:李玉刚
Tel:0532－88677311

**振兴缝纫机台板厂**
地址:山东省青岛市平度市崔家集镇小刘家庄
负责人:孙金亮
Tel:0532－82386396
13153209585

**青岛泰特服装有限公司**
地址:山东省青岛市市南区香港中路6号世界贸易中心B座2层206－3户
负责人:施强
Tel:0532－85919399
13963909101

**大和衣饰有限责任公司制衣厂**
地址:山东省青岛市四方区宜阳路8号
负责人:盖和平
Tel:13706425279

**青州市裕丰布业有限公司**
地址:山东省青州市庙子镇马岭杭村
负责人:李全祥
Tel:0536－3789114

**锦绣针织制衣有限公司**
地址:山东省曲阜市静轩东路4号
负责人:陈进忠
Tel:0537－4418913
13355189728

**华业纺织有限公司**
地址:山东省日照市东港区南湖镇东黄山前村
负责人:李宝业
Tel:13606338116

**日照市东港区申佳工艺绣品厂**
地址:山东省日照市秦楼街道办事处湖西头村
负责人:申召
Tel:0633－3385487

**乳山市华龙电脑绣品厂**
地址:山东省乳山市新华街西首夏南房区
负责人:高海英
Tel:0631－6610738

**现代琳依服装有限公司**
地址:山东省寿光市区东环路1号现代中学院内
负责人:付小利
Tel:0536－5115588
13606362266

**渤海制线有限责任公司**
地址:山东省寿光市田马镇太平四村东
负责人:丁焕武
Tel:0536－5648379
13508968081

**海虹制线有限公司**
地址:山东省寿光市营星镇前南河村336号
负责人:李会芹
Tel:0536－5444808
13506491175

**欣怡制衣有限公司**
地址:山东省泰安市高新技术开发区东区巨菱路中段
负责人:王新
Tel:0538－2182178
13583830188

**轻纺批发市场服务中心**
地址:山东省泰安市泰山大街218号路南
负责人:李金鹏
Tel:13583857102

**兴泰皮革制品加工厂**
地址:山东省泰安市泰山区南湖东路17号四

号楼
负责人:李升泰
Tel:13395388576

**豪瑞纺织服装有限公司**
地址:山东省泰安市泰山区泰山大街219号伟业园小区2号楼2单元502
负责人:鲁建
Tel:13953889912

**骏马纺织有限公司**
地址:山东省泰安新泰市新汶高速公司出口
负责人:高登兵
Tel:0538－7319107
13905381200

**宏港玻璃纤维织布厂**
地址:山东省滕州市西岗镇砂轮机厂院内
负责人:魏奎贤
Tel:13336323239

**津海衣衫加工厂**
地址:山东省威海乳山市乳山寨镇横山后村
负责人:隋进海
Tel:0631－6846121
13906309548

**威海市智健服装有限公司**
地址:山东省威海市海滨中路5－5号
负责人:王思发
Tel:0631－5300829
13863118590

**威海盛迪服装有限公司**
地址:山东省威海市环翠区
负责人:杨解
Tel:0631－5991696
5991686
13906310849

**威海市君平顺服装有限公司**
地址:山东省威海市环翠区恒泰街99号
负责人:徐树君
Tel:0631－5685458
13806311428

**威海馨美服装有限公司**
地址:山东省威海市经济区珠海路928号
负责人:丛培建
Tel:0631－5925454

**浙威服装辅料有限公司**
地址:山东省威海市黎明巷20号
负责人:黄贤微
Tel:0631－5237194
13906310373

**浙威服装辅料有限公司**
地址:山东省威海市黎明巷20号
负责人:黄贤微
Tel:0631－5237194
13906310373

**成富服装有限公司**
地址:山东省威海市塔山中路136号－2＃903
负责人:金光
Tel:0631－5309640
5980069
13508911099

**文登市弘森纺织器材有限公司**
地址:山东省威海市文登市龙山路55号
负责人:王秀珍
Tel:0631－8451820

**威海市景升服饰销售有限公司**
地址:山东省威海市新威路33号
负责人:周先丽
Tel:0631－5282118

**威海市景升服饰销售有限公司**
地址:山东省威海市新威路33号
负责人:周先丽
Tel:0631－5282118

**威海信友服装有限公司**
地址:山东省威海市羊亭镇鲁东村
负责人:王青青
Tel:0631－5764217
13176313060

**荣吉针织服装厂**
地址:山东省威海文登市大观园河右路43号
负责人:张晓良
Tel:0631－8353589
13306316149

**三星制针有限公司**
地址:山东省威海文登市经济开发区大龙路中段
负责人:卞成焕
Tel:0631－8087772
13573700266

**温阳无纺制品有限公司**
地址:山东省威海文登市尚山镇正气路
负责人:于国杰
Tel:0631－8541508
8546978
13606318555

**金凤凰制线有限公司**
地址:山东省威海文登市文泉路7号
负责人:黄宪章
Tel:0631－8252588
13806314159

**潍坊金扣子布艺有限公司**
地址:山东省潍坊安丘市贾戈民营工业园
负责人:李杰
Tel:13606473785
13964724580

**安丘市创基绣品有限公司**
地址:山东省潍坊安丘市景芝镇孙家沙浯村
负责人:孙志远
Tel:0536－4607598
13153642558

**瑞强纺织厂**
地址:山东省潍坊昌邑市北孟镇李戈庄一村
负责人:刘瑞强
Tel:13563672282

**泰康纺织原料有限公司**
地址:山东省潍坊昌邑市李家埠镇钱清原料市场80号
负责人:吴占江
Tel:0536－7160853
13705365360

**潍坊华宝纺织有限公司**
地址:山东省潍坊昌邑市柳疃镇驻地
负责人:李振宝
Tel:0536－7811095
13806472008

**魁利纺织厂**
地址:山东省潍坊昌邑市围子镇马家村
负责人:刘文魁
Tel:0536－7872624
13326364626

**财源织布厂**
地址:山东省潍坊昌邑市新兴街东首19号
负责人:王友亮
Tel:0536－7212955
13906361455

**东晖纺织有限公司**
地址:山东省潍坊昌邑市饮马镇工业园
负责人:代汝会
Tel:0536－7722335
13906367261

**强力绳带有限公司**
地址:山东省潍坊昌邑市饮马镇工业园南边
负责人:刘建宽
Tel:0536－7722316
13792651768

**信周布带厂**
地址:山东省潍坊昌邑市饮马镇后辉村
负责人:赵志堂
Tel:0536－7722148
13863628578

**昌邑市龙庆纺织有限公司**
地址:山东省潍坊昌邑市饮马镇前赶村
负责人:王运庆
Tel:0536－7799388
13806476263

**金荣纺织有限公司**
地址:山东省潍坊昌邑市饮马镇徐庙村
负责人:于立
Tel:0536－7729895
13706460557

**国宇巾被织造有限公司**
地址:山东省潍坊昌邑市丈岭镇塔尔堡村
负责人:陈忠宇
Tel:0536－7777999
13964657591

**和易纺织化工科技有限公司**
地址:山东省潍坊高密市朝阳街办东小庄北2路南首
负责人:许鲁
Tel:0536－2897033
2377073
13953219030

**山东万和纺织有限公司**
地址:山东省潍坊高密市福泉大街东首
负责人:单宇辉
Tel:0536－2899093
13806360296

**盛昌纺织厂**
地址:山东省潍坊高密市姜庄镇董家庄村
负责人:孙有彬
Tel:0536－2738511
13335251911

**山东省高密市瑞福祥纺织有限公司**
地址:山东省潍坊高密市姜庄镇驻地
负责人:宋杰
Tel:0536－2733218
13906463589

**永兴纺织有限公司**
地址:山东省潍坊高密市姜庄镇驻地
负责人:高正庭
Tel:0536－2733291
13386365738

**立恒纺织有限公司**
地址:山东省潍坊高密市康庄镇殷家楼村
负责人:李经理
Tel:0536－2851969
13806464308
13506460062

**山东省高密市通宇鞋业有限公司**
地址:山东省潍坊高密市立新街38号甲
负责人:王晓立
Tel:0536－2322909
13905361253

**春都纺织有限公司**
地址:山东省潍坊高密市仁和镇翻身庄村
负责人:李明新
Tel:13696369399

**香华纺织有限公司**
地址:山东省潍坊高密市仁和镇黑丘村
负责人:张树森
Tel:0536－2722058
13864683960

**恒裕纺织有限公司**
地址:山东省潍坊高密市仁和镇顺北村
负责人:杜乃臻
Tel:0536－2715888
13953613788

**中泰皮革鞋业有限公司**
地址:山东省潍坊高密市夏庄镇宋家泊子村
负责人:崔进义
Tel:0536－2752731
13964762222

**华洲制衣有限公司**
地址:山东省潍坊高密市振兴街15号
负责人:郝西涛
Tel:0536－2313577
13864690285

**伟达织业有限公司**
地址:山东省潍坊山东省诸城市东外环路王家铁沟村
负责人:赵伟
Tel:0536－6058839
13869607188

**国合纺织有限责任公司**
地址:山东省潍坊山东省诸城市龙都街道办事处刘家庄村工业园区
负责人:王建国
Tel:0536－6356026
13906467267

**第二服装厂**
地址:山东省潍坊山东省诸城市密州路16号
负责人:李志光
Tel:13505369093

**隆华制衣厂**
地址:山东省潍坊山东省诸城市密州商城东区
负责人:刘术娥
Tel:0536－6111828
13721967529

**盛昌拉链有限公司**
地址:山东省潍坊市昌乐县五图镇政府驻地
负责人:李有誉
Tel:0536－6752108
13356706106

**潍坊福田织带有限公司**
地址:山东省潍坊市昌乐县朱刘镇工业园
负责人:曲文利
Tel:0536－6222202
13705365706

**迎春纺织有限公司**
地址:山东省潍坊市昌邑市北孟镇李一村
负责人:李志明
Tel:13964636639

**昌邑市大伟织造有限公司**
地址:山东省潍坊市昌邑市建设路西南店村南首
负责人:刘伟
Tel:0536－7120008

**昌邑市珂杰纺织有限公司**
地址:山东省潍坊市昌邑市柳疃镇西付村
负责人:付波
Tel:0536－7811021

**春光织造有限公司**
地址:山东省潍坊市昌邑市宋庄镇东冯村
负责人:冯希波
Tel:0536－7712348
13506475108

**新华纺织有限公司**
地址:山东省潍坊市昌邑市饮马镇
负责人:李志新
Tel:0536－7219207
13906469748

**鑫升纺织厂**
地址:山东省潍坊市昌邑市饮马镇东北
负责人:于钦春
Tel:0536－7722130
13806490939

**昌邑市华龙纺织厂**
地址:山东省潍坊市昌邑市饮马镇顾仙村
负责人:李成军
Tel:0536－7724145

**旭东毛巾厂**
地址:山东省潍坊市昌邑市文岭镇老西村
负责人:孙明娟
Tel:13791669860

**仁和纺织有限公司**
地址:山东省潍坊市坊子区眉村镇南眉村
负责人:王仁和
Tel:0536－7683158
13335257068

**高密瑞光皮革制品有限公司**
地址:山东省潍坊市高密市姚哥庄镇张鲁经济开发区内
负责人:郑承烈
Tel:0536－2595916
13793697276

**光宇线业有限公司**
地址:山东省潍坊市寒亭区固堤镇李家营村
负责人:李洪波
Tel:0536－7561151
13011655412

**潍坊蚨王纺织有限公司**
地址:山东省潍坊市寒亭区河滩镇大杨
负责人:王维照
Tel:0536－7680889
13011670658

**丰东纺织有限公司**
地址:山东省潍坊市寒亭区开元街办安固村
负责人:丛丰东
Tel:0536－7398032
13508966832

**高密市香华纺织有限公司**
地址:山东省潍坊市寒亭区仁和镇黑丘村
负责人:张树森
Tel:0536－2722058

**潍坊市晨鸣纺织有限公司**
地址:山东省潍坊市寒亭区双杨镇湖林埠村
负责人:李廷真
Tel:0536－7592081
13806468859

**润达刺绣有限公司**
地址:山东省潍坊市经济技术开发区古亭街199号
负责人:刘卫政
Tel:0536－8678321
13335259800

**高新技术开发区万通浆纱厂**
地址:山东省潍坊市奎文区清池街办梁寨村(潍坊高新区内)
负责人:梁建设
Tel:13864658888

**潍坊集业皮革有限公司**
地址:山东省潍坊市奎文区玄武东街46号虞鑫工业园内
负责人:陈源
Tel:0536－8656333
13606369628

**潍坊市光晟工贸有限公司**
地址:山东省潍坊市亭区张氏镇工业区
负责人:王乃信
Tel:0536－7397132
13053638289

**潍坊盛华缝纫机配件有限公司**
地址:山东省潍坊市潍城区卧龙桥工业园
负责人:韩海宁
Tel:0536－8353088
13953609671

**潍坊联力经贸有限公司**
地址:山东省潍坊市新华路中段
负责人:马健利
Tel:13905368358

**玉鹏纺织品有限公司**
地址:山东省潍坊寿光市开发区东升路中段(潍坊科技职业学校东邻)
负责人:刘忠山
Tel:13906465390

**红柳鞋业有限公司**
地址:山东省潍坊寿光市开发区立交桥东路北
负责人:单经理
Tel:0536－5266316
13806497660

**明月绣品有限公司**
地址:山东省潍坊寿光市洛城镇寒桥村
负责人:孙华伟
Tel:0536－5616888
13863695556

**聚丰纺织品有限公司**
地址:山东省潍坊寿光市羊口镇杨庄村东
负责人:杨益茂
Tel:0536－5452888
13326368099

**银河抽纱厂**
地址:山东省文登市双龙路街道办事处七里水头村
负责人:张青华
Tel:0631－8358868
13326241868

**海阳市佳美针织有限公司**
地址:山东省烟台海阳市疫城镇高家庄村
负责人:罗建勇
Tel:0535－3319777
13305453653

**成泰服饰有限公司**
地址:山东省烟台莱阳市龙门西路外向型工业园A区3号楼3楼
负责人:王少飞
Tel:0535－7181788
7181787
13863806783

**锦立傲工艺皮件厂**
地址:山东省烟台莱州市沙河镇丰竹村
负责人:锁付德
Tel:0535－2826718
13805451581

**贵族佳黛制衣有限公司**
地址:山东省烟台龙口市商城服装食品市场
负责人:姜用娥
Tel:0535－8703689
8535798

**塔峰服装有限公司**
地址:山东省烟台市福山区高新产业振华街181号
负责人:孙永财
Tel:0535－6302906
13806455815

**烟台新世界纤维有限公司**
地址:山东省烟台市福山区永达街912号
负责人:张亚军
Tel:0535－6300178
13589879899

**金剪子服饰有限公司**
地址:山东省烟台市牟平区北关大街78号
负责人:于全晓
Tel:0535－4261009
13326388299

**烟台康福服装有限公司**
地址:山东省烟台市三站市场(建设路17甲12－201、203号)

……………………负责人:黄恩福
……………………Tel:0535－6584315

**恒邦实业公司**
地址:山东省枣庄滕州市张汪镇
……………………负责人:刘长干
……………………Tel:0632－4063408

**长城纺织有限责任公司**
地址:山东省枣庄市市中区汇泉中路21号
……………………负责人:郑学才
……………………Tel:0632－3269968
13806327876

**润昌制线厂**
地址:山东省枣庄市市中区龙头西路
……………………负责人:梁昌志
……………………Tel:0632－3699366
13001593788

**德利皮革有限公司**
地址:山东省枣庄市市中区孟庄镇周村
……………………负责人:马洪清
……………………Tel:13155308111

**东方织布有限公司**
地址:山东省枣庄市市中区税郭镇西南村206国道北
……………………负责人:贾余章
……………………Tel:0632－3512996
13516322866

**凤雅制衣有限公司**
地址:山东省枣庄市市中区西王庄乡刘耀联校
……………………负责人:陈法胜
……………………Tel:0632－3465988
13963236198

**群力产业有限公司**
地址:山东省枣庄市薛城区永福南路15号
……………………负责人:刘学群
……………………Tel:0632－4444888
4444999
13806324555

**信爱风筒布有限责任公司**
地址:山东省枣庄滕州市大坞镇驻地
……………………负责人:赵联学
……………………Tel:0632－2302698
13326320933

**千家惠服饰大世界**
地址:山东省诸城市广场路5号
……………………负责人:陈亚冲
……………………Tel:13306469768

**诸城市谊臻服饰有限公司**
地址:山东省诸城市和平街北首
……………………负责人:徐凤平
……………………Tel:0536－6354777
13356733777

**华天工贸有限公司**
地址:山东省诸城市龙都街道办事处陈家庄村
……………………负责人:孙炳书
……………………Tel:0536－6356398
13705360975

**千祥鞋业有限公司**
地址:山东省诸城市吕标镇大七吉村
……………………负责人:房福祥
……………………Tel:0536－6448725
13506461059

**山东桑莎制衣集团公司**
地址:山东省诸城市桑莎工业园
……………………负责人:范建英
……………………Tel:0536－6187733

**淄博祥业针棉制品有限公司**
地址:山东省淄博市凤阳路206号
……………………负责人:王纪友
……………………Tel:0533－6457662

**红雨服装有限公司**
地址:山东省淄博市桓台县起凤镇起南村
……………………负责人:王磊
……………………Tel:13906438413

**永祥纺织有限公司**
地址:山东省淄博市桓台县索镇河涯头村205国道西
……………………负责人:马念英
……………………Tel:0533－8014788
13808942598

**淄博市临淄凯富达制衣厂**
地址:山东省淄博市临淄区牛山路231号
……………………负责人:于文明
……………………Tel:0533－7150666
13561612426

**金晟纺织品有限公司**
地址:山东省淄博市周村和街153号
……………………负责人:张冬梅
……………………Tel:0533－6182388
13561666857

**虹源纺织发展有限公司**
地址:山东省淄博市周村区309国道北旺村段路南
……………………负责人:袭祥禄
……………………Tel:0533－6183335
13325200676

**周村北郊镇铭洋丝绸厂**
地址:山东省淄博市周村区北郊镇仇套村
……………………负责人:安红军
……………………Tel:0533－6581668
13964384188

**兆江棉织厂**
地址:山东省淄博市周村区北郊镇大姜村村西
……………………负责人:史兆江
……………………Tel:0533－6500681
13964339513

**汇力纤维素有限公司**
地址:山东省淄博市周村区北郊镇南赵村污水处理厂院内
……………………负责人:陈友树
……………………Tel:0533－6582277
13561666066

**淄博市周村玉辰巾被有限公司**
地址:山东省淄博市周村区城北办新民村
……………………负责人:张磊
……………………Tel:0533－6169307
13805339375

**淄博托奥纺织有限公司**
地址:山东省淄博市周村区大姜商业街8号楼
……………………负责人:杜永强
……………………Tel:13305336585

**周村娜美织布厂**
地址:山东省淄博市周村区电厂路西首
……………………负责人:崔峰
……………………Tel:0533－6557198
13506436215

**羽翔纺织有限公司**
地址:山东省淄博市周村区东门路1号
……………………负责人:孙庆民
……………………Tel:0533－6410043
13853377105

**旺达纺织品有限公司**
地址:山东省淄博市周村区纺织大世界D3－10
……………………负责人:魏光和
……………………Tel:0533－6183700
13583303988

**丽达纺织有限公司**
地址:山东省淄博市周村区和平村
……………………负责人:张敬钢
……………………Tel:0533－6815098
13805336778

**亚星服装厂**
地址:山东省淄博市周村区南郊镇尚庄一号
……………………负责人:聂毓宾
……………………Tel:0533－6800536
13905339936

**蓝云纺织贸易有限公司**
地址:山东省淄博市周村区青年路89号
……………………负责人:曹芸
……………………Tel:0533－6184524
13906436498

**赛瑞纺织有限公司**
地址:山东省淄博市周村区西南路4号
……………………负责人:柏建翔
……………………Tel:0533－8772486

**淄川商城长川服装商行**
地址:山东省淄博市淄城路2号
……………………负责人:张成
……………………Tel:0533－5187888

**基诺服饰有限公司**
地址:山东省淄博市淄川服装城留仙湖50028号
……………………负责人:李悦生
……………………Tel:0533－5131222

**宝丽制衣有限公司**
地址:山东省淄博市淄川区聊斋路18号
……………………负责人:李维林
……………………Tel:0533－5812187
13605335195

彰武县宏翔淀粉有限责任公司

专业从事生产玉米淀粉、蛋白粉、胚芽、纤维等。

电话：0416－7772111　传真：0418－7776333

地址：辽宁省阜新市彰武县满堂红乡工业园区清泉2号



## 聊城市元丰标制服装厂
## 聊城市元丰制衣有限公司

聊城市元丰标制服装厂（聊城市元丰制衣有限公司）成立于1994年，本公司专业从事生产、加工、销售标志服，服装贸易、出口外贸服装、工作服、休闲服、运动装、棉服、西装等。

元丰将一如既往地秉承对服装事业的热忱与执着，携手共同打造美好的明天！

联系人：张林财

电话：0635-8577579 8577578 8577576

传真：0635-8577578 8577576

电子邮件：yfbzf@163.com

地址：山东省聊城市东昌府区凤凰工业园纬四路西首1号内　邮编：252000

## 山东高密市宏润纺织有限公司

山东高密市宏润纺织有限公司成立于2003年，主要经营纺纱原料、服装和各类纺织品的生产和销售。我公司继续坚持“对社会负责、对国家负责、对员工负责”的企业宗旨，以振兴民族纺织业为己任，为中国纺织品高档化、国际化和品牌化而努力，争取获得更大的成绩回报国家，回报社会。

联系人：楚乐天　手机：13806365975

电话：0536-2322088　传真：0536-2334608

地址：山东省高密市朝阳区凤凰开发区凤凰大街东3157号　邮编：261500

## 臨清市昌潤化纖紡織廠

网址：www.sdgzzc.com

公司主要从事纺纱、棉花的加工、销售。生产规模为环锭纺5000纱锭，年设计生产棉纱能力为棉纱1200吨。

目前，公司与江苏、南京、江阴等地客户签定了长期稳定的供销合同，企业无不良资产，运营正常。

总经理秦国忠欢迎新老客户光临指导洽谈业务！

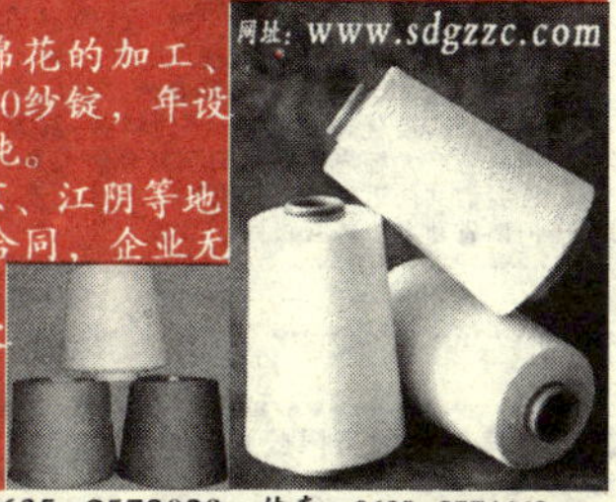

联系人：秦国忠

13869508666　电话：0635-2572029　传真：0635-2574668

地址：山东省临清市青年办事处临清市昌润化纤纺织厂　邮编：252667

## 滕州市西岗镇宏港玻璃纤维织布厂

滕州市西岗镇宏港玻璃纤维织布厂成立于1984年，专业从事各种规格玻璃纤维布的生产和加工，主要产品风筒布，鱼竿布，过滤布，除尘布，砂轮网布和水暖管道包扎布等。我厂的办厂宗旨是以质量求生存、以信誉求发展，与客户互惠互利，携手共创美好明天。欢迎来电洽谈！

联系人：魏奎贤　手机：13336323239

电话：0632-2101789

地址：山东省滕州市西岗镇砂轮机厂院内　邮编：277500

青岛三信织造有限公司成立于2004年，主要从事粘扣带等服装辅料的生产及销售。

公司自成立以来，始终坚持品质第一的原则，诚信经营。

热忱欢迎新老客户前来洽谈！

联系人：沈冬春　13864219495

电话：0532-84558660　传真：0532-84558665

地址：山东省即墨市华山镇梁家疃村　邮编：266216

## 青岛三信织造有限公司

## 莘县富华服装有限公司

莘县富华服装有限公司成立于2004年。

主要从事服装生产和加工。

始终坚持“质量第一，客户至上”的原则。

欢迎您的光临！

联系人：孙章华

电话：0635-7627998　13606357448

地址：山东省聊城市莘县十八里铺镇十八里棉厂　邮编：252000

## 青岛沃盛水洗服装有限公司

青岛沃盛水洗服装有限公司是经国家相关部门批准注册的企业，主营水洗各类服装。青岛沃盛水洗服装有限公司本着“客户第一，诚信至上”的原则，与多家企业建立了长期的合作关系。热忱欢迎各界朋友前来参观、考察、洽谈业务。

联系人：陈敬涛

电话：0532-87700758

87704165　13808960075

地址：山东省青岛市城阳区棘洪滩街道青大工业园内　邮编：266300

## 沂水县远征制鞋有限责任公司

山东沂水远征布鞋有限责任公司创立于1989年，位于著名的布鞋城沂水，是一家以布、胶鞋设计、制造销售、加工于一体的制鞋企业，远征鞋款式新颖，品种齐全，用料考究，精工细作，经久耐穿，深受广大客户青睐。公司倾力为广大朋友打造高品质品牌，欢迎广大客户前来洽谈业务，携手发展，共缔辉煌。

联系人：吕清□

电话：0539-2518198　13705399279

传真：0539-2518198

地址：山东省临沂市沂水县许家湖镇　邮编：276402

## 日照经济开发区恒艺印花有限公司

日照经济开发区恒艺印花有限公司成立于2000年，是一家专业的纺织印花企业。公司秉承“顾客至上，锐意进取”的经营理念，坚持“客户第一”的原则为广大客户提供优质的服务。欢迎惠顾！

联系人：鲁永涛

电话：0633-8365707　手机：13326338551

地址：山东省日照市日照开发区临沂路南段中小企业园　邮编：276800

## 诸城市伟达织业有限公司

诸城市伟达织业有限公司成立于一九九八年，主要生产各种规格的橡根(松紧带)产品，是一个生产橡根的专业生产厂家，主要为针织服装加工企业产品出口做配套服务。并配有高新技术的生产设备和质量管理体系，现有高速无梭机、进口电脑提花机、高速锭编机以及整烫设备、染整设备等各种先进设备，公司成立以来，本着以质量求生存、向管理要效益，以热情服务为宗旨，走出了一条适应企业发展的路子。

联系人：赵伟　13869607188

电话：0536-6058839　传真：0536-6056278

网址：www.weidaTextile.com

电子邮件：zw@weidatextile.com

地址：山东省潍坊市诸城市东外环路王家铁沟村　邮编：262200

## 河南省/Henan Province

**安阳县时代织染有限责任公司**
地址：河南省安阳市安阳县柏庄镇大花村
负责人：郑成清
Tel：0372－2738868
13803725018

**巩义市城区大世界名裤**
业务：品牌裤代理销售
地址：河南省巩义市市区新华路中段
负责人：韩占起
法　人：韩占起
Tel：0371－64388085

**鸿鑫针织内衣厂**
地址：河南省安阳市安阳县洪河屯乡连庄107国道497公里处
负责人：史军臣
Tel：0372－2760858
13598126638

**河南省汤阴纺织有限公司**
业务：公司业务：收购经营棉花，棉短绒，粘胶，长丝，短纤。主要产品：生产棉纱，普梳，精梳，股线，涤棉混纺，人棉混纺，汽流纺
地址：河南省安阳市汤阴县精忠路东段
邮　编：456150
法　人：申东风
Tel：0372－6208886
Fax：0372－6208886
网址：www.hntyfz.chinapyp.com

**河南广英服饰有限公司**
业务：服饰
地址：河南省郑州市管城区南乔家门30号锦荣商贸城东七街8028号
负责人：裴景林　邮　编：450000
法　人：裴景林
Tel：0371－66593031
13949065831
13939072531
Fax：0371－66262085

**河南省安阳县锦龙针织服装厂**
地址：河南省安阳市安阳县南崔庄107国道边
负责人：黄宗廷
Tel：13603466268

**安阳市博大纺织厂**
地址：河南省安阳市北关区107国道董五度段路东
负责人：董海峰
Tel：0372－2283311
13603469858

**文宇内衣厂**
地址：河南省安阳市高新区内衣城C区69号
负责人：贾建清
Tel：13603721738

**焦作市恒泰皮业有限公司**
业务：焦作市恒泰皮业有限公司公司于1996年创建，从事皮革制品的生产及销售。欢迎新老客户光临、惠顾。
地址：河南省焦作市温县番田镇西城外村
邮　编：454892
法　人：白本玉
Tel：0391－6568459
Fax：0391－6568456

**郑州市管城区贵人达鞋厂**
业务：男女时装真皮休闲鞋
地址：河南省郑州市管城区南十里铺1147号
负责人：崔凤辉　邮　编：450000
法　人：崔凤辉
Tel：0371－66923720
13592530322
13937152138

**滑县天星制衣有限责任公司**
地址：河南省安阳市滑县道口镇大集街32号
负责人：刘建坡
Tel：0372－8129662

**滑县华瑞毛巾有限责任公司**
地址：河南省安阳市滑县道口镇道康路58号
负责人：郭一帆
Tel：0372－8149888

**滑县四通棉业有限责任公司**
地址：河南省安阳市滑县道口镇解放路南段
负责人：逯纪安
Tel：0372－8121308

**焦作市珠峰鞋厂**
业务：焦作市珠峰鞋厂成立于2003年，生产各种解放鞋、布胶鞋、电工鞋、工矿鞋、作训鞋和各种高档旅游鞋。欢迎各方客户惠顾。
地址：河南省焦作市温县赵堡镇陈家沟工业区
邮　编：454850
法　人：赵全干
Tel：0391－6411498

**新野县滨河棉纺有限公司**
地址：河南省南阳市新野县西环路北段西侧
负责人：孟卫平
Tel：13603772240

**曲屯冰源座垫厂**
地址：河南省南阳市镇平县曲屯柴庄工贸区宝马区149号
负责人：姬大宗
Tel：0377－65688836
13937722594

**郑州市管城区坤士金典皮鞋厂**
业务：加工男式、女式时装鞋、休闲鞋、棉鞋、凉鞋等
地址：河南省郑州市管城区十八里河镇十八里河村
负责人：钱毛毛　邮　编：450000
法　人：刘景植
Tel：13592619960
0371－67331252

**内黄县恒佳布业有限公司**
地址：河南省安阳市内黄县县工业一路棉纺织厂院内
负责人：朱云胜
Tel：0372－7711784

**安阳蓝星制衣有限责任公司**
地址：河南省安阳市文峰区相二路（轻纺城1排19号）
负责人：丁志慧
Tel：0372－5116064

**浚县鸿昌针织有限责任公司**
地址：河南省鹤壁市浚县城东工业区城关棉站院内
负责人：张瑞琪
Tel：0392－5529788

**睢阳区万利来针织内衣厂**
业务：本公司成立已十几年了，现有100多名员工。主要经营：全棉婴幼儿、儿童针织内，织布、印染一条龙服务。
地址：河南省商丘市睢阳区天堂府南街6号
邮　编：476100
法　人：何红卫
Tel：0370－3316935
Fax：0370－3316935

**辉县市恒信化纺有限公司**
地址：河南省辉县市孟庄镇梁村南头
负责人：李宜
Tel：13937325089

**温县奇歌鞋厂**
地址：河南省焦作市温县黄庄镇韩村工业区
负责人：殷凡君
Tel：0391－6522210

**澳星王皮业有限公司**
地址：河南省焦作市武陟县圪当店乡圪当店村
负责人：张伏生
Tel：0391－7644500
13608630877

**武陟县祥亮织布厂**
地址：河南省焦作市武陟县龙源镇东仲村
负责人：李小七
Tel：0391－7296282

**舞钢市振宇纺织有限责任公司**
业务：本公司是专业生产各种棉纱的厂家，具有一定的技术和管理力量，拥有国内最先进的清梳联、自动络筒和FA系列棉纺设备。主要生产：纯涤、纯棉、涤棉及涤粘混纺棉纱，"诚实守信、质量为本"是本企业的宗旨。欢迎新老客户惠顾！
地址：河南省舞钢市建设路中段
邮　编：462500
法　人：田振宇
Tel：0375－8136699
3306996
Tel：0375－3306996

**华祥皮毛皮件厂**
地址：河南省孟州市南庄镇桑坡村
负责人：丁存祥
Tel：0391－8592919
13903916707

**南阳市诚鹏纺织原料有限公司**
地址：河南省南阳市商苑街110号
负责人：孙文林
Tel：13083778835

**新野县金葫芦纺织有限公司**
地址：河南省南阳市新野县工业园区（上港乡岗北村）
负责人：周景云
Tel：13607634353

**辉县市玉新服装厂**
业务：我厂是一个集设计、生产、销售为一体的现代化企业，主要生产各类厂服、校服、工作服、促销服、T恤衫、各类衬衣，严谨的生产，完善的售后服务，使我厂产品数年来受到众多客户的认可和青睐。我厂本着"创新，质优，诚信，高效"的精神，真诚期盼与广大客户建立长期友好合作关系，使我们共同迈人新的辉煌！
地址：河南省新乡市辉县市西环路南
邮　编：453600
法　人：王卫宾
Tel：0373－6259195
6259135
网址：www.hnyxfz.chinapyp.com

**新野县康达纺织有限公司**
地址：河南省南阳市新野县上港乡果园村
负责人：赵红林
Tel：0377－66388968

**润丰纺织有限公司**
业务：润丰纺织有限公司成立于2000年，主要生产各种规格纺纱，解放鞋。质量可靠，价格合理，热诚欢迎各界朋友来电来人洽谈业务，共同合作。
地址：河南省许昌市经济技术开发区瑞祥路东口润丰纺织有限公司
邮　编：461000
法　人：杜明远
Tel：0374－8320885
Fax：0374－8320885

**平顶山市卫东区福荣棉被加工厂**
地址：河南省平顶山市卫东区沿河东路13号
负责人：王新言
Tel：13937553910

**河南九华纺织有限公司**
地址：河南省三门峡市大岭路12号
负责人：尚建让
Tel：0398－2902888

**三门峡市东亚纺织印染有限公司**
地址：河南省三门峡市黄河路西段（印染厂30－5－8）
负责人：李合军
Tel：0398－2889159

**郑州市金丝绣品有限公司**
业务：本公司是河南省最大的一家电脑刺绣公司。设备先进，技术力量雄厚，设计、生产各种规格、各种品种的电脑绣花台布、床上用品、室内绣花装饰品、服装绣花、装饰绣花靠垫、座垫、纸巾盒罩、盘垫、窗帘、门帘等，经营与绣花相关的各种业务。
地址：河南省郑州市惠济区新城办事处
负责人：马艳丽　邮　编：450044
法　人：马艳丽
Tel：0371－63783239
Mobile：13803837885

**永城市建银绒绣厂**
地址：河南省商丘市永城市马牧乡政府院内
负责人：马素侠
Tel：0370－5741090

**辉县市太平洋制线有限公司**
地址：河南省新乡市辉县市孟庄镇梁村村西
负责人：梁有为
Tel：0373－6078794

**郑州宇翔羽绒服饰有限公司**
业务：郑州宇翔羽绒服饰有限公司是一家大型生产羽绒服饰的企业，于2000年成立，公司现有员工100余人。本公司以款式新颖，货源充足，成为国内最具价格优势的服装供应商。公司本着"诚信为本.发展才是硬道理"的原则，愿与广大客户建立良好的供求关系，欢迎新老客户前来考察洽谈。
地址：河南省郑州市齐礼阎乡刘砦村南五里山
邮　编：450052
法　人：高怀臣
Tel：0371－68905030
Mobile：13603866340
Fax：0371－68905030

**获嘉县照镜镇转移印花厂**
地址：河南省新乡市获嘉县照镜镇巨柏村
负责人：冯全新
Tel：13937327828

**润丰织物有限公司**
地址：河南省新乡市牧野区学院路947号（红旗棉织厂院内）
负责人：靳祥武
Tel：13937318441

**恒发棉短绒加工厂**
地址：河南省许昌市鄢陵县马栏镇议台村
负责人：马启民
Tel：0374－7716768
13938916968

**巩义金江色织厂**
地址：河南省郑州市巩义市回郭镇北罗村
负责人：郑同旦
Tel：0371－64236631

**郑州东航服饰有限公司**
地址：河南省郑州市管城区紫荆山路72号裕鸿花园D座22层C户
负责人：杜建军
Tel：0371－63837651

**上蔡澳祥皮业有限公司**
业务：上蔡澳祥皮业有限公司是集生产、销售皮毛、皮革制品为一体的生产贸易公司。公司生产所需的羊皮全部从澳洲进口，并设计加工成汽车套、地毯、床毯、沙发垫等系列产品。主要销往美国、澳大利亚、日本及国内各大城市。产品深受国内外客户的青睐。
地址：河南省驻马店市上蔡县南环一路178号
邮　编：463800
法　人：冯永青
Tel：0396－6963078
Fax：0396－6900969

**新郑市新银棉业有限公司**
地址：河南省郑州市新郑市迎宾路新兴2巷20号
负责人：张福军
Tel：0371－62695719

**郸城县银利来纺织有限公司**
地址：河南省周口市郸城县南关88号
负责人：杨军令
Tel：0394－3199766

**河南省华丰网业有限公司**
地址：河南省周口市沈丘县工业园区
负责人：董华伟
Tel：0394－5223453

**遂平县兴达工艺包袋有限公司**
业务：本公司成立于2006年，主要生产销售手袋，时款袋，购物袋，背包，尼龙包，化妆包，休闲包。"款式新颖、价格合理"。欢迎来电洽谈业务！
地址：河南省驻马店市遂平县和兴开发区恒兴街
负责人：张东升　邮　编：463100
法　人：张东升
Tel：0396－4740666
Fax：0396－4740666
E-mail：xingdaxing@126.com

**汝南县新潮鞋业有限责任公司**
地址：河南省驻马店市汝南县汝宁镇中心大街
负责人：朱红伟
Tel：0396－8029228

**新蔡县信康纺织有限公司**
地址：河南省驻马店市新蔡县古吕镇新临路东段北侧
负责人：沈自学
Tel：0396－5937668



纺织服装

## 湖北省/Hubei Province

**赤壁市志强服饰有限公司**
地址：湖北省赤壁市陆水路3号
负责人：魏永强
Tel：0715－5255657
13307246815

**洪湖市九洲纺织有限公司**
地址：湖北省洪湖市燕窝镇燕兴路
负责人：张新喜
Tel：13872214819

**凯华工艺地毯厂武汉市分公司**
业务：地毯的加工和销售
地址：湖北省武汉市江汉区金汉大道724号201
负责人：冷小广　邮　编：430000
法　人：冷小广
Tel：13653013788
15827348895
027－85850889
Fax：027－85850889

### 湖北金羽服饰有限责任公司
业务：本公司以生产棉衣、休闲装、各种男女士时装、服装辅料为一体的综合性公避开，本公司奉行“以质量求生存，以信誉求发展”的目标，为广大客户服务。
地址：湖北省(直辖)潜江市园林办事处潜阳中路16号
负责人：胡先元……邮　编：433100
法　人：胡先元
Tel：0728－6250688
Fax：0728－6243968

**黄冈至然服饰有限公司**
地址：湖北省黄冈市黄州区黄州大道(黄冈中学实验基地厂房北楼)
负责人：林进章
Tel：13197099001

**黄冈市双力龙纺织有限公司**
地址：湖北省黄冈市龙感湖管理区
负责人：张感枝
Tel：13597607999

**恒利工贸有限公司**
地址：湖北省黄石市黄石港区包装总厂内
负责人：全晓忠
Tel：0714－6535980
13872066935

**荆州祥云纺织有限公司**
地址：湖北省荆州市荆州区李埠镇李埠街
负责人：侯福平
Tel：13507211588

**武汉市江汉区名瑞皮具护理店**
业务：皮具护理、清洗、翻新与销售，二手包寄卖
产品：皮具
地址：湖北省武汉市江汉区西北湖路3－85号1层225号房
负责人：曾强　邮　编：430020
法　人：曾强
Tel：027－85490646
18971082616

### 汉川市泰昌纺织有限公司
业务：汉川市泰昌纺织有限公司成立于2001年，生产涤纶、全光、纱线等产品，产品质量保证，欢迎来电来函洽谈业务！
地址：湖北省汉川市经济技术开发区工业园区
负责人：韩瑞华……邮　编：431600
法　人：韩瑞华
Tel：0712－8393660
8394366
Fax：0712－8393126

**津津纺织有限公司**
地址：湖北省荆州市荆州区御河路1号
负责人：袁玉文
Tel：13707218482

**宜俊印染服饰有限公司**
地址：湖北省荆州市沙市区北京路145号(沙印厂内)
负责人：刘仕宜
Tel：0716－8104355
13872201469

**晶亚制衣有限公司**
地址：湖北省荆州市沙市区岑河镇针织工业园1号
负责人：伍启柏
Tel：0716－8632578
13972392679

### 湖北华宏纺织有限公司
业务：本公司成立于2005年，主要从事纺纱、纺线、织布等业务。我们确保向用户提供稳定、可靠、优质的产品。公司奉行“质量第一、顾客至上、完善自我、共同提高”的质量方针服务于用户。竭诚欢迎新老客户光临惠顾。
地址：湖北省汉川市庙头镇新北路
负责人：周华山……邮　编：431600
法　人：周华山
Tel：0712－8528168

**邦全棉制品厂**
地址：湖北省十堰市张湾区红卫曾家村
负责人：谢帮全
Tel：13872759190

**武汉天星制衣有限公司**
地址：湖北省武汉市蔡甸区大集街小集村
负责人：蒋太寿
Tel：13237141660

**武汉远景天门纺织机械有限公司**
地址：湖北省武汉市东西湖区海口金山大道北1377号
负责人：池浩
Tel：027－83370495

### 洪湖市柏杨棉纺有限公司
业务：洪湖市柏杨棉纺有限公司成立于2005年，其前身是洪湖市柏枝棉纺厂。是一家集棉纱生产、加工为一体的企业。还可根据客户的不同要求订纺不同的品种，我们愿以精良的设备、先进的技术、科学的管理生产出优质的产品，热忱欢迎国内外同仁莅临公司洽谈业务、广泛合作。
地址：湖北省洪湖市新堤文泉西路10号
邮　编：433200
法　人：杜耀英
Tel：0716－2206718
Fax：0716－2206274

**武汉羽益服饰有限公司**
地址：湖北省武汉市东西湖区养殖场私营经济小区6号
负责人：王雨言
Tel：13016444974

### 黄冈市志利纺织有限责任公司
业务：本公司成立于2006年，主要以生产棉纱、棉布为主，公司秉承“信誉第一、顾客至”的宗旨，竭诚欢迎新老顾客来电洽谈。
地址：湖北省黄冈市黄州区赤壁北路北街1号
负责人：熊志平……邮　编：436100
法　人：熊志平
Tel：0713－8619072
Fax：0713－8619072

**武汉依卓娅欣服饰有限责任公司**
地址：湖北省武汉市汉阳区琴台村21－28号(老号40号)
负责人：陈盛雄
Tel：027－85384536

**武汉富贵红服饰有限公司**
地址：湖北省武汉市汉阳区鹦鹉街29号
负责人：付桂红
Tel：13607152152

### 湖北延昌纺织有限公司
业务：湖北延昌纺织有限公司成立于2003年，从事棉纱纺织、销售。公司的经营理念是“织造优质产品、服务优秀企业”。我们愿与天下朋友在互利合作的基础上建立成功的业务伙伴关系。热忱欢迎新老客户亲临我公司参观考察。
地址：湖北省荆门市京山县罗店镇云集街
邮　编：431809
法　人：夏寿延
Tel：0724－7583886
Fax：0724－7583889

**湖北远东纺织技术咨询服务有限公司**
地址：湖北省武汉市洪山区武珞路717号兆富大厦29楼05室
负责人：曾祥
Tel：027－87163031

**武汉市菲力克劳斯服饰有限公司**
地址：湖北省武汉市江岸区友益街大楼2层1室
负责人：梅祥胜
Tel：027－85724351

**武汉伊玫服饰有限公司**
地址：湖北省武汉市江汉区江汉经济发展区0104地块江兴路8号
负责人：李祖亮
Tel：027－85302081

### 湖北省荆州市日发纺织有限公司
业务：本公司成立于2003年，现有100多名员工。主要经营纺纱、棉纱、纺织，还有各种布料的生产与销售。
地址：湖北省荆州市沙市区岑河镇针织工业园内20号
邮　编：434010
法　人：王善林
Tel：0716－8631088
Fax：0716－8633188

**武汉柏维娅服饰有限公司**
地址：湖北省武汉市江汉区江兴路8号
负责人：倪邦红
Tel：027－83560880

**武汉清华服装有限公司**
地址：湖北省武汉市江夏区纸坊熊廷弼街特1号
负责人：李荣仙
Tel：027－81811399

### 潜江市汇丰纺织器材厂
业务：潜江市汇丰纺织器材厂成立于2005年，主要从事各种纺织器材的生产。客户至上，诚信经营，产品深受各界朋友的好评。
地址：湖北省潜江市园林办事处马昌湖居委会
邮　编：433100
法　人：田友文
Tel：0728－6244220

**武汉市博亮服装有限公司**
地址：湖北省武汉市乔口区板厂七巷4号
负责人：程国斌
Tel：027－62808937

**武汉帛科针纺材料开发有限公司**
地址：湖北省武汉市乔口区古田四路36号
负责人：柳国杰
Tel：027－85787153

### 十堰市邦全棉制品厂
业务：十堰市邦全棉制品厂成立于1997年，主要生产销售棉絮。质量保证，价格合理，欢迎新老客户惠顾。
地址：湖北省十堰市张湾区红卫曾家村
邮　编：442002
法　人：谢邦全
Tel：0719－8523181
Fax：0719－8523181

**武汉东堡大桥衬衫有限责任公司**
地址：湖北省武汉市乔口区硚口路71号
负责人：余英
Tel：027－83796563

### 罗莱家用纺织品专卖店
业务：罗莱家用纺织品专卖店成立于2000年6月，专业代理罗莱家用纺织品，产品包括优雅、经典、阿拉克涅、时尚、温馨、宾馆、儿童等七大系列和豪华套件、单件组合、欧式套件、被子、枕芯、床垫床护垫、毛浴巾、家居服饰、盖毯休闲毯、靠垫、夏令用品等。
地址：湖北省宜昌市云集路2号罗莱家纺专卖店
邮　编：443000
法　人：蔡德新
Tel：0717－6453719
Fax：0717－6449609

**武汉市威亚服饰有限责任公司**
地址：湖北省武汉市桥口区古田四路4号
负责人：杨天启
Tel：027－83857973

### 富迪工贸有限公司
业务：富迪工贸有限公司成立于2006年10月，主要从事工作服、劳保服、校服、职业装的加工、销售。公司以“质量求生存、信誉求发展”，欢迎广大用户光临惠顾！
地址：湖北省十堰市张湾区花果路21路
负责人：王崇芝……邮　编：442000
法　人：王崇芝
Tel：0719－8248739
Fax：0719－8248739

**武汉鑫禾服饰有限公司**
地址：湖北省武汉市桥口区建乐村28－31栋
负责人：张强强
Tel：027－83754559

### 枣阳市盛丰纺织有限公司
业务：枣阳市盛丰纺织有限公司主要生产牛仔布料，销售于广州、厦门、海南等地。公司计划购进饼纤机、辗纤机、整巾扣织布机，设备三十五套，欢迎广大有意之士前来参观考察、洽谈业务。
地址：湖北省襄樊市枣阳市吴店寺沙路德力公司院内
负责人：陈大江……邮　编：441000
法　人：陈大江
Tel：0710－6197028

**金三江服饰经营部**
地址：湖北省武汉市桥口区解放大道586号澡堂19号
负责人：刘资芳
Tel：027－83757816
13807196938

### 天门市兴龙棉花有限公司
业务：我公司成立于2003年，主要从事棉花，棉纱，棉副产品的生产与销售。“让棉花创造更多价值”是兴龙棉花有限公司不懈的追求。公司坚持“高瞻远瞩、技术领先、诚信服务、专业保障”的企业精神，以“科技创新、管理创新、经营创新、服务创新”为经营理念，不断增强企业核心竞争力，引领中国棉花业的发展，服务于中国的棉花产业。
地址：湖北省天门市张港镇习家村
负责人：张跃……邮　编：431702
法　人：张跃
Tel：0728－4644858
Fax：0728－4644858

**武汉市桥口区万鹏服装辅料经营部**
地址：湖北省武汉市桥口区金昌二楼D区一

28 号
…… 负责人：万汉发
…… Tel：027－85640341
13707118624

**万赢纺织有限公司**
业务：万赢纺织有限公司主要生产涤棉坯布，型号为：110＊72＊47′、96＊72＊47′、88＊72＊47′，产品价格从优，欢迎新老客户洽谈订购，本公司竭诚为你提供高质量、高规格涤棉坯布，高标准地为您服务！
地址：湖北省襄樊市云锦路二工业园
…… 负责人：卢万友……邮　编：441000
…… Tel：0710－3116188

**武汉魅媚妹服饰有限公司**
地址：湖北省武汉市武昌区安居苑 29 号
…… 负责人：满江红
…… Tel：027－86747655

**武汉市汉阳区鸿翔服装厂**
业务：武汉市汉阳区鸿翔服装厂专业设计制作宾馆、酒楼、娱乐、写字楼、大中小学各类职业服装、表演服、礼服、校服，精工制作各种高中档西服、休闲服。公司秉承"以质量求生存，以信誉求发展"的宗旨，竭诚为社会提供优质的产品和服务。
地址：湖北省武汉市汉阳区建港路 9 号 4 门一楼
…… 负责人：周玉霞……邮　编：430050
…… 法　人：周玉霞
…… Tel：027－84524832

**武汉市新洲区金秋纱布织造厂**
地址：湖北省武汉市新洲区汪集街宝龙
…… 负责人：金志伍
…… Tel：027－83924155

**襄樊市诚奥纺织有限公司**
业务：襄樊市诚奥纺织有限公司专业生产 63'全棉、涤棉坯布，可承接订单加工，欢迎新老客户光临指导。
地址：湖北省襄樊市贾洼工业园
…… 负责人：方建华……邮　编：441002
…… 法　人：方建华
…… Tel：0710－3120763
…… Mobile：13508665621
…… Fax：0710－3110361

**武穴市龙腾服装有限公司**
地址：湖北省武穴市花桥镇
…… 负责人：李华兴
…… Tel：0713－6685337
13871969736

**武汉友生标准缝纫机经营部**
业务：武汉友生标准缝纫机经营部位于武汉市桥口区中山大道 228 号，交通十分便利。主要从事工业缝纫机的经营，欢迎新老客户光临，惠顾。
地址：湖北省武汉市桥口区中山大道 228 号
…… 邮　编：430033
…… 法　人：李庆祥
…… Tel：027－83784987
…… Fax：027－83760452

**宏远鞋材有限公司**
地址：湖北省仙桃市陈场镇工业一路 58 号
…… 负责人：方辉宏
…… Tel：0728－2783688
13907225155

**襄樊市巨擘布业有限公司**
业务：襄樊市巨擘布业有限公司成立于 2003 年，主要从事坯布的生产销售，并可根据客户来料进行加工。"诚信经营，信誉至上"，热诚欢迎新老客户来电咨询。
地址：湖北省襄樊市樊城区贾洼村居委会
…… 邮　编：441000
…… 法　人：朱守庆
…… Tel：0710－3111387
…… Fax：0710－3111387

**襄樊市巨擘布业有限公司**
地址：湖北省襄樊市樊城区贾洼村居委会
…… 负责人：朱守庆
…… Tel：0710－3111387
13907272334

**海达棉业有限公司**
业务：海达棉业有限公司成立于 2001 年，主要从事棉花的生产加工。公司凭着先进的设备，良好的信誉，精干的技术、过硬的品质，深受客户的喜爱。诚恳希望贵公司能与我们携手合作，我们将尽最大的努力保证最优质产品与服务。
地址：湖北省武汉市新洲区三店街肖提村
…… 邮　编：430400
…… 法　人：吴春茂
…… Tel：027－89203258











## 湖南省/Huana Province

**围山制鞋厂**
地址：湖南省长沙浏阳市达浒镇新街 28 号
…… 负责人：聂关泉
…… Tel：0731－83959052
13508499651

**怀化市利丰服装有限公司**
业务：怀化市利丰服装有限公司专业从事服装加工、销售，公司以最优惠的价格服务于顾客，以"严质量、高标准"赢得顾客的信誉，信守合同、按期交货。欢迎新老客户来人、来电洽谈业务！
地址：湖南省怀化市银燕大酒店七楼（得美房地产公司）
…… 负责人：张玉娥……邮　编：418000
…… 法　人：张玉娥
…… Mobile：13787530225

**湖南超诺服饰有限公司**
业务：纺织服装
产品：西服，衬衫，职业装，马甲，裙，工装，制服
地址：湖南省长沙市五一大道碧云天大厦 19 楼 I 座
…… 负责人：杨孔定　邮　编：410001
…… 法　人：李方令
…… Tel：0731－2836811
2836698
13808415008
…… Fax：0731－2226811
2836866
…… 网址：www.chaonuo.net
…… E-mail：lychaonuo@126.com

**奔驰皮革服装厂**
地址：湖南省长沙浏阳市社港镇江贤村
…… 负责人：喻越焕
…… Tel：0731－83540128
13874910861

**长沙品格服饰有限公司**
地址：湖南省长沙市芙蓉区长沙市高新技术产业开发区麓平高科技园管委会办公楼裙楼四楼
…… 负责人：杨宾
…… Tel：0731－82181176

**紫华纺织有限公司**
业务：紫华纺织有限公司成立于 2002 年，从事布匹、纺纱、织布印染等。公司将本着"诚信合作，追求卓越"的宗旨欢迎各大公司来电垂询！
地址：湖南省邵阳市五一北路 125 号
…… 邮　编：422001
…… 法　人：曾光荣
…… Tel：0739－5294688
…… Fax：0739－5294689

**比翼服饰有限公司**
地址：湖南省株洲市芦淞区中国城 4 栋 81 号
…… 负责人：刘焰

…… Tel：0731－22218021
28249523
13907336871

**刘姐鞋店**
业务：男女各式皮鞋的销售
产品：男女各式皮鞋
地址：湖南省长沙市岳麓区银双路湖南湘雅制药公司门面 1 区 1112
…… 负责人：刘姐　邮　编：410000
…… Tel：13755192883

**长沙杰利制衣有限公司**
地址：湖南省长沙市芙蓉区车站北路 168 号都市先锋 1109 房
…… 负责人：于志恒
…… Tel：0731－82191128

**长沙市三华皮革经营部**
地址：湖南省长沙市芙蓉区东大门皮革鞋料市场 B3 栋 2 号
…… 负责人：陈三喜
…… Tel：13973186748

**临武县三彩服装店**
业务：三彩服装专卖
地址：湖南省郴州市临武县城关镇阳光商业广场北 11 栋 2 号门面
…… 负责人：夏登　邮　编：424300
…… 法　人：夏登
…… Tel：15073555187
0735－6336061

**南县明山头顺达精干麻厂**
业务：南县明山头顺达精干麻厂成立于 1987 年，现有员工 50 余人，从事精干麻、开松麻的生产。欢迎来电垂询！
地址：湖南省益阳市南县明山头镇新村街
…… 邮　编：413000
…… 法　人：蒋得全
…… Tel：0737－5771521
…… Mobile：13807375020

**美斯乐布业行**
地址：湖南省长沙市芙蓉区南湖布艺城 A1 栋二楼 6－9 号
…… 负责人：张志坤
…… Tel：0731－82292546
13974864588

**涟源市背靠背服装专卖店**
业务：背靠背服装、鞋帽的专卖
地址：湖南省涟源市涟源宾馆综合楼 5－6 号门面
…… 负责人：刘凤武　邮　编：417000
…… 法　人：刘凤武
…… Tel：0738－4458958

**长沙市真美制衣有限公司**
地址：湖南省长沙市芙蓉区晚报大道 106 号湘湖小区顺风楼 602 室
…… 负责人：邱晓玲
…… Tel：0731－82189611

**千寻服饰有限公司**
地址：湖南省长沙市宁乡县玉潭镇花明路 41 号
…… 负责人：陈文
…… Tel：13317314888

**益阳市千山红棉麻有限公司**
业务：益阳市千山红棉麻有限公司主要经营棉花、麻类收购、加工、销售。欢迎新老客户光临、惠顾！
地址：湖南省益阳市千山红镇北汀中路385号
……负责人：姚家华……邮　编：413200
……法　人：谭晓山
……Tel：0737—2556445
……网址：www.mtw27146.chinapyp.com

**松柏鞋城**
业务：鞋子批发
地址：湖南省娄底市新化县圳上镇中心街十字路口(步步高隔壁)
……负责人：张跃平　邮　编：417000
……法　人：张跃平
……Tel：15873874898
0738—3774868

**华亨纺织有限责任公司**
地址：湖南省长沙市天心区三泰街谦吉里路3号4门707室
……负责人：陈婉华
……Tel：0731—84416060
13973120586

**新城塑料编织厂**
地址：湖南省长沙市望城县黄金金山桥社区
……负责人：张金华
……Tel：0731—88385396
13808483978

**永州宏达玩具制衣厂**
业务：永州宏达玩具制衣厂成立于2004年，现有员工100余人，从事童装、玩具的生产及销售。欢迎来电咨询、洽谈业务。
地址：湖南省永州市东安县白牙市镇文明路19号
……邮　编：425900
……法　人：王满员
……Tel：0746—2866518
……Fax：0746—2869508

**红亮鞋厂**
业务：生产鞋
地址：湖南省邵阳市邵东县范家山镇上桥村
……负责人：谢红亮　邮　编：422800
……法　人：谢红亮
……Tel：15873996888
0739—2844898

**长沙树林制革厂**
地址：湖南省长沙市星沙镇石子村
……负责人：熊树林
……Tel：0731—84090877
13907334689

**汉仕皮具经营部**
地址：湖南省长沙市雨花区高桥大市场北栋四区30号
……负责人：彭汉仕
……Tel：13808431625

**邵东县两市镇飞亚达箱包商行**
业务：销售飞亚达箱包
地址：湖南省邵阳市邵东县两市镇荷花路292号
……负责人：李积平　邮　编：422800
……法　人：李积平
……Tel：0739—2887670
13786927917

**长沙超凡服装有限公司**
地址：湖南省长沙市雨花区黎托乡候照村友谊组
……负责人：贺合楼
……Tel：0731—84785289

**长沙明丰针织服饰有限公司**
地址：湖南省长沙市岳麓区窑塘新村7—5—23
……负责人：郭义明
……Tel：0731—88861321

**希明内衣厂**
地址：湖南省长沙市岳麓区银盆岭长纺路
……负责人：刘卫星
……Tel：0731—88906006
13974987492

**湖南省邵阳市邵东县两市镇兄弟塑料厂**
业务：各种规格的全新料油桶和日用塑料制品
地址：湖南省邵阳市邵东县两市镇双江路33号
……负责人：杨胜元　邮　编：422800
……法　人：杨胜元
……Tel：15973270488
15973980488

**鼎城佳琦布匹经营部**
地址：湖南省常德市鼎城区武陵镇玉霞路西
……负责人：周丕佳
……Tel：0743—6232845
7381066
13762110828
13975605285

**洞庭苎麻纺织有限责任公司**
地址：湖南省常德市汉寿县蒋家嘴镇光明路
……负责人：李云生
……Tel：13807420989

**澧县盐井镇剥绒厂**
地址：湖南省常德市澧县盐井镇
……负责人：雷元春
……Tel：0736—3541058
13974270681

**依库生活基地服装店**
业务：服装经营
地址：湖南省湘潭市雨湖区车站路新景公寓依库19号
……负责人：陈婷　邮　编：411100
……法　人：陈婷
……Tel：0731—58238915

**先进印染有限责任公司**
地址：湖南省常德市临澧县合口镇芭茅村
……负责人：李先俊
……Tel：0736—5642631
13975659873

**石门县锦泰纺织印染贸易有限公司**
地址：湖南省常德市石门县楚江镇武陵新村B1栋
……负责人：向绪化
……Tel：0736—5165378

**常德石门世运针织有限责任公司**
地址：湖南省常德市石门县楚江镇中渡居委会
……负责人：杨晓林
……Tel：0736—5159882
13762662000

**丁氏森达皮鞋销售部**
地址：湖南省常德市武陵区金钻广场B1—1—1
……负责人：朱一协
……Tel：0736—7239626
13875130688

**永州市零陵佳人苑**
业务：女装、服饰
地址：湖南省永州市零陵区圣世阳光C033号
……负责人：欧阳颖妍　邮　编：425000
……法　人：欧阳颖妍
……Tel：0746—6238321

**湖南郴州市强化制革有限公司**
地址：湖南省郴州市苏仙区白鹿洞镇官庄坪
……负责人：谢小军
……Tel：0735—2837688
13875502068

**福泰隆服饰有限公司**
地址：湖南省衡阳市雁峰区天马山南路57号
……负责人：潇高亮
……Tel：13307349199

**金联针棉织品批发部**
地址：湖南省怀化市嫩溪垅东87号
……负责人：尹良
……Tel：0745—2235555
13973091381

**服装辅材批发部**
地址：湖南省怀化市舞水路纺织品市场1—158号
……负责人：黄建华
……Tel：0745—2259325
13907452674

**新化县上梅镇蜘蛛王鞋店**
业务：蜘蛛王皮鞋专卖
地址：一店：湖南省冷水江市新化县上梅镇天华南路新街隔壁 二店：湖南省冷水江市新化县上梅镇天华南路新街 三店：湖南省冷水江市新化县上梅镇天华南路明源阳光购物公园
……负责人：王清平　邮　编：417600
……法　人：王清平
……Tel：0738—3589398
3591699
3591899

**帅欧服饰有限公司**
地址：湖南省醴陵市左权北路28号
……负责人：易秋莲
……Tel：0731—83285988
83281888
13974147999

**白沙制鞋厂**
地址：湖南省浏阳市白沙乡集镇
……负责人：李交正
……Tel：0731—83490866
13170301619

**鹏宇服装厂**
地址：湖南省浏阳市沙市镇黄花村
……负责人：李建贤
……Tel：13874843289

**湖南金鹰服饰有限公司**
地址：湖南省娄底市冷水江市建新街
……负责人：陈晓荣
……Tel：0738—5233339

**盛宇造纸厂**
地址：湖南省汨罗市八景乡高华村六组
……负责人：兰中仁
……Tel：0730—5880688
13607407852

**庆怀鞋业批发部**
地址：湖南省邵阳市邵东县工业品市场11—14门面
……负责人：彭庆怀
……Tel：0739—2726459
13037396653

**龙石内衣厂**
地址：湖南省邵阳市邵东县黄陂桥下龙石村
……负责人：邓光袖
……Tel：0739—2728370
13807392570

**湘潭县青山桥镇新群综合厂**
地址：湖南省湘潭市湘潭县青山桥镇马栏坝村
……负责人：易革新
……Tel：0731—57871855

**湖南省湘潭市毛纺厂**
地址：湖南省湘潭市岳塘区五里堆
……负责人：刘春林
……Tel：13807326742

**放明皮革厂**
地址：湖南省益阳市赫山区泥江口镇
……负责人：夏放民
……Tel：13973747286

**朝阳绅达针织袜厂**
地址：湖南省益阳市赫山区桃花仑(内衣厂内)
……负责人：李建明
……Tel：13707379110

**华天棉麻有限责任公司**
地址：湖南省益阳市南县华阁镇南华港
……负责人：王富财
……Tel：0737—5781102
13607375411

**祁阳县华纺毛织品有限公司**
地址：湖南省永州市祁阳县浯溪镇陶铸路
……负责人：蒋建华
……Tel：13707469536

**龙腾纺织品有限公司**
地址：湖南省岳阳市华容县三封寺镇开拓路
……负责人：韩建华
……Tel：0730—4561658
13807405160

**岳阳美宏装饰设计有限责任公司**
地址：湖南省岳阳市太阳桥建材市场2栋288号
……负责人：陈玉中
……Tel：0730—3259159

**湘深服饰有限公司**
地址：湖南省株洲醴陵市船湾镇
……负责人：刘燕琼
……Tel：0731—23733186
3734888
13874194568

**青岛蓝华鞋材有限公司茶陵分公司**
地址：湖南省株洲市茶陵县界首镇政府院内
……负责人：谭永前
……Tel：0731—25848352

**茶陵县周氏纺织有限公司**
地址：湖南省株洲市茶陵县云阳经济开发区金星工业园内
……负责人：周林
……Tel：13317335373

**株洲红蜻蜓贸易有限公司**
地址：湖南省株洲市荷塘区红旗中路
……负责人：夏赛侠
……Tel：0731—28106677

**江南水利服饰有限公司**
地址：湖南省株洲市醴陵市水利局
……负责人：刘奇
……Tel：13975345091

**达越特箱包有限公司**
地址：湖南省株洲市醴陵市阳山办事处玉屏山村
……负责人：邓本发
……Tel：0731—23031488
3031438
13707413688







## 广东省/Guangdong Province

**广州市莉莉达鞋业有限公司**
业务：经营女皮鞋
地址：广东省广州市荔湾区桥中北路翠岛街141号
……负责人：陈伟　邮　编：510130
……法　人：陈伟
……Tel：13710532231
13710754168

**潮阳市谷饶源丰针织厂**
地址：广东省潮阳市谷饶创大中学北8巷8号
……负责人：陈谋盛
……Tel：13539663111

**东莞市厚街镇劲稳鞋材经营部**
业务：劲稳鞋材主营鞋材化工、鞋乳、防霉片、防水剂、染料水等。
地址：广东省东莞市厚街镇三屯富怡名居
……邮　编：523800
……法　人：肖超会
……Tel：0769—81506309
……Fax：0769—81506306

**清远秋鹿家居服装店**
业务：睡衣、内衣家居服经营
地址：(1)广东省清远市城市广场益华百货二楼秋鹿专柜 (2)广东省连州市花园新城G幢首层30号
……负责人：欧润萍　邮　编：511500
……法　人：欧润萍
……Tel：0763—3391727
……Fax：0763—3391727

**庵埠镇丰基制鞋厂**
地址：广东省潮州市潮安县庵埠镇刘陇溪口工业区
……负责人：陈子兴
……Tel：0768—5822273
13903098043

**广州市苏菲格慕服饰有限公司**
业务：男士服饰设计、生产
地址：广东省广州市越秀区教育路113号汇力商务楼4楼
……负责人：林程　邮　编：510130
……法　人：林程
……Tel：020—83199888
83196888

**东莞市大朗宏大捻线厂**
业务：东莞市大朗宏大捻线厂成立于2006年，主要生产销售纺织品。用优良的品质，合理的价格，完善的服务，竭诚为用户服务。
地址：广东省东莞市大朗镇大有园综合开发区J幢
负责人：周堤 邮　编：511700
法　人：周堤
Tel:0769－83012393
Fax:0769－83012063

**广州雄辉服饰有限公司**
业务：家居服、保暖内衣生产销售
地址：广东省广州市越秀区泰康路111号1021－1023房
负责人：郭创雄 邮　编：510130
法　人：郭创雄
Tel：020－83221148
网址：www.mengxianger.com

**东立纺织有限公司**
地址：广东省东莞市博美新区大地二排3号
负责人：林飞松
Tel:0769－85254991－3
13038858832

**吴川市金莱克专卖店**
业务：金莱克（福建名牌）服装专卖
地址：1.广东省湛江市吴川市梅录解放中路120号力车厂门口（二轻联社商厦）2.吴川市长岐镇步行街B1门面
负责人：梁均宇 邮　编：524038
法　人：梁均宇
Tel：0759－5553382
5259268
5555016

**诠展皮套织带有限公司**
地址：广东省东莞市常平镇岗梓工业区
负责人：梁小萍
Tel:0769－83737966
2590288

**广州市增城森博制衣厂**
业务：专业从事男女牛仔服装的加工、生产
地址：广东省广州市增城市新塘镇东坑富丽路44、46号第1－3房
负责人：胡启东 邮　编：511340
法　人：胡启东
Tel：020－82686399
Fax：020－82686299

**东莞市瑞峰服饰有限公司**
业务：我公司产销针织服饰、鞋、帽，国内贸易，商品和技术进出口贸易（不含国家法律法规，禁止或限制项目），产品远销东南亚、俄罗斯、澳大利亚等国家与地区，在国内也占有相应的内销市场，秉着"客户至上，质量第一"的宗旨，欢迎国内外客商来电来函咨询洽谈！
地址：广东省东莞市大朗镇九郁工业区墩煌岭站旁
邮　编：523770
法　人：陈俊
Tel:0769－86260666
Fax:0769－86262615

**东莞市虎门大佳利布料店**
业务：服装，鞋材，箱包面料等批零
地址：1.广东省东莞市虎门镇国美宏发（永乐）布料市场B020；2.广东省东莞市虎门镇国际布料交易中心6B130号铺
负责人：温小姐 邮　编：523003
法　人：先生磁彬
Tel：0769－85111897
82266130
Fax：0769－85266106
82266130

**东坑东正绳带厂**
地址：广东省东莞市东坑镇角社上联工业区
负责人：何德源
Tel:0769－83862668
13553836678

**广州市蓝堡制衣有限公司**
业务：生产、加工、经销、批发男装牛仔、女装牛仔、童装牛仔、色布服装、休闲服饰、国内产品、海外产品、贴牌加工
地址：广东省广州市增城市新塘镇沙埔雅瑶村荔园路5号
负责人：卢浩湖 邮　编：511340
法　人：卢浩湖
Tel：020－82959855

**鹤山市雅瑶镇奔驰鞋厂**
业务：生产、销售男士皮鞋
地址：广东省鹤山市雅瑶镇石田村1129号
负责人：罗玉娟 邮　编：529700
法　人：罗玉娟
Tel：13717271633
0750－8548228

**顺晖鞋材布料经营部**
地址：广东省东莞市厚街镇寮厦围篱新村8巷9号

负责人：蒋崇辉
Tel:0769－85963029

**东莞市厚街松信皮料加工厂**
业务：皮革加工、销售
地址：东莞市厚街镇汀山林业队路
负责人：张光星 邮　编：523003
法　人：程祖伟
Tel：13712561179
0769－81266281
网址：www.songshin.cn
E-mail：songshin2@yahoo.cn

**新伦纺织品有限公司**
地址：广东省东莞市厚街镇桥头村塘面桥林路14号
负责人：郭真显
Tel:13826914937

**广州市其鑫纺织服装有限公司**
业务：纺织服装
地址：广东省广州市增城新塘镇东华村碧松山
负责人：黄建光 邮　编：510130
法　人：黄建光
Tel：13509282224
020－82766098

**东莞市大朗佳佳手袋厂**
业务：本公司为国内独资手袋生产制造行业，目前，主要生产高档系列手袋，产品远销香港、台湾、欧美以及日本等地，产品设计完全以国际市场需求出发，适应潮流，所有手袋均可独立制作，并可按客户图样制作各款式手袋。
地址：广东省东莞市大朗镇松柏朗区新园1路124号
邮　编：523770
法　人：文冬桂
Tel:0769－83202946
83484909
Fax:0769－83121163

**佛山市禅城区程鸿鞋厂**
业务：鞋子生产销售
地址：广东省佛山市禅城区张槎街道大沙工业区工业大道35号之一
负责人：温剑 邮　编：528000
法　人：温剑
Tel：0757－82211247

**广东省佛山市石湾区小飞龙制衣厂**
地址：广东省佛山市环市镇朝一第二工业区内B座一楼
负责人：徐六林
Tel:0757－83271591
13927277865

**连平县忠信镇飘逸窗帘店**
业务：窗帘销售
地址：广东省河源市连平县忠信镇经济开发区沿江路
负责人：黄伟团 邮　编：517001
法　人：黄伟团
Tel：13750237501
15819218892

**广东省佛山市石湾区兴宇制衣厂**
地址：广东省佛山市环市镇东升格沙工业区14号
负责人：曹大伟
Tel:0757－86280969
13326729996

**揭阳市东山区东兴艾拉美服装品牌店**
业务：品牌服装的销售
地址：广东揭阳市东山区榕江大酒店西侧江沁花园8－9号铺
负责人：孙小艾 邮　编：522000
法　人：孙小艾
Tel：0663－8788885
8618885
13828156008

**广东省佛山市石湾区超吉制衣厂**
地址：广东省佛山市环市镇东升格沙工业区7号楼
负责人：杨梅香
Tel:0757－86286752

**河源市源城区鸿星尔克服装店**
业务：鸿星尔克服装代理
地址：广东省河源市源城区长塘路12号远东大厦首层106号
负责人：魏永捷 邮　编：517000
法　人：魏永捷
Tel：13902637343
13902631444

**东莞亿弘润服饰有限公司**
业务：东莞亿弘润服饰有限公司成立于1996年，是一家生产加工服装的企业。主要的品牌有：欧尼尔、艾希迩。我们承诺为客户提供"精美设计、一流做工、高档面料、完善服务。

地址：广东省东莞市虎门镇北栅村南坊工业区
邮　编：523925
法　人：李茂志
Tel:0769－88920633
Fax:0769－88920722

**南通信合兴纺织洗染有限公司顺德均安办事处**
地址：广东省佛山市顺德区均安镇百安南路49号
负责人：杨碧月
Tel:13018543393

**潮安县东凤镇广惠制鞋厂**
业务：制鞋
产品：工艺鞋、拖鞋、凉鞋
地址：广东省潮州市潮安县东凤镇东梅路
负责人：陈少杰 邮　编：515634
法　人：陈少杰
Tel：0768－6585778
13828377276
Fax：0768－6585768
E-mail：guanghuishoes@21cn.com

**佛山澜石镇华北筛网经销部**
地址：广东省佛山市澜石镇金澜北路1325号
负责人：李建奇
Tel:0757－83815135
13809211598

**红蜻蜓专卖店**
业务：专卖红蜻蜓皮鞋
地址：广东省河源市源城区长塘路3号
负责人：陈廷斌 邮　编：517000
法　人：陈廷斌
Tel：13750223721
0762－3326857

**大沥田进再生棉纱厂**
地址：广东省佛山市南海区大沥颜峰仙溪工业区
负责人：陈明平
Tel:0757－85580928
13702976576

**河源市源城区鹏星体育服饰加工场**
业务：服装来料加工，校服、工作服、酒店礼服订做，欢迎各团队订做运动服
地址：广东省河源市源城区河埔大道明珠工业园内
负责人：蔡建朋 邮　编：517001
法　人：蔡建朋
Tel：13536756186
0762－3336904
Fax：0762－3336904

**官窑彩圣电脑印花厂**
地址：广东省佛山市南海区官窑村委会开发区（村委会侧鞋厂二楼）
负责人：王叶前
Tel:0757－85898806
13078436361

**河源市永昌电脑绣花贴合厂**
业务：电脑绣花，烫珠，烫石，各类鞋材，专业贴合，上油潮，PU胶，机切捆条业务
产品：加工电脑绣花、布料贴合、烫珠烫石、机切捆条
地址：广东省河源市源城区河源大道白岭头沥背村工业区
负责人：黄军 邮　编：517000
法　人：黄军
Tel：0762－3269998
13360992126
Fax：0762－3269990
E-mail：huangjun2000sing@qq.com

**东莞市厚街中盛鞋材加工厂**
业务：东莞市厚街中盛鞋材加工厂专业从事鞋材的加工与销售，我们本着品质好、信用好、服务好、价格公道的经营原则，给您最好最快的服务、最优惠的价格！
地址：广东省东莞市厚街镇新塘村
负责人：彭灿明 邮　编：523960
Tel:0769－85913269

**潮州市开发区广信工艺鞋厂**
业务：专业生产塑料鞋、工艺鞋的外向型企业，本厂生产设备精良，技术力量雄厚，产品质量诚信，精益求精，畅销欧洲、非洲、南美洲等世界各地，我们以专业的品质，优质的服务，真诚期待与您合作！
产品：威驰龙男庄鞋，和意妮女庄鞋
地址：广东省潮州市凤新莲云村温岭工业区
负责人：陈传龙 邮　编：521000
法　人：陈传龙
Tel：0768－2853218
Fax：0768－2853219
网址：www.guangxinshoes.cn
E-mail：guangxin0505@163.com

**育越服装厂**
地址：广东省佛山市南海区黄岐镇泌冲育越服装厂
负责人：骆文杰
Tel:0757－85998800
13802462086

**河源市源城区冠辉毛织加工场**
业务：毛织半成品
地址：广东省河源市源城区埔前镇河背村205国道边城中路口
负责人：赖志辉 邮　编：517025
法　人：赖志辉
Tel：13827801269
0762－3425668

**九江谭业手套厂**
地址：广东省佛山市南海区九江镇南方八约红旗三队148号
负责人：谭业文
Tel:13928697366

**虎门亿泰电脑绣花厂**
业务：虎门亿泰电脑绣花厂成立于2003年，从事专业电脑绣花，欢迎新老客户来电洽谈业务。
地址：广东省东莞市虎门镇白沙四村上溪头厂房
负责人：蔡奕青 邮　编：523900
法　人：蔡奕青
Tel:0769－86237686
86237652
网址：mtw25996

**东莞市茶山百彩服装经营部**
业务：服装销售
地址：广东省东莞市茶山镇超朗村
负责人：李寿福 邮　编：523000
法　人：李寿福
Tel：0769－86190739

**平洲福华鞋料夹布厂**
地址：广东省佛山市南海区平洲农科站工业区
负责人：赵元德
Tel:0757－86776643
13809706198

**河源市源城区谜底服装店**
业务：服装销售
地址：广东省河源市源城区文明路126号
负责人：王和兰 邮　编：517000
法　人：王和兰
Tel：13435348910
0762－3180038

**裕永染料经营部**
地址：广东省佛山市南海山黄岐中南花园南湖路18号
负责人：赵良
Tel:13902811137

**导演服装店**
业务：服装经营
地址：广东省河源市源城区文明路三友楼第三卡
负责人：谢丹丹 邮　编：517000
法　人：谢林章
Tel：15014980497
13435340940

**佛山市石湾区宏陶贸易部**
地址：广东省佛山市石湾区来翔路1号
负责人：何国强
Tel:0757－82711619
13702921433

**东莞市茶山同进布料加工厂**
业务：布料对贴、布料对海棉
地址：广东省东莞市茶山镇广济路一坊128号
负责人：刘勇 邮　编：523003
法　人：刘勇
Tel：13006836588
0769－82232620

**博罗县耀德制衣厂**
业务：男、女时装加工、销售
地址：广东省惠州市博罗县罗阳镇博义路78号
负责人：刘志忠 邮　编：516100
法　人：刘志忠
Tel：13542701151

**万麟彩印厂**
地址：广东省佛山市顺德区乐从镇荷村工业区工业东路57－63号
负责人：刘伟能
Tel:0757－28832932
13702638567

**雪花儿制衣厂**
业务：内衣，女士背心，套装
产品：针织背心
地址：广东省东莞市茶山镇京山村二队
负责人：文磊 邮　编：523399
法　人：文磊
Tel：0769－81866645
13662901650
Fax：0769－81866645

### 雅凡斯服饰有限公司
地址:广东省佛山市顺德区伦教街道国际木工机械城8号楼二层
负责人:何慧
Tel:13703028338

### 博罗县石湾镇德信侬利服装加工厂
业务:生产、加工、销售:服装
地址:广东省惠州市博罗县石湾镇湖山新二村
负责人:彭志林 邮 编:516001
法 人:彭志林
Tel:0752-6908551
网址:http://www.51zzt.com/user/zzt34920

### 东莞市开明鞋服有限公司
业务:东莞市开明鞋服有限公司是专业设计生产,销售童鞋,童装系列产品的有限责任公司,本公司可按客户需求定制各种不同年龄儿童穿着用的高、中、低档童鞋、童装多种类型系列产品,欢迎国内新老客户前来选购或来料加工,本公司品牌"鸿胪娃""星际飞船"。
地址:广东省东莞市虎门镇则徐路144(虎门医院旁边)
邮 编:523900
法 人:邹林章
Tel:0769-85192735
85242116
Fax:0769-85506685
网址:www.dgkaiming.com

### 杏联制衣有限公司
地址:广东省佛山市顺德杏坛镇新冲工业区
负责人:胡国治
Tel:0757-27772086
13924567365

### 东莞市茶山龙腾服装加工厂
业务:加工酒店制服、工厂制服、校服、团体制服等各种制服及加工休闲时装。欢迎您来比价格、比质量、比服务。
地址:广东省东莞市茶山镇京山村新围37号
负责人:唐隆坤 邮 编:523003
法 人:唐隆坤
Tel:13538589131
0769-86174708

### 冠维电脑绣花厂
地址:广东省佛山市张槎古灶华宝路3号三楼
负责人:李祥国
Tel:0757-82237889
13827785303

### 博罗县石湾镇荣发制衣店
业务:订做工厂、学校、酒店等各种制服、工作服、校服、职业装
地址:广东省惠州市博罗县石湾镇湖山新二村
负责人:何建云 邮 编:516001
法 人:何建云
Tel:13692709878
0752-6908183
6908249
Fax:0752-6908249

### 新市金源制衣厂
地址:广东省广州市白云区高田街9-15号2楼
负责人:黄先生
Tel:020-86658209
13926096418

### 广东省博罗县石湾镇美丰毛织加工厂
业务:专业承接各类出口毛衣定单,工厂集打板、放码、排料、工艺单制作、样衣制作、服装加工为一体,为国外客户以及国内商家提供OEM服务,欢迎广大客户来我厂洽谈合作!
地址:广东省惠州市博罗县石湾镇湖山新二村四巷6号
负责人:魏高攀 邮 编:516127
法 人:魏高攀
Tel:0752-6918242
15018062735
Fax:0752-6918242

### 东莞市茶山金利服装加工店
业务:服装加工
地址:广东省东莞市茶山镇增埗村卢屋工业区
负责人:胡金福 邮 编:523000
法 人:胡金福
Tel:13728170912
18925528825

### 东莞市黄江铭凯皮具加工厂
业务:东莞市黄江铭凯皮具加工厂成立于1996年,主要从事各种皮草套、皮护套等皮具产品设计、加工、销售,本着以"质量求生存、信誉求发展"的宗旨,热诚欢迎广大国内外客商来电来函咨询或亲临参观指导!
地址:广东省东莞市黄江镇刁朗乡正街7号
负责人:洪爵阁 邮 编:523750
法 人:洪爵阁
Tel:0769-83848881
Fax:0769-83848889

### 奥翔皮具厂
地址:广东省广州市白云区黄石街江夏村元下底工业区
负责人:林长峰
Tel:020-86437194
13352820987
13751805877

### 博罗县泰美镇佰信达皮鞋店
业务:销售男女皮鞋
地址:广东省惠州市博罗县泰美镇建新路164号
负责人:欧世德 邮 编:516001
法 人:欧世德
Tel:13794566805

### 广州玮林服饰有限公司
地址:广东省广州市白云区江侨路黄沙港第一工业区6幢2楼12幢
负责人:吴炜
Tel:020-36602791
13332879827

### 志皓制衣厂
业务:男装服装加工
地址:广东省惠州市博罗县园洲镇上南村福园路
负责人:翟振志 邮 编:516100
法 人:翟振志
Tel:0752-6803137
13829958579
Fax:0752-6802137
E-mail:mjklle@tom.com

### 广州市白云区新市长宏鞋厂
地址:广东省广州市白云区均禾街长红村六社茶元岗西街前厂房2幢
负责人:罗学能
Tel:020-86096989

### 东莞市茶山华军鞋面加工店
业务:鞋面加工
地址:广东省东莞市茶山镇增埗卢屋工业区
负责人:何华军 邮 编:523003
法 人:何华军
Tel:0769-81821196
81821197
Fax:0769-81821197

### 雅宝服装配件加工厂
业务:雅宝服装配件加工厂是集设计、开发、销售于一体的热转移烫画纸。专业生产企业泳衣烫画,各类服装,鞋烫唛,柯式烫画,反光烫画,运动号码。
地址:广东省东莞市寮步镇陈家埔村
负责人:彭河伟 邮 编:511700
法 人:彭河伟
Tel:0769-83261837

### 博罗县园洲镇志皓制衣厂
业务:男装成衣,休闲装
地址:广东省惠州市博罗县园洲镇上南村福园南路
负责人:翟振志 邮 编:516123
法 人:翟振志
Tel:13829958579
0752-6803137
Fax:0752-6803137

### 广州市白云区神仙富华裁缝店
地址:广东省广州市白云区神山镇罗溪西路82号
负责人:谢瑞华
Tel:13825098666

### 东莞市长安吉杰鞋材店
业务:经营运动鞋鞋材
地址:广东省东莞市长安镇霄边上洋长兴路六巷一号铺
负责人:王华兵 邮 编:523000
法 人:王华兵
Tel:13712290466

### 惠州市龙威路皮具制品有限公司
业务:皮具
产品:真皮手袋、女包、高档包
地址:广东省惠州市河南岸上马庄金山湖村金山湖路44号四楼
负责人:温文宣 邮 编:516001
法 人:温文宣
Tel:13809664026
0752-2506973
Fax:0752-2530993
E-mail:longwei961116@163.com

### 东莞市寮步盛名手袋厂
业务:本厂位于东莞市寮步镇富竹山莞樟路172号,即107国道旁。工厂面积达2000余平方米,至今已有4年之久,对手袋方面的制造、管理具有丰富的实践经验。工厂有豪华的装饰及完善的管理制度(人性化管理)。工厂承接包工包料,来料加工,来样订做一系列的服务。工厂的宗旨是:质量第一,信誉至上的服务方针,品质是企业的生命,以品质求生存,谋发展的管理模式,力求完美的产品,让客人满意,希贵公司给予支持和信任,让我们共同发展、携手共进。
地址:广东省东莞市寮步镇富竹山莞樟路172号
负责人:张小军 邮 编:523400
法 人:张小军
Tel:0769-88901929
Fax:0769-83528258
网址:www.mtw29481.chinapyp.com
E-mail:shengmin1958@163.com

### 广州市白云区石井冠顺鞋材五金店
地址:广东省广州市白云区石井桥东上街大岗段66号
负责人:凌湘良
Tel:020-36380692
13802512476

### 东莞市合众信德制衣有限公司
业务:集服装加工、设计、生产、出口为一体的现代化企业,承接外贸加工单,以及外单包工包料。可为客户提供相应的款式和规格,并可根据客户需求提供款式设计、打版起样。欢迎国外客商前来看样订货或来样加工。
产品:万圣节服装、圣诞节服装、表演服及相关服饰配件
地址:广东省东莞市常平镇漱旧村工业区
负责人:廖小姐 刘先生
邮 编:523003
法 人:王细页
Tel:0769-83986198
83988928
83980988
83981298
13925737488
Fax:0769-83989599
网址:www.goldshining.cn
E-mail:irisliu692@yahoo.cn

### 广州市白云区石井瑞华制线厂
地址:广东省广州市白云区石井夏茅村市第四煤矿内
负责人:黄记林
Tel:020-86080090
13609021278

### 惠州市惠城区定良服装辅料配料行
业务:服装,手袋,包装材料,辅料
地址:广东省惠州市惠城区古塘坳高速公路前(中海油后面)
负责人:钟定良 邮 编:516000
法 人:钟定良
Tel:15916410664
0752-2603880
Fax:0752-2603880

### 广州市白云区红胜山鞋厂
地址:广东省广州市白云区石井镇石潭西路张村后岗工业区张村五社1号楼
负责人:王跃
Tel:020-86415470
13711218599

### 川惠手袋厂
业务:专业生产、设计各种时款袋、钱夹、公文包、环保袋等
产品:男女装手袋、钱包
地址:广东省惠州市惠城区河南岸冰塘村冰塘组173号
负责人:唐涛 邮 编:516001
法 人:唐涛
Tel:0752-2585053
Fax:0752-2536379
E-mail:tangtao198226@163.com

### 广州古淳服饰有限公司
地址:广东省广州市白云区站西路57号9号楼7A008号房
负责人:杨宇轩
Tel:020-86525715

### 东莞市常平华迅毛织厂
业务:毛制品加工
地址:广东省东莞市常平镇苏坑村苏坑大道樱花百货三楼
负责人:沈先义 邮 编:523003
法 人:沈先义
Tel:0769-83986955
13412798669

### 东莞市明畅线带有限公司
业务:东莞市明畅线带有限公司是一家专业生产松紧带,织带,绳带的专业公司,现已开发并投产高速松紧带,织带,渔丝带,织字英文提花带、针织松紧带、跑马松紧带、鞋带之类,欢迎来电来函垂询,来图来样设计订做。
地址:广东省东莞市樟木头镇柏地村东城大道
负责人:周定勇 邮 编:511700
Tel:0769-87138219
87784557
Fax:0769-87138309
E-mail:http://mcxd.b2b.hc360.com

### 惠州市惠城区川惠手袋加工厂
业务:手袋加工销售
地址:广东省惠州市惠城区河南岸冰塘村冰塘组173号
负责人:唐涛 邮 编:516001
法 人:唐涛
Tel:13631941695
0752-2536379
网址:http://www.51zzt.com/user/zzt30365

### 广州市威冠包装(手袋)制造有限公司
地址:广东省广州市白云区竹料镇商业大街18栋红旗工业区
负责人:黄炼全
Tel:020-87447496
13802958182

### 东莞市常平奇创针织厂
业务:针织毛衫
地址:广东省东莞市常平镇塘角村三区35号
负责人:黄合娣 邮 编:523003
法 人:黄合娣
Tel:0769-83910198
13829297784
Fax:0769-83910198
网址:http://www.51zzt.com/user/zzt40665/coinfo.htm

### 广州千盈服装公司
地址:广东省广州市东山区环市东路348号东楼第9楼P室
负责人:黄颖
Tel:020-87600261

### 惠州市惠城区印巴文化
业务:销售少数民族服装
地址:广东省惠州市惠城区南坛东路17号美博城一楼49号铺
负责人:杨润鸿 邮 编:516000
法 人:杨润鸿
Tel:15014960222
13553428818

### 番禺潭洲振裕纺织染印有限公司大石销售部
地址:广东省广州市番禺区大石镇洛溪新城吉祥北街十四幢58号
负责人:陈晖
Tel:020-84931139

### 雅乐布艺批发零售总汇
业务:布料
地址:广东省惠州市惠城区义乌小商品批发城一期二楼三街298号
负责人:李惠珍 邮 编:516001
法 人:李惠珍
Tel:0752-2840733
Fax:0752-2840733
QQ:399395992

### 佛山市锦晖纺织有限公司
业务:本公司成立于2005年,主要生产销售针织布,棉纱、新型纤维纱线。公司"以质量求生存,以信誉求发展"的目标,竭诚欢迎新老客户来电洽谈业务!
地址:广东省佛山市禅城区城西工业区兴路15号华南针织布交易中心B2203-3号
负责人:郭德辉 邮 编:528000
法 人:郭德辉
Tel:0757-82125667
82021506
网址:0757-82125660

### 广东省东莞市国宏服饰有限公司
业务:专业生产高中档羊毛衫及服装用料供货及订单加工,包工包料。可为客户提供相应的款式和规格,并可根据客户需求提供款式设计、打版起样。欢迎国内外客商前来看样订货或来样加工。
产品:高中档羊毛衫、罗纹、领袖、下脚
地址:广东省东莞市大朗镇蔡边村地塘头二区308号第一层
负责人:张体国 邮 编:523770
法 人:张体国
Tel:13714096969

### 广州市番禺区欣姿格雅制衣厂
地址:广东省广州市番禺区大石镇南浦东乡村沿沙路118号
负责人:刘智善
Tel:020-39984657

## 惠东县立隆鞋材制品厂
业务：生产、销售鞋材制品
产品：PU鞋底
地址：广东省惠州市惠东县白盆珠镇南西街2号
负责人：赖夫练 邮 编：516001
法 人：赖夫练
Tel：0752－8189966
13539235230

**长星服饰（广州）有限公司分厂**
地址：广东省广州市番禺区东涌镇市南公路东涌段183号
负责人：许天发
Tel：020－34917277

## 惠东县大岭镇东日鞋厂
业务：女装鞋的生产和销售
产品：女装鞋
地址：广东省惠州市惠东县大岭镇东进路北1巷9号
负责人：曾小城 邮 编：516001
法 人：曾小城
Tel：13680879367
0752－8366390
Fax：0752－8366390

**广州市番禺化龙东南手袋厂**
地址：广东省广州市番禺区化龙东南村西坑街一巷7号
负责人：潘庆贤
Tel：020－88498316
13802840907

## 东莞市大朗进能纺织品经营部
业务：男装毛衣、女装毛衣、儿童毛衣
地址：广东省东莞市大朗镇长塘社区长宏新城373号一楼
负责人：邓国威 邮 编：523003
法 人：邓国威
Tel：13728259948
0769－82238868
Fax：0769－82238869
网址：www.minwei.jqw.com
E-mail：minweizhiyi@yahoo.com.cn

## 佛山市南海区罗村丽权手袋厂
业务：佛山市南海区罗村丽权手袋厂成立于2004年，主要生产销售手袋。欢迎新老客户光临、惠顾！
地址：广东省佛山市南海区罗村联星充美紫气巷1号
负责人：张岐明 邮 编：528226
法 人：张岐明
Tel：0757－86190569
Mobile：13728552131



## 惠东县大岭镇玉步鞋厂
业务：生产鞋类
地址：广东省惠州市惠东县大岭镇沙梨园工业区华际鞋业有限公司内
负责人：刘慢华 邮 编：516001
法 人：刘慢华
Tel：0752－8521820
13502268418
Fax：0752－8521820

**广州展富服装有限公司**
地址：广东省广州市番禺区石楼镇绿怡居4－5号二楼
负责人：毛慧珍
Tel：020－84847377

## 惠东县大岭镇吉顺通鞋厂
业务：生产、销售女鞋
地址：广东省惠州市惠东县大岭镇社背水窝A区
负责人：张少番 邮 编：516300
法 人：张少番
Tel：0752－8918733
15875277888

**凯德士服装有限公司**
地址：广东省广州市海珠区石榴岗红卫村西路29号之8第三层
负责人：李福全
Tel：020－34044468
13922762688

## 东莞市大朗洁金针织加工厂
业务：男女毛衣毛裤等针织服装的设计，加工
地址：广东省东莞市大朗镇佛新社区银源西二街23号
负责人：张水洁 邮 编：523003
法 人：张水洁
Tel：0769－81160888

**广州市凤之凰纺织品有限公司**
地址：广东省广州市海珠区石溪南约东街北11号
负责人：黄锡宜
Tel：020－84427806

## 惠东县大岭镇新双龙鞋厂
业务：鞋子加工和销售
地址：广东省惠州市惠东县大岭镇小岭村
负责人：何绍柏 邮 编：516300
法 人：何绍柏
Tel：13531642908
0752－8559258
Fax：0752－8559258

## 佛山市三水区白坭镇建安丝织厂
业务：本厂是私营纺织企业，成立于1989年，拥有先进剑杆织布机及前道工序配套设备，加工或产销时装面料，丝棉织品布料。
地址：广东省佛山市三水区白坭镇工业大道133号
邮 编：528131
法 人：梁建华
Tel：0757－87568888
Fax：0757－87569988
网址：www.gdja.chinapyp.com

## 东莞市腾翔制衣有限公司
业务：成衣加工销售进出品
产品：各类成衣
地址：广东省东莞市大朗镇水口村金沙塘工业区金民路68号2号厂房2楼全层
负责人：周冬珠 邮 编：523003
法 人：周冬珠
Tel：0769－82221658
Fax：0769－82221958

**广州市海珠区凤阳长丰纺织布行**
地址：广东省广州市海珠区新港西路顺景街3号1403－1404
负责人：赵质义
Tel：020－89038761
13602723556

## 惠东县大岭镇互达鞋厂
业务：时尚女鞋的生产与销售
产品：时尚女鞋
地址：广东省惠州市惠东县大岭镇新园路133号
负责人：冯其光 邮 编：516300
法 人：冯其光
Tel：15917769396
0752－8132389
Fax：0752－8132689
E-mail：ht8132389@163.com

**广州欣业皮革制品有限公司**
地址：广东省广州市花都区北兴镇花都大道6号
负责人：刘宁荔
Tel：020－87772493

## 佛山市兴禾发皮革有限公司
业务：佛山市兴禾发皮革有限公司成立于2005年，主营皮革、沙发材料，欢迎新老客户来电洽谈业务，共同发展。
地址：广东省佛山市顺德区龙江镇亚洲国际家具交易中心A区一排13号
负责人：何兴发 邮 编：528318
法 人：何兴发
Tel：0757－23879088
Fax：0757－23879077
网址：www.mtw30224.chinapyp.com

## 东莞市大朗大风范针织服装厂
业务：集设计、生产、销售于一体，专业从事各类针织服装制造及加工，款式新颖，品质优越，本厂一贯秉承服务、质量取胜，诚信经营，欢迎新老客户来电洽谈。
产品：针织饰品、针织服装
地址：广东省东莞市大朗镇松柏朗村行者山115号
负责人：程年华 邮 编：523000
法 人：程年华
Tel：0769－81169659
13728291892
Fax：0769－81169659
网址：www.dfffs.com
E-mail：603851706@qq.com

## 惠东县黄埠齐达鞋厂
业务：鞋子生产销售
地址：广东省惠州市惠东县黄埠大坑新兴街
负责人：李建军 邮 编：516001
法 人：李建军
Tel：0752－8111596
网址：http://www.51zzt.com/user/zzt32282

## 惠东县黄埠博创鞋模厂
业务：鞋模设计加工及销售
地址：广东省惠州市惠东县黄埠海滨二路（安泰货运站旁）
负责人：李世明 邮 编：516001
法 人：李世明
Tel：0752－8117275
8117276

**广州市花都区邦威鞋厂**
地址：广东省广州市花都区赤坭镇培正大道1号
负责人：王晓峰
Tel：020－86841241

**天声乐器箱包厂**
地址：广东省广州市花都区松园大道7号
负责人：陈昌华
Tel：020－87589776
13600066415

## 东莞市大朗卓顺腾针织厂
业务：针织品的生产和销售
地址：广东省东莞市大朗镇巷头社区富康北八巷3号
负责人：徐锦春 邮 编：523003
法 人：徐锦春
Tel：13712603030
0769－81115473

**广州益华织造有限公司**
地址：广东省广州市花都区新华镇华海工业区对面
负责人：梁惠珍
Tel：020－86873938

## 惠东县黄埠顺风鞋料店
业务：鞋子销售
地址：广东省惠州市惠东县黄埠美誉广场C108档
负责人：王必财 邮 编：516001
法 人：王必财
Tel：0752－8276691
13809692236

## 广州市白云区铭鎏鞋材厂
业务：广州市白云区铭鎏鞋材厂主要从事专业开发，生产销售各类男、女装橡胶组合底，真皮底，我们本着"诚信第一，客户至上，设计新颖"的宗旨，热诚欢迎新老客户惠顾。
地址：广东省广州市白云区龙归镇园夏工业区园夏大道东C区5号
负责人：刘中周 邮 编：510000
法 人：刘中周
Tel：020－86049569
Fax：020－86049567

## 惠东县黄埠旭洲鞋厂
业务：鞋
地址：广东省惠州市惠东县黄埠田富围村银城酒店后第五栋
负责人：牛传舟 邮 编：516001
法 人：牛传舟
Tel：13719634462
0752－8694612

**广州市花都坚骏皮革工艺厂**
地址：广东省广州市花都区新华镇华兴工业区办公室
负责人：黄伟坚
Tel：020－36801325

## 东莞市煦荣服饰有限公司
业务：服装的加工与销售
地址：广东省东莞市大朗镇巷头社区富康南九巷2号一楼
负责人：唐名煦 邮 编：523000
法 人：唐名煦
Tel：15999756888
13527916866

**香鳄鞋业有限公司**
地址：广东省广州市机场路585号鹏景大厦8楼
负责人：孙小飞
Tel：020－86090621
13602803493

## 惠东县黄埠鼎宏鞋厂
业务：专业生与销售童鞋
产品：童鞋
地址：广东省惠州市惠东县黄埠银丰街兴华北街6巷9号
负责人：黄觉兵 邮 编：516001
法 人：黄觉兵
Tel：13556297862
0752－8201781
Fax：0752－8201781

**三套车鞋业行**
地址：广东省广州市荔湾区环市西路111号帝豪鞋城D12档
负责人：黄其鑫
Tel：020－86523570
13802906338

## 惠东县黄埠华特鞋材贸易公司
业务：经营PPU、PPR、PVC、PU、PR、等成型底材，片材，并可按客户要求开模各种型双
地址：广东省惠州市惠东县黄埠镇海滨前段
负责人：施先生 邮 编：516353
法 人：施伟界
Tel：0752－8201658
8209680

**世纪布行**
地址：广东省广州市花都区狮岭皮革皮具城B一街53号
负责人：赵东江
Tel：020－86928766

**阿联酋阿尔.莎比尔公司广州代表处**
地址：广东省广州市荔湾区中山八路13－41号TO栋2609室
负责人：马英俊
Tel：020－81354460
13711482020

## 东莞市晋福针织服装有限公司
业务：针织服装
地址：广东省东莞市大朗镇巷头社区富康南五巷46－47号
负责人：刘荣晋 邮 编：523003
法 人：刘荣晋
Tel：13602324157
0769－81193829

## 白云区佟运发毛织品厂
业务：白云区佟运发毛织品厂主要从事毛织、服装的加工、制造与销售。"以质量求生存，以信誉求发展"，竭诚欢迎广大新老客户来我公司洽谈业务，共同合作！
地址：广东省广州市白云区太和镇北村侨发大街21号
负责人：陈秀武 邮 编：510445
法 人：陈秀武
Tel：020－36369936

## 国康鞋业
业务：自产女装中高档成品鞋
产品：女装，凉鞋，单鞋
地址：广东省惠州市惠东县黄埠镇银丰街六巷二栋
负责人：邓玉林 邮 编：516353
法 人：邓玉林
Tel：0752－8209865
Fax：0752－8209867
网址：www.hdgkxc.cn
E-mail：guokang88@sina.com

**广州钧亿商贸有限公司**
地址：广东省广州市荔湾区中山八路23号富力商贸大厦2110室
负责人：何志斌
Tel：020－81355291
81354144

## 惠东县黄埠万丰鞋厂
业务：女单鞋生产、销售
地址：广东省惠州市惠东县黄埠镇银丰街四巷5号
负责人：王超 邮 编：516300
法 人：王超
Tel：0752－8276338

**广州市一条龙服装有限公司**
地址：广东省广州市荔湾区中山八路97号荔湖大厦901室
负责人：吴先生
Tel：13903008602

## 东莞市大朗盛兰毛衣店
业务：毛衣销售
地址：广东省东莞市大朗镇巷头社区广东毛织市场二楼182号
负责人：陈孝盛 邮 编：523000
法 人：陈孝盛
Tel：13427819999
13412211889

**广州市天誉装饰有限公司**
地址：广东省广州市天河区华翠街56号粤和居泰和阁904
负责人：伍四兵
Tel：020－85576835
13802789589

## 惠东县黄埠耀东鞋厂
业务：鞋加工和生产
地址：广东省惠州市惠东县吉黄路第二栋（建龙油站后面）
负责人：李想辉 邮 编：516353
法 人：李想辉
Tel：0752－8118661
13923657186

## 朝顺鞋厂
业务：本厂专业生产女鞋，休闲时装鞋系列
产品：专业生产销售PV女鞋
地址：广东省惠州市惠东县吉隆镇国税对面第一条大巷
负责人：冷朝阳 邮 编：516351
法 人：冷朝阳
Tel：0752－5321269
13719636361
Fax：0752－8208236
E-mail：chaoyang8200361@163.com

## 广州龙归园夏工业区泳盛鞋厂
业务：本厂成立于2001年，主要生产销售女式皮鞋。款式新颖、价格合理，热忱欢迎新老客户来电订购！
地址：广东省广州市白云区太和镇园夏村泳盛鞋厂

负责人:罗方国 邮 编:510175
法 人:关玉雄
Tel:020－86049514
Fax:020－86049514

**广昌通布行**
地址:广东省广州市新塘镇汇太东路151号
负责人:卓佳富
Tel:020－82671438
13928929221

**荣顺电脑针织服饰有限公司**
业务:生产加工针织服饰
地址:广东省东莞市大朗镇巷尾村新河路33号
负责人:戴海岳 邮 编:523000
法 人:戴海岳
Tel:13825789897
0769－81160399
E-mail:dgrongshun@163.com

**广州半价鞋业贸易连锁有限公司公园前分店**
地址:广东省广州市越秀区广州地铁二号线公园前站GY－15s号
负责人:陈根炎
Tel:020－83176239

**惠东县吉隆镇永明鞋业**
业务:本厂专业生产女装、休闲鞋、童鞋系列及OEM订单产品，款式新颖、品质卓越，我们以最低的价格回报顾客，欢迎广大客户来我厂洽谈合作!
产品:女装、休闲鞋、童鞋
地址:广东省惠州市惠东县吉隆镇桥东平湖二街六号
负责人:叶志明 邮 编:516001
法 人:叶志明
Tel:0752－8289245
13528047506
Fax:0752－8289245

**广州市祥德拉链有限公司**
业务:我们公司是专业生产拉链的厂家，在广州有自己的工厂.有自己的车间.拥有国际先进技术的拉链自动生产设备，及完善的品质仪器.欢迎来电洽谈!
地址:广东省广州市白云区新科水了布东边西B栋
负责人:姜鸣生 邮 编:510440
Tel:020－62831233
Fax:020－62831232
网址:http://www.teezipper.com
E-mail:xdll138@teezipper.com

**东莞市大朗蓝云电脑针织厂**
业务:毛织服饰生产销售
地址:广东省东莞市大朗镇巷尾社区新和路32－36号二楼大朗蓝云电脑针织厂
负责人:黄德伟 邮 编:523003
法 人:黄德伟
Tel:13288851188
0769－83019596
Fax:0769－83019586

**增城市新塘万世豪服装厂**
地址:广东省广州市增城区新塘镇东坑三横路81号
负责人:周廷渊
Tel:13902339486

**惠东县吉隆同和皮革鞋材贸易商行**
业务:皮革鞋材加工及销售
地址:广东省惠州市惠东县吉隆镇人民路42号
负责人:黄卓富 邮 编:516351
法 人:黄卓富
Tel:0752－8116792
8116793
13928333287
Fax:0752－8116793

**润利纺织品有限公司**
地址:广东省广州市增城市新塘镇(牛仔城)牛仔路231号
负责人:刘恩平
Tel:020－82783952
13902334791

**惠东县吉隆宝树鞋厂**
业务:高、中、低档男女童鞋生产销售
产品:皮鞋、布鞋、凉鞋、脱鞋、靴子
地址:广东省惠州市惠东县吉隆镇商贸城
负责人:刘正树 邮 编:516001
法 人:刘正树
Tel:13553432677
0752－8699263
Fax:0752－8699262

**广州市欣迪鞋业有限公司**
业务:广州市欣迪鞋业有限公司成立于2004年，主要从事女式时装鞋的生产与销售。款式新颖，做工精细，热诚欢迎广大朋友来我公司洽谈业务，共同发展!
地址:广东省广州市白云区新市镇均禾街长红村太和社区第八经济社
负责人:杨乾芝 邮 编:510440
Tel:020－86042279
Fax:020－86042279

**远兴针织时装厂**
业务:专业从事各类针织服装制造及加工，款式新颖，品质优越，本厂一贯秉承服务、质量取胜，诚信经营，欢迎新老客户来电洽谈。
产品:毛衣、针织休闲服等
地址:广东省东莞市大朗镇竹山路口(大朗渔村斜对面)
负责人:巫云星 邮 编:523000
法 人:巫云星
Tel:0769－83032211
13712223272
Fax:0769－82234498
网址:www.51zzt.com/user/zzt38405

**广州市泰迪服装有限公司**
地址:广东省广州市增城市新塘镇大墩开发区D区40号
负责人:吴锐垣
Tel:020－82609977

**惠东县吉隆马英德鞋厂**
业务:鞋子的生产和销售
地址:广东省惠州市惠东县吉隆镇水坑头
负责人:谢德寿 邮 编:516001
法 人:谢德寿
Tel:0752－8699598
13556225096

**广东省增城市新塘镇新大江洗漂厂**
地址:广东省广州市增城市新塘镇东华工业开发区
负责人:陈柏春
Tel:020－82764677
82773520

**惠东县吉隆银达利鞋厂**
业务:自产、自销制鞋
产品:外销高中档各类鞋
地址:广东省惠州市惠东县吉隆镇洋皮地段
负责人:刘正银 邮 编:516001
法 人:刘正银
Tel:13923655948
0752－8200525
Fax:0752－8200526
E-mail:haike232303@163.com

**广州市金涵服饰有限公司**
业务:金涵服饰公司以超前的设计理念，运用先进的纺织技术和生产设备，挚诚地为众多国内外知名品牌提供专业设计和加工服务，同时可以按客户需求进行定纺、定染和定做，以最大力度为客户提供贴心满意的服务。
地址:广东省广州市荔湾路49号之四306
负责人:蔡家驹 邮 编:510170
Tel:020－81200740
81200749
Fax:020－81200747
网址:www.jhfs.ppy.cn
E-mail:wsq1211@163.com

**东莞市大朗澳添毛织厂**
业务:毛衣设计、生产、销售
地址:广东省东莞市大朗镇竹山社区鸣凤路17号
负责人:张俊添 邮 编:523003
法 人:张俊添
Tel:0769－81069523
13763285766

**增城市新塘海星制衣厂**
地址:广东省广州市增城市新塘镇东坑区北横路84号
负责人:黄秀平
Tel:020－82602379
13902334069

**惠东县平山俊利达鞋厂**
业务:鞋子设计、生产，来料来样订做加工
地址:广东省惠州市惠东县平山蕉田大道32米路18号
负责人:李福军 邮 编:516001
法 人:李福军
Tel:0752－8880996

**惠东县平山新鸿祥鞋料店**
业务:鞋子销售
地址:广东省惠州市惠东县银基皮革鞋材批发市场G170、171号
负责人:陈荣标 邮 编:516001
法 人:陈荣标
Tel:13509086382
0752－8862382

**宏远纺织品经营部**
地址:广东省广州市增城市新塘镇汇美村四通路12号
负责人:李友余
Tel:020－82609559
13928927866

**广州市亚轩服装有限公司**
地址:广东省广州市增城市新塘镇汇美新村荔新路A5区8号
负责人:张为民
Tel:020－82672926

**东莞市大岭山晓群鞋材店**
业务:鞋配件
地址:广东省东莞市大岭山镇大沙178号(大众厂侧)
负责人:许长群 邮 编:523003
法 人:许长群
Tel:13712548184
0769－82787891
Fax:0769－23322589
E-mail:xuzhangqun0423@163.com

**广州威尔浪服装有限责任公司**
业务:本公司主要从事服装的加工与销售。公司坚持"以质取胜，以诚为本"的宗旨，以"顾客第一，服务第一"为理念，赢得客户的广泛赞誉。
地址:广东省广州市天河区平月路南国2街2号1902房
负责人:徐继生 邮 编:510030
法 人:刘雨恩
Tel:020－38298270
Fax:020－38209102
网址:www.welllong.com
E-mail:xujisheng2006@yahoo.com.cn

**惠东县平山缘兴鞋店**
业务:时尚女鞋厂家定做、批发零售。承接国内外单
地址:广东省惠州市惠东县银基商贸城G区246号档
负责人:郭明芳 邮 编:516300
法 人:郭明芳
Tel:15815428602

**广州市德通纺织有限公司**
地址:广东省广州市增城市新塘镇牛仔路95号
负责人:吴伟锋
Tel:020－82697999

**东莞市道滘美奇鞋材有限公司**
业务:生产鞋带，松紧带，织带，提花织带，编织，五金制扣，拉链，花边
地址:广东省东莞市道滘镇南丫北丫南阁路
负责人:杨艳 邮 编:523003
法 人:杨艳
Tel:13929200152
0769－85823501
Fax:0769－85814679

**广州市富又盈服装有限公司**
地址:广东省广州市增城市新塘镇群星村东坑区三横路29、31号
负责人:吴汝潮
Tel:020－82707313

**0752韩国服装店**
业务:服装、饰品、鞋、皮包
产品:韩国进口服装、首饰、鞋、皮包等
地址:广东省惠州市惠沙堤金雅苑20号
负责人:陈乐英 邮 编:516001
法 人:陈乐英
Tel:0752－2681085
13829988043

**广州市增城金利佳制衣厂**
地址:广东省广州市增城市新塘镇群星村东坑区三横路66号
负责人:黄锐洪
Tel:020－82706917

**惠州市惠阳区淡水酷比鼠童装店**
业务:"酷比鼠"童装、外贸童装
地址:广东省惠州市惠阳区淡水广场东路中铭豪园3栋1楼8号
负责人:钟淑芳 邮 编:516001
法 人:钟淑芳
Tel:13542721980
0752－3777141
网址:http://36946237.taobao.com

**广州市冠鹰服饰有限公司**
业务:广州冠鹰服饰有限公司是一家专业生产企事业单位制服、工作服的厂家。公司拥有先进的生产设备和电脑设计，专为企业"量身订做"各种职业服装。一直以来，我们秉承客户第一、服务致上的原则，不仅提供优质的产品，更提供优质的服务，我们不断地结交新的客户和新的朋友，真诚地希望有机会为您提供我们的优质服务，提升您的企业形象。我们承诺:您只要给一分信任，我们将回报十分的满意!
地址:广东省广州市珠江新城金穗路20－30号丽晶华庭银莱阁1111室
邮 编:510632
法 人:郭金亮
Tel:020－33686619
Fax:020－38293053

**东莞市东城与狼共舞休闲鞋店**
业务:主要经营男、女增高休闲鞋。
地址:广东省东莞市东城区岗贝世博广场B区好又多商场一楼
负责人:申桂龙 邮 编:523003
法 人:申桂龙
Tel:13544093640
0769－23135289

**广州市增城永展服装厂**
地址:广东省广州市增城市新塘镇卫新路11号405房
负责人:李慧华
Tel:020－82683701

**惠州市惠阳区平潭金辉窗帘店**
业务:窗帘设计制作及销售
地址:广东省惠州市惠阳区平潭镇平新大道3号
负责人:杨利辉 邮 编:516259
法 人:杨利辉
Tel:15919392727

**广州市新尔丰制衣有限公司**
地址:广东省广州市增城市新塘镇新何村市头社沙古寮(土名)厂房A1
负责人:姚志丰
Tel:020－82705779

**惠阳区新圩镇骏翔鞋底厂**
业务:主要经营TPR、PVC的发泡鞋底。品质保证，价格优惠，欢迎广大客户光临。
地址:广东省惠州市惠阳区新圩镇塘吓大道西区72号
负责人:刘兴军 邮 编:516001
Tel:0752－6526060
13823285191
Fax:0752－6526059

**江门市蓬江区丰恒线业有限公司**
业务:本公司成立于2005年，是一家专业生产涤纶缝纫线的厂家。产品质量保证，价格合理，竭诚欢迎新老客户光临、惠顾!
地址:广东省江门市杜阮镇井根
负责人:蔡耀彬 邮 编:510290
法 人:蔡耀彬
Tel:0750－3651480
3651456

**东莞市东城亿源手袋有限公司**
业务:手袋
地址:广东省东莞市东城区樟村(温塘)银岭工业区
负责人:邹耀松 邮 编:523003
法 人:邹耀松
Tel:0769－82877358
13829180105
Fax:0769－82877360

**广州琴曼服装有限公司**
地址:广东省广州市增城市新塘镇新塘大道(摩擦托车市场对面)
负责人:李立红
Tel:020－82770958
82770953
13928955257

**新友利鞋厂**
业务:鞋类
产品:中高档女装，鞋
地址:广东省惠州市吉隆镇上步金山区金华三路
负责人:宋广荣 邮 编:516351
法 人:宋广荣
Tel:0752－8110228
Fax:0752－8110228
E-mail:ylshoes228@163.com

**雅运纺织化工有限公司**
地址:广东省广州市中山大道中77号之一12楼
负责人:胡经理
Tel:020－82312190
13602723165

**惠州市惠城区广丰手袋厂**
业务:生产、销售手袋
地址:广东省惠州市小金口柏岗老虎岭村10号
负责人:张素勤 邮 编:516001
法 人:张素勤
Tel:0752－2835286
13924344257

**江门市蓬江区棠下镇健腾服装辅料有限公司**
业务:本公司成立于2000年，主要生产销售拉链、拉链头。热忱欢迎新老客户来电洽谈业务、共创佳绩!
地址:广东省江门市蓬江区棠下镇中心村曲江村1号厂房
负责人:梁兆波 邮 编:529800
法 人:梁兆波
Tel:0750－3582753

**东莞市东坑裕昌电脑绣花厂**
业务：绣花加工
产品：服装，羊毛，帽，各类电脑绣花
地址：广东省东莞市东坑镇长安塘茶亭楼东安路188号
负责人：詹桂泉　邮　编：523003
法　人：詹桂泉
Tel：0769－83867855
Fax：0769－83697855
E-mail：yu1886@21cn.com

**广州市港柏贸易有限公司**
地址：广东省广州市梓元岗大街33号千色皮具广场3楼4098室
负责人：杨红
Tel：020－86699186

**惠州市惠城区创富电脑绣花加工部**
业务：电脑绣花加工
地址：广东省惠州市小金口兴隆西二街二巷33号
负责人：李万胜　邮　编：516023
法　人：李曲玲
Tel：13528007386
0752－2290143

**宝元制鞋有限公司**
地址：广东省河源市龙川县经济开发区5号区
负责人：陈丁贵
Tel：0762－6803586
13702361880

**惠州市惠城区奔腾服饰店**
业务：销售服装
地址：广东省惠州市义乌小商品批发城二期4楼228、229号
负责人：张军　邮　编：516000
法　人：张军
Tel：0752－2729015
2049228
13437665698

**江门市东城皮草皮革厂有限公司**
业务：江门市东城皮草皮革厂有限公司主要从事皮草、皮革的生产。"质量可靠，价格合理"，热诚欢迎新老客户来电来人洽谈业务，共同合作！
地址：广东省江门市西区工业路8号B区三楼
负责人：谢伏伏……邮　编：529000
Tel：0750－3528029

**东莞市东坑金莱克服装店**
业务：主营金莱克服装、鞋帽、袜、篮球、球拍
地址：广东省东莞市东坑镇中兴大道062号星汇大厦一楼
负责人：刘导崇　邮　编：523000
法　人：刘导崇
Tel：0769－87228128
13712688820

**惠东县柏松鞋业有限公司**
地址：广东省惠州市惠东县吉隆镇上步金山
负责人：黄开富
Tel：0752－8605237

**鹤山市共和镇 MiKi 非主流服装店**
业务：以男女休闲服饰为主
地址：广东省江门市鹤山市共和镇顺和路310号
负责人：徐家武　邮　编：529728
法　人：徐家武
Tel：0750－8309851

**惠东县平山镇荣达大东塑胶制品厂**
地址：广东省惠州市惠东县平山镇平深路（城南水厂对面）
负责人：庄夫源
Tel：0752－8867015

**鹤山市沙坪镇玉豹鞋厂**
业务：玉豹牌男士时装鞋、商务休闲鞋的设计、制作、销售
地址：广东省江门市鹤山市沙坪镇经华路199号二楼
负责人：罗忠利　邮　编：529020
法　人：罗忠利
Tel：15992103031
0750－8851188
8854618

**惠来县正丰实业有限公司**
业务：惠来县正丰实业有限公司成立于2005年，从事纺织品的制造及销售。本司一贯坚持""质量第一、信誉为本""的经营宗旨，使产品多品种，高品质来满足和适应市场及顾客的需求。
地址：广东省揭阳市惠来县葵潭工业区5－6栋
邮　编：515239
法　人：李创锋
Tel：0663－6250289
网址：0663－6260028

**东莞市凤岗联生编织绳带厂**
业务：产销各种材质绳子、织带、以及机器或人工编织各种手腕和皮带
地址：广东省东莞市凤岗镇三联村三联路22号
负责人：杨明　邮　编：523003
法　人：杨明
Tel：13929260929
0769－82078001
82078002
Fax：0769－82078002

**和丰纺织制衣有限公司**
地址：广东省惠州市惠阳区秋长镇岭湖工业区
负责人：李建安
Tel：0752－3555826
3806658
13825205768

**江海区天成服装加工场**
业务：服装加工
地址：广东省江门市江海区麻一余兴里58号村址综合楼第三层
负责人：周安明　邮　编：529020
法　人：周安明
Tel：13725927150
0750－2032578

**华利达鞋业有限公司**
地址：广东省江门鹤山市沙坪镇石岭街12号
负责人：施志坚
Tel：0750－8860338
13809600238

**步主流鞋店**
业务：专营男女时尚鞋类，本店品种齐全，价格优惠，质量三包。欢迎新老客户光临惠顾！
产品：男女时尚鞋类
地址：广东省江门市开平市水口镇蟠龙路125号
负责人：梁卓活　邮　编：529020
法　人：梁卓活
Tel：0750－2713114

**揭西县荣盛线业有限公司**
业务：揭西县荣盛线业有限公司成立于2005年，主要生产绣花线、涤纶线、锦纶线、缝纫线、针织品、纺织品、服装辅料等。热诚欢迎广大新老客户来电来人洽谈业务，共同合作！
地址：广东省揭阳市揭西县坪上镇龙湖工业区
负责人：黄彩荣……邮　编：515425
法　人：黄彩荣
Tel：0663－5634888

**东莞市尚鑫箱包有限公司**
业务：生产，销售拉杆箱、拉杆包、冰袋、旅行袋、旅行包、电脑箱
地址：广东省东莞市凤岗镇天堂围工业区48幢
负责人：刘智刚　邮　编：523003
法　人：刘智刚
Tel：13825734558
0769－82003468
87752608

**揭东县铭英织造有限公司**
地址：广东省揭阳市揭东县炮台镇新市村沙陇洋
负责人：吴月英
Tel：0663－3372198

**广东省江门市蓬江区科达商行**
业务：织造花边
地址：广东省江门市蓬江区荷塘镇民兴五街5、6号铺
负责人：周昭绵　邮　编：529000
法　人：周昭绵
Tel：13427353999
0750－3707877
Fax：0750－3707877

**梅州致诚皮制品有限公司**
地址：广东省梅州市梅江区三角镇上坪平安楼东座(2—3层)
负责人：陈皓云
Tel：0753－2196957

**江门市蓬江区香港扇伯服饰店**
业务：香港扇伯男装
地址：广东省江门市蓬江区水南路泰富城第一座1号二层 N01－02－05－06－07－08－09号铺
负责人：蔡宽飞　邮　编：529020
法　人：蔡宽飞
Tel：0750－3188262

**揭阳市利凯诺鞋业有限公司**
业务：本公司是一家自营进出口公司，拥有意大利专业制鞋生产线，优秀的技术员工，世界一流水平的专业设计中心，年产量300万对，公司已拥有十多年的制鞋经验，生产系列包括童鞋，休闲鞋、密鞋、工艺鞋、跟鞋等系列。产品主要出口东南亚、欧洲、美国、南美、中东等地区。
地址：广东省揭阳市榕城区仙桥紫晖工业区
邮　编：522000
法　人：林奕忠
Tel：0663－8878998
Fax：0663－8869289

**东莞市高埗宏展手袋加工店**
业务：手袋加工
地址：广东省东莞市高埗大道北联村149号后幢一楼
负责人：邹先生　邮　编：523000
法　人：邹春生
Tel：13723553872
13650382598

**名鳄服饰实业有限公司展销部**
地址：广东省普宁市流沙南平路44幢之五
负责人：钟永武
Tel：0663－2255908
13543916856

**江门市蓬江区天辉服装辅料加工店**
业务：钮扣、布料加工
地址：广东省江门市蓬江区棠下镇石滘村第富袋里
负责人：英浩林　邮　编：529020
法　人：英浩林
Tel：13534744900
0750－3572287

**汕头市恒丰制衣有限公司**
地址：广东省汕头市潮南区两英鹤丰工业区
负责人：倪琼忠
Tel：0754－85612619
13923968970

**江门市新会区会城豪美服装城**
业务：服装销售
地址：广东省江门市新会区会城灵镇2号103
负责人：张洪　邮　编：529100
法　人：张洪
Tel：13427408088

**伟岳特殊鞋材**
业务：我公司主要从事生产和销售PVC塑料拖鞋，女士透明拖鞋，女士肩带及各种鞋类配件。公司自成立以来以其良好的信誉、专业的服务、稳定的客户关系，创造了出众的业绩。公司注重"以人为本"、"诚信立业"，通过完整的管理条例和长期的业务实践，培养出一批熟悉国际市场、精通业务的骨干队伍，竭诚为广大客户提供优质的服务。
地址：广东省揭阳市榕港路432号
负责人：吴岳明……邮　编：515559
法　人：吴岳明
Tel：0663－8659748
网址：www.mtw27043.chinapyp.com

**东莞市国宏手袋制品有限公司**
业务：设计、生产和销售各类手袋；代客开发新产品及打样服务
产品：旅行袋、登山背包、电脑袋、拉杆背包、拉杆箱、时款包、购物袋、化妆袋、各类冰袋、午餐袋及各类电子包，文具袋、高瓶电压透明化妆礼品袋等
地址：广东省东莞市横沥镇裕宁工业区财贸路第一幢
负责人：罗宗国　邮　编：523003
法　人：罗宗国
Tel：13923776894
0769－87061718
Fax：0769－87061719
网址：http://www.wtobag.com/
E-mail：luozongguo.2007@163.com

**潮阳区谷饶宝贝儿针织内衣厂**
地址：广东省汕头市潮阳区谷饶工业区
负责人：张志宾
Tel：0754－87618927
13500139927

**江门市新会区司前粤旺服装厂**
业务：服装的生产和销售
地址：广东省江门市新会区司前镇前锋工业园长康大山面综合楼
负责人：童大贵　邮　编：529020
法　人：童大贵
Tel：13822355625
0750－6566065

**凯斯嘉服装厂**
业务：服装、帽配件
产品：塑料弯形帽舌、异形帽舌、塑料平板
地址：广东省揭阳市东2路金凤帝王1栋B梯101号
负责人：林文弟　邮　编：522000
法　人：林文弟
Tel：13539288315
Fax：0663－8667333

**潮阳区港得制衣有限公司**
地址：广东省汕头市潮阳区谷饶华光中四区七巷6号105
负责人：张锦华
Tel：0754－87619120

**清远市恒润织造实业有限公司**
业务：本公司是集服装、纺织、绣花、印染、服装设计、生产、销售、进出口贸易为一体的现代化集团公司。公司现有6家相关下属企业，固定资产6000万元，年产值3亿元，年出口额8000万美金，恒润，已经成为一家名副其实的上规模纺织服装出口企业。
地址：广东省清远市清新县太和镇清和大道81号
邮　编：511800
法　人：张镇文
Tel：0763－3869456
Fax：0763－3869538
网址：www.qyhengrun.com

**东莞市厚街大盈织带加工店**
业务：鞋材编织带加工
地址：广东省东莞市厚街镇宝屯村宝塘厦友谊路
负责人：徐燕琼　邮　编：523000
法　人：徐燕琼
Tel：0769－85990890
85829680
Fax：0769－85829680

**谷饶维新针织厂**
地址：广东省汕头市潮阳区谷饶有源路
负责人：张维钊
Tel：0754－87617736
87620736

**揭阳试验区凯斯嘉服装厂**
业务：服装设计、生产
地址：广东省揭阳市东2路金凤帝王1栋B梯101号
负责人：林文弟　邮　编：522000
法　人：林文弟
Tel：0663－8636032

**谷饶华港针织内衣厂**
地址：广东省汕头市潮阳区谷饶镇华光工业区
负责人：张秋钦
Tel：0754－87618032
13903044239

**揭阳市天风毛织有限公司**
业务：毛衣的加工，销售
地址：广东省揭阳市东山区磐东科技大道中心往里转右侧第2间
负责人：李淳　邮　编：522000
法　人：李淳
Tel：13411282472

**广东汕头琪芝美针织内衣厂**
业务：琪芝美针织内衣厂成立于2000年，主要生产高、中、低内衣，并承接国内外定单。
地址：广东省汕头市潮南区陈店镇洋内工业区
负责人：杨锡文……邮　编：515152
法　人：杨锡文
Tel：0754－4493365
Fax：0754－4493365
网址：www.qzm.net.cn

**东莞市盛得鞋业有限公司**
业务：生产和销售各种沿条和各种组合大底
产品：真皮类，橡胶类，美耐底类
地址：广东省东莞市厚街镇赤岭村鲤鱼山阳明山一号
负责人：黄彦文　邮　编：523003
法　人：黄彦文
Tel：0769－85983519
13829153615
Fax：0769－85983529

**潮阳市谷饶泽祥针织内衣厂**
地址：广东省汕头市潮阳区谷饶镇上堡五村公路南
负责人：张盛全
Tel：0754－87613181

**惠来县周田镇斑点服饰商场**
业务：销售服装、皮具
地址：广东省揭阳市惠来县周田镇周田市场
负责人：黄庆伟　邮　编：522000
法　人：黄庆伟
Tel：0663－6820221
13927722883

**揭东县登岗镇家和美家纺材料经营部**
业务：经营家纺材料
地址：广东省揭阳市揭东县登意公路仁美路段
负责人：陈锐秋　邮　编：522000
法　人：陈锐秋
Tel：0663－3388099
13922672363

**德发针织内衣厂**
地址：广东省汕头市潮阳区谷饶镇泰和8号街
负责人：张树德
Tel：0754－87616418

13546882293

**汕头市大鼻象制衣实业有限公司**
业务：汕头市大鼻象制衣实业有限公司位于汕头市潮南区峡山大鼻象工业区。是一家专业生产男女内衣、T恤休闲系列的大型企业。公司自创立以来，坚持以质量创造品牌，以品牌占领市场，以市场壮大企业的连锁方式，使公司的客户网络已覆盖全国，并逐步打进国际市场。公司将与你共同打造共赢战略新联盟，创造品牌效益新时代。
地址：广东省汕头市潮南区峡山大宅河边路
邮 编：515000
法 人：卓圣龙
Tel：0754－7799977
Fax：0754－7902388

**东莞市福镕鞋楦有限公司**
业务：专业从事中、高档鞋楦设计、开发、加工，公司拥有精于专业的技术人才及精良的生产设备，秉承"创新追求时尚，品质追求卓越"的经营理念，以优质的产品与客户互利合作，实现双赢。
产品：鞋楦
地址：广东省东莞市厚街镇赤岭村一横北路宸锋工业区
负责人：潘小姐 邮 编：523000
法 人：潘丽琼
Tel：0769－81263171
Fax：0769－81263170
E-mail：furongchina2006@hotmail.com

**谷饶柯婷针织服装厂**
地址：广东省汕头市潮阳区谷饶直街263－265号
负责人：张朝散
Tel：0754－87616779
13502911896

**揭东县炮台镇成辉珠绣厂**
业务：服装加工、珠绣、印花
地址：广东省揭阳市揭东县炮台镇新秀商业园B型23号
负责人：林建钦 邮 编：522000
法 人：林建钦
Tel：0663－3358634
13922672900
Fax：0663－3358634
网址：http://www.51zzt.com/user/zzt32357

**金豪门服装实业有限公司**
业务：金豪门服装实业有限公司成立于2005年4月，是一家以生产内衣和家居服为主的厂家，产品销往全国各地，质量保证，热诚欢迎新老客户来电来人洽谈业务，共同合作。
地址：广东省汕头市潮阳区和平下厝工业区
邮 编：515154
法 人：吴旭鹏
Tel：0754－2270419
Fax：0754－2270429

**东莞市厚街万焕丰皮革店**
业务：猪皮，羊皮等皮革制品
地址：广东省东莞市厚街镇河田村河田大道47号银河皮革辅料市场一楼A109号
负责人：金献渣 邮 编：523000
法 人：金献渣
Tel：0769－81521103

**茂榕绣艺厂**
地址：广东省汕头市潮阳区关埠镇关福路18号
负责人：蔡玉君
Tel：0754－83363089

**普宁市美时芬织造制衣有限公司**
业务：服装
地址：广东省揭阳市普宁市流沙东埔开发区益德楼
负责人：吴逸雄 邮 编：522000
法 人：吴逸雄
Tel：0663－2836969
13531964988

**潮阳市贵屿振华针织服装厂**
地址：广东省汕头市潮阳区贵屿南阳工业区
负责人：郭迪民
Tel：0754－84445621
13502916621

**广东开平市朝煦服装有限公司**
业务：集设计、生产、销售于一体，专业从事牛仔服制造及加工，产品款式新颖，品质优越，销往全国及世界各地。公司一贯秉承服务、质量取胜，诚信经营，欢迎新老客户来电洽谈。
产品：休闲牛仔服装系列
地址：广东省开平市三埠区祥龙北路26号
负责人：许小姐 邮 编：529020
法 人：朱泓光
Tel：0750－2366258
18922059056
Fax：0750－2365858
E-mail：18922059056@189.cn

**海丰县裕雅针织有限公司**
业务：海丰县裕雅针织有限公司成立于2004年，主要从事毛衣的自产自销，对外加工毛衣。"质量可靠，价格合理"，竭诚欢迎广大新老客户来我公司洽谈业务，共同合作！
地址：广东省汕尾市海丰县城东镇狮山金东小区A3处七栋14号
负责人：刘献声 邮 编：516400
法 人：刘献声
Tel：0660－6416688

**东莞市厚街湘平鞋材店**
业务：专营鞋材，皮革及提供专业咨询服务，我们以信誉、服务、创新为经营理念，期待您的光临惠顾！
产品：鞋料，箱包料，手袋料，家具用料，沙发料
地址：广东省东莞市厚街镇河田村河田大道78号2楼2号
负责人：牟丽枝 邮 编：523000
法 人：张晨光
Tel：0769－85084898
Fax：0769－85925616

**汕头市茂亮实业发展有限公司**
地址：广东省汕头市潮阳区南阳工业区
负责人：郭耿亮
Tel：0754－84445489
13903042390

**城西裕华制衣钉珠加工厂**
业务：各类服装加工、各类手工钉珠加工
地址：广东省连州市城西城西城路五巷四号
负责人：魏自强 邮 编：513400
法 人：魏自强
Tel：18922559433
0763－6667143
Fax：0763－6667143

**潮阳市沙陇镇望上村金豹针织厂**
地址：广东省汕头市潮阳沙陇镇望上村金豹针织厂
负责人：陈义财
Tel：13502918528

**高州市贵生纺织机械经营部**
业务：经营纺织机械配件
地址：广东省茂名市高州市挂榜路16号
负责人：刘贵生 邮 编：525000
法 人：刘贵生
Tel：13607836469
0668－3699323

**东莞市厚街泰骏皮革行**
业务：销售人造革
地址：广东省东莞市厚街镇河田村南峰国际皮革鞋材交易中心B1005号
负责人：肖胜东 邮 编：523003
法 人：肖胜东
Tel：13827256650
0769－81225308

**德惠华内衣针织厂**
地址：广东省汕头市潮阳市谷饶横山工业区
负责人：陈华荣
Tel：0754－87616945
13902715925

**广东玫腾服饰制衣厂**
业务：专业生产睡衣，休闲，家居服饰等系列产品
地址：广东省普宁市华市金叶园十七幢
负责人：黄锡光 邮 编：515300
法 人：黄锡光
Tel：13729380083
0663－2930303

**澄华蓉艺毛织厂**
地址：广东省汕头市澄海区澄华冠山新兴华路
负责人：陈记伟
Tel：0754－85878939
13809671910

**普宁市朗豪制衣厂**
业务：生产、销售衫衣
地址：广东省普宁市燎原镇乌石村环城北路中段
负责人：韦映明 邮 编：515300
法 人：韦映明
Tel：13192921689
0663－7671638

**深圳市宝丽拉链有限公司**
业务：深圳市宝丽拉链有限公司创建于2005年5月，是一家专业生产各种规格拉链的企业。短短几年，公司在全体远大人的共同努力下，通过内联外引，技术革新，科学管理等，在拉链市场中占有了一席之地。公司以质量第一、信誉至上，顾客满意为宗旨，竭诚欢迎广大新老客户光临惠顾。
地址：广东省深圳市宝安区松岗街道潭头第二工业区D区15幢
邮 编：518105
法 人：倪时秋

Tel：0755－27134663
Mobile：13076985301
Fax：0755－27134669

**东莞市厚街玮盟鞋材皮革公司**
业务：制鞋，手袋，箱包，家俱，沙发用PU革
产品：各类PU人造革，PVC人造革，真软木，草席，压纹革等
地址：广东省东莞市厚街镇河田村沿河路一号二层
负责人：廖高军 邮 编：523000
法 人：廖高军
Tel：0769－85056180
Fax：0769－85056130

**阿尔泰童装加工组**
地址：广东省汕头市澄海区澄华中山南路中兴街西十六巷三号
负责人：陈振好
Tel：13809673090

**普宁市雅佳盛织造制衣有限公司**
业务：生产、销售服装，纺织品
地址：广东省普宁市流沙东街道湖东工业区
负责人：林少钦 邮 编：522000
法 人：林少钦
Tel：13509038221
0663－3859126
3859136

**梵士达制衣有限公司**
地址：广东省汕头市金平区卫工路4号三幢7楼701－703房
负责人：陈子达
Tel：0754－88568609

**普宁市流沙好来益制衣厂**
业务：生产加工服装
地址：广东省普宁市流沙光草洋村幼儿园16幢
负责人：李楚波 邮 编：515000
法 人：李楚波
Tel：0663－2171718

**汕头市金园区巴利洋服鞋业有限公司**
地址：广东省汕头市金砂路86号
负责人：魏鸿
Tel：0754－88327889
13502710999

**东莞市厚街捷峰鞋材店**
业务：供应鞋材用布，箱包用布
地址：广东省东莞市厚街镇厚街大道53－55号濠畔鞋材广场319号
负责人：王昌中 邮 编：523003
法 人：王昌中
Tel：13549293588
0769－89873213
Fax：0769－85031098

**深圳海利格兰服装店**
业务：海利格兰服饰连锁名店，一家专业代理台湾高级女装品牌机构，以自然和谐的东方女性为主，致力于成为中国最优秀的形象设计专家。专业、敬业、感恩是我们的文化内涵，也是服务的核心理念。热诚欢迎八方客户惠顾。
地址：广东省深圳市福田区深南中路格兰云天大酒店3楼
邮 编：518000
法 人：刘祖生
Tel：0755－83689700
83692597
82288358
Fax：0755－83692212

**深圳市米高服饰有限公司**
业务：深圳市米高服饰有限公司在2002年6月日成立，公司位于广东省深圳南山区南海大道保利城3A2503室，交通十分便利。我公司常年从事服装服饰的设计、生产、销售。服装做工精细，质量上乘，交货及时。"以质量谋生存，以信誉求发展"的经营宗旨；"以人为本，以质取胜，精益求精"的企业精神；求实创新的工作态度；团结拼搏的团队精神；高效准确的工作作风是本公司在激烈的市场竞争中立于不败之地的有力保障。
地址：广东省深圳南山区南海大道保利城3A2503室
邮 编：518054
法 人：王梓豪
Tel：0755－26429110
Fax：0755－26429114

**普宁市清月织造制衣有限公司**
业务：专业生产各式男女睡衣
地址：广东省普宁市流沙南洄竹埔村村址后南起第五栋（壬安楼）
负责人：施清习 邮 编：522000
法 人：施清习
Tel：0663－2822906

**裕胜洗染厂**
地址：广东省汕头市金园区北华路24巷3号
负责人：郑少雄
Tel：13902729973

**普宁市南溪鹏辉服装厂**
业务：生产加工服装
地址：广东省普宁市南溪镇南溪村
负责人：黄鹏辉 邮 编：515348
法 人：黄鹏辉
Tel：0663－2529928
2529929

**伊格斯丹服装有限公司**
地址：广东省汕尾市海丰县城东镇金园工业区A九栋
负责人：谢少森
Tel：0660－6418388
13302688630

**发达鞋材店**
业务：鞋带，松紧带批零
地址：广东省东莞市厚街镇厚街大道53－55号濠畔鞋材广场321铺
负责人：金全胜 邮 编：523000
法 人：金全胜
Tel：0769－84285645

**深圳市联润兴纺织品有限公司**
业务：深圳市联润兴纺织品有限公司成立于2006年，主要从事于纺织品的生产销售。欢迎新老客户光临、惠顾！
地址：广东省深圳市机场开发区三围村南路3号
负责人：王华中 邮 编：518126
法 人：王华中
Tel：0755－27486321

**清远市清城区年胜制衣厂**
业务：服装生产和加工
地址：广东省清远市清城区东城街办长埔开发区东盛体育场内
负责人：黎杏梅 邮 编：511500
法 人：黎杏梅
Tel：0763－3932032
Fax：0763－3930016
网址：http://www.51zzt.com/user/zzt30422

**深圳市红妆娇娃时装有限公司**
地址：广东省深圳市爱国路木头龙26幢2单元101室
负责人：鲁德彪
Tel：0755－25609696

**清远市清城区杰仕服装厂**
业务：加工服装
产品：以针织服装为主的各类服装
地址：广东省清远市清城区东城澜水新村增强西大街北四巷7－8号三楼
负责人：薛文杰 邮 编：511500
法 人：薛文杰
Tel：13727153890
0763－3933211
Fax：0763－3933211
E-mail：510173550@qq.com

**梅苏里双豹服饰（深圳）有限公司**
地址：广东省深圳市宝安区23区大宝路41号德丰盛大厦A栋五楼
负责人：张小勇
Tel：0755－27851501

**清远市清城区龙塘镇小贵族童装**
业务：童装销售
地址：广东省清远市清城区龙塘镇新市场对面
负责人：李细妹 邮 编：511500
法 人：李细妹
Tel：15914979715
0763－3603505

**东莞市厚街宏禾鞋材加工店**
业务：鞋材加工
地址：广东省东莞市厚街镇桥头村第三工业区
负责人：何春苗 邮 编：523000
法 人：何春苗
Tel：13428454318
0769－85889386

**深圳市中恒服装有限公司**
地址：广东省深圳市宝安区47区上川路海滨市场A栋3楼
负责人：蔡新忠
Tel：0755－61160392

**清远市清城区源潭镇纯衣秀时装店**
业务：经营服装
地址：广东省清远市清城区源潭镇跃进路39号二楼自编A5铺（城区一号片区）
负责人：潘秀凤 邮 编：511500
法 人：潘秀凤
Tel：13927667593

**深圳市野田纺织品有限公司**
业务：深圳市野田纺织品有限公司成立于1998年，主要生产棉麻，棉涤，锦棉，各种工艺、

功能型时装面料。品种齐全，可根据客户要求订制，提供全面优质服务。欢迎广大客户来电咨询洽谈。
地址：广东省深圳市罗湖区宝安路红桂路口金众经典家园金名阁8AC
邮 编：518001
法 人：王军安
Tel：0755－25977051

**东莞市厚街奕兴鞋类加工店**
业务：女式皮鞋加工及销售
地址：广东省东莞市厚街镇涌口村清泉路6号
负责人：李开凡 邮 编：523947
法 人：李开凡
Tel：13549414088
0769－85888236
Fax：0769－85888236

**瑞达纺织有限公司**
地址：广东省深圳市宝安区宝安南路西湖花园西景阁29D
负责人：张振田
Tel：0755－25584632
13802200977

**1. 英德市意尔康皮鞋专卖店 2. 英德市浛洸镇意尔康皮鞋店**
业务：意尔康皮鞋，皮具专卖
地址：广东省清远市英德市和平中路樱宾广场首层、广东省清远市英德市浛洸镇新城区
负责人：许洪起 邮 编：511500
法 人：许洪起
Tel：0763－2224229
13413507328
Fax：0763－2224229

**鸿安服饰加工厂**
地址：广东省深圳市宝安区宝城34区上川路华阳工业区1栋2楼东
负责人：黄作明
Tel：0755－27852558

**英德市英城艺芳无纺布加工店**
业务：主要经营无纺布的加工和销售
地址：广东省清远市英德市英城矮山坪村委会二组11号
负责人：莫艺强 邮 编：511500
法 人：莫艺强
Tel：13926635304
0763－2203021

**宝利服装厂**
地址：广东省深圳市宝安区宝城41区安乐三街96号
负责人：韩增富
Tel：0755－27839788
13924597790

**东莞市虎门梦想家服装店**
业务：日韩少女装
地址：广东省东莞市虎门镇黄河商业城第一层A125号
负责人：罗燕 邮 编：523000
法 人：朱海源
Tel：13711943272

**深圳市睿晨服饰有限公司**
业务：深圳市睿晨服饰有限公司是一家集服装设计、生产、销售为一体的大型服装企业，MAX&DG定位于中高端女装，市场以一二类城市的一类商场为主。公司坚持以一流的设计研发理念、先进的管理模式和科学的市场运作机制，引领女装的魅力时尚。
地址：广东省深圳市南山区创业路中兴工业城2栋2楼
邮 编：518054
法 人：张水平
Tel：0755－26420321
Fax：0755－26008956
网址：www.rcfs.chinapyp.com

**汕头市永佳隆刺绣有限公司**
业务：刺绣
地址：广东省汕头市潮南区陈店国税局后面18栋
负责人：洪义雄 邮 编：515000
法 人：洪义雄
Tel：0754－84471368
13172526666

**东莞市虎门祥记内衣行**
业务：内衣、泳衣、袜子、内裤
地址：广东省东莞市虎门镇吉祥街22号铺位
负责人：施茹洁 邮 编：523003
法 人：施茹洁
Tel：0769－85113688
Fax：0769－85113688

**新安蓝天布艺**
地址：广东省深圳市宝安区宝城47区上川西路华滨大厦76号

负责人：杨梅
Tel：0755－27825815
13691612398

**深圳市新安合兴制衣部**
地址：广东省深圳市宝安区宝城42区兴华一路南四栋
负责人：万先生
Tel：0755－27792763
13691778358

**广东省汕头市峡山翔虹绣花厂**
业务：专业从事电脑绣花，可根据客户要求设计，承接来料加工业务。以信立业是我们的宗旨，期待与您真诚合作，共创双赢！
产品：裁片绣花
地址：广东省汕头市潮南区董塘东峡路(董塘小学后面)
负责人：周沐鑫 邮 编：515144
法 人：周沐鑫
Tel：13539665978
Fax：0754－87757666

**四会市下茆镇恒丰纺织品经营部**
业务：四会市下茆镇恒丰纺织品经营部主要销售：服装、布制品、布匹。欢迎新老客户光临，惠顾！
地址：广东省四会市下茆镇前进路89号
负责人：曾绍辉 邮 编：526243
法 人：曾绍辉
Tel：0758－3227871
网址：www.mtw27945.chinapyp.com

**东莞市蓝黛伊服饰有限公司**
业务：男女服装，饰品批发零售
地址：广东省东莞市虎门镇名店时装商场7楼7G
负责人：马双 邮 编：523000
法 人：马双
Tel：15812843528
13070901380

**远兴针车拉筒店**
地址：广东省深圳市宝安区福永镇新田村稔田金泰大酒店侧4号
负责人：黄雄光
Tel：0755－27273001
13670148750

**汕头市潮南区昇嘉隆针织厂**
业务：生产、销售针织布
地址：广东省汕头市潮南区两英镇古溪工业西道沟古四街40号
负责人：李良生 邮 编：515000
法 人：李良生
Tel：0754－85620326
13926755858

**亿菲服装辅料商行**
地址：广东省深圳市宝安区公明镇富豪花园E区1幢401室
负责人：易剑波
Tel：13008898535

**汕头市潮南区两英信达制衣厂**
业务：生产、销售服装
地址：广东省汕头市潮南区两英镇禾皋东南片
负责人：康镇壮 邮 编：515000
法 人：康镇壮
Tel：13415005000
0754－84438085

**华美丝印移印器材行**
地址：广东省深圳市宝安区公明镇合水口村柏溪路北六巷2号
负责人：曾国安
Tel：0755－28992200
13632574485

**东莞市虎门丁螺时装店**
业务：批发时尚女装
产品：欧韩系列时尚女装
地址：广东省东莞市虎门镇名店时装商场一层第B2号铺位
负责人：张利和 邮 编：523003
法 人：张利和
Tel：13751416362
0769－85128699

**汕头市勤明织造实业有限公司**
业务：纺织、针织布
地址：广东省汕头市潮南区两英镇崎沟村兴英工业区(古溪洋)
负责人：康先生 邮 编：515000
法 人：康明波
Tel：0754－85571885

**公明博特皮革经营部**
地址：广东省深圳市宝安区公明镇合水口村第四工业区第八宿舍1楼
负责人：刘寒冰
Tel：13902451840

**广东省云浮市云安县白石镇工业开发区白云丝棉制品厂**
业务：广东省云浮市云安县白石镇工业开发区白云丝棉制品厂专业从事丝棉制品、蚕丝的生产、加工、销售，本厂宗旨：质量第一，信誉第一，竭诚为广大客户提供更多更好更优质的产品和服务。
地址：广东省云浮市云安县白石镇工业开发区
负责人：焦安海 邮 编：527123
法 人：焦安海
Tel：0766－6110858

**汕头市潮南区佰龙针织厂**
业务：制作、销售单面布、提花布等针织品
产品：单面布、提花布
地址：广东省汕头市潮南区两英镇司神路东西陇路段第五街9号
负责人：方越 邮 编：515000
法 人：方越
Tel：0754－85572238
13536913440

**永康服装行**
地址：广东省深圳市宝安区公明镇合水口村横领新村709号二楼
负责人：武艳
Tel：0755－27110675
13825251160

**鹰之王(香港)服装有限公司**
业务：生产销售服装
产品：男装商务休闲
地址：广东省东莞市虎门镇仁义路38号A020铺
负责人：杜淑英 邮 编：523900
法 人：杜淑英
Tel：0769－82267151
Fax：0769－85122189
网址：www.ewing.hk
E-mail：dgyingzhiwang@163.com

**华迪布行**
业务：本公司成立于2004年，拥有10多个员工，主要经营纺织品，布料。
地址：广东省增城市新塘镇国际牛仔城D幢107号商铺
邮 编：511340
法 人：林哲鸿
Tel：020－82698039
Fax：020－82694136

**广州市佳百发服饰有限公司**
业务：生产与销售运动服
产品：运动服
地址：广东省汕头市潮南区䌷英永丰乡
负责人：钟松发 邮 编：515000
法 人：钟松发
Tel：0754－85588488
Fax：0754－8584678

**信达针车行**
地址：广东省深圳市宝安区公明镇合水口村马田北路1号
负责人：施坤垒
Tel：0755－27730585
13692258764

**汕头市鸿兴利织造有限公司**
业务：时尚家居服，家居运动服，睡衣，等家居服饰产品
产品：各种睡衣睡袍
地址：广东省汕头市潮南区胪岗镇胪溪水果市场(新兴东路南四街13号第二、三层)
负责人：吴彬洪 邮 编：515000
法 人：吴彬洪
Tel：0754－82295123
13502920888

**深圳市美琪尔实业有限公司**
地址：广东省深圳市宝安区公明镇将石大围沙河工业区滨河路28幢4楼全层
负责人：张建成
Tel：0755－29890628
13802210066

**东莞市虎门金贝儿制衣厂**
业务：服装加工 女式T恤 制服、工作服 服饰加工 童装\婴幼儿服装
产品：各类女式、儿童服装
地址：广东省东莞市虎门镇沙角社区沙太路113号五楼厂房
负责人：张清伟 邮 编：523003
法 人：张清伟
Tel：13688988156
13729927099
0769－85720976
Fax：0769－85720976
网址：http://www.jinbeier.com.cn/

**广州市创晟棉业有限公司**
业务：我公司是一家新型的现代化纺织厂，拥有先进的全新纺织设备，技术力量雄厚，管理严格。我们的追求是"以质量取胜，价格从优，信誉第一"的原则。本着互惠互利、双赢共存、力争让我们的新老客户，用得放心、用得满意，欢迎来电、来函洽谈！
地址：广东省增城市新塘镇新塘国际牛仔城牛仔路E1幢167号
负责人：陈练强 邮 编：511340
法 人：陈练强
Tel：020－82696289
Fax：020－82687731

**汕头市潮南区司马浦宏运电脑绣花厂**
业务：专业从事花边的设计、生产、销售，上千种花型款式可供选择，可根据客户要求设计，以信立业是我们的宗旨，期待与您真诚合作，共创双赢！
产品：水溶链条，网布，胸花等
地址：广东省汕头市潮南区司马浦大下工业区
负责人：连利宏 邮 编：515149
法 人：连利宏
Tel：0754－87735798
13539666044
Fax：0754－87735798
E-mail：1030224164@qq.com

**鸿兴业服装有限公司**
地址：广东省深圳市宝安区观澜镇大东门32号内北座二楼
负责人：吴启帆
Tel：0755－28080457
13066818593

**东莞市虎门滑板虎童装店**
业务：童装经营
地址：广东省东莞市虎门镇沙太路81号(粤华童装城1楼A306号)
负责人：邓敬容 邮 编：523003
法 人：邓敬容
Tel：0769－85046132

**龙泰植毛厂**
地址：广东省深圳市宝安区观澜镇君子布村君新路兴隆家私厂后面
负责人：杨金富
Tel：0755－28161762

**汕头市潮南区峡山己纯牛仔服装店**
业务：己纯牛仔专卖
产品：15815112022
地址：广东省汕头市潮南区峡山环美路1街282号首层
负责人：吴小姐 邮 编：515000
法 人：张太山
Tel：15915818440

**肇庆市端州区立杰鞋材厂**
业务：本厂主要生产、经营贴合各类鞋材、手袋、箱包料、玩具布等。产品质量保证，价格合理，竭诚欢迎新老客户来电洽谈业务，共谋发展！
地址：广东省肇庆市睦岗镇外坑工业区
负责人：张中儒 邮 编：526060
法 人：肖高位
Tel：0758－2873518

**东莞市虎门亚州针车行**
业务：绣花缝制设备生产销售
地址：广东省东莞市虎门镇太宝路81－83号
负责人：徐先生 邮 编：523003
法 人：徐周坤
Tel：13686660637
0769－85725881
Fax：0769－85725891

**深圳市宝安区观澜三人众布碎行**
地址：广东省深圳市宝安区观澜镇松元村福楼四巷8号一楼
负责人：倪德帮
Tel：13602560652

**汕头市潮南区峡山翔虹绣花厂**
业务：加工锈花
产品：锈花制品
地址：广东省汕头市潮南区峡山街道董塘东畔路(即董塘小学后面)
负责人：周沐鑫 邮 编：515144
法 人：周沐鑫
Tel：0754－87757555
Fax：0754－57757666

**汕头市花仙柔服装实业有限公司**
业务：服装，生产
产品：家居服
地址：广东省汕头市潮南区峡山街道义英义华路89号
负责人：翁立彬 邮 编：515000
法 人：翁立彬
Tel：0754－87770129
Fax：0754－87770129
网址：www.qinuorou.com
E-mail：qinuorou@163.com

**奔霓实业发展有限公司**
地址：广东省深圳市宝安区龙华镇龙华上横朗工业区奔霓工业园
负责人：刘子文

Tel:13246615827

**东升时装厂**
业务:服装、服饰、服饰鞋帽设计加工
产品:服装
地址:广东省东莞市虎门镇威远瓦管围东区3街11号4楼
负责人:谢小春　邮　编:523200
法　人:谢小春
Tel:0769－85256252

**中山市大涌镇天意制衣厂**
业务:本公司成立于2005年,主要以生产销售女装牛仔裤为主,"产品质量保证,价格合理",欢迎新老客户来电洽谈!
地址:广东省中山市大涌镇卓山路82号
负责人:冯兵……邮　编:528476
法　人:冯兵
Tel:0760－6145576

**广东省汕头市都纳鸿制衣厂**
业务:服装的生产和销售
地址:广东省汕头市潮南区仙城镇陈仙公路边
负责人:赵秋潮　邮　编:515000
法　人:赵秋潮
Tel:0754－84436836
13112583888

**华之美洋服装店**
地址:广东省深圳市宝安区龙华镇三联玉石新村14栋首层
负责人:刘森清
Tel:0755－28114986
13823525642

**汕头市潮南区仙城都纳鸿制衣厂**
业务:服装生产销售
产品:各式针织服装内销、外贸
地址:广东省汕头市潮南区仙城镇陈仙公路边
负责人:赵加成　邮　编:515000
法　人:赵加成
Tel:0754－84436836
13502924444
Fax:0754－84438836

**深圳市德茂皮革有限公司**
地址:广东省深圳市宝安区龙井路东江豪苑15－C1
负责人:骆韶萍
Tel:0755－29994181

**东莞市虎门奕喜服装厂**
业务:各式服装生产、销售
产品:童装、各式休闲服
地址:广东省东莞市虎门镇西正街115号伲康厂楼下厂房
负责人:何德寿　邮　编:523003
法　人:何德寿
Tel:13038806273
0769－85519239

**中山市东升镇百展织造厂**
业务:中山市东升镇百展织造厂产品销往全国各地,欢迎各方客户来电洽谈业务,共同全作。
地址:广东省中山市东升镇白里管理区第十三生产队
负责人:黄乐杰……邮　编:528414
法　人:黄乐杰
Tel:0760－8503823
网址:www.mtw26941.chinapyp.com

**汕头市潮南区仙城情曼针织内衣厂**
业务:针织内衣、文胸
地址:广东省汕头市潮南区仙城镇深溪深西街121号
负责人:刘镇荣　邮　编:515143
法　人:刘镇荣
Tel:0754－84435532
13433835080

**娅奴实业有限公司**
地址:广东省深圳市宝安区民治镇宝山工业区(东边村)1号大厦
负责人:曹华全
Tel:0755－28195887
13609614170

**汕头市潮阳区谷饶诗芬娜针织厂**
业务:生产、销售针纺织品
产品:女士内裤、背心
地址:广东省汕头市潮阳区谷饶镇谷中西工业区
负责人:张耀权　邮　编:515159
法　人:张耀权
Tel:13902712188
0754－87619404
Fax:0754－87620505
网址:http://www.shifennq.com
E-mail:lxx55666@sina.com

**恒安辉纺织有限公司**
地址:广东省深圳市宝安区沙井后亭工业区
负责人:殷文辉
Tel:0755－27562811
27562711
13802561887

**汕头市兴裕泰纺织有限公司**
业务:专业生产销售针织面料,产品有锦纶,涤纶,莫代尔,竹纤维,竹炭纤维,纯棉,彩棉,有机彩棉,人棉,珊瑚绒,色织条,牛奶丝,哑光布等功能性弹力拉架布料,面料类型主要有平纹,罗纹,珠地,间色,提花,电脑提花等。适用于内衣裤头,文胸,保暖内衣,童装,休闲服,功能性服装。拥有专业人员不断的开发与创新面料以适合市场.本司宗旨"更低的价格创造更好的质量,开拓更大的市场"!
地址:广东省汕头市潮阳区谷饶镇仙波坽尾洋工业区
负责人:张先生　邮　编:225300
法　人:张盛奎
Tel:13500196690
0754－87631077
Fax:0754－87636965
网址:www.xingyutai.com
E-mail:13822899006@vip.163.com

**新永胜公司**
地址:广东省深圳市宝安区沙井镇黄埔第二工业区
负责人:王杰
Tel:0755－27422277
13802206456

**东莞市黄江合兴织带厂**
业务:专业从事织带设计、开发、生产,产品广泛应用于服装、鞋业、箱包、手袋、运动器具及日常生活用品等,可来图来样加工定做。产品款式多样、质优价廉、品质上乘,深受广大客户的信赖和好评。
产品:鞋带、PP带、背包、松紧带
地址:广东省东莞市黄江镇合路村合富南街38号
负责人:杨亮华　邮　编:523000
法　人:杨亮华
Tel:0769－83626030
13829142488
网址:www.hexingzd.cn
E-mail:hexing142488@163.com

**中山市港口镇星港制衣厂**
业务:我厂从事服装生产,我厂坚持以"一流的服务品质、一流的产品质量,竭诚为广大客户服务、欢迎来电洽谈业务。
地址:广东省中山市港口镇民主社区美景路口安达修理厂
负责人:王小坚……邮　编:528447
Tel:0760－8483438

**汕头市瑞嘉服饰有限公司**
业务:专业生产针织、梭织等产品并自营品牌,系集产品开发、市场营销于一体的现代化制衣企业。卓越的品质、创新的产品、诚信的服务,我们期待与您的合作!
产品:"珊索"家居服、妇婴幼儿用品
地址:广东省汕头市潮阳区和平镇塘围陈厝寮洋
负责人:马少鹏　邮　编:515154
法　人:马松杰
Tel:13822885939
E-mail:maspen@126.com

**时美时装店**
地址:广东省深圳市宝安区沙井镇沙头村沙头三路45号
负责人:黄爱华
Tel:0755－27210767
13530287938

**汕头市英尔郎服饰有限公司**
业务:服装的生产和销售
地址:广东省汕头市潮阳区和平镇下厝原电影院
负责人:吴镇南　邮　编:515000
法　人:吴镇南
Tel:0754－82606328
13500139139

**飞翔缝纫销售部**
地址:广东省深圳市宝安区沙井镇上星村莲塘中区二巷二号
负责人:赵子群
Tel:0755－27247383
13530379638

**中山火炬开发区骏成手袋厂**
业务:中山火炬开发区骏成手袋厂成立于2004年,主要生产销售各种时装袋、化妆袋。产品精致美观、造型独特、款式新颖、品质优良。欢迎新老客户光临、惠顾!
地址:广东省中山市火炬开发区小引村步头街17号
负责人:魏明……邮　编:528437
法　人:唐怀芳
Tel:0760－5337699
Fax:0760－5310568
网址:www.mtw30805.chinapyp.com

**东莞市寮步立红绳带厂**
业务:生产、销售绳带、织带、丝带
地址:广东省东莞市寮步镇横坑北门工业区横中二路
负责人:黄文智　邮　编:523003
法　人:黄文智
Tel:13650098975
0769－88903108

**深圳市宝安区石岩新星布碎经销行**
地址:广东省深圳市宝安区石岩镇上屋坳背龙新村17号
负责人:黄雄文
Tel:13603097731

**汕头市澄海区旺峰毛织厂**
业务:加工毛织服装
产品:毛织服装
地址:广东省汕头市澄海区澄华镇上窖园田工业小区
负责人:黄玉坤　邮　编:515000
法　人:黄玉坤
Tel:0754－86388272
网址:http://www.51zzt.com/user/zzt34467

**中山市横栏镇森玛制衣厂**
业务:我公司成立于2005年,主要生产各种服装,产品销往全国各地,热诚欢迎来电洽谈!
地址:广东省中山市横栏镇裕祥村(四沙市场侧)
负责人:梁润华……邮　编:528098
Tel:0760－7761898

**汕头市澄海区东发毛衫厂**
业务:生产与销售各类针织与毛织衣服
产品:各类针织与毛织衣服
地址:广东省汕头市澄海区莲华镇京楼村
负责人:张汉松　邮　编:515000
法　人:张汉松
Tel:0754－85328448
18923667448
Fax:0754－85328448

**深圳市宝安区石岩燕安电脑绣花厂**
地址:广东省深圳市宝安区石岩镇塘头村旧市场边八巷5栋2楼
负责人:叶荣勇
Tel:0755－27624170

**东莞市寮步三禾皮具厂**
业务:生产,销售钱包、手机套、手袋、记事本、公文包、名片包、护照夹、钥匙包
地址:广东省东莞市寮步镇横坑比华利松溪路50号
负责人:梁立权　邮　编:523003
法　人:梁立权
Tel:0769－82812880
13712882238

**港盛织带制品厂**
地址:广东省深圳市宝安区松岗镇洪桥头工业区
负责人:尚农纲
Tel:13509633285

**汕头市澄海区裕嘉制衣有限公司**
业务:服装制品
地址:广东省汕头市澄海区莲下镇美埭居委会澄华街道
负责人:王雄国　邮　编:515834
法　人:王雄国
Tel:0754－85101898
85741115
85745530
Fax:0754－85745530

**宝隆拉链有限公司**
地址:广东省深圳市宝安区松岗镇江边村第4工业区
负责人:林国勇
Tel:0755－27144277
13076985366

**东莞市桥头兴贵毛织加工店**
业务:主要经营毛织加工和销售
地址:广东省东莞市桥头镇田新村友谊路298号
负责人:陈朝贵　邮　编:523003
法　人:陈朝贵
Tel:0769－88678546
13694966144

**中山市南头镇中康制衣厂**
业务:中山市南头镇中康制衣厂专业从事对外设计加工针织、缩织、过滤服装、包装袋、杂件,竭诚欢迎国内外广大同仁前来参观、洽谈、开展来料来样订货业务,我们愿以真诚的服务,良好的信誉,同您携手合作,在服装行业共创新的辉煌。
地址:广东省中山市南头镇南头大道西37号
负责人:钟伯康……邮　编:528427
法　人:钟伯康
Tel:0760－3120135

**汕头市濠江区世丰手袋厂**
业务:手袋生产、销售
地址:广东省汕头市濠江区广澳街道大蔚工业区南幢四楼西侧厂房
负责人:黄耀龙　邮　编:515701
法　人:黄耀龙
Tel:0754－83592866
13829465688

**名丰鞋材加工厂**
地址:广东省深圳市宝安区松岗镇沙浦一村
负责人:梁同兴
Tel:0755－27710496
13510731689

**东莞市沙田鸿泰织带礼品厂**
业务:生产、销售织带,挂绳
地址:广东省东莞市沙田镇大泥村满丰组沙太路边
负责人:祝攀兵　邮　编:523003
法　人:祝攀兵
Tel:13712814576
0769－81567968

**宏大织带厂**
地址:广东省深圳市宝安区松岗镇松白路松岗段92号
负责人:余四海
Tel:0755－27719296
13823174129

**汕头市金平区骏佳艺制衣厂**
业务:加工销售针织家居服及服装
地址:广东省汕头市金华街3号二楼东面(汕头市饼干厂新楼)
负责人:李钦平　邮　编:515000
法　人:李钦平
Tel:0754－88671159
Fax:0754－88672280

**中山市民众镇鹏骏布业商行**
业务:中山市民众镇鹏骏布业商行成立于1999年,主要经营全棉布,灯芯绒,弹力布。产品质量保证、价格从优。欢迎新老客户光临、惠顾!
地址:广东省中山市民众镇大骏布业城F2幢3－4号
负责人:郑辉玲……邮　编:528443
法　人:郑辉玲
Tel:0760－5571371
网址:www.mtw26952.chinapyp.com

**广东省东莞市沙田红莲五金皮具厂**
业务:腰带、皮牌、服装辅料
地址:广东省东莞市沙田镇稔洲村旧围组
负责人:文小红　邮　编:523980
法　人:文小红
Tel:13826911261
0769－82270589

**丰昌鞋业(深圳市)有限公司**
地址:广东省深圳市宝安区松岗镇燕川村燕山大道
负责人:王鑫聪
Tel:0755－27556555

**汕头市金平区路之友鞋店**
业务:销售鞋
地址:广东省汕头市金平区岐山路南楼居委旁铺面
负责人:林润芝　邮　编:515000
法　人:林润芝
Tel:0754－83215292

**火蜘蛛鞋业(深圳)有限公司**
地址:广东省深圳市宝安区西乡固戍塘中工业区8号三楼
负责人:陈新淼
Tel:0755－27365206

**东莞市石碣浩雅手袋配件厂**
业务:手袋的设计与加工
产品:手袋、钱包、手机皮套
地址:广东省东莞市石碣镇刘屋甲塘三街
负责人:秦勇　邮　编:523303
法　人:秦勇
Tel:0769－81827976
Fax:0769－81827976
E-mail:lwdj_qin@163.com

**汕头市龙湖区新悦华服饰店**
业务:服装经营
地址:广东省汕头市龙湖区陈厝合宁和街佳和188号
负责人:黄朝时　邮　编:515000
法　人:黄朝时
Tel:0754－88733455

**深圳远俊皮具有限公司**
地址:广东省深圳市宝安区西乡街道办固戍村

红湾第 9 栋厂房
负责人:陆永强
Tel:0755－27489657

## 东莞市石龙早稻田服装店
业务:早稻田服装总公司厂家直销,批发早稻田T恤、衬衫系列
地址:广东省东莞市石龙镇新桥路大莹服装批发城二层 2083A、2083B 号铺
负责人:张石军　邮　编:523003
法　人:张石军
Tel:13712890983
0769－81363178

**华昌手袋加工厂**
地址:广东省深圳市宝安区西乡镇固戍村公园新村北二巷 12 号
负责人:罗健斌
Tel:13713848803

## 海丰县城东琪丰针织厂
业务:针织
地址:广东省汕尾市海丰县城东镇老区人民医院旁边东侧
负责人:李宾城　邮　编:516601
法　人:李宾城
Tel:13719525000
13543166679
Fax:0660－5406533

## 中山市三乡镇荣兴服装辅料行
业务:我公司成立于 1998 年,主要经营服装辅料,欢迎各方客户来电洽谈!
地址:广东省中山市三乡镇文昌路上洋新村 A 幢 302 室
邮　编:528463
法　人:林镇宏
Tel:0760－6331439
Fax:0760－6321805

## 东莞市石排洪海帽子加工店
业务:经营;各类帽子加工业务
地址:广东省东莞市石排镇太和路 361 号二楼
负责人:张洪海　邮　编:523003
法　人:张洪海
Tel:13267492277
0769－84312360

**深圳市美的服饰有限公司**
地址:广东省深圳市宝安西乡麻布新村工业区
负责人:江国良
Tel:0755－27953181
27886091
13602594053

## 海丰县城东宏辉服装厂
业务:服装
产品:商务休闲服装
地址:广东省汕尾市海丰县城东镇名园村(村委前汉口王市场边)
负责人:王云川　邮　编:516400
法　人:王云川
Tel:0660－6413822
13560596666
Fax:0660－6410128
网址:http://www.51zzt.com/user/zzt35261
E-mail:wyc6888@126.com

**深圳市科泰发纺织科技有限公司**
地址:广东省深圳市福田区八卦一路八栋西座四楼
负责人:潘金元
Tel:13823193359
13332929448

## 海丰县鹅埠镇宝龙鞋面加工厂
业务:鞋面、鞋辅料加工
地址:广东省汕尾市海丰县鹅埠镇中心市场边
负责人:黄冠美　邮　编:516600
法　人:黄冠美
Tel:13500086119

## 中山市沙溪镇奔威制衣厂
业务:中山市沙溪镇奔威制衣厂专业从事服装的生产与销售,款式新颖、做工精细,价格合理,热诚欢迎广大新老客户来电咨询、洽谈业务。
地址:广东省中山市沙溪镇 105 国道充美路段 46 号
负责人:庄少勋……邮　编:528471
Tel:0760－7390686

## 东莞市塘厦俊凯服装店
业务:服装销售
地址:广东省东莞市塘厦镇花园新街 1A－105 号
负责人:董大柯　邮　编:523003
法　人:董大柯
Tel:13553886038
13450677877

**法尼兰服饰有限公司**
地址:广东省深圳市福田区滨河路 229 号海安中心 10 层西
负责人:周有忠
Tel:0755－83710988
13923423688

## 翁源县品牌折扣店
业务:服装销售
地址:广东省韶关市翁源县建设一路 18 号
负责人:林敬泼　邮　编:512000
法　人:林敬泼
Tel:0751－2812398
13553608890

**欧宇纺织制品有限公司**
地址:广东省深圳市福田区滨河路汇港名苑北 2 座 2108 号
负责人:焦炜茗
Tel:0755－28126133
13823690330

## 丽丹服装店
业务:朗婷儿品牌女装
地址:广东省韶关市新华北路 40 号电信房屋第 10 号铺
负责人:黄丹　邮　编:512000
法　人:黄丹
Tel:0751－8676710
8522028
13602911968

**深圳市惠尔特实业有限公司**
地址:广东省深圳市福田区彩田南路彩福大厦鸿福阁 25G
负责人:杨彬
Tel:0755－82941966
13823213306

## 东莞市弘嘉实业有限公司
业务:ABS 鞋跟;底台;PC 透明跟;PC 透明底台;PU;TPU 天皮;PVC 发泡水台等
地址:广东省东莞市塘厦镇莲湖北园五横路 7－2 号
负责人:江明辉　邮　编:523000
法　人:江明辉
Tel:0769－87811490

## 中山市中纺科技有限公司
业务:中山市中纺科技有限公司成立于 2001 年,生产纺织品、面料、化工原料、酒类批发等业务,愿与您合作,共创美好明天!
地址:广东省中山市西区华庭莞 50 号 101 卡
负责人:郭上淳……邮　编:528400
法　人:李旻
Tel:0760－8618128
8899928

## 乳源瑶族自治县桂奇运动服装店
业务:运动服装
地址:广东省韶兴市乳源县乳城镇鹰峰中路
负责人:陈桂奇　邮　编:512000
法　人:陈桂奇
Tel:0751－5371280
15917035097
Fax:0751－5371280

**深圳市翔雅纺织品有限公司**
地址:广东省深圳市福田区车公庙泰然工贸园 204 栋厂房五楼西侧
负责人:纪大元
Tel:0755－83416708
1306646846

## 东莞市荣奇服饰有限公司
业务:牛仔,棉衣等梭织面料服装的加工
地址:广东省东莞市塘厦镇石潭埔新工业区建业二路 1A 号
负责人:钟奇武　邮　编:523003
法　人:钟文荣
Tel:0769－86956868
Fax:0769－86956886

**朔政华视文化发展有限公司**
地址:广东省深圳市福田区车公庙天安数码城创新科技广场 A 座 503 房
负责人:李蓓燕
Tel:13510827796

## 鸿兴手袋厂
业务:生产手袋
地址:广东省深圳市福永镇白石夏东区日富路 19 号
负责人:邹宏辉　邮　编:518000
法　人:邹宏辉
Tel:13502872829
0755－33857113

## 中山市小榄镇联威手袋厂
业务:中山市小榄镇联威手袋厂是手袋、礼品袋、包装等(布制、尼龙类)的专业生产厂家,欢迎新老客户来电洽谈业务!
地址:广东省中山市小榄镇埒西一广丰南路(五村路段)
负责人:李启剑……邮　编:528400
法　人:李启剑
Tel:0760－2253958

## 东莞市莞城刘记蚕丝棉被专卖店
业务:浙江蚕茧丝棉
地址:广东省东莞市莞城光明市场 D－8 铺、东莞市莞城草塘南门 8 座 4 号 1 楼
负责人:刘兴胜　邮　编:523003
法　人:刘兴胜
Tel:13650118895
13412125966

**路易德士实业有限公司**
地址:广东省深圳市福田区福华路京海花园 9 街
负责人:郑春松
Tel:0755－83789146
13760233133

## 宏利衣车配件厂
业务:衣车配件的加工、销售和维修
地址:广东省深圳市公明镇塘尾村加宝商铺 104 号
负责人:王海峰　邮　编:518000
法　人:王海峰
Tel:0755－29502069
13823771156
Fax:0755－27159553

**互动实业有限公司**
地址:广东省深圳市福田区红荔路 1016 号(三川专卖店)
负责人:曾秋如
Tel:0755－82367200

## 长荣拉链有限公司
业务:涵盖尼龙、塑钢、金属三大系列、牛仔链、PVC 拉链
地址:广东省深圳市观澜街道大东门 38 号
负责人:王经理　邮　编:518000
Tel:0755－28036533
28036433
Fax:0755－28036366
网址:www.everwinzip.com
E-mail:wfycn@hotmail.com

**深圳市好山河贸易有限公司**
地址:广东省深圳市福田区莲花三村长福花园 12 栋 403
负责人:张先生
Tel:13603027194

## 东莞市兴盛服装辅料有限公司
业务:各类服装辅料生产、销售
产品:吊牌、纽扣、洗唛、天然材料扣、皮牌、织带等
地址:广东省东莞市万江区黄粘洲社区五坊 18 号
负责人:李命文　邮　编:523003
法　人:李命文
Tel:13802458689
0769－23625836
Fax:0769－23625836

## 中山市小榄镇荣辉制衣厂
业务:中山市小榄镇荣辉制衣厂专业从事休闲服装、针织服装加工销售内销、外销订单,您的满意是我们永恒的追求!您的惠顾是我们无比的荣幸!
地址:广东省中山市小榄镇五埒市场西侧联业街 5－4 号对面二楼
负责人:陈小荣……邮　编:528400
法　人:陈小荣
Tel:0760－2285695

## 恩平市宏盛恒大环保袋厂
业务:无纺布手提袋,环保袋,礼品袋
地址:广东省恩平市平石黄其劳的镇府东侧大楼 2 楼
负责人:唐锡钦　邮　编:529411
法　人:唐锡钦
Tel:0750－7182899
13711089955

**深圳市巴比力服装服饰有限公司**
地址:广东省深圳市福田区梅岗南街 5 号笔架山庄 6 栋 1 楼 101 号
负责人:黄凯军
Tel:0755－83230026
13138885111

## 深圳市高益鞋业有限公司
业务:鞋类的技术开发、生产、加工、销售;国内商业、物资供销
地址:广东省深圳市龙岗区龙岗街道南联社区鹏达路 138 号二楼
负责人:叶锦星　邮　编:518116
法　人:叶锦星
Tel:0755－33823186
Fax:0755－33823185

**深圳市福田区海鑫服装厂**
地址:广东省深圳市福田区沙浦头康乐中心 3 号楼 601 室
负责人:肖玲
Tel:13902963653

## 恩平市宏成织造厂
业务:生产与加工牛仔布
产品:牛仔布
地址:广东省恩平市圣堂镇东郊工业区(厂房)
负责人:吴丽宏　邮　编:529020
法　人:吴丽宏
Tel:0750－7381638
Fax:0750－7381639

**富尔克商务服饰有限公司**
地址:广东省深圳市福田区沙头下沙工业区第十栋二楼
负责人:沈国建
Tel:0755－83412752

## 深圳市龙岗区平湖心怡纺织品经营部
业务:棉布批发,零售
产品:6－24N 帆布,T/C 布,全棉平布,代客加工印花,贴胶
地址:广东省深圳市龙岗区平湖街道富安街华南城皮革区 L03 栋 124 号
负责人:陈佳伟　邮　编:518000
法　人:陈佳伟
Tel:0755－89632402
Fax:0755－89632502
E-mail:xinyi.cjw2008@163.com

**精精时装有限公司**
地址:广东省深圳市福田区沙尾工业区 11 栋 5 楼西侧
负责人:郭连安
Tel:13828748278

## 佛山市禅城区贺鸿森布行
业务:针织服装面料生产销售
地址:广东省佛山市禅城区朝安路中段西侧环市童服城第七座首层 4－5 号
负责人:陈汉森　邮　编:528000
法　人:陈汉森
Tel:0757－82733263
13326763289

## 广东省中山市小榄镇俊辉布料工艺厂
业务:我公司生产:服装、内衣裤、鞋帽、制服、玩具、印花加工、热诚欢迎新老客户来电洽谈!
地址:广东省中山市小榄镇竹源公路 51 号之 12
负责人:王作辉……邮　编:528415
Tel:0760－2287869

## 冰姐辅料行
业务:服装辅料批发、零售
地址:广东省深圳市罗湖区东门中路大童乐布料市场 5 楼 4－1 号
负责人:李冰　邮　编:518000
Tel:0755－82398718
13632576784

**耐特防污服务有限公司**
地址:广东省深圳市福田区深南中路北方大厦 1115 号
负责人:宋小华
Tel:13751099176

## 佛山市禅城区全利制衣厂
业务:生产、销售童装
地址:广东省佛山市禅城区佛平路南侧南海医院东侧格三工业楼 2 号楼 4 楼
负责人:王全　邮　编:528000
法　人:王全
Tel:13420871048
0757－86127728

**海利格兰服装店**
地址:广东省深圳市福田区深南中路航空大厦三层西
负责人:刘祖生
Tel:0755－83674385
83689700
13008874183

## 恒丰布匹商行
业务:批发、零售布料
地址:广东省深圳市罗湖区东门中路新白马布料批发市场 1030－1031 号
负责人:胡杰文　邮　编:518000
法　人:胡杰文
Tel:0755－82156965
13620209177

## 佛山市禅城区永年制衣厂
业务:加工与销售各类服装
产品:各类服装
地址:广东省佛山市禅城区佛平路永安工业区内格三厂房首层
负责人:黄永枝　邮　编:528000
法　人:黄永枝
Tel:0757－86128610

**深圳市怡成实业有限公司**
地址:广东省深圳市福田区深南中路南光捷佳大厦 2529 室

负责人:康联昌
Tel:0755－83664722
13828816238

**珠海市镇琦时装厂**
业务:珠海市镇琦时装厂成立于1998年,主要生产时装、团体服装,可根据客户来料加工。质量保证,服务周到,诚信经营,热诚欢迎各方客户来电来人洽谈业务,共同发展。
地址:广东省珠海市前山镇新涌工业区翠珠路15号A幢3楼
邮编:519070
法人:刘塞河
Tel:0756－3892358
3892359
Fax:0756－3892359

**富成绣花厂**
业务:电脑绣花
地址:广东省深圳市南山区南头中山东街
负责人:关元兴 邮编:518000
法人:关元兴
Tel:0755－26635549
13410163941

**深圳市润泽实业有限公司**
地址:广东省深圳市福田区泰然六路泰然苍松大厦北座808室
负责人:谢广燕
Tel:0755－83435369
83849953

**佛山市禅城区艺彩菲龙制衣厂**
业务:生产、销售、童装、服装以及各类服装加工
地址:广东省佛山市禅城区环市童服城大门口对面镇安方向路口约200米镇安中四村侧四楼内三层
负责人:徐六林 邮编:528000
法人:徐六林
Tel:13760990588
0757－83269079
Fax:0757－83271591

**台山市台城 ANGONANA**
业务:销售男女时装
地址:广东省台山市台城健康路6号地下
负责人:陈德贤 邮编:529200
法人:陈德贤
Tel:13822308991
13822300300

**必伟服装设计(深圳市)有限公司**
地址:广东省深圳市福田区天安数码城天发大厦6楼C座
负责人:王先生
Tel:0755－83896819

**阳春市恒星针织厂**
业务:针织、销售加工毛衫针织
地址:广东省阳春市合水镇茶河工业区
负责人:赖宜似 邮编:529525
法人:赖宜似
Tel:13829856886
0662－7208868
Fax:0662－7208878
网址:http://www.51zzt.com/user/zzt32286

**深圳市格漫诗服装有限公司**
地址:广东省深圳市福田区田面村工业厂房11栋(A座)三楼西面
负责人:陈永洪
Tel:0755－83323286
13823603683

**佛山市禅城区三乐手套厂**
业务:手套生产销售
产品:针织布手套
地址:广东省佛山市禅城区张槎村始平一路南5号
负责人:冯润镜 邮编:528000
法人:冯润镜
Tel:13724907177

**习华男装专卖店**
地址:广东省深圳市福田区中港城百佳二楼A07号
负责人:李习华
Tel:0755－83436854
13316850589

**新兴县新城镇安利达皮具厂**
业务:钱包加工设计和销售
地址:广东省云浮市新兴县新城镇恒晖新村J幢502室
负责人:李军更 邮编:527300
法人:李军更
Tel:13826702272
0766－2796091
Fax:0766－2796091
网址:http://www.51zzt.com/user/zzt30501

**宏浩服装有限公司**
地址:广东省深圳市龙岗布吉镇丹平东一巷17号五楼
负责人:何耀明
Tel:13509613478

**学双针织厂**
业务:运动服下脚,袖口,领
产品:服装上下脚,袖口,领
地址:广东省佛山市禅城区张槎村头中区娱乐中心西侧厂房10号之二
负责人:刘学双 邮编:528000
法人:刘学双
Tel:0757－83618679
Fax:0757－83618759

**深圳市龙岗区龙岗镇恒生制品厂**
地址:广东省深圳市龙岗龙岗镇同乐企岭村深汕路612号
负责人:林春明
Tel:0755－84890750
13823561999

**新兴县新城镇葆莉莲服装专卖**
业务:服装、服饰
地址:广东省云浮市新兴县新城镇环城北路183号时代广场B3－32号
负责人:王在玲 邮编:527300
法人:王在玲
Tel:13600239276
13826866203

**莱汀服装厂**
地址:广东省深圳市龙岗区布吉镇白鸽笼京南路京南工业区5C栋7层北
负责人:严世渺
Tel:0755－82292986
28579468
13802273686

**佛山市禅城区聚英针织厂**
业务:针织
地址:广东省佛山市禅城区张槎第二工业区3路10、12号
负责人:顾俊森 邮编:528000
法人:顾俊森
Tel:15975751253
0757－82208105

**隆昇服装厂**
地址:广东省深圳市龙岗区布吉镇白鸽笼联创工业区第三栋四楼东面
负责人:陈文红
Tel:0755－28887782
13823169071

**云城区名汇服装店**
业务:主要经营服装的销售
地址:广东省云浮市云城区城中路33号政协楼首层第五卡
负责人:李金德 邮编:527300
法人:李金德
Tel:13923171980
0766－8828428

**深圳市龙岗区布吉镇森淼电脑绣花厂**
地址:广东省深圳市龙岗区布吉镇宝丽路爱地公司厂房3楼
负责人:白建晖
Tel:13797333250

**佛山市禅城区沃达针织厂**
业务:生产丝光棉、棉、大提花、小提花、吊线、单面罗纹、双面罗纹等各类布料,加工与销售各类T恤,中低高档布料
产品:加工与销售各类T恤,中低高档布料
地址:广东省佛山市禅城区张槎朗沙路原润华厂内东边17号四楼厂房
负责人:张泽会 邮编:528000
法人:张泽会
Tel:13620156533
0757－86173025
Fax:0757－88042133
E-mail:309669293@qq.com

**澳丝服装商行**
地址:广东省深圳市龙岗区布吉镇布吉一村树山三号4楼
负责人:王建玉
Tel:0755－28283379
26184970

**广东云浮市云城区艾嘉贝服装店**
业务:销售艾嘉贝服装
地址:广东省云浮市云城区振华南路
负责人:温碧云 邮编:527300
法人:温碧云
Tel:0766－8892528
13826871168

**欧意服饰有限公司**
地址:广东省深圳市龙岗区布吉镇布沙路百门前工业区4栋7楼东座
负责人:王国超
Tel:0755－84151800
82223532
13823370960

**佛山市禅城区派诺制衣厂**
业务:服装加工、销售
产品:各式男女T恤衫
地址:广东省佛山市禅城区张槎三路聚边西工业9号
负责人:杨仕金 邮编:528000
法人:杨仕金
Tel:13420731563
0757－86125403
Fax:0757－86125403

**深圳市龙岗区布吉镇洪韵时装厂**
地址:广东省深圳市龙岗区布吉镇大靓村小段工业区B座三楼
负责人:卢文荣
Tel:0755－28260990
13923851113

**广州市远涛贸易发展有限公司**
业务:纺织化工、服装批发
产品:纺织化工产品
地址:广东省增城市新塘镇广园东碧桂园凤凰城东门商业街606号商铺
负责人:徐斯润 邮编:511340
Tel:020－32987662
Fax:020－32987661

**立信门富士纺织机械(深圳市)有限公司**
地址:广东省深圳市龙岗区布吉镇丹竹头村工业区立信路17－19号
负责人:陈海英
Tel:0755－84736174

**先丽针织厂**
业务:专业从事针织面料织造销售,本厂拥有各类进口针织机、各种间条平纹及拉架、高素质的技术力量团队和熟练的生产员工,秉承"质量第一,信誉至上"的经营理念,欢迎新老客户光临指导!
产品:布匹
地址:广东省佛山市禅城区张槎纱布市场内位于二路63号
负责人:李先许 邮编:528000
法人:李先许
Tel:0757－82026898
13925496080
Fax:0757－82026263

**深圳市龙岗区布吉镇沙湾永博电脑绣花加工厂**
地址:广东省深圳市龙岗区布吉镇丹竹头深惠路464号三楼
负责人:黄练标
Tel:0755－28718163
13823342729

**广州市鑫瑭纺织品有限公司**
业务:生产、销售纺织品
地址:广东省增城市新塘镇国贸中心8幢27号
负责人:占加明 邮编:510130
法人:占加明
Tel:020－82697582
13928961230

**福强实业有限公司**
地址:广东省深圳市龙岗区布吉镇桂芳园第4区丹桂阁A座101
负责人:吴小平
Tel:0755－28716348
13828810489

**佛山市环兴纺织有限公司**
业务:生产与销售各类针织布料
产品:各类针织布料
地址:广东省佛山市禅城区张搓朗宝西路8号－10号内三座
负责人:吕成注 邮编:528000
法人:吕成注
Tel:0757－82107739
Fax:0757－82107739

**广州瑞鸿制衣有限公司**
业务:男女牛仔服装生产销售
地址:广东省增城市新塘镇黄沙村新沙公路西边(厂房A1)
负责人:庄文阳
法人:庄文阳
Tel:020－82882960

**深圳市宝维尼儿童服饰有限公司**
地址:广东省深圳市龙岗区布吉镇吉华路与甘李路交界处秀峰工业城A2栋21FF
负责人:王萍
Tel:0755－26773746

**创兴刺绣有限公司**
地址:广东省深圳市龙岗区布吉镇三联镇坤城工业区三楼北侧
负责人:王君伟
Tel:0755－28524080

**记添泓泰皮革加工厂**
地址:广东省深圳市龙岗区横岗镇安良五村福坑路86号旁一楼
负责人:黄记添
Tel:0755－28614574
13902904894

**佛山市禅城区锐明电脑绣花厂**
业务:电脑绣花、珠片绣、特种绣花
地址:广东省佛山市禅城区祖庙街道镇安村中三晒场侧工业区1号大楼四层东侧之一
负责人:吴明军 邮编:528000
法人:吴明军
Tel:13751546361
0757－89917529

**广州市增城胜良制衣厂**
业务:集设计、生产、销售于一体,专业从事牛仔服制造及加工,款式新颖,品质优越,本厂一贯秉承服务、质量取胜,诚信经营,欢迎新老客户来电洽谈。
产品:牛仔服
地址:广东省增城市新塘镇新何村石新路红头山
负责人:陈萍 邮编:511300
法人:余良胜
Tel:020－82785061
Fax:020－82780352

**佛奥伊林制衣有限公司**
地址:广东省深圳市龙岗区布吉镇下李朗联创科技园4栋4－5楼
负责人:余海英
Tel:0755－84031037
13560791745

**佛山市禅城区冠源印花厂**
业务:加工、销售印花、来料加工衫
产品:印花、来料加工衫
地址:广东省佛山市禅城区祖庙街道镇安大湾南印花城4座之二
负责人:陈军 邮编:528000
法人:陈军
Tel:0757－89917163
网址:http://www.51zzt.com/user/zzt36110

**鹏飞雅仕利服装有限公司**
地址:广东省深圳市龙岗区布吉镇下水径吉华路258号东旭汽车厂五楼
负责人:周鹏飞
Tel:13302475189

**廉江市塘蓬娇点美九元时尚品牌内衣超市**
业务:各种时尚品牌内衣销售
地址:广东省湛江市廉江市塘蓬镇新区七区78号
负责人:梁春明 邮编:524038
法人:梁春明
Tel:13760181458
13420133469

**深圳市龙岗区顶盈时装厂**
地址:广东省深圳市龙岗区横岗华侨西村九巷七号四楼
负责人:苟江伯
Tel:13005422999

**佛山市高明区荷城阿昌牛仔服饰鞋城**
业务:牛仔服饰,鞋类
地址:广东省佛山市高明区荷城街道文昌路219号南区新区首层
负责人:陈东昌 邮编:528000
法人:陈东昌
Tel:0757－88662138
88689338
13928028218

**深圳市鑫龙诚制衣厂**
地址:广东省深圳市龙岗区横岗街道办六园路13号23幢五楼
负责人:钱显军
Tel:0755－33825900

**吴川市梅录东方巴黎服装名店同德城分店**
业务:东方巴黎服装专卖
地址:广东省湛江市吴川市梅录同德路同德城新安阁首层28号铺
负责人:吴文华 邮编:524038
Tel:0759－5616020

**佛山市高明区荷城馨兰床上用品店**
业务:各式床上用品
地址:广东省佛山市高明区荷城街道文华路288号
负责人:崔耀南 邮编:528000
法人:崔耀南
Tel:13790026444
0757－88820240

**深圳市鑫恒惠实业有限公司**
地址:广东省深圳市龙岗区横岗镇保安大福村118号
负责人:钟惠平

Tel:13502897716

**雅诺缝纫设备有限公司**
地址:广东省深圳市龙岗区布吉镇深惠路布吉段369号一楼
负责人:温文发
Tel:0755－84709333

**湛江市霞山区六月玫瑰服装店**
业务:纹胸、家居服经营
地址:广东省湛江市霞山区国贸大厦B座二层第52号铺位
负责人:肖霞芬 邮编:524038
法人:肖霞芬
Tel:0759－2361296

**深圳市龙岗区横岗镇兴荣化纤棉制品厂**
地址:广东省深圳市龙岗区横岗镇保安早塘二路46－2号
负责人:陈梅珍
Tel:0755－28661599
13902433648

**佛山市高明区明城镇辉达盛皮革购销部**
业务:皮革
地址:广东省佛山市高明区明城镇罗塘村原村委会
负责人:田由光 邮编:528000
法人:田由光
Tel:13620882413
13172335986

**利永绳带加工厂**
地址:广东省深圳市龙岗区横岗镇保安乡马六村龙苑新村23栋
负责人:李美瑞
Tel:0755－28862781

**湛江市霞山区童林苑服装店**
业务:童装,童鞋,童帽专卖,经营装饰品及布娃娃批发零售
地址:广东省湛江市霞山区解放东路42号第一幢(儿童公园对面文化宫旁边)
负责人:陈家汉 邮编:524038
法人:陈家汉
Tel:0759－2152068
13434651548

**震惠制衣有限公司**
地址:广东省深圳市龙岗区横岗镇大康村莘塘沙河路
负责人:雷永泰
Tel:0755－84260190
13823780747

**佛山市南海区兴里呈内衣厂**
业务:内衣加工,贴牌内衣
产品:普通内衣,塑身内衣
地址:广东省佛山市南海区大沥镇盐步大道40号
负责人:李光英 邮编:528247
法人:李光英
Tel:0757－88565968
13535697618
Fax:0757－88565961
E-mail:xinglicheng@yeah.net
297894109@qq.com

**深圳市龙岗区横岗镇六约盛翔达电脑机绣厂**
地址:广东省深圳市龙岗区横岗镇六约六联工业区六园路22栋4楼
负责人:陈成都
Tel:13603026390

**湛江市霞山区辉豪服装有限公司**
业务:工作服,广告衫,护士服,职业装,迷彩服,制服,团体制服
地址:广东省湛江市霞山区人民大道南
负责人:林小姐 邮编:524022
法人:林施
Tel:13659750045
0759－2208001
Fax:0759－2208001
网址:http://www.zjhuihao.com
E-mail:linshi296@163.com

**坤伦实业(深圳市)有限公司**
地址:广东省深圳市龙岗区横岗镇四联新塘坑村新塘坑路180号
负责人:陈庆田
Tel:0755－28660333
13602602601

**佛山市南海区烨艺织带加工部**
业务:进口橡筋带,鞋带,裤头绳,PP带。欢迎来料来样加工。
地址:广东省佛山市南海区桂城街道东二西约工业区
负责人:刘先生 邮编:528000
法人:刘国
Tel:0757－88553508
13760953638

**三琪时装有限公司**
地址:广东省深圳市龙岗区横岗镇西坑村第三工业富坑南路1－1
负责人:陈新亮
Tel:0755－28641636
13823586668

**温格服装专卖店**
业务:男装销售
地址:广东省湛江市霞山区人民大道南42号城市广场第二层第32号铺
负责人:许小卓 邮编:524000
法人:许小卓
Tel:0759－2337793

**佳盛鞋材厂**
地址:广东省深圳市龙岗区横岗镇西坑火车站厂房
负责人:陈应宗
Tel:0755－26153338

**佛山市南海区旺源鞋厂**
业务:鞋子生产销售
地址:广东省佛山市南海区桂城平西沙基工业区
负责人:王伟 邮编:528000
法人:王伟
Tel:0757－81812929
81812978

**龙岗东村朗星皮具厂**
地址:广东省深圳市龙岗区龙岗龙东村龙湖路63号B栋四楼
负责人:刘石华
Tel:13823163089

**摩登妈咪孕妇(奥丝蓝黛内衣店)**
业务:从事摩登妈咪孕妇衣饰、奥丝蓝黛内衣等的代理销售
地址:广东省肇庆市端州区建设3路35号第5卡(文明路口对面)
负责人:巢华英 邮编:526040
法人:巢华英
Tel:13030260768
0758－2295638
2230289

**飞锋实业深圳市有限公司**
地址:广东省深圳市龙岗区龙岗镇爱联村嶂北工业区
负责人:程宗义
Tel:13923406788

**佛山市南海区邵大鞋材制品厂**
业务:生产和销售鞋材模具,压底模、画线模、定型模
产品:压底模,画线模,定型模
地址:广东省佛山市南海区桂城三山东区村禾仰工业区
负责人:刘玉保 邮编:528251
法人:刘玉保
Tel:0757－86705186

**思科隆静电防护制品商行**
地址:广东省深圳市龙岗区龙岗镇爱联崔吓村9巷2号商铺
负责人:毋开梅
Tel:13691710690

**意大利卡度尼肇庆地区总代理**
业务:卓尔不凡男装典范,本店零售各类服装、鞋、皮具,承接团购,机关团体,各职业服装制作
地址:广东省肇庆市端州区建设三路32号华英居第1幢首层第15卡(邮政局正对面)
负责人:宋健 邮编:526000
法人:宋健
Tel:13922626585
0758－2206759

**龙岗区明兴布料行**
地址:广东省深圳市龙岗区龙岗镇爱联深惠路438号
负责人:赵陈明
Tel:0755－28980589
13802234393

**佛山市南海里水远瑞鞋厂**
业务:女装鞋的生产与销售
产品:女装鞋
地址:广东省佛山市南海区里水镇草场大道中政明工业区左侧第二幢二楼
负责人:邓波 邮编:528000
法人:邓波
Tel:13924982568
18924536509
0757－85602906
Fax:0757－85603106
E-mail:wangmeimei520@eyou.com

**伟发绣花厂**
地址:广东省深圳市龙岗区龙岗镇南联工业区黄龙塘六栋二楼
负责人:梁孙固
Tel:0755－84817658

13923472265

**爱美丽时装店**
业务:主营连衣裙
地址:广东省肇庆市广宁县南街镇新宁南路70号3幢A卡铺位
负责人:刘燕梅 邮编:526000
法人:刘燕梅
Tel:13672349666
0758－8634400

**中燕鞋材料店**
地址:广东省深圳市龙岗区龙岗镇新生集银皮革广场B幢110号
负责人:孟祥林
Tel:13802588802

**佛山市南海区唯思织带有限公司**
业务:织带的生产与销售
产品:PP织带、棉织带、绦纶织带、手机挂带、宠物挂带
地址:广东省佛山市南海区罗村罗柏公路13号
负责人:林建群 邮编:522000
法人:林建群
Tel:0757－28064888
13500271636

**深圳市裕华达服饰制品厂**
地址:广东省深圳市龙岗区平湖平新北路佳业工业园第一栋第三层
负责人:朱志坚
Tel:0755－28492818

**怀集县怀城镇孙春圣服装店**
业务:361度运动服装、各类鞋、包、袜子、护手腕、羽毛球拍、羽毛球等各类运动产品
地址:广东省肇庆市怀集县怀城镇商业步行街商铺B25号
负责人:孙春圣 邮编:526040
法人:孙春圣
Tel:0758－5536661
Fax:0758－5536661

**深圳市卓越服装有限公司**
地址:广东省深圳市龙岗区平湖镇辅城坳工业区B10栋
负责人:杨小姐
Tel:0755－84671133

**佛山市南海区西樵花样年华装饰布业**
业务:生产加工窗帘布、沙发布
地址:广东省佛山市南海区西樵崇南第十八村小组(碧霞村)
负责人:郭敏泉 邮编:528000
法人:郭敏泉
Tel:13620855311
0757－86856278

**平湖辅城坳华荣制品厂**
地址:广东省深圳市龙岗区平湖镇辅城坳岭南路136号
负责人:叶燕霞
Tel:0755－84670509
13713936532

**肇庆市端州区粤喜拉链厂**
业务:制造销售各式各样的拉链
产品:铜拉链,尼龙拉链,压缩拉链等
地址:广东省肇庆市黄岗镇沙潮村委会格塘村(美亚)后面
负责人:何树才 邮编:526040
法人:何树才
Tel:13929888122
0758－2733532
Fax:0758－2733962
网址:http://www.51zzt.com/user/zzt123536

**亿祥布店**
地址:广东省深圳市龙岗区平湖镇力元吓吉平二巷20号202
负责人:叶明辉
Tel:0755－28451728
13509677681

**佛山市南海区顺福隆织造厂**
业务:加工布料,销售布料,服装
产品:布料与服装
地址:广东省佛山市南海区西樵大岸开发区
负责人:张汉廷 邮编:528000
法人:张汉廷
Tel:0757－86810946

**依黎服装有限公司**
地址:广东省深圳市龙岗区深惠路338号布吉镇大芬村工业厂房二层(康达尔花园对面保龄球馆院内二楼)
负责人:李云
Tel:0755－84159382
13316913860

**中山市板芙镇圣杰鞋材加工店**
业务:鞋材加工
地址:广东省中山市板芙镇白溪村正街1号荣耀楼3楼
负责人:卢广 邮编:528459
法人:卢广
Tel:13928104807
0760－86517908

**昌硕纺织有限责任公司**
地址:广东省深圳市龙岗区中心城33区余岭山庄B栋705室
负责人:谌先生
Tel:13510930878

**佛山市南海区西樵宝裕隆布艺店**
业务:主营布料的加工和销售
地址:广东省佛山市南海区西樵轻纺城聚云街27号
负责人:覃秋运 邮编:528000
法人:覃秋运
Tel:13612506921
0757－81256679

**创益制衣整烫设备有限公司**
地址:广东省深圳市龙岗镇同乐黄屋工业区8－1栋
负责人:陈周远
Tel:0755－89907229
84897718
84897738
13312909348

**中山市板芙镇建豪鞋厂**
业务:鞋材,鞋面加工
地址:广东省中山市板芙镇创兴街六横巷3号
负责人:李小建 邮编:528403
法人:李小建
Tel:0760－88914233

**深圳市嘉得利纺织有限公司**
地址:广东省深圳市罗湖区宝安南路2078号深港豪苑名商阁8楼F－G座
负责人:张学
Tel:0755－25857985

**佛山市南海区名豪窗帘饰品店**
业务:专业批发窗帘布艺、水晶珠帘、亚克力珠帘和窗帘饰品,产品以"高雅,别致,时尚、耐用"的风格深得广大用户的信赖与支持。热忱欢迎新老客户竭诚合作!
产品:布艺、水晶帘、亚克力帘、窗帘配件
地址:广东省佛山市南海区西樵轻纺城绣云街59号
负责人:林宜欣 邮编:528211
法人:刘利芬
Tel:0757－86866543
Fax:0757－86866543

**深圳市申磊实业有限公司**
地址:广东省深圳市罗湖区贝四路水田二街29号三楼
负责人:沈桃金
Tel:0755－25530425

**中山市板芙镇鸿润印花厂**
业务:加工和印染各类服装与袜子
产品:印花服装,印花袜
地址:广东省中山市板芙镇深湾村板芙南路152号2层
负责人:黄顺勇 邮编:528403
法人:黄顺勇
Tel:13112919896
Fax:0760－86502196
网址:http://www.hongrunyh.cn/
E-mail:huangshunyongsl@163.com

**佛山市南海区西樵镇铭隆织带厂**
业务:各种有弹性和无弹性织带的生产
地址:广东省佛山市南海区西樵镇崇南二十一小组
负责人:程雄 邮编:528000
法人:程雄
Tel:13724953396
0757－86895865

**中山市大涌镇惠民服装配料店**
业务:服装配料和五金制品的销售
产品:服装配料和五金制品
地址:广东省中山市大涌镇德政路(顺成家私厂楼下)
负责人:陈惠民 邮编:528403
法人:陈惠民
Tel:13823972520
0760－88733423

**新辉布行**
地址:广东省深圳市罗湖区东门布料广场三楼128号
负责人:吴代萍

…… Tel:0755－82235906
13602645991

**深圳华纺布业有限公司**
地址:广东省深圳市罗湖区东门中路万达丰大厦1楼18－19
…… 负责人:姚万民
…… Tel:0755－82398289
82398405

**佛山市南海区西樵依晨纺机配件店**
业务:纺机配件设备
地址:广东省佛山市南海区西樵镇上金瓯驳舟岗开发区9号铺面
…… 负责人:黎新华 邮 编:528000
…… 法 人:黎新华
…… Tel:13928578723
0757－81255385

**翠轩婷布艺店**
地址:广东省深圳市罗湖区春风路文锦中学首层105号
…… 负责人:倪三耀
…… Tel:0755－82204925
13715302659

**奥康服饰有限公司**
地址:广东省深圳市罗湖区东门中童乐路深中布料市场69号
…… 负责人:杨崇霖
…… Tel:13652347896

**中山市大涌镇鑫兴宝服装加工厂**
业务:服装生产、加工
地址:广东省中山市大涌镇旗峰路汇泉街28号二楼
…… 负责人:刘炳坤 邮 编:528400
…… 法 人:刘炳坤
…… Tel:13425468188
13549837910

**深圳市深意鞋业有限公司**
地址:广东省深圳市罗湖区广东省深圳市罗湖区嘉宾路4018号爵士大厦B座11B
…… 负责人:黄悦意
…… Tel:0755－25900817
13802704568
13600196839

**佛山市南海区妍美内衣厂**
业务:加工、销售内衣、睡衣等
地址:广东省佛山市南海区盐步横江上白坭大道南街1号
…… 负责人:黄寅限 邮 编:528000
…… 法 人:黄寅限
…… Tel:0757－88567455
…… Fax:0757－88567455

**深圳市宇行服饰设计有限公司**
地址:广东省深圳市罗湖区国威路莲塘第一工业区101栋5楼527
…… 负责人:罗红
…… Tel:13670019641

**中山市大涌镇鑫中兴服装辅料店**
业务:服装辅料
地址:广东省中山市大涌镇中新公路(青天彩印厂侧)
…… 负责人:廖忠义 邮 编:528403
…… 法 人:廖忠义
…… Tel:0760－87772821

**深圳市罗湖区雅仕服装厂**
地址:广东省深圳市罗湖区红岗路1号大院五幢四楼
…… 负责人:朱明伟
…… Tel:0755－82472625

**佛山市南海玺匀内衣厂**
业务:生产、销售、加工内衣、移动网查讯;发夏娃 之秀到12114即可
地址:广东省佛山市南海区盐步联安隔海工贸苑32号四楼
…… 负责人:邓斌 邮 编:528247
…… 法 人:邓斌
…… Tel:0757－88750668
85725853
13528969168
…… Fax:0757－85725853
…… E-mail:xiyundengbin@126.com

**佛山市三水中信达地毯制品有限公司**
业务:地毯生产与销售
地址:广东省佛山市三水区白坭镇凤果村岗凤公路旁(凤二织造厂车间)
…… 负责人:梁湘中 邮 编:528000
…… 法 人:梁湘中
…… Tel:0757－87578599
13925414146

**韩国隆祺纺织株式会社**
地址:广东省深圳市罗湖区红岗路红岗大厦3101或3102房
…… 负责人:胡锡龙
…… Tel:0755－25907399
13113676367

**亭泉实业发展有限公司**
地址:广东省深圳市罗湖区红岭北路3002号梅园仓库7号仓东座五楼
…… 负责人:汪红将
…… Tel:0755－82450545
13823543825

**鼎泰牛仔**
业务:纺织、生产、销售一条龙服务
产品:牛仔布、牛仔裤
地址:广东省中山市大涌镇中新公路安堂路段
…… 负责人:邓少斌 邮 编:528403
…… 法 人:邓少斌
…… Tel:0760－23810116
…… Fax:0760－23810117
…… E-mail:china201008@163.com

**丽仕达腾飞实业有限公司**
地址:广东省深圳市罗湖区嘉宾路2018号深华商业大厦1008室
…… 负责人:张杰
…… Tel:0755－82375465
13823576162

**佛山市三水区芦苞镇流行酷站服装店**
业务:服装、服饰
地址:广东省佛山市三水区白坭镇工业大道87号 分店地址:广东省佛山市三水区乐平镇南边工业大道43号
…… 负责人:邬建强 邮 编:528000
…… 法 人:邬建强
…… Tel:15815682788
15815682777

**深圳市莎芭服装贸易有限公司**
地址:广东省深圳市罗湖区建设路南洋大厦C栋701
…… 负责人:龙辉
…… Tel:0755－82236561
13925207432

**中山市铁达城服装有限公司**
业务:服装的生产和销售
地址:广东省中山市东凤镇东成路18号
…… 负责人:温伟南 邮 编:528403
…… 法 人:温伟南
…… Tel:13823931973
0760－22623833

**深圳市雨虹桥实业有限公司**
地址:广东省深圳市罗湖区金塘街滨苑小区3栋801室
…… 负责人:徐文珊
…… Tel:0755－83899228
13602523228

**佛山市顺德区北滘镇8SEC服装店**
业务:经营服装
地址:广东省佛山市顺德区北滘镇跃进中路143号
…… 负责人:黄燕拼 邮 编:528000
…… 法 人:黄燕拼
…… Tel:13924848228
0757－26395638

**深圳市中耕服饰有限公司**
地址:广东省深圳市罗湖区莲塘第七工业区703栋5楼
…… 负责人:张小平
…… Tel:0755－25496314
25725189

**中山火炬开发区意诚外贸鞋店**
业务:名牌外贸鞋,服饰,手袋等一系列产品的销售
地址:广东省中山市东区凯茵豪园L5栋首层一楼外贸鞋店、广东省中山市火炬开发区宫花村凯茵新城A01区岭峰路5号之6卡商铺
…… 负责人:李多英 邮 编:528403
…… 法 人:李多英
…… Tel:13702520781
0760－88269940

**深圳市玮雅服装有限公司**
地址:广东省深圳市罗湖区莲塘第七工业小区704栋3楼东面
…… 负责人:范金水
…… Tel:13923451912

**佛山市顺德区均安镇源鑫威服装厂**
业务:服装加工、销售
地址:广东省佛山市顺德区均安镇菱溪太平工业区(霸菱磁电工业园)
…… 负责人:杨家春 邮 编:528000
…… 法 人:杨家春
…… Tel:15914563218
0757－25509283

**蒂虹服装有限公司**
地址:广东省深圳市罗湖区莲塘第一工业区113栋2楼西侧
…… 负责人:吴爱国
…… Tel:0755－25727009
13922802428

**中山市东升镇富纺纺织辅料厂**
业务:纺织织带
地址:广东省中山市东升镇裕民一村联德街八号之一二楼
…… 负责人:黄俊 邮 编:528403
…… 法 人:黄俊
…… Tel:13822756122
0760－22827473
…… Fax:0760－22829472

**昶裕纺织实业有限公司**
地址:广东省深圳市罗湖区人民南路国贸大厦3412
…… 负责人:肖青萍
…… Tel:0755－82211903
13923948537

**佛山市顺德区均安镇欧赛达制衣厂**
业务:服装生产销售
地址:广东省佛山市顺德区均安镇天连村均榄路南滘西三巷11号四楼
…… 负责人:陈惠坚 邮 编:528000
…… 法 人:陈惠坚
…… Tel:0757－25577837

**金昌纽扣行**
地址:广东省深圳市罗湖区深中街深中布料市场118号
…… 负责人:艾静
…… Tel:0755－82178783
13602590959

**雷速体育运动服装部**
业务:销售运动服、运动鞋
地址:广东省中山市黄圃镇怡景街24号
…… 负责人:冯凯 邮 编:528400
…… 法 人:冯凯
…… Tel:13924278627
0760－86193036

**深圳市越港服装有限公司**
地址:广东省深圳市罗湖区延芳路40号
…… 负责人:陈奇罕
…… Tel:13802215492

**佛山市顺德区同阳服装有限公司**
业务:服装生产、加工
地址:广东省佛山市顺德区均安镇天连村南滘西五巷4号之一
…… 负责人:林金环 邮 编:528000
…… 法 人:林金环
…… Tel:0757－25505010

**佳和时装有限公司**
地址:广东省深圳市罗湖区沿河北路新湖村五栋3楼
…… 负责人:刘文明
…… Tel:0755－25640186
13922842038

**中山火炬开发区淇克服装店**
业务:销售服装
地址:广东省中山市火炬开发区张家边一村马彬围建新楼102卡
…… 负责人:林汉越 邮 编:528403
…… 法 人:林汉越
…… Tel:13286946589

**利峰服饰有限公司**
地址:广东省深圳市南山大道南油第二工业区204栋8楼西座
…… 负责人:邢峰
…… Tel:0755－26410665

**佛山市顺德区乐从镇陈堂强家具店**
业务:经营家私产品。
地址:广东省佛山市顺德区乐从镇罗浮宫国际家具博览中心三层北区10号
…… 负责人:陈堂强 邮 编:528000
…… 法 人:陈堂强
…… Tel:13726316666
0757－29230058
29230258

**联邦丹奴服饰(深圳)有限公司**
地址:广东省深圳市南山区创业路东方海雅居海典阁8B室
…… 负责人:陈美玲
…… Tel:0755－26498744

**中山市南朗镇博华鞋店**
业务:真皮皮鞋、旅游鞋、休闲鞋、童鞋
地址:广东省中山市南朗镇永兴南路
…… 负责人:李亚敏 邮 编:528400
…… 法 人:李亚敏
…… Tel:0760－86830520

**金利浩丝绸时装有限公司**
地址:广东省深圳市南山区创业路中兴工业城5幢2楼
…… 负责人:潘利生
…… Tel:0755－26068399

**佛山市顺德区乐从镇精工地毯店**
业务:精工地毯设计生产
地址:广东省佛山市顺德区乐从镇罗浮宫国际家具博览中心三层南区35、37号
…… 负责人:李亚旗 邮 编:528000
…… Tel:0757－28108910
13823457791
…… Fax:0757－28108910

**深圳市朗黛服饰有限公司**
地址:广东省深圳市南山区华侨城东方花园会所四一五楼
…… 负责人:苏颖
…… Tel:0755－26917913
26917916
13602683143

**利基服装加工店**
业务:服装加工
地址:广东省中山市三乡镇平东村金谷大道158号二楼
…… 负责人:李华秀 邮 编:528400
…… 法 人:李华秀
…… Tel:0760－86388402

**深圳市南山区创兴隆时装加工厂**
地址:广东省深圳市南山区内环路39号福华综合楼4楼北面
…… 负责人:段小姐
…… Tel:0755－26416527

**佛山市顺德区龙江镇和申皮革行**
业务:皮革批发
地址:广东省佛山市顺德区龙江镇东涌居委会涌口工业区兴业路1号商铺
…… 负责人:黎经伦 邮 编:528318
…… 法 人:黎经伦
…… Tel:0757－23879125
13674079384
…… Fax:0757－23879125

**莎琪时装(深圳)有限公司工程部**
地址:广东省深圳市南山区内环路福华工业区新厂房2楼中
…… 负责人:谢爱民
…… Tel:0755－26068175

**中山市三乡镇文联服装辅料厂**
业务:服装辅料
地址:广东省中山市三乡镇平南村金景路28号二楼之一
…… 负责人:雷文成 邮 编:528403
…… Tel:0760－86697608
15916260478
…… Fax:0760－86697012

**深圳市衣之舞服装有限公司**
地址:广东省深圳市南山区内环路南油福园厂房5楼东
…… 负责人:周群联
…… Tel:0755－26104221

**佛山市顺德区龙江镇天煌纺织布艺有限公司**
业务:纺织布艺销售
地址:广东省佛山市顺德区龙江镇龙江居委会325国道龙江段A1地块128号首层A9
…… 负责人:左济红 邮 编:528000
…… 法 人:左济红
…… Tel:13612589333
0757－23385015

**祚昊服装(深圳)有限公司**
地址:广东省深圳市南山区南山大道1017号联昌印染公司三楼
…… 负责人:吴国琪
…… Tel:0755－26407807
13510389585

**中山市沙溪镇展艺制衣辅料厂**
业务:服装辅料
地址:广东省中山市沙溪镇康乐南路岗背市场右侧第5卡
…… 负责人:张良文 邮 编:528403
…… 法 人:张良文
…… Tel:0760－87396598
…… Fax:0760－87396598

**深圳嘉年亚实业有限公司**
地址:广东省深圳市南山区南新路仓前锦福苑7栋502室
…… 负责人:郭望良
…… Tel:0755－26451310
13714038353

**佛山市顺德区龙江镇好莱屋布坊**
业务：沙发布料
地址：广东省佛山市顺德区龙江镇龙江居委会325国道龙江段A5地块106号首层A17
负责人：张强 邮编：528000
法人：沈小花
Tel：13825558080
0757－23360609

**深圳市汇华时装厂**
地址：广东省深圳市南山区南新路关口东街8号东3楼
负责人：章勤南
Tel：0755－26160366

**中山市沙溪镇名城丽港鞋城**
业务：各种时尚男、女、童鞋。
地址：广东省中山市沙溪镇丽港街2、4、6号
负责人：符清亮 邮编：528403
法人：符清亮
Tel：0760－87333863
87320863
87182763

**米斯尔服装有限公司**
地址：广东省深圳市南山区南新路南新苑4栋604号
负责人：谭美玲
Tel：0755－86050611
13008807267

**佛山市顺德区龙江镇洋东家具材料店**
业务：家具材料、皮革
地址：广东省佛山市顺德区龙江镇龙山居委会龙山家具材料城
负责人：郭敏堂 邮编：528000
法人：郭敏堂
Tel：0757－28058033
13794608818

**金烨实业有限公司**
地址：广东省深圳市南山区南油大道保利大厦902
负责人：闫友松
Tel：13823502606

**中山市沙溪镇珀丝其服装店**
业务：服装销售
地址：广东省中山市沙溪镇丽港街8号
负责人：刘朝鑫 邮编：528403
法人：刘朝鑫
Tel：13590728710

**深圳市亨源纺织品有限公司**
地址：广东省深圳市南山区南油大道粤海大厦A座7D
负责人：黄军军
Tel：0755－26404825
27028546

**佛山市顺德区龙江镇正奇皮革**
业务：集生产、销售于一体的皮革销售公司，主营PU、PVC、西皮、装饰皮等产品，产品规格花色齐全，我们将以诚信为本，利人在先的经营宗旨，为您提供满意服务
产品：沙发革，装饰革，手袋革
地址：广东省佛山市顺德区龙江镇亚洲国际材料交易中心A区2排06号
负责人：徐年英 邮编：528318
法人：徐年英
Tel：0757－23873144
Fax：0757－23873144
网址：www.sdzhengqi.com
E-mail：sdzhengqi2007@126.com

**深圳市意美婕服装有限公司**
地址：广东省深圳市南山区南油东滨路南海花园海洋阁303室
负责人：肖昆
Tel：0755－26415525
13316518816

**中山市沙溪镇鸿福莱制衣厂**
业务：服装加工、设计、国内外FOB单
地址：广东省中山市沙溪镇隆兴中路91号4楼
负责人：敖治平 邮编：528400
法人：敖治平
Tel：15815714333
0760－23818226
Fax：0760－23818226

**广州经济技术开发区南方尼龙制品有限公司深圳市分公司**
地址：广东省深圳市南山区南油路深大粤海门广场2326号
负责人：凌云志
Tel：0755－26572159
13922859481

**深圳市南山区联发服装配件商行**
地址：广东省深圳市南山区蛇口南水步行街206－31#
负责人：钟钦盛
Tel：0755－26676951
13823533195

**佛山市顺德区龙江镇亚新皮革行**
业务：皮革零售兼批发
地址：广东省佛山市顺德区龙江镇亚洲国际材料交易中心B区3排5－8号
负责人：陈朝银 邮编：528000
法人：陈朝银
Tel：13531363588
0757－23872723
23872724
23872725
23872726
Fax：0757－23872726

**富乐仕时装(深圳)有限公司**
地址：广东省深圳市南山区南油内环路6号4201栋5楼西
负责人：程中强
Tel：13302926620

**中山市沙溪镇阿财服装商行**
业务：销售服装
地址：广东省中山市沙溪镇岐江公路云汉路段22号第5卡
负责人：吴永城 邮编：528400
法人：吴永城
Tel：13169487878
13680190143

**深圳市好利来电脑绣花有限公司**
地址：广东省深圳市南山区南油中兴工业区2幢1楼
负责人：王伟峰
Tel：0755－26068278

**佛山市顺德区龙江镇鸿川皮行**
业务：主要经营真皮系列，黄牛、水牛头层、二层，厚皮、薄皮、沙发革、箱包革
地址：广东省佛山市顺德区龙江镇亚洲国际材料交易中心B区5排33号
负责人：丁锁群 邮编：528318
法人：丁锁群
Tel：0757－23638153
13690493666

**中之源实业有限公司服装一厂**
地址：广东省深圳市南山区南油中兴工业区5栋2楼
负责人：邹彩娥
Tel：0755－26068808
13902943208

**中山市沙溪镇台海时装厂**
业务：卡芭娜女式时装设计加工及销售
地址：广东省中山市沙溪镇圣狮村海滂西路19号
负责人：姚和钦 邮编：528471
法人：姚和钦
Tel：0760－86236139
86236229

**海尔曼斯服饰(深圳)有限公司**
地址：广东省深圳市南山区蛇口东角头工业小区湾厦路108号3楼
负责人：吴伟荣
Tel：0755－26683746

**佛山市顺德区龙江镇天宝服饰鞋业城**
业务：经营各种运动，休闲，牛仔，皮革，皮具服饰及鞋类系列
地址：广东省佛山市顺德区龙江镇盈信城市广场A区二楼
负责人：张惠忠 邮编：528000
法人：张惠忠
Tel：13929002802
13924899084
Fax：0757－23876518

**中山市迪宝龙服饰有限公司**
业务：服装生产、加工、来料来样订做
地址：广东省中山市沙溪镇圣狮村海旁西路13号3楼
负责人：邓素辉 邮编：528403
法人：邓素辉
Tel：0760－23819885
23819886

**美国MBR实业有限公司深圳市代表处**
地址：广东省深圳市南山区蛇口工业大道兴华工业大厦七号3C室
负责人：何小姐
Tel：0755－26699720

**深圳市兴泰季候风服饰有限公司**
地址：广东省深圳市南山区向南路133号环兴综合楼
负责人：王月
Tel：0755－26432082

**佛山市顺德区容桂衣梦裁缝店**
业务：服装设计，加工
地址：广东省佛山市顺德区容桂镇广州容桂段展鹏大厦内华贸服装
负责人：黎辉 邮编：528000
法人：黎辉
Tel：13825513254
13695249878

**皮澳卡顿服饰(深圳)有限公司**
地址：广东省深圳市南山区蛇口新街路103号B栋二楼
负责人：徐雨森
Tel：0755－26693321

**中山市沙溪镇濠盛制衣厂**
业务：制衣锈花
产品：牛仔和弹力
地址：广东省中山市沙溪镇下朗工业大道岗背路段3楼
负责人：唐廷洪 邮编：528403
法人：唐廷洪
Tel：13420368638
0760－87182778
Fax：0760－87182778
网址：http://www.51zzt.com/user/zzt35886

**佳景时装(深圳市)有限公司**
地址：广东省深圳市南山区望海路蛇口渔港渔一工业区厂房三楼
负责人：李金生
Tel：0755－26827311
13923422745

**高州市菲特服饰店**
业务：时尚靓妹装连锁销售
产品：时尚靓妹装
地址：广东省高州市中山路133号
负责人：王山 邮编：525200
法人：王山
Tel：0668－6888935

**深圳市可爱多服装有限公司**
地址：广东省深圳市南山区西丽镇塘朗工业区A10栋6楼
负责人：夏晨杰
Tel：0755－86021316
13602640327

**中山市沙溪镇超益制衣厂**
业务：包工包料的服装加工，来料加工
产品：成品服装
地址：广东省中山市沙溪镇云汉村彩云路5号东座3楼
负责人：胡红超 邮编：528403
法人：胡红超
Tel：13715660759
0760－86221703
Fax：0760－86221703

**广州市萝岗区永成制衣厂**
业务：服装
地址：广东省广州经济技术开发区东区笔岗大道39号第13栋2层
负责人：张于云 邮编：510130
法人：张于云
Tel：020－62950363
13719435160
Fax：020－62950363

**中山市坦洲镇永联发电脑绣花厂**
业务：专业从事电脑绣花、制帽及激光切割，可根据客户要求设计、生产刺绣工艺礼品、商标、毛巾刺绣等，以信立业是我们的宗旨，期待与您真诚合作，共创双赢！
产品：制帽，绣花
地址：广东省中山市坦洲镇新前进村前进二路6号1幢一楼C区
负责人：谭亚波 邮编：528400
法人：谭亚波
Tel：0760－86214088
13531898915
Fax：0760－86214988

**广州伟智进出口贸易有限公司**
业务：服装贸易
地址：广东省广州市白云区机场路1438号619房
负责人：Jack 邮编：510130
法人：Jack
Tel：13710159908
020－22126423
Fax：020－22126425
网址：www.weifufashion.com
E-mail：Jack@weifufashion.com
QQ：288423425

**深圳市盐田区永达店**
地址：广东省深圳市沙头角梧桐路东顺综合楼
负责人：叶永标
Tel：0755－25355410
13923419337

**川东帆布店**
地址：广东省深圳市南山区中山园路100房大道交界处名仁春花园
负责人：张长春
Tel：0755－26160002

**新太阳服装辅料行**
地址：广东省深圳市蛇口南水步行街206－17号
负责人：卢伟华
Tel：0755－26671508
13600156401

**中山市西区新视线内衣商行**
业务：缤纷花语内衣加盟连锁，内衣批发
地址：广东省中山市西区创兴广场2期15幢首层13卡商铺
负责人：胡友辉 邮编：528403
法人：胡友辉
Tel：13424533780
0760－88610443
网址：www.zsneiyi.cn

**恒宝制衣(深圳)有限公司**
地址：广东省深圳市盐田区沙深路172号2楼、7楼B
负责人：凌嘉丽
Tel：0755－25361817

**广州火辣辣鞋业有限公司**
业务：女士休闲时尚鞋生产经营，承揽相关订单
地址：广东省广州市白云区太和镇北太路民营科技园科园路18号
负责人：周还财 邮编：510000
法人：周还财
Tel：020－37312125
37312263

**泽林服饰(深圳市)有限公司**
地址：广东省深圳市盐田区沙头角田心工业南区3栋1单元3楼
负责人：林县
Tel：0755－25550245
26120121

**中山市小榄镇适邦制衣厂**
业务：集设计、生产、销售为一体，从事男女内衣内裤、男女童装生产加工。"起立"健康、舒适、美丽、贴身呵护您！
产品：内裤、童装
地址：广东省中山市小榄镇北区福龙路49号
负责人：卜达斌 邮编：528400
法人：卜达斌
Tel：0760－22230728
18925326176
15813158638
E-mail：767124088@qq.com

**大顺浆纱厂**
地址：广东省潍坊市昌邑市双台乡远东庄村
负责人：宋述顺
Tel：0536－7893056
13964777089

**广州市狄菲皮具有限公司**
业务：生产销售皮具
产品：皮具
地址：广东省广州市花都区狮岭镇金狮大道北28号2房
负责人：詹献真 邮编：510850
法人：詹献真
Tel：020－86995090
Fax：020－86995080
网址：http://www.difei123.com.cn
E-mail：difei126@126.com

**珠海市香洲置鑫枕头专卖店**
业务：枕头专卖
地址：广东省珠海市香洲人民西路仁恒星园商业街B区483－107号
负责人：陈嘉鑫 邮编：519000
法人：陈嘉鑫
Tel：0756－3800987

**增城市恒和鞋厂**
地址：广东省增城市永和镇永联路18号
负责人：庐志芳
Tel：020－82971940
13808867046

**珠海市百川鞋业有限公司**
业务：男女皮鞋、休闲鞋等生产销售
地址：广东省珠海市新香州安居园安富街34号
负责人：张进标 邮编：519000
法人：张进标
Tel：0756－2261288
2261218

**中山市小榄镇嘉泰隆布行**
业务:布料批发
地址:广东省中山市小榄镇绩东一万和村民安南路
负责人:林烈洪　邮　编:528400
法　人:林烈洪
Tel:0760－22111988

**广州市伽笆拉贸易有限公司**
业务:皮包
地址:广东省广州市花都区狮岭镇前进凌屋村边29号
负责人:翁发广　邮　编:510130
法　人:翁发广
Tel:020－86995081
13719383913
Fax:020－86995082

**珠海市香洲共华鞋业批发**
业务:鞋
地址:广东省珠海市香洲前山逸仙路高奇横街4、6号商铺
负责人:林南论　邮　编:519000
Tel:0756－8588538
13750039033
Fax:0756－8664687

**中山市小榄镇雪山雄鞋厂**
业务:加工鞋厂
产品:运动休闲鞋
地址:广东省中山市小榄镇绩西庆丰工业区庆丰五路
负责人:陈溢枝　邮　编:528415
法　人:陈溢枝
Tel:13794161713
13590936922
0760－22275072

**珠海市金鼎绍安布料店**
业务:花边布料.牛仔布.棉布.泳衣布料等批发兼零售,回收工厂一切库存布料及服装
地址:广东省珠海市唐家湾镇金鼎那洲布料商业街58号
负责人:黄绍安　邮　编:519000
法　人:黄绍安
Tel:13923381781
13159078851

**广州市泰豪皮具有限公司**
业务:箱包手袋设计、生产、销售
地址:广东省广州市花都区狮岭镇杨赤线加油站对面
负责人:苏智道　邮　编:510130
法　人:苏智道
Tel:13926205111
020－22962168
Fax:020－36919966

**海富服装店**
业务:服装,服饰
地址:广东省珠海市三灶镇榕苑新村3栋1单元201
负责人:原二华
法　人:原二华
Tel:0756－8851814

**中山市小榄镇美佳服装面料印花厂**
业务:服装加工
地址:广东省中山市小榄镇小榄大道南55号
负责人:梁金明　邮　编:528415
法　人:梁金明
Tel:13420310494
0760－22180658

**广州市仪龙皮具有限公司**
业务:男士皮具、公文包、电脑包、箱包、订做外加工
地址:广东省广州市花都区狮岭镇振兴村新华庄经济社新区二街1号1、2楼
负责人:周义龙　邮　编:510130
法　人:周义龙
Tel:020－86986876
Fax:020－86986876

**中山市小榄镇张良捆条加工店**
业务:加工鞋材捆条
地址:广东省中山市小榄镇竹源宝源路21号
负责人:张良　邮　编:528403
法　人:张良
Tel:15819999699
0760－86963792

**广州市花都区永胜皮具厂**
业务:手袋,皮具
产品:手袋,皮具
地址:广东省广州市花都区狮岭镇中心村杨赤路26号
负责人:聂庆永　邮　编:510130
法　人:聂庆永
Tel:020－22683193
13710885627
Fax:020－22683193
网址:www.yspijc.com.cn

**中山市小榄镇正能鞋厂**
业务:鞋子加工和销售
地址:广东省中山市小榄镇永宁菊城大道西中永第二工业区一厂房二楼
负责人:付少英　邮　编:528415
法　人:付少英
Tel:13702510592
0760－22132706

## 澄华蓉艺毛织厂

澄华蓉艺毛织厂自成立以来，专业从事制造、加工毛织品。望未来，忠诚的明天将更加辉煌，挑战也更加艰巨。我们将抱紧永续经营的宗旨，以最优质的产品和服务让广大的客户满意，领导世界毛织新潮流，与您携手！

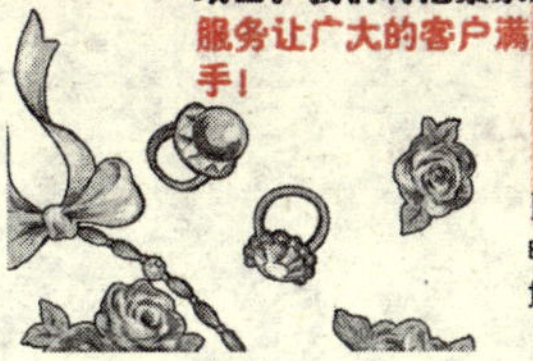

联系人：陈记伟
电话：0754－85878939
地址：广东省汕头市澄海区澄华冠山新兴华路
邮编：515000

## 东尼胜针织有限公司

东尼胜针织有限公司成立于2003年，主要从事于服装服饰品的设计、开发、制造。主要有丝光棉T恤。产品品质优良，价格合理，竭诚欢迎新老客户来电来函、咨询业务！

联系人：邵辉胜　13536681888
电话：0757-82021591　82021593
地址：广东省佛山市张槎镇大沙工业区大道6号
邮编：528000

## 东莞华进高皮具制品有限公司

东莞华进高皮具制品有限公司专业设计开发和制造手袋、各种真皮时款袋、银包及各类皮革制品，欢迎来人来电咨询洽谈！

联系人：张宏
电话：0769-82058968　82110478
网址：www.sinofactories.com.hk
地址：广东省东莞市樟木头镇金河工业区文明一街7号
电子邮件：sinofactories168@yahoo.cn　邮编：523620

## 东莞市才达服饰有限公司

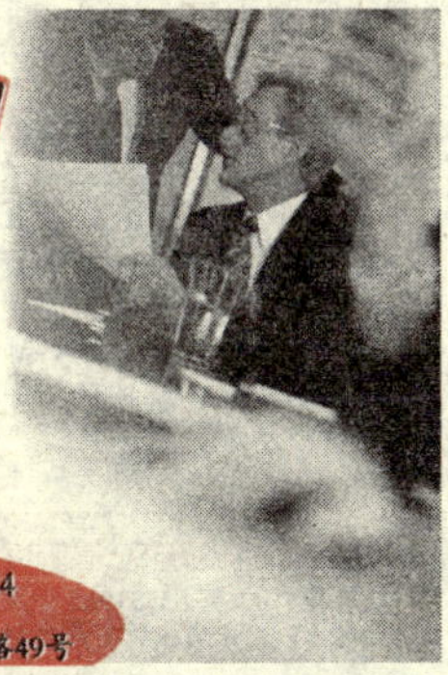

东莞市才达服饰有限公司成立于1999年，主要从事于服装的生产、销售。

我们坚信，在“携手创享服装事业的无限可能“的使命指引下，我们思想更加统一，行动更加协调，信念更加坚定，我们必将形成凝聚的力量、亲和的力量、变革的力量、拼搏的力量，实现更加美好的未来！

联系人：张映初
电话：0769－83483129　13922981964
邮编：523000
地址：广东省东莞市大朗镇求富路社区聚新二路49号

## 奥尔帆制衣有限公司

奥尔帆制衣有限公司是一家专业从事服装生产与加工的厂家。我们诚挚欢迎海内外各行各界，同行好友致电致函，我们将以诚信的经营理念，热情的经营态度，为我们将来的合作成功谱写出绚美的华章！

联系人：卜嘉欣　13509002999
电话：0752-6180172　6180173
地址：广东省惠州市博罗县园洲镇寮仔工业区
电子邮件：xh6180172@yahoo.com.cn　邮编：516100

## 奔益服饰加工厂

奔益服饰加工厂是一家专业从事服饰加工的企业。

多年来，我厂秉承质量优先，信誉第一的原则。

竭诚为您服务！

联系人：张生　13927497389
电话：0755－61229681　61229680
传真：0755－61229680
邮编：518000
地址：广东省深圳市龙岗区坪地街道同心路3号3楼

## 东莞市茶山阳海服装厂

东莞市茶山阳海服装厂是一家专业的女式服装生产和销售的企业，我厂拥有雄厚的技术力量、稳定的产品质量，产品畅销全国各地。热忱欢迎广大用户，洽谈订货，光临指导！

联系人：陈耀辉
电话：0769－81865510　手机：13929230099
地址：广东省东莞市茶山镇增埗卢屋工业区　邮编：523003

## 东莞市寮步骏锐鞋材厂

东莞市寮步骏锐鞋材厂成立于2007年。
鞋材加工。

电话：0769-82310390 82310391
联系人：文思平
传真：0769-82310315
邮编：523400
地址：广东省东莞市寮步镇良边村石蟒塔工业区

## 方利鞋厂

本公司主要生产高档时装女鞋。秉承“顾客至上，品质第一”的经营理念，坚持“客户至上”的原则为广大客户提供优质的服务。欢迎广大客户惠顾！

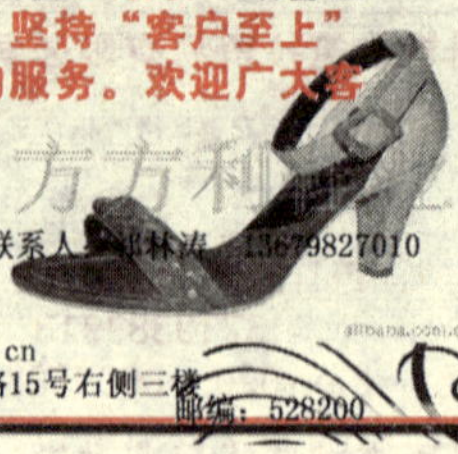

联系人：邹林涛 13679827010
电话：0757-88391219 88397459
网址：www.fangfangli777.com.cn
电子邮件：fangfangli@yahoo.com.cn
地址：广东省佛山市南海平洲永安路15号右侧三楼
邮编：528200

## 东莞市品辉服饰有限公司

品辉服饰有限公司成立于二零零五年，是一家专业从事设计，生产，销售为一体的毛织女装品牌。

目前公司旗下有两大品牌BODILESS（宝迪莱丝）和LOVEFASHION（爱尚）。

公司秉承“品质第一 顾客至上 创造女装第一品牌”的经营理念；为广大客户服务，把客户的满意作为对客户的承诺！

网址：www.bodiless.cn

联系人：谢吉辉
13527912538
电话：0769-82226555 传真：0769-83482653
地址：广东省东莞市大朗镇巷尾育民六街二十八号 邮编：523000

## 丰泽盛布料商行

丰泽盛布料商行成立于2000年。
一家专门从事鞋料，箱包等企业。
以“质量求生存”，以“信誉求发展”。
欢迎广大新老客户惠顾！

联系人：林伟闵 13902658098
电话：0752-8685810 8685890 传真：0752-8685890
地址：广东省惠州市惠东县吉隆镇人民路79号 邮编：516351

纺织服装

## 东莞市石碣樱子服装厂

东莞市石碣樱子服装厂，位于广东省东莞市，主营“樱子”品牌女式成人内裤等。

公司秉承“顾客至上，锐意进取”的经营理念，坚持“客户第一”的原则为广大客户提供优质的服务。

欢迎惠顾！

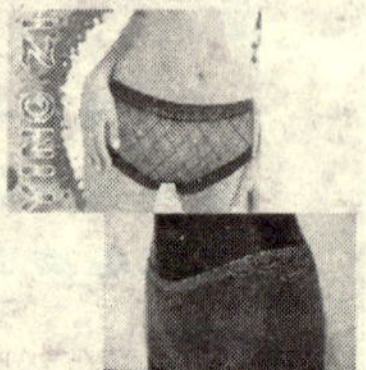

联系人：李惠文
电话：0769-81382299 13527999237
传真：0769-81382266
网址：www.ying138.com.cn
电子邮件：yingzi138@2008.sina.com
地址：广东省东莞市石碣镇水南东祠第二工业区第一幢第二层 邮编：523000

## 佛山市純誠制衣有限公司

佛山市纯诚制衣有限公司是一家专门生产销售针织、全棉服装的企业。

“质量第一，信誉至上”是我们一贯的作风，欢迎广大客户来电洽谈业务！

联系人：张慧成
电话：0757-82102656 13318200006
地址：广东省佛山市禅城区张槎镇上朗兴业路北铺2号 邮编：528000

## 东莞市天托皮革有限公司

东莞市天托皮革有限公司是一家专业从事牛皮，羊皮，镜面皮等各类皮胚销售的企业。

本公司一贯坚持“用户至上，质量第一，服务第一”的原则，竭诚为广大用户服务！

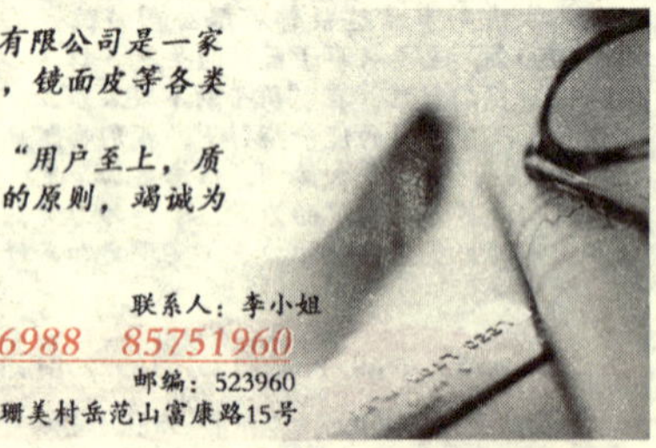

联系人：李小姐
电话：0769-85876988 85751960
传真：0769-85751960 邮编：523960
地址：广东省东莞市厚街镇珊美村岳范山富康路15号

## 佛山市南海区德财鞋材厂

佛山市南海区德财鞋材厂是一家以鞋材加工和销售为主的企业，生产经验丰富，品质稳定上乘。

欢迎国内外客户来电洽谈业务！

地址：广东省佛山市南海区桂城平北台西河村东街23号
联系人：吕德明 13656072188
电话：0757-86788518
邮编：614800

## 東莞市祥泰服飾有限公司

祥泰服饰有限公司成立于1994年，专业从事男装的生产与销售，产品有毛衣、T恤、衬衫等。我们拥有自己的品牌——奥佰莱。

公司秉承“顾客至上，锐意进取”的经营理念，坚持“客户第一”的原则为广大客户提供优质的服务。欢迎惠顾！

电话：0769-85105448
传真：0769-85189009
联系人：莫镇伟 13926891398
地址：广东省东莞市虎门镇博冲村大卢向北二路4号 邮编：523000

## 高要市南岸龙云鞋模经营部

高要市南岸龙云鞋模经营部成立于2006年，以生产、销售鞋模、鞋材为主。

欢迎新老客户来电洽谈业务。

联系人：冯玉文
13435843599
电话：0758-6120181
邮编：526040
地址：广东省高要市南岸镇二期开发区南兴五路6号

## 广东超亿美投资有限公司

广东超亿美投资有限公司是一家专业从事服装生产的企业。

公司自成立以来，始终坚持质量第一，信誉第一的原则，并实行严格的内部管理制度。

我们深信：客户永远是最好的。

欢迎来电来函咨询。

联系人：佘伟华

电话：0663-2916999　13929282888

地址：广东省普宁市流沙西赵华路新时代华庭A幢A2-A3首层

邮编：510000

## 广州市增城高点工艺厂

广州市增城高点工艺厂是一家从事男女服装加工的厂家。

公司秉承“顾客至上，锐意进取”的经营理念，坚持“客户第一”的原则为广大客户提供优质的服务。

欢迎惠顾！

联系人：康宏坤　13725121098

电话：020-82630258　邮编：510000

地址：广东省广州市增城市增江街陆村广汕路西28号

## 广州市番禺区承隆缝纫线厂

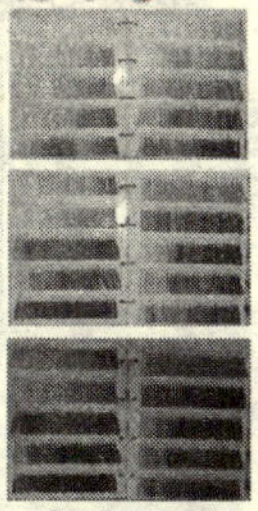

广州市番禺区承隆缝纫线厂是一家专业从事缝纫线生产销售的厂家，产品种类齐全，质量上乘，多年来赢得了良好的口碑。

我们愿与广大客户携手，共创美好未来。

联系人：邬淑卿　13600027954

电话：020-34828611　34763350

地址：广东省广州市番禺区南村镇罗边实发市场东侧　邮编：511442

## 惠东县白花镇中立服装加工店

本店主要经营服装生产设计加工及销售。我们的企业精神开拓、创新、拼搏、奉献我们的服务宗旨质量第一、客户至上、诚实守信我们真诚期待，并热忱欢迎全国各界人士光临惠顾，洽谈合作，共同发展！

联系人：陈福财

电话：0752-8789317　手机：13790771119

地址：广东省惠州市惠东县白花镇太阳工业区　邮编：516369

## 广州市海珠区怡达制衣厂

怡达服饰是一家专业从事女装设计、生产、销售的中型服装企业，主要出口澳大利亚、马来西亚、印尼、中东等国家，为女性的美丽、追潮女装的品质和格调、追赶和引导国际国内的潮流，奉献着自己的热情、执着和智慧。

联系人：程林斌

电话：020-84085335

传真：020-84085255　邮编：510260

地址：广东省广州市海珠区江泰路南晒场工业区2号之一怡达制衣厂

## 惠州市振华服装有限公司

惠州市振华制衣厂一家集服装产品设计、开发、生产、销售、服务为一体的专业服装企业，专门承接批量男女西装、男女衬衫、职业套装、行政制服、校服、运动服、文化休闲服、T恤、促销服、保安服、餐饮行业服、工作服，也精心为集体和个人量身定制各类中高档制服。主要生产品种有工作服，制服，职业装，西服，衬衫，夹克，T恤衫，文化衫，防化服，防火，防酸，防水服，防静电服。我们将质量、时间、诚信、服务作为企业的经营宗旨，热烈欢迎广大客户前来洽谈合作、看样订货、包工包料、服装加工、来料加工、服装代理等相关业务，我公司将以绝对的优势来满足客户的不同要求！

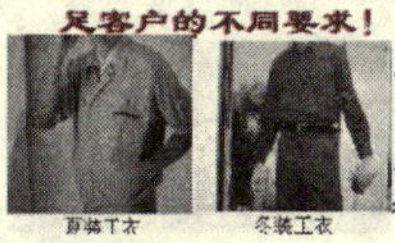

联系人：叶华炎

电话：0752-2262400　传真：0752-2272400

网址：www.zhenhuazy.com　电子邮件：hzsway@126.com

地址：广东省惠州市惠城区鹅岭西路29号　邮编：516000

## 广州市金雪马贸易有限公司深圳分公司

金雪马集团公司是一家集皮草硝染，鞣制，服饰设计，生产销售为一体的多元化大规模服饰公司。近些年公司相继开发了貂皮大皮，时装棉衣，皮草包，皮草帽子等系列产品，也为许多时装公司低价加工，出售毛领。

金雪马以“让女人最自信”为经营理念，以高档次，高品质，高品位而备受雍容，典雅的现代都市女性所钟爱。

联系人：高列钦

电话：0755-89904519　89904529

传真：0755-89904539

邮编：518116

地址：广东省深圳龙岗区龙城街道办五连村21号路南蛇坑河边第2栋3楼

## 江门市蓬江区耀恒针织内衣厂

江门市蓬江区耀恒针织内衣厂成立于2004年，主要从事于针织内衣的生产、加工与销售。主要产品有内衣。

公司本着以质量求生存、促发展的原则，坚持信誉第一、顾客至上、团结拼搏、求效创新，愿竭诚与海内外广大客商在互惠互利的基础上开展多种形式的合作，共谋发展，共创辉煌。

联系人：胡东生

电话：0750-3733203　3751196　13924680632

地址：广东省江门市蓬江区荷塘镇南村上村祠堂巷3号

邮编：529000

## 广州市英其皮具有限公司

广州市英其皮具有限公司成立于2006年，专业生产书包、背囊产品，产品有女包、背包、旅游袋、公文包、时装包等。公司的宗旨是：创造一流的质量，一流的管理，一流的服务。热枕欢迎国内外新老朋友加盟，惠顾，共创美好未来！

联系人：周旭晔

电话：020-86910506　13922351299

网址：www.zyqbag.com　电子邮件：zhouyingqi88@vip.163.com

地址：广东省广州市花都区狮岭镇阳光大道西4号

邮编：510800

## 揭阳市足美鞋业有限公司

揭阳市足美鞋业有限公司成立于2007年，公司集设计、开发、生产、销售于一体，主打产品为各式吹气、水晶、发泡、EVA拖凉鞋。其知名品牌“足美”、“智慧足”等各类高中档男鞋、女鞋、童鞋供应国内各大城市，并远销香港、中东、南美、北美、欧洲、非洲等地。

本公司已通过ISO:9001质量体系认证，以质量求生存，信誉促发展，热诚邀请八方贵客来电来邮来厂洽谈业务。

电话：0663-8336666

传真：0663-8339999

邮编：522051

地址：广东省揭阳市渔湖天福东路仁辉南路3号

联系人：陈鸿亮

## 金榜服装辅料有限公司

金榜服装辅料有限公司成立于2007年，主要从事于织袋、绳的生产与销售。

我们始终相信"质量是企业的生命，信誉是企业的根本"，我们将以精益求精的进取精神与你携手共进开创未来。

联系人：邱永辉
电话：0769－81227982 81227983 13825733045
地址：广东省东莞市虎门镇博美虎门布料市场11排21号
邮编：523000

## 深圳市宝安区石岩福美电脑绣花厂

福美绣花厂成立于2002年，在竞争激烈的绣花市场中，秉承"团结、务实、创新、守信"的服务宗旨，凭借先进的电脑刺绣设备，丰富的绣花工艺经验，承接时装、鞋、帽、徽章等各类电脑绣花。

欢迎各新老客户来电垂询，我们将竭尽所能满足客户所需，共创双赢！

联系人：陈志生
电话：0755－27624012
传真：0755－27621820
邮编：518108
地址：广东省深圳市宝安区石岩镇应人石村应工二街5幢3楼

## 能雄无纺布厂

能雄无纺布厂成立天1996年，是一家专业的无纺布生产企业。我们急客户所急，想客户所想，让客户满意。

联系人：张接桃

手机：13802660419 13823988901
地址：广东省江门市新会区睦州镇东上村 邮编：529020

## 深圳市川泰鞋材有限公司

深圳市川泰鞋材有限公司是专业生产加工经纬编针织布、网布等鞋材的厂家，我们的产品材品种齐全，花样繁多，一切服从于市场，一切服务于用户是我们的经营理念，欢迎您的光临选购！

联系人：代宪志 13632896787
电话：0755－29717077 27052117
地址：广东省深圳市宝安区松岗镇沙浦围工业大道10号 邮编：518000

## 普宁市雅丽丹织造制衣有限公司

普宁市雅丽丹织造制衣有限公司成立于2008年，主要从事女士内衣、内裤的生产与销售。我们诚挚欢迎海内外各行各界，同行好友致电致函，我们将以诚信的经营理念，热情的经营态度，为我们将来的合作成功谱写出绚美的华章！

联系人：陈少强 邮编：515300
电话：0663－2117085、2112259、13580268888
地址：广东省普宁市流沙东街道斗文村工业区金德楼

## 深圳市佳之娜贸易有限公司

深圳市佳之娜贸易有限公司成立于1999年，主要从事服装的销售。

欢迎新老客户光临惠顾！

联系人：黄海明

电话：0755－27273383 13902948718 邮编：518000
地址：广东省深圳市宝安区沙井镇上南大街佳娜时装城二楼

## 汕头市茂亮实业针织有限公司

汕头市茂亮实业发展有限公司创立于1997年，生产各款内衣四百多万件（套）。

现已发展成为一家集内衣开发、加工、销售于一体的现代化专业内衣企业，拥有"亮尔迷""安娜丝""茂亮"三大自主内衣品牌，产品已是涵盖了男、女内衣多种类型的款式；讲究"品味、情趣、健康"的设计主题。

立志为客户提供更满意的产品！

联系人：郭耿亮 13903042390

电话：0754－84445489
传真：0754－84467989
地址：广东省汕头市潮阳区南阳工业区
网址：www.liangermi.cn
电子邮件：LiangErMi@163.com
邮编：515000

## 深圳市利嘉盛线业有限公司

深圳市利嘉盛线业有限公司成立于2006年，主要从事纱线的生产、加工。

公司凭借在管理、技术、品质、市场、服务上的优势，竭诚为各界服务。公司坚持以"以质为本，信誉至上，追求完美"的经营宗旨，以"诚心，信心，爱心，恒心"的服务理念，换取客户的放心。欢迎您的来电！

联系人：黄[illegible]忠
电话：0755－28534624 28534644
邮编：518111
地址：广东省深圳市龙岗区[illegible]工业园6栋2楼

## 深圳宝隆拉链有限公司

宝隆拉链有限公司专业生产各种拉头、拉片及配件，制造闭合拉链、开口拉链、双睡袋拉链等成品拉链。公司不断发展金属、尼龙、塑钢等各种拉链。公司承蒙广大客户支持和信赖，并继续以"质量第一、服务第一、信誉第一"的优良传统面对客户，紧密配合，与各界同仁共创美好未来！

联系人：李芳莉 电话：0755－27144277 13352938832
地址：广东省深圳市宝安区松岗镇江边村第4工业区 邮编：518000

## 深圳市瑞达纺织有限公司

深圳市瑞达纺织有限公司主营各类纺织品及纺织原料。

自成立以来，公司将始终贯彻"差异化发展个性企业、走品牌兴企之路"的发展理念，以"服务高端客户、引领纺织潮流"为企业宗旨。

欢迎新老客户来电洽谈业务！

电话：0755－25584632
传真：0755－25570789
联系人：张振田 13802200977
地址：广东省深圳市宝安区宝安南路西湖花园西景阁29D 邮编：518000

纺织服装

## 广西壮族自治区/Guangxi Zhuang Autonomous Region

**班尼路专卖店**
地址：广西壮族自治区百色市右江区西园路广州街A栋20号
…………负责人：毛新雄
…………Tel：0776－2860188
13977691518

**西路纺织袋加工厂**
地址：广西壮族自治区贺州市钟山县西路40号
…………负责人：王柏干
…………Tel：13978451819

**教育服装厂**
地址：广西壮族自治区来宾市武宣县武宣镇城北路
…………负责人：林火木
…………Tel：0772－5291988
13977202528

**行宇鞋业超市**
业务：各类高中档男女鞋、童鞋销售
地址：广西省北流市城南一路3号
…………负责人：杨臣海　邮　编：537400
…………法　人：杨臣海
…………Tel：0775－6232409
5763438
13878064630
15878507496

**合浦远俊皮具有限公司**
地址：广西壮族自治区北海市合浦县廉州镇廉东区迎宾大道南侧
…………负责人：陆永强
…………Tel：13707890626

**大安镇东虹水洗厂**
业务：水洗牛仔裤
地址：广西省贵港市平南县大安镇
…………负责人：陈东　邮　编：537000
…………法　人：陈东
…………Tel：13607853796
0775－7633199

**环江盛隆茧丝有限公司**
业务：环江盛隆茧丝有限公司成立于2005年，生产白厂丝，欢迎新老客户来电洽谈业务。
地址：广西壮族自治区河池市环江县思恩镇城西工业园区
…………负责人：莫照武……邮　编：547100
…………法　人：莫照武
…………Tel：0778－8823388
8823268
…………网址：mtw25922

**贵港市同利纤维制品有限公司**
地址：广西壮族自治区贵港市港北区根竹乡新民村
…………负责人：薛命桂
…………Tel：13359999919

**福建省足下登鞋服有限公司广西办事处**
业务：鞋子和服装的销售
地址：广西省柳州市红光路汇丰鞋行18幢D区52号
…………负责人：林建敏　邮　编：545000
…………法　人：林建敏
…………Tel：0772－3808880
13607825188

**零点久久时装店**
业务：经营服装
地址：广西省南宁市横县横州镇公园路（横县时尚步行街101号）
…………负责人：宋大晓　邮　编：530000
…………法　人：宋大晓
…………Tel：13977142218
0771－7750286

**广西横县畅泓塑编袋有限公司**
业务：本公司成立于2003年，位于中国茉莉花之乡的广西南宁横县。现是横县一家重点生产企业，占地面积1500㎡，总投资1000万元，拥有固定资产600万元，引进最新全自动圆织机、拉丝机、涂模机、印刷切布机等多样化全行业生产线，年产量2500万条。
地址：广西壮族自治区南宁地区横县马岭镇清泉村
…………负责人：姚畅明……邮　编：530305
…………法　人：姚畅明
…………Tel：0771－7386999
…………Fax：0771－7386999
…………网址：mtw25617

**业盛内衣经营部**
业务："红豆"、上海"开开"内衣、内裤
地址：广西省玉林市工业品市场1楼1区239号
…………负责人：许楚业　邮　编：537000
…………法　人：许楚业
…………Tel：13907755151
0775－2083553

**天林针车行**
业务：缝纫机及配件的销售
地址：广西省玉林市区民新大道一栋6号
…………负责人：佘春华　邮　编：537000
…………法　人：佘春华
…………Tel：0775－2083763
13877540406

**玉林市福绵管理区金富利服装辅料厂**
业务：金富利服装辅料厂，技术先进，机械齐全，产牛仔裤。本厂可按客户需求定制各种服装，质优价廉，薄利多销，经营灵活，欢迎各方客户惠顾，洽谈业务，共同合作
地址：广西壮族自治区玉林市福绵区福绵大道
…………邮　编：537000
…………法　人：梁德芬
…………Tel：0775－2211389
…………Fax：0775－2218578
…………网址：www.yljf.chinapyp.com

**瑞龙丝业有限责任公司**
地址：广西壮族自治区来宾市忻城县城关镇芝州二路
…………负责人：夏文清
…………Tel：0772－5518658
13633028688

**广西鹿寨县金达珑茧丝有限责任公司**
地址：广西壮族自治区柳州市鹿寨县二级公路狮子母山旁
…………负责人：付福山
…………Tel：0772－6811767

**浦北县官垌镇富章针织厂**
业务：加工、销售针织产品
地址：广西壮族自治区钦州市浦北县官垌镇前进街60号
…………负责人：彭承章　邮　编：535000
…………法　人：彭承章
…………Tel：0777－8858781
13507772337

**柳州市曼雅制衣有限责任公司雒容分厂**
地址：广西壮族自治区柳州市鹿寨县雒容镇广场路64号
…………负责人：陈政全
…………Tel：13397720989

**柳州市宏锦纺织有限公司**
地址：广西壮族自治区柳州市鱼峰区柳东路220号
…………负责人：戴进法
…………Tel：0772－2635728
13707807662

**吉兴编织袋加工厂**
地址：广西壮族自治区南宁市宾阳县新桥镇大庄村委石砍村
…………负责人：李生海
…………Tel：0771－8435261
13507865157

**南宁市西绥服装有限公司**
地址：广西壮族自治区南宁市城北区衡阳路31号百万庄12层F座
…………负责人：覃俊杰
…………Tel：13807712971

**南宁市六缸塑料纺织有限公司**
地址：广西壮族自治区南宁市江南区亭洪路57号（市矿粉厂内）
…………负责人：梅玉成
…………Tel：13907716747

**宇鹏针车行**
业务：缝纫设备
地址：广西壮族自治区玉林市教育西路128号
…………负责人：苏宠礼　邮　编：537000
…………法　人：苏宠礼
…………Tel：0775－2827612
13877531053
…………Fax：0775－2827612

**梧州市苏闽服饰店**
地址：广西壮族自治区梧州市万秀区大南路锦泰商业广场3号商铺
…………负责人：许苏闽
…………Tel：13507748361

**梧州伍大纺织有限公司**
地址：广西壮族自治区梧州市万秀区高地路南三巷2号富仕大厦二楼
…………负责人：李宜津
…………Tel：13827707486

**威利来鞋厂**
地址：广西壮族自治区玉林市陆川县马坡镇界垌村
…………负责人：吕禄荣
…………Tel：13907751335

**广西玉林鸿泰手套制品有限公司**
地址：广西壮族自治区玉林市马路圩（原交警大队城南中队内）
…………负责人：卢家军
…………Tel：0775－2838348



纺织服装

## 海南省/Hainan Province

### 海口尚景服装有限公司
业务：本公司成立于2005年，主要从事服装的生产与销售。公司始终坚持"诚信、专业、引导时尚"的经营理念，紧随时代流行趋势，使各类服饰产品始终走在市场前沿，做到款款流行。竭诚欢迎广大客户来人来电洽谈业务，共同发展！
地址：海南省海口市滨河路2号
…… 负责人：张明……邮　编：570001
…… 法　人：张明
…… Tel：0898－66111201
…… Fax：0898－66115700

### 海南融兴房地产开发有限责任公司
地址：海南省海口市国兴路上贤村299号
…… 负责人：张力
…… Tel：13323078355

### 海南登尼路服饰有限公司
地址：海南省海口市海景路99号A1－905房
…… 负责人：林训先
…… Tel：13807556199

### 海口成泰贸易有限公司潮流前线海秀店
地址：海南省海口市海秀路19号海南教苑大厦一楼2号
…… 负责人：孙士建
…… Tel：0898－66208058

### 海口递城服饰有限公司
地址：海南省海口市人民大道一西路海军后勤干部楼502房
…… 负责人：杨建
…… Tel：13876184889

### 海口阿玛尼服饰有限公司
地址：海南省海口市文明中路129号万银大厦1105房
…… 负责人：谭琼珍
…… Tel：0898－66231828

### 日红蜡染店
地址：海南省三亚市商业街106号铺面
…… 负责人：麻国强
…… Tel：0898－88262819
13807528183
13807501698





## 四川省/Sichuan Province

### 成都华利来皮革有限公司
业务：水牛皮凉席、水牛皮汽车座套、水牛皮枕套枕席、水牛皮沙发坐垫靠垫、牛皮拖鞋等
地址：四川省成都市高新技术开发区紫荆西路58号3幢5楼13号
…… 负责人：田荣俊
…… 法　人：田荣俊
…… Tel：028－82521981
…… Fax：028－82402318

### 成都小牧羊鞋业有限公司
地址：四川省成都金堂县淮口镇红光村
…… 负责人：管向红
…… Tel：13808086523

### 厦门鑫宏服饰有限公司成都分公司
地址：四川省成都市成华区天祥寺街85－145号7F－9号
…… 负责人：柯英之
…… Tel：028－84337498

### 巴中市三河茧丝有限责任公司
业务：巴中市三河茧丝有限责任公司主要从事生丝加工。"以质量求生存，以信誉求发展"，热诚欢迎广大新老客户来我公司洽谈业务，共同发展！
地址：四川省巴中市巴州区三河场镇街道
…… 负责人：董文兵……邮　编：636075
…… 法　人：董文兵
…… Tel：0827－5463093

### 成都市飞达皮革行
业务：销售沙发革、PU革
产品：真皮配皮，布艺沙发革、超纤皮、软皮、软皮配皮、普通仿皮、装饰革等。
地址：四川省成都市双流县公兴镇草坪村3社双流至黄龙区公路南坡前行100米飞达公兴配送中心
…… 负责人：陶晓丽　邮　编：610000
…… Tel：028－85689999
…… Fax：028－85689901
…… 网址：www.scfeida.com
…… E-mail：cdfdpg@163.com

### 四川德道尔实业有限公司
地址：四川省成都市大成市场中心街10
…… 负责人：张文斌
…… Tel：028－83911188
13908013550
…… Fax：028－8391778(传真)

### 都江堰市龙腾纤维布厂
地址：四川省成都市都江堰市石羊镇清平村
…… 负责人：毛志龙
…… Tel：028－87280379

### 成都兴林纺织有限公司
地址：四川省成都市都江堰市胥家镇实践村
…… 负责人：罗先林
…… Tel：13908019088

### 明泰纺织有限公司
业务：明泰纺织有限公司成立于2003年，现有员工20余人，从事纺织包装品的生产。欢迎新老客户来电垂询。
地址：四川省成都市成华区龙塘寺保平村七组
…… 邮　编：620083
…… 法　人：张明照
…… Tel：028－89919880
83507598
…… Fax：028－83507598

### 邻水县新丰制衣有限公司
业务：服装生产、加工、销售
产品：外套、休闲裤、牛仔裤、棉衣等；梭织为主
地址：四川省广安市邻水县丰禾镇工业园区3幢1－2号
…… 负责人：罗紫明　邮　编：638500
…… 法　人：罗紫明
…… Tel：15884917766
0826－3702999
…… Fax：0826－3612798

### 成都高新区新秀丽箱包专卖店
地址：四川省成都市高新技术开发区大世界广场家乐福NO.7
…… 负责人：方征
…… Tel：13881738688

### 成都豪派服饰发展有限公司
地址：四川省成都市高新技术开发区肖家河东二巷11号11幢12号
…… 负责人：龙四春
…… Tel：13880832979

### 成都锦绣江南丝绸有限公司
地址：四川省成都市高新技术开发区殷家林村三组7号
…… 负责人：刘金云
…… Tel：028－89126210

### 成都市金牛区兴隆无纺布厂
业务：成都市金牛区兴隆无纺布厂成立于2005年，是一家生产、直销无纺布的企业，产品主要销往四川省内。本厂以"用户第一、质量第一、信誉第一"为宗旨、特优价格的优势而赢得客户的信赖和好评，竭诚新老客户惠顾。
地址：四川省成都市金牛区天回镇石门村一帆街道
…… 邮　编：610000
…… 法　人：陈忠达
…… Tel：028－83588285
…… Mobile：13882121215
…… Fax：028－83422596

### 嫘祖蜀锦研究开发中心
地址：四川省成都市火车北站西二路31号
…… 负责人：王君平
…… Tel：028－83170257
83170656
13688303870

### 成都市金牛区富华服装辅料厂
地址：四川省成都市金牛区洞子口乡王贾村三组
…… 负责人：张正华
…… Tel：13808008965

### 成都克尼希亚服饰有限公司
业务：成都克尼希亚服饰有限公司成立于2005年，主要从事男装的经销。公司以产品质量赢得信誉，以款式独特大方赢得市场，热诚欢迎广大新老客户来人来电订购，洽谈业务！
地址：四川省成都市锦江区春熙路西段16号A座八楼19号
…… 负责人：赖祯福……邮　编：610004
…… 法　人：赖祯福
…… Tel：028－86676992

### 荷花池市场第十六交易区
地址：四川省成都市金牛区火车北站东一路
…… 负责人：张荣秀
…… Tel：028－83375970
13308209445

### 金牛区光达布店
地址：四川省成都市金牛区老成彭路19号
…… 负责人：陈蓉
…… Tel：028－83378099
13908013951

### 四川金天盛纺织品有限公司
业务：四川金天盛纺织品有限公司于2001年创建，从事绳、线、带、布纺织品及服装辅料的生产、加工、销售。
地址：四川省成都市郫县安靖镇土地村一组
…… 邮　编：611731
…… 法　人：江恩华
…… Tel：028－83117318
87819288
…… Mobile：13348846022
…… Fax：028－87818088

### 成都邦甲服饰有限公司
地址：四川省成都市金牛区圃园南二路1栋18号
…… 负责人：张林
…… Tel：028－81977780

### 成都纤衣制衣有限公司
地址：四川省成都市金牛区沙河源街道王贾村第三村民小组
…… 负责人：张丛兰
…… Tel：13882168055

### 金牛区安妮贝佳服装店
地址：四川省成都市金牛区石灰街4栋1－2号
…… 负责人：肖荣立
…… Tel：13518138411

### 成都市青羊区迪美皮鞋厂
业务：成都市青羊区迪美皮鞋厂成立于1997年，主要生产时装女鞋，质量保证，产品销往全国各地。欢迎各方客户来电洽谈业务，共同合作。
地址：四川省成都市青羊区文家乡快活村9组
…… 邮　编：610072
…… 法　人：敖平
…… Tel：028－87071619
…… Fax：028－87071619

### 成都博凯纺织品有限公司
地址：四川省成都市金牛区踏水村1组
…… 负责人：刘博
…… Tel：13908184583

### 成都创达婴童服饰厂
地址：四川省成都市金牛区天回镇石门村委旁
…… 负责人：王韶华
…… Tel：13880590325

### 成都国美纺织有限公司
地址：四川省成都市金牛区五块石蓉北商贸大道一段21号
…… 负责人：胡小平
…… Tel：13330995269

### 成都丹露鞋业有限公司
业务：成都丹露鞋业有限公司成立于1992年，位于成都市武侯区簇马路3段3号。现有厂房式万多平方米，员工600余人，拥有先进的制鞋设备和工艺，年产皮鞋150万双，产品销往全国30多个省市自治区，而且远销俄罗斯、欧美等发达国家和地区，赢得广大消费者的喜爱和赞誉。
地址：四川省成都市武侯区簇马路3段3号
…… 邮　编：610043
…… 法　人：王中良
…… Tel：028－85012698
…… Fax：028－85012698

### 华仑金盾服装皮具有限公司西南办事处
地址：四川省成都市景江区北星街世都大厦9层A座

▲纺织服装▼

……………………负责人：周响洪
……………………Tel：028－86736361

**猫头鹰服饰（深圳市）有限公司**
地址：四川省成都市九龙广场四楼2号
……………………负责人：韩红富
……………………Tel：13880512568

## 成都华美鞋业有限公司
业务：成都华美鞋业有限公司是在原成都皮鞋厂的基础上通过改制，于一九九七年重新组建的股份制企业。公司主要生产各种皮靴，是皮靴生产的专业工厂。年生产能力30万双，产品销往欧美各国，其中猪皮绒面靴一直接受QVC公司的严格检验，在美国已销售二十多年，是四川唯一能生产这种产品的工厂。公司下设皮件厂，主要生产各种真皮皮件礼品产品，产品主要销售美国。其中13英寸皮盘曾被美国白宫选用作为招待会专用。公司于2004年通过质量认证。
地址：四川省成都市武侯区武侯大道文昌段44号
……………………邮　编：610072
……………………法　人：张平
……………………Tel：028－85025097
……………………Fax：028－85029300
……………………网址：www.cdhm.chinapyp.com

**明泰纺织有限公司**
地址：四川省成都市龙华区青龙乡东林村五组
……………………负责人：张明照
……………………Tel：028－83507598
89919880
13540312686

**成都凯港鞋业**
地址：四川省成都市双流县航空港开发区机场路社区88号
……………………负责人：李昌军
……………………Tel：028－85881889
13882073199

**天府制鞋厂**
地址：四川省成都市双流县籍田镇地坪四队
……………………负责人：刘斌
……………………Tel：028－85692583
13320998209

## 新都区大丰镇明成制衣厂
业务：新都区大丰镇明成制衣厂成立于1998年，主要生产"费尔黛希"牌休闲男装、休闲裤、休闲茄克、防寒服等。"信誉至上，质量第一"，竭诚欢迎您的惠顾。
地址：四川省成都市新都区大丰镇南丰国际工业城南丰大道196号
……………………邮　编：610051
……………………法　人：樊文明
……………………Tel：028－83913859
……………………Fax：028－83910768

**东升发泡鞋材厂**
地址：四川省成都市双流县彭镇工业区
……………………负责人：张木钦
……………………Tel：028－85847288
85847266
13608053187

**成都市华鸿羽毛有限公司**
地址：四川省成都市双流县中和镇双龙
……………………负责人：薛凤德
……………………Tel：028－85659218
13980658158

**永胜金利皮鞋厂**
地址：四川省成都市温江区永胜镇石磊村一组
……………………负责人：陈平勇
……………………Tel：028－82620722
13072818008

## 大竹县茂园麻纺厂
业务：大竹县茂园麻纺厂成立于1999年，以生产销售麻条、落麻、麻纱、青麻等产品为主，产品销往全国各地。公司以诚信为先，优质服务为本，视客户为上帝，保证产品质量，愿与天下商友同行并进，共创财富！
地址：四川省达州市大竹县余华乡街道
……………………邮　编：635108
……………………法　人：钟世勇
……………………Tel：0818－6430196
……………………Fax：0818－6227508

**永盛镇旭松皮鞋厂**
地址：四川省成都市温江区永盛镇劳模村八组
……………………负责人：干伟
……………………Tel：028－82622037
13980420510

**万顺鞋跟厂**
地址：四川省成都市武候区簇桥体阜村6组
……………………负责人：张云贵
……………………Tel：028－85360475
13908019713

## 简阳市彬彬纺织棉厂
业务：简阳市彬彬纺织棉厂主要从事纺织棉的加工，纺线。"以质量求生存，以信誉求发展"，真诚期待与您的合作，共创辉煌！
地址：四川省简阳市新市镇新达街273＃
……………负责人：曹甲兵……邮　编：641422
……………………法　人：曹甲兵
……………………Tel：0832－7125115
……………………Fax：0832－7125038

**华泰制衣厂**
地址：四川省成都市武候区晋阳村6社
……………………负责人：兰鸿
……………………Tel：028－87421589
13699000798

**新都区斑竹园镇小梁砂洗厂**
地址：四川省成都市新都区斑竹园镇小凉村三社
……………………负责人：梁家富
……………………Tel：028－83949988
13980828322

**新都区大丰镇鸿华制衣厂**
地址：四川省成都市新都区大丰镇皇花村五社
……………………负责人：黄方伦
……………………Tel：13541118558

## 四川省仁寿县禄加绸厂
业务：本厂成立于2000年，主要从事布匹的生产与销售。我们以市场为指导，以质量、服务、信誉为宗旨，以一流的装备水平、高品质的产品，赢得广大用户的一致青睐和肯定。
地址：四川省眉山市仁寿县禄加镇102厂内
……………负责人：黄超……邮　编：620584
……………………法　人：黄超
……………………Tel：0833－7035011

**成都市新都区淑特佳服装厂**
地址：四川省成都市新都区马家镇跃龙村9组
……………………负责人：杜兴发
……………………Tel：028－83940265
13308201891

**铅锌镇民国棉絮加工厂**
地址：四川省凉山彝族自治州会东县大桥区铅锌镇
……………………负责人：张明国
……………………Tel：0834－5430628
13981596142

**四川省青神红运皮鞋厂**
地址：四川省眉山市青神县青城乡五更桥
……………………负责人：王丽萍
……………………Tel：0833－8812260
13608164326

## 南充锦海纺织品有限公司
业务：四川南充锦海纺织品有限公司是一家大型的丝绸企业，专业生产丝绸面料以及各种丝绸成品等。产品主要出口到欧洲、美国、东南亚等地。目前，本公司已成为著名的"中国绸都"—四川省南充市的知名企业。公司拥有数百台专业织绸机器，几百名技术熟练的织绸工人，织绸月产量达到100000m此外，公司还生产真丝床上用品、真丝围巾、真丝领带、真丝服装、真丝饰品等成品。
地址：四川省南充市顺庆区莲池路16号
……………负责人：彭代平……邮　编：637000
……………………法　人：彭代平
……………………Tel：0817－2315601
……………………Fax：0817－2315602
……………………网址：www.jinhaitextile.com
……………………E-mail：pdping@jinhaitextile.com

**三丽服饰**
地址：四川省南充市顺庆区西门市场2号楼2楼23号
……………………负责人：王安民
……………………Tel：13909072513

## 贵州省/Guizhou Province

**修文县春雨服装厂**
地址：贵州省贵阳市修文县龙场镇（县特殊教育学校内）
…… 负责人：苏桂秀
…… Tel：0851－2323140

**遵义明云服饰有限公司**
业务：遵义明云服饰有限公司主要以服装，针织品，皮革为主，我们坚持“产品质量是我们永恒的主题”这一信念，真诚地愿与全国及世界各地的客商进行多种形式的合作，共创辉煌！
地址：贵州省遵义市丁字口湘山商厦
…… 负责人：谭天明……邮　编：563000
…… Tel：0852－8835177

**贵定县华宇制鞋有限责任公司**
地址：贵州省黔南布依族苗族自治州贵定县盘江镇（原3610工厂）
…… 负责人：罗德智
…… Tel：0854－5412659



## 云南省/Yunnan Province

**嘉和服装制衣有限公司**
地址：云南省大理白族自治州大理市兴盛商业城B栋四楼
…… 负责人：马宝清
…… Tel：0872－2185378
13988506399

**鑫联麻业有限公司**
地址：云南省大理市大理州永平县杉阳镇
…… 负责人：罗万明
…… Tel：0872－6788068
13988570028

**云南省禄丰县一平浪幸福服装厂**
业务：云南省禄丰县一平浪幸福服装厂成立于1984年，二十多年业专业生产各类工作服。我厂可根据各种体型的不同要求，做出不同款式工艺要求的服装。本厂始终坚持企业信誉第一，质量第一，一切为客户着想的宗旨。我们将以优质的产品、优惠的价格、优良的服务、热忱欢迎工厂、商场、政府部门、机关单位、酒店、企业、学校等客户前来参观洽谈。
地址：云南省楚雄市禄丰县一平浪镇干海资
…… 邮　编：651217
…… 法　人：刘玉华
…… Tel：0878－4829457
…… Mobile：13987824048
…… Fax：0878－4829457

**棕麻厂**
地址：云南省红河州元阳县新街镇城郊
…… 负责人：白正荣
…… Tel：0873－5622913
13312662137

**潞西市勐巴娜西民族服饰有限公司**
业务：潞西市勐巴娜西民族服饰有限公司成立于2005年，主要从事民族设计、生产及销售。款式新颖，做工精美，热诚欢迎广大客户来电来人洽谈业务，共同合作！
地址：云南省德宏傣族景颇族自治州潞西市芒市镇三棵树民族风情街13号1幢
…… 负责人：范桂美……邮　编：678400
…… 法　人：范桂美
…… Tel：0692－2103968

**师宗县丹凤东一皮件厂**
业务：师宗县丹凤东一皮件厂成立于2003年，主要从事皮革、皮革制品的生产销售。产品质量可靠，价格合理，销往全国各地，部分产品销往国外。竭诚欢迎国内外客户来电来人洽谈业务，共同合作。
地址：云南省曲靖市师宗县丹凤镇云青路副食品厂内
…… 邮　编：655700
…… 法　人：卢布
…… Tel：0874－5750950
…… Fax：0874－5750950

**官渡区帆布包蓬垫厂经营部**
地址：云南省昆明市官渡区贵昆路49号（武警三支队家属区）
…… 负责人：张长明
…… Tel：13095353758

**中邦服装有限责任公司**
业务：中邦服装有限责任公司成立于2002年，是一家生产休闲服装的厂家。本公司坚持“信誉至上”“互惠互利”“共创双赢”的经商原则，竭诚欢迎海内外客商合作，公司以一流的产品、一流的品质为你提供一流的服务。
地址：云南省昆明市西山区前卫镇拥护办事处四组120号
…… 邮　编：650000
…… 法　人：梁中禄
…… Tel：0871－4598676
…… Fax：0871－4598676

**昆明市花庆被服厂**
业务：昆明市花庆被服厂成立于1994年，我公司是一个多年生产和销售床上用品的厂家。主要生产四件套、羊毛被、蚕丝被、羽绒被、被套、毛毯等。品种齐全，深受新老客户的喜爱！我厂愿广交天下的朋友，质量第一，客户至上！
地址：云南省昆明市佴家湾343号
…… 邮　编：650011
…… 法　人：黄善庆
…… Tel：0871－3536234
…… Fax：0871－4199554

**中利蓬布经营部**
地址：云南省昆明市贵昆路43号附8号
…… 负责人：刘吉忠
…… Tel：0871－3337536
13648899168

**昆明磊诚纺织有限责任公司**
业务：昆明磊诚纺织有限责任公司成立于1993年，主要从事纺织品的生产加工。主要产品有：染色坯布等。“质量第一，服务周到，价格合理”，热诚欢迎新老客户来电来人订购。
地址：云南省昆明市五华区黑林铺镇昭宗办事处昭宗路143号
…… 邮　编：650100
…… 法　人：韩良厚
…… Tel：0871－8197025
…… Fax：0871－8179809

**杉杉服装有限公司**
地址：云南省昆明市盘龙区威远街龙跃大厦5楼F座
…… 负责人：郭新根
…… Tel：13508809168

**金牛皮鞋厂**
业务：金牛皮鞋厂是一家始创于1994年的企业，位于昆明市嵩明县小街镇，多年来从事皮革制品的生产、销售，产品有：皮鞋、皮手套、劳保用品，花样众多、做工精细、款式新颖、价格合理、深受客户的欢迎。
地址：云南省昆明市嵩明县小街镇鸡街村
…… 邮　编：651708
…… 法　人：李文鹤
…… Tel：0871－7991668
…… Fax：0871－7991265

**浙滇塑料编织厂**
地址：云南省昆明市西山区马街镇张家村
…… 负责人：李国权
…… Tel：0871－8183526
13608710058

**昆明金鑫发服装辅料厂**
业务：昆明金鑫发服装辅料厂始创于1993年，坐落于云南省昆明市官渡区福海乡老鸭营217号。主要加工服装辅料、生产无纺布等，可根据客户要求制作，欢迎来电垂询！
地址：云南省昆明市官渡区福海乡老鸭营217号
…… 邮　编：650034
…… 法　人：黄勇
…… Tel：0871－4167316
…… Mobile：13099996972
…… 网址：http://kmjxf.chinapyp.com

**广州市金包银内衣有限公司西南营销中心**
业务：广州市金包银内衣有限公司成立于2003年，是一家集设计、生产、销售为一体的现代化制造企业，设计生产的产品款式紧跟时代潮流，工艺精益求精。公司现已在中国西南各地商业中心和黄金地段建立了近200家连锁店。
地址：云南省昆明市世纪城金源国际商务中心3幢18B2号
…… 负责人：吴钟洪……邮　编：650000
…… 法　人：吴钟洪
…… Mobile：13888613613
…… Fax：0871－4635555

**车一皮件厂**
地址：云南省曲靖市师宗县丹凤镇云青路副食品厂内
…… 负责人：卢布
…… Tel：0874－5750950
13097463198



## 西藏自治区/Xizang Autonomous Region

**拉威实业有限公司**
地址：西藏自治区拉萨市城关区
…… 负责人：吴开仙
…… Tel：0891－6833683

**薇子服饰公司**
地址：西藏自治区拉萨市冲赛康路诺日桑商场124号
…… 负责人：高佳民
…… Tel：0891－6335704

**西藏帮锦镁朵工贸有限公司**
地址：西藏自治区拉萨市朵森阁路1号
…… 负责人：阿旺
…… Tel：0891－6160336

**西藏拉萨皮革厂**
地址：西藏自治区拉萨市拉贡路3号
…… 负责人：汪傲易
…… Tel：0891－6152038

**品牌服饰代理公司**
地址：西藏自治区日喀则市科技路309号衣、佳人服饰店
…… 负责人：邹治勤
…… Tel：0892－8840378



## 陕西省/Shanxi Province

**陕西省城固县针织厂**
业务：陕西省城固县针织厂主要生产各种色织布、纯棉毛巾、家纺饰品、劳保用品、学生公寓产品等。欢迎各方客户来电洽谈业务，共同合作。
地址：陕西省汉中市城固县南关91#
…… 邮　编：723200
…… 法　人：王永福
…… Tel：0916－7212359
…… Fax：0916－7212359

**世纪窗饰布业有限公司（家之梦）**
地址：陕西省渭南市临渭区东风街天外楼东侧
…… 负责人：辛鸿基
…… Tel：0913－2038539
13992316138

**咸阳苏绘民间手工工艺精品专业合作社**
业务：手织布的生产销售。
地址：陕西省咸阳市武功县普集镇长青北路
…… 负责人：赵哲　　邮　编：712200
…… 法　人：赵哲
…… Tel：029－37293115
13892961139
…… Fax：029－37293115
…… 网址：www.shtzb.com
…… E-mail：shtzb@126.com

**曙光针织加工厂**
地址：陕西省渭南市临渭区老城街34号
…… 负责人：甄西伟
…… Tel：0913－2196638
13891319666

**洛南县九州茧丝绸有限公司**
业务：洛南县九州茧丝绸有限公司成立于2006年，从事蚕茧收购，生丝加工销售，针纺织品，养蚕所需物资销售，绢纺织品，蚕丝副产品，丝绸制品加工销售，欢迎新老客户来电洽谈业务！
地址：陕西省商洛市洛南县城关镇西寺村一组
…… 负责人：卓辉栋……邮　编：726100
…… 法　人：杨晓川
…… Tel：0914－7383891

**秦川棉织厂**
地址：陕西省渭南市蒲城县孙镇白杨树村
…… 负责人：雷田仓
…… Tel：0913－7888117
13892393963

**西安市碑林区摇篮服饰行**
地址：陕西省西安市碑林区南大街59号
…… 负责人：叶加顺
…… Tel：029－81996072

**榆林市七匹驼制衣有限公司**
业务：榆林市七匹驼制衣有限公司集设计、生产销售为一体，投入大批资金，购置了生产、检测专用设备。公司主要以“七匹驼”牌纯驼绒防寒服为主导产品，并预备在近期内向春、夏、秋服装领域开拓发展。
地址：陕西省榆林市乡镇企业城航宇路畅达巷
…… 负责人：王静……邮　编：719000
…… 法　人：王静
…… Tel：0912－8100117
…… Fax：0912－3852266
…… 网址：www.mtw30077.chinapyp.com

**富良纺织品批发部**
地址：陕西省西安市碑林区文艺南路C区1A－17、18号
…… 负责人：陈宏
…… Tel：029－87898814
13087541084

**西安市长安区成鑫塑料编织厂**
地址：陕西省西安市长安区108国道斗门段十字西
负责人：宋其鸿
Tel：029－85906639

**西安正圆颖服饰有限公司**
地址：陕西省西安市长田路138号
负责人：张卓
Tel：029－82607573

**陕西全兴纺织有限责任公司**
业务：生产销售：纺织品
地址：陕西省宝鸡市眉县常兴镇工业园
邮　编：721000
法　人：杜从
Tel：0917－5632299

**永和棉绒有限公司**
地址：陕西省渭南市户家乡西坊村
负责人：路文安
Tel：0913－3652595
13992308024

**法派专卖店**
地址：陕西省渭南市临渭区东风街222号（天外楼斜对面）
负责人：张会玉
Tel：0913－2028158
13992310019

**陕西大铭纺织有限公司**
地址：陕西省西安市新城区西八路29号（省纺织工业总公司）
负责人：吴大民
Tel：029－87416419

**新世界鞋店**
地址：陕西省榆林地区吴堡县宋家川镇二道街46号
负责人：李建花
Tel：0912－6524182
13399121527

**榆林市飞鸿装饰有限公司**
地址：陕西省榆林市榆阳区长城北路昌建商住楼一楼
负责人：王仲飞
Tel：0912－8116186

**榆林飒企制服集团有限公司**
地址：陕西省榆林市榆阳区牛家梁林场海湾沙西畔
负责人：贺宏葳
Tel：0912－3260000

**榆林市家春秋布艺有限责任公司**
地址：陕西省榆林市榆阳区新建南路（五金大楼二层）
负责人：杜镇
Tel：13992267917



## 甘肃省/Gansu Province

**甘肃圣奴服装设计有限公司**
地址：甘肃省兰州市城关区南昌路323号
负责人：范勇
Tel：13321202607

**武山睿升服装有限公司**
业务：服装设计、加工
地址：甘肃省天水市武山县城关镇宁远路
负责人 曹琳　邮　编：741300
法　人：汤春南
Tel：13893827559
0938－3422573

**中国储备棉管理总公司兰州直属库**
地址：甘肃省兰州市花庄镇
负责人：俞有俊
Tel：0931－6273358

**张掖市志彬制衣有限责任公司**
业务：服装生产、销售
产品：羊毛衫
地址：甘肃省张掖市甘州区梁家墩镇刘家沟村九社
负责人：刘斌　邮　编：734000
法　人：刘斌
Tel：13993602466
15593632644

**天水红梅纺织有限责任公司**
地址：甘肃省天水市麦积区社棠东路38号
负责人：姚海良
Tel：13809386036

**炜伟机电工量具有限责任公司双利鞋城**
地址：甘肃省张掖市甘洲区县府街
负责人：周斌
Tel：0936－8216085
13014125298

## 青海省/Qinghai Province

**青海中青棉纺织有限公司**
地址：青海平安县海东路204号
负责人：蒋殿殿
Tel：0972－8618101

**青海刚察家用纺织品有限公司**
地址：青海省刚察县东大街37号
负责人：王生寿
Tel：0970－8653229

**青海寒雪宝毛纺有限责任公司**
地址：青海省共和县恰卜恰团结南路381号
负责人：龚建义
Tel：0974－8524908

**青海第二毛纺织股份有限公司**
地址：青海省共和县团结南路604号
地址：赵虎成
Tel：0974－8516701

**青海银河纺织有限责任公司**
地址：青海省海南州共和县恰卜恰镇团结南路333
负责人：赵长恒
Tel：0974－8513557

**青海雪舟三绒集团**
地址：青海省西宁市城东区互助东路12号
负责人：马明清
Tel：0971－8010210

**西宁胶鞋厂**
地址：青海省西宁市城东区花园南街14号
负责人：马维均
Tel：0971－8232739

**西宁正德针纺织品有限公司**
地址：青海省西宁市城西区西关大街25－17号
负责人：许敏伟
Tel：0971－6113319

**青海大舞台演艺服饰有限公司**
地址：青海省西宁市城西区西关大街40号青海歌舞剧院院内
负责人：王先生
Tel：0971－6159202
0971－6132154

**西宁时代服装厂**
地址：青海省西宁市城中区东大街7号
负责人：应国林
Tel：0971－8234268
0971－8248651

**西宁城中佳资服装制帽厂**
地址：青海省西宁市城中区南山路16号25号楼211室
负责人：陈文秀
Tel：0971－8212216

**青海群星实业有限公司**
地址：青海省西宁市城中区南山路40号
负责人：王先生
Tel：0971－8245576

**青海省民和经贸有限责任公司**
地址：青海省西宁市城中区西大街10号浩运大厦9层
负责人：涂梅
Tel：0971－8221867

**大通县桥头镇兴通服装有限责任公司**
地址：青海省西宁市大通县桥头镇解放路
负责人：张启兰
Tel：0971－2813286

**创业纺织有限公司**
地址：青海省西宁市互助东路10号
负责人：刘海青
Tel：13139074039

**西宁众帮纺织品有限公司**
地址：青海省西宁市互助东路128号
负责人：贺东升
Tel：0971－8011301

**青海藏羊地毯（集团）有限公司**
地址：青海省西宁市门源路35号
负责人：李刚
Tel：0971－6516355

**青海纺织品股份有限公司**
地址：青海省西宁市西关大街46号
负责人：程宁府
Tel：0971－6143350

**西宁东海地毯公司**
地址：青海省西宁市园树巷5号
负责人：马红卫
Tel：0971－6248337

**西宁龙星帐篷厂**
地址：青海西宁市城东区互助中路164号
负责人：施红星
Tel：0971－3838698
13119766618

**青海省绒业（集团）有限公司**
地址：青海西宁市城中区南川工业园区创业路22号
负责人：韩润华
Tel：0971－8253150

**青海圣源地毯有限公司销售部**
地址：青海西宁市城中区青海西宁市长江路120号恒德大厦六楼
负责人：张志斌
Tel：0971－8236258

## 宁夏回族自治区/Ningxia Hui Autonomous Region

**银川碧元服装有限公司**
业务：银川碧元服装有限公司是以生产和加工各类服装为主的高效私营企业，主要生产宁龙牌西服，批发零售，来料加工。承接各类服装，工服，职业装，保安装，校服，酒店服装等。公司特色是：大小批量都做，交货极其迅速，质量好，高难度及高附加价值的都能做，价格有竞争力。公司有全投资工厂及各种合作工厂，生产自家公司品牌及来单生产。欢迎国内外新老客户经常光顾。
地址：宁夏回族自治区银川市丽景街春晖巷112号
负责人：胡碧元　邮　编：750020
法　人：胡碧元
Tel：0951－6141418
Fax：0951－6141418
网址：www.nxninglong.cn

## 新疆维吾尔自治区/Xinjiang Wei We Er Autonomous Region

**库尔勒银星棉业有限责任公司**
地址：新疆维吾尔自治区巴音郭楞蒙古自治州库尔勒市火车西站
负责人：章建明
Tel：0996－2060408

**库尔勒五环体育用品商场时代靓点服饰店**
地址：新疆维吾尔自治区巴音郭楞蒙古自治州库尔勒市人民西路
负责人：刘定明
Tel：0996－2610626

**呼图壁县兴旺手套厂**
业务：呼图壁县兴旺手套厂专业从事生产劳保手套，欢迎新老客户来电洽谈业务。
地址：新疆维吾尔自治区昌吉回族自治州呼图壁县镇8街2组华西小区164号
负责人：黄华　邮　编：831200
法　人：黄华
Tel：0994－4504130
6820082
4580669
网址：mtw25541

**石河子市人合纺织有限公司**
地址：新疆维吾尔自治区石河子市8小区127－325号
负责人：李建国
Tel：0993－2812866

**新疆盛万方棉业有限公司**
地址：新疆维吾尔自治区乌鲁木齐市北京南路钻石城11号银通大厦
负责人：陶明洪
Tel：13909966519

**新疆无边界服饰有限公司**
地址：新疆维吾尔自治区乌鲁木齐市新华北路47号汇丰大厦A20－F号
负责人：徐国砾
Tel：0991－2325083

**乌鲁木齐市沙依巴克区团结服饰店**
地址：新疆维吾尔自治区乌鲁木齐市新奇广场4－888号
负责人：王克松
Tel：0991－5827770
13999822699

**霍尔果斯吉羊毛纺制品有限公司**
地址：新疆维吾尔自治区伊犁哈萨克自治州农四师六十二团
负责人：孙肖祥
Tel：0999－8792320

# 行业品牌展示窗

# 行业品牌展示窗

## 金坛市昌明塑胶厂

本公司成立于2000年，主要主要生产给供水胶圈、骨架、电子原器件组装、衣架系列、电子产品系列、模具。

秉承“不求第一，但求最好”的服务宗旨，为各位朋友提供最优质的服务。

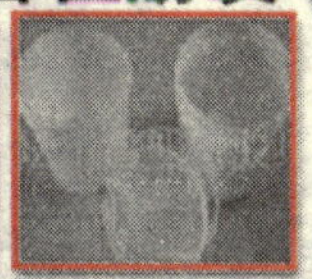

联系人：王志政 13775169698 电话：0519-82621266

地址：江苏省常州市金坛市朱林镇工业集中区长兴村小林沟24号 邮编：213241

## 江阴月滢五金塑料厂

本厂专业生产各种规格电化铝膏霜盖系列，精油盖系列，各列套装系列，香水管系列，并代客户注册商标，造型美观，质量讲究，交货及时，价格合理。欢迎来电咨询、洽谈业务！

联系人：沈敏虎

电话：0510-86505610 13921266659

网址：www.jiangyinyueyinwujin.com.cn

地址：江苏省江阴市南陈开发区吴家湾3号 邮编：214401

## 精益胶粘制品有限公司

本公司成立于2004年，主要经营胶粘制品。坚持一流品质、专业服务、诚信待客、持久合作为服务宗旨。

联系人：陈荣军 电话：0523-84626360 84611669

13182289929 传真：0523-84611669

地址：江苏省靖江市城南工业区昆圣村部 邮编：214500

## 江阴汇通精细化工有限公司

是由兰州中顺科工贸集团有限公司独资兴建的国内首家研制开发和生产氯醚脂的高新技术民营企业。“江阴汇通”具有氯醚脂年生产能力2500吨，乙烯基异丁基醚年产量800吨的系列装置。产品通过了国家级的检测；同时氯醚树脂、乙烯基异丁基醚获得国家专利，（专利号ZL02138285.9;ZL02138359.6）填补了国家空白，并得到使用单位的好评。并且批量出口。

联系人：付江

电话：0510-86267634 电邮：fyjhe@126.com

地址：江苏省江阴市徐霞客镇峭岐工业园 邮编：214408

化肥农药橡胶塑料石油化工

# 行业品牌展示窗

## 从化市城郊福兴编织袋厂

本公司是一家专业从事塑料编织袋、无纺布生产加工销售的企业。

我们凭借着诚信为根本，质量求发展的经营理念。以优质的产品质量和高效的服务，以市场为导向，顾客为中心，坚持走技术创新，质量兴业的道路。竭诚欢迎国内外朋友光临，洽谈合作。

电话：020-87951238

联系人：陈吉强　13302323396

地址：广东省广州市从化市城郊镇塘下村向南围28号　邮编：510900

## 佛山市禅城区互恒减水剂厂

佛山市禅城区互恒减水剂厂成立于2006年，主要经营高浓度，低浓度的水煤浆添加剂，混凝土膨胀剂，减水剂系列。

产品销往国内的陶瓷厂，水煤浆厂，发电厂，还有越南等多个工业国家。

联系人：江志伟

电话：0757-82121023　13809812776

地址：广东省佛山市大江工业区6号6座　邮编：528000

## 甘肃陇西首创化工涂料有限公司

甘肃陇西首创化工涂料有限公司是一家从事化工、建材、装潢、防水工程的企业。

主要产品有系列涂料、粘合剂、白乳胶、107、801胶水等。丰富的产品系列，给您更多的选择。

我们始终信奉"天道酬勤"和"精诚所至，金石为开的道理"，用质量、服务和实力来证明自己。

联系人：赵国林

电话：0932-6614488　13830250518

地址：甘肃省定西市陇西县巩昌镇红星村南山寺1号　邮编：743000

## 福建润华化工有限公司

福建润华化工有限公司成立于2007年。

经营氟化钾等盐类，全氟加成中间体。

欢迎新老客户来电洽谈业务！

电话：0599-6219933　联系人：李小慧　手机：13706013933

地址：福建省邵武市熙春东路485号　邮编：354000

# 行业品牌展示窗

## 恒信塑料制品厂

本厂创办于2002年，技术力量雄厚，产品质量保证，是重合同守信用企业。

主要产品：各种规格尼龙棒、聚丙烯--PP棒材、聚乙烯-PE棒材、聚甲醛--POM棒材、ABS棒材等。产品销往全国各地，并出口到东南亚和欧洲等地。

宗旨是：品质永恒、信誉至上。

我们的产品是您最佳的选择。

联系人：曾令章
电话：0797-8521198 8548298
电邮：13184524888@vip.sohu.com
地址：江西省赣州市上犹县南河工业区 邮编：341200

## 衡阳奕弘化工有限公司

公司专业生产销售硫酸铝、聚合氯化铝。
我们秉承“信誉第一，客户至上”的原则。
欢迎广大客户前来洽谈业务，我们将真诚与您合作。

联系人：马光辉
电话：0734-8255289、13875655808
地址：湖南省衡阳市珠晖区东阳渡272厂内 邮编：421001

## 淮南市强辉化工有限公司

淮南市强辉化工有限公司于2005年成立，拥有员工50余人，是一家专业生产、销售甲醇、二甲胺、DMF、双氧水、液氮的企业。

公司全体员工竭诚欢迎您的到来，您的满意，就是我们最大的心愿！

联系人：廖雨飞
电话：0554-6425118
传真：0554-6415818
邮编：232007
地址：安徽省淮南市田家庵区安成镇黑泥村

## 金龙橡胶制品厂

金龙橡胶制品厂始建于1999年，生产设备齐全，主要产品包括汽车橡胶脚垫、陶瓷衬板、各种橡胶杂品、硅胶制品。

为方便用户，我厂随时订货，随时订作加工各种脚踏垫和橡胶杂件，产品质量首屈一指，畅销全国各大市场。热切欢迎各界人士惠顾。

电话：0434-6289253
邮编：136100
联系人：刘金荣 13943487148
地址：吉林省公主岭市长青村四屯

# 行业品牌展示窗

# 行业品牌展示窗

# 行业品牌展示窗

## 海宇化冶有限公司

海宇化冶有限公司成立于2007年，是一家专业从事炉料加工的企业。公司以稳定的质量、全优的服务、良好的信誉赢得用户的信赖。欢迎国内外客户光临指导，洽谈业务。

电话：0377-69212366 69212377 传真：0377-69212377 联系人：李教育
地址：河南省南阳市淅川县龙城区西湾 邮编：474450

## 广西溢森工贸有限公司

电邮：qincuiping228@163.com

我公司主要以生产和销售工业助剂、生物制剂、水处理产品、销售纸制品、工业设备及配件，技术咨询服务。

我们以顾客信誉为基础，欢迎新老客户来电洽谈业务。

联系人：覃萃萍 13978886228
电话：0771-4916098 4916519
地址：广西壮族自治区南宁市白沙大道南国花园商城D2栋-3号
邮编：530022

## 河南杞县超群加油站

河南杞县超群加油站成立于2002年，主要从事于成品油的销售。主要产品有乙醇汽油、柴油、煤油、润滑油。

"质量第一，诚信为本"是我们的经营理念。欢迎广大客户来电、来函洽谈。

联系人：牛海涛 手机：13598761464 电话：0378-8973039
地址：河南省开封市杞县106国道收费处 邮编：475200

## 巩义市远大化工经销有限公司

巩义市远大化工经销有限公司成立于2005年，从事盐酸、聚合氯化铝、聚合氯化铝铁、三氯化铁、铝矾土等产品生产销售。

欢迎新老客户来电洽谈业务！

联系人：李建伟
传真：0371-64102519 电话：0371-64135111 13607677716
地址：河南省郑州市巩义市芝田镇芝田村 邮编：451252

# 行业品牌展示窗

## 佛山市福钛化工有限公司

本公司是从事钛白粉产品研发，生产和销售的专业公司。公司奉行“以科技为先导，以质量求发展”的企业目标，以“笃守诚信，用服务为客户创造财富”为经营理念，以优质的产品和优良的服务满足广大客户的要求。

网址：www.fsfutai.cn

电话：0757-23620850

地址：广东省佛山市顺德区伦教仕版大道23号

联系人：艾银生 13726322968

邮编：528000

## 大连鑫宇成龙科技开发有限公司

本公司为满足日益增长的重工业、制造业、造船业市场紧急需求和短缺，决定对外招商引资1.5亿人民币，年销售额为8000-9000万人民币，纯利润为4000-5000万人民币，项目是“KDON（Ar）-3200/1000y型全液体空分厂“液态氧、液态氮、液态氢”；发明专利项目（200610047493·X）：新型高效节能环保纳米焊割气和新型高效节能环保纳米合成气已投放市场，现供不应求。希望有资金找项目者与我司联系，联系电话：0411-88228547 13998679793。

邮编：116047

地址：辽宁省大连市西港区迎春路2巷10号楼1楼1号

电话：0411-82488979 86248277 82498860

## 安徽固邦化工有限公司

我公司是一家中外合资企业，主要从事改厕工程，移动公厕、瓮式化粪器、节水便器、卫生器材、橡胶助剂、高分子材料的研制生产及销售。公司已通过了ISO9001：2000质量管理体系认证，并严格按照国际质量体系认证的要求进行生产，牢记四心工程”精心选料，用心制作，诚心服务，放心使用”，始终严把质量关，努力打造一流化工企业。产品畅销全国各地，销售网络遍及国内外，以优质的产品、周到的服务赢得了新老客户的赞誉。

联系人：邵进

网址：www.ahgbkj.com 电话：0558-2220699 13955896299

地址：安徽省阜阳市经济技术开发区6号 邮编：236000

## 广汉市李丰农资有限公司

广汉市李丰农资有限公司成立于1986年。

主营化肥。

倡导以品质扩展市场，以品牌巩固市场，以品种延伸市场，以品德取得市场的四品经营理念。坚持信誉第一，联合双赢的原则。立足行业，服务三农。李丰农资有限公司愿与农资界同仁携起手来，共谱农资事业新篇章。

联系人：李逢刚 13696190699 电话：0838-5222181

地址：四川省广汉市佛山路西三段 邮编：618300

# 行业品牌展示窗

# 行业品牌展示窗

## 江阴市捷达油品有限公司

成立于2006年，主要从事润滑油、汽油、柴油的销售。

公司努力打造”捷达” 服务品牌，为了让客户省心省事省时省钱省烦。我们孜孜不倦，无论是创造优秀、提升效益、节省开支、保障运行、减少维修，捷达公司都是您最佳选择。

联系人：范洪海 13915301228 电话：0510-86191978

地址：江苏省无锡市江阴市澄江镇新城东开发区安全村村委 邮编：214437

## 惠州市虹珠化工有限公司

惠州市虹珠化工有限公司主营磷酸三钠、六偏磷酸钠、五水偏硅酸钠等化工产品。

公司诚邀天下商贾洽谈业务，携手共创美好明天。

联系人：李时富

电话：0752-2801881 2803015

地址：广东省惠州市火车站白盆珠工业区 邮编：516023

## 剑磊油脂化工厂

剑磊油脂化工厂成立于2007年，从事润滑油的生产与销售。我们拥有先进的设备和工艺，技术力量雄厚，质量稳定，服务完善，深受广大客户的好评和信赖。

联系人：薛献起

电话：0310-7650968 13731010488

地址：河北省邯郸市鸡泽县曹庄乡东孔堡村 邮编：057350

## 河北天鑫化纤有限责任公司

联系人：曹元朝

0311-84012299

13931853053

河北天鑫化纤有限责任公司成立于2006年，专业从事化纤生产销售，并求购聚酯切片，白片和白蓝片，产品通过质检标准，供不应求。

本公司常年收购PET平片，聚酯瓶片，切片。价格公平以质论价。

天鑫欢迎你的到来！有意者请来电联系！

电邮：liufengshuo2@163.com

地址：河北省石家庄市高邑县北焦工业区 邮编：051330

# 行业品牌展示窗

## 永年县顺畅化工有限公司

永年县顺畅化工有限公司创建于1995年，是以生产焦化级纯苯、二甲苯、重苯、苯酚的化工企业。

公司在多年生产经营中，始终贯彻“坚韧不拔、艰苦奋斗、不断进取、勇创一流”的企业精神，以优质产品和热情售后服务，赢得广大用户的信赖。

联系人：侯聚峰 13930000288　电话：0310-6675888 5133988　邮编：057150
网址：www.hdshunchang.com　地址：河北省邯郸市永年县城南4公里107国道东100米

## 雄县天骄塑业有限公司

雄县天骄塑业有限公司从事车用地胶生产与销售。

公司以“诚信为本，质量第一”的原则，不断追求科技创新。公司愿与您携手共进，共创美好未来！

联系人：王锁臣
电话：0312-5770588　13784999980
地址：河北省保定市雄县北沙天骄工业园区　邮编：071800

## 唐山市华凯塑业有限公司

公司于2007年5月成立，主要从事塑料编织袋生产销售，产品有塑料编织袋，复膜袋，水泥包装袋等。

价格合理、质量保证，欢迎新老客户光临惠顾！

联系人：许进会
电话：0315-7199686　15830551529
地址：河北省唐山市滦县坨子头冷库　邮编：063700

## 乌鲁木齐米东区宏正兴四建纤维素有限公司

乌鲁木齐市米东区正兴四建纤维素有限公司主要从事于纤维素的生产、销售。公司始终坚持用户至上，信誉第一的宗旨，以科技创新为动力，追求卓越，创造非凡品质。

联系人：赵凤涛
电话：0991-3310635　13579251096
地址：新疆维吾尔自治区乌鲁木齐市米东区古牧地东路448号　邮编：831400

# 行业品牌展示窗

# 行业品牌展示窗

## 山东省日照市岚山恒焱液化气有限公司

山东省日照市岚山恒焱液化气有限公司于2000年成立，专业生产民用、工业用石油液化气。

本公司承接预定，送货上门等服务，欢迎新老客户前来参观咨询订购！

联系人：胡顺田 13906331596
电话：0633-2681288
地址：山东省日照市岚山恒焱液化气有限公司
邮编：276807

## 天丰塑料加工厂

天丰塑料加工厂生产节水器材及节水灌溉，主要产品有PVC管、管件、滴灌带、地膜等。

公司成立以来，始终坚持“共享共赢，创新创造”的价值观，以雄厚的技术、人才、设备优势，竭诚为广大客户服务。雄厚的技术力量确保了产品的高质量，天丰热诚欢迎您的惠顾！

电话：0993-5213366 联系人：龍自剛 13565548188
地址：新疆维吾尔自治区石河子市炮台镇 邮编：832066

## 宜昌长欣塑业有限责任公司

本公司成立于2007年，主要经营塑料制品。

我们的服务宗旨是：诚信经营，客户第一，质量至上。

联系人：赵洪林
电话：0717-4232551 4232552 13872545546
传真：0717-4232552
地址：湖北省宜昌市枝江市马店镇前进路1号 邮编：443200

## 泰州市威亨工业用布有限公司

我厂成立于2006年，是工业用布一条龙的专业性厂家。主要生产橡胶工业用布、橡胶骨架布，具有强力高，附着力强、耐磨、耐晒、耐霉变、尺寸稳定、体轻和使用粘胶量少的特点。

本厂坚持质量第一、信誉至上的原则，并可为用户设计生产特殊规格品种，欢迎国内外客户来函、来人洽谈业务或联合生产。

联系人：陈根
电话：0523-86864008 13182299688
地址：江苏省泰州市海陵区塘湾工业园区16号 邮编：225317
网址：www.tzwhby.com

# 行业品牌展示窗

## 乐清市浦新塑料有限公司

本公司成立于2002年。

专业生产尼龙扎带、缠绕管、压线帽、膨胀管等。

公司以最新产品，最快速度，最低成本，最优服务为经营理念。以实惠的价格，质量的保证，尽善尽美的服务，竭诚欢迎国内外客商来访来电洽谈合作，公司将尽一切可能满足您的要求！

联系人：黄大财 13706771547

电话：0577-62710573 62789773　传真：0577-62789773

地址：浙江省温州市乐清市柳市镇前洋洞　邮编：325604

## 普宁市永新塑料制品有限公司

普宁市永新塑料制品有限公司成立于2007年，专业从事各种颜色彩条布的生产与销售。产品品质优良，价格合理，竭诚欢迎新老客户来电来函、咨询业务！

联系人：蔡永得

电话：0663-2592828 13902754441

地址：广东省普宁市下架山镇横溪四家村西围　邮编：515323

## 泰兴市培益纺织助剂门市部

泰兴市培益纺织助剂门市部成立于2006年。

从事纺织助剂销售，主要产品有丙烯液体（固体）浆料等。

我们用优质的产品，良好的服务和合理的价格让客户满意，从而实现双赢。

联系人：田培益

手机：13645268048　电话：0523-87683922

地址：江苏省泰兴市泰兴镇火三路57号　邮编：225400

## 桐柏宇飞化工有限公司

yufeihuagong@163.com

桐柏宇飞化工有限公司成立于2007年，从事化工产品经营，产品有元明粉，纯碱，小苏打，建筑材料等，以质量求生存。

欢迎新老客户来电洽谈业务！

联系人：潘飞　电话：0377-68353777

地址：河南省南阳市桐柏县安棚乡胡岗村　邮编：474775

# 行业品牌展示窗

## 驻马店市泰和生物科技有限公司

驻马店市泰和生物科技有限公司成立于2007年，从事种植银杏树种植及农业科技开发，年产1000千克银杏萜内酯提纯，热忱欢迎新老客户来电来函指导、共同发展！

联系人：李 桂 成
手机：13683882893 电话：0396-2613396
地址：河南省驻马店市正阳路和金雀路东段 邮编：463000

## 延安智仁石油技术服务有限公司

延安智仁石油技术服务有限公司成立于2007年。
从事石油测井工程、射孔、录井及技术服务、经营石油钢材。
竭诚欢迎广大新老客户来我公司洽谈业务，共同合作！

联系人：李志敏
电话：029-88303193 13909119275
地址：陕西省延安市子常县安定东路煤建公司家属院8单元602室 邮编：016000

## 商丘市天运肥业

商丘市天运肥业成立于2002年，主营磷酸二铵尿素有机肥、进口钾肥、复合肥、硝酸磷等。

公司本着“诚信服务为本、与民同进为实”的经营理念，真诚希望与国内外各业界的朋友交流合作。

联系人：吴成坤 13937027178
电话：0370-2317758 2283086
地址：河南省商丘市梁园区西货场路中段 邮编：476000

## 淮安锦纶化纤有限公司

淮安锦纶化纤有限公司成立于2005年。
从事化纤制品生产与销售。
“诚信为本，质量第一”。
热忱欢迎广大客户光临惠顾。

联系人：房成东 电话：0517-82738880 82738810
地址：江苏省淮安市涟水县炎黄大道锦纶路1号 邮编：223001

化肥农药橡胶塑料石油化工

# 行业品牌展示窗

## 中山市万通塑料制品有限公司

本公司是一家专注于塑料产品开发制造销售企业。本厂专业生产各种塑胶瓶（樽）塑胶罐，吹塑玩具，日用、化工包装容器及其它中空成型制品，各种塑胶注塑配件加工，模具制造，承接加工制造；用户遍及全国各地。大部分产品进入大中城市超市。

产品质量经市疾病预防中心和技术质量监督局检验合格，是广大消费者可以放心使用的产品。欢迎来图来样加工！面对未来，万通塑料将以一流的产品质量，用户放心满意的产品，合理的价格与您共创辉煌。

联系人：黄宗荣 13703034233　电话：0760-88322900 88316696

地址：广东省中山市中山五路东区大鳌溪鳌长路28号　邮编：528403

## 浙江省桐乡市科利化工厂

本公司主要经营蜡、皮革化工、S腊、E腊、装饰材料钙瓷粉。

坚持优质产品、优质服务、优惠价格的经营理念，欢迎您的光临、惠顾。

联系人：吴增洪 13605837285

电话：0573-88182762 88112903

地址：浙江省桐乡市梧桐镇红星路220号　邮编：314500

## 苏州广瑞达贸易有限公司

苏州广瑞达贸易有限公司成立于2007年。

主要经营国产、进口各种染料助剂（直接类、活性类、弱酸性类、碱性类等）。

价格合理，质量保证。

欢迎新老客户前来选购！

联系人：范广华 13506130385　电话：0512-67226385

地址：江苏省苏州市汇翠花园14幢106　邮编：215031

## 玉门市静洋钛白粉制造有限责任公司

玉门市静洋钛白粉制造有限责任公司成立于2006年，专业生产适用各行业类型钛白粉、复合型钛白粉。产品针对性强、质量稳定、性能优异、价格合理。我们将以优质的产品、合理的价格、良好的信誉和满意的服务，成为您的最佳合作伙伴。

联系人：胡斌

电话：0937-3272185

地址：甘肃省酒泉市玉门市玉门东镇　邮编：735201

# 行业品牌展示窗

## 荆州市顺科化工有限公司

荆州市顺科化工有限公司是一家集科研、生产、销售于一体的油田助剂专业制造商，目前已发展成为拥有5万平方米的生产基地，具备年生产油田钻井、采油、炼油等化学品助剂5000吨以上的技术密集型企业。

全体员工真诚欢迎国内外有识之士前来考察、洽谈、合作。

联系人：侯明辉　电话：0716-8318099　8328199
地址：湖北省荆州市江津东路9号　邮编：434000

## 陕西昊委工贸有限公司

陕西昊委工贸有限公司是一家专业生产、销售有机化肥、无机化肥的企业。公司始终将质量、管理、环保作为推动企业发展的三大基础工程，建立体系，科学运作，取得了较好的社会效益和经济效益。

联系人：邢俊义　电话：029-83846819
地址：陕西省西安市临潼区新市街办郝邢村　邮编：710000

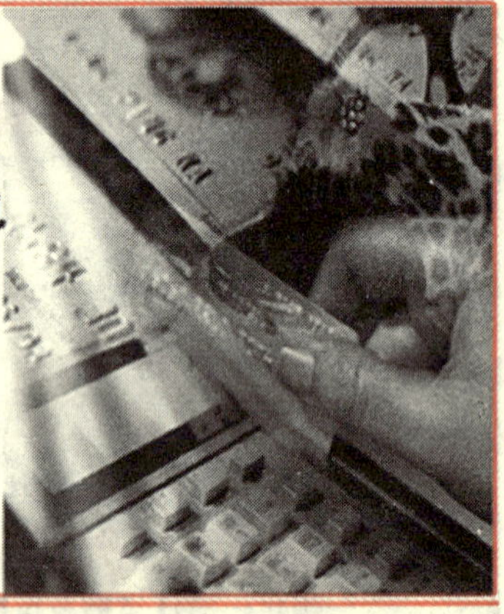

## 南昌市昌南玻璃钢厂

www.lyfhcl.cn

南昌市昌南玻璃钢厂专业生产有机玻璃钢制品，如：防腐周转箱、垃圾桶等；无机玻璃钢制品，通风管、沼气池等。欢迎新老朋友垂询惠顾！

联系人：颜亮先　13970949067　电话：0791-8443651
地址：江西省南昌市青云谱区万溪陈熊村　邮编：330001

## 克拉玛依市志诚工贸有限公司

克拉玛依市志诚工贸有限公司成立于2007年，专业从事化工原料的销售。

产品质量保证，价格合理，热忱欢迎新老客户前来选购！

联系人：布胡里奇 拉子　13999516902　电话：0990-6814133
地址：新疆维吾尔自治区克拉玛依市白碱滩区三坪镇党校桥头　邮编：834000

化肥农药橡胶塑料石油化工

# 行业品牌展示窗

## 仙桃市斯瑞尔化工有限公司

公司主营有机磷酸盐，聚羧酸，多元共聚物，阻垢分散剂，阻垢缓蚀剂，杀菌灭藻剂，絮凝剂，破乳剂以及三氯化铁，氯化亚铁等。兼营：钢材，矿石，机电，化杂，煤碳等。

欢迎您的光临。

电话：0728-3258229 13907106870 联系人：祁汉平 传真：0728-3258226
地址：湖北省仙桃市长埫口化工园 网址：www.hz3r.com 邮编：433000

## 吴忠市富钾农业科技试验中心

吴忠市富钾农业科技试验中心于1996年9月创建，从事农药、肥料、农地膜、药械、饲料、兽药、种子、洗涤用品销售及配送，蔬菜的种植、培育和销售，植保服务。公司本着“信誉第一、质量保证”的原则，为广大客户提供优质的产品和满意的服务。

联系人：李金贵
电话：0953-2693923 13323559863 邮编：751101
地址：宁夏回族自治区吴忠市利通区金积市场 电邮：yearlijingui@126.com

## 徐州璟虹颜料有限责任公司

徐州璟虹颜料有限责任公司（原徐州双立铁红粉厂）创立于2003年，我公司是徐州第一家生产氧化铁红的私营独资企业，是集生产、销售于一体的综合性企业。

我们本着“以诚为本，品质均一”的宗旨，创立自己的品牌，并得到广大客户的信赖。我们有专业的生产队伍，先进的生产设备。真诚的欢迎广大新老客户前来洽谈！

联系人：孟召军
电话：0516-85281486 85281483 13605217339
地址：江苏省徐州市铜山县何桥镇土楼村 邮编：221146

## 汤阴县神威合金塑料有限公司

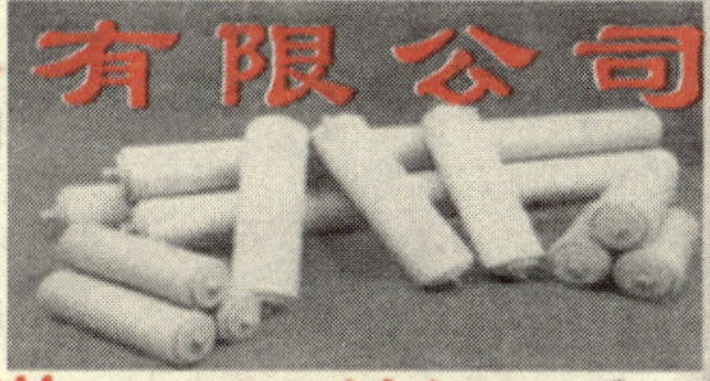

汤阴县神威合金塑料有限公司成立于 2007 年，是一家专业从事研发，生产，安装，销售为一体的实体企业。

公司根据市场需求充分利用先进技术和新材料、新设备，加工销售的标准件及彩钢系列产品，得到广大客户的一致好评！欢迎广大宾朋前来参观洽谈！

联系人：邢会敏

网址：www.swhjsl.com
电邮：service@swhjsl.com
邮编：456150
电话：0372-6227004
传真：0372-6227005
地址：河南省安阳市汤阴县韩庄乡部落村东工业区

# 行业品牌展示窗

# 行业品牌展示窗

## 桃园盐化工业有限公司

桃园盐化工业有限公司成立于1996年，我公司是研制和生产砖坯防冻剂的专业厂家，具有多年的生产经验。产品自面世以来，以低廉的价格、稳定的性能、可靠的质量，赢得新老用户的一致好评。

联系人：杨兴田

电话：0550-4480382　13505555371

地址：安徽省滁州市定远县东兴盐化工业园　邮编：233230

## 萝北利民植保农资经销处

萝北利民植保农资经销处主要经营国产进口农药，化肥。以最优的诚信、最优的质量、最优的价格，来赢得顾客对我公司的信任。竭诚期盼所有新老客户与我公司的合作！

联系人：仝玉军

电话：0468-6830569　13803685688

地址：黑龙江省鹤岗市萝北县凤翔大街东段　邮编：154200

## 深圳实华惠鹏塑胶有限公司

深圳实华惠鹏塑胶有限公司成立于2006年，主要从事于高透明聚丙烯、溶剂油、乙醇胺的生产及销售。我们始终坚持“有效降低成本、不断提升质量、客户永远正确”的经营理念。利用我们的质量和服务，完美您的产品，增长您的效益。欢迎广大客户来电来函垂询。

联系人：郑元建

电话：0755-84290971　13702860096

地址：广东省深圳市龙岗区龙岗龙东社区上井工业区　邮编：518116

## 石家庄市诚诺化工有限公司

本公司成立于2006年，主要生产酸性、碱性染料，产品有木材专用绿和造纸专用黄。质量一流，服务周到，欢迎新老客户参观垂询，来电订购！

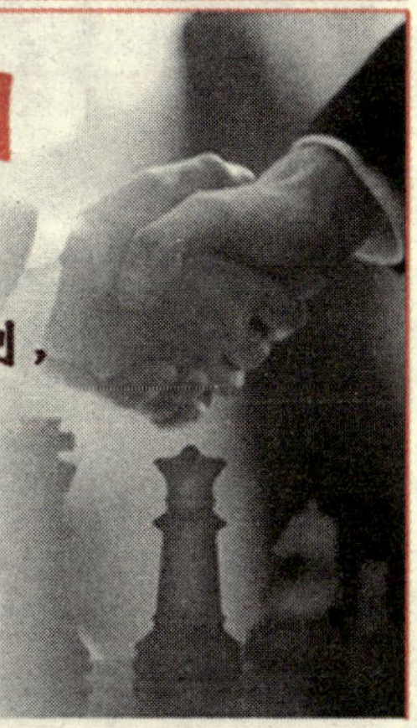

电话：0311-84309228　13903315046　联系人：张丙朝

地址：河北省晋州市武邱村　邮编：052200

# 行业品牌展示窗

## 苏州市富民塑料包装厂

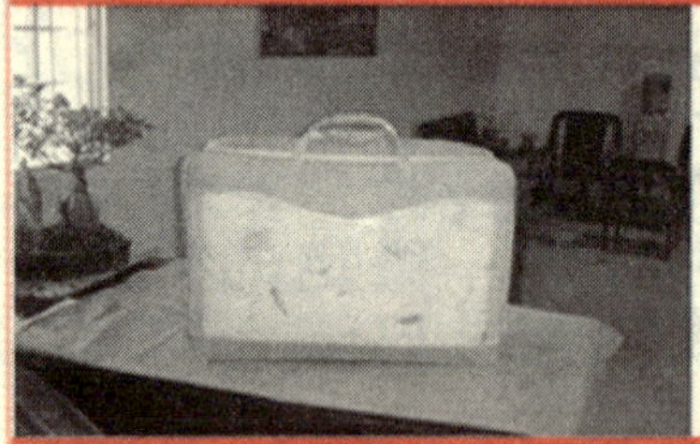

苏州市富民塑料包装厂成立于1997年，主要从事于床上用品包装系列。您的满意是我们永恒的追求，热忱欢迎新老客户光临、惠顾！

电话：0512-65403105、65900137　联系人：林福明
地址：江苏省苏州市相城区渭塘镇凤阳村凤阳工业区　邮编：215134

## 张家港市火炬分析仪器厂

公司于1987年成立，多年来，本着严谨认真的精神，从事着分析仪器分析试剂塑料制品的业务，主要产品有高纯无水偏硼酸锂，无水四硼酸锂等化学试剂。

热情欢迎新老客户的光临洽谈。

联系人：朱德明
电话：0512-58660082　13951133507　电邮：dsf@dsfti.com
地址：江苏省张家港市乐余镇人民路7号　邮编：215621

## 湘潭县金罗化工有限公司

联系人：罗少根　杨铁军
13907322179　13873295678

湘潭县金罗化工有限公司成立于2007年，从事化工产品的生产、销售。主要产品：一水硫酸锌，七水硫酸锌，高锰酸钾，碳酸锌，纳米活性氧化锌，金属铟铅铟泥。

我公司的宗旨“质量第一、用户第一”的方针，注重合同、守信用，您的需求、我的追求。在新世纪之际，金罗公司全体员工将以最新产品质量，更周到的服务，严谨的管理，愿与社会各界新老朋友携手共进，共创未来辉煌。

电话：0731-57775388　57283948
地址：湖南省湘潭市湘潭县易俗河镇红燕山　邮编：411228

## 石嘴山市兄弟碳素制品厂

兄弟碳素制品厂专业从事各种碳素制品生产和销售。
您的满意是我们的追求。
欢迎新老客户来电洽谈业务！

联系人：王全江
电话：0952-3682980　13995126777
地址：宁夏石嘴山市惠农区慧通花园21-1　邮编：753200

# 行业品牌展示窗

## 石家莊盛森化工有限公司

石家庄盛森化工有限公司成立于2006年4月，是一家生产型化工公司。公司生产纳米级高活性氧化锌、碱式碳酸锌，产品经检验均符合国家质量标准。

“以质量求生存，以信誉求发展”。

欢迎新老客户来电洽谈业务！

联系人：耿俊杰 13803212544

电话：0311-84064966 84064968 传真：0311-84064050

地址：河北省石家庄市高邑县西南岩村 邮编：051330

## 南京竣都机电设备工程有限公司

南京竣都机电设备工程有限公司成立于2007年，专业从事汽车工业涂装设备、粉末喷涂设备、汽车表面油漆修补远红外烤灯、中央空调系统安装、非标产品工程制作安装。本公司产品质量可靠，跟踪服务，热忱欢迎广大客户前来参观咨询！

联系人：钱志庆 电话：025-85597757

地址：江苏省南京市栖霞区燕子矶街道下庙村新合组92号 邮编：210038

## 苏州市江明淀粉有限责任公司

苏州市江明淀粉有限责任公司成立于1997年，专业生产工业用淀粉，非危险化工辅料五金，产品有玉米淀粉，片碱，硼砂等。竭诚欢迎广大客商光临惠顾。

联系人：孙宏江

电话：0512-82132050 82132040

地址：江苏省苏州市白洋湾储运路68号 邮编：215008

## 海门市凯辉精密橡塑有限公司

本公司创建于2006年，从事电动工具开关、塑料模、注塑加工、车用仪表、手机按键、电子配件、手机配件、汽车电器配件、模具制造等。

公司以为“客户创造价值”为理念服务于每一个客商！

联系人：汤时辉

电话：0513-85387306 85387300

地址：江苏省南通市海门市三和镇 邮编：226100

## 北京市/Zhuhai Municipality

**北京大中金紫荆涂料销售有限公司**
地址:北京市朝阳区管庄乡管庄村北
负责人:陈卫萍
Tel:010-65710883

**北京大鹏新兴塑管有限公司**
地址:北京市大兴区西红门镇科技工业园G-38号
负责人:杜晓霞
Tel:010-63458651

**北京瀛海耀斌粘合剂厂**
地址:北京市大兴区瀛海镇笃庆村
负责人:孙耀斌
Tel:010-69271379

**北京市鸿鑫发石油技术发展有限公司**
地址:北京市房山区良乡镇长虹路东口
负责人:王春雨
Tel:010-62517945

**北京世纪齐星润滑油有限公司**
地址:北京市房山区燕山高家坡路18号
负责人:张仲军
Tel:010-69346862

**北京市科达橡胶技术公司**
地址:北京市海淀区半壁店化工部北京橡胶研究院后勤楼121房
负责人:陈毅敏
Tel:010-51338052

**北京多惠多石油制品销售有限公司**
地址:北京市海淀区双泉堡169号
负责人:雷建设
Tel:010-62840834

**北京京检化学品技术有限公司**
地址:北京市海淀区学院路20号北教楼207室
负责人:赵志平
Tel:010-64261800

**关西涂料香港有限公司北京代表处**
地址:北京市海淀区中关村南大街1号友谊宾馆颐园写字楼116室
负责人:霍从民
Tel:010-68940679

**北京新松热能科技有限公司**
地址:北京市密云县西智路口番字牌工业区
负责人:郑景历
Tel:010-68460982

**北京雅润宝润滑剂有限公司**
地址:北京市平谷县平谷镇东鹿角村88号
负责人:赫常山
Tel:010-64389899

**北京市都利源橡胶制品经营部**
地址:北京市石景山区古城大街59号(天汇龙市场南门市A10.11号)
负责人:袁世桂
Tel:010-68829211

**北京顺实加油站**
地址:北京市顺义区李桥镇沿河村
负责人:米金林
Tel:010-69485773

**北京多纳丽涂料有限公司**
地址:北京市顺义区南彩镇工业开发区
负责人:刘明远
Tel:010-64420320

**北京万利顺液化石油气供应站**
地址:北京市顺义区顺高路南侧
负责人:刘占山
Tel:010-69495524

**北京月季红线业有限公司**
地址:北京市通州区梨园乡小街村迤南张家湾土桥
负责人:刘萍
Tel:010-69572782



## 天津市/Tianjin Municipality

**天津市普瑞特化工有限公司**
地址:天津市北辰区京福公路东
负责人:徐明
Tel:13820308152

**天津市永鑫缘塑料制品有限公司**
地址:天津市北辰区小淀镇温家房子村
负责人:杨永水
Tel:022-26976030

**天津市泰利达石油制品销售有限公司**
业务:天津市泰利达石油制品销售有限公司成立于2004年,主要从事汽油、柴油、溶剂油、航煤等的销售。热诚欢迎广大客户来我公司惠顾。
地址:天津市西青区辛口镇富兴里小区5号楼二门201室
邮　编:300380
法　人:赵凤立
Tel:022-27975268
Fax:022-27975268

**天津美嘉美涂料有限公司**
地址:天津市北辰区小淀镇小淀村
负责人:江友柱
Tel:022-26990285

**天津市玉琪塑料制品厂**
地址:天津市北辰区宜兴埠镇敬老院大街4号
负责人:赵勇
Tel:13602043996

**天津天桦环保塑业有限公司**
地址:天津市大港区港西街联盟村
负责人:王绍山
Tel:13820231887

**天津市大港区世纪星油漆经营部**
地址:天津市大港区上古林水产冷冻厂底商
负责人:张延学
Tel:022-63226992

**天津市金东方化工有限公司**
地址:天津市大港区中塘镇十九顷村
负责人:王慧臣
Tel:022-63276755

**天津市嵘搏化工销售有限公司**
地址:天津市大港区中塘镇张港子村
负责人:刘世强
Tel:022-63275904

**天津市河北区永益塑胶制品厂**
地址:天津市河北区张兴庄大街(天津市织袜三厂内)
负责人:赵振伟
Tel:13012266293

**天津市盛华林塑料制品经营部**
地址:天津市河东区大光明市场综合厅15号
负责人:张庶文
Tel:13011336257

**天津市双赢石油制品销售有限公司**
地址:天津市河东区大直沽五号路7号
负责人:潘苏津
Tel:022-81829412

**天津天龙洗涤剂有限公司河东分公司**
地址:天津市河东区津塘路146号
负责人:邹宝利
Tel:022-81142761

**天津大华轮胎有限公司**
地址:天津市西青区王稳庄镇王稳庄村
负责人:王春刚
Tel:022-23991992

## 上海市/Shanghai Municipality

**乐金化学(中国)投资有限公司上海办事处**
地址:上海市长宁区长宁路1027号3001-3008室
负责人:崔在荣
Tel:021-52416600

**上海鹏隆化纤有限公司**
地址:上海市长宁区天山西路789号2322室
负责人:陈海祥
Tel:021-51113478

**上海朗松油品有限公司**
业务:昆仑系列润滑油地区总代理
地址:上海市嘉定区金沙江西路金耀路333弄53号202
负责人:蔡建国　邮　编:201800
法　人:蔡建国
Tel:13122428493
13817715027
Fax:021-69929435
网址:http://www.51zzt.com/user/zt12

**上海广裕精细化工有限公司**
业务:上海广裕精细化工有限公司是一家以生产精细化工产品为主的进出口化工企业,占地90多亩,现有员工200余人,主要产品有醛酸,一醛,草酸,以具有竞争力的价格为用户提供高品质的产品是公司的经营理念,产品的规模、质量和稳定性均达到国内同行业前列。
地址:上海宝山区月罗路581-585号
邮　编:200941
法　人:李继文
Tel:021-56930447-802
Fax:021-56939945

**中国石油化工股份有限公司上海沥青销售分公司**
地址:上海市长宁区延安西路728号22层
负责人:于小桥
Tel:021-60863312

**上海南王涂料厂**
业务:各种涂料的生产及销售
地址:上海市宝山区杨行镇西浜村
负责人:陈涛　邮　编:201901
法　人:陈涛
Tel:13801946041
021-56807840

**上海佰儒颜料有限公司**
地址:上海市华江路1481弄72号402室
负责人:夏沧海
Tel:021-69111102
13003287444

**上海华跃海绵制品厂**
业务:上海华跃海绵制品厂创建于2001年,位于上海奉贤奉城镇,专业生产再生海绵,现有员工60余人,其中技术人员占30%。产品广泛用于:地毯衬垫、沙发、鞋垫、体育器材、汽车坐垫、服装烫台绵等多种行业,具有PU海绵不可比拟的优势。产品主要销往欧美、中东等国家及地区,公司有专业的工程师,技术力量雄厚。有着多年的实践经验,有着多年的实践经验,产品质量可靠。产品可根据客户需求订做。欢迎广大朋友来电咨询、洽谈并到我厂考察。
地址:上海市奉贤区奉城镇头桥水墩村一组
负责人:冯章棋……邮　编:201411
法　人:冯章棋
Tel:021-57551829
33615045
Fax:021-33615150
网址:www.hysponge.com
E-mail:cs@hysponge.com

**上海宝琳石油化工有限公司**
业务:石油、润滑油销售
地址:上海市奉贤区南桥镇正阳小区103号201室
负责人:郁建忠　邮　编:200000
法　人:郁建忠
Tel:13901859538
021-33610536
Fax:021-33610536

**荣慧塑料制品有限公司**
地址:上海市金山区金山卫镇横召村二组
负责人:张国荣
Tel:021-57292329
13801940917

**上海普宇化工科技有限公司**
业务:耐磨地坪、环氧地坪、渗透剂地坪,包括材料的销售
地址:上海市奉贤区青村镇北塘新苑17幢36号202室
负责人:郑方荣　邮　编:200000
法　人:郑方荣
Tel:021-57561788
18917911888
13736777158
Fax:021-57567266

**上海海环润滑油有限公司**
地址:上海市金山区石化地区松南支路48号-479座
负责人:刘素君
Tel:13901851800

**上海鸿基特种油剂制造有限公司**
业务:上海鸿基特种油剂制造有限公司成立于2001年,主要从事防锈油的生产。"诚信经营,信誉至上,质量第一,价格合理",热诚欢迎新老客户惠顾。
地址:上海市奉贤区南桥镇新建西路546号
邮　编:201400
法　人:盛雪根
Tel:021-67190129
Fax:021-57108282

**上海光昱化工有限公司**
业务:生产、销售粉末涂料、粉末助剂(光亮剂、电量调节剂、增厚剂)、粉末疏松剂
地址:上海市奉贤区青村镇朱店路上海久久塑粉制造有限公司
负责人:韩博　邮　编:201414
法　人:韩博
Tel:13916928245
021-57563008

**上海一碱塑料有限公司**
地址:上海市闵行区龙吴路5521号
负责人:林美云
Tel:13918011888

**上海洽诚化工有限公司**
地址:上海市秣陵路50号310-1室
负责人:吴红龙
Tel:13817606202

**上海绿拓塑料制品有限公司**
业务:塑料制品的生产
地址:上海市奉贤区四团镇大桥村中心路135号
负责人:何磊　邮　编:200000
法　人:何磊
Tel:13816123338
021-57535556
Fax:021-57535556
网址:http://www.51zzt.com/user/zzt33082

**上海和博塑料有限公司**
业务:上海和博塑料有限公司成立于2005年,主要从事于吸塑包装。欢迎新老客户光临、惠顾!
地址:上海市嘉定工业区赵厅村战斗11组
负责人:丁军华……邮　编:201807
法　人:丁军华
Tel:021-39968156
Fax:021-39968155

**上海大昆涂料有限公司**
业务:专业从事内外墙乳胶漆、腻子粉、化工原料、建筑五金等环保产品的销售,公司的宗旨:"环保、科技、真诚、满意",坚持技术引进和自主研发内外墙涂料及地坪涂料,全力向顾客提供高性价比的环保涂料。
产品:主营品牌"大上海"涂料及其他知名品牌涂料和化工原料
地址:上海市嘉定区昌徐路88号
负责人:姜春德　邮　编:201800
法　人:姜春德
Tel:021-39199428
18939737382
13661948958
Fax:021-39199428
网址:www.shdktl.cn/www.shanghaidakun.cn
www.shanghaidakuntuliao.cn
E-mail:252784317@qq.com

**上海金奥塑胶有限公司**
业务:浓缩色母粒及相关产品
产品:色母粒
地址:上海市金山区干巷镇光辉村五组
负责人:韩志刚　邮　编:201518
法　人:林军
Tel:021-57200340
Fax:021-57200233

**淄博俱进化工有限公司驻上海办理处**
业务:淄博俱进化工有限公司是天津大学的中试基地,公司依托天津大学,具备了科研、开发、生产表面活性剂、精细化工、医药中间体。公司投资8000余万元,现已形成生产规模,十二烷基硫酸钠(K12)10000吨/年;α-烯烃磺酸盐(AOS)5000吨/年;脂肪醇醚硫酸钠(AES)、烷基苯磺酸(LAS)和十二烷基硫酸铵(ALS)相继生产。生产的产品已通过了ISO9001质量管理体系认证,产品的质量和性能列全国同行业前列。
地址:上海市闸北区柳营路650弄18号501室
负责人:孙丙健……邮　编:200070
法　人:孙丙健
Tel:021-66293009
网址:www.zbjujinchem.com
E-mail:jujink12chem@163.com

**上海胡杨石油化工有限公司**
地址:上海市浦东新区东方路969号10楼122席
负责人:夏显胜
Tel:021-68758888

**上海凯胜油品有限公司**

地址：上海市浦东新区东方路 985 号 23G1 室
…………负责人：赵晓春
…………Tel：13901855965

## 上海文智塑胶制品有限公司

业务：我公司成立于 2003 年，主要生产工业塑料薄膜，热收缩膜，塑料袋，缠绕膜，EPE 珍珠棉，成品袋等。公司宗旨：高质、优价、重信誉。
地址：上海市青浦区白鹤镇纪鹤路 3116 号
…………负责人：常先旗……邮　编：201708
…………法　人：常先旗
…………Tel：021－59790251
…………Fax：021－59790251

**上海仁通再生资源利用有限公司**
地址：上海市普陀区中山北路 2655 弄 12 号 102 室
…………负责人：李建民
…………Tel：13901899397

## 上海霆维贸易有限公司

业务：润滑油
地址：上海市金山区石化卫零路市内步行街 2022 号
…………负责人：邹晨光　邮　编：200000
…………法　人：邹晨光
…………Tel：021－67965621

## 上海持耐得工贸发展有限公司

业务：本公司主营各种废旧塑料加工粉碎。如：PP 白色聚丙稀、黑色聚丙稀、白色共丙稀、PE 各种有色低压、白色低压以及 ABS 等；新原料代购、代销以及代理加工各种废旧塑料造粒业务；兼营各种新、旧塑料产品的包装及各种水果、蔬菜和工业产品的包装纸箱。
地址：上海市嘉定区江桥镇绥德路 730 号
…………负责人：施显义……邮　编：201813
…………法　人：施显义
…………Tel：021－59110925
…………网址：www. chinaide. com

## 上海银灵塑料制品有限公司

业务：生产，销售
产品：塑料制品加工，垃圾袋，塑料袋，连卷袋等
地址：上海市闵行区鲁汇镇丰南路 599 号
…………负责人：程春霞　邮　编：201112
…………法　人：程春霞
…………Tel：021－64919682
…………Fax：021－64919637
…………E-mail：huichuen021@hotmail. com

## 上海荣绿生物技术有限公司

业务：上海荣绿生物技术有限公司生产的“立绿”牌精制有机肥、有机营养介质，含有丰富有机质、氨基酸和有益微生物。产品可根据客户要求调整，无害无臭，无异味，深受广大用户的喜爱。
地址：上海市南汇区城南路 41 弄 25 号 802 室
…………邮　编：201300
…………法　人：马荣华
…………Tel：021－68037732
…………Fax：021－68037731

**上海蕾萌膜结构工程有限公司**
地址：上海市杨浦区赤峰路 63 号 5 号楼 405 室
…………负责人：刘彦虎
…………Tel：021－65977588

## 上海克锐溶剂化工有限公司

业务：上海克锐溶剂化工有限公司成立于 1987 年，是一家以生产、加工、销售为一体的企业，主要生产重方烃溶剂油系列产品。产品安全，质量保靠，竭诚欢迎广大客户来电来人洽谈业务，共同合作。
地址：上海市金山区干巷镇白洋村
…………邮　编：201518
…………法　人：陆铭观
…………Tel：021－57202299
…………Fax：021－57202564
…………网址：www. keruirongji－sh. com

## 上海运欣塑料制品厂

业务：塑料制品
地址：上海市浦东新区唐陆路王家桥 15 号
…………负责人：廖运新　邮　编：200000
…………法　人：廖运新
…………Tel：13122465736

## 上海露蕾化工有限公司

业务：上海露蕾化工有限公司属化学建材制品企业，本公司依托上海建科院、天津建科院，浙江建科院的技术和研发力量，开发了 HY 界面剂系列，粘结剂及勾缝剂系列、外墙保温系列、自流平系列、混凝土外加剂系列产品。各系列产品均达到国家标准和行业标准。
地址：上海市闵行区莘庄镇普利路 7 号
…………邮　编：201100
…………法　人：夏明才
…………Tel：021－54884942
…………Fax：021－54884874

**上海东黎环境检测有限公司**
地址：上海市杨树浦路 2086 号
…………负责人：朱继东
…………Tel：021－65431858

## 上海一雄实业有限公司

业务：油脂油品，化工，五金，投资管理
产品：机械设备用油 、机械润滑脂系列、金属加工用油系列、环保碳氢清洗剂系列
地址：上海市青浦区白鹤镇王家村 49 号
…………负责人：陈雄　邮　编：201709
…………法　人：陈雄
…………Tel：021－59740006
15221165246
…………网址：WWW. YIXIONG. COM. CN
…………E-mail：YIXIONGSY@. 163. COM

## 上海民喜包装材料有限公司

业务：专业生产销售 PP、PS 塑料片材。欢迎新老客户惠顾、洽谈业务、共同发展。
地址：上海市闵行区华漕镇纪翟路 2762 号
…………负责人：饶泽民……邮　编：201107
…………法　人：饶泽民
…………Tel：021－62967458
…………Fax：021－62967458

**华楷特真空镀膜技术贸易（上海）有限公司办事处**
地址：上海市张杨路 188 号 12A03 室
…………负责人：郭莉
…………Tel：021－68881812

## 上海集丰复合材料有限公司

业务：专业研发和生产复合材料的科技型企业，产品包括塑胶材料、色浆、色膏及辅助材料，先进的生产工艺、齐全的检测设备，为产品提供了质量保证，热忱欢迎新老顾客前来光临指导！
产品：“彩虹”聚脲色浆、环氧色膏、PVC 色浆及塑胶材料、压克力色浆、水性通用色浆
地址：上海市青浦区外青松公路 3999 号
…………负责人：李正荣　邮　编：201709
…………法　人：李正荣
…………Tel：021－39803207
13818428635
…………Fax：021－39803127
网址：www. shjfsh. com/shanghaijifeng88. cn. alibaba. com
…………E-mail：shjifengfuhe@163. com

## 上海富化工有限公司

业务：AES；磺酸；TX－10；太古油；食品级三聚磷酸钠；云母片；片碱；工业用纯碱；清洗剂原料；金属表面前处理；
地址：上海市汶水路 301 号 A101 室
…………负责人：吴兰富　邮　编：200000
…………Tel：021－66311318
13916832188
…………Fax：021－66310933

## 上海和氏璧化工有限公司

业务：我公司主要经营化工原料：1. 塑料部：通用塑料、工程塑料、弹性体、特种塑料、冷冻油、制冷剂；2. 精细化工：树脂、涂料、聚氨酯、中间体、固化剂、助剂、润滑油
地址：上海市卢湾区瑞金南路 1 号海兴广场 21B
…………负责人：陈晓燕……邮　编：200023
…………Tel：021－64180045－0、
…………Fax：021－64187007
…………网址：http://chemical－sh. yp. sohu. net/
…………E-mail：chenxy@ncmchem. com

## 上海坚斌塑胶制品有限公司

上海坚斌塑胶制品有限公司专业从事塑胶制品、金属材料、模具、五金机械的生产销售，同时公司承接来样定做业务。

公司本着“不断创新，永远服务”的宗旨，愿与国内外厂商精诚合作！

联系人：王宁坚
13816088085

电话：021－39152189　59157228
地址：上海市嘉定区马陆镇亚钢路333号　邮编：201801

## 上海龙栋实业有限公司

本公司主要经销化工产品、建材用品，产品有醋酸甲脂，油漆，涂料，溶剂油等等，以质量求生存，欢迎新老客户来电洽谈业务！

联系人：缪保成　13817356717

## 上海沈宽实业有限公司

上海沈宽实业有限公司成立于2008年，主要从事于油漆的销售，喷涂工程的施工。

本公司秉承“顾客至上，锐意进取”的经营理念，坚持“客户第一”的原则为广大客户提供优质的服务。

欢迎广大客户惠顾！

联系人：陈光富　电话：021－50400148
地址：上海市浦东区浦东北路2362号　邮编：210000

## 上海振韩工贸有限公司

公司主要经营建筑装饰材料、包装材料、化工产品、金属材料等项目，一直以来公司以服务市场为己任，以市场需求为导向。为广大客户提供优质的产品、优良的服务。

联系人：金正德

电话：021－64593356　64786750
地址：上海市闵行区七宝镇七莘路2927弄陈家塘别墅2号
电子邮件：hann666@hotmail.net　邮编：201101

## 上海昌祺塑胶制品有限公司

我公司专业制造各类塑件，广泛配套于工业、民用、医疗器械、电子电器等产品。拥有国内先进的微机控制注塑设备，技术力量雄厚。具有根据顾客对塑件产品的不同形状和特性要求为其设计、开模、制造和提供技术支持的综合能力。多年来为国内知名的电梯电器配件企业及众多优秀企业配套生产了大量的优质塑件产品，得到了广大用户的一致好评。

公司坚持“顾客至上、精益求精、以质取胜”的经营宗旨，为顾客提供优质美观的塑件产品，并配以一流的服务来满足各顾客的个性需求。选择昌祺塑件，会使您的产品锦上添花更完美！

联系人：杨全武
13671546699
电话：021－57472800
传真：021－57475681
地址：上海市奉贤区光明镇杨王村西胡358号　邮编：210000

# 重庆市/Chongqing Municipality

**重庆文峰石油有限责任公司**
地址：重庆市璧城镇北二环路
…………负责人：潘明
…………Tel：023－41432269
41432673

## 重庆亚威精细化工有限公司

业务：本公司成立于 2002 年，是一家从事医药中间体、原料药粗品、精细化工产品的研发、生产的专业化公司。产品主要以出口为主，远销韩国、日本、欧洲等十几个国家和地区。我们真诚希望能与世界各地的新老客户建立长期友好的合作关系，为客户提供优质的产品和良好的服务。
地址：重庆市巴南区南泉镇自由村一组
…………邮　编：400056
…………法　人：申成慧
…………Tel：023－62849407
…………Fax：023－62845908
…………网址：www. yaweichem. com

## 重庆科德塑胶有限公司

业务：生产、销售塑胶颗粒
地址：重庆市巴南区南泉镇红旗村七社
…………负责人：杨展　邮　编：401320
…………法　人：杨展
…………Tel：13637805541
13908344116
023－62841577

**重庆市大渡口区金圣涂料厂**
地址：重庆市大渡口区八桥镇双山村 6 号附 25 号
…………负责人：寇德文
…………Tel：023－68932410

**重庆市科建砼外加剂厂**
地址:重庆市歌乐山镇山洞村新房子社
…… 负责人:肖波
…… Tel:023－65530793

**重庆铭润橡塑制品有限公司**
业务:生产橡塑制品
产品:橡胶塞、管壳、导爆线、汽车燃油泵系列、医疗系列。
地址:重庆市北碚区歇马镇小湾村祠堂组2号
…… 负责人:罗铭 邮 编:400000
…… 法 人:罗铭
…… Tel:13500321319
023－68242336

**重庆市璧山县汇通塑胶厂**
业务:专业生产PVC电线电缆粒料,PP粒料,PP改性粒料及各种塑料制品
地址:重庆市璧山县璧城镇大旺村
…… 邮 编:402763
…… 法 人:李康熙
…… Tel:023－41471659
…… Fax:023－41472287
…… 网址:www.cqhtsj.chinapyp.com

**重庆市泉润润滑有限责任公司**
地址:重庆市汉丰镇南山路
…… 负责人:刘晓燕
…… Tel:023－52255932

**重庆双赢化工集团公司**
业务:双赢集团有限公司是集化工、矿业、酒店、房地产为一体的跨区域企业集团,下属磷铵厂、磷肥厂、硫酸厂、氮肥厂、复合肥厂、磷矿、硫铁矿、煤矿、物流配送中心、酒店、房地产开发公司,分布于重庆、四川、内蒙古、贵州、甘肃、福建等省市。集团年产化工产品、矿产品总量200余万吨,现有员工2500余人,其中各类专业技术人员500余人。是中国大型工业企业、中国化肥100强、重庆市工业企业50强、重庆市民营企业50强,分别被中国工商银行重庆分行、中国农业银行福建分行评为AAA级信用企业。双赢集团所属企业占据地缘和资源优势,交通便利,运力发达,铁路专用线直通货场,长江水运连接厂区。公司通过了ISO9001:2000国际质量体系认证,"双赢"商标荣获中国驰名商标,主导产品"双赢"牌磷酸一铵、磷酸二铵荣获"国家免检产品"、"重庆名牌产品"称号,产品畅销全国各地并出口越南、泰国、印度、尼泊尔等国家,深受海内外广大用户的欢迎和青睐。
产品:主导产品"双赢"牌磷酸一铵、磷酸二铵
地址:重庆市南川区东城永生桥
…… 负责人:蓝弼虎 邮 编:408400
…… 法 人:蓝弼虎
…… Tel:023－71404463
71402377
…… 网址:www.win－wingroup.com

**深圳路安特沥青高新技术有限公司重庆分公司**
业务:深圳路安特沥青高新技术有限公司重庆分公司主要是研发和生产公路及机场道面用的聚合物改性沥青和其他路用新材料,主要有SBS、SBR、PE、EVA、橡胶粉以及复合改性等多种类型的改性沥青产品。
地址:重庆市涪陵区北拱街路安特公司
…… 负责人:黄子义……邮 编:400000
…… 法 人:黄子义
…… Tel:023－72133517

**重庆市丰禾化肥有限公司**
业务:生产、销售化肥
地址:重庆市南川区南城街道办事处马鞍山
…… 负责人:张定红 邮 编:408400
…… 法 人:张定红
…… Tel:13996769616
023－71489800

**重庆奥强物资有限公司**
地址:重庆市黄桷坪铁路五村34号
…… 负责人:陈咏梅
…… Tel:023－61560382

**重庆川南石油有限公司高级润滑油分公司**
地址:重庆市九龙坡区白市驿镇海龙村
…… 负责人:伍明
…… Tel:023－65702710

**梁平县利秋化工有限责任公司**
业务:我公司成立于2005年,从事松香、松节水的生产,我们将以一流的质量、一流的服务宗旨竭诚为新老客户服务。
地址:重庆市梁平县蟠龙镇新店村3组
…… 负责人:梁维……邮 编:405200
…… Tel:023－53319166

**重庆金源东和化学有限公司**
地址:重庆市九龙园区火炬大道16号
…… 负责人:张和平
…… Tel:023－63631068

**重庆市鹏六顺日化有限公司**
业务:我们公司成立至今一贯秉承以品质得人心,质量得市场为准则现已将奇佳、辛白、易白、汰清等系列洗衣粉推广上市。现向全国各省、市、县全面招商,顾客的需求是我们公司永远为社会服务的目标。
地址:重庆市渝北区宝圣大道902号
…… 负责人:曾祥广 邮 编:401120
…… 法 人:曾祥广
…… Tel:023－86018608
13220382905

**重庆市云飞化工有限公司**
地址:重庆市梁山镇大河坝街112号
…… 负责人:陈武云
…… Tel:023－53250695

**重庆古之万贸易有限责任公司**
地址:重庆市龙溪路48号附3号
…… 负责人:黄晓林
…… Tel:023－68863211

**重庆盛瑞化工有限公司**
业务:重庆盛瑞化工有限公司加工销售橡胶制品、塑料制品、塑料橡胶胶水等模具设计制造及金属件加工等,销售化工产品及原料、五金交电。欢迎新老客户光临、惠顾!
地址:重庆市沙坪坝区凤凰镇八字桥村雷家湾社
…… 负责人:郭定兴……邮 编:400700
…… 法 人:许敬友
…… Tel:023－68383112
65681602
…… 网址:www.mtw27664.chinapyp.com

**重庆硕润贸易有限责任公司**
地址:重庆市南坪南城大道199号正联大厦22层
…… 负责人:赵洁红
…… Tel:023－89021198

**重庆长海橡胶机械厂**
地址:重庆市南坪镇四公里村红纸帮社
…… 负责人:苗宏海
…… Tel:023－62750120

**铜梁县红达锶业有限公司**
地址:重庆市铜梁县巴川镇凤山路
…… 负责人:杨守夏
…… Tel:023－45646216

**重庆东方农药有限公司**
业务:公司主要生产有:杀虫类、杀菌类、除草类等农药系列产品。其中环保型农药果圣属新型高效、低毒、杀虫广谱、不含激素、源于自然的科技环保产品。该产品被国家科技部[2002]228号批准为国家"科技星火产品",被重庆市人民政府评为科技进步奖,被重庆市科委评为高新科技产品。
地址:重庆市忠县龙蛇背
…… 邮 编:404300
…… 法 人:胡智泉
…… Tel:023－54212518
…… Fax:023－54210215

**铜梁县红云涂料厂**
地址:重庆市铜梁县巴川镇桥家村二社
…… 负责人:赵有富
…… Tel:023－45636032





## 河北省/Hebei Province

**河间市金涛钻采配件经销处**
业务:钻采配件的销售
地址:河间市西村乡君子馆
…… 负责人:尹艳杰 邮 编:062450
…… 法 人:尹艳杰
…… Tel:13833995220
0317－3852113

**深州嘉信化工有限责任公司**
业务:深州嘉信化工有限责任公司建于2005年,公司主要生产沉淀硫酸钡、片状硫化钠等化工产品。公司全体职工真诚欢迎您来考察,相信我们能"互惠互利,真诚合作"。
地址:河北省深州市前么头镇工业区
…… 邮 编:053800
…… 法 人:孙中信
…… Tel:0318－3428885

**霸州市嘉霖塑胶专用粒厂**
业务:塑胶颗粒的生产、销售
地址:河北省霸州市东段乡石家堡村
…… 负责人:李同鑫 邮 编:065000
…… 法 人:李同鑫
…… Tel:13833610278
0316－7998287

**黄骅市三星化工有限公司**
业务:黄骅市三星化工有限公司成立于2004年,现有员工108人,从事民用液化器精炳烯的生产。欢迎来电垂询。
地址:河北省黄骅市齐家务工业园区
…… 邮 编:061103
…… 法 人:王百文
…… Tel:0317－5980888
…… Mobile:13933989666
…… Fax:0317－5980888

**大名县冀华石油设备配件有限公司**
业务:专业生产石油钻机、勘探、装备,井架、底座等
地址:河北市邯郸市大名县农民治富联合会
…… 负责人:王芹 邮 编:056000
…… Tel:15033868495
15333105071

**兴宇橡塑制品有限公司**
地址:河北省保定市定兴县东城开发区
…… 负责人:于卫方
…… Tel:0312－6922686
13303029208

**霸州市煎茶铺盈利塑料制品厂**
业务:塑料产品加工制作
地址:河北省霸州市煎茶铺东一街
…… 负责人:刘盈春 邮 编:065700
…… 法 人:刘盈春
…… Tel:13930602728
0316－7417308

**宣化区志诚钣金喷漆服务部**
业务:钣金喷漆
地址:河北省张家口市宣化区环城西路宣化畅通给水工程有限责任公司东侧
…… 负责人:李景云 邮 编:075300
…… 法 人:李景云
…… Tel:13031939882
0313－8806758

**石家庄市晨捷化工有限公司**
业务:我公司成立于2006年,主要从事于化工业务。本公司坚持以服务为中心,以质量为宗旨,高标准的产品质量快速到货的配货服务,优越的产品价格受到广大客户的亲睐。我们愿在真诚、互信互利、和谐的基础上和所有的客户成为友好的合作伙伴。
地址:河北省石家庄市高邑县风中路342号
…… 负责人:马连平……邮 编:051330
…… 法 人:马连平
…… Tel:0311－84035055
…… Fax:0311－84032936
…… 网址:www.mtw27491.chinapyp.com

**石家庄金通炉料有限公司**
业务:石家庄金通炉料有限公司位于栾城县冶河镇油通村西工业区,东临京深高速公路,交通位置便利,公司创建于1986年,经过短短几年的拼搏由原来单纯的加工铝锭,发展成为生产"铝锭、铝粉、铝饼"等品种的专业铝材料加工厂。本厂从创业之初坚持"诚信经营、信誉为本"为宗旨,严把质量关,在同行中有较高的竞争力。总经理裴瑞林先生携全体员工,竭诚欢迎新老朋友莅临指导!
地址:河北省石家庄市栾城县冶河镇油通村西工业区
…… 邮 编:051430
…… 法 人:裴瑞林
…… Tel:0311－85458020
…… Fax:0311－85458020

**保定市高阳县青联橡塑厂**
业务:塑料橡胶制品
地址:河北省保定市高阳县三坊子村北
…… 负责人:郝艳青 邮 编:071000
…… 法 人:郝艳青
…… Tel:13503121556
0312－6700325
…… Fax:0312－6700532

**河北宝石特种柔性胶化有限公司**
业务:河北宝石特种柔性胶化有限公司成立于2006年,专用生产高压胶管,质量可靠,欢迎新老客户来电洽谈业务。
地址:河北省衡水市景县王谦寺开发区郑古庄街103号
…… 负责人:韩会芹……邮 编:053000
…… 法 人:韩会芹
…… Tel:0318－4332110
…… Fax:0318－4312110
…… 网址:www.mtw30889.chinapyp.com

**张家口市察北德盛塑编有限公司**
业务:各种编织袋的生产、销售
地址:河北省张家口市察北管理区沙沟乡
…… 负责人:杨虎成 邮 编:075061
…… 法 人:杨虎成
…… Tel:15530388888
0313－5368880
…… Fax:0313－5368777

**康辉涂料厂**
地址:河北省沧州市海兴县高湾镇西路村(小学对过)
…… 负责人:路海良
…… Tel:0317－6671601

**日兴塑料厂**
业务:专业从事废旧塑料销售,我们以诚信为本,质优价廉为原则,智力环保为宗旨,竭诚为您服务!
产品:再生塑料颗粒,破碎料,粉料
地址:河北省保定市顺平县高于铺村
…… 负责人:张向涛 邮 编:071000
…… 法 人:张向涛
…… Tel:0312－7683651
13603242567
…… E-mail:zhang_114@163.com

**张家口市三联化工产品经销有限公司**
业务:销售化工原料
地址:河北省张家口高新区姚家庄镇中榆林村茶榆路(榆林化工厂)
…… 负责人:刘静 邮 编:075061
…… 法 人:刘静
…… Tel:13833374429
0313－2210101

**易县紫荆关长城钙粉厂**
业务：易县紫荆关长城钙粉厂成立于 2004 年，从事工业用钙粉的生产及销售。欢迎广大客商光临、指导！
地址：河北省保定市螺旋桨制造厂
邮　编：072150
法　人：袁护纯
Tel：0312－7050358
Fax：0312－7050358

**无极县天兴润滑剂加工厂**
业务：本厂成立于 2006 年初，资金雄厚，无负债，自权威专家严把把质量关，生产出的产品质量好，价格低，主要有钻井用的偶环润滑剂、清洁剂、掩蔽剂、防泥包剂、黑色正电胶等，欢迎惠顾。
地址：河北省石家庄市无极县马村
负责人：马先生　邮　编：052460
法　人：马云起
Tel：0311－85749207

**雄县百亿塑料厂**
业务：建筑用塑料制品加工、销售
产品：穿线管、电力管、双壁波纹管
地址：河北省保定市雄县昝岗大四方
负责人：张卫华　邮　编：071802
法　人：张卫华
Tel：13803285231
0312－5712689

**石家庄市宏源能源开发有限公司**
业务：本公司成立于 2006 年，主要从事植物油转化成柴油、工商贸易。
地址：河北省石家庄市正定县常兴街 1 号
负责人：姚瑞科　邮　编：050800
法　人：姚瑞科
Tel：0311－88012065
Fax：0311－88019458

**邢台市开发区东源农作物桔杆再利用专业合作社**
业务：小麦、玉米秸秆加工，成型燃料生产
地址：河北省邢台市开发区王快镇河会村
负责人：李东融　邮　编：054001
法　人：李东融
Tel：0319－3973890

**鑫利塑料制品有限公司**
地址：河北省沧州市青县周官屯镇李窑村
负责人：秦恩平
Tel：13582717588

**献县建伟塑料制品购销有限公司**
业务：生产、销售网袋
地址：河北省沧州市献县小平王乡东贾庄桥村
负责人：彭建伟　邮　编：061001
法　人：彭建伟
Tel：13930768610
0317－4528175

**河北福翔特种润滑油脂有限公司**
业务：本公司成立于 1996 年，主要从事润滑油经销。我们以满足人们崇尚自然，追求健康的消费需求，期待广大客户和消费者的光临和享用，我们愿为您提供最好的产品和服务。
地址：河北省石家庄市中华北大街院都金地城 5 号楼 3 单元 301
负责人：赵宝福　邮　编：050000
法　人：赵宝福
Tel：0311－86819815

**巨鹿县瑞钦棉花专业合作社**
业务：农药、化肥、种子
地址：河北省邢台市巨鹿县县城建设路中段
负责人：徐瑞钦　邮　编：055250
法　人：徐瑞钦
Tel：0319－4312753
Fax：0319－4312753
E-mail：jlrqmhhzs@163.com

**藁城市昊丰橡胶有限公司**
业务：再生胶片和胶粉的生产和销售
产品：再生胶片和胶粉
地址：河北省藁城市八中中学东行 800 米
负责人：马书夯　邮　编：52160
法　人：马书夯
Tel：13832344991
15232171668
0311－88113611
Fax：0311－88113611

**巨鹿县誉鑫铜材橡塑制品有限公司**
业务：巨鹿县誉鑫铜材橡塑制品有限公司成立于 2005 年，是一家专业生产各类橡胶密封件的企业。公司产品广泛应用于汽车、机械、工程机械、煤炭、冶金、石化、船舶、家电、食品、医药、铁道运输的车辆制动等行业，适用于耐油、耐酸碱、耐磨、耐屈挠、耐高温（250℃以上）、低温（－50℃）、耐化学侵蚀，起到良好的密封作用及减震阻尼作用。
地址：河北省邢台市巨鹿县王虎寨镇大寨村
邮　编：055250
法　人：张桂东
Tel：0319－4391117
Fax：0319－4391728

**冀州市奔驰橡胶厂**
业务：我厂主要生产三元乙丙、硅胶、丁苯、丁氰、海绵密实胶条千米接头。我厂坚持"以市场为导向，以客户为核心，以质量求生存，以信誉求发展"的经营宗旨，为广大用户提高优质服务，并真诚欢迎各界朋友光临惠顾与指导。
地址：河北省衡水市冀州市冀州镇边家庄开发区 83 号
邮　编：053200
法　人：齐宝立
Tel：0318－8683551
Fax：0318－8681839
网址：www.bcxj.com

**河北绿农生物科技有限公司**
业务：农药、化肥的销售
产品：自己注册的品牌"史邦"
地址：河北省邯郸市成安县城东商贸城
负责人：尹红光　邮　编：056000
法　人：尹红光
Tel：13832080238

**正恒工贸有限公司**
地址：河北省邯郸市磁县磁峰路中段合山村东
负责人：张中和
Tel：0310－2212558
13603202508

**邢台鑫亚橡塑有限公司**
业务：生产、销售密封件，O 形圈，橡胶件，各种胶条，硅氟胶制品，冲压件，精密金属密封件。
地址：河北省邢台市巨鹿县王虎寨镇纸房村
负责人：吴宗国　邮　编：054000
法　人：吴宗国
Tel：0319－4393141
Fax：0319－4393626
网址：www.xtxyxs.com.cn
E-mail：wujunliang2008@yahoo.cn

**沧县前唐汇源橡胶胶沫厂**
业务：河北省沧县汇源橡胶胶沫厂系生产销售各种再生胶（包括色胶）。质优价廉。欢迎各方客户惠顾、洽谈业务、共同发展
地址：河北省沧州市沧县仵龙堂乡前唐庄
邮　编：061000
法　人：唐景亮
Tel：0317－4734699
Fax：0317－4736305
网址：www.hbhy.chinapyp.com

**粤港大地漆**
业务：奥港大地漆专卖（诚招邯郸邢台市县级经销商）
地址：河北省邯郸市东柳北大街 177 号
负责人：徐庆亮　邮　编：056000
法　人：徐庆亮
Tel：13785039377
0310－2061677
8020082
Fax：0310－8020082

**桃城化工助剂有限责任公司**
地址：河北省衡水市京大路北安辛庄村东
负责人：张中春
Tel：0318－2117286
13833821313

**河北上善塑料制品有限公司**
业务：塑料管生产
产品：管材、管件
地址：河北省邢台市巨鹿县巨鹿镇付庄村南
负责人：付忠善　邮　编：054000
法　人：付忠善
Tel：0319－4316349

**河北新业橡塑发泡制品有限公司**
业务：本公司是华北地区最大的橡塑发泡生产企业之一。本公司生产 EVA/PE、EPDM、NEOPRENE、SBR、CR 低音橡塑发泡及 PEF/EVA 二次发泡板材、片材、卷材系列产品，可根据客户不同需求进行特殊加工制作。
地址：河北省邢台市宁晋县大陆村镇雷家庄工业园区
邮　编：051600
法　人：王立青
Tel：0319－5686856
Fax：0319－5686086
网址：www.xinyexiangsu.com

**肥乡县奥丰化工有限公司**
业务：生产、销售化工原料
产品：化工酸
地址：河北省邯郸市肥乡县鹏飞法律事务所法院门口
负责人：柳付军　邮　编：056000
Tel：13082111247
0310－8526813

**河北省宣化县新东方化工厂**
业务：河北省宣化县新东方化工厂成立于 2005 年，主要生产氧化铁烘、膨润土等。用户至上，质量第一，满足客户的要求，是我公司努力的目标，我们竭诚欢迎广大客户来人来函洽谈业务，共图发展。
地址：河北省张家口市宣化县沙岭子镇屈家庄村果树厂东
邮　编：075131
法　人：武秀海
Tel：0313－5041396
Fax：0313－5041396

**广宗县绿洲塑料加工厂**
业务：塑料制品
地址：河北省邢台市广宗县广宗镇西外环路
负责人：刘增水　邮　编：O54600
法　人：刘增水
Tel：13273475609

**衡水泽会橡胶制造有限公司**
地址：河北省衡永市武强县西大过
负责人：李永会
Tel：0318－3782188
13833853232

**邯郸市农昌复合肥有限公司**
业务：销售各类复合肥
产品：各类复合肥
地址：河北省邯郸市魏县城东尿素厂对过（四宏大酒店旁）
负责人：田伍堂　邮　编：56000
Tel：0310－3517959

**邱县东方石油液化气站**
业务：邱县东方石油液化气站成立于 1996 年，主要销售液化气。"质量保证、价格合理"，热忱欢迎新老客户光临惠顾！
地址：河北省邯郸市邱县新马头镇东邯临路南
负责人：张英华　邮　编：057450
法　人：张英华
Tel：0310－8360918

**武安市活水乡顺达加油网点**
业务：销售汽油、柴油
地址：河北省武安市活水乡活水村
负责人：张康　邮　编：56300
法　人：张计生
Tel：13400300891
0310－5975820

**河北省晋州市化肥厂**
地址：河北省晋州市工业路 5 号化肥厂
负责人：刘敬召
Tel：0311－84481658
13102832288

**河北同达昕橡塑制品有限公司（低压胶管分公司）**
业务：专业研发、制造各种胶管、玻璃设备专用软管
产品：各种规格大口径胶管，国标二十米及超长高压耐磨、抗静电、耐酸、耐碱、耐油、夹布等胶管，食品胶管、各种弯管、异形胶管、橡胶软连接、玻璃设备专用软管等
地址：河北省衡水市景县城西开发区
负责人：宋福国　邮　编：053500
法　人：宋福国
Tel：13784870068
Fax：0318－4311877

**海寰化工沧州分公司**
业务：海寰化工沧州分公司成立于 2005 年，主要生产销售除油除锈剂、磷化液、免除油磷化液、水基防锈液等金属表面处理剂。"诚信为本，信誉第一，质量保证"，竭诚欢迎广大新老客户光临。
地址：河北省沧州市华区解放东路 20 号
邮　编：061000
法　人：张更业
Tel：0317－3563217
Fax：0317－3563217

**上海佳缘塑业有限公司**
业务：保温瓶的制造
产品：保温瓶
地址：河北省唐山市玉田县鸦鸿桥镇
负责人：祖连强　邮　编：064102
法　人：祖连强
Tel：0315－6553858
13703154516
Fax：0315－6396876
网址：www.fuqiangsuye.com.cn
E-mail：fuqiangsuye@163.com

**石家庄市斯达新涂料有限公司**
地址：河北省晋州周家庄开发区
负责人：张新书
Tel：0311－84375796
13703315817

**藁城市科力化工助剂厂**
业务：藁城市科力化工助剂厂成立于 2002 年，主要生产白度化红磷阻燃剂、微胶囊化红磷阻燃剂。热诚欢迎各方客户来电来人洽谈业务，共同合作。
地址：河北省藁城市丘头镇北乐乡
邮　编：052160
法　人：彭花水
Tel：0311－86512222
Fax：0311－86512222

**廊坊开发区麻营昕旺海绵加工部**
业务：主要经营海棉泡沫 EPE EVA EPS
地址：河北省廊坊开发区麻营村
负责人：邢长远　邮　编：065000
法　人：邢长远
Tel：15100641400
Fax：0316－6063105

**玉田县金兴塑料制品厂**
业务：生产加工及销售塑料制品
地址：河北省唐山市玉田县板桥镇宋庄村
负责人：胡希伟　邮　编：066416
法　人：胡希伟
Tel：0315－6591081

**香河县联合立华粉末涂料有限公司**
地址：河北省廊坊市香河县钱旺工业园区
负责人：周国朋
Tel：0316－8392111
13785599933

**文安县安创塑料厂**
业务：塑料制品生产、销售
地址：河北省廊坊市文安县大留镇镇西店村
负责人：王永　邮　编：065000
法　人：王永
Tel：13623163556
0316－5395199

**燕郊鑫乙模具加工厂**
地址：河北省三河市燕郊赵辛庄
负责人：王朔
Tel：0316－3319235
13932606052

**石家庄聚力化工有限公司**
业务：化工原料
地址：河北省石家庄裕华区留村乡郝家营村
负责人：任学峰　邮　编：050011
法　人：任学峰
Tel：13582198109
13230178150

**沧州临港广鑫化工有限公司**
业务：本公司成立于 2004 年，生产销售酞菁蓝（BGS），酞菁绿（G），颜料分散剂，颜料催化剂，涂料印花浆，亚铜，化铝。欢迎广大客户来电洽谈业务、共求发展！
地址：河北省沧州市临港开发区友谊商场北
负责人：熊利军　邮　编：061108
法　人：熊利军
Tel：0317－5486842
Mobile：13603332445
Fax：022－26798176

**文安县兴隆塑料制品厂**
业务：加工及销售各种塑料制品
地址：河北省廊坊市文安县赵各庄镇林近村
负责人：王小雪　邮　编：065800
法　人：王小雪
Tel：0316－5020162

**大名县名鼎化工有限责任公司**
业务：主要产品：4—氯—2，5—二甲氧基苯胺、2，4，5——三氯苯胺、邻硝基二苯胺、2，5——二甲氧基苯胺等
地址：河北省大名县城西常马庄村
负责人：田凤文　邮　编：056000
Tel：0310－6538322
Fax：0310－6539988
网址：http://jindingchemical.b2b.315.com.cn

**河北融西美科贸有限公司三河分公司**
业务：冷拌沥青铺路材料的生产和销售
产品：冷拌沥青铺路材料
地址：河北省三河市杨庄镇小闫庄村北
负责人：刘松龄　邮　编：65200
法　人：刘松龄
Tel：15132678093
13903269038
网址：http://www.rxmshfgs.cn

**河北科硕化工有限公司**
地址：河北省石家庄市栾城县医康街南端
负责人：罗进才
Tel：13012141298

**文安县五囤塑料拉丝厂**
业务：专业聚录：PVC：造粒注塑专用料
地址：河北省廊坊市文安镇泗各庄村北开发区
负责人：谷五囤　邮　编：065000
法　人：谷五囤
Tel：13930685012
0316－5250012

**大城县华通密封材料厂**
业务：大城县华通密封材料厂成立于 2006 年，生产销售密封材料、四氟制品、石棉橡胶

制品等，用于石油、化工、制药等行业，欢迎来电洽谈业务！
地址：河北省大城县王范工业区 6 排 11 号
………… 负责人：史胜存……邮　编：065900
……………………………… 法　人：史胜存
……………………………… Tel：0316－5950231
5957516

## 秦皇岛胜吉建材设备有限公司

业务：专业生产负离子添加剂、环保涂料、乳胶漆，物业管理、化工产品等。公司拥有雄厚的技术力量，可承接各类乳胶漆的装修工程，公司本着质量第一、顾客至上的经营宗旨，竭诚为您提供满意的服务。
产品：各种涂料、机械设备、化工产品
地址：河北省秦皇岛北港镇北张庄
……… 负责人：杨录真　　邮　编：066000
……………………………… 法　人：杨录真
……………Tel：0335－8889998
……………Fax：0335－8881268
…………………… 网址：www.lnshengji.cn
………… E-mail：shangji8889998@163.com

## 月山皮化有限公司

地址：河北省石家庄市无极县张段固镇
……………………………… 负责人：靳广乐
……………………………… Tel：0311－85597895
13803345376

## 香河县亿维橡胶聚氨酯制品厂

业务：专业制造及销售 O 型密封圈等橡胶塑料制品，先进的生产工艺、齐全的检测设备，为产品研发、生产、销售提供了质量保证，热忱欢迎新老顾客前来光临指导！
产品：矿山凿岩机密封件系列产品，橡胶圈、垫、消音罩等
地址：河北省廊坊市香河县渠口镇工业园（小瞿阝村）
……… 负责人：王洪波　　邮　编：065401
……………………………… 法　人：刘书伶
……………Tel：0316－8610302
……………Fax：0316－8610898
…………………… 网址：www.xhyiwei.cn

## 迁安市荣爱耐火材料厂

业务：生产和销售耐火材料
产品：干式振动料、机制补炉砖，热补炉料，冷补炉料，喷补料，颗粒料，出钢口料，颗粒状覆盖剂等
地址：河北省迁安市杨店子镇大张庄村东
……… 负责人：宫海潮　　邮　编：64400
……………………………… 法　人：宫海潮
……………Tel：13832808925
15032944261

## 沧县东槐庄兴悦塑料制品厂

沧县东槐庄兴悦塑料制品厂成立于2008年，是一家专业从事塑料制品生产、销售的厂里，以质量求生存。

欢迎新老客户来电洽谈业务！

联系人：姜月年
电话：0317-4868182　13703172978
地址：河北省沧州市沧县兴济镇东槐庄村　邮编：061021

## 沧州市南大港管理区国联油脂化工厂

沧州市南大港管理区国联油脂化工厂从事润滑油、燃料油等产品生产销售。

以质量求生存，欢迎新老客户来电洽谈业务！

联系人：刘龙科
电话：0317-5465919
地址：河北省沧州市黄骅市南大港尚庄子　邮编：061100

## 抚宁县东齐塑料制品有限公司

抚宁县东齐塑料制品有限公司是一家专业生产、经营打包带的民营企业。

产品畅销各大城市，尤其在京津唐地区，深受客户的好评。我司一直致力于为客户提供“优质、价廉物美”之产品，为此高标准引进先进的专业技术设备。现有高、中、低档各种规格的机用打包带和手用打包带，各广大厂家可根据自己的不同需求从东齐购买到适合自己的打包带并得到良好的售后服务。“以质量求生存、以服务赢客户、以创新求发展、以信誉开拓市畅”，热忱欢迎各界朋友前来洽谈，指导！

联系人：张志齐
电话：0335－6489458　13930322746
地址：河北省秦皇岛市抚宁县留守营镇凡各南村　邮编：066300

## 海兴海瑞阻燃材料有限公司

海兴海瑞阻燃材料有限公司成立于2009年，本公司专业从事阻燃材料的加工与销售。本公司秉承“顾客至上，锐意进取”的经营理念，坚持“客户第一”的原则为广大客户提供优质的服务。欢迎广大客户惠顾！

联系人：张经理
电话：0317-6680177、6680877
传真：0317-6680177
地址：河北省沧州市海兴县青先农场　邮编：061200

## 河北远洋石油有限公司

河北远洋石油有限公司成立于1990年，主要经销石油、柴油、汽油、煤油、润滑油等。

本公司秉承“顾客至上，锐意进取”的经营理念，坚持“客户第一”的原则为广大客户提供优质的服务。欢迎广大客户惠顾！

联系人：田中林　13603191086
电话/传真：0319-6628318
地址：河北省邢台市隆尧县田村　邮编：055350

## 河北众能富源生物燃料有限公司

本公司从事生物柴油、醇类燃料、清洁汽油、石油添加剂等产品生产销售，欢迎新老客户来电洽谈业务！

联系人：田朝阳
电话：0310-2791929　13930083568
地址：河北省邯郸市馆陶县　邮编：057250

## 衡水精益化工有限公司

衡水精益化工有限公司成立于2007年。

专业生产、销售氯化石蜡系列产品、盐酸等。

公司秉承“顾客至上，锐意进取”的经营理念，坚持“客户第一”的原则为广大客户提供优质的服务。

欢迎广大客户惠顾！

联系人：付炳有
电话：0318-5958869　5958896
地址：河北省衡水市武邑县新区冀衡工业园　邮编：053400

## 金鑫肥业有限公司

我公司始建于1998年，主营复合肥、磷肥、颗粒氮肥、氯化铵、尿素、乙二铵等。

公司秉承“顾客至上，锐意进取”的经营理念，坚持“客户第一”的原则为广大客户提供优质的服务。

欢迎惠顾！

联系人：杜军辉
电话：0311-82279118　13180463377
地址：河北省石家庄市鹿泉市李村镇张堡村西工区　邮编：050200

## 廊坊市双马化工有限公司

廊坊市双马化工有限公司坐落于环境优美，快速发展中的廊坊市，临近京津塘，交通便利，是一家大型专业供应颜料的有限责任公司。产品主要有钛白粉（金红石型、锐钛型）、立德粉、高白粉、氧化铁（包括铁黄、铁红、铁黑、铁绿）等系列，其具有成本低，质量稳定，消色力强，无色差，白度好，耐候性和分散性较强等特点。欢迎新老客户光临、惠顾。

联系人：孟晓
电话：0316-7106118、13785477666
地址：河北省廊坊市广阳区新世纪步行街第一大街B座78号　邮编：065000

## 山西省/Shanxi Province

**晋康酒精厂**
地址：山西省长治市郊区黄碾镇葛家庄村北
…… 负责人：葛福录
…… Tel：13096660593

**潞城市瑞通化工有限公司**
业务：我公司主要从事生产化工原料、我们将以一流的质量，一流的服务宗旨竭诚为新老客户服务。
地址：山西省长治市潞城市潞华办事处史坊村
…… 负责人：申建军……邮　编：475000
…… Tel：0355－3512222

**山西宝鼎化工厂**
业务：山西宝鼎化工厂成立于1978年，主要生产混凝土外加剂材料，欢迎客户来电洽谈业务。
地址：山西省运城市万荣县荣河庙前村
…… 负责人：杨志杰……邮　编：044205
…… 法　人：杨志杰
…… Tel：0359－4873286
…… Fax：0359－4873586

**孝义市美尔居环保涂料厂**
业务：环保涂料的销售
地址：山西吕梁地区孝义市阳泉曲镇碾头村
…… 负责人：武志坚　邮　编：033000
…… 法　人：武志坚
…… Tel：0358－7869367
8878379
13803459141

**煤机橡胶配件厂**
地址：山西省长治市长子县南漳村
…… 负责人：马俊祥
…… Tel：0355－8465488
13935575286

**长治市城区泰鑫塑胶经销部（康翔塑胶）**
业务：成都康翔塑胶，河北山城，重庆山城塑胶.
地址：山西省长治市公盛铭市场小超市南1号
…… 负责人：高展　邮　编：46000
…… 法　人：高展
…… Tel：0355－5809572

**汾阳市融源化工有限公司**
业务：汾阳市融源化工有限公司成立于2004年1月，主要从事二硫化碳、再生胶的生产销售。"诚信经营，信誉至上"，热诚欢迎广大新老客户来电垂询，光临。
地址：山西省汾阳市演武镇西堡障化工园
…… 邮　编：032208
…… 法　人：刘秀利
…… Tel：0358－7563681
…… Fax：0358－7563681

**灵丘县唐塑管材销售中心**
业务：专营"联塑"管材、管件、阀门。另厂家直销供水设备，批零兼营，一流的产品质量，优质快捷的服务是我们对您的承诺，热诚欢迎新老用户光临惠顾！
产品：PP－R管、地暖管、PVC上水管、聚乙管、聚丙管、PVC下水管及线管和配套管件
地址：山西省大同市灵丘县新建北路（原体育场对面）
…… 负责人：张世雄　邮　编：034400
…… 法　人：张世雄
…… Tel：0352－8520518
13603526187
…… Fax：0352－8520518
…… E-mail：ts8520518@163.com

**潞城市太祥塑料制品厂**
地址：山西省长治市潞城市微子镇南街村
…… 负责人：李小玲
…… Tel：13903551691

**演武镇橡胶机带厂**
业务：演武镇橡胶机带厂成立于2002年，主要从事再生胶的生产销售。"诚信为本，质量第一，用户至上"，竭诚欢迎各界朋友来电来人洽谈业务，共创佳绩。
地址：山西省汾阳市演武镇演武村
…… 邮　编：033200
…… 法　人：王广炳
…… Tel：0358－7560340
…… Fax：0358－7560340

**大同市南郊区永兴润滑油销售有限责任公司**
业务：润滑油销售、以及加油服务
地址：山西省大同市南郊区口泉乡回去村北中国石化加油站院内
…… 负责人：宋日全　邮　编：37008
…… 法　人：宋日全
…… Tel：0352－4050118

**同昌福利化工有限公司**
地址：山西省长治市襄垣县北底乡北底村
…… 负责人：杨艳芝
…… Tel：13903556756

**灵丘县峰北书权油脂厂**
地址：山西省大同市浑源县峰北村
…… 负责人：张书权
…… Tel：0352－8693093

**建新塑料制品包装用品批发**
业务：专业承接不同规格塑料制品、包装袋、网袋加工订做，我们秉承"品质第一，信誉至上"的宗旨，竭诚为您提供满意的服务。
产品：各种大小的水箱、水桶、塑料袋、网袋、真空袋、OPP袋、彩印袋等
地址：山西省汾阳市富民路57号
…… 负责人：王建新　邮　编：032200
…… 法　人：王建新
…… Tel：0358－7315017
15834372865

**怀仁县星兴活性炭原料加工厂**
业务：怀仁县星兴活性炭原料加工厂成立于2000年，从事活性炭原料加工，欢迎新老客户来电洽谈业务。
地址：山西省朔州市怀仁县南窑村
…… 负责人：马少清……邮　编：038300
…… 法　人：马少清
…… Tel：0349－3188006

**汾阳市恒盛橡胶有限公司**
业务：橡胶的生产和销售
产品：橡胶
地址：山西省汾阳市肖家庄镇八十堡村
…… 负责人：吕建云　邮　编：32200
…… 法　人：吕建云
…… Tel：0358－7557111
…… Fax：0358－7557111

**恒鑫化工有限责任公司**
地址：山西省大同市浑源县永安镇新建路61号
…… 负责人：陈学文
…… Tel：0352－8476567

13303528705

**统一润滑油销售中心**
地址：山西省大同市御河桥东
…… 负责人：于洋
…… Tel：0352－6090088
13903427980

**陵川县惠渊化工制品有限公司**
业务：二硫化碳的生产
地址：山西省晋城市陵川县杨村镇泉头村
…… 负责人：秦自兵　邮　编：48000
…… 法　人：秦自兵
…… Tel：13935592557

**长治县朔祥能源开发有限公司**
业务：长治县朔祥能源开发有限公司成立于2006年，主经营建筑材料、装潢材料、能源新产品开发。
地址：山西省太原市并州路地矿局家属院4号楼1单元302
…… 负责人：赵祥则……邮　编：030000
…… 法　人：赵祥则
…… Tel：0355－8294116
…… 网址：www.mtw28987.chinapyp.com

**全鑫制氧厂**
地址：山西省河津市东光德村路口
…… 负责人：崔永全
…… Tel：13603593439

**榆次卫氏涂料化工厂**
业务：生产销售：821腻子粉，耐水腻子粉，柔性腻子粉.内外墙瓷砖专用腻子粉等各种腻子粉。108胶，808涂料.来料加工，接盘生产，诚招各县市经销商，承揽各种内外墙粉刷工程.
地址：山西省晋中市榆次区莱园南街55号
…… 负责人：卫永进　邮　编：030600
…… 法　人：卫永进
…… Tel：13038030771
15934406317

**晋城市城区志光橡胶制品门市部**
地址：山西省晋城市景西路1066号
…… 负责人：王志光
…… Tel：0356－3081266
13935668560

**大同送变电安装公司清徐铁塔分厂**
业务：大同送变电安装公司清徐铁塔分厂成立于1979年，现有员工600多人，专业从事电力铁塔、发射塔、防火塔、消雷塔、海洋瞭望塔的建设。
地址：山西省太原市清徐县清源镇孔村
…… 邮　编：030400
…… 法　人：吴建华
…… Tel：0351－5206161
…… Fax：0351－5206201

**左权鑫申华气体实业有限责任公司**
业务：乙炔气、氧气、二氧化碳、氩气、液化气体、压缩气体、稀有气体
地址：山西省晋中市左权县辽阳镇小会村
…… 负责人：申建明　邮　编：030600
…… 法　人：申建明
…… Tel：0354－8601528
13935438998
13513542234
…… Fax：0354－8601528

**中泰钡盐化工有限公司**
地址：山西省晋中市榆次区庄子乡郝都村
…… 负责人：王德珠
…… Tel：0354－2682777
2682888
13835477776

**古县煤气公司**
地址：山西省临汾市古县岳阳镇城关村
…… 负责人：张俊生
…… Tel：0357－8386333
8377770
8322833

**霍州市通源甲醇经销有限公司**
业务：甲醇销售
地址：山西省临汾市霍州市退沙村大运路旁
…… 负责人：张永强　邮　编：41000
…… 法　人：张永强
…… Tel：13623570466
13623572152

**太原耀远红星精细化工有限公司**
业务：本公司成立于2005年，主要生产销售精细化工系列产品，"质量保证，价格合理"。欢迎新老客户光临惠顾！
地址：山西省太原市迎泽区双塔南巷71号
…… 负责人：秦三生……邮　编：030045
…… 法　人：秦三生
…… Tel：0351－4689558

**侯马市腾飞塑料化工厂**
地址：山西省临汾市侯马市望桥街北端
…… 负责人：刘振兴
…… Tel：0357－4292138

### 襄汾县华亨石膏粉加工有限公司
业务：石膏粉加工、销售
地址：山西省临汾市襄汾县新城镇夏梁村
负责人：薛倩　邮编：041000
法人：薛倩
Tel：0357－3604222
13333572333

**隰县新胜塑料管厂**
地址：山西省临汾市隰县龙泉镇北门外后寺
负责人：马银计
Tel：13834880306

**临汾市尧都区宏锦达胶业有限公司**
地址：山西省临汾市尧都区金殿镇东麻村
负责人：刘陈义
Tel：13934074446

### 山西省吕梁市交口县康城镇新能源利用推广中心
业务：太阳能技术推广
地址：山西省吕梁市交口县康城镇康城街（中国移动旁边）
负责人：梁勇宏　邮编：032406
法人：梁勇宏
Tel：13994823118
13453828804

**山西省乡宁县华盛能源商贸公司**
业务：山西省乡宁县华盛能源商贸公司主要从事于能源、煤碳。欢迎新老客户光临、惠顾！
地址：山西省乡宁县迎旭街 289 号
负责人：吴赖家　邮编：042100
法人：吴赖家
Tel：0357－6822216
Mobile：13903575798

**博祥化工有限公司**
地址：山西省临猗县嵋阳镇东街
负责人：张山虎
Tel：0359－4379405
13700591999

### 川宇电气焊服务部
业务：氧气，氩气，乙炔，二氧化碳等气体，气罐的销售及相关产品
地址：山西省朔州市山阴县应山路
负责人：赵宝川
法人：赵宝川
Tel：13934988801
0349－7027408

**光华燃料有限公司**
地址：山西省吕梁市汾阳市栗家庄乡石家庄村
负责人：车爱萍
Tel：0358－7375028
7375402
3320889
13935816612

**贤峰化工有限公司**
地址：山西省吕梁市文水县胡兰镇保贤村
负责人：韩锐锋
Tel：0538－3484111
13803486999

### 太原市普成化工有限公司
业务：生产销售化工产品、化学实验仪器设备、机电设备
产品：化工产品、化学实验仪器设备、机电设备
地址：山西省太原高新区产业路 36 号
负责人：王献军　邮编：030006
法人：王献军
Tel：13643601693
0351－7022485

**润通化工有限公司**
地址：山西省平遥县段村镇马壁村
负责人：宋建红
Tel：0354－5977188
5676788
13835482288

**东盛塑胶管道有限公司**
地址：山西省芮城县洞宾西街 58 号
负责人：梁向东
Tel：0359－3023100
13903488488

### 山西省太原市万柏林区东辉液化气供应站
业务：液化气、油烟机、燃气灶、热水器
地址：山西省太原市万柏林区东社村东街二巷 4 号
负责人：贺越锋　邮编：030000
法人：贺越锋
Tel：0351－8622768
13546358800

**朔州市文奇工业用气充装有限责任公司**
地址：山西省朔州市朔城区吴佑庄村村北
负责人：贾玉英
Tel：13834432906

**太原市真鑫源聚氨酯有限公司**
地址：山西省太原市万柏林区兴华北小区和风小区 6－6－502
负责人：常宝忠
Tel：0351－3507388

### 太原市万柏林区客德宝装饰建材经销部
业务：油漆、涂料（展辰漆、君子兰漆、百川漆、澳洲树熊涂料）五金配件的销售
地址：山西省太原市万柏林区和平南路和平装饰家园 A 区 12 号
负责人：卫经理　邮编：030000
Tel：0351－2851289
Fax：0351－6187921
E-mail：haoyunlai88745@sina.com

**山西中联燃气发展有限公司**
地址：山西省太原市小店区高新区创业街 3 号盈和大厦一层
负责人：宋文彦
Tel：0351－7028451

**长汾工业油脂厂**
地址：山西省太原市小店区小店镇大村
负责人：郝存治
Tel：0351－7092096
7099633
13934522769

### 山西鑫磊电石有限公司
业务：生产 PVC 原料
地址：山西省阳泉市盂县西烟镇脉坡村
负责人：李爱拴　邮编：045000
法人：李爱拴
Tel：15035321999

**山西远昌能源技术开发有限公司**
地址：山西省太原市杏花岭区府西街 69 号东塔楼 10 单元 1009 号
负责人：刘日宏
Tel：0351－8689498

**祥泰石油制品销售有限公司**
地址：山西省太原市杏花岭区胜利街 247 号
负责人：张玉姣
Tel：13934609988

### 临猗县北辛阳光塑料制品厂
业务：生产、销售塑料筐
地址：山西省运城市临猗北辛姚村
负责人：孟凡恩　邮编：044000
法人：孟凡恩
Tel：13934884451
0359－4125688

**太原威驰润滑油有限公司**
地址：山西省太原市杏花岭区太钢一中背后柏杨树中涧河村村东
负责人：张松清
Tel：0351－3136195

**太原市北强化工有限公司**
地址：山西省太原市迎泽区双塔南巷 64 号化工市场中区 1 排 1 号
负责人：李荣耀
Tel：13700506931

### 运城市风陵渡开发区兴达玻璃钢有限责任公司
业务：玻璃钢制品
地址：山西省运城市芮城县风陵渡镇芦王村东 200 米
负责人：牛安喜　邮编：044600
法人：牛安喜
Tel：13903598483
0359－3356309

**山西利源能源有限公司**
地址：山西省太原市迎泽区水西关南街 5 号世纪大厦 307 号房间
负责人：温雨实
Tel：0351－4236109

**太原市广宇精细化工有限公司**
地址：山西省太原市迎泽西大街 180 号山西科技市场西区 38 号
负责人：刘爱山
Tel：13903461572

### 万荣县高村红宇塑料制品厂
业务：生产各种规格塑料筐
地址：山西省运城市万荣县高村路东
负责人：史红祥　邮编：44200
法人：史红祥
Tel：0359－4596058
13834399979

### 新绛县卓鑫塑料制品厂
业务：生产和销售塑料制品，暖水瓶，瓶壳，瓶胆，口用百货，搪瓷，铝制品，不锈钢制品，玻璃制品
产品：塑料制品，暖水瓶，瓶壳，瓶胆，口用百货，搪瓷，铝制品，不锈钢制品，玻璃制品
地址：山西省运城市新绛县汾河湾市场 1－13 号
负责人：仪小敏　邮编：43100
法人：仪小敏
Tel：0359－7601599
13903593239
Fax：0359－7601826

**原平市天威工业有限公司**
地址：山西省忻州市原平市王家庄村东（机械厂院）
负责人：李彦军
Tel：13935068324

**中国石油天然气股份有限公司山西销售分公司忻州第九加油站**
地址：山西省忻州市忻府区顿村大路旁
负责人：范广文
Tel：13303501601

**双峰油漆制造有限公司**
地址：山西省永济市于乡镇永安村
负责人：郭良
Tel：0359－8262248
13994871000

### 一峰保温清洗剂制造有限公司
业务：集研发、生产、销售、服务为一体，专业生产锅炉清洗剂、水处理剂、岩棉制品等各种保温材料及化工原料。产品质量优、性能稳定、价格合理。
产品：岩棉制品、保温管、锅炉清洗剂、水处理剂
地址：山西省运城市新绛县商贸开发区狄庄路口
负责人：冯藏对　邮编：043105
法人：冯藏对
Tel：0359－7601544
Fax：0359－7601555

**山西合盛工贸有限公司**
地址：山西省运城地区稷山县丰喜工业园 3 号
负责人：苏真明
Tel：0359－5562310

**绛县么里高乐加油站**
地址：山西省运城市绛县么里镇
负责人：王高乐
Tel：0359－6821835

### 红平染料供应站
业务：化工染料
地址：山西省运城市新绛县文庙路 55 号（桥头东侧）
负责人：张红平　邮编：O44000
法人：张红平
Tel：13466974575
0359－7530826

**临猗狮王制漆有限公司**
地址：山西省运城市临猗县角杯乡角杯街
负责人：朱英俊
Tel：0359－4330164

**白云化工产品有限公司**
地址：山西省运城市龙居镇赎马村东北角
负责人：赵公平
Tel：13834378874

**帕尔玛化工中间体有限公司**
地址：山西省运城市芮城县八一路口 1 号
负责人：王海
Tel：13835934689

### 运城市龙星化工有限公司
业务：无机盐类化工产品，轻质氧化镁，高纯氧化镁，碱式碳酸镁，电工级氧化镁，高纯电熔镁砂、单晶氧化镁、重质氧化镁 代理氯丁橡胶（大同、长寿），活性氧化镁、活性氧化锌、纳米氧化锌、碱式碳酸锌、钛白粉及胶粘剂和橡胶制品用原材料。
地址：山西省运城市盐湖区科技工业园涑水大道西段南侧
负责人：徐兴通　邮编：044000
法人：徐兴通
Tel：15035093882
0359－2523606
Fax：0359－2523605
网址：www.lxhgmgo.cn
E-mail：xuxingtong@126.com

**芮城县晋泰生化有限公司**
地址：山西省运城市芮城县洞宾西大街
负责人：赵建元
Tel：13835995488

**闻喜县诚信化工厂**
地址：山西省运城市闻喜县桐城镇岭东村
负责人：白子君
Tel：0359－7025654

**山西运城精化农药有限公司**
地址：山西省运城市运临路 888 号 19 号信箱
负责人：王永强
Tel：0359－2899338
13903599818

## 内蒙古自治区/InnerMongolia AutonomousRegion

**内蒙古巴彦淖尔市天洋塑料有限公司**
地址：内蒙古自治区巴彦淖尔盟临河区建设南路88号
…… 负责人：杨永
…… Tel：0478－8225441

**内蒙古察右后旗大六号金三角加油站**
业务：内蒙古察右后旗大六号金三角加油站成立于1993年，主要从事石材加工，汽油、柴油、润滑油销售。
地址：内蒙古乌兰察布市察右后旗大六号
…… 邮　编：012418
…… 法　人：王殿瑞
…… Tel：0474－6565118
…… Fax：0474－6565118

**濮阳市濮油化工总厂乌中旗综合服务部**
地址：内蒙古自治区巴彦淖尔盟乌拉特中旗巴音杭盖苏木
…… 负责人：刘希宗
…… Tel：0478－5688058

**包头金峰橡塑有限责任公司**
地址：内蒙古自治区包头市白云矿区
…… 负责人：范先生
…… Tel：0472－4870728

**包头时沣冶金化工有限公司**
地址：内蒙古自治区包头市白云矿区钢铁大街42号金丰大厦酒店216
…… 负责人：杨虹
…… Tel：0472－6987776
13947210808

**东河区新贤油漆门市部**
业务：东河区新贤油漆门市部主要销售"鸿昌"牌油漆，质量保证、价格合理，热诚欢迎新老客户光临惠顾。
地址：内蒙古自治区包头市东河区新兴市场26号
…… 负责人：吕新贤……邮　编：014040
…… 法　人：吕新贤
…… Tel：0472－4159347

**包头市福顺达塑料有限公司**
地址：内蒙古自治区包头市白云矿区经济开发区
…… 负责人：褚磊
…… Tel：0472－7152204
13968511533

**包头市普玉施肥器有限公司**
地址：内蒙古自治区包头市白云矿区稀土高新区第三功能小区
…… 负责人：吴戈沙
…… Tel：0472－5114563
5124274

**包头鸿嘉稀土化工开发应用有限责任公司**
地址：内蒙古自治区包头市白云矿区稀土高新区黄河路
…… 负责人：王永飞
…… Tel：0472－5161628

**锡林浩特市永盛兴达化工有限公司**
业务：锡林浩特市永盛兴达化工有限公司成立于2005年，专业生产电石及下游产品。竭诚为广大客户提供高品质的产品和更为优良的服务。期待与您真诚合作。
地址：内蒙古自治区锡林郭勒盟锡林浩特市额办杭盖路215号
…… 邮　编：260000
…… 法　人：黄国林
…… Tel：0479－8251882
…… Fax：0479－8251882
…… Tel：13384774498

**鄂托克前旗新宇化工有限公司**
地址：内蒙古自治区鄂尔多斯市鄂托克前旗上海庙镇工业园区
…… 负责人：马新忠
…… Tel：13909511135

**内蒙古绿能新能源有限责任公司**
地址：内蒙古自治区呼和浩特市新城区新城西街117号创业大厦6层
…… 负责人：王子力
…… Tel：0471－6282326

**宁夏英力特化工股份有限公司乌海石灰制品分公司**
地址：内蒙古自治区乌海市海勃湾区旧洞沟
…… 负责人：马刚
…… Tel：13995124535

**海南区公乌素宏利化工厂**
地址：内蒙古自治区乌海市海南区公乌素十一区
…… 负责人：李永发
…… Tel：0473－6999722

**乌海市海华化工有限公司**
地址：内蒙古自治区乌海市海南区拉僧庙工业区
…… 负责人：黄瑞芹
…… Tel：13947317959

**内蒙古乌海市海天化工有限公司**
地址：内蒙古自治区乌海市乌达区工业园区
…… 负责人：刘宝和
…… Tel：0473－3882559

**内蒙古沃尔田复合肥有限责任公司**
地址：内蒙古自治区乌兰察布市集宁市高科技开发园区
…… 负责人：李少江
…… Tel：0474－3601916



**东尼化工有限责任公司**
地址：内蒙古自治区包头市九原区万水泉
…… 负责人：吴佩华
…… Tel：0472－7900703

**内蒙古桂华塑料有限公司**
地址：内蒙古自治区包头市稀土高新区留学人员创业园A座208室
…… 负责人：王桂花
…… Tel：0472－5868396

**林西北方油脂工业有限责任公司**
地址：内蒙古自治区赤峰市林西县林西镇西郊
…… 负责人：李兴国
…… Tel：0476－5322311
5321761

**内蒙古润隆化工有限责任公司**
地址：内蒙古自治区赤峰市宁城县
…… 负责人：王晓杰
…… Tel：0476－4284889
4225242

**宁城县富源化工有限公司**
地址：内蒙古自治区赤峰市宁城县山头乡哈叭气村
…… 负责人：张旭海
…… Tel：0476－4930257

**宁城县龙飞化工有限责任公司**
地址：内蒙古自治区赤峰市宁城县五化乡宋三家村
…… 负责人：项吉生
…… Tel：13847617068

**赤峰市松山区河南营子乡国凡加油站**
地址：内蒙古自治区赤峰市松山区河南营子乡
…… 负责人：王国凡
…… Tel：0476－8970218

**中石化集团内蒙古石油销售有限责任公司赤峰分公司古山加油站**
地址：内蒙古自治区赤峰市元宝山区赤平公路古山段路西
…… 负责人：李树洪
…… Tel：0476－8446197

**赤峰宝山能源(集团)有限公司**
地址：内蒙古自治区赤峰市元宝山区云杉路
…… 负责人：程子忠
…… Tel：0476－3566209

**内蒙古金哈达煤炭化工高新技术有限公司**
地址：内蒙古自治区鄂尔多斯市达拉特旗鄂尔多斯饭店0413室
…… 负责人：黄云轩

## 辽宁省/Liaoning Province

**海城市隆泰化纤有限公司**
地址：辽宁省鞍山市海城市海州管理区红光居委会南五十米
…… 负责人：于贺年
…… Tel：0412－6177888

**鞍山市月亮神化工有限公司**
地址：辽宁省鞍山市千山区宁远镇张忠堡村
…… 负责人：王素芬
…… Tel：0412－2938518

**岫岩满族自治县佳林生物质燃料制造有限公司**
业务：生产秸秆颗粒燃料
地址：辽宁省鞍山市岫岩满族自治县黄花甸镇关门山村
…… 负责人：宋景明　邮　编：114300
…… 法　人：宋景明
…… Tel：0412－7757444
15604120228
…… Fax：0412－7757444

**大连超翔纤维制造有限公司**
业务：我公司是专业生产羧甲基纤维素醚衍生物的民营企业。主要产品为羧甲基纤维钠、胶、涂料等.我单位坚持："质量第一，用户至上"的宗旨。热忱欢迎海内外朋友光临指导，洽谈业务。
地址：辽宁省大连市金州区华家镇新石村
…… 负责人：李绍毅……邮　编：116100
…… Tel：0411－87209393

**东港市小甸子镇勇成加油站**
业务：汽油，柴油，润滑油的销售
地址：辽宁省丹东市东港市小甸子镇团山村
…… 负责人：周永成　邮　编：118000
…… 法　人：周永成
…… Tel：0415－7750777
13704256698

**桓仁瑞源木塑制品有限公司**
地址：辽宁省本溪市桓仁满族自治县桓仁镇新安街
…… 负责人：姜代平

Tel:0414－8913932

**亿达橡胶制品厂**
地址：辽宁省朝阳凌源市城关镇
负责人：赵淑贤
Tel:0421－6881767
13050920211

**大连石镜精细化工有限公司**
地址：辽宁省大连市甘井子区北明街 4－3 号
负责人：刘建英
Tel:0411－82927798

**大连隆鑫塑料助剂有限公司**
业务：本公司创立于 2000 年，主要从事塑料色母粒、塑料助剂的加工销售。产品质量保证，价格合理。竭诚欢迎新老客户来电洽谈业务！
地址：辽宁省大连市沙河口区西北路 5 号大连塑料商城 127 号
负责人：王永君 邮 编：116037
法 人：王永君
Tel:0411－86843011
Fax:0411－86845386

**宽甸满族自治县城镇丰生塑料制品厂**
业务：塑料制品
地址：辽宁省丹东市宽甸满族自治县宽甸镇老技校院内
负责人：高风生 邮 编：118000
法 人：高风生
Tel:13700153160

**大连傅禹化工有限公司**
地址：辽宁省大连市甘井子区营城子镇沙岗
负责人：付梅
Tel:0411－86532217

**东鹏塑料制品厂**
地址：辽宁省大连市金州区三十里堡镇东三十里 288 号
负责人：刘亚东
Tel:0411－87350853
13942091507

**皮化综合福利厂**
地址：辽宁省大连市皮口镇化工街
负责人：宋君臣
Tel:0411－83424999
13304118591

**丹东聚银商贸有限公司**
业务：页燃油、燃料油
地址：辽宁省丹东市振兴区锦绣家园三期 34 栋 1 单元 1602
负责人：张平 邮 编：118002
法 人：张平
Tel:0415－3165333
15842556666
Fax:0415－3165333

**灯塔市东维无纺布制造厂**
业务：生产和销售防水、卷材用无纺布，各种包装用无纺布，服装内衬用无纺布，水稻育苗专用无纺布
产品：防水、卷材用无纺布，各种包装用无纺布，服装内衬用无纺布，水稻育苗专用无纺布
地址：辽宁省灯塔市铧子镇后铧子村（原泥粉厂院内）
负责人：李大文 邮 编：111300
法 人：李大文
Tel:0419－8141709
13841983663

**大连普元化工有限公司**
地址：辽宁省大连市普兰店市元台镇前元村
负责人：高华
Tel:0411－83350826

**营口东盛实业有限公司**
业务：营口东盛实业有限公司是生产各种高中低档塑料包装制品的合资企业，产品远销日本，欧美地区，我公司以完美的产品质量品质，及时稳定的交货和优质服务，赢得广大客户的赞誉和好评。东盛公司欢迎您！
地址：辽宁省营口高新技术产业开发区站前工业园区青花大街 88 号
邮 编：115007
法 人：文起东
Tel:0417－4896888
Fax:0417－4896880
网址：www.ykdtplastic.com

**调兵山盛世辰阳矿业发展有限公司**
业务：硅灰石的生加工，销售圆矿、针状硅灰石粉，针状硅灰石粉主要应用于陶瓷和冶金工业、塑料、橡胶、油漆、涂料、造纸等领域
产品：圆矿、针状硅灰石粉
地址：辽宁省调兵山市中国邮政银行调兵山支行
负责人：张晓艳 邮 编：110013
法 人：张晓艳
Tel:13841013900
Fax:0410－6958899
E-mail:zxy19731115@sina.com

**保温材料制品厂**
地址：辽宁省大连瓦房店市西杨乡马厂村
负责人：谷元春
Tel:0411－85157435
13842849789

**利源塑料制品加工厂**
地址：辽宁省大连瓦房店市永宁镇永宁村
负责人：王传伟
Tel:0411－85170682
13795103768

**泓洋化工有限公司**
地址：辽宁省大石桥市金桥开发区部队路
负责人：王永庆
Tel:0417－5203333
13304175810

**洁莹装饰涂料厂**
地址：辽宁省凤城市通远堡镇中山北路
负责人：陈政仁
Tel:13941522767

**抚顺创亿石油设备制造有限公司**
地址：辽宁省抚顺市东洲区东洲大街
负责人：赵锡普
Tel:0413－4632354

**凤城市成宏生物有机肥料厂**
业务：生产销售各类复合肥
产品：有机肥、有机无机复合肥、有机复合肥
地址：辽宁省凤城市四门子镇湾境地村八组
负责人：谭成功 邮 编：118100
法 人：谭成功
Tel:13470041358

**恒泰助剂有限公司**
地址：辽宁省抚顺市顺城区高山路中段 26 号
负责人：魏素芬
Tel:0413－2338703
13009264803

**抚顺市晨阳石化机械制造有限公司**
地址：辽宁省抚顺市顺城区河北乡里仁村
负责人：郑文财
Tel:0413－6110877

**洪源化工厂**
地址：辽宁省抚顺市顺城区将军北街 1 号
负责人：成杏莉
Tel:0413－7725285
13942376095

**抚顺昇达经贸有限公司**
业务：化工产品
产品：粗苯，液蜡，熔剂油，甲醇，焦炭
地址：辽宁省抚顺市高湾经济开发区
负责人：吴晓峰 邮 编：113008
法 人：吴晓峰
Tel:0413－6205222
13394232222
Fax:0413－6205222
E-mail:wxf_588@126.com

**兴达油品经销处**
地址：辽宁省抚顺市望花区丹东路 7 号楼 3 单元 101 室
负责人：毕延平
Tel:13700136199

**辽宁省抚顺市石油化工研究院特蜡厂**
地址：辽宁省抚顺市望花区丹东路东段 31 号
负责人：韩亚琴
Tel:13941368726

**望花区助剂厂**
地址：辽宁省抚顺市望花区建昌街 44 号
负责人：高辉
Tel:0413－6421146
13942394188

**抚顺市新抚桂菊工业盐经销处**
业务：销售工业盐
地址：辽宁省抚顺市共达农贸商场正门 1 号
负责人：田桂菊 邮 编：113008
法 人：田桂菊
Tel:0413－8108666
13904938708

**永宁实业有限公司**
地址：辽宁省抚顺市新抚区榆林路 21 号
负责人：刘少娥
Tel:0413－2440498
13942322152

**新力达外加剂厂**
地址：辽宁省葫芦岛市连山区锦郊乡锦东村
负责人：杨勤
Tel:0429－3182079
13804290479

**阜新蒙古族自治县十家子吉海再生源颗粒加工厂**
业务：秸秆颗粒、秸秆压块的生产、销售
地址：辽宁省阜新市阜新蒙古族自治县十家子镇玛瑙工业园区
负责人：陈吉海 邮 编：123000
法 人：陈吉海
Tel:13130876111
13941816465

**宏兴生物肥料有限公司**
地址：辽宁省锦州市黑山县八道壕镇
负责人：孙立红
Tel:0416－5538444

13941602320

**辽西化工橡塑有限责任公司**
地址：辽宁省锦州市凌河区延安路五段 30－69 号
负责人：刘燕
Tel:0416－2600167

**阜新市鑫达塑料制工贸有限公司**
业务：专业生产销售各种规格 PET 桶、瓶、盖，还可代料加工，另销售塑料原料，我们秉承"品质第一，信誉至上"的宗旨，竭诚为您提供满意的服务！
产品：化妆品瓶、油桶、矿泉水瓶等
地址：辽宁省阜新市细河区四合镇四合大街 32 号
负责人：高国民 邮 编：123000
法 人：高国民
Tel:0418－2992066
15042515666
Fax:0418－2992066
E-mail:g.gm123@163.com

**盖州市兴旺烟花爆竹销售有限公司**
业务：烟花爆竹的销售
产品：烟花爆竹
地址：辽宁省盖州市下岗镇下屯村
负责人：佟官庆 邮 编：115003
法 人：佟官庆
Tel:13904973288
0417－7638876

**新风集团凌新化工有限公司**
地址：辽宁省辽阳市辽阳县首山镇胜利路 40 号
负责人：李林清
Tel:0419－7374931
7571313
13332341931

**辽阳兴鑫特种油品厂**
业务：润滑油，刹车油，防冻液，润滑脂，齿轮油，液压油
产品：车用润滑油，刹车油，防冻液，润滑脂，齿轮油，液压油，挡风玻璃水等
地址：辽宁省辽阳市辽阳县首山乡兴隆工业开发区西区
负责人：裴跃权 邮 编：112000
法 人：裴跃权
Tel:0419－7472182
Fax:0419－7471878
E-mail:xingxinyoupin@163.com

**上海仁众润滑油有限公司**
业务：生产与销售车用润滑油、防冻液，汽车养护用品
产品：车用润滑油、防冻液，汽车养护用品
地址：辽宁省盘锦市兴隆台区西水湾小区
负责人：任彦彬 邮 编：124010
法 人：任彦彬
Tel:15304272929
0427－2932829
Fax:0427－2932829

**沈阳乐万家能源科技有限公司**
业务：新能源开发、环保节能产品、沼气发生罐、秸秆煤
产品：太阳能光电和光热产品
地址：辽宁省沈阳市东陵区南塔街道张沙布村 7 组 97 号
负责人：谢刚 邮 编：110168
法 人：谢刚
Tel:13709815111
024－24683866
Fax:024－24683866
网址：www.qqzqw.com
E-mail:qqzqw@vip.souhu.com

**沈阳江桥涂料有限公司**
地址：辽宁省沈阳市沈阳道义经济开发区正良三路
负责人：姜波

Tel:024－89738281

**沈阳市紫东涂料厂**
地址：辽宁省沈阳市东陵区南塔街道营城子路 4 巷 36 号
负责人：王强
Tel:024－24182977

**沈阳芳烃化工有限公司**
地址：辽宁省沈阳市皇姑区嫩江街 7 号
负责人：郎洪臣
Tel:024－86256608

**润达化工有限公司**
地址：辽宁省沈阳市辽中县新民屯镇
负责人：李成生
Tel:024－87798578
13704050949

**沈阳鑫诚泰塑胶工贸有限公司**
业务：塑胶的销售
地址：辽宁省沈阳市浑南新区长青南街 18－11 号 H2 号厂房
负责人：刘家君 邮 编：110013
法 人：刘家君
Tel:024－31883779
13998850185

**逸凡稳定剂厂**
地址：辽宁省沈阳市前进乡榆林大街 24－2 号
负责人：王斌
Tel:024－88263779
13940091532

**沈阳一诺石化气体压缩机制造厂**
地址：辽宁省沈阳市苏家屯区林盛堡镇苏盛街 108 号
负责人：王振友
Tel:024－89481133

**沈阳市文晟吸附干燥剂厂**
地址：辽宁省沈阳市铁西区北一西路 23 号－3 号 111 号
负责人：张洪文
Tel:024－25821638
13066636903

**营口超卓科技开发有限公司**
业务：各种纳滤膜（聚醚砜）研发，生产，销售工业污水净化设备制造，设计安装
产品：聚醚砜纳滤膜净水器，各种工业污水净化设备
地址：辽宁省营口市老边区铁南西街边江桥里
负责人：张力夫 邮 编：115005
法 人：张力夫
Tel:13104173850
Fax:0417－3872324
网址：www.czkj11.cn
E-mail:czkj@163.com

**沈阳特之杰特种橡胶制品有限公司**
地址：辽宁省沈阳市铁西区贵和街 15 号
负责人：韩震
Tel:024－25653590

**沈阳沈四橡胶制品有限公司**
地址：辽宁省沈阳市于洪区大兴乡新光村
负责人：孙丽
Tel:024－25614543

**沈阳来金化工原料经销有限公司**
地址：辽宁省沈阳市于洪区洪湖街 15－1 号
负责人：张建运
Tel:024－88209474

**铁岭恒昌橡胶制品有限公司**
地址：辽宁省铁岭市经济开发区红旗分场
负责人：赵洪葆
Tel:0410－2695635

**开原海利塑料制品有限公司**
地址：辽宁省铁岭市开原市八宝镇八宝村
负责人：刘利
Tel:0410－3011855

**沈阳市新抚石油焦炭制造有限公司**
地址：辽宁省新民市新柳街园林社区
负责人：程大庆
Tel:024－87531777

**义迪润滑油厂**
地址：辽宁省营口盖州市红花峪大队院内
负责人：焦义
Tel:0417－7869676
13009323920

**本溪市浩宇耐火材料有限公司**

本溪市浩宇耐火材料有限公司专业从事炉料耐火材料的加工、销售及炉渣回收。质量是我们企业的生命，我们生产的每一个产品都必须经过我们精心的检验才能出厂。

我厂将始终推行"质量为先，诚实守信，义利兼顾，立足长远"的经营方针，为广大客户提供最优质的产品和服务！

电话：0414-5980016
联系人：于剩亿 13841432967 传真：0414-5980018
地址：辽宁省本溪市溪湖区彩北路昌达技校对过 邮编：117019

## 吉林省/Jilin Province

**九台市上河湾澳佳肥业经销店**
业务：经营"澳佳"化肥及其它品种尿素、二胺
地址：吉林省长春九台市上河湾客运站西60米处
负责人：孙宪章 邮编：130500
法人：孙宪章
Tel：13596112112
15071865988

**白城市瀚海肥业有限公司**
地址：吉林省白城市洮北区白平公路36号
负责人：王春艳
Tel：0436－5093456

**白城市汉德彩印塑料编织有限公司**
地址：吉林省白城市洮北区红旗街5－1号
负责人：于伟
Tel：0436－5093504

**恒发化肥经销处**
业务：化肥的销售
地址：吉林省长春市农安县开安镇林家村丁家屯6组
负责人：丁福建 邮编：130000
法人：丁福建
Tel：0431－86894898
13756156797

**石人化工有限责任公司**
业务：石人化工有限责任公司现已成立30周年，一直致力于采煤机配件、电缆夹板的生产销售。公司将严格遵守"信誉第一、质量第一、服务第一"的宗旨，竭诚欢迎各用户单位、各界朋友前来洽谈，联系业务。
地址：吉林省白山市江源县石人镇北山街
邮编：134300
法人：李泽军
Tel：0439－3787230
Fax：0439－3787230

**石人化工有限责任公司**
地址：吉林省白山市江源县石人镇北山街
负责人：李泽军
Tel：0439－3787230
13943977929
13904491768

**农安县青山乡有良化肥经销处**
业务：化肥经销
地址：吉林省长春市农安县青山乡大榆树村姜磨坊屯11组
负责人：冷有良 邮编：130000
法人：冷有良
Tel：0431－83372312
15043199599

**吉林市东江化工厂白山经销处**
地址：吉林省白山市通江路8号（通江小区14号楼3单元1楼西侧）
负责人：阎家德
Tel：0439－3226563
13943971277

**农安县靠山镇晨光胶塑厂**
业务：我厂与一九八六年建厂，一直生产软质PVC异性材，一九九0年一月，我厂研制成功木制门窗玻璃口密封条，并获国家专利，专利号是（89203480·7）填补了过内空白，曾先后被评为市优秀新产品和第三届金鹰碑奖。随着门窗业的改革与发展，我厂先后生产出空、实腹钢窗密封条、铝合金门窗、塑钢门窗密封胶条、去年新生产上市的与罗普斯金铝塑结合的断桥新型门窗材料相配套的各种胶条。颇受广大用户的欢迎。为适应各行各业对玻璃密封材料的需求，我厂还研制生产出各种汽车风挡玻璃密封条。凡我厂生产的各型密封条，均系改性PVC密封条，即（橡塑胶条），反映个国家的质量标准，在广大用户中享盛誉。我厂多年来，一贯坚持，以科学为依据，以质量求生存，以用户满意为宗旨的经营模式，欢迎广大用户到我厂洽谈业务。
地址：吉林省长春市农安县靠山镇街内
负责人：陈立本 邮编：130224
法人：陈立本
Tel：0431－83342467

**德惠市郭家镇宏阳鸡粪精厂**
业务：生物有机肥
地址：吉林省德惠市郭家镇东岗村车家屯1组
负责人：车兴忠 邮编：130300
法人：车兴忠
Tel：13500857522
0431－87367766

**吉林百卉苑绿化工程有限公司**
地址：吉林省长春市二道区安乐路45号8门216室
负责人：李海军
Tel：13844965489

**吉林省沃昌石油产品销售有限公司**
地址：吉林省长春市二道区四通路98号
负责人：于丽
Tel：13500817537

**德惠市宏利有机肥厂**
业务：有机肥生产经营
地址：吉林省德惠市天台镇何家村八社
负责人：张学民 邮编：130300
法人：张学民
Tel：13943120453

**吉林省美星鹏汽车涂料有限公司**
地址：吉林省长春市绿园区西新乡双丰村
负责人：王奇
Tel：13331753307

**仙居肌醇原料厂**
地址：吉林省公主岭市大岭镇张万贯村
负责人：吴金伟
Tel：13694446758

**松原市骏驰油品经贸有限公司**
业务：购销及运输汽油、柴油、化工油
地址：吉林省松原市宁江区临江街货运公司家属楼1楼办公室
负责人：田春 邮编：138000
法人：田春
Tel：13943827987
0438－3112233
Fax：0438－3112233

**吉林省公主岭市仙居肌醇原料厂**
业务：吉林省公主岭市仙居肌醇原料厂成立于2000年，主要从事肌醇的生产与销售。产品大多出口。"以质量求生存，以信誉求发展"，热诚欢迎海外客商来人来电洽谈业务，共同合作！
地址：吉林省公主岭市大岭镇岭西村
负责人：吴金伟 邮编：136008
法人：吴金伟
Tel：0434－6764016

**吉林市昆仑润滑油有限公司**
地址：吉林省吉林市船营区北山街西安路平山街16号
负责人：周国兴
Tel：0432－64842363

**吉林市鑫森化工有限公司**
地址：吉林省吉林市船营区沙河子乡春光村一组
负责人：张黎婴
Tel：0432－63062896

**延边安然改性醇基燃料有限公司**
业务：主要经营改性醇基燃料，是一种具有新型、安全、节能、环保等特点的高清洁生物燃料。其产品的燃烧成本低、效能高、安全环保，是宾馆、饭店、机关、院校、部队等所必需的新能源。
产品：改性醇基燃料
地址：吉林省延吉市站前街24－5号
负责人：周建军 邮编：133000
法人：周建军
Tel：0433－2831587
13843330553
Fax：0433－2831587
网址：www.ybarrl.chinapyp.com

**吉林市庆荣石油化工科技有限公司**
地址：吉林省吉林市高新区创业园D座602室
负责人：马志翔
Tel：0432－64689836

**辉南县启明再生农源开发有限责任公司**
业务：辉南县启明再生农源开发有限责任公司成立于2006年，主要从事于秸杆饲料、燃料、有机肥。欢迎新老客户光临、惠顾！
地址：吉林省通化市辉南县金川镇立新村
负责人：冯忠仁 邮编：135100
法人：冯忠仁
Tel：0435－8861275

**吉化集团公司销售中心**
地址：吉林省吉林市解放北路1号
负责人：彭英红
Tel：0432－63903421
13504389098

**吉林市美林化工有限公司**
地址：吉林省吉林市龙潭区龙北路7号（铁东工业园）
负责人：段传列
Tel：0432－63952539

**吉林市鼎祥化工设备有限公司**
地址：吉林省吉林市龙潭区铁东广西市场D栋18号
负责人：薛丽娜
Tel：13943298099

**吉林市辽北石化有限公司**
地址：吉林省吉林市龙潭区土城子小区5号楼4单元2层52号
负责人：彭玉兰
Tel：0432－63041775

**磐石市浩林塑料制品厂**
地址：吉林省吉林市磐石市红旗岭镇
负责人：祝林生

…… Tel:13500902168

**东丰县鑫丰塑料编织袋厂**
地址:吉林省辽源市东丰县东丰镇东风路
…… 负责人:张成安
…… Tel:0437－6223666

**吉林鸿源化工有限公司**
地址:吉林省辽源市东丰县东丰镇南站路46号
…… 负责人:王允坤
…… Tel:0437－6120205

**辽源市新龙塑胶有限责任公司**
地址:吉林省辽源市福镇大街
…… 负责人:石笙良
…… Tel:0437－3115008

**辽源市龙山区名翔乙炔气体经销处**
地址:吉林省辽源市友谊路63号(向阳警署对过)
…… 负责人:刘洪丽
…… Tel:13843706211

**四平市范家屯经济开发区顺天加油站**
地址:吉林省四平市公主岭市范家屯经济开发区102国道北农行西侧
…… 负责人:毕洪文
…… Tel:0434－6822699

**公主岭市沃达化肥经销处**
地址:吉林省四平市公主岭市岭东新生委十一组
…… 负责人:姜彦波
…… Tel:0434－6221087

**宏帝漆业有限公司**
地址:吉林省四平市铁西区条子河乡三道林村(天燃气罐对面)
…… 负责人:高宏伟
…… Tel:0434－3202008

**朝阳镇正太种子广场**
地址:吉林省通化市辉南县朝阳镇爱国街
…… 负责人:王铁强
…… Tel:13704451327

**中国石油吉林通化销售分公司辉南经营处平安川加油站**
地址:吉林省通化市辉南县平安川镇转通屯
…… 负责人:张世忠
…… Tel:0435－8222319

**柳河县无极生态肥业有限公司**
地址:吉林省通化市柳河县驼腰岭镇
…… 负责人:吴操
…… Tel:0435－7567625

**通化天兴塑业有限公司**
地址:吉林省通化市通化县二密镇西街
…… 负责人:冯志伟
…… Tel:0435－5715885

**吉林省梅佛能源科技发展有限公司**
地址:吉林省延边朝鲜族自治州敦化市经济开发区
…… 负责人:梁一
…… Tel:0433－6343699

**敦化市鸿元吸管制品厂**
地址:吉林省延边朝鲜族自治州敦化市民主街光明社区电厂委
…… 负责人:张东
…… Tel:0433－6210877

**延边吉利化工经销有限公司**
地址:吉林省延边朝鲜族自治州延吉市长白路44号
…… 负责人:张伟力
…… Tel:0433－2812210





3204300
13843441228

**伊通满族自治县鸿发化工有限公司**
地址:吉林省四平市伊通满族自治县伊通大街7号
…… 负责人:张玉滨
…… Tel:0434－4226027

**前郭长松石油技术服务有限公司**
地址:吉林省松原市长岭县查干湖旅游经济开发区
…… 负责人:李淑琴
…… Tel:13804380578

**前郭景鸿石油综合服务有限责任公司**
地址:吉林省松原市长岭县郭尔罗斯大路182号
…… 负责人:于龙
…… Tel:0438－2124240

**前郭县东润石油设备有限责任公司**
地址:吉林省松原市长岭县育才街
…… 负责人:宋春菊
…… Tel:0438－6119138

**松原市华泰石油技术服务有限公司**
地址:吉林省松原市锦江大街
…… 负责人:孙春光
…… Tel:13894905345

**华油中汇能源发展有限责任公司吉林分公司**
地址:吉林省松原市经济技术开发区内
…… 负责人:董振吉
…… Tel:0438－2160131

## 黑龙江省/Heilongjiang Province

**大庆市兴源化工厂**
地址:黑龙江省大庆市红岗区杏南北四街八号
…… 负责人:姜泳
…… Tel:0459－4594900

**大庆油达污油泥处理有限公司**
地址:黑龙江省大庆市红岗区中心村
…… 负责人:包洪文
…… Tel:13936708270

**大庆佳晟科技有限公司**
业务:大庆佳晟科技有限公司主要经营化工产品(三剂、化肥、塑料等)、进口电子、仪表、电缆等,欢迎新老客户携手合作,共创辉煌。
地址:黑龙江省大庆市高新区软件园B座322室
…… 负责人:刘磊……邮　编:163316
…… Tel:0459－8970555

**大庆润翔润滑油分装有限公司**
地址:黑龙江省大庆市龙凤区厂西养畜厂院内
…… 负责人:程昆鹏
…… Tel:0459－6234688

**大庆市众合化工科技有限公司**
地址:黑龙江省大庆市龙凤区高新区兴化园区南209室
…… 负责人:隋士武
…… Tel:13504653881

**大庆市龙凤区新源化工厂**
地址:黑龙江省大庆市龙凤区龙华路321－1号
…… 负责人:张亚兰
…… Tel:0459－6230163

**牡丹江市新龙马化玻器械供应站**
业务:牡丹江市新龙马化玻器械供应站创建于2004年,本公司主要从事:化学试剂、科学仪器、化工原料、医疗器械、保健食品、添加剂、土特产、农副产品。我们真诚希望与您建立良好的战略合作伙伴关系,以我们专业的水平,合理的价格,优质的服务成为您最佳的合作伴侣。
地址:黑龙江省牡丹江市东三条路18－A
…… 邮　编:157000
…… 法　人:马延喜
…… Tel:0453－6927511
…… Fax:0453－6937456

**大庆联创油田技术服务有限公司**
地址:黑龙江省大庆市让胡路区乘新二小区东侧3#商服楼－11号
…… 负责人:关宏山
…… Tel:13351091578

**大庆中英化工有限公司**
地址:黑龙江省大庆市让胡路区工业开发小区金三角园区15号
…… 负责人:庞国忠
…… Tel:13504669780

**大庆科利达油田科技开发有限公司**
地址:黑龙江省大庆市让胡路区西泰路北2#商服楼6号
…… 负责人:王国东
…… Tel:13936799838

**黑龙江倍福肥业有限公司**
业务:公司主要生产复混肥,生物肥,叶面肥,来料加工,测土配方等
地址:黑龙江省庆安县庆发路88号
…… 邮　编:152400
…… 法　人:耿显会
…… Tel:0455－4343201
…… Mobile:13904552736
…… Fax:0455－4343204
…… 网址:http://hljbf.chinapyp.com

**大庆市易鑫通化工产品销售有限公司**
地址:黑龙江省大庆市萨尔图区高新区湖滨小区1－4－430
…… 负责人:刘勇
…… Tel:0459－6611188

**大庆德润油田科技有限公司**
地址:黑龙江省大庆市萨尔图区高新区兴化街28号
…… 负责人:曲贵良
…… Tel:13903696680

**大庆市凯米克化工科技有限公司**
地址:黑龙江省大庆市萨尔图区高新区兴化园区407室
…… 负责人:陈学法
…… Tel:0459－6745383

**大庆双悦化工科技有限公司**
地址:黑龙江省大庆市萨尔图区高新区兴化园区南111室
…… 负责人:张捷
…… Tel:13704670999

**大庆市海腾化工产品经销有限公司**
地址:黑龙江省大庆市萨尔图区万宝大市场B1区2栋4号
…… 负责人:刘清华
…… Tel:13936700777

**哈尔滨市凯威润滑油有限责任公司**
地址:黑龙江省哈尔滨市道里区建国街101号称单元101号
…… 负责人:李桂
…… Tel:0451－84800229

**普尔漆涂料商店**
地址:黑龙江省哈尔滨市道外区中马路19－3号
…… 负责人:贾万云
…… Tel:0451－88385000
13503618999

**北京恒星林氟塑料制品有限公司哈尔滨分公司**
地址:黑龙江省哈尔滨市道外区安华街25－1号
…… 负责人:赵大成
…… Tel:0451－82566306

**哈尔滨龙鑫石化有限责任公司**
地址:黑龙江省哈尔滨市南岗区吉星小区8栋2单元6－7层2号
…… 负责人:刘新铎
…… Tel:13904609811

**哈尔滨鸿翔燃气工程安装有限公司**
地址:黑龙江省哈尔滨市南岗区教化街32号
…… 负责人:李雁
…… Tel:13895739205

**萝北县供销合作联合社金伟农药化肥商店**
地址:黑龙江省鹤岗市萝北县农机公司门市房
…… 负责人:于伟
…… Tel:0468－6823799

**五大连池市龙翼博尔润滑油商店**
地址:黑龙江省黑河市五大连池市国道西侧
…… 负责人:张国贤
…… Tel:13100864567

**黑河市四达化工有限公司**
地址:黑龙江省黑河市西岗子发电厂院内
…… 负责人:翟文学
…… Tel:13394561988

**鸡西市恒山区宏源菱镁制品厂**
地址:黑龙江省鸡西市恒山区新兴委3组
…… 负责人:孙长青
…… Tel:0467－2462805

**黑龙江宝丰肥料有限公司**
地址:黑龙江省佳木斯市前进区桥南路东段
…… 负责人:张英杰
…… Tel:13115357157

**海林市佳星尼龙有限公司**
地址:黑龙江省牡丹江市海林市海南乡拉古
…… 负责人:姚龙彬
…… Tel:0453－7512266

**黑龙江省七台河隆源煤化工有限公司**
地址:黑龙江省七台河市桃山区大同街(大同商厦后侧)
…… 负责人:田爱国
…… Tel:0464－8155678

**龙江县吉田生物肥业有限责任公司**
地址:黑龙江省齐齐哈尔市龙江县龙江镇西岗街14号
…… 负责人:张福金
…… Tel:13359610050

**倍福肥业有限公司**
地址:黑龙江省庆安县庆安镇
…… 负责人:耿显会
…… Tel:0455－4343201
13904552736

**双鸭山佳利塑业有限公司**
地址:黑龙江省双鸭山市集贤县福利镇三中南侧150米
…… 负责人:杨德楚
…… Tel:0469－4682119

**绥化汇萌化工助剂有限公司**
地址:黑龙江省绥化市奋斗街7委58组
…… 负责人:赵丽
…… Tel:13089026666

**伊春市利达氧气充装有限公司**
地址:黑龙江省伊春市西林区新兴办新兴街
…… 负责人:杨宝成
…… Tel:0458－3718223

**伊春钱塘塑胶实业有限公司**
地址:黑龙江省伊春市友好区双子河街双林委
…… 负责人:陆奎如
…… Tel:0458－3298211

## 江苏省/Jiangsu Province

**常熟市山杨化工有限公司经营部**
地址:江苏省常熟市莫城镇东青村
…… 负责人:钱宝根
…… Tel:0512－52451606
13906238677

**长新测绘材料有限公司**
地址:江苏省常熟市任阳镇林枯场
…… 负责人:钱介平
…… Tel:0512－52587592
13906221892

**常州市兆特沥青有限公司**
业务:销售沥青
地址:江苏省常州市武进区雪堰镇南宅鑫龙园
…… 负责人:王兆占　邮　编:213178
…… 法　人:王兆占
…… Tel:0519－86201602
13701509171
…… Fax:0519－86205601

**常熟市珍门杨园油漆喷涂工厂**
业务:本公司创立于1989年,主要从事油漆喷涂、金属表面处理。热忱欢迎新老客户来电洽谈业务!
地址:江苏省常熟市梅李镇珍门杨园村
…… 负责人:顾建国……邮　编:215500
…… 法　人:顾建国
…… Tel:0512－52602187

**江苏春辉化工有限公司**
地址:江苏省常熟市姊塘镇商桥
…… 负责人:华臣
…… Tel:0512－52551730
52559202

**常州市远翔燃料有限公司**
业务:主要经营白煤、半烟煤、焦碳、汽车运输业务,我们将秉承"质量第一,信誉为本"的宗旨,热忱为您服务!
产品:城财焦、稻谷焦、高硫焦、山西\河南\内蒙地区白煤、半烟煤
地址:江苏省常州市武进区遥观镇剑湖村
…… 负责人:苗青　邮　编:213102
…… 法　人:苗青
…… Tel:0519－88777598
18961167598
…… Fax:0519－88777598
…… 网址:www.CZYXRL.com

**溧阳市金达来化工有限公司**
地址:江苏省常州市溧阳市经济开发区胥渚村粮库
…… 负责人:杨婧鲻

Tel:13915872088

**常州市科慧塑胶有限公司**
地址:江苏省常州市天宁区常锡路 134 号
负责人:岳雪鹏
Tel:13775101156

**常州市新高绝缘材料有限公司**
业务:绝缘材料的生产
地址:江苏省常州市武进区郑陆镇武城桑园村 72 号
负责人:沈伟龙 邮 编:213000
法 人:沈伟龙
Tel:0519－88969985
88962038
13901509171

**常州市江南特种油品有限公司**
业务:本公司主要从事特种油品的研发及生产。本企业生产的防锈系列,封闭剂,润滑油、表面处理液等系列产品,得到了广大用户的首肯和信赖。本企业的宗旨:交四海朋友,求共同发展,希广大新老客户、朋友亲临指导洽谈。
地址:江苏省常州市花园路 80－9 号
邮 编:213016
法 人:王春华
Tel:0519－3297716
Fax:0519－3272649
网址:www.xyyp.com

**常州赛科废物处理有限公司**
业务:专业清洗化工包装桶
地址:江苏省常州市新北区春江镇江边化工园区常州新日化
负责人:陈惠国 邮 编:213000
法 人:陈惠国
Tel:13606113126
13901500222
0519－68858888
Fax:0519－68858818

**常州优凯塑料制品有限公司**
地址:江苏省常州市天宁区青龙街道新丰村委工业园
负责人:赵元隆
Tel:13861002338

**常州市卓宇塑料制品厂**
地址:江苏省常州市武进区漕桥镇祝庄村
负责人:朱卓君
Tel:13906116459

**盛旺印染助剂有限公司**
地址:江苏省常州市武进区湖塘镇江村庵工业小区
负责人:管行
Tel:0519－86323668
13328183867

**常州恒力化工设备有限公司**
业务:矿产品、建材及化工产品批发和销售
产品:矿产品、建材及化工产品
地址:江苏省常州市新北区薛家镇薛冶路 38 号
负责人:彭为民 邮 编:213003
法 人:彭为民
Tel:13951213815

**溧阳市上兴填料厂**
业务:溧阳市上兴填料厂创建于 1994 年,建厂以来先后为全国上百家企业进行了塔内件改造。产品主要用于化工、化肥、炼油行业。从改造项目的设计、产品的质量和售后服务等方面均得到用户的肯定。
地址:江苏省常州市溧阳市上兴镇永和集镇
负责人:陈林生 邮 编:213363
法 人:陈林生
Tel:0519－87770982
87770980

**常州市统球化工设备有限公司(又名:长江干燥设备有限公司)**
地址:江苏省常州市武进区焦溪镇
负责人:查越凤
Tel:0519－88900809

**海门市扬子特种油品厂**
业务:集研发、生产、销售于一体,主要生产润滑油、燃料油系列产品,自主研发新产品活性离子润滑油是普通润滑油性能结构的根本性提升,还可为汽车、摩托车、机械制造商,配套帖标生产指定用油。
产品:发动机油、抗磨液压油、合成橡胶油、淬火油、导热油、磨削(液)油
地址:江苏省海门市秀山东路 598 号
负责人:陈辉 邮 编:226100
法 人:陈辉
Tel:0513－82215279
Fax:0513－82107433
网址:www.火星石油.cn

**常州市奇彩色母粒有限公司**
地址:江苏省常州市武进区焦溪镇横沟村
负责人:金焕奇
Tel:13606141320

**常州圣雅塑母粒有限公司**
地址:江苏省常州市武进区潘家镇曹家路
负责人:卞小芬
Tel:13861225252

**淮安市淮轩胶带厂**
业务:专业生产、经营封箱胶带、印字胶带、双面胶带、绝缘胶带以及铝型材保护膜等胶粘制品,本着"市场为本、信誉取胜"的经营宗旨,竭诚为广大新老客户提供服务。
地址:江苏省淮安市楚州区宋集乡李码村
负责人:崔乱平 邮 编:223236
法 人:崔乱平
Tel:0517－85494598
Fax:0517－85494598

**常州益凯化工有限公司**
业务:常州益凯化工有限公司成立于 2003 年,主要从事阻燃材料的生产与销售。公司拥有先进的生产设备、雄厚的技术力量,以"质量、信誉、服务"为宗旨,竭诚欢迎您的光临、指导!
地址:江苏省常州市天宁区翠竹新村 123 幢丁单元 102 室
负责人:王小辉 邮 编:213000
法 人:王小辉
Tel:0519－85563125
Fax:0519－85563125

**常州市瑞宝吸塑制品有限公司**
地址:江苏省常州市武进区遥观镇遥观村
负责人:吉勇
Tel:13951233260

**淮安市楚州区淮轩胶带厂**
业务:BOPP 封箱胶带,印字胶带,铝塑型材保护膜,美纹纸胶带,PE 胶带,PE 保护膜等
地址:江苏省淮安市楚州区宋集乡李码村十四组
负责人:崔乱平 邮 编:223236
法 人:崔乱平
Tel:0517－85494598
网址:http://www.51zzt.com/user/zzt31691

**常州飞燕黑浆厂**
地址:江苏省常州市西夏墅镇梅林村委
负责人:包建敏
Tel:13815064131

**常州市青龙塑料制品有限公司**
业务:常州市青龙塑料有限公司位于江苏省常州市东门,紧邻沪宁铁路沪宁高速公路,交通便利,公司经过多年发展,目前已成为长江三角洲地区生产聚乙烯高笨发泡体,EVA 一次发泡体,橡塑一次发泡体的专业生产企业,公司欢迎各方客户惠顾,共同合作发展。
地址:江苏省常州市天宁区青龙街道高士桥 46 号
邮 编:213028
法 人:朱爱珍
Tel:0519－5501644
Fax:0519－5503996

**淮安市清浦区风叶化工有限公司**
业务:化工原料、石化产品的生产和销售
产品:化工原料、石化产品
地址:江苏省淮安市延安西路 92 号(南港二组 44 号)
负责人:张风高 邮 编:223002
法 人:张风高
Tel:15195384868
0517－83952687

**常州方盛化工有限公司**
地址:江苏省常州市新北区长江北路 302 号
负责人:蒋亚辰
Tel:13806110269

**常州义青塑料制品有限公司**
地址:江苏省常州市新北区惠昌路 9 号
负责人:王义青
Tel:13706115117

**常州市丹凤桥石油制品有限公司**
地址:江苏省常州市新北区孟河镇环镇东路 39 号
负责人:巢双桂
Tel:13376289272

**江都市鑫隆塑料制品厂**
业务:塑料制品加工
产品:汽车气压表和各种塑料件加工
地址:江苏省江都市仙女镇春江人家 10 幢 504 室
负责人:仇天国 邮 编:225002
法 人:仇天国
Tel:13511711398
13773460552

**常州市武进润丰塑料制品有限公司**
业务:常州市武进润丰塑料制品有限公司专业生产汽车仪表板软化表皮、环保型汽车地毯片材、PVC 门护表皮、PVC 复合制品、TPE、压延薄膜制品、汽车内饰件。产品通过国家汽车质量监督检验中心检测。
地址:江苏省常州市武进礼嘉镇秦巷村
邮 编:213176
法 人:章容海
Tel:0519－6230866
Fax:0519－6234758
网址:www.czrf.chinapyp.com

**江都市阜泰玻璃有限公司**
业务:玻璃制品,照明电器加工,化玻仪器,教学仪器,塑料制品,化工原料销售
产品:玻璃管制、烧杯,硬料咖啡壶,照明用硬料玻壳,无极灯玻壳,工艺品
地址:江苏省江都市宜陵镇南陵路 1 号
负责人:邱正标 邮 编:225231
法 人:邱正标
Tel:0514－85018686
Fax:0514－85018886
E-mail:yztlbl@163.com

**常州万华聚氨酯有限公司**
地址:江苏省常州市新北区通江北路 600 号江苏长江塑化市场 11 幢 18 号
负责人:秦高潮
Tel:13706153786

**常州惠光化工有限公司**
地址:江苏省常州市新北区通江中路 391 号星北发展大厦
负责人:洪惠芳
Tel:13861058968

**江阴市高德化工贸易有限公司**
业务:销售各类化工产品
产品:各类化工产品
地址:江苏省江阴市顾山镇北国北桐路 88 号
负责人:高丽英 邮 编:214414
Tel:13961660335
13606168907

**金易博物资有限公司**
地址:江苏省常州市新北区燕兴社区居委会 218 室
负责人:胡钧
Tel:13328187289

**常州市武进盛源橡塑模具厂**
业务:常州市武进盛源橡塑模具厂成立于 1997 年,主要从事各种款式橡胶热水袋、PVC 热水袋的生产与销售。"以质量求生存,以信誉求发展",热诚欢迎广大新老客户来我公司洽谈业务,共同发展!
地址:江苏省常州市武进区湖塘镇鸣新西路幼儿园对面
负责人:盛良 邮 编:213161
法 人:盛良
Tel:0519－86534305
86526215

**江阴市陈隽塑料制品有限公司**
业务:生产工业用塑料制品
地址:江苏省江阴市青阳镇新安村乙家村(原小兆小学内)
负责人:陈才法 邮 编:214001
法 人:陈才法
Tel:0510－86558768
13395150156
Fax:0510－86558768
网址:http://www.51zzt.com/user/zzt29838

**常州亭耀化工有限公司**
地址:江苏省常州市钟楼区普济街 2 幢甲单元 101 室
负责人:孙婷
Tel:13506123961

**常州四洲化工有限公司**
地址:江苏省常州市钟楼区新闸镇庆丰村委史家村
负责人:史慧忠
Tel:13775002828

**金都液化气站**
地址:江苏省东台市梁垛镇三合村五组
负责人:檀晓强
Tel:0515－85264213
85550164
85980760

**江阴市中诺化工贸易有限公司**
业务:矿产品、建材及化工产品批发
地址:江苏省江阴市天朝华都 19 栋 302
负责人:唐奇峰 邮 编:214001
法 人:唐奇峰
Tel:13815123770
0510－86297579

**常州市长金模具有限公司**
业务:本公司是生产各种橡胶轮胎模具的专业厂家,公司主要产品有子午轮胎模具、大型工程轮胎模具、斜交轮胎模具、实芯轮胎模具及摩托车轮胎模具。公司拥有一批高素质的技术人员,一整套完善的生产工艺和严格的质量保证体系。产品全部采用三维 CAD 设计,CAM 制造。用数控电火花成型机床、数控电极雕刻机、数控线切割机床、数控刻字机床、数控车床、等高新设备加工。热忱欢迎广大客户光临惠顾!
地址:江苏省常州市武进区潘家镇前龚村
负责人:马伟民 邮 编:213179
法 人:马伟民
Tel:0519－86543362
Fax:0519－86546189

**光华塑料厂**
地址:江苏省淮安市楚州区北门外中山门 2 号
负责人:王水华
Tel:13605230074

**江苏五星波纹管有限公司**
业务:波纹管销售
地址:江苏省姜堰市姜堰镇城东开发区
负责人:程华林 邮 编:225500
法 人:程华林
Tel:0523－88808448
88800848
88808982
Fax:0523－88808982

**好兄弟五金化工有限公司**
地址:江苏省淮安市大字路 3 号
负责人:孙大伟
Tel:0517－83646753
13505237968

**淮安市旭辉塑管制品有限公司**
地址:江苏省淮安市盱眙县工业开发园区合欢大道东侧
负责人:高蕾
Tel:13651550111

**江苏丹化集团有限公司**
业务:本公司生产销售二乙基苯胺,二甲乙基苯胺,醋酐,二氯乙烷,二乙苯,二乙烯苯,四乙酰乙二胺,一氧化碳等产品,该公司以石油化工,建材制品为主导,具备 60 万吨化工原料及产品的铁路运输和仓储能力,欢迎来电洽谈业务!
地址:江苏省丹阳市北环路 12 号
负责人:曾晓宁 邮 编:212300
法 人:卫建国
Tel:0511－82272197
86522311
Fax:0511－86522714

**姜堰市姜堰镇艺园泡沫塑料制品厂**
业务:专业从事泡沫塑料制品、聚氨酯制品生产销售,本厂具有先进的生产设备,技术力量雄厚,我们将秉承专业、专注、高品质的经营理念,竭诚为您提供最优质的服务
产品:泡沫塑料包装制品
地址:江苏省姜堰市姜堰镇三园村
负责人:丁泽桂 邮 编:225531
法 人:丁泽桂
Tel:0523－88311049
Fax:0523－88313180

**江阴市英达化工有限公司**
地址:江苏省江阴市华士镇陆祝路 2 号
负责人:夏经理
Tel:0510－86370866
13961637638

**张家港市普惠化学有限公司**
地址:江苏省金港镇后塍袁家桥
负责人:周玉龙
Tel:0512－58289166
13801567111

**新韩防水剂有限公司常州分公司**
业务:防水剂经营
地址:江苏省金坛市东环二路 116 号二楼
负责人:顾留生 邮 编:213200
法 人:顾留生
Tel:0519－82302956

**薛埠聚富塑料制品厂**
地址:江苏省金坛市薛埠镇林场收绍队
负责人:崔兴根
Tel:0519－82668567
13801506492

**丹阳市伊特化工有限公司**
业务:丹阳市伊特化工有限公司成立于 2002 年,现有员工 50 余人,从事化工原料(铝银浆)的生产及销售。欢迎来电垂询!
地址:江苏省丹阳市吕城镇圣旨西路
邮 编:212351
法 人:张佳平
Tel:0511－6826988
Fax:0511－6826216

**昆山市千灯金星泡沫塑料制品厂**
业务:泡沫塑料包装制品,泡沫板材
地址:江苏省昆山市千灯富民经济开发区
负责人:金林元 邮 编:215300
法 人:金林元
Tel:0512－57461376
Fax:0512－57471188

**恒安化工厂**
地址:江苏省金坛市尧塘镇东大路 55 号
负责人:杨金荣
Tel:13806140569

**冠郝胶粘制品有限公司**
地址:江苏省昆山市城北水秀路 1300 号

负责人:张长春
Tel:0512－57763169
57763069
13915739838

**昆山科伟化工材料有限公司**
业务:销售化工材料
地址:江苏省昆山市千灯镇上书路124号
负责人:申科 邮 编:215002
法 人:申科
Tel:13584966476
0512－57279258

**东台市苏源讯业塑胶有限公司**
业务:我公司是专业生产新型树脂基复合材料窨井系列、HDPE高环刚度螺旋管系列以及高架桥钢构预应力系列产品企业,欢迎新老客户光临惠顾!
地址:江苏省东台市北关北路57号
负责人:于经理 邮 编:224200
法 人:何晓春
Tel:0515－85295340
Fax:0515－85258298
网址:www.mtw30657.chinapyp.com

**金长林酒业有限公司**
业务:生产酒精
地址:江苏省连云港市灌南县开发地区
负责人:杨栋 邮 编:222534
法 人:杨栋
Tel:13775453066
0518－83337060
83335866

**新瀚天国际贸易(上海)有限公司昆山办事处**
地址:江苏省昆山市开发区樾城花园52号203室
负责人:李后勋
Tel:0512－57332355
13812930430

**东海县城北石油液化气站**
地址:江苏省连云港市东海县牛山镇郑庄村驻地
负责人:金迎春
Tel:0518－87220877
13951211900

**南京中石油昆仑燃气有限公司**
业务:天燃气项目的投资
地址:江苏省南京市长江路188号德基大厦12楼D座
负责人:王爱民 邮 编:211111
法 人:王爱民
Tel:15195989999
025－86816199

**连云港福榆氯碱化工有限公司**
地址:江苏省连云港市赣榆县海头镇兴庄网北首
负责人:陈汉仁
Tel:13961334131

**江苏省海门市通润化工有限公司**
业务:江苏省海门市通润化工有限公司成立于2004年,公司主要经营硫化碱、酒精、烧碱等一系列化工产品。"诚信经营,质量保证,价格合理",热诚欢迎新老客户惠顾。
地址:江苏省海门市三厂镇为民北路6幢
邮 编:226121
法 人:蒋祖平
Tel:0513－82060366
85383183
Fax:0513－82651966

**南京春沃油罐厂**
业务:生产油罐
地址:江苏省南京市栖霞区新安村
负责人:王芳 邮 编:210000
法 人:王芳
Tel:13913325348
13382006893

**南通中港化学品有限公司**
业务:生产、销售液氯,氯磺酸,液碱,DMF
地址:江苏省南通市工农路6号(华丽大厦401)
负责人:朱建 邮 编:226000
法 人:朱建
Tel:15962800000
0513－83560528
83560858
83560548

**泰盛化工有限公司**
地址:江苏省连云港市灌南县堆沟港镇港镇化工园区
负责人:叶富先
Tel:0518－83611777－0

**中原天然气开发有限公司**
地址:江苏省连云港市灌南县新安镇新安北路4号
负责人:黄伟华
Tel:0518－83287881
13775568988

**南京嘉目化工有限公司**
地址:江苏省南京市化学工业园区方水路90号－112
负责人:李春
Tel:13801588612

**连云港市海东电力燃料贸易有限公司**
地址:江苏省连云港市连云区开发区经六路
负责人:王继芹
Tel:13905131377

**盱眙新星塑胶厂**
业务:本厂成立于2005年,专业生产广告喷绘布、灯箱布、篷盖布等,生产经验丰富,产品质量稳定。我厂"以科研开发为先导,以市场需求为中心,以质量管理为基础,以我们共同的满意为目标",以我们的信誉和真诚与您合作,共同开拓辉煌的市场!
地址:江苏省淮安市盱眙县观音寺镇街道
邮 编:211753
法 人:闫叶军
Tel:0517－8401488
Fax:0517－8402488

**南通建炎防腐设备有限公司**
业务:生产、销售防腐设备
地址:江苏省南通市平东镇国道村
负责人:孙海炎 邮 编:226361
邮 编:孙海炎
Tel:13861908038
0513－86796999

**连云港市恒孚化工有限公司**
地址:江苏省连云港市新浦区海南小区27#楼4单元501室
负责人:王菁
Tel:13805136999

**云台三菱化工厂**
地址:江苏省连云港市新浦区猴嘴青年西路东工业区
负责人:赵宽洪
Tel:0518－85445102
13905132093

**南通市塑料薄膜制品厂**
业务:生产各种规格高低压聚乙烯,聚丙烯筒料制品,食品包装袋及彩印袋等。
地址:江苏省南通市钟秀中路城北工业园区西3号
负责人:黄祖平 邮 编:226000
法 人:黄祖平
Tel:0513－85826728
85189658

**南京安健化学工业有限公司**
地址:江苏省南京市白下区瑞金路48号瑞金大厦15楼A座
负责人:杨健
Tel:025－84600080

**江阴市宁泽化工有限公司**
业务:江阴市宁泽化工公司是一家经营液体化工产品的专业性化工公司。公司目前主要致力于华东地区的甲苯,二甲苯市场,甲醇,与中石油西北公司,东北公司系统下的几大炼厂有着密切的合作,提供质优价廉的产品,是我们的经营手段,诚信共赢是我们的经营理念!
地址:江苏省江阴市临港新城滨江西路2号6号楼605室
负责人:孙文华 邮 编:214400
法 人:孙文华
Tel:0510－86023181
Fax:0510－86023181

**南通市同济高能焊割气有限公司**
业务:工业燃气:增效天然气、高能焊割气
地址:江苏省如皋市吴窑镇人民北路1号
负责人:葛平 邮 编:226533
法 人:葛平
Tel:0513－87946145
Fax:0513－87940852

**南京强顺化工橡塑有限公司**
地址:江苏省南京市白下区四方新村7村9幢501室
负责人:武兵
Tel:025－84231212

**南京顺兴碳酸钙厂**
地址:江苏省南京市固城镇桥头村
负责人:唐国华
Tel:025－57373234
57378173
13770870991

**苏州市英杰化工原料有限公司**
业务:电镀材料批零
地址:江苏省苏州市相城区元和镇嘉元路2－9号
负责人:鲍建英 邮 编:215000
法 人:鲍建英
Tel:0512－65493672

**江苏省姜堰市海东动物油脂厂**
业务:姜堰市海东动物油脂厂,成立于1995年,主要产品动物油脂,不锈钢高碳钢,各种线材拉丝润滑剂、还有表面涂层,热诚欢迎新老客户惠顾。
地址:江苏省姜堰市姜堰镇城南村
邮 编:225530
法 人:钱普华
Tel:0523－88311275

**林宏木业环保胶厂**
业务:生产胶合板胶水
地址:江苏省宿迁市沭阳县桑墟镇开发区
负责人:林时忠 邮 编:215300
法 人:林时忠
Tel:0527－83253172
83253268
13951522083
Fax:0527－83253268

**南京新瑞液化气有限责任公司**
地址:江苏省南京市江宁区麒麟镇窦村
负责人:王国正
Tel:13338615295

**南京澳领橡塑制造厂**
地址:江苏省南京市六合经济开发区
负责人:胡玲
Tel:025－86427902

**宿迁市润有新能源经营中心**
业务:经营危险化学品、醇基燃料,专业供应的醇基燃料油是一种高热值环保复合燃料,取代柴油、燃气为燃料的更新产品,原料广泛,成本低廉,且应用领域广,加盟醇基燃料油更是您创业致富的好项目,现诚招全国代理。
地址:江苏省宿迁市沭阳县沭城镇港务处
负责人:李树祥 邮 编:223600
法 人:李树祥
Tel:0527－88628511
15252892975

**姜堰市常兴塑粉厂**
业务:本公司成立于2005年,主要生产环氧聚酯混合型、纯聚型、美术型等热固型粉末涂料。欢迎广大客户来电洽谈业务。
地址:江苏省姜堰市里华镇徐垛工业园内
负责人:练长庆 邮 编:225516
法 人:练长庆
Tel:0523－88754668

**南京市六合区通达危险品运输有限责任公司加油站**
地址:江苏省南京市六合区雄州镇六合大桥东首
负责人:李志唐
Tel:025－57502943

**宿迁市兴亚橡胶有限公司**
业务:生产用于铺设各种塑胶跑道的再生橡胶颗粒
产品:再生橡胶颗粒
地址:江苏省宿迁市宿豫区蔡集镇工业集中区
负责人:李克亚 邮 编:223800
Tel:15161256668
0527－84559288
Fax:0527－84560090
网址:www.sqxy88.cn
E-mail:sales@sqxy88.cn

**南京保华气体经营部**
地址:江苏省南京市浦口区南门车站后
负责人:田保华
Tel:025－58853667

**江苏粤荣石油化工发展有限公司**
地址:江苏省南京市栖霞区和燕路251号金港大厦14楼
负责人:邓志刚
Tel:025－85551135

**太仓鸿远干燥剂包装有限公司**
业务:干燥剂的生产与销售
产品:干燥剂
地址:江苏省太仓市城厢镇县府西街219号
负责人:汪维军 邮 编:215002
法 人:汪维军
Tel:0512－53232602
Fax:0512－53100965
网址:http://igxwygpl.cn.alibaba.com/
E-mail:wa.we.ju@163.com

**泰兴市蓝志化工贸易有限公司**
业务:化工产品的贸易
地址:江苏省泰兴市马甸镇联杨村西三义四组
负责人:周永林 邮 编:225434
法 人:周永林
Tel:13814477428
0523－87534626

**昆山艺峰塑料包装厂**
业务:我厂设备先进,技术力量雄厚,企业始终坚持"诚信为本,服务至上,质量第一,追求生存,以创新求发展"的企业精神,诚心为广大客户着想,热情周到为广大客户服务。
地址:江苏省昆山市锦溪镇陆岔村8号
负责人:陆春根 邮 编:215324
Tel:0512－57225922
Fax:0512－57233444

**南京米西塑胶材料有限公司**
地址:江苏省南京市栖霞区靖安镇三江口工业园2区2144室
负责人:俞燕
Tel:025－84726355

**南京鸿鹄精细化工有限公司**
地址:江苏省南京市栖霞区尧化街道尧化村
负责人:陈印
Tel:13605179552

**南京常宁塑料制品有限公司**
地址:江苏省南京市秦淮区双桥门28号202室
负责人:李建华
Tel:13905184553

**姜堰市蓝天塑料制品厂**
业务:塑料制品制造、加工、销售
地址:江苏省泰州市姜堰市果林场
负责人:杨树军 邮 编:225300
Tel:0523－8899848
13775727458

**南京富茗化工有限公司**
地址:江苏省南京市下关区建宁路33号化工商城东厅
负责人:魏先立
Tel:13605227268

**昆山市周市中强化工助剂贸易部**
业务:昆山市周市中强化工助剂贸易部成立于2005年,主要从事镭射雕刻、点胶加工等业务。"质量第一,信誉至上",真诚期待您的光临惠顾!
地址:江苏省昆山市陆杨镇吴家浜77号
负责人:李伦峰 邮 编:215000
法 人:李伦峰
Tel:0512－57640346

**泰州市亚光特种塑料(泰州市季氟隆塑胶制品有限公司)**
业务:化工原料、各类化学试剂、玻璃仪器、电镀光亮剂、胶粘剂、化工设备、有色金属及污水处理药剂原料等
地址:江苏省泰州市永安洲镇工业园标准厂房区
负责人:季正甫 邮 编:225327
法 人:季正甫
Tel:0523－86922161

**南京三亘化工有限公司**
地址:江苏省南京市沿江工业开发区新华路317号－17
负责人:王燕萍
Tel:025－85415860

**金麒麟石油化工供应站**
地址:江苏省南通市崇川区城南路新村附54幢104室
负责人:孙德明
Tel:13606299893

**通州市华明塑料有限公司**
业务:生产、销售PVC薄膜
地址:江苏省通州市姜灶镇
负责人:王玉 邮 编:226315
法 人:王玉
Tel:0513－86336633
86332288
86332280

**昆山川鸿塑料制品有限公司**
业务:昆山川鸿塑料制品有限公司成立于1992年,专业生产PVC、PEP、PP、PS食品冷冻塑料盒及工业包装盒。"质量保证,价格合理",热诚欢迎广大新老客户来我公司洽谈业务,共同合作!
地址:江苏省昆山市千灯镇石浦开发区兴浦南路368号
负责人:蔡正龙 邮 编:215343
Tel:0512－57409968

**南通润松化工有限公司**
地址:江苏省南通市崇川区濠西路27号通达大厦403、404室
负责人:贾松岩
Tel:13809088066

**南通振宇精细化工有限公司**
业务:集研发、生产、销售于一体的高科技企业,主营各类化工原料、化工产品及各类原辅料、医药中间体等。
产品:草酰氯,二氯氧磷,氯乙酰氯,盐酸等
地址:江苏省南通市通州港区通洋工业园区
负责人:吉敏成 邮 编:226017
法 人:韩粉林
Tel:0513－85996008
Fax:0513－85996288
网址:www.zychemical.com
E-mail:sales@zychemical.com

**南通市恒维化工厂**
地址:江苏省南通市崇川区学田苑137号楼602室
负责人:陆俊江
Tel:0513－85853060
13906295993

### 江苏省昆山市超宏塑业有限公司
业务：江苏省昆山市超宏塑业有限公司专业从事塑料制品、吸塑包装制品的开发、生产、销售。质量第一，用户至上"，竭诚欢迎海内外包装业的同仁开展广泛合作。
地址：江苏省昆山市张浦镇名城花园旁
负责人：吴建军 邮 编：215321
Tel：0512－57452533
57452633

### 无锡市衡泰离心机制造厂
业务：离心机
地址：江苏省无锡市滨湖镇裕村
负责人：李刚勇 邮 编：214128
法 人：李文奎
Tel：13951570303
0510－85959987
85952685
85956119
Fax：0510－85952685
网址：www.wuxi－ht.com
E-mail：ligy@wuxi－ht.com

### 南通华兴工业气体有限公司
地址：江苏省南通市港闸区九圩港桥北首
负责人：何萍
Tel：0513－85560390
13962986238

### 南通汉科化工有限公司
地址：江苏省南通市海安县白甸镇丁华村华舍七组
负责人：华井兵
Tel：13901478882

### 无锡市锡山区锡北创益塑料制品经营部
业务：塑料制品
地址：江苏省无锡市锡山区芜蓉苑 42 单元 302 室
负责人：陈龙海 邮 编：214000
Tel：13921110666
0510－83780486

### 连云港迪威科工贸有限公司
业务：连云港迪威科工贸有限公司成立于 2006 年，主要从事橡胶制品的生产与销售。我们以正确的市场定位和经营管理理念，在业内树立了良好的企业形象，更以良好的信誉获得广大客商的认可和青睐。
地址：江苏省连云港市东海县桃林镇桃北村驻地
负责人：李光斌 邮 编：222334
Tel：0518－87677188

### 新沂市王健加油站
业务：0＃、40＃柴油、93＃、90＃汽油、润滑油
地址：江苏省新沂市窑湾镇王楼街
负责人：王问喜 邮 编：221003
法 人：王问喜
Tel：13814415888
0516－88531888
Fax：0516－88531888

### 海安县鑫联塑料厂
地址：江苏省南通市海安县城东镇五坝村 14 组
负责人：陈广兵
Tel：13806277186

### 江苏省海安县亚星物资有限公司
地址：江苏省南通市海安县海安镇宁南海路 146 号
负责人：袁学进
Tel：0513－88918495
13806276883

### 徐州中维化工产品有限公司
业务：销售化工产品、五金交电、建筑材料、日用品
地址：江苏省徐州市八里村东路 9 巷 2 号
负责人：徐光升 邮 编：221003
法 人：徐光升
Tel：13645227822
0516－82396248

### 江苏海安县力宝化工厂
地址：江苏省南通市海安县开发新村 28 号 306 室
负责人：刘志群
Tel：13606276090

### 金象化工（连云港）有限公司
业务：金象化工（连云港）有限公司成立于 1995 年，主要从事精细化工中间体，欢迎各方客户惠顾。
地址：江苏省连云港市灌南县堆沟港（堆沟港化学工业园区）
邮 编：222523
法 人：荆正玉
Tel：0518－3618889
Fax：0518－3618889

### 吴江市天时涂层厂
地址：江苏省苏州市吴江盛泽镇渔业村 37 栋 77 号
负责人：林庆生
Tel：0512－63502816
013506257102

### 徐州苏北飞虹电泳喷涂中心
业务：电动三轮车厢、磷化、电泳、喷涂
地址：江苏省徐州市丰县常店镇化祖庙村
负责人：冯茂青 邮 编：221003
法 人：冯茂青
Tel：13921777616
0516－89486900
网址：http://www.51zzt.com/user/zzt29846
E-mail：huoweiran520@163.com

### 南通市晗泰化工有限公司
地址：江苏省南通市海安县营溪工业园区
负责人：杨伦
Tel：0513－88651238
13003592380

### 南通市弘鑫塑料有限公司
地址：江苏省南通市海安镇海北村八组
负责人：冯仕清
Tel：0513－88988956
13862729658

### 连云港祥云化工有限公司
业务：连云港祥云化工有限公司专门从事饲料磷酸氢钙等化工产品的研制与生产，年产"花果山"牌饲料级磷酸氢钙 20000 吨，产品符合饲料卫生标准和国家质量标准，欢迎新老客户光临惠顾！销售热线：13905134359，李先生。
地址：江苏省连云港市海州区锦屏镇
负责人：李忠华 邮 编：222023
法 人：李忠华
Tel：0518－85302800
Fax：0518－85300389

### 丁氏油漆店
业务：经营各种品牌油漆
地址：江苏省徐州市沛县东风路新华书店对面
负责人：丁振国 邮 编：221000
法 人：丁振国
Tel：0516－89623302
13615126666

### 金轮橡胶海门有限公司
地址：江苏省南通市海门市海门港大港路 2333 号
负责人：季和平
Tel：0513－82683328
82298686
82298908
13306288273

### 海门市鸿雁气体供应站
地址：江苏省南通市海门市开发区淀海路 366 号
负责人：沈雁
Tel：13306281679

### 徐州中通化工有限公司
业务：化工产品生产销售
地址：江苏省徐州市沛县龙固镇
负责人：刘文中 邮 编：221003
法 人：刘文中
Tel：0516－89920707

### 连云港市海州区浩瀚化学试剂厂
业务：连云港市海州区浩瀚化学试剂厂成立于 2004 年，主要生产无水硫酸镁、磷酸二氢钠、磷酸氢二钠、草酸氢、草酸钠、白碳黑等化学试剂。欢迎各界客户来电咨询。
地址：江苏省连云港市海州区新村路 53－5 号
邮 编：222023
法 人：葛同金
Tel：0518－5118018
Fax：0518－5118018

### 海门市东园塑料制品厂
地址：江苏省南通市海门市刘浩镇老渔场（原刘浩橡胶厂）
负责人：戴李东
Tel：13962881147

### 徐州鑫宇橡胶粉有限公司
业务：橡胶粉
地址：江苏省徐州市铜山县马坡镇玻璃工业园区
负责人：王玉光 邮 编：221000
法 人：王玉光
Tel：13275161902
13407520086

### 海门海润塑胶制品有限公司
地址：江苏省南通市海门市三和镇大港路 35 号（三和供销社原棉花收购部内）
负责人：徐国平
Tel：13506282218

### 南京雄瑞塑料厂
业务：南京雄瑞塑料厂成立于 2005 年，主要生产塑料包装袋、塑料编织袋等塑料制品。热诚欢迎新老客户来电洽谈业务，共同合作。
地址：江苏省南京市六合区雄州镇马营村
邮 编：211500
法 人：陈桂年
Tel：025－57131724
Fax：025－57117427

### 盐城市洁源气体有限公司
业务：主营液化石油气和工业用气、危险品运输业务的专业气体公司。产品包括液态、气态、工业气体、混合气体。公司将保证质量，服务周到，送货上门，供应快捷！热诚欢迎新老客户垂询惠顾！
产品：氧气、乙炔、二氧化碳、氩气、氮气、钢瓶、阀门等
地址：江苏省盐城市世福苑 1 幢 401 室
负责人：袁渭洲 邮 编：224000
法 人：袁渭洲
Tel：13912508886
Fax：0515－88119148
网址：http://Shop.ebdoor.com/Shops/646305/
E-mail：jiyuanqiti@sina.com

### 启东市袁氏化工工贸有限公司
地址：江苏省南通市启东市大兴镇汉威村 7 组
负责人：沈元春
Tel：13301462570

### 申腾塑料制品厂
地址：江苏省南通市启东市汇龙镇紫薇中路 578 号
负责人：倪辉
Tel：0513－83210938
13906284565

### 南通明福橡胶制品有限公司
业务：南通明福橡胶制品有限公司成立于 2005 年，主要从事橡胶制品的加工。产品大多销往美国。我们以"质量求生存，管理求效益，信誉求发展"为经营思想，为国内外客户提供最优质的产品。
地址：江苏省南通市崇川区新市街 35 号
邮 编：226008
法 人：包志明
Tel：0513－85227323
Fax：0513－85295554

### 扬州红光化工油漆有限公司
业务：油漆、化工、染料胶粘剂
产品：合成大漆、胶粘剂、各种油漆颜料
地址：江苏省扬州市广陵路 280 号
负责人：柏乃月 邮 编：225000
法 人：柏乃月
Tel：0514－87234163
13773544090

### 大红鹰涂料有限公司
地址：江苏省南通市启东市启东经济开发区（大洪村）
负责人：张森
Tel：0513－83847777
13057078777

### 启东东华化纤织造有限公司
地址：江苏省南通市启东市启东经济开发区南苑工业区 19 号
负责人：朱晓峰
Tel：13338091860

### 张家港保税区福冠国际贸易有限公司
业务：盐酸、液碱的销售
产品：盐酸、液碱
地址：江苏省张家港市保税区金碧大厦 1013
负责人：曹建 邮 编：215634
法 人：曹建
Tel：0523－87093808
Fax：0523－87093858

### 南通宝润杰油品有限公司
地址：江苏省南通市启东市王鲍镇建群村
负责人：张正宇
Tel：13906285882

### 江苏省海安县滤油纸厂
业务：我厂是生产过滤纸的专业厂家，该产品广泛适用于过滤各种机械润滑油、变压器油、透平油、石油产品、化工产品、绝缘漆、废油再生以及药液、染料、镀液的过滤。我厂以"质量第一、价格合理、诚实守信"为宗旨，竭诚欢迎国内外新老用户光临惠顾！
地址：江苏省南通市海安县墩头镇
负责人：李根法 邮 编：226691
法 人：李根法
Tel：0513－88412058
Fax：0513－88412736
网址：www.halyz.com
E-mail：halz2002@163.com

### 张家港市后塍工业助剂厂
业务：工业助剂
地址：江苏省张家港市金港镇后塍小张家巷 1 号
负责人：候福兴 邮 编：215600
法 人：候福兴
Tel：13806228189
0512－58771260

### 永兴船舶燃料供应有限公司
地址：江苏省南通市人民西路 114 号
负责人：梁先生
Tel：13806296695

### 润丰纺织有限公司
地址：江苏省南通市如东县丰利镇五意粮店
负责人：孙峰
Tel：13773668498

### 张家港市半边天粉末制造有限公司
业务：粉末涂料生产
地址：江苏省张家港市时代广场国泰大厦 5018 室
负责人：袁玉萍 邮 编：215600
法 人：袁玉萍
Tel：0512－56719360

### 马塘化工原料有限公司
地址：江苏省南通市如东县马塘镇马西村
负责人：夏一峰
Tel：0513－84541491
13584603792

### 海安县曲塘镇海黄塑料制品厂
业务：本厂主要生产销售塑料制品，质量第一，价格合理，欢迎新老客户光临惠顾！
地址：江苏省南通市海安县曲塘镇
负责人：黄旭海 邮 编：226671
法 人：黄旭海
Tel：0513－88796799
Fax：0513－88791390

### 张家港市新良塑料厂
业务：塑料制品加工、销售
地址：江苏省张家港市杨舍镇李巷村
负责人：钱新良 邮 编：215600
法 人：钱新良
Tel：0512－58597863

### 南通德和希化工有限公司
地址：江苏省南通市如东县洋口化工聚集区黄海三路
负责人：刘和群
Tel：13358086197

### 德发生物化工有限公司
地址：江苏省南通市如东县洋口镇化工开发区
负责人：郑克盈
Tel：0513－84819768
84819778
13862475903

### 盈丰轻化厂
地址：江苏省南通市如东县洋口镇新林人民南路 132 号
负责人：周俊秋
Tel：0513－84855188

### 海门市宝港化工原料有限公司
业务：本公司成立于 2005 年，是一家专业生产销售化工原料的公司。产品质量保证，价格合理，竭诚欢迎广大客户来电洽谈业务！
地址：江苏省南通市海门市海门镇秀山西路 418 号
负责人：叶锋 邮 编：226100
法 人：叶锋
Tel：0513－85381190

### 张家港市浦佳塑料制品有限公司
业务：塑料产品，销售及加工
产品：衣架，裤架，工业塑料产品及渔网加工
地址：江苏省张家港市杨舍镇严家埭村
负责人：许少甫 邮 编：215638
法 人：许少甫
Tel：0512－58589771
Fax：0512－58589771

### 南通市龙翔橡胶工贸有限公司
地址：江苏省南通市如皋市如城镇环西路 18 号
负责人：张凌琳
Tel：13906275757

### 龙祥橡胶有限公司
地址：江苏省南通市如皋市如城镇环西路 18 号
负责人：王健
Tel：13901275757

### 南通新邦化工有限公司
地址：江苏省南通市如皋市如皋港经济开发区
负责人：周松涛
Tel：0513－87680900
13901476440

### 邳州市官湖镇丁楼胶厂
业务：邳州市官湖镇丁楼胶厂成立于 1989 年，主要生产树脂胶、磨具等。热诚欢迎各方客户来电洽谈业务，共同合作。
地址：江苏省邳州市官湖镇丁楼村
邮 编：231100
法 人：丁作勤
Tel：0516－6408408
Fax：0516－86378955

### 裕华塑胶有限公司
地址：江苏省南通市如皋市吴窑镇沈甸村十八组
负责人：丁勇
Tel：0513－87946437
13912214988

### 意特联华化工有限公司
地址：江苏省南通市如皋市中心沙村
负责人：丁邦锐
Tel：13338073998

### 中盛橡胶有限责任公司
地址：江苏省如皋市袁桥镇浦东西 1 组
负责人：马建忠

……Tel:0513－87811135
13506274135

**启东市巨龙石油化工装备有限公司**
业务：公司专业生产管道反应器、高效换热器、静态混合器、精密过滤器、规整填料和管道配件等，热忱欢迎来电垂询！
地址：江苏省启东市经济开发区城北工业园跃龙路6号
……负责人：黄立辉……邮　编：226200
……法　人：黄立辉
……Tel:0513－83636977
83636855

**苏州市鑫华橡塑制品厂**
地址：江苏省苏州市北桥镇石桥村
……负责人：邵明华
……Tel:0512－65412886
13806135884

**苏州市清韵涂料化工有限公司**
地址：江苏省苏州市沧浪区葑门西街12号（莫邪路262号）
……负责人：唐菊芳
……Tel:13806216551

**苏州凯默化工有限公司**
地址：江苏省苏州市沧浪区三香新村20幢西211
……负责人：徐苏见
……Tel:13812789024

**常熟市海虞热电厂有限公司**
业务：常熟市海虞热电厂有限公司成立于1998年，专业供热供电，为您的生活带来方便，欢迎来电垂询！
地址：江苏省苏州市常熟市董浜镇（徐市）徐董路
……负责人：仲继宗……邮　编：521113
……法　人：仲继宗
……Tel:0512－52671584
52671523

**常熟市华星塑料制品厂**
地址：江苏省苏州市常熟市董浜镇黄石村
……负责人：凌军
……Tel:13962377756

**常熟市董浜镇徐市福达乙炔气氧气发放站**
地址：江苏省苏州市常熟市董浜镇徐市环镇东路
……负责人：陈祖德
……Tel:13901571598

**常熟河豪塑料制品有限公司**
地址：江苏省苏州市常熟市董浜镇智林村
……负责人：河野博
……Tel:0512－52686883

**浙江龙盛集团股份有限公司江苏销售分公司**
业务：浙江龙盛控股有限公司是一家以染料化工为主业的国家大型企业。欢迎广大新老客户光临惠顾！
地址：江苏省苏州市常熟市经济开发区新安江路金枫工业坊一号热电厂对面
……负责人：赵庆杰……邮　编：215500
……法　人：项志峰
……Tel:0512－52309571
52309572
……Fax:0512－52309570

**常熟市新昌盛化纤有限公司**
地址：江苏省苏州市常熟市古里镇琴东村
……负责人：陆建红
……Tel:0512－52302773

**常熟市逸达塑料制品厂**
地址：江苏省苏州市常熟市古里镇紫芙社区
……负责人：陆逸
……Tel:0512－52535116

**太仓市勤业塑料厂**
业务：太仓市勤业塑料厂成立于2001年，公司生产加工各类注塑成型产品，并为客户根据产品的要求打造精品模具。主要产品有自行车变速器配套的塑料配件和竹帘相关的配件。
地址：江苏省苏州市太仓市沙溪镇岳王区
……邮　编：215437
……法　人：唐永卫
……Tel:0512－53304608
……Mobile:13063742848
……Fax:0512－53304608

**常熟市明鑫塑木材料制品厂**
地址：江苏省苏州市常熟市王庄镇张村村
……负责人：蔡叙兴
……Tel:0512－52431016

**常熟市富丽塑胶有限公司**
地址：江苏省苏州市常熟市辛庄镇（杨园）洞港泾村
……负责人：李明
……Tel:0512－52470888

**常熟市德顺化工设备厂**
地址：江苏省苏州市常熟市辛庄镇（杨园）新张村
……负责人：丁健春
……Tel:0512－52471204

**苏州市吴中区光福镇恒盛油漆市场花王漆**
业务：本公司创立于1997年，主要批发恒盛市场"花王漆"。产品质量保证，价格合理，热忱欢迎新老客户光临、惠顾！
地址：江苏省苏州市吴中区光福镇大街67号
……负责人：钟永良……邮　编：215128
……法　人：钟永良
……Tel:0512－66231628

**常熟市和平液化气有限公司**
地址：江苏省苏州市常熟市辛庄镇潭荡村
……负责人：彭友青
……Tel:0512－52485776

**常熟市滨江塑料厂**
地址：江苏省苏州市常熟市新港镇（浒浦）李袁村
……负责人：陈晓
……Tel:13962375653

**常熟市万得塑业有限公司**
地址：江苏省苏州市常熟市新港镇（浒浦）新港
……负责人：吴文杰
……Tel:0512－52635648

**苏州市金利特塑料制品厂**
业务：苏州市金利特塑料制品厂专业生产各种塑料制品、绝缘材料，我们本着以"质量第一，客户至上"的服务原则，竭力欢迎中外客商光临指导或来电来函。我们将为你提供满意的服务。愿我们的明天更加辉煌，更加的美好。
地址：江苏省苏州市吴中区木渎西街172号
……负责人：薛根……邮　编：215101
……Tel:0512－66511537
……Fax:0512－66511537

**常熟龙家居塑料制品有限公司**
地址：江苏省苏州市常熟市虞山镇（常熟经济开发区虞山高新技术产业园）
……负责人：陈晚生
……Tel:0512－52844328

**华和光学制品（常熟）有限公司**
地址：江苏省苏州市常熟市虞山镇元和朱泾
……负责人：徐企钊
……Tel:0512－56236826

**保定天威赛利涂层技术有限公司苏州分公司**
地址：江苏省苏州市工业园苏虹西路81号
……负责人：夏巍
……Tel:0512－67623419
13913121396

**苏州普耐特塑料制品厂**
业务：普耐特塑料制品厂成立于2005年，公司主要生产BMC塑料制品及冲压件等，热诚欢迎来电洽谈业务！
地址：江苏省苏州市吴中区浦庄镇浦庄工业园11号楼
……负责人：徐波……邮　编：215100
……Tel:0512－66535687、
……Fax:0512－66537982

**开源达贸易有限公司**
地址：江苏省苏州市江苏省张家港市中兴镇金港路瑞明大厦9011室
……负责人：殷金海
……Tel:0512－58323673
13901569998

**苏州天成燃气设备技术开发有限公司**
地址：江苏省苏州市金阊区新元路2号8幢2楼
……负责人：王林
……Tel:0512－65327197

**苏州富虹塑胶制品有限公司**
业务：苏州富虹塑胶制品有限公司成立于1996年，主要从事注塑产品、销售吸尘器附件。"以质量求生存，以信誉求发展"，竭诚欢迎广大新老客户来我公司洽谈业务，共同合作！
地址：江苏省苏州市相城区黄桥镇胡湾村
……负责人：冯国荣……邮　编：215132
……法　人：冯国荣
……Tel:0512－65465869
……Fax:0512－65755969

**苏州工业园澳凯科技有限公司**
地址：江苏省苏州市金鸡湖路173号科技中心309室
……负责人：周觉良
……Tel:0512－67629558
62007105

**昆山市金叶化工有限公司**
地址：江苏省苏州市昆山市巴城镇正仪上塘街42号
……负责人：沈伟民
……Tel:0512－60611225

**昆山市明亮塑料制品有限公司**
地址：江苏省苏州市昆山市巴城镇正仪正兴西路8号
……负责人：王素良
……Tel:0512－57898918

**苏州市秦邦氟塑料制品有限公司**
业务：本公司成立于2005年，拥有40多名员。主要经营各种氟塑料制品。本公司拥有自营进出口权。"秦邦在超越"
地址：江苏省苏州市相城区望亭镇丰业中路1号
……邮　编：215155
……法　人：秦国权
……Tel:0512－66706860
……Fax:0512－66706861

**昆山正光化工有限公司**
地址：江苏省苏州市昆山市淀山湖镇度城村
……负责人：金正光
……Tel:13913248848

**昆山亚旭塑胶制品有限公司**
地址：江苏省苏州市昆山市淀山湖镇复兴路西侧
……负责人：许群英
……Tel:13917583282

**昆山市美得化工有限公司**
地址：江苏省苏州市昆山市开发区柏庐南路1258号
……负责人：梁福生
……Tel:0512－57383989

**苏州市苏特研磨制品有限公司**
业务：苏州市苏特研磨制品有限公司专业从事多元化研磨产品，竭诚向广大客户提供：陶瓷砂轮、树脂砂轮、菱苦土（Mg）砂轮、CBN& 钻石砂轮、树脂弹性抛光轮、砂布轮、砂布、砂带、砂纸、百洁布、不织布研磨材料等众多产品。
地址：江苏省苏州市新苏路6号美胜五金机电城8区5－2号
……负责人：王鹄琛……邮　编：215001
……法　人：王鹄琛
……Tel:0512－67546782

**昆山兴发燃料油有限公司**
地址：江苏省苏州市昆山市开发区合兴路468号
……负责人：沈坤元
……Tel:13962644569

**昆山市宁申油品有限公司**
地址：江苏省苏州市昆山市开发区青阳南路308号
……负责人：吴家玉
……Tel:13809060098

**宿迁强力工贸有限公司**
业务：我公司成立于2005年，主要生产各种PP、PE塑料颗粒，年产600吨左右，愿意和汽车厂家合作生产配件、弹簧、欢迎新老客户来人来电洽谈业务！
地址：江苏省宿迁市经济开发区通达路西侧（原梨元村部）
……负责人：陆召贵……邮　编：223800
……Tel:0527－84576765
……Mobile:13812300756

**昆山东华塑胶制品有限公司**
地址：江苏省苏州市昆山市陆家镇合丰开发区和谊路118号
……负责人：王志明
……Tel:0512－57710972

**昆山炎炎塑胶有限公司**
地址：江苏省苏州市昆山市玉山镇城北名都花园3号楼606室
……负责人：李野
……Tel:0512－56265431

**苏州威孚润滑油有限公司**
地址：江苏省苏州市昆山市玉山镇富阳新村126号楼3室
……负责人：唐引弟
……Tel:0512－57337575

**沭阳县胡集塑料颗粒厂**
业务：本厂主要生产销售塑料颗粒。产品质量保证、价格合理，竭诚欢迎新老客户来电洽谈业务！
地址：江苏省宿迁市沭阳县胡集镇胡北居委会
……负责人：滕禹卿……邮　编：223600
……法　人：滕禹卿
……Tel:0527－83860421

**昆山市捷达加油站有限公司**
地址：江苏省苏州市昆山市玉山镇江浦村
……负责人：陈贤球
……Tel:0512－57557724

**昆山裕兴燃料有限公司**
地址：江苏省苏州市昆山市玉山镇中山路65号
……负责人：朱东兴
……Tel:0512－57575823

**昆山市琦海塑胶厂**
地址：江苏省苏州市昆山市张浦镇七桥村七组
……负责人：章洪高
……Tel:0512－56265431

**宿迁市丰润塑业有限公司**
业务：宿迁市丰润塑业有限公司成立于2005年，从事PC塑料颗粒、PC塑料掀头的生产及销售。欢迎来电垂询。
地址：江苏省宿迁市宿城区耿车镇工业园区
……邮　编：223815
……法　人：朱永启
……Tel:0527－4509531
……Fax:0527－4571278

**昆山思科塑料包装制品厂**
地址：江苏省苏州市昆山市张浦镇商泱北路88号
……负责人：黄有勇
……Tel:0512－50559817

**昆山市大力士塑料制品厂**
地址：江苏省苏州市昆山市张浦镇新支浦
……负责人：陈强
……Tel:0512－57452600

**太仓市沙溪镇直塘效军塑料造粒厂**
业务：本厂成立于2005年，主要从事塑料颗料的生产与销售。公司拥有一流的生产设备，具有完善的设计、制造、检测体系和开发能力，热诚欢迎广大客户来我公司洽谈业务，共同发展！
地址：江苏省太仓市沙溪镇直塘光明路129号
……负责人：顾培成……邮　编：215400
……法　人：顾培成
……Tel:0512－53257433

**苏州科艺塑业有限公司**
地址：江苏省苏州市平江区城北街道花锦村陆家庄53号
……负责人：丁德明
……Tel:13511602658

**苏州郡康化工有限公司**
地址：江苏省苏州市平江区官渎路323号
……负责人：王燕青
……Tel:0512－67532946

**通州市龙盛塑料回收有限公司**
业务：通州市龙盛塑料回收有限公司成立于2006年，现有员工10余人，从事塑料回收、加工、销售一条龙服务。欢迎来电垂询！
地址：江苏省通州市平潮镇四十里村15组
……邮　编：226362
……法　人：曹汉清
……Tel:0513－6755888
……Mobile:13801480589

**苏州北塔化工原料有限公司**
地址：江苏省苏州市平江区皮市街258号
……负责人：陈锋军
……Tel:0512－67773910

**上海燕浦石油工贸有限公司太仓油品零售中心金利加油站**
地址：江苏省苏州市太仓市城厢镇城北村
……负责人：田小洲
……Tel:0512－53110673

**通州市兴仁助剂一厂**
业务：我厂建于1988年，座落在水、陆、空交通运输十分通捷的与上海一江之隔的南通市东郊，主要生产二大类产品：医药体中间体和食品添加剂类，医药中间体有：乙酰胺，甲酸乙酯，氰乙酸乙酯，氰乙酸甲酯，食品添加剂有：双乙酸钠，丙酸钙，克霉灵。
地址：江苏省通州市兴仁镇
……邮　编：226371
……法　人：严卫东
……Tel:0513－86561345
……Fax:0513－86634555

**苏州碧辟液化石油气有限公司太仓市供应中心**
地址：江苏省苏州市太仓市城厢镇公园弄26－27号（瓶库地址：新区太东村工业小区）
……负责人：郑磊
……Tel:0512－53538662

**太仓瑞克燃料化工有限公司**
地址：江苏省苏州市太仓市城厢镇惠阳三村19－1幢3楼
……负责人：陈平
……Tel:0512－53565438

**太仓市城厢镇致平工业气体供应站**
地址：江苏省苏州市太仓市城厢镇太丰村
……负责人：杨致平
……Tel:0512－56639533

**江阴市易邦橡塑制业有限公司**
业务：公司有三十多年胶辊生产经验，专业生产各种规格（直径1.5米，长度8米内）高低硬度（20－98）度的天然胶、丁腈胶、氯丁胶、三元乙丙胶、橡塑胶、海帕隆胶、硅胶、PU胶等各种材料的胶辊，具有抗氧化、抗腐蚀、耐高温、耐强酸碱溶剂的特性。
地址：江苏省无锡江阴市青阳镇青桐路92号
……负责人：李红……邮　编：214403
……法　人：李红
……Tel:0510－86558558
……Fax:0510－86558998
……网址：www.epoun.com
……E-mail:business@epoun.com

**庆丰塑业有限公司**
地址：江苏省苏州市太仓市浮桥镇东环路8号
……负责人：王健华
……Tel:0512－53702792

**华成化工厂**
地址：江苏省苏州市通安镇华山村
……负责人：吴乾忠
……Tel:0512－66060227

**无锡市金昌石化配件有限公司**
业务：本公司成立于2005年，主要生产各种金属缠绕垫、包复垫、增强石墨垫、椭圆垫、八角垫、透镜垫、过滤器、阻火器、视镜、钢制法兰等。产品质量保证，价格合理，竭诚欢迎新老客户来电洽谈业务！
地址：江苏省无锡市滨湖区胡埭镇环镇西路
……负责人：赵建昌……邮　编：214161
……法　人：赵建昌
……Tel:0510－85599893
……Fax:0510－85599291

**苏州市明鑫模具塑胶有限公司**
地址：江苏省苏州市吴中区横泾镇工业园马家工业小区
……负责人：许勇明
……Tel:13806211559

**育才制刷厂**
地址：江苏省苏州市吴中区横泾镇三星村工业区
……负责人：王金才
……Tel:0512－66208025
13052883229

**华进精密橡塑有限公司**
地址：江苏省苏州市相城区黄埭镇锡埭路16号鑫发工业坊16幢
……负责人：金文峰
……Tel:0512－65710258
13771896670

## 无锡永益塑胶有限公司
业务:无锡永益塑胶有限公司主要从事塑料制品、EPE塑料包装材料、防震材料、塑料精密制造,热忱欢迎新老客户来电来函咨询、订购。
地址:江苏省无锡市滨湖区蠡园镇夏家边小潘巷157号
负责人:陆伶伟……邮　编:214074
Tel:0510-85117459
Fax:0510-85136377

**苏州金特高纯气体有限公司**
地址:江苏省苏州市相城区黄桥镇工业开发区
负责人:金向华
Tel:0512-65760953

**谷丰化工有限公司**
地址:江苏省宿迁区泗洪县青阳镇工业园区化工区
负责人:雷晓龙
Tel:0527-86203758
13905246916

**太仓市佳乐化纤厂**
地址:江苏省太仓市璜泾镇林场村
负责人:张雪佳
Tel:0512-53812977
13806243265

## 江阴市陆桥化工实验厂
业务:江阴市陆桥化工实验厂成立于1991年,生产销售印花涂料、色浆,您的满意就是我们的追求,欢迎新老客户来电洽谈业务!
地址:江苏省无锡市江阴市华士镇华西三村
负责人:王掌兴……邮　编:214421
法　人:王掌兴
Tel:0510-86371634

**跃翔模具塑料制品有限公司**
地址:江苏省通州市东社镇唐南村(工业园区内)
负责人:张宏彬
Tel:0513-86294848
86098490

**通州市汉清塑料制品有限公司**
地址:江苏省通州市平潮镇四十里村十五组
负责人:曹汉清
Tel:0513-86755888
13801480589

**无锡汇润钙塑材料有限公司**
地址:江苏省无锡市北塘区新惠路8号
负责人:陆祖英
Tel:0510-83704338
13306181496

## 无锡泓意宝科技实业有限公司
业务:无锡泓意宝科技实业有限公司主要从事太阳能短边框的加工。本公司诚信为您服务,交货及时、价格优惠,多年来赢得广大客户的信赖。欢迎各界朋友洽谈业务。
地址:江苏省无锡市旺庄工业配套区二期B-15-1号地块
邮　编:214000
法　人:邵华丁
Tel:0510-85360039
86360029
Fax:0510-86360029

**无锡市湖方塑料五金厂**
地址:江苏省无锡市滨湖区朱通边
负责人:胡硕增
Tel:0510-85117762
13951513376

**江苏天鸿化工有限公司无锡化肥厂**
地址:江苏省无锡市惠山区洛社镇新苑路
负责人:钱良
Tel:0510-83314215
13861780795

**无锡市西漳节能溶剂厂**
地址:江苏省无锡市惠山区西漳牌楼陆巷104
负责人:陆燕平
Tel:0510-83501890
83753192

## 无锡昌晟炉业有限公司
业务:无锡昌晟炉业有限公司成立于2003年,现在员工40余人。公司位于交通便利的锡山区东港镇东湖塘锡港东路35号,其经营范围有工业炉及配件、非标金属结构的制造及加工,主要产品包括强缩环钟罩式电加热光亮退火炉、液化气退火炉、煤气退火炉及配套产品。欢迎新老客户来电、来涵垂询!
地址:江苏省无锡市锡山区东港镇东湖塘锡港东路35号
邮　编:214196
法　人:李星
Tel:0510-88602562
Fax:0510-88602561

**江阴市明达胶辊有限公司**
地址:江苏省无锡市江阴市利港镇东刘市5号
负责人:肖明
Tel:0510-86639100
13606167135

**无锡远见精细化工有限公司**
地址:江苏省无锡市梅村工业园新洲路208号
负责人:张晓龙
Tel:0510-88157616

**无锡市国宏燃料物资有限公司**
地址:江苏省无锡市清扬路90号一楼
负责人:王锦良
Tel:0510-85608048
13912395188

## 吴江市翔宇净化技术有限公司
业务:吴江市翔宇净化技术有限公司主要从事环氧树脂,防尘,防腐,防静电地坪,环氧树脂材料的销售,热诚欢迎新客户前来光临惠顾。
地址:江苏省吴江市经济开发区
负责人:肖鹏……邮　编:215200
法　人:肖鹏
Tel:0512-63327658
Fax:0512-63328758

**无锡亚泰合成胶有限公司**
地址:江苏省无锡市锡山区东港镇五星经济园区
负责人:蔺继朋
Tel:0510-88350636

**无锡中科富邦改性工程塑料有限公司**
地址:江苏省无锡市锡山区鹅湖镇三新村
负责人:王士明
Tel:0510-88747018
88747242
13357910982

## 吴江芦墟爱好润滑油有限公司
业务:吴江芦墟爱好润滑油有限公司专业生产柴机油、齿轮油、拉丝油,同时竭诚欢迎国内外有识之士光临考察、洽谈业务。愿合作双方互利互惠,共同发展,共创宏业!
地址:江苏省吴江市芦墟镇高树村
负责人:陈昌荣……邮　编:215211
法　人:陈昌荣
Tel:0512-63273655

**无锡智航控制技术有限公司**
地址:江苏省无锡市新区长江南路28号-18
负责人:王传峰
Tel:0510-85224498
85347887
85222636
13358110559

**科达橡塑制品厂**
地址:江苏省无锡市阳山陆区花园村
负责人:俞建刚
Tel:0510-83951434

## 常州市武进南夏墅苏南塑料制品厂
业务:本公司始建于1986年,主要加工销售塑料制品、汽车零部件。本着"以质量求生存,以信誉求发展"的经营理念,竭诚欢迎新老客户来电洽谈业务!
地址:江苏省武进市南夏墅镇河东村
负责人:荆国平……邮　编:213166
法　人:荆国平
Tel:0519-86534133

**新安化工厂**
地址:江苏省吴江市桃源镇
负责人:吴建忠
Tel:0512-63861327
013906254759

**吴江市鑫隆塑胶制品有限公司**
地址:江苏省吴江市同里镇方港开发区
负责人:凌建新
Tel:0512-63378022
13801550359

**江苏新沂光辉煤球加工厂**
地址:江苏省新沂市唐店镇唐店
负责人:马伟
Tel:0516-88788838
13327955008

## 兴化市沪兴油品有限公司
业务:本公司成立于2002年,主要生产废渣油、重油、非标油。热忱欢迎新老客户光临、惠顾!
地址:江苏省兴化市陈堡镇井民街11号
负责人:李风俊……邮　编:225714
法　人:李风俊
Tel:0523-83721152
83722152

**徐州利维模具塑料厂**
地址:江苏省徐州市鼓楼区下淀北路26号
负责人:权太周
Tel:0516-87722128
13013957750

**徐州胜利润滑油销售有限公司**
地址:江苏省徐州市鼓楼区祥和西区11号楼5-303室
负责人:崔清茹
Tel:13031731650

**金星石墨制品厂**
地址:江苏省徐州市九星区拾西村
负责人:拾井强
Tel:0516-85770127
13305215388

## 兴化市浩斯精细化工有限公司
业务:兴化市浩斯精细化工有限公司成立于2003年,主要从事香料、香精的生产与销售。竭诚欢迎新老客户来电来人洽谈业务,共同合作。
地址:江苏省兴化市科技创业中心
邮　编:225700
法　人:黄桂钟
Tel:0523-3453679
Fax:0523-3453879

**中油销售江苏有限公司徐州分公司**
地址:江苏省徐州市两山口(104国道西侧)
负责人:岳永胜
Tel:0516-87900205

**沛县京华氧化锌有限公司**
地址:江苏省徐州市沛县东风路(木材公司住宅楼506室)
负责人:包相彬
Tel:13905226193

**徐州清华精细化工厂**
地址:江苏省徐州市沛县敬安镇肖吴庄
负责人:肖艳军
Tel:13805201607

## 丰县伟达吹塑彩印厂
业务:我厂主要生产液体高强度软包装、塑料复合包装、聚丙热切包装(酱油、醋、牛奶、饮料、水果蔬菜等食品包装,农药、化肥,奶粉、豆奶粉、调味品真空包装,服装工艺品,小食品包装等各种不同用途的塑料软包装的印刷与成型)。
地址:江苏省徐州市丰县旗杆街63号
邮　编:221700
法　人:刘伟
Tel:0516-89208002
Fax:0516-89224129

**伍菱生化有限公司**
地址:江苏省徐州市新沂市塔合南路
负责人:陈士安
Tel:0516-88685818
13327952589

**乐天化工有限公司**
地址:江苏省盐城大丰市刘庄镇尧荣村
负责人:周炳铨
Tel:13605113466

**联悦液化气有限公司**
地址:江苏省盐城市滨海县正红镇獐沟居委会
负责人:陆从凯
Tel:0515-84772228

## 江苏盐城瑞博医药化工有限公司
业务:江苏盐城瑞博医药化工有限公司成立于2004年,从事对氯苯酚;2、4—二氯苯酚;2、6—二氯苯酚;2、4、6—三氯苯酚的生产及销售。欢迎广大新老客户光临、考察、指导、洽谈业务!
地址:江苏省盐城市滨海县滨淮镇头罾(盐城市沿海化工园区)
邮　编:224555
法　人:陈德松
Tel:0515-4383866
Fax:0515-4383855

**丰悦复合肥有限公司**
地址:江苏省盐城市城区南洋镇迎宾大道18号
负责人:陈秀娟
Tel:0515-88898936
13851066880

**青继贸易有限公司**
地址:江苏省盐城市城区盐马路绿苑小区4号楼403室
负责人:许青山
Tel:0515-88592360
88599084
88919488

**双源特种化纤厂**
地址:江苏省盐城市阜宁县沟墩镇人民路北首
负责人:刘海东
Tel:13838953068

## 东台市兴洋塑料制品有限公司
业务:本公司主要生产销售:珍珠棉(EPE)包装材料、船用救生衣、救生圈。以诚信为原则、以质量求生存、以创新求发展,热忱欢迎广大客户来电洽谈业务!
地址:江苏省盐城市东台市许河镇四仓村二组
负责人:杨龙清……邮　编:224232
法　人:杨龙清
Tel:0515-85639051
85645999

**恒谊化工橡塑采供站**
地址:江苏省盐城市阜宁县射河北路一号楼
负责人:杨建军
Tel:0515-87213962

**永达风筒布有限责任公司**
地址:江苏省盐城市阜宁县永兴工业园区
负责人:许兴楼
Tel:0515-87572188
13914657068

**宝塔塑料助剂有限公司**
地址:江苏省盐城市建湖县宝塔镇工业园区
负责人:祁德荣
Tel:0515-86359888
13236135688

## 盐城市弘丰橡塑有限公司
业务:盐城市弘丰橡塑有限公司成立于2005年8月,位于盐城市阜宁县东沟镇。本公司生产橡塑布风筒矿用器材配件。欢迎来电来电函咨询!
地址:江苏省盐城市阜宁县东沟镇五楼村一号
邮　编:224400
法　人:王桂华
Tel:0515-7571658
Fax:0515-7571658

**庆丰特种油品厂**
地址:江苏省盐城市建湖县庆丰镇东方村
负责人:汤夕海
Tel:0515-86381709
13905116211

**富安钼酸厂**
地址:江苏省盐城市江苏省东台市富安镇王桑村
负责人:王孝洪
Tel:13851098988

**虹阳塑料厂**
地址:江苏省盐城市江苏省东台市时埝镇红庄村七组(工业园区)
负责人:纪永宏
Tel:0515-85512419
13951485098

## 阜宁县永福塑料秧盘厂
业务:我厂专业生产机插秧硬盘,软盘,手工抛秧盘及育秧格系列。是全国最大的生产育秧盘基地,获得省部级农机推广许可证。欢迎客户来电,来人咨询,洽谈!
地址:江苏省盐城市阜宁县合利镇工业园区
邮　编:224435
法　人:姚绍君
Tel:0515-7411398
7412288
Fax:0515-7412368
网址:http://jsyfsl.chinapyp.com

**射阳县朝阳福利厂**
地址:江苏省盐城市射阳县合德镇人民路70号
负责人:高杰
Tel:13905114331

**金汇润滑油有限公司**
地址:江苏省盐城市响水县双园路与204国道交叉处
负责人:张利昌
Tel:0515-86864581
13305119399

**三江塑电有限公司**
地址:江苏省扬中市港东南路55号
负责人:邱春良
Tel:0511-88365285
13805290761

## 建湖县宏大废油净化厂
业务:建湖县宏大废油净化厂成立于1997年,从事废油加工、销售。主要产品有:再生洗涤柴油、再生半成品润滑油、重油、渣油、蜡油、沥清等。
地址:江苏省盐城市建湖县宝塔镇宝塔村
邮　编:224700
法　人:陆继红
Tel:0515-6356218
Fax:0515-6356218

**扬州英华塑料制品有限公司**
地址:江苏省扬州市宝应县黄塍工业园区
负责人:马军
Tel:0514-88600599
88181099
13801440888

**三和化工有限公司**
地址:江苏省扬州市宝应县夏集镇工业园区
负责人:张全兴
Tel:0514-88722158
13906167026
13338153538

**亚龙公司**
地址:江苏省扬州市高邮市天山镇肖祠村亚龙公司
负责人:胡耀文
Tel:0514-84222136
13905257677

## 建湖县兴中机械橡塑有限公司
业务:建湖县兴中机械橡塑有限公司成立于2003年,专业生产橡塑制品,胶料制品,有多年的机械制造经验,已与国内数家企业进行长期的合作,并取得了客户的充分信赖、肯定,欢迎新老客户来电洽谈业务!
地址:江苏省盐城市建湖县建阳工业园区
负责人:韩步国……邮　编:224700
法　人:韩步国
Tel:0515-86225538
Mobile:13601421451
Fax:0515-82063656

**普立特化工技术有限公司**
地址:江苏省扬州市文汇东路317号
负责人:王渎彬
Tel:0514-87859276
13952597598

**新世纪石油化工有限公司**
地址:江苏省扬州市仪征市万年大道郭庄31号
负责人:林视野
Tel:0514-83291666
13773356780

**仪征市君安化纤贸易有限公司**
地址:江苏省仪征市工农北路248号
负责人:邹晓云
Tel:0514-83434113
13092019903

## 建湖县飞翔油品销售有限公司
业务:建湖县飞翔油品销售有限公司成立于2006年,主营柴油,各种润滑油批零配送,本公司自备配送油车,全天侯为客户提供优质服务,本公司凭着"信誉第一,客户至上"的终旨,欢迎新老客户的光临惠顾。
地址:江苏省盐城市建湖县近湖镇陈堡村陈堡组(近湖第二窑厂北侧)
负责人:薛学全……邮　编:224700
法　人:薛学全
Tel:0515-86162198
86081028
Fax:0515-86162198
网址:www.mtw27458.chinapyp.com
E-mail:feixiang.xxq@yahoo.com.cn

**宜兴市祥业化工限公司**
地址:江苏省宜兴市环科园南岳路
负责人:翟军
Tel:0510-87071111

13801508233

**宜兴市宏锦化工涂料机械有限公司**
地址：江苏省宜兴市万石镇南漕村
…………负责人：王志平
…………Tel：0510－87851053
13921349729

**张家港保税区开源达贸易有限公司**
地址：江苏省张家港暨杨中路 185 号－317
…………负责人：殷金海
…………Tel：0512－58581309
13901569998

## 盐城市城区新街塑料包装厂
业务：盐城市城区新街塑料包装厂成立于 2003 年，主要从事塑料包装袋的生产与销售。"质量保证，价格合理"，热诚欢迎广大新老客户来电垂询！
地址：江苏省盐城市人民北路 61 号
…………负责人：郝汉季……邮　编：224001
…………法　人：郝汉季
…………Tel：0515－88313122

**张家港市法勋栢惠燃料有限公司**
地址：江苏省张家港市金港镇晨德路新华桥
…………负责人：殷红艳
…………Tel：0512－58722068

**张家港市鑫达塑料机械有限公司**
地址：江苏省张家港市锦丰镇丰华路 8 号
…………负责人：王芬
…………Tel：0512－58555028
15995999686

**张家港市新方塑胶制品有限公司**
地址：江苏省张家港杨舍镇李巷村
…………负责人：沈新芳
…………Tel：13601563813

## 响水县友联油脂化工厂
业务：响水县友联油脂化工厂成立于 2000 年，主要生产销售水一乙二醇抗燃液压液，氨脂酸，气削液，铜拉丝油，脂肪酸等。欢迎新老客户来电来人洽谈业务，共享财富。
地址：江苏省盐城市响水县大永镇 308 路 1 号
…………邮　编：224611
…………法　人：陆从奎
…………Mobile：13912540069
…………Fax：0515－6815851

**丹徒区大路化工厂**
地址：江苏省镇江市丹徒区大路镇老街 298 号
…………负责人：赵坚
…………Tel：0511－83722169
13605288028

**顺宏燃气有限公司**
地址：江苏省镇江市丹徒区大路镇小港村
…………负责人：王九顺
…………Tel：0511－83723999
13004364088

**创伟化工有限公司**
地址：江苏省镇江市丹阳市皇塘镇西
…………负责人：陈春芳
…………Tel：0511－86635100
13806102548

## 江苏文昌电子化工有限公司
业务：江苏文昌电子化工有限公司作为一家科技型民营企业，公司本着对消费者和社会高度负责的思想，认真做精每个品牌，在激烈的国际、国内市场竞争中，发扬了激流勇进、携手共创的企业精神，把产、学、研有机地结合起来，沿着现代化管理、集约化经营、规范化运作、规模化发展的道路，向做强做大的目标迅速逐进。
地址：江苏省扬中市兴隆港北路 8 号
…………邮　编：212215
…………法　人：苏文国
…………Tel：0511－8451535
…………Fax：0511－8453377
…………网址：www.jswec.com

**蓝天塑件有限公司**
地址：江苏省镇江市丹阳市新桥镇八安桥 17 圩 6 组
…………负责人：姚虎根
…………Tel：0511－86350005
13706105388

## 张家港市新盈模具塑化有限公司
业务：主要生产：着色探伤器材，纺织器材，水产器材（筒管），水产机械配用塑梭等
地址：江苏省张家港市塘桥镇十字港村
…………负责人：潘永清……邮　编：215611
…………法　人：潘永清
…………Tel：0512－58441412
…………Fax：0512－58441412

## 扬中市恒业密封件有限公司
业务：扬中市恒业密封件有限公司成立于 2003 年，生产销售橡胶密封件、F4 密封件、高压胶管总成、仪表管阀件，欢迎来电洽谈业务！
地址：江苏省镇江市扬中市油坊镇长旺西街
…………负责人：周明洲……邮　编：212200
…………法　人：周明洲
…………Tel：0511－88520686
…………Fax：0511－88525500

**永鑫塑胶制品有限公司**
地址：江苏省镇江市扬中市兴隆镇兴隆大桥旁
…………负责人：陈海龙
…………Tel：0511－88451814
88453643
13914576962

## 扬州市广陵区联华塑料机械厂
业务：本厂成立于 2000 年，主要生产的高级尼龙刷丝由正宗的尼龙 610、尼龙 612 和尼龙 1010 切片纺出。刷丝具有良好的弹性、回复率，使得其经久耐用，抗倒毛性良好。
地址：江苏省扬州市广陵区湾头镇联合村尤家组
…………负责人：王广其……邮　编：225000
…………法　人：王正通
…………Tel：0514－87292521
…………Fax：0514－87292521

## 扬州美涂士金陵特种涂料有限公司
业务：扬州美涂士金陵特种涂料有限公司是江苏省苏北地区专业生产特种防腐涂料、耐高温、防火涂料的企业。本公司产品已在全国石油、化工、冶金、机械、矿山、船舶、电力等行业广泛使用，亦批量出口。欢迎各界人士光临指导！
地址：江苏省扬州市江都仙女镇九号桥
…………负责人：戴海雄……邮　编：225212
…………Tel：0514－86802688
86802888
…………网址：www.jlpaint.com

## 张家港市后塍城西波纹管厂
业务：本公司创立于 1990 年，主要生产塑料波纹管。产品质量保证、价格合理，竭诚欢迎广大客户来电洽谈业务！
地址：江苏省张家港市后塍镇封庄村
…………负责人：沈进才……邮　编：215631
…………法　人：沈进才
…………Tel：0512－58770131

## 张家港市祥新电镀材料制造有限公司
业务：本公司主要专业研制生产氯化物镀锌光亮剂中间体一苄叉丙酮系列，氯化物高温载体系列，产品经武汉电镀材料保所抽样验证。产品质量达到国内外同类的领先水平，取得较高评价。本公司以客户至上，用户第一"为宗旨，竭诚欢迎各新老客户光临本公司，为您提供高品质的产品及快捷周到的服务。
地址：江苏省张家港市鹿苑镇西区
…………负责人：钱新亚……邮　编：215616
…………Tel：0512－58479785
58471289

## 张家港市美佳达塑胶有限公司
业务：我公司拥有雄厚的技术力量，并有一定的测试手段。主要产品有：LDPE 手套，LDPE 围裙，HDPE 手套，PE 手套，PE 围裙，PE 鞋套，PE 袖套，PE 浴帽，PE 洗衣袋，PE 背心袋，PE 垃圾袋，PVC 手套，PVC 围裙，CPE 手套，CPE 围裙，CPE 鞋套，等。
地址：江苏省张家港市凤凰镇双龙村支塘社区
…………负责人：顾正东……邮　编：215614
…………Tel：0512－58451266
58420277
…………Fax：0512－58420277
…网址：http://www.diytrade.com/directory/china/china－manufacturers/476090/inquiry_product.html

## 阜宁恒谊化工橡塑采供站

阜宁恒谊化工橡塑采供站成立于2002年，本公司是一家代购、代销化工、轻工原料的企业。主要产品有：氢氧化钠、纯碱、硬脂酸、油酸、二聚酸、氧化铈、氯化钴、硫酸钴、硫酸锂、各种化学试剂、颜料、染料等。公司奉承"**产品质量最优，服务态度最好，产品价格最低**"的宗旨，热忱为广大新老客户服务。

联系人：杨建军
电话：0515-87983962 87213962 传真：0515-82098280
地址：江苏省盐城市阜宁县射河北路一号楼
邮编：224000

## 江都市嘉利化工厂

江都市嘉利化工厂成立于2005年，主要从事有机化工溶剂产品等化学制品的生产、销售。主要产品有环己酮 、丙酮 、异丙醇、醋酸乙酯、甲苯等。我厂以优质的产品、合理的价格和周到的服务，热忱欢迎新老客户的光临！

联系人：杨永峰
电话：0514-86120848 13705250479 传真：0514-86120848
地址：江苏省江都市丁沟镇 邮编：225236

## 高邮市凤丽塑料制品厂

高邮市凤丽塑料制品厂成立于2004年，主要生产加工箱包配件、电缆料。

本厂秉承"顾客至上，锐意进取"的经营理念，坚持"客户第一"的原则为广大客户提供优质的服务。欢迎广大客户惠顾！

联系人：贡锡成
电话：0514-84228792 13952703678
地址：江苏省扬州市高邮市天山镇肖祠村 邮编：225000

## 江都市兴荣粉末涂料厂

江都市兴荣粉末涂料厂于2007年成立，本厂主要经营涂装粉末；喷涂设备；热固性粉末涂料；聚氨脂型粉末涂料；纯聚酯型粉末涂料；环氧聚酯混合型粉末涂料；纯环氧型粉末涂料；超微细型粉末涂料；耐高温型粉末涂料；低温固化型粉末涂料；金属型粉末粉料；美术型粉末涂料；透气型粉末涂料；耐候型粉末涂料；铸件专用粉末涂料。

江都兴荣粉末涂料公司热情欢迎您！

联系人：滕兴荣 13505252258 电话：0514-86593325
电子邮件：xrfmtl@126.com 传真：0514-86592755
网址：www.shop.ebdoor.com/Shops/366831/CompanyProfile.aspx
地址：江苏省江都市小纪镇工业园区 邮编：225241

## 海安县双楼镇海黄塑料制品厂

海安县双楼镇海黄塑料制品厂自成立以来，主要经营养禽用的食槽、水槽及配件等。公司秉承"客户至上，锐意进取"的经营理念，坚持"客户第一"的原则为广大客户提供优质服务。全厂上下努力争取客户101% 的满意！恭候光临洽谈！

联系人：黄旭海
电话：0513-88796799 传真：0513-88791390
地址：江苏省南通市海安县双楼镇刘圩村7组
邮编：226671

## 江苏和信石油机械有限公司

本公司常年生产加工各种API规格的石油钻杆、钻杆接头、加重钻杆、钻铤、方钻杆、煤矿钻杆、热处理加工，产品严格按照美国石油协会(API)规范，贯彻ISO9000标准，优质优廉的产品、先进的设备、精湛的技术，让我们在行业内深收好评。

公司与美国格兰特公司、南非马斯特公司、江苏曙光集团等众多企业及油田签定了长期合作关系，期待八方商户前来洽谈联系！

联系人：赵秀和 电话：0515-85322388
传真：0515-85322385
地址：江苏省盐城市东台经济开发区纬五路 邮编：224200

## 宏达粘合剂有限公司

宏达粘合剂有限公司创建于2003年，本公司专业生产、加工PA粉。主要产品有聚胺酯PV浆料、PA热熔胶粉制造销售。

公司将秉持着"诚信、技术、品质、服务"的经营理念，我们将一如既往地为您提供更优质的产品和更满意的服务！

联系人：张云 13906286827 电话：0513-83314581
地址：江苏省启东市汇龙镇建设南路2号 邮编：226200

## 江苏康维塑业发展有限公司

我公司成立于 2007 年，是专业生产经营硬聚乙烯 (pvc-u)，给排水管材、管件、电工套管、冷热水用聚丙烯（pp-r）管等系列产品的大型民营企业。

公司拥有国际先进水平的锥形双螺旋杆挤出生产线 12 条，全自动电脑数控注塑机 45 台。年生产能力 2.5 万吨以上。公司生产经营的"江塑牌"，"康洲牌"系列产品在全国有着很高的声誉。

欢迎新老客户光临指导，洽谈业务。

联系人：杨永强 13705219839
电话：0516-85132555
传真：0516-85132919
地址：江苏省徐州市铜山县镇西工业园 邮编：221149

## 华源塑料有限公司

华源塑料有限公司成立于2008年，本公司专业从事生产、销售高低压塑料颗粒。公司本着"顾客至上、信誉第一"随时为您提供优质的产品，优质的服务，热忱欢迎国内外新老客户来电来函洽谈业务。

联系人：张利 13805248719
电话：0527-84509088 84571058
地址：江苏省宿迁市宿城区耿车镇大众村
邮编：223800

## 江苏林发石化有限公司

本公司成立于2006年，主要从事石油化工制品销售。我们的服务宗旨：以诚为信，共同创造美好的明天，"服务客户"是我司的一贯宗旨。

联系人：崔荣林 手机：13861992866
电话：0513-85656188 传真：0513-85656188
地址：江苏省南通市港闸区碳素路碳素码头（五星村十八组） 邮编：226300

化肥农药橡胶塑料石油化工

## 江苏省南通市洪德塑料实业有限公司

本公司主要经营塑料。用户至上和诚信为本是我们的服务宗旨，顾客第一，让顾客满意，顾客微笑是我们工作的基础。

联系人：帅 建 手机：13646241852 13376117166

电话：0513-85556558

地址：江苏省南通市港闸区天生办国庆一组 邮编：226000

## 江阴市胜赛色母料有限公司

江阴市胜赛色母料有限公司成立于1991年，本企业是生产塑料色母料的专业厂家，本企业生产的色母料广泛用于PE、PP、ABS、AS、PS、PET、PP-R、PP-B、BOPP、HIPS等系列功能性色母料，具有色泽鲜艳、分散均匀、着色力强、着色工艺简单、无环境污染的特点，能节约能源、节省人工及染色费用，我公司同时生产PE、PP透明填充母料、有机颜料为40%的高浓度色母料、填充色母料、电缆色母料、制造抗菌、抗老化、抗退色、抗静电、耐高温等功能性色母料。董事长胡建岳携全体员工本着“质量第一，用户至上”的宗旨，热忱欢迎国内外广大用户光临指导，共同合作。

联系人：胡建岳

电话：0510-86132327 86132666 86132555

传真：0510-86138860 电子邮件：hjy@colormasterbatch.cn

地址：江苏省江阴市经济开发区（山观） 邮编：214437

## 江苏省泰州市丰保化肥有限公司

本公司成立于2006年，主要从事复合肥生产与销售。以客户为导向，以细致周到的服务满足并超越客户的期望，让客户有愉悦的感觉。

联系人：张俊生 手机：13921749868

电话：0523-86172558 传真：0523-86172558

地址：江苏省泰州市刁铺镇南塘官河路 邮编：225300

## 姜堰市前程润滑油有限公司

本公司成立于2004年，主要从事长城润滑油研发基地，山推小松润滑油央视上榜品牌。一直以来信守着“质量和信誉为企业生存之本”的企业宗旨，赢得了新老客户的认可，并且得到了社会各界人士的大力支持。

联系人：陈文余

电话：0523-8354166 手机：13852650100

地址：江苏省泰州市姜堰市梁徐镇林野村 邮编：225300

## 江阴市城郊化工有限公司

江阴市城郊化工有限公司成立于1990年，本公司专业从事生产、销售苯酚、苯乙酮。本司愿以特优的价格、提供最完备的售前与售后服务。公司热忱欢迎您来电、来函询价！

联系人：姚文虎 传真：0510-86016377

电话：0510-86159778 86151913 86016377

地址：江苏省江阴市云亭镇云顾路197-1号 邮编：214400

## 金湖县陈桥镇正辉农资经营部

金湖县陈桥镇正辉农资经营部成立于2002年，本经营部主要经营农药、化肥、种子。金湖县陈桥镇正辉农资经营部实力雄厚，重信用、守合同、保证产品质量，以多品种经营特色和薄利多销的原则，赢得了广大客户的信任。

联系人：张正辉 邮编：211600

电话：0517-86405173 13770427588

地址：江苏省淮安市金湖县陈桥镇新桥村

## 江阴市恒光塑业有限公司

网址：www.jy-hgsy.com

江阴市恒光塑业有限公司成立于2007年。

主要从事塑料制品的生产、销售。

欢迎新老客户来人、来函、来电、惠顾！

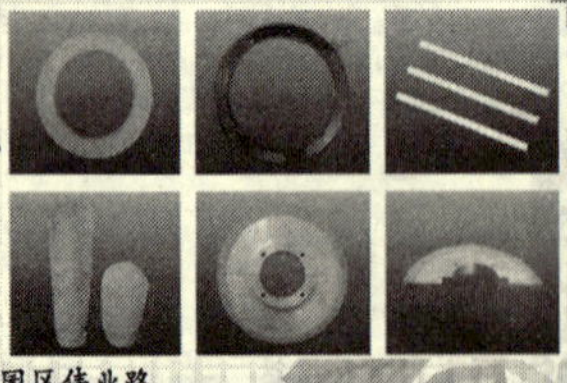

联系人：薛益民 13806194619

电话：0510-86911369 86912282

邮编：214407

地址：江苏省江阴市徐霞客镇璜塘工业园区伟业路

## 靖江市新南洋进出口有限公司

网址：www.sinamyang-chem.com 电子邮件：jshyf@live.cn

本公司成立于2005年，主要经营自营和代理各类商品及技术的进出口业务，主要产品有化工原料、化工产品、化工机械、农药。

环保、绿色、健康、和谐是我们永远的追求，公司愿与国内外各界精英精诚合作，共谋发展，共享收获。

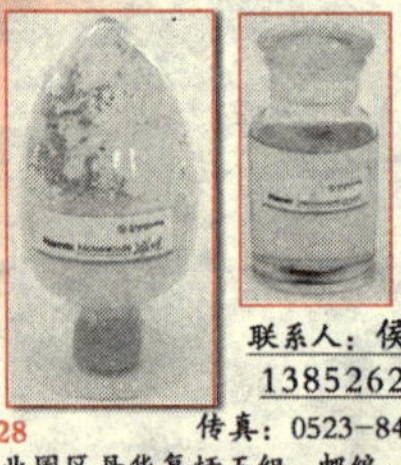

联系人：侯云飞 13852625276

电话：0523-84259166 84255328 传真：0523-84259566

地址：江苏省靖江市新港工业园区丹华复圩五组 邮编：214500

## 江阴市利港橡胶厂

江阴市利港橡胶厂成立于1989年11月，本厂专业制造、加工胶鞋，布鞋，皮辊，橡胶制品。主要产品有双钱雨靴（工矿，防滑，轻便，彩靴，童鞋，元宝等）、外贸胶鞋。

长期以来，我们始终坚持“信誉第一，客户至上，以质量求生存，以满意求发展”的服务宗旨；为你提拱专业、精湛、优质的服务！

电话：0510-86631030 传真：0510-86631030

联系人：李静芝 13961619121

地址：江苏省江阴市利港镇刘墅村 邮编：214444

## 昆山市建南油漆有限公司

本公司主要经营油漆涂料等化工产品。

公司坚持“诚信服务，用户第一”的服务宗旨和经营理念，建立了完整的质量、管理及服务体系，欢迎您的光临。

电话/传真：0512-57539739 57503071

邮编：215300

地址：江苏省昆山市中山路86号、白马泾路6-8号

联系人：周一敏 13906267720

## 昆山市兴乐塑胶制品有限公司

本公司主要经营塑胶制品，紧固件，有各种材质的塑胶制品，各种规格的非标准件。

严格的质量保证和合理的价格是本公司的一贯宗旨。

电话/传真：0512-57951999 57951562
电子邮件：xinglesj@sohu.com
邮编：215343
地址：江苏省昆山市石浦镇陆巷路90号

联系人：倪鼎兴
13951184850

## 溧阳市晨丰活性炭厂

溧阳市晨丰活性炭厂成立于2003年，本厂是集开发、生产、销售活性炭为一体的专业性工厂。

面向新世纪的挑战和机遇，谨记质量第一、信誉第一、用户第一的宗旨，致力于建设具有高度创新能力，高效运行机制，可持续发展的开放型企业，并与所有新老客商携手奋进，共创未来。

联系人：陈国忠
电话：0519-87704926 13801497329 传真：0519-87703737
地址：江苏省溧阳市竹箦工业开发区 邮编：213351

## 昆山万霖塑胶制品有限公司

昆山万霖塑胶制品有限公司成立于2006年11月，本公司专业生产精冲模、模具标准件及塑料包装制品；销售自产产品并提供售后服务。

“注重企业形象、优化原料采购、提高产品质量、满足客户需求”是万霖多年的承诺。热忱欢迎广大客户来电询价，打样，我们将以具竞争力的报价，具创造力的包装设计及物美价廉的模具成本期待您的光临！

联系人：姚旭东 电话：0512-57828383 55100728
网址：www.formpaks.com 传真：0512-55100388
电子邮件：ksales03@formpaks.com.tw
地址：江苏省昆山市城北丁泾路强安之路 邮编：215316

## 溧阳市恒通橡塑化工有限公司

本公司专业生产泡沫包装，实力雄厚。主要生产可发性聚苯乙烯EBS泡沫包装，各种规格的平板泡沫保温板。

欢迎来电来函合作！

联系人：朱春荣
电话：0519-87390498 13906142493
地址：江苏省溧阳市上黄镇尚典村 邮编：213314

## 昆山协通塑胶模具有限公司

昆山协通塑胶模具有限公司成立于2007年，是一家以塑料专业配色，模具加工，塑胶成型加工的合资企业。产品有模具，化妆品容器，电子电器民用塑料件，塑料设备及周边辅助机器，塑胶原料等。公司有完善的质量监控程序，从生产到检测到销售均聘用高等专业人才，产品质量保证决无掉色、退色等状况。为广大客户提供一流的产品和一流的服务。

联系人：池春道 13913625880
电话：0512-57689366 57689389
地址：江苏省昆山市巴城镇石牌京阪路1099号 邮编：215300

## 连云港卡妙塑料包装有限公司

连云港卡妙塑料包装有限公司成立于2008年，本公司主要经营塑料制品，塑料簿膜，纸塑复合膜。主要产品有pe膜、pe复合膜吹塑，塑料簿膜，高低压内袋，塑料包装复合袋，纸塑复合袋，纸制品。

本公司的经营宗旨为“以诚为本、以质为盾、共赢利、同发展”。

联系人：唐建柱 0518-85807865 传真：0518-85807865
地址：江苏省连云港市新浦区海连东路68号 邮编：222006

## 昆山欣元橡塑五金制品有限公司

本公司成立于2006年，本公司专业从事橡胶、塑料制品、五金配件的生产，加工，开发销售。主要产品有1-850mm橡胶制品及特种橡胶制品，PE袋，五金冲压件。

公司从创建以来，从小到大，由弱到强的一个发展历程，为客户提供最新最好的产品，一个电话，一个传真，一条短信，我们的服务就会到您身边。

网址：www.xy-ks.com.cn

联系人：查丽敏
电话：0512-57611449
传真：0512-57610336
地址：江苏省昆山市蓬朗镇石牌村三组 邮编：215333

## 连云港科田化工有限公司

本公司成立于2006年。

主要从事农药中间体等化工产品。

我公司以“质量第一，用户至上”为宗旨，愿与社会各界朋友真诚合作，共图发展。

热忱欢迎各界新老朋友光临指导。

联系人：虞友法 15996101808
电话：0518-88585388 传真：0518-88585986
地址：江苏省连云港市灌云县燕尾港临港产业区 邮编：222000

## 昆山北墨商贸有限公司

本公司成立于2006年，主要经营润滑油、润滑油脂、特殊润滑油，产品有高温链条油，切削油，攻牙油，防锈油，脱模剂，黄油。

我们以“创造价值，服务为本，长久收益”为服务宗旨。

联系人：刘定胜
15850303100

电话/传真：0512-57930961 57176491
电子邮件：sizmanco@seed.net.tw
邮编：215300
地址：江苏省昆山市北门路626号亭望之城31幢308室

## 连云港市国际商城常州光辉油漆涂料经销部

连云港市国际商城常州光辉油漆涂料经销部成立于1998年，主要代理销售光辉牌系列油漆。产品有聚酯漆，乳胶漆，特种漆，调和漆和重防腐漆等，并提供装潢一条龙服务。“诚信为本，服务客户”是我们的服务宗旨，竭诚欢迎广大客户来电洽谈。

联系人：顾祥友 手机：13951495384
电话：0518-85463182 传真：0518-85606930
地址：江苏省连云港市新浦区解放东路272号 邮编：222000

化肥农药橡胶塑料石油化工

## 连云港市海华化工设备有限公司

连云港市海华化工设备有限公司成立于2007年，本公司专业从事化工设备的销售，主要产品有化工阀门、水泵、防腐材料、管件、法兰、弯头等。

公司秉承"顾客至上，锐意进取"的经营理念，坚持"客户第一"的原则为广大客户提供优质的服务。欢迎惠顾！

联系人：王海

手机：13705139885 传真：0518-85522901

地址：江苏省连云港市新浦区东方纽约城16号楼3单元402室 邮编：222000

## 南通新广生化工有限公司

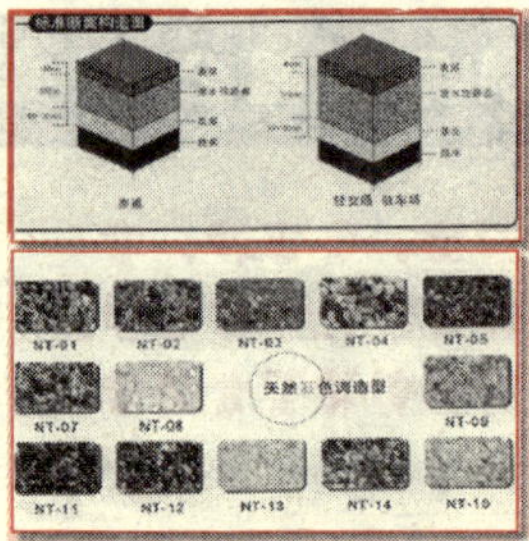

本公司成立于1980年，主要经营化工材料的生产、造纸助剂、透水路面材料，主要产品有环氧树脂及助剂、乙烯基酯树脂、F-76环氧酚醛树脂、造纸助剂、透水路面材料。

我们将竭诚为您服务。

联系人：卜吾鸿 13806294618
电话：0513-85544171
传真：0513-85544881 电子邮件：buwuhong@sina.com
地址：江苏省南通市港闸区唐闸西市街210号 邮编：226002

## 南京康德装饰粉体材料有限公司

南京康德装饰粉体材料有限公司成立于2005年，主要从事B01、B02、B03系列立等粉，能代替昂贵的立德粉和部分钛白粉。主要产品有钛白粉、立德粉、硫酸钡、碳黑、超细滑石粉、膨润土、颜料、树脂、溶剂油等各种化工原料。欢迎广大客户来电来函洽谈。

联系人：张康年

电话：13347706111、025-56227411、57200471

地址：江苏省南京市溧水县和凤镇沙塘安村土山坡 邮编：210000

## 南通裕华塑胶有限公司

南通裕华塑胶有限公司成立于1997年，专业从事塑料包装产品的生产和销售。主要是做家纺、床上用品的塑料包装和食品包装袋。

我公司本着"锐意进取，客户至上"的原则，竭诚为客户提供优质的产品和良好的服务。欢迎惠顾！

联系人：丁小勇

电话：0513-87944444 13912214988 传真：0513-87941814

地址：江苏省南通市如皋市吴窑镇沈甸村十八组 邮编：226000

## 南京市高淳雙湖液化石油有限公司

本公司成立于1996年。
主要从事液化石油气的经营。
客户的满意是我们不懈的追求！

联系人：邢光凤 13337831709
电话：025-57886110 57889710 传真：025-57889710
地址：江苏省南京市高淳县淳溪镇南塘 邮编：211315

## 如皋市油脂化工厂

如皋市油脂化工厂成立于1982年，
主要从事油脂的生产与销售。
"质量第一，信誉至上"，
竭诚欢迎新老客户光临、惠顾！

联系人：石建国

电话：0513-87541129 13906275734

地址：江苏省南通市如皋市东陈镇丁港村 邮编：226000

## 南京轩化化工有限公司

南京轩化化工有限公司成立于2005年，专业从事化工原料的加工、销售。主要产品是DOP，作为增塑剂广泛用于聚氯乙烯、氯乙烯共聚物、纤维素树脂的加工，也可作为合成橡胶和丁晴橡胶的软化剂。

产品畅销全国各地，热忱欢迎您的光临、指导！

联系人：李荣华 13912913388

电话：025-57328377
传真：025-57329290
邮编：211300
地址：江苏省南京市高淳县淳溪镇北岭山庄24号

## 山杨化工有限公司

山杨化工有限公司成立于1996年，主要从事醋丙、苯丙、纯丙乳液的生产及销售。用于人造毛皮、无纺布、玻璃纤维的粘合及各种涂料的制作。

竭诚欢迎新老客户光临惠顾！

联系人：钱宝根

电话：0512-52451606 13806238677

地址：江苏省苏州市常熟市虞山镇东青村 邮编：215000

## 南通市琳泉自控设备有限公司

本公司从2002年起专业从事逆变焊机的开发和生产。产品均通过国家"3C"认证，琳泉逆变焊机可广泛应用于铁路、造船、化工、冶金、机械、电力等工业部门，可适应多种环境各种不同要求的焊接。

我们竭诚欢迎社会各界朋友，与我们携手共创琳泉明日辉煌！

联系人：刘先生 13773759305 电话：0513-88923418
电子邮件：Linquanzk@163.com 传真：0513-88923418
地址：江苏省南通市海安开发区日新路26号 邮编：226600

## 射阳县勇昱制氧厂

射阳县勇昱制氧厂成立于1994年，专业从事各种工业气体的生产和销售，产品有氧气、氩气、乙炔气体、二氧化碳、丙烷气和混合气体。我厂遵循"诚信至上"的办厂宗旨，倡导"以人为本"的科学管理理念，欢迎来电洽谈业务！

联系人：陈汉标 手机：13905114520

电话：0515-82351610 传真：0515-82351610

地址：江苏省射阳县合德镇三庆路5号 邮编：224300

## 申腾塑料制品厂

申腾塑料制品厂是一家从事塑料制品加工的企业。欢迎新老客户来人、来函、来电、惠顾！

联系人：倪辉

电话：0513-83210938 13906284565　邮编：226200

地址：江苏省启东市汇龙镇长江东路东郊工业园区88号

## 苏州市明佳塑胶制品厂

苏州明佳塑胶制品厂坐落于经济发达的苏州，成立于2004年，我厂是塑料注塑成型，挤出吹塑成型的专业制造厂家，主要是从事塑料中空包装容器。

拥有全自动吹瓶机多台以及多台高效率的注塑机，适应生产10ml-2000ml等各种规格形状的塑料瓶或塑料容器。年生产各种塑料瓶2000万只上。苏州明佳塑胶制品厂宗旨：质量第一，信誉至上，欢迎各用户光临惠顾。

联系人：吴介明

电话：0512-65468173 65800955　电子邮件：mingjia@szmjsj.com

传真：0512-65800955　网址：www.szmjsj.com

地址：江苏省苏州市相城区黄桥镇张庄工业园区1号路15号　邮编：215132

## 苏州德财高分子材料有限公司

苏州德财高分子材料有限公司成立于2001年，本公司专业从事生产“德财”[illegible]PVC[illegible]、PVC透明塑料等系列产品。产品广泛用于电线电缆、通[illegible]

[illegible]信誉为本，坚持以用户满意为服务宗旨，可靠的产品质量[illegible]优良的售后服务赢得了广大用户的信赖。公司于2003[illegible]9001：2000质量保证体系认证。

[illegible]全体员工竭诚欢迎各界朋友、客户莅临赐教！精诚合作，[illegible]

联系人：王建球 13906222266　电话：0512-53228333　传真：0512-53291333

地址：江苏省太仓市沙溪镇新北街2号　邮编：215421

## 苏州新区亚明塑胶有限公司藏书分公司

本公司成立于2001年，主要经营塑胶、模具制品、喷涂。

我们坚信，有了您的支持，我们一定能以一流的产品、一流的服务和一流的信誉，为顾客提供更好的服务。

联系人：朱亚民 13771975518

电话/传真：0512-66930188 66930005 66930006

邮编：215100

地址：江苏省苏州市吴中区藏书镇[illegible]路383号

## 苏州金城塑料有限公司

苏州金城塑料有限公司是专业生产尼龙、塑料尼龙、塑料改性材料等的厂家。

我们秉承“我们提供的不仅仅是产品，更多的是技术与服务”的企业宗旨，遵循“用户至上，服务第一”的经营准则，与社会各界携手共进，共创美好的明天 。

联系人：邹永全 13901575615

电话：0512-52477708　传真：0512-52477208

地址：江苏省常熟市辛庄镇（杨园）双浜村　邮编：215500

## 宿迁市辉煌塑业有限公司

本公司成立于2007年。

主要经营PE塑料颗粒、高低压料、发泡料、压板料、注塑料以及PP颗粒。

公司将坚持“顾客至上、诚信第一”的服务宗旨，热忱欢迎新老顾客，各界人士竭诚合作，共展宏图。

联系人：王莉 13812403975

电话：0527-81882285

传真：0527-84554798

邮编：223813

地址：江苏省宿迁市宿豫区蔡集镇王庄村六组

## 苏州俊业吸塑包装材料厂

本公司成立于2003年。

主要经营吸塑包装材料的生产与销售。

公司一贯坚持“质量第一、用户至上、优质服务、信守合同”的宗旨。凭借着高质量的产品、良好的信誉、优质的服务，创造辉煌！

电话：0512-65644843　联系人：方龙辉

传真：0512-65648049　13814934300

地址：江苏省苏州市吴中区友新路28号东侧　邮编：215000

## 宿迁市同利塑业有限公司

本公司成立于2008年，主要经营铝塑板专用颗粒。

我们的服务宗旨：诚信为本，真诚待人，以高品质、高效率作为经营宗旨，全心全意为您服务。

联系人：胡居响 13773991088

电话：0527-84575676

邮编：223800

地址：江苏省宿迁市宿城区耿车镇大众工业集中区大众桥头

## 苏州市立盛塑胶制品厂

苏州市立盛塑胶制品厂成立于2002年，本厂专业生产、销售色母粒、改性塑料、色粉、塑料制品及包装。苏州市立盛塑胶制品厂秉承“为用户提供满意的产品和服务”的宗旨。竭诚为国内外用户提供一流的产品、一流的服务。欢迎各地的商家贸易合作！欢迎国内外各界朋友惠顾指导！

联系人：陈宏宝

电话：0512-65402707　邮编：215134

地址：江苏省苏州市相城区渭塘镇凤凰泾村

## 太仓市金祥氨纶纤维厂

太仓市金祥氨纶纤维厂成立于2003年，本公司专业从事生产氨纶纤维丝。

本厂始终坚持“质量第一”为原则，为广大客户提供优质产品。诚信合作，共求发展。欢迎前来洽谈业务。

联系人：杨惠彪

电话：0512-53858599　传真：0512-53855118

地址：江苏省太仓市璜泾镇长浜村　邮编：215400

## 泰兴市维美合成材料有限公司

网址：www.cnjswm.com

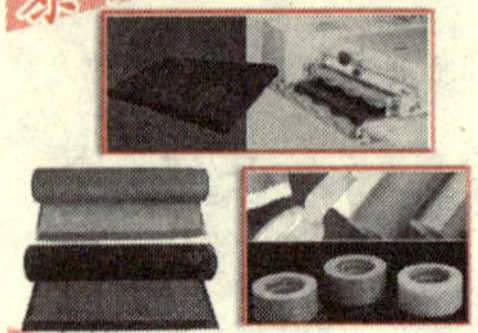

本公司是国内较大的特氟龙PTFE、氟硅胶布系列研发制造基地。

公司产品有：特氟龙耐高温焊布(漆布)、特氟龙网格输送带、特氟龙粘合机带、特氟龙粘胶带、硅橡胶涂覆玻璃纤维布、特氟龙硅橡胶建筑膜材等氟硅浸渍制品。

联系人：丁经理　　电子邮件：weimei@cnjswm.com
电话：0523-87207338　87101616　　邮编：225419
传真：0523-87101555　　地址：江苏省泰兴市泰兴溪桥工业区溪桥立交东200米

## 兴化市旭东塑料制品有限公司

兴化市旭东塑料制品有限公司专业生产、加工注塑制品、再生回料粒料，PP（聚丙烯）、PE（聚乙烯）各色再生塑料粒子，各企业配套注塑件，以质量求生存，以信誉求发展，欢迎新老客户来电咨询，洽谈业务！

联系人：林中勇　　电话：0523-83483488　83484555
地址：江苏省泰州市兴化市垛田镇城东村　　邮编：225754
网址：www.xudongsuye.cn　电子邮件：webmaster@xudongsuye.cn

## 泰兴市新型润滑剂厂

本公司成立于1993年。
主要经营润滑剂。
公司的服务宗旨是：
保证质量，为客户服务到底。

联系人：朱赤
13852698252
电话：0523-87455258
邮编：225443
地址：江苏省泰兴市天星闸北

## 徐州市天澳工业气体制造有限公司

本公司成立于2004年，主要经营氧气、氮气、乙炔及钢瓶销售，主要产品有氧气、氮气、乙炔、氩气、工业气体．坚持“只要客户需要，我们时刻在身边”　使客户能满意我们的服务内容、服务方式、服务效率和服务态度．

联系人：魏权纲　　邮箱：tianaoqiti@163.com
电话：0516-88216588、88403288、13705220118　　传真：0516-88403288
地址：江苏省徐州市睢宁县高作镇八里工业园宁峰路1号　　邮编：221200

## 泰州市通达氟制品厂

泰州市通达氟制品厂专业从事聚四氟乙烯的生产和销售，我厂恪守“服务第一，客户至上”的原则，竭诚为广大客户提供最专业的服务，我们恭候您的来电！

联系人：梁学元　　手机：13705263196
电话：0523-86921343
地址：江苏省泰州市高港区永安洲镇　　邮编：225300

## 徐州天助工贸有限公司

徐州天助工贸有限公司是一家专门从事塑料包装袋的企业。
本着“质量第一，信誉至上”的原则。
欢迎您的来电，我们将竭诚为您服务！

电话：0516-85811710　83052008
联系人：裴厚滨
传真：0516-83052008
地址：江苏省徐州经济开发区大庙镇安然村　　邮编：221003

## 无锡市亚远物资有限公司

无锡市亚远物资有限公司成立于2003年，本公司专业经营化工原料及化工产品，为化工企业服务，主要产品有纯苯（焦化）（一级）、苯酚（焦化（一级）、甲酚（一级）、醋酸乙酯（一级）、丁酮（一级）、异丙醇、工业萘、邻甲酚。

本公司以信誉第一，保证质量，常年供货。

电话：13906195468　0510-85583711　　联系人：沈凤良
地址：江苏省无锡市曹张新村520幢18-501室　　邮编：214000

## 盐城市隆鑫气体制造有限公司

本公司成立于2003年，专业从事工业气体的生产销售，阀门、五金的加工销售及氧气瓶的销售。工业气体有氧气、氮气、乙炔气、氩气、二氧化碳等。“质量第一，用户至上，不断改进，追求卓越”是企业的质量方针。欢迎惠顾！

联系人：邵玉良
电话：0515-88796007　13705108360
传真：0515-88707879　　地址：江苏省盐城市盐都区龙冈镇丁墨村

## 镇江市金海塑料制品有限公司

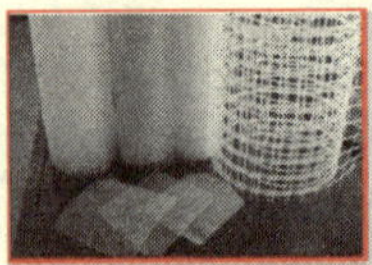

本公司成立于 1992 年，主要生产塑料挤出网及塑料制品，主要产品有塑料双向、单向拉伸网，塑料网具，隔音垫等。

我们坚持质量是生命、顾客是上帝、推陈出新、精益求精的宗旨，期待着与您的真诚合作，欢迎广大有识之士光临指导！

联系人：杭金海　13906102243

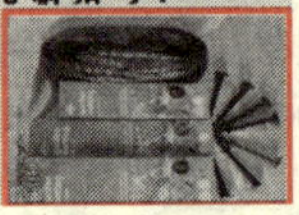

电话/传真：0511-85722343　85726243
电子邮件：jhhjh139@126.com
地址：江苏省镇江市民营经济开发区3号支路　　邮编：212005

## 盐城市盐都区兴顺塑料制品有限公司

盐城市盐都区兴顺塑料制品有限公司成立于2010年，主要从事塑料制品的加工。我们将以优质的产品，合理的价格，诚信的服务期待您的光临！

联系人：还岳兵
电话：13851069473、0515-88469363
地址：江苏省盐城市盐都区新区兴民村三组　　邮编：224005

## 盐城市宇球橡胶制品有限公司

盐城市宇球橡胶制品有限公司成立于2006年，专业从事再生橡胶产品的生产。公司成品有胎面再生胶、胎面精细再生胶、内胎精细再生胶，成品分有五个级别：特级、优级、一级、二级、合格。可供应不同橡胶制品厂的需求。

公司创办来，我们以市场为导向，以科技为依托，以质量为生命，以顾客为根本。实施"宇球"品牌战略，注重提升产品档次，努力拓展产品市场。

联系人 姚永华

电话：0515-88889599 88889566 传真：0515-88889566

地址：江苏省盐城市盐都区龙冈镇凤凰工业集中区 邮编：224011

## 仪征贵飞化工有限公司

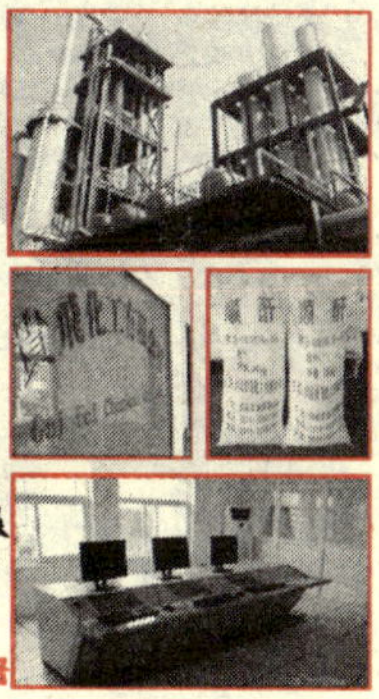

我公司成立于2005年，主要从事顺酐、富马酸及下游产品的开发、生产和销售，公司拥有先进的生产工艺技术及专业的顺酐生产装置，顺酐年产量达20000吨。

企业实施"以人为本"的团队战略精神，树立"诚信天下"的企业理念，奉行"质量第一、客户至上"的经营宗旨，努力打造一流的现代管理企业，为广大客户提供优质的产品和良好的服务。

电话：0514-83299798
传真：0514-83299797
网址：www.yzgfhg.com
电子邮件：web@yzgfhg.com
邮编：211400
地址：江苏省扬州市仪征市扬州化学工业园沿港路5号

联系人：陆宏良
13852732666

## 扬中市润元橡胶模具厂

扬中市润元橡胶模具厂成立于2008年，以橡胶模具加工及制造为主。

公司秉承"锐意进取"的经营理念，坚持"客户第一"的原则，欢迎新老客户光临、惠顾。

联系人：蒋王元
13705298277

电话：0511-88355253
邮编：212000
地址：江苏省扬中市三茅镇勤丰村258号

## 仪征市海腾塑胶制品有限公司

本厂专业生产PET瓶坯及聚脂瓶、广口瓶、油壶瓶等。

质量保证，价格优惠，广泛应用于饮料、药品等行业的包装。同时可根据客户的要求定做各种规格的塑料制品。

欢迎广大朋友联系洽谈。

联系人：陈海进
13952506031

电话：0514-85810788

地址：江苏省仪征市真州镇胥浦工业集中区浦西西路南侧 邮编：225002

## 扬州吉尔特种塑料厂

扬州吉尔特种塑料厂创建1976年，一直从事安全带、安全帽、围栏等特种许可证产品的生产，2000年研制开发了特种塑料MC尼龙的系列产品，我厂对生产的各种产品都具有完善的检测手段，且由上海塑料研究所、江苏省化工研究所对其各项性能进行多次测试，均达到了国内外同类产品的先进水平。我们将始终坚持"科学发展，诚信经营，以人为本"的经营理念和广大客户精诚合作，共同发展！

联系人：陈琦 13805255522
电话：0514-88801888 传真：0514-8805988
地址：江苏省扬州市宝应县小官庄镇工业集中区 邮编：225816

## 宜兴捷先化学工业有限公司

宜兴捷先化学工业有限公司成立于1994年，本公司专业制造人革表面处理剂。本公司秉承"顾客至上，锐意进取"的经营理念，坚持"客户第一"的原则为广大客户提供优质的服务。欢迎广大客户惠顾！

联系人：马放春

电话：0510-87291296 传真：0510-87291999
地址：江苏省宜兴市关林镇戈庄蒋家桥
邮编：214251

## 扬州市邗江李典汤克响轮胎加工门市部

扬州市邗江李典汤克响轮胎加工门市部成立于2005年，本部主要经营尼龙胎面、大钢丝胎面、小钢丝胎面、规格齐全，加工零售。扬州市邗江李典汤克响轮胎加工门市部本着"客户第一，诚信至上"的原则，与多家企业建立了长期的合作关系。热忱欢迎各界朋友前来参观、考察、洽谈业务。

联系人：汤克响
电话：0514-87551054
地址：江苏省扬州市邗江区李典镇
邮编：225106

## 扬州市邗江雄狮造漆厂

扬州市邗江雄狮造漆厂成立于1993年，专业从事油漆涂料的生产和销售，产品种类齐全，主要有钢结构防腐漆，船舶用漆，机械面漆等。

公司秉承"顾客至上，锐意进取"的经营理念，坚持"客户第一"的原则为广大客户提供优质的服务。欢迎惠顾！

联系人：梅金生

电话：0514-87941448 13665293999 传真：0514-87949337
地址：江苏省扬州市邗江区蒋王镇中心路北首 邮编：225000

## 浙江省/Zhejiang Province

### 天台县飞宇橡胶销售部

业务：橡胶制品的销售
产品：橡胶制品
地址：浙江省台州市天台县三合镇下坊村
……… 负责人：王雍华 邮　编：318000
……………………………… 法　人：王雍华
…………Tel：15857667696
13968581551

### 玉环凯通橡塑制品有限公司

业务：专业从事塑料制品、橡胶制品、汽车配件、摩托车配件、紧固件、建筑及家具用金属配件制造及销售，承接外贸订单。先进的生产工艺、齐全的检测设备，为产品研发、生产、销售提供了质量保证，热忱欢迎新老顾客前来光临指导！
产品："硅胶、橡胶、""O""型圈、垫片、汽车、摩托车配件等"
业务：浙江省台州市玉环县大麦屿街道普南工业区
……… 负责人：陈益宝 邮　编：317604
……………………………… 法　人：陈益宝
…………Tel：0576－81735778
13819616203
13967665899
…………Fax：0576－81735779

### 义乌市智高彩泥有限公司

业务：本公司是生产"神奇"牌系列彩泥的专业厂家，产品具有无毒、不粘手、保质期长等优点。衷心感谢你对本公司的选择和支持，公司本着"质量第一，顾客至上"的原则，竭诚欢迎新老客户的光临、指导、合作。彩泥当选"神奇"，智高成就精彩。
地址：浙江省义乌市福田市场H区－24370号商位
………… 负责人：任婷婷……邮　编：322000
……………………………… 法　人：任婷婷
……………………………… Tel：0579－85164370
……………………………… Fax：0579－85164370

### 玉环正浩润滑油有限公司

业务：销售各种润滑油、热处理淬火油
地址：浙江省台州市玉环县珠港镇城关朝阳小区
………… 负责人：王建 邮　编：317600
……………………………… 法　人：王建
…………Tel：13586171488
0576－87507252

### 兰溪市亚泰生物能源有限公司

业务：生物柴油、酸化油、地沟油
地址：浙江省金华市兰溪经济开发区秋菱路16号
……… 负责人：王会松 邮　编：321000
……………………………… 法　人：王会松
…………Tel：0579－88988889
15058551033
……………… 网址：www.ytswny.com.cn

### 慈溪市长河红军洁具厂

业务：再生塑料
地址：浙江省慈溪市长河镇大牌头村纵贯路122号
……… 负责人：沈红军 邮　编：315000
……………………………… 法　人：沈红军
…………Tel：13606745836
0574－63417758

### 东阳市威尔德焊业有限公司

业务：公司成立于2004年，主要从事二氧化碳气体保护焊焊丝的生产和销售。产品主要有：CO2气体保护焊焊丝，氩弧焊焊丝，埋弧焊焊丝等。本公司将以上乘的质量，优质的服务，合理的价格回报社会。公司诚邀有识之士加盟指导，共谋发展。欢迎广大用户来厂或来电来函洽谈业务！
地址：浙江省东阳市广福路月亮湾小区西
负责人：李红晓 邮 编：163453
法 人：李红晓
Tel：0579－86355812
Fax：0579－86355810
网址：www.weierdehanye.com
E-mail：zgzjdyxh@126.com

### 台州市涟杰塑料有限公司
业务：一系列塑料日用制品及塑料原料的加工销售
产品：保鲜盒，食品箱，面盆，水桶，方筛，米箩，菜箩，浴盆，脚盆，纸篓等
地址：浙江省温岭市大溪工业区2幢5号
负责人：陈松青 邮 编：317500
法 人：江海红
Tel：13906862780
0576－86331038
Fax：0576－86332738
网址：http://www.51zzt.com/user/zt14

### 苍南县德丰工艺厂
业务：生产、销售各种塑料、金属台签、科室牌
产品：收银牌、房价牌、及加工各种标牌、铭牌等广告用品、礼品
地址：浙江省温州市苍南县金乡镇黄泥香路73号
负责人：陈明高 邮 编：325805
法 人：陈秋芬
Tel：0577－59996381
Fax：0577－64568181
网址：www.dfgy168.cn
E-mail：cndfgyp@163.com

**杭州山孚化工有限公司**
地址：浙江省杭州市滨江区江南大道1328号地税大楼附楼二楼东侧1、2两间
负责人：龚叶钧
Tel：0571－87760336

### 建德市水生硅业有限公司
业务：模具硅橡胶产品的制造、销售
地址：浙江省建德市新安江月亮湾15幢1002室
负责人：吴水生 邮 编：311600
Tel：13588227385
13634150228
网址：http://www.51zzt.com/user/zzt33507

### 苍南县延林精细化工有限公司
业务：销售化工产品
地址：浙江省温州市苍南县龙港镇金融大厦1208
负责人：项延领 邮 编：325000
法 人：项延领
Tel：0577－68619997

### 苍南县丹丹塑料工艺厂
业务：无纺布手提袋、环保袋、购物袋、化妆品袋
产品：无纺布袋、广告袋、酒袋、礼品袋、西装袋、复膜环保袋、广告围裙等
地址：浙江省温州市苍南县龙港镇龙翔路271号
负责人：林小丹 邮 编：325805
法 人：林金丹
Tel：0577－64220016
Fax：0577－64220017
网址：www.ddwfb.com
E-mail：lgdandan@163.com

### 苍南县龙港镇万兴塑料制品厂
业务：塑料颗粒生产批发
地址：浙江省温州市苍南县龙港镇三大庙村前岸大坟头垟心199－200号一楼
负责人：谢树仙 邮 编：325000
法 人：谢树仙
Tel：15167811088
0577－68126922
Fax：0577－68126922

### 磐安县可可塑胶厂
业务：塑胶
地址：浙江省金华市磐安县冷水镇岩潭村当坑竹园坞
负责人：孔月忠 邮 编：321000
法 人：孔月忠
Tel：13566990548
网址：http://www.51zzt.com/user/zzt34470

**淳安县大墅亨达石油液化气有限公司**
地址：浙江省杭州市淳安县大墅镇桃源村
负责人：章建中
Tel：0571－64845090

### 慈溪市观海卫钟涛塑料制品厂
业务：生产和销售计算机网络设备
产品：计算机网络设备
地址：浙江省慈溪市观海卫镇洞桥村菜场小区1幢6号
负责人：徐幼迪 邮 编：315000
法 人：徐幼迪
Tel：0574－63662008
Fax：0574－63662008

### 苍南鑫广能源设备有限公司
业务：沼气维修工具、沼气配件、沼气管道配件
地址：浙江省温州市苍南县龙港镇上厂街203号2单元402
负责人：杨连鑫 邮 编：325802
法 人：杨连鑫
Tel：13025001388
0577－68657566
Fax：0577－68657566
网址：http://www.51zzt.com/user/zzt30384

### 温州沪正纳米科技有限公司
业务：织物、皮革纳米抗菌剂系列；防霉、防螨剂 系列、织物、皮革芳香微胶囊整理剂系列（纳米除臭搞抗菌袜、鞋垫）织物芳香除臭、抗皱、去污系列；织物负离子远红外、抗紫外、抗静电系列、黄土、负离子、远红外系列（纳米黄土粉体溶液；负离子粉体、溶液等）功能塑料母粒、纱线、抗菌粉系列；空气净化产品系列；纳米金属系列；纳米功能涂料系列；晶粒泉纳米高能量小分子团直饮水机
地址：浙江省温州市车站大道2号华盟商务广场1005
负责人：叶小飞 邮 编：325000
法 人：叶小飞
Tel：13587997699
13676408505
0577－86000518
Fax：0577－86000300
网址：www.wzhznano.com
E-mail：huzhengnami@qq.com

**杭州源潮化工有限公司**
地址：浙江省杭州市滨江区聚业路7号301室
负责人：赵幼远
Tel：13806509041

### 乐清市赛华薄膜制品厂
业务：塑料薄膜加工
地址：浙江省温州市乐清市翁垟镇沿滨路7弄1号
负责人：游赛华 邮 编：325000
Tel：13757748006
0577－62818406

### 温州市龙湾海城新旺达气体经营部
业务：氧（压缩）、氩（压缩）、氮（压缩）、二氧化碳（液化）的零售
地址：浙江省温州市龙湾区海城街道上涂村繁荣北街40号
负责人：涂克权 邮 编：325000
法 人：蔡克华
Tel：13705788820
18906650355
18958853388
15988770081

### 温州市龙湾海城腾飞胶粘剂经营部
业务：工业胶黏剂销售
地址：浙江省温州市龙湾区海城街道镇前街156号
负责人：刘纪友 邮 编：325035
法 人：刘纪友
Tel：0577－85227322

### 温州市龙湾蒲州得胜吹塑加工厂
业务：吹塑加工。专业生产PET塑料瓶子、PVC吸塑包装等
地址：浙江省温州市龙湾区蒲州街道屿田南路116号
负责人：蔡伟国 邮 编：325000
法 人：蔡伟国
Tel：15988700379
0577－86530337
Fax：0577－86530337
网址：http://despacking.b2b.hc360.com/shop/show.html

**富阳市宏达化工有限公司**
地址：浙江省杭州市富阳市常安镇横槎村
负责人：何永华
Tel：0571－63568178

### 磐安县恒际化工有限公司
业务：化工产品的销售
地址：浙江省金华市磐安县盘峰乡三佰宴村1号
负责人：张旭剑 邮 编：321000
法 人：张旭剑
Tel：0579－84618300
13738928598

**杭州鸿宇化工有限公司**
业务：杭州鸿宇化工有限公司成立于1985年，现有员工100余人，从事丙苯胶乳的生产及销售。欢迎来电垂询！
地址：浙江省富阳市大源镇塔堰村
邮 编：311413
法 人：黄伟锋
Tel：0571－63591057
Fax：0571－63590268

### 建德市航头镇飞越涂料粉剂厂
业务：生产销售涂料灰钙粉
地址：浙江省建德市航头镇田畈村长江垅
负责人：黄永诚 邮 编：310026
Tel：13375718183
0571－64561098

### 温州市龙湾瑶溪龙水四氟密封件加工厂
业务：专业生产防腐密封件的企业，从事四氟产品定制加工。产品种类齐全。本厂奉行"诚信创新务实求新"的企业精神，我们将竭诚欢迎新老客户洽谈合作
产品：四氟密封圈、垫圈、O形圈及耐高温高压产品
地址：浙江省温州市龙湾区瑶溪镇朱宅村西岸路59号
负责人：朱智猛 邮 编：325000
法 人：朱智猛
Tel：0577－86627778
13738738770
Fax：0577－86627275

### 温州市龙湾天河良如颜料配色店
业务：塑料、颜料配色服务、夜光粉批发、零售
地址：浙江省温州市龙湾区永强大道1499号
负责人：章良如 邮 编：325000
法 人：章良如
Tel：0577－86818191

### 温州市龙湾永兴维林润滑油经营部
业务：各种润滑油批发零售
地址：浙江省温州市龙湾区永兴街道乐一南路13幢99号
负责人：张维林 邮 编：325000
法 人：张维林
Tel：13017864061
13221157799
0557－86934461

### 磐安县兴悦塑料制品厂
业务：注塑配件、塑料软管制造
地址：浙江省金华市磐安县玉山镇方塘村375号
负责人：王先生 邮 编：321000
法 人：王桂塘
Tel：15058666183
15988568731
0579－84722890
Fax：0579－84722890

### 慈溪市云学塑料制品厂
业务：塑料制品制造和加工
产品：打包带、封箱胶带等
地址：浙江省慈溪市匡堰镇王家埭村王家埭北路15号
负责人：丁云学 邮 编：315321
法 人：丁云学
Tel：0574－63535110
13732166766
Fax：0574－63535110
E-mail：310263166@qq.com

**台州市一智塑模有限公司**
业务：台州市一智塑模有限公司主要从事塑料模具的设计、开发与生产。公司拥有雄厚的技术力量和先进的工艺设备，以及完善的检测手段，竭诚欢迎广大客户来我公司洽谈业务！
地址：浙江省台州市黄岩区西城羽山村29号
负责人：陈金德 邮 编：318020
法 人：陈金德
Tel：0576－84085938

### 温州市鹿城区上戍吉运润滑油经营部
业务：润滑油批发兼零售
地址：浙江省温州市鹿城区上戍乡戴宅村渔藤路238号
负责人：倪小辉 邮 编：325000
法 人：倪小辉
Tel：13395878106
0577－86412116
Fax：0577－86412116

### 天丽化工商行
业务：经营鞋材化工品
产品：油墨
地址：浙江省温州市鹿城区温金路广景大厦1003室
负责人：殷之成 邮 编：325000
法 人：殷之成
Tel：13957799339
15868709898
0577－89778662
Fax：0577－89778661

### 温州市瓯海丽岙东云注塑加工场
业务：电器注塑
地址：浙江省温州市瓯海丽岙丽塘村丽塘东路1号
负责人：姜冬云 邮 编：325000
法 人：姜冬云
Tel：13738342398
13968931386
0577－85389184
85394224

### 温州市瓯海南白象义昆注塑加工场
业务：注塑加工
地址：浙江省温州市瓯海南白象霞坊村霞坊路69号
负责人：王义昆 邮 编：325000
法 人：王义昆
Tel：13676434519
0792－4856348

### 武义县良立邦漆专卖店
业务：主要经营立邦漆专卖
地址：浙江省金华市武义县熟溪街道温泉南路金三路广场20幢（9－10）间店面
负责人：俞良忠 邮 编：321000
法 人：俞良忠
Tel：0579－87640782
13665884404

### 建德市宏翔钙业有限公司
业务："宏翔"牌灰钙粉、氢氧化钙、乳胶漆专用粉、OK粉、重质碳酸钙
地址：浙江省建德市航头镇南山野坞口
负责人：夏玉土 邮 编：310026
法 人：夏玉土
Tel：13396531988
0571－64569118
64597248

### 温州市瓯海潘桥伟诚橡塑制品加工场
业务：塑料制品加工
地址：浙江省温州市瓯海潘桥镇陈岙村新桐路181号
负责人：章兴武 邮 编：325000
法 人：章兴武
Tel：0577－86155851

### 温州市瓯海潘桥江鸿薄膜气垫加工场
业务：薄膜气垫加工
地址：浙江省温州市瓯海潘桥镇河西村河西北路19号第2间
负责人：涂爱民 邮 编：325000
法 人：涂爱民
Tel：13989746737
0577－56806182
Fax：0577－86701799

### 余姚市佳欣塑化有限公司
业务：塑料原料，化工原料等
地址：浙江省余姚市中国塑料城E－1704号
负责人：何琴华 邮 编：315400
邮 编：何琴华
Tel：0574－81263888

## 温州市瓯海献武薄膜加工场
业务：塑料薄膜
产品：自封袋、平口袋
地址：浙江省温州市瓯海区仙岩镇繁荣北路115号
负责人：杜献武 邮 编：325000
法 人：杜献武
Tel：13957769687
0577－85319781
Fax：0577－85321008

## 仙岩冬魁水性涂料店
业务：经营水性涂料、环氧地坪
地址：浙江省温州市瓯海仙岩下林村温霞路75号
负责人：周冬魁 邮 编：325000
法 人：周冬魁
Tel：13758753307
0577－85329277

## 天台金龙滤料器材有限公司
业务：天台金龙滤料器材有限公司始创于1995年，是专业生产过滤器、滤芯、滤布、滤布的综合性实体企业。产品广泛用于电力、化工、冶金、煤气、纺织、印染、石油和城镇给排水行业的水处理系统。数年来，公司始终坚持以科技为先导，以质量求发展的原则，让质量和信誉开拓市场、占领市场，深得用户好评。
地址：浙江省台州市天台县工人西路10号
邮 编：317200
法 人：吕人地
Tel：0576－3881031
Mobile：13506767598
Fax：0576－3881031
网址：www.ttjl.chinapyp.com

## 瑞安市南港油品有限公司
业务：汽车润滑油、工业润滑油的销售
地址：浙江省温州市平阳县鳌江镇府前路恒大楼12号
负责人：刘秀荣 邮 编：325000
Tel：13736926898
0577－63193218
Fax：0577－63190330
网址：www.ranangang.com

## 平阳华速润滑油经营部
业务：润滑油批发、零售
地址：浙江省温州市平阳县昆阳镇东门白垟路1号(原邮电宿舍底层)
负责人：丁尚介 邮 编：325000
法 人：丁尚介
Tel：13587545656
0577－63722522
63636880

## 平阳县旺兴胶粘带厂
业务：胶粘带加工、批发、零售
地址：浙江省温州市平阳县昆阳镇万兴路173号
负责人：付品珊 邮 编：325400
法 人：付品珊
Tel：13868545559
0577－23824307

## 平阳县吉祥泡沫制品厂
业务：塑料泡沫制品加工
地址：浙江省温州市平阳县榆垟镇岙斗村路口
负责人：龚大祥 邮 编：325000
法 人：龚大祥
Tel：0577－63791222

## 瑞安市沙漠绿洲涂料店
业务：沙漠绿洲涂料代理经营
地址：浙江省温州市瑞安市东山街道聚鑫城1、2幢105－1－2－3室
负责人：姚则国 邮 编：325000
法 人：姚则国
Tel：0577－66870240
网址：www.smlz.com

## 瑞安市春利塑料有限公司
业务：塑料粒子
地址：浙江省温州市瑞安市汀田镇汀六村中川路116号
负责人：夏温成 邮 编：325000
法 人：夏温成
Tel：0577－65102320

## 乐清市绿农遮阳网加工厂
业务：生产和销售遮阳网
产品：遮阳网
地址：浙江省乐清市清江镇谢屏村
负责人：王则敏 邮 编：325011
法 人：王则敏
Tel：13588956229

## 仙居县永鑫橡塑制品有限公司
业务：橡胶制品制造，塑料制品制造
产品：汽车密封条，汽车密封零部件
地址：浙江省仙居县福应街道花苑东区7幢1单元302室
负责人：李苏芬 邮 编：317300
法 人：郑云杰
Tel：13968557587
Fax：0576－87736323
网址：www.zjds.gov.cn
E-mail：zjzxzyj1@163.cn

## 武义新奥顺塑粉有限公司
业务：集研发、生产、销售于一体，专业制造各类热固性粉末涂料，专供门业电器、电动工具、休闲用品、五金类涂料。拥有精干专业的技术人才及精良的生产设备，产品质量优良，服务诚信周到，欢迎新老客户前来业务洽谈！
地址：浙江省金华市武义县桐琴镇金丝村41号
负责人：杨训松 邮 编：321200
法 人：杨训松
Tel：0579－87963036
15867917618

## 慈溪市范市博海模具厂
业务：生产与订制各类塑料模具，以家电方面模具、汽车零部件模具为主
产品：各类塑料模具
地址：浙江省慈溪市龙山镇范市湖滨北路三期模具市场4幢35号
负责人：臧春海 邮 编：315312
法 人：臧春海
Tel：13777040089
0574－63704978

## 义乌市尹霞硅橡胶厂
业务：加工硅橡胶
产品：饰品合金翻砂的模具(胶膜)
地址：浙江省义乌市城西街道何泮山村新区A区2幢2号
负责人：李霞 邮 编：322000
法 人：尹家森
Tel：13958406876
Fax：0579－85220485
E-mail：782588448@qq.com

## 义乌市润佳涂料厂
业务：水性涂料加工、销售
地址：浙江省义乌市佛堂镇方前村
负责人：王瑞锋 邮 编：321000
法 人：王瑞锋
Tel：13305896583
0579－85726992
Fax：0579－85726993

## 义乌市明欣塑胶制品有限公司
业务：充气玩具、水上用品
地址：浙江省义乌市上溪镇四通西路51号
负责人：吴志明 邮 编：321000
法 人：吴志明
Tel：13515795555
0579－85857998

## 永康市悍马涂料经营部
业务：油漆、稀释剂无仓储零售，防盗门罩光金油，氨基漆，丙烯酸油漆，特种玻璃(防弹玻璃，钢化玻璃，建筑玻璃)、厂家直销
地址：浙江省永康市东城街道城北东路781号
负责人：杨烈成 邮 编：321300
法 人：杨烈成
Tel：0579－87571942
87571943

## 嘉兴市秀洲区王江泾四强塑料厂
业务：专业生产超市购物塑料袋、环保袋、马夹袋、垃圾袋等
地址：浙江省嘉兴市秀洲区王江泾镇双桥建业路20号
负责人：陈东亮 邮 编：314000
法 人：陈东亮
Tel：13967353019
0573－83778108

## 慈溪市物美包装用品有限公司
业务：硬PVC、吸塑包装、塑料制品、五金配件、电器配件制造、加工
地址：浙江省慈溪市掌起镇古窑公路221号
负责人：张新庆 邮 编：315000
法 人：张新庆
Tel：13968282808
0574－63663355

## 金华市婺城区三新水性涂料厂
业务：生产和销售各类水性涂料
产品：各种内外墙乳胶漆
地址：浙江省金华市婺城区白龙桥镇华电路
负责人：何荣华 邮 编：321025
法 人：何荣华
Tel：13362972722
0579－82564889
Fax：0579－82564889
E-mail：1253280556@qq.com

## 永康市东城杰辉塑料经营部
业务：塑料加工生产销售
地址：浙江省永康市东城金城路349弄10幢8号
负责人：金兴刚 邮 编：321000
法 人：金兴刚
Tel：0579－87218593

## 永康市唐先镇玲爱塑料制品厂
业务：生产乙烯、炳烯
地址：浙江省永康市唐先镇长川村
负责人：施天龙 邮 编：317000
法 人：施天龙
Tel：15925932342
0579－87025128

## 永康市唐先镇鑫颗塑料厂
业务：专业生产，加工PPE\PPR塑料粒子
地址：浙江省永康市唐先镇唐东村
负责人：吕杰波 邮 编：321300
法 人：吕杰波
Tel：0579－87137669
13185165899
网址：http://www.51zzt.com/user/zzt31066

## 余姚市群福塑料厂
业务：生产和销售PE原材料，管材用接头，草坪格
产品：PE原材料，管材用接头，草坪格
地址：浙江省余姚市低塘街道历山村
负责人：许志峰 邮 编：315400
法 人：许志峰
Tel：0574－62241999
13805822968

## 余姚市源庆模具加工厂
业务：专业从事各类日用系列，工程系列等模具制造。诚鑫人秉着开拓、创新、求实的精神，以“一流的塑料产品，制一流的精密模具，率他人之先，创同行之最”的企业经营理念。我们竭诚欢迎各界朋友来人，来电，洽谈合作。
地址：浙江省余姚市梨洲街道竹山村(竹山桥197号)
负责人：张善建 邮 编：315400
法 人：张善建
Tel：13586710854
15058201061
Fax：0574－62587642

## 余姚市阿里大师油漆专卖店
业务：阿里大师油漆专卖
地址：浙江省余姚市浙东油漆涂料市场7号楼A12.A13(租房)
负责人：章家和 邮 编：315400
法 人：章家和
Tel：0574－22717266
13958341145

## 嵊泗县天存润滑油经营部
业务：批发，零售鼎牌润滑油
地址：浙江省舟山市嵊泗县菜园镇小平头村码头墩简易房第七间
负责人：叶忠存 邮 编：202450
法 人：叶忠存
Tel：13867206401
15305802292
0580－5231105

## 慈溪市新浦建忠橡胶制品厂
业务：生产橡胶制品(洗衣机配件、水暖件)
地址：浙江省慈溪市新浦镇下洋浦村下洋浦路218号
负责人：陈建忠 邮 编：315322
法 人：陈建忠
Tel：0574－63595269
13600615591
Fax：0574－63595269

## 富阳市千友涂装有限公司
地址：浙江省杭州市富阳市富春街道桂花西路119号二楼
负责人：陈正千
Tel：0571－63360368

## 义乌市惠泽油漆商行
业务：油漆的销售
地址：浙江省金华市义乌市丹溪路107号
负责人：金剑亮 邮 编：321000
法 人：金剑亮
Tel：13355795722
0579－85317207

## 富阳市金鹏化工有限公司
业务：富阳市金鹏化工有限公司成立于2006年，主要生产一号锌，二号锌。公司以“质量求生存、信誉求发展”，欢迎广大用户光临惠顾！
地址：浙江省杭州市富阳市常安镇七一村
负责人：何春强 邮 编：311400
法 人：何春强
Tel：0571－63569788
Fax：0571－63569899

## 昌茂化工产品经营部
业务：化工产品(不含危险化学品及易制毒品)的销售。
地址：浙江省嘉兴市南湖区余新镇余贤大桥东堍北侧
负责人：陈兴昌 邮 编：314000
法 人：陈兴昌
Tel：13967333527
15005839746

## 仙居县永志橡胶厂
业务：仙居县永志橡胶厂成立于2005年，是一家生产橡胶杂件的厂家。能独立生产各种骨架油封、密封件、密封条、O型圈等各种橡胶杂件。我厂将竭诚与社会各界携手并肩，通力合作，共创美好明天。
地址：浙江省台州市仙居县下各镇黄梁陈村
邮 编：317322
法 人：陈勇志
Tel：0576－7639544
Fax：0576－7611200

## 慈溪市掌起虞律塑料制品厂
业务：再生塑料颗粒加工，塑料制品制造、加工。
地址：浙江省慈溪市掌起镇柴家村机耕路
负责人：虞善国 邮 编：315000
法 人：虞善国
Tel：0574－63669209
13805810854

## 洞头县明星塑料制造厂
业务：本厂创建于1999年，专业生产塑料制品，近年来我厂与浙江康恩贝集团公司、浙江天一堂药业公司及广东利泰保健品有限公司等单位长期合作，产品产值逐年增长，有固定资产32万。占地面积800平方米。我厂专业生产塑料吸管、吸塑、吹塑、吹瓶塑料扎带，尼龙扎带等多种系列产品。
地址：浙江省温州市洞头县元觉工业区
邮 编：325703
法 人：蔡明新
Tel：0577－63468109
Fax：0577－63468688

## 云和县惠丰塑料制品厂
业务：塑料制品加工、销售
地址：浙江省丽水市云和镇白水路14号
负责人：邱裕森 邮 编：323600
法 人：邱裕森
Tel：0578－5125730
13967041375

## 富阳市力泰化工有限公司
地址：浙江省杭州市富阳市里山镇民强村
负责人：徐建力
Tel：13005768983

## 临安鑫立塑料制品有限公司
业务：塑料制品的生产和销售
地址：浙江省临安市玲珑街道东山村
负责人：李鑫 邮 编：310026
法 人：李鑫
Tel：13362163111
0571－63763111
Fax：0571－63763111

## 嘉兴市南湖区凤桥梅园塑料制品厂
业务：生产各种型号塑料袋吹膜
地址：浙江省嘉兴市南湖区凤桥镇栖柽村22组
负责人：雷志祥 邮 编：314000
法 人：雷志祥
Tel：13967363288
0573－83144903

## 杭州富阳罗亨化工有限公司
地址：浙江省杭州市富阳市万市镇洪家村
负责人：方雪芬
Tel：0571－63221008

## 平阳县宝多利化工原料有限公司
业务：平阳县宝多利化工原料有限公司成立于2004年，从事鞋剂、皮革鞋剂、皮革修整化

学品、制革用油、上浆剂、皮革防水化学品、皮革加脂剂、鞣革物、皮革表面处理用化学品等。欢迎新老客户来电垂询。
地址：浙江省温州市平阳县水头镇丹华北路57号
邮 编：325405
法 人：王祖森
Tel：0577－63950118
Fax：0577－63950128

## 嘉兴市南湖区城西恒润油漆商行
业务：华润牌油漆
地址：浙江省嘉兴市南湖区东升路1950、1952号
负责人：华永平 邮 编：314000
法 人：华永平
Tel：13586454849
0573－82270077

## 临安市正和塑业有限公司
业务：塑料粒子
地址：浙江省临安市玲珑街道上源村农木塘30号
负责人：赵爱君 邮 编：311300
法 人：赵爱君
Tel：0571－63787373

## 富阳市双亿塑料胶带厂
业务：本公司主要生产经营双面胶带、文具胶带、布基胶带、封箱胶带等各种胶粘带。产品以优质低价畅销整个华东地区。企业正秉承"开拓创新、务实诚信、追求卓越"的经营理念。积极开创新局面，让企业更上一个新台阶。
地址：浙江省杭州市富阳市里山镇金星村新街57号
邮 编：311418
法 人：江治平
Tel：0571－63532053
Fax：0571－63532053

## 台州荣超洋化工有限公司
业务：化工产品（除危险化学品及易制毒化学品等前置许可项目外）销售。
产品：各种进口，国产的优质钛白粉、黑炭黑。
地址：浙江省临海市灵江公寓一栋3单元202室
负责人：赵志荣 邮 编：317000
法 人：赵志荣
Tel：18957657697
0576－85313199

## 慈溪市掌起文辉塑料制品厂
业务：生产打火机
地址：浙江省慈溪市掌起镇周家段村大桥新村
负责人：江文 邮 编：315000
法 人：江文
Tel：0574－23617845
Fax：0574－23617845

## 富阳市嘉俊塑料有限公司
地址：浙江省杭州市富阳市新登镇宝山村
负责人：刘剑
Tel：13968177637

## 宁波佳爱贸易有限公司
业务：塑料加工及贸易
地址：浙江省宁波市北仑开发区大矸镇高钱王街144号
负责人：鲁康飞 邮 编：315800
法 人：鲁康飞
Tel：13248428888
0574－26864722

## 海盐锐深华馨化工设备有限公司
业务：化工填料、化工设备的生产和销售
产品：化工填料、化工设备
地址：浙江省嘉兴市海盐县百步镇超同村（原百步砖瓦二厂内）
负责人：吴社良 邮 编：314312
法 人：吴社良
Tel：0573－86777298
86779688
Fax：0573－86779688
E-mail：wsl6886@163.com

## 宁波经济技术开发区天欣贸易有限公司
业务：本公司承接各类化工业务
地址：浙江省宁波市北仑区奥力孚商城310
负责人：吴申骏 邮 编：315000
法 人：吴申骏
Tel：0574－86880027
26894511
86897310

## 湖州南浔管氏塑业有限公司
业务：塑料制品
地址：浙江省湖州市南浔区菱湖镇费家墩31号
负责人：管宏生 邮 编：313018
法 人：管宏生
Tel：0572－3940916
13136533610
Fax：0572－3940917
网址：www.guanshisuye.cn

## 慈溪市横河凡茜塑料制品厂
业务：塑料制品生产、销售
地址：浙江省宁波市慈溪市横河镇孙家境村当店桥49号
负责人：孙迪青 邮 编：315000
法 人：孙迪青
Tel：13958351000
0574－63264504

## 慈溪市周巷圣基涂料厂
业务：涂料生产
地址：浙江省慈溪市周巷镇小安村
负责人：封金森 邮 编：315000
法 人：封金森
Tel：0574－63496400

## 逍林其光塑料金属制品加工厂
业务：金属批发，PPC塑料批发
地址：浙江省宁波市慈溪市逍林镇振兴王家亭路2号
负责人：胡其光 邮 编：315000
法 人：胡其光
Tel：0574－63511063

## 富阳市新登镇双塔注塑厂
地址：浙江省杭州市富阳市新登镇双塔村
负责人：郎根中
Tel：13968161539

## 湖州南浔金山湾气泡膜加工有限公司
业务：气泡膜包装纸加工，切块，制袋
产品：气泡膜块，气泡膜袋，气泡膜纸
地址：浙江省湖州市南浔区和孚镇长超村上扎湾19号
负责人：曹应方 邮 编：313017
法 人：曹应方
Tel：0572－3731390
Fax：0572－3731390

## 慈溪市周巷宏峰橡胶制品厂
业务：专业制造及销售O型密封圈等橡胶制品，产品款式新颖，种类齐全。先进的生产工艺，齐全的检测设备，为产品研发、生产、销售提供了质量保证，热忱欢迎新老顾客前来光临指导！
产品：O型圈，密封件，橡胶垫等各种橡胶制品
地址：浙江省宁波市慈溪市周巷镇登州街村登州114号
负责人：苗洪锋 邮 编：315335
法 人：苗洪锋
Tel：0574－63340603
13958281238
E-mail：miao_hongfeng2000@yahoo.com.cn

## 宁波宇联船舶贸易有限公司
业务：中石化长城润滑油、昆仑润滑油、船舶订造
地址：浙江省宁波市海曙区大沙泥街54号740室
负责人：陈小姐 邮 编：315000
法 人：林跃国
Tel：0574－87301950
87301957
18957441957
Fax：0574－87301950

## 德清县新市镇友联塑料制品厂
业务：PET塑料瓶及注塑产品
地址：浙江省湖州市德清县新市镇勇兴村
负责人：郑有根 邮 编：313000
法 人：郑有根
Tel：0572－8182234
13906828935

## 杭州永合纺织助剂有限公司
业务：杭州永合纺织助剂有限公司成立于2004年，主要从事纺织助剂的生产与销售。由于生产工艺先进，质量稳定，产品畅销全国各地，深受用户的一致好评。我公司以"质量第一、用户至上"为宗旨，竭诚为纺织企业服务。
地址：浙江省杭州市萧山区河庄镇向公村
负责人：金柏官 邮 编：311222
法 人：金柏官

Tel：0571－82177088

## 杭州格德乐涂料有限公司
地址：浙江省杭州市拱墅区湖墅南路148号602室
负责人：何晓芳
Tel：13958025434

## 宁波市海曙道科硅橡胶材料商行
业务：硅橡胶材料、硫化剂、色母、双二四、双二五、耐高温剂
地址：浙江省宁波市海曙区鄞奉路610－61号
负责人：李蒋华 邮 编：315000
法 人：李蒋华
Tel：13429292761
0574－56708730
Fax：0574－56708731

## 东阳市江北亿利塑料制品厂
业务：塑料制品加工、销售
地址：浙江省东阳市江北街道金店
负责人：李周发 邮 编：321000
法 人：李周发
Tel：13566969692
0579－86755892
Fax：0579－86755893

## 浙江余姚信达滚塑厂
业务：本公司产品具有整体一次成型无焊接缝、抗冲击、抗老化、重量轻、不渗漏、耐酸碱、寿命长、符合卫生标准等优点，欢迎新老客户来电洽谈业务！
地址：浙江省余姚市低塘开发区新洋路9号
负责人：胡达开 邮 编：315490
法 人：胡达开
Tel：0574－62268355

## 宁波经济技术开发区老奚塑料厂
业务：塑料制品加工
地址：浙江省宁波市经济技术开发区戚家山街道渡头浦山下南边
负责人：奚金达 邮 编：315000
法 人：奚金达
Tel：0574－86225856
13336770909

## 象山高塘丰帆塑料制品厂
业务：塑料制品
地址：浙江省宁波市象山县高塘岛乡金高椅村
负责人：郑志卫 邮 编：315733
法 人：郑志卫
Tel：0574－65040118
13777968507

## 杭州弘天弘室内污染治理有限公司
地址：浙江省杭州市拱墅区沈半路270号
负责人：毛建土
Tel：13357190901

## 象山春天塑料制品厂
业务：生产销售塑料原料
产品：泡沫再生料，塑料再生回料
地址：浙江省宁波市象山县丹西街道小东洋村
负责人：钱位春 邮 编：315000
法 人：钱位春
Tel：13968385412
0574－65793025

## 德清全利颜料有限公司
业务：生产销售
产品：塑胶颜料
地址：浙江省湖州市德清县乾元镇直街高路步弄2号
负责人：魏炳奎 邮 编：313000
Tel：0572－8426153
18957258599

## 湖州南浔金强燃料油有限公司
业务：湖州南浔金强燃料油有限公司成立于2004年，现有员工100余人，专业从事燃料油的生产及销售。欢迎来电垂询。
地址：浙江省湖州市南浔镇适溪村
邮 编：313009
法 人：沈金星
Tel：0572－3052581
Mobile：13967283580

## 宁波象山鑫宏贸易有限公司
业务：卤水（苦卤）相关产品和服务等
地址：浙江省宁波市象山县石浦镇金山路102号
负责人：吕浦 邮 编：315000
法 人：吕浦
Tel：13857403858
0574－65965281

## 东阳市巍山镇辉跃油漆店
业务：油漆批发
地址：浙江省东阳市巍山镇环清东路91号
负责人：胡辉跃 邮 编：322100
法 人：胡辉跃
Tel：13588646526

## 杭州汇融液化石油气气瓶检测有限公司
地址：浙江省杭州市建德市新安江镇青龙头
负责人：谭守盛
Tel：0571－64742174

## 象山县贤庠阿伟涂料店、零点形象设计
业务：涂料店经营：液体纳米内墙壁纸包含浮雕系列、喷刷系列、云丝系列、真石漆系列等，是防火、防水、防脏的环保涂料
地址：浙江省宁波市象山县贤庠镇岑晁街144号2，浙江省宁波市象山县贤庠镇泰和路268号
负责人：叶伟敏 邮 编：315000
法 人：叶伟敏
Tel：15958865551
15957439309

## 长兴新能轮胎翻修厂
业务：轮胎加工
地址：浙江省湖州市长兴县雉城镇钱家斗村
负责人：卢林杰 邮 编：313000
法 人：卢林杰
Tel：13666546311
0572－6591978

## 杭州永兴胶粘制品有限公司
地址：浙江省杭州市江干区笕桥镇浜河村二组
负责人：李方
Tel：0571－86944201

## 宁波市鄞州倍豪塑料喷涂厂
业务：喷涂加工
产品：塑料金属喷涂；电瓶车塑料件；洗衣机塑料件；手机塑料件；各种塑料产品；不锈钢喷漆；铝制品喷漆；铁制品喷漆；铜制品喷漆；工业产品喷漆
地址：浙江省宁波市鄞州区古林镇薛家村
负责人：钱岳明 邮 编：315176
法 人：钱岳明
Tel：13805899774
0574－88028708
Fax：0574－88028708
网址：http://www.nbbeihao.cn

## 浙江长兴永成橡胶制品厂
业务：各种橡胶成品和制品、橡胶群边输送带、橡胶防腐衬里、防腐衬塑、钢管衬塑
地址：浙江省湖州市长兴县虹桥镇王家坝村
负责人：臧烨 邮 编：313100
法 人：臧烨
Tel：0572－6068183
Fax：0572－6637030
E-mail：zzl342373848@yahoo.com.cn

## 宁波市鄞州古林薛家广源涂料店
业务：水性涂料
地址：浙江省宁波市鄞州区古林镇薛家南路62号
负责人：李源 邮 编：315000
法 人：李源
Tel：13081972826

## 杭州久龙化工助剂有限公司秋涛路分公司
地址：浙江省杭州市江干区秋涛北路217号708B
负责人：蒋士根
Tel：0571－86967600

## 宁波市鄞州集士港建鑫模具厂
业务：生产和销售塑料模具、汽车零配件模具、日用品模具
产品：塑料模具、汽车零配件模具、日用品模具
地址：浙江省宁波市鄞州区集士港镇祝家桥村李家漕
负责人：李继红 邮 编：315171
法 人：李继红
Tel：13003735538
Fax：0574－88021401

## 华润漆专卖店
业务：经营油漆
地址：浙江省瑞安市马屿镇三马中路
负责人：姜传波 邮 编：325200
法 人：姜传波
Tel：0577－65776182
13906877138

**奉化市青剑塑料制品厂**
业务：塑料制品对外加工和销售
产品：塑料制品
地址：浙江省奉化市岳林街道明化村何家181号
负责人：杨剑海 邮编：315000
法人：杨剑海
Tel：13777936278
0574－88902957
Fax：0574－88902957

**浦江永鹏化工有限公司**
业务：本公司成立2000年，主要经营化工原料，化学试剂，染色助剂，有机溶剂，劳保用品，实验仪器。配备专业的化工仓库和专业的危险品运输车辆。
地址：浙江省金华市浦江县江滨东路112号
负责人：张开有 邮编：322200
法人：张开有
Tel：0579－84115759
Fax：0579－84120778

**宁波市鄞州耐盾表面处理剂有限公司**
业务：专业从事各种电镀添加剂、表面处理剂及相关材料的代理销售
地址：浙江省宁波市鄞州区邱隘镇东雅工业区
负责人：穆汉波 邮编：315000
法人：穆汉波
Tel：0574－88353016
13386665087

**长兴洪桥佳恒塑料厂**
业务：塑料片加工、销售
地址：浙江省湖州市长兴县洪桥镇东王村东王自然村19号
负责人：黄志贤 邮编：313000
法人：黄志贤
Tel：0572－6662329

**苍南县松源皮塑制品厂杭州经营部**
地址：浙江省杭州市江干区三新家园东区6幢2单元103室
负责人：戴美元
Tel：13606622317

**宁波市鄞州云龙路宝轮胎修理店**
业务：机动车维修，三类机动车维修、轮胎动平衡及修补。
地址：浙江省宁波市鄞州区云龙镇石桥村
负责人：朱永兵 邮编：315000
法人：朱永兵
Tel：13957819988
13989372800

**杭州中能管业有限公司**
业务：管业
地址：浙江省富阳市春建乡工业功能区3号
负责人：黄效忠 邮编：310026
法人：黄效忠
Tel：13706819858
0571－63492907
网址：http://www.51zzt.com/user/zzt30469

**宁波市镇海凯明化工有限公司**
业务：专业从事液体化工原料、医药中间体生产、研发及销售，货源充足，一贯以专业创造利润，诚信提升价值的宗旨，热情为各新老客户提供最优质的产品
产品：甲醇、甲苯、二甲苯、醋酸乙酯、氨丁三醇、DMF、无水甜菜碱等
地址：浙江省宁波市镇海大运路1号化工市场D113
负责人：许飞扬 邮编：315200
法人：吴国锋
Tel：0574－86315385
13858260347
Fax：0574－86315383
网址：www.nbchemy.com

**平湖市双益建材经营部**
业务：化工产品
地址：浙江省平湖市林埭镇徐家埭村（老职院）
负责人：吴春晓 邮编：314200
法人：吴春晓
Tel：13906732516
0573－85902889

**杭州思诺科化工贸易有限公司**
地址：浙江省杭州市西湖区莫干山路425号瑞祺大厦103室
负责人：夏宇波
Tel：13958014280

**安吉科尔塑料制品厂**
业务：生产与销售塑料制品，以塑料包装制品为主
产品：塑料袋、气泡袋
地址：浙江省湖州市安吉县递铺镇三友社区下洪家自然村
负责人：王有明 邮编：313000
法人：王有明
Tel：13735126788
0572－5309598
Fax：0572－5309598

**常山县万卫钙产品经营部**
业务：加工钙产品
地址：浙江省衢州市常山县辉埠镇山背村前蓬
负责人：江万卫 邮编：324000
法人：江万卫
Tel：13587021577
0570－5098879

**杭州玉章化工有限公司**
业务：生产和销售各类化工产品
产品：各类化工产品
地址：浙江省杭州市萧山区萧杭路41号程乐文收
负责人：吴玉友 邮编：310026
法人：吴玉友
Tel：13957182094
0571－82662938
15057108178

**常山县宋畈乡杨土云石灰厂**
业务：生产和销售石灰块、石灰粉、石灰石、氢氧化钙以及干燥剂系列产品
产品：石灰块、石灰粉、石灰石、氢氧化钙以及干燥剂系列产品
地址：浙江省衢州市常山县宋畈乡双溪口村船头
负责人：杨土云 邮编：324213
法人：杨土云
Tel：13305707147
13656700688

**宁波市海曙昌润玻璃钢制品材料经营部**
业务：宁波市海曙昌润玻璃钢制品材料经营部主要经营不饱和聚酯树脂，无色胶衣，彩色胶衣，颜料糊，固化剂，促进剂，脱模剂，封模剂，洁模剂，脱模水，脱模蜡，抛光水，中碱，无碱玻璃纤维毡，纤维布，表面毡，硅胶，硅粉等玻璃钢辅料。
地址：浙江省宁波市海曙区望春路336号
负责人：周军 邮编：315016
Tel：0574－87506488

**开化申科化工有限公司**
业务：生产、销售助焊剂
地址：浙江省衢州市开化县音坑乡上园村
负责人：徐福桃 邮编：324300
法人：徐福桃
Tel：15924080077
0570－6019377

**富阳市新登镇风情艺术涂料店**
业务：专营水性涂料、墙面装饰材料及制作技术，厂家直销、品种齐全，为您打造温馨浪漫与时尚空间
产品：马来漆，肌理艺术涂料，金粉，银粉，铜铂及画手工艺术墙纸，各种特殊油漆工艺，浮雕壁画等的制作出售。
地址：浙江省富阳市新登镇葛溪西路61号（塔山车站戏台对面）
负责人：吴红珍 邮编：310026
法人：吴红珍
Tel：0571－23296099
13588890231
15605818528
Fax：0571－23296099

**龙游申丰橡胶密封制品有限公司**
业务：各种橡胶密封件及杂件的制造与销售
地址：浙江省衢州市龙游县溪口镇庙下乡芝坑口村28号
负责人：华洪生 邮编：324403
法人：华洪生
Tel：0570－7789219
13867037170
Fax：0570－7789219
网址：http://huahs2009.cn.alibaba.com

**宁波昌祺微滤膜科技有限公司**
业务：本公司是专业从事聚四氟乙烯（PTFE）膜及相关制品的研究、开发和生产的高新技术企业。精益的生产和精悍的技术、管理团队，为客户提供高品质膜产品和优质的服务。
地址：浙江省宁波市江北区金山路727号（投资创业园C区）
负责人：李朝晖 邮编：315033
Tel：0574－56202800
56202801
56202818
Fax：0574－56202818
网址：http://changqiptfehc.b2b.hc360.com/

**衢州广润塑粉有限公司**
业务：粉末涂料生产、销售
地址：浙江省衢州市衢江区杜泽镇（原下井粮站）
负责人：袁孝峰 邮编：324002
法人：袁孝峰
Tel：13567007584
0570－2925564

**杭州欧创环保科技有限公司**
业务：专业从事室内有毒有害气体检测、治理和生物安全产品生产的高科技现代化企业，生产和研究精细化工产品
产品：精细化工产品
地址：浙江省杭州市萧山区宁围镇新安村139号
负责人：雷福旺 邮编：310026
法人：雷福旺
Tel：0571－82870426
网址：www.hzochb.com

**衢州市衢江区万兴钙粉经营部**
业务：销售碳酸钙粉
地址：浙江省衢州市衢江区上方镇大立村88号
负责人：王建绍 邮编：324000
法人：王建绍
Tel：13968135211
13732513805
0571－64597281

**杭州汉杰物资有限公司**
业务：主营化工产品：重油垢清洗剂系列、防锈剂系列、切削液系列、乳化液系列、纯碱系列、亚硝酸钠系列、防锈油系列、液压油系列、磷化液等多种系列产品
地址：浙江省杭州市萧山区宁围镇杭州原野汽配五金市场9幢46号一层
负责人：鲁汉平 邮编：311215
法人：鲁汉平
Tel：0571－22824666
Fax：0571－22675057
网址：www.hzhjhg.com
E-mail：hz.hjwzhg@163.com

**上虞市曹娥街道美涂士建材经营部**
业务：美涂士油漆等涂料的产品代理销售
地址：浙江省上虞市曹娥街道德济路328号
负责人：徐立刚 邮编：312000
法人：徐立刚
Tel：13857567329
0575－82632277

**新昌县城南乡石叶富液化气经营部**
业务：代罐液化气及液化气瓶零售
地址：浙江省绍兴市新昌县城南乡石溪村
负责人：石叶富 邮编：312000
法人：石叶富
Tel：15988254936
0575－86038407

**海宁市袁花镇恒宇塑料制品厂**
业务：塑料生产，加工
产品：太阳能专用PE，PEX管
地址：浙江省海宁市袁花镇西村戴家场29号
负责人：戴其峰 邮编：314416
法人：戴其峰
Tel：13586441200
网址：www.hnhengyu.com.cn
E-mail：175565754@qq.com

**新昌县七星街道亚士漆专卖店**
业务：经营亚士漆
产品：家具油漆、内外乳胶漆
地址：浙江省绍兴市新昌县耿基油漆市场123号
负责人：曹沙东 邮编：312000
法人：曹沙东
Tel：15967555808

**宁波经济技术开发区诚泰塑料科技有限公司**
业务：我公司主要生产吸塑片材，吸塑制品、塑料折盒，珍珠棉（EPE），缠绕膜，"规范管理，保质保量，持续改进"是我公司的经营理念，产品得到用户的一致好评。
地址：浙江省宁波市开发区新碶凤洋二路大港工业城50号
负责人：肖述茂 邮编：315800
法人：盛玉林
Tel：0574－86987518
Fax：0574－86987508

**台州市黄岩景鹏塑业有限公司**
业务：塑料制品
地址：浙江省台州市黄岩东城街道上前村
负责人：章中旬 邮编：318020
法人：章中旬
Tel：13738560666
0576－84067339
网址：zzt31016
E-mail：http://www.51zzt.com/user/zzt31016

**杭州星亚特塑胶有限公司**
业务：生产与销售塑料制品，以ABS复合板、塑料亚克力为主
产品：ABS复合板、塑料亚克力
地址：浙江省杭州市萧山区南阳镇永利村
负责人：冯永仁 邮编：310026
法人：冯永仁
Tel：13646830258
0571－83691683
网址：http://hzsmsj.cn.alibaba.com

**台州市黄岩富国海棉厂**
业务：海棉制造
地址：浙江省台州市黄岩区北城街道下庄村180号
负责人：池广富 邮编：318000
法人：池广富
Tel：13805875743
0576－84016350

**台州市黄岩颜彩塑胶颜料经营部**
业务：各种塑胶颜料批发、零售，塑胶及其它产品染色、配色
地址：浙江省台州市黄岩区东城街道黄椒路102－1号
负责人：黄常浔 邮编：318000
法人：黄常浔
Tel：13586018299
0576－84235388

**杭州维亿塑业有限公司**
业务：产品：塑料管材、管件，塑料熔接设备；经销：塑料制品，五金，机械配件，建材
地址：浙江省杭州市萧山区戴村镇东风村
负责人：周益明 邮编：311251
法人：周益明
Tel：13805750806
0571－82273366
82273377
Fax：0571－82273366

**台州市黄岩凌跃模具厂**
业务：制作日用品，电表箱，电瓶壳等塑料模具
产品：日用品，电表箱，电瓶壳等塑料模具
地址：浙江省台州市黄岩区西城街道大树下村3区6号
负责人：郑剑 邮编：318020
法人：郑剑
Tel：13516867707
13575802683
网址：http://www.ling-yue.cn

**台州市黄岩启迪工贸有限公司**
业务：聚脂切片
地址：浙江省台州市黄岩区印山路308号
负责人：蔡宏峰 邮编：318020
法人：蔡宏峰
Tel：0576－84278036
13736566333
Fax：0576－84113712

**淳安县汾口新盛涂料厂**
业务：水溶性胶水涂料加工
地址：浙江省杭州市淳安县汾口镇三渡村和朝家自然村
负责人：余本湖 邮编：
法人：余本湖
Tel：13735810041

**淳安县龙顺塑料制品厂**
业务：塑料制品加工、零售
地址：浙江省杭州市千岛湖镇淡竹村
负责人：陈龙根 邮编：310026
法人：陈龙根
Tel：13968118636
0571－65078036

## 浙江台州市碧海帽厂

业务：专业生产棒球帽、广告帽、休闲帽、儿童帽等各种四季帽或来料加工，价格合理，我们以真诚的服务、质量的保证为根本，欢迎新老客户光顾洽谈
产品：各种帽
地址：浙江省台州市黄岩区院桥镇胡家桥村
……… 负责人：胡道初　邮　编：318020
……………………………… 法　人：胡道初
…………Tel：0576－84898959
13116529896
13606823515
…………Fax：0576－84898959
……………… 网址：www.51zzt.com/user/zzt37096/bihai888.cn
……………… E-mail：774226829@qq.com

## 台州市黄岩美创模具机械有限公司

业务：生产和销售各类塑料模具，主要用于日用品、家电、汽车
产品：各类塑料模具
地址：浙江省台州市黄岩西城街道五洞桥村
……… 负责人：王先生　邮　编：318000
……………………………… 法　人：王开广
…………Tel：13957625399
0576－88527569
…………Fax：0576－88527569
………… 网址：http://www.mitstrong.com
……………… E-mail：mitstrong@188.com

## 宁波市镇海勤进塑料制品厂

业务：宁波市镇海勤进塑料制品厂主要经营塑料制品的加工、销售。欢迎新老客户光临惠顾！
地址：浙江省宁波市镇海区贵驷后漕路17号
………… 邮　编：楼上游……邮　编：315200
…………………………………… 法　人：楼上游
……………………………… Tel：0574－86554751
……………………………… Fax：0574－86554751
………… 网址：www.mtw28634.chinapyp.com

## 台州改善塑业有限公司

业务：塑胶阀门，塑胶管件，塑胶管材，模具
地址：浙江省台州市椒江经济开发区创业中心106号
……………………………… 负责人：叶鑫
……………………………… 法　人：叶鑫
…………Tel：0576－89891515
89891518

## 瑞安市龙马液化石油气储配有限公司

业务：瑞安龙马液化石油气储配有限公司成立于2003年，从事液化石油气的储配。公司自成立伊始便本着精心服务，诚信合作的理念力求在滚滚商海中成为能与您携手共进，共创佳绩的贸易伙伴！
地址：浙江省瑞安市平阳坑镇东源村
…………………………………… 邮　编：325208
…………………………………… 法　人：徐良华
……………………………… Tel：0577－65712828
……………………………… Fax：0577－65712828

## 杭州日日新装饰材料经营部

业务：立邦漆、集成吊顶
地址：浙江省杭州市石桥路456号装饰市场A区15号
……… 负责人：梅日新　邮　编：310000
……………………………… 法　人：梅日新
…………Tel：13033607980
0571－28821234

## 台州市方发塑业有限公司

业务：日用塑料制品生产销售
地址：浙江省台州市椒江区联谊新村1号楼1－101室
……… 负责人：刘方友　邮　编：318000
……………………………… 法　人：刘方友
…………Tel：0576－88300999

## 建德市大同镇永富涂料粉剂厂

业务：生产涂料粉剂
地址：浙江省杭州市建德市大同镇劳村坪山
……… 负责人：徐永富　邮　编：311614
……………………………… 法　人：徐永富
…………Tel：0571－64573025
13968042027

## 三门县金冠贸易有限公司

业务：橡胶辅料：高强力再生胶、氧化锌、炭黑、白炭黑、固马隆树脂、防老剂D4010、硬脂酸
地址：浙江省台州市三门县高枧乡甬临路120号
……… 负责人：黎海挺　邮　编：317102
……………………………… 法　人：黎海挺
…………Tel：0576－83180130
83180131
83180132

## 天台县联明橡胶厂

业务：再生胶的生产与销售
地址：浙江省台州市天台县白鹤镇岭根村
……… 负责人：戴连明　邮　编：318000
……………………………… 法　人：戴连明
…………Tel：13186910555

## 天台硕展橡胶制品厂

业务：生产冷翻胎面胶、中垫胶、销售翻新设备、修补设备、打磨设备及各种工具
地址：浙江省台州市天台县三合镇黄务村
……… 负责人：王中喜　邮　编：318000
……………………………… 法　人：王中喜
…………Tel：0576－83077112
13732320112
…………Fax：0576－83077112

## 湖州市龙溪赵湾海绵厂

本公司成立于1996年，主要提供优质的平泡、圆泡、网泡、高弹力、高承载等精品海绵。

诚信、沟通、优质、高效是我们的服务宗旨，客户的肯定和满意是我们前进的动力和最大的财富，向更高品质更先进产品迈进是我们永远不变的目标。

电话：0572-2207682　2207620　联系人：刘海兵　13757293476
地址：浙江省湖州市杨家埠镇九九桥北境　邮编：313000

## 嘉善縣第一塑料廠

本公司成立于1993年，主要经营塑料。

公司一贯坚持“质量第一，用户至上，优质服务，信守合同”的宗旨，凭借着高质量的产品，良好的信誉，优质的服务，产品畅销全国。

竭诚与国内外商家双赢合作，共同发展，共创辉煌！

联系人：孔宪钊　13806711635
电话：0573-84072158　84072157
传真：0573-84072151
邮编：314000
地址：浙江省嘉兴市嘉善县魏塘镇善西开发路118-128号

## 开化县碧虹商贸有限公司

开化县碧虹商贸有限公司专业从事甲醇、松节油、顺丁烯二酸酐批发、桐油、甘油、松香等产品经营，以质量求生存，以信誉求发展，欢迎新老客户来电洽谈业务！

联系人：叶新培　电话：0570-6053096
地址：浙江省衢州市开化县池淮镇兴淮路20号　邮编：324300

## 慈溪市南盛塑料制品有限公司

本厂是集生产、销售于一体的私营实体。主要生产经营一次性或多次性的吨包装袋。吨包装袋具有耐碱、耐酸、耐高温、抗紫外线等特性，是集装散状材料的理想用品。产品广泛应用于冶金、化工、化纤、矿产品、水泥、再生物资等行业，深受广大用户的亲睐。

联系人：冯学南　电话：0574-63692015
网址：www.xsbzd.com　电子邮件：chenafang30@163.com
地址：浙江省慈溪市坎墩街道人和家园5号楼305室　邮编：315317

## 林和塑料制品厂

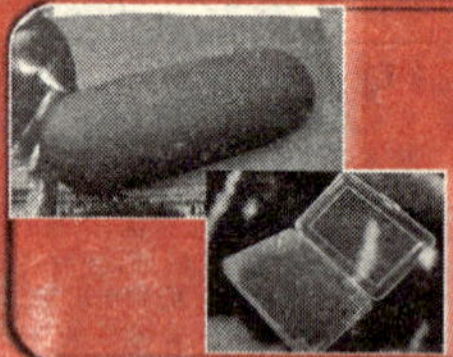

本公司成立于2001年，主要经营塑料制品。

创办10多年来我公司本着"以质量求生存、以顾客求发展"的宗旨！欢迎广大新老客户前来洽谈！我们将是你最好的合作伙伴！

联系人：吴林和　13757980865
邮编：321037
电子邮件：wd11585395@qq.com
地址：浙江省金华市金东区傅村镇前店村
电话：0579-82928253
传真：0579-82928080

## 杭州金创塑胶有限公司

杭州金创塑胶有限公司成立于2008年，从事塑料制品加工、制造、印刷，您的满意是我们的追求，欢迎新老客户来电洽谈业务！

联系人：李雪明
电话：0571-88734870　88730444
地址：浙江省杭州市余杭区五常街道联胜路32号
邮编：310026

## 宁波北仑良盈塑业有限公司

宁波北仑良盈塑业有限公司是一家专业从事各种塑料配色及造粒，各种母粒、助剂批发零售的企业。

客户至上，信誉第一，愿广大新老客户来电垂询！

联系人：舒卫成　13958303953
电话/传真：0574-86141793
邮编：315806
地址：浙江省宁波市北仑区大矸街道杜家村马鞍山36#

**随州市曾都区殷店塔儿山风景区旅游开发中心**　从事于旅游开发、旅游自然开发。
电话：0722－3673448
地址：湖北省随州市曾都区殷店塔儿山风景区梨苑楼



## 宁波贝嘉机械有限公司

我公司是国内机械设备集中润滑供油产品的专业生产厂家。公司集研发、生产、销售及服务为一体，不断拓展、开发新产品。公司拥有抵抗式、定量式等多种供油方式的稀油、油脂集中润滑供油产品，广泛适用于数控机械、加工中心、自动生产线以及机床、塑料、橡胶、纺织、印刷、锻压、压铸、食品、包装、电梯、矿山、化工等各行业机械设备的润滑供油系统。

提高品质，满足用户是我们不变的承诺，励精图治，开拓进取是我们永远的追求。我们将本着客户至上的原则，努力为新老客户提供更优质的产品和更周到的服务。

联系人：李跃威　13606784919　　电话：0574-65701248
传真：0574-65701246
地址：浙江省宁波市象山县丹东街道河西村　　邮编：315700

## 象山旺旺液压胶管厂

象山旺旺液压胶管厂成立于1989年，是一家生产制造液压胶管，转接头的专业厂家，属浙江的液压胶管龙头企业。

公司拥有先进液压胶管加工设备。采用先进的工艺加工制造而成。检测计量装备精密、先进，质量保证手段完整、可靠。可适用于各种液压设备。目前，公司生产的产品大量为国内众多著名企业配套。是您选定合作伙伴的第一选择。公司经营理念：有您的发展，就是我们的壮大。我们的宗旨：合作双赢，共同发展。

邮编：315700
地址：浙江省宁波市象山县丹东街道东风路13号
联系人：李云清
13738445326
电话：0574-65651648

## 平阳县宏展沼气工程有限公司

平阳县宏展沼气工程有限公司是一家专业的沼气工程建设企业。公司秉承"顾客至上，锐意进取"的经营理念，坚持"客户第一"的原则为广大客户提供优质的服务。欢迎惠顾！

联系人：陈世锄
电话：13017821084、0577-63758058　　邮编：325000
地址：浙江省温州市平阳县昆阳镇万兴路114－1号后面二层

## 余姚市临山科达塑料厂

余姚市临山科达塑料厂成立于2007年，本厂专业从事塑料产品的生产与销售。主要产品有圆珠笔。

本公司秉承"顾客至上，锐意进取"的经营理念，坚持"客户第一"的原则为广大客户提供优质的服务。欢迎广大客户惠顾！

联系人：赵红权
电话：0574-62056242
地址：浙江省宁波余姚市临山镇寺前湖村　　邮编：315000

## 日之升塑料贸易有限公司

本公司成立于2003年，主要经营塑料贸易。我们的目标是在急剧变化的经营环境中，以市场为导向，发展成为"二十一世纪一流的工程塑料销售企业"。我们的产品广泛用于汽车、电器、IT、电子等行业，令我们的生活更加丰富。

联系人：钱秀军　13958365557
电话：0574-62635058　　传真：0574-62635059
地址：浙江省余姚市纬五路51号　　邮编：315400

## 浙江省兰溪为民头饰来料加工厂

余姚市通博塑料厂位于浙江省余姚市梁弄镇工业园区，主要经营塑料粒子，再生塑料。公司秉承"顾客至上，锐意进取"的经营理念，坚持"客户第一"的原则为广大客户提供优质的服务。欢迎惠顾！

联系人：褚柏龙
电话：0574-62356823　13777156658
地址：浙江省余姚市梁弄镇横坎头村
邮编：315430

## 台州标新五金塑管有限公司

本公司主要经营塑料制品，五金制品，日用电器制造，批发，化工原料（不含化学危险品），塑料原料批发，零售。

公司服务宗旨："品質第一，客户至上"。

联系人：管亨兵　13073843368
电话/传真：0576-88828288　88828299　　电子邮件：tzbxls@163.net
地址：浙江省台州市椒江区外沙路96号　　邮编：318000

## 温州市启银化工经营部

温州市启银化工经营部成立于1992年，位于浙江省温州市永兴永安路。本经营部主要经营化工产品，公司本着质量第一、信誉第一为宗旨，向客户提供一流质量的产品。

联系人：项莲香
电话：0577-86938631　13002688717
地址：浙江省温州市永兴永安路52号　　邮编：325000

## 安徽省/Anhui Province

**枞阳县科林纺织助剂有限责任公司**
地址：安徽省安庆市枞阳县枞阳镇下枞阳开发区
…… 负责人：吕星明
…… Tel：0556－2821188

**枞阳县博恒塑业有限责任公司**
业务：编织袋、薄膜
产品：编织袋、薄膜
地址：安徽省安庆市枞阳县周潭镇
…… 负责人：章友兵　　邮　编：246723
…… 法　人：章友兵
…… Tel：0556－2041088
13856510200
…… Fax：0556－2040800
…… 网址：http://www.51zzt.com/user/zzt36158

**安徽省桐城市铁铺龙腾塑料厂**
业务：本公司成立于1991年，主要生产销售塑料袋，塑料包装，旅游用品。欢迎来电洽谈业务！
地址：安徽省安庆市桐城市范岗镇铁铺村
…… 负责人：丁百羲……邮　编：231460
…… 法　人：丁百羲
…… Tel：0556－6017188

**怀宁县高河化工厂**
地址：安徽省安庆市怀宁县高河镇太极村
…… 负责人：凌刘保
…… Tel：0556－4644282
13309661890

**安徽中鼎石油化工有限公司**
业务：安徽中鼎石油化工有限公司成立于2003年，主要从事汽油、柴油、润滑油、液化气、钢瓶灶具等的销售。"质量第一，服务周到"，热诚欢迎新老客户光临惠顾！
地址：安徽省安庆市岳西县天堂镇回龙开发区
…… 负责人：王明周……邮　编：611830
…… 法　人：王明周
…… Tel：0556－2183311
2183000

**潜山县同星漆业有限公司**
业务：销售化工原料
地址：安徽省安庆市潜山县斗母乡红星村
…… 负责人：郝青松　　邮　编：246003
…… 法　人：王先生
…… Tel：0556－8256225
13067705151

**宜美家涂料厂（北京美利邦尼科技发展有限公司安庆分公司）**
业务：涂料的生产研发及其辅料承接工程
产品：内外墙乳胶漆及其辅料（北京美利邦尼系列产品）
地址：安徽省安庆市迎江区长青村向阳组16号
…… 负责人：曹承金　　邮　编：246000
…… 法　人：曹承金
…… Tel：0556－5200290
13855631222
18909663122
…… Fax：0556－5200291
…… E-mail：ahyimeijiatuliao@163.com

**怀宁江镇加油点**
地址：安徽省安庆市怀宁县江镇狮平路
…… 负责人：刘小春
…… Tel：0556－4890898
13855680958

**宁国市正天林产化学品有限公司**
地址：安徽省宣城市宁国市南极工业园
…… 负责人：何孟国
…… Tel：13705635080

**宁国市恒顺塑业有限公司**
地址：安徽省宣城市宁国市嵩合新村
…… 负责人：魏奇

……Tel:0563－4132211

**阜南县天顺燃气有限公司**
地址:安徽省阜南县城郊乡大张村
……负责人:韩应梅
……Tel:0558－6759066

**丹阳市春润生物能源有限公司蚌埠分公司**
业务:造纸助剂、污水处理系列产品
地址:安徽省蚌埠市胜利西路新港开发有限公司综合楼一楼8号
……负责人:施大利 邮 编:233000
……法 人:施大利
……Tel:0552－4098536

**跃明塑料厂**
地址:安徽省安庆市怀宁县金拱镇双河村
……负责人:吴跃明
……Tel:0556－4672180
13605567724

**桐城市宏升塑业有限公司**
地址:安徽省安庆市桐城市金神镇
……负责人:赵昌文
……Tel:13705563616

**蚌埠市鑫源气体有限公司**
业务:生产、销售液氧,氧气,液氮,氮气,二氧化碳,氩气,乙炔气
地址:安徽省蚌埠市五河县经济开发区沫河口工业园区三楼
……负责人:吴祥安 邮 编:233000
……法 人:吴祥安
……Tel:13956366988
13035021878

**庐江县吉恩特化工有限公司**
业务:本公司是生产纺织印染的中小型企业,多年来一直致力印染助剂研发、生产和销售。主要产品有:硅油类,软片类,新型超柔软、滑爽整理剂类及各类印染、水洗助剂。公司秉承"客户至上、质量优先、信誉第一"为宗旨,欢迎各厂商接洽业务。
地址:安徽省巢湖市庐江县白湖镇工业园区
……邮 编:231500
……法 人:查恩生
……Tel:0565－7333058
……Fax:0565－7582288

**桐城市丰润化工有限公司**
地址:安徽省安庆市桐城市老梅镇杨梅路
……负责人:程长江
……Tel:0556－6981981

**蚌埠市明峡新能源科技有限公司**
业务:生产太阳能主机
地址:安徽省蚌埠市燕山乡犁朱村明峡新能源科技有限公司
……负责人:朱明侠 邮 编:233000
……法 人:朱明侠
……Tel:13695552157
0552－4128157

**安徽兴达塑业有限公司**
地址:安徽省安庆市桐城市民营经济开发区
……负责人:殷根茂
……Tel:0556－6750098

**湖北永晟塑料管业有限责任公司利辛分公司**
业务:各种塑料管材及管件制造、销售以及各种塑料管材及管件安装工程施工
产品:给排水PE管材、PE复合管材、给排水PVC－U管材及其管件
地址:安徽省亳州市利辛县工业园中小企业创业基地六号厂房
……负责人:王洪祥 邮 编:236700
……法 人:陈刚
……Tel:0558－8902989
8903966
……Fax:0558－8903988
……网址:http://doni.lonwin.com.cn
……E-mail:goodmood－sky@163.com

**东至县祥云涂料厂**
业务:本厂专业生产内外墙乳胶漆,并拥有雄厚的技术力量,专业的施工队伍,本着质量第一、顾客至上的经营宗旨,欢迎您来电来函订购。
产品:高级乳胶漆(内外墙)
地址:安徽省池州市东至县尧渡镇梓村村
……负责人:李杰良 邮 编:247200
……法 人:李杰良
……Tel:13156660086

**安徽省锦江农化有限公司**
业务:本公司始建于1992年,是一家集科研、生产、销售与一体的高科技民营企业。主要生产销售Bt生物农药,企业本着"以人为本,艰苦奋斗,争创一流"的企业精神,竭诚欢迎新老客户来电洽谈业务!
地址:安徽省巢湖市庐江县泥河镇合铜路东侧
……负责人:柯习云……邮 编:231561
……法 人:柯习云
……Tel:0565－7776866
……Fax:0565－7776877

……网址:www.jjnh.cn

**东南橡胶制品厂**
地址:安徽省安庆市桐城市区西苑新村
……负责人:李民众
……Tel:0556－6126307
13705562896

**桐城市丰港塑料有限公司**
地址:安徽省安庆市桐城市双港镇双港街道
……负责人:周进满
……Tel:0556－6860959

**青阳县杜村宗文柴油加油点**
业务:柴油、润滑油销售点
地址:安徽省池州市青阳县杜村乡宗文加油点
……负责人:余淋 邮 编:247100
……法 人:余淋
……Tel:0566－5598806

**安徽省庐江县冶山混凝土外加剂厂**
业务:安徽省庐江县冶山外加剂厂,是国家定点推广生产混凝土外加剂专业厂家之一。产品有UEA膨胀剂,防水剂、增强剂、早强剂、减水剂明矾石矿粉等数十类产品。本着"以质量求生存,以信誉求发展"的理念,欢迎来电洽谈业务!
地址:安徽省巢湖市庐江县冶父山镇工业园
……负责人:董光勇……邮 编:231507
……法 人:董光勇
……Tel:0565－7411298
……Fax:0565－7411168

**岳西县友邦石油液化气有限公司**
地址:安徽省安庆市岳西县天堂镇回龙村
……负责人:王明周
……Tel:0556－2183000
13966405999

**凤阳县东方石油化工产品销售有限公司**
业务:销售石油焦
产品:石油焦
地址:安徽省滁州市凤阳县府城镇东华路90－3－5号
……负责人:刘冠东 邮 编:233100
……法 人:刘冠东
……Tel:0550－6632111
……Fax:0550－6632111

**春兰塑料制品厂**
地址:安徽省安庆桐城市罗岭镇
……负责人:严维军
……Tel:0556－6960295
13905561057

**池州市贵池区唐田自来水厂**
业务:池州市贵池区唐田自来水厂成立于2000年,从事生活用水供应及管材、配件的销售。欢迎光临,惠顾!
地址:安徽省池州市贵池区唐田镇
……邮 编:247000
……法 人:阮良平
……Tel:0566－4451777

**蒙城县丰年肥业有限公司**
业务:经营化肥
地址:安徽省阜阳市蒙城县楚村镇蒙风路东侧供销社
……负责人:杨志勇 邮 编:236033
……法 人:杨志勇
……Tel:13515699168
0558－7687599

**蚌埠市广敏煤球厂**
地址:安徽省蚌埠市长征路柴油机厂对面
……负责人:任广敏
……Tel:0552－4089669
13909659608

**蚌埠市康迪消毒剂厂**
地址:安徽省蚌埠市仇岗路东段
……负责人:吴高昌
……Tel:0552－3019456
13905524756

**滁州市丰山云母粉厂**
业务:滁州市丰山云母粉厂专业生产、销售、各类工程塑料,橡胶制品中的专用云母粉填料,规格品种齐全,可按客户要求生产特种规格的产品。使用丰山云母粉,能降低生产成本,提高产品品质。欢迎来电联系业务,索取样品及资料。
地址:安徽省滁州市定远路32号3幢甲单元504信箱
……负责人:葛永胜……邮 编:239000
……法 人:葛永胜
……Tel:0550－3041725

**黄山区汤口镇多乐士漆店**
业务:油漆及涂料批发零售
地址:安徽省黄山市黄山区汤口镇寨西承启山庄
……负责人:洪波 邮 编:242700
……法 人:洪波
……Tel:13956264810
0559－5575180

**固镇县固东塑业有限责任公司**
地址:安徽省蚌埠市固镇县垓下路东段

……负责人:温安来
……Tel:0552－6052772
13155276670

**蚌埠金诚纺织有限责任公司**
地址:安徽省蚌埠市秦集变电所北400米
……负责人:邵传飞
……Tel:13909657728

**安徽省霍邱县蓼东塑业有限责任公司**
业务:生产和销售以塑钢型材为主的塑料制品
产品:以塑钢型材为主的塑料制品
地址:安徽省六安市霍邱县花园镇
……负责人:鲁龙贤 邮 编:237006
……法 人:鲁龙贤
……Tel:15855222237
0564－6641919

**天长市金年塑业有限责任公司**
业务:本公司成立于2003年,主要生产销售塑料瓶片。产品质量保证,价格合理,热忱欢迎新老客户来电洽谈业务!
地址:安徽省滁州市天长市冶山镇天已路26号
……负责人:徐永山……邮 编:239356
……法 人:徐永山
……Tel:0550－7958718

**蚌埠市鑫成旺化工有限公司**
地址:安徽省蚌埠市胜利西路1号中良大厦18层北区1811－1812号
……负责人:宣光伟
……Tel:13004070171

**蚌埠市天元骨制品厂**
地址:安徽省蚌埠市体育路88号南空干休所
……负责人:黄恒
……Tel:0552－4018789
13909655598

**安徽砀山金兄弟实业科技有限公司**
业务:造纸助剂、污水处理
地址:安徽省宿州市砀山县赵屯镇张新庄
……负责人:马安岭 邮 编:234000
……法 人:马安岭
……Tel:0557－8186688
8033683

**阜南县洪河桥镇顺河活性炭有限公司**
业务:阜南县洪河桥镇顺河活性炭有限公司成立于2003年6月,是专业从事活性炭的生产、加工、产品研发的企业。经过多年来的生产、经营、实践,公司为客户提供的产品主要有药用活性炭、针用活性炭、糖用活性炭、工业用活性炭、煤质活性炭、果壳活性炭和竹炭系列产品。产品广泛应用于医药、化工、食品、环保等行业的脱色、精制、提纯、去热原及废水处理,还适用于建筑装潢、土壤改造、饮用水及空气净化等领域。另外,公司可以根据客户要求研制特殊规格的活性炭品种。
地址:安徽省阜阳市阜南县洪河桥镇
……邮 编:236300
……法 人:孟庆亮
……Tel:0558－6657138

**安徽仁达种业有限公司**
地址:安徽省蚌埠市五河县淮河路西段
……负责人:刘学强
……Tel:0552－5051614

**蒙城县富源种业有限责任公司**
地址:安徽省亳州市蒙城县城南三里桥
……负责人:李建峰
……Tel:0558－7635518

**芜湖华胜通讯管道有限公司**
业务:专业生产通信管道
地址:安徽省芜湖市弋江区火龙岗镇白马村
……负责人:杨友民 邮 编:241000
……法 人:杨友民
……Tel:15055793688
15305537578

**神猫除四害有限公司**
业务:神猫除四害有限公司成立于2002年,主要生产"猫眯"牌灭蟑螂、蚂蚁、蚊子、苍蝇、老鼠等系列除四害用品。公司始终坚持"质量第一,价格合理"的原则,欢迎各方客户惠顾。
地址:安徽省阜阳市阜王路鱼水巷2号楼4单元108号
……邮 编:326028
……法 人:吴建
……Tel:0558－3292599
……Fax:0558－2233599

**谯城区古泉路加油站**
地址:安徽省亳州市谯城区古泉路中段路南
……负责人:黄建设
……Tel:0558－5218771

**安徽农旺肥业有限责任公司**
地址:安徽省亳州市涡阳县花沟镇信丰集
……负责人:邹志峰
……Tel:0558－7258440

**界首市中兴塑料厂**
业务:界首市中兴塑料厂主要生产各种火车篷网、安全网边绳、塑料机械(拉丝机、盘绳机等)。公司本着"信誉第一,质量第一,用户第一,服务第一"的宗旨,为广大用户提供优质的产品,主要产品销往全国各地。欢迎各位前来咨询,洽谈业务。
地址:安徽省阜阳市界首市大黄镇鸭王开发区
……邮 编:236500
……法 人:郭戈
……Tel:0558－4768180

**巢湖市荣达塑业有限公司**
地址:安徽省巢湖市半汤街道汤山路78号
……负责人:倪其菊
……Tel:0565－2357198

**四通驾驶学校**
地址:安徽省巢湖市和县历阳镇和县四通驾驶学校
……负责人:王圣琴
……Tel:0565－5383252
3109205

**宏翔塑业有限公司**
业务:我公司生产ODF颗粒及各种优质电瓶外壳片料,承招长年合作伙伴,本公司以"质量求生存,以信誉求发展",欢迎广大客户电来洽谈业务。
地址:安徽省阜阳市界首市田营镇陶庄湖工业区
……负责人:高龙……邮 编:236500
……法 人:高龙
……Tel:0558－4737359
……Fax:0558－4737828

**中国石油天然气股份有限公司安徽巢湖销售分公司**
地址:安徽省巢湖市健康路城管大厦6楼
……负责人:高明琴
……Tel:0565－2393340
13053051685

**庐江县天行塑料制品有限公司**
地址:安徽省巢湖市庐江县庐城镇农胜村竹园21号
……负责人:王玉桃
……Tel:0565－7325676

**合肥市东海化工原料有限公司**
业务:合肥市东海化工原料有限公司成立于1998年,主要从事化工原料、食品添加剂(水果馅、豆沙、果酱)、食品包装、餐料包装、酒用添加剂等。我们将致力于研发和发展新产品等技术,以达到各行各业日益发展的需要。
地址:安徽省合肥市东市区明光路198号
……邮 编:230011
……法 人:金同梅
……Tel:0551－4297313
……Fax:0551－4299756

**万杰橡胶厂**
地址:安徽省巢湖市庐江县农工商联合公司大院内
……负责人:邢杰
……Tel:0565－7361609
13339152826

**东至县长岭加油站**
地址:安徽省池州市东至县东流镇长岭村
……负责人:朱有霞
……Tel:0566－8129070

**淮南市东风化工机械厂**
业务:淮南市东风化工机械厂成立于1978年,多年来从事化学工业专用设备制造:炼油冷换设备及配件制造;一、二类压力容器制造。让我们共同携手,创造更加辉煌的明天!
地址:安徽省淮南市大通区舜化路
……邮 编:232033
……法 人:孙成玉
……Tel:0554－2515928
……Fax:0554－2516160

**池州市童铺塑料厂**
地址:安徽省池州市贵池区马衙镇童铺村
……负责人:陶德旺
……Tel:0566－4711109
13905663972

**涧溪镇棒粉二厂**
地址:安徽省滁州市明光市涧溪镇新街南干路13号
……负责人:张朝友
……Tel:0550－8061023
13905507079

**兴胜液化气储配站**
业务:兴胜液化气储配站成立于2003年,主要批发销售液化气,质量保证,价格合理,欢迎新老用户光临惠顾!
地址:安徽省淮南市毛集实验区毛张路东侧300米
……负责人:胡义根……邮 编:232181
……法 人:胡义根
……Tel:0554－8273576
8273176

**官沟曙光石粉厂**
地址:安徽省滁州市凤阳县官沟乡
……负责人:丁曙光
……Tel:0550－6142222
13505559105

**来安县东明化工有限公司**
地址:安徽省滁州市来安县施官镇西武工业区
……负责人:周东明
……Tel:0550－5830008

**淮南市双强化工有限公司**

业务：淮南市双强化工有限公司成立于2003年，主要从事化工产品的经营及运输。"质量保证，价格合理"，竭诚欢迎新老客户光临惠顾。
地址：安徽省淮南市田家庵区安成镇黑泥村
邮　编：232038
法　人：王祥
Tel：0554－6419217
Fax：0554－6419217

**宏源喷涂有限公司**
地址：安徽省滁州市南谯区乌衣红山工业园
负责人：王新志
Tel：0550－3916888
3916111
13855083988

**天长市康泰塑材厂**
地址：安徽省滁州天长市安乐镇长安中路
负责人：杜海山
Tel：0550－7308807
13955094888

## 绩溪县良才墨业有限公司
业务：本公司从事从炼烟到制墨成品的整个生产过程，是国内墨锭和墨汁出口东南亚、港、台地区的主要生产单位。主要品牌有"艺粟斋"牌墨汁、墨锭。从事油烟墨、松烟墨和选烟墨以及工艺墨、收藏墨、高级彩色墨、油烟墨汁等五大类千余个品种。
地址：安徽省绩溪县环城路56号
邮　编：245300
法　人：冯良才
Tel：0563－8162138
Fax：0563－8162384

**阜阳市颍东三杰涂料厂**
地址：安徽省阜阳市阜涡路訾营村（河东）
负责人：张培蕾
Tel：0558－2325722
1339220009

**界首市龙威塑业有限公司**
地址：安徽省阜阳市界首市光武镇永昌路东段路南
负责人：申涛
Tel：0558－4961688

## 桐城市克马化工涂料厂
业务：桐城市克马化工涂料厂成立于1993年，主要生产钉眼腻子、弹性腻子、网格带、贴缝纸、粘接剂等产品。欢迎广大客户来人来电洽谈业务，共同合作！
地址：安徽省桐城市范岗镇范青路158号
负责人：阮德云……邮　编：231400
法　人：阮德云
Tel：0556－6011072

**界首市君诚废旧塑料购销有限公司**
地址：安徽省阜阳市界首市光武镇中兴西路
负责人：徐常钧
Tel：0558－4965222

**益康制胶有限责任公司**
地址：安徽省阜阳市临泉县同城镇工业区
负责人：李昌达
Tel：0558－6560958
13855823033

## 桐城市兄弟塑料有限公司
业务：桐城市兄弟塑料有限公司成立于2002年，位于安徽省桐城市双港开发区。本公司以生产、销售塑料制品为主，产品包括食品内外包装袋、医药包装袋等。公司秉持"友谊、合作、发展"的经营宗旨，以"质量第一、用户至上、互惠互利"为目标，一如既往地为客户提供优质服务，力求满足客户需求 。
地址：安徽省桐城市双港开发区
邮　编：231480
法　人：程贵生
Tel：0556－6863831
Fax：0556－6864209

**合肥真全橡塑制品有限公司**
地址：安徽省合肥市包河区骆岗镇贾大郢村小里岗
负责人：丁贞权
Tel：13505699858

**合肥宝峰塑料制品有限公司**
地址：安徽省合肥市长丰县双凤工业区
负责人：沈石光
Tel：13605511020

## 东南橡胶制品厂
业务：东南橡胶制品厂主要制造高压绝缘橡胶垫、闸门止水橡皮、橡胶止水袋等橡胶制品。热诚欢迎各方客户来电来人洽谈业务。
地址：安徽省桐城市西苑新村
邮　编：231400
法　人：李民众
Tel：0556－6126307
Mobile：13705562896

**合肥肯力塑胶制品有限公司**
地址：安徽省合肥市肥西县上派镇长安路
负责人：周权
Tel：0551－8841985、13909693202

**合肥国化石油环保有限公司**
地址：安徽省合肥市经济技术开发区芙蓉东路3号
负责人：何维富
Tel：0551－3811066
13856954929

## 芜湖市宏业工贸有限公司
业务：芜湖市宏业工贸有限公司专业生产批发零售车船专用添加剂产品、洗涤化工原料、生物能源等，欢迎新客户来电咨询，洽谈业务！
地址：安徽省芜湖市中山南路183号
负责人：关道忠……邮　编：241000
法　人：关道忠
Tel：0553－4829008
Fax：0553－4829018

**合肥白杨化学用品有限公司**
地址：安徽省合肥市胜利路五州商城D区2幢120室
负责人：杨承慧
Tel：13966667621

**合肥辉达农资有限公司**
地址：安徽省合肥市蜀山区西园新村梅影里17栋503室
负责人：欧翠云
Tel：13965079025

## 宣城市恒远化工有限责任公司
业务：宣城市恒远化工有限责任公司成立于2004年，现有员工100余人。从事轻质碳酸钙、活性碳酸钙的生产及销售。产品质理保证、价格合理，欢迎光临、惠顾。
地址：安徽省宣城市宣州区狸桥工业园区
邮　编：242047
法　人：李文和
Tel：0563－3497888
Fax：0563－3496666

**宁宇化工有限公司**
地址：安徽省合肥市濉溪路88号罗马花园5幢201室
负责人：孔令玉
Tel：0551－4248121
13329013018

**伟达模塑厂**
地址：安徽省合肥市瑶海区合裕路合肥化工厂铁道边
负责人：赵仕锦
Tel：0551－4522741

## 宣城市昌兴液化气站
业务：宣城市昌兴液化气站成立于1998年，从事液化气的配送。经过多年努力经营，已成为拥有良好信誉和规模的供应站。质量保证、价格合理、服务到位。
地址：安徽省宣城市宣州区狸桥镇街道
邮　编：242047
法　人：陈昌友
Tel：0563－3496347
Fax：0563－3498931

**安徽省嘉元种子有限公司**
地址：安徽省合肥市瑶海区五州商城D区7号159A
负责人：许正嘉
Tel：0551－4224488

**双强化工有限公司**
地址：安徽省淮南市田家庵区安成镇黑泥村
负责人：王祥
Tel：0554－6419217
13605546509

**田老大复合肥料厂**
地址：安徽省淮南市田家庵区洞山矿务局大修厂东100米
负责人：刘杰
Tel：0554－7623526
13085547880

**淮南市广辰工贸有限责任公司**
地址：安徽省淮南市谢家集区蔡寿路（五中对面）
负责人：陈广好
Tel：0554－5679110
13909643649

**六安市海明燃料销售有限公司**
地址：安徽省六安市六安经济技术开发区皖西大道
负责人：徐崇海
Tel：13905641625

**六安市金安区六舒路加油站**
地址：安徽省六安市孙岗镇义仓村
负责人：郑以东
Tel：0564－2566688

**鸿运工贸有限公司**
地址：安徽省马鞍山市当涂县城关镇西门
负责人：端木维林
Tel：0555－6714191
13905558651

**安徽盾安化工有限公司**
地址：安徽省马鞍山市当涂县姑孰镇东门
负责人：王涌
Tel：0555－6735500

**当涂县平骏特种气体有限责任公司**
地址：安徽省马鞍山市当途县姑孰镇环城路化肥厂内
负责人：汪金柱
Tel：0555－6738999
2911277
13705557611

**长征化工有限公司**
地址：安徽省宁国市宁阳西路288号
负责人：李长征
Tel：0563－4181057
13956596513

**富达橡塑制品厂**
地址：安徽省宁国市万家银峰富达橡塑制品厂
负责人：汪英芳
Tel：0563－4790069
13966213862

**砀山县新华能源技术服务部**
地址：安徽省宿州市砀山县城关镇东城开发区检察院对面
负责人：蒋文超
Tel：0557－8036882

**安徽科苑化工有限公司**
地址：安徽省宿州市浍水路271号
负责人：吴立平
Tel：0557－3911975

**宿州康泽植保农资有限公司**
地址：安徽省宿州市浍水路352号
负责人：王伟
Tel：0557－3903001

**安徽美澳复合肥有限公司**
地址：安徽省宿州市泗县泗城镇梁园路66号
负责人：王文胜
Tel：0557－7011403

**安徽省萧县天腾燃料有限公司**
地址：安徽省宿州市萧县圣泉乡薛庄
负责人：杨锦峰
Tel：0557－5526999

**桐城市华光塑业有限公司**
地址：安徽省桐城市老梅镇
负责人：朱海贵
Tel：0556－6980022
13909660920

**铜陵市德隆化工物资经贸部**
地址：安徽省铜陵市北京路2号
负责人：刘谊祥
Tel：0562－2812107

**铜陵市春城塑料化工厂**
地址：安徽省铜陵市私营工业园
负责人：钱荣贵
Tel：0562－5813172

**富平玻塑有限责任公司**
地址：安徽省芜湖市繁昌县保定乡渡口村
负责人：范叶平
Tel：0553－7431952
13909630552

**芜湖贝斯特新能源开发有限公司**
地址：安徽省芜湖市繁昌县三山镇工业园区
负责人：刘永均
Tel：13095537688

**高捷环保再生塑料（芜湖）有限公司**
地址：安徽省芜湖市经济技术开发区港湾路37号
负责人：黄光
Tel：0553－3388111

**芜湖市恒信物业管理有限责任公司**
地址：安徽省芜湖市镜湖区汀苑小区100幢1单元401
负责人：王海斌
Tel：0553－3304621

**芜湖市海旭能源有限公司银湖北路分站**
地址：安徽省芜湖市鸠江区银湖北路光华工业园内
负责人：晋本水
Tel：0553－5962920

**宝贵玻纤厂**
地址：安徽省芜湖市马塘区鲁港镇龙华村
负责人：吴传保
Tel：0553－3021039
13605598968

**芜湖瑞祥塑料制品有限公司**
地址：安徽省芜湖市芜湖县湾址镇城南
负责人：池万焕
Tel：0553－8822977

**芜湖市双龙化工批发部**
地址：安徽省芜湖市新芜区吉和街副食品批发市场42号
负责人：吴春龙
Tel：0553－5882359
13909630171

**西山化工有限公司**
地址：安徽省宣城地区广德县邱村镇和平村
负责人：朱国新
Tel：13906148061

**鼎翔化工厂**
地址：安徽省宣城地区广德县新杭镇千口村童下畈组
负责人：张勇
Tel：13966309998

**金泉燃气有限责任公司**
地址：安徽省宣城市郎溪县建平镇南塘村
负责人：韦明
Tel：13605639528

## 宁国市光辉橡胶制品有限公司

宁国市光辉橡胶制品有限公司成立于2008年4月10日，从事汽车零部件的橡胶制品生产与销售。公司以“质量求生存”的企业理念，坚持“质量第一、信誉至上、用户为尊”的方针，为广大客户提供优质可靠的产品和服务。

联系人：刘光辉

电话：0563-4601559　手机：13805625905

地址：安徽省宁国市梅林镇梅林村山边组　邮编：242300

## 桐城市蓝天塑业有限公司

桐城市蓝天塑业有限公司成立于2004年，专业从事塑料包装制品的生产销售，主要产品是复合袋、编织袋、真空袋和蒸煮袋。我公司恪守“信誉为本，客户至上”的原则，竭诚为新老客户服务，欢迎惠顾！

联系人：程永功

电话：0556-6864487 13074080938

地址：安徽省桐城市双港工业园　传真：0556-6870497　邮编：214200

## 合肥华海橡塑有限公司

合肥华海橡塑有限公司成立于2004年。
是一家专业生产销售汽车橡塑密封件的企业。
以“客户至上，质量第一”为理念。
欢迎广大客户来电！

电话：0551-8891619　13956077889

联系人：王海平

地址：安徽省合肥市肥西县合同路上派工业区　邮编：231200

## 武店振兴加油站

武店振兴加油站成立于2003年，
主要从事汽油、柴油的销售。
竭诚欢迎新老客户光临惠顾！

电话：0550-6287916
6286201　13955063611

联系人：王勇　邮编：239000

地址：安徽省滁州市凤阳县武店镇南幸福路

## 东南橡胶制品厂

东南橡胶制品厂成立于2001年，本公司专业从事橡胶制品加工、销售。公司坚持以“诚信为本、以质量取胜”为企业理念，竭诚与广大新老客户携手共进。共创新世纪的辉煌。望各界新老客户前来指导洽谈！

联系人：李民众

电话：0556-6126307　13705562896

传真：0556-6130548

地址：安徽省桐城市东南橡胶制品厂　邮编：246000

## 兴胜液化气储配站

兴胜液化气储配站成立于2003年，本站主要经营液化气批发、零售。公司秉承“顾客至上，锐意进取”的经营理念，坚持“客户第一”的原则为广大客户提供优质的服务。欢迎惠顾！

联系人：胡义根

电话：0554-8273576　8688999　2311111

传真：0554-8273176

地址：安徽省淮南市毛集实验区毛张路　邮编：232180

## 蚌埠市和泰染料化工物资有限公司

蚌埠市和泰染料化工物资有限公司成立于2006年，主要从事纺织染料的生产及销售。

在坚持“产品未来性”和“技术品质领先性”的研发原则下，永远于技术和品质上领先一步，并在产品生产过程中始终贯彻绿色行销的理念。

诚挚欢迎您的惠顾。

联系人：柳之初

电话：0552-2813111　2813680

传真：0552-2813680

邮编：233000

地址：安徽省蚌埠市大学城东山王村8号

## 天长市开林化工有限公司

天长市开林化工有限公司创立于1986年，主要生产“艳蝶”牌系列船舶漆，年生产能力达到1.5万吨以上。主要产品有船舶漆、重防腐漆、工业漆、钢结构专用漆等。竭诚欢迎国内外新老客户前来洽谈业务，莅临指导，并真诚地期待与各方有识之士携手合作，共创辉煌！

联系人：王和高　13955093238

电话：0550-7911188　传真：0550-7911368

网址：www.tcklhg.com　电子邮件：tcklhg@163.com

地址：安徽省滁州市天长市金集镇黄庄村青年队　邮编：239351

## 福建省/Fujian Province

### 永春县达埔信达卫生香经销点

业务：粘头粉、广西粘、木粉、竹粉、卫生香及机器设备

地址：福建省泉州市永春县达埔镇汉口村257号

负责人：林敏塍　邮　编：362000

法　人：林敏塍

Tel：13959809411
0595－23791411

### 宏辉塑料有限公司

地址：福建省长乐市龙津工业区

负责人：林锦标

Tel：0591－28885881
28826531

### 福鼎市鼎光腻子涂料加工厂

业务：生产腻子粉

地址：福建省福鼎市点头镇原鞭炮厂厂房

负责人：张庆济　邮　编：355200

法　人：张庆济

Tel：13850398931
0593－7059891

### 福州东荣塑胶制品有限公司

业务：福州东荣塑胶制品有限公司成立于2006年，主要经营PVC塑胶制品。欢迎新老客户光临、惠顾！

地址：福建省福州市仓山区盖山镇浦下工业小区

负责人：黄美枝　邮　编：510801

法　人：叶茂清

Tel：0591－83923318
83439882

Fax：0591－63005156

### 福建和盛塑业有限公司

业务：我公司成立于2002年4月，专业从事CFRP碳素螺纹电缆护套管和CDB玻璃钢电缆护套管及其他管材的开发、生产和销售。“凝心聚力则为和，干事创业定会盛”。

地址：福建省福州市华林路163号

负责人：孙立新　邮　编：350000

法　人：孙立新

Tel：0591－87815506

Fax：0591－87800215

网址：www.fjhssy.com

### 泉州市泉港区燕山涂料店

业务：经营各种油漆

地址：福建省泉州市泉港区涂岭镇松园村燕山涂料店

负责人：出佳音　邮　编：362000

法　人：出佳音

Tel：15859703330
13506040049
0595－27837863
87793330

### 旗锣登塑革店

业务：PVC薄膜，TPU薄膜，反光革，箱包材料

产品：PVC薄膜，TPU薄膜，反光革，箱包材料等

地址：福建省福州市仓出区高湖村（连江南路501号）

负责人：余品文　邮　编：350000

法　人：余品文

Tel：0591－83499599
13675055688

Fax：0591－83499599

E-mail：qiluodeng@163.com

### 华联达化油器厂

地址：福建省福鼎市福前山105号－7

负责人：许新亮

Tel:0593－7872166
13809579891

**常生胶粘品有限公司**
地址:福建省福州市仓山区湖畔路15号鑫高新苑3幢302室
负责人:李梓银
Tel:0591－83508085
87446620
13960777545

**福建丰益塑胶有限公司**
业务:制造、销售塑料食品容器，塑料用品
产品:快餐盒
地址:福建省泉州市鲤城区江南镇火炬开发区常兴路189号
负责人:吴晓锋 邮编:362000
Tel:0595－28202189
Fax:0595－28202199
网址:http://fjfengyisujiao.cn.alibaba.com
E-mail:fengyi.plastic@gmail.com

**德信涂料店**
业务:立邦油漆专卖
地址:福建省泉州市晋江市东石镇路东村北区路55号
负责人:蔡汉城 邮编:362271
法人:蔡汉城
Tel:13505953799
0595－85538377

**钧鼎生物科技发展有限公司**
地址:福建省福州市晋安区远西安泰工业小区
负责人:林文英
Tel:0591－87148773
13003803888

**福州市仓山区三川润滑油经营部**
业务:经营"百川"润滑油
地址:福建省福州市仓山区城门镇城门村城楼296号
负责人:向成云 邮编:350001
法人:向成云
Tel:13799989266

**上街通达润滑油店**
地址:福建省福州市闽侯县上街镇青洲村上洲26号
负责人:郑章建
Tel:0591－22890665
26653238
13705073992

**泉州市丰泽区冠锐滴塑贴花厂**
业务:滴塑产品
地址:福建省泉州市丰泽区清源环山区环鼎路145号
负责人:黄松梦 邮编:362000
法人:刘小姐
Tel:0595－28983178
15306088819

**福州市仓山区众帆润滑油有限公司**
业务:专业经销润滑油，秉承"专业、诚信"的企业精神，为用户提供众帆优质的油品和技术服务
产品:众帆汽机油、众帆柴机油、众帆工业油、众帆摩托车机油、空压机机油、润滑脂等
地址:福建省福州市仓山区首山村91号
负责人:许守兵 邮编:350007
法人:许守兵
Tel:0591－83596236
13599968238
Fax:0591－83596236
网址:www.xsb－fzzf.com
E-mail:135999xushoubing@sina.com

**泉州市丰泽区熠彩汽车调色服务中心**
业务:汽车油漆、汽车美容辅料产品、喷枪
地址:福建省泉州市丰泽区金地花园董埭路6号店
负责人:丘文英 邮编:362018
法人:丘文英
Tel:13959802608
13959924537
13905051172
0595－22296815

**晋江市黄河超纤皮塑有限公司**
地址:福建省晋江市陈埭镇湖中
负责人:张实义
Tel:0595－85139000

**厦门艺超工贸有限公司**
业务:我公司创建于2005年，主要从事塑胶产品的加工与销售，公司本着"以人为本，以客为尊"经营方针，公司致力实施"管理零缺陷，服务零距离"的管理战略，竭诚为广大客户服务。
地址:福建省厦门市湖里区下洲社572号二楼
负责人:高国雄 邮编:361000
法人:高国雄
Tel:0592－3832678
3832978
Fax:0592－3832978

**德化县新隆泰化工实业有限公司**
业务:德化县新隆泰化工实业有限公司是集科研、开发、建设、生产、经营为一体的综合性公司厂区占地约100亩，职工300多人，中级职称技术人员占32%以上，高级职称技术人才占5%以上，拥有年产5万吨的双氧水（浓度为27.5%～70%）和1.5万吨的氯酸钾生产线，同时，公司采用先进的工艺技术，所有产品均达到国家优等品（一等品）标准，在同行业中处于领先地位，受到国内外客户的一致好评。
地址:福建省泉州市德化县浔中镇乐陶村格仔
负责人:吴俊杰 邮编:362500
Tel:0595－22186326
23565268
Fax:0595－28011718
23565269

**福建省南安市天马行精细化工有限公司**
业务:福建省南安市天马行精细化工有限公司成立于1989年，是以设计、开发、生产胶粘剂产品为主的国内知名科技企业。公司现有氯丁橡胶万能胶、SBS万能胶、热熔胶、喷胶、保温材料胶、泡沫胶、节能灯胶、鞋用胶等几大系列产品。天马行公司以诚信为本，以"一流产品、一流服务、合理价位"服务于新老客户。
地址:福建省南安市洪濑镇坎头山工业区
邮编:362331
法人:庄克进
Tel:0595－86687338
Fax:0595－86697668

**福建省长汀县宏兴选矿药剂有限公司**
地址:福建省龙岩市长汀县汀洲镇南门街慧吉巷102号＋2
负责人:王玉珍
Tel:0597－6839318
6837581

**德化县嘉宝莉涂料店**
业务:油漆销售
地址:福建省泉州市德化县龙东小区3号楼
负责人:苏康寿 邮编:362000
法人:苏康寿

**长泽化工贸易有限公司**
业务:长泽化工贸易有限公司位于泉州市灵秀镇钞坑永和村，是一家以经营各种化工产品为主的公司。质量保证，价格合理，欢迎新老客户惠顾！
地址:福建省泉州市灵秀镇钞坑永和村
邮编:362700
法人:蔡清艺
Tel:0595－88590451
Fax:0595－88575636

**中国石油化工股份有限公司福建福州闽清县润滑油经营部**
业务:主营:长城牌内燃机润滑油、工业齿轮油、液压油、润滑脂、防冻液、刹车液、金属加工液、船用油、及润滑添加剂等系列产品，广泛用于航空、航天、汽车、机械、矿采、石油化工、电子等领域
地址:福建省福州市闽清县梅溪镇溪口大街138号
负责人:李杨 邮编:350800
法人:李杨
Tel:0591－22378770
13720816689

**源兴塑料工艺厂**
地址:福建省南安市省新镇新厅村瓦埔
负责人:尤荣宗
Tel:0595－86253789
13906094789

**泉州圣德利轻工制品有限公司**
业务:专业生产塑胶日用制品及无纺布环保袋，为国内外知名企业生产促销礼品；为微波炉生产厂家定点，定样生产各类微波炉专用配套器皿；为企事业单位定样生产形象广告杯（也可贴牌生产）。我们将以先进的设备、成熟的技术、优惠的价格、优质的产品为客户提供真诚服务
产品:水杯、微波盒、无纺布袋子、茶叶罐
地址:福建省泉州市安溪县城东开发区A5－2厂房
负责人:林金塔
法人:黄昭艺
Tel:0595－26313888
Fax:0595－26312388
网址:www.qzshengdeli.com.cn
E-mail:qzshengdeli@163.com

**旭华胶粘制品厂**
地址:福建省宁德市霞浦县州洋乡丁步头村(橡胶总厂内)
负责人:林银仙
Tel:0593－8857728
13004920588

**福州品杰实验仪器有限公司**
业务:实验仪器、化工原料、玻璃制品
产品:酒精、三酸、漂白粉、片碱、消毒水、PAM、化学试剂、仪器
地址:福建省福州市台江区南园路115号
负责人:焦红旗 邮编:350009
法人:焦红旗
Tel:0591－83256627
Fax:0591－83256627

**莆田市兴发塑胶有限公司**
地址:福建省莆田市秀屿区月塘乡坂尾工业区
负责人:陈丽英
Tel:0594－5991168
13959511168

**仙游县盖尾国新油漆店**
业务:三银油漆专卖
地址:福建省莆田市仙游县盖尾镇盖尾街十字路口
负责人:孙国新 邮编:351100
法人:孙国新
Tel:0594－7091079

**厦门市鸿源祥化工有限公司**
业务:厦门市鸿源祥化工有限公司成立于2006年，主要零售，批发各种润滑油、建筑玻璃加工、玻璃工艺品等。本着"高标准的质量，优惠的价格，诚信的售后服务"的企业宗旨，竭诚欢迎新老客户咨询、洽谈、合作！
地址:福建省厦门市湖里区吕岭路117－4号
负责人:李小玲 邮编:361009
法人:李小玲
Tel:0592－8887121

**建瓯市百花油漆专卖店**
业务:销售:油漆
地址:福建省建瓯市东方西路91号(盛海27号楼)
负责人:占司太 邮编:353100
法人:占司太
Tel:0599－3736526
Fax:0599－8218338

**中化工贸有限公司**
地址:福建省泉州市泉港区中心工业区华洲苑101－2
负责人:王进元
Tel:0595－87991699
13505912699

**莆田市涵江区新利兴粉碎加工场**
业务:鞋材生产销售，粉碎加工
地址:福建省莆田市涵江区国欢镇塘西村三坡顶
负责人:陈元芬 邮编:351100
法人:陈元芬
Tel:13706095280
13706086375

**双龙特种气体有限公司**
地址:福建省泉州市永春县桃城镇桃溪村
负责人:郑植居
Tel:0595－23858486
23865486

**涵江区白塘镇三星泡沫厂**
业务:生产泡沫
地址:福建省莆田市涵江区白塘镇白塘中学路口右拐500米
负责人:刘立峰 邮编:351100
法人:刘立峰
Tel:13860998858
13706052901
0594－3365296
3562690
Fax:0594－3562690

**厦门市森润塑胶工业有限公司**
地址:福建省厦门市湖里区长泊路16号广达大厦一楼
负责人:范向荣
Tel:0592－5629169
8932388
13606029819

**晋江仲华皮革化工贸易有限公司**
业务:化工贸易
地址:福建省晋江市罗山梧桐福兴路116号
负责人:陈清中 邮编:362000
法人:陈清中
Tel:13636990199
0595－88181972

**厦门鹏龙石化有限公司**
地址:福建省厦门市思明区斗西路158号祥和广场北楼25A
负责人:陈建平
Tel:0592－2230858

**晋江罗山富祥化工贸易经营部**
业务:化工产品(不含危险化学品及易制毒品)的销售。
地址:福建省晋江市罗山镇罗山街道办事处前沿社区377号
负责人:王连庭 邮编:362000
法人:王连庭
Tel:13489396999
15159516999
0595－88184505
Fax:0595－88199700

**厦门兆利塑胶科技有限公司**
地址:福建省厦门市湖里区高崎新社第四工业区第2号楼
负责人:陈伟
Tel:0592－3893939

**创意水暖经营部**
业务:水暖器材
地址:福建省宁德市周宁县狮城镇西街旧百货仓库正对面
负责人:张谢铃 邮编:352100
法人:张谢铃
Tel:15980370004
15059308663

**厦门市质远塑胶工业有限公司**
地址:福建省厦门市湖里区环岛路与县黄路旁
负责人:王志浩
Tel:0592－8575480

**周宁县耐普涂料店**
业务:装饰涂料、腻子粉经营，承接装饰工程
地址:福建省宁德市周宁县狮城镇西环路55号
负责人:许陈贵 邮编:352000
法人:许陈贵
Tel:13859652050
0593－5685396

**天津南侨油脂有限公司厦门办事处**
地址:福建省厦门市湖里区嘉禾路598号
负责人:萧明堂
Tel:13328791855

**龙海市旺辉加油船**
业务:汽油销售
地址:福建省龙海市榜山镇北溪头村234号
负责人:黄乱民 邮编:363100
法人:黄乱民
Tel:15960693276
13599587379

**厦门金冠塑胶有限公司湖里分公司**
地址:福建省厦门市湖里区天安工业邨一号厂房二层B单元
负责人:蔡德晔
Tel:0592－6025317

**霞浦县东升塑料袋加工厂**
业务:生产塑料袋
地址:福建省宁德市霞浦县下浒镇石湖开发区
负责人:李中森 邮编:355144
法人:李中森
Tel:0593－8588057
13959371596

**厦门鹭阳石油制品有限公司**
地址:福建省厦门市湖里区兴隆路25号A806单元
负责人:徐朝杉
Tel:0592－8599122

**古田县平湖镇中院刘熙光塑料粒籽加工厂**
业务:塑料粒籽加工
地址:福建省宁德市古田县平湖镇中院村下尾桥
负责人:刘熙光 邮编:352100
法人:刘熙光
Tel:13459334809

**厦门杏林欣杰嵘塑胶工贸有限公司五金分公司**
地址:福建省厦门市集美区杏林杏西路16号
负责人:杨雄
Tel:0592－6212622

**盈祥塑料制品加工场**
业务:塑料制品加工、模具制造、产品开发
地址:福建省龙海市新厝镇路边村新厝99号
负责人:林俊杰 邮编:363100
法人:林俊杰
Tel:13605014380
0596－6355304

**兴润源贸易有限公司**
地址:福建省厦门市思明区莲前西路150号101室
负责人:魏忠勇

…… Tel:0592－5981880
8888981
13806098931

## 古田县平湖镇光恩塑料粒籽加工厂

业务:低压塑料、塑料粒籽
地址:福建省宁德市古田县平湖镇钱坂村
…… 负责人:苏光恩 邮 编:352100
…… 法 人:苏光恩
……Tel:0593－3570396
13338222522

**厦门普林化工有限公司**
地址:福建省厦门市思明区湖滨南路 57 号金源大厦 15 层 E 座
…… 负责人:陈欣
…… Tel:0592－2218666

## 龙海市颜厝忠雄塑料制品加工场

业务:塑料制品加工、销售
产品:日用品
地址:福建省龙海市颜厝镇路边村下庄 51 号
…… 负责人:张志强 邮 编:363000
…… 法 人:张志强
……Tel:0596－6666508
13605016824
……Fax:0596－6666808

## 浦城县石孙氧气供应站

业务:工业氧气,医用氧,乙炔,二氧化碳,氩气
地址:福建省南平市浦城县武夷山路 49 号
…… 负责人:刘石孙 邮 编:353400
…… 法 人:刘石孙
……Tel:0599－2993611
13799102443

## 平和县黄国民化肥经营部

业务:化肥
地址:福建省漳州市平和县小溪镇建设街 3 井巷 10 号
…… 负责人:黄国民 邮 编:363000
…… 法 人:黄国民
……Tel:13799823335
0596－5152098

## 漳州市芗城区金浦液化气经销店

业务:零售炉具,液化气、维修炉具
地址:福建省漳州市芗城区北京路 196 号
…… 负责人:林森保 邮 编:363000
…… 法 人:林森保
……Tel:0596－2235125
13055378999
13615077799

## 漳州市芗城区富农肥料有限公司深土分公司

业务:生产与销售化肥、肥料和有机肥
产品:化肥、肥料和有机肥
地址:福建省漳州市漳浦县深土镇庵下浯村
…… 负责人:林福财 邮 编:363000
…… 法 人:林福财
……Tel:0596－3722698

## 南安市美林伟杰化工店

业务:浓剂、天那水、丙酮苯
地址:福建省南安市武荣街 11 幢 301 号
…… 负责人:洪伟军 邮 编:362300
…… 法 人:洪伟军
……Tel:0595－86800680
……Fax:0595－86800680

## 华安县新兴润滑油经营部

业务:专业经销统一、美孚等各种品牌车用、机械用油,我们以优质的产品,合理的价格,诚信的服务,期待您的光临。
产品:统一、美孚等
地址:福建省漳州市华安县丰山镇新社路口
…… 负责人:杨明兴 邮 编:363801
…… 法 人:杨明兴
……Tel:0596－7287499
13110660258
……Fax:0596－7286788

## 华安县春兴化肥经营部

业务:化肥批发零售
地址:福建省漳州市华安县高车乡高车村 35 号
…… 负责人:童钟坤 邮 编:363000
…… 法 人:童钟坤
……Tel:0596－7248475

**厦门兴邦化工有限公司**
地址:福建省厦门市思明区嘉禾路 325 号 1802 室
…… 负责人:刘邦聪
…… Tel:13606098609

## 漳州市龙文区鹏飞达化工染料经营部

业务:用于造纸、纺织、建筑模板,胶水、化工材料、片碱、聚乙烯醇等化工产品批发
地址:福建省漳州市龙文区步文镇石仓村石仓街 51 号
…… 负责人:汤明祥 邮 编:363000
…… 法 人:汤明祥
……Tel:0596－2113619
6375686
13906066169

## 平和县蔡镇辉化肥经营部

业务:经营化肥
地址:福建省漳州市平和县小溪镇厝坵村大厝 8 号
…… 负责人:蔡镇辉 邮 编:363000
…… 法 人:蔡镇辉
……Tel:0596－5256637
13959673611

## 武平县十方禾金塑料厂

业务:塑料制品
地址:福建省龙岩市武平县十方镇来福村
…… 负责人:林招鹏 邮 编:364000
…… 邮 编:林招鹏
……Tel:13605905388
15159000636

## 夏门永顺利润滑油商行

业务:车用、工业润滑油、制动液、润滑脂、选矿药剂
产品:山推小松工程机械润滑油、太古油化润滑油、制动液及选矿药剂
地址:福建省夏门市海沧区马青路 1994 号
…… 负责人:吴仕海 邮 编:361026
…… 法 人:李金祥
……Tel:13616007633
……Fax:0592－6050651
…… 网址:wushihai－@163.com

## 厦门加全橡塑制品有限公司

业务:生产、销售化妆品的配件
地址:福建省厦门市同安区西柯镇西柯街 502 号
…… 负责人:周崑忠 邮 编:361000
…… 法 人:周龙文
……Tel:0592－7111908
7112418
…… E-mail:jiaquan5@21cn.com

## 福建达安能源实业有限责任公司

业务:集研发、生产、销售、服务为一体的高新技术企业,专业生产化肥防结剂、硝铵抗爆剂、硝铵松散剂、炸药膨化剂及化工助剂,公司一贯以专业创造利润,诚信提升价值的宗旨,热情为各新老客户提供最优质的产品!
产品:化肥防结剂、硝铵抗爆剂、硝铵松散剂、炸药膨化剂及化工助剂
地址:福建省永安市埔岭 99 号
…… 负责人:刘真茂 邮 编:366000
…… 法 人:刘真茂
……Tel:0598－8833089
3627746
……Fax:0598－8830856
3629788
…… E-mail:lzmooi@163.com

**厦门迪泰精细化工有限公司**
地址:福建省厦门市思明区演武路大学城 B 幢 21F
…… 负责人:柳小春
…… Tel:13606912247

## 顺昌县埔上土丰小莲柴油店

业务:销售柴油
产品:柴油
地址:福建省南安市顺昌县埔上镇土丰村沙口
…… 负责人:吴小莲 邮 编:362300
…… 法 人:吴小莲
……Tel:0599－7519658
7519600

## 大田县建设镇泓佳塑料收购点

业务:塑料收购、加工、销售
地址:福建省三明市大田县建设镇建设村增坑
…… 负责人:朱青香 邮 编:365000
…… 法 人:朱青香
……Tel:13860520219

## 三明市梅列区利源润滑油贸易商行

业务:批发及零售各种车用润滑油、工程机械润滑油
地址:福建省三明市梅列区徐碧前街 5 号
…… 负责人:余昌路 邮 编:365000
…… 邮 编:余昌路
……Tel:15859861688
0598－5181388

## 永顺润滑油商行

业务:车用、工业润滑油、制动液、润滑脂、选矿药剂
产品:山推小松工程机械润滑油、太古油化润滑油、制动液及选矿药剂
地址:福建省三明市下洋花园 13 幢 12 号
…… 负责人:刘优球 邮 编:365000
…… 法 人:刘优球
……Tel:13806966006
0598－8583689
……Fax:0598－8581689
…… E-mail:wushihai－@163.com

## 龙岩市新罗区厚重化学实验用品经营部

业务:化学试剂、玻璃器皿、实验仪器
产品:化学试剂、玻璃器皿、实验仪器
地址:福建省龙岩市新罗区西陂镇莲西路条围村油横下路 183 号
…… 负责人:章捷伍 邮 编:364000
…… 法 人:章捷伍
……Tel:0597－2280663
……Fax:0597－2280663

## 南安市蓬华裕啊涂料店

业务:经营涂料
产品:三棵树、立邦、雅士利等品牌涂料
地址:福建省南安市蓬华镇蓬岛街 43 号
…… 负责人:郭森裕 邮 编:362300
…… 邮 编:郭森裕
……Tel:13559566748
0595－86403988

**厦门麦盛橡塑管件有限公司**
地址:福建省厦门市同安区西柯工业区
…… 负责人:张德富
…… Tel:0592－7111401

## 福建省三明市大田县广平镇阿标化肥店

业务:化肥的销售
地址:福建省三明市大田县广平镇元沙村
…… 负责人:郑昌标 邮 编:365000
…… 法 人:郑昌标
……Tel:15059009432
0598－7413862

## 三树装饰材料商店

业务:各种品牌的油漆
地址:福建省南安市滨江小区 1 栋 3 层 6、7、8 号店
…… 负责人:黄志成 邮 编:362300
…… 法 人:黄志成
……Tel:0595－86378535
……Fax:0595－86354565

## 永春县平安包装制品厂

业务:各种规格塑料编织袋、塑料袋。
地址:福建省泉州市永春县石鼓镇桃场工业区
…… 负责人:陈长平 邮 编:362600
…… 法 人:陈长平
……Tel:0595－23857686
23888686
13960369686

**东洋鑫化工商贸有限公司**
地址:福建省厦门市筼筜路 60 号 104 室港龙花园
…… 负责人:蔡斌香
…… Tel:0592－5311363
13799290025

## 南安市夏东塑料造粒厂

业务:生产塑料颗粒
地址:福建省南安市东田镇兰溪村(官田)
…… 负责人:陈建泉 邮 编:362000
…… 法 人:陈建泉
……Tel:13599798666
13328505668

## 佳顺达塑料制品批发配送店

本公司成立于2005年，主要从事塑料日用制品行业，塑料模具开发、加工，大型注塑、加工，产品门市批发、配送，日用制品，桶，脸盆，酒楼洁具用品，厨房洁具用品，超市配送。

价廉物美，欢迎惠顾！

联系人：林楚彪 13003878544
电话：0591-28353738
传真：0591-83204920
网址：www.jsdslzppfb.chinapyp.com 邮编：350000
地址：福建省福州市台江区健新农贸市场四区44号店

## 龙海市颜厝雅婷石英配件厂

龙海市颜厝雅婷石英配件厂成立于2001年，本厂专业从事蒸空镀膜厂的生产与销售。

本厂本着“客户第一，诚信至上”的原则，与多家企业建立了长期的合作关系。热忱欢迎各界朋友前来参观、考察、洽谈业务。

联系人：陈一城
电话：0596-6666821 13607559788 传真：0596-6666820
地址：福建省龙海市颜厝镇路边村浦园8号 邮编：363100

## 龍岩市新羅區曹溪镇坑頭村建設塑料廠

龙岩市新罗区曹溪镇坑头村建设塑料厂主要经营PVC、PE、PP、PS、ABS废旧塑料加工。主要产品有PET瓶片清洗，PVC、PE、PP、PS、ABS等再生塑料颗粒、塑料片。

以诚求信、一诺千金，无论过去、现在、还是未来，我们都在期待与您携手合作！

联系人：李建设 13806980453
电话：0597-2759695
传真：0597-2759985
电子邮件：ssqsan@sian.com
地址：福建省龙岩市新罗区曹溪镇坑头村建设塑料厂 邮编：364000

## 南平市光泽县大林塑料再生厂

本公司主要经营编织袋、白袋、黑袋，回收旧废料袋产品、塑料粒子。

公司坚持“以一流的人才资源和管理追求完美的产品质量和服务质量”的方针，不断向用户提供创新产品和服务。

联系人：雷世旺 13850972555 13509542593
地址：福建省南平市光泽县寨凤乡大林村塑料厂 邮编：353000

## 莆田市荔晖(化工)鞋材商贸有限公司

莆田市荔晖（化工）鞋材商贸有限公司成立于2004年。主要从事于（鞋带打头）塑胶片、鞋用树脂、热熔胶、进口固化剂、油墨（油墨）专用稀释剂、天那水等产品的销售。

名士风范，跨世创举，荔晖鞋材立足于国内市场，放眼国际市场，锐意进取，勇于开拓，必将以强烈的市场意识、服务意识、高质量意识屹立在同行业的前位。

联系人：郑玉镇
电话：0594-2952888 2992725 13808589131
地址：福建省莆田市荔城区新度经济开发区 邮编：351142

## 上杭县闽湘废旧塑料加工厂

上杭县闽湘废旧塑料加工厂成立于2008年。
从事废旧塑料收购、加工及销售。
以诚为本，诚信经营。
欢迎新老客户来电洽谈业务！

联系人：梁洪献
13685980590
电话：0597-3691005
地址：福建省龙岩市上杭县古田镇上郭车村 邮编：364000

## 江西省/jiangxi Province

**正元实业有限公司**
地址：江西省丰城市金马步行街广场商住楼底层
负责人：陆洪春
Tel：0795－6410219
13767553666

**赣州广能化工商行**
业务：本商行主要经营电子化工，诚信为本、质量为先是我们的服务宗旨，期待与您的真诚合作！
产品：助焊剂、清洗剂、洗板水、783慢干水、除蜡水、天那水、无铅助焊剂、无bp清洗剂、除油剂、稀释剂、防白水、绝缘油、工业酒精、开油水、洗网水
地址：江西省赣州市赣县工业园大门正对面
负责人：陈小梅 邮 编：341108
法 人：肖志敏
Tel：0797－4591088
13627079686
15970132988
Fax：0797－4591099
E-mail：1172276456@qq.com

**江西鹏腾实业有限公司**
地址：江西省抚州地区金溪县锦绣谷工业园A区
负责人：姜鹏俊
Tel：13907943924

**德兴市景泰化建有限公司**
业务：本公创立于2005年，主要生产销售：干粉涂料、工业水性涂料、艺术乳胶漆、聚脲涂料 。质量保证、价格合理，欢迎新老客户光临惠顾！
地址：江西省德兴市泗洲镇林管站
负责人：童远景 邮 编：334224
法 人：童远景
Tel：0793－7726566

**泰和县鑫建吸塑材料厂**
业务：秧盘、片材生产销售
产品：秧盘、吸塑盒、眼镜盒等
地址：江西省吉安市泰和县螺溪镇保健村
负责人：尹传池 邮 编：343704
法 人：尹传池
Tel：13755494215
Fax：0796－5261319
网址：www.xinjian0808.com
E-mail：xinjia@163.com

**江西东乡高信化工有限公司**
地址：江西省抚州市东乡县冷井一巷
负责人：袁维金
Tel：13767619201

**江西朝隆工艺塑胶制品有限公司**
地址：江西省抚州市金溪县工业园区A区
负责人：黄锐希
Tel：13809675713

**东乡县远盛液化气有限公司**
业务：东乡县远盛液化气有限公司成立于1998年，主要经营石油液化气。“质量保证，价格合理，送货上门”，热诚欢迎您的来电咨询！
地址：江西省抚州市东乡县东乡铜矿
负责人：俞样德 邮 编：331800
法 人：俞样德
Tel：0794－4448188

**江西省萍乡市宗和传质有限公司**
地址：江西省萍乡市开发区金陵西路8号
负责人：李萍
Tel：13907990851

**萍乡市显亮新型材料有限公司**
地址：江西省萍乡市开发区三田管理处绞水潭
负责人：钟显亮
Tel：13879979699

**莲花县群青颜料有限公司**
地址：江西省萍乡市莲花县海潭垦殖场
负责人：鲍思民
Tel：13177555857

**南昌市金润广场天然化工原料供应站**
业务：化工原料
产品：硼酸、硼砂、片碱、纯碱、硝酸钠、水杨酸
地址：江西省南昌市金润广场一期O栋一层43号
负责人：王文良 邮 编：330000
法 人：王文良
Tel：0791－6228682
Fax：0791－6653897
网址：www.jxtrhg.cn

**江西金泰橡胶有限公司**
地址：江西省抚州市金溪县琅琚镇枫山茶山
负责人：支定贵
Tel：0794－5292922

**江西华宇香料化工有限公司**
地址：江西省抚州市金溪县秀谷镇工业园区
负责人：周振华
Tel：0794－5290156
13907043642

**江西长盛化工有限公司**
业务：公司利用自身研制、生产变性淀粉及变性淀粉加工设备的技术和渠道优势结合陕西科技大学博奥化工研究所雄厚的专业研究和开发力量，集产、学、研为一体实现变性淀粉，变性淀粉加工设备及涂布造纸专用粘合剂系列产品研制、生产、销售一条龙服务。
地址：江西省抚州市东乡县孝岗镇清井
邮 编：331800
法 人：黄长高
Tel：0794－4339990
Fax：0794－4236871
网址：www.jxlls.chinapyp.com

**南昌誉坤实业有限公司、金润广场天然化工原料供应站**
业务：硼酸、硼砂、片碱、纯碱、硝酸钠、亚硝酸钠、亚硫酸钠、聚氯化铝、水杨酸、氯化钴等
地址：江西省南昌市金润广场一期O栋一层43号
负责人：王文良 邮 编：330025
法 人：王文良
Tel：0791－6228682
13970852848
Fax：0791－6653897
网址：www.jxtrhg.cn

**抚州市有机生物细菌肥有限公司**
地址：江西省抚州市临川区红桥镇
负责人：黄顺发
Tel：0794－8499333
13807940398

**抚州市银盛肥料有限公司**
地址：江西省抚州市临川区青泥镇工业园区
负责人：徐银山
Tel：13970489088

**南昌高新区长胜树脂胶厂**
业务：树脂胶的生产、销售
地址：江西省南昌市南昌县昌东镇光明村
负责人：万贻良 邮 编：330013
法 人：万贻良
Tel：13970978510
0791－7153676

**宜黄县顺达水电开发有限公司**
业务：宜黄县顺达水电开发有限公司成立于2002年，现有员工50余人，是一家专业从事水利发电的企业。
地址：江西省抚州市宜黄县凤岗镇西马路7号
邮 编：344400
法 人：李苏武
Tel：0794－7609098
Fax：0794－7609098

**华亿化工有限公司**
地址：江西省赣州南康市龙岭镇工业园开发区
负责人：曾华

Tel:0797－6567321
6567319
13807078518

### 南康工业气体厂
业务：生产、溶解乙炔
地址：江西省南康市三江乡伍岭村
负责人：钟加飞 邮编：341000
法人：钟加飞
Tel:13677971966

### 仁福化工原料厂
地址：江西省赣州市大余县南安镇新安村五里山
负责人：张仁福
Tel:0797－8165956
13979783992

### 江西三林香业有限公司
业务：江西三林香业有限公司成立于2003年，主要从事蚊香坯的生产销售。公司始终保持优异的产品质量，雄厚的技术力量，先进的制作工艺，产品深受消费者的喜爱。
地址：江西省吉安市遂川县工业园区
邮编：343900
法人：林如金
Tel:0796－6234899
6234091
Fax:0796－6234091

### 萍乡宏旺化工贸易有限公司
业务：主要经营化工产品
地址：江西省萍乡火车站老站一楼门面
负责人：刘运桂 邮编：337000
法人：刘运桂
Tel:0799－7096822
15807994637

### 江西信联化工有限公司
地址：江西省赣州市瑞金市沙洲坝
负责人：吴荣缺
Tel:0797－2505018

### 百兴磷肥厂
地址：江西省赣州市信丰县中端工业园区
负责人：范佰兴
Tel:0797－3319856
13707025069

### 吴山重质碳酸钙厂
业务：吴山重质碳酸钙厂成立于1986年，从事萤石粉、白萤石粉、重质碳酸钙的生产及销售，产品销往全国各地及出口澳大利亚、日本等国家。欢迎广大海内外商客来电来函咨询、考察、洽谈业务。
地址：江西省九江市德安县吴山红桥
邮编：330408
法人：唐玉意
Tel:0792－4680018
Fax:0791－4680829

### 江西省芦溪县天品花炮原材料销售有限公司
业务：花炮原材料的加工与销售
产品：花炮原材料
地址：江西省萍乡市芦溪站前一路
负责人：邓鹰 邮编：337000
法人：邓鹰
Tel:0799－7560838
Fax:0799－7560838

### 江西达维纤维有限公司
地址：江西省赣州市章贡区南桥安居小区金苑9栋3－211室
负责人：华东
Tel:0797－8383101

### 赣州市山源农资化工有限公司
地址：江西省赣州市章贡区文清路61号五交化工大厦后院
负责人：康健
Tel:0797－6129754

### 南昌县新旺塑料制品有限公司
业务：本公司成立于2006年，主要生产销售塑料包装袋。以质量求生存，以信誉求发展，竭诚欢迎新老客户来电洽谈业务！
地址：江西省南昌市南昌县小蓝工业园（江西涤纶厂北门旁）50米即到
负责人：王和顺 邮编：330200
法人：王和顺
Tel:0791－5988031

### 上饶市宏安实业有限公司
业务：专业生产尿醛树脂、苯醛树脂及各类竹木制品胶粘剂
地址：江西省上饶市上饶县枫岭头镇永丰高塘山
负责人：杨春 邮编：334000
法人：杨春
Tel:13767339828
0793－8490318

### 吉安市天源药用油厂
地址：江西省吉安地区吉水县城南工业区
负责人：袁平
Tel:0796－3512337

### 江西省吉安市吉州区吉福路3公里(红卫垦殖场内)松香厂
地址：江西省吉安市吉州区吉福路3公里(红卫垦殖场内)
负责人：潘成仁
Tel:13979685718

### 江西省九江市鑫马涂料厂
业务：江西省九江市鑫马涂料厂是一家专业生产、销售油漆的厂家，公司始创于2000年，主营产品有：钢结构油漆、工业油漆、防腐防锈油漆等。欢迎新老客户来电垂询！
地址：江西省瑞昌市桂林开发区化工厂
邮编：332200
法人：孙水清
Tel:0792－4203938
Fax:0792－4203937
网址：www.jxxm.chinapyp.com

### 婺源县金峰塑胶管业有限公司
业务：PVC管件、管材生产、销售
地址：江西省上饶市婺源县工业园
负责人：江庆余 邮编：334000
法人：江庆余
Tel:0793－7292465
7357869

### 犇牛纸业化工有限公司
地址：江西省吉安市泰和县上田镇(原九鼎公司院内)
负责人：赵松卫
Tel:0796－5387055
13155869999

### 井冈山市焦油厂
地址：江西省井冈山市东上乡焦油厂
负责人：林庆洋
Tel:0796－6810281
13879693589

### 瑞昌市金三秒实业有限责任公司
业务：瑞昌市金三秒实业有限责任公司成立于1998年，从事是一家以生产、加工、销售"金三秒"系列胶粘剂为主体的公司。努力拼搏，塑我形象为信念，树立卓越品牌，激奋企业精神，以振兴民族工业为己任和以品质第一，服务第一的宗旨诚'胶'天下朋友，热忱欢迎新老朋友光临惠顾———去创造精诚合作的愉快！
地址：江西省瑞昌市黄金工业园南区
邮编：332200
法人：陈德平
Tel:0792－4215168
Fax:0792－4218908

### 华丰鞋材\塑材厂
业务：鞋业，塑料用品
地址：江西省上饶市信州区车头村委会136号
负责人：封先华 邮编：334000
法人：封先华
Tel:15079303003

### 景德镇珍宝塑料有限公司
地址：江西省景德镇市珠山区黄泥头(耐火器材厂内)
负责人：吴锦源
Tel:0798－8493029

### 中国石油天然气股份有限公司江西销售分公司共青城甘露加油站
地址：江西省九江市德安县共青城共青大道西侧
负责人：张军
Tel:13576242958

### 侯岗加油站
业务：侯岗加油站成立于2000年，主要经营成品油、润滑油。我们以"质量求生存、信誉求发展"，欢迎广大用户光临惠顾！
地址：江西省上饶市鄱阳县侯家岗乡侯岗集镇
负责人：江德春 邮编：333111
法人：江德春
Tel:0793－6451058

### 上饶海豪化工材料有限公司
业务：生产，销售钢铁、碳化硅
地址：江西省上饶市弋阳县南岩镇赣东北贸易广场14栋－A09号
负责人：李海 邮编：334000
法人：李海
Tel:13576380166
0793－5905708

### 九江秀源化工溶剂厂
地址：江西省九江市九江化工厂宿舍307栋108号
负责人：粮海祥
Tel:0792－8571836
13607924320

### 九江市南油实业有限公司
地址：江西省九江市庐山区物价局大楼二楼
负责人：管志强
Tel:13507923357

### 上饶市实德气体有限公司
业务：上饶市实德气体有限公司成立于2005年，主要从事于氧气、乙炔、氩气、电石销售。欢迎新老客户光临、惠顾！
地址：江西省上饶市信州区水南街392号
负责人：徐宽森 邮编：334000
法人：徐咏梅
Tel:0793－8239529
8225444

### 余干县龙兴化工厂
业务：生产，销售腻子粉、水泥漆、胶水
地址：江西省上饶市余干县光荣敬老院
负责人：张龙先 邮编：335100
法人：张龙先
Tel:13576304328
13979386216
0793－3240191

### 江西绿源化工有限公司
地址：江西省九江市永修县江上星火
负责人：邓小云
Tel:0792－3125067

### 江西省容大科技有限公司
地址：江西省九江市永修县星火工业园
负责人：李文革
Tel:13807921115

### 江西三能胶业有限公司
业务：江西三能胶业有限公司是国内胶粘剂专业生产规模较大的企业，品种齐全，质量稳定，价格合理，您的满意是我们不断追求的目标。本企业已通过ISO9001：2000质量体系认证、通过SGS检测认证，并荣获"中国绿色材料标志"产品，欢迎来电垂询！
地址：江西省宜春市高新开发区三阳工业园
邮编：336023
法人：欧阳林
Tel:0795－3652222
3652999
400－887－8889
Fax:0795－3651666
网址：www.jxsnjy.com

### 余干县康山乡加油站
业务：柴油、汽油等产品经营
地址：江西省上饶市余干县康山乡袁家村
负责人：袁华辉 邮编：335100
法人：袁华辉
Tel:0793－3491788

### 江西省昌明化工有限公司
地址：江西省南昌市安义县苗圃
负责人：余声禄
Tel:13182718917

### 南昌利达硅酸钠有限公司
地址：江西省南昌市白水湖蛟桥村
负责人：徐自力
Tel:13507919084

### 万载县宜万化工厂
业务：宜万化工厂是当地最大烟花黑火药生产企业。主要产品有：烟花黑火药，上升硝，麻珠粉，喷花硝等。多年来深受各烟花生产企业欢迎。本厂产品质量优良，性能稳定，价格合理，并有专车送货上门。竭诚欢迎有关企业来电来函洽谈业务。
地址：江西省宜春市万载县白良乡白良村牛形里
邮编：336115
法人：黄财生
Tel:0795－8309133
Fax:0795－8309213

### 兴达涂料有限公司
地址：江西省南昌市长堎外商投资工业园一区
负责人：夏新华
Tel:0791－3709388
3709278
13970071131

### 志东橡塑化工厂
地址：江西省南昌市东湖区新货村29号
负责人：高卫东
Tel:13307092896

### 中国石油天然气股份有限公司江西南昌销售分公司
地址：江西省南昌市高新开发区火炬大街801号
负责人：张军
Tel:13979118508

### 邵武铁路橡胶制品厂贵溪分厂
业务：邵武铁路橡胶制品厂贵溪分厂成立于2006年，主要生产销售铁路专用橡胶制品。欢迎新老客户光临、惠顾！
地址：江西省鹰潭市贵溪市建设大道(万亩山基地)
负责人：戴均昌 邮编：335400
法人：戴均昌
Tel:0701－3316486

### 江西丰发科技实业有限公司
地址：江西省南昌市高新区京东大道北段
负责人：郭云山
Tel:0791－8115079

### 洪城柴配有限公司
地址：江西省南昌市郊区建设西路中路江西联信大市场内B区8幢10号
负责人：黄同春
Tel:0791－6529483
13907087598

### 中国石油化工股份有限公司江西南昌石油分公司枫林加油站
地址：江西省南昌市蛟桥镇枫林村金牛开发区入口处
负责人：王治平
Tel:0791－6777894

### 南昌维薇乳胶制业有限公司
地址：江西省南昌市进贤县长山街99号
负责人：邹文龙
Tel:0791－5602506
13907910311

### 进贤县益民再生资源有限公司
地址：江西省南昌市进贤县南门路137号
负责人：钱江荣
Tel:13970001923

### 科达塑胶科技有限公司
地址：江西省南昌市经济技术开发区江西日报信息产业园内
负责人：金敏
Tel:0791－3898093
3898078
13767092575

### 洪达气体五交化经营部
地址：江西省南昌市青山湖区洪都南大道
负责人：熊秋根
Tel:0791－8217813
13970037552

### 江西省圣来恩化工有限公司
地址：江西省南昌市青山湖区扬子洲乡臣港村
负责人：黄美连
Tel:13970951328

### 亨利油脂化工有限公司
地址：江西省南昌市青云谱区南莲路488号
负责人：盛永明
Tel:13803525605

### 北京湘江同方化工有限公司南昌办事处
地址：江西省南昌市上海路378号
负责人：黄勇
Tel:13970055222

### 南昌洪元再生资源利用有限公司
地址：江西省南昌市西湖区岔道口西路52号6栋2单元601室
负责人：秦淑娟
Tel:13330097222

### 南昌市赢诺涂料有限公司
地址：江西省南昌市西湖区广场南路385号恒茂国际华城11幢C单元2705室
负责人：彭振华
Tel:13879113889

### 江西省恒安防火涂料有限公司
地址：江西省南昌市西湖区松柏巷81号1单元601室
负责人：徐力
Tel:13807001125

### 江西省昌赣公路沥青制品有限公司
地址：江西省南昌市西湖区桃苑小区D－6－1地块A栋3单元205室
负责人：胡春生
Tel:13907071851

### 江西省华南化工有限公司
地址：江西省南昌市西湖区象山南路64号
负责人：黄彩轩
Tel:0791－6616020
13979111103

### 金利运通实业有限公司
地址：江西省南昌市扬子洲乡青扬公路中段11路
负责人：帅茶根
Tel:0791－8671018
13870846779

### 萍乡市汇鑫燃料有限公司
地址：江西省萍乡市城郊江公潭管理处内
负责人：张建云
Tel:13807996857

### 恒泰化工涂料厂
地址：江西省萍乡市环城东路伞铺里11号
负责人：苏涵萍
Tel:0799－6816236
13307992290

### 新胜化工有限公司
地址：江西省萍乡市乡东区工业园
负责人：黄新冰
Tel:13907996889

### 萍乡市鑫泉工业填料实业有限公司
地址：江西省萍乡市湘东区下埠工业园内
负责人：李魏
Tel:13907991135

### 萍乡市群力工业填料有限责任公司
地址：江西省萍乡市湘东区下埠镇大陂村
负责人：段家优
Tel:0799－3415188

### 德兴市银雪碳酸钙有限公司
地址：江西省上饶市德兴市黄柏乡
负责人：刘松群
Tel:13767373311

### 江西联塑塑胶有限公司
地址：江西省上饶市上饶县旭日工业园区
负责人：王小明
Tel:13707033950

### 万丰化肥有限公司
地址：江西省上饶市石年县城石洋东路万丰化肥有限公司
负责人：沈虎荣
Tel:0793－3895118
13907036496

### 婺源县海源林产化工有限公司
地址：江西省上饶市婺源县秋口镇桥南
负责人：彭东如
Tel:13576359090

### 上饶市天鑫土工合成材料有限公司
地址：江西省上饶市信州区解放路114号
负责人：徐俊杭

………………………… Tel:0793－8327621

**赣利化肥厂**
地址:江西省新干县城南工业区
………………………… 负责人:朱小建
………………………… Tel:0796－2689639
13707963577

**江西彬晖轻工有限公司**
地址:江西省新余市高新技术经济开发区
………………………… 负责人:王金笔
………………………… Tel:0790－6352083

**中国石油天然气股份有限公司江西销售分公司新余河下加油站**
地址:江西省新余市渝水区河下镇
………………………… 负责人:张军
………………………… Tel:0790－6203910

**江西省樟树市鼎鑫实业有限公司**
地址:江西省宜春地区樟树市城北工业开发区
………………………… 负责人:熊学华
………………………… Tel:13879579000

**中国石油化工股份有限公司江西宜春丰城石油支公司金泰加油站**
地址:江西省宜春市丰城市剑邑大道 663 号
………………………… 负责人:王平元
………………………… Tel:0795－6422724

**江西丰友化肥有限公司**
地址:江西省宜春市丰城市民营企业园
………………………… 负责人:邹庆平
………………………… Tel:13907951936

**丰城市协成橡塑有限公司**
地址:江西省宜春市丰城市荣塘镇汕田村
………………………… 负责人:曾海进
………………………… Tel:13870527226

**丰城市民生化工有限公司**
地址:江西省宜春市丰城市上塘镇
………………………… 负责人:王亮
………………………… Tel:0795－6430346

**江西赣丰泡花碱有限责任公司**
地址:江西省宜春市丰城市上塘镇
………………………… 负责人:秦顺平
………………………… Tel:0795－6689294

**丰城市大众塑料有限公司**
地址:江西省宜春市丰城市拖船集镇蛟湖村
………………………… 负责人:赵顺琴
………………………… Tel:13968705460

**丰城市永生塑料回收有限公司**
地址:江西省宜春市丰城市拖船镇蛟湖村
………………………… 负责人:张光童
………………………… Tel:13858700991

**开元钙业有限公司**
地址:江西省宜春市经济技术开发区
………………………… 负责人:金利民
………………………… Tel:0795－3668668
13667950236

**青松化工厂**
地址:江西省宜春市万载县康乐镇兴联村
………………………… 负责人:辛冬庚
………………………… Tel:0795－8953392
13707055302

**万载县安吉化工厂**
地址:江西省宜春市万载县马步宝石
………………………… 负责人:刘世明
………………………… Tel:0795－8352066

**江西乐丰橡胶有限公司**
地址:江西省宜春市宜丰县良岗工业园
………………………… 负责人:钟振锋
………………………… Tel:0795－2900588
13576547313
13706776211

**奉新华兴保护膜有限公司**
地址:江西省宜春市樟树市奉干路(原钢窗厂)
………………………… 负责人:宋兴
………………………… Tel:13970540352

**振达燃气有限公司**
地址:江西省宜黄县凤岗镇桥头潘家 33 号
………………………… 负责人:陈汉堂
………………………… Tel:0794－7611853
13979460377

**宜黄县黄陂液化气储配站**
地址:江西省宜黄县黄陂镇店子行
………………………… 负责人:杨龙玉
………………………… Tel:13870430672

**贵溪市金利发再生资源有限公司**
地址:江西省鹰潭市贵溪市滨江乡西洋村
………………………… 负责人:丁享莲
………………………… Tel:0701－3782092









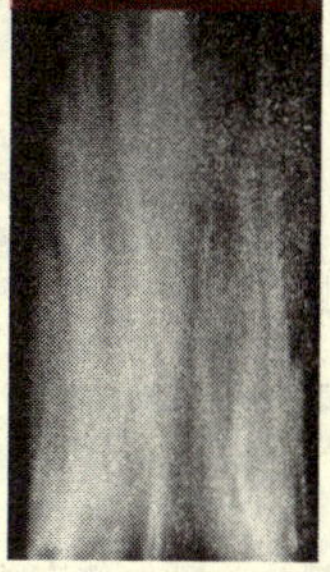

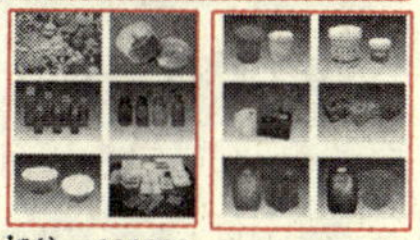

## 山东省/Shandong Province

**淄博(中澳合资)助友石油化工有限公司**
地址:山东处山东省淄博市周村区萌水镇三衣工业园
………………………… 负责人:刘克训
………………………… Tel:0533－6887797
13806436841

**青岛贝格尔化工有限公司**
业务:化工原料、油漆,电镀黄锌、黑锌、机械镀锌、大型磷化、发黑处理
产品:油漆
地址:山东省青岛胶州市胶州西路
……… 负责人:张宗加 邮 编:266001
………………………… 法 人:张宗加
…………Tel:0532－82279853
15192560327
…………Fax:0532－82279853
……………… 网址:http://www.51zzt.com/user/zzt36157

**安丘市腾宇冷却塔厂**
业务:生产、销售玻璃钢
地址:山东省安丘市新安街道三教堂村
……… 负责人:曹桂良 邮 编:261041
………………………… 法 人:曹桂良
…………Tel:0536－4936041
13863623362

**山东东平光源化工有限公司**
业务:山东东平光源化工有限公司成立于 2005 年 1 月 1 日,主要生产甲醛、乌洛托品等有机化工产品。“质量可靠,价格保证”,热诚欢迎新老客户惠顾。
地址:山东东平县东平镇稻香街中段
………………………… 邮 编:271500
………………………… 法 人:李明军
………………………… Tel:0538－6358399
………………………… Fax:0538－2858386

**盛跃金属塑胶有限公司**
地址:山东宁津县银河开发区香江东大街 8 号
………………………… 负责人:盛国民
………………………… Tel:0534－5235296
13953416526

**山东省博兴县华盛塑料制品有限公司**
地址:山东省滨州市博兴县陈户镇福利院
………………………… 负责人:张新建
………………………… Tel:0543－2510028

**山东惠民鲁惠油脂有限责任公司**
地址:山东省滨州市惠民县辛店乡碱场王
………………………… 负责人:朱学敏
………………………… Tel:0543－5722161

**东营市再生资源总公司**
业务:东营市再生资源总公司创建于 1983 年,本公司常年收购废旧金属、废旧塑料、废旧电子产品、废旧纸箱报刊等。价格面议,欢迎新老客户前来咨询洽谈!
地址:山东省东营市东营区北一路 156 号
………………………… 邮 编:257500
………………………… 法 人:马明秋
………………………… Tel:0546－8187549
………………………… Fax:0546－8187549

**博兴县富润新能源科技有限公司**
业务:石油制品流通
产品:石油制品
地址:山东省滨州市博兴县湖滨镇寨卢村南
……… 负责人:卢建民 邮 编:256619
………………………… 法 人:卢建民
…………Tel:0543－2808158

**滨州新纪元塑料制品有限公司**
地址:山东省滨州市彭李乡张蒋村
………………………… 负责人:郭秀峰
………………………… Tel:0543－3250096

**莱州市平里店镇胶塑制品厂**
地址:山东省莱州市平里店镇姜家村
………………………… 负责人:姜经信

Tel:0535－2611596
13356983759

**东营市联星化工有限公司**
业务：东营市联星化工有限公司成立于1998年，从事溶剂油（120＃－200＃）、燃料油（180＃－250＃）、成品油、渣油、沥青的生产、销售及储运。谒诚欢迎新老客户光临、惠顾。
地址：山东省东营市垦利县利河路375号
邮编：257500
法人：薛乃国
Tel:0546－2183266
2888780
Fax:0546－2183266

**山东永鑫物流有限公司**
业务：物流服务，沥青加工、销售，柴油、渣油、蜡油销售
地址：山东省滨州市博兴县湖滨镇丈八佛村
负责人：张继海 邮编：256619
邮编：张继海
Tel:13326296699
13465097777

**鑫马网纱有限公司**
地址：山东省单县单城镇回汉村1号
负责人：马兴旺
Tel:0530－4663900
13030286698

**陵县旭日化工有限责任公司**
地址：山东省德村市陵县陵西工业开发区
负责人：温红燕
Tel:0534－8322823
13792221838

**东营科达化工有限公司**
业务：东营科达化工有限公司成立于1999年，主要生产油田化工助剂、油漆等。"诚信为本，信誉第一，客户至上"，热诚欢迎新老客户惠顾。
地址：山东省东营市南一路中段西城
邮编：257000
法人：王书君
Tel:0546－8120479
8616186
Fax:0546－8616196

**滨州市鼎盛化工有限公司**
业务：生产销售各类化工原料、化工产品
产品：甲缩醛
地址：山东省滨州市无棣县
负责人：陈海舟 邮编：256619
Tel:13707345179
0734－6887890

**优尼威士工业（德州）有限公司**
地址：山东省德州经济技术开发区
负责人：谢威廉
Tel:0534－6268214

**辰瑞化工有限公司**
地址：山东省德州乐陵市挺进西路西首黄夹镇东
负责人：程德忠
Tel:13706397834

**无棣益民加气有限公司**
业务：天燃气销售
地址：山东省滨州市无棣县埕口镇孙旺河村村南
负责人：孙洪发 邮编：250019
邮编：孙洪发
Tel:13854303528
网址：http://www.51zzt.com/user/zzt33579

**肥城市吉泰泡沫塑料厂**
业务：肥城市吉泰泡沫塑料厂成立于2001年，主要生产聚苯乙烯泡沫塑料。公司本着"信誉第一，质量至上"的销售方针，以市场为导向，追求卓越品质，不断开拓新产品，新市场，我们期待与各界朋友携手合作，共同发展！
地址：山东省肥城市安庄镇北双村
邮编：271616
法人：张培山
Tel:0538－3845164
3845709
Fax:0538－3845164

**凯迪克特种油业有限公司**
地址：山东省德州乐陵市杨安镇三岔口
负责人：翟金凤
Tel:0534－6602298
13589927999

**滨州富农生资有限公司**
业务：农药化肥
地址：山东省滨州市沾化县城富桥路
负责人：范新力 邮编：256619
邮编：范新力
Tel:0543－7180299
15954322588
Fax:0543－7325318

**德州市彤林化工有限责任公司**
地址：山东省德州市德城区解放南路31号
负责人：丁凤清
Tel:0534－2667237
13953421686

**山东省即墨市星德塑料制品厂**
业务：山东省即墨市星德塑料制品厂成立于1989年，是一家以缝纫加工各种塑料袋、编织包、花樹袋、吹塑、吸塑为主的厂家。本厂设备先进，秉着"质量第一、客户至上"的经营宗旨，欢迎客户光临指导，精诚合作，共同发展。
地址：山东省即墨市段泊岚镇程戈庄二村
邮编：266225
法人：宋进传
Tel:0532－83565338
Fax:0532－83566966

**昌邑市微利油脂有限公司**
业务：饲料油，精炼油的生产，加工，销售
地址：山东省昌邑市围子镇密埠店三村
负责人：于宏雷 邮编：261300
法人：于宏雷
Tel:0536－7828016
15065694111

**康利塑胶制品有限公司**
地址：山东省德州市德城区新华街道办事处潭家铺村村东
负责人：史文东
Tel:0534－2718058

**恒业化工有限公司**
地址：山东省德州市德城区迎宾路74号（松竹园宾馆216房间）
负责人：刘卓
Tel:0534－8981345
13869278021

**济南华光美联精细化工有限公司**
业务：济南华光美联精细化工有限公司成立于2006年，生产销售金属清洗剂、汽车防冻液、机床切削液、防锈油、乳化油等化工助剂产品
地址：山东省济南市历城区大桥路245号
负责人：赵东升 邮编：250100
法人：赵东升
Tel:0531－88671318
Fax:0531－88671318
网址：www.mtw30622.chinapyp.com

**山东省宁津县盛达特油有限公司**
业务：本公司主要经营公路燃料油、电厂用油、取暖用油等。公司秉承"顾客至上，锐意进取"的经营理念，坚持"客户第一"的原则为广大客户提供优质的服务。欢迎惠顾！
产品：燃料油
地址：山东省德州宁津县
负责人：王志刚 邮编：253413
法人：王志刚
Tel:13583450263
Fax:0534－5841125

**鼎立五金塑料制品有限公司**
地址：山东省德州市乐陵市玉皇堂商贸街南首路西
负责人：刘凤章
Tel:0534－2118668
13053480128

**宏祥化纤集团有限公司**
地址：山东省德州市陵县经济开发区
负责人：崔占明
Tel:0534－8261366
13905345263

**济南澳海炭素有限公司**
业务：济南澳海炭素有限公司是一个生产铝用炭素系列产品及氟化盐的综合中型企业，产品检测手段齐全，产品质量稳定可靠。我们热诚欢迎海内外新老朋友来公司做客，洽谈合作。
地址：山东省济南市平阴县孔村镇北工业园
负责人：魏殿平 邮编：250412
法人：魏殿平
Tel:0531－87747325

**宁津县得胜轮胎有限公司**
业务：轮胎生产经营
地址：山东省德州市宁津县大曹镇政府驻地
负责人：李万泉 邮编：253012
法人：李万泉
Tel:0534－5541688
13953401350

**江南塑业有限公司**
地址：山东省德州市陵县经济开发区
负责人：周家雷
Tel:0534－8322228
13505444433

**陵县润达化工有限公司**
地址：山东省德州市陵县滋镇滋镇街
负责人：郭付德
Tel:0534－8808596
13705347629

**曲阜晨光化工有限公司**
业务：本公司可提供二十多个品种的硅烷偶联剂产品及中间体，年产量可达3000T，其中，三甲氧基硅烷，三乙氧基硅烷，r－氯丙基甲，基二甲氧基硅烷等产品居国内首位，纯度达到98％以上，产品质量达到出口要求，已批量出口美国及亚太地区，公司拥有先进的产品分析，检测设备，是中国有机硅协会会员单位。
地址：山东省济宁曲阜市息陬乡西终吉村
邮编：273145
法人：渠景山
Tel:0537－4631088
Fax:0537－4631369
网址：www.cnchenguangchem.com

**山东兴农生物肥业有限公司**
业务：生产有机肥、黄腐酸钾
地址：山东省德州市宁津县刘营伍乡政府驻地（原粮库）
负责人：张卫清 邮编：253000
法人：张卫清
Tel:18605341613
0534－5637888
5222613
Fax:0534－5222613

**德州裕地肥业有限公司**
地址：山东省德州市宁津县城西外环路北首
负责人：闫国升
Tel:0534－5232199
13774955885

**创晨化工有限公司**
地址：山东省德州市平原县坊子乡经济园区
负责人：武书军
Tel:0534－4666666
13969211999

**济宁市微山县万象塑料包装材料厂**
业务：济宁市微山县万象塑料包装材料厂成立于2001年，从事PVC、PE、POF热缩膜的生产及销售。热忱欢迎海内外朋友惠顾指导，共赴美好明天！
地址：山东省济宁市微山县县城威城北街
邮编：277600
法人：徐宜文
Tel:0537－8221639
Fax:0537－8222472

**齐河县华星塑业有限公司**
业务：生产、销售塑料桶
地址：山东省德州市齐河县县城齐心大街中段路南
负责人：翟明才 邮编：251100
法人：翟明才
Tel:13869215965
0534－5660565

**山东平原永得利助剂制品有限公司**
地址：山东省德州市平原县光明西大街西路南
负责人：任吉勇
Tel:0534－4510777
13505447998

**平原科能石油化工有限公司**
地址：山东省德州市平原县兴原大街东首
负责人：侯学谦
Tel:0534－4251289

**东阿东昌科技有限公司**
业务：东阿东昌科技有限公司是由东阿东昌集团公司结合武汉理工大学、济南大学的科研成果组建的一家高科技企业。主要从事化工材料合成、水泥助磨剂、水泥外加剂、混凝土外加剂等产品的研发、生产、营销与服务。欢迎广大客户来电洽谈。
地址：山东省聊城市东阿县大桥镇
负责人：王盛海 邮编：252218
Tel:0635－3586387

**广饶县大码头乡金全农资部**
业务：农药化肥
地址：山东省东营市广饶县大码头乡南堤村
负责人：刘金全 邮编：257000
法人：刘金全
Tel:0546－6619058
13562293578

**山东浩泰化工有限公司**
业务：石油化工
产品：沥青、橡胶软化剂、石油产品、汽油抗爆剂
地址：山东省东营市广饶县大王镇延集村
负责人：王浩文 邮编：257093
法人：王浩文
Tel:15066073586
0546－6892388
Fax:0546－6892388

**永安气体厂**
地址：山东省德州市齐河县晏城镇308国道立交桥北
负责人：李家延
Tel:0534－5691977
13853430493

**施得富肥料有限公司**
地址：山东省德州市齐河县晏城镇小李村
负责人：于林
Tel:13905448140

**庆云县亚太化工科技有限公司**
地址：山东省德州市庆云县宝艺服装城一期
负责人：刘红彬
Tel:0534－3221101

**临沂市郯都消毒剂厂**
业务：我厂成立于2005年，主要生产、销售、消毒剂、我厂将以一流的质量，一流的服务宗旨竭诚为新老客户服务。
地址：山东省临沂市河东区（临沂经济开发区东次路东侧）
负责人：李朝栋 邮编：276023
Tel:0539－8808690
Fax:0539－8783688

**庆云县亚太化工科技有限公司**
地址：山东省德州市庆云县宝艺服装城一期
负责人：刘红彬
Tel:0534－3221101
13969220258

**文海化工有限公司**
地址：山东省德州市三八西路13号甲
负责人：王文海
Tel:13805347222

**河东区凯祥塑料包装制品厂**
业务：河东区凯祥塑料包装制品厂成立于2002年，从事彩色包装制品（PVC收缩膜）的生产及销售。企业长期以"质量求生存、顾客至上"的经营宗旨，产品一直广深受广大用户的好评。
地址：山东省临沂市河东区汤头镇前林子村
邮编：276032
法人：王开祥
Tel:0539－8717199
Fax:0539－8713869

**化纤制品厂**
地址：山东省德州市武城县老城镇
负责人：刘占顺
Tel:0534－6311007
13869271938

**新兴石油有限公司**
地址：山东省德州市武城县新城古贝路44号
负责人：张建国
Tel:0534－6651386
13706393160

**山东省平邑天宝化工有限公司**
业务：天宝公司专业从事粉状炸药、乳化炸药、起爆器材等爆破系列产品的研究、生产、经营。天宝人始终崇尚"敬业报国、追求卓越"的企业精神，通过扎实有效的工作，在不断实现着内外同心、精诚创业、奉献社会的人生价值。
地址：山东省临沂市平邑县城南郊
负责人：蔡长存 邮编：273300
法人：蔡长存
Tel:0539－4262819
Fax:0539－4262636
网址：www.cntianbao.com
E-mail:tianbaohg@sohu.com

**东营市华新燃料有限公司**
业务：燃料销售及运输
地址：山东省东营市广饶县明月北区3号楼1单元401室
负责人：靳相宾 邮编：257093
法人：靳相宾
Tel:0546－6922261

**金宇多元有机肥业有限公司**
地址：山东省德州市武城县运河经济开发区
负责人：徐延君
Tel:0534－2171777
13905349988

**夏津津鲁化工香料有限公司**
地址：山东省德州市夏津县城北经济技术开发区
负责人：王希庚
Tel:0534－3880646
13853405236

**东营市海量盐业技术有限公司**
业务：生产和销售塑苫，提供晒盐工艺流程技术
产品：塑苫
地址：山东省东营市河口采油厂3矿8队
负责人：叶和刚 邮编：257200
法人：叶和刚
Tel:13518665290
0546－8678826

**山东龙口龙达化工有限公司**
业务：山东龙口龙达化工有限公司成立于1995年，主要生产环氧大豆油，年生产能力达3000吨，产品销往全国各地及出口到欧洲等国家。产品质量得到了中外客户的认可。
地址：山东省龙口市新嘉街道办事处张郑村北
邮编：265711
法人：王国臣
Tel:0535－8551199
Fax:0535－8553099

**夏津县福利化工厂**
地址：山东省德州市夏津县夏津镇梁庄
负责人：方耕富
Tel:0534－3882295

**山东省禹城市复混肥厂**
地址：山东省德州禹城市駮河街1447号（化肥厂北门）
负责人：王成华
Tel:0534－7328508
13356262388

**河口区六合钰信润滑油店**
业务：销售润滑油，代理“长城”、“潍柴”品牌润滑油
产品：“长城”、“潍柴”品牌润滑油
地址：山东省东营市河口区六合乡三义和村蔬菜批市场大街冷藏厂西邻
负责人：李景峰　邮编：257000
法人：李景峰
Tel：13963365186
13793983878

**蓬莱市润丰塑业有限公司**
业务：蓬莱市润丰塑业有限公司主要生产钢构硅塑合材料井座、落水进箅、树箅等系列产品。产品质量保证，价格从优。欢迎新老客户光临惠顾！
地址：山东省蓬莱市莱阁待道办事处水城东街5弄22号
负责人：李志伟　邮编：265600
法人：李志伟
Tel：0535－5671780
Fax：0535－5668566
网址：www.mtw28288.chinapyp.com

**三星化工有限公司**
地址：山东省德州禹城市通衢路中段
负责人：王进华
Tel：0534－7423502
13953432616

**东营市德先化工有限公司**
业务：生产、销售溶剂油
产品：200＃、120＃、6＃、C5＃
地址：山东省东营市垦利县胜坨镇永莘路北侧胜采一矿西
负责人：刘树德　邮编：257093
法人：刘树德
Tel：13361508828
0546－2071531
2071532

**东营康德油料加工有限责任公司**
地址：山东省东营市北宋镇政府驻地
负责人：马守智
Tel：0546－5678269

**青岛德发塑胶制品有限公司**
业务：青岛德发塑胶制品有限公司专业生产塑料制品，塑料瓶，塑料桅，涂料桅，欢迎各位新老客户为我们提供您的一些宝贵建议，让我们能够更好的为广大客户提供最合适的产品以及最优质的服务。
地址：山东省青岛市李沧区沧海路14号
负责人：邵延明　邮编：266041
法人：邵延明
Tel：0532－84693561

**东营市鑫脉工贸有限公司**
业务：专业生产5加仑、3加仑饮用水桶，可根据客户要求定做各种异型专用桶，产品制工精细、材质优质耐用，具有强度高，外观光洁度好，符合FDA食品级标准。
产品：PC饮用水桶
地址：山东省东营市西四路六干桥南100米路东
负责人：任英杰　邮编：257000
法人：任英杰
Tel：0546－8961999
13589955799
Fax：0546－8961999
网址：www.dyxm.com.cn
E-mail：dyxm99@163.com

**高密市金福祥助剂有限公司**
业务：专业生产硬脂酸盐类，产品性能优良，质量可靠。公司依靠先进的生产技术和完善的生产设施，始终坚持“以质量求生存，靠信誉求发展”的经营理念，愿与国内外厂商精诚合作、共创双赢！
产品：硬脂酸盐类、纺织染料、硬脂酸、锌、钙、钡等
地址：山东省高密市姜庄镇李仙村
负责人：孙宗星　邮编：261506
法人：孙宗星
Tel：0536－2736158
Fax：0536－2736158
网址：www.sdjfxzj.com

**齐众石油技术开发有限责任公司**
地址：山东省东营市东营区北一路106号
负责人：张宝峰
Tel：0546－8788210
8788790

**三角洲肥业有限公司**
地址：山东省东营市东营区东二路261号
负责人：李养平
Tel：0546－8732381
13515465600

**青岛伸荣达工贸有限公司**
业务：青岛伸荣达工贸有限公司成立于2004年，公司专业研制、生产、销售用于家电、汽车、机电设备等应用的各种橡胶制品。其它特种橡胶制品。“以质量求生存，以信誉求发展”，竭诚欢迎广大客户的光临、洽谈业务！
地址：山东省青岛市李沧区文昌阁（原特种橡塑厂内）
负责人：全东学　邮编：266100
法人：全东学
Tel：0532－87066638
87066639
Fax：0532－87067638

**东营市大洋化工有限责任公司**
地址：山东省东营市东营区济南路238号科贸中心616
负责人：杨秀云
Tel：0546－8559546
13356626293

**东营市新业化工有限责任公司**
地址：山东省东营市东营区六户镇
负责人：周瑞杰
Tel：0546－8833176

**青州福天化工有限公司**
业务：本公司成立于2004年，现有60多名员工。主要经营：煤焦油、煤沥清、炭黑等化工产品。
地址：山东省青州市驼山路北首
邮编：262500
法人：邱效福
Tel：0536－3297003
Fax：0536－3309393

**单县百盛蔬菜专业合作社**
业务：化肥
地址：山东省荷泽市单县徐寨镇刘寨村
负责人：刘全喜　邮编：274000
法人：刘全喜
Tel：13854005895
0530－4512743

**东营市瑞达信石化有限公司**
地址：山东省东营市东营区商河路97号
负责人：尹瑞
Tel：0546－8392239

**广饶县鑫晟化工厂**
地址：山东省东营市广饶县大王镇
负责人：耿德全
Tel：0546－6883682

**郓城县东方化纤有限公司**
业务：生产B类短纤维
地址：山东省荷泽市郓城县工业园开发区华东化纤厂
负责人：崔绪德　邮编：274000
法人：崔绪德
Tel：13396217333
0530－6978599

**曲阜市绿赛科技发展有限公司**
业务：公司始建于2004年，主要生产‘绿赛’牌有机、无机复混肥、冲施肥，掺混肥、测土配方肥、控释肥等多种系列产品。热情欢迎广大经销商，以及社会各界人士光临我公司洽谈业务，并给以工作上的指导，公司愿与各界朋友携手共进，开创农村和谐发展新天地。
地址：山东省曲阜市春秋路西首路南
负责人：唐先生　邮编：273160
法人：唐桂忠
Tel：0537－4533878

**利津县奥洁塑料制品加工有限公司**
地址：山东省东营市济济开发区
负责人：朱立军
Tel：0546－5056106

**山东成武益嘉油脂科技有限公司**
业务：生产销售选矿、化工用油酸，脂肪酸，脱模油等
产品：油酸，脂肪酸，脱模油
地址：山东省菏泽市成武县南鲁镇小房庙
负责人：黄保印　邮编：274000
法人：黄保印
Tel：15865165888
0530－8830988
Fax：0530－8830988

**郓城县佳艺轮胎购销中心**
业务：废旧轮胎购销、工程轮胎翻新购销
地址：山东省菏泽市郓城县郓城镇罗庄村
负责人：王怀奎　邮编：274000
法人：王怀奎
Tel：15966387177
13583045651
0530－6583690

**东营市天泰石油化工有限公司**
地址：山东省东营市经济园区华纳大街26号
负责人：王美香
Tel：0546－8533668

**日照新光橡胶有限公司**
业务：日照新光橡胶有限公司是山东省第一家专业从事汽车橡胶密封件的专业生产商，在同行业中率先通过ISO9000和ISO14000质量体系认证，以精湛的生产工艺和科学管理，竭诚和广大客户真诚合作。
地址：山东省日照市经济开发区新光路168号
邮编：276518
法人：左玉明
Tel：0633－6432105
Fax：0633－6432605

**东营市红枫化工有限公司**
地址：山东省东营市垦利县郝家镇（郝纯路北侧、北二路西段）
负责人：魏浩田
Tel：0546－8319230

**利津县康德塑料加工有限公司**
地址：山东省东营市利津县北宋镇政府驻地
负责人：阎从坤
Tel：0546－5678828

**济南莱恩化工有限责任公司**
业务：生产医药中间体
地址：山东省济南市高新区工业南路28号
负责人：李经成　邮编：250001
邮编：李经成
Tel：13633043378
13954398039
0531－81921280

**日照金奥橡塑有限公司**
业务：本公司成立于2006年，主要生产销售太阳能橡胶、塑料配件。竭诚欢迎新老客户来电洽谈业务！
地址：山东省日照市莒县中楼镇鸡山沟村
负责人：刘相成　邮编：246518
法人：刘相成
Tel：0633－6432383
Fax：0633－6432383

**胜利油田镭力化工科技有限责任公司**
地址：山东省东营市胜利办胜利化工园区
负责人：李新华
Tel：0546－8635006

**济南富源工贸有限公司**
业务：生产和销售塑料管和纸管
产品：塑料管和纸管
地址：山东省济南市高新区巨野河街道西卢村南侧
负责人：孙纪军　邮编：250001
法人：孙纪军
Tel：0531－88205688
Fax：0531－88205688

**胜利油田英昊科技发展有限责任公司**
地址：山东省东营市太行山路经济园区（麦华酒店对面）
负责人：王秀英
Tel：0546－7366922

**泰安市山口鑫源油罐厂**
业务：本公司成立于1974年，现有200多名员工。主要经营各种溶器（油罐等）的生的与销售。
地址：山东省泰安市岱岳区山口中心大街
邮编：271000
法人：张义经
Tel：0538－8611458
Fax：0538－8611311

**益阳市华昌锑业有限公司济南分公司**
业务：阻燃剂
地址：山东省济南市历城区历山北路北首佳园化工市场北区A4－18号
负责人：汪洋　邮编：250001
法人：汪洋
Tel：15098981989
0531－82374200
网址：http://www.51zzt.com/user/zzt33583

**吉泰泡沫塑料厂**
地址：山东省肥城市安庄镇北双村
负责人：张培山
Tel：0538－3845164
13563823108

**新泰助剂有限公司**
地址：山东省高密市姜庄镇李仙村
负责人：张小杰
Tel：0536－2733448
13964678798

**济南秦氏伟业包装材料有限公司**
业务：加工销售：塑料制品、纸制品、包装材料
产品：“BOPP光膜、BOPP消光膜、各种封口胶，糊盒胶、加工各种手提袋”
地址：山东省济南市历下区姚家镇丁家村南路8号产业基地内南5号
负责人：秦志余　邮编：250000
法人：王建军
Tel：0531－88032109

**威海市区草庙子顺通轮胎经销部**
业务：威海市区草庙子顺通轮胎经销部成立于2001年，主要经营三友和九丰两个品牌代理和一些次品胎。价格优惠，质量过关。欢迎各位朋友亲临指导工作。
地址：山东省威海市草庙子镇威泉路133号4号楼
负责人：孙春英　邮编：264200
法人：吴增建
Tel：0631－5585205

**潍坊市高鹰成品油销售有限公司**
地址：山东省高密市拒城河镇律家村后
负责人：万明
Tel：0536－2625888
2627888
13705366789
13853683388

**济南宝信水性涂料有限公司**
业务：高中档内外墙墙面漆、乳胶漆、弹性漆、柔性漆、各种内外墙腻子膏、腻子粉、108胶、白乳胶、彩色水泥等，欢迎各界朋友观临选购！
地址：山东省济南市商河县彩虹路东首
负责人：董光信　邮编：251600
邮编：董光信
Tel：13064071588
0531－84878082

**恒润塑料制品有限公司**
地址：山东省菏泽市曹县大集乡大寺村
负责人：姚国平
Tel：0530－3853686
13791496606

**昌乐华新塑料制品有限公司**
业务：昌乐华新塑料制品有限公司成立于2000年，主要从事塑料袋的生产与销售。公司凭着先进的设备，一流的技术，现代化的管理模式以及良好的信誉和售后服务，赢得了广大客户的信赖。
地址：山东省潍坊市昌乐县乔官镇
负责人：黄红芳　邮编：262408
法人：黄红芳
Tel：0536－6277500
Fax：0536－6760509

**山东润南漆业有限公司**
业务：贸易、汽车涂料
地址：山东省济南市章丘明水义乌小商品市场C2－103室
负责人：石建超　邮编：250200
法人：石建超
Tel：0531－83279678
13075317799
Fax：0531－83279678

**远程燃化有限责任公司**
地址：山东省菏泽市成武县县工业园开发区（苟村收费站西200米路碑）
负责人：程兵
Tel：0530－8711188
13774986888

**山东定陶县科兴化工有限公司**
地址：山东省菏泽市定陶县半堤乡潘楼行政村
负责人：穆学振
Tel：0530－2716058
13954031955

**山东省梁山县三金化工有限公司**
业务：汽车燃料推动剂
地址：山东省济宁市梁山县马营乡政府
负责人：张学全
法人：刘来峰
Tel：15154780297

**昌乐旭日塑胶有限公司**
业务：昌乐旭日塑胶有限公司是一家专业生产、销售塑料制品的企业。公司本着“质量第一、用户至上”的服务宗旨，竭诚欢迎国内外新老客户光临惠顾、合作投资，我们将提供实惠的价格和优良的品质，真诚的希望能与您建立长久的业务合作伙伴关系，欢迎您来电来函！
地址：山东省潍坊市昌乐县朱汉镇大宅科工业园
邮编：262414
法人：金嵩茂
Tel：0536－6973589
Mobile：13562658377
Fax：0536－6973589

**定陶县孟海镇林果塑膜袋厂**
地址：山东省菏泽市定陶县孟海镇
负责人：胡念来
Tel：13508903730

**青岛圣益橡塑制品有限公司**
业务：生产、销售橡胶轮胎
地址：山东省胶南市隐珠街道办事处驻地东辛庄村
负责人：孙焕发　邮编：266431
法人：孙焕发
Tel：13678897773
0532－87191837

**华鑫化工厂**
地址：山东省菏泽市定陶县张湾镇经济开发区
负责人：蔡运生
Tel：0530－2613111
13515309583

**昌邑市天润加油站**
业务：昌邑市天润加油站主要经营汽油、柴油、润滑油。“以质量求生存，以信誉求发展”，竭诚欢迎您的光临、惠顾！
地址：山东省潍坊市昌邑市昌柳路东侧
负责人：徐振良　邮编：261300

法 人：徐振良
Tel：0536－7168788

**莱芜市莱城区汇祥塑编有限公司**
业务：编织包装袋加工销售
产品：集装袋
地址：山东省莱芜市莱城区羊里镇梁王石村
负责人：苗成恒 邮 编：271118
法 人：苗成恒
Tel：0634－6690688
13626341280
Fax：0634－6690688
E-mail：13626341280@163.com

**东明县鑫磊精细化工有限公司**
地址：山东省菏泽市东明县武胜乡玉皇庙村
负责人：杨雪林
Tel：0560－7605678
13905404017

**山东奥德福生物科技有限公司**
地址：山东省菏泽市巨野县章缝镇姚庄村
负责人：邢鹏程
Tel：0530－8564138
8565555
13305308398

**莱芜市勤通裕达建材经营部**
业务：主营防瓷、乳胶漆原料，专业调色承接各类室内外喷涂工程，以信誉至上，质量第一为宗旨，竭诚为您服务
产品：乳液、聚乙烯醇、轻钙等助剂
地址：山东省莱芜市鹏泉东大街133号
负责人：李芹 邮 编：271100
法 人：李芹
Tel：0634－5613119

**潍坊鑫天王化工有限公司**
业务：潍坊鑫天王化工有限公司主要从事化工产品的生产与销售，主要产品有环已脂、三氯化铁、亚氯酸钠，本着"客户至上、质量第一"的宗旨，热忱欢迎海内外各界宾朋光临惠顾，共谋发展。
地址：山东省潍坊市寒亭区寒亭滨海项目区星海大街以北海旺路以西(央子镇)
负责人：王秀科 邮 编：261108
法 人：王秀科
Mobile：13853659078

**圣泉化工厂**
地址：山东省菏泽市开发区丹阳刘善人庄
负责人：郑雁允
Tel：0530－5330985
13954006885

**莱州市奥纳威物资经销处**
业务：化工，橡胶，胶管，输送带
地址：山东省莱州市文化西路189号
负责人：郑炳新 邮 编：261400
法 人：郑炳新
Tel：15192215777
0535－3075177
15853575972
Fax：0535－3075177

**可利威化工有限公司**
地址：山东省菏泽市开发区人民路南段化工区
负责人：李峰
Tel：0530－5333880
13905301010

**潍坊安丰塑胶有限公司**
业务：我公司专业从事橡塑门窗胶条制品生产和销售。为客户提供优质的产品，更具有竞争力的价格和完善的服务是我们追求的目标。公司本着以诚为本，质量为先，服务至上的理念为广大的客户提供具有质量保证的产品。安丰塑胶希望和国内外客户真诚合作，共图发展。
地址：山东省潍坊市潍城区方远街2号
负责人：安民芳 邮 编：261011
法 人：安民芳
Tel：0536－8649678
8919056
网址：www.mtw51703.chinapyp.com

**山东源奚生物科技有限公司**
业务：销售腐植酸钾、腐植酸钠、腐植酸铵，绿色生态肥、大棚蔬菜专用肥、小麦玉米底肥、有机无机复混肥、陶瓷添加剂，污水处理剂，石油钻井剂
产品：腐植酸钾、腐植酸钠、腐植酸铵，绿色生态肥、大棚蔬菜专用肥、小麦玉米底肥、有机无机复混肥、陶瓷添加剂，污水处理剂，石油钻井剂
地址：山东省聊城市茌平县冯屯镇王老村
负责人：祁长喜 邮 编：252000
Tel：13869581696
15965516999

**睿安化学有限公司**
地址：山东省菏泽市牡丹区定陶路黄口段西侧
负责人：刘青安
Tel：0530－5185699
13605308036

**金亮植物胶有限公司**
地址：山东省菏泽市郓城县金河路南段意如里东
负责人：季明谦
Tel：0530－6895281
6389138

**高唐县帅佳工贸有限公司**
业务：化工产品生产销售
地址：山东省聊城市高唐县芳园小区
负责人：崔俊喜 邮 编：252800
法 人：崔俊喜
Tel：0635－3975786

**潍坊福江化工有限公司**
业务：潍坊福江化工有限公司成立于2006年，主要经营化工原料、橡塑助剂、涂料、颜料、填料、溶剂类等品种、真诚欢迎新老客户光临惠顾。
地址：山东省潍坊市潍城区健康西街208号
负责人：生福江 邮 编：261011
Tel：0536－8324293
Fax：0536－8324293

**全元化肥厂**
地址：山东省菏泽市郓城县杨庄集西张庄
负责人：王文
Tel：0530－6481012
13505307609
13505307609

**山东高唐蓝天华泰天然气开发有限公司**
业务：工业天然气销售
地址：山东省聊城市高唐县开发区金城路与汇鑫路交叉路口西首
负责人：高国华 邮 编：252052
法 人：高国华
Tel：0635－2968988
18953913995

**华宝塑料制品厂**
地址：山东省即墨市灵山镇松树庄
负责人：孙中全
Tel：0532－84535998
13361228569

**山东寿光岔河氯化镁厂**
业务：山东寿光岔河氯化镁厂主要生产销售氯化镁等产品。"诚信为本，信誉至上，质量保证，价格合理"，热诚欢迎新老客户惠顾。
地址：山东省潍坊寿光市候镇西岔河一村
邮 编：262725
法 人：宋效华
Tel：0536－5391885
Fax：0536－5393341

**高唐县琉寺镇建国农资店**
业务：经营各种国产进口化肥及复合肥
产品：华丰、史丹利等等
地址：山东省聊城市高唐县琉寺镇琉寺村南街
负责人：王建国 邮 编：252000
法 人：王建国
Tel：13969573398
0635－3756688

**济南新中化工有限责任公司**
地址：山东省济南市垛石镇驻地
负责人：张新聪
Tel：0531－85260128

**辽宁精工橡胶制品制造有限公司济南分公司**
地址：山东省济南市历城区工业北路57号
负责人：任玉忱
Tel：0531－88981213
13869188375

**阳谷县德彩生粉末涂料有限公司**
业务：户内户外各类优质粉末涂料生产销售
地址：山东省聊城市阳谷县侨润办事处东唐村
负责人：王延战 邮 编：252052
法 人：王延战
Tel：13287584555
15966223555
Fax：0635－2152779
网址：http://decaisheng.sites.qudee.com/
E-mail：decaisheng@163.com

**莱州迈特化工有限公司**
业务：莱州迈特化工有限公司始建于2006年，主要生产融雪剂、氯化镁、氯化钙、工业盐、销售化工产品，经营以上产品的进出口。
地址：山东省烟台市莱州市土山镇顾家村北
负责人：李炳辉 邮 编：261413
法 人：李炳辉
Tel：0535－2833222
Fax：0535－2833222

**振华塑料包装有限公司**
地址：山东省济南市历城区工业北路电厂路口向东鲁能加油站向北1000米
负责人：李民
Tel：0531－88961416
13906414230

**瑞方化工有限公司**
地址：山东省济南市历城区历山北路北首佳园化工市场北区A3－1号
负责人：李玲军
Tel：0531－88779536
13173007337

**临清市宏宇油脂有限公司**
业务：生产、销售油脂
地址：山东省临清市老赵庄镇沈庄村
负责人：李子迎 邮 编：252052
邮 编：李子迎
Tel：0635－2630688
2632086

**枣庄市丰源淀粉有限公司**
业务：枣庄市丰源淀粉有限公司位于市中光明东路，主要经营氧化交联淀粉，各种变性淀粉，纺织造纸各种浆料，环保助剂，公司技术力量雄厚，先进设备，产品销往河南，浙江，江苏等10多个省市，公司计划继续扩大生产能力。欢迎各方客户来电洽谈业务，共同合作。
地址：山东省枣庄市市中区西王庄乡前小湾村驻地
邮 编：277117
法 人：龚士洪
Tel：0632－3713789
Fax：0632－3713896
网址：www.mtw29066.chinapyp.com

**东信日用化工有限公司**
地址：山东省济南市历城区遥墙镇临港西路39号
负责人：董希功
Tel：0531－88746247

**临沭县通达有机肥厂**
业务：专业从事有机肥、液体肥膜加工、销售，提供土壤技术服务，免费测土，配方施肥
产品：有机肥、液体地膜
地址：山东省临沭县南古镇玉河村
负责人：王占昌 邮 编：276717
法 人：王占昌
Tel：0539－6359567
Fax：0539－6350688

**飞龙塑料厂**
地址：山东省济南章丘市辛寨乡逯家村
负责人：郭锡龙
Tel：0531－83541357
13606379194

**章丘市石东塑料厂**
业务：章丘市石东塑料厂位于山东省章丘市白云湖镇石东村，始创于1987年。是一家生产再生塑料颗粒的企业，欢迎新老客户来电垂询。
地址：山东省章丘市白云湖镇石东村
邮 编：250219
法 人：刘书东
Tel：0531－83452936
Fax：0531－83451363
网址：www.sdsd.chinapyp.com

**费县众邦塑业有限公司**
业务：生产、销售编织袋
产品：食品包装袋、化肥袋
地址：山东省临沂市费县费城镇万良庄村
负责人：全先勇 邮 编：273400
法 人：王玲
Tel：13792401666
0539－5010315

**东辉泡塑加工厂**
地址：山东省济宁曲阜市静轩西路11号孔府酒庄
负责人：田怀东
Tel：0537－4413793
13954783619

**九仙助剂厂**
地址：山东省济宁曲阜市吴村镇龙尾庄村
负责人：徐良
Tel：0537－4573386
13853797927

**费县南张庄九良农资经营部**
业务：农药、化肥、农膜批发零售
地址：山东省临沂市费县南张庄乡北石沟村
负责人：潘九良 邮 编：273421
邮 编：潘九良
Tel：0539－5833156

**晨光化工有限公司**
地址：山东省济宁曲阜市息陬乡西终吉村
负责人：梁景山
Tel：0537－4631088
13505374693

**淄博海隆化工有限公司**
业务：淄博海隆化工有限公司成立于2000年，年产片碱、固碱5万吨，二氧化锆、氧氯化锆所有制企业，主要原料利用齐鲁石化公司优质液碱经专用管线输送生产，我厂以"质量第一，信誉至上"为宗旨，竭诚欢迎各厂家、单位光临惠顾。
地址：山东省淄博市临淄区齐鲁石化乙烯技校南
负责人：李春望 邮 编：255411
法 人：李春望
Tel：0533－7580488

**费县朱田镇保农农资店**
业务：化肥农药
地址：山东省临沂市费县朱田镇小由吾村
负责人：滕兴友 邮 编：273418
法 人：滕兴友
Tel：15910175912
0539－5768098

**曲阜昕地化工研究所有限公司**
地址：山东省济宁曲阜市息陬乡终吉
负责人：白世义
Tel：0537－4631171
13963797187

**济宁红日轻化助剂有限(责任)公司**
地址：山东省济宁市327和105国道交汇处西20米
负责人：李洪洋
Tel：0537－2119669
2113179
13853781329

**临沂市河东区祥盛塑料制品厂**
业务：塑料橡胶制品生产、加工
产品：手扶配件、机械配件、车辆配件
地址：山东省临沂市河东区相公办事处郭团村
负责人：郭鹏飞 邮 编：276025
法 人：郭鹏飞
Tel：13854986931
0539－8838383

**济宁恒源化工有限责任公司**
地址：山东省济宁市济安桥北路39号
负责人：张桂秋
Tel：13805376982

**齐鲁临淄齐民助剂厂**
业务：齐鲁临淄齐民助剂厂成立于1997年，是一家生产橡胶助剂的厂家。主要产品有：钴盐粘合剂、防老剂等。欢迎各方客户来电洽谈业务，共同合作！
地址：山东省淄博市临淄区新化路南首
邮 编：255438
法 人：逯大成
Tel：0533－7508238
Fax：0533－7508858

**山东省临沂市河东区昊明塑料瓶盖加工厂**
业务：集设计、开发、生产于一体，专业从事瓶盖、各种塑料配件及橡胶加工业务。
产品：塑料瓶盖、塑料配件、胶帽、安全帽、泥板、扣板、橡胶配件等
地址：山东省临沂市河东区相公街道办事处东南旺三村
负责人：王全洲 邮 编：276025
法 人：王全洲
Tel：0539－8839091
13563982862
Fax：0539－8839091

**济宁耐特石油化工有限公司**
地址：山东省济宁市济邹公路八里营大桥东首
负责人：传福贤
Tel：0537－2638269
13953772606

**嘉祥嘉润塑胶材料有限公司**
地址：山东省济宁市嘉祥高新区泰山路北首(疃里镇王集)
负责人：王春胜
Tel：0537－6973487
13508971112

**临沂市兰山区农家富有机肥料厂**
业务：有机肥料、有机一无机复混肥料、冲施肥、含硫氮肥、土壤调理剂、中微量元素肥料制造、加工、销售
地址：山东省临沂市兰山区李官镇寨里工业园
负责人：李景全 邮 编：276000
法 人：李景全
Tel：13188732298
13969957980
15969919259
Fax：0539－8665718
网址：http://www.lynjf.cn
E-mail：lynjf888@163.com

**嘉祥县兴旭化工有限责任公司**
地址：山东省济宁市嘉祥县济宁祥酒厂西300米路北
负责人：王光才
Tel：0537－6820349
13805471520

**豪伟塑料制品厂**
地址：山东省济宁市嘉祥县县城北国327道北侧
负责人：魏则启
Tel：0537－6858145
6682478

## 临沭县后醋土地流转专业合作社
业务:化肥农药
地址:山东省临沂市临沭县南古镇醋庄后村
负责人:武心保 邮 编:276000
法 人:武心保
Tel:0539－2130620
13455945755
13791593238

**嘉祥和伊华工业有限公司**
地址:山东省济宁市建设路北首 327 国道北 100 米路西原开关厂 1 分厂院内
负责人:白树东
Tel:13608916369

**昌辉化工有限公司**
地址:山东省济宁市金乡县城汽车站南 100 米路西
负责人:刘云昌
Tel:0537－8727850
13053726419

## 沂水隆源油脂厂
业务:油脂的加工和销售
地址:山东省临沂市沂水县龙家圈乡工业园
负责人:孟献军 邮 编:276400
法 人:孟献军
Tel:13562385799
网址:http://www.51zzt.com/user/zzt33576

**樊陈绿宝肥业有限公司**
地址:山东省济宁市金乡县王丕镇北驻地金司路东
负责人:陈玉英
Tel:0537－8895589
13863788589

**绿源肥业有限公司**
地址:山东省济宁市金乡县县城北 105 国道东大三角南邻
负责人:蔺彦华
Tel:0537－8728656
13953784858

**梁山山鹰化工有限公司**
地址:山东省济宁市梁山县韩垓开发区
负责人:韩继忠
Tel:0537－7650327
13953707827

## 沂水天羽化工有限公司
业务:氯化锂,溴化锂销售
产品:金属锂,无水氯化锂,无水硝酸锂,无水溴化锂,碳酸锂,氟化锂,氯化铬,硝酸铬,次氯酸钠
地址:山东省临沂市沂水县袁家庄庐山经济开发区
负责人:王媛媛 邮 编:276425
法 人:李伦文
Tel:0539－2361188
2361189
Fax:0539－2361187
网址:www.fordchem.com
E-mail:sales@fordchem.com

**山东中油龙泉石油销售有限公司第十二加油站**
地址:山东省济宁市梁山县梁山镇前码头村西位于 200 国道 281 公里处路
负责人:陈继东
Tel:0537－7317464

**山东梁山水泊城油漆厂**
地址:山东省济宁市梁山县小安山镇马坊村
负责人:马安部
Tel:0537－7320800
13963782959

**全兴塑料有限公司**
地址:山东省济宁市梁山县徐集镇蔡林村
负责人:关义常
Tel:0537－7701362
13963786139

## 蓬莱市天龙塑编有限公司
业务:塑料纺织产品生产销售
地址:山东省蓬莱市大辛店镇大辛店四村
负责人:刘允禄 邮 编:264010
法 人:刘允禄
Tel:0535－5710518

**中天塑胶有限公司**
地址:山东省济宁市任城经济开发区山博路
负责人:李文艺
Tel:0537－2486688
2486988
13953763375

**金瑞塑编制品厂**
地址:山东省济宁市任城区南张镇杜庙村小学内
负责人:孙德峰
Tel:0537－2179256
13853781285

**华强磷化厂**
地址:山东省济宁市任城区许庄镇街道办事处李集村
负责人:李天怀
Tel:0537－2292032
13963787602

## 蓬莱升辉助剂有限公司
业务:研发,生产各种纺织印染助剂
产品:氧漂特效助剂 SH－798,易溶性固体柔软剂 SH－518
地址:山东省蓬莱市大辛店镇大辛店四村村西
负责人:王卉 邮 编:265612
法 人:王卉
Tel:0535－5898398
15653836880
Fax:0535－5898368
网址:www.plshzj.cn
E-mail:plsh.wh@163.com

**山东济宁新星化工厂**
地址:山东省济宁市三、二七国道满庄
负责人:刘守纪
Tel:13791798313

**鹏达橡塑材料厂**
地址:山东省济宁市市化肥厂东 500 米(外贸仓库院内)
负责人:孔祥鹏
Tel:0537－2290638
13905479351

**新兴塑料吹塑厂**
地址:山东省济宁市泗水县城关粮所院内
负责人:韩光孝
Tel:0537－4226967
13355158707

## 青岛涌泉石油有限公司
业务:本公司系美国路宝乐系列石油产品经销代理商,主要产品有:路宝乐汽油改善剂、柴油改善剂、润滑油强化剂、高温抗磨润滑脂等 20 多个品种。产品应用涉及到从汽车到工业,从船舶到铁路、航空、电力、军事等诸多行业。
产品:代理批发、零售美国路宝乐燃油改善剂系列石油产品
地址:山东省青岛即墨市灵山镇新兴路 1 号
负责人:韩凯 邮 编:266219
法 人:韩建鹏
Tel:0532－84531269
13869836971
Fax:0532－84531269
网址:www.yqsyyxgs.cn
E-mail:qongquanshiyou@163.com

**瑞祥塑料包装制品厂**
地址:山东省济宁市泗水县火车站路中段
负责人:刘瑞敏
Tel:0537－4231960
13705474386

**霞光物化实业有限公司**
地址:山东省济宁市微山县东风东路
负责人:张月侠
Tel:0537－8291668
13905471128

**韩庄气体有限公司**
地址:山东省济宁市微山县韩庄镇微湖码头
负责人:唐仰河
Tel:13863299862

## 青岛福元硅藻土制品有限公司
业务:生产用于啤酒、液体饮料等的助滤剂
地址:山东省青岛胶南市文化路 14 号
负责人:张景记 邮 编:266000
法 人:张景记
Tel:13964851185
13553035559

**鲁华化工有限责任公司**
地址:山东省济宁市鱼台县王鲁镇原武台村
负责人:毛青华
Tel:0537－6033968
13176793865

**山东鱼台东方工贸有限责任公司**
地址:山东省济宁市鱼台县鱼新一路
负责人:袁勇
Tel:13905472150

## 青岛正大桥梁配件有限公司
业务:桥梁配件
产品:橡胶止水带、桥梁橡胶充气芯模
地址:山东省青岛胶州市北关工业园维四路进 1 号
负责人:李俊合 邮 编:266300
法 人:李俊合
Tel:0532－82299592
82299823
83242973
13573263266

**永信化工有限责任公司**
地址:山东省济宁兖州市漕河乡漕河村
负责人:张从信
Tel:13854737888

**万隆生物工程有限公司**
地址:山东省济宁兖州市经济开发区
负责人:段建庭
Tel:0537－3756568
13325195984

**兖矿集团新源工贸发展有限公司涂料厂**
地址:山东省济宁邹城市昌平路
负责人:崔德国
Tel:0537－5388191
13963781508

## 青岛宏杰胶粘制品有限公司
业务:生产透明胶带
地址:山东省青岛胶州市泰州路南段
负责人:生洪杰 邮 编:266001
法 人:生洪杰
Tel:13395429533
0532－82216539

**三联祥化工有限公司**
地址:山东省胶州市东外环路赵家园村北
负责人:李振江
Tel:0532－87277882
13356857157

**德诚胶粘剂有限公司**
地址:山东省胶州市胶西镇大刘家疃中村
负责人:李明
Tel:0532－85227378
13953261666

**鲁翔化工有限公司**
地址:山东省莱芜市钢城区颜庄镇(鼎力化工集团院内)
负责人:亓绍勇
Tel:13356343888

## 青岛宏运达气体有限公司
业务:氧气,氩气,二氧化碳,乙炔
地址:山东省青岛经济技术开发区前湾港路 375 号
负责人:尹宏 邮 编:266001
法 人:尹宏
Tel:13806426137
0532－86696097
Fax:0532－86810956
E-mail:YINHONG8848@126.com

**山东鼎成化工设备有限责任公司**
地址:山东省莱芜市开发区中区鹏泉大街北侧
负责人:杨明光
Tel:13676349381

**莱芜市浩凯化工有限责任公司**
地址:山东省莱芜市莱城区城市街道办事处叶家庄村西
负责人:亓宗卿
Tel:0634－6196379
13563459999

**广达化工原料厂**
地址:山东省莱芜市莱城区方下镇鹿家堂村南岭
负责人:王凤展
Tel:0634－6612192
6611799
13963441999

## 青岛利宝石油添加剂有限公司
业务:专业生产各种润滑油、燃料油、防冻添加剂等系列产品,提供技术转让、技术人员培训等,品种齐全、质量保证,欢迎新老朋友咨询合作。
产品:硼酸盐型内燃机油复合剂、齿轮油复合剂、硼化分散剂等
地址:山东省青岛市崂山区沙子口街道前登瀛社区
负责人:韩妮 邮 编:266061
法 人:马国光
Tel:0532－88830969
Fax:0532－88830969
网址:www.qdlibao.cn
E-mail:qingdaolibao@163.com

**铁北石化有限责任公司**
地址:山东省聊城市东昌府区梁水镇工业园区 18 号
负责人:傅和庆
Tel:0635－8753388
13806351619

**聊城曙光橡胶厂**
地址:山东省聊城市东昌府区卫育北路
负责人:李玉乐
Tel:0635－8386096
13806353967

**兆洁物资有限公司**
地址:山东省聊城市东昌府区兴华东路 97 号
负责人:朱红波
Tel:13906352332

## 青岛盛宝林化工科技有限公司
业务:化工产品
地址:山东省青岛市李沧区湘潭路 67 号刘家新村 40 号楼东单元 301 户
负责人:刘维林 邮 编:266001
法 人:刘维林
Tel:0532－84823889

**康美精细化工厂**
地址:山东省聊城市东昌府区徐营乡绣衣集
负责人:蔺学高
Tel:0635－8595868
13606355047

**晨兴橡胶有限公司**
地址:山东省聊城市高唐县西街西新村
负责人:张德兴
Tel:0635－3980175
13606353899

**冠县九州加油站**
地址:山东省聊城市冠县烟庄乡前小化村南 309 省道北
负责人:周孟海
Tel:0635－5454388

## 青州市东昌沥青有限公司
业务:生产销售石油沥青、燃料油
产品:石油沥青、燃料油
地址:山东省青州市经济开发区北侧
负责人:杨守玉 邮 编:262515
法 人:杨守利
Tel:15908002684
0536－3525978
Fax:0536－3525616
E-mail:dongchangliqing@163.com

**山东省莘县大地石油制品有限公司**
地址:山东省聊城市莘县西环路北首路东
负责人:张继安
Tel:13606357096

**阳谷县双利达精细化工有限公司**
地址:山东省聊城市阳谷县寿张镇工业区
负责人:毛庆民
Tel:0635－6859618
13806356675

## 日照市东港区赛德丽涂料经销处
业务:经营赛德丽涂料
地址:山东省日照街道店子村
负责人:古光华 邮 编:276800
法 人:古光华
Tel:13375532277
0633－8211452

**阳谷黄河橡胶厂**
地址:山东省聊城市阳谷县寿张镇沙河涯
负责人:袁广全
Tel:0635－6856538
13906351082

**社会福利皮塑制造厂**
地址:山东省聊城市阳谷县西湖乡孔桥
负责人:马合坤
Tel:0635－6511011
6683988

**苍收复混肥厂**
地址:山东省临沂市苍山县县城中兴路北段
负责人:董玉红
Tel:0539－5235217
13884885580

## 莒县鑫强塑料厂
业务:生产垃圾塑料袋
产品:山东省日照市莒县刘官庄镇刘官庄村
负责人:鲁守强 邮 编:276800
法 人:鲁守强
Tel:0633－6781518

**金峰塑料有限公司**
地址:山东省临沂市苍山县向城镇峰下沟村
负责人:金银刚
Tel:0539－5156999
13953981678

**驰丰化工有限公司**
地址:山东省临沂市费县探沂镇驻地
负责人:韩庆勋
Tel:0539－5616866
13953988883

**栋梁泡化碱厂**
地址:山东省临沂市莒南县大店镇许家滩井村
负责人:庄欠义
Tel:0539－7811156
13953949305

## 日照市森洋木粉制造有限公司
业务:生产销售木粉(主要用于皮革、小轿车、装潢材料)
地址:山东省日照市岚山区碑廓镇田一村委会
负责人:朴根哲 邮 编:276800
法 人:朴根哲
Tel:15863398859
0633－2696118

## 国龙有机肥料厂
业务:生产销售有机肥料(生物有机肥、含微量元素有机肥、豆粕有机肥)
地址:山东省乳山市南黄镇朱家屯村
负责人:于振国 邮 编:264511
法 人:于振国
Tel:0631－6481176
13396312366

**托亚工业品厂**
地址:山东省临沂市莒南县大店镇宣文岭村
负责人:杨德才
Tel:0539－7817786
13969911267

**青田塑料制品有限公司**
地址:山东省临沂市莒南县南环路中段

负责人:邢计青
Tel:13355008633

**吉祥塑料制品有限公司**
地址:山东省临沂市莒南县南环路中段
负责人:张从吉
Tel:0539－7215900
13605492897

**福峰化工有限公司**
地址:山东省临沂市莒南县坪上镇南沟河村
负责人:靳绍友
Tel:0539－7553888
13608998886

**宝华化工厂**
地址:山东省临沂市莒南县十安路镇大南黄庄村
负责人:刘朝阳
Tel:0539－7275559
13705495729

**山东省寿光市金盛管业有限公司**
业务:从事塑胶管道生产的专业企业,主要生产PP－R管材、管件,我们将竭诚为您提供最优质的产品和最满意的服务！期待您的光临和合作！
产品:三型聚丙烯PP－R管材、管件、铝塑PP－R、不锈钢PP－R、PEX－a、PE－RT地暖管材、PE给水管材、PE燃气管材
地址:山东省寿光市东城工业园区永和路南首
负责人:刘万欣　邮　编:262706
法　人:刘万欣
Tel:0536－5679998
Fax:0536－5675998
网址:www.sgjinshenggangye.cn
E-mail:sgjingsheng@yahoo.cn

**鹏飞化工有限公司**
地址:山东省临沂市莒南县石莲子镇后劈石头村
负责人:王京雷
Tel:0539－7767777
13608992897

**广瑞超细粉体有限责任公司**
地址:山东省临沂市莒南县相沟乡张家石河村
负责人:张孝秋
Tel:0539－7642679
13705495763

**山东东平明旺日用品有限公司**
业务:销售块状乌洛托品、粉状乌洛托品
产品:块状乌洛托品、粉状乌洛托品
地址:山东省泰安市东平县彭集民营经济开发区
负责人:刘树　邮　编:271000
法　人:刘树
Tel:0538－2830608
2587258
13562877268
15335381678
网址:www.hexamine－mingwang.com
E-mail:info@hexamine－mingwang.com

**宏顺生物有机肥有限公司**
地址:山东省临沂市莒南县筵宾镇东略庄
负责人:孙运礼
Tel:0539－7789672
13608906890

**鲁达固体碱厂**
地址:山东省临沂市莒南县筵宾镇开发区
负责人:崔兰军
Tel:0539－7788369
13176993999

**泰安荣坤工贸有限公司**
业务:塑料制品的生产与销售、鞋帽服装、五金家电、土产杂品、日用百货、装饰材料销售、室内外装饰、装潢、对外贸易
产品:再生聚乙烯塑料颗粒
地址:山东省泰安市宁阳县城河滨路5号万里鞋城办公室
负责人:桑运水　邮　编:271000
法　人:桑运水
Tel:0538－5687696
Fax:0538－5687696
E-mail:wangli_suye@163.com

**泰安市泰山区九鼎净洁剂有限公司**
业务:工业表面处理材料
产品:电火花水基切削液,带锈防锈转化剂,金属焊接防飞剂,磷化液系列
地址:山东省泰安市泰山区宁家结庄村
负责人:宋恩玉　邮　编:271000
法　人:宋恩玉
Tel:0538－2107129
13854865949
Fax:0538－2107129

**山东莒南县友利化工厂**
地址:山东省临沂市莒南县洙边镇东夹河村
负责人:陈兆帅
Tel:0539－7623142
13508997555

**华盛化工有限公司**
地址:山东省临沂市莒南县洙边镇三界首
负责人:刘树伟
Tel:0539－7626666
7623030
139539915199

**莒南县凯利化工有限公司**
地址:山东省临沂市莒南县洙也镇西书院村
负责人:王维献
Tel:0539－7629378
13953905166

**友振塑料有限公司**
地址:山东省临沂市兰山区蒙山大道中国商城会展中心C区26号
负责人:朱孔芹
Tel:0539－7161058
7161068
13705396533

**世华塑胶颜料发展有限公司**
地址:山东省临沂市兰山区前十街西段路南会展中心北侧
负责人:刘士华
Tel:0539－8035771
13905398272

**泰安汇丰塑料有限公司**
业务:塑料绳丝
地址:山东省泰安市运舟街新1号楼2单元5楼东户
负责人:李进传　邮　编:271000
法　人:李进传
Tel:13905480528
0538－8219682

**金正大生态工程有限公司**
地址:山东省临沂市临沭县常林东大街24号
负责人:吴清明
Tel:0539－6211989
13355062085

**临沭县橡胶粉厂**
地址:山东省临沂市临沭县城苍山路南首
负责人:高维民
Tel:13508997152

**金沂蒙生态肥业有限公司**
地址:山东省临沂市临沭县城新大西街99号
负责人:孔祥玉
Tel:0539－6268126

**临沭县顺兴化工有限公司**
地址:山东省临沂市临沭县店头镇闵庄村
负责人:李军
Tel:0539－6982198
13905493549

**临沂市金鹏化肥有限公司**
地址:山东省临沂市临沭县兴大东街259号
负责人:李玉军
Tel:0539－6211340
13953961836

**威海浩成塑料有限公司**
业务:塑料原料
产品:碳酸钙、稳定剂、润滑剂、颜料、阻燃剂等相关添加剂
地址:山东省威海市经济技术开发区杨家滩花园13号楼
负责人:赵宗海　邮　编:264205
法　人:赵宗海
Tel:0631－5924926
Fax:0631－5924926
网址:www.whhcsl.cn
E-mail:zzhhonglin@163.com

**荣成市泓晟润滑油贸易有限公司**
业务:润滑油贸易
地址:山东省威海市荣成市奥孚石油
负责人:蔡传江　邮　编:264200
法　人:蔡传江
Tel:13508918277
0631－7381698

**粮丰生物有机肥料有限公司**
地址:山东省临沂市临沭县朱仓乡东盘驻地
负责人:崔玉明
Tel:0539－6451688
13864911959

**霞瑞化工工贸有限公司**
地址:山东省临沂市临西5路中国化工城3668号
负责人:张明胜
Tel:0539－8016359
13355008875

**长林化工有限公司**
地址:山东省临沂市鲁南化工市场
负责人:朱玉霞
Tel:13854906065

**茂泉资源综合利用有限公司封头加工厂**
地址:山东省临沂市罗庄区罗庄街道朱张桥河北村
负责人:张兵
Tel:0539－8154063
13953929760

**蒙阴县塑料机械模具厂**
地址:山东省临沂市蒙阴县岱崮镇尹家洼工业园
负责人:公练东
Tel:13515390219

**微山县润邦物资贸易有限公司**
业务:生产与销售各类化工原料和化工产品
产品:氢氧化钠、硫酸、硫酸钠等化工原料
地址:山东省微山县夏镇新河街北首10号
负责人:陈龙　邮　编:277600
法　人:李闯
Tel:15092769777
0537－8555789
Fax:0537－8558789

**隆德石油物业发展有限公司**
地址:山东省临沂市郯城县李庄镇驻地
负责人:孙健
Tel:0539－6751068
13953956388

**临沂澳辰塑业有限公司**
地址:山东省临沂市通达路北段
负责人:戴立民
Tel:0539－8020067
13905495208

**潍坊润泽塑料制品有限公司**
业务:方便袋生产销售
地址:山东省潍坊市昌乐县乔官镇田家泉村
负责人:于海军　邮　编:262408
法　人:于海军
Tel:0536－6763908

**液压胶管厂**
地址:山东省临沂市沂水县沂水镇双成路
负责人:苑克善
Tel:0539－2252652
13805494745

**兆达粘合剂厂**
地址:山东省临沂市沂水县沂水镇西朱家庄村
负责人:王兆达
Tel:13954932369

**昌乐泰宇塑料制品有限公司**
业务:方便袋,垃圾袋的生产及销售
地址:山东省潍坊市昌乐县营丘镇刘家营村
负责人:刘瑞芹　邮　编:262415
法　人:刘瑞芹
Tel:15853689988
0536－6921230

**龙口市成广模具厂**
地址:山东省龙口市黄城牟黄路南侧3公里处
负责人:孙承广
Tel:0535－8660893
13305456691

**龙口市春松摩擦制品有限责任公司**
地址:山东省龙口市芦头镇前店村西路南
负责人:张平
Tel:0535－8647463

**寿光市鑫盛涂料有限公司**
业务:涂料生产与销售
地址:山东省潍坊市寿光市圣城街办沙河村西北角
负责人:刘专烈　邮　编:261041
法　人:刘专烈
Tel:13853631623
0536－5280028

**山东潍坊沃土肥业有限公司**
业务:集生产、销售于一体的专业化肥料生产企业,批发生产冲施肥、有机肥,销售复合肥。公司生产技术先进、设备一流,并承诺质量第一、假一赔十,致力提供优质的肥料产品和完美的农化服务。
产品:西瓜、蔬菜、小麦、玉米、果树、大豆、茶叶等专用肥
地址:山东省潍坊市潍城开发区
负责人:李建　邮　编:262400
法　人:李建
Tel:0536－8111699
15853696967
Fax:0536－6718918

**龙口市胶龙科贸有限公司**
地址:山东省龙口市新城区二号路西
负责人:王洪波
Tel:0535－8665068

**龙达化工有限公司**
地址:山东省龙口市新嘉街道办事处张郑村北
负责人:王国臣
Tel:0535－8551199
13361369388

**康爱特维迅(蓬莱)化学有限公司**
地址:山东省蓬莱市南关路329号
负责人:林素美
Tel:0535－5617719

**三晴化工有限公司**
地址:山东省青岛市保税区上海市路34号三层
负责人:哥林顿
Tel:13905429079

**信华德国际贸易有限公司**
地址:山东省青岛市保税区天智大厦17层AB室
负责人:刘廷壁
Tel:0532－86769085
13906390775

**通用海大海水素有限公司**
地址:山东省青岛市城阳区棘洪滩金岭工业园
负责人:宋瑞国
Tel:0532－87809185
13515328672

**盛白马化工经销部/白马家具厂**
地址:山东省青岛市城阳区夏庄街道新民村
负责人:王涛
Tel:0532－87792862
13335003520

**枣庄新旺秸秆能源科技有限公司**
业务:公司以发展生物质能源为基础,以还能变废为宝为宗旨,从事秸秆机制木炭、秸秆煤球、木醋液等产品科研、开发与制造。
产品:秸秆机制木炭,秸秆煤球,木醋液,秸秆复合门
地址:山东省枣庄市台儿庄区涧头集镇新庄村
负责人:孙中超　邮　编:277415
法　人:孙中超
Tel:13371119106
E-mail:dxl_741@163.com

**格瑞外加剂有限公司**
地址:山东省青岛市黄岛区刘公岛路10号
负责人:李雪莲
Tel:0532－83714296

**青中大工程塑料有限公司**
地址:山东省青岛市即墨市龙山街道办事处王家烟霞村
负责人:赵洪江
Tel:0532－86587099
13335067868

**青岛恒信塑胶有限公司**
地址:山东省青岛市即墨市青岛市服装工业园蔡村工业园
负责人:姜法宏
Tel:0532－83502971
13706300673

**金龙达粘合剂厂**
地址:山东省青岛市即墨市通济街道办事处张家港西城东村
负责人:徐方学
Tel:0532－82526451
13705429951

**同济塑胶有限公司**
地址:山东省青岛市即墨市小韩村工业园
负责人:鞠明涛
Tel:0532－88565196
88569196、

**聚大洋海藻工业有限公司**
地址:山东省青岛市胶南市北京路中瑞经济技术开发区向阳岭村综合楼网点房
负责人:吴仕鹏
Tel:0532－85165936
13969663275

**益丰源化工有限公司**
地址:山东省青岛市胶州铺集镇工业园
负责人:迟增春
Tel:0532－86253868
13589296301

**金海川石油化工有限公司**
地址:山东省青岛市胶州市北关东松园86号
负责人:于富顺
Tel:0532－82297977
13969661716

**世大化工科技有限公司**
地址:山东省青岛市胶州市福州北路126号
负责人:许甫玉
Tel:0532－87211350

**中禹塑料制品有限公司**
地址:山东省青岛市胶州市马店镇工业园区
负责人:周忠玉
Tel:0532－83220848
13969658905

**北京格林恩泽有机肥有限公司山东莱西分公司**
地址:山东省青岛市莱西市经济开发区滨河路东端南侧
负责人:赵显民
Tel:0532－88432157
13806396621

**友宾保温溶剂材料厂**
地址:山东省青岛市莱西市日庄镇淤场村
负责人:王仁友
Tel:0532－83461878
13705425776

**青岛科迪塑胶有限公司**
地址:山东省青岛市崂山区王戈庄街道办事处北海工业园内
负责人:梁玉校
Tel:0532－87842183
13906481871

**创策模具制品有限公司**
地址:山东省青岛市崂山区中韩街道办事处刘家下庄村
负责人:宋海新
Tel:0532－88915697

**天津盛霖化工有限公司青岛分公司**
地址:山东省青岛市李沧区虎山路31号
负责人:宫永彤

…… Tel:13505425441

**永旭钢塑制品有限公司**
地址:山东省青岛市李沧区九水路郑庄村
…… 负责人:王成军
…… Tel:0532－87603626
87603679
13863953727

**三益制胶有限公司**
地址:山东省青岛市李沧区四流北路 39 号
…… 负责人:邵磊
…… Tel:0532－84818415
13606421106

**同和登业隔离剂厂**
地址:山东省青岛市平度市同和戈庄村
…… 负责人:张登业
…… Tel:0532－87312796
13012511216

**铠新源防腐蚀科技有限公司**
地址:山东省青岛市市北区敦化路 72 号 A－3 号
…… 负责人:张鑫
…… Tel:0532－83800617

**青岛久润精细化工有限公司**
地址:山东省青岛市市北区辽宁路 127 号 13 楼
…… 负责人:陈勇屹
…… Tel:0532－83829025
13505321239

**双庆工贸有限公司**
地址:山东省青岛市市南区河南路 88 号
…… 负责人:戚立兆
…… Tel:0532－82855482

**瀚生伊斯特化学有限公司**
地址:山东省青岛市市南区香港中路 18 号福泰广场 B 座 1302 号
…… 负责人:王雪生
…… Tel:0532－85766777
13361283596

**格瑞外加剂有限公司**
地址:山东省青岛市四方区开封路 29 号
…… 负责人:张龙
…… Tel:0532－84880078

**金亚星商贸有限公司**
地址:山东省青岛市四方区重庆南路 42 号 1－010 室
…… 负责人:张加平
…… Tel:0532－86850700
13808972425

**国利嘉生物肥料有限公司**
地址:山东省青州市黄楼工业园
…… 负责人:唐增国
…… Tel:0536－3830598
13305362098

**迪贝尔塑胶有限公司**
地址:山东省青州市南环中路 10589 号
…… 负责人:岳进宝
…… Tel:0536－3207306
13505364960

**光铭光学镀膜新技术公司**
地址:山东省青州市王母宫街办姜家村向北 200 米路西(青垦路)
…… 负责人:霍华培
…… Tel:0536－3527982
13869682818

**青州市永兴硅胶制品有限公司**
地址:山东省青州市昭德办事处张河社区
…… 负责人:张文勇
…… Tel:0536－3505009

**曲阜市长青再生资源有限公司**
地址:山东省曲阜市弘道路南首
…… 负责人:宋法青
…… Tel:0537－4469398

**天合塑料制品有限公司**
地址:山东省曲阜市息陬乡店子村北
…… 负责人:邢海民
…… Tel:0537－4631163
13605474173

**华荣化工新材料有限公司**
地址:山东省曲阜市小雪镇经济开发区
…… 负责人:孔令福
…… Tel:0537－4641878
13953780657

**新大地生物化工有限公司**
地址:山东省寿光市北环路 3 号
…… 负责人:杜德全
…… Tel:0536－5196878
13105361537

**山东海化集团有限公司小苏打厂**
地址:山东省寿光市大家洼镇海化开发区
…… 负责人:宋传庠
…… Tel:0536－5329533
5329270
13583661606

**沃达丰生物肥料有限公司**
地址:山东省寿光市齐民思集团办公楼四楼
…… 负责人:候旭光
…… Tel:0536－5296180
13906366557

**寿光市宏业精细化工有限责任公司**
地址:山东省寿光市寿济路宏业工业园
…… 负责人:韩经理
…… Tel:0536－5283658
5506988
13396461366

**绿洋化工有限公司**
地址:山东省寿光市田马镇开发区
…… 负责人:李培峰
…… Tel:0536－5641176
13153638059

**肥城新大地涂料有限公司仪阳采购部**
地址:山东省泰安肥城市济兖路 068 号
…… 负责人:孙庆明
…… Tel:0538－3160136

**泉兴化工有限公司**
地址:山东省泰安市岱岳区大汶口镇北西遥村
…… 负责人:白崇保
…… Tel:0538－8815278
13335295101

**红波切削液厂**
地址:山东省泰安市岱岳区郊区北集坡镇驻地
…… 负责人:刘圣波
…… Tel:0538－8925167
13082772773

**泰安市山口鑫源油罐厂**
地址:山东省泰安市岱岳区山口镇北村
…… 负责人:张义经
…… Tel:0538－8611458
13905389702

**东岳橡胶制品有限公司**
地址:山东省泰安市东平县县城西山路 37 号
…… 负责人:夏志军
…… Tel:0538－2821032

**同友化工有限公司**
地址:山东省泰安市郊区天平店北黄村
…… 负责人:木兆东
…… Tel:0538－8560589
13705387333

**前峰管件加工厂**
地址:山东省泰安市茅庄镇前望峰村
…… 负责人:宁方宗
…… Tel:13953811092

**泰安市景风化工厂**
地址:山东省泰安市泰安区邱家店镇渐汶河
…… 负责人:宋西哲
…… Tel:0538－8767059
13905486235

**绿奎科技有限公司**
地址:山东省泰安新泰市东都镇南桥工业园
…… 负责人:李玉珠
…… Tel:0538－7388133
13954828269

**新泰市泉兴支护用品有限公司**
地址:山东省泰安新泰市泉沟镇
…… 负责人:吕增刚
…… Tel:0538－7843232
7843277
13953861320

**新泰鲁中石油物资销售中心**
地址:山东省泰安新泰市西汶汶河大街
…… 负责人:王民
…… Tel:0538－7338124
13012748667

**滕州市宏润化工有限公司**
地址:山东省滕州市木石镇驻地汽车站西 100 米
…… 负责人:张怀志
…… Tel:0632－2359760
13906370022

**威海市环翠区建涛塑料制品厂**
地址:山东省威海市草庙子镇于泉庄村
…… 负责人:郑建涛
…… Tel:0631－5588059

**威海市常鑫塑料有限公司**
地址:山东省威海市高技术产业开发区田村办事处王家庄村南
…… 负责人:梁加欣
…… Tel:0631－5258862
13906312843

**威海市常鑫塑料有限公司**
地址:山东省威海市高技术产业开发区田村办事处王家庄村南
…… 负责人:梁加欣
…… Tel:0631－5258862
13906312843

**瑞华塑料制品有限公司**
地址:山东省威海市高技术产业开发区田村南山
…… 负责人:黄军
…… Tel:0631－5291124
5251199
13061131555

**瑞华塑料制品有限公司**
地址:山东省威海市高技术产业开发区田村南山
…… 负责人:黄军
…… Tel:0631－5291124
5251199
13061131555

**威海建元塑料厂**
地址:山东省威海市环翠区望岛村
…… 负责人:王路军
…… Tel:0631－5312656
13706312756

**威海金泽福园生物化工厂**
地址:山东省威海市环翠区西北山路 34 号楼 508 号
…… 负责人:苏茂学
…… Tel:0631－5801411
13034598109

**利威塑料制品厂**
地址:山东省威海市世昌大道 273 号
…… 负责人:曹丽丽
…… Tel:0631－5253931
13869052115

**利威塑料制品厂**
地址:山东省威海市世昌大道 273 号
…… 负责人:曹丽丽
…… Tel:0631－5253931
13869052115

**山东靖海实业集团有限公司竟宇精细化工厂**
地址:山东省威海市威海人和镇沙窝岛村
…… 负责人:刘竹林
…… Tel:0631－7461245
13361195677

**宏业制塑有限公司**
地址:山东省威海文登市龙山路 140－3 号
…… 负责人:李金成
…… Tel:0631－8088278
13356810388

**方翊化纤厂**
地址:山东省威海文登市泽头镇驻地
…… 负责人:方廷礼
…… Tel:0631－8869999
13906317950

**亿丰洁净燃料有限公司**
地址:山东省微山县县城东风东路(县城建开发公司院内)
…… 负责人:班继存
…… Tel:0537－8290666
13905471300

**民丰酵素菌有限公司**
地址:山东省潍坊安丘市红沙沟镇驻地
…… 负责人:王忠治
…… Tel:0536－4671224
13356766820

**华夏颜料有限公司**
地址:山东省潍坊安丘市辉曲镇夏坡乡驻地
…… 负责人:宋世兴
…… Tel:0536－4831218
13964632007



**饮马中心社饮马油库**
地址:山东省潍坊昌邑市饮马镇供销加油站
…… 负责人:于晓君
…… Tel:0536－7720108
13780888668

**盛恒橡塑制品有限公司**
地址:山东省潍坊高密市柏城镇驻地
…… 负责人:栾志诚
…… Tel:0536－2576360
13500478179

**新利源浆料助剂厂**
地址:山东省潍坊高密市阚家镇后泊子村
…… 负责人:李香
…… Tel:0536－2811718
13608957465

**鸿展橡塑有限公司**
地址:山东省潍坊高密市南环路 11 万变电站对面
…… 负责人:展小霞
…… Tel:0536－2342831
13864699798

**成达工贸有限公司**
地址:山东省潍坊青州市北城村驼山中路 1802 号
…… 负责人:吴连江
…… Tel:0536－3881576
13508967504

**金田肥料有限公司**
地址:山东省潍坊青州市口埠镇南口埠村(济青高速路 10 号路口)
…… 负责人:刘崇勇
…… Tel:0536－3559695
13335251585

**瑞源化工有限公司**
地址:山东省潍坊青州市弥河镇东南河村
…… 负责人:王林民
…… Tel:0536－3817471
13864680988

**金利化工有限公司**
地址:山东省潍坊青州市邵庄镇东台工业园
…… 负责人:王永成
…… Tel:13583363565

**强鑫达化工厂**
地址:山东省潍坊青州市王母宫镇王母宫村
…… 负责人:赵国强
…… Tel:0536－3521555
13964785528

**潍坊海斯特农化有限公司**
地址:山东省潍坊青州市尧王山路孟家市场 5 楼 78 号
…… 负责人:张丽
…… Tel:0536－3991177
3231777

**金地农化有限公司**
地址:山东省潍坊青州市郑母镇赵坡村
…… 负责人:孙建国
…… Tel:0536－3879688
13792698188
地址:0536－3879088

**永泰橡胶有限公司**
地址:山东省潍坊青州市朱良镇群英东路 255 号
…… 负责人:刘保国
…… Tel:0536－3593496
1396478037

**钰华气体化工有限公司**
地址:山东省潍坊青州市朱良镇阳河工业园
…… 负责人:孙文勇
…… Tel:0536－3598888
13335252699

**爱华油墨厂**
地址:山东省潍坊山东省诸城市郭家屯镇新村
…… 负责人:岳言诗
…… Tel:13606476218

**昌乐旭日塑胶有限公司**
地址:山东省潍坊市昌乐县朱汉镇大宅科工业园
…… 负责人:金嵩茂
…… Tel:0536－6928588
13562658377

**金元塑料加工厂**
地址:山东省潍坊市坊子区穆村镇马村
…… 负责人:王世岗
…… Tel:0536－7696077
13361557829

**潍坊恒丰化工有限公司**
地址:山东省潍坊市坊子区潍徐路十六公里处路东
…… 负责人:李美书
…… Tel:0536－7628939
13361572888

**潍坊凯力橡胶有限公司**
地址:山东省潍坊市坊子区潍州南路 122 号
…… 负责人:马永环
…… Tel:0536－7629571
13863621006

**潍坊格瑞塑胶有限公司**
地址:山东省潍坊市高新开发区东明路 387 号
…… 负责人:柴晓明
…… Tel:0536－8860207
13306360003

**潍坊鹏飞肥料有限公司**
地址:山东省潍坊市郭家官庄镇西烟潍路北侧
…… 负责人:李传孝
…… Tel:0536－7366261

**潍坊格瑞化工有限公司**
地址:山东省潍坊市海化开发区孟家村
…… 负责人:孟庆宝
…… Tel:0536－5326621
13864635195

**双赢化工原料有限公司**
地址:山东省潍坊市寒亭区通亭街西首廿里堡东
…… 负责人:屈志成
…… Tel:0536－7365289
13780815532

**潍坊海顺化工有限公司**
地址:山东省潍坊市寒亭区潍北农场
…… 负责人:王俊刚
…… Tel:0536－7576068
13563637666

**山东海龙股份有限公司非织造材料分公司**
地址:山东省潍坊市寒亭区央子镇新北海路以南
…… 负责人:张庆良
…… Tel:0536－7576286

**新亚石化工贸有限公司**
地址:山东省潍坊市奎文区北宫大街东首
…… 负责人:田鹰
…… Tel:0536－8650211
13326368100

**潍坊市华慧纺织助剂研究所**
地址:山东省潍坊市奎文区胜利大街 86 号
…… 负责人:冯恩惠
…… Tel:0536－8271991
13780800588

**潍坊双雁塑胶有限公司**
地址:山东省潍坊市临朐县城山旺路 6 号
…… 负责人:侯跃亮
…… Tel:0536－3212967
13706463839

**临朐县工程塑料厂**
地址:山东省潍坊市临朐县临朐镇平安庄
…… 负责人:刘福亮
…… Tel:0536－3181998
13001530896

**山东永安胶业有限公司**
地址:山东省潍坊市临朐县七贤工贸园
…… 负责人:赵洪千
…… Tel:0536－3690872
3690767
13806364295

**天成助剂厂**
地址:山东省潍坊市临朐县七贤镇
…… 负责人:刘恒成
…… Tel:0536－3692580
13963699631

**山东省临朐县鑫旺橡塑制品有限公司**
地址:山东省潍坊市临朐县县城石门路西首
…… 负责人:赵春东
…… Tel:0536－3187007

13806360597

**涌合塑料厂**
地址：山东省潍坊市临朐县杨善镇北杨善村
负责人：史建利
Tel:0536－3476633
13606463093

**临朐县三江化工有限公司**
地址：山东省潍坊市临朐县纸坊镇朱堡村北首
负责人：王乐光
Tel:0536－3493007
13335251167

**潍坊市仁和涂料有限公司**
地址：山东省潍坊市清池街办马宿村（潍坊高新开发区内）
负责人：王永祥
Tel:13963656868

**青州欧诺尔化工贸易有限公司**
地址：山东省潍坊市山东省青州市驼山路1565号
负责人：朱敬华小姐
Tel:0536－3296118
13791879269

**华丰防水材料有限公司**
地址：山东省潍坊市台头镇台头工业园
负责人：张丰庭
Tel:0536－5517709
13176069055

**金隆塑料有限公司**
地址：山东省潍坊市潍城区仓南街72号
负责人：朱替光
Tel:0536－8909232
13805369619

**金钟化工有限公司**
地址：山东省潍坊市潍城区胜利西街379号
负责人：鞠裴刚
Tel:0536－8324676
13964773919

**潍坊裕鑫化工有限公司**
地址：山东省潍坊市潍坊海洋化工高新技术产业开发区
负责人：张风亮
Tel:0536－5316997
13884716656

**潍坊红太阳暖业有限责任公司**
地址：山东省潍坊市文化路与健康东街交叉口
负责人：崔金华
Tel:13605368338

**潍坊经济技术开发区圣光石化经销中心**
地址：山东省潍坊市友谊村（潍坊经济技术开发区内）
负责人：孙焕杰
Tel:0536－8957292

**诸城市瑞泰福利化工涂料厂**
地址：山东省潍坊市诸城市兴华西路
负责人：高瑞志
Tel:0536－6168533
13706465705

**红金龙精细化工厂**
地址：山东省潍坊寿光市古城乡十里村西
负责人：朱先池
Tel:13386367950

**良源化工有限公司**
地址：山东省潍坊寿光市留吕镇政府驻地
负责人：李春令
Tel:0536－5631178
13361578399

**正大防水材料有限公司**
地址：山东省潍坊寿光市台头镇工业园区
负责人：郑月友
Tel:0536－5512225
13606463787

**韦克特防水材料有限公司**
地址：山东省潍坊寿光市台头镇后寨子村
负责人：隋建文
Tel:0536－5528999
13791891999

**双鹏化工有限公司**
地址：山东省潍坊寿光市羊口镇任家子村
负责人：任景光
Tel:13806470708

**顺发泡花碱厂**
地址：山东省文登市苘山镇北申格村
负责人：丛培松
Tel:0631－8545167
13181108800

**山东文登金元化纤制品的限公司**
地址：山东省文登市苘山镇正气路49号
负责人：刘建清
Tel:13573711368

**龙口市华彩塑业有限公司**
地址：山东省烟台龙口市兰高镇和平村
负责人：王德友
Tel:0535－8718814
13704511607

**文基龙鑫塑料工艺厂**
地址：山东省烟台龙口市文基镇莫家村
负责人：王荣庆
Tel:0535－8715225
13906450675

**泰龙化工有限公司**
地址：山东省烟台蓬莱市北沟镇大姜家村
负责人：姜毅
Tel:0535－5916188
13705457788

**众利树脂有限公司**
地址：山东省烟台栖霞市桃村烟青一级路北
负责人：马仁国
Tel:13583574498

**龙威塑料制品厂**
地址：山东省烟台市福山区福新街道办事处黄家村
负责人：曲丕成
Tel:0535－6431331
13806382284

**顺风气体有限公司**
地址：山东省烟台市开发区北车家村外
负责人：张相德
Tel:0535－6193015
13396380456

**万得乐化工制品有限公司**
地址：山东省烟台市开发区大季家芦洋
负责人：张幸年
Tel:0535－6967998
13805455762

**烟台开发区环球漆业有限公司**
地址：山东省烟台市开发区牡丹江路3号
负责人：王永新
Tel:0535－6128036

**牟平润华物资有限公司**
地址：山东省烟台市牟平区牟山路实验二小南
负责人：李承强
Tel:0535－4211701
13963878257

**烟台市福山区鑫君钙粉厂**
地址：山东省烟台市张格庄镇下官乐村
负责人：董喜军
Tel:0535－6466399

**亮泉甲壳素有限公司**
地址：山东省烟台招远市金岭镇北水口村
负责人：王善忠
Tel:0535－8370231
13605458659

**招元市鲁东染料化工厂**
地址：山东省烟台招远市玲珑镇寨子村
负责人：温举
Tel:0535－8364887
13705358295

**红丰化工有限公司**
地址：山东省兖州市北站
负责人：高洪臣
Tel:0537－3438838
13805477984

**枣庄鑫升机械制造公司塑料制品厂**
地址：山东省枣庄市市中区齐村镇朱子埠煤矿
负责人：张立文
Tel:0632－4075430
13012666698

**鑫长江实业有限公司**
地址：山东省枣庄市市中区西华路（齐村）北首
负责人：冯永鑫
Tel:0632－3555968
13326370998

**德宏化工有限公司**
地址：山东省枣庄市市中区西王庄乡政府驻地
负责人：王德明
Tel:0632－3467888
13969469989

**中国石油天然气股份有限公司山东枣庄销售分公司第三加油站**
地址：山东省枣庄市坛山街道魁星街
负责人：朱明英
Tel:0632－3128003

**华易胶粘应用技术有限公司**
地址：山东省枣庄市仙台7路96号
负责人：王光伦
Tel:0632－3210848
3318883

**东顺化工产品经销处**
地址：山东省枣庄市薛城区永福北路
负责人：刘成俊
Tel:0632－4456809
13869429790

**友诚化工有限责任公司**
地址：山东省枣庄滕州市级索镇级翔工业区
负责人：骆永利
Tel:0632－2436139
13346375029

**恒信塑料制品有限公司**
地址：山东省枣庄滕州市界河镇驻地（杨庄市场）
负责人：王作宪
Tel:0632－2723058
13906325312

**丰盛化工有限责任公司**
地址：山东省枣庄滕州市木石镇汽车站
负责人：刘恒河
Tel:0632－2355896
13563298518

**华峰塑编有限公司**
地址：山东省枣庄滕州市木石镇张秦庄
负责人：张冠军
Tel:0632－2363388
13906320004

**荣昌化工有限公司**
地址：山东省枣庄滕州市木石镇驻地
负责人：张宜亮
Tel:0632－2357678
13906329621

**诸城市喷塑粉沫厂**
地址：山东省诸城市密州街道办事处朱夫河村
负责人：徐明华
Tel:0536－6059696
13906363669

**利金塑料制品厂**
地址：山东省诸城市文化路3号
负责人：刘培金
Tel:0536－6118849
6892951

**仁和纤维有限公司**
地址：山东省淄博开发区卫周镇付山村付山路中段
负责人：李革新
Tel:0533－3783499
13561638388

**新特利化工有限公司**
地址：山东省淄博临淄区齐鲁化乙烯北路中段
负责人：余会香
Tel:0533－7524556
13345222161

**刚盛化工有限公司**
地址：山东省淄博市博山区白塔国家村
负责人：国承刚
Tel:0533－4683458



**博山鑫汇助滤剂厂**
地址：山东省淄博市博山区白塔镇北万山
负责人：路荣标
Tel:0533－4691252

**宝龙化工有限公司**
地址：山东省淄博市博山区白塔筑国家工业园
负责人：孙爱勤
Tel:0533－4684365

**巨能煤气炉装备有限公司**
地址：山东省淄博市博山区李家中街117号
负责人：李明
Tel:0533－4135677

**金利来塑料加工厂**
地址：山东省淄博市博山区夏家庄镇后峪村39号
负责人：李先友
Tel:0533－4200777

**桓台县正汇化工厂**
地址：山东省淄博市桓台县荆家镇陈桥村
负责人：陈清之
Tel:0533－8785688
13355278366

**淄博无五维实业有限公司**
地址：山东省淄博市桓台县索镇西雅和村首
负责人：刘茂海
Tel:0533－8011175
1332509749

**新星化工物资公司供应站**
地址：山东省淄博市桓台县索镇张北路78号
负责人：陈元香
Tel:0533－8187306
13953398005

**金湖甲壳制品有限公司**
地址：山东省淄博市桓台县唐山镇王茂村
负责人：荣文平
Tel:0533－8510066
13325207821

**久久化工有限公司**
地址：山东省淄博市桓台县田庄镇西家村
负责人：李庆明
Tel:0533－8587055
13806488932

**桓台县贸鑫化工有限公司**
地址：山东省淄博市桓台县新城镇邢家村
负责人：伊继文
Tel:0533－8881052

**桓台县祥泰化工有限公司**
地址：山东省淄博市桓台县周家镇荣家村
负责人：荣澄钦
Tel:0533－8482578
13905338837

**淄博市临淄双鸿化工厂**
地址：山东省淄博市敬仲镇北伯村北
负责人：王孝忠
Tel:0533－7700545

**淄博永益化工有限公司**
地址：山东省淄博市良乡工业园
负责人：赵维刚
Tel:0533－2091322

**齐坤脱色剂有限公司**
地址：山东省淄博市临淄区牛山路西边
负责人：孙启坤
Tel:0533－7362666
13905339798

**鲁裕塑料制品有限公司**
地址：山东省淄博市临淄区大武路109号
负责人：顾功学
Tel:0533－7482231
13508957264

**中亚化工有限公司**
地址：山东省淄博市临淄区凤凰镇东申村
负责人：刘际业
Tel:0533－7680239
13808947136

**宇州精细化工厂**
地址：山东省淄博市临淄区凤凰镇宏鲁工业园
负责人：边洪文
Tel:0533－7606088
13869300507

**利圆磷肥加工厂**
地址：山东省淄博市临淄区高阳镇南高村
负责人：孙青
Tel:0533－7750472
13583397194

**海和工贸有限公司**
地址：山东省淄博市临淄区管仲路南首58号
负责人：路玉华
Tel:0533－7313669
13969306069

**淄博华源化工有限公司**
地址：山东省淄博市临淄区化工城西北侧
负责人：王建民
Tel:13703871216
13355223838

**江鸿化工有限公司**
地址：山东省淄博市临淄区化工商城内城一楼
负责人：王守江
Tel:13508943989

**威隆塑胶有限公司**
地址：山东省淄博市临淄区化工商城内城一楼103号
负责人：边秀民
Tel:0533－7601925
13306438719

**玉坤化工有限公司**
地址：山东省淄博市临淄区化工商城内城一楼17号
负责人：赵先生
Tel:0533－7314674
13864331088

**临淄冰清精细化工厂**
地址：山东省淄博市临淄区皇城大蓬村
负责人：于炳清
Tel:0533－7886109
13805337680

**津溶化工有限公司**
地址：山东省淄博市临淄区皇城镇大蓬村
负责人：李洪旭
Tel:0533－7883298
13953395756

**泰光化工有限公司**
地址：山东省淄博市临淄区稷下街道槐行村
负责人：刘乐亮
Tel:0533－7321728
13708947377

**恒利达化工有限公司**
地址：山东省淄博市临淄区路山镇侯家屯村
负责人：付玉寨
Tel:0533－7685309
13355257628

**振梁化工有限公司**
地址：山东省淄博市临淄区路山镇梁家村
负责人：王绪庆
Tel:0533－7682233
13395339499

**临淄齐瑞达塑胶有限公司**
地址：山东省淄博市临淄区南王经济开发区
负责人：李培彦
Tel:0533－7505066
13606437144

**临淄耀环化工有限公司**
地址：山东省淄博市临淄区南王镇经济开发区
负责人：徐新光
Tel:0533－7505188
13706431950

**和泰化工有限公司**
地址：山东省淄博市临淄区齐都镇齐都路1号
负责人：刘厂永
Tel:13953352577

**科飞助剂厂**
地址：山东省淄博市临淄区齐都镇谢家村南
负责人：赵庆华
Tel:13853383899

**临淄胜来塑料制品厂**
地址：山东省淄博市临淄区齐鲁石化乙烯东山
负责人：王志来
Tel:13508957183

**临淄瑞通塑编有限公司**
地址：山东省淄博市临淄区梧台工业开发区
负责人：王保珠
Tel:0533－7663077
13305339171

**八方源化工有限公司**
地址：山东省淄博市临淄区梧台镇北王村
负责人：勾公民
Tel:0533－7667606
13355266762

**临淄津庆化工厂**
地址：山东省淄博市临淄区梧台镇政府东边200米路北
负责人：李莉
Tel:0533－7664598

**临淄新发塑料厂**
地址：山东省淄博市临淄区烯湖路2号星宿化工公司院内
负责人：高正家
Tel:13561661368

**乾浩化工有限公司**
地址：山东省淄博市临淄区辛店街道办合顺店村村西
负责人：郑效农
Tel:0533－7327837

13355331163

**大武胶带厂**
地址：山东省淄博市临淄区辛店街道办事处大武村
负责人：武登华
Tel：13792167023

**淄博金楼化工有限公司**
地址：山东省淄博市临淄区辛店街道办王朱村
负责人：朱长余
Tel：13561636702

**淄博华木经贸有限公司**
地址：山东省淄博市临淄区辛店街道办王朱村
负责人：曹玉军
Tel：0533－7117289
13002701010

**临淄锦庆塑料有限公司**
地址：山东省淄博市临淄区辛店镇安里村北首
负责人：孙家松
Tel：0533－7115903
13355239588

**宝宏塑胶有限公司**
地址：山东省淄博市临淄区一诺路 23 号
负责人：于守龙
Tel：0533－7582230
13325205798

**临淄天翔化工有限公司**
地址：山东省淄博市临淄区一诺路 49 号
负责人：路永波
Tel：0533－7316758
13969383888

**安兴化工有限公司**
地址：山东省淄博市临淄区乙烯路 297 号
负责人：孙府军
Tel：0533－7112500
13964325475

**钰航石油化工有限公司**
地址：山东省淄博市临淄区中轩电厂西侧
负责人：崔长生
Tel：0533－7223888
13853337577

**胜炼润滑油有限公司**
地址：山东省淄博市临淄区朱台工业开发区
负责人：刘迅
Tel：0533－7781050

**淄博市临淄胜亚化工有限公司**
地址：山东省淄博市临淄区朱台工业区
负责人：郑爱芹
Tel：0533－7782253
13706434798

**淄博润宝工贸有限公司**
地址：山东省淄博市临淄区朱台工业园
负责人：于宗利
Tel：0533－7783666
13905335511

**淄博永腾化工有限公司**
地址：山东省淄博市临淄区朱台镇工业区
负责人：张玮
Tel：0533－7782977

**淄博安麦商贸有限公司**
地址：山东省淄博市临淄区朱台镇南高村南
负责人：李存庆
Tel：0533－6298880
13153392048

**淄博润兴经贸有限公司**
地址：山东省淄博市临淄区朱台镇朱西村
负责人：朱俊林
Tel：0533－7324558
13953315118

**淄博传亮粉剂厂**
地址：山东省淄博市夏家庄镇五龙村涝荒地
负责人：孙传亮
Tel：0533－4208229

**淄博子旭化工有限公司**
地址：山东省淄博市辛店街道办高家居委会
负责人：蔡普波
Tel：0533－7480515

**沂源鲁山化工有限公司**
地址：山东省淄博市沂源县城埠下路九号
负责人：刘喜民
Tel：0533－3227715

**新奥塑料制品有限公司**
地址：山东省淄博市沂源县城二郎山路 8 号
负责人：陈先生
Tel：13969399106

**沂源县东里利宾泡塑厂**
地址：山东省淄博市沂源县东里镇东村
负责人：刘方学
Tel：13808943438

**玉宝塑料有限公司**
地址：山东省淄博市沂源县西里镇驻地
负责人：江玉贞
Tel：0533－3320668
13706433195

**淄博张店和茂塑料商行**
地址：山东省淄博市张店共青团西路 4 号
负责人：宋鹏
Tel：0533－2160585

**淄博海化糠醇厂**
地址：山东省淄博市张店区
负责人：刘德利
Tel：13905337636

**淄博信业化工有限公司**
地址：山东省淄博市张店区昌国路东首
负责人：赵振俊
Tel：13953359489

**凯丰气体设备有限公司**
地址：山东省淄博市张店区东二路南首 1 号楼 101 室
负责人：蒋立桂
Tel：0533－2112432

**森淼化工有限公司**
地址：山东省淄博市张店区房镇东首
负责人：张福顺
Tel：0533－3882283

**益新化工有限公司**
地址：山东省淄博市张店区沣水镇张三村
负责人：田怀军
Tel：13082712032

**晶泉化工配件厂**
地址：山东省淄博市张店区付家镇苏村南首
负责人：王言鹏
Tel：0533－2902881
13011620137

**润方经贸有限公司**
地址：山东省淄博市张店区湖田镇南焦宋村
负责人：宫承江
Tel：0533－3580109

**淄博抛研化工有限公司**
地址：山东省淄博市张店区良乡工业园 5－18 号
负责人：王新华
Tel：0533－2091290
13355268520

**淄博智源医药化工有限公司**
地址：山东省淄博市张店区柳泉路 59 号 308 室
负责人：蒋英民
Tel：0533－3186754

**淄博恒联化工有限公司**
地址：山东省淄博市张店区商场东街 6 号
负责人：张斌
Tel：0533－2282974

**双意防腐设备厂**
地址：山东省淄博市张店区双沟煤矿西
负责人：孙旭日
Tel：0533－5481326
13805335585

**东方聚合物有限公司**
地址：山东省淄博市张店区杏园办事处良乡工业园
负责人：封祥远
Tel：13906432065

**健发饲料添加剂有限公司**
地址：山东省淄博市张店区杨率村
负责人：杨敬增
Tel：13708944788

**淄博宏泰源塑料厂**
地址：山东省淄博市张店区淄博开发区中路（齐鲁塑编南）
负责人：黄春庆
Tel：0533－2947857

**光颜化工厂**
地址：山东省淄博市周村区北郊镇邓家村
负责人：熊忠见
Tel：0533－6500518
13969371268

**大隆氟塑制品有限公司**
地址：山东省淄博市周村区城北路办事处南谢村
负责人：房泽成
Tel：0533－6557196
13864418109

**弘毅化工有限公司**
地址：山东省淄博市周村区凤阳西路北
负责人：孔繁大
Tel：0533－6455931
13508956188

**周村鹏程细粉厂**
地址：山东省淄博市周村区萌水镇北衣村
负责人：张维鹏
Tel：0533－6886109
13806439655

**三山密封件厂**
地址：山东省淄博市周村区萌水镇水磨村
负责人：刘道勇
Tel：0533－6883080
13589569920

**嘉力克造纸助剂厂**
地址：山东省淄博市淄博开发区北石村
负责人：高殿家
Tel：0533－3910222

**黄家铺利民塑料厂**
地址：山东省淄博市淄川区黄家铺镇大钟街 8 号
负责人：王振德
Tel：0533－5410863

**锦星化工有限公司**
地址：山东省淄博市淄川区黄家铺镇望娘村
负责人：谭笑
Tel：0533－5410260
13506442928

**金昕涤纶排管厂**
地址：山东省淄博市淄川区经济开发区星辰路 10 号
负责人：黄颖
Tel：0533－5416879

**金光制釉有限公司**
地址：山东省淄博市淄川区昆仑路 144 号
负责人：张克宝
Tel：0533－5780921
13808945143

**淄博箱汇塑料制品有限公司**
地址：山东省淄博市淄川区昆仑路 50
负责人：高永军
Tel：0533－5788437
13506435396

**淄川一新制漆厂**
地址：山东省淄博市淄川区昆仑镇西笠山村北
负责人：刘涛
Tel：0533－5789605
13355332347

**鑫鸿陶瓷助剂加工厂**
地址：山东省淄博市淄川区龙泉镇龙一村
负责人：刘飞
Tel：0533－5885827
13605335780

**龙湖化工有限责任公司**
地址：山东省淄博市淄川区龙泉镇龙一村西
负责人：司衍安
Tel：0533－5886879
13355271879

**淄博市淄川馆里顺达加油站**
地址：山东省淄博市淄川区商家镇馆里村东
负责人：周顺霞
Tel：0533－5433291

**淄川鹏泰五金胶塑厂**
地址：山东省淄博市淄川区商家镇西商村
负责人：曹恺远
Tel：0533－5431066
13508945342

**海潮工贸有限公司**
地址：山东省淄博市淄川区淄城东路 16 号
负责人：韩同行
Tel：0533－5164797

**利民液化气有限责任公司**
地址：山东省邹城市西效金鼎国厂西 300 米路北
负责人：步士河
Tel：0537－5345485
13854776139

## 东营博润达石油装备有限公司

东营博润达石油装备有限公司成立于2008年，从事石油杠杆、套管的生产与销售。

本着“进取、诚信、共赢”的经营理念，我们期待与您的合作！让我们携手前进，共创辉煌！

联系人：周杰民
15305466538
电话：0546-8313258
邮编：257091
地址：山东省东营市东城开发区康洋路6号

## 莒县昊天塑料厂

本厂主要经营塑料保鲜袋、方便袋、广告袋、食品保鲜袋。

公司一贯坚持“质量第一，用户至上，优质服务，信守合同”的宗旨，凭借着高质量的产品，良好的信誉，优质的服务，产品畅销全国。愿诚与各商家双赢合作，共同发展，共创辉煌！

联系人：盛善阁
13676330988
电话/传真：0633-6178111 6782155
地址：山东省日照市莒县刘官庄前云村
邮编：276800

## 东营天源化工有限公司

东营天源化工有限公司是经国家相关部门批准注册的企业。主营化工原料、乙醇、甲醇等，公司位于中国山东广饶县山东东营广饶李鹊镇。

公司本着“客户第一，诚信至上”的原则，与多家企业建立了长期的合作关系。热忱欢迎各界朋友前来参观、考察、洽谈业务。

联系人：边延田
电话：0546-6283288 13355231845
邮编：257333
地址：山东省东营市广饶县李鹊镇东辛村

## 垦利县杰通商贸有限责任公司

垦利县杰通商贸有限公司主要经营：6#，溶剂油，120#，非标溶剂油，秉承“顾客至上，锐意进取”的经营理念，坚持“客户第一”的原则为广大客户提供优质的服务。欢迎广大客户惠顾！

联系人：陈发堂
电话：0546-2880098 13220518888
地址：山东省东营市垦利县垦利镇冯屋村商贸楼(民丰路68号)
邮编：257500

## 广饶县国安工贸有限公司

广饶县国安工贸有限公司是一家专业从事油浆、沥青、渣油等石化产品的企业。

我们拥有专业的人才队伍，始终坚持品质，以您的满意为我们的动力。愿与各位朋友共发展、共创美好未来！

联系人：郭克华
电话：0546-6886888 13561046899
地址：山东省东营市广饶县大王镇小李村 邮编：257300

## 莱州元威橡胶制品有限公司

本公司专业从事橡胶制品生产销售。主要产品有橡胶管、橡胶板和橡胶带。我公司秉承“锐意进取，客户第一”的原则，竭诚为广大客户提供最优质的产品和服务，欢迎惠顾！

电话：0535－2611596 13791247398
联系人：姜仁涛
邮编：261400
地址：山东省莱州市平里店镇姜家村

## 广饶县利友化工有限公司

网址：www.liyouchem.com

广饶县利友化工有限公司成立于2008年5月，是一家以精细化工产品生产与开发为主体的高新技术企业，产品包括气雾剂及LPG抛射剂、正异戊烷发泡剂、6#溶剂油、120#溶剂油、200#溶剂油等，其中戊烷发泡剂产品出口日本、新加坡、新西兰、澳大利亚、巴基斯坦等国，是全国优秀的溶剂油及戊烷发泡剂供应商。

公司以“和谐共赢 ”的经营理念，诚邀社会各界人士携手共创利友化工美好未来！

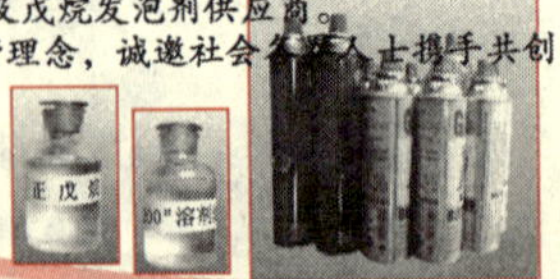


联系人：李存友
电话：0546-6431777 6432888
传真：0546-6431666
邮编：257093
地址：山东省东营市广饶县陈官乡政府驻地向南1.5公里(新河路西侧)

## 梁山齐彩化工有限公司

本公司是梁山油漆化工行业的骨干企业。主要产品是齐彩牌汽车专用漆、醇酸清漆和调合漆。我公司产品特点：干性好、光泽好、附着力强、耐候性强、广泛用于汽车、挂车、农用机械、建筑、汽车配件等。相信“齐彩”牌系列油漆是您可信赖的品牌！

联系人：董正昌
电话：0537-7320800 13583706866 传真：0537-7320900
地址：山东省济宁市梁山县经济开发区水浒工业园（公明大道中段洼李）

## 华鑫化工厂

华鑫化工厂成立于2002年。

主要生产有机肥。

我们秉承“顾客至上，锐意进取”的经营理念，坚持“客户第一”的原则为广大客户提供优质的服务。

欢迎广大客户惠顾！

联系人：蔡运生
13515309583 13184082739
邮编：274200
地址：山东省菏泽市定陶县张湾镇经济开发区

## 聊城市铁北管道石化有限责任公司加油站

聊城市铁北管道石化有限责任公司加油站主要为汽车和其它机动车辆提供加油服务，主营汽油、润滑油和燃料油的零售。

我们“微笑服务，客户满意”以答谢广大客户长期支持与厚爱。

欢迎惠顾！

联系人：傅和庆
13806351619
电话：0635-8753388
邮编：252000
地址：山东省聊城市东昌府区梁水镇工业园区18号

## 临朐丰阳塑胶制品有限公司

临朐丰阳塑胶制品有限公司是一家专业的密封胶条的生产和销售的企业，产品有铝塑门窗密封条，卷帘门，车库门，建筑幕墙，隔热断桥，木门用黑白、彩色透明密封条等。

欢迎来电来函洽谈业务。

邮编：262609
联系人：张福海 13305368332

电话：0536-3692782
网址：www.sdfysj.cn
电子邮件：fengyangsujiao@163.com
地址：山东省潍坊市临朐县东城街道七贤店村

## 宁津县恒源化工有限公司

宁津县恒源化工有限公司是一家专业生产润滑油等石油产品的化工企业。

本公司将始终如一的坚持以客户为中心的理念、秉承“诚信为本，顾客至上，品质为尊，共拓双赢”的经营理念，不断创新、追求卓越。

期待新老客户的光临！

联系人：张德强
电话：0534-5681999 13969221999
地址：山东省德州市宁津县张大庄乡驻地 邮编：253412

## 临沂枪克工贸有限公司

临沂枪克工贸有限公司成立于1998年，本公司是一家专业生产和销售气雾杀虫剂、蝇香、蚊香、为一体的高新技术企业。

本公司以“诚信第一，质量至上”为宗旨，内部管理严格，管理机制及制度健全，产品不断提高，深受广大用户的喜爱！

联系人：赵庆林

电话：0539-8943788 8943883 8943877
邮编：276015
地址：山东省临沂市兰山区马厂湖镇小山前工业园

## 宁阳鑫力橡塑有限公司

宁阳鑫力橡塑有限公司成立于2007年，专业生产聚氨酯，尼龙，橡胶制品，本公司秉承“顾客至上，锐意进取”的经营理念，坚持“客户第一”的原则为广大客户提供优质的服务。

欢迎广大客户惠顾！

联系人：魏明泉 13153861026
传真：0538-7844444
网址：www.sdxlxs.com
电话：0538-7844454 7844444 电子邮件：wmq@sdxlxs.com
地址：山东省泰安市宁阳县华丰镇清大园区 邮编：271413

## 临沂市兰山区维农水带厂

本公司成立于1998年。

主要生产和销售PVC涂塑软管（1－8寸）。

规格齐全价格便宜，希望新老客户光顾。

联系人：谢存敏 13805492618
电话：0539-8363085 8369052
传真：0539-8369052
地址：山东省临沂市兰山区张王庄工业园A91号 邮编：276000

## 栖霞市宜汇塑料制品厂

栖霞市宜汇塑料制品厂成立于2002年，本厂专业从事高低压吹塑包装袋生产销售，另承接彩色印刷业务。

我厂秉承“品质第一，信誉至上”的经营宗旨，竭诚为您提供优质的产品、满意的服务！

电话：0535-5200959
联系人：王建涛 13306387667
地址：山东省栖霞市庄园街道南岩口村 邮编：265300

## 龙口市东江镇新源塑料经销处

龙口市东江镇新源塑料经销处于2000年成立，本处专营塑料原料、再生塑料、化工原料，产品有EPS（可发聚苯乙烯）。

我们以诚信为本，质优价廉为原则，智力环保为宗旨，竭诚为您服务！

电话：0535-8619222 8661039 联系人：于立山
地址：山东省龙口市东江镇崖头村碑东院内 邮编：265718

## 青岛海力德塑料有限公司

青岛海力德塑料有限公司是一家专业从事塑料浓色母粒等塑料制品生产加工销售，塑料机械维修改造，塑料中空吹塑机头设计与制造业务。

本着“客户第一，诚信至上”的原则，与多家企业建立了长期的合作关系。

热忱欢迎各界朋友前来参观、考察、洽谈业务。

联系人：高贵亿
电话：0532-87786309 13853226156
邮编：266047
地址：山东省青岛市四方区郑州路8号16号楼1单元603户

## 龙口市兰高镇三维模具厂

本公司成立于1992年，主要经营模具加工，塑料制品加工。

严格的管理，合理的价格，优质、快捷、满意的服务。欢迎新老客户前来洽谈，共谋发展。公司本着“质量第一，用户至上”的宗旨，为客户提供质优价廉的优良模具产品。

联系人：姜喜厚 13853538539
电话：0535-8638824 8631668
传真：0535-8638824
地址：山东省烟台市龙口市兰高镇镇沙村北 邮编：264000

## 山东宏祥化纤集团有限公司

www.sdhxjt.net.cn

我公司主要生产土工布，土工膜，防水防潮材料，排水网及三维网，塑料建材，其他工地施工材料，土木格栅，地毯，排水板和特种建材。公司本着“成就来自质量，质量来自管理”的经营理念，“让顾客满意”的服务宗旨，努力做到让顾客满意！

联系人：崔占明 手机：13905345263
电话：0534-8261366 8261361 传真：0534-2132020
地址：山东省德州市陵县经济开发区 邮编：253000

## 山东滕州市南孔庄橡胶厂

山东滕州市南孔庄橡胶厂是一家专业生产矿用橡胶聚氨酯制品的厂家。

公司秉承“诚实、诚恳、诚信”的经营作风，倡导“顾客至上”主义，力求为“顾客创造价值”的经营理念，为客户提供全面的售前、售中、售后技术支持和服务。

竭诚欢迎各界人士垂询惠顾，精诚合作，共创锦绣前程。

联系人：赵厚臣
电话：0632－2108066 13371109869
地址：山东省滕州市西岗镇南孔庄橡胶厂 邮编：277500

## 滕州市龙滕化工有限公司

滕州市龙滕化工有限公司是一家专业从事辛基酚类产品的生产加工与销售。

以质量求生存，欢迎新老客户来电来函洽谈业务！

联系人：王尔久 电话：0632－2365109
邮编：277527
地址：山东省滕州市木石镇工业园区木石汽车站

欢迎来电

## 山东禹城市泰合元化工有限公司

山东禹城市泰合元化工有限公司成立于2007年，以省化工研究院胶粘剂科研中心技术支持为后盾，是一家集科研、营销、售后服务为一体的研发型公司。

公司主要从事粘合剂生产销售，产品有502胶水，101胶水，巧鞋匠，广告胶，实木胶，模具胶等瞬间胶粘剂等。公司一直本着“诚实经营、科技领先、质优价廉、服务用户”的原则，愿与各界新老朋友共创美好明天！

联系人：马龙栋 15965966911
网址：www.taiheyuanchem.com
电子邮件：taiheyuan@126.com
地址：山东省禹城市经济开发区禹迹中路
电话：0534－7220707
传真：0534－7221111
邮编：251200

## 新兴石油有限公司

新兴石油有限公司成立于2000年。

主要从事成品油销售。

欢迎广大客户来电洽谈业务！

联系人：张建国
电话：0534－6651386 2171016
地址：山东省德州市武城县新城古贝路44号
邮编：253000

## 山东枣庄华博化工有限公司

山东枣庄华博化工有限公司成立于2006年，本公司是以磷化工为主导的精细型化工生产企业，主要产品有三氯氧磷、磷酸三乙酯、亚磷酸、亚磷酸晶体、盐酸、亚磷酸二甲酯、五氯化磷、三氯化磷。

我公司本着以质取信，以价取胜的原则，不断扩大市场，为大规模生产奠定基础。我们将以最优惠的价格，最完善的服务，热忱欢迎广大客户光临惠顾，精诚合作！

电话：0632－6913277 6913288
传真：0632－6913266
网址：zzhbhg.cn.gongchang.com
地址：山东省枣庄市台儿庄区侯孟驻地
联系人：马秀林
邮编：277119

## 鑫鸿陶瓷助剂加工厂

鑫鸿陶瓷助剂加工厂主要经营陶瓷助剂。

本厂秉承“顾客至上，锐意进取”的经营理念，坚持“客户第一”的原则为广大客户提供优质的服务。

欢迎广大客户惠顾！

联系人：刘飞
电话：0533－5885827 13605335780
地址：山东省淄博市淄川区将军路 邮编：255200

## 寿光市绿洋化工有限公司

寿光市绿洋化工有限公司成立于2003年，专业从事化肥的生产和销售，主要产品有冲施肥、叶面肥、液肥、复合肥等。“客户第一，信誉至上”是我们信守的经营理念，热忱欢迎广大客户联系洽谈业务。让我们一起携手共进，共创明天辉煌！

联系人：商玉芹 手机：15953638819
电话：0536－5641176 传真：0536－5641176
地址：山东省寿光市田马镇开发区 邮编：262700

## 宏峰橡胶助剂有限公司

阳谷宏峰橡胶助剂有限公司成立于2004年，专业从事橡胶硫化促进剂、硫氢化钠的生产和销售。

公司一贯秉承以人为本，以质量求生存，以信誉求发展，欢迎新老客户来电洽谈业务！

联系人：杨忠连
电话：0635－6386663 6688799 传真：0635－6261666
地址：山东省聊城市阳谷县城西工业园 邮编：252000

## 泰安市泰山区北王庄生化饲料厂

泰安市泰山区北王庄生化饲料厂成立于2000年，专业从事无机碱、氢氧化钠和通用无机试剂的生产、加工和销售。

我公司秉承“锐意进取，客户第一”的原则，竭诚为广大客户提供最优质的产品，欢迎惠顾！

联系人：马玉林
电话：13355389968 13805389012 0538－8769130
邮编：271000 地址：山东省泰安市泰山区邱家店镇北王庄

## 淄博森荣氟制品有限公司

淄博森荣氟制品有限公司成立于2006年，本公司是一家专业生产聚四氟乙烯制品的厂家，主要产品有：板、棒、管、支座滑块、车削膜、车削带、垫、膨体、生料带、弹性带、编织盘根及各种填充制品，异型件等。还生产PTFE内衬直管、筒体等、同时也可根据用户要求加工各种产品。

我公司以“品牌是企业的第一财富，质量是企业的生命”为宗旨，以最优良的质量、最真诚的服务，诚邀各界朋友携手并进，共创未来。

邮编：256400
电话/传真：0533－8882222 8888255
网址：www.zbsenrong.com
电子邮件：senrong@zbsenrong.com
地址：山东省淄博市桓台县新城镇路口
联系人：荣钦功 13355238222

## 河南省/Henan Province

**禹州市永安煤业有限公司**
业务：原煤
地址：河南省禹州市梁北镇余楼村
……… 负责人：李毛竹 邮 编：461694
…………………………… 法 人：李毛竹
………… Tel：0374－8151688

**安阳市大中原橡胶制品有限责任公司**
地址：河南省安阳市北关区化工路北段
…………………………… 负责人：付瑞芳
…………………………… Tel：0372－2934229

**鹤壁市瑞隆化工有限公司**
业务：鹤壁市瑞隆化工有限公司一直致力于高品质橡胶助剂系列品种的开发、生产与销售，是一家集科、工、贸于一体的民营企业。产品生产工艺先进，产品质量处于领先地位。公司产品近80％出口，主要销往德国、美国、泰国、韩国、马来西亚、印度尼西亚、日本等欧美、东南亚等国家和地区，受到了广大客户的广泛赞誉和青睐。
地址：河南省鹤壁市山城区红旗街东段东环路
………… 负责人：王建民……邮 编：458000
…………………………… 法 人：王建民
…………………………… Tel：0392－2661615
………………… 网址：www.ruilongchem.com

**三A防霉保鲜剂总厂**
地址：河南省安阳市东工路51号
…………………………… 负责人：朱先林
…………………………… Tel：13603723696

**河南省羑里工程塑料厂**
地址：河南省安阳市汤阴县羑河工业区
…………………………… 负责人：肖天顺
…………………………… Tel：0372－6231016

**安阳市联友化工橡胶有限责任公司**
地址：河南省安阳市殷都区铁西路354号
…………………………… 负责人：韦新华
…………………………… Tel：0372－3932867

**鹤壁市瑞隆化工有限公司**
业务：本公司成立于1998年，是专业生产橡胶助剂的企业。公司一直致力于高品质橡胶助剂系列品种的开发、生产与销售。产品近80％出口主要销往德国、美国、泰国、韩国、马来西亚、印度尼西亚、日本等欧美、东南亚等国家和地区，受到了广大客户的广泛赞誉和青睐。
地址：河南省鹤壁市山城区红旗街东段东环路
…………………………… 邮 编：458000
…………………………… 法 人：王建民
…………………………… Tel：0392－2661615
…………………………… Fax：0392－2625858
………………… 网址：www.hnrl.chinapyp.com

**郑州市中原区丽斯特化工站**
业务：化工原料，塑料助剂，快修光补汽车漆，UV光油
地址：河南省郑州市航海路与西三环交叉口西南角化工物流园23排19号
……… 负责人：李俊伟 邮 编：450000
…………………………… 法 人：李俊伟
………… Tel：0371－69082811
13838054687

**富源净水材料有限公司**
地址：河南省巩义市净水剂园区
…………………………… 负责人：张进有
…………………………… Tel：0371－64123456
64108788
64108310
13503853826

**鹤壁市佳骏橡胶有限公司**
地址：河南省鹤壁市山城区铁西路道东1号
…………………………… 负责人：胡红霞
…………………………… Tel：0392－2669536

**济源市鼎泰精化有限公司**
地址：河南省济源市坡头镇毛岭村
…………………………… 负责人：李兴社
…………………………… Tel：0391－6021019

**功武溶剂化工厂**
地址：河南省济源市轵城供销社办公室
…………………………… 负责人：赵功武
…………………………… Tel：0391－6089294
13069400166

**河南省宏达硅肥有限公司**
业务：河南省宏达硅肥有限公司成立于1998年，从事硅磷酸钙、硅钙磷肥的生产及销售。我们公司本着互惠互利的原则，将以高质量的产品、优惠的价格和完善的服务竭诚为广大新老客户服务。
地址：河南省焦作市博爱县郑常路(中里段)
…………………………… 邮 编：454400
…………………………… 法 人：郭晓楼
…………………………… Tel：0391－8615316
…………………………… Fax：0391－8615316

**博爱县田园农化厂**
地址：河南省焦作市博爱县月山镇工业路
…………………………… 负责人：牛全长
…………………………… Tel：0391－8051769
13782707888

**河南温县常店更新橡塑制品厂**
地址：河南省焦作市温县南张羌镇常店村
…………………………… 负责人：郑根成
…………………………… Tel：13703897205

**焦作市恒华化工有限责任公司**
业务：焦作市恒华化工有限责任公司成立于2006年，主要生产销售甲缩醛。“以质量求生存，以信誉求发展”，热诚欢迎广大新老客户来人来电洽谈业务，共同合作！
地址：河南省焦作市温县黄庄镇珍珠村东一公里
………… 负责人：王殿金……邮 编：454893
…………………………… 法 人：王殿金
…………………………… Tel：0391－6526288

**恒丰塑料制品厂**
地址：河南省焦作市武陟县乔庙乡黄村
…………………………… 负责人：张家恒
…………………………… Tel：0391－7661038
13938186968

**武陟县石桥橡塑助剂厂**
地址：河南省焦作市武陟县西陶镇石荆村
…………………………… 负责人：温明雷
…………………………… Tel：0391－7562388

**焦作市云台山橡胶有限公司**
地址：河南省焦作市修武县环东二路北段东侧
…………………………… 负责人：王文强
…………………………… Tel：0391－7192452

**焦作飞鸿塑胶有限公司**
业务：本公司成立于2000年，主要生产塑料、塑胶改性、橡胶制品、塑料制品、建材加工等。公司成立以来，一直坚持并信守“质量第一，服务第至上”的经营服务宗旨，保证高质量的产品，以优良的售后服务赢了客户的充分信任。
地址：河南省焦作市武陟县城东环路焦作飞鸿大厦
…………………………… 邮 编：454950
…………………………… 法 人：牛海荣
…………………………… Tel：0391－7273395
…………………………… Fax：0391－7273395

**光灿塑业有限公司**
地址：河南省开封市开发区铁南工业园区
…………………………… 负责人：杨全胜
…………………………… Tel：0378－3925926
13603788246

**开封市泽源油脂化工有限公司**
地址：河南省开封市郑汴路40号(东大化工集团院内)
…………………………… 负责人：王焕金
…………………………… Tel：0378－3922988

**商丘中通化学品运输有限公司**
业务：商丘中通化学品运输有限公司成立于2006年，主要从事于液氨、甲醇的生产销售。公司以“质量求生存、信誉求发展”，欢迎广大用户光临惠顾！
地址：河南省开发区商永路中段南侧
………… 负责人：付金玉……邮 编：476000
…………………………… 法 人：付金玉
…………………………… Tel：0370－3166616

**洛阳石化锦达特种油品厂**
地址：河南省洛阳市吉利区大港路
…………………………… 负责人：王克林
…………………………… Tel：0379－66994430

**洛阳中冶石化设备有限公司**
地址：河南省洛阳市涧西区秦岭南路
…………………………… 负责人：张亚楠
…………………………… Tel：0379－65186526

**尉氏县鑫龙塑料粒子加工厂**
业务：本厂主要生产塑料再生粒子，并长期面向各企业求购因产品更新换代，库存不用或不合格的塑料包装袋，包装卷膜(OPP，CPP. PE. PET….)，本厂可上门收购. 欢迎新老客户来电来涵洽谈业务.
地址：河南省开封市盛达工业园(尉氏县朱曲镇苗庄村三组)
…………………………… 邮 编：475000
…………………………… 法 人：杨彦超
…………………………… Tel：0378－7347796
…………………………… Fax：0378－7348516

**龙凤玻璃纤维厂**
地址：河南省洛阳市郊区洛宜路延秋中段
…………………………… 负责人：赵保现
…………………………… Tel：13938852055

**开封市福鑫化工厂**
业务：开封市福鑫化工厂是专业生产各种油漆，油墨稀释剂厂，本厂可根据客户要求，加工特种专业稀释剂。“福鑫化工，质量保证，送货上门，薄利多销，服务周到，广交朋友。”欢迎各方客户惠顾，洽谈业务，共同发财。
地址：河南省开封市顺河区东郊乡白塔村开黄路1号
…………………………… 邮 编：475002
…………………………… 法 人：邵福州
…………………………… Tel：0378－5809598
…………………………… Fax：0378－2680188

**天脊煤化工集团有限公司洛阳销售分公司**
地址：河南省洛阳市凯旋东路40号
…………………………… 负责人：马一星
…………………………… Tel：13939938768

**洛郑工业气体有限公司**
地址：河南省洛阳市洛龙区辛店镇太后庄工业园
…………………………… 负责人：李从荣
…………………………… Tel：0379－64118933
13183063891

**河南天华化工有限公司**
业务：本公司成立于2004年，拥有200多名员工。主要经营肥料、尿素、复合肥。
地址：河南省驻马店市白桥路398号
…………………………… 邮 编：463000
…………………………… 法 人：吴建国
…………………………… Tel：0396－2975609
…………………………… Fax：0396－2975609

**洛阳冠隆石化科技有限公司**
地址：河南省洛阳市西工区九都路58号春蕾大厦5层503号
…………………………… 负责人：张啓民
…………………………… Tel：0379－63326177

**开封市予鹰造型材料厂**
业务：开封市予鹰造型材料厂创建于20世纪70年代，生产SKT系列粘细剂、SKT粘结粉、改性合脂油、工业糖稀、SKT粘合胶、黄湖精粉，欢迎新老客户来电洽谈业务！
地址：河南省开封市尉氏县蔡庄镇大张村
………… 负责人：张炳良……邮 编：472171
…………………………… 法 人：张炳良
…………………………… Tel：0378－7336190
…………………………… Fax：0378－7336123

**西华县凯思钧缸套有限公司**
业务：西华县凯思钧缸套有限公司成立于1969年，主要从事各类缸套的生产，缸体修复等业务。“以质量求生存，以信誉求发展”，竭诚欢迎广大新老客户来我公司洽谈业务，共同发展！
地址：河南省周口市西华县西夏镇工贸区
………… 负责人：李凯良……邮 编：466633
…………………………… 法 人：李凯良
…………………………… Tel：0394－2461023

**新型涂料厂**
地址：河南省洛阳市新安县县城310国道中段
…………………………… 负责人：张岩
…………………………… Tel：0379－67260101
13803886385

**亿德石油销售有限公司**
业务：本公司成立于2000年，拥有10多名员工。主要经营石油销售(汽油、润滑油、煤

油、溶剂油)。我们的油品就像我们的人品。
地址:河南省周口地区淮阳县安岭镇
…… 邮　编:466711
…… 法　人:李民极
…… Tel:0394－2751789
…… Fax:0394－2751789

**濮阳市铁龙石油化工有限公司**
地址:河南省濮阳市京开大道南段路西
…… 负责人:苏言鲁
…… Tel:0393－8111196

### 开封市喜台化工厂
业务:开封市喜台化工厂是始建于1993年,是开封市最早生产油田化学品的专业企业,是集工程设计、产品设计、开发生产销售于一体的高科新企业。企业的产品主要有三大系列:钻井助剂系列、油井水泥外加剂系列、采油剂系列。产品销售于长庆油田、江汉油田、中原油田、新疆油田、青海油田等全国各大油田。
地址:河南省开封市西赵屯集资2号楼1单元2楼西户
…… 邮　编:475000
…… 法　人:曾强
…… Tel:0378－3875831

**濮阳市京濮石化有限公司**
地址:河南省濮阳市开发区昆吾路北段
…… 负责人:陈会超
…… Tel:0393－4627739

### 河南省新兴化工有限公司
业务:河南省新兴化工有限公司是一家专业从事切削液、清洗剂、除锈剂的生产与销售的公司。公司以"质量、信誉、服务"为宗旨,经过多年的不断努力,赢得了遍布全国各地用户的信赖和赞誉。
地址:河南省郑州市金水区柳林镇沙门村3号
…… 负责人:李新德……邮　编:450045
…… 法　人:李新德
…… Tel:0371－65691064

**濮阳县福森塑料有限公司**
地址:河南省濮阳市濮阳县柳屯镇东200米
…… 负责人:王建民
…… Tel:0393－3526069

**濮阳市宏顺化工助剂有限公司**
地址:河南省濮阳市市区孟轲新村
…… 负责人:吕红立
…… Tel:0393－4696994

### 金祥冶炼化工厂
业务:本公司成立于2002年,拥有20多名员工。主要经营冶炼各种化工产品。
地址:河南省洛阳市栾川县石庙乡光明村钢球厂内
…… 邮　编:471000
…… 法　人:常金行
…… Tel:0379－66658335

**濮阳市鑫洲石油机械化工有限公司**
地址:河南省濮阳市中原路东段路北7号院
…… 负责人:赵晓
…… Tel:0393－4899195

### 郑州市经建油漆化工有限公司
业务:郑州市经建油漆化工有限公司于1998年成立,位于河南省郑州市长兴路1号9排1号。自公司成立以来,主要经营油漆、涂料及代理"西安油漆厂"、"武汉油漆厂"系列产品。热忱欢迎新老客户来电来涵咨询,洽谈业务!
地址:河南省郑州市长兴路1号9排1号
…… 邮　编:450044
…… 法　人:王建亭
…… Tel:0371－63988846
…… Mobile:13938219567
…… Fax:0371－63988871

**怀阳磷化有限公司**
地址:河南省沁阳市西万镇工业区
…… 负责人:张文杰
…… Tel:0391－5989819
13503913136

**商丘市骥马枥涂料有限公司**
地址:河南省商丘市梁园区北郊董井村工业区
…… 负责人:马炳性
…… Tel:0370－2811259

### 洛阳红丽装饰涂料有限公司
业务:洛阳红丽装饰涂料有限公司成立于2005年,主要从事乳胶漆的生产销售。质量保证,价格合理,热诚欢迎新老客户惠顾。
地址:河南省洛阳市洛宁县王范街
…… 邮　编:471700
…… 法　人:夏江涛
…… Tel:0379－66282718
…… Fax:0379－66282718

### 长葛市路源道路沥青销售有限公司
业务:长葛市路源道路沥青销售有限公司成立于2005年,主要从事于化工行业。欢迎新老客户光临、惠顾!
地址:河南省许昌市长葛市董村镇董村村
…… 负责人:崔树梓……邮　编:461500
…… 法　人:崔树梓
…… Tel:0374－6680066

**夏邑县康达生化原料有限责任公司**
地址:河南省商丘市夏邑县郭庄乡工业区
…… 负责人:王志军
…… Tel:0370－6331575

**国良特种肥料有限公司**
地址:河南省项城市环城路土地局对面
…… 负责人:王国良
…… Tel:13592202431

### 河南省商城县恒泰实业有限公司
业务:河南省商城县恒泰实业有限公司成立于1996年,主要经营煤炭生产资料,生产销售塑料制品的包装。欢迎新老客户惠顾。
地址:河南省信阳市商城县鲇鱼山经济开发区
…… 邮　编:465350
…… 法　人:王前合
…… Tel:0376－7860880
…… Fax:0376－7869878

**新乡市金生化工有限公司**
地址:河南省新乡市新乡县七里营镇李台村
…… 负责人:刘素琴
…… Tel:0373－5650388

### 漯河市慧普化工助剂厂
业务:本厂建立于1991年,主要生产亚磷酸三甲酯等化工产品。本厂生产的亚磷酸三甲酯含量大于99%,主要用于生产杀虫剂、阻燃剂、医药和增白剂等产品。本厂将以高质量的产品,优质的服务,诚信的经营理念,诚邀各界有识之士共谋企业发展。
地址:河南省漯河市郾城区孟南工业区
…… 邮　编:462300
…… 法　人:张广辉
…… Tel:0395－6166738
…… Fax:0395－6166738

**新威涤料有限公司**
地址:河南省新乡市新乡县翟城镇长兴铺村南
…… 负责人:孙清水
…… Tel:13603731250

### 光山县群力化纤有限公司
业务:光山县群力化纤有限公司于2004年成立,专门从事纺织品及纺织原料销售,公司在激烈的市场竞争中秉承"质量第一、信誉第一"的宗旨,和对客户高度负责的态度,开拓创新,锐意进取,赢得了广大客户的一致好评,业绩蒸蒸日上。欢迎国内外新老客户合作、洽谈、共同开创辉煌的明天!
地址:河南省信阳市光山县十里工业园区
…… 邮　编:465450
…… 法　人:祝晓曦
…… Tel:0397－8770376
…… Fax:0397－8771798

**黄河橡胶制品有限公司**
地址:河南省新郑市和庄镇炎黄大道中段
…… 负责人:付礼全
…… Tel:0371－62671488
13838229981

**信阳升华化工科技有限公司**
地址:河南省信阳市师河区南湾二号桥村一组
…… 负责人:刘中华
…… Tel:0376－6335888

### 南阳市飞天石化有限责任公司
业务:南阳市飞天石化有限责任公司主要从事润滑油的销售。我们以质量取胜市场,以价格立足市场,以服务巩固市场,以创新开拓市场。热诚欢迎您的光临、惠顾!
地址:河南省南阳市百里奚路
…… 负责人:陆万河……邮　编:473000
…… 法　人:陆万河
…… Tel:0377－63562139

### 邢泰鑫惯延有限公司(新郑市鑫泰管业有限公司)
业务:本公司专业从事生产销售PVC管材、穿线管、电工套管等产品,以质量求生存、以信誉求发展,欢迎新老客户来电洽谈业务!
地址:河南省新郑市新店镇前小庄村
…… 负责人:赵明亮……邮　编:626100
…… 法　人:赵明亮
…… Tel:0371－62527926

**长葛市龙腾化工有限公司**
地址:河南省许昌市长葛市市区葛天路
…… 负责人:李留记
…… Tel:0374－6413111

### 封丘县八方农华有限公司
业务:封丘县八方农华有限公司成立于2004年,从事进口农药、化肥的销售。欢迎新老客户光临、惠顾。
地址:河南省新乡市封丘县兴华商城
…… 邮　编:453000
…… 法　人:郭连辈
…… Tel:0373－8292095
…… Fax:0373－8295430

**少林滤材厂办事处**
地址:河南省郑州巩义市益民街4号中田机械厂2楼
…… 负责人:曹现伟
…… Tel:0371－64397159
13938297059

### 新乡市盛达乳胶制品厂
业务:新乡市盛达乳胶制品厂于1990年创建,位于新乡市长垣县张三寨乡张南工业区。本厂专业生产工业乳胶手套,已有十多年的经验。本着"重诚信、重人才、重质量、重生产"的管理宗旨,深受当地政府及业内圈子的好评。希望我们的产品和服务能为客户带来更多的合作与支持!
地址:河南省新乡市长垣县张三寨乡张南工业区
…… 邮　编:453400
…… 法　人:王秀田
…… Tel:0373－8790179
…… Fax:0373－8790179

**多乐油漆商行**
地址:河南省郑州市东建材综合楼附18号
…… 负责人:蔡前勇
…… Tel:0371－66523726
13938579417

### 平顶山市华凯橡胶有限公司
业务:本公司专业生产大客车空调钢丝橡胶软管、中巴、面包车、旅行车、大、中、小型车空调橡胶软管,欢迎新老客户来电洽谈业务!
地址:河南省平顶山市叶县城南三里桥北200米路东
…… 负责人:董怀德……邮　编:467200
…… 法　人:董怀德
…… Tel:0375－8096488

**郑州指南针农化有限公司**
地址:河南省郑州市金水区东风路20号4号楼3单元301室
…… 负责人:郭春灵
…… Tel:0371－65852630

### 河南省新密市三利化工有限公司
业务:本公司成立于1995年,拥有10几名员工。主要经营:造纸化工、松香化工、各种造纸染料。
地址:河南省新密市大隗镇车站西100米
…… 邮　编:452383
…… 法　人:张国振
…… Tel:0371－69271479
…… Fax:0371－69271479

### 濮阳市双鑫化工絮凝剂有限公司
业务:濮阳市双鑫化工絮凝剂有限公司成立于2004年,现有员工60余人。常年从事聚丙烯酸胺、羧甲基纤维素纳、磺甲基酚醛树脂、变性淀粉、聚丙烯腈胺盐的生产及销售。欢迎新老客户光临、惠顾。
地址:河南省台前县建新街东段路北200米
…… 邮　编:457600
…… 法　人:徐长新
…… Tel:0393－2202558
…… Fax:0393－2207666

**贝德化工有限公司**
地址:河南省郑州市新密市超化镇圣帝庙村
…… 负责人:蔡志辉
…… Tel:0371－69815664
13607658798

### 濮阳市恒信橡塑有限公司
业务:其前身为濮阳市橡塑制品厂,于2000年通过ISO质量管理认证,2003年迁址濮阳市高新工业区。主要经营石油钻采、泥浆泵配件、橡胶气胎、氯囊及配套密封件。井下压裂橡塑件,橡胶磨擦片,石油管道防腐配件,汽车等机械行业国标非标密封件。我们的理念:品质为本,诚挚服务。愿与您携手共创财富。
地址:河南省濮阳市高新工业区(中原路西段)
…… 邮　编:457000
…… 法　人:孙秀萍
…… Tel:0393－4710508
…… Fax:0393－8855082

**郑州创悦五金塑胶制造有限公司**
地址:河南省郑州市中原区电厂南路1号
…… 负责人:郭享
…… Tel:0371－66954953

### 夏邑县永泰塑业包装有限公司
业务:夏邑县永泰塑业包装有限公司多年来从事塑料包装的设计生产与销售,质量保证,热忱欢迎新老客户来电洽谈业务!
地址:河南省商丘市夏邑县二环路西段(法院北500米)
…… 负责人:潘玉玲……邮　编:476400
…… 法　人:潘玉玲
…… Tel:0370－6270666

### 商丘市钰阳化工有限公司
业务:商丘市钰阳化工有限公司成立于2000年,主要经营烧碱、盐酸、硫酸、双氧水、纯碱、片碱等化工产品。"诚信经营,质量保证,价格合理",热诚欢迎广大新老客户惠顾。
地址:河南省商丘市睢阳区105国道西侧
…… 邮　编:467000
…… 法　人:杨学民
…… Tel:0370－3215959
…… Fax:0370－3068600

### 濮阳市中原化工肥业有限公司
业务:濮阳市中原化工肥业有限公司成立于2005年,现有员工80余人,从事复合肥、复混肥、有机无机复混肥、各种配方肥的生产及销售。欢迎业电垂询!
地址:河南省濮阳市工贸示范区文北路中段
…… 邮　编:457100
…… 法　人:何光远
…… Tel:0393－3296366
…… Fax:0393－2212716

**沟张永存助剂厂**
地址:河南省郑州新郑市城关乡沟张村
…… 负责人:张世周
…… Tel:0371－62653450
13513801905

### 宁陵县豫东塑料制品有限责任公司
业务:宁陵县豫东塑料制品有限责任公司成立于2000年,是一家专业生产塑料制品的企业。公司本着"发现需求、满足需求、超越需求"的经营理念,竭诚为广大客户服务。
地址:河南省商丘市宁陵县阳驿乡东沙河4号
…… 邮　编:476700
…… 法　人:林德兰
…… Tel:0370－7911036
…… Fax:0370－7911036

**华鹏化工有限公司**
地址:河南省周口市沈丘县北郊乡一里豆村
…… 负责人:窦全保
…… Tel:0394－5222877
13803945006

### 沁阳市文涛实业有限公司
业务:沁阳市文涛实业有限公司主要经营硅氟酸、氢氟酸、黄丹、PVC防腐工程施工,主要产品铅电解用硅氟酸300－700g/L。
地址:河南省沁阳市城西工业区蔡湾村
…… 负责人:朱文涛……邮　编:454581
…… 法　人:朱文涛
…… Tel:0391－5900076

### 濮阳市王事达化工有限公司
业务:濮阳市王事达化工有限公司位于濮阳市京开道新华书店南100米,地理位置优越,交通十分便利。公司专业生产化学原料,产品有甲苯、二甲苯、丙酮、异丙醇、丁酯、乙酯、正丁醇、溶剂及各种油墨油漆稀释剂等。"用户至上、质量第一",满足客户的要求,是我公司努力的目标,我们竭诚欢迎国内外客户来人来函洽谈业务,共图发展。
地址:河南省濮阳市京开道新华书店南100米
…… 邮　编:457000
…… 法　人:王长青
…… Tel:0393－4412161
…… Fax:0393－4412161

### 濮阳市华科石油科技开发有限公司
业务:濮阳市华科石油科技开发有限公司成立于1998年,主要生产石油车井仪器及配件。欢迎新老客户惠顾,洽谈业务,共同合作!
地址:河南省濮阳市中原路58号
…… 邮　编:457001
…… 法　人:宋梅臣
…… Tel:0393－4824881
…… Fax:0393－4233338
…… 网址:www.hnhk.chinapyp.com

**驻马店市骏发金大塑业有限公司**
地址:河南省驻马店市驿城区东风路94号
…… 负责人:苏立德
…… Tel:0396－3687888

### 濮阳县宇通化工有限公司
业务:濮阳县宇通化工有限公司成立于1999年,主要生产销售液氨甲醇、化工原料、化肥、二氧化碳等。"以质量求生存,以信誉求发展",热诚欢迎广大新老客户惠顾。
地址:河南省濮阳市振兴路与胜利路交叉口E度网咖
…… 邮　编:457000
…… 法　人:孙富轩
…… Tel:0393－3889995
…… Fax:0393－3312116



▲化肥农药橡胶塑料石油化工▼

## 河南商丘市梁园区天马化工有限公司

我公司是一家羧酸衍生物等化工原料的生产厂家，公司恪守“以质量求生存，以信誉求发展”的办厂宗旨，将为您提供优质的产品和满意的服务！

联系人：马岩
电话：0370-2815297 2800313　　手机：13503708122
地址：河南省商丘市梁园区王寨村45号　　邮编：476000

## 经建油漆化工有限公司

经建油漆化工有限公司成立于1998年，主营钛白粉，恒维粉，醋酸钠，大苏打，三氯化铁，三聚磷酸钠，小苏打，立德粉，硫酸锌，纯碱，草酸，匀染剂O，氢氧化钠，氧化锌，活性炭，亚硝酸钠，固色剂等油漆化工相关产品。

公司秉承“顾客至上，锐意进取”的经营理念，坚持“客户第一”的原则为广大客户提供优质的服务。

欢迎惠顾！

联系人：王建亭
13938219568
电话：0371－63988870
传真：0371－63988871
邮编：450000
地址：河南省郑州市长兴路1号9排1号

## 河南源安安全技术有限公司

河南源安安全技术有限公司成立于2002年，专业从事化工安全技术服务和化工设施设备设计服务。

本公司一直以“客户至上、信誉第一”为宗旨，竭诚欢迎您的垂询与指导！

联系人：朱宝印 13603988799　电话：0371-68877818 68898098
地址：河南省郑州市大学中路107号　　邮编：450000

## 洛阳旭强高岭土科技有限公司

洛阳旭强高岭土科技有限公司成立于2007年，主要从事于高岭土的生产与销售。主要的产品有煅烧、改性高岭土、生粉（白泥）。

公司秉承“追求卓越、科技创新、诚信为本、顾客至尊”的根本宗旨，坚持“以市场为导向、以质量求生存、以管理创效益”的发展方针，实现“以人为本、科技兴企”的战略目标。公司竭诚与各界同仁，新老宾朋建立长期、稳定、可靠的贸易关系，热忱欢迎国内外客商前来洽谈订货、代理、投资等业务，旭强公司愿与您携手共创美好未来。

联系人：郑会军　电话：0379－68309999 68309111
地址：河南省洛阳市伊川县城关镇李圪塔村　　邮编：471300

## 河南周口市全日塑料包装有限公司

我公司成立于2006年，主要产品有纯净水桶、瓶盖、塑料袋，色拉油用壶等，一直秉承“质量第一、顾客至上、开拓创新、共创双赢”的办厂方针与“质优、价廉”的经营理念，真诚与客户合作，欢迎广大客户和朋友来我公司参观洽谈与合作。

如需样品请来电！我们将竭诚为您服务！

联系人：臧发挥 13938081013　电话：0394-8692668
地址：河南省周口市金海路西段孙嘴小学东隔壁　邮编：466000

## 洛郑工业气体有限公司

本公司成立于1992年，日产500瓶氢气生产能力，可作为化工产品的添加或消化剂，被广泛利用在工业生产中。产品售往山西和省内各市县。企业拟在年内再投入200万元，建造国内最新型的生产线，达到日产氢气3000瓶的生产能力。公司秉承“顾客至上，锐意进取”的经营理念，坚持“客户第一”的原则为广大客户提供优质的服务。欢迎惠顾！

联系人：李从荣
电话：0379-64118933 13183063891　网址：lzgyqt.cn.alibaba.com
地址：河南省洛阳市高新区辛店镇太后庄工业园　　邮编：471000

## 济源市柿滨化工有限公司

济源市柿滨化工有限公司主营产品：次氯化锌；硫酸锌；碳铵；氯化锌；硫酸；纳米级活性氧化锌，属于高科技化工企业，技术力量雄厚，生产工艺先进，检测设备齐全，年产纳米活性氧化锌5000余吨，硫酸锌5000余吨。我公司本着"实实在在做人，踏踏实实做事"的原则，锐意进取，热忱欢迎国内外客商来厂洽谈业务！

联系人：王小振　15993706189
电话：0391-6705850　　传真：0391-6705850
网址：www.jysbhg.com　　电子邮件：jysbhg@jysbhg.com
地址：河南省济源市克井镇柿滨村　　邮编：454650

## 南乐县森威化工有限公司

濮阳市森威化工有限公司坐落在濮阳市南乐县技术工业区内，是国内专业生产甲醛、新型甲缩醛等系列产品的主要生产厂家之一。企业被评为河南省高新技术企业，并通过IS09002质量体系论证。

我公司一向坚持视客户为上帝，为客户提供优质产品及服务，同客户建立并保持了密切的商务关系。欢迎您的来电！

联系人：宋换营 13839307958
电话：0393-6808899 6808866
邮编：457400
地址：河南省濮阳市南乐县城东三公里路北

## 中燃城市燃气发展有限公司

我公司在焦作地区范围内建设、拥有、经营及管理燃气项目；生产及向上游购进天然气并向购气方销售燃气和燃气设备；改建、扩建现有燃气设施；建设经营新的燃气项目。

公司本着“锐意进取，客户至上”的原则，坚持客户至上的原则，竭诚为您服务！

联系人：台铭俊
电话：0391-3901111 3901158 3901165　　手机：13603919069
地址：河南省焦作市解放路219号　　邮编：463000

## 南阳丰达油脂有限公司

南阳丰达油脂有限公司位于河南历史文化名城——南阳油田。丰达是一家生产钢丝绳表面脂、麻心脂、电梯绳专用脂、黄凡士林、工业凡士林、石蜡、微晶蜡的民营企业。公司同时拥有一个10台油罐车的中型运输车队，为您提高从生产到运输的一条龙服务！

联系人：黎云峰
电话：0377-63783368
邮编：473000
地址：河南省南阳市油田炼油厂北门口

## 沁阳市龙旺化工有限公司

沁阳市龙旺化工有限公司成立于2004年4月份，是在原沁阳市化肥厂破产后由沁阳市人民政府从福建招商引资的外商投资企业。公司主导产品：液氨、尿素。公司引进日本全自动化尿素生产工艺，技术领先，具有严密的质量保证体系。公司遵循"诚信至上"的经营方针，倡导"以人为本"的科学管理理念，欢迎来电洽谈业务！

联系人：江永寿　手机：13782892688
电话：0391-5657788　5680977　传真：0391-5680797
地址：河南省沁阳市河内路西段　邮编：454550

## 郑州金山化工有限公司

郑州市金山化工有限公司创建于1993年，我们始终以市场为导向，努力提高品质、价格、服务等方面的综合竞争力，以让利和共享的精神与新老客户建立稳固的合作关系。

目前，公司主要经营的产品为：国标一级、二级、企业标准化工原料。常年求购水银、库存积压各种化工原料。承接各类化工厂家代销、总代理。

公司总经理卢金山先生携全体员工竭诚为各界朋友提供优质满意的服务。诚邀海内外朋友携手合作，共创美好明天！

联系人：王建印 13603999608
网址：www.js333.com
电话：0371-69230968　69236530
传真：0371-69236530
邮编：450000
地址：河南省郑州新密市超化镇

## 三鑫化工原料经销处

三鑫化工原料经销处是一家专业从事烧碱、硫磺、双氧水、盐酸等化工原料销售的企业。

我单位的宗旨是：立足于豫北化工市场，面向全国、作为一个贸易型企业，愿与全国的化工生产和销售企业广交朋友，真诚合作，共同为我国的化工工业的繁荣昌盛而共同奋斗！

联系人：李福庆
电话：0392-2661557　13569638287　传真：0392-2639188
地址：河南省鹤壁市山城区建设街春雷路交叉口东50米路南　邮编：458000

## 郑州天和塑料制品有限公司

公司自成立以来，是一家专业生产各种农药、兽药、化工、医药、日化、食品饮料等塑料包装的专业公司，本公司产品规格齐全，容量20－1000ML、PET[聚脂]、PE[聚乙烯]、PP[聚丙烯]、高阻隔复合瓶等各种规格，各种材料塑料瓶。我公司拥有先进的注塑机、吹瓶机设备，产量高、质量优、价格低。

天和塑料包装将竭诚为新老客户提供优质产品满意服务。

联系人：孟凡成　电话：0371-63362797
地址：河南省郑州市惠济区南阳寨工业园区10号　邮编：450000

## 尉氏县张市镇郑岗村硫磺厂

本厂成立于1997年，是硫磺、硫磺粉定点生产厂家，是用户公认信誉信得过企业，供应400-800目微粉，代办公路、铁路运输。

我们本着"锐意进取，客户至上"的原则，竭诚为客户提供优质的产品和良好的服务。欢迎惠顾！

联系人：郑金山
电话：0378-7986196　手机：13598796836　13837824808
地址：河南省开封市尉氏县东关建材市场　邮编：475505

## 偃师市首阳山镇塑化厂

偃师市首阳山镇塑化厂专业从事塑料泡沫板的生产和销售，我公司本着"锐意进取，客户至上"为经营理念，坚持客户第一的原则，竭诚为广大客户服务！

联系人：郭卫平　手机：13803882305
电话：0379-67558898
地址：河南省偃师市首阳山镇义井村　邮编：471900

## 禹州市禹陀工程塑胶厂

禹州市禹陀工程塑胶厂是PPR塑料管材管件的专业生产厂家，"诚信"是我们立足的根本，一流的技术、丰富的经验是我们为客户提供优质产品的有力保障，满意放心的服务是我们对您永远不变的承诺。

联系人：王春生　手机：13837426391
电话：0374-8123198　传真：0374-8123198
地址：河南省禹州市朱阁乡沙陀村　邮编：461670

## 湖北省/Hubei Province

**鄂州市科泰格精细化工有限公司**
地址：湖北省鄂州市花湖开发区
……负责人：徐祖顺
……Tel：13971770927

**当阳市华欣塑业有限公司**
业务：当阳市华欣塑业有限公司成立于1984年，主要主产销售塑料包装袋、塑料编织袋。欢迎各方客户惠顾。
地址：湖北省当阳市两河镇群丰村
……邮　编：444114
……法　人：石爱华
……Tel：0717－3380088
……Fax：0717－3380588

**鄂州社觉塑胶有限公司**
业务：塑料制品加工
产品：塑料制品
地址：湖北省鄂州市葛店镇东街30号
……负责人：袁正举　邮　编：436032
……Tel：0711－3800673

**恩施州恒盛石化产品运输中心**
地址：湖北省恩施土家族苗族自治州恩施市凤凰大道23号
……负责人：武建民
……Tel：13971879022

**利宇化工设备安装队**
地址：湖北省黄冈武穴市老堤头6号
……负责人：吴有水
……Tel：0713－6226302
13871965733

**华惠维生物复和肥有限公司**
地址：湖北省荆门市掇刀区新隆工业园
……负责人：张贤会
……Tel：0724－6046008
13997934993

**荆门市华楠燃气有限公司**
业务：从事燃化气销售运输石化产品国家专控商品除外销售建筑装璜材料销售、欢迎来电垂询！
地址：湖北省荆门市浏河小区14幢602室
……负责人：霍显华……邮　编：448000
……Tel：0724－2341868

**荆门市天星沥青有限公司**
地址：湖北省荆门市象山大道26号
……负责人：彭先蓉
……Tel：13908693400

**神禾苑磷化有限公司**
地址：湖北省荆门钟祥市胡集镇丽阳村
……负责人：朱月忠
……Tel：0724－4858211
13807265423

**荆州市皖州燃料有限公司**
地址：湖北省荆州市公安县斗湖堤镇治安路4号
……负责人：文裕祥
……Tel：13886593969

**监利县久久红肥业有限公司**
业务：本公司专业生产农用复合肥料，热忱欢迎广大客户来厂考察、指导。诚交天下客，益从誉中来！
地址：湖北省荆州市监利县容城镇玉沙大道19号
……负责人：段昌华……邮　编：433300
……法　人：段昌华
……Tel：0716－3327448
……网址：mtw25956

**荆州市盛发化工设备制造有限公司**
地址：湖北省荆州市荆州区荆马路东侧
……负责人：杨世林
……Tel：13507250910

**福田涂料经营部**
地址：湖北省荆州市沙市区蓝星商贸城297号
……负责人：雷树生
……Tel：13908618917

**虹桥建材商城摩天涂料实验总店**
地址：湖北省十堰市茅箭区虹桥建材商城C栋2楼7号
……负责人：王光龙
……Tel：0719－8872073
13972460733

**荆州市旭日化工有限公司**
业务：荆州市旭日化工有限公司成立于2003年，主要生产销售各种化学助剂(不含化学危险品)：高效废纸脱墨剂(粉状液体)，分散松香胶，AKD，消泡剂、中性胶、荧光增白剂、酸氧水等。
地址：湖北省荆州市江津东路155号
……邮　编：434100
……法　人：舒红
……Tel：0716－8121639
……Fax：0716－8121639

**武汉市天信精细化工有限责任公司**
地址：湖北省武汉市蔡甸区蔡甸街孙家畈148号
……负责人：徐天方
……Tel：13072739539

**武汉福源化工有限公司**
地址：湖北省武汉市蔡甸区工农路88号
……负责人：李德康
……Tel：027－84993608

**中油华中天然气管道有限责任公司**
地址：湖北省武汉市东湖开发区民院路以东雄楚大道以北
……负责人：刘磊
……Tel：027－87160197

**荆州市博宇化工有限公司**
业务：我公司成立于1995年，主要生产纺织、皮革类助剂产品，鞣剂；加脂剂；涂饰剂；浸水助剂；脱脂剂；其他皮革化学品；引进国内最先进的生产线，并于1996年通过了iso9000质量体系认证，资金雄厚，技术领先，有良好的企业信誉.
地址：湖北省荆州市江陵县普济镇
……负责人：雷超宇……邮　编：434105
……Tel：0716－4850198

**武汉嘉莱士化工有限公司**
地址：湖北省武汉市东西湖区常青花园4小区17栋1单元601室
……负责人：王婷

……Tel：027－83932741

**武汉金杉化工有限公司**
地址：湖北省武汉市东西湖区径河农场街道办事处18号
……负责人：欧美英
……Tel：027－83933437

**武汉同心再生塑料造粒有限公司**
地址：湖北省武汉市汉南区汉南大道810号
……负责人：何新民
……Tel：027－84854644

## 湖北省荆州市方园塑料制品有限公司
业务：湖北省荆州市方园塑料制品有限公司成立于1998年，主要从事塑料制品的生产。"以质量求生存，以信誉求发展"，热诚欢迎新老客户来电来人洽谈业务，共同合作。
地址：湖北省荆州市荆州区弥市镇
……邮　编：434035
……法　人：毛家国
……Tel：0716－8711545
……Fax：0716－8717999

**凯凯橡塑有限公司**
地址：湖北省武汉市汉武胜路泰合广场1203号
……负责人：张洪中
……Tel：027－85712547
13907161248

**武汉市伏虎山化工科技开发有限公司**
地址：湖北省武汉市汉阳区平田北村112号2－4
……负责人：杨大洪
……Tel：027－84842113

**武汉永达塑料机械模具有限公司**
地址：湖北省武汉市汉阳区鹦鹉大道192－194号
……负责人：胡勇
……Tel：027－87218221

## 武汉永兴石油制品有限公司
业务：武汉永兴石油制品有限公司成立于1998年，主要生产销售润滑油、润滑脂、重油、燃料油、润滑油精制、燃料油精制等石油制品。质量保证，价格合理，欢迎新老客户惠顾。
地址：湖北省武汉市蔡甸区蔡甸街工农路592号
……邮　编：430100
……法　人：龚国成
……Tel：027－69810798
……Fax：027－69810798

**武汉艾特化工有限公司**
地址：湖北省武汉市汉阳区鹦鹉大道桥机新村1号
……负责人：饶定龙
……Tel：13986017781

**武汉新富丽化纤制品有限公司**
地址：湖北省武汉市汉阳区永丰乡铁桥村陈家湾工业园9－10号
……负责人：陈三彬
……Tel：027－84638013

**武汉市盛祥化工有限公司**
地址：湖北省武汉市洪山区葛化街左岭工农路特1号
……负责人：樊翠英
……Tel：027－87600833

**武汉迅兴新能源有限公司**
地址：湖北省武汉市洪山区华光大道18号高科大厦12楼
……负责人：王贵忠
……Tel：027－87592135

## 湖北省东盛特种涂料科技有限公司
业务：湖北东盛特种涂料科技有限公司座落在国家级开发区的黄金地段——武汉市海峡两岸金银潭经济开发区，公司以重防腐为主，承接有一定科技含量的防腐工程。主要生产经营：醇酸类、氨基类、沥青类、环氧类、聚氨脂类、丙烯酸类、氯化橡胶类、氯磺化聚乙烯类、有机硅耐高温类等特种防腐涂料。公司技术力量雄厚，检测手段完备，配备有一定专业水平和管理能力的工程技术人员及管理人员。随着社会不断发展，各种需求不断增长，公司加大科技研制的开发力度，不断开发研制技术含量更高、产品用途更广、质量更好的产品来满足用户的需求。公司已通过ISO9001国际质量管理体系和ISO14001环境管理体系认证。
地址：湖北省武汉市东西湖区将军四路5号
……邮　编：430023
……法　人：叶卫东
……Tel：027－83941872
83940008
……Mobile：13907113295
……Fax：027－83940147

**武汉西阿伯化肥有限公司**
地址：湖北省武汉市洪山区珞狮路168号
……负责人：郭强
……Tel：027－87388186

## 枝江市华胜塑业有限责任公司
业务：枝江市华胜塑业有限责任公司成立于2005年，主要从事塑料编织袋、一次性塑料口杯的生产与销售。"诚信为本，信誉至上"，竭诚欢迎各方客户惠顾。
地址：湖北省枝江市东市金盆山大道56号
……邮　编：443200
……法　人：李立胜
……Tel：0717－4102040
……Fax：0717－4102040

**武汉华龙精细化工有限公司泵阀分公司**
地址：湖北省武汉市洪山区珞狮路31号
……负责人：韩俊峰
……Tel：027－87347009

**拜特润滑油有限责任公司**
地址：湖北省武汉市江岸区罗家嘴路11号
……负责人：张建明
……Tel：13307152967

## 宜昌平安磷化有限责任公司
业务：宜昌平安磷化有限责任公司成立于2001年，主要生产化工产品、煤炭等。"诚信经营，信誉第一，客户至上"，热诚欢迎新老客户惠顾。
地址：湖北省宜昌市夷陵区祥和路20号
……邮　编：443100
……法　人：张运安
……Tel：0717－7874131

**武汉创捷化工有限公司**
地址：湖北省武汉市江汉区台北一路17－19号
……负责人：郭友辉
……Tel：027－85740441

## 武汉市新星防护用品有限责任公司
业务：本公司专业生产一次性防护用品和塑料制品，以质量求生存、信誉求发展，热忱欢迎广大新老客户来电咨询、洽谈业务。
地址：湖北省武汉市汉南经济发展区汉南大道1138号
……负责人：何国华……邮　编：430090
……法　人：何国华
……Tel：027－84757523
84757591

**武汉龙汇化工有限公司**
地址：湖北省武汉市江夏区五里界镇
……负责人：徐进军
……Tel：027－87972898

## 枝江昌亚化工有限责任公司
业务：本公司成立于2005年3月28日，主要生产氯化石蜡、工业盐酸，生产技术先进，设备选型合理，产品质量稳定，服务周到，信誉度高，公司实行全面质量管理体系，厂址紧邻长江，自备3000吨级货运码头，318国道、雅澧路、焦枝铁路距厂很近。公司经营思路灵活，欢迎各方厂家、商家共同合作。
地址：湖北省宜昌市果园一路12号化工局
……邮　编：443000
……法　人：杨溢睿
……Tel：0717－4434405
……Mobile：13986832660
……Fax：0717－4434405

**武汉市洋浦楚江化工有限责任公司**
地址：湖北省武汉市盘龙城经济开发区刘店村
……负责人：魏兰英
……Tel：027－83843746

## 中盐宏博（集团）有限公司
业务：中盐宏博（集团）有限公司于1986年成立，位于地理位置优越、交通便利、素有"盐海膏都"之称的古泽云梦。是一家专门从事精制盐和盐化工系列产品经营的企业。创业无止境，诚信、合作、开拓、进取的宏博集团愿与您携手，同铸辉煌。
地址：湖北省孝感市云梦县泰山路155号
……邮　编：432500
……法　人：宋秀成
……Tel：0712－4333690
……Fax：0712－4325510

**武汉国力化学涂料有限公司**
地址：湖北省武汉市乔口区长丰大道10号
……负责人：夏建国
……Tel：027－83412509

## 武汉明洋化工有限公司
业务：武汉明洋化工有限公司专业生产、经营高档涂料助剂、催干剂、抗氧减色剂、液体及固体树脂，公司以热情的服务、合理的价格，欢迎广大新老客户惠顾、垂询。
地址：湖北省武汉市江汉区复兴村常发里119号3楼2号
……负责人：方家明……邮　编：430023
……Tel：027－63569118

**武汉东方之星化工有限责任公司**
地址：湖北省武汉市乔口区工农路23号
……负责人：潘春芳
……Tel：027－83823568

## 应城市长宏化工建材科技有限公司
业务：本公司成立于2006年，主要生产销售导电碳黑，水泥助磨剂，半成品助磨剂，缓凝剂，早强剂。热忱欢迎新老客户来电洽谈业务！
地址：湖北省孝感市应城市长江埠车站路79号
……负责人：陈青山……邮　编：432405
……法　人：祁义爽
……Tel：0712－3610368
3610478
3613560

**武汉市新盛化工厂**
地址：湖北省武汉市乔口区古田路16号
……负责人：张玲利
……Tel：027－83831129

## 襄阳三兄弟化合成化工厂
业务：襄阳三兄弟化合成化工厂成立于2000年，主要生产化工原料、化工产品，产品有固体酒精、液体燃料，甲醛，木酒精等，欢迎新老客户来电洽谈业务。
地址：湖北省襄樊市襄阳区张湾镇西湾村
……负责人：龚学贤……邮　编：441104
……法　人：龚学贤
……Tel：0710－2813121

**武汉双强化工有限公司**
地址：湖北省武汉市乔口区古田一路31号
……负责人：陈桂文
……Tel：027－83834567

## 仙桃市信达化工有限责任公司
业务：我公司主要生产和经营：WT系列缓蚀剂、阻垢缓蚀剂、阻垢分散剂、杀菌灭藻剂、清洗剂、预膜剂、粘泥剥离剂、降硬剂、渗透剂、消泡剂、净水剂、高分子絮凝剂、HEDP、ATMP、EDTMP、HPMA以及丙烯酸的共聚物、多元醇膦酸脂、锅炉水处理剂、油田注水阻垢缓蚀剂、除氧剂等。
地址：湖北省仙桃市陈场人民南路30号
……邮　编：433016
……法　人：潘浩
……Tel：0728－2782455
……Fax：0728－2785177

**武汉市佳奥塑料制品有限公司**
地址：湖北省武汉市乔口区解放大道21号
……负责人：汪荣杰
……Tel：027－83516788

## 湖北省襄樊玖恒塑业有限公司
业务：湖北省襄樊玖恒塑业有限公司于2003年创建，从事塑料包装袋的生产、加工、销售。公司坚持诚、信的二字方针，努力以最优惠的价格为客户提供最优质的产品，真诚的欢迎各商界同仁光临指导，共谋发展。
地址：湖北省襄樊市襄阳区张湾镇潘台村七组
……邮　编：441104
……法　人：王卫辉
……Tel：0710－2828198
……Fax：0710－2828198

**武汉市硚口区天宇化工经营部**
地址：湖北省武汉市桥口区工农路23号附26号
……负责人：杜绍丹
……Tel：027－83412364

**丽华塑料制品厂**
地址：湖北省武汉市武昌南湖瑶燕农科院内
……负责人：翟富华
……Tel：027－87389138
13907123331

## 仙桃市天谊塑料制品有限公司
业务：仙桃市天谊塑料制品有限公司位于湖北省仙桃市龙华山开发区，车间实行封闭式管理。主要生产无纺布手术衣，防护服，护士帽等一次性医疗用品。竭诚欢迎新老客户前来订购！
地址：湖北省仙桃市龙华山经济开发区
……负责人：周铁华……邮　编：433000
……法　人：周铁华
……Tel：0728－3200199

**湖北钢电化燃料有限公司**
地址：湖北省武汉市武昌区中南一路64号
……负责人：贾曙光
……Tel：027－87821030

## 襄樊市金海源燃料有限公司
业务：襄樊市金海源燃料有限公司成立于2005年，主要从事于汽油、柴油的生产销售。欢迎新老客户光临、惠顾！
地址：湖北省襄樊市南漳县城关镇胡营三组
……负责人：胡传平……邮　编：441500
……法　人：胡传平
……Tel：0710－5353592

## 襄樊市明科化工有限公司
业务：襄樊市明科化工有限公司成立于2000年，是一家从事造纸助剂生产的企业。我公司将竭诚为广大的新老客户提供优良的服务，优质的产品，优惠的价格。欢迎光临垂询。
地址：湖北省襄樊市泰安路8号
……邮　编：441003
……法　人：赵明光
……Tel：0710－3440690
……Fax：0710－3440690

**永昌化工厂**
地址：湖北省咸宁市崇阳县天城镇打鼓墩
……负责人：肖顺补
……Tel：0715－3370451
13971803838

**应城市武化研化工新材料有限责任公司**
地址：湖北省孝感市应城市长江埠新码头1号
……负责人：张小余
……Tel：027－88075808

## 崇阳县永恒化工有限责任公司
业务：崇阳县永恒化工有限责任公司主要从事化工产品的生产，主要产品：二氧化二钒。我们将以更高的技术含量、更优质的产品以及更完善的服务与广大新老客户携手并进、共同成长，并热忱欢迎海内外各界宾朋光临惠顾，共谋发展，
地址：湖北省咸宁市崇阳县沙坪镇白沙新区418号
……负责人：蔡卫兵……邮　编：437500
……Tel：0715－3762553

**宏泰胶粘剂经营部**
地址：湖北省宜昌市伍家岗区东山大道241－6号
……负责人：黄晨宇
……Tel：0717－6489702
13507202002

## 联谊塑料制品有限责任公司
业务：联谊塑料制品有限责任公司成立于1997年，主要从事塑料制品的生产销售。"质量保证，价格合理"，热诚欢迎广大新老客户来电来人洽谈业务。
地址：湖北省咸宁市温泉区马桥路杨家垴39号
……邮　编：437100
……法　人：李国庆
……Tel：0715－8135006
……Fax：0715－8135006

## 湖北华润化工有限公司

本公司成立于1992年，主要生产销售石油化工。公司经营宗旨：以质量为根本、以创新求发展、以用户为中心、以服务拓市场，坚持“开拓进取、艰苦创业、求真务实”的原则。

联系人：伍发明　手机：13908617169
电话：0716-6218800　6218128　传真：0716-6218128
地址：湖北省松滋市二环路70号　邮编：434200

## 中鼎精细化工有限公司

中鼎精细化工有限公司成立于2003年，本公司专业从事塑料、橡胶助剂的生产企业。主要产品有稳定剂MBI及阻燃剂对甲砜基甲苯的生产、销售。公司秉承质量第一、服务至上宗旨为您提供完善的解决方案。中鼎精细化工有限公司已通过了ISO9000的认证。竭诚欢迎国内外企业，集团与我们开展广泛多样的经济技术交流与合作。

联系人：谢勇
电话：0713-2993350　2993306
电子邮件：zhongdinghuagong@yeah.net
地址：湖北省麻城市黄金桥开发区陡坡山村 邮编：438300

## 湖北蓝天盐化有限公司

网址：www.hbltyh.com

湖北蓝天盐化有限公司始建于1971年5月，1987年率先在全国制盐行业进入国家二级企业，系国家食用盐定点生产企业，湖北省著名企业、湖北省文明单位、湖北省重合同守信用企业、孝感市最佳文明单位，2003年1月通过ISO9001:2000质量管理体系认证，现隶属湖北省盐业集团公司。

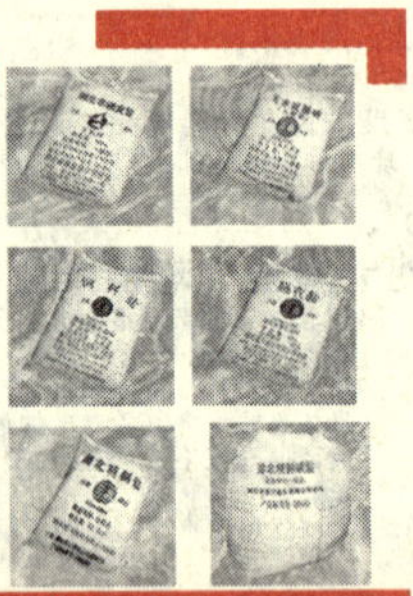

联系人：熊炜　13507293567
电话：0712-4651719　电子邮件：ey@hbltyh.com
地址：湖北省云梦县云化路特一号　邮编：432100

## 荆门市东宝区呈兴炉用油经营部

呈兴炉用油经营部从事机油、润滑油等经营，废白土回收、加工、储存、销售，以“质量求生存，信誉求发展”的服务宗旨为广大客户服务。

联系人：刘呈功
13972868999　13872917717
地址：湖北省荆门市子陵镇金泉村一组　邮编：448155

## 荆州市博宇科技有限公司

本公司成立于1989年，主要经营化工产品。客户的信任满意是我们的服务宗旨，精益求精是我们的发展目标。

联系人：雷超宇　手机：13886594590　13507210479
电话：0716-4727918　传真：0716-4727918
地址：湖北省荆州市江陵县工业园区　邮编：434100

## 襄樊市襄阳金冰谷制冷化工有限公司

襄樊市襄阳金冰谷制冷化工有限公司成立于2007年，主要生产碳氢制冷剂R600a(异丁烷)、R290(丙烷)、R600(正丁烷)、高纯度正戊烷、异戊烷、戊烷发泡剂、氟制冷剂和新型环保混合制冷剂R404A、406A、R407C、R410A、R415A、R415B、R417A、R418A等。

公司本着对产品质量精益求精、用户至上的经营方针竭诚与国内外朋友合作、交流为世界环保事业作出贡献。

联系人：刘志斌　网址：www.xfjbg.com
13908679683　电话：0710-2741666　2302166
地址：湖北省襄樊市襄阳区程河镇光明路8号　邮编：441100

## 湖南省/Huana Province

### 茶陵湘东群利化工有限责任公司
业务：茶陵湘东群利化工有限责任公司成立于2005年，主要以生产硫酸锌、硫酸亚铁等化工产品为主。公司经过多年的不断努力，赢得了遍布全国各地用户的信赖和赞誉。
地址：湖南省株州市茶陵县思聪乡辉山
邮　编：412411
法　人：陈发招
Tel：0733－5306204
Fax：0733－5306204

### 长沙市湘鲁再生资源有限责任公司
地址：湖南省长沙市芙蓉区东岸乡西垅村十二组
负责人：梁顺芝
Tel：0731－84612637

### 湖南大益能源有限公司
业务：煤炭贸易及运输
地址：湖南省长沙市开福区黄兴中路188号长沙百联东方商厦英尚国际17－0001
负责人：杨期发　邮　编：444300
法　人：罗希梅
Tel：13908464928
0731－84350088

### 长沙通达橡胶制品厂
地址：湖南省长沙市芙蓉区芙蓉中路1段607号304房
负责人：戴锦州
Tel：0731－84690080
13787318240
13787318241

### 长沙通达橡胶制品厂
业务：本厂是从事橡胶制品的生产经营企业.主要生产各种工程车辆，冶金，矿山，化工等行业的橡胶配件.现已与多家上市公司配套生产。欢迎新老客户前来考察洽谈业务！
地址：湖南省长沙市马坡岭省农科院内
邮　编：410125
法　人：戴锦州
Tel：0731－4690080
Fax：0731－4458706
网址：www.cstd.chinapyp.com

### 桃源县漳江镇四清鸿邦漆商店
业务：经营“鸿邦”牌油漆、涂料
地址：湖南省常德市桃源县漳江镇纺城路(财政局对面30米)
负责人：肖四清　邮　编：415700
法　人：肖四清
Tel：13873610159
13319620560

### 富春科技有限责任公司
地址：湖南省长沙市芙蓉区火星开发区3片15栋206室
负责人：刘开颜
Tel：0731－84711198
84763039
13808412040

### 湖南省株州永胜化工实业有限公司
业务：湖南省株州永胜化工实业有限公司成立于2001年，现有员工200余人，从事化工原料的贸易。产品主要销往广东、江西、湖南等城市。欢迎广大客商来电、来涵洽谈业务！
地址：湖南省株州市石峰区清水塘
邮　编：412004
法　人：彭庆如
Tel：0733－2380181
Fax：0733－2380181

### 常新石化有限责任公司
地址：湖南省常德市临澧县新安镇澹阳村
负责人：翟军
Tel：0736－5651398
5655277
13974206048

### 世源纸塑厂
地址：湖南省常德市桃源县黄石镇花源路
负责人：王锡生
Tel：13507362128

### 广东省佛山市德龙涂料有限公司顺丽漆衡阳营销服务中心
业务：专营广东省佛山市德龙涂料有限公司生产的顺丽漆，性能卓越，质量保证，品种规格齐全，物美价优，公司还拥有一批技术雄厚的施工队伍，让您的家居装饰更环保，更健康，更亮丽，我们竭诚为您服务
产品：油漆涂料
地址：湖南省衡阳市高新区日鑫建材市场C5栋130号
负责人：周才广　邮　编：421001
法　人：周才广
Tel：0734－8315333
13786411759
Fax：0734－8894171
网址：www.hkshierli.com

### 长沙成尧致富化工有限公司
地址：湖南省长沙市芙蓉区马王堆新合村2栋105号
负责人：孙耀华
Tel：13808413248

### 湖南长沙新城塑料编织厂
业务：湖南长沙新城塑料编织厂主要从事聚烯烯塑料纺织袋、各色彩印袋、纸塑复合袋、铝铂袋、薄膜袋、增强聚丙烯等包装的制造、销售和商标印制。我厂将以最优质的产品、最合理的价格、最热忱和最诚信的态度为用户服务。
地址：湖南省长沙市望城县黄金金山桥社区
邮　编：410205
法　人：张金华
Tel：0731－8385396
Fax：0731－8385197
网址：www.hncsxc.com

### 通道侗族自治县民丰专业合作社
业务：化肥
地址：湖南省怀化市通道侗族自治县坪阳乡东江村
负责人：石仁军　邮　编：418000
法　人：石仁军
Tel：0745－8497759
13787520243

### 华伟营销涂料中心
地址：湖南省长沙市红星建材交易中心21栋5－6门面
负责人：祖国良
Tel：13808493425

### 浏阳市富都烟花制造有限公司
地址：湖南省长沙市浏阳市澄潭江镇达坪村
负责人：杨深思
Tel：0731－83828988

### 湖南省余辉水利水电建设监理咨询有限公司
业务：本公司成立于2000年，现有150多名。主要经营：水利水电工程咨询和监理。
地址：湖南省长沙市雨花区韶山北路370号省水利厅第二办公楼三楼
邮　编：410007
法　人：谭鲁旋
Tel：0731－5530401
Fax：0731－5530401
网址：http://yu_fei.waterinfo.net.cn/

### 双峰县永丰气体有限公司
业务：工业气体生产销售
地址：湖南省娄底市双峰县农机机电市场2栋22－24号
负责人：李国胜　邮　编：417700
法　人：李国胜
Tel：0738－6833555

### 浏阳市盈丰烟花制作有限公司

地址：湖南省长沙市浏阳市澄潭江镇槐树村
负责人：陶庆斌
Tel：0731－83822188

**浏阳市华文烟花制造有限公司**
地址：湖南省长沙市浏阳市澄潭江镇洲田村
负责人：张龙华
Tel：0731－83850538

## 湖南澧县银晟化工有限责任公司
业务：湖南澧县银晟化工有限责任公司成立于2003年，主要从事超细碳酸钙、超细硫酸钡、化工原料等化工产品。公司始终秉承着"诚信·优质·创新·双赢"的经营理念，我公司热诚期待与各方客户携手合作，共创辉煌。
地址：湖南省常德市澧县黄沙湾
邮　编：415500
法　人：李家元
Tel：0736－3133258
Fax：0736－3133258

## 永州市回龙圩管理区回峰植保有限公司
业务：代理销售国内外优质农药，化肥
地址：湖南省永州市江永县回龙圩管理区
负责人：易守满　邮　编：425406
法　人：易守满
Tel：13874627177
0746－5912677

**浏阳方正出口花炮有限公司**
地址：湖南省长沙市浏阳市古港镇古城村
负责人：周玉金
Tel：0731－83676688

**浏阳河口化工原材料有限公司**
地址：湖南省长沙市浏阳市花炮大市场四区五栋
负责人：刘洪江
Tel：0731－83647069

## 湖南省澧县博远实业有限责任公司
业务：湖南省澧县博远实业有限责任公司成立于1999年，是一家从事化工产品的生产与销售的企业。主要产品有沉淀硫酸钡、超细硫酸钡、消光钡、硫化钠等。经过多年的不断努力，赢得了遍布全国各地用户的信赖和赞誉。
地址：湖南省常德市澧县火连坡镇
邮　编：415508
法　人：戴作军
Tel：0736－3766029
Fax：0736－3766026

## 岳阳江洋化工有限公司
业务：生产销售化工原料及产品
产品：石油焦
地址：湖南省岳阳市云溪区文桥镇北干道预制厂
负责人：姜永康　邮　编：414000
Tel：13807307288
0730－8438288

**浏阳市七宝山全顺烟花材料厂**
地址：湖南省长沙市浏阳市七宝山乡宝山村
负责人：李义全
Tel：0731－83532288

**浏阳市鑫德化工厂**
地址：湖南省长沙市浏阳市沿溪镇建设居委会
负责人：杨厚煌
Tel：0731－83942505

**清华涂料开发有限公司**
地址：湖南省长沙市宁乡县菁华铺镇双洲村
负责人：周光如
Tel：0731－87931988
87932988
13549651988

## 石门白云石油有限公司
业务：本公司成立于2005年6月，主要从事汽油，柴油，溶剂油，润滑油、燃料油及其它石油制成品，有机化工原料的批发零售。"质量保证，价格合理"欢迎新老客户光临惠顾！
地址：湖南省常德市石门县白云乡
负责人：覃事先　邮　编：415322
法　人：文希伦
Tel：0736－5310007
Mobile：13077263691
Fax：0736－2521678
网址：www.baiyunpetro.com
E-mail：ximel@163.com

**金凤外加剂厂**
地址：湖南省长沙市宁乡县夏铎铺镇竹林场
负责人：周申强
Tel：13808436308

**圣达制动液厂**
地址：湖南省长沙市宁乡县玉潭镇鲁家桥
负责人：杨冬明
Tel：0731－87823563
13808499649

**康乐塑胶制品厂**
地址：湖南省长沙市宁乡县玉潭镇一环路
负责人：罗建国
Tel：0731－87898656
13907490546

## 衡阳春晖化工有限公司
业务：衡阳春晖化工有限公司成立于2003年，从事化工产品的生产、销售。主要产品有义氨、氨水、碳酸氢氨等。我公司设备先进，生产手续齐全，技术力量和资金雄厚，代办运输，是您合作的最佳伙伴。
地址：湖南省衡南县向阳镇向氮路196号
邮　编：421141
法　人：周常洪
Tel：0734－8745575
Fax：0734－8745499

**鑫路材料技术发展公司**
地址：湖南省长沙市韶山南路141#轻工业部长沙设计院
负责人：魏东方
Tel：0731－85583289
13308408071

**长沙湘吉化工有限公司**
地址：湖南省长沙市天心区大托铺披塘中学
负责人：王化平
Tel：13308480303

## 常宁市星佳化工有限责任公司
业务：常宁市星佳化工有限责任公司成立于2002年，主要从事饲料剂硫酸锌、硫酸铜、氧化锌等化工产品的生产购销。本公司产品质量可靠，价格合理，欢迎来电咨询、订购。
地址：湖南省衡阳市常宁市柏坊镇
负责人：汤记生　邮　编：421221
法　人：汤记生
Tel：0734－7611496

**上海国泰萧星密封材料有限公司长沙办事处**
地址：湖南省长沙市天心区劳动西路215号佳程酒店1501室
负责人：张铁
Tel：0731－85127512

**金盘龙化工贸易有限公司**
地址：湖南省长沙市天心区西湖路44号
负责人：罗宏宾
Tel：0731－85815385
13975152154

## 衡阳鸿瑞石油管材有限公司
业务：衡阳鸿瑞石油管材有限公司成立于2006年，主要从事石油管材的生产与销售。"以质量求生存，以信誉求发展"，竭诚欢迎广大新老客户来我公司洽谈业务，共同合作！
地址：湖南省衡阳市大栗新村10号
负责人：匡友俄　邮　编：421001
法　人：匡友俄
Tel：0734－8873625

**望城县格塘加油站**
地址：湖南省长沙市望城县格塘乡三叉路
负责人：孙正华
Tel：0731－88340538

**弘帝新橡胶实业有限公司**
地址：湖南省长沙市望城县靖港镇农兴村
负责人：袁兆帝
Tel：0731－88301888
13973145222

## 湖南西能电力股份有限公司
业务：本公司坚持"以质量求生存，以管理求效益"为基本原则，主要从事电力生产，小水电开发，电力设备租赁，水电安装、维护与试验，高科技电力电子产品研发与销售，机械设备加工，房屋建筑施工，物业管理等。
地址：湖南省怀化市沅陵县
邮　编：419600
法　人：程洪波
Tel：0745－4498086
Fax：0745－4498086

**长沙利威化工有限公司**
地址：湖南省长沙市西湖路45号
负责人：彭坤
Tel：0731－85812212
13507310608

**诚信塑料经营部**
地址：湖南省长沙市雨花区高桥北栋5区6号
负责人：王二毛
Tel：13875895644

## 湘西自治州怡昌能源科技有限公司
业务：本公司主要从事变性燃料乙醇及附产品的生产、销售，高新能源项目开发，电力项目开发建设，机械设备销售。年生产30万吨燃料乙醇及下游产品。公司热诚欢迎各相关产业的客户惠顾合作，共享财富。
地址：湖南省吉首市人民南路溶江小区细溪桥4号
邮　编：416000
法　人：谭必文
Tel：0743－8518315
Fax：0743－8511098

**长沙市山江化工设备有限公司**
地址：湖南省长沙市雨花区桔园小区3片5栋503房
负责人：田玉山
Tel：0731－85656593

**星芝外加剂厂**
地址：湖南省长沙市雨花区黎托乡平阳村
负责人：易新强
Tel：13808436494

## 湖南省娄底市南化化学品有限公司
业务：湖南省娄底市南化化学品有限公司成立于2003年，位于交通便利的娄底市长青中街4号。公司主要生产化学试剂，品种有200多个品种。主要产品有：甲基橙、酚酞、百里香酚酞、邻菲啰啉、镍试剂（丁二酮肟）、铜试剂、钒钛剂、龙胆紫、石蕊、溴甲酚绿、偏钒酸铵、五氧化二钒、苦杏仁酸、四苯硼钠、硫酸高铈、二苯胺、磺基水柄酸钠、磺基水杨酸、二安替比林甲烷、变色酸、抗坏血酸等。
地址：湖南省娄底市长青中街4号
邮　编：417000
法　人：祝建良
Tel：0738－8226504
Fax：0738－8390782

**建诚塑料批发部**
地址：湖南省长沙市雨花区涟源百货城6栋137号
负责人：刘建波
Tel：13874988333

**长沙市武辉化工贸易有限公司**
地址：湖南省长沙市雨花区骆家坝小区004栋407房
负责人：向群飞
Tel：0731－82633814

## 湖南省娄底市城西液化气有限公司
业务：湖南省娄底市城西液化气有限公司成立于1998年，主要从事液化气的销售。"质量可靠，价格合理，信誉第一，服务周到"，热诚欢迎新老客户来电咨询，惠顾。
地址：湖南省娄底市娄星区百亩乡双林村
邮　编：417000
法　人：刘义华
Tel：0738－8871258

**宏东化工原料有限公司**
地址：湖南省长沙市雨花区梓园路318号
负责人：王继文
Tel：0731－85361966
13808454571

**长沙市云峰化工产品有限公司**
地址：湖南省长沙市岳麓区三叉矶湘岳化工厂有限责任公司办公楼304房
负责人：田国威
Tel：0731－88681439

## 湖南省新化县赛璐珈特种油制造有限公司
业务：湖南省新化县赛璐珈特种油制造有限公司成立于2000年，公司主要生产水乙二醇难燃液压液。产品销往全国各地！
地址：湖南省娄底市新化县琅塘镇光华村
邮　编：417607
法　人：阳希扬
Tel：0738－3652399
网址：www.hnsltzy.chinapyp.com

**中国石油天然气股份有限公司湖南销售分公司安乡县爱民加油站**
地址：湖南省常德市安乡县安乡县黄山头镇
负责人：姚朝耀
Tel：0736－4645298

**津市市佳山化工厂**
地址：湖南省常德市津市市新洲镇
负责人：沈克祥
Tel：13974213138

## 湖南省邵阳市华光化工厂
业务：湖南省邵阳市华光化工厂成产于1983年，从事化肥生产，产品有大量元素叶面肥、复合肥、精品化肥等。我们将牢记"质量是企业的生命"这一宗旨，不断推陈出新，致力服务于全国的广大经销商和农民朋友。
地址：湖南省邵阳市邵檀路茅坪2号
邮　编：422000
法　人：周光华
Tel：0739－5385053
Fax：0739－5385053

## 河口供销加油站
业务：河口供销加油站成立于1998年，主要销售汽油、柴油、润滑油等。石油化工原料资源丰富，地理位置优越，交通运输发达快捷。本公司愿与各界有识之士诚信合作，共创美好未来。
地址：湖南省邵阳市绥宁县河口乡河口村
邮　编：422600
法　人：雷运强
Tel：0739－7680039

**大锋设备制安有限公司**
地址：湖南省郴州市工业大道60号
负责人：喻炳高
Tel：13907359160

**中国石油天然气股份有限公司湖南销售分公司嘉禾县东塔路加油站**
地址：湖南省郴州市嘉禾县城关镇南丰广场
负责人：陈赛
Tel：0735－6628636

## 湖南省海洋生物工程有限公司
业务：本公司是集科研、生产、经营于一体的高新技术企业，主要生产化学抗旱剂、杀菌剂、杀虫剂、植物生长调节剂、渔（兽）药及高效卫生消毒剂等产品，主要产品有高效三氯异氰尿酸杀菌剂系列、高效氯溴异氰尿酸杀菌剂系列、高效农用青霉素生物杀菌剂系列、2.5%高效氟氯氰菊酯乳油、25%噻·异乳油、2－（乙酰氧基）苯甲酸（抗蒸腾剂）抗旱剂系列、10%粒粒壮微肥、医药卫生消毒剂等产品。
地址：湖南省湘潭市宝丰街520号
邮　编：411100
法　人：刘劲松
Tel：0732－2326988
2316954
Fax：0732－2326988
网址：www.hysw.com.cn

**兴隆化工贸易有限公司**
地址：湖南省衡阳市衡东县城关镇新村路
负责人：康美元
Tel：0734－5485199
13787700980

**衡东县五湖化工有限公司**
地址：湖南省衡阳市衡东县甘溪镇枫和松村
负责人：刘跃中
Tel：13937345189

## 湘潭市鑫宇化工有限公司
业务：湖南省湘潭市鑫宇化工有限公司，是生产硫酸锌的专业厂家。生产的品种有工业级、饲料级的一水硫酸锌和七水硫酸锌，另外还有粗铟、精铟、铋等产品。我厂一贯坚持"质量第一，信誉至上"的经营宗旨，欢迎新老客户光临惠顾。
地址：湖南省湘潭市湘潭县俗河吴家巷工业园银河东饰路
邮　编：411228
法　人：袁安宁
Tel：0732－7881971
Fax：0732－7822722

**好丰年化工实业有限公司**
地址：湖南省衡阳市衡南县谭子山镇莲塘村
负责人：张东生
Tel：0734－8793800
13607349392

**强华工贸有限责任公司**
地址：湖南省衡阳市红湘路228号
负责人：李辉建
Tel：13974727801

## 湘潭县齐力橡塑有限公司
业务：湘潭县齐力橡塑有限公司成立于2004年，从事橡胶万向轮的生产及销售。产品广泛应用于医疗、卫生、机场、码头、工业等可移动式设备上。产品质优价廉，供货及时。具有耐磨、耐撞击、抗化学品腐蚀、耐低温、耐高温、行驶无轮印等良好性能，并能按用户的要求进行设计、制造。由于我们过硬的产品质量，良好的信誉和合理的价格，倍受国内外脚轮总装厂及脚轮出口商的青睐。
地址：湖南省湘潭县河口镇齐力村
邮　编：411214
法　人：吴劲生
Tel：0732－7850103
Fax：0732－7850103

**衡阳市珠晖东风宏明胶制品厂**
地址：湖南省衡阳市珠晖区东风路117号
负责人：尹培菊
Tel：0734－8331431

**会同县泰安天然气有限责任公司**
地址：湖南省怀化市会同县林城镇西城区
负责人：夏光文
Tel：0745－2145621

## 湘潭县金盛化工厂
业务：湘潭县金盛化工厂成立于1998年，主要生产陶瓷、搪瓷、玻璃、油漆、塑料上用的无机颜料。欢迎各方客户惠顾。
地址：湖南省湘潭县石潭镇新街
邮　编：411100
法　人：罗立清
Tel：0732－2550559
Fax：0732－2550559

**常青松香厂**
地址：湖南省怀化市通道自治县杉木桥乡联团村
负责人：舒常青
Tel：0745－8468238
13974513982

**胜发气体有限责任公司**
地址：湖南省吉首市保靖县复兴镇茶市村
负责人：秦家胜
Tel：0743－7951908
13974386658

**大瑶南山引线厂**
地址：湖南省浏阳市大瑶镇南山村
负责人：黄才运
Tel：0731－83809018
13517405299

## 湘西自治州和鑫纳米材料有限责任公司
业务：湘西自治州和鑫纳米材料有限责任公司成立于2003年，现有员工280人，从事锌、锌精矿、纳米氧化镁、超微细碳酸钙、铅的生产。欢迎来电垂询！
地址：湖南省湘西自治州保靖县毛沟镇
邮　编：416502
法　人：李枝和
Tel：0743－7911268
Fax：0743－7911088

**新安引线厂**
地址：湖南省浏阳市金刚镇柏湾村
负责人：陈和见
Tel：0731－83898558

13907498671

**华光引线厂**
地址：湖南省浏阳市太平桥镇锦美村
……负责人：何北平
……Tel：0731－83743095
13308414198

**湖南省吉首市众力化工有限责任公司**
业务：湖南省吉首市众力化工有限责任公司成立于2002年，主要从事工程机械及配件、石油附属产品、汽车销售，热忱欢迎广大用户光临惠顾。
地址：湖南省湘西自治州吉首市桐油坪11号
……负责人：刘国政……邮　编：416000
……法　人：刘国政
……Mobile：13974368106
13974352063

**双峰县和合加油站**
地址：湖南省娄底市双峰县锁石镇和合村
……负责人：刘兰
……Tel：13973868588

**兴农复合肥厂**
地址：湖南省娄底市双峰县永丰镇城中居委会
……负责人：李铁良
……Tel：0738－6822737
13707383637

**湖南海利高新化工有限公司**
地址：湖南省汐市望城县高塘岭镇雷锋北路
……负责人：罗惠勋
……Tel：0731－88068620
13077337017

**中外合资湖南德美生物工程有限公司**
业务：中外合资湖南德美生物工程有限公司，成立于1997年，是集科研、开发和生产动物保健品、预混料于一体的现代化企业。公司自成立以来，坚持"真诚守信，有诺必行"的经营理念，坚持一流的技术、一流的质量、一流的信誉、一流的服务的企业目标，竭诚欢迎国内外各界朋友参观指导！
地址：湖南省益阳市高科技园8号
……邮　编：413000
……法　人：林健鸿
……Tel：0737－6203661
……Fax：0737－6203555

**邵阳市三湘能源生态工程有限公司**
地址：湖南省邵阳市大祥区政府第二办公楼
……负责人：岳利君
……Tel：13786997590

**雄竹制动液厂**
地址：湖南省邵阳市东大路413#
……负责人：柳丽萍
……Tel：13975914260

**林化厂松香松节油加工分厂**
地址：湖南省邵阳市东区塔北东路26号
……负责人：申田庄
……Tel：0739－5195779
5271828
13607391582

**银丰活性碳有限公司**
业务：银丰活性碳有限公司成立于2001年，现有员工100余人，专业从事活性碳的制造及销售。欢迎新老用户和我公司洽谈合作，共谋发展！
地址：湖南省益阳市南县牧鹿湖乡哑巴渡
……邮　编：413200
……法　人：陈克春
……Tel：0737－5236188
……Fax：0737－5236168

**邵东县俊丽达打火机制造有限公司**
地址：湖南省邵阳市邵东县九龙岭镇晔山村
……负责人：黄俊
……Tel：0739－2221888

**蒸水化工有限公司**
地址：湖南省邵阳市邵东县灵官殿镇民安村
……负责人：罗远德
……Tel：0739－2783398
13907398048

**英德胶粘剂化工厂**
地址：湖南省邵阳市邵东县五金城建龙路135号
……负责人：刘庚明
……Tel：0739－2714003
2620081
13807392322

**资阳春辉化工经营部**
业务：资阳春辉化工经营部主要从事化工产品的销售，诚信为本，客户至上，欢迎新老客户光临惠顾。
地址：湖南省益阳市资阳区五一西路15号
……负责人：王阳春……邮　编：413000
……法　人：王阳春
……Tel：0737－4314566

**晶鑫化工厂**
地址：湖南省邵阳市双清区龙区塘市化工总厂内
……负责人：何如珍
……Tel：13973979708

**合盈塑料编织有限公司**
地址：湖南省邵阳市檀江乡大塘村
……负责人：陈双泉
……Tel：0739－5381529
13786929886

**东江岔水电站**
业务：发电
地址：湖南省永州市道县洪塘营乡东江源村东江岔水电站
……邮　编：425300
……法　人：黄长林
……Tel：0746－5275666

**通道明鑫林化厂**
地址：湖南省通道县杉木桥乡杉木桥村地塘
……负责人：刘金明
……Tel：0745－8468598
13787506313

**湘潭县双赢化工有限公司**
地址：湖南省湘潭市湘潭县易俗河镇吴家巷工业园
……负责人：郭国梁
……Tel：13807322978

**益阳市云海胶业有限公司**
地址：湖南省益阳市赫山区大丰工业园
……负责人：欧英超
……Tel：0737－4428806
13786771018

**岳阳市明星实业有限公司**
业务：本公司成立于1998年，是一家股份制有限公司，主要从事特种油、汽车润滑油、化工原料及产品、五金交电、建材的销售，本公司将以优质高效的服务回顾社会广大客户。
地址：湖南省岳阳市巴陵东路汽配汽贸城A栋2058－2078
……负责人：任星明……邮　编：414000
……Tel：0730－8723830
8723832
……Fax：0730－8723832

**益阳智能密封件有限公司**
地址：湖南省益阳市赫山区公安路
……负责人：徐舜君
……Tel：0737－4427947

**祁阳县浯溪焦化有限责任公司**
地址：湖南省永州市祁阳县浯溪镇长虹村周家山
……负责人：何适林
……Tel：13907461372

**汨罗市沿江塑料有限公司**
业务：汨罗市沿江塑料有限公司位于岳阳市汨罗市新市镇团山村，交通十分便利。专业生产PVC管材、PVC半成品等。欢迎新老客户光临、惠顾！
地址：湖南省岳阳市汨罗市新市镇团山村
……邮　编：414000
……法　人：苏求山
……Tel：0730－5631572
……Fax：0730－5631572

**岳阳市磊鑫化工有限公司**
地址：湖南省岳阳市八字门太阳桥建材大市场2栋109号
……负责人：程超
……Tel：0730－3259599

**中国石油化工股份有限公司湖南岳阳东环路加油站**
地址：湖南省岳阳市东环路
……负责人：周文辉
……Tel：0730－8299000

**岳阳市君兴液化气销售有限公司**
业务：岳阳市君兴液化气销售有限公司成立于1999年，是一家以物流为主的公司。主要从事仓储、中转、运输、配送、危险货物运输、普通货物运输，液化气销售等。
地址：湖南省岳阳市建湘路南苑小区2栋5号门面
……邮　编：414000
……法　人：何小池
……Tel：0730－8282380
……Fax：0730－3262577

**永盛油脂化工有限公司**
地址：湖南省岳阳市君山区林角佬
……负责人：戴满花
……Tel：0730－8153555
8152666
13575014846

**汨凤塑料厂**
地址：湖南省岳阳市汨罗市新市镇团山桥
……负责人：徐国强
……Tel：0730－5630566
13807407797

**湖南震宇天然生物科技有限责任公司**
业务：湖南震宇天然生物科技有限责任公司成立于2003年，生产复合高效粮醛烟叶、养护剂、双吸型除氧剂，天然植物香料，欢迎新老客户来电洽谈业务。
地址：湖南省岳阳市平江县南江镇西街275号
……负责人：何治君……邮　编：414500
……法　人：何治君
……Tel：0730－6561397
6564808
……网址：mtw25902

**平江县仙桥化工有限公司**
地址：湖南省岳阳市平江县伍市镇桥墩村
……负责人：向转军
……Tel：0730－6840888
6840037
13973045402

**岳阳巴陵石化化工化纤有限公司**
地址：湖南省岳阳市云溪区
……负责人：何勇
……Tel：0730－8472705
8498152
13973002516

**岳阳县中洲址十字渠加油站**
业务：岳阳县中洲址十字渠加油站主要销售成品油，有汽油、柴油、机油、煤油，价格合理，质量保证，欢迎广大客户光临惠顾！
地址：湖南省岳阳市岳阳县中洲十字渠
……负责人：刘夏秋……邮　编：414100
……法　人：刘夏秋
……Tel：0730－7881679

**红光乙炔厂**
地址：湖南省岳阳市云溪区路口镇南太村
……负责人：彭泽华
……Tel：0730－8443377
13907306665

**高远化工贸易服务部**
地址：湖南省岳阳市云溪区路口镇新合村
……负责人：龚建国
……Tel：13327202233

**岳阳市云溪区道仁矶溶剂化工厂**
业务：主要经营化工溶剂（二氯丙烷、二氯丙烯、三氯丙烷）。
地址：湖南省岳阳市云溪区道仁矶镇
……邮　编：414009
……法　人：闫长清
……Tel：0730－8429159
……Fax：0730－8429158

**岳阳市荣华化工有限公司**
地址：湖南省岳阳市中房大厦7楼
……负责人：袁荣
……Tel：13307303666

**志利燃气有限公司**
地址：湖南省张家界慈利县零阳镇永安村
……负责人：卓志望
……Tel：0744－3234506
13327249118

**茶陵湘东群利化工有限责任公司**
业务：茶陵湘东群利化工有限责任公司成立于2005年，主要以生产硫酸锌、硫酸亚铁等化工产品为主。公司经过多年的不断努力，赢得了遍布全国各地用户的信赖和赞誉。
地址：湖南省株州市茶陵县思聪乡辉山
……邮　编：412411
……法　人：陈发招
……Tel：0733－5306204
……Fax：0733－5306204

**大一复混肥厂**
地址：湖南省张家界市永定区官黎坪大一厦混肥厂
……负责人：唐自友
……Tel：13707447623

**昭阳胶粘厂**
地址：湖南省昭阳市邵东县两市镇横岭路100号
……负责人：周回珍
……Tel：0739－2721718
13973918199

**程盛化工厂**
地址：湖南省株州市攸县菜花坪镇菜花村416队院内
……负责人：陈福林
……Tel：0731－24602868
13807416665

**四扬高分子材料厂**
地址：湖南省株州醴陵市东富镇杨梅塘村
……负责人：易大运
……Tel：0731－23100018
13975342169

**湖南省株州永胜化工实业有限公司**
业务：湖南省株州永胜化工实业有限公司成立于2001年，现有员工200余人，从事化工原料的贸易。产品主要销往广东、江西、湖南等地市。欢迎广大客商来电、来函洽谈业务！
地址：湖南省株州市石峰区清水塘
……邮　编：412004
……法　人：彭庆如
……Tel：0733－2380181
……Fax：0733－2380181

**株洲市荷塘区中达橡胶制品厂**
地址：湖南省株洲市荷塘区新华西路50号
……负责人：刘汉湘
……Tel：0731－22801672

**醴陵市东升橡胶实业有限公司**
地址：湖南省株洲市醴陵市西山办事处石成金村
……负责人：杨细文
……Tel：0731－23053288

**株洲市利达油桶化工有限责任公司**
地址：湖南省株洲市石峰区丁山路18号
……负责人：廖鹏
……Tel：0731－28309451
13907334357
13786331777

**株洲市石峰区精华纤维厂**
地址：湖南省株洲市石峰区先锋村59号
……负责人：龙冯辉
……Tel：13973326899

**株洲衡海精细化工有限责任公司**
地址：湖南省株洲市天元区长江北路中小企业促进园A5栋3楼3号
……负责人：何永均
……Tel：0731－22969096

**中国石油天然气股份有限公司湖南株洲销售分公司**
地址：湖南省株洲市天元区黄河南路政务服务中心三楼
……负责人：胡建英
……Tel：13973319601

**株洲金鑫燃料有限公司**
地址：湖南省株洲市天元区庆云小区A栋304号
……负责人：张辉
……Tel：13017111987

**攸县鸿基润滑油有限责任公司**
地址：湖南省株洲市攸县网岭镇
……负责人：黄新建
……Tel：13077098899

**株洲三林化工有限公司**
地址：湖南省株洲市株洲县王十万乡小花石村
……负责人：李军
……Tel：0731－28461986

## 常德巨丰生物科技有限公司

我公司自成立以来，以生产和销售生物有机肥料系列产品为主。

公司始终坚持以质量第一，客户至上为经营宗旨，热忱欢迎新老客户光临，惠顾。

电话：0736－7507358
邮编：415000
地址：湖南省常德市西洞庭管理区祝丰镇团结村

## 嘉家美涂料化工有限公司

本公司专业研发、生产高档印刷油墨，产品有PVC、VD、DPE、PE。也是销售高档家具涂料、水性涂料建筑装饰装修涂料和胶黏剂等系列产品的专业化集团化高新技术企业。

公司本着“锐意进取，客户至上”的原则，竭诚为客户提供最优质的产品，欢迎您的来电！

联系人：柳湘辉

电话：0730-7518181 0730-7516755　网址：www.jjmtl.com
地址：湖南省岳阳市岳阳县新墙工业园　手机：15807302888　邮编：414122

## 常德市雄鹰科技有限责任公司

我公司专业从事烟草辅助材料的研发、生产和销售。主要有烟草辅助材料，水性油墨、光油及铸造材料三大系列产品。公司在发展的过程中先后被市委市政府评为生产经营标兵等荣誉称号。“精益求精，客户至上”，欢迎来电洽谈业务！

联系人：熊成章

电话：0736-2177188 13807367789　http://xiongyingkeji.hunanw.com
地址：湖南省常德市汉寿县岩嘴集镇　邮编：415000

## 耒阳市松元橡塑助剂有限公司

耒阳市松元橡塑助剂有限公司主营次氧化锌、活性氧化锌。

本厂建于2007年，一直致力于橡胶助剂氧化锌。为客户提供品质优良、价格合理的产品，诚实、守信、急客户之所急是我们的服务宗旨，与各企业和贸易商建立良好的合作！

联系人：杨松
13407468444　电话：0734－4372222
地址：湖南省衡阳市耒阳市建设路117号　邮编：421842

## 常德远超塑料制品有限公司

常德远超塑料制品有限公司主要经营聚脂塑料瓶，产品主要包括油瓶、酒瓶、水瓶，食品包装盒，注塑和吹塑。我们以质量求生存，以信誉求发展，愿与和各界朋友携手并进，共创辉煌。欢迎来电洽谈！

联系人：杨明秋　手机：13907366858
电话：0736-3294908　传真：0736-3294908
地址：湖南省澧县澧南镇乔家河　邮编：415500

## 醴陵市鑫辉化工填料有限公司

醴陵市鑫辉化工填料有限公司成立于2003年，专业从事化工陶瓷原料及系列产品生产和销售。公司遵循“质量第一，诚信服务，信誉至上，真诚合作”的宗旨发展自身，以诚实守信，优质可靠服务于企业，愿与国内外厂家谋求业务发展，共创美好未来。

联系人：曾志辉　手机：13974103158
电话：0731-23352968　传真：0731-23352555
地址：湖南省株洲市醴陵市沈潭镇市田垅村　邮编：412000



## 达浒天成化工厂

达浒天成化工厂成立于1986年，本厂专业从事金属钛粉、海棉钛粉、钛末的销售。

公司秉承“顾客至上，锐意进取”的经营理念，坚持“客户第一”的原则为广大客户提供优质的服务。欢迎惠顾！

联系人：汤玉才
电话：13507496080　15211003916
地址：湖南省浏阳市达浒镇　邮编：410300

## 浏阳市湘淮化工有限公司

浏阳市湘淮化工有限公司成立于2005年，专业从事工业硝酸钡的生产和销售。我公司秉承“顾客至上，锐意进取”的经营理念，坚持“客户第一”的原则为广大客户提供优质的服务。欢迎广大客户惠顾！

手机：13973143023
电话：0731-83502108　联系人：熊远发　传真：0731-83502109
地址：湖南省浏阳市永和镇永宝村　邮编：410300

## 湖南永合胶粘制品有限公司

湖南永合胶粘制品有限公司成立于2000年，主要生产封箱胶、文具胶、双面胶、牛皮纸、海绵胶、压敏胶等。

本公司秉承“顾客至上，锐意进取”的经营理念，坚持“客户第一”的原则为广大客户提供优质的服务。

欢迎广大客户惠顾！

联系人：周回珍　13973918199
电话：0739－2629598　2721718　传真：0739－2721718
地址：湖南省邵阳市邵东县建设西路196号　邮编：422800

## 新邵县小塘镇鑫宏塑料经营部

本公司成立于2008年，主要经营ABS、PC、PE、PP塑胶料及ABS+PC合金塑胶料。

我公司将会以最优质、最诚心、最贴心的服务满足各位客商的需求，想客商所想、思客商所思、急客商所急。

联系人：罗得胜　13873983030　13874212877
地址：湖南省邵阳市新邵县小塘镇雷耳边村（粮站内）　邮编：422900

## 广东省/Guangdong Province

**广东省东莞市横瑞塑胶模具厂**
地址:广东省东莞市大岭山镇杨屋第三工业区
负责人:李美洋
Tel:13825754155

**东莞市彩虹塑胶颜料有限公司**
地址:广东省东莞市凤岗油甘浦工业区
负责人:季德虎
Tel:0769-87777113
13902319602

**潮安县彩塘镇喜星宝研磨材料厂**
业务:抛光蜡、抛光轮、麻轮、抛光刷、抛光机等各类研磨材料的生产与销售
产品:抛光蜡、抛光轮、麻轮、抛光刷、抛光机等各类研磨材料
地址:广东省潮州市潮安县彩塘镇骊一村工业区
负责人:刘平 邮编:521000
邮编:刘平
Tel:0768-6678527
13903099527
Fax:0768-6678527

**高步朱勘横岭建材化工涂料厂**
地址:广东省东莞市高步镇草墩管理区
负责人:吕锡田
Tel:0769-88731197
13509817765

**方中硅橡胶制品有限公司**
业务:方中硅橡胶制品有限公司成立于2005年、生产硅橡胶等制品、热诚欢迎新老客户来电洽谈业务!
地址:广东东莞市石排镇向西工业区向西大道4号

负责人:张俊……邮编:523300
Tel:0769-86532052
Fax:0769-86527315

**东莞市诚成化工有限公司**
业务:油漆的贸易
地址:广东省东莞市长安镇沙头振安中路274号501室
负责人:刘建忠 邮编:523003
法人:刘建忠
Tel:13826985002
0769-81668186

**克玛橡胶油有限责任公司**
地址:广东省东莞市广东东莞市黄江镇长龙部队开发区
负责人:韩庆
Tel:0769-83634885
13929205316

**永润塑胶制品厂**
地址:广东省东莞市寮步镇西溪村黄菊园工业区
负责人:商秀英
Tel:0769-83222296
13612752115

**东莞市众协化工有限公司**
业务:化工经营
地址:广东省东莞市长安镇厦岗福海路六巷5号之二
负责人:欧阳清武 邮编:523000
法人:欧阳清武
Tel:13412333073
13450043777

**福瑞润滑油有限公司**
地址:广东省东莞市桥头镇桥光大道岭头路段
负责人:黄志龙
Tel:0769-83426976-8
13929241415

**广东深圳宝安观澜万进五金塑胶厂**
业务:本公司成立多年以来,已有500多名员工。主要经营五金塑胶加工。
地址:广东深圳宝安观澜镇横坑路石角头第二工业区
邮编:518100
法人:沃秋
Tel:0755-29803268
Fax:0755-29803238

**东莞市长安长胜胶粘制品厂**
业务:保护膜等胶粘制品
地址:广东省东莞市长安镇厦岗先兴南街二巷42号
负责人:陈雅彬 邮编:523003
法人:陈雅彬
Tel:0769-89040756
Fax:0769-89040736

**深圳市盈东晖贸易有限公司**
地址:广东省东莞市塘厦镇龙背岭工业
负责人:肖梅
Tel:0769-87902968
13600256856

**广东省东莞市正昱塑胶五金有公司**
地址:广东省东莞市中堂镇袁家涌工业区
负责人:陈经理或许经理
Tel:13326851980
13332683524

**东莞市长安创利塑胶制品经营部**
业务:批发;手机扣、插扣、纽扣、长方扣、一字扣、安全扣等等
地址:广东省东莞市长安镇新安横岗头新洲街七巷九号
负责人:张乐平 邮编:523800
法人:张乐平
Tel:13580701298
0769-85393162
Fax:0769-85397610
网址:www.dgcacl.cn
E-mail:Lesheng2007@126.com

**环市镇扶西强力助剂厂**
地址:广东省佛山市禅城区环市镇扶西村
负责人:刘哲豪
Tel:0757-83332863
13702903512

**常平鹏粤塑胶原料经营部**
业务:常平鹏粤塑胶原料经营部成立于2004年,经营塑料原材料,真诚为您服务,欢迎新老客户来电洽谈业务!
地址:广东省东莞市常平镇大京九塑胶城塑旺西路29号
负责人:姚品……邮编:523560
法人:姚品
Tel:0769-86991268
Fax:0769-86991212

**鸿翔塑胶加工店**
业务:塑胶
产品:PVC、PET、APET、PP吸塑、胶盒、圆筒等透明及颜色胶片、印刷
地址:广东省东莞市常平镇白花沥村公园对面
负责人:朱建涛 邮编:523000
法人:朱建涛
Tel:0769-87136687
Fax:0769-87136686
E-mail:zhujt668@126.com

**多特化工有限公司**
地址:广东省佛山市禅城区西综合批发市场6幢33号(2幢8号)
负责人:严奉权
Tel:0757-82212029
13827734899

**广东省佛山市添泉贸易有限公司**
地址:广东省佛山市佛山大道金沙新城3号楼18号铺
负责人:张敬群
Tel:0757-82134441
13902771009

**平望染料化工有限公司**
地址:广东省佛山市桂澜路石肯大桥边
负责人:金黄忠
Tel:0757-86363288
13902413738

**东莞市东展塑胶贸易有限公司**
业务:塑料原料经营
地址:广东省东莞市常平镇大京九塑胶城京九大道D32,33号
负责人:谢忠和 邮编:523003
法人:谢忠和
Tel:0769-86999000

**南海市桂城北约东成塑料经营部**
地址:广东省佛山市南海桂城北约丰田维修中心侧20号铺
负责人:李志财
Tel:0757-86265551

**东莞市阳升塑胶制品有限公司**
业务:东莞市阳升塑胶制品有限公司成立于2003年,主要经营塑胶、电子产品。欢迎新老客户光临、惠顾!
地址:广东省东莞市大岭山镇矮岭冚村
负责人:高祥……邮编:523820
法人:李奎
Tel:0769-85606596
Fax:0769-5785676

**南海智泉塑胶模具厂**
地址:广东省佛山市南海区里水太行路49号
负责人:何炳泉
Tel:0757-85608340
13702918336

**东莞创天宇塑胶模型设计公司**
业务:各类手板模型加工制造设计
地址:广东省东莞市常平镇苏坑下甲工业区
负责人:梁正湖 邮编:523570
法人:梁正湖
Tel:13925507789
0769-82833389
Fax:0769-82833390

**里水巨铭金属塑料制品厂**
地址:广东省佛山市南海区里水镇沙涌下沙环村北路工业园
负责人:谭慧志
Tel:0757-85622185
85269437

**东莞市王好木胶有限公司**
业务:王好木胶为一家专业制造并销售木工胶知名企业,并代理美国 franklin,德国 jowat,日本 koyo,oshika,台湾木胶等国际知名品派王木工胶合剂.
地址:广东省东莞市大岭山镇太公岭107国道太公岭路段
负责人:萧金堂 4523829
Tel:0769-85619128
85619638
Fax:0769-85600122
网址:www.wonderfultw.com
E-mail:xjtm@wonderfultw.com

**东莞市常平世环环保材料行**
业务:主营环保溶剂、电子产品、空气过滤器材,诚信为本、质量为先是我们的服务宗旨,期待与您的真诚合作!
产品:环保溶剂、除漆剂、除锈剂、洗枪水、白电油、去渍水、电子类各种环保材料、防静电产品、各种丝印器材、各种丝印设备及相关电子类治工具
地址:广东省东莞市常平镇元江元村
负责人:黄生 邮编:523000
法人:黄克发
Tel:0769-81182398
13826902398
Fax:0769-81182397
E-mail:loohuang@163.com

**惠济塑料厂**
地址:广东省佛山市南海区平洲夏东三洲工业区
负责人:张超
Tel:0757-86703958
13798607088

**恒和兴塑料厂**
地址:广东省佛山市南海区西樵海舟八队
负责人:梁伯行
Tel:0757-86819239
13902840698

**东莞市大岭山云美塑胶制品加工厂**
业务:塑胶再生、塑胶原料
产品:PVC、PP原材料
地址:广东省东莞市大岭山镇杨屋村二队26号
负责人:颜中华 邮编:523003
法人:颜中华
Tel:0769-81580682
13902606751
Fax:0769-81580682

**东莞市道滘万合塑料厂**
业务:塑包头、防弹布中底、环保纸撑、纸筷
地址:广东省东莞市道滘镇小河村牛涡组
负责人:廖继军 邮编:523003
法人:廖继军
Tel:0769-87583089
13925837346
Fax:0769-88385779

**东莞市俊富五金塑胶制品有限公司**
业务:我公司主要经营和代理进口焊接器材工具及有关焊接用具。如:铜焊罐系列配套设备,工模焊条,氩气焊具,意大利 INE 耐热钢低合金焊丝,特殊焊条和一些维修焊条,德国 Degussa 银焊条,中田助焊剂系列,,德国 UTP 特殊焊条。各种规格应有尽有,品种齐全,品质优良,价格实惠。欢迎来电来人垂询!
地址:广东省东莞市厚街镇寮下村彩云西1路4号
邮编:523962
法人:陈小琴

Tel:0769－85993130
Fax:0769－85993120

**佛山市南海力亚化工技术发展有限公司**
地址:广东省佛山市南海区盐步广佛路广佛百货商贸城 H 区 7 号
负责人:李碧云
Tel:13802637135

**佛山市南海区大沥宏实涂料厂**
地址:广东省佛山市南海市大沥颜峰工业区 18 号
负责人:曾桂容
Tel:0757－85572503
13703087875

## 东莞市恒睿实业投资有限公司
业务:本公司成立于 2003 年,主要生产销售防锈油、顶针油、清洗剂、脱模剂各类天然水。以质量求生存,以信誉求发展,竭诚欢迎新老客户来电洽谈业务!
地址:广东省东莞市虎门镇博涌工业区
负责人:罗昌发 邮 编:523900
法 人:罗昌发
Tel:0769－85570186
Fax:0769－85724898

## 东莞市道滘万合塑胶制品厂
业务:产销加工:塑胶制品
产品:塑钢包头、防弹布中底、环保纸撑、纸簇
地址:广东省东莞市道滘镇小河牛涡工业区
负责人:廖继军 邮 编:523000
法 人:廖继军
Tel:0769－88034641
87583089
Fax:0769－88385779
网址:www.xinkejunwei.cn
E-mail:liaojijun@yahoo.cn

**南海市丹灶致达精细化工厂**
地址:广东省佛山市南海市丹灶镇劳边管理区李边工业区
负责人:李秋鸿
Tel:0757－85412898
13702992172

**龙之塑贸易有限公司**
地址:广东省佛山市顺德区乐从镇东区振华路 B313 号
负责人:刘志松
Tel:0757－28100063
13702837103

## 东莞市凤岗昱丰塑胶制品加工厂
业务:塑胶制品
地址:广东省东莞市凤岗镇雁田村怡安工业城第 87 座厂房
负责人:蔡秋秀 邮 编:523003
法 人:蔡秋秀
Tel:0769－87567636
13925768882

## 东莞市长宏油脂有限公司
业务:东莞市长宏油脂有限公司主要销售"英荷派特"、"日本出光"牌罐装润滑油。本公司可通过为客户提供高质量的产品和售后服务,达成与客户的双赢!
地址:广东省东莞市塘厦镇 138 工业区宏业北四路鸿安广场
邮 编:523710
法 人:张长敏
Tel:0769－87720156
87919399
Fax:0769－87908968

**履安塑料鞋材厂**
地址:广东省佛山市顺德区龙江镇旺岗西苑三街 1 号
负责人:刘升权
Tel:0757－23372468
13702616373

## 东莞市厚街顺发包装制品厂
业务:吸塑
地址:广东省东莞市厚街镇白濠村庙仔边街八巷 28 号
负责人:黄加福 邮 编:523003
法 人:黄加福
Tel:13794996685

## 东莞市黄江兴荣水性胶水厂
业务:大量批发,专营生产水性胶水,水性白乳胶
地址:广东省东莞市黄江镇旧村星朗路 18 号
负责人:周松荣 邮 编:523003
法 人:周松荣
Tel:13925852662
0769－83620231
83511662
Fax:0769－83511662

**久润塑料有限公司**
地址:广东省佛山市顺德区伦教街道北海工业区创业路 1 号
负责人:时莉萍
Tel:0757－27731778

13112723973

## 东莞市蛟龙塑胶制品有限公司
业务:东莞市蛟龙塑胶制品有限公司成立于 1992 年,主要生产和销售 EPE 发泡棉、PE 发泡板、塑胶条、产品内外销比例按批文执行。欢迎各方客户来电洽谈业务,共同合作。
地址:广东省东莞市塘厦镇蛟乙塘管理区
邮 编:523710 邮 编:王伴君
法 人:0769－7725390
Tel:0769－7723287

**广州市杰克逊石油化工有限公司**
地址:广东省广州市白云区蚌湖镇江人二路 39 号
负责人:邝恩中
Tel:020－86031630
13609084983

**珠海市和鸿企业有限公司广州办事处**
地址:广东省广州市东风东路 739 号地质大厦 603 房
负责人:关雪华
Tel:020－87665808
87666998

## 东莞市利达化工有限公司
业务:东莞利达化工有限公司是集化工生产、研发和销售于一体的工贸公司,公司坚持"信誉至上,用户第一"的原则,以信为本,以价取胜,建立了完善有效的质量保证体系和售后服务队伍。
地址:广东省东莞市塘厦镇新亚洲工业城
负责人:李小燦 邮 编:511700
Fax:0769－87122698

## 东莞市铭瑞塑胶制品有限公司
业务:工程塑胶制品生产销售
地址:广东省东莞市黄江镇玉堂围村玉裕工业区平昌街 11 号一楼
负责人:杨胥 邮 编:523003
法 人:杨胥
Tel:0769－83665729

**广州华穗陶粒制品有限公司**
地址:广东省广州市东山区东川路东川一街 10 号
负责人:关玉东
Tel:020－83813873

**广州卓越能源科技有限公司**
地址:广东省广州市东山区沿江中路 296－298 号广信江湾新城大酒店商业中心 1
负责人:李边卓
Tel:13003013105

## 鑫海石油化工有限公司
业务:广东鑫海石油化工有限公司是中国石油天然气股份有限公司的联营企业,主要为客户提供优质的柴油、燃料油、煤油、润滑油、重油等。欢迎新老客户前来惠顾!
地址:广东省东莞市万江区社区教育路 3 号楼
负责人:魏国华 邮 编:523039
法 人:魏国华
Tel:0769－21990029
Fax:0769－21990019
网址:www.mtw53117.chinapyp.com

## 东莞市寮步奥晟科技
业务:硅、橡胶制品、丁基不干密封胶、不织布、EVA、魔术贴、软木、牛皮纸、快巴纸、PVC、回力胶及各种硅、橡胶片精密冲切件的生产与销售
产品:硅、橡胶制品、丁基不干密封胶、不织步、EVA、魔术贴、软木、牛皮纸、快巴纸、PVC、回力胶及各种硅、橡胶片精密冲切件
地址:广东省东莞市寮步镇上底东冲新村一巷 8 号
负责人:刘兴义 邮 编:523003
法 人:刘兴义
Tel:0769－81192296

**广州市番禺区斯得喷涂厂**
地址:广东省广州市番禺区沙湾镇陈涌村创业西路左排 10 号
负责人:罗小龙
Tel:020－84695627

**广州市精镒五金塑料制品有限公司**
地址:广东省广州市番禺区沙湾镇陈涌村工业区兴业大道西八横路
负责人:袁锦坤
Tel:020－34733797

## 东莞市清溪龙波塑料加工店
业务:模具开发,塑胶成型,喷油,丝印,烫金,产品包装
地址:广东省东莞市清溪镇石田林场林中一街 13 号一楼
负责人:龙海波 邮 编:523000
法 人:龙海波
Tel:0769－82066566
Fax:0769－82066569

## 广东省阳山县中棋化工有限公司
业务:公司创立以来,始终以质量第一,信誉至上,以满足客户需要为己任,用科学的管理模式和完善的检测仪器,引进意大利西姆公司纳米碳酸钙全自动生产设备,年生产二十万吨纳米碳酸钙和普通碳酸钙系列环保产品。另产 20－40－60－80－100 目白晶砂。
地址:广东省东莞市阳山县黎埠镇马惊村七一二工业园
邮 编:511300
法 人:温智棋
Tel:0763－7322901
Fax:0763－7322901

**广州市番禺信昌吸塑厂**
地址:广东省广州市番禺区沙湾镇三善村工业区
负责人:梁胜根
Tel:020－84747661

## 东莞志发塑料有限公司
业务:专业从事塑胶染色抽粒、代客专师配色,准确快捷。以优质的产品质量,完善的售后技术跟踪服务、实惠的销售价格,求得与客户长期合作共同发展。
产品:塑胶颜料、抽粒、黑白色母
地址:广东省东莞市清溪镇谢坑村金桥工业区金寓二街 2 号
负责人:庹莲蓉 邮 编:523600
法 人:陈华北
Tel:0769－87301899
15920695899
Fax:0769－87302189
网址:www.dgzfsl.cn
E-mail:zhifa988@126.com

**广州市金旭石油产品有限公司**
地址:广东省广州市海珠区滨江东路 1026 号 1301 房
负责人:金波
Tel:13570088553

## 东莞市锦多宝能源有限公司
业务:本公司是一家极具实力的能源公司主要经营 0＃柴油、180＃重油、石油化工产品。公司以"质量求生存、信誉求发展",欢迎广大用户光临惠顾!
地址:广东省东莞市樟木头镇新兴路 79 号三楼
负责人:吴锦镇 邮 编:523620
法 人:吴锦镇
Tel:0769－87780788

## 东莞市桂联塑胶有限公司
业务:增塑剂 DOP
地址:广东省东莞市沙田镇西太隆渡船舟村 1 号旁边
负责人:刘建成 邮 编:523003
法 人:刘建成
Tel:13751436655
0769－88800369

**广州九丰燃气有限公司永丰经营部**
地址:广东省广州市花都区狮岭镇前进大队前进村前进路自编 1 号
负责人:舒金英
Tel:020－87597045

**嘉明模具商店**
地址:广东省广州市花都区狮岭镇雄狮东路 78 号底层
负责人:胡明宇
Tel:020－86936141
13710766923

## 东莞市石碣创奇塑料五金加工店
业务:塑料五金加工
地址:广东省东莞市石碣镇单屋村金滩一街 3 号
负责人:安长福 邮 编:523003
法 人:安长福
Tel:13113059955
0769－81802329
Fax:0769－81802329

## 佛山市南海顺海帆塑料厂
业务:佛山市南海顺海帆塑料厂成立于 2004 年,主要从事塑料制品的生产与销售,主要产品有气泡袋、无纺布袋、珍珠棉,热诚欢迎新老客户惠顾。
地址:广东省佛山市南海区罗村沙坑工业区盘龙岗
负责人:欧秋良 邮 编:528000
法 人:欧秋良
Tel:0757－86190765
86405126

**广州市昌明化工原料有限公司**
地址:广东省广州市花都区新华镇龙珠路 3 号之一 B 幢 04 号铺
负责人:刘志深
Tel:020－36999233

## 东莞市石碣协和塑胶制品厂
业务:塑胶制品
地址:广东省东莞市石碣镇水南第二工业区第 1 栋首层
负责人:刘志仁 邮 编:523003
法 人:刘志仁
Tel:13826954966
0769－86323503
Fax:0769－86323603
E-mail:lzr13826954966@yahoo.com

**广州市精锋印材科技有限公司新华橡锋**

**橡胶经营部**
地址:广东省广州市花都区新华镇新街北路 63 号之二嘉信华庭 4 栋 202 号
负责人:李伟杰
Tel:020－86870568
86876608
86876618
13903061478

## 佛山市顺德区容桂发彩塑料颜料厂
业务:本公司成立于 2005 年,主要生产销售塑料颜料。公司本着以质量求生存,以信誉求发展,竭诚欢迎新老客户来电洽谈业务!
地址:广东省佛山市顺德区容桂乐善二路 6 号之一
负责人:吴伟宏 邮 编:528000
法 人:吴伟宏
Tel:0757－26620901
26620902

**广州奔泰化工有限公司**
地址:广东省广州市天河区东圃镇黄村西路 76 号 206 房
负责人:刘伟
Tel:020－82582088

**长冠石化贸易有限公司**
地址:广东省广州市天河区天河北路 233 号中信广场 3701、3708 室
负责人:赵泽彬
Tel:020－38911777
13922130401

## 东莞市塘厦嘉鹏塑料经营部
业务:硅胶制品
地址:广东省东莞市塘厦镇平山村彬财工业园
负责人:周真初 邮 编:523003
法 人:周玉初
Tel:0769－87848996
87848997
13609699548
Fax:0769－87848558

## 广州市番禺信诚塑料五金厂
业务:广州市番禺信诚塑料五金厂成立于 2005 年,加工销售塑料五金,欢迎来电洽谈业务。
地址:广东省广州市番禺区沙湾镇福涌沙渡路一横 4 号
负责人:苏冠坤 邮 编:511485
法 人:苏冠坤
Tel:020－34878662
网址:www.mtw50740.chinapyp.com

**广州市一路行润滑油有限公司**
地址:广东省广州市天河区燕岭路 25－27 号银燕大厦 2006 室
负责人:张建明
Tel:020－87361243

## 东莞市美旺塑料制品有限公司
业务:集设计、生产、销售为一体,专注于各种塑胶片、板、膜的研发及生产和吸塑产品的加工,可代料加工,我们竭诚为您提供优质的产品及完善的服务,让我们携手合作,共创辉煌!
产品:PVC、A－PET 片材
地址:广东省东莞市塘厦镇塘天北路 106 号
负责人:姚雅勤 邮 编:523000
法 人:王存发
Tel:0769－82168182
82168192
Fax:0769－82168600
E-mail:meiwang.8182@163.com

## 东莞市谢岗兴灿五金塑胶厂
业务:生产塑胶五金
地址:广东省东莞市谢岗镇谢山村平山路
负责人:庄灿强 邮 编:523003
法 人:庄灿强
Tel:13829203202
0769－82333258

**广州市增城新塘镇华元塑料制品厂**
地址:广东省广州市增城区新塘镇新墩村北区一楼
负责人:苏长春
Tel:020－82690603
13580560728

## 广州市福田特种涂料化工有限公司
业务:广州市福田特种涂料化工有限公司是广州市福田实业有限公司旗下的独立子公司,公司涉及工业涂料的研发生产和销售,产品应用在摩托车、汽车饰品,电脑各类家用电器,医疗器材,玩具,模型、汽车轮毂等五金及塑胶制品的表面涂装。我们将切实有效的为顾客解决实际问题,促进共同发展!
地址:广东省广州市增城中新大田高新科技工业区
负责人:邱伟东 邮 编:511365
法 人:邱伟东
Tel:020－82868338－139

020－82868338－227
Fax:020－82863068
网址:www.mtw28375.chinapyp.com

**广东省卓高化工有限公司**
地址:广东省广州市增城市新塘镇石下村开发区 8 号
负责人:全宇
Tel:020－82686888

**广州新鑫发五金塑料加工有限公司**
地址:广东省广州市增城市中新镇福和管理区三迳村
负责人:伍宗政
Tel:020－82831787

**台山市百利丰塑料制品有限公司**
业务:本公司创办于 1998 年,业务范围:食品系列吸塑包装、PS 植绒吸塑、中秋月饼包装、PVC 盒、折边、吸塑模具设计与制作。竭诚欢迎广大客户来电洽谈业务!
地址:广东省江门市台山市大江镇公益益兴路 238 号
负责人:汤杰雄 邮 编:529259
法 人:汤杰雄
Tel:0750－5414038
Fax:0750－5414893

**东莞市樟木头湘勤塑胶原料经营部**
业务:塑胶原料销售
产品:ABS、AS、ASA、PP、HIPS、PS、POM、PBT、PC、PC/ABS、TPU、PA6、PA66、PA46、PMMA、PPS、PPO、及各种原料改性、加纤、耐温、耐寒、阻燃等
地址:广东省东莞市樟木头镇百果洞南区四巷 16 号 B 铺
负责人:黎海忠 邮 编:523003
法 人:黎海忠
Tel:13433039853
0769－87706786

**中油 BP 江门石油有限公司**
地址:广东省广州市中山五路 219 号中旅商业城 1101 房
负责人:陈建志
Tel:020－83966988

**惠州市日鑫塑胶制品有限公司**
地址:广东省惠州市博罗县罗阳镇义和圩镇广汕公路外沿
负责人:王惠民
Tel:13059562682

**江门市凌丰涂料有限公司**
业务:本公司成立于 1998 年,现有 100 多员工,主要经营各种涂料的生产与销售。凌丰涂料,百年经典、全球共享。
地址:广东省江门市新会区司前镇新建乡工业区
邮 编:529159
法 人:郭行安
Tel:0750－6563981
Fax:0750－6563980

**广东东莞市樟木头镇荣光塑胶原料经营部**
业务:经营塑胶原料
地址:广东省东莞市樟木头镇塑胶原料市场三期 A68 号
负责人:杨家发 邮 编:523000
法 人:杨家发
Tel:0769－82021358
13790437028

**辉煌涂料有限公司**
地址:广东省惠州市惠阳区新圩镇产径村
负责人:赖有发
Tel:0752－3529843
3529881
13500184831

**鸿大涂料厂**
地址:广东省江门市荷塘镇三丫太通工业区
负责人:黄祖华
Tel:13809681756

**电白县盛丰肥业有限公司**
业务:我公司成立于 2004 年,公司代理销售化肥产品,我们以"质量第一,信誉至上"为宗旨,为广大客户服务。
地址:广东省茂名市电白县水东镇人民中路 67 号
负责人:任凤文 邮 编:525400
Tel:0668－5596118
Fax:0668－5591168

**东莞市樟木头派瑞塑胶原料经营部**
业务:销售塑胶原料(ABS－275757－15A1、765A850 东丽 100)
地址:广东省东莞市樟木头镇塑胶原料市场一期办公室首栋 1 号
负责人:梁又香 邮 编:523618
法 人:梁又香
Tel:0769－82337298
82337299
13712007622
Fax:0769－82337299

**恒晖化工有限公司**
地址:广东省江门市育德山庄邑德街 12 栋－10
负责人:黄晓东
Tel:0750－3909208
13318645444

**梅州市城北电脑加油站有限公司**
地址:广东省梅州市城北侨中背 206 国道旁
负责人:钟亮
Tel:0753－2380331

**汕头市天骏精细化工有限公司**
业务:本公司成立于 2002 年,主要生产销售珠光原料,质量保证,价格合理,欢迎来电洽谈业务!
地址:广东省汕头市濠江区磊口工业区濠江边 38 号
负责人:陈锡添 邮 编:515098
法 人:陈锡添
Tel:0754－7377397
Fax:0754－7380397
网址:www.styahoo.net/tianjun
E-mail:sttjhg@yahoo.com.cn

**东莞市鑫港塑胶原料有限公司**
业务:生产塑胶原料
地址:广东省东莞市樟木头镇圩镇富都工业区(草菇场)
负责人:李兴发 邮 编:523003
法 人:李兴发
Tel:0769－87782558
87786766
Fax:0769－87786766

**广东省佛山市南海富驰化工有限公司**
地址:广东省南海市黄岐中南花园太湖路 8 号
负责人:王良云
Tel:0757－85914539
85914901

**核力环能生物工程技术有限公司**
地址:广东省清远市清城区龙塘镇金沙工业区
负责人:黎广源
Tel:0763－6816198
13750169883

**佛山市金凸化工有限公司**
业务:主营:陶瓷腰线化工材料、金膏、金水、透明干粒、抛晶干粒、印刷釉、电光膏。
地址:广东省佛山市禅城区风林路 188 号首层 11 号
负责人:杨国芳 邮 编:528000
邮 编:杨国芳
Tel:13172341533
0757－82394532

**深圳市宝安区龙华华丰胶管商行**
业务:深圳市华丰胶管商行,座落在深圳市发展中的龙华镇,创业十多年来,本行犹如斗志昂扬的骏马,在风云变幻的商海中驰骋,闯过天数惊涛骇浪,一如既往地把卓越的产品奉献给社会,无声地支持着广东省无效重点给、排水工程的建设。
地址:广东省深圳市宝安区龙华镇布龙路 194 号
邮 编:518109
法 人:陈海镛
Tel:0755－27746439
27743432
Fax:0755－27743432

**鸿莱塑料制品有限公司**
地址:广东省汕头市澄海区澄华西门企溪工业区 5 幢 1 号
负责人:王书福
Tel:0754－85851358
13825859798

**佛山市禅城区冠代塑胶包装粘合厂**
业务:生产收缩膜、塑料薄膜
地址:广东省佛山市禅城区南庄镇湖涌工业区
负责人:潘根辉 邮 编:528000
法 人:潘根辉
Tel:13709661863
0757－85335874

**佛山市禅城区德能塑料厂**
业务:设计、制造、销售玻璃胶瓶
产品:玻璃胶瓶
地址:广东省佛山市禅城区南庄镇罗格何家工业区
负责人:刘啟贤 邮 编:528000
法 人:刘啟贤
Tel:13679885408
0757－82527638
Fax:0757－82526148

**高登塑胶制品厂**
地址:广东省汕头市澄海区宁逛园 D2 栋 064
负责人:蔡祖欣
Tel:0754－85892308
13825811996

**深圳市三青表面科技有限公司**
业务:天励化工于 1998 年成立迄今,基于市场需求已陆续在华南、华东、华北成立各营业服务所。又因快速服务理念需求,已在各营业所积极地充实仪器设备及人才的培育,并结合日本、美国、欧洲各大厂的实质配合,引进高科技绿色环保产品,且在新制程上的技术不断追求及提升,以各实服务客户的理念。
地址:广东省深圳市宝安区沙井镇大王山第三工业区第三栋第一层
邮 编:518104
法 人:陈旭位
Tel:0755－29879800
Fax:0755－29879807
网址:http://kssqhg.chinapyp.com

**澄华柏诚塑料商行**
地址:广东省汕头市澄海区文冠路宏威油站后三巷 2 号
负责人:蔡章艾
Tel:13902702453

**汕头市东南湾燃气发展有限公司**
地址:广东省汕头市濠江区滨海街道上头村
负责人:姚植展
Tel:0754－87871668
13502793882

**深圳市亿彩塑胶颜料有限公司**
业务:深圳市亿彩塑胶颜料有限公司成立于 1999 年,主要生产代理销售世界各厂塑胶颜料,染料,专业配制色粉,色料,抽粒,色母,公司在不断成长的同时亦在不断进行系列完善。
地址:广东省深圳市宝安区沙井镇新二村方圆科技园第四栋 1 楼
邮 编:518104
法 人:聂军
Tel:0755－27241527
Fax:0755－27241480
网址:www.mtw30018.chinapyp.com

**佛山市禅城区填立多化工经营部**
业务:108 胶水、涂料、防水、填缝剂、真缝条、瓷砖胶、玻璃胶、磁砖卡
地址:广东省佛山市禅城区南庄镇南庄二马路 56 号之 32 号铺
负责人:周小霞 邮 编:528000
法 人:周小霞
Tel:0757－88027480
15918102433

**汕头市金平区东兴鸿发化工厂**
地址:广东省汕头市金田区岐山水利所对面
负责人:许烈明
Tel:0754－82489578
13809298842

**深圳中润达实业有限公司**
地址:广东省深圳市宝安 13 区宝民一路邮电大厦 605 号
负责人:祁星
Tel:13922829758

**帆盈塑料厂**
业务:塑料制品、橡胶制品、橡塑制品
地址:模压产品、橡塑挤出密封条、塑料包角
产品:广东省佛山市禅城区南庄镇南庄穗丰工业区
负责人:谭广煊 邮 编:528061
法 人:谭广煊
Tel:13928650504

**普赛特科技(深圳)有限公司**
业务:研究开发、生产经营锡膏、助焊剂;相关技术咨询;从事货物与技术进出口业务(不含分销、国家专营、专控商品)。
地址:广东省深圳市龙岗区龙岗镇龙东打石岭路榕树塘工业园
邮 编:518115
法 人:包德为
Tel:0755－33837988
Fax:0755－33837989

**深圳市鸿运祥石油化工贸易有限公司**
地址:广东省深圳市宝安区 30 区泰华大厦 2 座 6E
负责人:李典洪
Tel:0755－27820211

**特高特塑料厂**
业务:集研制开发、生产销售为一体的塑料电子配件加工企业,产品主要以电位器塑料配件为主,真诚欢迎各地客商前来洽谈业务!
产品:电位器塑料配件
地址:广东省佛山市禅城区张槎街道大江同建工业区二排五座之一
负责人:龚国进 邮 编:528000
法 人:龚国进
Tel:0757－86176863
13539338678
网址:www.tgt.com

**深圳市宝安区天辉吸塑包装厂**
地址:广东省深圳市宝安区 74 区 A7 栋 5 楼
负责人:许荣业
Tel:0755－27961823

**深圳市君发塑胶制品有限公司**
业务:深圳市君发塑胶制品有限公司成立于 2006 年,生产销售高尔夫球号码牌、塑胶制品及模具制造,欢迎来电洽谈业务!
地址:广东省深圳市龙岗区坪山街道石井村 16 号旁一楼
负责人:左小平 邮 编:518118
法 人:左小平
Tel:0755－84646965
84646976

**佛山市南海区珍藤塑料制品有限公司**
业务:塑料仿藤、PE 塑料的生产与销售
产品:塑料仿藤、PE 塑料
地址:广东省佛山市南海区大沥沥中工业二区石基冲路 2 号
负责人:谢治强 邮 编:528000
法 人:谢治强
Tel:0757－81182272
13927750011

**深圳市阳光油墨科技有限公司**
地址:广东省深圳市宝安区百石巷西区龙祥百路十八巷 1 号景好楼 603 室
负责人:张闯
Tel:0755－27385782
13823617596

**深圳市宝安区宝顺利塑胶制品厂**
地址:广东省深圳市宝安区宝城 22 区创业路一巷日亮科技工业园 1 楼
负责人:王光富
Tel:0755－27847764

**佛山市南海区财志塑料五金厂**
业务:以生产、销售塑料五金制品为主,产品包括树脂产品、塑料制品,本厂以质量至上、服务至上为宗旨,热诚为广大客户服务!
地址:塑料袋等
产品:广东省佛山市南海区丹灶镇西岸村工业区
负责人:何先生 邮 编:528223
法 人:何志坚
Tel:0757－86611308
Fax:0757－86602880

**佛山市柏然颜料有限公司**
产品:珠光粉、金葱粉、云母粉、闪银浆
地址:广东省佛山市南海区罗村罗湖北区金湖三街豪景花园 601 号首层自编 7 号之二
负责人:陈晓武 邮 编:528226
法 人:陈晓武
Tel:13702956565
0757－81261100
Fax:0757－81261120
E-mail:cxw5885@126.com

**新安潮流面板塑胶经销部**
地址:广东省深圳市宝安区宝城 50 区开屏花园二十一栋 1 楼
负责人:陈进强
Tel:0755－27922708
13823578618

**阳江市联邦金属化工有限公司**
业务:本公司成立于 2003 年,主要加工销售催化剂、碳酸钴、氯化钴、硫酸铜。竭诚欢迎广大客户来电洽谈业务!
地址:广东省阳春市马水镇锡山岭脚
负责人:孙立勇 邮 编:529625
法 人:廖智敏
Tel:0662－7860666
Fax:0662－7860887

**佛山市顺德区新理念模具实业有限公司**
业务:我公司主要制造模具,塑料制品,金属制品,日用电器,研发,家电产品,经营和代理各类商品及技术的进出口业务/主要从事模具研发设计、制造、加工、组装,涉及的产品有:家电、汽配、办公文具、各类电子产品,兼营和代理各类商品及技术的进出口业务
产品:空调、冰箱、洗碗机、微波炉、体育用品等塑料件
地址:广东省佛山市顺德区北滘镇陈大滘工业区南乐中路 3 号
负责人:费荣华 邮 编:528311
法 人:许凡
Tel:0757－26606161
13790067963
Fax:0757－26606161
网址:newideamould.com
E-mail:xinmojv@yeah.net

**深圳市中茂橡胶有限公司**
业务:深圳市中茂橡胶有限公司成立于 2003 年,是日本 JSR 丁腈橡胶、乙丙橡胶在中国的特约代理商,并主营 JSR 丁基橡胶、荷兰 DSM 乙丙橡胶等国内外合成橡胶以及天然橡胶、各类化工原料。经过公司的努力与各界朋友的支持合作,公司业务规模不断壮大。国外,已同多家生产厂商或其代理商保持着良好的贸易伙伴关系;国内,发展及巩固了一大批用户,并在华东、华南、西南等地区设有二级销售公司,形成了一个强大的销售网络。在同行中,公司享有盛誉。为了更好的拓展业务,公司还下设了华南城分公司、上海分公司及茂

名市茂港汇茂橡胶有限公司，和各同行互勉互励，共创更加辉煌业绩！"互惠互利，共同发展"永远是本司的经营宗旨。今后，我司将增加投入，开发有关新品种，力求做到多元化、多层次、全方位发展。我们并将竭诚为各用户及同行提供质优价廉的商品和热忱完善的服务。
地址：广东省深圳市罗湖区人民南路嘉里中心2208室
邮　编：518001
法　人：田润
Tel：0755－25181833
Fax：0755－25181033

**翔鹰塑胶模具制品厂**
地址：广东省深圳市宝安区宝城27区惠中公司八栋一层
负责人：何经理
Tel：0755－27963178

**深圳市天力新能源有限公司**
地址：广东省深圳市宝安区宝城69区创业二路新福装饰材料市场11栋二楼6号
负责人：邱丽婵
Tel：0755－27599372

**雅斯达不干胶制品厂**
地址：广东省深圳市宝安区福永镇农电工业区A栋3楼
负责人：陈善启
Tel：0755－61150508
13924633639

## 肇庆市鼎湖区万源化工商行
业务：肇庆市鼎湖区万源化工商行成立于2006年，主要经营润滑油、柴油、化工油漆。以质量求生存、以信誉求发展，热忱欢迎新老客户光临、惠顾！
地址：广东省肇庆市鼎湖区坑口万福居委会国兴花园A幢第9卡
负责人：龙敬信……邮　编：526070
法　人：龙敬信
Tel：0758－2628981
Fax：0758－2628981

## 佛山市顺德区福得宝家具配件有限公司
业务：生产和销售各类家具塑料配件
产品：家具塑料配件
地址：广东省佛山市顺德区北滘镇西海村委会烈士中路146号之二
负责人：刘三生　邮　编：528311
法　人：刘三生
Tel：0757－26321850
13825568812
Fax：0757－26398700

**富顺贴胶制品厂**
地址：广东省深圳市宝安区福永镇下十围村第一工业区阳光帽袋一楼
负责人：欧阳向前
Tel：13823509423

**深圳岩谷液化石油气有限公司福永供应站**
地址：广东省深圳市宝安区福永镇新和村虾山涌路旁
负责人：乐文胜
Tel：0755－27343329

## 佛山市顺德区烨坤燃料有限公司
业务：燃料油
地址：广东省佛山市顺德区陈村镇陈村居委会广珠公路68号二楼
负责人：李威　邮　编：528000
法　人：李威
Tel：0757－23815117
Fax：0757－26973236

## 佛山市顺德区图洪化工有限公司
业务：生产与销售各种化工原料、涂料助剂、金属、油墨催干剂，香料香精等
产品：催干剂系列、滑感助剂、油墨分散剂、油性消泡剂系列、流平剂系列、分散剂系列、香剂和除味剂系列、脱水剂、防沉剂、水性系列等。
地址：广东省佛山市顺德区大良凤翔路51号顺雅名筑2座362号
负责人：廖华　邮　编：528000
法　人：廖华
Tel：13726328200
13751535430
0575－26215353
Fax：0575－28607020
网址：http://www.hotosecko.cn
E-mail：liaohua26215353@yahoo.com.cn

## 东升镇盛怡泡沫包装经营部
业务：东升镇盛怡泡沫包装经营部成立于2005年，主要经营泡沫、吸塑。欢迎新老客户光临、惠顾！
地址：广东省中山市东升镇同利街23号
负责人：范锐锋……邮　编：528414
法　人：范锐锋
Tel：0760－2219198
Fax：0760－2215338

**明星颜料行**
地址：广东省深圳市宝安区公明镇柏溪路南二巷30号
负责人：陈晓明
Tel：0755－27106644
13926594278

**飞越塑胶五金制品厂**
地址：广东省深圳市宝安区公明镇东坑工业区新亿街3号
负责人：王晓蕾
Tel：13827426930

## 中山市古镇长信五金塑料加工厂
业务：中山市古镇长信五金塑料加工厂专业从事塑料模具制作、注塑产品加工，我厂坚持"以质量求生存，以信誉争市场"的经营方针，始终服务于广大客户，欢迎广大客户前来洽谈合作。
地址：广东省中山市古镇海洲红庙三驳桥5号
负责人：谭长开……邮　编：528422
法　人：谭长开
Tel：0760－2319260

**志成颜料行**
地址：广东省深圳市宝安区公明镇甲子塘邮电局
负责人：蒋艳春
Tel：0755－27173455
13510032078

## 佛山市顺德区国喜化工有限公司
业务：专业经营聚酯树脂清漆、硝基清漆、聚酯漆稀释剂，货源充足，品质保证，一贯以专业创造利润，诚信提升价值的宗旨，热情为各新老客户提供最优质的产品！
产品：聚酯树脂清漆、硝基清漆、聚酯漆稀释剂、PU固化剂、PE系列
地址：广东省佛山市顺德区乐从镇环镇南路A68号龙威家具材料城A2座首层07号
负责人：黄国华　邮　编：528000
法　人：黄国华
Tel：0757－28919784
13790087835
Fax：0757－23392684
网址：home.51.com/hgoh888
E-mail：sdhuangguohua@163.com

**鸿诚塑胶厂**
地址：广东省深圳市宝安区公明镇将石村将围工业区B栋2楼
负责人：尹得建
Tel：0755－27131282
13713832300

## 中山市南朗镇宏信润滑油经营部
业务：中山市南朗镇宏信润滑油经营部成立于2004年，从事润滑油及各种机械用油销售、我们将以一流的服务品质、一流的产品质量"的经营宗旨，竭诚为广大客户服务。
地址：广东省中山市南朗镇添记珍珠配件车站对面
负责人：何才能……邮　编：528451
Tel：0760－5211718
Fax：0760－5211718

## 佛山市顺德区维纳斯塑料制品有限公司
业务：PET塑料瓶，各种规格型号塑料瓶
地址：广东省佛山市顺德区勒流稔海工业区人村大道2号
负责人：麦嘉辉　邮　编：528000
Tel：13825552130
0757－23661918

## 佛山市顺德区容桂雄毅手板模型加工厂
业务：手板模型加工、塑胶五金加工
产品：家电系列、玩具、汽车
地址：广东省佛山市顺德区容桂广珠路桂洲路段海尾长华路一街横巷5号首层之二
负责人：黄永武　邮　编：528000
法　人：黄永武
Tel：13928201698
0757－26114932
Fax：0757－26114933

**深圳市宝安区公明合兴塑胶厂**
地址：广东省深圳市宝安区公明镇将石村旧工业区14幢
负责人：邹庆标
Tel：0755－27157988
13509614955

**深圳市祥岳塑胶模具制品有限公司**
地址：广东省深圳市宝安区公明镇将石村石围工业区9号楼
负责人：岳金勇
Tel：0755－27131233
13902982507

## 中山市小榄镇瑞祥锦纶厂
业务：本厂成立于2002年，主要生产各种规格尼龙高弹丝。以质量求生存，以信誉求发展，竭诚欢迎广大客户来电洽谈业务，共求发展！
地址：广东省中山市小榄镇宝丰工业区怡生开发区
负责人：刘晖……邮　编：528415
法　人：刘晖
Tel：0760－2288158
2288948

**俊达胶粒制品厂**
地址：广东省深圳市宝安区公明镇将石旧工业区23幢
负责人：梁俊茂
Tel：0755－27900860
13077835638

**深圳市九彩实业有限公司**
地址：广东省深圳市宝安区公明镇上村莲塘工业城德兴工业园3栋
负责人：张中弛
Tel：0755－29892915
13502819105

## 恒强海绵加工厂
业务：恒强海绵加工厂成立于2004年，主要从事于海绵的回收及加工。欢迎新老客户光临、惠顾！
地址：广东中山市小榄镇联丰村
负责人：沈志强……邮　编：528415
法　人：沈志强
Tel：0760－2125056

## 佛山市顺德区容桂恒硕五金塑料厂
业务：生产与销售五金塑料制品，注塑加工
地址：五金塑料制品
产品：广东省佛山市顺德区容桂海尾汇桂路一横巷1号首层之11
负责人：岑泽林　邮　编：528000
法　人：岑泽林
Tel：0757－28887918
Fax：0757－288933392

**深圳市江昌塑胶五限公司**
地址：广东省深圳市宝安区公明镇下石村
负责人：余仲宜
Tel：0755－27555768
13823571088

**星重源实业有限公司**
地址：广东省深圳市宝安区观澜福民村宝安外经工业园5号厂房
负责人：徐漫林
Tel：0755－27996202
13802215822

**大全塑胶颜料行**
地址：广东省深圳市宝安区观澜镇大和中心市场侧42栋1楼
负责人：朱忠信
Tel：0755－28019380
13808856875

## 佛山市顺德区勇大燃气化工贸易有限公司
业务：专业经营石油气、天燃气、涂料、日化产品，承接各类燃气管道设计安装、维修保养工程。公司秉承着诚信经营、优质服务的经营理念，竭诚为新老客户提供优质高效之服务！
产品：石油气，天燃气，涂料，日化产品
地址：广东省佛山市顺德区容桂丝绸大厦503号
负责人：邱勇　邮　编：528303
法　人：卢其琴
Tel：0757－28870882
Fax：0757－28375558
网址：百电通
E-mail：qy6789@sohu.com

## 高要市金渡镇诚兴硅胶加工场
业务：硅胶制品的生产加工
地址：广东省高要市金渡镇世纪大道旁即旧天然居
负责人：王强
法　人：王强
Tel：13922642458
0758－8512206

## 中山市东升镇佳昌绿色助剂厂
业务：中山市东升镇佳昌绿色助剂厂位于中山市东升镇105国道旁，交通方便，是一家专业生产纺织印染助剂系列为主导产品的企业。佳昌自创建以来，凭着管理创新、技术创新、产品创新，不断满足千变万化的市场需求，牢记"诚信为本、质量第一、用户至上"的宗旨，为用户提供最诚挚有效的服务。随着市场网络的健全和扩大，正为实现经济效益与社会效益同步增长而努力。
地址：中山市东升镇胜龙工业区
负责人：冯汇奔……邮　编：528412
Tel：0760－8507783
Fax：0760－8507781
网址：http://jiachang.xlcc.com
E-mail：jiachang@xlcc.com

**兴达五金交电化工**
地址：广东省深圳市宝安区观澜镇大水坑市场二栋3－6号
负责人：刘俊斌
Tel：0755－28164866
13316811595

**深雅五金塑胶厂**
地址：广东省深圳市宝安区观澜镇大水坑章阁村深雅工业厂房
负责人：成元芝
Tel：0755－27989344

**悦信美实业有限公司**
地址：广东省深圳市宝安区观澜镇企坪村横田坜段企沙公路2号
负责人：郭海权
Tel：0755－27988122
13802208631

**合发塑料加工场**
地址：广东省深圳市宝安区光明农场城光工业区对面
负责人：陈开文
Tel：0755－27436199
13809863396

## 高要市蚬岗镇大明塑料厂
业务：塑料加工
地址：广东省高要市蚬岗镇松明岗（双金公路边）
负责人：钟仲明　邮　编：526100
邮　编：钟仲明
Tel：13353021626
0758－8554123

**深圳市宝安区龙华东盛油漆装饰材料店**
地址：广东省深圳市宝安区龙华民乐村潜龙阁B幢117号
负责人：黄惠盛
Tel：0755－28096726

**华辉润滑油商行**
地址：广东省深圳市宝安区龙华镇赤岭头新一村18巷1号101铺
负责人：张笃昌
Tel：0755－28100621
13302467887

**华强塑胶制品厂**
地址：广东省深圳市宝安区龙华镇创业路龙胜19号三楼东分隔体
负责人：黄强
Tel：0755－28107866
13798344866

## 广州市健翔化工原料有限公司
业务：化工原料和煤炭批发
地址：广东省广州经济技术开发区志诚大道302号融汇大厦710房
负责人：谭健　邮　编：510130
法　人：谭健
Tel：13602844797
020－82217065
Fax：020－82217065

**兴顺达胶粘制品厂**
地址：广东省深圳市宝安区龙华镇第一工业区17栋3楼
负责人：包水民
Tel：0755－28106783
13502814166

**深圳市特润佳化工有限公司**
地址：广东省深圳市宝安区龙华镇工业东路第六工业区三巷5号A一楼东
负责人：李翔
Tel：0755－28177991

## 广州市德麓聚氨酯科技有限公司
业务：聚氨酯原材料
产品：柔软剂、荧光颜料 有机化工用催化剂
地址：广东省广州市番禺区东环街节能科技园天安科技产业大厦2－810号
负责人：邓诺瑜　邮　编：510130
法　人：邓诺瑜
Tel：020－39211996
39211997
Fax：020－39211995

## 广州市征亚化工有限公司
业务：生产销售、化工原料、工业漆、色浆、电镀力架涂料、水性光油。
地址：广东省广州市番禺区东涌镇石牌村市南路段201号
负责人：张川　邮　编：511453
法　人：张川
Tel：13600025922
020－22638790

**永安欣胶粘材料有限公司**
地址：广东省深圳市宝安区龙华镇梅林海关西侧劳教二所旁景源实业二楼
负责人：母立平
Tel：0755－28188555
13922812758

**鸿泰精密塑胶模具厂**
地址：广东省深圳市宝安区龙华镇民治塘水围村
负责人：李国平
Tel：0755－28195783
13603041731

**千辉不干胶制品厂**
地址：广东省深圳市宝安区龙华镇清湖和平东

路184号
负责人:唐辉
Tel:13828897804

**盈基塑料制品厂**
业务:塑料制品生产销售
地址:广东省广州市番禺区桥南街草河工业区北5排3号
负责人:董国基 邮编:511400
法人:董国基
Tel:020－22869823
22869235

**麒麟工业模型设计部**
地址:广东省深圳市宝安区龙华镇三联弓村康乐新村A5号二楼
负责人:汤其林
Tel:0755－28157553
13543285551

**龙华华丰胶管商行**
地址:广东省深圳市宝安区龙华镇上塘龙屋村194号
负责人:陈海镛
Tel:0755－27746439
13510866256

**鹤山市沙坪镇南油填料厂**
业务:塑料制品
产品:填充料
地址:广东省鹤山市沙坪镇楼冲开发区
负责人:张勇 邮编:529700
法人:张勇
Tel:13717456777
13794641477

**深圳市恒威达塑胶材料制品有限公司**
地址:广东省深圳市宝安区龙华镇桃苑新村工业路D－栋三楼
负责人:夏圣
Tel:0755－27701626
28121090
13802209702

**普托司商务网络有限公司**
地址:广东省深圳市宝安区三区东江豪苑15楼C2
负责人:陈锦泰
Tel:0755－29993030

**博罗县罗阳镇恒杰润滑油经营部**
业务:润滑油销售
地址:广东省惠州市博罗县罗阳鸡麻地工业园
负责人:邱振洪 邮编:516000
法人:邱振洪
Tel:13528097755
0752－6993423

**嘉晋安实业有限公司**
地址:广东省深圳市宝安区三区西安二路顺得家私城3楼
负责人:庄晋源
Tel:0755－27754285
13509655818

**深圳市宝安区创的丰塑胶制品研发部**
地址:广东省深圳市宝安区沙井街道坐岗村北帝路28号
负责人:程标华
Tel:0755－27209829

**博罗县石湾镇一博橡胶加工厂**
业务:橡胶粉、再生胶的生产与销售
产品:橡胶粉、再生胶
地址:广东省惠州市博罗县石湾镇黄西新华村委会
负责人:胡治国 邮编:516001
法人:胡治国
Tel:13928396659
0752－6359019
Fax:0752－6359019

**深圳市宝安区步涌高宝华南塑胶厂**
地址:广东省深圳市宝安区沙井街道同富裕工业园A－5区B10幢一至三层
负责人:樊学文
Tel:0755－29691002

**江南伟业模具塑料有限公司**
地址:广东省深圳市宝安区沙井镇博岗村觉园工业区岗头路30号
负责人:俞益项
Tel:0755－27261712
13802581786

**博罗县石湾镇金双龙废品塑胶加工部**
业务:体育设施塑胶跑道专用胶水
地址:广东省惠州市博罗县石湾镇田心村
负责人:卢云飞 邮编:516001
法人:卢云飞
Tel:13802879513
0752－6922820

**深圳市吉保吉实业有限公司**
地址:广东省深圳市宝安区沙井镇步涌工业区C区8栋
负责人:江小姐
Tel:0755－27206989

**深圳市好利时实业有限公司**
地址:广东省深圳市宝安区沙井镇大埔路1号
负责人:赵丛萍
Tel:0755－83762191
13802577519

**博罗县龙成塑胶制品厂**
业务:专业从事保利龙、塑胶制品等防震包装的生产销售,专业的品质、优质的服务是我们对您的承诺,真诚期待与您的合作!
产品:发泡胶(保利龙)PE,PO,PP袋,收缩膜,汽泡膜
地址:广东省惠州市博罗县杨村镇冠峰工业村
负责人:单正华 邮编:516001
法人:单正华
Tel:0752－6718449
15338210103
Fax:0752－6718548
网址:http://bllcsj.chinapyp.com
E-mail:yuanxilong@126.com

**佳兴隆塑胶颜料行**
地址:广东省深圳市宝安区沙井镇大王村东6巷3号
负责人:张海圩
Tel:13828832445

**东维星胶粘制品有限公司**
地址:广东省深圳市宝安区沙井镇东环路宝源第一工业区A栋厂房三楼
负责人:陈红日
Tel:0755－27422058
13322987786

**博罗县杨侨镇君鸿塑料加工厂**
业务:塑料加工
地址:广东省惠州市博罗县杨侨镇石岗岭吉利水泥厂旁
负责人:武兰军 邮编:516001
法人:武兰军
Tel:13192825989
0752－6128065

**宏达威化工有限公司**
地址:广东省深圳市宝安区沙井镇广深路沙井段109号
负责人:熊庆玉
Tel:0755－27290488

**乙禾塑胶有限公司**
地址:广东省深圳市宝安区沙井镇黄埔第一工业区17号厂房
负责人:林秋芳
Tel:0755－27290636
13923790171

**博罗县园洲镇利轶模具塑胶厂**
业务:专业从事精密塑胶模具制作,射出成型,生产各规格喇叭胶壳、U杯射包。本厂拥有先进的注塑成型设备,产品繁多,质量可靠。我们以"质量第一,信誉至上"为宗旨,竭诚欢迎海内外客商前来洽谈合作!
产品:各类手机喇叭、数码相机、耳机、MP4等塑胶喇叭支架加工
地址:广东省惠州市博罗县园洲镇李屋村
负责人:金先生 邮编:516123
法人:金利平
Tel:0752－6819186
13928348477
Fax:0752－6819187
E-mail:dgdzsj@163.com

**多彩塑胶颜料行**
地址:广东省深圳市宝安区沙井镇南洞村南洞东路东区一巷三号
负责人:黎先生
Tel:0755－27258958
13500050908

**永强兴激光刀模厂**
地址:广东省深圳市宝安区沙井镇南洞村央田南路3号对面68号
负责人:陈朝永
Tel:0755－27271928
13600434536

**耀彬塑胶加工厂**
地址:广东省深圳市宝安区沙井镇南环路开元学校西边
负责人:许文秀
Tel:0755－27221869
13332999998

**诚联塑料加工厂**
业务:塑料加工
产品:销售生产PE,PO,PP等各种吹膜,注塑再生料
地址:广东省惠州市惠城区潼侨镇光明村
负责人:刘少荣 邮编:516000
法人:刘少荣
Tel:0752－3131289
13226346289
Fax:0752－3131289

**深圳市普腾塑胶五金有限公司**
地址:广东省深圳市宝安区沙井镇万丰村大洋田工业区第六栋
负责人:彭国海
Tel:13603080414

**聚丰泡沫经销行**
地址:广东省深圳市宝安区沙井镇新桥洋下四区五巷8号301
负责人:胡中新
Tel:0755－27143692
13808805475

**深圳市宝安区沙井镇金龙塑胶加工部**
地址:广东省深圳市宝安区少井镇沙头工业区民福路1号
负责人:梁辉龙
Tel:13502815571

**惠州市惠阳区淡水祥发油漆商行**
业务:油漆销售
产品:各类装修用的油漆、防水防腐漆
地址:广东省惠州市惠阳区淡水人民五路137－2号
负责人:陈耿旋 邮编:516000
法人:陈耿旋
Tel:0752－3873495

**诚信佳塑胶原料助剂经营部**
地址:广东省深圳市宝安区石岩镇官田村西二巷7号1楼
负责人:彭开平
Tel:0755－27604325

**深圳市宝安区石岩联创利粘贴制品厂**
地址:广东省深圳市宝安区石岩镇黎光村易才路
负责人:陈碧建
Tel:0755－27609328
13602557563

**深圳市新兴胶袋厂**
地址:广东省深圳市宝安区石岩镇水田三祝里村
负责人:张秋华
Tel:0755－27634358

**龙门县龙华镇长实塑胶五金制品厂**
产品:PE,PO,PT塑料颗粒,塑料加强料,塑料填充母粒
地址:广东省惠州市龙门县龙华镇花竹村
负责人:吕子忠 邮编:516001
法人:吕子忠
Tel:15812538550
0752－7361868
网址:http://www.51zzt.com/user/zzt34768

**深圳市龙兴盛五金塑胶有限公司**
地址:广东省深圳市宝安区石岩镇水田三祝里工业区
负责人:徐锦燕
Tel:0755－27639944

**银合颜料销售行**
地址:广东省深圳市宝安区石岩镇田心村266号
负责人:韦玉兰
Tel:0755－27630420
13554705907

**松岗集华精细制品厂**
地址:广东省深圳市宝安区松岗红星港联工业区第六幢
负责人:文村英
Tel:0755－27064901
13828709761

**惠州市望圣塑料有限公司**
业务:工程塑料研发、生产、销售,专业生产PC、PET、PC/ABS等工程塑料合金系列产品
地址:广东省惠州市小金口
负责人:郭旻 邮编:516023
法人:郭旻
Tel:0752－5866925
Fax:0752－5866922

**深圳市元盛昌五金塑胶有限公司**
地址:广东省深圳市宝安区松岗街道大洋工业区28栋一楼C单元
负责人:赖永军
Tel:0755－27736018

**深圳市源盛达五金塑胶有限公司**
地址:广东省深圳市宝安区松岗街道松裕工业区38栋一楼
负责人:赖永新
Tel:0755－27730876

**丽星丰达塑料有限公司**
地址:广东省深圳市宝安区龙华镇工业西路38号圳宝工业区4栋一楼
负责人:叶荣灼
Tel:0755－27707696
13927432308
13554813131

**深圳市宝安区龙华富士华硅橡胶制品厂**
地址:广东省深圳市宝安区龙华工业西路广西工业区6栋一楼
负责人:李健
Tel:0755－27044509
13537518777

**开平市苍城镇庆杰塑料制品加工店**
业务:钢铁柜拉手系列、行李车轮系列
地址:广东省江门市开平市苍城镇苍新路34号
负责人:张福寿 邮编:529020
法人:张福寿
Tel:0750－2822068

**勇盛辉塑胶有限公司**
地址:广东省深圳市宝安区松岗镇大田洋工业区E小区
负责人:梁道勇
Tel:0755－27083398
27533338

**建亚佳鑫模具经营部**
地址:广东省深圳市宝安区松岗镇东方大道邮政局21号
负责人:吴建辉
Tel:13828775468

**百灵润滑油**
业务:经营润滑油
产品:百灵、长城、美孚、壳牌、统一、BT
地址:广东省江门市蓬江区杜阮镇木朗乡金朗花园12幢402室
负责人:杨桃 邮编:529085
法人:杨桃
Tel:13672991666
13827256113

**景秀实业有限公司**
地址:广东省深圳市宝安区松岗镇红花村
负责人:王正
Tel:0755－27147693
13501594873

**纬光五金塑胶制品厂**
地址:广东省深圳市宝安区松岗镇红星村西坊工业区6幢
负责人:周卫根
Tel:0755－27098110
13823286904

**深圳市宝安区松岗华鑫颜料商行**
地址:广东省深圳市宝安区松岗镇红星各布村4巷北14号
负责人:唐德健
Tel:13823652311

**蓬江区华渝塑料厂**
业务:生产、销售胶粒
地址:广东省江门市蓬江区棠下镇石滘村大庙工业区
负责人:陈庆华 邮编:529020
法人:陈庆华
Tel:13750356599
0750－3216939

**深圳市宝安区松岗泰升精密注塑制品厂**
地址:广东省深圳市宝安区松岗镇松白工业园
负责人:刘小姐
Tel:0755－27715599

**同威粘合剂有限公司**
地址:广东省深圳市宝安区松岗镇谭头工业城四区五栋
负责人:叶永根
Tel:0755－27134844
13602574592

**揭阳市东山区东阳欣荣化工商行**
业务:烧碱、纯碱、醋酸、原明粉、漂白粉、磷酸三钠、保险粉、小苏打、大苏打、分散染料、活性染料及其它助剂
产品:广东省揭阳市火车站前"天外天"内
负责人:黄二军 邮编:522000
法人:林玲娜
Tel:13502609595
0663－8218707
Fax:0663－8218707

**揭东县新亨汇强塑料制品厂**
业务:塑料制品
地址:广东省揭阳市揭东县新亨镇北良村工业区
负责人:徐素新 邮编:522000
法人:徐素新
Tel:0663－3436299
13360780999

**昆山欧美加电子材料有限公司深圳市分公司**
地址:广东省深圳市宝安区松岗镇溪头第八工业区西二巷2号2楼
负责人:黄国诚
Tel:0755－27135230
13827418941

**品冠颜料行**
地址:广东省深圳市宝安区松岗镇下山门村路侧
负责人:方顺
Tel:0755－27469868
13922857715

**恒景不干胶经营部**
地址：广东省深圳市宝安区松岗镇沿河路5号1层
负责人：方少光
Tel:0755－27469433
13802571771

**联利达化工行**
地址：广东省深圳市宝安区西乡115区宝源工业区108号
负责人：周先生
Tel:0755－27444011
13823129004

**深圳市创蓝天化工有限公司**
地址：广东省深圳市宝安区西乡街道76区新庄园85栋102号
负责人：陈立平
Tel:0755－27942919

**深圳市佳欣化纤制品有限公司**
地址：广东省深圳市宝安区西乡街道固戍下围园工业区B栋三层
负责人：廖文群
Tel:0755－29020768

**好普威塑胶模具厂**
地址：广东省深圳市宝安区西乡银田工业区西发小区A栋
负责人：刘汉华
Tel:0755－29970811
13316811859

**福兴塑料厂**
业务：废塑料回收
地址：广东省揭阳市揭东县月城镇寨内村
负责人：翁武焰 邮编：522000
法人：翁武焰
Tel:13559333488
13352728577

**深圳市宝安区彩汇塑胶颜料行**
地址：广东省深圳市宝安区西乡镇宝乐工业园5栋1楼3号
负责人：洪清花
Tel:0755－27798082

**西乡盈迅塑胶模具制造厂**
地址：广东省深圳市宝安区西乡镇固戍村固戍路215号
负责人：陈进城
Tel:0755－27489816
13501597161

**润顺颜料色母厂**
地址：广东省深圳市宝安区西乡镇固戍华丰工业区1栋首层
负责人：罗秀英
Tel:0755－27471518
13502833686

**揭西县棉湖锦捷塑胶模具厂**
业务：塑胶模具、塑胶产品
地址：广东省揭阳市揭西县棉湖镇湖西工业区
负责人：林伟全 邮编：522000
法人：林伟全
Tel:0663－5218436
13828129955
Fax:0663－5218436
E-mail:www88888@139.com

**福田漆专卖店**
地址：广东省深圳市宝安区西乡镇河西村宝民二路城西小区11栋五号
负责人：张记水
Tel:0755－27937100
13823698572

**广东深圳市星易通塑胶制品有限公司**
地址：广东省深圳市宝安区西乡镇黄田林屋村龙眼墩福利中心厂房
负责人：倪耀坤
Tel:0755－29913759
13823791927

**劲孚石化有限公司**
地址：广东省深圳市宝安区西乡镇径贝村同富楼2楼
负责人：马泽楠
Tel:0755－27580613
13603098828

**普宁市百利达海棉有限公司**
业务：海棉生产
地址：广东省揭阳市普宁市军埠镇石桥头
负责人：杨少东 邮编：523522
法人：杨少东
Tel:0663－2370718
Fax:0663－2370738

**深圳市竟联塑胶制品有限公司**
地址：广东省深圳市宝安区西乡镇径贝工业区高达思公司1楼
负责人：郭德周
Tel:13602657298

**联翔塑胶模具厂**
地址：广东省深圳市宝安区西乡镇九围翻身叁(1)队工业区A幢3楼
负责人：周永光
Tel:0755－27483179
13352971150

**志佳塑料制品厂**
地址：广东省深圳市宝安区西乡镇铁岗村环东路38号
负责人：罗红宇
Tel:0755－27697326
13603091810

**丁村科技开发有限公司**
地址：广东省深圳市宝安区新安街道锦花路天骄世家1栋1座4B
负责人：丁先永
Tel:0755－27690996
13823124107

**揭阳市佳利源塑胶有限公司**
业务：集设计、生产、销售于一体，专业生产各类塑料制品。公司技术力量雄厚，产品繁多，质量可靠，拥有先进的注塑成型设备。我们以"质量第一，信誉至上"为宗旨，竭诚欢迎海内外客商前来洽谈合作！
产品：塑料制品
地址：广东省揭阳市榕城区梅云镇夏桥村工业区
负责人：许晓衡 邮编：522000
法人：许晓衡
Tel:0663－8896852
13925666887
Fax:0663－8896852
E-mail:jyjlysj@126.com

**深圳市协升五金塑胶制品有限公司**
地址：广东省深圳市鹅公岭社区鹅岭工业园1#厂房1－2楼
负责人：赵国辉
Tel:0755－89691801

**文德风能技术有限公司**
地址：广东省深圳市福田区彩田北路中国科技大学(广东省深圳市福田)产学研基地大楼
负责人：黄卓颖
Tel:0755－83185845

**中南泰龙实业有限公司**
地址：广东省深圳市福田区东园路150号玉福楼5楼B房
负责人：张华
Tel:0755－25989439
25989060

**揭阳市榕城区力天日用塑料厂**
业务：生产与销售PP再生料，PE再生料，各类塑料制品
产品：各类塑料制品
地址：广东省揭阳市榕城区梅东厚宅村工业区(十三号路)
负责人：郭乐喜 邮编：522000
法人：郭乐喜
Tel:0663－8689035

**广恒福实业有限公司**
地址：广东省深圳市福田区福华路福田市场大厦五楼518B室
负责人：王旭
Tel:18922893381

**广东省深圳市纳邦化工科技有限公司**
地址：广东省深圳市福田区福强路水围龙秋工业区5栋4楼北面
负责人：施晓阳
Tel:13802576288

**深圳市美达电塑有限公司**
地址：广东省深圳市福田区华发南路68号(爱华大院14栋102室)
负责人：倪晓霞
Tel:0755－83637498
13823703717

**雅成塑料模具加工店**
业务：塑料产品加工、模具加工
地址：广东省开平市水口镇环市路40号之一
负责人：余雅操 邮编：529321
法人：余雅操
Tel:13422582644
0750－2723605

**日旺塑料配件厂**
地址：广东省深圳市福田区华强电子世界10A392号
负责人：张建平
Tel:0755－83635626
83291014
13925209456

**深圳市达盟化工技术有限公司**
地址：广东省深圳市福田区皇岗北路神彩苑A栋701室
负责人：陈新达
Tel:0755－25420754

**深圳市沪光化工科技有限公司**
地址：广东省深圳市福田区金田路3038号现代国际大厦2004
负责人：陈永红
Tel:0755－82559180
13922884161

**邦高实业有限公司**
地址：广东省深圳市福田区深南路路新闻大厦2号楼714B
负责人：车鸣
Tel:0755－82096148
13501587115

**广东省陆丰市吉星涂料有限公司**
业务：集研发、生产、销售为一体，专业生产汽车摩托车修补漆、家俱木器漆、硝基磁漆、防锈漆、圣诞品化工辅料、天那水稀释剂等，公司本着质量第一，顾客至上的经营宗旨，竭诚为您提供满意的服务。
产品：汽车摩托车修补漆、家俱木器漆、硝基磁漆、防锈漆、圣诞品化工辅料、天那水稀释剂等
地址：广东省陆丰市碣石镇星湖地磅路口直入100米
负责人：蔡镇河 邮编：516545
法人：蔡镇河
Tel:0660－8601081
18927924081
Fax:0660－8601081

**深圳市宏丰源科技有限公司**
地址：广东省深圳市福田区深南中路3003号北方大厦2003室
负责人：黄良武
Tel:13632678666

**深圳市邦力兴实业有限公司**
地址：广东省深圳市福田区深南中路嘉麟豪庭B座2304室
负责人：龙国雏
Tel:0755－82870801
13316933736

**诺华膜技术有限公司**
地址：广东省深圳市福田区深南中路南光捷佳大厦1826室
负责人：夏帮华
Tel:13510330031

**茂名蓝海石化有限公司**
业务：石油、化工、聚乙烯
地址：广东省茂名市朝阳路一号华美大厦第七楼708房
负责人：杨武 邮编：525000
法人：杨武
Tel:0668－2901301
Fax:0668－2901302
E-mail:http://www.51zzt.com/user/zzt33299

**深圳市赛凌新能源科技开发有限公司**
地址：广东省深圳市福田区石厦大道建鑫苑D座6F
负责人：陈颖
Tel:0755－26237988

**深燃石油气有限公司**
地址：广东省深圳市福田区松林路9号
负责人：金崇福
Tel:0755－83624622
13502804069

**深圳市华旭升香料有限公司**
地址：广东省深圳市福田区益田北路江苏省大厦3606室
负责人：罗建鹏
Tel:0755－82960711

**高州市金石化工有限公司**
业务：生产油漆
地址：广东省茂名市高州市荷花镇光华路
负责人：苏有海 邮编：525000
法人：苏有海
Tel:0668－3632028
13413395895

**深圳市凯旋顺实业有限公司永顺胶粘剂制品厂**
地址：广东省深圳市观兰镇创新工业园
负责人：胡小峰
Tel:0755－27978016
27977393

**兴泰制模厂**
地址：广东省深圳市观澜镇牛湖老一村
负责人：李玉胜
Tel:0755－27975678

**戈展达化工有限公司**
地址：广东省深圳市观澜镇牛湖石二村
负责人：王居
Tel:0755－27975853

**梅州国通管业经营部**
业务：排污管，供水管
地址：广东省梅州市江南中环路美景花园Q栋第12号店
负责人：赖锦锋 邮编：514021
法人：赖锦锋
Tel:13825998003
0753－2319868

**福域化工经营部**
地址：广东省深圳市横岗镇黄阁坑新秀新村62号
负责人：朱景炽
Tel:13823674389

**旭丰塑胶加工部**
地址：广东省深圳市龙岗平湖镇白里坑村横岭祥花路10号
负责人：谢旭兵
Tel:0755－84663828

13823187338

**深圳市金福昌实业有限公司**
地址：广东省深圳市龙岗区爱联田寮工业区
负责人：王少江
Tel:0755－84800807
13560787026

**蕉岭县鸿鑫磨粉厂**
业务：碳山钙粉、大理石粉的加工和销售
地址：碳山钙粉、大理石粉
产品：广东省梅州市蕉岭县蕉城镇金城工业园区(原物资公司民爆仓库)
负责人：徐志锋 邮编：514021
法人：徐志锋
Tel:0753－7893883

**深圳市裕通涂料科技发展有限公司**
地址：广东省深圳市龙岗区布吉街道丹平路口第九栋313－314
负责人：叶运欣
Tel:0755－28773695

**深圳市一品颜料有限公司**
地址：广东省深圳市龙岗区布吉镇坂田五和大道2号二楼
负责人：王晓辉
Tel:0755－89950651
13600413225

**深圳市鑫和利轻塑制品厂**
地址：广东省深圳市龙岗区布吉镇坂田杨马市场B15－1号
负责人：蔡晨熙
Tel:0755－84198699
13316906299

**国源油罐**
业务：油罐，网架，钢结构工程
地址：广东省梅州市梅江区城北环市西路侧黄塘村路段
负责人：熊国华 邮编：514021
邮编：熊国华
Tel:0753－2368986
15812901708

**大维模具有限公司**
地址：广东省深圳市龙岗区布吉镇布沙路172号南景豪庭108号商铺
负责人：许定明
Tel:0755－84159916
13808804139

**深圳市新龙昌兴工业气体贸易有限公司**
地址：广东省深圳市龙岗区布吉镇甘坑村深水尾工业区一号一楼
负责人：袁国萍
Tel:0755－28559669
84175342
13902453728

**源三环塑胶助剂有限公司**
地址：广东省深圳市龙岗区布吉镇岗头村禾抨岗工业区一幢1,2楼
负责人：张宏军
Tel:13902962171

**梅县隆文镇翠宝农资经营部**
业务：农药化肥等农资经营
地址：广东省梅州市梅县隆文镇苏溪村伯公栋
负责人：朱义超 邮编：514021
法人：朱义超
Tel:13430102869
0753－2733626

**深圳市奥特曼油脂科技有限公司**
地址：广东省深圳市龙岗区布吉镇灏景明苑二期28F
负责人：欧阳荣
Tel:0755－84187602
13713763705
13802563277

**天宇蓝龙实业有限公司**
地址：广东省深圳市龙岗区布吉镇丽湖花园胡蔚阁13楼B座
负责人：廖思红
Tel:13828733118

**新创模型设计有限公司**
地址：广东省深圳市龙岗区布吉镇沙湾吉吓村早乐坑工业园B栋3楼
负责人：姜斌
Tel:0755－28754498
13509622655

**兴宁市亚何农资综合服务部**
业务：主要经营各类的化肥、农药等。
地址：广东省梅州市兴宁市官汕三路213号
负责人：何涛 邮编：514021
法人：何涛
Tel:0753－3381718

**香港日昌有限公司深圳市代表处**
地址：广东省深圳市龙岗区布吉镇中兴路百盛大厦五楼B区503
负责人：金学洙
Tel:0755－84186745
13827401906

**奇辉化工科技有限公司**
地址：广东省深圳市龙岗区横岗镇保安村坳背路口(深惠路段1193号)
负责人：李劲刚

Tel:0755－28680803
13802227628

**溢兴裕塑胶(深圳市)有限公司**
地址:广东省深圳市龙岗区横岗镇保安村简龙工业区 1－2 栋
负责人:曾华湖
Tel:0755－28622670
13825227763

**佛冈县迳头镇青竹农资购销店**
业务:化肥、农药
地址:广东省清远市佛冈县迳头镇青竹村 48 号
负责人:朱彰等　邮　编:511500
法　人:朱彰等
Tel:15914990721
0763－4780100

**深圳市龙岗区横岗镇六约国华包材部**
地址:广东省深圳市龙岗区横岗镇六约深坑村深竹小区七巷 2 号
负责人:王菊华
Tel:0755－28637380
13828814208

**同心化工有限公司**
地址:广东省深圳市龙岗区横岗镇深惠路银海工业区城 9 号厂房五楼
负责人:李启光
Tel:0755－89730509
13510890887

**汇兴胶袋制品(深圳市)有限公司**
地址:广东省深圳市龙岗区坑梓镇秀新村 138 工业区第一栋
负责人:黄谭送
Tel:0755－84125128
84125288
13902313231

**佛冈县石角镇兴明商店**
业务:化肥农药
地址:广东省清远市佛冈县石角镇二七村委会侧
负责人:黄泽明　邮　编:511600
法　人:黄泽明
Tel:0763－4382084
15816241128
Fax:0763－4381147

**深圳市乐高燃气设备有限公司**
地址:广东省深圳市龙岗区龙岗龙平西路爱地花园 A2 栋 103
负责人:黄刚
Tel:0755－28924433

**新德利模具行**
地址:广东省深圳市龙岗区龙岗镇爱联村晨光路 63 号后面
负责人:郭德环
Tel:0755－28988897
13600441823

**政大胶粘剂商行**
地址:广东省深圳市龙岗区龙岗镇格水路 70 号
负责人:王培凤
Tel:0755－84824096
13925292956

**连南瑶族自治县三江镇健康苹果漆店**
业务:主要销售健康苹果油漆
地址:广东省清远市连南县三江镇瑶山路 22 号
负责人:唐超剑　邮　编:511500
法　人:唐超剑
Tel:0763－8667863
13416513863

**深圳市龙岗区伟业实业有限公司**
地址:广东省深圳市龙岗区龙岗镇龙昌街 33 号二楼
负责人:彭伟苗
Tel:0755－84833952
13502868289

**一店:东莞市万江百灵润滑油经营部**
业务:经营润滑油
产品:百灵、长城、美孚、壳牌、统一、BT
地址:一店:广东省东莞市万江区石美社区加美花园 C 座 705 号
负责人:杨桃　邮　编:523062
法　人:杨桃

**清远市清城区华升商贸部**
业务:PVC 塑胶胶粒
地址:广东省清远市清城区凤城街办沙田村柑仔园一巷 5 号
负责人:徐伟东　邮　编:511500
法　人:徐伟东
Tel:13926685449
0763－3204028
Fax:0763－3204028

**深圳市龙岗区龙岗镇中亿塑胶制品厂**
地址:广东省深圳市龙岗区龙岗镇龙东吓井村
负责人:彭银喜
Tel:0755－84819986
13828872082

**奇浩塑胶模具厂**
地址:广东省深圳市龙岗区龙岗镇龙东吓井村
负责人:张春华
Tel:13602635692

**揭阳市恩信五金塑胶有限公司**
业务:专业生产、加工、销售五金制品、塑胶制品、鞋类、小型家用电器等,秉承“品质第一、信誉至上”的宗旨竭诚为您提供满意的服务
产品:塑料拖鞋
地址:揭阳试验区十一号路以南塘埔路北三直东
负责人:吴少珊　邮　编:522021
法　人:黄史文
Tel:0663－8328166
Fax:0663－8320084
网址:www.gdexmj.com
E-mail:gdexmj@163.com

**诚达胶粘剂化行**
地址:广东省深圳市龙岗区龙岗镇龙西村陂头肚 92 号
负责人:张耿亮
Tel:0755－84878542
13808856792

**斗门区井岸镇彩虹化工装饰涂料行**
业务:建筑材料、化工材料
地址:广东省珠海市斗门区白焦路 2899 号 c1－c3 号
负责人:蓝岸波　邮　编:519000
Tel:0756－5505808

**鑫海塑胶制品厂**
地址:广东省深圳市龙岗区龙岗镇南约菠萝山工业区
负责人:黄信强
Tel:13923756699

**珠海市香洲焱晟晖油漆店(珠海总代理)**
业务:环球漆、皇家风范(香港环球化工)
地址:广东省珠海市香洲区紫荆路 244 号－1
负责人:敖圣意　邮　编:519000
法　人:敖圣意
Tel:0756－8213201
6218609

**兴宏泰橡塑制品有限公司**
地址:广东省深圳市龙岗区龙岗镇盛平官新合 44 号
负责人:陈均
Tel:0755－28935236
13066806658

**清新县三坑镇布坑村练方艺化肥农药代销店**
业务:化肥农药销售
地址:广东省清远市清新县三坑镇布坑管理区东风四村 8 号
负责人:练方艺　邮　编:511500
法　人:练方艺
Tel:0763－5863638
15992000609

**银鑫塑胶制品厂**
地址:广东省深圳市龙岗区龙岗镇同东乡黄屋路 3 号
负责人:刘洪世
Tel:0755－84893962
13602658971

**中山市小榄镇三诚有机硅厂**
业务:单组份室温固化硅橡胶(矽胶)RTV－1 SILICONE;双组份室温固化灌封胶 RTV－2;双组份加热固化硅橡胶 LTV－2;加成型硅橡胶 HTV、UL 安规产品。国标安规产品;FDA 无毒产品;耐高温硅胶导热硅胶;导热硅脂;润滑硅脂;阻尼硅脂。
地址:广东省中山市小榄镇联丰乐丰北路
负责人:邓新辉　邮　编:528415
法　人:邓新辉
Tel:0760－22270651
13531398469
网址:www.zssancheng.com.cn
E-mail:18856248@163.com

**中山市小榄镇华艺涂料厂**
业务:外墙真石漆、涂料生产
地址:广东省中山市小榄镇永宁大华三工业区
负责人:李汉华　邮　编:528403
法　人:李汉华
Tel:0760－22279215
Fax:0760－22122900

**成威塑胶干模电局厂**
地址:广东省深圳市龙岗区龙岗镇同乐吓坑村第三工业区
负责人:陈桂文
Tel:13066982928

**深圳市龙岗区龙岗镇正宏化工商行**
地址:广东省深圳市龙岗区龙岗镇同乐乡黄屋村乐园路 408 号一楼
负责人:陈文州
Tel:0755－84895089
13922850396

**阳山县青莲镇创业塑料加工厂**
业务:PVC 加工
地址:广东省清远市阳山县青莲镇
负责人:王志廷　邮　编:511500
法　人:王志廷
Tel:13922301955
0763－7677926
网址:http://www.51zzt.com/user/zzt32251

**深圳市圣田电子科技有限公司**
地址:广东省深圳市龙岗区龙西管理区陂头肚村委后
负责人:田多圣
Tel:13809279794

**中山市协力胶水有限公司**
业务:集生产、销售、服务于一体的专业企业,从事胶水生产及胶水材料销售。货源充足,一贯以专业创造利润,诚信提升价值的宗旨,热情为各新老客户提供最优质的产品。
产品:101 裱纸胶水、木薯淀粉等
地址:广东省中山市坦洲镇永二村工业区 44 栋 B
负责人:罗利承　邮　编:528467
法　人:罗利承
Tel:0760－22262463
0756－5217929
Fax:0760－22262463
0756－6199556
网址:www.51zzt.com/user/zzt43731

**安科塑胶制品厂**
地址:广东省深圳市龙岗区平湖镇 271 号辅岐路
负责人:蔡义纯
Tel:0755－84696223
13554789936

**中山市小榄镇至顺胶粘**
业务:加工及销售胶粘带
地址:广东省中山市小榄镇绩西庆丰工业区
负责人:麦志荣　邮　编:528403
法　人:麦志荣
Tel:13527123667
0760－22588006
Fax:0760－22588006

**深圳市龙岗区平湖镇联志成塑胶颜料行**
地址:广东省深圳市龙岗区平湖镇辅城坳村新桥三路 48 号右侧龙 38201
负责人:程勇
Tel:0755－89685228

**阳山县城南光华化肥农药农膜店**
业务:销售化肥农药
地址:广东省清远市阳山县阳城镇工业大道 174 号
负责人:甘志光　邮　编:513100
法　人:甘志光
Tel:13926655096
0763－7800235

**晟塑塑胶制品厂**
业务:专业从事塑胶五金制品、塑胶模具的生产销售,同时公司承接来料加工业务。我们本着“不断创新,永远服务”的宗旨,愿与国内外厂商精诚合作、共创双赢!
产品:运动场所塑胶地板砖、LED 灯塑胶座
地址:广东省中山市三乡镇茅湾村金湾街 39 号
负责人:钟伟星　邮　编:528400
法　人:钟伟星
Tel:0760－86683473
15918259333
Fax:0760－86683473

**广东省中山市三乡镇精标橡胶制品厂**
业务:橡胶制品
地址:广东省中山市三乡镇平东村商业大街 336 号首层
负责人:蹇勇　邮　编:528400
法　人:蹇勇
Tel:13318271786
0760－86361148
Fax:0760－86361150

**奔腾塑胶制品厂**
地址:广东省深圳市龙岗区平湖镇工业区北 21 栋 1 楼
负责人:梁小强
Tel:0755－28490087

**隆宝塑胶电子厂**
地址:广东省深圳市龙岗区平湖镇平湖村祠堂 4 号 1－2 楼
负责人:苏健强
Tel:0755－84699838

**荣丰塑胶染料有限公司**
业务:生产、销售塑胶染料
地址:广东省汕头市潮南区司马浦镇乡港乡道 138 号
负责人:林荣亮　邮　编:515000
邮　编:林荣亮
Tel:0754－87718608
87732618

**宝利佳塑胶制品厂**
地址:广东省深圳市龙岗区平湖镇辅城坳岐岭工业区 A28 栋
负责人:梁志强
Tel:0755－84672989
13802295299

**科纳涂料有限公司**
地址:广东省深圳市龙岗区平湖镇平湖村高原路
负责人:陈清良
Tel:0755－28840628

**中山火炬开发区石雨机电贸易商行**
业务:专业从事塑胶制品、机电产品的生产销售,并为客户提供腐蚀性流体的输送全方位解决方案。秉承“品质第一,信誉至上”的宗旨,竭诚为您提供满意的服务!
产品:耐腐蚀化工泵、塑料管、管件、塑料阀门、流量计及控件、塑料焊接设备及焊接服务
地址:广东省中山市火炬开发区康乐大道怡景花园商铺第 43 卡
负责人:胡传棍　邮　编:528437
法　人:胡传棍
Tel:0760－86253154
15014506831
Fax:0760－88286956
网址:www.zsshiyu.cn
E-mail:blare.hoo@126.com

**深圳市凯威达塑胶制品有限公司**
地址:广东省深圳市龙岗区平湖镇平湖村河包围路 10#一楼前一层半
负责人:王军
Tel:0755－26523125

**中山华明泰化工科技有限公司**
业务:生产,销售硬脂酸锌、钙、镁,非硬质酸锌
地址:广东省中山市民众镇沙仔工业园
负责人:张惠明　邮　编:528403
法　人:张惠明
Tel:13928179090
0760－85705702

**深圳市龙岗区平湖镇鑫宇模具塑胶制品厂**
地址:广东省深圳市龙岗区平湖镇平湖村石井头 33 号
负责人:李昌余
Tel:13924593266

**汕头市潮南区峡山泰安塑料工艺制品厂**
业务:致力于家居生活用品生产,研发,销售和服务。公司坚持:质量第一,量中求胜,服务人群,成人达己的经营理念,愿与四海客商携手并进,互利互惠双赢共享
产品:加工,销售牙刷,塑料制品,鞋,梳
地址:广东省汕头市潮南区峡山拱上工业区
负责人:郭翠容　邮　编:515100
法　人:郭翠容
Tel:0754－87921030
Fax:0754－87916030
E-mail:senlinst@126.com

**中山市港口镇逸品塑料制品厂**
业务:集设计、开发、生产于一体,专业从事塑料模具、塑料制品加工销售,质量可靠、价格优惠。欢迎新老客户定购。
产品:灯饰、电器
地址:广东省中山市港口镇南六大街 54 号
负责人:何国强　邮　编:528447
法　人:何国强
Tel:0760－88489288
Fax:0760－88489288

**深圳市万康润滑油行**
地址:广东省深圳市龙岗区平湖镇平湖大街 343 号
负责人:庄先生
Tel:0755－84674859
13823205853

**沃田多俊实业发展有限公司**

地址:广东省深圳市龙岗区平湖镇平龙东路
负责人:张乐欢
Tel:0755－28450464

**汇志精密模具制品厂**
地址:广东省深圳市龙岗区平湖镇上木古村车仔路5栋一楼
负责人:刘定志
Tel:0755－84255111
13823123066

## 汕头市俊业塑胶颜料行
业务:销售颜料
地址:广东省汕头市潮南区峡山峡华路961号
负责人:陈金旋 邮 编:515000
邮 编:陈金旋
Tel:13322779803
0754－87794800

**现代达精密模具加工部**
地址:广东省深圳市龙岗区平湖镇新南村任屋路112号一楼
负责人:曾广坪
Tel:0755－28492891
13602654739

## 中山市东升镇媛新五金塑料厂
业务:五金塑料
地址:广东省中山市东升镇同茂社区第二经济合作社大生围(牛骨场附近)
负责人:马远华 邮 编:528403
法 人:马远华
Tel:0760－88508733
13726006876

**深圳市亚菱化工行**
地址:广东省深圳市龙岗区坪地镇坪西花园路
负责人:吴海辉
Tel:0755－84083023
13828852823

## 中山市大涌镇嘉丽特涂料厂
业务:红木家具生产用"填孔宝系列""色精,色娜系列"专业红木家具调色服务。厨具厂不锈钢水槽用"防反渗透涂料即喷底涂料系列"。服装洗水效果用"爆裂纹浆"。建筑装修用乳胶漆等。
产品:红木家具生产用"填孔宝系列""色精,厨具厂不锈钢水槽用"防反渗透涂料即喷底涂料系列"。服装洗水效果用"爆裂纹浆"。建筑装修用乳胶漆等
地址:广东省中山市大涌镇旗北村起凤环"沙岭"
负责人:杜永坤 邮 编:528403
法 人:杜永坤
Tel:13680223894
Fax:0760－87772246
网址:http://www.jialitetl.cn
E-mail:dujianglong88@163.com

**深圳市福力特五金塑胶厂**
地址:广东省深圳市龙岗区坪山镇深汕路67号
负责人:黄美燕
Tel:0755－84639029
13714503315

## 汕头市澄海区泰业工艺厂
业务:办公耗材、儿童玩具、工艺精品的生产与销售
产品:硒鼓、塑料玩具,工艺精品
地址:广东省汕头市澄海区凤翔街道凤新港口工业区
负责人:刘树纯 邮 编:515800
法 人:刘树纯
Tel:13556327388
0754－85878959
Fax:0754－85878959

**深圳市龙岗区坪山镇灏达模具塑胶制品厂**
地址:广东省深圳市龙岗区坪山镇田心村同富裕工业区第8栋1楼
负责人:郑明雄
Tel:0755－84631918
13802583824

## 封开县南丰镇胜发胶管经营部
业务:胶管经营
地址:广东省肇庆市封开县南丰镇南渡公路环城新街(新车站西面)
负责人:林云养 邮 编:526040
法 人:林云养
Tel:0758－6285719

**尚宏化工有限公司**
地址:广东省深圳市龙岗区中心城吉祥中路48号
负责人:罗小姐
Tel:13603049766

**深圳市莱莉雅化工有限公司**
地址:广东省深圳市龙岗新生车村工业区2号
负责人:李传才
Tel:0755－84618406
84889650
13924590118

## 汕头市盛胜塑胶厂
业务:各式塑料软硬管材、塑料玩具
地址:广东省汕头市澄海区广益街道龙田澄江公路
负责人:陈奕宁 邮 编:515000
Tel:0754－85722881
13502745881

**广益塑胶有限公司**
地址:广东省深圳市龙岗镇爱联村军田路168号兴龙工业区一栋二层
负责人:曾小杰
Tel:13802585535

## 广州涂邦涂料有限公司
业务:生产涂料
地址:广东省增城市新塘镇新何村(即汇美富雅名居后面)
负责人:陈耀波 邮 编:511340
法 人:陈耀波
Tel:13500220334
020－82882377

**龙岗长兆色料贸易行**
地址:广东省深圳市龙岗镇爱联樟二村邮电所对面二楼
负责人:吴进祥
Tel:0755－28946921
13510741935

## 汕头市实宝塑胶有限公司、汕头市康家宝工贸有限公司
业务:塑料制品
地址:广东省汕头市大学路293号、广东省汕头市护堤路196－2号
负责人:张先生 邮 编:515000
Tel:0754－82488288

**精进模型加工厂**
地址:广东省深圳市龙岗镇龙平东路205号C栋
负责人:韩立
Tel:0755－84297223
13302438866

## 云安县前锋镇荣健农资代销店
业务:化肥农药
地址:广东省云浮市云安县前锋镇黄沙洞尾村杨荣健房屋
负责人:杨荣健 邮 编:527300
法 人:杨荣健
Tel:0766－6170055
13580699487

**志友塑料色母制粒厂**
地址:广东省深圳市龙岗镇龙西务地埔红花岭工业区
负责人:叶灶泉
Tel:13923725262

**颖强五金塑胶有限公司**
地址:广东省深圳市龙岗镇五联村朱古石一层
负责人:戴杉苹
Tel:0755－89903168
13923731118

## 华顺塑料竹篾厂
业务:五金,塑料
地址:广东省汕头市金环西路金园工业城
负责人:李广华 邮 编:515000
法 人:李广华
Tel:0754－88226121

**伟顺达五金塑胶模具钢材经销部**
地址:广东省深圳市龙华鹊山新村3号1楼
负责人:张生
Tel:0755－89603358

## 新兴县新城镇嘉宝莉漆专卖店
业务:嘉宝莉漆专营店,质量保证、价格最低,免费送货上门、售后服务保证。并可承接各类乳胶漆的装修工程,本着质量第一、顾客至上的经营宗旨,竭诚为您提供满意的服务。
产品:"嘉宝莉"系列产品:内墙儿童专用漆,K11防水涂料,水性木器漆,环保腻子粉等"
地址:广东省云浮市新兴县新城镇文华路1号之2(祥利花园)
负责人:陈婵娟 邮 编:527400
法 人:陈婵娟
Tel:0766－2978573
Fax:0766－2978573
网址:http://www.carpoly.com.cn

**新富源工业润滑油经营部**
地址:广东省深圳市龙华镇和平路和平大厦211室
负责人:徐宁江
Tel:0755－27700066
13923891057

**丰迪科技有限公司**
地址:广东省深圳市龙华镇水斗新村东环二路D栋厂房
负责人:郑其
Tel:0755－28135115

13902907561

## 汕头市金平区华阳薄膜工艺厂
业务:加工各类薄膜制品
产品:薄膜制品
地址:广东省汕头市金平区汕樟路北浮东路段蔡厝洋上片工业区
负责人:唐卓鸿 邮 编:515000
法 人:唐卓鸿
Tel:13501416995
0754－88396359

**中茂橡胶有限公司**
地址:广东省深圳市罗湖区人民南路嘉里中心2208室
负责人:朱寿欢
Tel:0755－25181322

## 阳春市合水镇高河永兴农业服务部
业务:农药,化肥,饲料
地址:广东省阳春市合水镇高河村委会高河小学路口侧
负责人:杨銮志 邮 编:529525
法 人:杨銮志
Tel:13824950585
0662－7208093

**深圳市石化化工保税贸易有限公司**
地址:广东省深圳市罗湖区笋岗东路3002号万通大厦901
负责人:任敏
Tel:13902988481

## 汕头市金平区金鸿塑胶厂
业务:塑胶
地址:广东省汕头市金平区鮀莲街道大场西洲路中段旁
负责人:杨德光 邮 编:515000
法 人:杨德光
Tel:13531292281
18902749095

**润达伟实业有限公司沥青制品厂**
地址:广东省深圳市南山区白芒村沙坑山沟低洼荒地2号
负责人:吴志伟
Tel:0755－83065868

## 信宜市茶山镇宇辉化肥店
业务:化肥销售
地址:广东省信宜市茶山镇榕垌村
负责人:黄宇辉 邮 编:525000
法 人:黄宇辉
Tel:0668－8663897
13727789368

**深圳市好镀特化工科技有限公司**
地址:广东省深圳市南山区海昌街海昌大厦A－101
负责人:黄坚
Tel:0755－26531759

**精益不干胶制品有限公司**
地址:广东省深圳市南山区马家龙工业区五栋一层西
负责人:杨少波
Tel:0755－26633378
13823652437

## 海丰县城东新金源农资经营部
业务:农药化肥的销售、农资服务
地址:广东省汕尾市海丰县城东山埔工业区
负责人:吴庚新 邮 编:516411
法 人:吴庚新
Tel:0660－6426600

**亿恒模具塑胶制品有限公司**
地址:广东省深圳市南山区马家龙工业区艺园路28幢一楼
负责人:唐小华
Tel:0755－26502551
26951708
13828732486

## 台山市台城伟润橡塑制品厂
业务:生产橡塑五金制品
地址:广东省台山市台城和平一巷25号
负责人:向仲金 邮 编:529020
法 人:向仲金
Tel:13824067527
0750－5515743
5537858
Fax:0750－5537858

**深圳市南山区永发特种机油店**
地址:广东省深圳市南山区南山村燕苍63号501室
负责人:杨波
Tel:13502834019

**海之灵润滑材料有限公司**
地址:广东省深圳市南山区南油路2246#
负责人:梁燕桂
Tel:13602668290

## 劲达轮胎店/劲达轮胎店
业务:各种轮胎批零
地址:广东省汕尾市海丰县附城三环路边岭头村(富丽华庭对面)/广东省汕尾市红草镇埔边工业区F2公里左右
负责人:张利权 邮 编:516600
法 人:张利权
Tel:13927938793
0660－3445793

**康筏石化工程设备有限公司**
地址:广东省深圳市南山区蛇口工业区太子路18号海景广场23F
负责人:卢晓军
Tel:0755－26699681

## 四会市腾飞塑料制品加工厂
业务:塑料水果包装生产销售
产品:水果包装网袋等
地址:广东省四会市城中区高狮农科所内
负责人:赵国强 邮 编:526200
法 人:刘玉波
Tel:13318116677
13138956222

**科力船舶燃料供应有限公司**
地址:广东省深圳市南山区蛇口海滨东路126号蛇口统建楼一号楼A区二层1号
负责人:张木昌
Tel:0755－26693306
13823187937

## 海丰县永祥化工经营部
业务:本部主要经营三酸二碱、洗涤原料,诚信为本、质量为先是我们的服务宗旨,期待与您的真诚合作!
产品:三酸三碱,洗涤原料,化学试剂,溶剂等
地址:广东省汕尾市海丰县铜钱山五巷55号(二环路边)
负责人:林永南 邮 编:216400
法 人:林永南
Tel:0660－6692115
Fax:0660－6869115

**香港挪威海德鲁有限公司深圳市代表处**
地址:广东省深圳市南山区蛇口太子路一号新时代广场24层J.K号
负责人:余子宏
Tel:0755－26676628
13823551261

## 伟业油漆涂料批发行
业务:化工原料,防水材料
地址:广东省深圳市龙岗区五和大道家和花园北区7栋114号
负责人:姚伟坚 邮 编:518000
法 人:姚伟坚
Tel:0755－84191321
13724318321

**倍特石化装备有限公司**
地址:广东省深圳市南山区太子路华达大厦405－407号
负责人:张漫
Tel:0755－26672805

**深圳市嘉东实业有限公司**
地址:广东省深圳市南山区西丽镇华盛工业园A16栋
负责人:李陆团
Tel:0755－26744132
13502814749

## 曾超油罐
产品:油桶、油罐
地址:广东省韶关市南郊四公里成风汽车行旁
负责人:曾超贤 邮 编:512000
法 人:曾超贤
Tel:0751－8306256
13826325708

**深圳市泰强化工有限公司**
地址:广东省深圳市南山区西丽镇沙河路永标大厦7楼
负责人:张凤帮
Tel:0755－26701839
1380228564

## 中南涂料化工经营部
业务:油漆、开油水、胶水、化工原料、工业润滑油
地址:油漆、专业木器漆、开油水、纸板油、纸品、手袋、鞋业、五金、塑胶、家私、工艺品专用胶水、化工原料、各种天那水等、工业专业润滑油、油脂等
产品:广东省深圳市龙岗区平湖镇华南城国际化工原料城M16栋103号
负责人:梁寿荣 邮 编:528111
法 人:梁寿荣
Tel:0755－89637209
Fax:0755－89637309
网址:平湖华南城网

**敬业纳米技术有限公司**
地址:广东省深圳市南山区学府路荟芳园B

－4D
…… 负责人：曲少忠
…… Tel：0755－26454596
13823660147

**深圳市南山区茂南高级润滑油商场**
地址：广东省深圳市南山区一甲海边新村前海路 38 号商铺
…… 负责人：张奎一
…… Tel：13802273599

## 南雄市瑞丽康化工有限公司
业务：新型环保内外墙生物化工涂料
产品：外墙明胶漆、内墙明胶漆、荧光明胶漆、环保内外墙腻子腻子粉等
地址：广东省韶关市南雄市雄东路 251 号
…… 负责人：张熙东　邮　编：512400
…… 法　人：张熙东
……Tel：0751－3873863
…… E-mail：gdnxlktlc@163.com

**清新水处理材料有限公司**
地址：广东省深圳市南山区玉泉路
…… 负责人：罗森凤
…… Tel：0755－26586488
13502807079

## 福华德塑胶制品（深圳）有限公司
业务：塑胶制品加工
地址：广东省深圳市龙岗区平湖街道杉坑工业区 B19 栋
…… 负责人：唐正奎　邮　编：518000
…… 法　人：付杰
……Tel：0755－84695279
13534236935

## 深圳市金万田塑胶制品有限公司
业务：五金、模具、塑胶制品生产
地址：广东省深圳市宝安区龙华街道油松社区上油松油联路 9 号
…… 负责人：崔瑞敏　邮　编：518109
…… 法　人：崔瑞敏
……Tel：0755－28065076
13714116651

## 永丰塑胶商行
产品：PVC、PU 革、人造革
地址：广东省深圳市龙岗区平湖街道富安大街华南城皮革区 L05 栋 126 号
…… 负责人：练华纳　邮　编：518111
…… 法　人：练华纳
……Tel：0755－89633301

## 恒达焊割器材经营部
业务：焊割器材销售
地址：广东省深圳市宝安区沙井北环路沙三工业区
…… 负责人：廖煌锋　邮　编：518104
…… 法　人：廖煌锋
……Tel：13828892426
0755－27289013

**源发堂科技开发有限公司**
地址：广东省深圳市盐田区深盐路山泉商住楼一层 B1
…… 负责人：赖源发
…… Tel：0755－25559823

## 永达油漆店
业务：油漆代理经营
地址：广东省深圳市龙岗区布吉镇坂田雪象雪岗南路 5－18 号
…… 负责人：岳志礼　邮　编：518000
…… 邮　编：岳志礼
……Tel：0755－28793597

**阳江市江城万润机油经销部**
地址：广东省阳江市江城区建设一路 252 号
…… 负责人：梁计波
…… Tel：13703054188

13380745728

## 深圳市拓普旺模具有限公司
业务：专业从事模具塑料设计、制造、生产，公司技术力量雄厚，产品繁多，质量可靠，秉持着以顾客的最大需求为目标，以诚信求发展，欢迎新老客户前来洽谈惠顾！
产品：模具、注塑
地址：广东省深圳市宝安区沙井街道 107 国道旁金裕达工业园一、二、三栋 3 栋 1 楼 B
…… 负责人：梁茂　邮　编：518100
…… 法　人：梁茂
……Tel：0755－27294156
……Fax：0755－27290395
… 网址：http://www.topone－mould.com

**广东省增城市沙埔镇东康合成树脂厂**
地址：广东省增城市沙埔镇巷口村新一社
…… 负责人：吴剑康
…… Tel：020－82951293

## 永光晖塑胶模具有限公司
业务：塑胶模具
地址：广东省深圳市光明新区公明街道合水口旭发工业园 3 号
…… 负责人：郭三高　邮　编：518000
…… 法　人：郭三高
……Tel：0755－26979848
13828827920

## 香港飞强塑胶原料贸易有限公司
业务：塑料颜料的贸易
地址：广东省深圳市宝安区沙井街道南洞中路上南黄埔工业区 3 号
…… 负责人：邓志飞　邮　编：518000
…… 法　人：邓志飞
……Tel：0755－27258960
27258961
13823219598

## 联翔塑胶五金模具有限公司
业务：塑胶模具五金
地址：广东省深圳市宝安区西乡街道前进二路北方骏亿工业园
…… 负责人：周群意　邮　编：518000
…… 法　人：周群意
……Tel：0755－27484906
13316825340

**珠海市富鸿达塑料制品有限公司**
地址：广东省珠海市金湾区小林镇商都街 6 号国土综合楼 418 房
…… 负责人：李文彪
…… Tel：0755－81220266

## 深圳市宝安区松岗益盛塑胶制品厂
业务：专业加工生产各种塑胶配件、模具制造、塑胶喷油、包装一条龙服务
地址：广东省深圳市宝安区松岗街道溪头社区溪头路 20 号第四排第四栋
…… 负责人：陈树林　邮　编：518105
…… 法　人：陈树林
……Tel：0755－33663539

## 锦艺塑胶颜料有限公司
业务：塑胶颜料生产销售
地址：广东省深圳市宝安区松岗镇松岗工业街 32 号后座
…… 负责人：朱宝琼　邮　编：518000
…… 法　人：黄永洪
……Tel：0755－27716632
27719080

**深圳市中黄实业有限公司**
地址：深圳市福田区新闻路侨福大厦 2216
…… 负责人：刘世琦
…… Tel：0755－83023821
13986918888

**随州市曾都区殷店塔儿山风景区旅游开发中心**

从事于旅游开发、旅游自然开发。

电话：0722－3673448
地址：湖北省随州市曾都区殷店塔儿山风景区梨苑楼

## 佛山市南海区欧塑复合材料厂

佛山市南海区欧塑复合材料厂成立于2008年，主要生产PVC高光膜、仿金属表面膜系列、PET高光膜系列、贴玻璃PVC珍珠闪点系列及PVC木纹片等，产品主要用于家电、天花、扣板家具、门窗、玻璃PVC珍珠闪点贴面、建材等表面装饰，用途广泛，产品种类繁多，颜色丰富，立体感强，仿真程度高，使用方便，绿色环保，无毒无味，防水，免漆，适合于产品要求高，产量要求大，可用于实现大规模连续生产设备。

联系人：李劲
电话：0757-82116737　85107551
网址：www.ohshining.com
传真：0757-85107552
地址：广东省佛山市南海区松岗镇松夏工业园
邮编：528000

## 广州从化亿丰塑料制品厂

广州从化亿丰塑料制品厂，专业从事塑料制品生产销售，“诚信为本，信誉第一”，热诚欢迎新老客户光临惠顾！

联系人：张来谦
电话：020-87961710　87966107
地址：广东省广州市从化市街口镇荔枝花园荔香八街1号
邮编：510000

## 佛山市南海区盆博盛聚氨酯厂

本公司自1998年成立以来，就专业致力于聚氨酯弹性体、橡胶、不饱和树脂、机电配套产品的技术研发和批量生产，产品广泛运用于化工、电子、纺织、陶瓷、玻璃等众多行业领域。

我们诚挚欢迎国内、外客户来电洽谈业务！

联系人：付子洋　13600301805
电话：0757-88786733
网址：www.pepson-pu.com
传真：0757-81207567
地址：广东省佛山市南海区狮山
邮编：528225

## 广州瑞一环保科技有限公司

广州瑞一环保科技有限公司成立于2009年，主要从事环保洗水原料防水涂料、生物醇油。秉承“顾客至上，品质第一”的经营理念，坚持“客户至上”的原则为广大客户提供优质的服务。欢迎广大客户惠顾！

联系人：叶秋晗　13500229856
电话：020-82898016　传真：020-82898026
地址：广东省广州市新塘东江大道
电子邮箱：ry8016@163.com　邮编：510470

## 佛山市顺德区鼎宇橡塑制品有限公司

鼎宇橡塑制品有限公司专业制造硅胶制品，包括硅胶密封圈、硅胶餐具、硅胶蛋糕模、刷子、刮刀等厨房用品。

我们在这一行业有11年的经验。本公司内部管理规范；产品品质优良、价格合理，服务周到；同时公司时处发展扩大阶段，运作机制灵活，可适应客户多方要求。

欢迎海内外新老客户前来我公司参观、洽谈业务。

联系人：唐飞
13802649566
电话：0757-25639189　25636661
邮编：528325　电子邮件：tridentek@163.com
地址：广东省佛山市顺德区勒流富裕市场大凤岗公园9号

## 广州市立昌氟塑料有限公司

广州市立昌氟塑料有限公司成立于1995年，是一家专门从事塑料原料的企业。

主要产品有：氟塑料PFA，FEP，ETFE，PVDF。

以质量求生存，以信誉求发展，欢迎您的光临，我们将竭诚为您服务！

网址：www.gdlichang.com
联系人：李先生　13802995671
电话：020-86179088　86178185
地址：广东省广州市白云区金泰路183号905房
邮编：510405

## 高州市双泉化工有限公司

高州市双泉化工有限公司是一家化工的企业，是经国家相关部门批准注册的企业。主营：蜡制品、树脂类、蜡制品、树脂类。

公司位于中国广东高州市惠迪商贸城C9商铺。公司本着“客户第一，诚信至上”的原则，与多家企业建立了长期的合作关系。

热忱欢迎各界朋友前来参观、考察、洽谈业务。

联系人：李芬桂
13790937261　电话：0668-6696639
地址：广东省高州市高州大道惠迪商贸城C9号商铺
邮编：525200

## 廣州市荔灣區雄釗塑料模具廠

广州市荔湾区雄钊塑料模具厂是一家专业从事塑料模具产品设计、加工、制作的厂家。

“雄钊”人始终坚持品质为先，将您的满意视为我们最大的动力。

诚挚欢迎您的合作！

联系人：姚援文
电话：020-81409180　13660319516
地址：广东省广州市荔湾区海北湖兴路1号之1
邮编：510000

## 广东海丰显兴塑业制品厂

本厂专业生产显兴PVC－U排水管、给水管、饮水管、波纹管及各类管件等多个品种一百多个规格的塑胶软硬胶管及管件，诚实的经营，良好的信誉，合理的价格，规范的管理及完善的售后。

显兴塑业是您最好的合作伙伴。

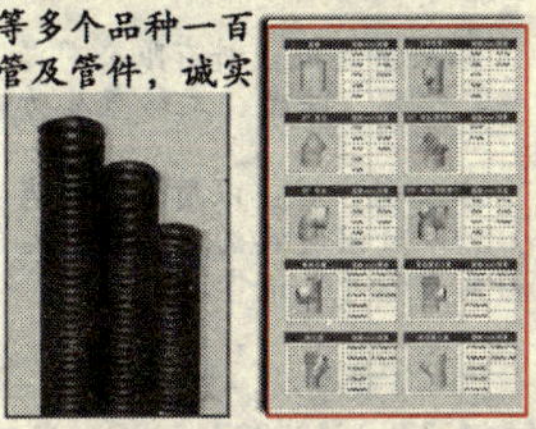

联系人：陈列文
电话：0660-6687897　传真：0660-6860636
地址：广东省汕尾市海丰县城新北苑二巷3号
邮编：516400

## 广州易可涤贸易有限公司

广州易可涤贸易有限公司成立于2008年10月，是德国福斯德有限公司中国大陆地区市场的总代理，致力于国际高科技环保系列产品的引进和推广，秉承创建环保自然生活的理念，以严谨的姿态和专业的水准服务我们的每一个客户。

联系人：肖岚　电话：020-86187588
13725225252
邮编：510000
地址：广东省广州市白云区沙太路京海宾馆金夜俱乐部

## 鹤山市欣伟塑料厂

鹤山市欣伟塑料厂是一家专业从事PEPO塑料再生颗粒生产销售的企业。

长期以来，得到了广大消费者的普遍好评和社会各界朋友的良好赞誉。

欢迎广大新老客户联系洽谈业务！

联系人：翟秀伟
电话：0750－8734882
地址：广东省江门鹤山市龙口镇三凤工业区
邮编：529020

## 攀登发泡胶制品（深圳）有限公司

攀登发泡胶制品（深圳）有限公司成立于2006年，专业生产发泡胶制品EPP(发泡聚丙烯)、EPE(发泡聚乙烯)、EPS(发泡聚苯乙烯)、EPO成型及免模制品。公司使用优质的原料、优化生产工艺和技术创新、完善的ISO质量保证体系，在包装辅助设计、EPS和EPP的结构件设计与开发、模具设计开发、产品生产制造、送货服务等方面均能满足客户的特殊要求。

竭诚欢迎您光临指导！

联系人：李步成
13823702368
电话：0755－27173507
传真：0755－27173759
邮编：518106
地址：广东省深圳市宝安区公明街道塘尾社区第二工业区E栋（第三层）

## 惠州圣源生物科技有限公司

惠州圣源生物科技有限公司成立于2001年，公司是集生物有机肥、复合微生物肥料、有机-无机复混肥的生产、销售为一体的现代化农资企业。主要产品"金圣源""圣源宝"两个品牌的生物系列产品。

本公司以雄厚的实力、合理的价格、优良的服务与多家企业建立了长期的合作关系。热忱欢迎各界前来参观、考察、洽谈业务。

联系人：王英臣
电话：0752-6126777 13829930985 传真：0752-6126448
地址：广东省惠州市博罗县杨村镇星光村路口 邮编：516000

## 普宁市华芝路生物材料有限公司

普宁市华芝路生物材料有限公司位于广东普宁市，主营淀粉塑胶100%氧化、全生物环保袋、可降解环保袋、PLA无纺布、PLA聚乳酸改性等。

公司秉承"顾客至上，锐意进取"的经营理念，坚持"客户第一"的原则为广大客户提供优质的服务。欢迎惠顾！

联系人：杜俊进 13927055138 电话：0663-2537888
地址：广东省普宁市麒麟镇工业区（南陂村） 邮编：515300

## 惠州市惠城区昌瑞塑胶原料经营部

惠州市惠城区昌瑞塑胶原料经营部成立于2008年。

主要经营塑胶原料的批发及销售。

我们始终坚持品质为先，

将您的满意视为我们最大的动力。

诚挚欢迎您的合作！

联系人：邹家强 电话：0752－3088277 3088462
地址：广东省惠州市鹅岭南路金迪花园金福阁1605号 邮编：516229

## 日亚研金属处理材料科技有限公司

日亚研金属处理材料科技有限公司自成立以来，本公司专业从事涂装烤漆所需的各种化工原料。本公司坚持以最优良的品质、最实惠的价格、最完善的服务，为您提供最满意的产品。热忱欢迎您的垂询与惠顾！

联系人：杨其明
电话：0755-28133811 15013808870 邮编：518000
地址：广东省深圳市宝安区龙华镇上塘龙塘大酒店办公3楼

## 惠州市惠阳区秋长诚发塑胶五金厂

惠州市惠阳区秋长诚发塑胶五金厂成立于2005年。

专业从事塑胶抽粒、胶袋制作、五金加工业务等。

欢迎您的光临！

联系人：刘明福 13825252516
电话：0752-3877877 3877855
邮编：516221
地址：广东省惠州市惠阳区秋长镇白石管理区

## 瑞贤工业发展有限公司

瑞贤工业发展有限公司主要从事工业开发、厂区厂房开发、租赁，我公司继秉承"质量第一，信誉至上"的原则，以严格的管理和周到的服务，务实求真，不断创新，追求卓越，期待与你共同发展！

联系人：张正世 13827658866
网址：www.mtw100064.chinapyp.com
电话：0662-3413898
地址：广东省阳江市江城区石湾北路华侨新村1巷1号 邮编：529500

## 梅县荣华吸塑厂

梅县荣华吸塑厂是一家专业从事吸塑的企业。公司秉承"顾客至上，锐意进取"的经营理念，坚持"客户第一"的原则为广大客户提供优质的服务。欢迎垂询！

联系人：钟华森
电话：0753-2332398，13802361202
地址：广东省梅州市梅县西阳镇南山工业城 邮编：514000

## 汕头市志成塑料有限公司

汕头市志成塑料有限公司是一家专业从事复膜、拉丝、纺丝、吹膜、注塑、无纺布及功能色母粒等产品的生产，销售。

本公司宗旨：以质量求生存、以创新求发展、以诚信赢客户、以时间创效益。秉着诚实守信的态度，欢迎各厂家，贸易商合作开发销售。

联系人：吴沐坚
13556422888 13902716485 电话：0754－87581818 87573819
地址：广东省汕头市潮阳区铜盂镇河陇工业区 邮编：515000

▲化肥农药橡胶塑料石油化工▼

## 深圳市宝安区新安汇昌涂料商行

深圳市宝安区新安汇昌涂料商行主营化工产品、涂料。公司秉承“顾客至上，锐意进取”的经营理念，坚持“客户第一”的原则为广大客户提供优质的服务。欢迎惠顾！

联系人：阮永康
电话：0755-29955609、13554848778
邮编：518101
地址：广东省深圳市宝安区84区裕安路尚都花园1栋D座13A01室

## 知友膜科技有限公司

zio technology

深圳市知友膜科技有限公司是一家专业的手机保护膜，双面胶生产厂商。

自成立以来，我们以卓越的品质，流行的设计和完美的售后服务而大受欢迎。我们真诚的希望与来自全国各地的朋友建立长期友好互利的商业关系！

联系人：刘庆虎
电话：0755-83000259 13530327575
邮编：518000
地址：广东省深圳市福田区福虹路华强花园D座318号

## 深圳市宝鸿塑胶制品厂

深圳市宝鸿塑胶制品厂成立于2007年，从事模具设计、开发，塑胶来料加工，塑胶成品、喷漆，丝印，烫金等业务。

我们深切期望继续得到商家社会各界的鼎力支持、互惠互利、共同发展！

联系人：李锡武 13632866624 电话：0755-29679063
邮编：518000
地址：广东省深圳市宝安区观澜街道君子布社区兴发路2号厂房B栋四楼东南角

## 致诚化工有限公司

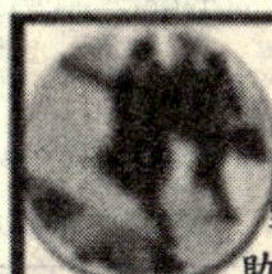

致诚化工有限公司从事塑料助剂、纺织助剂、造纸助剂的生产与销售，主要产品有环氧酯增塑剂、T-80、T-50等。

有意者欢迎来电来函洽谈生意，合作！

联系人：欧阳一敏
13329770587 电话：020-82896758
地址：广东省广州市增城区新塘镇章陂工业园 邮编：434100

## 深圳市城锐五金塑胶制品有限公司

深圳市城锐五金塑胶制品有限公司位于广东深圳市宝安区，主营五金模具、五金产品等。

公司秉承“顾客至上，锐意进取”的经营理念，坚持“客户第一”的原则为广大客户提供优质的服务。欢迎惠顾！

联系人：蔡铭 13902462127
电话：0755-27190338 27190889
邮编：518101
地址：广东省深圳市宝安区公明街道田寮社区第七工业区22栋2楼东

## 中山火炬开发区服文塑料加工厂

服文塑料加工厂成立于2006年，位于中山火炬开发区—53个国家级火炬开发区之一，我厂生产加工各种再生塑料，主要产品有PO、PP、PE颗粒。

本着“立足实地,瞄准市场,用户第一,信誉至上”的服务宗旨,以信为本,以诚做人,一直秉着坚持创新、追求卓越的理念致力于再生塑料的研发，为用户提供更优质的产品！

电话：0760-85311469
联系人：朱志强 13924505456 传真：0760-85311469
地址：广东省中山市火炬开发区窈窕村婆坑地2号 邮编：528437

## 深圳市禾荃科技有限公司

深圳市禾荃科技有限公司成立于1997年，主要生产和销售各类胶水，产品有AB胶，502胶，青红胶，亚克力胶，热熔胶等。我们以质量求生存，以信誉求发展，愿与各界朋友携手并进，共创辉煌。欢迎来电洽谈！

联系人：叶顺和 手机：13502880458
电话：0755-84824405 84824096 传真：0755-84824295
地址：广东省深圳市龙岗区龙岗镇格水路70号 邮编：518000

## 子千塑胶深圳有限公司

子千塑胶深圳有限公司成立于2004年，本公司主要经营塑料模具。主要产品有小家电、电子、手机、玩具、赠品等。公司秉承“质量为主，科技为先，共同发展，共同提升”的经营理念，一贯重视科技创新、科学管理及人才培养，不断完善质量、技术、环境、人力资源、信息和知识管理系统；以不断创新，精益求精，以质取胜为宗旨竭诚为客户服务。

联系人：林秋芳 13360532191
电话：0755-27290636 27293462 传真：0755-27681081
地址：广东省深圳市宝安区沙井镇黄埔第一工业区17号厂房
电子邮件：ziqian@gmail.com 邮编：518000

## 深圳市亿彩塑胶颜料有限公司

本公司主要从事各种色粉、色料、配色技术指导。

我们秉承“顾客至上，锐意进取”的经营理念，坚持“服务第一，信誉为本”的原则为广大客户提供优质的服务。欢迎广大客户惠顾！

联系人：聂军
电话：0755-27241672 27241673 27241527 传真：0755-27241480
地址：广东省深圳市宝安区沙井街道新二村第一工业区红巷路98号 邮编：518000

## 广西壮族自治区 /Guangxi Zhuang Autonomous Region

**润通颜料有限责任公司**
地址：广西省柳州市柳南区西鹅乡大都湖(都湖砖厂东面)
……负责人：刘江
……Tel：0772－3230152
13807728099

**桂准有机肥原料厂**
地址：广西省南宁市城北区金陵镇
……负责人：姜天健
……Tel：0771－3380688
13788313885

**田阳县路吉沥青有限责任公司**
业务：田阳县路吉沥青有限责任公司成立于2006年3月，主要销售乳化沥青、煤碳等。欢迎新老客户光临、惠顾！
地址：广西壮族自治区百色市田阳县田州镇三雷村木材检查站旁
……负责人：蒙建傧……邮　编：533600
……法　人：蒙建傧
……Tel：0776－3235836
……Fax：0776－3235582
……网址：www.mtw27260.chinapyp.com

**全州县大新塑料三厂**
业务：塑料制品生产、销售
地址：广西桂林市全州县城郊大新村
……负责人：张业红　邮　编：541500
……法　人：张业红
……Tel：0773－4912861

**靖西县联兴液化气储配有限公司**
地址：广西壮族自治区百色市靖西县新靖镇德爱村(凤凰山脚)
……负责人：卢德明

Tel:13977618381

**嘉宝莉专卖店**
业务:专营嘉宝莉油漆
地址:广西省防城港市防港路
负责人:张绍平　邮　编:538000
法　人:张绍平
Tel:0770－3253448

**凯特生物化工有限公司**
地址:广西壮族自治区百色市平果县城平新路188号
负责人:郑少克
Tel:0776－8318082
13877636188

**银海区腾龙泡沫厂**
地址:广西壮族自治区北海市银海区赤东村委东边
负责人:周正雄
Tel:0779－2081220
13807771661

**防城港市伟恒基涂料有限公司**
业务:防城港市伟恒基涂料有限公司成立于2001年,主要从事于涂料生产。用优良的品质,合理的价格,完善的服务,竭诚为用户服务!
地址:广西壮族自治区防城港市防城区那良镇荣光农场八队
负责人:黄伟业　邮　编:535700
法　人:黄伟业
Tel:0770－3656128
0755－84013985
84013486

**临桂县保顺塑料编织厂**
业务:塑料编织袋的生产和销售
产品:矿粉袋,水泥袋等各种编织袋
地址:广西省桂林市临桂县保宁乡
负责人:吴春雨　邮　编:541111
法　人:吴春雨
Tel:0773－5454118

**防城港市祥海油脂有限公司**
地址:广西壮族自治区防城港市港口区康晨小区 A37 号
负责人:林继怡
Tel:0770－2861618

**防城港市顺燃石油气有限公司**
地址:广西壮族自治区防城港市港口区渔洲坪西茶气库
负责人:陈爱
Tel:0770－2835177

**福建省仙游县枫亭橡胶制品公司平南分公司**
地址:广西壮族自治区贵港市平南县华润鱼峰水泥厂
负责人:朱永福
Tel:13635035222

**桂平市林产化工厂**
业务:专业从事天然树脂加工销售
产品:松香,松节油
地址:广西省桂平市南木镇南木村
负责人:林瑞加　邮　编:537226
法　人:林瑞加
Tel:0775－3530901
15878561118
Fax:0775－3530173
E-mail:782517731@qq.com

**广西临桂县宏泰水电开发有限公司**
业务:本公司主要投资水电能源和城镇供水等综合开发。先后开发了广西兴安县金华水电站、新洞口水电站,尧洞水电站、河村口水电站、响水洞水电站、盛远水电站,公司本着循序渐进,拟开发临桂县的黄沙、丹竹坪、浔江三个水域电站群综合项目。
地址:广西壮族自治区桂林市临桂县临桂镇金水湾花园陶然居 1 号
邮　编:541100
法　人:宿发勇
Tel:0773－5581181
Fax:0773－5581181

**临桂县添鑫塑料厂**
地址:广西壮族自治区桂林市临桂县鲁山工业区(军事管理区内)
负责人:李亚松
Tel:13317830268

**广西黄金梧州实业开发公司润滑油经销中心**
业务:润滑油批发零售
地址:广西省梧州市红岭路 15 号(金晖车站对面)
负责人:李志威　邮　编:543000
Tel:0774－3898099

**全州县环城蜂窝煤厂**
地址:广西壮族自治区桂林市全州县全州镇北门三队
负责人:杨庆军
Tel:0773－4814649

**桂林市丰德塑料有限公司**
地址:广西壮族自治区桂林市象山区环城南二路 2 号
负责人:刘燕娥
Tel:13077687888

**九牛橡塑**
业务:三角带,抽沙管,尼龙板,传送带,输送带,橡胶,塑料板,棒,PP 板,有机玻璃,绝缘板,高压管,油封等各种橡塑杂件。
地址:广西省玉林市工业品市场大门口斜对面(铁路旁边)
负责人:陆立明　邮　编:537000
法　人:陆立明
Tel:0775－2691108

**来宾润通润滑油有限责任公司**
业务:来宾润通润滑油有限责任公司成立于2004年,主要经营润滑油、汽车配件、轮胎、汽车养护用品。热诚欢迎您的光临惠顾!
地址:广西壮族自治区来宾市柳来路 645、647 号
负责人:韦学军　邮　编:546100
法　人:韦学军
Tel:0772－4271136

**东兴农机加油站**
地址:广西壮族自治区河池市环江毛南族自治县东兴镇街上
负责人:卢志参
Tel:0778－8610339
13607783651

**天方油漆店**
业务:批发、零售各种装修漆,家具漆,普通漆,各种装修板,大芯板,多层合板线条
地址:广西省玉林市公园路 84 号
负责人:蒋焕龙　邮　编:537000
法　人:蒋焕龙
Tel:0775－2816631

**宜州市宜柳加油站**
地址:广西壮族自治区河池市宜州市广西维尼纶集团公司路口
负责人:黄成强
Tel:13707780718

**宜州市海联加油站**
地址:广西壮族自治区河池市宜州市怀远镇叶茂村
负责人:简锐
Tel:13607786598

**灵山县农宝复混肥厂**
业务:本公司成立于 1995 年,现有 50 多名员工。主要经营复混肥的生产与销售。
地址:广西壮族自治区钦州市灵山县陆屋糖厂内
邮　编:535000
法　人:刘生
Tel:13367671327
13977761230

**玉林市稻多旺化工有限公司**
业务:化工产品生产销售
地址:广西壮族自治区玉林市城西街玉豸村3份地 32 号
负责人:陈国礼　邮　编:537712
法　人:陈国礼
Tel:0775－8972919
7580882

**广西象州县旺烽林化厂**
地址:广西壮族自治区来宾市象州县妙皇乡
负责人:冯炯朋
Tel:0772－4378179
13597279623

**广西三合科技有限责任公司来宾生物肥分公司**
地址:广西壮族自治区来宾市新华路开发区333 号
负责人:郑重
Tel:13307827152

**融城液化石油供应站**
地址:广西壮族自治区柳州市 融水镇珠砂路124 号
负责人:石波
Tel:0772－5123168
13978234881

**华远塑业有限公司**
地址:广西壮族自治区柳州市柳城县东泉华侨农场第二茶厂
负责人:薛文远
Tel:0772－7967968
13978236566

**宝润润滑油经营部**
业务:各种品牌润滑油
地址:广西壮族自治区玉林市一环北路556 号
负责人:吴彪　邮　编:537000
法　人:吴彪
Tel:0775－2818135

**广西玉林东森化工有限公司**
业务:广西玉林东森化工有限公司采用蒸汽法生产马尾松松香,年产 8000－10000 吨。主营产品有:脂松香(蒸气法),脂松节油,138#松香甘油酯,145#松香季戊四醇酯。欢迎新老客户来电垂询,洽谈业务!
地址:广西壮族自治区玉林市容县容州镇容城西路 39 号
邮　编:537500
法　人:王建峰
Tel:0775－5162825
Fax:0775－5162082
网址:www.gxylhg.chinapyp.com

**南宁市西敏鑫气体有限公司**
地址:广西壮族自治区南宁市城北区大学西路 9－8 号
负责人:冯世敏
Tel:0771－2592608

**桂林市叠彩恒生油漆经营部**
业务:化工产品、油漆、松节油、天那水等产品经营
地址:广西自治区桂林市环城北一路 27－15 号
负责人:甘丽　邮　编:541000
法　人:甘丽
Tel:0773－2606161

**南宁大田佳农化有限公司**
地址:广西壮族自治区南宁市城北区科园大道52 号南宁农业科技市场 7－20 号
负责人:张富
Tel:13132900558

**广西跃苏华能源投资有限公司**
地址:广西壮族自治区南宁市城北区友爱南路42 号南地农资公司二号楼
负责人:苏国绍
Tel:13006956590

**通顺塑料制品厂**
地址:广西壮族自治区南宁市大沙田开发区百羚路 8 号
负责人:唐田阳
Tel:13152502268

**慧聪赖氨酸科技开发有限公司**
地址:广西壮族自治区南宁市江南区五一东路11 号办公楼 4 楼
负责人:陈厦慧
Tel:0771－4858033
13005916690

**南宁匹兹堡涂料装饰有限公司**
地址:广西壮族自治区南宁市新城区滨湖路48 号
负责人:王越
Tel:13807718778

**广西梧州双铃胶粘制品有限公司**
地址:广西壮族自治区梧州市蝶山区富民三路20 号
负责人:潘秋虹
Tel:13607741132

**梧州市雄海废机油处理厂**
地址:广西壮族自治区梧州市万秀区钱鉴路92 号
负责人:张文海
Tel:13907741328

**兆周松脂厂**
地址:广西壮族自治区玉林北流市大伦镇大伦村飞天鹅
负责人:赖兆周
Tel:0775－6695018
13907851487

**力克达消毒剂有限公司**
地址:广西壮族自治区玉林市教育西路 66 号
负责人:陈克俭
Tel:0775－2808533
13907757195

**广西玉林市康旺肥料有限公司**
地址:广西壮族自治区玉林市民主南路 51 号
负责人:文信东
Tel:0775－3880518

**容城练氏红光塑料厂**
地址:广西壮族自治区玉林市容县容城电站向万力纸厂方向去 50 米
负责人:冯建和
Tel:0775－5110273
13768755711

**浩丰塑料制品厂**
地址:广西壮族自治区玉林市玉州区塘步岭工业区自行车四厂内
负责人:蒋永彬
Tel:13517559507

## 海南省/Hainan Province

**儋州双丰实业有限公司**
地址:海南省儋州市那大农垦路泰山大厦1504房
负责人:吴双丰
Tel:13976572937

**海南五指山林业化工有限公司**
地址:海南省海口市港澳工业开发区科技大道5号
负责人:刘伟
Tel:0898－68631336

**海南绿宝龙肥料有限公司**
地址:海南省海口市海甸三东路松雷大厦1501
负责人:郑向荣
Tel:0898－66785381

**海南诺比特聚氨酯技术工程有限公司**
地址:海南省海口市海垦路29号金都花园1幢1201室
负责人:黄显斌
Tel:0898－68912349

### 三亚增改塑料材料有限公司
业务:本公司成立于2006年,公司主要以改性塑料、塑料包装为主。质量第一,顾客至上,热忱欢迎新老客户光临惠顾!
地址:海南省三亚市荔枝沟工业开发区海润大道29号
负责人:陈辉光 邮编:570145
法人:陈辉光
Tel:0898－88348751
Fax:0898－88348751

**深圳市明远氟涂料有限公司驻海口办事处**
地址:海南省海口市海秀路19号首力大厦5楼02室
负责人:吴三星
Tel:0898－66514608

**无锡绿业喷浆化肥有限公司海南分公司**
地址:海南省海口市金贸区紫荆信息公寓C座22C房
负责人:丁国明
Tel:13976658700

**海南陵水正良农药有限公司**
地址:海南省陵水黎族自治县武装部201室
负责人:李正良
Tel:13953016346

**洋浦中油深南石油技术开发有限公司琼海加气站**
地址:海南省琼海市银海路南龙加油站
负责人:谢冰
Tel:0898－62921666

## 四川省/Sichuan Province

**南江县蜀源气体有限公司**
地址:四川省巴中市南江县乐坝镇滨河路
负责人:王玉飞
Tel:0827－8392678

**成都市成华区科深铸造材料有限公司**
地址:四川省成都市成华区东升2组[槐树店路A区18号]
负责人:曾吉东
Tel:028－84720918
84720938
13882087813

### 兴隆塑料包装厂
业务:兴隆塑料包装厂成立于2003年,主要生产塑料编织带。公司生产设备先进,技术力量雄厚,公司本着质量第一,信誉至上的原则,如有意合作的朋友请与我们联系!
地址:四川省成都市大邑县雾山乡兴隆村
邮编:611300
法人:张燕
Tel:028－88375108
Fax:028－88375108

### 成都市保和塑胶配件厂
业务:耐油,耐温,耐酸碱橡胶,硅胶,氟胶,各类油封,减振,辊筒及杂件橡胶制品
地址:四川省成都市成华区保和乡斑竹村1组
负责人:杨先生 邮编:610066
Tel:028－84790854
13708079903
Fax:028－84790854
E-mail:cdbhsjpjc@126.com

**成都五洲生化水处理有限公司**
地址:四川省成都市成华区建设路2号国光大厦326房
负责人:胡松华
Tel:028－84321201

**成都瑞特尔石油化工有限公司**
地址:四川省成都市成华区龙潭乡建设村五组
负责人:江洪禄
Tel:028－84333118

**成都市成华区祥龙塑料厂**
地址:四川省成都市成华区龙潭乡同仁村十一组
负责人:林根先
Tel:028－84200678
13881742102

### 鑫耀橡胶有限责任公司
业务:鑫耀橡胶有限责任公司成立于2002年,专业生产再生橡胶及橡胶制品。主要产品有各类密封件、各种皮鞋底。欢迎新老管客户来电洽谈业务!
地址:四川省成都市都江堰市聚源镇高林村
邮编:611830
法人:王士占
Tel:028－87167288
Fax:028－87229288

### 成都市万通石化特种润滑油有限公司
业务:润滑油、润滑脂、各种工业用油、汽车养护产品等
地址:四川省成都市外北富森美家居富森汽配市场A区15幢11号
负责人:刘国俊 邮编:610081
法人:刘国俊
Tel:028－83530682
15882176958

**云青塑料厂**
地址:四川省成都市成华区龙潭乡向龙村一组
负责人:张飞云
Tel:028－84200358
1303666019

**成都市泰通塑胶制品有限公司销售分公司**
地址:四川省成都市崇州市羊马镇菩堤村13组
负责人:蒲建云
Tel:028－82253608

**大邑宏鼎炉料有限公司**
地址:四川省成都市大邑县晋原镇盐店村(工业集中发展区)
负责人:刘述安
Tel:13881832169

### 成都比洋化工有限公司
业务:成都比洋化工有限公司成立于2001年,坐落在交通便利的四川省成都市二环路南三段18号好莱坞广场6－58。公司主要生产经营化工原料、有色金属、稀土系列产品和分子筛产品。质量保证、品种齐全、价格合理,欢迎来电垂询!
地址:四川省成都市二环路南三段18号好莱坞广场6－58
邮编:610041
法人:阎军安
Tel:028－86084545
Mobile:13708009906
Fax:028－86084040

### 成都市光荣塑料有限公司
业务:各种PET聚酯瓶,乙烯塑料瓶,塑料包装袋,商标及注塑成型真空产品
地址:四川省成都市新都区开发东区九龙工业港九龙路
负责人:刘光荣 邮编:610000
法人:刘光荣
Tel:028－83920930
83920932
13608088528

**成都川江聚酯线有限公司**
地址:四川省成都市大邑县雾山乡虾口村
负责人:洪亚华
Tel:13981719609

**四川省腾龙硅业发展有限公司**
地址:四川省成都市都江堰市幸福镇新乐巷一幢
负责人:杨鸿雁
Tel:028－87200685

**成都比洋化工有限公司**
地址:四川省成都市二环路南三段18号好莱坞广场6－58
负责人:闫金安
Tel:028－86084646
86084040
13708009906

### 上海正博涂料有限公司
业务:涂料,装潢材料,建材批发零售,室内装璜服务
产品:地坪漆,地坪工程
地址:四川省成都市永盛东街双楠名城二期13－4－6－1
负责人:周小姐 邮编:610000
法人:管建平
Tel:028－85066246
13880004721
Fax:028－85066246
网址:www.shzbdp.com
E-mail:648863763@qq.com

### 四川智海塑胶制品有限公司
业务:四川智海塑胶制品有限公司成立于2005年,主要从事教育设备塑胶配件、仪器等塑胶制品的生产加工。我们本着"顾客第一、赢利第二、真诚服务、售后到位"的宗旨,热诚欢迎各界客户来电来人洽谈业务,共同合作。
地址:四川省成都市双流县藉田镇东街
邮编:610222
法人:秦海燕
Tel:028－85693900
Fax:028－85693009

**成都市天山明珠石化有限责任公司**
地址:四川省成都市抚琴西北街34号
负责人:郑国庆
Tel:028－87787531、13308188146

**成都新世达石油工程技术服务中心**
地址:四川省成都市高新技术开发区芳草东街39号
负责人:张世聪
Tel:028－81992190

**成都华都燃气有限责任公司茶店子液化气换瓶点**
地址:四川省成都市金牛区茶店子路121号
负责人:周素琴
Tel:028－87564976

### 温州市金田塑业有限公司成都分公司
业务:温州市金田塑业有限公司成都分公司是金田集团塑业公司的一家下属分公司。主要生产销售塑料制品、塑料薄膜、PA薄膜、OPP薄膜等产品。坚持"为顾客创造价值,为员工创造机会,为社会创造效益"的经营理念,企业得到持续、快速、健康发展。
地址:四川省成都市族桥铁佛村9组
邮编:610000
法人:周志兴
Tel:028－66185666
Fax:028－85015811

### 弘德塑料制品厂
业务:塑料打包带
地址:四川省邛崃市临邛镇西较场口20号
负责人:赵万均 邮编:611530
法人:赵万均
Tel:028－88792478
88796465
13908095029
Fax:028－88796465

**成都市金牛区古柏涂料厂**
地址:四川省成都市金牛区洞子口乡古柏村二组
负责人:肖朝昆
Tel:028－83134288
13908055601

**成都晨成化工有限责任公司**
地址:四川省成都市金牛区光荣西路29号1－3－3号
负责人:阮泽远
Tel:13018273428

**成都市金牛区鑫花照涂料厂**
地址:四川省成都市金牛区侯家桥村2组
负责人:张培佳
Tel:028－87529392

### 崇州市赛雪化油厂
业务:崇州市赛雪化油厂是一家生产.销售化猪油和采购冻鲜油的厂
地址:四川省崇州市羊马镇留鹤路80号
邮编:611200
法人:饶忠其
Tel:028－82252356
网址:www.scsx.chinapyp.com

### 名山县川蒙商贸有限公司
产品:硫化粉、元明粉
地址:四川省雅安市名山县永兴镇青江村四组
负责人:郑万锦 邮编:625000
法人:郑万锦
Tel:13608267389
0835－3235307
Fax:0835－3430939

**成都鑫天马塑胶有限公司**
地址:四川省成都市金牛区金牛乡侯家村6组
负责人:马新刚
Tel:13880807878

### 四川省富顺县享明清洗剂厂
业务:本公司成立于19965年,主要生产销售清洗剂、除垢剂、消毒剂等系列产品。"产品质量保证、价格合理"欢迎新老客户来洽谈业务!
地址:四川省自贡市富顺县骑龙镇龙田村
负责人:幸享明 邮编:643211
法人:幸享明
Tel:0813－7840366

**成都晶源燃料有限公司**
地址:四川省成都市金牛区金周路628号
负责人:田萍
Tel:028－89851083

**鑫平物资有限公司**
地址:四川省成都市金牛区一环路北一段29－47号青羊区生资市场F区10号
负责人:帅小莉
Tel:028－87663238
13608068831

### 达县宏达化纤有限公司
业务:宏达化纤有限公司位于达县河市镇南大街,主要生产各种涤纶纤维,收购各种颜色的聚脂。欢迎各方客户来电垂询!
地址:四川省达州市达县河市镇南大街3号
邮编:635022
法人:王廷芳
Tel:0818－3533028
Fax:0818－3533028

**成都瑞捷利橡胶制品有限公司**
地址:四川省成都市金堂县赵镇江城路52号
负责人:唐吉
Tel:028－84903603
13350057007

### 宜宾县远政气体经营部
业务:宜宾县远政气体经营部主要从事废旧金属的回收,销售工业用气。我公司竭诚为广大用户提供优质的产品及服务。质量保证,服务周到,欢迎新老客户惠顾。
地址:四川省宜宾市宜宾县柏溪镇二二四军分区修械所
邮编:644000
法人:蒋太彬
Tel:0831－6258127

**四川省成都市明海化工有限公司**
地址:四川省成都市锦江区二环路东五段永兴综合楼4楼
负责人:何宪洲
Tel:028－84521063
89046991

**成都凯天塑料制品厂**
地址:四川省成都市郫县唐元镇桃花滩工业区
负责人:张玉娇
Tel:028－87990888
13808060482

### 都江堰市黄河塑制厂
业务:都江堰市黄河塑制厂成立于1999年,专业生产塑料包装袋。本公司始终遵循"质量第一,信誉至上"的原则来进行生产经营,"让顾客放心,让顾客满意"是我们奋斗的目标。全厂所有员工热忱的欢迎国内外广大顾客光临参观,洽谈业务,诚心诚意的为顾客服务。
地址:四川省都江堰市崇义镇飞桥村五组
邮编:611830
法人:何小平
Tel:028－87286849
Fax:028－87286849

**成都市青羊区蜀羊化工建材经营部**
地址:四川省成都市青羊区二环路西三段17号
负责人:兰秀英
Tel:028－87350488
13808325556

**菲奇尔化工商行**
地址:四川省成都市双流县东升镇三强东路三段28号
负责人:王生哲
Tel:028－85835925
13880566503

### 江安县红桥镇启忠明矾厂
业务:启忠明矾厂始创于1993年,坐落在四川省宜宾市江安县红桥镇。主要生明矾、硫酸铝等,欢迎广大客户来电洽谈业务。
地址:四川省宜宾市江安县红桥镇小康街
邮编:644201
法人:陈启忠
Tel:0831－2710587
Mobile:13518453755
网址:www.scqz.chinapyp.com

**治明涂料厂**
地址:四川省成都市双流县东升镇棠中路三段
负责人:吴治明
Tel:13882104080

### 乐山嘉华化工有限责任公司
业务:乐山嘉华化工有限责任公司成立于1993年,现有员工30余人,从事油井水泥添加剂的生产及销售。热忱欢迎国内外各界朋友前来观光考察、洽谈业务,共创辉煌。
地址:四川省乐山市市中区九峰镇青衣坝村12组
邮编:614003
法人:刘连
Tel:0833－2300601
3773300
Fax:0833－2300601

**众华石油专用机械设备有限公司**
地址:四川省成都市武侯区金花镇双凤村尾
负责人:张洪彬
Tel:028－85360843
13980421128

### 四川正威实业有限公司
业务:四川正威实业有限公司成立于2004,主要从事冶沙材料、饲料磷酸氢钙、复合肥等。公司自成立至今始终坚持以客户需求为导向,坚持客户利益第一,诚信为本的经营宗旨,愿与各界同仁携手并进,共图发展。
地址:四川省威远县高石镇达木河
邮编:642472
法人:许长寿
Tel:0832－8125596
Fax:0832－8125102

**成都武侯正大塑料制品经营部**
地址:四川省成都市武侯区致民路39号附9号
负责人:王正大
Tel:028－85442943
13060082390

### 四川省射洪聚塔化工有限责任

**公司**

业务：本公司是集产、学、研一体化的科技型民营实体，中国棉纺织行业协会和四川省棉纺织行业协会成员单位，市级农业产业化重点龙头企业，是专门从事浆料生产的专业生产厂家。
地址：四川省遂宁市射洪县紫薇路 168 号
…… 负责人：杨玺……邮　编：629200
…… 法　人：杨玺
…… Tel：0825－6612715
…… Fax：0825－6611748
…… 网址：www. sizing. com. cn/she－hong
…… E-mail：yangsi9188@yahoo. com. cn

**新都区军屯镇禾传硝酸钾厂**

地址：四川省成都市新都区军屯镇静平村 9 组
…… 负责人：嘉和传
…… Tel：028－83902138
13540035809

**四川省成都市洁能容器厂**

地址：四川省成都市新都区三河镇互助村 2 组
…… 负责人：孙荣
…… Tel：028－83909792
13018270566

**住友农化有限公司**

业务：住友农化有限公司成立于 1999 年，主要从事农药的销售。“品质合格，价格合理”，热诚欢迎广大客户光临惠顾。
地址：四川省南充市小西外街 15 幢西门车站旁
…… 邮　编：637000
…… 法　人：张真茂
…… Tel：0817－2239660
…… Fax：0817－2239660

**天益化工油脂厂**

地址：四川省成都市新都区新民镇高祖村二社
…… 负责人：钟殿良
…… Tel：028－83075472
13608226826

**绵阳交通加油站**

业务：绵阳交通加油站成立于 1994 年，主要从事汽油、柴油、润滑油、道路沥青等的销售。热诚欢迎新老客户惠顾。
地址：四川省绵阳市涪城区临园路西段 47 号
…… 邮　编：621000
…… 法　人：周开进
…… Tel：0816－2360744

**会理县鑫玲有机生物复混肥厂**

地址：四川省凉山彝族自治外北乡前兴村一组
…… 负责人：张贤康
…… Tel：13508206021

**南部县慧源天然气有限公司**

业务：我公司成立于 2006 年，主要销售冷热镀锌管，铝塑 PP－P 管。主产品有 PE 燃气管，铝管，钢管件，及其它管件。
地址：四川省南充市南部县万年镇万盛街 47 号
…… 负责人：王雄……邮　编：637311
…… 法　人：王雄
…… Tel：0817－5762097
…… 网址：www. mtw50467. chinapyp. com

**荣鑫磷肥厂**

地址：四川省凉山彝族自治州会理县鹿厂镇兴隆村
…… Tel：杨其高
…… Tel：0834－5651196
13795652883

**四川新元漆业有限责任公司**

业务：本公司主要从事工业油漆的生产与销售。质量与服务是我们的生命，公司热诚欢迎广大客户来我公司洽谈业务，共同发展！
地址：四川省绵阳市青义工业区
…… 负责人：李红举……邮　编：621002
…… 法　人：李红举
…… Tel：0816－2622349

**什邡市宏泰磷化工厂**

地址：四川省什邡市云西镇洛阳村
…… 负责人：邓远平
…… Tel：0838－8630108
13980105855



## 贵州省/Guizhou Province

**紫云嘉和化工科技有限责任公司**

地址：贵州省安顺市紫云苗族布依族自治县松山镇岩湾组
…… 负责人：杨传能
…… Tel：0853－5234999

**安顺市西秀区荣胜松香厂**

业务：我厂成立于 2005 年，主要生产及销售林化产品、热城欢迎新老客户来电洽谈业务！
地址：贵州省安顺市西秀区双堡镇银子山
…… 负责人：叶方荣……邮　编：561011
…… Tel：0853－3847266

**贵州毕节联合民爆器材经营有限责任公司百里杜鹃风景名胜区分公司**

业务：销售民爆器材
地址：贵州省毕节市环城南路 2 号贵州毕节联合民爆器材经营有限责任公司
…… 负责人：陈毕黔　邮　编：551700
…… 法　人：陈毕黔
…… Tel：13985899213
13985899255
0857－5681085
5681083

**贵州宜事达化学有限公司**

地址：贵州省贵阳市红枫湖镇干河坝（贵州水晶集团精细化工有限公司内）
…… 负责人：于文勇
…… Tel：13985175287

**东莞大同塑料制品有限公司贵阳分公司**

地址：贵州省贵阳市红岩村致富路 1 号
…… 负责人：罗长平
…… Tel：13985102864

**贵州安顺胜霖电力开发有限公司**

业务：我公司主要从事水电开发，交通能源开发，高科技产品开发，农副产品，化工产品（不含化学危险品），家用电器，电力设备，二、三类机电产品，钢材，有色金属，五金，建筑材料的销售（上述项目国家有专项规定的除外）。
地址：贵州省贵阳市宝山北路 176 号 24 楼 1 号
…… 邮　编：550000
…… 法　人：吴坤华
…… Tel：0853－3358176
3359676

**贵州双赢矿肥有限公司绥阳县分公司**

地址：贵州省贵阳市枧坝镇中塘村
…… 负责人：韦然
…… Tel：0851－6821058

**贵阳南明华恒化肥有限公司**

地址：贵州省贵阳市南明区嘉润路 66 号
…… 负责人：李彬
…… Tel：0851－5527354

**贵州达亿工贸有限公司**

业务：贵州达亿工贸有限公司成立于 1993 年，主营业务为机械设备（不含汽车）、橡胶及制品、化工产品（不含化学危险品），二、三类压力容器（不具有生产资质），二、三类机电产品、有色金属、钢材、建材、室内装饰装潢及装饰材料、化工机械设备、包装桶制造。
地址：贵州省贵阳市花溪大道北段 128 号林达新苑 C 栋 18 楼 2 号
…… 负责人：陈德龙……邮　编：550003
…… 法　人：陈德龙
…… Tel：0851－5942189

**恒运橡胶制品经营部**

地址：贵州省贵阳市南明区解放路 124 号
…… 负责人：朱红军
…… Tel：0851－5562235
13098519998

**伯仲化工原料经营部**

地址：贵州省贵阳市南明区解放路 224 号 A 幢 10 号
…… 负责人：张友刚
…… Tel：0851－5949274
13984878411

**贵州省瓮安荆发磷煤有限责任公司**

业务：贵州省瓮安荆发磷煤有限责任公司成立于 2002 年，生产销售黄磷、五氧化二磷、原煤、焦煤、磷酸等，欢迎新老客户来电洽谈业务！
地址：贵州省黔南布依族苗族自治州瓮安县供销社财务科
…… 负责人：宋丙承……邮　编：550400
…… 法　人：宋丙承
…… Tel：0854－2623155

**贵州黔筑新能源石化有限公司**

地址：贵州省贵阳市南明区玉田小区 10 栋 2 单元 5 栋 1 号
…… 负责人：杨贵德
…… Tel：13984879783

**贵阳恒利成化工有限公司**

地址：贵州省贵阳市瑞金南路 28 号（久远大厦）A 座四楼
…… 负责人：杨秀林
…… Tel：13809438053

**贵州天福化工有限责任公司**

业务：本公司是由贵州赤天化股份有限公司和贵州宏福实业开发有限总公司共同出资组建的有限责任公司。公司致力于以贵州丰富的煤炭资源为条件，深度加工，延长产业链，发展煤化工产业。
地址：贵州省黔南州福泉马场坪镇
…… 邮　编：550501……邮　编：李文贵
…… 法　人：0854－2188802
…… 网址：www. gztianfu. net

**贵阳天牛橡胶制品有限公司**

地址：贵州省贵阳市山林路（新联机电城）A2 号
…… 负责人：王溪
…… Tel：0851－6512070

**广东化州市超力化工（集团）有限公司贵阳分公司**

地址：贵州省贵阳市王武路 2 号
…… 负责人：李俊浩
…… Tel：0851－3895118

**贵阳亚东橡胶有限公司**
地址：贵州省贵阳市云岩区山林路 105 号
………………………………负责人：戴尚友
………………………………Tel：0851－6502506

**黔西南州众星发展有限公司**
业务：本公司下属企业有贵州省黔西南州前进化肥厂，兴义富民化工有限责任公司，兴义丰都复混肥厂，兴义市美尔雅陶瓷有限公司，农资公司，兴义桔园游泳馆等六个企业，其中兴义桔园游泳馆是贵州省最大的、可供专业比赛的一个标准游泳馆。我公司希望与各位同仁共同发展！
地址：贵州省黔西南州兴义市桔山镇桔园游泳馆
………………………………邮　编：562400
………………………………法　人：胡寅
………………………………Tel：0859－3113348
3110177
………………………………Fax：0859－3119266

**三穗县白玉乳胶漆厂**
业务：生产销售白玉乳胶漆
地址：贵州省凯里市三穗县八号镇高田村一号
………负责人：周生禄　　邮　编：556500
………………………………法　人：周生禄
…………Tel：13985832737
0855－4524006

**贵阳科安智能化工程有限公司**
地址：贵州省贵阳市中山西路恒力大厦 27 层 27－1
………………………………负责人：金有加
………………………………Tel：0851－5970001

**福泉市龙城化工厂**
地址：贵州省黔南布依族苗族自治州福泉市马场坪龙井村
………………………………负责人：陈运尧
………………………………Tel：0854－2427266

**利祥汞业化工有限公司**
地址：贵州省铜仁地区铜仁市五显庙路
………………………………负责人：蒙晓祥
………………………………Tel：0856－5256765
13985338697

**德江县三环燃气有限责任公司**
业务：德江县三环燃气有限责任公司位于德江县青龙镇五星村，公司成立于 1995 年，主要储存、经营、运输石油液化气。欢迎新老客户前来联系业务！
地址：贵州省铜仁地区德江县青龙镇五星村
………………………………邮　编：565200
………………………………法　人：段建国
………………………………Tel：0856－8533461
………………………………Fax：0856－8520216

**贵州省铜仁市金丰锰业化工厂**
地址：贵州省铜仁市灯塔工业园区
………………………………负责人：张克金
………………………………Tel：0856－5650502

**松桃汇华化工有限责任公司**
地址：贵州省铜仁市松桃县世昌乡犀牛洞
………………………………负责人：易晓辉
………………………………Tel：0856－2838428
2837278

**金华化肥厂**
地址：贵州省遵义地区凤冈县龙泉镇洋溪口
………………………………负责人：张金华
………………………………Tel：13595227289

**玉屏县福尔化工有限公司**
业务：本公司主要生产销售：复合肥、各种农业生产资料、化肥、磷酸一氨、磷酸二氨。热忱欢迎新老客户光临、惠顾！
地址：贵州省铜仁地区玉屏侗族自治县红花两河化肥厂
…………负责人：杨俊……邮　编：564300
………………………………法　人：杨俊
………………………………Tel：0856－3222707

**遵义县乌江化肥厂**
地址：贵州省遵义市遵义县乌江镇
………………………………负责人：刘应福
………………………………Tel：0852－7390370

## 云南省/Yunnan Province

**富源县富村镇明珠焦化厂**
业务：富源县富村镇明珠焦化厂成立于 2000 年，从事原煤的加工及销售，产品主要销往广东、广西等城市。欢迎新老客户来电洽谈业务。
地址：云南省曲靖市富源县富村镇团山村八角田
………………………………邮　编：655504
………………………………法　人：赵官武
………………………………Tel：0874－4080319
………………………………Mobile：13708742222

**云南省建水县建新化工厂**
地址：云南省红河哈尼族彝族自治州建水县陈官镇清水塘
………………………………负责人：孙成
………………………………Tel：0873－3724399
1350880722

**会泽南方化肥有限公司**
业务：本公司位于者海镇大石桥工业园区东南面，距国道 213 线 1 千米左右，是生产农业用肥，普通过磷酸钙的厂家。
地址：云南省曲靖市会泽县者海镇大石桥工业园区
………………………………邮　编：654211
………………………………法　人：宁金功
………………………………Tel：0874－5654166
………………………………Fax：0874－5654166

**昆明泰钧磷氟化工有限公司**
业务：昆明泰钧磷氟化工有限公司成立于 2004 年，生产化工原料，您的满意我们的追求，欢迎新老客户来电洽谈业务！
地址：云南省安宁市草铺镇 51 公里
…………负责人：杨兴强……邮　编：650308
………………………………法　人：李永明
………………………………Tel：0871－8723734

**昆明嘉信塑料批发部**
业务：生产、销售双鹏薄膜，代理广东振晶合成膜，重庆宝能聚乙烯薄膜，双凤彩条布，大地薄膜
地址：云南省昆明市西山区西南百货城 24 栋 5 号
………负责人：张再双　　邮　编：650000
………………………………法　人：张再双
…………Tel：13888706161
0871－4588426
4570158
6090316
…………Fax：0871－8890518

**陆良县五丰磷化工有限责任公司**
业务：陆良县五丰磷化工有限责任公司成立于 2004 年，主要生产磷酸、黄磷等化工产品。“质量保证，信誉第一”，热诚欢迎您来电来人洽谈业务，共同合作！
地址：云南省曲靖市陆良县小百户镇巴茅冲村
…………负责人：张志友……邮　编：655600
………………………………法　人：张志友
………………………………Tel：0874－6267146

**福贡县宏源水电开发有限公司**
业务：福贡县宏源水电开发有限公司成立于 2004 年，主要从事水电开发。“诚信为本，信誉第一，客户至上”，竭诚欢迎广大客户光临指导。
地址：云南省怒江傈僳族自治州福贡县上帕街南路 18 号
………………………………邮　编：673400
………………………………法　人：潘德海
………………………………Tel：0886－3413889
3419256
………………………………Fax：0886－3413889

**烨华塑胶厂**
地址：云南省昆明市东二环路 667 号
………………………………负责人：何学华
………………………………Tel：0871－3829273
13888192803

**陆良县永鑫漂白粉厂**
业务：陆良县永鑫漂白粉厂成产于 1993 年，公司主要业务是生产、销售漂白粉。竭诚欢迎新老客户来电洽谈业务！
地址：云南省曲靖市陆良县尹旗堡村
………………………………邮　编：655600
………………………………法　人：孟建国
………………………………Tel：0874－6881238
………………………………Mobile：13887496471
…………网址：http://ynyxpb. chinapyp. com

**保山市青义生物肥料有限公司**
业务：保山市青义生物肥料有限公司成立于 2006 年，生产销售有机肥，代理品牌代理，愿与各界朋友真诚合作，同共美好明天。
地址：云南省保山市隆阳区河图镇河村
…………负责人：赵青义……邮　编：678000
………………………………法　人：赵青义
………………………………Tel：0875－2851829
9212649
………………………………网址：mtw25869

**麒麟区沿江鸡街硫酸制品有限公司**
业务：本公司成立于 2003 年，主要从事加工工业硫酸、蓄电池硫酸，电水，试剂硫酸（以上范围中涉及专项审批、按审批项目和时限经营）。公司发展奉行“优质服务、用户至上”的理念，产品生产以“精益求精”作为信条，为广大新老客户提供最优质、最高效的产品和服务。
地址：云南省曲靖市麒麟区沿江鸡街村
………………………………邮　编：655008
………………………………法　人：严胜昌
………………………………Tel：0874－3923223
………………………………Fax：0874－3923223

**云南镇康县汇华水电有限公司**
业务：云南镇康县汇华水电有限公司成立于 2003 年，主要从事水电开发，铁合金的生产销售。“信誉第一，客户至上”，热诚欢迎新老客户来电咨询。
地址：云南省临沧市镇康县（人民政府招待所）
………………………………邮　编：677700
………………………………法　人：江晓文
………………………………Tel：0883－6625333
………………………………Fax：0883－6625333

**成丰塑料制品厂**
地址：云南省昆明市西山区南坝新村 388 号
………………………………负责人：陈良招
………………………………Tel：13808757409

**云南省西双版纳州景洪市普文坡脚加油站**
业务：云南省西双版纳州景洪市普文坡脚加油站成立于 1972 年，从事汽油、柴油、润滑油的销售。本公司愿与各界有识之士诚信合作，共创美好未来。
地址：云南省西双版纳州景洪市普文镇坡脚加油站
………………………………邮　编：666102
………………………………法　人：谭玉华
………………………………Tel：0691－2462118
………………………………Mobile：13095240175

**临沧汇达实业有限责任公司**
业务：临沧汇达实业有限责任公司成立于 2006 年，主要从事输电工程施工，小水电调试、咨询，水力发电，电力物资供销，输变电工程设计等业务，公司秉成“百川所汇，通达天下、的服务宗旨，热忱欢迎各界人士来电洽谈业务！
地址：云南省临沧市临翔区临翔路 60 号恒丰公寓
…………负责人：杨文升……邮　编：677000
………………………………法　人：杨文升
………………………………Tel：0883－2135325
………………………………Fax：0883－2135325
………………………………网址：www. lchdsy. cn
…………E-mail：lchd2135325@vip. 163. com

**盛利橡胶有限责任公司**
业务：勐腊县盛利橡胶有限责任公司于 2002 年 11 月工商注册成立，是一家以天然橡胶加工种植、销售和对外贸易为主营方向的民营企业。以“诚信为本，务实执业”的公司文化背景，将吸引更多的人才参与公司的事业，将会得到更多的合作伙伴的信任，共同谋求公司的未来发展。
地址：云南省西双版纳州勐腊县城南路
………………………………邮　编：666300
………………………………法　人：盛荣光
………………………………Tel：0691－8123333
………………………………Fax：0691－8127697
…………网址：www. ynslxj. chinapyp. com

**新力化工有限公司**
地址：云南省曲靖市开发区开元大酒店 403 室
………………………………负责人：李华昌
………………………………Tel：0874－3322959
13508812555

**宣威顺康焦化厂**
业务：宣威顺康焦化厂成立于 2003 年，专业从事炼焦、洗煤。公司本着“诚信、专业、高效”的服务宗旨，竭诚为新老客户提供过硬的产品和优质的服务，得到了全国各地广大客户的肯定和信任。
地址：云南省宣威市羊场镇大松树
…………负责人：王周廷……邮　编：655411
………………………………法　人：王周廷
………………………………Tel：0874－7970428

**保山市华城实业有限责任公司**
业务：保山市华城实业有限责任公司成立于 2005 年，生产销售松香、松节油，欢迎新老客户来电洽谈业务！
地址：云南省保山市隆阳区华城实业有限责任公司
…………负责人：王江北……邮　编：678004
………………………………法　人：杨盛华
………………………………Tel：0875－2846908
………………………………Mobile：13908750926

**汤池镇农机站凤鸣农机加油站**
业务：汤池镇农机站凤鸣农机加油站成立于 1993 年，主要从事 0＃柴油，93＃汽油等成品油的批发与零售。“诚信为本，信誉至上，客户第一”，热诚欢迎新老客户惠顾。
地址：云南省昆明市宜良县汤池镇凤鸣村
………………………………邮　编：652103
………………………………法　人：保万喜
………………………………Tel：0871－7672088
………………………………Fax：0871－7672088

**峨山县云昆加油站**
业务：峨山县云昆加油站成立于 1996 年，从事汽油、柴油、润滑油的批发与零售。欢迎新老客户光临！
地址：云南省玉溪市峨山彝族自治县小街镇
………………………………邮　编：653200
………………………………法　人：张昆汉
………………………………Mobile：13987718089

**昭通市昭阳区宏宇复混肥厂**
业务：昭通市昭阳区宏宇复混肥厂常年生产腐植酸，有机质.腐植酸的含量在 53 以上，有机质在 65 以上.本公司以诚信为本，质量第一的原则，为客户提供最好的产品
地址：云南省昭通市昭阳区经贸委宿舍楼 2 幢 1 单元 101 室
…………负责人：林运萍……邮　编：657000
………………………………法　人：林运萍
………………………………Tel：0870－2154188

**昆明市五华区建辉塑料型材厂**
业务：昆明市五华区建辉塑料型材厂是一家专业生产型材、管材的厂家。主要产品有 PVC 管、塑钢型材等。公司恪守“品质至高，服务至诚”的宗旨，奉行“以人为本，追求卓越”经营理念，欢迎各方客户前来洽谈业务！
地址：云南省昆明市五华区浪口村
………………………………邮　编：650203
………………………………法　人：陈启辉
………………………………Tel：0871－5220099

**祥云县金红利废旧塑料加工厂**
业务：祥云县金红利废旧塑料加工厂成立于 2002 年，主要从事废旧塑料的收购和再加工。“诚信为本，信誉第一”，热诚欢迎新老客户惠顾。
地址：云南省大理州祥云县祥城镇东外李家营
………………………………邮　编：672100
………………………………法　人：黄水芬
………………………………Mobile：13887200239

**呈贡平实化工有限公司**
业务：本公司成立于 2000 年，位于春城昆明近郊——云南花乡呈贡县，距省会昆明 10 余公里。工厂建于铁路动脉昆明南站旁，交通运输十分便利。是专业生产饲料级磷酸盐的企业，主产品：饲料级磷酸氢钙，有粒状和粉状两种。公司都将本着“质量第一，用户致上”的服务理念，同你们携手并进，共创美好明天。
地址：云南省昆明市呈贡县洛羊镇小新册
………………………………邮　编：650501
………………………………法　人：郭晋平
………………………………Tel：0871－7411266
………………………………Fax：0871－7411266

# 昆明邦申工贸有限公司

昆明邦申工贸有限公司成立于1993年，主要从事塑料软管的加工及生产。我公司是云南生产塑胶软管的专业企业，年销售塑胶软管4000余吨，销售产值2500万元，是云南民政福利企业，公司位于昆明市，占地8亩，拥有厂房3000平方米，在云南拥有良好的销售网络。

我厂的宗旨是：以质量取得效益，以效率赢得市场，以诚信赢得客商。热忱欢迎广大客户来电洽谈业务！

联系人：赵波 13708402111
电话：0871-7321666 7321989　传真：0871-7321666
地址：云南省昆明市广福路富康花园南区8栋2单元201室　邮编：650200

# 陆良县顺达油汇

陆良县顺达油汇成立于2000年，本部主要经营汽车润滑油的销售。

公司秉承质量第一，顾客至上的经营理念，追求精益求精是我们的服务宗旨！竭诚提供一流的产品给新老客户！

联系人：俞凯文
邮编：655600
电话：0874-6261254
地址：云南省曲靖市陆良县灿乡路168号

# 云南农大亨农业科技有限公司

云南农大亨农业科技有限公司成立于2006年。

本公司专业从事生产、销售农药、化肥、钾肥、微量元素、叶面肥、硼砂、硼酸、硼酸、锌肥、硫酸锌。

公司本着“客户第一，诚信至上”的原则，与多家企业建立了长期的合作关系。热诚欢迎各界朋友前来参观、考察、洽谈业务。

联系人：邢建军
电话：0871-7180488 7172020　邮编：650200
地址：云南省昆明市官渡区关上镇关雨路同心工业市场

# 云南双鹤医药有限公司化玻站

云南双鹤医药有限公司化玻站成立于1958年。

主要经销化学试剂、玻璃仪器、化工颜料、实验室设备。

我们秉承“顾客至上，锐意进取”的经营理念，坚持“客户第一”的原则为广大客户提供优质的服务。欢迎广大客户惠顾！

电话：0871-3525809 3521862　联系人：尹嘉伟
传真：0871-3521862　邮编：650031
地址：云南省昆明市五华区虹山南路30号

## 西藏自治区/Xizang Autonomous Region

**西藏自治区石油液化气经销公司金珠东路经销部**
地址：西藏自治区拉萨市北京中路 198 号
…… 负责人：黎华兴
…… Tel：0891－6334639

**西藏天威英利新能源有限公司**
业务：本公司成立于 2005 年，是由中国天威英利新能源有限公司在西藏自治区注册的控股企业，是一家以研究、开发、示范、推广太阳能光电及光热产品为主营方向的高新技术产业化公司。
地址：西藏自治区拉萨市鲁定南路 269 号
…… 负责人：李冰……邮　编：850000
…… 法　人：李冰
…… Tel：0891－6833944

**西藏科光新能源有限公司**
地址：西藏自治区拉萨市北京中路 93 号
…… 负责人：刘庚发
…… Tel：0891－6833944

**拉萨雨建桥闸有限公司**
地址：西藏自治区拉萨市色拉路 78 号
…… 负责人：李雨洪
…… Tel：0891－6704568

**西藏日喀则地区华美燃气有限责任公司**
地址：西藏自治区日喀则市上海南路萨玛林
…… 负责人：袁浦耀
…… Tel：0892－8996378

**中信石油公司**
地址：西藏自治区山南地区桑日县绒乡新大桥西侧
…… 负责人：邹文龙
…… Tel：0893－7313888

## 陕西省/Shanxi Province

**江兴医化科技有限公司**
地址：陕西省安康市石泉县池河镇工业园区
…… 负责人：陈超
…… Tel：0915－6612410
13891530868

**凤县江源冶化有限责任公司**
地址：陕西省宝鸡市凤县凤州镇桑园村七里坪
…… 负责人：王陵江
…… Tel：0917－4712355

**宝鸡精诚生物工程有限公司**
业务：宝鸡精诚生物工程有限公司成立于 1997 年，主要从事黄原胶的研发、生产与销售。“以质量求生存，以信誉求发展”，热诚欢迎广大新老客户来电来人洽谈业务，共同合作！
地址：陕西省宝鸡市陈仓区阳平镇
…… 负责人：任同兴……邮　编：721300
…… 法　人：任同兴
…… Tel：0917－6661506

**大荔县春雨有机肥厂**
业务：生产、销售有机肥
地址：陕西省渭南市大荔县赵渡镇雨林村（68310 部队基地）
…… 负责人：张春红　邮　编：715102
…… 法　人：张春红
…… Tel：13310937288
0913－2972522

**宝鸡市鑫台商贸有限公司蟠龙加油点**
地址：陕西省宝鸡市金台区宝蟠公路西段（蟠龙山村）
…… 负责人：王凤娟
…… Tel：0917－2855755

**宝鸡市渭滨区大沃塑胶制品厂**
地址：陕西省宝鸡市渭滨区清姜东二路南段
…… 负责人：蔺义强
…… Tel：13992792736

**陕西省勉县秦江塑料编织厂**
业务：本厂主要生产各种类型规格塑料编织袋，也可按用户要求规格生产。同时兼有废旧塑料回收、加工、生产、销售。年产各种类型规格编织袋 500 万条。本厂设备先进，技术力量雄厚，欢迎各用户与我厂洽谈业务，共创双赢。
地址：陕西省勉县老道寺镇赤土岭
…… 邮　编：724206
…… 法　人：何朝芳
…… Tel：0916－3486217
…… Fax：0916－3486217

**府谷县高石崖助丰农资专业合作社**
业务：农业生产资料供用、化肥、地膜
地址：陕西省榆林市府谷县高石崖供销社
…… 负责人：刘贵如　邮　编：719400
…… 法　人：刘贵如
…… Tel：0912－8751776
13109683586
…… 网址：http://www.51zzt.com/user/zzt33016

**府谷县老高川乡惠盛源焦化有限责任公司**
地址：陕西省府谷县老高川乡石板台村
…… 负责人：张正华
…… Tel：13992218786

**德隆塑料制品厂**
地址：陕西省汉中市治台区铺镇关爷庙村
…… 负责人：亢断明
…… Tel：0916－2650188
13991604960

**商洛公路管理局商南公路段涂料厂**
地址：陕西省商洛区商南县富水镇富水村原道班院内
…… 负责人：程昌银
…… Tel：0914－6462265
13991428566

**陕西延长石油（集团）有限责任公司销售公司**
业务：本公司成立于 2005 年 12 月，主要销售汽油、柴油、液化气等石油化工产品。公司坚持“信誉第一，用户至上”的服务宗旨，热忱欢迎新老客户前来洽谈、合作。
地址：陕西省西安市雁塔区高新二路 2 号
…… 负责人：梁苏权……邮　编：710075
…… 法　人：梁苏权
…… Tel：029－88472173
88498251
…… Fax：029－88472173
…… 网址：www.sxycpc.com

**榆林信友化工有限责任公司**
业务：煤焦油的深加工
地址：陕西省榆林市人民西路 4 号 3 楼
…… 负责人：张力　邮　编：719000
…… 法　人：张力
…… Tel：0912－3889970

**东梓化工厂**
地址：陕西省商洛市商州区沙河子镇李堡子村四组
…… 负责人：李刚曹
…… Tel：0914－2551318
13909140828

**神木县锦界制氧厂**
地址：陕西省神木锦界瑶渠村
…… 负责人：刘晓儿
…… Tel：13038988313

**延川县三和石油经销有限责任公司**
业务：延川县三和石油经销有限责任公司成立于 2003 年元月，公司主要销售柴油、汽油、润滑油等。质量保证，价格合理，欢迎新老客户惠顾！
地址：陕西省延安市延川县贺家湾乡张家湾村
…… 邮　编：717200
…… 法　人：张东勤
…… Tel：0911－8409116

**绿仙喷雾器经销部**
地址：陕西省渭南市蒲城县渭清路
…… 负责人：梁仙友
…… Tel：0913－7231282
13809138786

**山西昊宇科工贸有限公司**
地址：陕西省西安市灞桥区田王街特字 1 号动力站
…… 负责人：史荣军
…… Tel：029－83311083
13319241525

**吴堡县平安加油站**
业务：吴堡县平安加油站成立于 1996 年，主要经营汽油、柴油、润滑油。“信誉第一，服务周到”，热诚欢迎广大新老客户光临、惠顾！
地址：陕西省榆林地区吴堡县张家墕村
…… 负责人：王爱平……邮　编：718200
…… 法　人：王爱平
…… Tel：0912－6680008

**杨凌友顺塑业制品厂**
地址：陕西省西安市滨河东路
…… 负责人：杨亚宁
…… Tel：029－87035591

**户县晨光橡胶制品研究所**
地址：陕西省西安市户县吕公路东城路什字西南侧户县甘亭镇东马营村
…… 负责人：高斌
…… Tel：13772501190

**陕西省神木县恒阳煤化有限公司**
业务：陕西省神木县恒阳煤化有限公司主要从事压缩天然气、成品油的销售。我们以品质求生存，以诚信求发展，高质量的产品、卓越的服务是我们的工作方针，我们期待您的光临！
地址：陕西省榆林市神木县滨河路北段
…… 负责人：刘明显……邮　编：719300
…… 法　人：刘明显
…… Tel：0912－8358177

**西安市户县永元塑料包装有限公司**
地址：陕西省西安市户县庞光镇工贸园区
…… 负责人：施高省
…… Tel：13909270733

**西安海富化工有限责任公司**
地址：陕西省西安市环城南路东段 68 号 12 楼 2 号
…… 负责人：方衍刚
…… Tel：029－87857509

**西安长庆新星石油机电技术发展有限公司**
地址：陕西省西安市泾河工业园泾渭十路
…… 负责人：曹中陆
…… Tel：029－86519279

**榆林市电力建设总公司**
业务：榆林市电力建设总公司成立于 1972 年，主要从事送变电工程安装，铁附件加工等业务。公司以客户的满意为目标，高标准严格要求，提供满意、优质的工程和尽善尽美的服务。
地址：陕西省榆林市下洲路 231 号
…… 邮　编：719000
…… 法　人：杨子学
…… Tel：0912－8161801
…… Fax：0912－8161801

**西安市家欣绿化工程有限公司**
地址：陕西省西安市经济技术开发区尚稽东路
…… 负责人：赵保平
…… Tel：029－86672805

**蓝褒磷肥厂**
地址：陕西省西安市蓝田县华胥镇油坊街
…… 负责人：支兴权
…… Tel：029－82881176
13519177058

**西安天大化工有限公司**
地址：陕西省西安市莲湖区北马道巷 95 号 201 室
…… 负责人：何小平
…… Tel：13379270881

**榆林市宏达石化有限公司**
业务：榆林市宏达石化有限公司主要经营渣油、重油、煤焦油、甲醇、石脑油、万青润滑油、化工产品、钻采设备及配件等，热诚欢迎您的惠顾！
地址：陕西省榆林市榆阳区西沙青山西路广明下巷 4 排 2 号

………… 负责人：徐宏亮……邮　编：719000
…………………………… Tel：0912－8105138

**恒立塑料制品厂**
地址：陕西省西安市庞光镇四府村
………………………………… 负责人：高建林
…………………………… Tel：029－84948840
13087595075

**陕西赛丰生物有限公司**
地址：陕西省西安市未央宫东唐寨 89 号
………………………………… 负责人：贺先生
…………………………… Tel：029－86407582
13572841033

**秦汉化工厂**
地址：陕西省西安市未央区三桥后围寨村十村组
………………………………… 负责人：陈续本
…………………………… Tel：029－84515889
13109568845

**陕西嘉瑞化工有限公司**
地址：陕西省西安市未央区三桥路 194 号
………………………………… 负责人：吴峰
…………………………… Tel：13002975085

**西安瀚鑫化工有限公司**
地址：陕西省西安市未央区石化大道中段南玉丰村
………………………………… 负责人：闫志峰
…………………………… Tel：029－88561686

**陕西天泰石化物资有限责任公司**
地址：陕西省西安市西大街梁家牌楼 28 号如意大厦 5 楼
………………………………… 负责人：刘继承
…………………………… Tel：029－87622855

**欧德橡塑技术有限公司**
地址：陕西省西安市新城区幸福北路 25 号
………………………………… 负责人：赵树明
…………………………… Tel：029－82540535
13992839281

**西安中欧石业工程有限公司**
地址：陕西省西安市雁塔区大雁塔装饰材料市场 T302 号
………………………………… 负责人：吕淑莲
…………………………… Tel：029－85524812

**陕西瑞丰能源气化有限责任公司**
地址：陕西省西安市雁塔区高新区枫叶新都市 C 座 301
………………………………… 负责人：韩喜平
…………………………… Tel：13909128989

**陕西明远氟涂料有限公司**
地址：陕西省西安市雁塔区南二环东段 62 号伟业都市远景 8C 房
………………………………… 负责人：李惠安
…………………………… Tel：13201621206

**立新海绵厂**
地址：陕西省西安市雁塔区田马路
………………………………… 负责人：张海良
…………………………… Tel：029－82607656
13359285823

**金风石油钻井有限公司**
地址：陕西省延安市志丹县县城北段老干局
………………………………… 负责人：尚玉贵
…………………………… Tel：0911－6621701
13891103907

**陕西天桥化工股份有限公司供销公司**
地址：陕西省榆林市府谷镇天桥大厦
………………………………… 负责人：韩世英
…………………………… Tel：0912－8726051

**腐汁酸多元素肥厂**
地址：陕西省榆林市靖边县西郊六加山北五公里处
………………………………… 负责人：卢炳忠
…………………………… Tel：0912－4901021
13609228971

**顺兴化工有限责任公司**
地址：陕西省榆林市神木县孙家岔镇燕家塔村
………………………………… 负责人：刘涛
…………………………… Tel：0912－8463886
13809123826

**榆林泰裕油气有限公司**
地址：陕西省榆林市榆阳区归德堡
………………………………… 负责人：谢安泰
…………………………… Tel：13309125339



## 甘肃省/Gansu Province

**白银单跻化工有限责任公司**
地址：甘肃省白银市白银区冶金路 48 号楼－1－9 号
………………………………… 负责人：王单跻
…………………………… Tel：0943－3329918

**海西州海川油气服务有限责任公司**
地址：甘肃省敦煌市七里镇
………………………………… 负责人：郁忠义
…………………………… Tel：0937－8933535

**金川迅达防腐化工厂**
业务：金川迅达防腐化工厂成立于 1998 年，从事耐火土、呋喃树脂液、大白粉、钾水玻璃、钠水玻璃、石英粉、石英砂、滑石粉、水磨石子（红、白、绿、黑等颜色）膨润土、混凝土防冻剂等。公司本着“诚信、务实、开拓、创新”的原则，欢迎广大新老客户光临惠顾。
地址：甘肃省金昌市金川区永昌路
………………………………… 邮　编：737100
………………………………… 法　人：马登旭
…………………………… Tel：0935－8330198
3689692

**靖远荣发塑业有限公司**
业务：生产，销售农用地膜、再生颗粒、包装袋、塑料管具
地址：甘肃省白银市靖远县高湾乡三场村
……… 负责人：哈其荣　邮　编：730619
…………………………… 法　人：哈其荣

**盈科水利管理所**
业务：本公司成立于 1965 年，拥有 150 名员工，主要经营水利管理、水利工程建设。
地址：甘肃省张掖市甘州区张大公路 9 公里处
………………………………… 邮　编：734000
………………………………… 法　人：刘克君
…………………………… Tel：0936－8583051
…………………………… Fax：0936－8582539

**金昌兴化储商贸有限责任公司**
业务：硫酸、盐酸、液碱、片碱经营及运输
地址：甘肃省金昌市河雅路天美里飞龙公司侧三楼
……… 负责人：田爱萍　邮　编：737100
…………………………… 法　人：田爱萍
………… Tel：0935－3691310
8239005
……………… E-mail：xinhuachu@163. com

**兰州金驰化工科技有限公司**
地址：甘肃省兰州市安宁区十里店乡和平村和平工业小区 1 号
………………………………… 负责人：李雪平
…………………………… Tel：0931－7768358

**路安特沥青高新技术有限公司、翼龙沥青有限公司**
地址：甘肃省兰州市安宁区银滩路 299 号（八盘峡电力小区）
………………………………… 负责人：骆文才
…………………………… Tel：0931－7658811
7652619
13809319195

**甘肃嘉禾能源开发有限公司**
业务：煤、油
地址：甘肃省兰州市城关区中山路 32 号
……… 负责人：武春梅　邮　编：735000
…………………………… 法　人：武春梅
………… Tel：0931－3158097
13893217108

**兰州岷江石化设备有限公司**
地址：甘肃省兰州市安宁西路 510 号 101 室
………………………………… 负责人：王树良
…………………………… Tel：13309499918

**兰州源能达石化有限公司**
地址：甘肃省兰州市北滨河路恒昌花园 3－3－322 号
………………………………… 负责人：王维峰
…………………………… Tel：0931－8617114

**兰州红马生化科技开发有限公司**
地址：甘肃省兰州市城关区东岗西路 393 号
………………………………… 负责人：张正安
…………………………… Tel：0931－2165955
13893123909

**甘肃亿龙交通能源建设管理有限责任公司**
地址：甘肃省兰州市城关区南城根 17 号
………………………………… 负责人：张精公
…………………………… Tel：0931－8800191

**兰州德惠塑胶制品厂**
业务：塑料制品、管材型材
地址：甘肃省兰州市七里河区八里镇叶家湾 117 号
……… 负责人：宋庚发　邮　编：730050
…………………………… 法　人：宋庚发
………… Tel：13008716068
13639396088
13919282567

**兰州三耐化工科技有限公司**
地址：甘肃省兰州市城关区武都路大众市场 7B 楼 11 号
………………………………… 负责人：岳帅
…………………………… Tel：0931－8413504

**榆中县农业生产资料公司益民农资良种服务部**
业务：化肥、玉米杂交包装种子、蔬菜包装种子、农膜、农机具
地址：甘肃省兰州市榆中县城关镇栖云北路 138 号
……… 负责人：马建红　邮　编：730100
…………………………… 法　人：马建红
………… Tel：13893196010
……………… 网址：http://www.51zzt.com/user/zzt32364

**甘肃兴荣精细化工有限公司**
地址：甘肃省兰州市七里河区阿干镇铁冶街 85 号
………………………………… 负责人：丁公明
…………………………… Tel：0931－2771589

**庆阳冠洲涂料有限公司**
业务：水性涂料、内外墙乳胶漆的制造与销售。
地址：甘肃省庆阳市西峰区庆化路中段 96 号
……… 负责人：杨建忠　邮　编：745000
…………………………… 法　人：杨建忠
………… Tel：13884150262
0934－8687100

**临夏市橡胶有限责任公司收购分公司**
地址：甘肃省临夏市滨河西路 3 号
………………………………… 负责人：陕永辉
…………………………… Tel：0930－6313289

**甘谷县文博塑料制品有限公司**
业务：塑料水管加工、销售
地址：甘肃省天水市甘谷县新兴镇姚庄道北张家巷 17 号
……… 负责人：史文林　邮　编：741200
…………………………… 法　人：史文林
………… Tel：13993812789
0938－5932655

**天水中铁天工制造有限责任公司特气分公司**
业务：经营乙炔气，二氧化碳，氧气等特气
产品：乙炔气，二氧化碳，氧气
地址：甘肃省天水市麦积区花牛镇肖家庄
……… 负责人：项国清　邮　编：741000
…………………………… 法　人：项国清
………… Tel：0938－2793912

**天祝县佳能热力有限责任公司**
地址：甘肃省武威地区天祝藏族自治县华藏寺镇延禧路南
………………………………… 负责人：李福
…………………………… Tel：0935－3130026

## 青海省/Qinghai Province

**格尔木丰谷农业生产资料有限责任公司**
地址：青海格尔木市建设中路13号
…………负责人：王辉
…………Tel：0979－8433887

**格尔木汇业大颗粒钾肥厂**
地址：青海格尔木市青海格尔木市黄河中路8号
…………负责人：张鑫
…………Tel：0979－8434381
8433488
8459556

### 北京昆龙伟业格木有限公司
业务：北京昆龙伟业格木有限公司成立于2003年，主要从事钾肥的生产。“以质量求生存，以信誉求发展”，热诚欢迎广大新老客户来人来电洽谈业务，共同合作！
地址：青海省格尔木市建设中路10号兰空办事处（院内）
…………邮　编：816000
…………法　人：王恒昆
…………Tel：0979－8434707

**四川义奥涂料格尔木销售分公司**
地址：青海格尔木市泰山南路4－4
…………负责人：王奇
…………Tel：0979－8416066

**青海大柴旦中远矿业开发有限公司**
地址：青海省德令哈市大柴旦镇硼化工业园区
…………负责人：陈海青
…………Tel：0977－8282207

**青海昆仑镁盐有限责任公司**
地址：青海省格尔木市八一西路5号
…………负责人：王海军
…………Tel：0979－8467515

**格尔木铁源钾镁销售有限责任公司**
地址：青海省格尔木市柴达木盆地察尔汗盐湖
…………负责人：宋春丽
…………Tel：0979－8456456
8923788
8928289

### 格尔木建兴涂料有限公司
业务：格尔木建兴涂料有限公司成立于2005年，生产销售水性涂料、多种彩色外墙涂料，107胶，801胶等多种防水建筑用胶，内外墙乳胶漆，欢迎新老客户来电洽谈业务！
地址：青海省海西蒙古族藏族自治州格尔木市柴达木路62号建材市场西门对面
…………负责人：张君平……邮　编：816000
…………法　人：张君平
…………Tel：0979－8418642
…………Mobile：13519794276

**青海省滨地钾肥股份有限公司**
地址：青海省格尔木市柴达木中路117号
…………负责人：黄绍建
…………Tel：0979－8413111

**青海省格尔木美宝氧化镁有限公司**
地址：青海省格尔木市格尔木察尔汗达布逊
…………负责人：施郭平
…………Tel：0979－8459158

**格尔木市金潮化工有限责任公司**
地址：青海省格尔木市育红巷17号宾馆小区4栋2单元221室
…………负责人：王宗明
…………Tel：0979－7237411

**格尔木科力钾肥业有限责任公司**
地址：青海省格尔木市中山路42号
…………负责人：温万豪
…………Tel：0979－4217777

**门源县三进碳化硅有限公司**
地址：青海省海北自治州门源县浩门镇
…………负责人：叱志平
…………Tel：0970－8615326

**平安第一碳化硅厂**
地址：青海省海东地区平安县古城乡大寨子工业小区
…………负责人：马福明
…………Tel：0972－8660044

**都兰县大翔加油站**
地址：青海省海西蒙古族藏族自治州都兰县察汗乌苏镇解放街
…………负责人：骆秀花
…………Tel：13709772779

**(天田集团)海西云港钾盐科技发展有限公司**
地址：青海省海西蒙古族藏族自治州格尔木市柴达木路50号
…………负责人：祝瑞红
…………Tel：0979－8455999

**青海友明盐化有限公司**
地址：青海省海西蒙古族藏族自治州乌兰县
…………负责人：薛黎明
…………Tel：13906130327

**海西自治州东诺化工有限公司**
地址：青海省海西自治州德令哈市五六路3号
…………负责人：吴先生
…………Tel：0977－8222527

**青海海西蒙西联碱业有限公司**
地址：青海省海西自治州德令哈市迎宾路东13号
…………Tel：0977－8201957
0977－8201927

**青海省翰海企业集团有限责任公司**
地址：青海省海西自治州格尔木市八一西路5号
…………负责人：李和印
…………Tel：0979－8463536
0979－8463614

**青海昆仑机械化工集团有限公司**
地址：青海省海西自治州格尔木市昆仑北路99号昆仑大酒店2楼
…………负责人：郝先生
…………Tel：0979－7212082

**青海铬盐高新科技股份有限公司**
地址：青海省西宁市八一东路5号
…………负责人：吕世民
…………Tel：0971－8016255

**青海豪威橡胶厂** 地址：青海省西宁市八一中

路 48 号
……负责人:靳义宁
……Tel:0971－8803560

**芳龙海绵厂**
地址:青海省西宁市城北区柴达木路 159 号
……负责人:邵光进
……Tel:0971－5215188
13099769858

**青海橡胶工贸有限公司**
地址:青海省西宁市城北区朝阳东路 19 号
……负责人:方先生
……Tel:0971－5501436

**青海省物产化工有限责任公司**
地址:青海省西宁市城北区朝阳东路 26 号
……负责人:耿先生
……Tel:0971－5503805

**西宁锡盛源橡塑制品厂**
地址:青海省西宁市城北区朝阳东路 3 号
……负责人:丁维平
……Tel:0971－5501897

**西宁玉峰再生资源开发有限公司**
地址:青海省西宁市城北区朝阳西路 75 号
……负责人:张玉峰
……Tel:13195795895

**西宁爱派克斯化工有限责任公司**
地址:青海省西宁市城北区建北 16 号 3 幢 322 室
……负责人:侯利春
……Tel:0971－3895820

**西宁胜强再生资源开发有限公司**
地址:青海省西宁市城北区天峻路 66 号
……负责人:王翠连
……Tel:0971－5319372

**西宁鹤霖气体制造有限责任公司**
地址:青海省西宁市城北区西川南路 93 号
……负责人:靳先生
……Tel:0971－6316554

**西宁福利石膏开发总公司**
地址:青海省西宁市城东区共和南路 18 号
……负责人:田志敏
……Tel:0971－8176661

**青海飞天亨顺石化有限责任公司**
地址:青海省西宁市城东区互助中路 92 号
……负责人:惠天保
……Tel:0971－8081900

**青海省江河化工厂**
地址:青海省西宁市城东区乐家湾镇政府八一东路 65 号
……负责人:李小豫
……Tel:0971－8015178

**青海谦信化工有限责任公司**
地址:青海省西宁市城东区朱家庄路 4 号
……负责人:马力行
……Tel:0971－8017021

**青海省昆仑油漆化工有限责任公司**
地址:青海省西宁市城西区祁连路 29 号
……负责人:黄礼湘
……Tel:0971－8452064
0971－8806856

**青海利亚达化工厂**
地址:青海省西宁市城西区新宁路 13 号写字楼 5 楼
……负责人:李洪岭
……Tel:0971－6153666
0971－6118460

**青海省化工设计研究院有限公司**
地址:青海省西宁市城西区新宁路 4 号
……负责人:牛先生
……Tel:0971－6305174
0971－6309339

**青海睿龙水处理科技实业有限公司**
地址:青海省西宁市城中区长江路 120 号
……负责人:郭睿
……Tel:0971－6100725

**青海蓝天环保科技有限公司**
地址:青海省西宁市城中区南川东路 71 号甲 1 号
……负责人:冯智祥
……Tel:0971－6274958
6274368

**中国石油青海销售公司大通分公司**
地址:青海省西宁市大通县解放路 197 号
……负责人:王先生
……Tel:0971－2722153

**青海省黎明化工有限责任公司**
地址:青海省西宁市大通县宁张公路 28 公里处
……负责人:刘先生
……Tel:0971－2761704
0971－2765136

**青海省嘉友镁业有限公司**
地址:青海省西宁市黄河路 32—2 号 151 室
……负责人:程玉珍
……Tel:0971－6157231

**青海省德吉橡胶业有限责任公司**
地址:青海省西宁市湟中县上新庄镇
……负责人:窦石炯
……Tel:0971－6274001

**湟中县海宁合资化肥厂**
地址:青海省西宁市湟中县西堡镇佐署村
……负责人:彭秉成
……Tel:0971－2293049

**西宁鑫聚贸易有限公司**
地址:青海省西宁市火车站后 386 号
……负责人:李明菊
……Tel:0971－3893486
13997072898

**西宁永顺橡胶塑料厂**
地址:青海省西宁市建国路 11 号
……负责人:叶继干
……Tel:13709719933

**青海奥诺化工有限公司**
地址:青海省西宁市交通巷 10 号 2－1－501 室
……负责人:唐笑波
……Tel:0971－6117218

**西宁锐信橡胶物资有限公司**
地址:青海省西宁市祁连路 82－2 号
……负责人:孟祥华
……Tel:0971－5501108

**青海开拓者商贸有限公司**
地址:青海西宁解放路 2 号天桥商务大厦
……负责人:潘晓萍
……Tel:0971－8213348

**西宁廉泰祥橡胶制品有限公司**
地址:青海西宁南川西路沈寨乡沈家寨村 3 巷 38#
……负责人:李磊
……Tel:0971－5124610

**青海锂业有限公司**
地址:青海西宁市城北区祁连路 327 号盐业大厦五楼
……负责人:李琎
……Tel:0971－5506008

**青海大通辰光硼业有限公司**
地址:青海西宁市城北区生物科技产业园纬二路 18 号 1206 室
……负责人:汪霞
……Tel:0971－5366171

**青海国泰盐湖开发有限公司**
地址:青海西宁市城北区生物园区管委会大楼 1322
……负责人:牛忠平
……Tel:0971－5317488

**青海正源责任有限公司**
地址:青海西宁市共和路
……负责人:马进忠
……Tel:0971－6157182

**青海省天泰有限公司**
地址:青海西宁市祁连路 41 号
……负责人:许凌
……Tel:0971－5508299

## 新疆维吾尔自治区 /Xinjiang Wei We Er Autonomous Region

**阿克苏市光明塑料制品有限公司**
地址:新疆维吾尔自治区阿克苏地区阿克苏市解放北路 17 号
……负责人:李磊
……Tel:0997－2512505

**温宿县克孜勒镇光明加油站**
地址:新疆维吾尔自治区阿克苏地区温宿县克孜勒镇
……负责人:买买提依明艾山
……Tel:0997－4550775

**高　强　超　薄　膜　厂**
业务:高强超薄膜厂成立于 1992 年,生产销售农膜、地膜、节水产品,欢迎新老客户来电洽谈业务!
地址:新疆兵团农五师八十九团高强超薄膜厂
……负责人:张光友……邮　编:833408
……法　人:张光友
……Tel:0909－6662033
7655195

**中国石化销售有限公司西北新疆分公司南辆加油站**
地址:新疆维吾尔自治区巴音郭楞蒙古自治州库尔勒塔指 314 国道 471 公里处
……负责人:罗文辉
……Tel:0996－2062456

**尉犁天阳塑料制品厂**
地址:新疆维吾尔自治区巴音郭楞蒙古自治州尉犁县西尼尔镇
……负责人:许萍
……Tel:0996－2227387

**喀什巨盟化工有限公司**
业务:有机化工原料、甲醛等产品经营
地址:新疆维吾尔自治区喀什地区疏勒县齐鲁工业园
……负责人:罗庆存　　邮　编:844200
……法　人:罗庆存
……Tel:13909949236
15894050968

**哈密羽泉肥料生产有限公司**
业务:哈密羽泉肥料生产有限公司成立于 2006 年,生产销售化肥,欢迎新老客户来电洽谈业务。
地址:新疆哈密市大泉湾乡政府
……负责人:魏柏云……邮　编:839000
……法　人:魏柏云
……Tel:0902－6421856
……网址:www.mtw26461.chinapyp.com

**康宝日用化工厂**
地址:新疆维吾尔自治区博尔塔拉城镇幸福西路
……负责人:高晓明
……Tel:0909－5331768
13095137527

**精河县康宝消毒用品制剂有限公司**
地址:新疆维吾尔自治区博尔塔拉蒙古自治州精河县城幸福西路
……负责人:高晓明
……Tel:0909－5331768

**库　尔　勒　百　斯　特　橡　胶　厂**
业务:库尔勒百斯特橡胶厂是一家生产、销售各种橡胶制品的厂家。主要的产品有:石油橡胶制品、管道橡胶密封圈、止水胶带、各种非标准橡胶制品。我们希望同全国各地的朋友携手合作,共创美好的未来。
地址:新疆库尔勒铁克其乡海力帕尔村三组 9 号
……邮　编:841000
……法　人:冯仕荣
……Tel:0996－2050458
……Fax:0996－2111498

**新疆生产建设兵团石油有限公司农五师分公司塔格特加油站**
地址:新疆维吾尔自治区博尔塔拉蒙古自治州农五师九十团
……负责人:柴志强
……Tel:0909－2266581

**昌吉市华源石油化工有限公司**
地址:新疆维吾尔自治区昌吉回族自治州昌吉市乌伊东路 59 号
……负责人:孙超
……Tel:0994－6588266

**新疆光捷石油燃料有限公司**
地址:新疆维吾尔自治区昌吉回族自治州昌吉市乌伊西路永胜转盘
……负责人:郑小兰
……Tel:13609947272

**新疆孟龙生物能源发展有限公司**
业务:新疆孟龙生物能源发展有限公司成立于 2006 年,从事生物能源开采,产品质量保证,欢迎来电咨询!
地址:新疆维吾尔自治区拉依布重油公司采油五区
……负责人:蒋积孟……邮　编:830000
……法　人:张新
……Tel:0990－6252255

**图木舒克市昆神塑业有限责任公司**
地址:新疆维吾尔自治区喀什地区图木舒克市永安坝镇
……负责人:马松立
……Tel:0998－6176342

**兵团石油有限公司农十师分公司驻和布克赛尔蒙古自治县一八四团加油站**
地址:新疆维吾尔自治区塔城地区和布克赛尔蒙古自治县 184 团
……负责人:李兆林
……Tel:0990－6730252

**吐鲁番市顺祥加油站**
地址:新疆维吾尔自治区吐鲁番地区吐鲁番市七泉湖
……负责人:李文军
……Tel:0995－8634178

**乌鲁木齐诚创石油技术服务有限责任公司**
地址:新疆维吾尔自治区乌鲁木齐经济技术开发区中亚大道 31 号惠源电力综合楼 51
……负责人:吴军
……Tel:0991－3766696

**沙依巴克区华龙塑料厂**
地址:新疆维吾尔自治区乌鲁木齐市北站路 5 号
……负责人:严爱华
……Tel:0991－6818923
13899876579

**新疆奥峰石油化工有限公司**
地址:新疆维吾尔自治区乌鲁木齐市经济开发区 10 号小区中亚大道 70 号
……负责人:张双喜
……Tel:0991－8179177

**乌鲁木齐蓝翔伟业化工科技有限公司**
地址:新疆维吾尔自治区乌鲁木齐市南昌路 1 号
……负责人:孙晓丽
……Tel:0991－4516900

**乌鲁木齐浙龙化工有限公司**
地址:新疆维吾尔自治区乌鲁木齐市水磨沟区七道湾乡创业园 45 号
……负责人:邵永和
……Tel:0991－4697359
13999129721

**新　疆　华　正　塑　业　有　限　公　司**
业务:新疆华正塑业有限公司成立于 1995 年,从事生产、销售塑料丝、绳及编织品。公司宗旨:以人才为核心,以用户为上帝,以科技为本质,以市场为导向,质量至上,诚信经营。展望未来,充满信心必将以卓越的管理、优秀的产品、满意的服务回报客户、回报社会,笑傲新世纪!
地址:新疆维吾尔自治区乌鲁木齐市喀什东路 1106 信箱
……邮　编:830011
……法　人:黄有旗
……Tel:0991－6699825
……Fax:0991－6638654

**乌鲁木齐盛景源化工有限公司**
地址:新疆维吾尔自治区乌鲁木齐市西山路 179 号
……负责人:王厚聪
……Tel:0991－4524860

**乌鲁木齐派莱福塑料制品有限公司**
地址:新疆维吾尔自治区乌鲁木齐市新市区北二路 5 号
……负责人:崔益山
……Tel:13899945340

**中国航油集团陆地石油有限公司新疆分公司**
地址:新疆维吾尔自治区乌鲁木齐市迎宾路 46 号附 1 号
……负责人:王贵忠
……Tel:0991－3807625

**新疆安赜石油化工有限公司**
地址:新疆维吾尔自治区乌鲁木齐市友好南路 103 号
……负责人:岑江
……Tel:13079995666

**光明塑料厂**
地址:新疆维吾尔自治区伊犁哈萨克自治州奎屯市北京东路 98 号
……负责人:曹振亭
……Tel:0999－3296207
13031304636

**新疆特克斯金谷油脂有限公司**
地址:新疆维吾尔自治区伊犁哈萨克自治州特克斯县阿克奇街四环外
……负责人:谌东
……Tel:0999－6628277

**北铁塑料加工厂**
业务:塑料颗粒;废旧塑料
地址:新疆维吾尔自治区乌鲁木齐市西站五街 56 号
……负责人:杨霖　　邮　编:830023
……Tel:0991－7939787
13999939595

**昌吉市天翔化工厂**
业务:腐植酸;腐植酸钾;腐植酸钠;黄腐植酸;腐植酸有机肥;腐植酸硼;硝基腐植酸系列;
地址:新疆维吾尔自治区昌吉市屯河南路 6 号
……负责人:马兰英　　邮　编:831100
……法　人:马锦风
……Tel:0994－2721559
……Fax:0994－2724917
……网址:http://www.fzs888.com.cn

**海飞再生塑料厂**
业务:再生塑料颗粒;废旧塑料
地址:新疆维吾尔自治区乌鲁木齐市二宫乡二工村五队 127 号
……负责人:樊海祥　　邮　编:830001
……Tel:0991－3711396

**喀什鲁能化肥有限公司**
业务:复合肥;农药;种子;液体薄膜
地址:新疆维吾尔自治区疏附县天津海河生态产业园八里桥一号
……负责人:胡举明　　邮　编:844100
……法　人:胡举明
……Tel:0998－3257016
……Fax:0998－3257016

# 行业品牌展示窗

## 郑州华能电控设备有限公司

我公司是原国家机械部、电力部、煤炭部定点生产高、低压成套开关设备、电缆桥架及直流电源装置和变电所自动化控制设备的专业生产厂家，是国家经贸委两网改造推荐企业，并通过ISO9001：2000质量体系认证。公司以“开拓进取、务实创新”为企业方针，“用户至上、质量第一、服务一流”为经营宗旨，热忱欢迎海内外客商携手合作，共创美好明天！

联系人：岳保坤 13783506218

电话：0371-63605065 传真：0371-63605069

地址：河南省郑州市粮仓路6# 邮编：450053

## 湖北宇通伟业电力输配工程有限公司

湖北宇通伟业电力输配工程有限公司成立于2007年4月，专业从事电力线路安装。

本公司实力雄厚，重信用、守合同，讲诚信，保证产品质量，以多品种经营特色和薄利多销的原则，赢得了广大客户的信任。

联系人：周伟良 电话：0711-3383158

地址：湖北省鄂州市古城路丰润园小区11号楼1幢7楼西户 邮编：436000

## 遵义市水利水电工程建设总公司

### 遵义县南白分公司

遵义市水利水电工程建设总公司是国有二级水利水电工程施工企业，是集水利水电工程建设与管理，工业与民用建筑的施工，技术咨询，信息服务于一体的综合性实体。旗下遵义县南白分公司成立于2006年，公司本着以质量求信誉，以效益求发展，竭诚为社会各界提供优质服务，为发展水利产业和社会主义市场经济作贡献。

联系人：尹君亮 13985251228 电话：0852-7221739

地址：贵州省遵义市遵义县南白镇 邮编：563100

## 浠水佳源电力工程有限公司

浠水佳源电力工程有限公司成立于1983年，主要从事于电力安装工程。置身于日益蓬勃发展的中国电力建设市场，传承一贯追求卓越、不断创新的优良传统，浠水佳源电力工程有限公司凭借完善的综合服务能力和广泛的业务网络，赢得了广大客户的信赖和赞誉。

联系人：瞿华利 电话：0713-4107347 4233718

地址：湖北省黄冈市浠水县清泉镇车站西路 邮编：438200

# 行业品牌展示窗



电力发电设备供水供气

# 行业品牌展示窗

## 勐海县同心电力物资有限责任公司

勐海县同心电力物资有限责任公司成立于2006年，主要从事电力物资销售管理，并承接相关工程。欢迎新老客户来电洽谈业务！

电话：0691-5120324　联系人：罗红星

地址：云南省西双版纳傣族自治州勐海县勐海镇景管路250号　邮编：666200

## 徐州四环供水有限公司

饮用水的生产及销售、相关水厂和配套设施的建设经营及管理及与供水相关的业务。

竭诚为广大客户服务

联系人：石其云　电话：0516-85023915

地址：江苏省徐州市铜山县汉王镇水利站　邮编：221149

## 岑巩县三蹬坎水电开发有限责任公司

岑巩县三蹬坎水电开发有限责任公司成立于2006年，主要从事于水力发电。我公司将秉持“用户至上，技术领先，质量第一，诚信服务”的经营理念，用更先进的技术、更优异的产品质量，为广大客户提供更优质的服务。

联系人：杨怿

电话：0855-8505118　13985281818

邮编：557809

地址：贵州省凯里市环城北路31号附2号（原凯里市商业储运公司）

## 池州市贵池区唐田自来水厂

池州市贵池区唐田自来水厂成立于2000年。主要从事自来水供应。诚信为本，信誉第一。热忱欢迎您的光临！

电话：0566-4451777

联系人：阮良平　邮编：247000

地址：安徽省池州市贵池区唐田镇

# 电力发电设备供水供气

## 北京市/Zhuhai Municipality

**北京清华力德信息自动化技术公司**
地址:北京清华大学主楼411、414房间
负责人:刘文煌
Tel:010－62783009

**北京凤山宝液化气站**
地址:北京市昌平区朝凤庵管区水青路西口
负责人:郭起山
Tel:010－69741892

**北京市昌平区沙河电管站**
地址:北京市昌平区沙河镇北二村小李庄
负责人:丁德发
Tel:010－69731903

**北京市昌平区改水项目办公室**
地址:北京市昌平区西环路南
负责人:张启库
Tel:010－69744212

**北京广玉兴电气技术有限公司**
地址:北京市大兴区黄村镇七街交通局南50米
负责人:王广斌
Tel:010－69240711

**北京兴华佳龙液化气站**
地址:北京市大兴区黄村镇新华路9号
负责人:付书全
Tel:010－69243811

**北京宏运天康电站装备技术咨询有限公司**
地址:北京市海淀区水利电力出版社印刷厂宿舍5号楼1门一层101
负责人:廖宁
Tel:010－68426810

**北京欧科能太阳能技术有限公司**
地址:北京市海淀区学院路30号科技会议中心1202室
负责人:江希年
Tel:010－62313704

**北京鑫实力电机制造有限公司**
地址:北京市顺义区北石槽镇中北工业区
负责人:郑仙良
Tel:010－60422537

**凯博莱机电发展(北京)中心**
地址:北京市顺义区马坡镇向阳村村委会东100米
负责人:刘海滨
Tel:010－69401376

**北京珠宝路液化气站**
地址:北京市顺义区牛栏山镇先进村村委会东北侧200米
负责人:郭满海
Tel:010－69411098



## 天津市/Tianjin Municipality

**天津市欣华通线缆有限公司**
地址:天津市北辰区金凤里底商临21号
负责人:刘军雷
Tel:13803164728

**天津市益普电线电缆有限公司**
地址:天津市北辰区新宜白道南
负责人:贾桂起
Tel:022－26301155

**天津同大线材有限公司**
地址:天津市南开区向阳路华阳里平房1号
负责人:阎富钢
Tel:13802157173

## 上海市/Shanghai Municipality

**上海浦东威立雅自来水有限公司管网所工会委员会**
地址:上海浦东新区浦东大道840号
负责人:许振
Tel:021－58790645

**安徽省电力公司驻沪联络处**
地址:上海市北京东路431弄15号10楼H座
负责人:顾之勇
Tel:021－63613958

**武汉阿科普水利水电建设工程有限公司上海分公司**
地址:上海市长宁区武夷路490号北楼201室
负责人:吴华
Tel:13601668339

**上海倍量电力安装工程有限公司**
业务:电力安装工程
地址:上海市宝山区月浦镇聚源桥村薄家宅22号
负责人:杨玩昌　邮　编:200000
法　人:杨玩昌
Tel:13901864219
021－66030080

**上海万禹电气有限公司**
地址:上海市高阳路245号7015室
负责人:姚曼东
Tel:021－55963985

**上海波达携力电线线材有限公司**
地址:上海市灵石路709号69#－110
负责人:潘赓庆
Tel:13901868200

**上海浦东威立雅自来水有限公司营业所工会委员会**
地址:上海市浦东大道840号
负责人:周英
Tel:021－58886381

**上海柯宝电工器材有限公司**
地址:上海市杨浦区军工路1300号2号楼底楼
负责人:尹国旗
Tel:13918260543

**上海奥云电线电缆有限公司**
业务:生产销售电线电缆
产品:奥云牌电线电缆
地址:上海市嘉定工业区洪德路1365号6幢2128室
负责人:秦红庄　邮　编:200000
法　人:秦红庄
Tel:13938689465
021－31266071

**上海钰山电力工程有限公司**
业务:电力工程的安装,维护及运行
地址:上海市浦东新区华高一村40号401
负责人:高钰　邮　编:201208
法　人:高钰
Tel:021－68970139

**上海输配电股份有限公司本部工会委员会**
地址:上海市愚园路1395号
负责人:刘国珍
Tel:021－62264783

## 重庆市/Chongqing Municipality

**重庆市东部水务技术开发有限公司**
地址:重庆市茶园新城区世纪大道61号
负责人:段如勇
Tel:023－62450125

**重庆市渝西水利电力建筑勘测设计院荣昌设计所**
地址:重庆市昌元镇广场路97号
负责人:胡游
Tel:023－46749342



**重庆市渝綦水务技术开发有限公司**
地址:重庆市古南镇城东路24号
负责人:黄实
Tel:023－48610136

**重庆市垫江县水利水电建设公司**
地址:重庆市桂溪镇人民路97号
负责人:朱伦正
Tel:023－74512287

**德力西集团重庆捷特电气有限公司**
地址:重庆市桂溪镇双路口
负责人:黄时银
Tel:023－74667028

**重庆市开县供电有限责任公司**
地址:重庆市汉丰镇内西街76号
负责人:张继忠
Tel:023－52222886

**彭水苗族土家族自治县发电有限公司**
地址:重庆市汉葭镇南门街贰拾号
负责人:唐万远
Tel:023－78443153

**华新五金机电供应站**
地址:重庆市汉葭镇山谷居
负责人:季立新
Tel:023－78443362

**重庆市沙坪坝区梁滩桥发电站**
地址:重庆市回龙坝镇梁滩村九社
负责人:张宗明
Tel:023－65651005

**重庆市龙能电力设备有限责任公司**
地址:重庆市九龙园区红狮西路(黑马汽车修理厂旁)
负责人:李洪兵
Tel:023－68459538

**重庆市渝北区奇瑞电气成套设备厂**
地址:重庆市龙溪街道花卉园西四路4号
负责人:苏承洪
Tel:023－67081721

**重庆诚信宝丰线缆有限公司**
地址:重庆市龙溪镇龙华大道1775号丹阳名居B栋7－4号
负责人:张世信
Tel:023－67516785

**重庆胜峡电力设备有限公司**
地址:重庆市南坪西路68号骑龙山庄二区8幢402号
负责人:杨胜
Tel:023－66967355

## 河北省/Hebei Province

**河北鲁润暖通设备贸易有限公司**
业务:板式热交换器、管壳式交换器、容积式换热器、定压设备、水处理设备、水源热泵、压力容器等非标设备的生产与销售
产品:板式热交换器、管壳式交换器、容积式换热器、定压设备、水处理设备、水源热泵、压力容器等非标设备
地址:河北省石家庄市红旗南大街汇明路西美花城1号楼2单元1401室
负责人:李茂忠　邮　编:50011
法　人:李茂忠
Tel:13803334318
0311－89163959
Fax:0311－89163959

**河北昊威特种线缆有限公司**
业务:特种线缆,力缆的销售
地址:河北省邢台市宁晋县延白村
负责人:黄西坤　邮　编:54000
法　人:黄西坤
Tel:0319－5488711
13931919604

**河北凌翔电缆材料有限公司**
地址:河北省邢台市宁晋县高新技术开发区
负责人:江建秋
Tel:0319－5807188
13931917088

## 秦皇岛五洲电力设备有限公司

本公司专业从事电力设备，主要产品有WZFW系列蜂窝式汽封、WZHD系列活动式密封油挡、WZHD-N系列氢冷发电机内油挡、WZGXP系列高效无泄漏排油烟装置等。

为用户提供优良的产品是我们的义务！让用户满意是我们全体五洲人的不懈追求！互利互惠，共谋发展，用辛勤的汗水铸就辉煌，创造未来，为祖国电力工业的现化生产贡献力量。

联系人：范文礼
电话：0335-3618667 5919556
传真：0335-3613867
网址：www.wzdl.com.cn
电子邮件：wzdl@wzdl.com.cn

地址：河北省秦皇岛市港城大街八达大厦7楼 邮编：066001

## 饶阳县路兴铁路电务器材厂

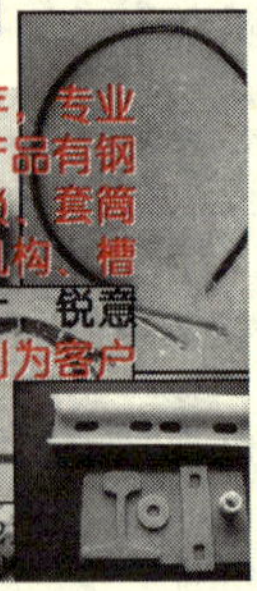

饶阳县路兴铁路电务器材厂成立于2003年，专业从事铁路电务器材制造、加工和销售。主要产品有钢轨各种连接线、防腐线、中间连接板、信号锁、套筒板子、勾钉、端子、铜螺丝、电缆槽、信号机构、槽型绝缘等组抗流线等。我公司秉承“顾客至上，锐意进取”的经营理念，坚持“客户第一”的原则为客户提供最优质的产品。欢迎惠顾！

联系人：潘小涛 13831823644
电话：0318-7252156 传真：0318-7252
地址：河北省衡水市饶阳县五公镇北官庄村 邮编：05

## 唐山双瑞自动化设备有限公司

唐山双瑞自动化设备有限公司，专业从事计算机维修、自动化设备的设计、安装和销售。主要产品有低压配电开关、仪表柜、自动化控制设备、仪器仪表、电气机械等。公司以质量求生存、以信誉求发展。竭诚欢迎广大客户前来洽谈业务！

联系人：孙振祥
电话：0315-7876688 13931513140 传真：0315-7876788
网址：www.srsb.ebtow.com 电子邮件：tssrzdh@126.com
地址：河北省唐山市开平区建材市场1 2楼2 2号
邮编：063021

## 兴刚电缆桥架有限公司

本公司是专门从事电缆桥架设计、生产和销售的专业化公司。拥有“钢制桥架、阻燃桥架、母线槽”等生产流水线，拥有经验丰富的专业设计人员和生产工艺人员。售前当好参谋，售后搞好服务，是我公司的经营宗旨，期望与您携手共进！

联系人：张志刚
电话：0316-5328840 13603363189
传真：0316-5328171 网址：www.xinggangcn.com
地址：河北省廊坊市文安县史各庄镇北辛庄村 邮编：410000

## 邢台市洪都线缆有限公司

邢台市洪都线缆有限公司成立于2003年，本公司专业从事生产、销售电线电缆。

公司始终将坚持以优质的产品、完善的服务以及良好的信誉与海内外各界朋友合作并求共同发展。

电话：0319-5492036 联系人：曹西君
地址：河北省邢台市宁晋县曹伍庄村 邮编：054000

## 山西省/Shanxi Province

**晋能电力电气有限公司**
地址：山西省长治市韩店镇东苗村西街177号
负责人：王良科
Tel：13903558803

**襄垣县泰瑞达供热有限公司**
业务：热力供应、维修
地址：山西省长治市襄垣县开元西街
负责人：赵爱国 邮编：046000
法人：赵爱国
Tel：0355－5695386
13934050071

**金三星电缆电线销售部**
地址：山西省晋城市城区建设北路省运汽车站往下100米
负责人：郑立兴
Tel：0356－2056178
13700569967

**泽州县鑫瑞秸秆气化炉厂**
业务：气化炉的加工和销售
地址：山西省晋城市泽州县大箕镇前圪套村
负责人：李河顿 邮编：048000
法人：李河顿
Tel：13333565199
0356－3815689
网址：http://www.51zzt.com/user/zzt30178

**山西张峰水利工程有限公司**
地址：山西省晋城市泽州路165号
负责人：唐忠川
Tel：0356－2036020
13935616830

**灵石县中煤焦化煤气发电有限责任公司**
地址：山西省晋中市灵石县坛镇堡子坛塘村
负责人：杨滨
Tel：13994557444

**榆次双龙线缆有限公司**
地址：山西省晋中市榆次区莱园南街
负责人：耿卫通
Tel：0354－3295188

**古县正泰煤气化有限公司**
地址：山西省临汾市古县岳阳镇城关村
负责人：王小华
Tel：0357－8322109

**山西永昌盛农牧科技有限公司**
业务：风力发电
地址：山西省晋中市汇通北路45号313房
负责人：义守忠 邮编：030600
法人：义守忠
Tel：13834869088
13903546882
0354－3070689

**邢台市沈联电缆有限公司临汾分公司**
地址：山西省临汾市水门街88号
负责人：祁双奎
Tel：0357－2396452

**山西珠峰电力设备有限公司**
地址：山西省太原市万柏林区小井峪街26号
负责人：魏喜福
Tel：0351－8399188

**太原市林安电力配件有限公司**
地址：山西省太原市小店区晋阳街80号
负责人：高占将
Tel：0351－7651338
4050018
13623411759

**太原市星一开电控成套设备有限公司**
业务：配电箱生产、销售
地址：山西省太原市尖草坪区旧教委楼3单元2层东户
负责人：赵建明 邮编：030000
法人：赵建明
Tel：13803403716
0351－6031966
13934045194

**太原市杏花岭区常宏液化气储备站**
地址：山西省太原市杏花岭区杨家峪乡河里头村南山沟
负责人：于小保
Tel：0351－4413783

**太原市安普森电力技术有限公司**
地址：山西省太原市迎泽区海边街1号2栋15号
负责人：马凤朝
Tel：0351－7558815

**山西德锋发电机组有限公司**
地址：山西省太原市迎泽区建设南路248号10号楼北一号
负责人：鞠永宾
Tel：0351－7222492

**东方电源销售部**
地址：山西省运城市电脑城西一楼14号
负责人：施少平
Tel：0359－8662335
13935919426

**运城市供电分公司北郊生活服务公司**
地址：山西省运城市工农东路新庄三巷九号
负责人：屈保福
Tel：13703596822

**山西阳光焦化（集团）华升电力有限公司**
地址：山西省运城市河津市阳光焦化集团工业园区北
负责人：薛靛民
Tel：0359－5250063

**山西飞腾电缆桥架有限公司**
业务：电缆桥架，工矿配件
地址：山西省太原市晋源区金胜镇上冶峪村村南
负责人：许照勇 邮编：030082
法人：许照勇
Tel：13653680020
0351－6071003
Fax：0351－6078932
网址：www.sxftqj.com
E-mail：xu8088@163.com

## 忻州市忻府区永泰电力器件厂

忻州市忻府区永泰电力器件厂成立于2008年，主要从事于电力金具的生产、销售。

欢迎各大厂家成为长期友好的合作伙伴，也希望你成为我们新的朋友。我坚信“一经握手，永远是好朋友”在高科技的海洋中乘风破浪济四海，豪情壮志冲云霄，在新世纪携手走向未来。

联系人：赵云征
电话：0350-2138416 13934000726
地址：山西省忻州市忻府区光明西街三水厂旁 邮编：034000

## 战胜电线电缆制造有限公司

战胜是电线电缆公司中的后起之秀，主要经营电线、电器材料，绝缘材料等，为用户提供100%合格的产品是我们的服务宗旨，让用户满意是我们企业永恒的追求。

以优质产品、优惠价格参与国内外市场竞争，竭诚与各界朋友合作，共求发展，共创辉煌未来。

联系人：张占清 13133199066 电话：0359-8039973
地址：山西省运城市永济市城北街道赵伊一组 邮编：044500

## 内蒙古自治区/InnerMongolia AutonomousRegion

**乌拉特后旗惠宝热电能源有限公司**
地址：内蒙古自治区巴彦淖尔盟乌拉特后旗巴音宝力格镇
……负责人：刘建民
……Tel：0478－4663286

**包头稀土高新区七彩霓虹灯制造厂**
地址：内蒙古自治区包头市白云矿区稀土高新区稀土路35号
……负责人：罗浩
……Tel：0472－5555570

**包头市埃肯时代科技有限责任公司**
地址：内蒙古自治区包头市昆都仑区钢铁大街29号金融公寓2－40
……负责人：云峰
……Tel：0472－2295138
2288334
15847250599

……Tel：0411－82945797

**灯塔市百姓太阳能科技有限公司**
业务：专业制造生产太阳能热水器、太阳能超导暖气片、水空调、集热管等系列产品，承揽大型太阳能集热工程，诚实守信、保质保量。热忱欢迎您来前来咨询、订购。
产品："富起"太阳能
地址：辽宁省辽阳灯塔市大河南镇工业园区
……负责人：汪付起　邮　编：111316
……法　人：汪付起
……Tel：0419－6639666
6639555
15809831328
……Fax：0419－6639777
……网址：www.fuqi111.cn
……E-mail：fu.qi111@163.com

**大连杉联电气技术有限公司**
地址：辽宁省大连市西岗区大同街41号1－18－2
……负责人：刘爱丽
……Tel：0411－81990562

**江世电力器材工具厂**

**阜新佳合电力修造有限责任公司**

阜新佳合电力修造有限责任公司成立于1990年，是生产电力设备、汽轮机、发电机修配及制造高压管件综合性现代化管理型企业，已通过ISO9001：2000质量管理体系认证。

提供性能卓越的高新产品和优质服务，是我们回馈社会最大的心愿，愿我们的努力得到用户的信赖，愿与您携手共创电力事业的繁荣和辉煌！

联系人：李海志 13841879799　邮编：123000
地址：辽宁省阜新市经济技术开发区C路98号
电话：0418－6617777　传真：0418－6617999

**遼寧億晟電力建設有限公司**

辽宁亿晟电力建设有限公司是一家集电力安装、建设于一体的现代化企业。

技术力量雄厚、装备精良、管理先进，具有良好的工程业绩和社会信誉。我们将继续弘扬"拼搏自强，创新超越"的企业精神，努力增强企业的核心竞争力，塑造知名品牌，为社会主义现代化建设作出了积极的贡献。

联系人：赵启立　13842772227
电话：0427－8585368　传真：0427－2805702
地址：辽宁省盘锦市兴隆台区国营兴隆农场　邮编：124010

**内蒙古三兴重工有限公司**

内蒙古三兴重工有限公司主要从事风力发电塔筒、塔架及类似钢结构生产，以质量求生存，信誉求发展，欢迎新老客户来电洽谈业务！

电子邮件：neimengsanxing@163.com
联系人：姜波
电话：0474－3605396
手机：15047449788
地址：内蒙古自治区乌兰察布市察哈尔工业园区　邮编：012000

**赤峰九龙供水有限责任公司**
地址：内蒙古自治区赤峰市松山区林西路南段（新城区）
……负责人：李亚凡
……Tel：13327169619

**赤峰诚佳电力有限责任公司**
地址：内蒙古自治区赤峰市元宝山区云杉路街道办事处侧柏路西侧
……负责人：陈英
……Tel：0476－3596666

**内蒙古富凯龙水利水电工程有限责任公司**
地址：内蒙古自治区鄂尔多斯市东胜区天骄北路
……负责人：侯浩然
……Tel：0477－3988996

**内蒙古天川水处理有限责任公司**
地址：内蒙古自治区呼和浩特市赛罕区大学东路巨海城
……负责人：王勇
……Tel：0471－4361426
13171003240

**呼和浩特吉嘉越电气设备有限公司**
地址：内蒙古自治区呼和浩特市赛罕区呼伦贝尔南路118号
……负责人：王祥川
……Tel：0471－6686316

**内蒙古众成慧达电气有限公司**
地址：内蒙古自治区呼和浩特市赛罕区文化宫街8号院内2单元601室
……负责人：陈志强
……Tel：0471－6968322
13500690580

**内蒙古谊华防水有限公司**
地址：内蒙古自治区呼和浩特市新城区新华东街509号中房大厦705室
……负责人：张毛毛
……Tel：0471－4221263
13948918063

## 辽宁省/Liaoning Province

**永兴电料商店**
地址：辽宁省鞍山海城市西柳镇西柳居委会
……负责人：郝凤文
……Tel：0412－3858619
13998049208

**鞍山友联自动化工程有限公司**
地址：辽宁省鞍山市千山区千山路368号1号楼
……负责人：刘仕华
……Tel：0412－5831142

**大连沈昌电线电缆有限公司**
地址：辽宁省大连市沙河口区东北路41号（机电城A区76号）
……负责人：鞠秀坤

地址：辽宁省丹东市宽甸满族自治县宽甸镇东门外街145号
……负责人：姜秀文
……Tel：0415－5180609
13904153216

**沈阳新沈北供热有限责任公司**
业务：蒸汽生产和供应
产品：生产用蒸汽
地址：辽宁省沈阳市沈北新区蒲河新城宏业街77号
……负责人：张文俊　邮　编：110034
……法　人：曹嘉鼎
……Tel：15942071685

**文治电力设备配套厂**
地址：辽宁省丹东市宽甸满族自治县宽甸镇峥嵘路2号
……负责人：郑景涛
……Tel：0415－5187628
13841553333

**鑫源变压器厂**
地址：辽宁省丹东市振宝区五龙背镇和平村三组
……负责人：郭宝有
……Tel：0415－4108688
13941536736

**沈阳通成电力有限公司**
业务：生产和销售成套电力设备
产品：有各种规格、型号的高、低压开关柜；高压/低压预装式变电站；各种照明、动力配电箱；电能计量柜，HB－系列无功补偿计量箱，高压真空开关，密集型（空气型）封闭母线等产品
地址：辽宁省沈阳市苏家屯区雪莲街146号
……负责人：刘述铎　邮　编：110102
……法　人：刘述铎
……Tel：024－89152169
024－89156889
……网址：www.tongcheng_sy.com
……E-mail：tongcheng_sy@yahoo.com.cn

**抚顺海波特自动化设备有限公司**
地址：辽宁省抚顺市经济开发区顺发路82号
……负责人：赵能平
……Tel：0413－6605761

**辽宁发电厂电力建筑安装公司**
地址：辽宁省抚顺市章党经济开发区
……负责人：刘福杰
……Tel：0413－2505916
13904935549

**新光低压电器制造厂**
地址：辽宁省葫芦市绥中县前所镇洪家村
……负责人：杨贵生
……Tel：0429－6693108
13898997724

**锦州市太和区宏兴电业器材厂**
地址：辽宁省锦州市太和区营盘乡营盘村太和

农电服务公司内
……负责人：郭锦波
……Tel：13604965775

**沈阳中兴联电气工程有限公司**
地址：辽宁省沈阳市大东区联合路186号
……负责人：曾红阳
……Tel：024－88091008

**沈阳双益达水处理有限公司**
地址：辽宁省沈阳市东陵区长青街45号
……负责人：张义明
……Tel：024－62425929

**沈阳鑫天鑫线缆有限公司**
地址：辽宁省沈阳市皇姑区经济技术开发区方溪湖村
……负责人：马良
……Tel：024－88334822

**中明电线厂**
地址：辽宁省沈阳市辽中县刘二堡镇叔家庵村
……负责人：李红
……Tel：024－87962280
13889284457

**沈阳华鹏电线电缆有限公司**
地址：辽宁省沈阳市沈河区友好街121号
……负责人：欧金华
……Tel：024－88501171

**沈阳惠民热电工业安装工程有限公司**
地址：辽宁省沈阳市铁西区保工南街8号
……负责人：张培红
……Tel：024－25744787

**沈阳风行电力设备有限公司**
业务：生产和销售电力、电控设备
产品：电力、电控设备
地址：辽宁省沈阳市于洪区银岭路21号
……负责人：张义　邮　编：110151
……法　人：张伟
……Tel：024－25345896
……Fax：024－25345190

**沈阳亿晟达电工材料有限公司**
地址：辽宁省沈阳市新城子区道义镇郭七村

……负责人：叶广志
……Tel：024－89737365

**华能营口电厂实业总公司**
地址：辽宁省营口市鲅鱼圈区明珠路1号
……负责人：曲敏德、刁新利
……Tel：13904173984

## 吉林省/Jilin Province

**长白朝鲜族自治县横山水电站**
地址：吉林省白山市长白朝鲜族自治县长白镇白山大街20号
……负责人：张明亮
……Tel：13943949388

**长春市天硕节电技术研究所**
地址：吉林省长春市绿园区普阳街吉达花园3栋304室
……负责人：孙秋石
……Tel：13039140058

**吉林市华维电力科技有限公司**
地址：吉林省吉林市高新区民营科技园西侧460－3室
……负责人：孙伟
……Tel：0432－64683131

**吉林市东方宏大电力设备有限责任公司**
地址：吉林省吉林市龙潭区长青路6号132栋
……负责人：卢国才
……Tel：0432－63415501

**吉林市北华电力科技有限公司**
地址：吉林省吉林市龙潭区汉阳街新山街1号
……负责人：王丽英
……Tel：0432－66181113

**吉林市大唐电力设备制造厂**
地址：吉林省吉林市龙潭区龙北路19号
……负责人：于丽杰
……Tel：0432－63965872

**辽源市龙电电力物资有限责任公司**
地址：吉林省辽源市新兴大街52号
……负责人：卢昌华
……Tel：0437－3202536

**吉林省中吉大地燃气集团股份有限公司**

吉林省中吉大地燃气集团股份有限公司成立于2005年。主要从事燃气安装、管道安装。集团愿携手社会各界同仁，为推进吉林省燃气建设，振兴东北老工业基地经济贡献力量！

联系人：洪建成　13844916980
电话：0431－84635784　84864488
网址：www.ddjt.com.cn
地址：吉林省长春市二道区民丰街208号　邮编：130031

## 黑龙江省/Heilongjiang Province

**大庆市红岗区胜利电力设备修理厂**
地址：黑龙江省大庆市红岗区金山堡村
……负责人：于德臣
……Tel：0459－4998021

**漠河县图强洁净自来水厂**
地址：黑龙江省大兴安岭地区漠河县图强镇三道街东头
……负责人：王景芳
……Tel：0457－2854577

**哈尔滨双威力冰雪设备有限责任公司**
地址：黑龙江省哈尔滨市道里区工厂街41号
……负责人：苑慧彪
……Tel：0451－84619907

**哈尔滨汽轮电站设备配套开发有限公司**
地址：黑龙江省哈尔滨市南岗区长江路65号6层626号
……负责人：林领弟
……Tel：0451－82664488

**大唐黑龙江电力燃料有限公司**
地址：黑龙江省哈尔滨市香坊区红旗大街251号
……负责人：张显平
……Tel：13946072880

**哈尔滨金茂电力设备制造有限公司**
地址：黑龙江省哈尔滨市香坊区化工路4号
……负责人：高佩元
……Tel：13936680754

**黑河星河电力有限公司**
地址：黑龙江省黑河市王肃街130号
……负责人：陶然
……Tel：0456－8234765

**黑河市经济合作区五秀山工业区供水厂**
地址：黑龙江省黑河市五秀山工业区
……负责人：李宝乾
……Tel：0456－6101893

**黑龙江新龙江水利综合开发有限公司**
地址：黑龙江省鸡西市财政局培训中心
……负责人：王新建
……Tel：13796081732

**鸡西欧嶙电力器材有限公司**
地址：黑龙江省鸡西市鸡冠区红军办鸿雁街
……负责人：孙海兰
……Tel：13846016622

**佳木斯安厦供热有限公司**
地址：黑龙江省佳木斯市前进区长安路中段
……负责人：邵玉发
……Tel：13512662967

**牡丹江市龙源电力设备有限公司**
地址：黑龙江省牡丹江市东安区东六条路新安街
……负责人：韩戈
……Tel：13604635000

**齐齐哈尔龙铁散热器有限公司**
地址：黑龙江省齐齐哈尔市铁锋区宛屯村路北
……负责人：李敏
……Tel：0452－2474567

**集贤县大拓自来水有限公司**
地址：黑龙江省双鸭山市集贤县升昌镇综合厂院内（太昌村）
……负责人：范丽杰
……Tel：0469－4942037

**铁力市红叶供水有限责任公司**
地址：黑龙江省伊春市铁力市东风街红叶制药厂院内
……负责人：贾忠有
……Tel：0458－2395309

## 江苏省/Jiangsu Province

**溧阳市华源电力工程有限公司**
地址：江苏省常州市溧阳市溧城昆仑花园B5别墅
……负责人：冯祥维
……Tel：13301492936

**溧阳市汇源电力劳动服务有限公司**
地址：江苏省常州市溧阳市溧城燕山新村一区三幢三号门101室
……负责人：潘建伟
……Tel：13057117958

**常州博瑞电力自动化设备有限公司**
地址：江苏省常州市戚墅堰区经济开发区潞城五一路699号
……负责人：叶锋
……Tel：13809077892

**江苏五星波纹管有限公司**
业务：波纹管销售
地址：江苏省姜堰市姜堰镇城东开发区
……负责人：程华林 邮编：225500
……法人：程华林
……Tel：0523－88808448
88800848
88808982
……Fax：0523－88808982

**雄威电力设备有限公司**
地址：江苏省常州市武进区雪堰工业园区
……负责人：王怀新
……Tel：0519－86162290
86162291
13358183911

**奇利电力机具制造厂**
地址：江苏省大连市开发区三道沟村
……负责人：王庭发
……Tel：13804118827

**观音山自来水厂**
业务：自来水供应
地址：江苏省南通市观音山镇海洪村8组
……负责人：陈守兵 邮编：226000
……法人：陈守兵
……Tel：15312601588
0513－85265962

**丹阳市雨桥纸管厂**
地址：江苏省丹阳市访仙镇汽车站南侧
……负责人：吴发生
……Tel：0511－86466962
13961409315

**源东环保电力设备厂**
地址：江苏省阜宁县芦蒲镇土南街373号
……负责人：杨龙飞
……Tel：0515－87826090
13815526090

**南通市亿力变压器有限公司**
业务：生产、销售电力变压器，箱式变电站
地址：江苏省南通市海安县工业园区通扬路28号
……负责人：杨立稳 邮编：226000
……法人：杨立稳
……Tel：0513－88782231
88782200
88782233
88782255
……网址：www.ntyili.cn
E-mail：ntyili@163.com

**南通兴利恒特种变压器有限公司**
业务：专业生产电力变压器、各类箱式及特种变压器
地址：江苏省南通市海安县胡集工业区恒力路3号
……负责人：冯雪梅 邮编：226600
……法人：张邦岭
……Tel：0513－88705688
……Fax：0513－88930500

**江苏省三河农场电力管理服务中心**
地址：江苏省淮安市盱眙县三河农场（农服中心综合楼出租房）
……负责人：罗士明
……Tel：13605234206

**南京西海电力设备有限公司**
地址：江苏省南京市白下区侯家桥48号
……负责人：沈杰
……Tel：13338611612

**南京东朋线缆有限公司**
地址：江苏省南京市白下区龙蟠中路399号12幢402室
……负责人：张强峰
……Tel：025－84616545

**江苏宾城风力发电设备检修有限公司**
业务：风力发电设备检修、维护及试验安装
地址：江苏省南通市如东县掘港镇掘兵路130号
……负责人：曹炳成 邮编：226400
……法人：曹炳成
……Tel：13806270599
0513－68126816

**诚成变压器有限公司**
地址：江苏省如皋市如城镇迎春桥洞河边9号
……负责人：张玉坤
……Tel：0513－87653171
13906273239

**炜通电机制造有限公司**
地址：江苏省如皋市夏堡镇仁庄村11组
……负责人：陈建国
……Tel：13003553429

**苏州国电供用电工程安装有限公司**
地址：江苏省苏州市沧浪区三香路159号嘉登大厦六层C座
……负责人：尤利明
……Tel：0512－68662938

**苏州市江南配电设备厂**
地址：江苏省苏州市沧浪区西环南路三元工业区9号房
……负责人：郑紫麟
……Tel：0512－68277102
13606217420

**常熟市开源电力器材有限公司**
地址：江苏省苏州市常熟市联丰路60号
……负责人：何雪刚
……Tel：0512－52813036

**苏州市努达塑料包装厂**
地址：江苏省苏州市金阊区虎丘村花园弄181号
……负责人：王敏明
……Tel：13815267677

**昆山市利威变压器有限公司**
地址：江苏省苏州市昆山市巴城镇石牌凤凰村
……负责人：蔡利贤
……Tel：0512－57682967

**昆山首辉电力技术咨询有限公司**
地址：江苏省苏州市昆山市陆家镇春江路11号
……负责人：黄琼
……Tel：0512－57877991

**昆山市众辉电力安装有限公司**
地址：江苏省苏州市昆山市玉山镇白渔潭村十组29号
……负责人：雷学
……Tel：13962437713

**嘉捷包装机材有限公司**
地址：江苏省苏州市苏昆路58号旺家墩58号
……负责人：王瑞帮
……Tel：13196627079

**苏州自来水表业有限公司**
地址：江苏省苏州市吴东路1629#
……负责人：许明
……Tel：0512－67158679
67158062
67158879

**苏州凯博电子有限公司**
地址：江苏省苏州市吴中区木渎镇金丰南路金桥工业园
……负责人：张小姐
……Tel：0512－66511911

**无锡市建明净水剂厂**
地址：江苏省无锡市锡山区安镇镇原胶东村村委内
……负责人：戴建明
……Tel：0510－88787269
13382881232

**徐州东方电站设备有限公司**
地址：江苏省徐州市郊区淮海西路248号薇园公寓2号楼3－501室
……负责人：陈廷尚
……Tel：0516－85762288
13182333686

**徐州北控电气有限公司**
地址：江苏省徐州市铜山县徐州北郊柳新镇陈塘村
……负责人：吴权
……Tel：13382666169

**苏强电力设备成套厂**
地址：江苏省盐城市阜宁县阜城镇桥北村二组
……负责人：倪志友
……Tel：0515－87217012
13951551778

**镇江新区禾丰电力设备有限公司**
业务：管道支吊架，桥架，母线，阻尼器，油净化装置，开关柜，DJX系列大小降压，消音器的制造，销售。
地址：江苏省镇江市新区大路镇镇西
……负责人：徐锁军 邮编：212000
……法人：徐锁军
……Tel：15105299699
0511－83723039
83721528
……网址：www.jshefeng.com
E-mail：web@jshefeng.com

**新奇特电缆材料厂**
地址：江苏省扬州市宝应县曹甸工业园区
……负责人：唐荣书
……Tel：0514－88623358
88620888

**华凯线束有限公司**
地址：江苏省镇江市丹阳市新桥镇汽配城
……负责人：魏龙琴
……Tel：0511－86351012
13706104820

## 浙江省/Zhejiang Province

**淳安县光昌雏龙电站**
地址：浙江省杭州市淳安县光昌乡人民政府办公楼203室
……负责人：王有水
……Tel：13867407777

**杭州市下城区香积电缆经营部**
业务：销售电线电缆
地址：浙江省杭州市下城区东新路728号工业品市场5区58号
……负责人：郑志强 邮　编：310004
……法　人：郑志强
……Tel：0571－85344554
13858047700

**湖州凤凰诚佳水电安装队**
业务：承接工程水电安装业务
地址：浙江省湖州市白雀乡金家斗村七家田10号
……负责人：魏有鸣 邮　编：313000
……法　人：魏有鸣
……Tel：13857268108
13819287176

**杭州长城机电市场巨鹰机电经营部**
业务：零售：电线、电缆、电工材料
地址：浙江省杭州市下城区石桥路274号（杭州长城五金市场营业房南20号）
……负责人：施佐廷 邮　编：310022
……法　人：施佐廷
……Tel：13805725398
0571－86981254
56280158

**金华市金东区远振太阳能电器经营部**
业务：专业经销太阳能热水器、太阳能电池板、风力发电设备，批零兼营。产品具有高效、节能、安全、绿色环保的绝对优势，我们坚信一流的产品品质，一流的专业化设计安装，将带给您零烦恼的快乐消费新体验。
业务：永灿太阳能热水器、永灿风力发电设备、intersunshine太阳能电池板
地址：浙江省金华市宾虹东路1288号众信蝶景湾2幢3单元502室
……负责人：朱良进 邮　编：321000
……法　人：朱良进
……Tel：0579－82319899
13665883066
……Fax：0579－82319899
……网址：even_hu2244@126.com

**龙泉市长城电器总经销**
业务：电线电缆开关等的销售
地址：浙江省龙泉市贤良路227号
……负责人：崔庆武 邮　编：323000
……法　人：崔庆武
……Tel：13735985761
0578－7129676

**杭州余杭区闲林镇闲富五金电工器材商店**
业务：零售电线、开关、插座、有线电视器材
地址：浙江省杭州市余杭区闲林镇闲富中路199号
……负责人：徐成华 邮　编：311122
……法　人：徐成华
……Tel：13588098672
0571－88691665

**杭州安东水利水电建设工程有限公司**
地址：浙江省杭州市拱墅区德胜新村 36 幢 202 室
……负责人：张国安
……Tel：0571－86604922

**天台县城东电器材料店**
业务：高低压电器材料及配件，各种建材，铜铝电缆销售
地址：浙江省台州市天台县赤城街道秀园路 6 巷 1－1 号
……负责人：陈忠义　邮　编：317200
……法　人：陈忠义
……Tel：13738533002
0576－83891082

**桐庐县桐君街道增强气体供应站**
业务：供应氧气
地址：浙江省杭州市桐庐县桐君街道上杭村
……负责人：叶增强　邮　编：311500
……法　人：叶增强
……Tel：13336075206
0571－64632837
13175105980

**温州市龙湾沙城晋丰源配电箱厂**
业务：配电箱加工。
地址：浙江省温州市龙湾区沙城镇永阜村东园路 11 号
……负责人：项国中　邮　编：325000
……法　人：项国中
……Tel：0577－86811040
13757896105

**温州市龙湾永中大林工控电器店**
业务：专业批发零售各种低压电器、自动化仪器仪表、黄金灯管、设计安装电线电缆等工控电气设备
地址：浙江省温州市龙湾区永中镇标路 201－203 号
……负责人：邱小芬　邮　编：325000
……法　人：邱小芬
……Tel：15957788280
0577－86851860

**杭州凯布尔线缆实业有限公司**
地址：浙江省杭州市临安市玲珑街道化岭脚村
……负责人：咸伟明
……Tel：0571－63787702

**杭州武强水电实业有限公司**
地址：浙江省杭州市淳安县千岛湖镇新安大街 77 号
……负责人：吴正茂
……Tel：0571－64813041

**杭州临安远洋电缆有限公司**
地址：浙江省杭州市临安市锦城街道横潭村（天目高中后面）
……负责人：谢飞
……Tel：0571－63757854

**杭州中驰电缆有限公司**
地址：浙江省杭州市拱墅区莫干山路 1265 号二楼
……负责人：朱建武
……Tel：13605802216

**浙江永康众策线缆有限公司**
业务：生产电线，电缆，插头线
产品：BLV，BVR，BVV，BVVB，RV，RVV，RVB 等电线，插头线
地址：浙江省永康市城西工业区花海路 20 号
……负责人：周东晓　邮　编：321300
……法　人：周东晓
……Tel：0579－87152456
……Fax：0579－87531716
……网址：www.ykzhongce.com

**慈溪市掌起镇富达天线塑料厂**
业务：五金配件，塑料制品，电子元件，电视天线连接线制造，加工
产品：天线，视频线，音频线，电话线，电脑接线
地址：浙江省慈溪市掌起镇巴里村
……负责人：孙凤英　邮　编：315313
……法　人：蒋利平
……Tel：0574－63753276
……Fax：0574－63753275
……网址：www.cxfdtx.cn
……E-mail：cxfudatianxian@163.com

**浙江建华五金机电市场宁联电缆经营部**
业务：电线、电缆销售
地址：浙江省杭州市建华五金机电市场 4 区 21 号 22 号
……负责人：刘建立　邮　编：310015
……法　人：刘建立
……Tel：13588468818
13575498887

**杭州京诚机电市场海峰线缆经营部**
业务：高温线
地址：浙江省杭州市京诚机电市场 260 号
……负责人：孙建峰　邮　编：310004
……法　人：孙建峰
……Tel：13588761716
0571－28908538
……Fax：0571－28822536
……网址：http://jcjdsjf.cn.alibaba.com



## 安徽省/Anhui Province

**安徽水电潜山有限责任公司**
地址：安徽省安庆市潜山县梅城镇东街路 89 号
……负责人：傅云光
……Tel：0556－8922314

**庐江县汤池自来水有限公司**
地址：安徽省巢湖市庐江县汤池镇大塘村柳园村民组
……负责人：钱晓芹
……Tel：0565－7381003

**华通电线电缆材料有限公司**
地址：安徽省巢湖市无为县高沟镇新沟村
……负责人：叶秀莲
……Tel：0565－6862325
13856569321

**怀宁县龙居环保燃料厂**
业务：环保燃料的生产和销售
产品：环保燃料
地址：安徽省安庆市怀宁县腊树镇烟墩村
……负责人：产林苟　邮　编：246001
……Tel：13013188468
0556－4870636

**东至县花园里乡思源坳水库水电站**
地址：安徽省池州市东至县花园里乡南溪村
……负责人：储照彬
……Tel：13856690039

**太和县锦华电源材料有限公司**
地址：安徽省阜阳市太和县肖口镇开发区
……负责人：邢秀亮
……Tel：0558－8233878
13866203878

**金寨县燕子岩水力发电有限公司**
地址：安徽省六安市金寨县槐树湾乡杨桥村
……负责人：江光明
……Tel：0564－7486188

**安徽省鑫瑞源能源有限公司**
业务：风力发电，农作物种植，造林，畜牧业
地址：安徽省安庆市宿松县宿松路 60－1 号
……负责人：廖昌赤　邮　编：246501
……法　人：肖国军
……Tel：0556－7812122
……Fax：0556－7812122
……E-mail：ahxry@yahoo.cn

**合肥科脉电力技术有限公司**
地址：安徽省合肥市包河区美菱大道 412 号厂南生活区 2 幢 309 室
……负责人：邹小弟
……Tel：13866196402

**合肥南南电力保护设备有限公司**
地址：安徽省合肥市长江西路 306 号和信大厦
……负责人：沈宏健
……Tel：0551－5110551
13866198953

**全达搪铝百货批发部**
地址：安徽省合肥市东市区安徽大市场四区 1161 号
……负责人：徐文全
……Tel：0551－4231138
13003058628

**庐江县杉峰机制炭有限公司**
业务：木炭，机制炭，银炭，钢炭，竹炭
地址：安徽省巢湖市庐江县白山镇鸡鸣大朱村民一组
……负责人：朱建兵　邮　编：238000
……法　人：朱建兵
……Tel：15156510738
0565－7202971
7396434
……Fax：0565－71229981

**鑫冶供水设备有限公司**
地址：安徽省合肥市东市区明光路 425 号
……负责人：李洪
……Tel：0551－5614216

3222526

**安徽天能电力咨询有限公司**
地址：安徽省合肥市洪岗路新4幢201室
负责人：陈玉华
Tel：13505607136

**安徽哈源电力设备有限责任公司**
地址：安徽省合肥市经济技术开发区丹霞路与翡翠路交口天时商埠B－1室
负责人：姜静贤
Tel：0551－2863008

**铜陵安芝新能源有限公司**
业务：专业从事太阳能生产、制造、销售，承揽大型太阳能集热工程的高新技术企业。拥有专业技术人才和一支精干的施工团队，能为有各种热水需求的客户开发出灵活、个性、实用的设计方案，深受广大客户的好评。
产品：太阳能制造及其它热能制造
地址：安徽省铜陵经济技术开发区
负责人：朱先武　邮　编：244102
法　人：朱先武
Tel：13856214118

**芜湖市开拓水利水电建筑安装工程队**
地址：安徽省芜湖市鸠江区官陡镇卜家店30号
负责人：付冲浪
Tel：0553－2869095

**安徽恒升电缆有限公司**
地址：安徽省天长市新河北路石化大厦4楼
负责人：於春宏
Tel：0550－7036757

**安徽省博润电力技术有限公司**
业务：电力
地址：安徽省淮南市田家庵区上东景城702市
负责人：张学武　邮　编：232001
法　人：张学武
Tel：13955436360
0554－6666877
Fax：0554－7622725

**芜湖市皖恒电力安装有限公司**
地址：安徽省芜湖市鸠江区十里牌59号
负责人：吕亮
Tel：0553－5864991

**运通压敏电阻器厂**
地址：安徽省合肥市瑶海区磨店工业园关井西路8号
负责人：彭志斌
Tel：0551－4255615
13965126073

**驼马蓄电池厂**
地址：安徽省六安市寿县众兴镇新店街道店内
负责人：姜付军
Tel：0564－4693165
13956142865

**福建省龙岩市水利电力工程处福安办事处**

福建省龙岩市水利电力工程处福安办事处是一家专业从事中型水利水电工程施工、基础工程施工、辅助生产设施的建筑单位。真诚与社会各界朋友开展广泛合作，共同塑造时代精品。

联系人：赖达煌
电话：13030935566、0593-2119939
地址：福建省福安市阳头街道阳春小区20号楼B幢202号　邮编：352100

**合肥汉生机电有限责任公司**

网址：www.hfhsjd.com

合肥汉生机电有限责任公司成立于2007年。
主要从事电力保护、电线电缆的销售。
欢迎新老客户来人、来函、来电、惠顾！

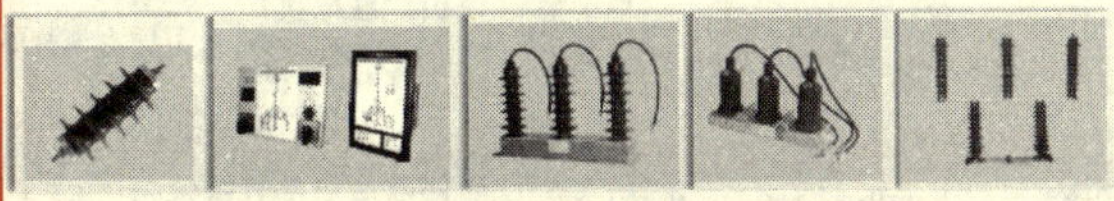

联系人：张纲要　13905699820
电话：0551-4244368　传真：0551-6375188
地址：安徽省合肥市瑶海区凤阳路128号恒丰大厦2505室　邮编：231131

## 福建省/Fujian Province

**福州红庙岭垃圾焚烧发电有限公司**
地址：福建省福州市鼓楼区五一北路88号八一服务社内保罗假日大酒店15层
负责人：唐民伟
Tel：0591－87622883

**池园威强电瓷厂**
地址：福建省福州市闽清县池园镇丽山村55号
负责人：林文标
Tel：0591－22439177
13960942756

**古田县恒力水电有限公司**
地址：福建省宁德市古田县城关民主路18号
负责人：陈翠金
Tel：0593－3881024

**城东水闸桥电站有限公司**
地址：福建省泉州市安溪县参内乡
负责人：谢渊渊
Tel：0595－23260160
13960318886

**福安市联辉电机有限公司**
业务：专业生产电机、发电机、发电机组及配件
地址：福建省福安市城阳乡瓮窑村外村94号
负责人：邱帮旭　邮　编：355000
邮　编：邱帮旭
Tel：13626989798
0593－6797331

**荣利水电厂**
地址：福建省泉州市安溪县龙门镇观山村
负责人：林智园
Tel：0595－23311997
13905967356

**明溪县远诚电业有限公司**
地址：福建省三明市明溪县夏坊乡岩坑村
负责人：徐锡文
Tel：0598－2708209

**厦门天顺达冷气工程有限公司**
地址：福建省厦门市湖里区东村巷22号203室
负责人：余延安
Tel：13606931023

**厦门寒山冷气工程有限公司**
地址：福建省厦门市湖里区海山路43号702室
负责人：杜家宝
Tel：0592－8926262

**厦门鑫协隆蓄电池有限公司**
地址：福建省厦门市湖里区金尚路214号
负责人：龚章
Tel：0592－5253468

**亿创集团福鼎电力建设有限公司**
业务：专业从事220KV及以下的输变电工程施工、安装、服务，具有承揽大型电力工程的能力，我们愿意以最诚实的态度、最优惠的条件为各界朋友提供优质、满意的服务。
产品：电力成套设备供应，变压器节能无功固定补偿装置生产等
地址：福建省福鼎市海春路18号三层
负责人：吴荣满　邮　编：355200
法　人：谢桂金
Tel：0593－7828097
13850319938
Fax：0593－7828079
网址：www.fjycdl.com
E-mail：13959303129@139.com

**福州市凯旋电线电缆有限公司**
业务：电线电缆销售
地址：福建省福州市台江区广达路浦尾巷66号广达温泉公寓小区2－4幢09店面
负责人：潘青松　邮　编：350000
法　人：潘青松
Tel：0591－83301515

**龙岩市永盛发电气机械贸易有限公司**
业务：电缆、电线、电气、机械
产品：电缆、电线
地址：福建省龙岩市新罗区西陂镇龙腾北路65号(宏鑫大厦)B幢803号
负责人：柯国华　邮　编：364000
法　人：柯国华
Tel：0597－2896999
Fax：0597－2896885
网址：http://www.51zzt.com/usey/zzt31538
E-mail：ysflong.yan@163.com

**平和县铜山液化气店**
业务：供应液化气
地址：福建省漳州市平和县小溪镇北大路百货公司门市
负责人：卢铜山　邮　编：363000
法　人：卢铜山
Tel：0596－5215210
13695917143

**厦门市鑫水源服务有限公司第二分公司**
地址：福建省厦门市湖里区海天路影院商场之一
负责人：阙相兰
Tel：0592－5652843

**厦门唐昱电材有限公司**
地址：福建省厦门市集美区灌口镇上塘村后埔社
负责人：林忠辉
Tel：0592－5682628

**漳浦县亿源电力工程有限公司**
业务：电力工程，电力器材、高低压配电柜、电线电缆的经营
地址：福建省漳州市漳浦县绥安镇金浦路金利花园4幢122号
负责人：吴建才　邮　编：363200
法　人：吴建才
Tel：0596－3226032
网址：http://www.51zzt.com/user/zzt29895

**厦门市大赫热水设备有限公司**
地址：福建省厦门市思明区吕岭路4号阿里山大厦15C
负责人：李义贤
Tel：13306041428

**福建成丰电力工程有限公司寿宁分公司**
业务：送变电工程施工；电力土建工程施工；公共绿地、楼房水电工程设计及施工；电力工程设计；机电设备安装；水电站运行、检修；电力设备、电力电缆销售。
地址：福建省宁德市寿宁县鳌阳镇工业路6号商贸城C幢
负责人：吴立建　邮　编：355500
Tel：13859675877
0593－5509633
网址：www.fjsncf.cn

**厦门市思明区斯贝蒙水暖器材经营部**
地址：福建省厦门市思明区厦禾路1348号之6
负责人：彭海峰
Tel：13606904127

**沙县铭宇工业电气控制设备经营部**
业务：低压配电设备
地址：福建省三明市沙县水南西路138－139号
负责人：缪于明　邮　编：365000
法　人：缪于明
Tel：0598－8858780
13774720080

**泰宁县城关鸿达电器维修店**
业务：电线电缆、低压电器、电动机、电动工具
地址：福建省三明市泰宁县杉城镇金湖西路109号
负责人：肖远应　邮　编：365000
法　人：肖远应
Tel：15860871025
0598－7836252

**厦门市石船溪小水电有限公司**
地址：福建省厦门市同安县区莲花镇小坪村土楼
负责人：邵色贤
Tel：0592－7104986

**威利斯资源供应有限公司驻厦门代表处**
地址：福建省厦门市思明区湖滨西路9号3A室
负责人：保罗·孟德斯
Tel：0592－2394276

## 江西省/jiangxi Province

**丰城市曲江自来水厂**
地址：西省丰城市曲江镇自来水厂
负责人：吴卫新
Tel：0795－6523189
13870531856

**阴家陂水电站**
地址：江西省丰城市石江集镇
负责人：丁国彪
Tel：0795－6912145
13507958004

**东乡县远盛液化气有限公司**
地址：江西省抚州地区东乡县小璜镇枫林官塘
负责人：俞祥德
Tel：13907041564

**崇仁县腾运变电设备配件厂**
地址：江西省抚州市崇仁县交通路39号
负责人：章运香
Tel：0794－6321388

**余江县潢溪镇华龙自来水厂**
业务：供水。欢迎广大客户前来洽谈业务。
地址：江西省鹰潭市余江县潢溪镇万山村委会华龙自来水厂
负责人：刘华龙　邮　编：335200
法　人：刘华龙
Tel：13707011736
0701－5387298

**崇义县聂都乡竹洞仙人岭水电站**
地址：江西省赣州地区崇义县聂都乡竹洞村仙人岭
负责人：刘家贵
Tel：13602911408

**安远县版石镇野鸭塘自来水厂**
地址：江西省赣州市安远县版石镇胜利路45号
负责人：刘炳华
Tel：0797－3783071

**大余飞达电线有限公司**
地址：江西省赣州市大余县南安镇党校院内
负责人：陈秋林
Tel：0797－8722558

**宁都县井源电站**
地址：江西省赣州市宁都县湛田乡井源村
负责人：谢东生
Tel：0797－6833420

**石城县燕首农资加油站**
地址：江西省赣州市石城县206国道琴江收费站北侧
负责人：赖润根
Tel：0797－5732689

**安福县泰港水电有限责任公司**
地址：江西省吉安市安福县泰山乡泰山村
负责人：戴光成
Tel：0796－7320205

**遂川县衙前镇狗头坳电站**
地址：江西省吉安市遂川县衙前镇双镜村
负责人：王丹
Tel：0796－6382558

**峡江县康帝电业制品厂**
地址：江西省吉安市峡江县巴邱镇老党校内
负责人：李婷
Tel：0796－3661399

**中国石油天然气股份有限公司江西销售分公司修水县梁口加油站**
地址：江西省九江市修水县三都镇梁口村
负责人：张军
Tel：0792－7804669

**江西天宠电力技术有限公司**
地址：江西省南昌市翠林高尔夫度假酒店
负责人：郤卉
Tel：0791－5838200

**江西昌九青苑热电有限责任公司**
地址：江西省南昌市高新技术开发区火炬大街801号
负责人：孙显明
Tel：0791－8399057

**江西省润佳电力实业有限责任公司**
地址：江西省南昌市洪城路777号远东国际花园1栋1单元16层A1号
负责人：李厅
Tel：13979827497

**江西江能电站设备技术有限责任公司**
地址：江西省南昌市西湖区洛阳路158号7栋1单元402室
负责人：李伟俊
Tel：13979175710

**南昌市龙腾飞电力有限公司**
地址：江西省南昌市西湖区十字街737号2单元402室
负责人：熊三红
Tel：13907000359

**南昌华电电力有限公司**
地址：江西省南昌市西湖区沿江南路587号南浦苑1栋1单元801室
负责人：熊磊
Tel：13870055711

**南昌福莱特实业有限公司**
地址：江西省南昌市西湖区永叔路18号（吉安大厦二楼）
负责人：赵玲
Tel：13979151937

**南昌金辉机电设备工程有限公司**
地址：江西省南昌市西湖区站前西路228号1栋203室
负责人：傅永梅
Tel：13970018954

**洪都线缆经营部**
地址：江西省南昌市效区联幸大市场B4栋5、6、7号
负责人：杨家华
Tel：0791－6516225
13807914463

**江西大全电气制造有限公司**
地址：江西省南昌市新建县长竣镇兴国路核工业总公司七二0厂内
负责人：祝曾保
Tel：13133912699

**中国石油天然气股份有限公司江西销售分公司上栗雅溪加油站**
地址：江西省萍乡市上栗县桐木镇雅溪村
负责人：张军
Tel：0799－6225398

**留金坝水电发展有限公司**
地址：江西省瑞金市瑞林镇
负责人：潘新忠
Tel：0797－2326651
13806969959

**龙坑水电站**
地址：江西省上饶市铅山县黄岗山镇篁村村
负责人：胡家凯
Tel：0793－5468408
13803595461

**上饶市信风电力设备安装有限公司**
地址：江西省上饶市水南街文通巷41号
负责人：王凤林
Tel：13755310430

**婺源县新辉水电站**
地址：江西省上饶市婺源县许村镇
负责人：方立新
Tel：13970383708

**婺源县钟吕水电发展有限公司**
地址：江西省上饶市婺源县紫阳镇
负责人：廖瑞钊
Tel：13870633166

**婺源县江源水电开发有限公司**
地址：江西省上饶市婺源县紫阳镇
负责人：徐功勤
Tel：13968113699

**丰城市友林气体有限公司**
地址：江西省宜春市丰城市新城区
负责人：罗有林
Tel：13707954457

**樟树市龙珠水电开发有限公司**
地址：江西省宜春市樟树市阁山镇黄家巷村委三层楼村
负责人：杨平仔
Tel：0795－7581199

**石花尖供电有限公司**
地址：江西省宜丰县车上乡
负责人：陈韶岗
Tel：0795－2988180
13707055731

## 山东省/Shandong Province

**电力运输公司**
地址：山东省德州市德城区湖滨南路39号
负责人：魏跃东
Tel：0534－2652880
13805345288

**济南明汇电器设备有限公司**
业务：高压开关柜、低压开关柜、动力箱、配电箱、照明箱的设计、制造与销售
地址：山东省济南市市中区白马山西路37号
负责人：孙巍　邮　编：250022
法　人：孙巍
Tel：0531－87127688
15966315527

**东营市胜明物贸有限责任公司**
地址：山东省东营市燕山路167号
负责人：张明
Tel：0546－8776941
13706368646

**山东华源电站设备有限公司**
地址：山东省济南市华龙路1825号嘉恒大厦A座903室
负责人：李亚龙
Tel：0531－88116291

**远东电缆厂济南经营部**
地址：山东省济南市天桥区北园大街240号
负责人：杜文震
Tel：0531－88605066
13805406008

**济宁东方圣阳电力工程有限公司**
业务：电力工程安装，调试，箱式变电站，变压器，发电机的调给
产品：变压器，发电机，高、低压开关柜
地址：山东省济宁市济安桥北路153号
负责人：孙茂生　邮　编：272000
法　人：孔祥启
Tel：0537－2170786
13505470958
Fax：0537－3166685
网址：dfshengyangele. chinapyp. com
E-mail：JNKXQ@126. com

**济南济变电力设备有限公司**
地址：山东省济南市中区段店南路259号
负责人：孟庆堂
Tel：0531－87983535－330

**苏源电力电气有限公司**
地址：山东省济宁市解放东路408号
负责人：孙一
Tel：0537－2399075

**华龙线缆材料厂**
地址：山东省济宁市梁山县水泊南路86号
负责人：穆兆凤
Tel：0537－7322169
13863769566

**莱芜鑫山电力设备有限公司**
业务：专业致力于电力环保设备的研制、开发、生产和销售，公司拥有精干专业的技术人才及精良的生产设备，产品质量优良，服务诚信周到，欢迎新老客户前来订购！
产品：脱硫设备、电动锁气器、缓冲锁气器、除木器、电动三通分料阀、气动四通分料阀
地址：山东省莱芜市泰钢工业园
负责人：刘庆山　邮　编：271100
法　人：刘庆山
Tel：13326342238
Fax：0634－6405079
E-mail：shan2238@163. com

**鲁盛电缆有限公司**
地址：山东省济宁市市中区建设南路28－16号
负责人：张景君
Tel：0537－2336875
13705478992

**汶上县圣慧电力安装制造有限责任公司**
地址：山东省济宁市汶上县城工业园区
负责人：刘岱锐
Tel：0537－7218530

**济南章源电力有限公司**
地址：山东省济宁市邹城市唐王山路中段
负责人：康耕强
Tel：0531－83313158

**山东临沂鲁航电瓷公司**
业务：生产各种高低压电瓷、棒式瓷、开关瓷、变压器瓷、电站用瓷、各种绝缘瓷件等
地址：山东省临沂市罗庄高新开发区
负责人：张凤军　邮　编：276017
法　人：张凤军
Tel：0539－8283092
13953936051

**莱芜市西福特电缘材料有限公司**
地址：山东省莱芜市凤城工业园
负责人：卢义平
Tel：0634－8859888

**恒利电力设备有限公司**
地址：山东省莱芜市莱芜发电厂车队院内
负责人：李树实
Tel：0634－6094469
6097712
13963409718

**莱州市汇统热力有限公司**
地址：山东省莱州市古城街343号
负责人：谷永智
Tel：0535－2211866

**青岛巽和风力发电设备制造有限公司**
业务：专业生产风力发电设备、新能源设备、锅炉辅助设备
地址：山东省青岛胶南市海滨工业园海滨六路697号
负责人：赵庆刚　邮　编：266400
法　人：赵庆刚
Tel：13954284910
0532－86158188
86617868
Fax：0532－86617868

**聊城实华天然气有限公司**
地址：山东省聊城经济开发区团结路西
负责人：傅长顺
Tel：0635－8389172

**第三电机厂**
地址：山东省聊城临清市临馆街68号
负责人：张风财
Tel：0635－2359156
2898888

# 莱芜市泰通电力设备有限公司

莱芜市泰通电力设备有限公司常年生产S9(M)、S11(M)型35KV及以下电压等级的电力变压器和矿用、电炉等特种变压器。

现有职工210人，其中高级职称的8人，中级职称的20人，初级职称的30人，年产能力50万千伏安，产值5000多万元，公司技术力量雄厚，生产设备先进，检测手段齐全，创新能力强劲，是电机部节能消耗产品定点生产厂家。

联系人：时卫田
电话：0634-8666688
网址：www.taitongdl.com
电子邮件：sdshiweitian@126.com
地址：山东省莱芜市莱城区凤城工业园阳光街009号
邮编：271100

**金辰电力器材有限公司**
地址：山东省临沂市银宝机电市场南门西侧
负责人：蒋丽琴
Tel：0539－8108589
13153967777

**旭润电力设备有限公司**
地址：山东省青岛市胶州市阜安工业园558号
负责人：鲍林凤
Tel：0532－82298210
13606309975

**潍坊舜禹电力器材有限公司**
业务：加工、销售电力器材
产品：高低压电力成套设备，各种型号变压器油；电线电缆；配电柜；电表箱；电力工具
地址：山东省潍坊市临朐县城兴隆路东段南侧5栋
负责人：安兆健　邮　编：261041
法　人：安兆健
Tel：0536－3216711
15863658111
Fax：0536－2199111
E-mail：sdhong. yunet@163. com

**康普（天津）电缆有限公司青岛分公司**
地址：山东省青岛市崂山区株洲路177号
负责人：刘惠军
Tel：0532－88702508

**奥特新技术发展有限公司**
地址：山东省青岛市山东路9号深业中心A座8H
负责人：宋新成
Tel：0532－85805957
85805958
13808988100

**潍坊华鑫电机有限公司**
地址：山东省寿光市古城开发区
负责人：王振平
Tel：0536－5431388
5432388
13963600338
13864625240

**泰安市华丰电力设备有限公司**
地址：山东省泰安市灵山大街迎春小区65号东单元
负责人：华峰
Tel：13905488259

**滕州鼎源电力实业有限公司农电分公司**
地址：山东省滕州市新兴南路3号
负责人：吕守旭
Tel：0632－5583423

**多星电子有限公司**
地址：山东省威海市出口加工区9号
负责人：崔永
Tel：13806318498

**荣成市方正专用电机厂**
地址：山东省威海市荣成市工业园
负责人：刘俊丽
Tel：0631－7555496
7586358
13863061069

**奥林特电机厂**
地址：山东省威海文登市环山东路26－5号
负责人：赵林华
Tel：0631－8450878
13963181898

**吉祥电力器材厂**
地址：山东省潍坊安丘市凌河镇水泊村
负责人：刘焕祥
Tel：0536－4643176
13515360839

**长城电缆有限公司**
地址：山东省潍坊市奎文区北宫大街91号
负责人：朱其武
Tel：0536－8666121

**彩虹电力器材有限公司**
地址：山东省潍坊寿光市渤海路389号
负责人：王登明
Tel：0536－5292208
13964611199

**烟台东盛热电技术服务有限公司**
地址：山东省烟台市开发区银资小区14－5－6号
负责人：隋学忠
Tel：0535－6371404

**博徕格齿轮电机有限公司**
地址：山东省淄博市博徕高速公路口南400米
负责人：张顺良
Tel：0533－4181607

**博山齿轮减速电机厂**
地址：山东省淄博市博山区池上镇东池村
负责人：江立会
Tel：0533－4880144

**新微电机厂**
地址：山东省淄博市博山区小桥村
负责人：范家良
Tel：0533－4152286
13953317818

**淄博博山新科电缆有限公司**
地址：山东省淄博市博山区沿河西路
负责人：施振宇
Tel：13355233118

**博山广联电机厂**
地址：山东省淄博市博山区英雄路5号特殊教育中心学校内
负责人：赵金韬
Tel：0533－4267117

**淄博宏达热电有限公司**
地址：山东省淄博市宏鲁工业园
负责人：宋立文
Tel：0533－7602123

**淄博京锐电工技术有限公司**
地址：山东省淄博市临淄区乙烯路4号院内
负责人：许建国
Tel：0533－7118966

**淄博庄园电器线路器材有限公司**
地址：山东省淄博市张店区世纪路北首
负责人：杨涛迅
Tel：0533－3811007
13705339929

**淄川美东电源材料厂**
地址：山东省淄博市淄川区东坪镇水岭村北首
负责人：薛美东
Tel：0533－5310103

**诸城宝源新能源发电有限公司**
业务：垃圾等新能源发电
地址：山东省诸城市和平街45号3号楼一单元1502号
负责人：罗港　邮　编：262200
法　人：蔡伟
Tel：13963681066
13536572968
0536－6086083

**天汇供水设备有限公司**
地址：山东省淄博市淄川双沟杨兰双凤工业园
负责人：刘刚
Tel：0533－5491666

## 河南省/Henan Province

**通许县清源污水处理厂**
地址：河南省开封市通许县东环路大转盘东
负责人：陶立忠
Tel：0378－4979678

**洛阳新中安污水处理有限公司**
地址：河南省洛阳市新安县新城南京路中段
负责人：魏中安
Tel：0379－67283553

**宏禹电力工程有限公司（荥阳市山水牧业有限公司）**
业务：电力工程的设计，安装，承包（奶牛养殖及鲜奶销售）
地址：河南省郑州市大学中路80（河南省荥阳市王村）
负责人：倪建刚
法　人：倪建刚
Tel：13607643519
0371－68660239

**南阳市天力电力设备有限公司**
地址：河南省南阳市长江路东段
负责人：郑天亮
Tel：0377－63112307

**宁陵县本源自来水有限公司**
地址:河南省商丘市宁陵县建设路东段路南
…… 负责人:卢河
…… Tel:0370－7811879

**河南省卓越电缆有限公司**
地址:河南省新乡市长垣县起重工业园区纬四路中段
…… 负责人:葛自杰
…… Tel:0373－8928136

**河南省重工起重机有限公司**
地址:河南省新乡市长垣县魏庄工业区
…… 负责人:胡章和
…… Tel:0373－8927777

**辉县市石门电站有限责任公司**
地址:河南省新乡市辉县市上八里镇回龙村南头
…… 负责人:申灿
…… Tel:0373－6698029

**新乡恒辰电气有限责任公司**
地址:河南省新乡市牧野区建设路64号
…… 负责人:李绍春
…… Tel:0373－3861068

**信阳长开电气有限公司**
地址:河南省信阳市工区路248号
…… 负责人:常光侠
…… Tel:0376－6237819

**长葛市佳通电气有限公司**
地址:河南省许昌市长葛市后河镇后河村
…… 负责人:高华庆
…… Tel:0374－6615208

**河南省中联红星电瓷有限责任公司**
地址:河南省许昌市禹州市滨河大道280号
…… 负责人:黄国政
…… Tel:0374－8217118

**郑州市永康电力设备有限公司**
地址:河南省郑州市二七区新圃东街117号
…… 负责人:陈传伟
…… Tel:0371－63604141
13949498801

**郑州市世炬电缆厂**
地址:河南省郑州市巩义市回郭镇汇鑫路
…… 负责人:李学明
…… Tel:0371－64235211

**巩义市华博铝线厂**
地址:河南省郑州市巩义市回郭镇开发区
…… 负责人:孙治中
…… Tel:0371－64234754

**郑州市二七区伟达电缆商行**
业务:有线电视线,节能灯,监控线,排插,网线
地址:河南省郑州市二七区万客来食品城北院1排59、61号
负责人:黄伟 邮编:450000
…… 法人:王建设
…… Tel:0371－68761367
13271587198

**郑州天元电气设备有限公司**
地址:河南省郑州市金水区政七街32号
…… 负责人:张红军
…… Tel:0371－65934240









## 湖北省/Hubei Province

**巴东县后河水电开发有限公司**
地址:湖北省恩施土家族苗族自治州巴东县金果坪镇
…… 负责人:徐加岳
…… Tel:13886797865

**恩施市宝山水电开发有限责任公司**
地址:湖北省恩施土家族苗族自治州恩施市大桥路4巷2号
…… 负责人:杨荣清
…… Tel:13307260391

**博兴电力辅机有限公司**
地址:湖北省洪湖市府场镇丰府路1号
…… 负责人:颜永贤
…… Tel:0716－2852070
13886550395

**房县鑫龙电力发展有限责任公司**
地址:湖北省十堰市房县回龙乡十三村一组
…… 负责人:杨先金
…… Tel:13508673823

**富盛电源有限责任公司**
地址:湖北省武汉市大集街张家渡村堤上37号
…… 负责人:徐家富
…… Tel:13807130912

**武汉博大水电安装工程有限公司**
地址:湖北省武汉市东西湖区养殖场将军路南宅区
…… 负责人:邱先文
…… Tel:027－83891250

**武汉中电博达节能科技有限公司**
地址:湖北省武汉市洪山区关山一路469号
…… 负责人:杨永来
…… Tel:027－87402347

**武汉佳鑫电力设备有限公司**
地址:湖北省武汉市洪山区珞南街珞喻路409号
…… 负责人:肖继前
…… Tel:027－85880320

**武汉远通电气有限公司**
地址:湖北省武汉市洪山区青菱乡青菱村
…… 负责人:吴文学
…… Tel:13607162022

**武汉市华光电力安装服务有限责任公司**
地址:湖北省武汉市洪山区雄楚大街261号(泰格物业)
…… 负责人:贺文华
…… Tel:13507117524

**武汉众兴盛电力科技有限公司**
地址:湖北省武汉市洪山区徐东大街长源电力商务中心329室
…… 负责人:刘军
…… Tel:027－87679283

**武汉天铭电力自动化设备有限责任公司**
地址:湖北省武汉市江岸区黄浦大道259号天梨阁南苑3－801
…… 负责人:田军
…… Tel:027－82638400

**武汉兴国电力工程设计咨询有限公司**
地址:湖北省武汉市江岸区黎黄陂路40号
…… 负责人:熊国利
…… Tel:027－82357649

**上海人民电机厂有限公司武汉分公司**
地址:湖北省武汉市江汉区前进一路富源里1号
…… 负责人:王伟
…… Tel:027－85413389

**武汉亚丰电力物资有限责任公司**
地址:湖北省武汉市乔口区汉宜路8号
…… 负责人:罗斌
…… Tel:027－82525632

**武汉裕源电力咨询有限公司**
地址:湖北省武汉市武昌区徐东大街341号10栋8楼2号
…… 负责人:张裕坤
…… Tel:027－88563383

**武汉华中电力人力资源开发有限公司**
地址:湖北省武汉市武昌区徐东大街355号
…… 负责人:李强
…… Tel:027－86762709

**武汉华中电力电网技术有限公司**
地址:湖北省武汉市武昌区徐东路47号
…… 负责人:肖创英
…… Tel:027－86762511

**忠华特种电机研究所**
地址:湖北省襄樊市襄城区环城路麒麟店102大修厂院内
…… 负责人:周忠华
…… Tel:13986384068

## 湖南省/Huana Province

**湘东电力安装工程有限公司**
地址:湖南省长沙浏阳市浏阳河中路243号
…… 负责人:张宇
…… Tel:0731－83634665
13107319991

**鑫龙电机厂**
地址:湖南省长沙市长沙县路口镇麻林新街
…… 负责人:彭长庚
…… Tel:0731－86170464
13973146972

**长沙市芙蓉区科士达电源经营部**
地址:湖南省长沙市芙蓉区人民中路佳润新城2栋1203
…… 负责人:吴碧容
…… Tel:0731－84153160
13875956635

**中国·东方交联电力电缆有限公司湖南销售处**
业务:我处主要经营电力电缆、控制电缆、计算机电缆、通信电缆等,系东方交联电力电缆有限公司在湖南总代理,我们将以优质的产品,热情的服务期待着您的光临!
地址:湖南省长沙市三湘大市场三湘金地综合楼317室
…… 负责人:冯建宁 邮编:410000
…… 法人:冯建宁
…… Tel:0731－5218788
4722909
…… Fax:0731－5712006
…… 网址:www.dfjl.chinapyp.com

**长沙市芙蓉区通用电线电缆商行**
地址:湖南省长沙市芙蓉区三湘南湖机电大市场4栋26号
…… 负责人:杨环
…… Tel:0731－82191448
13808458426

**湖南金塘水电开发有限公司**
地址:湖南省长沙市芙蓉中路457号唐朝大厦1704室
…… 负责人:张作伐
…… Tel:13507311027

**长沙海桢电气设备贸易有限公司**
地址:湖南省长沙市开福区上麻园岭158号
…… 负责人:潘亦工
…… Tel:0731－82345265

**浏阳鼎鹰实业股份有限公司**
地址:湖南省长沙市浏阳市集里镇禧和村
…… 负责人:吴建文
…… Tel:0731－83677549
83677582
13808438384

**石门金沅锅炉配件门市部**
业务:销售锅炉配件,水暖器材等
产品:锅炉配件,水暖器材等
地址:湖南省常德市石门县楚江镇小康花园13号门面
…… 负责人:张道岳 邮编:415300
…… 法人:张道岳
…… Tel:15873647888
13975664625

**宁乡县华宇电瓷有限公司**
地址:湖南省长沙市宁乡县煤炭坝镇贺石桥村石桥湾组
…… 负责人:潘海清
…… Tel:0731－87930558

**长沙安大配电安装有限公司**
地址:湖南省长沙市天心区劳动路226号电建大厦604、607房
…… 负责人:陈村红
…… Tel:0731－85111622

**上海鼎新发电设备有限公司长沙办事处**
地址:湖南省长沙市雨花区韶山路380号
…… 负责人:徐明柏
…… Tel:0731－85017388
13975152838

**上海中发电气(集团)长沙中发电气销售有限公司**
地址:湖南省长沙市雨花区韶山路86号兴威名座2711房
…… 负责人:叶选鹏
…… Tel:0731－84320748

**郴州市北湖区江口乡宏发水电管理站**
地址:湖南省郴州市北湖区江口乡江口村
…… 负责人:肖国平
…… Tel:0735－2751142

**桂东县丰源电站**

地址:湖南省郴州市桂东县普乐乡江背村扬家排
…… 负责人:郭冠荣
…… Tel:0735－8811182

**森源电力设备有限公司**
地址:湖南省衡阳市建湘柴油机厂内
…… 负责人:黄新文
…… Tel:13723820121

**衡阳市蒸湘美菱水厂**
地址:湖南省衡阳市开发区长湖村
…… 负责人:阳少红
…… Tel:0734－8800018

**衡阳恒飞特缆有限责任公司**
地址:湖南省衡阳市雁峰区黄白路 123 号
…… 负责人:冷清桂
…… Tel:0734－8405042

**怀发电线厂**
地址:湖南省怀化市武陵路第一看守所内
…… 负责人:毛福来
…… Tel:0745－2241918
13974578409

**溆浦县新桥水电站**
地址:湖南省怀化市溆浦县葛竹坪镇有禾田村
…… 负责人:周水生
…… Tel:13973075973

**溆浦县金星水电站**
地址:湖南省怀化市溆浦县葛竹坪镇天星村
…… 负责人:黄茂清
…… Tel:0745－3670570

**怀成电线电缆厂**
地址:湖南省怀化市迎丰西路 139 号
…… 负责人:张少深
…… Tel:0745－2252288
13907451378

**洞口水电设备制造有限公司**
地址:湖南省邵阳市洞口县洞口镇龙山街 18 号
…… 负责人:肖剑
…… Tel:0739－7222534
13907395922

**邵阳市污水处理厂**
地址:湖南省邵阳市双清区城东乡洋溪村
…… 负责人:隆新民
…… Tel:0739－5295555

**邵阳恒远资江水电设备有限公司**
地址:湖南省邵阳市双清区邵石路 268 号
…… 负责人:郭名修
…… Tel:0739－5260378

**邵阳明华水电设备有限公司**
地址:湖南省邵阳市双清区双坡岭桩机厂内
…… 负责人:彭明
…… Tel:0739－5052298

**新邵县迎光电站**
地址:湖南省邵阳市新邵县迎光乡车塘村
…… 负责人:何茂英
…… Tel:0739－3446877

**中国石油天然气股份有限公司湖南销售分公司益阳市沙头加油站**
地址:湖南省益阳市资阳区沙头镇
…… 负责人:鲍军胜
…… Tel:0737－4671005

**永州市翠微水利水电开发有限公司**
地址:湖南省永州市冷水滩区零陵路 976 号
…… 负责人:廖福生
…… Tel:13187120089

**永州飞湘物资综合利用有限责任公司**
地址:湖南省永州市南水滩区下河线 105 号
…… 负责人:张矩桥
…… Tel:0746－8471611
8471871
13707460629

**江华春头源水电有限责任公司**
地址:湖南省永州市沱江镇阳华路 105 号
…… 负责人:殷鹰
…… Tel:0746－8352239
8352237
13807438400

**水电设备厂**
地址:湖南省永州市新田县龙泉镇工业小区
…… 负责人:徐校辉
…… Tel:0746－4781072
13974693510

**岳阳市广益供水安装有限公司**
地址:湖南省岳阳市洞庭北路 2 号
…… 负责人:付畅
…… Tel:0730－8333696

**岳阳市南达电线有限公司**
地址:湖南省岳阳市临湘市烟草局对面
…… 负责人:张正东
…… Tel:0730－3803787
13974043087

**株洲积成电力安装工程有限公司**
地址:湖南省株洲市芦淞区建设南路 88 号
…… 负责人:李乐佳
…… Tel:0731－28283958

**南车电机股份有限公司**
地址:湖南省株洲市石峰区田心高科技园
…… 负责人:纪方
…… Tel:0731－28498212
13017336311

**株洲金源水电开发有限公司**
地址:湖南省株洲市天元区商检大楼 606 室
…… 负责人:颜跃明
…… Tel:13307418488

**汝城县热水鑫华水电站**
业务:电力
地址:湖南省郴州市汝城县热水镇鱼王村
…… 负责人:朱鑫华 邮 编:424117
…… 法 人:朱鑫华
……Tel:13787751166
0735－8472122
……Fax:0735－8472122

**株洲市神华电力设备制造有限公司**
地址:湖南省株洲市田心田红路 9 号
…… 负责人:周金元
…… Tel:13517333829

**炎陵县桃源洞水电实业有限公司密花电站**
地址:湖南省株洲市炎陵县湖南省炎陵县十都镇密花村
…… 负责人:徐春霞
…… Tel:0731－26220825



## 广东省/Guangdong Province

**东莞市东城供电公司**
地址:广东省东莞市东城区大塘头东城供电公司
…… 负责人:王孝惠
…… Tel:0746－22213018
22498091
13509223888

**广州市振昌电力科技有限公司**
地址:广东省广州市番禺区大石镇上漖村大新商务广场第二层 209、210 室
…… 负责人:吴奇杰
…… Tel:020－84796367

**东莞市常平振民电线材料加工厂**
业务:电线材料加工
地址:广东省东莞市常平镇漱新湖尾村
…… 负责人:戴群英 邮 编:523003
…… 法 人:戴群英
……Tel:0769－83995016

**北京电力工程公司广州分公司**
地址:广东省广州市番禺区南村镇迎宾路段锦绣香江花园丹桂园 58 号
…… 负责人:闫立柱
…… Tel:020－34823946

**广州市番禺区自来水公司工会**
地址:广东省广州市番禺区市桥清河西路 22、24、26、28 号
…… 负责人:冯汉强
…… Tel:020－84825453

**广州联源电力设备有限公司**
地址:广东省广州市天河区广州大道中路 628 号广州国际贸易大厦北塔 608 室
…… 负责人:郭镇槟
…… Tel:020－85599448
13600079798

**东莞清溪旺利发电工线材有限公司**
业务:专业生产电工线材及各类漆包线,公司拥有精良的生产技术装备和齐全的测试仪器,产品质量优良,服务诚信周到,我们以专业的品质、优质的服务,真诚期待与您合作!
产品:漆包圆铜线 QA－1 2UEW,规格:0.04－1.50M/130 度 155 度 180 度等各种,可独立开具 17%增值税票
地址:广东省东莞市清溪镇清樟路 6 号
…… 负责人:邹小姐 邮 编:523660
…… 法 人:邹先生
……Tel:0755－61267389
13609611303
……Fax:0755－61267398
…… E-mail:lifagd@163.com

**宾士柴油发电机有限公司**
地址:广东省广州市天河区林河东路侨林街 39－49 号中旅商务大厦西塔 14 楼 AF 室
…… 负责人:张晓健
…… Tel:020－38818106
13602879001

**广东进源电力物资有限公司**
地址:广东省广州市天河区天河东路 2 号粤电广场 1313 室
…… 负责人:吴进枝
…… Tel:020－85137111

**和运科技发展有限公司**
地址:广东省广州市天河区中山大道 89 号华景软件园 C 栋 110
…… 负责人:姜明雷
…… Tel:020－85566428
13802738767

**金山电装公司**
地址:广东省惠州市小金口镇金龙路兴三街 20 号
…… 负责人:谢志勇
…… Tel:0752－2821005
13923626478

**东莞市塘厦正佳电缆商行**
业务:高、低压电缆、民用电线、工业电缆
产品:BV;BVV;BVR;VV;VV22;YJV22;耐火电缆;同轴电缆;网络线
地址:广东省东莞市塘厦镇江源路 168－103 号
…… 负责人:林跃东 邮 编:523003
…… 法 人:林跃东
……Tel:13802382177
0769－87869293
87905723
……Fax:0769－87289689

**广州市永昌龙电力变压器有限公司**
业务:电力变压器的制造、销售
地址:广东省广州市番禺区石楼镇赤岗村潮田工业区市莲路侧
…… 负责人:林灏 邮 编:510130
…… 法 人:林灏
……Tel:020－84867018

**深圳市高威实业有限公司**
地址:广东省深圳市宝安区 40 区安乐村委后 2 号厂房 B 栋 2 楼
…… 负责人:黄万江
…… Tel:0755－27883502
27883512
13501598613

**新安雄丰电线经销部**
地址:广东省深圳市宝安区宝城 40 区宝安电子城 2154 柜
…… 负责人:钟南凤
…… Tel:0755－27891257
13077828121

**通源实业有限公司电线制造厂**
地址:广东省深圳市宝安区观兰镇福民茜坑新村通源工业区 1 号厂房
…… 负责人:曾宪景
…… Tel:0755－28019336

28019368

**重光电力设备工程有限公司龙华分公司**
地址：广东省深圳市宝安区龙华镇花园广场 C 区 5 单元 403 房
…… 负责人：魏镇标
…… Tel：0755－28147019
13828858011

**河源市源城区宏光泰电线电缆营销部**
业务：民兴成天泰电线电缆，电工器材，塑料制品
地址：广东省河源市源城区河源大道北 333 号海拓大厦 1 楼 109－110 号
…… 负责人：张元辉　邮　编：517001
…… 法　人：张元辉
…… Tel：0762－3227538
3227539
…… Fax：0762－3227539

**金泰星电线电缆有限公司**
地址：广东省深圳市宝安区石岩镇上屋村沙公坳华夏园
…… 负责人：杨晓玲
…… Tel：0755－27646588
27646788
13760421727

**深圳市昌马区电瓶技术有限公司**
地址：广东省深圳市福田区八卦 3 路光纤小区 3 幢 6 楼西
…… 负责人：许治河
…… Tel：0755－82404639

**山海太阳能科技有限公司**
地址：广东省深圳市福田区莲花路万科金色家园 B 座 603
…… 负责人：童亚丽
…… Tel：0755－83090110
13809891006

**深特变电气设备有限公司**
地址：广东省深圳市龙岗区布吉镇坂田河背群达工业区三栋一楼
…… 负责人：罗有为
…… Tel：0755－84165538
13048829938

**深圳市文鼎兴电力科技有限公司**
地址：广东省深圳市龙岗区布吉镇坂田龙壁工业城九栋六楼
…… 负责人：刘静
…… Tel：0755－84192965

**中山市金凯锐电业有限公司**
业务：生产，销售电线、电缆、插头、连接器、内部连接线
地址：广东省中山市东升镇高沙悦生一经济合作社
…… 负责人：涂爱军　邮　编：528403
…… 法　人：涂爱军
…… Tel：13527103381
0760－22858999
22733158
…… Fax：0760－22826879

**惠州大亚湾明星电气工程有限公司**
业务：本公司成立于 2009 年 08 月 6 日，承接 10KV 及以下高低压配电工程安装，电力电缆工程安装，水电工程安装，消防工程安装为主的电气工程公司。并代理工程咨询，策划，预结算等业务。
地址：广东省惠州大亚湾澳头围 88 村
…… 负责人：何忠贤　邮　编：516000
…… 法　人：何忠贤
…… Tel：0752－3096229
13669520488
…… 网址：www.mxdqgcyxgs.cn
…… E-mail：416630884@qq.com

**广东省四会市金幸电器店**
业务：主营永磁式 600W－2000W 低速实用水轮发电机，品质卓越，货真价实，我们将以优质的产品，热情的服务期待着您的光临！
业务：斜击式水轮发电机 8－12 米落差，单相 220V；轴流式水轮发电机 2.5－4 米落差，单相 220V
地址：广东省四会市陶丽一街六座首层第四卡金幸电器店
…… 负责人：彭金幸　邮　编：526200
…… 法　人：彭金幸
…… Tel：0758－3282378
13413808803

**深圳富发机电有限公司**
地址：广东省深圳市龙岗区布吉镇大芬盈翠家园 302 号倚翠阁 B302 室
…… 负责人：张华生
…… Tel：0755－28701858
13600426896

**深圳市隆安顺电力设备有限公司**
地址：广东省深圳市龙岗区布吉镇丹竹头村丹平东 7 巷 18 号
…… 负责人：曾秀明
…… Tel：13902912576

**兴业兴电力设备有限公司**
地址：广东省深圳市龙岗区布吉镇供电所
…… 负责人：李木旺
…… Tel：0755－28721541
13312901378

**深圳市龙岗区布吉镇岩松电力设备经营部**
地址：广东省深圳市龙岗区布吉镇龙园山庄 9 栋 307
…… 负责人：何先生
…… Tel：13902925200

**中力发电气经营部**
业务：电器开关，气动元件，五金交电
产品：交流接触器，断路器，变频器，电极、电热器材，气动元件
地址：广东省惠州市博罗县罗阳镇博惠路华裕花园 D 栋 106－107 号
…… 负责人：陈余　邮　编：516100
…… 法　人：陈余
…… Tel：0752－6282371
…… Fax：0752－6282371
…… 网址：www.zlfdq.cn
…… E-mail：ZLFDQ2009@163.com

**深圳市吉利高电线有限公司**
地址：广东省深圳市龙岗区平湖镇北门坳同乐路 10 号第一层
…… 负责人：陈明吉
…… Tel：0755－28851128

**汕头市澄海区建筑总公司给排水工程分公司**
业务：给排水工程
地址：广东省汕头市澄海区益冠园 6 幢一层 45 号
…… 负责人：黄泽松　邮　编：515000
…… 法　人：黄泽松
…… Tel：13509878169
0754－85833619
…… Fax：0754－85833619
…… 网址：http://www.51zzt.com/user/zzt34841

**新丰县马头镇中田电站**
业务：水力发电
地址：广东省韶关市新丰县马头镇大席寨下村
…… 负责人：许武松　邮　编：511100
…… 法　人：许武松
…… Tel：13802818736
0751－2463328

**杰安电力设备有限公司**
地址：广东省深圳市罗湖区宝岗路田心村田华楼 4 栋 102
…… 负责人：李楚杰
…… Tel：0755－82446219
13809863222

**聚源科技有限公司**
地址：广东省深圳市罗湖区金湖路 63 号 9 楼
…… 负责人：曾宇平
…… Tel：0755－82448111
82419111
82412777
13802209618

**揭西县棉湖金鑫泰电线电缆厂**
业务：生产电线电缆
地址：广东省揭阳市揭西县棉湖镇厚埔金田工业区北五栋
…… 负责人：李少波　邮　编：522000
…… 法　人：李少波
…… Tel：0663－5266159
13923563123

**梅州市宏创电力设备有限公司**
业务：销售电力设备
地址：广东省梅州市南堤客都新村陶然居吉发楼 D22 栋 209 房
…… 负责人：陈桃红　邮　编：514021
…… 法　人：陈桃红
…… Tel：13430110068
0753－2266283

**广东省揭阳市揭西县凤江镇辉长伴电线电缆厂**
业务：生产，加工，销售，电线电缆、塑料制品
产品：电线电缆，塑料电器配件，电源插头
地址：广东省揭阳市揭西县凤江镇凤南工业区
…… 负责人：陈文辉　邮　编：515400
…… 法　人：陈文辉
…… Tel：0663－5352065
…… Fax：0663－5352065
…… E-mail：875257140@qq.com

**深圳山东核电工程有限责任公司**
地址：广东省深圳市罗湖区深南东路集浩大厦 A 座 1801 室
…… 负责人：彭盛强



…… Tel：0755－84477472
84477206

**深圳市恒通电力设备有限责任公司**
地址：广东省深圳市罗湖区太白路 1038 号安琪大厦二层南侧
…… 负责人：雷敏
…… Tel：0755－25801112
25806711
13823558836

**揭西县棉湖昌盛发电线电缆厂**
业务：研发、生产、销售各种类型电线
地址：广东省揭阳市揭西县棉湖厚埔工业区二栋 2 号
…… 负责人：陈并昌　邮　编：522000
…… 法　人：陈并昌
…… Tel：0663－5267839
13828131855

**惠州市品氏实业有限公司**
业务：公司主营高低压成套电器、防爆电器、电力电缆、电力金具、电气仪表等，我们始终秉承"一切以客户为中心"的理念，为您提供最优质的产品和服务。
地址：广东省惠州市大亚湾区岩前移民村长青街 3 巷 8 号
…… 负责人：黄忠余　邮　编：516000
…… 法　人：陈积丰
…… Tel：0752－5563718
15816347888
…… Fax：0752－5563708
…… E-mail：hzy－ek@163.com

**惠州市惠城区美亚电线加工部**
业务：UL/CSA 电子线、屏蔽线、彩排线、并排线、电脑线、FFC 等各种机内线加工
地址：广东省惠州市惠城区陈江街道办事处胜利街中巷 8 号一楼
…… 负责人：向先生　邮　编：516000
…… 法　人：向先生
…… Tel：0752－3269691
…… Fax：0752－3088161

**深圳市劲豪供水设备有限公司**
地址：广东省深圳市南山区龙珠路龙辉花园 9 栋 101 号
…… 负责人：陶宇华
…… Tel：0755－26524703
13922873915
13802258304

**同想科技有限公司**
地址：广东省深圳市南山区珠光工业区 9 栋 3 楼
…… 负责人：钟丁可
…… Tel：0755－26793626
13509649235

**珠海市担杆镇外伶仃天祥兴自来水营业部**
地址：广东省珠海市担杆镇外伶仃岛机关宿舍楼楼下 2 号商铺
…… 负责人：高天戴
…… Tel：13809237888

## 广西壮族自治区 /Guangxi Zhuang Autonomous Region

**东兴市昌泰电力工程有限公司**
地址：广西壮族自治区防城港市东兴市新华路 64 号
…… 负责人：龙树亮
…… Tel：0770－7686864

**广西上思百隆水电有限公司**
地址：广西壮族自治区防城港市上思县七门乡百龙
…… 负责人：叶振平
…… Tel：0770－8522188

**桂林市央达电力设备贸易有限责任公司**
地址：广西壮族自治区桂林市叠彩区中山北路五交机电市场五栋五号商铺
…… 负责人：朱志勇
…… Tel：13977375873

**桂林中科环保电力有限公司**
地址：广西壮族自治区桂林市七星区临江路漓江华府 A 栋 3 号
…… 负责人：韩明光
…… Tel：0773－5610336

**兴安县黄柏江白桃电站**
地址：广西壮族自治区桂林市兴安县溶江镇白桃村
…… 负责人：孙留星、孙洪亮
…… Tel：13788331778

**兴安县黄柏江清水电站**
地址：广西壮族自治区桂林市兴安县严关镇清水村
…… 负责人：孙留星、孙洪亮
…… Tel：13597033188

**福源水电站有限公司**
地址：广西壮族自治区桂林市资源县中峰乡车田湾村
…… 负责人：蒋维龙
…… Tel：13788549369

**河池市金城江鑫电电力实业有限责任公司**
地址：广西壮族自治区河池市金城东路 349 号
…… 负责人：黄月明
…… Tel：0778－2891288

**昭平镇江口水力发电站**
地址：广西壮族自治区贺州市昭平县昭平镇江口水力发电站
…… 负责人：刘大满
…… Tel：13978498337

**来宾中科环保电力有限公司**
地址：广西壮族自治区来宾市文化路河西水厂
…… 负责人：金坚
…… Tel：13701012586

**忻城县古蓬水电站**
地址：广西壮族自治区来宾市忻城县古蓬镇
…… 负责人：肖平

Tel:13633028863

**来宾市兴宾区九龙滩水电站**
地址:广西壮族自治区来宾市兴宾区石陵镇九龙滩
负责人:覃赟
Tel:13517825750

**融水县苗族自治县锦洞水电站**
地址:广西壮族自治区柳州市融水苗族自治县杆洞乡锦洞村锦洞屯
负责人:滕奇武
Tel:13878393728

**融水苗族自治县天友水电站**
地址:广西壮族自治区柳州市融水苗族自治县红水乡良友村
负责人:唐志敏
Tel:13907829236

**广西昌德电力投资有限公司**
地址:广西壮族自治区南宁市城北区衡阳东路西一里3号31栋1单元502号
负责人:莫锦德
Tel:0771－2072072

**奉化市电力电工器材制造有限公司南宁分公司**
地址:广西壮族自治区南宁市城北区秀厢大道27号
负责人:韦苏恒
Tel:13097710006

**武鸣县仙居水电开发有限责任公司**
地址:广西壮族自治区南宁市武鸣县两江镇龙英村大李屯
负责人:周仙弟
Tel:13978111553

**广西南宁凌伊电力设备有限公司**
地址:广西壮族自治区南宁市新城区民主路6号电力大院15栋1303号
负责人:丁铁龙
Tel:13597006284

**广西汇能电力技术开发有限公司**
地址:广西壮族自治区南宁市新城区民族大道100号西江大厦20层2001号房
负责人:何海峰
Tel:13878845970

**南宁市国鸿电力设备安装有限公司**
地址:广西壮族自治区南宁市新城区望园路青年国际15栋1区723号房
负责人:文如创
Tel:13077781510

**广西建电水电开发有限公司**
地址:广西壮族自治区南宁市兴宁区唐山路24－5号兴宁区金属制品厂
负责人:潘健
Tel:13788601266

**广西苍梧德威电力开发有限公司长发凤岭电站**
地址:广西壮族自治区梧州市苍梧县长发镇合水村
负责人:梁汉森
Tel:13635116088

**苍梧县丰源电气安装工程有限公司**
地址:广西壮族自治区梧州市苍梧县龙圩镇城东路27号
负责人:罗建燕
Tel:0774－2681456

**北流市六麻镇宏发电站**
地址:广西壮族自治区玉林市北流市六麻镇三和村鸡心湾
负责人:袁垂义
Tel:13707751950

**北流市大河水电站**
地址:广西壮族自治区玉林市北流市石窝镇煌炉村
负责人:吕洪
Tel:13768788866

**容县大楷电站**
地址:广西壮族自治区玉林市容县十里乡大坡村
负责人:曾祥熙
Tel:13878050081

**容县石头镇冲口电站**
地址:广西壮族自治区玉林市容县石头镇大扭村大冲队
负责人:陈金孟
Tel:13084961906

## 海南省/Hainan Province

**海南鸿源电力开发有限公司**
地址:海南省海口市东湖里省总工会A栋二楼202房
负责人:陈梅玲
Tel:0898－66214213

**海南联动发电设备有限公司**
地址:海南省海口市海秀路129号(1－2)铺面
负责人:朱风军
Tel:0898－68926790

**海口冠兴水电材料有限公司经销部**
地址:海南省海口市海秀路侨中里52号临街铺面
负责人:李燕玲
Tel:0898－66717780

**海南海新电力工程安装有限公司**
地址:海南省海口市秀英永桂工业开发区海新路9号二楼
负责人:李洁
Tel:0898－68714858

**海南天颂电力成套设备有限公司**
地址:海南省海口市玉沙路中房高级公寓1402室
负责人:邱辉
Tel:0898－68536156

**琼海大路镇青天水电站**
地址:海南省琼海市大路镇香车溪
负责人:符基良
Tel:0898－62731333

**琼中强生水电站**
地址:海南省琼中黎族苗族自治县什运乡
负责人:吴继强
Tel:0898－86222418

## 四川省/Sichuan Province

**成都上上电缆销售有限公司**
地址:四川省成都市成华区桃源街1号5栋
负责人:张军
Tel:028－86754550

**新东方送变电工程有限责任公司**
地址:四川省成都市成华区外东沙河堡大观堰一号
负责人:卢猛
Tel:13980767706

**辽宁许继富士电缆有限公司成都分公司**
业务:富士电缆的销售及售后服务
地址:四川省成都市金牛区西北桥边街1号
负责人:雷云
法　人:雷云
Tel:028－68003577

**崇州市永昌水电站**
地址:四川省成都市崇州市怀远镇
负责人:林永昌
Tel:028－82282330

**崇州市怀远黎店水电站**
地址:四川省成都市崇州市怀远镇黎店村
负责人:杨明贤
Tel:028－82283125

**崇州市泉水水电站**
地址:四川省成都市崇州市怀远镇泉水村三组
负责人:杨健康
Tel:028－82285189

**崇州市红纸水电厂**
地址:四川省成都市崇州市三郎镇红纸村
负责人:秦留生
Tel:028－82283003

**崇州市东关渔洞滩水电站**
地址:四川省成都市崇州市王场镇东关花园村二组
负责人:邵家庆
Tel:028－82209724

**都江堰市旭良电站**
地址:四川省成都市都江堰市大观镇园林村
负责人:王芯梅
Tel:028－87123103

**四川大川电力有限公司都江堰金凤电厂**
地址:四川省成都市都江堰市蒲阳镇金凤村
负责人:徐恒学
Tel:028－87254057

**成都致力水处理设备工程有限公司**
地址:四川省成都市金牛区群星路11号2－1－3－1
负责人:池忠芬
Tel:028－87626098

**四川精佑电力工程有限责任公司**
地址:四川省成都市金牛区顺沙巷23号
负责人:杨俊清
Tel:13882135673

**成都凯力达电线有限公司**
地址:四川省成都市金牛区兴盛
负责人:汪左德
Tel:028－87656594
13648007668

**成都力越电力工程科技有限公司**
地址:四川省成都市金牛区星辰路8号附1号
负责人:李晓丰
Tel:13668155789

**成都福能电力技术开发有限责任公司**
地址:四川省成都市锦江区铜井巷9号
负责人:潘育敏
Tel:13198503033

**简阳金晨燃气有限公司**
业务:液化气代售代销
地址:四川省资阳市简阳市工业园区侯十工业带(花鹿村)内
负责人:吴洪全　邮　编:641400
法　人:吴洪全
Tel:13982924228
0832－7218944

**射洪县陈古饮灌站**
地址:四川遂宁市射洪县陈古镇自来水厂
负责人:杨友西
Tel:0825－6738162
13808509460



## 贵州省/Guizhou Province

**紫云黔冠水电开发有限责任公司**
地址:贵州省安顺地区紫云苗族布依族自治县松山镇外环路
负责人:吴正海
Tel:0853－5239130

**镇宁黔冠水电开发有限公司**
地址:贵州省安顺市镇宁布依族苗族自治县电力多经公司银行酒店五楼
负责人:李太明
Tel:0853－6227839

**毕节市毕东加油站**
地址:贵州省毕节地区毕节市环东路
负责人:杨春和
Tel:0857－8288047

**贵州省黔西永鑫燃气有限公司**
地址:贵州省毕节地区黔西县水西中段花鸟市场
负责人:李善贵
Tel:0857－4245643

**毕节市二斗岩电站**
地址:贵州省毕节市小吉场镇高兴村
负责人:罗昌华
Tel:0857－8282784

**螺丝塘水电站**
地址:贵州省道真仡佬族苗族自治县隆兴镇联新村
负责人:邓臣庄
Tel:0852－5720309

**贵州邦达电气设备有限公司**
地址:贵州省贵阳市花溪大道北段128号(贵铁花园商住楼一、二层商场内)
负责人:罗永发
Tel:0851－5940040

**贵州清水江水电有限公司**
地址:贵州省贵阳市金井路13号
负责人:李瑞师
Tel:0851－8275666

**贵州顺凯科技发展有限公司**
地址:贵州省贵阳市南明区都司路124号都市之星七楼3号
负责人:杨顺来
Tel:13809479115

**贵州兴义电力发展有限公司驻贵阳办事处**
地址:贵州省贵阳市南明区中华南路45号华坤大厦20楼
负责人:梁名才
Tel:0851－8665821

**瓮安供电局太阳山山泉水厂**
地址:贵州省贵阳市瓮安县银盏乡
负责人:张昭
Tel:13595468666

**贵阳小河区创辉电力服务有限公司**
地址:贵州省贵阳市小河区西南环线15号
负责人:李文平
Tel:0851－3800112

**贵阳鸿顺燃气设备销售有限公司**
地址:贵州省贵阳市云岩区中华中路166－1号
负责人:刘起龙
Tel:0851－5828177

**贵州盘江煤电建设工程有限公司二分公司**
地址:贵州省六盘水市盘县干沟桥镇
负责人:周德友
Tel:0858－3701750
3701270
13017044668

**剑河县剑源水电开发有限公司**
地址:贵州省黔东南苗族侗族自治州剑河县剑河县供电局
负责人:姚小洪
Tel:13984808633

**锦屏县铜鼓鸿源发电厂**
地址:贵州省黔东南苗族侗族自治州锦屏县铜鼓镇铜鼓村东门街
负责人:刘顶盛
Tel:0855－7220238

**都匀供电局夕阳技术服务公司**
地址:贵州省黔南布依族苗族自治州都匀市剑江中路112号
负责人:蒋贵文
Tel:0854－8756259

**普安县同创水利水电发展有限责任公司**
地址:贵州省黔西南布依族苗族自治州普安县盘水镇营盘路27号
负责人:黄豫顺
Tel:13708598369

**兴仁县巴铃益民供水有限公司**
地址:贵州省黔西南布依族苗族自治州兴仁县巴铃镇农丰路
负责人:夏招和
Tel:0859－6310050

**兴义市万家湾水电有限公司**
地址:贵州省黔西南布依族苗族自治州兴义市桔山办神奇路(东方广场)
负责人:陆忠超
Tel:0859－3119771

**磁县翔宇物资机电经营处**
地址:贵州省桐城地区花官营乡王家村
负责人:李新良
Tel:13803108220

**松桃广和水电开发有限公司**
地址:贵州省铜仁地区松桃苗族自治县蓼皋镇南门社区晒谷董
负责人:程宗南
Tel:13606693976

**凯里市鸿达水利水电送变电工程有限责任公司铜仁分公司**
地址:贵州省铜仁市环东路58号
负责人:刘仁彬
Tel:0856－5222389

**临江天台电站**
地址:贵州省习水县习酒镇临江村
负责人:候天举
Tel:0852－2616330

**遵义新世纪能源开发有限责任公司**
地址:贵州省遵义市红花岗区中华路工行家属院三单元
负责人:钟健
Tel:0852－8868479

## 云南省/Yunnan Province

**青树龙水厂**
地址：云南省保山市施甸县甸阳镇青树龙
负责人：朱福昌
Tel:0875－8124008
13987525798

**水花二级水电站**
地址：云南省大理白族自治州洱源县炼铁乡新庄村
负责人：陈保生
Tel:0872－5355209
13987221821

**远昆电缆有限责任公司**
地址：云南省昆明市官渡区关东路政府加油站对面
负责人：陈振文
Tel:0871－7150931
13708729589

**隆源线路器材有限责任公司**
地址：云南省昆明市嵩明县杨林工业开发区
负责人：潘贵龙
Tel:0871－7977686
13708899900

**云军电力工程有限公司**
地址：云南省昆明市金马镇金苑小区15幢101－102室
负责人：傅云军
Tel:0871－3851128
13888287888

**自来水厂**
地址：云南省曲靖市富源县墨红镇水务所
负责人：杨小高
Tel:0874－4072019
13887448838

**曲靖东联能源发电设备科技有限公司**
地址：云南省曲靖市麒麟区玄坛路
负责人：张长云
Tel:13808740018

**天利水电有限责任公司**
地址：云南省玉溪市易门县十街乡金田一六街
负责人：李金富
Tel:0877－4791150
13608893716

**鲁甸三鸣联发有限责任公司**
地址：云南省昭通市文屏镇西正街45号
负责人：马星华
Tel:0870－8127098





## 西藏自治区/Xizang Autonomous Region

**西藏昌都地区金石液化气有限责任公司**
地址：西藏自治区昌都地区西路一号
负责人：代连荣
Tel:0895－4841248

**西藏华海液化气配送有限公司**
地址：西藏自治区拉萨市加措居委会（回族林卡商品房）
负责人：魏帮海
Tel:0891－6817005

**拉萨天天社区燃气配送服务有限公司**
地址：西藏自治区拉萨市江苏东路三十四号
负责人：韦亚平
Tel:0891－6901993

**西藏天力燃气有限公司**
地址：西藏自治区拉萨市江苏路二十七号（市委商品房）
负责人：王秀芹
Tel:0891－6330618

## 陕西省/Shanxi Province

**周远军电厂**
地址：陕西省安康市平利县正阳乡张家坝村二组
负责人：周远军
Tel:0915－8716058
13909152777

**商洛市天安电力有限责任公司**
地址：陕西省商洛市名人街
负责人：杨朝锋
Tel:0914－2102372

**韩城矿务局生活服务中心供暖队**
地址：陕西省渭南市韩城市新城区金塔路
负责人：李建民
Tel:0913－5261374

**青云机电动力修配厂**
地址：陕西省渭南市华县金堆镇
负责人：徐传典
Tel:0913－4095870
13991661929

**南郑县华亨水电开发有限公司**
业务：水利、水电开发
产品：发电
地址：陕西省汉中市汉台区前进东路临风尚居2号楼4单元708室
负责人：聂小华 邮 编：723000
法 人：聂小华
Tel:0916－2185556
Fax:0916－2185556

**陕西佳诚电力工程有限公司**
地址：陕西省西安市碑林区建设西路169号
负责人：王军
Tel:029－87712353

**陕西威森电力工程设备有限公司**
地址：陕西省西安市碑林区柿园路东方星座A402号
负责人：刘乐燕
Tel:13919181838

**西安市长安区大峪发电站**
地址：陕西省西安市长安区引镇街办大峪口村
负责人：师建宁
Tel:029－85886387

**陕西永盛电力机电设备有限公司**
地址：陕西省西安市西北二路一号A座320－321室
负责人：李兵
Tel:029－87275883

**陕西生达电力设备有限公司**
地址：陕西省西安市新城区长缨东路85号
负责人：王生伟
Tel:13109562825

**陕西秦亚电力设备咨询有限公司**
地址：陕西省西安市新城区咸宁东路518号陕西农业市场
负责人：杨從军
Tel:13096972358

**西安西电电力设备有限公司避雷器厂**
地址：陕西省西安市雁塔区鱼斗路沣惠桥西
负责人：陈文彪
Tel:029－84232094

**陕西江河水利设计研究有限公司**
业务：水利设计研究
地址：陕西省西安市杨凌示范区渭惠路23号
负责人：刘海军 邮 编：710003
法 人：刘海军
Tel:13709229687
029－87082885

**西安市长安区建社水电工程队**
地址：陕西西安长安区五星乡兴隆村
负责人：杨建社
Tel:029－85866142

## 甘肃省/Gansu Province

**甘肃电投大容石门坪发电有限责任公司**
地址：甘肃省甘南藏族自治州舟曲县大川镇
负责人：李辉
Tel:0941－5122909

**夏河县曲奥峡发电有限责任公司**
业务：水力发电
地址：甘肃省甘南藏族自治州夏河县曲奥乡清水行政村大草滩自然村
负责人：贡保杰 邮 编：731200
法 人：贡保杰
Tel:13909419878
13884079613

**金塔县荣旺热力有限公司**
地址：甘肃省酒泉市金塔县金塔镇西苑小区院内
负责人：吴学荣
Tel:13519077033

**酒泉永胜水电工程有限责任公司**
地址：甘肃省酒泉市肃州区西洞镇酒火路76号
负责人：王永胜
Tel:0937－5921768

**兰州玉琪电力工程物资有限公司**
业务：销售电力安全工具
地址：甘肃省兰州市七里河区西津西路49号银信大厦1809室
负责人：张军芳 邮 编：730050
法 人：张军芳
Tel:13993137355
0931－2137199

**甘肃陇恒电力安装有限责任公司**
地址：甘肃省兰州市柏道路12号
负责人：张庆再
Tel:0931－8504343

**甘肃通源城建水电投资开发有限责任公司**
地址：甘肃省兰州市城关区广场南路13号
负责人：贾兆魁
Tel:0931－8819202

**徽县玉聚龙仓水电开发有限责任公司**
业务：水电开发
地址：甘肃省陇南地区徽县城关镇先农街4队57号
负责人：李玉仓 邮 编：742500
法 人：李玉仓
Tel:15825879756
0939－7523095

**天水长城电工变压器有限公司**
地址：甘肃省天水市秦州区羲皇大道50号
负责人：高宝卿
Tel:13369385596

**康县爱博电业有限责任公司**
业务：水电开发
地址：甘肃省陇南市康县政府宾馆嘉宾楼509
负责人：李爱明 邮 编：746500
法 人：李爱明
Tel:0939－5121986

**甘肃洮河源电力有限公司**
地址：甘肃省兰州市七里河区柏树巷513号
负责人：孔国强
Tel:0931－2658203

**民勤县国祥泰商贸有限公司**
业务：电力工程、电力器材销售
地址：甘肃省武威市民勤县民湖路7号
负责人：王兴文 邮 编：733300
法 人：王兴文
Tel:13893506138
0935－4124691

**张掖市富靖电力安装工程有限责任公司**
业务：电力安装、电力安装材料、电线电缆、五金工具、建筑材料、智能化系统、计算机网络
地址：甘肃省张掖市甘州区金安苑小区芩香园B座301室
负责人：王富靖 邮 编：734000
法 人：王富靖
Tel:13014120068
18993610068

**庆阳光明电力工程公司**
地址：甘肃省庆阳市西峰区西大街155号
负责人：李庚
Tel:0934－8373321

## 青海省/Qinghai Province

**龙羊峡自来水公司**
地址：青海省共和县龙羊峡青年路
负责人：刘文俊
Tel:0974－8572374
0974－8428728

**乐都县城西自来水有限责任公司**
地址：青海省海东乐都县碾伯镇古城大街
负责人：刘力
Tel:0972－8653063

**海南州宏海电力勘察设计有限责任公司**
地址：青海省海南藏族自治州共和县恰卜恰镇健康南路6号
负责人：韩璞
Tel:0974－8518185

**西宁元隆电力建设有限公司**
地址：青海省西宁市城西区胜利路87号
负责人：佟永青
Tel:0971－6116460

**青海力通电力有限公司**
地址：青海省西宁市大通回族土族自治县宁张公路31公里处
负责人：曹东
Tel:0971－2755069

**西宁市德阳电缆销售有限公司**
地址：青海省西宁市海晏路55号
负责人：邵先生
Tel:0971－6305198

**青海省水利水电（集团）有限责任公司**
地址：青海省西宁市昆仑路18号
负责人：吴世周
Tel:0971－6161057

**协远电力工程公司**
地址：青海省西宁市绅宝大厦
负责人：薛海青
Tel:0971－6178454

## 新疆维吾尔自治区/Xinjiang Wei We Er Autonomous Region

**温宿县水利工程公司预制厂**
地址：新疆阿克苏地区温宿县温宿镇交通路11号
负责人：黄全
Tel:0997－4533948
13899237065

**昌吉环宇燃气设备安装有限责任公司**
地址：新疆维吾尔自治区昌吉回族自治州昌吉市延安南路60号
负责人：田荣江
Tel:0994－8322589

**玛纳斯恒盛天然气工程开发有限责任公司**
地址：新疆维吾尔自治区昌吉回族自治州玛纳斯县中华路
负责人：别金芳
Tel:0994－6631199

**奇台县蓝天供热有限责任公司**
地址：新疆维吾尔自治区昌吉回族自治州奇台县城东关街67号
负责人：柳东洋
Tel:0994－7223302

**洛浦县昆仑燃气有限责任公司和田地区第一供气点**
地址：新疆维吾尔自治区和田地区和田市北京东路41号
负责人：李建国
Tel:0903－6622093

# 行业品牌展示窗

# 行业品牌展示窗

## 东莞市维群包装制品有限公司

公司成立于2003年，是一家集产品研发、加工生产于一体的包装制品类大型企业。 公司主要生产和加工的产品有：各种笔记本、相册；各种首饰托盘、橱窗摆件、锦盒、布盒、珠宝盒、手表盒、化妆盒、眼镜盒、酒盒、礼品盒、月饼盒、笔盒、塑料盒、铁盒、植绒、裱布、包皮壳等。我们秉着”诚实、信任、公平、负责、创新”的价值观，热情的欢迎每一家供货商。

联系人：吕青峰　网址：www.dgweiqun.cn
电话：0769-81890566　13825755566　邮编：523000
地址：广东省东莞市横沥镇三江工业区136号　邮箱：lv@dgweiqun.cn

## 大连凯利福包装有限公司

公司成立于2007年，
从事生产木制包装、塑料包装、纸箱包装，
“求新务实，以质量追求生命，以服务提高兴誉”，
欢迎新老客户来电洽谈业务！

联系人：傅万庆

电话：0411-62310759　13942030713　传真：0411-87668599
地址：辽宁省大连市金州区站前街道吴家村　邮编：116100

## 保定市华丰纸品有限公司

本公司成立于1994年，主要经营纸品，有蜂窝纸板，纸托盘，蓄电池纸垫。我公司本着诚信为本，诚实待人的宗旨，致力于为客户服务，做到客户满意。

联系人：荆杰
电话：15303320722　13582096182　传真：0312-2177889
邮编：071000　地址：河北省保定市新市区富昌乡小汲村南

## 常德市天耀纸业有限公司

我公司是一家专业从事色花纸生产的中外合资企业，公司隶属TPG集团。公司现有三条色卡纸、色花纹包装纸生产线，可根据客户要求生产60-400g/m2范围内各种常规及特殊规格的色花纹纸及特殊功能纸，另外有配套完善的成品后加工生产工序。公司从成立开始就十分重视产品的质量及品种的开发，投入巨资设立有“千彩研发中心”及品质检测中心，负责产品质量的定检监控及品种的科研开发。

联系人：丁学高
电话：0736-2030286
2031777
传真：0736-2030231
邮编：415900

地址：湖南省常德市汉寿县洋淘湖镇

# 行业品牌展示窗

## 舒城县大政印务有限责任公司

公司成立于2007年，是一家集设计、制版、印刷、成品加工为一体的印刷及包装公司，专业从事各种精品包装礼品袋、印刷品、礼品盒、不干胶商标、铜铝标牌等产品印刷业务及制作。

公司本着价格优惠，质量第一，交货快捷的经营宗旨，竭诚为您服务。

电话：0564-8529666 13966293857 联系人：李大政
地址：安徽省六安市舒城县城关镇广厦路 邮编：231300

## 广丰县恒隆实业有限公司

公司于2007年成立，主要从事市场租赁、商业管理、物业管理、店铺出租、建筑材料购销，我们始终坚持客户第一的原则，竭诚为客户服务！

联系人：刘兴富
电话：0793-2761268 手机：13901803624 13879315118
地址：江西省上饶市广丰县五都镇五都村 邮编：334605

## 玉田县宏利成功纸业有限公司

本公司成立于2002年，
主要从事牛皮挂面箱板纸的生产。

服务理念：
质量为先
信誉为重
管理为本
服务为诚

联系人：杨焕忠
电话：0315-6396539 传真：0315-6398736 13703383426
地址：河北省唐山市玉田县代家屯工业区 邮编：064100

## 苏州金佰利纸业有限公司

苏州金佰利纸业有限公司成立于2007年，主要从事纸板的生产、销售。公司拥有雄厚的经济实力，优良的品质保证，一流的服务水准和现代化的管理。

公司坚持专业成就品质，服务缔造价值的方针。并为用户提供零缺陷和零库存服务。kinbillion致力于做成苏州包装的第一品牌！于做成苏州包装的第一品牌！

电话：0512-65800275 65800276 传真：0512-65800273 联系人：彭建福
地址：江苏省苏州市相城区望亭镇迎湖工业园中心路 邮编：215000

# 行业品牌展示窗

## 济南龙祥包装印刷有限公司

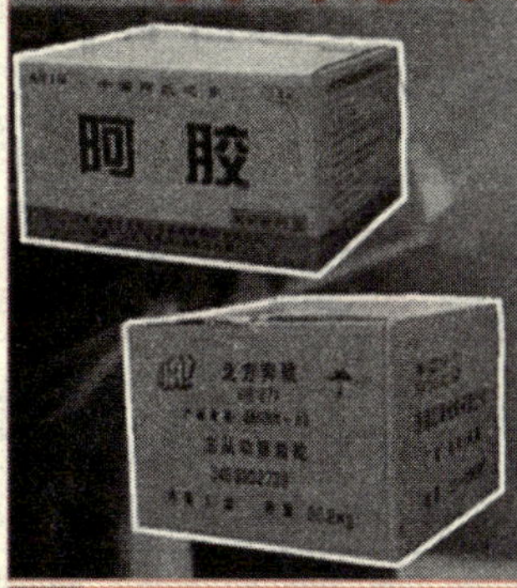

济南龙祥包装印刷有限公司是一家集专业设计、开发、生产为一体的包装纸箱的生产企业。

致力于各种规格纸箱包装产品的研发和创新，“诚信”是我们的宗旨，“创新”是我们的追求，“共赢”是我们的目标，真诚希望各界朋友前来洽谈，合作共谋发展！

联系人：赵学峰 13864106172　网址：www.jnlongxiang.com
电话：0531-87862866 87862798　电邮：zhaoxf.cool@163.com
地址：山东省济南市平阴县平阴镇宋子顺村　邮编：250400

## 临清坤翔纸品有限公司

临清坤翔纸品有限公司成立于2006年，是一家专业生产中、高档无碳复写纸的厂家。主导产品是中高档无碳复写纸，用于印刷酒水单、收据、货运物流单、合同协议书等联单，以其复写显色好、穿透力强、省时省力等优点，产品畅销河南、湖北、湖南、广东、安徽、江苏、浙江、北京、天津、辽宁、吉林、黑龙江等大中城市以及国外。

欢迎新老客户来电洽谈业务。

联系人：马春海
电话：0635-2436066 2433338　电邮：www.lqkunxiang.com
地址：山东省临清市林园工业园（药物机械厂院内）　邮编：252600

## 南京光华显胜印务有限公司

南京光华显胜印务有限公司成立于2004年，专业从事礼品包装盒、标牌、产品说明书等产品的彩印服务。热忱欢迎广大新老客户来我公司洽谈业务，共同合作！

传真：025-84862258　联系人：孔显胜
电话：025-84864068 13605151567
地址：江苏省南京市白下区安品河路5号　邮编：210007

## 恒锋包装有限公司

本公司是印铁制罐、注塑桶包装系列的专业制造公司。桶罐包装广泛用于：化工涂料、油漆、乳胶漆、白胶、木胶、建筑胶水、油品等行业。本公司宗旨：客商的需求是公司的承诺，让用户购的放心，用的称心。欢迎各界同仁前来公司考察、洽谈、携手合作。我们将以优质的服务，高品质的包装参与市场竞争，开发新产品，为包装业做出新的贡献。

联系人：彭月锋　手机：13961560017　电话：0510-87856268 87855258
地址：江苏省宜兴市万石镇兴濇北路57号　邮编：214000

# 行业品牌展示窗

本公司成立于1999年，从事纸箱的生产与销售。

我司愿以科学先进的生产技术和良好的企业信誉，为客户提供全方位服务。真诚希望广大客户一如既往地给予我们更大的支持和关照。

## 赵县辉华纸箱厂

电话：0311-84880123　13014351366　联系人：梁华彬

地址：河北省石家庄市赵县大安六村　邮编：051530

## 浙江博艺印业有限公司

我公司专业生产各种啤酒顶标、商标、酒盒、药盒、电子监管码产品等包装装潢印刷品及UV印刷服务。

我们的产品遍布全国各省市，部分产品远销美国，日本，东南亚及中东国家和地区。“强大品质保证，实惠的可比价格、最短的交付时间、超前的服务理念”。浙江博艺印业向您庄严承诺！

电话：0577-68660999　68660988

联系人：王乃义

网址：www.zjbyyy.cn

电邮：boyi@zjbyyy.cn

地址：浙江省温州市苍南县龙港大桥工业区编织二街 3 号　邮编：325802

## 徐州天工包装制品有限公司

公司于2007年初成立，专业从事药用玻璃制品、塑料制品、橡胶制品、铝塑盖各种规格制品生产销售，我们本着诚信经营，质量保证的原则，热情为广大客户服务。竭诚欢迎您的光临。

联系人：徐前进　13805208861

电话：0516-83401516　传真：0516-83401516

地址：江苏省徐州市铜山县三堡镇梁楼村　邮编：221112

## 新邵县亨利纸业有限责任公司

本公司成立于1995年，主要从事生产文化用纸、鞭炮纸、油蜡纸。

服务理念：质量为先、信誉为重；管理为本、服务为诚。

联系人：孙小勤

电话：0739-3664094　13973562957

地址：湖南省邵阳市新邵县酿溪镇长滩村长滩社区　邮编：422900

# 行业品牌展示窗

# 行业品牌展示窗

## 深圳市旭丰达纸业有限公司

本公司自1998年成立起一直以专业的技术生产灰板纸。本公司有一批专业研发纸板的技术人员，经过一年多的时间研发人员突破了纸板的奥妙和技术含量，为了做出更好的产品迎向市场的挑战，本公司购买了最先进的复合设备和首创的烘干设备。成功地做出了定型板及高档灰板，适于“高档精装书本、内外盒、高档礼品盒一类”。公司将本着以顾客为宗旨的原则继续为广大客户提供优质的产品和一流的服务以求得到客户的广泛认可。

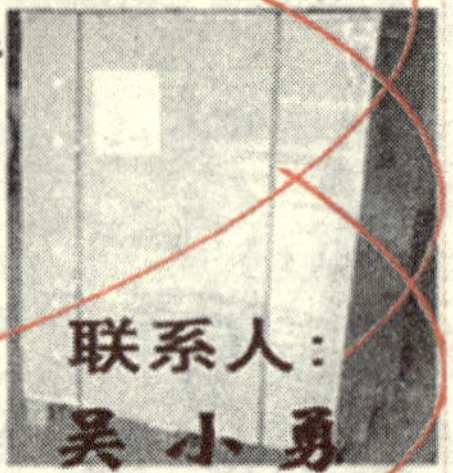

联系人：吴小勇

电话：0755-28559051

Http:// www.xufengda.com

地址：广东省深圳市龙岗区布吉镇甘坑新围仔村长坑口1栋1楼

## 枣庄市盛旺彩印包装有限公司

枣庄市盛旺彩印包装有限公司成立于2006年，专业从事包装装潢、印刷品印刷的企业。

本着以客为尊,以人为本,互惠互利,共谋发展,真诚地与中外客商携手共进,共创美好的明天。

联系人：李玉勇

电话：0632-6661886 13589622666

地址：山东省枣庄市台儿庄区文化路１７号　邮编：277400

## 深圳市永丽威包装制品有限公司

我公司是专业生产各种不干胶标签和“永丽威”牌高级封箱胶带、双面胶、美纹胶、电工胶及特殊胶带的独资企业。

诚挚欢迎各界朋友光临、垂询、洽谈、合作、惠顾，并愿我们精诚合作，共同发展。

联系人：杨雄文 13924609016

电话：0755-84617047

Http:// www.sz-ylw.com　邮编：518172

地址：广东省深圳市龙岗区龙城街道龙西社区对面岭南路3巷12号3楼

## 深圳市广泽包装制品有限公司

本公司专业生产各种环保纸箱，纸盒，刀卡等产品，价格合理，品质优良，诚信服务每位新老客户，欢迎来电来函洽谈业务，共同发展！

联系人：张凤良

电话：0755-61513702　61513844　网址：www.mtw70484.chinapyp.com

地址：广东省深圳市宝安区沙井镇　邮编：518104

# 行业品牌展示窗

## 桃源县 科教印刷有限责任公司

桃源县科教印刷有限责任公司成立于2009年，从事出版物印刷、广告设计、制作、发布等业务。

本着“顾客至上，信誉第一”的原则，竭诚为客户服务！

联系人：吴江龙 13974269717 电话：0736-6633312 6623098
地址：湖南省常德市桃源县漳江镇黄花东路001号 邮编：415700

## 太仓市星发印刷材料有限公司

太仓市星发印刷材料有限公司成立于2000年，主要从事涤沦薄膜、印刷片基的生产与销售。

公司技术力量雄厚，生产工艺先进，检测设备齐全，使我们的产品质量得到有力的保证，公司本着让客户满意的经营理念，以诚信为立厂之本，欢迎各届人士前来洽谈业务或来电来函联系。

联系人：姚俊 13809052383 电话：0512-53213615
传真：0512-53225481
地址：江苏省太仓市沙溪镇洞泾村 邮编：215421

## 苏州丸爱半导体包装有限公司

苏州丸爱半导体包装有限公司是一家日资企业，主要经营生产高清洁印刷导电塑料片材。(片材吸塑后的托盘用于电子产品包装，产品代码SCS)。

我们竭诚欢迎各界朋友的合作，并期待大家的支持。

联系人：孙晓刚
电话：0512-66655570 66650400
邮编：215000
地址：江苏省苏州市高新区长江路610号

## 上海豪禾印务有限公司

上海豪禾印务有限公司始终遵循“每走一步，首先想到的是顾客”的服务理念，通过科学的人力资源管理机制和学习型组织的建立，培养了一支具有丰富专业经验的管理和技术团队；通过持续的管理提升，将豪禾企业文化融合到企业运营中。历经十年发展，健全了创意、制版、印刷完整服务机制，造就了华东一流的印刷品牌。公司拥有世界一流的扫描、照排、印刷等设备，引进的BEST COLOR数码打样系统、( TOPAZ\TANGO) 扫描仪和( DELTARIP) 发排系统以其优秀的品质、速捷的速度领先国内同行业， 集七项国际专利技术于一机的海德堡CD102( CP2000) 四色机， 将更完美色彩展现于您。

联系人：徐雪峰 15821202388 电话：021-64081497
网址：www.sh133.cn
地址：上海市徐汇区宾阳路62弄1号楼902 邮编：200233

造纸 印刷
包装 制版

## 北京市/Zhuhai Municipality

**北京陆联印刷厂**
地址：北京市大兴区亦庄镇董场路 62 号
…… 负责人：陈巍
…… Tel：010－61885256

**北京奥瑞金印刷科技股份有限公司**
地址：北京市怀柔县雁栖工业开发区
…… 负责人：关玉香
…… Tel：010－61667973

**北京民盾印章有限责任公司**
地址：北京市西城区三里河路 36 号
…… 负责人：刘元奎
…… Tel：010－68996116

## 天津市/Tianjin Municipality

**天津众彩包装印刷有限公司**
地址：天津市北辰区霍咀铁东路
…… 负责人：朴哲
…… Tel：13803063318

**天津翔厚印刷有限公司**
地址：天津市北辰区西堤头镇东堤头村东台
…… 负责人：常传泉
…… Tel：13312116388

**天津市蓝鑫密封制件厂**
地址：天津市大港区上古林村南津歧公路西侧
…… 负责人：齐俊兰
…… Tel：022－81962913

**天津广盛包装制品有限公司**
地址：天津市大港区中塘镇大安村
…… 负责人：王广胜
…… Tel：13820023126

**天津市兴业达包装制品有限公司**
地址：天津市东丽区程林街北程林村
…… 负责人：王希庆
…… Tel：13702038998

**天津市和平区大龙印务中心**
地址：天津市和平区昆明路新宜里 3 号 101－106 号
…… 负责人：杨连焕
…… Tel：022－83522922

**天津市华科密封件制造有限公司**
地址：天津市河北区普济河道普安道 2 号
…… 负责人：王德勇
…… Tel：022－27529179

**天津庄河票据印刷厂**
业务：大连工厂专业生产销售各类手提袋（承接出口订单）、PVC 高频制品、彩色包装盒；天津工厂专业生产销售电脑打印票据、可承接 50 万箱以上订单。
地址：天津市南开区海泰绿色产业基地一期 D 座 2 层
…… 负责人：姜敏……邮　编：300000
…… 法　人：姜敏
…… Tel：022－26543393
…… Fax：022－26519698
…… E-mailzhuanghe8808@sina.com

**天津市海世达印刷厂**
地址：天津市红桥区小西关乐安里 3 号（乐安里小学内）
…… 负责人：王世有
…… Tel：022－27572392

**天津市宇顺益包装有限公司**
地址：天津市西青区辛口镇下辛口村北
…… 负责人：刘思亮
…… Tel：13001304262

**天津金博纸业有限公司**
地址：天津市西青区中北镇小蒋庄村
…… 负责人：刘金辉
…… Tel：022－27391869

## 上海市/Shanghai Municipality

**上海昂轩纸业发展有限公司**
业务：纸类产品，城建装潢产品
产品：特种纸，各种印刷用纸，房屋装潢纸质类新产品
地址：上海市宝山区顾陈路 1498 号
…… 负责人：盛忠法　邮　编：200016
…… 法　人：盛忠法
……Tel：021－56183194
13122211540
……Fax：021－56183194

**上海韩秉华印刷装帧设计有限公司**
地址：上海市共和新路 3201 号 1 楼 A 座－15 室
…… 负责人：陈爱平
…… Tel：021－56941616

**上海青人纸品厂**
地址：上海市沪青平公路 338 弄 6 号 202 室
…… 负责人：金逸人
…… Tel：021－54472499
13916208781

**上海申伦纸业有限公司**
地址：上海市沪太路 1128 号 A4－25 室
…… 负责人：彭博
…… Tel：021－65202749

**上海企益包装材料有限公司**
业务：集设计、生产、销售于一体，生产复合铝箔基材、复合铝箔封口垫片、电磁感应封口机的专业性企业。公司拥有一流的专业生产设备，专业的检验设备，可根据客户要求制作，希望我们的努力给您的企业带来效益，竭诚欢迎新老客户洽谈！
业务：电磁感应复合铝箔基材，复合铝箔封口垫片
地址：上海市奉贤区青村镇姚家村 519 号南门
…… 负责人：李业斌　邮　编：201414
…… 法　人：李业斌
……Tel：021－57566783
13817531484
13818727591
18917966783
18917986993
……Fax：021－57566993
…… 网址：www.sh－qiyi.cn
…… E-mail：sunjiguo2010@163.com

**上海奥纳斯彩印有限公司**
地址：上海市华泾路 1425 弄 170 号
…… 负责人：沈伟雄
…… Tel：021－54825968

**上海鹏举塑胶包装有限公司**
业务：本公司成立于 2002 年，长期从事于设计、生产、销售各式 PVC 包装袋。现主要为家纺产品配套生产 PVC 包装袋，产品出口至欧美等地。生产设备以高频热合机和工业缝纫机为主。欢迎有合作意向的公司来电洽谈。
地址：上海市浦东高桥镇界浜路 338 号 3 楼
…… 负责人：钮知鹏……邮　编：200137
…… 法　人：钮知鹏
…… Tel：021－58618999
…… Fax：021－50416638

**上海全天包装材料有限公司**
地址：上海市嘉定区宝嘉公路 2017 号（原子核科学研究所）
…… 负责人：王丙刚
…… Tel：021－59558043
13918062809

**上海雄叶印刷器材商行**
业务：丝印机、移印机、烫金机、丝印网版、移印钢板、油墨、刮胶
地址：上海市嘉定区马陆镇沪宜公路 2199 弄 2 号底西 11 室
…… 负责人：王楚雄　邮　编：201801
…… 法　人：王楚雄
……Tel：021－59152159
13122560664
…… 网址：http://www.51zzt.com/user/zzt31432

**上海凌瑞纸业有限公司**
地址：上海市静安区万航渡路 767 弄 43 号 5 号楼 3 楼 A21 室
…… 负责人：凌凯
…… Tel：13901661154

**上海黄机印刷有限公司**
业务：本公司主要承接各种铜版纸，特种纸，PVC，不干胶，丝网印刷及加工. 作为综合性印刷有限公司，在过去几年的运行中已形成一定规模，能为客户提供包括平面设计，数码摄影，电分制版，彩色印刷，精品包装，样本目录制作等多项功能为一体的现代化企业。
地址：上海市浦东新区川沙镇黄楼村 5 队
…… 邮　编：201205
…… 法　人：华育飞
…… Tel：021－58942101
…… Fax：021－38924097

**上海弦德包装材料有限公司**
业务：编织包装袋
地址：上海市嘉定区南翔镇翔江路 1248 号
…… 负责人：赵文　邮　编：201800
…… 法　人：赵文
……Tel：13918307219
021－39199500
……Fax：021－39199500
…… 网址：zzt30391
…… E-mail：http://www.51zzt.com/user/zzt30391

**上海汇百川印刷材料有限公司**
地址：上海市洛川东路 285 号 421 室
…… 负责人：詹光明
…… Tel：021－63250308

**上海荷咏礼盒包装有限公司**
地址：上海市闵行区龙吴路 5521 号
…… 负责人：潘明灶
…… Tel：13818805607

**上海景丰山鹰纸制品有限公司分公司**
地址：上海市普陀区曹杨路 540 号 2401 室
…… 负责人：朱开峰
…… Tel：021－62442842

**上海繁荣纸制品有限公司**
业务：见诚信商网站
地址：上海市浦东新区川沙镇黄赵路 198 号
…… 邮　编：201205
…… 法　人：张建荣
…… Tel：021－58942203
…… Fax：021－58942192

**上海采旺珍珠棉新型包装材料厂**
业务：EPE 珍珠棉生产、加工、销售
产品：EPE 珍珠棉卷材、片材、板材、型材
地址：上海市嘉定区旺泾村 489
…… 负责人：郭敬忠　邮　编：201815
…… 法　人：郭敬忠
……Tel：021－59963958
……Fax：021－59965698

**上海安速国际集装箱发展有限公司**
地址：上海市普陀区中山北路 3304 号
…… 负责人：王力
…… Tel：021－62577488

**上海网域包装印刷有限公司**
地址：上海市小木桥路 223 弄 1－3 号一楼
…… 负责人：何继业
…… Tel：13003294331

**上海高邦印刷材料有限公司**
业务：上海高邦印刷材料有限公司是一家专业生产包装印刷行业用各种上光油、水性油墨等产品的专业公司。公司以"向客户提供环保、质量稳定、具有最优性价比的产品和服务"为目标，致力于各类高品质专业水性油墨、各种上光油的开发、生产、销售和技术服务。
地址：上海市松江区叶榭镇富园路 18 号
…… 负责人：杨小明……邮　编：201609
…… 法　人：杨小明
…… Tel：021－57800025
…… 网址：www.sh－gaobang.com

**上海峰彩包装制品有限公司**
业务.印刷及印后加工
地址：上海市普陀区真南路 822 弄 455 支弄 98 号
…… 负责人：顾峰　邮　编：200333
…… 法　人：顾峰
……Tel：15316953768
021－32050414
……Fax：021－36331889

**上海卓飞包装材料厂**
业务：泡沫、珍珠棉、封箱带
地址：上海市松江区叶谢镇叶张路 116 号三号厂房
…… 负责人：段前响　邮　编：200000
…… 法　人：段前响
……Tel：15000428739
13774286868

**上海三勇印务有限公司**
地址：上海市杨浦区平凉路 1398 号 17 号楼
…… 负责人：朱湧发
…… Tel：13641917567



## 重庆市/Chongqing Municipality

**重庆宏劲印务有限责任公司**
地址：重庆市茶园新城区玉马池工业园区 75 号
…… 负责人：常俊
…… Tel：023－72870259

**重庆市巴南区森峰塑料制品厂**
业务：塑料制品
产品：吸塑，塑料托盘
地址：重庆市巴南区花溪镇岔路口村屏山
…… 负责人：赵彬　邮　编：630055
…… 法　人：赵彬
……Tel：023－62596138
13983359182
……Fax：023－62596138
…… 网址：www.sfxs168.cn
…… E-mail：zhao512107@126.com

**重庆北碚福达实业公司**
业务：重庆北碚福达实业公司位于交通便利的北碚区天府镇代家沟。公司主要从事纸制品加工及销售，产品包括纸箱、纸盒、瓷管、保温材料、瓦楞原纸等。欢迎新老客商来电咨询，洽谈业务。
地址：重庆市北碚区天府镇代家沟
…… 邮　编：400705
…… 法　人：唐兵
…… Tel：023－68307105
…… Fax：023－68307105

**重庆创力包装印务有限公司**
地址：重庆市歌乐山镇山洞村坪上经济合作社
…… 负责人：张宏彦
…… Tel：023－65532172

**重庆市渝北区宜兴印务服务部**
地址：重庆市回兴街道科技产业园兴科路金佳步
…… 负责人：陈琼
…… Tel：023－67452132

**铁桥镇福胜纸业经营部**
业务：铁桥镇福胜纸业经营部成立于 1995 年，主要从事各种纸张的批发及零售，产品质量好、价格合理，热忱欢迎新老客户光临、惠顾！
地址：重庆市开县铁桥镇双桥街 4－133
…… 负责人：刘福生……邮　编：405409
…… 法　人：刘福生
…… Tel：023－52700244
52703688

**重庆展胜塑胶包装材料有限公司**
业务：塑胶包装材料生产销售
地址：重庆市巴南区新农街 49 号 6＃－7＃
…… 负责人：牟勇　邮　编：401320
…… 法　人：牟勇
……Tel：023－86995319
86994299

**重庆市森林纸制品厂**
地址：重庆市回兴镇长河村
…… 负责人：彭栋明
…… Tel：023－67450496

**重庆市九龙坡区邦志印刷厂**
地址：重庆市九龙坡区白市驿镇太慈村六社
…… 负责人：范邦志
…… Tel：023－65703441

**梁平县宏丰印务有限公司**
地址：重庆市梁山镇名豪商贸区 12 幢 3 号
…… 负责人：吴冶鲁
…… Tel：023－53229788

**重庆三丰玻璃有限公司**
业务：药用玻璃包装瓶
地址：重庆市北碚区东阳街道代黄路 3 号
…… 负责人：黄先均　邮　编：400700
…… 法　人：黄先均
……Tel：023－68275288

**重庆市渝北区志谋纸张经营部**
地址：重庆市龙溪锦龙支路 30 号附 4 号
…… 负责人：潘志谋
…… Tel：023－67515271

**重庆金龙彩印有限公司**
地址：重庆市南坪四公里立石桥湾
…… 负责人：龙素琪
…… Tel：023－62751518

**重庆华灿印务有限公司**
地址：重庆市南坪镇四公里村红子帮附 37 号

…… 负责人：梅传庆
…… Tel：023－62757850

**宏福纸制品厂**
地址：重庆市铜梁县福果镇保安村三社
…… 负责人：叶晓
…… Tel：023－45518284
13883959559

**铜梁县夏家坝造纸厂**
业务：铜梁县夏家坝造纸厂于1999年成立，是一家生产高中档瓦楞原纸的企业。多年来我公司始终坚持以产品质量求生存，以科技进步求发展，以产品品种争优势，以高效低耗为准则，以优质服务求信誉的企业方针，在上级领导的关怀和全体员工的共同努力下，正以勃勃的生机向着更高更新的目标迈进！
地址：重庆市铜梁县西泉镇进仕村五社
…… 邮 编：402568
…… 法 人：李刚
…… Tel：023－45580266
…… Fax：023－45580266

**重庆市酉阳县刷鑫包装有限公司**
业务：各类纸品、杂志印刷，各类月饼盒、药盒、彩盒等礼品盒的包装与印刷，各类杂志、画册等纸品的印刷
产品：各类礼品盒，纸盒、包装箱
地址：重庆市酉阳县小坝全民创业园7号厂房
…… 负责人：陈永廷 邮 编：400000
…… 法 人：陈永廷
…… Tel：15213776559
13032324448

**忠县坪山小学校远航印刷厂**
地址：重庆市忠县坪山小学校
…… 负责人：吴波
…… Tel：023－54868316











## 河北省/Hebei Province

**廊坊富安达包装制品有限公司**
业务：纸盒、纸箱、纸板等纸制品包装生产
地址：河北省廊坊霸州市靳家堡村
…… 负责人：于丙午 邮 编：065000
…… 法 人：梁晓满
…… Tel：0316－7435222
7437666
13803163765
…… Fax：0316－7435222

**平乡田闫庄档案制品厂**
业务：档案袋、档案盒、会计盒、科技盒、凭证盒、报表盒、文书盒、塑料档案盒
地址：河北省石家庄市平乡县田闫庄村
…… 负责人：闫培绍 邮 编：054500
…… 法 人：闫培绍
…… Tel：13513198828
0319－7937999
13730390986
…… Fax：0319－7217115

**玉田县联友印刷厂**
业务：印刷各种丝袋、涂层袋、不干胶、印刷标签、纸张印刷
地址：河北省唐山市玉田县郭屯乡范定府
…… 负责人：陈连友 邮 编：064100
…… 法 人：陈连友
…… Tel：0315－6183750
6123750

**玉龙纸业有限公司**
地址：河北省保定市富昌乡大祝泽村泽园小区5号
…… 负责人：杨金生
…… Tel：0312－2171358
13931210358

**青县天金纸业制品有限公司**
业务：纸箱、纸盒的生产与销售
产品：纸箱、纸盒
地址：河北省沧州市青县上伍乡清河庄
…… 负责人：郎静 邮 编：062650
…… 法 人：郎静
…… Tel：13833742772
0317－4280366
…… Fax：0317－4281163

**清凉店镇新兴泡沫包装厂**
业务：泡沫包装
地址：河北省衡水市武邑县清凉店镇后豆屯村
…… 负责人：魏秋献 邮 编：053000
…… 法 人：魏秋献
…… Tel：13932853051

**廊坊万佳纸包装制品有限公司**
业务：纸包装
地址：河北省廊坊市大城县津保路2路公交总车站
…… 负责人：苑智峰 邮 编：065900
…… 法 人：苑智峰
…… Tel：13363603596
13091304335

**承德市太城纸业有限公司**
业务：承德市太城纸业有限公司成立于2005年，生产销售铜板、白板、黄板、白卡、胶板、复印纸，打印纸，热敏打印纸，各规格印刷纸，8K刀切纸，16K刀切纸，餐巾纸等，欢迎新老客户来电洽谈业务！
地址：河北省承德市双桥区狮子沟镇上二道河子村
…… 负责人：马志奎 …… 邮 编：067000
…… 法 人：马志奎
…… Tel：0314－7622881
2160292
…… Fax：0314－7622881

**肃宁县科发印刷厂**
业务：各种书刊印刷
地址：河北省沧州市肃宁县河北乡西甄
…… 负责人：孙敬波 邮 编：062350
…… 法 人：孙敬波
…… Tel：15532791669

**武强县庆乐编织袋厂**
业务：生产、销售塑料编织袋
地址：河北省衡水市武强县街关镇工业区
…… 负责人：陈庆乐 邮 编：053000
…… 法 人：陈庆乐
…… Tel：0318－3727529
13473803800

**天鸿纸业有限公司**
地址：河北省石家庄市石铜路兴东街
…… 负责人：张晋如
…… Tel：0311－83806607
13932174015

**石家庄市金源包装厂**
地址：河北省石家庄市裕华区仓丰路48号院内
…… 负责人：李更玉
…… Tel：0311－86113997
13313219222

**石家庄市众城印刷厂**
业务：印刷各类书刊、期刊，印刷包装
地址：河北省石家庄市栾城县楼底镇东许营村
…… 负责人：王磊 邮 编：051430
…… 法 人：王磊
…… Tel：15081152135
0311－89683023

## 山西省/Shanxi Province

**长治市城区钟渊彩印厂**
地址：山西省长治市城区桃园村
…… 负责人：靳林业
…… Tel：0355－2139748

**建新塑料制品、包装用品批发**
业务：塑料袋、网袋总经销
地址：山西省汾阳市富民路57号
…… 负责人：王建新 邮 编：032200
…… 法 人：王建新
…… Tel：0358－7315017
15834372065

**春光印刷厂**
地址：山西省长治市郊区垢北庄镇杨暴村
…… 负责人：李新年
…… Tel：0355－6013372
13903455395

**晋城市安迪凯特印业有限公司**
地址：山西省晋城市泰森商贸区陶瓷厂院内
…… 负责人：赵留俊
…… Tel：0356－3087279

**临汾开发区建北新华无纺袋厂**
业务：生产、销售：各种无纺布袋
地址：山西省临汾开发区建设北路107号（新华书店）
…… 负责人：孟临清 邮 编：041000
…… 法 人：孟临清
…… Tel：13038023229
0357－2215238

**亚基印刷有限公司**
地址：山西省临汾市洪洞县赵城镇王开村
…… 负责人：苗明飞
…… Tel：0357－6595800
13834078188

**太原市晋安达包装材料有限公司**
地址:山西省太原市晋源区晋源镇北庄头村
负责人:张腊生
Tel:0351－7232043

**太原世昌盛包装彩印有限公司**
地址:山西省太原市晋源区新晋祠路吴家堡村南
负责人:张月娥
Tel:0351－6930019

**隆昌盛印刷物资供应站**
地址:山西省太原市小店区并州南路 15 号
负责人:张悦
Tel:0351－7589778
13015479616

**山西阳煤丰喜肥业(集团)股份有限公司包装分公司**
业务:生产销售各种塑料编织袋,主要产品有:彩印袋、内粘袋、外涂袋、免涂袋、内衬袋、集装袋等
地址:山西省运城市临猗县翟南路 3 号
负责人:杨会锦　邮　编:044100
法　人:王顺孝
Tel:0359－4063109
0359－4063108
Fax:0359－4063108
E-mail:sxfengxibaozhuang@163.com

**太原晴朗印业有限公司**
地址:山西省太原市小店区农科北路 32 号
负责人:刘延玲
Tel:0351－7660129

**运城市盐湖区姚孟精诚包装厂**
业务:运城市盐湖区姚孟精诚包装厂专业从事各种高、中档纸包装,我厂本着精工细作,诚信经营的理念,努力把微不足道的事情,做到完美无暇,热诚欢迎国内外客商的垂询洽谈,以及索取样板、来样订制。
地址:山西省运城市姚孟乡阳巷村
负责人:王永泽……邮　编:044000
Tel:0359－2183919

**芮城县佳明包装有限公司**
业务:生产签封锁和包装箱
地址:山西省运城市芮城县古魏北路西(吉祥村 4 排)
负责人:柳玉贤　邮　编:044000
法　人:柳玉贤
Tel:13906455565
0359－3020977

**华英包装厂**
地址:山西省运城市货场惠金路 119 号
负责人:王照华
Tel:0359－2122969
13700599129

**临猗县恒兴印刷厂**
地址:山西省运城市临猗县猗氏镇贵戚坊常家巷
负责人:田风侠
Tel:0359－4027229



## 内蒙古自治区/InnerMongolia AutonomousRegion

**巴彦淖尔市南塑包装有限公司**
地址:内蒙古自治区巴彦淖尔盟临河区滨河街
负责人:顾孟格
Tel:0478－2210888

## 辽宁省/Liaoning Province

**海城市英落镇旭强包装厂**
地址:辽宁省鞍山市海城市英落镇冯沟村
负责人:刘旭
Tel:0412－3170999

**鞍山三合印务有限公司**
地址:辽宁省鞍山市铁东区汪峪路 50 号
负责人:秦怀玉
Tel:0412－5512913

**台安县永鑫纸业销售有限公司**
业务:销售纸、纸制品
地址:辽宁省鞍山市台安县繁荣街北段路东
负责人:牛士永　邮　编:114001
法　人:牛士永
Tel:0412－4870577
13704225070
Fax:0412－4870577

**本溪枫叶包装制品有限公司**
地址:辽宁省本溪市明山区新立屯
负责人:吴世平
Tel:0414－8613999

**大连方圆印务有限公司**
业务:本公司成立于 2000 年,主要生产销售:彩色包装盒、手提袋、不干胶标签、无碳复写票据、塑胶包装袋、彩色画册、说明书。
地址:辽宁省大连市保税区光伸模具园 IIIB－1－1－16 号－4
负责人:姜敏……邮　编:116600
法　人:姜敏
Tel:0411－87323320
87300926
Fax:0411－87301993
E-mail:dlfyy@163.com

**兴财印刷厂**
地址:辽宁省大连市甘井子区革镇堡镇棋盘村
负责人:邱广才
Tel:0411－86430520
13332233636

**大连蓝图印刷设计有限公司**
地址:辽宁省大连市沙河口区敦煌路 365 号
负责人:崔红梅
Tel:0411－84431086

**大连海韵印刷厂**
地址:辽宁省大连市沙河口区广平街 138 号
负责人:谢忠
Tel:0411－84635206

**大连慧军包装有限公司**
业务:我公司成立于 2005 年,主要生产 PET(聚酯)各种规格矿泉水瓶,调味品瓶广口瓶,酒瓶等。欢迎新老客户光临、惠顾!
地址:辽宁省大连市金州区经济技术开发区堆金街 3 号
负责人:闫秋华……邮　编:116000
法　人:闫秋华
Tel:0411－87139869
Fax:0411－87139869
网址:www.mtw27984.chinapyp.com

**大连宁致印刷有限公司**
地址:辽宁省大连市沙河口区五一路 28 号
负责人:王宝霞
Tel:0411－82022059

**瓦房店百思承包装制品有限公司**
地址:辽宁省大连市瓦房店市复州湾镇厂里委
负责人:王明传
Tel:0411－85207823

**金源包装材料有限公司**
地址:辽宁省大连瓦房店市新华办事处新华村瓦轴河对面
负责人:姚洪元
Tel:0411－85578810
85578580
13840832669

**大连巨峰包装制品有限公司**
业务:大连巨峰包装制品有限公司位于步云山乡,主要生产各种纸箱和大型印刷业务,欢迎惠顾指导、垂询、索样!
地址:辽宁省大连市庄河市步云乡谦泰村徐屯
负责人:张志成……邮　编:116400
法　人:张志成
Tel:0411－89232588
89232348

**辽阳县刘二堡宝石编织袋厂**
业务:专业生产 18 扣高密度塑料编织袋、复合袋、彩印袋、珠光膜纸塑复合袋等中高档塑料编织袋
地址:辽宁省辽阳市辽阳县刘二堡镇三岔子村
负责人:回宝合　邮　编:111000
法　人:回宝合
Tel:0419－7162048
13941902530
Fax:0419－7162048

**华通印刷厂**
地址:辽宁省大连庄河市徐岭镇衣屯村环海大街西段
负责人:刘宁华
Tel:0411－89877575
13998650657

**丹东市海维彩色印刷有限公司**
地址:辽宁省丹东市元宝区七道村委会一组
负责人:乔海
Tel:0415－2142619

**振新区月亮印刷厂**
地址:辽宁省丹东市振新区景山大街 112 号
负责人:曲沛田
Tel:0415－2139379
13304154690

**蒋氏包装制品厂**
地址:辽宁省抚顺市抚顺县章党镇
负责人:蒋卫
Tel:13050183202

**岳家包装材料厂**
地址:辽宁省辽阳市西马峰镇岳家村
负责人:高利民
Tel:0419－8325598
13941938819

**沈阳鹏博包装彩印有限公司**
地址:辽宁省沈阳市大东区沈铁路 88 号
负责人:崔静
Tel:024－88310960

**沈阳市鸿禄纸业有限公司**
地址:辽宁省沈阳市大东区朱尔村
负责人:魏善禄
Tel:024－88116805

**沈阳市升平纸制品有限公司**
地址:辽宁省沈阳市东陵区东新路 12－1 号
负责人:刘军
Tel:024－81977780

**大成塑料包装制品厂**
地址:辽宁省沈阳市辽中县城郊乡龙湾村
负责人:史巨大
Tel:024－87881507
13609817507

**沈阳市逸丰纸业包装制造厂**
地址:辽宁省沈阳市苏家屯区红菱镇北红村
负责人:任凤玉
Tel:024－89454699

**沈阳鸿德彩色包装制品有限公司**
地址:辽宁省沈阳市苏家屯区沙河镇后岗村
负责人:李宏秋
Tel:024－89523166

**沈阳百川玻璃包装有限公司**
地址:辽宁省沈阳市铁西区兴华北街 31 号
负责人:李欣
Tel:024－25855757

**盛兴纸箱厂**
地址:辽宁省沈阳市于洪区大潘镇李达村
负责人:王兴宏
Tel:13504025788

**林光纸制品厂**
地址:辽宁省沈阳市于洪区于洪乡北李村
负责人:张绍林
Tel:024－25312849

13604047251

**铁岭水泥纸袋厂**
地址:辽宁省铁岭市银州区汇工街 148 号
负责人:张丽新
Tel:0410－4570648
4566184
6667136

**塑料容器厂**
地址:辽宁省新民市兴隆镇社区
负责人:袭志国
Tel:024－87711088
13940411688

**大连仲益纸业有限公司**
业务:大连仲益纸业有限公司专业从事包装用纸及纸箱的生产与销售,质量保证、价格合理,欢迎新老客户前电咨询,订购!
地址:辽宁省大连市金州区拥政街道红塔村 2 幢 361 号
负责人:张春花……邮　编:116100
法　人:张春花
Tel:0411－87800039

**鑫顺包装制品厂**
地址:辽宁省庄河市三环大街 321 号
负责人:王传平
Tel:0411－89820778
13309849809



## 吉林省/Jilin Province

**江源县丰华印业有限公司**
地址:吉林省白山市江源县孙家堡子镇江源大街便民路 2 号
负责人:张志利
Tel:0439－3721868

**普润特自动化设备有限公司**
地址:吉林省长春市高新开发区硅谷大街 4855 号
负责人:陈兆泉
Tel:0431－85881593
13353146864

**金鑫来包装机械设备经销处**
地址:吉林省长春市宽城区光复路桥西 18 米宁波路 1－3 号
负责人:李富
Tel:0431－82988060
13844978539

**吉林省金程包装制品有限公司**
地址:吉林省长春市宽城区兴隆山镇一间村二社
负责人:郭万刚
Tel:13069100722

**长春市鑫龙印刷包装制品有限公司**
地址:吉林省长春市绿园区富民路北侧
负责人:曹鑫
Tel:13844991856

**吉林省利淳宝彩色扩印设备有限公司**
地址:吉林省长春市南关区大经路 15 号
负责人:淳廷永
Tel:13194311613

**吉林市嘉欣商贸有限责任公司乐购超市彩扩分公司**
地址:吉林省吉林市昌邑区吉林大街 309 号乐购购物中心 S16 号
负责人:李雪霜
Tel:0432－62459407

**凯迪木艺包装厂**
地址:吉林省吉林市哈达湾西河路 56 号
负责人:季玉芹
Tel:0432－62748561
13904427850

**辽源市春正绿色包装有限公司**
地址:吉林省辽源市西安区西孟村
负责人:宋庆伟
Tel:0437－3180988

**恒维药用包装材料厂**
地址:吉林省通化市通化县葫芦套乡中小学院内
负责人:卢相杰
Tel:0435－5721308
13843515808

**延吉蓝天印刷物资有限公司**
地址:吉林省延边朝鲜族自治州延吉市河南街延光胡同 4－8 号
负责人:王丽红
Tel:0433－2854424

## 黑龙江省/Heilongjiang Province

**哈尔滨恒运纸业有限责任公司**
地址:黑龙江省哈尔滨市南岗区王岗镇永红村
负责人:魏莉莉
Tel:0451－86708304

**鸡西市宏图复印社**
地址:黑龙江省鸡西市鸡冠区向阳办新园委
负责人:顾国荣
Tel:0467－2396665

**佳木斯金龙集团汤原纸业有限公司运输分公司**
地址:黑龙江省佳木斯市汤原县汤原镇建设街
负责人:卢建发
Tel:0454－7612215

**宏缘包装彩印厂**
地址:黑龙江省牡丹江市大庆路 16 号
负责人:冯秋月
Tel:0453－6889799
13069796758

**齐齐哈尔博信印刷包装有限责任公司**
地址:黑龙江省齐齐哈尔市铁锋区曙光大街北端
负责人:王立国
Tel:0452－2938519

**绥化市北林区鸿达印刷厂**
地址:黑龙江省绥化市北二东路
负责人:胡学斌
Tel:0455－8212744

## 江苏省/Jiangsu Province

**常州新区华国包装容器厂**
地址:江苏省常州市郊区龙虎塘镇樊家村西湖塘 43 号
负责人:周建国
Tel:13961218090

**金坛市宏兴包装材料有限公司**
地址:江苏省常州市金坛市北环东路 29 号
负责人:赵国洪
Tel:13806141039

**丹阳市明峰纸业有限公司**
业务:公司始建于 2004 年,是一家有限责任公司,经营:纸张,印刷辅助材料的批发,零售、公司坚持以“诚信为本、以质量取胜”为企业理念,竭诚与广大新老客户携手共进。望各界新老客户前来指导洽谈!

地址:江苏省丹阳市开发区大泊镇高楼工业园
负责人:束小峰 邮 编:212300
Tel:0511－86228055
86229812、

**常熟市宇佳包装制品厂**
业务:礼品盒包装
产品:生产各类茶杯包装盒,木制品包装
地址:江苏省常熟市沙家浜镇横泾村
负责人:吴卫民 邮 编:215559
法 人:吴卫民
Tel:0512－52508641
Fax:0512－52508432
E-mail:yujiabaozhuang@126.com

**金坛市天甲无纺布有限公司**
地址:江苏省常州市金坛市河头镇良常一级公路薛庄南侧
负责人:姜建林
Tel:13905290433

**锦凯印铁制罐有限公司**
地址:江苏省常州市武进区漕桥镇黄埝桥村
负责人:谢亦东
Tel:0519－86212678
13806112830

**常州市瑞豪包装有限公司**
地址:江苏省常州市武进区洛阳镇虞桥村
负责人:顾晓红
Tel:13306110030

**昆山永爱包装厂**
业务:我厂成立于2003年,主要从事彩印印刷包装,我厂奉行"至诚、至真、至信"的企业文化理念,以通力合作的团队精神,与时俱进,不断开发高新产品,与广大用户共谋发展的道路,而最终实现双赢。
地址:江苏省昆山市大市工业区
负责人:陆永根 邮 编:215321
法 人:陆永根
Tel:0512－57219726
Fax:0512－57219726

**浩泰包装材料有限公司**
业务:生产、销售重型机械包装
地址:江苏省常熟市新港镇港南村
负责人:张浩 邮 编:215500
法 人:张浩
Tel:13701736692
0512－52699920

**常州市建阳纸制品有限公司**
地址:江苏省常州市武进区前黄镇政平村
负责人:周伟
Tel:13901502975

**常州升顺纸箱厂**
地址:江苏省常州市武进区雪堰镇雪城路196号
负责人:郑建明
Tel:13328188616

**常州怡康药用包装有限公司**
地址:江苏省常州市新北区龙虎塘街道
负责人:万建生
Tel:13775102211

**大唐印刷有限公司**
地址:江苏省常州市钟楼区勤业西路1号
负责人:徐志东
Tel:13901502337

**海门市丰华伟业印务有限公司**
业务:海门市丰华伟业印务有限公司成立于2002年,主要从事印刷包装等业务。"诚信经营,信誉第一,质量可靠",竭诚欢迎广大新老客户来电来人洽谈业务,共同合作。
地址:江苏省海门市三星镇镇南村25组
邮 编:226100
法 人:朱维华
Tel:0513－82280666
Fax:0513－82353111

**江阴市鸣朋纸业有限公司**
业务:生产、销售纸板
地址:江苏省江阴市周庄镇东林村村委南
负责人:庄秀兴 邮 编:214423
Tel:13906164816
0510－86238025

**恒昌实业有限公司**
地址:江苏省常州市钟楼区清潭路底(原常州警校内)
负责人:孙总
Tel:0519－86971917

**明达包装厂**
地址:江苏省东台市富安镇龙港村
负责人:任春明
Tel:0515－85573908
13851028748

**淮安市华宏包装材料厂**
地址:江苏省淮安市楚州区工业新区
负责人:李春竹
Tel:13151895708

**盱眙县永生印刷厂**
业务:本公司成立于1990年,现拥有20几个员工,主要经营商标的印刷包装.
地址:江苏省淮安市盱眙县马坝镇文明东路66号
邮 编:211751
法 人:李济桂
Tel:0517－8883618
Fax:0517－8411302

**溧阳市双强装饰材料有限公司**
业务:主要产品:印刷行业各种胶水、人造草坪专用胶水等
地址:江苏省溧阳市蒋店勤丰村墙门里75号
负责人:吴锁伐 邮 编:213300
法 人:吴锁伐
Tel:0519－87325105
0519－87327538
13906141745
0519－87327538

**淮安市鑫力印务中心**
地址:江苏省淮安市清河区西郊村二组78号
负责人:周金文
Tel:13801409307

**江阴市宏源印刷包装材料厂**
地址:江苏省江阴市花山路468号
负责人:张文斌
Tel:0510－88610617
86290967
13861821542

**惠翔纸品有限公司**
地址:江苏省姜堰市溱潼镇河东垛51号
负责人:林跃强
Tel:13961005855

**南通市纸箱厂**
业务:南通市纸箱厂成立于1966年,现有员工40余人,专业从事纸箱的生产及销售。"诚信第一、质量第一、"欢迎各届朋友洽谈业务。
地址:江苏省南通市崇川区运河村
邮 编:226001
法 人:耿启进
Tel:0513－85663363
Fax:0513－85663336

**东海县佳杰纸箱有限公司**
业务:专业生产经营各类纸箱纸盒、包装彩盒、木箱包装,公司拥有现代流水线先进生产设备,优秀的技术管理和人才。将以高效率、高质量、低价格的服务宗旨为广大用户服务!
产品:三层、五层、七层纸箱,邮政纸箱,木箱
地址:江苏省连云港市东海县驼峰乡市县路北(麦坡至驼峰路东)
负责人:段井亮 邮 编:222002
法 人:周立超
Tel:0518－87318026
15161326848
15298628660
网址:duanjingliang_hao@126.com

**鑫达包装有限公司**
地址:江苏省句容市石狮集镇76号
负责人:朱金林
Tel:0511－87367360
13905297622

**民安印刷厂**
地址:江苏省昆山市锦溪镇普庆路9号
负责人:王平
Tel:0512－57231610
13962674996

**华丽印刷厂**
地址:江苏省昆山市张浦镇花园路东侧15号
负责人:周杰
Tel:0512－50668501
13806263840

**南通腾达包装纸业有限公司**
业务:本公司成立于2005年,现已发展成为集纸板、纸箱与三维立体设计为一体的现代化包装企业。其中制版,印刷,成型质量,抗压强度和工艺水平方面在同行中遥遥领先。我公司能适应客户各种要求生产三到七层高强(普通)瓦楞纸板,及各种规格纸箱(彩箱)。
地址:江苏省如皋市柴湾镇镇南村
邮 编:226678
法 人:李振丰
Tel:0513－87200158
Fax:0513－87208586

**海门市天利粘胶制品厂**
业务:生产、销售封箱带,双面胶,各种胶带
地址:江苏省南通市海门市德胜镇开发区
负责人:顾祖达 邮 编:226101
法 人:顾祖达
Tel:0513－82287718

**昆山市华达纸制品厂**
地址:江苏省昆山市张浦镇南港新南路65号
负责人:杨炯
Tel:0512－57427670
13952459018

**苏州市角直通顺印刷厂**
业务:苏州市角直通顺印刷厂成立于1989年,现有员工10余人,是一家专业承接印刷服务的企业,欢迎来电垂询!
地址:江苏省苏州市吴中区角直镇
邮 编:215127
法 人:张林全
Tel:0512－65017805
Fax:0512－65045628

**昆山市周庄振昊纸箱包装厂**
地址:江苏省昆山市周庄镇秀湖路民营经济区
负责人:徐巧春
Tel:0512－57201794
57203955
13812946678

**如皋市信谊文化用品印刷有限公司**
业务:各类彩色包装印刷,簿本加工,表格,帐册等印刷加工
地址:江苏省如皋市泰民路33号
负责人:吴咸宁 邮 编:226500
法 人:吴咸宁
Tel:13806274785
0513－87504119

**京港卫生纸厂**
地址:江苏省连云港市东海县浦南镇太平村
负责人:孙德路
Tel:13905132019

**瑞峰包装材料厂**
地址:江苏省连云港市灌南县新安镇工农路1号
负责人:沈波
Tel:13851234561

**苏州市枫创包装有限公司**
业务:本公司成立于1992年,目前已成为一个专业生产各种涂布设备、分切设备以及其它胶带设备的集团性公司。主要加工销售:PE袋,木制包装,纸箱包装。我们将为每一位客户提供最真诚的服务。
地址:江苏省苏州市相城区东桥镇金龙村长旺路28号
负责人:张韶松 邮 编:215152
法 人:张韶松
Tel:0512－65375878
Fax:0512－65378850
网址:www.szfcbz.com
E-mail:sale@szfcbz.com

**连云港市海州区新坝迅达印刷厂**
地址:江苏省连云港市海州区海州光明市场642号
负责人:黄金刚
Tel:0518－85371038
82787548

**南京航程印务有限公司**
地址:江苏省南京市秦淮区红花街道果园村柴园北路159号
负责人:陈冷燕
Tel:025－52646001

**南京飞鹏包装制品有限公司**
地址:江苏省南京市玄武区藤子村48－8号A003室
负责人:郭立智
Tel:13705154658

**上海泽强纸制品有限公司南京办事处**
地址:江苏省南京市玄武区珠江路675号407室
负责人:唐俊辉
Tel:025－84826099

**华表包装装饰材料有限公司**
地址:江苏省南通市崇川区瑞丰花园26幢32号车库
负责人:徐跃
Tel:0513－5831556

**无锡市宏盛包装材料厂**
业务:无锡市宏盛包装材料厂成立于2005年,主要从事服装辅料包装。遵循一切为用户着想为宗旨,坚持严谨的交货期限,合理的价格标准,优良的产品质量。欢迎新老客户光临、惠顾!
地址:江苏省无锡市锡山区鹅湖镇甘露新生路41号
负责人:姚虹良 邮 编:214117
法 人:姚虹良
Tel:0510－88755812
88756431
Fax:0510－88751637
网址:www.mtw26964.chinapyp.com

**苏州市三益塑料包装材料有限公司**
业务:生产、销售尼龙真空包装袋
地址:江苏省苏州市吴中区木渎镇姑苏村
负责人:沈金生 邮 编:215000
法 人:沈金生
Tel:13862584045
0512－66253811

**南通市通华包装材料有限公司**
地址:江苏省南通市崇川区学田新村9幢302室
负责人:徐美娟
Tel:13773606913

**南通优力国际包装有限公司**
地址:江苏省南通市崇川区跃龙路38号国际大厦11楼
负责人:丛国荣
Tel:13962950221

**华印瓦愣纸品厂**
地址:江苏省南通市海安县白甸镇思进工业园区
负责人:周宝华
Tel:0513－88400998
13584713999

**金陵纸业有限公司**
地址:江苏省南通市海安县城东镇界牌村西片壹组
负责人:许金平
Tel:0513－88834364、88089248

**盐城市城区新街塑料包装厂**
业务:盐城市城区新街塑料包装厂成立于2003年,现有员工10余人,从事塑料袋及各种包装袋的生产及销售。欢迎来电垂询!
地址:江苏省盐城市人民北路61号
邮 编:224001
法 人:郝汉季
Tel:0515－8313122
Fax:0515－8313122

**天祥纸业有限公司**
地址:江苏省南通市河西街61号109室
负责人:戴惠祥
Tel:0513－85662858
13809088379

**苏州特力五金工具包装有限公司**
业务:包装各类五金工具、塑料制品、以及各类配套零件的吸塑、泡罩插卡、泡罩热封、热收缩、吹塑盒组套工具的包装为主。
产品:五金工具包装,各种类型钢丝刷
地址:江苏省苏州市相城区黄埭镇金龙东街18号
负责人:李兴华 邮 编:215143
法 人:李兴华
Tel:0512－65481161
网址:http://peter1112.shop.pack.cn
E-mail:peter1112@263.net

**泰源包装材料(南通)有限公司**
地址:江苏省南通市如东县掘港镇芳泉村通洋南路13号
负责人:杨勇
Tel:0513－84160666
84160777
13083577968

**如皋市恒泰塑料包装有限公司**
地址:江苏省南通市如皋市丁堰镇丁新路(华兴塑料包装厂内)
负责人:田梅芳
Tel:13901475708

**张家港市丰辰纸塑包装材料厂**
业务:张家港市丰辰纸塑包装材料厂专业从事包装材料纸封箱带制造与销售,我厂始终以信誉,品质为第一,望有意者与我厂联系。
地址:江苏省张家港市锦丰镇务本村
负责人:钱才生 邮 编:215624
Tel:0512－58016379

**兴飞纸箱包装有限公司**
地址:江苏省南通市如皋市九华镇工业园区
负责人:朱金余
Tel:0513－87575887
13338086662

**南通同安塑料包装材料有限公司**
地址:江苏省南通市如皋市下原镇邹庄村17组
负责人:金勤生
Tel:13912283457

**苏州平和印务有限公司**
业务:丝网印刷
地址:江苏省苏州市相城区渭塘镇凤阳路899号
负责人:徐陆 邮 编:215134
法 人:徐陆
Tel:13962192259
0512－65400082
Fax:0512－65902500
网址:http://www.51zzt.com/user/zzt30062

**正莲纸制品有限公司**
地址:江苏省南通市石庄镇杨庄村
负责人:胡正兰
Tel:0513－87564133
13625239098

**苏州德标印业服务有限公司**
地址:江苏省苏州市沧浪区盘胥路485号
负责人:吴昌标
Tel:13606776557

**常熟市荣业包装材料厂**
地址:江苏省苏州市常熟市海虞镇福山聚福东路
负责人:陆祥兴
Tel:13506235162

**常熟市超越泡塑包装有限公司**
地址:江苏省苏州市常熟市海虞镇里泾村
负责人:郑少锋
Tel:13862312444

**常熟市华裕包装制品有限公司**
地址:江苏省苏州市常熟市沙家浜镇常昆村
负责人:彭艳
Tel:13338725815

**常熟市祥盛包装彩印有限公司**
地址:江苏省苏州市常熟市虞山镇(莫城)湖鹤村
负责人:陈宝安
Tel:13806235226

**常熟市天铭织造有限公司**
地址:江苏省苏州市常熟市虞山镇丁坝村
负责人:俞正琴

Tel:13915666108

**苏州高成电子材料有限公司**
业务:生产与销售电子产品,以电容电阻、胶粘制品、电子胶带、包装胶带为主
产品:电容电阻、胶粘制品、电子胶带、包装胶带
地址:江苏省苏州市相城区元和街道相城大道东翔商贸城 3 区 1128 号
负责人:高金花 邮 编:215002
法 人:高金花
Tel:13914084350
0512－87658458

**常熟市恒盛吸塑包装制品厂**
地址:江苏省苏州市常熟市虞山镇顶山村
负责人:黄建华
Tel:0512－52859651

**常熟市旭华包装材料销售有限公司**
地址:江苏省苏州市常熟市虞山镇莫城工业园
负责人:陈庆生
Tel:13962336888

**常熟市雄鹰纸箱厂**
地址:江苏省苏州市常熟市虞山镇莫城三瑭村
负责人:陈雪莲
Tel:13962345432

**常熟市盛昌无纺布厂**
地址:江苏省苏州市常熟市支塘镇任阳凤泾村
负责人:王振明
Tel:0512－52580194

**沭阳恒祥草片厂**
业务:麦草加工、稻草加工
产品:草包
地址:江苏省宿迁市沭阳县刘集镇槐树村圩后组
负责人:吕茂祥 邮 编:223800
法 人:吕茂祥
Tel:13851360507
0527－83560713

**常熟市丰丰无纺制品有限公司**
地址:江苏省苏州市常熟市支塘镇任阳任南村
负责人:张振贤
Tel:13506243849

**苏州王佳塑料包装有限公司**
地址:江苏省苏州市金阊区虎丘村青山桥浜 7 号
负责人:朱天凤
Tel:13962102397

**昆山市华嘉包装材料厂**
地址:江苏省苏州市昆山市巴城镇茅沙塘桥南堍
负责人:钱振华
Tel:13706265090

**昆山市金岛包装制品有限公司**
地址:江苏省苏州市昆山市淀山湖镇民和工业区
负责人:谈春英
Tel:13862623492

**泗阳县腾旺包装加工厂**
业务:多层胶合板;夹芯板;建筑模板;胶合板木条
地址:江苏省宿迁市泗阳县卢集镇卢集街
负责人:周以超 邮 编:223700
法 人:周以超
Tel:13951397139
0527－85348399

**昆山瑞丰包装材料厂**
地址:江苏省苏州市昆山市淀山湖镇民营新乐区
负责人:蒋必敏
Tel:13511626068

**艾默斯纸业(昆山)有限公司**
地址:江苏省苏州市昆山市淀山湖镇钱安路北侧
负责人:姚志雄
Tel:0512－57481736

**昆山桦森包装制品有限公司**
地址:江苏省苏州市昆山市开发区兵希盛庄村章基段
负责人:张惠忠
Tel:13063755555

**无锡市宇科木业有限公司**
业务:主要经营木制包装箱,托盘等
地址:江苏省无锡市滨湖区马山五号桥工业园区 A 区
负责人:徐科杰 邮 编:214001
法 人:徐科杰
Tel:13961856595
0510－85992553
Fax:0510－85992553

**昆山长信包装用品有限公司**
地址:江苏省苏州市昆山市开发区兵希栈泾西路 18 号
负责人:赵小华
Tel:0512－50683080

**昆山鑫茂包装制品有限公司**
地址:江苏省苏州市昆山市开发区蓬朗高鼎路
负责人:金国文
Tel:13776336581

**昆山三地印刷材料设备有限公司**
地址:江苏省苏州市昆山市开发区蓬朗蓬溪路西侧
负责人:赵秀琴
Tel:13706261243

**昆山市海立包装材料有限公司**
地址:江苏省苏州市昆山市开发区蓬朗石予路
Tel:徐根生
Tel:0512－55332708

**东顺印刷有限公司**
业务:印刷
地址:江苏省无锡市鹅湖镇荡口三新村工业园
负责人:陈永珍 邮 编:214000
法 人:钱先生
Tel:0510－88744433
88740032
Fax:0510－88740032

**昆山市千灯红晖印刷厂**
地址:江苏省苏州市昆山市千灯镇西横村
负责人:丁建辉
Tel:13809060186

**昆山市启源包装用品有限公司**
地址:江苏省苏州市昆山市玉山镇城北富贵花园 10 号楼 501 室
负责人:邓益多
Tel:13962688296

**昆山华毅包装有限公司**
地址:江苏省苏州市昆山市玉山镇城北民营路 38 号
负责人:曹贵华
Tel:13912660636

**昆山市鸿博印务有限公司**
地址:江苏省苏州市昆山市玉山镇城北水秀路 1268 号
负责人:张红贵
Tel:0512－55889168

**昆山市嘉禾利无纺有限公司**
地址:江苏省苏州市昆山市玉山镇城北水秀路 1288 号
负责人:邵强
Tel:0512－51306877

**无锡市德康会纸业有限公司**
业务:专业从事纸制品的制造、加工销售及工艺品、劳保用品、日用杂品的销售。我们本着“诚信、务实、共赢”的原则,为您提供优质的产品和服务。我公司竭诚欢迎广大客户前来参观指导。
产品:纸杯
地址:江苏省无锡市南长区南湖大道 588 号对面
负责人:张德兴 邮 编:214000
法 人:张德兴
Tel:0510－85402530
Fax:0510－85421883

**昆山昊盛五金机电包装制品有限公司**
地址:江苏省苏州市昆山市玉山镇城北紫竹路 358 号
负责人:孙举年
Tel:0512－51357783

**昆山市富亚塑料包装有限公司**
地址:江苏省苏州市昆山市玉山镇合兴西路 52 号
负责人:徐仙国
Tel:13511625950

**昆山市华益丰纸制品有限公司**
地址:江苏省苏州市昆山市玉山镇燕桥浜村
负责人:童锋
Tel:13917642863

**深圳市九恒印刷设备器材有限公司昆山分公司**
地址:江苏省苏州市昆山市玉山镇震川西路 111 号 1516 室
负责人:王苹
Tel:13901616359

**兴化市富德塑料包装材料厂**
业务:专业生产、销售塑料包装袋。
产品:塑料袋
地址:江苏省兴化市周庄镇私营工业园区
负责人:董得茂 邮 编:225700
Tel:13812380038
0523－83748692

**丹阳彩星包装材料有限公司**
业务:生产、加工、销售包装材料
产品:各类化妆品、烟、酒、药品包装金银卡纸
地址:江苏省镇江市丹阳市皇塘镇常溧西路
负责人:刘波 邮 编:212001
法 人:穆俊民
Tel:0511－86633535
Fax:0511－86633536

**昆山市联益印务有限公司**
地址:江苏省苏州市昆山市张浦镇南港白米村 17 号
负责人:居群林
Tel:13901605302

**昆山市浦江包装有限公司**
地址:江苏省苏州市昆山市张浦镇南港望江路民营区
负责人:姜静忠
Tel:0512－57426466

**昆山麦克多包装制品有限公司**
地址:江苏省苏州市昆山市周市镇斜塘村
负责人:季雪根
Tel:13182652187

**昆山志成印务有限公司**
地址:江苏省苏州市昆山市周市镇新浦路北(同发五金厂内)
负责人:潘雪珍
Tel:13306263389

**昆山市周庄镇嘉丽莲包装厂**
地址:江苏省苏州市昆山市周庄镇复兴工业区
负责人:俞加耕
Tel:0512－57201829

**昆山冠盈胶粘科技有限公司**
地址:江苏省苏州市昆山市周庄镇双庙村
负责人:连存仁
Tel:0512－57214189

**苏州鑫翔包装器材有限公司**
地址:江苏省苏州市平江区苏虞公路 1 号
负责人:蒋海荣
Tel:0512－62152028

**忠华印刷厂**
地址:江苏省通州市张芝山镇万安村五组
负责人:施忠凡
Tel:0513－82522312
13063590692

**无锡镭神纸箱设备有限公司**
地址:江苏省无锡市崇安区锡沪路莫家庄南侧(印刷包装材料市场内 5657#)
负责人:张保成
Tel:0510－82466931
13921171336

**无锡市明宇纸塑包装厂**
地址:江苏省无锡市鹅湖荡口青荡村包家桥
负责人:钱宝根
Tel:0510－88749121
13706175702

**无锡市沁宇包装制品有限公司**
地址:江苏省无锡市洛社镇石塘湾张皋庄
负责人:邓一萍
Tel:0510－83266528

**锡瑶包装印刷厂**
地址:江苏省无锡市庄前村前西陈巷 14 号
负责人:包杨芬
Tel:0510－83100762

**徐州金艺彩印包装有限公司**
地址:江苏省徐州市丰县范楼镇金陵工业区
负责人:陈亦焕
Tel:13775906716

**徐州天盈商贸有限公司**
地址:江苏省徐州市云龙彭城路商业区 3 号楼泛亚大厦 16 楼 B 座 0507
负责人:赵庆楼
Tel:0516－83737848
83737638
13813457750

**王佳打印机配件经营部**
地址:江苏省徐州市云龙区中山南路 111－3 室
负责人:王新波
Tel:0516－83827978
13305202588

**扬州市邗江宏盛塑料包装厂**
地址:江苏省扬州市邗江区杭集镇牙刷城琼花街 35 号
负责人:赵芝高
Tel:0514－87491388
13305273080

**乐余装璜包装厂**
地址:江苏省张家港市乐余镇
负责人:姜先生
Tel:0512－58660583
13901567926

**张家港三光华星彩印厂**
地址:江苏省张家港市三兴镇新港村
负责人:陈永祥
Tel:0512－58571511
13817323918

**明鑫彩印包装有限公司**
地址:江苏省张家港市杨舍镇庆安工业开发区亮达小区
负责人:刘国安
Tel:0512－58290778
13701561569

**苏州市相王印务有限公司**
业务:我公司成立于 2001 年,现有威海滨田小胶印机,四色商标轮转印刷机,日本滨田六开胶印机,日本良明大四开胶印机,四色标签印刷机,压痕模切机和切纸机等设备,我们将充分发挥技术,以高质量的产品为客户提供更优秀,更满意的服务。
地址:江苏省苏州市相城区阳澄湖镇湖中路
负责人:王本雄 邮 编:215000
Tel:0512－65111636
62016839
Fax:0512－65211936
网址:www.cnnis.net/qy/bodyhtm/2006/4/9270906.htm

**洪润包装有限公司**
地址:江苏省张家港市杨舍镇泗港闸上村九组
负责人:朱建洪
Tel:0512－58545263
13801562512

**无锡市亿繁吸塑有限公司**
业务:专营:PVC、PET、PS、PP、OPS 抗静电、导电、植绒等材质的真空吸塑。兼印印刷广告、电动车贴花、防伪商标、铜、铝铭牌等。公司拥有先进的设备和杰出的设计、制作团队,全面满足客户多方面需求。
产品:PVC、PET、PP、P3、A133,用于五金、电子、食品、日用品、医药等吸塑包装
地址:无锡市南长区扬名镇芦村华清路 9 号
负责人:蔡平华 邮 编:214000
法 人:蔡平华
Tel:0510－85406718
13906171380
Fax:0510－85406718
网址:www.wxxsbz.cn
E-mail:cph6801@126.com

**丰盛胶带厂**
地址:江苏省镇江市丹阳市后巷镇
负责人:康连富
Tel:0511－86311688
13806103371



造纸印刷包装制版

隆尧县魏庄镇今程科技电脑

专业从事电脑的销售及配件，提供技术服务。

电话：0319—6580130

地址：河北省邢台市隆尧县魏庄镇汽车站



## 东台市庆华印刷有限公司

东台市庆华印刷有限公司成立于1980年9月，本公司主要经营各种塑料印刷，纸制品印刷，彩色印刷，名片印刷。我们的理念是："以诚为本，以人为先"。我们一直认为成功的定义，是长期稳定的质量和诚实待人的原则。"发挥群体意识，超越自我极限！"是我们的核心精神，由此产生的巨大能量，在我们每一次的超越中都发挥着重要的作用。我们相信，以我们至诚的服务，一定会赢得每一位客户的赐彩。

联系人：孙元庆 13601426843

电话：0515-85410196

地址：江苏省东台市广山镇薛郎村十组

邮编：224200

## 昆山市华达纸制品厂

昆山市华达纸制品厂成立于2004年，主要从事纸箱、纸盒生产、销售；纸类包装、纸品批发等。我公司秉承"追求卓越，诚信为本"的经营理念，坚持"以质量求生存，以信誉求发展，向管理要效益"，期待与您携手并进！

联系人：杨炯 13962633309

电话：0512-57427670

地址：江苏省昆山市张浦镇南港配套区唐家柜9号

邮编：215300

## 灌云县海连包装有限公司

灌云县海连包装有限公司成立于2005年，本公司专业生产各种规格纸板、包装、印刷。公司坚持以"诚信、和谐、精品、互利"为宗旨，与时俱进，不断开拓和进取，不懈追求更高的品质和更好的服务，热忱欢迎国内外客户参观、合作。

联系人：邱炳忠

电话：0518-88869588、88869555、13675268771 传真：0518-88869555

地址：江苏省连云港市灌云县经济开发区经三路 邮编：222200

## 昆山市明阳包装有限公司

昆山市明阳包装有限公司成立于2005年，本公司专业从事纸箱包装。

公司以诚信、务实为宗旨、以管理严谨、追求卓越为导向，向适应现代化市场多变的特点、满足客户多方面的要求，公司将为客户提供全方位多功能的服务。

竭诚欢迎广大企业界人士、中外来宾光临指导或来电来涵洽谈业务。

联系人：姚文明 邮编：215300

电话：0512-57472368 传真：0512-57467293

地址：江苏省昆山市千灯镇少卿中路93号（电力新村对面）

## 海门市振华包装装璜有限公司

海门市振华包装装璜有限公司自1980年起就经营钢带制品，2006年起实行改制，现也承接包装纸箱的加工。

我们建立完整的质量保证体系，为客户制造优质、高成材率的产品，以高效全方位的销售及服务体系，切实服务客户，紧跟市场走向结合企业创新精神，为客户开发多品种、多用途产品。

电话：0513-82239219

传真：0513-82233113

联系人：张振英 13063574270

地址：江苏省海门市三和镇三和村21组 邮编：226113

## 昆山市盛鑫包装厂

昆山市盛鑫包装厂成立于2005年，本公司是一家专业从事各种纸箱包装生产和销售业务的企业。

工厂始终以市场为导向，奋力进取，努力开拓开发，生产出更多的产品为用户服务。本企业的宗旨是："以质量求生存，抓管理促发展"并坚持"价格优惠、让利顾客、供货及时、服务至上"的原则，竭诚欢迎新、老客户光临。

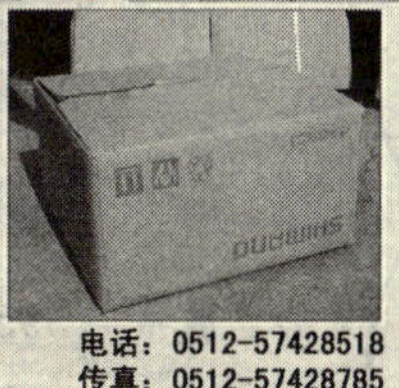

联系人：杨福元 13962658707

电话：0512-57428518

传真：0512-57428785

地址：江苏省昆山市张浦镇南港新南路88号 邮编：215326

## 江阴市长寿毗山包装用品厂

本厂主要经营纸箱，纸盒，纸管，木包装，塑料袋的制造加工。

自成立以来，承蒙各界人士的鼎力支持，本着客户至上，真诚服务，求实务新，质优价廉的服务宗旨为您服务。

联系人：陶和兴

电话/传真：0510-86366428 86302420

邮编：214424

地址：江苏省江阴市周庄镇长寿村沿山路11号

## 昆山市石牌金良彩印厂

昆山市石牌金良彩印厂成立于2000年，本厂专业从事印刷、不干胶、吊牌、资料袋、礼品袋、无碳复写纸、表单类。

公司将一如既往，追求卓越，不断创新，以诚待人，以诚取信，优质互利共同发展的经营历年，正大人愿与您携手共创未来，让瞬间的精彩成为永恒。

电话：0512-57686893 51362676 13952455402 联系人：周金良

地址：江苏省昆山市巴城镇石牌街道昆华南路26号 邮编：215312

## 昆山市博益纸品塑料有限公司

昆山市博益纸品塑料有限公司成立于2005年，专业从事不干胶纸品、塑料包装材料、纺织配件、装璜材料批发、零售。我公司秉承"顾客至上，锐意进取"的经营理念，坚持"客户第一"的原则为广大客户提供优质的服务。欢迎您的来电！

联系人：钱书生 13862638518

电话：0512-82097808 传真：0512-82097800

地址：江苏省昆山市陆家镇联谊路3号

邮编：215300

## 利美达丝印移印器材有限公司

本公司成立于2007年，主要经营丝印移印器材、耗材、印刷油墨，主要产品有SU、PA、PET、PD、NPT油墨，水浆，水性油墨，器材，耗材。

本公司的经营理念和宗旨是："质量第一、服务第一、市场第一、质优价廉、全方位服务"。

联系人：戴雄文 13584263688

电话/传真：0512-66572860 66057597

地址：江苏省苏州市吴中经济开发区郭巷村540号

邮编：215000

造纸印刷包装制版

## 明盛纸业连锁有限公司 南京浦口分行

明盛纸业连锁有限公司南京浦口分行成立于2008年5月，本公司专业从事各种纸张的销售。主要纸品有双胶纸、白卡纸、铜版纸、书写纸、打字纸、牛皮纸、白板纸、刀切纸、拷贝纸、无碳纸。

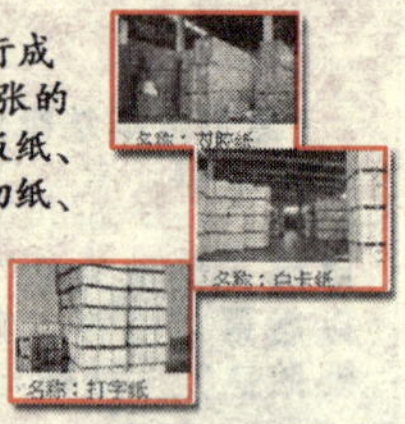


明盛纸行遍天下、配送服务最到家！
要买便宜纸请登陆www.ms56.net!

联系人：黄荣照 13913833627
网址：www.ms56.net
电话：025-58736986
传真：025-58736816
地址：江苏省南京市浦口区盘城工业园5-5号 邮编：21500

## 苏州丰禾纸塑包装有限公司

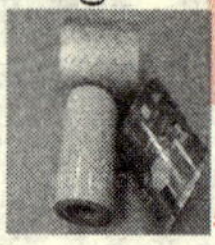

苏州丰禾纸塑包装有限公司始建于1992年，现公司主要生产：各类饮料的PVC收缩标签、各类饮用水标签、各类食品复合包装袋、茶叶袋、化工材料包装袋、电子产品防静电复合包装袋、各类自助包装机用复合卷膜等。

公司始终把提高产品质量放在首位，并不断拓宽市场和加强内部管理。竭诚同新老客户加强合作、携手同行、共创美好未来。

网址：www.szfbzs.com
电子邮件：fenghezhisu@188.com
地址：江苏省常熟市虞山镇毛桥村
电话：0512-52618656
传真：0512-52333798
邮编：215500
联系人：戴建忠

## 南京高灵彩印有限公司

南京高灵彩印有限公司成立于2002年，是集包装、印刷、设计为一体的私营独资企业。

公司一直秉承"诚信 优质 求实、创新"为宗旨，诚信合作，共谋发展；忠实履行"您的满意，就是我们的追求"的服务宗旨，致力于建立标准化、数据化的印刷企业，并为之不懈地努力！

联系人：张新建 13813061666
电话/传真：025-57356887
邮编：211316
地址：江苏省南京市高淳县古柏镇江张村古凤公路边

## 苏州市新创木业包装箱厂

苏州市新创木业包装箱厂成立于2000年，主要从事木制包装箱生产销售。本厂自建厂伊始，就从国外引进了各种相关的先进设备以顺应苏州地区外销木制包装品多元化的需求。从木材的材质以及保存管理来保证成品的外观及强度。按照客户指定材质来定制，可根据客户产品特殊要求，提供各种方案。

为谋求长远发展，本厂将以最优惠的价格来为您提供服务。

电话：0512-65425086
传真：0512-65428965
邮编：215000
地址：江苏省苏州市湘城区湘城镇路巷泗泾村
联系人：高卫龙
13013783571

## 南京市圣博文化礼品包装有限公司

本公司成立于2003年，主要经营月饼盒、各种精致礼品盒。

一贯以"品质第一,信誉至上"为服务宗旨；大胆创新、独具匠心、精益求精更是我们努力的方向。

联系人：陈铭 13951628988
电话：025-52168444 83425377
传真：025-52168591 83425377
邮编：210000
地址：江苏省南京市江宁科技园科苑路128号

## 苏州市雨林印刷有限公司

苏州市雨林印刷有限公司从事不干胶商标印刷，无碳复写纸、快套、零钱袋、PVC不干胶等印刷，以质量求生存，欢迎新老客户来电洽谈业务，共同发展！

联系人：章宜雨 电话：0512-65565912 65565913
地址：江苏省苏州市桐泾北路26号
电子邮件：13013751068@e165.com 邮编：215008

## 南通实佳包装制品有限公司

南通实佳包装制品有限公司成立于2007年，本公司专业生产各类化工包装纸桶，经中国出入境检验局考核审定，具有出口商品包装容器质量许可证，圆纸桶由牛皮卡纸及五夹板等组合而成，美观大方、绿色环保、强度高、抗压大、耐用、保险。本公司生产各规格型号的圆纸桶：370*500、300*370、350*500、400*500、460*750、420*560（单位：mm）。桶的高度可根据客户的要求加工订做，欢迎各界人士惠顾！

联系人：石小兵
电话：0513-87589128
传真：0513-87584689
网址：www.ntbjsxb.com.cn
电子邮件：ntbjsxb@163.com
地址：江苏省如皋市长江镇如港路68号 邮编：226500

## 太仓市顺昌塑业有限公司

太仓市顺昌塑业有限公司成立于2003年，本公司专业从事服装辅料、塑料外包装（PE、PP、OPP、ph），主要有20%－80%等不同规格的涤纶线及棉线、尼龙线等各种产品。公司将秉承质量第一、客户至上、诚信经营的承诺，至真至诚携手新老客户共同发展、共创辉煌！

联系人：储建强 电子邮件：tcshunchang@sohu.com
电话：0512-53405689 53404318 13182681299
传真：0512-53404318 邮编：215411
地址：江苏省太仓市城厢镇永丰村18组3号

## 如皋市金鼎印刷有限公司

如皋市金鼎印刷有限公司成立于1992年，本公司专业从事宣传画册、不干胶、彩页、平面设计。政府采购定点单位，保密印刷定点单位。金鼎全员齐心一致真正为客户打造自己品牌，真正用心为客户着想，以诚信、细心、耐心、智慧和热情来服务我们的每一个客户。

金鼎人相信：只有付出努力才有回报，只有用心服务才有更好的将来，相信明天会更好！同时，感谢多年来一直关注、关心金鼎的每一个客户、每一个朋友，谢谢您们！

联系人：张明新
电话：0513-87515115 传真：0513-87630011
地址：江苏省如皋市如城镇福寿东路689号 邮编：226500

## 通州市张芝山镇忠华印刷厂

通州市张芝山镇忠华印刷厂专业从事办公用品印刷，图片印刷和不干胶印刷。我公司秉承"锐意进取，客户至上"的原则，竭诚为客户提供优质的产品和良好的服务。欢迎来电洽谈！

258600720@qq.com
联系人：刘洋 手机：13584642005
电话：0513-82522312 传真：0513-82522312
地址：江苏省通州市张芝山镇万安村五组 邮编：101100

## 无锡市超艺彩印厂

无锡市超艺彩印厂成立于2000年，本厂专业从事彩色包装印刷用于月饼和酒水包装。展望未来，将继续秉持“诚信合作，共谋发展”的合作态度，坚持“诚信、团结、求实、创新”的经营理念，忠实履行“您的满意，就是我们的追求”的服务宗旨，致力于建立标准化、数据化之印刷企业，致力于建立模式化管理之印刷企业，并为之不懈地努力，创造更加多彩的新天地。

联系人：奚超平
电话：0510-88742768
地址：江苏省无锡市鹅湖镇华夏工业园G-H座　邮编：214000

## 无锡市明宇纸塑包装厂

本厂成立于2000年，专业从事酒类和食品的包装制作和销售。产品有各种规格的化纤纸管、全纸和复合酒罐等。

我公司秉承“顾客至上，锐意进取”的经营理念，坚持“客户第一”的原则为广大客户提供优质的服务。

电话：0510-88749121 13706175702　联系人：钱宝根
地址：江苏省无锡市鹅湖镇清荡村　邮编：214000

## 无锡市锡瑶包装印刷厂

无锡市锡瑶包装印刷厂拥有一批优秀的科技人才和具有多年从事印刷技术人员，拥有先进的加工设备，主要承接彩印包装、丝网印刷PC、PVC、面板各种塑料件，不干胶商标、贵宾卡、各种铜、铝、标牌、滴塑标、水晶胶、对外加工烫金、贴膜、模切等彩印。“信誉第一，客户至上”，欢迎来电洽谈！

联系人：王思杨　手机：13003312410
电话：0510-83100762
地址：江苏省无锡市庄前村前西陈巷14号　邮编：214000

## 徐州市润源造纸厂

徐州市润源造纸厂已有20年的办厂经验，现主要产品是防火板芯子和高强瓦楞。公司遵循“诚信至上”的经营方针，倡导“以人为本”的科学管理理念，欢迎来电洽谈业务！

联系人：王忠法　手机：13952162330
电话：0516-85770894 83588308　传真：0516-85770909
地址：江苏省徐州市九里区吴屯村五组　邮编：221000

# 浙江省/Zhejiang Province

### 瑞安市鸿铭包装印刷有限公司

业务：包装纸袋，食品纸袋，手提袋的生产及销售
地址：浙江省瑞安市东山街道瑞光大道828号
……… 负责人：吴力军　邮　编：325200
………………………………… 法　人：吴力军
………… Tel：13758788172
0577－66870825
………… Fax：0577－66870826

### 苍南县龙港紫罗兰卫生用品厂

地址：浙江省苍南县龙港镇纺织二街265－267号
…………………………………… 负责人：陈景梭
………………………………… Tel：0577－64294828
13353316228

### 旺亚机械厂

业务：纸杯机，纸碗机，贴面机
地址：浙江省瑞安市飞云镇吴桥村
……… 负责人：蔡名华　邮　编：325200
………………………………… 法　人：蔡名华
………… Tel：0577－65026758
65026767
………… Fax：0577－65026768
………………… 网址：www.wangyajx.com

### 杭州旭升纸制品有限公司

地址：浙江省杭州市江干区笕桥镇董家村一组
…………………………………… 负责人：徐福洲
………………………………… Tel：0571－86412530

### 杭州博远纸张有限公司

地址：浙江省杭州市拱墅区杭印路49号（二楼）
…………………………………… 负责人：俞明
………………………………… Tel：0571－88238783

### 瑞安市美雅吉粘合胶带有限公司

业务：胶带的生产和销售
地址：浙江省瑞安市市塘下镇罗凤花园村桥排路23号
……… 负责人：徐象柱　邮　编：325200
………………………………… 法　人：徐象柱
………… Tel：0577－65325677
13958898857

### 瑞安市郑氏彩印包装厂

业务：包装装潢、其他印刷品印刷
地址：浙江省瑞安市塘下镇鲍田鲍一工业区
……… 负责人：余小平　邮　编：325000
………………………………… 法　人：余小平
………… Tel：0577－65200465

### 上虞市百官街道云天印刷厂

业务：各类小胶印
产品：码单，说明书，不干胶，便签
地址：浙江省上虞市百官街道南三村
……… 负责人：朱江锋　邮　编：312300
………………………………… 法　人：朱江锋
………… Tel：0575－82421717
………… E-mail：yuntianyinshua@sina.com

### 上虞市崧厦镇双赢包装制品有限责任公司

业务：生产包装胶袋，打包袋，包装制品
地址：浙江省绍兴市上虞市崧厦镇时华村
……… 负责人：阮力江　邮　编：312000
………………………………… 法　人：阮力江
………… Tel：13735325759
0575－82662622
82628018
………… Fax：0575－82628018

### 绍兴神彩印刷有限公司

业务：印刷书刊、画册、杂志、书籍、挂历、年画、商标标签及各类酒盒、药盒、礼品盒等包装产品
地址：浙江省绍兴市绍兴柯北宝龙工业园U2幢
……… 负责人：杜丽红　邮　编：312000
………………………………… 法　人：杜丽红
………… Tel：0575－85643889
85647787
………… Fax：0575－84074049

### 台州市路桥鑫鑫印花工艺品加工厂

业务：印花工艺品加工
地址：浙江省台州市路桥区新桥镇新横大道130号
……… 负责人：管玲彩　邮　编：318000
………………………………… 法　人：管玲彩
………… Tel：13606662927
0576－82665006

### 苍南县鳌凌无纺布制品厂

业务：无纺布手提袋；购物袋；环保袋；广告袋；礼品袋；折叠袋
地址：浙江省温州市苍南县巴曹镇文卫路28号
……… 负责人：张廷开　邮　编：325805
………………………………… 法　人：张廷开
………… Tel：13806828537
0577－64517689
………… Fax：0577－64516236
………… 网址：http://www.aolingbudai.cn

### 苍南县德丽箱包厂

业务：无纺布袋、纸包装、帆布袋、印刷包装盒‘不干胶，牛津布袋．围裙，塑料袋，等各种印刷品
地址：浙江省温州市苍南县巴曹镇夏口徐新村西路32号
……… 负责人：黄孝德　邮　编：325000
………………………………… 法　人：黄孝德
………… Tel：13868853227
0577－64485433
………… Fax：0577－64485433
…… 网址：http://huangxiaode.woyaoyin.cn
……………… E-mail：925988565@qq.com

### 苍南县苍菱集装箱制造厂（汽车上用）

业务：生产铁制集装箱
地址：浙江省温州市苍南县建兴西路888号
……… 负责人：吴正民　邮　编：325800
………………………………… 法　人：吴正民
………… Tel：13506879643
0577－64792840

### 义乌市月祥印刷厂

业务：义乌市月祥印刷厂成立于2002年，从事彩印、包装，我们的口号是“质量第一，服务周到”，您的满意我们的追求，欢迎来电洽谈业务！
地址：浙江省义乌市稠州中路74号
………… 负责人：陈其来……邮　编：322000
………………………………… 法　人：陈其来
……………………………… 法　人：0579－85101286
……………………………… Fax：0579－85158158

### 苍南县五颜编织袋加工厂

业务：生产、加工、销售编织袋
地址：浙江省温州市苍南县灵溪镇华侨路377号
……… 负责人：陈开养　邮　编：325000
………………………………… 法　人：陈开养
………… Tel：13758858003
0577－68859696
………… Fax：0577－68859697

### 彩霸印业有限公司

业务：主营：卷筒印刷、铝泊印刷、透明膜印刷、不干胶印刷、珠光膜印刷、生产不干胶标签等。
地址：浙江省温州市苍南县龙港港河路1－9号
……… 负责人：林天良　邮　编：325802
………………………………… 法　人：林天良
………… Tel：0577－64260889
64260789
13506871128
………… Fax：0577－68681766

### 云和县龙欣塑料包装厂

业务：塑料包装制品
产品：PVC，PET，PS，PP，PETG，吸塑，折合，圆桶，等
地址：浙江省丽水市云和镇睦田村龙欣路20号
……… 负责人：王联金　邮　编：323000
………………………………… 法　人：王联金
………… Tel：0578－5133431
………… Fax：0578－5133431

### 宁波北仑翔奥包装有限公司

业务：生产、销售外包装
产品：纸箱
地址：浙江省宁波市北仑春晓镇海口海陆村1幢1－2室
……… 负责人：王成君　邮　编：315809
………………………………… 法　人：王成君
………… Tel：13355901913
18906625209
0574－86234160
………… Fax：0574－86234160
…………………… E-mail：wchen@163.com

### 宁波江北坤利安包装有限公司

业务：专业生产各种中、高档吸塑制品、纸箱、包装盒及其它纸品包装业务，可为客户度身定做，我们本着“诚信、务实、共赢”的原则，为您提供优质的产品和服务！
产品：吸塑制品、纸箱等
地址：浙江省宁波市江北区慈城工业区新横七路3号
……… 负责人：胡晓芬　邮　编：315036
………………………………… 法　人：陆建平
………… Tel：13484242486
13989306046
………… 网址：http://www.51zzt.com/user/zzt42814

### 宁波市鄞州石碶孝忠塑料包装用品商行

业务：批发、零售塑料包装用品
地址：浙江省宁波市鄞州区石碶街道宁波轻纺城
……… 负责人：苏孝忠　邮　编：315000
………………………………… 法　人：苏孝忠
………… Tel：13805841867
0574－88266583
87921080
………… Fax：0574－87921080

### 宁波鑫业包装有限公司

业务：纸箱包装、印刷包装、印刷纸箱包装，纸卡、吊牌的生产
产品：印刷纸箱、纸卡、吊牌等包装产品
地址：浙江省宁波市鄞州区石碶街道雅渡新村32幢504
……… 负责人：赵习军　邮　编：315000
………………………………… 法　人：赵习军
………… Tel：13819861228
0574－28804299
………… Fax：0574－28804299
…… 网址：http://xinyebz.cn.alibaba.com/

## 宁波乐福印刷有限公司

业务：集设计、制作、印刷为一体的印刷及包装公司，专业从事包装装潢印刷，纸制品制造与加工，我们本着质量第一、客户至上、诚信为本的宗旨与您真诚合作！
产品：包装盒礼品盒、手提袋、样册、吊卡、对折卡、说明书及企业样本
地址：浙江省宁波市鄞州区五乡工业园美迪斯路 22 号
负责人：刘听彬 邮编：315111
法人：刘听彬
Tel：0574－87920881
Fax：0574－87921335
E-mail：liutingbin668@163.com

## 宁波江北丰丽纸品厂

业务：我厂主要经营纸板、纸箱、纸箱加工、制造、印刷。欢迎新老客户光临惠顾！
地址：浙江省宁波市江北区洪塘街道下沈村
黄庆丰 负责人： 邮编：315000
法人：黄庆丰
Tel：0574－83022035
网址：www.mtw28192.chinapyp.com

## 浙江省苍南鳌凌无纺布制品厂

业务：本厂专业生产各种无纺布袋、环保购物袋、西装套、围裙、礼品促销袋及各种手提袋。可为您适体量裁、新款图案设计，1－12 色铜版精美印刷！
产品：无纺布袋、购物袋、环保袋、广告袋、礼品袋、折叠袋、围裙
地址：浙江省苍南县巴曹镇文卫路 28 号
负责人：张廷开 邮编：325805
法人：张廷开
Tel：0577－64517689
13806828537
Fax：0577－64516236
网址：http://alwfbd.cn.alibaba.com
E-mail：aolingbudai2008@163.com

## 富阳银河印刷有限公司

地址：浙江省杭州市富阳市灵桥工业功能区（赵家墩村）
负责人：赵林木
Tel：13805767311

## 浦江县中凯纸板加工厂

业务：灰版纸
地址：浙江省金华市浦江县一点红大道 33 号
负责人：冯金标 邮编：321000
法人：冯金标
Tel：0579－85179226
15888959778

## 永康市东城万韬薄膜经营部

业务：bopp 薄膜
地址：浙江省金华市永康市东城街道东塔路 218 号
负责人：张茂 邮编：321300
法人：张茂
Tel：13705896061
0579－87166300
Fax：0579－87166300
网址：www.wantao168.cn

## 永康市东城阿宁包装材料经营部

业务：包装材料销售
产品：打包带、包装袋
地址：浙江省金华市永康市五金城五金东路 3 幢 2 单元 14 号
负责人：张剑宁 邮编：321000
法人：张剑宁
Tel：15958954887
0579－87211158

## 永康市芝英成伟纸板加工厂

业务：加工纸板、生产纸箱
地址：浙江省金华市永康市芝英街道六村百集 3 号
负责人：应伟 邮编：321000
法人：应伟
Tel：0579－87327366

## 乐清市七里港镇双力木箱加工厂

业务：生产、加工、销售各种规格的木包装箱
地址：浙江省乐清市七里港镇上屋村
负责人：陈国鹏 邮编：325600
法人：陈国鹏
Tel：13736771606
0577－62675183

## 苍南县望里镇祺临纸管厂

业务：生产、销售纸管
地址：浙江省温州市苍南县望里镇祺临村 215 号
负责人：林上德 邮编：325000
法人：林上德
Tel：0577－64418184

## 乐清市柳市金盛印务有限公司

业务：集设计、制作、印刷为一体的印刷及包装公司，为各界客户提供高质量、高效率、高品位的产品和优质服务
产品：碳带、条码、条码打印机销售、标签、空白彩色不干胶、合格证、说明书、清单、价目表等印刷
地址：浙江省乐清市翁洋地团工业区 门市部：柳市镇长江路 195 号
负责人：陈三姆 邮编：325604
法人：李忠羊
Tel：0577－27829798
Fax：0577－62800785
E-mail：jinshengyinwu@sina.com

## 苍南县龙港俊达制袋厂

业务：印刷、包装、制袋
地址：浙江省温州市苍南县龙港镇纺织二街 13 号
负责人：林友炮 邮编：325802
法人：林友炮
Tel：13157727989
0577－26812895

## 苍南顶点包装厂

业务：生产与销售包装盒；礼品；PP 挂条；PP 盒子；挂历；台历；PVC 盒子；手提袋；各种礼品；塑料扇子
产品：包装盒；礼品；PP 挂条；PP 盒子；挂历；台历；PVC 盒子；手提袋；各种礼品；塑料扇子
地址：浙江省温州市苍南县龙港镇货运西路 2 号一层
负责人：方右辉 邮编：325800
法人：方右辉
Tel：0577－64282659
网址：www.zjddbz.com.cn

## 苍南县腾海工艺品有限公司

业务：生产各种工艺礼品，各种贴纸，包装印刷，纺织品，圣诞贺卡，卡通等
产品：包装印刷；不干胶贴纸；压克力贴；泡泡贴；工艺礼品；办公文具；无纺布袋；圣诞贺卡；卡通；标签；滴塑；手提袋；pvc；pp；钥匙扣
地址：浙江省温州市苍南县龙港镇金融大厦 502 室
负责人：陈也钷 邮编：325802
法人：陈也钷
Tel：0577－68670440
13757723809
Fax：0577－68670440
网址：http://www.tenghaigyp88.cn

## 苍南县鸿兴木艺商行

业务：木质包装盒、茶叶盒，酒盒，塑料盒、纸盒、木制奖牌销售
地址：浙江省温州市苍南县龙港镇温州礼品城五区 179 号
负责人：黄文陆 邮编：325000
法人：黄文陆
Tel：0577－64358686
68600085

## 苍南县国诚红木礼盒厂

业务：专业从事木制工艺礼品的设计、开发、生产和销售，专业生产制作仿红木礼盒、油漆盒、实木礼盒、PVC 木盒等系列产品，为客户提供个性化的产品设计、并承接来样加工，来料加工。
产品：红木礼盒、PVC 木盒、彩印木盒
地址：浙江省温州市苍南县钱库镇金鑫西路 27 号
负责人：汤先生 邮编：325804
法人：汤礼书
Tel：0577－64463288
13906662389
Fax：0577－64463289
网址：www.wzgc3288.com

## 苍南星利包装厂

业务：生产，销售无纺布袋、围裙、环保塑料袋
地址：浙江省温州市苍南县钱库镇箱包市场一街 9 号
负责人：陈如利 邮编：325000
法人：陈如利
Tel：0577－59988267
13868499538
网址：http://www.hzdqyy.cn

## 温州来亿包装印刷有限公司

业务：包装袋、纸盒包装、工艺制品
地址：浙江省温州市苍南县炎亭镇友谊西路 207 号第一幢
负责人：林领陆 邮编：325000
法人：林领陆
Tel：13958750115
0577－64542266

## 温州市瓯海娄桥巨力包装带厂

业务：打包带、打包机、收缩面、胶带纸
地址：浙江省温州市瓯海娄桥街道环西村环西南路 49 号（第 2 间）
负责人：冯修虎 邮编：325000
法人：胡萍
Tel：13777796173
0577－86195899
Fax：0577－86195899

## 温州市远大眼镜包装

业务：生产、销售眼镜盒、眼镜箱、眼镜架
地址：浙江省温州市瓯海新桥高翔村宫前巷 26 号
负责人：胡保军 邮编：325000
法人：胡保军
Tel：0577－86189308
13957789565

## 海宁市中发印刷有限公司样本制作中心

业务：海宁市中发印刷有限公司样本制作中心专业承接各类印刷、样本制作。本公司将以一流的服务，优质的服务，秉承"严格、严谨、求实、创新"的宗旨，与国内外新老朋友共谋发展。
地址：浙江省海宁市许村镇永福村 15 号门牌
邮编：314409
法人：凌法建
Tel：0573－7588187
Fax：0573－7588187

## 渊峰纸制品厂

业务：加工销售
产品：包装用纸箱、纸片
地址：浙江省慈溪市龙山镇海甸戎村西片四塘根路
负责人：钱加峰 邮编：315300
法人：钱加峰
Tel：13506748620
0574
－63735888
Fax：0574－63730868

## 嘉善嘉丰纸箱包装厂

业务：纸箱包装
地址：浙江省嘉兴市嘉善县魏塘镇网球港村小塘桥东堍
负责人：朱海忠 邮编：314000
法人：朱海忠
Tel：13732575891
0573－84731277
Fax：0573－84731277
网址：http://www.51zzt.com/user/zzt33236

## 嘉兴市秀洲区洪合岳虹塑料包装袋经营部

业务：包装袋、编织袋类
地址：浙江省嘉兴市秀洲区洪合镇 320 国道南侧 5－6 楼 9 室
负责人：李祖海 邮编：314000
法人：李祖海
Tel：0573－83340178
Fax：0573－83340179

## 浦江县锦城文化用品印刷厂

业务：无碳清单印刷，软抄本
地址：浙江省金华市浦江县黄宅镇海塘村草下塘小区 43 号
负责人：洪锦城 邮编：322204
法人：洪锦城
Tel：0579－84251139
13868916505
Fax：0579－84251139
网址：www.pjjcys.com

## 平阳县晨星无纺布制袋厂

业务：专业生产销售各种规格无纺布袋，款式新颖、美观大方，高档次、低价格是我们重要营销理念，我们期待与您真诚的合作
产品：无纺布袋，环保袋，广告袋
地址：浙江省温州市平阳县鳌江镇鹤祥东路 18 号
负责人：戴美仗 邮编：325400
法人：戴美仗
Tel：13587893755
E-mail：daimeizhang@126.com

## 平阳县胜通标牌厂

业务：丝网印刷标牌制作、销售
产品：标牌
地址：浙江省温州市平阳县鳌江镇兴敖东路 58 号
负责人：林维平 邮编：325000
法人：林维平
Tel：13566205036
Fax：0577－63673989

## 平阳县阿良纸盒厂

业务：生产和销售各类包装纸盒
产品：各类包装纸盒
地址：浙江省温州市平阳县昆阳镇上林洋村
负责人：林宝良 邮编：325400
法人：林宝良
Tel：13868556196
13868586599
0577－63769198

## 绣华无纺布制成品厂

业务：环保袋
地址：浙江省温州市平阳县昆阳镇新欣村水郭路 86 号
负责人：何修炜 邮编：325000
法人：何修炜
Tel：13906665487
0577－63738751

## 浙江平阳县佳乐纸箱加工厂

业务：纸箱的加工与销售
地址：浙江省温州市平阳县宋桥镇沿河中路 15 号
负责人：陈友利 邮编：325400
法人：陈友利
Tel：0577－63772166
13587539558
Fax：0577－63772155

## 温州信通包装有限公司

业务：生产，销售彩印、手提袋、无纺布袋
地址：浙江省温州市平阳县萧江镇下汇村 320 号（老基督教旁）
负责人：陈宗钏 邮编：325000
法人：陈宗钏
Tel：18906772988
0577－63573887

## 永嘉县瓯北镇芦田村印刷厂

业务：印刷、内包装，塑料卡片
地址：浙江省温州市永嘉县瓯北镇芦田村昌盛路 27 号
负责人：徐载文 邮编：325000
法人：徐云生
Tel：0577－67291569
13857797795

## 义乌市体胜瓦楞厂

业务：中高档纸盒包装
产品：彩箱、纸盒
地址：浙江省义乌市北苑前洪工业区纯派路 4 号
负责人：林体胜 邮编：321100
法人：林体胜
Tel：13173599078

## 义乌市方程纸业有限公司

业务：生产和销售各类纸张
产品：各类纸张
地址：浙江省义乌市后宅镇上方村
负责人：方关禄 邮编：321000
法人：方关禄
Tel：0579－85431109

## 义乌市财达印刷有限公司

业务：印刷各类广告
地址：浙江省义乌市机场路 220 号
负责人：谢作房 邮编：321000
Tel：13958499061
0579－85416080

## 义乌市聪平制袋厂

业务：加工、销售，塑料袋
产品：包装塑料袋
地址：浙江省义乌市江东街道青口下湾村三区 3 幢 7 号
负责人：宋诗聪 邮编：321000
法人：宋诗聪
Tel：13967424216
0579－85600094
网址：726808839@qq.com
E-mail：www.songshicong.com.cn

## 诸暨市枫桥镇拜特包装材料厂

业务：生产与销售胶带纸，PP 带
产品：胶带纸，PP 带
地址：浙江省诸暨市枫桥镇征天水库原罐头厂内
负责人：屠雪光 邮编：312000
法人：屠雪光
Tel：0575－87432376
E-mail：817356054@qq.com

**临安海达纸业有限公司**

业务：临安海达纸业有限公司位于浙江省临安市板桥乡牌联村，主要生产销售各种装饰纸、建筑模板用纸等。质量保证，价格合理，欢迎各方客户惠顾。
地址：浙江省临安市板桥乡牌联村
邮　编：300311
法　人：何海龙
Tel：0571－63789297
Fax：0571－63789412

**丰燕纸箱商行**

业务：专业生产销售各种中、高档纸箱、纸盒、胶带、打包带等包装用品，可承做各类纸箱，纸盒，彩印等，均可洽谈订做！
产品：纸箱，胶带，打包带，纸盒
地址：浙江省义乌市江东街道五爱新村 26 幢 2 号
负责人：冯金丰　邮　编：322200
法　人：冯金丰
Tel：0579－85579006
15057920651
Fax：0579－85579006
E-mail：battery260@sina.com

**义乌市瑞泰包装厂**

业务：生产、销售礼品盒包装
地址：浙江省义乌市苏溪镇齐山楼村 299 号
负责人：夏赵君　邮　编：321000
法　人：夏赵君
Tel：13017978065

**义乌市德源纸制品有限公司**

业务：集开发、设计、生产、销售于一体，专业生产各种中高档礼品袋、纸袋、贺卡、工艺礼品盒等纸制品。公司拥有先进的设备和杰出的设计、制作团队，全面满足客户多方面需求。
产品：手提袋等纸制品
地址：浙江省义乌市西城路 1559 号
负责人：李菊红　邮　编：321000
法　人：李菊红
Tel：0579－85239533
Fax：0579－85430455

**余姚市枫林包装材料厂**

业务：包装材料、封箱胶带
地址：浙江省余姚市朗霞街道天华村（诸家 8 号）
负责人：邵小锋　邮　编：315000
法　人：邵小锋
Tel：13486663993
0574－62181899

**余姚市双峰纸箱厂**

业务：白坯纸箱的加工
地址：浙江省余姚市三七市镇祝家渡村 228 号
负责人：罗会军　邮　编：315000
法　人：罗会军
Tel：13208098913
0574－62942997

**慈溪市观海卫俊壹纸箱加工厂**

业务：包装用纸箱加工
地址：浙江省慈溪市新江路彩虹家园 2 号楼 2 单元 403 室
负责人：管庆賽　邮　编：315000
法　人：管庆賽
Tel：13884481188
0574－63804848

**海宁市马桥吉禹制版有限公司**

业务：凹版制版
地址：浙江省海宁市马桥湖塘镇
负责人：殷建祥　邮　编：314400
法　人：殷建祥
Tel：13806702895
0573－87859078
Fax：0573－87859378

**温州群龙印业有限公司**

业务：温州群龙印业有限公司成立于 1994 年，是一家专业特种印刷生产的服务企业。一直致力于服装吊牌、商标、不干胶的印刷，深受广大客户的好评和信赖。本着质量第一、客户至上、信守合同、平等互利的宗旨。欢迎各厂商来电、来涵咨询、洽谈业务！
地址：浙江省温州市龙港镇金田园区 1 幢 118 号
邮　编：325802
法　人：方升群
Tel：0577－26896999
26893456
Fax：0577－26897978

**温州市墨客纸行**

业务：本厂是生产各种纸制品的专业企业，拥有优秀的管理团队和专业的技术人才，实力雄厚，设备先进，并具有完备的服务体系，因产品的高质量，深得客户厚爱！
地址：浙江省温州市瓯海区郭溪塘下浦北仙庄路 108 号
负责人：罗曼　邮　编：325000
Tel：0577－86106080

**杭州赛佳包装材料有限公司**

业务：包装材料，塑料制品
产品：EPE 珍珠棉包装材料及其它塑料环保产品
地址：浙江省杭州余杭区良渚镇下潘塘 6 号
负责人：叶洪正　邮　编：311113
法　人：叶洪正
Tel：0571－88776727
15268141412
Fax：0571－88777189
网址：www.hzsjbz.com.cn

**德清富华办公设备有限公司**

业务：热裱机，冷裱机，覆膜机
地址：浙江省湖州市德清县雷甸镇东升路 118 号
负责人：俞炳军　邮　编：312119
法　人：俞炳军
Tel：13989856951
0572－8486773
Fax：0572－8486773
网址：http://www.51zzt.com/user/zzt32896

**德清武康洁惠卫生纸品厂**

业务：生产，销售卫生纸、餐巾纸
地址：浙江省湖州市德清县武康镇对河口沈中坞
负责人：施黎红　邮　编：313000
法　人：施黎红
Tel：13567998074
0572－7818887

**遂昌县诚信纸业有限公司**

地址：浙江省丽水市遂昌县大柘镇村下
负责人：张连平
Tel：0578－8151160
13059636623

**诸暨市元忠印刷厂**

业务：本公司成立于 1997 年，拥有 30 多名员工。主要经营商标、各种包装礼品盒。
地址：浙江省绍兴市诸暨市大唐镇上香头园区
邮　编：311800
法　人：蔡元忠
Tel：0575－7758765
Fax：0575－7745579

**浙江康达冷暖设备有限公司下沙分公司**

业务：冷暖设备，空调的生产、销售和安装
产品：冷暖设备，空调
地址：浙江省杭州经济技术开发区下沙路一号大街资格小区 316 号
负责人：诸官兴　邮　编：310026
法　人：诸官兴
Tel：13388617031
0571－86716847
Fax：0571－86785103

**杭州奥成贸易有限公司**

业务：瓦楞纸、牛皮纸、C 级牛皮纸的销售
产品：瓦楞纸、牛皮纸、C 级牛皮纸
地址：浙江省杭州市江干区笕桥镇白石社区一组 31 号二楼
负责人：毛国胤　邮　编：310021
Tel：13221806658

**杭州艺彩印务有限公司**

业务：印刷、包装
地址：浙江省杭州市下城区石桥路 308 号天堂经济开发区 B 幢 1 楼
负责人：吴立华　邮　编：310026
法　人：吴立华
Tel：0571－86463549
Fax：0571－86468725

**杭州汤氏纸张有限公司**

业务：经营平张新闻纸、双胶纸、书写纸
地址：浙江省杭州市余杭区梅堰小区 55 幢 1 单元 301 室
负责人：汤建峰　邮　编：310026
法　人：汤建峰
Tel：13757128515
0571－86157088
89289860

**杭州腾顺包装制品有限公司**

业务：吸塑包装；塑料盒；塑料托盘；塑料折盒；医药包装；日用包装；环保包装；五金包装；化妆品包装；玩具包装；电子产品包装；食品包装
地址：浙江省杭州市余杭区闲林镇孙家坞村闲兴路 19 号
负责人：吴绍波　邮　编：310026
法　人：吴绍波
Tel：0571－88687897
网址：http://hztsbz.cn.alibaba.com

**舒达纸业有限公司**

地址：浙江省台州温岭市泽国镇上孚李村
负责人：李正林
Tel：0576－86423222
13905766629

**温岭市当代胶粘包装用品有限公司**

业务：温岭市当代胶粘包装用品有限公司成立于 2005 年 8 月，主要经营 OPP 封箱胶带、文具胶带、美纹胶带、双面胶带、牛皮胶带、布基胶带、泡棉胶带、打包带等各类胶粘带．当代公司将在全体员工的努力下，奉行“诚信，创新，奉献，完美”的经营理念，稳健发展，永续经营，致力于使“当代胶带”成为国际知名品牌。
地址：浙江省温岭市大溪镇下园山工业园区
邮　编：317525
法　人：黄灵建
Tel：0576－6353920
Fax：0576－6353925

**杭州旺达纸制品有限公司**

业务：彩色包装设计，纸制品生产
地址：浙江省杭州余杭区仓前镇灵源村 8 组奄前桥 13 号
负责人：马渭建　邮　编：310026
法　人：马渭建
Tel：0571－88736123

**安吉丰顺纸业有限公司**

本公司主要经营装饰原纸，贴面纸，淋膜纸，复合原纸，白牛皮纸，电脑麦褩纸，糖果原纸以及各种食品及包装原纸。

公司一贯坚持“质量第一，用户至上，优质服务，信守合同”的宗旨，凭借着高质量的产品，良好的信誉，优质的服务，产品畅销全国。

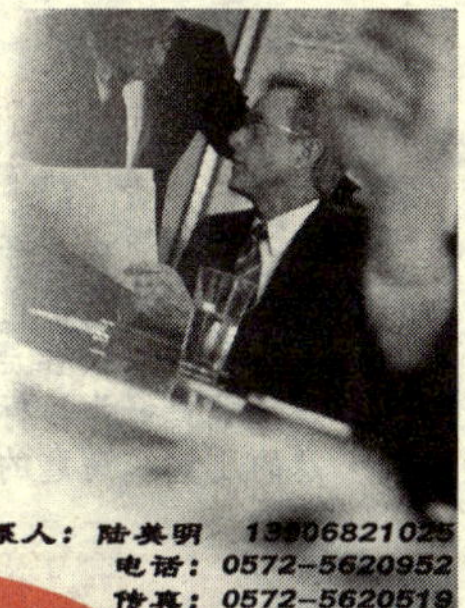

联系人：陆美明　13806821025
电话：0572-5620952
传真：0572-5620519
邮编：313000
地址：浙江省湖州市安吉县孝丰老石坎

**安吉盛洲包装有限公司**

安吉盛洲包装有限公司于2003年成立，本公司专业从事包装装潢印刷、其他印刷品印刷，纸箱、纸板加工、销售。

本企业以“发展软包装、迈向全球化”为奋斗目标，本着“和善、敬业、拼搏、超前”的理念，竭诚为新老客户提供放心的产品和满意的服务，以崭新的姿态迎接辉煌的未来。

联系人：朗元峰
电话：0572-5041232 5042622
传真：0572-5044622 5042822
地址：浙江省湖州市安吉县天荒坪镇余村工业区
邮编：313302

**苍南县科联铝箔复合材料厂**

苍南县科联铝箔复合材料厂成立于2007年，主要从事铝箔纸的生产与销售。主要产品有铝箔纸、金银卡纸、淋膜纸、激光镭射卡纸、各种包装用纸。欢迎广大客户来电来函洽谈。

联系人：黄体味
电话：13738772999、0577-59916688、68635299
地址：浙江省温州市苍南县龙港镇金田工业园区7栋107　邮编：325802

**苍南县天策包装设计有限公司**

苍南县天策包装设计有限公司专业提供工艺礼品、包装品外观设计服务，包装是“产品的彩衣，企业的面子”。

我们相信以方圆人专业设计、专业生产、专业服务的经营理念，更以优质产品作保证，一定会赢得你的满意！让我们携手，共同发展！

联系人：薛思奖　13706870681
电话：0577-68617188
传真：0577-68617288
地址：浙江省温州市苍南县龙港镇金瓯大厦10楼A室　邮编：325000

## 苍南县中信包装材料商行

本公司成立于1996年，主要经营BOPP薄膜、珠光膜、亚光膜、热封膜、PET涤纶膜、CPP膜、激光膜及各种软包装材料。“热情、优质、高效”是一贯的服务宗旨。

联系人：林洪累
手机：13506539278
传真：0577-64296827
电话：0577-64293147 64296827
地址：浙江省温州市龙港镇威龙二街22-36号 邮编：325000

## 温州镭达包装材料有限公司

温州镭达包装材料有限公司是一家专业从事激光全息喷铝转移纸研发、生产和销售的高新技术企业。主要产品有：喷铝转移纸、金银卡纸、镭射卡纸、镭射喷铝转移烟标、烟卡纸、环保型烟包内衬纸以及啤酒标纸等。

公司本着以市场为导向，以科技为主体，以质量为生命为宗旨，不断加大投入，引进先进设备，努力满足市场追求“一流包装”的需求。真诚希望新老客户光临！

联系人：林雪琴
电话：0577-64560180 13506872180
传真：0577-64560182
网址：www.wzldbz.com.cn
邮编：325805
地址：浙江省温州市苍南县金乡镇东门营房1号

## 丰燕纸箱商行

本公司成立于2006年，主要经营纸箱等包装类产品的制造及销售。

我们以顾客至上为宗旨，以质量第一为准则，以追求更好为目标。确保顾客获得满意的产品，满意的质量，满意的服务。

联系人：冯金丰
15057920651
电话：0579-85579006
邮编：322000
地址：浙江省义乌市江东街道五爱新村26幢1号

## 温州市鑫辉印业有限公司

温州市鑫辉印业有限公司成立于2008年，以印刷服务为主。公司秉承“顾客至上，锐意进取”的经营理念，坚持“客户第一”的原则为广大客户提供优质的服务。欢迎惠顾！

联系人：吴绍省
电话：0577-68121111、64463777、13780157880
地址：浙江省温州市苍南县钱库镇宁泰花苑1-13号 邮编：325804

## 杭州吉杭包装有限公司

杭州吉杭印业有限公司创办于2005年，主要从事空白标签、白色PET标签、条码纸、PET不干胶印刷加工等，产品有各种礼品盒，酒盒，烟盒，药品装，磨砂，折光铝箔酒盒，挂历，广告画册手提袋等各种印刷品，竭诚为广大客户提供优质的产品和完善的服务！

联系人：郑建校
电话：0571-88943686 13777819668
地址：浙江省杭州市西湖区天目山路369号
网址：hzjhbzyxgs.woyaoyin.cn 邮编：310010

## 温州鑫美湿巾有限公司

温州鑫美湿巾有限公司是集开发、生产、销售于一体的大型现代化经济实体，专业从事生产销售通用清洁、婴儿专用、洁阴护理、营养护肤、电脑清洁、汽车清洁等系列湿巾，产品已广泛用于居家旅游、生活学习、餐饮娱乐、时尚运动等各个行业，并且本公司产品已成功远销欧美、亚洲、非洲等多个国家，并且与客户建立了长期稳定的合作关系，深受客户好评。

联系人：刘泽平 13968853993
电话：0577-86295779 邮编：325000
地址：浙江省温州市瓯海区娄桥镇洪河路50-3号

## 龙港软包装经营部

本公司成立于2002年，主要从事销售进口及国产BOPP热封膜，可适用于音像制品、香烟、化妆品、食品、药品等外包装，主要产品有各种规格BOPP热封膜、烟膜。价格优惠，品质保证，欢迎洽谈订购。

联系人：项秉串
电话：0577-64221786、64268221、13695835790 传真：0577-64268221
地址：浙江省温州市苍南县龙港镇迎港路11号 邮编：325802

## 温州鑫祥印业有限公司

网址：www.wzxinxiang.com

温州鑫祥印业有限公司成立于2007年10月，是一家集设计、制版、包装印刷、制作策划营销一体化的专业包装服务的企业。

愿与各界人士密切合作、携手并进、共创未来！

联系人：周春铁 13506873560
电话：0577-68001555
地址：浙江省温州市苍南县龙港镇城东工业区彩虹大道10号 邮编：325802

## 绍兴县宏鑫塑料彩印包装有限公司

绍兴县宏鑫塑料彩印包装有限公司成立于2003年，本公司主要经营彩印、企业样本、彩盒、纸卡、吊牌、礼品袋、布封条、布样夹、烫金字等业务；同时经营高低压塑料薄膜、PVC热收缩膜、封箱胶带、撕力带、打包带等。

公司本着“市场为本，信誉立业，质量取胜”的经营宗旨，竭诚欢迎广大客户前来洽谈业务！

联系人：胡兴祥 15958515668
电话：0575-85587032 85685703 传真：0575-84129031
地址：浙江省绍兴市绍兴县中国轻纺城万商路572-578号 邮编：312030

## 安徽省/Anhui Province

### 高洁纸品厂
地址：安徽省安庆市渡江路木材公司令库108号
负责人：杨治兵
Tel：0556－5205679
13805563897

### 百木浆纸有限公司
地址：安徽省安庆市人民路78号
负责人：吴石镜
Tel：0556－5540985
13805561108

### 宿松县华厦印务有限责任公司
地址：安徽省安庆市宿松县浮玉镇通德街22号
负责人：董传龙
Tel：0556－7812919
13865181879

### 安徽联盛包装印刷有限公司
业务：本公司成立于2006年，主要从事精美画册，礼品彩盒，瓦楞纸箱，挂历台历，不干胶类等印刷及包装装潢。欢迎新老客户光临惠顾！
地址：安徽省合肥市庐阳区庐阳产业园
负责人：李荣强 邮编：230041
法人：李荣强
Tel：0551－5201218
Fax：0551－5201217

### 蒙城县云善纸品厂
地址：安徽省亳州地区蒙城县城关镇望月村三里郑
负责人：张云善
Tel：0558－7683796
13505661281

### 志伟激光照排服务部
地址：安徽省合肥市包河区王大郢C区11栋406室
负责人：黄景卫
Tel：0551－3173106

13965017243
E-mail:lisheng@163.com

**巢湖市大江彩箱厂**
业务:彩箱印刷生产、销售
产品:各种烟花爆竹包装用的彩箱
地址:安徽省巢湖市居巢区散兵镇隆泉行政村
负责人:江家应　邮　编:238000
法　人:江家应
Tel:0565－8711387
13866993168

**安徽省安庆桐城市友邦胶印有限公司**
地址:安徽省安庆市桐城市新渡镇塑料工业园
负责人:汪金玲
Tel:0556－6811756
13966944088

**蚌埠市涂山纸箱厂**
地址:安徽省蚌埠市秦集镇老贯徐村
负责人:朱永红
Tel:0552－4931887
13155221238

**安徽省桐城市盛强包装材料有限公司**
业务:安徽省桐城市盛强包装材料有限公司自成立以来,得到了各界朋友的鼎立支持与真诚帮助,为此我们深表谢意。今后,公司在现有基础上将继续发展业务品种,增强实力,以期为广大客户提供全方位、高效优质的服务。我们的目的是力争使客户得到最大的效益,客户的成功就是我们的成功。
地址:安徽省安庆市桐城市双港镇
负责人:张文胜　邮　编:231480
法　人:张文胜
Tel:0556－6860211
Fax:0556－6870237
网址:www.tcsqbz.com
E-mail:web@tcsqbz.com

**华太纸品加工厂**
地址:安徽省亳州地区蒙城县关帝新村 016 号
负责人:马跃
Tel:0558－7622824
13856822875

**汉邦纸业制品厂**
地址:安徽省亳州市谯城区汤陵办事处刘营
负责人:许培元
Tel:0558－5212429

**无为县腾信包装制品有限公司**
业务:包装、直管、彩印加工
地址:安徽省巢湖市无为县福渡镇
负责人:谢恒飞　邮　编:238300
法　人:谢恒飞
Tel:13956673132
13956676070
0565－6546889

**滁州市强生包装有限责任公司**
地址:安徽省滁州市琅琊区城南工业园(滁乌路)
负责人:向先余
Tel:0550－3951511

**合肥同创彩印包装有限责任公司**
业务:合肥同创彩印包装有限责任公司从事各类包装印刷及制作,公司坚持以诚为本、以诚为信的宗旨为广大客户服务。
地址:安徽省合肥市包河区骆岗镇贾大郢村工业区(梁园路 18 号)
负责人:葛宜俊　邮　编:230051
Tel:0551－3647090

**滁州市琅琊区金明网印社**
地址:安徽省滁州市琅琊区琅琊西路 6 号
负责人:曹开明
Tel:0550－3042095
13605503351

**黄山市屯溪区永胜包装行**
产品:主要经营环保塑料袋,环保包装袋,宾馆、酒店一次性用品
地址:安徽省黄山市屯溪区步行街 138、119 号
负责人:陈高才　邮　编:245000
法　人:陈高才
Tel:0559－2113680
2128219

**巢湖市金庭包装厂**
业务:巢湖市金庭包装厂成立于 1998 年,主要从事塑料编织袋的生产。"诚信为本,信誉至上",热诚欢迎各界朋友来我公司洽谈业务,共同发展。
地址:安徽省巢湖市居巢区环城镇灯塔行政村
邮　编:238000
法　人:王俊道
Tel:0565－2382744
Fax:0565－2382744

**康乐纸品厂**
地址:安徽省合肥市庐阳区合淮路 81 号
负责人:齐小龙
Tel:0551－5712435
13003062110

**合肥安博印务有限公司**
地址:安徽省合肥市庐阳区庐阳产业园北方置业工业园 6 号
负责人:王华鹏
Tel:0551－5201238

**(香港富威集团制造商)安徽泗县嘉能利华实业有限公司**
业务:专业从事高中低档的生活用纸生产及包装销售,兼营代理酒类、洗涤用品、化妆品等系列产品,我们将以诚信为本、利人在先的经营宗旨,为您提供满意服务!
产品:各种高档生活用纸
地址:安徽省泗县泗城镇开发区
负责人:张成辉　邮　编:234300
法　人:张成侠
Tel:0557－7098688
13955779898
Fax:0557－7099969
网址:www.jianenglihua.com

**安徽北星包装有限公司**
业务:公司专业生产 PVC 包装膜、印刷膜、各类瓶盖、彩色印刷、制袋、复合、塑料高档防伪盖、铝质防盗盖等。产品畅销全国各地,部分出口东南亚地区。年产值 4000 多万元。我们以一流的产品,一流的服务,热忱欢迎广大客户惠顾。
地址:安徽省桐城市三十里铺镇工业园区
邮　编:231400
法　人:笪雪松
Tel:0556－6712818
Fax:0556－6713519

**艺海印刷有限公司**
地址:安徽省淮南市田家庵区舜化路 204 号
负责人:陈欣
Tel:0554－3626752
13805542071

**黄山怡田包装制品有限公司**
地址:安徽省黄山市歙县唐里乡唐里村
负责人:郑绍东
Tel:0559－6921099

**永生印刷厂**
地址:安徽省六安市裕安区六佛路
负责人:杨永生
Tel:13905640560

**桐城市兴创包装有限公司**
业务:本公司是一家专门生产各种床上用品包装袋、PVC 手提袋、环保 PE、PEVA、无纺布袋、高频热合袋、钢丝袋、帆布袋、棉布袋、牛津包等。本厂产品原辅材料采用国际、国内优质原料,产品远销欧美及东南亚等地区。
地址:安徽省桐城市兴店镇
邮　编:231400
法　人:胡习双
Tel:0556－6750099
Fax:0556－6750299

**安徽泗县嘉能利华实业有限公司**
业务:加工,生产生活用纸(香港富成集团合资)
地址:安徽省宿州市泗县开发园区
负责人:张成侠　邮　编:234300
法　人:张成侠
Tel:0557－7098688
Fax:0557－7099969
网址:http://www.51zzt.com/user/zzt32237

**六安市华瑞木竹包装材料有限公司**
地址:安徽省六安市裕安区狮子岗乡介牌石村
负责人:赵宗浩
Tel:13966300278

**马鞍山市福星彩色印刷有限责任公司**
地址:安徽省马鞍山市金家庄区四新街道幸福路小学
负责人:韩文华
Tel:13805555644

**安徽省宁国市兆丰纸业有限公司**
地址:安徽省宁国市汪溪工业园区
负责人:陈和宁
Tel:0563－4440777
13966237977

**砀山县医院印刷厂**
地址:安徽省宿州市砀山县城关镇健康路县医院内
负责人:许风浩
Tel:0557－8027338
13855711975

**天长市强盛塑料包装厂**
业务:聚丙烯、聚乙烯回料、电子包装箱、包装袋
地址:安徽省天长市天长街道办事处土城社区居委会
负责人:李施斌　邮　编:239000
法　人:李施斌
Tel:13965982896
网址:http://www.51zzt.com/user/zzt33489

**光明水果包装实业有限公司**
地址:安徽省宿州市砀山县良梨镇良梨供电所
负责人:崔向阳
Tel:0557－8102172
13335579558

**天和塑料包装有限公司**
地址:安徽省天长市大通镇太平村
负责人:赵士祥
Tel:0550－7591555
13865816599

**桐城市宏祥卫生制品厂**
地址:安徽省桐城市陶冲镇沙河村
负责人:徐文祥
Tel:0556－6089262
13705563740

**铜陵市三铜包装材料有限责任公司**
业务:铜陵市三铜包装材料有限责任公司建于 1980 年,主要生产经营各种规格型号的优质编织袋,产品远销海外,深得用户信赖,企业本着"质量第一,用户至上"的宗旨,竭诚为广大用户提供满意优质的服务。
地址:安徽省铜陵市铜官东路
邮　编:244000
法　人:周红君
Tel:0562－2853556
Fax:0562－2853556

**芜湖绕环包装机械有限公司**
业务:生产,销售纸包装产品、纸护角、纸托盘、粘胶带
地址:安徽省芜湖市鸠江区南阳路 5 号
负责人:晋入才　邮　编:241000
法　人:晋入才
Tel:13470752598
0553－5812936

**宣城市云锦打包带厂**
地址:安徽省宣城市宣州区黄渡乡许村
负责人:汪世全
Tel:13856305213

**桐城市鸿润包装实业有限公司**
地址:安徽省桐城市兴店镇
负责人:施长才
Tel:0556－6750158
13956534789

## 安徽佳乐五金包装有限责任公司

本公司成立于2007年，专业生产制作开瓶器，酒用包装和相关五金冲件的加工。

公司坐落于“华佗故里药材之乡”之称的亳州市，公司地处交通要道紧靠京九线与105国道之间，北面是中国白酒生产基地“中国酒城”之称的古井镇。公司成立以来，逐步发展壮大，我们秉承"以质量求生存，以信誉求发展"的发展理念，严把质量关，做好每个生产环节。

欢迎新老客户前来洽谈业务。

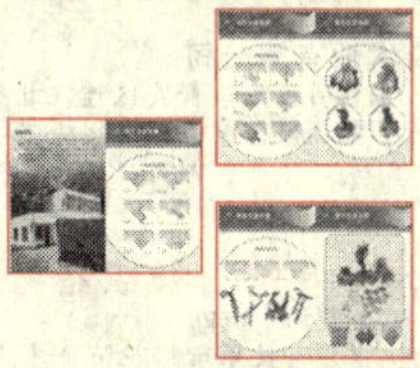

电话/传真：0558-5296399
邮编：236821
地址：安徽省亳州市华佗镇大吴开发区
联系人：李成林
13966508219

## 滁州市迪欧塑料制品厂

本公司成立于 2005 年，主要经营各种塑料工业包装。

服务宗旨：质量第一，信誉至上。以满足顾客的最大需求为服务宗旨，凭借其优质的服务和产品质量而赢得广大用户的信赖和社会各届人士的高度重视。

电话：0550－3054522
邮编：239000
地址：安徽省滁州市琅琊区创业路139号
聯系人：吕長清
13705504806

## 砀山县医院印刷厂

砀山县医院印刷厂成立于1985年，本公司主要经营：纸张印刷、名片印刷、环保纸袋、纸杯、表册、簿本、画册、不干胶、广告设计、平面设计等。公司秉承“顾客至上，锐意进取”的经营理念，坚持“客户第一”的原则为广大客户提供优质的服务。

联系人：许风浩
电话：13855711975　0557－8032498
传真：0557－8032498
地址：安徽省宿州市砀山县城关镇健康路县医院内
电子邮件：ds.yitong@163.com　邮编：235300

## 天长市荣熙塑料厂

天长市荣熙塑料厂创立于2003年，主要从事塑料包装袋生产、销售。

我们秉承“顾客至上，锐意进取”的经营理念，坚持“客户第一”的原则为广大客户提供优质的服务。欢迎广大客户惠顾！

联系人：钱荣熙 13855057181
电话：0550-7983108　传真：0550-7983829
地址：安徽省滁州市天长市关塘乡街道　邮编：239354

## 福建省/Fujian Province

**汇森木业有限公司**
地址：福建省福州市晋安区连江北路 251 号南方装饰材料市场七区 4－6 号
负责人：卞伟宏
Tel：0591－83640096 87253188

**长乐梅花旭日纺织器材配件厂**
业务：纸管加工销售
地址：福建省长乐市梅花镇育才路（梅花中学旁）
负责人：郑师罕 邮 编：350200
法 人：郑师罕
Tel：13859067676
0591－27967222

**福州市晋安区宏伟包装材料有限公司**
业务：生产、销售包装材料
产品：纸箱、胶带
地址：福建省福州市马尾区罗星路 37 号英华园 1 号 302 室
负责人：李小荣 邮 编：350015
法 人：李小荣
Tel：0591－87959913
13275015200
13055286370
Fax：0591－87956612

**福泰日用印刷厂**
地址：福建省泉州市南安市水头镇西锦西村
负责人：吕联福
Tel：0595－86982838
13905966647

**福建省东升包装材料有限公司**
业务：包装材料、印刷、纸箱
地址：福建省福州市闽侯县县委对面
负责人：饶惠常 邮 编：350001
法 人：饶惠常
Tel：15806025777
0591－22072899
22079931
Fax：0591－22079931
网址：http://www.51zzt.com/user/zzt32266
E-mail：13665042111@139.com

**福州台江区安溢贸易有限责任公司**
业务：订制和销售各类纸制品，复印纸、传真纸、收银纸，各类文化用品
产品：各类纸制品，复印纸、传真纸、收银纸，各类文化用品
地址：福建省福州市台江区鳌峰街道江滨中大道 378 号圣淘花园 31 幢 1006
负责人：吴明哲 邮 编：350000
法 人：吴明哲
Tel：13850199879
0591－83626795
Fax：0591－83621795

**泉州市锦纬商标彩印有限公司**
业务：本公司专业生产包装盒、手提袋、吊牌等印刷品，拥有一支技术优良的专业印刷工作队伍和先进的印刷设备。本公司自 2000 年成立以来一直深受广大客户的好评和厚爱。
地址：福建省晋江市陈埭镇溪边开发区
负责人：余明传 邮 编：362211
法 人：章锦纬
Tel：0595－85198466
85197466
87593866

**厦门市宏翔博达包装有限公司**
地址：福建省厦门市集美区后溪镇孙坂路南侧
负责人：翁智强
Tel：0592－6362999

**福州市台江区同一文印店**
业务：印刷服务
地址：福建省福州市台江区六一中路 240 ＃－4
负责人：何朝动 邮 编：350001
法 人：何朝动
Tel：13705007649
0591－83036877

**常丰胶粘品有限公司**
业务：不干胶纸品加工、生产、销售
地址：福建省福州市晋安区岳峰岭 15 号
邮 编：350018
法 人：李梓银
Tel：0591－87446620、
Fax：0591－87446779

**龙海市榜山国炳纸箔厂**
业务：主营：加工各种大小规格精致迷信纸。有纯竹纸迷信纸、再生纸迷信纸。
地址：福建省龙海市榜山镇北溪头村 167 号
负责人：黄国炳 邮 编：363000
法 人：黄国炳
Tel：13959638822
15880527197
13063006297
0596－6596197

**龙海市金源包装有限公司**
业务：专业从事纸制品加工，为您提供高质量、环保、精美的印刷包装制品，专业品质，真诚服务，欢迎广大的客户来电洽谈与订购！
产品：制作各种规格尺寸瓦楞纸箱、纸盒、不干胶、牛皮纸等各类纸制品
地址：福建省龙海市角美镇新阳小区
负责人：林艺彬 邮 编：363107
法 人：林艺彬
Tel：0596－6715586
Fax：0596－6715983
E-mail：jinyuan869@163.com

**惠安嘉跃纸品包装部**
业务：集开发、设计、生产、销售于一体，承接各种纸品包装业务，可为客户度身定做，我们本着"诚信、务实、共赢"的原则，为您提供优质的产品和服务！
产品：礼品盒
地址：福建省泉州市惠安县螺阳镇工农村社坝头（城南工业区）
负责人：叶生平 邮 编：362100
法 人：叶生平
Tel：0595－87310239
15860306599
Fax：0595－87310309
E-mail：326748869@qq.com

**三达纸盒加工厂**
业务：纸盒加工
地址：福建省泉州市洛江区双阳街道新岭社区
负责人：郭国兴 邮 编：362000
法 人：郭国兴
Tel：0595－22293133
22066766

**永春县达埔延清芦柑包装厂**
业务：芦柑包装
地址：福建省泉州市永春县达埔镇楚安村白沙口
负责人：潘进程
法 人：潘进程
Tel：13960290263
0595－23789180

**福建省厦门市金鑫龙纸品包装有限公司**
业务：纸品礼盒、铁罐、真空袋、吹膜镀铝等包装产品
地址：福建省厦门市同安工业集中区集贤路 209 号
负责人：谢瑞蓉 邮 编：362000
法 人：陈依锋
Tel：0595－23230339
13805932197

**云霄县集锦网印**
业务：QQ：942464263
地址：福建省漳州市云霄县云陵镇云平路 6－1 号
负责人：汤锦元 邮 编：363000
法 人：汤锦元
Tel：0596－8518663

**武夷山市安踏体育用品专卖店**
业务：销售安踏体育用品
地址：一店：福建省南平市武夷山市崇安街 75 号；二店：福建省南平市武夷山市崇安街 65 号
负责人：杨炳太 邮 编：354300
法 人：杨炳太
Tel：0599－5307278
5315259

**德化县杰宇陶瓷包装有限公司**
业务：设计，制作陶瓷包装
地址：福建省泉州市德化县龙浔镇宝美工业区
负责人：吴允传 邮 编：362000
法 人：吴允传
Tel：13808504305

**泉州祥烽包装有限公司**
业务：生产和销售各种包袋
产品：各种包袋
地址：福建省泉州市丰泽区北峰工业区丰惠路塔前工艺厂三楼
负责人：黄万秋 邮 编：362000
法 人：黄万秋
Tel：15559090810
13489594492

**惠安县榕盛彩印有限公司**
业务：鞋盒、礼品盒、手提袋、挂牌等等各种盒件
地址：福建省泉州市惠安县黄塘镇后西村
负责人：赵启榕 邮 编：362000
法 人：赵启榕
Tel：13600779556
0595－87287678

**仙游县凯达塑料袋加工厂**
业务：塑料袋加工、印刷、销售
地址：福建省莆田市仙游县枫亭镇兰友村
负责人：沈文九 邮 编：351100
法 人：沈文九
Tel：0594－6896188
7623669

**福建省石狮市凯僮纸品包装有限公司**
业务：福建省石狮市凯僮纸品包装有限公司成立于 2002 年，自公司成立以来，引进最先进的设备及原材料，一流的印刷加工工艺，专业设计生产中高档次木盒及各种精致纸品包装，并拥有 UV 印刷，上光，金葱，勒油，磨砂，冰花等先进印刷技术。品质稳定，设计独特。本公司遵循高品质，底价位的服务宗旨，希望与新老客户共同发展，建立一种长期稳定的合作关系。
地址：福建省石狮市祥芝镇前山村 A 片
邮 编：362700
法 人：吴尚凯

Tel：0595－88902168
13906092295
Fax：0595－88909399

**厦门市奇美达彩色印刷有限公司**
地址：福建省厦门市思明区谊爱路 40 号
负责人：黄文胜
Tel：0592－5599128

**龙海市宏达彩印包装有限公司**
业务：主要经营包装、彩印、印刷、布激（学生用品）
地址：福建省龙海市榜山镇平宁工业区
邮 编：363100
法 人：石达坚
Tel：0596－6526176
Fax：0596－6557858

**泉州协森纸品包装厂**
业务：茶业包装、酒类包装
地址：福建省泉州市惠安县螺城镇溪南村
负责人：陈惠堂 邮 编：362100
法 人：陈惠堂
Tel：15905017589
0595－87369282
Fax：0595－87365282

**泉州市佰臣艺术礼盒有限公司**
业务：礼盒设计制作
地址：福建省泉州市惠安县螺阳镇城南工业区
负责人：艾全根 邮 编：362000
法 人：艾全根
Tel：13600776908
15260379831

**长汀县环宇塑料彩印有限公司**
业务：包装、装潢印刷品，其它各种塑料包装袋制品
地址：福建省龙岩市长汀县河田经济开发区（茶果场）
负责人：李小健 邮 编：366301
法 人：李小健
Tel：13600996114
0597－6521818
Fax：0597－6520818

**南安市雅图包装有限公司**
业务：生产销售各种塑料包装袋
产品：各种彩印包装袋，PVC 包装袋
地址：福建省南安市溪美办事处环城西路 3 号
负责人：叶宗辉 邮 编：362300
法 人：叶宗辉
Tel：0595－86375169
13599128576
Fax：0595－86856177
网址：www.antubaozhuang.chinapyp.com

**莆田市涵江区龙港不干胶加工场**
业务：生产不干胶
地址：福建省莆田市涵江区江口镇石庭西路 608 号
负责人：陈忠宁 邮 编：351117
法 人：董彩珠
Tel：13850252658
0594－3781788
3798768

**群英制版服务部**
业务：纸箱排版设计制作，纸巾和纸箱柔性印刷版，激光雕刻版，销售海棉字粒等等
业务：福建省莆田市荔城区阔口小区 B9 号楼
负责人：刘仲杰 邮 编：351100
法 人：刘仲杰
Tel：0594－2556988

## 福建省泉州市天家禧纸塑包装有限公司

福建省泉州市天家禧纸塑包装有限公司创建于2003年，是一家专业从事茶包装生产企业，主要产品有：真空袋、环保罐、木礼盒等系列产品。

公司坚持以“以客户为中心、以市场为导向、以科技为动力、以开创新产品为宗旨”的经营理念。“诚信经营”，追求完美，树立企业文化形象，和谐健康发展。打造茶叶包装第一品牌的经营方针，是天家禧的立足之本。

天家禧竭诚邀您到公司选购、指导！

联系人：周艳敏 13505043928　电话：0595－26286777 23212121
传真：0595－23212131
地址：福建省泉州市安溪县城厢镇涝港开发区　邮编：362400

## 福清市同森印刷厂

福清市同森印刷厂成立于2002年，主要从事印刷广告、广告书刊的企业。

我们秉承“顾客至上，锐意进取”的经营理念，坚持“客户第一”的原则为广大客户提供优质的服务。欢迎广大客户惠顾！

联系人：翁同森 13950264401
电话：0591-85216465 85249339
传真：0591-28392237 28396693
地址：福建省福清市融城小桥街34号　邮编：350300

## 福州市仓山区福泰纸品店

福州市仓山区福泰纸品店成立于2008年，本店专业从事纸制品的零售。主要有白板纸、双灰纸、单面白。我们主要为彩印公司供应纸张。本店坚持以“诚信、和谐、精品、互利”为宗旨，与时俱进，不断开拓和进取，不懈追求更高的品质和更好的服务，热忱欢迎国内外客户参观、合作。

联系人：王建祥
电话：0591-83592629　传真：0591-83593575　邮编：350000
地址：福建省福州市仓山区盖山镇红星农场湾边工业区仁山村65号

## 平和县文峰龙山黑龙蜜柚包装有限公司

平和县文峰龙山黑龙蜜柚包装有限公司自成立以来，本公司专业从事黑龙网袋、环保膜、热缩膜的经营。本公司凭着先进设备、精湛技术及良好的信誉，赢得客户厚爱，已和近百家企业建立业务关系。本公司将进一步热诚、周到的服务为广大客户提供尽善尽美的优质包装。

联系人：林文龙
电话：0596-5292333
地址：福建省漳州市平和县文峰镇龙山村　邮编：363700

## 浦城县鑫源纸业有限责任公司

公司本着质量第一，用户至上的诚信服务宗旨，为您提供各种牛皮纸，包装纸，双胶纸，铜版纸，牛卡纸，白卡纸，拷贝纸，招贴纸，无炭纸，迷信纸，着色纸，鞋头纸等，欢迎新老顾客亲临指导！

联系人：李明鑫
电话：0599-2761857 2762091　传真：0599-2761857
地址：福建省南平市浦城县忠信镇兴忠路165号
邮编：353000

## 江西省/jiangxi Province

**丰城市孙渡永丰造纸厂**
地址：江西省丰城市孙渡永丰社区
…………负责人：刘金华
…………Tel：13576158220

**进贤县超能彩印有限公司**
业务：进贤县超能彩印有限公司成立于2006年，经营彩色包装印刷，各种礼品包装，室内外装饰装修，销售电脑耗材，文化用品，欢迎新老客户来电洽谈业务！
地址：江西省南昌市进贤县文港镇开发区
…………负责人：朱国龙……邮　编：331722
…………法　人：朱国龙
…………Tel：0791－5592288
…………Mobile：13607004588
…………Fax：0791－5581114

**吉安县宏达胶袋厂**
业务：生产和销售各类包装袋
产品：各类包装袋
地址：江西省吉安市吉安县城白云路(永和实业公司内)
…………负责人：肖志明　邮　编：343000
…………法　人：肖志明
…………Tel：13647966899
13907960407

**赣州丽华彩印包装有限公司**
业务：印刷，包装，服务；各种规格高、中档彩色(普通)包装用纸箱
地址：江西省赣州市宁都县水东工业园
…………邮　编：342800
…………法　人：彭志杰
…………Tel：0797－6906006
…………Fax：0797－6906978

**吉安华茂包装有限公司**
业务：集生产加工、经销批发于一体，专营塑编系列产品，可根据客户要求定做。产品质量稳定可靠、绿色环保、厂价直销，公司秉承以“质量第一、信誉至上”为宗旨，竭诚为广大用户服务！
产品：彩印编织袋、编织筒料 BOPP 膜、复膜编织袋
地址：江西省吉安市吉州区樟山镇中心小学对面
…………邮　编：343000
…………法　人：张秀明
…………Tel：0796－8261286
…………Fax：0796－8261266
…………网址：http://www.huamaopacking.com.cn

**南昌县江明包装箱厂**
业务：本公司成立于1987年，拥有20几名员工。主要经营进出口纸箱包装。
地址：江西省南昌市高新开发区昌东镇日新村江明包装箱厂
…………邮　编：330000
…………法　人：钟明
…………Tel：0791－8266140

**吉安市协和实业有限公司**
地址：江西省吉安地区吉州区吉州工业园
…………负责人：刘咸瑞
…………Tel：0796－8863279

**南昌市青山湖区慧峰塑料制品厂**
业务：主要经营各种用于包装的塑料瓶
地址：江西省南昌市青山湖区扬子洲南洲上村
…………负责人：戴小峰　邮　编：330013
…………法　人：戴小峰
…………Tel：13576267718
0791－8670452
…………网址：http://www.51zzt.com/user/zzt32483

**吉安市华海超硬材料有限公司**
地址：江西省吉安市高新区管委会写字楼313室
…………负责人：邱金姑
…………Tel：0796－8403606

**嘉祺纸管有限公司**
业务：我公司(江西嘉祺纸管有限公司)，工厂经过20年发展，专业生产环锭纺宝塔纸管。是目前国内最大生产厂家之一，产品质量备受纺织企业好评！
地址：江西省南昌市蛟桥枫林(省农机研究所内)
…………邮　编：330044
…………法　人：钟桂尧
…………Tel：0791－3975368
…………Fax：0791－3977502
…………网址：www.jqzggs.chinapyp.com

**昌荣皮革塑料印刷厂**
地址：江西省宜春市袁州区高脚山1－2号
…………负责人：卢建昌
…………Tel：13607058709

**樟树市富兴纸箱有限公司**
地址：江西省宜春市樟树市药都北大道225号
…………负责人：陈明
…………Tel：13979541316

**南昌市玉彩包装有限公司**
业务：包装
产品：对外加工镀金镀银产品
地址：江西省南昌市青云谱区玉河明珠小区22栋3单元101室
…………负责人：何银保　邮　编：330001
…………法　人：何银保
…………Tel：13247785188
…………网址：http://www.51zzt.com/user/zzt36421

**富华包装印务有限公司**
地址：江西省樟树市刘公庙镇
…………负责人：杨立畅
…………Tel：0795－7722318
13702903683

**江西三达纸业有限公司**
业务：江西三达纸业有限公司成立于2003年，主要生产牛皮箱板，高强、低强瓦楞纸。公司本着以质为本，服务至上，满足客户需要的服务宗旨，欢迎各界朋友前来惠顾，我们将为您提供优质服务！
地址：江西省鹰潭市余江县中童镇工业园区
…………邮　编：335200
…………法　人：叶孝遵
…………Mobile：13870009968

## 江西省高安市集贤纸业有限公司

网址：www.jxjxzy.com

江西省高安市集贤纸业有限公司成立于2007年。
主要从事纸箱包装的生产与销售。
欢迎新老客户来人、来函、来电、惠顾！

联系人：赵新如
13761198286
电话：0795－5761856　传真：0795－5488128
地址：江西省宜春市高安市八景镇建筑陶瓷城　邮编：330811

## 南昌市新飞纸箱包装厂

南昌市新飞纸箱包装厂成立于2000年，主要从事包装箱的生产与销售。我厂本着“客户第一，诚信至上”的原则，与多家企业建立了长期的合作关系。

热忱欢迎各界朋友前来参观、考察、洽谈业务。

联系人：许斌
电话：0791-8232871 8223291 8232872　13006205502
地址：江西省南昌市辛家庵许村工业区　邮编：330029

## 山东省/Shandong Province

**永祥彩印包装有限公司**
地址：山东省安丘市经济技术开发区青云开发区青云湖向西 200 米 206 国道北侧
负责人：潘颜初
Tel：0536－4736227
13506498525

**聊城海源天成印务有限公司**
业务：公司从事包装、印刷及广告设计制作，我公司坚持以"一流的服务品质的经营宗旨，竭诚为广大客户服务。
地址：山东省聊城市东昌府区花园南路 18 号
负责人：李保祥　邮　编：252000
Tel：0635－8224213
8214566

**龙口市隆昌纸塑包装有限公司**
业务：生产、销售塑料包装，纸筒
产品：塑料袋
地址：山东省龙口市兰高镇欧头孙家村
负责人：赵森元　邮　编：265709
法　人：赵森元
Tel：0535－8630763
13573599784

**昌邑市利鑫纸制品厂**
地址：山东省昌邑市龙池镇石桥村
负责人：翟云龙
Tel：0536－7880457
13188867796

**德州嘉宏包装材料有限公司**
地址：山东省德州经济开发区郭家庵村驻地
负责人：刘秀英
Tel：0534－2343072

**山东春成纸业有限公司**
业务：本公司是一家集彩印、高、中、低档包装箱为一体的包装企业，拥有各种纸箱设备 40 多台套，注册资金 800 万元，从业人员 100 多名。"诚实、守信"为公司宗旨。"以灵活求市场，以创新求效益"为企业精神。
地址：山东省德州市德州经济开发区杨庄
邮　编：253000
法　人：刘春成
Tel：0534－2759328
Fax：0534－2759708
网址：www.sdcczy.chinapyp.com

**春成纸业有限公司**
地址：山东省德州市德州经济开发区杨庄
负责人：刘春成
Tel：13355346606

**潍坊宏杰印刷材料有限公司**
业务：UV 上光油，水性上光油，哑光油纸塑胶
产品：UV 上光油，水性上光油
地址：山东省安丘市景芝镇李家彭旺村
负责人：姚先生　邮　编：262000
法　人：高志军
Tel：0536－2905200
13791668297
Fax：0536－2905200
网址：www.wfhongjie.com
E-mail：wfhj001@126.com

**梦莎卫生用品有限公司**
地址：山东省德州市临邑县恒源路北首路东
负责人：马泽荣
Tel：13953475786

**新明纸品厂**
地址：山东省德州市临邑县临盘镇张大庄北
负责人：王成海
Tel：0534－4283050
13053408749

**山东省德州陵县鑫源塑编彩印制品有限公司**
业务：山东省德州陵县鑫源塑编彩印制品有限公司，是近几年来突起的一家新型企业。本厂制作 4－6 米宽土方工程用的土载塑编布及裂膜丝机织（土工布），桶状塑编袋以及集装用吨袋（年产 1000 余吨），并制作折径为 30 厘米－225 厘米、厚度 40 克－400 克/平方米的塑料编织袋（年产 3000 万条），生产制作的编织袋、电雕版彩印袋、集装袋布等规格齐全、质量可靠。承接各类彩印、覆膜以及化肥袋、面粉袋、水泥袋、、饲料袋编织等业务，殷切欢迎广大客户前来洽谈业务。无论客户提供什么样的样品，我们都能达到客户的满意。
地址：山东省德州市陵县汽车站北 100 米
邮　编：253500
法　人：李传新
Tel：0534－8221985
Fax：0534－2136866

**滨州佳艺包装制品有限公司**
业务：本公司专业生产、经营纸箱、高强度瓦楞纸箱、彩盒，彩箱及 BOPP 热封膜包装业务。为您提供超大幅面彩印、包装等方便、快捷、完美的印刷服务。兼营食品加工、冷冻保鲜。欢迎新老客户来电洽谈与订购！
业务：各种水果、海鲜、冬枣、牛奶的精品包装
地址：山东省滨州市滨城区市西办事处丁口工业小区
负责人：杨方虎　张珊珊
邮　编：256619
法　人：杨朋朋
Tel：0543－3408919
13805433692
Fax：0543－3408919
E-mail：1240603372@qq.com

**平原鸿源包装纸业有限公司**
地址：山东省德州市平原县王风楼经济开发区
负责人：王建民
Tel：0534－4752488

**鑫安塑料包装彩印厂**
地址：山东省德州市齐河县纸厂路东段 308 国道南侧
负责人：王方玉
Tel：0534－5690868
13395347688

**鑫缘达印刷有限责任公司**
地址：山东省东营市东营区北 2 路与华山路交汇处井下丰收村
负责人：宋玉萍
Tel：0546－8737836
13081411368

**阳信县三益包装有限公司**
业务：蔬菜纸箱、水果纸箱生产、销售，水果销售
地址：山东省滨州市阳信县阳信镇袁家村
负责人：袁玉柱　邮　编：256619
法　人：张春霞
Tel：13061033966
0543－8239578
13082721323

**平原县鹏飞包装有限公司**
业务：纸箱加工、销售
地址：山东省德州市平原县龙门经济园区
负责人：李鹏　邮　编：253012
法　人：李鹏
Tel：13953422777
0534－5032888

**河东区凯祥塑料包装制品厂**
业务：河东区凯祥塑料包装制品厂成立于 2002 年，主要生产 PVC 商标。"以质量求生存，以信誉求发展"，竭诚欢迎广大新老客户来人来电洽谈业务，共同发展！
地址：山东省临沂市河东区汤头镇前林子村
负责人：王开祥　邮　编：276032
法　人：王开祥
Tel：0539－8717199

**广饶县三维彩印包装厂**
地址：山东省东营市广饶县稻庄镇刁炉村
负责人：张玉才
Tel：0546－6499110

**华耀印刷包装有限公司**
地址：山东省高密市朝阳开发区
负责人：葛启华
Tel：0536－2576068

**山东菏泽恒立纸业有限公司**
业务：加工、制造、销售各种包装纸
产品：瓦楞纸、板纸、卫生纸
地址：山东省菏泽市曹县（青岛）工业园鸭绿江西段路北
负责人：郭明芝　邮　编：274000
法　人：郭明芝
Tel：15864673255
0530－3230078
Fax：0530－3230078

**山东省高密市先锋纸制品厂**
地址：山东省高密市醴泉工业园 C 区
负责人：毛元东
Tel：0536－2317078
2590259
1390643870

**临沂嘉田电雕制版有限公司**
业务：山东临沂市嘉田电雕制版有限公司成立于 2000 年，坐落于一中国第二大商品批发城一临沂曹王庄工业园！建筑面积 62000 平方米，员工 120 多人，其中中高级以上职称和专业技术人员 40 人，是目前鲁南地区最知名的电雕制版企业。嘉田制版公司在全国设有多个生产基地，拥有当今世界最前沿的电子雕刻凹印版生产设备和印前图像处理系统。公司所有产品及材料均通过 ISO9001：2000 国际质量管理体系认证和包装质量证，产品在全国的印刷行业中享有很高的声誉。
地址：山东省临沂市兰山区曹王庄工业园
邮　编：276000
法　人：包承云
Tel：0539－8370882
Fax：0539－2980880
网址：http://jtddzb.chinapyp.com

**菏泽市博达印刷厂**
业务：彩色包装设计、印刷
地址：山东省菏泽市牡丹南路（生建机械厂南）西黄口村福康老年公寓
负责人：黄继良　邮　编：274000
法　人：黄继良
Tel：13853018521
13615308565
网址：http://www.51zzt.com/user/zzt31811

**成武县红叶纸张有限公司**
地址：山东省荷泽市成武县县城永顺路中段路东
负责人：付海勇
Tel：0530－8983668

**福美来医用包装有限公司**
地址：山东省菏泽市开发区八一东路北
负责人：岳河生
Tel：0530－5159199
5159909
13905309354

**青岛泉宇彩印包装有限公司**
业务：青岛泉宇彩印包装有限公司成立于 2002 年 6 月，是一家专业生产各种包装盒、彩卡、挂牌、不干胶、手提袋等产品的综合性高科企业。本公司还生产各种材质的彩印、空白塑料袋、PVC 胶袋、盒、各种印刷、机制商标、塑料注塑衣架，并且生产高档喷胶棉、无胶棉。
地址：山东省青岛即墨市即发工业园北
邮　编：266200
法　人：高汝泉
Tel：0532－83502108
875112
Fax：0532－83502107

**民利达印铁包装有限公司**
地址：山东省济南市市中区魏华西路 6 号
负责人：董树民
Tel：0531－87561118
13853163116

**济南鼎旺包装制品有限公司**
业务：集开发、设计、生产、销售于一体，专业生产各种精美礼盒、手提袋、酒类包装盒、画册、不干胶包装用品。公司拥有先进的设备和杰出的设计、制作团队，全面满足客户多方面需求。
产品：纸箱、纸盒、食品包装、医药包装、农副产品包装、农药包装、化妆品盒、电子产品包装
地址：山东省济南市历城区华山镇宋刘村宋刘工业园 71－75 号
负责人：赵杭锡　邮　编：250100
法　人：赵杭锡
Tel：0531－89187819
13188880638
Fax：0531－80690216
E-mail：zhxfcjy@163.com

**济宁恒发印刷有限责任公司**
地址：山东省济宁市安居镇八里庙开发区
负责人：寇玉雷
Tel：0537－2556226
2552671
13355106657

**青岛华鹏包装有限公司**
业务：青岛华鹏包装有限公司成立于 2004 年 12 月，公司主要从事塑料包装制品，纸制包装品。欢迎各方客户来电来人洽谈业务，共同合作。
地址：山东省青岛市城阳区上马街道北岭村
邮　编：266112
法　人：张华
Tel：0532－87010111
Fax：0532－87010379

**潍坊金华印刷材料有限公司**
业务：潍坊金华印刷材料有限公司成立于 2006 年，主要从事于氧化锌胶印版纸、水性胶印版纸、润版剂、油墨清洗剂（洗车水）橡皮布、还原剂、油墨等轻印刷材料。欢迎新老客户光临、惠顾！
地址：山东省潍坊市潍城区偏凉子工业园西区 3 路 55 号
负责人：王先胜　邮　编：261021
法　人：王先胜
Tel：0536－8955299
Fax：0536－8955299
网址：wfjhys.chinapyp.com
E-mail：wfwxs@126.com

**任城区新华包装厂**
地址：山东省济宁市荷花路中段
负责人：王俊平
Tel：0537－2290858
13905378580

**振宇纸箱厂**
地址：山东省济宁市嘉祥县城兖兰东街北侧
负责人：李海涛
Tel：0537－6699979

**嘉祥县永合编织袋加工厂**
业务：生产加工纺织袋、缝包线
地址：山东省济宁市嘉祥县万张乡中李庄村南 20 米
负责人：刘振果　邮　编：272401
法　人：刘振果
Tel：0537－6511306
13791713111
13188818306

**永盛纸业有限公司**
地址：山东省济宁市梁山县第一发电厂对过
负责人：李文忠
Tel：0537－7331209
13964999288

**新世纪包装制品有限公司**
地址：山东省济宁市任城区长沟镇梁庄村
负责人：朱庆春
Tel：0537－2588888
13953791603

**济宁达利包装制品有限公司**
地址：山东省济宁市任城区唐口镇
负责人：张善行
Tel：0537－2514415
13305371022

**保康医用包装有限公司**
地址：山东省济宁市市郊区唐口镇大流店村
负责人：伍宝林
Tel：0537－2522086
13605470210

**平邑县桥仙纸业加工厂**
业务：造纸
地址：山东省临沂市平邑县柏林镇桥仙庄村南
负责人：朱英华　邮　编：273304
法　人：朱林
Tel：13608997601
0539－4102777

**金兴纸制品厂**
地址：山东省济宁市泗水县金庄镇金庄村
负责人：乔元龙
Tel：13791775018

**中奥塑料彩印有限公司**
地址：山东省济宁市泗水县泗河路中段
负责人：周传勇
Tel：0537－4237586
13954708198

**山东泗水飞龙制刷厂**
地址：山东省济宁市泗水县星村镇林泉东村
负责人：周茂霞
Tel：0537－4161128

**柘沟镇造纸厂**
地址：山东省济宁市泗水县柘沟镇李家村
负责人：张镜乎
Tel：13853790988

**青岛鑫涛包装制品厂**
业务：纸箱纸制品，服装辅料，塑料袋
地址：纸制品，服装辅料，注塑
地址：山东省青岛即墨市北安办事处辛庄二村辛八路西
负责人：吴乃波　邮　编：266200
法　人：吴乃波
Tel：13505423280
Fax：0532－87510558

**永大包装材料有限公司**
地址：山东省济宁市微山县奎文东路
负责人：蔡永清
Tel：0537－8228935
13608918610

**泰合包装材料有限公司**
地址：山东省济宁市微山县县城新河街北首四

荣苍 5108 信箱
负责人:潘洪富
Tel:0537－8260788
13853779820

**寿光市鑫源纸业有限公司**
业务:寿光市鑫源纸业有限公司成立于 2001 年,是一家专业造纸企业。公司以用户满意为目的,价格从优,欢迎广大用户光临、指导!
地址:山东省潍坊寿光市上口镇西方吕城南
负责人:刘兰尊 邮 编:262700
法 人:刘兰尊
Tel:0536－5773888

**青岛仁义纸制品有限公司**
业务:纸板、纸箱等
产品:纸箱
地址:山东省青岛胶州市胶西工业园
负责人:薛文仁 邮 编:266329
法 人:高燕凤
Tel:13791965555
Fax:0532－85205678
E-mail:renyibaozhuang188@163.com

**寿光市鑫源纸业有限公司**
业务:寿光市鑫源纸业有限公司现有职工 400 余人,中高级专业人员 100 余人,厂区占地面积 157 亩,固定资产 1500 万元。专业生产:箱板纸、瓦楞原纸、涂布原纸和各种纸箱。年生产能力 5.8 万吨,是国内优秀的造纸企业!
地址:山东省潍坊寿光市上口镇西方吕城南
邮 编:262700
法 人:刘兰尊
Tel:0536－5773888
5773698
Fax:0536－5773889

**信诚包装材料有限公司**
地址:山东省济宁市微山县昭阳开发区
负责人:陈敬涛
Tel:13608917202

**迅达木器包装箱厂**
地址:山东省济宁市汶上县汶上镇北门大街宝塔路 26 号
负责人:路其亮
Tel:0537－7221911
13905475798

**山东宏河矿业集团邹城市恒宏包装印刷有限公司**
地址:山东省济宁邹城市沿河路 1 号
负责人:付洪月
Tel:0537－5231238
13562766909

**临清银星冈部纸品有限责任公司**
地址:山东省聊城临清市日本工业园
负责人:温立中
Tel:13963537992

**青岛亮大包装制品有限公司**
业务:塑料包装盒的生产销售
地址:山东省青岛胶州市马店工业园 40 号路南侧
负责人:耿先生
法 人:耿孝庆
Tel:13687606017
13969611668

**青岛信博塑料包装有限公司**
业务:塑料包装产品、包装机械
地址:PP 高强度打包带、各种打包机
地址:山东省青岛胶州市洋河镇艾山工业园
负责人:宋振国 邮 编:266000
法 人:宋振国
Tel:0532－86226688
Fax:0532－86226688
网址:www.qdxinbo.cn

**高唐县华强印刷包装材料有限公司**
地址:山东省聊城市高唐县金城路东街新村 117 号
负责人:殷光辉
Tel:0635－3959977

**临清市鲁西印刷厂**
地址:山东省临清市烟店镇孟口村
负责人:郭印森
Tel:0635－2852608
13806352453

**临沂市海洋印务有限公司**
地址:山东省临沂市成才路 1 号
负责人:余贤证
Tel:0539－8018673
13573902888

**沂鹏彩印有限公司**
地址:山东省临沂市河东区九曲镇凤凰大街中段
负责人:李玉文
Tel:0539－8096868
13905499660

**顺蕊印务有限公司**
地址:山东省青岛市市北区辽阳西路中段
负责人:王辉秋
Tel:0532－85623799
13705328058

**正源包装有限公司**
地址:山东省青岛市市北区吴石支路 5 号
负责人:朱茂波
Tel:0532－85697752
13336390938

**青岛宝鑫包装有限公司**
业务:环保购物袋
地址:山东省青岛市李沧区合川路 16 号 B5202 室
负责人:吕刚 邮 编:266001
法 人:吕刚
Tel:0532－87666258
15866862377

**莒南县中峰面粉袋加工厂**
地址:山东省临沂市莒南县板泉镇渊子崖村
负责人:林凡峰
Tel:0539－7687339
13854988391

**莒县方圆印刷厂**
地址:山东省临沂市莒南县城阳镇东村
负责人:张守义
Tel:0539－6223836

**泰宇纸箱包装有限公司**
地址:山东省临沂市莒南县大店镇许滩井村
负责人:庄欠军
Tel:0539－7817456
13905494807

**莒南县超蕾包装有限公司**
地址:山东省临沂市莒南县隆山路
负责人:时少奎
Tel:0539－7215896

**青州市恒发激光镭射材料有限公司**
业务:生产激光镭射膜
地址:山东省青州市客运站南门对面
负责人:郇庆利 邮 编:252600
法 人:郇庆利
Tel:13573615109
0536－3201014

**振华工艺包装厂**
地址:山东省临沂市莒南县嵋山路 149 号
负责人:邹斌
Tel:13508995688

**丽洁包装有限公司**
地址:山东省临沂市莒南县南环路东段
负责人:李洪厂
Tel:0539－7211101
13605394492

**超蕾包装有限公司**
地址:山东省临沂市莒南县县城西外环西段
负责人:时少奎
Tel:0539－7215896
13053960766

**临沂嘉田电雕制版有限公司**
地址:山东省临沂市兰山区曹王庄工业园
负责人:包承云
Tel:0539－2980880
13854910082

**隆旺塑料厂**
业务:塑料凹印软包装
地址:山东省日照市莒县刘官庄镇刘官庄村
负责人:鲁统旺 邮 编:276800
法 人:鲁统旺
Tel:1526337366

**金利包装厂**
地址:山东省临沂市临沭县临沭镇周庄开发区
负责人:赵加友
Tel:0539－6280225
13375497856

**金鑫复合彩印厂**
地址:山东省临沂市郯城县马头镇繁荣街
负责人:李建博
Tel:0539－6771192
13905395346

**郯城县马陵新型包装材料厂**
地址:山东省临沂市郯城县泉源乡驻地
负责人:颜士栋
Tel:0539－6871032
13355080837

**临沂利华纸业有限公司**
地址:山东省临沂市郯城县胜利乡驻地
负责人:杜伟华
Tel:0539－6731688
13853979166

**荣成市人和正烨纸箱厂**
业务:包装箱、纸箱加工与销售,纸板加工与销售
产品:包装箱、纸板
地址:山东省荣成市人和镇蟠龙石村
负责人:连锦清 邮 编:264309
法 人:连锦清
Tel:0631－7953819

**昌润彩印包装有限公司**
地址:山东省临沂市郯城县郯城镇十里原计生办院内
负责人:刘方中
Tel:0539－6801689
13869982110

**沂蒙医药包装材料有限公司**
地址:山东省临沂市沂南县城人民路 18 号
负责人:袁忠玉
Tel:0539－3221016
13905493062

**临沂市金博彩印包装有限公司**
地址:山东省临沂市赵家红埠寺村
负责人:焦士荣
Tel:0539－8359018

**东平县佳诚纸品加工厂**
业务:纸制品加工、生产
地址:山东省泰安市东平镇宿城村
负责人:李爱民 邮 编:271000
法 人:李爱民
Tel:15866007226

**福海塑料包装有限公司**
地址:山东省青岛市城阳区棘洪滩南万村
负责人:邱德成
Tel:0532－87807912
13070863968

**琴宏塑料包装厂**
地址:山东省青岛市即墨市段泊岚镇毛家岭三村
负责人:姜守亮
Tel:0532－83565828
85155828
13954294971

**新宇包装辅料有限公司**
地址:山东省青岛市即墨市段泊岚镇驻地
负责人:宋济正
Tel:0532－83561208
83561609
13808971636

**滕州市洪绪镇东方红纸箱厂**
业务:生产、销售纸箱、金银卡纸
地址:山东省滕州市洪绪镇东赵沟村
负责人:王永 邮 编:277500
法 人:王永
Tel:13062022637
0632－5996690

**华星彩印厂**
地址:山东省青岛市即墨市鹤山路西首八里一村工业院内
负责人:张丕杰
Tel:0532－88583196

**振东纸管厂**
地址:山东省青岛市即墨市环秀街道办事处后东城村
负责人:吕良春
Tel:0532－88598222

**大正印刷有限公司**
地址:山东省青岛市即墨市龙山街道办事处人和路 203 号
负责人:刘哩
Tel:13573232338

**滕州市洪绪镇永耀纸箱加工厂**
业务:纸箱加工
地址:山东省滕州市洪绪镇团结村(104 国道盈泰集团路口东行 100 米)
负责人:邢启永 邮 编:277500
法 人:邢启永
Tel:0632－5915198

**永金龙包装厂**
地址:山东省青岛市胶州市中张家庄 28 号
负责人:周聪龙
Tel:0532－88282542
13361279016

**腾翔纸箱厂**
业务:生产加工纸箱
地址:山东省滕州市龙阳镇曾楼村南
负责人:宋于龙 邮 编:277500
法 人:宋于龙
Tel:13863202058

**泰和裕云包装物资有限公司**
地址:山东省青岛市四方区 308 国道 412 号
负责人:付雨畦
Tel:13706422308

**威海市环翠区昊美包装制品厂**
业务:专业生产和销售高档礼品包装盒,PET 盒
产品:高档礼品包装盒,PET 盒
地址:山东省威海市环翠区张村镇黄家皂新村
负责人:宋济坤 邮 编:264200
法 人:宋济坤
Tel:13863166697
0631－5782597
Fax:0631－5780537
E-mail:haomeibaozhuang@126.com

**百盛包装制品有限公司**
地址:山东省青岛市即墨市通济办事处小李村
负责人:曲文臣
Tel:0532－87510188
13605420818

**汉兴包装有限公司**
地址:山东省青岛市胶州马店工业园
负责人:杨帆
Tel:0532－85030268

**金富达塑料印刷有限公司**
地址:山东省青岛市四方区金华路 14 号
负责人:王春先
Tel:0532－86978433
13356866899

**盛彩印务有限公司**
地址:山东省日照市高科技工业园纬三路
负责人:高伟
Tel:13963312988

**乳山市大明塑料包装有限责任公司**
地址:山东省乳山市夏村镇二甲村
负责人:林娜
Tel:0631－6422380
13963179383

**寿光市宏盛塑料包装有限公司**
地址:山东省寿光市区正阳路南段
负责人:于世胜
Tel:0536－5108776
13356758262

**永兴涂布纸有限公司**
地址:山东省寿光市上口镇郭家下口村
负责人:张光文
Tel:0536－5875069
13953618428

**华闻纸业有限责任公司**
地址:山东省滕州市级索镇工业园区
负责人:冯平
Tel:0632－2439256
2439909
13606329909

**大卧龙木箱厂**
地址:山东省威海荣成市大疃镇大卧龙村
负责人:姜福安
Tel:0631－7771154
13806312426

**威海新永印刷有限公司**
地址:山东省威海市高技术产业开发区烟台中路王家庄村
负责人:王新永
Tel:0631－5250888

**威海市金丰源印刷材料加工厂**
地址:山东省威海市高区西河北村
负责人:姜涛
Tel:0631－5251187
13356312827

**威海市金丰源印刷材料加工厂**
地址:山东省威海市高区西河北村
负责人:姜涛
Tel:0631－5251187
13356312827

**明文纸业有限公司**
地址:山东省威海市经区海峰西路 318 号
负责人:白志艳
Tel:0631－5928576
5313336
13806318848

**威海君宇印刷包装材料有限公司**
地址:山东省威海市世昌大道 146－3 号
负责人:张吉滨
Tel:0631－5298700
5298703
13706310389

**威海君宇印刷包装材料有限公司**
地址:山东省威海市世昌大道 146－3 号
负责人:张吉滨
Tel:0631－5298700
5298703
13706310389

**三合塑料包装制品有限公司**
地址:山东省威海市张村镇皂西台村
负责人:毕可佳
Tel:0631－5758737
2883235
13061169580

**立统包装材料有限公司**
地址:山东省微山县经济开发区泰康路南首
负责人:袁统
Tel:0537－8267977
13853739911

**兴华纸箱厂**
地址:山东省潍坊昌邑市交通街东首
负责人:王兴华
Tel:0536－7210438
13963630838

**华胜纸业有限公司**
地址:山东省潍坊昌邑市双台开发区
负责人:姜在胜
Tel:0536－7897899
7897898
13356734266

**菏泽福美来医用包装有限公司**
地址:山东省菏泽市开发区岳程办事处花城东路西
负责人:岳书梅
Tel:0530－5329959

**桃园印务有限公司**
地址:山东省菏泽市牡丹区高新技术工业园
负责人:李西建
Tel:0530－5053166
13375301530

**济南远达彩印包装有限公司**
地址:山东省济南市工业北路 188－9 号
负责人:刘齐胜
Tel:0531－88619150

**三和包装材料厂**
地址:山东省潍坊高密市密水街办薛家村

负责人：刘波
Tel：0536－2343444
13869658887

**青州富海彩印包装厂**
地址：山东省潍坊青州市东坝镇东阳河村
负责人：孙海永
Tel：0536－3538969
13355361716

**东方包装设备有限公司**
地址：山东省潍坊青州市东圣水西街 688 号
负责人：王立平
Tel：0536－3206831
13806463671

**鸿福源镀铝包装有限公司**
地址：山东省潍坊青州市经济开发区时代二路北
负责人：吴洪镇
Tel：0536－3263039
13806365383

**安吉纸浆有限公司**
地址：山东省潍坊青州市玲珑山北路 683 号
负责人：孙国庆
Tel：0536－3292855
13606462707

**景和塑料彩印厂**
地址：山东省潍坊山东省诸城市棉织街 9 号
负责人：赵福荣
Tel：0536－6353269
13563649717

**富田纸业有限公司**
地址：山东省潍坊市昌乐县朱刘镇钱家庄村
负责人：杜志龙
Tel：0536－6776988
13705368667

**昌邑市鑫达纸箱厂**
地址：山东省潍坊市昌邑市夏店镇址北首
负责人：王增柱
Tel：0536－7832688
13356366099

**时代印务有限责任公司**
地址：山东省潍坊市奎文区健康东街 280 号
负责人：赵行军
Tel：0536－8880256
13053600001

**潍坊庄园包装印刷有限公司**
地址：山东省潍坊市奎文区梨园街办庄家村南首
负责人：庄爱民
Tel：0536－8802051
13326369169

**远东彩印包装厂**
地址：山东省潍坊市临朐县临朐镇东朱封村
负责人：李伟东
Tel：0536－3157075
13573699179

**临朐昭阳包装印刷器材有限公司**
地址：山东省潍坊市临朐县县城龙泉路 89 号
负责人：赵庆云
Tel：0536－3116050
13505363803

**山东临朐九洲印务有限公司**
地址：山东省潍坊市临朐县杨善工业园
负责人：刘相军
Tel：0536－3211670
13780887977

**鑫源纸业有限公司**
地址：山东省潍坊市寿光市上口镇西堤村
负责人：刘兰尊
Tel：0536－5371436
13805365992

**寿光市明源包装材料有限公司**
地址：山东省潍坊市寿光市台头镇牛头镇村
负责人：马常平
Tel：0536－5542336

**潍坊生物技术开发区星河彩印厂**
地址：山东省潍坊市潍城区北关街办蔡家庄工业园
负责人：尚兴海
Tel：0536－8950309
13806369029

**潍坊昊佳包装制品有限公司**
地址：山东省潍坊市杨善镇洼子村
负责人：刘广元
Tel：0536－3470271

**潍坊恒升无纺制品有限公司**
地址：山东省潍坊市朱里镇西于渠一村村北
负责人：马恒云
Tel：0536－7386896

**诸城市恒利源包装印刷有限公司**
地址：山东省潍坊市诸诚朱解镇驻地
负责人：周家亮
Tel：0536－6558886
13906363215

**诸城润祥纸业有限公司**
地址：山东省潍坊市诸城密州街办白玉山子村驻地
负责人：管清云
Tel：0536－6566799

**诸城华茂特种纸有限公司**
地址：山东省潍坊市诸城市兴创产业园辛五路 3 号
负责人：王义泉
Tel：0536－6528999

**恒生纸业有限公司**
地址：山东省潍坊寿光市稻田镇工业园
负责人：李家明
Tel：13953650988

**圣洁纸业有限公司**
地址：山东省潍坊寿光市王高镇民营工业园区
负责人：王士红
Tel：0536－5422668
13953691508

**诸城市祥源包装厂**
地址：山东省潍坊诸诚市舜王街道办事处官庄村
负责人：郭佩祥
Tel：0536－6011996
13583660709

**寿光市长城经贸有限公司**
地址：山东省潍纺市寿光市五台驻地
负责人：何香林
Tel：0536－5383655
13505366480

**文登市高美包装有限公司**
地址：山东省文登市高村镇高村村
负责人：房子凯
Tel：0631－8761262
13356307369

**文登市恒利印刷厂**
地址：山东省文登市商山镇北刘章村
负责人：许防亭
Tel：0631－8545523

**泰安杞都宝洋纸业有限公司**
地址：山东省新泰市园东路 2 号南关居委会
负责人：单传忠
Tel：13705381488

**现代医药包装器材厂**
地址：山东省烟台龙口市新嘉西港栾路 2 号
负责人：王庆文
Tel：0535－8558303
13306453599

**华兴商标印织有限公司**
地址：山东省禹城市市中路北首
负责人：杨兆鹏
Tel：0534－7368676
13505449228

**昌宏纸业有限公司**
地址：山东省枣庄市滕州市级索镇
负责人：蒋广泉
Tel：0632－2437099
13806370716

**富特印务有限公司**
地址：山东省淄博市博山区八陡镇黑山前 149 号
负责人：岳增富
Tel：0533－4511942

**永盛制桶厂**
地址：山东省淄博市博山区白塔镇大海眼村
负责人：穆念红
Tel：0533－4681051

**桓台县涂布板纸厂**
地址：山东省淄博市桓台县索镇花园村
负责人：李明
Tel：0533－8215299
13605338378

**鲁桓纸业销售有限公司**
地址：山东省淄博市桓台县唐山镇（贵和集团院里）
负责人：刘明德
Tel：0533－8511172
13805338328

**淄博市临淄金伦塑料包装厂**
地址：山东省淄博市临淄区牛山路西首
负责人：王伟恩
Tel：0533－7172671

**淄博雄峰包装有限公司**
地址：山东省淄博市齐鲁化学工业区
负责人：周光弟
Tel：0533－7325768

**淄博煜士通包装制品有限公司**
地址：山东省淄博市张店区高新技术开发区三玉小区 27 号楼 106 室
负责人：张国玉
Tel：0533－3915106

**大华印刷包装有限公司**
地址：山东省淄博市淄博开发区石桥办事处北营村
负责人：刘大华
Tel：0533－3586554
13355226100

**青州市德信包装装潢有限公司**
业务：商标印刷、食品包装销售
地址：山东省潍坊市青州市王坟镇丰家庄
负责人：丰军　邮　编：261041
法　人：丰军
Tel：13853635567
0536－3731627
Fax：0536－3731627

**烟台凯利信远包装材料有限公司**
业务：烟台凯利信远包装材料有限公司主要生产加工生产中高低档包装纸箱、纸盒、包装塑料袋，欢迎新老客户来电咨询，洽谈业务。
地址：山东省烟台市莱阳市城厢街道办事处岔道口村
负责人：张明刚　邮　编：265200
Tel：0535－2920396
2920397
Fax：0535－7185356

## 临沂德光彩印包装厂

临沂德光彩印包装厂是一家从事于包装的企业，是经国家相关部门批准注册的企业。主营塑料包装袋，公司位于中国山东临沂市临沂兰山。

本公司本着"客户第一，诚信至上"的原则，与多家企业建立了长期的合作关系。

热忱欢迎各界朋友前来参观、考察、洽谈业务。

联系人：姜开光 13365390669
电话：0539-8170638 传真：0539-8170200
地址：山东省临沂市兰山区金雀山六路21号清河北路456号 邮编：276000

## 青州市万友印刷包装有限公司

青州市万友印刷包装有限公司成立于1999年，本公司主要经营塑料复合包装、塑料彩色印刷及高速电脑控制印刷机。塑料复合包装广泛用于各种农药、兽药、食品、洗衣粉等。公司本着"客户第一，诚信至上"的原则，与多家企业建立了长期的合作关系。热诚欢迎各界朋友前来参观、考察、洽谈业务。

联系人：李建雲
电话：0536-3202139、13863663202 传真：0536-3202139
地址：山东省潍坊市青州市东方中路西圣村南 邮编：262500

## 蓬莱市大辛店丰田果袋厂

蓬莱市大辛店丰田果袋厂成立于1998年，本厂专业生产销售果袋、冷库、苹果收购与销售。不怕不识货就怕货比货，我们坚信丰田果袋的质量会赢得你的信赖认可并让您最终选择它！我们将以最真诚的服务、最可靠的质量、最优惠的价格、最热情的服务与您合作，结伴"丰田"、共获丰收！！

联系人：回得建 邮编：265600
电话：0535-5731201 传真：0535-5737988
地址：山东省蓬莱市大辛店镇三十里堡村

## 三星化工有限公司

本公司是国内专业化的胶粘剂制造商，可以为社会奉献氰基丙烯酸酯胶系列产品，通用型502胶、磁材胶、喷绘胶、5秒超能胶、木材胶、101胶、3秒胶、鞋类用胶、美甲用胶等，并能为客户量身定做，满足用户的需求。

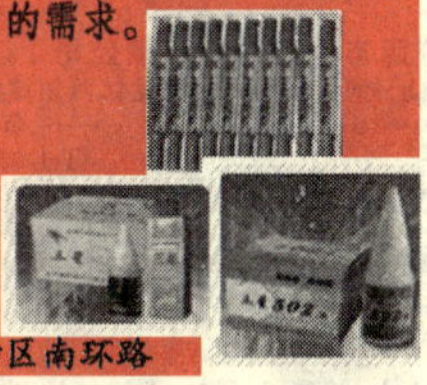

联系人：王进华
电话：0534-7423502
13953432616
网址：www.sdsanxing.net
邮编：251200 地址：山东省德州禹城市高新区南环路

## 齐河新东方数码喷绘基材有限公司

齐河新东方数码喷绘基材有限公司是集科研开发、生产销售为一体的高新技术企业，主要生产各种数码喷绘材料、轻印刷版、不干胶产品等多个领域的多种产品。有背胶相纸,高(哑)光背胶PP、A4背胶pp纸、海报PP、高(哑)光背胶相纸、防水高(哑)光相纸、高光相纸、防水高(哑)光PP、背喷灯箱片、相纸。

规格齐全，欢迎来电咨询、采购。

联系人：侯高云
电话：0534-5678808 15053400949
地址：山东省德州市齐河县齐河经济开发区 邮编：253012

## 威海市环翠区荣波苹果包装材料厂

威海市环翠区荣波苹果包装材料厂成立于2008年，本厂专业从事苹果的内外包装。本公司秉承"顾客至上，锐意进取"的经营理念，坚持"客户第一"的原则为广大客户提供优质的服务。欢迎各界人士前来洽谈。诚信为本，真诚待人。互惠互利，共同发展。

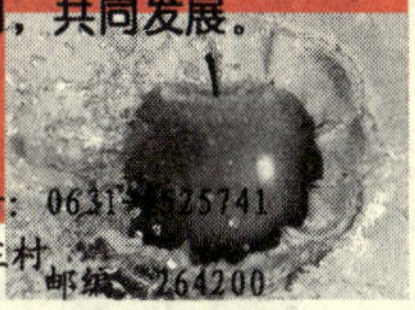

联系人：吕波 电话：0631-[illegible]525741
地址：山东省威海市环翠区桥头镇黄金庄村 邮编：264200

## 青岛顺联集装箱部件制造有限公司

青岛顺联集装箱部件制造有限公司成立于1992年，公司主要生产经营集装箱运输、仓储码头集装箱、汽车、火车、船舶用各种密封条、密封胶、PVC、ABS压条、PE制品、硬软PVC复合系列产品、PVC角衬、不锈钢、不干胶标牌、集装箱通风器、HY-901型氯丁密封胶、HY-208型丁基密封胶、密实海绵复合、多复合、静电植绒等多品种多系列产品。公司始终坚持"质量第一，用户至上，创精品，树品牌，"求真务实，追求卓越，坚持发展就是硬道理,与时俱进，开拓创新"的企业宗旨，顺联公司将一如既往与您真诚合作，共铸辉煌。

联系人：杨乃国 www.shunliangroup.com.cn
电话：0532-82561122、13905420116 传真：0532-82561073
地址：山东省青岛市即墨市普东镇 邮编：266234

## 烟台市牟平区蚨来林纸制品厂

本公司成立于2008年，主要加工销售各种规格纸箱，多种育果袋水果网套，以及批发各种规格果袋纸。

公司以"讲信誉、重质量、以人为本、客户至上"为经营宗旨，以质量第一为准则，以追求更好为目标。确保顾客获得满意的产品，满意的质量，满意的服务。

电话：0535-1563333
联系人：林守章 13306381417 传真：0535-4560122
地址：山东省烟台市牟平区观水镇驻地 邮编：264104

## 青岛振东纸管厂

青岛振东纸管厂成立于2001年，主要从事纸类包装生产和金属加工。主要产品有花纤纸管、宝塔纸管、长毛绒纸管，高、中、低档纸箱、纸盒、纸管、纸桶、纸张等。我厂将以最好的产品和服务来回馈广大客户的支持与厚爱，欢迎来电洽谈，来料加工！

联系人：吕良春 手机：13706303479
电话：0532-88598222 89065977 传真：0532-89065988
地址：山东省青岛市即墨市环秀街道办事处后东城村 邮编：266200

## 郓城县鑫岭酒类包装制品厂

本公司成立于1990年，主要经营瓶盖、热缩标、毛刷等酒类包装用品。

我厂将一如既往保持和发展企业的良好势头，继续恪守"诚信、求精、创新、超越"得企业精神，愿与您永远携手，精诚合作。

联系人：李义岭 13774961189
电话：0530-6415518 传真：0530-6415577
网址：www.sdycpg.net 电子邮件：liyiling1189@163.com
地址：山东省菏泽市郓城县丁里长镇王集村 邮编：274700

## 河南省/Henan Province

**恒信纸箱厂**
地址：河南省辉县市孟庄镇三里屯
……负责人：刘惠文
……Tel：0373－6062938
13782549999

**济源市天源彩印有限公司**
地址：河南省济源市轵城镇西轵城村
……负责人：张晓利
……Tel：0391－6089125

**焦作市中晶编织包装有限责任公司**
地址：河南省焦作市山阳区百间房乡巡返村
……负责人：梁志升
……Tel：0391－3211218

**郑州市二七区兴达烘焙包装商行**
业务：裱花托，蛋托，烘焙材料，生日用品，包装材料
地址：河南省郑州市二七区万客来食品城北院 5 排 47 号
……负责人：李兴政 邮 编：450000
……法 人：李兴政
……Tel：13526501019
13253669039

**河南省商丘市双龙包装有限公司**
业务：我公司本着“靠科技发展，以质量求生存”的宗旨，经过多年的创新发展，现已形成设计、制版、印刷、制作于一体，从原料加工、彩印、复膜到成品一条龙服务。生产各种彩印软包装袋，如：种子、农药、化肥、食品、饲料、兽药、洗衣粉、化工、菜籽等各种复合彩印软包装袋。
地址：河南省商丘市西郊商兰路北侧
……负责人：杨彩仁……邮 编：476000
……法 人：杨彩仁
……Tel：0370－2299200
2299480
……Fax：0370－2251881
……网址：www.slcy2003.com

**郑州华云机械密封有限公司**
业务：生产各类密封件
地址：河南省郑州市金水区经三路东韩砦 155 号
……负责人：施卫华 邮 编：215600
……法 人：施卫华
……Tel：13962242599
0512－58751161

**武陟县盛大纸管厂**
地址：河南省焦作市武陟县西陶工业区
……负责人：郑建松
……Tel：0391－7569938

**新乡市凤泉区凤泉纸业有限公司**
地址：河南省新乡市凤泉区大块镇小块村
……负责人：郭金星
……Tel：0373－5410115

**辉县市鑫彩印务有限公司**
地址：河南省新乡市辉县市城关镇东石河村中段路南
……负责人：阮文孝
……Tel：0373－6298225

**郑州迎宾印务有限公司**
业务：各类纸张、塑料包装，印刷
地址：河南省郑州市南阳路 184 号
……负责人：崔二山
……法 人：崔二山
……Tel：0371－63789801
……Fax：13938262379

**河南省焦作市妙乐彩印包装厂**
业务：河南省焦作市妙乐彩印包装厂成立于 1996 年，主要以生产纸箱为主。我们将以“一流的品质”、“合理的价格”、“热情的服务”为广大新老客户服务，与你长期合作共同发展，共创美好的明天。
地址：河南省焦作市武陟县妙乐彩印包装厂
……邮 编：454951
……法 人：户士德
……Tel：0391－7411207
……Fax：0391－7411378

**金隆彩色包装有限公司**
地址：河南省新乡市新乡县小冀镇北
……负责人：赵永民
……Tel：0373－5593067
13333739508

**郑州市凯伟吸塑包装有限公司**
地址：河南省郑州市管城区郑汴路圃田乡南岗村
……负责人：李云齐
……Tel：0371－66221626

**南阳普诺瓦印刷设备有限公司**
业务：南阳普诺瓦印刷设备有限公司成立于 2004 年，现有员工 150 余人，从事印刷设备的制造及销售。
地址：河南省南阳市车站南路 1899 号
……邮 编：473000
……法 人：徐景远
……Tel：0377－63327100
……Fax：0377－63327100

**淮阳县宏达纸制品厂**
业务：淮阳县宏达纸制品厂成立于 1996 年，主要生产生活用纸。欢迎各方客户来电洽谈业务，共同合作。
地址：河南省周口市淮阳县南关环城路中段
……邮 编：466700
……法 人：刘文华
……Tel：0394－2661630
……Fax：0394－2662091

**范县阳光纸业有限公司**
业务：范县阳光纸业有限公司成立开 1995 年，从事中、高档瓦楞纸的生产及销售。以质量信誉求生存，以观念创新求发展，以科技创新为动力，以市场需求为导向，精心打造“阳光”品牌，来回报广大客户。阳光纸业愿与包装朋友真诚合作共同发展！
地址：河南省濮阳市范县濮城镇五罗徐村
……邮 编：457512
……法 人：赵海林
……Tel：0393－4846866
……Fax：0393－4846988

**河南省濮阳市京诚造纸网业有限公司**
业务：本公司成立于 2004 年，拥有 20 几个员工。主要经营各种造纸用的工具的生产。
地址：河南省濮阳市高新区王助乡王李拐村口
……邮 编：457000
……法 人：王连京
……Tel：0393－8163399
……Fax：0393－3290098

**项城市腾达印务有限公司**
地址：河南省周口市项城市孙店北街
……负责人：崔汉峰
……Tel：0394－4658505

**濮阳县龙乡纸业彩印包装有限公司**
业务：濮阳县龙乡纸业彩印包装有限公司成立于 1986 年，现有员工 3000 余人，从事再生纸、涂布纸等纸箱专用纸的生产及销售。欢迎来电垂询！
地址：河南省濮阳市濮阳县子岸乡西掘地工业区
……邮 编：457100
……法 人：王章锁
……Tel：0393－3948222
……Mobile：13603434188

**郑州蓝天涂布纸业有限公司**
业务：造纸
产品：各类纸品
地址：河南省郑州市新密市大隗镇观寨村
……负责人：刘庆炎 邮 编：452383
……法 人：刘庆炎
……Tel：13703988682
0371－69288556
……Fax：0371－69288559

## 湖北省/Hubei Province

**楚焱日用纸业有限责任公司**
地址：湖北省恩施市咸丰县高乐山镇白水坝
…… 负责人：冷国胜
…… Tel：0718－6810103
13697183936

**湖北合兴包装印刷有限公司**
业务：湖北合兴包装印刷有限公司成立于 2006 年，生产高、中档瓦楞纸板、纸箱，欢迎新老客户来电洽谈业务。
地址：湖北省汉川市新河镇闽港台投资区
…… 负责人：许天津……邮　编：431600
…… 法　人：许天津
…… Tel：0712－8413653
8413657
8413659
…… 网址：www.mtw28663.chinapyp.com

**武汉好利源包装材料有限公司**
地址：湖北省武汉市汉阳区二桥西区 79 幢 4 层 3 单元
…… 负责人：胡艳
…… Tel：13971613188

**大冶劲隆包装印务有限公司**
业务：大冶劲隆包装印务有限公司成立于 1999 年，现有员工 50 余人，位于大冶市大冶大道 123 号。我们一直坚持以"现代化的印刷技术、合理的价格、周到的服务"为宗旨的"双赢"原则来接待各方客户。我们渴望与更多的朋友携手，共同踏上美好的成功之路！
地址：湖北省大冶市大冶大道 123 号
…… 邮　编：435100
…… 法　人：丁炳俊
…… Tel：0714－8762210
…… Fax：0714－8762210

**武汉兰天纸业有限责任公司**
地址：湖北省武汉市汉阳区汤山工业园特 8 号
…… 负责人：李义春
…… Tel：13067805549

**武汉永创包装有限公司**
地址：湖北省武汉市汉阳区永丰乡山北湾 273 号
…… 负责人：韩林波
…… Tel：13901307700

**竹山县鹏达印刷有限责任公司**
业务：本公司成立于 2002 年，主要从事书刊、报刊、商标、证件、帐表(册)及其它印刷。热忱欢迎广大客户来电洽谈业务，共同发展！
地址：湖北省竹山县城关人民路 82 号
…… 负责人：叶登喜……邮　编：442200
…… 法　人：叶登喜
…… Tel：0719－4225827

**毅华印刷材料经营部**
地址：湖北省武汉市江汉区八古墩东一巷 76 号
…… 负责人：丁厚毅
…… Tel：027－85884067
13308639639

**湖北中南金地彩印有限公司**
地址：湖北省武汉市青山区吉林街 1 号
…… 负责人：蒋福忠
…… Tel：027－86328060

**荆州市知音纸业有限公司**
业务：荆州市知音纸业有限公司成立于 1996 年，是省内专业生产经营生活用纸、纸杯的民营企业，总部座落在湖北省公安县城关长江路 77 号。公司现有员工 185 人，拥有国内先进的纸品加工设备 22 台套，年加工高档卫生纸近万吨，形成了餐巾纸、卷筒纸、彩色手帕纸、面巾纸、纸杯等系列产品。公司已在全国建立销售网点 100 多个，成为中部地区综合生产能力最大的企业之一。"知音"牌系列产品以其过硬的质量，被评为"湖北市场名优主导品牌"、"荆州市消费者满意商品"，倍受消费者青睐。"知音"品牌现已成为省内知名品牌。
地址：湖北省公安县城关长江路 77 号
…… 邮　编：434300
…… 法　人：张祥龙
…… Tel：0716－5151199
…… Mobile：13907215496
…… Fax：0716－5150138

**圣诞树印务发展有限公司**
业务：圣诞树印务发展有限公司成立于 1998 年，位于武汉市汉江区红光路 56 号。多年来承接纸类包装制品印刷服务，欢迎新老客户来电洽谈业务。
地址：湖北省武汉市江汉区红光路 56 号
…… 邮　编：430023
…… 法　人：严家新
…… Tel：027－85600761
…… Fax：027－85600761

**丹江口市顺达包装印刷厂**
业务：丹江口市顺达包装印刷厂是集包装、印刷、不干胶、塑料包装制品为一体的专业厂家，拥有设备 36 台(套)，两条纸板生产线，年加工能力 6500 吨，是鄂西北地区仅有的几大专业包装印刷厂家之一。
地址：湖北省十堰市丹江口市六里坪镇
…… 邮　编：442716
…… 法　人：饶忠群
…… Tel：0719－5716058
…… Fax：0719－5714111

**武汉黄淮印花有限公司**
业务：武汉黄淮印花有限公司成立于 1995 年，是武汉市最大的印花企业。技术实力雄厚，产品以外销为主，经营布匹、裁片的加工业务，除一般水浆、胶浆以外，还承印高弹泳装、转印、热固油墨、挥发油墨、升华转印、柯式转印、植绒转印、拔染、立体厚板、点胶等前沿流行业务。全自动的台面烘干设备，保证了我们的高质、高效，交货时间准时，并被多家外商机构指定为印花定点厂家。
地址：湖北省武汉市江汉区姑嫂树路 4 号
…… 负责人：陈发平……邮　编：430000
…… 法　人：陈发平
…… Tel：027－85609771
…… Fax：027－85630980
…… 网址：www.whjcyh.com

**桐城市博大包装有限公司驻武汉办事处**
地址：湖北省武汉市武昌区新河街幸福里小区 5 栋 1 单元 302 室
…… 负责人：胡永胜
…… Tel：027－88933259

## 湖南省/Huana Province

**德美塑料包装厂**
地址：湖南省长沙浏阳市洞阳乡瑞林村
…… 负责人：戴佳
…… Tel：0731－83250188
13507445758

**湖南长沙市昌尔印务有限公司**
地址：湖南省长沙市开福区综合农场洪西分厂
…… 负责人：李凌
…… Tel：0731－84252708
13203153172

**湖南省和泰纸业有限公司**
业务：本公司成立于 2005 年 11 月，主要从事牛皮挂面纸、牛皮箱板纸的生产与销售。我们真诚与各界朋友和谐共赢，泰岳同辉。
地址：湖南省衡阳市衡山金龙工业园
…… 负责人：彭岳飞……邮　编：421300
…… 法　人：彭岳飞
…… Tel：0734－5828539
…… Fax：0734－5828520
…… 网址：www.hetaipaper.com

**浏阳市正兴彩印厂**
地址：湖南省长沙市浏阳市荷花街道办事处金沙南路
…… 负责人：黎政
…… Tel：0731－83619878

**定云造纸厂**
地址：湖南省长沙市宁乡县双凫铺镇农艺村
…… 负责人：潘定云
…… Tel：0731－87493998
13574156908

**湖南湘财印务有限公司**
业务：湖南湘财印务有限公司是一家承接各类印刷服务的企业，竭诚欢迎各界新老朋友合作指导，共创美好明天！
地址：湖南省长沙市韶山北路 370 号水利厅大院内
…… 邮　编：417000
…… 法　人：孙东
…… Tel：0731－5502076
…… Fax：0731－5502076

**桃源县架桥彩色包装印刷厂**
业务：桃源县架桥彩色包装印刷厂成立于 1983 年，从事彩色包装印刷(商标、包装箱)服务。本厂将为广大客商提供一流的服务，最优惠的价格和满意的质量，欢迎各界朋友来电询咨，真诚期待能与您合作！
地址：湖南省常德市桃源县架桥镇杨家坟山
…… 邮　编：415701
…… 法　人：周世军
…… Tel：0736－6648545
…… Fax：0736－6648545

**衡阳市隆鑫印务有限公司**
地址：湖南省衡阳市雁峰区黄白路 136 号
…… 负责人：邹红卫
…… Tel：0734－8485613

**步云纸业有限公司**
地址：湖南省衡阳市珠晖区机场路航校村 38 号
…… 负责人：谭昆山
…… Tel：0734－8375914
13907341351

**源友塑料包装厂**
地址：湖南省浏阳市北盛镇泸渚村
…… 负责人：彭建柳
…… Tel：13974932016

**长沙俊岚包装工贸有限公司**
业务：本公司成立于 1999 年，拥有几十名员工。主要经营塑料产品包装、纸包装、建筑装潢包装，保扩膜、缠绕膜等的生产与销售。
地址：湖南省浏阳市生物医药园区
…… 邮　编：410331
…… 法　人：苏初开
…… Tel：0731－3282728
…… Fax：0731－3218698

**邵东县澳丰纸品厂**
地址：湖南省邵阳市邵东县邵东县廉桥镇坳丰村
…… 负责人：申军
…… Tel：0739－2739655

**邵阳市出品商品包装厂**
地址：湖南省邵阳市双清区建设中路
…… 负责人：李德禄
…… Tel：13707391156

**先锋纸业有限责任公司**
地址：湖南省邵阳市新宁县金石镇观瀑村
…… 负责人：谢长根
…… Tel：13975978888

**岳阳华师印务有限公司**
业务：岳阳华师印务有限公司是一家以印刷为主的公司，公司将继续本着"质量第一、诚信为本、服务至上"的宗旨服务于新、老客户，同时欢迎各界朋友莅临我公司的参观、指导、洽谈、合作！
地址：湖南省岳阳市华容县发板桥路
…… 负责人：程师林……邮　编：414000
…… 法　人：程师林
…… Tel：0730－8617221

**易俗河林峰造纸厂**
地址：湖南省湘潭市湘潭县易俗河江滨西路
…… 负责人：刘玲芝
…… Tel：13975221322
13786204362

**蓝天彩印厂**
地址：湖南省湘潭市湘潭县易俗河镇凤凰西路 194 号
…… 负责人：冯喜莲
…… Tel：0731－57883658
13973299399

**金北顺造纸厂有限公司**
地址：湖南省益阳市大通湖北洲子镇
…… 负责人：邓特强
…… Tel：0737－5621789
13762709328

**益阳市营星彩印厂**
地址：湖南省益阳市赫山区长益路 13 号(益阳麻纺厂印刷厂)
…… 负责人：何崔兵
…… Tel：13007375068

**益阳市先锋竹木包装材料有限公司**
地址：湖南省益阳市赫山区泉交河镇先锋山村
…… 负责人：余爱华
…… Tel：13054108813

**恒运纸制品厂**
地址：湖南省益阳市赫山区岳家桥
…… 负责人：彭楚强
…… Tel：0737－4650198
13707374026

**展宏包装有限公司**
地址：湖南省益阳市兰溪镇金塘村
…… 负责人：薛祥富
…… Tel：13786729369

**三联竹塑制品有限公司**
地址：湖南省益阳市泉交河镇黄毛岭村
…… 负责人：彭佑村
…… Tel：0737－4636993
13973762008

**花果山包装箱厂**
地址：湖南省益阳市桃江县花果山乡下高桥村
…… 负责人：昌学余
…… Tel：13973798984

**跃进包装有限责任公司**
地址：湖南省永州市凤凰园梧桐西路 9613 号
…… 负责人：胡静
…… Tel：0746－8222082

**金和彩色印刷厂**
地址：湖南省岳阳市岳阳楼区洛王办事处
…… 负责人：李继武
…… Tel：0730－8793211
13017209183

**岳阳市岳化一中教育印刷橡胶制品厂**
业务：岳阳市岳化一中教育印刷橡胶制品厂成立于 1991 年，主要生产印刷制品、橡胶制品。"以质量求生存，以信誉求发展"，热诚欢迎新老客户惠顾。
地址：湖南省岳阳市云溪区岳化一中教育印刷橡胶制品厂
…… 邮　编：414014
…… 法　人：段佳林
…… Tel：0730－6115567

**华涛纸箱厂**
地址：湖南省株洲醴陵市白兔潭镇泉山村
…… 负责人：苏华
…… Tel：0731－23640838
13337330688

## 长沙市开福区金特包装厂

长沙市开福区金特包装厂于1995年建厂，专业从事柔性集装袋的生产和销售。规格有50公斤、100公斤、200公斤、500公斤、1吨、1.5吨、2吨等。我厂以“质量求生存，信誉求发展”为办厂宗旨，欢迎您的来电！

联系人：黄仲国

电话：0731-86672648、13808491745

地址：湖南省长沙市开福区捞刀河镇板塘村208号　　邮编：410000

## 恒龙胶带厂

本公司成立于 2008 年，主要生产销售包装胶带，主要产品有双面胶带（黄，白胶）、封箱胶带（米黄，透明）、彩印胶带。

公司秉承“顾客至上，锐意进取”的经营理念，坚持“客户第一”的原则为广大客户提供优质的服务。

欢迎惠顾！

联系人：陈龙
15973467838

电话/传真：0734-5214676
邮编：421451
地址：湖南省衡阳市衡东县吴集镇南华路176号

## 浏阳德美塑料包装厂

浏阳德美塑料包装厂成立于1999年，专业从事塑料包装袋的生产和销售，主要产品是收缩膜包装材料，可用于礼品、烟花、医药商品等的包装。“诚信为本，服务客户”是我们的服务宗旨，竭诚欢迎广大客户来电洽谈。

联系人：戴家

电话：0731-83250188　　手机：13507445758

地址：湖南省长沙浏阳市洞阳乡瑞林村　　邮编：410000



## 广东省/Guangdong Province

**潮安县庵埠乔林创举彩印厂**
地址：广东省潮州市潮安县庵埠镇乔林复兴二路
………………………… 负责人：林映举
………………………… Tel：0768－6667122

**东莞创富包装材料有限公司**
业务：本公司专业从事各种纸质印刷及各类不干胶商标，创富有限公司愿为社会各界新老客户提供优质的服务与合理的价格，热忱欢迎各界朋友的光临指导与我们共创繁荣，永立足于商海之中。
地址：广东省东莞市虎门镇北栅东坊工业区
………… 负责人：吕亚珍……邮　编：523900
………………………… 法　人：吕亚珍
………………………… Tel：0769－85725189

**饶平县富堃网印材料厂**
业务：网印材料生产与销售
产品：感光胶
地址：广东省潮州市饶平县饶洋镇水南乡
……… 负责人：邱道明　　邮　编：515700
………………………… 法　人：邱道明
…………… Tel：0768－8339132

**永安兴华印刷厂**
地址：广东省佛山市南海区官窑镇永安大道和平路 20 号
………………………… 负责人：刘满坤
………………………… Tel：0757－85886129
13172308516

**汇生纸类制品厂**
地址：广东省佛山市南海区罗村街边新村
………………………… 负责人：李明锋
………………………… Tel：0757－86439622
13928538383

**晖泉制袋包装厂**
地址：广东省佛山市南海区平洲平西兴仁工业区
………………………… 负责人：梁少钰
………………………… Tel：0757－86786884
13318332646

**东莞市茶山广达织带厂**
业务：主营织带类：如 PP 带；棉带；涤纶带；安全带；包边带；人字带；吊带；尼龙带等。织绳类：如 PP 绳；尼龙绳；棉绳；蜡绳；针通绳；鞋带；吊带等
产品：PP 织带；SP 线织带；松紧织带；提花织带；纯棉织带；汽车安全带；针织松紧带；POLY 织带；圆绳；扁绳；弹力绳；扭绳；针通绳；PP 绳；棉绳蜡绳；挂绳；包边带；补墙带；手挽带；商标带等
地址：广东省东莞市茶山镇上元村
……… 负责人：蓝祥瑞　　邮　编：523003
………………………… 法　人：蓝祥瑞
…………… Tel：15989678003
0769
－81860930
………… Fax：0769－86402710
… 网址：http://www.dgguangdaiizhidai.cn
www.gdzdc.cn
…………… E-mail：15989678003@139.com

**东莞市茶山骏业印刷材料贸易部**
业务：经营水性光油
地址：广东省东莞市茶山镇塘角村对塘工业区
……… 负责人：陈伟钊　　邮　编：523003
………………………… 法　人：陈伟钊
………… Tel：13929264486
0769－88229299
82219299
………… Fax：0769－82219299

**厚街铭智包装材料销售店**
地址：广东省东莞市厚街镇双岗村上环
………………………… 负责人：许学通
………………………… Tel：13829161543

**权丰印刷厂**
地址：广东省东莞市黄江镇合路工业区
………………………… 负责人：郭小琼
………………………… Tel：0769－83639161
13537188612

**东莞市长安意兴激光刀模加工厂**
业务：纸盒刀模、纸盒类产品的生产与销售
产品：纸盒刀模、纸盒类产品
地址：广东省东莞市长安镇厦边银沙路 18 号世峰科技园 A 栋一楼 A5
……… 负责人：何伟干　　邮　编：523003
………………………… 法　人：何伟干
………… Tel：0769－89045632
13829232139
………… Fax：0769－89045631
……………… E-mail：hwyx8888@163.com

**东莞市东保实业投资有限公司**
业务：本公司成立于 2006 年 8 月，主要从事造纸投资。
地址：广东省东莞市高埗镇保安围村委会
………… 负责人：黎康泰……邮　编：523267
………………………… 法　人：黎康泰
………………………… Tel：0769－81301118

**东莞市凤岗鸿全包装材料厂**
业务：本公司成立于 1998 年，是一家专业从事“珍珠棉、发泡胶及汽泡纸”等防震、防潮包装材料的生产及加工型企业。公司本着“诚信、务实、创新、高效”的经营理念，竭诚欢迎新老客户来电洽谈业务！
地址：广东省东莞市凤岗镇竹塘村上围工业区
………… 负责人：肖顺良……邮　编：523690
………………………… 法　人：肖顺良
………………………… Tel：0769－87753722
………………………… Fax：0769－87753711
……… 网址：www.dghongquan.cn.alibaba.com

**东汇箱包制品有限公司**
地址：广东省佛山市南海区松岗万石工业区
………………………… 负责人：罗芝兴
………………………… Tel：0757－85207760
13927721697

**东莞市大岭山爱图印包装材料经营部**
业务：包装材料销售
地址：广东省东莞市大岭山镇振华路 128 号
……… 负责人：余立团　　邮　编：523003
………………………… 法　人：余立团
………… Tel：13509013389
0769－81580158
………… Fax：0769－82786486

**东莞市道滘东发纸品有限公司**
业务：产销收购瓦楞纸，收购废纸
产品：双灰纸板，卷筒纸，双灰纸板（大白鲨，麒麟龙）
地址：广东省东莞市道滘镇大罗沙工业区
……… 负责人：封文娟　　邮　编：523186
………………………… 法　人：方叙贤
………… Tel：0769－88839018
………… Fax：0769－88380279
…………………… 网址：www.dfzz888.com

**南海华储包装有限公司**
地址：广东省佛山市南海区小塘新境区岗
………………………… 负责人：周士雄
………………………… Tel：13326752608

**合群包装有限公司**
地址：广东省广州市白云区江高镇鹤云路 8 号
………………………… 负责人：林瑞新
………………………… Tel：020－86163921
13822161888

**广州市白云区三和印刷公司**
地址：广东省广州市白云区良田村十一社四支渠
………………………… 负责人：冯伟强
………………………… Tel：020－87446301

**东莞市凤岗金约塑胶五金包装材料经营部**
业务：我公司成立于 2003 年。主要从事服装辅料、塑胶产品生产及包装，公司宗旨：以诚为本，以先进的技术，一流的质量，竭诚为广大客户服务。
地址：广东省东莞市凤岗镇官井头村商业街 125 号
…………… 负责人：张鹏……邮　编：523690
………………………… Tel：0769－87505058
87566586
………………………… Fax：0769－87759318

**东莞市东城维兴文具包装材料店**
业务：文具、包装材料
地址：广东省东莞市东城区温塘茶下商业街后排 2 号第 4 层
……… 负责人：李东维　　邮　编：523003
………………………… 法　人：李东维
…………… Tel：13711971455
13711923458

**梦华纸品加工店**
业务：彩盒等织品加工
地址：广东省东莞市东城区温塘温竹旧路 8 号
……… 负责人：孟宪华　　邮　编：523000
………………………… 法　人：孟宪华
………… Tel：0769－23280526
23115276
23280525
23115275

**东莞市万华纸品有限公司**
业务：万华纸品有限公司，专业生产高中低档各式彩盒、彩箱、以及彩卡和各式标帖，万华公司以国内和港澳以及国际市场为目标，并一直致力于开发研究低成本高效益的绿色环保包装产品。
地址：广东省东莞市万江区上甲汾溪 1 路 85 号
………… 负责人：杨中华……邮　编：523700
………………………… Tel：0769－23174793、
………………………… Fax：0769－23174739

**雄峰包装厂**
地址：广东省广州市白云区石井小坪村小坪东路 4 号
………………………… 负责人：梁盛富
………………………… Tel：020－36404215
13602896293

**广州市汇洋包装材料有限公司**
地址：广东省广州市白云区石井镇红星村 11 巷 8 号
………………………… 负责人：程桂森
………………………… Tel：020－36390972
36391636

**广州市协众物流包装有限公司**
地址：广东省广州市番禺区大石镇南浦岛丽江花园九如通津 7 座 1104 房
………………………… 负责人：乐小波
………………………… Tel：020－39981131

**广州市番禺区市东之源纸类加工厂**
地址：广东省广州市番禺区沙头街榄山第三工业区北排 9－3 号
………………………… 负责人：潘团
………………………… Tel：020－34806402

**广州市番禺区沙湾彩源印刷厂**
地址：广东省广州市番禺区沙湾镇龙岐村龙福路 42 号
………………………… 负责人：李亮
………………………… Tel：020－84740164
13178871268

**东莞市东城诚创纸品经营部**
业务：办公用纸
地址：广东省东莞市东城区主山大草坊丁平路康宏鞋材厂旁宿舍一楼
……… 负责人：黄诚蕴　　邮　编：523003
………………………… 法　人：黄诚蕴
………… Tel：13724588533
0769－27380613

**东莞市凤岗源峰名片设计服务部**
业务：印刷制品、设计制作、名片设计
地址：广东省东莞市凤岗镇三联村鹤园路 12－1 号铺位
……… 负责人：刘原芳　　邮　编：528403
………………………… 法　人：刘原芳
………… Tel：0769－82102733

**东莞市凤岗佳鸿印刷服务部**
业务：印刷服务
地址：广东省东莞市凤岗镇雁田村水库工业区十二栋二楼 201 号
……… 负责人：欧先生　　邮　编：523003
………………………… 法　人：欧庆超
………… Tel：13713022930
0769－82030230
87568980
………… Fax：0769－87568980

**鹤山市辉达包装印刷有限公司**
业务：本公司成立于 2004 年，是一家专业从事包装袋、手提袋、精品盒、彩盒、相架、相薄、笔计本、卡书、日历、台历、挂历、卡通箱等印刷包装。热忱欢迎广大客户光临、惠顾！
地址：广东省鹤山市桃源西旺村
…………… 负责人：冯生……邮　编：529700
………………………… 法　人：冯生
………………………… Tel：0750－8216711
………………………… Fax：0750－82167122
……………… 网址：www.paperpremium.com
…………… E-mail：huida_ptg@yahoo.com.hk

**安立纸品彩印（番禺）股份有限**
业务：安立纸品彩印（番禺）股份有限公司成立于 2000 年，主要从事彩色包装、印刷等业务。公司以周到的服务、快捷的效率、完美的质量、先进的设备为您提供全方位的服务。
地址：广东省广州市番禺区石基镇新桥村泰安路 25 号

邮　编:510000
法　人:王天贵
Tel:020－34560909

**广州市奇美包装印刷有限公司**
地址:广东省广州市番禺区市桥盛泰路东郊综合开发区一排五号
负责人:邹省建
Tel:020－84623925

**广州市扬兴塑料包装厂**
地址:广东省广州市花都区芙蓉镇新扬村居委会300米
负责人:邓广平
Tel:020－86983991

**广州连发贸易商行**
地址:广东省广州市荔湾区西华路208号
负责人:陈讲
Tel:020－81814533
13602749089

**天河东圃全港砂布纸材料店**
地址:广东省广州市天河区美好区B2栋408室
负责人:李菊辉
Tel:13924362571

**拓鑫鞋材包装制品厂**
业务:本公司成立于2004年,主要生产销售吸塑包装纸。产品质量保证,价格合理,竭诚欢迎新老客户来电洽谈业务!
广东省东莞市寮步镇上屯工业区
负责人:胡启辉　邮　编:511700
法　人:胡启辉
Tel:0769－83039701
Fax:0769－83039677

**东莞市升隆纸品有限公司**
业务:纸品加工、销售
地址:广东省东莞市凤岗镇竹塘村浸校塘工业区创业路32号厂房一层
负责人:王更生　邮　编:523003
法　人:王更生
Tel:0769－82002833
82002899
Fax:0769－82002811

**东莞市凤岗伊丽欣首饰包装盒制品厂**
业务:集开发、设计、生产、销售为一体,专业生产各类首饰盒、纸盒、锦盒等,欢迎广大的客户来电恰谈与订购!
产品:植绒盒,纸盒,皮盒,植绒布,静电绒毛,代客植毛
地址:广东省东莞市凤岗镇竹塘村松柏路9号一楼
负责人:陶勇　邮　编:523000
法　人:陶勇
Tel:0769－82009734
Fax:0769－82009754

**创立印务有限公司**
业务:本公司已成立了十多年了,现有100多名员工。主要经营:各类印刷品。
地址:广东省佛山夏北聚龙南工业区26号
邮　编:528000
法　人:杨道龙
Tel:0757－81285563
Fax:0757－81285563

**广州市盛雅包装纸品有限公司**
地址:广东省广州市增城市新塘镇水南工业区
负责人:朱志坤
Tel:020－82766600

**国锋包装制品有限公司**
地址:广东省惠州惠城区鹅岭西路二十九号
负责人:丁爱国
Tel:13829982868

**东莞市横沥优德包装制品厂**
业务:包装制品
地址:广东省东莞市横沥镇村尾村双坌路
负责人:曾德军　邮　编:523000
法　人:曾德军
Tel:0769－83724969
18925703455

**长华纸业**
业务:销售纸品
地址:广东省东莞市厚街镇
负责人:林先生　邮　编:523000
Tel:0769－85918853

**东莞市厚街恒业丝印印刷器材商行**
业务:丝印印刷器材经营
地址:广东省东莞市厚街镇白濠村第三工业区路口富贵鸟鞋业对面
负责人:梁伟斌　邮　编:523003
法　人:梁伟斌
Tel:13713146873
0769－85881891

**联辉彩印厂**
地址:广东省开平市水口镇嘉兴工业区同兴路24号
负责人:邝宁泽
Tel:0750－2731212

13822369088

**成利包装厂**
地址:广东省汕头市濠江区大青街源成厂右边
负责人:邱国鑫
Tel:0754－87383760

**汕头市铭华铝箔软包装有限公司**
地址:广东省汕头市濠江区岩石红光村工业区
负责人:黄进贤
Tel:0754－87490139
13502988625

**汕头市顺容印刷工艺有限公司**
地址:广东省汕头市金园区北墩茶厂内
负责人:李洁溶
Tel:0754－88353811

**陆丰市远诚彩印有限公司**
地址:广东省汕尾市陆丰市东海镇东河工业区神冲大桥西侧1号
负责人:卓永义
Tel:0660－8804566

**精研科洁包装(深圳)有限公司**
地址:广东省深圳市宝安区22区新安二路第四栋厂房3－5层
负责人:朱品
Tel:0755－27591208

**深圳市宝安区西乡炬盟彩盒厂**
地址:广东省深圳市宝安区55区双龙花园8栋401
负责人:刘庆义
Tel:0755－27919369
13622343419

**深圳市华誉衡包装制品有限公司**
地址:广东省深圳市宝安区82区裕丰花园7巷2号2楼
负责人:胡日红
Tel:0755－27958099
13925200558

**泰利龙包装材料有限公司**
地址:广东省深圳市宝安区宝城13区中港汽配城二楼
负责人:母东生
Tel:13510823786

**深圳市宝安区新安联港丝印器材店**
地址:广东省深圳市宝安区宝城27区建兴楼一栋101号
负责人:许志胜
Tel:0755－27963035
13923457086

**新安中天纸品包装厂**
地址:广东省深圳市宝安区宝城34－2区建安路黄金台工业区13号厂房3楼
负责人:徐升华
Tel:0755－27671807
13509623979

**深圳市东阳印刷包装有限公司**
地址:广东省深圳市宝安区宝城37区新乐三街32号三楼
负责人:李朝东
Tel:13903024416

**深圳市宝安区新安鑫尔泰包装材料行**
地址:广东省深圳市宝安区宝城74区西乡大道侧E栋2楼
负责人:王海泉
Tel:13713841039

**东莞市虎门天涯包装材料加工店**
业务:包装材料加工
地址:广东省东莞市虎门镇北栅河潭岗团结路四巷2号铺
负责人:张军　邮　编:523003
法　人:张军
Tel:0769－82887446
13926894765

**东莞市虎门新宇木制品店**
业务:经营:卡板、机械包装箱等
地址:广东省东莞市虎门镇北栅社区西坊元心一巷15号铺位
负责人:谭代伍　邮　编:523913
法　人:李海丽
Tel:13798914683
15322425045
0769－85704313

**深圳市天鸿星实业发展有限公司**
地址:广东省深圳市宝安区东周工业区8栋1楼
负责人:彭杰明
Tel:13609612036

**深圳市宝安区福永镇钱氏富祥手袋加工厂**
地址:广东省深圳市宝安区福永镇白石上西区A9幢1楼
负责人:贺经理
Tel:0755－27381343

**深圳市宝安区福永镇富顺包装材料厂**
地址:广东省深圳市宝安区福永镇白石厦东区华东路6号2楼
负责人:陈秋庆
Tel:0755－27323682
27395212
13809888212

**深圳市欣宁业纸品有限公司**
地址:广东省深圳市宝安区福永镇塘尾村塘尾富源工业二区B型1栋4层
负责人:朱桂容
Tel:0755－33806992

**吉友纸业包装有限公司**
地址:广东省深圳市宝安区福永镇塘尾工业区第11栋一楼
负责人:郑吉友
Tel:0755－27321105
27321146
13603065754

**深圳市长兴包装材料有限公司**
地址:广东省深圳市宝安区公明街道长圳村长兴工业城30栋2楼东
负责人:刘庆玉
Tel:13066855061

**深圳市宝安区明辉印刷厂**
地址:广东省深圳市宝安区公明镇合水口松白路782号二楼
负责人:吕园辉
Tel:13923455908

**展盛印刷厂**
地址:广东省深圳市宝安区公明镇上村下南工业区
负责人:俞惠芳
Tel:0755－27152893
13713827328

**腾翔纸品加工厂**
业务:经营范围:做废纸,纸品的加工
地址:广东省东莞市虎门镇怀德大埔工业区一区2号A一座一层
负责人:李增翔　邮　编:523000
法　人:李增翔
Tel:13431178777
0769－88335314

**东莞市黄江万润宝印刷耗材有限公司**
业务:胶水、印刷耗材
地址:广东省东莞市黄江镇板湖三街44号
负责人:欧胜平　邮　编:523003
法　人:欧胜平
Tel:0769－83668556
13794804298
Fax:0769－83668556

**华丽达丝印移印器材商行**
地址:广东省深圳市宝安区公明镇塘尾村
负责人:郑明华
Tel:0755－27177314
13025445425

**鹏辉达包装材料有限公司**
地址:广东省深圳市宝安区公明镇田寮村麒麟山工业区11栋
负责人:付卫阳
Tel:0755－27191058
13600146745

**嘉成达包装制品有限公司**
地址:广东省深圳市宝安区公明镇玉丽东方建富怡景工业城A3栋2楼
负责人:何文兵
Tel:13924581800

**奥佳纸品包装(深圳)有限公司**
地址:广东省深圳市宝安区观澜大水坑金奥工业科技园2栋1楼东侧
负责人:叶少鸿
Tel:0755－28051978

**格瑞玛印务有限公司**
地址:广东省深圳市宝安区观澜大水坑新塘工业区
负责人:林志坚
Tel:0755－28055197

**力勤纸品(深圳)有限公司**
地址:广东省深圳市宝安区观澜镇大水坑路塘前村边园山工业区2号
负责人:黄永和
Tel:0755－27989115

**宝安区观澜红星制品厂**
地址:广东省深圳市宝安区观澜镇马坜大屋村小组第二工业区
负责人:赵桂华
Tel:0755－28038083

**东莞市黄江海乐包装制品加工店**
业务:包装制品加工
地址:广东省东莞市黄江镇大冚村富安街20号一楼
负责人:汪海华　邮　编:523003
法　人:汪海华
Tel:0769－82300282
82300363
13751318311
Fax:0769－82300363

**建衡实业有限公司利达包装制品厂**
地址:广东省深圳市宝安区龙华镇龙园二区63幢
负责人:罗肇杰
Tel:0755－28063105
13828799502

**雍浩手袋(深圳)有限公司**
地址:广东省深圳市宝安区龙华镇民治村樟坑第一工业区D栋1－2层
负责人:刘智敏
Tel:0755－28111426

**得汇达丝印器材商行**
地址:广东省深圳市宝安区龙华镇人民北路景华新村景华楼A幢503房
负责人:苏健
Tel:0755－28102773
81074018

**东莞市黄江华艺印刷设备经营部**
业务:移印机,网印机,热转印机,烫金机,等其它印刷周边(干燥架,烤箱,遂道炉,晒版机,烘版箱)设备及加工:丝印,移印,烫金,热转印,喷油等.
地址:广东省东莞市黄江镇鸡啼岗宝灵三街19号一楼
负责人:陈忠华　邮　编:523757
法　人:陈忠华
Tel:13532370331
0769－88039171
Fax:0769－83669341
网址:WWW.HAY163.COM
E-mail:czh.1983@163.com

**伟龙纸品包装行**
地址:广东省深圳市宝安区观澜镇马坜新村25号
负责人:古伟龙
Tel:0755－27991069
13538182505

**庆盈达包装材料有限公司**
地址:广东省深圳市宝安区观澜镇牛福老村兴业路23号
负责人:廖水泉
Tel:0755－28162233
13600161874

**日日旺实业有限公司**
地址:广东省深圳市宝安区观澜镇松下大布头昌玮工业区G栋
负责人:梁玉根
Tel:0755－27971792
13902465052

**深圳市三联达纸制品有限公司宝安分公司**
地址:广东省深圳市宝安区龙华街道和平西路鹏华工业园粤字第3422号厂房
负责人:涂忠传
Tel:0755－28126861

**红岩包装材料厂**
地址:广东省深圳市宝安区龙华民治东边村9巷19号1楼
负责人:巫炳发
Tel:13715377229

**深圳市三联达纸制品有限公司**
地址:广东省深圳市宝安区龙华镇和平西路鹏华工业园
负责人:李德华
Tel:0755－28126750
13148730549

**东莞市黄江盛达丝印器材加工店**
业务:经营丝印网板
地址:广东省东莞市黄江镇田美村南区工业城第四栋三楼
负责人:罗俊峰　邮　编:523003
法　人:罗俊峰
Tel:0769－82605756
13689539566

**东莞市宇天印刷耗材有限公司**
业务:专业经营印刷材料、印刷设备,产品类型繁多,品种齐全,送货快捷,服务周到。"一流的产品,一流的服务"是我们向广大用户的承诺。欢迎来人来电考察咨询,我们将竭诚为您服务!
产品:油墨清洗剂、润版液、橡皮布、油墨、刮刀、炮底纸、压痕线及印刷机器配件
地址:广东省东莞市清溪镇荔横百家村大道66号
负责人:刘方远　邮　编:523660
法　人:刘方远
Tel:0769－89151899
13537126975
Fax:0769－89151898
E-mail:liufangyuan_51@126.com

**南盛昌印刷包装材料贸易行**
地址:广东省深圳市宝安区龙华镇建设路南侧嘉逸花园2栋302房A1－2间
负责人:胡金英
Tel:13590398200

**东莞市塘厦东阳印刷材料行**
业务:彩色帖纸、彩卡、说明书、彩盒
地址:广东省东莞市塘厦镇莲湖白泥湖村117号
负责人:郭长征　邮　编:523003
法　人:郭长征
Tel:13556766306
0769－82087872
87932830

**骏利纸品厂**
地址:广东省深圳市宝安区龙华镇同胜村综合楼后工业区5栋
负责人:李少却
Tel:0755－28141826
13602697444

**深圳市宝安区龙安丝印器材行**
地址：广东省深圳市宝安区沙井街道上星村岗仔路铺华楼九号
负责人：黄谦忠
Tel：0755－61127578

## 东莞市骏强纸品有限公司
业务：彩盒，纸箱
地址：广东省东莞市塘厦镇莲湖伟业路22－301号
负责人：蔡思杰 邮 编：523003
法 人：蔡思杰
Tel：13726469216
0769－87296805
Fax：0769－87296804
E-mail：printsjie@163.com

**和利纸品包装厂**
地址：广东省深圳市宝安区龙华镇第二工业区龙胜巷3号
负责人：章友洪
Tel：0755－28106286
13714372818

## 东莞市塘厦星盛丝网厂
业务：划水艇外套，手袋，雨伞，PVC，PP，PET，PE，EVA，木器，塑料制品等丝印加工
地址：广东省东莞市塘厦镇龙背岭龙埔路林坑墩北6号
负责人：赖修中 邮 编：523003
法 人：赖修中
Tel：15913791058
0769－82991156

**长盛纸箱厂**
地址：广东省深圳市宝安区沙井镇沙头工业区民福路3号
负责人：李建国
Tel：0755－27266234
27266293

## 东莞市塘厦卓美胶袋厂
业务：生产与销售PO、PP、OPP、PPE光身及印刷塑胶袋。
产品：PO、PP、OPP、PPE光身及印刷塑胶袋
地址：广东省东莞市塘厦镇清湖头村杨屋围面前9号
负责人：刘长宪 邮 编：523003
法 人：刘长宪
Tel：13592798072
0769－82061752
Fax：0769－82061753
网址：http://www.51zzt.com/user/zzt123746
E-mail：liujinguang163@126.com

**富城实业有限公司纸品加工厂**
地址：广东省深圳市宝安区沙井镇上南宏麻路6号一楼
负责人：陈觉敏
Tel：0755－27271828
13802299213

**艺飞丝印器材加工厂**
地址：广东省深圳市宝安区沙井镇上星工业区南环路26号艺飞厂
负责人：金萍
Tel：0755－27295653
13924671853

**迪伟易纸品制造（深圳）有限公司**
地址：广东省深圳市宝安区石岩镇官田村黄泥湖工业区1栋三层
负责人：黄满全
Tel：0755－27761207

## 东莞市塘厦永顺欣包装材料厂
业务：塑胶包装材料
产品：薄膜
地址：广东省东莞市塘厦镇塘天南路117号
负责人：林勇 邮 编：523003
法 人：林勇
Tel：0769－87848835

## 东莞市万江三木森纸品机械加工厂
业务：生产、销售纸巾
地址：广东省东莞市万江区简沙洲社区宝健一路一巷一号
负责人：王在进 邮 编：523003
法 人：王在进
Tel：0769－22788004
13922956676

**双能贸易有限公司**
地址：广东省深圳市宝安区石岩镇松白路段上屋下排村下水坑段二楼环球机电行楼下
负责人：宋敏
Tel：0755－27649619
13714162800

**深圳市宝安区石岩力丰印刷薄膜贸易商行**
地址：广东省深圳市宝安区石岩镇台贸工业区第三幢4、5号
负责人：刘启晓
Tel：13713862191
13352996908

**振祥纸箱有限公司**
地址：广东省深圳市宝安区石岩镇塘头宝安外贸工业区3栋
负责人：马兆祥
Tel：0755－27625176
13828710559

**旺达纸制品有限公司**
地址：广东省深圳市宝安区石岩镇旺达工业园1号厂房
负责人：林秉团
Tel：13714239918

## 佛山市禅城区绚彩图文快印中心
业务：数码快印、彩色激光打印、复印、标书制作、出图、晒图
地址：广东省佛山市禅城区市东下路41号南区首层商铺
负责人：罗瑞 邮 编：528000
法 人：罗瑞
Tel：0757－83268006
Fax：0757－83268009
E-mail：xuancai83268006@163.com

**广辉纸箱厂**
地址：广东省深圳市宝安区石岩镇应民石村
负责人：黄朝坤
Tel：13802205226

**深圳市安力鑫包装容器有限公司**
地址：广东省深圳市宝安区石岩镇浉石路方大工业区E栋一楼
负责人：夏林
Tel：0755－27656094
13570839633

**天美纸品包装（深圳）有限公司**
地址：广东省深圳市宝安区松岗镇塘下涌村洋涌路第七幢
负责人：胡慧明
Tel：0755－33865526

**万邦彩印有限公司**
地址：广东省深圳市宝安区西乡镇宝源路宝盛工业区旁
负责人：顿惠明
Tel：0755－27911666
25371834

**深圳市山代实业有限公司**
地址：广东省深圳市宝安区西乡镇九围富源工业城C11栋1楼
负责人：邢菊
Tel：0755－27474686－207

## 佛山市南海区里水英豪企业维修有限公司
业务：废纸回收及基本包装
地址：广东省佛山市南海区里水镇洲村工业区南区
负责人：梁念章 邮 编：528000
法 人：梁念章
Tel：13808878678
0757－85607262
网址：http://www.51zzt.com/user/zzt36451

## 始兴县太平毛竹废料加工厂
业务：造纸及纸制品销售
地址：广东省佛山市南海区盐步（俊景豪庭A座俊骅阁201室）
负责人：吴英福 邮 编：528000
法 人：吴英福
Tel：13794054149
0757－85751575

**松立纸品包装材料有限公司**
地址：广东省深圳市宝安区西乡镇劳动村第一工业区B3栋一楼
负责人：孙金山
Tel：13600196965

**深圳市华文彩盒纸品有限公司**
地址：广东省深圳市宝安区新安41区6栋5楼
负责人：李华文
Tel：0755－27837843

**雅轩纸品包装有限公司**
地址：广东省深圳市宝安区新安办翻身路宝城42区新厦苑新景阁12A
负责人：陆伟兰
Tel：0755－27842829
13902951348

## 凯晟纸类制品厂
业务：压纹，复膜，啤盒，纸类工艺品、半成品，手袋，便签，挂历的生产与销售
产品：压纹，复膜，啤盒，纸类工艺品、半成品，手袋，便签，挂历
地址：广东省佛山市南海区盐步河西新桂工业区芥兰地13号厂房
负责人：徐文凯 邮 编：528247
法 人：徐文凯
Tel：13500257285
0757－88562655
Fax：0757－88562655
网址：www.skysun2009.com
E-mail：skysun2009@163.com

**深圳市佳美包装制品厂**
地址：广东省深圳市宝安区宝城35区安华工业区7州地产D栋六楼

负责人：程勇
Tel：0755－27670332
27670120
13823346879

**和永盛隆纸品厂**
地址：广东省深圳市布吉镇甘坑村秀峰工业城A2栋三楼
负责人：谢木新
Tel：0755－28559776
13802204468

**深圳龙岗区横岗镇港源印刷厂**
地址：广东省深圳市布吉镇吉华路351号同益工业园A栋6楼
负责人：杨胜平
Tel：0755－28617701
13714512358

## 高州市东岸镇隆周农副产品包装材料厂
业务：农副产品包装材料
地址：广东省高州市东岸镇东山路
负责人：周灿 邮 编：525000
法 人：周灿
Tel：13542312535
0668－6260187

**东莞市鸿之鹄实业有限公司**
地址：广东省深圳市福田区八卦岭鹏益花园5栋1110号11楼10号
负责人：齐者英
Tel：0755－25849360
13602580198

**深圳市吕氏彩色印刷有限公司**
地址：广东省深圳市福田区八卦岭八卦一路八栋三楼
负责人：吕穗君
Tel：0755－82400822
13602695828

**百旺纸业有限公司**
地址：广东省深圳市福田区八卦三路421幢221
负责人：尹汉卿
Tel：0755－82423688
13923861188

## 广州汇锦热转印花膜有限公司
业务：热转印花膜
地址：广东省广州市白云区人和镇鹤亭村秀盛路自编38号
负责人：黄建市 邮 编：510130
法 人：黄建市
Tel：020－36251658
36251928
Fax：020－36251980
网址：www.pooled.cn
E-mail：hmhuijin@163.com

**深圳市飞天印刷有限公司**
地址：广东省深圳市福田区八卦三路703栋2楼东A
负责人：周作胜
Tel：0755－25220986

**日创包装设计有限公司**
地址：广东省深圳市福田区彩田路彩福大厦洪福阁6栋
负责人：郑光辉
Tel：13510505258
13602697005

**深圳市天赋纸业有限公司**
地址：广东省深圳市福田区彩田路彩虹新都彩荟阁6E室
负责人：曾云
Tel：0755－82914258
13823613407

**深圳市领卓实业发展有限公司**
地址：广东省深圳市福田区福华路城市杰座大厦1栋14B
负责人：周浩平
Tel：0755－82887840

## 广州新广出版印刷咨询服务有限公司
业务：电脑酒精机，印刷机，印刷，纸张，印刷机维修
地址：广东省广州市越秀区东风中路503－507号东建大厦15/F1509房
负责人：李新民 邮 编：510130
法 人：李新民
Tel：13694202591
020－83548746

## 河源市源城区鸿毅印刷器材店
业务：丝印器材、移印器材
地址：广东省河源市源城区河埔大道白田幼儿园旁
负责人：姚辉 邮 编：517000
法 人：姚辉
Tel：0762－3213422
13435313655

**深圳市博展印刷有限公司**
地址：广东省深圳市龙岗区布吉镇坂田第二工业区大发埔村对面十栋1楼
负责人：李国贤
Tel：0755－89951086
13600198732

**深圳市华新鑫印刷包装机械有限公司**

地址：广东省深圳市龙岗区布吉镇坂田五和南路六号一层二至四档口
负责人：张跃平
Tel：13032945770

## 博罗县长宁镇九木纸箱厂
业务：瓦楞纸箱的设计及制作
地址：广东省惠州市博罗县长宁镇祥岗村长澜路边
负责人：周润敏 邮 编：516133
法 人：周润敏
Tel：0752－6603639
Fax：0752－6308978

**建敏夏纸制品有限公司**
地址：广东省深圳市福田区金地工业区135栋三层
负责人：李良富
Tel：0755－83583051
83583037
83583061
13802217880

**深圳市轩辕条码技术有限公司**
地址：广东省深圳市福田区沙尾元盛兴苑4－402
负责人：宣海桥
Tel：0755－83421456
83301595
13316853458

**深圳市福田区光阳达印刷材料商店**
地址：广东省深圳市福田区上沙村41号101
负责人：黄亮
Tel：0755－83418201
13922843338
13714687313

**美日华印刷有限公司**
地址：广东省深圳市福田区燕南路7号美然大厦2栋1楼
负责人：王克
Tel：0755－83246792
13902451498

**时时发印刷有限公司**
地址：广东省深圳市福田区竹子林建业工业区2号厂房6楼东
负责人：童刚明
Tel：0755－83706468
13316905619

## 博罗县罗阳镇福桂包装材料经销部
业务：汽泡袋 汽泡卷 珍珠棉 保丽龙 PE胶袋 骨袋（夹键袋）封箱胶 美纹胶 拉伸膜 打包带等各种包装材料
地址：广东省惠州市博罗县罗阳镇小金口四角楼派出所旁
负责人：陈书福 邮 编：516171
法 人：陈书福
Tel：0752－7312065
6832765
13422979799
Fax：0752－7312065

## 惠州市惠城区陈江三欣纸业公司
业务：以经营包装用纸为主的商贸型企业，我公司供应产品有：双灰纸、白板纸、铜版纸等多种工业包装用纸，并可根据客户的需要定制各种规格的产品。我们始于客户需求，终于客户满意，期待与您真诚合作！
产品：双灰纸、白板纸、铜版纸、新闻纸、拷贝纸、双胶纸、牛皮纸、黑卡纸、书写纸等包装用纸
地址：广东省惠州市惠城区陈江水围加油站旁
负责人：李小姐 邮 编：516001
法 人：郑永德
Tel：0752－3251246
3131053
网址：www.sxzy188.cn
E-mail：sanxinzhiye@21cn.com

**联发印刷厂**
地址：广东省深圳市龙岗区布吉镇坂田北路A39号一楼
负责人：李联发
Tel：0755－25081753
13926520623

**深圳市永创纸品有限公司**
地址：广东省深圳市龙岗区布吉镇恒通工业城3栋6楼西
负责人：范建汉
Tel：0755－28522280
13509647578

## 惠东县黄埠华立鞋材加工厂
业务：印刷品，制品
地址：广东省惠州市惠东县黄埠七厘亭
负责人：翁伟良 邮 编：516001
法 人：翁伟良
Tel：13542707678
0752－8694980
Fax：0752－8694990

**惠东县黄埠陈敏纸店**
业务：鞋厂包装的纸品销售
地址：广东省惠州市惠东县黄埠七厘亭开发区
负责人：陈敏　邮　编：516353
法　人：陈敏
Tel：13172720180
0752－8636995

**开平市三埠区创升纸箱包装有限公司**
业务：外包装用纸箱生产销售
地址：广东省开平市三埠区簕冲开发区台新路桥头东西区 8 栋
负责人：林东升　邮　编：529300
法　人：林东升
Tel：0750－2398965

**商美达纸制品厂**
地址：广东省深圳市龙岗区布吉镇上水径布龙路(布吉段)振兴工业区 2 幢 1 楼
负责人：詹兴泉
Tel：0755－28576349
13823343297

**深圳市志兴包装制品有限公司**
地址：广东省深圳市龙岗区横岗富康路 92 号耀祥工业大厦 6 楼 B 座
负责人：唐世春
Tel：0755－28862008

**玮嘉印刷厂**
地址：广东省深圳市龙岗区横岗街道办荷坳坪新路 19 号
负责人：刘少柳
Tel：0755－28697938
13713982577

**深圳市奥兰斯纸箱制品厂**
地址：广东省深圳市龙岗区横岗六约深坑村深竹路工业区 B 栋 2 号
负责人：陈威
Tel：0755－28639169

**深圳市新光辉纸品包装有限公司**
地址：广东省深圳市龙岗区横岗镇 138 工业区永乐路 5 号 1 楼
负责人：钟振添
Tel：0755－28621195

**深圳市科华包装设计有限公司**
地址：广东省深圳市龙岗区横岗镇六约龙塘村深惠路 435 号二楼
负责人：吴洁琼
Tel：0755－28500686
13923460170

**开平市三埠区利鑫服装包装店**
业务：服装包装服务
地址：广东省开平市三埠区簕冲龙塘里 19 号铺位
负责人：姜有生　邮　编：529300
法　人：姜有生
Tel：13672918961
0750－2398878

**梅州市梅江区万发编织袋加工厂**
业务：编织袋加工销售
地址：广东省梅州市梅江区城北 205 国道平远路口城北加油站斜对面
负责人：周孝绸
法　人：周孝绸
Tel：13302780088
0753－2208758

**深圳市森之林包装材料有限公司**
地址：广东省深圳市龙岗区龙城街道办龙城工业园留学生园二园东侧 101 室
负责人：钟伟明
Tel：0755－28938088

**英达印刷厂**
地址：广东省深圳市龙岗区龙岗镇爱联工业区军田路金德发大厦后面第二栋
负责人：郑小姐
Tel：0755－28994928

**龙盛纸制品有限公司**
地址：广东省深圳市龙岗区龙岗镇爱联如意路建新村新怡苑 C7 座 2 幢
负责人：王安槐
Tel：0755－28986111
13922899276

**明飞包装材料经销部**
地址：广东省深圳市龙岗区龙岗镇东一村向东路 89 号
负责人：顾少凡
Tel：0755－84816400

**深圳市明旺包装制品有限公司**
地址：广东省深圳市龙岗区龙岗镇同乐榕树吓新工业区 5 号
负责人：彭景明
Tel：13066912376

**龙岗新成纸管厂**
地址：广东省深圳市龙岗区龙岗镇同乐吓坑兰水路边工业小区 3 幢
负责人：侯为成
Tel：0755－84294015
13714571035

**富仕柯式印刷厂**
地址：广东省深圳市龙岗区南门墩上村工业区 A 栋
负责人：杨平安
Tel：0755－28884088

**普宁市流沙博艺通电脑印花分色制版中心**
业务：印花分色制版、圆网制网
地址：广东省普宁市锦绣园 35 幢北起第 3－4 间
负责人：温祖强　邮　编：515300
法　人：温祖强
Tel：13172822335
0663－2830670

**尤溪县林盛再生纸厂**
业务：再生纸
地址：广东省三明市尤溪县梅仙镇云林村
负责人：吴良洽
法　人：吴良洽
Tel：13850822768

**汕头市潮阳区金浦金龙纸箱制品厂**
业务：纸箱，纸板等的生产加工
产品：纸箱
地址：广东省汕头市潮阳区金浦三堡西环路南
负责人：郑梓龙　邮　编：515155
法　人：郑梓龙
Tel：0754－86646636
15817953888
Fax：0754－86646636

**汕头市澄海区广盛工艺厂**
业务：礼品盒、手袋、彩色包装设备、印刷
地址：广东省汕头市澄海区岭亭工业区
负责人：夏绵生　邮　编：515800
法　人：夏绵生
Tel：0754－85834219
13600130119
网址：www.stgsgyc.com

**深圳市浩怡胶粘纸制品厂**
地址：广东省深圳市龙岗区平湖镇工业区新生路 12 侧
负责人：杨小姐
Tel：0755－28492400
28494028

**金联兴纸品加工店**
地址：广东省深圳市龙岗区平湖镇景秀一巷 8 号
负责人：陈先生
Tel：0755－28847330
13927420718

**深圳市龙岗区平湖镇深兴龙软胶加工部**
地址：广东省深圳市龙岗区平湖镇平湖村河包围 48 号对面
负责人：戴启亮
Tel：0755－84685358

**金湾区浩海丝印经营部**
业务：专业从事童车丝印加工，来料加工，以优良的品质，准确的交货期，真诚地为大家服务，公司正在不断扩大，希望与大家合作，共同创造美好的未来。欢迎新老客户对我们的支持！
地址：广东省珠海金湾区红旗镇小林东城路 128 号浩隆电子科技有限公司车间 2
负责人：杨昌平　邮　编：519090
法　人：杨昌平
Tel：0756－7252703
13257563269
E-mail：1139164907@qq.com

**珠海市东申胶粘制品有限公司**
业务：BOPP 封箱胶、拉伸膜、双面胶、美纹胶
地址：广东省珠海市九洲大道东 1200 号四层 402 室
负责人：蔡福将　邮　编：519000
法　人：蔡福将
Tel：13226020000
0756－3350808

**珠海市佳彩印刷有限公司**
业务：包装装潢，其它印刷业务
产品：说明书，画册，彩页，宣传单，信纸，收据，不干胶等
地址：广东省珠海市南湾北路 32 号 5 栋厂房 2 楼 B 座
负责人：张国尚　邮　编：019000
Tel：0756－8699322
Fax：0756－8699321
E-mail：jiacaiyinshua@163.com

**茂源进出口有限公司怡富达塑胶容器包装厂**
地址：广东省深圳市罗湖区松园路 9 号茂源大厦 6 楼 612 室
负责人：李爱玉
Tel：0755－82475355
13501560886

**金咭包装纸品有限公司**
地址：广东省深圳市南山区大冲工业区吴屋村 176 号 5 楼
负责人：洪道枝
Tel：0755－26741958
13923733861

**珠海市香洲澳斯皇印业服务部**
业务：彩印，商品包装印刷
地址：广东省珠海市香洲紫荆路 232 号
负责人：徐贤交　邮　编：519000
法　人：徐贤交
Fax：13417737588
0756－6218899

**中山市南朗镇杰美包装材料厂**
业务：纸箱、塑料胶带、封箱自粘带
地址：广东中山市南朗镇南朗工业区运通工业园 3 栋
负责人：邓杰亮　邮　编：528403
法　人：邓杰亮
Tel：0760－23890936
Fax：0760－23890933

**玮业包装材料有限公司**
地址：广东省深圳市龙岗区坪地镇六联石碧工业区一层
负责人：林志光
Tel：13714499561

**建兴纸品厂**
地址：广东省深圳市龙岗区坪地镇坪西花园工业区
负责人：陈先生
Tel：13501588885

**瑞铨包装材料有限公司**
地址：广东省深圳市龙岗区杨梅港工业区新生村 255 号
负责人：毕亚男
Tel：0755－84294484
13560797738

**冠创首饰包装有限公司**
地址：广东省深圳市罗湖区翠竹路逸翠大厦 1901
负责人：陈三军
Tel：13802222427

**明彩包装设计有限公司**
地址：广东省深圳市罗湖区南湖路 3018 号富苑酒店显示楼 10 楼
负责人：方勇
Tel：0755－82180330、38881884

**汕头市澄海区鹏裕包装材料店**
业务：薄膜袋：卡头袋、PVC 袋、OPP 粘口袋、汽泡袋、凹凸袋、PP 袋、PE 袋；包装材料：封箱胶纸、打包带
地址：广东省汕头市澄海区文祠西路 178 号(城西树强小学侧门对面)
负责人：陈鹏婴　邮　编：515800
法　人：陈鹏婴
Tel：0754－85727164
8323316
13692016616
Fax：0754－8323316

**深圳市宝安区新安裕发包装材料经销部**
业务：牛皮胶布，保护膜，双面胶等
产品：保护膜，胶带等
地址：广东省深圳市宝安区 34 区新安黄金台新安四路 309 号
负责人：吴丽专　邮　编：518133
法　人：吴丽专
Tel：0755－27853864
Fax：0755－27852630
网址：szyufa88.cn.alibaba.com
E-mail：szyufa88@alibaba.com.cn

**深圳市美大康包装材料有限公司**
业务：纸箱、纸卡、啤盒
地址：广东省深圳市宝安区观澜街道福民福苑工业区
负责人：蒲建超　邮　编：518100
法　人：蒲建超
Tel：0755－28024050
Fax：0755－28024236

**文翔印刷制品有限公司**
业务：彩盒、说明书、礼品盒、彩页、吊牌等印刷
地址：广东省深圳市龙岗区平湖镇富民工业区 4 栋三楼
负责人：张雨　邮　编：518000
法　人：张雨
Tel：0755－89541088
28457044

**鸿利印刷包装有限公司**
地址：广东省深圳市南山区南山工业村 02A 栋三楼
负责人：黄丽红
Tel：0755－26416742

**湛江市杨环纸业有限公司**
业务：无纺布袋、无纺布广告袋、无纺布礼品袋、无纺布包装袋、无纺布购物袋、无纺布手提袋、无纺布手挽袋、无纺布手袋、无纺布资料袋、植绒无纺布袋、无纺布宣传袋、无纺布文件袋、无纺布促销袋、无纺布珠宝袋、无纺布西装套、无纺布环保袋、束口袋等。多种材质不同工艺的布袋；
地址：广东省湛江市坡头区坡头镇林田垆村
负责人：陈杨贵　邮　编：524038
法　人：陈杨贵
Tel：0759－3990062
Fax：0759－3990062

**中山市沙溪镇新伟信彩色印刷厂**
业务：包装装潢印刷品、其他印刷品印刷
产品：彩盒、吊牌、各种说明书、手挽袋、烫金、不干胶贴纸、印唛等
地址：广东省中山市沙溪镇沙水路 1 号
负责人：黄广康　邮　编：528471
法　人：黄广康
Tel：0760－87321822
Fax：0760－87319885
网址：www.zs－weixin.com
E-mail：weixinz@vip163.com

**中山市小榄镇成雄纸类制品加工店**
业务：纸品加工
地址：广东省中山市小榄镇九洲基菊城大道 305 号之三
负责人：徐厚成　邮　编：528403
法　人：徐厚成
Tel：0760－22276186

**中山市小榄镇峰林包装制品厂**
业务：订制各类包装箱
产品：包装箱
地址：广东省中山市小榄镇埒西一开发区(海威路)
负责人：张红艳　邮　编：528403
法　人：张红艳
Tel：0760－22131766
Fax：0760－22138755

**中山市小榄镇海兰印刷器材商行**
业务：专营进口印刷机器材，二手印刷机设备；海德堡系列，罗兰系列，小森系列全张、对开、四开印刷机械配件；印刷机维修。
地址：广东省中山市小榄镇沙口广珠公路东生村 A 栋地铺第七间
负责人：谭绍蒙　邮　编：528415
法　人：谭绍蒙
Tel：0760－22182098
Fax：0760－86960182

**中山火炬开发区移艺移印器材行**
业务：专业销售移印、丝印器材以及各种各样辅料，产品齐全、厂价直销，卓越的品质、良好的信誉是我们的宗旨，竭诚欢迎您的光临！
产品：移印机，丝印机，移印钢板，矽油，矽胶，油漆
地址：广东省中山市中山港沿江路广裕花园 2 区首层 108 号
负责人：刘钢　邮　编：528400
法　人：刘钢
Tel：0760－85821691
13549816073
Fax：0760－88583538

**中山市鑫淼包装材料有限公司**
业务：包装材料
地址：广东省中山市黄圃镇南坑路 12 号
负责人：宋亮　邮　编：528403
法　人：宋亮
Tel：13928847876
0760－23211638
Fax：0760－23211638

**深圳市美利纸业有限公司**
地址：广东省深圳市南山区豪方花园 8 栋 108
负责人：杨先生
Tel：0755－26734017

**创佳利纸品有限公司**
地址：广东省深圳市南山区红花岭工业区五区 B2 栋 2 楼
负责人：刘搏
Tel：0755－86000142
13714149725

**广东省深圳市嘉龙达印刷器材有限公司**
地址：广东省深圳市南山区南山大道西侧新海大厦 6A 房
负责人：廖朋江

…………Tel:0755－26185316
13802587941

**中山市黄圃镇凯旋印刷包装厂**
业务:产品的印刷和包装
地址:广东省中山市黄圃镇吴栏村启兴路 5 号之二
……负责人:万桃春　邮　编:528403
……法　人:万桃春
……Tel:13425460028
0760－23506621
23506620

**中山市南朗镇泓盛包装材料加工厂**
业务:专业生产塑胶包装材料厂家，主要生产 PE、PO 及各种胶袋，封箱胶纸，美纹胶纸，双面胶等各种胶粘制品。公司设备齐全、技术力量雄厚、配有自动生产线。产品工艺精良、外形美观、品质卓越，为广大新老客房提供优质的包装材料。
产品:PE 袋、PO 袋、OPP\PP 等各种塑料胶袋，封箱胶纸，美纹胶纸，双面胶等各种胶粘制品
地址:广东省中山市南朗镇关塘工业区
……负责人:何奇峰　邮　编:528400
……法　人:何奇峰
……Tel:18923347698
……Fax:0760－89960698
……E-mail:jetf@163. com

**中山市三乡镇金丰润包装容器厂**
业务:主营酒店用品、客房家具、休闲沙发、桑拿足浴用品、厨房设备等
地址:广东省中山市三乡镇白石环村兴塘一路 9 号
……负责人:陈日泉　邮　编:528403
……Tel:0760－86332503
13703042503

**光华包装材料厂**
地址:广东省深圳市南山区南头检查站南富苑同边 10 栋 306
……负责人:李洪春
……Tel:13316900108

**瑞丰印刷有限公司**
地址:广东省深圳市南山区南油第一工业区 102 幢 4 楼
……负责人:候胜元
……Tel:0755－26434912
81586135

**深圳市华凤洋包装纸品有限公司**
业务:专业大面积烫金、特种烫金、过胶、UV 丝印、啤盒、纸板盒、制烫金版、凹凸版
地址:广东省深圳市宝安区民治沙元埔街道办工业区 A 栋 1 楼
……负责人:詹红丽　邮　编:518000
……法　人:詹红丽
……Tel:13424211846
0755－29503716

**深圳市金宏城吸塑包装有限公司**
业务:专业从事生产与设计 PVC、PS、PP、A－PE、PTEG(抗静电、导电、普通、环保及植绒)吸塑包装
地址:广东省深圳市宝安区西乡街道宝田工业区旺业工业园一栋
……负责人:陶于海　邮　编:518000
……法　人:陶于海
……Tel:0755－27455729
13088833434
……Fax:0755－27455909

**连营纸品厂**
地址:广东省深圳市南山区西丽镇塘朗工业区 8 栋
……负责人:盛保峰
……Tel:0755－26554235
13926574384

**深圳市勤进印刷材料有限公司**
地址:广东省深圳市南山区学府路学府花园哈佛楼 516B
……负责人:王家宝
……Tel:0755－26065289
13682387991

**湛江市富顺纸业有限公司**
业务:销售纸制品，印刷机械及配件，办公用品，建筑材料及装饰材料(除危险化学品)；购销农副产品(除烟叶、蚕茧、粮食、棉花)。
产品:纸制品，印刷机械及配件，办公用品，建筑材料及装饰材料
地址:广东省湛江市霞山区社坛路 3 号东新花园 10 号地 E51 号 602 房
……负责人:李国星　邮　编:524038
……法　人:李国星
……Tel:13729160739

**中山市东凤镇明源油罐经营部**
业务:
地址:广东省中山市东凤镇同安村佑胜街 1 号
……负责人:姜海明　邮　编:528403
……法　人:姜海明
……Tel:13767033115

**中山市阜沙镇陈国方包装袋购销部**
业务:零售及代购代销新旧各种规格塑料编织袋，实惠的价格，优质的服务，期待与您的合作！另回收厂内库存积压编织袋。
产品:各种异形编织袋，面粉袋，饲料袋，水泥袋及各种规格编织袋
地址:广东省中山市阜沙镇阜城西路 51 号
……负责人:陈国方　邮　编:528400
……法　人:陈国方
……Tel:13018720812
……Fax:0760－23409088

**中山市海龙泡沫塑料制品有限公司**
业务:生产加工销售:泡沫制品，塑料制品
产品:泡沫制品，塑料制品，包装制品(主要用于电视、冰箱、抽油烟机等电器产品的包装)
地址:广东省中山市黄圃镇鸿明路 8 号(三宝肉类制品厂后面)
……负责人:吴坚强　邮　编:528429
……法　人:吴坚强
……Tel:0760－23302289
13928215490
……Fax:0760－23302803

**深圳市宝安区观澜俊发包装加工厂**
业务:深圳市宝安区观澜俊发包装加工厂主要从事发泡胶的加工。可根据客户来样加工。“诚信为本，信誉第一，客户至上”，热诚欢迎各方客户来人来电咨询，洽谈业务。
地址:广东省深圳市观澜福民长湖村四黎路 10 号对面
……邮　编:518000
……法　人:熊黄莉
……Tel:0755－28021726
28010332
……Fax:0755－28021744

**荣昌胶粘制品厂**
业务:胶粘制品
地址:广东省深圳市宝安区西乡街道固戍一路 216 号联泰丰工业区 B 栋 3 楼
……负责人:张世宝　邮　编:518000
……法　人:张世宝
……Tel:0755－27488564
13600428566

**深圳市志成印刷设计有限公司**
业务:印刷海报、画册、说明书、不干胶、包装盒等等
地址:广东省深圳市福田区八卦二路 524 栋南 20 号
……负责人:黎生　邮　编:518000
……Tel:13714000424
0755－25512232
25512036
……E-mail:w25512232@126. com
……QQ:136273941

**深圳市维勋纸制品包装有限公司**
业务:纸制品包装的技术开发，国内商业物资供销业
产品:印刷，过胶，烫金，粘合，粘手袋，纸盒，礼品盒，不干胶
地址:广东省深圳市福田区八卦四路中厨大院 6 号楼西边 401
……负责人:张玉莲　邮　编:518029
……法　人:罗紫江　张玉莲
……Tel:0755－82407742
……Fax:0755－82407742

**深圳市恒兴达包装制品厂**
业务:深圳市恒兴达包装制品厂创于 2002 年，专精于各种工业产品包装，精致转印系列产品包装及各种特殊牌式印刷，美化及识别用途之贴标印刷，商标设计，产品包装设计皆是本公司的营业项目。
地址:广东省深圳市龙岗区南联简二村太兴路 10 号
……邮　编:518116
……法　人:戴锦秀
……Tel:0755－22037896
84851246
……Fax:0755－84811711
84851201
……网址:www. mtw26930. chinapyp. com

**精雅纸制品厂**
地址:广东省深圳市盐田区沙头角工业西街 8 号中昌工业大厦 5 楼
……负责人:良洪建
……Tel:0755－25553140
13922805241

**阳江市光彩彩印包装有限公司**
地址:广东省阳江市江城区沿江南西三路 19 号之一
……负责人:刘学军
……Tel:0662－3508098
13725638298

**集雄印刷有限公司**
业务:印刷
地址:广东省深圳市龙岗街道龙东桥背工业区兴桥路 46 号
……负责人:叶燕群　邮　编:518116
……法　人:叶国雄
……Tel:0755－89753173

**立胜兴纸品包装有限公司**
业务:彩色包装设计制作
地址:广东省深圳市龙岗区坎田街道吉华路上雪科技工业城东区 4 号 A 座 3 楼
……负责人:卢火熊　邮　编:518000
……法　人:夏和风
……Tel:0755－89390721
13560781773

**新泉彩合工艺制品厂**
业务:彩盒，彩咭，纸袋
产品:彩盒，彩咭
地址:广东省深圳市龙岗区葵涌街道土洋村第二工业区 4 幢 3 楼
……负责人:陈小姐　邮　编:518119
……法　人:张祥武
……Tel:0755－84231151
……Fax:0755－84231079
……E-mail:shenchuenzw@vip. 163. com

隆尧县魏庄镇今程科技电脑 专业从事电脑的销售及配件，提供技术服务。
电话：0319－6580130
地址：河北省邢台市隆尧县魏庄镇汽车站



## 惠州市锦昌实业有限公司

惠州市锦昌实业有限公司成立于2000年，专业从事包装材料、胶带等的生产销售。

公司设备先进、管理科学、服务周到，并注重加强与外界的各种交流，真诚欢迎国内外朋友来我公司考察，指导。

联系人：刘兴良 13927385176
电子邮件：jinchang166@yahoo.com
电话：0752-3527166
传真：0752-3337755
邮编：516000
地址：广东省惠州市惠阳区塘吓工业区

## 深圳市惠宝利橡胶制品有限公司

惠宝利橡塑制品有限公司成立于2008年，专业从事印刷胶辊的生产和销售，我公司秉承“锐意进取，客户第一”的经营理念，坚持客户至上，竭诚为广大客户提供一流的产品和满意的服务。

联系人：李宝泉
电话：0755-27320788、27323832、13823639108 传真：0755-27323826
地址：广东省深圳市宝安区福永镇福永街道白石下东区美华路46号

## 龙盛纸品加工部

本厂成立于1999年，十年来我们一直坚持“质量第一、服务至上、价格合理”的经营理念，与新老客户一起共同发展，不断赢得新老客户的信赖。十年的积累中我们不断更新技术，更新设备，使我们现在拥有比较先进的印刷设备，并不断控制生产成本，给客户一个合理的价格。

联系人：王安槐
Tel：0755-28986111 13922899276 Fax：0755-28985111
Http://www.szls.com E-mail：szls169@163.com P.c.：518000
Add：广东省深圳市龙岗区龙岗镇爱联如意路怡苑小区31号

## 深圳市启新包装制品有限公司

深圳市启新包装制品有限公司专业从事纸制品加工、销售。主要产品是包装纸箱、纸盒。

我公司秉承“锐意进取，客户第一”的经营理念，竭诚为广大客户提供最优质的产品和最满意的服务。欢迎惠顾！

联系人：匡敏
电话：13316826368 0755-29869829 27201380
地址：广东省深圳市宝安区沙四北帝堂工业区 邮编：518000

## 明兴(深圳)印花印刷厂

明兴(深圳)印花印刷厂创立于1995年，我厂拥有4-8色印花机6台，全新引进全自动5色丝印机和多条丝印生产线，可以承接各类织带、缎带、丝带、雪纱带、棉带、捆条印花和各种不干胶贴纸等；引进海德堡印刷机，后工序齐备，专业承接各种彩盒、广告彩页、彩卡、吊牌等制作和印刷；还可承接各类洗水布标、织造布标、丝印布标、胶章、皮标、PU牌等。

我们的产品广泛应用于礼品、玩具、服装、手袋、箱包等行业。我们的价格、质量、速度随时等待您的考验！

联系人：林生 13728882353
网址：www.mingxing6698.com
电子邮件：mingxing6698@163.com
电话：0755-21304588
传真：0755-89909459
地址：广东省深圳市龙岗区龙岗镇南联村黄龙坡路 邮编：518116

## 深圳市兴祥和实业有限公司

深圳市兴祥和实业有限公司成立于1996年，公司集设计生产各种马口铁食品罐，化工罐于一体，本公司本着客户至上，质量第一，精益求精的服务宗旨竭诚为广大客户提供最优质的产品与服务。本着互惠互利的原则恭候阁下亲临指导，我们真诚期待与您合作。

www.szxxhe.com

联系人：黄华兴
电话：0755-27093769 传真：0755-27085928
电子邮件：szxianghe@21cn.com 邮编：518105
地址：深圳市宝安区松岗镇东方第一工业村二号厂

## 日新包装材料有限公司

本公司成立于2006年，专业从事印刷品包装、设计及各类包装材料的销售。产品有不干胶、贴纸、说明书、标签、标贴、透明不干胶、条码等。我公司本着“锐意进取，客户至上”的原

联系人：钟芳新
手机：13825618713
电话/传真：0756-8507879
地址：广东省珠海市拱北夏湾港昌路449号百合花园21栋7B
邮编：516000

## 台山市四九镇柏美水墨厂

台山市四九镇柏美水墨厂是一家专业从事销售环保型水性油墨的公司，该产品具有无污染、低毒、不燃、印刷适应性强等优点。经过多年的诚信经营已赢得了广大客户的信赖。

我公司将继续秉承“信誉为本，质量第一”的经营理念，为客户提供更优质的产品和服务。

联系人：陈建荣 13702216266
电话：0750-5489998
传真：0750-5483273
邮编：529200
地址：广东省江门市台山市四九镇洞美工业区合利路5号后座

## 深圳市宝安区松岗天华纸品厂

深圳市宝安区松岗天华纸品厂成立于2001年，主要经营印刷报表、吊牌、说明书、单层电脑表格纸、不干胶贴纸、无碳复写纸、表格联单、宣传单张、名片印刷等。

公司秉承“顾客至上，锐意进取”的经营理念，坚持“客户第一”的原则为广大客户提供优质的服务。欢迎惠顾！

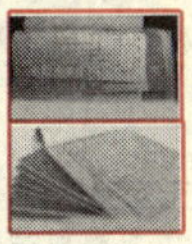

联系人：徐艳华 13632836095
电子邮件：850768809@qq.com
电话：0755-27714352
传真：0755-29627537
地址：广东省深圳市宝安区松岗街道环城路42号 邮编：518105

## 台山市台城美吉纸业制品厂

台山市台城美吉纸业制品厂成立于2006年，专业生产销售纸巾、纸制品等。

本厂秉承客户至上、质量第一的服务宗旨，愿与您携手共进，共创辉煌。

联系人：伍辉帆 13702411116
电话：0750-5619370 5608001 电子邮件：xd6362@yahoo.com.cn
地址：广东省台山市台城镇北坑天乐村厂房 邮编：529200

▲造纸印刷包装制版▼

## 吴川市塘掇华源纸厂

吴川市塘掇华源纸厂成立于1994年，主要从事于瓦楞纸的生产与销售。

本公司遵循“质量第一，用户至上”的企业理念。注重职工素质培养，强化管理，严抓质量，信守合同。想用户所想，急用户所急。我们热忱欢迎新老用户与我们携手并进，共创辉煌。

联系人：**黄木田** **13709630913**

电话：0759-5313618
传真：0759-5313678
邮编：524500
地址：广东省吴川市塘掇镇山雅村药山岭

## 兴宁市苑宏印刷厂

兴宁市苑宏印刷厂是一家迷信用品、冥币等产品的经销批发的厂家，品种齐全、价格合理。我厂实力雄厚，重信用、守合同、保证产品质量，以多品种经营特色和薄利多销的原则，赢得了广大客户的信任。

联系人：陈燕宏

电话：13536745883、0753-3371786
地址：广东省兴宁市兴中山街48号　　邮编：514021

## 珠海市中达包装材料有限公司

珠海市中达包装材料有限公司是一家从事木制品的生产、加工、制作的企业。

我们立足求实创新，注重质量和信誉，追求卓越，以积极的姿态不断寻找新的机遇和挑战，愿与各界朋友精诚合作！

联系人：郝庆中　13113428333
电话：0756-3896878　8529878
邮编：519070
地址：广东省珠海市香洲区前山福溪村工业区金达大厦二楼

## 广西壮族自治区 /Guangxi Zhuang Autonomous Region

**明腾纸制品包装有限公司**
地址：广西壮族自治区北海市合浦县廉州镇中站
负责人：曾深
Tel：0779－7210138
13907890987

**广西肥涛纸制品有限公司**
业务：本公司成立于 2003 年，从事纸制包装品的生产及销售。“实现客户满意，超越客户期望”是我公司客户服务的宗旨，我们愿与您一起携手共创双赢的未来！
地址：广西壮族自治区桂林市荔浦县荔城镇五里工业区
邮　编：546600
法　人：张涛
Tel：0773－7234188
Fax：0773－7234168
网址：www.gxft.chinapyp.com

**胜兴纸箱厂**
业务：专业生产、经营纸箱、彩盒、彩箱及其它纸品包装业务。我们本着“诚信、务实、共赢”的原则，为您提供优质的产品和服务
产品：纸箱、纸盒等
地址：广西贵港市东津镇江南路农业银行旁边
负责人：李业云　邮　编：537134
法　人：李业云
Tel：0775－4672073
Fax：0775－4672073

**邵阳市鑫旺印刷物资有限公司驻桂林办事处**
业务：文化用纸，包装用纸
地址：广西桂林市八里街三号工业区
负责人：申中秋　申云宝　审云浦
邮　编：541000
法　人：陶海英
Tel：0773－2669522
13788585798
18977367126
13132736189
Fax：0773－2669522

**桂林市德盛彩印包装有限公司**
业务：彩箱、彩盒、高档礼品盒、茶叶盒、手提袋、酒盒，及冰淇淋外包装等
地址：广西省桂林市瓦窑路 1 巷 2 号（银海毛巾厂内）
负责人：唐宗华　邮　编：541003
法　人：唐宗华
Tel：13707839670
0773－3619128
Fax：0773－3626260
网址：http://www.gldesheng.com/
E-mail：www.gldesheng.com

**桂林市桂配包装箱加工厂**
地址：广西壮族自治区桂林市叠彩区九华路 14 号（桂林内燃机配件厂内）
负责人：昌绍奇
Tel：13077663967

**桂林市方大印刷有限责任公司**
地址：广西壮族自治区桂林市高新区漓江路 18 号漓江大厦二楼
负责人：项方大
Tel：0773－5801366
13307833666

**振兴包装有限公司**
地址：广西壮族自治区桂林市灵川县灵川镇灵北路一街
负责人：邹有生
Tel：0773－6818180
13707730008

**资源县教育印刷厂**
业务：各种印刷业务及办公用品
地址：广西省桂林市资源县城中路
负责人：莫忠荣　邮　编：541400
法　人：莫忠荣
Tel：13517631215
0773－4311836
4316991
Fax：0773－4316991

**富源彩色印刷厂**
业务：彩色包装印刷
地址：广西省来宾市华侨投资区南区工业园
负责人：陈恩明　邮　编：546100
法　人：陈恩明
Tel：0772－4262679

**博兴纸箱厂**
业务：印刷，加工
产品：三层、五层、七层等各种规格纸箱，彩色纸盒及彩箱
地址：广西省玉林市人民东路（石棠开发区）
负责人：梁先生　邮　编：537000
法　人：梁贵成
Tel：13517558378
0775－2627375

**广西合浦明腾纸制品包装有限公司**
业务：公司技术力量雄厚，专业技术人才占职工总数的 20%。厂房崭新、宽敞，拥有五层瓦楞纸板全自动生产线、先进的激光雕刻切割机，完善的纸箱生产设备和电脑网络系统。公司一贯依靠严格的管理和高度诚信进行生产和营销，每年生产的各种规格的纸板、纸箱达 400 万平方米，其中有 90%以上的产品供出口。由于产品品位高而远销美国、加拿大、巴西、英国、法国、德国、俄罗斯、澳大利亚、日本等 70 多个国家和地区。
地址：广西壮族自治区北海市合浦县廉州中站
负责人：曾广财……邮　编：536100
Tel：0779－7210138
Fax：0779－7210288

**广西百事达淀粉有限公司**
业务：广西百事达淀粉有限公司成立于 2004 年，主要生产销售变性淀粉，欢迎新老客户来电洽谈业务。
地址：广西梧州市蒙山县
负责人：王钧……邮　编：546700
法　人：王钧
Tel：0774－6216533
Fax：0774－6290182
网址：mtw25556

**桂林市华鑫彩印有限公司**
地址：广西壮族自治区桂林市象山区奇峰路 9 号
负责人：朱辛荣
Tel：13517861718

**德兴造纸厂**
业务：造纸
地址：广西省玉林市市区名山镇和睦村
负责人：杨国德　邮　编：537000
法　人：杨先生
Tel：0775－2620266
13807757778

**华庆塑料厂**
业务：各种塑料袋、彩印包装、各种包装袋。
地址：广西省玉林市塘步岭工业区 17 号
负责人：蔡福站　邮　编：537000
法　人：蔡福站
Tel：0775－2629555
2629799
13635000555

**玉林市华庆塑料厂**
业务：生产销售塑料编织袋
产品：编织袋，彩印编织袋一条龙生产线，各种包装袋
地址：广西省玉林市塘步岭工业区 17 号
负责人：蔡福站　邮　编：537000
法　人：蔡福站
Tel：0775－2629555
13635000555
Fax：0775－2629799

**宜州市华鑫包装有限公司**
地址：广西壮族自治区河池市宜州市城西开发区
负责人：韦燚
Tel：13878275766

**江超龙纸制品加工厂**
地址：广西壮族自治区河池市中山路 848 号
负责人：杨师彪
Tel：13977800063

**广西武宣县三里镇天源瓶盖厂**
地址：广西壮族自治区来宾市武宣县三里镇（原粮所院内）
负责人：陈宁
Tel：0772－5472517
13788789368

**广西正丰纸业有限公司**
业务：广西正丰纸业有限公司成立于 2004 年 10 月，从事各类包装纸、商标纸的销售。公司坚持以质量、价格、服务、信誉争取市场，树立品牌形象，更大限度地满足市场消费者的需求我们愿以优质的产品，优良的服务奉献于社会。
地址：广西壮族自治区南宁市青秀区中山路 66 号外滩新城二区壹城 20 层 2005 号
邮　编：530012
法　人：吴世群
Tel：0771－2830332
Fax：0771－2830332

**鑫宝柔生活用纸加工厂**
业务：生活用纸加工，销售
产品：纸球，纸巾，盒抽纸
地址：广西壮族自治区贺州市八步区大宁镇李屋村 41 号
负责人：李华光　邮　编：542804
法　人：李华光
Tel：0774－5528620
13878443236
网址：www.dnxbr.cn

**康利纸品厂**
地址：广西壮族自治区南宁地区宾阳县新桥镇
负责人：何乃庭
Tel：0771－8481293
13768546328

**恒睿利纸业有限公司**
地址：广西壮族自治区南宁市城北区衡阳西路北一巷 553 号
负责人：黎春艳
Tel：0771－3921003
3095663
3072632

**广西象州来象胶粘制品厂**
业务：专业生产销售封口胶、文具胶带等胶粘制品，本厂产品规格齐全、品质优良，可以根据客户的要求提供特定制作。本着“市场为本、信誉取胜”的经营宗旨，竭诚为广大新老客户提供服务。
产品：各种规格封口胶、印刷 OPP 胶带及文具胶带
地址：广西壮族自治区来宾市象州县象州镇龙门村
负责人：谭希　邮　编：545800
法　人：谭希
Tel：0772－4392728
15678781799

**南宁市华启印务有限公司**
地址：广西壮族自治区南宁市江南区邕江二桥南引桥下
负责人：韦干雄
Tel：13086711773

**广西北流市金利纸业有限公司**
地址：广西壮族自治区玉林市北流市西垠镇独木岗工业区
负责人：陈国辉
Tel：13828881363

**广西北流市铭益彩印有限公司**
业务：本公司成立于 2004 年，主要从事彩盒、广告传单的印刷，并承接一些装璜工程。我们很愿意也希望在印刷包装方面能为您提供服务，我公司全体员工将以满腔热忱、精湛的技术、一流的服务，为您创造彩色包装的卓越品质，使您的产品更加出类拔萃。
地址：广西壮族自治区玉林市北流市北流镇勾漏村狮子头村
邮　编：537400
法　人：邹超红
Tel：0775－6355686
Fax：0775－6355679

**新佳造纸厂**
地址：广西壮族自治区玉林市福绵管理区新桥供销社江北煤场柴油仓
负责人：黄越光
Tel：0775－2112660
13507759008

**柳州市柳乐包装印刷有限责任公司**
业务：生产瓦楞纸箱、彩盒、礼品盒、及商标设计印刷等
地址：广西壮族自治区柳州市沙塘镇沙西路（林校路口）
负责人：韦秀许　邮　编：545005
Tel：13507721657
0772－2710052
2712296
Fax：0772－2712296
网址：www.llbzys.com
E-mail：Liule－1994@163.com

## 海南省/Hainan Province

**儋州那大吉昌印刷厂**
地址：海南省儋州市那大东风路 255 号
…… 负责人：郭桂香
…… Tel：0898－23328149

**东方志成印刷有限公司**
地址：海南省东方市八所镇东海路二轻公司内
…… 负责人：刘少安
…… Tel：0398－25500855

**海南顺裕隆纸品有限公司**
地址：海南省海口市国贸大道 49－1
…… 负责人：黄振江
…… Tel：13702913331

**海口新合发彩色印务有限公司**
地址：海南省海口市龙华路 29 号龙华商城 E 栋 1402 房
…… 负责人：毛高雄
…… Tel：13876466777

**三亚华夏广告服务中心**
业务：三亚华夏广告服务中心成立于 2002 年，主要业务有：设计制作、发布国内各类广告、彩色印刷。主要产品有：台历、挂历等。
地址：海南省三亚市和平路大元大夏首层
…… 邮　编：572000
…… 法　人：陈华恋
…… Tel：0898－88255856
…… Fax：0898－38261339

**海口龙华方正印刷厂**
地址：海南省海口市迎宾大道 105 号
…… 负责人：方光国
…… Tel：13807668051

**文城新闻印刷厂**
地址：海南省文昌市文城镇文岭里 33 号
…… 负责人：林道剑
…… Tel：13907506836

## 四川省/Sichuan Province

**成都新荣光包装材料有限公司**
地址：四川省成都市簇桥乡龙井村六组
…… 负责人：张惜香
…… Tel：028－87333106

**泸州市龙马潭永胜花纸印务有限公司**
业务：泸州市龙马潭永胜花纸印务有限公司成立于 2005 年，主要从事各类印刷业务。欢迎新老客户光临惠顾！
地址：四川省泸州市龙马潭区龙马大道三段七号 1 幢 4 楼
…… 负责人：刘元锡……邮　编：646000
…… 法　人：刘元锡
…… Tel：0830－2500434
…… Fax：0830－2510386
…… 网址：www.mtw51639.chinapyp.com

**成都锦瑞印刷有限责任公司**
业务：印刷
地址：四川省成都市花牌坊街 2 号电子高专行政楼 105 室
…… 负责人：万贵钊　邮　编：610000
…… 法　人：王菊芬
…… Tel：028－87712556
15108392774

**都江堰市恒丰彩色印务包装有限公司刊刻分公司**
地址：四川省成都市都江堰市幸福路 126 号
…… 负责人：郎涛
…… Tel：028－87283158

**香港恒晖（特印牌）成都启恒经营部**
地址：四川省成都市火车北站西一路 47 号
…… 负责人：蒙小姐
…… Tel：028－86417916
13980521993

**成都方海鸣扬印务有限公司**
地址：四川省成都市金牛区白果林青西路 9 号
…… 负责人：毛国芳
…… Tel：028－81870997

**崇州市青峰岭纸厂**
业务：崇州市青峰岭纸厂成立于 1998 年，主要生产书写纸、有光纸、文化用纸等。我公司本着"诚信至上、客户第一"的原则，愿与各造纸企业建立长期、友好的合作关系，共同发展，开拓美好未来。
地址：四川省成都市崇州市怀远镇西山青峰岭
…… 邮　编：611200
…… 法　人：徐绍鹄
…… Tel：028－82280151

**成都虹彩塑料包装印刷有限公司**
业务：成都虹彩塑料包装印刷有限公司成立于 1993 年，从事塑料包装袋的印刷及销售。欢迎来电洽谈业务。
地址：四川省成都市金堂县赵镇中河村
…… 邮　编：610400
…… 法　人：夏明镜
…… Tel：028－84985069
…… Fax：028－84985558

**成都今世缘印刷物资有限公司**
地址：四川省成都市金牛区北站西一路 73 号附 11 号
…… 负责人：徐立毅
…… Tel：13308065185

**成都美源印务有限责任公司**
地址：四川省成都市金牛区茶店子八一路 20 号
…… 负责人：李学明
…… Tel：028－87573631

**成都正海印务有限公司**
地址：四川省成都市金牛区成华西街 3 号 2 楼 B－14 号
…… 负责人：汪淑君
…… Tel：13032853578

**成都市成良纸制品厂**
地址：四川省成都市金牛区洞子口乡陆家村八社工业经济开发区
…… 负责人：王贵良
…… Tel：028－83133678
13808032820

**成都多一点纸业有限公司**
业务：成都多一点纸业有限公司成立于 2003 年，是生产销售系列纸制品湿纸巾、餐巾纸、柔巾卷纸、纸毛巾等的专业生产厂家。让我们一起携手共进，共创明天辉煌！
地址：四川省成都市龙泉驿区平安镇红豆小区
…… 邮　编：610100
…… 法　人：李公华
…… Tel：028－84855287

**成都市青羊区泰森印务有限公司**
业务：成都市青羊区泰森印务有限公司是专业制版、电镀加工厂家。承制各种线条、彩色层次塑料凹版、特种版；承接各种印刷品印刷。承接各种电镀业务（镀锌、镀铜、镀铬等），并开展了机加工业务。本公司愿竭诚为您服务！
地址：四川省成都市青羊区文家乡华严村五组
…… 负责人：胡兵……邮　编：610091
…… 法　人：胡兵
…… Tel：028－87070039
87073041

**成都奇石包装制作有限公司**
地址：四川省成都市金牛区黄忠街 8 号 2 楼 204 室
…… 负责人：宇茂林
…… Tel：13072876596

**成都市百盛包装有限公司**
地址：四川省成都市金牛区金牛乡侯家村 6 组
…… 负责人：周敏
…… Tel：13308055008

**成都文翰印务有限公司**
地址：四川省成都市金牛区金牛乡兴盛村 6 组
…… 负责人：秦顶全
…… Tel：13908180304

**成都市同兴达包装印务有限公司**
地址：四川省成都市金牛区天回乡杜家碾村 2 组
…… 负责人：杨秀兰
…… Tel：13550192377

**成都心印心印刷有限公司**
地址：四川省成都市金牛区外西前沙湾 118 号
…… 负责人：何三伟
…… Tel：028－89632128

**成都联印包装有限公司**
地址：四川省成都市金牛区西体路 2 号 2 楼 11－14 号
…… 负责人：肖茂均
…… Tel：028－87665915

**金堂县西蜀印务包装有限公司**
地址：四川省成都市金堂县三星镇赵官路 426 号
…… 负责人：谢北平
…… Tel：028－88130305
13808238160

**成都市置仪卫生用品有限责任公司**
地址：四川省成都市郫县唐元镇千夫村
…… 负责人：李雷
…… Tel：028－87990998
13881851800

**艺峰现代办公印务社**
地址：四川省成都市双流县白家场镇新街 165 号
…… 负责人：张代刚
…… Tel：028－85867598
13348880116

**协胜包装制品厂**
地址：四川省成都市太升北路时代天骄 22－04 室
…… 负责人：陈志勇
…… Tel：028－86949499
13880204427

**成都市周天包装印务设计有限责任公司**
地址：四川省成都市武侯区一环路西一段 30 号
…… 负责人：程步周
…… Tel：028－85062738
13880809908
13086638385

**新都区斑竹园小凉包装厂**
地址：四川省成都市新都区斑竹园镇小凉村
…… 负责人：陈吉贵
…… Tel：028－83989322

**普瑞特彩印厂**
地址：四川省成都市一环路北一段 121 号
…… 负责人：杨青
…… Tel：028－87680048
87672176

**集雅国画纸厂**
地址：四川省乐山市夹江县夹邮 102 信箱
…… 负责人：陈秀莲
…… Tel：0833－5666327
2903846

**玉龙纸巾厂**
地址：四川省绵阳市安县花街镇富乐路北段
…… 负责人：林玉龙
…… Tel：0816－4331413
13608126213

**四川五洲彩印有限责任公司**
业务：本公司是一家专门从事设计、制作、印刷各种票据宣传资料、教材资料，招贴画等业务的企业。拥有全套海德堡高级印刷设备及其他印刷工艺设备。公司秉承"客户第一、质量第一、服务第一"的经营宗旨，是印刷界知名的印务公司。
地址：四川省成都市武侯区簇桥乡文昌路 701 号
…… 负责人：史金秀……邮　编：610043
…… 法　人：史金秀
…… Tel：028－85011398

**成都迈尔森包装材料有限公司**
业务：经营包装材料
地址：四川省成都市青羊区瑞连路 59 号 TT 尚品 1 幢 3 单元 1404
…… 负责人：刘俊标　邮　编：610000
…… 法　人：刘俊标
…… Tel：13982276967
18980001676

**四川省大英县三鑫纸业有限公司**
地址：四川省遂宁市大英县回马镇长江工业园区
…… 负责人：钟景荣
…… Tel：0825－7832698
13980188998

## 贵州省/Guizhou Province

### 贞丰县教育印刷厂
业务：贞丰县教育印刷厂位于贞丰县珉谷镇建设路 88 号，公司成立于 1970 年，多年来一直以印刷学生作业本、表格为主。我厂本着：质量第一，信誉至上，用户至上”的宗旨，竭诚为广大用户服务。
地址：贵州省兴义市贞丰县珉谷镇建设路 88 号
…… 邮　编：562200
…… 法　人：王芝福
…… Tel：0859－6611217
…… Fax：0859－6612676

**贵阳塑通塑料包装材料有限公司**
地址：贵州省贵阳市红岩路 2－8 号（红岩工业小区）
…… 负责人：杨桂玲
…… Tel：0851－5630067

**贵阳秉诚纸业有限公司**
地址：贵州省贵阳市南明区解放路 258 号贵州省体育文化用品批发市场 A 栋
…… 负责人：王昇彬
…… Tel：13809451187

### 贵阳佳华印务包装有限公司
业务：本公司成立于 2005 年，专业从事印刷、包装等业务。公司遵循“技术服务为根本，产品质量为核心”的质量方针，我们真诚期望与各界客户友好合作，共创美好的明天！
地址：贵州省贵阳市南明区富水南路 146－152 号二楼
…… 负责人：郑中生……邮　编：550002
…… 法　人：郑中生
…… Tel：0851－5827155

**贵阳新彩数码印务有限公司**
地址：贵州省贵阳市威清路 351 号 2 单元 3 号
…… 负责人：周永江
…… Tel：13087815290

### 恒赢纸业有限责任公司
业务：恒赢纸业有限责任公司成立于 2000 年，主要生产瓦楞纸、挂面纸、箱板纸等纸业。质量保证，价格合理，热诚欢迎各界朋友来电订购。
地址：贵州省黔南州贵定县城关镇八一村
…… 邮　编：551300
…… 法　人：何启强
…… Tel：0854－5233254
…… Fax：0854－5226165

**诗雅纸业加工厂**
地址：贵州省遵义市红花岗区长征镇凉水村加油站旁
…… 负责人：王龙秋
…… Tel：0852－8917941
13017496045

## 昆明市盘龙区佳元彩印厂
昆明市盘龙区佳元彩印厂是一家专业从事各类纸制品包装、印刷的企业。
一流的设备、一流的人员、一流的服务，本公司将及时可靠地为客户提供优质产品。

联系人：焦建伟
电话：0871－3138158　13099442579
邮编：650041
地址：云南省昆明市盘龙区拓东路118号

## 龙山图文印刷有限公司
龙山图文印刷有限公司是专业从事图文设计印刷的快印机构。公司设备先进，业务范围广泛，能为您带来高质量、快节奏、低价位的服务。欢迎来电垂询！

联系人：邹传新　　手机：13988355575
电话：0883-2153369　　传真：0883-2153884
地址：云南省临沧市临翔区世纪路　　邮编：677000

## 遵义市茂竹纸品加工厂
遵义市茂竹纸品加工厂成立于2000年，本公司专业生产、销售卫生纸、卷筒纸、餐巾纸、卫生巾。长期以来，茂竹纸品加工厂一直注重技术革新和研发工作，在不断推出新产品同时，也在不断的改进生产工艺和产品质量，力求以优良品质面对消费者，满足不同阶层用户的需求。为广大消费者提供新型、柔软、舒适、洁净、环保的日常生活用纸！茂竹纸品加工厂诚邀国内外广大采购商来电、来函、来访。“纸”要有困难，茂竹帮你忙！

联系人：刘芸
电话：0852-3195160 13087872738
地址：贵州省遵义市汇川区坪丰市场93号　　邮编：563000

## 云南省/Yunnan Province

**璟辉印刷厂**
地址：云南省楚雄市永安镇车坪
…… 负责人：刘春柏
…… Tel：0878－3393124
13708786118

### 兴达工艺包装厂
业务：兴达工艺包装厂成立于 1996 年，主要生产销售各种礼品包装盒（茶叶包装盒、酒类包装盒等），制作精美，热诚欢迎广大新老客户来电来人订购。
地址：云南省昆明市金实小区南门茶叶批发市场 909 号
…… 邮　编：650224
…… 法　人：周敬军
…… Tel：0871－5706043
…… Fax：0871－4599217

**大理天宇印刷厂**
地址：云南省大理白族自治州大理经济开发区天井批发市场
…… 负责人：李红梅
…… Tel：0872－2312756
13987207976

**爱心彩印厂**
地址：云南省大理白族自治州洱源县玉湖镇新源路 6 号
…… 负责人：何康林
…… Tel：0872－5124106
13987282196

### 永胜县印刷厂
业务：永胜县印刷厂成立于 1958 年，主要从事胶印。公司坚持“以诚信为本、以质量取胜”的企业理念，竭诚与广大新老客户携手共进，共创辉煌！
地址：云南省丽江市永胜县永北镇南街文化巷 5 号
…… 负责人：聂克昌……邮　编：674200
…… 法　人：聂克昌
…… Tel：0888－6527858

**弘丰印刷厂**
地址：云南省昆明市官渡区博海路 7 号
…… 负责人：浦萍
…… Tel：0871－3845481
13708429023

**亿韦造纸厂**
地址：云南省曲靖市会泽县金钟镇张礼村
…… 负责人：任礼奎
…… Tel：13887435499

### 永德县工艺印刷厂
业务：永德县工艺印刷厂成立于 1989 年，主要从事茶叶包装纸、书籍、精美纸张的印刷，生产木制茶叶包装盒、木制工艺品。“以质量求生存，以信誉求发展”，热诚欢迎广大新老客户来我公司洽谈业务，共同合作！
地址：云南省临沧市永德县德党镇大忙岗
…… 负责人：杨树荣……邮　编：677600
…… 法　人：杨树荣
…… Tel：0883－5212649

**建华印刷有限责任公司**
地址：云南省曲靖市罗平县罗雄镇红星街一号
…… 负责人：燕慧
…… Tel：0874－8251045
6627581

## 昆明南天印刷厂
昆明南天印刷厂成立于 1992 年，主要从事胶印、复印和打字。我们是云南南天股份有限公司的附属公司，主要服务于总公司。
诚信、专业、优质的服务，是我们始终如一的追求！

联系人：倪兆龙
电话：0871-3350279　6663407
邮编：650000
地址：云南省昆明市盘龙区环城东路455号

## 西藏自治区/Xizang Autonomous Region

**中国西藏拉萨福利印刷有限公司**
地址：西藏自治区拉萨市北京中路
…… 负责人：李勇军
…… Tel：0891－6825555

**拉萨市环保包装销售部**
地址：西藏自治区拉萨市达孜县色拉路 8 号
…… 负责人：王云贵
…… Tel：0891－6373169

**西藏佳翔印务有限公司**
地址：西藏自治区拉萨市堆龙德庆县青藏路东嘎村
…… 负责人：黄先生
…… Tel：0891－6150919

### 西藏财通印务有限公司
业务：西藏财通印务有限公司成立于 2000 年，主要从事书，报刊、杂志印刷，票据印刷，包装及各类彩色印刷。用优良的品质，合理的价格，完善的服务，竭诚为用户服务。
地址：西藏自治区拉萨市金珠西路 64 号
…… 负责人：黄泽彬……邮　编：850000
…… 法　人：邱助祥
…… Tel：0891－6710266
…… Fax：0891－6710299
…… 网址：www.mtw27876.chinapyp.com

**西藏远征印刷物资有限公司**
地址：西藏自治区拉萨市罗布林卡路 19 号
…… 负责人：武从广
…… Tel：0891－6830978

## 拉萨汇海包装用品有限责任公司
拉萨汇海包装用品有限责任公司成立于2007年，是一家专业销售各类包装箱，包装袋，环保购物袋（纸袋、布袋、塑料袋）、垃圾袋，食品袋等各类环保包装和定制包装公司。

电话：0891－6926455
邮编：850000
地址：西藏自治区拉萨市扎基路雍珠市场钢网房2号
联系人：万年春　13908992268　13628984000

## 陕西省/Shanxi Province

**宝鸡市宏斌彩印有限责任公司**
地址：陕西省宝鸡市陈仓区阳平镇宁王村
…… 负责人：王红兵
…… Tel：0917－6668368

**宝鸡市双喜纸业有限公司**
地址：陕西省宝鸡市陈仓区阳平镇窑底村
…… 负责人：杨喜喜
…… Tel：0917－6661388

### 凤翔县万力造纸厂
业务：凤翔县万力造纸厂成立于 1995 年，位于陕西省凤翔县城关镇西古城村，交通便利、地理位置优越。产品质量稳定可靠，品种有纱管纸、箱板纸、双胶纸、文化用纸等。靠质量生存，靠信誉发展。欢迎订购，价格优势大。
地址：陕西省凤翔县城关镇西古城村
…… 邮　编：721400
…… 法　人：张祯祥
…… Tel：0917－7226320
…… Fax：0917－7226596

### 宝鸡鑫鑫纸品有限公司
业务：纸品的销售
地址：陕西省宝鸡市陈仓区贾村镇（养路队院内）
…… 负责人：李豆娃　　邮　编：721300
…… 法　人：李豆娃
…… Tel：0917－6552086
18991571152
…… Fax：0917－6552086
…… 网址：www.bjxxzp.cn

**振德塑料包装有限公司**
地址：陕西省铜川市城区黄堡镇灯炮厂内
…… 负责人：胡振德
…… Tel：0919－7188698
13571573991

**明清集装袋厂**
地址：陕西省渭南市华县柳枝八台村
…… 负责人：韩杰明
…… Tel：0913－4810553
13609135972

### 华县明清集装袋厂

业务:华县明清集装袋厂成立于 2002 年,从事集装袋的生产及销售。我厂热忱欢迎各界专家、同仁莅临指导。
陕西省渭南市华县柳枝镇八台村
…… 邮　编:714101
…… 法　人:韩杰明
…… Tel:0913－4810553
…… Fax:0913－4810553

**华源纸业卫生保健用品有限公司**
地址:陕西省西安市灞桥区洪庆街道办事处新兴村(工业园区内)
…… 负责人:寇权铭
…… Tel:029－83351182
13991122255

**西安市灞桥区出版业协会**
地址:陕西省西安市灞桥区文化馆二楼
…… 负责人:王辉
…… Tel:029－83524596

**西安文理印务有限公司**
地址:陕西省西安市碑林区湘子庙街 39 号
…… 负责人:王慰新
…… Tel:029－85051290

**西安双健包装有限公司**
地址:陕西省西安市草滩生态产业园
…… 负责人:张健
…… Tel:029－86276571

**陕西川江包装制品有限公司**
地址:陕西省西安市红庙坡 219 号
…… 负责人:韦先江
…… Tel:029－86284978
13087531810

**西安德鑫印刷机械有限公司**
地址:陕西省西安市户县甘亭镇北环东路 35 号
…… 负责人:朱芳玲
…… Tel:029－84888623

**博宏纸箱厂**
地址:陕西省西安市户县光明乡西韩村
…… 负责人:山新建
…… Tel:029－84810994
13609255460

**西安宝丰印章有限责任公司**
地址:陕西省西安市莲湖区团结南路 10 号
…… 负责人:杜红军
…… Tel:029－84266972

**西安市新艺印刷材料厂**
地址:陕西省西安市莲湖区西斜路 7 号
…… 负责人:李渭平
…… Tel:029－87257824

**陕西建华纸业有限公司**
地址:陕西省西安市未央区三桥镇后围寨腊家路
…… 负责人:刘建
…… Tel:13709240064

**陕西视维印务有限责任公司**
地址:陕西省西安市未央区未央路 153 号兴隆小区
…… 负责人:胡雪峰
…… Tel:13060385966

**西安汇创嘉业图文制作有限公司**
地址:陕西省西安市雁塔区含光路南段 56 号 8 幢 0903 号
…… 负责人:张光辉
…… Tel:13572171277

**西安桑田印务有限公司**
地址:陕西省西安市雁塔区雁塔路南段 99 号省生产力促进中心孵化基地 305 室
…… 负责人:牛常乐
…… Tel:029－81051960

**陕西互邦印务有限责任公司**
地址:陕西省西安市雁塔区丈八东路齐王村工业园 38 号
…… 负责人:史均伟
…… Tel:13087565884

**永　和　纸　业　有　限　公　司**
业务:本公司成立于 2001 年,拥有 50 多名员工。主要经营工业纸张的生产与销售。
地址:陕西省西安市户县光明工贸园区
…… 邮　编:710300
…… 法　人:刘永和
…… Tel:029－84828999
…… Fax:029－84815511

**柞水县杏坪镇严坪土纸专业合作社**
业务:土纸的生产与销售
地址:陕西省商洛市柞水县杏坪镇严坪村二组
…… 负责人:王为革　邮　编:711404
…… 法　人:王为革
…… Tel:15991258404

**西安富华印刷材料有限公司**
地址:陕西省西安市自强西路 170 号
…… 负责人:左锦飞
…… Tel:029－84275171

## 甘肃省/Gansu Province

**兴隆印刷厂**
地址:甘肃兰州市榆中县城关镇上汉社 79 号
…… 负责人:汉良升
…… Tel:0931－5223760
13519602541

**兰州赛鑫彩色印刷有限公司**
地址:甘肃省兰州市城关区金城路 314 号
…… 负责人:雷全洲
…… Tel:0931－8350924

**兰州飞燕印务有限公司**
地址:甘肃省兰州市城关区旧大路詹家拐子
…… 负责人:曾永萍
…… Tel:0931－8977536

**兰州运城制版有限公司**
地址:甘肃省兰州市城关区雁儿湾路 346 号
…… 负责人:刘克礼
…… Tel:0931－8473968

**兰州宏声印刷有限公司**
地址:甘肃省兰州市七里河区崔家崖 383 号
…… 负责人:许志军
…… Tel:13139243933

**庆阳市西峰区大不同文档印刷中心**
地址:甘肃省庆阳地区西峰市肖金三不同村
…… 负责人:耿少明
…… Tel:0934－8511184

**庆阳市育宏彩印厂**
地址:甘肃省庆阳市西峰区长庆北路 99 号
…… 负责人:鲁志宏
…… Tel:0934－8612344
13830408098

**庆阳市西峰区亨科彩印包装有限公司**
地址:甘肃省庆阳市西峰区民族南路 173 号
…… 负责人:李志强
…… Tel:0934－8621129
13993420677

**甘肃古浪惠思洁纸业有限公司**
地址:甘肃省武威市古浪县泗水镇泗水北街
…… 负责人:杨发春
…… Tel:0935－5167329

**张掖市明阳纸业有限责任公司**
地址:甘肃省张掖市东北郊新区
…… 负责人:李克松
…… Tel:0936－8432048

## 青海省/Qinghai Province

**青海乐都河湟纸箱厂**
地址:青海省海东地区乐都县河湟谷地
…… 负责人:周先生
…… Tel:0972－8621048
0972－7416333

**德令哈市南方塑料有限包装有限公司**
地址:青海省海西州德令哈市格尔木西路
…… 负责人:谢顺塘
…… Tel:0977－8219666

**青海省联运(集团)印务包装有限公司**
地址:青海省西宁市城北区柴大木路 20 号
…… 负责人:胡荣彬
…… Tel:0971－5120970

**西宁金星印刷厂**
地址:青海省西宁市城西区胜利路 20 号
…… 负责人:王金梅
…… Tel:0971－6119038

**西宁鑫雅印务有限公司**
地址:青海省西宁市城西区五四大街 37 号北办公楼 113－114 室
…… 负责人:姬华琴
…… Tel:0971－6114507

**西宁市华通彩印厂**
地址:青海省西宁市城西区西关大街 47 号
…… 负责人:田红丽
…… Tel:0971－6123553

**青海日报实业总公司印务分公司**
地址:青海省西宁市城中区长江路 5 号
…… 负责人:姚海宁
…… Tel:0971－8451960－8286

**西宁纸制包装厂**
地址:青海省西宁市凤凰山路 11 号
…… 负责人:王先生
…… Tel:0971－8210746

**青海铁路源峰广告有限公司**
地址:青海省西宁市互助西路 14 号
…… 负责人:谭福成
…… Tel:0971－7191359

**青海福利印务有限责任公司**
地址:青海省西宁市南川东路南西山路 19 号
…… 负责人:谢文化
…… Tel:0971－6250233

**西宁恒新包装设计有限公司**
地址:青海西宁市城东区七一路 187 号
…… 负责人:黄忠高
…… Tel:0971－8148458

**青海远景印刷有限责任公司**
地址:青海西宁市城西区虎台一巷 4 号楼
…… 负责人:法小瑜
…… Tel:0971－6321122

## 新疆维吾尔自治区/Xinjiang Wei We Er Autonomous Region

**乌鲁木齐万通科技发展有限公司喷绘雕刻分公司**
地址:新疆维吾尔自治区乌鲁木齐市红山市场 325 室
…… 负责人:杨山青
…… Tel:0991－4550116

**乌鲁木齐金德丝网印刷器材有限公司**
地址:新疆维吾尔自治区乌鲁木齐市西虹东路 4 号
…… 负责人:樊春得
…… Tel:0991－4535787

**和　静　县　意　德　卫　生　纸　厂**
业务:和静县意德卫生纸厂位于和静县和静镇克再西路,成立于 1995 年,主要生产卫生纸、餐巾纸等生活用纸。质量第一,价格合理,欢迎新老客户惠顾,来电来人洽谈业务。
地址:新疆巴音郭楞蒙古自治州和静县和静镇克再西路
…… 邮　编:841300
…… 法　人:谢以德
…… Tel:0996－5024612
…… Fax:0996－5024612

**新疆银佳纸业有限责任公司**
业务:新疆银佳纸业有限责任公司成立于 2004 年,主要生产印刷包装用白板纸。质量好,价格合理,欢迎各方客户惠顾,来电来人洽谈业务,共同合作。
地址:新疆米泉市稻香北路 204 号
…… 邮　编:813400
…… 法　人:徐柏良
…… Tel:0994－5220111
…… Mobile:13565320888
…… Fax:0994－5223218

**乌鲁木齐顺意祥纸品商行**
地址:新疆维吾尔自治区乌市阿勒泰路 30 号附 9 号泰锈小区 2 号楼 12 单元附 102
…… 负责人:伍云召
…… Tel:0991－3813135

# 行业品牌展示窗

## 海南宗源户外拓展训练有限公司

海南宗源户外拓展训练有限公司是经海南省工商行政管理局注册的海南第一家专业拓展训练机构。公司拥有一流的户外装备和资深培训师、专业的辅助教练及安全保障。用最专业的知识技能和专注的态度为您和您的团队提供一流的培训服务。请记住我们的口号：世界只有一个地球，请爱护我们共同的家园。

联系人：杨平祥
电话：0898-66511872
传真：0898-36612792
网址：www.zytz.cc
电邮：66511872@163.com
培训中心地址：海南省海口市海秀大道34号工业大厦801室 邮编：570206

## 温岭市精英棋院

温岭市精英棋院专业培训：围棋，国际象棋，招生对象为5岁学童起。越来越多的孩子加入了学习中国象棋的行列，今年暑假，该市精英棋艺培训中心就招收了近百名学员，目前温岭市习棋的少年儿童在千名以上。

学习下象棋，不但可以启迪心智，还可以活跃思维。

联系人：徐菊清
13058682926 13958696567
电话：0576-86126846
邮编：317500
地址：浙江省台州市温岭市太平街道东辉中路19弄3号1幢1501室

## 河南省商文化艺术传媒有限公司

河南省商文化艺术传媒有限公司成立于2006年，主要从事电视、广告、画册设计、制作。如您手里有任何的值得推广、切实可行的、无论涉及任何行业的信息，我们都将以严谨的态度、诚实的信誉为您做好服务。

电话：0370-3285802 2513498 联系人：郭金法 手机：13523156665
地址：河南省商丘市文化路272号 邮编：476000

## 浮山县神山驾驶员培训学校

学校自成立以来始终坚持“正规办学、严谨执教”的办学宗旨；坚持“质量第一、服务至上”，人性化办学的办学理念；为社会培养一大批优秀的驾驶员。
热烈欢迎社会各界来我校参观指导！

联系人：秦军 13753776678 13509772200 电话：0357-8150138
地址：山西省临汾市浮山县张庄乡南坂村村南 邮编：042600

# 行业品牌展示窗

## 河南焊接工程技工学校

我校是河南省唯一一所焊接类学历+技能的专业学校。10多年来，为社会培养了大批高素质焊接技术人才。

联系人：王耘

电话：0371-67875555　13503718293

地址：河南省郑州市二七区马寨开发区学院路5号　邮编：450067

## 赣　州　学　尔　乐　书　店

赣州学尔乐书店从事报纸、期刊、图书批发零售，多家连锁经营。一本书就是一个世界，把你的心灵变成最智慧的所在，欢迎光临惠顾！

联系人：邓士林

电话：0797-8137609　8222306　13803579317

地址：江西省赣州市厚德路49A-3　邮编：341000

## 广东台山恒轩台球精品厂

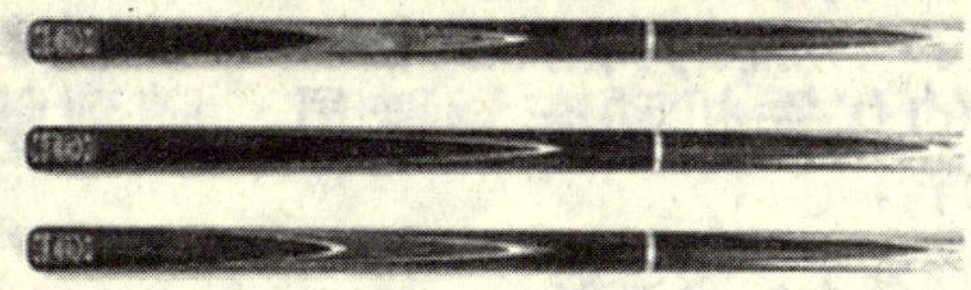

LP黑色方牌球杆

广东台山恒轩台球精品厂主要经营LP斯诺克台球杆、LP台球杆品种齐全，在全国各地设有代理经销点、LP台球杆还提供完善的网络服务，网上查询真伪，互动等。

接受广大消费者反馈，由此不断改进，不断更新换代，秉承一直来的生产理念、专业、专注、缔造精品，为台球爱好者们带来真正的完美运动体验！

网址：www.ts-lp.com

电邮：tslp5621962@163.com

地址：广东省台山市台城镇自行车零件厂内

邮编：529200

联系人：罗锡沛

电话/传真：0750-5621962

## 杭　州　佛　学　院

杭州佛学院设在杭州市中天竺法净禅寺内，创于1998年，是一所汉语系佛教专业学校。经过多年的实践，“杭州佛学院”在培养佛教文化研究和寺院管理人才等方面取得了一定的成绩，积累了一些经验，并形成了一整套教学管理制度，师资队伍齐全，教学，教学器材和设施一应俱全，办学条件日益成熟。专门培养爱国爱教、学修并重，热爱佛教事业，有高度的历史使命感和责任感；既能联系信教群众，又有一定佛教学识的佛教寺院管理人才和有志从事专业佛学理论研究的僧才。

联系人：释钢晓

电话：0571-87978350　15867187799

地址：浙江省杭州市西湖区天竺路112号　邮编：310013

# 行业品牌展示窗

# 行业品牌展示窗

## 法制与社会海西杂志编辑委员

《法制与社会·海西》杂志是一本面向福建省公开发行的法制类月刊，是集科学性、思想性、可读性、纪实性为一体的综合性期刊。本杂志将为政府及社会各界提供简洁方便的信息公布平台，宣传海西建设的政策法规、最新法制动态、人才教育、企业形象、劳动就业以及道路交通建设等。全面反映福建省各级政府及社会各届在海西建设中的精神面貌。

电话：0591-87827076 87404599
传真：0591-63305585
联系人：金昌红
地址：福建省福州市鼓楼区五四路235号天骊大厦5D
邮编：350001

## 六安市智伟体育用品有限公司

我公司成立于2005年。
主要经销体育用品。
我公司坚持以人为本、以诚为信。
竭诚为广大客户服务。

联系人：邬效伟
网址：www.lazwty.cn
手机：13685668999
电话：0564-3223238 3289285
地址：安徽省六安市兴美花园第3期工程新华书店对面安踏专卖店　邮编：237000

## 济南华杰文化用品有限公司

济南华杰文化用品有限公司成立于2006年。
主营办公用品、文体用品、工艺美术、学生用品等。
欢迎广大客户来电来函洽谈。

联系人：朱敢松
电话：0531-88321178　13606418126
地址：山东省济南市天桥区北园大街748#
邮编：250031

## 孝感市佛教培训基地

孝感市佛教培训基地成立于2006年，主要从事于佛教知识的全方面培训。专门培养爱国爱教、学修并重，热爱佛教事业，有高度的历史使命感和责任感；既能联系信教群众，又有一定佛教学识的佛教寺院管理人才和有志从事专业佛学理论研究的僧才。

联系人：颜满芝　13971948247
电话：0712-2862819
地址：湖北省孝感市书院街汪窑村4组
邮编：432100

# 教育传媒文教体育办公用品

## 北京市/Zhuhai Municipality

**北京平谷外展训练培训学校**
地址：北京平谷金海湖水上运动场
负责人：赵明
Tel：010－64941213

**国家档案局档案干部教育中心培训部**
地址：北京市昌平区东小口镇霍营黄平路
负责人：谢达
Tel：010－68435825

**北京市昌平区招生考试中心**
地址：北京市昌平区鼓楼南大楼 8 号
负责人：李永生
Tel：010－69740173

**北京绿丝路生物技术研究中心**
地址：北京市昌平区南邵镇纪窑村 247 号
负责人：纪春林
Tel：010－60732439

**北京丰宝堂生物工程技术研究所**
地址：北京市昌平区商业街 40 号
负责人：张城至
Tel：010－62045828

**北京昌平童创美术培训学校**
地址：北京市昌平区政府街 64 号文化馆 316 室
负责人：李卫明
Tel：010－69705243

**北京东方盛达文化传播有限公司**
地址：北京市朝阳区安慧里一区 2 号楼 705 室
负责人：刘红
Tel：010－64987270

**北京市朝阳区天爱双语才艺幼儿园**
地址：北京市朝阳区北四环东路千杨树甲 16 号
负责人：张卫
Tel：010－64917722

**北京静静心使文化交流中心**
地址：北京市朝阳区朝阳北路 50 号院 13 号(住宅)楼 1 单元 1303 室
负责人：张扣英
Tel：010－65408264

**北京苑阁史志文献研究中心**
地址：北京市朝阳区定福庄西村甲 1 号院 7 号住宅楼 3 门 402 室
负责人：陈仕林
Tel：010－64419905

**北京市朝阳区中澳培训学校**
地址：北京市朝阳区东大桥路 5 号
负责人：陈新兰
Tel：010－65610531

**北京红场秀文化发展有限公司**
地址：北京市朝阳区东三环北路 16 号
负责人：魏晓辉
Tel：010－65562549

**北京市朝阳区金吉列教育培训学校**
地址：北京市朝阳区东三环南路 2 号艾维克大厦 501 室
负责人：张书泰
Tel：010－65689000



**北京中美佳联影视技术有限公司**
地址：北京市朝阳区酒仙桥路乙 21 号佳丽饭店 E47 室
负责人：刘绍蕾
Tel：010－64627068

**北京硕良文化发展有限责任公司**
地址：北京市朝阳区柳芳北里 6 号住宅楼 10 门 203 号
负责人：刘硕良
Tel：010－64677169

**北京童龄少儿艺术创作发展中心**
地址：北京市朝阳区胜古家园 2 号楼 1408 室
负责人：谢淑琴
Tel：010－64422909

**北京中青人出版物发行有限公司**
地址：北京市朝阳区西坝河路甲 1 号浩鸿园静园三层 G 单元
负责人：徐文新
Tel：010－64465220

**北京黄村滨河齐鑫文化办公用品商店**
地址：北京市大兴区黄村镇滨河西里
负责人：董颖
Tel：010－69295110

**北京中昌利达文化用品商店**
地址：北京市大兴区黄村镇小营市场南门西 30 米
负责人：常晓梅
Tel：010－60205928

**北京市大兴区新雅语言培训学校**
地址：北京市大兴区义和庄东路 2 号综合楼 3 单元 5 层
负责人：赵冰
Tel：010－61211281

**北京普洛多文具有限公司**
地址：北京市大兴区瀛海镇工业开发区 6 号
负责人：金钟凤
Tel：010－69250686

**北京市交运驾驶学校**
地址：北京市东城区地安门东大街 127 号
负责人：来永胜
Tel：010－63718121

**北京一石智库文化传播有限责任公司**
地址：北京市东城区东中街 58 号 1 号楼 3 门 504 室
负责人：董秀玉
Tel：010－65543588

**北京市东城区府学教育培训学校**
地址：北京市东城区府学胡同小学
负责人：王老师
Tel：010－64002666

**北京红斗笠文化艺术中心**
地址：北京市东城区花园胡同 10 号
负责人：马红涛
Tel：010－64050059

**北京市易赛尔文化传播有限责任公司**
地址：北京市东城区前园恩寺胡同 2 号
负责人：李秀花
Tel：010－65254929

**北京市房山区天虹艺术培训学校**
地址：北京市房山区良乡西潞园幼儿园
负责人：左杏娟
Tel：010－68935501

**北京子如欢怡文化艺术交流有限公司**
地址：北京市丰台区北大地三里五栋 19 号
负责人：郑子茹
Tel：010－63821375

**北京雪莱文化发展有限公司**
地址：北京市丰台区北京西站东附楼京铁大酒店四层 510 室
负责人：樊小虎
Tel：010－63980375

**北京联艺安泰文化传播有限公司**
地址：北京市丰台区丰北路 32 号华胜写字楼 A117
负责人：申红
Tel：010－63805990

**北京市丰台区方培文化培训学校**
地址：北京市丰台区丰台镇东大街东里七小院内
负责人：李秀兰
Tel：010－63801070

**北京市丰台区高娃钢琴幼儿园**
地址：北京市丰台区小屯路 6 号
负责人：徐学菊
Tel：010－68671703

**北京蓝凤凰生物技术实验中心**
地址：北京市海淀区白家疃村 167 号
负责人：李建中
Tel：010－62454370

**北京沃德并购研究所**
地址：北京市海淀区成府路 20 号－2 号 1227 层
负责人：王巍
Tel：010－64765820

**北京吸引力影视技术服务有限公司**
地址：北京市海淀区阜成路 14 号综合楼 219 室
负责人：石丁
Tel：010－62648377

**北京九洲华宏教育文化发展中心**
地址：北京市海淀区海淀路 46 号 2418 室
负责人：黄玉林
Tel：010－62566659

**北京华夏方舟文化传播有限公司**
地址：北京市海淀区华清嘉园东升园 11 号楼 1 门 1102 房
负责人：张润斌
Tel：010－62618591

**北京新标准文化传播有限公司**
地址：北京市海淀区马甸冠城园北园 6 号楼 6 单元 16B
负责人：李亚龙
Tel：010－62046550

**共享协作(北京)实验室技术服务中心**
地址：北京市海淀区西三环北路 27 号一区 106 室
负责人：姜瑞平
Tel：010－68724092

**北京创格企业发展策划中心**
地址：北京市海淀区知春路 128 号泛亚大厦 8 层
负责人：刘乃发
Tel：010－62628867

**格林威体育器械(北京)有限责任公司**
地址：北京市怀柔县凤翔科技开发区
负责人：李丽
Tel：010－69683769

**北京怀柔电力培训学校**
地址：北京市怀柔县小中富乐 1 区 190 号
负责人：王浩然
Tel：010－69650263

**北京凤凰美策文化传播有限公司**
地址：北京市门头沟区滨河路 72 号 1645 室
负责人：蒋海涛
Tel：010－64444119

**北京中科首创应用技术研究院**
地址：北京市门头沟区新桥大街 44 号 605 室
负责人：凌义华
Tel：010－63291070

**北京科技技术学校分校**
地址：北京市门头沟区斋堂镇黑土港
负责人：倪文驹
Tel：010－69816637

**北京宇电联图书有限公司**
地址：北京市门头沟区中门寺街 69 号 5－122 室
负责人：张国荣
Tel：010－63575046

**北京梦圆盛世影视文化传播有限公司**
地址：北京市平谷区峪口镇经济开发区 5 区 23 号
负责人：黄爱国
Tel：010－61905413

**北京平谷县现代人素质训练学校**
地址：北京市平谷县西峪山庄
负责人：丁峰
Tel：010－65661848

**北京市翰卓坤办公用品经营部**
地址：北京市石景山区八宝山京西电子配套市场
负责人：徐迎民
Tel：010－68634165

**北京市石景山区华特培训学校**
地址：北京市石景山区西黄村小学校内
负责人：王河
Tel：010－68838468

**北京市顺峰培训中心**
地址：北京市顺义区北石槽镇范各庄村南侧
负责人：王景峰
Tel：010－60422785

**北京快乐宝宝婴幼儿早期智力培训中心**
地址：北京市顺义区龙府花园 11－1－101 号
负责人：解肖雅
Tel：010－69438116

**北京鼎人影视文化发展中心**
地址：北京市通州区通惠北路 22 号楼
负责人：何文明
Tel：010－60519682

**北京天星光耀科技研究所**
地址：北京市通州区西果园 2 号
负责人：尉洪生
Tel：010－60537484

**北京东方天创科教设备技术有限公司**
地址：北京市通州区徐辛庄镇大庞村
负责人：张爱华
Tel：010－69516672

**北京市西城区华艺财会培训学校**
地址：北京市西城区车公庄大街 18 号(展览路三小)
负责人：刘德踪
Tel：010－62241658

**北京世纪先河文化发展有限公司**
地址：北京市西城区德胜门东滨河 3 号 620 室
负责人：张晖
Tel：010－62049007

**北京润鑫成林文化传播有限公司**
地址：北京市西城区龙头井街 3 号
负责人：李小河
Tel：010－64685567

**北京祥文斋书店**
地址：北京市西城区西外北滨河路 11 号 37 号厅
负责人：张国平
Tel：010－62258065

**北京歌华国际教育发展中心有限公司**
地址：北京市西城区西直门内大街 51 号(北京市消费者协会院内)西楼二层
负责人：王建琪
Tel：010－68589919

**北京市西城区土木建筑工程培训学校**
地址：北京市西城区新街口大三条小学
负责人：张勋
Tel：010－62252421

**北京荟文萃书苑**
地址：北京市宣武区琉璃巷 3 号
负责人：卢春慧
Tel：010－63013116

**北京市延庆县老教育工作者协会**
地址：北京市延庆县电教馆三楼 305
负责人：卢海永
Tel：010－69172007

**北京和平街一中培训学校**
地址：北京市朝阳区和平街八区 16 号楼
负责人：芦艳苹
Tel：010－64215780

**北京市海淀区威久培训学校**
地址：北京室海淀区厂洼街 5 号院百富门写字楼
负责人：陈恕
Tel：010－68916920

**北京密云康寿保健按摩师培训中心**
地址：密云县密云镇沙河村路西
负责人：王克明
Tel：010－69054598

## 天津市/Tianjin Municipality

**天津永灵运动器材有限公司**
地址：天津市北辰区北仓镇屈店村北
负责人：凌如圣
Tel：13820209232

**天津问津堂文化传媒有限公司**
地址：天津市和平区卫津路 43 号财富大厦 B 座 10 层 01 室
负责人：张会英
Tel：13352053964

**天津上乘广告传媒有限公司**
地址：天津市河东区十一经路 78 号万隆太平洋大厦 604 室
负责人：张颖
Tel：022－84180056

**北京二十一世纪锦绣图书连锁有限公司天津友谊分店**
地址：天津市河西区黑牛城道 125 号家世界 2 层
负责人：方芳
Tel：022－88332715

**天津市求真书社**
地址：天津市红桥区丁字沽二号路北头 1 号(实验小学内 8 号房)
负责人：王秀兰
Tel：022－86513130

**天津康泰隆体育用品有限公司**
地址：天津市红桥区津坝公路与本溪路交口
负责人：苗钢
Tel：022－89990008

**天津达泰休闲运动用品商贸有限公司**
地址：天津市南开区鞍山西道学湖里 17 号楼 3－102
负责人：李伟
Tel：022－27378712

**天津艺阳汽车影院文化传播有限公司**
地址：天津市南开区宾水西道天津体育馆 A 馆西侧 001 房间
负责人：杨奕
Tel：13802005555

**天津艺华文化传播有限公司**
地址：天津市南开区航天道 26 号 618 室(科技园)
负责人：周振清
Tel：13501115068

**天津市澜涛数字传媒有限公司**
地址：天津市南开区华苑产业区鑫茂科技园 C1 座六层 D－1 单元
负责人：周景宏
Tel：022－83711520

**天津市名宣文化用品商贸有限公司**
地址：天津市南开区西湖道 42 号
负责人：高鑫
Tel：13312161944

**天津市塘沽区大成实验小学**
地址：天津市塘沽区胡家园街中心庄村
负责人：孙玉香
Tel：022－25362425

**天津开发区佳通办公设备服务有限公司**
地址：天津市塘沽区经济技术开发区新园新村 12 门 101 室
负责人：左学涛
Tel：022－25329083
13920147935

**天津阎创广告文化传播有限公司**
地址：天津市西青区大寺镇泉集里 9 号楼 34 门 103
负责人：邹晓碗
Tel：13612032621

**天津市依佰体育用品销售有限公司**
地址：天津市西青区杨柳青镇广汇园 2－1－101
负责人：贺新虎
Tel：022－27929997

## 上海市/Shanghai Municipality

**上海宝山区徐悲鸿第二艺术幼儿园**
地址：上海市宝山区国权北路 290 弄 37 号
负责人：陈新凤
Tel：021－55036062

**上海圣大燕园文化传播有限公司**
地址：上海市长宁区万航渡路 1575 号 18 号一楼
负责人：杨立范
Tel：021－62071998

**上海锦银文化用品有限公司**
地址：上海市长宁区仙霞路 18 号
负责人：章宝庆
Tel：021－62096997
13361985315

**中共上海市科技教育工作委员会机关工会**
地址：上海市大沽路 100 号
负责人：杜道灿
Tel：021－23119530

**上海徐汇区柏斯艺术专修学校**
地址：上海市汾阳路 16 号
负责人：吴天真
Tel：021－64335749

**上海市浦东新区民办小博士幼儿园**
地址：上海市高桥镇春晖路 289 弄 27 号
负责人：夏禹琴

……Tel:021－58623916

**上海杨浦区万国进修学校**
地址:上海市黄兴路 2005 弄 1 号 8B 室
……负责人:骆勇
……Tel:021－55066742

**上海晋欣办公设备有限公司**
地址:上海市金山区石化地区松南支路 48 号－589 座
……负责人:王科友
……Tel:13671570384

**上海金山区金盟幼稚园**
地址:上海市金山区石化十一村 25 号
……负责人:薛德林
……Tel:021－57932785

**上海胜歌文化用品有限公司**
业务:文化用品生产销售
地址:上海市宝山区丰翔路 128 弄 212 号
……负责人:陈肖峰　邮　编:201900
……法　人:陈肖峰
……Tel:021－66128984
021－66128941

**上海中体爱立特体育发展有限公司**
地址:上海市金山区石化新城路 5 号
……负责人:王俊生
……Tel:021－57932701

**上海富瑞百源科教服务有限公司**
地址:上海市康健路 135 号 C 座 225 室
……负责人:陈岱
……Tel:021－62099459

**上海虹口区彩虹开迪教育培训中心**
地址:上海市凉城路 838 弄 2 号
……负责人:汤耀妹
……Tel:021－65290173

**上海海仑黄健身休闲有限公司**
地址:上海市零陵路 800 号
……负责人:黄友春
……Tel:13801661519

**上海申晟沪剧团**
地址:上海市闵行区安宁路 26 弄 22 号
……负责人:吴连军 郑佩俐
……Tel:021－64301802

**上海闵行樱桃子幼稚园**
地址:上海市闵行区罗秀路 1980 弄 48 号
……负责人:郐群
……Tel:021－54814753

**上海静安圆桌教育培训中心**
地址:上海市南京西路 993 号 11 楼
……负责人:汪秀凤
……Tel:021－62170808

**上海文宏文化用品有限公司**
地址:上海市浦东洪山路 164 号 105 室
……负责人:马志豪
……Tel:021－68709137

**上海少昊体育用品研发有限公司**
地址:上海市浦东新区乳山路 227 号 101－48 室
……负责人:张志勇
……Tel:021－68876996－17

**上海亿麟印象防辐射技术研究所**
地址:上海市普陀区真北路 3370 号 4 楼 513 座
……负责人:刘振军
……负责人:13917788625

**上海中威文化发展有限公司**
地址:上海市普陀区中山北路 2052 号 6 层 07 室
……负责人:张建华
……Tel:021－52902793

**上海新路达商业管理有限公司东欣体育用品商店**
地址:上海市田林路 76 号
……负责人:诸伟忠
……Tel:021－64360233

**上海远东现代职业培训中心**
地址:上海市万航渡路 800 号
……负责人:冯大山
……Tel:021－62748577－5401

**上海金粟阁图书销售有限公司**
地址:上海市延长中路 780 号 316 室
……负责人:沈浩
……Tel:021－52377881

**上海金手指教育管理有限公司**
地址:上海市杨浦区民星路 435 号
……负责人:闻人勇建
……Tel:021－65579008

**上海天瑞精密仪器制造有限公司**
地址:上海市杨浦区宁武路 269 号 4 号楼 1 楼
……负责人:杨天锡
……Tel:021－65434497

**上海市卢湾区文化局工会工作委员会**
地址:上海市重庆南路 308 号七楼
……负责人:杨人锋
……Tel:021－64157874

## 重庆市/Chongqing Municipality

**重庆市赤道文化艺术有限公司万州分公司**
地址:重庆市北山渝东步行街 26 号负一、二楼
……负责人:杨大均
……Tel:023－58351277

**荣昌县精英音像制品经营部**
地址:重庆市昌元镇南大街 15 号
……负责人:陈绍木
……Tel:023－46733089

**重庆佳腾复印设备销售中心**
地址:重庆市长江一路 14#一单元 6－3#
……负责人:唐忠勇
……Tel:023－63632380

**丰都县机动车驾驶员培训中心**
地址:重庆市丰都县三合镇平都东段 223 号
……负责人:蒋军
……Tel:023－70700861
70900996

**重庆硬汉文化传播有限公司**
业务:军事拓展
地址:重庆市江北区渝北三村 30 号 21－2 号
……负责人:贺茂平　邮　编:400000
……法　人:贺茂平
……Tel:13752902220
023－86815533

**重庆市安康建设工程安全技术咨询服务中心**
地址:重庆市高新区枫丹苑枫馨楼 4－2
……负责人:蒋祥忠
……Tel:023－63672079

**重庆市高新技术产业开发区快步办公设备经营部**
地址:重庆市高新区泰兴电脑大市场 327 号
……负责人:周庆
……Tel:023－68792077

**重庆市高新技术产业开发区凯发电子设备经营部**
地址:重庆市高新区渝州路 60 号新锐地带 B8－7
……负责人:邓吉
……Tel:023－68696526

**重庆时代回响文化传播连锁有限公司北城天街名店坊店**
地址:重庆市建新北路 60 号
……负责人:罗文怡
……Tel:023－67732446

**重庆派尔传媒有限责任公司**
地址:重庆市建新北路 76 号 8 楼
……负责人:陶剑萍
……Tel:023－67851008

**重庆新行知文化用品有限公司高新分公司**
地址:重庆市科园一街(市电大门面 5、6 号)
……负责人:贾雨虹
……Tel:023－68693466

**重庆市大学中专毕业生就业指导服务中心**
地址:重庆市两路口重庆村 57 号
……负责人:温良
……Tel:023－63877396

**重庆市渝北区金日文化用品经营部**
地址:重庆市两路五星路 234 号
……负责人:曹世琼
……Tel:023－67845234

**重庆景通驾驶培训学校大足培训部**
地址:重庆市龙岗镇陵园路 27 号
……负责人:李国宏
……Tel:023－67643298

**重庆市渝北区新牌坊小学书法艺术辅导站**
地址:重庆市龙溪街道新牌坊三路
……负责人:王晏珍
……Tel:023－67519364

**重庆市渝北区腾龙文化用品服务部**
地址:重庆市龙溪松石支路 35 号
……负责人:吴伦仁
……Tel:023－61802286

**重庆市国美音像有限公司南坪店**
地址:重庆市南坪南路 19 号江南明珠商厦
……负责人:潘健
……Tel:023－89851508

**重庆永乐影视动画有限公司**
业务:三维动画、多媒体动画、栏目包装、广告片摄制,产品动画制作、广告制作,VI 设计,网页设计,FLASH 片头等
地址:重庆市南岸区学府大道 9 号 5 幢 8－2 号
……负责人:刘一浩　邮　编:400000
……法　人:刘一浩
……Tel:13647679708
023－67076630
……网址:www.cqyongle.com

**重庆欣达职业技能培训中心**
地址:重庆市铜梁县巴川镇北环路 36 号
……负责人:贺文忠
……Tel:023－45646768

**铜梁县裕中文教用品厂**
地址:重庆市铜梁县巴川镇木材公司内
……负责人:任裕中
……Tel:023－45677182

**重庆市万州区创科办公设备经营部**
地址:重庆市万州区白岩路 422 号
……负责人:户伟
……Tel:023－58237802

**潼南县兴兴文化传媒部**
业务:传媒
地址:重庆市潼南县双江镇文家坝文南街 13 号
……负责人:陈树斌　邮　编:400000
……法　人:陈树斌
……Tel:13452046351
023－44553380

## 河北省/Hebei Province

**满城县童博士卡通创意学生用品平价超市总店**
业务:创意学生用品生活用品等;特色克隆秀,胎毛画宝贝纪念品及 DIY 类等多项手工制作等;
产品:手工画,胎毛笔,花泥画多种手工制作;卡通笔类,学生卡通工具用品类,卡通生活用品类,卡通时尚挂饰类等。
地址:河北省保定市满城县新天地购物广场东侧二楼 208 室
……负责人:赵国占　邮　编:072150
……法　人:赵国占
……Tel:13731254852
……Fax:0312－7073877
……网址:www.tbs88.com
……E-mail:413280832@qq.com

**华盛体育用品有限公司**
地址:河北省沧州市盐山县杨集乡工业开发区
……负责人:张宪法
……Tel:0317－6293092
13931710393

**北京联合视业文化传播有限公司唐山文化艺术交流中心**
业务:影视、传媒、艺术品、咨询、培训
产品:书画、工艺品
地址:河北省唐山市高新区建设北路 152 号(东方大厦 C 座 1008 号)
……负责人:钱成立　邮　编:063000
……法　人:陈海丽
……Tel:0315－2271086
5101898
5101899
……Fax:0315－3195573
……网址:中国优秀企业网

**河北健儿体育用品有限公司**
业务:体操粉块的生产与销售,体育用品的批发与零售
产品:体操粉块,体育用品
地址:河北省石家庄市井陉县南陉乡康庄村
……负责人:卢建民　邮　编:50306
……法　人:卢建民
……Tel:13832325777
0311－82367888
82367444
……Fax:0311－82367999

**涉县文昌文化传播有限公司**
业务:图书、音乐器材、美术器材、灯光音响
地址:河北省邯郸市涉县贸易路新世纪图书城
……负责人:赵书义　邮　编:056400
……法　人:赵书义
……Tel:15830082918
0310－3835672

## 河北省苗苗青少年游泳跳水俱乐部

河北省苗苗青少年游泳跳水俱乐部位于保定市新市区乐凯北大街，本俱乐部自成立以来，主营：普及跳水、游泳训练。公司秉承"顾客至上，锐意进取"的经营理念，坚持"客户第一"的原则为广大客户提供优质的服务。欢迎惠顾！

联系人：张常青　　邮编：071051
电话：0312-3236063　13012077878
地址：河北省保定市新市区乐凯北大街306号

## 山西省/Shanxi Province

**银佳利体育制品有限公司**
地址：山西省长治市3号信箱
…… 负责人：杨俊平
…… Tel：13509754509

**山西机电职业技术学院**
地址：山西省长治市城北东街130号
…… 负责人：牛爱国
…… Tel：13903452697

**灵丘县平型关职业高中**
业务：开设电子技术应用、机械加工技术、数控技术应用、计算机、空调制冷技术等实用专业
地址：山西省大同市灵丘县武灵镇
…… 负责人：杜仕清　邮编：37008
…… 法人：杜仕清
…… Tel：13835238366
0352－3394012
…… Fax：0352－3394011
…… 网址：http://www.51zzt.com/user/zzt34458

**向上学习桌专卖店**
地址：山西省长治市城区英雄中路62号
…… 负责人：宋黎波
…… Tel：0355－2028155
13934057393

**长治新华书店有限公司壶关新华书店**
地址：山西省长治市壶关县龙泉镇古城路39号
…… 负责人：张新颖
…… Tel：0355－8779354

**沁水县龙港镇宏声乐器行**
业务：乐器、灯光音响、服装等销售
地址：山西省晋城市沁水县县城十字街西街县社院内
…… 负责人：王买红　邮编：048200
…… 法人：王买红
…… Tel：0356－7024812

**晋城市质君现代办公机具有限公司**
地址：山西省晋城市凤台西街(金桥商厦)
…… 负责人：毕志军
…… Tel：0356－2029904

**汽车运输公司汽车驾驶培训学校**
地址：山西省晋城市红星街西段161号
…… 负责人：贺书太
…… Tel：0356－2039020
13835688800

**阳城县全速体育用品有限公司**
业务：体育器材，健身器材，体育用品，服装，鞋帽
产品：体育品牌服装，体育器械(篮球系列，田径系列，羽\网\乒系列，室内外健身系列)、运动场地设施
地址：山西省晋城市阳城县建南路体育场
…… 负责人：张二锋　邮编：048100
…… 法人：张二锋
…… Tel：0356－4229098
…… Fax：0356－4229098
…… E-mail：E-mail：quansutiyu@sina.com

**榆次宏翔办公用品经销部**
地址：山西省晋中市榆次区粮店街商贸城B区3幢对面
…… 负责人：陈丽宏
…… Tel：0354－8666928

**大众轿车修理职业技能培训学校**
地址：山西省临汾市翼城县翔翼东大街加油西站对面
…… 负责人：李朝文
…… Tel：0357－4926625
13935723549

**太原市雅墨香办公用品商行**
地址：山西省太原市迎泽区体育西路2号
…… 负责人：郝福香
…… Tel：0351－4052166

**山西省忻州市飞天艺术职业学校**
业务：山西省忻州市飞天文化艺术学校主要培养音乐，舞蹈，美术，幼师、电脑等专业人才。我们以市场需求为导向，培养实用型、复合型艺术人才。在教学上大胆采用符合现代社会发展的艺术教学手法，聘请著名演艺教师，"走上舞台，走进屏幕"展现自已的艺术风采，走进世纪明珠，从此步入演艺生涯！
地址：山西省忻州市经济技术开发区
…… 邮编：034000
…… 法人：张俊华
…… Tel：0350－3810500

**灵石县翠峰镇希望书社二部**
业务：综合类图书经营
地址：山西省晋中市灵石县新街剧院门口
…… 负责人：程建新　邮编：031300
…… 法人：程建新
…… Tel：13700550294
0354－7616741

**太原营德伟业图书发行有限公司**
地址：山西省太原市小店区建设南路699号1120号
…… 负责人：姚桂蓉
…… Tel：0351－7083747

**山西汉东文化传播有限公司**
地址：山西省太原市迎泽区并州路91号
…… 负责人：张国梁
…… Tel：0351－4728928

**太原市万柏林区龙立家俱经销部**
业务：钢制办公家具
地址：山西省太原市旱西关25号(市档案局院内)
…… 负责人：李涛　邮编：030000
…… 法人：李涛
…… Tel：13007091987
0351－3586969

**太原市公安局机动车驾驶员体检检测中心**
地址：山西省太原市迎泽区东太堡村168号
…… 负责人：王润生
…… Tel：0351－7083710

**太原市祥云贸易有限公司**
地址：山西省太原市迎泽区解放南路58号金奥莱体育商厦
…… 负责人：苗志红
…… Tel：0351－7925007
13703588686

**太原市尖草坪区群英体育用品经销部**
业务：篮球、羽毛球拍、网拍、溜冰鞋、活力板、乒乓球拍、护身用品
产品：网拍：威尔胜、王子、白宝力、强力；羽毛球拍：凯胜、红双喜；篮球：斯波汀、耐克、群星；活力板：鑫奥林、边锋、森宝迪。
地址：山西省太原市尖草坪区小商品批发市场南楼127号
…… 负责人：周群英　邮编：030000
…… 法人：周群英
…… Tel：0351－2761811
13653513588
…… Fax：0351－2761900

**太原经济技术开发区大龙图书经销部**
业务：大量图书经营
地址：山西省太原市经济技术开发区南黑窑村赵家地市场二层42号
…… 负责人：冀晓龙　邮编：030000
…… 法人：冀晓龙
…… Tel：13466853478
0351－2180134

**飞天文化艺术学校**
地址：山西省忻州市开发区飞天文化艺术学校
…… 负责人：张俊华
…… Tel：0350－3120338
3810500

**阳泉市一诺数码办公设备有限公司**
地址：山西省阳泉市南大街
…… 负责人：任慧荣
…… Tel：0353－2021835

**山西五千年文化传媒有限公司**
业务：传媒杂志书刊
地址：山西省太原市小店区并州南路80号5幢
…… 负责人：王万旭　邮编：030000
…… 法人：王万旭
…… Tel：13333480699
0351－7070392

**鑫鑫电脑桌加工部**
地址：山西省运城市北城区原王庄七队
…… 负责人：付照成
…… Tel：0359－2293161
13935909857

**运城市弘德盛世文化传播有限公司**
地址：山西省运城市南阜巷运泰公司办公大楼
…… 负责人：张武钢
…… Tel：0359－2092212

**昇科数码产品营销部**
业务：一体机投影机的租赁业务。数码印刷一体机、复印机、黑白、彩色多功能打印机、耗材、配件、维修、投影机
地址：山西省太原市颐高数码广场B409号
…… 负责人：王先生　邮编：030000
…… 法人：杨贵平
…… Tel：13835104230
0351－7896096

**山西中海津峰教育产业发展有限公司**
地址：山西省运城市张孝飞机场工业园
…… 负责人：王保童
…… Tel：0359－2437203

**保德县安踏体育用品专卖店**
业务：安踏体育用品专卖
地址：山西省忻州市保德县东关镇梅花西街
…… 负责人：陈建武　邮编：036600
…… 法人：陈建武
…… Tel：0350－7328677

## 大同市清鸟精英教育培训学校

大同市清鸟精英教育培训学校于2007年经大同市教育局、民政局批准成立，是成考、自考、国家职业资格鉴定、导游、就业教育、计算机、外语、财会、中小学教育辅导等专业的旗舰教育品牌学校。

联系人：赵平　电话：0352-2022856　7776209
地址：山西省大同市小北门嘉鑫花园商务楼三层　邮编：037006

## 临县劳动技术培训学校

临县劳动技术培训学校成立于2003年2月，面向初、高中毕业生，开设计算机、电子基础培训实用课程。

本校的办学宗旨是："以管理求质量，以质量求信誉，以信誉求发展，以发展求生存"。

欢迎广大有志之士来校学习深造，掌握一门技能自食其力，成为社会的有用人才。

联系人：高宏旺　13835809896
电话：0358-4486006
邮编：033214
地址：山西省吕梁市临县兔坂镇

网址：www.sxcyys.com

## 山西创艺影视制片有限责任公司

山西创艺影视制片有限责任公司是一家致力于电影电视剧制作、企事业单位专题片、宣传片、记录片、MV及行业故事剧创作摄制的大型影视艺术制片公司，我公司是一家专业致力于电影电视剧制作为主，兼有企事业单位专题片、宣传片、记录片、MV及行业故事剧创作摄制的大型影视制片公司。

公司培养旗下的明星团队，打造未来的影视红星。特向全国热招专业、非专业演员（影视表演爱好者），踏入我们为您展示才艺的明星舞台。

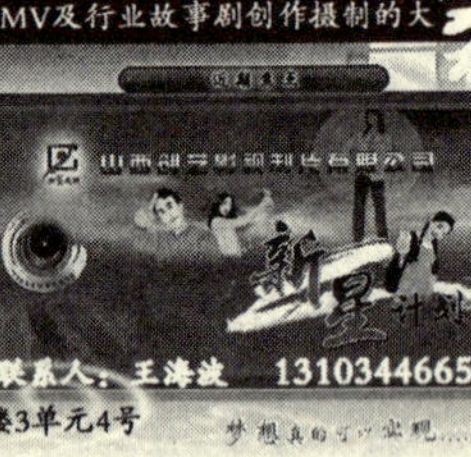


电话：0351-2209668　邮编：030006　联系人：王海波　13103446658
地址：山西省太原市长治路199号文华苑A区2号楼3单元4号

## 太原市华景文化传媒有限公司

太原市华景文化传媒有限公司成立于2008年。
从事影视广告、文化传媒等经营。
欢迎新老客户来电来函洽谈业务！

联系人：胡益鸣
电话/传真：0351-8280832
邮编：030024
地址：山西省太原市南内环街军官小区6号楼1205

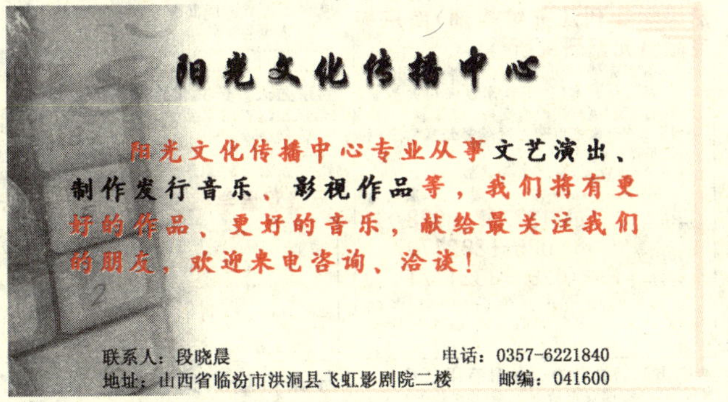


## 内蒙古自治区/InnerMongolia AutonomousRegion

**巴彦淖尔市东方驾驶员培训学校**
地址:内蒙古自治区巴彦淖尔盟临河区西环路甲一号
…… 负责人:孟保和
…… Tel:0478－8328916

**包头圣凯璐办公家具运通公司**
地址:内蒙古自治区包头市昆区永泰和办公文化用品批发市场
…… 负责人:赵文朝
…… Tel:0472－2285503
13947203771

**包头市财经学校**
地址:内蒙古自治区包头市青山区富强中路
…… 负责人:邓小强
…… Tel:0472－5160694

**赤峰中联驾驶培训有限责任公司**
地址:内蒙古自治区赤峰市红山区永巨办事处清河路北段
…… 负责人:张吉国
…… Tel:0476－8218522

**呼和浩特市新里程办公用品店**
地址:内蒙古自治区呼和浩特市车站西街通达商场 2091 号
…… 负责人:樊向东
…… Tel:0471－6212281

**内蒙古腾格林夫教学设备有限公司**
地址:内蒙古自治区呼和浩特市新城区如意开发区机场路
…… 负责人:焦世东
…… Tel:0471－4698558

**乌海市亿创文化传媒有限公司**
地址:内蒙古自治区乌海市海勃湾区
…… 负责人:张博
…… Tel:0473－2047392

## 辽宁省/Liaoning Province

**台安县小神女广告文化传播有限公司**
地址:辽宁省鞍山市台安县恩良路北
…… 负责人:阎冠军
…… Tel:0412－4827726

**鞍山市雅思调酒技能培训中心**
地址:辽宁省鞍山市铁东区南建国路 97－1 号
…… 负责人:祁雪春
…… Tel:0412－6363801

**红雷球业有限公司**
地址:辽宁省大连市甘井子区凌水镇红凌路
…… 负责人:王连盟
…… Tel:0411－84771102
13904093393

**大连先河计算机职业技术学校**
地址:辽宁省大连市甘井子区七贤岭高新园区学子街 8 号
…… 负责人:易奎
…… Tel:0411－84681998

**大连保罗前程教育管理咨询有限公司**
地址:辽宁省大连市甘井子区祥溢园 8 号 4 单元 3 层 1 号
…… 负责人:潘述江
…… Tel:0411－84200146

**兴龙图片社**
地址:辽宁省大连市经济技术开发区五彩城 B 区 9 栋 10 号
…… 负责人:李淑杰
…… Tel:13322261351

**斯壮戈运动商城有限公司**
地址:辽宁省大连市沙河口区高尔基路 695 号
…… 负责人:李健俊
…… Tel:13998612896

**大连尔雅文化发展有限公司**
地址:辽宁省大连市沙河口区中山路 672 号
…… 负责人:张旭
…… Tel:0411－86835531

**大连沙河口创世纪外国语培训学校**
地址:辽宁省大连市沙河口区中山路 682 号辰熙大夏 411 室
…… 负责人:刘刚
…… Tel:0411－84671810

**沈阳福盾百年办公设备有限公司**
业务:保险箱、保险柜、文件柜、档案柜
地址:辽宁省沈阳市和平区南五马路 35 号
…… 负责人:胡善国　邮　编:110013
…… 法　人:胡善国
…… Tel:024－25642935
13804058211
…… Fax:024－23504183
…… 网址:www.syaipu.com
…… E-mail:syfdbn@163.com

**绿波幼儿园**
地址:辽宁省大连市沙河口区绿波小区绿波路 38 号
…… 负责人:何红丽
…… Tel:0411－86840992
13352206568

**大连汇阳艺术培训学校**
地址:辽宁省大连市沙河口区中龙圆公建 2－1－1－1 号
…… 负责人:刘艳
…… Tel:0411－84396107

**大连未来之星幼儿园**
地址:辽宁省大连市中山区华乐街 85 号澳景园 12 号
…… 负责人:李玉晶
…… Tel:0411－82782669

**大连中山秀风业余艺术培训学校**
地址:辽宁省大连市中山区秀月街 97 号
…… 负责人:王德绅
…… Tel:0411－82683847

**大连中山奇才外语培训学校**
地址:辽宁省大连市中山区友好路 114 号
…… 负责人:刘丽艳
…… Tel:0411－82650730

**沈阳福隆临体育用品有限公司**
地址:辽宁省沈阳经济技术开发区沈辽路 202 号甲
…… 负责人:詹涛
…… Tel:024－25366522

**沈阳艺环影视文化传播有限公司**
地址:辽宁省沈阳市和平区南京北街 47 号
…… 负责人:聂惠春
…… Tel:024－62101592

**上海华文经销处**
地址:辽宁省沈阳市和平区文化路 44 号南湖五金公司 2011 房
…… 负责人:王金利
…… Tel:024－23907149
81051819

**沈阳科发科学技术有限公司**
地址:辽宁省沈阳市皇姑区步云山路 30 号
…… 负责人:李沐奎
…… Tel:024－86248359

**沈阳珈慧健身中心**
地址:辽宁省沈阳市皇姑区太白山路 13 号
…… 负责人:朴勇慧
…… Tel:024－86931639

**大连野山素质拓展训练有限公司**
业务:大连野山素质拓展训练有限公司，是大连市第一家专业的素质拓展训练公司，是团队建设、企业管理咨询、团队素质拓展和大学生及青少年素质教育研究的培训机构。其下属的黑山训练基地，是具有完备的训练设施和多种保障功能的专业化训练基地。基地总接待量可达 200 人，实行全封闭式管理。同时还配有篮球、网球等运动场及大中小会议室及高峰体验室，生活设施及训练设施完备，是目前大连市唯一的培训条件完善、专业性针对企业、机关团队建设培训及个人拓展训练的大型主题性基地。
地址:辽宁省大连市金州区凤祥路 66 号
…… 邮　编:116100
…… 法　人:邓立岩
…… Tel:0411－87719405
…… Mobile:13909861749
…… Fax:0411－87702147

**沈阳市世纪职业培训学校**
地址:辽宁省沈阳市浑南新区东湖街道办事处古城子村 318 号
…… 负责人:迟锋
…… Tel:024－24770188

**沈阳大慧体育用品有限公司**
地址:辽宁省沈阳市沈河区中街路 144 号
…… 负责人:张忠跃
…… Tel:024－84840877

**沈阳市苏家屯区嘉进外语培训中心**
地址:辽宁省沈阳市苏家屯区京杨路 18－1 号
…… 负责人:刘永昌
…… Tel:024－29818595

**沈阳盛德文化有限公司**
地址:辽宁省沈阳市铁西区南六中路 2 号
…… 负责人:崔笑波
…… Tel:024－25629118

**沈阳兴帆体育用品有限公司**
地址:辽宁省沈阳市铁西区沈辽东路 31 号
…… 负责人:邵伟
…… Tel:024－25911172

**沈阳世文办公用品有限公司**
地址:辽宁省沈阳市于洪区大青乡四王村
…… 负责人:高爽
…… Tel:024－25658062

**沈阳宝冠教育发展有限公司**
地址:辽宁省沈阳市于洪区黄海路 35－5 号
…… 负责人:张英利
…… Tel:024－25832180

**隆昌休闲设备厂**
地址:辽宁省沈阳市于洪区造化乡小转弯村
…… 负责人:栢维孝
…… Tel:024－86372239
13840208755

**新方辰办公设备商行**
地址:辽宁省营口大石桥市哈大路云桥广场北侧
…… 负责人:赵振岩
…… Tel:0417－5800731
13898774597

## 吉林省/Jilin Province

**吉林长白山国家级自然保护区长白山生态教育培训中心**
地址:吉林省白山市抚松县松江河镇
…… 负责人:于洪民
…… Tel:0439－5072276

**长春市农达书店**
地址:吉林省长春市长春净月潭旅游经济开发区新城大街 2888 号
…… 负责人:赵梓含
…… Tel:0431－84513183

**吉林凤凰图书有限公司**
地址:吉林省长春市朝阳区西安大路 1863 号
…… 负责人:高峰
…… Tel:0431－88866421

**长春市美宜色彩文化发展有限公司**
地址:吉林省长春市朝阳区西安大路中银大厦 A 座 904 室
…… 负责人:刘彩凤
…… Tel:0431－88946808

**长春市开元教育信息培训中心**
地址:吉林省长春市会展大街 1520 号
…… 负责人:王晓峰
…… Tel:0431－85108900

**吉林省文华办公设备有限公司**
地址:吉林省长春市经济技术开发区四区电子局 2 号楼 102 房
…… 负责人:孔庆卉
…… Tel:13514466060

**吉林省鑫文文化传播有限责任公司**
地址:吉林省长春市净月开发区富奥花园 46 栋 1 单元 601 号
…… 负责人:刘艾鑫
…… Tel:13943006588

**华明办公设备厂**
地址:吉林省长春市宽城区奋进乡五星小区 1 号楼 307 室
…… 负责人:朱明忠
…… Tel:0431－87776667
13844895899

**吉林省巷报文化发展有限公司**
地址:吉林省长春市南关区大经路 151 号
…… 负责人:张中友
…… Tel:0431－82770355

**长春市南关区全顺玻璃仪器经营部**
业务:化学实验玻璃仪器，生化试剂销售
地址:吉林省长春市绿园区泰来街 5 号
…… 负责人:房跃军
…… 法　人:房跃军
…… Tel:0431－88853305

**吉林方位体育用品有限公司**
地址:吉林省长春市南关区农大北四路
…… 负责人:王淼
…… Tel:0431－84510277

**时代姐妹杂志社**
地址:吉林省长春市人民大街 1571 号
…… Tel:姜电春
…… Tel:0431－82943236
88902316

**长春市阳光语言矫正培训学校**
地址:吉林省长春市岳阳街 90 号
…… 负责人:何玲
…… Tel:13019208896

**吉林市飞雪机械厂天利驾驶员培训学校**
地址:吉林省吉林市昌邑区双吉镇双华路
…… 负责人:梁荣滨
…… Tel:0432－63511408－806

**蛟河市云龙彩色扩印有限公司**
地址:吉林省吉林市蛟河市蛟河大街 4－8 号
…… 负责人:朱海龙
…… Tel:0432－67759866

**珲春市青青幼儿园**
地址:吉林省延边朝鲜族自治州珲春市河南街永盛社区
…… 负责人:刘冬梅
…… Tel:0433－7505689

**吉林省新华书店集团汪清县有限责任公司第一分店**
地址:吉林省延边朝鲜族自治州汪清县汪清镇大川东路
…… 负责人:金福顺
…… Tel:0433－8829534

## 黑龙江省/Heilongjiang Province

**大庆市大道文化传播有限公司**
地址:黑龙江省大庆市萨尔图区万宝大市场 B2－5－29
…… 负责人:祁欣
…… Tel:13351185696

**黑龙江省边疆文化学会**
地址:黑龙江省哈尔滨市道里区友谊路 158 号
…… 负责人:刘伟民
…… Tel:0451－86497728

**黑龙江省晟博图书经销有限公司**
地址:黑龙江省哈尔滨市道外区滨江街 100 号
…… 负责人:汪维钧
…… Tel:0451－87800918

**三信九州文体商行**
地址:黑龙江省哈尔滨市道外区景阳街 90 号
…… 负责人:张常鸣
…… Tel:0451－84319555
13703654834

**哈尔滨吉奥体育器材有限公司**
地址:黑龙江省哈尔滨市道外区臣兴街 18 号
…… 负责人:葛冰峰
…… Tel:13359729722

**黑龙江省硬笔书法协会**
地址:黑龙江省哈尔滨市动力区规划路华侨名苑 B 栋
…… 负责人:赵宝森
…… Tel:0451－88760378

**黑龙江中达技工学校**
地址:黑龙江省哈尔滨市动力区通乡街 187 号
…… 负责人:韩忠舫
…… Tel:0451－87950438

**中国电话号簿公司黑龙江省分公司**
地址：黑龙江省哈尔滨市南岗区光芒街 4 号
…… 负责人：王起伟
…… Tel：0451－82018555

**哈尔滨长城计算机职业技能培训学校**
地址：黑龙江省哈尔滨市宣化街 97 号
…… 负责人：姚智萍
…… Tel：0451－53606359
88252599

**鹤岗新时代职业技能培训学校**
地址：黑龙江省鹤岗市工农区 16 委东北亚住宅楼
…… 负责人：高丽华
…… Tel：0468－3431145

**鸡西市鸡冠区盛源文教办公用品商店**
地址：黑龙江省鸡西市鸡冠区南山路 42 号楼
…… 负责人：王清秋
…… Tel：13945837773

**鸡西市梨树区秀英文教用品柜台**
地址：黑龙江省鸡西市梨树区群星商场
…… 负责人：雒秀英
…… Tel：0467－2482029

**桦南县成博文化办公用品**
地址：黑龙江省佳木斯市桦南县水利局对面
…… 负责人：朱晶
…… Tel：0454－6265166

**东宁县大百货劳保体育文教办公商店**
地址：黑龙江省牡丹江市东宁县东宁镇亨源门市
…… 负责人：曲东平
…… Tel：0453－3625233

**东宁县东财办公用品商店**
地址：黑龙江省牡丹江市东宁县东宁镇团结路水务局家属楼门市
…… 负责人：周彦玲
…… Tel：13206869096

**东宁县博文办公用品商店**
地址：黑龙江省牡丹江市东宁镇粮食小区门市
…… 负责人：张淑艳
…… Tel：0453－3633668

**尚志市森龙木业有限公司**
业务：我公司成立于 2006 年，专业生产铅笔板、铅笔。公司生产高中低档铅笔，铅笔款式新颖，制作精细。产品畅销国内各大省市，本公司以诚信为本的经营理念，欢迎新老顾客商谈业务！
地址：黑龙江省哈尔滨市尚志市黑龙宫镇
…… 负责人：李文平……邮　编：150605
…… 法　人：李文平
…… Tel：0451－53384085
…… Tel：0451－53384085
…… 网址：www.mtw27074.chinapyp.com

**绥芬河市娜杰日达实用外语学校**
地址：黑龙江省牡丹江市绥芬河市青云路党校集资楼附楼
…… 负责人：孙研
…… Tel：0453－8997445

**绥芬河市新世纪少儿英语培训中心**
地址：黑龙江省牡丹江市绥芬河市通亚街北侧
…… 负责人：王爱辉
…… Tel：13845385068

**绥芬河市星期天书画培训中心**
地址：黑龙江省牡丹江市绥芬河市新华街 206 号
…… 负责人：赵广翔
…… Tel：0453－3990606

**七台河市象棋协会**
地址：黑龙江省七台河市桃山区大同路
…… 负责人：葛廷贵
…… Tel：13054350588

**齐齐哈尔思博教育咨询有限责任公司**
地址：黑龙江省齐齐哈尔市建华区中华街福顺小区 9 号楼 8 门
…… 负责人：李春平
…… Tel：13803623999

**齐齐哈尔市易通文化教育交流咨询有限责任公司**
地址：黑龙江省齐齐哈尔市铁锋区龙华 15 号公建东三门
…… 负责人：王连科
…… Tel：0452－2118952

**宝清东洋外国语学校**
地址：黑龙江省双鸭山市宝清县图书馆
…… 负责人：冯开兴
…… Tel：0469－5429477

**黑龙江省乾丰文化传播有限公司**

黑龙江省乾丰文化传播有限公司是一家从事户外广告（路牌、高空），影视制作、三维动画、二维动画、广告片制作、平面设计 WI视觉影像的专业传媒企业。已为众多企事业单位、广告公司、教育行业等提供了专业服务并树立了良好的信誉和口碑。

我们期待与您的合作！

联系人：李微　13633690667
电话：0451-84289333　85993360
邮编：150090
地址：黑龙江省哈尔滨市道里区通顺街南方花园34-10号楼4单元301室

**中国自然医学研究中心（江苏自然医学专刊江苏编辑部）南京夸克微量元素研究所**
业务：微量元素研究产品推广、学术交流产品合作咨询、科研合作咨询相关产业江苏省级推广政府支持
地址：江苏省南京市玄武区东馨公寓紫萝苑 6 幢 1－1 号
…… 负责人：殷兴光　邮　编：210042
…… 法　人：殷兴光
…… Tel：13770718928
025－3321707
…… Fax：025－3321171
…… 网址：www.3wjk.cn
…… E-mail：njkk.ygs@126.com

**淮安市明牌文教办公用品有限公司**
地址：江苏省淮安市清河区城北乡繁荣村黄河路 62 号
…… 负责人：陈明
…… Tel：13801408222

**贝塔文化科技有限公司**
地址：江苏省连云港市新浦区通灌北路 9 号
…… 负责人：周华飚
…… Tel：13705130846

**思路服装机械职业技能培训学校**
业务：思路出国服装机修专业培训学校，是通过国家劳动局审核批准的专业培训机构。本中心采用先进全电脑理论教学，并配有相关的实践设备（30 种）同步进行培训！2004 年，思路在国内外缝纫制造商和多家缝纫研究中心的大力支持下，成功制作出国内首次采用影视教程光盘！该光盘教材内附各种缝纫设备的传动原理、零件名称、标准调节和故障排！制作时，采用专业影视设备，使图象清晰，并加有特效场景，以及音乐和全程解说！先进的电脑教学理论和丰富的实践经验相结合，让您在短短的时间内，轻松的了解机械的传动原理和标准调节及故障排除！真正成为一个出色的服装机修师！！所有的毕业学员都要经过国家劳动局考核合格，并发全国通用等级证书，和具有权威出国唯一认定认可的技术证书！
地址：江苏省南通市如皋市福寿路 328 号
…… 邮　编：226500
…… 法　人：林爱明
…… Tel：0513－80318181
…… Fax：0513－87657676

**南通博爱体育用品有限公司**
业务：体育用品销售
地址：江苏省南通市崇川区学亭新村 32 幢 302 室
…… 负责人：徐亚军　邮　编：226002
…… 法　人：徐亚军
…… Tel：0513－85956771
15851218998

**南京风狐广告传媒有限公司**
地址：江苏省南京市白下区太平南路 2 号日月大厦 204 室
…… 负责人：许春风
…… Tel：025－57911183

**南京盈天广告文化传播有限公司**
地址：江苏省南京市白下区御道街 58－1 号二层
…… 负责人：许炜
…… Tel：13182852157

**天路双语学校**
业务：英语、汉语学校
地址：江苏省兴化市戴南镇振兴南路 139 号
…… 负责人：彭德喜　邮　编：225700
…… 法　人：彭德喜
…… Tel：0523－83984568
13961093081

**苏州市瑞康文化体育用品有限公司**
业务：瑞康公司是一家专业经营健身器材、体育用品、康体休闲设备的专业公司。公司秉承"诚信、卓越、服务、健康"的经营理念，本着团对，务实，创新的企业精神，努力寻求为广大消费者提供最优质的产品和最完善的服务。
地址：江苏省苏州市人民路 851 号
…… 负责人：潘宝亚……邮　编：215002
…… 法　人：陶冬冬
…… Tel：0512－65188935
62182852
…… Fax：0512－65188935
…… 网址：rcomsport@163.com

**兴化市星球体育用品有限公司**
业务：我公司专业生产：球类打气筒，足球门，羽毛球，篮球板等系列体育用品。
地址：江苏省兴化市昭阳工业园建业路 1－3 号
…… 负责人：潘国　邮　编：225700
…… 法　人：潘国
…… Tel：13905269448
0523－83101448
83100488
83101668
15952696579

**江苏南广文化传媒有限公司**
地址：江苏省南京市高淳县高淳开发区服务区 773 号－5
…… 负责人：赵晓春
…… Tel：025－57338297

**南京松美广告传媒有限公司**
地址：江苏省南京市高淳县开发区服务区 825 号
…… 负责人：黄则红
…… Tel：13382001010

**南京乐众文化传播有限公司**
地址：江苏省南京市鼓楼区东柏果园 26 号 2 幢 301 室
…… 负责人：邵阳
…… Tel：025－83221858

## 江苏省/Jiangsu Province

**宏腾物资有限公司办公设备分公司**
地址：江苏省常州市天宁区北环路 8 号（红梅新村 40－1 幢）
…… 负责人：吉树昆
…… Tel：0519－85318420
13057188069

**金维科教用品有限公司**
地址：江苏省常州市武进区前黄镇陈家巷别墅区 18 号
…… 负责人：姜锋
…… Tel：13906112931

**常州市武进区横林顺龙办公设备厂**
业务：办公设备
地址：江苏省常州市崔桥镇蓉丰村委冯家湾
…… 负责人：苏伟　邮　编：213000
…… 法　人：苏伟
…… Tel：0519－88508799

**英特外语培训学校**
业务：我学校成立于 2002 年，主要从事小学、中学、成人的外语培训及文化辅导，今年还特别开设了"小博士"智力开发班（针对 5－6 岁幼儿），自成立至今为大、中、小院校输送了大量的优秀人才。
地址：江苏省南京市大厂新华路 178 号（图书馆）
…… 邮　编：210048
…… 法　人：高月娣
…… Tel：025－57795046
…… Fax：025－57061062

**昆山市同创科教设备有限公司**
地址：江苏省苏州市昆山市开发区枫景苑 B 区 51 幢 604 室
…… 负责人：凌业中
…… Tel：13325156795

**昆山世东报刊发行有限公司**
地址：江苏省苏州市昆山市开发区珠江北路 128 号
…… 负责人：周治国
…… Tel：0512－57578599

**常州交运驾校**
业务：驾驶培训
地址：江苏省常州市关河东路 9 号
…… 负责人：张海群　邮　编：213000
…… 法　人：张海群
…… Tel：0519－88811102

**宇新档案办公设备厂**
地址：江苏省常州市武进区外向型农业综合开发区
…… 负责人：岳建新
…… Tel：0519－86361698
13196791608

**常州市怡天广告文化传播有限公司**
地址：江苏省常州市钟楼区永红街道白荡村委
…… 负责人：倪学芬
…… Tel：13004404488

**江苏罗浮运动休闲器材有限公司**
业务：江苏罗浮运动休闲器材有限公司成立于 2006 年 3 月，主要从事健身弹力车的生产与销售。生产的产品质量优良，新颖美观，经久耐用，深受用户青睐。我们以优秀的品质，合理的价格，完美的售后服务，一定会使您的选择受益非浅。我们竭诚欢迎新老客户前来洽谈合作。
地址：江苏省南通市东方花宛 9 幢 4 号
…… 负责人：杨宗源……邮　编：226007
…… 法　人：杨宗源
…… Tel：0513－85291555

**洪泽武民驾驶服务有限公司**
地址：江苏省淮安市洪泽县黄集羊肉城 C 幢 1 号
…… 负责人：陶艾武
…… Tel：13952311868

**南京兴亚龙办公设备有限公司**
地址：江苏省南京市白下区白下路 209 号
…… 负责人：徐高峰
…… Tel：13813888555

**南京瑞泽广告传媒有限公司**
地址：江苏省南京市白下区科巷 02 幢塔楼 702 室
…… 负责人：孙建东
…… Tel：025－85116771

**南京好运道文化传媒有限公司**
地址：江苏省南京市白下区瑞金北村 50 幢
…… 负责人：胡志云
…… Tel：025－84508279

**苏州高新区华融文体用品专业商店**
业务：本公司成立于 2003 年，主要销售文化用品、体育用品、电脑耗材。产品质量保证、价格合理，热忱欢迎新老客户光临、惠顾！
地址：江苏省苏州市高新区邓蔚路科技大学南大门
…… 负责人：许剑峰……邮　编：215011
…… 法　人：许剑峰
…… Tel：0512－68074883

**平安驾驶员培训服务有限公司**
业务：普通驾驶员培训，从业人员资格培训。
地址：江苏省如皋市如城镇益寿南路 458 号
…… 负责人：马汝明　邮　编：226500
…… 法　人：马汝明
…… Tel：13773808666
0513－87280999
82911777
…… E-mail：pajp@163.com

**南京龙麟拓展培训咨询有限责任公司**
地址：江苏省南京市白下区石门坎镇石山村杨晏桥 9 号
…… 负责人：唐金春
…… Tel：13951798981

**南京译轩翻译社**
地址：江苏省南京市白下区水西门大街 2 号银都大厦 4 楼 D－06
…… 负责人：许兵
…… Tel：025－51503399

**新沂市嘉禾废品回收有限公司**
业务：废品回收
地址：江苏省徐州市新沂市北沟镇水山村 108 号
…… 负责人：陈士连　邮　编：221003
…… 法　人：陈士连
…… Tel：13805224031

**南京锐创体育用品有限公司**
地址：江苏省南京市鼓楼区管家桥 85 号 2505 室
…… 负责人：吴建光
…… Tel：025－84702101

**北京华夏基石教育文化发展有限公司南京分公司**
地址：江苏省南京市鼓楼区管家桥 85 号华荣大厦 2409 室
…… 负责人：巫绍武
…… Tel：025－84718309

**响水温氏文化传播有限公司**
业务：文化信息策划、营销策划、展览展示、展销、发行出版
地址：江苏省盐城市响水县县城 204 国道西侧（原东园村八组）
…… 负责人：温步军　邮　编：224600
…… 法　人：温步军
…… Tel：0515－86886299

**南京卧宝阁文化传媒有限公司**
地址：江苏省南京市鼓楼区湖北路 28 号 1 单元 601 室
…… 负责人：姜培育
…… Tel：13813956783

**苏州市吴中区车坊宏鑫玩具厂**
业务：苏州市吴中区车坊宏鑫玩具厂主要生产销售布艺玩具。本厂一贯以"质高价廉、信誉第一、客户至上"为宗旨，产品畅销世界各地，深受海内外广大客户和消费者的喜爱跟好评！
地址：江苏省苏州市吴中区车坊镇

负责人:倪新元……邮 编:215125
法 人:倪新元
Tel:0512—61328160
网址:www.mtw50634.chinapyp.com

**永安驾培有限公司**
业务:驾驶员培训
地址:江苏省扬中市扬中大道长兴路口
负责人:何俊 邮 编:212200
法 人:何俊
Tel:0511—88452998

**《中华英才》半月刊社华东办事处**
地址:江苏省南京市鼓楼区江苏路60号世贸大厦B座2303室
负责人:周描坤
Tel:025—83310566

**南京文谷文化传播有限公司**
地址:江苏省南京市鼓楼区马台街90号北幢3单元101室
负责人:吴玮翔
Tel:13512531268

**宝应县米童奇玩具有限公司**
业务:生产与销售玩具
产品:学校课桌椅,幼儿园大中小型玩具、配套用品
地址:江苏省扬州市宝应县曹甸镇茆舍村
负责人:胡成清 邮 编:225803
法 人:胡成清
Tel:13601446659
0514—88622881

**江苏省卓越体育发展有限公司**
地址:江苏省南京市鼓楼区五台山1—3号
负责人:顾雷锋
Tel:025—86608340

**南京紫鹤文化传媒有限公司**
地址:江苏省南京市建邺区江东南路28—8号
负责人:马正兴
Tel:0512—58189837

**江都市富鑫文化用品有限公司**
业务:江都市富鑫文化用品有限公司成立于2006年,生产画笔用毛,热忱欢迎来电洽谈业务。
地址:江苏省扬州市江都市仙女镇三和村袁家组45号
负责人:王保珍……邮 编:215228
法 人:王保珍
Tel:0514—86884685
Fax:0514—86884685
网址:mtw26003

**南京紫霞广告文化传播有限公司**
地址:江苏省南京市建邺区南湖路2号
负责人:顾开田
Tel:13809037473

**南京永盛办公设备有限公司江宁分公司**
地址:江苏省南京市江宁区东山竹山南路168号
负责人:井伟伟
Tel:025—52162822

**南京冠缤运动休闲用品有限公司**
地址:江苏省南京市江宁区科学园科宁路588号
负责人:周俊明
Tel:13952035651

**北京星乐文化传播有限公司南京分公司**
地址:江苏省南京市六合经济开发区
负责人:王宇
Tel:13952001178

**南京三鼎汽车驾驶服务有限公司**
地址:江苏省南京市秦淮区长乐路74号
负责人:吕晓建
Tel:025—84577326

**南京浩特广告文化传媒有限公司**
地址:江苏省南京市秦淮区岗虹苑23号之一
负责人:庄凯
Tel:025—83929648

**南京飞友文化传播有限公司**
地址:江苏省南京市下关区新河村93号
负责人:谢金龙
Tel:025—50020030

**南京君嘉广告传播有限公司**
地址:江苏省南京市玄武区丹凤新寓2幢2809室
负责人:张建军
Tel:025—84706778

**中国产经新闻报江苏记者站**
地址:江苏省南京市玄武区东方城拂晓园3栋405室
负责人:刘长城
Tel:025—85477369

**南京美通文化传播广告有限公司**
地址:江苏省南京市玄武区珠江路455号
负责人:杨坤
Tel:025—66864131

**南京三多文化传媒有限公司**
地址:江苏省南京市玄武区珠江路609号三层303室
负责人:陈庆娣
Tel:025—83676098

**南京宏科广告传媒有限公司**
地址:江苏省南京市沿江工业开发区新华路317号—2
负责人:高超
Tel:13816342108

**万能达办公设备有限公司**
地址:江苏省南通市崇川区光明南村37幢4—5号
负责人:张松柏
Tel:0513—85852019
85089569
85894469

**南通兴隆文具批发中心**
地址:江苏省南通市方天大市场C区616
负责人:翁秀平
Tel:0513—85284885
13775910288

**南通亚瑞现代办公设备有限公司**
地址:江苏省南通市工农路45号
负责人:施春雷
Tel:0513—83588120
83581130
13862969836
Fax:0513—83585420

**南通海仑医用实验器材有限公司**
地址:江苏省南通市海门市三和镇工业集中区
负责人:沈泉
Tel:13906279090

**如东县华诚机动车驾驶员培训有限公司**
地址:江苏省南通市如东县岔河镇南桥村十一组
负责人:朱勇华
Tel:13057006292

**煊亲运动用品有限公司**
地址:江苏省南通市如东县马塘镇八角井村五组
负责人:陈建宝
Tel:0513—84471262
13813733789
13861904840

**苏州雅博文化教育传播有限公司**
地址:江苏省苏州市沧浪区干将西路399号
负责人:陈燕萍
Tel:13606133931

**苏州中研信息文化传播有限公司**
地址:江苏省苏州市沧浪区南园路118号天和大厦3A—101
负责人:任云龙
Tel:0512—65108719

**苏州都市广告传媒有限公司**
地址:江苏省苏州市沧浪区人民路127号501室
负责人:胡立峰
Tel:0512—65226280

**苏州市雨田文化传播有限公司**
地址:江苏省苏州市沧浪区十全街1009号
负责人:顾玉恬
Tel:13004503372

**苏州市中艺翻译社**
地址:江苏省苏州市沧浪区十梓街536号
负责人:单开奇
Tel:0512—65230618

**苏州信诚现代办公设备有限公司**
地址:江苏省苏州市沧浪区乌鹊桥路49号西102室
负责人:张学诚
Tel:13179600310

**苏州五洲文化传媒有限责任公司**
地址:江苏省苏州市沧浪区乌鹊桥路60号
负责人:何建明
Tel:13906231825

**常熟市众和文体用品有限公司**
地址:江苏省苏州市常熟市古里镇淼泉工业园区
负责人:徐建新
Tel:0512—52373521

**常熟市笔韵制笔有限公司**
地址:江苏省苏州市常熟市虞山镇湖村村
负责人:许月英
Tel:13906232988

**常熟鑫达文化用品有限公司**
地址:江苏省苏州市常熟市虞山镇燕巷村
负责人:宋招兴
Tel:0512—52458704

**苏州归原文化传播有限公司**
地址:江苏省苏州市金阊区馨泓花园1幢101室
负责人:张永芳
Tel:13390899710

**苏州飞达文具制造有限公司**
地址:江苏省苏州市昆山市巴城镇东部工业区
负责人:陈明亮
Tel:13901882987

**昆山乐美文具有限公司**
地址:江苏省苏州市昆山市千灯镇炎武大道东侧
负责人:黄小喜
Tel:0512—57472618

**昆山市天艺广告传播有限公司**
地址:江苏省苏州市昆山市玉山镇城北北门路北门新村1幢403室
负责人:卜向波
Tel:0512—57755577

**昆山荣誉广告文化传播有限公司**
地址:江苏省苏州市昆山市玉山镇集街西村5号502室
负责人:姜融冰
Tel:0512—50662004

**昆山市润和文化传媒有限公司**
地址:江苏省苏州市昆山市玉山镇假日花苑1号楼102室
负责人:耿玉霞
Tel:13806267778

**昆山市磊意广告传播有限公司**
地址:江苏省苏州市昆山市玉山镇团结新村1—2号楼402室
负责人:严磊
Tel:13151158610

**昆山台丽系统办公家具有限公司**
地址:江苏省苏州市昆山市周市镇江南明珠苑7幢402室
负责人:万付远
Tel:0512—51369511

**苏州市良友书刊服务有限公司**
地址:江苏省苏州市平江区白塔东路60号
负责人:赵荣良
Tel:13962140717

**苏州赛华办公用品有限公司**
地址:江苏省苏州市平江区北环路60—82号
负责人:曾齐清
Tel:0512—57721182

**苏州正典文化传播有限公司**
地址:江苏省苏州市平江区东脚门70号
负责人:王洵
Tel:0512—67539496

**州马尔实验设备有限公司**
地址:江苏省苏州市平江区临顿路160号
负责人:王海涛
Tel:13013782399

**太仓耀华汽车驾驶员技术培训有限公司**
地址:江苏省苏州市太仓市城厢镇城北西路25号
负责人:陆耀其
Tel:0512—53525823

**无锡市熔熔办公自动化用品有限公司**
地址:江苏省无锡市南长区叙丰里84号
负责人:陈正权
Tel:0510—82119507

**镇江市阳光世纪花园大地幼儿园**
业务:我园是大地特色幼儿园,特开设国际班、双语班、全托班、亲子婴幼班等。"以国际的视野培养完整的儿童"美语领先、蒙氏教学为特色,致力为孩子营造一个其乐融融的成长乐园!
产品:0——6岁早期教育
地址:江苏省镇江市阳光世纪花园紫荆苑63号
负责人:陈静 邮 编:212008
法 人:陈静
Tel:0511—88801101
13305282177
E-mail:zjsj@dadikid.com

**恒大办公设备有限公司**
地址:江苏省徐州市云龙区中山南路111号
负责人:刘辉
Tel:0516—83806068

**得顺建筑劳务有限公司**
地址:江苏省盐城市近湖县近湖镇太平新村41幢104室
负责人:赵锦玉
Tel:13801411649

**江都市信达科教设备有限公司**
业务:江都市信达科教设备有限公司专业从事科教设备销售,质量有保证,欢迎新老客户来电洽谈业务。
地址:江苏省扬州市江都市新区龙川路162号
负责人:吴登信……邮 编:225200
法 人:吴登信
Tel:0514—86837637
网址:mtw25767

**鸿儒笔业金具厂**
地址:江苏省扬州市江都市江都镇张纲太守东路7号
负责人:吴劲松
Tel:0514—86893130
13951432833

## 苏州市奇龙办公设备有限公司

苏州市奇龙办公设备有限公司是一家专业从事文件柜、更衣柜、工作台、工具柜的生产厂家。公司宗旨"服务第一，顾客至上"，为客户提供全面的服务，让客户获得满意的服务。

联系人：秦新
电话：0512－65497253
地址：江苏省苏州市　　邮编：215100

## 苏州市吴城应用技术学校

苏州市吴城应用技术学校是一家从事职业技术培训的学校。学校秉承"特色办学、质量立校"的宗旨，通过深化教学改革，狠抓教学管理，全面推行素质教育，努力培养学生"一专多能"的本领。

欢迎广大学生及家长前来参观。

电话：0512－65852317　13913181266　联系人：陈灏
地址：江苏省苏州市吴中区文曲路3号　邮编：215000

## 宿迁市泗洪县龙飞驾驶员培训中心

本公司成立于2007年，主要是驾驶员培训。

多年来，我们坚持以发展为中心，以服务为宗旨的培训理念，从严教学，以实求新。

联系人：朱王龍
13218928888
电话：0527-86538888　86539999
地址：江苏省宿迁市泗洪县金镇镇洋青公路东侧（原金镇二中院内）　邮编：223800

## 无锡蓝达体育用品有限公司

网址：www.wxlanda.com

本公司成立于1991年，无锡蓝达体育用品有限公司是一个从事体育用品生产的专业企业。以生产各种型号色泽新颖多样的篮球、足球、排球、手缝球及儿童球为主。

喜都（CITADEL）产品遍及中外。严谨的质量管理，诚信为用户服务是本公司的宗旨。拥有一流的管理人才、一流的技术设备、一流的精湛工艺、一流的产品质量享誉市场。

喜都（CITADEL）竭诚与中外客户洽谈、合作。

联系人：姚雪刚
电话：0510-83919247
传真：0510-83918247
地址：江苏省无锡市东湖塘黄土塘村　邮编：214000

## 浙江省/Zhejiang Province

**淳安县尧尧幼儿园**
地址：浙江省杭州市淳安县千岛湖镇马路村
负责人：朱凤竹
Tel：0571－64801130

**温州市平阳县风之舞文化艺术培训学校**
业务：开设课程：昂立英语、奥数、作文、美术、舞蹈、书法、主持人等
地址：浙江省温州市平阳县水头镇昌学东路2－8号
负责人：杨宏　邮编：325000
法人：杨宏
Tel：0577－63875618
63855788

**永嘉县华盛天成传媒广告有限公司**
业务：制造、发布国内外广告
地址：浙江省温州市永嘉县瓯北镇和一村
负责人：朱欢敏　邮编：325000
法人：叶冠策
Tel：13868808678
15858515588
0577－67311714

**衢州市柯城骏熙跆拳道俱乐部**
业务：跆拳道教学
地址：浙江省衢州经济开发区五环路65、67、69号
负责人：马俊　邮编：324000
法人：马俊
Tel：0570－8318161

**永嘉县桥下镇连盛科教实验室设备厂**
业务：生产、销售实验室设备
地址：浙江省温州市永嘉县桥下镇连村西路76号
负责人：章传荣　邮编：325106
法人：章传荣
Tel：0577－67471811
13777706531

**义乌市浪涯文具厂**
业务：加工、销售笔记本等办公用品（不含印刷）
地址：浙江省义乌市苏溪镇人民南路100号
负责人：桑有伍　邮编：321000
法人：桑有伍
Tel：13282918088
0579－85955234
Fax：0579－85955234

**永康市东城风行运动器材经营部**
业务：电动车配件、活力板、健身器材批发零售
地址：浙江省永康市东城街道高鑫路4幢19号
负责人：徐林玉　邮编：321000
法人：徐林玉
Tel：0579－87381183
Fax：0579－88029097

**杭州胜利体育用品有限公司**
地址：浙江省杭州市富阳市常安镇前山村
负责人：李明福
Tel：13805766866

**杭州市滨江区雅佳教育咨询服务部**
业务：美术高考培训，艺术品设计制作
产品：美术培训，美术高考，油画，壁画，雕塑，室内装饰布置，设计制作
地址：浙江省杭州市滨江区彩虹城17栋1单元1002室
负责人：潘建科　邮编：310053
法人：潘建科
Tel：13868130276
网址：www.hzyixuan.cn
E-mail：pjk－com@sohu.com

**桐庐奥尔文具有限公司**
业务：我公司生产齿轮已有十五年的历史，拥有一整套机械加工设备，生产的产品主要有纺织、起重机、电机、汽配、工程机械配件、农机配件。笔和塑料制品，金属笔和圣诞礼品，用我们优良的产品和优质的服务，期待与你的合作。
地址：浙江省杭州市桐庐县分水镇东溪工业园区
负责人：施小芳　邮编：311519
Tel：0571－64331817、
Fax：0571－64331049
网址：http://mysiji.china315.com
E-mail：huangxia1020@163.com

**苍南胜荣文具有限公司**
业务：一般经营项目：文具、工艺礼品、塑膜制品、金属制品生产、销售（法律、法规禁止和限制经营的项目除外）
地址：浙江省温州市苍南县龙港镇上厂街235号
负责人：应孔旦　邮编：325802
法人：应孔旦
Tel：13185879288
0577－64209830

**温州市经济技术开发区小贵族亲子乐园**
业务：主要教育内容为：声乐表演，戏曲表演，钢琴，语言主持，少儿绘画，趣味英语，情景数学，少儿舞蹈，趣味手工，幼儿日托\全托\半日托\终点托\艺术特长班
产品：钢琴出租、出售
地址：浙江省温州市经济技术开发区雁荡西路272号
负责人：何丽卿　邮编：325000
法人：朱晓彩
Tel：0577－86666169
13868308646
13868887302
E-mail：429137552@qq.com

**台州市玉环县小神童文具超市**
业务：学习文具、礼品、玩具
地址：浙江省台州市玉环县楚门镇南兴东路10号
负责人：刘官兵　邮编：317605
法人：刘官兵
Tel：0576－87440466
13967661775

**温州市瓯海娄桥骏艺眼镜厂**
业务：光学眼镜、太阳眼镜的制造与销售
产品：光学眼镜、太阳眼镜
地址：浙江省温州市瓯海娄桥街道前园村榕树路1号
负责人：任彦逊　邮编：325000
法人：任彦逊
Tel：13325985788
0577－86285595
Fax：0577－86285595
E-mail：610386538@qq.com

**平阳县群艺舞蹈培训服务部**
业务：裙角飞扬、艺术摇篮、幼儿成品舞、基本训练、中国舞考级、芭蕾基训、舞蹈技巧、民间民族舞蹈。
地址：浙江省温州市平阳县昆阳镇汽车站二楼
负责人：鲁建莉　邮编：325000
Tel：0577－80396660
13958974811

**富阳市肖邦艺术幼儿园**
地址：浙江省杭州市富阳市富春街道桂花西路201号
负责人：田颖华
Tel：0571－63131886

**临海市顺兴办公设备商行**
业务：办公设备及耗材（打印机、传真机、点钞机、考勤机、碎纸机、复印机等）零售；办公设备维修。
地址：浙江省台州市临海市柏叶西路248号
负责人：王波　邮编：317000
法人：王波
Tel：13058894943
0576－89580785
Fax：0576－89580785

**桐乡市梧桐旋风跆拳道馆**
业务：跆拳道教学
地址：浙江省桐乡市梧桐街道（振东新区）润丰商业步行街三楼67－71号
负责人：石益波　邮编：314000
法人：石益波
Tel：0573－88309125

**富阳市桐江机动车驾驶员培训中心**
地址：浙江省杭州市富阳市富春街道兴达路21号
负责人：童锦波
Tel：0571－63337818

**永康市尚真科教设备有限公司**
业务：经销教学设备、教学仪器、实验室设备、雕塑、体育用品、校具、文具、办公家具、工艺美术品、乐器、垃圾桶等
产品：科教用品
地址：浙江省永康市前仓镇馆头村
负责人：李德江　邮编：321000
Tel：13995382366
0579－87051245
网址：http://www.51zzt.com/user/zzt32283

**余姚市临山力德制笔厂**
业务：笔，五金件，塑料制品的制造加工
产品：金属圆珠笔，水笔，钢笔等礼品笔
地址：浙江省余姚市临山镇城东北路26号
负责人：谭仁金　邮编：315460
法人：谭仁金
Tel：0574－62066912
Fax：0574－62052371
网址：qm0217.cn
E-mail：qm0217@qm0217.cn

**诸暨市八度琴行**
业务：销售各种品牌中西乐器，开设音乐培训。我们愿本着教学、销售、服务三位一体的经营理念，竭诚为大家服务。八度琴行，带您走进艺术殿堂。
产品：查伦、卡瓦伊、托雅玛钢琴，塞尔玛、柳泽、托雅玛、泰山、瑞顿管乐，星晨吉他、金音古筝，电子琴，小提琴等
地址：浙江省诸暨市暨阳街道江东路32－14号
负责人：张谢君　邮编：311800
法人：张谢君
Tel：0575－88593222
13906859852
E-mail：zxj_0124@163.com

**杭州市现代汽车维修职业培训学校**
地址：浙江省杭州市拱墅区长乐路2号
负责人：陈春菊
Tel：0571－88333555

**杭州迈世办公设备有限公司**
地址：浙江省杭州市拱墅区大苑路6号
负责人：徐金斌
Tel：13600525560

## 长乐市江田三溪私立优教幼儿园

503380529@qq.com

长乐市江田三溪私立优教幼儿园是一所融现代气息和儿童情趣为一体的新园舍，以“教师有特长、幼儿有个性、办园有特色”为发展目标，不断学习先进的教育理念和管理经验，形成了独特的人文教育和学前综合教育。童年只有一个，让我们把最美好的献给孩子，让我园为孩子们留下最美好的回忆！

手机：13075883999

电话：0591-28704888　联系人：潘芳　传真：0591-28703212

地址：福建省长乐市江田镇溪山村　邮编：350200

## 福州市澳龙教育咨询服务有限公司

福州市澳龙教育咨询服务有限公司是一家专业从事留学、移民的企业。公司坚持“互惠互利、诚信共赢”的经营理念，热忱欢迎各界人士来电咨询、洽谈业务！

电话：0591-86096666、86090909、13635223223　联系人：何飞燕

地址：福建省福清市元洪路清昌大厦中银大厦16楼

邮编：350300

## 晋江市小耀星校外教育培训学校

晋江市小耀星校外教育培训学校是一所民办培训学校，主要为课余学生培训艺术类课程及文化课。

“以爱心办学，以耐心教人，以诚心做事”一直是我们的办学宗旨，家长的信任与支持是我们前进的动力，让我们并肩努力，一切为了孩子，为了孩子的一切。

电话：0595-85783595 85875263

电子邮件：13505956369@139.com　联系人：陈碧真

地址：福建省晋江市安海镇鸿东里42号　邮编：353000

## 泉港涂岭万发办公用品经营部

泉州中联石凤水泥公司成立于1993年，本公司专业从事生产、销售各种型号规格的水泥。诚信为本，让客户满意，是泉州中联石凤水泥公司的永恒追求。本公司全体员工竭诚欢迎海内外各界朋友来人来函考察指导，洽谈合作，携手共创美好明天！

联系人：王先生

电话：0595-87700266　传真：0595-87700266

地址：福建省泉州市泉港涂岭镇涂岭农贸市场内

电子邮件：wfbgyp@yahoo.com.cn　邮编：362000

## 厦门奇欣冉文化传播有限公司

厦门奇欣冉文化传播有限公司成立于2004年，主要从事动漫游戏软件设计，制作，企业形象及文化活动策划，经济信息咨询服务。欢迎广大客户来电来函洽谈。

联系人：张鸣玲

电话：0592-5065246　5065245

地址：福建省厦门市火炬高新区创业园创业大厦420A室

电子邮件：zhangmingling0595@hotmail.com　邮编：361009

## 江西省/jiangxi Province

**南城县兴发校具有限公司**
地址：江西省抚州市南城县株良镇祥岗路1号
……负责人：吴火应
……Tel：0794－7354998

**蓝珀笔业画材有限公司**
业务：蓝珀笔业画材有限公司成立于1995年，是一家集美术颜料、书画印泥、各种笔类生产、销售为一体的多元化综合性公司。
地址：江西省南昌市进贤县文港经济小区
……邮　编：331722
……法　人：桂建华
……Tel：0791－5586848
5583977
……Fax：0791－5583977
……网址：www.cn－lp.com

**康盛教学用品有限责任公司**
地址：江西省赣州市寻乌县文峰工业园区
……负责人：康政红
……Tel：0797－2880555
13979722222

**九江天牛文化传媒有限公司**
业务：演出经纪，文化产业，文化交流，艺术策划，培训，巡展，广告营销
产品：大型舞台、音响、灯光
地址：江西省九江市瑞昌市市府西路广场花园小区
……负责人：王亚峰　邮　编：332200
……法　人：王亚峰
……Tel：0792－4200518
13755210129
……E-mail：http://www.51zzt.com/user/zzt35670

**江西省美联世纪教育信息有限公司**
地址：江西省南昌市东湖区叠山路66号1栋东单元4楼
……负责人：刘永军
……Tel：13647918263

**江西振超体育用品有限公司**
地址：江西省南昌市东湖区胜利路155号金麟大厦五楼501室
……负责人：陈炳新
……Tel：13870691222

**浔阳区晨光文具店（中信文具用品商行）**
业务：晨光文具专卖；得力文具；亚兴帐本
地址：江西省九江市浔阳区龙开河贸易批发市场市场正大门09号（江西省九江市浔阳区龙开河贸易批发市场C区109号）
……负责人：杨红　杨文
……邮　编：332000
……法　人：郭胜　杨文
……Tel：0792－2187627
0792－2195595

**江西中天宏图教育研究有限公司**
地址：江西省南昌市东湖区文教路71号
……负责人：吴海鲲
……Tel：13576960909

**南昌金顺电力设备试验有限公司**
地址：江西省南昌市东湖区永外正街440号
……负责人：朱南扬
……Tel：13907913953

**南昌金桂隆办公设备有限公司**
地址：江西省南昌市东湖区中山路65号
……负责人：郭艳荣
……Tel：13077917269

**江西省金音文化有限公司**
地址：江西省南昌市东湖区子固路48号福辉大厦A座502室
……负责人：李广玉
……Tel：0791－8810336

**米奇文体用品贸易有限公司**
地址：江西省南昌市进贤县岚湖路326号
……负责人：万新福
……Tel：13627000068

**江西省鑫源教育投资管理有限公司**
地址：江西省南昌市南昌高新区火炬大街801号
……负责人：彭国平
……Tel：13707095239

**江西服装职业技术学院**
地址：江西省南昌市南昌县向塘经济开发区
……负责人：涂润华
……Tel：0791－5158666
13870888555

**江西弘昌教育有限公司**
地址：江西省南昌市青山湖区洪都大道379号4幢
……负责人：胡明星
……Tel：13970016668

**江西赛因教育服务有限公司**
地址：江西省南昌市青山湖区江大南路139号
……负责人：黄一峰
……Tel：13907910903

**南昌洪都体育用品器材厂经销部**
地址：江西省南昌市青云谱区新溪桥东二路7号
……负责人：孟凡弟
……Tel：13970893877

**江西美视通光电视讯有限公司**
地址：江西省南昌市西湖区丁公路103号
……负责人：盛叶军
……Tel：13807057562

**亲子杂志社**
地址：江西省南昌市新魏路17号
……负责人：彭运胜
……Tel：0791－8510940
13870995126

**江西应用工程职业学院**
地址：江西省萍乡市高坑镇周家坊
……负责人：尹建萍
……Tel：0799－6375485
13970590737

**富铁文体物资贸易有限公司**
地址：江西省上饶市蔡家田蓬6－1号
……负责人：郑金生
……Tel：13970308327

**上饶县安全生产培训中心**
地址：江西省上饶市上饶县旭日镇南灵北路上塘巷15号
……负责人：廖怀印
……Tel：13097383000

**江西省申立实验仪器有限责任公司**
地址：江西省上饶市弋阳县迎宾路80号
……负责人：季健伟
……Tel：0793－5825263

**上饶市信州安全生产技术教育培训中心**
地址：江西省上饶市职业中等学校（光学路）
……负责人：杨华东
……Tel：0793－8214582

**新余市互利物资有限公司**
地址：江西省新余市抱石大道8号
……负责人：潘九根
……Tel：13707908336

**进贤县文港精策制笔厂**
业务：专业从事各种款式钢笔、油笔、灯笔、水性笔、自动铅笔、广告笔的加工生产，欢迎来样定做，我厂本着“互利、发展”的基本原则，愿与您诚信往来，携手共进！
产品：钢笔
地址：江西省南昌市进贤县文港经济开发区
……负责人：钟胜华　邮　编：330000
……法　人：钟胜华
……Tel：0791－5583280
13831113198
……Fax：0791－5583280

**华辉铜材笔业有限公司**
业务：华辉铜材笔业有限公司位于南昌市进贤县文港开发区，公司成立于1998年，生产销售钢材、铜管、铜管零件、圆珠笔笔套、钢笔笔套等。欢迎新老客户来电垂询！
地址：江西省南昌市进贤县文港开发区
……邮　编：331700
……法　人：邹海根
……Tel：0791－5586068
……Fax：0791－5586068

## 德兴市通达驾驶员培训中心有限公司

德兴市通达驾驶员培训中心有限公司成立于2005年，本公司专业从事驾驶员培训。本公司秉承“顾客至上，锐意进取”的经营理念，坚持“客户第一”的原则为广大客户提供优质的服务。欢迎广大客户惠顾！

联系人：郑永品　电话：0793-7506709

地址：江西省德兴市洪山橡胶厂　邮编：334200

## 山东省/Shandong Province

**新现实影视制作工作室**
地址：山东省济南市历下区解放路 30－1 号国华经典 3 号楼 3 单元 203 室
负责人：郝志刚
Tel：0531－88388270
13969125861

**济南金证执业培训学校**
地址：山东省济南市历下区千佛山东二路 11 号
负责人：于爱华
Tel：0531－82666799
13066011799

**山东章丘水寨腾达乐器厂**
业务：山东章丘市水寨腾达乐器厂成立于 1994 年，主要为乐器支架的制作及出口外销。产品包括哨铜钗片、黄铜钗片、锣钗钹及中药材的生产及销售。热忱欢迎各界朋友，光临指导，切磋洽谈。
地址：山东省安丘市水寨镇镇政府西 1 公里路南
邮　编：250208
法　人：范东泗
Tel：0531－83551163
Mobile：13853135122
Fax：0531－83551163

**山东省东营市东营区添彩文印苑**
业务：设计、制版、印刷
地址：山东省东营市东营区北二路南庄楼区
负责人：徐学军　邮　编：257000
法　人：徐学军
Tel：0546－7692780
2982367
13864786692

**济南儒林医普文化发展有限公司**
地址：山东省济南市历下区文化西路 44 号
负责人：李秀廷
Tel：0531－86809582

**济南泉润文具有限责任公司**
地址：山东省济南市王舍人镇杨家屯北村
负责人：刘宗春
Tel：0531－88811008

**天和运动制品有限公司**
地址：山东省济宁市嘉祥县获麟街 140 号
负责人：周保全
Tel：0537－6829448
13953753758

**邹城市广场奥林体育用品商店**
地址：山东省济宁邹城市岗山路北首
负责人：陈贵娥
Tel：0537－5213280
13583737385

**东营区鑫德办公设备经营部**
业务：办公设备销售
地址：山东省东营市东营区西三路 15 号天成恒信科技大厦 A 座 001 室
负责人：张鹏　邮　编：257000
法　人：张鹏
Tel：13287318162
0546－8210812

**五环体育器材有限公司**
地址：山东省乐陵市经济技术开发区新科路
负责人：刘清溪
Tel：0534－6292669
13905446971

**高唐教育装备供应中心**
地址：山东省聊城市高唐县特殊学校院内
负责人：闫斌
Tel：0635－3950132

**聊城兴隆文体办公用品有限公司**
地址：山东省聊城香江光彩大市场内南京路 94 号
负责人：段其龙
Tel：0635－8688188

**曹县帅飞体育用品有限公司**
业务：乒乓球拍、乒乓球台生产销售
地址：山东省荷泽市曹县青固集镇张三楼村
负责人：李和献　邮　编：274000
法　人：李和献
Tel：0530－3533866
Fax：0530－3533866

**临沂国民文化投资有限公司**
地址：山东省临沂市兰山区半程镇驻地
负责人：张旸
Tel：0539－2977811

**邹城市广场奥林体育用品商店**
业务：主要经营体育用品、运动服装。奥林体育寻求健康真谛，让你的生活在运动中快乐、辉煌。
地址：山东省济宁邹城市岗山路北首
邮　编：273500
法　人：陈贵娥
Tel：0537－5213280

**齐鲁晚报临沂记者站**
地址：山东省临沂市兰山区海关路中段（邮政局院内）
负责人：祁铁钢
Tel：0539－2901000
13355003818

**济南中龙教学设备有限公司**
业务：生产、销售汽车发动机实验台，ABS 制动系统实验台，安全气囊实验台、自动空调实验台等汽车实物教具；桑塔纳汽车模型等汽车模型教具；汽车电路示教板、汽车驾驶模拟器、红外线电子桩考仪等驾校设备，电工电子等电学实验室设备，中学理化生实验室设备等
产品：汽车发动机实验台，ABS 制动系统实验台，安全气囊实验台、自动空调实验台等汽车实物教具；桑塔纳汽车模型等汽车模型教具；汽车电路示教板、汽车驾驶模拟器、红外线电子桩考仪等驾校设备，电工电子等电学实验室设备，中学理化生实验室设备等
地址：山东省济南市槐荫区美里湖街道办事处新沙工业园 38 号
负责人：李永新　邮　编：250001
法　人：李永新
Tel：13026575426
0531－85972128
Fax：0531－85972128
网址：http://www.zljxsb.com.cn/

**卧龙图书有限公司**
地址：山东省临沂市兰山区育才路 23－25 号
负责人：孙小红
Tel：0539－7164686
7164689
13969902020

**蒙阴县桃墟镇蒙山茂园小学**
地址：山东省临沂市蒙阴县桃墟镇花果庄村
负责人：马登臣
Tel：0539－4552056
13864975519

**华翔办公设备有限公司**
地址：山东省临沂市郯城县人民路 207 号
负责人：韩申翔
Tel：0539－6112300
13355395288

**山东唐商网络科技有限公司（山东天一行凯旋文化传播有限公司）**
业务：公司为影视制作权威机构，专业制作城市形象片，电视广告片，企业专题片，项目招商片等
地址：山东省济南市民生大街 22 号三箭银苑 A 座 1402 室
负责人：含影　邮　编：250000
法　人：韩英
Tel：13806401585
0531－88306628

**临沂思博文具有限公司**
地址：山东省临沂市文体市场 150 号
负责人：赵思波
Tel：0539－8062456
13954936695

**金梦幼儿园**
地址：山东省青岛市胶南市隐珠镇西冯村委办公楼
负责人：王红
Tel：0532－87191801
13963941210

**青岛日报报业集团新闻培训中心**
地址：山东省青岛市崂山区北宅镇北九水
负责人：李国华
Tel：0532－87053168
13706340506

**济南力多德体育设施有限公司**
业务：体育设施经营
地址：山东省济南市市中区英雄山路 73－9 号
负责人：井兆宇　邮　编：250001
法　人：井兆宇
Tel：13969189508
0531－82865719

**青岛高教文化有限公司**
地址：山东省青岛市市北区昌乐路 2 号文物楼 3 号楼 104 号
地址：李成玉
Tel：0532－83817828

**威海宝丽笔业有限公司**
地址：山东省威海市环翠区羊亭镇王家河村
负责人：姜传强
Tel：0631－5770586
13906300033

**山东创新书业有限公司**
业务：经营各类教科书
地址：山东省济宁市梁山县水泊牛路 11 号
负责人：刘传让　邮　编：272000
法　人：刘传让
Tel：0537－7333330

**潍坊传承教育咨询服务有限公司**
地址：山东省潍坊市潍州路 753 号甲
负责人：裴永江
Tel：0536－8276151

**莱芜市挖掘机培训学校**
业务：我校是由莱芜市安顺工程公司投资创建的一所专门培训挖掘机、装载机高级工程技术人员的学校。在改革开放的大潮中，安顺工程公司敢于激流勇进、面对挑战、勇于进取、多业并举，成功地创办了莱芜市唯一的一所挖掘机培训这一实用型综合性学校。本校师资力量雄厚，教学设备先进，属劳动局定点学校，省、市先进办学单位，是你学习深造的最理想的摇篮。
地址：山东省莱芜市钢城区黄羊山大街
负责人：安夫备……邮　编：271104
Tel：0634－6890077
6890022
网址：www.wjjpx.net

**潍坊盛凯船舶服务有限公司**
业务：提供船舶技术咨询服务、海事信息咨询与服务、船员及海员招聘、培训、代办各类证书、劳务及外派
地址：山东省潍坊市寒亭区霞飞路 2 号华洋水运学校
负责人：李波　邮　编：261100
法　人：李波
Tel：15964301088
0536－8631881

**泗水县济河办博文办公用品商店**
业务：办公用品，办公耗材，中亿保险柜泗水总代理
地址：山东省济宁市泗水县济河办健康路
负责人：张霞　邮　编：273200
法　人：张霞
Tel：13964911118
0537－4237789

**小神童智趣卡通文具超市**
业务：文具批发零售
地址：山东省招远市罗峰路（民政局以北）
负责人：刘明玉　邮　编：265400
法　人：刘明玉
Tel：13256988682

**龙口市黄城天合艺苑文化交流中心**
业务：名人字画
产品：字画
地址：山东省龙口市南山路 79 号新村临街 C－3 号
负责人：张德旺　邮　编：265701
法　人：张德旺
Tel：0535－8534777
13953520777
Fax：0535－8503377
网址：www.sdhualang.com
E-mail：tianheyiyuan@yahoo.com.cn

**淄博泽罗体育器材有限公司**
地址：山东省淄博市临淄区朱台镇工业园
负责人：李光
Tel：0533－7789444
13963088661

**新泰市四创复印机维修部**
业务：办公设备销售维修
地址：山东省新泰市东周路中段
负责人：李宗纲　邮　编：271200
法　人：李宗纲
Tel：0538－7231830
6321830
Fax：0538－6321830

**新汶体育用品商店**
业务：体育用品、运动服、运动鞋、运动器材
地址：山东省新泰市新汶大街中段（市机关招待所东临）
负责人：武玉生　邮　编：271200
法　人：武玉生
Tel：15053899798
0538－7333886
Fax：0538－7333886

## 烟台开发区中国学习卡

烟台开发区中国学习卡创建于2007年，烟台开发区中国学习卡内有幼儿类、小学类、中学类、大学类、研究生、公务员、外语类、工程类、财会类、IT类等所有最优质、最全面的网上课程。我们的宗旨是推动基础教育、高等教育、职业教育、继续教育、行业培训等领域的教学资源的高效、合理利用，进而构建开放的国际化远程教育体系。

联系人：潘红阳 13001614519
电话：0535-6386382 6386392 6955569
网址：www.china-edu.com.cn
电子邮件：panhongyang@126.com.cn
地址：山东省烟台市开发区金沙滩花园3-29号无限极专卖店
邮编：264006

## 宝丰县红星学校

红星学校是经教育主管部门批准，由优秀民营企业家陶红星投资3600多万元，于2000年创办的一所十二年制全封闭寄宿式学校。学校座落于宝丰县城迎宾大道东段，南依文笔山森林公园，西临新世纪广场，东北方靠近生态园和新建的东城国际豪华住宅区。学校交通便利，地理位置优越，校内环境优美。现有37个教学班，在校学生2000多人，教职工165人，现占地103亩，建筑面积40000多平方米。

联系人：陶红星
电话：0375-6136168 6534416 传真：0375-6136168
地址：河南省平顶山市宝丰县宝丰城迎宾大道东段 邮编：467400

## 烟台三站强力体育用品批发部
（烟台三站红双喜体育用品批发部）

烟台三站强力体育用品批发部（烟台三站红双喜体育用品批发部）成立于2009年，本批发部主要经营"强力"体育用品、"红双喜"体育用品。商行本着质量第一、信誉第一、服务第一的理念，微利的商品策划使我们大力开拓市场，发展壮大，达到双赢。

联系人：丁大庆 13606450308
电话：0535-2971931 2971956
地址：山东省烟台市烟台三站市场（前进路9号-8517、87105、87106）
邮编：264000

## 洛陽市學府圖書有限公司

洛阳市学府图书有限公司是一家专业从事小学教辅、图书、工具书等销售的企业。已与多家教学单位合作，赢得了良好的信誉和口碑。

本公司秉承"顾客至上,锐意进取"的经营理念。坚持"客户第一"的原则为广大客户提供优质的服务。欢迎广大客户惠顾！

联系人：张志民 电话/传真：0379-62566356
地址：河南省洛阳市西工区纱厂北路2号图书城内14号 邮编：471000

## 河南省/Henan Province

**豫广家具批发市场**
地址:河南省辉县市西外环路南段三小营村东
…… 负责人:候建国
…… Tel:0373－6118728
13803733244

**洛阳炜杰文化传播有限公司**
地址:河南省洛阳市西工区春都路90号院09号
…… 负责人:董杰
…… Tel:0379－62381885

**金源胶带批发部**
业务:胶带批发
地址:河南省郑州市二七区万客来食品城南院北楼东1排7号
…… 负责人:金强荣 邮 编:450000
…… 法 人:金强荣
…… Tel:13623859833
0371－68713586

**偃师市奥星办公机具有限公司**
地址:河南省洛阳市偃师市寇店镇李家村
…… 负责人:李建舟
…… Tel:0379－67488098

**洛阳市明派办公家具有限公司**
地址:河南省洛阳市偃师市李村镇工业区
…… 负责人:邢晓波
…… Tel:0379－67478116
13803880616

**南阳市达士营文化村有限公司**
地址:河南省南阳市卧龙区七里园乡达士营村
…… 负责人:王克顺
…… Tel:0377－63032888

**濮阳市大家图书报刊音像发行有限公司**
地址:河南省濮阳市开州路世龙超市三楼
…… 负责人:郭银国
…… Tel:0393－8971717

**商丘市东映科汇办公设备有限公司**
地址:河南省商丘地区梁园区高科技电子城D－5号
…… 负责人:刘英梅
…… Tel:0370－2310811

**申源汽车驾史员培训学校**
地址:河南省信阳市航空路94号
…… 负责人:张全忠
…… Tel:13903764681

**河南农大新植保技术有限公司**
地址:河南省郑州市金水区北环路与丰庆路西北侧2号楼1单元7层西户
…… 负责人:朱海红
…… Tel:0371－63756255

**河南省教育网有限公司**
地址:河南省郑州市金水区花园路3号院
…… 负责人:曲兵
…… Tel:0371－65909385

**河南儿艺文化传播有限公司**
地址:河南省郑州市金水区金水路6号8－3－32室
…… 负责人:赵鹏举
…… Tel:0371－65860195

**河南省新思路教育文化传播有限公司**
地址:河南省郑州市金水区经七路32号
…… 负责人:杜学宾
…… Tel:0371－66358908

**河南华信办公设备有限公司**
地址:河南省郑州市金水区经三路66号1号楼505号
…… 负责人:韩红珍
…… Tel:0371－65861399

**河南国典文化传播有限公司**
地址:河南省郑州市金水区南阳路226号富田丽景花园16号
…… 负责人:梁建华
…… Tel:0371－65215005

**河南金伦文化传播有限公司**
地址:河南省郑州市金水区农科路38号7号楼东4单元39号
…… 负责人:董伦峰
…… Tel:0371－65786635

**河南省路达影视艺术有限公司**
地址:河南省郑州市金水区纬三路20号
…… 负责人:许路达
…… Tel:0371－65019268

**郑州求实图书有限公司**
地址:河南省郑州市金水区文化北路与北环路口文化图书广场C区1号
…… 负责人:高延志
…… Tel:0371－67691830

**河南一鼎文化传媒有限公司**
地址:河南省郑州市金水区文化路68号科技市场A1区301房
…… 负责人:于昂扬
…… Tel:0371－63973741

**河南未来考试培训中心**
地址:河南省郑州市金水区郑花路29号
…… 负责人:张杰
…… Tel:0371－65648989

**郑州市艺彩美术用品有限公司**
业务:专营美术用品、美术教具
产品:加工定做静物台、工作台、美术课桌、陶瓷教具、石膏教具等
地址:河南省郑州市二七区中原东路122号附2号
…… 负责人:许广丽 邮 编:450052
…… 法 人:许广丽
…… Tel:0371－66979140
13373909798
…… Fax:0371－66979140

**河南百信科技发展有限公司**
地址:河南省郑州市金水区政七街13号楼北楼408
…… 负责人:苏宗平
…… Tel:0371－63311016

## 上蔡县教学用品设备服务站

上蔡县教学用品设备服务站是一家经营各类教学办公用品的经销机构。

成立以来，已经与多家单位合作，赢得的良好的信誉与口碑。

诚挚欢迎您的合作！

联系人：葛长兴 电话：0396-6929631
地址：河南省驻马店市上蔡县教体局院内 邮编：463800

## 通许县练成乡鼓厂

通许县练成乡鼓厂成立于1999年，专业从事腰鼓的生产和销售，产品主要出口到韩国。我厂以"质量求生存，信誉求发展"为办厂宗旨，竭诚为您提供优质的产品和满意的服务！

联系人：金昌善 手机：13503833987
电话：0378-4130520 传真：0378-4130927
地址：河南省通许县练城北开发区 邮编：475400

## 偃师市山化电教仪器厂

偃师市山化电教仪器厂自成立以来，本厂专业从事教学仪器的生产、加工与销售，主要产品有学生电源、教学电源、学生示波器、多功能充电器、导电演示器、电教演示器、充电器、电学仪器、条形合测力计、支架。

本厂本着"客户第一，诚信至上"的原则，与多家企业建立了长期的合作关系。热忱欢迎各界朋友前来参观、考察、洽谈业务。

联系人：王洪杰
电话/传真：0379-69609255
地址：河南省偃师市山化乡台沟村7组 邮编：471900

## 湖北省/Hubei Province

**恩施时代光华教育发展有限公司**
地址:湖北省恩施土家族苗族自治州恩施市硒都大道18号
…… 负责人:李承荣
…… Tel:13636291022

**荆州市怡乐文化传播有限公司**
地址:湖北省荆州市沙市区北京中路298号
…… 负责人:文昌亮
…… Tel:13907212385

**上海景国文化用品有限公司**
业务:本公司成立于2002年,拥有40多个员工,主要经营文化用品、办公用品。二年以来,以卓越的品质、优质的服务为宗旨。
地址:山东省临沂市河东区太平办事处小张宅村
…… 负责人:张景国
…… Tel:0539-8758288

**十堰博聚文化传播有限责任公司**
地址:湖北省十堰市张湾区车城南路171号
…… 负责人:赵颖先
…… Tel:13508681599

**江华计算机外部设备经营部**
地址:湖北省十堰市张湾区公园路11号人防办1楼
…… 负责人:韩旭
…… Tel:0719-8658910
13317282008

**武汉市海峰学生用品科技开发有限公司**
地址:湖北省武汉市蔡甸区蔡甸街劳保里(蔡甸区第四小学内)
…… 负责人:季峻月
…… Tel:027-51510678

**武汉同天艺术培训学校**
业务:武汉同天艺术培训学校专门从事艺术类专业的考前辅导与培训,专业师资力量雄厚,教学经验丰富,同天迈着扎扎实实的每一步向更高的目标靠近。
地址:湖北省武汉市洪山区关山八一付黄村6号
…… 负责人:刘万林……邮　编:430073
…… Tel:027-62781703
87188003

**武汉飞越世纪体育发展有限公司**
地址:湖北省武汉市东湖开发区鲁磨路487号
…… 负责人:王侃华
…… Tel:13098871083

**洲头腾飞体育器材厂**
地址:湖北省武汉市汉阳区新五里三路特一号
…… 负责人:陆陶
…… Tel:027-84675249
13071295828

**武汉丰驰办公用品有限公司**
地址:湖北省武汉市汉阳区鹦鹉大道221号7楼
…… 负责人:张春城
…… Tel:027-84821617

**武汉成长教育发展有限公司**
地址:湖北省武汉市洪山区楚雄大道名都花园212栋1座3A
…… 负责人:宋珊珊
…… Tel:13006100407

**武汉江城白领文化有限公司**
地址:湖北省武汉市洪山区关山二路50号
…… 负责人:熊新春
…… Tel:13007117687

**武汉鑫发教育投资有限公司**
地址:湖北省武汉市洪山区洪山乡卓刀泉村名都花园212-2-10A号
…… 负责人:李必新
…… Tel:13971026909

**武汉文邦教育发展有限公司**
地址:湖北省武汉市洪山区鲁磨路388号
…… 负责人:杜冬梅
…… Tel:027-67883502

**武汉懿林教育咨询有限公司**
地址:湖北省武汉市洪山区珞狮北路樱花大厦A座504号
…… 负责人:施高武
…… Tel:027-62120778

**武汉开心文化传播有限公司**
地址:湖北省武汉市洪山区珞狮路296号狮龙花苑2-1-401号
…… 负责人:申三
…… Tel:13995538696

**武汉立培书刊发行有限公司**
地址:湖北省武汉市洪山区雄楚大街268号
…… 负责人:谭培发
…… Tel:027-87326433

**武汉光英文化用品有限公司**
地址:湖北省武汉市江岸区黄石路9号德润大厦鸿润楼16层3号房
…… 负责人:胡安荣
…… Tel:027-82750755

**武汉汇川办公文化科技有限公司**
地址:湖北省武汉市江岸区惠济路48号
…… 负责人:夏丽芳
…… Tel:027-62862798

**武汉星光无限文化发展有限公司**
地址:湖北省武汉市江岸区解南小区2号楼1单元2层
…… 负责人:郑丹
…… Tel:027-82848803

**武汉市广播电视公司广电餐厅**
地址:湖北省武汉市江岸区云林街10号
…… 负责人:王培刚
…… Tel:027-85767139

**武汉元月图书发行有限公司**
地址:湖北省武汉市江汉区长江日报路28号(文清路)53号
…… 负责人:邵雪梅
…… Tel:027-85498250

**武汉市江汉区图书大世界精华书店**
地址:湖北省武汉市江汉区图书大世界28号沁园路44号
…… 负责人:刘伯铭
…… Tel:027-85493595

**北京全时空传媒文化有限公司武汉分公司**
地址:湖北省武汉市江汉区新华路186号福星惠誉国际商务大厦614室
…… 负责人:杨建津
…… Tel:027-82846740

**武汉市讯圃教育咨询有限公司**
地址:湖北省武汉市青山区25街54门14幢一2号
…… 负责人:郝宝岚
…… Tel:027-61375959

**武汉跨世体育用品有限公司中北路店**
地址:湖北省武汉市武昌区湖北省武汉市武昌中北路1号(家乐福超市116-130号)
…… 负责人:唐义兴
…… Tel:027-87812586

**武汉突破教育咨询有限公司**
地址:湖北省武汉市武昌区南湖花园城松涛苑A-B-103
…… 负责人:刘培峰
…… Tel:027-88418199

**黄鹤体育用品厂**
地址:湖北省武汉市武昌区石灰堰152号
…… 负责人:刘建华
…… Tel:027-88318163
13071222253

**北京时代青年人文科学交流中心有限公司武汉分公司**
地址:湖北省武汉市武昌区武珞路460号聚豪华庭1007号
…… 负责人:刘世标
…… Tel:027-87258086

**湖北省就业技工学校**
业务:湖北省就业技工学校成立于2006年,是湖北省劳动就业管理局开设的下属单位,从事技工教育、短期培训,专业设立了机械、计算机、电子、服装等课程,推荐毕业生就业工作。
地址:湖北省武汉市洪山区关山路28号
…… 邮　编:430075
…… 法　人:廖先焕
…… Tel:027-51782838

**武汉女性电视传媒有限公司**
地址:湖北省武汉市武昌区中北路219号综合楼
…… 负责人:毛竹君
…… Tel:027-50100001



## 湖南省/Huana Province

**长沙市华政教育科技有限公司**
地址:湖南省长沙市芙蓉区八一西路31号(怡海酒店9楼)
…… 负责人:王蒲仙
…… Tel:0731-82276566

**长沙市芙蓉区武进方伟办公设备销售部**
地址:湖南省长沙市芙蓉区朝阳路241号
…… 负责人:沈剑峰
…… Tel:0731-84138150
13907493101

**湖南东港办公家具有限公司**
业务:湖南东港办公家具有限公司于2005年9月成立,专业销售办公家具、地毯、窗帘等。"因为执着,所以专业",欢迎各界朋友来函、来电洽谈合作,我们将以优质的服务、上乘的质量,公道的价格欢迎您的到来!
地址:湖南省长沙市解放西路122号蓝色地标大厦1019室
…… 邮　编:410002
…… 法　人:刘跃如
…… Tel:0731-2835091
…… Fax:0731-2835091

**长沙市博科文教用品有限公司**
地址:湖南省长沙市芙蓉区东二环路956号马王堆大厦3楼
…… 负责人:苏铁丁
…… Tel:0731-84736298

**湖南龙润天下文化有限公司**
地址:湖南省长沙市芙蓉区杨家山东方之珠商住大厦901室
…… 负责人:何勇奇
…… Tel:13755103599

**湖南恒星传媒有限公司**
地址:湖南省长沙市开福区芙蓉中路27号湖南新闻大厦18楼
…… 负责人:唐宁
…… Tel:13637420428

**长沙市长安安全生产宣传教育中心**
地址:湖南省长沙市开福区芙蓉中路一段394号
…… 负责人:谢湘萍
…… Tel:0731-84322659

**长沙市宝典文化品有限公司**
业务:长沙宝典文化用品有限公司目前是省内品类最全的文化用品有限公司。经营办公文体用品、电脑及耗材、学生用品、手机、数码小家电以及礼品制作等。
地址:湖南省长沙市高桥西大门中栋综合楼二楼
…… 负责人:胡益云　邮　编:410100
…… 法　人:胡益云
…… Tel:0731-84687499
84783616

**长沙市联运职业培训中心**
地址:湖南省长沙市开福区潘家坪路186号
…… 负责人:李建军
…… Tel:0731-84392332

**浏阳市艺馨烟花影艺文化传播有限公司**
地址:湖南省长沙市浏阳市梅花小区E栋1楼
…… 负责人:黄国靖
…… Tel:0731-83628111

**商务职业技术学校**
地址:湖南省长沙市宁乡县双凫铺镇集镇
…… 负责人:王立军
…… Tel:13908490982

**宁乡县希翼教育发展有限公司**
地址:湖南省长沙市宁乡县玉潭镇一环西路
…… 负责人:杨卫中
…… Tel:0731-87881338

**建筑时报华南周刊湖南编辑部**
地址:湖南省长沙市天心区芙蓉中路城市之心1116室
…… 负责人:陈雪刚
…… Tel:0731-85190296

**长沙经纶文化传播有限责任公司**
地址:湖南省长沙市雨花区圭塘街道办事处大塘村出版交易中心C-103号
…… 负责人:汪文生
…… Tel:0731-85811915

**湖南高桥大市场小叮当文具礼品批发部**
地址:湖南省长沙市雨花区湖南高桥大市场北栋1区26号
…… 负责人:何凯琪
…… Tel:0731-82612348
13787283333

**长沙美络文化传播有限公司**
地址:湖南省长沙市雨花区劳动东路179#3栋701室
…… 负责人:张环宇
…… Tel:0731-82600407

**长沙市雨花区博伦办公家具厂**
地址:湖南省长沙市雨花区黎托乡河丰工业园
…… 负责人:许志平
…… Tel:0731-85951688
13973115595

**湖南省常德国贸学校**
地址:湖南省常德市鼎城区鼎城路
…… 负责人:杨景兴
…… Tel:0736-7377281
13975666423

**中南职业技术学校**
地址:湖南省常德市鼎城区临沅路45号
…… 负责人:唐胜康
…… Tel:0736-7395533
13973638200

**常德华美科教科技有限公司**
地址:湖南省常德市武陵区三岔路丽都名居1号楼402号房
…… 负责人:郑铁先
…… Tel:0736-7263200

**国强柜业制品厂**
地址:湖南省郴州市北湖区新泉社区
…… 负责人:张国祥
…… Tel:13807357948

**郴州华峰艺术文化有限公司**
地址:湖南省郴州市国庆南路延伸段
…… 负责人:郑利该
…… Tel:0735-2195529

**东塔中英文学校**
地址:湖南省郴州市嘉禾县东塔中路
…… 负责人:刘红梅
…… Tel:13875592017

**衡阳时代光华教育发展有限公司**
地址:湖南省衡阳市雁峰区蒸湘南路1-43号
…… 负责人:张艳萍
…… Tel:13973446060

**衡阳市体育舞蹈协会浩中培训中心**
地址:湖南省衡阳市珠晖区清泉里1号
…… 负责人:胡跃艳
…… Tel:0734-6136683

**江南办公设备销售部**
地址:湖南省怀化市迎丰中路246号
…… 负责人:李绍海
…… Tel:0745-2243168
13974598249

**湖南省娄底市神童文化发展有限公司**
地址:湖南省娄底市娄星区长青街17号
…… 负责人:龚子祥
…… Tel:0738-8227095

**湖南省集邮总公司娄底市分公司**
地址:湖南省娄底市娄星区长青中街26号
…… 负责人:许明
…… Tel:0738-8217821

**湖南娄底理工专修学院**
地址:湖南省娄底市娄星区花山仑103号
…… 负责人:赵小年
…… Tel:0738-6427488

**范家山镇大庆铅笔厂**
地址:湖南省邵阳市邵东县工业品市场西区11号
…… 负责人:王大庆
…… Tel:0739-2653525
13973556968

**坪口教学器材厂**
地址:湖南省益阳市安化县坪口教学器厂
…… 负责人:张安明
…… Tel:0737-7522111
13807376134

**湖南省集邮总公司益阳市分公司**
地址:湖南省益阳市赫山区金银山易家村
…… 负责人:孙智
…… Tel:0737-4226962

**一马电脑学校**
地址:湖南省永州市市道县道江镇镰溪南岸2栋10号
…… 负责人:周慎良
…… Tel:0746-5231105

**爱乐人音乐培训学校**
地址:湖南省岳阳市金鹗中路政通楼15号
…… 负责人:缪光耀
…… Tel:0730-8634821
13786066256

**大世界幼儿园**
地址:湖南省张家界市慈利县大世界步行城
…… 负责人:杨万菊
…… Tel:0744-3237988
6192628

**慈利县创双高文化教育补习班**
地址:湖南省张家界市慈利县零阳镇零阳东路
…… 负责人:柴崇俊
…… Tel:0744-3234090

**征东驾校有限公司**
地址:湖南省张家界市永定大道茅塔路17号(宝塔岗)
…… 负责人:郭小平
…… Tel:0744-8323938
13974483939

**永发文体服务有限公司**
地址:湖南省张家界市永定区回龙路华联2楼
…… 负责人:文友亮
…… Tel:0744-8227257
13974413785

**普泰信息科技有限公司**
地址:湖南省株洲市建设北路36号8楼
…… 负责人:陈爱国
…… Tel:0731-22331800

**株洲市金龙工贸有限公司**
地址:湖南省株洲市天元区滨江一村34栋304号
…… 负责人:王金龙
…… Tel:0731-22846532

**株洲鸿润化玻科教仪器有限公司**

地址:湖南省株洲市天元区黄山中路鸿润检测技术研究所内
……负责人:王佑雄
……Tel:13974108483

**株洲市新天地图书销售有限公司**
业务:本公司是依法经湖南省新闻出版局、株洲市行政管理局和株洲市国家税务局批准成立的从事图书报刊、电子出版物批发的民营机构。公司资金雄厚,确保稳定提供优质正版图书、电子图书以及后续服务,并积极参与教育项目合作等。
业务:湖南省株洲市天元区黄山路徐家冲标准厂房三楼
……负责人:陈宪平……邮　编:412007
……法　人:江建青
……Tel:0733—2660588
……Fax:0733—2660588
……网址:www.zzxtd.com
……E-mail:xintiandi06@sina.com

**三一电子科技职业学校**
地址:湖南省株洲市新华东路145号
……负责人:段长云
……Tel:13973380190



## 广东省/Guangdong Province

**桥头汉英文具礼品加工店**
地址:广东省东莞市桥头镇新城工业区升茂电子厂对面
……负责人:刘华玲
……Tel:13924341148

**丰迅办公设备经营部**
地址:广东省佛山市南海区桂城石肯清晖路2号首层第2号
……负责人:李立强
……Tel:0757—86360120
13006763285

**汕头市恒嘉塑胶玩具工艺有限公司**
业务:汕头市恒嘉塑胶玩具工艺有限公司成立于2005年,主要生产各式塑料玩具。我们具有一支经验丰富具备雄厚生产能力的技术研发队伍,产品选用优质木材及精湛工艺制作而成。同时,欢迎您提供产品设计和构思,我们可按您的要求生产。
地址:广东省汕头市澄海区莲下镇湾头工业区
……邮　编:515834
……法　人:杜文丰
……Tel:0754—5745588
……Fax:0754—5747788

**东莞市长安爱琴海琴行**
业务:中、西乐器销售,钢琴、电子琴、吉它、古筝、小提琴、二胡、笛子、爵士琴等,乐器、声乐培训,承接大小型文化活动的舞台策划及演员编排。
地址:广东省东莞市长安镇乌沙裕兴路53号(乌沙幼儿园对面)
……负责人:吴少历　邮　编:523003
……法　人:吴少历
……Tel:13553805124
0769—82288713

**广州市百圣牛实业有限公司**
地址:广东省广州市白云区沙涌南莲泉大厦35号楼2楼
……负责人:张文岸
……Tel:020—36377873

**广州东方丽捷影像技术发展有限公司**
地址:广东省广州市东山区建设三马路5号七楼
……负责人:吴燕平
……Tel:020—88544189

**广州市东山区旺角沙龙书店**
地址:广东省广州市东山区淘金路60号101房
……负责人:钟葆思
……Tel:020—83508114

**广州市番禺区大岗镇广播电视站工会委员会**
地址:广东省广州市番禺区大岗镇豪岗花园七街1号
……负责人:叶小凤
……Tel:020—84936513

**东莞市大朗丰驰运动用品厂**
业务:运动用品的生产与销售
产品:各类运动用品
地址:广东省东莞市大朗镇新马莲村新太路58号
……负责人:陈章龙　邮　编:523000
……法　人:陈章龙
……Tel:13823205906

**广州市华裕教育咨询服务有限公司**
地址:广东省广州市番禺区桥南街番禺广播电视大学
……负责人:林庆裕
……Tel:020—84617098

**番禺区沙湾镇福涌村小太阳幼儿园**
地址:广东省广州市番禺区沙湾镇福涌田心
……负责人:李群兴
……Tel:020—84733131

**新华长江印章厂**
地址:广东省广州市花都区新华镇新华路43号
……负责人:曾献涛
……Tel:020—36839707
13609767668

**东莞市东城英泽桌球台经营部**
业务:桌球台
产品:国际标准比赛英式、美式、花式、艺术雕刻桌球台等
地址:广东省东莞市东城区主山上三杞油菜岭小工业区5号
……负责人:黄炜强　邮　编:523003
……法　人:黄炜强
……Tel:0769—22200108
13728302928
……Fax:0769—22200128
……网址:www.dgyingze.com
……E-mail:86174114@qq.com

**东莞市东坑花雨艺术画廊**
业务:开设少儿绘画班、绘画提高班、国画班、书法班、陶艺班、古筝班、钓鱼兴趣班。
地址:广东省东莞市东坑镇井美文阁96号三楼
……负责人:李礼轩　邮　编:523003
……法　人:李礼轩
……Tel:13829208241
0769—81181188

**源丰商行**
地址:广东省广州市石碁镇东怡新区二街57号
……负责人:邓小冬
……Tel:020—84624191

**广州市天河区银星文化技术培训中心**
地址:广东省广州市天河区龙口西路36号2楼
……负责人:黄翔岳
……Tel:020—87552641

**广州市赛地斯体育用品有限公司**
地址:广东省广州市新市汇桥新城北五三栋207室
……负责人:周明南
……Tel:020—86262101

**广州市越秀区太平洋教育培训中心**
地址:广东省广州市越秀区连新路11号701室
……负责人:王恢
……Tel:020—83373390

**鹏金文具行**
地址:广东省广州市越秀区米市路56号9幢303
……负责人:钟奕鹏
……Tel:020—83683084
13802542987

**广州市来速体育用品有限公司**
地址:广东省广州市越秀区水荫路水荫直街36号二楼
……负责人:柯洪壁
……Tel:020—88389438
37580720
37580396
87047465

**东莞市运康体育用品有限公司**
业务:生产各类运动护具医疗护具
产品:足球护小腿、医疗矫正器、漆弹服、棒球服、安全帽及其他各类运动护具医疗护具
地址:广东省东莞市黄江镇大岃村星光路口A栋厂房
……负责人:彭丙根　邮　编:523003
……法　人:彭丙根
……Tel:0769—87131902
13825779212
……Fax:0769—87131903
……E-mail:James@sportshealth.cn
jamespbg@126.com

**精汇外语培训中心**
地址:广东省广州市增城区荔城镇园圃路36号
……负责人:利庆文
……Tel:020—82625757

**增城市小楼镇中心小学工会委员会**
地址:广东省广州市增城市小楼镇教学指导中心
……负责人:赖用达
……Tel:020—82841323

**深圳市全程教育文化发展有限公司东莞分公司**
业务:专门从事电脑、外语、会计、学历、成人高考辅导、职业资格认证培训等项目的综合性教育机构,开设专业层次:本科、大专、中专、短训,常年招生,圆您成才求职之梦,专业、权威、规模、创造智慧人生!
产品:新东方在线学习卡
地址:广东省东莞市南城区莞太路56号鸿福路口金海大厦A座4楼
……负责人:于广天　邮　编:523000
……法　人:于广天
……Tel:0769—88050599
22817166
……Fax:0769—88050699
……网址:www.koolearn0769.cn
……E-mail:talentyu@126.com

**潮阳市贵屿新鹏宇文具实业有限公司**
地址:广东省汕头市潮阳区贵屿渡头草南路97号
……负责人:马荣轩
……Tel:13923957196

**和丰文具商店**
地址:广东省汕头市龙眼南路44号102
……负责人:庄彩虹
……Tel:0754—88522871
13670542798

**东莞市南华机动车驾驶员培训有限公司清溪重河分公司**
业务:机动车驾驶培训、代办驾驶证、行驶证,面向东莞招生,节假日、双休日不休息,即报即学。并办理二手机动车保险、交易、过户、免费登记和置换等业务。可为国外人事(香港、台湾)代办东莞驾驶证。
产品:三级普通机动车、驾驶员培训
地址:广东省东莞市清溪镇重河村委会河板桥石田路6号
……负责人:谢佳兰　邮　编:523003
……法　人:曾志强
……Tel:0769—87892355
13724470887
……Fax:0769—87892208

**深圳市金鑫办公设备有限公司**
地址:广东省深圳市宝安电子城3楼3043、3124铺
……负责人:罗威
……Tel:0755—27891102
27894901
13823258326

**宏润体育用品厂**
地址:广东省深圳市宝安区福永镇白石厦东区

永丰三路 A1 栋 3 楼
负责人：王军
Tel：0755－27308626

**惠宝利印刷器材有限公司**
地址：广东省深圳市宝安区福永镇新和村天福新二巷 6 号 1 楼 B
负责人：李宝泉
Tel：0755－27320788
13823639108

**东莞市塘厦天翔运动器材厂**
业务：公司以运动器材配件的研发、生产、销售、服务为主，可根据客户的要求去开发更多的适合客户、市场的新产品，达到客户满意。我公司愿与各界同仁朋友携手共创美好未来！
产品：自行车配件、球拍及其他运动器材配件
地址：广东省东莞市塘厦镇莆心湖大道北 1 号之二
负责人：沈小姐　邮　编：523003
法　人：朱子良
Tel：0769－87988228
13802378077
Fax：0769－87988238
E-mail：rgsy0769@126.com

**鑫北图办公设备商场**
地址：广东省深圳市宝安区公明镇合水口村柏溪路北三巷 1 号
负责人：黄华燕
Tel：0755－27101303
81169980

**丰明书城有限公司**
地址：广东省深圳市宝安区公明镇建设路 56 号 A－6
负责人：杨奕严
Tel：0755－27733744
13902907481

**佛山市斯达町外语培训**
业务：提供专业的语言培训、文化信息咨询，我们的培训项目有：成人英语、俄语和日语不同层次的培训；少儿和中学英语培训；企业岗位英语培训；对外汉语培训和翻译，"成功你我"是我们追求的境界，我们将竭诚为您提供优质服务
地址：广东省佛山市禅城区汾江南路中国电信大楼右侧南便街 3 号 B402
负责人：查书琼　邮　编：528000
法　人：查书琼
Tel：0757－83937677
18927280586
网址：www.gostuding.com
E-mail：fsstuding@163.com

**森隆文具店**
地址：广东省深圳市宝安区观澜镇桂花庙溪村内瓜潭岭地段 13 号
负责人：许守文
Tel：0755－27988758
13827453255

**佛山市禅城区劲料办公文具加工厂**
业务：书柜，办公台等办公用品
地址：广东省佛山市禅城区乐从国际家具城 D 座
负责人：邹安平　邮　编：528000
法　人：曾细根
Tel：0757－26181030
Fax：0757－82521393

**佛山市顺德区北滘镇词林文具店**
业务：文具、劳保用品销售
地址：广东省佛山市顺德区北滘镇北滘居委会东兴路 23 号广业楼对面
负责人：梁少青　邮　编：523811
法　人：梁少青
Tel：13727327555
13923239693
0757－26396308

**和平县现代办公设备总汇**
业务：主要经营办公设备，有监控设备、电脑、复印机、打印机、传真机等
地址：广东省河源市和平县阳明镇果园新村北区 25 号
负责人：叶福章　邮　编：517001
法　人：叶福章
Tel：13553201653
0762－5600686
5910696
5619686
Fax：0762－5600686

**新洋办公设备中心**
地址：广东省深圳市宝安区观澜镇松元村简吓段
负责人：陈文安
Tel：0755－27971243
13902998754

**尧如达实业有限公司**
地址：广东省深圳市宝安区龙华锦绣江南 D5 栋 12D
负责人：吴尧
Tel：0755－28148985
13802571441

**河源市源城区新富兴办公家具木器加工厂**
业务：各种办公家具，木器的制作销售
地址：广东省河源市源城区白岭头 292 大队大门斜对面
负责人：陈玉廷　邮　编：517000
法　人：陈玉廷
Tel：0762－3391838
Fax：0762－3391738

**天宇恒保龄球设备经营部**
地址：广东省深圳市宝安区龙华镇民治大道榕苑 3 栋 201
负责人：李鸿警
Tel：0755－28168977
28168900
13603014791

**精印办公用品经营部**
地址：广东省深圳市宝安区龙华镇民治民乐村 1 区 150 栋 5 楼
负责人：张广州
Tel：18924677997
13714665757

**河源市源城区鸿顺机动车驾驶员培训中心**
业务：驾驶培训
地址：广东省河源市源城区建设大道德欣豪庭 B－104
负责人：游惠波　邮　编：517000
法　人：游惠波
Tel：0762－3897111

**深圳市宝安区沙井街道虹缤幼稚园**
地址：广东省深圳市宝安区沙井街道明珠二路鸿业大楼二楼
负责人：陈梅芳
Tel：0755－27205679

**紫金县蓝塘彩虹文具精品书店**
业务：专业销售高中档品牌书写工具、办公用品、学生用品及玩具、书籍等，品种繁多、质量上乘、诚信服务，欢迎您的光临惠顾
地址：广东省河源市紫金县蓝塘镇新街口 12 号
负责人：甘彩虹　邮　编：517447
法　人：甘彩虹
Tel：0762－7933382

**泓兴文具店**
地址：广东省深圳市宝安区沙井镇新桥新发工业区芙蓉商住楼 14 号
负责人：林少伟
Tel：0755－27286207
13600418103

**惠州市惠阳区新圩镇益晨运动网具厂**
业务：运动网具及渔网生产销售
地址：广东省惠州市惠阳区新圩镇红田村敬城五金塑胶制品厂内
负责人：程世琪　邮　编：516001
法　人：程世琪
Tel：0752－3598488

**功夫武道体育用品加工厂**
地址：广东省深圳市宝安区石岩镇水田村石龙仔路 30 号三楼
负责人：赵胜春
Tel：0755－28160887
13798403527

**江门市新会区司前岱燃文具店**
业务：零售混批（平价）卡通智趣学生用品
地址：广东省江门市新会区司前镇大步头（王张瑞霞学校对面）
负责人：吕岱燃　邮　编：529100
法　人：吕岱燃
Tel：13427190069
13794298318

**诚兴办公设备服务部**
地址：广东省深圳市宝安区松岗镇环城路综合楼 101 号
负责人：欧阳仁智
Tel：0755－27712118
13714122308

**化州市河东安踏体育用品店**
业务：安踏体育用品代理销售
地址：广东省茂名市化州市河西民主路 22 号\分店地址：广东省茂名市化州市上街路 8 号
负责人：陈梼　邮　编：525000
法　人：陈梼
Tel：0668－7291558
7917556

**永建达纸张经营部**
地址：广东省深圳市宝安区松岗镇沙浦工业大道第 4 幢
负责人：刘建斌
Tel：0755－27136159
13802265408

**北京红黄蓝亲子园梅州园**
业务：6 个月到 6 周岁儿童的早期教育
地址：广东省梅州市梅江区江南团结路龙华苑二楼办公厅
负责人：林国森　邮　编：514021
法　人：林国森
Tel：13257533839
0753－6137999

**远大运动器材针车制品厂**
地址：广东省深圳市宝安区松岗镇松岗工业区 4 号 3 楼
负责人：罗远强
Tel：13923781203

**南雄市永康路七星书阁**
业务：主营图书销售，租借，读书郎英语读书机专卖，诺亚舟学习机专卖，三学苑学习刊。七星服务中心，南雄小记者编辑部，岭南读者编辑部，七星实验学校.
地址：广东省南雄市永康路 8 号、广东省南雄市雄州街道青云西路三元里步行街 B1－3
负责人：刘中华　邮　编：512000
法　人：刘中华
Tel：0751－3889901
0751－3868990
E-mail：sevens100@139.com

**深圳市宝安区松岗捷达办公定设备服务部**
地址：广东省深圳市宝安区松岗镇潭头西路八号楼
负责人：许建林
Tel：0755－27061184
13809861649

**西乡万福来商行**
地址：广东省深圳市宝安区西乡自由七队二巷 3 号
负责人：李茂彪
Tel：0755－27955081
13352953108

**汕头市高薏文具实业有限公司**
业务：办公用品、文具生产、销售
地址：广东省汕头市潮南区峡山科技工业园（2－10D－A）
负责人：余镇清　邮　编：515000
法　人：余镇清
Tel：0754－87910706
13502702011
Fax：0754－87922962

**汕头市潮阳区科伦教育文化用品店**
业务：图书文具、体育用品、办公用品、学习用品等各类文化用品。
地址：广东省汕头市潮阳区和平镇下厝市场边
负责人：吴育伦　邮　编：515154
法　人：吴育伦
Tel：13612359222
0754－82603266
Fax：0754－82603266

**深圳市宝安区新安街道灵芝生态幼儿园**
地址：广东省深圳市宝安区新安 21 区灵芝公园内
负责人：彭毕波
Tel：0755－27846698

**方程式机动车驾驶员培训有限公司**
地址：广东省深圳市宝安五十区开屏市场 147 号
负责人：黎清妍
Tel：0755－27442876
13554731833

**深圳市海润办公设备有限公司**
地址：广东省深圳市布吉镇深惠路中城康桥花园 17 幢 F 单元 503
负责人：尹友生
Tel：0755－81616658

**汕尾市城区任翔办公设备店**
业务：主要经营办公设备
地址：广东省汕尾市城区城南路中段综合楼 C 栋 13 号
负责人：陈仁祥　邮　编：516600
法　人：陈仁祥
Tel：13536498378
0660－6120236

**深圳市福田区富城办公用品经营部**
地址：广东省深圳市福田区中航路都会 100 大厦银都座 20X
负责人：李凯
Tel：13715200188

**浈江区雅源文体精品店**
业务：体育用品、文具
地址：广东省韶关市浈江区金沙小区南枫碧水园南区 C6(06)铺
负责人：刘璟源　邮　编：512000
法　人：刘璟源
Tel：13411138433

**深圳市粤港驾校**
业务：驾校
地址：广东省深圳市宝安区福永街道塘尾十三区七巷 1 号
负责人：彭锦锋　邮　编：518000
法　人：彭锦锋
Tel：0755－26879248
27376978
13128767878

**深圳市深港机动车驾驶培训有限公司**
地址：广东省深圳市翠竹路 1083 号佳兆业商业大楼 209 号
负责人：李先生
Tel：0755－27864475
13632661905

**健真商店**
地址：广东省深圳市福田区滨河新村 15 栋 39 号
负责人：徐舰
Tel：0755－82068065

**深圳市美和文具商行**
地址：广东省深圳市福田区福强路龙秋苑十一号一楼
负责人：邱和意
Tel：0755－25339154

**吉科办公设备专卖店**
地址：广东省深圳市福田区华强北路赛格广场 3 楼 3C19
负责人：刘传君
Tel：13600409466

**龙的康体设备有限公司体育用品商场**
地址：广东省深圳市福田区上步北路体育场首层五区
负责人：刘晓东
Tel：0755－83363467
13602657766

**深圳市易搜文化传播有限公司**
地址：广东省深圳市福田区深南大道浩铭财富广场 B 座 18K
负责人：姚世刚
Tel：0755－33368939

**中体体育产业发展有限公司**
地址：广东省深圳市福田区笋岗路中成体育大厦 1606－1616 室
负责人：杜丽群
Tel：0755－83227100
13620960643

**深圳市光明成校花艺部**
业务：花艺培训、剪纸、中国结、手工串珠、盆景租售、婚礼布置、花车花束、花篮花牌、会议布置
地址：广东省深圳市光明新区凤新路光明成校花艺部
负责人：颜先生　邮　编：518107
法　人：吴勇珍
Tel：0755－27403318
Fax：0755－27409883

**深圳市开放职业技术学校**
业务：开设有动漫设计、网络技术、电子商务、地铁服务、工商管理、物流管理、社区管理、财务会计、金融、商务英语、旅游管理、幼师教育十个专业。
地址：广东省深圳市罗湖区解放路 4006 号
负责人：古义权　邮　编：518000
法　人：邓孟忠
Tel：0755－82116825
82116785

**融美学校**
地址：广东省深圳市龙岗区横岗镇安良村
负责人：张在茂
Tel：0755－28616289
28617068
13510062899

**深圳市文宝文化体育用品有限公司**
业务：销售文化体育用品
地址：广东省深圳市盐田区海涛路 19 号体育中心一楼
负责人：陈海忠　邮　编：518081
法　人：陈海忠
Tel：0755－25557000
25251281

**深圳市福田区富华文具批发部**
地址：广东省深圳市福田区笋岗西路 3001 号市政世纪大厦
负责人：赖小华
Tel：0755－83262661

**深圳市金华宇运动器材有限公司**
地址：广东省深圳市福田区中航路都会 100 大

厦 B 座 11H 室
…… 负责人:肖龙生
…… Tel:13052860104

## 台山市台城万维办公服务部

业务:专业从事办公产品销售/维修、耗材销售加工,并且是爱普生、联想服务中心。我们将以优质的服务、可靠的产品质量,恭候您的光临!
产品:电脑、打印机、复印机、传真机、投影机、收银 POS 机、耗材、数码产品、开平嘉隆纸厂家直批
地址:广东省台山市台城镇环城南路 32 号
…… 负责人:李宝根　邮　编:529200
…… 法　人:李宝根
…… Tel:0750－5575155
…… Fax:0750－5575155
…… E-mail:libao－1@126. com

## 阳江市江城区伟宏办公设备商店

业务:电子点钞机、保险柜、电脑耗材、电子秤、传真机、打印机等
地址:广东省阳江市江城区北环路 67 号之三
…… 负责人:何培华　邮　编:529525
…… 法　人:何培华
…… Tel:15976802158
0662－3281362

**松华源办公用品经销部**
地址:广东省深圳市龙岗区平湖镇新风南街 103 号一楼
…… 负责人:袁松华
…… Tel:0755－28850921
28452213
13554917998

**深圳市汽车驾驶员培训中心坪地报名处**
地址:广东省深圳市龙岗区坪地镇顺景街 19 号
…… 负责人:邱益坤
…… Tel:0755－84072831
13302455938

**理力达办公设备有限公司**
地址:广东省深圳市罗湖区红岗西路清水河玉龙村 B 区 11 栋 502
…… 负责人:赖光丰
…… Tel:0755－25926839
13600184047

## 湛江市赤坎区佳创办公设备经营部

业务:办公设备销售及维修
地址:广东省湛江市赤坎区康顺路 117 号湛江华联电脑城 G 层 19 号
…… 负责人:庞志洪　邮　编:524038
…… 法　人:庞志洪
…… Tel:0759－3323443
13729103683

## 积宝户外用品店

业务:户外用品销售
地址:广东省湛江市霞山区海景路 49 号首层 D 号商铺
…… 负责人:黄伟　邮　编:524000
…… 法　人:黄伟
…… Tel:13692302121
0759－2360763

## 中山市小榄镇成得文具店

业务:销售各种文具
地址:广东省中山市小榄镇新市东堤路 85 号之四
…… 负责人:钟承德　邮　编:528403
…… 邮　编:钟承德
…… Tel:0760－22282677

## 中山市小榄镇鸿益文具商行

业务:办公用品、体育用品、学生用品、电脑耗材、传真机、电话机等计算机器材
地址:广东省中山市小榄镇永宁东成路 12 号
…… 负责人:林木强　邮　编:528415
…… 法　人:林木强
…… Tel:13726098288
0760－22120199
22125366
…… Fax:0760－22125366

**新时尚图书文具中心**
地址:广东省深圳市南山区蛇口工业七路 111
…… 负责人:谢玉兰
…… Tel:0755－26833881
13600168178

**深圳市南山区好评文具服务部**
地址:广东省深圳市南山区蛇口太子路 70 号
…… 负责人:俞能富
…… Tel:0755－26676933

**北京师范大学南山附属学校**
地址:广东省深圳市南山区后海路蔚蓝海岸社区
…… 负责人:陈俊辉
…… Tel:0755－26061869
26061871
13312911816

**天天文具商场**
地址:广东省深圳市南山区南光路龙坤居 1105 号
…… 负责人:王现军
…… Tel:0755－26072301
13168008989

## 艺彩办公打印耗材行

业务:专业经营各种办公设备及后期耗材,一直致力于为客户提供一站式办公设备配送及专业的售后支持以及完善的设备应用解决方案,并由此赢得了广大客户的一致好评。
产品:墨盒、墨水、硒鼓、碳粉、色带、办公用纸、打印机、复印机、传真机等
业务:广东省珠海市斗门区井岸工业大道 240 号 224 号商埔
…… 负责人:梁贤　邮　编:512910
…… 法　人:梁贤
…… Tel:0756－5559878
13425045635
…… Fax:0756－5137781

## 亿美文具店

业务:经营文具、玩具体育用品等
地址:广东省珠海市南屏镇南屏小学旁之二(东大街)
…… 负责人:郑清义　邮　编:519000
…… 法　人:郑清义
…… Tel:13527236951
13697759014

**深圳市南山区蛇口妙管家文具总汇**
地址:广东省深圳市南山区蛇口新街凯宁阁商铺 4A
…… 负责人:秦广阔
…… Tel:13751099515

## 珠海市佳谕办公设备服务部

业务:销售和维护"理光牌"全系列数码机如复印机,打印机,传真机
地址:广东省珠海市香洲区 888 商业街中街 33 号
…… 负责人:李旭　邮　编:519001
…… 法　人:李旭
…… Tel:13928075640
0756－3870751

## 东莞中兴魅力体育用品店

业务:体育用品专卖
地址:1 中兴魅力体育用品店地址:东莞市长安镇长中路钻石广场首层阿迪达斯专卖店 85379996 2 魅力体育用品店地址:东莞市长安镇长兴路莲花园百合阁 12,13 号 85306266 3 东莞市长安荣文体育用品商店地址:东莞市长安镇锦厦一龙路 249 号 85077216
…… 负责人:刘志威　邮　编:523003
…… Tel:13712713718
0769－85379996
85306266
85077216

## 阳江市江城区恒胜纸品商行金鑫纸业有限公司(阳江配送中心)

业务:金丝雀、小钢炮牌等复印纸、电脑打印纸、一体机纸、工程复图纸、碳粉、油墨等
地址:阳江市江城区龙舟路 10 巷 23 号
…… 负责人:刘英权　邮　编:529525
…… 法　人:刘英权
…… Tel:15323275683
0662－3109153
…… Fax:0662－2293133

## 东莞中兴魅力体育用品店

业务:体育用品专卖
地址:1 中兴魅力体育用品店地址:东莞市长安镇长中路钻石广场首层阿迪达斯专卖店 85379996 2 魅力体育用品店地址:东莞市长安镇长兴路莲花园百合阁 12,13 号 85306266 3 东莞市长安荣文体育用品商店地址:东莞市长安镇锦厦一龙路 249 号 85077216
…… 负责人:刘志威　邮　编:523003
…… Tel:13712713718
0769－85379996
85306266
85077216

**安华影视音像文化有限公司**
地址:广东省深圳市罗湖区嘉宾路西武大厦 24 楼 C 室
…… 负责人:闫旭星
…… Tel:0755－82388183
82388175
13823664808

**深圳市童声乐器商行**
地址:广东省深圳市罗湖区文锦中路 2028 号 405 室
…… 负责人:陈勇
…… Tel:0755－25238007

**金雅西部市场凌峰文具行**
地址:广东省深圳市南山区桂庙西路金雅西部市场一楼 A125 号
…… 负责人:钟松利
…… Tel:0755－26410197
13802552553

**深圳市南山区先河办公设备销售部**
地址:广东省深圳市南山区前海路星海名城二期 5 组团 3 栋 6D
…… 负责人:韩勇
…… Tel:0755－29550453

**深圳青岛双星体育用品有限公司**
地址:广东省深圳市市广东省深圳市罗湖区翠竹万佳 4 楼双星
…… 负责人:薛敬安
…… Tel:0755－27752969
81982961

## 深圳市金鑫办公设备有限公司

业务:深圳市金鑫办公设备有限公司成立于 1999 年,主要经营复印机,传真机,打印机,打卡钟,电脑及耗材批发,零售。欢迎新老客户光临、惠顾!
地址:广东省深圳市宝安区 40 区富铭花园 133#
…… 负责人:罗威……邮　编:518101
…… 法　人:罗威
…… Tel:0755－27882315
…… 网址:mtw28888

**深圳市盐田区日发文具商店**
地址:广东省深圳市盐田区沙头角恩上路 98 号
…… 负责人:蔡先生
…… Tel:0755－25366809

## 深圳市东昊文化传播有限公司

深圳市东昊文化传播有限公司成立于2007年，专门从事幼儿园各种优秀教材的代理发行，幼儿园教师理论书籍的销售，中小学教辅的销售。

本着"一切为了孩子，为了孩子一切"的经营理念！

欢迎广大消费者的选购！

联系人：唐广健
电话：0755－27855334　13332900766
电子邮件：yoyo2006111@163.com
地址：广东省深圳市宝安区73区佳华新村1栋1座015　邮编：518101

## 中山市华盛家具制造有限公司软体分公司

中山市华盛家具制造有限公司软体分公司成立于2004年。

主要从事于办公家具及配套的专业生产和销售。

公司以高质量的产品打造"华盛"家具品牌，从售前到售后服务方面始终以客户为中心。

联系人：曾兵华　13925381066　电话：0760－88501689
地址：广东省中山市东升镇胜龙村为民路侧　邮编：528403

## 广西壮族自治区/Guangxi Zhuang Autonomous Region

**百色市天才文体用品经营部**
地址：广西壮族自治区百色市右江区桂林街B座13－15号
负责人：李科成
Tel：0776－2823981

**百色市万联办公设备销售服务有限公司**
地址：广西壮族自治区百色市右江区西园路18号C幢二楼
负责人：庞旭新
Tel：0776－2833066

**北海市海城区宇和琴行**
业务：销售乐器，相关乐器、舞蹈培训
地址：广西北海市解放路国通一楼围1、2号
负责人：邓家平　邮　编：536000
法　人：邓家平
Tel：13006998192
0779－6800220

**桂林滴峰艺术人才培训中心**
业务：我校是经市教委批准，于2002年成立的一所集各种艺术专业，培养各类层次艺术人才，学历教育和就业培训相结合的艺术职业学校。学校全年招生。
地址：广西省桂林市甲山路24－1号
负责人：苏云武……邮　编：541002
法　人：苏云武
Tel：0773－2101128

**桂林漓峰艺术人才培训中心**
地址：广西壮族自治区桂林市七星区（高新区六号）
负责人：苏云武
Tel：0773－2181089
3994933
13036837381

**奥士达办公设备有限责任公司**
地址：广西壮族自治区柳州市柳北区三中路99号
负责人：罗伟军
Tel：0772－2831162
1397123837

**南宁宏展体育设施有限公司**
地址：广西壮族自治区南宁市城北区北湖北路8号5栋1单元601号
负责人：叶贵宁
Tel：13807886085

**翰林双语书院小学**
业务：幼儿园至小学的全日制基础教育
地址：广西省桂林市象山区万福路4号
负责人：张元荣　邮　编：541003
法　人：王恒
Tel：0773－3908899
18907737777

**平南县海清文体批发城**
业务：大量批发各种文体用品、办公用品、健身器材等
地址：广西贵港市平南县平南镇城西街九社巷口
负责人：杨海清　邮　编：537000
法　人：杨海清
Tel：0775－7824798
13768358855

**柳州市彼得外语培训部**
业务：本部开设有中小学生、成人培训班、远程教学，课程设置科学合理，灵活多样，先进的教学理念、独特的教学方法、一流的教学水平、专职的爱心教师，欢迎您的加入，分享您的成功！
产品：英语、粤语口语
地址：广西柳州市中山东路22号
负责人：满保钿　邮　编：545001
法　人：满保钿
Tel：0772－2864878
网址：www.peterfl.com
E-mail：manbd2005@163.com

**广西绿城文化传媒有限公司**
地址：广西壮族自治区南宁市城北区火炬路1号创业大厦12层B座
负责人：罗远军
Tel：13807725728

**广西科艺图书有限公司**
业务：广西科艺图书有限公司成立于2005年，代理销售大学、中专院校教材及图书，一流的服务质量、一流的工作效率、一流的书业信誉。欢迎来电洽谈业务！
地址：广西壮族自治区南宁市明秀西路122号城市碧园BC栋922室
负责人：林家伟……邮　编：530007
法　人：林家伟
Tel：0771－3849680
Fax：0771－3835417

**广西南宁宏图灯光音响科技有限公司**
地址：广西壮族自治区南宁市新城区东葛路121号迷你居三栋213室
负责人：李光照
Tel：13970680071

**腾达文具百货批发部**
业务：文具、百货、体育用品、办公用品、各种包装材料等
地址：广西省桂林市恭城县电力公司大门口
负责人：罗永祥　邮　编：542500
法　人：罗永祥
Tel：0773－8219795

**南宁金葵花教育咨询服务有限公司**
地址：广西壮族自治区南宁市新城区东葛路18－1号嘉和自由空间A栋1704号房
负责人：陈广勇
Tel：13607881205

**南宁市新趋势图书音像有限公司**
地址：广西壮族自治区南宁市新城区东葛路88号嘉园小区1层103号商铺
负责人：黄代仁
Tel：13507714877

**伟达文具店**
业务：体育用品、体育器材、办公用品
地址：广西壮族自治区玉林市工业品市场C区6栋16－17号
负责人：庞庆松　邮　编：537000
法　人：庞庆松
Tel：0775－2087479
13707758678
Fax：0775－2087479

**广西志光办公家具有限公司玉林经销处**
业务：办公家具
地址：广西壮族自治区玉林市一环北路
负责人：林经理　邮　编：537000
Tel：0775－2681833

**南宁索广影视科贸有限公司**
地址：广西壮族自治区南宁市新城区金湖广场西侧亚航财富中心2710号房
负责人：叶碧惠
Tel：13877159168

**彼得外语培训部**
业务：少儿、成人英语口语、粤语口语培训；英语、粤语歌曲培训
地址：广西省柳州市中山中路22号文化大院内
负责人：满田　邮　编：545001
法　人：满田
Tel：13768340586
0772－2864878

**玉林市金塔外语培训学校**
业务：外语培训
地址：广西省玉林市广电路74号
邮　编：537000
Tel：0775－2682908

**南宁轩鑫办公用品有限责任公司**
业务：本公司成立于2005年，主要生产销售电脑桌、学生桌、文件柜。热忱欢迎广大客户来电洽谈业务！
地址：广西壮族自治区南宁市兴宁区广西展览馆C区16号
负责人：吴均暄……邮　编：530023
法　人：吴均暄
Tel：0771－5601682
5656750

**梧州市丰宇体育俱乐部有限公司**
地址：广西壮族自治区梧州市万秀区居仁路骑楼城12号D区第五单元302房
负责人：林碧云
Tel：13977484168

**华固金属箱柜厂**
业务：金属箱柜加工、销售
产品：保险柜、文件柜、档案柜
地址：广西省玉林市庆丰路实验中学对面
负责人：王荣华　邮　编：537000
法　人：王荣华
Tel：0775－2086499
2679877

**玉林市金塔外语培训学校新华分校**
业务：外语培训
地址：广西省玉林市区白马商场对面新华书店五楼
负责人：韩连　邮　编：537000
Tel：13807758054
0775－2802518

**南宁市兴达机动车驾驶员技术培训学校**
业务：南宁市兴达机动车驾驶员技术培训学校是一所综合型的驾校，包括驾校、考试场以及违章十二分培训。我们本着全心全意为学员服务的办学宗旨，将更加全方位的搞好教学和培训工作，欢迎社会各界人士光临。
地址：广西壮族自治区南宁市邕宁区蒲庙镇城区林业局旁
负责人：玉恩诚……邮　编：530000
法　人：玉恩诚
Tel：0771－4718992

**广西手拉手文化教育发展有限公司**
业务：文化教育传媒
地址：广西壮族自治区南宁市民主路13号力天大厦221室
负责人：兰小丽　邮　编：530012
法　人：兰小丽
Tel：0771－5655982
15877195080
Fax：0771－5605609

**广西南宁手拉手智能科技有限公司**
业务：主要经营学生用品、多功能学习桌
地址：广西壮族自治区南宁市青秀区民主路19号（民主路小学旁）
负责人：梁子英　邮　编：530000
法　人：梁子英
Tel：0771－5617310

## 桂林市浩博文体用品有限责任公司

公司成立于2007年，公司代理经销：斯伯丁、红双喜、世达、威尔胜、强力等体育用品；澳瑞特、佳美室内外健身器材；华夏汇海体测试仪器；泰山、强槐、九日山、双乐等体育器材。

联系人：蒋景友　13907836553　电话：0773-2607089
传真：0773-2625439
电子邮件：wenxing1818@163.com　邮编：541001
地址：广西壮族自治区桂林市叠彩区中山北路113号4栋201

## 南宁城市管理职业技术学校

南宁城市管理职业技术学校以"培养一个人，造福一个家"为理念，曾培养几万人就业，是国家级示范先进学校，是城市发展建设中培养城市现代管理人才的学校。学校地处广西首府南宁市内，环境优美。教学、体育设施齐备，是广大同学首选学习深造的好地方。学校师资雄厚，有一批双师型教师，获中、高级职称教师占36%。学校是广西唯一获得广州工程技术职业学院和广州市政协外语学校授权联合开办大专预科班的学校，学校拥有城市100多家大型集团企事业单位供学生实习、就业。本校毕业生全部安置在发达城市从事管理、技术等工作。

联系人：廖和康
13977190681
电话：0771-5618791
5618905
传真：0771-5618791
邮编：530001
地址：广西壮族自治区南宁市邕武路16-1号

## 海南省/Hainan Province

**海口寰声音像有限公司**
地址:海南省海口市国贸路29号金贸商城第一层A09号
…………负责人:刘贵祥
…………Tel:0898－66821166

**海口新博亚酒店管理培训服务有限公司**
地址:海南省海口市海甸三东路11号大龙别墅A2栋
…………负责人:姜玲
…………Tel:0898－66291298

**海南芳草地文化产业有限公司**
地址:海南省海口市海垦路29号金都小区2号楼504房
…………负责人:邹小英
…………Tel:0898－66798817

**海口英才教育培训中心**
地址:海南省海口市海秀大道51
…………负责人:孙庆室
…………Tel:13807693216

**海南标致文化教育有限公司**
地址:海南省海口市美兰区千家村1栋502房
…………负责人:王标
…………Tel:13907691959

**海南友邦黎族文化开发有限公司**
地址:海南省海口市南海大道29号四季华庭5A102房
…………负责人:王健生
…………Tel:0898－66800638

**乐东乐雄机动车驾驶学校**
业务:乐东乐雄机动车驾驶学校专业从事机动车培训,学驾驶来乐东乐,热忱欢迎来电垂询。
地址:海南省乐东黎族自治县抱由镇乐安路273号
…………负责人:叶绵雄……邮　编:572500
…………法　人:叶绵雄
…………Tel:0898－85521238

**海南永佳影视文化有限公司**
地址:海南省海口市南沙路15号昌茂花园牡丹园龙腾大厦904室
…………负责人:陈香妃
…………Tel:0898－66813396

**海口新晨奇文具销售部**
地址:海南省海口市文明东路225号
…………负责人:许春梅
…………Tel:0898－65395963

**海南省音像发行中心第二销售部**
地址:海南省海口市玉沙路42号傍海小区5幢1层2号
…………负责人:陈伟成
…………Tel:0898－68537191









## 四川省/Sichuan Province

**都江堰传奇文化制品有限责任公司**
地址:四川省成都市都江堰市科技产业开发区
…………负责人:苏强
…………Tel:028－87283320

**成都清泉石教育培训中心**
地址:四川省成都市二环路南3段1号
…………负责人:朱斌
…………Tel:028－85553236

**四川省胜威驾校有限公司**
业务:大客车、大货车、小汽车、摩托车培训办证,挖掘机、装载机、叉车、电工、电焊等特种作业培训办证
地址:四川省成都市成华区青龙场海滨村7组
…………负责人:五平安　邮　编:610081
…………Tel:028－83528568
83522199

**成都丛林艺术教育投资有限公司**
地址:四川省成都市高新技术开发区西区创新中心
…………负责人:程乐
…………Tel:13568870741

**金牛区华鑫文件柜厂**
业务:本厂是一家集研究、开发、生产、销售、服务于一体的发展型企业。我厂主要生产各种保险柜、文件柜、更衣柜、期刊柜、密集架、钢制密码柜;教学办公用品等系列产品。我们真诚期待您的加盟,与您同成长、共发展。
地址:四川省成都市金牛区罗家村一组
…………负责人:胡明科……邮　编:610031
…………法　人:胡明科
…………Tel:13086698255
…………Fax:028－87516012

**电子工业四川人才培训中心**
业务:开展各类干部岗位短期培训、人才培训与签定
地址:四川省成都市桂王桥西街66号西楼702－704室
…………负责人:谭加群　邮　编:610017
…………法　人:丁贤中
…………Tel:028－86612325
86613090
…………Fax:028－86613090
…………网址:www.scekf.com
…………E-mail:scdzzj@scekf.com

**天鑫利办公用品经营部**
地址:四川省成都市金牛区荷花池市场东一区一楼A排20号
…………负责人:杨泽茹
…………Tel:028－83376708
13880812286

**成都市金牛点石教育中心**
地址:四川省成都市金牛区青羊东一路2号
…………负责人:吴心见
028－87735095

**崇州市安阜乡长丰体育用品厂**
地址:四川省崇州市安阜乡安盛西街5号
…………负责人:继建中
…………Tel:028－82385555
13980419368

**恒源文体商行**
业务:文教体育办公用品
地址:四川省成都市荷花池市场东一区E排15号
…………负责人:殷前锋　邮　编:610021
…………法　人:陈柏清
…………Tel:13688364237
028－83321539

**四川鸿莉人力资源管理有限公司**
业务:人力资源管理培训,公司员工培训,人力派遣
产品:人力资源培训师
地址:四川省成都市金牛区蓉北商贸大道二段1幢2楼
…………负责人:池洪明　邮　编:610000
…………法　人:池洪明
…………Tel:028－88881999
13608083272
…………Fax:028－87483166
…………网址:http://www.51zzt.com/user/zzt123460

**成都蜀蓉乐器有限公司**
地址:四川省成都市金牛区一环路北三段74号
…………负责人:杨树名
…………Tel:13908059839

**四川省金牌康体设备有限公司**
业务:四川省金牌康体设备有限公司是金色童年企业集团的全资子公司,金色童年企业集团是一家专业设计、制造康体娱乐设施的企业集团,是中国体育用品联合会会员,产品质量由中国人民保险公司保险,且经国家体育用品质量监督检验中心检验为合格产品。
地址:四川省成都市武侯区南桥村工业区
…………邮　编:610000
…………法　人:周爱招
…………Tel:028－85043773
85043771
…………Fax:028－85043334
…………网址:www.jpkt.cn

**华星文化用品经营部**
地址:四川省成都市青羊区东城根上街164号
…………负责人:杨世孝
…………Tel:028－86648796
66886228

**玉才出版物发行有限公司**
业务:玉才出版物发行有限公司成立于2003年,主要从事各类大中专,中小学教材教辅,中小学专题教育读本。欢迎新老客户惠顾。
地址:四川省成都市西安中路8－40号豪瑞新界商务大厦B座6－3
…………邮　编:610072
…………负责人:舒绍全
…………Tel028－87716796
…………Fax:028－87763678

**成都市武侯区新东方办公家具厂**
地址:四川省成都市武候区簇桥乡高碑村11组
…………负责人:徐志明
…………Tel:028－85202853
13076030692

**四川省眉山市飞龙驾校彭山培训处**
业务:四川省眉山市飞龙驾校彭山培训处成立于1997年,主要从事汽车驾驶培训。驾校一贯秉承“以人为本、诚信可靠、质量第一”的办学宗旨,数年来为社会培训输送了大批优秀的汽车驾驶人才,本驾校设施齐全,环境优雅,规模上档次!生活奔小康,学车到飞龙,实现您心中梦想!
地址:四川省眉山市彭山县凤鸣中路139号
…………负责人:张仕田……邮　编:621860
…………法　人:张仕田
…………Tel:0833－7368666
7784639

## 贵州省/Guizhou Province

**广元图书有限责任公司**
地址:贵州省贵阳市南明区栖霞小区21幢1单元7楼13号
…………负责人:杨武候
…………Tel:0851－5938257
13985187639

**金术办公设备服务中心**
地址:贵州省贵阳市南明神奇路154号电脑城2号楼205号
…………负责人:鲁彪
…………Tel:0851－5803655
13885004645

**贵州行知连锁图书有限公司**
业务:本公司成立于1994年,是经贵州省新闻出版局批准成立的贵州首家从事“连锁批零兼营国内版图书、期刊、电子出版物”的大型图书分销企业,是山东世纪天鸿、北京金星书业,龙门书局等60多家全国知名教育图书出版商的贵州总代理。
地址:贵州省贵阳市花溪大道北段128号农贸大厦2楼
…………邮　编:550002
…………法　人:方思坤
…………Tel:0851－5977852

**清镇小星幼儿园**
地址:贵州省贵阳市清镇市贵州有机化工厂西山(王二寨)
…………负责人:冯成玉
…………Tel:0851－2560474

**南州安大外国语学校**
地址:贵州省黔东南苗族侗族自治州凯里市北京东路50号
…………负责人:吴迎春
…………Tel:0855－8239986

**六盘水宏安商贸有限责任公司驾驶培训学校**
业务:六盘水宏安商贸有限责任公司驾驶培训学校成立于2001年,主要培训各种类型的驾驶员。以优质的教学理念,良好的信

誉，享有很高的声誉，受到各届学员的好评，欢迎各界朋友来我驾校学习，这里将是您的最佳选择。
地址：贵州省六盘水市凉都大道东段 119 号旁
邮　编：553000
法　人：何儒明
Tel：0858－8970329

**童欣幼儿园**
地址：贵州省黔东南苗族侗族自治州凯里市人民路 3 号
负责人：邹蓉
Tel：0855－8513042

**紫云苗族布依族自治县水利水电科技培训中心**
地址：贵州省紫云苗族布依族自治县猫营镇格八水库
负责人：欧光跃
Tel：0853－5731013
13885354815

**贵州联帮职业技能培训学校**
业务：本校是贵州省劳动和社会保障厅认定的农村劳动力技能就业培训基地，专门从事煤矿、非煤矿山、建筑等高危行业从业人员的生产安全和技能提升培训，并批准设立了贵州省国家第三十五职业技能鉴定站。开展煤矿、建筑等行业的职业技能等级鉴定，颁发中华人民共和国职业资格证书。学校具备完善的培训功能和全面的职业等级鉴定能力。学校教学培训坚持"以人为本、和谐发展、突出专业"的特色，坚持"以提高技能为重点、以确保质量为核心、以就业服务为导向"的服务宗旨。
地址：贵州省六盘水市钟山区中山西路 76 号
负责人：刘乾国……邮　编：553001
法　人：刘乾国
Tel：0858－8322801
8322591
Fax：0858－8322831
网址：mtw25409



## 云南省/Yunnan Province

**星科玻璃钢教学家俱厂**
地址：云南省昆明市官渡区关上大羊方旺村
负责人：高德建
Tel：0871－3920691
7261402
13987690851

**罗丈学校**
地址：云南省昆明市盘龙区罗丈村 239 号
负责人：施文钦
Tel：0871－5895865
13708435832

**辉腾办公家具有限公司**
业务：辉腾办公家具有限公司成立于 2006 年 2 月，从事办公家具、酒店家具、儿童套房的生产及销售。热忱欢迎各界朋友，光临指导。
地址：云南省昆明市东郊经济技术开发区
邮　编：650217
法　人：邹霞
Tel：0871－8893555
Fax：0871－8893555

**昆明鑫科隆科技有限公司**
业务：昆明鑫科隆科技有限公司从事销售打印机配件及耗材，热忱欢迎您来电洽谈业务！
地址：云南省昆明市五华区 121 大街 40 号付 1 号
负责人：王爱红……邮　编：650000
法　人：王爱红
Tel：0871－5160806
6915356
网址：mtw25520

**云南普洱茶职业技能培训站**
业务：本公司成立于 2006 年，主要从事普洱茶加工技工的培训、普洱茶茶艺师的技能培训、普洱茶文化的推广。
地址：云南省昆明市西山区滇池路中段 802 号
负责人：杨宝昌……邮　编：650000
法　人：张宝三
Tel：0871－4329311
4311957

**文山州平安机动车驾驶培训学校有限公司**
业务：文山州平安机动车驾驶培训学校有限公司是驾驶员培训中心，学校坚持以人为本的教学方针，实行灵活多变的教学制度，不断提高教学质量，坚持"质量第一、信誉至上、创一流服务"，欢迎前来咨询学习。
地址：云南省文山州文山县开化镇新城路北段商贸小区
负责人：万保贵……邮　编：663000
Tel：0876－2182805

**文山武术院**
地址：云南省文山州文山县原守备师医院内
负责人：陈思霖
Tel：0876－2192123
13320464743

**曲靖市永华有限公司北关儿童城**
业务：曲靖市永华有限公司北关儿童城位于交通便利的曲靖市麒麟南路 107 号，从事童装、童鞋、儿童玩具的销售。欢迎新老客户光临、惠顾！
地址：云南省曲靖市麒麟南路 107 号
邮　编：655000
法　人：吴群忠
Tel：0874－3125416
Fax：0874－3125416

**辉煌机动车驾驶员培训站**
业务：辉煌机动车驾驶员培训站成立于 1993 年，专业从事汽车、摩托车驾驶员培训。我们拥有高素质、高水平、廉洁奉公的教练队伍，提高学员的满意率和考核率，为学员提供优质的学车的环境和优质服务。
地址：云南省曲靖市沾益县交警大队
邮　编：655000
法　人：詹辉
Tel：0874－3165656
Fax：0874－3165656

**群英武术散打学校**
地址：云南省玉溪市东风水库旁
负责人：王明朝
Tel：0877－2052581
13608895848



## 西藏自治区/Xizang Autonomous Region

**西藏昌都地区就业培训中心**
地址：西藏自治区昌都县西路大门 20 号
负责人：许敏
Tel：0895－4830158

**西藏三环体育设施有限公司**
地址：西藏自治区拉萨市北京西路（社保厅对面）
负责人：杨华英
Tel：0891－6328595

**西藏自治区新华书店**
地址：西藏自治区拉萨市北京西路 219 号
负责人：王玉芬
Tel：0891－6326963

**西藏创业教育投资有限公司**
地址：西藏自治区拉萨市北京中路 24 号
负责人：李明
Tel：0891－6873188
6831716

**创佳办公用品经营部**
地址：西藏自治区拉萨市江苏路
负责人：杨佐殿
Tel：0891－6343213

**拉萨晚报社**
地址：西藏自治区拉萨市江苏路 19 号
负责人：刘斌
Tel：0891－6323332

**西藏自治区党委宣传部**
地址：西藏自治区拉萨市江苏路一号
负责人：吕春蓉
Tel：0891－6334062

**成都天归欧迪办公家私有限公司西藏分公司**
地址：西藏自治区拉萨市金珠西路七十五号（外经大厦内）
负责人：张晓凡
Tel：0891－6862868

**西藏人民出版社**
地址：西藏自治区拉萨市拉萨市林廓北路 23 号
负责人：王老师
Tel：0891－6822109

**拉萨神鹰科工贸有限公司**
地址：西藏自治区拉萨市林廓东路 12 号 2F
负责人：侯卫东
Tel：0891－6327307

**拉萨岗旋语言学校**
地址：西藏自治区拉萨市纳金路 188
负责人：洛桑
Tel：0891－6337537

**西藏藏文古籍出版社**
地址：西藏自治区拉萨市色拉色拉路 21 号路 21 号
负责人：李老师
Tel：0891－6323942

**西藏农牧学院**
地址：西藏自治区林芝地区八一镇学院路 8 号
负责人：彭隆全
Tel：0894－5822806

**林芝地区职业技术学校**
地址：西藏自治区林芝市林芝县中山路一号
负责人：马正南
Tel：0894－5987219

**西藏那曲地区政府采购中心**
地址：西藏自治区那曲地区罗布热地路那曲地区财政局院内
负责人：张艳梅
Tel：0896－3822789

**剑阁县剑洲机动车驾驶员培训学校有限公司**
业务：机动车驾驶员培训
地址：四川省广元市剑阁县城北镇闻溪村三组
负责人：李彬章　邮　编：628300
法　人：李彬章
Tel：13198236777
0839－6621777

**山南地区科教设备有限公司**
地址：西藏自治区山南地区泽当镇湖南路 16 号
负责人：达瓦
Tel：0893－7823005

## 陕西省/Shanxi Province

**陕西陕图新华书城有限责任公司**
地址：陕西省西安市碑林区长安北路 14 号
负责人：梁葆
Tel：029－85259166

**华阴市西岳汽车驾驶员培训学校**
业务：主要经营：汽车架驶员培训。
地址：陕西省华阴市步行街中段（原副食公司）
邮　编：714200
法　人：王春怀
Tel：0913－4614949

**西安市同境图像设计有限公司**
地址：陕西省西安市碑林区环城南路 66 号东安商务 422 室
负责人：聂辉
Tel：029－82211950

**西安真爱家庭教育文化发展有限责任公司**
地址：陕西省西安市碑林区南关正街 1 号泛美大厦 2706 室
负责人：赵炳
Tel：029－87891696

**延安培埴文化有限责任公司**
业务：延安培埴文化有限责任公司成立于 1997 年，其主办了学校、琴行、印刷厂、民族文化村、文化城、延安培埴中学、小学、艺术学校。竭诚欢迎各界人士来我公司参观、指导！
地址：陕西省延安市东关汽车站候车室二楼
邮　编：716000
法　人：曹鲁
Tel：0911－2116423

**西安艺尚动画制作有限责任公司**
地址：陕西省西安市碑林区兴庆路中段 1 号翠庭大厦 21 层 2103 号
负责人：李小石
Tel：029－83217505

**西安汇通办公设备有限公司**
地址：陕西省西安市碑林区友谊东路 293 号
负责人：陈策
Tel：029－82318188

**西安多伦高校精英科技教育服务有限公司**
地址：陕西省西安市东关正街 78 号招商局广场 10 层 F 座
负责人：张志平
Tel：029－82498798

**西安市富民机动车驾驶员培训有限责任公司**
地址：陕西省西安市劳动南路 22 号
负责人：吴小虎
Tel：029－84269519

**绥德县光化实验教学仪器有限公司**
业务：专业销售教学仪器、实验仪器、玻璃仪器、化学试剂、化工原料、生化试剂等，致力为您提供高质量的产品和全方位的服务！
地址：陕西省榆林市绥德县文化路武装部家属楼
负责人：马光平　邮　编：718000
法　人：马光平
Tel：13992202195
Fax：0912－5631833

**西安卓诚广告文化传播有限公司**
地址：陕西省西安市莲湖区丰登路 146 号 12 栋 3 层 406 室
负责人：王创业
Tel：029－84245307

**西安磐恒广告文化传播有限公司**
地址：陕西省西安市莲湖区丰登南路 303 号伟基大厦 5－D 室
负责人：雷轩
Tel：13384920842

**陕西《西部民企》编辑中心**
地址：陕西省西安市未央区凤城南路西段 9 号
负责人：路棣
Tel：029－87290002

**陕西金步体育用品有限公司**
地址：陕西省西安市新城区长缨西路 166 号
负责人：林鹏阳
Tel：029－82512555

**陕西德美文化传播有限公司**
地址：陕西省西安市新城区解放路 318 号书刊批发市场 2 层 58 号－1 号
负责人：陈美玲
Tel：029－82100872

**陕西翠柳书刊发行有限公司**
地址：陕西省西安市新城区解放路 318 号西安书刊批发市场内 1 层 37 号
负责人：张晓丽
Tel：029－82100807

**陕西未来图书租赁有限公司**
地址：陕西省西安市新城区尚勤路 9 号明日佳居 A 座 701 室
负责人：马云涛
Tel：029－83693851

**陕西艾瑞影像传媒有限公司**
地址：陕西省西安市新城区西一路 127 号
负责人：胡江飞
Tel：029－87231405

**杨健文化教育培训学校**
地址：陕西省西安市雁塔 7 路 44 号金融科技大厦 5 楼
负责人：杨健
Tel：029－85263139
13892852013

**陕西高顿文化传播有限公司**
地址：陕西省西安市雁塔区太白南路木塔寨西六街 6 号
负责人：周九如

……Tel:13636811804

**西安凯华技术学院**
地址:陕西省西安市雁塔区鱼化寨富鱼路
……负责人:王超
……Tel:029－88518708

## 大柳塔镇志斌文化用品店
业务:大柳塔镇志斌文化用品店成立于2001年元月1日,主要经营办公用品、文化用品。欢迎新老客户光临、惠顾!
地址:陕西省榆林市神木县大柳塔镇柳兴街中学门口6号
……负责人:解志斌……邮 编:719315
……法 人:解志斌
……Tel:0912－8413070
……网址:www.mtw27973.chinapyp.com

**西安风行文化传播有限公司**
地址:陕西省西安市朱雀大街南段金水大厦13层13号
……负责人:贺浩
……Tel:13891900826

## 甘肃省/Gansu Province

**兰州西部科教文化有限公司**
地址:甘肃省兰州市安宁东路959号
……负责人:郭永昕
……Tel:0931－7766593

**兰州法源教育图书有限公司**
地址:甘肃省兰州市安宁区安宁东路第二军干休养招待所108号
……负责人:刘建平
……Tel:0931－7668681

**兰州文脉教育咨询有限公司**
地址:甘肃省兰州市城关区平凉路369号
……负责人:施文
……Tel:0931－8836161

**兰州时尚驾驶培训有限公司**
地址:甘肃省兰州市东岗东路280号(皮革市场内)
……负责人:苏毓章
……Tel:13993141588

### 会宁六合科技有限公司
业务:专业经营电脑、打印机、传真机、复印机等各类办公设备及耗材,并提供安装与维护的公司。我们将永远以品质至善至真,服务尽善尽美的理念为您提供热情、周到、细致、专业的服务。
产品:联想、惠普、戴尔、宏基
地址:甘肃省白银市会宁县盘旋路
……负责人:柴炜　邮 编:730715
……法 人:柴炜
……Tel:0943－3220568
13830048180
……Fax:0943－3220568

**兰州鸿运驾驶员培训有限责任公司**
地址:甘肃省兰州市雁北路2022号431室
……负责人:张多银
……Tel:13909429660

## 兰州艺晋体育器材制造有限公司
业务:兰州艺晋体育器材制造有限公司成立于1998年,主要从事场馆铺设,塑胶跑道、网球场、篮球场、游泳池等的设计与承造。热诚欢迎各方客户来电洽谈业务,共同合作。
地址:甘肃省兰州市雁滩工业城西铁区1338号1014室
……邮 编:730010
……法 人:李传真
……Tel:0931－4615001
……Fax:0931－4613008

**兰州启圣实验设备有限公司**
地址:甘肃省兰州市九洲大道51号
……负责人:李小义
……Tel:0931－8335030

### 兰州兰电文化传播有限公司
业务:文艺表演;服装、演出道具的租赁
地址:甘肃省兰州市安宁区万新路249号(兰州电力学校)
……负责人:孟庆祥　邮 编:730070
……法 人:孟庆祥
……Tel:0931－7679521

**甘肃中昌纸业有限公司**
地址:甘肃省张掖市甘州区石岗墩工业园区
……负责人:王建权
……Tel:0936－8250956

## 张掖市文礼机动车驾驶技术培训有限责任公司
业务:张掖市文礼机动车驾驶技术培训有限责任公司成立于1999年,主要培训项目有:机动车驾驶员B、C照培训;挖掘机、装载机操作培训;职业技能培训与鉴定;道路运输从业证培训;汽车修理工培训;计算机办公自动化操作培训等。
地址:甘肃省张掖市东效畜牧开发中心文礼驾校
……邮 编:734000
……法 人:朱文礼
……Tel:0936－8269501
……Fax:0936－8269501

### 兰州黎隆企业管理咨询有限公司
业务:专业从事企业营销策划,人力资源管理,企业培训,教练技术等综合服务项目,以服务企业,发展企业为目标,以专业的水平、诚信为本为您服务
产品:各类策划及咨询培训
地址:甘肃省庆阳市西峰区广场路15号
……负责人:路扬飞　邮 编:745000
……法 人:路扬飞
……Tel:0934－8635055
13884165760
……网址:www.ll－cy.com
……E-mail:tiexuerq@163.com

## 青海省/Qinghai Province

**青海晨联图文信息技术有限责任公司**
地址:青海省西宁市城西区胜利路10号
……负责人:高海宏
……Tel:0971－6153104

**兰州创佳高新技术发展有限公司西宁分公司**
地址:青海省西宁市城西区胜利路31号电子音像市场二层东厅2－14号
……负责人:刘晓丽
……Tel:0971－6111548
13195789931

**青海振丰科技有限公司**
地址:青海省西宁市城西区胜利路39号电子城西厅负一层29－30号
……负责人:阴先生
……Tel:0971－6115421
0971－6129977

**青海省西湖高新技术实业有限公司**
地址:青海省西宁市开发区开元路15号
……负责人:陈锡寿
……Tel:0971－8802038

**西宁优利可办公设备有限公司**
地址:青海省西宁市中华巷10号
……负责人:刘魁忠
……Tel:0971－6135431

## 宁夏回族自治区/Ningxia Hui Autonomous Region

**恒兴文化用品经销部**
地址:宁夏回族自治区银川市永宁县回民中学对面
……负责人:李淑萍
……Tel:0951－8016843
13037981790

## 新疆维吾尔自治区/Xinjiang Wei We Er Autonomous Region

## 疏勒县飞达教学设备厂
业务:疏勒县飞达教学设备厂专业生产中小学、大中专院校课桌椅、工艺床、体育器材、餐桌餐椅、书刊书架、文件柜、黑板、多媒体阶梯教室等各种教学设备,产品质量保证、价格合理,热忱欢迎广大用户来电来函咨询订购!
地址:新疆维吾尔自治区喀什地区疏勒县昆仑食品厂内
……负责人:粟佳波……邮 编:844200
……法 人:粟佳波
……Tel:0998－6399100

**乌鲁木齐市东方之光教育培训中心**
地址:新疆维吾尔自治区乌鲁木齐市温泉西路35号
……负责人:杨艺
……Tel:0991－4691280

**乌鲁木齐市裕达教育培训中心**
地址:新疆维吾尔自治区乌鲁木齐市新华南路9号
……负责人:沈丹
……Tel:0991－8851769

**尉犁中山机动车驾驶员培训有限公司**
地址:新疆维吾尔自治区巴音郭楞蒙古自治州尉犁县富强路
……负责人:安忠山
……Tel:0996－4018888

## 乌鲁木齐市新奥体育用品有限公司
业务:新奥体育用品有限公司创建于1993年,是以经营各种体育器材和设备,健身器材,健身路径,户外用品。竭诚欢迎各界新老朋友光临,我们将会为您提供满意的服务!
地址:新疆维吾尔自治区乌鲁木齐市和平北路4号附2号
……邮 编:830002
……法 人:吴晓玲
……Tel:0991－8873239
……Mobile:13899825352
13899825350
……Fax:0991－8856203
……网址:www.xjxa.chinapyp.com

**阿勒泰地区建设职业教育培训中心**
地址:新疆维吾尔自治区阿勒泰地区阿勒泰市解放路9号
……负责人:柳涛
……Tel:0906－2131069

**和田力源培训中心**
地址:新疆维吾尔自治区和田地区和田市塔乃依南路16号
……负责人:胡永坚
……Tel:0903－2033127

**乌鲁木齐市天地科技教育培训中心**
地址:新疆维吾尔自治区乌鲁木齐市光明路8号
……负责人:李磊
……Tel:0991－8869862

**乌鲁木齐市满园星教育培训中心**
地址:新疆维吾尔自治区乌鲁木齐市贵州路61号
……负责人:卫东
……Tel:0991－8946877

**新疆生产建设兵团国资培训中心**
地址:新疆维吾尔自治区乌鲁木齐市天山区光明路8号祥和大厦四楼
……负责人:张勇
……Tel:0991－8888276

# 行业品牌展示窗

## 郑州市鑫润工贸有限公司

公司成立于2006年6月，经营金属材料、机械设备配件、建材、日用百货、耐火材料、木材、五金交电、装饰材料、金属材料加工。欢迎来电洽谈业务！

电话：0371-64442476 13592505661 联系人：张良信
地址：河南省郑州市上街区矿山路1号 邮编：450000

## 浙江磐安腾龙进出口有限公司

本公司集办公文教、饰品、包装、安全用品以及户外运动用品为一体。

重品质、讲信誉。

竭诚欢迎海内外客商来我司洽谈业务，共同发展！

联系人：曹士宝
电话：0579-85178876 传真：0579-85177623
地址：浙江省义乌市永胜小区133幢3单元301室 邮编：322000

## 珠海市斗门汇盈商贸有限公司

公司成立于1997年，一直致力于将最优质的商品供应、最快捷地提供给顾客为经营思想。主要经销洗涤日用品、食品、化妆品等，公司体系中集大型流通批发、配送、零售于一体的综合型商业物流企业。

联系人：黄官荣
电话：0756-5553721 5553866 13902536438
地址：广东省珠海市斗门区井岸镇尖峰前路520号内202 邮编：519180

## 浙江省宁海远大商标事务所

本公司是一个专业的“品牌”服务机构、专业的“知识产权”服务机构。2007年远大公司经工商部门批准设立，并经省工商局提交国家工商行政管理总局商标局备案、取得商标代理资格的专业商标事务机构。主要代理商标等，欢迎广大客户来电来涵洽谈。

联系人：邬君飞
电话：0574-65121299 传真：0574-65121292
地址：浙江省宁波市宁海县城关镇气象北路287号2楼 邮编：315600

# 行业品牌展示窗

## 本溪市广盛源经贸有限公司

本溪市广盛源经贸有限公司成立于2006年，凭藉雄厚实力，以绿色高质量的信念服务于客户，以优质的产品、体贴的服务，竭力提高山城父老健康的生活质量。强烈的市场需求推动我公司的快速发展，公司旗下精心代理了“泉来厨房净水器”、“海康中央净水机”、“欧帝无烟灶”、“金正烟灶、电磁炉”、“容声电磁炉、电压力锅、电饭锅、电热水壶”、“邦尔富太空节能煲”等多款优秀高档的电器产品，以其产品丰富、安全环保、节能省电、操作便捷、经济实用等优异品质特征，深受广大消费者的青睐。

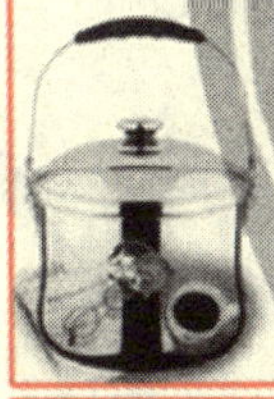

联系人：吴再军 13304245373 电话：0414-2199053 传真：0414-2821347 邮编：117001

网址：www.bxsww.cn/gsy 电邮：ss117000@126.com 地址：辽宁省本溪市环球商场解放北路7号

## 超越廣告傳媒有限公司

超越广告传媒有限公司于2005年成立。

专业从事广告的策划、设计、制作与发布，庆典礼仪，装饰装潢，喷绘，印刷，代理国内外各类广告。

公司以“质量求生存、信誉求发展”，欢迎广大用户光临惠顾！

联系人：张中权

电话：0595-86777756 13959969956

地址：福建省晋江市陈埭花厅口七一路1093号 邮编：362211

## 步步前商贸有限责任公司

步步前商贸有限责任公司主要经营食品、饮料、烟酒、日用百货等。我公司始终坚持质量求生存，信誉求发展、用户是上帝的宗旨，竭诚为您服务，随时欢迎您光临惠顾。

联系人：徐杰勋

电话：0743-6229629 0745-2159999 13508435217

地址：湖南省吉首市龙山县新建路62号 邮编：419100

## 澄城县长城工贸有限责任公司

本公司从事

五金工具，水电器材，

劳保用品，装饰材料，电料等批发。

我们与客户携手共进，共图发展。

电话：0913-6715080 13891331378 联系人：杨安全

地址：陕西省渭南市澄城县东九路40号 邮编：714000

# 行业品牌展示窗

## 宜春市袁州区国有资产运营有限公司

宜春市袁州区国有资产运营有限公司于2007年成立，主要对被授权的国有资产进行经营管理，确保保值增值，以及为袁州区政府的重大建设项目建立融资平台，通过资产抵押等方式进行资本运营和实业投资。

联系人：易根生

电话：0795-3588363 13979518866

地址：江西省宜春市袁州区袁山东路（袁州区财政局内） 邮编：336000

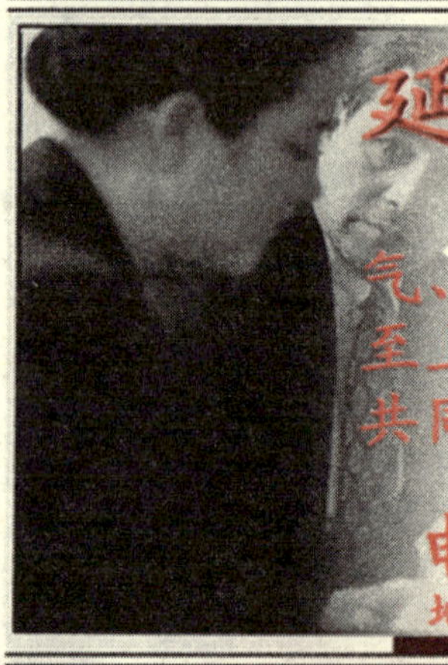

## 延川宏丰工贸有限责任公司

本公司成立于2006年，主要经营燃料油、液化气、渣油、成品油等。我们将本着诚信为本、质量至上、客户第一的原则，以优质的服务与广大客户共同奔跑。

联系人：王 玮

电话：0911-8115518 13809117888

地址：陕西省延安市延川县中湾 邮编：717200

## 云南沾益兴隆服务有限责任公司

云南沾益兴隆服务有限责任公司成立于2004年，主要从事宾馆、超市、幼儿园、房屋管理、绿化等。

我们将以“一流的品质”、“热情的服务”为广大新老客户服务。我们的宗旨就是您的满意，与您长期合作、共同发展，共创美好的明天。

联系人：牟永良

电话：0874-3065082 3065899

地址：云南省曲靖市沾益县盘江镇花山工业园区 邮编：655338

## 盐城市清林国顺汽车租赁有限公司

盐城市清林国顺汽车租赁有限公司于2007年成立，专业从事国内外名牌商务车和轿车租赁。主要名牌有本田、广本、萨拉图、帕萨特等！

电话：0515-82781111 手机：13770036999 联系人：周国飞

地址：江苏省盐城市射阳县特庸镇机厂路 邮编：224000

▲商业百货外贸服务业▼

# 行业品牌展示窗

## 東利船舶服務有限公司

本公司成立于2005年，主要从事船舶劳务服务。

公司本着“长效管理，信誉第一”的原则，为了提升企业形象，提高员工整体素质，为船务公司提供优质的服务，本公司自成立之日起，就非常注重企业的内部管理，制定了系列管理规章制度，服务意识、忧患意识在公司内深入。

联系人：孙锦标　13587058850　13665799000

地址：浙江省三门县六敖镇九州船厂3号船台　邮编：316012

## 大石桥市东源耐火材料有限公司

大石桥市东源耐火材料有限公司成立于2001年，主要销售：石墨，镁砂，镁砖，镁碳砖，五金建材，化工原料，不定型耐火材料，并于2005年通过了ISO9001：2000质量认证，愿为客户提供优质产品和优质服务。

电话：0417-5250021　5250850　联系人：路龙军

地址：辽宁省大石桥市南楼经济开发区曹官村　邮编：115103

## 大连谷丰国际贸易有限公司

大连谷丰国际贸易有限公司是一家专业从事粮油销售、货物技术进出口、国内一般贸易、农副产品收购、经济信息咨询的公司。主要产品有各种干豆类、干果类，如：芸豆、黑豆、大枣、莲子、白木耳、葵瓜子、松子仁、南瓜仁等等。我们热情欢迎各界朋友及新老客户来电来函，莅临指导。我们愿真诚地与您携手合作、互利双赢、共谋发展、共创辉煌。

电话：0411-84626177　联系人：李维梅

地址：辽宁省大连市沙河口区振工街缤都园32号1-12-3号

电邮：fyyz8558a@hotmail.com　邮编：116021

## 明盛纸业连锁有限公司 常州淹城销售部

本公司成立于2007年，
主要经营纸张销售，有铜版、白卡、白板、哑粉、双胶、无碳纸、牛皮纸、打字纸等。
我们将竭诚为您服务。

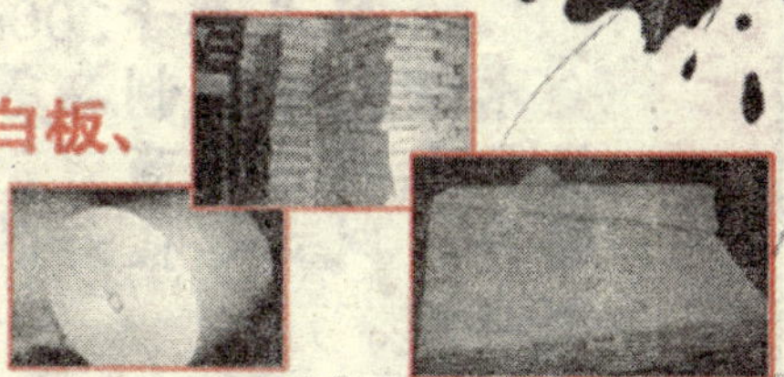

联系人：赖锦财　13816928889　网址：www.ms56.net

电话：0519-86354188　86354198　传真：0519-86351299

地址：江苏省常州市武进区淹城路杨树园工业区　邮编：213168

# 行业品牌展示窗

## 烟台东煜海港经贸有限公司

烟台东煜海港经贸有限公司成立于2006年，主要从事于水产品生产加工、果蔬食品、调味品的销售及进出口业务。

东煜公司始终秉承“精益求精、开拓进取、不断创新”的经营理念，用卓越的品质造就辉煌，以恒久的承诺追求完美，竭诚与各界同仁携手共创未来！

联系人：刘勇 13589619766
电话：0535-6889490 电邮：dongyuhaigang@163.com
地址：山东省烟台市莱山区经济开发区 邮编：265200

## 沂水国源人力资源有限公司

沂水国源人力资源有限公司创办于1997年，主要从事劳务输出、职业介绍、劳务代理、出国劳务、国内各大城市用工人员安置。没工作我们帮您找工作，欢迎来电来函洽谈！

联系人：陈长志 13954939563 电话：0539-2219566
地址：山东省临沂市沂水县鑫华路东首 邮编：276400

## 新余市泓鹏农村开发有限公司

*新余市泓鹏农村开发有限公司成立于2006年，几年来致力于农村开发，招商引资。*

*公司秉承“顾客至上，锐意进取”的经营理念，坚持“客户第一”的原则为广大客户提供优质的服务。*

*欢迎惠顾！*

联系人：张三芽
电话：0790-6202216 13707901216
地址：江西省新余市渝水区罗坊镇南英工业园
邮编：338012

## 西安伟亚商贸有限公司

公司成立于2006年，主要从事于电线电缆，二类机电，五金水暖，橡胶制品等产品的贸易。在市场经济的竞争浪潮中发展壮大的伟亚商贸，以一流的产品质量、合理的价格、优质的服务，树立起良好的企业形象。您说我做、携手共进，与您共创辉煌。

电话：029-82242195 13571914800 联系人：姜晓才
地址：陕西省西安市碑林区咸宁西路62号 邮编：710048

# 行业品牌展示窗

## 湖南希望会计师事务所有限责任公司

本公司于2007年8月8日经湖南省财政厅湘财会函[2007]21号文件批准成立，专业从事：企业会计报表审计、企业资本验证、办理企业合并、分立、破产清算事宜中的审计，离任审计，经济效益(经济责任）审计，财务收支审计，会计查账，银行资信审计，清产核资专项审计，盈利预测审核，设计内部财务会计制度，担任财务会计顾问，代理记账，工商、税务代理，管理咨询，项目可行性论证，招投标代理，司法会计鉴定，资产评估，会计电算化服务，会计培训等。

联系人：银泽林　13787226618

电话：0731-84471868
电邮：www.345903328@qq.com

地址：湖南省长沙市雨花区芙蓉中路509号中远公馆1309　邮编：410007

## 湖北省咸丰县煌盛商贸有限责任公司

湖北省咸丰县煌盛商贸有限责任公司成立于2007年2月，主要经营日用百货、服装、文具用品、副食品等。

“为消费者服务，让消费者放心”是我们企业的宗旨，热忱欢迎广大客商来人来电垂询。

联系人：宋根志
13687193006

电话：0718-6890905

地址：湖北省恩施土家族苗族自治州咸丰县高乐山镇龙泰新区　邮编：445600

## 宏运达建筑设备租赁部

公司成立于2007年，专业从事建筑机械的租赁。公司拥有一支经过专业培训，技术精湛的高素质售后服务队伍，我们始终坚信：以科技为创新，以创新占市场，以质量求生存，以诚信谋发展，“质量第一、信誉第一、用户至上”的经营宗旨，愿与您真诚合作，携手共进，共创辉煌。

联系人：樊均望　电话：13981952045　13666190278　邮编：610000

地址：四川省成都市金牛区西安南路69号

## 广州钜丰汽车租赁有限公司

联系人：李想　13928781106

电话：020-84697081　84631527

地址：广东省广州市番禺区桥南街陈涌金业路18-19号

邮编：511400

网址：www.gfcr.net

钜丰汽租以客户的满意度作为我们的服务标准。未来将为致力于结构完整的租赁服务体系，期盼结合长、短期租赁搭配专属司机接送业务，辅以完整的信息系统配合，将传统汽车租赁业转型成为更符合时代趋势的租车服务。以一流的服务创钜丰品牌，树广州形象，助商士成功。倾心打造广州专业高档代步汽车租赁服务及二手车销售公司。

# 行业品牌展示窗

## 义马市虹飞物资贸易有限责任公司

义马市虹飞物资贸易有限责任公司是一家从事煤炭销售的企业。公司秉承"顾客至上，锐意进取"的经营理念，坚持"客户第一"的原则为广大客户提供优质的服务。

电话：0398-5638647　13030345566　联系人：袁万彪
地址：河南省三门峡市义马市东区办事处河口村　邮编：411281

## 新疆米吉提阿吉国际贸易有限公司

新疆米吉提阿吉国际贸易有限公司是一家集轮胎、建材等货物进出口贸易的公司。我公司一贯坚持"重合同、守信用"的经营方针，恪守"平等互利、共同发展"的贸易原则，愿以优质、高效服务，加强与海内外客商的贸易往来合作，携手共进、共创辉煌。

联系人：米吉提·阿不都热合曼 13899868934　电话：0991-8554512
地址：新疆维吾尔自治区乌鲁木齐市天山区延安路48号4栋8单元101室　邮编：830000

## 武漢車中車汽車服務有限公司

武汉车中车汽车服务有限公司成立于2006年，主要从事于汽车维修、汽车美容、汽车租赁。

公司拥有一套完善的服务体系，员工队伍以过硬的技术、规范的操作、热情周到的服务，让您放心享受便捷、超值的服务。因为专业，所以我们可以做得更好！

联系人：沈汉清 13035109543
电话：027-85802189
地址：湖北省武汉市江汉区天门墩3号　邮编：430000

## 天津均和商贸有限公司

本公司成立于2007年，主要从事于钢材经营。
主要有船板、热轧卷板、冷轧卷板、中厚板。

公司经营宗旨：以质量求生存、以信誉求发展。公司每个员工将以先做人后做事、重信誉、讲信用。立足市场销售薄利多销为导用，为客户提供最优惠、可信赖的理念，提高销售服务素质，踏踏实实、从小到大，开拓进取，力争为发展区域的经济发展做出点滴贡献。

联系人：代英春　电话：0531-88688000　88697111
地址：天津市南开区长江道133号众望大厦C座8层　邮编：250100

# 行业品牌展示窗

# 行业品牌展示窗

## 乌鲁木齐市文泰祥商贸有限责任公司

乌鲁木齐市文泰祥商贸有限责任公司成立于2003年，主要从事于二手汽车、摩托车、房屋的中介服务、咨询服务及销售。公司本着“诚信为本，用心服务”的理念，以“诚信为根本，质量求生存”的原则，依靠严格管理、人性化经营，铸造高速度、高质量、一条龙式的采供销服务。保证以最好质量，适合的价格服务于广大客户。

联系人：郭卫东

电话：0991-2555789 13899996819

地址：新疆维吾尔自治区乌鲁木齐市大湾乡 邮编：830000

## 三亚鑫达商务顾问有限公司

三亚鑫达商务顾问有限公司专业从事工商税务代理，房产过户，旅游信息服务，订车、订房、订餐、高尔夫球场预订，会展会议策划，广告设计等。

我们的服务，让您的生活更加便捷！

联系人：陈康玉

13398928889

电话：0898-88259535

地址：海南省三亚市解放三路工商大厦二楼左侧

邮编：572000

## 霞浦县三沙渔丰水产贸易有限公司

霞浦县三沙渔丰水产贸易有限公司成立于2006年，主要从事于各种水产品，对台贸易及内销。

公司自成立以来，一直本着诚实守信、发展市场的原则与各方进行贸易往来，在行业内建立了良好的信誉和口碑。

聯系人：錢秀灼

13859616758

邮编：355101

电话：0593-8676888 8691190

地址：福建省霞浦县三沙镇三沃村鼻头45号

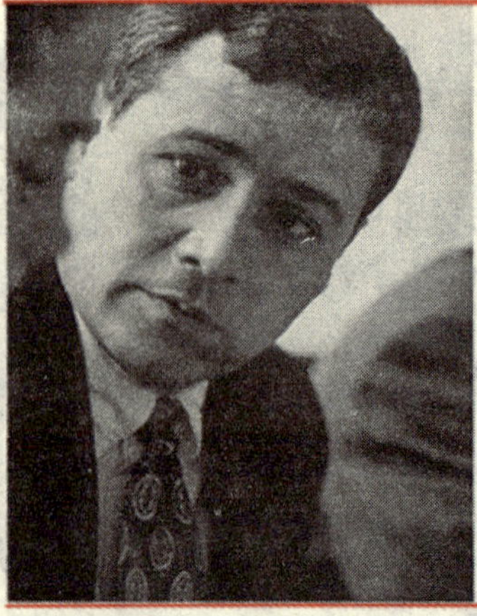

## 云南凯航会务有限公司

本公司承办协办各种大、中、小型会议，合办、承办疗休、疗养、冬夏令营，代办各种票务。根据不同地区市场不同客户的需求，我们采取灵活的经营方式，提供多样化的服务，承办、部分承办或协办均可。全面为您提供高效率、一站式的会议接待服务。

联系人：张华艳

电话：0871-4172819 2800280 电邮：ynkhhw@126.com

地址：云南省昆明市永兴路29号云储宾馆 邮编：650034

# 行业品牌展示窗

## 高密市志信价格评估事务所

高密市志信价格评估事务所从事商品及服务价格评估，包括土地、房地产、资源性资产、理赔索赔物、抵押物、无主物、工程造价等价格评估；价格咨询；民事涉诉涉讼案件中当事人委托的价格评估等。出具报告质量高，客观、公正。建立了完善的资料搜集体系，价格信息来源充足，对报告内容形成有力的信息支持。具备严格的评估流程，作业有章有序，对标地的权益状况、实物状况、区位状况，描述客观、公正。

联系人：李玉山 13516366917 电话：0536-2500669
地址：山东省潍坊市高密市宜安大道2699号 邮编：261500

## 邯郸市全有工程机械租赁有限公司

邯郸市全有工程机械租赁有限公司是一家从事工程机械租赁服务的公司。

热忱欢迎新老客户来电咨询、洽谈业务！

联系人：郭全有
电话：0310-5306888、13930044888
地址：河北省邯郸市邯郸县285医院向东100米路北3楼 邮编：056300

## 海口德维贸易有限公司

海口德维贸易有限公司成立于2006年，是一家经营五金橡胶机械、木业机械、化工原料的企业。承诺：信誉第一、服务第一、客户第一。如果我们做的好，请您告诉您朋友；如果我们做的不好，请您告诉我们。

联系人：高孝德 电话：0898-68658538
地址：海南省海口市丘海大道19-22号铺面 邮编：570100

## 甘肃建达海外劳务承包有限责任公司

本公司主要从事国内外建设工程专业劳务作业分包，国外劳务输出及技能培训，提供境内外的就业信息，协助办理劳务人员出国务工的各类证件、签证等手续。

本公司本着“服务、守信、合作、双赢”的宗旨为用人单位和劳务人员建立优质服务的平台，共同合作，互利互惠，共谋发展。

联系人：王宏生
电话：0931-2658850 2659825 电邮：ganjianda@sina.com
地址：甘肃省兰州市七里河区建工中路201号302室 邮编：730050

# 行业品牌展示窗

## 宿迁市扬子文化传媒发展中心（宿迁市日月广告有限公司）

本公司成立于2004年，主要经营广告设计制作发布，营销策划，网络信息科技，庆典礼仪，产品展示，城市亮化工程，喷绘写真。我们将竭诚为您服务。

传真：0527-88107388

联系人：罗军 电话：0527-84937666 88204608 13951193999 邮编：223800

电邮：suqianyz@126.com 地址：江苏省宿迁市宿城区洋河金河宾馆前二楼

## 新疆兴三鑫商贸有限责任公司

新疆兴三鑫商贸有限责任公司成立于2006年，从事民用家具的销售。公司以“诚信为本，客户至上”为经营宗旨，欢迎新老客户来电洽谈业务！

联系人：张赤兵

电话：0991-7915281 13565882259

地址：新疆维吾尔自治区乌鲁木齐市西虹东路 邮编：830000

## 邵东县锦特绮贸易有限公司

邵东县锦特绮贸易有限公司是一家专业生产床上用品的企业。本公司生产设备先进、工艺精良，拥有十多年的专业生产经验，深受广大消费者和采购单位的信赖和好评。本公司崇尚创造舒适家居环境，时尚居住空间的理念，为你营造一个舒适的家。

联系人：唐设度

电话：0739-2625638 13975959568

地址：湖南省邵阳市邵东县邵东工业品市场北楼71号 邮编：422800

## 温州市天顺二手车交易有限公司

温州市天顺二手车交易有限公司成立于2002年，专业从事二手汽车销售、租赁、换置。让我们的服务给您带来永恒的喜悦，为您创造美好生活。

联系人：王国光

电话：0577-86515618 88909069 手机：15858507788

地址：浙江省温州市机场大道屿田段（名人花园对面）5幢2-8号 邮编：325000

# 行业品牌展示窗

## 景宁畲族自治县东川商贸有限公司

本公司成立于2006年，主要经营商贸。
服务宗旨：一切为了客户。
服务创造价值服务理念：只有为客户创造价值，才能为自身创造价值。

联系人：赵东川
电话：0578-5092791　13906789592　邮编：323500
地址：浙江省丽水市景宁畲族自治县鹤溪镇环城西路168号

## 江西省萍乡市宁宇物资贸易有限公司

宁宇物资贸易有限公司位于江西省萍乡市公司主营：机械产品，五金配件，橡胶制品，煤炭，木材及木制工艺玩具产品加工，车辆运输等业务。我们秉承“质优价廉、服务至上”的宗旨，欢迎同我们联系业务，共同发展。

联系人：何军　电话：0799-6785899　13507998899　邮编：337000
地址：江西省萍乡市金陵东区27栋303号

## 江西省兴辉贸易有限公司

江西省兴辉贸易有限公司成立于2007年，主要从事于煤炭的销售。江西省兴辉贸易有限公司将以：“美的价格、好的服务”用户的利益高于一切！与广大用户及同行业及同界互惠互利一道携手并进、共同发展。

电话：0791-6276662、6276660、13970236283　联系人：陈宗立
地址：江西省南昌市西湖区八一大道96号17楼1703室　邮编：330003

## 杭州吉康贸易有限公司

本公司成立于2006年，是一家专业从事电池、LED手电筒、小书灯、探照灯、指甲钳、钥匙扣、防雷插座等的地区供应商；主要代理品牌有南孚电池，日美、欧美达、博友等著名品牌。

欢迎新老客户光临惠顾！

联系人：郑孝未
电话：13605715867　0571-86720220　传真：0571-28891886
地址：浙江省杭州市汽车东站小商品市场二楼2504号　邮编：310020

商业百货外贸服务业

# 行业品牌展示窗

## 新疆盛州贸易有限公司

新疆盛州贸易有限公司成立于2006年。
从事国内贸易，主营：石油物资。
您的满意是我们的追求。
欢迎新老客户来电洽谈业务！

联系人：林锡强

电话：0995－8311900 13909959185

地址：新疆维吾尔自治区吐鲁番地区鄯善县火车站镇 邮编：838202

## 太仓从伟贸易有限公司

本公司主要经营进出口贸易，有鞋类，服装，纺织面料。服务宗旨：一切为了客户，服务创造价值。服务理念：只有为客户创造价值，才能为自身创造价值。

联系人：金翼 电话：13073347751 传真：0512－53595500

邮编：215400 地址：江苏省太仓市经济开发区岳阳路29号

## 昔阳县向阳文化服务有限责任公司

公司成立于2007年，从事歌舞戏剧演出，喜庆礼仪服务，演出设备租赁，艺术活动策划，电脑设计制作等业务。

欢迎来电来函咨询、洽谈业务！

电话：0354－4131515 13903541519 联系人：王向阳

地址：山西省晋中市昔阳县新建南路84号 邮编：045300

## 铜陵永发劳务有限公司

公司成立于2008年，主要从事于劳务输送、运输、装卸服务，中小型土建工程的承接与维修。开拓、超前、拼搏是我们的理念，勤勉、优质、诚信是我们的纲领，互惠互利、信誉至上是我们合作的基础。由于我们坚持“优质服务、客户至上、质量第一”的宗旨，所以我们的用户遍布铜陵的各行各业。

电话：0562－8211448 13865623807 联系人：崔启发

地址：安徽省铜陵市铜陵县东联乡复兴村小区 邮编：244153

# 行业品牌展示窗

## 陕西惠山工贸有限公司

陕西惠山工贸有限公司成立于2007年，从事**物流、煤碳、矿山配件**。

公司坚定不移的经营理念：“产品是企业的灵魂，质量是企业的生命，用户是企业的上帝”。无论何时何地，惠山公司全体员工都会为您的选择提供最佳的产品！并以惠山的经验，质量和献身精神为您提供最佳的服务！惠山公司诚挚欢迎国内外新老客户光临赐教，交流经验，共同发展，共创未来！

联系人：陈二虎　15309195008　电话：0919-2189988

地址：陕西省铜川王益区七一路25号（工商银行5楼）　邮编：727000

## 宁德金玉良缘婚庆礼仪公司

本公司成立于2005年，集：婚礼庆典、开工庆典、婚庆礼仪、会议策划，开业庆典，大型舞美等多项服务于大成，并诚邀和取胜集了多名资深专业婚庆专家，以其温馨的诚信服务，成为宁德金玉良缘婚庆礼仪公司的知名品牌。

联系人：冯铭

电话：0593-2823530　13850365228

网址：www.ndjylyhq.cn　电邮：fq950228@163.com

邮编：351100　地址：福建省宁德市蕉城区少年宫路24号东海阳光嘉园4号楼203-204号

## 山西元昊投资顾问有限公司

山西元昊投资顾问有限公司成立于2007年，是一家从事投资咨询服务，建筑经营管理的公司。

我公司“自强、开拓、求实、创新”的企业精神，竭诚欢迎各界朋友来电垂询！

联系人：刘玉久

13934667238

电话：0351-8950589

邮编：030002

地址：山西省太原市迎泽区新建路2号(铁三局迎泽佳园2001号)

## 南京民间银主投资管理中心

本中心主要经营投资咨询服务，经济信息服务。我们谨从信誉第一、良心至上的宗旨，尽职守、勤奋努力，为您服务。

联系人：王保红　13245868888　电话：025-66615988　传真：025-66615976

地址：江苏省南京市玄武区珠江路699号东鼎大厦2号楼5层　电邮：njcd88@163.com

# 行业品牌展示窗

## 青岛亚克力制品企业

青岛亚克力制品企业成立于2003年，主要从事于亚克力产品、展柜、货架制作、销售，展览、展示服务，室内外装修、装饰。

我们始终坚持以“质量为根本，视信誉为生命”的经营理念，诚实做人，诚信经营。我们希望得到新朋友们的认同和支持，一起携手共进，共同发展。

联系人：李强

电话：0532-85863456 66610111

地址：山东省青岛市崂山区青大一路88号 邮编：266000

## 秦皇岛市海港区阳中阳澄湖蟹行

本公司成立于2008年，主营产品：阳澄湖清水大闸蟹，还有配送服务。保证做到供货及时，只只鲜活，价格优惠。

联系人：龚新华 电话：0335-3023609 13613377079 邮编：066000

电邮：qhdlzmy@163.com 地址：河北省秦皇岛市海港区秦皇小区秦川街48号

## 鄂尔多斯市蒙恩商贸有限责任公司

本公司主要经营**建材销售，建筑膜代理，服务，建筑保温材料销售**，本公司坚持“用户至上、 质量第一 、信守合同、服务周到”的经营思想，为公司赢得良好的口碑，同时也给公司带来无限商机,欢迎各地广大用户来电来函洽谈！

联系人：梁波 15804805500 电话：0477-8379321 8373619

地址：内蒙古自治区鄂尔多斯市东胜区东方阳光小区3号楼 邮编：017000

## 南京市江宁区花卉富贵花店

本公司成立于1999年，主要经营庆典礼仪；婚庆；鲜花销售；植物租赁。有鲜花，多种草花，婚庆，庆典礼仪，植物租赁，拱门，舞台。欢迎您的光临。

联系人：范爱华 电话：13611592287 传真：025-52151032

网址：6976209.xici.net 地址：江苏省南京市江宁区谷路口金盛路122号

# 行业品牌展示窗

## 瑞丽市绿元生物开发有限公司

本公司从事进出口业务，境外投资，种植业等业务，产品：橡胶及橡胶制品，反季香蕉，西瓜，木薯干片，魔芋干片等，欢迎来电洽谈业务、共同发展！

电话：0692-4154199　13908871831　联系人：齐家利
地址：云南省瑞丽市瑞江路清水巷11号　邮编：271104

## 南部县方圆广告装饰工程有限责任公司

公司成立于2006年，主要从事于户外广告、装饰装修、道路交通设施、标志、标牌、标线。公司本着“务实合理、追求卓越”的企业精神强化企业管理，严格规范现场施工，不断提高装饰施工的技术和设计水平。公司以全面、精巧的设计构思，先进一流的施工工艺，为广大的客户提供最优质的服务。

联系人：李虎
电话：13890845845　0817-7900289
地址：四川省南充市南部县南隆镇新安路89号　邮编：637300

## 华劲贸易（珠海）有限公司

华劲贸易（珠海）有限公司以国际化视野，科学规范的管理和系统化的运营模式将众多国际顶级品牌导入中国市场，取得了不俗的市场业绩表现，现已成为众多国际顶级品牌最为信赖的合作伙伴和运营商。

网址：www.wkmacau.com
联系人：周森森
电话：0756-3217001　3217098
邮编：519015
地址：广东省珠海市吉大景山路188号粤财大厦2311号

## 深圳市鹏正贸易有限公司

深圳市鹏正贸易有限公司成立于2006年，主要从事于纺织品贸易。

公司以“品种齐全、价格合理、交货及时”为经营方针。以“信守合同、客户至上”为服务宗旨，广开渠道，规范服务，以优质优价的产品经营客户。我们本着“务实创新，勤奋敬业”的企业经营理念。在此，我司承诺以低于同行的价格和优于同行的品质换取贵司的合作与支持，热忱欢迎贵司来电来函洽谈业务！

联系人：詹润祥　13632951588　电话：0755-82028331
地址：广东省深圳市福田区福中三路诺德中心大厦34楼B2　邮编：518000

# 行业品牌展示窗

## 宁夏鑫和投资咨询有限公司

诚信是金 天地人和

宁夏鑫和投资咨询有限公司成立于2006年，主要从事于房屋中介、汽车租赁、投资咨询。

公司本着追求品质、公正准确、及时的宗旨，竭诚为广大客户提供优质服务。

联系人：曹彦雄
13995285555
13309572258

电话：0951-4108998
邮编：750001
地址：宁夏回族自治区银川市兴庆区铁北巷67号

## 樅陽縣雙勝商貿發展有限責任公司

本公司主要经营：

森马休闲服区域专卖、
贵人鸟鞋服区域专卖、
特步鞋服区域专卖。

欢迎新老客户光临、惠顾。

联系人：朱双胜 13966955666
电话：0556-2827171 2826880
电邮：zhushuangsheng77@163.com
地址：安徽省安庆市枞阳县枞阳镇凤凰山路
邮编：246701

## 鄂尔多斯市蒙恩商贸有限责任公司

本公司主要经营建材销售，建筑膜代理，服务，建筑保温材料销售，本公司坚持"用户至上、质量第一、信守合同、服务周到"的经营思想，为公司赢得良好的口碑，同时也给公司带来无限商机,欢迎各地广大用户来电来函洽谈！

联系人：梁波 15804805500
电话：0477-8379321 8373619
地址：内蒙古自治区鄂尔多斯市东胜区东方阳光小区3号楼
邮编：017000

## 如皋市开发区学平锅炉修理服务部

如皋市开发区学平锅炉修理服务部是一家专业从事锅炉维修业务的服务机构，自成立来，始终坚持"以质量求生存，以信誉求发展"宗旨，把高品质的产品及最优质的服务奉献给客户。

欢迎您的光临！

联系人：尤学平
电话：0513-87529830 13962756593
地址：江苏省如皋市开发区东风九组
邮编：226500

# 行业品牌展示窗

## 哈尔滨铭泽钻井有限公司

公司成立于2007年，专业承揽桥梁钻孔、空调钻孔、工业用水井、地热井、民用水井及农田灌溉等业务；从事水泥制造，产品包括农田用机井水泥管、路桥涵用水泥管、城市街道排水管，以及水泥制品。（水泥管规格：200mm-2000mm）。

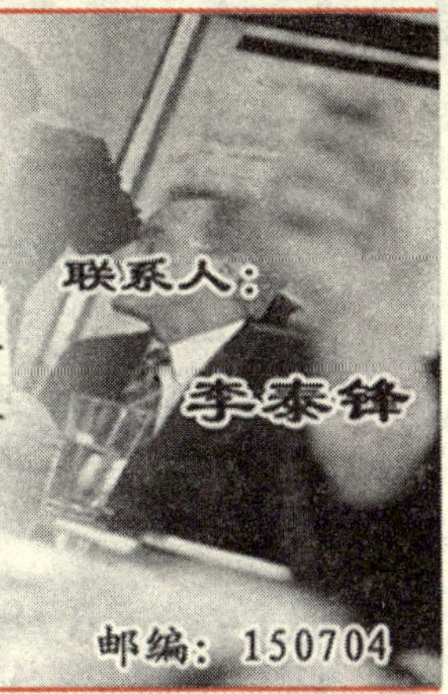

联系人：李泰锋

电话：15046796789 13766999985

地址：黑龙江省哈尔滨市延寿县延寿镇东环北街5-7-11号　邮编：150704

## 拉萨圣音商贸有限公司

拉萨圣音商贸有限公司成立于2007年8月，其主要经营项目有西藏绿色土特产品，冬虫夏草，各种天然野生菌，野生椒等。

现寻求各地合作商共同发展！前来洽谈！

联系人：普布次仁　13908915221　电话：0891-6875239

地址：西藏自治区拉萨市中和国际城原中铁二局　邮编：850000

## 宝鸡华强工贸有限责任公司

- 宝鸡华强工贸有限责任公司于1984年创建。
- 从事汽车配件、机械加工、钢结构制作安装。
- 我公司愿以可靠的质量，完善的服务与海内外朋友携手合作，共同发展。

联系人：吴军科 13992706656　电话：0917-8777111

地址：陕西省宝鸡市岐山县五丈原镇　邮编：722406

## 欧雅壁纸

本公司成立于2004年，主要经销墙纸，有美国墙纸、意大利墙纸、欧雅壁纸。我们始终以市场为先导，科技为基础、质量第一、用户至上为服务宗旨，欧雅壁纸欢迎您！

联系人：张雄伟　电话：13773247637　传真：0512-58266595

地址：江苏省张家港市金港大道181号-183号

# 行业品牌展示窗

## 琴华工贸有限公司

我公司专业生产销售耐磨材料，公司本着诚信经营，务实创新，开拓进取，双方共赢的经营理念，不断发展壮大，成为耐磨材料生产销售，售后服务一条龙企业。

联系人：张玉华

电话：0878-7227266　13508782435

地址：云南省楚雄彝族自治州南华县龙川镇火车站旁　邮编：675200

## 深圳市进华通财务咨询有限公司

深圳市进华通财务咨询有限公司成立于2007年，主要从事于财务咨询、信息咨询（以上不含限制项目）、代理记帐。作为中国专业的财务咨询服务机构，深圳进华通财务咨询有限公司致力于为广大中小企业提供专业化的财务外包服务，协助他们一同成长，帮助他们取得成功。

联系人：李金刚

地址：广东省深圳市龙岗区平湖街道深华苑D205

电话：0755-28455169

邮编：518111

## 杭州市西湖区合众图文工作室

杭州市西湖区合众图文工作室成立于2007年，本工作室主要从事打字，复印，文本制作，工程出图标书，工程图纸，数码印刷等业务，欢迎来电来函洽谈！

电话：0571-85026835 88031820

邮箱：wangchunwang19830112@163.com

地址：浙江省杭州市西湖区万塘路56号

联系人：汪春旺

手机：13136175222

邮编：310000

## 黑龙江天畅经贸有限责任公司

黑龙江天畅经贸有限责任公司是一个以寒地黑土优质农产品资源为依托，一大批农业产业化龙头企业通力合作，共同构建起来的跨区域跨国贸易公司。主要从事寒地黑土山产品、农产品、水产品、畜产品，及其精深加工的各类产品的国内外经销。公司坚持依法经营，诚实守信，服务理念是“信誉第一、顾客至上，协力做事，共同发展”。

联系人：张明明

电话：0451-82268191　13903611108　电邮：zola_lucky@hotmail.com

地址：黑龙江省哈尔滨市华山路星河国际纽约座1501室　邮编：150000

# 行业品牌展示窗

## 神木县荣资物贸有限公司

神木县荣资物贸有限公司成立于2006年，主要从事于煤炭、煤焦焦油、煤产品、钢铁、矿山机械、电子产品、办公自动化产品的销售。本公司一直秉承“以德为先、诚信为本”的经营理念、坚持“团结、高效、务实、创新”的企业精神、整合现有的经营资源和业内人才、为国内广大企业提供优质全面的能源供应服务。

联系人：王晓荣　　电话：0912-8305398

地址：陕西省榆林市神木县神木镇水龙路　　邮编：719300

## 深圳市高新德咨询服务有限公司

深圳市高新德咨询服务有限公司成立于2006年，主要从事信息咨询、家政服务、清洁服务、搬迁服务、企业管理顾问、婚姻介绍、平面设计、企业培训、中小学生英语提高等。公司秉承专业、严谨、诚信的经营理念，汇集同行精英，致力于现代企业管理咨询业的发展。

联系人：游 德 胜

电话：0755-26957105　26999088　　传真：0755-26957349

电子邮箱：qinghuasw111@126.com　　qhsw@qhswc111.com

地址：广东省深圳市南山区　　邮编：518057

## 梁山通达钢材商贸有限公司

梁山通达钢材商贸有限公司成立于2007年元月，专业销售钢材、建材、五金轴承、挂车配件及废旧金属的购销。“质量可靠，价格合理”，热忱欢迎您的光临、惠顾！

联系人：闫召来 13953765300　电话：0537-7334268

地址：山东省济宁市梁山县县城梁山建材市场99号　邮编：272600

## 安徽省六安市鑫成劳务有限责任公司

本公司主要经营发布求职信息、劳务派遣、建筑劳务分包。

欢迎广大客户来电来函洽谈。

联系人：邓孝山　　邮编：237000

电话：0564-3711111　13865729188　地址：安徽省六安市城北少林文武学校内

# 行业品牌展示窗

## 连云港丹尼卡瑞国际贸易有限公司

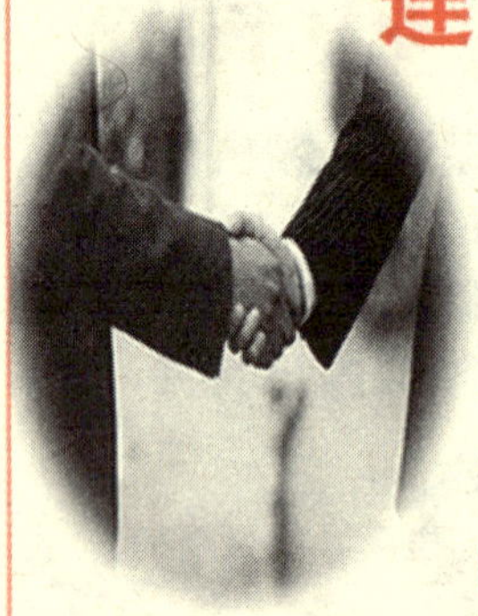

本公司是一家专业的国际葡萄酒商贸型企业。为了确保每一滴原装进口葡萄酒的品质和口感。目前公司的主要产品由法国波尔多丹尼卡瑞国际葡萄酒有限公司出品，并本公司推向中国市场。悠久的葡萄酒生产历史，纯正的法国传统风味，使中国消费者不出国门，就能品尝到原汁原味的法国顶级葡萄酒，真正感受法国葡萄酒的尊贵与奢华。我们期待每一位追求品质生活的朋友与我们共享酒文化的无穷乐趣！丹尼卡瑞期待着每一位商业伙伴与我们共享无限商机！

联系人：鲍雁武

网址：www.15606777788.cn

电话：0518－87696889

地址：江苏省连云港东海县行政中心218号 邮编：222300

## 云南省高级人民法院机关服务中心固恒广告部

主要承接国内各类广告业务、会议展览、设计策划、制作各类广告；户外广告彩屏（LED）、DM直邮广告、户外单立柱广告牌。

LED

欢迎前来洽谈业务！

联系人：常鑫

电话:0871-4095485

地址：云南省昆明市西山区D楼4309室

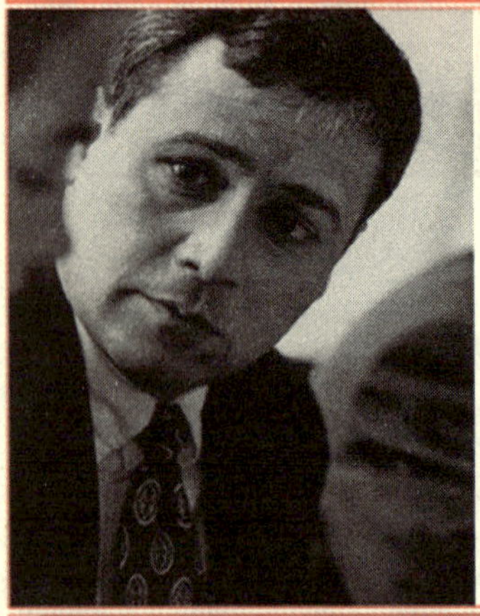

## 内蒙古二连浩特市昌通经贸有限责任公司

本公司于2007年4月成立。主要经营：边境小额贸易及代理业务、一般贸易。进出品和销售毛毯、建筑材料、机电产品、家用电器、日用百货、汽车配件、农副畜产品、针纺织品、机械设备、木材、矿产品。

联系人：佟长河

电话：0479-7522167 7522287

地址：内蒙古二连浩特市前进路西察哈尔街北00848号 邮编：011100

## 固始县市发昌盛广告有限公司

本公司主要从事广告设计、制作、发布、城市公交广告、出租车广告独家代理等。

欢迎广大客户来电来函咨询！

联系人：昌盛 电话：0376-6771535 传真：0376-6771545

地址：河南省信阳市固始县中原路与爱民路交叉口 邮编：465200

▲商业百货外贸服务业▼

# 行业品牌展示窗

## 商业百货 外贸 服务业

## 北京市/Zhuhai Municipality

**北京市昌平区经济委员会社会保障服务中心**
地址:北京市昌平区北环路昌平北站路东 负责人:张大鹏 Tel:010－69742455

**北京市昌平区节约能源管理办公室**
地址:北京市昌平区北环路昌平北站路东 负责人:王玉柱 Tel:010－69746114

**北京中关村科技园区昌平园高新技术企业协会**
地址:北京市昌平区超前路 9 号园区办公大楼 402 房间 负责人:张贵林 Tel:010－69746874

**北京中安达建筑机械租赁有限公司**
地址:北京市昌平区东小口镇小辛庄村 负责人:宋德民 Tel:010－62063153

**北京红秋英世商店**
地址:北京市昌平区二街东仓房胡同 9 号 负责人:李秋红 Tel:010－69708362

**北京亚龙合美商贸有限公司**
地址:北京市昌平区回龙观镇路口东 负责人:严涛 Tel:010－69742056

**北京三君物业管理有限公司**
地址:北京市昌平区南邵镇四合新村 负责人:巩月娥 Tel:010－60731666

**北京市昌平区南邵镇文化服务中心**
地址:北京市昌平区南邵镇政府楼后平房 负责人:李继红 Tel:010－60732164

**北京现代中高级专业人才培训中心**
地址:北京市昌平区沙河镇东松兰堡 负责人:钱启增 Tel:010－69732142

**北京市昌平区沙河镇豆各庄村经济合作社**
地址:北京市昌平区沙河镇豆各庄村 负责人:郝芝宝 Tel:010－69737548

**北京路加兴业经贸有限公司**
地址:北京市朝阳区安慧北里安园 10 号楼 E－502 负责人:刘美琳 Tel:010－63338980

**北京市中典康信息咨询有限公司**
地址:北京市朝阳区安贞西里五区 2 号楼 A 座 507 室 负责人:钱韻 Tel:010－64426685

**北京鸿嘉诺商贸有限公司**
地址:北京市朝阳区北辰东路(北京市利康饭店七号南楼 109 房间) 负责人:戴晓迎 Tel:010－65583803

**北京金瑞嘉华展览服务有限公司**
地址:北京市朝阳区北三环东路 6 号一号馆四层 385 室 负责人:张爱华 Tel:010－64635353

**北京诚信达投资管理顾问有限公司**
地址:北京市朝阳区北三里屯南 43 楼 负责人:张泰兴 Tel:010－64176275

**北京旺嘉福商贸有限公司**
地址:北京市朝阳区草场地村 55 号 负责人:王海宁 Tel:010－64327447

**北京铺路石家政服务中心**
地址:北京市朝阳区崔各庄乡奶子房西村 343 号 负责人:王世孝 Tel:010－64350514

**北京希肯国际模特经纪有限公司**
地址:北京市朝阳区工体北路 58 号楼 负责人:安庭 Tel:010－65019197

**北京建科汇峰科技有限公司**
地址:北京市朝阳区管庄东里建材研究院试验区内 负责人:鲍明东 Tel:010－65738987

**北京世代泉源知识产权代理有限公司**
地址:北京市朝阳区光华路 2 号阳光 100 国际公寓 1 号楼 16D 东室 负责人:王斌 Tel:010－51003146

**北京世纪蓝天广告有限公司**
地址:北京市朝阳区光华路 6 号院光华欣居一幢西单元 307 室 负责人:陈松波 Tel:010－65674749

**北京现代雅格广告有限公司**
地址:北京市朝阳区光华路 7 号汉威大厦 1218 室 负责人:邵国权 Tel:010－65610820

**北京世华联合信息咨询有限公司**
地址:北京市朝阳区光华路丙 12 号数码 01 大厦 2006 室 负责人:周成虎 Tel:010－65085566

**约翰马丁工程顾问(北京)有限公司**
地址:北京市朝阳区光华路乙 12 号国贸中心咨询信息大楼 15 层 3503 室 负责人:罗超英 Tel:010－64445997

**北京格瑞强贸易有限公司**
地址:北京市朝阳区广渠路 6 号 C09 室 负责人:施瑞英 Tel:010－64991693

**北京伊家衣天地洗衣有限公司**
地址:北京市朝阳区惠新西街 9 号惠新苑小区 4 号楼 102 室 负责人:朱莹 Tel:010－64935969

**斯伦贝谢科技服务(北京)有限公司**
地址:北京市朝阳区机场路丽都商业大厦 A－2 座 426、430 负责人:傅方索 Tel:010－64746699

**北京赛德能电力技术服务有限公司**
地址:北京市朝阳区建国门外大街 1 号国贸大厦一座 21 层 2120 室 负责人:黄继锋 Tel:010－65056677

**北京鹤立东方商贸有限公司**
地址:北京市朝阳区建国门外大街 4 号建外 SOHO3 号(住宅楼)2101 负责人:李玉祥 Tel:010－58692011

**北京诗奥利经贸有限责任公司**
地址:北京市朝阳区建外三道街 1 号 201 室 负责人:程威 Tel:010－65663266

**北京亚新科咨询有限公司**
地址:北京市朝阳区将台路 2 号南侧丽园中心 407 室 负责人:杰克 Tel:010－64382750

**北京领航家咨询有限公司**
地址:北京市朝阳区金台西路 2 号 负责人:苏忠 Tel:010－64428005

**北京多山伟业商贸有限公司**
地址:北京市朝阳区金兴路 8 号楼 负责人:孙雪峰 Tel:010－64732941

**北京博益广德贸易中心**
地址:北京市朝阳区劲松南路 3 号楼 1206 号(住宅) 负责人:楚云路 Tel:010－64562623

**北京安世盛达经贸有限责任公司**
地址:北京市朝阳区京顺路 5 号(曙光电机厂院内 41 号)119 室 负责人:安粉文 Tel:010－64683258

**北京名华彩艺商贸有限公司**
地址:北京市朝阳区祁家豁子 2 号(南院 22 号) 负责人:杨红 Tel:010－64236272

**北京朗信通商贸有限公司**
地址:北京市朝阳区青年路 154 号 负责人:蔡建中 Tel:010－64421562

**北京群策企业管理咨询有限公司**
地址:北京市朝阳区三源里北小街 6 号楼 401 室 负责人:厉建民 Tel:010－64066187

**北京空港鑫磊商贸有限公司**
地址:北京市朝阳区首都机场 2 号航站楼地下食街国际区 26 号 负责人:李梅琴 Tel:010－64591182

**北京世纪凤航商贸有限责任公司**
地址:北京市朝阳区首都机场 2 号航站楼国内远机位 负责人:史小宁 Tel:010－64563936

**北京鸿顺翔货运咨询有限公司**
地址:北京市朝阳区首都机场道口北京空港花园酒店 04 室 负责人:李伟东 Tel:010－64576577

**北京首都机场劳动咨询服务有限公司**
地址:北京市朝阳区首都机场久代临三栋单宿楼 负责人:尹建周 Tel:010－64565822

**北京宋氏立泰贸易中心**
地址:北京市朝阳区孙河乡康营村 837 号 负责人:宋胜利 Tel:010－64314529

**北京莫瑞克经贸有限责任公司**
地址:北京市朝阳区望京西园四区 422 号楼 1804 号 负责人:程军 Tel:010－64616511

**北京光明惜时楼宇保洁有限公司**
地址:北京市朝阳区西坝河南里 3 号楼 415 号 负责人:董少瑜 Tel:010－64616736

**北京国创航星电子商务发展有限公司**
地址:北京市朝阳区新源西里中街 18 号渔阳饭店 723 室 负责人:刘悦 Tel:010－64667634

**统杰.法宝(北京)超市有限公司**
地址:北京市崇文区天堂路 55 号天隆昌大厦一层 28 号 负责人:刘世保 Tel:010－67017390 13701254400

**北京天利阳光科贸有限公司**
地址:北京市大兴区北臧村镇工业区 3 排 1 号 负责人:林光发 Tel:010－63465337

**北京恒永源工贸中心**
地址:北京市大兴区北臧村镇天宫院村委会南 500 米 负责人:李彩萍 Tel:010－69293732

**北京市大兴区消费者协会**
地址:北京市大兴区黄村兴业市场楼 302 号 负责人:魏占和 Tel:010－69244449

**北京物美兴商商业有限公司大兴分店**
地址:北京市大兴区黄村镇东大街 38 号 负责人:王坚平 Tel:010－69242420

**北京永安伟业经贸有限责任公司**
地址:北京市大兴区黄村镇观音寺北区 1－4－102 号 负责人:卜朝晖 Tel:010－69290978

**北京科隆创业商贸有限责任公司绿波抗菌剂厂**
地址:北京市大兴区黄村镇观音寺南街汽车修理厂院内 负责人:窦松柏 Tel:010－69243247

**北京九洲时空信息咨询服务中心**
地址:北京市大兴区黄村镇黄村东里小区 5 号楼 2 单元 12 号门店 负责人:年景宏 Tel:010－69227383

**北京泓膳坊科贸有限公司**
地址:北京市大兴区黄村镇狼堡南马场甲 1 号 负责人:贾建国 Tel:010－61223738

**北京君得成商贸有限公司**
地址:北京市大兴区黄村镇李营村村委会东 200 米 负责人:李建华 Tel:010－61215938

**北京伦梦文化摄影有限公司**
地址:北京市大兴区黄村镇林校北里甲 1 号长兴公寓地下二层 负责人:靳瑞祥 Tel:010－69269125

**北京市大兴区伊斯兰教协会**
地址:北京市大兴区黄村镇清真寺 负责人:常树东 Tel:010－69295460

**北京市大兴区民营科技企业服务中心**
地址:北京市大兴区黄村镇兴政街 31 号 负责人:王潇丽 Tel:010－69267055

**北京正业中天广告有限公司**
地址:北京市大兴区黄村镇兴政街 39 号楼一层、二层 负责人:郝俊峰 Tel:010－69233423

**北京燕南祥发商贸有限公司**
地址:北京市大兴区黄村镇义和庄东路 19 号 负责人:贾东亮 Tel:010－61214005

**北京亿联鸿达商贸有限公司**
地址:北京市大兴区黄村镇饮马井村民委员会西 100 米 负责人:樊进女 Tel:010－69287154

**北京飞宇驰达商贸中心**
地址:北京市大兴区黄村镇枣园小区旺达物业公司门脸房东 3 号 负责人:肖飞 Tel:010－69222482

**北京永捷发科贸有限公司**
地址:北京市大兴区旧宫镇有余庄村委会东 50 米 负责人:魏勇 Tel:010－69233391

**北京宝丽捷信息咨询中心**
地址:北京市大兴区庞各庄镇工业西区 421 号 负责人:李丽 Tel:010－69259771

**北京英华行商贸有限公司**
地址:北京市大兴区魏善庄镇半壁店工业区甲 166 号 负责人:范鸣 Tel:010－69206999

**北京人大京都汽车维修服务中心**
地址:北京市大兴区西红门镇 12 村京开路东侧 1000 米 负责人:杨宝全 Tel:010－60246102

**北京阳光埃华商务咨询有限公司**
地址:北京市大兴区西红门镇金华园甲 1－1－401 负责人:程红 Tel:010－61287570

**北京同方利鑫商贸有限公司**
地址:北京市大兴区西红门镇金荣园小区 13 号楼西侧平房 负责人:方磊 Tel:010－61285208

**北京皓天伟业文化发展有限公司**
地址:北京市大兴区西红门镇科技工业园 A110 室 负责人:田学兵 Tel:010－69249272

**北京焕庆之佳翻译有限公司**
地址:北京市大兴区西红门镇郁花园西区 2－3－401 号 负责人:张焕 Tel:010－60268476

**北京灵芝园登记注册代理有限公司**
地址:北京市大兴区兴丰街 18 号星城商厦五层 302 室 负责人:杨作勋 Tel:010－69295451

**北京万德兴科贸有限公司**
地址:北京市大兴区亦庄镇鹿圈鹿华路 6 号 负责人:张纪兴 Tel:010－69259069

**北京中塑兆通工贸有限公司**
地址:北京市大兴县孙村乡李村 负责人:韩德立 Tel:010－61267123

**北京科景投资顾问有限公司**
地址:北京市东城区朝阳门北大街 8 号富华大厦 D 座 2A 室 负责人:凌安海 Tel:010－65544840

**北京贝贝赛达广告有限公司**
地址:北京市东城区崇文门西大街 9 号(北京紫金宾馆 2 号楼 A 座 负责人:王惠 Tel:010－65595856

**北京金英豪企业管理顾问有限公司**
地址:北京市东城区东安门大街 55 号 4 层 负责人:黄国盛 Tel:010－65596078

**北京汇通天地广告有限公司**
地址:北京市东城区东方广场 E1 座 1701 室 负责人:王小明 Tel:010－65263056

**北京心系新人妇女儿童健康咨询服务有限责任公司**
地址:北京市东城区东四十条 28 号 801 室 负责人:刘小今 Tel:010－65599021

**福斯特惠勒国际工程咨询(上海)有限公司北京办事处**
地址:北京市东城区建国门内大街 8 号中粮广场 A 座 4 层 6 负责人:曾旭光 Tel:010－65263480

**北京呈祥永盛商贸中心**
地址:北京市东城区美术馆后街 27 号楼地下室(福顺轩旅馆) 负责人:张春兵 Tel:010－64050756

**北京思博时空贸易有限公司**
地址:北京市东城区王府井大街 138 号新东安市场首层 108 号 负责人:宁宇 Tel:010－65280160

**北京汇一伟业文化发展有限公司**
地址:北京市东城区新中街 68 号(聚龙花园 406 室) 负责人:关英杰 Tel:010－68879535

**北京福成龙建筑设备租赁有限公司**
地址:北京市房山区官道镇黑古台村 负责人:王福 Tel:010－60332044

**北京东方汉普文化咨询有限公司**
地址:北京市房山区官道镇西石羊村 负责人:栾红 Tel:010－60334489

**北京市房山区节约用水办公室**
地址:北京市房山区良乡昊天大街 81 号 负责人:杨志军 Tel:010－69363711

**北京昌荣盛经济信息咨询中心**
地址:北京市房山区良乡鸿顺园 15 号楼 6 单位元 101 号 负责人:高连博 Tel:010－69345063

**北京君合助帮资询事务所**
地址:北京市房山区良乡西路 24 号

负责人:任启富
Tel:010—69376235

**北京三惠利建筑设备租赁中心**
地址:北京市房山区阎村镇北坊村
负责人:王淑敏
Tel:010—60386658

**北京燕山翔宇实业公司设备检修中心**
地址:北京市房山区燕山栗园路 0 号污水处理场
负责人:霍桂华
Tel:010—69343583

**北京燕安脚手架租赁站**
地址:北京市房山区燕山双泉路 3 号
负责人:王树华
Tel:010—69343118—5420

**北京鸿鼎泽投资顾问有限公司**
地址:北京市丰台区大井村 192 号
负责人:王永革
Tel:010—63898186

**北京东盛旺远商贸中心**
地址:北京市丰台区东高地 84 栋 1 单元 1 层 3 号
负责人:顾秀珍
Tel:010—68758409

**北京德福佳商贸中心**
地址:北京市丰台区丰北路后泥洼 87 号
负责人:刘荣
Tel:010—63827879

**北京中兴天成广告有限公司**
地址:北京市丰台区丰台镇七里庄 47 号
负责人:王勤山
Tel:010—63818324

**北京思达开心技术咨询有限公司**
地址:北京市丰台区广莲路 11 号 408 室
负责人:江龙
Tel:010—63953203

**北京埃克瑞特科贸有限公司**
地址:北京市丰台区四合庄(盛丰明加油站南 50 米路东)
负责人:崔媛媛
Tel:010—63283991

**北京金色羽毛文化传播中心**
地址:北京市丰台区万柳园 33 号 403 室
负责人:付仁辉
Tel:010—68435697

**北京福达伊格尔技术服务有限责任公司**
地址:北京市海淀区北蜂窝路 2 号 2302 室
负责人:刘曰民
Tel:010—64291290

**北京工业发展咨询有限公司**
地址:北京市海淀区北太平庄路 25 号 218 室
负责人:庞钦璧
Tel:010—62381075

**北京伯朗经贸有限责任公司**
地址:北京市海淀区北太平庄路 5 号楼 301 号
负责人:赵铭海
Tel:010—62005619

**北京联天广告有限公司**
地址:北京市海淀区北洼路 4 号华澳公寓 2 号楼 7 层 D 单元
负责人:李争
Tel:010—64345915

**北京世纪佳映文化发展有限公司**
地址:北京市海淀区北洼路西苑饭店宿舍楼 1504 房间
负责人:刘春生
Tel:010—68467414

**北京顺天杭经贸有限公司**
地址:北京市海淀区北洼西里 22 号中海雅园南 1 楼 1E 座
负责人:顾立杭
Tel:010—68485800

**北京中能科创信息技术有限公司**
地址:北京市海淀区北下关街道皂君庙甲 7 号 311 室
负责人:曾汀
Tel:010—62253715

**北京红十月图文设计有限公司**
地址:北京市海淀区昌运宫公汽四厂宿舍 5 门 602 号
负责人:郑斯峥
Tel:010—62191435

**北京银灯空间影视策划有限公司**
地址:北京市海淀区厂洼街 3 号 A 座 5038 室
负责人:粟艺萍
Tel:010—68432653

**北京墨西森广告有限公司**
地址:北京市海淀区厂洼街 5 号鼎恒信大厦 305 室
负责人:柴长存
Tel:010—68459115

**林同炎东南亚工程咨询(大连)有限公司北京办事处**
地址:北京市海淀区车公庄西路甲 20 号 812 室
负责人:乔国欣
Tel:010—68475930

**北京运泽天成影视艺术有限公司**
地址:北京市海淀区翠微路 2 号院 B 座 108 室
负责人:张忠
Tel:010—68946733

**北京华智昌业科贸发展中心**
地址:北京市海淀区复兴路 15 号科苑书城 19 号房
负责人:王丽
Tel:010—68515144

**北京崇鑫盛益科贸有限公司**
地址:北京市海淀区复兴路 25 号院 C 座 309 室
负责人:蒋绍元
Tel:010—62820344

**北京索维思经济研究所**
地址:北京市海淀区甘家口街道阜成路 11 号综合楼 805 室
负责人:夏连悦
Tel:010—68904945

**北京爱心佳丽社区服务中心**
地址:北京市海淀区公主坟二层坟 2 号万银宝通宾馆 312 房间
负责人:王丽萍
Tel:010—68576559

**北京诚信立业管理咨询中心**
地址:北京市海淀区花园路 3 号院 4 号楼 410 室
负责人:付衍磊
Tel:010—62036612

**北京金波顿科贸发展有限公司**
地址:北京市海淀区上地东里六区 2—4—502 室
负责人:刘慧君
Tel:010—62986559

**北京海润腾达商贸有限公司**
地址:北京市海淀区四道口路 1 号 307 室
负责人:张增奇
Tel:010—62128400

**北京宇宏迅达商贸有限公司**
地址:北京市海淀区四道口路大钟寺村 13 号 225 室
负责人:马艳芬
Tel:010—62126726

**北京兵工机电技术服务有限公司**
地址:北京市海淀区四季青乡曙光花园长河大厦 914 室
负责人:付世勇
Tel:010—51026776

**北京华教劳动和社会保障研究中心**
地址:北京市海淀区万寿寺甲 3 号平房
负责人:郑爱东
Tel:010—68470492

**北京市华荣兴达科贸有限责任公司**
地址:北京市海淀区温泉村北京市温泉苗圃院内
负责人:于鹏
Tel:010—62484367

**北京中视和盛广告有限公司**
地址:北京市海淀区羊坊店路 6 号天洋商厦 A 座 515 室
负责人:董烟桥
Tel:010—63941924

**北京仁诚元商贸有限公司**
地址:北京市海淀区皂君庙东里 42 号楼一层
负责人:韦庆思
Tel:010—62195883

**北京东方健商健康咨询有限公司**
地址:北京市海淀区志新村 14 号 308 室
负责人:张毅
Tel:010—64756666

**北京德声世纪科贸有限公司**
地址:北京市海淀区中关村北二街 4 号水清木华园 6 号楼 341 号
负责人:王晓峰
Tel:010—62532207

**北京嘉年洗染有限公司**
地址:北京市海淀区中关村南大街 12 号四区科技展示房
负责人:徐东彦
Tel:010—62196238

**北京易惠恒通贸易有限公司**
地址:北京市怀柔区滨湖小区 130 号
负责人:张旭
Tel:010—69628250

**北京黄柠檬音像店**
地址:北京市怀柔区怀北镇西庄村 265 号
负责人:刘立芳
Tel:010—69663898

**北京都会星动科技有限公司**
地址:北京市怀柔区怀柔镇北园 273 号
负责人:叶德明
Tel:010—65594071

**北京利兴奥达商贸有限公司**
地址:北京市怀柔县北房镇宰相庄村西 50 米处
负责人:郎保来
Tel:010—61667035

**北京博泓然广告有限公司**
地址:北京市怀柔县华北物资市场内
负责人:周廷国
Tel:010—69654307

**北京九龙富集源商贸有限公司**
地址:北京市怀柔县怀柔镇下元村北区
负责人:付振生
Tel:010—69642970

**北京业兴图商贸有限责任公司**
地址:北京市怀柔县怀柔镇于家园三区
负责人:彭光柱
Tel:010—69657260

**北京怀兴利商贸有限公司**
地址:北京市怀柔县怀柔镇张各长村
负责人:朱金国
Tel:010—69650804

**北京旭奥利达商贸有限公司**
地址:北京市怀柔县开放路环岛北侧
负责人:步地云
Tel:010—69689091

**北京中联新兴建设机械租赁有限公司**
地址:北京市怀柔县南大街 37 号
负责人:方明华
Tel:010—62196726

**北京郊区电信实业有限公司怀柔分公司**
地址:北京市怀柔县青春路 20 号
负责人:孙建民
Tel:010—69653200

**北京艾敏尔商务咨询有限公司**
地址:北京市怀柔县青春路 6 院 9—3—302
负责人:肖杰
Tel:010—69683893

**北京市盛隆旺市场服务管理有限责任公司**
地址:北京市怀柔县商业街 3 号
负责人:万新江
Tel:010—69687758

**北京锐达伟业旅游投资顾问有限公司**
地址:北京市怀柔县雁栖工业开发区五区
负责人:曾锐
Tel:010—64249338

**北京外贸菜蔬协会**
地址:北京市绿富隆菜蔬公司
负责人:阎洪泉
Tel:010—69101949

**北京金龙卡新科贸有限公司**
地址:北京市门头沟区滨河路 72 号 1518 室
负责人:王建国
Tel:010—68621369

**北京黎贝丝商贸有限责任公司**
地址:北京市门头沟区滨河路 72 号 1519 室
负责人:王贵庆
Tel:010—69843556

**中北首业(北京)物资有限公司**
地址:北京市门头沟区滨河路 72 号 2218 室
负责人:刘伟
Tel:010—88909041

**北京鑫玺洋洋科贸有限公司**
地址:北京市门头沟区城子大街 21 号 111 室
负责人:刘志霞
Tel:010—68832150

**北京德信昌经贸有限公司**
地址:北京市门头沟区城子大街 92 号 306 室
负责人:张洪东
Tel:010—69843374

**北京隆兴创业科贸有限公司**
地址:北京市门头沟区大峪小河滩 1 号 1 楼 208 室
负责人:梁同侠
Tel:010—69842853

**北京市益民金桥劳务派遣服务中心**
地址:北京市门头沟区黑山北小街 12 号 A0042 室
负责人:马芳芹
Tel:010—69822624

**北京市门头沟区核桃协会**
地址:北京市门头沟区葡萄嘴南核桃试验站
负责人:张永
Tel:010—69804947

**北京鑫鑫方盛物资中心**
地址:北京市门头沟区桥东街 16 号 204 室
负责人:李双锁
Tel:010—69843703

**北京铁达设备租赁有限公司**
地址:北京市门头沟区清水镇杜家庄村 18 号 106 室
负责人:邹立增
Tel:010—68657310

**北京中招联益国际经贸有限公司**
地址:北京市门头沟区新桥大街 37 号 258 室
负责人:黎模苏
Tel:010—68946103

**北京美和成商贸有限责任公司**
地址:北京市门头沟区新桥大街 44 号 216 室
负责人:严成哲
Tel:010—68933172

**北京天宝茂祥科贸有限公司**
地址:北京市门头沟区永定经济开发园三楼 177 室
负责人:陈秋明
Tel:010—69806518

**北京兰风筝文化发展有限公司**
地址:北京市门头沟区增产路 24 号 306 室
负责人:郭述良
Tel:010—68961890

**北京德庄化工销售有限公司**
地址:北京市密云县宾阳里 7 号甲六单元 102 室
负责人:张建国
Tel:010—69059160

**北京北辰博特空调技术有限公司**
地址:北京市密云县工业开发区大盛路 258 号
负责人:何家琦
Tel:010—64911784

**北京开创宏图广告有限公司**
地址:北京市密云县工业开发区内 8 号
负责人:杨晓鲁
Tel:010—69063324

**北京赛科天安商贸有限公司**
地址:北京市密云县河南寨镇工业开发区
负责人:孙晓玉
Tel:010—64463938

**北京京太继祥综合商店**
地址:北京市密云县太师屯易发综合集贸市场
负责人:刘继祥
Tel:010—69031611

**北京山水大地商贸有限公司**
地址:北京市密云县太师屯镇永安路商贸楼 15 号
负责人:李英钢
Tel:010—69038655

**北京环城恒泰商贸有限公司**
地址:北京市密云县新中街 85 号
负责人:邢永红
Tel:010—69040622

**北京市平谷区地震办公室**
地址:北京市平谷区平谷镇府前街 26 号
负责人:赵国利
Tel:010—69962348

**北京捷径通商贸有限责任公司**
地址:北京市平谷区兴谷工业开发区 A 区 158 号
负责人:李金芳
Tel:010—69961686

**北京同业共创商贸有限公司**
地址:北京市平谷区兴谷工业开发区 A 区 16 号
负责人:李可冉
Tel:010—64371612

**北京勤和信投资顾问有限公司**
地址:北京市平谷县滨河工业开发区
负责人:孙铁群
Tel:010—63434307

**北京天禾兄弟电视电影投资有限公司**
地址:北京市平谷县滨河工业开发区
负责人:聂圣哲
Tel:010—68433762

**北京中环世纪贸易发展有限公司**
地址:北京市平谷县滨河工业开发区
负责人:朱美娟
Tel:010—68434799

**北京雅琳百纳商贸有限公司**
地址:北京市平谷县刘家店镇刘家店村
负责人:王琳
Tel:010—64042590

**北京中物利成经贸有限公司**
地址:北京市平谷县马坊镇工业小区
负责人:李显明
Tel:010—60995254

**北京金技基业技术服务有限公司**
地址:北京市平谷县平谷镇北大综合市场院内
负责人:付杰
Tel:010—64650172

**北京东方裕华工贸有限公司**
地址:北京市平谷县平谷镇滨河工业开发区
负责人:刘秀军
Tel:010—64859786

**北京朗力天技术服务有限公司**
地址:北京市石景山区八角中里科技馆 3 楼 304 号
负责人:徐微
Tel:010—68884694

**北京万朗天兴文化传播有限责任公司**
地址:北京市石景山区老山街道办事处院外
负责人:李荣香
Tel:010—68871609

**北京今日华夏文化发展研究中心**
地址:北京市石景山区苹果园大街(派出所东侧)
负责人:杜沐
Tel:010—68628625

**《中国高新技术产业导报》社有限责任公司**
地址:北京市石景山区石景山路 22 号万商大厦 22 层
负责人:张复良
Tel:010—68662996

**北京圣伟达保洁有限公司**
地址:北京市石景山区石景山体育场办公中心 101 室
负责人:程伟
Tel:010—68661336

**北京市企业新闻工作研究会**
地址:北京市石景山区首钢集团办公厅 3 号楼
负责人:张思源
Tel:010—68875087

**北京市恩达会议服务中心**
地址:北京市石景山区杨庄北区 2 号楼 2 单元 1505 室
负责人:魏景娜
Tel:010—68814206

**北京兴业世标管理咨询中心**
地址:北京市石景山区杨庄东路 126 号星宇大厦 409 室
负责人:李石
Tel:010—68815089

**北京景瑞祥科贸有限公司**
地址:北京市顺义区北小营镇府前街九号
负责人:丁景利
Tel:010—60483621

**北京市顺义区种植业服务中心**
地址:北京市顺义区府前西街
负责人:邢文德
Tel:010—69421647

**北京市顺义区门球协会**
地址:北京市顺义区教师之家
负责人:吴桂云
Tel:010—69443063

**北京鑫路潮商贸有限公司**

地址:北京市顺义区马坡镇向阳村西侧
负责人:路文革
Tel:010-69403471

**北京神笛陶艺文化有限公司**
地址:北京市顺义区南彩镇白马路北侧三高农业示范区内
负责人:梁荣辉
Tel:010-69429918

**北京四海鑫旺商贸有限公司**
地址:北京市顺义区仁和地区梅沟营村村委会北 500 米
负责人:林作
Tel:010-69441555

**北京市顺义区内部审计协会**
地址:北京市顺义区审计局院内
负责人:王超
Tel:010-69444127

**北京立康茂咨询有限公司**
地址:北京市顺义区天竺地区府前街四号
负责人:陈连芳
Tel:010-64579779

**北京郊区电信实业有限公司顺义分公司**
地址:北京市顺义区新顺南大街路西
负责人:贾宝民
Tel:010-69440090

**北京市纳川经纪服务有限公司**
地址:北京市顺义区幸福东街 9 号楼二单元 302 号
负责人:秦启才
Tel:010-69431885

**北京连联鑫商贸有限公司**
地址:北京市顺义区杨镇政府西南侧
负责人:董连胜
Tel:010-61454022

**北京白孔雀广告有限责任公司**
地址:北京市顺义区站前东街商业楼 2 号楼
负责人:白进海
Tel:010-69420580

**北京龙华盛世商贸有限公司**
地址:北京市顺义区赵全营镇赵白路 3 号
负责人:张荣珍
Tel:010-60435236

**北京丰鼎祥商店**
地址:北京市通州区滨河路 126 号旁门南侧
负责人:张建国
Tel:010-69572038

**北京星光时代影视设备有限公司**
地址:北京市通州区工业开发区
负责人:陈玉明
Tel:010-69526042

**北京博宇通标咨询有限公司**
地址:北京市通州区工业开发区
负责人:李玉国
Tel:010-65526014

**北京雪伦影视策划有限公司**
地址:北京市通州区京华科技园
负责人:赵永增
Tel:010-69512756

**北京东启精华工贸有限公司**
地址:北京市通州区台湖镇垛子村南口
负责人:王梦林
Tel:010-69509302

**北京金宇瑞欣贸易有限公司**
地址:北京市通州区西上园四区商-31
负责人:张国庆
Tel:010-69547816

**北京印佳工贸有限公司**
地址:北京市通州区新华北街 301 号
负责人:孙宝海
Tel:010-60531001

**北京市通州区永顺镇资产管理中心**
地址:北京市通州区新华北街 33 号
负责人:王洪奎
Tel:010-69548827

**北京市通百百信商贸有限公司**
地址:北京市通州区新华大街 45 号
负责人:张宝东
Tel:010-69553151

**北京市通州区公证处**
地址:北京市通州区新建街 17 号
负责人:王孝民
Tel:010-69557977

**北京市业讯信息咨询有限责任公司**
地址:北京市通州区永顺西街 45 号
负责人:薛卫东
Tel:010-69546929

**北京东方娜媛形象设计有限公司**
地址:北京市通州区于家务工业区
负责人:朴赞应
Tel:010-64677033

**北京市通州区产品质量监督检验所**
地址:北京市通州区玉带河大街 32 号
负责人:杨春生
Tel:010-89580050

**北京立群工贸有限公司**
地址:北京市通州区张家湾镇梁各庄村东
负责人:霍春明
Tel:010-69599967

**北京宜天润科贸有限公司**
地址:北京市通州区中联科技园
负责人:吴天文
Tel:010-64713088

**北京建华世纪伟业贸易有限公司**
地址:北京市通州区中联科技园
负责人:董建斌
Tel:010-69518822

**北京爱克兰特管理咨询有限公司**
地址:北京市通州区中联科技园
负责人:闫国忠
Tel:010-69551215

**北京奥来福科贸有限公司**
地址:北京市通州区中联科技园
负责人:曹贵明
Tel:010-65522962

**北京精典文苑贸易中心**
地址:北京市西城区百万庄大街 24 号 5 号楼 401 室
负责人:白根顺
Tel:010-68995895

**北京瑞华洁丽洗衣服务有限公司**
地址:北京市西城区德胜门外黄寺大街 27 号
负责人:倪俊荣
Tel:010-62386382

**北京中部商贸有限公司**
地址:北京市西城区德外大街五路通 14 号 213 室
负责人:王士清
Tel:010-65066781

**北京山连山矿业开发咨询有限责任公司**
地址:北京市西城区丁字胡同 6 号 1 门 112 室
负责人:李德安
Tel:010-62374086

**北京东辰宇商贸有限公司**
地址:北京市西城区阜成门外大街 36 号金贸商务中心 413 室
负责人:陈国华
Tel:010-68518089

**北京中沙海湾咨询服务有限公司**
地址:北京市西城区阜外大街 36 号金贸商务中心 406 室
负责人:徐东山
Tel:010-68576973

**北京瀚源阁图文设计有限公司**
地址:北京市西城区南礼士路头条 7 号二门 5 层 9 号
负责人:王承志
Tel:010-68626699

**京辉洋(北京)保洁有限责任公司**
地址:北京市西城区三里河 5 号院 5 号楼 3 门 301 室
负责人:韩冬辉
Tel:010-68578751

**北京伯涛咨询有限公司**
地址:北京市西城区三里河二区 18 号楼院
负责人:鲁伯涛
Tel:010-68536048

**北京古都文化传播有限责任公司**
地址:北京市西城区什家户胡同 14 号
负责人:王浩
Tel:010-68904865

**北京诚信玫瑰园家政服务中心**
地址:北京市西城区月坛北街 25 号军工楼一层 102 室
负责人:杨丽华
Tel:010-68581564

**北京恒华德龙商标代理有限公司**
地址:北京市西城区月坛北街 26 号恒华国际商务中心 A 座 505、507 室
负责人:魏利民
Tel:010-58565078

**北京华贸兴业贸易有限公司**
地址:北京市西城区月坛南街 26 号主楼 348 房间
负责人:雷锡林
Tel:010-68513558

**广西梧州冰泉实业股份有限公司北京销售分公司**
地址:北京市西城区月坛南街 32 号
负责人:刘金文
Tel:010-68571275

**北京金仝富投资顾问有限公司**
地址:北京市宣武区广安门外南滨河路 1 号(高新大厦 713 室)
负责人:余劲松
负责人:010-63288679

**北京市骏凯房屋拆迁信息咨询有限公司**
地址:北京市宣武区南线阁南马道 15 号(华洗招待所 206 室)
负责人:常白石
Tel:010-63152388

**北京明月达国际信息咨询服务有限公司**
地址:北京市宣武区万明路 11 号 1201 房
负责人:中村政之
Tel:010-63014466

**北京市延庆县京北冬枣协会**
地址:北京市延庆县大榆树镇下屯村村南 300 处
负责人:王怀茂
Tel:010-69148035

**北京普佳欣商贸有限公司**
地址:北京市延庆县经济技术开发区管委会办公楼 139 室
负责人:韩建国
Tel:010-69187636

**北京京永立商贸有限公司**
地址:北京市延庆县经济技术开发区管委会办公楼 143 室
负责人:王永军
Tel:010-63287627



## 天津市/Tianjin Municipality

**天津市福新工贸有限公司**
地址:天津市北辰区大张庄镇北孙庄村西九园公路南侧
负责人:陈福新
Tel:13032241888

**天津市恒瑞达贸易发展有限公司**
地址:天津市北辰区汉沟供应站沙石厂西侧
负责人:王燕
Tel:13752093682

**天津市源茂农副产品商贸有限公司**
业务:天津市源茂农副产品商贸有限公司成立于 1995 年,主要从事于朝天椒的加工、出口销售。公司以"质量求生存、信誉求发展",欢迎广大用户光临惠顾!
地址:天津市宝坻区王卜庄镇大吴庄
刘春生 负责人:……邮 编:301805
法 人:刘春生
Tel:022-82458166
Fax:022-82458081

**天津德事隆商务信息咨询服务有限公司**
地址:天津市北辰区津围公路西 LG 电子工会大楼内
负责人:王利
Tel:022-23956599

**天津市万源恒通商贸中心**
地址:天津市北辰区京津公路万源星城南峰路 3-01
负责人:李卫国
Tel:13132109908

**天津市北辰区思齐培训中心**
地址:天津市北辰区京津路东南仓道南
负责人:陈中华
Tel:022-26340148

**天津锦荣科技有限公司**
业务:我公司主要从事办公用品,劳保用品,五金交电,化工产品,机电产品,建筑材料等批发、零售。欢迎新老客户光临惠顾!
地址:天津市北辰区宜兴埠科技园区华松道
负责人:俞龙昊
法 人:俞龙昊
Tel:022-86995980
网址:300400

**天津市益辰商贸有限公司**
地址:天津市北辰区青光镇京福公路西侧
负责人:闫国通
Tel:13802162980

**天津润泉工贸有限公司**
地址:天津市北辰区双发大厦北楼 11#
负责人:杨建钢
Tel:13352095290

**天津中旺伟业工贸有限公司**
地址:天津市北辰区双口镇下河头村
负责人:安中旺
Tel:13002238593

**天津市津盈商贸有限公司**
地址:天津市北辰区天穆镇刘家房子村北佳园新里 4 号楼 4-4
负责人:谭展昂
Tel:13752306299

**天津市健嘉建材贸易有限公司**
地址:天津市北辰区万科新城紫萍苑 3-05
负责人:李朝晖
Tel:13312151733

**天津市绿诗缘劳动服务有限公司**
地址:天津市北辰区王秦庄
负责人:杨立志
Tel:13820771008

**天津市北辰区胜军百货经营部**
地址:天津市北辰区闫庄村
负责人:蔡军
Tel:13072257929

**天津市大港育新培训学校**
地址:天津市大港区春晖北里
负责人:王芳
Tel:022-63100368

**天津市大港区富航百货超市**
地址:天津市大港区兴德里
负责人:高安贤
Tel:022-25976426

**天津市大港区郎洁再就业服务有限公司**
地址:天津市大港区阳春里 18 号楼底商
负责人:郭成娟
Tel:022-63221165

**天津市大港区馨悦再就业服务有限公司**
地址:天津市大港区迎宾街 62 号
负责人:徐廷海
Tel:022-81975354

**天津市东海化工工贸有限公司**
地址:天津市大港油田丰收道中段西侧
负责人:苏月峰
Tel:022-25933625

**天津市绿野工贸有限责任公司**
地址:天津市大港油田红旗路祥和小区南
负责人:张彩琴
Tel:022-63954841

**天津市启圣工贸有限公司**
地址:天津市东丽区大毕庄镇南何庄村
负责人:宋昌亮
Tel:13802182891

**天津市隆兴工贸有限公司**
地址:天津市东丽区大毕庄镇新中村闽中路
负责人:柯伍湖
Tel:13072252928

**天津市新原化工贸易有限公司**
地址:天津市东丽区津塘公路北(粮食办公室)
负责人:纪奕飞
Tel:022-24965110

**天津市海云商贸有限公司**
地址:天津市东丽区津塘路 180 号
负责人:闫贵城
Tel:022-24397988

**天津市成进商贸有限公司**
地址:天津市东丽区景欣苑 9 号楼 301-302
负责人:金花
Tel:022-24964105

**天津市万东房屋销售服务有限公司**
地址:天津市东丽区利津路商业街 C 区 51 号
负责人:李少忠
Tel:13502178211

**天津市东丽驯海康复老人院**
地址:天津市东丽区驯海路 1 号
负责人:安宪忠
Tel:022-60403058

**天津市金秋企业事务咨询服务部**
地址:天津市汉沽区河西三经路工商局院内
负责人:王瑞秋
Tel:13820564292

**天津沽泽永业商贸有限公司**
地址:天津市汉沽区河西四纬路 20 号
负责人:付丽娅
Tel:022-89392119

**天津市天利和商贸有限公司**
地址:天津市汉沽区新开中路 80 号
负责人:张庆祝
Tel:13612135922

**天津威尔玛商贸有限公司**
地址:天津市和平区长春道 9 号 515 室
负责人:吴强
Tel:13602137206

**天津德瑞摩根投资咨询有限公司**
地址:天津市和平区大理道三友别墅 1 号 1291 室
负责人:金沐雪
Tel:13001357055

**天津市富客商贸有限公司**
地址:天津市和平区大理道三友别墅 1 号 1294 室
负责人:刘铭
Tel:13132284295

**奥林巴斯(北京)销售服务有限公司天津办事处**
地址:天津市和平区电台道佳怡公寓 B-6-602
负责人:河原东
Tel:13323363977

**上海比士国际贸易有限公司天津分公司**
地址:天津市和平区哈尔滨道 18 号 612-4 室
负责人:谭萍萍
Tel:022-25820526

**天津市华通瑞丰商贸发展有限公司**
地址:天津市和平区解放北路 189 号 210 室

负责人:王时英
Tel:022－23397861

**天津兴平再就业服务有限公司**
地址:天津市和平区昆明路京海公寓 1 号楼 2002 室
负责人:曲仁凯
Tel:022－27113712

**天津中原物业顾问有限公司昆明路分公司**
地址:天津市和平区兰州道景阳里 4 门 1 层底商
负责人:黎明楷
Tel:022－85681788

**天津世纪文化教育信息咨询服务有限公司**
地址:天津市和平区南京路 305 号经联大厦主楼 2015 室
负责人:郭建
Tel:13032288408

**国誉贸易(上海)有限公司天津办事处**
地址:天津市和平区南京路 75 号国际大厦 908 室
负责人:喜多罗和宏
Tel:022－23110108

**天津市贝克通讯设备商贸有限公司**
地址:天津市和平区南京路河川大厦第 1 座第七层 A01 室
负责人:戎必克
Tel:13702109984

**天津市洪蕴商贸有限公司**
地址:天津市和平区卫津路与电台道交口佳怡公寓 4－2－1507
负责人:洪霞
Tel:022－81692963

**天津沃得玛克丁进出口贸易有限公司**
地址:天津市和平区小白楼四号地 403 号
负责人:戴胜辉
Tel:13110048811

**天津市唯建商务信息咨询有限公司**
地址:天津市和平区新华路 166 号海珠大厦 1507 室
负责人:郭建
Tel:022－27227316

**天津市东方恒信商贸发展有限公司**
地址:天津市和平区新兴路 38 号 A3122 室
负责人:张浩
Tel:022－81863680

**天津斯迪卡商贸有限公司**
地址:天津市和平区新兴路都市花园 5 号楼 1203－78
负责人:李一桥
Tel:022－81780665

**天津亿信达商贸有限公司**
地址:天津市和平区新兴路都市花园 5 号楼 1203－97
负责人:修敏军
Tel:13002218913

**天津市宏展商贸有限公司**
地址:天津市河北区汇园里 34－501－503 号
负责人:张晓凤
Tel:13323350769

**天津市九鼎科贸有限公司**
地址:天津市河北区建昌道 65 号
负责人:王志平
Tel:13802102868

**天津市圣存广告有限公司**
地址:天津市河北区建国道四经路 7 号
负责人:陈宝昇
Tel:022－81656138

**天津中昊保洁服务有限公司**
地址:天津市河北区建国道四经路 7 号
负责人:董玉霞
Tel:13072018523

**天津市万事隆商贸有限公司**
地址:天津市河北区江都路 1 号
负责人:魏树森
Tel:022－26446088
13902045858

**天津莱恩工贸有限公司**
地址:天津市河北区金明里 5－20－202
负责人:高淑坤
Tel:022－26282039

**天津市文福商贸有限责任公司**
地址:天津市河北区金钟河大街 101 号(顶好装饰城内 27 号)
负责人:戴文福
Tel:13702169598

**天津国加房地产经营有限公司金钟河大街店**
地址:天津市河北区金钟河大街 549 号
负责人:邱娜
Tel:022－28137750

**天津市朝颖商贸有限公司**
地址:天津市河北区金钟河大街与王串场一号路交口景逸园小区一号楼 301
负责人:徐滨
Tel:13072252196

**天津市国风广告装饰制作中心**
地址:天津市河北区津塘支路 35 号
负责人:郭凤奎
Tel:022－24452013

**天津市大地阳光房地产经纪有限公司**
地址:天津市河北区昆纬路 69 号增 1 号
负责人:郭伟
Tel:13352098877

**天津市奥通财务咨询服务中心**
地址:天津市河北区昆纬路昆宏里(天津铁路分局天津建筑段领工区二楼 205 号)
负责人:陈红旭
Tel:13302157090

**天津市爱之家房地产经纪有限公司**
地址:天津市河北区胜利路 188 号
负责人:闫立海
Tel:022－24453355

**天津市海啤商贸有限公司**
地址:天津市河北区寿安街 23 号 5 楼
负责人:冬伯亭
Tel:022－81333899

**天津市浩东物资有限公司美盛分公司**
地址:天津市河北区水产前街 20 号增 5 号
负责人:郭才敏
Tel:13502107417

**天津市云彬商贸中心**
地址:天津市河北区王串场 31 段 2 排 41
负责人:阎孝忠
Tel:022－26425950

**天津包豪斯形象设计有限公司**
地址:天津市河北区新大路 189 号
负责人:张耕溥
Tel:022－26283930

**天津市泓利商贸有限公司**
地址:天津市河北区中山北路 2 号
负责人:陈彦龙
Tel:13820680937

**天津市福事特劳务服务有限公司**
地址:天津市河北区中山北路 40 号
负责人:王志
Tel:13502168889

**天津市君信劳务服务中心**
地址:天津市河北区宙纬路 11 号
负责人:刘长风
Tel:13602156610

**天津市华鑫创业工贸有限公司**
地址:天津市河东区大王庄七纬路 65 号
负责人:刘金兰
Tel:13803086665

**天津市金凯隆工贸有限公司**
地址:天津市河东区富民路 54 号
负责人:陈菲
Tel:022－89997995

**天津云阔房地产信息咨询有限公司**
地址:天津市河东区华昌大街东盈里 4－1－102
负责人:石君
Tel:13702151328

**天津市上源商贸中心**
地址:天津市河东区井岗山 5 号
负责人:张秋华
Tel:13820093292

**天津市大略规划建筑设计咨询有限公司**
地址:天津市河东区六纬路 245 号(原自行车厂)
负责人:张秀英
Tel:13116196438

**天津市西姆西工贸有限公司**
地址:天津市河东区七纬路 25 号
负责人:王景田
Tel:13116141188

**天津思丹蕾国际贸易有限公司**
地址:天津市河东区卫国道 71 号
负责人:董蕾
Tel:022－24414430/806
24414433

**天津市坤弘商贸有限公司**
地址:天津市河东区卫国道弘轩公寓 3－8－301 室
负责人:马长春
Tel:022－24418008

**天津市红林家政服务有限公司**
地址:天津市河东区卫国道晓德里 1 号楼 1－502
负责人:郭春林
Tel:13512085772

**天津市创世纪房产经营有限公司**
地址:天津市河东区新开路聚安西园 5－2－102
负责人:李世庆
Tel:022－89989797

**天津市福胜再就业服务有限公司**
地址:天津市河东区中山门中山北里 26 号 109 室
负责人:张悦
Tel:13622009692

**天津市日新再就业服务有限公司**
地址:天津市河东区中山门中心北道 26 号 301 号
负责人:朱恩秀
Tel:13002239270

**天津中达保险经纪有限公司**
地址:天津市河西区围堤道万海写字楼 A 座 315 号
负责人:刘秋生
Tel:022－28327337

**天津市巨隆劳务服务有限公司**
地址:天津市红桥区丁字沽勤俭道 21 号
负责人:倪维亮
Tel:13332002828

**天津市正皓法律事务咨询服务中心**
地址:天津市红桥区洪湖南路 26 号
负责人:周宜华
Tel:022－81611577

**天津市跃隆源工贸有限公司第一分公司**
地址:天津市红桥区邵公庄后大道 30 号院内
负责人:李占华
Tel:022－27620979

**天津骏展置业经纪有限公司**
地址:天津市红桥区西青道 65 号金兴大厦
负责人:卢永逸
Tel:022－88238089

**天津市金意朴科贸有限责任公司**
地址:天津市红桥区西青道 65 号金兴大厦 1307 室
负责人:陈庆林
Tel:13820760567

**天津市金兰大业商贸中心**
地址:天津市红桥区西青道 70 号
负责人:梁俊琪
Tel:13820299108

**天津市启航置业经纪有限公司**
地址:天津市红桥区西青道金丰公寓 2－3－302 号
负责人:张燕明
Tel:13072248681

**天津安利好帮手保洁有限公司**
地址:天津市开发区翠亨村 A 座 2 门 2701 室
负责人:韦飞亚
Tel:022－62000222
13820025888

**天津市宏鑫盛商贸有限公司**
地址:天津市南开区鞍山西道 351 号 702 室
负责人:张新
Tel:13032230410

**天津市中豪迅天电脑图文设计工作室**
地址:天津市南开区鞍山西道 445 号兴科大厦 629 室
负责人:霍磊
Tel:022－27375331

**天津鹏威特进出口有限公司**
地址:天津市南开区鞍山西道风荷园 2－3－403
负责人:句炳荣
Tel:13012258968

**天津市艺阳中天广告有限公司**
地址:天津市南开区白堤路 70 号 503 室
负责人:张秋立
Tel:022－27454546

**天津市玖月会议服务有限责任公司**
地址:天津市南开区白堤路博士后公寓底商
负责人:汪达
Tel:13702060313

**天津世开商务信息咨询有限公司**
地址:天津市南开区宾水道新城市花园 5－2－101
负责人:柳丁圭
Tel:022－23856599

**天津团队商贸有限公司**
地址:天津市南开区宾水西道华苑新城云华里 27－1－102
负责人:徐淑珍
Tel:13752026771

**天津神野商贸有限公司**
地址:天津市南开区长江道 263 号 315 室
负责人:张宏
Tel:022－81168693

**天津市利通房屋信息咨询有限公司**
地址:天津市南开区长江道玉泉北里 5 号楼 2 门 101
负责人:董娜
Tel:022－89574568

**天津市福兴达商贸中心**
地址:天津市南开区红旗路 330 号
负责人:张金明
Tel:022－83690080

**天津金世通商贸有限公司**
地址:天津市南开区红旗路宝山道龙川路 4 号院内
负责人:赵秀珍
Tel:13820369896

**天津市信达诚工贸有限公司**
地址:天津市南开区红旗路北草坝华平路 5 号
负责人:赵文庆
Tel:13820274252

**天津市仁爱新兴商贸有限公司**
地址:天津市南开区红旗南路 578 号办公楼 309、310 室
负责人:任汝亮
Tel:13512059199

**天津蓝宇石科贸有限公司**
地址:天津市南开区华坪路 20 号 1202 室(科技园)
负责人:李新兰
Tel:022－87613420

**天津普瑞思医药贸易发展有限公司**
地址:天津市南开区华苑产业区海泰绿色产业基地 C 座 501 室
负责人:朱江
Tel:022－23088268

**天津同益投资管理咨询有限公司**
地址:天津市南开区华苑产业区榕苑路 1 号天财软件大厦 1808 室
负责人:詹先华
Tel:13602056865

**天津顺元科贸有限公司**
地址:天津市南开区华苑产业区鑫茂科技园 AB 座二层 I 单元 216 室
负责人:丁子元
Tel:022－81625965

**天津市溯源商务信息咨询服务有限公司**
地址:天津市南开区黄河道 519 号院内
负责人:刘桂华
Tel:13352007633

**天津市赫斯清洁服务有限公司**
地址:天津市南开区黄河道与临汾路交口东北侧盛达园 2－1－901
负责人:张翠红
Tel:022－27377763

**天津市骏亚商贸有限公司**
地址:天津市南开区科研西路 2 号金辉大厦 703 号
负责人:于嘉林
Tel:13388010689

**天津市鸿宁机电产品商贸有限公司南开分公司**
地址:天津市南开区临潼路南头
负责人:周铨
Tel:022－27269095

**天津市天翔顺商贸有限公司**
地址:天津市南开区罗江路 24 号
负责人:巩淑云
Tel:022－27512523

**天津市博益新商贸有限公司**
地址:天津市南开区密云一支路 22 号
负责人:蔡立立
Tel:13603360200

**天津市建安房地产交易中心**
地址:天津市南开区南丰路 99 号增 2 号
负责人:马永亮
Tel:022－27376873

**天津市鹏志科工贸有限责任公司南开第二分公司**
地址:天津市南开区南马路五金城北区 5 栋 3 号
负责人:王玉芹
Tel:022－27254392

**天津市奥威企业形象策划有限公司**
地址:天津市南开区南马路邮电新村 7 号楼 1107 室
负责人:唐帅超
Tel:13512176586

**天津宛川广告有限公司**
地址:天津市南开区西市大街 109 号
负责人:张凯
Tel:13323318122

**天津市养老护理员职业技能培训学校**
地址:天津市南开区咸阳路 52 号
负责人:王坤明
Tel:022－27640368

**天津市大美工贸有限公司**
地址:天津市南开区咸阳路 62 号院内
负责人:王芙义
Tel:022－27645731

**天津市金安达机电设备商贸有限公司**
地址:天津市南开区向阳路云阳北里平房 1 号
负责人:安建河
Tel:13602320944

**天津市鑫淼劳务服务中心**
地址:天津市南开区冶金里 2 号楼 1－201－204
负责人:吴江
Tel:13352097598

**天津市旸谷科贸有限公司**
地址:天津市南开区宜宾道 9 号 221(科技园)
负责人:白玉琳
Tel:022－60521800

**天津羽佳国际贸易有限公司**
地址:天津市天津港保税区东方大道 88 号 1－105－1 室
负责人:徐羽佳
Tel:022－25762396

**天津尚武社国际贸易有限公司**
地址:天津市天津港保税区东方大道 88 号 1－301－2 室
负责人:成泓
Tel:022－28300070

**天津港保税区瑞拓国际贸易有限公司**
地址:天津市天津港保税区国贸路 18 号 421 室
负责人:张广
Tel:022－81754882

**天津集祥国际贸易有限公司**
地址:天津市天津港保税区国贸路 18 号 428 室
负责人:高桂芝
Tel:022－25762689

**天津中天东信能源进出口有限公司**
地址:天津市天津港保税区国贸路 18 号 712 室
负责人:高玉宏
Tel:022－24469866

**睿鹏(天津)国际贸易有限公司**
地址:天津市天津港保税区海滨八路 118 号 2－A311－6 室
负责人:申斌辉
Tel:13302119918

**天津汇联投资管理有限公司**
地址:天津市天津港保税区海滨八路 88 号 808－1 室
负责人:石明建
Tel:022－60357095

**天津津嘉兴商贸有限公司**
地址:天津市天津港保税区海滨八路 88 号 809 室
负责人:胡长安
Tel:13512288908

**天津麦迪水谷国际贸易有限公司**
地址:天津市天津港保税区海滨八路 88 号 812－1 室
负责人:水谷隆导

Tel:022－59810158

**天津金汇达国际贸易有限公司**
地址:天津市天津港保税区海滨八路 88 号 812－2 室
负责人:赵心爱
Tel:13752170826

**恒美(天津)国际工贸有限公司**
地址:天津市天津港保税区海滨二路 78 号 1－A－504 室
负责人:回振丽
Tel:022－27831816

**天津天硕国际贸易有限公司**
地址:天津市天津港保税区海滨二路 78 号 1－A－506 室
负责人:牛香萍
Tel:022－81938087

**天津联众进出口有限公司**
地址:天津市天津港保税区海滨二路 78 号 1－A－530－4 室
负责人:杨昌平
Tel:022－25322204

**天津宏晟国际贸易有限公司**
地址:天津市天津港保税区海滨九路 131 号 2－A611 室
负责人:柴忠宏
Tel:022－24790818

**天津白日国际贸易有限公司**
地址:天津市天津港保税区天保大道 77 号 A－404 室
负责人:卞硕振
Tel:022－28232135

**天津森田国际贸易有限公司**
地址:天津市天津港保税区天保大道 77 号 A－415 室
负责人:森田乾嗣
Tel:13820040761

**迈可投资咨询(天津)有限公司**
地址:天津市武清区豆张庄乡政府西侧
负责人:莫宇
Tel:022－22167576

**天津跨世纪津华企业形象设计制作有限公司**
地址:天津市西青经济开发区中北工业园 B－E4 号
负责人:姚博
Tel:022－27012266

**天津润鑫商贸有限公司**
地址:天津市西青经济开发区中北工业园内
负责人:杜臣美
Tel:022－27920458

**天津市大宏花卉商店**
地址:天津市西青区曹庄花卉市场北厅 261 号
负责人:陈宏

Tel:13622009993

**天津市书奇商贸有限公司**
地址:天津市西青区大寺镇北里八口村
负责人:潘书奇
Tel:022－23970205

**天津市举贤劳务服务中心西青分部**
地址:天津市西青区大寺镇南里八口村
负责人:张金超
Tel:022－81943362

**天津福通天保投资发展有限公司**
地址:天津市西青区李七庄街凌口村北
负责人:徐昀
Tel:13502061216

**天津市西青区大行商贸有限责任公司**
地址:天津市西青区王稳庄镇商住楼 205 号
负责人:韩树专
Tel:022－23999299

**锦宏商贸有限公司**
地址:天津市西青区辛口镇第六埠村村西
负责人:刘宝林
Tel:022－87990052
13803041653

**天津市盛华彩灯租赁服务中心**
地址:天津市西青区杨柳青镇大柳滩村原鸡厂院内
负责人:张建雄
Tel:13001385690

**上海宏兆房地产经纪有限公司天津分公司**
地址:天津市西青区杨柳青镇津杨公路 2 号
负责人:刘宏
Tel:022－27921010

## 天津梓桐国际贸易有限公司
业务:天津梓桐国际贸易有限公司成立于 2005 年,主要从事物资类贸易。公司坚持以“诚信为本,客户至上”的原则,竭诚欢迎业内人士来电、来函洽谈合作事宜!
地址:天津市河西区宾友道文静里 53 门 401－505 室
法　人:王玥
Tel:022－28136662
28136663
Fax:022－28132813

**天津市西青区先达职业教育培训中心**
地址:天津市西青区杨柳青镇前桑园村
负责人:李丽
Tel:022－27990919

**天津市义阳商贸有限公司**
地址:天津市西青区杨柳青镇西青道与柳云路交口(西青区体育中心内)
负责人:韩振义
Tel:13002251018



## 上海市/Shanghai Municipality

**上海冶德经贸有限公司**
地址:上海市宝山区长逸路 15 号东区一路三楼－657
负责人:张寅德
Tel:021－56447261

## 上海图赢工贸有限公司
业务:本公司成立于 2003 年,拥有 20 多名员工。主要经营各种建筑材料的批发与销售。
地址:上海市宝山区顾村镇陈行街 42 号
邮　编:201906
法　人:刘连松
Tel:021－56041784

**上海宝山区罗泾镇为老服务中心**
地址:上海市宝山区陈镇路北端
负责人:严守兴
Tel:021－66876886

**上海勋帆商贸有限公司**
地址:上海市宝山区呼兰路 1059 号二楼 4 室－62
负责人:窦伟伟
Tel:021－56998276

**上海宴崔贸易商行**
地址:上海市宝山区牡丹江路 182 弄 3 号－59
负责人:晏媛媛
Tel:021－56846580

## 上海洪雅贸易有限公司
业务:专业从事各种产品进出口业务,主要针对欧洲国家,公司以一流的管理、一流的技术和一流的服务,与国内外的朋友建立良好的业务关系,共同发展、共创辉煌。
产品:卫浴系列产品
地址:上海浦东祖冲之路 2288 弄 3 号楼 805 室
负责人:刘洪亮　邮　编:200120
法　人:刘洪亮
Tel:021－50263787
15221967473
Fax:021－50263787
E-mail:honglang898@hotmail.com

## 上海兴仁物资有限公司
业务:上海兴仁物资有限公司主要经营建筑材料、日用百货、化工原料、化工产品,以质量求生存、信誉求发展,热忱欢迎新老客户光临惠顾。
地址:上海市宝山区虎林路 800 弄 32 号 602 室
负责人:丁兴仁　邮　编:200431
法　人:丁兴仁
Tel:021－66049389

**上海真季婚礼服务有限公司**
地址:上海市漕溪北路 18 号 13E2 室
负责人:高濑涉
Tel:021－63916161

**上海迪亚联华零售有限公司长临店**
地址:上海市长临路 850 号
负责人:殷敏
Tel:021－56488128

**北京青年报网际传播技术有限公司上海分公司**
地址:上海市长宁区北翟路 163 弄 30 号 5 幢 206A 室
负责人:李祖鹏
Tel:021－62712037

## 上海斌友工贸有限公司
业务:上海斌友工贸有限公司成立于 2003 年,从事五金机械、化工原料(除危险品及专项规定)、建筑材料、电器电子产品销售服务。竭诚欢迎各界人士光临我们公司。让我们携手合作,开辟市场,共创繁荣。
地址:上海市宝山区罗店镇市一路
邮　编:201908
法　人:姚建斌
Tel:021－66866886
Fax:021－66863648

## 上海喜丽保洁有限公司
业务:大楼外墙,玻璃,地毯,大理石的清洗、保洁
产品:地坪清洗上脂,商场\写字楼\住宅小区水箱\广告牌\灯箱清洗,厨房设备,办公设备清洗,地毯铺设,防火材料
地址:上海市宝山区沪太支路 1090 弄 15 号 702
负责人:汲守波　邮　编:200436
法　人:高秀灵
Tel:021－56500519
Fax:021－56500519

**上海浩勤保洁有限公司**
地址:上海市长宁区北翟路 163 弄 30 号 5 幢 207B 室
负责人:丁小明
Tel:13301818120

**郑州顺祥贸易有限公司上海分公司**
地址:上海市长宁区长宁支路 280 号 102 室
负责人:徐伟君
Tel:021－62101790

**上海练江商务咨询有限公司**
地址:上海市长宁区定西路 650 号 760 室
负责人:范光钊
Tel:021－62815039

**上海金关通国际贸易咨询有限公司**
地址:上海市长宁区可乐路 209 号 1 幢 201 室
负责人:俞伟洁
Tel:021－34140339－22

## 上海麒光信息咨询服务有限公司
业务:本公司成立于 2000 年,为客户提供品牌计算机第三方维护,硬件二级维修,计算机软件开发,销售与维护。此外,还提供硬件及接口设备销售,网络产品销售,系统集成,综合布线,咨询等业务。公司本着“信誉第一,服务第一,技术第一,素质第一”的精神,以信为首,以诚为本为广大客户服务。
地址:上海市长宁区定西路 1277 弄长峰大厦 303 室
邮　编:200050
法　人:邱敏
Tel:021－62269699
62268132
Fax:021－62268132

**上海般诺商务咨询有限公司**
地址:上海市长宁区天山支路 154 号 203I 室
负责人:钱琪
Tel:021－62699470

**上海周家桥文化创意有限公司**
地址:上海市长宁区万航渡路 2453 号
负责人:赵勤
Tel:021－62598879

## 上海聚津贸易发展有限公司
业务:上海聚津贸易发展有限公司成立于 2002 年,主要从事镀铝锌、镀锌、冷轧、热轧等钢材的销售。竭诚欢迎各界朋友光临惠顾,共同发展。
地址:上海市长宁区天山路 789 号东楼 2602 室
邮　编:200336
法　人:杨文珍
Tel:021－62344296
Fax:021－62295011

## 上海驭信商贸有限公司
业务:从事家用、商用空调、制冷设备销售、安装、维修、保养的专业公司,我们将以“专业,诚信,品质,创新”的经营理念为您提供优质,高效,专业的服务
产品:家用、商用、中央空调、制冷设备办公用品等
地址:上海市宝山区刘场路 349 弄 343 号
负责人:王文建　邮　编:200436
法　人:王文建
Tel:021－56431350
15801772909
Fax:021－56431350
E-mail:shyuxinkt@sina.com

**上海美之锦服装进出口有限公司**
地址:上海市长宁区武夷路 697 号 700H 室
负责人:高军波
Tel:021－54084121

**上海甄叶张进出口有限公司**
地址:上海市长宁区武夷路 697 号 700M 室
负责人:甄建明
Tel:13764441682

## 鸿润国际贸易有限公司
业务:经营产品主要包括砂岩,灯具,建造材料,石雕,电器及相关产品。所有产品的供货商均为国内外的知名企业,绝大部分产品质量管理通过了 ISO9001:2000 质量体系,并取得了中国强制认证证书、UL 和 C
地址:上海市长宁区延安西路 726 号 4 楼 J 座
负责人:黄宏亮　邮　编:200050
Tel:021－52398640

**上海红迦科颂艾斯艾进出口有限公司**
地址:上海市长宁区仙霞路 317 号 1809 室
负责人:鲁长海
Tel:021－62407844

**上海浩东实业有限公司**
地址:上海市长宁区仙霞路 335 号 1 号楼 110 室 W
负责人:袁大龙
Tel:021－62614167－810

## 上海聚贤装备贸易有限公司
业务:水上休闲娱乐运动用品
地址:上海市奉浦工业开发区韩村路 662 号
邮　编:201400
法　人:顾超
Tel:021－67100300
Fax:021－67100300

**上海新纺国际贸易有限公司长宁分公司**
地址:上海市长宁区新华路 24 号二楼
负责人:李金贵
Tel:021－62944188

**上海昂立会展服务有限公司**
地址:上海市长宁区新华路 448 弄 8 号 405 室
负责人:江山
Tel:021－64880050

## 上海丰允实业有限公司
业务:钢材贸易
地址:上海市宝山区罗迎路 558 弄 37 号 202
负责人:王允　邮　编:200000
法　人:王允
Tel:13816709009
021－56591556

## 上海薪纳进出口贸易有限公司
业务:上海薪纳进出口贸易有限公司成立于 2005 年,从事服装辅料的贸易。公司坚持以人为本,科学管理,服务为先的经营理念,以顾客满意作为企业关注焦点,本着诚信守约的原则与世界各国的朋友开展贸易往来和友好交流。
地址:上海市桂平路 286 号 2006 室
邮　编:200300
法　人:毛学斌
Tel:021－64959235
29394549
Mobile:13918594935
Fax:021－64958206

**上海龙之梦龙兴百货有限公司**
地址:上海市长宁区延安西路 1088 号 1704 室
负责人:童锦泉
Tel:021－62134300

**上海孙徐记贸易有限公司**
地址:上海市长宁区延安西路 1289 弄 10 号 708 室
负责人:孙一骏
Tel:021－62309404

**上海雪奈国际贸易有限公司**
地址:上海市长宁区延安西路 777 号 1602 室
负责人:张思明
Tel:13601685088

## 上海威自敬工贸有限公司
业务:公司成立于 2004 年,专业从事对日本市场的进出口贸易和商务咨询业务,主要经营范围包括日用品,百货和环保产品,也为国内企业提供日本的财务、法务咨询等业务。热诚欢迎新老客户垂询惠顾。
地址:上海市虹口区宝山路 888 弄 2 号 405
负责人:秦琼　邮　编:200081
法　人:秦琼
Tel:021－54994061
Fax:021－56963090
网址:www.mtw26583.chinapyp.com
www.shwzjgm.cn.alibaba.com
E-mail:shwzjgmtsk@yahoo.com.cn

**上海惟益商贸有限公司第一分公司**
地址:上海市长宁区愚园路 1088 弄 110 支弄 22 号 817 室
负责人:朱大卫
Tel:021－62113811

**上海醇电酒业贸易有限公司**
地址:上海市长宁区玉屏南路 206 号甲
负责人:杲国强
Tel:021－52066266

## 上海翎瑞展览装饰设计有限公司
业务:上海翎瑞展览装饰设计有限公司成立于 2003 年,专业从事展览装饰的设计与制作。公司拥有雄厚的设计能力、资深的设计人员、独特创新的创意制作。竭诚欢迎您的参观与指导!
地址:上海市嘉定区黄渡镇金易路 12 号
负责人:刘竹根　邮　编:201804
法　人:刘竹根

Tel:021－59595567

**上海大自然投资发展有限公司**
地址:上海市长宁区昭化路 357 号 B 东 407 室
负责人:刘红宇
Tel:021－58820141

**上海奇策企业管理咨询有限公司**
地址:上海市长宁区中山西路 750 号 2 号楼 602－D 室
负责人:庄玲
Tel:021－52580801

**上海持耐得工贸发展有限公司**
业务:本公司成立于 2004 年,拥有 30 多名员工,主要经营各种塑料的加工与生的。
地址:上海市嘉定区江桥镇绥德路 730 号
邮　编:201813
法　人:施显义
Tel:021－59110925
Fax:021－69113079

**上海沃芙尼国际贸易有限公司**
地址:上海市长宁区中山西路 750 号 602－A 室
负责人:陈国安
Tel:021－62734478

**宝德投资管理咨询(杭州)有限公司上海办事处**
地址:上海市长宁区遵义南路 88 号 7 楼
负责人:王淦
Tel:13761132374

**上海辉程贸易有限公司**
业务:化工设备、机械配件
地址:上海市宝山区一二八纪念路 688 弄 10 号楼 1102 室
负责人:张宝祥　邮　编:200000
法　人:张宝祥
Tel:13708884246
13002122898

**上海市浦东新区公用事业管理署工会委员会**
地址:上海市成山路 220 号 1303 室
负责人:陆志平
Tel:021－38830509

**上海麒光信息咨询服务有限公司**
业务:上海麒光信息咨询服务有限公司是一家富于活力的新公司。它提供的服务将使该公司成为 IT 领域内的一流服务供应商。本公司为客户提供品牌计算机第三方维护;硬件二级维修(包括硬盘资料备份);计算机软件开发、销售与维护。欢迎新老客户惠顾!
地址:上海市静安区大田路 129 弄 A 栋 3 楼 E 座
负责人:邱敏……邮　编:200041
法　人:邱敏
Tel:021－62269699
Fax:021－62268132

**上海瓯泽贸易有限公司**
地址:上海市船厂路 169 号 A6 室
负责人:汪云微
Tel:021－36031053

**上海黄鹤广告传播有限公司**
地址:上海市船厂路 169 号 C5 室
负责人:王卫华
Tel:13907136680

**上海科卫实业发展有限公司**
业务:本公司成立于 1996 年,拥有 10 几名员工。主要经营:口腔材料的销售。十年以来,我们以卓越的品质、优质的服务为宗旨竭诚为广大新老朋友服务。
地址:上海市卢湾区制造局路 516 号
邮　编:200023
法　人:黄国祥
Tel:021－63136732
Fax:021－63136732

**上海财安人才服务有限公司**
地址:上海市船厂路 169 号 E10 室
负责人:夏佩卫
Tel:021－52388318

**上海拓盛贸易有限公司**
业务:本公司成立于 2001 年,主要销售冷链监测产品系列、冷链监测卡(CCM),时间温度指示卡(TTI),自动温度记录器。
地址:上海市闵行区漕宝路 1555 号里昂园 7 号 102 室
负责人:朱凯……邮　编:201101
法　人:朱凯
Tel:021－64591392

**上海桥友广告设计制作社**
地址:上海市船厂路 173 号 C1 室
负责人:苏国良
Tel:13901864672

**上海中小企业信用评价中心**
地址:上海市大木桥路 108 号
负责人:李念政
Tel:021－64186519

**上海理明工贸有限公司**
业务:本公司成立于 99 年,主要经营保温材料、橡塑、玻璃棉。多年以来,以诚信销售为宗旨,为您竭诚服务。
地址:上海市浦东新区浦建路 121 号
邮　编:200127
法　人:余哲明
Tel:021－58394848
Fax:021－51325687

**中共上海市卢湾区委员会统战部工会委员会**
地址:上海市淡水路 325 号
负责人:杜震中
Tel:021－53963090

**上海久远出版服务有限公司**
地址:上海市番禺路 880 弄 5 号
负责人:支绍和
Tel:021－54510251

**上海竹在商贸有限公司**
业务:上海竹在商贸有限公司成立于 2005 年 11 月,主要销售景泰蓝、内画等工艺品,及各种食品。望各界的经商人士与我们建立合作。
地址:上海市浦东新区施新路 555 弄 3 号 101 室
邮　编:201202
法　人:赵风歧
Tel:021－68967088
Fax:021－68967088

**上海月罗企业管理有限公司**
业务:劳务派遣
地址:上海市宝山区月罗路 297 号
负责人:徐大浦　邮　编:200941
法　人:徐大浦
Tel:13917898650
021－56195185

**中国对外贸易开发总公司上海办事处**
地址:上海市凤阳路 358 弄 2 号楼 1601 室
负责人:李荣
Tel:021－63845384

**上海腾觉贸易有限公司浦东分公司**
地址:上海市福山路 450 号 14A 室
负责人:胡岱
Tel:021－50581571

**上海科辉实业有限公司**
地址:上海市高阳路 245 号 7008 室
负责人:田玉珍
Tel:13024102552

**上海宏玖工贸有限公司**
业务:本公司主要销售五金、水暖、家用电器开关。产品质量保证、价格合理,热忱欢迎新老客户光临惠顾!
地址:上海市浦东新区潍方路 113 号
负责人:陈洪……邮　编:210012
法　人:陈洪
Tel:021－58317255

**上海必勒格贸易有限公司**
地址:上海市共和路 169 号 611 室
负责人:金吉成
Tel:021－63171319

**上海商乐商务咨询有限公司**
地址:上海市共和新路 1346 号底层
负责人:席荣华
Tel:021－56321198

**上海江振广告有限公司**
业务:本公司成立于 2006 年,主要从事各类广告设计与安装、制作灯箱、门面装璜、条幅彩旗、室内外装饰设计、铜字、铜牌、不锈钢字、烘漆字、墙面广告、高立柱广告等。
地址:上海市青浦区大盈镇襄臣街二楼 104 号
负责人:江海……邮　编:201712
法　人:江海
Tel:021－59223530
Fax:021－59221374

**上海凯富通科贸有限公司**
地址:上海市沽源路 110 弄 15 号 402 室－11
负责人:童玮
Tel:021－55346608

**上海晗腾实业有限公司**
业务:镀锌、冷热轧、彩涂、中厚板、角钢
产品:镀锌、冷热轧、彩涂、中厚板、角钢、线材、螺纹钢等
地址:上海市宝山区月浦镇春蕾路 332－54－602
负责人:王纪东　邮　编:200941
法　人:王纪东
Tel:021－56191958
15900655528
Fax:021－56191958
网址:www.shhanteng.com
E-mail:692305179@qq.com

**上海得祺商务咨询有限公司**
地址:上海市广中路 40 号 D－58 室
负责人:宋玲
Tel:021－64276047

**上海永景胜进出口有限公司**
地址:上海市桂平路 96 号
负责人:王伟鸣
Tel:021－54211600

**上海婚胜物资有限公司**
业务:上海婚胜物资有限公司主要从事钢材的批发。"以质量求生存,以信誉求发展",热诚欢迎新老客户来电来人订购,洽谈业务。
地址:上海市松江区洞泾镇沪松公路 2996 号 5 楼
邮　编:201619
法　人:谢家金
Tel:021－57625500
Fax:021－57625533

**上海六点文化传播有限公司**
地址:上海市国权路 39 号 1 号楼 105A
负责人:倪为国
Tel:021－62251020

**上海和华青信息咨询有限公司**
地址:上海市国泰路 127 弄复旦科技园 1 号楼 1501 室
负责人:郭巧华
Tel:13958638698

**上海旺窜工贸有限公司**
业务:上海旺窜工贸有限公司成立于 2006 年,主要从事小家电、小百货的经销。我们以良好的质量,完善的服务赢得消费者的青睐!
地址:上海市松江区工业区砖桥贸易城 1 区 18 栋 1 号
负责人:徐贤明……邮　编:201619
法　人:徐贤明
Tel:021－57676008

**上海振富信息咨询有限公司**
地址:上海市国泰路 127 弄复旦科技园 1 号楼 1502 室
负责人:蔡海平
Tel:13906563089

**上海春峰信息咨询有限公司**
地址:上海市国泰路 127 弄复旦科技园 1 号楼 1506 室
负责人:赵峰
Tel:13901806949

**江苏春辉集团**
**江苏蓝天绿水农业发展公司**
**昆山众华厚片吸塑制品有限公司**
**徐州运康蔬菜有限公司**
**徐州市大力神体育用品有限公司**
**江苏省春辉种禽有限公**
**南京意必达贸易有限公司**
**春辉上海贸易有限公司**
业务:农业、工业、贸易
产品:厚片吸塑制品、蔬菜、肉鸡鸡苗、饲料、五金模具
地址:上海市财富广场 301 号陕西北路 1438 号
邮　编:223800
法　人:王众磊
Tel:400－7792－268
Fax:0527－84495588－999
021－33530512－607
网址:www.jschjt.com

**上海沛龙信息咨询有限公司**
地址:上海市国泰路 127 弄复旦科技园 1 号楼 1511 室
负责人:曹一敏
Tel:13819066299

**上海宝浦信息咨询有限公司**
地址:上海市国泰路 127 弄复旦科技园 1 号楼 1512 室
负责人:幸利军
Tel:021－65550017

**上海匡益劳务服务有限公司**
业务:上海匡益劳务服务有限公司成立于 2005 年,从事劳务管理、劳务跟踪服务、职业介绍等。欢迎来电垂询!
地址:上海市松江区环城路 123－131 号
邮　编:201613
法　人:陆子明
Tel:021－67740001
67830000
Fax:021－57830152

**上海长宁区新泾居家养老服务中心**
地址:上海市哈密路 431 号
负责人:桑叶清
Tel:021－62380423

**上海大卫个人形象设计有限公司**
业务:本公司成立于 2000 年,主要从事专业造型设计、形象设计、烫染设计。欢迎新老客户光临惠顾!
地址:上海市徐汇区天钥桥路 61 号 2 楼
负责人:潘建宏……邮　编:200030
法　人:潘建宏
Tel:021－54256818

**上海熙煦商务咨询有限公司**
业务:专门从事翻译业务的公司,主营中英文日文翻译,译员们经验丰富,专业高效
地址:上海市长宁区哈蜜路 1999 号 4 号楼 1001 室
负责人:王钦一　邮　编:200000
法　人:王钦一
Tel:400－8202352
021－62682352
E-mail:www.1keychina.com

**上海芸鸿综合经营部**
地址:上海市海伦路 454 号底层
负责人:任鸿根
Tel:021－56961533

**上海金堂物资有限公司**
地址:上海市邯郸路 100 号 2510 室
负责人:何忠柏
Tel:021－65445433

**上海苇航广告有限公司**
地址:上海市衡山路 17 弄 1 号
负责人:胡波
Tel:021－62839115

**澳大利亚 RKWOK 私人有限公司上海代表处**
地址:上海市虹口区天潼路 528 号信谊大楼 3 楼 308 室
负责人:陈莉芳
Tel:021－56743255

**上海简之爱生活用品有限公司虹桥路分公司**
地址:上海市虹桥路 1 号 423 辅位
负责人:章丽华
Tel:021－64168581

**香港海曼国际有限公司上海代表处**
地址:上海市虹桥路 2272 号上海虹桥商务大厦 7 楼 P 室
负责人:范成洵
Tel:021－62377100

**法国滤园有限公司上海代表处**
地址:上海市虹桥路 808 号加华商务中心 D－315 室
负责人:徐颖
Tel:021－64868888

**上海雁飞礼盒设计有限公司**
业务:上海雁飞礼盒设计有限公司成立于 2003 年,专业从事礼盒设计制作;纸制品、印刷机械及印刷配件、计算机软硬件、办公用品、家用电器、日用百货
地址:上海市杨浦区杨树浦路 402 号二楼
负责人:汪帮斌……邮　编:200080
法　人:汪帮斌
Tel:021－65121203

**上海铨恩佳翻译有限公司**
地址:上海市沪太路 1128 号 A5－16 室
负责人:吴东平
Tel:021－66375504

**上海云深文化传播有限公司**
地址:上海市沪太路 1128 号 A5－17 室
负责人:张忠盛
Tel:021－65519089

**上海洽宝贸易发展有限公司**
地址:上海市沪太路 1128 号 A5－18 室
负责人:王海燕
Tel:021－54490482

**上海上上国际贸易有限公司**
业务:海上上不锈钢管有限公司是生产不锈钢无缝钢管、焊管及其制品的专业厂家。公司秉承"国内领先,世界一流"的奋斗目标和"质量为先、诚信为本"的公司宗旨,致力于创造和实现富有活力的企业管理模式,致力于建设现代化质量管理体系,坚持以"名牌战略"为经营原则,引进国际先进的设备,利用成熟的技术,向国内外客户提供优良的产品和服务。
地址:上海市闸北区天目西路 218 号嘉里不夜城第一座 703 室
负责人:楼伟峰……邮　编:200070
Tel:021－63172888－5858
网址:www.shangshang.com.cn

**上海泓鑫商务咨询有限公司**
业务:商务咨询、投咨咨询、企业管理咨询
地址:上海市长宁区汇川路 88 弄 3 号 1903 室
负责人:袁晓东　邮　编:200000
法　人:袁晓东
Tel:021－52737375
Fax:021－52737368
网址:http://www.sh－hongxinsw.cn
E-mail:guyuanjuan@yahoo.com.cn

**上海透文贸易有限公司**
地址:上海市黄浦区南苏州路 333 号 108 室 D 座
负责人:徐培
Tel:021－63217191

**上海昭阳商务咨询有限公司**
地址:上海市黄浦区南苏州路 381 号 503 室
负责人:徐庚华
Tel:021－33134520－317

**日本松井株式会社上海代表处**
地址:上海市黄浦区人民路 889 号淮海中华大厦 602 室
负责人:周宁
Tel:021－63287841

**上海贺富达商务服务有限公司**
地址:上海市黄浦区天柱山路 140 号 301 室 G 座
负责人:叶昕
Tel:13301969669

**上海鑫欣徽信商务信息有限公司**
地址:上海市黄浦区浙江中路 400 号 1158 室
负责人:刘福祥
Tel:021－63513502

**上海嘉商会展服务有限公司**
地址:上海市黄浦区中山南路 28 号 4 楼 G 座
负责人:崔幼沪
Tel:13817646242

**上海硕洛可进出口有限公司**
地址：上海市霍山路170号1033室
负责人：孔忠华
Tel：021－65850125

**上海渠海商贸有限公司**
地址：上海市佳木斯路72号15幢223室
负责人：陈凤彦
Tel：13916020808

**运年国际贸易(上海)有限公司办事处**
地址：上海市江宁路418号2412室
负责人：陈帼平
Tel：021－52280825

**上海凌鑫实业有限公司凌桥电镀厂**
地址：上海市江心沙路51号
负责人：陈龙飞
Tel：021－58644102

**上海热翔工贸有限公司**
地址：上海市金山区金山大道1621号3幢149室
负责人：金华明
Tel：021－57966483

**上海琪芬贸易有限公司**
地址：上海市金山区石化地区八村873号三楼424号
负责人：童乐平
Tel：021－50901019

**上海惠迎贸易有限公司**
业务：超市（百货、服装、食品、日用品、小家电）价格优惠，欢迎新老客户光临！
地址：上海市奉贤区庄行镇邬桥社区北环路259弄57号菜场楼上
负责人：马建飞　邮编：201415
法人：马建飞
Tel：13681753793
021－57405528
Fax：021－57405528

**上海四个石头广告有限公司**
地址：上海市金山区石化地区松南支路48号－147座
负责人：杨登霞
Tel：021－58881405

**上海弄海工贸有限公司**
地址：上海市金山区石化地区松南支路48号－224座
负责人：庄德春
Tel：021－57713139

**上海康骞松实业有限公司**
地址：上海市金山区石化地区松南支路48号492座
负责人：何康
Tel：021－57970166

**上海益安企业管理咨询有限公司**
地址：上海市金山区石化地区松南支路48号－567座
负责人：贺贤鹤
Tel：13611942530

**上海振佳商务咨询有限公司**
地址：上海市金山区石化地区松南支路48号－573座
负责人：吴秀婉
Tel：13917386016

**上海引仙文化传播有限公司**
地址：上海市金山区石化地区松南支路48号－575座
负责人：龚引仙
Tel：13817773773

**上海墨星实业发展有限公司**
地址：上海市金山区石化地区松南支路48号－587座
负责人：庄爱军
Tel：021－57261785

**上海锋驰会务服务有限公司**
地址：上海市金山区石化地区松南支路48号－588座
负责人：曹军锋
Tel：13818038633

**上海昭产工贸有限公司**
地址：上海市金山区石化地区松南支路48号－597座
负责人：王涛
Tel：021－62819517

**上海暄韵凯贸易有限公司**
地址：上海市金山区石化商场三楼421号
负责人：王静煜
Tel：13061713354

**上海务亘工贸有限公司**
地址：上海市金山区石化商场三楼443号
负责人：李勇
Tel：13611603980

**上海辉昆贸易有限公司**
业务：销售电脑周边配件，各类品牌笔记本电脑，礼品
地址：上海市虹口区恒业路398号408室
负责人：朱彬　邮编：200080
法人：朱彬
Tel：13817659152
021－56729315

**上海爽江贸易有限公司**
地址：上海市金山区卫零路611弄186号
负责人：陈静
Tel：021－57966483

**上海情雨缘休闲有限公司**
地址：上海市靖宇中路58弄1－9号二楼
负责人：王小洪
Tel：13601950518

**上海右康保健咨询服务部**
地址：上海市静安区安远路281号
负责人：徐大伟
Tel：021－62771980

**上海龙森实业有限公司第一分公司**
地址：上海市静安区北京西路669号16层C座
负责人：朱金方
Tel：021－62717668

**上海纳工照相器材有限公司**
地址：上海市静安区昌平路710号F103室
负责人：周莲生
Tel：021－62172313

**上海艾迪培商务咨询有限公司**
地址：上海市静安区南京西路580号1002A室
负责人：袁正翔
Tel：021－52340271－106

**上海颐阳广告有限公司**
地址：上海市静安区石门二路483号901室－42
负责人：施东升
Tel：021－54650046

**上海慈久经济信息咨询事务所**
地址：上海市静安区万航渡路154号306室44座
负责人：杜持久
Tel：13301771682

**上海凌捷国际贸易有限公司**
地址：上海市静安区威海路390号二楼C－23室
负责人：刘梦雨
Tel：021－62535807

**香港晋裕环球资产管理有限公司上海代表处**
地址：上海市静安区威海路497－535号绅士汽车商城17楼15室
负责人：刘德兴
Tel：021－62486520

**上海顶特商务咨询有限公司**
地址：上海市静安区武宁南路488号1112室
负责人：印宝瑜
Tel：021－51098086

**上海皓盛企业管理策划有限公司**
地址：上海市开鲁路208号
负责人：戚丽华
Tel：13361861551

**上海普柔耐国际贸易有限公司**
地址：上海市凯旋路1669号2楼北部
负责人：闵捷
Tel：021－62706106

**上海鑫莱商贸有限公司**
地址：上海市凯旋路2288弄1号
负责人：刘志敏
Tel：13003190228

**靳羽西文化传媒咨询(上海)有限公司**
地址：上海市凯旋路2288弄1号
负责人：靳羽西
Tel：021－64680469

**上海金驰实业发展有限公司**
业务：房地产投资、咨询服务
地址：上海市虹口区四川北路2023弄35号2幢一楼
负责人：李春国　邮编：200000
法人：李春国
Tel：13907952066
15900563758

**上海芬诺商务咨询有限公司**
地址：上海市康健路135号C座228室
负责人：赵春娟
Tel：021－62558105

**上海米蓝达广告有限公司**
地址：上海市凉城路465弄60号1294室
负责人：扣喜阳
Tel：021－65294275

**上海雄庭贸易有限公司**
地址：上海市灵石路709号28号－6厂房
负责人：陈建军
Tel：021－56770329

**上海典顺商务咨询有限公司**
地址：上海市龙华后马路147号
负责人：施国权
Tel：13901865142

**上海萨依森洗涤设备有限公司**
**依莱特斯高质干洗连锁**
业务：洗衣加盟连锁
地址：上海市虹口区汶水路278号景明大厦905、907
负责人：王顶山　邮编：200434
法人：王顶山
Tel：13774285587
021－55785552
55381131
4006991185
Fax：021－55381131

**上海健生商务咨询有限公司**
地址：上海市龙吴路1270号
负责人：王守跃
Tel：13386141020

**上海同德会务服务有限公司**
地址：上海市龙吴路1270号
负责人：王政
Tel：021－54359018

**上海燕之航商务咨询有限公司**
地址：上海市卢湾区复兴中路484号后门二楼
负责人：张月文
Tel：021－63850559
13501794685

**上海社会观察文化传媒有限公司**
地址：上海市卢湾区淮海中路622弄7号318室
负责人：陈家海
Tel：021－53060606－2328

**上海一夫和田经营管理顾问有限公司**
地址：上海市卢湾区淮海中路918号10楼E－2座
负责人：李世伟
Tel：021－64157679

**上海汉加益投资管理有限公司**
业务：文化投咨咨询
地址：上海市淮海中路1634号3幢507室
负责人：裘永祥　邮编：200000
法人：裘永祥
Tel：021－64318100

**上海恩世福商务咨询有限公司**
地址：上海市卢湾区浏河口路88号214室A座
负责人：孙翠珍
Tel：021－53832602

**上海源潮贸易有限公司**
地址：上海市卢湾区南塘浜路103号418室B座
负责人：徐建丽
Tel：021－54659666

**上海行深堂广告有限公司**
地址：上海市卢湾区绍兴路17弄3号－4号D2室
负责人：周娴靖
Tel：13701657821

**上海阳本实业有限公司分公司**
地址：上海市闵行区沧源路689号
负责人：华时青
Tel：021－64139655

**上海奔跨商贸有限公司**
地址：上海市闵行区虹梅南路3003弄18号58座
负责人：王桂翠
Tel：13122559536

**上海芸飘工贸有限公司**
地址：上海市闵行区江川路1800号6幢3003室
负责人：詹乃宽
Tel：021－64356225

**上海迪亚联华零售有限公司景谷店**
地址：上海市闵行区景谷路208号
负责人：曹祖仁
Tel：021－64300966

**上海聚泰文化传媒有限公司**
地址：上海市闵行区新闵路528号503室
负责人：李雅琴
Tel：021－64352942

**上海跃好电气设备有限公司**
业务：销售电气设备、机电产品、机械设备及配件、仪器仪表、阀门、金属材料、电线电缆、电子元器件、五金交电，电气设备专业技术领域内的技术服务与技术咨询。
产品：配电箱成套及技术开发，机电产品销售。
地址：上海市黄浦区凤阳路228弄14号1楼
负责人：刘祥乐　邮编：200003
法人：刘祥乐
Tel：021－63511564
Fax：021－63270248
E-mail：liuxiangle_0712@yahoo.com.cn

**上海市闸北区联合售票大楼管理处工会委员会**
地址：上海市秣陵路100号
负责人：王金木
Tel：021－63171225

**上海中群建筑劳务有限公司**
地址：上海市秣陵路50号309－13室
负责人：蒋恩毅
Tel：021－63535830

**上海罗星企业管理咨询有限公司**
地址：上海市平江路139号6楼B甲室
负责人：桑玫
Tel：021－64189898

**上海瑞古贸易有限公司**
地址：上海市浦东大道637号同科公寓702室
负责人：王迅
Tel：021－58407850
13701708606

**上海云尧工贸有限公司**
地址：上海市浦东高桥镇港城路1800号
负责人：黄德庭
Tel：021－58643493

**上海桐荪贸易有限公司**
地址：上海市浦东历城路70号甲2065室
负责人：王飞洋
Tel：021－68535860

**上海卡特实业股份有限公司**
业务：五金交电、电子产品、钢材、纺织品、化工产品、有色金属、矿产销售，实业投资，投资管理，企业管理，房地产开发，物业管理，建筑工程，酒店管理，办公设备，贸易
地址：上海市黄浦区广东路306号
负责人：郑德明　邮编：200001
法人：曹大崇
Tel：021－51588668
Fax：021－51588668

**上海金佳发劳务咨询有限公司**
地址：上海市浦东凌兆路855号
负责人：周兰芳
Tel：021－58411008

**上海断山国际贸易有限公司**
地址：上海市浦东南路588号2102室
负责人：解玮
Tel：021－58797443－102

**上海卓域实业有限公司**
地址：上海市浦东乳山路227号101－94室
负责人：陈磊
Tel：021－58763132

**上海羚泰商贸发展有限公司**
地址：上海市浦东上钢三村45号甲2024室
负责人：庄斐凌
Tel：13701801028

**上海陶原植进出口有限公司**
地址：上海市浦东潍坊路16弄2号1层1801室
负责人：王正红
Tel：021－68871522

**上海万得金企业管理顾问有限公司**
地址：上海市浦东新区北张家浜路68号6幢210室
负责人：孙剑
Tel：021－58311690

**上海平贞昊工贸有限公司**
地址：上海市浦东新区昌里路335号202室
负责人：张蓉贞
Tel：021－58456676

**上海聚福会展服务有限公司**
业务：会展、婚庆礼仪服务，大型活动的策划，演出，音乐制作，音响设备的租赁
产品：服务，音响设备，演员
地址：上海市黄浦区宁波路74弄4号603室
负责人：方卫平　邮编：200000
法人：方卫平
Tel：13901681017
021－63210040
E-mail：http://www.51zzt.com/user/zzt34459

**上海友穗贸易有限公司**
地址：上海市浦东新区东方路877号1201C、1202B室
负责人：钟莉莉
Tel：021－68670266

**上海欣昱众贸易有限公司**
地址：上海市浦东新区峨山路613号347室
负责人：李征
Tel：021－63058435

**上海陆家园百货商店**
地址：上海市浦东新区峨山路91弄98号底层东侧
负责人：何涛
Tel：13122348318

**万林冷作修理部**
地址：上海市浦东新区金桥镇金明村五队
负责人：阎万林
Tel：021－58348603
13901697882

**上海触跃贸易有限公司**
地址：上海市浦东新区金桥镇社庄村社庄庙12号1幢16室
负责人：金娣
Tel：021－68551109

**上海盖加经贸发展有限公司**
地址：上海市浦东新区金桥镇社庄村社庄庙12号1幢17室
负责人：姜平
Tel：021－68551109

**上海思则广告设计有限公司**
业务：广告设计，店铺设计与装潢，道具设计，道具制作
地址：上海市黄浦区西藏南路831弄1号1405室
负责人：刘天冰　邮编：200011
Tel：021－63774205
13817222427
Fax：021－63774205

**上海益得奥贸易有限公司**
地址：上海市浦东新区灵山路958号6幢109室
负责人：陈敏珠
Tel：021－68933366

**上海尹丹庭国际贸易有限公司**
地址：上海市浦东新区乳山路227号101－97室
负责人：刘靖越
Tel：13795277639

**上海润无声贸易有限公司**
地址：上海市浦东新区乳山路227号101室

91 座
负责人：杨锦秀
Tel:021－58768202

**上海远沃贸易有限公司**
地址：上海市浦东新区乳山路 227 号 201 室 8 座
负责人：罗根凤
Tel:021－58874872

**上海捷尔国际物流有限公司**
地址：上海市浦东新区三林镇三林路 234 号 8 号楼 101 室
负责人：王卫红
Tel:13918354799

**上海火峰工贸有限公司**
地址：上海市浦东新区上南路 4975 号 126 室
负责人：崔达明
Tel:13061671883

**上海迅辉国际贸易有限公司**
地址：上海市浦东新区沈家弄路 650 号 3609 室
负责人：吴菁
Tel:13816112387

**国际商业机器租赁有限公司**
地址：上海市浦东新区世纪大道 88 号金茂大厦办公楼 2 区 13 层
负责人：于弘鼎
Tel:021－50480300

**上海昌淦商贸有限公司浦东分公司**
地址：上海市浦东新区杨高南路 2471 号 1 区 130－131 号
负责人：魏燕兰
Tel:021－50787801

**上海杨龙劳务有限公司**
地址：上海市浦东新区杨新路 80 号 102 室
负责人：彭敬华
Tel:021－58429096

## 上海极眩贸易有限公司
业务：通讯设备，手表，服装的销售
地址：上海市黄浦区浙江东路 229 号 110 室
负责人：华骏　邮　编：200000
法　人：华骏
Tel:13816658816
13818898169
021－63501302
Fax:021－63521831
网址：zzt31099
E-mail:http://www.51zzt.com/user/zzt31099

**上海凯鸿实业有限公司印刷厂**
地址：上海市浦东新区源深路 100 号
负责人：叶由才
Tel:021－58780026

**上海福旺企业管理有限公司**
地址：上海市浦东新区云台路 245 号
负责人：郑敏
Tel:021－58218148

**上海福阿您国际贸易有限公司**
地址：上海市浦东新区张杨路 228 号 1412 室
负责人：蒋杰
Tel:13905628757

**福州娅蔓妮贸易有限公司上海浦东分公司**
地址：上海市浦东新区张杨路 655 号 1201 室
负责人：丁志伟
Tel:021－62777082

**上海昆地国际贸易有限公司**
地址：上海市浦东新区张杨路 707 号 504 室
负责人：赵奎
Tel:021－68552201

**上海蕾娜丝商贸有限公司**
地址：上海市浦东张杨路 1254 号 402 室
负责人：杨柳
Tel:021－50770141

**上海成航实业有限公司分公司**
地址：上海市浦东张杨路 228 号 1703 室
负责人：徐英涛
Tel:021－50812721

**上海澳健国际贸易有限公司**
地址：上海市普陀区澳门路 356 号 601－2 室
负责人：金永健
Tel:021－62277902

**上海红街超市有限公司**
地址：上海市普陀区曹杨路 2212 号 3 楼
负责人：杨晓雯
Tel:021－52852941

**上海朗卫商贸有限公司**
地址：上海市普陀区花溪路 199 号 101 室
负责人：张永胜
Tel:021－52660166

## 上海睿怡贸易有限公司
业务：塑料，办公耗材
产品：泡沫，纸品，塑料包装
地址：上海市嘉定区安亭镇新源路 155 弄 16 号 1213 室
负责人：孙奎　邮　编：201805
法　人：孙奎
Tel:021－39197593
13701925919
Fax:021－39197052
E-mail:ruiyi_2009@sina.com

**上海莱乾实业有限公司**
地址：上海市普陀区兰溪路 225 号 220 室
负责人：朱相山
Tel:13911904097

**上海乐瑟日用品经营部**
地址：上海市普陀区梅川路 1209 号 207 室
负责人：王秀红
Tel:13801953233

**上海赵燕日用品经营部**
地址：上海市普陀区梅川路 1209 号 210 室
负责人：赵燕
Tel:13795214289

**上海森克涉商务咨询有限公司**
地址：上海市普陀区南大路 2888 号七区 17 座
负责人：金肖敏
Tel:021－66955101

**上海赛门艺术造型工作室**
地址：上海市普陀区宁夏路 657 号 206 室
负责人：杨树占
Tel:13301899889

**上海盟仕实业发展有限公司**
地址：上海市普陀区祁连山路 689 号 1 号楼 1－229 室
负责人：陈铉
Tel:021－66959532

**上海岩怡棠物贸有限公司**
地址：上海市普陀区祁连山路 689 号 1 号楼 398 室
负责人：顾云高
Tel:021－62844214

**上海瓦立翱商务咨询有限公司**
地址：上海市普陀区祁连山路 689 号 2 号楼 215 室
负责人：傅禄敏
Tel:13801732106

**上海璨杰设备租赁有限公司**
地址：上海市普陀区石泉六村 63 号 310 室 21 座
负责人：周秉魁
Tel:021－62140512

**上海长岛商标制作有限公司**
地址：上海市普陀区绥德路 2 弄 25 号 2 层
负责人：杜长建
Tel:13901870729

**上海弋泓实业有限公司**
地址：上海市普陀区桃浦路 1673 号－1681 号
负责人：牟福萍
Tel:021－52826212

## 上海鸳都国际贸易有限公司
业务：化工、纯碱、窗帘、卷帘、电动窗帘
地址：上海市嘉定区江桥路 32 号南 2 楼
负责人：邱法辉　邮　编：200000
法　人：李英霞
Tel:13761258868
021－59147866

**上海长建百货有限公司**
地址：上海市普陀区延长西路 25 号 506 室 A 座
负责人：金灵满
Tel:021－62721737

**上海凝香图文设计制作有限公司**
地址：上海市普陀区真北路 3370 号 24 号房 114 室
负责人：朱文正
Tel:13817589435

**上海迅闻广告有限公司**
地址：上海市普陀区真北路 3370 号 4 楼 424 座
负责人：季龙妹
Tel:13301815386

**上海昀昕商务服务有限公司**
地址：上海市普陀区真北路 3370 号 4 楼 459 座
负责人：孙全珺
Tel:13701855523

**上海名日经贸有限公司**
地址：上海市普陀区真北路 3370 号 4 楼 484 座
负责人：杨士成
Tel:13391029271

## 上海龙爽粮油贸易有限公司
业务：粮油贸易
地址：上海市嘉定区江桥镇曹安路 15 号桥（原封浜粮管所内）第 5 幢第 1 间
负责人：张巨龙　邮　编：200000
法　人：张巨龙
Tel:021－59132191
15618666666

**上海达安实业发展有限公司**
地址：上海市普陀区志丹路 168 号 301－19 室
负责人：胡文勇
Tel:021－56611325

## 上海歌沃影业投资有限公司
业务：从事儿童电影内容集成的网络视频渠道建设商
地址：上海市张江高科技园区祖冲之路 1559 号 2 幢 8005－8006 室
负责人：曾钦龙　邮　编：200000
Tel:13321804186
13917101488

**上海沙奥信息咨询服务有限公司**
地址：上海市普陀区中江路 879 弄 1 号楼 2 楼 C204
负责人：宋松枝
Tel:021－52708976

**上海嘉麦广告有限公司**
地址：上海市钦州路 770 号
负责人：陈莉
Tel:021－64832841

## 上海希亮贸易有限公司
业务：服装贸易、快递
地址：上海市闸北区安庆路 278 弄 2 号 101
负责人：胡正祥　邮　编：200070
法　人：胡正祥
Tel:021－63061279
18916222946

**上海安斐克国际贸易有限公司**
地址：上海市钦州路 770 号
负责人：陈伟廷
Tel:13636673669

## 上海圣吉汽车租赁服务有限公司
业务：本公司是专业的汽车租赁企业，经营租赁车辆种类齐全，拥有大众、奥迪、别克、本田、丰田、日产等一系列品牌车辆，根据客户不同需求提供各种优质车辆，并有多种租赁方式供客户选择。包括长租短包、机场接机、宾馆迎送、商务考察、婚礼配车等全方位的服务。
地址：上海市闸北区广中西路 777 弄 8 号 113 室
负责人：王明金　邮　编：200072
法　人：王明金
Tel:021－66309808
13816807581
Fax:021－66308030
网址：http://www.shengjicar.com
E-mail:shengji－mj@163.com

**上海诺广贸易商行**
地址：上海市曲阳路 553 号 193 室
负责人：张志亮
Tel:021－55883039

## 上海友扬贸易商行
业务：食品、机械、自动化
地址：上海市嘉定区马陆镇嘉新公路 1575 号东门 1 幢 102 室
负责人：蒋正文　邮　编：201801
法　人：蒋正文
Tel:13661990893
021－39152216
Fax:021－39152216

## 上海慕川贸易有限公司
业务：销售健康食品、电子产品、节能能源产品、新型化工产品
地址：上海市杨浦区政立路 499 号 5 号楼 111
负责人：李媛　邮　编：200433
法　人：李媛
Tel:021－61509330
61509331
Fax:021－60823535

**上海合润贝丰商贸有限公司大柏树分公司**
地址：上海市曲阳路 553 号 332 室
负责人：张星
Tel:021－65538648

**上海壶天商务咨询有限公司**
地址：上海市曲阳路 553 号 567 室
负责人：汪咏
Tel:021－65872160

## 上海翔霞商务咨询有限公司
业务：各种商务咨询（礼仪服务）
产品：服装系列、化妆品系列
地址：上海市杨浦区殷行路 1 村 20 号 503
负责人：张雄翔　邮　编：200438
Tel:15801768132
021－65230300
网址：http://www.51zzt.com/user/zzt35919

## 上海羽捷商贸有限公司
业务：专业从事上海地区酒类、饮料批发与零售业务，经营啤酒、黄酒、白酒、红酒、饮料，团购用酒，并提供网上在线订购服务，致力为上海市民提供方便、快捷的酒类服务，欢迎社会各界来公司订购和咨询。
地址：上海市徐汇区中山西路 1919 号 2 幢 1313 室
负责人：傅尉武　邮　编：200235
法　人：傅尉武
Tel:021－60913320
15026671089
Fax:021－60913321
网址：www.4006662169.com
E-mail:yujie_trade@yahoo.cn

**上海兜桥商贸有限公司**
地址：上海市人民路 458 号－468 号
负责人：陈瑞权
Tel:021－63525727

**上海宏璐璐工贸商行**
地址：上海市山西南路 15 号
负责人：江根亮
Tel:021－63222698

**上海欣禄丰企业管理有限公司**
地址：上海市四川北路 1500 号 7 楼
负责人：李海
Tel:021－63561286

**上海展坤进出口有限公司**
地址：上海市四川北路 1755 号副楼 503C 室
负责人：冯建云
Tel:021－63569749

## 上海煜强企业管理有限公司
业务：专营优福网平台代理。优福网系全球化电子商务平台，国际、国内各行业的批发、贸易、零售通过优福网可以在一网同时实现，为企业提供专业的产品展示的窗口，让企业和个人得到全面的提升。
产品：网络推广
地址：上海市徐汇区裕德路 168 号徐汇商务大厦 1512 室
负责人：王鑫　邮　编：200030
法　人：魏爱明
Tel:021－33634211
Fax:021－33634512
网址：www.51zzt.com/user/zzt40037
E-mail:1179317664@qq.com

**上海国投伟茂企业发展有限公司**
地址：上海市四川北路 1755 号副楼 510D 室
负责人：朱国伟
Tel:021－65348588

## 上海诗茂贸易有限公司
业务：服装辅料贸易
地址：上海市徐汇区建国西路 506 栋 3 号 202 号
负责人：吴明明　邮　编：200031
法　人：吴明明
Tel:13918877241
021－64315633
64315061
Fax:021－64315637

**上海奔获贸易商行**
地址：上海市四川北路 1755 号副楼 704D 室
负责人：罗晓玲
Tel:13818302688

## 上海誉鹰炊具有限公司
业务：销售各类炊具
产品：炊具
地址：上海市嘉定区南翔镇嘉美路 2009 号 3 幢
负责人：王长聚　邮　编：200000
法　人：王长聚
Fax:021－51207730

## 上海新探索人才服务有限公司第一分公司
业务：人才咨询、人才推荐、人才招聘、人才派遣、人才交流、人事代理、人力资源管理咨询。
地址：上海市松江区玉树路 460 号
负责人：金咏伟　邮　编：201619
Tel:021－67725125
18821011514
Fax:021－67725125
E-mail:xts191@126.com

## 上海丰克展览展示服务有限公司
业务：展览展示服务
地址：上海市松江区场东路 66 弄 5 号楼 401
负责人：陈敬富　邮　编：200000
法　人：陈敬富
Tel:13501643196
网址：http://www.51zzt.com/user/zzt33073

**上海莉莲蛋挞饼店虹口公园店**
地址：上海市四川北路 2137 号甲室
负责人：陈贵珠
Tel:021－65409086

## 上海雨科工贸有限公司
业务：各种机械加工、装配、销售
地址：上海市松江区高技公路 386 弄 16 号
负责人：吕明长　邮　编：201600
法　人：吕明长
Tel:13917512798
021－26805556
Fax:021－26805556

**上海点木贸易有限公司**
地址：上海市四川北路 525 号 1903 室
负责人：孔雯雯
Tel:13916613464

**常熟市宝秦物资贸易有限公司**
业务：专业从事金属材料、钢材、木材、建材销售的综合型贸易公司，长期为客户提供稳定的货源，并可按客户要求进行灵活订制，我们始于客户需求，终于客户满意，欢迎各界朋友前来垂询订购。
产品：螺纹钢、线材、中厚板、开平板、低合金板
地址：上海市松江区沪松公路 5050 号 B 幢 9 号
负责人：叶建林　邮　编：201619
法　人：叶建林
Tel：13636680803
Fax：021－57615148
E-mail：622615@qq.com

**上海归帆工贸有限公司**
业务：金属交易，货运代理，土方工程
地址：上海市嘉定区星华公路 2238 号
负责人：夏崎峰　邮　编：201812
法　人：夏崎峰
Tel：021－59131991
Fax：021－39116158

**上海炯帆家政服务有限公司**
地址：上海市四川北路 1755 号副楼 706D 室
负责人：张鹤伟
Tel：13301605113

**上海腾觉商务咨询有限公司**
地址：上海市四川北路 1755 号副楼 710D 室
负责人：胡岱
Tel：021－65401370

**上海博翱进出口有限公司虹口分公司**
地址：上海市四平路 188 号 1201－1202 室
负责人：范婉美
Tel：021－55560079

**上海圣峰文化演艺有限公司**
地址：上海市四平路 710 号 704－C 室
负责人：何俊
Tel：021－65211923

**上海泖顺商贸有限公司**
业务：日常用品、五金电器零售
产品：日常用品、五金电器
地址：上海市青浦区朱家角镇沈砖路 587 号
负责人：徐伟明　邮　编：200000
法　人：徐伟明
Tel：021－59835094
13916226801

**上海芳蒙贸易有限公司**
地址：上海市松江区莘松路 1288 弄绿洲长岛花园 209 号 302 室
负责人：刘芳
Tel：021－67692891
13331822952

**上海通映经贸有限公司**
地址：上海市天目中路 749 弄 53 号 893 室
负责人：宗春梅
Tel：021－63533479

**上海威茂商贸有限公司**
业务：经营用品百货
地址：上海市普陀区武宁路 955 弄 01 单元 2506 室
负责人：高仕辉　邮　编：200063
法　人：高仕辉
Tel：021－33606218
33606219

**上海福满家便利有限公司捷运店**
地址：上海市天山路 600 弄 2 号新虹桥捷运大厦 1 楼 1－1 座
负责人：魏应行
Tel：021－62723187

**上海甘田实业有限公司**
业务：五金配件经营、化妆品经营
地址：上海市青浦区闵行区联舵路 2165 弄 12 号 601
负责人：肖祖监　邮　编：201114
法　人：肖祖监
Tel：13162046952

**上海东亚票务营销有限公司**
地址：上海市天钥桥路 666 号
负责人：胡神奇
Tel：021－64697512

**上海好梦国际贸易有限公司**
业务：家纺、床上用品的贸易
地址：上海市普陀区中山北路 1715 号 1407 室
负责人：朱炜　邮　编：200061
法　人：朱炜
Tel：15221099995
021－61070778
Fax：021－61079157
网址：www.hapss.com
E-mail：zhuwei070830@163.com

**上海范肯贸易有限公司**
地址：上海市外高桥保税区冰克路 500 号 608 室
负责人：张俊文
Tel：021－62116540

**上海帕通玛国际贸易有限公司**
地址：上海市外高桥保税区富特北路 201 号华铁商务楼四层 411 室
负责人：夏红兵
Tel：021－66285662

**上海炫化（食品）贸易有限公司**
业务：专业从事食品、餐料、冻品代理、销售及配送，专为星级酒店、大中型餐饮、企业单位提专业餐饮系统供应，本着诚信、优质的经营原则，以最优化的餐饮方案、低价供应于您。
产品：进口芝士、奶酪、牛油、奶油、雀巢系列、家乐系列、地扪系列等
地址：上海市普陀区铜川路 936 弄 7 区 03－04 号
负责人：刘海涛　邮　编：210000
法　人：刘海涛
Tel：021－52657318
13918144889
Fax：021－52657318

**帝彼翼（上海）贸易有限公司**
地址：上海市外高桥保税区富特北路 458 号 2 号楼 479 室
负责人：仲尾康弘
Tel：021－64713598

**上海晓富建筑劳务有限公司**
业务：金融信息咨询、投资咨询及管理、网络信息发布、实业投资和风险投资等业务。
地址：上海市金山区山阳镇向阳西路 39 号 101 室
负责人：李华兵　邮　编：200000
法　人：李华兵
Tel：13002165733
15921610556

**国霖国际贸易（上海）有限公司**
地址：上海市外高桥保税区富特西一路 139 号 1424 室
负责人：李沛霖
Tel：021－56386502

**上海锦图道具有限公司**
业务：道具货架制作、广告道具、展览展示及活动举办、货架制作
地址：上海市普陀区曹杨路 362 弄 15 号 2103 室
负责人：王凌云　邮　编：200333
法　人：王凌云
Tel：021－62447000
62449222
E-mail：wanglingyun@yahoo.com.cn

**申骏亿国际贸易（上海）有限公司**
地址：上海市外高桥保税区富特西一路 289 号 B 楼三层 B313 室
负责人：林惠康
Tel：021－54070026

**上海华势通国际贸易有限公司**
地址：上海市外高桥保税区富特西一路 459 号 B 座楼 210 室
负责人：王华强
Tel：021－58665777

**太松国际贸易（上海）有限公司**
地址：上海市外高桥保税区荷香路 283 号仓库一层内库部位
负责人：吴政达
Tel：021－50462766

**上海羽瑞商务服务有限公司**
业务：商务信息咨询、商务服务
地址：上海市普陀区白玉路 669 弄 2 号 702
负责人：林先生　邮　编：200000
Tel：18916001680
13901715088

**富技开弥国际贸易（上海）有限公司**
地址：上海市外高桥保税区日京路 51 号发展大厦 A 楼 1210、1228、1229
负责人：八重樫守
Tel：021－58690769

**苏名克贸易（上海）有限公司**
业务：橡胶制品、化工原料的贸易
地址：上海市浦东新区上南路 2985 号海宏大厦 1408 室
负责人：王珂　邮　编：200000
法　人：潘永金
Tel：13564028880
021－68520993
Fax：021－68326193

**上海南英特国际经贸有限公司**
地址：上海市外高桥保税区日京路 79 号第七层 D 部位
负责人：王维中
Tel：021－52895786

**特希毅国际贸易（上海）有限公司**
地址：上海市外高桥保税区台中南路 2 号新贸楼 143 室
负责人：石月裕晃
Tel：021－58305899

**上海增见哲国际贸易有限公司**
地址：上海市外高桥保税区台中南路 2 号新贸楼 306 室
负责人：增见诚三
Tel：021－53085929

**上海信顶贸易有限公司**
地址：上海市外高桥保税区基隆路 6 号 1305G 室
负责人：守屋昭治
Tel：021－62361819

**然旸国际贸易（上海）有限公司**
地址：上海市外高桥保税区日京路 35 号凯兴大楼五层 508A 室
负责人：孙宏晋
Tel：021－54090088

**上海世曼祺国际贸易有限公司**
地址：上海市外高桥保税区日京路 38 号 223 室
负责人：王炜
Tel：021－63536358

**夕夕多（上海）工业产品设计有限公司**
业务：工业设计、产品设计、包装设计、结构设计、界面设计、数码产品设计、电子产品设计、医疗器械设计、机械设备设计、家电设计、卫浴设计、公共设施设计、平面设计、手板制作、模型制作
地址：上海市静安区武定路 1135 号鑫和大厦 1902 室
负责人：方海浪　邮　编：200333
法　人：方海浪
Tel：13651614952
021－56948965
Fax：021－56948965
网址：www.design_ccd.cn
E-mail：fanghailang22@126.com

**德利信（上海）贸易有限公司**
地址：上海市外高桥保税区泰谷路 88 号 760 室
负责人：榎本吉美
Tel：021－68411008

**隆美国际贸易（上海）有限公司**
地址：上海市外高桥保税区新灵路 118 号国际商贸大厦 1104A 室
负责人：镝木勇
Tel：021－63503790－607

**匡锦国际贸易（上海）有限公司**
地址：上海市外高桥保税区杨高北路 2001 号管理楼 305A 室
负责人：张建鹏
Tel：021－50460293

**上海汇浦百货有限公司**
业务：服装、鞋、箱包、通讯器材、床上用品、百货、化妆品等
地址：上海市浦东新区浦东大道 1828 号
负责人：叶居莺　邮　编：200235
法　人：叶居莺
Tel：021－51909199
Fax：021－51909199

**司马特光电国际贸易（上海）有限公司**
地址：上海市外高桥保税区英伦路 38 号衡山商务楼 529 室
负责人：蔡乐清
Tel：021－54242902

**上海海茂商务咨询有限公司**
地址：上海市闻喜路 589 号 110 室
负责人：唐茂艳
Tel：021－56815802

**上海同乐汽车服务有限公司**
业务：汽车清洗、汽车维修
地址：上海市浦东新区康桥镇秀沿路 1028 弄 1 支弄 1006 号
负责人：曹金华　邮　编：200000
法　人：曹金华
Tel：13636568868
13761106751

**上海瑞杰金工贸有限公司**
业务：汽车产品、化工、医疗器械、水产、农副产品、五金等等
地址：上海市浦东新区和龙路 666 弄 11 号 401 室
负责人：童勇杰　邮　编：200000
法　人：童勇杰
Tel：021－50403987
Fax：021－68901615

**上海泰泉商务信息咨询服务有限公司**
地址：上海市汶水路 405 号 2 幢 A8 室
负责人：何国强
Tel：021－66515759

**上海麟赟贸易有限公司**
地址：上海市武昌路 559 号 A 楼 104 室
负责人：乐勤
Tel：021－63646952

**上海集航进出口有限公司**
地址：上海市武昌路 559 号 A 楼 310 室
负责人：沈玮
Tel：021－63244662

**上海尊旅企业服务有限公司**
地址：上海市物华路 11 号 431 室
负责人：冷亚
Tel：021－63593729

**上海银庄贸易有限公司**
地址：上海市物华路 11 号 449 室
负责人：戚亚南
Tel：021－65859360－810

**江西省国防科工办退休回沪职工上海服务站**
地址：上海市西谈家渡路 81 弄 6 号 104－108 室
负责人：张小华
Tel：021－62441823

**上海馨舞文化传播有限公司、上海馨舞文化传播有限公司馨舞坊艺术团**
业务：广告设计、制作、代理发布、文艺活动策划、文体活动策划、服装道具设计、歌舞表演、舞台道具、艺术活动策划
地址：上海市闵行区漕宝路 1467 弄 7 区 58 号 1011－1012 室
负责人：梁荣　邮　编：201101
法　人：黄丹英
Tel：13636579428
021－64773243
Fax：021－64773243
网址：www.xinwush.com
E-mail：631236057@qq.com
837421752@qq.com

**上海羿旭商贸有限公司**
业务：五金的销售
地址：上海市浦东新区高东镇高东二路 47 弄 37 号 201 室
负责人：奚晓刚　邮　编：200137
法　人：奚晓刚
Tel：13371837795
021－58485771

**上海浙满贸易有限公司**
地址：上海市祥德路 302 号 A346 室
负责人：赵美娟
Tel：13901995840

**上海美廊形象设计有限公司**
地址：上海市斜土路 1413 号
负责人：谢猛
Tel：021－62541331

**香港炜达国际有限公司上海代表处**
地址：上海市斜土路 2601 号嘉汇广场 T1 座 9C
负责人：戴振洛
Tel：021－64396143

**上海珥露贸易有限公司**
业务：服装、化妆品、办公用品的贸易
地址：上海市浦东新区高宝路 229 弄 41 号 201 室
负责人：刘先生　邮　编：201208
Tel：13918057616
Fax：021－68689264
网址：13918057616@139.com

**早川国际（香港）有限公司上海代表处**
地址：上海市徐汇区漕宝路 82 号 505 室
负责人：高桥顺一
Tel：021－64326290

**上海远雄商务服务有限公司徐汇分公司**
地址：上海市徐汇区淮海中路 1010 号 2701、2704、2705、2706 室
负责人：林文龙
Tel：021－62702222

**上海升保发贸易有限公司**
业务：食品、颜料的贸易
地址：上海市浦东新区川沙新镇新川路 88 号 11 幢
负责人：葛国保　邮　编：200000
法　人：葛国保
Tel：021－58908945
18918624178

**上海瀛田贸易有限公司**
业务：主营电动车、摩托车、建材、金属材料的综合贸易公司，公司本着"以诚信求生存，以服务促发展的经营理念，竭诚为您服务！
产品：易越牌磁电车上海总代理
地址：上海市浦东新区曹路镇民安路 8 号 5033 室
负责人：陈良　邮　编：201209
法　人：陈良
Tel：021－51333027
13472806608
Fax：021－51333027
E-mail：fj.chenliang@163.com

**上海文锋百货商店**
地址：上海市徐家汇地铁商城蒂美依廊 4109/4201 号
负责人：张文珍
Tel：021－64836477

**上海永业企业（集团）职工管理中心工会**
地址：上海市徐家汇路 454 弄 36 号甲
负责人：莊国强

……Tel:021－64456478

**上海谈笑间管理咨询有限公司**
地址:上海市延长路149号504－19室
……负责人:孙毓淼
……Tel:021－56331163

**上海圆顿商务咨询有限公司**
地址:上海市延长中路765号601室
……负责人:石光伟
……Tel:021－56770133－169

**上海晓弟果品贸易行**
地址:上海市杨浦区长阳路1389弄5号102室
……负责人:刘小弟
……Tel:13601949642

**上海同韬管理咨询有限公司**
地址:上海市杨浦区赤峰路65号同济科技园903－3室
……负责人:吴皑
……Tel:021－65980312

**上海斐然文化传播有限公司**
地址:上海市杨浦区国定路335号5001A室
……负责人:郑军
……Tel:13901602484

**上海荣粮商贸有限公司**
业务:商贸
地址:上海市闵行区繁兴路99号
……负责人:方蔡友　邮　编:200000
……法　人:方蔡友
……Tel:13916580478
021－52265381

**上海国风家政服务社**
地址:上海市杨浦区国和路1013号底楼
……负责人:蒋荣贵
……Tel:021－65050608

**上海格浩信息咨询有限公司**
地址:上海市杨浦区国泰路127弄复旦科技园1号楼1548室
……负责人:蔡万浩
……Tel:13906777461

**上海升徽保洁有限公司**
业务:提供日常保洁服务、外墙清洗服务
地址:上海市浦东新区北蔡工业园区绿科路110号清洁公司
……负责人:刘生　邮　编:201204
……法　人:刘生
……Tel:15901758850
……网址:http://www.51zzt.com/user/zzt34608

**上海德淡信息咨询有限公司**
地址:上海市杨浦区国泰路127弄复旦科技园1号楼1574室
……负责人:林李花
……Tel:13566129888

**吴宋美加设计咨询(上海)有限公司**
地址:上海市杨浦区黄兴路156号928室
……负责人:吴稼豪
……Tel:021－65675660

**上海雄博文化传播有限公司**
地址:上海市杨浦区佳木斯路72号43幢412室
……负责人:辛良曙
……Tel:13916136586

**上海浦盛食品贸易有限公司**
地址:上海市杨浦区军工路1436号24幢108号
……负责人:董香珍
……Tel:13311668051

**上海娅娜贸易有限公司**
地址:上海市杨浦区控江路1555号A座103室L－5
……负责人:戴彦锋
……Tel:13311660665

**上海迪亚联华零售有限公司辽源东店**
地址:上海市杨浦区辽源东路16号
……负责人:周志杰
……Tel:021－65181409

**上海佛正实业有限公司**
业务:服装、服饰、鞋帽、纺织品、箱包及辅料加工、批发、零售,装潢设计、施工,展览、展示服务,商务信息咨询服务,从事货物及技术进出口服务。
地址:上海市南汇区惠南镇沪南公路9626号
……负责人:沙昌先　邮　编:201300
……法　人:沙昌先
……Fax:13818291896
021－68014472

**上海上唐文化交流咨询有限公司**
地址:上海市杨浦区临青路66号310－L室
……负责人:于斌
……Tel:13611633083

**上海凯飒广告传媒有限公司**
地址:上海市杨浦区四平路1945号A－1027A室
……负责人:秦毅
……Tel:021－55521801

**上海丰卉旺商贸有限公司**
地址:上海市杨浦区通北路222－228号底层
……负责人:封萍
……Tel:021－65515017

**上海闪瞬广告有限公司**
业务:平面设计、展会设计、室内设计、网络设计、户外设计
地址:上海市闵行区兴梅路1199弄30号1703
……负责人:陈大伟　邮　编:201108
……法　人:陈大伟
……Tel:13918252966
……网址:www.blue－dream.com.cn
……E-mail:cdwnew1979@yahoo.com.c

**上海赫文图文设计制作有限公司**
地址:上海市杨浦区许昌路1212号403室G
……负责人:周秉钧
……Tel:021－65010977

**上海肖林经济信息咨询有限公司**
地址:上海市杨浦区延吉中路65号40室
……负责人:胡林峰
……Tel:13061701406

**上海君沪日用品商行**
地址:上海市杨浦区殷行路490弄10号2号楼302B
……负责人:仲海鹏
……Tel:13391186583

**上海振体健康信息咨询有限公司**
地址:上海市杨浦区榆林路200号5号楼302室
……负责人:夏文
……Tel:021－65857232

**上海达普展示服务有限公司**
地址:上海市杨浦区政通路246号234室
……负责人:刘金花
……Tel:021－65650878

**上海宏德木业有限公司**
业务:外贸木材
产品:木材
地址:上海市闵行区红梅南路3859弄39号
……负责人:陈素兰　邮　编:200241
……法　人:陈春坤
……Tel:13641889996

**上海涌金广告传播有限公司**
地址:上海市永和路200号1号楼101－A座
……负责人:方月能
……Tel:021－56771337

**上海临官企业管理咨询有限公司**
地址:上海市永和路200号1号楼101－B座
……负责人:朱涤生
……Tel:021－56772025

**上海亦益商务咨询有限公司**
业务:商务咨询
地址:上海市闵行区莘庄镇莘北路398号金城绿苑135号102室
……负责人:殷祖华　邮　编:201100
……法　人:殷祖华
……Tel:021－64888891

**上海市第二中学工会委员会**
地址:上海市永康路200号
……负责人:徐新德
……Tel:021－64726994

**上海鸿泰人才服务有限公司**
地址:上海市永兴路258弄1号1111室
……负责人:葛宇翔
……Tel:13816098833

**上海炽荣贸易有限公司**
地址:上海市永兴路258弄1号1806室
……负责人:李拥军
……Tel:021－56834493

**上海裕悦贸易有限公司**
业务:贸易
地址:上海市闵行区青浦区北青公路5888号
……负责人:谢英宇　邮　编:200000
……法　人:谢英宇
……Tel:021－39878087
13621823465
……Fax:021－39878087
……网址:http://www.51zzt.com/user/zzt123494

**上海威瑞工贸有限公司**
地址:上海市岳阳路77弄20号
……负责人:徐振芳
……Tel:021－64312126

**上海荣伸经贸有限公司设备安装工程分公司**
地址:上海市粤秀路353弄甲1号楼101室
……负责人:马余民
……Tel:021－65287175

**上海市闸北区交通杂货店**
地址:上海市闸北区沪太路180弄1号
……负责人:蒋惠娣
……Tel:021－56900718

**上海福满家便利有限公司临汾店**
地址:上海市闸北区临汾路658号底层
……负责人:魏应行
……Tel:021－62723187

**上海星科实业有限公司浦东分公司**
地址:上海市张杨路707号3502－3503室
……负责人:王鸣
……Tel:13701629435

**上海益泉食品销售管理服务有限公司**
业务:专业工厂的蔬菜配送
地址:上海市闵行区华漕镇中华美路60弄46号402
……负责人:郑来水　邮　编:200001
……法　人:郑来水
……Tel:13918488219
021－62202311
……Fax:021－62202311

**六安市新亚劳务服务有限公司**
业务:国内劳务输入及派遣、职业中介、信息咨询
地址:上海市闵行区华漕镇纪翟路2760弄205室
……负责人:彭良旭　邮　编:201100
……法　人:彭良旭
……Tel:13818823959
021－62967430
……E-mail:www.shkuncai.com

**上海鲁澳实业有限公司**
地址:上海市中山北路972号A座7－26室
……负责人:孙爱军
……Tel:021－56912619

**上海钢欣广告传媒有限公司一分公司**
地址:上海市中山北一路903号7778席位
……负责人:朱炎德
……Tel:021－65601918

**上海海关工会委员会**
地址:上海市中山东一路13号
……负责人:朱旺木
……Tel:021－68892364

**上海嘉哲投资管理咨询有限公司**
地址:上海市中山南二路923号
……负责人:王荣吉
……Tel:021－64645473

**上海大刀摄影有限公司**
地址:上海市中山西路2368号302室
……负责人:刘伟帆
……Tel:021－64396219

**上海市卢湾区发展计划委员会工会委员会**
地址:上海市重庆南路100号1603室
……负责人:徐坚
……Tel:021－63310465

**上海市卢湾区妇女联合会工会**
地址:上海市重庆南路139号
……负责人:高奋
……Tel:021－63262020

**中国共产主义青年团上海市卢湾区委员会工会**
地址:上海市重庆南路139号6号楼315室
……负责人:黄蓓
……Tel:021－53511787

**上海财峨国际贸易有限公司**
地址:上海市株洲路256号底层
……负责人:杨玉钢
……Tel:021－56963689

**上海拓展会展服务有限公司**
业务:本公司是专业从事海内外展览业务,以展台设计制作、会议策划、展厅及商业空间设计为主体的综合性设计制作公司。我公司为众多著名企业提供了高品质的服务,深受客户的好评!
地址:上海市中山西路1265弄18号湘江大厦1206室
……邮　编:200051
……法　人:郑国祥
……Tel:021－32095855
……Fax:021－32092272
32095855－20
……网址:www.sh－topexpo.com

**澳门乐德(澳门离岸商业服务)有限公司上海代表处**
地址:上海市遵义南路8号锦明大厦27楼C座
……负责人:侯志华
……Tel:021－62193083

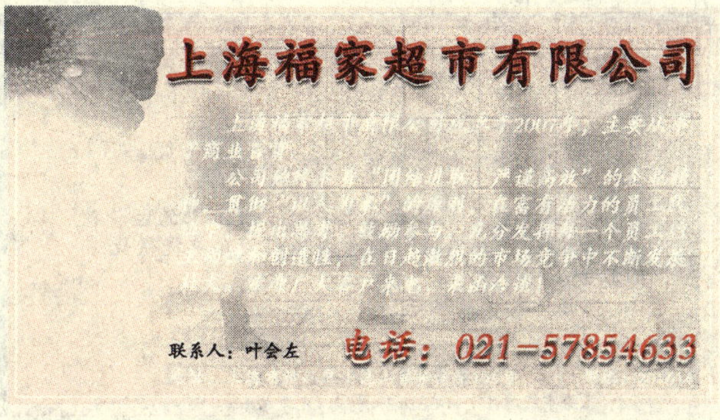


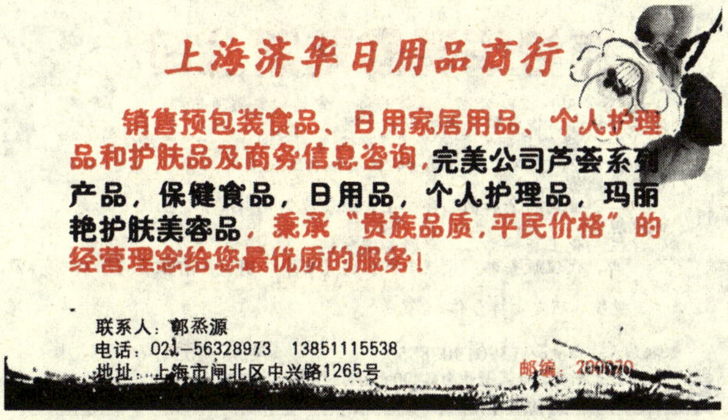

## 上海精朵贸易有限公司

本公司成立于2003年，主要业务有销售及售后服务汽摩配件、摩托车、电动车、制冷设备、通信设备、建筑装潢材料、机电设备、五金交电、服装鞋帽、日用百货、纸制品等。

“客户至上、品质第一、服务第一”一直是我们恪守的宗旨，欢迎各界朋友来电来函洽谈合作。

电话：021-55389680 55396117

传真：021-55396117

联系人：邓惠清 13162588680

地址：上海市虹口区新市南路924-926号 邮编：200434

## 上海闽义贸易有限公司

上海闽义贸易有限公司是一家专业从事钢管扣件租赁，防腐木、碳化木、各种进口名贵木材，圆木加工各种规格的服务。

公司拥有十多年的生产经验，工艺精湛，产品质优。愿为您提供最优质的服务。竭诚欢迎您的合作！

联系人：林亚森 13052460861

电话/传真：021-62500626 邮编：200436

地址：上海市宝山区南大路599号木材市场南1区2号

## 上海魁宇国际贸易有限公司

网址：www.chinagenesis.com

上海魁宇国际贸易有限公司成立于2008年，专业从事建材、纺织、五金、机械设备进出口业务，主要经营美国市场。

公司以一流的管理、一流的技术和一流的服务，与国内外的朋友建立良好的业务关系，共同发展、共创辉煌。

联系人：李汝魁

13564262616 13816050673

电话：021-33779005

邮编：200000

地址：上海市虹口区海伦路88弄22号楼401室

## 上海群红金属材料有限公司

上海群红金属材料有限公司成立于2002年，主要从事金属材料、五金电动工具的销售。欢迎广大客户来电来函洽谈。

联系人：戴朝忠

电话：021-56566434、13701921458

地址：上海市宝山区牡丹江路海滨五村7号 邮编：210000

## 上海磊箭實業有限公司

上海磊箭实业有限公司成立于2008年。

主要从事于销售观赏鱼、进出品贸易、房地产投资。

本公司秉承“顾客至上，锐意进取”的经营理念，坚持“客户第一”的原则为广大客户提供优质的服务。

欢迎广大客户惠顾！

联系人：吕磊

13361940116

地址：上海市杨浦区宁国路313弄6号1201龙泽大厦 邮编：210000

## 上海松威劳务派遣有限公司

上海松威劳务派遣有限公司成立于2008年。

主要从事于劳务的派遣。

公司真诚希望国内外新老朋友、商家、企业及同行业人士加强合作、互惠互利、团结共进，共创美好的明天。

联系人：段松青 电话：021-64290190

地址：上海市闵行区浦江镇陈行公路徐凌村19号 邮编：210000

## 上海绿华贸易有限公司

本公司内设办公室，保健品部，金属和金属制品部，化工原料部，代理服务部等四部一室。

一、保健品部主要经营茶多酚及其有关产品。1、茶提取物批售 2、重点产品高含量的优质茶多酚胶囊零批售 3、各种保健品零批售

二、金属和金属制品部：主要经营废铜（铜屑），上海产的电线电缆。

三、化工原料部：主要经营碳酸钙。

四、代理服务部：代理合作伙伴（日本三明商务有限公司）的产品。

望各界朋友支持合作。

联系人：郑贵和 13901902885 电话：021-64983129

地址：上海市闵行区莘西南路400弄57号501室 邮编：201100

## 上海苏和起重设备租赁有限公司

有着十多年的起重设备的租赁服务经验。在与多家单位的合作中。

联系人：柴成分

13122521379

邮编：201100

地址：上海市闵行区浦行公路东边立跃路1728号

## 上海贸宇国际贸易有限公司

### 徐汇分公司

上海贸宇国际贸易有限公司徐汇分公司是一家专业从事进出口贸易的企业。

公司将一如既往地秉承诚信合作的原则，组织优质优价的资源来感谢新老客户对本公司的支持、惠顾和厚爱！

联系人：谢锦烊

电话：021-64228701

欢迎来电

邮编：210000

地址：上海市徐汇区肇嘉浜路333号301室

## 上海忠昌实业有限公司

上海忠昌实业有限公司成立于2005年，本公司专业从事投资咨询、商务咨询、货物进出口及技术进出口、纺织品、金属材料、建材、建筑工程、装璜工程。本公司秉承“以质量求生存，信誉求发展”的经营理念与您在新世纪共同发展，共创辉煌。

联系人：杭德富

电话：021-55490132、13386138011 传真：021-55490132

地址：上海市杨浦区包头路1150弄25号502室 邮编：200438

▲商业百货外贸服务业▼

## 上海天志企业管理咨询有限公司

上海天志企业管理咨询有限公司成立于2009年，是致力于中国企业文化建设的培训与咨询事业的企业。

“授人以鱼不如授人以之渔”，我们永远站在客户的角度，全心全意为客户着想，愿我们的理论和服务成为您前进路上的助推器！

联系人：颜廷君 13391001787
电话：021-65555671 58623637
传真：021-65526474
网址：www.witroad.com
地址：上海市复旦大学科技园邯郸路139号408座
邮编：200433

## 上海勇钢贸易有限公司

本公司专营金属材料、五金交电、建材、电线电缆，奉行“诚信为本，质量至上，用户满意”的经营理念！为广大客户服务，为贸易服务！

联系人：辛平娟
电话：021-61809295
地址：上海市宝山区双城路803弄11[illegible]
邮编：200940

## 重庆市/Chongqing Municipality

**重庆市人和综合交易市场有限公司**
地址：重庆市北部新区人和镇龙寿路469号加新花园2幢负二层
……负责人：陈明亮
……Tel：023－67642659

**重庆市金诺布衣清洁服务有限公司**
地址：重庆市北部新区人和镇龙寿支路40号
……负责人：贺刘丽
……Tel：023－67757922

**重庆方略商贸有限公司**
业务：建材、五金、电脑配件、百货等
地址：重庆市巴南区渝南大道108号6幢1单元8－3#
……负责人：徐刚　邮　编：400000
……法　人：徐刚
……Tel：13320288589
13594127585

**丰都县三江物产有限公司**
业务：我公司成立于1997年，主要加工销售蔬菜（榨菜、藠头、李干），收购农副土特产品（专项规定除外），中药材，工矿产品，畜副产品，建筑材料，机械设备、零配件，原辅材业务，但国家限定公司经营或禁止进出口的商品除外。
地址：重庆市丰都县三合镇平都大道393号
……邮　编：408200
……法　人：孙霖
……Tel：023－70924472
70700685
……Fax：023－70700685

**重庆中为百货市场有限公司**
地址：重庆市北部新区人和镇龙寿支路58号
……负责人：葛仲平
……Tel：023－67642826

**重庆裕邦物资有限公司**
地址：重庆市北部新区人和镇天龙路9号1单元8－1
……负责人：王华
……Tel：023－66656675

**留星搬家服务部**
业务：家庭、单位、厂房搬迁、管道清掏，外墙清洗
地址：重庆市北碚区中山路3－2号
……负责人：刘兴坪　邮　编：404000
……法　人：刘兴坪
……Tel：023－68288972
13996168200

**重庆市银企商贸有限公司**
业务：重庆市银企商贸有限公司专业从事食品的批发，质量保证、价格合理，热诚欢迎新老客户光临惠顾。
地址：重庆市江北区观音桥农贸市场盘溪食品大楼食品区二层265号
……负责人：王清明……邮　编：400020
……法　人：王清明
……Tel：023－89130329

**重庆亚顺机械设备租赁有限公司**
业务：机械设备租赁
地址：重庆市璧山县璧城街道沿河西路北段126号
……负责人：令狐克刚　邮　编：400000
……法　人：令狐克刚
……Tel：13883698706
13668008631

**重庆译心置业顾问有限公司**
地址：重庆市北部新区人和镇新南路168号
……负责人：张军
……Tel：023－67722161

**重庆和捷进出口贸易有限公司**
地址：重庆市北部新区人和镇新南路168号1－6－11－2
……负责人：胡晓玲
……Tel：023－67527784

**重庆市奔福商贸有限公司**
地址：重庆市磅峡路279号
……负责人：杨光
……Tel：023－68337555

**重庆市沿河商贸有限公司**
地址：重庆市璧城璧兴路67号
……负责人：曾各清
……Tel：023－41913413

**奉节县光林保洁有限公司**
业务：专业保洁公司，公司以一流的品质、专业的技术、合理的价格，全面为您提供满意服务
产品：保洁用具
地址：重庆市奉节县永安镇布谷巷9号2单元702
……负责人：柯享平　邮　编：404600
……法　人：秦光林
……Tel：023－56682277
……Fax：023－56682277

**重庆紫光房屋拆除工程有限公司**
业务：房屋拆除、回收废旧设备
地址：重庆市高新区石桥铺彩电中心科园3路
……负责人：刘子光　邮　编：404100
……法　人：刘子光
……Tel：13320338799
13708397659

**重庆杜氏商贸有限公司**
业务：重庆杜氏商贸有限公司成立于2002年，是一家具有实力的专业酒类营销公司，公司资金雄厚，管理人才专业，公司现在与贵州茅台酒厂集团合作开发，销售茅仙酒系列。公司本着诚信待人，合作双赢的原则欢迎各地朋友光临。
地址：重庆市江北区海洋之星B栋5－5
……邮　编：400020
……法　人：杜勇
……Tel：023－67753462
……Fax：023－67753462

**璧山县春苗日用品超市**
地址：重庆市璧城镇文星路378号
……负责人：周厚强
……Tel：023－41418538

**开县明日广告装饰有限公司**
业务：开县明日广告装饰有限公司成立于2000年，从事广告设计、安装、施工，欢迎新老客户来电洽谈业务。
地址：重庆市开县新城南山东路1222号
……负责人：罗国成……邮　编：405400
……法　人：罗国成
……Tel：023－52241888

**重庆百景置业顾问有限公司**
地址：重庆市沧白路17号21－5号
……负责人：廖泽
……Tel：023－66992200

**重庆市杰明商贸有限公司**
业务：公司以建筑建材、五金为经营项目，我们始于客户需求，终于客户满意，公司本着“信誉至上，顾客第一”的经营宗旨，真诚欢迎与您携手共同发展。
产品：塑料门窗、LG塑料型材等
地址：重庆市高新区渝州路71号附11号
……负责人：汪晓辉　邮　编：400039
……法　人：汪晓辉
……Tel：023－68607333
13908322927
……Fax：023－68607333
……E-mail：wangxiaohui814@yahoo.com.cn

**重庆百恩人力资源管理顾问有限公司**
业务：我们秉承专业、高效的服务理念，为您提供国内人才派遣、劳务派遣、生产线承包、委托招聘、职业介绍、电话营销承包、劳务人事关系托管、人事代理、人才培训、人力资源管理等专业服务，携手百恩，成就你我！
产品：重庆红岩精神中职技工团队、重庆红岩精神大学生主力军、重庆红岩精神电话营销精英
地址：重庆市江北区建新北路二支路3号A栋20－6
……负责人：杨川　邮　编：400020
……法　人：王青山
……Tel：023－86873636
……Fax：023－86876959
……网址：www.51dzz.com
……E-mail：baienhr@vip.163.com

**重庆柯泓商贸有限公司**
地址：重庆市长江二路177号－11号
……负责人：刘禄红
……Tel：023－68718085

**重庆同创超市管理咨询有限公司**
地址：重庆市长江一路1号中华广场5楼
……负责人：刘斌
……Tel：023－63822517

**重庆陈氏清洁服务有限公司**
业务：重庆陈氏清洁服务有限公司成立于2005年，从事清洁服务、园林绿化及生产清洁工具、清洁机械等。欢迎新老客户光临、来电垂询、洽谈业务！
地址：重庆市南岸区南坪南路82号2单元12－1号
……邮　编：400000
……法　人：胡珍素
……Tel：023－62800826
……Fax：023－62800826

**西恒招标代理有限公司**
业务：工程招标代理，政府采购，工程造价咨询。
地址：重庆市江北区建新南路16号西普大厦1608室
……负责人：刘吉民　邮　编：400020
……法　人：刘吉民
……Tel：023－67766892
67767200
……Fax：023－67767197

**重庆欧玛莉科技发展有限公司**
地址：重庆市陈家坪朝田村181号华宇大厦C座8－1号
……负责人：梅茂林
……Tel：023－68824246

**重庆市清风汽车租赁有限公司**
地址：重庆市大渡口区八桥镇三木花园6－1－5－2号
……负责人：熊勇
……Tel：023－66160567

**重庆市高新技术产业开发区俊杰建筑设备租赁站**
地址：重庆市高新区白合村经济合作社
……负责人：高克俊
……Tel：023－68412496

**重庆市高新技术产业开发区鼎誉平面图设计工作室**
地址：重庆市高新区朝田村218号帝豪名都五楼
……负责人：文德纲
……Tel：023－68618371

**重庆市高新技术产业开发区湘渝劳保用品经营部**
地址：重庆市高新区渝州交易城B区302栋3号
……负责人：李再生
……Tel：023－68629482

**重庆鼎全企业管理咨询有限公司**
业务：企业管理咨询；企业营销策划；企业培训咨询
地址：重庆市江北区建兴东路3号百业兴大厦26楼
……负责人：陈金庆　邮　编：400000
……法　人：陈金庆
……Tel：023－89075501
89075510

**重庆金相润物资有限公司**
业务：销售物资
地址：重庆市九龙坡区红狮大道5号34幢附7号
……负责人：吴艳丽　邮　编：400000
……法　人：吴艳丽
……Tel：13657683432
023－68539055
68539051

**重庆玖诺文化传播有限公司**
业务：教育咨询，人力资源管理咨询，商务信息咨询，企业形象设计，企业营销策划，承办经批准的文化交流
地址：重庆市九龙坡区科园一路2号13－7#
……负责人：徐平　邮　编：400000
……法　人：徐平
……Tel：15826150007
023－68618909

**重庆市旭鸿广告有限公司**
业务：重庆市旭鸿广告有限公司专业墙体广告制作，发布。本公司宗旨“精业、信誉、创新、开拓”。欢迎各界客户洽谈业务。
地址：重庆市南川区南大街258号
……负责人：周勇……邮　编：408400
……法　人：周勇
……Tel：023－71433363
……网址：www.mtw50796.chinapyp.com

**重庆市沙坪坝区长顺建筑机械设备租赁站**
地址：重庆市歌乐山镇山洞村新房子社
……负责人：马顺银
……Tel：023－65214395

**重庆创意工艺标牌制造有限公司沙坪坝区分公司**
地址：重庆市歌乐山镇新开寺村烂田坝社
……负责人：王春燕
……Tel：023－65503071

**綦江县工商咨询服务部**
地址：重庆市古南镇石佛岗7号
……负责人：李开银
……Tel：023－48650171

**重庆磊琳科贸有限公司**
业务：建筑材料、机电产品、劳保用品、通用设备的销售
产品：建筑材料、机电产品、劳保用品、通用设备
地址：重庆市九龙坡区石坪桥正街21号第八建筑公程公司
……负责人：罗科全　邮　编：400000
……法　人：罗科全
……Tel：023－68668078

**重庆锦钰通世贸易有限公司**
业务：集医疗仪器、办公用品销售，商务信息咨询，国内外广告设计、代理、制作、发布为一体的综合贸易公司。我们始于客户需求，终于客户满意，期待与您真诚合作！
产品：I类医疗器械、医用卫生材料、教学专用仪器
地址：重庆市九龙坡区石桥铺渝州路4号20－21号
……负责人：谢婷婷　邮　编：400039
……法　人：吕文虎
……Tel：023－89121377
……Fax：023－89256019
……E-mail：cqjyts2009@126.com

**重庆东印天鑫实业有限责任公司**
地址：重庆市桂溪镇西湖村
……负责人：刘智勇
……Tel：023－74655268

**开县世豪物资有限责任公司**
地址：重庆市汉丰镇清江路（北门粮站）
……负责人：周世豪

Tel:023－52222499

**万盛区益利兴物资经营部**
业务:万盛区益利兴物资经营部于 2002 年创建,主要经营劳保用品、矿山配件、除尘标件、钢材、建材、日化用品及校服、卫生服订做。欢迎咨询、选购!
地址:重庆市万盛区万东北路 56 号附 13 号
邮　编:400800
法　人:王正明
Tel:023－48291536
Fax:023－48291536

**重庆清源房地产评估有限公司**
地址:重庆市汉丰镇人民路 114 号
负责人:贺道远
Tel:023－52220912

**重庆大双商贸有限公司**
业务:重庆大双商贸有限公司成立于 1991 年,主要销售针织衫、内衣、内裤等。质量保证,价格合理,热诚欢迎新老客户惠顾。
地址:重庆市渝中区朝天门节约街九交易区三楼
邮　编:400010
法　人:周学文
Tel:023－63710381
Fax:023－61619220

**重庆市烟草公司彭水苗族土家族自治县公司**
地址:重庆市汉葭镇北门街壹佰肆拾陆号
负责人:豆彭川
Tel:023－78449766

**重庆聚犇商贸有限公司**
业务:建材、瓷砖、各种知名建筑装饰材料的地区总代理与渠道销售、日用化工、服装百货
地址:重庆市九龙坡区石新路 156 号 1 幢负 1 至第 3 层国窖建材汇展中心 B3－4、5
负责人:陈刚　邮　编:400000
法　人:陈刚
Tel:023－86629508
Fax:023－86629502

**彭水县育才商贸有限责任公司**
地址:重庆市汉葭镇河堡街
负责人:丁万方
Tel:023－78449106

**重庆市彭水县顺达车辆性能检测有限公司**
地址:重庆市汉葭镇沙沱街
负责人:张孝生
Tel:023－78895111

**重庆今生经贸有限责任公司**
地址:重庆市回兴街道现代农业园区 1 幢 2－1
负责人:邓孔荣
Tel:023－67742877

**重庆市天禄信息咨询服务有限公司**
地址:重庆市回兴镇凯歌路 1 号
负责人:张淑杰
Tel:023－62809936

**重庆市纳宇广告传播有限责任公司**
业务:集整合营销传播、媒体代理、广告创意、平面设计、影视制作为一体的综合型广告公司
地址:重庆市九龙坡区滩子口 17 号
负责人:刘丽纳　邮　编:400030
法　人:刘丽纳
Tel:15086939505
023－68416600
68416686
Fax:023－68416686

**重庆银海文化娱乐有限公司**
地址:重庆市建新北路 18 号
负责人:陈正兰
Tel:023－67739217

**重庆市江北区好人缘婚介有限公司**
地址:重庆市建新北路 20 号
负责人:向凤
Tel:023－67753913

**星太清洁公司**
业务:清洁、劳务服务
地址:重庆市九龙坡区滩子口 24 号
负责人:官勇　邮　编:400053
法　人:官勇
Tel:023－68616186
13896017514

**重庆迷尚广告有限公司**
业务:媒体、代理发布广告、电子显示屏
地址:重庆市九龙坡区桃花溪 A 座 10 号 1－1#
负责人:李昌贵　邮　编:400000
法　人:李昌贵
Tel:13527553394
023－86165166
Fax:023－86165166
网址:http://www.51zzt.com/user/zzt30033

**重庆市促进信息产业中心**
地址:重庆市建新北路 25 号北辰名都 8 楼
负责人:张舰
Tel:023－67876692

**重庆宏盛劳务有限公司**
地址:重庆市建新北路 45 号
负责人:曾庆
Tel:023－67505707

**重庆文轩路桥技术咨询有限责任公司**
地址:重庆市建新北路 60 号 16－4 号
负责人:喻陶文
Tel:023－67534479

**重庆尚锋企业营销策划有限公司**
地址:重庆市建新北路 60 号北岸星座 1506 号
负责人:冉石益
Tel:023－66907989

**重庆诚德岩土工程勘察有限公司**
地址:重庆市建新东路 13 号 23－3 号
负责人:江冰
Tel:023－67904968

**重庆渝晋企业管理咨询有限公司**
业务:市场调研,企业管理咨询,市场研究、执行
地址:重庆市九龙坡区杨家坪西城天街 D 座 1101
负责人:梁伟　邮　编:400050
法　人:梁伟
Fax:023－68127330

**重庆长安贸易公司长安超市**
地址:重庆市建新东路 57－1、2
负责人:彭泽勇
Tel:023－67591291

**重庆市海运有限责任公司江北区办事处**
地址:重庆市建新西路 2 号特 1 号
负责人:张吉
Tel:023－67728980

**重庆市鼎力劳务服务咨询有限公司**
地址:重庆市江北国际机场国航机关院
负责人:曾俊
Tel:023－67450819

**开县大拇指家政服务有限公司**
业务:家政服务
地址:重庆市开县新城安康路三巷 82 号
负责人:蒋西平　邮　编:400000
法　人:蒋西平
Tel:13388909078
13896213620

**重庆百货大楼股份有限公司超市分公司江津店**
地址:重庆市江津市几江街道时代广场
负责人:黄思伟
Tel:023－47555250

**重庆市先涛商贸有限公司**
地址:重庆市经济技术开发区经开园鸳鸯街道 46 号
负责人:许志能
Tel:023－67822666

**重庆佳超商贸有限公司**
地址:重庆市九龙坡区火炬大道 9 号隆鑫钢材市场 B14－16、18 号
负责人:任厚群
Tel:023－68158140

**重庆市根深业茂商贸有限公司**
地址:重庆市九龙园区火炬大道 8 号重庆市绿云石都 A 区 13 栋 369 号
负责人:黄显伟
Tel:023－67510680

**重庆邦家租赁服务有限公司**
业务:租赁服务
地址:重庆市南岸区南坪东路 40－2 号
负责人:蒋洪伟　邮　编:400000
法　人:蒋洪伟
Tel:13637801121
13452393671

**重庆豪门铁花有限公司九龙园区分公司**
地址:重庆市九龙园区火炬大道 9 号 B9－6、8 号
负责人:代会
Tel:023－61789000

**重庆市唐都广告有限公司**
地址:重庆市科园三街 139 号附 36 号
负责人:吴扬文
Tel:023－68608280

**重庆市绍元商贸有限责任公司**
业务:建材贸易
地址:重庆市南岸区南坪街道南坪西路 32 号 1 栋 2－1 号
负责人:唐孝荣　邮　编:400000
邮　编:唐孝荣
Tel:13220217996
13983059199

**重庆通贸物资有限公司绿云分公司**
地址:重庆市九龙园区火炬大道 8 号重庆市绿云石都钢材市场 A 区 2 栋 253、254 号
负责人:胡国川
Tel:023－89089416

**重庆钢通物资有限公司**
地址:重庆市九龙园区火炬大道 9 号 B4－18 号
负责人:何伦
Tel:023－68158928

**重庆赛捷信息咨询有限公司**
地址:重庆市科园三路 3－2－9－2 号
负责人:陈礼辉
Tel:023－65123691

**重庆图宏广告有限公司**
地址:重庆市科园三路 35 号附 1－2－1 号
负责人:樊慧
Tel:023－89080567

**重庆市传智科技有限公司杰伟世维修站**
地址:重庆市科园三路 9－1－3
负责人:张晓蓉
Tel:023－68665318

**重庆新企钢管租赁有限公司**
业务:钢管、扣件、钢模板租赁
地址:重庆市沙坪坝区童家桥后街 32 号
负责人:李德全　邮　编:400031
邮　编:李德全
Tel:023－65327897
13808386930

**重庆向阳营销顾问有限公司**
地址:重庆市科园一街 25 号(新锐地带)A 座 4 楼 4 号
负责人:杜向阳
Tel:023－68796309

**重庆市江北区彩蝶图文设计所**
地址:重庆市鲤鱼池一村 25－2－2 号
负责人:吕昌建
Tel:023－68780293

**梁平县梁山镇佳兴百货店**
地址:重庆市梁山镇报国商业城 118 号
负责人:郭丙午
Tel:023－53222078

**重庆学苑律师事务所**
业务:主要从事担任法律顾问、刑事辩护、民事代理以及为非诉讼法律事务提供法律服务业务等,致力于为社会提供全方位、深层次、多领域的优质和高效法律服务。
地址:重庆市沙坪坝区小龙坎正街 168 号嘉新大厦十三楼
负责人:袁登科　邮　编:400030
法　人:甘伟宏
Tel:023－65451838
65451828
Fax:023－65452130
网址:www.xueyuan.com.cn
E-mail:mail@xueyuan.com.cn

**重庆市意行工程机械设备租赁有限责任公司**
地址:重庆市临江镇花园街
负责人:杨仕刚
Tel:023－52818828

**大足县南门商场**
地址:重庆市龙岗街道办事处南街 21 号
负责人:张德明
Tel:023－43723507

**石柱土家族自治县国安农机专业合作社**
业务:本合作社专营农机及各种国内外名牌摩托及配件,我们将以优良的品质、适宜的价格、周到的服务、真诚期待您的光临!
产品:销售微耕机、多功能风车、抽水机各种农用机械;铃木、力帆、建设等各种国际国内品牌摩托
地址:重庆市石柱王场镇万斤路
负责人:吴群蓉　邮　编:409112
法　人:冉国安
Tel:023－73366540

**重庆渝科会展有限公司**
地址:重庆市龙溪红黄路 99 号 C3 幢 3－2
负责人:蒋新建
Tel:023－67611855

**重庆市海洲实业有限公司**
地址:重庆市龙溪华怡路 21 号
负责人:龙军
Tel:023－67528833

**重庆市群桥人力资源咨询有限公司**
业务:劳务派遣、劳务输出、劳务咨询、职业介绍、人事代理、企业招工、企事业档案管理、职业培训
地址:重庆市石柱县小鸟清河 D 栋第 13 单元 2 楼
负责人:郎明生　邮　编:400000
法　人:郎明生
Tel:13340395366
023－73328128

**重庆市渝北区深洋建材租赁站**
地址:重庆市龙溪黄泥磅乡镇企业园区
负责人:杨春兰
Tel:023－67083162

**重庆凯迪广告有限公司**
地址:重庆市龙溪街道红石路 126 号 B 幢 5－1 号
负责人:陶平
Tel:023－67606766

**重庆市龙乡白蚁防治所**
业务:白蚁防治
地址:重庆市铜梁县旧县镇万寿街邹家巷 1 号
负责人:田云学　邮　编:400000
法　人:田云学
Tel:13883656877
023－45424332

**重庆市渝北佳川商贸部**
地址:重庆市龙溪街道花卉路 82 号 2 幢 1－4 号
负责人:徐跃发
Tel:023－67074085

**重庆金龙劳务有限公司**
地址:重庆市龙溪街道金龙路 75 号附 9 号
负责人:吴嵩奇
Tel:023－67606301

**鑫谷广告经营部**
业务:广告设计、制作、发布
地址:重庆市潼南县供电所旁边
负责人:董庭　邮　编:404000
法　人:董庭
Tel:023－44572106
13101397809

**重庆市渝北区龙溪街道办事处金紫山社区服务站**
地址:重庆市龙溪街道锦龙路 45 号旁
负责人:邓小玲
Tel:023－67525712

**重庆七一商贸有限公司**
地址:重庆市龙溪街道五人路 355 号 3 幢 3－7 号
负责人:张文亮
Tel:023－67506531

**重庆荣满堂工贸有限公司**
地址:重庆市龙溪街道洋河北路 20 号
负责人:李超
Tel:023－67610626

**潼南县大同街承运房地产信息咨询服务部**
业务:房地产信息咨询服务
地址:重庆市潼南县梓潼街道办事处大同街 262 号
负责人:奚鄉　邮　编:400000
法　人:奚鄉
Tel:13996278883
023－44566436

**重庆佳康商贸有限公司**
地址:重庆市龙溪松石北路 57 号附 11 号
负责人:雷现旭
Tel:023－66737583

**重庆振华质量信息服务中心**
地址:重庆市龙溪武陵路 191 号北楼 D 座 3－3
负责人:邓润超
Tel:023－67611658

**重庆市巴南区协力百货超市**
地址:重庆市龙溪镇道角机床厂储蓄所旁
负责人:陈正伟
Tel:023－62554018

**保德保洁万州服务部**
业务:外墙清洗,大型物业保洁,商场,单位保洁,石材翻新及养护,工业设备,厨房设备,油烟管道清洗。
地址:重庆市万州区太北路 124 号 3 楼
负责人:戴兴国　邮　编:404000
法　人:戴兴国
Tel:023－58143669
58920228

**重庆和府实业有限公司**
地址:重庆市龙溪镇黄泥磅黄龙路天一华府 2 号楼 2－2 室
负责人:王洪英
Tel:023－67533666

**重庆双巴贸易有限公司**
地址:重庆市龙溪镇龙华大道 1886 号 5 幢 4－14 号
负责人:马苑琳
Tel:023－68636504

**重庆添添印务有限公司**
地址:重庆市南坪东路 524 号
负责人:曹树涌
Tel:023－62830936

**巫山县国安商贸有限公司**
业务:农副产品、煤碳、粮油、销售化肥、建材
地址:重庆市巫山县计委大楼 1 单元 502 室
负责人:李龙银　邮　编:400000
法　人:李龙银
Tel:13709447156
023－57685589
Fax:023－57685589
网址:http://www.51zzt.com/user/zzt30038

**重庆天亮商贸有限公司**

地址：重庆市南坪后堡 8 栋 2 单元 4－3 号
…… 负责人：孟代贞
…… Tel：023－62988807

**重庆市纬果商贸有限公司**
业务：日用百货、食品、小家电等等
地址：重庆市永川区中山路 2－24 号
…… 负责人：蒋伟清　邮　编：400000
…… 法　人：蒋伟清
…… Tel：023－85387618
49809111

**重庆市南岸区南宇企业管理顾问有限公司**
地址：重庆市南坪南城大道 7 号第 9 楼
…… 负责人：李中豪
…… Tel：023－62605188

**重庆卓远广告有限公司**
地址：重庆市南坪南四路 28 号
…… 负责人：蒋福惠
…… Tel：023－89895396

**云阳永杰汽贸有限公司**
业务：主营汽车销售、汽车零配件销售，提供完善的售后服务，我公司将以专业的技术力量，热忱的态度，竭诚为您服务
地址：重庆市云阳县青龙街道云江大道 2 号 C 栋 33 号门市
…… 负责人：王杰　邮　编：404300
…… 法　人：王杰
…… Tel：023－55589888
…… Fax：023－55118918

**重庆顺财投资咨询有限公司**
业务：从事房地产投资、汽车(房屋)团购营销策划、移动互联网咨询、防辐射类产品销售、批发与零售贸易、企业(个人)投(融)资 、农(林)业开发投资与咨询以及各类商务信息咨询的综合服务机构，致力为您的创业提供帮助，为您的投资指明方向。
产品：进口美食、手机防辐射贴、电脑辐射消除器等
地址：总公司：重庆市江北区建新北路二支路 3 号 15－8 忠县公司：重庆市忠县忠州镇白公路 2 号附 13 号
…… 负责人：聂玉琴　邮　编：404300
…… 法　人：杨绍奇
…… Tel：023－86836343
023－54217229
…… Fax：023－54217229
…… 网址：www.sctz168.com
…… E-mail：450084726@qq.com

**重庆市南岸区迅洁有害生物防治有限责任公司**
地址：重庆市南坪南四路 E1 单元 13－6 号
…… 负责人：陈志宏
…… Tel：023－61981422

**重庆远景广告文化传播有限公司**
地址：重庆市南坪四路 2 号 B 塔楼 19－B2
…… 负责人：李剑
…… Tel：023－66657631

**酉阳金大地商贸有限公司**
业务：商品百货
地址：重庆市酉阳县李溪镇彩兴街 71 号
…… 负责人：张珍友　邮　编：400000
…… 法　人：张珍友
…… Tel：023－75813241

**重庆珍康商贸有限公司**
地址：重庆市南坪万寿路二村 3 栋 2 单元 5－4 号
…… 负责人：刘成平
…… Tel：023－66726811

**重庆綦钥华商贸有限公司**
业务：本公司专业代理泽黛佳伊、黑与白等多个品牌服装及童装，本着“以诚为根、以信为本”的服务理念为您提供优质完善的服务，卓越品质、创造精致生活！
产品：泽黛佳伊、黑与白及各种品牌童装
地址：重庆市渝中区长江一路 1# 中华广场 13－4 号
…… 负责人：张在义　邮　编：400000
…… 法　人：周其勇
…… Tel：023－63930622
13696460929
…… Fax：023－63930622

**重庆宏建广告有限公司**
业务：制作户外广告，发光字、LED 灯屏
地址：重庆市渝中区中山一路 204 号第 2 层 3#
…… 负责人：唐思诗　邮　编：400015
…… 法　人：唐思诗
…… Tel：13271988892
023－63510885
…… Fax：023－63510885
…… E-mail：466562083@qq.com

**酉阳县金夫人婚纱摄影楼**
业务：婚纱摄影
地址：重庆市酉阳县桃花源中路(河滨公园对面)
…… 负责人：熊英　邮　编：409800
…… 法　人：熊英
…… Tel：023－75532268

**重庆市南岸区隆翔建筑设备租赁站**
地址：重庆市南坪镇二塘村西家塝合作社
…… 负责人：唐永林
…… Tel：023－62750573

**重庆蜀商企业管理咨询有限公司**
业务：管理业务咨询服务
地址：重庆市渝北区龙塔街道洋河东路 37 号长安丽都 17 幢 17－1
…… 负责人：袁辉　邮　编：400000
…… 法　人：袁辉
…… Tel：13883621640
023－67708728

**重庆鹿宁山科技有限公司**
业务：开发、生产、加工、销售：粉末涂料；销售高低压成套设备、机械设备、五金件、电子产品、电器、汽车零部件、摩托车零部件、通用机械、计算机零部件；货物进出口服务。
地址：重庆市渝北区双龙湖街道鹿山村十二社
…… 负责人：范家国　邮　编：401120
…… 法　人：范家国
…… Tel：13320330085
023－67842917
67842919
…… Fax：023－67842918

**重庆顿悟企业策划有限公司**
地址：重庆市南坪正街 1 号 B 栋 21－1 号
…… 负责人：冯怡
…… Tel：023－66751726

**重庆市旗越贸易有限公司**
地址：重庆市南坪正街 1 号 B 幢 A 单元 11－7 号
…… 负责人：莫丹旗
…… Tel：023－66541594

**酉阳县彩虹光电科技有限责任公司**
业务：电子显示屏，发光字
地址：重庆市酉阳县钟多镇城东社区六组
…… 负责人：杨再峰　邮　编：400000
…… 法　人：杨再峰
…… Tel：023－75588923
13709485730
…… Fax：023－75588923

**重庆市万州区温万经贸有限公司**
地址：重庆市万州区白岩路 126 号 301
…… 负责人：王晓春
…… Tel：023－58908868

**重庆圣勋商贸中心**
业务：LED 显示屏，广告牌，护栏管
地址：重庆市渝北区回兴街道宝圣西路
…… 负责人：谢沛其　邮　编：400000
…… 法　人：谢沛其
…… Tel：15922960911
023－67387923
…… Fax：023－67387923

**重庆亿东企业策划有限公司**
业务：报刊承办，广告代理，宣传策划
业务：期刊杂志类：《重庆扶贫》《中小企业家》《重庆餐饮》《重庆江北工商》图书类：《全新进藏牛皮书》三国探谜之旅》《达芬奇密码真相解谜》《吃遍重庆》《健康教师》《如何做一个好媳妇》《BYB 汽车重庆自驾游》《三峡情》《大山的回声》画册类：《重庆乌江实业》《永川品牌》《隆鑫花漾湖楼盘》《BYB 汽车重庆自驾游》等
地址：重庆市渝北区花卉园西四路 65 号
…… 负责人：熊道静　邮　编：400000
…… 法　人：熊道静
…… Tel：023－86883266
…… Fax：023－86883266
…… 网址：www.xiongdaojing.cn
…… E-mail：xdj650305@tom.com

**重庆乾运商贸发展有限公司**
业务：本公司成立于 2005 年，拥有 10 几名员工，主要经营五金电器、商业建筑材料、装饰材料、五金电缆、日用百货。
地址：重庆市渝中区大同路大同方公寓 28 楼－3
…… 邮　编：400010
…… 法　人：邓天正
…… Tel：023－63749103
…… Fax：023－63728519

**重庆市九龙坡区沃东装饰材料经营部**

重庆市九龙坡区沃东装饰材料经营部成立于2007年，主要经营玻璃胶、门窗配件等。

我经营部一直诚信经营，以“质量第一，顾客至上”为经营理念，竭诚为新老客户提供满意的产品和服务。欢迎您选购我们的产品。

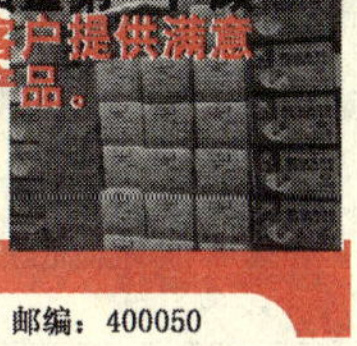

联系人：周美裕
电话：023-68416077　13637953338
地址：重庆市九龙坡区滩子口天祥苑 7 2 号1-4　邮编：400050

**重庆市万盛区财达建筑工程设备租赁站**

重庆市万盛区财达建筑工程设备租赁站成立于 2006 年，本站专业从事吊车租赁。

我站秉承“顾客至上，锐意进取”的经营理念，坚持“客户第一”的原则为广大客户提供优质的服务。

欢迎惠顾！

联系人：姚代财
13996109818　15023301331
邮编：400800
地址：重庆市万盛区南桐镇南桐村后湾71号

**重庆台新商贸有限公司**

本公司成立于2004年，专营进口食品的批发零售。目前经销及代理的国际著名品牌有意大利费列罗巧克力系列、丹麦蓝罐饼干礼盒系列、德国琅尼斯天然蜂蜜系列、日本UCC咖啡系列、明治雪吻巧克力系列、不二家休闲食品系列等数十个品牌。本公司以诚为本、以客为尊、专业勤奋，重视人才，愿与国内外客商与有志之士共同合作创造美好明天。

电话：023-63737656 13101224163　联系人：洪英才
地址：重庆市渝中区民权路51号恒通云鼎A幢29-4号　邮编：404000

**重庆逸群广告有限公司**

重庆逸群广告有限公司成立于2000年，多年来从事亚克力、广告，写真，做字，丝印，不锈钢制作加工，塑字制作，各类加油站檐面包装工程等。是目前永川区内最大的生产、制作广告产品的公司。

我们一贯秉承“用户至上，信誉第一，守信经营，真诚服务”的服务宗旨，为广大客户服务。

联系人：陈其华　13983259126
电话：023-85385348 85362868　传真：023-49829718
地址：重庆市内环东路153号　邮编：402160

## 河北省/Hebei Province

**唐山市继磊商贸有限公司**
业务：商贸
地址：河北省唐山市路北区南新西道 145 号
…… 负责人：杨计德　邮　编：063000
…… 法　人：杨计德
…… Tel：15081529166
0315－3559567

**唐山市风雷蓄电池直销处**
业务：经营蓄电池
地址：河北省唐山市唐柏路东侧吉祥钢材市场旁风雷蓄电池直销处
…… 负责人：易风雷　邮　编：063000
…… 法　人：易风雷
…… Tel：0315－7788896
13657310458

**唐山共好商贸有限公司**
业务：批发零售五金交电、橡胶及塑料制品、建材(木材除外)、化工产品(危险品除外)、钢材、铜材、铝材、不锈钢材、铁粉、铁合金、焦炭、办公机械、文具用品、专用及通用机械设备、仪器仪表、日用品
地址：河北省唐山市唐海县三农场
…… 负责人：毕汝丽　邮　编：063000
…… 法　人：毕汝丽
…… Tel：13191776511
0315－3278822
13582854805

**石家庄市矿区海源商贸有限公司**
业务：本公司成立于 2005 年，拥有 30 多名员工。主要经营：汽车的配件、配货及维修。还经营宾馆饭店提供餐饮、住宿、停车、KTV 包厢一条龙服务。
地址：河北省石家庄市井陉矿区平涉路 88 号
…… 邮　编：050100
…… 法　人：屈海强

…… Tel:0311－82065114
82065001
…… Fax:0311－2065171

## 武安市万钰经贸有限责任公司
业务:铁矿石、铁钉粉、精粉、煤、焦炭、石子、水泥、沙、机电设备、汽车配件、轮胎、电缆、钢材的销售
产品:铁矿石、铁钉粉、精粉、煤、焦炭、石子、水泥、沙、机电设备、汽车配件、轮胎、电缆、钢材
地址:河北省武安市矿山镇玉石洼路口
…… 负责人:李振平 邮 编:56300
…… 法 人:李振平
…… Tel:13832086258
0310－5858318
…… Fax:0310－5683518
…… E-mail:372446656@qq.com

## 邢台华力电力物资有限公司
业务:电线、电缆、建材、办公用品、电脑耗材的销售
产品:电线、电缆、建材、办公用品、电脑耗材
地址:河北省邢台市桥东区羊市街85号
…… 负责人:谢红 邮 编:54001
…… 法 人:谢红
…… Tel:0319－2035367
…… Fax:0319－2035368

## 威县康之源商品信息服务有限公司
业务:集日用百货,完美保健品、化妆品销售,广告设计,商品信息咨询服务为一体的综合性服务公司,我们始于客户需求,终于客户满意,我们将一如既往为客户提供最优质的产品和最满意的服务!
产品:＜冀南商报＞出版发行,完美家居日化产品,创意广告设计,健康手诊服务,知名大公司产品代理服务(健康,环保)
地址:河北省邢台市威县洺州镇围子园村自强路西南角
…… 负责人:孙国兴 邮 编:054700
…… 法 人:孙国兴
…… Tel:0319－6267696
15028886954
15512836082
…… 网址:WWW.KZYSPXX.CN

## 河北晋蒙义商贸有限公司赤城建成分公司
业务:商贸
地址:河北省张家口市赤城县大海陀乡政府院
…… 负责人:赵建成 邮 编:075061
…… 法 人:赵建成
…… Tel:15930303688
0313－6315555

## 玉田县顺发工程机械租赁处
业务:工程机械租赁
地址:河北省唐山市玉田县东蒙各庄
…… 负责人:王田华 邮 编:064100
…… 法 人:王田村
…… Tel:13831581285
13703159422
13703255695
0315－6113384
6115854

## 武安市亮建物资有限公司
业务:物资供销
产品:铁矿、钢材
地址:河北省武安市矿山镇惠兰村村南
…… 负责人:张军良 邮 编:56000
…… 法 人:张军良
…… Tel:0310－7892188
15630000006

## 石家庄市辉腾建筑机械租赁有限公司
业务:建筑机械租赁
地址:河北省石家庄市正定县北白店村
…… 负责人:李东辉 邮 编:50000
…… 法 人:李东辉
…… Tel:13722992366
13833145616



## 石家庄市大成展示策划有限公司
业务:策划展示柜
地址:河北省石家庄市正定县曙光路15号
…… 负责人:余海波 邮 编:050011
…… 法 人:余海波
…… Tel:15131623188
0311－88714098
…… Fax:0311－88714098

## 石家庄精英人才创业咨询有限公司
业务:企业指导、创业培训、代理销售
地址:河北省石家庄新华区
…… 负责人:祝军利 邮 编:050071
…… 法 人:祝军利
…… Tel:0311－86955581
15931102631

## 石家庄富地涌宝商贸有限公司
业务:铁芯粉,煤炭,液压气筒,液压技术设计,蜡烛进出口
地址:河北省石家庄新华区和平西路448号217室
…… 负责人:芦春龙 邮 编:050011
…… 法 人:芦春龙
…… Tel:13722886339
0311－89687893
…… 网址:http://www.51zzt.com/user/zzt34858

## 唐山市开平区宇海商贸有限公司
业务:本公司是一家综合型的贸易公司,专业从事煤矸石、页岩、建筑材料、五金电料等销售业务。我们始于客户需求,终于客户满意,期待与您真诚合作!
产品:煤矸石、页岩
地址:河北省唐山开平区唐榛路徐庄子村南
…… 负责人:朱小姐 邮 编:063021
…… 法 人:刘敬海
…… Tel:13315555901

## 张家口市赤城县龙关镇一街城墙根物资站
业务:木材,煤碳,水泥,钢材,建材
地址:河北省张家口市赤城县龙关镇一街
…… 负责人:张富臻 邮 编:075000
…… 法 人:张富臻
…… Tel:0313－6493878

## 张家口市一帆喷绘装饰中心
业务:承接喷绘,装饰,设计和策划一体的大型户外广告
地址:河北省张家口市桥东区纬一路万博市场底商6号
…… 负责人:高建军 邮 编:50000
…… 法 人:高建军
…… Tel:13931322503
0313－4076255

## 万全县兴民村晓军小卖部
业务:小百货零售
地址:河北省张家口市万全县孔家庄镇兴民村
…… 负责人:何晓军 邮 编:076250
…… 法 人:何晓军
…… Tel:13483345082
13623237547

## 蔚县南留庄小伊电脑文印店
业务:文印、电脑耗材
地址:河北省张家口市蔚县南留庄镇中心巷19排1号
…… 负责人:伊爱民 邮 编:075000
…… 法 人:伊爱民
…… Tel:13513470458
0313－7281754

## 南阳兄弟物流中心
业务:货物运输、汽车销售、石油销售、工程机械
地址:河北省张家口市张北县中国蔬菜城东侧150米路南
…… 负责人:霍晓峰 邮 编:076450
…… 法 人:霍晓峰
…… Tel:13333038007
13393336606

## 涿州市鑫隆辉商贸有限公司
业务:配送,超市
地址:河北省涿州市东兴路西侧东兴南街56号－3(利民茶莊)
…… 负责人:李健 邮 编:071000
…… 邮 编:李健
…… Tel:13621248116
13292913288

## 遵化市建兴路顺源广告经营部
业务:广告设计、户外媒体、亮化工程、企业策划、包装设计
地址:河北省遵化市建兴路6号
…… 负责人:魏朋贺 邮 编:064200
…… 法 人:魏朋贺
…… Tel:13633158871
0315－6620499

## 张家口市鸿森同心日用品经销部
产品:纽崔莱化妆品,日用品销售
地址:河北张家口市怀安县柴沟堡新民街西沙河西60号
…… 负责人:任登桃 邮 编:075000
…… 法 人:任登桃
…… Tel:0313－7816796

## 张家口市宏盛达起重设备经销处
业务:起重设备的销售
地址:河北张家口市桥西区南城壕岸尚清城小区底商6号楼32号
…… 负责人:王宏 邮 编:75000
…… 法 人:付小姐
…… Tel:0313－5988121
13833352066

## 唐山市丰南区王兰庄镇瑞新超市
业务:各种副食、日用品等零售
地址:河北省唐山市丰南区王兰庄镇孙永庄村
…… 负责人:杨红 邮 编:063000
…… 法 人:杨红
…… Tel:13403253611
15127500066

## 唐山市开平区盛华商店
业务:烟酒、日用品,化妆品,小家电
地址:河北省唐山市开平区洼里西尚庄大街
…… 负责人:孙华 邮 编:063000
…… 法 人:孙华
…… Tel:13730512247
0315－3883688

## 唐山美奕商贸有限公司
业务:服装,鞋帽,针纺织品,箱包批发,零售
地址:河北省唐山市路北区北新西道41号阳光大厦3－1101
…… 负责人:马全义 邮 编:063000
…… 法 人:马全义
…… Tel:0315－2253103
…… Fax:0315－2253103
…… E-mail:meiyishangmao@sina.com

**承德森龙兴工贸有限公司**
地址:河北省承德市双滦区滦河镇村财神庙21号
…… 负责人:马俊平
…… Tel:0314－4044150
13513140999

## 霸州市海达商贸有限公司
业务:商贸
地址:河北省霸州市霸州镇武将台村
…… 负责人:李德勇 邮 编:065000
…… 法 人:张淑志
…… Tel:0316－5989619
5989622

## 霸州市南孟镇嘉乐超市
业务:超市
地址:河北省霸州市南孟镇金各庄村
…… 负责人:何黎明 邮 编:065700
…… 法 人:何代珍
…… Tel:13785616685
15003260129

## 秦皇岛市鼎明经贸有限公司
业务:秦皇岛市鼎明经贸有限公司成立于1996年,主要从事自动伸缩门、平移门、挡车器、PVC护栏及不锈钢室内外装修工程。"诚信经营,客户至上",热诚欢迎新老客户惠顾。
地址:河北省秦皇岛市开发区金山北路10号
…… 邮 编:066000
…… 法 人:李丽
…… Tel:0335－8519910
…… Fax:0335－8515123

## 无极县金玉粮油贸易有限公司
业务:本公司成立于2006年,主要从事粮食收购销售。"产品质量保证、价格合理",欢迎新老客户光临惠顾!
地址:河北省石家庄市无极县东庄
…… 负责人:赵金宣……邮 编:52460
…… 法 人:赵金宣
…… Tel:0311－85763838

## 张家口市三全物资有限公司
业务:张家口市三全物资有限公司主要经营阀门、管件、电线电缆,质量保证、价格合理,欢迎新老客户光临惠顾。
地址:河北省张家口市桥西区新村路工业桥南市场8单元103号
…… 负责人:刘伟森……邮 编:075000
…… 法 人:刘伟森
…… Tel:0313－5919666

## 河北省保定市安新县建设大街天顺家政服务部
业务:内外墙清洗、家政保洁、空调高级保养及移机、地毯清洗、高档家具保养
地址:河北省保定市安新县建设大街康欣园小区
…… 负责人:刘永生 邮 编:071600
…… 法 人:刘永生
…… Tel:13231256660
0312－5320371

## 定兴县七色光儿童城
业务:童装、童鞋、育婴用品、食品
地址:河北省保定市定兴县繁兴街东侧
…… 负责人:杨海敬 邮 编:072650
…… 法 人:杨海敬
…… Tel:15930766656
0312－6900999

## 张家口市宣化兆鹏物贸有限公司
业务:张家口市宣化兆鹏物贸有限公司以"质量第一,客户满意"为宗旨,欢迎各主客户来电洽谈业务,共同合作。
地址:河北省张家口市宣化区开发区综合大市场13号
…… 负责人:卢飞鹏……邮 编:075100
…… 法 人:卢飞鹏
…… Tel:0313－3888698
…… Fax:0313－8554444

**石家庄市昌丰工贸有限公司**
地址:河北省石家庄市长安区丰收路148号
…… 负责人:王金凤
…… Tel:0311－86826035
13832151378

## 宁晋县大天商贸有限公司
业务:宁晋县大天商贸有限公司主要经营食品添加剂、白糖、塑料及纸制品包装、钢材、有色金属、五金交电、仪器仪表、橡胶、建筑装饰材料、日用百货、办公用品等,欢迎新老顾客光临。
地址:河北省宁晋县西环路电力宾馆楼下大天商贸有限公司
…… 负责人:张立强……邮 编:055500
…… Tel:0319－5808161

## 石家庄润福德商贸有限公司
业务:石家庄润福德商贸有限公司成立于2005年3月15日,主要从事食品、调料的批发与零售(以鸡蛋、鸭蛋等蛋品为主)。质量保证,价格合理,欢迎新老客户惠顾!
地址:河北省石家庄市裕华区南焦村21巷21号
…… 邮 编:050021
…… 法 人:蔡建兵
…… Tel:0311－85801405
…… Fax:0311－85823415

## 无极县郭庄东方酒烟批发部
业务:烟酒批发兼零售
地址:河北省石家庄市无极县郭庄村
…… 负责人:张旭 邮 编:50000
…… 法 人:张旭
…… Tel:0311－85746234
13832170805

## 石家庄艾博瑞克进出口有限公司
业务:五金产品,机械设备批发,各类产品进出口
产品:钢结构,机械设备
地址:河北省石家庄市西三庄街29号方润商务306
…… 负责人:王雪峰 邮 编:050071
…… 法 人:王雪峰
…… Tel:0311－87727340
…… Fax:0311－87728062
…… E-mail:rebmechchina@126.com

## 邯郸市金运物资有限公司
业务:公司成立于2005年,从事全国物流,钢材、生铁、焦铁、铁精粉、五金交电,其它机械设备及电子产品、塑料制品、橡胶制品、建材、保温材料、球团、铁矿石、木材的销售,愿与各界朋友真诚合作,共创新天地。

地址：河北省邯郸市光明北大街171号
负责人：武希桢 邮编：056002
法人：封俊海
Tel：0310－6110299
Mobile：13013209191
Fax：0310－3102608
网址：www.mtw30151.chinapypp.com

**河北大千开心商贸有限公司**
业务：销售高科技远红外线玉石床垫、蚕丝被
地址：河北省石家庄市裕华西路120号3单元403
负责人：李缙晔 邮编：050000
Tel：0311－83051106
13230131179
13832303701

**赞皇县方氏商贸有限公司**
业务：主营煤炭，乳制品连锁销售
产品：煤炭，乳制品
地址：河北省石家庄市赞皇邢郭工业区
负责人：方国瑞 邮编：51230
法人：方国瑞
Tel：13473459089

**河北农合信息服务有限公司赵县分公司**
业务：宣传农民合作社，依法帮助各村有能力、愿意带领大家致富的人建立专业合作社
地址：河北省石家庄市赵县县城柏林街北段西侧
负责人：贾忠起 邮编：050011
法人：贾忠起
Tel：0311－84890026
15803316841
Fax：0311－84890026

**井陉县测鱼鑫垒物资经销站**
业务：主要经营建材，五金、纺织品、日用品等，以人为本，以质取胜是我们的服务宗旨，真诚欢迎您的光临
产品：钢材，水泥，灰粉，地毯用线，棉线导爆专用线，缝口线各种化纤纱线，五金交电，塑料，PVC，日用品
地址：河北省石家庄市井陉县测鱼镇测鱼村
邮编：050303
法人：李彦平
Tel：0311－82323668
13933185398

**石家庄市桥东区仙梦花子鞋业批发部**
业务：鞋子批发
地址：河北省石家庄市桥东区华北鞋城A区东排6号
负责人：朱金猛 邮编：053800
法人：朱金猛
Tel：0311－86868180

**石家庄仁信教育信息咨询有限公司**
业务：教育信息咨询，医护服务咨询，护士实习咨询，招生咨询
产品：人力资源交流
地址：河北省石家庄市桥西区中山西路486号
负责人：梁丽然 邮编：050081
法人：梁丽然
Tel：13785421538
Fax：0311－89165733
E-mail：sjzrxjygs@163.com

**石家庄佳利安商贸有限公司**
业务：文化，体育用品，服装鞋帽针纺织品，办公用品，劳保用品，五金交电
产品：五金交电电缆，电缆
地址：河北省石家庄市石家庄桥东区华新路30号宏业花园
负责人：施建军 邮编：050011
法人：施建军
Tel：0311－86985802
13081091963
Fax：0311－86985802
E-mail：363616709@163.com

**三河市节焱商贸有限责任公司**
业务：粮油，钢材，煤炭
产品：粮油，钢材，煤炭
地址：河北省三河市杨庄镇辛军屯村
负责人：柳树林 邮编：650000
法人：柳树林
Tel：0316－3662828

**张家口市冀光物资有限公司**
业务：张家口市冀光物资有限公司成立于2004年，从事全国物流运输，汽车销售，建筑装饰材料销售，欢迎新老客户来电洽谈业务！
地址：河北省张家口市高新区马路东冀东机电北院
负责人：牛继光 邮编：075000
法人：牛继光
Tel：0313－4058838

**石家庄万象商贸有限公司**
业务：五金交电、电线电缆、日用百货、通信器材的销售
产品：五金交电、电线电缆、日用百货、通信器材
地址：河北省石家庄市桥西区南环旺角7号楼7A室
负责人：王占元 邮编：50011
法人：王占元
Tel：13603393739
13315129877
13315472142
Fax：0311－83806610

**石家庄市中奥龙腾商贸有限公司**
地址：河北省石家庄市新天园517号
负责人：吴瑞更
Tel：13933073368

**石家庄卡玫尔商贸有限公司**
业务：蚕丝被系列；蚕丝礼品系列；床上用品系列
产品：蚕丝被系列；蚕丝礼品系列；床上用品系列
地址：河北省石家庄市大经街现代商城F区18号
负责人：胡汉青 邮编：050000
法人：胡汉青
Tel：0311－89182393
Fax：0311－87259501
网址：www.kamersm.cnalibaba.com
E-mail：kameiersm@163.com

**石家庄高新区志伟保洁服务中心**
业务：保洁、粉刷等家政服务
地址：河北省石家庄市高新区留村古槐路8号
负责人：焦文治 邮编：050000
法人：焦文治
Tel：13091033357

**霸州市亚美贸易有限公司**
业务：霸州市亚美贸易有限公司成立于2006年，主要代理国内品牌产品销售，愿与各界朋友真诚合做，共同发展。
地址：河北省雄县米北乡上岔河村
负责人：张亚清 邮编：041804
法人：张亚清
Tel：0316－7334683
Fax：0312－5779232
网址：mtw50873

**阜平县大台乡喜禄综合门市部**
业务：销售百货、五金、糖烟酒
地址：河北省保定市阜平县大台乡周家湾村
负责人：甄喜禄 邮编：031200
法人：甄喜禄
Tel：15931876063
0312－7291360

**涞源县涞福煌百货购物广场**
业务：百货购物广场
产品：服装、鞋帽、电器、食品
地址：河北省保定市涞源县涞百购物广场
负责人：张福煌 邮编：071000
Tel：15803126166
0312－7318728

**曲阳县华世宝源商贸有限公司**
业务：煤炭、钢材
地址：河北省保定市曲阳县恒州镇大南关村
负责人：孙刚 邮编：071000
法人：孙刚
Tel：0312－4292096

**保定市南市区高伟综合商店**
业务：经营食品、副食品、日用百货、日化用品
地址：河北省保定市裕华东路红星小区18号楼门脸
负责人：高伟 邮编：071000
法人：高伟
Tel：0312－7052862

**河北省香河县鑫天宇商贸公司**
业务：经营塑料颗粒，各种铁柜，文件柜，高低压配电箱，配电柜，网络机柜，控制台，多媒体讲台，电视墙及各种办公家具，民用家具，餐桌，餐椅。
地址：河北省廊坊市香河县渠口镇工业区
邮编：065401
法人：王树春

Tel：0316－8612400
Fax：0316－8611920
网址：www.mtw25701.chinapyp.com

**泊头市李伟水暖卫浴门市部**
业务：经营水暖、卫浴配件
地址：河北省沧州市泊头市寺门村镇区五千路
负责人：李伟 邮编：061001
法人：李伟
Tel：13171985964
0317－8393283

**沧县保玉进副食店**
业务：销售副食、百货
地址：河北省沧州市沧县李天木乡保庄子村
负责人：保玉进 邮编：061000
法人：保玉进
Tel：13103178257
0317－4812991

**任丘市巨丰商店**
业务：主营五金、百货、副食、烟酒等日常用品，品种繁多，质优价廉，批零兼营，欢迎广大顾客前来选购！
产品：丛台酒
地址：河北省任丘市石门桥镇东王庄村
负责人：王巨丰 邮编：062550
法人：王巨丰
Tel：0317－2600015

**三河市福成购物广场（三河市润成商行）**
业务：食品、日用百货
地址：河北省三河市燕郊燕昌路东侧
负责人：赵连胜 邮编：065200
法人：赵连胜
Tel：0316－3368258
3364766

**河北天成企业集团**
业务：本公司成立于2000年，现有150多名员工。主要经营：房地产开发、市场经营管理，文化传播、各种项目的投资。
地址：河北省石家庄市中山西路125号国贸中心8楼
邮编：050000
法人：赖海波
Tel：0311－85230008
Fax：0311－85230114

**青县聚鑫达超市**
产品：食品、副食品、日用百货、日化用品等
地址：河北省沧州市青县会川路卫生局对面
负责人：张广羲 邮编：061000
法人：张广羲
Tel：0317－7955507
13673179102

**肃宁县张倩综合商店**
业务：商品、百货
产品：白酒、香烟
地址：河北省沧州市肃宁县泽城西路
负责人：张占峰 邮编：062350
法人：张占峰
Tel：13932734823

**河北沃瑞商贸有限公司**
业务：销售半导体元器件，五金交电，电子原件，建筑材料
地址：河北省沧州市运河区朝阳大街6号
负责人：朱广顺 邮编：61001
Tel：13803176699

**承德县天元贸易有限公司**
业务：粮食的贸易
地址：河北省承德市承德县六沟镇北水泉村
负责人：朱玉苓 邮编：067400
法人：朱玉苓
Tel：13831425400
13803146400

**昌黎县利强电器维修部**
业务：家电售后服务
地址：河北省秦皇岛市昌黎县八里庄村205国道边
负责人：薄利强 邮编：66000
法人：薄利强
Tel：0335－2031543
13633352585

**秦皇岛东巨商贸有限公司**
业务：建筑建材、五金交电、管材的批发
地址：河北省秦皇岛市海港区迎秋里30栋1单元402
负责人：高凡 邮编：66000
Tel：13733351113
0335－3606906

**河北缔业商贸有限公司**
业务：河北缔业商贸有限公司成立于2006年，公司主要经营建筑材料、钢材，产品质量可靠，欢迎新老客户来电洽谈业务！
地址：河北省邯郸市邯山区五仓街11号市场3－17号、4－26号
负责人：曹运平 邮编：56001
法人：曹运平
Tel：0310－5273255

**河北省任丘市东街口超市**
业务：食品，日用百货零售
地址：河北省任丘市七间房乡辛口子村
负责人：李艳静 邮编：062550
法人：李艳静
Tel：0317－2880691

**武安市通宝经贸有限公司**
业务：武安市通宝经贸有限公司位于武安市西土山乡东綦子村，交通十分便利。
地址：河北省邯郸市武安市西土山乡东綦子村
邮编：056300
法人：孙学兵
Tel：0310－5698299
Fax：0310－5698599

**三河市金鹏奥兴人才交流服务处**
业务：人才交流服务
地址：河北省廊坊市三河市黄土庄镇黄土庄村（农资合作信用社对面）
负责人：王宝鹏 邮编：065200
法人：王宝鹏
Tel：13930619488
0316－3180488

**三河市渲彩广告部**
业务：喷绘
地址：河北省廊坊市三河市燕郊泰合城
负责人：吴金有 邮编：065201
法人：吴金有
Tel：0316－3333050

**廊坊市周文广告有限公司**
业务：专业从事广告制作、策划、营销、会议等业务，我们将以专业的广告技术，为您提供广告设计制作一站式全方位广告服务。
地址：河北省廊坊市文明路18号
负责人：谭先生 邮编：065000
法人：谭国伦
Tel：0316－7185898
13613265898
Fax：0316－7668811
E-mail：tanguolunaal@163.com

**河北省迁安市建昌营镇白立鑫电气焊服务部**
业务：电气焊加工
地址：河北省迁安市建昌营镇平安村
负责人：白立鑫 邮编：064400
法人：白立鑫
Tel：15033470678

**高碑店市高碑店诚诚牌匾制作部**
业务：广告、不锈钢、铁艺、铝塑门窗
地址：河北省高碑店市文化路
负责人：梁志全 邮编：074000
法人：梁志全
Tel：13930241827
13722231896

**藁城市北堤里保庆加油站**
业务：供应汽油、柴油
地址：河北省藁城市南孟镇北堤里村
负责人：孙保庆 邮编：052160
法人：孙保庆
Tel：13803393851
0311－88338311

**怀来县温欣源托老服务中心**
业务：怀来县温欣源托老服务中心成立于2004年，主要从事老年活动中心，托老服务，老年医疗服务。我们为老年朋友营造一个老有所养，老有所乐，老有所为和老有所享的温馨老年之家。
地址：河北省怀来县温欣源托老服务中心
邮编：075400
法人：万国军
Tel：0313－6823559

**唐山昆达船舶技术服务有限公司**
业务：本公司是从事船舶救生、消防等安全设备检修的专业性公司。公司一直贯彻"客户至上，质量第一，价格合理，全天服务"的方针，热忱为广大海内外客户服务！
地址：河北省唐山市唐海县文化街粮食局省直属库
负责人：曹庆祝 邮编：063200
法人：曹庆祝

…………………………… Tel:0315－8714696
…………………………… 网址:www.oms.sh.cn

## 廊坊市健洲利业商贸有限公司

业务:本公司是一家综合型的贸易公司,专业从事健身器材、体育用品、办公用品、日用百货、服装劳保用品、五金电料、仪器仪表销售业务。我们始于客户需求,终于客户满意,期待与您真诚合作!
产品:按摩椅、跑步机、足浴盆、按摩垫、按摩棒系列
地址:河北省廊坊市广阳区朝阳市场北八栋13号
……… 负责人:魏夕钛　　邮　编:065000
…………………………… 法　人:魏夕钛
……………Tel:0316－2205423
…………Fax:0316－2205423
…………………………… 网址:www.lfliye.cn
……………… E-mail:635404874@qq.com

## 廊坊市盛泰华工贸有限公司

业务:销售数控刀具、轧辊专用工具、量刀具、仪器仪表、阀门、代理各类进口设备
产品:制造、加工数控刀具、轧辊专用工具、机械配件
地址:河北省廊坊市广阳区第八大街西区9－1－707(峰尚中心)
……… 负责人:田拥军　　邮　编:065000
…………………………… 法　人:田拥军
……………Tel:13463636822
0316－2199777
…………Fax:0316－2196555
……………… E-mail:langfangsfh@163.com

## 涞源县城宇商贸有限责任公司

业务:涞源县城宇商贸有限责任公司成立于2004年,主要从事生铁、钢材、铁精粉、矿石、球团等矿产品的购销。公司信誉好,客户多,业务量大,欢迎新老客户惠顾!
地址:河北省涞源县杨家庄镇木吉村
…………………………… 邮　编:074300
…………………………… 法　人:杨保存
…………………………… Tel:0312－7391687
…………………………… Fax:0312－7319269

## 藁城市尚书庄村兴旺水暖安装处

业务:水暖管道安装维修服务
地址:河北省藁城市尚书庄村
……… 负责人:郝新路　　邮　编:52160
…………………………… 法　人:郝新路
……………Tel:13131156608
13032628217

## 磁县万帮物资有限公司

业务:物资供销
地址:河北省邯郸磁县友谊路北段路东(建行家属楼)
……… 负责人:李文学　　邮　编:056000
…………………………… 法　人:李文学
……………Tel:13803293626
0310－8323293
…………Fax:0310－8323293

## 邯郸县餐消时尚广告有限公司

业务:设计宣传册
地址:河北省邯郸市邯郸县联纺路东段
……… 负责人:王志军　　邮　编:056000
…………………………… 法　人:谢利彬
……………Tel:13111319696
0310－5702511

## 唐山宏民商贸有限公司

业务:本公司成立于2006年,主要代理太原市神瑞公司正压氧气呼吸器系列产品,代理山东煤田地质钻探工具、钻头、钻杆系列产品。欢迎新老客户光临惠顾!
地址:河北省唐山市古冶区林西绿野花苑101楼5－102

……… 负责人:王亚民……邮　编:063001
…………………………… 法　人:王亚民
…………………………… Tel:0315－2907003
…………………………… Fax:0315－7065696

## 永年县中原市场士芳瓜子批零门市

业务:瓜子批发零售
地址:河北省邯郸市永年县中原市场
……… 负责人:李士芳　　邮　编:057154
…………………………… 法　人:李士芳
……………Tel:15027908037
0310－5608755

## 衡水市桃城区鑫淼口杯批发部

业务:批发口杯
地址:河北省衡水市新华路小商品批发市场47、49、51号
……… 负责人:杜广志　　邮　编:053000
…………………………… 法　人:杜广志
……………Tel:0318－2023339
13623280915

## 大城县新城区卓越广告设计室

业务:企业画册、宣传彩页、不干胶、手提袋、写真、喷绘、广告牌以及室内装饰
地址:河北省廊坊市大城县新城区皇都小区底商
……… 负责人:王立娜　　邮　编:065900
…………………………… 法　人:王立娜
……………Tel:0316－8198989
13833637333
…………Fax:0316－5585966
……………… E-mail:lfzhuoyue333@sina.com

## 固安县固安镇润龙建筑工程设备租赁部

业务:塔吊、装载机、挖掘机、周转材、物料提升机、户外电梯
地址:河北省廊坊市固安县新昌街国税局小区对面
……… 负责人:白艳强　　邮　编:065500
…………………………… 法　人:白艳强
……………Tel:13191959532
13931667651

## 清河县邦兴贸易有限公司

地址:河北省邢台市清河县赵店工业区
…………………………… 负责人:王延龙
…………………………… Tel:13171958929

## 唐山韵祥商贸有限公司

业务:本公司成立于2006年,主要代理销售“绿之韵”系列保健品、洗涤用品、化妆品。热忱欢迎广大客户前来选购!
河北省唐山市路北区龙泽南路53－2号
………… 负责人:谢玉珍……邮　编:063000
…………………………… 法　人:谢玉珍
…………………………… Tel:0315－2991563
2853267

## 邯郸市丛台鑫兴物资有限公司

业务:物资经营
地址:河北省邯郸市丛台区联纺路79号邯印家属院25－1
……… 负责人:张海英　　邮　编:056000
…………………………… 法　人:张海英
……………Tel:0310－2596000

## 邯郸市方旭商贸有限公司

业务:商贸
地址:河北省邯郸市邯郸开发区世纪大街19号
……… 负责人:黄希平　　邮　编:056000
…………………………… 法　人:黄希平
……………Tel:13731048204
0310－8166662
…………Fax:0310－8131866
…………… 网址:http://www.51zzt.com/user/zzt35347

## 武安市江红经贸有限公司

武安市江红经贸有限公司成立于2006年，本公司专业从事收购、销售铁精粉。公司本着“客户第一，诚信至上”的原则，与多家企业建立了长期的合作关系。

热诚欢迎各界朋友前来参观、考察、洽谈业务。

联系人：李江红

电话：0310-5560713 13931008086 13373008000

地址：河北省武安市康二城镇泉上村　邮编：056300

## 山西省/Shanxi Province

**长治市永惠盛物资有限公司**
地址：山西省长治市长兴街72号
…………负责人：孙永根
…………Tel：0355－3022158

**大同市吉昌贸易有限责任公司**
业务：大同市吉昌贸易有限责任公司主要经营各类建筑材料，公司秉承以客户需求为导向，以业务创新为动力的经营原则，欢迎新老客户光临惠顾。
地址：山西省大同市化工厂东侧（云海公司院内）
…………负责人：刘海昌……邮　编：037000
…………法　人：刘海昌
…………Tel：0352－7161543
7167682

**长治市金印工贸有限公司**
地址：山西省长治市长兴中路
…………负责人：张俊长
…………Tel：0355－2022865

**长治县嘉诚商贸有限公司**
地址：山西省长治市长治县城新市西街
…………负责人：张慧丽
…………Tel：0355－8084171

**聪源商贸**
业务：批发、零售
产品：副食品、日用百货、烟酒等
地址：山西省长治市长兴路今港花园一号楼102
…………负责人：高春明　邮　编：046000
…………法　人：高春明
…………Tel：0355－3030612
3021293
…………Fax：0355－3021297

**大同市嘉恒物资有限责任公司**
业务：本公司成立于2001年，主要经营：水泥、钢材。产品质量保证、价格合理，热忱欢迎新老客户光临、惠顾！
地址：山西省大同市口泉五一桥北50米
…………负责人：郭润锁……邮　编：037001
…………法　人：郭润锁
…………Tel：0352－7193130
7193183
4093282

**长治市城区李杨维修部**
地址：山西省长治市城区淮海街10院7楼6号
…………负责人：李飞鹏
…………Tel：0355－3026082

**大同市荣盛昌商贸有限责任公司**
业务：我公司是一家集矿山机械设备和煤矿综采设备、五金交电、化工产品工民用建筑材料（钢材、木材等）经营品种全的综合性商贸有限责任公司，经营全国一流厂家生产的最优质产品，同时提供售后服务，质量可靠，价格合理。我们的经营理念是：以商交友、互利互惠、共创双赢。
地址：山西省大同市同云路甲3号
…………负责人：李崇……邮　编：037034
…………Tel：0352－2193393
7650589

**长治市运吉商贸有限公司**
地址：山西省长治市城区邱村
…………负责人：康跃斌
…………Tel：0355－6030997

**长治市双利物资有限公司**
地址：山西省长治市郊区故县北市街230号
…………负责人：王雨润
…………Tel：13903553915

**河曲县万家福连锁店第二十六农家店**
业务：烟、酒、副食
地址：山西省忻州市河曲县文笔镇西口古渡广场
…………负责人：赵瑞明　邮　编：036500
…………邮　编：赵瑞明
…………Tel：13935042846
0350－7229680

**岢岚县荣昌小杂粮产业化开发有限公司**
业务：小红豆、英国红芸豆购销
地址：山西省忻州市岢岚县振兴路
…………负责人：司荷花　邮　编：034000
…………法　人：司荷花
…………Tel：0350－4533224
13133345740

**忻州市永金典当有限公司**
业务：典当业务
地址：山西省忻州市新建东路1号
…………负责人：杨全生　邮　编：034000
…………法　人：杨全生
…………Tel：13603507880
0350－3040888

**德丰超市**
业务：本公司成立于2002年，拥有50多名员工。主要经营：各种日常用品、生活用品、食品、服饰、办公用品等。
地址：山西省长治市壶关县新建路168号
…………邮　编：047300
…………法　人：赵保昌
…………Tel：0355－8776375
…………Fax：0355－8776375、

**长治县司马树兵种子经销门市部**
业务：各种大豆、玉米、蔬菜等种子及烟酒的销售
地址：山西省长治市长治县苏店镇司马村
…………负责人：李树兵　邮　编：046000
…………法　人：李树兵
…………Tel：0355－8252790
13934057448

**昌兴商贸有限公司**
地址：山西省长治市郊区故县长钢小区西侧
…………负责人：杜好刚
…………Tel：0355－5087719
5084140
13509756848

**国祥商贸责任有限公司**
业务：国祥商贸责任有限公司是以马铃薯淀粉的深加工为主，以替代石化产品的可降解环保塑料，可生产地膜、一次性餐具及包装材料，有地下现代化大型储运、加工、保鲜蔬菜、干鲜果品、牛羊肉类、海鲜等产品。业务洽谈、生活服务、物流配贸等业务。
地址：山西省朔州市平鲁区井坪镇北平开发区
…………负责人：高天祥……邮　编：038600
…………法　人：高天祥
…………Tel：0349－6960569

**原平宏新霓虹灯有限公司**
业务：吸塑字，压克力字，霓虹灯工程，护拦管，钢架结构工程，大型喷绘等。
地址：山西省忻州原平市京原北路（汽车站北50米）
…………负责人：高建新　邮　编：034100
…………法　人：高建新
…………Tel：13191107335
0350－8230820

**阳泉市华兴宇商贸有限公司**
业务：五金交电、劳保用品、百货、铸锻件及通用零部件、文化用品、办公用品、日杂建材、钢材、木材及化工，计算机零配件、隔热隔音材料、电线电缆、橡胶制品、消防器材等
地址：山西省阳泉矿区日潭小区二组团三号楼
…………负责人：李文芳　邮　编：277101
…………法　人：李文芳
…………Tel：0353－8283707
13037060289

**山西宏宇伟业商务信息有限公司**
地址：山西省太原市小店区学府街270号226幢3层5号
…………负责人：权储峰
…………Tel：0351－7030955

**太原市通达昌盛商贸有限公司**
地址：山西省太原市小店区学府街426号
…………负责人：米东俊
…………Tel：0351－7325196

**阳泉经济技术开发区恒大阳光超市**
业务：食品、日用品等
地址：山西省阳泉市洪城路辰苑住宅园A－2－701
…………负责人：李富兵　邮　编：045100
…………法　人：李富兵
…………Tel：13403531004
0353－6695189

**长治市鸿聚源物资贸易有限公司**
地址：山西省长治市郊区故县土管所综合楼三层6号
…………负责人：薛峰峰
…………Tel：0355　5087900

**壶关县东牢村孟继德誉超市**
业务：烟酒、商品百货
地址：山西省长治市壶关县百尺镇东牢村
…………负责人：孟韶波　邮　编：047308
…………法　人：孟韶波
…………Tel：15835568866
0355－8657581

**河津市海泰商贸有限公司**
业务：河津市海泰商贸有限公司（原华信有限公司），成立于1989年，位于山、陕交界的古渡龙门，周围有108国道.209国道，南通蒲铁路线以及即将开通的西候高速公路等便利交通条件。公司的服务宗旨是：以诚信求发展、以服务求生存。多年来。在公司总经理阴汉文的领导下，我公司全体员工坚持以诚信为本、服务至上的原则；发扬大禹治水的精神、勇与开拓、努力进取、在保证货源方面，与全国多家大型钢铁公司以及德国、意大利、日本等外国钢铁公司建立良好的供货关系；在销售方面与中铝股份有限公司山西分公司、山西铝厂等多家大公司建立良好的销售.关系，树立的重合同守信用的良好形象。我公司衷心希望与国内外新老客户加强联系、真诚合作、共创未来。
地址：山西省河津市铝厂百货大楼二楼交电办公室
…………邮　编：043300
…………法　人：阴汉文
…………Tel：0359－5269888
…………Fax：0359－5269888

**长治市至鑫物资有限公司**
地址：山西省长治市潞泽北街2号
…………负责人：李军
…………Tel：0355－3553688

**长治市城区长鸿工艺制作部**
业务：喷绘、工艺美术制作、雕刻、各种金卡、银卡、证书、标牌、路牌、广告牌制作
地址：山西省长治市炉坊巷锡坊巷14号楼6号
…………负责人：董长刚　邮　编：046000
…………法　人：董长刚
…………Tel：13835590036
0355－3025125
3025126

**河津市昊亚物贸有限公司**
业务：河津市昊亚物贸有限公司成立于2006年，主要从事五金、化工、橡胶制品、油脂等产品的销售。“质量可靠、价格合理”，热诚欢迎广大新老客户来电来人订购，洽谈业务！
地址：山西省运城市河津市铝基地九号路南端
…………负责人：翟付珍……邮　编：043300
…………法　人：翟付珍
…………Tel：0359－5263952

**阳泉市矿区兴泰劳务服务中心**
业务：劳务服务
地址：山西省阳泉市桥头东街机电工区
…………负责人：陈家春　邮　编：045100
…………法　人：陈家春
…………Tel：0353－4068339
13934287238

**盂县凯通商贸有限公司**
业务：商品百货
地址：山西省阳泉市盂县凯通购物广场
…………负责人：房春生　邮　编：450000
…………法　人：房春生
…………Tel：0353－8182758
…………Fax：0353－8182768

**山西为明信息调查有限公司**
业务：山西为明信息调查有限公司专业从事商务及民事信息调查。我公司真挚的向您承诺：我们将全天候服务、为您排忧解难，迅速让您从烦恼、疑虑中解脱出来。
地址：山西省太原市迎泽区桃园北路金刚堰99号
…………负责人：米为明……邮　编：030000
…………法　人：米为明
…………Tel：0351－3234567

**保德县晋袁泰机械服务有限责任公司**
业务：工程机械服务
地址：山西省沂州市保德县东关镇府前街
…………负责人：袁文智　邮　编：
…………法　人：袁文智
…………Tel：13935096790
0350－8774616

**临猗县七级向阳购物广场**
业务：家电、家具
地址：山西省运城市临猗县七级西街
…………负责人：荆向阳　邮　编：044100
…………法　人：荆向阳
…………Tel：13834481444
0359－4357448

**山西省芮城县大禹西街意尔康专卖店**
业务：意尔康芮城专卖店，主营意尔康皮鞋、运动鞋、皮具，批零兼营，漫漫人生路，步步意尔康——欢迎新老顾客光临惠顾！让你乘兴而来，满意而归。
产品：皮鞋、运动鞋、皮具等
地址：山西省运城市芮城县大禹西街公安局对面
…………负责人：杜青菊　邮　编：044600
…………法　人：武克勤
…………Tel：0359－3287535
13834711217
…………Fax：0359－3032387
…………网址：www.sxrcyek.cn
…………E-mail：ycnfh－001@163.com

**沁源县广茂源商店**
地址：山西省长治市沁源县沁河镇胜利街
…………负责人：杨宏缰
…………Tel：0355－7835816

**长治市双城商贸有限公司**
地址：山西省长治市天晚集107号
…………负责人：史黎洪
…………Tel：0355－2061931

**机车工贸物业有限责任公司**
业务：机车工贸物业有限责任公司成立于2005年，主要从事社区管理，物业管理，机械管理，建筑安装，商贸等。“诚信为本，信誉第一”，热诚欢迎广大客户来电来人洽谈业务，共同合作。
地址：山西省大同市大庆路1号
…………邮　编：037038
…………法　人：谷晓青
…………Tel：0352－7164366
…………Fax：0352－5092082

**武乡县洪水俊明工矿修理铺**
业务：工矿修理服务，主要是液压修理
地址：山西省长治市武乡县洪水苏峪桥上
…………负责人：李俊明　邮　编：46000
…………Tel：13994648082
0355－6443099

**万荣县荣河红娟健康咨询服务工作室**
业务：日用品、护肤品、护理品、中草药健康产品、副食品
地址：山西省运城市万荣县荣河镇中街
…………负责人：杨红娟　邮　编：044205
…………法　人：杨红娟
…………Tel：15536253158
13935958724

**长治市兆丰源商贸有限公司**
地址：山西省长治市天晚集北路59号
…………负责人：李芳
…………Tel：0355－3017596

**屯留县鸿运工贸有限公司**
地址：山西省长治市屯留县城镇翠屏路白马北100米
…………负责人：魏和平
…………Tel：0355－5945076

**晋城市城区泽兴部**
业务：代理“奇强”洗衣粉系列产品、上海“小帅才”雪米饼、香米饼系列产品、中美合资“斯美差”方便面系列产品、“沃尔玛”系列产品、“和谐美”锅巴系列产品、“青岛”啤酒系列产品
地址：山西省晋城市东关18号七星广场汇泰批发市场
…………邮　编：048000
…………法　人：王福喜
…………Tel：0356－3039899
…………Mobile：13593339866
…………Fax：0356－3039899

## 长治市长和工贸有限公司

业务：订做大型浮雕、园林设计、沙盘模型制作、工艺美术、3D 设计、室内外装潢设计，五金交电、办公用品、工矿配件、地暖水暖
地址：山西省长治市新街 101 号
负责人：董长刚 邮 编：046000
法 人：董长刚
Tel：13835590036
0355－3025125
3025126

## 屯留县圣歌贸易经销部

地址：山西省长治市屯留县城镇麟绛东街
负责人：李圣地
Tel：0355－7522031

## 吕梁鑫富建材贸易有限公司

业务：本公司成立于 2006 年，主要经营钢管、镀锌管、钢材、建材、带钢、钢坯。我们以优越的品质、先进的技术为广大客户服务，您的满意是我们最大的心愿！
地址：山西省吕梁市离石区交口街道办贺家塔村
负责人：翟毅栋 邮 编：033000
法 人：翟毅栋
Tel：0358－8333333
Fax：0358－8333333
网址：www. mtw25833. chinapyp. com

## 新绛县智鑫广告有限公司

业务：广告、喷绘、写真
地址：山西省运城市新绛县城内东天池广场南排 3 号
负责人：包俊鸿 邮 编：044000
法 人：包俊鸿
Tel：0359－7521116

## 长治市鹏顺鑫商贸有限公司

地址：山西省长治市西大街 185 号
负责人：张建国
Tel：0355－2065296

## 山西省大同市灵丘县和顺五金商店

业务：主要经营五金交电、土产日杂，批零兼营，价格优惠、品质保证，欢迎新老客户光临！
地址：山西省大同市灵丘县青年南路
负责人：张立国 邮 编：034400
法 人：张立国
Tel：13152724088

## 平鲁区金胜芦荟产品销售部

业务：本公司主要经营化妆品、日用品、保健品。"质量保证，价格合理"，热诚欢迎您的光临与惠顾！
地址：山西省朔州市平鲁区井坪镇西二环路
负责人：王青云 邮 编：063800
法 人：王青云
Tel：0349－4181217

## 长治市泰尔商贸有限公司

地址：山西省长治市西大街头府西街路口
负责人：申智福
Tel：13903558848

## 沁水县人和工贸有限公司

业务：沁水县人和工贸有限公司成立于 2003 年，专业从事煤炭筛选、水洗块煤、水洗沫煤；建材、水泥构件生产与销售；工程承揽以及物流，热忱欢迎新老客户光临惠顾。
地址：山西省晋城市沁水县嘉峰镇郭南村
负责人：张庆丰 邮 编：048205
法 人：张庆丰
Tel：0356－7092188

## 大同市南郊区圆丰商贸有限责任公司

业务：经营磁神玉
地址：山西省大同市绿洲小区 5＃－5－10
负责人：李义 邮 编：037000
法 人：李义
Tel：15934222999
0352－6205585

## 长治市百特信息技术开发有限公司

地址：山西省长治市西大街下梅辉坡小区 8 号写字楼
负责人：平书庆
Tel：0355－5921322

## 山西景安工贸有限公司

业务：山西景安工贸有限公司成立于 2005 年，从事国内国际货物贸易（除国家不允许经营的除外）。我们以优质的服务，与客户建立诚信、友好的长期合作关系，本着互惠互利的原则，愿与国内外客商携手在市场经济的大潮中拼搏、进取。
地址：山西省阳泉市北大街 243 号
邮 编：045000
法 人：焦彦忠
Tel：0353－7081110
Fax：0353－7082221

## 长治市容汇物资有限责任公司

地址：山西省长治市西一环路凯丰市场
负责人：成晓斌
Tel：13503551958

## 大同市南郊御鑫商贸城致美内衣家居馆

业务：法国金公子内衣，各种品牌内衣、家居服、保暖内衣、木纤维毛巾、浴巾等家居用品
地址：山西省大同市南郊御鑫商贸城 3425 号
负责人：陈嗣君 邮 编：037000
法 人：陈嗣君
Tel：0352－6115568
13133120345

## 山西日日新贸易有限公司

业务：山西日日新贸易有限公司成立于 2006 年，主要以服装、鞋帽的销售为主，并且逐步向日杂、百货的零售迈进，目前日日新在和顺已独树一帜，凭借优质的产品和优质的服务，成为本地区服装鞋帽销售行业的巨头，欢迎有实力、讲诚信、产品质量过硬、售后服务优质的生产供应商实地考察。
地址：山西省晋中市和顺县中和街 120 号
负责人：郝旭东 邮 编：032700
法 人：郝永文
Tel：0354－8130337

## 潞安商城吕攀百货店

地址：山西省长治市襄垣县侯堡商城
负责人：吕攀
Tel：0355－5923043

## 山西省河津市思必得贸易有限责任公司

业务：河津市思必得贸易有限责任公司，主要经营钢材、耐火材料，精煤，焦炭，摩托车，汽车，物流信息服务，欢迎各界商家合作。
地址：山西省河津市建材城西展厅
邮 编：243300
法 人：苏克生
Tel：0359－5031689
Fax：0359－5030988
E-mail：www. sbdmy. chinapyp. com

## 大同市楷日商贸有限责任公司

业务：销售机械配件，五金工具，量具，刀具，电线电缆，水暖
地址：山西省大同市雁同东路绿洲小区 18 号楼 1 单元 9 号
负责人：蔺楷 邮 编：037008
Tel：15935278898
0352－5613688

## 鑫达租赁公司

业务：出租各种钢模、扣件、钢管、搅拌机、挖掘机、装载机等租赁器材
地址：山西省繁峙县砂河镇新国道转盘西 1000 米处路南
负责人：赵俊斗 邮 编：034302
法 人：赵俊斗
Tel：13803443707
0350－5551862

## 长治市圣淏翔商贸有限公司

地址：山西省长治市延安南路 52 号
负责人：潘峰
Tel：0355－3029999

## 山西省太原市利美达商贸有限公司

业务：我公司成立于 2006 年 7 月，主要经营电力仪器仪表、电线电缆、电气控制柜、建材、电力设备的安装及调试、耐磨材料、紧固件。愿相关产品生产厂家与我公司联系。
地址：山西省太原市狄村北街 8 号 2 座 1 单元 18 号
负责人：任奇伟 邮 编：030012
法 人：任奇伟
Tel：0351－7180476

## 劳动法律服务所

地址：山西省长治市英雄北路捉马卫生院内
负责人：张建林
Tel：0355－2115672

## 高平市启荣贸易有限公司

业务：专业从事矿山机械设备及配件、钢材、服装、鞋帽、电线、电缆等物资的销售业务。我们始于客户需求，终于客户满意，以最优惠的价格和最优质的产品竭诚为您服务！
地址：山西省高平市建设南路朝阳小区 1 单元 402 室
负责人：林先生 邮 编：048400
法 人：林雪洁
Tel：0356－5231922
13623565883
Fax：0356－5231922
E-mail：89061717@qq. com

## 长治市涵亿工矿商贸有限公司

地址：山西省长治市捉马村中级法院南侧
负责人：宋书刚
Tel：0355－2114808

## 山西鑫源兄弟实业集团有限公司中部服装百货批发城

业务：山西鑫源兄弟实业集团有限公司中部服装百货批发城成立于 2006 年，从事服装鞋帽、日用百货批发销售，物业管理，欢迎来电垂询！
地址：山西省运城市河东路 8 号
负责人：田健 邮 编：044000
法 人：田健
Tel：0359－2063222
2215978

## 长治市派格贸易有限公司

地址：山西省长治市紫金东路 3 号消防支队综合楼 210 号
负责人：张涛
Tel：0355－2186658

## 丝美琦婚纱影楼

业务：专业新娘化妆、盘头；婚纱照、个人写真拍摄；新娘婚纱租赁；婚礼录像、刻录光碟。专业的设备，一流的技术，彰显您的魅力，丝美琦婚纱影楼全体员工，愿为您留住每一个美好瞬间！
相框、相册、水晶
地址：山西省河津市汾滨街 11 标段
负责人：杨大为 邮 编：043300
法 人：杨大为
Tel：13834708343
E-mail：623821330@qq. com

## 山西义恒盛物贸有限公司

业务：山西义恒盛物贸有限公司成立于 2005 年，主要从事钢材销售，价格合理，质量保证，欢迎新老客户光临惠顾。
地址：山西省太原市大同路林场前玉开平厂
负责人：梁国义 邮 编：030003
法 人：梁国义
Tel：0351－3555268

## 长治市介然商贸有限公司

地址：山西省长治市紫金西路公交家属院三层西
负责人：耿世芳
Tel：0355－2181981

## 朔州市银瑞商贸有限公司

业务：朔州市银瑞商贸有限公司成立于 2006 年，主要从事于钢材、五金、机电等。欢迎新老客户光临、惠顾！
地址：山西省朔州市平鲁区紫和路 8 号
负责人：徐效银 邮 编：038500
法 人：徐效银
Tel：0349－6062990

## 介休市仁泰贸易有限公司

业务：钢材、机电设备、建筑材料、石料、焦煤、各种原煤、精煤、电煤
地址：山西省介休市西刘屯村
负责人：常兆聪 邮 编：030600
法 人：常兆聪
Tel：13994590008
0354－7264888

## 大同田森超市有限公司

地址：山西省大同市安益前街 38 号
负责人：王明华
Tel：0352－7663636

## 太谷剑锋商贸有限公司

业务：太谷剑锋商贸有限公司成立于 2006 年，主要经营五金，建材，家用电器，日杂百货，皮革制品，矿山机械，煤制品，运输。"信誉第一，客户至上"，热诚欢迎新老客户惠顾！
地址：山西省晋中市太谷县太洛西路 89 号
邮 编：030800
法 人：徐剑锋
Tel：0354－6228811
Fax：0354－6228844

## 大同市同阜物资有限责任公司

地址：山西省大同市城区前进街 1 号
负责人：息迎军
Tel：0352－7582819

## 晋城市首元工贸有限公司

业务：物资贸易
地址：山西省晋城市滨湖花园
负责人：张珺 邮 编：044000
法 人：张珺
Tel：13838938339
13834932944

## 城区易安网保洁服务部

业务：针对形象单位（招牌、门面）的保洁工作、家庭保洁
地址：山西省晋城市城区
负责人：张一清 邮 编：048000
法 人：张一清
Tel：13663461460

## 大同市义鑫商贸有限责任公司

地址：山西省大同市大东街 83 号
负责人：赵二女
Tel：0352－2024839

## 太谷县隆腾汽车贸易有限公司

业务：本公司现有 40 多名员工。主要经营一汽解放卡车、一汽佳宝汽车等的销售与服务。二十年以来，以卓越的品质、先进的技术竭诚为广大新老客户服务。
地址：山西省晋中市太谷县 108 国道韩村段
邮 编：030800
法 人：牛锦刚
Tel：0354－6213235
Fax：0354－6213408

## 大同市弘洋财务咨询有限责任公司

地址：山西省大同市富强里 2 楼 2 单元 4 号
负责人：葛文德
Tel：13603528904

## 灵丘县石化商贸有限责任公司

地址：山西省大同市浑源县火车站西
负责人：李兴德
Tel：0352－8670955

## 太原市尖草坪区锭源物资贸易部

业务：太原市尖草坪区锭源物资贸易部成立于 1996 年，主要批发挂历、台历、礼品、家具、沙发、太阳伞、帐篷等。公司生产的挂历是华北地区最大的一家。热诚欢迎各方客户来电来人洽谈业务，共同合作。
地址：山西省太原市尖草坪区解放北路 189 号
邮 编：030003
法 人：赵志平
Tel：0351－3149011
Fax：0351－3125646

## 大同市互得利商贸有限责任公司

地址：山西省大同市九洲钢材市场中区 8 号
负责人：李光
Tel：13994339528

## 太原市晋亿佳社区服务中心

业务：太原市社区服务中心是在太原市委、市政府的大力支持下，在太原市民政局社区管理处的指导下，依托 8181890 网络信息呼叫平台，利用现代化信息手段为全市居民提供社区服务的机构。以诚信服务为宗旨，用网络信息呼叫手段及晋亿佳品牌的市场化运营模式，为居民提供全方位的社区服务，最大限度满足社区居民不断发展的生活需求。
地址：山西省太原市迎泽区半坡西街 26 号
负责人：陈茂清 邮 编：030002
Tel：0351－4250122
网址：www. jyj8181890. cn
E-mail：admin@jinyijia. cn

## 晋城市庆红清洁服务部

业务：高空作业，家政服务，清洗外墙，外墙粉刷商场，清洗保洁等等
地址：山西省晋城市城区东大街 207 号
负责人：刘庆红 邮 编：48000
法 人：刘庆红
Tel：13100060386
13100069861

## 晋城市城区李双凤五金电料门市部

业务：专业经营电动工具、土产、建材、标准件、一级护栏管、LED 点光源、路灯、霓虹灯、LED 显示屏及其设计、制作、安装服务，产品规格齐全，品质卓越，服务细致入微，欢迎前来选购！
地址：山西省晋城市城区中原街 303 号
负责人：暴岩玲 邮 编：048000
法 人：暴岩玲
Tel：0356－2030703
13509764162
Fax：0356－2081499
网址：www. wqgggs. cn
E-mail：wqgggs009@163. com

## 大同市复益贸易有限责任公司

地址：山西省大同市口泉交通街 3 号
负责人：张丽霞
Tel：0352－2090950

## 大同市嘉信商贸有限责任公司

地址：山西省大同市南仓街 27 号
负责人：魏顺廷
Tel：13935222505

## 晋城市天达宏盛商贸有限公司

业务：家具、皮具、服装、家用电器、针纺织品、工艺礼品、五金交电、日用百货销售
地址：山西省晋城市凤鸣小区 65 号 3 单元 302 室
负责人：祁静茹 邮 编：48000
法 人：祁静茹
Tel：13133066888
0356－2196992

## 太原市祥龙瑞发物资贸易有限公司

业务：本公司是集生产、加工、设计、安装于一体的轻钢结构、彩钢制品专业化的企业。主营彩钢板、镀锌板、热轧开平板、焊管、镀管、角管、槽钢、角钢、装潢材料、机电产品。
地址：山西省太原市万水物贸城南堰分公司北内区 49 号
邮 编：030024
法 人：李忠秋
Tel：0351－5677588
Fax：0351－5677500

## 大同市朗洁保洁技术服务有限公司

地址：山西省大同市新开北路八十一号齿欣大厦五层 D2 座
负责人：王军
Tel：13513666166

## 山西智渊房地产中介服务有限公司

地址：山西省太原市杏花岭区府西街169号华宇国际B－12－A
负责人：牛宏英
Tel：0351－5602815

**山西世宸贸易有限公司**
地址：山西省太原市杏花岭区府西街169号华宇国际大厦B－19－B号房
负责人：郑彩荣
Tel：0351－6377198

**金龙广告材料行**
地址：山西省大同市新开北路广和大厦向北100米
负责人：郝永
Tel：0352－2421441
13133287180

## 完美（昔阳）新世纪服务中心
业务：完美（中国）日用品有限公司是由马来西亚完美资源有限公司投资设立，集科研、开采、生产销售、服务于一体的现代化大型企业，以生产健康食品，个人护理品，家居日用品和美容护肤品等大众消费者日用品而著称
地址：山西省晋中市昔阳县新东街粮食局经营大楼1楼
邮　编：045300
法　人：翟海柱
Tel：0354－4126510
Mobile：13453293918
Fax：0354－4126510
网址：www. sxxsj. chinapyp. com

## 晋城市畅流劳务派遣有限公司
业务：劳务派遣
地址：山西省晋城市瑞丰路（高庄10号）
负责人：赵世明　邮　编：048000
法　人：赵世明
Tel：13663665736
13663665901
Fax：0356－3030850

**大同市新金鼎广告装饰有限责任公司**
地址：山西省大同市雁同东路雁兴园小区门面房
负责人：张志华
Tel：0352－6032855
13303424440

## 五寨县恒新贸易有限责任公司
业务：公司成立于2006年，主要经营煤炭销售，我公司以诚信为本，质量为根，创新为先的经营理念为广大用户提供快捷、优质的服务。
地址：山西省忻州市五寨县三岔镇三岔村
负责人：杨亚波　邮　编：036200
法　人：杨亚波
Tel：0350－4348385

## 晋中四平商贸有限公司
业务：建筑建材销售
产品：钢材、水泥
地址：山西省晋中市榆次区东阳镇德音村
负责人：张四平　邮　编：30600
法　人：张四平
Tel：15003440666
0354－2752055

**太原市晨峰福隆贸易有限公司**
地址：山西省太原市小店区人民北路210号1－2－602号
负责人：张峰
Tel：0351－7843136

**太原市世坤贸易有限公司**
地址：山西省太原市小店区太榆路19号东鼎大厦404室
负责人：温晓阳
Tel：0351－7625868

**太原市乐安物资有限公司**
地址：山西省太原市小店区学府街60号5层
负责人：杜义贵
Tel：13513634226

## 晋中市鼎新装卸搬运有限公司
业务：装卸搬运
地址：山西省晋中市榆次区尧晨苑小区7号楼1单元1层西户
负责人：陈烈柱　邮　编：030600
法　人：陈烈柱
Tel：0354－2661408

**装御有限公司**
地址：山西省河津市清涧街道办事处
负责人：张春刚
Tel：0359－5252528
13503597195

**晋城市金恒通贸易有限公司**
地址：山西省晋城市城区北石店
负责人：郭凯
Tel：13835671838

## 阳泉双桥商贸有限责任公司
业务：本公司成立于2006年，主要销售家电及售后服务。以质量求生存，以信誉求发展。竭诚欢迎广大客户来电洽谈业务！
地址：山西省阳泉市城区新泉路12号楼底商
负责人：张龙　邮　编：045000
法　人：杨锦平
Tel：0353－2035444

8869444

**临汾盛宝焦炭销售有限责任公司**
地址：山西省临汾市解放西路71号
负责人：柏福宝
Tel：0357－2681775

**临汾市春林建材商贸有限公司**
地址：山西省临汾市经济技术开发区北孝村
负责人：茹松林
Tel：13903478957

## 灵石县槐园矿产品贸易有限公司
业务：矿产品贸易
地址：山西省晋中市榆次区蕴华路槐园小区8号楼3单元302徐秋香（妻子）收
负责人：王润生　邮　编：030600
邮　编：王润生
Tel：15935465016
0354－3281099
13703541015

**晋城市同博商贸有限公司**
地址：山西省晋城市凤翔小区41号楼1单元101号
负责人：宋晓波
Tel：0356－3996588

**高平市阳春物贸有限公司**
地址：山西省晋城市高平市伯方煤矿矿区
负责人：王余国
Tel：0356－5838471

**高平市恒生元贸易有限公司**
地址：山西省晋城市高平市沁辉路龙渠段
负责人：李俊
Tel：0356－5268388

## 天佳餐具消毒配送中心
业务：餐具清洗、消毒、配送服务
地址：山西省临汾市洪洞县城内车站街
负责人：程吉明　邮　编：031600
法　人：程吉明
Tel：0357－6223800
13835715675

**晋城市康利源商贸有限公司**
地址：山西省晋城市红星街（红星科教大厦307）
负责人：王采军
Tel：0356－2025398

**晋城市正宇经贸有限公司**
地址：山西省晋城市红星科教大厦302室
负责人：韩秋贵
Tel：0356－2062600

**晋城市雅轩装饰广告有限公司**
地址：山西省晋城市黄华街A区划8号楼
负责人：薛风军
Tel：0356－2058241

**晋城市辉腾商贸有限公司**
地址：山西省晋城市黄华街C区－#楼一号
负责人：暴海明
Tel：0356－3051842
2561658

**晋城市恒升贸易有限公司**
地址：山西省晋城市黄华街D区商6号楼中单元401
负责人：赵勇
Tel：13935693402

## 侯马市万家利自选商店
业务：日用品、副食品
地址：山西省临汾市侯马市北站侯北路
负责人：景建红　邮　编：041000
法　人：景建红
Tel：13834070325
0357－3556055
3556886

**晋城市开天商贸有限公司**
地址：山西省晋城市黄华街E2区一号楼10号
负责人：王选苗
Tel：0356－2035858

**晋城市海升贸易有限公司**
地址：山西省晋城市瑞丰路104号
负责人：常进
Tel：0356－2022832

## 襄汾县国安贸易有限公司
业务：销售钢材、矿石、精粉、矿山设备、焦炭、五金交电
地址：山西省临汾市襄汾县邓庄镇邓庄村
负责人：任国安　邮　编：041500
法　人：任国安
Tel：13191176888
0357－3699111

**阳城县立洋商贸有限公司**
地址：山西省晋城市阳城县白桑乡炼上村
负责人：王军
Tel：0356－4877655

**晋城市龙盛达汽贸有限公司**
地址：山西省晋城市杨洼村
负责人：崔建设
Tel：0356－2225550

**介休市融智营销管理咨询服务有限公司**
地址：山西省晋中市介休市南河沿112号
负责人：王建军
Tel：13327548828

**祁县昌德客车出租有限公司**
地址：山西省晋中市祁县东大街88号
负责人：马长亮
Tel：0354－5223737

## 临汾市尧都区家门口仓储超市
业务：百货，副食品，烟酒等销售
地址：山西省临汾市尧都区大阳镇大阳村
负责人：杨延林　邮　编：041000
法　人：杨延林
Tel：13068026667
0357－3311331

**晋城市一帆企业事务代理中心**
地址：山西省晋城市农业招待所一楼
负责人：柳西顶
Tel：0356－2054578

**沁水县邦苑广告装璜有限公司**
地址：山西省晋城市沁水县供销联合社3楼
负责人：章跃进
Tel：0356－7022876
13703567867

**晋城市厚丰经贸有限公司**
地址：山西省晋城市区南环街（金鳌小区一单元102号）
负责人：郭海波
Tel：0356－2030804

**昔阳县孔氏乡九龙关汇通加油站**
地址：山西省晋中市昔阳县孔氏乡九龙关村
负责人：段存元
Tel：0354－4271211
13593112337

**榆次众鑫物资供应部**
地址：山西省晋中市榆次区榆太路180号
负责人：刘秀林
Tel：0354－2431669

**晋中晋耀机电物资有限公司**
地址：山西省晋中市榆次区榆太路39号
负责人：闫旭升
Tel：0354－3280989

**榆次开发区隆泰贸易有限公司**
地址：山西省晋中市榆太路北端
负责人：张子勤
Tel：0354－2031398

## 尧都区翰皇皮具护理鼓楼店
业务：皮包护理，皮衣保养，沙发保养，皮革上色、补色，承接品牌厂商售后服务外包及产品零售
产品：皮包、包带、鞋垫
地址：山西省临汾市尧都区鼓楼西5号楼3号临师附小对面
负责人：苏经理　邮　编：041000
Tel：0357－2058801

**晋中新锐旧机动车鉴定评估有限公司**
地址：山西省晋中市榆太路张村段
负责人：江谦
Tel：0354－2442831

**明宇工贸有限公司**
地址：山西省离石市交口镇石盘村
负责人：温明明
Tel：13037070418

**临汾市尧都区金汇商品销售部**
地址：山西省临汾市鼓楼西大街
负责人：杨水云
Tel：0357－2056318

**天达广告装璜有限公司**
地址：山西省临汾市洪洞县县城南环路
负责人：付廷卓
Tel：0357－6227567
13753537567
13753766080

**山西鑫昌仁商贸有限公司**
地址：山西省临汾市华讯大厦四楼
负责人：李大明
Tel：0357－8899560

## 文富百货店
业务：销售百货
地址：山西省临汾市沂水县高庄镇下马都山谷村
负责人：马文富　邮　编：046011
法　人：马文富
Tel：0539－2352509

**霍州市新感觉商贸行**
地址：山西省临汾市霍州市前进街
负责人：丁云峰
Tel：0357－5628292

## 翼城县茂源物资经销有限责任公司
业务：物资经销
地址：山西省临汾市翼城县解放东街北九巷37号
负责人：张克宝　邮　编：043500
法　人：张克宝
Tel：13835397038
13835398600
Fax：0357－4530918

**临汾东盛源汽车贸易有限公司**
地址：山西省临汾市经济技术开发区河汾路中段
负责人：柴文俊
Tel：13934177688

**临汾经济技术开发区华富商贸有限公司**
地址：山西省临汾市开发区党家楼村
负责人：韩成记
Tel：0357－2018126

**临汾经济技术开发区佳雅达汽车服务有限公司**
地址：山西省临汾市开发区河汾路中段华港汽贸城B楼东
负责人：董大鹏
Tel：13703572322

## 兴县供销合作社联合社物流配送中心
业务：服务三农，日用百货，土特产，健康滋补，文化用品，奶制品，烟酒副食，小商品，养生用品，茶叶，调味，五金日杂，婚嫁用品，棉花棉布，劳保用品，竹炭，洗护用品
地址：山西省吕梁地区兴县城区兴中路七号
负责人：张志银　邮　编：033600
法　人：张志银
Tel：13503589063
0358－6321080

**临汾市满堂红地产代理有限公司**
地址：山西省临汾市体育南街71号
负责人：杨亚红
Tel：13834074567

**临汾市亿展工程物资有限公司育红百货分公司**
地址：山西省临汾市尧都区北外环路154号
负责人：郝育红
Tel：0357－2210777

**翼城县鑫盛物资有限公司**
地址：山西省临汾市翼城县王庄乡上石村
负责人：张斌
Tel：0357－3597818

**潞城市恒协干洗门店**
地址：山西省潞城市电视台楼下
负责人：徐新忠
Tel：13100155687

**兴达加油站**
地址：山西省吕梁地区交城县古洞道乡
负责人：李四苟
Tel：0358－3589188
13097585817

**华东物贸中心**
地址：山西省吕梁地区交城县下关街71号
负责人：杨铁成
Tel：0358－3520299
13934013649

## 中阳县得力物资经销部
业务：主要经营：得力工具、得力电器、日丰管
地址：山西省吕梁市中阳县北环路
负责人：郑建生　邮　编：033000
法　人：郑建生
Tel：13593417108
0358－5023989

**永泰加油站**
地址：山西省吕梁地区交口县康城镇
负责人：李候彦
Tel：0358－5452084
13834011698

## 山西鑫佳源贸易有限公司
业务：化工产品的贸易
地址：山西省太原市万柏林区长风街办新庄村南小区7－1－301室
负责人：赵云　邮　编：030022
法　人：赵云
Tel：13453169111
0351－6072977

## 山西省太原市万柏林区出租机械行
业务：出租挖机，压路机，平地机
法　人：推土机
地址：山西省太原市万柏林区辰景家园1号楼2单元19层西户
负责人：王毅军　邮　编：030000
法　人：王毅军
Tel：13038082479

**顺通加油站**
地址：山西省吕梁地区临县大禹乡歧道村
负责人：刘三明
Tel：0358－4471067
13593388028

**朔州万德隆工贸有限公司**
地址：山西省朔州市开发北路
负责人：吴宏雁
Tel：13934906905

**蕙花博隆铭商贸有限公司**
地址：山西省朔州市开发路（热力公司一楼文化用品）
负责人：王锦光
Tel：0349－2038766
13303495333

**朔州市华建商贸有限公司**
地址：山西省朔州市民福街（民福小区）
负责人：耿建华
Tel：13934909781

**云新百货大楼**

地址:山西省大同市左云县云新西大街 15 号
负责人:王茂
Tel:0352－3822729
13603526637

## 万柏林区鑫腾翔服饰经销部

业务:职业服饰、酒店工作装、工厂服装、宾馆床上用品、各类浴服、毛巾等。
地址:山西省太原市万柏林区窊流村北街 108 号
负责人:侯全亮　邮　编:030000
法　人:侯全亮
Tel:0351－6363978
13293883030

## 太原市小店区新华废品收购站

业务:废品收购
地址:山西省太原市小店街办西桥村北街 18 号
负责人:常新华　邮　编:030082
法　人:常新华
Tel:13080313830
0351－7959580

## 欧尚派尔婚礼庆典工作室

业务:专业婚礼策划、咨询,庆典,生日宴会,寿宴等
地址:山西省太原市小店区平阳路金郡小区 A 座 19 层 1 号
负责人:高梅霞　邮　编:030000
法　人:高梅霞
Tel:13073598676
0351－7879220

## 太原市小店区鑫晶晶花屋

业务:经营各种花类销售
地址:山西省太原市小店区亲贤北街 19 号
负责人:孙继科　邮　编:030000
法　人:孙继科
Tel:13994296516
0351－7063380

**新源综合集贸市场**
地址:山西省太原市晋源区晋祠路三段 37 号
负责人:贾有忠
Tel:0351－6320727
13327403613

## 博锐达物资经销处

业务:代理销售多热源采暖设备,包括:红外线采暖器,红外线采暖画,电锅炉,冷热水空调,普通锅炉及采暖零部件
地址:山西省太原市杏花岭区胜利街 233 号
负责人:刘淑英　邮　编:030002
法　人:刘淑英
Tel:0351－2686162
13934045130
Fax:0351－2686163

## 太原市杏花岭区博锐达物资经销处

业务:采暖系列
产品:红外线辐射采暖器,水空调,电采暖炉,家用锅炉,暖气片,锯条,轴承等
地址:山西省太原市杏花岭区胜利街 233 号
负责人:刘海英　邮　编:030009
法　人:刘海英
Tel:0351－2686162
13934045130
Fax:0351－2686163
网址:www.sxdrycn.cn
E-mail:sxdrycn@163.com

**太原市捷安信汽车救援有限公司**
地址:山西省太原市晋源区旧晋祠路南上庄路西 24 号
负责人:薛利强
Tel:13834559618

**盛世蓝马广告策划有限公司**
地址:山西省太原市柳南 48 号千里商务大厦七层
负责人:候伟根
Tel:0351－4189667
13835177717

**清徐县中海工贸有限公司**
地址:山西省太原市清徐县美锦大街
负责人:张建中
Tel:0351－5722244

**清徐县康普森咨询有限公司**
地址:山西省太原市清徐县清源镇东湖大厦九层
负责人:石宝忠
Tel:0351－5736172

**宏奥工贸有限公司**
地址:山西省太原市山西建设机械厂内
负责人:张国良
Tel:0351－6981180
13903437841

**太原得尔嘉商贸有限公司**
地址:山西省太原市万柏林区滨河西路滨河小区 1 号楼 11 层 2 号
负责人:贾林萍
Tel:0351－6625839

**聚英贤商贸有限公司**
地址:山西省太原市后北屯中奥商城北市场 265 号
负责人:张成贤
Tel:0351－6165710
13903436132

**太原市尖草坪区西焉劳动服务队**
地址:山西省太原市尖草坪区西焉村
负责人:张锦
Tel:0351－3932029

## 兴县鼎鑫经贸有限公司

业务:兴县鼎鑫经贸有限公司主要经营矿产品、生铁、焦碳;洗选煤加工和销售,经营茶叶,欢迎新老客户光临惠顾。
地址:山西省吕梁市兴县城区新建东路 182 号
负责人:白文慧　邮　编:033000
法　人:白文慧
Tel:0358－8634999
Fax:0358－6441485

**朔城区昌源加油站**
地址:山西省朔州市朔城区民福东街高速路口(西 200 米)
负责人:柳生伟
Tel:13934908882

**朔州市威尔泰物贸有限公司**
地址:山西省朔州市朔城区振华西街南侧
负责人:刘金兰
Tel:0349－2020789
13513699994

**应县泰丰贸易有限责任公司**
地址:山西省朔州市应县工商局二楼
负责人:张平香
Tel:0349－5020305

**太原市华盛杰贸易有限公司**
地址:山西省太原市滨河物贸中心赤宏南街 78－80 号
负责人:赵炜
Tel:0351－6168802
13603556687

**唐艺姓名研究所**
地址:山西省太原市并州北路 148 号刚玉招待所 401 室
负责人:牛小精
Tel:0351－4930618
13068071389

**山西神州兴业贸易有限公司**
地址:山西省太原市尖草坪区兴华北小区东 33 楼 1 单元 9 号
负责人:黄金森
Tel:0351－6620163

**太原东陶恒兴商贸有限公司**
地址:山西省太原市尖草坪区兴华街 88 号现代装饰城 11 座 2 号
负责人:王晋峰
Tel:0351－6288338

## 迎泽区华美斐贝日用品经销部

业务:电子商务
产品:网购,汽车,移动联通交费,电脑,手机各类化妆品,品牌服装,手表,飞机票等生活用品商城
地址:山西省太原市迎泽区并州路金港大厦 B 座 1306 室
负责人:李建华　邮　编:030001
法　人:李建华
Tel:0351－3452478
13834609841
E-mail:153463388@qq.com

## 太原市顶尖文化传播有限公司

业务:广告喷绘,平面设计,效果图制作,大图复印、装订
地址:山西省太原市迎泽区迎泽南街 20 号鼎元时代中心 G 区 28 号底商 4 号
负责人:张田兵　邮　编:030009
法　人:张田兵
Tel:13934147571
0351－8390488
Fax:0351－8390488

**太原市一鸣商贸有限公司**
地址:山西省太原市万柏林区滨河小区 5 号楼 7 层 8 号
负责人:王永梅
Tel:0351－6626388

**山西新劲贸易发展有限公司**
地址:山西省太原市万柏林区和平北路 189 号 6 幢 12 号
负责人:张伟平
Tel:13111008080

**太原建新利贸易有限公司**
地址:山西省太原市万柏林区南内环桥西万水物贸城 3 区 53 号
负责人:魏玉花
Tel:0351－6332467

**山西鸿升冀东汽车连锁销售有限公司**
地址:山西省太原市万柏林区南内环西街小王村花卉市场
负责人:李金勇
Tel:0351－6551206

**北京世纪华峰展览有限公司太原分公司**
地址:山西省太原市万柏林区千峰工贸大楼 711 室
负责人:张祺锋
Tel:0351－6183625

## 河曲县济源工贸有限公司

业务:销售建筑材料、工矿配件、工程机械、五金、劳保产品、机电产品、电气设备
地址:山西省忻州河曲县文笔镇河偏路 276 号
负责人:刘治金　邮　编:036500
法　人:刘治金
Tel:15834260733
0350－6189151

## 保德县兴意恒商行城

业务:商行
地址:山西省忻州市保德县韩家川村
负责人:王挨清　邮　编:036600
法　人:王挨清
Tel:13994161964
0350－7356112

**山西凯达环球商务文化发展有限公司**
地址:山西省太原市万柏林区千峰南路大王小区(北区)15 幢 11 号
负责人:高丽江
Tel:0351－6585755

**太原丰喜物资贸易有限公司**
地址:山西省太原市万柏林区千峰南路鸿峰花园 10 号楼 321 号
负责人:王辉
Tel:0351－6586583

**太原市佳信和贸易有限公司**
地址:山西省太原市万柏林区西铭乡西铭村中大街 68 号
负责人:柳芳
Tel:0351－6966473

**太原浩浪展览展示设计制作有限公司**
地址:山西省太原市万柏林区西渠路 14 号 6 号楼 2 单元 26 号
负责人:孙建宇
Tel:13803435832

**太原玉华一方贸易有限公司**
地址:山西省太原市万柏林区西渠路 23 号
负责人:王玉华
Tel:0351－7339313

**山西诚泰企划有限公司**
地址:山西省太原市万柏林区漪汾街 20 号山西商检培训中心二楼
负责人:李发辰
Tel:13603536685

**太原市金康融物贸有限公司**
地址:山西省太原市万柏林区漪汾街 8 号
负责人:高金柱
Tel:0351－6167333
13903461713

**山西华威尔霓虹广告有限公司**
地址:山西省太原市小店区长风街中段 20 号
负责人:贺振华
Tel:13834668698

**山西鸿威科教商务有限公司**
地址:山西省太原市小店区长治路 198 号
负责人:王树涛
Tel:0351－8815716

**山西润科物贸有限公司**
地址:山西省太原市小店区长治路 409 号
负责人:魏俊萍
Tel:0351－6285009

**太原市宏奕得商贸有限公司**
地址:山西省太原市小店区狄村南街 8 号茂盛装饰市场 4 号
负责人:王忠义
Tel:0351－8087369

**山西浩凯物资设备有限公司**
地址:山西省太原市小店区东岗南路 268 号 1 幢 5 层 5 号
负责人:杨国英
Tel:13503507062

**山西润达贸易有限责任公司**
地址:山西省太原市小店区高新技术开发区旭然小区产业路 39 号 14 幢 2 层 3 号
负责人:杨静
Tel:13623511908

**太原海淳科技贸易有限公司**
地址:山西省太原市小店区高新区产业路 39 号旭然园小区 14 幢 1 单元 4 号
负责人:吴瑞君
Tel:13546118888

**山西华诺国际贸易有限公司**
地址:山西省太原市小店区高新区产业路 48 号新岛科技园 E 座 307 室
负责人:王建强
Tel:13934044303

**太原恒诚久信财务咨询有限公司**
地址:山西省太原市小店区高新区长治路 388 号 305 室
负责人:赵宁
Tel:13803438959

**山西银河汇钜科贸有限公司**
地址:山西省太原市小店区高新区高新街 9 号
负责人:段锦章
Tel:13903407916

**太原市小店区丹青广告设计工作室**
地址:山西省太原市小店区建设南路 643 号
负责人:任向荣
Tel:0351－7183550

**佳世德广告有限公司**
地址:山西省太原市小店区开园南小区 8 号楼 2 单元 502 室
负责人:梁澎
Tel:0351－7635544
13513603232

**山西瑞达富贸易有限公司**
地址:山西省太原市小店区平阳路 293 号二层
负责人:陈浩南
Tel:13834686505

**太原永利源商贸有限公司**
地址:山西省太原市小店区平阳路 426 号 218 室
负责人:侯利民
Tel:13903466766

**太原宏敏工贸有限公司**
地址:山西省太原市小店区平阳路杨家堡村富民街东南二巷 14 号
负责人:李杏敏
Tel:0351－6600211

**山西同发贸易有限公司**
地址:山西省太原市小店区亲贤北街 15 号梅苑 106 室
负责人:张拴增
Tel:0351－7587589

**山西方圆贸易有限公司**
地址:山西省太原市小店区亲贤北街 189 号梅园百盛 6 幢 812 号
负责人:刘志亮
Tel:0351－7552245

**太原赛泽公路工程咨询有限公司**
地址:山西省太原市小店区亲贤北街 275 号
负责人:付天吉
Tel:13513629240

**山西炜帆科贸有限公司**
地址:山西省太原市小店区亲贤乡亲贤村(长风大街)61 号 2 层
负责人:郇晓帆
Tel:0351－2221851

**山西众鑫淼贸易有限公司**
地址:山西省太原市杏花岭区半坡东街 4 号
负责人:王学明
Tel:0351－4220423

**山西瑞源财务咨询有限公司**
地址:山西省太原市杏花岭区北大街 213 号
负责人:吴鲁晋
Tel:0351－5732376

**太原市百铸行企业管理咨询有限公司**
地址:山西省太原市杏花岭区北大街 253 号 3 栋 2 号
负责人:张辉
Tel:0351－8818435

**太原市晋德汇贸易有限公司**
地址:山西省太原市杏花岭区北大街 260 号 31－2
负责人:张永超
Tel:0351－3195975

**山西德天商贸有限公司**
地址:山西省太原市杏花岭区北大街 296 号
负责人:马丽
Tel:0351－3230002

**山西奔诚工程建设监理有限公司**
地址:山西省太原市杏花岭区北大街 296 号 62 幢 2 号
负责人:杨满野
Tel:0351－3231169

**太原味道江湖菜餐饮娱乐管理有限公司**
地址:山西省太原市杏花岭区北大街长春苑 A 座底商
负责人:闫红梅
Tel:13111067913

**太原市杏花岭区至尚家电维修部**
地址:山西省太原市杏花岭区大东关街 135 号
负责人:马定秋
Tel:13994299036

**山西天添喜商贸有限公司**
地址:山西省太原市杏花岭区敦华南路 96 号第 15 幢第 1 段
负责人:胡宝团
Tel:0351－4421587

**太原市合邦物资有限公司**
地址:山西省太原市杏花岭区府东街 2 号 13 幢 5 层 10 号
负责人:张志峰
Tel:0351－3524966

**山西美德力科贸有限公司**
地址:山西省太原市杏花岭区府西街 169 号华宇国际 A－8D
负责人:郭路君
Tel:13994299463

**太原市神韵景观设计有限公司**
地址:山西省太原市杏花岭区旱西关街饮马河公园内
负责人:韩宁生
Tel:0351－3534057

**山西福人昌贸易有限公司机械分公司**
地址:山西省太原市杏花岭区恒山路新店街 5 号
负责人:王勇
Tel:0351－2600638

**太原长洋商贸有限公司**
地址:山西省太原市杏花岭区红沟南街 13 号
负责人:朱红妹
Tel:0351－3117335

**山西晋亿经贸有限公司**
地址:山西省太原市杏花岭区建设北路 213 号
负责人:郭全成

Tel:13935119583

**太原市伟业达贸易有限公司**
地址:山西省太原市杏花岭区建设北路 214 号
负责人:李永生
Tel:13007074762

**山西龙永太物资贸易有限公司**
地址:山西省太原市杏花岭区解放北路 140 号太钢集团耐火材料公司院内
负责人:胡永清
Tel:0351－3445800

**太原天义海贸易有限公司**
地址:山西省太原市杏花岭区解放北路 75 号 1 号楼 1 单元 1 号
负责人:郭志敏
Tel:0351－3038033

**山西炬盛物贸有限公司**
地址:山西省太原市杏花岭区解放路 271 号 2－2－9 号
负责人:李勇刚
Tel:0351－3183678

**太原市龙行天地广告有限公司**
地址:山西省太原市杏花岭区金刚里南区 22 楼 6 户
负责人:程瑛秋
Tel:13934156948

**太原市汇玉通商贸有限公司**
地址:山西省太原市杏花岭区精营东二道街 6 号院二单元 13 号
负责人:赵清玉
Tel:0351－3172084

**太原凯瑞达贸易有限公司**
地址:山西省太原市杏花岭区精营西二道街 11 号 5 幢 10 号
负责人:弓钦
Tel:13633476100

**太原市嘉泰昌商贸有限公司**
地址:山西省太原市杏花岭区马道坡 12 号 29 幢
负责人:刘原
Tel:13903465353

**北京九鼎真言传媒广告有限责任公司太原分公司**
地址:山西省太原市杏花岭区平民路 15 号
负责人:姚二虎
Tel:0351－3276419

**太原市杏花岭区恒天策划工作室**
地址:山西省太原市杏花岭区三桥街东 5 号 1 单元 15 号
负责人:王建安
Tel:0351－6601218

**太原泽高顺商贸有限公司**
地址:山西省太原市杏花岭区上肖墙 10 号 2 号楼一层
负责人:王永安
Tel:0351－3520569

**太原市娅德企业管理咨询有限公司**
地址:山西省太原市杏花岭区胜利东街 188 号 48 幢 2 号
负责人:刘熙亚
Tel:13934101692

**太原广发物贸有限公司**
地址:山西省太原市杏花岭区胜利街 124 号
负责人:田兰芳
Tel:0351－3432585

**太原市杏花岭区锐鹏汽车维修中心**
地址:山西省太原市杏花岭区胜利西街 12 号
负责人:范建国
Tel:0351－3572088

**太原市亿泰和贸易有限公司**
地址:山西省太原市杏花岭区五一北路 608 号星火小区一号楼 6 单元一层 601 号
负责人:李震
Tel:13703515636

**山西晋晟工程咨询有限公司**
地址:山西省太原市杏花岭区五一路 168 号 1 幢 11 层 1－12 号
负责人:黄忠保
Tel:13834631838

**山西隆亿鑫商贸有限公司**
地址:山西省太原市杏花岭区西羊街 73 号 7 层 709 室
负责人:廉人芳
Tel:0351－7232338

**太原市丰荣行贸易有限公司**
地址:山西省太原市杏花岭区小新街 8 号楼 3 单元 202 室
负责人:华若菁
Tel:0351－3533809

**太原市实恒顺业物贸有限公司**
地址:山西省太原市杏花岭区新民中街 8 号 1 幢 5 层 521 号
负责人:董春风
Tel:13603513493

**山西北孚物资有限公司**
地址:山西省太原市杏花岭区迎春街 39 号
负责人:杨天慧
Tel:0351－8150490

**太原浦弘科贸有限公司**
地址:山西省太原市杏花岭区永兴堡 32 号 94 幢 13 号
负责人:王跃进
Tel:0351－3572281

**太原宗昌峰贸易有限公司**
地址:山西省太原市杏花岭区中涧河乡东涧河村东梁
负责人:李金梅
Tel:0351－3147322

**太原普太商务咨询有限公司**
地址:山西省太原市学府街 426 号
负责人:赵明
Tel:0351－7034401

**山西瑞讯捷贸易有限公司**
地址:山西省太原市迎泽区滨河东路 168 号
负责人:梅拥军
Tel:0351－7250071

**太原康德普贸易有限公司**
地址:山西省太原市迎泽区滨河东路 168 号 2 幢 13 层 2 号
负责人:王晟钟
Tel:0351－7520766

**太原市墨白广告有限公司**
地址:山西省太原市迎泽区滨河东路佳泰花园 2 幢 3 单元 301 室
负责人:姚晓亮
Tel:0351－8782122

**太原事事如意广告商务有限公司**
地址:山西省太原市迎泽区并州东街 263 号 2 幢
负责人:杨喆
Tel:0351－4934895

**太原市腾达飞扬会议服务有限公司**
地址:山西省太原市迎泽区柴市巷 35 号 4 层 408 室
负责人:刘一零
Tel:0351－4156469

**太原市常源兴商贸有限公司**
地址:山西省太原市迎泽区东岗路 232 号
负责人:王冰
Tel:13803456456

**太原汇鹏铁路物资有限公司**
地址:山西省太原市迎泽区郝家沟街 51 号 1 幢 34 号
负责人:杨鹏华
Tel:0351－2260667

**山西璇龙商务有限公司**
地址:山西省太原市迎泽区建设北路 76 号 1007 房
负责人:侯北仓
Tel:0351－4656333

**太原育康建设监理有限公司**
地址:山西省太原市迎泽区建设南路 269 号 54 幢 10 号
负责人:娄军武
Tel:0351－4296713

**太原体之博经贸有限公司**
地址:山西省太原市迎泽区解放南路 288 号
负责人:睢照明
Tel:0351－7924960

**山西金瀚达贸易有限公司**
地址:山西省太原市迎泽区劲松路 2 号 5 幢 2－15 号
负责人:金汉
Tel:13835151111

**山西大方元商务有限公司**
地址:山西省太原市迎泽区开化寺街 81 号开化寺市场四层
负责人:王樑
Tel:0351－2025353

**太原市瑞丰兆业物资有限公司**
地址:山西省太原市迎泽区开化寺街柴市巷晋福大厦 118 座 3118 室
负责人:胡跃剑
Tel:0351－4187369

**太原至信成企业咨询有限公司**
地址:山西省太原市迎泽区柳南小区 4 号 1 幢 5 层 3 号
负责人:屈仙珍
Tel:0351－7212227

**山西怡元盛科贸有限公司**
地址:山西省太原市迎泽区柳巷北路 24 号北 1 号楼 7 层 B01 号
负责人:王建伟
Tel:0351－8988999

**太原慧远星晨管理咨询有限公司**
地址:山西省太原市迎泽区庙前小区 16 号楼 3 层 5 号
负责人:高放
Tel:0351－4040003

**太原市兴唐基业庆典服务有限公司**
地址:山西省太原市迎泽区南海街 46 号 1 号楼 7 层 1 户
负责人:赵鹰
Tel:13834568565

**太原市万天行商贸有限公司**
地址:山西省太原市迎泽区桥头街 128 号三江大厦
负责人:田继宗
Tel:0351－4176528

**太原好人才企业管理咨询有限公司**
地址:山西省太原市迎泽区青年路 58 号(龙湖宾馆)
负责人:韩春生
Tel:13934240598

**太原市华彩乾坤广告有限公司**
地址:山西省太原市迎泽区山佑巷 20 号 18 楼 617 室
负责人:任树荣
Tel:13803466726

**太原百度吉祥广告商务有限公司**
地址:山西省太原市迎泽区双塔寺街 1 号东景花园 3 号楼 3 单元 12 号
负责人:吴媚
Tel:13934160059

**太原日之升广告有限公司**
地址:山西省太原市迎泽区双塔西街 133 号迎泽家园 B 座 1 层 2 号
负责人:马中平
Tel:0351－4605113

**太原市超星广告有限公司**
地址:山西省太原市迎泽区水西关南街 16 号 2 层 15 号
负责人:赵艳萍
Tel:0351－4082917

**太原市吉合益商务企划有限公司**
地址:山西省太原市迎泽区水西关小区 9 号楼 1 号
负责人:星杨红
Tel:0351－4732707

**太原市森磊淼广告有限公司**
地址:山西省太原市迎泽区桃园北路 104 号
负责人:部振东
Tel:0351－5681511

**太原市章和经贸有限公司**
地址:山西省太原市迎泽区桃园北路 104 号
负责人:高胜利
Tel:0351－8285899

**太原市广庭广告有限公司**
地址:山西省太原市迎泽区桃园南路 27 号 6 楼 105 号
负责人:韩在俊
Tel:0351－4087976

**太原见现贸易有限责任公司**
地址:山西省太原市迎泽区桃园南路 84 号 1 幢
负责人:杜维民
Tel:0351－4071661

**太原市鑫昌信商贸有限公司**
地址:山西省太原市迎泽区文源巷 34 号 36 幢
负责人:徐勇
Tel:0351－4166891

**魏都律师事务所**
地址:山西省太原市迎泽区西海街 37 号(庙前派出所大楼 402 室)
负责人:张宁
Tel:0351－4130678
13935152028

**太原吉达通企划有限公司**
地址:山西省太原市迎泽区幸福巷 2 号 16 楼 5 号
负责人:韩书红
Tel:13934242800

**山西三兴物资有限公司**
地址:山西省太原市迎泽区迎泽大街 12 号 12 幢 5 号
负责人:张加锦
Tel:13603581956

**太原仁和达企业信息咨询服务有限公司**
地址:山西省太原市迎泽区迎泽大街 6 号中保大厦四层
负责人:吕永平
Tel:0351－4065972

**山西恒德利经贸有限公司**
地址:山西省太源万柏林区千峰综合楼 1－4－6 号
负责人:黄信约
Tel:0351－6062288

**汇丰贸易有限公司**
地址:山西省五寨县五三路中所路口
负责人:李有谋
Tel:0350－4331173
13903503073

**忻州市诚信会计咨询服务有限公司**
地址:山西省忻州地区忻州市忻府区长征西街 29 号
地址:郝耀娥
Tel:0350－3039456

**忻州一诺广告策划有限公司**
地址:山西省忻州地区忻州市忻府区利民西街北六巷四号
负责人:李慧林
Tel:0350－3302888

**山西省保德县茂通商行**
地址:山西省忻州市保德县梅花西街
负责人:张改亮
Tel:0350－7323687

**忻州市保安服务公司**
地址:山西省忻州市长征街 18 号
负责人:杜炜
Tel:0350－3034740

**恒通贸易有限公司**
地址:山西省忻州市代县上馆镇东关村
负责人:段明生
Tel:0350－5220196
13935085338

**代县宏达物资贸易经销部**
地址:山西省忻州市代县西关村 108 线北侧
负责人:要俊梅
Tel:0350－5225294

**定襄县紫雲商贸有限责任公司**
地址:山西省忻州市定襄县晋昌镇新开路 1 号
负责人:张灯云
Tel:0350－6029756

**河曲县金万通机械设备租赁有限公司**
地址:山西省忻州市河曲县沙泉乡沙泉村集贸市场 8 排 2 楼
负责人:赵育贤
Tel:13603503884

**忻州市方通贸易有限公司**
地址:山西省忻州市忻府区长征西街 34 号
负责人:高琛蕴
Tel:13099031523

**忻州市忻府区新天地广告中心**
地址:山西省忻州市忻府区建设北路 1 号
负责人:王勇
Tel:0350－3036986

**山西金保汽车技术发展有限公司**
地址:山西省忻州市忻府区七一北路 75 号
负责人:王晓峰
Tel:0350－3302699

**忻州市忻府区驰翔租赁机械中心**
地址:山西省忻州市忻府区云中北路煤机厂
负责人:侯子英
Tel:0350－3804664

**阳泉市城区宝昌汽车服务中心**
地址:山西省阳泉市城区政府原车库
负责人:郭海龙
Tel:0353－2168666

**鹏程商贸中心**
地址:山西省阳泉市郊区土产日杂公司大阳泉仓库院内
负责人:彭文彬
Tel:0353－2150538
13503531729

**阳泉市金之海礼仪广告有限公司**
地址:山西省阳泉市郊区荫营西大街
负责人:史跃胜
Tel:0353－5059596

**阳泉市集运经贸有限公司**
地址:山西省阳泉市经济技术开发区大连路金苑小区
负责人:王集平
Tel:0353－2019853

**阳泉市诚壹商务有限责任公司**
地址:山西省阳泉市南大街南沟 1 号楼底商
负责人:杨健
Tel:13037051100

**阳泉市玉沣物资贸易有限公司**
地址:山西省阳泉市桃南东路 402 号(东风汽车公司阳泉技术服务中心院内)
负责人:张守林
Tel:0353－2033114

**盂县全通工贸有限公司**
地址:山西省阳泉市盂县孙家庄镇洪庄村
负责人:张海亮
Tel:0353－8100198

**盂县鑫盛源物资有限公司**
地址:山西省阳泉市盂县秀水镇南关
负责人:贾常青
Tel:13191235666

**河津市海强物资贸易有限公司**
地址:山西省运城市河津市叠翠区 0 号楼
负责人:谭耐石
Tel:0359－5262331

**河津市创鑫科贸有限公司**
地址:山西省运城市河津市华兴西路(二轻局楼下)
负责人:谢安民
Tel:0359－5027018

**河津市南海物贸有限责任公司**
地址:山西省运城市河津市建材城 108 国道南
负责人:李泽生
Tel:0359－5058068

**河津市文鼎贸易有限公司**
地址:山西省运城市河津市铝厂太华区
负责人:文肇野
Tel:13835860056

**绛县昊翔商贸有限公司**
地址:山西省运城市绛县城镇
负责人:褚立贤
Tel:0359－6552394

**山西豪士工程设计有限公司运城分公司**
地址:山西省运城市潞村巷(银湖小区 6 号楼 1 单元 3 层 2 号)
负责人:廉建武
Tel:13303484109

**运城市海运物资销售有限公司**
地址:山西省运城市人民南路鑫源公寓 A 座 1102 室
负责人:吉红平
Tel:13935769919

**运城市风陵渡开发区永明贸易有限公司**
地址:山西省运城市芮城县工业大道北
负责人:李永海
Tel:0359－3352303

**英维篷套修理部**
地址:山西省运城市万荣县五一东街
负责人:王英维
Tel:0359－4524184
13835994171

**运城市中邦百盛商贸有限公司**
地址:山西省运城市闻喜县新开路一号
负责人:王仙梅
Tel:0359－8650678

**运城市鑫江商贸有限公司**
地址:山西省运城市幸福庄十三巷
负责人:李江阳
Tel:0359－8650228

**永济天泰商贸有限责任公司**
地址:山西省运城市永济市舜都市场内十一号楼
负责人:贺小会
Tel:0359－8025987

**运城市灏美汇商贸有限公司**
地址:山西省运城市禹都东大街 204 号

…………………………… 负责人：禹秀兰
…………………………… Tel：13903594499

**垣曲县华鑫铜业贸易有限公司**
地址：山西省运城市垣曲县黄河路西
…………………………… 负责人：赵文华
…………………………… Tel：13703590128

**红星物贸有限公司**
地址：山西省运城市运城经济技术开发区禹都市场禹都大道南侧 538 号
…………………………… 负责人：张喜全
…………………………… Tel：13835968122

**原平市唐久商业大厦经销部**
业务：原平市唐久商业大厦经销部主要以烟酒、副食品、饮料、调味品、奶制品的批零为主，品种繁多、价格合理，热忱欢迎新老客户光临惠顾。
地址：山西省原平市京原北路 4 号

………… 负责人：郝保田……邮　编：034000
…………………………… 法　人：郝保田
…………………………… Tel：0350－8223785

**永济市蒲州镇薛峰综合商店**
业务：百货用品的销售
地址：山西省运城永济市蒲州镇王庄村口
………… 负责人：薛峰　　邮　编：044000
…………………………… 法　人：薛峰
…………… Tel：15903480907
0359－8495160

**太原市大团圆商贸有限公司**
地址：山西太原市万柏林区万柏林西 16 号
…………………………… 负责人：南江征
…………………………… Tel：0351－6381186
13903432908

**晋中市金辉被服供应站**

晋中市金辉被服供应站成立于1998年。
主要从事军用被服供应。
优质的服务是我们的宗旨。
欢迎广大客户来电洽谈业务！

联系人：王俊文　13303548188
电话：0354－2086286　8885755
地址：山西省晋中市榆次区武装部宿舍　　邮编：032600

**保德县威马字行**

保德县威马字行从事大型户外广告、墙体标语、灯箱广告，网印品，锦旗，路标反光牌的制作、销售。

我们秉承“顾客至上，锐意进取”的经营理念，坚持“客户第一”的原则为广大客户提供优质的服务。

欢迎惠顾！

联系人：马根丑
13994072598
电话：0350－7361123
邮编：036603
地址：山西省忻州市保德县桥头镇东大街

**潞城市小蚂蚁家政保洁有限公司**

本公司专业从事高空作业安装、维修，外墙清洗、保洁，搬家，物业保洁承包，家政保洁服务等业务，欢迎来电咨询洽谈！

联系人：江卫平
电话：0355-6770977　　邮编：213171
地址：山西省潞城市府西南路59号（二运公司院内）

**长治市威尔康姆商贸有限公司**

长治市威尔康姆商贸有限公司成立于2008年，主要从事于节能环保产品、中央空调、机电产品、家用电器、办公用品的经营。

公司将以卓越的产品品质、诚信的服务、热情的欢迎新老客户为我们提供更多的市场。

联系人：杭太山　13903456837　电话：0355－3030848
地址：山西省长治市和平东路华东小区4号楼4单元　　邮编：046000

**山西磊阳物资经销中心**

山西磊阳物资经销中心成立于2008年，主要从事于建材、装饰材料、钢材、交通安全设施、矿山设备的销售。

诚信为本，质量第一是本公司始终坚持的经营理念。产品质量是企业发展的基础，是企业的生命，也是我们的共同追求。

联系人：王磊　13007081919
地址：太原市万柏林区千峰北路109号　　邮编：030027

**晋城市凯丰吊车出租公司**

晋城市凯丰吊车出租公司成立于1999年，主营吊车出租，现拥有8-130吨的吊车十余部，主要承览货物的吊装卸业务，大型设备的安装，高空设备就位，桥梁、矿山、厂房等项目的建设，欢迎社会各界人士支持和使用，公司每天24小时为您服务！

联系人：张小鱼　　电话：0356-2096355　13593305030
地址：山西省晋城市西环路城运驾校2039号　　邮编：048000

**山西三维集团股份有限公司劳动服务公司**

我公司直接服务于山西三维集团股份有限公司，为其提供劳务服务。勇于创新，善于管理，崇尚科技，笃守诚信的三维人，继续弘扬“奋力拼搏，争创一流”的企业精神，团结一致，携手创造美好未来。

联系人：刘杰生　传真：0357-6663459 电话：0357-6663138 13994787761
地址：山西省临汾市洪洞县赵城镇　　邮编：031600

▲商业百货外贸服务业▼

**晋中福英商贸有限公司**

晋中福英商贸有限公司以副食品、酒水的批发为主。

公司秉承“顾客至上，锐意进取”的经营理念，坚持“客户第一”的原则，为广大客户提供优质的服务。

欢迎惠顾！

联系人：范维生　13834415688
电话：0354-2086529
邮编：030600
地址：山西省晋中市府兴路黄金传奇小区C幢3单元101

**山西省永济市栲栳镇栲栳街人人和超市**

本公司成立于 2005 年，主要销售日用百货。以诚信经营，热心服务为宗旨。

欢迎您的光临！您的满意就是我们最大的收获。

电话/传真：0359－8128243
邮编：044500
地址：山西省永济市栲栳镇栲栳街
聯系人；郭小财
15835276000

## 内蒙古自治区 /InnerMongolia AutonomousRegion

**内蒙古集宁浙江小商品批发市场**
地址：内蒙古集宁市内蒙集宁市马莲渠乡
…… 负责人：姚修云
…… Tel:0474－8278077

**包头市鄂东商贸有限责任公司**
业务：包头市鄂东商贸有限责任公司成立于2005年，收购加工销售羊绒，内蒙神木煤炭的铁路运输和销售等，欢迎来电洽谈业务。
地址：内蒙古自治区包头市昆都伦区沼潭车站以东铁路多元贸易公司一楼
…… 负责人：陈介明……邮　编：014010
…… 法　人：陈介明
…… Tel:0472－2234193
…… Fax:0472－2234193
…… 网址：www.mtw26206.chinapyp.com

**内蒙古五原县正三原商社**
业务：专业从事农副产品的购销，以绿色产品为主，包括葵花籽、西瓜籽、南瓜籽、油葵籽、荞麦、花生、土豆等。
产品：葵花籽，西瓜籽，南瓜籽，油葵籽，荞麦，花生，土豆
地址：内蒙古五原县鸿鼎农贸市场
…… 负责人：王世发　邮　编：015100
…… 法　人：孙利芳
…… Tel:0478－5231876

**阿拉善盟顺源商贸有限公司**
地址：内蒙古自治区阿拉善盟乌斯太经济技术开发区
…… 负责人：常文阁
…… Tel:13009598487

**巴彦淖尔市华盛汽车贸易有限公司**
地址：内蒙古自治区巴彦淖尔盟临河区建设北路绿岛小区19号
…… 负责人：张建波
…… Tel:13847866477

**二连浩特锦富诚进出口有限公司**
业务：二连浩特锦富诚进出口有限公司成立于2006年，主要出口：汽车、工程、建筑、矿产机械、建材、工业成套设备、实验仪器、化工产品、碳电极、石油焦、砂糖。进口：黑色颜料，天然松籽油，天然沙棘油，木材，畜产品，矿产品、沸石、莹石、钼、铜精粉。欢迎新老客户光临、惠顾！
地址：内蒙古自治区锡林郭勒盟二连浩特市前进路国门金街20号北
…… 负责人：那木日……邮　编：011100
…… 法　人：那木日
…… Tel:0479－7523381
…… Fax:0479－7523381
…… 网址：www.mtw50277.chinapyp.com

**巴彦淖尔市凯凯经贸有限责任公司**
地址：内蒙古自治区巴彦淖尔盟临河区解放办事处幸福园1栋1号
…… 负责人：鲍承洲
…… Tel:13947895408

**二连浩特市蓝翔贸易有限责任公司**
业务：二连浩特市蓝翔贸易有限责任公司成立于2003年7月，经营方式：通过边境贸易方式向蒙古国开展各类商品的进出口业务及代理业务。欢迎来电垂询。
地址：内蒙古自治区锡林郭勒盟二连浩特市察哈尔街南3街坊06001号
…… 负责人：满都拉……邮　编：011100
…… 法　人：满都拉
…… Tel:0479－7523684
…… Fax:0479－7523684

**巴彦淖尔市利得诚科贸有限责任公司**
地址：内蒙古自治区巴彦淖尔盟临河区临狼路（邮政大厦北二楼）
…… 负责人：余文光
…… Tel:0478－8281717

**满洲里帆达经贸有限公司**

业务：满洲里帆达经贸有限公司成立于2003年，出口果菜，农副产品。
地址：内蒙古满洲里市北区四道街西华小区1号楼10门
负责人：张赫 邮　编：021400
法　人：张赫
Tel：0470－6293227
Fax：0470－6222778

**内蒙古临河星月实业（集团）股份有限公司**
地址：内蒙古自治区巴彦淖尔盟临河区胜利北路十八号
负责人：李树伟
Tel：0478－8214128

**巴彦淖尔市中汇工贸有限公司**
地址：内蒙古自治区巴彦淖尔盟临河区曙光东街时代家园14号楼10号
负责人：刘哲
Tel：0478－8273000

**巴彦淖尔市鸿鸣商贸有限公司**
地址：内蒙古自治区巴彦淖尔盟临河区万丰经济开发区
负责人：韩志新
Tel：0478－8226506

## 内蒙古赤峰三木商贸有限责任公司
业务：内蒙古赤峰三木商贸有限责任公司成立于2004年10月18日，从事有色金属及原料的贸易，产品主要销往湖南、山西、陕西、辽宁等地区。欢迎新老客户光临、指导，共同发展！
地址：内蒙古赤峰市新城区王府花园33幢1021
邮　编：024000
法　人：李世林
Tel：0476－5899117
Fax：0476－5899167

**乌拉特中旗中兴工贸有限责任公司**
地址：内蒙古自治区巴彦淖尔盟乌拉特中旗海流图镇镇南工业园区
负责人：张海庆
Tel：0478－5917704

**包头市秦龙贸易有限责任公司**
地址：内蒙古自治区包头市白云矿区稀土大厦万达集团418号
负责人：赵军
Tel：0472－5319929

## 内蒙古满洲里双华经贸有限公司
业务：内蒙古满洲里双华经贸有限公司成立于2001年，公司代理化工，建材，木材，汽车和其他物品的进出口代理业务。公司依托紧邻俄罗斯和满洲里口岸的优势竭诚为社会各界服务。
地址：内蒙古自治区满洲里市北区通联物流中心4号楼1－3号
邮　编：024100
法　人：王忠华
Tel：0470－6224111
Fax：0470－6224111

**润芳洲汽保设备商行**
地址：内蒙古自治区包头市东河区巴彦塔拉西大街铁鑫集团皇朝酒店对面
负责人：马长生
Tel：0472－4851608

**包头市田源科贸有限公司**
地址：内蒙古自治区包头市东河区超越大厦412室
负责人：薛进英
Tel：13848062531

**包头凯源集团公司**
地址：内蒙古自治区包头市东河区毛凤章营子乙10号
负责人：郭双全
Tel：0472－4871397

## 阿鲁科尔沁旗远程劳务咨询有限责任公司
业务：劳务输出，劳务培训，劳务中介
地址：内蒙古自治区赤峰市阿鲁科尔沁旗天山镇汽车站
负责人：王跃宗　邮　编：025550
法　人：王跃宗
Tel：15998590208
13240862932

## 内蒙古伊金霍洛旗金泰达商贸有限责任公司
业务：内蒙古伊金霍洛旗金泰达商贸有限责任公司成立于2004年，几年来从事全国各地煤炭的运销。其质量稳定，各项理化指标优良，实际应用良好，服务周到，也可按用户对质量的不同要求分别调配，并负责到底。
地址：内蒙古自治区鄂尔多斯市伊金霍洛旗乌兰木伦镇
邮　编：017200
法　人：高志雄
Tel：0477－8926377
Mobile：13948675188
Fax：0477－8936288

**格瑞德集团内蒙销售公司**
地址：内蒙古自治区包头市高新技术开发区
负责人：王文廷
Tel：0472－5187138

**源古商务服务有限公司**
地址：内蒙古自治区包头市昆都仑区钢十八街坊19栋6号
负责人：史继承
Tel：0472－5112650
13664720615

**内蒙古苏鲁特皮艺创研工作室**
地址：内蒙古自治区包头市昆都仑区花苑西厅B区62号
负责人：王长春
Tel：0472－2852024

**包头市百洁保洁公司**
地址：内蒙古自治区包头市昆都仑区民族西路58号
负责人：杜霞
Tel：0472－2129798

**内蒙玉龙清洁用品销售中心**
地址：内蒙古自治区包头市青山区钢铁大街38号
负责人：唐明明
Tel：15049372923

**超艺广告装饰**
地址：内蒙古自治区包头市青山区少先路振华小区金顶大酒店对面
负责人：李慧霞
Tel：0472－5110065
13739975557

**包头七彩经典礼仪**
地址：内蒙古自治区包头市青山区少先路振华小区松石商业楼17号
负责人：张化平
Tel：0472－3108564

## 乌拉特前旗亚鑫物资有限责任公司
业务：乌拉特前旗亚鑫物资有限责任公司主要从事小苏打，硫化碱，元明粉，泡花碱等的销售。热诚欢迎新老客户惠顾。
地址：内蒙古自治区巴彦淖尔市乌拉特前旗西山咀镇西土路一组18号
邮　编：014400
法　人：苏树平
Mobile：13337003332
Fax：0478－3224222

**包头市和胜实业（集团）有限公司**
地址：内蒙古自治区包头市青山区幸福路8号
负责人：郭俊生
Tel：0472－3135955

**赤峰市物华商贸有限责任公司**
地址：内蒙古自治区赤峰市红山区钢铁街中段军昊酒店一楼东3厅
负责人：张晓辉
Tel：0476－8362088

**赤峰赤龙科贸有限公司**
地址：内蒙古自治区赤峰市红山区钢铁西街居委会（原中国银行赤峰分行后二楼）
负责人：贾文琴
Tel：0476－8230304

**禾缘信息咨询有限公司**
地址：内蒙古自治区赤峰市红山区海达商务楼601室
负责人：爱国
Tel：0476－8720173
8345390

**赤峰彤泽服务有限责任公司**
地址：内蒙古自治区赤峰市红山区解放街东段菊香园小区
负责人：卢世奇
Tel：13904762707

**赤峰昌华轮胎经销处**
地址：内蒙古自治区赤峰市红山区五三开发区
负责人：刘昌
Tel：0476－8020535
13354765350

**宁城和美商贸有限公司**
地址：内蒙古自治区赤峰市宁城县城关镇富家窝铺村
负责人：李丙水
Tel：0476－4909966

**宁城县鑫凯商贸有限责任公司**
地址：内蒙古自治区赤峰市宁城县天义镇高桥路
负责人：李兆发
Tel：0476－4223309

**帝都国际商务有限责任公司**
地址：内蒙古自治区赤峰市宁城县小成子镇
负责人：宋雄波
Tel：0476－4862451
15048667401

**赤峰衡伟商贸有限责任公司**
地址：内蒙古自治区赤峰市松山区松山大街彩虹桥综合批发市场
负责人：付云龙
Tel：13904768839

**赤峰恒顺商贸有限责任公司**
地址：内蒙古自治区赤峰市松山区松山大街东段
负责人：曹子顺
Tel：0476－2369058

**赤峰神农工贸有限公司**
地址：内蒙古自治区赤峰市松山区夏家店乡
负责人：李德新
Tel：0476－8920269
8921532

**翁牛特旗乌丹镇金光手工加工厂**
地址：内蒙古自治区赤峰市翁牛特旗乌丹北门外一组
负责人：迟建丽
Tel：0476－6381795

**东达蒙古王集团**
地址：内蒙古自治区鄂尔多斯市达拉特旗
负责人：赵智强
Tel：0477－5295311

**三言广告有限责任公司**
地址：内蒙古自治区鄂尔多斯市东胜区东胜大酒店南市教体局楼下
负责人：李勇
Tel：0477－8329786

**鄂尔多斯市恒锐鑫商贸有限责任公司**
地址：内蒙古自治区鄂尔多斯市东胜区鑫牛大酒店A
负责人：满都呼
Tel：0477－5809588
8353777

**内蒙古亿利科技实业股份有限公司甘草分公司**
地址：内蒙古自治区鄂尔多斯市杭锦旗锡尼镇锡尼北路
负责人：王世明
Tel：0477－6622353

**伊金霍洛旗大鹏影视制作中心**
地址：内蒙古自治区鄂尔多斯市伊金霍洛旗永一泰大酒店底商东3号
负责人：刘鹏
Tel：0477－8685165

**内蒙古西蒙科工贸集团有限公司肥业分公司**
地址：内蒙古自治区鄂尔多斯市准格尔旗
Tel：张学平
Tel：0477－8121580
8121579

**准格尔旗凯程商贸有限责任公司**
地址：内蒙古自治区鄂尔多斯市准格尔旗薛家湾
负责人：吕锁明
Tel：0477－4219199

**内蒙古润丰生物科技商贸有限公司**
地址：内蒙古自治区呼和浩特市巴彦淖尔南路8号
负责人：周建欣
Tel：0471－2379019

**内蒙古昌禾贸易有限责任公司**
地址：内蒙古自治区呼和浩特市大学西路长兴大厦911
负责人：杨瀛波
Tel：0471－6689069

**广州兆亿环保科技有限公司呼和浩特检测治理服务中心**
地址：内蒙古自治区呼和浩特市东库街万鼎新业三楼
负责人：胡泽文
Tel：0471－3606200

**内蒙古鑫利来科工贸有限责任公司**
地址：内蒙古自治区呼和浩特市和林格尔县农业大学东区南门东16号楼14号
负责人：何金亮
Tel：0471－2282295

**内蒙古顺字商贸有限公司**
地址：内蒙古自治区呼和浩特市和林格尔县五申镇团结村
负责人：何清海
Tel：0471－8603398

**内蒙古创一科工贸有限公司**
地址：内蒙古自治区呼和浩特市和林格尔县艺术厅南街82号院3号楼2层商铺9门
负责人：于悦
Tel：0471－6289741

**内蒙古奔腾传媒有限公司**
地址：内蒙古自治区呼和浩特市回民区
负责人：皇甫慧慧
Tel：0471－6932666
6939535

**呼和浩特市轻舟广告有限公司**
地址：内蒙古自治区呼和浩特市回民区通道南街1号
负责人：曹先生
Tel：0471－6305043

**内蒙古四子王旗民族贸易有限责任公司**
地址：内蒙古自治区呼和浩特市回民区西街批发
负责人：张强
Tel：0471－3606580

**内蒙古源龙源科技集团有限公司**
地址：内蒙古自治区呼和浩特市回民区锡林北路48号姑子板院内粮食局高层宿舍楼3单元16楼一户
负责人：段然
Tel：0471－6927996
6928994

**呼和浩特打印机复印机传真机维修中心**
地址：内蒙古自治区呼和浩特市回民区中山西路新亚太诚信数码广场3楼3015号
负责人：图布新
Tel：471－6351757
13488516834

**内蒙古海亮置业发展有限公司**
地址：内蒙古自治区呼和浩特市火车站前广场正对面
负责人：裘经立
Tel：0471－2266666

**内蒙古呼和浩特市昭君商行**
地址：内蒙古自治区呼和浩特市火车站西街金太批发广场（华联）西巷西门入口旁
负责人：王经理
Tel：0471－2320266
2320268

**内蒙古呼和浩特汉斯羊绒实业有限公司**
地址：内蒙古自治区呼和浩特市农业大学西区1573信箱
负责人：郭永亮
Tel：0471－4315695

**北京东方博仁国际管理咨询管理有限公司**
地址：内蒙古自治区呼和浩特市赛罕区东达广场1601
负责人：赵晓鹏
Tel：0471－5255232
5255231

**呼和浩特市科虹商贸有限责任公司**
地址：内蒙古自治区呼和浩特市赛罕区呼伦南路69号新华保险大厦11012室
负责人：贾磊
Tel：0471－6951781

**内蒙古飞达工贸有限公司**
地址：内蒙古自治区呼和浩特市赛罕区赛汗路88号
负责人：杨金柱
Tel：0471－6520492

**内蒙古通誉商贸有限责任公司**
地址：内蒙古自治区呼和浩特市赛罕区昭乌达路宾悦大酒店南门对面
负责人：乔宇
Tel：0471－4926713

**托克托县顺字商贸有限公司**
地址：内蒙古自治区呼和浩特市托克托县呼伦北路军区招待所对面顺字补宜品商行
负责人：高艳
Tel：0471－2328750

**内蒙古大舜广告有限公司**
地址：内蒙古自治区呼和浩特市乌兰察布东路28号农垦商城三楼
负责人：李军
Tel：0471－4905557

**内蒙古科信翻译服务有限公司**
地址：内蒙古自治区呼和浩特市新城区
负责人：杨巨钢
Tel：0471－5716132

**呼和浩特市恒韵设计有限责任公司**
地址：内蒙古自治区呼和浩特市新城区农业大厦
负责人：孙经理
Tel：0471－6922010
13488572874

**呼和浩特容大骨关节健康服务中心**
地址：内蒙古自治区呼和浩特市新城区新城北街
负责人：张晓明
Tel：0471－2258201

**东方美洁清洗保洁中心**
地址：内蒙古自治区呼和浩特市玉泉区小黑河乡政府对面
负责人：王春晓
Tel：0471－5696893

**呼和浩特市蜘蛛人清洗有限责任公司**
地址：内蒙古自治区呼和浩特市裕隆工业园
负责人：王春雷
Tel：0471－5696893

**鄂伦春旗大杨树街西供销社**
地址：内蒙古自治区呼伦贝尔市鄂伦春自治旗大杨树镇
负责人：孟德平
Tel：0470－5622339

**内蒙古三珠农贸有限责任公司**
地址：内蒙古自治区呼伦贝尔市海拉尔
负责人：李曜伟
Tel：0470－8232702

**满洲里国际经济技术合作有限公司**
地址：内蒙古自治区呼伦贝尔市满洲里市五道街26号合作大楼
负责人：曲海滨
Tel：0470－6237084

**满洲里共赢文化发展有限责任公司**
地址：内蒙古自治区呼伦贝尔市满洲里市中苏街9号满洲里大饭店9层，三道街富豪城4号楼14号铺面
负责人：侯先生
Tel：0470－2818233
13948703635

**北京美乐美家国际贸易有限公司满洲里分公司**
地址：内蒙古自治区呼伦贝尔市满洲里市中苏路1号北方大酒店287厅
负责人：张玉坤
Tel：0470－3986087

**鄂伦春自治旗大杨树烟花爆竹专业合作社**
地址：内蒙古自治区呼伦贝尔市牙克石市大杨树镇
负责人：吕树林
Tel：13947060433

**牙克石市蓝天实业公司**
地址：内蒙古自治区呼伦贝尔市牙克石市工业大街15号
负责人：于文波
Tel：0470－2261517

**通辽市兴龙商贸有限责任公司**
地址：内蒙古自治区通辽市东顺路98号
负责人：王亚冰
Tel：0475－8428056
13204757779

**通辽市扎鲁特旗正达粮油贸易有限公司**

地址：内蒙古自治区通辽市开鲁县鲁北镇
…… 负责人：王延华
…… Tel：0475－7225808

**扎鲁特旗正达粮油贸易有限公司**
地址：内蒙古自治区通辽市扎鲁特旗鲁北镇
…… 负责人：王延华
…… Tel：0475－7225808
7226158

**乌海市双源工贸有限责任公司**
地址：内蒙古自治区乌海市海勃湾区乌兰北路78号
…… 负责人：李俊光
…… Tel：0473－2039919

**乌海市东远物流贸易有限责任公司**
地址：内蒙古自治区乌海市乌达区110国道电厂稽查所对面
…… 负责人：苟长顺
…… Tel：13847305311

**乌海市协和工贸有限公司**
地址：内蒙古自治区乌海市乌达区光明大街1号
…… 负责人：王玉明
…… Tel：0473－3558568

**锡林郭勒盟金盾保安服务有限公司**
业务：锡林郭勒盟金盾保安服务有限公司成立于2004年，主要从事武装守护压运。欢迎各方客户来电来人洽谈业务。
地址：内蒙古锡林郭勒盟那达幕西街七号金盾保安服务有限公司
…… 邮　编：026000
…… 法　人：刘钧
…… Tel：0479－6996531

**满洲里鑫浦经贸有限公司**
业务：建筑机械出口，农用机械出口，电子产品出口
地址：内蒙古自治区满洲里市合作区银盘街北友谊路西
…… 负责人：丁国锋　邮　编：021008
…… 法　人：丁国锋
…… Tel：0470－6237999

**内蒙通惠贸易有限公司**
地址：内蒙古自治区锡林郭勒盟多伦县
…… 负责人：冯艳楠
…… Tel：0479－4528086

**内蒙古锡林浩特市天隆牧工贸有限公司**
地址：内蒙古自治区锡林郭勒盟锡林浩特市杭盖区
…… 负责人：王宝泽
…… Tel：0479－8200818
8208075

**鄂尔多斯市九州同泰工贸有限责任公**
邮编：017000
鄂尔多斯市九州同泰工贸有限责任公司成立于2007年，本公司专业从事销售工程机械配件及工程机械租赁。
本公司服务宗旨是"客户至上、品质第一"，热忱欢迎新老客户前来参观洽谈业务。
联系人：闫爱霞
电话：13304776483 13947726067
地址：内蒙古自治区鄂尔多斯市乌审东街昌盛伟业东100米

**巴彦淖尔盟通益典当有限公司**
巴彦淖尔盟通益典当有限公司从事动产质押典当、房地产抵押典当、鉴定评估及咨询服务，您的满意是我们的追求，欢迎新老客户来电洽谈业务！
联系人：奇龙
电话：0478-8219871 8234785
地址：内蒙古自治区巴彦淖尔盟临河市新华东街22号
邮编：015000

**鄂尔多斯市聚能投资集团有限公司**
鄂尔多斯市聚能投资集团有限责任公司成立于2007年11月，是一个集地产、生态、旅游、物流于一体的多元化产业集团。下属企业有集团公司是由蓝鹏房地产开发有限责任公司、鄂尔多斯市衡达商贸有限责任公司、鄂尔多斯市宏源担保有限责任公司和鄂尔多斯市天下游国际旅行有限公司组建而成。欢迎您的光临，我们将竭诚为您服务！
联系人：王增耀 13337075518
电话/传真：0477－3875591
网址：www.junenggroup.com
邮编：017000
地址：内蒙古自治区鄂尔多斯市康巴什新区聚能大厦

**赤峰坤泽商贸有限公司**
赤峰坤泽商贸有限公司位于赤峰市松山区，是一家集多种生产和经营为一体的综合性公司。主要有塑料型材门窗和幕墙的加工制作、中空三玻和异型玻制作、保温材料生产，此外，我公司还经销建筑材料、电力器材、白钢制品、钛金门等产品。公司占地10000多平米，现有员工80多人，环境优美，配套设施完备，拥有雄厚的经济和技术实力，欢迎新老客户来我公司洽谈业务。经营理念：以质量求生存、以信誉求发展；经营宗旨：用户至上、信誉第一、质价双优、服务周到。
联系人：王军 13904767572
电话：0476-8420007 8420005 8421118
地址：内蒙古自治区赤峰市松山区临潢大街松山三中西侧
邮编：024005

**二连国际经济技术合作有限公司**
二连国际经济技术合作有限公司成立于1994年，从事外派劳务，对外工程承包，进出口贸易。
欢迎来电来函洽谈业务。
电话：0479-7525341
电子邮件：elhzgs@yahoo.com.cn
邮编：011100
地址：内蒙古自治区锡林郭勒盟二连浩特市旧边防检查站院内
联系人：陶格陶 13904790880

**达茂旗宏旺物资贸易有限责任公司**
达茂旗宏旺物资贸易有限责任公司成立于2007年，本公司专业从事国内销售钢材、生铁、铁精粉、生石灰、选矿配件、五金工具、汽车配件及修理。
公司本着"客户第一，诚信至上"的原则，与多家企业建立了长期的合作关系。热忱欢迎各界朋友前来参观、考察、洽谈业务。
联系人：师学宏　电话：13327175070 15849291818
地址：内蒙古自治区包头市达尔罕茂明安联合旗　邮编：014500

**二连浩特市铭洋商贸有限责任公司**
二连浩特市铭洋商贸有限责任公司是一家拥有自营进出口经营权的企业，主要产品有钢材、建材、家用电器、畜产品等。
我公司本着"诚信为本，互惠双赢"的经营理念，以极具竞争力的激励机制，用真诚和专业来回馈新老客户。让我们携手合作，共创辉煌！

电话：0479－7526066
联系人：杨金录 15849905880
邮编：011100
地址：内蒙古自治区锡林郭勒盟二连浩特市察哈尔街北、前进路西

**鄂尔多斯市东胜区隆昌经贸有限责任公司**
鄂尔多斯市东胜区隆昌经贸有限责任公司是一家专业的汽车租赁服务公司。
我们是以"诚信"为根本，为"客户"提供全方位的人性化服务，为贵公司的事业蒸蒸日上助一臂之力。
联系人：党雷 13314776901 13296969066
电话：0477-8356193
邮编：017000
地址：内蒙古自治区鄂尔多斯市东胜区铁西经济开发区中华园5号楼2单元101室

**二连市九星贸易有限责任公司**
二连市九星贸易有限责任公司成立于1994年，主要从事边境小额贸易，包括商品及技术进出口业务。
公司倾心打造优质的服务品质，以诚心换取客户的满意，我们随时准备为您启航！
联系人：吴小姐 13947976777
电话：0479-7539777 7539922　电子邮件：eljiuxing@163.com
地址：内蒙古自治区锡林郭勒盟二连浩特市北疆街8号　邮编：011100

禹州市瑞华实业有限公司

从事建材销售的企业
电话：0374－8862633
地址：河南省许昌市禹州市火龙镇老官陈村



## 满洲里亚宝贸易有限公司

满洲里亚宝贸易有限公司成立于2007年。
主要从事于进出口贸易。
热忱为国内外客商及厂家代理报关、进出口业务，为广大客户提供优质、快速、稳妥的进出口服务。

联系人：杨胜宝
13848076999
电话：0470－6237485
邮编：021400
地址：内蒙古自治区满洲里市北区明珠小区2号综合楼7－414号

## 托克托县威俊艺术广告公司

托克托县威俊艺术广告公司成立于1990年，专业从事喷绘、写真、雕刻、吸塑、发光字和电子屏的设计和制作及户外广告的制作和发布。公司拥有集国际视野和本土洞察于一身的资深团队，竭诚为每个渴望占领市场制高点的企业提供帮助和动力，欢迎您的来电！

联系人：张威俊　手机：15934915333
电话：0471-8514505　传真：0471-8514505
地址：内蒙古自治区呼和浩特市托克托县双河镇云中北路　邮编：010200

## 乌拉特前旗金丰寄卖行

乌拉特前旗金丰寄卖行成立于2006年。以雄厚的实力、合理的价格、优质的服务与多家企业建立了长期的合作关系。

乌拉特前旗金丰寄卖行热忱欢迎各界人士前来参观、考察、洽谈业务。

联系人：王来祥　13904782279　电话：0478-7972279
地址：内蒙古自治区巴彦淖尔盟乌拉特前旗桥南华龙酒店　邮编：014400

## 内欣业工贸有限责任公司

我公司成立于2007年，专业从事土状石墨生产加工，主要产品是电炉碳砖。我公司锐意进取，不断追求，持续改进，以最大程度地满足客户需求。欢迎惠顾！

联系人：任学义
电话：13947381248 15947489222
地址：内蒙古乌中旗乌梁素太乡工业区　邮编：015300

## 准格尔旗鹏跃商贸有限责任公司

准格尔旗鹏跃商贸有限责任公司成立于2005年，从事各种汽车的销售服务。公司秉承“顾客至上，锐意进取”的经营理念，坚持“客户第一”的原则为广大客户提供优质的服务。欢迎广大客户惠顾！

联系人：唐四虎
电话：0477-4222436、13304778648
地址：内蒙古自治区鄂尔多斯市准旗薛家湾镇一五三圪旦　邮编：010300



## 辽宁省/Liaoning Province

**鞍山市羽双商贸有限公司**
地址：辽宁省鞍山市立山区北中华路13－13号
负责人：刘俊江
Tel：13700175797

**辽宁群益商贸有限公司**
业务：销售耐火材料
地址：辽宁省大石桥市铁岭村
负责人：吴印　邮编：115100
法人：吴印
Tel：0417－2119688
15941713300

**鞍山市燕尊床具材料进出口有限公司**
业务：鞍山市燕尊床具材料进出口有限公司是一家从事席梦思弹簧、床垫原辅材料及机械加工的专业厂家。公司建立十几年来得到长足的发展。产品以质量高、价格优、信誉好，销往全国各地并深得广大客商的好评。在新世纪初经工程技术人员的研究，开发出“腾恩斯冠”品牌无接头链锁式弹簧。该产品的开发填补了国内空白并获得国家专利，产品与传统弹簧相比具有弹性好、结构合理、抗疲劳强度高等优点，是软体家具弹簧的更新换代产品。我们竭诚欢迎新老客户及各界有识之士来我公司参观洽谈！
地址：辽宁省鞍山市腾鳌镇特区将军工业园
负责人：郭玉波　邮编：114225
Tel：0412－8915466
8915455
8915808
网址：www.yanzun.com
E-mail：tesg@yanzun.com

**鞍山金阔得物资有限公司**
地址：辽宁省鞍山市千山区宁远镇二台子村
负责人：刘时
Tel：0412－8418695

**鞍山江城伟业经贸有限公司**
地址：辽宁省鞍山市千山区宁远镇二台子综合市场
负责人：张丽霞
Tel：0412－8438866

**鞍山市富达能源物资有限公司**
地址：辽宁省鞍山市千山区唐家房镇四家子村
负责人：刘田志
Tel：0412－2812466

**大连艳明商贸有限公司**
业务：本公司成立于2003年，主要经营各种白酒、啤酒、饮料、土产等系列。
地址：辽宁省大连市金石滩度假区金石小区8号楼
法人：李艳明
Tel：0411－87902151
87087748
Fax：87902056

**东港市远兴矿业开发有限公司**
业务：矿业开发，原煤销售
地址：辽宁省丹东市元宝区金汤街1号国贸大厦1806室
负责人：于海龙　邮编：118000
法人：于海龙
Tel：18904253333
13842528888
Fax：0415－2266888

**阜新天昊工贸有限责任公司**
业务：木材、玻璃
地址：辽宁省阜新市海州区韩家店镇西荒村
负责人：宋立军　邮编：123000
法人：宋立军
Tel：0418－3914108
13500480899

**鞍山市龙凤呈祥庆典策划有限公司**
地址：辽宁省鞍山市铁东区爱群街4号
负责人：董福寿
Tel：0412－6358976

**鞍山市标准信息服务中心有限公司**
地址：辽宁省鞍山市铁东区常青街15号
负责人：杨忠健
Tel：0412－5821140

**鞍山纵横社保信息服务有限公司**
地址：辽宁省鞍山市铁东区和平路46号
负责人：孟红钢
Tel：0412－6366165

**大连金源勘测技术有限公司**
业务：大连金源勘测技术有限公司系大连开发区国有改制企业。是开发区成立最早的乙级勘测企业。公司拥有一支稳定敬业的技术队伍，其大多是行业专业人才，能出色完成各项工程业务，而且勘测检测设备先进齐全。
地址：辽宁省大连市开发区金源小区综合楼
负责人：杨世宇　邮编：116600
法人：杨世宇
Tel：0411－87307488
Fax：0411－87328018

**海城市创业商贸有限公司**
业务：食品、保健品、五金、建材、办公用品外贸等
产品：大小五金、建材、办公用品、食品、小食品、保健品、电脑器材
地址：辽宁省海城市响堂管理区西响居委会13号2楼
负责人：张亮　邮编：114208
法人：张亮
Tel：0412－3624222
Fax：0412－3624222
E-mail：z3624222@163.com

**鞍山市釜达广告工程有限公司**
地址：辽宁省鞍山市铁东区南胜利路36号
负责人：贺业强
Tel：0412－5520000

**鞍山富寅商务信息咨询有限公司**
地址：辽宁省鞍山市铁东区前进路22号
负责人：吴霞
Tel：0412－2210577

**大连鸿路咨询有限公司**
业务：大连鸿路咨询有限公司成立于2006，专业从事机械设备加工及技术类咨询，热诚欢迎有意之士来电咨询，洽谈业务。
地址：辽宁省大连市中山区长江路12号海港大厦2901室
负责人：张作胜　邮编：116000
法人：张作胜
Tel：0411－87663760
Fax：0411－87663230

**鞍山良瑞物资贸易有限公司**
地址：辽宁省鞍山市铁西区环钢路101栋
负责人：魏丽华
Tel：0412－8524877

**岫岩满族自治县博大进出口贸易有限公司**
地址：辽宁省鞍山市岫岩满族自治县岫岩镇一街道二十六组
负责人：刘玉良
Tel：0412－7829465

**丹东嘉林贸易有限公司**
业务：我公司成立于2006年，代理双汇、旺旺、梦想、喜盈盈食品系列及光明乳业产品销售，公司坚持以诚为本、以诚为信的宗旨为广大客户服务。
地址：辽宁省丹东市振兴区二街二组6－11号
负责人：关延铭　邮编：118000
Tel：0415－2305655

**本溪市劳动保护用品有限公司**
地址：辽宁省本溪市平山区齐心街
负责人：张洪利
Tel：0414－2330313

**鲲鹏经贸公司**
地址：辽宁省大连市大连开发区金海里3号楼247－4体育用品商场
负责人：张鲲
Tel：0411－87634898
13332206466

**兴城恒安经贸有限责任公司**
业务：贸易
产品：钢材、水泥、建材、煤炭、焦炭
地址：辽宁省葫芦岛兴城市曹庄镇
负责人：夏殿斌　邮编：125000
法人：夏殿斌
Tel：0429－3913000

**锦州鸿业商贸有限公司**
业务：销售“万能源”平板太阳能热水器
地址：辽宁省锦州市水墨林溪62号
负责人：王勇刚　邮编：121000
法人：王勇刚
Tel：13841635868
0416－2336288

**丹东恒鑫产业有限公司**
业务：丹东恒鑫产业有限公司于2006年6月23日成立，经营范围：种植（种苗、濒危物种）养殖（国家专项审批的除外），深加工（由分支机构经营），美国纽来佛保健品经销一丹东总代理．纳米级蓄电池生产，SOD产品、碳酸镁、氧化镁的生产。
地址：辽宁省丹东市振兴区沿江开发区房坝四号楼408室
负责人：董文涛　邮编：118000
法人：董文涛
Tel：0415－3458980
Fax：0415－3458330
网址：www.mtw26251.chinapyp.com
E-mail：dwt0613@163.com

**大连荣顺达商贸有限公司**
地址：辽宁省大连市复州湾镇
负责人：关昌
Tel：0411－85207131
13942050529

**大连宇山进出口有限公司**
地址：辽宁省大连市甘井子区大连门广场16号
负责人：孙书君
Tel：0411－86650443

**大连千秋伟业传媒有限公司**
地址：辽宁省大连市甘井子区宏乐街15号1单元4层1号
负责人：汪强

Tel:0411－86882960

**沈阳成丽川东商贸有限公司**

业务:建筑材料、装饰材料、五金工具销售
产品:通泰牌汽油金属焊割器、多功能防水\防潮\防火板材、各种新型节能采暖及防水等建筑材料
地址:辽宁省沈阳市大东区大北关街2号广乐大厦507
负责人:黎正成　邮　编:110041
法　人:黎正成
Tel:024－88531843
Fax:024－88532190
E-mail:clcdhome@163.com

**辽宁丹东乾宝贸易有限公司**

业务:朝鲜边境贸易,加工贸易,一般贸易
地址:辽宁省丹东市振兴区一经街八纬路三十五号楼
邮　编:118000
法　人:边永松
Tel:0415－2169687
Fax:0415－2169587

**大连天巳汽车租赁有限公司**

地址:辽宁省大连市甘井子区华北路北市商贸街158号－2
负责人:张成方
Tel:0411－86515786

**大连圣世海事技术服务有限公司**

地址:辽宁省大连市甘井子区凌水镇大山村屹馨街3号2－2－1
负责人:吕国安
Tel:0411－84729875

**大连鸿图地理信息技术咨询有限公司**

地址:辽宁省大连市甘井子区凌水镇庙岭村11号楼1－701
负责人:王文芳
Tel:0411－84258218

**清原满族自治县宏旭商贸有限公司**

业务:宏旭商贸有限公司是一家集科研、生产、销售为一体的新型化工企业,主要产品噻吩投产后改变了以前主要依赖国外进口的状况,同时为国内化工产品原材料生产填补了空白。公司坚持以质量求进步、以管理增效益的原则。在产品质量上精益求精、不断进步,以满足客户对本产品的需求。欢迎新老客户到我公司参观指导。
地址:辽宁省抚顺市清原满族自治县清原镇白云街201室
负责人:王瑞元　邮　编:113300
法　人:王瑞元
Tel:0413－3043905

**大连云路物资经销有限公司**

地址:辽宁省大连市甘井子区凌水镇小平岛海景御花园
负责人:谭伟
Tel:0411－84778667

**大连新基业房地产咨询有限公司**

地址:辽宁省大连市甘井子区鹏辉新世纪16栋2单元3－2
负责人:傅颖
Tel:0411－86777350

**大连海隆礼仪有限公司**

地址:辽宁省大连市甘井子区祥溢园1－2－12号
负责人:丛岩
Tel:0411－84252589

**锦州市中海粮油商贸有限公司**

业务:锦州市中海粮油商贸有限公司从事贸易行业,公司本着以质量求生存、以信誉求发展的宗旨竭诚为广大客户服务。
地址:辽宁省锦州市经济技术开发区锦港大街吉粮大厦一楼
负责人:刘威　邮　编:121007
Tel:0416－3571766

**沈阳乐寿堂贸易有限公司**

业务:销售新疆宝德隆力康胶囊
地址:辽宁省沈阳市东陵区文萃路181号
负责人:严银兰　邮　编:110013
法　人:严银兰
Tel:13390125528
024－23696687
网址:zzt32243
E-mail:http://www.51zzt.com/user/zzt32243

**辽宁川渝劳务工程有限公司**

业务:劳务工程
地址:辽宁省沈阳市和平区长白乡
负责人:谢增兵　邮　编:110013
法　人:谢增兵
Tel:13066612275
024－23736630
网址:http://www.51zzt.com/user/zzt33296

**大连保税区中床国际贸易有限公司**

地址:辽宁省大连市国际物流园办公楼31#
负责人:刘俐波
Tel:0411－82810888

**天运广告有限公司**

地址:辽宁省大连市经济开发区金马路金玛商城北门112号
负责人:周晓阳
Tel:0411－87643222
13130482333

**永丰经贸有限公司**

业务:永丰经贸有限公司成立于2005年,现有员工50余人,从事农副产品深加工。诚实守信,互惠互利,共同发展是我们的宗旨。
地址:辽宁省锦州市义县张家堡乡石佛堡村
邮　编:121100
法　人:门伟
Tel:0416－7369234
Mobile:13940669888

**帕瑞斯报关行有限公司**

地址:辽宁省大连市开发区城大厦1309室
负责人:杨文永
Tel:13504280000

**大连四众商贸有限公司**

地址:辽宁省大连市旅顺口区龙头镇王家村
负责人:王成新
Tel:0411－86287159

**沈阳爱的展览艺术工程有限公司**

业务:展览展示项目设计、制作;展览器材制作、销售、租赁;会展、展示策划服务;平面设计、市内装饰设计、工艺美术制品设计、制作;
地址:辽宁省沈阳市大东区望花南街46号
邮　编:110044
法　人:张东升
Tel:024－88319918
Mobile:13322454918
Fax:024－88331017

**大连宇飞建筑平面设计咨询有限公司**

地址:辽宁省大连市旅顺口区顺山街74号
负责人:田飞
Tel:0411－86391892

**大连古城劳务有限公司**

地址:辽宁省大连市普兰店市古城88－2号
负责人:华瑛
Tel:0411－83191964

**沈阳推动广告有限公司**

业务:沈阳推动广告有限公司成立于2001年,从事影视广告设计、发布;营销策划、平面设计。凭借"专业分工与系统结构支撑的整合力"真正实现了"为客户提供解决方案"的服务宗旨。欢迎来电洽谈业务。
地址:辽宁省沈阳市和平区南三经街20号嘉隆大厦B座17楼
邮　编:110003
法　人:聂德彬
Tel:024－23256253－8008
Fax:024－83251013

**沈阳交响文化传播有限公司**

业务:以电子商务为主,承接、策划大型文艺活动,舞美设计制作,专业灯光音响租赁,舞台租赁,文艺演出,活动策划,演员安排等
地址:辽宁省沈阳市和平区香港路5－111号
负责人:赵宏洋　邮　编:110013
法　人:赵宏洋
Tel:15804070708
Fax:024－23601123

**沈阳化原同德商贸有限公司**

业务:化工原料、装饰设计、施工、珠宝、工艺品
产品:化工原料
地址:辽宁省沈阳市沈河区中街路玉石里2号
负责人:张政东　邮　编:110011
法　人:张政东
Tel:024－24868021

**大连至坚国际贸易有限公司**

地址:辽宁省大连市普兰店市体育路236－7号
负责人:康福德
Tel:0411－83133196

**大连爱比屋技术咨询有限公司**

地址:辽宁省大连市沙河口区鞍山路丽景春天51号3单元1楼2号
负责人:李泰槿
Tel:0411－84527113

**大连华岐经贸有限公司**

地址:辽宁省大连市沙河口区白山路77－2号
负责人:黄亚彪
Tel:0411－82770656

**大连寰凌商贸有限公司**

地址:辽宁省大连市沙河口区高尔基路432号－702
负责人:孙洪英
Tel:0411－81931476

**大连蓝灵文化传媒有限公司**

地址:辽宁省大连市沙河口区高尔基路富民巷19号1－1
负责人:苏占英
Tel:0411－81783192

**大连昌业商贸有限公司**

地址:辽宁省大连市沙河口区红旗东路53号
负责人:吴晓军
Tel:0411－81880833

**大连华泰隆商贸有限公司**

地址:辽宁省大连市沙河口区华新苑1号楼2单元4层2号
负责人:阎长江
Tel:0411－84616400

**大连美欧亚文化交流服务有限公司**

地址:辽宁省大连市沙河口区黄河路410号
负责人:韩晓东
Tel:0411－83702860

**大连华颖商贸有限公司**

地址:辽宁省大连市沙河口区集贤街1－3号2－3
负责人:薛少华
Tel:0411－84346830

**大连双恒物资有限公司**

地址:辽宁省大连市沙河口区锦云北园4－2－1－3号
负责人:王春江
Tel:0411－81721168

**沈阳经济技术开发区索亚食品配送中心**

业务:蔬菜、肉类、水产、日尽可能等产品配送
地址:辽宁省沈阳市沈阳经济技术开发区洪湖一街23号
负责人:李猛　邮　编:110013
法　人:李猛
Tel:024－62527090

**大连晟宇商贸有限公司**

地址:辽宁省大连市沙河口区兰玉南街36－3－4－1号
负责人:谢宏羽
Tel:0411－82152620

**大连南雪商贸有限公司**

地址:辽宁省大连市沙河口区连华街66号亿海大厦15－4
负责人:曹雪花
Tel:0411－84356585

**大连连江劳务有限公司**

地址:辽宁省大连市沙河口区南沙街135－8号
负责人:满云莲
Tel:0411－84386235

**大连春秀经贸有限公司**

地址:辽宁省大连市沙河口区桃山小区一巷1号
负责人:姜秀香
Tel:0411－84337129

**大连勇明劳务有限公司**

地址:辽宁省大连市沙河口区迎春街45号
负责人:孟庆明
Tel:0411－82185505

**大连建基工程咨询有限公司**

地址:辽宁省大连市沙河口区中山路595号星海大厦A座1302
负责人:何佰洲
Tel:0411－84711126

**大连早川经贸有限公司**

地址:辽宁省大连市沙河口区中山路682号
负责人:矫晶
Tel:0411－84581916

**大连顺安会计咨询服务有限公司**

地址:辽宁省大连市瓦房店市北共济街三段17号202室
负责人:蔡安国
Tel:0411－85610498

**瓦房店仓银物资经贸有限公司**

地址:辽宁省大连市瓦房店市北环路19号
负责人:姜秀玉
Tel:0411－85501935

**瓦房店市质量标准技术咨询服务中心**

地址:辽宁省大连市瓦房店市共济办李屯小区19号楼
负责人:刘洪环
Tel:0411－81515866

**大连源润建筑设计有限公司**

地址:辽宁省大连市瓦房店市五四路3－11号
负责人:孙茂林
Tel:0411－85558808

**辽宁海亿贸易有限公司**

业务:贸易
地址:辽宁省沈阳市于洪区陵东乡鸭绿江北166号
负责人:刘士华　邮　编:110013
法　人:刘士华
Tel:024－86673898
13804985929

**瓦房店浩海汽车经贸有限公司**

地址:辽宁省大连市瓦房店市西长春路西段61号
负责人:姜浩
Tel:0411－85570878

**大连天地利服务有限公司**

地址:辽宁省大连市瓦房店市西环街135号
负责人:于会强
Tel:0411－85606187

**大连长信企业顾问有限公司**

地址:辽宁省大连市西岗区风光街33号鞍钢大厦1617
负责人:康帅
Tel:0411－83651637

**大连东西方心理咨询有限公司**

地址:辽宁省大连市西岗区付家庄街36号1单元6层1号
负责人:高玉芬
Tel:0411－82475693

**大连助晟财会管理咨询有限公司**

地址:辽宁省大连市西岗区工十巷8号4层2号
负责人:华莹琦
Tel:0411－84915787

**大连中天招标代理有限公司**

地址:辽宁省大连市西岗区黄河路219号
负责人:姜午驹
Tel:0411－83780421

**大连吉跃劳务有限公司**

地址:辽宁省大连市西岗区民权街84号3单元12层1号
负责人:桑月萍
Tel:0411－83790136

**大连汇连商贸有限公司**

地址:辽宁省大连市西岗区绕山路98号2－1
负责人:张顺山
Tel:0411－84306832

**大连科洛德商贸有限公司**

地址:辽宁省大连市西岗区沈阳路94号
负责人:温源
Tel:0411　83704383

**大连全景商务信息有限公司**

地址:辽宁省大连市西岗区胜利路131号
负责人:赵连春
Tel:0411－86910938

**大连益诚财务咨询有限公司**

地址:辽宁省大连市西岗区市场街140号
负责人:王晓玲
Tel:0411－83706627

**大连大莱市商贸有限公司**

地址:辽宁省大连市西岗区双兴街8号
负责人:邓国强
Tel:0411－36900716

**大连鸿利达国际贸易有限公司**

地址:辽宁省大连市西岗区唐山街24号8层7号
负责人:王利亭
Tel:0411－84967296

**大连安特广告传媒有限公司**

地址:辽宁省大连市西岗区新开路68号
负责人:梁剑
Tel:0411－84376690

**大连鼎诚贸易有限公司**

地址:辽宁省大连市西岗区新开路89号(金广大厦)
负责人:关占民
Tel:0411－83786606

**大连靖嘉商贸有限公司**

地址:辽宁省大连市西岗区兴业街95号210室
负责人:于太龙
Tel:0411－82971558

**大连先乙财务代理有限公司**

地址:辽宁省大连市中山区八一路54号505室
负责人:阎海燕
Tel:0411－81790166

**大连弘辰贸易有限公司**

地址:辽宁省大连市中山区北斗街50号3－5－1
负责人:程云花
Tel:0411－82701982

**大连江通经贸有限公司**

地址:辽宁省大连市中山区长江东路港景园22－1－6－2
负责人:于少波
Tel:0411－82788939

**大连竞德拍卖有限公司**

地址:辽宁省大连市中山区长江路123号长江广场写字楼2层
负责人:许梅彦
Tel:0411－82529552

**大连万大国际贸易有限公司**

地址:辽宁省大连市中山区丹东街53号1－14－D
负责人:葛战辉
Tel:0411－82589310

**大连瑞恩伟业进出口有限公司**

地址:辽宁省大连市中山区富贵街58号5－2－5－1
负责人:杨平
Tel:0411－82474595

**大连信裕德经贸有限公司**

地址:辽宁省大连市中山区高尚路10号1单元4层1号
负责人:崔巍
Tel:0411－82789657

**大连塞达劳动服务中心**

地址:辽宁省大连市中山区光风街7号5－6－2号
负责人:叶滨
Tel:0411－82928795

**大连太阳鸟多媒体广告有限公司**

地址:辽宁省大连市中山区鲁迅路198号甲单元13－2号
负责人:孙成东
Tel:0411－82883411

**大连柯德服装进出口有限公司**

地址:辽宁省大连市中山区鲁迅路74号安达大厦C座2302室
负责人:杨玉珍
Tel:0411－82738275

**大连乾达海事服务有限公司**

地址:辽宁省大连市中山区民意街40号海景花园大厦8002室
负责人:王选伟
Tel:0411－82823868

**大连嘉事德会计代理咨询有限公司**

地址:辽宁省大连市中山区民意街 40 号海景花园大厦 8015 室
负责人:刘海燕
Tel:0411－82562267

**大连欧嘉国际贸易有限公司**
地址:辽宁省大连市中山区明泽街 16 号
负责人:黄建
Tel:0411－82816068

**大连树生经贸有限公司**
地址:辽宁省大连市中山区南山里 21 号 2－1
负责人:于永海
Tel:0411－82945290

**大连锦虹贸易有限公司**
地址:辽宁省大连市中山区麒麟东巷 13 号 316 房间
负责人:王梅
Tel:0411－83700060

**大连友好翻译有限公司**
地址:辽宁省大连市中山区青泥街 40 号(中山大酒店 911A 室)
负责人:崔建华
Tel:0411－85868386

**文泰进出口有限公司**
地址:辽宁省大连市中山区人民路 23 号虹源大厦 1506 号
负责人:孙福山
Tel:0411－85811381
13904114369

**大连博泽进出口有限公司**
地址:辽宁省大连市中山区人民路 33 号中粮大厦
负责人:荆春丽
Tel:0411－82810027

**大连益新贸易有限公司**
地址:辽宁省大连市中山区人民路 71 号
负责人:贾培彦
Tel:0411－82821332

**大连同润国际贸易有限公司**
地址:辽宁省大连市中山区人民路 8 号 11 层 07 室
负责人:宁永志
Tel:0411－82818997

**大连新元传媒有限公司**
地址:辽宁省大连市中山区上海路 51 号
负责人:王九思
Tel:0411－84092206

**大连贞花物业管理有限公司**
地址:辽宁省大连市中山区胜利广场 28 号地下一层
负责人:姜贞顺
Tel:0411－82503152

**大连世忆经济信息咨询服务有限公司**
地址:辽宁省大连市中山区石葵路 146 号 3－3－1
负责人:赵玉庆
Tel:0411－82220078

**大连冠成进出口贸易有限公司**
地址:辽宁省大连市中山区同兴街 25 号世贸大厦 2203A
负责人:马竞远
Tel:0411－83636667

**大连大圣企划有限公司**
地址:辽宁省大连市中山区学士街 162 号 1 单元 5 层 1 号
负责人:尹其胜
Tel:0411－82734889

**大连蓝色地平线传媒有限公司**
地址:辽宁省大连市中山区友好路 158 号
负责人:孙晓梅
Tel:0411－82520777

**荷美家商贸有限公司**
地址:辽宁省大连市中山区友好路 158 号
负责人:纪庆凯
Tel:13609867356

**水源律师事务所**
地址:辽宁省大连市中心路 63 号
负责人:于德水
Tel:0411－83129551
13998622879

**大阳机动车修理配件部**
地址:辽宁省丹东凤城市宝山镇红旗村二组
负责人:李凤清
Tel:0415－8900435

**丹东市永安广告装饰有限公司**
地址:辽宁省丹东市振兴区六纬路六中学校门市
负责人:杨红军
Tel:0415－2148445
13009203506

**南兴工贸有限公司**
地址:辽宁省抚顺市顺城区河畔家园 A 座 2 单元 17 楼 1 号
负责人:尹桂娟
Tel:0413－7518517
13904938338

**格派洗业店**
地址:辽宁省抚顺市顺城区临江路中段
负责人:潘洪伟
Tel:0413－7891568
13841385989

**抚顺市唐运劳务代理有限公司**
地址:辽宁省抚顺市新宾满族自治县木奇镇
负责人:孙忠喜
Tel:0413－7715799

**日月明保健商行**
地址:辽宁省盖州市红旗广场华兴公司北楼三楼 1－3－1
负责人:刘丽文
Tel:0417－7814823
13941735629

**交通加油站**
地址:辽宁省凌源市三家子乡天盛号村
负责人:辛久玉
Tel:13842140568

**沈阳市大东市场开发服务有限公司**
地址:辽宁省沈阳市大东区北顺城路草市巷 1－2 号
负责人:沈恩伟
Tel:024－24340558

**沈阳恒润利商贸有限公司**
地址:辽宁省沈阳市大东区津桥路 4 号沈波大厦 605 室
负责人:邹明生
Tel:024－88721092

**沈阳理想展示设计有限公司**
地址:辽宁省沈阳市大东区小东路 241 号 423 室
负责人:郑元鑫
Tel:024－88425035

**沈阳市昌吉企业管理咨询有限公司**
地址:辽宁省沈阳市大东区小东路 241 号 7－46 室
负责人:孙熙泉
Tel:024－24327530

**沈阳点对点商贸有限公司**
地址:辽宁省沈阳市大东区中胜街 48－5－111
负责人:陈明
Tel:024－88123483

**沈阳兰林商贸有限公司**
地址:辽宁省沈阳市大东区中学堂路 5 号
负责人:李长林
Tel:024－88715893

**沈阳中贸钻镗床维修有限责任公司**
地址:辽宁省沈阳市大东区珠林路 71 号
负责人:代连发
Tel:024－88711102

**沈阳深港广告制作中心**
地址:辽宁省沈阳市东陵区前进乡八棵树
负责人:申洪祥
Tel:024－88209183

**沈阳红鹰嘴商贸有限公司**
地址:辽宁省沈阳市东陵区泉园三路 69 号
负责人:闫子辉
Tel:024－24828698

**沈阳中广户外广告传媒有限公司**
地址:辽宁省沈阳市东陵区天坛二街
负责人:薛淑英
Tel:024－81137166

**辽宁华信传媒广告有限公司**
地址:辽宁省沈阳市和平区北四经街 28 号 322
负责人:王忠民
Tel:024－81669905

**沈阳诚奥经贸有限责任公司**
地址:辽宁省沈阳市和平区光荣街 39 号 6A 座
负责人:王淑媛
Tel:024－81022886

**沈阳东建施工图审查咨询有限公司**
地址:辽宁省沈阳市和平区光荣街 59 号 3103、3105 室
负责人:孙福春
Tel:024－62123667

**沈阳德尔菲管理顾问有限公司**
地址:辽宁省沈阳市和平区海口街 34－1 号
负责人:魏坤
Tel:024－81911971

**沈阳华诚蓝天旅运商务有限公司**
地址:辽宁省沈阳市和平区和平北大街 91 号
负责人:倪冶
Tel:024－81972209

**五明美术设计室**
地址:辽宁省沈阳市和平区龙泉路 15 号伯轮大厦 300B
负责人:王毅
Tel:024－23908898
13309833158

**沈阳稻草人科贸有限公司**
地址:辽宁省沈阳市和平区南三好街 90 号甲 2F－H16
负责人:孙静宇
Tel:024－83991738

**沈阳江松咨询有限公司**
地址:辽宁省沈阳市和平区南三经街 20 号 1703 室
负责人:史文晶
Tel:024－81673321

**沈阳乾祥电子商行**
地址:辽宁省沈阳市和平区三好街 84 号东软电脑城 B 座 119 号
负责人:姜兴丹
Tel:024－83966839

**沈阳东谊达商贸有限公司**
地址:辽宁省沈阳市和平区三好街 90 号 2 号楼 263
负责人:卢颖
Tel:024－81233025

**沈阳弗莱斯商贸有限公司**
地址:辽宁省沈阳市和平区十三纬路 19 号 412、13、14
负责人:袁明华
Tel:024－82016128

**沈阳金榜知识产权代理有限公司**
地址:辽宁省沈阳市和平区十一纬路云集东巷 32 号
负责人:王建国
Tel:024－83682818

**沈阳市陆兴商贸有限公司**
地址:辽宁省沈阳市和平区太原南街 3 号
负责人:梁英敏
Tel:024－81947387

**沈阳盛惠隆油料经贸有限公司**
地址:辽宁省沈阳市和平区西安街 159 号
负责人:杨菁华
Tel:024－83380355

**沈阳活力策划咨询有限公司**
地址:辽宁省沈阳市皇姑区北陵大街 29 号
负责人:纪玉贵
Tel:024－86200059

**沈阳俪笑堂营销服务有限公司**
地址:辽宁省沈阳市皇姑区崇山西路 10 号甲 9 门
负责人:杨双全
Tel:024－81279870

**沈阳森之洋企业形象设计有限公司**
地址:辽宁省沈阳市皇姑区崇山中路 48 号
负责人:杨旭
Tel:024－86810043

**辽宁民营经济发展服务中心**
地址:辽宁省沈阳市皇姑区崇山中路 55 号
负责人:孙国团
Tel:024－86849567

**沈阳市兴科房产家政信息站**
地址:辽宁省沈阳市皇姑区汾河街 8 号
负责人:滕平
Tel:024－86552029

**沈阳金万隆商贸有限公司**
地址:辽宁省沈阳市皇姑区杏山路 2 号
负责人:董丽梅
Tel:024－86527547

**沈阳奉釜商贸有限公司**
地址:辽宁省沈阳市皇姑区延河街 91－1 号 7－1－2 室
负责人:李海军
Tel:024－82866563

**沈阳武威保安服务有限公司**
地址:辽宁省沈阳市辽中县辽中镇中心街 36 号
负责人:戴德浩
Tel:024－87899801

**玫瑰经典经质婚纱摄影**
地址:辽宁省沈阳市辽中县镇商业街 110－2 号
负责人:钟宝新
Tel:024－87884098
13889857000

**沈阳红之枫传媒有限公司**
地址:辽宁省沈阳市沈河区北站路 102 号(沈铁大酒店)
负责人:周凤文
Tel:024－81539615

**沈阳动力营销策划有限公司**
地址:辽宁省沈阳市沈河区朝阳街 131 号
负责人:王岩
Tel:024－82850755

**沈阳尚品图文设计中心**
地址:辽宁省沈阳市沈河区大南街 154－7 号
负责人:金铭
Tel:024－81011929

**沈阳永辉广告有限公司**
地址:辽宁省沈阳市沈河区令闻街 186 号
负责人:周永辉
Tel:024－88537026

**沈阳惠馨赛尔商贸有限公司**
地址:辽宁省沈阳市沈河区令闻街 76 号 4 门
负责人:吴春海
Tel:024－62420906

**沈阳巧媳妇家政服务有限公司**
地址:辽宁省沈阳市沈河区青年大街 216－1 号
负责人:周革
Tel:024－81742202

**沈阳奥玖隆商贸有限公司**
地址:辽宁省沈阳市沈河区热闹路 58 号
负责人:张继伟
Tel:024－81956919

**沈阳建立运达商贸有限公司**
地址:辽宁省沈阳市沈河区山东堡路 42－38 号
负责人:张建立
Tel:024－88056174

**沈阳军虹商贸有限公司**
地址:辽宁省沈阳市沈河区文化路 80－18 号
负责人:李军
Tel:024－83978558

**沈阳森普商贸有限公司**
地址:辽宁省沈阳市沈河区文艺路 75 号
负责人:周重阳
Tel:024－88812218

**沈阳天芝商贸有限公司**
地址:辽宁省沈阳市沈河区西滨河路 40 号
负责人:高玉贵
Tel:024－81565825

**沈阳市多元商务信息咨询有限公司**
地址:辽宁省沈阳市沈河区小西路 25－1－2 号
负责人:付希臣
Tel:024－24122975

**沈阳天诺宏盛商贸有限公司**
地址:辽宁省沈阳市沈河区友好街 21－1 号
负责人:宋玉莲
Tel:024－88839123

**沈阳翡冷翠商贸有限公司**
地址:辽宁省沈阳市沈河区中街路 58 号
负责人:付昌贵
Tel:024－24847106

**沈阳市苏家屯区传媒网络有限责任公司**
地址:辽宁省沈阳市苏家屯区翠柏路 14 号
负责人:乔恩福
Tel:024－89811499

**辽宁美化实业有限公司**
地址:辽宁省沈阳市苏家屯区沙河镇鲍家村
负责人:郎洪臣
Tel:024－89523158

**沈阳市富泰洋商贸有限公司**
地址:辽宁省沈阳市铁西区北二东路 17 号
负责人:苏静
Tel:024－88851036

**沈阳正天展示策划制作中心**
地址:辽宁省沈阳市铁西区北三东路十五号
负责人:马亮
Tel:024－82663488

**沈阳华宁印刷物资有限公司**
地址:辽宁省沈阳市铁西区建设中路 30 号
负责人:杨贵祥
Tel:024－25861158

**沈阳沈星广告策划有限公司**
地址:辽宁省沈阳市铁西区景星南街 17 号
负责人:周桁
Tel:024－25607067

**沈阳建苑华厦营销策划中心**
地址:辽宁省沈阳市铁西区南十三中路一号
负责人:马竞
Tel:024－81856839

**沈阳魅力科技有限公司**
地址:辽宁省沈阳市铁西区沈辽东路 20 号
负责人:施婉儿
Tel:024－25689003

**沈阳晟隆丰经贸有限公司**
地址:辽宁省沈阳市铁西区云峰南街 18 号
负责人:施宝伟
Tel:024－25686128

**沈阳双得利家政服务中心**
地址:辽宁省沈阳市新城子区二井双零捌 50 栋 2 号
负责人:梁学伟
Tel:024－89624206

**沈阳国泰资产管理有限公司**
地址:辽宁省沈阳市于洪区白山路 123－1－3 号
负责人:何伟
Tel:024－86531325

**沈阳市于洪区百客自选商场**
地址:辽宁省沈阳市于洪区洪湖街 27 号
负责人:刘宏巍
Tel:024－25301245
81106777

**沈阳金算盘会计服务有限公司**
地址:辽宁省沈阳市于洪区黄海路 26 号
负责人:苏开明
Tel:024－25312512

**沈阳航材物资经销处**
地址:辽宁省沈阳市于洪区黄海路 5－20 号
负责人:王左范
Tel:024－81351593

**沈阳兴金鼎商贸有限公司**
地址:辽宁省沈阳市于洪区金山路 91 号
负责人:王彦伟
Tel:024－25311036

**开原市一达文化传媒广告有限责任公司**
地址:辽宁省铁岭市开原市新城街文化路 91 号
负责人:周渝东
Tel:0410－3625131

**沈阳市盛申昌电器有限公司**
业务:电动餐桌转盘,电动展示转盘
地址:辽宁省沈阳市于洪区怒江北街 29 号
负责人:张志国　邮　编:110031
法　人:张志国
Tel:024－86171630
024－86172009
13998120360
Fax:024－86171630

**沈阳鑫瑞德化工商贸有限公司二部**
地址:辽宁省沈阳市于洪区昆山西路 238 号
负责人:富志刚
Tel:024－86052398

**大连新进商贸有限公司**
业务:公司拥有人才优势及雄厚的资金实力,加上极佳的产品,一直为市场提供一流的产品和一流的服务。
地址:辽宁省瓦房店市共济办事处民权小区 5 幢 1－8 室
负责人:陈相基　邮　编:116300
法　人:陈相基
Tel:0411－85602589
网址:www.mtw26725.chinapyp.com

**沈阳市鑫鑫长行商贸有限公司**
地址:辽宁省新民市城区新柳街 38 号
负责人:张红艳
Tel:024－27603293

**双兴商贸有限公司**
地址:辽宁省营口市西市区启文路 37－11 号
负责人:刘振昌
Tel:0417－2811944、
13704070071

## 大连金信集团有限公司

大连金信集团有限公司成立于1993年，金信集团是以粮食国内、国际贸易为主，以仓储、运输、饲料加工、玉米深加工、养殖业、工业、房地产开发为辅的大型民营企业集团。金信集团坚持“以人为本，以信为金”的经营理念，同时，仓储、物流、玉米深加工、房地产开发等项目也得到蓬勃发展，企业呈现出一派欣欣向荣的景象。

联系人：王德利
电话：
0411-82530800
13304116688
传真：
0411-82530700
地址：辽宁省大连市中山区同兴街25号（世界贸易大厦26层）
邮编：116000

## 沈阳亚清进出口贸易有限公司

沈阳亚清进出口贸易有限公司是以销售马铃薯淀粉和木薯淀粉的企业，公司始终坚信生意往来的同时既是交朋友的过程，“亚清进出口”衷心希望与国内外各界人士既成为生意上的合作伙伴同时也成为互惠互利的好朋友！

联系人：刘亚清
电话：13322493866、024-62103578
地址：辽宁省沈阳市和平区哈尔滨路西2号　邮编：110001

## 丹东华洋贸易有限公司

我公司经营服装加工、软件开发、对外贸易等，自成立之日起就不断创新，锐意进取，完善品质，顾客的满意是我们永恒的追求！

电话：0415-3451836 3451833　传真：0415-3136727
联系人：尹载淑 13304158502
地址：辽宁省丹东市滨江中路118-1号　邮编：118000

## 香港亿融实业有限公司

香港亿融实业有限公司成立于2008年，本公司专业从事贸易、机械制造、电子、汽车零部件制造。公司秉承“品质、诚信、创新”的经营理念，竭诚与您合作，在互惠互利的基础上实现双赢，共谋企业发展大计。

**联系人：赵凤贤**
电话：024-81740130　传真：024-23468008
地址：辽宁省沈阳市和平区延边街12-1号　邮编：110002

## 阜新蒙古族自治县阜新镇博晟物流配送中心

博晟物流配送中心坚持以调味品、卤制品、乳制品、肉制品、保健品、干果炒货、糖类罐头、休闲食品、酒类、饮料、食用油类等副食品为主营配送业务，兼营日用杂品，农资类商品配送和杂粮类、果蔬类产品收购和配送。

联系人：陈海
电话：0418-8897555　8890926
地址：辽宁省阜新蒙古族自治县阜新镇桃李村　邮编：123100

## 中天实业有限公司

中天实业有限公司成立于2005年，从事五金、化工、有色金属等产品的贸易。

公司秉承“顾客至上，锐意进取”的经营理念，坚持“客户第一”的原则为广大客户提供优质的服务。

欢迎惠顾！

联系人：阮立敏　13841885672
电话：0418-2455911　地址：辽宁省阜新市太平区人民大街53号-7
邮编：123000

## 沈阳市丰正谷业粮食贸易有限公司

沈阳市丰正谷业粮食贸易有限公司成立于2007年6月，主要从事粮食收购、批发、零售；饲料零售和家禽饲养。我公司秉承“顾客至上，锐意进取”的经营理念，坚持“客户第一”的原则为广大客户提供优质的服务。欢迎惠顾！

联系人：陈凤山　13840386922
电话：024-87553111　传真：024-87553636
地址：辽宁省新民市大柳屯镇苇子沟村　邮编：110307

## 沈阳市金天达进出口贸易有限公司

沈阳市金天达进出口贸易有限公司成立于2008年，主要从事于服装鞋帽、电子产品、机械等产品的进出口。

公司将一如既往地秉承诚信合作的原则，组织优质优价的资源来感谢新老客户对本公司的支持、惠顾和厚爱！

联系人：金硕哲　13840282988
电话：024-86424884　86415883
邮编：110031
地址：辽宁省沈阳市皇姑区长江南街6号4号楼1-12-18

## 吉林省/Jilin Province

**白城市工商行政管理咨询信息服务中心大安服务站**
地址：吉林省白城市大安市长白北街53号
……负责人：陈晓明
……Tel：0436－5245415

**白城市维邦工贸有限公司**
地址：吉林省白城市经济开发区开发大厦1807号
……负责人：骆永成
……Tel：0436－5093866

**靖宇县大宇经贸有限公司**
地址：吉林省白山市靖宇县靖宇大街
……负责人：靳卓
……Tel：13843278877

**白城市京华物资经销有限公司**
业务：五金建材、塑料制品、化工产品、石料石材的销售
产品：五金建材、塑料制品、化工产品、石料石材
地址：吉林省白城市经济开发区开发大厦12楼
……负责人：崔凤军　邮　编：137000
……法　人：崔凤军
……Tel：0436－3688836
……Fax：0436－3688836

**白山市八道江区宏元商行**
业务：本公司创建于2003年，主要销售：日用品，保健食品，护肤品。公司坚持“以人为本、以质取胜、诚实守信、共同发展”的经营理念。坚持“以客户为中心”开拓市场，真诚希望与您建立良好的战略合作伙伴关系，以我们专业的水平，合理的价格，优质的服务成为您最佳的合作伙伴侣！
地址：吉林省白山市八道江区滨江西街前进路24号

……邮　编：134300
……法　人：姜正喜
……Tel：0439－3216527
……Fax：0439－3216527
……网址：www.jlhysh.chinapyp.com

**白城市南方喷绘广告公司**
业务：喷绘广告设计，户外广告，媒体宣传
地址：吉林省白城市民生东路28－1号
……负责人：郑辉　邮　编：137000
……法　人：郑辉
……Tel：13943601458
0436－3231943
3237565
……Fax：0436－3231943

**通榆县乌兰花镇国玉商店**
业务：经营家电、水暖器材、五金电料、摩托车配件、针织服装、副食品等
地址：吉林省白城市通榆县乌兰花镇双龙村大康屯
……负责人：李国玉　邮　编：130300
……法　人：李国玉
……Tel：0436－6149555
13596823727

**临江市特金贸易有限公司**
地址：吉林省白山市临江市大湖
……负责人：张涛
……Tel：13804496610

**长春新华维修服务处**
地址：吉林省长春市长春净月潭旅游经济开发区农大农场
……负责人：赵忠海
……Tel：0431－85821106

**长春同丰商贸有限公司**
地址：吉林省长春市长江路69号二楼C区58号
……负责人：黄文军
……Tel：0431－86923269

**吉林省峰源贸易有限公司**

地址：吉林省长春市朝阳区安达街 57－67 号
负责人：张长春
Tel：13086806216

**吉林省吉咨建设工程咨询有限责任公司**
地址：吉林省长春市朝阳区安达街 966 号
负责人：商克
Tel：0431－88521464

**吉林省实际拍卖有限公司**
地址：吉林省长春市朝阳区百汇街 12 号
负责人：孙军
Tel：13843018558

**镇赉县镇赉镇百汇休生活购物中心**
业务：各国特色休闲食品、韩国日化用品、韩国日杂厨具、床上用品 糖尿病人专用食品药品。
地址：吉林省白城市镇赉县镇赉镇金桥广场 A214 号
负责人：张立坤 邮编：137000
法人：张立坤
Tel：15943625055
15886123888
Fax：0436－2977391

**吉林省鼎融经贸有限公司**
地址：吉林省长春市朝阳区崇智胡同 62 号
负责人：刘军
Tel：0431－88817731

**吉林省丰硕装饰有限公司**
地址：吉林省长春市朝阳区东北师大附中小区 5 栋 213 号
负责人：薛书江
Tel：13943130128

**吉林江山农机租赁有限责任公司**
地址：吉林省长春市朝阳区工农大路 3 号
负责人：刘玉清
Tel：13504402233

**吉林省浩森保洁服务有限公司**
地址：吉林省长春市朝阳区红旗街 1121 号
负责人：李晓明
Tel：0431－88819389

**靖宇县合兴经贸有限公司**
业务：贸易
地址：吉林省白山市靖宇县将军路 3－8－3－56 号
负责人：李兆东 邮编：134300
法人：李兆东
Tel：0439－8777556

**长春市美洁电脑清洁服务有限公司**
地址：吉林省长春市朝阳区立信街 27 号
负责人：陈永刚
Tel：0431－88828828

**长春市刘刚商贸有限公司**
业务：公司拥有人才优势及雄厚的资金实力，加上极佳的产品，一直为市场提供一流的产品和一流的服务。
地址：吉林省长春市宽城区珠江路 999 号
负责人：刘刚 邮编：130051
Tel：0413－82951077
Fax：0413－82950431

**吉林省大洋遥感地质技术开发有限公司**
地址：吉林省长春市朝阳区南昌路 2 号
负责人：马清密
Tel：13159800068

**吉林省润天广告有限公司**
地址：吉林省长春市朝阳区同志街 10 号
负责人：孙倩
Tel：0431－88981962

**吉林通钢国际贸易有限公司长春分公司**
业务：钢铁贸易
地址：吉林省长春市二道区惠公路 1 号吉林省钢材市场
负责人：孙庆武 邮编：130022
法人：孙庆武
Tel：0431－86804906
网址：http://www.51zzt.com/user/zzt30192

**吉林省国美广告有限公司**
地址：吉林省长春市朝阳区同志街 15－8 号
负责人：张微微
Tel：0431－88923782

**吉林伟丰经贸有限公司**
地址：吉林省长春市朝阳区同志街 54 号
负责人：徐立伟
Tel：0431－85305261

**吉林省润天经贸有限公司**
地址：吉林省长春市朝阳区西安大路 46 号
负责人：孙文明
Tel：0431－88617552

**长春市七星绿力贸易有限公司**
地址：吉林省长春市朝阳区西安大路 58 号吉发广场 C 座 1503 室
负责人：蔡利
Tel：0431－88562323

**吉林省富利德标识制作有限公司**
地址：吉林省长春市朝阳区西安大路 94 号
负责人：宋保国
Tel：0431－85305601

**长春市朝阳区创新广告设计工作室**
地址：吉林省长春市朝阳区西安大路付 87 号
负责人：金丽平
Tel：13009117302

**南关区誉豪五金商店**
业务：灯头、开关插座
地址：吉林省长春市南关区亚泰大街灯润五金 27 号
负责人：沈波 邮编：130000
法人：沈波
Tel：0431－82941388
13664316198

**长春市百基经贸有限公司**
地址：吉林省长春市朝阳区西朝阳路 30 号
负责人：吴非
Tel：13304336768

**吉林省金美姬贸易有限公司**
地址：吉林省长春市朝阳区杏花村路 32 号
负责人：金美姬
Tel：0431－85304587

**吉林省昌盛工业锅炉管道清洗有限公司**
地址：吉林省长春市朝阳区运宇小区 B 栋
负责人：郭福昌
Tel：13843040015

**吉林省田野农机租赁有限公司**
地址：吉林省长春市二道区河东路 2 号
负责人：单振庆
Tel：13596109007

**吉林一德工贸有限公司**
地址：吉林省长春市二道区吉长南线零公里处
负责人：王丽华
Tel：13943061118

**农安县龙王乡茂源化肥经销站**
业务：经营农药、化肥
地址：吉林省长春市农安县龙王乡
负责人：孟繁伟 邮编：130218
法人：孟繁伟
Tel：0431－83482219
13894778008

**吉林省博亿经贸有限公司**
地址：吉林省长春市二道区吉盛花园小区 2－10 栋
负责人：曲凤佩
Tel：13844060000

**吉林省金发物贸有限公司**
地址：吉林省长春市二道区中东生产资料 16 栋 13 号
负责人：周洪丽
Tel：0431－84638441

**长春思诺管理咨询有限公司**
地址：吉林省长春市高新开发区高科技大厦 904 室
负责人：董海龙
Tel：0431－85871287

**吉林省情合工贸有限公司**
地址：吉林省长春市吉林农业大学教学实验场东山家属区
负责人：李志坚
Tel：0431－88569809

**吉林鼎鑫工贸有限公司**
地址：吉林省长春市经济技术开发区世纪大街 3248 号
负责人：王新
Tel：0431－84663366

**吉林省宝佳商贸有限公司**
地址：吉林省长春市经济开发区浦东路 9 号
负责人：荆虹
Tel：0431－84667888

**永吉县宏腾工贸有限公司**
业务：无机玻璃钢大棚骨架适用范围：蔬菜大棚、种植、养殖；建筑工地临时工棚搭建；草原蒙古包搭建等。产品特点：每平方米受荷载可达 38 公斤；坚硬如石、光滑如镜、不烫膜、抗老化、耐腐蚀、无毒无味、无放射性；使用可达 15 年以上。本公司生产石棉瓦、彩釉瓦，材质特殊，质量可靠
地址：吉林省长春市永吉县一拉溪镇土门村一社 9－42－1
负责人：李洪新 邮编：130061
法人：李洪新
Tel：13341410858
0431－86112009
Fax：0431－86112009
网址：http://www.51zzt.com/user/zzt123693

**长春经济技术开发区赛德配送站**
地址：吉林省长春市经开发区二区 7 栋 22 号车库
负责人：周宏梅
Tel：0431－88864201

**长春市豫明商贸中心**
地址：吉林省长春市宽城区长白小区 12 栋 5 门 118 室
负责人：刘书明
Tel：0431－82980618

**吉林省丹尼尔科贸有限公司**
地址：吉林省长春市宽城区长江路 69 号
负责人：贾璇
Tel：0431－84932558

**信源形象设计制作部**
地址：吉林省长春市宽城区扶余路北王胡同 1 号
负责人：王宝江
Tel：0431－82627588
13843051117

**吉林省恒魁经贸有限公司**
地址：吉林省长春市宽城区凯旋路 15 号
负责人：安卓岩
Tel：0431－82996356

**吉林省德玛经贸有限公司**
地址：吉林省长春市宽城区凯旋路 785 号（合发市场内）
负责人：孙国喜
Tel：0431－82997488

**大安市烧锅镇乡春雨百货商店**
业务：主要销售批发各种服装、针织鞋帽、副食品、五金建材等。
地址：吉林省大安市烧锅镇乡来福屯
负责人：于春雨 邮编：131300
法人：于春雨
Tel：0436－5690010
13843639904

**大安市盛源安装租赁有限责任公司**
业务：建筑机械安装、出租；门窗制作
产品：白钢门窗
地址：吉林省大安市育才路 71 号
负责人：李平 邮编：131300
法人：李平
Tel：13674465172
13943657369

**老鑫海清洁搬家服务公司**
业务：搬家服务、保洁
地址：吉林省德惠市松柏路（运管所对过）
负责人：钱红 邮编：130300
法人：夏树军
Tel：13689859060
15943123288
0431－87269059

**吉林省北方智业会展有限责任公司**
地址：吉林省长春市宽城区辽宁路 1 号春铁大厦 C 座 2016 室
负责人：吴海侠
Tel：13944117677

**吉林省天翔市场营销有限公司**
地址：吉林省长春市宽城区辽宁路 333 号
负责人：翁娇阳
Tel：0431－84930231

**吉林省通大投资有限公司**
地址：吉林省长春市宽城区西广小区
负责人：郭岩
Tel：13596099398

**吉林省博雅天齐汽车置换市场有限公司**
地址：吉林省长春市绿园区长沈路 32 号
负责人：谭威
Tel：0431－85524777

**长春宗源经贸有限公司**
地址：吉林省长春市绿园区春阳街 3 号
负责人：刘向英
Tel：0431－87913263

**吉林省星泰高新产品开发有限公司**
地址：吉林省长春市绿园区普阳街吉达花园 3 号楼
负责人：孙秋石
Tel：0431－85805651

**和龙市老太太农民工劳务基地**
业务：培养和吸纳农民工，促进农民工就业
地址：吉林省和龙市龙城镇南街村 8 组
负责人：陈淑芹 邮编：133000
Tel：13644460111

**珲春亨通贸易有限公司**
业务：贸易
产品：海鲜、建材
地址：吉林省珲春市龙虎小区 3 栋 1 单元 501 室
负责人：金铁根 邮编：133000
法人：金铁根
Tel：13331515231
0433－7557133
7537233

**永吉县岔路河镇永恒丰盛超市**
业务：超市
地址：吉林省吉林市永吉县岔路河镇恒成号村十五社
负责人：刘万春 邮编：132214
法人：刘万春
Tel：13341545221
0432－4124694

**吉林省新弘圆商贸有限公司**
地址：吉林省长春市南关区北安路南二胡同 16 号
负责人：孙凤云
Tel：13043300367

**吉林省金冠贸易有限公司**
地址：吉林省长春市南关区长春大街 1707 号
负责人：张天舒
Tel：13844069218

**长春市绿园区天乐综合商场**
地址：吉林省长春市绿园区青蒲路 241 号
负责人：张宇
Tel：13944868579

**吉林省世纪华兴商贸有限公司**
地址：吉林省长春市绿园区一汽二区 683 栋
负责人：王松贵
Tel：13069043199

**吉林省明新工贸有限公司**
地址：吉林省长春市南关区东康小区 2－4 栋 1 门 101 室
负责人：王亚娟
Tel：0431－88925073

**吉林赛德广告有限公司**
地址：吉林省长春市南关区吉顺街 28 号 2 门 5 层
负责人：张洪彬
Tel：13596086506

**吉林省世纪翔经贸有限公司**
地址：吉林省长春市南关区解放大路 1562 号中吉大厦 18 层 1805 室
负责人：戚彩祥
Tel：13314309977

**吉林省昊恩经贸有限公司**
地址：吉林省长春市南关区人民大街 112 号
负责人：李艳伟
Tel：13843117717

**长春市南关区中德百货商行**
地址：吉林省长春市南关区万龙花园 6 号楼
负责人：李岩
Tel：0431－86181108

**九台市城西龙凤绿色干洗店**
业务：干洗、皮衣护理
地址：吉林省九台市步行街龙凤花园 8 号楼
负责人：周丽 邮编：130500
法人：周丽
Tel：13756462201

**九台市莽卡志玲商店**
业务：主营名烟名酒、饮料、茶叶、食品、日用品百货零售，业务范围覆盖周边邻村。秉承"客户至上，质量第一"的服务宗旨，竭诚为广大客户服务。
产品：日用百货
地址：吉林省九台市莽卡乡东哈村 5 组
负责人：奚志玲 邮编：130500
Tel：0431－82411234

**吉林众人商贸有限公司**
地址：吉林省长春市南关区西四道街 36－1 号
负责人：马成
Tel：0431－88966141

**吉林省丰驰经贸有限公司**
地址：吉林省长春市南关区西四道街 685 号
负责人：黄京
Tel：0431－85774669

**长春市艺强环境咨询服务中心**
地址：吉林省长春市南关区重庆路 31 号
负责人：闫伯玲
Tel：0431－82764635

**长春铁发实业有限公司**
地址：吉林省长春市农安县合隆镇
负责人：许春辉
Tel：0431－83512388

**长春市农产品经纪人协会**
地址：吉林省长春市人民大街 75 号
负责人：贾振元
Tel：0431－88968205

**林市三普科工贸有限责任公司**
地址：吉林省吉林市昌邑区虹园经济开发区八社
负责人：陈凤奎
Tel：0432－62713567

**九台市莽卡志玲商店**
业务：日用品，土特产
地址：吉林省九台市莽卡乡东哈村 5 组
负责人：奚志玲 邮编：130500
法人：奚志玲
Tel：0431－82411234
15948220532

**吉林市江源通经贸有限公司**
地址：吉林省吉林市昌邑区吉林大街甲乙楼 39－41 轴
负责人：吕广平
Tel：13304449700

**吉林市绿盈职业中介服务有限责任公司**
地址：吉林省吉林市昌邑区建设街 4 号
负责人：梁立春
Tel：0432－62551277

**吉林市扶困劳务代理中心**
地址：吉林省吉林市昌邑区解放北路 49 号
负责人：刘丽梅
Tel：13944643185

**吉林市昌烨工贸有限责任公司**
地址：吉林省吉林市昌邑区辽东小区 21 号楼 8－1－146 号
负责人：毕颖
Tel：13019176616

**吉林省固体废物处理有限责任公司**

地址:吉林省吉林市船营区北大街 12 号
负责人:王志立
Tel:0432－62405323

**吉林市博文工程技术咨询有限公司**
地址:吉林省吉林市船营区大东街松北 34 号－1－1－1 号
负责人:李明河
Tel:0432－62486333

**辽源市阳明劳务派遣有限公司**
业务:保洁服务
地址:吉林省辽源市矿务局医院保洁公司
负责人:王明明　邮　编:136200
法　人:王明明
Tel:0437－3318160
13500870688

**前郭县洪泉乡彦波综合商店**
业务:食品,饮料,日用百货
地址:吉林省松原市前郭县洪泉乡北井子村北井子屯
负责人:张艳波　邮　编:138000
法　人:张艳波
Tel:0438－2387263

**吉林市万众商务服务有限公司**
地址:吉林省吉林市船营区独立路商业网点 A 号楼 13 号网点
负责人:李素文
Tel:0432－67797458

**吉林市伟达行商贸有限公司**
地址:吉林省吉林市船营区光华路 5 号朝阳大厦 13 层 12 号
负责人:张伟
Tel:0432－62576888－808

**吉林市华泰飞安广告有限公司**
地址:吉林省吉林市船营区河南街新河南街商城四层 4－5 号
负责人:刘家纶
Tel:0432－65077165

**吉林市正宏房产信息服务有限责任公司**
地址:吉林省吉林市船营区吉港商城 A 区 1 号
负责人:郑玉洪
Tel:13843206538

**吉林市吉源劳务服务有限公司**
地址:吉林省吉林市船营区吉林大街 128－4 号八一大厦 B 座 306 室
负责人:刘慧娟
Tel:13944676661

**前郭县前郭镇清泉技术服务站**
业务:制冷设备安装维修,监控设备安装,家用功用设备维修
地址:吉林省松原市前郭县前郭镇文化街(老白酒厂对面)
负责人:孔凡甲　邮　编:138000
法　人:孔凡甲
Tel:0438－8888200
13894907499
Fax:0438－2138804
E-mail:kongfanjia7499@163.com

**吉林市信德拍卖有限责任公司**
地址:吉林省吉林市船营区解放大路西 1 号
负责人:朱庭文
Tel:0432－62458123

**吉林市双正拍卖有限公司**
地址:吉林省吉林市船营区南京街朝阳街 4 号楼 51 号
负责人:杨善君
Tel:0432－62455492

**吉林市汇森经贸有限公司**
地址:吉林省吉林市船营区松北二区 17 号楼 1 单元 1 层中门
负责人:王静
Tel:0432－62444414

**吉林北方工程检测有限公司**
地址:吉林省吉林市船营区桃源路北宁里小区铁路 1 号楼后
负责人:李井新
Tel:0432－66123867

**吉林市恒利丰广告有限公司**
地址:吉林省吉林市船营区园乐园小区 48 号楼 1－2 层 7 号
负责人:汤伟
Tel:13089167000

**通化市辉南县朝阳镇波司登服装专卖店**
业务:主要产品是波司登羽绒服,波司登商务男装及一些波司登服饰。
地址:吉林省通化市辉南县朝阳镇凯旋路商业街(男装专卖)2.吉林省通化市辉南县朝阳镇朝阳大街
负责人:曹阳　邮　编:134000
法　人:曹阳
Tel:0435－8240229
Fax:0435－8240229

**吉林市晟兴工贸有限责任公司**
地址:吉林省吉林市丰满区江南乡建华村 22 号
负责人:秦志成
Tel:0432－64636987

**吉林市鹏达拍卖有限公司**
地址:吉林省吉林市丰满区兴隆大街玉隆小区 11 号楼 10 号网点
负责人:赵锐
Tel:13039262999

**吉林市禹熙经贸有限责任公司**
地址:吉林省吉林市高新区恒山西路 20 号(1－2)－1 号网点
负责人:朱清林
Tel:0432－64680698

**吉林市亿润商贸有限公司**
地址:吉林省吉林市高新区建材市场 37 号
负责人:孙磊
Tel:0432－64688099

**珲春永洪贸易有限公司**
业务:外贸
地址:吉林省延边朝鲜族自治州珲春市珲春大源超市
负责人:张洪实　邮　编:133000
法　人:张洪实
Tel:13944791313

**吉林市路宏经贸有限公司**
地址:吉林省吉林市高新区科贸商城 A 区 5 层 528－3 号
负责人:李颖
Tel:13944252457

**吉林市融恒商贸有限公司**
地址:吉林省吉林市高新区民营科技园 532 室
负责人:周国兴
Tel:13904403650

**吉林市七好商贸有限公司**
地址:吉林省吉林市高新区民营科技园西侧四层 460－2 号
负责人:刘金波
Tel:13364403777

**吉林市金色世纪工贸有限公司**
地址:吉林省吉林市高新区园艺小区 5 号楼 0－2 号
负责人:王建平
Tel:13596226686

**吉林市龙潭区金珠劳务服务站**
地址:吉林省吉林市龙潭区金珠乡兴华村三社
负责人:侯玉来
Tel:0432－63015168

**延边大地农业生产资料有限公司**
业务:生产资料的批发与零售
产品:农药、化肥、种子
地址:吉林省延边朝鲜族自治州龙井市龙门街六道河路防疫站楼下智新植物商店
负责人:江世伟　邮　编:133000
法　人:江世伟
Tel:0433－3232729

**延吉便民信息咨询有限公司**
业务:国内职介,婚介,涉外劳务,婚姻咨询
产品:国内职介,婚介,涉外劳务信息咨询,日本、韩国婚姻信息咨询
地址:吉林省延吉市河南街天池路 276－3－1 号
负责人:金明灿　邮　编:133000
法　人:金明灿
Tel:0433－2262225
13331482225
Fax:0433－2262223
E-mail:bianminxinxi2008@yahoo.cn

**吉林龙潭经济开发区天和综合超市**
地址:吉林省吉林市龙潭区泡子沿街华丹大街 6 委
负责人:刘艳芬
Tel:0432－63020836

**吉林市吉鑫源商贸有限公司**
地址:吉林省吉林市龙潭区武汉路铁东商贸中心住宅 1 号 B 楼 13 号网点
负责人:朱占源
Tel:13804401004

**吉林市安执达贸易有限公司**
地址:吉林省吉林市龙潭区湘潭二区
负责人:路海
Tel:0432－63975597

**吉林市一家上门开锁有限公司**
地址:吉林省吉林市龙潭区遵义东路 40 号楼 75－21 号网点
负责人:宋杰
Tel:13944621881

**吉林市大方工贸有限公司**
地址:吉林省吉林市龙潭区遵义街 1 委 11 组
负责人:张维红
Tel:0432－66921046

**吉林市中亚达经贸有限责任公司**
地址:吉林省吉林市龙潭区遵义街 D1 区 4 号楼 2 单元 1 层 21 号
负责人:李铁海
Tel:0432－63094236

**吉林市亿清物资经贸有限公司**
地址:吉林省吉林市龙潭区遵义街 E1 区 9 栋 41 号
负责人:赵玉清
Tel:0432－63092558

**磐石飞龙贸易有限公司**
地址:吉林省吉林市磐石市磐石市石嘴镇永宁小区
负责人:赵建浩
Tel:0432－65293905

**舒兰市双意工贸有限责任公司**
地址:吉林省吉林市舒兰市济邦路 139 号
负责人:邢艳
Tel:0432－68254015

**延边洪福实业有限公司**
业务:酒水、保健品的销售
产品:张裕红酒,(茅台、五粮液、舍得国窖、郎酒)白酒,(白兰地、帝萨诺)洋酒
地址:吉林省延吉市太平街 3－2 号
负责人:洪大钧　邮　编:133000
法　人:洪大钧
Tel:0433－2502666
网址:www.ybhongfu.cn

**辽源市昌源商贸有限公司**
地址:吉林省辽源市东方广场西侧(关东第一村楼 4、5、6 层)
负责人:朱玉昌
Tel:13904370208

**辽源市金利源工贸有限责任公司**
地址:吉林省辽源市矿医院煤城新村小区 30 号门市房
负责人:任泓铭
Tel:13604373659

**辽源市新宇广告有限公司**
地址:吉林省辽源市老干部活动室 109 房
负责人:王守平
Tel:13943707559

**大连三环复合材料技术有限公司辽源销售分公司**
地址:吉林省辽源市民营经济开发区友谊工业园区(水保所对过)
负责人:李艳
Tel:13904373037

**辽源市华天工贸有限责任公司**
地址:吉林省辽源市齐宁路 117 号
负责人:孙宝伟
Tel:13504377119

**辽源市龙山区向阳机动车安全性能检测中心**
地址:吉林省辽源市汽车公司后院
负责人:齐俊
Tel:13351560988

**辽源市长城投资租赁有限公司**
地址:吉林省辽源市人民大街(食品厂综合楼七楼)
负责人:张玉录
Tel:0437－3233885

**吉林省迪万斯商业管理有限公司**
地址:吉林省四平市铁东区北三市场
负责人:李杰
Tel:0434－3374031

**四平财富恒通传媒广告有限公司**
地址:吉林省四平市铁东区黄土坑街 8 委南一马路小区 73 号楼
负责人:付淑霞
Tel:13844443332

**四平市金石广告有限公司**
地址:吉林省四平市铁东区七马路街 12 委 3 组 57 号楼
负责人:刘化岩
Tel:13321436333

**四平市溢发商贸有限公司**
地址:吉林省四平市铁西区北新华大街
负责人:高亚辰
Tel:13331553333

**辽源市汇丰拍卖有限公司**
地址:吉林省辽源市西宁大路 89 号
负责人:关华
Tel:13331566866

**辽源市宏安工贸有限公司**
地址:吉林省辽源市新兴大街 230 号
负责人:姜玉清
Tel:13904373591

**双辽市方园经贸有限公司**
地址:吉林省四平市双辽市东方商厦
负责人:陈瑞
Tel:0434－7221971

**双辽市晟嘉物资贸易有限公司**
地址:吉林省四平市双辽市辽北街
负责人:潘殿军
Tel:13504352488

**双辽市金鹏商贸有限责任公司**
地址:吉林省四平市双辽市茂林镇
负责人:侯艳鹏
Tel:0434－7226560

**四平市巨丰实业有限公司**
地址:吉林省四平市铁西区平西乡巨丰村
负责人:周维国
Tel:0434－2212999

**四平市绿园商贸有限公司**
地址:吉林省四平市铁西区仁兴街 11 委益民小区 2 号楼
负责人:付桂兰
Tel:0434－3631488

**四平市华展新天地商业发展有限公司**
地址:吉林省四平市铁西区站前华展新天地
负责人:赵洪新
Tel:0434－3280000

**吉林省万润经贸有限公司**
地址:吉林省四平市伊通满族自治县伊丹镇
负责人:于恩莹
Tel:13351508998

**前郭县天缘商贸有限责任公司**
地址:吉林省松原市长岭县文化街
负责人:冯大伟
Tel:0438－2131068

**前郭县拓展咨询有限公司**
地址:吉林省松原市长岭县源江路
负责人:王晓红
Tel:13208609888

**松原市彩云广告有限责任公司**
地址:吉林省松原市郭尔罗斯大路 2986 号
负责人:包雪中
Tel:0438－2203166

**松原市通源经贸有限公司**
地址:吉林省松原市锦江大街 746 号
负责人:于洪昌
Tel:13089256888

**松原市富达商贸有限公司**
地址:吉林省松原市康宁街 1751 号
负责人:罗文学
Tel:0438－5089288

**松原市嘉益电脑有限责任公司**
地址:吉林省松原市宁江区团结街
负责人:班艳秋
Tel:0438－3135966

**松原市泽尔科技贸易有限公司**
地址:吉林省松原市宁江区文化街
负责人:曹元
Tel:0438－6197333

**松原市特通出租车有限责任公司**
地址:吉林省松原市宁江区文化街
负责人:赵荣
Tel:13843816222

**松原市富森科贸有限责任公司**
地址:吉林省松原市宁江区文化街二委
负责人:姜俊峰
Tel:13341551111

**松原市恒辉贸易有限公司**
地址:吉林省松原市宁江区兴原乡单家村 1501 号
负责人:李辉
Tel:13943885898

**吉林粮食集团贸易有限公司收储库巨宝分库**
地址:吉林省松原市前郭尔罗斯蒙古族自治县巨宝山镇
负责人:邵国珠
Tel:0438－7667888

**艳军电器修理部**
地址:吉林省洮南市泰州北街 774 号
负责人:华彦军
Tel:0436－6239254
13843676348

**通化致宇阳光商贸有限公司**
地址:吉林省通化市二道江区东通化大街 26 号
负责人:陈雷
Tel:0435－3709876

**通化华夏商务会馆有限公司**
地址:吉林省通化市通化县通化市胜利路 38 号
负责人:程春堂
Tel:0435－5082123

**延边绿宝贸易有限责任公司**
地址:吉林省延边朝鲜族自治州安图县明月镇明安街 299 号
负责人:杨勇
Tel:0433－5810106

**延边建筑设计咨询有限责任公司**
地址:吉林省延边朝鲜族自治州敦化市翰章北大街
负责人:金学哲
Tel:0433－6223542

**敦化市劳动事务代理服务中心**
地址:吉林省延边朝鲜族自治州敦化市民主街(敖东北大街)
负责人:迟玉林
Tel:0433－6222971

**珲春市金海经济贸易有限公司**
地址:吉林省延边朝鲜族自治州珲春市河南街新盛委 7 组
负责人:周锡海
Tel:0433－7529281

**图们经济开发区腾达经济发展有限公司**
地址:吉林省延边朝鲜族自治州图们市口岸大街 109 号
负责人:王德彬
Tel:0433－3668034

**延边和通商贸有限公司**
地址:吉林省延边朝鲜族自治州延吉市参花街 138 号
负责人:金正日
Tel:0433－2520007

**延吉市双信经贸有限公司**
地址:吉林省延边朝鲜族自治州延吉市朝阳街海兰路 117 号
负责人:朱学刚
Tel:0433－2511297

**延吉弘益经贸发展有限公司**
地址:吉林省延边朝鲜族自治州延吉市河南街天池路宇航小区 3－2－2
负责人:尹光震
Tel:13843398999

**延吉市捷讯信息咨询服务中心**
地址:吉林省延边朝鲜族自治州延吉市建工街光华路 290－3－8
负责人:王晓梅
Tel:13009099591

**延边成宝航空服务有限公司**

地址：吉林省延边朝鲜族自治州延吉市解放路50号
……负责人：李明淑
……Tel:0433－2551241

**吉林省曙光新创广告有限公司延边分公司**
地址：吉林省延边朝鲜族自治州延吉市局子街29号
……负责人：张晓磊
……Tel:0433－5007733

**延吉龙泰贸易有限公司**
地址：吉林省延边朝鲜族自治州延吉市新兴街光明街29号
……负责人：金龙万
……Tel:0433－2511170

**集安市振中贸易有限责任公司**
业务：集安市振中贸易有限责任公司成立于2006年，主营代理进出口贸易，竭诚为国内外客商服务，互惠互利，共同发展。
地址：吉林省通化市集安市鸭江路1177号
……负责人：孙振东……邮　编：134200
……法　人：孙振东
……Tel:0435－6311177
……网址：www.mtw29346.chinapyp.com

**延边永盛经贸有限责任公司**
地址：吉林省延边朝鲜族自治州延吉市站前街2－1号
……负责人：刘永盛
……Tel:0433－2914666



## 黑龙江省/Heilongjiang Province

**大庆市天润地泽经贸有限公司**
地址：黑龙江省大庆市龙凤区龙凤镇建兴村
……负责人：季丰林
……Tel:13936824440

**大庆润达丰经贸有限公司**
地址：黑龙江省大庆市龙凤区卧里屯站货物处院内
……负责人：姜楠
……Tel:13945922555

**大庆市让胡路区美盛经贸有限公司**
业务：本公司成立于2001年，拥有30多名员工，主要经营佛罗化萨暖气（意大利品牌）、电脑耗材、网络制作、五金电料。
地址：黑龙江省大庆市让胡路区北方汽配城32号楼4号门
……邮　编：163453
……法　人：张波
……Tel:0459－5919288
……Fax:0459－6139234

**大庆市君祥经贸有限公司**
地址：黑龙江省大庆市让胡路区北方建材城华震公司3号楼
……负责人：赵忠平
……Tel:13845904477

**大庆市让胡路区合圣物资经销处**
地址：黑龙江省大庆市让胡路区北方汽配城14号东04号
……负责人：王新民
……Tel:0459－6137908

**大庆市金广业经贸有限公司**
地址：黑龙江省大庆市让胡路区长青小区商服三区8号
……负责人：丁淑叶
……Tel:13059090227

**大庆市大盟经贸有限责任公司**
地址：黑龙江省大庆市让胡路区乘风庄大街297号
……负责人：刘西涛
……Tel:13059065456

**大庆隆基标牌制作有限公司**
业务：本公司成立于2006年，主要从事标牌、标识设计制作，竭诚欢迎新老客户来电洽谈业务！
地址：黑龙江省大庆市让胡路区九－14号楼33信箱
……负责人：朱连森……邮　编：163712
……法　人：朱连森
……Tel:0459－5978181

**大庆中油矿物资销售有限公司物资采购分公司**
地址：黑龙江省大庆市让胡路区工业开发小区
……负责人：李宜和
……Tel:0459－5812307

**大庆市让胡路区艳艳食品有限公司昆仑购物分公司**
地址：黑龙江省大庆市让胡路区昆仑购物中心东侧
……负责人：于志军
……Tel:0459－5988436

**大庆致诚远大经贸有限公司**
地址：黑龙江省大庆市让胡路区西宾路48号
……负责人：艾桂秋
……Tel:0459－5328366

**大庆高新区安顺同利经贸有限公司**
地址：黑龙江省大庆市萨尔图区高新区程宇中心广场二层
……负责人：王姗姗
……Tel:0459－4622355

**哈尔滨市益民广告有限责任公司**
业务：哈尔滨市益民广告有限责任公司成立于2001年，公司主要致力于户外媒体、电视、广播、报纸的开发，是一家全方位多媒体专业化的广告公司。益民人视信誉为生命，愿以精湛的创意、卓越的品质、优质的服务和优惠的价格实现您完美的广告价值。
地址：黑龙江省哈尔滨市南岗区光芒街19－1号
……邮　编：150008
……法　人：刘绪霞
……Tel:0451－82664133
……Fax:0451－82664033
……网址：www.yimingg.com

**大庆市宝春经贸有限公司**
地址：黑龙江省大庆市萨尔图区高新区湖滨小区4号楼5号车库
……负责人：李天宝
……Tel:13936722963

**大庆市恒久房屋租赁有限公司**
地址：黑龙江省大庆市萨尔图区高新区兴化街28号
……负责人：王喜坤
……Tel:0459－8100838

**大庆市萨尔图区达昌物资经销处**
地址：黑龙江省大庆市萨尔图区建材市场381号
……负责人：吴春雷
……Tel:0459－5222357

**哈尔滨市南岗区3852厂服务社**
业务：哈尔滨市南岗区3852厂服务社成立于2002年，现有员工30余人，从事军用服装、鞋帽、军需装备用品的生产及销售。我们诚信向顾客提供满意的产品及周到的服务。
地址：黑龙江省哈尔滨市南岗区西大直街338号
……邮　编：150080
……法　人：徐志刚
……Tel:0451－86315209
……Mobile:13945133852

**大庆市华曼钻采技术服务有限公司**
地址：黑龙江省大庆市萨尔图区经九街广源B－0号楼6号商服
……负责人：鹿广庆
……Tel:0459－4680770

**大庆市萨尔图区实创广告设计室**
地址：黑龙江省大庆市萨尔图区友谊大街12号
……负责人：苏显丰
……Tel:0459－6660028

**大庆市大千经贸有限公司**
地址：黑龙江省大庆市萨尔图区中贾路79号
……负责人：吴云龙
……Tel:13154598081

**黑龙江亿锡隆经贸有限公司**
业务：专营粮食、玉米加工、粮食周转、DBG（啤酒糟）、DDG（酒精糟）、啤酒酵母、铁路物流、粮食烘干。
产品：玉米、大豆、DBG（啤酒糟）、DDG（酒精糟）、啤酒酵母
地址：黑龙江省哈尔滨市呼兰区永兴村二货场北区
……负责人：王经理　邮　编：150500
……法　人：孙大志
……Tel:0451－57857888
86166666
……Fax:0451－57336789
……E-mail:364214603@qq.com

**大庆铁桥经贸有限责任公司**
地址：黑龙江省大庆市萨尔图区中桥小区1－1号S－4、S－11、S－18L办公
……负责人：宋立峰
……Tel:0459－2665578

**肇源县头台提捞队**
地址：黑龙江省大庆市肇源县头台镇
……负责人：张发
……Tel:0459－2647444

**大庆市港通汽车租赁服务有限公司**
业务：对外承租汽车、机械设备、建筑设备，根据客户不同需求提供全方位的服务，兼营汽车配件、化工产品。我们将会以最优惠的价格，最好的诚信服务于广大客户！
地址：黑龙江省大庆市红岗区
……负责人：于海生　邮　编：163000
……法　人：于海生
……Tel:0459－6786383

**黑龙江好时刻广告有限公司**
地址：黑龙江省哈尔滨市道里区安国街76号
……负责人：韩晓艳
……Tel:0451－84292930

**哈尔滨市农业生产资料流通行业协会**
地址：黑龙江省哈尔滨市道外区沟沿街58号
……负责人：李景龙
……Tel:0451－88303424

**哈尔滨新视明商贸有限责任公司**
地址：黑龙江省哈尔滨市道外区南八道街53号
……负责人：李皆谦
……Tel:0451－89930016

**黑龙江省秸秆综合利用协会**
地址：黑龙江省哈尔滨市道外区太古街676号
……负责人：赵又霖
……Tel:0451－88321985

**哈尔滨市团结农业发展综合服务有限公司**
地址：黑龙江省哈尔滨市道外区团结镇百莱村
……负责人：孟宪忠
……Tel:13359728128

**哈尔滨超亮工贸有限责任公司**
地址：黑龙江省哈尔滨市动力区电教街33号健康嘉园B栋1层6户
……负责人：刘文洁
……Tel:13936342728

**黑龙江省天安技术服务有限公司**
地址：黑龙江省哈尔滨市动力区电塔三道街4号
……负责人：王晓东
……Tel:0451－82684319

**方正哈同救援汽车维修站**
地址：黑龙江省哈尔滨市方正县得莫利服务区
……负责人：候荣柱
……Tel:0451－57170135
13634883210

**黑龙江鸿大财税咨询有限公司**
地址：黑龙江省哈尔滨市南岗区革新街143号1楼
……负责人：田红美
……Tel:0451－89188970

**黑龙江瑞松税务师事务所有限责任公司**
地址：黑龙江省哈尔滨市南岗区工电路7号
……负责人：孟英姿
……Tel:0451－55968257

**黑龙江省建三江农垦天秋商贸有限责任公司**
业务：以服务好三农为宗旨，促进农业增效，专业经营农机、种子、化肥，厂家直销、批零兼营。
产品：农机整机，各种收割机、拖拉机、零配件，种子，化肥
地址：黑龙江省佳木斯市建三江国营农场管理局
……负责人：初泉毅　邮　编：156300
……法　人：初泉毅
……Tel:0454－5710066
……Fax:0454－5758321

**哈尔滨市亮洁清洗保洁有限公司**
地址：黑龙江省哈尔滨市南岗区哈双路102号
……负责人：鲁辛
……Tel:13836000375

**哈尔滨新视野经贸有限公司**
地址：黑龙江省哈尔滨市南岗区花园街306号花园商住A栋15层4号
……负责人：成颖
……Tel:13945677999

**黑龙江天通会计师事务所有限责任公司**
地址：黑龙江省哈尔滨市南岗区花园街331号
……负责人：满静波
……Tel:0451－88773031

**黑龙江浡润广告有限公司**
地址：黑龙江省哈尔滨市南岗区人和胡同5号
……负责人：赵玉
……Tel:13114601336

**哈尔滨君夫经贸有限公司**
地址：黑龙江省哈尔滨市南岗区三姓街100号
……负责人：郑君夫
……Tel:13836016947

**哈尔滨市泰和贸易有限责任公司**
地址：黑龙江省哈尔滨市南岗区通达街50号
……负责人：隋贵珍
……Tel:13019018998

**哈尔滨洋洋商务咨询有限公司**
地址：黑龙江省哈尔滨市南岗区文兰街12号
……负责人：赵宇峰
……Tel:13903618857

**黑龙江畅顺达律师事务所**
地址：黑龙江省哈尔滨市南岗区宣庆街10号
……负责人：孙淑兰
……Tel:0451－87004447

**双城市昊实贸易有限公司**
地址：黑龙江省哈尔滨市双城市新民街一委
……负责人：佟敏
……Tel:13903662999

**哈尔滨晨益经贸有限公司**
地址：黑龙江省哈尔滨市香坊区古香街5－7号
……负责人：田世君
……Tel:13936407640

**哈尔滨博时信息咨询有限公司**
地址：黑龙江省哈尔滨市香坊区五叙街86号
……负责人：高翀
……Tel:0451－82811091

**黑龙江省牡丹江农垦兴凯湖水产品加工贸易有限公司**
业务：水产品、鲜活水产品加工、销售
地址：黑龙江省鸡西市密山市兴凯湖农场三十一连（兴凯湖水产养殖公司）
……负责人：赫英奎　邮　编：158100
……Tel:15946666888
15094696567

**鹤岗市春源经贸有限公司**
地址：黑龙江省鹤岗市工农区红旗路鑫都元综合楼108室
……负责人：彦宪春
……Tel:13304682888

**鹤岗市鑫晟工贸有限公司**
地址：黑龙江省鹤岗市红旗乡长胜村
……负责人：侯长清
……Tel:13351969999

**鹤岗市聚鑫经贸有限公司**
地址：黑龙江省鹤岗市向阳区振兴路振兴楼
……负责人：霍裕新
……Tel:0468－3734853

**黑河立志会计师事务有限责任公司**
地址：黑龙江省黑河市财政局408室
……负责人：顾洪然
……Tel:0456－8232190

**黑河市丰泰贸易有限责任公司**
地址：黑龙江省黑河市海兰街86号
……负责人：吕恩序

……Tel:0456－8257393

**黑龙江省九三农垦通达经贸有限公司**
地址:黑龙江省黑河市嫩江县双山镇站前综合二楼
……负责人:李殿英
……Tel:13089096667

**孙吴县广驿房地产估价有限责任公司**
地址:黑龙江省黑河市孙吴县中央大街 282 号
……负责人:刘洋
……Tel:0456－8422132

**黑河市兰台档案用品服务部**
地址:黑龙江省黑河市通江路政府办公大楼东侧
……负责人:祁艳秀
……Tel:0456－8223201

**黑河市可人经贸有限责任公司**
地址:黑龙江省黑河市邮政路 85 号
……负责人:单景龙
……Tel:0456－8261089

**黑河中方国贸进出口有限公司**
地址:黑龙江省黑河市中央街 486 号
……负责人:刘昌盛
……Tel:13704870555

**鸡西广源城商贸有限公司**
地址:黑龙江省鸡西市鸡冠区广源城－2－
……负责人:陈富清
……Tel:0467－2687350

**鸡西市和平商场有限责任公司**
地址:黑龙江省鸡西市鸡冠区和平大街 188 号
……负责人:孙世柱
……Tel:0467－2351996

**鸡西市鑫泽经贸有限公司**
地址:黑龙江省鸡西市鸡冠区园林委 1－16
……负责人:王堂金
……Tel:13946849378

**抚远县恒通经贸有限责任公司**
地址:黑龙江省佳木斯市抚远县抚远镇商业街
……负责人:孙庆华
……Tel:0454－2134229

**黑龙江省富锦市广富边境贸易有限责任公司**
地址:黑龙江省佳木斯市富锦市向阳路北段
……负责人:周杨明
……Tel:13054367733

**富锦市轻工农贸商场**
地址:黑龙江省佳木斯市富锦市向阳路中段
……负责人:董连军
……Tel:0454－2323911

**佳木斯双鹏物资经贸有限公司**
地址:黑龙江省佳木斯市郊区建国乡
……负责人:陈立宪
……Tel:0454－6577888

**佳木斯市望江冷库**
地址:黑龙江省佳木斯市郊区望江镇
……负责人:徐建华
……Tel:13039601950

**佳木斯广发贸易有限责任公司**
地址:黑龙江省佳木斯市前进区长安街路东段
……负责人:崔英民
……Tel:13903681234

**佳木斯立达房地产咨询有限公司**
地址:黑龙江省佳木斯市前进区永安街(37)委
……负责人:张秀伟
……Tel:13836600480

**同江市四方标准信息服务中心**
地址:黑龙江省佳木斯市同江市大直路西段
……负责人:张淑荣
……Tel:0454－2924776

**同江永盛经贸有限公司**
地址:黑龙江省佳木斯市同江市西区大直路建行办公楼
……负责人:林永江
……Tel:13951108618

**东宁县宁通贸易有限责任公司**
地址:黑龙江省牡丹江市东宁县东宁镇彩虹花园 A 座 8 号库
……负责人:张效惠
……Tel:0453－3636366

**东宁县海润经贸有限责任公司**
地址:黑龙江省牡丹江市东宁县东宁镇交通局家属楼甲单元 402 室
……负责人:汤小洁
……Tel:13136879506

**东宁县东港经贸有限责任公司**
地址:黑龙江省牡丹江市东宁县东宁镇通盛街 69 号
……负责人:黄松华
……Tel:13766650278

**东宁金鼎商行**
地址:黑龙江省牡丹江市东宁县东宁镇阳泉路(宏远小区北楼门市房)
……负责人:武广玺
……Tel:0453－3635115

**东宁县世恒贸易有限责任公司**
地址:黑龙江省牡丹江市东宁县东宁镇中心小区 A 栋二楼 17 号
……负责人:王伟东
……Tel:0453－3669108

**东宁县星河经贸有限责任公司**
地址:黑龙江省牡丹江市东宁镇中华南路 22 号
……负责人:石晓杰
……Tel:0453－3622849

**海林市康隆经贸有限公司**
地址:黑龙江省牡丹江市海林市雪原街公安局家属楼、
……负责人:王凯忠
……Tel:0453－7223178

**绥芬河市龙海经贸有限公司**
地址:黑龙江省牡丹江市绥芬河市嘎里亚路(湖畔小区 G 栋 1－201)
……负责人:乔培军
……Tel:0453－8996650

**绥芬河市普津贸易有限公司**
地址:黑龙江省牡丹江市绥芬河市广场西侧(万隆商厦 019 室)
……负责人:邢敬华
……Tel:0453－3924568

**绥芬河市鑫海商务服务部**
地址:黑龙江省牡丹江市绥芬河市通天路 195 号
……负责人:冯冰
……Tel:0453－3933791

**绥芬河市新华联经贸有限公司**
地址:黑龙江省牡丹江市绥芬河市通天路 77 号
……负责人:周淑民
……Tel:0453－3925570

**绥芬河市宏泰贸易有限公司**
地址:黑龙江省牡丹江市绥芬河市乌苏里大街 121 号
……负责人:张立波
……Tel:0453－3983339

**绥芬河凯塑经济贸易有限公司**
地址:黑龙江省牡丹江市绥芬河市新华街(卫检住宅楼 2－501)
……负责人:周菊
……Tel:0453－8993733

**绥芬河开元经贸有限公司**
地址:黑龙江省牡丹江市绥芬河市新华街 30 号
……负责人:赵思俭
……Tel:0453－3958326

**绥芬河市千山木经贸有限公司**
地址:黑龙江省牡丹江市绥芬河市站前路 13 号
……负责人:李旭
……Tel:0453－8759687

**绥芬河市金旭经贸有限公司**
地址:黑龙江省牡丹江市绥芬河市站前路 1 号 4－502
……负责人:龙泽
……Tel:13208433039

**黑龙江省牡丹江市国家税务局车辆购置税征收管理办公室**
地址:黑龙江省牡丹江市西安区景福街 101 号
……负责人:徐玲
……Tel:0453－6297210

**牡丹江市中水慧丰工程咨询有限责任公司**
地址:黑龙江省牡丹江市西安区西三条路 253 号
……负责人:李金玲
……Tel:0453－8123048

**牡丹江市智信进出口有限责任公司**
地址:黑龙江省牡丹江市西安区西一条路长安街口
……负责人:孙海刚
……Tel:13009889870

**牡丹江市华安机电物资供应站**
地址:黑龙江省牡丹江市新荣街 90 号
……负责人:朱同起
……Tel:13704838382

**齐齐哈尔昂昂溪区四方质量计量行**
地址:黑龙江省齐齐哈尔市昂昂溪区兴盛小区 93 号
……负责人:卦国君
……Tel:0452－6322111

**齐齐哈尔市鑫达家政有限公司**
地址:黑龙江省齐齐哈尔市建华区东市场小区 18 号楼 3 号
……负责人:周敏凤
……Tel:13845230983

**克山县天星工贸有限责任公司**
地址:黑龙江省齐齐哈尔市克山县克山镇步行街 4 区 20 号
……负责人:孙青海
……Tel:13845222433

**中国石油天然气股份有限公司黑龙江齐齐哈尔销售分公司瑞廷加油站**
地址:黑龙江省齐齐哈尔市梅里斯达斡尔族区瑞廷乡巨宝山村
……负责人:赵同才
……Tel:0452－6465418

**齐齐哈尔宇博经贸有限责任公司**
地址:黑龙江省齐齐哈尔市铁锋区龙华街道景新小区 1 号楼
……负责人:李福新
……Tel:13329428806

**双鸭山名烟总汇集贤经销店**
地址:黑龙江省双鸭山市福利镇前进社区烟草专卖局一楼
……负责人:朱刚
……Tel:0469－4668303

**集贤县中信计量检测校准有限公司**
地址:黑龙江省双鸭山市集贤县质量技术监督局办公楼一楼
……负责人:孟宪武
……Tel:0469－4663077

**绥化市北林区宝山金龙粮油经销处**
地址:黑龙江省绥化市宝山镇
……负责人:常淑玲
……Tel:13069967077

**绥化市金阳烟花爆竹经销处**
地址:黑龙江省绥化市东直北路 272 号
……负责人:马喜双
……Tel:0455－8356595

**绥化市恒生汽车中介服务有限公司**
地址:黑龙江省绥化市绥望路金鼎花园小区商服楼一楼 107 号
……负责人:赵伟
……Tel:13846736177

**伊春市育合资产财务咨询有限责任公司**
地址:黑龙江省伊春市上甘岭区机关街
……负责人:王淑芹
……Tel:0458－8986641

**牡丹江市新龙马化玻器械供应站**
业务:我公司创建于 2004 年,公司主要从事:化学试剂、科学仪器、化工原料、医疗器械、保健食品、添加剂、土特产、农副产品。我们真诚希望与您建立良好的战略合作伙伴关系,以我们专业的水平,合理的价格,优质的服务成为您最佳的合作伴侣。
地址:黑龙江省牡丹江市东三条路 18－A
……负责人:马延喜……邮　编:157000
……Tel:0453－6927511、
……Fax:0453－6937456
……网址:http://hljlm.chinapyp.com

**绥芬河市兴龙经贸有限公司**
业务:商品经营,将最好的产品与服务带给最需要的消费者
地址:黑龙江省绥芬河市山城路 3 号新青小区 1 层 11#
……负责人:侯传龙　邮　编:157000
……法　人:侯传龙
……Tel:0453－8195588

**伊春中汽贸汽车贸易有限公司**
地址:黑龙江省伊春市伊春区制材办事处保安街
……负责人:任林
……Tel:0458－3889113

## 江苏省/Jiangsu Province

**常州开天工程造价咨询有限公司**
地址:江苏省常州市金坛市华城路 168 号
……负责人:陆明娣
……Tel:13861118828

**金坛盛连进出口有限公司**
地址:江苏省常州市金坛市经济开发区管委会大楼内
……负责人:王勇
……Tel:13915804257

**溧阳三思实业有限公司**
地址:江苏省常州市溧阳市埭头镇工业集中区
……负责人:史胜保
……Tel:13813525988

**宝应县皇冠商贸有限公司**
业务:宝应县皇冠商贸有限公司主要从事房地产、商场、宾馆、建筑材料等。"诚信经营,客户至上",热诚欢迎新老客户惠顾。
地址:江苏省扬州市宝应县安宜镇东升村郝庄组北田新村 38 号
……邮　编:225800
……法　人:朱志松
……Tel:0514－8242388
8108888

**常州市天目拍卖有限公司**
地址:江苏省常州市溧阳市溧城西大街 39 号
……负责人:狄庆平
……Tel:13961288881

**巨神喷绘部(常熟市丰源广告策划有限公司)**
业务:广告策划,广告画面制造
地址:江苏省常熟市长江路 388 号
……负责人:张福浩　邮　编:215500
……法　人:张福浩
……Tel:13306236688
0512－52828488
……Fax:0512－81563188

**常州健伟营销策划有限公司**
业务:农产品购销
地址:江苏省常州市天宁区怡康机电广场 4 号楼 1605 室
……负责人:高健　邮　编:213000
……法　人:高健
……Tel:13063999994

**溧阳市红阳商贸有限公司**
地址:江苏省常州市溧阳市溧城燕山路 75 号
……负责人:周军
……Tel:13861201317

**溧城房屋拆迁有限公司**
地址:江苏省常州市溧阳市溧城镇前街 16 号
……负责人:刘阿龙
……Tel:0519－87286648
13906142228

**常州市雅家室内艺术设计工作室**
地址:江苏省常州市戚墅堰区河苑路 17 号
……负责人:李小英
……Tel:13775610697

**常州代晟商贸有限公司**
业务:本公司成立于 2006 年,主要经营牛仔裤。产品质量保证、价格合理,热忱欢迎新老客户光临、惠顾!
地址:江苏省常州市天宁区聚和家园 8 栋甲单元 102 室
……负责人:邵建海……邮　编:213003
……法　人:邵建海
……Tel:0519－86507084

**常州市安家劳动服务部**
业务:本公司主要从事劳务中介、装卸搬运、货物、房屋维修。竭诚欢迎新老客户光临、惠顾!
地址:江苏省常州市新北区安家镇
……负责人:罗双南……邮　编:213126
……法　人:罗双南
……Tel:0519－85971035

**常州欧尔特机械进出口有限公司**
地址:江苏省常州市戚墅堰区潞城镇大树下
……负责人:吴景远
……Tel:13506120298

**常州市北直街劳动服务队**
地址:江苏省常州市天宁区北直街 56 幢丙单元 102 室
……负责人:薛小业
……Tel:13585332773

**常州市金恩商贸有限公司**
地址:江苏省常州市天宁区采菱路 44 号
……负责人:崔龙兴
……Tel:13861089058

**常州市通宝广告有限公司**
地址:江苏省常州市天宁区工人新村 430－5 号
……负责人:李嘉平
……Tel:13182510101

**常州市川霸商贸有限公司**
业务:日用百货批发
地址:江苏省常州市新北区黄山路 399 号－8－4092
……负责人:冯永强　邮　编:213001
……法　人:冯永强
……Tel:0519－85175722

**常州市晟源国际贸易有限公司**
业务:贸易
产品:化工产品
地址:江苏省常州市新北区通江中路 398－1 号 601 室
……负责人:梁继承　邮　编:213022
……法　人:梁继承
……Tel:13771227766
15950102277

**常州市桐柏物资有限公司**
地址:江苏省常州市天宁区红梅东风村委周庄村
……负责人:李义洪
……Tel:13906116103

**常州市腾骏物资有限公司**
地址:江苏省常州市天宁区红梅卫星村委太平桥关河里 59 号
……负责人:庄军
……Tel:13606127985

**常州市亚图商贸有限公司**
地址:江苏省常州市天宁区红梅新村 66 号
……负责人:蒋新安
……Tel:13961188075

**常州市凯能物资有限公司**
业务:销售电线电缆、五金交电、建筑材料、消防器材
地址:江苏省常州新北区黄河东路 88 号 7 幢－03 号
……负责人:薛柏生　邮　编:215002
……法　人:薛柏生
……Tel:13906116189
0519－85151339

**常州梧桐投资咨询有限公司**
地址:江苏省常州市天宁区晋陵中路 398 号 713 室
……负责人:王晓艳
……Tel:13915026186

**淮安经济开发区兴隆人力资源有限公司**
业务:劳务派遣、劳务输出、职业培训、职业介绍
地址:江苏省淮安市经济开发区济南路 2－1 号 3 幢 302 室
……负责人:郭大志　邮　编:223001
……法　人:郭大志
……Tel:13823563098
0517－83730676

**淮安市力拓商贸有限公司**
业务:家用电器
产品:彩电、冰箱、洗衣机、空调
地址:江苏省淮安市清浦区城河南宅 68 号 201
……负责人:朱少林　邮　编:223002
……法　人:朱少林
……Tel:13505236591
0517－85231172

### 常州锐格国际贸易有限公司
地址：江苏省常州市天宁区局前街 76 号
负责人：李可华
Tel：13906117674

### 常州市慧伊进出口有限公司
业务：本公司成立于 2005 年，主要从事儿童服装、女装、男装、家纺等进出口贸易。"信誉第一，客户至上"，我们竭诚为您服务，欢迎各界人士来电来函、莅临指导！
地址：江苏省常州市天宁区新丰街 17－1 号 902 室
负责人：孟凡兵　邮　编：213000
法　人：孟凡兵
Tel：0519－88172782　88172783

### 常州市凯杰百货超市有限公司
业务：常州市凯杰百货超市有限公司成立于 2002 年，是一家销售百货类的公司。质量保证，价格合理，欢迎新老客户惠顾。
地址：江苏省常州市天宁区丽华二村 44 幢 1－4 号
邮　编：213000
法　人：顾金华
Tel：0519－8835105
Tel：0519－8835105

### 丹阳市京宝堂广告有限公司
业务：广告设计制作，印刷，展览展示，婚庆礼仪等
地址：江苏省丹阳市开发区中心嘉园 1 幢 13 室
负责人：杨卫军　邮　编：212300
法　人：杨卫军
Tel：0511－86981815　13376183320
Fax：0511－86981882

### 常州市栋国贸易有限公司
地址：江苏省常州市天宁区浦北新村 77 幢甲单元 301 室
负责人：周爱仙
Tel：13906145991

### 淮安之窗广告有限公司
业务：广告设计、制作
地址：江苏省淮安市清浦区和平镇和平街 187 号
负责人：陈志龙　邮　编：223001
法　人：陈志龙
Tel：13901925045　15195389278

### 盱眙县新城脚手架作业服务有限公司
业务：脚手架作业服务
地址：江苏省淮安市盱眙县一环路西侧气象局南
负责人：孙建业　邮　编：211700
法　人：孙建业
Tel：13651556676　0517－88261718
网址：http://www.51zzt.com/user/zzt40737/product/33057.htm

### 江阴市澄康物业有限公司
业务：家庭服务、家电维修等
地址：江苏省江阴市虹桥三村 12 幢 101 室
负责人：葛以明　邮　编：214400
法　人：葛以明
Tel：0510－88027777　86808099
Fax：0510－86837533

### 常州市知天下营销策划有限公司
地址：江苏省常州市天宁区唐家湾路 7 号楼乙单元 502 室
负责人：谢佳
Tel：13921095755

### 常州腾智商贸有限公司
地址：江苏省常州市天宁区小东门煤场 1－7－83－6 号
负责人：刘建民
Tel：13092592822

### 丹阳市爱心搬家清洗公司
业务：搬家清洗、室内保洁
地址：江苏省丹阳市千禧花园 6 栋底下门面楼中草巷 22 号
负责人：奚永华　邮　编：212300
法　人：奚永华
Tel：0511－86910318　82221144

### 东海县东安工商实业公司
业务：本公司主要生产肉粉，肉骨粉，鸡饲料，非食用动物油脂加工并收购油渣、骨头。
地址：江苏省连云港市东海县石榴镇东安村
邮　编：222314
法　人：赵远
Tel：0518－78871888

### 常州市泰佳商贸有限公司
地址：江苏省常州市天宁区周线巷 24 号
负责人：薛佳
Tel：13306121753

### 姜堰市爱新贸易有限公司
业务：主营黄金珠宝、二手车收购、销售，并为中企业提供经济担保服务，公司本着"诚意者广、诚心者顺、诚信者昌"的经营理念，愿与客户建立真诚友好，长期稳定的合作关系，携手共创美好未来！
产品：提供经济担保，二手车销售
业务：江苏省姜堰市姜堰镇海上海中心街区 1#41 室
负责人：马登超　邮　编：225400
法　人：陈新民
Tel：0523－88097696　15052880228
Fax：0523－88097696
E-mail：784836039@qq.com

### 靖江市天意标志牌制作社
业务：根据客户要求定制各种标志牌
产品：各种标志牌
地址：江苏省靖江市烈帝庙小区 A1 幢 02 室
负责人：居明坤　邮　编：214500
法　人：居明坤
Tel：0523－88909383　13852857338
Fax：0523－88909383

### 常州市易梦尔贸易有限公司
地址：江苏省常州市武进区横林镇殷坂村
负责人：黄永春
Tel：13357880568

### 江苏清大投资管理有限公司
地址：江苏省常州市武进区湖塘镇常武南路东侧（教师进修学校内）
负责人：王欣波
Tel：13921099155
网址：www.dagssy.chinapyp.com

### 阜宁县海之杰经济技术合作有限公司
业务：阜宁县海之杰经济技术合作有限公司其前身为"阜宁县海创劳务有限公司"，专业培训服装、建筑、电焊人员。学员学成后大部分被送往国外参加工作，少数人员被国内用人单位录用。
地址：江苏省盐城市阜宁县向阳路
邮　编：224400
法　人：管春杰
Tel：0515－7222976
Fax：0515－7222615

### 靖江市新华广告传播有限公司
业务：企业策划、户外广告发布、承接土木工程
地址：江苏省靖江市人民南路 88 号（工人文化宫四楼）
负责人：陆汉坤　邮　编：214500
法　人：陆汉坤
Tel：13062981881　0523－84910488　84910499

### 昆山清钢物资贸易有限公司
业务：物资贸易
地址：江苏省昆山市巴城镇城北西路 555 号 3 号房
负责人：赵爱民　邮　编：215300
法　人：赵爱民
Tel：13057110958　13814760798

### 淮安经济开发区松枝显色广告有限公司
业务：企业形象策划、代理，各类媒体代理、发布，经营代理自备车形象设计、制作，企业室内外美化设计、制作与施工，包括壁画和当代字画。
地址：江苏省淮安市淮安经济开发区枚乘办怡景园小区 B 区 12 号
负责人：杨连松　邮　编：223005
法　人：杨连松
Tel：13770477751　0517－83800609
网址：szxs918@163.com
QQ：972721202

### 昆山麦田广告设计有限公司
业务：广告设计、发布广告
地址：江苏省昆山市玉山镇柏芦中路 401 号 4－046
负责人：王大峰　邮　编：215300
法　人：王大峰
Tel：13912667457　0512－55132372
Fax：0512－55132372

### 常州市康瑞医疗信息咨询服务有限公司
地址：江苏省常州市武进区湖塘镇东庄新村 46－乙－101
负责人：钱建锋
Tel：13358190001

### 常州市伟荣兴盛进出口有限公司
地址：江苏省常州市武进区湖塘镇人民路中源大厦 B 座 504 室
负责人：殷文伟
Tel：13776862578

### 灌云县正中劳务服务有限公司
业务：劳务服务、代开发票
地址：江苏省连云港市灌云县沂北乡农科站院内
负责人：李金生　邮　编：222002
法　人：李金生
Tel：13815678668　0518－82834668
Fax：0518－88753569

### 常州市常魏人力资源服务有限公司
地址：江苏省常州市新北区春江镇魏村
负责人：邓洪泽
Tel：13861211838

### 海安县角斜特种经济作物合作社
业务：海安县角斜特种经济作物合作社成立于 1985 年，主要从事中药材的加工销售，农副产品、瓜果蔬菜的种植与销售。
地址：江苏省南通市海安县角斜镇来南村二组
邮　编：226633
法　人：蔡卫龙
Tel：0513－88245568
Fax：0513－88248958

### 常州华凌恒鑫物资有限公司
地址：江苏省常州市新北区河海东路 58 号－03
负责人：汪玲娴
Tel：13961166007

### 常州市粤隆商贸有限公司
地址：江苏省常州市新北区黄河路 128 号
负责人：吴玉萍
Tel：13915090088

### 常州尤丹斯贸易有限公司
地址：江苏省常州市新北区黄山路 15 号 2120 室
负责人：李登旺
Tel：13813655822

### 连云港顺章风商贸有限公司
业务：经营小家电，商业百货、家庭影院、音响设备
产品：小家电，商业百货
地址：江苏省连云港市海州区物流园路商业街东 2－7 号
负责人：章延上　邮　编：222002
法　人：章延上
Tel：18961356022　0518－85199131
Fax：0518－85199131
E-mail：18961356022@189.com

### 连云港恒洲贸易有限公司
业务：贸易
地址：江苏省连云港市通灌北路 103－109 号
负责人：罗时洲　邮　编：222000
法　人：罗时洲
Tel：0518－85471588　82650888

### 常州奋发旭升商贸有限公司
地址：江苏省常州市新北区农机机电市场 B005
负责人：卢珊妹
Tel：13806115791

### 海安县万达咨询代理有限公司
业务：海安县万达咨询代理有限公司成立于 2004 年 11 月，是一家从事房地产咨询、拍卖的企业。欢迎来电垂询！
地址：江苏省南通市海安镇江海东路 19 号
邮　编：226600
法　人：沈奎林
Tel：0513－8917385
Fax：0513－8917385

### 常州市和田房产代理有限公司
地址：江苏省常州市新北区太湖西路 28 号
负责人：朱洪兴
Tel：13906117087

### 连云港永坤商贸有限公司
业务：销售实验室仪器设备、化学试剂、玻璃仪器、化工原料、办公用品、劳保用品
地址：江苏省连云港市新浦区南极北路东盛综合楼 501 室
负责人：张志勇　邮　编：222000
法　人：史素玲
Tel：13505130203　0518－85607876

### 南京禄铜金属材料有限责任公司
业务：金属材料，金属制品销售
产品：钛材、钛制品
地址：江苏省南京市江宁区东山街道
负责人：张伟　邮　编：211100
法　人：张伟
Tel：13621582796　13813083819

### 常州市道发商贸有限公司
地址：江苏省常州市新北区太湖花园 6 幢丙单元 902 室
负责人：周有道
Tel：13801502596

### 江苏昊诺国际贸易有限公司
地址：江苏省常州市新北区通江北路 600 号江苏长江塑化市场 1 幢 17 号
负责人：吴建平
Tel：13961235511

### 华东商业城盛达装饰五金批发部
业务：本店主要经营五金建材。质量保证，价格合理。欢迎新老客户光临惠顾！
地址：江苏省苏州吴江市江陵东路 8 号华东商业城 A 区 13 栋 207 室
负责人：余志农　邮　编：215128
法　人：余志农
Tel：0512－65259467
Fax：0512－63030879
网址：www.mtw27376.chinapyp.com

### 常州市雷之商贸有限公司
地址：江苏省常州市新北区通江大道 58 号
负责人：方雷
Tel：13338193688

### 常州市群亚物资有限公司
地址：江苏省常州市钟楼区常春路 6 号
负责人：张勤
Tel：13961412780

### 南京灿坤商贸有限公司
业务：销售各类办公用品及办公耗材
地址：江苏省南京市江宁区东山街道湖山路 369 号天元吉第城商业城 4 幢 103
负责人：戴伟维　邮　编：210008
法　人：戴伟维
Tel：025－51839336
Fax：025－51839336
E-mail：cankunsw@163.com

### 溧水县大桥物业保洁清洗有限公司
业务：外墙，玻璃幕墙保洁，室内保洁，打蜡，劳务人员派遣，企事业单位定期保洁，保洁用品销售，园林绿化
地址：江苏省南京市溧水县永阳镇秀园路广成东方名城 91 幢 102 室
负责人：王建军　邮　编：211200
法　人：王建军
Tel：15996430155　025－56227585
E-mail：http://www.51zzt.com/user/zzt30367

### 常州市卡纶狄贸易有限公司
地址：江苏省常州市钟楼区公园路（南大街商业步行街）100－506 号
负责人：周卫南
Tel：13806118211

### 华润超级市场昆山市淀山湖加盟店
业务：华润超级市场昆山市淀山湖加盟店成立于 2002 年，从事食品、饮料、日用百货、小家电的销售。
地址：江苏省苏州市昆山市淀山湖镇供销社商住楼
邮　编：215345
法　人：汤善中
Tel：0512－56261299
Fax：0512－57480702

### 珍日商贸有限公司
地址：江苏省常州市钟楼区金谷花园 6 幢丙单元 903 室
负责人：丁珍美
Tel：13912320112

### 常州市珏禾商贸有限公司
地址：江苏省常州市钟楼区晋陵中路 177 号
负责人：吴洪涛
Tel：13861221421

### 常州市东谷物资有限公司
地址：江苏省常州市钟楼区丽丰园 4 幢 201、202 室
负责人：萧革武
Tel：13801508198

### 南京晨飞物资贸易有限公司
业务：物资贸易
地址：江苏省南京市六合区雄州镇北大街 83 号北楼 102 室
负责人：韩有树　邮　编：210008
法　人：韩有树
Tel：13073418852　025－57118899
网址：http://www.51zzt.com/user/zzt31398

### 淮安市广大环球家具超市
业务：淮安市广大环球家具超市主要经营"南京非凡肯特"、"扬州鑫鑫"家具、"雅宝"家私、"喜临门"床垫、"双虎"家私、"雅诗兰"床具、"成名"家具、"喜梦格"床垫、"花为媒"床垫、"甜明"沙发、等家具用品。欢迎新老客户惠顾。
业务：江苏省淮安市淮阴区长江西路 31 号
邮　编：223300

法　人：潘池
Tel：0517－3212151
3315618
4939502
Fax：0517－4939602

### 南京事久贸易有限公司

业务：主营日本松下品牌小家电产品、能率热水器及厨卫产品、德国吉伦贝德热水器；同时兼营美国派克兰帝童装、法国德菲丝食品、圣雅伦美妆系列、爱思德系列保鲜盒、舒悦小家电、依尔顿橱具等产品
产品：日本松下品牌小家电产品、能率热水器及厨卫产品、德国吉伦贝德热水器；同时兼营美国派克兰帝童装、法国德菲丝食品、圣雅伦美妆系列、爱思德系列保鲜盒、舒悦小家电、依尔顿橱具等产品
地址：江苏省南京市明故宫 4 号
负责人：李庆林　邮　编：210000
Tel：025－84814949
Fax：025—84802382
网址：http://www.shijiu.cn
E-mail：www.shijiumy.com@163.com

**常州圣年物资有限公司**
地址：江苏省常州市钟楼区清潭新村 31 幢丁单元 401 室
负责人：唐爱玲
Tel：13776852386

**常州市高端物资有限公司**
地址：江苏省常州市钟楼区五星乡谭墅霍家塘 100 号
负责人：吴伟忠
Tel：13961289997

**常州诚义兴业商贸有限公司**
地址：江苏省常州市钟楼区永红为民村小园组
负责人：钱澄义
Tel：13585359601

### 江苏尖儿动漫艺术传媒有限公司

业务：江苏尖儿动漫艺术传媒有限公司成立于 2006 年，主要从事于影视广告的前期后期制作；企业专题片和企业形象设计；建筑动画；2D、3D、FLASH 动画的制作；庆典、礼仪的策划与发布。公司以“质量求生存、信誉求发展”，欢迎广大用户光临惠顾！
地址：江苏省南京市玄武区板仓街 9 号 B 区 4 号楼 2 楼
负责人：陈克　邮　编：210046
法　人：陈克
Tel：025－85481998
Mobile：13776685388
E-mail：jianer0912@126.com

**惠丰广告装璜有限公司**
地址：江苏省东台市东门丝绸路首
负责人：陆健全
Tel：0515－85261118
85195565

### 南京桥铁贸易有限公司

业务：焊接材料、紧固件、劳保产品
地址：江苏省南京市浦口区大马路 64 号
负责人：邹寄城　邮　编：210031
法　人：邹寄城
Tel：025－58875184

### 南京常航劳务信息咨询有限公司

业务：服务船东、服务船员、信息服务
地址：江苏省南京市浦口区大桥北路 9 号旭日华庭棕榈泉园区 01 幢 1 单元 101 室
负责人：顾维华　邮　编：210008
法　人：叶建巧
Tel：025－58579500
13057625155
网址：http://www.51zzt.com/user/zzt31095

**新曹农场化工建材加油站**
地址：江苏省东台市新曹农场曙光分场十三大队
负责人：张登明
Tel：0515－85866036

**江苏省东台市九鼎文化传播有限公司**
地址：江苏省东台市新东西路江家棚 2 号
负责人：马秀俊
Tel：0515－85172752
85172751
85212751

### 江苏开元国际集团有限公司进出口分公司

业务：公司从事进口：主营化工产品，机械设备，木材，煤炭，矿产，废塑料等；出口：主营船舶、船舶配件，太阳能组件，汽车配件，生产设备流水线，化工产品等，公司理念是守法经营，重合同、守信用、互利共赢。
地址：江苏省南京市白下区建邺路 100 号鸿信大厦
负责人：臧丹晖　邮　编：210004
法　人：丁建明
Tel：025－84267702
84267406
Fax：025－84267048

**华洋国际贸易有限公司**
地址：江苏省淮安市荷花池小区 10 幢 112 室
负责人：井林
Tel：13327966218

**淮安市昌源物资有限公司**
地址：江苏省淮安市淮阴区农干校院内
负责人：唐大池
Tel：13905239182

### 南京瑞发清洁有限公司

业务：专业致力于保姆服务、钟点服务，单位保洁，中央空调清洗维修等服务，坚持高定位、高质量、高效率的三高服务标准，为客户提供全方位的满意服务！
业务：保洁服务，中央空调清洗，维修
地址：江苏省南京市下关区五塘新村 55 栋 1 单元 401 室
负责人：封波　邮　编：210011
法　人：封波
Tel：025－85508994
13851756630
Fax：025－85508994
E-mail：dickfeng@126.com

**凯华商茂有限公司**
地址：江苏省淮安市淮阴区区委党校内
负责人：王新月
Tel：13705239373

### 金益诚贸易有限公司

业务：金益诚贸易有限公司成立于 2006 年 5 月，主要经营范围：机器设备及配件、刀具、锯片、五金配件、机电产品、塑胶产品、金属材料、建筑材料、磨具磨料、切削冷却液、包装材料的销售。
地址：江苏省昆山市开发区珠江南路 501 号
邮　编：215300
法　人：陈忠清
Mobile：13382156730
Mobile：13382156731
Fax：0512－57397389

**淮安市中意物资有限公司**
地址：江苏省淮安市淮阴区营东开发区 161 号
负责人：吴建军
Tel：13805237029

**淮安市奥瑞利工贸有限公司**
地址：江苏省淮安市金湖县金南镇南望村
负责人：刘维林
Tel：13915196990

### 南京耀中商务服务有限公司

业务：财务代理，建筑材料、劳保用品、日用品、保健品销售
地址：江苏省南京市下关区新民路 30－2 号 102 室
负责人：李德国　邮　编：210008
法　人：李德国
Tel：025－68833628
68833619

### 南京春枝灵文化传播有限公司

业务：文化艺术交流，企业形象策划，公关礼仪服务，人力资源信息咨询，电脑图文设计，制作，文化教育信息咨询，展览展示服务，设计制作各类广告
地址：江苏省南京市玄武区珠江路 88 号 1 幢 3823 室
负责人：张威　邮　编：21000
法　人：张威
Tel：025－84533321
网址：www.czldeu.com
E-mail：czl_edu@yahoo.cn

**淮安市海润商务有限公司**
地址：江苏省淮安市清河区淮海北路 50 号清中电子商城
负责人：毛道磊
Tel：13605237182

### 昆山市玉山镇永惠水产海鲜店

业务：本公司成立于 2004 年，主要从事海鲜的批发零售。
地址：江苏省苏州市昆山市玉山镇城北新北路 147 号
负责人：周永惠　邮　编：215300
法　人：周永惠
Tel：0512－57780108

**淮安市神火商贸有限公司**
地址：江苏省淮安市清河区淮海北路 62 号物资大厦 11 楼 1 室
负责人：左建伟
Tel：13951266695

**淮安市麦迪多贸易有限公司**
地址：江苏省淮安市清河区淮海西路 202－2 号
负责人：薛乐义
Tel：13912087733

**淮安市天宝国际贸易有限公司**
地址：江苏省淮安市清河区人民北路 8 号
负责人：连志高
Tel：13003543610

### 连云港凯邦广告装饰有限公司

业务：连云港凯邦广告装饰有限公司成立于 2006 年，专为商场专卖店设计装饰，您的追求就是我们的目标，欢迎新老客户来电洽谈业务。
地址：江苏省连云港市新浦区瀛洲路 10－9 号
负责人：杨容钧　邮　编：222006
法　人：杨容钧
Tel：0518－85838980
82689960
网址：www.mtw50430.chinapyp.com
E-mail：mtw50430

### 南京固久贸易有限公司

业务：本公司专业代理机械及电气产品配件，代理品牌有施耐德、西门子、ABB 等，我们本着“以诚为根、以信为本”的服务理念为零售终端提供优质完善的服务。期待与您真诚合作！
地址：江苏省南京市沿江工业开发区南化三村 285 号
负责人：胡亮　邮　编：210035
法　人：胡亮
Tel：025－57793517
13451802725

### 南通市天赐货运有限公司

业务：东北专线，天天发车，整车零担，自备车队，信誉第一，质量第一，安全第一，速度第一。
地址：江苏省南通市城港路 385 号
负责人：刘振波　邮　编：226000
法　人：刘振波
Tel：13358067777
0513－85566178

**淮安市天添商贸有限公司**
地址：江苏省淮安市清浦区化工路韩泰安置楼 23 号
负责人：刘才兵
Tel：13770385258

**淮安市锦瑞工贸有限公司**
地址：江苏省淮安市清浦区蔬菜村三组
负责人：夏昕
Tel：13861598698

**神洲技术服务有限公司**
地址：江苏省江阴市环城南路 356 弄 210 号
负责人：李菊花
Tel：0510－86298581
13003361706

### 连云港市海州批发市场捷尔佳超市货架经营部

业务：本公司创建于 2000 年，主要从事：超市货架、日用杂品。公司坚持“以客户为中心”开拓市场，真诚希望与您建立良好的战略合作伙伴关系，以我们专业的水平，合理的价格，优质的服务成为您最佳的合作伴侣。
地址：江苏省连云港市海州区批发市场 B－A－14 号
负责人：陈亚军　邮　编：222023
法　人：陈亚军
Tel：0518－85258508
Fax：0518－85258508
网址：www.mtw28855.chinapyp.com

### 南通市蔬菜副食品批发市场有限公司

业务：蔬菜副食品批发
地址：江苏省南通市崇川区濠西路 89 号
负责人：陈坚　邮　编：226000
法　人：陈坚
Tel：0513－85187863
13003539629

### 南通华佳广告有限公司

业务：以大型喷绘、写真、霓虹灯、钢结构工程等为主，设计、制作、安装一条龙服务。我们将以专业的广告技术，确保客户获得优越的一站式解决方案。
产品：广告牌、三面翻
地址：江苏省南通市方天大市场工农路 100 号
负责人：郭金华　邮　编：226000
法　人：郭金华
Tel：0513－88115148
Fax：0513－88115148
QQ：734834075

**张家港市中远房屋拆除有限公司**
地址：江苏省江阴市利港镇利康路 15 号
负责人：李正龙
Tel：0510－86638372

**万鸿进出口有限公司**
地址：江苏省姜堰市西大街 34 号 4 楼
负责人：戴均
Tel：13505268810

**薛埠交通汽车修配厂**
地址：江苏省金坛市薛埠茅东大街 48 号
负责人：张春华
Tel：13961266651

**兰林贸易有限公司**
地址：江苏省靖江市靖城镇人民北路城北桥向北 150 米
负责人：柯顺引
Tel：0523－84837009
13801435459

**阳光影视工程有限公司**
地址：江苏省溧阳市溧城杨家院 15 幢 6 号
负责人：王文骅
Tel：13801491055

### 华佳广告

业务：5.2M 巨喷机，1440DPI，巨型喷绘
地址：江苏省南通市方天大市场工农路 100 号
负责人：郭金华
法　人：郭金华
Tel：13057006788
0513－88115148

### 上海力大商务咨询有限公司南通分公司

业务：商务信息咨询，酒店管理咨询，企业管理咨询，会务会展服务，订房服务，代购车船票
地址：江苏省南通市工农路 111 号华辰大厦 1 座 2503
负责人：姚文忠　邮　编：226007
法　人：姚文忠
Tel：13601649005
021－63276266

### 南通市喜运搬家搬琴有限公司

业务：搬家服务、货物搬运服务
地址：江苏省南通市工农路 18 号（大饭店南 300 米）
负责人：王建荣　邮　编：226000
法　人：王建荣
Tel：15062769618
0513－85257151

### 连云港市新浦区云台乡经济服务中心

业务：连云港云台乡经济服务中心从事农村经济管理，招商引资，热忱欢迎各界朋友前来投资，共创美好未来！
地址：江苏省连云港市新浦区云台乡经济服务中心
负责人：王长富　邮　编：222064
法　人：王长富
Tel：0518－85940268

### 南京金宏一工贸有限公司

业务：南京金宏一工贸有限公司成立于 1999 年，主要从事自行车，摩托车，电动车以及汽车配件的出口。“诚信为本，信誉至上”，竭诚欢迎海内外客户来电来人洽谈业务，共同合作。
地址：江苏省南京市白下区新街口正洪街 1 号正洪大厦 21 楼 E 座
邮　编：210005
法　人：顾弘镔
Tel：025－84717111
Fax：025－84717000

**瑞佑企业发展有限公司**
地址：江苏省连云港市赣榆县华中路 168 号
负责人：吕从乐
Tel：0518－86284588
13775428878

### 达尔广告传媒有限公司

业务：设计、制作、发布国内各类广告、企业形象设计、装潢装饰、庆典策划、高炮、三面翻、小区灯箱、显示屏、墙体喷绘等。
地址：江苏省南通市海安县海安镇
负责人：王裕来　邮　编：226611
Tel：13506279248
0513－88809068

### 南通伟鸣贸易有限公司

业务：外贸服装
地址：江苏省南通市青年东路 68 号
负责人：蔡鸣鸣　邮　编：226001
法　人：蔡鸣鸣
Tel：15906297770
0513－87111772

### 南通市一方安保服务有限公司

业务：安全保护、安全策划、私人保镖，保安器材的销售
地址：江苏省南通市越江新村 55 号 303 室
负责人：朱华　邮　编：226500
法　人：朱华
Tel：0513－85601579
Fax：0513－85601579

### 云飞汽车租赁服务部

业务：汽车租赁、抵押贷款
地址：江苏省南通市钟秀乡城东村三组
负责人：朱新华　邮　编：226000
法　人：周云飞
Tel：0513－85502020
15962995888

**长青保洁服务有限公司**
地址：江苏省连云港市赣榆县青口镇文化西路 9－1 号
负责人：肖长青
Tel：0518－82638898

**连云港琪昌商贸有限公司**

地址：江苏省连云港市灌南县三口镇窑河村十三组524号
负责人：汪克岭
Tel:13775450228

**连云港诚泰贸易有限公司**
地址：江苏省连云港市连云区开发区五羊路北
负责人：陈青梅
Tel:13505139961

**连云港世发贸易有限公司**
地址：江苏省连云港市连云区开发区五羊路北
负责人：王世军
Tel:13812332127

**上海晟龙商务咨询有限公司**
业务：商务咨询
地址：江苏省启东市南苑西路1300号
负责人：陈女士 邮编：226200
法人：陈伟
Tel:0513－83606287

**连云港友兴贸易有限公司**
地址：江苏省连云港市连云区中山西路201号
负责人：王绪成
Tel:13605137608

**连云港市汇纺国际贸易有限公司**
地址：江苏省连云港市新浦区扁北街扁担河购物中心4－2－11号
负责人：金京哲
Tel:13305131019

**南京市六合县灵岩兴祥批发部**
业务：南京市六合县灵岩兴祥批发部成立于1994年，主要从事各种酒类的批发与零售。质量优，价格合理，热诚欢迎新老客户光临惠顾。
地址：江苏省南京市六合县灵岩乡高余村高二组
邮编：211500
法人：高祥
Tel:025－57757788

**苏州星海易贸易有限公司**
业务：电子材料、文具办公劳保耗材、包装材料、PVC胶袋的销售
产品：电子材料、文具办公劳保耗材、包装材料、PVC胶袋
地址：江苏省苏州市苏州高新区建林路802号－6号
负责人：董军 邮编：215151
法人：董军
Tel:18913592129
0512－66073427
Fax:0512－66073427

**苏州志强职业介绍有限公司**
业务：信息咨询、信息指导、劳务国内派遣
地址：江苏省苏州市吴中区木渎镇花园路新华村9组
负责人：李刚 邮编：215101
法人：张雄
Tel:13915421369
15250405526

**连云港市韩亚商贸有限公司**
地址：江苏省连云港市新浦区苍梧路36号慧都新生活广场4层1间
负责人：姚永生
Tel:13305138777

**长青网络信息有限公司**
地址：江苏省连云港市新浦区苍梧路龙河大厦东塔楼1508－1号
负责人：孙召青
Tel:13327872888

**月亮湾婚庆礼仪店**
业务：鲜花批零、婚庆服务、礼仪庆典服务
地址：江苏省苏州市星海街206号
负责人：庄春亢 邮编：215000
法人：庄春亢
Tel:0512－62995689
62095049

**泗洪县恒聚祥商贸有限公司**
业务：批发，零售预包装食品、电工电料、五金、民用建材
地址：江苏省宿迁市泗洪县界集镇迎宾路南侧
负责人：陈鹏飞 邮编：223941
法人：陈鹏飞
Tel:15161234506
0527－86505277

**连云港市金色土投资抵押服务有限公司**
地址：江苏省连云港市新浦区海昌北路46号
负责人：原春梅
Tel:13775588333

**连云港市中北粮油贸易有限公司**
地址：江苏省连云港市新浦区海连西路28#
负责人：黄继超
Tel:13151713788

**连云港市泰达清算代理有限公司**
地址：江苏省连云港市新浦区解放东路158号6号楼2单元602室
负责人：顾凤华
Tel:13305135585

**泗洪县博宇商贸有限公司**
业务：光明牛奶，调味品等销售
地址：江苏省宿迁市泗洪县青阳镇阜陈市场百神超市
负责人：张彩红 邮编：223800
法人：张彩红
Tel:13056117720
0527－86201557
Fax:0527－86201557
网址：zzt31022
E-mail:http://www.51zzt.com/user/zzt31022

**太洋广告装饰有限公司**
地址：江苏省连云港市新浦区通灌路金城公寓办公楼四楼
负责人：庄健
Tel:0518－85503376

**连云港裕禾国际贸易有限公司**
地址：江苏省连云港市新浦区通灌南路75号兆隆新村A－5号4单元202室
负责人：王卫
Tel:13305130368

**连云港亚龙进出口贸易有限公司**
地址：江苏省连云港市新浦区通灌南路兆隆大厦309室
负责人：费云庆
Tel:13515665867

**泗阳县广远保洁服务有限公司**
业务：清扫保洁，垃圾运输，清化物待清待用及下水道维修
地址：江苏省宿迁市泗阳县众兴镇东光村一组（桃源小区南侧）
负责人：袁广 邮编：223732
法人：袁广
Tel:13852822389
13511786993

**连云港德源事务代理有限公司**
地址：江苏省连云港市新浦区向阳街海连中路商业局宿舍2单元301室
负责人：徐源
Tel:13327860626

**连云港德丰投资管理有限公司**
地址：江苏省连云港市新浦区众兴城B号楼门面房15号
负责人：吴艳
Tel:13505132020

**南京友和生产资料有限公司**
业务：南京友和生产资料有限公司主经营机床设备、五金交电、各类钢材。欢迎新老客户光临，惠顾！
地址：江苏省南京市雨花区铁心桥大周路9号
负责人：江永忠 邮编：210012
法人：江永忠
Tel:025－52353688
Fax:025－52351909
网址：www.mtw28923.chinapyp.com

**宿迁市银恒商贸有限公司**
业务：矿产品、建材批发
产品：矿产品、建材
地址：江苏省宿迁市宿豫区皂河镇通盛街42号
负责人：周小兵 邮编：223800
法人：周小兵
Tel:18936994266

**泰州市高港区豪洋商贸有限公司**
业务：本公司是一家综合型的贸易公司，专业从事国际品牌佐敦JOTUN、韩国KCC等和国内上海开林船舶油漆的销售，还包括：五金交电、机械设备、钢结构制作安装等，我们始于客户需求，终于客户满意，期待与您真诚合作！
产品：佐敦油漆、韩国KCC、上海立邦漆等国际品牌船舶油漆以及国内上海开林油漆
地址：江苏省泰州市高港区永安洲镇北沙船舶工业园
负责人：刘福国 邮编：225300
法人：刘福国
Tel:0523－86923670
15050507982
Fax:0523－86923670
E-mail:liufuguo1981@163.com

**南通俊新贸易有限公司**
业务：南通俊新贸易有限公司成立于2006年，主要从事于有机化工。公司以"质量求生存，信誉求发展"，欢迎广大用户光临惠顾！
地址：江苏省南通市跃龙路38号国际大厦二层210室
负责人：严俊 邮编：226001
法人：严俊
Tel:0513－85514419
Fax:0513－85326590

**南京承启管理咨询有限公司**
地址：江苏省南京市白下区白下路209号中天花园1303
负责人：陈春宁
Tel:13701403386

**南京展生贸易有限公司**
地址：江苏省南京市白下区常府街三十四标34号
负责人：解鹈
Tel:13655199899

**南京峰飚物资贸易有限公司**
地址：江苏省南京市白下区大光路108号
负责人：陈柱
Tel:13705174433

**巢湖市新安劳务有限责任公司江苏分公司**
地址：江苏省南京市白下区大光路17号102室
负责人：胡开明
Tel:025－84590557

**南京飞午商贸有限公司**
地址：江苏省南京市白下区东王府园90号
负责人：周笑舟
Tel:025－83026527

**无锡市星辰代驾服务有限公司**
业务：提供代驾服务
地址：江苏省无锡市南长区广丰里小区152号602
负责人：王锡川 邮编：214021
法人：王锡川
Tel:0510－83153115

**南京我爱我车广告有限公司**
地址：江苏省南京市白下区东王府园90号
负责人：林晶艳
Tel:13805176627

**南通茂烈贸易有限公司**
业务：我公司主要经营辅料、服饰、针织品、生产制品及原料、鞋帽、装潢材料、建筑材料、金属材料、家用电器、日用百货销售，企业形象、产品营销、市场策划、企业管理、商品信息咨询服务。
地址：江苏省南通市崇川区节制闸新村25幢201室
负责人：郭精 邮编：226005
法人：郭精
Tel:0513－83527919
Fax:0513－83527919
网址：www.mtw28134.chinapyp.com

**南通市小海文峰千家惠超市**
业务：本公司成立于2001年，销售日用品、百货、服装、鞋帽等。超市品种齐全，质量保证，价格合理。热忱欢迎新老客户光临惠顾！
地址：江苏省南通市小海镇文峰千家惠超市
负责人：龚思祥 邮编：226300
法人：龚思祥
Tel:0513－85902726

**淮安市云轩钢材贸易有限公司**
业务：角钢，槽钢，工字钢，H型钢，镀锌管，焊管，方管系列产品销售
地址：江苏省无锡市无锡友谊中路288号8015－8016室无锡京新金属材料有限公司
负责人：肖政木 邮编：214000
Tel:15868381923
0510－88262706
网址：http://jzsteel.mysteel.com.cn/

**宿迁鑫库贸易有限公司**
业务：钢材的贸易
地址：江苏省无锡市新区高浪路高浪嘉园174号101室
负责人：潘学侠 邮编：214001
法人：潘学侠
Tel:13646186668
0510－85366120

**南京汇洲堂广告有限公司**
地址：江苏省南京市白下区东王府园90号
负责人：厉慧
Tel:13851878789

**吴江市天丰金属贸易有限公司**
业务：金属生铁贸易
地址：江苏省吴江市汾湖镇芦墟东港路芦福宫5栋404室
负责人：朱雪峰 邮编：215211
法人：朱雪峰
Tel:13812709088
0512－63277998
13962550971

**徐州德信格雅商贸有限公司**
业务：钢材销售，钢结构制品制造安装及销售
地址：江苏省新沂市金三角3号楼4单元201室
负责人：翟高领 邮编：221400
法人：翟高领
Tel:15852078555
0516－88668777
Fax:0516－88668777

**南京行远企业管理咨询顾问有限公司**
地址：江苏省南京市白下区汉中路27号
负责人：伍荣
Tel:13851718160

**南京海合企业投资管理有限公司**
地址：江苏省南京市白下区汉中路89号金鹰国际商城29楼A座
负责人：毛照红
Tel:025－84400433

**南京黄禾广告有限公司**
地址：江苏省南京市白下区洪武路135号五楼
负责人：王钢
Tel:025－84818000

**南京迅永财务咨询服务有限公司**
地址：江苏省南京市白下区淮海路31号4幢2单元402室
负责人：韦建骏
Tel:13851951083

**江苏苏宁地铁商业管理有限公司**
地址：江苏省南京市白下区淮海路68号
负责人：孙为民
Tel:025－84418888

**兴化市亚克力广告标牌厂**
业务：广告标牌
地址：江苏省兴化经济开发区葛家东路3号
负责人：梁兴强 邮编：225300
法人：梁兴强
Tel:0523－83274978
13505266444
Fax:0523－83274978

**兴化市苏糖名烟名酒有限公司**
业务：酒，副食品，卷烟零售
产品：主营：茅台，五粮液，国缘，总经销：红花郎，卡斯特葡萄酒
地址：江苏省兴化市长安路东寺桥3号
负责人：侯雪虹 邮编：225700
法人：总经理：徐桂松
Tel:0523－83231514
Fax:0523－83232209
E-mail:stxgs_999@sina.com

**江苏开元欧美达贸易有限公司**
地址：江苏省南京市白下区建邺路100号
负责人：腾晓
Tel:025－84468888

**南通威富贸易有限公司**
业务：南通威富贸易有限公司主要从事外贸服装。我公司本着"以诚为本，顾客第一"的宗旨。欢迎广大客户光临，惠顾！
地址：江苏省南通市工农路69号成功大厦501
负责人：姜曹芳 邮编：226007
法人：姜曹芳
Tel:0513－88580252
85321219
Fax:0513－85321235
网址：www.mtw28370.chinapyp.com

**兴化市润发物资贸易有限公司**
业务：大米、农副产品、不锈钢制品、体育器材的批发、零售
地址：江苏省兴化市戴南镇不锈钢交易城A01－178号
负责人：叶海峰 邮编：225700
法人：叶海峰
Tel:13812485538
15896065330
Fax:0523－83984786

**徐州振兴缘贸易有限公司**
业务：英克莱电动车的贸易
地址：江苏省徐州市丰县凤翔小区8幢101、102号英克莱电动车专卖店
负责人：宋振芳 邮编：221700
法人：宋振芳
Tel:0516－81128798
13151781458

**徐州丽颜堂进出口贸易有限公司**
业务：代理化妆品、保健品
产品：瑞倪维儿美容连锁有限公司（江苏省总代理），藏王御燕宫健康产业中国总部（徐州地区总代理），日本原装智能仿生融波美容仪器"魔镜"（徐州地区经销商）
地址：江苏省徐州市淮海西路段庄广场公交大厦东门对面
负责人：何丽 邮编：221003
法人：张文清
Tel:0516－85779828
85720899

**日丰管专卖店**
业务：代理日丰管材，伟星PPR管
地址：江苏省盐城市射阳县黄海南路
邮编：224300
法人：李亚军
Tel:0515－2319774
Mobile:13851007696
Fax:0515－2317733
网址：www.ycrf.chinapyp.com

**南京驰瑞商务服务有限公司**
地址：江苏省南京市白下区龙蟠中路317号
负责人：吴铮悦
Tel:025－83430504

### 徐州利慧电器有限公司
业务：专业经营家用电器、五金、交电、计算机、电动自行车、太阳能，批零兼营，品质保证。公司自成立以来秉着专业、诚信、品质优良的售前售后服务，赢得广大消费者的好评，欢迎新老客户光临惠顾。
地址：江苏省徐州市沛县大屯镇夏官屯（姚桥利慧家电）
负责人：蔡可利　邮　编：221600
法　人：蔡可利
Tel：0516－89030988
18605169988
Fax：0516－89957660
E-mail：xzlihuidianqi@163. com

### 南京大郎百货销售中心
地址：江苏省南京市白下区莫愁路 403－7 号 602 室
负责人：张辉
Tel：025－52252895

### 南京隆禄商贸有限公司
地址：江苏省南京市白下区苜蓿园大街 118 号
负责人：刘玉兰
Tel：13805159688

### 南京君强餐饮管理顾问有限公司
地址：江苏省南京市白下区瑞金北村 50 幢
负责人：谢俊
Tel：025－83367961

### 南京雅木投资顾问有限公司
地址：江苏省南京市白下区瑞金北村 50 幢
负责人：张剑锋
Tel：025－83940443

### 徐州正大演出设备有限公司
业务：专业从事灯光音响设备出租、舞台演出设备租赁，提供各种庆典礼仪、会务策划会务接待，演出策划，媒体发布，婚庆典礼，广告策划，广告代理，开业剪彩等服务
地址：江苏省徐州市泉山区会堂西巷 9 号广告公司院内
负责人：张燕军　邮　编：221006
法　人：张燕军
Tel：0516－82153655

### 苏鲁物资贸易有限公司
业务：苏鲁物资贸易有限公司主要从事煤炭、钢材的批发零售与运输。“诚信经营，信誉第一，客户至上”，热诚欢迎新老客户惠顾。
地址：江苏省徐州市沛县龙固镇中心三村
邮　编：221000
法　人：张茂学
Tel：0516－4922555

### 苏州工业园区恒昌假期商务服务有限公司
业务：本公司是一家 2000 年成立的私营有限公司，从事航空、旅游、商务、房产、广告等服务，是由几家中小型公司组成的、服务于外企的扁平化管理公司，团结、敬业、务实、拼搏是我们的文化！达成理想是我们的目标！
地址：江苏省苏州市金阊区彩香路 6 号 A 座 609 室
邮　编：815004
法　人：邱允曦
Tel：0512－68663057
Fax：0512－68660796
网址：www. jshcjq. chinapyp. com

### 徐州市嘉瑞矿用物资贸易有限责任公司
业务：机械配件、塑料制品、塑料管、钢材、PE 管、电线电缆、化工产品、各种矿用钻头、矿山支护产品、五金交电产品的销售
产品：机械配件、塑料制品、塑料管、钢材、PE 管、电线电缆、化工产品、各种矿用钻头、矿山支护产品、五金交电产品
地址：江苏省徐州市三环西路开元四季新城一期 C12＃
负责人：牟立兵　邮　编：221000
法　人：牟立兵
Tel：15905208480
15150033258
0516－85723486
Fax：0516－85723486

### 建湖兆丰劳务信息咨询有限公司
业务：劳务信息咨询
地址：江苏省盐城市建湖县芦沟镇人民路 18 号
负责人：李效元　邮　编：224005
法　人：李效元
Tel：0515－86578361

### 苏州南环桥市场发展有限公司
业务：苏州市南环桥农副产品批发市场是苏州最大的菜篮子工程，主营 10 个大类的农副产品批发交易业务。
地址：江苏省苏州市吴中开发区东方大道 1688 号
负责人：沙国栋　邮　编：215124
法　人：孟新鹤
Tel：0512－67262038
67417501
网址：www. nhqnm. com

### 苏州市大屯贸易有限公司
业务：苏州市大屯贸易有限公司成立于 2003 年，主要从事防静电和净化产品。我们竭诚敬业、殚精竭虑、精益求精，以质优价廉的产品热忱回报广大客户。
地址：江苏省苏州市苏州新区运河路 18 号
负责人：刘栋琴　邮　编：215011
法　人：刘栋琴
Tel：0512－68240853
Fax：0512－68097819
网址：www. mtw27755. chinapyp. com

### 南京希立教育文化咨询有限公司
地址：江苏省南京市白下区瑞金北村 50 幢
负责人：孙红
Tel：025－84695480

### 南京涌泉广告有限公司
地址：江苏省南京市白下区瑞金北村 50 幢
负责人：蒋晓玲
Tel：13182835828

### 南京良业广告有限公司
地址：江苏省南京市白下区瑞金北村 50 幢
负责人：蒋国良
Tel：13813814747

### 盐城亨达商贸有限公司
业务：销售各类日化用品，代理“纳爱斯”，“雕牌”日化用品
地址：江苏省盐城市射阳县合德镇创业园区合兴路 15 号
负责人：李运荣　邮　编：224005
法　人：李运荣
Tel：0515－85027058

### 盐城市福康安物业服务有限公司
业务：物业服务、清洁服务、锅炉清洗，建筑物外墙、电梯、中央空调、管道清洁服务，计算机系统集成、会议系统工程、计算机网络系统工程、保安监控及防盗报警系统工程的设计与施工
地址：江苏省盐城市振兴路兴强房产综合楼 2 号楼 404 室
负责人：顾辉　邮　编：224005
法　人：顾辉
Tel：13851079901
0515－83703778
Fax：0515－83703778
网址：http://www. 51zzt. com/user/zzt29851

### 南京利宾贸易有限公司
地址：江苏省南京市白下区瑞金北村 50 幢
负责人：李海波
Tel：13813958553

### 南京奇芳房产咨询有限公司
地址：江苏省南京市白下区三十四标 123 号 401 室
负责人：陈文奇
Tel：13337729750

### 江苏天衡工程咨询管理有限公司
地址：江苏省南京市白下区三元巷七号江苏建筑大厦 8 楼
负责人：狄云龙
Tel：025－84201811

### 南京千泽国际贸易有限公司
地址：江苏省南京市白下区石鼓路 100 号 4－1703 室
负责人：吴惠明
Tel：025－84706648

### 常熟市标准件厂扬中销售处
业务：机械设备、五金交电及电子产品批发
地址：江苏省扬中市三茅镇金苇中路
负责人：朱爱华　邮　编：212001
法　人：朱爱华
Tel：0511－88390808
13852955618

### 扬州行程航空服务有限公司
业务：专业提供国内国际航班票务咨询，电话、传真订票、售票等基础服务，并提供代售火车票、旅游团体接待、图文设计、酒店预订、会务服务、商务信息咨询等。我们的服务宗旨是：把安全放在首位、用服务赢得客户，让我们成为您人生和事业的伴侣！
地址：江苏省扬州市邗江区文昌西路 376 号新港名城 10－107
负责人：朱永宝　邮　编：225012
法　人：朱瑶
Tel：0514－87711111
400－8812966
Fax：0514－87787711
网址：www. yzxchk. com
E-mail：yzzhuyongbao@163. com

### 南京雄辉人力资源服务有限公司
地址：江苏省南京市白下区石鼓路 203 号 402 室
负责人：郑国雄
Tel：13805158938

### 南京天策视觉设计工作室
地址：江苏省南京市白下区石杨路 2 号 38 幢 3 单元 506 室
负责人：王芳
Tel：13952049866

### 上海久诚信息技术有限公司南京分公司
地址：江苏省南京市白下区太平南路 333 号 9 楼 E 座
负责人：王勇
Tel：025－84552300

### 南京晔绿工贸有限公司
地址：江苏省南京市白下区陶李王巷 15 号 701 室
负责人：吴辉琴
Tel：13338621170

### 扬州昊宇广告有限公司
业务：平面设计、画册设计、名片设计
地址：江苏省杨州市邗江区李典镇
负责人：梁文骏　邮　编：225106
法　人：梁森
Tel：0514－87551031
13952724244

### 仪征市盛明贸易有限公司
业务：贸易
地址：江苏省仪征市真州镇万博大世界 L213 室
负责人：包和　邮　编：225002
法　人：包和
Tel：0514－85712003
Fax：0514－85712003
网址：http://www. 51zzt. com/user/zzt31690

### 南京万亿汽车租赁有限公司
地址：江苏省南京市白下区天地花园 01 幢 102 室
负责人：汪巧平
Tel：025－84860456

### 南京轩明管理咨询服务中心
地址：江苏省南京市白下区小火瓦巷 48 村 18－1 号
负责人：桂荔
Tel：13813863171

### 南京冠腾进出口贸易有限公司
地址：江苏省南京市白下区御道街 29 号 E 楼 209
负责人：张建巍
Tel：025－84895800

### 宜兴市锐杰商贸有限公司
业务：经销润滑油、汽车、叉车配件，代理东风嘉实多油品等品牌产品，品种齐全，价格合理，并有专业技师提供技术服务，我们将竭诚为您提供最优质的产品和最满意的服务。
产品：东风嘉实多油品
地址：江苏省宜兴市宜城街道融达汽车城 1 幢 811－812
负责人：解杰　邮　编：214200
法　人：解杰
Tel：0510－87933633
Fax：0510－87933633
E-mail：xiejie7912456@yahoo. cn

### 南京朗峰建筑设计顾问有限公司
地址：江苏省南京市白下区御道街 34 号 14 幢 402 室
负责人：孙剑
Tel：13951000789

### 南京将帅劳动服务有限公司
地址：江苏省南京市白下区御道街 60 号 8 幢 101 室
负责人：王加生
Tel：13338628228

### 上海金英贸易有限公司南京办事处
地址：江苏省南京市白下区御道园 1 幢 604 室
负责人：侯英
Tel：13851860666

### 张家港保税区盛搏海国际贸易有限公司
业务：专营化工产品进出口业务，公司以一流的管理、一流的技术和一流的服务，与国内外的朋友建立良好的业务关系，共同发展、共创辉煌。
产品：甲苯、二甲苯、苯乙烯、纯苯、异丙醇、正丁醇、乙二醇、二甘醇、溶剂油、混合苯
地址：江苏省张家港金港镇中德新村 36 栋 501
负责人：周瑜　邮　编：215634
法　人：周瑜
Tel：0512－56737151
15062509333
Fax：0512－56737572

### 南京纳新贸易有限公司
地址：江苏省南京市白下区中山南路 288 号江苏东恒国际商务大楼 9 层 D 座
负责人：韩文华
Tel：13605177618

### 苏州市恒华实业发展有限公司
业务：苏州市恒华实业发展有限公司成立于 2005 年，是一家从事国际贸易的公司。公司出品的服装款式新颖、品质优良，享有较高声誉，销往国内外。本公司愿与海内外朋友共图发展！
地址：江苏省苏州市吴中区东吴北路 31 号 G 楼
邮　编：215128
法　人：严雪珍
Tel：0512－85181728
85181727
Fax：0512－85181727

### 张家港市冠联形象广告策划有限公司
业务：设计制作、发布、代理国内外各类广告、礼仪服务，企业 CI 策划
地址：江苏省张家港经济开发区（梁丰五金机电城）1 号楼 3 楼
负责人：须敏丽　邮　编：215600
法　人：须敏丽
Tel：13901563800
0512－56005800

### 苏州市平江区锦月扇庄
业务：公司成立于 2002 年，是一家专业生产各种规格中高档宫廷扇，广告扇，男士扇，女士扇，承接各种规格的广告扇。公司所生产的扇子品种齐全，花色多样，质量可靠，价格实惠！欢迎新老客户惠顾！
地址：江苏省苏州市平江区苏锦一村 136 幢 106 室
负责人：徐永忠　邮　编：215008
法　人：徐永忠
Tel：0512－67218184
Fax：0512－67218184
网址：www. szjysz. cn
E-mail：xuyongzhong55666@yahoo. com. cn

### 泰州波司登贸易有限公司
业务：泰州波司登贸易有限公司成立于 2006 年，位于江苏省泰州市江洲北路西丰路 7 号。我公司是一家专业批发波司登羽绒服系列产品的公司，质量保证、价格合理、服务第一，欢迎广大客户前来洽谈、定购。
地址：江苏省泰州市江洲北路西丰路 7 号
邮　编：225300
法　人：梅冬
Tel：0523－6569548
Fax：0523－6569648

### 南京垠坤地产经纪有限公司第一分公司
地址：江苏省南京市白下区中山南路 89 号 2304 室
负责人：杨雷
Tel：025－84699436

### 南京超辉工贸实业有限公司
地址：江苏省南京市大厂区沿江工业开发区新华路 148 号－276
负责人：严浩
Tel：13851680818

### 张家港市兄弟物资贸易有限公司
业务：原料贸易
地址：江苏省张家港市妙桥镇农业银行 3 楼
负责人：周三保　邮　编：215002
法　人：周三保
Tel：0512－58464376

### 南通市信通劳务有限公司
业务：劳务输出、劳务派遣
地址：江苏省张家港市南丰镇永联村 21 组永钢大道 17 号
负责人：刘文明　邮　编：215600
法　人：刘文明
Tel：0512－88834812

### 张家港市多佳维空调系统服务有限公司
业务：空调维护，保洁，安装
地址：江苏省张家港市杨舍镇公园路 108 号
负责人：任卫忠　邮　编：215002
法　人：任卫忠
Tel：0512－58797001



### 江苏京润国际广告有限公司
地址：江苏省南京市高淳县淳溪镇宝塔路 356 号
负责人：王晓红
Tel：025－84641999

### 南京妙品广告有限公司
地址：江苏省南京市高淳县开发区服务区 779 号
负责人：刘锦彪
Tel：025－57338057

### 南京天际杰思地产投资顾问有限公司
地址：江苏省南京市高淳县开发区服务区 789 号
负责人：郑红
Tel：025－86661006

### 南京百佳乐贸易有限公司
地址：江苏省南京市鼓楼区北京西路 8 号 1 幢五层
负责人：孙军

……Tel:025-83321367

**南京长亚商贸中心**
地址:江苏省南京市鼓楼区定淮门 2 号 8 幢 308 室
……负责人:李为芹
……Tel:025-86054407

**南京顺诚贸易有限公司**
地址:江苏省南京市鼓楼区东柏果园 48 号
……负责人:唐寅
……Tel:13915916212

**南京果果点点艺术设计工作室**
地址:江苏省南京市鼓楼区傅厚岗 26 号
……负责人:郭玉良
……Tel:025-83202304

**江苏中达建设投资管理咨询有限公司**
地址:江苏省南京市鼓楼区管家桥 9 号 18 楼 B座
……负责人:王学鸣
……Tel:025-83342700

**江苏金陵精品商贸有限公司**
地址:江苏省南京市鼓楼区汉中路 2 号金陵饭店主楼 401 室
……负责人:王颖军
……Tel:025-84711888

**南京铄飞贸易有限公司**
地址:江苏省南京市鼓楼区虎踞北路 37 号
……负责人:张峰圣
……Tel:025-58772476

**南京朗芝贸易有限公司**
地址:江苏省南京市鼓楼区汇贤居 2 号 1001 室
……负责人:丁志锋
……Tel:13912991156

## 无锡华尔德超声电子设备有限公司
业务:本公司集超声波开发制造、生产、销售服务于为一体的综合性专业制造厂,主要产品有超声波清洗机、超声波加工机、超声波浸锡机、焊接机、流水线、烘干机及非标设备等七大系列。公司可根据客户的要求,定制各种非标设备,竭诚欢迎新老客户来函来电联系合作。
地址:江苏省无锡市坊前镇工业集中区新风路 25 号
……邮　编:214111
……法　人:倪景山
……Tel:0510-88278363
……Fax:0510-88278363
……网址:www.huaerde.com.cn

## 无锡市中忠发物资贸易有限公司
业务:无锡市中忠发物资贸易有限公司从事于钢材、板材经营,您的满意是我们的追求,欢迎新老客户来电洽谈业务!
地址:江苏省无锡市惠山区堰桥镇西漳尤旺村北西漳路 108 号
……负责人:王兴法……邮　编:214000
……法　人:王兴法
……Tel:0510-83753351
82258285

## 吴江市世纪华联超市
业务:吴江市世纪华联超市成立于 2005 年,位于盛泽东方丝绸市场。这是继农工商、华润之后,盛泽引进的又一家大型零售企业。卖场建筑面积 1 万多平方米,并配备有大型免费停车场。卖场销售的商品达 2 万余种。"质量第一、价格合理、服务周到"是华联人的经营宗旨,欢迎各地总经销商提供商品报价和配送服务。
地址:江苏省吴江市东方丝绸市场
……邮　编:215200
……法　人:郑华新
……Tel:0512-63512222
……Fax:0512-63525578

## 兴隆物资有限公司
业务:物资
地址:江苏省镇江市丹阳市界牌民本桥
……负责人:李兴勇　邮　编:212000
……法　人:袁世珍
……Tel:0511-86386249
……Fax:0511-86369578

## 新沂市荟人商贸有限公司
业务:新沂市荟人商贸有限公司成立于 2001 年,从事保健食品、个人护理用品、家居日用品、美容护肤品的销售。我们以高质量的产品,优秀的服务,赢得了广大客户的一致称誉。
地址:江苏省新沂市新华路与建业路交叉口西北角(建业西路 1 号)
……邮　编:221400
……法　人:徐士春
……Tel:0516-8959103
……Fax:0516-80187788

**南京宽屏管理顾问有限公司**
地址:江苏省南京市鼓楼区江东北路 101 号 409 室
……负责人:黄宏达
……Tel:13182977139

**南京翰仕管理咨询有限公司**
地址:江苏省南京市鼓楼区江东北路 196-7 号 501 室
……负责人:陈涛
……Tel:13057616529

**南京腾浩汽车租赁有限公司**
地址:江苏省南京市鼓楼区金湾花园 14 号 102 室
……负责人:魏渺
……Tel:025-86272705

**南京新春竹贸易有限公司**
地址:江苏省南京市鼓楼区蓝天园 16 号 501 室
……负责人:朱满郎
……Tel:025-86201377

**南京天僖商务服务有限公司**
地址:江苏省南京市鼓楼区宁海路 122 号 12 幢 503 室
……负责人:金南宁
……Tel:025-83737252

**江苏天华工程项目管理咨询有限公司**
地址:江苏省南京市鼓楼区宁海路 80 号
……负责人:陈宏青
……Tel:025-83721886

**南京冉熙贸易有限公司**
地址:江苏省南京市鼓楼区祁家桥 12 号
……负责人:郭建梅
……Tel:025-83249202

**江苏精英高尔夫管理有限公司**
地址:江苏省南京市鼓楼区祁家桥 12 号
……负责人:王晓军
……Tel:025-83428061

**南京谋士贸易有限公司**
地址:江苏省南京市鼓楼区青云巷 3 号 1 幢 501 室
……负责人:周康康
……Tel:025-83221659

**南京蒙巴顿尔工贸有限责任公司**
地址:江苏省南京市鼓楼区三牌楼街道新门口 16 号
……负责人:邓其斌
……Tel:025-84641867

**南京华略管理顾问有限公司**
地址:江苏省南京市鼓楼区三牌楼街道新门口 16 号
……负责人:陈建青
……Tel:13913858686

**南京冠儒信息咨询服务有限公司**
地址:江苏省南京市鼓楼区三条巷 23 号 201 室
……负责人:祁桂珍
……Tel:025-86220895

## 新族婚纱
业务:公司成立于 2000 年,是从事婚纱礼服设计、制作、销售。公司本着诚信、专业、稳健的经营宗旨为客户提供婚纱、礼服、男装、旗袍等产品,以务实、真诚的经营理念为广大客户服务。
地址:江苏省苏州市虎丘玫瑰田 72 号
……负责人:王善丰……邮　编:215008
……法　人:王善丰
……Tel:0512-65579669
……网址:www.xinzu-dress.com

## 兴化市楚水招商服务有限公司
业务:兴化市楚水招商服务有限公司成立于 2004 年,从事招商服务、仓储运输、财务代理等服务,欢迎来电垂询!
地址:江苏省兴化市楚水工业集中区(林湖乡政府)
……邮　编:225700
……法　人:李德存
……Tel:0523-83875888
3875816
……Fax:0523-83871004

## 盱眙县供销社物资供应站第一经营部
业务:盱眙县供销社物资供应站第一经营部主要以化肥、农药、种子、建筑材料、五金交电的批发零售为主,热诚欢迎新老客户光临惠顾。
地址:江苏省淮安市盱眙县盱城镇淮河北路 203 号
……负责人:陈书国……邮　编:211700
……法　人:陈书国
……Tel:0517-88212735

## 徐州时利佳和工贸有限公司
业务:本公司是集科、工、贸于一体的产业化企业。公司主要从事各类建筑门窗制作、安装,五金交电、仪器仪表、电子产品、家用电器、建筑装饰材料销售。本公司坚持以最佳的品质、最合适的价格和最完善的服务为根本,树诚信、创品牌,为服务于市场而努力。
地址:江苏省徐州市铜山新区天京路东同昌路北
……邮　编:221000
……法　人:陈斌
……Tel:0516-82288100
……Fax:0516-83537608

**江苏同海商贸实业有限公司**
地址:江苏省南京市鼓楼区山西路 57 号 503 室
……负责人:张锋
……Tel:13305181123

**中兴华会计师事务所有限责任公司江苏分公司**
地址:江苏省南京市鼓楼区山西路 67 号世界贸易中心大厦 16 层
……负责人:郦仲贤
……Tel:025-83206126

**南京南伽贸易有限责任公司**
地址:江苏省南京市鼓楼区天福园 6 号 701 室
……负责人:李若宾
……Tel:13951021073

**南京健杰房地产咨询服务有限公司**
地址:江苏省南京市鼓楼区铁路南街 45 号 01 幢 202 室
……负责人:黄贵玲
……Tel:13136069722

**南京云曦贸易有限公司**
地址:江苏省南京市鼓楼区颐和南城 01 幢 11 层 G 座
……负责人:施筠
……Tel:025-83205675

**江苏嘉恒国际拍卖有限公司**
地址:江苏省南京市鼓楼区云南北路 82 号广厦大楼 501 室
……负责人:徐口
……Tel:025-83208181

**南京诺联物资有限公司**
地址:江苏省南京市鼓楼区镇江路 43 号 02 幢 4-103 室
……负责人:王诚敏
……Tel:025-58752018

**南京德恒图文设计有限公司**
地址:江苏省南京市鼓楼区中山北路 101 号
……负责人:周庆
……Tel:13002544556

**南京淦龙商贸有限公司**
地址:江苏省南京市鼓楼区中山北路 178 号苏华商务楼三层 B8 座
……负责人:吴芳
……Tel:13915909456

**南京网桥工程监理有限公司**
地址:江苏省南京市鼓楼区中山北路 287 号六楼
……负责人:王惠民
……Tel:025-83417966

**南京宝日物资有限公司**
地址:江苏省南京市化学工业园区红山精细化工园
……负责人:黄卫周
……Tel:025-57634696

**江苏威利国际贸易有限公司**
地址:江苏省南京市建邺区汉中门大街 1 号金鹰汉中新城 20 楼 A 座、B 座
……负责人:高坤
……Tel:025-86933832

## 徐州天盈商贸有限公司
业务:徐州天盈商贸有限公司成立于 2003 年,从事休闲食品、食用油的代理。欢迎来电垂询!
地址:江苏省徐州市时代财富 B 座 1201 室
……邮　编:221003
……法　人:赵庆楼
……Tel:0516-85808308
……Fax:0516-85808307

## 仪征市新时代广告服务中心
业务:仪征市新时代广告服务中心主要从事广告设计制作,室内外装饰装潢,字画装裱销售,金属加工,特殊造型展览销售。产品有:LED 霓虹灯发光字,0.3mm 厚超薄动感发光字画,三维立体画,立体婚纱照,水移画,夜光画,产品模具模型制作,异型加工。
地址:江苏省扬州市邗江区文汇西路 261 号(广播电视综合楼门前 18 号)
……邮　编:225009
……法　人:贾登官
……Tel:0514-5119378
2386188
……Fax:0514-5119368

## 宜兴市法兰特工贸有限公司
业务:本公司是一家集工业、贸易、科研为一体的民营企业,公司专业生产各类高铝瓷、工程陶瓷制品和金属陶瓷,工业硬质瓷,陶瓷离心泵,陶瓷阀门等。产品广泛应用于石油化工,造纸、制药,机械、电子、冶金等行业。
地址:江苏省宜兴市丁蜀镇丁山北路 222-1
……邮　编:214221
……法　人:黄伯强
……Tel:0510-87494818
……Fax:0510-87494818

## 宜兴市新航商贸有限责任公司
业务:我公司主要代理销售:生铁、焦碳、煤碳、化工原材料等,欢迎来电咨询!
地址:江苏省宜兴市解放广场荆保大厦 208
……负责人:赵全贵……邮　编:214200
……Tel:0510-87993386、
……Fax:0510-87991088

**南京洁资保洁有限公司**
地址:江苏省南京市建邺区虹苑新寓五村 4 幢 502 室
……负责人:朱建平
……Tel:13327822350

**南京路坤商贸有限公司**
地址:江苏省南京市建邺区湖西街 70 号
……负责人:朱宁
……Tel:025-84208448

**南京协日商贸有限公司**
地址:江苏省南京市建邺区湖西街 70 号
……负责人:汤有林
……Tel:025-86596071

**南京雄鼎商贸实业有限公司**
地址:江苏省南京市建邺区积善新寓丰勤园 5 幢 507 室
……负责人:徐佳
……Tel:13151099779

**南京融锴投资咨询服务有限公司**
地址:江苏省南京市建邺区江东南路 28-8 号
……负责人:辛宜锴
……Tel:13016958187

**南京雄鹰保洁清洗服务有限公司**
地址:江苏省南京市建邺区江东南路 28-8 号
……负责人:李光明
……Tel:13057611652

**南京哲恒贸易发展有限公司**
地址:江苏省南京市建邺区江东南路 28-8 号
……负责人:丁茜
……Tel:13809033757

**南京金班商务咨询服务有限公司**
地址:江苏省南京市建邺区南湖路 2 号
……负责人:许金林
……Tel:025-84227278

## 宜兴市张渚九岭冷作加工服务部
业务:宜兴市张渚九岭冷作加工服务部位于江苏省无锡市宜兴市张渚镇九岭村,现在员工 100 余人,对外加工煤气发生炉及钢胚、不锈钢切割。
地址:江苏省无锡市宜兴市张渚镇九岭村
……邮　编:214231
……法　人:陆小锁
……Tel:0510-87319017
……Mobile:13906157622
……Fax:0510-84308433

## 张家港保税区九海国际贸易有限公司
业务:张家港保税区九海国际贸易有限公司主要经营各种支数的精梳,全棉,气流纺,涤棉,人造棉等各种棉纱,可根据客户需要定制特殊规格的棉纱。热诚欢迎新老客户来电来人洽谈业务,共同合作。
地址:江苏省张家港市塘桥镇南京西路 9 号杏花宾馆
……邮　编:215611
……法　人:朱正明
……Tel:0512-56906588
……Fax:0512-56906095

## 张家港保税区骏驰机电国际贸易有限公司
业务:我公司主要经营 ABB,西门子,东元,大中品牌的全系列电动机及 SEW,弗兰德,伸益,成大等品牌的全系列减速马达。我们秉承:用户至上,信誉第一的宗旨为广大客户提供一流的产品,一流的服务。
地址:江苏省张家港市港城大道丁香苑 23-03 号
……负责人:戴俊……邮　编:215600
……法　人:戴俊
……Tel:0512-56910060
……网址:www.mtw29197.chinapyp.com

## 张家港市浩美进出口贸易有限公司
业务:原为江苏国泰电子进出口有限公司于 2006 年 5 月成立张家港市浩美进出口贸易有限公司,已有八年专业出口展示架、注塑件、钣金件等产品的经验。质量是企业的生命,相信我们,让我们一起做的更好。
地址:江苏省张家港市人民中路福港大厦 9 楼 C 座
……负责人:杜黎明……邮　编:215600
……Tel:0512-58917901

## 张家港市锦丰方方劳保商店
业务:张家港市锦丰方方劳保商店成立于 1997 年,批发经营劳保系列用品,欢迎来电洽谈业务!
地址:江苏省张家港市锦丰沙钢路
……负责人:潘汉成……邮　编:215625
……法　人:潘汉成
……Tel:0512-58554269
58551944

**南京豪驰工贸实业有限公司**
地址:江苏省南京市建邺区南湖路 2 号
……负责人:王利民
……Tel:025-86662017

**南京多益经济信息咨询有限公司**
地址:江苏省南京市建邺区南湖路 2 号
……负责人:杜江
……Tel:13851713200

**南京龙滕房地产投资顾问有限公司**
地址:江苏省南京市建邺区南湖拓园 10 幢
……负责人:胡海滨
……Tel:13809039955

**南京运通广告有限公司**
地址:江苏省南京市建邺区南湖拓园 10 幢
……负责人:仲丽霞
……Tel:13851803728

**南京博锐房地产咨询顾问有限公司**
地址:江苏省南京市建邺区南湖拓园 10 幢
……负责人:邵小锋
……Tel:13951917585

**南京鑫创物资有限公司**
地址:江苏省南京市建邺区沙洲街道小青路 43 号
……负责人:张训前
……Tel:025-51579467

**南京卓贝贸易有限公司**
地址:江苏省南京市建邺区沙洲街道小青路 43 号
……负责人:冯永兴
……Tel:025-51926069

**南京佳朋人力资源有限公司**

地址:江苏省南京市建邺区兴隆路 9 号
负责人:潘浩
Tel:13901592918

**南京市清琴粮油贸易有限公司**
地址:江苏省南京市江宁区经济技术开发区胜利新村 34#
地址:周志清
Tel:025－52100880

**南京溧水鑫力建筑设备租赁站**
地址:江苏省南京市溧水县永阳镇栖风中路
负责人:翟恒美
Tel:025－57227988

## 张家港市塘市华盛陶瓷批发中心
业务:本公司成立于 2002 年，是一家专业批产、设计、各种陶瓷洁具、墙地砖的厂家。产品款式新颖、美观、大方。热忱欢迎新老客户光临、惠顾！
地址:江苏省张家港市(塘市)九洲装饰城金舵陶瓷一厅 31 号
负责人:赖家瑶 邮 编:215618
法 人:赖家瑶
Tel:0512－58162721
Fax:0512－58162721
网址:www.jinduo.com

**南京永之腾工贸有限公司**
地址:江苏省南京市溧水县永阳镇增塘村
负责人:沈德平
Tel:025－57227311

**南京环通企业管理咨询中心**
地址:江苏省南京市六合经济开发区
负责人:陆五洋
Tel:025－83344700

**南京万竹通灵商贸有限公司**
地址:江苏省南京市六合经济开发区
负责人:王铁生
Tel:025－84201842

**南京乐与天商贸有限公司**
地址:江苏省南京市六合经济开发区
负责人:查礼军
Tel:13337730651

**南京润石工贸有限公司**
地址:江苏省南京市六合经济开发区
负责人:杨永斌
Tel:13505181333

**南京玉驰劳务服务有限公司**
地址:江苏省南京市六合区马鞍镇街道
负责人:张洪玉
Tel:025－57173059

**南京锐安贸易有限公司**
地址:江苏省南京市六合区雄州工业园
负责人:周萍
Tel:025－57506390

**南京富运鸿贸易有限公司**
地址:江苏省南京市六合区雄州镇工业园区
负责人:周敏
Tel:13776668818

**南京雨泽商贸有限公司**
地址:江苏省南京市浦口区桥林工业集中区 1－9 号
负责人:吕启辉
Tel:13951615910

**江苏新永港贸易有限公司**
地址:江苏省南京市浦口区桥林镇工业集中区 59 号
负责人:严秋萍
Tel:025－85715561

**合肥力强贸易有限公司南京分公司**
地址:江苏省南京市浦口区桥林镇工业开发区内 15－9 号
负责人:王力静
Tel:13965297222

**南京传立广告有限公司**
地址:江苏省南京市浦口区汤泉工业开发区 121 号
负责人:王树柏
Tel:13901595191

**南京皇华贸易有限公司**
地址:江苏省南京市浦口区汤泉工业开发区 126 号
负责人:郑桂添
Tel:025－52339390

**南京万泰图文设计有限公司**
地址:江苏省南京市浦口区汤泉镇龙泉路 113 号
负责人:郭燕新
Tel:025－83341233

**南京君创商贸有限公司**
地址:江苏省南京市浦口区沿江街道宁六路 123 号
负责人:张辰君
Tel:025－58843408

**江苏元利瑞德资产监管有限公司**
地址:江苏省南京市浦口区珠江镇凤凰大街
负责人:李成盛
Tel:13921822835

## 张家港市兆宇贸易有限公司
业务:张家港市兆宇贸易有限公司专业从事羊绒服装、针纺织品、毛纺织原料、珠宝首饰、工艺品、塑料制品购销，质量保证、价格合理，欢迎您的惠顾。
地址:江苏省张家港市步行街 61 号 802 室
负责人:赵生玉 邮 编:215600
法 人:赵生玉
Tel:0512－58137750

58238996

**南京泽亚房地产信息有限公司**
地址:江苏省南京市浦口区珠江镇凤凰大街 055－30
负责人:戴永慧
Tel:13337722719

**江苏中山拍卖有限公司**
地址:江苏省南京市栖霞区和燕路 16 号
负责人:王丽丽
Tel:025－84727033

**南京铎坤贸易有限公司**
地址:江苏省南京市栖霞区龙潭街道工业园 138 号
负责人:张玖荣
Tel:025－85230916

**扬州润臣租赁有限责任公司南京办事处**
地址:江苏省南京市栖霞区迈皋桥创业园(信耆幕府山庄 28 幢 3 单元 202 室)
负责人:马金华
Tel:025－85335931

**南京炆壕贸易有限公司**
地址:江苏省南京市栖霞区迈皋桥和燕路 251 号 1 幢 1401 室
负责人:郭家琼
Tel:025－85551107

**南京飚升钢管扣件租赁有限公司**
地址:江苏省南京市栖霞区燕子矶街道下庙村
负责人:黄志锦
Tel:13705183469

**南京熊玉清运输信息服务中心**
地址:江苏省南京市栖霞区尧化街道金尧花园三号路 10 号
负责人:熊玉清
Tel:025－85561667

**南京开明人力资源开发服务有限公司**
地址:江苏省南京市栖霞区尧化街道尧化门 217 号
负责人:曾翠美
Tel:025－85568327

**南京美誉信息咨询服务有限公司**
地址:江苏省南京市秦淮区长乐路 74 号
负责人:王立翠
Tel:025－51731289

**南京欧沃西贸易有限公司**
地址:江苏省南京市秦淮区长乐路 74 号
负责人:赵洁
Tel:025－52152964

**南京都邦贸易有限责任公司**
地址:江苏省南京市秦淮区长乐路 74 号
负责人:丁万兵
Tel:025－83478379

**南京润品贸易有限公司**
地址:江苏省南京市秦淮区长乐路 74 号
负责人:王文武
Tel:13505183352

**南京集杰商贸有限公司**
地址:江苏省南京市秦淮区长乐路 74 号
负责人:蒋黎明
Tel:13901580858

**南京宝成国际贸易有限公司**
地址:江苏省南京市秦淮区东瓜匙 186 号
负责人:戴汉成
Tel:025－52628377

**南京逸马管理咨询有限公司**
地址:江苏省南京市秦淮区岗虹苑 23 号－1
负责人:王林荣
Tel:13002507499

**南京志坤项目管理咨询有限公司**
地址:江苏省南京市秦淮区岗虹苑 23 号之一
负责人:万长志
Tel:13951733326

**南京多勤贸易中心**
地址:江苏省南京市秦淮区明通家园 04 幢 2 单元 402 室
负责人:陈莉娜
Tel:13327833368

**江苏苏捷商贸有限公司南京第二十七连锁店**
地址:江苏省南京市秦淮区秦虹小区莺虹苑 01 幢 293 号
负责人:骆陵
Tel:025－84508258

**南京卓邦投资管理有限公司**
地址:江苏省南京市秦淮区双塘里 60 号
负责人:房永祥
Tel:025－83806676

**南京威斯顿财务咨询服务中心**
地址:江苏省南京市秦淮区双塘里 60 号
负责人:骆九华
Tel:13182835905

**南京邦美贸易有限公司**
地址:江苏省南京市秦淮区下码头二巷 55－3 号
负责人:周金平
Tel:025－52402910

**南京雅瑞商贸发展有限公司**
地址:江苏省南京市秦淮区小思古巷 13 号
负责人:朱礼志
Tel:13057596575

**南京质协企业咨询有限公司**
地址:江苏省南京市秦淮区小思古巷 13 号
负责人:刘晓苏
Tel:13962790244

**南京德荣贸易有限公司**
地址:江苏省南京市秦淮区雨花村 21 幢 104 室

负责人:王伟
Tel:025－51942015

**江苏华信工程投资咨询有限公司**
地址:江苏省南京市秦淮区中华路 444 号三楼
负责人:高云和
Tel:025－52201839

**南京帆源物资供应有限公司**
地址:江苏省南京市秦淮区中山南路 499 号 1308 室
负责人:黄建
Tel:13905177875

**北京瑞特工程建设监理有限责任公司南京分公司**
地址:江苏省南京市下关区东井村 3 号 22 幢 1－102 室
负责人:丁於槐
Tel:025－85036830

**南京美加百利国际贸易有限公司**
地址:江苏省南京市下关区东门街 2 号
负责人:萧庆林
Tel:025－85638649

**南京飞叶贸易有限公司**
地址:江苏省南京市下关区河路道 1 号生产资料中心批发市场十厅 035 号
负责人:施建平
Tel:025－85507588

**南京饶园商贸有限公司**
地址:江苏省南京市下关区姜家圩 78 号
负责人:王毅
Tel:025－58806277

**南京古润商贸有限公司**
地址:江苏省南京市下关区热河南路 57 号
负责人:沈达
Tel:025－51739217

**南京天德财务咨询服务有限公司**
地址:江苏省南京市下关区商埠街 27 号滨江科技中心 2418 室
负责人:张德才
Tel:025－58831399

**南京瑞冉祥运贸有限公司**
地址:江苏省南京市下关区新河村 93 号
负责人:周运祥
Tel:025－86029716

**南京超凡汽车租赁服务有限公司**
地址:江苏省南京市下关区新河村 93 号
负责人:李金霞
Tel:13182835561

**南京鉴洲贸易有限公司**
地址:江苏省南京市下关区新河村 93 号滨江工业园
负责人:李荣军
Tel:13805162688

**南京裕科商务咨询有限公司**
地址:江苏省南京市玄武区百子亭 4 号 A006 室
负责人:石星明
Tel:025－84519220

**南京海图企业管理顾问有限公司**
地址:江苏省南京市玄武区百子亭 4 号 A010 室
负责人:陈杰
Tel:025－85181178

**南京畅仁工贸有限公司**
地址:江苏省南京市玄武区北苑东路 1 号 2 幢 1005 室
负责人:马玮炜
Tel:025－85363118

**南京吉伦贸易有限公司**
地址:江苏省南京市玄武区丹凤街 29 号恒基中心公寓 B 座 04 幢 2 单元 604－C 室
负责人:张妍菊
Tel:13605151655

**江苏万方工程建设投资咨询有限公司**
地址:江苏省南京市玄武区汉府新村 80 号 201 室
负责人:石平
Tel:025－83313265

**南京巴蜀情旅游咨询有限公司**
地址:江苏省南京市玄武区龙蟠路新庄 9 号南林二村 33 幢 108 室
负责人:郑彦
Tel:025－85432979

**南京仟亦富投资发展有限公司**
地址:江苏省南京市玄武区龙蟠路新庄村 9 号 A 二楼 200 室
负责人:赵海英
Tel:13851601296

**南京华亨贸易有限公司**
地址:江苏省南京市玄武区龙蟠中路 81 号
负责人:侯秀琴
Tel:13951939958

**南京巨鼎人力资源有限公司**
地址:江苏省南京市玄武区罗汉巷 119 号
负责人:王翔
Tel:025－84341036

**南京诺堡企业管理顾问有限公司**
地址:江苏省南京市玄武区双拜巷 151 号 5 幢 106 室
负责人:陈红娟
Tel:13915996820

**南京聚友人力资源有限公司玄武分公司**
地址:江苏省南京市玄武区太平北路 114 号
负责人:蔡学耕
Tel:025－83351953

**南京五方会展服务有限公司**
地址:江苏省南京市玄武区太平北路 35－6 号
负责人:汪洋

Tel:025－86648995

**苏果超市有限公司太平花园连锁店**
地址:江苏省南京市玄武区太平门街 10 号 1 栋地下一层 02 号
负责人:胡少峰
Tel:025－84682702

**南京振亚财务咨询有限公司**
地址:江苏省南京市玄武区杨家胡同 85 号 A007 室
负责人:张长发
Tel:025－83366663

**南京新伊汽配商城有限责任公司**
地址:江苏省南京市玄武区营苑南路 58 号
负责人:杨庆义
Tel:025－85409485

**南京标榜商贸有限公司**
地址:江苏省南京市玄武区珠江路 373 号 408 室
负责人:申佳菁
Tel:13057508550

**南京和田国际贸易有限公司**
地址:江苏省南京市玄武区珠江路 455 号政务中心北一楼 A1 室
负责人:吴硕
Tel:025－84276257

**南京爵色城风广告有限公司**
地址:江苏省南京市玄武区珠江路 88 号新世界中心 A 座 2815 室
负责人:吕锡娟
Tel:13851511836

**南京文新劳务服务有限公司**
地址:江苏省南京市沿江工业开发区长芦方水路 88 号
负责人:葛德文
Tel:025－58392263

**南京华诺工贸有限公司**
地址:江苏省南京市沿江工业开发区浦淮路南洋化纤厂内
负责人:常丽君
Tel:025－58399282

**南京亿江物资有限公司**
地址:江苏省南京市沿江工业开发区浦淮路南洋化纤厂内
负责人:陈昕晔
Tel:13382071701

**南京钢庆物资有限公司**
地址:江苏省南京市沿江工业开发区新华路 148 号－278
负责人:路友庆
Tel:025－57020871

**南京发泰商贸有限公司**
地址:江苏省南京市沿江工业开发区新华路 148 号－284
负责人:孙本林
Tel:13851473828

**南京嘉国拍卖有限公司**
地址:江苏省南京市沿江工业开发区新华路 148 号－290
负责人:周凯
Tel:025－84721184

**南京腾运工贸有限公司**
地址:江苏省南京市沿江工业开发区新华路 317 号－16
负责人:韩焱冰
Tel:13914700077

**南京宇飞汽车租赁服务有限公司**
地址:江苏省南京市沿江工业开发区新华路 317 号－5
负责人:夏祥
Tel:13913834988

**南京伟惠工贸有限公司**
地址:江苏省南京市沿江工业开发区新华路 391 号－291
负责人:施惠
Tel:13813911807

**南京达革峰工贸有限公司**
地址:江苏省南京市沿江工业开发区杨新路 252 号－47
负责人:卞谦
Tel:025－57794995

**南京益汇投资管理顾问有限公司**
地址:江苏省南京市雨花台区安德门 104 号 3 幢
负责人:王亚辉
Tel:13062587910

**南京震威物资有限责任公司**
地址:江苏省南京市雨花台区凤台南路 38 号(恒宇建材商城内)
负责人:汪友华
Tel:025－52440133

**南京百瑞吉经济信息咨询服务有限公司**
地址:江苏省南京市雨花台区共青团路 2 号
负责人:戴培香
Tel:13305193658

**南京美通信息咨询服务有限公司**
地址:江苏省南京市雨花台区共青团路二村 7 幢 103 室
负责人:方有华
Tel:025－52404662

**南京通捷商贸有限公司**
地址:江苏省南京市雨花台区梅山办事处科贸公司内
负责人:
Tel:13151066558

**南京筑鼎建筑设计咨询有限公司**
地址:江苏省南京市雨花台区普德村 153 号

负责人:李竹
Tel:025－52205052

**南京正慧贸易有限公司**
地址:江苏省南京市雨花台区西善桥街道油坊村
负责人:王玉明
Tel:025－52805930

**南通卓瑞贸易有限公司**
地址:江苏省南通市崇川区北濠桥路 28 号
负责人:李国强
Tel:13962915486

**南通事兴贸易有限公司**
地址:江苏省南通市崇川区晨苑 7 幢 603 室
负责人:石晓银
Tel:13016793251

**南通禾欣粮油贸易有限责任公司**
地址:江苏省南通市崇川区城港北村 38 幢 601 室
负责人:陈翔
Tel:13338820665

**城港经济实业公司**
地址:江苏省南通市崇川区城港村
负责人:周建山
Tel:0513－83511022
83513254

**金品堂广告设计有限公司**
地址:江苏省南通市崇川区工农路 108 号南方大厦 A 座 1 单元 1401 室
负责人:赵莉
Tel:0513－85282998
13057008831

**南通金在线科技咨询有限公司**
地址:江苏省南通市崇川区国际大厦 418 室
负责人:邱俊
Tel:13186585315

**英才人力资源就业咨询服务有限公司**
地址:江苏省南通市崇川区教育路 25 号
负责人:张辉
Tel:13073227888

**南通通百贸易有限公司**
地址:江苏省南通市崇川区教育路 39 号三里墩工业园 16 幢
负责人:尹进祥
Tel:13706295229

**通厦物资贸易有限公司**
地址:江苏省南通市崇川区节制闸农贸市场 24 号
负责人:陈金水
Tel:0513－835552297
13338085187

**久和信息服务社**
地址:江苏省南通市崇川区解放新村 30 幢西侧
负责人:许卡梅
Tel:0513－85864906
85512765

**南通嘉隆贸易有限公司**
地址:江苏省南通市崇川区金龙花苑附一幢二层西
负责人:严长进
Tel:13006295000

**南通企威管理咨询有限公司**
地址:江苏省南通市崇川区南大街 72 号金谷大厦 668 室
负责人:黄路建
Tel:13338820150

**南通福华经贸有限公司**
地址:江苏省南通市崇川区任港街道南通港村一组 26 号
负责人:方俏雄
Tel:13906286337

**南通荣通贸易有限公司**
地址:江苏省南通市崇川区任港路 31 号 106 室
负责人:施琴
Tel:13912297627

**南通广一企业形象设计有限公司**
地址:江苏省南通市崇川区天安花园 20 号 403 室
负责人:徐海波
Tel:0513－85030958
13328097088

**南通柳森贸易有限公司**
地址:江苏省南通市崇川区文峰花苑 23 幢 604 室
负责人:吴小东
Tel:13773677135

**南通优品设计有限公司**
地址:江苏省南通市崇川区学田南苑 2 号 105 室
负责人:陈或
Tel:0513－83577439
13861959918

**名泉贸易有限公司**
地址:江苏省南通市崇川区钟秀路 78 号
负责人:殳明江
Tel:0513－85185917
13306291186

**南通建平工贸有限公司**
地址:江苏省南通市港闸区城港路 808 号
负责人:赵建平
Tel:13901483034

**飞茂贸易有限公司**
地址:江苏省南通市海安县城东镇南屏桥北 6 号
负责人:丁海
Tel:13584709500

**海安县鑫鑫汽车修配厂**
地址:江苏省南通市海安县海安镇二里村一组
负责人:丁昌德
Tel:0513－88896559
88082859

**中远劳务合作有限公司**
地址:江苏省南通市海安县海安镇人民东路 15 号 A 楼 3－5 号
负责人:申爱华
Tel:0513－88868089
88852885
13773756999

**瑞琳贸易有限公司**
地址:江苏省南通市海安县吉庆镇新胜八组集贤街 12 号
负责人:郑兆明
Tel:0513－88463350
13806276002

**南通市知己经贸有限公司**
地址:江苏省南通市海安资丰市场东区 3 排 8 号
负责人:贲智群
Tel:0513－88091828
88160799

**三匹马广告有限公司**
地址:江苏省南通市海门市建国街 1 号楼 178 幢 607 室
负责人:黄志冲
Tel:0513－ 82215658
13861963515

**冠辰经贸有限公司**
地址:江苏省南通市南大街 3－21 号文峰大世界 1 楼曼诗欠丹专柜
负责人:徐振宇
Tel:13606295018

**南通彭浦资产服务有限公司**
地址:江苏省南通市启东市吕四港镇水产路 385 号
负责人:浦春伟
Tel:13901462282

**江苏南通富威劳动服务有限公司**
地址:江苏省南通市任港路 46 号
负责人:范云跃
Tel:0513－83548050
83548051
85817216
13606297908

**华成工贸有限公司**
地址:江苏省南通市如东县岔河镇新村
负责人:陈祝远
Tel:0513－84305969
13813734392

**南通永欣进出口有限公司**
地址:江苏省南通市如皋市经济开发区庆余村 4 组
负责人:陈炎
Tel:13862768082

**如皋市立丰信息咨询服务有限公司**
地址:江苏省南通市如皋市如城镇海阳中路老松林附属楼二层
负责人:孙美云
Tel:13962928060

**境外劳务输出服务有限公司**
地址:江苏省南通市如皋市如城镇环南南路(市劳动就业处二楼)
负责人:黄明荣
Tel:0513－87655962
87084088

**如皋市安信汽车租赁有限公司**
地址:江苏省南通市如皋市如城镇环西路(力康商城南侧)
负责人:焦红兵
Tel:13773730006

**南通市崇州区蚂蚁搬家服务站**
地址:江苏省南通市天安花园西南侧
负责人:孙建华
Tel:13912261916

**上海华联超市**
地址:江苏省南通市通州市川港镇
负责人:陈建相
Tel:0513－86340028
13186548508

**通州大金广告有限公司**
地址:江苏省南通市通州市金沙镇建设路 7 号
负责人:金智华
Tel:13338086586

**南通奥天进出口贸易有限公司**
地址:江苏省南通市通州市金沙镇金东路 16 号
负责人:成卫华
Tel:13906287922

**通州市华厦人力资源开发有限公司**
地址:江苏省南通市通州市金沙镇新金西路 70 号
负责人:张等华
Tel:0513－86111505
6068300

**苏利文贸易有限公司**
地址:江苏省南通市中南大厦 B1403 室
负责人:崔恒平
Tel:13906297811

**如皋市黄市乡仲岱加油站**
地址:江苏省如皋市黄市镇仲岱村三组
负责人:李忠明
Tel:0513－87961559
13773849296

**凤林商贸有限公司**
地址:江苏省如皋市绘园一区 110 栋 304 室
负责人:程斌斌
Tel:13901473833
13584681111

**苏州洪源经贸有限公司**
地址:江苏省苏州工业园区东环路 518 号中拓大厦 328 室
负责人:孙建华
Tel:13901549695

**苏州润天商标代理有限公司**
地址:江苏省苏州市沧浪区阊胥路 88 号 307 号
负责人:张超
Tel:13614211866

**苏州艾捷进出口有限公司**
地址:江苏省苏州市沧浪区长岛花园 6－202 室
负责人:唐长斌
Tel:0512－68278499

**苏州天磊贸易有限公司**
地址:江苏省苏州市沧浪区东大街 284 号
负责人:周磊
Tel:13004593404

**苏州市好日子礼仪庆典服务有限公司**
地址:江苏省苏州市沧浪区葑门路 10－1 号 215 室
负责人:洪永湖
Tel:13915538036

**苏州乾和经贸有限公司**
地址:江苏省苏州市沧浪区葑门路 18 号 1 幢(二楼一间)
负责人:朱利娟
Tel:13862563320

**苏州市友铭人力资源职介有限公司**
地址:江苏省苏州市沧浪区葑门西街 20 号(莫邪路 323 号)
负责人:顾厚珠
Tel:0512－62006967

**深圳铭万信息技术有限公司苏州分公司**
地址:江苏省苏州市沧浪区干将东路 879 号瑞基大厦 A304
负责人:张元达
Tel:0512－65241098

**苏州艺博广告设计有限公司**
地址:江苏省苏州市沧浪区观音弄 9 号 101 室
负责人:杨军
Tel:0512－65119607

**苏州静思文化管理顾问有限公司**
地址:江苏省苏州市沧浪区滚绣坊 41 号
负责人:释悟见
Tel:0512－68082643

**苏州祥丰汽车维修有限公司**
地址:江苏省苏州市沧浪区横塘晋源桥东堍
负责人:沈锋
Tel:0512－68112958

**苏州市润芳招投标咨询服务有限公司**
地址:江苏省苏州市沧浪区金桥新村 13 幢 402 室
负责人:宁桂芳
Tel:0512－62037187

**苏州美泊尔进出口贸易有限公司**
地址:江苏省苏州市沧浪区劳动路 28 号华亭大厦 1202 室
负责人:陈启俊
Tel:13606139022

**苏州市协诚工程咨询有限公司**
地址:江苏省苏州市沧浪区南园路 8 号 A 座 407－408 室
负责人:常皖苏
Tel:13806206696

**苏州永霖大厦管理有限公司**
地址:江苏省苏州市沧浪区人民路 109 号 411 室
负责人:邓木灵
Tel:0512－65151876

**苏州锦莹贸易商行**
地址:江苏省苏州市沧浪区人民路 23－29 号(泰华商厦)900 室
负责人:刘松
Tel:13616210750

**苏州市安柯企业顾问有限公司**
地址:江苏省苏州市沧浪区人民路 23－29 号(泰华商厦 825 室)
负责人:黄城
Tel:0512－62015581

**苏州市粮油贸易有限公司吴越宾馆**
地址:江苏省苏州市沧浪区人民路 311 号
负责人:翟子谦
Tel:0512－65208668

**苏州金桥嘉禾营销传播顾问有限公司**
地址:江苏省苏州市沧浪区人民路 566 号
负责人:邹莐
Tel:0512－65243912

**苏州锦织时尚商务咨询有限公司**
地址:江苏省苏州市沧浪区三香农贸市场二楼
负责人:金革红
Tel:13962178916

**苏州市捷控消毒消杀服务中心**
地址:江苏省苏州市沧浪区三香新村 7 幢东 101 室
负责人:杨永涛
Tel:0512－63795618

**苏州得道广告有限公司**
地址:江苏省苏州市沧浪区十梓街 327 号
负责人:朱峰
Tel:13862078750

**苏州鑫冶钢材贸易有限公司**
地址:江苏省苏州市沧浪区苏福路 199 号 A 区 16 室
负责人:徐文通
Tel:0512－68623155

**苏州朝阳贸易有限公司**
地址:江苏省苏州市沧浪区五龙堂 1－1 号
负责人:汪玲
Tel:13338658521

**苏州市香万方餐饮管理服务有限公司**
地址:江苏省苏州市沧浪区五卅路 17－27 号
负责人:黄振
Tel:0512－62190170

**苏州愚，经贸有限公司**
地址:江苏省苏州市沧浪区新沧花园 15 幢 104 室
负责人:车轩
Tel:13506215898

**苏州恒瑞企业服务有限公司租赁分公司**
地址:江苏省苏州市沧浪区胥江路 52 号
负责人:陈琦
Tel:0512－68205210

**苏州中威机电技术咨询有限公司**
地址:江苏省苏州市沧浪区养蚕里新村 21 幢 305 室
负责人:侯中一
Tel:0512－65187876

**苏州迎春贸易有限公司**
地址:江苏省苏州市沧浪区迎春路 358 号
负责人:陆黎善
Tel:0512－65289088

**苏州恒益房产中介有限公司**
地址:江苏省苏州市沧浪区竹辉路 179 号
负责人:莫彦菁
Tel:13606205366

**上海苏迈进出口有限公司苏州办事处**
地址:江苏省苏州市沧浪区竹辉路 180 号竹辉商厦五楼
负责人:赵寿滨
Tel:0512－65103730

**苏州慧翔文化传播咨询有限公司**
地址:江苏省苏州市沧浪区竹辉路 36 号 18 幢 301 室
负责人:李莘
Tel:0512－61868088

**常熟市梦斯通对外贸易有限公司**
地址:江苏省苏州市常熟市长江路衡山路口
负责人:顾黎明
Tel:0512－52827786

**常熟市万虎进出口有限责任公司**
地址:江苏省苏州市常熟市枫林路 38－1 号
负责人:万李卫
Tel:0512－52881598

**苏州中博房地产估价咨询有限责任公司**
地址:江苏省苏州市常熟市枫林路 6 号
负责人:仲立
Tel:0512－51531056

**常熟市南杰贸易有限公司**
地址:江苏省苏州市常熟市古里镇铁琴南街 21 号
负责人:吴妹妹
Tel:13915669760

**常熟市华宁地理信息事务所**
地址:江苏省苏州市常熟市海虞北路 14 号
负责人:王红敏
Tel:0512－51872065

**苏州美兰德进出口有限公司**
地址:江苏省苏州市常熟市海虞北路 41 号 2 号楼 3 楼
负责人:俞宗棠
Tel:0512－52829191

**常熟市卓冶物资销售有限公司**
地址:江苏省苏州市常熟市建筑装饰材料市场一区 27 幢 08 号
负责人:吴世期
Tel:0512－52343041

**常熟市欣瑞贸易有限责任公司锦荷分公司**
地址:江苏省苏州市常熟市锦荷佳苑 56 幢 7－9 号
负责人:任薇
Tel:0512－56234218

**常熟市虞申进出口有限公司**
地址:江苏省苏州市常熟市李闸路 121 号－1－518 室
负责人:顾春健
Tel:0512－52895666

**常熟市益藤布业贸易有限公司**
地址:江苏省苏州市常熟市菱塘北路 17 号
负责人:李益
Tel:13801573599

**常熟市虞城保洁服务有限公司**
地址:江苏省苏州市常熟市菱塘北路 1 号－3
负责人:周培芬
Tel:0512－52878587

**常熟市钟杰纺织品贸易有限公司**
地址:江苏省苏州市常熟市梅李镇聚沙路 8 号
负责人:朱耀新
Tel:0512－51514400

**常熟市环宇贸易有限公司**
地址:江苏省苏州市常熟市梅李镇梅西路 83－1 号
负责人:周金梅
Tel:13301577721

**常熟市融融财经咨询公关有限公司**
地址:江苏省苏州市常熟市锁澜北路 25 号
负责人:朱蓉梅
Tel:0512－51533361

**常熟市正德财务咨询服务有限公司**
地址：江苏省苏州市常熟市锁澜南路 7 号
负责人：唐志维
Tel：0512－51862091

**常熟市明月化妆品贸易商行**
地址：江苏省苏州市常熟市西门大街 5 号（城中商苑 109 室）
负责人：李月金
Tel：13962309636

**常熟市家裕房地产经纪咨询服务部**
地址：江苏省苏州市常熟市湘江东路 250 号
负责人：姚惠英
Tel：0512－52871538

**常熟市慧马建材贸易有限公司**
地址：江苏省苏州市常熟市辛庄镇田堵里
负责人：韩锋
Tel：13616208635

**常熟市常客隆华合便利连锁有限公司锦荷超市**
地址：江苏省苏州市常熟市虞山镇锦荷佳苑 45 幢 10－12 号
负责人：包乾申
Tel：0512－52824767

**苏州慧富塑料贸易有限公司**
地址：江苏省苏州市常熟市虞山镇莫城言里村
负责人：陈慎
Tel：0512－55997690

**常熟市大邱纺织贸易有限公司**
地址：江苏省苏州市常熟市招商城布匹市场二区 256 号
负责人：邱延忠
Tel：0512－52743333

**常熟市康联贸易有限公司**
地址：江苏省苏州市常熟市招商城商城北路 2 号 A6
负责人：朱巧芳
Tel：13906234388

**常熟市众益包装材料贸易有限公司**
地址：江苏省苏州市常熟市招商城商业西街 2 号
负责人：吴志伟
Tel：0512－52754818

**常熟市万事兴百货经营部**
地址：江苏省苏州市常熟市招商城十字东路横泾桥塊
负责人：钱琴娣
Tel：0512－56236305

**常熟市恒源服装贸易商行**
地址：江苏省苏州市常熟市招商城十字东路横泾桥塊
负责人：朱衡生
Tel：0512－68880717

**常熟市金都汽车租赁服务部**
地址：江苏省苏州市常熟市招商南路 125 号
负责人：金利刚
Tel：0512－52881880

**常熟市佳伟服饰贸易商行**
地址：江苏省苏州市常熟市支塘镇副食品批发市场 8 号
负责人：李建昌
Tel：13901575628

**荐才信息咨询服务有限公司**
地址：江苏省苏州市创新路 9 号
负责人：袁洪岸
Tel：0512－68606277
67228874
61310302

**爱卫服务有限公司**
地址：江苏省苏州市干将西路 336 号
负责人：吴龙宝
Tel：0512－65232029

**苏州富磊经贸有限公司**
地址：江苏省苏州市高新区枫津大街 360 号
负责人：孙仲苗
Tel：0512－66651579
66651576
15995806223

**苏州工业园区人力资源开发有限公司**
地址：江苏省苏州市工业园区旺墩路 168 号市场大厦四楼
负责人：徐一飞
Tel：0512－66605903
66605908

**苏州华展商务咨询有限公司**
地址：江苏省苏州市金阊区广济南路 146 号南兵营大厦 315B
负责人：廖江
Tel：0512－66865309

**苏州天沁贸易有限公司**
地址：江苏省苏州市金阊区广济南路 171 号
负责人：程俊渊
Tel：0512－66782333

**苏州德益源信息咨询服务有限公司**
地址：江苏省苏州市金阊区广济南路 199 号内
负责人：何健华
Tel：0512－69690626

**苏州市新锐贸易有限公司**
地址：江苏省苏州市金阊区虎丘街道新益村
负责人：李华
Tel：13906206615

**苏州市富联贸易商行润滑油品部**
地址：江苏省苏州市金阊区虎丘立交桥北口（昌华集团大院内）
负责人：俞映常
Tel：18915560009

**苏州市华洁清洁服务有限公司**
地址：江苏省苏州市金阊区虎丘立交桥北口（昌华集团内）
负责人：高华兴
Tel：13901548637

**苏州铭冠商贸有限公司**
地址：江苏省苏州市金阊区虎丘立交桥北口（昌华集团内）
负责人：赵军
Tel：13390885618

**苏州市龙龙保洁服务有限公司**
地址：江苏省苏州市金阊区金门路 1200 号
负责人：褚延才
Tel：13962165082

**苏州海华教育管理顾问有限公司**
地址：江苏省苏州市金阊区金门路 158 号（协和大厦）1003 室
负责人：叶秀芬
Tel：0512－67179994

**苏州中匡机械五金进出口有限公司**
地址：江苏省苏州市金阊区金门路 657 号
负责人：周伟
Tel：0512－65321256

**苏州迪特信息咨询有限公司**
地址：江苏省苏州市金阊区菱塘新村二区 39 幢 404 室
负责人：王向东
Tel：0512－65553319

**苏州晶祺商贸有限公司**
地址：江苏省苏州市金阊区清塘路 30 号
负责人：王祖星
Tel：0512－65571970

**苏州朝辉建筑咨询服务有限公司**
地址：江苏省苏州市金阊区三香路 206 号 21H2 室
负责人：张文明
Tel：0512－69690136

**苏州市为群建筑服务有限公司**
地址：江苏省苏州市金阊区三元三村 115 幢 108 室
负责人：金宝玉
Tel：13390888822

**苏州希力贸易有限公司**
地址：江苏省苏州市金阊区石路南阳里 26 号
负责人：李冠彬
Tel：0512－68658397

**苏州诚禹企业管理服务有限公司**
地址：江苏省苏州市金阊区石路南阳里 26 号
负责人：沈娟莉
Tel：13196600057

**苏州美居酒店投资管理有限公司**
地址：江苏省苏州市金阊区石路南阳里 26 号
负责人：郑敏
Tel：0512－68286688

**苏州旺喜企业服务部**
地址：江苏省苏州市金阊区石牛头 7 号
负责人：陈双喜
Tel：13812643810

**苏州泛洋船务职业介绍有限公司**
地址：江苏省苏州市金阊区桐泾北路 11 号
负责人：沈晓平
Tel：0512－65347881

**苏州市协隆商贸有限公司**
地址：江苏省苏州市金阊区西环路 6 号国际经贸大厦 1907B
负责人：刘海蓉
Tel：0512－62109069

**苏州泽思贸易有限公司**
地址：江苏省苏州市金阊区西园 480 号倪家苑北区
负责人：项根荣
Tel：0512－61306250

**苏州市名雅广告设计有限公司**
地址：江苏省苏州市金阊区西园路 616 号
负责人：吴玉萍
Tel：13862161367

**苏州市灵格贸易有限公司**
地址：江苏省苏州市金阊区西园路冶坊浜 158 号
负责人：周浩良
Tel：13701540222

**苏州市宝江物资有限公司**
地址：江苏省苏州市金阊区新庄西路 26 号
负责人：李小平
Tel：0512－66336110

**昆山英明物资有限公司**
地址：江苏省苏州市昆山市淀山湖镇淀兴路 773 号
负责人：吴月明
Tel：13606262385

**昆山市金慧职业介绍服务有限公司**
地址：江苏省苏州市昆山市花桥镇花溪路 4 号
负责人：许玉林
Tel：0512－57696679

**昆山力宏职业中介有限公司**
地址：江苏省苏州市昆山市花桥镇花园路 170 号
负责人：金彩华
Tel：0512－57697716

**昆山市文达劳务服务有限公司**
地址：江苏省苏州市昆山市开发区爱华路 95 号
负责人：徐文龙
Tel：0512－56269639

**昆山市盟丰贸易有限公司**
地址：江苏省苏州市昆山市开发区柏庐中路 183 号
负责人：刘小圆
Tel：13182654083

**昆山拓文资讯有限公司**
地址：江苏省苏州市昆山市开发区长江南路昆山留学人员创业园
负责人：徐大坤
Tel：13584886066

**昆山市出口加工区建华咨询服务有限公司**
地址：江苏省苏州市昆山市开发区长江南路以东，第一大道以北
负责人：陆建华
Tel：0512－57353562

**昆山信联财务咨询服务有限公司**
地址：江苏省苏州市昆山市开发区长江中路 428 号
负责人：范志龙
Tel：0512－57310554

**昆山天佳商务咨询有限公司**
地址：江苏省苏州市昆山市开发区康怡园小区 1 号楼 607 室
负责人：李军
Tel：13862609620

**昆山立真贸易有限公司**
地址：江苏省苏州市昆山市开发区李其路珠地小区 3 号楼 304 室
负责人：龚艳
Tel：0512－50882666

**昆山瑞晟职介服务有限公司**
地址：江苏省苏州市昆山市开发区前进东路 1008－167 号
负责人：殷建芳
Tel：0512－57722651

**昆山市鑫明对外贸易有限公司**
地址：江苏省苏州市昆山市开发区前进中路 270 号
负责人：秦祖民
Tel：0512－55290686

**昆山人力资源市场建设管理有限责任公司**
地址：江苏省苏州市昆山市开发区前进中路 283 号
负责人：唐烨
Tel：0512－57310259

**昆山申美商贸有限公司**
地址：江苏省苏州市昆山市开发区同丰路综合楼一1
负责人：翁杨君
Tel：0512－51369923

**昆山市华林先锋贸易有限公司**
地址：江苏省苏州市昆山市开发区同丰西路 750 号
负责人：许奇俊
Tel：13092656080

**昆山升翔贸易有限公司**
地址：江苏省苏州市昆山市开发区西湾新村 22 号楼 303 室
负责人：刘涛
Tel：0512－57384702

**昆山华兆贸易有限公司**
地址：江苏省苏州市昆山市开发区樾城花园 36 号楼 702 室
负责人：张兆明
Tel：0512－57336406

**昆山市俊丰贸易有限公司**
地址：江苏省苏州市昆山市开发区樾城花园 59 号楼店面 2 号
负责人：赖俊丰
Tel：0512－57363433

**昆山器度房产咨询有限公司**
地址：江苏省苏州市昆山市开发区樾城花园 61 号楼 6、7 室
负责人：图晓波
Tel：13817699233

**昆山信安进出口代理服务有限公司**
地址：江苏省苏州市昆山市开发区樾城路 115－6 号
负责人：汤珺
Tel：13606261666

**昆山众天信顾问有限公司**
地址：江苏省苏州市昆山市开发区樾城路 137 号
负责人：张正林
Tel：0512－55889168

**昆山能达贸易有限公司**
地址：江苏省苏州市昆山市开发区樾城路 86、88、90 号
负责人：万斌
Tel：13962655498

**昆山卓锐管理服务有限公司**
地址：江苏省苏州市昆山市开发区樾河南路 938 号
负责人：李桂荣
Tel：13962671970

**昆山益顺达贸易有限公司**
地址：江苏省苏州市昆山市开发区中华园 43 号楼 604 室
负责人：王锋
Tel：13584932717

**昆山市供销企业集团糖烟酒公司捷强第四百四十四便利店**
地址：江苏省苏州市昆山市陆家镇富荣花园 1 号商住楼 101
负责人：沈建林
Tel：0512－57870536

**昆山市万里贸易有限公司**
地址：江苏省苏州市昆山市陆家镇合丰开发区 1 号路西侧
负责人：徐粉扣
Tel：0512－57874771

**昆山市灯皇贸易有限公司**
地址：江苏省苏州市昆山市千灯镇尚书路 6 号
负责人：陈华
Tel：13906262404

**昆山沿沪建设项目管理有限公司**
地址：江苏省苏州市昆山市千灯镇石浦华光路北侧
负责人：朱建明
Tel：13052855288

**昆山八方贸易有限公司**
地址：江苏省苏州市昆山市玉山镇超华商贸城 C 区 9 号楼 3 室
负责人：徐漪
Tel：0512－57590250

**昆山清大企业管理顾问有限公司**
地址：江苏省苏州市昆山市玉山镇朝阳西路 229 号楼 2－1 室
负责人：施福元
Tel：0512－57354786

**昆山宇辰进出口贸易有限公司**
地址：江苏省苏州市昆山市玉山镇城北柏庐北路 363 号楼 506 室
负责人：周运华
Tel：0512－57789951

**昆山博源物资贸易有限公司**
地址：江苏省苏州市昆山市玉山镇城北花园路 103 号
负责人：常唐银
Tel：13906260597

**昆山市赛威贸易有限公司**
地址：江苏省苏州市昆山市玉山镇城北火炬新村 24 号楼 306 室
负责人：薛志福
Tel：13151155236

**昆山富宁贸易有限公司**
地址：江苏省苏州市昆山市玉山镇城北娄苑小区梅园 8 号楼
负责人：周善平
Tel：13812939236

**昆山志宾进出口贸易有限公司**
地址：江苏省苏州市昆山市玉山镇城北胜利村九组
负责人：徐愠
Tel：13812895075

**昆山市金石建设咨询技术服务有限公司**
地址：江苏省苏州市昆山市玉山镇城北市后街 270 号
负责人：孙通林
Tel：0512－51354176

**昆山群宝贸易有限公司**
地址：江苏省苏州市昆山市玉山镇城北同心村二组
负责人：张巧云
Tel：0512－57798906

**昆山鸿硕电子贸易有限公司**
地址：江苏省苏州市昆山市玉山镇城北萧林路 183 号
负责人：程文进
Tel：0512－57376040

**昆山市力创岩土工程技术服务有限公司**
地址：江苏省苏州市昆山市玉山镇城北萧林路月盛公寓 19 号楼 506 室
负责人：汤科学
Tel：0512－57775186

**昆山市信佳商贸有限公司**
地址：江苏省苏州市昆山市玉山镇城北新港湾花园 47 号楼 502 室
负责人：杨红
Tel：0512－56263628

**昆山康庭团膳服务有限公司**
地址：江苏省苏州市昆山市玉山镇城北紫竹路新乐村
负责人：王国龙
Tel：0512－55887161

**昆山市源纯贸易有限公司**
地址：江苏省苏州市昆山市玉山镇红峰二村 70、71 号楼 10、11 室
负责人：顾宝清
Tel：0512－57571208

**昆山市华方贸易有限公司**
地址：江苏省苏州市昆山市玉山镇潭子街 69 号
负责人：夏亮
Tel：0512－57573670

**昆山市玫瑰秀商贸有限公司**
地址：江苏省苏州市昆山市玉山镇亭林路 39 号第五层
负责人：邹剑
Tel：0512－57538777

**昆山市营财企业服务有限公司**
地址：江苏省苏州市昆山市玉山镇中山新村 22 号楼 406 室
负责人：许海泉
Tel：0512－50507988

**昆山市鸿锦模具厂**
地址：江苏省苏州市昆山市张浦镇南港镇望江路 28 号
负责人：夏赶良
Tel：0512－57428746

**昆山广博贸易有限公司**
地址：江苏省苏州市昆山市张浦镇七桥村 150 号
负责人：由凯

…… Tel:0512－51351023

**昆山东懋贸易有限公司**
地址:江苏省苏州市昆山市张浦镇七桥村商泱路 588 号
…… 负责人:方梅玲
…… Tel:13906262881

**昆山纬城房地产中介有限公司**
地址:江苏省苏州市昆山市周市镇长江北路 118 号
…… 负责人:蒋佩
…… Tel:13501990550

**昆山市闽钢物资有限公司**
地址:江苏省苏州市昆山市周市镇钢材现货交易市场 H 座 2－3 号
…… 负责人:汤素兰
…… Tel:0512－57668059

**昆山恒昌投资管理咨询有限公司**
地址:江苏省苏州市昆山市周市镇陆杨新阳东路 32 号
…… 负责人:张小琴
…… Tel:13809062189

**昆山华仁工贸有限公司**
地址:江苏省苏州市昆山市周市镇陆杨友谊南路 60 号
…… 负责人:梁聚林
…… Tel:0512－57641072

**昆山贝思特贸易有限公司**
地址:江苏省苏州市昆山市周市镇新镇江南明珠苑 26 号楼 301 室
…… 负责人:范寿祥
…… Tel:13770269007

**苏州市达骏贸易有限公司**
地址:江苏省苏州市平江区北园东蒋家场 3 幢 305 室
…… 负责人:徐国芳
…… Tel:0512－67547184

**苏州市方胜经济信息咨询服务有限公司**
地址:江苏省苏州市平江区北园路 87 号 2 幢 104 室
…… 负责人:魏益明
…… Tel:0512－62521528

**苏州长顺汽车贸易服务有限公司**
地址:江苏省苏州市平江区东升停车场西楼(东升宾馆)
…… 负责人:陈正国
…… Tel:0512－66000778

**苏州华源投资咨询有限公司**
地址:江苏省苏州市平江区干将东路 636 号 1－303 室
…… 负责人:李振翱
…… Tel:13862036515

**苏州香百丽营销策划有限公司**
地址:江苏省苏州市平江区干将东路 800 号
…… 负责人:姚丽芳
…… Tel:0512－65151058

**苏州创元图文制作有限公司**
地址:江苏省苏州市平江区临顿路 67－67 号
…… 负责人:张伟栋
…… Tel:0512－65213761

**苏州鹏鑫商贸有限公司**
地址:江苏省苏州市平江区梅巷东虎泾 2 号
…… 负责人:吴金盏
…… Tel:13951106488

**苏州市越美商贸有限公司**
地址:江苏省苏州市平江区梅巷二村 5 幢 5 单元 102 室
…… 负责人:梁志超
…… Tel:13962520113

**苏州市和林贸易有限公司**
地址:江苏省苏州市平江区平家巷 20 号
…… 负责人:王海龙
…… Tel:13906207745

**苏州市万通企业管理发展有限公司**
地址:江苏省苏州市平江区平家巷 20 号
…… 负责人:郑光华
…… Tel:0512－68661255

**苏州市巨脉企业信息技术服务有限公司**
地址:江苏省苏州市平江区平门外青春园内
…… 负责人:沈秋伟
…… Tel:0512－68606277

**苏州市复达教育咨询有限公司**
地址:江苏省苏州市平江区青年路 62 号
…… 负责人:甘熠敏
…… Tel:0512－68606277

**苏州苏菲佳商贸进出口有限公司**
地址:江苏省苏州市平江区同德里 18 号 102 室
…… 负责人:韩慧麟
…… Tel:0512－65228177

**苏州博艺堂企业形象设计有限公司**
地址:江苏省苏州市平江区西中市 150 号
…… 负责人:徐觉
…… Tel:0512－67275909

**苏州市帮德市场调查有限公司**
地址:江苏省苏州市平江区西中市 150 号 108 室、118 室
…… 负责人:白志宏
…… Tel:13013874886

**苏州和泰制冷设备维修服务有限公司**
地址:江苏省苏州市平江区相门新村 17 幢 602 室
…… 负责人:高华
…… Tel:0512－61323029

**苏州明慧贸易有限公司**
地址:江苏省苏州市平江区园林路 88 号 11 室
…… 负责人:胡慧
…… Tel:13806200653

**上海亿缘会展服务有限公司太仓分公司**
地址:江苏省苏州市太仓市城厢镇东郊新南组
…… 负责人:张仓生
…… Tel:0512－53530234

**太仓市新顶尖商贸有限公司**
地址:江苏省苏州市太仓市城厢镇人民北路 24 号
…… 负责人:柯刚
…… Tel:0512－53536966

**太仓市思拜克人力资源有限公司**
地址:江苏省苏州市太仓市城厢镇上海东路 17－24 号
…… 负责人:徐裕林
…… Tel:0512－66998899

**太仓市东吴会计事务代理有限公司**
地址:江苏省苏州市太仓市城厢镇盛发园 38 号
…… 负责人:居菊珍
…… Tel:0512－53578278

**太仓市宝胜商贸有限公司**
地址:江苏省苏州市太仓市城厢镇太丰村十六组(西街 128 号)
…… 负责人:包宝元
…… Tel:0512－53820880

**太仓市仓喜物资有限公司**
地址:江苏省苏州市太仓市城厢镇太丰综合市场 9 幢 13－14 号
…… 负责人:禹根喜
…… Tel:0512－82016823

**太仓长庚贸易有限公司**
地址:江苏省苏州市太仓市城厢镇县府东街 111 号
…… 负责人:孙长根
…… Tel:13358043888

**太仓华顺物业管理有限公司**
地址:江苏省苏州市太仓市城厢镇县府东路盛发小区(实验中学东侧 C 区)
…… 负责人:沙美蓉
…… Tel:0512－53565001

**太仓元成房产中介有限公司**
地址:江苏省苏州市太仓市城厢镇新华东路 2 号
…… 负责人:潘竟成
…… Tel:0512－53533783

**太仓市海兴经济技术信息咨询服务有限公司**
地址:江苏省苏州市太仓市城厢镇新华东路 61 号 1 幢 204 室
…… 负责人:张祖勤
…… Tel:0512－53526424

**太仓雨晟工贸有限公司**
地址:江苏省苏州市太仓市城厢镇银鸽大厦 4 楼
…… 负责人:张雪明
…… Tel:0512－53538999
13182683030

**苏州万方广告有限公司**
地址:江苏省苏州市新区珠江路木渎科技创业园 1238 室
…… 负责人:刘刚
…… Tel:0512－66571845
66518218

**宿城区机电橡胶产品商场腾飞化妆品总汇**
地址:江苏省宿迁市宿城区批发市场 2 区 7 号
…… 负责人:钱瑞
…… Tel:13605249398

**百川广告装饰有限公司**
地址:江苏省宿迁市体育运动中心
…… 负责人:张浩
…… Tel:0527－84375535
13705248916

**泰州市海陵区鑫斌物资商行**
地址:江苏省泰州市扬州路 151 号第四幢
…… 负责人:许兵
…… Tel:13914545288

**通州市莹磊数码图像设计室**
地址:江苏省通州市金沙镇朝阳公寓 30 号
…… 负责人:孙秀磊
…… Tel:0513－86547968
13606280380

**无锡市华涛商贸有限公司旭盛分公司**
地址:江苏省无锡市惠山区藕塘镇新街 5 号
…… 负责人:黄洪兴
…… Tel:0510－83292220
13861883961

**无锡市展鹰贸易有限公司**
地址:江苏省无锡市惠山区钱桥镇花园路
…… 负责人:宋茂俊
…… Tel:0510－83212218

**无锡市诚信小件寄存处**
地址:江苏省无锡市江南国际旅行社湖滨码头内
…… 负责人:周莉萍
…… Tel:0510－85887559
13706184363

**隆鑫商贸有限公司**
地址:江苏省无锡市南长区永泰二村 36 号－2
…… 负责人:边亚董
…… Tel:0510－85748182
13812066376

**自然科学研究所**
地址:江苏省无锡市人民西路 154 号 510 房
…… 负责人:殷勇
…… Tel:0510－85507067
82803484
13327906507

**无锡莲尚贸易有限公司亚德客气动器材分公司**
地址:江苏省无锡市招商城电器市场 1 区 80 号
…… 负责人:吴江山
…… Tel:0510－82697888

**恒奕进出口有限公司**
地址:江苏省吴江市梅石路 1121 号
…… 负责人:周林明
…… Tel:0512－67243873
63796366
67243872

**吴江市明瑞玻钢物资有限公司**
地址:江苏省吴江市平望镇莺湖路 70 号
…… 负责人:徐明瑞
…… Tel:0512－63665104
60631129

**新华桑塔纳专业修理厂**
地址:江苏省新沂市工园路南首
…… 负责人:何培坤
…… Tel:0516－85224778
88951132

**徐州东泽商贸有限公司**
地址:江苏省徐州市二环北路铁 38 宿舍 8 号商务楼 314 房间
…… 负责人:于泊
…… Tel:13852155818

**千艺婚纱摄影有限公司**
地址:江苏省徐州市贾汪区团结路东首
…… 负责人:鹿成继
…… Tel:0516－87710777
13337932085

**金久信息咨询有限公司**
地址:江苏省徐州市经济开发区金山桥东苑小区 17＃－2－401
…… 负责人:丁大胜
…… Tel:0516－87795286
13305206256

**徐州姜鹏商贸有限公司**
地址:江苏省徐州市沛县新庄路东侧
…… 负责人:姜鹏
…… Tel:13705226901

**睢宁县东镇劳务服务有限公司**
地址:江苏省徐州市睢宁县红旗南路 9 号
…… 负责人:魏本东
…… Tel:13182388608

**睢宁县红鹰商贸有限公司**
地址:江苏省徐州市睢宁县睢城镇中山南路
…… 负责人:余良其
…… Tel:0516－88347109
13912022330

**美飞汽车销售服务有限公司**
地址:江苏省盐城市滨海县人民中路 37 号
…… 负责人:杨国军
…… Tel:13305118114

**盐城宝森商贸有限公司**
地址:江苏省盐城市城区毓龙西路 15 号
…… 负责人:葛风琴
…… Tel:0515－88317588、88901733

**汉森建筑装饰设计工程有限公司**
地址:江苏省盐城市大丰市区健康西路 20 号
…… 负责人:袁晓中
…… Tel:0515－83513575

**鑫华汽车修理厂**
地址:江苏省盐城市阜宁县保安公司院内
…… 负责人:吴锦华
…… Tel:0515－87220485
13951551959
13357989285
13305117850

**宏人商品城管理发展有限公司**
地址:江苏省盐城市阜宁县宏人商品城
…… 负责人:孙德中
…… Tel:0515－87231963
13301417598

**阜宁苏可超市有限公司**
地址:江苏省盐城市阜宁县益林建新中路 2 号
…… 负责人:郭峰
…… Tel:0515－87798310
13601413029

**江苏省盐城环艺影视文化传播有限公司**
地址:江苏省盐城市黄海东路亚太大厦 7－9 楼
…… 负责人:尤登才
…… Tel:0515－88243088
88990390

**新源物资经营有限公司**
地址:江苏省盐城市建湖县建阳土管所
…… 负责人:颜连根
…… Tel:0515－86110620
13961901289

**薛人企划摄影艺术传播中心**
地址:江苏省盐城市开放大道 72 号阳光花苑综合楼 602
…… 负责人:薛从明
…… Tel:0515－88207257
13338939257

**星辰加油站**
地址:江苏省盐城市射阳县临海镇星辰村
…… 负责人:李学成
…… Tel:13512586869

**群源物资有限公司**
地址:江苏省盐城市通港路 11 号
…… 负责人:王林付
…… Tel:0515－88210002

**昊洋商贸有限公司**
地址:江苏省扬州市广陵区运河北路 1 号
…… 负责人:韩运生
…… Tel:13905277226

**中天文化广告有限公司**
地址:江苏省扬州市邗江区杭集镇杭府街福达广告
…… 负责人:陶经理
…… Tel:0514－87270956
13901457518

**宏申物资有限公司**
地址:江苏省扬州市江都市新区浦江路(社会保障局对面)
…… 负责人:王粉英
…… Tel:0514－86974488

**意达机电设备安检服务有限公司**
地址:江苏省扬州市仪征市真州镇胥浦信用社
…… 负责人:张胥俊
…… Tel:13905253501

**张家港保税区富贵国际贸易有限公司**
地址:江苏省张家港得吉镇得风村新源纺织厂内
…… 负责人:颜江华
…… Tel:13906247093

**长城现代广告有限公司**
地址:江苏省张家港市杨舍西街胜利新村 72 幢 201 室
…… 负责人:张照
…… Tel:0512－58235506
13306246687

**连云港市第二勘察设计院张家港办事处**
地址:江苏省张家港市杨舍镇人民中路 1 号
…… 负责人:蒋志川
…… Tel:0512－58283596
13773220136

**南通国威安保服务有限公司**
业务:24 小时保安服务,保安业务咨询。
地址:总公司:江苏省海门市三和镇大港路 18 号 110 室 分公司:江苏省南通市开发区中兴路新星大厦 15 楼
…… 负责人:樊修伯 邮 编:226300
…… 法 人:樊修伯
…… Tel:0513－85922789
85680826
82582622

**镇江金洪劳动咨询服务有限公司**
业务:本公司成立于 2006 年,是一家专业从事法律咨询的服务公司。其秉承"诚信、高效、专业、敬业"四大精神,为客户提供全方位的法律咨询。
地址:江苏省镇江市东吴路 125 号 402 室
…… 负责人:孙金洪……邮 编:212000
…… 法 人:孙金洪
…… Tel:13052922666

**明鑫物资有限公司**
地址:江苏省镇江市扬中市大桥路与新扬路交界处
…… 负责人:马振明
…… Tel:0511－88226931
13805291727

**江洲技术质量服务中心**
地址:江苏省镇江扬中市开发区新扬村 212 号
…… 负责人:刘设春
…… Tel:0511－88221876
13805298586

## 常州市清砚广告有限公司

清砚是一家专业从事家谱编修制作的公司，拥有一支家谱编修专业团队，在多年修谱工作中积累了丰富经验，摸索出了一整套家谱编撰管理程序，提供从修谱的发动、编辑、印刷到发谱庆典的全程服务。已成功编修完成各姓氏家谱100余部，以专业优质的服务在各姓氏家谱编修人士中留下了良好的口碑。

我们凭借家谱编修的专业优势，为客户修谱提供最佳的操作方案，使客户少走弯路，节约成本；同时还可根据客户要求作家谱电子版光盘制以及家谱资料上网和宗亲网的网站建设维护。清砚愿与各地家谱编修人士和谱牒文化爱好者交流合作，作好家谱编修工作，为传承谱牒文化，构建和谐社会而努力。

联系人：陈一青
电话：0519-88101985 88100788　电子邮件：info@qingyan.com
传真：0519-88101985　网址：www.czjiapu.com
地址：江苏省常州市博爱路6号武进纺工大楼405-409号　邮编：213001

## 高港区祥和烟酒经营部

高港区祥和烟酒经营部成立到至今已有10多年，经营部总经销"花好月圆"酒，中高档名烟名酒、洋酒、葡萄酒、干红等。

公司秉承"顾客至上，锐意进取"的经营理念，坚持"客户第一"的原则为广大客户提供优质的服务。欢迎新老客户的惠顾！

联系人：孙亚民　电话：0523-86963993
地址：江苏省泰州市高港区鑫港花园28号门面房　邮编：225300

## 常州市舜文鞋业有限公司

常州市舜文鞋业有限公司成立于2003年，从事雨靴出口服务，主要出口欧美和日本等地。

公司全体员工欢迎各界人士的惠顾，真诚希望与国内外的朋友合作！

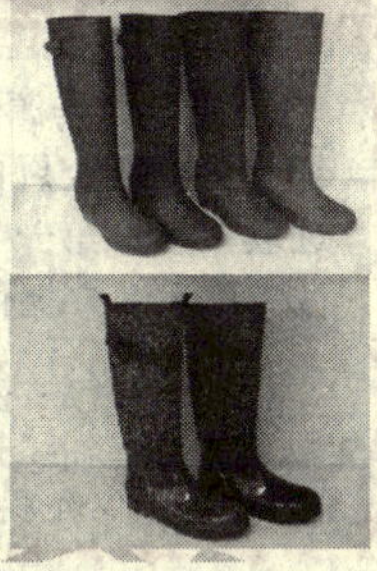

联系人：王中海 13701591188
电话：0519-85505302
邮编：213000
地址：江苏省常州市312国道青洋路与广电路交汇处

## 海安县开屏工贸有限公司

海安县开屏工贸有限公司成立于2009年，主要业务包括建筑材料、装潢材料、五金交电、百货批发、零售及房屋出租。我公司秉承"顾客至上，锐意进取"的经营理念，坚持"客户第一"的原则为广大客户提供优质的服务。欢迎惠顾！

联系人：朱兴来
电话：0513-88932299　13615228890
地址：江苏省南通市海安县黄海大道99号陈东镇开屏村委会
邮编：226600

## 常州市珠城会计服务有限公司

常州市珠城会计服务有限公司成立于2004年，本公司专业从事代理记账、会计咨询服务、文化办公用品的零售。公司秉承"顾客至上，锐意进取"的经营理念，坚持"客户第一"的原则为广大客户提供优质的服务。欢迎广大客户惠顾！

联系人：刘建勤
电话：0519-85089709　传真：0519-83535779
地址：江苏省常州市新北区孟河镇孟城东路52号
邮编：213139

## 海门市豪新铜业有限公司

海门市豪新铜业有限公司前身为海门市东方工贸有限公司，专业从事各种铜铸件、塑胶制品、模具和五金的贸易。我公司秉承"顾客至上，锐意进取"的经营理念，坚持"客户第一"的原则为广大客户提供优质的服务。欢迎广大客户惠顾！

联系人：陈卫平　手机：13806289698
电话：0513-82199888
地址：江苏省海门市中海路288号　邮编：226100

## 常州银尚商贸有限公司

常州银尚商贸有限公司成立于2008年8月。主要从事于烟酒的国内外贸易。

公司将以卓越的产品品质、诚信的服务，热情的欢迎新老客户为我们提供更多的市场。

联系人：叶华敏
13706116769　电话：0519-88861919
地址：江苏省常州市天宁区和平中路403号　邮编：213014

## 海门市南海艺术发展有限公司

海门市南海艺术发展有限公司2003年，本公司专业从事品牌整合推广、企业形象设计、产品包装、画册样本、彩色印刷、广告制作发布、展览展示、庆典礼仪策划。

公司以雄厚的实力、合理的价格、优良的服务与多家企业建立了长期的合作关系。海门市南海艺术发展有限公司热忱欢迎各界前来参观、考察、洽谈业务。

联系人：倪伟　13906280989　电话：0513-82268780
电子邮件：nanhaiyishu@163.com　传真：0513-85385880
地址：江苏省海门市海兴路42号-46号　邮编：226000

## 赣榆县华洋经济技术合作有限公司

赣榆县华洋经济技术合作有限公司成立于2003年10月。本公司专业从事劳务信息、经济技术信息咨询服务；服装、工艺品、碳化硅、五金、建筑材料购销，农副产品进出口。我们以"以人为本，品质至上"的理念为指导。希望海内外朋友前来咨询洽谈业务。公司全体员工竭诚为您服务！

联系人：周超 13805128988
电话：0518-86239399 82629999　传真：0518-86229006
地址：江苏省连云港市赣榆县青口镇环仁路1号（汽车北站西侧）
电子邮件：gyhyzhch.9999@yahoo.com.cn　邮编：222100

## 淮安市农资市场丰登农化经营部

本经营部主要经营农药、化肥、种子。公司宗旨：崇尚科学，不断创新，提高国产技术水平和产品性能，普及广大用户施肥方面的知识，为广大用户服务。

联系人：李春阳
电话：0517-83641385　手机：13705238525
地址：江苏省淮安市军营路3-38号　邮编：223001

## 江蘇華彬國際貿易有限公司

江苏华彬国际贸易有限公司成立于2007年，主要从事于石蜡，PVC，硬脂酸的经营。

公司本着以“客户至上、信用第一、友好合作、互惠互利”为宗旨，诚邀海内外广大客户来人来函，商洽合作！开创一个崭新的未来！

联系人：黄松海
电话：0519-86392167　13337886000
地址：江苏省常州市武进区牛塘镇后路村3号
邮编：213163

## 江蘇志科物資貿易有限公司

江苏志科物资贸易有限公司成立于2008年8月，以不锈钢产品的贸易为主。

公司秉承“锐意进取”的经营理念，坚持“客户第一”的原则，欢迎新老客户光临、惠顾。

联系人：李志剑
13901424546
电话：0515-85414222　82791888
邮编：224005
地址：江苏省兴化市戴南镇新泽路金泽花园3幢12-13号

## 江苏华润达贸易公司

江苏华润达贸易公司成立于2002年，主要经营煤炭等物资的批发和零售，我公司秉承“顾客至上，锐意进取”的经营理念，坚持“客户第一”的原则为广大客户提供优质的服务。欢迎惠顾！

联系人：邬品华　手机：13806227583
电话：0512-5893500　传真：0512-58932000
地址：江苏张家港市金港镇南港管理中心B219室　邮编：215634

## 姜堰市华源物资有限公司

姜堰市华源物资有限公司成立于2005年，主要经营售废旧金属的收购和销售。我公司秉承“锐意进取，客户第一”的经营理念，坚持客户至上，竭诚为广大客户提供最最满意的服务。

联系人：纪建华
电话：0523-88640878、13952684878　传真：0523-88640878
地址：江苏省姜堰市俞垛镇角墩村　邮编：225500

## 江苏佳安安全科技有限公司
（盐城佳文投资咨询有限公司）

江苏佳安安全科技有限公司(盐城佳文投资咨询有限公司)成立于2004年，本公司主要经营安全评价、投资咨询、可研报告。我们将以诚信为本，以客户满意为宗旨，公司价值观：对客人我们用心服务，对客人充满热忱；尽力预测不断变化的需求，通过创新，优质的产品和服务满足并超越客人的期望。

联系人：朱兵　传真：0515-88269788、88269780
电话：0515-88269797　88269788　88269799
地址：江苏省盐城市开放大道39号　邮编：224000

## 金宏一工贸有限公司

本公司成立于2005年，专业从事自行车、摩托车、汽车配件的外贸。

我公司坚持“质量第一、服务第一”的原则，竭诚为您服务！

联系人：顾弘镔
电话：025-84717111　13705173272　传真：025-84717000
地址：江苏省南京市白下区新街口正洪街1号正洪大厦21楼E座

## 江苏巨星实业有限公司

江苏巨星实业有限公司始创于1970年，总投资一亿元，占地面积9万平方米。主要经营系列不锈钢无缝管、焊管、不锈钢制品、圆钢、钢锭、荒管；年生产不锈钢无缝管2.5万吨，焊管5000吨。

公司一贯以质量求生存，以信誉求发展，欢迎来电洽谈！

联系人：王振云　13376031888
电话：0523-87423088　87423168
传真：0523-87423288
邮编：117000
地址：江苏省泰兴市蒋华镇新世纪科技工业园

## 昆山市旧机动车交易所二手车咨询服务部

昆山市旧机动车交易所二手车咨询服务部长期销售各款二手轿车。如：奥迪A61.8T．帕萨特1.8T．别克君威3.0．丰田霸道4700．宝来1.8T．凯越1.8．本田奥德赛．马自达m62.3．本田雅阁2.4．丰田佳美2.4．桑塔纳2000．飞度1.5L．赛拉图1.6GL．三菱帕杰罗V70．本田CR-V．沃尔沃S40．酷派跑车2.7 奥迪TT跑车．奔驰s600．宝马x530i．另有跑车．越野车．商务车等手续齐全．负责过户。

如有意购买者速来电。

电话：0512-51339768　联系人：杨守芳
地址：江苏省苏州昆山市合兴路　邮编：215000

## 江苏奇威实业有限公司

江苏奇威实业有限公司公司创建于2007年，是集开发、生产与销售为一体的木制容器、木制便当盒（快餐盒）的专业生产厂家，主要产品有：木制容器、木制便当盒（快餐盒）、高级礼品盒、日本料理盒、欧美大型超市的水果托盘、海鲜盒以及各型环保包装容器等。产品原材料都是严格选用本地优质杨木（属于经济速生材），环保健康，是您理想的选择！

联系人：邓广建　13805247717
电话：0527-85299933　85291001
传真：0527-85299811
网址：www.jsqiwei.com　电子邮件：qiwei85291001@163.com
地址：江苏省宿迁市泗阳经济开发区温州路2号　邮编：223700

## 昆山市玉山镇洪英瓜果超市

昆山市玉山镇洪英瓜果超市成立于2002年，本超市主要经销各类水果、饮料、百货、日用品。本超市秉承“顾客至上，锐意进取”的经营理念，坚持“客户第一”的原则为广大客户提供优质的服务。欢迎广大客户惠顾！

联系人：张月荼
电话：0512-57550891、56261298
地址：江苏省昆山市玉山镇南街口5-3号　邮编：215300

## 昆山市张浦镇神龙康电脑贸易商行

昆山市张浦镇神龙康电脑贸易商行成立于2007年，本行主要经营网络监控、弱电工程、打印设备及耗材、电脑组装及维修、五金配件。

公司秉承“顾客至上，锐意进取”的经营理念，坚持“客户第一”的原则为广大客户提供优质的服务。欢迎惠顾！

联系人：何洪
手机：15190116801
电话/传真：0512-57996362
网址：www.ksslk.com　电子邮件：hehong619@sina.com
地址：江苏省昆山市柏庐中路401号康峰商苑717室　邮编：215300

## 联华超市

联华超市成立于1993年，本超市主要经营食品、日用百货、烟酒、小家电的销售。

联华超市以优质的服务、低廉的价格，服务于民、让利于民，赢得了广大用户的亲睐，在江苏超市业中是口碑最好的。热忱欢迎新老客户惠顾！

联系人：祁康祥
电话：025-52300402
地址：江苏省南京市秦淮区秦状元里70号　邮编：210000

## 昆山市周市镇天旺利贸易商行

昆山市周市镇天旺利贸易商行成立于2007年，本商行专业从事宾馆客房用品、体育劳保用品的销售。公司秉承“顾客至上，锐意进取”的经营理念，坚持“客户第一”的原则为广大客户提供优质的服务。欢迎惠顾！

联系人：任建明
电话：13225121205、0512-57644775
地址：江苏省昆山市周市镇陆杨小泾村村　邮编：215300

## 南京诚邦实业有限公司

南京诚邦实业有限公司自成立以来，本公司专业从事五金，涂料工具，包装材料的生产、加工和销售，胶粘制品，海棉制品，建筑材料，装饰材料，百货的销售。南京诚邦实业有限公司以雄厚的实力、合理的价格、优良的服务与多家企业建立了长期的合作关系，热忱欢迎各界前来参观、考察、洽谈业务。

联系人：王中渠　邮编：210000
电话：025-86802996　传真：025-86802976
地址：江苏省南京市江宁区陶吴镇西阳社区

## 溧阳市小勇焊接材料经营部

溧阳市小勇焊接材料经营部成立于1999年，主要从事工业气体、钢材的销售。公司坚持诚信生产经营，重管理，守信誉，坚持质量第一、用户至上。始终保证材料的品质，追求用户的终身价值和品牌效益。欢迎广大客户来电洽谈！

Tel：0519-87206392　联系人：蒋小勇
Add：江苏省常州市溧阳市溧城清溪路276号3幢4-5号　P.c.：213000

## 南京古今钱币收藏有限公司宜兴分公司

南京古今钱币收藏有限公司宜兴分公司专业从事钱币收藏，秉承“顾客至上，锐意进取”的经营理念，坚持“客户第一”的原则为广大客户提供优质的服务。欢迎惠顾！

联系人：钱力
电话：0510-87011602、13616158884
地址：江苏省宜兴市宜城街道君悦府邸60-4号　邮编：214200

## 连云港港城美洁餐具消毒服务公司

连云港港城美洁餐具消毒服务公司成立于2008年，本公司是一家专业从事消毒服务的企业，主要经营宾馆，酒店用品配送。

我们将继续秉承积极进取、以质量求生存、求发展的专业精神，为广大客户提供优质的产品和服务，以此回报广大客户对我们的厚爱。

电话：0518-85170077
联系人：汪登峰 13775599211 15950731998　传真：0518-85500480
地址：江苏省连云港市新浦区临洪西路63号　邮编：222000

## 南京江舟光学技术服务中心

南京江舟光学技术服务中心以光学技术服务为主。本中心秉承“顾客至上，锐意进取”的经营理念，坚持“客户第一”的原则为广大客户提供优质的服务。欢迎惠顾！

联系人：王汝琳
电话：025-85509991、51534429　邮编：210037
地址：江苏省南京市栖霞区迈皋桥街道东井村48号

## 连云港信利达物资再生有限公司

连云港信利达物资再生有限公司成立于2006年，主要从事各种旧钢材的回收、新钢材的销售。

本公司把诚信摆在首要位置，本着“诚信为本”的原则，依照“服务大众”的态度，勤勤恳恳的经营，公司上门服务，价格高于市场价。

电话：0518-88852854　88813654　联系人：赵启和
13905121492　13851398888
地址：江苏省连云港市灌云县物资再生公司（东门居委会）　邮编：222000

## 南京坤赛物资有限公司

南京坤赛物资有限公司成立于2006年，主要从事各类建筑建材的批发零售。

我公司秉承“顾客至上，锐意进取”的经营理念，坚持“客户第一”的原则为广大客户提供优质的产品和最称心的服务，欢迎惠顾！

电话：025-85700737 13512533035　联系人：陈玉久
地址：江苏省南京市栖霞区龙塘镇龙井花园07幢501室　邮编：210000

## 南京市建邺区莫愁法律服务所

南京市建邺区莫愁法律服务所自1991年建所至今，本所主要代理各类经济、民事、行政案件、担任单位、个人常年法律顾问、代写各类法律文书。

南京市建邺区莫愁法律服务所将以最专业的精神为您提供安全、经济、专业的服务。

联系人：张常宁 13327823926
电子邮件：yunbadding@yahoo.com.cn
地址：江苏省南京市白下区富丽山庄19栋105室
电话：025-86500171
传真：025-86500171
邮编：210004

## 南通市崇川区诺亚通讯器材经营部

本公司成立于2007年12月，主要从事品牌手机的维修和配件零售。我们的服务宗旨是：质量第一、顾客至上、诚信服务，欢迎消费者、合作者、批发商、外贸商来人洽谈。

联系人：李小丰
电话：0513-87112288 手机：15606290678
网址：http://www.0512sj.com
地址：江苏省南通市崇川区南大街203号新城大厦112号 邮编：226000

## 南京市玄武区中盛钢管扣件出租站

南京市玄武区中盛钢管扣件出租站成立于1997年，主要从事管件的租赁服务。

竭诚欢迎新老客户光临惠顾！

电话：025-85437317
13801590897
联系人：夏长文
地址：江苏省南京市玄武区墨香路30号墨香山庄6幢307室 邮编：210028

## 南通市电器市场天威电子经营部

本公司主要经营有线电视分配器、放大镜、各类遥控器、各类通讯线缆等电子产品的批零。

本公司以用户为中心，为用户创造最好的服务体验和价值。

联系人：徐有朝
电话：0513-85323530 85859621
传真：0513-85323530
地址：江苏省南通市崇川区电器市场E5号 邮编：226000

## 南京双港保洁服务中心

本公司成立于2007年。

主要经营家政保洁清洗服务。

以诚信求发展，以质量求生存；我们的理念是，您的满意是我们的成功之路。

联系人：余意斌
电话：025-86802697 13770599027
地址：江苏省南京市白下区观门口17号 邮编：210000

## 南通市港闸区唐闸福万家购物广场

我们主要经营日用百货、食品、服装鞋帽、通讯器材等。我们高举诚信服务的旗帜，全心全意地为用户提供售前、售中、售后的服务。

联系人：林忠相
电话：0513-85652588、13921673566、13813725366
地址：江苏省南通市港闸区唐闸镇疏航桥大生路138号 邮编：226000

## 南京苏盛源商贸有限公司

本公司成立于2006年，主要经营化工原料、五金交电、食品、保健品、纺织原料、建筑材料销售；农副产品收购、销售。

公司以"客户至上，质量至佳，服务至诚，效率至高"为宗旨，确保生产一流产品。

电话：025-56210598
传真：025-56210698
邮编：211200
地址：江苏省南京市溧水县永阳镇民营科技园
联系人：武华明
13912936668

## 南通市港闸区中发废品回收站

本公司成立于2008年，主要经营有色金属回收，有钢材、不锈钢。

服务宗旨是：诚实、公正、守信、价格合理、平等互利的基础上与各厂商建立良好的合作关系！

电话：0513-85535100
邮编：226000
地址：江苏省南通市港闸区建材路二号桥北侧路东100米
联系人：施亚忠
13962770178

## 南通和智劳务合作有限公司

本公司长期从事境外劳务合作业务，公司外派人员主要分布在日本、新加坡、马来西亚、澳大利亚、以色列、韩国、德国、加拿大、阿尔及利亚等十多个国家和地区，工种涉及服装、整烫工、染色、电子、机械、车工、电焊工、建筑、农业、厨师等。

本公司信守劳务合同，服务优良，深受用人单位及劳务人员的好评。公司拥有一支高素质并通业务的团队，热忱欢迎与海内外劳务外界人士、以各种形式广泛接触和交流、通力合作。

联系人：金其富
电话：0513-88995688 传真：0513-88825345 13901476678
地址：江苏省南通市海安县海安镇永安北路50号 邮编：226000

## 鹏宇金属物贸有限公司

本公司成立于2007年，专业从事金属贸易。经营铅锭、锌锭等。我公司本着"锐意进取，客户至上"的原则，坚持客户至上，竭诚为客户提供最优质的产品和良好的服务。欢迎惠顾！

联系人：薛有武
电话：0511-88897037 13033592810
传真：0511-88898738
地址：江苏省镇江市丁卯张许村野鸡山 邮编：212009

## 千艺婚纱摄影有限公司

千艺婚纱摄影有限公司成立于2002年，公司在现场硬件及婚纱礼服、摄影风格上都注入了流行时尚的概念，悉心研究市场，将为客户提供新颖的设计，打造独一无二的婚纱摄影作品。但愿我们的努力能为您增添一份惊喜和甜蜜！

联系人：鹿成继

电话：0516-87710777 13685122290　邮编：221000

地址：江苏省徐州市贾汪区贾韩北路中信时代广场2楼贾汪区摄影家协会

## 苏州什物谷连锁超市

我超市名“什物谷”取自英文“civic”即“市民”之意，是在苏州享有较高的知名度的几大连锁超市之一，是苏州老百姓自己开办的超市。我们本着诚信、便利、周到的经营理念，突出“以人为本，人性化管理”，做出包退、包换、无假货的质量承诺。价格方面不求最廉，但必须为顾客省钱。竭诚欢迎广大厂商、代理商、经销商前来指导合作，共谋发展。

联系人：颜华明

电话：0512-67084009　传真：0512-67084006-605

网址：www.jscivic.com　电子邮件：webmaster@jscivic.com

地址：江苏省苏州市宝带东路345号(吴中区体育馆)　邮编：215128

## 沭阳大钟广告传媒有限公司

沭阳大钟广告传媒有限公司，成立于2007年，是沭阳目前规模最大的从事公交广告媒体经营的专业广告公司。

大钟广告公司紧随行业发展步伐，一如既往地服务各行业广告客户、提供诚信、高质量、专业化的公交媒体服务。

联系人：钟元伐　13327852050

电话：0527-88099999　邮编：518128

地址：江苏省宿迁市沭阳县人民路联通大厦四楼

## 苏州市金阊区永续日用品经营部

苏州市金阊区永续日用品经营部成立于2001年，为安利（中国）特约经销商，2004年晋升为高级经销商。主营安利系列营养保健品的销售及水天堂无油烟锅全国总经销。

我公司本着“诚信为本，质量第一”的原则，愿为您提供最优质的产品和服务！

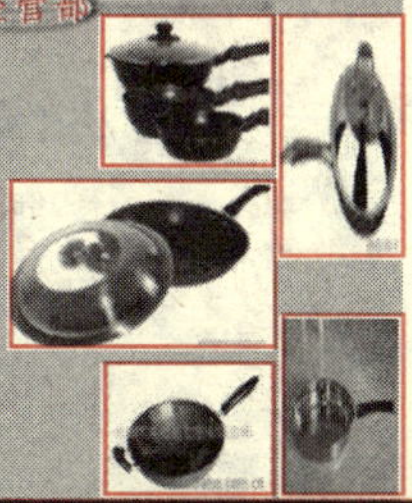

电话：0512-65353020

邮编：215008

地址：江苏省苏州市金阊区白洋湾朱家湾34号

联系人：罗济华

15062370258

## 泗洪县泗洲商城经营管理有限公司

泗洪县泗洲商城经营管理有限公司自成立以来，专业从事商场、市场及营销管理。泗洪县泗洲商城经营管理有限公司本着“客户第一，诚信至上”的原则。热忱欢迎新老客户惠顾！

联系人：郁建伟　传真：0527-86232888

电话：0527-86232888　邮编：223800

地址：江苏省宿迁市泗洪县泗洲西大街

## 苏州市平江区恒辉喷绘制作部

苏州市平江区恒辉喷绘制作部成立于2008年，主要从事于广告喷绘。

公司秉承“顾客至上，锐意进取”的经营理念，坚持“客户第一”的原则为广大客户提供优质的服务。

欢迎惠顾！

联系人：郜友理

电话：0512-67202019　13004595533

地址：江苏省苏州市平江区西花桥巷1号　邮编：215005

## 苏州工业园区邻里生鲜新城店蔡建华蔬菜

本公司成立于1998年，主要经营新鲜时令蔬菜的销售。

本着“诚信是金、金牌服务、客户至上、互利共赢”的服务宗旨，诚信第一，效率第一，客户至上，服务至上。

地址：江苏省苏州市工业园区新城大厦邻里生鲜新城店

联系人：蔡建华

13962136296　13812600385

邮编：215000

## 泰州市经济开发区华荣建筑机械租赁站（原泰州市高港区华荣建筑机械租赁站）

本公司成立于2003年，主要经营建筑机械、钢管、模板租赁。

我们的服务宗旨是“安全第一、质量求精、热情服务、诚信为本”，一握华荣手永远是朋友。

联系人：吉华荣　13914400246

电话：0523-86131032　82133583

地址：江苏省泰州市经济开发区野徐镇新华路116号　邮编：225526

商业百货外贸服务业

## 苏州好日子人力资源职介有限公司

苏州好日子人力资源职介有限公司成立于2006年，公司专业从事职介中介，国内劳务派遣，咨询服务的专业人力资源职介公司。想过好日子，永强欢迎您！

联系人：黄良机　13913139907

电话：0512-65857077

传真：0512-65857077

电子邮件：fettl63@163.com　邮编：215000

地址：江苏省苏州市吴中区天灵路6号永强科技二楼

## 无锡市浩泉物资有限公司

无锡浩泉物资有限公司成立于2006年，本公司专业经营各种螺旋管、直缝钢管、直缝焊管、热扩钢管、无缝钢管、焊接钢管等管件。年产无缝管、直缝管、螺旋管等钢管300000吨，产品远销全国24个省市地区。

真诚欢迎新老客户来电来函洽谈指导。

电话：0510-82404512　13806177227

联系人：华国泉　邮编：214000

地址：江苏省无锡市锡沪路183号（金属材料卸货市场）中心大楼4楼14904

## 吴江市盛泽好易购超市

吴江市盛泽好易购超市成立于2007年，本超市专业从事百货洗涤用品、日用品、生活用品、食品、电器、烟酒的销售。综合的购物场所、超值的商品，欢迎各位顾客光临！

联系人：朱兴平
电话：0512-63517848
地址：江苏省吴江市盛泽镇大谢村村口　邮编：215200

## 盐城市鑫正化工贸易有限公司

盐城市鑫正化工贸易有限公司成立于2008年1月，本公司专业从事化工原料、五金配件。本公司经营品种多，服务质量好，价格公道，经济实力雄厚，价格优势明显，产品质量可靠，信誉较好，具有较强的市场竞争实力！

联系人：曹志达　邮编：224555
电话：0515-84382988　84864988　传真：0515-84382127
地址：江苏省盐城市滨海县经济开发区盐海化工园

## 吴江市松陵镇辉宏涂装机械经营部

联系人：刘艳　13812702259

本公司成立于2008年，主要经营涂装机械设备，配件耗材，干燥架，防静电产品。我们以充实的技术基础与快捷全面的服务，赢得客户的信赖，也获得业界的认可。

我们将不断地引进新材料、新技术、继续开拓、竭诚努力、为行业的发展面尽一份力量。

电话/传真：0512-60282079　63311586　邮编：215200
电子邮件：huihong-ly@163.com
地址：江苏省吴江市同里镇吴江农村商业银行对面

## 张家港天澜百货

本公司成立与1998年，主要经营男女休闲服饰、饰品、化妆品、鞋帽、百货。

我们的服务宗旨是秉承规范、创新、拼搏、开拓的成达精神为您真诚服务每一天。

欢迎您的光临！

联系人：孔宇　13962259431
電話/傳真：0512-56900198　56900188
郵編：215600
地址：江蘇省張家港市城南工業區B棟

## 新典广告艺术有限公司

新典广告艺术有限公司成立于2002年，本公司专业从事户外广告设计、制作、安装、LED发光字、电子屏。公司秉承"顾客至上，锐意进取"的经营理念，坚持"客户第一"的原则为广大客户提供优质的服务。欢迎惠顾！

联系人：朱仪平
电话：13013669166　0510-87225596
传真：0510-87225596　邮编：214200
地址：江苏省宜兴市龙潭新村23幢501

## 镇江瑞麟广告有限公司

镇江瑞麟广告有限公司自成立以来，专业从事广告的制作、发布。公司本着"客户第一、质量第一、诚信至上"的经营方针，严把质量关，与多家企业建立了长期的合作关系。热忱欢迎各界朋友前来参观、考察、洽谈业务。

联系人：潘杰
电话：0511-85236083　邮编：212000
地址：江苏省镇江市润州区何家门192号

## 兴化市大唐喷画广告设计有限公司

兴化市大唐喷画广告设计有限公司成立于2006年，本公司是一家集喷绘制作、媒体发布、设计印刷为一体的综合性广告公司。

我公司秉承"以创意为灵魂，以客户需求为航标"理念全心全意为客户服务。

联系人：顾震涛　13338883769
电话：0523-83253505
邮编：225700
地址：江苏省泰州市兴化市富安小区

## 镇江润洲东方花苑腾飞麻将机维修中心

本公司成立于2005年，主要经营麻将机销售维修，主要产品有麻将机、麻将机配件、清洗剂。

我们的服务宗旨是为客户创造价值，为品牌争取市场，诚信经营、量大从优。

联系人：蒋玉梅　13815177994　13705280449
电话：0511-84440387
电子邮件：82600418@qq.com
地址：江苏省镇江市京口区镇江东方花苑6号朱方路207号　邮编：212002

## 盐城市鹏程旧机动车交易市场有限公司

盐城市鹏程旧机动车交易市场有限公司成立于2007年。主要从事旧机动车交易、评估、市场设施租赁。欢迎光临！

联系人：徐之林　13905105521　电话：0515-88335235
地址：江苏省盐城市东升新村3区106号　邮编：224005

## 镇江市润州区乐家园超市

本公司成立于2008年。主要经营商业百货。公司以"人性化经营、诚信为百姓"为服务宗旨。

联系人：李鹏　13951283180
电话：0511-85603223　85608955
地址：江苏省镇江市御景华庭12幢107室　邮编：212000

## 浙江省/Zhejiang Province

### 宁波市鄞州高桥平寅广告制作工作室
业务：专业从事名片、卡片制作及刷卡设备、软件的配套服务，可以根据客户的要求定做特色的产品。以最多的种类、最好的质量、最实惠的价格、最完美的售后服务为己任，竭诚为客户服务！
业务：PVC名片、证卡等各类卡片
地址：浙江省宁波市鄞州区高桥镇长乐村望春路908号
负责人：郑小平 邮 编：315100
法 人：郑小平
Tel：13362860606
Fax：0574－28804541
网址：nbzxp@tom.com

### 宁波市海曙汇诺进出口有限公司
业务：一般经营项目：自营和代理货物和技术的进出口，但国家限定经营或禁止进出口的货物和技术除外；金属材料、化工原料及产品（危险化学品除外）、机电设备、五金交电、电子元器件、工艺品、建材、日用品、塑料原料及制品、纺织品、服装的批发、零售。
地址：浙江省宁波市鄞州区天童北路1327号A座708室
负责人：陈炯 邮 编：315000
法 人：陈炯
Tel：13757401437

### 宁波市鄞州中河唯楚图文设计工作室
业务：设计、VI、样本、店面装潢、发光字、LED显示屏、专业雕刻
地址：浙江省宁波市鄞州区中河街道贸城中路654号
负责人：杨敏 邮 编：315000
法 人：杨敏
Tel：13221982331
15888127737
0574－87460455
Fax：0574－87460455

### 余姚市思宇室内空气治理服务部
业务：主要经营室内空气治理服务，是空气净化机花兵卫总代理
地址：浙江省宁波市余姚市城区东旱门南路19号
负责人：鲁杰 邮 编：315000
法 人：鲁杰
Tel：13305841100
15924333128

### 余姚市城区智明太阳能热水器商店
业务：专营群升太阳能、防盗门，备有专业安装维修人员为您提供完善的售后服务，欢迎你前来订购，与您携手共创绿色家园。
地址：浙江省宁波市余姚市舜水南路52－3号
负责人：楼明子 邮 编：315400
法 人：楼明子
Tel：15924333882
0574－22680403
Fax：0574－22680403

### 宁波市镇海美一天保洁服务有限公司
业务：保洁服务
地址：浙江省宁波市镇海区庄市陈倪路420号
负责人：张振明 邮 编：315000
法 人：张振明
Tel：13175990409
15906513267

### 泰顺县顺都副食品批发部
业务：定型包装食品批发
地址：浙江省温州市泰顺县罗阳镇新城区银都花园25幢107号
负责人：林仕万 邮 编：325000
法 人：林仕万
Tel：15867733177
0577－67683822

### 宁波市鄞州祥杰建筑设备租赁有限公司
业务：建筑设备租赁
地址：浙江省宁波市中兴路360号市体育馆20号看台左侧旁边2楼
负责人：梁菊芳 邮 编：315000
法 人：梁菊芳
Tel：13095982698
13685841215
0574－27661102

### 杭州学习力企业管理培训研究所
地址：浙江省杭州市滨江区杭州高新区之江花园2幢1单元302室
负责人：连云尧
Tel：0571－86674637

### 杭州江滨房屋置换有限公司
地址：浙江省杭州市滨江区江滨花园商铺1幢1号
负责人：周翔
Tel：13958003692

### 苍南三德贸易有限公司
业务：苍南三德贸易有限公司成立于2005年，位于浙江省苍南县龙港镇花园二街74号。生产、加工、销售圣诞礼品，产品销往欧美等国家。本公司始终秉承客户至上的原则，不断为客户提供新产品、新特性、新功能，以促使公司不断强大，提高竞争力。
地址：浙江省苍南县龙港镇花园二街74号
邮 编：325802
法 人：倪立靠
Tel：0577－64299588
Fax：0577－64299588

### 慈溪维情婚姻咨询服务所
业务：为客户提供恋爱择偶咨询、婚姻问题咨询、婚姻质量分析与评估、夫妻情感疏导、外遇行为矫治、婚姻涉法维权、婚姻岗位培训、婚姻法律咨询、离婚咨询、亲子教育、家庭关系维护等服务。
地址：浙江慈溪市浒山街道中央大厦北725号
负责人：韩诺 邮 编：315300
法 人：韩先生
Tel：0574－63918080
QQ：86283077

### 杭州威灵贸易有限公司南环上海华联超市加盟店
地址：浙江省杭州市滨江区南环路3999号一层
负责人：胡锡光
Tel：0571－86690025

### 余姚市承才经济咨询服务有限公司
业务：经济咨询
地址：浙江省宁波余姚市北滨江路217－8号
负责人：方云龙 邮 编：315000
法 人：方云龙
Tel：13566547308

### 平湖市当湖觉视广告工作室
业务：广告设计，制作
地址：浙江省平湖市当湖街道梅园路282号
负责人：沈丰 邮 编：314200
法 人：沈丰
Tel：13858094887
0573－85119992

### 衢州市柯城艺凡室内外墙绘工作室
业务：墙体广告制作
地址：浙江省衢州经济开发区世纪大道530号
负责人：徐宝安 邮 编：324000
法 人：徐宝安
Tel：13957551272

### 常山县志建家电维修部
业务：家电维修服务，家电制冷配件销售
地址：浙江省衢州市常山县天马镇胜利街64号底层
负责人：郑志建 邮 编：324002
法 人：郑志建
Tel：13157099960
13967025832

### 衢州市柯城港湾房产中介事务所
业务：专业承接：二手房代购代销、置换、租赁、代办银行按揭，双证过户，会计代理，资金余缺周转等一条龙服务！
地址：浙江省衢州市道贯巷12－8－2号
负责人：金远祥 邮 编：324000
法 人：金远祥
Tel：0570－3050996

### 衢州市柯城区绿创室内环境服务部
业务：室内空气质量检测与治理
产品：室内甲醛、苯、氨，TVOC等室内有毒气体清除剂及设备
地址：浙江省衢州市官庄新村91幢3楼（巨龙大酒店旁）
负责人：何俊礼 邮 编：324000
法 人：何俊礼
Tel：0570－3672261
13676616784

### 衢州市柯城银富保洁服务部
业务：承接单位保洁服务
地址：浙江省衢州市荷花西区49幢2单元101室
负责人：郑银富 邮 编：324002
法 人：郑银富
Tel：13357015971
0570－3078237

### 江山市路路发二手车信息咨询服务部
业务：二手车信息咨询服务
地址：浙江省衢州市江山市旧机动车交易市场第14－15间店面
负责人：鄢兴发 邮 编：324002
法 人：鄢兴发
Tel：13567081451
0570－4983553

### 江山市欣运投资信息咨询事务所
业务：投资信息咨询
地址：浙江省衢州市江山市区东岳路658号
负责人：周欣荣 邮 编：324002
法 人：周欣荣
Tel：13645708578
0570－4074606

### 同喜婚庆礼仪设计馆义乌总部衢州分部
业务：婚庆礼仪策划、公司庆典、生日宴、满月宴、调迁宴、金榜题名宴等一条龙服务
地址：浙江省衢州市柯城区小西门61号
负责人：尤秋香 邮 编：324000
法 人：毛帅
Tel：0570－3027857
13750707407
13506702076

### 龙游德国玛堡墙纸及欧雅墙纸加盟店（龙游县贵人鸟体育用品专卖店）
业务：墙纸零售，体育用品专卖
地址：浙江省衢州市龙游县龙洲街道荣昌路御龙湾29－102号（衢州市龙游县太平东路84号工人文化宫1楼）
负责人：华俊 邮 编：324002
法 人：华俊
Tel：0570－7110968
15158790202

### 衢州市柯城一飞广告制作部
业务：复印、打字、晒图、刻印、设计、美工，设计制作，国内广告
地址：浙江省衢州市区百岁苑48号
负责人：熊燕琳 邮 编：324000
法 人：熊燕琳
Tel：0570－8770668

### 浙江省衢州市柯城神话婚庆礼仪店
业务：婚车装饰、婚车出租、婚礼现场布置（中西式）、摄影、摄像、司仪、礼仪
地址：浙江省衢州市区开明坊2号
负责人：傅芸 邮 编：324000
法 人：傅芸
Tel：13186702618
0570－8506168

### 瑞安市友家房屋介绍所
业务：房地产中介
地址：浙江省瑞安市安拱瑞山路298号
负责人：黄其众 邮 编：325200
法 人：黄其众
Tel：0577－65691552
15058969031

### 杭州市浦沿街道杨家墩村经济合作社
地址：浙江省杭州市滨江区浦沿街道杨家墩村
负责人：杨利桥
Tel：0571－86616106

### 杭州联邦工程机械租赁有限公司
地址：浙江省杭州市滨江区浦沿镇大浦路49号1幢102室
负责人：朱剑
Tel：0571－86616477

### 瑞安市京隆商务信息咨询服务中心
业务：商务信息；投、融资信息；事业单位就业信息等咨询服务
地址：浙江省瑞安市安吉路5号
负责人：林晓清 邮 编：325000
法 人：林晓清
Tel：0577－66803900

### 瑞安市信达家政服务中心
业务：家电维修、水电维修、钟点工、保洁
地址：浙江省瑞安市安阳街道安盛路120号
负责人：徐从文 邮 编：325000
法 人：徐从文
Tel：0577－83582080
13868346960

### 瑞安市大达汽车租赁服务部
业务：汽车租赁服务
地址：浙江省瑞安市安阳街道拱瑞山路284号
负责人：陈春勇 邮 编：325000
法 人：陈春勇
Tel：13587508588
18958801588

### 瑞安市神龙汽车租赁有限公司
业务：各种汽车租赁，二手车中介
地址：浙江省瑞安市安阳街道阳光小区第17幢西首第7间
负责人：梁世敢 邮 编：325200
法 人：梁世敢
Tel：13587506563
0577－66881198

### 瑞安市尚梦堂网店
业务：网上经营服装、鞋、眼镜、手机、首饰等
地址：浙江省瑞安市马屿镇篁社村
负责人：李新田 邮 编：325208
法 人：李新田
Tel：0577－65757828
13587572549

### 瑞安市银岛汽车租赁服务部
业务：汽车租赁
地址：浙江省瑞安市马屿镇马岩村教育路192号
负责人：陈治贝 邮 编：325000
法 人：陈治贝
Tel：13958844972
0577－65710530

### 瑞安市塘下中翔航空售票处
业务：航空售票
地址：浙江省瑞安市塘下镇鲍田鲍七村建城南路5号
负责人：周慧静 邮 编：325200
法 人：周慧静
Tel：0577－65204442

### 瑞安市焕颖汽车租赁有限公司
业务：各种商务车、越野车、轿车的租赁
地址：浙江省瑞安市塘下镇桥西首路185号
负责人：陈永焕 邮 编：325200
法 人：陈永焕
Tel：13758745777
0577－65266133

### 杭州天翔气模制作有限公司
业务：本公司是一家集各类空飘气球、气模广告设计、生产、销售、租赁和大型礼仪庆典活动策划为一体的专业企业。产品有：各类PU、PE、PVC充气物、活动卡通、吉祥卡通、空中舞星、彩虹拱门、灯笼球、产品充气模型等。同时我们还可以根据客户需求设计和制作产品造型。
地址：浙江省杭州市拱墅区上塘镇神龙桥80号
负责人：王宏强 邮 编：310015
法 人：王宏强
Tel：0571－56872496
Fax：0571－56872497
网址：www.txqm.com

### 瑞安市塘下无限极（中国）有限公司
业务：无限极保健食品，维雅护肤品，植雅个人护理品及帮得佳居用品四大系列四十多个产品，提供保健，养生等咨询
地址：浙江省瑞安市塘下镇时代广场
负责人：王德林 邮 编：325000
法 人：王德林
Tel：13566158750
0577－82560020

## 瑞安市馨和婚庆文化传媒有限公司
业务：庆典礼仪，婚庆，企业形象策划，广告设计、制作、代理、发布，展览展示服务
地址：浙江省瑞安市玉海街道瑞安大厦裙房201室
负责人：刘趋　邮　编：325200
法　人：刘趋
Tel：0577－66872222
网址：www.xh0577.com
E-mail：racky9999@163.com

## 上虞市百官荣格芦荟系列产品商店
业务：荣格芦荟系列功能性保健食品，化妆品，生活用品
地址：浙江省上虞市百官街道环山路106号（荣格幸福之家）
负责人：刘晓娜　邮　编：312000
法　人：刘晓娜
Tel：15967528571
15906857971

## 上虞市曹娥街道时尚凯琳婚纱摄影店
业务：摄影服务
地址：浙江省上虞市曹娥街道舜杰路118－120号
负责人：林林　邮　编：312300
法　人：林林
Tel：13735220164
15967524366
0575－82021845
82424810

## 黎明婚纱摄影名店
业务：摄影、摄像等影像产业
法　人：摄影
地址：浙江省上虞市崧厦镇城东路21号
负责人：王坚屏　邮　编：312300
法　人：丁黎明
Tel：0575－82061314
Fax：0575－82061314

## 浙江省绍兴市袍江天天百货经营部
业务：主营日用百货，五金，小家电，鞋服，食品等
产品：化妆品，小家电，鞋服
地址：浙江省绍兴市袍江伯龙市场内
负责人：许午根　邮　编：312000
法　人：许午根
Tel：0575－88155922
Fax：0575－88155922

## 绍兴市袍江阿汉寄售商店
业务：房子、汽车、古玩、黄金
地址：浙江省绍兴市袍江马山镇东方都市99号营业房
负责人：秦汉　邮　编：312000
法　人：秦汉
Tel：13588578677
0575－88173755

## 杭州筑家广告有限公司
地址：浙江省杭州市滨江区西兴镇工业园区202室
负责人：贺俊
Tel：13757180422

## 极致广告设计工作室
业务：室内外广告设计，制作，样本印刷、名片证卡等
地址：浙江慈溪市宗汉街道宗兴东道362号
负责人：马燕军　邮　编：315300
法　人：马燕军
Tel：0574－63241363

## 慈溪市古塘徐峰电动机修理店
业务：维修电动机、发电机，电动工具的销售及维修
地址：浙江省慈溪市古塘街道坎墩大道413－415号
负责人：徐乐永　邮　编：315000
法　人：徐乐永
Tel：13456195270
0574－56336328

## 新时代家电商行
业务：品牌家电代理销售
地址：浙江省绍兴市新昌县南明街道鼓山东路127号
负责人：吕月冬　邮　编：312500
法　人：吕月冬
Tel：0575－86043889

## 慈溪市古塘世邦广告设计工作室
业务：广告设计
产品：户外广告、产品样本设计、宣传海报
地址：浙江省慈溪市古塘街道孙塘北路锦恒商务大楼214室
负责人：陆方朔　邮　编：315300
法　人：陆方朔
Tel：13506788521
0574－23457280

## 淳安县同兴供销超市有限公司家友超市临岐连锁店
地址：浙江省杭州市淳安县临岐镇后街商场
负责人：王贵阳
Tel：0571－64812936

## 绍兴市袍江汇通物资调剂商行
业务：贸易
地址：浙江省绍兴市袍江世纪街
负责人：朱安杨　邮　编：312000
法　人：朱安杨
Tel：13018802333
0575－88030668

## 绍兴县安昌镇鑫洋净水机商行
业务：经营净水机
地址：浙江省绍兴市绍兴县安昌镇九鼎村
负责人：施立萍　邮　编：312000
法　人：施立萍
Tel：13626856645
15858236513

## 绍兴县柯桥上海圣丹油漆专卖店
业务：油漆
地址：浙江省绍兴市绍兴县柯桥街道滨河新村10幢110室
负责人：戴尧祥　邮　编：312000
法　人：戴尧祥
Tel：13777383340
0575－84096451

## 绍兴县骏勤贸易有限公司
业务：化纤纺织薄膜的销售
产品：化纤纺织薄膜
地址：浙江省绍兴市绍兴县柯桥万国中心A幢9138号
负责人：赵均　邮　编：312000
法　人：赵均
Tel：0575－84562101

## 绍兴县亿事通纺织品有限公司
业务：集纺织面料、服装于一体的贸易型公司，产品包括针纺织品、服装鞋帽及各种涤、棉等服装面料，公司本着质量第一，信誉至上的原则，竭诚为广大新老客户服务
产品：经销各种涤，棉，T/C，T/R
地址：浙江省绍兴市绍兴县钱清镇工业园区飞华大厦406室
负责人：周学军　邮　编：312000
法　人：周学军
Tel：0575－84559878
Fax：0575－84559309

## 安顺建筑设备租赁有限公司
业务：建筑设备租赁服务
地址：浙江省绍兴市绍兴县王坛镇南岸村
负责人：陶华忠　邮　编：312000
法　人：陶华忠
Tel：13355853988
0575－88003988

## 绍兴市越城区善涛家政服务部
业务：疏通，水电，木工，补漏，空调等家电维修等家政服务
地址：浙江省绍兴市望花东区57幢楼下西北首
负责人：柯长勇　邮　编：312000
法　人：柯长勇
Tel：0575－88193769
13588506603

## 绍兴市昌盛汽车租赁有限公司
业务：专业的汽车租赁企业，根据客户不同需求提供各种优质车辆，并有多种租赁方式供客户选择。我们将会以最优惠的价格，最好的诚信服务于广大客户！
地址：浙江省绍兴市银滩花园营业房5号
负责人：董小勇　邮　编：312000
法　人：董小勇
Tel：0575－88027507

## 淳安县明峡进出口有限公司
地址：浙江省杭州市淳安县千岛湖镇新安北路17号1－1－501室
负责人：姚桂堂
Tel：0571－87290354

## 新昌县天东贸易发展有限公司
业务：销售金属材料、纺织原料、纺织品、服装、工艺品、五金配件、汽车配件、制冷配件、塑料制品、化工原料、轴承、日用百货、机械设备、货物进出口等产业
产品：金属材料、纺织原料、纺织品、服装、工艺品、五金配件、汽车配件、制冷配件、塑料制品、化工原料、轴承、日用百货、机械设备、货物进出口等产业
地址：浙江省绍兴市新昌县南明街道振兴北路1号
负责人：黄东良　邮　编：312500
法　人：黄东良
Tel：0575－86526777
15067560777
Fax：0575－86013777
网址：http://www.xctdmy.com
E-mail：web@xctdmy.com

## 新昌县七星街道冬冬水果超市
业务：经营各种水果及饮料
地址：浙江省绍兴市新昌县七星街道大道西路1－3号
负责人：周光成　邮　编：312500
法　人：周光成
Tel：13017713828
0575－86515995

## 新昌县七星街道蒙娜丽莎国际干洗
业务：干洗、皮革护理、服装洗涤
地址：浙江省绍兴市新昌县七星街道七星路132号
负责人：潘瑛瑛　邮　编：312000
法　人：潘正英
Tel：13858442218
0575－86263232

## 新昌县南明街道定杰便利副食店
业务：副食品、嘉兴粽子
地址：浙江省绍兴市新昌县上三高速新昌服务区
负责人：谢定杰　邮　编：312000
法　人：谢定杰
Tel：15958573957

## 新昌县羽林街道五峰仁爱日用品信息咨询服务部
业务：日用品信息咨询
地址：浙江省绍兴市新昌县羽林街道新药二村二幢二单元212室
负责人：俞炎秋　邮　编：312000
法　人：俞炎秋
Tel：0575－86041817
Fax：0575－86041817

## 绍兴市越城区同心树婚介所
业务：婚姻介绍
地址：浙江省绍兴市越城区城南街道芳家荇村
负责人：朱峰　邮　编：312000
法　人：朱峰
Tel：13616759887
0575－88313328

## 淳安县千岛湖天丰房地产咨询代理有限公司
地址：浙江省杭州市淳安县千岛湖镇新安北路1号
负责人：徐慧琴
Tel：13819165108

## 杭州统领广告有限公司
业务：杭州统领广告有限公司专业从事霓虹灯、LED、发光字设计制作先等全方位服务的企业。本公司拥有一批通晓专业技术的工程人员和经验丰富的技术工人，各种制作设施齐全。优质的工程和良好的服务使公司在霓虹灯工程邻域赢得了众多客户的一致好评，欢迎广大客户惠顾！
地址：浙江省杭州市江干区彭埠明月桥178号
负责人：谢存有　邮　编：310017
Tel：0571－86496172
网址：http://www.hztlgg.com/gb/index.htm? id=487606
E-mail：www.hz86496172@126.com

## 杭州金汇税务师事务所有限公司淳安分公司
地址：浙江省杭州市淳安县千岛湖镇新安大街41号四楼
负责人：金旭华
Tel：0571－64812602

## 淳安县同创建设科技服务有限公司
地址：浙江省杭州市淳安县千岛湖镇新安大街6号2幢6－3室
负责人：何樟根
Tel：0571－64832899

## 绍兴市越城区何东家政服务部
业务：管道疏通、维修，防水补漏，空调移机、维修、清洗，水电维修，小五金制作
地址：浙江省绍兴市越城区罗东公寓25幢1楼
负责人：何火牛　邮　编：312000
法　人：何火牛
Tel：0575－88784131
13516757153

## 诸暨市店口创月广告经营部
业务：广告设计、广告制作、广告印刷
地址：浙江省绍兴市诸暨市店口镇华佳路119号
负责人：张鑫　邮　编：312000
法　人：张鑫
Tel：15257529263
0575－87618611

## 嵊州市天戈商务咨询有限公司
业务：商务代理
产品：寻人、债务转让、调查取证、商账清欠、债务追收
地址：浙江省嵊州市长乐镇环镇东路299号
负责人：黄敬超　邮　编：312467
法　人：郭丽松
Tel：0575－83079999
Fax：0575－83786007

## 绿环农林机具服务部
业务：专业从事各类园林养护机具零售、出租业务，品质保证、价格实惠，附带上门修理方便快捷，欢迎惠顾！割草机、绿篱机、采茶机、水泵、抹平机
地址：浙江省嵊州市三江街道仙景花苑39号
负责人：申刚　邮　编：312400
法　人：申刚
Tel：0575－83363751
13587367946
Fax：0575－83363751

## 台州市黄岩康宁餐具消毒服务部
业务：专业餐具清洗消毒
地址：浙江省台州市黄岩区大桥路12号
负责人：李秀红　邮　编：318000
法　人：李秀红
Tel：13736662377

## 台州市黄岩天仁航空票务服务部
业务：航空票务服务
地址：浙江省台州市黄岩区环城东路2号
负责人：朱海斌　邮　编：318000
法　人：朱海斌
Tel：15990615555
15157279999
0576－84312388

## 台州市黄岩棉花糖文百商店
业务：文具，饰品，定型包装食品（含冷冻食品）等小百货
地址：浙江省台州市黄岩区新前街道七里王村
负责人：李亨林　邮　编：318000
法　人：李亨林
Tel：13806583992

## 台州市黄岩万家华联新前超市
业务：定型包装食品（含冷冻食品）、直接入口散装食品（卷烟、雪茄烟零售
地址：浙江省台州市黄岩区新前南路128号
负责人：柳奎　邮　编：318000
法　人：柳奎
Tel：13058788240

## 台州市椒江明天靠自己百货店
业务：批发零售女鞋、包、眼镜、饰品及小商品
地址：浙江省台州市椒江区市府大道东段103－4，103－5号
负责人：李丹丹　邮　编：318000
法　人：李丹丹
Tel：0576－88220353

## 台州市利辰物资贸易有限公司
业务：金属材料、建筑材料、机械设备、电气设备、服装、纺织品、日用品销售
地址：浙江省台州市椒江区腾达新村6号楼1单元501
负责人：徐宁　邮　编：318000
法　人：徐宁
Tel：0576－88886820

**杭州觅林进出口有限公司**
地址:浙江省杭州市凤起路 334 号同方财富大厦 4 楼 409 室
负责人:林彦鸿
Tel:13606500139

## 依贝尔美容美体
业务:美容,养生
产品:护肤品
地址:浙江省慈溪市观海卫镇南大街 32－5 号
负责人:张仙　邮　编:315315
法　人:林香琴
Tel:0574－58980565
15906524627
Fax:0574－58980565
网址:www.shboyan.com
E-mail:boyan@shboyan.com

## 慈溪市广通贸易有限公司
业务:机械设备、家用照明电器
地址:浙江省慈溪市横河镇秦堰村叶家 10 号
负责人:王银煊　邮　编:315000
法　人:王银煊
Tel:0574－63193866
Fax:0574－63193866

## 慈溪市腾跃国际贸易有限公司
业务:主要以服装、轴承、家电进出口贸易为主,并提供报关、报检、运输等专业的服务。公司以一流的管理、一流的技术和一流的服务,与国内外的朋友建立良好的业务关系,共同发展、共创辉煌。
产品:服装、轴承、家电及进出口代办
地址:浙江省慈溪市浒山街道天九鸿业大厦 212#
负责人:史大伟　邮　编:315300
法　人:史大伟
Tel:0574－63033510
13306636789
Fax:0574－63033512

## 台州市新古人教育咨询有限公司
业务:专业从事教育咨询、智力开发、幼儿科学 DIY、学科辅导等,我们将以"诚信第一、师资第一、信息第一、服务第一"为宗旨,为您提供专业的服务!
地址:浙江省台州市经中路 210 号
负责人:金学云　邮　编:318000
法　人:郑玲伟
Tel:0576－88883191

## 临海市赤城路六安好又多超市加盟店
业务:定型包装食品(含冷冻和冷藏食品)卷烟、雪茄烟零售日用百货、五金、日杂、小家电、水果、工艺饰品零售
地址:浙江省台州市临海市古城街道赤城路 136 号
负责人:周韶军　邮　编:318000
法　人:周韶军
Tel:0576－85183360

## 临海市中创世典展览有限公司
业务:展示、展览
地址:浙江省台州市临海市靖江花城 5 号 401 室
负责人:杨淑飞　邮　编:318000
法　人:杨淑飞
Tel:13958573118
0576－85288489

## 台州市路桥锋源市场调查有限公司
业务:市场调查(涉及许可的项目凭有效许可证经营)
地址:浙江省台州市路桥区路桥街道南洋新村 1 号 307
负责人:李妙方　邮　编:318000
法　人:李妙方
Tel:13566466667
18958503030

## 临安市新杰商贸有限公司
业务:临安市新杰商贸有限公司成立于 2006 年,批发零售烟、酒、副食品,欢迎新老客户来电洽谈业务。
地址:浙江省杭州市临安市锦城街道石镜街 468 号
负责人:何志新　邮　编:311300
法　人:何志新
Tel:0571－63718387
网址:www.mtw30043.chinapyp.com
E-mail:mtw30043

**富阳市旭鑫物资有限公司**
地址:浙江省杭州市富阳市常安镇横槎村
负责人:潘元忠
Tel:0571－63568089

## 台州市路桥区乐诚家政服务部
业务:室内清洁、保姆中介服务。
地址:浙江省台州市路桥区西路桥大道 172 号
负责人:梁瑞根　邮　编:318000
法　人:梁瑞根
Tel:13957663281
0576－82429450

## 三门圣耀交通工程设备租赁有限公司
业务:交通工程设备租赁服务
地址:浙江省台州市三门县海游镇向阳巷 11 号
负责人:杨加游　邮　编:318000
法　人:杨加游
Tel:0576－83376848

## 温岭市泽国保时洁家政服务部
业务:管道疏通、上门保洁、污水处理、房屋拆迁
地址:浙江省台州市温岭市泽国镇文昌路东侧
负责人:郑益平　邮　编:318000
法　人:郑益平
Tel:0576－86452998

## 玉环县牟氏盲人保健按摩厅
业务:提供针对颈椎病、腰椎病、坐骨神经痛、关节炎、腹胀、腹泻、便秘、头昏、头痛提供保健按摩服务。
地址:浙江省台州市玉环县楚门镇环城东路 3 号
负责人:牟方洪　邮　编:318000
法　人:牟方洪
Tel:0576－87549852
87549867

## 玉环县顺和建筑工程设备租赁服务部
业务:挖掘机,铲车,压路机,装载机,推土机,工程运输车等设备一条龙出租服务.
地址:浙江省台州市玉环县解放塘暂住中心 302 室
负责人:刘良多　邮　编:318000
法　人:刘良多
Tel:13058706668
15888615008
13566849448

## 玉环县环视广告设计服务部
业务:专业从事综合类广告设计制作、印刷及电脑喷绘、数码写真,致力以专业的设计制作,严谨的操作管理和卓越的服务水平,为客户提供专业,快捷,精湛,周到的服务。
产品:名片、单据信签、说明书、不干胶、喷绘、写真、标贴、样本
地址:浙江省台州市玉环县龙溪乡渡头村大坝路 18 号
负责人:林希焕　邮　编:317605
法　人:林希焕
Tel:0576－87491795
13586168276
E-mail:645651040@qq.com

**富阳市亨翔贸易有限公司**
地址:浙江省杭州市富阳市春江街道华共村
负责人:李敏翔
Tel:0571－63150869

## 玉环县清港庭显食品店
业务:副食品、饮料、日用品
地址:浙江省台州市玉环县清港镇清港村新民小区
负责人:阮家庭　邮　编:318000
法　人:阮家庭
Tel:13738527220
0576－87102081

## 玉环县明洁餐具清洁服务部
业务:餐具清洁服务
地址:浙江省台州市玉环县珠港镇城关苍坑村
负责人:叶善明　邮　编:318000
法　人:叶善明
Tel:0576－87201729
13173756111
13967677478

## 杭州欧迈贸易有限公司
业务:本公司是一家从事钢铁贸易、剪切和加工配送为一体的综合型企业。公司主营:营口、南钢、兆顺、西城等各大钢厂的中厚板、低合金板、热轧及带钢等。欢迎广大新老客户的光临,竭诚恭候您的惠顾!
地址:浙江省杭州市三里洋钢材市场办公大楼 2 楼 635 号
邮　编:310015
法　人:陆中华
Tel:0571－88013509
Fax:0571－88026728
网址:www.ommy.cn

## 玉环县润健堂健身
业务:健身服务
地址:浙江省台州市玉环县珠港镇城关广陵路 111－113 号
负责人:谭琛　邮　编:318000
法　人:谭琛
Tel:13750646033
0576－87255170
Fax:0576－87255170
网址:www.runjiantang.com

## 芳源房产信息咨询服务部
业务:二手房中介
地址:浙江省桐庐县桐君街道迎春路 2 号
负责人:刘连芳　邮　编:311500
法　人:刘连芳
Tel:13666605718
0571－64634376

## 桐乡市梧桐振东网库互通信息技术服务中心
业务:信息技术服务
地址:浙江省桐乡市梧桐街道(振东新区)振华小区 33 号
负责人:王怀海　邮　编:314000
法　人:沈春兴
Tel:13819052950
13600558233

## 桐乡市佰利来经贸有限公司
业务:服装服饰、床上用品、皮革制品、皮毛制品、化工原料及产品(除危险化学品和易制毒化学品)、电子产品、针纺织品及原辅料的销售
地址:浙江省桐乡市梧桐街道长乐路 128 号
负责人:沈界球　邮　编:314000
法　人:沈界球
Tel:0573－88119628
88119658
网址:http://www.51zzt.com/user/zzt30433

**杭州德承展贸易有限公司**
地址:浙江省杭州市富阳市春江街道华共村
负责人:夏德胜
Tel:0571－63587297

**杭州富阳维德进出口有限公司**
地址:浙江省杭州市富阳市富春街道恩波大厦四楼
负责人:叶茂
Tel:13958012358

## 桐乡市梧桐天怡清洁服务部
业务:家政服务,清洁,外墙清洗
地址:浙江省桐乡市梧桐街道复兴北路 1012 号
负责人:陆松文　邮　编:314500
法　人:陆松文
Tel:13511380566
13857365552

## 桐乡市巨荣经贸有限公司
业务:经营建筑材料、服装
地址:浙江省桐乡市梧桐街道复兴北路 1222、1226 号
负责人:徐建荣　邮　编:314000
法　人:徐建荣
Tel:15990386666
0573－88083111
88080899
Fax:0573－88083800

## 桐乡市梧桐绿园家政服务中心
业务:新装修房保洁、家庭保洁、材料吊装、家电维修、空调安装维修、管道疏通等服务
产品:绿园家政服务中心为你提供便利、实惠、快捷的一条龙服务
地址:浙江省桐乡市梧桐街道体育路 83 号
负责人:钱明林　邮　编:314000
法　人:钱建兴
Tel:13806732560
0573－88236368

## 桐乡市兴达经济信息咨询有限公司
业务:经济信息咨询
地址:浙江省桐乡市梧桐街道逾桥中路 198 号
负责人:余运美　邮　编:314500
法　人:余运美
Tel:13185738968

**富阳市信息技术服务中心**
地址:浙江省杭州市富阳市富春街道花坞南路 1 号 4 楼
负责人:单旭艇
Tel:0571－63130638

## 桐乡市铭昇进出口有限责任公司
业务:白炭黑(HX628、HX728－1、HX728－2 等)、炭黑(N220、N234、N330、N660、N774 等)、轮胎无粉内喷涂隔离剂、轮胎硫化胶囊、轮胎硫化外喷饰涂剂、胶片隔离剂、硅烷偶联剂 si－69(固液体)、橡胶粉(30 目 40 目 60 目 80 目)。轮胎硫化胶囊隔离剂,轮胎无粉内喷涂隔离剂,子午线轮胎内喷涂隔离剂,轮胎硫化外喷饰涂剂,胶片隔离剂
地址:浙江省桐乡市梧桐街道振东商贸区利民路北 15－28 号 32 幢 46 号
负责人:陈永明　邮　编:314500
法　人:陈永明
Tel:13355837788
0573－88100399
88100299
Fax:0573－88100299

## 慈溪市胜山觉策广告设计工作室
业务:主要承接广告印刷业务,户外广告牌制作、广告设计等
地址:浙江省慈溪市胜山镇镇前村塘墩路 11 号
负责人:刘厚龙　邮　编:315000
法　人:刘厚龙
Tel:13456197797
0574－63527273

## 慈溪市奇缘婚庆礼仪工作室
业务:婚庆礼仪、各类庆典的会场布置
地址:浙江省慈溪市天九街 46 幢 9 号(桥南往东 10 米)
负责人:岑伟立　邮　编:315300
Tel:13586610556
0574－23608068

## 浙江省慈溪市可德好又多食品超市
业务:百货、食品、服装、鞋帽
地址:浙江省慈溪市新浦镇上舍村农贸市场旁
负责人:金可德　邮　编:315322
法　人:金可德
Tel:15990298215
0574－63597527
63597665
Fax:0574－63597665

## 东阳市横店蓉钰干洗店
业务:承接宾馆、酒店床单、台布、毛巾,汽车坐垫、服饰清洗
地址:浙江省东阳市横店镇郭宅村新兴路 3 号
负责人:郭灵华　邮　编:322118
法　人:郭灵华
Tel:13858957924
0579－86554192

## 东阳市六石利华超市
业务:超市零售
地址:浙江省东阳市六石街道黄雾西路 21 号
负责人:赵刚　邮　编:321000
法　人:赵刚
Tel:0579－86986114
13586955125

**富阳市创衡房地产测绘有限公司**
地址:浙江省杭州市富阳市富春街道市心北路 30 号
负责人:郁东平
Tel:0571－63392655

## 振东阿宝字牌店
业务:霓虹灯制作维修,发光字,写真喷绘等各种大型广告。
地址:浙江省桐乡市梧桐街道振兴东路 533 号
负责人:赵金发　邮　编:314500
法　人:赵金发
Tel:0573－88180825
13857308195
13857377814

## 仕友家政服务有限公司
业务:仕友家政服务有限公司成立于 1999 年,公司拥有一支专业的家政服务队伍,服务范围有大型火车站、飞机场、写字楼、码头的保洁服务及小区物业管理。以合理的价格,全面、快捷、周到、细致、热情的超值服务来追求我的的不断创新,竭诚为您创造一个健康、优美、舒适、温馨的环境。
地址:浙江省杭州市上城区华藏寺巷 3－17 号

邮　编:310009
法　人:浮习学
Tel:0571－87033094
Fax:0571－87348637

## 桐乡市梧桐振东好又多百货批发部

业务:婚庆节日用品
地址:浙江省桐乡市梧桐镇副食品批发市场2区252－253号
负责人:麻安东　邮　编:314500
法　人:麻安东
Tel:0573－88133181
15857325711
Fax:0573－88105266

## 桐乡市洲泉峰峰图文设计室

业务:广告
地址:浙江省桐乡市洲泉镇合兴大厦对面
负责人:沈晓峰　邮　编:314513
法　人:沈晓峰
Tel:13867393896

## 桐乡市润利来贸易有限公司

业务:专业从事网络丝、皮毛、塑料羊绒、丝棉被等销售业务。我们始于客户需求,终于客户满意,期待与您真诚合作!
产品:网络丝等
地址:浙江省桐乡市洲泉镇永兴南路
负责人:范建忠　邮　编:314513
法　人:范建忠
Tel:0573－88512999
Fax:0573－88512999
网址:qgq1506@163.com

**富阳市俊辉物资有限公司**
地址:浙江省杭州市富阳市富春街道孙权路2号—18
负责人:余金松
Tel:0571－63383232

## 温岭市金丰贸易有限公司

产品:贸易
地址:浙江省温岭市城西街道吴山村
负责人:傅金波　邮　编:317500
法　人:傅金波
Tel:13575391888
0576－86983928

## 温州滨海好劲购购物中心

业务:综合性超市,食品、百货专卖
地址:浙江省温州经济技术开发区滨海园区旭日购物广场
负责人:李华伦　邮　编:325000
Tel:13806697765
0577－86806377

## 苍南县灵溪佳雄青蟹批发商行

业务:海鲜批发
地址:浙江省温州市苍南县灵溪镇城中北路88－1号
负责人:陈佳雄　邮　编:325800
法　人:陈佳雄
Tel:0577－64760282
13868368321

## 苍南县国荣汽车租赁有限公司

业务:汽车租赁业务
地址:浙江省温州市苍南县灵溪镇东仓路227号林宝坚收
负责人:陶大荣　邮　编:325000
法　人:陶大荣
Tel:13706626388

## 苍南县奇迹房地产经纪服务站(普通合伙)

业务:提供房产中介服务
地址:浙江省温州市苍南县灵溪镇振兴一路22号
负责人:黄进山　邮　编:325000
法　人:黄进山
Tel:13395879996
0577－68888345

## 苍南萌萌礼品包装厂

业务:广告杯,胸卡的制作
地址:浙江省温州市苍南县新安乡路边村58－59号
负责人:林秉聘　邮　编:325800
法　人:林秉聘
Tel:0577－64426156
13567700189

**杭州富阳雨燕商贸有限公司**
地址:浙江省杭州市富阳市富春街道田园路20幢101室
负责人:杨荃
Tel:13868191090

## 温州市昌华贸易有限公司

业务:旅游开发、水产品批发销售
地址:浙江省温州市洞头县北岙镇城西路80弄2号
负责人:汪闻昌　邮　编:325000
法　人:汪闻昌
Tel:0577－63386386
13968809317
Fax:0577－63386386
网址:http://www.51zzt.com/user/zzt31058

## 洞头县东屏洁静餐具洗涤配送中心

业务:餐具洗涤配送
地址:浙江省温州市洞头县东屏镇松柏园村小北岙
负责人:庄建省　邮　编:325000
法　人:庄建省
Tel:0577－63402254
15968789121
(667276、虚拟网号)
13857787521

**杭州富阳太阳物资有限公司**
地址:浙江省杭州市富阳市富春街道迎宾北路200号
负责人:张云风
Tel:0571－63370051

## 温州市龙湾海滨恒星一家空调维修服务部

业务:空调维修服务
地址:浙江省温州市黄龙康城小区4组9栋603号
负责人:李崇有　邮　编:325000
法　人:李崇有
Tel:0577－88703239

## 温州经济技术开发区翔马房产中介所

业务:二手房中介,出租房源
地址:浙江省温州市经济技术开发区玉苍西路192号
负责人:张治弟　邮　编:325000
法　人:张治弟
Tel:15167758359
0577－86522359

## 乐清市北白象海欣图文工作室

业务:图文设计服务
地址:浙江省温州市乐清市北白象镇开创路266号
负责人:陈洁丹　邮　编:325000
法　人:陈洁丹
Tel:0577－62672008
13205779611
Fax:0577－27860517

## 乐清市虹桥阿晓超市

业务:商品百货
地址:浙江省温州市乐清市虹桥镇合兴路209号
负责人:黄双晓　邮　编:325000
法　人:黄双晓
Tel:0577－62321147

## 乐清市虹桥顺发房屋介绍所

业务:房屋中介
地址:浙江省温州市乐清市虹桥镇振兴南路10号
负责人:梅金通　邮　编:325000
法　人:梅金通
Tel:13777721608

**富阳市福强物资有限公司**
地址:浙江省杭州市富阳市鹿山街道谢家溪村
负责人:费洪祥
Tel:13968154838

## 东阳市南马欧特福超市

业务:食品、饮料、服装、日用百货
地址:浙江省东阳市南马镇新市街供销社内
负责人:徐光贤　邮　编:321000
法　人:徐光贤
Tel:0579－86290875
86290817

## 奉化市爱上你婚纱摄影店

业务:婚纱摄影、婚礼摄像 让爱飞翔!
地址:浙江省奉化市公园路12号
负责人:袁行义　邮　编:315000
法　人:袁行义
Tel:0574－88576111
88576565
Fax:0574－88591155
88576655

**富阳市受降镇上大庄村经济合作社**
地址:浙江省杭州市富阳市受降镇上大庄村潘家1号
负责人:方燮翘
Tel:0571－63412258

## 富阳市富春街道鑫顺酒行

业务:销售啤酒
地址:浙江省富阳市富春街道后周村何家埭13号
负责人:李瑞煌　邮　编:311400
法　人:李瑞煌
Tel:15824170480
13588093011

## 富阳市聚丰有色金属有限公司

业务:本公司长期求购废有色金属、含铜物料、稀贵金属、黑色金属等,本着诚信务实的理念,希有货源的客户朋友可长期供货,公司保证高价现金上门回收!
产品:铜泥、铜屑、废电缆、废黄铜、紫铜
地址:浙江省富阳市富春街道龙山路159号
负责人:许先生　邮　编:311400
法　人:许浩兴
Tel:0571－23292118
15058132933
Fax:0571－23292118

## 温州市龙湾沙城炳年注塑机维修部

业务:注塑机的维修服务
地址:浙江省温州市龙湾区沙城镇天成路
负责人:王炳年　邮　编:325000
法　人:王炳年
Tel:13758439538
0577－86811288

## 温州市龙湾天河安顺达航空票务代理

业务:航空票务代理
地址:浙江省温州市龙湾区天河镇天马大街189号
负责人:董小薇　邮　编:325000
法　人:董小薇
Tel:13758490005
0577－86999868
Fax:0577－86999868

## 温州市龙湾天河居家福百货店

业务:各种大小家电,床上用品,日常用品
地址:浙江省温州市龙湾区天河镇永丰西路117－123号
负责人:冯锋杰　邮　编:325000
法　人:冯锋杰
Tel:0577－86999963

## 温州市龙湾永兴正兵广告店

业务:专业设计、制作大型户外广告
地址:浙江省温州市龙湾区永兴街道祠南村永强大道3798号
负责人:曹水祥　邮　编:325000
法　人:曹水祥
Tel:13736738593
0577－28864958

## 温州市博展搬运有限公司

业务:承接搬家、搬厂、搬设备等各种搬运业务
地址:浙江省温州市龙湾区永中街道北山下路68号
负责人:张作忠　邮　编:325000
法　人:张作忠
Tel:13906650987
0577－86871569
Fax:0577－86871569

## 温州市龙湾永中鑫山胶带加工场

业务:专业生产包装胶带
地址:浙江省温州市龙湾区永中街道上湾村后垟东路26号
负责人:程文通　邮　编:325024
法　人:程文通
Tel:13857758192
0577－86628625
Fax:0577－86628625

## 华昌广告设计

业务:平面广告设计,户外广告
地址:浙江省温州市龙湾区铮前街74号
负责人:邱昌华　邮　编:325000
法　人:邱昌华
Tel:0577－85235606

**杭州南北置业有限公司**
地址:浙江省杭州市富阳市新登镇东安路
负责人:陈烟土
Tel:13326132058

**杭州亚舟企业管理咨询服务有限公司**
地址:浙江省杭州市拱墅区半山镇石塘村
负责人:李玉珍
Tel:0571－88369655

## 温州市鹿城区鑫想家政服务部

业务:钟点工、电工、专业洗玻璃、墙体粉刷、单位保洁等。
地址:浙江省温州市鹿城区革岸路31号
负责人:孙云龙　邮　编:325000
法　人:孙云龙
Tel:13388583307
0577－88511708

## 温州市瓯海娄桥绪华广告

业务:喷绘、写真、招牌灯、条幅、铜管、各种标牌、吸塑字、钛金字、铁皮字、水晶字、厂牌、大型户外广告、企业宗旨:设计、制作、安装、全方位服务、全质量跟踪。
地址:浙江省温州市瓯海娄桥街道娄桥村娄东大街2幢第5间
负责人:陈绪华　邮　编:325000
法　人:陈绪华
Tel:0577－86281775

## 温州朝新进出口贸易有限公司

业务:法国红酒进口,童装、鞋子等产品进出口
产品:浙江省温州市瓯海南白象横港头安昌锦园3、4幢114室
负责人:朱海涨　邮　编:325000
法　人:朱海涨
Tel:0577－86707077
网址:www.chaoxinmaoyi.com

## 梧田昌利房屋介绍所

业务:专业承接:二手房代购代销、置换、租赁、代办银行按揭,代办产权证过户,会计代理,资金余缺周转等,致力于为客户提供专业、稳定、便捷、长期的购房及后续服务。
地址:浙江省温州市瓯海梧田水潭底西路88号
负责人:周陈春　邮　编:325000
法　人:周陈春
Tel:0577－85696711
13858890103

**杭州昭和贸易有限公司**
地址:浙江省杭州市拱墅区蚕花园永和坊9－2号
负责人:叶晓红
Tel:0571－85216664

## 浙江恒远皮业商行

业务:批发、零售革皮
产品:革皮
地址:浙江省海宁市海宁中国皮革城原辅料市场E区31、33号
负责人:王三磊　邮　编:314000
法　人:王三磊
Tel:0573－87250058
13857363309
Fax:0573－87250059

## 海宁市许村镇金旺校油泵配件店

业务:东风、解放、五十铃、依维柯等品牌的挖掘机、发电机,各类油泵、油嘴调试及配件兼售增压器
地址:浙江省海宁市许村镇七号桥红绿灯旁
负责人:赵金旺　邮　编:314400
法　人:赵金旺
Tel:15988469779
13165812518

## 海宁市许村镇生生百货商店

业务:销售服装、鞋子
地址:浙江省海宁市许村镇许巷村西元组55号
负责人:吴文生　邮　编:314400
法　人:吴文生
Tel:13456276888
0573－87580777

## 海宁市杭州爱尚你婚庆许村加盟店

业务:婚庆服务
地址:浙江省海宁市许村镇镇北路35号
负责人:俞思聪　邮　编:314409
法　人:俞思聪
Tel:0573－87581991

**浙江西龙进出口有限公司**
业务:浙江西龙进出口有限公司成立于2002年,专业从事服装进出口贸易,竭诚欢迎海内外客商前来考察洽谈,订货。
地址:浙江省杭州市上城区清泰街346号雪峰大厦11－1106室
负责人:张成宜　邮　编:310000
法　人:张成宜
Tel:0571－86075579

86075509

## 浙江省杭州经济技术开发区冰鸟动漫设计工作室

业务：动漫游戏、配音、配乐和音效制作、广告动漫的配音、配乐制作
地址：浙江省杭州经济技术开发区华元16街区商城2幢1006室
负责人：谭景深 邮编：310000
法人：谭景深
Tel：13777854093
13974528418

## 杭州市滨江区吴海军汽车清洗服务部

业务：汽车清洗
地址：浙江省杭州市滨江区长河街道江一村江晖桥头
负责人：吴海军 邮编：310026
法人：吴海军
Tel：13777380053
13777831882

## 杭州悍马广告有限公司

业务：杭州悍马广告有限公司成立于2004年，主要业务有电视广告、专题、影视后期特技、平面设计、三维动画、企业形象等。公司坚持以人为本、客户至上、诚实守信的原则，高起点高品质，努力探索，努力为广大客户提供优质高效服务。
地址：浙江省杭州市文二西路世纪新城30幢1401
邮编：310012
法人：钱佩隆
Tel：0571－88988653
Fax：0571－88988653

## 杭州多美贸易有限公司

业务：杭州多美贸易有限公司是集批发、零售于一体的品牌代理企业。发展至今，已在华东地区陆续开出近50家"优之良品"零食专卖店，年销售额上千万元。
地址：浙江省杭州市西湖区西溪路924－1号
负责人：张云 邮编：310023
Tel：0571－85225955
Fax：0571－85225977

## 杭州远达房地产代理有限公司

地址：浙江省杭州市拱墅区长板巷47号
负责人：吴森波
Tel：13396590103

## 平阳县中信房产中介服务部

业务：房屋销售及信息咨询
地址：浙江省温州市平阳县鳌江镇西塘村三扇路69号
负责人：陈领会 邮编：325000
法人：陈领会
Tel：13506631322
0577－63038699

## 平阳县鳌江镇果源超市

业务：零售小家电、日用品、食品、定型包装、卷烟
地址：浙江省温州市平阳县鳌江镇新河中路108号
负责人：夏望蓬 邮编：325401
法人：夏望蓬
Tel：0577－63633101

## 平阳县鳌江镇鑫秀食品批发部

产品：食品、日化产品代理
地址：浙江省温州市平阳县鳌江镇印务小区浦发路10号
负责人：刘刚 邮编：325401
法人：刘刚
Tel：13616778522
0577－63614077
63614033
Fax：0577－63614077

## 平阳县水头镇墨马广告工作室

业务：户外广告设计制作
地址：浙江省温州市平阳县水头镇金坪路67号
负责人：肖若爱 邮编：325000
法人：肖若爱
Tel：13566203014
0577－63863670

## 平阳县万银投资信息咨询服务有限公司

业务：投资信息咨询
地址：浙江省温州市平阳县水头镇径川东路22号
负责人：王兴义 邮编：325000
法人：王兴义
Tel：13606777005
15858786618

## 义乌市朝选贸易有限公司

业务：本公司成立于2004年，是一家韩资公司。我主要经营帐篷配件，服装辅料，印刷辅料的出口。以质量求生存，以信誉求发展，热忱欢迎广大客户来电洽谈业务！
地址：浙江省杭州市下城区建国路东河锦园5幢一单元1601
负责人：金东日 邮编：310003
法人：金东日
Tel：0571－87294600

## 温州喜发实业有限公司

业务：塑料编织袋，纸制品，电子产品，无纺布制品，彩印制品制造、销售
地址：浙江省温州市平阳县肖江镇丽江2街15号
负责人：项延桔 邮编：325402
法人：项延桔
Tel：13626778998
0577－63573398
13758826626
网址：http://www.51zzt.com/user/zzt33510

## 平阳县昌新房屋介绍所

业务：房屋中介服务
地址：浙江省温州市平阳县郑楼镇殊兴村3号
负责人：邓昌新 邮编：325000
法人：邓昌新
Tel：0577－63080392
13958965183

## 瑞安市久远钢材经营部

业务：废旧钢材回收、零售
地址：浙江省温州市瑞安市飞云镇云周杏垟村/瑞安市飞云镇高速路口铁炉村村北公路桥边1号
负责人：柯步铭 邮编：325000
法人：柯步铭
Tel：0577－65567958
65583390

## 杭州金剑消防检测咨询有限公司

地址：浙江省杭州市拱墅区大关东十苑2－13号，大关路248号502室
负责人：丁锦堂
Tel：13336018787

## 瑞安市建飞房屋介绍所

业务：中介：房屋租赁、房地产转让
地址：浙江省温州市瑞安市莘塍镇双香村
负责人：姜国伟 邮编：325000
法人：姜国伟
Tel：13506560087
0577－82612799

## 泰顺县创想广告工作室

业务：广告牌制作、庆典活动
地址：浙江省温州市泰顺县城关广场路57号
负责人：毛达意 邮编：325500
法人：毛达意
Tel：13758801278
0577－67585339

## 泰顺县思帆日用品店

业务：安利日用品
地址：浙江省温州市泰顺县岭北乡上洋村上洋路3号
负责人：陈春珠 邮编：325000
法人：陈春珠
Tel：13185897657
0577－67573082

## 温州市泰顺县阳光广告部

业务：户外广告设计、发布，礼仪策划，会场布置
地址：浙江省温州市泰顺县罗羊镇呈祥一路17号
负责人：陈宝顺 邮编：325500
法人：陈宝顺
Tel：13706788148
0577－67587760

## 泰顺县温馨之家家居用品店

业务：经营家居用品
产品：婚嫁用品
地址：浙江省温州市泰顺县罗阳镇北大街90号
负责人：王远飞 邮编：325500
法人：王远飞
Tel：0577－67599209
13600653698
13757767381

## 泰顺县纽约纽约婚纱摄影店

业务：婚纱摄影
地址：浙江省温州市泰顺县罗阳镇飞龙路36－38号
负责人：潘长相 邮编：325000
法人：潘长相
Tel：0577－67585155
Fax：0577－67585155

## 春来食品商行

业务：化妆品，保健品，个人护理产品，家具日用品的直销
地址：浙江省温州市泰顺县罗阳镇中路1号
负责人：费增彬 邮编：325500
法人：费增彬
Tel：0577－67580590

## 杭州新安实业投资有限公司

地址：浙江省杭州市拱墅区大关路286号
负责人：施玮
Tel：13606618117

## 杭州优信商务咨询有限公司

业务：语言培训、翻译、经济信息咨询
地址：浙江省杭州市滨江区江南大道3880号华荣时代大厦2201室
负责人：金鑢 邮编：310026
Tel：0571－88802580
13819111675
Fax：0571－88802590

## 杭州生生不息企业管理咨询有限公司

业务：企业管理咨询
地址：浙江省杭州市滨江区江南大道伟业路298号先锋科技大厦508室
负责人：刘华 邮编：310026
法人：刘华
Tel：13958002150
0571－85865365

## 泰顺县伟华装璜服务部

业务：室内外装潢服务
地址：浙江省温州市泰顺县泗溪镇永安东路
负责人：包伟华 邮编：325000
法人：包伟华
Tel：13695881343
13958982842

## 泰顺县顺风汽车租赁咨询服务部

业务：汽车租赁服务
地址：浙江省温州市泰顺县泰顺县泰寿路88号
负责人：徐传见 邮编：325000
Tel：13736979804
0577－67582228

## 鑫隆信息咨询服务中心

业务：信息咨询服务
地址：浙江省温州市文成县大峃镇伯温路222号
负责人：林铮锋 邮编：325000
法人：林铮锋
Tel：13968912000
13806812081

## 温州市凯通国际贸易有限公司

业务：本公司主要以鞋、服装、汽配、货物、技术进出口贸易为主，并提供报关、报检、运输等专业的服务。真诚期待与您的合作分享您的成功！
产品：煤炭促进剂，可节能20%（环保，节能是用煤大户产品）
地址：浙江省温州市西城路月湖小区16幢2－2103号
负责人：郑文光 邮编：325000
法人：郑文光
Tel：0577－88560501
Fax：0577－88560502

## 温州市鹿城区黎明金之桥摄影店

业务：摄影、制作相册、水晶影像
地址：浙江省温州市学院中路92号
负责人：王榆 邮编：325000
Tel：15325078100
0577－88150315

## 柏宏品牌视觉设计工作室

业务：专业从事广告设计、店面形象、印刷包装、品牌策划等业务，公司拥有一流的设计方案团队，公司自成立以来，以精湛、前锋的设计理念，专业的品牌服务意识与众多客户公司建立了良好的合作关系。
地址：浙江省温州市永嘉县瓯北镇和田大厦B幢901室
负责人：葛柏宏 邮编：325105
法人：葛文武
Tel：0577－57782866
Fax：0577－57782766
网址：www.hohobrand.com
E-mail：605787788@qq.com

## 杭州嘉华广告设计有限公司

地址：浙江省杭州市拱墅区大关西五苑5幢6号301室
负责人：高巍
Tel：13857190113

## 杭州永安建筑咨询有限公司

地址：浙江省杭州市拱墅区大关西五苑5幢6号207室
负责人：黄岭晖
Tel：13336016051

## 永嘉县瓯北镇宏朝房产信息服务部（永嘉县瓯北镇恋之侣婚姻介绍所）

业务：租房、售房信息，婚介信息
地址：浙江省温州市永嘉县瓯北镇龙桥村五中中心路62号
负责人：黄玉钗 邮编：325000
法人：黄玉钗
Tel：13968983086
0577－57888086

## 永嘉县瓯北镇新世纪房屋中介所

业务：房屋中介
地址：浙江省温州市永嘉县瓯北镇罗滨小区B组团7A幢第15间
负责人：林永标 邮编：325000
法人：林永标
Tel：13567726607
13587728585
0577－67927386

## 永嘉县海点广告社

业务：集企业形象策划、广告创意、广告设计、广告制作为一体的专业化广告公司，公司自成立以来，以精湛、前锋的设计理念，专业的品牌服务意识与众多客户公司建立了良好的合作关系。引领广告潮流，打造广告超市。
产品：喷绘、写真、画册、宣传单、名片、日（挂）历及各种灯箱、广告牌、指示牌、水晶字等
地址：浙江省温州市永嘉县瓯北镇浦二村三浦路132号
负责人：段华华 邮编：325100
法人：段华华
Tel：0577－67996417
13456072958
Fax：0577－67996417
E-mail：duanjnwei@vip.qq.com

## 杭州名溢贸易有限公司

地址：浙江省杭州市拱墅区大塘新村26幢202室
负责人：周鹏
Tel：13906521910

## 杭州市滨江区智腾字牌设计工作室

业务：各种广告字牌的设计制作
产品：广告灯箱字牌、雕刻吸塑、LED发光字牌、喷绘写真、金属字牌、横幅名片、VIP卡
地址：浙江省杭州市滨江区南环路高新综合市场A－20号（华荣大厦对面）
负责人：吴先生 邮编：310053
法人：吴富权
Tel：13033600785
0571－56680260
Fax：0571－56680260
网址：wfw28929261@163.com

## 六安市好又多超市连锁有限公司杭州市滨江区蔡坤加盟店

业务：定型包装食品（含冷冻和冷藏食品），百货用品，服装，鞋帽用品，五金交电零售业务
地址：浙江省杭州市滨江区浦沿街道联庄四区19号
负责人：蔡坤
法人：蔡坤
Tel：15968137595
0571－86631061

## 海点广告社

业务：画册、宣传册（单）、喷绘、写真、名片、日（挂）历及各种平面广告设计与制作
地址：浙江省温州市永嘉县瓯北镇浦二村三浦路132号111室
负责人：段华华 邮编：325000
法人：段华华
Tel：0577－67996417
18967764177
Fax：0577－67996417

## 杭州鼎盛房产代理有限公司

地址：浙江省杭州市拱墅区德胜新村50幢3号205室
负责人：陆旭东

Tel:13396552008

## 永嘉县瓯北镇姐妹标牌厂

业务:制作各种铜牌,铝牌,不锈钢,平板等
产品:金属腐蚀,奖牌,阀门标牌,机械标牌,水泵标牌,电机标牌,坐椅牌号
业务:浙江省温州市永嘉县瓯北镇新桥村
负责人:林初招　邮　编:325100
法　人:林初招
Tel:0577－21825765
Fax:0577－21815771

**杭州芝麻开门广告有限公司**
地址:浙江省杭州市拱墅区大苑路6号
负责人:谢林丛
Tel:13396568339

**杭州市环境保护科学研究设计有限公司**
地址:浙江省杭州市拱墅区德胜路218号5楼
负责人:潘骏
Tel:0571－88334086

## 永嘉县好易轩信息咨询服务有限公司

业务:代取名服务、信息咨询
产品:为个人(刚出生的小孩)、公司取名
地址:浙江省温州市永嘉县桥头镇径二西路7号
负责人:季时考　邮　编:325017
Tel:13732021976
0577－67461976
Fax:0577－67461976
网址:http://www.51zzt.com/user/zzt32844
E-mail:jishikao@sina.com

## 杭州心心广告有限公司

业务:杭州心心广告有限公司成立于2006年,公司注重创新设计,凭借现代设计理念为社会各界提供广告设计、媒介代理等广告服务。
地址:浙江省杭州市萧山区金城路451号太古广场A座901室
负责人:洪华盛　邮　编:311200
法　人:洪华盛
Tel:0571－83881111
82677777
82808888
Fax:0571－82807000

## 杭州万贸百货有限公司

业务:杭州万贸百货有限公司成立于2006年5月,主要从事日用百货、化妆品的销售。"质量可靠,价格合理",热诚欢迎广大新老客户光临惠顾!
地址:浙江省杭州市萧山区商业城江南百货市场北二区92、93号
负责人:陆国祥　邮　编:311200
法　人:陆国祥
Tel:0571－82717520

## 杭州比特装璜广告有限公司

业务:杭州比特装璜广告有限公司成立于2006年,经营室内外装饰设计施工,户外广告,欢迎新老客户来电洽谈业务!
地址:浙江省杭州市余杭区崇贤镇星海路19－21号
负责人:余长青　邮　编:311108
法　人:余长青
Tel:0571－86274218

**杭州警安文化传播有限公司**
地址:浙江省杭州市拱墅区德胜新村50幢3号206室
负责人:张建华
Tel:13958196345

**杭州金手指速记服务有限公司**
地址:浙江省杭州市拱墅区德胜新村50幢3号301室
负责人:俞莉娜
Tel:0571－88299560

**杭州千寻人力资源服务有限公司**
地址:浙江省杭州市拱墅区古河巷56号
负责人:王峥
Tel:13605813916

## 淳安县佰洁家政服务部

业务:清洁、保养、维修家政一条龙服务
地址:浙江省杭州市淳安县千岛湖镇碧水花园12幢1号
负责人:荣光义　邮　编:311700
法　人:荣光义
Tel:15306530303
0571－65030209

## 淳安千岛湖鑫隆贸易有限公司

业务:酒水,纸巾代理
地址:浙江省杭州市淳安县千岛湖镇新安东路186、188号
负责人:刘卫红　邮　编:311700
法　人:刘卫红
Tel:0571－24817988
Fax:0571－24817988

## 杭州陆氏物资有限公司

业务:杭州陆氏物资有限公司主要从事化纤、真丝布料的销售。本公司以质量第一,合理的价格,信誉至上的经营宗旨,欢迎客户与我们联系,并可来样订货。
地址:浙江省杭州市余杭区临平街轻纺原料市场73－75号
邮　编:311100
法　人:陆水林
Tel:0571－86255140
Fax:0571－86255140

## 杭州市拱墅区洪林电机修理服务部

业务:电机修理
地址:浙江省杭州市拱墅区康桥镇康桥村
负责人:简洪林　邮　编:310015
法　人:简洪林
Tel:13616811633
0571－56790571

## 杭州华恒经济信息咨询有限公司

业务:网络信息咨询
地址:浙江省杭州市杭州经济技术开发区文津路2号湿地公园2－208
负责人:曹少坡　邮　编:310018
法　人:曹少坡
Tel:0571－86627669
网址:http://www.51zzt.com/user/zzt30431

**杭州盘亚企业形象策划有限公司**
地址:浙江省杭州市拱墅区广利.普金家园6幢附1
负责人:董明
Tel:0571－88254105

## 杭州美尚教育咨询有限公司

业务:教育信息咨询,企业管理咨询,会务服务,展览展示服务,企业形象策划,企业营销策划,市场营销策划,成年人非证书教育培训,其它无需报经批审的一切合法项目。
地址:浙江省杭州市虎跑路四眼井224号南玉山庄
负责人:叶健　邮　编:310026
Tel:0571－87985155
Fax:0571－87985177
E-mail:yjh@jhyejh.com

## 杭州市江干区勇娟综合商店

产品:经营食品、百货
地址:浙江省杭州市江干区丁桥镇丁桥家苑商铺惠兰雅路261号
负责人:余智勇　邮　编:310026
法　人:余智勇
Tel:13588442390
0571－87384085

**杭州锦汉贸易有限公司**
地址:浙江省杭州市拱墅区密渡桥路白马大厦8B室
负责人:吕城
Tel:13305858288

## 杭州市江干区仲安花卉服务部

业务:花肥、花架、园林器具、育苗盆、草种等
地址:浙江省杭州市江干区东升苑一区28幢2室
负责人:刘仲安　邮　编:
法　人:刘仲安
Tel:13675832931
0571－86404720

## 杭州市江干区祥和家政服务部

业务:主要为客户提供搬家、搬厂、搬公司等及家政服务等等
地址:浙江省杭州市江干区笕桥镇黎明村11组19号
负责人:陈闯　邮　编:310026
法　人:陈闯
Tel:13738060435
0571－85979218

## 杭州市江干区锦帆标识设计工作室

业务:设计制作标识广告、胸牌、灯箱
地址:浙江省杭州市江干区九堡镇三村八组
负责人:刘子文　邮　编:310000
法　人:刘子文
Tel:13003677358
0571－85144920

**杭州市对外友好交流服务有限公司**
地址:浙江省杭州市拱墅区莫干山路100号耀江国际大厦A座8B室
负责人:蔡丽娟
Tel:13957169988

**杭州天和建设监理咨询有限公司**
地址:浙江省杭州市拱墅区莫干山路54号银星饭店内230室
负责人:楼标昌
Tel:0571－85025045

## 桐乡市国大经贸有限公司

业务:本公司成立于2006年,主要生产、经销鞋材化工、PU喷涂漆、TPR喷涂漆、ABS喷涂漆、橡胶水性高、低温印刷漆、PU印花滚筒,泡沫塑料、TPR原料粒子、TPR全自动圆盘式单色、双色塑胶鞋底注射成型机。
地址:浙江省嘉兴市桐乡市石门镇安全村东杨泥司组
负责人:王健国　邮　编:314500
法　人:王健国
Tel:0573－88662688

## 义乌市永信百货贸易有限公司

业务:义乌市永信百货贸易有限公司 信息可靠度主要为国内和韩国代理百货业务。公司依托义乌大市场和非常熟悉市场的采购人员,为您提供价廉质优的百货商品。
地址:浙江省金华市义乌市江东街道永胜小区27幢2单元302室
负责人:申德云　邮　编:322000
Tel:0579－85177726
85177689

## 青田金雄鹰旧货调剂有限公司

业务:青田金雄鹰旧货调剂有限公司成立于2006年,主要从事石雕回收,二手石雕销售。我们以"诚信为本、客户至上"的服务态度竭诚为您提供最优质的产品。
地址:浙江省丽水市青田县鹤城镇油竹新区上村218号
负责人:朱双芳　邮　编:323900
法　人:朱双芳
Tel:0578－6656022

## 杭州市江干区科成制冷设备维修部

业务:家用冰箱.厨房冰箱,制冰机,冷库,制冷设备上门维修
地址:浙江省杭州市江干区云峰三区100号
负责人:朱周保　邮　编:310026
法　人:朱周保
Tel:0571－85211295
86497953

## 浙江省杭州裕丰鞋业品牌代理机构

业务:批发兼零售
产品:永高人,助兴,上海回力,精灵宝贝,小壮子等中高档童鞋
地址:浙江省杭州市九堡华贸鞋业皮具城一楼D区D1－517、519、521
负责人:杜丕得　邮　编:310000
法　人:杜丕得
Tel:0571－28211988
Fax:0571－85270369

## 临安好又多超市高虹加盟店

业务:日用百货、副食品、电器经营
地址:浙江省杭州市临安高虹镇德胜街供销大厦2楼
负责人:杨新波　邮　编:310026
法　人:杨新波
Tel:0571－63770013

## 临安爱花土特产商行

业务:经营土特产
地址:浙江省杭州市临安市锦城街道功臣山路67号
负责人:叶爱花　邮　编:310026
法　人:叶爱花
Tel:0571－63976556
23614141
23617284

## 宁波必扬国际贸易有限公司

业务:我公司成立于2006年,主要从事各类商品和技术的进出口贸易,公司秉承"质量第一,信誉至上"的服务理念,欢迎各界朋友光临惠顾!
地址:浙江省宁波市慈溪市浒山街道前应路1228号三楼322
负责人:江涛　邮　编:315300
法　人:江涛
Tel:0574－23686686、
Fax:0574－23686685
网址:www.chinabeyond.com.cn
E-mail:ruan@chinabeyond.com.cn

**杭州物美实业有限公司**
地址:浙江省杭州市拱墅区莫干山路701号307室
负责人:杨英
Tel:13805780001

**杭州中平财务管理咨询有限公司**
地址:浙江省杭州市拱墅区莫干山路741号(浙江丝绸科技有限公司405、407
负责人:龚燕平
Tel:0571－88808153

**杭州意美文化传播有限公司**
地址:浙江省杭州市拱墅区莫干山路墨香苑3－3－1001
负责人:黄河
Tel:13805748421

**杭州神邦物资有限公司**
地址:浙江省杭州市拱墅区三里洋路8号(三里洋钢材市场323号)
负责人:吴坚
Tel:13355786360

**杭州杰贝物资有限公司**
地址:浙江省杭州市拱墅区三里洋路8号(三里洋钢材市场351号)
负责人:吕文达
Tel:13806765096

## 临安西苑金湖时代联华加盟店

业务:超市、商品百货
地址:浙江省杭州市临安市锦城街道西苑路130号
负责人:傅仕伟　邮　编:311300
法　人:傅仕伟
Tel:0571－61063338

## 淳安县猫和老鼠儿童用品专卖店

业务:经营童装产品
地址:浙江省杭州市千岛湖镇新安东路37号
负责人:商振才　邮　编:310026
法　人:商振才
Tel:13819165198
13968112929

**杭州日达贸易有限公司**
地址:浙江省杭州市拱墅区上塘路1060号
负责人:陈菊萍
Tel:0571－88493777

**杭州通信大厦控股集团有限公司**
地址:浙江省杭州市拱墅区上塘路386号
负责人:严成忠
Tel:0571－88322238

**杭州沁园春房地产代理有限公司**
地址:浙江省杭州市拱墅区上塘镇蔡马村
负责人:叶权
Tel:13073661471

**杭州业禾贸易有限公司**
地址:浙江省杭州市拱墅区上塘镇皋亭村
地址:汪爱武
Tel:0571－88138015

**杭州欧港贸易有限公司**
地址:浙江省杭州市拱墅区沈半路201号
负责人:高胜安
Tel:13588481727

## 杭州市上城区水墨钱塘纺织品设计工作室

业务:纺织品图案设计,面料设计,平面设计的服务
地址:浙江省杭州市上城区复兴街25号A1、A2区
负责人:黄鹏　邮　编:310002
法　人:于萍
Tel:0571－86583992
Fax:0571－86583992

## 林军日用品商行

业务:经营安利系列产品
地址:浙江省杭州市上城区秋涛路一弄23号
负责人:周林军　邮　编:310002
法　人:周林军
Tel:13116732843
13868168075

## 浙江省农都农副产品批发交易市场德光水产品商行

业务:主要经营淡水产,海鲜批发零售
地址:浙江省杭州市石桥路115号省农都农副产品批发交易市场水产区14、15号
负责人:刘德光　邮　编:310026
法　人:刘德光
Tel:13606629536
13588164948
13067839662

**杭州霹雳马贸易有限公司**
地址:浙江省杭州市拱墅区沈半路201号
负责人:汪金娣
Tel:13306520520

**杭州弘财物资有限公司**
地址:浙江省杭州市拱墅区沈半路2号(建华五金机电市场3区2号、5号)
负责人:朱新永
Tel:0571－28822572

**杭州亿龙机电物资有限公司**
地址:浙江省杭州市拱墅区沈半路2号(建华五金机电市场4－166号)
地址:王文斌
Tel:13634103311

## 宁波海曙大瀚贸易有限公司

业务:宁波海曙大瀚贸易有限公司成立于2006年,经营服装、食品贸易,愿与各界朋友真诚合作,共创佳绩!
地址:浙江省宁波市海曙区环城西路北段339号2楼
负责人:张志强　邮　编:315000
法　人:张志强
Tel:0574－87505913
87500913

## 余姚市美铿摄影器材厂

业务:余姚市美铿摄影器材厂成立于2005年,主要生产销售摄影器材。用优良的品质,合理的价格,完善的服务,竭诚为用户

服务。
地址：浙江省宁波市余姚市泗门镇大庙周村
负责人：李晓琴　邮　编：315470
法　人：李晓琴
Tel：0574－62198060
81263578
法　人：0574－62198060
网址：www.mtw30174.chinapyp.com

**杭州萧山蜀山金峰清洗服务部**
业务：主要以清洗、保洁服务为主。服务周到，欢迎广大客户光临。
地址：浙江省杭州市蜀山街道安桥社区22号
负责人：邱文锋　邮　编：311200
法　人：邱文锋
Tel：13777462641
0571－83279663

**杭州新益佳超市连锁有限公司萧山蜀山阮国强加盟店**
业务：超市
地址：浙江省杭州市蜀山街道沙里吴村
负责人：阮国强　邮　编：310026
法　人：阮国强
Tel：13235713819
0571－82391043

**杭州之江度假区经建图文制作社**
业务：复印、广告牌制作
地址：浙江省杭州市双浦镇袁家浦村杭州新世复合管道有限公司内（袁浦路36号）
负责人：葛宗敏　邮　编：310024
法　人：葛宗敏
Tel：0571－87645138
87612626

**杭州伯乐名品皮具精工护理工作室**
业务：皮包护理，皮衣保养，沙发保养，皮革上色，补色．专业皮具护理培训，承接品牌厂商售后服务外包
地址：浙江省杭州市西湖区荆花路9号紫金庭园芦荻苑9幢2号
负责人：仇益新　邮　编：310000
法　人：仇益新
Tel：0571－88232080
13735516132
Fax：0571－88232080
E-mail：pbosi@163.com

**杭州铁盛物资有限公司**
地址：浙江省杭州市拱墅区石祥路266号（40号仓库旁）
负责人：洪杰云
Tel：0571－88167877

**杭州市西湖区孔叁利综合商店**
业务：批发零售
产品：烟、酒、食品、日用品
地址：浙江省杭州市西湖区双浦镇外张村渡口5号
负责人：孔叁利　邮　编：310000
Tel：13067889100
0571－87640299

**杭州市西湖区天速图文制作店**
业务：室内、户外广告，打印明片、喷绘、写真、文本装订等业务
地址：浙江省杭州市西湖区文二路391号（E座中区一楼）
负责人：张祖通　邮　编：310013
法　人：张祖通
Tel：0571－88916328
13758234020

**杭州市西湖区城西娃哈哈送水站**
业务：送水服务
地址：浙江省杭州市西湖区文三西路美都新村娃哈哈送水站
负责人：蔡天治　邮　编：310012
法　人：蔡天治
Tel：15990020315
0571－88224154
88988754

**杭州力凯物资有限公司**
地址：浙江省杭州市拱墅区石祥路276号
负责人：龚庆良
Tel：13588003065

**杭州金港物资有限公司运河钢材市场分公司**
地址：浙江省杭州市拱墅区石祥路350号运河钢材市场内
负责人：管才金
Tel：0571－88167010

**杭州朗巢文化传播有限公司**
地址：浙江省杭州市拱墅区塘河路10号二楼
负责人：赵朗朗
Tel：13868132525

**杭州博翰贸易有限公司**
地址：浙江省杭州市拱墅区塘河南村18－6号二楼
负责人：蒋建国
Tel：13957181917

**浙江金茂德工贸有限公司**
业务：本公司成立于2003年，拥有80多个员工，主要经营锻件汽车配件、汽车机床配件的生产与销售
地址：浙江省台州市玉环县珠港镇大麦屿开发区
邮　编：317604
法　人：罗纯升
Tel：0576－7370378
Fax：0576－7370378

**温州市华琪工贸有限公司**
业务：本公司成立多来年，经过近多年的不懈努力，现已成为华东地区最大规模集设计、制造、销售于一体化的专业品公司之一，现有员工一百多人，实力雄厚。始终领导着华东地区礼品行业发展的新潮流，经营有三万多个品种，现有：退出流通领域的一版、二版、三版人民币，流通纪念币珍藏册，中国历代古钱币及其珍藏册；纪念章系列，主要制作：各种铜、铝、银、铁等材质的奖章、徽章、纪念币、校徽、标牌、领带夹、纪念盘、工艺标牌、商标牌、礼品（如钥匙扣、啤酒开）等。
地址：浙江省温州市平远县昆阳镇小姜阳南路2号
邮　编：325400
法　人：杨维宾
Tel：0577－63757111
Fax：0577－63757000

**义乌市辉盾商品信息咨询有限公司**
业务：义乌市辉盾商品信息咨询有限公司成立于2005年，主要从事商品信息咨询服务，欢迎新老客户来电咨询，洽谈业务。
地址：浙江省义乌市贝村路108号三楼
负责人：龚国辉　邮　编：322000
法　人：龚国辉
Tel：0579－85331313

**杭州昊天广告设计有限公司**
地址：浙江省杭州市拱墅区塘河新村26幢2单元301室
负责人：王正炎
Tel：0571－88840195

**杭州万路峰物资有限公司**
地址：浙江省杭州市拱墅区温州路40号
负责人：金建福
Tel：13968096008

**杭州金地制冷设备服务有限公司**
地址：浙江省杭州市拱墅区祥符镇李家桥二组
负责人：沈树山
Tel：13605703214

**老王开锁服务部**
业务：24小时汽车开锁，防盗门开锁、换锁、换锁心、钟表维修、配手表电池
地址：浙江省杭州市西湖区文一西路357号
负责人：王永富　邮　编：310012
法　人：王永富
Tel：13805706227
0571－81767535

**杭州市下城区宏润家政服务部**
业务：单位保洁，工程开荒，疏通，拆装空调，二手房装修
产品：墙面粉刷，房顶补漏，装修热水器，钟点工，水电安装及维修
地址：浙江省杭州市下城区草庵村四组
负责人：刘仕超　邮　编：310000
Tel：0571－85864592
13136197639
网址：www.hongrunjiazhen.chinapyp.com
E-mail：chaoge2008728@yahoo.com

**杭州碧红贸易有限公司**
业务：预包装食品；货物进出口（国家法律、行政法规禁止的项目除外，国家法律、行政法规限制的项目取得许可证后方可从事经营活动）；其它无需报经审批的一切合法项目。
产品：葡萄酒、香槟 白兰地酒 威士忌酒 咖啡豆、可可 咖啡机
地址：浙江省杭州市下城区朝晖路168号钛合国际大厦1号楼507室
负责人：江正峰　邮　编：310026
法　人：江正峰
Tel：13868117128
0571－85318340
Fax：0571－85318339
网址：http://kimbochina.cn.alibaba.com/

**州允嘉贸易有限公司**
地址：浙江省杭州市拱墅区祥园路39号
负责人：周立东
Tel：13905713828

**州田青文化传播有限公司**
地址：浙江省杭州市拱墅区叶青兜路10号
负责人：洪铭胥
Tel：13857150485

**杭州新墅贸易有限公司**
地址：浙江省杭州市拱墅区叶青兜路60号
负责人：解华
Tel：0571－88383023

**杭州善策广告设计有限公司**
地址：浙江省杭州市拱墅区叶青苑26幢504室
负责人：金善廷
Tel：13957130331

**杭州联冠信息技术有限公司**
地址：浙江省杭州市拱墅区左岸花园10幢402室
负责人：李钢
Tel：13705818704

**杭州市下城区美蓉劳保用品经营部**
业务：雨衣服装，劳保用品批发销售
地址：浙江省杭州市下城区杨家沁苑31排1号
负责人：刘俊成　邮　编：310026
法　人：刘俊成
Tel：15868118684
0571－85340969

**杭州市饮用水综合商店**
业务：桶装水，瓶装水，饮水机批发零售。
地址：浙江省杭州市下城区珠埠里110号
负责人：郑松良　邮　编：310026
法　人：郑松良
Tel：13588839595
0571－85384368

**杭州萧山北干友易超市**
业务：经营食品、副食品、日用百货、日化用品、小家电等
地址：浙江省杭州市萧山区北干街道兴议村明怡花苑
负责人：盛杭军　邮　编：310026
法　人：盛杭军
Tel：13588869666

**杭州倍特斯进出口有限公司**
地址：浙江省杭州市建德市乾潭镇马鞍路78号
负责人：朱晓妤
Tel：0571－64173500

**杭州广厦建筑咨询有限公司建德分公司**
地址：浙江省杭州市建德市新安江街道新安东路32号四楼
负责人：郭梅英
Tel：0571－64028972

**杭州常春藤公关策划有限公司**
地址：浙江省杭州市建国北路星汇商务大厦6楼608室
负责人：陈怡
Tel：13958023336

**杭州天鸿实业有限公司**
地址：浙江省杭州市江干区采荷新村1－1幢1号
负责人：孟卫民
Tel：13958087088

**杭州中海实业有限公司**
地址：浙江省杭州市江干区采荷新村1－1幢2号
负责人：徐梦影
Tel：13335812908

**杭州龙杭贸易有限公司**
地址：浙江省杭州市江干区艮山西路75号杭州汽车东站小商品市场4、5号营业房
负责人：祝贺良
Tel：0571－86490016

**杭州天坤投资管理有限公司**
业务：银行承兑汇票贴现服务，担保
地址：浙江省杭州市萧山区金城路太古广场1幢1103室
负责人：陈张克　邮　编：310026
法　人：陈克貌
Tel：13588715342
0571－83881092

**杭州萧山双象麻将机配件商行**
业务：麻将机配件
地址：浙江省杭州市萧山区宁围镇杭州原野汽配五金市场2栋51、53号
负责人：汪凤平　邮　编：310000
法　人：汪凤平
Tel：0571－82854168
Fax：0571－22675911

**上海颉颉清洗服务有限公司**
业务：业务范围：室内外清洁服务，绿化种植及养护，物业管理，室内外装潢。本公司以雄厚的技术、优质的服务，换您舒适、整洁的环境
地址：浙江省义乌市桥东一区6栋3号201室
邮　编：322000
法　人：陈松斌
Tel：0579－5362957
Mobile：13957956849
Fax：0579－5362957

**杭州美来经济开发有限公司**
地址：浙江省杭州市江干区杭海路1221号
负责人：王寿松
Tel：0571－86439967

**杭州永建陪驾服务有限公司**
地址：浙江省杭州市江丁区杭海路569号301室
负责人：干建华
Tel：13003633298

**杭州西奥运贸有限公司**
地址：浙江省杭州市江干区机场路317号
负责人：翟羽佳
Tel：13989840856

**杭州萧山宁围镇红华日用品服务部**
业务：女性健康产品、日用百货，化妆品，家居用品，定型包装食品（含冷冻和冷藏食品）
地址：浙江省杭州市萧山区宁围镇盈丰街道盈丰医院对面（安利工作室）
负责人：李红
法　人：李红
Tel：13967148707
18967112009

**杭州笕桥清洁服务有限公司**
地址：浙江省杭州市江干区机场路365号
负责人：吴宝仙
Tel：13957125699

**杭州城北电业投资管理有限公司**
地址：浙江省杭州市江干区机神新村15－1（京江文化中心301室）
负责人：金德立
Tel：0571－85998285

**杭州汇通交通设施技术服务有限公司**
地址：浙江省杭州市江干区笕桥镇水墩村三组46号
负责人：朱燕波
Tel：0571－85523295

**杭州佳田液压设备有限公司**
地址：浙江省杭州市江干区笕桥镇俞章村2组
负责人：田志奋
Tel：0571－88153372

**杭州萧山闻堰镇阿宝家政服务部**
业务：专为家庭、物业、写字楼、商场等场所全面开荒保洁、清洗的专业公司，坚持高定位、高质量、高效率的三高服务标准，为客户提供全方位的满意服务！另承接来料加工业务（如串珠之类的）
产品：地毯清洗，石材养护，中央空调设计，清洗，保养，安装
地址：浙江省杭州市萧山区闻堰镇闻兴村东山城41号
负责人：周元宝　邮　编：311200
法　人：周元宝
Tel：13625812205
15267423523
网址：xsmisstwu@yeah.net

**杭州萧山商业城金伟陶瓷批发部**
业务：批发、零售：陶瓷制品、碗、蒸锅等日用百货
地址：浙江省杭州市萧山商业城综合市场C部1C－240号
负责人：周水平　邮　编：310026
法　人：周水平
Tel：0571－22886518
13989823578

**杭州余杭区经济开发区曹敬平油罐清理服务点**
业务：油罐清理服务
地址：浙江省杭州市余杭区经济开发区屯里社区14组14号
负责人：曹敬平　邮　编：310000
法　人：曹敬平
Tel：13073692929
13073692828

**杭州荣诚经济信息咨询有限公司**
地址：浙江省杭州市江干区景芳一区29幢1单元601室
负责人：应荣宽
Tel：0571－88211813

**杭州高能辐射技术开发应用有限公司**
地址：浙江省杭州市江干区九堡镇九环路63号3楼306
负责人：卢立平
Tel：0571－86905958

**杭州华纪联华贸易有限公司**
地址：浙江省杭州市江干区九堡镇农贸市场（北侧）
负责人：朱宝华
Tel：0571－86905568

**杭州安高卡通影视有限公司**
地址：浙江省杭州市江干区九环路63号－4－18
负责人：何志祥
Tel：0571－86970350

**杭州联华华商集团有限公司联华超市公**

**司凯旋路连锁店**
地址：浙江省杭州市江干区凯旋路108号
负责人：来荣涛
Tel：0571－87251217

**杭州创跃广告有限公司**
业务：国内广告制作、发布（不含新闻媒体和网络），室内外装潢
地址：浙江省杭州市余杭区良渚镇玉琮路228号
负责人：沈伟国　邮　编：311113
法　人：沈伟国
Tel：0571－88770077
15825523368

**杭州余杭区临平街道集缘阁婚庆礼仪服务部**
业务：婚庆礼仪一条龙服务
地址：浙江省杭州市余杭区临平街道马家弄25号
负责人：陈建平　邮　编：311100
法　人：陈建平
Tel：0571－89266008

**杭州余杭区临平街道朱春强轮胎修理部**
业务：机动车轮胎维修、玻璃安装、汽车装璜四轮定位等
地址：浙江省杭州市余杭区临平街道星光街477号（二店）浙江省杭州市余杭区临平街道星河路146－152号（二店）
负责人：朱春强　邮　编：310026
法　人：朱春强
Tel：13116700598
0571－86142987

**杭州余杭区临平街道御坊堂日用百货商行（北京香积仁和公司浙江省总代理）**
业务：食品、日用百货、体育器材、化妆品、保健品的零售与代购及加盟；
地址：浙江省杭州市余杭区临平景山路89号
负责人：钱镜炎　邮　编：310026
法　人：钱镜炎
Tel：13616555088
15267182721

**杭州思缘礼仪工作室**
地址：浙江省杭州市江干区凯旋路415号杭州凯丽宾馆2418室
负责人：俞月华
Tel：13067758792

**杭州巴特克生物信息咨询有限公司**
地址：浙江省杭州市江干区凯旋新村12－1－103
负责人：毛文伟
Tel：13758246012

**杭州日通汽车贸易有限公司**
地址：浙江省杭州市江干区彭埠镇云峰村五组
负责人：何宝安
Tel：13905718488

**杭州权颖中信空调制冷设备技术服务部**
地址：浙江省杭州市江干区濮家东村16幢2单元103室
负责人：吴晓颖
Tel：0571－86881123

**杭州余杭区南苑乐天图文工作室**
业务：平面设计、图文设计与制作
地址：浙江省杭州市余杭区临平南苑街道东湖南路10号
负责人：俞刚　邮　编：310000
法　人：俞刚
Tel：13958142540
0571－89171850
Fax：0571－89171850

**杭州不倒翁投资管理有限公司**
业务：投资管理
产品：夜总会KTV，酒吧，桑拿，俱乐部，会所管理、设计、顾问、培训
地址：浙江省杭州市余杭区临平镇凤仪家园8幢201室
负责人：陈洪涛　邮　编：310026
法　人：陈洪涛
Tel：13221581000
0571－89171538
网址：www.zjbdw.cn

**杭州德凯贸易有限公司**
地址：浙江省杭州市江干区秋涛北路100号武警干休所大楼三楼
负责人：傅强
Tel：13395858133

**杭州中驰贸易有限公司**
地址：浙江省杭州市江干区秋涛北路176号16楼1611号
负责人：陈宝如
Tel：13515713900

**杭州虎光贸易有限公司**
地址：浙江省杭州市江干区秋涛北路217号705B室
负责人：彭平华
Tel：13819106198

**杭州恒家房产销售代理有限公司**
地址：浙江省杭州市江干区三里亭一区23幢3单元101室
负责人：蒋金宝
Tel：0571－85551918

**杭州摩佳贸易有限公司**
地址：浙江省杭州市江干区石桥路198号浙江德胜汽配市场内
负责人：楼月琴
Tel：0571－88393442

**杭州东慧工贸有限公司**
地址：浙江省杭州市临安市横畈镇安村村
负责人：周茂营
Tel：13805706138

**杭州余杭区乔司有色有味水果超市**
业务：各种水果零售兼批发
地址：浙江省杭州市余杭区乔司镇城隍中路12栋（乔司社区二组12＃楼）
负责人：刘学明　邮　编：311101
法　人：刘学明
Tel：15824191772
0571－89193866

**欢乐生活自选商场**
业务：超市
地址：浙江省杭州市余杭区塘栖镇广济路296号
负责人：黄春玲　邮　编：310000
法　人：黄春玲
Tel：13868058587
0571－86379550

**杭州余杭区塘栖镇吴佳坝钢管租赁经营部**
业务：各种型号钢管租赁业务
地址：浙江省杭州市余杭区塘栖镇西苑村吴家坝
负责人：唐国松　邮　编：310026
邮　编：唐国松
Tel：13606812923
0571－86379906

**老王太阳能热水器店**
业务：好太太、天升等各品牌太阳能热水器以及卫浴系列，集成吊顶
地址：浙江省杭州余杭区乔司镇乔井路242号
负责人：王仁甫　邮　编：310001
法　人：王仁甫
Tel：0571－86295700
13958042053
Fax：0571－86193958

**杭州博杰贸易有限公司**
业务：贸易
地址：浙江省杭州余杭区余杭经济开发区北沙东路5号
负责人：朱国强　邮　编：310000
法　人：朱国强
Tel：0571－86157899
89265868

**安吉泽良电动车配件商行**
业务：批发、零售：电动车配件
地址：浙江省湖州市安吉县孝丰镇孝丰路云鸿新城
负责人：应泽良　邮　编：313000
法　人：应泽良
Tel：13587942591
0572－5521591

**杭州金诺贸易有限公司**
地址：浙江省杭州市临安市锦城街道江桥路396号4楼
负责人：钟根
Tel：0571－63728816

**杭州雷峰塔旅游贸易有限公司**
地址：浙江省杭州市南山路15号
负责人：周志强
Tel：0571－87986856

**杭州新睿智业有限公司**
地址：浙江省杭州市栖霞岭18号
负责人：章旭彦
Tel：0571－87987920

**杭州协胜电脑服务部**
地址：浙江省杭州市上城区滨江新苑14幢底商3号
负责人：张静
Tel：0571－86555338

**杭州翰宇实业有限公司**
地址：浙江省杭州市上城区复兴街437号201室
负责人：赖晔莹
Tel：0571－86584802

**杭州中磊会计咨询有限公司**
地址：浙江省杭州市上城区甘水巷5号－5
负责人：吴小云
Tel：13305811286

**杭州雅洁楼宇保洁有限公司**
地址：浙江省杭州市上城区国货路73号304室
负责人：张善峰
Tel：0571－87031239

**浙江长兴天港实业有限公司**
业务：房地产开发，建筑开发，酒店管理
地址：浙江省湖州市长兴县国际大酒店三期商务楼5F25室
负责人：吴正华　邮　编：313100
法　人：吴正华
Tel：0572－6266712
6267119
Fax：0572－6266712
E-mail：zj_tgsy@163.com

**长兴虹星桥中正广告工作室**
业务：集设计、制作于一体的专业广告公司，承接印刷类、广告类、图文类、样本、DM宣传单等范围内的广告业务，兼营相关耗材、通讯业务等，为客户提供专业化全方位的媒体广告服务。欢迎新老客户光临惠顾！
产品：印刷品、户外广告牌、灯箱、喷绘、写真、雕刻、吸塑、霓虹灯等
地址：浙江省湖州市长兴县虹星桥镇中星路66号
负责人：葛宝成　邮　编：313104
法　人：葛兰兰
Tel：13136501885
15957293653
Fax：0572－6090989
E-mail：gbc178@zj.com

**长兴李家巷惠春杂货店**
业务：百货
地址：浙江省湖州市长兴县李家巷镇青草坞村地洞寺主干路南
负责人：周惠春　邮　编：313102
法　人：周惠春
Tel：0572－6063367
13867261228
Fax：0572－6063367

**德清雷甸武强饲料商行**
业务：饲料销售
地址：浙江省湖州市德清县雷甸镇塘北村庞家埭组
负责人：马武强　邮　编：313000
法　人：马武强
Tel：13738133022
13588399957

**德清金通电子商务有限公司**
业务：以电子商务为主，电子商务广告商，保险，销售笋干、茶叶
产品：保险，销售笋干、茶叶
地址：浙江省湖州市德清县武康镇万马路18号
负责人：金琴琴　邮　编：313000
法　人：金琴琴
Tel：13587210888
0572－8285626
Fax：0572－8286391

**德清县新市镇艳阳兽药店**
业务：经营兽药
地址：浙江省湖州市德清县新市镇府前路17号
负责人：计央阳　邮　编：313000
法　人：计央阳
Tel：13616729972
0572－8330668

**湖州凤凰奥龙麻将机经营部**
业务：精品牌具，隐形眼镜，麻将程序
地址：浙江省湖州市港湖花园西区457号营业房
负责人：祁大园　邮　编：313000
法　人：祁大园
Tel：13105727971
13105728920

**湖州吴兴雯洁日用品商行**
业务：经营日用品
地址：浙江省湖州市环城东路33号新世纪花苑10幢3楼
负责人：周明　邮　编：313000
法　人：周明
Tel：0572－7221252
15967225941

**杭州同达通信技术服务有限公司**
地址：浙江省杭州市上城区海潮路53号－3
负责人：曹同贵
Tel：0571－86560182

**湖州吴兴邵家弄超市**
业务：商品百货
地址：浙江省湖州市环渚乡欣安村邵家弄
负责人：邵东英　邮　编：313001
法　人：邵东英
Tel：15967243238
13757280291

**杭州金坤房地产代理有限公司**
地址：浙江省杭州市上城区建国中路355号－1
负责人：孙庆琳
Tel：13605818771

**杭州绿宇中科检测技术有限公司**
地址：浙江省杭州市上城区江边路26号四楼
负责人：李国光
Tel：13957196677

**杭州嘉汇企业管理咨询有限公司**
地址：浙江省杭州市上城区江城路692号101室
负责人：胡树林
Tel：0571－87803308

**杭州纳川贸易有限公司**
地址：浙江省杭州市上城区江城路889号D9室
负责人：吴凌云
Tel：13906701688

**杭州增威贸易有限公司**
地址：浙江省杭州市上城区江城路889号H11室
负责人：南荣湖
Tel：0571－87785577

**杭州沃洲贸易有限公司**
地址：浙江省杭州市上城区解放路26号金衢庄大厦15层D
负责人：王金昌
Tel：13906856010

**湖州凤凰街道丽旺家政保洁服务部**
业务：管道疏通、拆装空调、保洁服务等业务
地址：浙江省湖州市丽阳景苑1幢德申路37号
负责人：张丽银　邮　编：313000
法　人：张丽银
Tel：13567972686
0572－2972522

**南浔石淙康怡达日用品商行**
业务：安利纽崔莱、个人护理用品、服务咨询及雅姿化妆品等等
地址：浙江省湖州市石淙镇石淙村费家兜17号
负责人：严建新　邮　编：313000
法　人：严建新
Tel：13157237697
0572－3688275

**德清武康红泉填土服务队**
业务：乘接土石方工程业务
地址：浙江省湖州市武康秋山村丁墓组8号
负责人：姚红泉　邮　编：313000
法　人：姚红泉
Tel：13706824570
0572－8022575

**湖州织里宵董电器商行**
业务：各种大小家用电器及电动工具零售，提供上门维修服务
产品：各种大小家用电器及电动工具
地址：浙江省湖州市织里镇晟舍新街63号
负责人：董岳正　邮　编：313000
法　人：董岳正
Tel：0572－3189620

**杭州伟博广告有限公司**
地址：浙江省杭州市上城区解放路35号206室
负责人：高伟
Tel：13666634567

**杭州信邦贸易有限公司**
地址：浙江省杭州市上城区解放路35号211室
负责人：刘秋香
Tel：13336181936

**杭州贵和贸易有限公司**
地址：浙江省杭州市上城区解放路40号1幢318室
负责人：余岭
Tel：13606644488

**杭州浙美文化艺术传播有限公司**
地址：浙江省杭州市上城区解放路89号307室
负责人：徐建杰
Tel：13588822049

**杭州科林海亚贸易有限公司**
地址：浙江省杭州市上城区近江家园八园6幢6号
负责人：方燕
Tel：13958181178

**杭州美护经济信息咨询有限公司**
地址：浙江省杭州市上城区开元路19号603室
负责人：董建斌
Tel：13750859868

**湖州织里时尚芭莎美发形象设计**
业务:美发、造型、服装搭配
地址:浙江省湖州市织里镇兴旺路1号
负责人:温兴迎　邮　编:313000
法　人:温兴迎
Tel:0572－3926687
13665752077

**湖州织里长洋饲料经营部**
业务:饲料的销售
地址:浙江省湖州市织里镇洋西东占桥东堍
负责人:吴晓雄　邮　编:313000
法　人:吴晓雄
Tel:13957279111
0572－3257208

**海宁市海洲来福汽车轮胎服务部**
业务:机动车,三类机动车(轮胎动平衡及修补、四轮定位检测调整)及保养,机油更换
地址:浙江省嘉兴海宁市海洲街道梅园路307－309号
负责人:杨朱斌　邮　编:314000
法　人:杨朱斌
Tel:0573－87013806

**嘉兴市天鹏贸易有限公司**
业务:建筑材料、办公用品等等
地址:浙江省嘉兴经济开发区金穗太阳城商贸楼A座311室
负责人:陈洪阳　邮　编:314000
法　人:陈洪阳
Tel:0573－82697911
82697922
Fax:0573－82697922
网址:www.jxtianpeng.com

**杭州香满巷广告传媒有限公司**
地址:浙江省杭州市上城区牛羊司巷1－4,1－5号
负责人:王玉芳
Tel:13306510055

**杭州杜克贸易有限公司**
地址:浙江省杭州市上城区清泰街507号富春大厦9A室
负责人:孔云英
Tel:13018908701

**杭州浙安广告制作有限公司**
地址:浙江省杭州市上城区清泰街571号金泰商务大厦10楼1005室
负责人:祝玉玲
Tel:0571－87832088

**杭州一邦贸易有限公司**
地址:浙江省杭州市上城区秋涛路18号1009室
负责人:张国良
Tel:13336051748

**嘉兴市南湖区城西便捷图文工作室**
业务:主营打印、传真、晒图、名片、工程图纸复印、文本精装等业务,欢迎各位新老客户来电咨询洽谈业务!
地址:浙江省嘉兴市城北路66号1幢3楼(电力局正对面)
负责人:余涛　邮　编:314000
法　人:余涛
Tel:0573－82263909
13757343043
E-mail:3818857@qq.com

**海宁市广茂贸易有限公司**
业务:胶水贸易
地址:浙江省嘉兴市海宁经济开发区隆兴路36－4号
负责人:郭富裕　邮　编:314000
法　人:郭富裕
Tel:13511317784
0573－87759769

**杭州东盈工贸有限公司**
地址:浙江省杭州市上城区秋涛路18号中国针织城1615室
负责人:王雷
Tel:0571－86072720

**杭州通成贸易有限公司**
地址:浙江省杭州市上城区秋涛路18号中针写字楼916室
负责人:陈国福
Tel:13906525750

**杭州唐彩广告有限公司**
地址:浙江省杭州市上城区秋涛路266－1号201室
负责人:王国强
Tel:13600510185

**杭州五洋进出口有限公司**
地址:浙江省杭州市上城区瑞丰国际商务大厦14层AB号房

负责人:马益明
Tel:13906790023

**杭州中辰广告有限公司**
地址:浙江省杭州市上城区瑞丰国际商务大厦21层F号
负责人:胡先贵
Tel:0571－87246395

**海宁市硖石飞歌录影工作室**
业务:制作个人MTV
地址:浙江省嘉兴市海宁市硖石街道海昌路215号
负责人:王小龙　邮　编:314000
法　人:王小龙
Tel:0573－87255848
13306836528

**海盐县武原镇马三交通事故代理咨询服务部**
业务:交通事故处理、车辆证照年检、年审、证照规费咨询和代交
地址:浙江省嘉兴市海盐县武原镇新桥北路219－1
负责人:王小华　邮　编:314000
法　人:王小华
Tel:13511378928
0573－86169766
86169699
Fax:0573－86169766

**海盐县无双传媒广告有限公司**
业务:主要经营广告设计制作
地址:浙江省嘉兴市海盐县武原镇新桥南路8号
负责人:朱朝华　邮　编:314000
法　人:朱朝华
Tel:13486340508
0573－6037755

**海盐世纪心美超市**
业务:食品、日用品等
地址:浙江省嘉兴市海盐县于城镇于城路
负责人:郑金和　邮　编:314000
法　人:黄岩秋
Tel:13666783918
13656627869

**杭州铭翔广告有限公司**
地址:浙江省杭州市上城区宋城路220－1号201室
负责人:钟列强
Tel:13336058845

**杭州运杭贸易有限公司**
地址:浙江省杭州市上城区望江路69号宋都大厦501室
负责人:汪建国
Tel:13362119781

**杭州雷纳森百货有限公司**
地址:浙江省杭州市上城区西湖大道333号1楼东侧
负责人:楼小明
Tel:13605716580

**杭州雅典娜贸易有限公司**
地址:浙江省杭州市上城区下华光巷58号211室
负责人:夏建仪
Tel:13968015555

**杭州泽远进出口有限公司**
地址:浙江省杭州市上城区耀江广厦7010室
负责人:祝启富
Tel:13905713320

**杭州大佳洗衣有限公司建国分店**
地址:浙江省杭州市上城区叶家弄11幢底层南第十开间(前半间)
负责人:叶建民
Tel:0571－85102700

**嘉善县金伦图文制作部**
业务:主要经营图文的制作、加工
地址:浙江省嘉兴市嘉善县魏塘街道车站社区8社(善东路南侧4号)
负责人:叶时伦　邮　编:314000
法　人:叶时伦
Tel:15868312992
0573－84282852

**嘉善县魏塘镇安星空调维修部**
业务:主要维修苏宁品牌的各式空调及其它品牌空调等等
地址:浙江省嘉兴市嘉善县魏塘镇施家北路153号苏宁电器售后点
负责人:何涛　邮　编:314100
法　人:何涛
Tel:15967388844
0573－84271008

**杭州东盛建筑设计咨询有限公司**
地址:浙江省杭州市上城区中河中路168号国贸大厦1016室
负责人:翁树东
Tel:13306523252

**杭州葆琳会计咨询服务有限公司**
地址:浙江省杭州市上城区中河中路228号京晋大厦7002室
负责人:朱葆琳
Tel:13868138569

**杭州华宏伟业进出口有限公司**
地址:浙江省杭州市上城区中山中路115号408室
负责人:方成华
Tel:13905718331

**杭州恒升文化传播工作室**
地址:浙江省杭州市上城区中山中路288号206室
地址:王峰
Tel:13357183555

**杭州科曼广告策划有限公司**
地址:浙江省杭州市上城区中山中路62号331室
负责人:许喜德
Tel:0571－85194589

**杭州之华置业有限责任公司**
地址:浙江省杭州市五云中路1号商务楼5F
负责人:邵燕芝
Tel:0571－85304687

**嘉善县杨庙镇阿三肉店**
业务:肉的销售
地址:浙江省嘉兴市嘉善县杨庙镇翁村村丝织路
负责人:陈治兴　邮　编:314000
法　人:陈治兴
Tel:15958398111
0573－84981386

**嘉善县世纪心美超市**
业务:食品、生活用品、烟、酒
地址:浙江省嘉兴市嘉善县云西南路76号
负责人:丁公象　邮　编:314000
法　人:丁公象
Tel:0573－84667987
84663325

**杭州健莱进出口有限公司**
地址:浙江省杭州市武林路戒坛寺巷25－26号宏大宾馆2232室
负责人:杨建斌
Tel:0571－85868780

**杭州振华创意经济信息咨询服务有限公司**
地址:浙江省杭州市西湖区保俶路222号2号楼1楼
负责人:陈兆明
Tel:13906510930

**杭州佳时特工贸有限公司**
地址:浙江省杭州市西湖区城北商贸园47幢2号
负责人:刘三洋
Tel:0571－88944772

**宁波市镇海奥可产品设计有限公司**
业务:集产品设计开发,品牌营销策划,展览展示设计及施工为一体的新型专业服务机构。公司拥有专业设计师、营销企划、摄影师团队,以"整合之道"为理念,全方位、多角度的为客户量身打制多项服务套餐,最大效率的为客户创造价值。
产品:健身医疗器械、美容美发电器、交通工具、厨房电器等
地址:浙江省宁波市海曙区翠柏路89号1号楼2楼
负责人:徐学渊　邮　编:315016
法　人:徐学渊
Tel:0574－87080990
13819868899
Fax:0574－87080673
网址:www.cnocube.com
E-mail:ocube@126.com

**宁波市海曙伟斌贸易有限公司**
业务:纺织品的贸易
产品:服装、服装辅料、箱包、工艺品玩具,织带、松紧带、提花带、口罩
地址:浙江省宁波市海曙区开明街437号7楼706
负责人:曹晶秋　邮　编:315000
法　人:曹晶秋
Tel:15888544055
15888092825
0574－87296251
网址:www.weibinmaoyi.cn

**宁波海曙顺通质量测试咨询服务有限公司**
业务:纺织品质量测试咨询服务
地址:浙江省宁波市海曙区灵桥路159号长春大厦(1305)室
负责人:刘仁为　邮　编:315000
地址:刘仁为
Tel:0574－87127018

**杭州真全家政服务有限公司**
地址:浙江省杭州市西湖区翠苑三区31幢底层
地址:朱国梁
Tel:0571－87290126

**杭州朋源吉贸易有限公司**
地址:浙江省杭州市西湖区翠苑新村三区66幢5单元配套用房
负责人:熊来根
Tel:13396528383

**宁波鼎盛出入境咨询服务有限公司**
业务:专业办理加拿大移民、留学事务,"专业团队、特别经验"公司精湛的专业知识、成功的经验、真诚热情的工作态度、细致入微的全程服务,帮您拓展更美好的未来!
地址:浙江省宁波市海曙区西河街97号
负责人:朱剑静　邮　编:315000
法　人:戴达颖
Tel:0574－87072266
Fax:0574－87072200
网址:www.tingsing.cn
E-mail:tingsing@tingsing.cn

**杭州雅盛文化传播有限公司**
地址:浙江省杭州市西湖区古荡塘苗路24号二楼
负责人:王虹
Tel:13957122681

**杭州迅美广告传媒有限公司**
地址:浙江省杭州市西湖区杭大路1号黄龙世纪广场508室
负责人:杨华彬
Tel:0571－89918183

**宁波麦田公关策划有限公司**
业务:企业营销策划、会晤、会展,广告制作
地址:浙江省宁波市海曙区中山西路2号(18－10)
负责人:胡晓磊　邮　编:315000
法　人:胡晓磊
Tel:0574－55001333

**宁波天照贸易有限公司**
业务:螺纹钢、线材圆钢的贸易
地址:浙江省宁波市江北区环城北路东段575号
负责人:许晓信　邮　编:315000
法　人:许晓信
Tel:13248629372
0574－87631901

**宁波江北柠檬商务咨询有限公司**
业务:商务信息咨询,对台两岸文化、教育、农业、经济交流
地址:浙江省宁波市江北区环城北路西站509号
负责人:刘一波　邮　编:315000
法　人:刘一波
Tel:18967899881
0574－87880086
Fax:0574－87880018
网址:http://www.nbnmsw.com.cn/
E-mail:nblemon@163.com

**杭州凯福美帝科技贸易有限公司**
地址:浙江省杭州市西湖区黄姑山路40号杭州市生产力促进中心503室
负责人:孙伟锐
Tel:0571－56771357

**浙江省嘉兴市南湖区大桥镇量贩好又多超市加盟店**
业务:食品、服装、鞋帽、手机、商品百货
地址:浙江省嘉兴市南湖区大桥镇十八里桥中华路好又多购物广场
负责人:朱益杰　邮　编:314000
法　人:朱益杰
Tel:13967360988
0573－83115358

**嘉兴市南湖区城东佳安管道批发部**
业务:管件、焊接配件等的销售
产品:镀锌管,无缝管,扩管,螺旋管,沟槽管件,玛钢配件及各种阀门
地址:浙江省嘉兴市南湖区广益路1319号中创电气商贸园A11幢16－18号商铺
负责人:王明清　邮　编:314000
法　人:王明清
Tel:0573－82679669
82679689

**杭州普望信息技术有限公司**
地址:浙江省杭州市西湖区黄姑山路48号科研楼5號
负责人:姜贤塔
Tel:13957156178

**临安鼎鑫餐饮管理有限公司**
业务：企事业单位食堂托管
地址：浙江省临安市青山湖街道研口村黄泥岭(金陵实业公司院内)
负责人：李影 邮 编：311300
法 人：李影
Tel：13777889664
0571－61060969

**临海市串宏家政**
业务：搬家保洁、移修空调、地毯清洗、大理石抛光打蜡、大楼清洗
地址：浙江省临海市高桥小区临机2号楼
负责人：尹计富 邮 编：318000
法 人：尹计富
Tel：0576－85176308
13736668382

**杭州信和达信息技术有限公司**
地址：浙江省杭州市西湖区黄姑山路48号南3楼208室
负责人：许戟
Tel：13336015072

**宁波巨龙文化传播有限公司**
业务：文化传播
地址：浙江省临海市国土资源局
负责人：朱建正 邮 编：315000
法 人：朱建正
Tel：13958583078
13757613577
网址：http://www.51zzt.com/user/zzt34941

**龙泉市绿龙竹木制品厂**
业务：生产与销售竹签、竹筷、圆棒、圆丝，出口贸易
产品：竹签、竹筷、圆棒、圆丝
地址：浙江省龙泉市八都镇新安东路197号
负责人：吴则军 邮 编：323000
法 人：吴则军
Tel：13575393790
0578－7133032
Fax：0578－7133055
网址：1258003557@qq.com

**龙泉市生达502胶水分装销售部**
业务：质量上乘，诚信服务，来样定做，送货上门，品质一流，保证满意！
地址：浙江省龙泉市龙渊街工业小区北山路133号
负责人：涂志生 邮 编：323700
法 人：涂志生
Tel：13059637658
13857050540

**功臣企划装潢设计工作室**
业务：广告画册设计
地址：浙江省龙泉市茂新华龙郦都6幢401室
负责人：程宁梅 邮 编：323700
Tel：0578－7213835
13735935229

**浙江广源劳务派遣有限公司宁波分公司**
业务：劳务派遣、人事代理、人才中介
地址：浙江省宁波保税区兴业大道8号4号楼211室
负责人：施德正 邮 编：315000
Tel：13335719877
15869018188
0511－86925689
Fax：0511－86925690

**杭州杰翔信息技术有限公司**
地址：浙江省杭州市西湖区黄姑山路9号207室
负责人：许春杰
Tel：13336183496

**慈溪市横河阿勇理发店**
产品：理发
地址：浙江省宁波市慈溪市横河镇东街杨梅大道251号
负责人：陆勇 邮 编：315000
法 人：陆勇
Tel：0574－63266992
15968489978

**宁波市良红汽车施救服务中心**
业务：汽车施救
地址：浙江省宁波市高新区梅墟东二路明亮停车场
负责人：金良红 邮 编：315101
法 人：金良红
Tel：0574－88399999

**杭州际耘贸易有限公司**
地址：浙江省杭州市西湖区凌家桥村278号
负责人：周利阳
Tel：0571－87090012

**宁波市海曙红岩搬家服务部**
业务：搬家、搬厂业务、家政服务等
地址：浙江省宁波市海曙区苍松路532号
负责人：吕红岩 邮 编：315000
法 人：吕红岩
Tel：15990533478
0574－87320603
87160807

**庆元县百盛投资咨询有限公司**
业务：房地产信息咨询，市场信息咨询，代理市批服务，企业事业代理服务
地址：浙江省丽水市庆元县松源镇横城南路1号
负责人：周多余 邮 编：323800
法 人：周多余
Tel：0578－6380010
Fax：0578－6380010

**丽水市其彪小商品商行**
业务：日用品批零
地址：浙江省丽水市中山街222－8、222－9、222－10号
负责人：方其彪 邮 编：323000
法 人：方其彪
Tel：15257826889
0578－2211088

**临安市国华门窗商行、小红蛋糕店**
业务：门窗的销售。经营蛋糕
地址：浙江省临安市锦城街道新溪桥村、浙江省临安市锦城街道西市街2号
负责人：周国华 邮 编：310026
法 人：周国华
Tel：13116773381
13868006851
0571－63922286

**杭州沃戈工贸有限公司**
地址：浙江省杭州市西湖区留下镇屏峰村三组
负责人：汤龙
Tel：13396578506

**宁波市智胜人力资源有限公司**
业务：劳务派遣、职业中介
地址：浙江省宁波高新区江南路586号、9－12
负责人：李志平 邮 编：315000
法 人：李志平
Tel：0574－87385207
Fax：0574－87385207

**艾伦(宁波)航空维修顾问有限公司**
业务：航空维修业务咨询及相关服务提供，佣金代理(拍卖除外)。
地址：浙江省宁波市北仑区柴桥街道芦江二路8号
负责人：周文彬 邮 编：315000
法 人：周文彬
Tel：13816100863
0574－86051090

**宁波北仑博亿投资咨询有限公司**
业务：商务咨询
产品：商务咨询
地址：浙江省宁波市北仑区柴桥老街北路28号
负责人：郑柄 邮 编：315809
法 人：郑柄
Tel：0574－86052082

**宁波环合进出口有限公司**
业务：石材，毛角石，服装等进出口
地址：浙江省宁波市北仑区长江国际商务大厦20楼
负责人：吴能兵 邮 编：310026
法 人：吴能兵
Tel：13777228765
0574－86876929
Fax：0574－86876929

**顺枫设备搬运服务部**
业务：机械设备搬运
地址：浙江省宁波市北仑区大碶街道高田王街168巷34号
负责人：王小壮 邮 编：315806
法 人：王小壮
Tel：13777133602
13906694001

**杭州众乐贸易有限公司小和山分公司**
地址：浙江省杭州市西湖区留下镇小和山高教园区内
负责人：王国宾
Tel：0571－88088369

**宁波市北仑区梅山金玉良缘鲜花店**
业务：本公司主要经营·烟花爆竹批发；婚场布置；摄像主持；婚车装饰；开业花篮；婚车出租；婚庆礼品等等
地址：浙江省宁波市北仑区梅山乡梅中村里香庙后头136号以东往西第三、四门面
负责人：高正华 邮 编：315000
法 人：高正华
Tel：13252425167
0574－26810678
86708848

**宁波市北仑客来发投资咨询服务有限公司**
业务：主营扭动筛、骨架油封、O型圈，股票信息，皮带机配件、胶带、除尘设备
地址：浙江省宁波市北仑区新碶东河路558号4楼410室
负责人：刘红伟 邮 编：315000
法 人：刘红伟
Tel：13780051390
13777977715

**新雅飞家政服务部**
业务：空调等机电维修，管道疏通，大楼清洁，打蜡机一般家政服务
地址：浙江省宁波市北仑区新碶街道百川路15号
负责人：熊安平 邮 编：315000
法 人：熊安平
Tel：13429305956
0574－86890980

**嘉兴市南湖区东栅宏锋家电安装维修部**
业务：承接各种家电的安装、维修及保养项目
地址：浙江省嘉兴市南湖区景湖花园西区12幢401室
负责人：汪洪 邮 编：314000
法 人：汪洪
Tel：15967308336
0573－82842221

**宁波市北仑区新碶街道鼎源广告部**
业务：专业承接广告设计、制作及发布，路牌及灯箱制作，名片制作，铜字铜牌，雕刻字，打印复印等业务。我们的承诺是"专业、敬业、快捷、完美"，您的满意是鼎源全体同仁永远不懈的追求！
地址：浙江省宁波市北仑区新碶街道东河路725号
负责人：江丽 邮 编：315800
法 人：江丽
Tel：0574－86867432
13157477088
Fax：0574－26892319
E-mail：cherry9898@126.com

**宁波北仑日盈信息咨询有限公司**
业务：软件开发，证券行情、网上证券和期货交易服务
产品：炒股软件
地址：浙江省宁波市北仑上柏桥跟77号
负责人：贺红明 邮 编：315000
法 人：贺红明
Tel：13706847216
0574－86875106
Fax：0574－86826160
网址：www.hhm58.com

**东栅舒量空气能热水器商店**
业务：舒量空气能家用，商用中央热水系统
地址：浙江省嘉兴市南湖区凌公塘路1223号
负责人：吕奔 邮 编：314000
法 人：吕奔
Tel：15957349857
0573－82832318
Fax：0573－82832318

**慈溪市腾信投资咨询有限公司**
业务：提供公司咨询与管理服务
地址：浙江省宁波市慈溪市古塘街道开发大道1277#(香格大厦)2303室
负责人：施宏杰 邮 编：315000
法 人：施宏杰
Tel：0574－63925058

**杭州月牙儿广告制作有限公司**
地址：浙江省杭州市西湖区龙坞镇葛衙庄村
地址：罗美丽
Tel：0571－87421169

**嘉兴市天创广告有限公司**
业务：设计、制作、发布、代理国内各类广告，礼仪庆典活动策划，室内外装修工程设计施工
地址：浙江省嘉兴市南湖区余新镇余北大街西首
负责人：郑建军 邮 编：314009
法 人：郑建军
Tel：13957385612
0573－83166912
Fax：0573－83162958

**杭州同方税务师事务所有限公司**
地址：浙江省杭州市西湖区马塍路31号省财政厅招待所南楼三楼
负责人：方铭
Tel：0571－88836180

**丽水市神游殡仪服务有限公司**
业务：殡仪用品
地址：浙江省丽水市青田县马鞍山路74号
负责人：杨小德 邮 编：323900
法 人：杨小德
Tel：15024629258

**青田迎客喜超市**
业务：超市经营
地址：浙江省丽水市青田县温溪镇温中东路168号
负责人：陈永勤 邮 编：323000
法 人：陈永勤
Tel：0578－6852726

**庆元县信诚信息咨询服务部**
业务：工程投标信息、房产信息、小额贷款、汽车买卖信息咨询等
地址：浙江省丽水市庆元县黄田镇柏渡口村
负责人：占志杰 邮 编：323809
法 人：占志杰
Tel：0578－6141111

**杭州众益科贸有限公司**
地址：浙江省杭州市西湖区马塍路32号2幢1单元210室
负责人：朱春华
Tel：0571－88211966

**缙云县一线牵婚姻介绍所**
业务：本所是专业化婚介机构，海量的精品会员，严肃诚信的态度、安全高效的服务以及高素质的专业团队，为广大征婚者打造一个大众、朴实、健康、娱乐的恋爱平台。请加入我们的婚恋服务会所，我们会为您开辟一条崭新的感情之路。
地址：浙江省丽水市缙云县紫薇苑19幢1号
负责人：吴美婉 邮 编：321400
法 人：吴美婉
Tel：0578－3122555
13587158399
网址：http://jinyunyxq.blog.163.com

**丽水市一建家政服务中心**
业务：家教、保姆、搬家、水电工、木工、月保、钟点工、空调拆装、清洗等业务
地址：浙江省丽水市莲都区中山街410号罗马大厦608号
负责人：陆建钟 邮 编：323000
法 人：陆建钟
Tel：0578－2626826
13646782353

**青田宏泰废旧金属回收有限公司**
业务：废铁的回收与销售
产品：废铁
地址：浙江省丽水市青田县船寮镇洪前村
负责人：颜升阳 邮 编：323000
法 人：颜升阳
Tel：0578－6795326
Fax：0578－6795325

**富隆酒屋**
业务：主要销售国外葡萄酒
地址：浙江省丽水市青田县鹤城镇华庭街27号
负责人：林爱娥 邮 编：323000
法 人：林爱娥
Tel：13967097708
0578－6818886

**杭州大众科技传播载体有限公司**
地址：浙江省杭州市西湖区马塍路6－1号412室
地址：李建明
Tel：0571－88089963

**杭州中鼎实业有限公司**
地址：浙江省杭州市西湖区莫干山路77号202室
负责人：陈仕平
Tel：13806520420

**平湖市钟埭街道嘉宏酒店用品批发部**
业务：各种酒店、KTV、酒吧、茶楼用品批发
地址：浙江省嘉兴市平湖经济开发区环北二路791－795号
负责人：余仁杰 邮编：314000
法人：余仁杰
Tel：13456356720
0573－85022573
85078726
Fax：0573－85078726

**桐乡市濮院汉唐文化**
业务：品牌包装，品牌策划，服装辅料综合设计，商标授权转让
地址：浙江省嘉兴市桐乡市濮院镇工贸大道861－863号
负责人：尹加燚 邮编：314502
法人：尹加燚
Tel：13857352224
0573－88833602

**杭州禾成广告有限公司**
地址：浙江省杭州市西湖区庆隆路11．12号二层
负责人：吴益民
Tel：13606709635

**杭州厚仁商业街开发经营有限公司**
地址：浙江省杭州市西湖区三墩镇厚诚路97号
负责人：施国荣
Tel：0571－88942955

**丽水市美东出国留学咨询服务部**
业务：出国留学咨询服务
地址：浙江省丽水市华敦街202号二楼
负责人：张宏文 邮编：323000
法人：张宏文
Tel：13735999666
0578－2629896

**浙江省缙云县天盛磨料磨具有限公司**
业务：专营各种规格棕、黑、白刚玉砂，切割、磨光砂轮，砂带，抛光腊等抛光材料，兼营五金、建材、汽\摩配件。本公司将以一流的产品，优良的售后，竭诚为你服务
地址：浙江省丽水市缙云县溶江工业区
负责人：丁岳盛 邮编：321408
法人：丁岳盛
Tel：0578－3940118
13957091173
Fax：0578－3940118
网址：http://tsmlmj.chinapyp.com

**缙云县宏扬广告制作部**
业务：各种丝网印刷，旗帜，广告牌，广告灯箱制作
地址：浙江省丽水市缙云县五云镇雅施村东路199号
负责人：施永忠 邮编：314200
法人：施永忠
Tel：13967063777
0578－3128022

**杭州世纪嘉城房地产代理有限公司**
地址：浙江省杭州市西湖区三墩镇环镇东路19幢34室
负责人：张素日
Tel：13805793163

**杭州中恒税务师事务所有限公司**
地址：浙江省杭州市西湖区曙光路31号浙江歌舞剧院5幢五楼
负责人：黄迅
Tel：0571－85216598

**桐乡市梧桐华鑫汽车修理部**
业务：机动车维修，汽车快修的服务
地址：浙江省嘉兴市桐乡市梧桐街道梧振东路190－196号
负责人：陈海明 邮编：314000
法人：陈海明
Tel：13511355448
0573－88587358

**海盐县武原镇辉飞货物打包加工场**
业务：货物打包服务
地址：浙江省嘉兴市武原镇金星村20组49号
负责人：徐辉飞 邮编：314000
法人：徐辉飞
Tel：13174703976

**杭州兆帮房地产营销策划代理有限公司**
地址：浙江省杭州市西湖区桃花弄2号301室
负责人：周剑锋
Tel：13588707866

**杭州远达保洁服务有限公司**
地址：浙江省杭州市西湖区体育场路489号
负责人：方雪痕
Tel：13175007788

**北京世纪地产设计策划有限公司浙江分公司**
地址：浙江省杭州市西湖区天目山路204号三楼
负责人：徐和财
Tel：0571－88929089

**杭州威扬汽车事务服务有限公司**
地址：浙江省杭州市西湖区天目山路7号三楼
负责人：孙晓军
Tel：0571－85113837

**杭州安派企业管理咨询有限公司**
地址：浙江省杭州市西湖区外东山弄16号四楼
负责人：赵黎明
Tel：0571－87982018

**杭州创奥信息技术服务有限公司**
地址：浙江省杭州市西湖区文二路206号1801、1803室
负责人：王亚平
Tel：0571－85108597

**杭州金瑞会计师事务所有限公司**
地址：浙江省杭州市西湖区文三路100号709室
负责人：方东标
Tel：0571－88253300

**嘉兴市南湖区城西志豪水电安装服务部**
业务：水电安装、维修、管道疏通等
地址：浙江省嘉兴市新嘉街道秀水沟嘉航A－7幢402
负责人：何祥林 邮编：314000
法人：何祥林
Tel：0573－83761629
82065478

**杭州威神智能化系统科技开发有限公司**
地址：浙江省杭州市西湖区文三路251号B幢10－1003室
负责人：邬云彩
Tel：13958107766

**杭州锋联广告有限公司**
地址：浙江省杭州市西湖区文三路469号202室
负责人：韩治平
Tel：0571－85024815

**乐清市乐怡航空机票服务部**
业务：飞机票、火车票代理；特价机票预订、免费送票服务
地址：浙江省乐清市乐成镇鸣阳路111弄8幢301
负责人：黄圣铎 邮编：325600
法人：黄圣铎
Tel：0577－61606822
13905876078

**浙江省乐清市康奈乐清旗舰店**
业务：零售皮鞋、皮包、服装
地址：浙江省乐清市乐成镇清远路185A1－5号
负责人：黄俊艳 邮编：325600
Tel：13806605620
0577－62077158

**乐清市选瑜购物中心**
业务：超市、食品、
地址：浙江省乐清市翁垟镇下垟村
负责人：叶宜宇 邮编：325606
法人：叶宜宇
Tel：0577－62902121
13106154210

**杭州雅风多媒体设计有限公司**
地址：浙江省杭州市西湖区文三路477号华星科技大厦230室
负责人：刘诗
Tel：0571－87700730

**杭州启丰贸易有限公司**
地址：浙江省杭州市西湖区文三路477号华星科技大厦613室
负责人：傅丽英
Tel：0571－88932082

**嘉兴市秀洲区高照街道多新美百货超市**
业务：百货和食品的销售
地址：浙江省嘉兴市秀洲区高照街道高家桥集镇蔚家桥文化活动中心大楼底层店面房新乐路364
负责人：周冬 邮编：314000
法人：周先生
Tel：15557301029
0573－83523799

**杭州麦凯投资管理咨询有限公司**
地址：浙江省杭州市西湖区文三路90号杭州东部软件园1号楼1102室
负责人：邹竣
Tel：0571－88473458

**杭州万珂贸易有限公司第一分公司**
地址：浙江省杭州市西湖区文新路551号西城广场
负责人：汪晓燕
Tel：0571－85239690

**永康市领航广告设计工作室**
业务：平面广告，设计，制作
地址：浙江省金华市永康市东城街道望春东路138号2楼
负责人：吕斌 邮编：321000
法人：吕斌
Tel：15924214293
0579－87110283

**永康市芝英街道荆山陈村福林超市**
业务：超市
地址：浙江省金华市永康市经济开发区荆山陈新村19幢1号
负责人：陈福林 邮编：321000
法人：陈福林
Tel：13085666079
13085655117

**民之健洁具消毒服务部**
业务：餐具消毒服务
地址：浙江省兰溪市兰江街道姚村
负责人：姚裕民 邮编：321100
法人：姚裕民
Tel：0579－83896551

**乐清市虹桥香彩日用品店**
业务：化妆品、日用品，保健品（金士力佳友保健品经大量实践证明是科学养生的经典组方，具有调降血脂及血粘度、清除氧自由基、提高耐缺氧能力、改善睡眠、延缓衰老、降糖降脂、具有降低血糖作用，常服可预防和治疗糖尿病提高抗缺氧能力、改善人体微循环、保护微血管等作用）
地址：浙江省乐清市湖雾镇毛毯厂
负责人：干香彩 邮编：325000
法人：干香彩
Tel：13868722300
0577－62130395
Fax：0577－62388756
网址：www.kaslyju.com

**杭州树一派贸易有限公司文新路分公司**
地址：浙江省杭州市西湖区文新路551号西城广场1F－409
负责人：缪维岳
Tel：0571－85103262

**宁波江北周原好保洁有限公司**
业务：保洁服务
地址：浙江省宁波市江北区压赛堰乌隘村134－15号
负责人：周殿友 邮编：315000
法人：周殿友
Tel：13967846783
13566045811

**宁波市南飞贸易有限公司**
业务：专营金属材料及制品等，一直以来公司以市场需求为导向，致力为客户提供最优质的产品和最满意的服务！
产品：高中低微铬铁、电解锰、硅铁、硅钙、锰铁、钼铁等铁合金
地址：浙江省宁波市江东区东方商务中心3幢20号（5－15）
负责人：万勇 邮编：315041
法人：万勇
Tel：0574－87373815
13586688830
Fax：0574－87887780
E-mail：wanyong0424@hotmail.com

**宁波市江东CXC摄影工作室**
业务：婚纱摄影、写真、儿童摄影等服务
地址：浙江省宁波市江东区江东北路210号
负责人：陈艳 邮编：315000
法人：陈艳
Tel：0574－27665772
13056955128

**宁波市江东福明兴旺搬家服务部**
业务：搬家，搬厂
地址：浙江省宁波市江东区宁穿路775号
负责人：刘民强 邮编：315000
法人：刘民强
Tel：0574－66195583
13056727737

**杭州京众合经济信息咨询有限公司**
地址：浙江省杭州市西湖区文一路389号
负责人：史盈楠
Tel：13957171098

**宁波江东凯环检测服务有限公司**
业务：安全检测、化学检测、商标咨询、专利咨询
地址：浙江省宁波市江东区宁穿路820号8－11、8－12
负责人：张环 邮编：315000
法人：章杰锋
Tel：13757459979
13567815661
0574－63329027
Fax：0574－63329027
网址：http://www.51zzt.com/user/zzt31747
E-mail：jf1021_zhang@126.com

**宁波海曙草根国际贸易有限公司**
业务：日化、五金、针织、家电、工艺
产品：纳米牙刷、碱性离子水
地址：浙江省宁波市江东区桃源街263号
负责人：薛建军 邮编：315000
法人：薛建军
Tel：0574－87844200
Fax：0574－87844200

**宁波江东新原谷装饰设计有限公司**
业务：广告标识制作、设计、喷绘、写真
地址：浙江省宁波市江东区中山东路1136号（1－4）
负责人：魏纯浩 邮编：315000
法人：魏纯浩
Tel：0574－87778553
Fax：0574－87778553

**杭州香格里拉广告有限公司**
地址：浙江省杭州市西湖区文一路389号
负责人：章建芳
Tel：0571－88081249

**义乌市顺溜食品店**
业务：超市经营
地址：浙江省金华市义乌市廿三里街道大岭村
负责人：訾典亮 邮编：321000
法人：訾典亮
Tel：0579－85053051

**浙江省金华市义乌市向阳饰品配件商行**
业务：项链，装饰链，铁链生产销售
地址：浙江省金华市义乌市兴中小区15幢19号－2后门
负责人：潘晓进 邮编：321000
法人：潘晓进
Tel：0579－85299939

**义乌市冯亚平二元配货商行**
业务：日用百货经营
地址：浙江省金华市义乌市兴中小区22幢1号3－4
负责人：冯黎明 邮编：322000
Tel：0579－85453658
85368538

**嘉兴市诚盛纺织品贸易有限公司**
业务：专业生产各种规格麂皮绒，纬编，经编，针织家纺产品包括特宽产品，烫金，复合，印花，压花，打孔
产品：家纺、窗帘、沙发、服装等
地址：浙江省嘉兴市秀洲区王江泾镇南方纺织城12幢16号
负责人：张明安 邮编：314000
法人：张明安
Tel：13758089928
0573－83747852
Fax：0573－83742329
网址：www.jxcsfz.cn
E-mail：630527979@qq.com

**嘉兴市狼魂广告传媒有限公司**
业务：品牌策划与推广，VIS企业整体形象设计，包装设计、样本画册设计、刊物设计，POP海报设计，销售终端生动化设计等项目
地址：浙江省嘉兴市秀洲区新城街道启蒙路129号
负责人：钱金健 邮编：314000
Tel：15957332720
网址：http://www.lang0573.com/
E-mail：lang0573@163.com

**杭州明门文化传播有限公司**
地址：浙江省杭州市西湖区文苑路2号118室
负责人：陈柳闻

……………………Tel:0571－56777822

**杭州原势力广告制作有限公司**
地址：浙江省杭州市西湖区文苑路606号1163室
……………………负责人：孙浩
……………………Tel:13656661216

**杭州维创广告有限公司**
地址：浙江省杭州市西湖区文苑路606号1175室
……………………负责人：石维娜
……………………Tel:13867414906

**金华市婺城区康源食品经营部**
业务：主要经营食品、饮料、保健品等，批零兼营，本着服务周到，顾客至上实现双赢的服务宗旨，竭诚欢迎新老客户惠顾。
产品：隆力奇纯蛇粉、椰岛海王酒、千岛湖乡情之源瓶装水、雁荡山鸿泽山泉瓶装水等
地址：浙江省金华市婺城区义乌街1075－1077号
………负责人：胡增　　邮　编：321000
……………………法　人：蔡建根
………Tel:0579－83926991
13506586448
………Fax:0579－83926991
E-mail:jhky888@163.com

**义乌市春之旺国际贸易有限公司**
业务：公司以货物进出口、技术进出口贸易为主，并提供一条龙专业服务。
产品：五金、电器、针织品、服装、鞋、饰品、日用百货等
地址：浙江省金华市义乌市稠城稠州北路699号金茂大厦1906室
………负责人：石春　　邮　编：322000
……………………法　人：石春
………Tel:0579－85299758
13738996098
………Fax:0579－85299709
………网址：www.ywczw.chinapyp.com
E-mail:shichunvip@163.com

**四川省资阳市环宇建筑安装劳务有限公司嘉兴分公司**
业务：建筑安装劳务
地址：浙江省嘉兴市中山路永泰广场519号
………负责人：黎光秀　　邮　编：314000
……………………法　人：黎光秀
………Tel:13957367807
0573－83403516
………网址：http://www.51zzt.com/user/zzt34471

**嘉兴市秀洲区新城街道腾鼎清洁用品商行**
业务：专业销售清洁用品、酒店用品、物业用品，产品品质优良、品种齐全，面向各大企业、酒店、机关、清洁公司等客户，提供一站式供应服务和咨询服务。热忱欢迎新老客户光临惠顾！
产品：清洁机械、清洁工具、清洁剂、指示牌、座地烟灰盅、垃圾桶等
地址：浙江省嘉兴市中山西路968号
………负责人：宋利民　　邮　编：314000
……………………邮　编：宋利民
………Tel:0573－82971407
………Fax:0573－82712885
……………………QQ:1271465628

**杭州明门广告有限公司**
地址：浙江省杭州市西湖区文苑路606号2018室
……………………负责人：赖勤勇
……………………Tel:13701896588

**金华市婺城区金健日用品经营部**
业务：1.批发零售功能性保健品，针对改善人体三高，护肝产品，调节女性内分泌失调，改善便秘；2.功能性化妆品，美白，祛斑，鱼尾纹，改善脸部皱纹；3.金士力佳友金华工作站（做批发零售的）4.定型包装食品（不含冷冻和冷藏食品）零售。
地址：浙江省金华市婺城区红旗小区1幢4层409室
………负责人：包应增　　邮　编：321000
……………………法　人：包应增
………Tel:13587151545
15858908057
………Fax:0579－82376138

**衢州市秦氏商贸有限公司**
业务：衢州市秦氏商贸有限公司成立于2005年，专业制作生产汽车水箱以及空气冷却气。恭候您的光临与惠顾，我们将竭诚为您服务！
地址：浙江省衢州市柯城区双港开发区双港西路113号
………负责人：秦先生……邮　编：324000

……………………Tel:0570－3856391

**金华市婺城区蔡益万副食品店**
业务：食品经营：定型包装食品（含冷冻和冷藏食品）
产品：卷烟、雪茄烟；日用百货零售等
地址：浙江省金华市婺城区新狮街道骆家塘街73号
………负责人：蔡益万　　邮　编：321021
……………………邮　编：蔡益万
………Tel:13566788375
0579－83513056

**余姚市青山空调工程安装有限公司**
业务：空调系列的安装，调试，保养等业务
产品：空调系列的安装，调试，保养以及通风管道制作，黑白铁板加工制作
地址：浙江省余姚市马诸镇沿山村滑佰仁路47号
………负责人：汪新柯　　邮　编：315454
……………………法　人：汪新柯
………Tel:0574－62420816
………Fax:0574－62420821
………网址：www.qingshankt.com.cn
E-mail:qingshan.anzhuang@163.com

**余姚市三七市金碟磨具店**
业务：磨具、五金工量具的批发、零售
产品：犀利牌砂布、砂带、砂纸及各种磨片系列产品
地址：浙江省余姚市三七市镇中山南路42号
………负责人：姚志刚　　邮　编：315410
……………………法　人：姚志刚
………Tel:13123875962
………Fax:0574－62920289

**宁波洲鼎进出口有限公司**
业务：专营进口塑料、进口木浆、金属材料，真诚期待与您的合作分享您的成功！
产品：经营塑料，木浆，金属材料
地址：浙江省余姚市万基国贸大厦1209室
………负责人：何洲伟　　邮　编：315400
……………………法　人：何洲伟
………Tel:0574－62552002
62552008
………Fax:0574－62552000

**舟山市定海达骏电器维修服务部**
业务：为客户上门维修各类的家用电器
地址：浙江省舟山市定海东园新村19幢6号
………负责人：贝利平　　邮　编：316000
……………………法　人：贝利平
………Tel:0580－2958057
13567689096

**舟山市定海园北房屋经纪事务所**
业务：二手房买卖、房屋租赁、家政服务、代办按揭
地址：浙江省舟山市定海区北门菜场东北角楼梯阁
………负责人：汤满珠　　邮　编：316000
……………………法　人：汤满珠
………Tel:13957238389
0580－2052352

**舟山市定海区和美喷绘服务部**
业务：加工户内外各类广告、喷绘服务、标牌制作
地址：浙江省舟山市定海区毕家井10号
………负责人：王庆茂　　邮　编：316000
……………………法　人：王庆茂
………Tel:15168052431
0580－2660323
E-mail:j00808@163.com

**舟山市定海昊臻家电维修部**
业务：专业维修空调、冰箱、洗衣机等各类大小电器及家用空调安装移机、维修、加氟、清洗、消毒保养等。我们的承诺是"专业、敬业、快捷、完美"，您的满意是全体同仁永远不懈的追求！
产品：冰箱，空调，洗衣机
地址：浙江省舟山市定海区金寿新村24栋9号
………负责人：肖世芬　　邮　编：316000
……………………法　人：肖世芬
………Tel:0580－2922787
15168055151
………Fax:0580－2922787
………网址：www.haozhen888.com

**杭州达佳物资有限公司**
地址：浙江省杭州市拱墅区沈半路2号浙江化工市场内

……………………负责人：叶素娥
……………………Tel:13306535606

**杭州先行广告有限公司**
地址：浙江省杭州市拱墅区沈塘东村2－5号205室
……………………负责人：范志红
……………………Tel:13905719240

**杭州极致广告有限公司**
地址：浙江省杭州市拱墅区沈塘桥路19号208室
……………………负责人：赵晓庆
……………………Tel:13958058785

**杭州捷亚贸易有限公司**
地址：浙江省杭州市拱墅区石祥路196号
……………………负责人：寿霁
……………………Tel:13868097710

**舟山市新城非机动车管理服务有限公司**
业务：公共自行车租赁
地址：浙江省舟山市定海区临城街道田螺峙14号
………负责人：周龙苗　　邮　编：316000
……………………法　人：周龙苗
………Tel:0580－2083621
2083646

**舟山市新城新安钢管租赁站**
业务：钢管租赁
地址：浙江省舟山市定海区临城街道同胜村洞凹水库下面
………负责人：俞满夫　　邮　编：316000
……………………法　人：俞满夫
………Tel:13136278188
0580－8812156
………Fax:0580－8812156

**舟山市定海区海姿户外用品租赁部**
业务：户外用品、体育用品、日用品、帐篷、烧烤工具
地址：浙江省舟山市定海区气象台路243弄27号
………负责人：王港竣　　邮　编：316000
……………………法　人：王港竣
………Tel:15957052861
0580－2958012

**舟山市定海广盛商贸有限公司**
业务：舟山海鲜干货的销售，旅游信息咨询与服务，同时提供各类产品信息和产品服务
产品：舟山海鲜干货
地址：浙江省舟山市定海区新露亭公寓2幢1401室
………负责人：徐伟　　邮　编：316000
……………………法　人：徐伟
………Tel:0580－2039818
………Fax:0580－2037258

**舟山永顺车辆租赁有限公司**
业务：车辆租赁服务
地址：浙江省舟山市普陀区东港海洲路106号
………负责人：洪锋　　邮　编：316000
……………………法　人：洪锋
………Tel:13655802395
0580－3819330

**舟山市六横鑫乐婚庆用品商行**
业务：定型包装食品（含冷冻/冷藏食品）、婚庆用品、香烛、工艺品、日用百货零售
地址：浙江省舟山市普陀区六横镇台门联建房94－97号
………负责人：范信章　　邮　编：316000
……………………法　人：范信章
………Tel:13575606768

**润益物资有限公司**
业务：专营五金工具、船用配件、变压器、电力金具、调压器、照明灯具、高低压电器、配电箱具、电线电缆等系列产品，批零兼营。产品规格齐全，品质卓越，服务细致入微，欢迎前来选购
地址：浙江省舟山市普陀区沈家门街道东海西路55号网点
………负责人：顾益　　邮　编：316100
……………………法　人：顾益
………Tel:0580－6360167
13732535019
………Fax:0580－6360167

**北京爱龙广告有限责任公司杭州分公司**
地址：浙江省杭州市西湖区文苑路606号201室
……………………负责人：孙小鹏
……………………Tel:13396503377

**杭州威德沃夫信息技术有限公司**
地址：浙江省杭州市西湖区文苑路606号2025室
……………………负责人：陈昌有
……………………Tel:0571－85987599

**舟山市普陀区朱家尖庄龙虾米销售商行**
业务：主要经营虾米、虾皮
地址：浙江省舟山市普陀区朱家尖街道顺母里岙29号
………负责人：庄银龙　　邮　编：316000
……………………法　人：庄银龙
………Tel:13506801918
0580－6638531

**上海古今内衣枫桥专卖店**
业务：内衣
产品：古今文胸，睡衣系列
地址：浙江省诸暨市枫桥镇天竺路76号
………负责人：方韩明　　邮　编：311800
……………………法　人：方韩明
………Tel:0575－87041077

**杭州都盛实业有限公司**
地址：浙江省杭州市西湖区文苑路606号2027室
……………………负责人：叶国生
……………………Tel:13388608865

**武义县桐琴创艺华联超市**
业务：副食品、日用百货生产销售
地址：浙江省金华市武义县桐琴镇桐一菜场边
………负责人：潘金文　　邮　编：321000
……………………法　人：潘金文
………Fax:0579－87702655

**金华市婺城区祥宇广告装潢室**
业务：图文印刷、画册、传单、写真、喷绘、铜字铜牌、灯箱招牌
地址：浙江省金华市婺城区白龙桥镇通江路
………负责人：何青　　邮　编：321025
……………………法　人：何青
………Tel:0579－82216309
………Fax:0579－82216309

**杭州西坐图文设计工作室**
地址：浙江省杭州市西湖区文苑路606号3058室
……………………负责人：何煊辉
……………………Tel:0571－85916577

**浙江省永康市奥新清洁商行**
业务：洗涤用品、清洁设备、酒店用品、宾馆日用品销售
产品：专营国产及进口清洁设备、清洁用品、清洁剂、洗衣房专用材料
地址：浙江省永康市东城街道高圳路251幢1－3号
………负责人：李秀娥　　邮　编：321300
……………………法　人：李秀娥
………Tel:0579－87040558
………Fax:0579－87213530
………网址：www.yongkangaoxin.com
E-mail:yangluyao@163.com

**永康市象珠镇博雅家政服务部**
业务：承接企业和农村垃圾清运服务
地址：浙江省永康市象珠镇官川村枣香路3弄36号
………负责人：胡安心　　邮　编：321300
……………………法　人：胡安心
………Tel:13566757442
0579－87310990

**杭州农副产品物流中心杭州蔬菜批发交易市场赵福强蔬菜批发部**
业务：主营各种蔬菜批发
地址：浙江省余杭区良渚镇港虹西路1号（杭州农副产品物流中心杭州蔬菜批发交易市场A15）
………负责人：赵福强　　邮　编：310026
……………………法　人：赵福强
………Tel:13221800869
0571－89009827

**余姚市星辰广告传媒有限公司**
业务：广告的设计、制作、发布，企业形象的策划，展览展示的策划，庆典等
地址：浙江省余姚市富巷路70号
………负责人：陈建华　　邮　编：315400
……………………法　人：谢映绒
………Tel:13566381939
0574－62800666
13306602878
………Fax:0574－62839677
………网址：www.xccm.com.cn

**杭州明源文化传播有限公司**
地址：浙江省杭州市上城区国货路7号404室
……………………负责人：顾祥森
……………………Tel:13906521980

**杭州科尔企业管理咨询有限公司**
地址：浙江省杭州市上城区海潮路53号－1
……………………负责人：楼惠一

Tel:13067712273

## 余姚市重恩堂建筑景观设计中心

业务:1.办公室方位定局、公司、商店、内外风水调理;2.企业选址、厂房楼盘布局、门路走向设计、开盘 立向、风水调理、择日;3.私人住宅、买卖、起造、开盘立向、风水调理、择日;4.动迁、拆迁、婚丧、喜庆择日、疑难疾病诊断、医药咨询、八卦(卜课)预测;5.求子、升学、催官求财、趋吉避凶;6.墓园选址、开盘立向、古坟墓风水勘测、吉凶判断。

地址:浙江省余姚市梁弄镇正蒙街100－1号;2.浙江省余姚国景名品家私广场内余姚开丰路370号

负责人:汪银铨　邮　编:315000

法　人:汪银铨

Tel:0574－62356271　62830355

**杭州司南广告传媒有限公司**

地址:浙江省杭州市西湖区文苑路606号623室

负责人:应建文

Tel:0571－88971507

## 桐乡市凤鸣有仙副食品店

业务:副食品,日用品批发零售

地址:浙江省嘉兴桐乡市凤鸣街道文华小区1503－1号(文华菜场内)

负责人:沈有仙　邮　编:314000

法　人:沈有仙

Tel:13516835130　15957357636

## 桐乡市梧桐振东雨生旺副食品超市

业务:烟、酒、五金、副食品

地址:浙江省嘉兴桐乡市梧桐街道(振东新区)康民小区23号

负责人:张明广　邮　编:314000

法　人:张明广

Tel:13819074103　0573－88130943

## 建德市杨村桥镇百汇商品配送商行

业务:批发食品、日用品

地址:浙江省建德市杨村桥镇商贸街183号

负责人:邵晓清　邮　编:310026

法　人:邵晓清

Tel:15824101353　0571－64192217

**杭州路明企业管理顾问有限公司**

地址:浙江省杭州市上城区海潮路53号202室

负责人:周路明

Tel:0571－86560639

## 义乌市谢进食品店

业务:副食品零售、台球

地址:浙江省义乌市苏溪镇胡宅村八达街7号

负责人:陈泉中　邮　编:322000

法　人:程慧芳

Tel:13868971657　15267370085

## 义乌市一正百货贸易商行

业务:批发与零售

产品:日用百货、饰品

地址:浙江省义乌市下王新村A区34幢1号

负责人:韩石川　邮　编:322000

法　人:韩石川

Tel:0579－85208422

Fax:0579－85208411

网址:yizheng_maoyi@hotmail.com

## 义乌市文诚寄售行

业务:实物寄售,典当服务

地址:浙江省义乌市兴中小区32幢1号

负责人:胡丽华　邮　编:322000

法　人:胡丽华

Tel:13868985133　0579－85666065

## 凯宁贸易有限公司

业务:处销礼品

地址:浙江省义乌市振兴西路152号303

负责人:安成权　邮　编:322000

法　人:安成权

Tel:13575940932　13625790070　0579－85089364

Fax:0579－85089354

**杭州博能广告制作有限公司**

地址:浙江省杭州市上城区海潮路53号208室

负责人:金伟

Tel:0571－86560637

**杭州光影文化传播有限公司**

地址:浙江省杭州市上城区海潮路53号219室

负责人:蒋洪生

Tel:13905814517

## 浙江恒发贸易有限公司

业务:贸易

地址:浙江省永康市城西工业区西塔三路10号

负责人:李铭　邮　编:321300

法　人:李铭

Tel:13758999318　13588613888

**杭州富士洁环保科技有限公司**

地址:浙江省杭州市西湖区西溪河下5号

负责人:任中君

Tel:13777576889

## 山西永兴锁体经销部

业务:主要经营锁体的销售

地址:浙江省金华市浦江县郑宅镇东明村浦后路(郑宅卫生院后门)

负责人:胡永亮　邮　编:321000

法　人:胡永亮

Tel:15058565195　13575925735　15058565430

## 金华市奥格商贸有限公司

业务:房地产开发、建材、矿产品、日用品

地址:浙江省金华市汽车新南站保集广场9楼902号

负责人:李达森　邮　编:321000

法　人:李达森

Tel:13905797219　0579－82481333

**杭州浙商文化有限公司**

地址:浙江省杭州市西湖区西溪河下5号307室

负责人:张超

Tel:0571－85596159

## 宁波市江东区真鲜来菜篮子配送有限公司

业务:生肉、蔬菜、蛋的批发、零售、配送

地址:浙江省宁波市江东区中兴北路(市车管所斜对面转弯400米)

负责人:陈伟明　邮　编:315000

邮　编:陈伟明

Tel:13957863518

网址:http://www.51zzt.com/user/zzt4

## 宁波市江东博渊书店

业务:销售图书

地址:浙江省宁波市江东区中兴路276号天伦广场集锦街0－4号

负责人:胡玉成　邮　编:315000

法　人:胡玉成

Tel:13355991853　15058491896

## 宁波市江东百祥广告有限公司

业务:广告设计、发布

地址:浙江省宁波市江东区中兴路常青藤小区单身公寓2124

负责人:李经理　邮　编:315000

Tel:13396696990

## 宁波市丹尼诗贸易有限公司

业务:专业从事西班牙原装进口葡萄酒、橄榄油、火腿及其他特色食品的进口批零业务,旨在把健康时尚的饮食概念在中国推广,并将会给追求健康时尚的您带来满意和惊喜!

产品:副食品、定型包装食品、粮油制品(批发、零售)

地址:浙江省宁波市科技园区菁华路76号

负责人:周益宇　邮　编:315040

法　人:施政

Tel:0574－27906057

Fax:0574－27906121

网址:www.tanis.net.cn

E-mail:tanis@extrastar.net

## 宁波和锦贸易有限公司

业务:进出口贸易及代理

地址:浙江省宁波市沈海高速观海卫出口往慈西方向2公里右边大沙厂

负责人:岑江耀　邮　编:315000

法　人:岑江耀

Tel:0574－63620638　63623023

**杭州通球百货有限公司**

地址:浙江省杭州市西湖区西溪路516号201室

负责人:凌传武

Tel:0571－85997598

## 义乌市芬浪卫浴商行(扬美桑拿泳池设备)

业务:经营搓澡巾、浴衣、电动桑拿足浴沙发、桑拿锁;进口和国产桑拿泳池设备及配件;专业足浴桑拿用品

地址:浙江省义乌市江东街道江东中路410号

负责人:刘庆宏　邮　编:321000

法　人:刘庆宏

Tel:13221276288　0579－85431867

## 义乌市海亿进出口有限公司

业务:货物进出口、技术进出口、日用品批发

地址:浙江省义乌市江东街道梅湖新村13幢6号四楼401室

负责人:刘海燕　邮　编:321000

法　人:刘海燕

Tel:13625796616　0579－85125330

Fax:0579－85125330

网址:http://www.51zzt.com/user/zzt31777

**杭州辉煌文化传播有限公司**

地址:浙江省杭州市西湖区文苑路606号1183室

负责人:黄慧芬

Tel:0571－88871323

**杭州创导安全技术有限公司**

地址:浙江省杭州市西湖区文苑路606号1187室

负责人:卢建平

Tel:13905711180

**杭州金色世家房地产代理有限公司**

地址:浙江省杭州市西湖区文苑路606号2009室

负责人:卢丽芳

Tel:13388601638

## 义乌市超越货物装卸有限公司

业务:货物装卸、起重、搬运

地址:浙江省义乌市江东街道塔下洲村B区1幢

负责人:吴海滨　邮　编:322000

Tel:13065928223

## 浙江浩天进出口有限公司

业务:五金工具出口贸易

地址:浙江省义乌市江东街道下王新村C区45栋3单元202室

负责人:陈学良　邮　编:321100

法　人:陈学良

Tel:0579－85595372

Fax:0579－85595352

## 义乌市龙之维进出口有限公司

业务:主要经营服装,帽子,辅料等进出口

地址:浙江省义乌市江东中路495－1号五楼

负责人:彭光辉　邮　编:321000

法　人:彭光辉

Tel:13373825129　0579－89965509

Fax:0579－85364843

## 义乌市苏星粮油商行

业务:批发、零售:粮油

地址:浙江省义乌市粮食市场(95号)

负责人:沈财镜　邮　编:321000

Tel:0579－85893779　13905795558

**杭州首佳房产代理有限公司**

地址:浙江省杭州市西湖区新金都城市花园北铭苑8幢6号商铺

负责人:张凌雁

Tel:0571－88983272

## 义乌市鑫荣进出口有限公司

业务:义乌市鑫荣进出口有限公司成立于2006年,专业从事国际贸易、国际货运代理,以优质的服务和合理的价格,一切为了达到客户的满意程度而努力。

地址:浙江省金华市义乌市稠州北路601号3幢6号

负责人:金琴琴　邮　编:322000

法　人:金琴琴

Tel:0579－85562522

Fax:0579－85562533

**杭州微利亚文化传播有限公司**

地址:浙江省杭州市拱墅区和睦新村24－1号二楼

负责人:李薇

Tel:13396582830

**北京君平传媒科技有限公司杭州分公司**

地址:浙江省杭州市拱墅区和睦新村66－1号204室

负责人:俞学锋

Tel:13701291632

**杭州奥杰企业形象策划有限公司**

地址:浙江省杭州市拱墅区和睦新村66－1号205室

负责人:韩飞鹏

Tel:13588408549

**杭州畅致广告设计制作有限公司**

地址:浙江省杭州市拱墅区湖墅南路251号201室

负责人:徐涛

Tel:0571－88382801

**杭州保利房产租赁有限公司**

地址:浙江省杭州市拱墅区华浙广场1号12C室

负责人:赵雪芬

Tel:13958029111

**杭州北高峰拓展培训有限公司**

地址:浙江省杭州市拱墅区康桥路101号

地址:戚敏

Tel:0571－88041653

## 浦江县康顿食品商行

业务:批发零售康纳斯顿葡萄酒等

地址:浙江省金华市浦江县人民东路100号

负责人:吴建军　邮　编:321000

法　人:吴建军

Tel:13957955578　0579－84111057

**杭州飞梦天涯广告有限公司**

地址:浙江省杭州市西湖区学院路102号401室

负责人:夏春莲

Tel:13805722390

## 永嘉县桥头镇俊蔚小百货店

业务:日常生活用品及定型包装食品

地址:浙江省温州市永嘉县桥头镇石埠头村桥西北路530号

负责人:朱建仁　邮　编:325107

法　人:朱建仁

Tel:0577－67458184

## 黄金眼调查事务所

业务:私家侦探

地址:浙江省温州市虞师里大厦B幢3层02号

负责人:金小杰　邮　编:325000

法　人:金小杰

Tel:13777765673　0577－88848007

## 温州市浙南农副产品中心市场蒲门食品经营部

业务:零售:定型包装食品(含冷冻和冷藏食品)

地址:浙江省温州市浙南农副产品中心市场1区98号A

负责人:郑子龙　邮　编:325000

法　人:郑子龙

Tel:13587999333

## 义乌市柏冉广告

业务:广告设计、制作

地址:浙江省义乌市北苑黄杨梅路128号二楼

负责人:陈志敏　邮　编:321000

法　人:陈志敏

Tel:13575958737　0579－85117276

## 义乌市久桥家政服务部

业务:承揽家政保洁,钟点工,新房新装修工程开荒,外墙清洗,各种地板、地毯、玻璃、石材、家私等专业清洁保养。

地址:浙江省义乌市稠江街道稠佛路17号206室

负责人:陆久桥　邮　编:322000

法　人:陆久桥

Tel:0579－85313269　13735619203

## 义乌市跨海日用百货商行

业务:副食品、日用百货

地址:浙江省义乌市稠州北路251弄10幢1号

负责人:周国女　邮　编:321000

法　人:周国女

Tel:0579－85576160

## 安徽和缘人力资源管理有限公司义乌分公司

业务:人力管理服务与信息咨询、劳务派遣、劳动保障事务代理与咨询、劳务输出、职业介绍、劳务外包信息咨询服务等

地址:浙江省义乌市后宅街道净居东路83号

负责人:叶洪梅　邮　编:321000

法　人:叶洪梅

Tel:13626690038　0579－81575111

网址:http://www.ahhyrl.com

**杭州慧富广告有限公司**

地址：浙江省杭州市西湖区学院路 130 号 152 室
…………负责人：张昌金
…………Tel：13336037266

## 江山市光头投资咨询服务所

业务：投资咨询服务
地址：浙江省江山市江东大道 52 幢 3、4 号
………负责人：徐清福　邮　编：324100
…………法　人：徐清福
…………Tel：13454045632
0570－4965999

## 江山市天成设计

业务：企业 VI、企业策划、书刊画册、精品礼盒、包装袋、宣传单、广告招牌、名片；印刷设计及制作
地址：浙江省江山市区南三街 138 号（城南幼儿园旁）
………负责人：毛剑　邮　编：3124100
…………法　人：毛剑
…………Tel：0570－4045656
13967001382

## 城鸿广告经营部（城鸿装饰咨询公司）

业务：经营装饰咨询
地址：浙江省江山市县河西路 112 号
………负责人：徐冬清　邮　编：324100
…………法　人：徐冬清
…………Tel：13967002201
0570－4025886

## 浙江车友汽车租赁有限公司

业务：汽车租赁
地址：浙江省金华市八一北街 118 号汇金国际商务大厦 26 楼
………负责人：张小林　邮　编：321000
…………法　人：张小林
…………Tel：13516969000
0579－82888877

**杭州可可企业管理咨询有限公司**
地址：浙江省杭州市拱墅区和睦路 35－2 号 2 楼 201 室
…………负责人：袁耀石
…………Tel：13958133988

**杭州金坤广告有限公司**
地址：浙江省杭州市拱墅区和睦新村 24－1 号
…………负责人：黄国斌
…………Tel：13958129038

**杭州真藏广告有限公司**
地址：浙江省杭州市拱墅区和睦新村 24－1 号
…………负责人：陆原子
…………Tel：13906528681

## 金华市婺城区优佳广告制作部

业务：户外广告设计施工、平面设计、包装设计、画册设计
地址：浙江省金华市八一南街 1185 号
………负责人：祝春辉　邮　编：321000
…………法　人：祝春辉
…………Fax：0579－82477006

## 金华市洁美保洁有限公司

业务：建筑外墙清洁、室内保洁、家政服务；洗涤用品、日用品销售
地址：浙江省金华市丹溪路冠达华庭 1 幢 107 号
………负责人：许志平　邮　编：321000
…………法　人：许志平
…………Tel：13819993330
0579－82585338

**杭州蓝航广告有限公司**
地址：浙江省杭州市西湖区学院路 135 号
…………负责人：吴航娟
…………Tel：0571－88834983

## 浙江省仙居县卜家岙杨梅专业合作社

业务：浙江省仙居县卜家岙杨梅专业合作社成立于 2004 年，主要从事杨梅种植销售，杨梅礼品盒普通包装、真空保鲜包装，杨梅果园观光旅游。热诚欢迎新老客户惠顾。
地址：浙江市仙居县城关镇卜家岙村
…………邮　编：317300
…………法　人：李相广
…………Tel：0576－7777906
…………Fax：0576－7797689

## 金华市金东区绿林绿化养护服务部

业务：绿化养护服务
地址：浙江省金华市金东区赤松镇岗上村后桑环路 32 号
………负责人：余建增　邮　编：321000
…………法　人：余建增
…………Tel：13819976441

**温州市正邦贸易有限公司**
地址：浙江省温州市温州鞋用化工市场 43－45 号
…………负责人：崔文正
…………Tel：0577－88721685

88700620
13806681753

**温州市益彰贸易有限公司**
地址：浙江省温州市站前小区国光大厦主楼 1105 室
…………负责人：张昌安
…………Tel：0577－86063985
86066075

## 金华市尚洁洗涤中心

业务：宾馆，酒店布草洗涤服务
地址：浙江省金华市金东区江东镇南下王村
………负责人：贾先生　邮　编：321000
…………法　人：盛飞鹏
…………Tel：13454907596

## 浙江省金华市金东区永才精品鲜果店

业务：经营新鲜水果
地址：浙江省金华市金华农产品批发市场 6 幢 A15－17 号
………负责人：李永才　邮　编：321000
…………法　人：李永才
…………Tel：13566789362
0579－82100648

**义乌市奥陶贸易有限公司**
地址：浙江省义乌市楼店路 1 号
…………负责人：汪伶媚
…………Tel：13566711168

## 浦江县捍成商务咨询服务部

业务：商务咨询服务
地址：浙江省金华市浦江县黄宅镇古塘村三里翁浦义路旁
………负责人：方捍成　邮　编：321000
…………法　人：方捍成
…………Tel：13095899909
0579－84235780

## 宁波岭南进出口有限公司

业务：进出口业务
地址：浙江省宁波市象山石浦渔港中路 95 号（海军俱乐部）
………负责人：潘敏杰　邮　编：315000
…………邮　编：潘敏杰
…………Tel：13957412939
0574－56391111

## 象山丹城赛芸汽车租赁服务部

业务：汽车租赁服务
地址：浙江省宁波市象山县丹东街道东风路 39 号－2
………负责人：应赛芸　邮　编：315000
…………法　人：应赛芸
…………Tel：13858251117
13626815271
0574－65778321

## 宁波象山树远工艺礼品有限公司

业务：专营各类工艺品、礼品、文体、办公用品等，批零兼营，公司将竭诚为您提供最优质的服务，期待你的光临、合作。
地址：浙江省宁波市象山县丹东街道东风路 8－27 号
………负责人：柯树明　邮　编：315700
…………法　人：柯树明
…………Tel：0574－65002384
13486069119
…………Fax：0574－65002384
…………网址：http://www.nbsygy.cn
…………E-mail：fych_0123@126.com

## 象山丹城心怡副食品店

业务：卷烟、雪茄烟零售；日用品零售
地址：浙江省宁波市象山县丹东街道东谷路 210 号
………负责人：史韶山　邮　编：315000
…………法　人：史韶山
…………Tel：13081974555
13185999808

## 象山丹城同同来洗衣中心

业务：洗衣服务
地址：浙江省宁波市象山县丹东街道万象路 188 号
………负责人：朱文亚　邮　编：315000
…………法　人：朱文亚
…………Tel：0574－65009555
65009233

**杭州龙霄贸易有限公司**
地址：浙江省杭州市江干区双菱新村 7 幢 2 单元 103 室
…………负责人：杨旭龙
…………Tel：13336113617

**杭州伯伦贸易有限公司**
地址：浙江省杭州市江干区天成路天成嘉苑 2 幢 3 单元 1002 室
…………负责人：张红生
…………Tel：13355712290

**杭州坤宁堂贸易有限公司**
地址：浙江省杭州市江干区夕照新村 2 幢 2 单元 203 室
…………负责人：张孝坤
…………Tel：13867425510

## 象山丹城蒲公英电动车专营店

业务：“蒲公英”中国驰名商标电动车、“雅迪”电动车、“新月神”电动车 的批发和销售
产品：“蒲公英”中国驰名商标电动车、“雅迪”电动车、“星月神”电动车
地址：浙江省宁波市象山县丹西街道丹峰西路 11 号
………负责人：茅振挺　邮　编：315700
…………法　人：茅振挺
…………Tel：0574－65657779
13429225858

**杭州经济技术开发区北杭实业有限公司**
地址：浙江省杭州市经济技术开发区 2 号大街月雅苑 2 幢 501 室
地址：于咏
…………Tel：13758247788

## 象山佳博广告工作室

业务：广告制作、影视摄影、专题片制作、三维表现制作
地址：浙江省宁波市象山县文华苑 1 幢 1 单元 601
………负责人：贺威恺　邮　编：315000
…………法　人：贺威恺
…………Tel：0574－65003957

## 宁波市江北心茹保洁服务部

业务：保洁服务
地址：浙江省宁波市鄞州区彩虹新村 11 幢 510
………负责人：邵爱心　邮　编：315000
…………法　人：邵爱心
…………Tel：13616885822
0574－88209912

**杭州源圆实业有限公司**
地址：浙江省杭州市经济技术开发区 6 号大街 6 号瓯江大酒店一楼交通银行下沙支行内
…………负责人：郭虹
…………Tel：13958091968

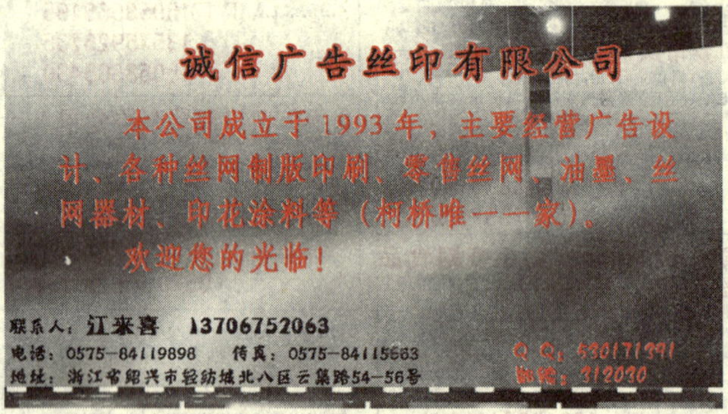


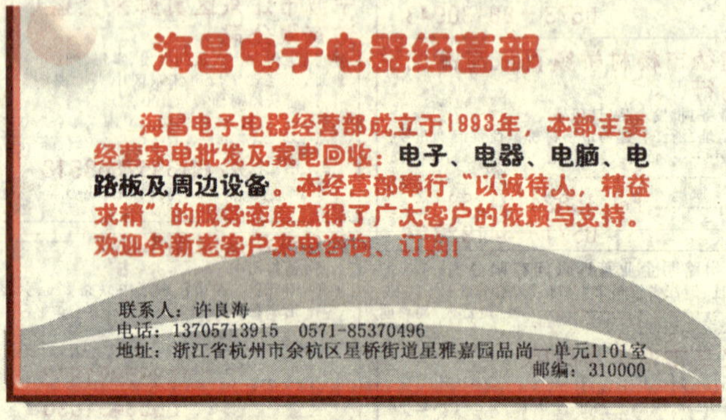


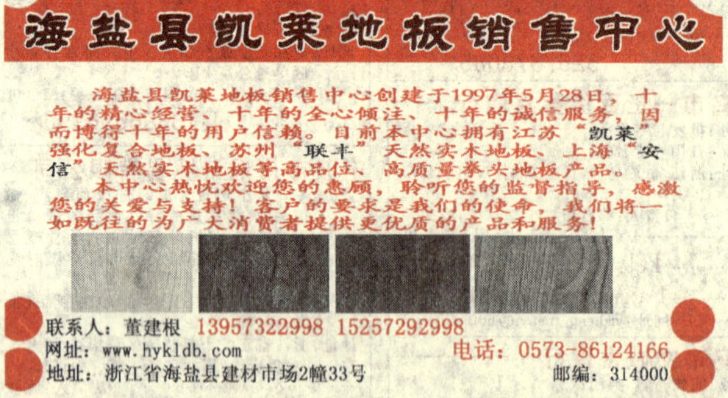

## 杭州恒迪装卸有限公司

杭州恒迪装卸有限公司成立于2008年10月，以货物装卸、运输、仓储服务为主。公司秉承“顾客至上，锐意进取”的经营理念，坚持“客户第一”的原则为广大客户提供优质的服务。欢迎惠顾！

联系人：陈恒明
电话：0571-86280515、86281213
地址：浙江省杭州市余杭区运河镇博陆村　邮编：311102

## 嘉兴军华贸易有限公司

本公司经营食品、保健食品、五金家电、服饰等，始终以“诚信为本、平等互利”为原则，欢迎新老客户来电洽谈业务！

联系人：陶志华
电话：0573-88028114
地址：浙江省桐乡市杨家门二号巷71栋101室
邮编：314000

## 杭州金马食品经营部

杭州金马食品经营部成立于2002年，主要销售食品调料。

我们秉承“顾客至上，锐意进取”的经营理念，坚持“客户第一”的原则为广大客户提供优质的服务。欢迎广大客户惠顾！

联系人：江招明　电话：0571-86518342
地址：浙江省杭州市近江食品市场东四区35、36号摊位　邮编：310000

## 嘉兴市南湖区东栅通乐管道疏通服务部

开锁维修疏通服务部：水电安装，维修太阳能热水器，疏通管道，修锁，开锁，换锁芯，墙面钻洞。

为您服务联系人老曾。

联系人：曾甜甜 13388621973
电话：0573-82900638　传真：0573-82851392
地址：浙江省嘉兴市南湖区泾水公寓17幢606室　邮编：314000

## 杭州欧迈贸易有限公司

杭州欧迈贸易有限公司是一家集钢材贸易，剪切和加工配送为一体的综合性企业，长期经营各大钢厂中厚板、热轧卷板、带钢等产品，欢新老客户来人来电垂询！

联系人：陆中华
电话：0571-88013509 13857128830　传真：029-32779508
地址：浙江省杭州市拱墅区三里洋钢材市场办公大楼2楼635号　邮编：310000

## 丽水市建军侨贸服务部

本公司主要为华侨欧洲旅游、商业贸易提供咨询，进出口货代。公司奉行“信誉第一、效率第一、客户至一、服务至上”的服务宗旨。

联系人：王建军
电话：0578-2186289　2186279　手机：13906883678
传真：0578-2186279
地址：浙江省丽水市白云山花苑48幢　邮编：323400

## 杭州市晓星贸易有限公司

公司成立于2006年，我们以利郎品牌向顾客提供不同季节的时尚高端设计。公司提供利郎牌产品包括西装、夹克、衬衫、裤装、毛衣和配饰，大致上可分为商务正装、商务休闲、时尚休闲以及运动系列。

自从我们推出利郎商务休闲系列之后，我们此分部的业务更一直迅速增长，并成为中国卓越的知名品牌。

电话：0571-87169535　87169835　传真：0571-87169835
联系人：毕君伟 13666632733
地址：浙江省杭州市西湖大道18号新东方大厦B栋1802室　邮编：310006

## 南京聯工電子經營部

本公司成立于2008年，主要經營電子元器件，五金工具銷售。以客爲尊是服務宗旨，爲客户提供專業的技術咨詢和最佳的服務。

联系人：黄铨　电子邮件：230279006@qq.com
电话：0577-63720838、13906669769　传真：025-84559568
地址：浙江省温州市平阳县万联路9号　邮编：210018

## 极限创意广告有限公司

极限创意广告有限公司主要从事设计、制作、发布、代理国内各类广告。

本公司秉承“顾客至上，锐意进取”的经营理念，坚持“客户第一”的原则为广大客户提供优质的服务。欢迎广大客户惠顾！

电话：0573-86169583　13586367112
联系人：沈江明
地址：浙江省嘉兴市海盐县河滨路　邮编：314300

## 宁波萝蔓朵婚纱摄影有限公司

萝蔓朵精品婚纱摄影是一家来自台湾的顶级摄影名店，2006年在宁波时尚会所老外滩隆重登场，主要业务有婚纱照、宝宝照、个人写真、全家福、婚纱礼服出租，个人形象设计等。

我们拥有台式风情一体化影棚，多款国际顶级婚纱礼服，独立的摄影空间、特色的外景基地、独一无二的产品线、独立的彩妆造型设计区、独立的高档礼服专柜，让你切身感受到台湾“至真、至善、至美”的独到摄影理念！

传真：0574-87387399
联系人：何素琪 13586510210　电子邮件：nbluomanduo@126.com
电话：0574-87387399 87387389 87652899　网址：www.luomanduo.com
地址：浙江省宁波市老外滩人民路92号　邮编：315020

## 宁波市江北超杰装潢服务部

本公司成立于2008年，主要经营室内、外装潢；灯箱广告牌；铝合金门窗；钢牌。

本公司积极开拓，锐意进取，以质量求信誉，以服务求生存，以创新求发展之路。

联系人：庄伟强 13285745618 电话：0574-87526286

地址：浙江省宁波市江北区慈城镇新华村太平桥 邮编：315000

## 宁波市象山丹城陌上花坊

宁波市象山丹城陌上花坊成立于2008年，象山陌上花坊位于宁波市象山县丹东街道。

象山陌上花坊是一家鲜花，婚庆服务一条龙服务店铺本着最真诚的原则，给广大市民送去美丽，以专业的态度给新人打造最幸福最动人的一刻。

联系人：朱静丽

电话：0574-81777768 65777768 电子邮件：745668157@qq.com

地址：浙江省宁波市象山县丹东街道丹峰东路213号 邮编：315700

## 平湖市佳诚建筑技术咨询事务所

平湖市佳诚建筑技术咨询事务所成立于2005年3月18日，主要承接建筑设计技术咨询。公司秉承“顾客至上，锐意进取”的经营理念，坚持“客户第一”的原则为广大客户提供优质的服务。欢迎广大客户惠顾！

电话：13819361358、0573-85121672 联系人：俞兆铭

地址：浙江省嘉兴市平湖市商业文化广场A区406室 邮编：314200

## 瑞安市安心家政服务中心

瑞安市安心家政服务中心成立于2004年，公司专业从事家政服务。一、制冷类：维修空调、移机、加液、清洗、冰箱、维修各种大小电器、钻孔。二、管道类：疏通马桶、下水道、各种大小管道、排污、专车清理化粪池。三、开锁类：开各种防盗门、汽车锁、配锁，保险柜，换锁。四、安装维修类：自来水管、热水器、排污管、马桶、水箱漏水、水电。五、装修类：室内室外及店面装修。七、钟点服务类：清洗家居、打扫公共场所。八、回收类：家电高价回收。九、清洁类：为公寓、写字楼、酒店、学校、宾馆、行政单位、商场和各大型办公大厅提供清洁专业服务。清洗外墙和大小广告。十、综合类：木工、泥水工、卫生间除臭、阳台、平顶防水补漏。我们愿与各界朋友精诚合作，用我们的真诚与勤劳使您的困难迎刃而解；以合理的价格和优质的服务赢得每一位客户的信赖，这是我们永久的口号，无论过去、现在还是将来。关注瑞安环保，建立瑞安旅游城市优美环境。瑞安市安心家政服务中心与市民共同努力！

专业搬家、钢琴 马桶疏通 空调维修

联系人：余道银

网址：www.raaxjz.com

电话：0577-65872748 65872745 13088684002

地址：浙江省温州瑞安市安阳街道三圣门路五弄14号（望江菜场旁） 邮编：325200

## 瑞安市广信投资咨询有限公司

瑞安市广信投资咨询有限公司成立于2008年1月。主要从事于投资咨询、代理全国各厂家的产品。公司本着追求品质、公正准确、及时的宗旨。竭诚为广大客户提供优质服务。

联系人：洪余兴 13291751266

电话：0577-66881456 传真：0577-66881345

地址：浙江省温州市瑞安市康都时代大厦C5-305 邮编：325200

## 绍兴县程伟贸易有限公司

绍兴县程伟贸易有限公司成立于2008年，以纺织品出口为主。公司以雄厚的实力、合理的价格、优良的服务与多家企业建立了长期的合作关系。

热忱欢迎各界前来参观、考察、洽谈业务！

联系人：胡卫江

电话：0575-85583256 85583258 85583255

邮编：312000

地址：浙江省绍兴市绍兴县柯桥时代广场A座602-6号

## 嵊泗县海圣建筑材料销售有限公司

海圣建筑材料销售有限公司致力于建筑材料、室内装潢项目承包、石油的销售、水产品的加工和销售等项目，公司提供高品质的产品，更提供高品质的服务，欢迎惠顾！

联系人：陈平国

电话：0580-5078614

地址：浙江省舟山市嵊泗县菜园镇青沙村金青人桥下

邮编：202450

## 桐乡市花都美新娘婚纱摄影

桐乡市花都美新娘婚纱摄影成立于1997年，是一家大型综合婚纱影楼，提供新人婚纱摄影，婚庆服务，婚礼摄像，新娘化妆及跟妆，以及新娘结婚礼服出租，婚纱出租。

花都·美新娘独家拥有“梦幻圣湖”外景摄影基地惊艳上演（仅为极少数品味新人准备的山水摄影盛宴——每年仅服务99对高尚新人！梦幻圣湖一万水千山人间天上，魂牵梦绕梦幻圣湖！

联系人：吴永祥 13221312599

电话：0573-88111880 传真：0573-88028028

地址：浙江省嘉兴市桐乡市振兴路5号 邮编：314500

## 温州市鹿城区声源乐器

本公司成立于2008年，主要零售乐器，主要产品有钢琴、电子琴、小提琴、吉他、西洋乐、打击乐、民乐等。

“诚信为本，服务至上”，诚信、专业、热情、高效在音乐道路中为您缔造梦想与成功。

联系人：徐可人 13868606708 电话：0577-86668827

地址：浙江省温州市上陡门七组团20幢103室 邮编：325000

## 文成县新中天广告装饰有限公司

我公司成立于2003年，随着业务范围的扩大与工程量的不断增加，连续引进新设备和新工艺，广告策划、设计、制作、发布于一体，产品有亚克力发光字、吸塑灯箱、铝合金系列标牌等。

公司承诺质量为本，信誉至上的原则，真诚的希望与客户携手共同发展，共创美好明天。

联系人：陈丕欢 13868689651 电话：0577-67864682

地址：浙江省温州市文成县大学镇建设路94号 邮编：325300

本溪市鑫诺特钢实验制造有限公司

经营纯铁，各种焊塑钢，特种钢生产及销售的企业。
电话：0414－2824060　3129563
地址：辽宁省本溪市溪湖区居仁街



## 义乌诚贸进出口有限公司

义乌诚贸进出口有限公司成立于2008年。
专业代理各项货物及技术进出口业务。
我们将竭诚为您服务！

联系人：杨汉报　13738988666
电话：0579-85350227　85350226
邮编：322000
电子邮件：ywcm85350227@yahoo.cn
地址：浙江省义乌市北苑复兴湖塘西17幢2号201室

## 浙江舟山恒舟建筑设备租赁有限公司

浙江舟山恒舟建筑设备租赁有限公司成立于2008，从事塔吊、脚手架、钢膜、吊车的租赁服务。我们始终坚持"以科技为创新，以创新占市场，以质量求生存，以诚信谋发展"的经营宗旨，愿与您真诚合作，携手共进，共创辉煌。

联系人：张平舟
电话：13735002118、0580-3800770
地址：浙江省舟山市普陀区东港和润花苑和风苑7-402　邮编：316124

## 义乌市安科电子商行

本公司成立于2008年，主要经营安防，主要产品有视频监控、网络监控、楼宇门铃、及周边器材。

欢迎新老客户前来洽谈，我们期待与您建立友好互利的合作关系！

联系人：叶金华　13777904866
电话：0579-85565679
邮编：322000
地址：浙江省金华市义乌通信市场D3－38

## 诸暨市盛美进出口有限公司

我公司成立于2008年，专业从事货物的进出口代理业务。

公司愿以优质的产品、优良的服务和具有竞争力的价格，真诚地与国内外朋友建立更广泛的合作关系！

联系人：何先军
电话：0575-87752995　传真：0575-87753697
地址：浙江省诸暨市大唐镇盛唐南路153号　邮编：311800

## 义乌市佳誉纸箱商行

本公司成立于2007年，专营出口高、中、低档国内、外贸纸箱，包括双层牛皮纸、普通纸箱的批发零售。

我们以一流的产品，诚信的宗旨，热情为您服务！

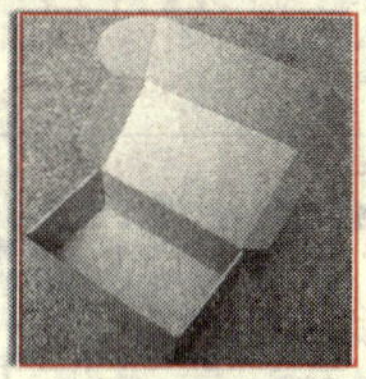

电话/传真：0579-85622568
邮编：322000
地址：浙江省金华市义乌市福田四区12幢1号

## 永康市人才交流中心

永康市人才交流中心是一家专业的金融人才培训，人才派遣，人才交流等多种新兴业务为一体的专业化、社会化服务机构。

热忱欢迎广大客户合作，共同缔造美好的明天！

联系人：王新法　13857953606

电话：0579-87178990
邮编：321300
地址：浙江省永康市华丰中路19号
网址：www.zjykrc.com
电子邮件：zjykrc@163.com

## 浙江广聚人力资源开发有限公司

浙江广聚人力资源开发有限公司成立于1999年，是一家专门从事人力资源、劳务派遣、劳务中介、劳务培训的企业。

长期以来，为社会输送派遣了大批的优秀人才和劳动力，广聚员工将继续秉承守信承诺、真诚互惠的服务宗旨热忱欢迎各界企事业单位和个人真诚合作，力求共同发展。

我们将竭诚为您服务！

联系人：朱朝富
13906819206
电话：0571-86935280　86923965
传真：0571-86935280
邮编：310018
地址：浙江省杭州市下沙经济技术开发区幸福南路115号七格工业园广聚公寓

## 安徽省/Anhui Province

### 枞阳县明珠商城有限公司

地址：安徽省安庆市枞阳县横埠镇
…………负责人：黄晔
…………Tel：0556－2020488

### 安庆市慈善会

地址：安徽省安庆市工农街2号
…………负责人：郭盛传
…………Tel：0556－5538834

### 茂盛建筑机械租赁有限公司

地址：安徽省安庆市花亭路（华茂新村西附房1－2号门面）
…………负责人：金建新
…………Tel：0556－5311517
13013162266

### 枞阳县明净保洁有限责任公司

业务：城市保洁服务
地址：安徽省安庆市枞阳县枞阳镇银塘路
……负责人：曾明稳　邮　编：246001
…………法　人：曾明稳
……Tel：13966985760
18955665001

### 安庆市金源茂商贸有限公司

业务：本公司是一家综合型的贸易公司，主营预包装食品、烟、酒及针织品、家电以及经济技术咨询。我们本着"以诚为根、以信为本"服务理念为您提供最优质的产品，期待与您真诚的合作。
产品：中国四大名酒山西汾酒集团驻安庆及所辖县市的总代理，公司主打产品山西汾酒杏花春并经营多个品牌的白酒及饮料代理
地址：安徽省安庆市华中东路411号东安花园1栋7号门面
……负责人：陈晓明　邮　编：246003
…………法　人：陈传来
……Tel：0556－5200516
13675565988
……Fax：0556－5200516
…………网址：www.jymsm.cn
……E-mail：1958chen1958@163.com

### 圣大保罗皮具专卖店

业务：经营箱包、皮具
地址：安徽省安庆市集贤南路130号（金华联量贩南）
……负责人：程志坚　邮　编：246000
…………法　人：程志坚
……Tel：0556－8723188
13966986808

### 怀宁县双节商行

地址：安徽省安庆市怀宁县石牌镇皖河大道34号
…………负责人：潘润结
…………Tel：0556－4821895
13805664162

### 安庆市美胜保洁工程有限公司

地址：安徽省安庆市黄土坑西路千禧楼12号门面
…………负责人：吴国胜
…………Tel：13909665189

### 潜山县天柱物资商贸有限公司

业务：贸易
产品：工业硅、石油焦、煤炭
地址：安徽省安庆市潜山县梅城镇皖国路
……负责人：储彪　邮　编：246003
…………法　人：储彪
……Tel：0556－2175826

### 太湖县大桐山林业发展有限公司

业务：林业开发、杉木指接板的生产和销售，红山茶花的培育，松木半成品的加工；森林宾馆，提供停车住宿服务
地址：安徽省安庆市太湖县晋熙镇人民路31号
……负责人：陈迪广　邮　编：246400
…………法　人：陈迪广
……Tel：13966926760
0556－4168668

### 安庆华翔日用品有限公司

业务：日用品销售
地址：安徽省安庆市太湖县民营工业园区C4幢
……负责人：汪金华　邮　编：246400
…………法　人：汪金华
……Tel：0556－4160316
15855645856
……Fax：0556－4160316

### 枞阳县汽车工业园左山劳动服务有限公司

业务：本公司主要从事汽车工业园的劳务服务，园林绿化、小型运输，我公司本着"服务第一"的原则为广大客户服务。
地址：安徽省安庆市枞阳县横埠镇左山村
……负责人：彭新明……邮　编：246700
…………法　人：彭新明
…………Tel：0556－2027609

### 宿松县乡园禽业贸易有限责任公司

业务：宿松县乡园禽业贸易有限责任公司其前身是宿松乡园禽业养殖场，位于皖、鄂、赣三省交界的长江中下游，从事禽蛋及农产品加工、销售。公司以质量第一、服务社会的经营理念，赢得了市场和信誉。
地址：安徽省安庆市宿松县孚玉镇西畴南街37－1号
…………邮　编：246500
…………法　人：尹国球
…………Tel：0556－7812918
…………Fax：0556－7812918

## 蚌埠市鸿鹏物资贸易有限公司

业务：销售钢铁、生铁、焦炭
产品：钢铁、生铁、焦炭
地址：安徽省蚌埠市蚌山区胜利中路188号104室
负责人：薛保付　邮　编：233000
法　人：薛保付
Tel：0552－4015516

## 蚌埠同心钢管租赁有限公司

业务：钢管租赁
地址：安徽省蚌埠市宝龙城市广场第4#幢1单元9层913号
负责人：吴广同　邮　编：233000
法　人：吴广同
Tel：0552－3132196

## 宝狮龙国际集团（香港）有限公司\蚌埠市宜生健食品商行

业务：宝狮龙国际集团（香港）有限公司授权加盟店，专营家居日用、化妆品、彩妆、个人护理、保健品、原生态养生水机、掌灸等系列产品，优质的服务、卓越的品质，期待您的光临惠顾！
地址：安徽省蚌埠市龙华大厦535室
负责人：王雪梅　邮　编：233000
法　人：王雪梅
Tel：0552－3306554
13855205763
网址：www.ysjsh.chinapyp.com

**潜山县出租车经营发展有限公司**
地址：安徽省安庆市潜山县梅城镇北街路138号
负责人：徐施生
Tel：0556－3272288

**潜山县生力商贸**
地址：安徽省安庆市潜山县梅城镇大园村
负责人：何方
Tel：0556－8920685
13955666671

**宿松县保安服务公司**
地址：安徽省安庆市宿松县孚玉镇孚玉路县公安局巡防大队五楼
负责人：石青松
Tel：0556－7817668

## 涡阳县安顺小汽车租赁有限公司

业务：本公司是专业的汽车租赁企业，经营租赁车辆种类齐全，拥有大众、奥迪、别克、本田等一系列品牌车辆，根据客户不同需求提供各种优质车辆，并有多种租赁方式供客户选择。
地址：安徽省亳州市涡阳县雉河楼南头银河庄园楼下
负责人：孔琴　邮　编：233600
法　人：孔琴
Tel：0558－7259777
13966880098
QQ：62802073

## 合肥鸿鑫投资咨询管理有限公司

业务：投资咨询服务
地址：安徽省长丰县水湖镇富华家园37号
负责人：徐芝兵　邮　编：230001
法　人：徐芝兵
Tel：13805605588
0551－6676788

**桐城市阿里巴巴音乐有限责任公司**
地址：安徽省安庆市桐城市龙眠路44号
负责人：万玉清
Tel：0556－6129522

**桐城市兴达商贸有限公司**
地址：安徽省安庆市桐城市双港镇中心街
负责人：王健
Tel：0556－6860608

## 太湖县锐星广告有限公司

业务：锐星广告有限公司主要从事于户外广告墙体喷绘。用优良的品质，合理的价格，完善的服务，竭诚为用户服务！
地址：安徽省安庆市太湖县北中镇政府招待所
负责人：吴锐……邮　编：246490
法　人：吴锐
Tel：0556－4380688

## 太湖县小罗商贸有限责任公司

业务：本公司成立于2000年，公司主要销售白酒、啤酒、饮料、家电。欢迎新老客户光临惠顾！
地址：安徽省安庆市太湖县新城法华路149号
负责人：刘明耀……邮　编：246400
法　人：刘明耀
Tel：0556－5111907
Fax：0556－5111907

**安庆市铜鑫商贸发展有限责任公司**
地址：安徽省安庆市玉虹街22号
负责人：裴全徐
Tel：13966606666

**蚌埠市中水机械设备租赁调剂有限公司**
地址：安徽省蚌埠市凤阳东路383号东方明珠西侧门楼三楼
负责人：朱俊贤
Tel：0552－3033777

## 庐江县长胜商贸有限公司

业务：厂家代理茶叶烟酒等
地址：安徽省巢湖市庐江县庐城镇文昌中路育才花园6栋103室
负责人：佘长胜　邮　编：231500
法　人：佘长胜
Tel：0565－7320072

## 庐江县德海商贸有限公司

业务：农副产品，百货，酒，饮料，食品
产品：洗涤产品，保健品，食品
地址：安徽省巢湖市庐江县文明南路51号一楼12号
负责人：姚德海　邮　编：231500
法　人：姚德海
Tel：0565－7335999
13956626588
Fax：0565－7320884

## 无为县铁山影剧院广场食品便利店、彩票投注站

业务：饮料、食品、零售，福利彩票销售
地址：安徽省巢湖市无为县铁山小区4－8号楼附4#门面
负责人：吴晓娟　邮　编：238300
法　人：吴晓娟
Tel：13865203068
Fax：0565－6328818

**蚌埠市创恒商贸有限公司**
地址：安徽省蚌埠市光彩大市场第5区10栋38－40号
负责人：王艳
Tel：13865019191

**蚌埠市未来经贸有限公司**
地址：安徽省蚌埠市国强路317号东珠大厦405室
负责人：杜跃
Tel：13605526822

## 桐城市富安百货有限责任公司

业务：桐城市富安百货有限责任公司成立于2003年，从事日用百货、洗涤用品、化妆品的商业贸易。公司奉行“规矩经商，真诚待客”的经商原则，竭诚欢迎广大厂商与我们建立关系。
地址：安徽省安庆市桐城市商城东路4弄1号
邮　编：231400
法　人：方新伟
Tel：0556－6200448
Fax：0556－6210448

## 圣大保罗皮具专卖店（池州店）

业务：经营箱包、皮具
地址：安徽省池州市秋浦中路139号（保安大厦对面）
负责人：程志坚　邮　编：247100
法　人：程志坚
Tel：0566－2028608

## 凤阳县府城诚威汽车租赁服务部

业务：收售二手轿车，汽车租赁，二手车中介
地址：安徽省滁州市凤阳县府城东环路82号
负责人：王胜利　邮　编：233100
法　人：王胜利
Tel：15955065238
0550－6366010

## 永大工贸有限公司

业务：蚌埠市永大工贸有限公司是皖北地区面向全省的一家以经营电梯及机电设备为主的公司。主要从事电梯销售、安装、改造、维修，低压控制柜制作，办公设备、机电产品、电梯配件、中央空调的销售。
地址：安徽省蚌埠市淮河路643号东福弘业商务广场16楼
邮　编：233000
法　人：程树平
Mobile：13955246622
13905522325
Fax：0552－2064622

**安徽君诚工贸有限公司**
地址：安徽省蚌埠市淮河路天桥商务写字楼510号
负责人：杜涛
Tel：13855289022

## 阜阳市宏翔商贸有限公司

业务：经营节能环保产品
产品：欧派爱家太阳能、沐阳太阳能、同济科技太阳能、艾波特净水器
地址：安徽省阜阳开发区财富名都17幢110号
负责人：何友明　邮　编：236033
法　人：胡立军
Tel：13956799044
0558－2608188

## 临泉县源之泉汽车租赁有限公司

业务：专业的汽车租赁企业，经营租赁车辆种类齐全，并有多种租赁方式供客户选择。包括长租短包、宾馆迎送、婚礼配车等全方位的服务。期待与您真诚合作！
产品：客车、轿车、旅游车租赁
地址：安徽省阜阳市临泉县城关镇城中南路
负责人：王榛　邮　编：236400
法　人：王榛
Tel：0558－6531003
13805670201
Fax：0558－6531003

## 安徽京龙商贸有限公司

业务：主营预包装食品、日用百货、服装、家电、五金电料等，我们将本着以人为本、诚信服务的经营理念，以优质的产品、优良的服务，恭候您的光临！
产品：代理黑牛系列、光明系列、金鸽瓜子系列、九珍系列、海新系列、完达山系列、诚实人面系列
地址：安徽省阜阳市临泉县城关镇光明南路汽车南站北50米
负责人：郭景龙　邮　编：236400
法　人：郭景龙
Tel：0558－6520777
Fax：0558－6533549
网址：www.51zzt.com/user/zzt3584

**蚌埠市腾飞钢模租赁站**
地址：安徽省蚌埠市解放巷90号
负责人：李大涛
Tel：0552－3027138

**蚌埠市昊天工贸有限公司**
地址：安徽省蚌埠市胜利西路155号（水泥制品厂院内）
负责人：郑凯
Tel：13905520004

## 临泉县源泉广告公司

业务：户外广告设计
地址：安徽省阜阳市临泉县城关镇人民西路39号
负责人：马敏　邮　编：236000
法　人：马敏
Tel：18955817121
0558－6514266

## 青年路丽影百货批发总店

业务：批零各种日用百货，酒店用品，主营啄木鸟等系列毛巾，绚亮康王，上海晶琳，雅特（洗发水）等系列化妆洗涤用品；宾馆，酒店，招待所，洗浴中心专用品，四件套牙具等。欢迎选购，价格特优。
地址：安徽省阜阳市青年路252号
负责人：尚丽娟　邮　编：236000
法　人：尚丽娟
Tel：0558－2290499

## 阜阳市精品水果商行

业务：代购、代销各类高中档精品水果、单位团购从优、专车配送
地址：安徽省阜阳市瑶海农产品批发市场
负责人：胡南京　邮　编：236000
法　人：胡南京
Tel：0558－2599903

## 安徽阜阳勇创商贸有限公司

业务：耐压钢瓶及配件，焊接材料器具及配件.各类建材，化工产品，各种工业气体，医用气体
地址：安徽省阜阳市颍东区河东办枣园邢庄
负责人：张勇　邮　编：236000
法　人：张勇
Tel：13855800720
18955895539
0558－2329889
E-mail：AHFYYCH@163.COM

**蚌埠市文达广告营销策划有限公司**
地址：安徽省蚌埠市体育路2号5栋2单元101室
负责人：张敬霞
Tel：13003019170

## 巢湖市东盛物资供应有限公司

业务：本公司创立于2006年，主要经营建材，化工产品，文具用品，五金交电，电子产品、电线电缆等。本着“质量唯先，信誉为本，互利为宗，追求卓越”的经营理念，竭诚欢迎新老客户光临惠顾！
地址：安徽省巢湖市东风路173号六楼
负责人：刘忠民……邮　编：238000
法　人：刘忠民
Tel：0565－2371135
Fax：0565－2613007
网址：www.chdswz.com
E-mail：dswz2008cn@163.com

**蚌埠市环达工贸有限公司**
地址：安徽省蚌埠市涂山路896号（淮河工贸公司内）
负责人：吕保明
Tel：0552－4096895

**利辛县利农科技有限公司**
地址：安徽省亳州市利辛县文州路
负责人：张亚辉
Tel：0558－8812553

**亳州市金凯商贸有限公司**
地址：安徽省亳州市谯城区桑园路86号
负责人：佟自愿
Tel：13909683654

## 亳州市惠民园区社区劳务服务有限公司

业务：工程车辆租赁、保洁服务、人力装卸车、打深水井等
地址：安徽省亳州市谯城区十八里镇园区社区
负责人：黄振宾　邮　编：236800
法　人：黄振宾
Tel：13856719088
13966504499
网址：http://www.51zzt.com/user/zzt36121

## 南湖通讯器材经营部

业务：专营通讯器材、鞋服，另承接油漆装璜工程
产品：手机、座机等各种通讯器材，啄木鸟品牌鞋服代理商
地址：安徽省合肥经济开发区南湖春城C段10号
负责人：杨圣忠　邮　编：230000
法　人：杨圣忠
Tel：15256065737
15156066657

## 合肥市卓人广告有限公司

业务：专业从事树脂发光字、LED灯箱及各类标牌设计、制作业务，拥有先进的设备和杰出的设计、制作的团队，确保客户获得优越的一站式解决方案。
产品：树脂发光字、LED灯箱、发光金字、银字、黑字及相关标识、标牌
地址：安徽省合肥市包河区铜陵南路6号
负责人：张少竟　邮　编：230000
法　人：张少竟
Tel：0551－4658786
15256000010
Fax：0551－4658786
E-mail：zhuoren－00001@163.com

**亳州市金鹰广告有限责任公司**
地址：安徽省亳州市汤王大道西侧C－1号楼
负责人：陈世界
Tel：13093356222

**亳州市新新实业有限公司**
地址：安徽省亳州市小刘庄南关福利院
负责人：李明新
Tel：13500598666

## 合肥森威工程造价咨询有限公司

业务：工程造价，招标、投标代理
地址：安徽省合肥市巢湖南路元一柏庄16幢203号
负责人：王少东　邮　编：230000
法　人：王少东
Tel：13505551551
15156033003

## 合肥市蜀山区青林图文工作室

业务：制作广告牌、LED发光字
地址：安徽省合肥市东至路与贵池路交叉口向东50米
负责人：李玉生　邮　编：230000
法　人：李玉生
Tel：13739233640
0551－5212632

## 肥东县花园物业服务有限公司

业务：物业管理
地址：安徽省合肥市肥东县店埠镇定光居委会河院居民组
负责人：杨昌友　邮　编：230001
法　人：杨昌友
Tel：13955150387
13956984248

## 含山县运漕德权修建队

业务：含山县运漕德权修建队主要承建土石方铁路工程。“诚信、优质、高效、创新”是我们一贯的经营理念。愿我们的努力，能为您的千秋伟业塑造辉煌的业绩！
地址：安徽省巢湖市含山县运漕镇小北门47号
邮　编：238100
法　人：施德权
Tel：0565－4362288

**巢湖市阳光人力资源有限公司**
地址：安徽省巢湖市半汤镇省工人温泉疗养院内
负责人：秦元生
Tel：13856567276

**合肥民意家政咨询服务有限责任公司**

业务:家政咨询服务
地址:安徽省合肥市肥西县上派镇巢湖中路食品小区2号202
负责人:夏明贵　邮　编:230001
法　人:夏明贵
Tel:13956021858
0551－8835050

**合肥市包河区扬名广告**

业务:广告
地址:安徽省合肥市淝河路778号
负责人:马家昌　邮　编:230000
法　人:马家昌
Tel:15855125897
0551－2178397

**安徽金陵工程造价咨询有限公司**

业务:工程造价咨询服务
地址:安徽省合肥市黄山中路389号金梦大厦701室
负责人:蔡永庆　邮　编:230000
法　人:蔡永庆
Tel:13505516959
13965110344

**民生房屋拆迁服务有限公司**

地址:安徽省巢湖市庐江县城关镇文明北路11号2幢202室
负责人:袁德生
Tel:0565－7321346
13865219818

**庐江县大地广告有限责任公司**

地址:安徽省巢湖市庐江县庐城镇方店村
负责人:周玉龙
Tel:13865531868

**合肥德悦商贸有限公司**

业务:五金机电、工具、电子电器原气件、机电机械设备及配件,橡塑、橡胶制品,气动液压设备及配件的销售
产品:五金机电、工具、电子电器原气件、机电机械设备及配件,橡塑、橡胶制品,气动液压设备及配件
地址:安徽省合肥市庐阳区合瓦路203号梅桂苑小区2幢102室
负责人:陈德民　邮　编:230001
法　人:陈德民
Tel:13956983468
0551－5557450
Fax:0551－5557450

**明祥电器维修服务部**

业务:空调销售,空调、冰箱、洗衣机等其它小电器维修
地址:安徽省合肥市蒙城北路梧桐家园3幢102
负责人:方艳锦　邮　编:230041
法　人:方艳锦
Tel:13956923316
0551－5555642

**安徽海天资产代理中心**

地址:安徽省池州市东至县尧渡镇建设路
负责人:郑惠萍
Tel:0566－7020600

**安徽省一通皮具贸易有限公司**

业务:主营皮具、鞋、箱、包、服装的综合性贸易公司,现旗下拥有美国骆驼休闲鞋及皮具、木林森商务休闲鞋及皮具、德国动感骆驼皮具鞋系列以及乖乖童鞋的安徽总代理。公司成立八年来,以卓越的产品、优质的服务,真诚回报每一位客户!
产品:木林森休闲鞋及皮具、美国骆驼休闲鞋及皮具、德国动感骆驼皮具系列等
地址:安徽省合肥市胜利路光大国际B座13楼
负责人:蔡忠厚　邮　编:230011
法　人:蔡忠贤
Tel:0551－4241333
4246333
Fax:0551－4688176
网址:www.ahytpj.com
E-mail:hdmls_02@163.com

**池州市天顺工贸有限责任公司**

地址:安徽省池州市经济技术开发区(金安工业园)
负责人:汪琳
Tel:13335666654

**和达商贸有限责任公司**

地址:安徽省滁州市定远县城西南门长青路44号
负责人:胡仁翠
Tel:0550－4282352
13909604003

**安徽鸿运实业发展有限公司**

业务:公司始建于1997年6月,公司现下辖房地产开发公司、休闲娱乐公司、水产养殖与特种水产苗种繁育场、水产品加工厂、水产品批发与营销公司等五大子公司,涉及水产、流通、休闲娱乐及房地产等行业。鸿运始终遵循"质量第一、用户至上、诚实守信"的原则,严把生产质量关,为社会提供优质 安全水产品。
地址:安徽省巢湖市无为县无城新区襄安路
负责人:吴运动……邮　编:238300
法　人:吴运动
Tel:0565－2516222
Fax:0565－2516258
网址:www.ahhysy.com

**安徽省诺泰劳务有限公司**

业务:劳务承包、土石方工程等建筑活动的承包
地址:安徽省合肥市蜀山区官亭路140号旺城大厦综合楼1013室
负责人:吕中明　邮　编:230001
法　人:吕中明
Tel:13956030661

**合肥市蜀山区亚星百货商店**

业务:百货销售
地址:安徽省合肥市蜀山区新产业园公交二保场宿舍2幢102室
负责人:梁秀奇　邮　编:230000
法　人:梁秀奇
Tel:13695601853
0551－5357494

**滁州安能工贸有限公司**

地址:安徽省滁州市琅琊区凤阳路363号
负责人:朱芳芳
Tel:0550－3074988

**滁州中发工贸有限公司**

地址:安徽省滁州市琅琊区经济技术开发区(花山路以北、新安路以西)
负责人:吕忠发
Tel:0550－3972388

**安徽省阜南继刚商贸有限责任公司**

地址:安徽省阜阳市阜南县城关镇地城南路166号
负责人:申继刚
Tel:0558－6716504
13805685899

**阜阳市甲申生活服务社**

地址:安徽省阜阳市清河路706号
负责人:牛肖红
Tel:0558－2198172

**合肥新站区大江百货商行**

业务:樱花厨具安徽总代理,塑料类、百货、日用品及不锈钢产品批发、零售及超市配送为一体
地址:安徽省合肥市新站区安徽大市场精品塑铝城五期24号
负责人:魏江　邮　编:230000
法　人:魏江
Tel:13500507825
0551－4224344
2339770
Fax:0551－2339770

**合肥中博展览有限公司**

业务:展览、策划
地址:安徽省合肥新站区胜利路万事达广场5幢701号
负责人:王广鲁　邮　编:230001
法　人:王广鲁
Tel:15212790699
0551－2108989

**淮南市荣信商贸有限公司**

业务:本公司是一家综合型的贸易公司,专业从事化工产品、日用百货、土产日杂、办公用品的销售业务。我们始于客户需求,终于客户满意,期待与您真诚合作!
产品:建材、五金电器、工矿配件、橡塑制品及机电设备的销售及检修,代理产品包括上海金狮牌电工套管、上海明国牌给水管、江苏溧阳行通牌排水管等
地址:安徽省淮南市田家庵区淮建路2栋2号
负责人:葛垒　邮　编:232000
法　人:葛垒
Tel:0554－3631578
13855408868
Fax:0554－3631578

**南谯抗旱服务中心**

业务:南谯抗旱服务中心成立于1995年,主要从事于农田灌溉。
地址:安徽省滁州市琅琊区南谯北路45号
负责人:张官德……邮　编:239000
法　人:张官德
Tel:0550－3114290
网址:www.mtw28940.chinapyp.com

**安徽省阜阳市丰大物资有限公司**

地址:安徽省阜阳市沙河南路大转盘北50米钢材市场
负责人:韩建
Tel:0558－2211766
13966589966

**阮桥北头加油站**

地址:安徽省阜阳市太和县阮桥镇北头
负责人:许天平
Tel:0558－8433993
13965712220

**太和县新大桥南百货部**

地址:安徽省阜阳市太和县新大桥南
负责人:李霞彩
Tel:0558－8635363
13966599171

**全椒县土肥科技服务咨询部**

业务:土肥科技咨询,为农业生产服务和科技推广服务所需的农业生产资料有偿销售,三杂种子等销售。
地址:安徽省滁州市全椒县吴敬梓路83号
负责人:经祖林……邮　编:239500
法　人:经祖林
Tel:0550－5018810
Fax:0550－5024911
网址:www.mtw26616.chinapyp.com

**黄山市黄山区迎春自选批发部**

业务:日用品,化妆品,食品批发零售
地址:安徽省黄山市黄山区平湖西路六角楼车站
负责人:翟海霞　邮　编:242700
法　人:翟海霞
Tel:13955984352
0559－8531950

**祁门县永健商贸**

业务:古井贡酒、古井特曲
地址:安徽省黄山市祁门县朝阳花园6号(601、602店面)
负责人:黄永健　邮　编:245601
法　人:黄永健
Tel:13956279329
0559－2212196

**歙县强生婴泳王子游泳馆**

业务:0－12个月的婴儿游泳,0－2岁的婴儿洗澡.零售:各种婴儿用品,名牌奶粉,妇婴儿用品.
地址:安徽省黄山市歙县徽城镇富资小区7幢03号
负责人:肖圆　邮　编:245200
法　人:肖圆
Tel:15056689364

**安徽省霍邱县安达劳务服务有限公司**

业务:劳务派遣、职业中介
地址:安徽省六安市霍邱县岔路镇周店街道
负责人:姚文胜　邮　编:237006
法　人:姚文胜
Tel:0564－6545488

**青马工贸有限责任公司**

业务:青马工贸有限责任公司成立于2003年,主要生产氧化钙、氧化镁等产品。"诚信经营,信誉第一",热诚欢迎广大新老客户惠顾,共同合作。
地址:安徽省池州市青阳县蓉城镇花园村
邮　编:242800
法　人:钱开元
Tel:0566－5180346
Fax:0566－5180346

**常春商贸有限公司**

地址:安徽省阜阳市临泉县光明南路21号
负责人:梁子新
Tel:0558－6528378
13909674388

**临泉县滑集新建加油站**

地址:安徽省阜阳市临泉县滑集南街新建加油站
负责人:杨玉前
Tel:0558－6591809
13965736282

**霍邱县胡氏商贸有限公司**

业务:批发食品、日用品
产品:南山豆奶粉县级代理、寿县楚井坊总代理
地址:安徽省六安市霍邱县城关镇牌坊村
负责人:胡前贵　邮　编:237400
法　人:胡前贵
Tel:0564－6070607
13637271633

**霍邱县浩成商贸有限公司**

业务:五金交电、矿山机械、民用建材的销售
产品:五金交电、矿山机械、民用建材
地址:安徽省六安市霍邱县河口镇长周路街道
负责人:崔浩　邮　编:237006
法　人:崔浩
Tel:0564－6745999

**颍东华丰超市**

地址:安徽省阜阳市涡阳路293号
负责人:李常学
Tel:0558－2320829
13956795827

**阜阳市鑫辉商贸有限公司**

地址:安徽省阜阳市颍东区颍河东路胡桥90号
负责人:张兴能
Tel:13855553186

**颍上县腾飞广告有限责任公司**

地址:安徽省阜阳市颍上县解放南路31号广播电视服务公司
负责人:唐国辉
Tel:0558－4436800

**霍邱县迪运工贸有限公司**

业务:建材的销售
地址:安徽省六安市霍邱县马店镇街道
负责人:席文军　邮　编:237400
法　人:席文军
Tel:13365683333
0564－6943333

**六安钟基商贸有限公司**

业务:主营烟酒.食品.饮料.百货.日杂销售,兼营:量贩式KTV、飙歌城的综合贸易公司,我们始于客户需求,终于客户满意,致力为客户提供最优质的产品和最满意的服务!
地址:烟酒、食品、饮料、百货、日杂销售;量贩式KTV、飙歌城
地址:安徽省六安市淠河路北塔公园西侧1号楼
负责人:张纯洁　邮　编:237009
法　人:孙磊
Tel:0564－3286429
Fax:0564－3286429
E-mail:zhang602007@qq.com

**当涂县武贤水产经营部**

业务:龙虾,黄鳝,鲑鱼,老鳖等淡水鱼系列批发
地址:安徽省马鞍山市当涂县大陇乡孙赵村
负责人:孙武贤　邮　编:243000
法　人:孙武贤
Tel:0555－6271915
13705557280

**安徽省阜阳市新蓝天安全技术咨询服务有限公司**

地址:安徽省阜阳市颍州区清河路356号
负责人:张逢广
Tel:0558－2189539

**安徽顺达科技咨询有限公司**

地址:安徽省阜阳市颍州区桃园新村103号
负责人:吴雪玲
Tel:13505583996

**马鞍山市环鸿贸易有限公司**

业务:回转支承系列,管道系列,金属制品,机械加工,环保产品,耐火材料,劳保用品
产品:回转支承系列,管道系列,金属制品,机械加工,环保产品,耐火材料,劳保用品
地址:安徽省马鞍山市金家庄区慈湖乡昭明村联合西路(南)
负责人:齐支余　邮　编:243000
法　人:齐支余
Tel:0555－3504178
15555511957
Fax:0555－3504178
E-mail:qmloveqm@tom.com

**圣大保罗皮具专卖店(桐城店)**

业务:经营箱包、皮具
地址:安徽省桐城市羊子路105号(世纪华联隔壁)
负责人:程志坚　邮　编:231400
法　人:程志坚
Tel:0556－6136389

**铜陵四方测绘有限公司**

业务:测绘、作图
地址:安徽省铜陵市铜官山区义安北路华诚会计师事务所
负责人:黄先生　邮　编:244000
法　人:黄志国
Tel:0562－2816540

**诚信日化百货经销部**

地址:安徽省合肥市安徽大市场六区1436－1437号
负责人:赵春立
Tel:0551－4248634
13003056323

**皖阜南县文化广告有限公司**

业务:皖阜南县文化广告有限公司成立于1997年,位于阜阳市阜南县城关镇三塔路,交通十分便利。本公司专业从事户外广告设计、制作、发布。本公司恪守"质量第一、客户至上"的宗旨,致力于为客户提供满意的产品和服务。
地址:安徽省阜阳市阜南县城关镇三塔路
邮　编:236300
法　人:王文化

Tel：0558－6718541
Fax：0558－6718541

**铜陵银湖拍卖有限责任公司**
业务：国家行政、司法机关罚没判决物资的拍卖，企、事业单位、个人委托的生产、生活资料、房地产、土地使用权、工艺品、知识产权的拍卖。
地址：安徽省铜陵市铜陵县五松镇观湖大道1号银湖宾馆六楼
负责人：胡敬平　邮　编：244100
法　人：胡敬平
Tel：13856262507
0562－8826766
Fax：0562－8826082
E-mail：hoowea@qq.com

**合肥山脉广告设计有限公司**
地址：安徽省合肥市包河区常青镇卫岗村3幢104号
负责人：王定富
Tel：13955103569

**合肥福凯贸易有限公司**
地址：安徽省合肥市包河区金寨路128号1号楼
负责人：彭晓武
Tel：13075590728

**铜陵县顺安镇家有喜事喜糖铺子**
业务：贸易
地址：安徽省铜陵市新苑一区11幢202号
负责人：孙涛　邮　编：244000
法　人：孙涛
Tel：13645621228
13305626627

**安徽友杰工贸有限责任公司**
地址：安徽省合肥市包河区骆岗镇老官塘村1幢
负责人：胡军
Tel：13955145956

**诚信房地产中介服务有限公司**
业务：诚信房地产中介服务有限公司成立于2003年，是一家由工商局和市建设局批准建立的市级房地产中介机构，为购房户提供房地产政策咨询，房地产价格评估，房地产经纪中介服务等综合性服务项目。
地址：安徽省阜阳市颍上县中心东路
邮　编：236200
法　人：杨忠
Tel：0558－4416909
Fax：0558－4430101

**合肥景华宝韵广告传播有限公司**
地址：安徽省合肥市包河区马鞍山路香榭里花园7幢401室
负责人：张彬
Tel：0551－4663990

**安徽银泉商贸有限公司**
地址：安徽省合肥市包河区美菱大道148号银杏苑37号204室
负责人：孙绍文
Tel：0551－3436421

**合肥石华贸易有限公司**
地址：安徽省合肥市包河区美菱大道370号
负责人：石在岗
Tel：13605514104

**安徽省肥东县八斗供销合作社联合社**
业务：安徽省肥东县八斗供销合作社联合社主要从事糖烟酒、农副产品、日用百货、五金交电、家电、服装鞋帽、农业生产资料的批发、零售，信誉第一、客户至上，热忱欢迎新老客户光临惠顾。
地址：安徽省合肥市肥东县八斗镇八斗供销社
负责人：任远华　邮　编：231624
法　人：任远华
Tel：0551－7886142

**合肥百大合家福连锁超市有限责任公司七桂塘店**
地址：安徽省合肥市包河区三孝口七桂塘菜市二楼
负责人：武义平
Tel：0551－3453866

**合肥瑞尊工贸有限公司**
地址：安徽省合肥市包河区屯溪路306号金安大厦401室
负责人：唐浩
Tel：13866111177

**合肥安欣广告有限公司**
地址：安徽省合肥市包河区望江东路56号中铁大酒店内
负责人：荣骅
Tel：13955167780

**合肥世柱商贸有限公司**
业务：合肥世柱商贸有限公司成立于2006年，主要从事建筑材料、装饰材料的销售。"质量保证，价格合理"，竭诚欢迎广大新老客户的光临与惠顾！
地址：安徽省合肥市肥西县紫蓬镇农兴街道
负责人：陈明智　邮　编：231201
法　人：陈明智
Tel：0551－8581669

**安徽苏富尔拍卖有限公司**
地址：安徽省合肥市包河区宣城路63号18楼
负责人：彭科铭
Tel：0551－7124990

**安徽省国登工贸有限公司**
地址：安徽省合肥市漕冲批发市场恢复楼2幢506号
负责人：张正梅
Tel：13505695212

**合肥蓝星机电技术服务部**
业务：合肥蓝星机电技术服务部主要产品有电镀、电泳、电解等整流电源，软起动电源，各类变压器等。产品质量可靠，热诚欢迎广大客户来电来人洽谈业务！
地址：安徽省合肥市屯溪路193号合肥工业大学印刷厂内
负责人：陆国华　邮　编：230009
法　人：陆国华
Mobile：13805514682

**合肥禾牧日用品商行**
地址：安徽省合肥市长丰路翡翠园17栋103室
负责人：周琼
Tel：0551－5151893

**长丰县庐州工贸有限公司**
地址：安徽省合肥市长丰县双凤工业区
负责人：樊科
Tel：13805603566

**合肥市康嘉工程咨询有限公司**
地址：安徽省合肥市长江西路669号G－1楼301室
负责人：于娜
Tel：13966759229

**合肥科人广告文化传播有限公司**
业务：合肥科人广告文化传播有限公司成立于1995年，承接室内户外广告，礼品及展览广告策划
地址：安徽省合肥市新站区临泉路与当涂路交叉口晨辉大厦17层
负责人：卢存霞　邮　编：230011
法　人：卢存霞
Tel：0551－2614098
网址：mtw25728

**合肥邦合诚科贸有限公司**
地址：安徽省合肥市翠竹园西村11幢102室
负责人：赵滨
Tel：13003061995

**合肥荣飞工贸有限公司**
地址：安徽省合肥市肥东县店埠镇公园路
负责人：陈晓飞
Tel：13906662485

**合肥枫琴工贸有限公司**
地址：安徽省合肥市肥东县店埠镇合蚌路39号
负责人：丁晓勤
Tel：0551－7710182

**淮北神力工贸有限责任公司**
业务：淮北神力工贸有限责任公司成立于2002年，主要销售机电产品、煤炭。欢迎新老客户惠顾。
地址：安徽省淮北市相山路41号
邮　编：235000
法　人：赵振宇
Tel：0561－4953003
Fax：0561－3896222

**合肥联杰工贸有限公司**
地址：安徽省合肥市肥东县店埠镇龙泉东路
负责人：万长江
Tel：0551－7715718

**安徽安松工贸有限公司**
地址：安徽省合肥市肥东县龙塘工业园
负责人：虞松如
Tel：13905695291

**淮南市兴农商贸有限公司**
业务：我公司从事建材、农机配件及矿山机械等产品销售、我们将以高品位的质量，良好的服务，优惠的价格及时为您提供所需产品、欢迎来电洽谈。
地址：安徽省淮南市毛集实验区毛集镇梁庵村
负责人：姚海同　邮　编：232180
Tel：0554－8271838

**肥西县为民劳务服务有限责任公司**
地址：安徽省合肥市肥西县烟墩乡四十井街道
负责人：黄春波
Tel：13053062434

**合肥晓钮商贸有限公司**
地址：安徽省合肥市高新区J－7地块电建小区7－302室
负责人：张焱
Tel：13955194777

**安徽金登贸易有限公司**
业务：安徽金登贸易有限公司是一家服务型贸易公司，我们负责客户的鞋类订单从下单，跟单，验货以及装船出货等一系列周到的服务。
地址：安徽省六安市舒城县体育委员会
负责人：吴轩　邮　编：231300
法　人：吴轩
Tel：0564－8625128

**合肥拓荣贸易有限公司**
地址：安徽省合肥市高新区香格里拉广场商务公寓715室
负责人：王俊
Tel：13855188297

**安徽省互利贸易有限公司**
地址：安徽省合肥市金寨路128号1号楼
负责人：李印彬
Tel：0551－7722718

**安徽一品展览服务有限公司**
地址：安徽省合肥市经济技术开发区翠微路北丽景碧雅澄江阁204室
负责人：裴文陵
Tel：13855163320

**安徽省金海运商务咨询有限公司**
地址：安徽省合肥市经济技术开发区明珠广场公寓楼3－603室
负责人：沈家文
Tel：13956094922

**怡春堂餐饮养生文化传播有限公司**
地址：安徽省合肥市临泉路长春都市豪廷北楼C座902室（胜利广场前）
负责人：王利
Tel：0551－4242121
13866780296

**合肥新站区千百依超市**
地址：安徽省合肥市临泉路橘郡万绿园H7－101门面
负责人：王伟
Tel：0551－4450414

**久盟商贸有限公司**
地址：安徽省合肥市六安路14号长安大厦710室
负责人：朱传清
Tel：0551－2642319
13505515025

**高联文化传播有限公司**
地址：安徽省合肥市六安路99号新华大厦2002室
负责人：许义高
Tel：0551－2168872
13505696019

**合肥市弗兰德商贸有限公司**
地址：安徽省合肥市庐阳区长江路158号华都大厦
负责人：卞真福
Tel：13805694859

**繁昌县建达工贸有限责任公司**
业务：土石方、劳保、砂石、机械租赁
产品：办公用品
地址：安徽省芜湖市繁昌县新港镇车站路
负责人：蔡明春　邮　编：241000
法　人：蔡明春
Tel：13955354444
0553－7331222
网址：http://www.51zzt.com/user/zzt36425

**南陵县诚昊贸易有限公司**
业务：销售电线电缆、排水管道、建筑材料、五金等产品
产品：电线电缆、排水管道、建筑材料、五金
地址：安徽省芜湖市南陵县弋江镇五班街
负责人：闻金贵　邮　编：241000
法　人：闻金贵
Tel：0553－2360799
Fax：0553－2360799

**马鞍山市当涂县创意广告有限责任公司**
业务：本公司成立于2006年，主要从事大型喷绘、吸塑、户外墙体广告、标牌制作、企业形象品牌营销、宣传与策划、大型商务、文化活动的策划与实施。
地址：安徽省马鞍山市当涂县提署东路（建委旁）
负责人：徐亮　邮　编：243100
法　人：徐亮
Mobile：13095553908
13605559520

**马鞍山市裕旭工贸有限公司**
业务：马鞍山市裕旭工贸有限公司成立于1999年，主要从事金属制品，空压机气缸，铸铁件等。我们的服务宗旨是"质量第一，信誉至上"，欢迎各方客户惠顾！
地址：安徽省马鞍山市花山区霍里镇冯庄村
邮　编：243000
法　人：谢德玉
Tel：0555－2751830
Fax：0555－2751879

**安徽金盛实业有限公司**
业务：安徽金盛实业有限公司成立于2002年，从事办公教学用具、图书档案装具的生产及销售。热诚欢迎国内外各大商家、厂家来样开发加工、选样定购、洽谈业务！
地址：安徽省桐城市白马居委会
邮　编：31440
法　人：赵海兵
Tel：0556－6562588
Fax：0556－6562999
网址：www.jssy999.cn

**铜陵市四海食品商贸有限责任公司**
业务：我公司创立于2003年，主要从事食品、副食品、烟、酒、糖、土产品、炒货、文化用品、日用百货、劳保用品、五金制品、家用电器、建材、化工产品销售。我们将真诚与您携手共进，开创新的未来！
地址：安徽省铜陵市世界花园19幢103
负责人：沈伯平　邮　编：244000
法　人：沈伯平
Tel：0562－2603563

**合肥市雷禹商贸有限责任公司**
地址：安徽省合肥市庐阳区阜南路32号
负责人：杜嘉玮
Tel：0551－4249501

**合肥市絮飞商贸有限公司**
地址：安徽省合肥市庐阳区阜阳北路杏林南村综合楼2幢404室
负责人：王增飞
Tel：13359010152

**安徽省诗源贸易有限公司**
地址：安徽省合肥市庐阳区淮河路340号
负责人：付艳秋
Tel：0551－2169838

**安徽顺合贸易有限公司**
地址：安徽省合肥市庐阳区六安路14#长安大厦
负责人：雷明
Tel：13855406853

**宏兴灯箱标牌装饰部**
地址：安徽省合肥市庐阳区六安路95号
负责人：储昭权
Tel：0551－2624320
13866197218

**安徽凯源特商贸有限公司**
地址：安徽省合肥市庐阳区六安路99号新华大厦704室
负责人：曹春艳
Tel：13856978442

**合肥佳诺商贸有限公司**
地址：安徽省合肥市庐阳区蒙城路73号4号楼
负责人：陈建文
Tel：13855173075

**合肥市雅文清洗保洁有限公司**
地址：安徽省合肥市庐阳区双岗村7号7幢404室
负责人：周跃梅
Tel：13865924500

**合肥市黎福鹰信息服务有限公司**
地址：安徽省合肥市庐阳区宿州路95号
负责人：李渝生
Tel：0551－2613003

**安徽博智营销策划有限公司**
地址：安徽省合肥市庐阳区濉溪路142号深圳花园4号楼101室
负责人：刘胜华
Tel：13705512169

**安徽泽霖广告有限公司**
地址：安徽省合肥市庐阳区濉溪路1号金龙大厦
负责人：李玮
Tel：13866160704

**合肥梦得商贸有限公司白水坝店**
地址：安徽省合肥市庐阳区濉溪路21号
负责人：李红波
Tel：0551－5608956

**安徽皖美广告装饰工程有限责任公司**
业务：安徽皖美广告装饰工程有限责任公司成立于2003年，从事建筑室内外装修、装饰；住宅装饰；店面、门面装饰、设计、施工；大型霓虹灯制、厂；国内各类广告代理、发布等。欢迎来电垂询！
地址：安徽省铜陵市义安北路金龙大厦5楼
邮　编：244000
法　人：聂明友
Tel：0562－2827068
Fax：0562－2856068

**繁昌县平铺竹木柴炭经营部**
业务：繁昌县平铺竹木柴炭经营部自成立5年多以来，一直从事木炭、竹炭、木托盘的加工销售。质量保证，价格合理，热诚欢迎新老客户惠顾。
地址：安徽省芜湖市繁昌县平铺镇寒塘村
邮　编：231209
法　人：王寿金
Tel：0553－7116084
Fax：0553－7116084

**安徽锦中工贸有限公司**
业务：安徽锦中工贸有限公司成立于2004年3月份，引进外资5000万元筹建的股份制民营企业，座落于安徽省郎溪县水鸣工业经济开发区，交通便利，地理位置优越。主要从事农贸、饲料、大米、油脂加工、加工鲜山芋、山芋淀粉、精制粉丝和万头商品猪示范养殖。
地址：安徽省宣城市郎溪县十字镇水鸣工业园宁芜路88号
邮　编：242131
法　人：王玉才
Tel：0563－7922666
7923333
Fax：0563－7922888
网址：www.xcjz.chinapyp.com

**合肥市宏隆商贸有限公司**
地址：安徽省合肥市庐阳区濉溪路278号财富广场写字楼22层03室
负责人：陈文清
Tel：13705609337

**安徽卓兴科贸有限公司**
地址：安徽省合肥市庐阳区沿河路222号柏景湾叠翠轩可苑路3号商铺
负责人：赵炜
Tel：13956063560

**安徽润地工贸有限公司**

地址：安徽省合肥市美菱大道312号东二楼
负责人：邱学利
Tel：0551－4678388

**合肥市凯龙工贸有限公司**
地址：安徽省合肥市宁国路116号203室
负责人：林明章
Tel：13905515880

**阜阳市东岳百货有限责任公司人民路分公司**
业务：百货销售
地址：安徽省阜阳市颍泉区人民东路79＃春益苑1＃商住楼M20
负责人：杨洪伟 邮编：236033
法人：杨洪伟
Tel：13705582929
0558－2593554

**颍上县和平家电制冷设备维修中心**
业务：制冷设备维修服务
地址：安徽省阜阳市颍上县谢桥镇刘桥商贸城
负责人：郭德平 邮编：236033
法人：郭德平
Tel：13965555534
0558－4281438

**阜阳市友谊丝印中心**
业务：丝印，广告业务
地址：安徽省阜阳市颍州区阜信大街
负责人：孙士清 邮编：236000
法人：孙士清
Tel：0558－2290617

**安徽金光广告装饰有限公司**
地址：安徽省合肥市七里塘镇站塘村民主组1幢
负责人：沈光华
Tel：13329017658

**安徽联顺商贸有限公司**
地址：安徽省合肥市荣事达大道465号金鸟花园14幢108室
负责人：刘广发
Tel：13305690762

**安徽熙茄商贸有限公司**
地址：安徽省合肥市蜀山区长江西路306号和信大厦B座308室
负责人：李文娟
Tel：13955155449

**合肥浙达工贸有限公司**
地址：安徽省合肥市蜀山区长江西路888号7幢106号
负责人：王运章
Tel：13956055649

**南极洲标牌制作部**
地址：安徽省合肥市蜀山区稻香楼宾馆对面金寨路289号
负责人：江东
Tel：0551－3645737
13856076319

**辉煌除四害消杀技术服务部**
地址：安徽省合肥市蜀山区肥西路16号
负责人：周先春
Tel：13605693005

**合肥博安贸易有限公司**
地址：安徽省合肥市蜀山区翡翠园26幢308室
负责人：庞高明
Tel：13909697828

**安徽风之星友谊贸易有限公司**
地址：安徽省合肥市蜀山区合作化南路32号
负责人：赵昕
Tel：0551－3522296

**安徽省西科商贸有限公司**
地址：安徽省合肥市蜀山区黄山路景色家园117室
地址：郑晓廷
Tel：13909697560

**安徽瑞特商贸有限公司**
地址：安徽省合肥市蜀山区金寨路黄金广场2幢601室
负责人：杨忠华
Tel：13905639818

**合肥文和工贸有限公司**
地址：安徽省合肥市蜀山区望江路34号3村9幢305室
负责人：郑萍
Tel：0551－3630141

**合肥金钥匙广告有限公司**
地址：安徽省合肥市蜀山区望江西路口
负责人：司宜凡
Tel：13155146466

**合肥嵘吉商贸有限公司**
地址：安徽省合肥市濉溪路310号1幢
负责人：乔秉珍
Tel：13855141698

**合肥鹏润广告有限公司**
地址：安徽省合肥市铜陵北路铁路生活小区16幢106室
负责人：侯方
Tel：13205510572

**凌超百货自选商场**
地址：安徽省合肥市望江路曙宏新村15幢106室

负责人：马云
Tel：0551－3646198
13905695149

**合肥市蜀山区金都美术装潢部**
地址：安徽省合肥市西市区镇溪路3号
负责人：向万金
Tel：13505612159

**合肥摩尔工贸有限公司**
地址：安徽省合肥市新站区凯旋大院2＃303室
负责人：丁芝胜
Tel：0551－4232168

**合肥新站世纪联华超市有限公司**
地址：安徽省合肥市新站区濉溪东路嘉山路交口东北角
负责人：张琳琳
Tel：13505510585

**合肥金越广告装饰有限公司**
地址：安徽省合肥市新站区五州商城A区4号楼502室
负责人：赵世界
Tel：13013092881

**安徽省创之都信息服务有限公司**
地址：安徽省合肥市瑶海区长江东路596号2栋103室
负责人：赵兰好
Tel：0551－4459465

**湖北兴城工程招标代理有限公司合肥分公司**
地址：安徽省合肥市瑶海区长江东路填海巷9号楼
负责人：周利安
Tel：0551－4693178

**合肥金摇篮商贸有限公司**
地址：安徽省合肥市瑶海区城东乡隆岗村王后1幢
负责人：王红旗
Tel：13955128339

**芜湖市海纳传媒文化有限公司**
业务：设计制作，发布广告，楼盘策划，会展，媒体
地址：安徽省芜湖市中山路步行街金鼎大厦金瑞阁802室
负责人：唐海陵 邮编：241000
法人：唐海陵
Tel：13955303007
18905535100
15905538185

**宣城市安宣民用爆破服务有限公司**
业务：爆破服务
地址：安徽省宣城经济技术开发区莲西中心村
负责人：陈学平 邮编：242000
法人：陈学平
Tel：13856302626
0563－2625099

**安徽省绩溪县高峰广告传播有限公司**
业务：LED吸塑，显示屏广告，设计制作，发布国类各类户外广告及网络，电视广告
产品：广告制作，亮化工程，VI策划设计，平面广告，路牌
地址：安徽省宣城市绩溪县华阳镇体育场路6号
负责人：唐女士 邮编：245300
法人：赵高锋
Tel：0563－8155686
E-mail：zhaogaofeng3333@163.com

**宣城市汉宁物资有限责任公司**
业务：钢材、波纹管的销售
地址：安徽省宣城市区济川五里桥
负责人：肖宁 邮编：242000
法人：肖宁
Tel：13705634701
0563－2109678

**安徽运通工贸有限公司**
地址：安徽省合肥市瑶海区合钢二厂区19幢402室
负责人：查大华
Tel：13856911077

**安徽非凡广告制作有限公司**
地址：安徽省合肥市瑶海区合裕路红光新村9号楼102、202室
负责人：张明红
Tel：0551－2166366

**合肥同发建筑劳务有限公司**
地址：安徽省合肥市瑶海区明光路420号榴园小区1幢203室
负责人：刘学伦
Tel：0551－5619029

**合肥市鸿泰房屋拆除有限公司**
地址：安徽省合肥市瑶海区明光路48号东方商城北区B140号
负责人：罗朝红
Tel：0551－4695532

**合肥铁达贸易有限公司**
地址：安徽省合肥市瑶海区三里街东苑新村19号
负责人：王华强
Tel：13805513221

**合肥市李贤商贸有限公司**
地址：安徽省合肥市瑶海区张洼路191号
负责人：范贤博
Tel：0551－4281095

**合肥三阳科贸有限公司**
地址：安徽省合肥市站前西路1号宝文（国际）装饰广场4幢
负责人：王平
Tel：13505510517

**淮北市金业物贸有限公司**
地址：安徽省淮北市东山路24号
负责人：赵静
Tel：0561－4954699

**淮北市龙腾物贸有限公司**
地址：安徽省淮北市花园路16号五幢
负责人：卜懿
Tel：0561－3052155

**顺天工贸有限责任公司**
地址：安徽省淮北市惠黎东路298号
负责人：丁怀海
Tel：0561－3051350
13965895588

**淮北市天图装饰有限公司**
地址：安徽省淮北市惠黎路106号
负责人：何超
Tel：0561－3883765

**经典广告装潢有限责任公司**
地址：安徽省淮北市惠黎中路219号制药厂2楼
负责人：吕士鸿
Tel：0561－2127107
13030619555

**淮北宝恒工贸有限责任公司**
地址：安徽省淮北市食品公司朱庄中心商店院内
负责人：张守武
Tel：13705612947

**淮北恒顺泽业商贸中心**
地址：安徽省淮北市温哥华城81栋204室
负责人：衞飞
Tel：0561－3326853

**淮北相煤技术咨询服务有限责任公司**
地址：安徽省淮北市相山区孟山路B2－76幢304室
负责人：黄洪志
Tel：13014043361

**淮北嘉华商贸有限责任公司**
地址：安徽省淮北市相阳路西侧（相山区公安分局对面）
负责人：任启道
Tel：0561－2120999

**奥盛商贸有限责任公司**
地址：安徽省淮南市八公山区紫金山庄
负责人：张学中
Tel：0554－5612300
13909643688

**无为县兴达汽车租赁有限公司**
业务：汽车租赁
地址：安徽省巢湖市无为县无城镇金鹏小区6＃门面房
负责人：朱亚庭 邮编：238000
法人：朱亚庭
Tel：13705652359
0565－2526609
网址：http://www.51zzt.com/user/zzt35752

**凤台县富洋商贸有限公司**
地址：安徽省淮南市凤台县关店乡关店街
负责人：颜炳玉
Tel：0554－8622630
8628755
13805541397

**凤台县春源商贸有限公司**
地址：安徽省淮南市凤台县岳张集塘沿村张集矿
负责人：高锷
Tel：13805540911

**陶圩加油站**
地址：安徽省淮南市潘集区古沟回族乡陶郢村
负责人：孟祥水
Tel：0554－4331992
13955404570

**淮南市兄弟商贸有限公司**
地址：安徽省淮南市田家庵区朝阳中路42号环保局附属楼
负责人：李俊
Tel：0554－5718016

**根林农产品贸易中心**
业务：农产品购销
产品：棉花，菜籽，水稻，芝麻，黄豆，花生，绿豆
地址：安徽省池州市东至县胜利镇新军村
负责人：阮根林 邮编：247220
法人：阮根林
Tel：0566－8931039
13339161689
Fax：0566－8931039

**淮南市金禧商贸有限公司**
地址：安徽省淮南市田家庵区龙湖南路27－8号

负责人：姚多胜
Tel：0554－2672348

**淮南市锦绣贸易有限公司**
地址：安徽省淮南市田家庵区国庆西路
负责人：郭文
Tel：0554－6411417

**淮南市乙万龙商贸有限公司**
地址：安徽省淮南市田家庵区通达四村A区
负责人：谭建平
Tel：13505540685

**淮南市金盛发商贸有限公司**
地址：安徽省淮南市谢家集区卧龙山东路金玉新村
负责人：王怀书
Tel：0554－5678957

**鑫利来商贸有限责任公司**
地址：安徽省淮南市谢家集区小井村马路南13号
负责人：汤海波
Tel：0554－5223260
13309648966
13955461858

**新丰加油站**
地址：安徽省黄山市黄山区新丰乡盛洪村二组
负责人：陈玉斌
Tel：0559－8557174
13675555624

**歙县家和购物广场有限公司**
地址：安徽省黄山市歙县鸿基商贸城19幢128号
负责人：曹颖
Tel：0559－6516677

**温州康森马六安专卖店**
地址：安徽省六安市皖西路136号
负责人：许正景
Tel：13905641253

**石板冲通达加油站**
地址：安徽省六安市裕安区石板冲通达加油站
负责人：余友国
Tel：13965495874

**森达广告装饰工程有限公司**
地址：安徽省马鞍山市当涂县城关镇提署中路
负责人：徐木森
Tel：0555－6727083
13905559746

**航鹏工贸有限公司**
地址：安徽省马鞍山市当涂县新桥乡
负责人：曹元兰
Tel：0555－6821668
13905554141

**福华工贸有限公司**
地址：安徽省马鞍山市当涂县新桥乡派出所南100米
负责人：谢发祥
Tel：0555－6812688
13855590888

**惊天广告有限公司**
地址：安徽省马鞍山市湖北路6幢102室
负责人：朱秀龙
Tel：0555－2405902
13955560466

**马鞍山市碧云天家政服务有限公司**
地址：安徽省马鞍山市花山区碧云天商业广场30号
负责人：余国凤
Tel：0555－8363522

**马鞍山市金非物资有限公司**
地址：安徽省马鞍山市花山区翡翠园7栋106号
负责人：徐良胜
Tel：0555－8360177
13905553177

**马鞍山市正宇工贸有限公司**
地址：安徽省马鞍山市花山区红旗北路97号
负责人：郜根胜
Tel：13805551875

**马鞍山市香江置业咨询有限公司**
地址：安徽省马鞍山市花山区七中宿舍1栋204号
负责人：陈杰
Tel：13057585852

**马鞍山市城鑫劳务有限公司**
地址：安徽省马鞍山市金家庄区长江路19号6栋3号
负责人：金萧
Tel：13956227832

**马鞍山市鑫华广告有限公司**
地址：安徽省马鞍山市雨山区红旗中路1－2号
负责人：王金平
负责人：0555－2616679

**马鞍山市雨山中隆工艺标牌厂**
地址：安徽省马鞍山市雨山区佳山印山小区23栋2号
负责人：吴国清
Tel：0555－8324585
13956222270

**马鞍山新宇数控工程有限公司**
地址：安徽省马鞍山市雨山区山南25栋504室
负责人：郑黎敏
Tel：13965381615

**万才贸易有限公司**
地址：安徽省马鞍市当涂县城关镇河南
负责人：杨万才
Tel：0555－6738769
13955579037

**高山口加油点**

地址：安徽省宁国市汪溪镇高山口加油点
…………负责人：吴华喜
…………Tel：0563－4455204
13856392961

**亚美物资贸易商行**
地址：安徽省宁国市西津大桥南桥头防洪指挥所院内
…………负责人：邓庆平
…………Tel：0563－4100064
13856374271

**宿州市天华商贸有限公司**
地址：安徽省宿州市北关办事处楼下
…………负责人：王淑荣
…………Tel：0557－3194583

**永丰经贸有限责任公司**
地址：安徽省宿州市汴河中路144号棉麻综合楼东单元7楼
…………负责人：陈永军
…………Tel：0557－3031388
13805571618

**宿州市科华经贸有限公司**
地址：安徽省宿州市汴河中路农机研究所四楼
…………负责人：邓云彪
…………Tel：0557－3177324

**富民职业介绍所**
地址：安徽省宿州市砀山县城关镇振兴路
…………负责人：许新
…………Tel：0557－8021502
13905579025

**特丽洁环保有限公司**
地址：安徽省宿州市浍水路58号（区劳动局楼下）
…………负责人：王斌
…………Tel：0557－3920685
13805576150

**灵璧县孙冲农机销售有限责任公司**
地址：安徽省宿州市灵璧县黄湾街
…………负责人：张玉申
…………Tel：0557－6379055

**宿州市新世纪超市有限责任公司**
地址：安徽省宿州市西昌路157号
…………负责人：赵凤林
…………Tel：0557－3981470

**铜陵市三溪商贸有限责任公司**
地址：安徽省铜陵市官塘路网点16号
…………负责人：黄颂华
…………Tel：13339128168

**古铜物资有限责任公司**
地址：安徽省铜陵市义安大厦10FB1号
…………负责人：焦照桐
…………Tel：0562－2116929
13705623998

**愉嘉工贸有限责任公司**
地址：安徽省铜陵市义安商贸城5楼A2
…………负责人：于爱梅
…………Tel：0562－2116919
13035487576

**铜陵市南嘉商贸有限责任公司**
地址：安徽省铜陵市有色设计研究院院内
…………负责人：胡伟
…………Tel：13856255008

**苏果超市**
地址：安徽省芜湖市繁昌县荻港镇黄山路苏果超市
…………负责人：陈飞龙
…………Tel：0553－7354876

**芜湖市丰德林工贸有限责任公司**
地址：安徽省芜湖市繁昌县峨桥国际茶城J3－7号
…………负责人：杨德洲
…………Tel：0553－7165130
13965167996

**芜湖山德士科技有限公司**
地址：安徽省芜湖市经济技术开发区银湖北路科创中心
…………负责人：陈海波
…………Tel：0553－7517366

**金马信息广告有限公司**
地址：安徽省芜湖市鸠江饭店4楼420房间
…………负责人：崔松涛
…………Tel：0553－3347959
13956190200

**芜湖市新嘉和商贸有限责任公司**
地址：安徽省芜湖市马塘区马塘新镇
…………负责人：方向明
…………Tel：13305538868

**芜湖长江兴盛工贸有限公司**
地址：安徽省芜湖市马塘区新花津路1号
…………负责人：周民贵
…………Tel：0553－4814622

**芜湖柒加壹超市有限公司**
地址：安徽省芜湖市马塘区新时代商业街52号A5
…………负责人：张宾
…………Tel：0553－4223977

**芜湖县津益运贸有限公司**
地址：安徽省芜湖市芜湖县城关荆江西路
…………负责人：董剑平
…………Tel：0553－8825557

**芜湖中金工贸有限公司**
地址：安徽省芜湖市芜湖县六郎镇
…………负责人：李声仓
…………Tel：13956151366

**芜湖市警雷信息中心**
地址：安徽省芜湖市新芜区北京路杰成商业街住房2号楼二单元502室
…………负责人：顾晓梅
…………Tel：0553－3370927

**芜湖鑫马广告有限公司**
地址：安徽省芜湖市新芜区锦天花苑1栋1单元501
…………负责人：杨志霞
…………Tel：0553－3863299

**芜湖市玮源商贸有限公司**
地址：安徽省芜湖市新芜区银湖南路23号
…………负责人：王维娜
…………Tel：0553－5011599

**宣城市邮缘服务有限责任公司**
地址：安徽省宣城市锦城路38号
…………负责人：方长顺
…………Tel：13805638515

**泰昌汽车贸易有限公司**
地址：安徽省宣城市泾县新四军大道工业开发区
…………负责人：张昌寿
…………Tel：0563－5120037
13805629538

**宁国市建伟房屋拆迁有限公司**
地址：安徽省宣城市宁国市宁川西路
…………负责人：陈建强
…………Tel：13705635679

**芜湖市恒茂商贸有限公司**
业务：建材的销售
地址：安徽省芜湖市弋江区火龙岗镇石硊开发区1幢
…………负责人：李宜春　邮　编：241000
…………法　人：李宜春
…………Tel：13605591898
0553－8364017

**芜湖市融邦典当有限公司**
业务：芜湖市融邦典当有限公司成立于2006年，“融邦典当”在继承黄金、珠宝等传统业务的基础上，全方位推出了房地产、机动车、股票、有价证券及批量物资等新型典当业务，欢迎新老客户光临、惠顾。
地址：芜湖市新时代商业街A区27号
…………负责人：陶建军……邮　编：241000
…………法　人：曾献鸿
…………Tel：0553－2275832/2275998
…………Fax：0553－2275998

**三六一度专卖店**
业务：“三六一度”服装，体育用品专卖
业务：总店：安徽省铜陵市长江中路560号 一分店：安徽省铜陵市供电楼1号房（梳平茶楼）楼下 二分店：安徽省铜陵市龙丰大厦2号网点 三分店：安徽省铜陵市铜陵县景福弯25栋8号网点
…………负责人：许荣光　邮　编：244000
…………法　人：许荣光
…………Tel：13965218555
0562－2861361

**宣城市山林装饰工程有限公司**
地址：安徽省宣城市区鳌峰东路人武部门面房
…………负责人：王山林
…………Tel：13966215569

**宣城天枫贸易有限责任公司**
地址：安徽省宣城市宣州区宣泾路晏公桥
…………负责人：余军
…………Tel：13856334299

## 霍山县全兴工贸有限责任公司

本公司主营免烧彩瓦，地面彩砖和文化石制造、销售。我公司本着“锐意进取，客户至上”的原则，坚持客户至上，竭诚为客户提供最优质的产品和良好的服务。欢迎您的来电！

联系人：蔡习全

电话：0564-5222157 13856421559

地址：安徽省六安市霍山县衡山镇城东市区　邮编：237000

## 金海劳动服务中心

金海劳动服务中心成立于2005年，主要提供人员就业、建筑安装、装璜、劳务等相关服务项目。

我公司以快速、优质、高效为服务口号，竭诚为广大客户服务！

电话：0557-3907867

联系人：王作才 13805578128　邮编：234000

地址：安徽省宿州市经济技术开发区王徐社区委员会

## 来安县创意商贸经营部

来安县创意商贸经营部成立于2008年。主要从事于伊利液态奶系列、纳爱斯、雕牌系列产品的销售。

愿创意光照神州，愿创意誉满全球一直是我们的口号，公司秉承“诚实、守信、公平、创新”的企业精神和全新的“以客户为中心”的经营理念，为全国用户提供一流的产品、一流的服务。

联系人：许刚　13865819799

电话：0550-5629800　2366440

地址：安徽省滁州市来安县面粉厂院内　邮编：239200

## 马鞍山市顺达钢铁贸易有限公司

公司主营H型钢、T型钢，兼营各种螺纹、线材、型材、板材、彩涂板、镀锌板等、矿产品、五金机电等，近多年来，公司一直在稳步发展，产品市场占有率也在不断提高，我们竭诚为国内外用户提供优质的产品和服务。欢迎来人、来函洽谈业务！

电话：0555-5228388　5228381　联系人：顾德荣

地址：安徽省马鞍山市花山区民雅居19栋301室

邮编：243003

## 舒城县仁明粮贸有限公司

舒城县仁明粮贸有限责任公司创建于1984年，是集粮食收购、加工和销售一条龙民营企业，拥有永祥牌CM系列大米抛光机、TQIQ筛选去石组合机、18NF14B型喷风碾米机；该公司被安徽省工商管理局批准为参与保护价粮食收购的经营企业，加工的银龙牌大米销路很广。欢迎来我厂参观、指导和洽谈！

联系人：张成富　手机：13856403718

电话：0564-8563148

地址：安徽省六安地区舒城县张母桥镇街道　邮编：237000

## 铜陵天高工贸有限公司

铜陵天高工贸有限公司是一家专业从事贸易的企业。秉承“顾客至上，品质第一”的经营理念，坚持“客户至上”的原则为广大客户提供优质的服务。欢迎广大客户惠顾！

联系人：丁学平

电话：0562-2826186、13905623478

地址：安徽省铜陵市爱国路36号　邮编：244000

## 芜湖富源实业有限责任公司

芜湖富源实业有限责任公司成立于2007年，本公司专业从事酒店、餐饮、客房等服务。本公司秉承“客户至上、品质第一”，热忱欢迎广大客户来电洽谈业务。

联系人：汤善衡

电话：0553-7476888、7476999

地址：安徽省芜湖市三山区芜铜路　邮编：241000

## 福建省/Fujian Province

**凝点广告有限公司**
地址：福建省福州市工业路71号庭芳苑1号楼101室
…………负责人：陈魁
…………Tel：0591－83219069
13600875699

**霞浦县日兴日用品经营部**
业务：日用品批发
地址：福建宁德市霞浦县松城街道太康路153号
………负责人：吴李兴　邮　编：352000
…………法　人：吴李兴
…………Tel：0593－8891879
8872526
8885848

**将乐县安仁东发批发部**
业务：经营食杂，烟，酒等一系列产品。
地址：福建声三明市将乐县安仁镇安仁村
………负责人：王东发　邮　编：365000
…………法　人：王东发
…………Tel：0598－2975999

**长乐梅花力洁餐具消毒服务中心**
业务：消毒餐具配送
地址：福建省长乐市梅花镇梅城村桃源工业区
…………邮　编：350214
…………法　人：王吉发
…………Tel：0591－28905501
13696818138

**友人策划制作有限公司**
地址：合肥市长江中路426号金川大厦910室
…………负责人：高红东
…………Tel：0551－2840010
5164577
13956055041

**福建省发展和改革委员会机关工会工作委员会**
地址：福建省福州市鼓楼区湖东路78号
…………负责人：智小泉
…………Tel：0591－87063216

**福清市福鑫源工贸有限公司**
业务：本公司成立于2003，主要从事电脑塑胶配件加工、销售；塑料制品、五金制品、电子产品批发零售。
地址：福建省福清市宏路镇高仑村
…………负责人：薛剑锋……邮　编：350301
…………法　人：薛剑锋
…………Tel：0591－28388099
…………Fax：0591－28395198

**福清市中才信息咨询服务有限公司**
业务：福清市中才信息咨询服务有限公司成立于2006年，从事旅游、商务、房地产等方面的咨询，欢迎垂询。
地址：福建省福清市加洲城9号楼810室
…………负责人：陈秉政……邮　编：350300
…………法　人：周纪强
…………Tel：0591－86070186
…………网址：www.mtw30324.chinapyp.com

**子倩贸易有限公司**
地址：福建省福州市台江区达道路5号3楼
…………负责人：叶敦
…………Tel：0591－83271156
13328692636

**理华加油站**
地址：福建省龙岩市武平县万安乡上圳村风吹口
…………负责人：王史康
…………Tel：0597－4802093
13806982093

**福建省福安市恒隆酒业商行**
业务：酒类的销售
地址：福建省福安市城南金山南路138号
………负责人：林永泽　邮　编：355000
…………法　人：林永泽
…………Tel：13959361689
0593－6386689

**福安市李亮辉食杂店**
业务：食品、杂货销售
地址：福建省福安市客运站外走道3号
………负责人：李亮辉　邮　编：355000
…………法　人：李亮辉
…………Tel：0593－6589337

**福安市智强商务信息服务所**
业务：商务信息技术咨询服务
地址：福建省福安市阳上步云亭75号
………负责人：林敏生　邮　编：355000
…………法　人：林敏生
…………Tel：0593－6360061
15860666983
…………E-mail：zqswxx@163.com

**福鼎市炳星毛巾批发部/炳星百货**
业务：百货零售
地址：福建省福鼎市边贸商城北内2号/福鼎市边贸商城北外12号
………负责人：谢炳星　邮　编：352100
…………法　人：谢炳星
…………Tel：0593－7977507
6126070
13860337293

**鸿发贸易有限公司**
地址：福建省龙岩市新罗区罗桥（经济作物公司一层1－3号店及二层）
…………负责人：郭健
…………Tel：0597－5281666
13365085888

**银座加油站**
地址：福建省南安市罗东镇新雨亭工业区
负责人：陈金土
Tel：0595－86566168
13505066178

**福清市利和广告设计有限公司**
业务：福清市利和广告设计有限公司成立于2002年，主要从事广告设计制作及户外发布，礼仪庆典的策划及布置。“设计新颖，信誉第一，客户至上”，热诚欢迎新老客户惠顾。
地址：福建省福清市融城镇西大街10号104室
邮　编：350300
法　人：王美源
Tel：0591－22115077
22115078
Fax：0591－85222290

**福鼎市腾翔工程机械服务有限公司**
业务：工程机械租赁
地址：福建省福鼎市春牛亭五里牌信用社林主任收转
负责人：夏圭坚　邮　编：352100
法　人：夏圭坚
Tel：13860338578
0593－7912268

**家雄副食品店**
业务：副食品批发零售
地址：福建省福鼎市店下镇育贤街76号
负责人：郑家雄　邮　编：355208
法　人：郑家雄
Tel：0593－7293383

**福鼎市名仕汽车租赁服务中心**
业务：各种型号小汽车租赁服务
地址：福建省福鼎市海口路342号
负责人：王世恩　邮　编：355200
法　人：王世恩
Tel：0593－6121283
13073959823

**福鼎市路得图文印务社**
业务：专业承接各种广告牌制作、条幅、割字、名片、彩色宣传单、联单、便签、通讯录，兼营打印、传真、晒图、工程图纸复印、标书文本、精装等业务，欢迎各位新老客户来电咨询洽谈业务！
地址：福建省福鼎市太姥大道460号
负责人：张建平　邮　编：355200
法　人：张建平
Tel：0593－7890288
18959376370
Fax：0593－7890288
E-mail：xiahaishang@163.com

**福州市山源贸易有限公司**
业务：福州市山源贸易有限公司成立于2006年，经营家用电器，服装鞋帽进出口批发，房地产开发等业务，欢迎来电垂询。
地址：福建省福州市华林路250号壮安大厦8楼
负责人：江景鹏……邮　编：350003
法　人：江景鹏
Tel：0591－87804797

**南安市东星商业贸易有限公司**
地址：福建省南安市水头镇海都新区
负责人：蔡金星
Tel：0595－86988579

**城西贸易商行**
地址：福建省南平市光泽县武林路170号
负责人：姜华
Tel：0599－7923297
13706010071

**水南亨利家电维修店**
地址：福建省南平市顺昌县城南中路85号
负责人：戴济勋
Tel：0599－7881090

**达达设计工作室**
地址：福建省莆田市城厢区梅园路中段16号第三层
负责人：邱希鹏
Tel：0594－2387358
13808563826

**合兴加油站**
地址：福建省泉州市安溪县长坑乡
负责人：陈泵水
Tel：0595－23122001
13505032001

**莆田市荔城区黄石顺路小车租赁行**
业务：出租车租赁
地址：福建省莆田市荔城区黄石镇沙坂村梅雪北大道1652号
负责人：王友忠　邮　编：351100
法　人：王友忠
Tel：13559814266
0594－2188331

**永安民爆服务站**
地址：福建省泉州市洛江区双阳镇新阳村99号
负责人：许进生
Tel：0595－22068858
13505993206

**莆田市荔城区（上海）新龙门婚纱摄影店**
业务：婚纱摄影、个性写真
地址：福建省莆田市荔城区天九湾圆圈边北大南街393、397号
负责人：吴世勇　邮　编：351100
法　人：吴世勇
Tel：0594－2558333
13799603080
E-mail：79790914@qq.com

**莆田市荔城区飞达广告制作中心**
业务：广告设计、制作、发布以及路牌制做，我们将以专业的广告技术，真诚为您服务！
产品：路牌广告出租
地址：福建省莆田市荔城区新度镇沟尾村238号
负责人：陈国文　邮　编：351142
法　人：陈国文
Tel：0594－2990062
13860980036
Fax：0594－2980732

**福州榕芳贸易有限公司**
业务：福州榕芳贸易有限公司成立于1996年，主要销售各种钢材（武钢、本钢、鞍钢等）、建材（进口板材等）、水泥。多年以来一贯坚持“诚信为本、质量第一、服务第一”的宗旨，竭诚为广大客户服务，热诚欢迎各新老客户来电垂询。
地址：福建省福州市晋安区福新大道59号福建省新建钢材交易中心一排75号
邮　编：350014
法　人：何强
Tel：0591－83664234
Fax：0591－83542881

**福清市安顺汽车租赁中心**
业务：汽车租赁
地址：福建省福清市宏路镇跃进杜洋25号
负责人：杨祖强　邮　编：350300
法　人：杨祖强
Tel：13809526955
13675022239

**福清市星杰汽车租赁有限公司**
业务：汽车租赁
地址：福建省福清市江阴镇昌华路42号
负责人：陈星　邮　编：350001
法　人：陈星
Tel：13859005833
13799330880

**福清市龙田盛融搬运站**
业务：搬运服务
地址：福建省福清市龙田镇上薛村凤凰山17号
负责人：薛吓宝　邮　编：365000
法　人：薛吓宝
Tel：13960718535
0591－85788151

**福州新盛荣昌贸易有限公司**
业务：福州新盛荣昌贸易有限公司成立于2006年，经营外出口贸易，愿与各界朋友真诚合作，携手共创新天地。
地址：福建省福州市晋安区日溪乡
负责人：郭绍光……邮　编：350000
法　人：郭绍光
Tel：0591－87323558
网址：mtw50881

**福州天尔贸易有限公司**
业务：福州天尔贸易有限公司成立于2002年5月，主要从事润滑油的加工销售，经营制冷设备，轮胎配件等。公司拥有先进的经营理念和高素质的经营管理人才，以独特的经营风格成为同行业的佼佼者。
地址：福建省福州市台江区工业路118号东辉花园雅居亭3A座202室
邮　编：350004
法　人：林高文
Tel：0591－83480468
Fax：0591－83480418

**通港路海上加油站**
地址：福建省泉州市通港路海上加油站
负责人：柯必林
Tel：0595－87096829
13906090252

**建宁县三立汽车修理厂**
地址：福建省三明市建宁县黄舟坊二建内
负责人：章建勇
Tel：0598－3997855
3961554

**明溪牡丹香料林开发有限公司**
地址：福建省三明市明溪县雪峰镇新大路61号
负责人：王建港
Tel：0598－2863361

**鑫明泰商贸有限公司**
地址：福建省厦门市加禾路560号东南花园604室
负责人：陈俏峰
Tel：0592－5714115
13328317769

**福清市龙田李秀华烟花爆竹店**
业务：零售烟花爆竹
地址：福建省福清市龙田镇西亭村南元138号
负责人：李秀华　邮　编：350001
法　人：李秀华
Tel：0591－85750012

**福清森辉贸易有限公司**
业务：建材贸易
地址：福建省福清市三山镇安前村东园47号
负责人：林承宝　邮　编：350300
法　人：林承宝
Tel：13799324444
0591－85902070

**福清市西亭勇杰加油站**
业务：销售汽油、柴油、润滑油
地址：福建省福清市阳下街道下亭村
负责人：陈华云　邮　编：350001
法　人：陈华云
Tel：0591－85296572
网址：http://www.51zzt.com/user/zzt29839

**福清市大拇指家政服务有限公司**
业务：外墙清洗、室内保洁、保姆服务
地址：福建省福清市玉屏街道一拂社区江滨路2号（福清商业大厦703室）
负责人：周祖太　邮　编：350300
Tel：0591－85166176
15880189828

**厦门世皕特贸易有限公司**
地址：福建省厦门市长青路1－3号
负责人：钟先生
Tel：0592－5074344
5074744
13906020022

**厦门鹭荣达工贸有限公司**
地址：福建省厦门市海沧区沧湖北路317号
负责人：梁标
Tel：0592－6055435

**厦门兴顺成工贸有限公司**
地址：福建省厦门市海沧区东孚镇鼎美村13组48号
负责人：廖兴顺
Tel：0592－5207593

**厦门兴远翔工贸有限公司**
地址：福建省厦门市海沧区东孚镇过坂村后坑社48号
负责人：罗伟宁
Tel：0592－6091582

**厦门天乙贸易有限公司**
地址：福建省厦门市海沧区海青花园5B601室
负责人：吴滋英
Tel：0592－2289903

**晋江市青阳镇兴五交商行**
业务：晋江市青阳镇兴五交商行成立于1999年，主要从事电工、电料的销售。“质量保证，价格合理”，竭诚欢迎广大新老客户光临、惠顾！
地址：福建省晋江市新大街南路28号
负责人：吴镇河……邮　编：362200
法　人：吴镇河
Tel：0595－85687828

**晋江市新塘丰达家具材料贸易有限公司**
业务：本公司专业从事床垫材料和沙发材料的生产与销售。所属傢俬材料行，主要经销沙发、床垫的各种辅料，电脑绗花厂引进先进，电脑绗缝机和技术，专业生产各种规格床垫面料。欢迎各生产厂家来图来样订做各款产品，随时欢迎您的光临指导。
地址：福建省晋江市新塘街道办事处上郭工业区
邮　编：362216
法　人：蔡三良
Tel：0595－88186871
88196871
Fax：0595－88176871
网址：www.cnfdsm.com

**南平市宏伟进出口贸易有限公司**
业务：我公司成立于2006年，主要从事于木制品，竹制品等进出口业务。公司本着“团结、拼搏、诚信、开拓”的企业精神，坚持信誉至上、质量第一的经营理念，竭诚为国内外客户服务。
地址：福建省南平市延平区八一路123号（恒达大厦）
负责人：温秀清……邮　编：353000
法　人：温秀清
Tel：0599－8607088
Fax：0599－8601560

**福州市仓山区壹加壹便利店**
业务：副食品、日用品
地址：福建省福州市仓山区高湖村湖畔友谊路5号楼102店
负责人：张贵发　邮　编：350001
法　人：张贵发
Tel：0591－83537641

**长乐航城我行我速汽车租赁行**
业务：汽车租赁、二手车中介、代办票务、话费充值、台球娱乐
地址：福建省福州市长乐航城街道航筹路乐涛居2号楼12店
负责人：林捷　朱锦钟
邮　编：350000
法　人：周先生
Tel：0591－28888017
15859030168
15960031388

**长乐航城高陆咨询服务部**
业务：美国留学探亲、移民信息咨询、文书代写
地址：福建省福州市长乐市航城街道阳光花园11号楼35号店
负责人：刘忠强　邮　编：350200
法　人：刘忠强
Tel：0591－27900288
27900788
13774551699

**福州市鼓楼区美丽人生摄影**
业务：婚纱摄影
地址：福建省福州市鼓楼区817北路学院前金晖大厦6层
负责人：叶仁水　邮　编：350001
法　人：叶仁水
Tel：0591－87513594

**福州强兴伟业商务咨询有限公司**
业务：商务咨询，企业投资信息咨询
地址：福建省福州市鼓楼区东街43号新都会财经广场4楼B2
负责人：魏仙庭　邮　编：350001
法　人：魏仙庭
Tel：0591－28082776
Fax：0591－28082776
网址：www.qxwycn.com

**厦门亚美兴广告装饰有限公司**
地址：福建省厦门市海沧区海新路15号705室
负责人：黄美芬
Tel：0592－3119699

**厦门市鑫弘祥工贸有限公司**
地址：福建省厦门市海沧区祥露村东片66号
负责人：庄永辉
Tel：0592－6511229
13906024574

**厦门大邦瑞达工贸有限公司新阳分公司**
地址：福建省厦门市海沧区新垵西片403号
负责人：李福泉
Tel：0592－6050101

**知本人才服务有限公司**
地址：福建省厦门市湖里大道80号
负责人：黄志洪
Tel：0592－57590992
13365922688

**厦门锦铭工贸有限公司**
地址：福建省厦门市湖里区安兜龙头山工业区通用厂房五楼（火炬东路北段）
负责人：杨丽芳
Tel：0592－8751115

**厦门鹭荣达工贸有限公司湖里分厂**
地址：福建省厦门市湖里区蔡塘村蔡塘社
负责人：熊有彬
Tel：0592－6055963

**福建省莆田市志强汽车贸易有限公司**
业务：本公司成立于2005年，拥有5名员工。主要经营：吉利品牌轿车的销售，汽车零配件销售。
地址：福建省莆田市城厢区霞林福厦路109公里处
邮　编：351100
法　人：叶志强
Tel：0594－2828222
Fax：0594－2626678

**福州市鼓楼区心如鲜花包装材料商行**
业务：鲜花包装材料、婚庆用品
地址：福建省福州市鼓楼区鼓西路西峰里16号
负责人：蔡建斌　邮　编：350001
法　人：周心如
Tel：0591－83353057
87411967

**厦门宝德利贸易有限责任公司**
地址：福建省厦门市思明区天湖路46号恒滨名

宫 10F
……………………负责人：颜金练
……………………Tel：0592－2230978

**福州市鼓楼区湖前广告制作服务部**
业务：3D 设计及制作、广告印刷、设计、图文排版
地址：福建省福州市鼓楼区五凤街道湖前小区 17－23 号楼 22 号店面
……负责人：郭国钦 邮 编：350012
……………………法 人：郭国钦
…………Tel：13559195587
0591－87729784
28020057
…………Fax：0591－87729784

**福州中圣林贸易有限公司**
地址：福建省福州市鼓楼区杨桥东路 19 号衣锦华庭一期 2 号 605 单元
……负责人：林钦 邮 编：350001
……………………法 人：魏振林
…………Tel：13506996753
0591－87615194
…………Fax：0591－87615194

**厦门市皓祥贸易有限公司**
地址：福建省厦门市思明区天鹭大厦 A 栋 6C 室
……………………负责人：李朝东
……………………Tel：0592－2078581

**厦门佳福乐贸易有限公司**
地址：福建省厦门市思明区铁路宿舍 10 号楼 111 室
……………………负责人：易根元
……………………Tel：0592－8296280

**上海鹭技萌广告有限公司厦门分公司**
地址：福建省厦门市思明区万禾广场 B 栋 902
……………………负责人：林炳祥
……………………Tel：13074884448

**福州风和商业经营管理有限公司**
业务：商场管理、物业管理、经济信息咨询
地址：福建省福州市晋安区茶园街道华林路 502 号站前地下广场 A 区地下 1 层 603 铺位
……负责人：林建华 邮 编：350013
……………………法 人：朱元兴
…………Tel：0591－87583303
…………Fax：0591－87581303

**福州市晋安区明根停车服务有限公司**
业务：停车服务
地址：福建省福州市晋安区国货路东段龙的家花园 2 座 601 室
……负责人：林明根 邮 编：350001
……………………法 人：林明根
…………Tel：13075826623
0591－83677127

**福州市晋安区环宇空调维修部**
业务：空调维修
地址：福建省福州市晋安区浦下新村 62 座 105 单元
……负责人：黄维康 邮 编：350000
……………………法 人：黄维康
…………Tel：0591－88130872
13950320941

**莆田市荔城区星光贸易有限公司**
业务：本公司于 2006 年成立，主要经营建筑塑料制品，运动鞋为主导产品。以"质量第一、信誉第一"为宗旨；欢迎新老客户来电定购！
地址：福建省莆田市荔城区东路 542 弄 11 号楼
……负责人：林志新……邮 编：351100
……………………法 人：林志新
……………………Tel：0594－2210088

**泉港贸易有限公司**
业务：本公司主营贸易进出口，技术进出口，以高效率为依托来发展对外贸易。
地址：福建省泉州市丰泽区刺桐西路北侧 979 号 2 楼
……负责人：吴先生……邮 编：362100
……………………Tel：0595－22110680
……………………网址：mtw25721

**福州市晋安区邦纳福干洗店**
业务：干洗服务
地址：福建省福州市晋安区新店镇山北路 233 号居住主题公园 180＃楼 1 层 14 店面
……负责人：赵维梅 邮 编：350001
……………………法 人：赵维梅
…………Tel：13600895057
0591－87298885

**厦门市鑫安达科技有限公司**
地址：福建省厦门市湖里区昌宾路 27 号 304 室
……………………负责人：张美玲

……………………Tel：13600960628

**厦门奥隆贸易有限公司**
地址：福建省厦门市湖里区昌宾路 43 号 203 室
……………………负责人：蔡华城
……………………Tel：0592－5757225

**罗源县喜洋洋贸易有限公司**
业务：服装贸易
地址：福建省福州市晋安区新店镇秀山村委
……负责人：李庆波 邮 编：350011
……………………法 人：李庆波
…………Tel：13635283880
13635248883

**福州市琅岐经济区叶灼官烟花爆竹专卖店**
业务：批发、零售：各种高、中、低档烟花，炮竹
地址：福建省福州市琅岐镇云龙高官村 92 号
……负责人：叶灼官 邮 编：350017
……………………法 人：叶灼官
…………Tel：13290895546
13107616099

**罗源县碧里乡陈盛应日杂店**
业务：经销柴油，20－30 斤大米，盐巴，糖，啤酒，香烟，花生，牛奶等
地址：福建省福州市罗源县碧里乡梅花横山 128 号
……负责人：陈盛应 邮 编：350600
……………………法 人：陈盛应
…………Tel：0591－26972000
26971408

**罗源县城关兄弟海鲜行**
业务：各类鲍鱼及澳洲鲍，海参，海产品的批发
地址：福建省福州市罗源县凤山镇凤南西路 68 号
……负责人：姚先生 邮 编：350000
…………Tel：13328598000
13860580666

**罗源县城关建雨汽车租赁服务部**
业务：汽车租赁
地址：福建省福州市罗源县凤山镇莲花城 14－204 室
……负责人：张善雨 邮 编：350600
……………………法 人：张善雨
…………Tel：0591－22289266

**罗源县松山镇三金超市**
业务：销售各类百货用品、日用品
产品：百货用品，日用品
地址：福建省福州市罗源县松山镇三金钢铁厂山庄公寓综合楼二层
……负责人：林仪新 邮 编：350001
……………………法 人：林仪新
…………Tel：0591－23328965

**闽侯县竹岐顺旺汽车租赁服务部**
业务：汽车租赁
地址：福建省福州市闽侯县竹岐乡榕东村 59 号
……负责人：林信飞 邮 编：350107
……………………法 人：林信飞
…………Tel：13960815820

**厦门市湖里区宝章印刷用品贸易部**
地址：福建省厦门市湖里区长乐路 347 号
……………………负责人：徐韶敏
……………………Tel：0592－8892556

**厦门威容工贸有限公司**
地址：福建省厦门市湖里区殿前二号综合楼 206 室
……………………负责人：段翠英
……………………Tel：0592－5230751

**泉州市泉港美加福工贸有限公司**
业务：泉州市泉港美加福工贸有限公司位于泉州市泉港区后龙工业区，专业生产不锈钢门，钢质防盗门，室内门及建材销售。欢迎来电垂询！
地址：福建省泉州市泉港区后龙工业区
……………………邮 编：362000
……………………法 人：刘辉仁
……………………Tel：0595－87736037
……………………Fax：0595－87736037

**平潭县城关保洁洗涤厂**
业务：保洁服务
地址：福建省福州市平潭县桂山庄 7 弄 8 号 201 室
……负责人：俞倩 邮 编：350001
……………………法 人：俞倩
…………Tel：13705988018
13960811388

**石狮市盛达纺织贸易有限公司**
业务：石狮市盛达纺织贸易有限公司成立于 2000 年，多年来从事纺织面料的贸易、批发与零售。价格合理，质量保证，服务周到，欢迎来电垂询！
地址：福建省石狮市南洋路三运大厦 14 号
……………………邮 编：362700
……………………法 人：洪进乐
……………………Tel：0595－88571937
……………………Mobile：13505955017
……………………Fax：0595－88571967

**平潭县中楼岚佳餐具高温消毒中心**
业务：餐具消毒
地址：福建省福州市平潭县中楼乡盐田村后旺久村委会一楼
……负责人：翁仙龙 邮 编：350408
……………………法 人：翁仙龙
…………Tel：0591－24269388
15980118444

**福州市台江区强胜水果店**
业务：水果批发
地址：福建省福州市台江区鳌峰路北侧瓜果城二期 74＃
……负责人：林秀强 邮 编：350000
……………………法 人：林秀强
…………Tel：13850153588

**厦门市天逸工贸有限公司**
地址：福建省厦门市湖里区殿前六组
……………………负责人：孙丽颖
……………………Tel：0592－5702166

**志丰茂工贸有限公司**
地址：福建省厦门市湖里区殿前一组 1048 号
……………………负责人：戴少雄
……………………Tel：0592－5755676、8610188
13600923404

**厦门毅德进出口有限公司**
地址：福建省厦门市湖里区东渡路 226 号第十七层（房号 1716＃）
……………………负责人：陈景华
……………………Tel：13606068370

**厦门大华振洋工贸有限公司**
地址：福建省厦门市湖里区东渡路 61 号振华大厦 B 栋 2708 室
……………………负责人：刘秋萍
……………………Tel：0592－5672188

**厦门安明佳贸易有限公司**
地址：福建省厦门市湖里区东方巴黎广场三期 1＃楼 M 单元 301 室
……………………负责人：陈岐明
……………………Tel：0592－8726817

**福州市台江区越强广告制作店**
业务：各种金属广告字，吸塑字，平面立体发光字，金属字各种户外大型广告字等
地址：福建省福州市台江区工业路 99 号时代名城 2 号楼 12 店
……负责人：彭乐昌 邮 编：350000
……………………法 人：彭乐昌
…………Tel：13860660557
0591－83525125

**新绿灯广告标牌经营部**
业务：广告牌，广告灯箱，标牌制作
地址：福建省福州市台江区广告印务礼品城 051 号
……负责人：高永忠 邮 编：350000
……………………法 人：高永忠
…………Tel：13599084936
0591－22151850

**福州市台江区欣隆鑫家政服务部**
业务：提供月嫂、保姆、钟点工、家教等服务
地址：福建省福州市台江区国货西路万寿商厦二层 205 号
……负责人：陈先生 邮 编：350000
……………………法 人：邱桂娥
…………Tel：0591－83204072
83277639

**厦门市宏祥盛业工贸有限公司**
业务：厦门市宏祥盛业工贸有限公司主要经营钢材的批发零售，以质量求生存，以信誉求发展，热诚欢迎广大新老客户光临惠顾。
地址：福建省厦门市湖里区宜宾路商业街 017－018 号
……负责人：黄碧忠……邮 编：361000
……………………法 人：黄碧忠
……………………Tel：0592－6018398
5622057
5624583

**立置进出口有限公司**
业务：立置进出口有限公司位于厦门市思明区长青路 1 号通宝大厦 12A，交通十分便利。我司经营出口商品范围广，以"客户服务第一，互惠互利"为原则，稳妥快捷的经营作风，有意与各厂家（公司）共度辉煌的明天！
地址：福建省厦门市思明区长青路 1 号通宝大厦 12A
……………………邮 编：361012
……………………法 人：梁鹏
……………………Tel：0592－5367909
……………………Fax：0592－5369173

**厦门豪祯工贸有限公司**
地址：福建省厦门市湖里区高殿村殿前一组一号厂房一楼
……………………负责人：汪泉
……………………Tel：0592－3966081

**厦门鹏飞特工贸有限公司**
地址：福建省厦门市湖里区高殿寨上市场三楼东侧
……………………负责人：康节约
……………………Tel：0592－2610668

**福州天恒工程设计咨询有限公司**
业务：主要从事化工石化医药方面"新、扩、改"项目的总平面设计、可行性研究报告的编制、初步设计、整改设计、安全设施设计专篇及施工设计。同时提供技术支持，人员培训，安全拓管。
地址：福建省福州市台江区新港街道六一中路 333 号祥美花园 3 号楼 1501 单元
……负责人：王华苗 邮 编：350000
……………………法 人：王华苗
…………Tel：0591－83274510

**福州彩哲贸易有限公司**
业务：贸易服务（国家允许经营的）
地址：福建省福州市台江区五一路茂泰世纪大厦 17 层 3132 室
……负责人：潘水明 邮 编：350001
……………………法 人：潘水明
…………Tel：13625088875
0591－83278161

**福州市鼓楼区佳洁康卫生杀虫剂经营部**
业务：杀鼠剂、杀虫剂、消毒剂、日用品
产品：鼠药、灭鼠器械、杀虫剂、配套器械
地址：福建省福州市西洪路 488 号万隆花园二区一楼 19 号店
……负责人：董方升 邮 编：350001
……………………法 人：董方升
…………Tel：0591－83712893
13705919461
…………Fax：0591－83712893
……………………E-mail：fzdfs@163.com

**永泰县同安养弟百货商店**
业务：销售香烛，炮竹等百货用品
地址：福建省福州市永泰县同安镇洋中街 78 号
……负责人：朱养俤 邮 编：350001
……………………法 人：朱养俤
…………Tel：0591－24765032
13950218962
13950218707

**建瓯市阳光靓社百货商店**
业务：日用百货零售
地址：福建省建瓯市宏业佳园 1－101 号
……负责人：蒋龙武 邮 编：353000
……………………法 人：蒋龙武
…………Tel：13950671953
0599－3833568

**加贺迪威思（香港）有限公司驻厦门代表处**
地址：福建省厦门市湖里区海天路 9 号银都广场 12A 单元
……………………负责人：程佳薇
……………………Tel：0592－5606349

**厦门市欣振安商贸有限公司禾山北路经营部**
地址：福建省厦门市湖里区禾山北路师范学校对面 17＃店面
……………………负责人：门文军
……………………Tel：0592－6027692

**福建省建瓯市桂万广告装饰有限公司**
业务：广告设计、制作及发布，LED 室内外全彩显示屏广告制作、展览展示、工程设计制作、户外媒体广告制作
产品：广告策划，灯箱招牌，展厅布置，室内外装饰装修工程
地址：福建省建瓯市人民路 79 号
……负责人：林爱珠 邮 编：353100
……………………法 人：林爱珠
…………Tel：0599－3835456
13859312130
…………Fax：0599－3834456
……………………E-mail：wanshengad@163.com

**厦门长贵发工贸有限公司**
地址：福建省厦门市湖里区禾山高殿村殿前社 2000 号 4－5 楼
……………………负责人：顾美珍

……………………………… Tel:0592－5699355

**厦门鑫元泰商贸有限公司**
地址：福建省厦门市湖里区禾山街道枋湖路2#厂房6楼
……………………………… 负责人：陈勇智
……………………………… Tel:0592－5599897

**厦门市新景地咨询服务有限公司**
地址：福建省厦门市湖里区禾山路294号园山综合楼6层A座
……………………………… 负责人：易海清
……………………………… Tel:0592－5322918

**建瓯市顺阳乡郭机富食杂店**
业务：经营食品、百货，主要产品有板栗、春笋
地址：福建省建瓯市顺阳乡吴林村林下2号
……… 负责人：郭机富 邮 编：353000
……………………… 法 人：郭机富
………… Tel:0599－3582562
13459922725

**厦门市森嘉贸易有限公司**
地址：福建省厦门市湖里区禾山下忠社171号A座
……………………………… 负责人：阮以镇
……………………………… Tel:0592－5788275

**厦门德利凯工贸有限公司**
地址：福建省厦门市湖里区禾山镇高林村217号二楼
……………………………… 负责人：卢德生
……………………………… Tel:0592－5217462

**厦门市雅斯特工贸有限公司**
地址：福建省厦门市湖里区禾山镇五通村坂美社28号
……………………………… 负责人：陈敏芳
……………………………… Tel:0592－8928870

**厦门永腾达进出口有限公司**
地址：福建省厦门市湖里区禾山镇兴山路52号806室
……………………………… 负责人：蔡巧巧
……………………………… Tel:0592－5563691

**建阳市日森废塑料分捡包装营部**
业务：主要经营废塑料分捡包装
地址：福建省建阳市童游村起祖庙
……… 负责人：林日森 邮 编：353000
……………………… 法 人：林日森
………… Tel:13799368612

**建阳市建忠酒类商行**
业务：红、白酒批发、零售
产品：轩尼斯、进口葡萄酒
地址：福建省建阳市童游嘉禾大道第2幢第六个店面(中山医院斜对面)
……… 负责人：王进忠 邮 编：354200
……………………… 法 人：王进忠
………… Tel:13515099939
13799118290
0599－8257055

**晋江市陈埭镇家源超市**
业务：超市
地址：福建省晋江市陈埭镇溪边村学园路122号
……… 负责人：林桂勇 邮 编：362000
……………………… 法 人：林桂勇
………… Tel:0595－68558538

**晋江市池店镇力量企业咨询服务部**
业务：企业咨询服务；房地产交易，房产评估、抵押，土地使用权证代理，工商营业执照办理等
地址：福建省晋江市池店镇赤塘村工业区8号
……… 负责人：林青强 邮 编：362212
……………………… 法 人：林青强
………… Tel:15985989292
15160754444
0595－85988682
85984682
………… Fax:0595－85984682

**厦门市大乘工贸有限公司**
地址：福建省厦门市湖里区后埔北二里248号401室
……………………………… 负责人：陈桂泉
……………………………… Tel:0592－3832155

**厦门麒林咨询服务有限公司**
地址：福建省厦门市湖里区后埔东二里14号1102室
……………………………… 负责人：沈艳
……………………………… Tel:0592－5289638

**厦门海霞经贸有限公司**
业务：厦门海霞经贸有限公司主要从事纹绣培训，纹绣色料批发，纹绣机、辅助品(术后)、美容、化妆品、精油、基础油批发
地址：福建省厦门市思明区厦禾路947号底部大厦B栋617室
……… 负责人：潘海霞……邮 编：361004
……………………… 法 人：潘海霞
……………………… Tel:0592－8977376
……………………… Fax:0592－5186248
……………… 网址：angchenghua@yahoo.com.cn

**份隆实业有限公司**
业务：份隆实业有限公司于1998年创立，主要经营建筑钢材销售(钢筋)，并提供钢材仓储、配送、加工服务。公司将继续秉承"诚信、敬业、奉献、双赢"的宗旨与广大客户携手共建、共创美好的未来。
地址：福建省厦门市厦禾路华鑫名都869号之一1001室
……………………… 邮 编：361004
……………………… 法 人：曾克份
……………………… Tel:0592－5822668
……………………… Mobile:13950113588
……………………… Fax:0592－5822968

**晋江市罗山贵川票务经营部**
业务：长途客运票务服务
地址：福建省晋江市罗山社店清安路6号店面
……… 负责人：陈兰萍 邮 编：362200
……………………… 法 人：陈兰萍
………… Tel:0595－85272312
88133503
13859755550

**晋江成也贸易有限公司**
业务：橡胶、塑料制品的贸易
产品：轮胎
地址：福建省晋江市青阳街道阳光信息大厦11楼B座
……… 负责人：张木德 邮 编：362200
……………………… 法 人：张木德
………… Tel:0595－85668501
13905065697

**晋江市青阳忠信福文业**
业务：文具、礼品
地址：福建省晋江市青阳迎宾路建行对面世纪豪园第二期7A1店
……… 负责人：戴红燕 邮 编：362200
……………………… 法 人：戴红燕
………… Tel:0595－85351789

**晋江雅适家政有限公司**
业务：保姆、清洁工、月嫂、育婴师、管家
地址：福建省晋江市青阳曾井泉安中路316号2楼
……… 负责人：张小姐 邮 编：362200
……………………… 法 人：吴文新
………… Tel:0595－82082727
13599999362

**晋江市同泽贸易有限公司**
业务：化工产品的贸易
产品：汽车漆、机械漆
地址：福建省晋江市青阳曾井迎宾路13号
……… 负责人：杨志松 邮 编：362000
……………………… 法 人：杨志松
………… Tel:13808516998
0595－88157287

**厦门中联华恒进出口贸易有限公司**
地址：福建省厦门市湖里区湖里街27号505室
……………………………… 负责人：黄永宝
……………………………… Tel:0592－2682559

**厦门得盛进出口贸易有限公司**
地址：福建省厦门市湖里区华泰路10之2号304室
……………………………… 负责人：卢健明
……………………………… Tel:13600928031

**龙海市角美荣洲杂修店**
业务：生产、维修塑料机械
地址：福建省龙海市角美镇石厝村上店131号
……… 负责人：张荣周 邮 编：363000
……………………… 法 人：张荣周
………… Tel:13605010403
0596－6776403

**长汀县翔龙货物配载站**
业务：经营货物配载
地址：福建省龙岩市长汀县环北路腾飞路口3号
……… 负责人：陈希林 邮 编：364000
……………………… 法 人：陈希林
………… Tel:0597－6803366
13950814079

**龙岩市长汀县荣鑫电器经营部**
业务：销售手机、家电及其维修
地址：福建省龙岩市长汀县三洲乡三洲村上街29号
……… 负责人：戴玉生 邮 编：364000
……………………… 法 人：戴玉生
………… Tel:13178268678
0597－6533889

**柏林森(厦门)工贸有限公司**
地址：福建省厦门市湖里区火炬二路现代家园53号603室
……………………………… 负责人：陈毅红
……………………………… Tel:13599536556

**厦门科华伟业股份有限公司**
地址：福建省厦门市湖里区火炬高新技术产业开发区光业楼第三层东单元
……………………………… 负责人：陈成辉
……………………………… Tel:0592－5160516

**羊牯洪添综合批发部**
业务：经营食品、副食品、日用百货、农资等
地址：福建省龙岩市长汀县羊牯乡羊牯街
……… 负责人：赖洪添 邮 编：366300
……………………… 法 人：赖洪添
………… Tel:13859574678
0597－6598434

**富迪健康科技有限公司连城县马上发日用品店**
业务：本店专营"富迪"美容护肤品、日用品和家居洗涤三大系列产品，批零兼营。优质的服务、卓越的品质，期待您的光临惠顾！
产品：月月爱负离子卫生巾、负离子系列洗涤用品、SEM辐射防护卡、婴儿纸尿裤、特效植物洗发水(一洗黑)
地址：福建省龙岩市连城县电信大楼左侧天籁村
……… 负责人：马上发 邮 编：366200
……………………… 法 人：马上发
………… Tel:13605916021
……………………… 网址：www.winalite.com
……………………… E-mail:mashangfa668@163.com

**厦门伊示雅商贸有限公司**
地址：福建省厦门市湖里区机场3号侯机楼B-67号
……………………………… 负责人：肖文聪
……………………………… Tel:0592－5731077

**厦门市丞竣贸易有限公司**
地址：福建省厦门市湖里区嘉禾路378号东方巴黎广场百祥阁B座1301室
……………………………… 负责人：林达连
……………………………… Tel:0592－5501075

**厦门龙锦工贸有限公司**
地址：福建省厦门市湖里区嘉禾路388号永同昌大厦25F
……………………………… 负责人：谢少雄
……………………………… Tel:0592－3126977

**连城县启点广告经营部**
业务：广告标识展示器材，户内外写真喷绘、广告灯箱、大型户外广告制作、标识系统工程、展示设计布置、宣传单设计、各类发光字制作、各类广告材料
地址：福建省龙岩市连城县莲峰镇北大东路多前小区A区A2幢7号主街250号
……… 负责人：李永毅 邮 编：366200
……………………… 法 人：李永毅
………… Tel:0597－8912650
13685965696

**连城县新泉杨崇贵蜡烛加工店**
业务：经营蜡烛加工
地址：福建省龙岩市连城县新泉镇联溪村马背路14号
……… 负责人：杨崇贵 邮 编：364000
……………………… 法 人：杨崇贵
………… Tel:13850665962
0597－8337293

**厦门市丰楚商贸有限公司**
地址：福建省厦门市湖里区嘉禾路392号29C室
……………………………… 负责人：沈楚如
……………………………… Tel:13606099930

**厦门众立工贸有限公司**
地址：福建省厦门市湖里区嘉禾路488号1601室
……………………………… 负责人：王春万
……………………………… Tel:13015918280

**上杭县永发汽车贸易有限责任公司**
业务：汽车贸易
地址：福建省龙岩市上杭县临江镇北环路495号
……… 负责人：江幸昌 邮 编：364200
……………………… 法 人：江幸昌
………… Tel:0597－3880622
13906973731

**上杭县范文炜食杂店**
业务：销售日用品、零售
地址：福建省龙岩市上杭县太拔市场
……… 负责人：范文炜 邮 编：364219
……………………… 法 人：范文炜
………… Tel:0597－3951559

**厦门市湖里区兴飞龙贸易商行**
地址：福建省厦门市湖里区嘉禾路547号201室
……………………………… 负责人：谢登芳
……………………………… Tel:0592－5666273

**上杭县下都乡杭春饲料经销点**
业务：批发销售饲料
地址：福建省龙岩市上杭县下都乡市场吉新路28号
……… 负责人：薛杭春 邮 编：364000
……………………… 法 人：薛杭春
………… Tel:0597－3702578
15959738415

**武平县平川镇农贸市场小陈百货批发部**
业务：主营针织品、皮带、内衣、婴儿用品，批零兼营，质优价廉，欢迎您的光临惠顾！
地址：福建省龙岩市武平县平川镇农贸市场18号
……… 负责人：陈凤秀 邮 编：364300
……………………… 法 人：陈凤秀
………… Tel:0597－4809378
3232168
13859521092

**武平县平川镇农贸市场小陈百货批发部**
业务：百货批发
地址：福建省龙岩市武平县平川镇农贸市场18号
……… 负责人：修友文 邮 编：364000
……………………… 法 人：修友文
………… Tel:13859521092
0597－4809379

**厦门市湖里区高才职业介绍所**
地址：福建省厦门市湖里区嘉禾路571号店面(新湖花园)
……………………………… 负责人：汤全生
……………………………… Tel:0592－5660929

**厦门市汇才人才服务有限公司**
地址：福建省厦门市湖里区嘉禾路773－2号
……………………………… 负责人：王雅芳
……………………………… Tel:0592－5604251

**厦门乐菲机械工贸有限公司**
地址：福建省厦门市湖里区嘉兴里53号304室
……………………………… 负责人：张希一
……………………………… Tel:0592－5741906

**厦门市红火火商贸有限公司**
地址：福建省厦门市湖里区嘉园路189#402室
……………………………… 负责人：王英珠
……………………………… Tel:0592－5625279

**鸿兴盛工贸(厦门)有限公司**
地址：福建省厦门市湖里区嘉园路192号之45－B
……………………………… 负责人：黄文昆
……………………………… Tel:0592－2611898

**厦门市樱奇工贸有限公司**
地址：福建省厦门市湖里区江浦南里27栋501室
……………………………… 负责人：徐炯
……………………………… Tel:0592－5516073

**武平县永荣汽车加水服务部**
业务：为客户提供汽车加水服务
地址：福建省龙岩市武平县岩前镇迳田村78号
……… 负责人：钟永荣 邮 编：364000
……………………… 法 人：钟永荣
………… Tel:13599625212
0597－4587728

**武平县永平乡仁永鑫百货商行**
业务：服装：中上等各品牌；鞋类：红蜻蜓、富贵鸟等多种品牌；各种床上用品
地址：福建省龙岩市武平县永平乡永平市场
……… 负责人：吴良仁 邮 编：364306
……………………… 法 人：吴良仁
………… Tel:0597－4632786

**武平县中堡育明家用电器商行**
业务：海尔家电专卖
地址：福建省龙岩市武平县中堡镇中兴街44号
……… 负责人：石育明 邮 编：364300
……………………… 法 人：石育明
………… Tel:0597－4542980
13859548189

**福建八达海进出口工贸有限公司**
业务：进出口贸易
地址：福建省龙岩市新罗区工农路文苑名都
……… 负责人：战文杰 邮 编：364000
……………………… 法 人：战文杰
………… Tel:13950838877
0597－2228979

**厦门川兴商贸有限公司江顺里经营部**
地址：福建省厦门市湖里区江顺里125号
……………………………… 负责人：吴晚玲
……………………………… Tel:0592－5550476

**厦门唐商电子商务有限公司**
地址：福建省厦门市湖里区江头后埔博士花园7

▲商业百货外贸服务业▼

栋 204 室
负责人:潘兆湧
Tel:0592－5558910

**龙岩市嘉洁燃气有限公司龙门前景液化气供应点**
业务:瓶装液化气、零售、管道设计安装
地址:福建省龙岩市新罗区龙门镇新街(319 国道边)
负责人:林肯　邮　编:364000
法　人:林肯
Tel:13605926626
0597－2563209

**龙岩市新罗区华凯汽车租赁行**
业务:小轿车出租
产品:广本雅阁、尼桑、东风
地址:福建省龙岩市新罗区龙腾路 318 号水韵华都 32 号楼 18 号店
负责人:陈锴　邮　编:364000
法　人:陈锴
Tel:13599331908
0597－2899961

**厦门鑫华龙贸易有限公司**
地址:福建省厦门市湖里区江头建材市场西四区 115 号店面
负责人:郑素菊
Tel:0592－5520562

**厦门缘久贸易有限公司**
地址:福建省厦门市湖里区江头南路 84 号店面
负责人:张建频
Tel:0592－5553438

**厦门曼士德贸易有限公司**
地址:福建省厦门市湖里区江头西路 15 号 1205 室
负责人:陈迎绮
Tel:13030880099

**龙岩市新罗区华凯小车租赁行**
业务:小车租赁
地址:福建省龙岩市新罗区龙腾路水韵华都 32 楼 18 号
负责人:陈锴　邮　编:364000
法　人:刘昌雄
Tel:13599331908
0597－2899961
2899901

**龙岩市新罗区岳锋电器店**
业务:经营各类净水器,空调,冰箱,彩电,洗衣机,热水器,厨卫,点验钞机等各大小家电
地址:福建省龙岩市新罗区适中镇汽车站入口往西第四间店
负责人:林岳锋　邮　编:364000
法　人:林岳锋
Tel:0597－2978889
13599326998

**龙岩市新罗区达兴装载配件店/龙岩市新罗区达兴润滑油经营部**
业务:壳牌统一润滑油龙岩总经销、铲车配件批发零售维修、二手铲车出租出售
地址:福建省龙岩市新罗区月山北一路 5 号/福建省龙岩市新罗区适中镇洋东村盂头隔适中银河加油站旁
负责人:张兴华　邮　编:364000
法　人:张兴华
Tel:13859555620
0597－2960258
2891116

**龙岩市新罗区亚欣清洗消毒有限公司**
业务:中央空调,家用空调的清洗、维护
地址:福建省龙岩市新罗区中城陵园路 92 号 8 号楼沿街店面 1 间
负责人:邓庆建　邮　编:364000
法　人:邓庆建
Tel:13055852995
0597－2203192

**厦门吉家广告有限公司**
地址:福建省厦门市湖里区金湖路 118 号一层
负责人:赵伟
Tel:0592－3837888

**深圳市联品贸易有限公司厦门分公司**
地址:福建省厦门市湖里区金湖路 99 号
负责人:叶燕
Tel:0592－5703870

**厦门市湖里区康美莱贸易商行**
地址:福建省厦门市湖里区金山琴岛花园 B 幢 08 号
负责人:王文琴
Tel:0592－5225756

**厦门艾达贸易有限公司**
地址:福建省厦门市湖里区金山小区 106 梯 403 室
负责人:陈坤
Tel:0592－8261051

**厦门市鑫灿工贸有限公司金尚分公司**
地址:福建省厦门市湖里区金尚路 370 号
负责人:肖营风
Tel:0592－8682441

**永定县朝阳汽车租赁行**
业务:从事各种小型汽车的租赁服务
地址:福建省龙岩市永定县高陂镇西陂村
负责人:林照红　邮　编:364000
法　人:林照红
Tel:13850613121
13959455188

**永定县老坤食杂店**
业务:烟酒食杂、烟花炮竹
地址:福建省龙岩市永定县坎市镇文馆村文馆街 28 号
负责人:卢锦增　邮　编:364000
法　人:卢锦增
Tel:13605904674
0597－5668859

**永定县金大酒业经营部**
业务:茶叶、烟、酒
地址:福建省龙岩市永定县培丰大排
负责人:饶世先　邮　编:364000
法　人:饶世先
Tel:13959491520
0597－5696566

**漳平市鸿富广告**
业务:专业广告设计、制作、发布、各类广告牌、各类字加工制作
地址:福建省龙岩市漳平市和平南路 561 号
负责人:刘富贵　邮　编:364400
法　人:刘富贵
Tel:0597－7836432
15880601669

**厦门盛建工贸有限公司**
地址:福建省厦门市湖里区金尚路 433 号 901 室
负责人:卢志平
Tel:0592－5234222

**南安市洪濑润发小百货经营部**
业务:日用百货经营
地址:福建省南安市洪濑镇北市场
负责人:戴界平　邮　编:362300
法　人:戴界平
Tel:13808548989
13905054318

**福建省南安市江厦贸易有限公司**
业务:西凤酒,茶叶,土特产
产品:3.2 西凤酒(陕西),茶叶(铁观音)
地址:福建省南安市柳城街道柳东路 807 号
负责人:黄清明　邮　编:362300
法　人:黄清明
Tel:0595－86365633
13599989193
Fax:0595－86365631

**南安市新天地餐具消毒服务中心**
业务:餐具消毒服务(承接大中小型宴席)
地址:福建省南安市美林街道西美村竖旗 182 号
负责人:黄世登　邮　编:362000
法　人:黄世登
Tel:13675905080
13960212424
0595－86285530

**南安市石井新盛隆超市**
业务:超市
地址:福建省南安市石井后山头工业区
负责人:马石锦　邮　编:362000
法　人:马石锦
Tel:0595－86097088

**晋江市梅岭易经道企业信息咨询部**
业务:企业信息咨询,策划
地址:福建省南安市水头镇鸿星街 2 幢 403
负责人:杨芹　邮　编:362000
法　人:杨芹
Tel:13960323001
0595－26930333
15859700007

**厦门绅家工贸有限公司**
地址:福建省厦门市湖里区吕岭路 27 号 1302
负责人:庄琼英
Tel:13600901030

**厦门佳逸家政服务有限公司**
地址:福建省厦门市湖里区吕岭路彩虹花园 169 号 201 室
负责人:涂德英
Tel:0592－5233139

**厦门普瑞工贸有限公司**
地址:福建省厦门市湖里区吕岭路 213 号金岭花园西塔楼 1105 室
负责人:颜志新
Tel:0592－5282968

**厦门南华文进出口有限公司**
地址:福建省厦门市湖里区吕岭路 25 号 B 幢 1203 单元
负责人:雷雯
Tel:0592－5554895

**南安市水头镇天长地久摄影店**
业务:婚纱摄影、儿童写真
地址:福建省南安市水头镇鑫顺街东二栋 2 楼
负责人:伍君祥　邮　编:362000
法　人:伍君祥
Tel:0595－86968188

**南安市溪美金友信息咨询中心**
业务:信息咨询服务,经营黄金葡萄酒、护肝茶等
地址:福建省南安市溪美长安南路长安商业街西七幢 206 室
负责人:王进恭　邮　编:362300
法　人:王进恭
Tel:0595－86269626
86268628

**光泽县金荣小百货商行**
业务:经营办公用品、家用小电器
地址:福建省南平市光泽县武林路满福楼 9 号
负责人:黄金荣　邮　编:353000
法　人:黄克彬
Tel:13950662284
15259939161

**蒲城县涂玉龙食杂店**
业务:销售副食品
地址:福建省南平市蒲城县河滨北山排村 38 号
负责人:涂玉龙　邮　编:353000
法　人:涂玉龙
Tel:0599－2862350

**厦门厚益泰贸易有限公司**
地址:福建省厦门市湖里区南山路 411 号 7－8
负责人:张梅香
Tel:0592－5595547

**厦门市兴晨光进出口有限公司**
地址:福建省厦门市湖里区南山路 46－1 号 6D 单元
负责人:苏章成
Tel:0592－5623496

**上海三社领贸易有限公司厦门分公司**
地址:福建省厦门市湖里区南山路 49 号 114 单元
负责人:郭纪敏
Tel:0592－8427925

**厦门市湖里区鑫正宏贸易商行**
地址:福建省厦门市湖里区南山路 552 号 5C
负责人:沈幼娟
Tel:0592－5633098

**浦城县爱民市场徐记调味品冻品连锁店**
业务:调味品冻品的销售
地址:福建省南平市浦城县爱民市场店面
负责人:汪菊香　邮　编:353000
法　人:汪菊香
Tel:0599－2873912
13960652330

**浦城县城西服装干洗店**
业务:服装干洗、皮衣、西装等
地址:福建省南平市浦城县城西汽车站对面 6 号店
负责人:周先发　邮　编:353000
法　人:周先发
Tel:0599－6108762
15105080648

**福建省浦城县鑫发日用百货商行**
业务:专业的日用百货批发商,本商行品种齐全、质优价廉,我们将一如既往地推出更多物美价廉的产品,欢迎新老客户来电垂询订购!
地址:福建省南平市浦城县兴华路 68 号
负责人:蔡美婷　邮　编:353400
法　人:尹平
Tel:0599－2866778
Fax:0599－2866775

**厦门市鑫晨龙工贸有限公司**
地址:福建省厦门市湖里区双浦西里 19 号 305 室
负责人:梁才茂
Tel:0592－6011288

**厦门市博来雅工贸有限公司国联分公司**
地址:福建省厦门市湖里区台湾街 9－11 号 C19A
负责人:张红兵
Tel:0592－3127278

**厦门祥裕兴工贸有限公司**
地址:福建省厦门市湖里区太微山庄第 A 幢一层 10 号店面
负责人:潘清阳
Tel:0592－5288811

**顺昌县禾口贵安水果批发部**
业务:水果类批发
地址:福建省南平市顺昌县绿鑫农副产品批发市场 6－7 号店
负责人:施祖雄　邮　编:353200
法　人:施祖雄
Tel:0599－7871948

**南平市延平区欧亚食品洋行**
业务:欧亚食品洋行,专营世界各地休闲产品,包括进口洋酒、葡萄酒、橄榄油、饮料、食品、白酒等,品种丰富,口味纯正,包装精致,我们将以最优质的产品和服务期待您的光临!
产品:台湾金门高梁酒、八八坑道酒南平区代理及经营各个国家、地区进口食品
地址:福建省南平市延平区马坑路 7 号创世纪步行街 B 区 3 号楼 23－24 号店
负责人:杨宁娟　邮　编:353000
法　人:何光协
Tel:0599－8711668
13305096116
Fax:0599－8610696
E-mail:hesha1997@126.com

**福建省南平市延平区天成洗涤服务部**
业务:洗涤服务
地址:福建省南平市延平区西芹镇长建村村头自然村
负责人:郑克标　邮　编:353001
法　人:郑克标
Tel:0599－8501116
13859484837

**厦门居康室内环保服务有限公司**
地址:福建省厦门市湖里区乌石埔中港花园二期第 16 幢 3 层 H－03 号
负责人:吴营典
Tel:0592－5551006

**厦门万赋贸易有限公司**
地址:福建省厦门市湖里区仙岳路 682 号龙门天下小区群英阁 1603 室
负责人:张灿培
Tel:0592－5651797

**政和县大乘乳业配送中心**
业务:乳业配送服务
地址:福建省南平市政和县城关果品公司大楼 25 号
负责人:郑盛桂　邮　编:353000
法　人:郑盛桂
Tel:13559838599
0599－3334353
6961850

**宁德市鼎盛船舶清污有限公司**
业务:船舶清污,船舶生活垃圾处理,危险品、化学品处理,油污处理
地址:福建省宁德市东侨经济开发区东侨大道 6 号 3 幢 2－B
负责人:王德山　邮　编:352100
法　人:王德山
Tel:13774771168
0593－2992088
Fax:0593－2992088

**厦门全佳达咨询服务有限公司**
地址:福建省厦门市湖里区仙岳路 860 号台商会馆一楼
负责人:徐丽云
Tel:0592－5517143

**厦门台闽经贸咨询服务有限公司**
地址:福建省厦门市湖里区仙岳路 860 台商会馆 8 层 B03 单元
负责人:黄小妹
Tel:0592－5588171

**福鼎市前岐王孝步日用品店**
业务:主要经营佛教用品批发
地址:福建省宁德市福鼎市前岐镇柚乡路 81 号
负责人:王孝步　邮　编:352100
法　人:王孝步
Tel:13073988188
0593－7573718
13163855632

**厦门大辗贸易有限公司**
地址:福建省厦门市湖里区象屿保税区银盛大厦 15E

负责人：郑石勋
Tel：0592－6051226

**厦门市泓展货运代理有限公司**
地址：福建省厦门市湖里区新丰路 11 号
负责人：方志富
Tel：0592－5711122

**福鼎市正品服务有限公司**
业务：乐尔康餐具消毒加盟店，提供餐具消毒配送服务，餐具无菌净化、无空气污染、无菌包装，日日洁净，只只放心！本着"倡导安全饮食，推广清洁餐具"的企业经营理念，诚挚地为广大客户服务！
地址：福建省宁德市福鼎市铁塘里工业区 2 期
负责人：周正乐　邮　编：355200
法　人：周正乐
Tel：0593－7878112
E-mail：lovezhouzl@yeah.net

**宁德市蕉城区蕉南弘翼广告材料经营部**
业务：超薄灯箱．LED 显示屏．吸塑字．钛金字．水晶字．奖牌．铜牌．厂店招牌．拱门条幅．庆典布置等业务
地址：福建省宁德市蕉城区 815 中路 16 号粮食局大楼一层 5 号店
负责人：林居安　邮　编：352100
法　人：林居安
Tel：0593－2821501
13859668090

**厦门舒阳国利进出口贸易有限公司**
地址：福建省厦门市湖里区兴隆路 677 号之 8 店面
负责人：蔡顺福
Tel：13328751688

**宁德市蕉城区三都城澳言良渔具店**
业务：经营养鱼材料
产品：塑料绳、鲍鱼种
地址：福建省宁德市蕉城区三都城澳
负责人：陈言良　邮　编：352000
法　人：陈言良
Tel：13105952509
13067222203

**宁德市北翼物资有限公司**
业务：多个厂家办事处、多个品牌厂家、闽东总代理、PVC 排水给水管、电工套管、双壁波纹管、碳素管、PE 给水管、增强软管、金属软管、消防器材、电缆、电线、球墨井盖、马桶、本公司品牌厂家
地址：福建省宁德市宁川南路市检察院宿舍 1 号楼 12－17 店面
负责人：周石树　邮　编：352100
法　人：周石树
Tel：13859656155
0593－2606999
Fax：0593－2937199

**厦门市晟杰清洁服务有限公司**
地址：福建省厦门市湖里区兴隆路 90 号之三 506 室
负责人：江建华
Tel：0592－5633856

**厦门和思管理顾问有限公司**
地址：福建省厦门市湖里区兴隆路十三号之一 909 室
负责人：江巧珠
Tel：13159260270

**厦门市丰威进出口有限公司**
地址：福建省厦门市湖里区兴隆路信源大厦 B 座 701 室
负责人：任锦连
Tel：0592－5680352

**厦门锐源贸易有限公司**
地址：福建省厦门市湖里区宜宾路 60 号之 6
负责人：苏秀恋
Tel：0592－5639337

**屏南县川岛洗涤厂**
业务：宾馆的被单、被套洗涤
地址：福建省宁德市屏南县古峰镇城南路溪坪(横洋)888 号
负责人：陈章铨　邮　编：352000
法　人：陈章铨
Tel：0593－3382888

**霞浦县三沙百仕达酒业经营部**
业务：代理青岛啤酒，葡萄酒(长城牌)，洋酒白酒销售
地址：福建省宁德市霞浦县三沙镇五沃新城 206 号
负责人：林贤华　邮　编：355101
法　人：林贤华
Tel：13905934827
0593－8666899
8695999
Fax：0593－8666899

**厦门市少渊贸易有限公司**
地址：福建省厦门市湖里区园山路 308 号 602 室
负责人：何三惠
Tel：0592－8455032

**厦门鑫汉美工贸有限公司**
地址：福建省厦门市湖里区悦华公寓 E－204 室
负责人：张正成
Tel：0592－5587652

**厦门市湖里区科益职业介绍所**
地址：福建省厦门市湖里区悦华路 161 号中山公寓西侧 1 层 11－13 号店面
负责人：于盛中
Tel：0592－5752001

**厦门宝丽杰工贸有限公司**
地址：福建省厦门市集美区灌口镇东辉村建星社
负责人：吴玉华
Tel：0592－6381698

**厦门源达坤工贸有限公司**
地址：福建省厦门市集美区灌口镇灌南工业区内
负责人：廖坤民
Tel：0592－6388882

**福州市立度传媒有限公司霞浦分公司**
业务：媒体发布、广告代理、平面设计、广告工程制作等
地址：福建省宁德市霞浦县松港街道东兴社区长溪路 1 号(万豪商业广场 10 号楼 306 室)
负责人：沈付荣　邮　编：352100
法　人：沈付荣
Tel：13905938521

**周宁县奥美林保洁家政服务部**
业务：承包酒店、商场工作；外墙的清洗每平方 2.8－3 元、室内清洁每平方 3.5－4 元按建筑平面计算补漆；汽车的清洗、美容等
地址：福建省宁德市周宁县狮城镇兴业街 168 号
负责人：李文杰　邮　编：352100
法　人：林经理
Tel：0593－5631386
13860345513

**屏南县双溪镇日宽观赏鱼服务点**
业务：经营观赏鱼
地址：福建省屏南县双溪镇白水洋景区纪念碑下第七号店
负责人：孙日宽　邮　编：352300
法　人：孙日宽
Tel：13860303710
0593－3300646

**莆田市城厢区莆华商贸行**
业务：代理品牌跑鞋
地址：福建省莆田市城厢区安福家园一区 26 号
负责人：李建华　邮　编：351100
法　人：李建华
Tel：0594－2218123
Fax：0594－2218123

**厦门惠更昌工贸有限公司**
地址：福建省厦门市集美区灌口镇商贸中心 B 区
负责人：陈春棉
Tel：0592－6090600

**莆田市城厢区燕之屋贸易商行**
业务：燕窝、茶叶
地址：福建省莆田市城厢区公园居委会荔城路 281 号
负责人：汪新强　邮　编：351100
法　人：汪新强
Tel：13599029560
0594－2677768
Fax：0594－2993399

**莆田市意兴元工贸有限公司**
业务：贸易
产品：油漆、涂料、鞋材
地址：福建省莆田市城厢区华林工业园区山牌村九组
负责人：王意平　邮　编：351100
法　人：王意平
Tel：13656996628
0594－2039818

**厦门欣琪雅工贸有限公司**
地址：福建省厦门市集美区后溪镇仑上村工业厂房一层
负责人：黄亚兴
Tel：0592－6265625

**厦门福昱工贸有限公司**
地址：福建省厦门市集美区侨英街道浒井二组
负责人：张福民
Tel：0592－6686862

**莆田市盈胜贸易有限公司**
业务：鞋帽、家用电器等产品代理经营
地址：福建省莆田市城厢区华亭镇霞皋村度下 44 号
负责人：许瑞　邮　编：351100
法　人：许瑞
Tel：0594－2560662

**莆田市涵江区艺术坊拍拍乐大头贴店**
业务：拍大头贴
地址：福建省莆田市涵江区苍林街 405 号
负责人：许林恩　邮　编：351100
法　人：许林恩
Tel：0594－3592908
3585990
13959596760

**厦门齐盛工贸有限公司**
地址：福建省厦门市集美区杏林西滨村西滨南路 262 号
负责人：杨彩丽
Tel：0592－6215771

**厦门瑞义贸易有限公司**
地址：福建省厦门市集美区杏林新源路 1 号 B1 栋 302 室
负责人：唐义
Tel：0592－6216779

**厦门森达兴贸易有限公司**
地址：福建省厦门市集美区杏林杏南路中铁花园 4 栋 201 室
负责人：杨梅英
Tel：0592－6281375

**莆田市涵江区安达汽车租赁商行**
业务：汽车美容、保养、维修、保险、过户、上牌等服务
地址：福建省莆田市涵江区顶铺长埕头 24 号
负责人：陈国宇　邮　编：351100
法　人：陈国宇
Tel：13850242889
13850280966
0594－3888825

**莆田市涵江区江口黄文杰补胎店**
业务：补胎
地址：福建省莆田市涵江区江口石庭西路 25 号
负责人：黄文杰　邮　编：351100
法　人：黄文杰
Tel：13706052815
0594－3799299

**莆田市涵江区玉妹干洗店**
业务：承接酒店、桑拿业务：客房床单、被套、浴巾、面巾餐饮台布、口布、台裙、椅套等
地址：福建省莆田市涵江区三江口镇后郭村坨里 8 组
负责人：刘国泰　邮　编：351111
法　人：刘国泰
Tel：13905049181
0594－3582736
3395181
Fax：0594－3395181

**莆田市荔城区新艺数码冲印店**
业务：照片冲洗、相册制作、婚纱摄影
地址：福建省莆田市荔城区北大南街 183 号
负责人：梁文榜　邮　编：351100
法　人：梁文榜
Tel：13905046973
0594－6992290

**莆田市荔城区嘉诚搬家中心/大吉利搬家公司**
业务：搬家服务，包括一些家电安装服务
地址：福建省莆田市荔城区拱辰办南郊社区西洋 133 号
负责人：王兵　邮　编：351100
法　人：王兵
Tel：13950745308
0594－2397262
2693751
13808567061

**厦门智明人才资源服务有限公司**
地址：福建省厦门市集美区杏林杏西路 19 号之一
负责人：黄凤凰
Tel：0592－6250120

**厦门盛丰贸易有限公司**
地址：福建省厦门市集美区杏林银杏花园 4 幢 302
负责人：焦庆国
Tel：0592－6259328

**厦门恒百润贸易发展有限公司**
地址：福建省厦门市莲前西路 2 号莲富大厦十一楼 E 室
负责人：吴清楚
Tel：0592－5166308
13850061988

**莆田市荔城区黄石振兴食杂店**
业务：批发烟、酒、饮料、茶叶、婚庆用的礼品等
地址：福建省莆田市荔城区黄石镇东井市场 63 号
负责人：卓远锋　邮　编：351100
法　人：卓远锋
Tel：0594－2190969

**莆田市荔城区黄石国连农家店**
业务：经营食品、副食品、饮料、烟酒、日用百货、日化用品、五金电料等
地址：福建省莆田市荔城区黄石镇惠下村(尾埕 168 号)
负责人：方国连　邮　编：351100
法　人：方国连
Tel：13599898993
0594－2191392

**厦门烨鑫保洁有限公司**
地址：福建省厦门市思明区槟榔西里 197 号 409 室
负责人：杨长珍
Tel：0592－5129098

**厦门市思明区日羿开贸易商行**
地址：福建省厦门市思明区槟榔西里 19 号之一栋 303 号
地址：欧云霞
Tel：0592－2121212

**厦门霖泰科进出口有限公司**
地址：福建省厦门市思明区长青北路 85 号 504 室
负责人：夏宜庆
Tel：0592－5041864

**厦门市大佑进出口有限公司**
地址：福建省厦门市思明区长青路嘉华大厦 2606 室
负责人：孙志刚
Tel：13328301118

**厦门市尚臻贸易发展有限公司**
地址：福建省厦门市思明区豆仔尾路 332 号 201
负责人：蔡尚青
Tel：13015840999

**厦门兴东达商贸有限公司厦港经营部**
地址：福建省厦门市思明区蜂巢山路 42 号底层前
负责人：郭惠明
Tel：0592－2198977

**厦门市思明区鑫富利贸易商行**
地址：福建省厦门市思明区凤屿路 432 号
负责人：郭锦荣
Tel：0592－8283110

**厦门惠利盈贸易有限公司**
地址：福建省厦门市思明区福津大街 8 节点 301 室
负责人：陈惠英
Tel：0592－5777715

**厦门越飞商贸有限公司**
地址：福建省厦门市思明区公园南路玉滨城 A 栋 32 楼 C
负责人：叶福兴
Tel：0592－2073777

**厦门市搜氏企业管理咨询有限公司**
地址：福建省厦门市思明区古兴里 3 号 1504 室
负责人：李娟
Tel：0592－59711871

**厦门佳和乐商贸有限公司鼓浪屿店**
地址：福建省厦门市思明区鼓浪屿龙头路 8 号三友假日旅游城第一层 A112 号店
负责人：郑献武
Tel：0592－5762463

**厦门超倍速智能开发咨询服务有限公司**
地址：福建省厦门市思明区国贸信隆城二期第三幢 302 室
负责人：邢精艳
Tel：13606927924

**厦门天程贸易有限公司**
地址：福建省厦门市思明区禾祥西路古龙商城 1 号楼 505 室
负责人：黄文辉
Tel：0592－6023316

**长泰县岩溪强旺饲料店**
业务：饲料的销售
地址：福建省漳州市长泰县岩溪镇高濑村
负责人：吴舜强　邮　编：363000
法　人：吴舜强
Tel：15959657666
0596－8287798

**厦门福磊进出口有限公司**
地址：福建省厦门市思明区禾祥西路联邦广场六之二号 1005 室
负责人：李金龙
Tel：0592－2230496

**厦门同欣诚工贸有限公司**
地址：福建省厦门市思明区洪山柄蔡塘工业区

……负责人:朱龙
……Tel:0592－5970648

**厦门厦兴达工贸有限公司**
地址:福建省厦门市思明区洪文石村土堀社
……负责人:林明亮
……Tel:0592－8924007

**厦门正黑视觉广告有限公司**
地址:福建省厦门市思明区洪文一里 129 号之六店
……负责人:朱明锋
……Tel:0592－5961122

**厦门市友好交流出国服务有限公司**
地址:福建省厦门市思明区湖滨北路 118 号振兴大厦 20 楼东南侧
……负责人:苏祟
……Tel:0592－5142958

**厦门威华进出口有限公司**
地址:福建省厦门市思明区湖滨北路 15 号外贸大厦四楼 415、405 室
……负责人:郭启周
……Tel:0592－5037318

**厦门升晖进出口贸易有限公司**
地址:福建省厦门市思明区湖滨北路 185 号永升华庭 187 之 1－601 室
……负责人:蔡建清
……Tel:0592－3287387

## 金伟水电材料店

业务:水电材料的销售
地址:福建省漳州市长泰县岩溪镇锦昌路(中国石油加油站斜对面)
……负责人:吴伟杰　邮　编:363000
……法　人:吴伟杰
……Tel:13850510177
13459697223

## 东山县平安汽车出租行

业务:各种汽车出租
地址:福建省漳州市东山县西埔镇东环路速8酒店对面
……负责人:张先生　邮　编:363400
……邮　编:张毅超
……Tel:15880553670
0596－5868680

## 龙海市海澄旺佳电机维修场

业务:电机维修
地址:福建省漳州市龙海市海澄镇豆巷村普贤路段污水处理厂正对面
……负责人:林旺根　邮　编:363000
……Tel:13906069884
0596－6755693

**厦门林和泰进出口有限公司**
地址:福建省厦门市思明区湖滨北路 29 号中信广场 A 幢 13E
……负责人:林健
……Tel:0592－5311692

**厦门市金安会计咨询有限公司**
地址:福建省厦门市思明区湖滨北路 41 号 403 室
……负责人:蔡建成
……Tel:0592－5313135

**厦门倍顺连锁店有限公司滨北二店**
地址:福建省厦门市思明区湖滨北路育秀里 5 号
……负责人:邱明义
……Tel:0592－5030818

**厦门市思明区熙来贸易商行**
地址:福建省厦门市思明区湖滨北路育秀中心 B 幢 6G
……负责人:赵丽平
……Tel:0592－5207126

**厦门市伟中贸易有限公司**
地址:福建省厦门市思明区嘉禾路 285 号 1201 室
……负责人:洪传利
……Tel:0592－5054567

**厦门帏琮进出口有限公司**
地址:福建省厦门市思明区嘉禾路 297－2 号 1707 室
……负责人:吴好妍
……Tel:0592－5034828

**厦门市远然广告有限公司**
地址:福建省厦门市思明区嘉禾路 297 号之二 1003 室
……负责人:蓝荷书
……Tel:0592－5051022

**厦门才略管理咨询有限公司**
地址:福建省厦门市思明区嘉禾路 297 号之一 1702 室
……负责人:兰添和
……Tel:0592－5125778

**厦门泳鑫工贸有限公司**
地址:福建省厦门市思明区嘉禾路 343 号 713 室
……负责人:唐松梅
……Tel:13609313312

**厦门市迪星广告装璜有限公司**
地址:福建省厦门市思明区嘉禾路阜康大厦 705 室
……负责人:张建
……Tel:13600936530

**厦门市思明区快事达贸易商行**
地址:福建省厦门市思明区天湖路 40 号假日 E 时代 602 室
……负责人:朱丹
……Tel:0592－2200228

**厦门市思明区康莱雅贸易商行**
地址:福建省厦门市思明区文汇路 51 号 1201 室
……负责人:李爱清
……Tel:0592－5553990

**厦门市思明区子隆贸易商行**
地址:福建省厦门市思明区文屏路 14 号 27D 室
……负责人:卢志强
……Tel:0592－2962115

**厦门泓盛商贸有限公司**
地址:福建省厦门市思明区仙岳路 582 号 1606 室
……负责人:李秋冬
……Tel:0592－5123508

**厦门泓浩工贸有限公司**
地址:福建省厦门市思明区仙岳路 603 号 202 室
……负责人:郑秉宇
……Tel:0592－5200017

**上海市对外服务有限公司厦门分公司**
地址:福建省厦门市思明区仙岳路东段北侧领事馆区
……负责人:周观德
……Tel:0592－8181791

**厦门雅逸行销企划有限公司**
地址:福建省厦门市思明区曾厝垵 379 号一楼 2 室
……负责人:周晓琼
……Tel:13600922009

**厦门千岛进出口有限公司**
地址:福建省厦门市思明区曾厝垵金海公寓 3 号楼 809 室
……负责人:刘惠媚
……Tel:0592－8950752

**厦门市欣甘谷工贸有限公司**
地址:福建省厦门市同安县区祥平街道阳翟村同集路口
……负责人:李婕
……Tel:0592－3815196

**厦门菲博进出口有限公司**
地址:福建省厦门市同安县区振兴新村 11 号 703 室
……负责人:周峰
……Tel:0592－7313396

**查理(厦门)贸易有限公司**
地址:福建省厦门市厦禾路 415 号光明大厦西塔 24 层 N 座
……负责人:谢秀萍
……Tel:0592－2213483
2213485

## 龙海市九湖净康源餐具消毒中心

业务:专业餐具消毒配送
地址:福建省漳州市龙海市九湖镇九湖村大石牌 12 号
……负责人:谢志彬　邮　编:363000
……法　人:谢志彬
……Tel:13906948528
0596－6965056

## 龙海市颜厝格上汽车租赁服务部

业务:汽车租赁
地址:福建省漳州市龙海市颜厝镇下宫村
……负责人:吴财能　邮　编:363000
……法　人:吴财能
……Tel:13850520053

## 漳州市龙文区振兴百货店

业务:日用百货零售
地址:福建省漳州市龙文区蓝田镇西坑村迎宾大道 1213 号
……负责人:陈慧玲　邮　编:363000
……法　人:陈慧玲
……Tel:0596－2102367

## 南靖县勇珍食杂店

业务:批发、零售
产品:烟酒、百货、食品、小家电等
地址:福建省漳州市南靖县靖城镇草前村忠声东路 34 号
……负责人:陈小勇　邮　编:363000
……邮　编:陈小勇
……Tel:13779906703
0596－6676518

**厦门泓盛商贸有限公司**
地址:福建省厦门市翔安区马巷镇巷南路
……负责人:李秋冬
……Tel:13606006558

**厦门市翔安区农村信用合作联社**
地址:福建省厦门市翔安区马巷镇巷西路
……负责人:徐小全
……Tel:0592－7628604

**厦门市汉韵唐风广告有限公司**
地址:福建省厦门市翔安区新店镇新兴街商业银行对面店面
……负责人:蔡其军
……Tel:0592－7801177

**厦门银鹭进出口有限公司**
地址:福建省厦门市翔安区银鹭高科技园区
……负责人:蔡学彦
……Tel:0592－7176299

**顺通汽车维修中心**
地址:福建省漳平市外环东路
……负责人:王火恒
……Tel:0597－7531618
13507522998
13850638542

## 平和县德和灯饰电器商行

业务:灯饰水暖器材的销售
地址:福建省漳州市平和县五寨乡优美村大埔
……负责人:庄聪明　邮　编:363000
……法　人:庄聪海
……Tel:13599667257
0596－5391348
13959683103

## 平和县路源汽车租赁有限公司

业务:汽车租赁;二手汽车销售;代办蜜柚购销
地址:福建省漳州市平和县小溪镇河滨路第三幢 54 号
……负责人:游一郎　邮　编:363000
……法　人:游一郎
……Tel:13960014444
0596－5231999

**韵飞澳中(厦门)商务咨询有限公司**
地址:福建省厦门市思明区新华路 78 号华建大厦 6 楼
……负责人:杨大卫
……Tel:0592－2134177

**厦门市思明区海瀚贸易商行**
地址:福建省厦门市思明区映碧里 6 号 606 室
……负责人:庄洪
……Tel:0592－5557782

**厦门市湖里区欣天缘日用品商行屿后南里分店**
地址:福建省厦门市思明区屿后南里 120 号 405 室
……负责人:黄欣铭
……Tel:13606044702

**厦门市钜升商贸有限公司**
地址:福建省厦门市思明区玉荷里 31 号 6G 室
……负责人:杨素梅
……Tel:0592－5132519

**厦门弘瑞贸易有限公司**
地址:福建省厦门市思明区员当路 1－58(西堤别墅)
……负责人:江建立
……Tel:13606012135

## 漳州市芗城区天虹食品添加剂商行

业务:经营食品添加剂、食品包装材料
地址:福建省漳州市芗城区南太武路 31 号之二
……负责人:周荣德　邮　编:363000
……法　人:周荣德
……Tel:0596－2888114
2887650

**厦门易士达商贸有限公司**
地址:福建省厦门市思明区莲岳路 152 号新华大厦 1002 室
……负责人:周朝阳
……Tel:13600903149

**厦门海通盛贸易有限公司**
地址:福建省厦门市思明区莲岳路 92 号 404
……负责人:陈长林
……Tel:0592－5323966

**厦门市金茂源工贸有限公司**
地址:福建省厦门市思明区岭兜村 145 号
……负责人:张利和
……Tel:0592－5931109

**安达盛(厦门)管理顾问有限公司**
地址:福建省厦门市思明区龙景台祥龙阁 262 号 601 室
……负责人:曾振国
……Tel:0592－5686295

**厦门鑫玉达工贸有限公司**
地址:福建省厦门市思明区龙山中路 1 号之一
……负责人:梁家玉
……Tel:0592－8789621

## 漳州市芗城区丽辉净水器商行(丽辉茶叶店)

业务:1. 净水器，饮水机 2. 茶叶批发零售
地址:福建省漳州市芗城区瑞芳苑 3 幢楼下 101 单元车库
……负责人:林明辉　邮　编:363000
……法　人:林明辉
……Tel:13799814084
0596－2364944

**厦门市天瑞宏图进出口有限公司**
地址:福建省厦门市思明区金榜路 22 号 301 室
……负责人:吕国专
……Tel:0592－5853318

**厦门育大利贸易有限公司**
地址:福建省厦门市思明区金榜路 59 号之二 502
……负责人:陈日滨
……Tel:0592－5880499

## 漳州市芗城区羽彤礼仪策划工作室

业务:礼仪庆典、文艺策划、现场布置、舞台音响、平面广告、包装设计
地址:福建省漳州市芗城区悦华商业广场都市阳光 A904 号
……负责人:李丹　邮　编:363000
……法　人:洪建德
……Tel:13306953085
13906948758
0596－2961758
……E-mail:danli1069@yahoo.com.cn

## 漳州市芗城区九克拉摄影室

业务:人像摄影、商业广告
地址:福建省漳州市芗城区漳华路 215 号集装箱分公司
……负责人:吴素琪　邮　编:363000
……法　人:吴素琪
……Tel:13605050665
13605006551

**厦门欣达诚商贸有限公司**
地址:福建省厦门市思明区金榜路 67 号 8A 室
……负责人:徐建民
……Tel:13600927755

**厦门市祥展贸易有限公司**
地址:福建省厦门市思明区金尚路 77－85 号之 9、10
……负责人:余亭仪
……Tel:0592－2943199

**厦门市思明区勤勉贸易商行**
地址:福建省厦门市思明区金尚小区禹洲花园 4 幢 1－2A
……负责人:周彩云
……Tel:0592－5986790

## 利祥专业搬家服务部

业务:专业搬家，空调安装，疏通管道，清理化粪池
地址:福建省漳州市芗城区漳华路营后村 4 幢 102 号
……负责人:叶重明　邮　编:363000
……法　人:叶重明
……Tel:0596－2677065
13960028799

## 云霄县木川食杂店

业务:超市
地址:福建省漳州市云霄县列屿镇人家村 164 号
……负责人:陈木川　邮　编:363300
……法　人:陈木川
……Tel:0596－8686158
13605030293

## 云霄县振佳贸易商行

业务:二手汽车、摩托车、房产买卖中介、及各种信托服务
地址:福建省漳州市云霄县绥阳街绥阳路 881 号
……负责人:汤伟林　邮　编:363000
……法　人:汤伟林
……Tel:0596－8588665

## 云霄县钦发电器维修部

业务:电器维修
产品:冰箱、空调、洗衣机
地址:福建省漳州市云霄县云陵镇南大街 155 号
……负责人:周钦发　邮　编:363300
……法　人:周钦发
……Tel:13860822248
0596－8986696
8622998

## 漳浦县深土镇润田生物有机肥经销部

业务:生物有机肥销售
地址:福建省漳州市漳浦县深土镇山边村石化加油站东侧
……负责人:陈高龙　邮　编:363000
……法　人:陈高龙
……Tel:13015653944
0596－3799990

**厦门天戊商贸有限公司**
地址:福建省厦门市思明区嘉华里 11 号 302 室
……负责人:曾琼琼
……Tel:0592－5072892

**厦门市思明区润硕贸易商行**
地址:福建省厦门市思明区建业路 9 号恒通花园 21C

负责人:方岚
Tel:0592－5112869

**厦门亿维科技有限公司**
地址:福建省厦门市思明区莲前西路山木清华7号楼6层D座
负责人:陈伟杰
Tel:0592－5993838

**厦门市思明区鑫晨晖贸易商行**
地址:福建省厦门市思明区莲秀里130号
负责人:林振超
Tel:13055202868

**厦门市思明区铭福商店**
地址:福建省厦门市思明区鹭江道172－174号
负责人:谢阳生
Tel:0592－8487998

## 漳州市诏安县通顺二手车经纪有限公司
业务:专营各类高中低档二手汽车,办理二手车保险、交易、过户、免费登记和置换等业务,遵从诚信经营,客户至上的服务理念,竭诚为您服务。
地址:福建省漳州市诏安县深桥镇闽粤商业街
负责人:吴文顺　邮编:363500
法人:吴文顺
Tel:13605059290
Fax:0596－3301272
网址:www.zaesc.cn
E-mail:zzwwsesc@163.com

## 福州市仓山区家佳惠超市
业务:本超市经营食品、百货、生鲜果蔬、保健品、服装鞋帽、五金家电、文体文具等。品种齐全,质优价廉。本超市秉承"品质取胜,服务为先"的经营理念和服务宗旨,恭候您的光临!
地址:福州市仓山区城门镇狮山村太岁街16号
负责人:叶正庚　邮编:350000
法人:叶正庚
Tel:0591－83532585
13859677906
Fax:0591－83532585

**漳州市艺盛达贸易有限公司**
地址:福建省漳州市龙文区步文镇荣昌花园1幢101号
负责人:胡毅辉
Tel:(0596)2169495

**集华空调制冷机电维修部**
地址:福建省漳州市云霄县塘坪街民主路10号
负责人:林宗敏
Tel:0596－8519160
13806911829

## 仙游县均达财务咨询有限公司
业务:财务咨询,评估,拍卖,贷款,房地产信息咨询
地址:福建省莆田市仙游县鲤城解放中路13号
负责人:林碧钦　邮编:351200
法人:林碧钦
Tel:0594－8289288
Fax:0594－8273878
E-mail:lin8289288@163.com

## 长珊茶行(彭峰茶业)
业务:主营安溪铁观音,本山,毛蟹等各种茗茶的批发零售
地址:福建省泉州市安溪县茶都B3－11号
负责人:刘长珊　邮编:362400
法人:刘长珊
Tel:0595－23236699
13799500987

## 安溪县城关捷宏电机配件店
业务:经营电线电缆、开关板、电动工具、五金工具、工业机械。
地址:福建省泉州市安溪县凤城镇兴安路467号
负责人:王水福　邮编:362000
法人:王水福
Tel:0595－23113762
13959808762
Fax:0595－23275762

**厦门小神鹭工贸有限公司**
地址:福建省厦门市思明区湖滨东路81号804室
负责人:黄康法
Tel:0592－5884368

**厦门市易度主张广告有限公司**
地址:福建省厦门市思明区湖滨东路81号902室
负责人:严炳辉
Tel:0592－5178828

**厦门英迪商贸有限公司**
地址:福建省厦门市思明区湖滨六里227号901室
负责人:吴士毅
Tel:0592－5106882

**厦门天尊贸易有限公司**
地址:福建省厦门市思明区湖光路湖明新村2区12幢3梯1层6号
负责人:陈恂
Tel:13606938707

**厦门立友企业管理顾问有限公司**
地址:福建省厦门市思明区嘉禾路104号香江花园3号楼21层C座
负责人:王娟
Tel:0592－5137769

**标塑兴(厦门)贸易有限公司**
地址:福建省厦门市思明区嘉禾路261号18C单元
负责人:车云珍
Tel:0592－5333837

## 德化县敏林食杂店
业务:各种副食以及日用百货零售
地址:福建省泉州市德化县龙门滩镇苏洋村
负责人:吴敏林　邮编:362000
法人:吴敏林
Tel:0595－23568809

**厦门集力人力资源开发管理有限公司**
地址:福建省厦门市思明区湖滨南路21号电业大厦14F
负责人:周雪梅
Tel:0592－2266145

**厦门枫盛贸易有限公司**
地址:福建省厦门市思明区湖滨南路51号湖滨茗宫22楼E室
负责人:吴清泉
Tel:13110920148

**上海鄂本建筑设计咨询有限公司厦门分公司**
地址:福建省厦门市思明区湖滨南路619号SOHO大厦907－908室
负责人:陈添霖
Tel:0592－5118945

**厦门市普惠达贸易有限公司**
地址:福建省厦门市思明区湖滨南路69号电子城第二层2－55号
负责人:廖温明
Tel:0592－2383683

**厦门策动广告有限公司**
地址:福建省厦门市思明区湖滨南路819号(宝福大厦)6A
负责人:崔涛
Tel:13600921006

## 丰泽区神之水滴贸易商行
业务:塔维诺、保罗梅森、阿尔岱雪、进口葡萄酒批发
地址:福建省泉州市丰泽区宝成大厦3号楼101室
负责人:汪阿林　邮编:362000
法人:汪阿林
Tel:18965754999
0595－28018911
Fax:0595－28018911

## 春菜桥架货架店
业务:本店经营中高档货架、桥架,厂价直销,批发零售,欢迎选购。
产品:仓储架、桥架、货架、衣架、角钢、百变模特、网勾等配件
地址:福建省泉州市丰泽区宝洲街灯星公寓东侧沿街6号店
负责人:丁春菜　邮编:362000
法人:丁春菜
Tel:0595－22538738
13559072338
Fax:0595－22538738
E-mail:1191638269@qq.com

## 泉州市豫嵩家政服务部
业务:霓虹灯、夜景工程设计施工、外墙防水、涂料、清洗、各种石材翻新、打蜡、抛光
地址:福建省泉州市丰泽区东湖新村菜市场2号店
负责人:李红军　邮编:362000
法人:李红军
Tel:0595－22522351
28196683

**厦门向逸贸易有限公司**
地址:福建省厦门市思明区鹭江道272号兴鸿广场30楼D单元
负责人:黄小欧
Tel:0592－2390109

**厦门兴易通商贸有限公司**
地址:福建省厦门市思明区吕岭路266号301室
负责人:陈建兴
Tel:0592－5560712

**厦门金陆通商务咨询有限公司**
地址:福建省厦门市思明区侨福城侨兴里17号401室
负责人:陈雅真
Tel:0592－5968511

**厦门富媛进出口有限公司**
地址:福建省厦门市思明区思明南路298号之一思明苑B座601室
负责人:张田华
Tel:0592－2051128

**厦门申德贸易有限公司思明南路分部**
地址:福建省厦门市思明区思明南路398号第一层之五
负责人:侯剑平
Tel:0592－8818081

## 泉州市泉港区阿四售票点
业务:售票
地址:福建省泉州市泉港区涂岭镇驿坂村大雾山路口
负责人:曾振华　邮编:362000
法人:曾振华
Tel:13805975974
0595－87065005

## 大田县生军化肥经营部
业务:化肥批发兼零售
地址:福建省三明市大田县湖美乡湖上村移民安置点
负责人:施生军　邮编:365000
法人:施生军
Tel:13605991728
13950987807

## 建宁县里心镇彩仙莲子收购店
业务:收购、销售莲子
地址:福建省三明市建宁县里心镇永安路76号
负责人:邱运财　邮编:354502
法人:邱运财
Tel:0598－3282388
13806973619

## 将乐县雨蓝家纺
业务:家纺的销售
地址:福建省三明市将乐县古镛镇日照东门第1号楼25号店
负责人:赵凯　邮编:365000
法人:赵凯
Tel:0598－2322753
13859158677

## 三明市梅列区连旺汽车租赁店
业务:汽车租赁
地址:福建省三明市梅列区徐碧二村49幢一层4号店
负责人:陈丕旺　邮编:365000
法人:陈丕旺
Tel:13860586205
13850888813
0598－5103100

**厦门可那工贸有限公司**
地址:福建省厦门市思明区曾厝垵社238号
负责人:陈春敏
Tel:0592－8815186

**厦门万祺工贸有限公司**
地址:福建省厦门市思明区曾厝垵西边社90号
负责人:万志文
Tel:0592－2519916

**厦门市铜仁广告有限公司**
地址:福建省厦门市思明区镇海路10号
负责人:周波
Tel:0592－5987915

**厦门西泓工贸有限公司**
地址:福建省厦门市同安区和力花园A座702室
负责人:洪闸水
Tel:0592－7107992

**厦门宏雁建设工程咨询有限公司**
地址:福建省厦门市同安县区城南路皮防院宿舍602室
负责人:詹宏声
Tel:0592－7362635

## 三明市梅列区中脉道和健康生活馆
业务:展示、销售以"中脉远红健康床垫"为主导的健康系列产品,包括日用品、针织品、纺织品等,它是一个集合产品展示、销售、体验、培训等多功能的生活体验馆,为消费者提供最好的产品体验服务
产品:中脉远红健康床垫功效:降三高(血压、血脂、血糖)、平衡骨骼、调整脊椎、发射远红外、散发负离子、促进睡眠
地址:福建省三明市梅列区阳光城时代广场二层2015店
负责人:陈玉珍　邮编:365000
法人:罗碧文
Tel:0598－8267313
13850880776
Fax:0598－8267313
网址:www.joymainds.com
E-mail:657438369.qzone.qq.com

**厦门市鑫银投资咨询有限公司**
地址:福建省厦门市思明区莲花映碧里36号203室
负责人:陈智海
Tel:13606049916

**厦门恒和远进出口有限公司**
地址:福建省厦门市思明区莲花映碧里43号407室
负责人:黄献飚
Tel:0592－5526658

**厦门市思明区华三恩五金商行**
地址:福建省厦门市思明区莲前东路392号之132号店
负责人:彭登高
Tel:0592－8267712

## 宁化县琳珍名酒商行
业务:批发、零售:食品、酒类
地址:福建省三明市宁化县翠江镇南大街龙门新村208号
负责人:卢世琴　邮编:365000
法人:卢世琴
Tel:0598－6835888
6835999

## 清流县利友烟酒茶行
业务:烟酒茶叶的销售
地址:福建省三明市清流县嵩口镇解放街
负责人:陈志华　邮编:365000
法人:陈志华
Tel:13515999149
0598－5231885

## 福建省三明市宏晟贸易有限公司
业务:主营预包装食品、散装食品、日用品批发业务,我们将本着以人为本、诚信服务的经营理念,以优质的产品、优良的服务,恭候您的光临!
产品:纳爱斯系列,烟台长城葡萄酒,宝鹭食用油,福旺家食用油,银鹭系列,金鹿蚊香系列,泸州系列,华夏五千年系列
地址:福建省三明市三元区胜利路8号一层4号店
负责人:戴鸿华　邮编:365000
法人:戴鸿华
Tel:0598－8336976
Fax:0598－8329889
E-mail:daibaoming8703@163.com

**厦门都芳商贸有限公司**
地址:福建省厦门市思明区莲前西路195号
负责人:林瑞云
Tel:0592－5995605

**厦门市恒致远财务咨询有限公司**
地址:福建省厦门市思明区莲前西路201号213单元
负责人:王坤赞
Tel:0592－8411901

**壹丰(厦门)投资咨询有限公司**
地址:福建省厦门市思明区莲前西路201号D商场101室
负责人:陈建融
Tel:0592－5053131

## 三明市三元区书文日用品店
业务:销售日用品
地址:福建省三明市三元区莘口镇高山村和峰16号
负责人:黄书文　邮编:365002
法人:黄书文
Tel:13850879118
0598－8370513

## 福建省三明市浩伦园艺植保有限公司
业务:专业经营农药、化肥、农膜、农具、农副产品,饲料等,保质保量、绿色环保,我们将以高效、周到的服务让您满意!
地址:福建省三明市三元区新市南路79号2楼
负责人:潘东汉　邮编:365001
法人:林国洪
Tel:0598－8290719
Fax:0598－8290619
网址:www.chinagrotech.com
E-mail:sanming@chinagrotech.com

## 三明市四季青贸易有限公司
业务:食品、酒水贸易
地址:福建省三明市沙县电力家园26号、27号
负责人:王国庆　邮编:365000
法人:邓先生
Tel:0598－5056128
5056129
13605965041
Fax:0598－5056129

**厦门集益贸易有限公司**
地址:福建省厦门市思明区鹭江道268号远洋大厦20层A1－A2室
负责人:林杏花
Tel:0592－3118256

**厦门市名仕达贸易有限公司天湖分公司**
地址:福建省厦门市思明区天湖路32－36号一

楼商场 A03
负责人：黄一新
Tel：0592－2058822

**厦门市普惠达贸易有限公司**
地址：福建省厦门市思明区天湖路 38 号假日 E 时代 133 号店面
负责人：廖温明
Tel：0592－2383681

**尤溪县洁香洗涤行**
业务：承接酒店、宾馆、桑拿等毛巾、床上用品洗涤服务
地址：福建省三明市尤溪县城关环城路 86 号
负责人：严国添　邮　编：365000
法　人：严国添
Tel：13860521835
0598－6322569

**上杭县南阳顺福烟花爆竹零售店**
业务：烟花爆竹零售
地址：福建省上杭县南阳镇门杭路 30 号
负责人：罗廷孝　邮　编：364211
法　人：罗廷孝
Tel：0597－3541269

**邵武市百洁餐具消毒配送中心**
业务：各类不破损餐具
地址：福建省邵武市水北街太保路 100 号
负责人：金叶焕　邮　编：353000
法　人：金叶焕
Tel：0599－6522388
13656961368

**厦门市思明区莉霞贸易商行**
地址：福建省厦门市思明区角滨路 18 号之十二 101 室
负责人：戴丽珍
Tel：0592－8885297

**厦门市思明区永银利贸易商行**
地址：福建省厦门市思明区莲花五村龙翔里 8 号 501 室
负责人：张书银
Tel：0592－8367130

**厦门四海翔劳务有限公司**
地址：福建省厦门市思明区莲前西路 201 号 D 商场 210 室
负责人：陈财旺
Tel：13306045699

**石狮市龙啸电脑图案设计工作室**
业务：平面设计、广告制作
地址：福建省石狮市东港路邮电新村 5 幢 104 号
负责人：庄东波　邮　编：362700
法　人：庄东波
Tel：13850777686
13459103849
0595－83032218
Fax：0595－83032218

**石狮市彬鑫生猪贸易有限公司**
业务：生猪贸易
地址：福建省石狮市蚶江镇莲西村龙津北 73 号
负责人：林沙真　邮　编：362000
法　人：林沙真
Tel：13559507555
13960308300

**石狮市顺风清洁服务部**
业务：主要经营：水电安装、疏通管道、搬家、搬厂、清理粪池、干化池
地址：福建省石狮市后花联运城
负责人：张斐　邮　编：362700
法　人：张斐
Tel：13199231065
13788814928
15906080900
0595－88458128
88734778

**中国风水科学研究院**
业务：研究传统文化，传承易学，研究易学教材，弘扬国学文化，从事教育培训
地址：福建省石狮市南洋路 102 号二楼
负责人：蔡天奖　邮　编：362700
法　人：蔡天奖
Tel：0595－88629292
Fax：0595－83050533
网址：www.cnfss.com

**厦门市双偲达进出口贸易有限公司**
地址：福建省厦门市思明区莲前西路 201 号 D 商场 217
负责人：李鑫鑫
Tel：0592－51622225

**厦门兰光智能工贸有限公司**
地址：福建省厦门市思明区莲前西路 507 号 17 号、41 号店面
负责人：何敏
Tel：0592－8260661

**石狮市鸿星布行**
业务：布的批发兼零售
地址：福建省石狮市南洋路元兴花园 3 幢 2 号
负责人：郑鸿腾　邮　编：362000
法　人：郑鸿腾
Tel：13805910907
0595－83004848

**厦门擎宇电脑技术服务有限公司**
地址：福建省厦门市思明区天湖路 40 号 1007 室
负责人：凌伯如
Tel：0592－2226897

**厦门源利丰进出口贸易有限公司**
地址：福建省厦门市思明区天湖路 40 号 603 室
负责人：吕惠彬
Tel：13606929299

**石狮市祥明晔冷冻水产品贸易有限公司**
业务：冷冻水产品销售
产品：冷冻水产品
地址：福建省石狮市祥芝镇祥渔村委会 B 幢 502 号
负责人：蔡添保　邮　编：362700
法　人：蔡添保
Tel：0595－88982062

**石狮市宏宇香展销服务有限公司**
业务：房地产开发、项目投资、企业投资、招商咨询、承接商务活动和展览展示
地址：福建省石狮市鸳鸯池公园西侧金丘花园大厦二楼
负责人：邱建宗　邮　编：362700
法　人：邱建宗
Tel：13906992869
0595－83000589

**石狮双峰贸易有限公司美的M－Home家居体验馆**
业务："美的 M－home 体验中心"石狮专业店，在这除可获得美的产品信息，并全方位提供美的家庭中央空调设计、销售、安装、服务，真实体验产品带来的高档享受。
产品：中央空调（家用、商用），中央热水机（家用、商用），中央净水机（家用）
地址：福建省石狮市子芳路富安豪庭 2 号楼 07 店面
负责人：林青峰　邮　编：362700
法　人：林青峰
Tel：0595－88711813
13859752812
Fax：0595－88711814
E-mail：sfmidea@163.com

**厦门和昌隆工贸有限公司**
地址：福建省厦门市思明区吕岭路莲秀里 185 号必利达大厦 16C
负责人：黄种妹
Tel：0592－5525186

**厦门道达科技有限公司**
地址：福建省厦门市思明区浦南二路 3 号
负责人：叶健星
Tel：0592－5991010

**厦门台博商务有限公司**
地址：福建省厦门市思明区前埔二里 209 号 1505 室
负责人：鲁正金
Tel：0592－5913151

**厦门宜禾兴贸易有限公司**
地址：福建省厦门市思明区前埔古楼广场古兴里 5 号 1503 室
负责人：汪平南
Tel：13502622274

**兰芷岩茶坊**
业务：乌龙茶，红茶批发
地址：福建省武夷山市度假区双利新村慧苑街 B－608
负责人：彭忠平　邮　编：354300
邮　编：彭忠平
Tel：13515089812
0599－5231590

**武夷山市寿枝便民商行**
业务：副食品、烟酒、日用百货等批发零售
地址：福建省武夷山市五九南路 7 号 2－4 店面
负责人：甄庆海　邮　编：354300
法　人：陈寿枝
Tel：0599－5100570

**厦门艾利特工贸有限公司**
地址：福建省厦门市思明区前埔会展南里 107 号明发海景苑 2004 室
负责人：蔡俊芳
Tel：13015918280

**厦门兰泉商务咨询有限公司**
地址：福建省厦门市思明区前埔南区店上西里 3 号 506 室
负责人：罗礼太
Tel：0592－8556256

**霞浦县福宁教育培训信息咨询服务部**
业务：软件开发、销售、教育培训、亿博电子白板福建总代理商
地址：福建省霞浦县松城街道太康路 256 号三楼
负责人：卓佐显　邮　编：355100
法　人：卓佐显
Tel：0593－8877731
18959380801
13559605717
Fax：0593－8877731
网址：www.cissfn.com
E-mail：cissfn@163.com

**厦门聚诚源工贸有限公司**
业务：建筑工程施工、安装、路桥，隧道及各种构筑物施工
产品：建筑钢管，扣件租赁，各种脚手架搭设，建筑塔吊，施工电梯租赁配套服务，隧道施工
地址：福建省厦门市湖滨北路 197 号之一宝华花园 602 室
负责人：林耀　邮　编：361012
法　人：何正凤
Tel：0592－5219388
Fax：0592－5219388
E-mail：opp78@163.com

**永安市槐南华西便利店**
业务：专营各种日常用品，烟酒副食，批零兼营，品种齐全，欢迎前来选购。
产品：食杂，小百货，精品，小玩具
地址：福建省永安市槐南乡洋尾村
负责人：罗联尾　邮　编：366039
法　人：朱先云
Tel：0598－3535009
13806969309
Fax：0598－3539059

**厦门橡耀商贸有限公司**
地址：福建省厦门市思明区湖滨南路 148 号泛华大厦 A 幢 2102 室
负责人：朱秀惠
Tel：13600977760

**香港中国佳艺集团有限公司驻厦门代表处**
地址：福建省厦门市思明区湖滨南路 150 号泛华大厦 C1708、1710 单元
负责人：刘景毅
Tel：0592－2209317

**厦门世明投资咨询有限公司**
地址：福建省厦门市思明区湖滨南路富山花园二期 626 室
负责人：纪辉路
Tel：0592－5185485

**厦门华祥苑实业有限公司湖滨南分店**
地址：福建省厦门市思明区湖滨南路绿家园 S－30 号
负责人：肖文华
Tel：0592－5889955

**永安市宁典广告有限公司**
业务：广告设计制作发布、喷绘、庆典策化、彩页设计、装饰设计
地址：福建省永安市燕江东路 629 号
负责人：赖福　邮　编：366000
法　人：赖福
Tel：0598－3616696
13950921555
Fax：0598－3616696
网址：www.ndgggs.com
E-mail：3688238@163.com

**永安市开泰百货**
业务：主要经营百货用品的销售
地址：福建省永安市燕江中路 143 号
负责人：林家丰　邮　编：366000
法　人：林家丰
Tel：13859187111
0598－3805581
8216183

**厦门科福贸易有限公司**
地址：福建省厦门市思明区湖滨西路 5 号 C205 室
负责人：杨慧琳
Tel：0592－8957915

**厦门市邦润贸易有限公司**
地址：福建省厦门市思明区湖滨西路 81 号慧景城慧升楼 6 层
负责人：董丽枝
Tel：0592－2398588

**云霄县云隆机械配件店**
业务：挖掘机租赁、维修，配件经营
地址：福建省云霄县莆美镇高洋开发区 A 幢第 4－5 号
负责人：吴文良　邮　编：363000
法　人：吴文良
Tel：0596－8556505
13960112538

**长泰县智行酒业商行**
业务：酒、饮料
产品：葡萄酒
地址：福建省漳州市长泰县武安镇人民路 69 号 1103 室
负责人：叶海山　邮　编：363900
法　人：叶海山
Tel：13400998581
Fax：0596－6329189
E-mail：519279980@qq.com

**泉州青鹭进出口有限公司**
地址：福新花园城 2 幢 2303 室
负责人：林仪清
Tel：13015888185

**丰泽区清岩茶庄、泉州市丰泽区明通建材经营部**
业务：经营范围：全国铁观音茶叶批发零售、经营范围：建材销售
地址：福建省泉州市丰泽区假日城堡 11 栋 16 号店、福建省泉州市丰泽区清源山田路 106 号
负责人：林奕精　邮　编：362000
法　人：林奕精
Tel：0595－22602888
28886076
22530319
18906096188
18906094999
Fax：0595－22530319

**泉州市丰泽顺兴棋牌室**
业务：棋牌出租
地址：福建省泉州市丰泽区清源西贤路 82 号
负责人：江乐清　邮　编：362000
法　人：江鹏辉
Tel：0595－22993281
Fax：0595－22888032

**厦门鑫三元贸易有限公司**
地址：福建省厦门市思明区西林西二里 25 梯 606 室
负责人：邓如龙
Tel：13030878585

**厦门市伟达顺工贸有限公司**
地址：福建省厦门市思明区西林西里 103 号 801 室
负责人：陈富学
Tel：0592－8455032

**厦门市盛恒商贸有限公司**
地址：福建省厦门市思明区西林西里 47 号 606
负责人：陈勇
Tel：0592－2228456

**厦门市思明区文镜百货商行**
地址：福建省厦门市思明区下澳（沃）仔 11 号楼 502 室
负责人：林镜桂
Tel：0592－2186883

**上海尚方投资咨询有限公司厦门分公司**
地址：福建省厦门市思明区厦禾路 862 号金山大厦 16 楼 C 座
负责人：谬福林
Tel：0592－5860530

**泉州市昊晟贸易有限公司**
业务：保健食品，化妆品，减肥产品等
产品：汤臣倍健营养补充剂，泽平粉刺立消净，婷点减肥等
地址：福建省泉州市丰泽区泉秀路阳光巴黎一期 189 号
负责人：林国义　邮　编：362000
法　人：林国义
Tel：0595－22535861
Fax：0595－22169861
网址：www.qzby－health.com
E-mail：lgy5861@163.com

**泉州市丰泽区好运搬家服务中心**
业务：搬家、空调拆装
地址：福建省泉州市丰泽区仁风东禅 19 号
负责人：游兴华　邮　编：362000
法　人：游兴华
Tel：13799478968
0595－22934302

**厦门博岩工贸有限公司**
地址：福建省厦门市思明区香江花园珊瑚阁

20C 单元
…… 负责人：贺红樱
…… Tel：0592－5135808

**厦门真诚贸易有限公司莲花分店**
地址：福建省厦门市思明区香莲里 28 号莲花广场商业中心一层 28－1029、1030 店
…… 负责人：江志财
…… Tel：0592－5500118

**泉州世源贸易有限公司**
业务：建材和五金配件的销售
产品：建材和五金配件
地址：福建省泉州市湖心街湖心苑 8 栋 805
…… 负责人：陈少平 邮 编：362600
…… 法 人：陈少平
…… Tel：0595－22888698
87871288
…… Fax：0595－22888798

**惠安县崇武三安汽车租赁服务部**
业务：各种轿车出租。
地址：福建省泉州市惠安县崇武镇莲岛路水产综合楼（农业银行隔壁）
…… 负责人：张庆滨 邮 编：362000
…… 法 人：张庆滨
…… Tel：0595－87695128
87111288

**厦门市思明区大井蛟贸易商行**
地址：福建省厦门市思明区香秀里 53 号 602 室
…… 负责人：洪丽萍
…… Tel：13003978780

**厦门鹭麟隆商贸有限公司**
地址：福建省厦门市思明区岳阳西里 61 号 701 室
…… 负责人：林伟
…… Tel：0592－5610381

**厦门市同聚工贸有限公司**
地址：福建省厦门市思明区曾安上李大洋工艺品大楼一楼之一
…… 负责人：王象斌
…… Tel：0592－5750325

**惠安县太阳能售后服务部**
业务：太阳能销售及售后服务
地址：福建省泉州市惠安县东岭镇朝阳路 84－85 号（旭东加油站边）
…… 负责人：张河强 邮 编：362141
…… 法 人：张河强
…… Tel：0595－87812304
87876060
13655967127

**惠安县阿国车票代售点**
业务：车票代售
地址：福建省泉州市惠安县东桥镇新大街
…… 负责人：庄国春 邮 编：362000
…… 法 人：庄国春
…… Tel：0595－87857515
13960378853

**厦门仁牧兴业进出口有限公司**
地址：福建省厦门市思明区文兴东五里 17 号楼 501 室
…… 负责人：潘播
…… Tel：13600957415

**厦门市余春工贸有限公司**
地址：福建省厦门市思明区西林东里 107 号 508 室
…… 负责人：彭登高
…… Tel：0592－5932316

**厦门市福恒投资管理有限公司**
地址：福建省厦门市思明区厦禾路 988 号银河大厦 19A
…… 负责人：孙毅龙
…… Tel：0592－8860200

**诺沃大溪地（厦门）商贸有限公司**
地址：福建省厦门市思明区厦禾路聚泰商业城 911 室
…… 负责人：郑秋景
…… Tel：0592－5164258

**惠安县东园镇博艺企划工作室**
业务：平面设计、包装、VI 画册、喷绘
地址：福建省泉州市惠安县东园镇锦峰村后蔡（成功医院对面）
…… 负责人：黄惠清 邮 编：362100
…… 法 人：黄惠清
…… Tel：0595－87587808
22952926
13599722597

**厦门市意达顺商贸有限公司仙岳里分公司**
地址：福建省厦门市思明区仙岳里 1－6 号
…… 负责人：陈美珍
…… Tel：0592－5220815

**厦门市思明区华鸿霖贸易商行**
地址：福建省厦门市思明区仙岳路 452 号之 6
…… 负责人：黄国法
…… Tel：0592－8892692

**晋江市陈埭镇洋埭郑家山烟杂店**
业务：日用品、烟酒等
地址：福建省泉州市晋江市陈埭镇涵埭村康龙东路
…… 负责人：郑家山 邮 编：362200
…… 法 人：郑家山
…… Tel：0595－85087924
15259516881

**晋江市青阳好兄弟保洁服务部**
业务：清洗外墙、各种地板翻新抛光打蜡、清洗中央空调、家庭保洁等
地址：福建省泉州市晋江市青阳街道下行张 152 号
…… 负责人：黄江流 邮 编：362000
…… 法 人：黄江流
…… Tel：13788809440
0595－85633731
15980034868

**厦门源昌集团有限公司**
地址：福建省厦门市思明区厦禾路 1128 号富兴大厦 B 幢 16 层
…… 负责人：侯昌财
…… Tel：0592－3998202

**厦门锐欣工贸有限公司**
地址：福建省厦门市思明区厦禾路 391 号 403
…… 负责人：崔鹏飞
…… Tel：0592－2218168

**泉州市洛江区万安雄鑫汽车美容服务中心**
业务：汽车维修，保养，美容服务
地址：福建省泉州市洛江区万安信和大厦
…… 负责人：梁进展 邮 编：362000
…… 法 人：梁进展
…… Tel：0595－22639691

**南安市宝隆体育用品有限公司**
业务：鞋服
产品：童鞋
地址：福建省泉州市南安市洪濑镇东溪开发区
…… 负责人：卢俊杰 邮 编：362000
…… 法 人：卢俊杰
…… Tel：0595－86680678
… 网址：http://www.51zzt.com/user/zzt36440

**泉港区南国风情坊**
业务：土特产批发、零售
产品：海南热带风情食品、饰品
地址：福建省泉州市泉港区金山街 6 号楼 2 号店面
…… 负责人：连爱南 邮 编：362000
…… Tel：13960388809
0595－87050025

**泉州市泉港区天地家装建材电器商行**
业务：冰箱、洗衣机、空调、热水器、微波炉、燃气灶、抽烟机、消毒柜等家用电器。水暖电料，灯具洁具，门铃监控，防盗器材，水处理器，假山水景. 承接水电工程、家装、电器一步到位。
地址：福建省泉州市泉港区南埔镇天竺村地头 98 号
…… 负责人：陈建平 邮 编：362804
…… 法 人：陈建平
…… Tel：0595－87782095
13030980195

**吓生活鲜行**
业务：批发和零售各种海鲜类产品，冷冻品，野生类，活鲜鱼，虾，火锅料等
地址：福建省泉州市泉港区山腰镇中心工业区庄园市场内 E103－E104
…… 负责人：庄阿生 邮 编：362000
…… 法 人：庄阿生
…… Tel：0595－87971246
13506015806

**莆田市荔城区富士佳美麻将桌店**
业务：麻将桌的销售
地址：福建省莆田市荔城区镇海东梅路 112 号
…… 负责人：李强 邮 编：351100
…… 法 人：李强
…… Tel：15959413559
0594－2965777

**漳州市保元贸易有限公司**
业务：本公司成立于 2005 年，主要从事工艺品贸易。公司成立以来一直本着诚实信用的理念，在高品质的基础上，以高效率为依托来发展对外贸易。
地址：福建省漳州市平和县安厚镇团结路 5 号
…… 负责人：林景安……邮 编：363707
…… 法 人：林景安
…… Tel：0596－5310115
…… Fax：0596－6372815

**莆田市荔城区愿景心理咨询中心**
业务：心理咨询师培训，心理咨询与治疗
产品：心理咨询师培训，心理成长培训，心理咨询与治疗，婚姻家庭咨询，EAP 等
地址：福建省莆田市荔城区镇海中街 348 号 3 楼
…… 负责人：林先生 邮 编：351100
…… 法 人：林孟陶
…… Tel：0594－6228688
13950758181
…… Fax：0594－6228688
…… 网址：www.pt1010.com
…… E-mail：lmt8181@163.com

**厦门所罗门兰德管理咨询有限公司**
地址：福建省厦门市思明区厦禾路 820 号帝豪大厦 2205 单元
…… 负责人：陈祥星
…… Tel：0592－2965775

**厦门臻宏工贸有限公司**
地址：福建省厦门市同安县区环城南路昭晖村昭晖综合楼
…… 负责人：方文集
…… Tel：13600972225

**厦门佳和盛工贸有限公司**
地址：福建省厦门市同安县区祥平街道城南大街建发大厦四层
…… 负责人：施军军
…… Tel：0592－7366000

**厦门市旭日辉工贸有限公司**
地址：福建省厦门市同安县区祥平街道富贵家园二期 34 号店面
…… 负责人：林瑶苹
…… Tel：0592－8226580

**厦门泓发工贸有限公司**
地址：福建省厦门市同安县区祥平街道卿朴村新厝 163 号
…… 负责人：蒋国宣
…… Tel：0592－7120333

**厦门臻宏工贸有限公司**
地址：福建省厦门市同安县区环城南路昭晖村昭晖综合楼
…… 负责人：方文集
…… Tel：13600972225

**厦门佳和盛工贸有限公司**
地址：福建省厦门市同安县区祥平街道城南大街建发大厦四层
…… 负责人：施军军
…… Tel：0592－7366000

**厦门市旭日辉工贸有限公司**
地址：福建省厦门市同安县区祥平街道富贵家园二期 34 号店面
…… 负责人：林瑶苹
…… Tel：0592－8226580

**厦门泓发工贸有限公司**
地址：福建省厦门市同安县区祥平街道卿朴村新厝 163 号
…… 负责人：蒋国宣
…… Tel：0592－7120333

**兴源广告**
业务：广告设计制作
产品：树脂发光字，LED 工程，手工电子滚动屏
地址：福建省莆田市仙游经济开发区
…… 负责人：朱新国 邮 编：351254
…… 法 人：朱雪云
…… Tel：0594－6096188
15880346188
13559396188
…… 网址：www.xyled6188.com
…… E-mail：83266188@qq.com

**仙游县鲤城金领二手车中介服务中心**
业务：二手车中介服务
地址：福建省莆田市仙游县鲤城城中路 162 号
…… 负责人：李平 邮 编：351100
…… 法 人：李平
…… Tel：13860903339
0594－8296283

**厦门市德嘉诚贸易有限公司**
地址：福建省厦门市思明区三通建材城二期 09 号店面
…… 负责人：林彬虹
…… Tel：0592－3186836

**厦门市人才旅游咨询服务有限公司**
地址：福建省厦门市思明区石亭路 117 号 503 室
…… 负责人：周雅丽
…… Tel：0592－5595630

**厦门市成易进出口有限公司**
地址：福建省厦门市思明区水仙路 33 号海光大厦 12 楼 AE 单元
…… 负责人：张建南
…… Tel：0592－2028669

**厦门市思明区鸿西百货商店**
地址：福建省厦门市思明区思明南路 282 号
…… 负责人：李秀妙
…… Tel：0592－2034571

**厦门市华泓伟业商贸有限公司**
地址：福建省厦门市思明区思明南路 287－289 号南 25A 单元
…… 负责人：谢金杭
…… Tel：13505088736

**福州万商投资咨询服务有限公司**
地址：上山路 246 号柏联花园 1 号楼 102 单元
…… 负责人：吴建祥
…… Tel：13107603268

**泉州市鲤城区宏达贸易商行**
地址：状元街 3 号区 4 号楼 302 室
…… 负责人：陈宗森
…… Tel：13505913212

## 福鼎市桐城扶设货架店

扶设货架店专业生产、订做大中量型超市货架、仓储货架及商场配套设备，多年来本着诚信为本、锐意进取、不断创新的经营宗旨，真诚希望各界同仁和用户给予不断支持及鼓励，并与您诚信合作、携手共进！

联系人：董扶设　13509562562
电话：0593-7861061　7980064
地址：福建省福鼎市流美路6巷108号　邮编：355200

## 福建厦门鑫兴工贸有限公司

网址：www.xxtent.com

福建厦门鑫兴工贸有限公司成立于1998年，专业生产野外露营帐篷、睡袋、沙滩椅等一系列时尚新颖的户外旅游休闲用品。

我公司秉承"以技术为先导，以客户为根本"的经营理念，竭诚为广大客户提供优质的产品和服务。还可根据客户的要求定做不同款式的产品，并提供OEM服务。我公司全体员工热忱欢迎国内外客商与我们洽谈合作，携手共创辉煌！

联系人：陈丽萍
电话：0592-6220916　13959221711
地址：福建省厦门市杏林区西滨路36号　邮编：361000

## 福建省福州市晋安区台源贸易有限公司

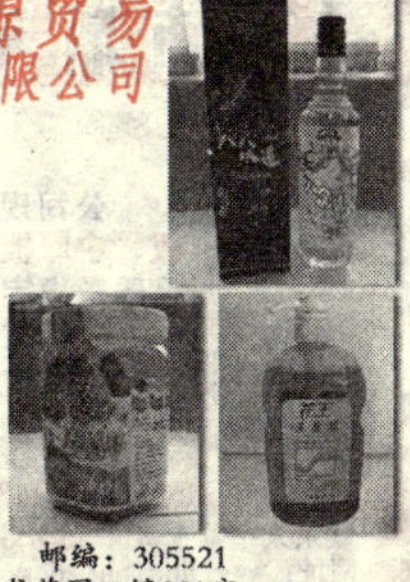

福州市晋安区台源贸易有限公司成立于2007年，主营台湾饮料、罐头、食品、酒、不锈钢制品、化妆品、针织品等民生用品贸易等服务。

公司秉承"顾客至上，锐意进取"的经营理念，坚持"客户第一"的原则为广大客户提供优质的服务。

欢迎惠顾！

联系人：林贤斌　13705003695
电话：0591-85336715
传真：0591-63380685　邮编：305521
地址：福建省福州市晋安区连江中路190号双龙花园6幢301室

## 福清市江阴镇乐麦嘉购物广场

本超市以经营食品、百货、生鲜果蔬、保健品、服装鞋帽、五金家电、文体文具于一体的大型综合超市。品种齐全，质优价廉。天天有特价，日日有惊喜，精心的策划，诚心的让利，开心的消费是我们全新的经营理念，"购物乐麦嘉，实惠又满意"。我们随时恭候您的光临！

联系人：庄雅钦
13255991888　电话：0591-85965528　85965538
地址：福建省福清市江阴镇荣江路　邮编：350300

## 福建省劳安设备技术开发中心漳州分中心

本中心专业从事特种设备作业人员培训、节能减排技术服务。

公司秉承"顾客至上，锐意进取"的经营理念，坚持"客户第一"的原则为广大客户提供优质的服务。欢迎各界人士与我中心合作。

联系人：简添福　电话：0596-2594570　2082959
地址：福建省漳州市芗城区湖内路2号漳州市质量技术监督局大院内南侧大楼403室
邮编：363000

## 福清市音西骆驼油漆店

本公司成立于2007年，主要经营骆驼油漆的销售。"客户满意"是我们一向的服务宗旨。

坚持脚踏实地的作风，以最热情的服务、最佳状态和最完善的处理方法完成客户各项服务工作。

联系人：王桂凤
13905921398
電話：0591-85151398
郵編：350300
地址：福建省福清市福塘路清棡小區沿街36號

## 福建省南安市燕锋贸易有限公司

福建省南安市燕锋贸易有限公司创办于2008年，是一家专业从事鞋、服装、机电等产品的国内外贸易企业。

本公司秉承"顾客至上，锐意进取"的经营理念，坚持"客户第一"的原则为广大客户提供优质的服务。欢迎广大客户惠顾！

联系人：黄科芳
13959846555　13178097123
邮编：362300
地址：福建省南安市美林居委会下角13号

## 福州馥辉贸易有限公司

福州馥辉贸易公司成立于2006年、主营宝洁公司、联合利华、上海家化公司的产品。公司秉承"顾客至上，锐意进取"的经营理念，坚持"客户第一"的原则为广大客户提供优质的服务。欢迎惠顾！

联系人：林秉正
电话：0591-2218798、13285022766
地址：福建省福州市鼓楼区鼓西街道西洪小区1座1504单元　邮编：350001

## 福建省四通技能劳务派遣有限公司

福建省四通技能劳务派遣有限公司创办于2008年，主要从事劳务承包、劳务派遣等业务。

本公司秉承"顾客至上，锐意进取"的经营理念，坚持"客户第一"的原则为广大客户提供优质的服务。

欢迎广大客户惠顾！

联系人：黄清忠　13515931555
电话：0594-2929888
传真：0594-2828789　邮编：351100
地址：福建省莆田市城厢区龙办龙桥居委会怡兴花园B栋501

## 福州宏强进出口有限公司

本公司专业从事水产品进出口贸易，"以质量求生存，以信誉求发展"，竭诚欢迎国内外客商来人来电洽谈业务，共同发展！

联系人：陈武强　电话：0591-83975508
地址：福建省福州市台江区君临闽江7号楼1601室　邮编：350000

商业百货外贸服务业

## 雅格尔布行

雅格尔布行成立于2006年，本行经营各式高中低档沙发布、植绒布、酒店宾馆的工程布，可来样订做各种布料。步入雅格尔布行，找到了布的世界，艺的海洋。

本行宗旨：质量第一、服务第一、顾客至上，您的满意是我们最大的荣信，欢迎您随时垂询！

地址：江苏省苏州市相城区蠡口华风布艺广场A15-17号
电话：0512-65754629 65750289
传真：0512-65750289
邮编：215100
联系人：金才营

## 将乐县杨梅小百货商店

将乐县杨梅小百货商店成立于2007年，本店专业从事烟酒、食品、日用品、玩具的销售。

本店秉承"顾客至上，锐意进取"的经营理念，坚持"客户第一"的原则为广大客户提供优质的服务。欢迎惠顾！

联系人：杨兰梅
电话：13101496870 0598-2268052
地址：福建省三明市将乐县古墉镇龟山东路27号 邮编：353300

## 福州市马尾区济安价优店

本店成立于1994年，主要经营副食品批发，茶叶，高档烟酒，沱牌曲酒，康师傅方便面，日用品百货。

秉承"诚信为本、顾客至上"的服务宗旨，价格实惠，为您服务。

电话：0591-83687857
邮编：350000
地址：福建省福州市马尾区青洲连塘驿店6区1-2号店
联系人：林彬
13905903878

## 晋江市鼎丰钢材贸易有限公司

公司现货经营钢材、冷、热轧板、镀锌板、电解板、中厚板、建筑材料、有色金属、钢材、五金等，产品质量稳定，型号规格齐全。

公司成立多年以来，一直秉承"诚信为本、共赢共享"的经营理念，致力为广大用户提供最优秀的产品和服务。

传真：0595-85768943
联系人：蔡永贵 0595-82928943 85758943
网址：www.dnsteel.com.cn/news_view.asp?idname=90539
地址：福建省晋江市安海镇前林开发区 邮编：362261

## 福州信诚达贸易有限公司

福州信诚达贸易有限公司创办于2008年。

主要经营GPS，电动除草机等电子数码产品的代理销售。

公司正处于快速发展、不断壮大中，我们始终坚持品质，以您的满意为我们的动力。

愿与各位朋友共发展、共创美好未来！

联系人：林华
电话：0591-87757821 13859090406
邮编：350007
地址：福建省福州市仓山区金环路25号金山碧水友兰苑7号楼202单元

## 晋江市梅岭怡津茗茶商行

晋江市梅岭怡津茗茶商行专营安溪铁观音系列产品，批发兼零售，茶行经营六年来始终奉行"货真价实、诚信经营"的宗旨。

铁观音特征突出，天然花香、韵味甘醇。欢迎广大茶友来电咨询洽谈、订购！

联系人：苏伯星 13505095528 电话：0595-82008778
地址：福建省晋江市梅岭福琛花园2号125号店面 邮编：225526

## 家柱中介所

家柱中介所成立于2003年，本所主要经营房屋出售、房屋出租、其他服务。本公司秉承"顾客至上，锐意进取"的经营理念，坚持"客户第一"的原则为广大客户提供优质的服务。欢迎广大客户惠顾！

联系人：郭家柱 传真：0599-5255333
电话：13960676358 13105986999 0599-5255333
地址：福建省武夷山市度假区三姑街36号店 邮编：354300

## 晋江智亚商行

晋江智亚商行成立于2008年，商行下设建材部、企管部、庆典部。建材部经营钢板、轧硬、镀锌、彩板、建筑材料、有色金属、钢材、五金等，并为客户提供加工、仓储、配送等优质服务。

企管部销售企业管理视频硬盘，庆典部提供商务活动及婚礼策划，工艺品、礼品租售，拱门、鲜花盆景现场布置，我们真诚期待与您的携手合作！

联系人：苏子崖 15880884988 电话：0595-82928293
电子邮件：su006@vip.qq.com 传真：0595-85728293
地址：福建省晋江市安海镇山兜钢铁市场 邮编：362261

▲商业百货外贸服务业▼

## 建瓯市南方酒店用品有限公司

建瓯市南方酒店用品有限公司主营地毯，窗帘，床上用品，宾馆餐具，办公家具。

热忱欢迎您的光临、惠顾。

联系人：陈水明 电话：0599-3832188 3835288
地址：福建省建瓯市人民路都御坪1号御花苑4号楼103号 邮编：353100

## 连江县凤城镇特步专卖店

连江县凤城镇特步专卖店成立于2007年，主要代理销售特步服饰，鞋，包等。我们的服务宗旨：客户至上，服务第一，坚持品质第一。

联系人：詹灼贵
电话：0591-26123383 手机：13489900044
地址：福建省福州市连江县凤城镇八一六中路金星商场特步专卖(一店) 邮编：350001

## 龙海市榜山好帮你家政服务部

本公司成立于2007年，主要从事搬家、清洁、装修、家政服务。我们服务宗旨：热忱周到，以人为本，服务到满意为止。

联系人：周谭岸

电话：0596-6586521　手机：13850573599

地址：福建省龙海市榜山镇坂头村　邮编：363100

## 莆田市涵江区乐余康餐具清洗消毒配送中心

本公司成立于2007年，主要为餐饮企业配送形象统一，卫生放心的全套消毒餐具。

诚实守信，货真价实，客户至上是永远不变的承诺。

联系人：邱振宁

电话：0594-3363650　18959510392

地址：福建省莆田市涵江区三江口镇杨芳村领兜123号　邮编：351100

## 龙海市程溪勇伟日用品店

本公司成立于1959年，主要经营安利日用生活用品；安利皇后锅具营养锅；纽崔莱保健品。

如需购买请联系我们，我们将为您提供性价比最高的产品与服务！

联系人：黄漳和

电话：0596-6613324　13358323113

地址：福建省龙海市程溪镇下庄村后壁山　邮编：313000

## 泉州市丰泽诚实食杂店

泉州市丰泽诚实食杂店成立于2004年，丰泽诚实食杂店位于泉州市丰泽区霞淮街。本店主要经销食品。

本店始终坚持“以发展民族产业为己任，以造福人类健康为使命”的企业宗旨。

联系人：叶学文

电话：0595-22508875

地址：福建省泉州市丰泽区霞淮街160号　邮编：362000

## 龙海市龙池鑫诚房产

龙海市龙池鑫诚房产成立于2006年，专业从事二手房买卖、租赁。

公司秉承“顾客至上，锐意进取”的经营理念，坚持“客户第一”的原则为广大客户提供优质的服务。

欢迎惠顾！

联系人：郭少东　13959642526

电话/传真：0596-6864168

邮编：363107

地址：福建省龙海市龙池开发区菁英花园5幢5号店面

## 泉州市惠安县城北益盛购物广场

泉州市惠安县城北益盛购物广场成立于2006年，主要经营零售生鲜食品、休闲食品、副食品、日用百货、小家电、服装鞋帽等。泉州市惠安县城北益盛购物广场本着“客户第一，诚信至上”的原则。热忱欢迎新老客户惠顾！

联系人：郑明智　传真：0595-87399513

电话：0595-87399913　87399813　邮编：362100

地址：福建省泉州市惠安县螺城镇建设北路正豪大厦店面

## 南安市天丽日用品批发部

本店主要经营日常洗涤用品。我们以诚信待客，服务好，速度快，以人为本顾客至上是我们的服务宗旨，希望也能使大家满意，祝各位朋友生活愉快！

联系人：吴家丽

电话：0595-86995399　手机：13805902091

地址：福建省南安市水头镇厦盛街165号　邮编：362300

## 泉州市鲤城区谐韵乐器店

本公司成立于2000年，

经营西洋管弦乐器。

我们本着"诚信经营，服务音乐"的理念。

联系人：李硕凌

电话：0595-22668606　22278763

邮编：362000

地址：福建省泉州市鲤城区东街菜巷19号店



## 莆田市城厢区一家百货连锁企业

莆田市城厢区一家百货连锁企业成立于2007年，本企业专业从事名烟名酒、百货食品、代理厂家产品、法国百年马提尼（莆田总代理）。你我一家，服务到家！热忱欢迎新老客户光临！

联系人：郑珍福

电话：13850291005　0594-2671005　传真：0594-2671006

邮箱：zheng1005.cn@163.com　邮编：351100

地址：福建省莆田市城厢区荔景广场荔秀阁103室

## 邵武市辉华副食品经营部

邵武市辉华副食品经营部成立于2007年，本经营部主要经营食品，特产，服装，厨具，家用小百货等商品。

公司秉承“顾客至上，锐意进取”的经营理念，坚持“客户第一”的原则为广大客户提供优质的服务。欢迎惠顾！

联系人：夏世南

电话：0599-8338176　邮编：353000

地址：福建省南平市邵武市通泰开发区恒泰路13号

## 江西省/jiangxi Province

**抚州亚联商贸发展有限公司**
地址：江西省抚州地区大公路117号
……负责人：饶春华
……Tel：0794－8279392

**南城县兴发建筑设备租赁有限公司**
地址：江西省抚州市南城县建昌大道中段31#楼B栋店
……负责人：邓水发
……Tel：13907940837

**南城县粤吉机动车辆安全综合性能检测站**
地址：江西省抚州市南城县建昌镇秋水园
……负责人：曾明
……Tel：13907040968

**抚州市华联实业发展有限公司金秋宾馆**
地址：江西省抚州市学府路
……负责人：饶志红
……Tel：0794－8236099

**抚州小林灯饰贸易有限公司**
地址：江西省抚州市玉茗大道二汽商住楼4－6号
……负责人：林春华
……Tel：0794－7021688

**德兴市新岗山荣光农机专业合作社**
业务：农机销售，农机牌证管理
地址：江西省德兴市新建乡板桥村
……负责人：何荣光 邮 编：334200
……法 人：何荣光
……Tel：0793－7790896
13086127129

**顶力（建瓯）工贸有限公司资溪分公司**
地址：江西省抚州市资溪县高阜良种场
……负责人：占水光

……Tel：13133707520

**全南县宜佳购物广场**
业务：生鲜、食品、百货、家电、文化体育用品、床上用品、服装、鞋帽、大药房、玉器与一体的综合性购物广场
地址：江西省赣州市全南县南海大道
……负责人：林丽英 邮 编：341800
……法 人：林丽英
……Tel：13767716566
0797－2610686
2610992

**兴国恒丰工贸有限公司**
业务：化工产品销售
地址：江西省赣州市兴国县如意山庄5幢8号
……负责人：祝滨 邮 编：341000
……法 人：祝滨
……Tel：0797－7056888

**乐平市众埠劳务服务有限公司**
业务：劳务服务
地址：江西省景德镇市乐平市众埠镇政府大院内
……负责人：马金根 邮 编：333000
……法 人：马金根
……Tel：0798－6889288

**抚州市寿雅贸易有限公司**
业务：抚州市寿雅贸易有限公司成立于1997年，经营福建英博啤酒、山西临川贡酒、湖南太子酒、山西水塔醋爽、江西天天阳光奶、山东烟台葡萄酒、北京牵手饮品、浙江古越山状元红等知名品牌综合性贸易公司。
地址：江西省抚州市瑶坪堤沿河路1号
……负责人：汪云寿……邮 编：344000
……法 人：汪云寿
……Tel：0794－8220398
……Fax：0794－8261398

网址:www.mtw50133.chinapyp.com
E-mail:gtgols@126.com

**都昌县太阳能服务店——清华高科专卖店**
业务:清华高科太阳能及水暖器材的销售及售后服务
地址:江西省九江市都昌县都昌镇三公里北边(康发驾校对面)
负责人:吴小明　邮　编:332600
法　人:吴小明
Tel:15870876078

**时代公交广告有限公司**
地址:江西省赣州市八一四大道1号公交综合楼二楼
负责人:张断斌
Tel:0797－8110088
13307972666

**大余县荡坪工贸有限公司**
地址:江西省赣州市大余县南安镇荡坪村
负责人:张宁
Tel:0797－8756202

**赣县永辉实业有限公司**
地址:江西省赣州市赣县沙地镇赣沙路91号
负责人:谢建辉
Tel:13612676699

**江西恺众实业有限责任公司**
业务:江西恺众实业有限责任公司成立于2001年,专业生产PVC化工原料,产品广泛用于生产电线电缆的商家。欢迎广大客商来电洽谈业务!
地址:江西省乐平市洎阳北路(湖腰畈)
邮　编:333300
法　人:雷饶仙
Tel:0798－6210158
Fax:0798－6210158

**赣州华榕建材贸易有限责任公司**
地址:江西省赣州市建材大市场三街40－46号
负责人:陈仕斌
Tel:0797－8373393

**瑞金市红天马广告有限公司**
地址:江西省赣州市瑞金市象湖镇八一路红都商业城二楼
负责人:杨柳
Tel:13970768616

**外贸进出口总公司**
地址:江西省赣州市兴国县潋江镇凤凰大道凤凰花园
负责人:李发林
Tel:0797－5300931
13803572528

**赣州市源进印刷物资有限公司**
地址:江西省赣州市章贡区东胜山路24－1号
负责人:林敬群
Tel:0797－8131624

**上饶市鼎睿贸易有限公司**
业务:国内贸易,信息咨询
产品:建材
地址:江西省上饶市弋阳县南岩镇方志敏大道10号
负责人:罗国军　邮　编:334000
法　人:罗国军
Tel:13707092900
0793－5820508

**新余市鑫宝物资贸易有限公司**
业务:铁精粉、赤铁矿、硅铁、锰铁、化工建材
地址:江西省新余市渝水区财政局
负责人:胡法宝　邮　编:338025
法　人:胡法宝
Tel:13097007619
0790－6208777
Fax:0790－6233617

**赣州诚盟设备租赁有限公司**
地址:江西省赣州市章贡区关刀坪9号
负责人:曾伟林
Tel:13870772498

**江西柳新实业有限公司**
业务:江西柳新实业有限公司座落于江西省新余市高新技术开发区柳新工业园,是2005年初成立的一家以制造和销售符合CE标准的安全防护鞋、帽及系列服装、手套、袜子等产品的外资企业。公司拥有先进的生产技术、设备和人员支持,配有世界一流的技术工艺和国际领先的注塑、冷粘和固特异生产流水线。公司注重质量管理、业务开发和产品研发,已通过ISO9001管理体系认证。产品款式新颖,在国内外享有较高的知名度,远销世界各地。公司的规模不断扩大,今年又扩大到三个鞋制造工厂和三个服装生产车间(反光系列服装、工装系列服装、针织系列服装)其中,鞋业是目前美国GOODYEAR安全鞋全球指定生产企业。
地址:江西省新余市高新技术开发区柳新工业园区
邮　编:336500
法　人:左柱凡
Tel:0790－6860055
Mobile:13879069108
Fax:0790－6860033
网址:www.jxlx.chinapyp.com

**赣州林业司法鉴定中心**
地址:江西省赣州市章贡区红旗大道78号
负责人:王桥
Tel:0797－8222276

**赣州汇达物资有限公司**
地址:江西省赣州市章贡区水东七里镇
负责人:李顺达
Tel:13607071824

**赣州市通成贸易有限公司**
地址:江西省赣州市章贡区文明大道100号
负责人:符德良
Tel:0797－8177808

**兄弟汽车修配厂**
地址:江西省赣州市安远县欣山镇工贸城电信营业所北后
负责人:唐文华
Tel:0797－3752299
13970124633

**新余市开拓工贸有限责任公司**
业务:铁矿石、办公用品、保温建材、电器设备贸易
地址:江西省新余市渝水区公园北路
负责人:周小舟　邮　编:338025
邮　编:周小舟
Tel:13807906378
0790－6263883
Fax:0790－6269366

**丰城市宝发贸易有限公司**
业务:家电、化工、装饰材料
产品:美的空调、冰箱、洗衣机、电视机、小家电等,海信电视
地址:江西省宜春市丰城市剑邑大道柳湖花园3栋三单元201室
负责人:徐启宝　邮　编:331100
法　人:徐启宝
Tel:0795－6286922
Fax:0795－6411533

**林浩贸易有限公司**
地址:江西省贵溪市流口镇
负责人:林希早
Tel:13607012069

**江西大井冈工程造价咨询有限公司**
地址:江西省吉安市吉州区井冈山大道83号
负责人:吴弘
Tel:0796－8223649

**江西省华瑞五交化实业有限公司**
业务:本公主要经营五金电器,水暖洁具,灯具照明,联塑南昌总代理。在十几年经营发展中,公司始终坚持诚信为本的原则,以优良质量,优惠的价格,优质服务得到顾客好评,一直被评为诚信经营省政先进单位,我们将更加努力,欢迎新老朋友惠顾。
地址:江西省高安市瑞州商贸广场19A(4－6)号
负责人:肖贵强……邮　编:330800
法　人:肖贵强
Tel:0795－5252626
Fax:0795－5252626
网址:www.mtw26198.chinapyp.com

**江西省品行商业贸易有限公司**
业务:江西省品行商业贸易有限公司成立于2006年,从事代理品牌经营,愿与各界朋友真诚合作,共创佳绩!
地址:江西省南昌市红谷滩新区红谷中大道788号江信国际花园2栋203室
负责人:周志强……邮　编:330000
法　人:周志强
Tel:0791－3950362
网址:mtw25735

**江西省萍乡市宁宇物资贸易有限公司**
业务:宁宇物资贸易有限公司位于江西省萍乡市。公司主营:机械产品,五金配件,橡胶制品,煤炭,木材及木制工艺玩具产品加工,车辆运输等业务,并在市郊建有大型的香菇、木耳生产基地,本公司坚持以"诚信为本"的经营理念,来满足顾客需求,欢迎各方客户惠顾洽谈,共谋发展。
地址:江西省萍乡市金陵东区35栋11号
邮　编:337000
法　人:何军
Tel:0799－6785899
Fax:0799－6785899

**井冈山市红盾打字咨询服务部**
地址:江西省吉安市井冈山市茨坪红军南路
负责人:杨跃红
Tel:0796－6558985

**遂川县云海商贸有限公司**
地址:江西省吉安市遂川县泉江镇东路小区3号楼
负责人:郭建云
Tel:0796－6323121

**新干县金诚财务咨询有限公司**
地址:江西省吉安市新干县金川中大道124号
负责人:杨菊根
Tel:13970638231

**新干县赣新汽车贸易有限公司**
地址:江西省吉安市新干县金川中大道27号
负责人:徐小蓉
Tel:13576815999

**龙华加油站**
地址:江西省井冈山市黄坳乡
负责人:李学泳
Tel:0796－6683063
13317963626
13970462838

**江西易初东方实业有限公司**
业务:江西易初东方实业有限公司成立于1995年,现有员工1000余人,从事日用百货、小家电、服装的零售。欢迎新老客户光临、惠顾。
地址:江西省吉安市青原区农村信用联社8楼
邮　编:343400
法　人:李松泉
Tel:0796－8104553
Fax:0796－8104553

**江西银剑爆破有限公司**
业务:江西银剑爆破有限公司成立于2004年,主要业务是土石方爆破、房屋拆迁、销售爆破器材等,欢迎来电垂询!
地址:江西省上饶市广丰县永丰镇裕丰大道148号三楼
邮　编:334600
法　人:陈大剑
Tel:0793－2651928
网址:www.sryj.chinapyp.com

**景德镇市联盛百货有限公司**
地址:江西省景德镇市昌江区瓷都大道(开门子大酒店15楼)
负责人:谢炳超
Tel:0798－8287939

**景德镇市大语翻译有限公司**
地址:江西省景德镇市昌江区瓷都大道豪德贸易广场西街121号
负责人:钱了灾
Tel:0798－8562345

**景德镇市海谊贸易有限责任公司**
地址:江西省景德镇市浮梁县瑶里镇
负责人:余根莲
Tel:0798－2601159

**景德镇市瓷影演出服务有限公司**
地址:江西省景德镇市珠山区风景路74号3楼
负责人:万时平
Tel:0798－8223749

**景德镇兴瓷工程造价咨询有限公司**
地址:江西省景德镇市珠山区新村西路15号
负责人:冯园菊
Tel:0798－8234205

**景德镇市医苑劳务培训中心**
地址:江西省景德镇市珠山区中华北路317号
负责人:李仁华
Tel:0798－8561551

**瑞昌顺心超市**
地址:江西省九江瑞昌市圣门路50号
负责人:封友枝
Tel:0792－4231715

**九江市辉煌物资贸易有限公司**
地址:江西省九江市八角石东区四号楼4幢2－302室
负责人:沈晖
Tel:13970299904

**九江安瑞达贸易有限公司**
地址:江西省九江市柴桑路68号
负责人:高林仙
Tel:0792－8889930

**九江联盛贸易有限公司**
地址:江西省九江市大中路757号
负责人:孙玉梅
Tel:0792－8136217

**九江新华印刷技术咨询有限公司**
地址:江西省九江市甘棠北路印刷总厂内
负责人:胡荣芳
Tel:13870227543

**九江万事东方文化传播有限公司**
地址:江西省九江市庐山路135号"甘棠湖花苑"A幢2－302室
负责人:万文怀
Tel:13707923169

**九江东日贸易有限公司**
地址:江西省九江市庐山路399号
负责人:丁爱娣
Tel:0792－8181517

**江西盈丰实业有限公司**
业务:本公司从事市政建材、园林绿化、特色农产品深加工,生态环保及水路面砖、彩色雨水井盖等,欢迎来电洽谈业务。
地址:江西省东乡县红星经济开发区
负责人:夏水平……邮　编:331800
法　人:夏水平
Tel:0794－4380999
网址:www.mtw28662.chinapyp.com

**景德镇佳佳基实业有限公司**
业务:景德镇佳佳基实业有限公司成立于1999年,主要从事房地产开发,酒店,西式快餐等。热诚欢迎各方客户来电咨询,洽谈业务,共同合作。
地址:江西省乐平市西街广场佳佳基实业商厦
邮　编:333300
法　人:郭永陈
Tel:0798－6229999
Fax:0798－6788886

**九江华宇人力资源开发有限公司**
业务:九江华宇人力资源开发有限公司成立于2005年,从事职业培训、职业中介,劳务输出,欢迎来电垂询。
地址:江西省九江市九龙街顺达商务楼
负责人:刘勇……邮　编:332000
法　人:刘勇
Tel:0792－8570778
Fax:0792－8561398
网址:www.hyhyn.com
E-mail:mtw50339

**谷城县华泰经贸有限公司九江分公司**
地址:江西省九江市庐山区花园畈北区12号
负责人:郭东全
Tel:13907925601

**九江市派拉蒙百货有限公司学院分公司**
地址:江西省九江市前进东路666号派拉蒙文化商城内
负责人:吴钢
Tel:0792－8136302

**瑞昌市再就业服务中心**
地址:江西省九江市瑞昌市三贤路1号
负责人:洪秋荣
Tel:0792－4228216

**九江市蓝天清洁有限公司**
地址:江西省九江市十里大道23号
负责人:蔡进英
Tel:13576208030

**九江新浪广告装饰有限公司**
地址:江西省九江市十里大道258号
负责人:涂骏驰
Tel:0792－8135688
13707926239

**九江市悦丰进出口有限公司**
地址:江西省九江市西一路阳光大厦内
负责人:王晓卿
Tel:13907920355

**九江开元商贸有限公司**
地址:江西省九江市修水县私营经济城
负责人:傅永华
Tel:13907923481

**九江市金都商贸有限公司**
地址:江西省九江市浔阳路103号文化大厦16层
负责人:陈嗣云
Tel:13907022865

**九江金晟百货有限公司**
地址:江西省九江市浔阳路88－3号
负责人:谢京京
Tel:0792－8227723

**江西海龙贸易有限公司**
地址:江西省南昌市白水湖管理处港口村
负责人:曹玉茗
Tel:13970846965

**江西省新慧实业有限公司**
地址:江西省南昌市东湖区八一大道416号
负责人:李慧萍
Tel:13767188968

**江西润泽传媒广告有限公司**
地址:江西省南昌市东湖区八一广场北侧财富广场A栋27层3号
负责人:郭永剑
Tel:13707080542

**南昌市聚信商贸有限公司**
地址:江西省南昌市东湖区八一广场北路财富广场B幢九层
负责人:吁三华
Tel:13870995855

**江西省金平台工贸有限公司**
地址:江西省南昌市东湖区大顺巷2号6单元702室
负责人:涂建钢
Tel:0791－2923269

**九江农发棉花贸易有限公司**
业务:九江农发棉花贸易有限公司成立于2005年,主要从事棉花的收购、加工与销售。热诚欢迎您的光临、惠顾!
地址:江西省九江市九江县新洲垦殖场一分场
负责人:杨厚祝……邮　编:332107
法　人:杨厚祝
Tel:0792－6763518

**南昌市鑫特实业有限公司**
业务:本公司成立于1997年,主要从事化工原料、化学试剂、机床配件、机床电器等贸易。本着诚实信用的理念,在高品质的基础上,以高效率为依托来发展对外贸易。
地址:江西省南昌市青云谱区新溪桥西二路57号二楼
负责人:柴瑞坚……邮　编:330024
法　人:柴瑞坚
Tel:0791－8442580
Fax:0791－8462290

**南昌市政丰实业有限公司**
业务:南昌市政丰实业有限公司于2003年创立,自成立以来专业从事鸡、猪的养殖。产品多、种类全,欢迎全国各地的客商洽谈合作!
地址:江西省南昌市青山湖区罗家镇慈母村
邮　编:330012
法　人:邹玉生
Tel:0791－8172502
Mobile:13807059668

**萍乡市大哥大购物中心有限公司**
业务:萍乡市大哥大购物中心有限公司成立于2004年,主要从事食品、饮料、日用品等的批发零售。我们追求优良的品质,低廉的价格,我们竭诚为您服务。
地址:江西省萍乡市芦溪县人民中路凯景花园
邮　编:337253
法　人:易吉云

Tel:0799－7582166
Fax:0799－7582166

**江西旭峰科技实业发展有限公司**
地址:江西省南昌市东湖区叠山路119号天河大厦13楼
负责人:彭益民
Tel:13627092236

**江西大信成新工程造价咨询有限责任公司**
地址:江西省南昌市东湖区叠山路175号
负责人:涂少勇
Tel:0791－6805460

**江西省鑫海信息咨询有限公司**
地址:江西省南昌市东湖区二纬路32号201室
负责人:赵武
Tel:13807919506

**江西华益贸易有限责任公司**
地址:江西省南昌市东湖区福州路34号金昌利大厦10楼A座
负责人:黄朋权
Tel:13970827163

**江西仲量行不动产策略有限公司**
地址:江西省南昌市东湖区福州路98号金昌利大厦
负责人:蒋锋
Tel:13707091699

**江西中市研决策信息有限公司**
地址:江西省南昌市东湖区湖滨东路55号金色水岸1704室
负责人:孟思红
Tel:13077976309

**南昌盛华实业有限公司**
地址:江西省南昌市东湖区解放西路179号香江三街
负责人:万全
Tel:13807047318

## 萍乡市桐木农工商贸易公司
业务:萍乡市桐木农工商贸易公司成立于1993年,长期从事大量煤炭销售,品质可靠,信誉优良,价格面谈,诚邀有实力重信誉的商家客户成为合作伙伴。
地址:江西省萍乡市上栗县桐木镇新街21号
邮　编:337013
法　人:杜贯堂
Tel:0799－3651213
Mobile:13807992803

## 三骏贸易发展有限公司
业务:三骏贸易发展有限公司成立于2003年,专业从事蒙牛奶粉的代理。产品质理保证、价格合理、服务周到,欢迎新老客户光临、惠顾。
地址:江西省上饶市信江中路227号
邮　编:334000
法　人:陈光明
Tel:0793－6185691
Fax:0793－6185691

## 旺发百货批发部
业务:本公司成立于1997年,拥有20多名员工,主要经营化妆品、百货。二十多年以来,以诚信为宗旨为广大新老客户竭诚服务。
地址:江西省赣州市章贡区赣南贸易广场中心街46号
邮　编:341000
法　人:王兆华
Tel:0797－8110533
Fax:0797－7021961

## 婺源县华韵茶文化发展有限公司
业务:婺源县华韵茶文化发展有限公司位于中国茶文化第一村————江西省上饶市婺源县江湾镇上晓起村。公司组织举办茶文化旅游节,同时兼营生产销售中、高档茶类产品。数年不懈的努力,公司以热诚的服务精神获得了茶界朋友们的认同。
地址:江西省上饶市婺源县江湾镇上晓起村
邮　编:333213
法　人:陈文华
Tel:0793－7297467

**南昌市荣源贸易有限公司**
地址:江西省南昌市东湖区民德路211号－213号
负责人:黄秋荣
Tel:13807915850

**江西天晨集创广告传媒有限公司**
地址:江西省南昌市东湖区民德路349号
负责人:关云
Tel:0791－6232586

**江西艾迪克迅教育咨询顾问有限公司**
地址:江西省南昌市东湖区南京东路181号附1号3栋2单元101室
负责人:万江明
Tel:13970086916

**江西圣域房地产策略有限公司**
地址:江西省南昌市东湖区南京西路277号A座2103室
负责人:万斌
Tel:13907915588

## 新余市华坚物资有限责任公司
业务:新余市华坚物资有限责任公司位于新余市仙来中大道42号,交通十分便利。从事机电产品、化工产品、矿产品、原料、钢材的销售,欢迎新老客户光临、惠顾。
地址:江西省新余市仙来中大道42号
邮　编:338000
法　人:毛永华

Tel:0790－6420366
Fax:0790－6420366

**江西新视界文化传播有限公司**
地址:江西省南昌市东湖区南京西路330号3单元602室
负责人:郑姝
Tel:13803530900

**南昌市杰强实业有限公司**
地址:江西省南昌市东湖区青山北路16号307房
负责人:何强
Tel:13970097178

**南昌沪闽发展有限公司**
地址:江西省南昌市东湖区青山北路18号江西钢材市场C区2号
负责人:陈文扬
Tel:13870066109

## 于都新联企业管理咨询有限公司
业务:于都新联企业管理咨询有限公司成立于2004年,主要销售通讯产品。秉承"创造尖端产品,提供至尊服务"的经营理念,大力发展"创造价值,实现梦想"的企业宗旨。欢迎新老客户光临、惠顾!
地址:江西省赣州市于都县贡江镇长征大道
负责人:刘新年……邮　编:342300
法　人:刘新年
Tel:0797－6221189
Fax:0797－6216222
网址:www.mtw27064.chinapyp.com

**南昌市鼎立投资咨询有限公司**
地址:江西省南昌市东湖区青山南路38号阳明锦城23幢7层102号
负责人:李青
Tel:13870692876

**湖北省金龙期货经纪有限公司南昌营业部**
地址:江西省南昌市东湖区榕门路367号
负责人:谭晓旭
Tel:13807091277

**江西省依思特进出口有限公司**
地址:江西省南昌市东湖区省府大院北二路68号601室
负责人:饶良琰
Tel:0791－6692013

**江西大鸟广告文化传播有限公司**
地址:江西省南昌市东湖区省府大院北二路68号综合楼五楼508房
负责人:周勇
Tel:13970878908

**江西鼎言教育咨询服务有限公司**
地址:江西省南昌市东湖区省府大院东四路23号206室
负责人:杨俊
Tel:13607068565

**江西省科技咨询服务中心工程设计审查咨询技术部**
地址:江西省南昌市东湖区省府大院省建筑设计总院三楼
负责人:许秋华
Tel:13607910001

**江西金房信息咨询有限公司**
地址:江西省南昌市东湖区省政府大院东三路
负责人:张建堂
Tel:0791－2950584

**江西省中部商务代理有限公司**
地址:江西省南昌市东湖区苏圃路177号1栋1单元101室
负责人:张定国
Tel:13698090343

## 万年县陈营汽车维修中心
业务:汽车维修、汽车美容、装潢、钣金喷漆
地址:江西省上饶市万年县城正大西街117号
负责人:陈妙松　　邮　编:334000
法　人:陈妙松
Tel:13607032163
13694899266

**江西东方教育资源服务有限公司**
地址:江西省南昌市东湖区苏圃路301号301室
负责人:毛艳珍
Tel:13803512613

**江西省仁海广告传媒有限公司**
地址:江西省南昌市东湖区下正街46号3栋102室
负责人:蔡轶海
Tel:13507919900

**江西省壹鸣实业有限公司**
地址:江西省南昌市东湖区贤士二路24栋2单元102室
负责人:梁年华
Tel:13907948385

**江西省乾丰广告传媒有限公司**
地址:江西省南昌市东湖区肖公庙29号802室
负责人:欧凤秀
Tel:13907090003

**南昌市四创洁净有限责任公司**
地址:江西省南昌市东湖区阳明路402号
负责人:熊婷
Tel:13803502906

**江西日丰财务管理咨询有限公司**
地址:江西省南昌市东湖区一纬路53号3单元202室
负责人:赵艳雪

Tel:13767162799

**南昌市美联贸易有限公司**
地址:江西省南昌市东湖区永外正街186号3单元102室
负责人:何孟火
Tel:13970071339

**江西德隆房地产估价事务所有限公司**
地址:江西省南昌市东湖区渊明北路148号2楼2－12号
负责人:徐海宇
Tel:13970873691

**江西省德佳实业有限公司**
地址:江西省南昌市东湖区中山路185号D栋1211室
负责人:刘彦
Tel:13807037078

**江西力群贸易有限公司**
地址:江西省南昌市东湖区中山路65号强威大厦1105号
负责人:龚晓群
Tel:0791－8885472

**江西驰骋传媒广告有限公司**
地址:江西省南昌市东湖区子固路49－65号4栋3单元305室
负责人:魏应平
Tel:13006202896

**西飞鸿进口汽车修理厂**
地址:江西省南昌市二七北路240号
负责人:皮祖云
Tel:0791－8630700
13607091700

**江西方圆传播机构有限公司**
地址:江西省南昌市高新开发区高新大道466号4栋1单元402室
负责人:杭云龙
Tel:13807916655

**巨港技术有限责任公司**
地址:江西省南昌市高新开发区金庐软件园212号
负责人:罗国平
Tel:0791－8721788

**江西海洋创新油品实业有限责任公司**
地址:江西省南昌市高新区昌东镇吉南
负责人:熊衍钧
Tel:13970021768

**圣世东方商贸城**
地址:江西省南昌市建设西路218号
负责人:万军
Tel:0791－2156789
138070334543

**江西有为企业管理顾问有限公司**
地址:江西省南昌市郊区湖坊镇进顺村十字街315号
负责人:汤仁安
Tel:13979183169

**江西丰隆贸易有限公司**
地址:江西省南昌市进贤县城胜利路
负责人:章广伟
Tel:13807068448

**江西龙何贸易有限公司**
地址:江西省南昌市洛阳东路68号
负责人:祝国龙
Tel:13027232177

**南昌市龙惠实业有限公司**
地址:江西省南昌市民营科技园388号(罗万工业区内)
负责人:万国军
Tel:13807089198

**南昌天元仓储有限公司**
地址:江西省南昌市南昌经济技术开发区枫林大道1777号
负责人:许立训
Tel:13957471006

## 顺兴汽车租赁有限公司
业务:汽车租赁,二手车交易,信息中介
地址:江西省瑞金市象湖镇红都大道418号
负责人:章兴文　　邮　编:342500
法　人:章兴文
Tel:0797－2328283
15170603966

**上海威敌生化(南昌)科贸有限公司**
地址:江西省南昌市南昌经济技术开发区枫林大道2号青年科技创业园内
负责人:吴中兴
Tel:13970001951

**长虹家电维修部**
地址:江西省南昌市南昌县府前西路153号
负责人:李红英
Tel:0791－5727734
13870911219

**南昌县废旧物资购销有限公司**
地址:江西省南昌市南昌县莲塘中大道689号
负责人:张玉华
Tel:13979101601

**南昌市林丰物资有限公司**
地址:江西省南昌市青山湖大道198号
负责人:彭白娜
Tel:0791－8652260

**南昌京东商务咨询有限公司**
地址:江西省南昌市青山湖区北京东路桃竹村委会以西168号门面
负责人:王铭玮
Tel:0791－2912020

**江西华裔实业有限公司**
地址:江西省南昌市青山湖区高新大道388号腾飞大厦四楼
负责人:熊志辉
Tel:0791－8110766

**江西省合强实业有限公司**
地址:江西省南昌市青山湖区洪都中大道101号
负责人:吴壬佳
Tel:13807918172

**江西东星广告文化传播有限公司**
地址:江西省南昌市青山湖区湖坊乡顺外村北京东路立交桥侧
负责人:刘臣欣
Tel:13576104135

**江西旺中旺商场有限公司江大分店**
地址:江西省南昌市青山湖区江大南路176号
负责人:孙志伟
Tel:0791－8303525

**南昌市富达隆贸易有限公司**
地址:江西省南昌市青山湖区罗家镇观田闵村
负责人:闵文飞
Tel:13707095858

**南昌丰昌实业有限公司**
地址:江西省南昌市青山湖区罗家镇沈桥熊村200号
负责人:熊文云
Tel:13707917881

**南昌市华安贸易有限公司**
地址:江西省南昌市青山湖区南京东路362号2栋601室
负责人:刘昔华
Tel:13177823752

**江西信天物资有限公司**
地址:江西省南昌市青山湖区青山北路18号江西钢材市场内G区41号
负责人:龚婷佳
Tel:13197910800

**南昌金南实业有限公司**
地址:江西省南昌市青云谱区昌南工业园
负责人:许斌
Tel:13803511420

**南昌柯礼士商贸有限公司**
地址:江西省南昌市青云谱区何坊新村110号
负责人:唐匡宇
Tel:13870946285

**南昌瑞启服装国贸有限公司**
地址:江西省南昌市青云谱区洪城路8号长青国贸大厦1101室
负责人:杨振华
Tel:0791－6496877

**江西旺中旺商场有限公司**
地址:江西省南昌市青云谱区洪都大院内翔生大楼三楼
负责人:钟作辉
Tel:13767172871

**南昌市龙腾物资利用有限公司洪南分公司**
地址:江西省南昌市青云谱区洪都南大道(市第四运输公司院内)
负责人:付水金
Tel:13803527628

**南昌明富贸易有限公司**
地址:江西省南昌市青云谱区井冈山大道183号2单元601室
负责人:熊永明
Tel:13870852157

**江西蔷薇商贸有限公司**
地址:江西省南昌市青云谱区南莲路138号东院1栋5单元
负责人:宋薇
Tel:13037226538

**南昌中江实业有限公司**
地址:江西省南昌市青云谱区南莲路76号
负责人:俞宽坤
Tel:13870066062

**江西省钢贸物资有限公司**
地址:江西省南昌市青云谱区上海南路68号(楞上村)
负责人:陈赛英
Tel:0791－8207394

**南昌水业职工技术协会服务中心**
地址:江西省南昌市青云谱区沿江南路294号
负责人:丁成芷
Tel:0791－5234677

**南昌宏达货厢有限公司**
地址:江西省南昌市青云谱区迎宾北大道502号迎宾商住楼1楼2号
负责人:王红锁
Tel:13970806209

**南昌市嘉博贸易有限公司**
地址:江西省南昌市青云谱区迎宾大道666号江采大厦401室
负责人:黄晓红
Tel:13970027707

**江西省贝尔测绘咨询有限公司**
地址:江西省南昌市西湖区北京西路178号1栋1单元501室
负责人:宫蓓蓓
Tel:13970998039

**南昌市汇银工商企业服务有限公司**
地址:江西省南昌市西湖区北京西路188号航空大厦801室
负责人:邓庆娥
Tel:13970978902

**南昌市建龙实业有限公司**
地址:江西省南昌市西湖区二七南路495号

…………负责人:陈建平
…………Tel:13320018119

**南昌赣铁路达实业有限公司**
地址:江西省南昌市西湖区二七南路560号甲栋1单元801室
…………负责人:符红燕
…………Tel:13807007868

**南昌市通达信息咨询有限公司**
地址:江西省南昌市西湖区抚生路7号
…………负责人:陈斌
…………Tel:13767103430

**江西洪建建筑设备租赁有限公司**
地址:江西省南昌市西湖区抚生路朝阳工业园内
…………负责人:徐会根
…………Tel:0791－6574006

**江西省聚鼎文化传播有限公司**
地址:江西省南昌市西湖区广润门住宅一区10栋2单元702室
…………负责人:万小华
…………Tel:13970059766

**江西宏泰工程咨询有限公司**
地址:江西省南昌市西湖区恒茂城市花园四号一单元1201室
…………负责人:罗云斌
…………Tel:13870982233

**江西中轻进出口有限责任公司**
地址:江西省南昌市西湖区洪城路2号B区B座1404室
…………负责人:唐东锦
…………Tel:0791－6496686

**江西安安商贸有限公司**
地址:江西省南昌市西湖区洪城路589号2栋2单元101室
…………负责人:赖显
…………Tel:13576031883

**江西恒诚商务有限责任公司**
地址:江西省南昌市西湖区洪城路659号
…………负责人:肖燕
…………Tel:13576067020

**江西聚众传媒有限公司**
地址:江西省南昌市西湖区洪都中大道149号1栋201室
…………负责人:李君德
…………Tel:13307089911

**南昌市协众广告装饰工程有限公司**
地址:江西省南昌市西湖区京东安居工程E组团3栋4单元701室
…………负责人:阙同文
…………Tel:13767027214

**江西兴业实业发展有限公司**
地址:江西省南昌市西湖区洛阳路226号塑料大厦第十二层1203号
…………负责人:邓岳虎
…………Tel:13576077255

**南昌怡园置业投资顾问有限公司**
地址:江西省南昌市西湖区洛阳路59号商储大厦207房
…………负责人:钱方胜
…………Tel:13576031373

**南昌唐宋科技开发有限公司**
地址:江西省南昌市西湖区南铁三村4栋4单元102室
…………负责人:张曦世
…………Tel:13330078770

**江西香江宾馆用品有限公司**
地址:江西省南昌市西湖区孺子亭路3号
…………负责人:罗小勇
…………Tel:13027215010

**江西旷野环保实业有限公司**
地址:江西省南昌市西湖区上海路450号橡胶厂一区5栋5单元102室
…………负责人:邹胜志
…………Tel:13879159811

**南昌市境美保洁有限责任公司**
地址:江西省南昌市西湖区上海路523号2单元402室
…………负责人:王国强
…………Tel:13330098251

**江西省洁寅阳贸易有限公司**
地址:江西省南昌市西湖区桃苑一区35栋1单元201室
…………负责人:赵建珍
…………Tel:13970947766

**南昌市花满楼庆典礼仪策划有限公司**
地址:江西省南昌市西湖区桃苑住宅小区二区14栋4单元
…………负责人:罗艳
…………Tel:13627009100

**江西吉利安全评价咨询有限责任公司**
地址:江西省南昌市西湖区西湖路47号3单元102室
…………负责人:范文波
…………Tel:13970094004

**江西康宏贸易有限公司**
地址:江西省南昌市西湖区象山南路100号
…………负责人:胡建平
…………Tel:13607008860

**江西益享经贸有限公司**
地址:江西省南昌市西湖区象山南路272号
…………负责人:黄梁
…………Tel:13970953072

**江西鑫辉人力资源合作有限公司**
地址:江西省南昌市西湖区沿江中路241号
…………负责人:周光辉
…………Tel:13317007668

**南昌市鑫齐进出口有限公司**
地址:江西省南昌市西湖区站前路289号3单元2007室
…………负责人:陈赣坤
…………Tel:13576911332

**广东天地物流圆有限公司江西分公司**
地址:江西省南昌市西湖区中山路372号1003室
…………负责人:赵勇
…………Tel:13870816008

**江西空港贵宾服务有限公司**
地址:江西省南昌市新建县昌北机场
…………负责人:陈京云
…………Tel:0791－7112149

**新建县瑞鑫物业管理有限责任公司**
地址:江西省南昌市新建县长堎镇少华路10号
…………负责人:邓必桂
…………Tel:13907092933

**小平小道爱国主义教育基地管理处**
地址:江西省南昌市新建县省庄
…………负责人:雷刚
…………Tel:0701－3682658

**南昌市新建石埠国家粮食储备库**
地址:江西省南昌市新建县石埠乡石埠街
…………负责人:李晖
…………Tel:13607063480

**萍乡市鸿阜贸易有限公司**
地址:江西省萍乡市北桥外散户38号
…………负责人:帅林
…………Tel:13907992110

**萍乡市鑫安煤炭贸易有限责任公司**
地址:江西省萍乡市丹江街(原轧钢厂内)
…………负责人:杜小林
…………Tel:13907997818

**萍乡市一梅贸易有限公司**
地址:江西省萍乡市后埠街廖家巷11－1号
…………负责人:刘一梅
…………Tel:13177990501

**萍乡市牧野贸易有限责任公司**
地址:江西省萍乡市开发区金陵小区七栋二层
…………负责人:李雪明
…………Tel:13907998050

**萍乡市醉八仙商贸有限公司**
地址:江西省萍乡市开发区商贸城
…………负责人:殷旭
…………Tel:0799－6770999

**江西美特金属进出口有限公司**
地址:江西省萍乡市莲花县工业园
…………负责人:颜小明
…………Tel:13902380966

**萍乡市君发食品贸易有限公司**
地址:江西省萍乡市龙古坳19号
…………负责人:黄继军
…………Tel:13086195777

**萍乡市晨光电瓷出口有限公司**
地址:江西省萍乡市芦溪县上埠镇河口
…………负责人:李忠萍
…………Tel:13507996255

**芦溪县新诚贸易有限公司**
地址:江西省萍乡市芦溪县新泉乡桥岭村
…………负责人:文新萍
…………Tel:13907997708

**萍乡市常平物资贸易有限公司**
地址:江西省萍乡市芦溪县宣风镇文凤大道
…………负责人:林长纯
…………Tel:13907991005

**萍乡鸿运工程拆迁有限责任公司**
地址:江西省萍乡市上栗县房管局内
…………负责人:孙丽娉
…………Tel:13097199115

**萍乡市上栗县安利驾驶员培训学校有限公司**
地址:江西省萍乡市上栗县上栗镇浏万路
…………负责人:彭培林
…………Tel:13177640806

**萍乡市祥源实业有限公司**
地址:江西省萍乡市上栗县上栗镇平安路
…………负责人:周建华
…………Tel:13907990988

**萍乡市广富贸易有限公司**
地址:江西省萍乡市湘东区萍钢厂内
…………负责人:刘志坚
…………Tel:13517996375

**萍乡市飞燕贸易有限公司**
地址:江西省萍乡市湘东区泉田乡樟里村
…………负责人:邓艳辉
…………Tel:13576435350

**矿业集团人力资源有限公司**
地址:江西省萍乡市昭萍东路27号
…………负责人:周锡祥
…………Tel:0799－6581958
6333803
6582940

**金都法律服务所**
地址:江西省瑞金市中山北路城骄法庭一楼
…………负责人:王海明
…………Tel:0797－2585148
13870798667

**上饶市天成建设咨询有限公司**
地址:江西省上饶地区万年县万昌北路(土管局一楼)
…………负责人:郑晓青
…………Tel:13970305909

**江西江厦招标代理有限公司**
地址:江西省上饶市德兴市朝阳路16号
…………负责人:刘秀英
…………Tel:0793－7513286

**岚县宇泰物资综合贸易部**
地址:江西省上饶市岚县东村镇和平街30号
…………负责人:郭太明
…………Tel:0358－6726089

**上饶市通惠商贸有限公司**
地址:江西省上饶市信州区带湖路16－1号
…………负责人:丁一峰
…………Tel:13907938618

**上饶市金阳光商贸有限公司**
地址:江西省上饶市信州区解放路46号
…………负责人:张治国
…………Tel:0793－8290277

**上饶市四方超市有限公司金龙岗分店**
地址:江西省上饶市信州区金马楼B栋附12号
…………负责人:方巍
…………Tel:0793－7035306

**上饶市龙达科贸有限公司**
地址:江西省上饶市信州区南门口5号302室
…………负责人:蔡选洪
…………Tel:13576325555

**上海铁路浦东物资有限公司上饶分公司**
地址:江西省上饶市信州区庆丰路50号
…………负责人:吴向荣
…………Tel:0793－7022238

**上饶市溢洲春天百货有限公司**
地址:江西省上饶市信州区中山西路33号
…………负责人:方田新
…………Tel:0793－8222666

**新余市江孚贸易有限公司**
地址:江西省新余市抱石东大道
…………负责人:谢小勇
…………Tel:13197908236

**分宜县新秋贸易有限公司**
地址:江西省新余市分宜县洋江乡洋江街
…………负责人:邹细保
…………Tel:13907908969

**新余大成广告有限公司**
地址:江西省新余市解放西路65号
…………负责人:张克明
…………Tel:0790－6208880

**新余市鼎新物资有限公司**
地址:江西省新余市上新路(明星国际五金城77栋107室)
…………负责人:廖军华
…………Tel:0790－6442588

**新余市飞凰广告有限公司**
地址:江西省新余市铁路四村
…………负责人:肖志红
…………Tel:13907907751

**新余市建利物资有限公司**
地址:江西省新余市团结西路迎嘉新村兔子山自然村
…………负责人:黄建东
…………Tel:13879097349

**渝洲汽车修配厂**
地址:江西省新余市仙来西大道14号
…………负责人:何平生
…………Tel:13707906019

**新余市宏联劳务有限责任公司**
地址:江西省新余市渝水区良山镇
…………负责人:李洪发
…………Tel:13707905958

**新余市和盛工贸有限责任公司**
地址:江西省新余市站前东路
…………负责人:李传盛
…………Tel:13907907163

**江西丰安管理有限责任公司冠源大厦分公司**
地址:江西省宜春市丰城市石上
…………负责人:占益海
…………Tel:0795－6402825

**高安市金鹿贸易部**
地址:江西省宜春市高安市灰埠镇教子路
…………负责人:黄学军
…………Tel:13907054281

**高安市金维贸易有限公司**
地址:江西省宜春市高安市田南镇冷水坑
…………负责人:黄金辉
…………Tel:13507951092

**万载县泰众工程咨询有限公司**
地址:江西省宜春市万载县河西路1号
…………负责人:张勇
…………Tel:0795－8823055

**万载县祥龙电贸有限公司物资分公司**
地址:江西省宜春市万载县康乐镇阳乐大道供电有限责任公司内
…………负责人:邹峰
…………Tel:0795－8812929

**江西开心工贸有限公司**
地址:江西省宜春市宜丰县新庄镇
…………负责人:王欣庚
…………Tel:0795－2977918

**江西谦庆实业发展有限公司**
地址:江西省宜春市宜丰县渊明南大道
…………负责人:周庆丰
…………Tel:0795－2786888

**樟树市顺裕实业有限公司**
业务:樟树市顺裕实业有限公司主要从事五金电器、机电配件、加工制造、供销贸易，品种齐全、质量保证，热诚欢迎广大客户光临惠顾。
地址:江西省宜春市樟树市刘公庙镇天佑村
…………负责人:刘永强……邮　编:331212
…………法　人:刘永强
…………Tel:0795－7723789
7723333

**七彩庆典礼仪有限公司**
地址:江西省宜春市宜阳北路757号
…………负责人:张秋生
…………Tel:13197866669

**宜丰县明博贸易有限公司**
业务:非金属矿产、精细化工、建筑材料、汽车运输
地址:江西省宜春市宜丰良岗工业园区
…………负责人:祝笑明　邮　编:336000
…………法　人:祝笑明
…………Tel:13979551335
0795－2901827

**贵溪市增荣劳务有限公司**
地址:江西省鹰潭市贵溪市滨江乡铜都村
…………负责人:江增荣
…………Tel:13307011960

**贵溪市根保石膏经营部**
地址:江西省鹰潭市贵溪市商城2351号
…………负责人:何根保
…………Tel:13907016331

**绿洁餐具消毒中心**

本中心主要经营餐具消毒。

公司秉着诚信经营服务的服务宗旨，与您一起共创美好明天，诚信服务的经营理念与各界人士合作。

联系人：郑先生
13979342228
15059273978
邮编：334000
地址：江西省上饶市上饶县石狮乡黄家坝

**南昌旗开广告有限公司**

南昌旗开广告有限公司是一家集设计、制作、发布于一体的大型专业性综合广告公司，是南昌广告公司中一颗冉冉上升的新星。公司以塑造企业形象、品牌形象为核心，涉及标识系统、喷绘写真、广告招牌、广告礼品、礼仪庆典、节日气氛、文艺演出、婚庆礼仪、场景策划及彩虹门等方面服务。多年来的实力使我们创造出更多价值。理解、迎合客户，准确快速的融入企业，加上我们的实力才能创造出优秀的成功作品，丰富的经验能为您把好宣传的每一关，力求为客户提供专业、周到、准确的综合性宣传服务。愿我们这匹专业黑马以实力，与您共同创造成功。

联系人：陈凤全
电话：0791-6768860　13807086156
地址：江西省南昌市东湖区胜利路1号楼新龙基1402室
电子邮件：cfq7533@sohu.com　邮编：330000

**萍乡市鸿源贸易有限公司**

萍乡市鸿源贸易有限公司成立于2002年，主要经营品牌酒水、饮料的批发贸易。公司现有办公大楼和配送中心2000余平方米，有多部配送车辆，酒店销售网络200余家，二批商销售网络500余家，拥有一支业务能力强，文化素质高的营销团队。

公司本着“客户至上、信誉第一”的经营宗旨，欢迎惠顾！

联系人：杨建中　13807997890
电话：0799-6835045　6877881　传真：0799-6799219
地址：江西省萍乡市经济开发区洪山大道16号　邮编：337000

**瑞昌市世博广告有限公司**

瑞昌市世博广告有限公司成立于2000年，从事广告的策划、制作、发布。我们本着“笃守诚信，创造卓越”的理念，在充满智慧的广告业中迅速成长。

联系人：雷勉军
电话：18907928444、15807928444
地址：江西省九江市瑞昌市人民北路7号　邮编：332200

## 山东省/Shandong Province

**青岛天智文化传播有限公司**
地址：山东青岛市山东省青岛市市北区镇江路13号1号楼
…… 负责人：张迟
…… Tel：0532－85010116
13012557879

**安丘市建中修缮服务有限公司**
地址：山东省安丘市西环路中段东侧
…… 负责人：王建中
…… Tel：13964685888

**滨州泰奥特工贸有限公司**
地址：山东省滨州市滨城区黄河二路595号
…… 负责人：李平
…… Tel：0543－3260527

**滨州市宇航商贸有限公司**
业务：滨州市宇航商贸有限公司成立于2006年，生产销售化工原料，欢迎新老客户来电洽谈业务。
地址：山东省滨州市滨城区黄河五路999号
…… 负责人：赵金成……邮　编：256600
…… 法　人：赵金成
…… Tel：0543－3710309
…… 网址：www.mtw51162.chinapyp.com

**滨州市滨城区特嘉太阳能经营部**
业务：特嘉太阳能的销售
地址：山东滨州市渤海八路中医院沿街房
…… 负责人：韩百合　邮　编：256600
…… 法　人：韩百合
…… Tel：13793886887
0543－2442288
…… Fax：0543－2441288

**山东省博兴县瑞昌起重搬运有限公司**
业务：我公司主要从事吊装、搬运等业务。主要有25吨、50吨、100吨、200吨汽车吊。设备齐全，力量雄厚，经验丰富，技术超群，服务一流的企业，投资厂商，企业团体提供一条龙优质的服务。
地址：山东省滨州市博兴县博兴镇小营村
…… 负责人：孙兆禄……邮　编：256500
…… 法　人：孙兆禄
…… Tel：0543－2609018
…… Mobile：13455786086

**青岛盛世天弘进出口贸易有限公司**
业务：本公司主要以废纸、废塑料、非金属进口贸易为主，并提供报检、仓储、汽车运输等一条龙专业的服务。
产品：进口或代理进口韩国废纸、废塑料、废金属等废旧物资
地址：青岛市黄岛区红石崖镇办事处大殷社区办公室102室
…… 负责人：殷宇　邮　编：266426
…… 法　人：金海福
…… Tel：0532－83168195
…… Fax：0532－83168195
…… E-mail：yin_yu2009@hotmail.com

**滨州市博润工贸有限公司**
地址：山东省滨州市滨城区黄河二路815号
…… 负责人：张永生
…… Tel：0543－3208965

**聊城市东昌府区彤升建筑租赁部**
业务：建筑机械租赁，维修
地址：山东聊城市东昌府万丰建材市场5排14号
…… 负责人：陈金东　邮　编：252000
…… 法　人：陈金东
…… Tel：13326259988
0635－8971113
8986988

**滨州江天工程咨询有限公司**
业务：各类工程实验报告单，工程的投标书编制，工程概预算编制，工程内业资料整理及工程竣工验收，施工组织设计及施工方案编制，工程外业放线工作，疑难焊口焊接工程，工程技术服务、信息咨询服务。
地址：山东省滨州市滨城区渤海十一路619号贵合宾馆
…… 负责人：尹安忠　邮　编：256600
…… 法　人：尹安忠
…… Tel：0543－3386916
15615282828

**滨州市滨城区环海顺达调味品批发部**
业务：调味品批发兼零售
地址：山东省滨州市滨城区黄河二路510号
…… 负责人：董峰　邮　编：256619
…… 法　人：董峰
…… Tel：18954309199
0543－3181231
…… Fax：0543－3181231
…… 网址：http://www.51zzt.com/user/zzt29842

**博兴县滨通商贸有限公司**
地址：山东省滨州市博兴县205国道博兴长途汽车站以东
…… 负责人：齐希莲
…… Tel：0543－2304453

**滨州市金鼎公交广告媒体传播中心**
地址：山东省滨州市渤海六路北首
…… 负责人：郭小琴
…… Tel：0543－3662222

**滨州安达贸易有限公司**
地址：山东省滨州市陈户镇华宇运输公司院内
…… 负责人：薄民东
…… Tel：0543－8755800

**滨州方大工贸有限公司**
地址：山东省滨州市黄河二路渤海十六路交叉口
…… 负责人：张洪波
…… Tel：0543－3661158

**宝丰不锈钢**
业务：专营不锈钢板，批零兼营，本着质量先行，客户至上的宗旨，欢迎您的光临惠顾！
产品：304\201\430卷板、平板
地址：山东省滨州市博兴县澳博厨具商城A3区7－11号
…… 负责人：李清德　邮　编：256510
…… 法　人：王金凤
…… Tel：0543－2425356
13793876820
…… Fax：0543－2886693

**山东省惠民县顺意商厦有限责任公司**
地址：山东省滨州市惠民县城南门大街28号
…… 负责人：张卫国
…… Tel：0543－5981552

**阳信联拓超市有限公司**
地址：山东省滨州市阳信县阳城幸福四路34号
…… 负责人：季磊
…… Tel：0543－8220550

**山东宏泰商贸有限公司**
业务：专业从事家纺品、土特产、厨房设备、石材、钢材、建材的销售的综合型贸易公司，我们本着“以诚为根、以信为本”服务理念为您提供最优质的产品，期待与您真诚的合作
地址：山东省滨州市博兴县锦秋街道北关社区
…… 负责人：刘丁丁　邮　编：256500
…… 法　人：刘丁丁
…… Tel：0543－2266699
…… Fax：0543－2166699

**滨州市京华商贸有限公司**
业务：草、柳编工艺品，儿童玩具的批发、配送
地址：山东省滨州市博兴县新城二路
…… 负责人：泥春光　邮　编：256600
…… 法　人：泥春光
…… Tel：13465436961
15006966188
0543－2121100
…… 网址：www.jinghuashangmao.cn
…… E-mail：ncg2124727@163.com

**德州市德一商贸有限公司**
业务：德州市德一商贸有限公司成立于2005年，主要经营建筑材料、装璜材料、化工、日用百货。欢迎新老客户光临、惠顾！
地址：山东省德州市德城区商贸开发区运河街道办事处芦庄村北街
…… 负责人：马占华……邮　编：253000
…… Tel：0534－2419618
…… Mobile：13969206133

**滨州阳园商贸有限公司**
业务：化妆品、酒水、副食
产品：相宜本草、他们男士用品、瑾泉、艾琳
地址：山东省滨州市黄河八路渤海七路裕隆置业301室
…… 负责人：孙园园　邮　编：256600
…… 法　人：孙园园
…… Tel：18954339999
0543－3358759

**滨州市力天鑫达商贸有限公司**
业务：生产与销售农副产品，销售环保家电、日用百货
产品：农副产品，销售环保家电、日用百货
地址：山东省滨州市黄河三路603号
…… 负责人：董建美　邮　编：256600
…… 法　人：董建美
…… Tel：0543－3221055
…… Fax：0543－3221055

**无棣天宏贸易有限公司**
业务：焦化原料，石油焦，电力器材，金融器材
产品：环氧丙烷，溴，氧
地址：山东省滨州市无棣县碣石山镇大山中村
…… 负责人：邱延照　邮　编：256619
…… 法　人：邱延照
…… Tel：15169977888
0543－6432858
…… 网址：http://www.51zzt.com/user/zzt123627

**邹平县天华物资进出口有限公司**
业务：物资进出口
地址：山东省滨州市邹平县好生镇山王村
…… 负责人：房静　邮　编：256619
…… 法　人：房静
…… Tel：0543－4505413

**宁津县城万勇批发部**
业务：批发各种高低档打火机印字业务，酒店用品，餐巾纸，卫生筷，高中低档台布口布，文具系列，调味品系列。批发各种珍珠，玉器，玉观音，玉佛等系列
地址：山东省德州市宁津县城闫沙市场
…… 负责人：李宪智　邮　编：253000
…… 法　人：李宪智
…… Tel：13516302809
13793471448

**东营市河口飞翔工贸有限公司**
业务：东营市河口飞翔工贸有限公司成立于2004年6月，主要经营畜牧养殖（国家限制的品种除外）；清洗剂生产、销售；酒类、粮油销售。欢迎新老客户惠顾，洽谈业务！
地址：山东省东营市河口区孤岛镇济南军区生

产基地四分场
邮　编：257231
法　人：王长利
Tel：0546－3687615
Fax：0546－3687615
网址：www.dyfx.chinapyp.com

**博维网络信息服务有限公司**
地址：山东省德州市白天鹅大厦九层
负责人：于洪诚
Tel：0534－2666809
13953451177

**齐河县润和百货批发部**
业务：泳衣、礼品、食品、饮料等日杂用品批零业务
地址：山东省德州市齐河县经济开发区（国科高尔夫别墅宿舍楼 106－107 号）
负责人：陈丽娟　邮　编：253000
法　人：陈丽娟
Tel：13705344696
0534－5500669

**夏津县九龙湖汽车租赁服务有限公司**
业务：汽车租赁
地址：山东省德州市夏津县朱红霞门诊往东 100 米处路南
负责人：滕磊　邮　编：253200
法　人：滕磊
Tel：15165341588

**东营市奥旗商贸有限公司**
业务：经营建筑材料，电器，电梯，空调等
地址：山东省东营市东营区黄河路 433 号鸿基大厦 B 座 531
负责人：蒋海峰　邮　编：257093
Tel：0546－7368016
Fax：0546－7368016
网址：http://www.51zzt.com/user/zzt123465
E-mail：sd7116@163.com

**山东省东营市东营区胜明保洁清洗服务中心**
业务：清洗保洁、管道疏通
地址：山东省东营市东营区济宁路东首
负责人：周光春　邮　编：257000
法　人：周光春
Tel：0546－8252815

**伍菱商贸有限公司**
地址：山东省德州市德城区青龙潭小区 8 号楼 2 单元一层东户
负责人：胡志勇
Tel：13505346053

**鑫融商贸有限公司**
地址：山东省德州市德城区向阳南路 182 号
负责人：王刚
Tel：0534－2621847
2649288

**永昌物资贸易有限公司**
地址：山东省德州市陵县神头镇姜家村
负责人：姜宝民
Tel：0534－8667777
13336266888

**东营市冲亚工贸有限公司**
业务：煤炭、化工、钢材、汽车配件的销售，物流
产品：煤炭、化工、钢材、汽车配件
地址：山东省东营市广饶县大王经济开发区
负责人：庞志敏　邮　编：257300
法　人：庞志敏
Tel：13562298996
Fax：0546－7728817
E-mail：dytianshg@163.com

**东营市圣明商贸有限公司**
业务：销售汽车配件，刹车片、轮胎、钢锅，纺纱
地址：山东省东营市广饶县孙武路西侧甲段 14 号
负责人：李超　邮　编：257300
法　人：李超
Tel：13465256525
0546－6915832
Fax：0546－6915832
E-mail：lichao－121@163.com

**东营先飞商贸有限公司**
业务：办公用品、办公家具、体育器械、家用电器、床上用品
地址：山东省东营市河口区海盛路东门凤凰城
负责人：任伟锋　邮　编：257000
法　人：任伟锋
Tel：0546－3882966
8662561

**恒信工贸有限公司**
地址：山东省德州市平原县镇府南首
负责人：霍兴宝
Tel：0534－4386316
13336272688

**济南泽辉进出口贸易有限公司**
业务：济南泽辉进出口贸易有限公司成立于 2002 年，主要从事进出口贸易，房地产开发等业务。"客户第一，信誉至上"，热诚欢迎新老客户来电咨询。
地址：山东省济南市井伍路 338 号
邮　编：250021
法　人：赵其刚
Tel：0531－85033520
Fax：0531－87039716

**东营开发区建磊管道维修服务中心**
业务：专业疏通室内外下水道，改装各种管线，清理化粪池
地址：山东省东营市经济开发区金水北区 5 号楼东单元 102 室
负责人：周建磊　邮　编：257091
邮　编：周建磊
Tel：13562293015
15066082003
0546－7765784

**东营市滨利商贸有限责任公司**
业务：建材、机械设备的商贸
地址：山东省东营市利津县北宋镇农村信用社后邻
负责人：王建勇　邮　编：257400
法　人：王建勇
Tel：13561049111
0546－5678910
5678567

**东营鸿泰吊装租赁有限责任公司**
业务：出租 50－500 吨吊车
地址：山东省东营市利津县陈庄镇韩南一村 62 号
负责人：韩方堂　邮　编：257093
法　人：韩方堂
Tel：13706367848
0546－5657977

**商河县百惠市场开发有限公司**
业务：本公司成立于 2005 年，主要从事房屋，场地，柜台出租，仓储服务，物业管理，开办市场。
地址：山东省济南市商河县许商办事处钱铺街
负责人：吕军……邮　编：251616
法　人：张振宝
Tel：0531－84800777

**潘店供销社加油站**
地址：山东省德州市齐河县潘店乡
负责人：张振春
Tel：13853462012

**东营云皓工贸有限公司**
业务：贸易经营
地址：山东省东营市西四路和南二路交叉口向南 2、8 公里路西
负责人：王兴财　邮　编：257000
法　人：王兴财
Tel：13515466644
13296476644

**肥城鑫立邦商贸有限公司**
业务：销售钢材、汽车配件、手机配件、二手车交易、五金交电
地址：山东省肥城市龙山路 002 号
负责人：付振勇　邮　编：271600
法　人：付振勇
Tel：13468021777
0538－3225658

**肥城正泰和经贸有限公司**
业务：五金机电、矿山配件、低压电器、管材、电线电缆、电动工具、焊割设备、灯具，建材、土产的销售
产品：五金机电、矿山配件、低压电器、管材、电线电缆、电动工具、焊割设备、灯具，建材、土产
地址：山东省肥城市新城办事处巧山村泰西大街 044－21 号
负责人：徐金顺　邮　编：271600
法　人：徐金顺
Tel：0538－3253336
13792116779
Fax：0538－3253256

**鑫源伟业工贸有限公司**
地址：山东省德州市庆云县迎客路（旧货市场）
负责人：张源
Tel：13853444800

**德州市福强商贸有限公司**
地址：山东省德州市三八路恒丰纺织有限公司 2 号楼 2－02
负责人：王福强
Tel：0534－2645929
13705343633

**英潮经贸有限公司**
地址：山东省德州市武城县辣椒城
负责人：谭英潮
Tel：0534－6652390
13805342849

**新兴商城有限公司**
地址：山东省德州市武城县新城振华街东首
负责人：于树智
Tel：0534－6691310
13969288118

**夏津皖灵对外贸易有限公司**
地址：山东省德州市夏津县挹阳街 165 号
负责人：王井花
Tel：0534－3181788

**东营市钰源林工贸有限责任公司**
地址：山东省东营市北二路 316 号
负责人：邵明星
Tel：0546－8251818

**海阳市宙盛厨师技术培训中心**
业务：对韩国、日本菜、中国四大菜系（鲁、川、赣、粤）地方特色菜肴的培训
产品：工艺雕花；拼盘等厨艺，韩国烧烤、日本料理等名菜的制作技术
地址：山东省海阳市城北佳苑 8 号楼 208 室
负责人：姜作耿　邮　编：265100
法　人：姜作耿
Tel：13589814902
0535－3220807
网址：www.zhoushengpx.cn
E-mail：442746712@qq.com

**单县鲁能超市**
业务：本超市经营副食、百货、烟酒、保健品、服装鞋帽、五金家电、文体文具等。品种齐全，质优价廉。精心的策划，诚心的让利，开心的消费，是我们全新的经营理念。欢迎您的光临！
产品：家用电器、副食、百货、烟酒、保健品、服装鞋帽、五金家电、文体文具等
地址：山东省荷泽市单县白云路南段
负责人：曹冠义　邮　编：274300
法　人：曹冠义
Tel：0530－4191198
Fax：0530－4191198
网址：www.lncsls.cn
E-mail：lncsls@126.com

**东营市三圣商贸有限责任公司**
地址：山东省东营市东城胶州路以西
负责人：张其国
Tel：0546－8316405

**金乡县润达贸易有限公司**
业务：金乡县润达贸易有限公司是一家从事农副产品的批发与零售的企业，主营产品有大蒜、洋葱、辣椒、苹果、水果罐头等。
地址：山东省济宁市金乡县鱼山市场第 48 号对过
邮　编：272209
法　人：王兴金
Tel：0537－8709668
Mobile：13305477574
Fax：0537－8816958

**巨野县凯联投资咨询有限公司**
业务：投资咨询（不含期货、证券的投资咨询，需经许可经营的，须凭许可证或批准文件经营）
地址：山东省荷泽市巨野县招商街东侧 178 号
负责人：冯昌林　邮　编：274000
Tel：15169773333
E-mail：689477385@cnid.gov.cn

**济南恒瑞物业管理有限公司**
业务：专业从事物业管理的企业，以管理体育中心、机关学校、企事业单位、居民小区为主。公司将秉承服务行业的宗旨，更好的服务于广大客户，真诚的希望与各界朋友和单位建立联系，开展合作！
地址：山东省济南市长清区体育中心
负责人：刘家顺　邮　编：250300
法　人：刘家顺
Tel：13905416867
E-mail：jiashun67@163.com

**济南永通利商贸有限公司**
业务：办公用品、文化用品批发
地址：山东省济南市槐荫区经二路纬 11 路维尔康市场
负责人：于兴山　邮　编：250000
Tel：0531－87944684

**济宁市佰佳商贸有限公司**
业务：济宁市佰佳商贸有限公司成立于 2006 年，主要经营奶制品、酒水等。"质量可靠，价格合理"，热诚欢迎您的光临、惠顾！
地址：山东省济宁市任城区振宇批发市场 80464 号
负责人：孟建龙……邮　编：272100
法　人：孟建龙
Tel：0537－2170866

**济宁时尚广告有限公司**
业务：济宁时尚广告有限公司成立于 2006 年，主要从事户外广告、公交广告、企业形象设计等。公司拥有资深的广告设计专业人员、独特创新的广告创意制作，竭诚欢迎广大客户来我公司洽谈业务，共同合作！
地址：山东省济宁市市中区光河路北 10 号综合楼西起第二间二楼
负责人：时培栋……邮　编：272000
法　人：时培栋
Tel：0537－2311111
Fax：0537－2311111
网址：www.jnssgg.com
E-mail：jnssgg@sina.com

**东营胜利友好会务服务有限公司**
地址：山东省东营市东城商贸城金磐园 73 号
负责人：延德春
Tel：0546－8332066

**东营市东营区庆达商贸有限责任公司**
地址：山东省东营市东营区北二路 207 号
负责人：周健平
Tel：0546－7883775

**润嘉工贸有限责任公司**
地址：山东省东营市东营区北二路以南东一路东
负责人：王勇
Tel：0546－8777501
13705468287

**东营武胜科贸有限公司**
地址：山东省东营市东营区东城商贸城广得园 3 号
负责人：余良秀
Tel：0546－8703011
13963366177

**东方科工贸公司**
地址：山东省东营市东营区华山路 11 号
负责人：李纪元
Tel：0546－8736948
13081402252

**济南生态家企业管理咨询有限公司**
业务：企业管理咨询，文化艺术交流策划、咨询（不含演出及经纪），会务服务（不含餐饮住宿），展览展示服务，国内广告业务，经济信息咨询，电脑动漫设计。（未取得专项许可的项目除外）
地址：山东省济南市历下区佛山街 28 号银都商务中心 8 楼
负责人：程先生　邮　编：250001
法　人：李龙生
Tel：0531－82386359
Fax：0531－82386665
网址：rongchang123456@sina.com

**济南名人商贸有限公司**
业务：各种洗发用品
地址：山东省济南市商河县银河路 87 号
负责人：张照明　邮　编：250001
法　人：张照明
Tel：15965649888
0531－84878276
E-mail：http://www.51zzt.com/user/zzt34079

**燕氏家庭服务有限公司**
业务：专业致力于保姆服务、钟点服务，单位保洁，空调安装，维修加氟，外墙清洗，清洗油烟机，管道疏通，搬家搬物等服务，愿您家室洁净，明亮舒心。
地址：山东省济南市市中区建设路 85 号 7 号楼 202 室（物业办公室）
负责人：燕会　邮　编：250001
法　人：燕会
Tel：15966689155
15098976227

**诚达商贸有限责任公司**
地址：山东省东营市东营区济南路 129 号 B 排 6 号
负责人：窦经理
Tel：0546－8988215
13054600805

**亚东物资贸易有限公司**
业务：亚东物资贸易有限公司成立于 2002 年，公司批发、零售：矿山机械配件、汽车配件、木材、钢材、建筑材料、日用百货、五金交电、劳保用品（特殊用品除外）等。欢迎广大客户惠顾，洽谈业务！
地址：山东省济宁市微山县欢城镇卜寨村
邮　编：277606
法　人：卜祥举
Tel：0537－8613235
Fax：0537－8618868
E-mail：www.jnyd.chinapyp.com

**微山县鑫成贸易有限公司**
业务：微山县鑫成贸易有限公司现有员工 10 余人，专业经营化工原料及化学制品（危险品除外），主要产品有：净化剂、清灰剂、脱硫剂、除垢剂等。欢迎来电咨询！
地址：山东省济宁市微山县留庄镇六村
邮　编：277642
法　人：刘道伦
Tel：0537－8631623
Mobile：13505375038

**济宁顺嘉经贸有限公司**
业务：粮食、煤炭贸易
地址：山东省济宁高新区王因镇驻地派出所东临
负责人：朱玉利 邮编：272003
法人：朱玉利
Tel：13176784477
0537－3862219
3862818
13181470498
Fax：0537－3862818

**东营市杭松商贸有限公司**
地址：山东省东营市东营区济南路315号
负责人：崔奎
Tel：0546－8201599

**济宁市金曼帝商贸有限公司**
业务：商贸
产品：机电配件
地址：山东省济宁市阜桥辖区昆仑山西路26号
负责人：朱本旭 邮编：272100
法人：朱本旭
Tel：0537－2375686

**济宁邱氏恒通商贸有限公司**
业务：主营太阳能家电、五金电料、工矿配件的综合贸易公司，代理力诺瑞特、美的、海尔等名牌家电产品，是济宁高新区家电下乡唯一指定销售店。我们始于客户需求，终于客户满意，期待与您真诚合作！
产品：太阳能、冰箱、洗衣机、空调、五金电料、工矿配件、劳保用品
地址：山东省济宁市高新技术产业开发区黄屯镇驻地
负责人：邱令申 邮编：272104
法人：邱令申
Tel：0537－3712400
Fax：0537－3712400
网址：www.qhengtong.cn
E-mail：ht1971@yahoo.cn

**常伟电器服务中心**
地址：山东省东营市东营区南河路45号
负责人：常淑生
Tel：0546－8791718
13153569119

**东营市华源同盛商贸有限公司**
地址：山东省东营市东营区西三路143号
负责人：郑良兰
Tel：0546－8227676

**济宁斌茂暖通工贸有限公司**
业务：经营暖通配件
地址：山东省济宁市济安桥北路十三号
负责人：张志斌 邮编：272100
法人：张志斌
Tel：13705478057
0537－2782966

**嘉祥县广龙广告装饰工程有限责任公司**
业务：广告装饰工程
地址：山东省济宁市嘉祥县兖兰东路188号一中路口
负责人：庞守学 邮编：272119
法人：庞守学
Tel：13563766186
0537－6825646
6816123

**梁山县拳铺星辉广告**
业务：LED发光字体、显示屏、大型户外广告
地址：山东省济宁市梁山县拳铺工业园区（国常加油站北300米路东）
负责人：张庆起 邮编：272600
法人：张庆起
Tel：13953798490
0537－7761896
7762170

**梁山县鑫源投资理财咨询有限公司**
业务：民间借贷、项目投资、休闲理财、不良资产收购
地址：山东省济宁市梁山县水泊中路水泊花园小区门南
负责人：王志磊 邮编：272600
法人：白光胜
Tel：15263797777
0537－7364333
7360333
Fax：0537－7311333

**东营市利群伟业商贸有限公司**
地址：山东省东营市东营区西三路153号
负责人：左靖
Tel：0546－8525889

**东营市宇和工贸有限公司**
地址：山东省东营市经济园区三杨街20号
负责人：李昌会
Tel：0546－7367006

**垦利县招商工作委员会办公室**
地址：山东省东营市垦利县开发区
负责人：刘燕
Tel：0546－2522658

**济宁市酬勤商贸有限公司**
业务：物流，建材、劳保、服装、化妆品的贸易
地址：山东省济宁市任城区石桥镇新店村
负责人：仲伟兴 邮编：272133
法人：仲伟兴
Tel：13953747899
0537－2670435

**微山县同盈物资贸易有限公司**
业务：食品、建材及劳服用品等的批零业务
地址：山东省济宁市市中区微山县商业街南首渔管委东100米路南
负责人：袁宁 种衍健
邮编：272133
法人：种衍健
Tel：0537－8295789
15969976999
15854793999

**东营市鑫磊商贸有限公司**
地址：山东省东营市南河路71－11号
负责人：刘福山
Tel：0546－8235258

**莱芜市雨萌商贸有限公司**
业务：莱芜市雨萌商贸有限公司成立于2006年，主要从事于农副产品、日用百货、电气机械、五金交电、建材、废旧金属制品回收等。欢迎新老客户光临、惠顾！
地址：山东省莱芜市莱城区方下镇时方下村
负责人：时来峰 邮编：271125
法人：时来峰
Tel：0634－6600208

**大金广告装饰**
业务：专业从事广告代理、发布及工艺美术制作，我们拥有先进的设备和杰出的设计、制作团队，确保客户获得优越的一站式解决方案，全面满足客户多方面的广告需求！
产品：雕刻、喷绘、写真、灯箱、发光字、亚克力热弯、水晶字、办公用品
地址：山东省济宁市泗水县泗河办中兴路
负责人：杨荣国 邮编：273200
法人：杨金花
Tel：15666929222
E-mail：dajinguanggao88888@163.com
QQ：1136936363

**烟台惠宾进出口有限公司**
业务：烟台惠宾进出口有限公司成立于2000年，主要经营各类水果和蔬菜的生产与销售。产品质量保证，已通过EUREPGAP产品认证，FDA注册和ISO9001：2000质量管理体系认证。欢迎新老客户光临、考察。
地址：山东省莱阳市马山路195号
负责人：赵彦宾 邮编：265200
法人：赵彦宾
Tel：0535－7333588
Fax：0535－7295308
网址：www.ythuibin.com
E-mail：ythuibin@yahoo.ccom.cn

**东营市云海商贸有限公司**
地址：山东省东营市嵩山路66号
负责人：田云
Tel：0546－8559115

**山东诚誉物资贸易有限公司**
业务：钢筋、煤炭等产品
地址：山东省济宁市微山县付村镇富源路中远大厦203室
负责人：侯家安 邮编：272133
法人：侯家安
Tel：13953768305
13792326876

**东营市嘉源工贸有限责任公司**
地址：山东省东营市西四路红卫村
负责人：甄桂梅
Tel：0546－8821582

**东营市胜采天泉科工贸有限责任公司**
地址：山东省东营市西营果品批发市场23号
负责人：谭树启
Tel：0546－8628108

**临沂中欣经贸有限公司**
业务：本公司是一家拥有自营进出口权的生产、经营型私营企业。主要经营钢材、木材、水泥、工业用石灰、石膏及制品、石英石、塑料集装袋，大空袋、水泥袋包装、货物进出口等。年实现销售收入2.2亿元，利税1000万元。
地址：山东省临沂市红旗路广场世纪城BA单元702室
邮编：276004
法人：高冠平
Tel：0539－8071250
Fax：0539－8071657

**龙口锦程丽天国际货运代理有限公司**
业务：龙口锦程丽天国际货运代理有限公司成立于2005年，现有员工10余人，从事国际货运代理服务。欢迎来电垂询！
地址：山东省龙口市龙口振兴路88号甲
邮编：265700
法人：刘丽
Tel：0535－8810222
Fax：0535－8810221

**山东威轩经贸有限公司**
业务：公司以煤、焦炭、矿山机械配件、劳保用品、五金交电为主的经营项目，本着诚信为本，全程携作的服务理念，我们将以优质的产品，优良的服务，热忱恭候您的光临。
产品：煤炭、化工产品、陶瓷制品、建筑材料、矿山机械配件等
地址：山东省济宁市微山县商业街中段64号
负责人：刘新建 邮编：277600
法人：刘新建
Tel：13605472889
Fax：0537－8250222
E-mail：976130398@qq.com

**微山县安踏专卖店**
业务：服装、鞋帽、箱包等
地址：山东省济宁市微山县文化街28－3号
负责人：王福顺 邮编：277600
法人：王福顺
Tel：0537－8225199
Fax：0537－8225199

**胜利油田神州劳务技术有限责任公司**
地址：山东省东营市烟台路304号胜利部建培训中心院内
负责人：杨大升
Tel：0546－8776213
13906478202

**东营市龙飞工贸有限责任公司**
地址：山东省东营市燕山路567号
负责人：王明成
Tel：0546－8239288

**高密中百佳乐家超市有限公司**
地址：山东省高密市利群路南首
负责人：郭万欣
Tel：0536－8580019

**济宁市市中区焕彩形象设计中心**
业务：化妆品、形象指导
地址：山东省济宁市文大街小区7号楼东单元202
负责人：刘煜 邮编：272000
法人：刘煜
Tel：13173171975
E-mail：www.marykay.com.cn

**兖州金利诺商贸有限公司**
业务：力诺瑞特太阳能的销售与安装、水暖管件
地址：山东省济宁市兖州市西御桥北路294号（考棚街5＃、6＃营业房）
负责人：王来利 邮编：272100
法人：王来利
Tel：0537－3435145
Fax：0537－3435145

**山东省济宁市兖州市新驿镇鹏飞商店**
业务：销售百货
地址：山东省济宁市兖州市新驿镇店子村306号
负责人：郭昭根 邮编：272100
法人：郭昭根
Tel：0537－3850448
3852046
13676375308

**莱芜市宏坤吊装有限公司**
业务：专业从事吊车租赁、货物吊装，公司拥有专业的吊装工程技术骨干及丰富吊装经验的起重施工人员，公司愿意以一流的技术和服务为广大客户提供强有力的设备支持。
产品：出租8－500吨汽车吊及履带吊
地址：山东省莱芜市钢城区黄庄经济开发区
负责人：房思华 邮编：271104
法人：赵坤民
Tel：0634－6865877
13356349287
1506634679

**高密市辉源商贸有限公司**
地址：山东省高密市密水街办东关居委会院内
负责人：栗娟
Tel：0536－2329373

**龙翔国际贸易有限公司**
地址：山东省高密市人民大街367号
负责人：龙旭栋
Tel：0536－2388823
2302110

**巨野县吉发咨询有限公司**
地址：山东省菏泽市巨野县城古城街26号
负责人：宗琮
Tel：0530－8225112

**莱芜市钢城区兴隆酱油经销部**
业务：批发各种圆筒装、袋装、小酒壶装，酱油、醋、蚕豆酱、甜面酱、榨菜、咸菜等，卫生筷、鸡精、味精等各种调味品，送货上门
地址：山东省莱芜市辛庄镇下陈村
负责人：卓连明 邮编：271100
法人：卓连明
Tel：13963413928
0634－6415684

**青岛佰金瀚工贸有限公司**
业务：建材、物流、物业管理、矿产开发、冶炼、贸易
地址：山东省莱西市黄海路8号
负责人：王振民 邮编：266600
法人：王振国
Tel：0532－88071111
Fax：0532－88071111

**青岛民超实业有限公司**
业务：青岛民超实业有限公司是一家综合性产企业，主要业务有：烟花爆竹的生产、花卉苗木种植、园林绿化、道路养护、房屋开发修缮的服务。欢迎来电垂询！
地址：山东省青岛市城阳区上马街道
邮编：266112
法人：刘玉民
Tel：0532－87811132
87816388
Fax：0532－87813852
网址：www.minchaoshiye.com

**青岛海丰达贸易有限公司**
业务：青岛海丰达贸易有限公司成立于1999年，现有员工20余人，从事各种大理石、花岗岩、儿童及婴儿服装、医疗器械及设备、蜡烛等，欢迎来电垂询！
地址：山东省青岛市东海四路37号金都花园C座18E
邮编：266071
法人：刘学荣
Tel：0532－85727471
Fax：0532－85782791

**乐陵市之福棉花种植专业合作社**
业务：经营农药、化肥、种子
地址：山东省乐陵市铁营乡国家坊村
负责人：张之富 邮编：253012
法人：张之富
Tel：13305342687
0534－6622318

**陈家报财鸡副食部**
业务：主营报财鸡的销售
地址：山东省聊城市东阿县牛角店付二村
负责人：陈文军 邮编：252000
法人：陈文军
Tel：0635－3381227
13561479259

**宜而爽百货内衣批发部**
业务：主要经营内衣批发
地址：山东省聊城市高唐县天齐庙商城
负责人：吕云清 邮编：252000
法人：吕云清
Tel：0635－2130198
13562003519

**鑫源进出口有限公司**
地址：山东省菏泽市成武县大田集镇田张路北段路西
负责人：陈迎春
Tel：0530－8775198
13561338888

**莘县鹏达商贸有限公司**
业务：房产、汽车销售，物流配送
地址：山东省聊城市莘县朝城交警中队北200米路西
负责人：马效印 邮编：252052
法人：马效印
Tel：13563507688
0635－7718666
7717000

**爱家诚信商贸有限公司**
地址：山东省菏泽市单县单父路与文化路交叉处
负责人：程新河
Tel：0530－4676258
4897196
4897196

## 山东昌正管材有限公司
业务：专营管材、钢材、黑色金属、生铁、合金制品及废钢收购，品种齐全、货源充足，一流的产品质量，优质快捷的服务是我们对您的承诺，期待与您真诚合作！
产品：无缝钢管
地址：山东省聊城市新南环凤凰钢管城5排2号
负责人：周忠林 邮 编：252000
法 人：宋庆常
Tel：0635－2940666
Fax：0635－2941777
网址：www.sdczgc.com
E-mail：changzheng1210@163.com

## 临清万通油业有限公司
业务：柴油、机油、器油
产品：柴油、机油、器油
地址：山东省临清市康庄镇康庄四街路北
负责人：李延文 邮 编：252052
法 人：李延文
Tel：0635－2714264
13963011881
Fax：0635－2718988

**单县汇鑫科工贸有限公司**
地址：山东省菏泽市单县莱河镇
负责人：董爱臣
Tel：0530－4888239
13181859911

**王庙供销合作社**
地址：山东省菏泽市单县龙王庙镇龙王庙村
负责人：朱峰涛
Tel：0530－4341009
13705308323

## 青岛保税区珠龙国际贸易有限公司
业务：青岛保税区珠龙国际贸易有限公司成立于2006年，主要从事贸易、国际物流。公司以"质量求生存、信誉求发展"，欢迎广大用户光临惠顾！
地址：山东省青岛市黄岛区黄河路179号前湾港航服务中心C502室
负责人：袁海香 邮 编：266500
法 人：袁海香
Tel：0532－86909282
Fax：0532－86909985

## 费县新世纪商城
业务：大型超市出租，经营服装鞋帽，物业管理服务
地址：山东省临沂市费县费城镇民主街138号
负责人：王超 邮 编：276000
法 人：王超
Tel：13287186088
13605303712

## 临沂市高新区爱连连残疾青年创业服务中心
业务：生产、销售康复器材，残疾人助力车
地址：山东省临沂市高新区罗西办事处东朱隆工业园
负责人：顾召平 邮 编：276000
法 人：顾召平
Tel：15065929123
0539－8519620

## 临沂安丰市场服务有限公司
业务：房产开发、管理
地址：山东省临沂市河东区九曲办事处孙于埠村
负责人：刘德国 邮 编：276000
法 人：刘德国
Tel：13355099456
0539－8385369
网址：http://www.51zzt.com/user/zzt34197

## 汾阳市晋汾轮胎商贸有限公司
业务：本公司主要经营各种规格斜胶胎、全钢丝胎、工程胎、异型胎内容包括超期胎、二等品、三包胎、质量胎、修补胎、利用胎、套胎、可翻新胎体、以及套顶用胎体、胎顶。
地址：山东省青岛市经济技术开发区黄岛可乐石居委会
负责人：赵俊民 邮 编：032200
法 人：赵俊民
Tel：0358－7575168

**微山县鲁仲贸易有限公司**
地址：山东省济宁市微山县鲁桥镇仲浅村
负责人：仲伟平
Tel：13508971128

**宏大物资贸易有限公司**
地址：山东省济宁市微山县夏镇城后路
负责人：朱增方
Tel：0537－8238528
13583786588

**广贸经济中心**
地址：山东省济宁市微山县县城商业街县人民法院宿舍对面
负责人：李彦启
Tel：13705370539

**大成物资贸易有限责任公司**
地址：山东省济宁市汶上县城东外环路
负责人：刘灿章
Tel：13305373777

**华联商厦有限责任公司**
地址：山东省济宁市汶上县城尚书路
负责人：朱猛
Tel：0537－7892578
13792384666

**济宁市任城区劳务服务中心**
地址：山东省济宁市吴泰闸路133号
负责人：杜本磊
Tel：0537－2228718

**定陶瀚润工贸有限公司**
地址：山东省菏泽市定陶县陈集镇国华路
负责人：刘爱国
Tel：0530－5250478

## 临沂市销铜钫商贸有限公司
业务：钢材、钢铁
地址：山东省临沂市河东区区政府人民路（天使国际特教学校）
负责人：王立栋 邮 编：276000
法 人：王立栋
Tel：0539－8388500
Fax：0539－8388500

## 临沂豪迈广告有限公司
业务：企业策划项目，品牌推广，广告传播，品牌专业策划传播机构，广告业务
地址：山东省临沂市兰山区金一路26号齐鲁大厦1702室
负责人：李庆照 邮 编：276000
邮 编：李庆照
Tel：0539－8127166
Fax：0539－8109566
E-mail：haomai698@163.com

## 山东多方达商贸有限公司
业务：经营家用电器、厨房电器
地址：山东省临沂市兰山区临西八路家电厨卫城966号
负责人：王如海 邮 编：276000
法 人：王如海
Tel：0539－6176028

**华茂购物有限公司**
地址：山东省菏泽市定陶县兴华路中段
负责人：翟锡锋
Tel：0530－2211188
2228028

**华天商贸有限公司**
地址：山东省菏泽市牡丹北路花都商部72号
负责人：邱元涛
Tel：0530－5629600
5617278
13805308312

**菏泽昌隆商贸有限公司**
地址：山东省菏泽市牡丹北路中原电器商城A46、47号
负责人：续飞
Tel：0530－5521758
13805300755

## 郯城县文明杞柳农民专业合作社
业务：柳编出口业务
产品：柳篮柳框等柳条编织产品
地址：山东省临沂市沙墩镇株柏四村
负责人：王文明 邮 编：276000
法 人：王文明
Tel：15963995168
0539－6769658
Fax：0539－6769658

## 临沂汇金典当有限公司
业务：典当
地址：山东省临沂市郯城县商城十八号
负责人：尤宗义 邮 编：276000
法 人：尤宗义
Tel：13805390927
0539－8100990

## 沂水县黄山铺镇卓越机电维修部
业务：维修电机、销售配件
地址：山东省临沂市沂水县黄山铺镇南朱冬村
负责人：武玉现 邮 编：276400
法 人：武玉现
Tel：0539－2611111
13954966927

**济南山酒物资有限公司**
地址：山东省济南市北园大街9号
负责人：姚为
Tel：0531－88962173

## 青岛厚天载源实业有限公司
业务：青岛厚天载源实业有限公司创建于2005年8月，公司注册资金1000万元，主要从事工业气体，天然气，节电产品，机械，电子产品的研究、开发、生产；机械设备，电子产品，五金，机电产品，化工产品，建筑材料批发及零售等。公司现有员工30余人，其中中高及技术人员十余人。
地址：山东省青岛市经济技术开发区黄河西路689号218室
邮 编：266555
法 人：马正
Tel：0532－86972303
Fax：0532－86975271

## 沂水县汇鑫百货文具批发部
业务：百货、文具、五金
地址：山东省临沂市沂水县西朱家庄文城批发市场
负责人：周立军 邮 编：276000
法 人：周立军
Tel：13854975874

## 蓬莱市登州军发食品批发部
业务：食品批发
地址：山东省蓬莱市东城开发小区
负责人：董维军 邮 编：256600
法 人：董维军
Tel：13562502686
0535－5806680

## 栖霞市恒伟果品冷风库
业务：烟台苹果、大樱桃的收购、加工和出口
产品：烟台苹果、大樱桃
地址：山东省栖霞市桃村镇东瓦屋村
负责人：林喜恒 邮 编：265300
法 人：林喜恒
Tel：13001608232
13953505055
0535－5485122
Fax：0535－5485122
E-mail：601260905@qq.com

## 青岛神色通工贸有限公司
业务：主要经营塑料加工与销售。
地址：山东省青岛市李沧区瑞金路54号
邮 编：266043
法 人：沈建君
Tel：0532－84813735
Fax：0532－84813735

## 青岛伸荣达工贸有限公司
业务：青岛伸荣达工贸有限公司成立于1999年，位于青岛李沧区文昌阁，距流亭国际机场仅10公里，距青岛火车站30公里，具有优越的物流基础。公司专业研制生产销售用于家电、汽车、机电设备、机车等应用的各种橡胶制品，其他特种橡胶制品.
地址：山东省青岛市李沧区文昌阁（原特种橡塑厂内）
邮 编：266100
法 人：全东学
Tel：0532－87066638
Fax：0532－87067638

## 青岛瑞懿商务有限公司
业务：销售鲜花，婚庆服务，企业庆典服务
地址：山东省青岛胶南市御景园1号楼101号网点（牌坊街91号）
负责人：纪瑞琴 邮 编：266001
法 人：纪瑞琴
Tel：0532－89052327

## 青岛永琪化工有限公司
业务：专业从事生产销售化学品原料，产品主要用于化学、涂料、五金、塑胶、机械等各行各业，产品涉及的范围广、要求高。
产品：润滑油、醋酸钠等
地址：山东省青岛胶州市兰州东路389号
负责人：匡会财 邮 编：266300
法 人：匡会财
Tel：0532－87277168
13793245682
Fax：0532－82275126

## 青岛春宝绿化有限公司
业务：绿化、保洁与经济咨询
地址：山东省青岛市崂山区崂山路18号锦绣花园12号楼402室
负责人：陈春华 邮 编：266011
法 人：陈春华
Tel：15866885338
13475806683

**临沂金福经贸有限公司**
地址：山东省临沂市新华一路130号
负责人：刘金玲
Tel：0539－8310969

**临沂万桥商贸有限公司**
地址：山东省临沂市芝麻墩镇埠前店村
负责人：左廷伟
Tel：0539－8806902

**龙口四季丰对外贸易有限公司**
地址：山东省龙口市黄城西大街73号
负责人：姜丽
Tel：0535－8515388

## 青岛市佛耳崖实业股份有限公司
业务：商业网点
地址：山东省青岛市李沧区九水路佛耳崖社区
负责人：刁学爱 邮 编：266001
法 人：刁学爱
Tel：0532－87692177
网址：http://www.51zzt.com/user/zzt33637

## 青岛中文进出口贸易有限公司
业务：铁矿石贸易
地址：山东省青岛市青岛经济技术开发区江山中路193号1单元803室
负责人：石少信 邮 编：265031
法 人：石少信
Tel：13854273757
0532－80983860

**济南乐宏工贸有限责任公司**
地址：山东省济南市长清区马山镇碾砣沟村
负责人：叶乐红
Tel：0531－87330538

**济南开胜商贸有限公司**
地址：山东省济南市高新开发区贤文南路6号2号楼1单元301室
负责人：杨文华
Tel：0531－87030381

## 青岛博方管理咨询有限公司
业务：管理咨询
地址：山东省青岛市市北区辽宁路247号－263号1902室
负责人：刘明忠 邮 编：266001
法 人：刘明忠
Tel：0532－83831866

## 青岛欣欣广告材料店
业务：广告材料、喷绘、写真
地址：山东省青岛市市北区辽宁路95－20号
负责人：李兆春 邮 编：266000
法 人：李兆春
Tel：0532－83837892
13061368363
Fax：0532－83808550

## 青岛盛典传媒有限公司
业务：婚庆礼仪、生日寿宴、开业庆典、商业演出、产品促销、摄影摄像、礼仪人员及主持人培训等服务
地址：山东省青岛市市南区福州南路75号政法公寓2栋105室
负责人：常雪婷 邮 编：266001
Tel：13615428810
0532－85750998
88834668

**济南天邦工贸有限公司**
地址：山东省济南市归德镇工业开发区220国道后夏村
负责人：李玉江
Tel：0531－87367888

**济南好宜多商贸有限公司**
地址：山东省济南市郭店镇驻地郭西商贸楼东楼
负责人：赵晓萍
Tel：0531－86892195

**济南紫云商贸有限公司**
地址：山东省济南市华信路21号
负责人：王福坤
Tel：0531－88861253

## 青岛壹峰品牌设计顾问有限公司
业务：企业品牌形象设计、企业产品包装设计、标志设计
地址：山东省青岛市市南区宁夏路89号406甲
邮 编：266001
法 人：曲先生
Tel：13854213863
0532－85688120
网址：www.yif999.cn

**龙口市顺隆糖酒经销部**
地址：山东省龙口市黄城沿河东路农贸市场C楼2－1号
负责人：王兴延
Tel：0535－8517206

**龙口市长恒超市**
地址：山东省龙口市诸由观镇政府驻地
负责人：王济人
Tel：0535－8679876

**世纪中天广告有限公司**
地址：山东省济南市槐荫区经十路410号5层

503室
负责人：王成
Tel:0531－87970321

**青岛奥能建筑节能咨询有限公司**
业务：建筑节能咨询
地址：山东省青岛市市南区台湾路4号办公楼317房间
负责人：徐晔 邮编：266001
法人：徐晔
Tel:0532－80976060
13176392155

**山东创宏建设咨询有限公司**
业务：工程项目管理、工程监理、工程造价咨询、工程招标代理
地址：山东省青州市尧王山西路2135号云门春小区
负责人：张文学 邮编：262500
法人：张文学
Tel:15866127222
Fax:0536－3881607
E-mail:sdch09@163.com

**山东亚福来国际贸易有限公司**
业务：山东亚福来国际贸易有限公司位于山东省青岛市市北区同安二路20号，是一家承接国内、外货物运输服务及报关业务服务。公司始终本着"团结进取、严谨高效"的企业精神，贯彻"以人为本"的原则，在日趋激烈的市场竞争中不断发展壮大。
地址：山东省青岛市市北区同安二路20号香山苑2号楼1单元101室
邮编：266000
法人：刘明花
Tel:0532－88750404
Fax:0532－88780557

**青岛金丽格商贸有限公司**
业务：青岛金丽格商贸有限公司成立于2006年，主要批发零售服装辅料、针纺织品、塑料制品、日用百货、五金交电、皮具、箱包等。
地址：山东省青岛市市北区西吴路57号2栋3单元101户
负责人：陈时珍 邮编：266000
法人：陈时珍
Tel:0532－83088355
Fax:0532－83088093

**日照市东港区元泰百货门市部**
业务：百货
地址：山东省日照市东港区两城镇王家滩二村
负责人：王培法 邮编：276800
法人：王培法
Tel:0633－8521040

**日照韩港贸易有限公司**
业务：进出口业务，运输业务
地址：山东省日照市东港区日照开发区连云港路德赛公寓20号楼一单元301室
负责人：魏代胜 邮编：276826
法人：魏代胜
Tel:0633－3607133

**日照市东港区郭合彬百货超市**
业务：日用百货，副食品，烟酒糖茶等批零
地址：山东省日照市东港区涛雒镇南店村349号
负责人：郭合彬 邮编：276805
法人：郭合彬
Tel:0633－8652071

**济南华隆达商贸有限公司**
地址：山东省济南市槐荫区张庄路44号
负责人：程铁民
Tel:0531－88309925

**济南金钟顺达物资有限公司**
地址：山东省济南市济微路南端南外环向西200米
负责人：韩维城
Tel:0531－86803116

**山东安业贸易有限公司**
地址：山东省济南市济兖路165号
负责人：杨瑞义
Tel:0531－87988888－8225

**莒县宏祥海源商贸有限公司**
业务：钢材，建材，电动车
地址：山东省日照市莒县莒竹路四公里处321号（黄家宅村）
负责人：于祥海 邮编：
法人：于祥海
Tel:0633－6770618
Fax:0633－6771369

**济南大唐科技有限公司商务中心**
地址：山东省济南市解放路155号青后小区三区28号楼308室
负责人：刘太杰
Tel:0531－88167039

**济南胜宝商贸有限公司**
地址：山东省济南市经三纬七路54－4号
地址：张丽丽
Tel:0531－86672777

**日照天瑞国际贸易有限公司**
业务：国际贸易
地址：山东省日照市天津路富来沃商务公寓A座505室
负责人：张校星 邮编：276800
法人：张校星
Tel:18953301999
0633－2273566
Fax:0633－2273555

**五莲县德源水电暖经营部**
业务：自来水管道，暖气片、太阳能安装，电器材料
地址：山东省日照市五莲县果汁厂大门北首
负责人：刘鹏 邮编：276800
法人：刘鹏
Tel:13563300886
15954748388

**济南国香经贸有限公司**
地址：山东省济南市经十西路92号东区88号
负责人：刘建国
Tel:0531－87588068

**日照市东港区贡万佳日化批发部**
业务：批发各种品牌洗衣粉、肥皂、洗洁精、84消毒液、洁厕灵等
地址：山东省日照市正阳路32号
负责人：丁兆红 邮编：276800
法人：丁兆红
Tel:13793443019
0633－8292399

**乳山市惠馨特超市**
业务：日用百货经营
地址：山东省乳山市市区光明街东首
负责人：寻明峰 邮编：264500
法人：寻明峰
Tel:0631－3605999

**乳山市银滩大庆银海商场大庆超市**
业务：零售日用品、副食品、名烟、名酒、服饰、电器等
地址：山东省乳山市银滩大庆银海商场
负责人：赵秀花 邮编：264504
法人：赵秀花
Tel:0631－6777858
15553860129
15553860128

**日照市舜耕经济贸易有限公司**
业务：化工，五金，建材，焦炭，农副产品
地址：山东省日照市东港区日照街道昭阳路中段
负责人：王文波 邮编：276806
法人：王文波
Tel:0633－8260216
Fax:0633－8260216

**日照市盛宇经贸有限公司**
业务：日照市盛宇经贸有限公司成立于2005年，经营水泥熟料、石膏、沙岩，国内物流，欢迎新老客户来电洽谈业务！
地址：山东省日照市连云港东路与海滨路交汇处
负责人：李星霖 邮编：276826
法人：李星霖
Tel:0633－3985898
3985818

**肥城博兴商贸有限公司**
业务：箱包加工、定做，汽车座套
地址：山东省泰安肥城市新城路080号（肥城饭店四楼）
负责人：白波 邮编：271000
法人：白波
Tel:15853817566
0538－3218016

**泰安德诚财务咨询服务有限公司**
业务：财务咨询服务，企业项目策划
地址：山东省泰安市财源大街43号双龙大厦426室
负责人：张小姐 邮编：271000
法人：李道涛
Tel:0538－8580188
Fax:0538－8580188
E-mail:2188467521@163.com

**日照市宫府商贸有限公司**
业务：日照市宫府商贸有限公司成立于2004年，主要从事服装、农副产品、食品的经销。"质量保证，价格合理"，热诚欢迎广大新老客户光临，惠顾！
地址：山东省日照市艳阳路西锦绣佳园1号110－210
负责人：宫池华 邮编：276800
法人：宫池华
Tel:0633－2222136

**万盛商务信息咨询中心**
业务：商务信息咨询
地址：山东省泰安市岱岳区范镇范西村
负责人：赵平勇 邮编：271000
法人：赵平勇
Tel:13287633888
0538－8681680

**山东龙津商贸有限公司**
地址：山东省济南市经五路171号济南宾馆南楼305
负责人：鹿冬梅
Tel:0531－87085938

**泰安市岱岳区山口新视野钟表眼镜店**
业务：经营钟表、眼镜、"好记星"点读机、贝贝佳、剃须刀、计算器、护眼液、MP3、MP4等
地址：山东省泰安市岱岳区山口镇山口北村网通公司对面
负责人：张涛 邮编：271000
法人：张涛
Tel:0538－8611456
13468078456

**泰安市恒丰钻探工程有限公司**
业务：钻探工程
地址：山东省泰安市高新区龙泉商贸步行街华通商务4楼
负责人：张强 邮编：271000
法人：张强
Tel:0538－8936141
13615486722

**济南正安科贸有限公司**
地址：山东省济南市经一路5号
负责人：孙梁
Tel:0531－86616565

**济南金世佳商贸有限公司**
地址：山东省济南市科院路19号四楼（省测试中心北）
负责人：陈娜琪
Tel:0531－82601376

**济南硕茂经贸有限公司**
地址：山东省济南市历城区洪楼南路2号
负责人：王晓澎
Tel:0531－88014597

**流光溢彩液体壁纸**
业务：主要经营液体壁纸
地址：山东省泰安市光彩大市场泰山区5栋13、15号
负责人：牟鹏飞 邮编：271000
法人：牟鹏飞
Tel:18905482777
0538－8689234

**爱之恒上海婷诺婚庆服务中心**
业务：专业从事婚礼一条龙服务
地址：山东省泰安市教场路南80号
负责人：韩伟 邮编：271000
法人：韩伟
Tel:13475387258
13053856408
0538－8223682

**肥城市老城镇新世纪超市**
业务：食品，烟酒，日用百货，小家电
地址：山东省泰安市老城镇乔庄村494号
负责人：乔洪国 邮编：271000
法人：乔洪国
Tel:0538－3479451

**山东三友志和工贸有限公司**
地址：山东省济南市历城区花园路50号
负责人：张雪庆
Tel:0531－88116465

**济南忠峰贸易有限公司**
地址：山东省济南市历城区华龙路东新热电办公楼东北部一楼106
负责人：魏忠道
Tel:0531－83173045

**宁阳县金泰经贸有限公司**
业务：销售矿产品，婚姻介绍
地址：山东省泰安市宁阳县葛石镇石集开发区
负责人：徐有社 邮编：271400
法人：徐有社
Tel:13805483238
0538－5513368

**济南金诺展示设计有限公司**
地址：山东省济南市历山路95号大舜商务大厦B座508室
负责人：张光建
Tel:0531－86958398

**济南海远咨询有限公司**
地址：山东省济南市历下区济王公路173号
负责人：南家肇
Tel:0531－88569822

**好运来汽车租赁行**
业务：轿车租赁服务
地址：山东省泰安市泰山大街红绿灯西80米南
负责人：陈炳峰 邮编：271600
法人：陈炳峰
Tel:13853840200
0538－8415018

**泰安市泰山区德福缘旅游纪念品批发商行**
业务：销售各类泰山当地特色旅游纪念品，陶木制品，宗教用品以及旅游用品
产品：各类泰山当地特色旅游纪念品，陶木制品，宗教用品以及旅游用品
地址：山东省泰安市泰山区虎山东路共建巷2号4号楼西户
负责人：李德爱 邮编：271000
法人：李德爱
Tel:13805484807
0538－6232369

**东平泰山金恒商贸有限公司**
业务：东平泰山金恒商贸有限公司成立于2006年，主要经营电线，电缆，高杆灯，庭院灯，路灯等。欢迎新老客户光临、惠顾！
地址：山东省泰安市东平县城龙山街东首路北
负责人：张军 邮编：271500
法人：张军
Tel:0538－2832918
邮编：www.mtw27925.chinapyp.com

**泰安市凤凰保洁有限公司**
业务：本公司成立于2006年，主要从事保洁服务，保洁产品研制开发及销售。
地址：山东省泰安市高新区北天门大街西段鲁科海电子大厦310室
负责人：高培亮 邮编：271000
法人：高培亮
Tel:0538－6925000
Fax:0538－6925000

**泰安市泰山区科达装饰工程综合部**
业务：钢结构框架、房屋加工制造铝合金门窗加工安装室内外水电安装、五金配件、防盗门、室内外灯具销售
产品：五金配件、防盗门、室内外灯具、铝合金门窗
地址：山东省泰安市泰山区灵山大街74号
负责人：陈银营 邮编：271000
法人：陈银营
Tel:0538－2107100
13325270485
E-mail:taiankeda@126.com

**泰安市泰山区恒志工贸有限公司**
业务：服装的贸易
地址：山东省泰安市泰山区上高办事处小井村
负责人：武德恒 邮编：271000
法人：武德恒
Tel:13465389139
0538－6131286

**滕州市隆源百货超市**
业务：经营食品、副食品、日化用品、名烟名酒、小家电等
地址：山东省滕州市洪绪镇东张楼村
负责人：王冰冰 邮编：277500
法人：王冰冰
Tel:0632－5999616
5914002
13375654999

**滕州市旭彤盛工贸有限公司**
业务：煤炭
地址：山东省滕州市张汪镇小宗村（枣沛公路北200米）
负责人：宗成洪 邮编：277101
法人：宗成洪
Tel:13963288936
0632－2809296
2817499
网址：http://www.51zzt.com/user/zzt33308

**济南哥伦培尔咨询有限公司**
地址：山东省济南市历下区中联花园住宅小区7号楼4－301室
负责人：赛义德
Tel:0531－82952538

**山东银座商贸有限公司**
地址：山东省济南市泺源大街22号中银大厦20层
负责人：张文生
Tel:0531－86961028

**山东融丰企业管理咨询有限公司**
地址：山东省济南市民生大街 43 号
负责人：谢秉衡
Tel：0531－86117533

**云利贸易有限责任公司**
地址：山东省济南市历下区解放路 30－1 号
负责人：田金祥
Tel：0531－88388016
13964022388

**济南培宇经贸有限公司**
地址：山东省济南市历下区泉城路 180 号齐鲁国际大厦 B8－05 室
负责人：尤培宇
Tel：0531－86115556

**藤州市闲耀商贸有限公司**
业务：销售日用百货、调味调料以及海产品
产品：日用百货、调味调料以及海产品
地址：山东省藤州市杏花村市场综合商务楼北区西 A07 号
负责人：乔艾云 邮 编：277500
法 人：乔艾云
Tel：13561164696
0632－5160877

**莉鑫汗蒸馆**
业务：汗蒸、日用品的销售
地址：山东省威海高技术产业开发区新威路 11 号北洋大厦 802
负责人：王惠栓 邮 编：264200
法 人：王惠栓
Tel：15163123685
0631－5265050

**威海经济技术开发区新胜塑料百货批发**
业务：五金、劳保用品、塑料制品等百货批发
地址：山东省威海经济技术开发区齐鲁小商品批发市场东 M9 室
负责人：李新胜 邮 编：264200
法 人：李新胜
Tel：0631－3969378

**威海市蓝盾保安服务有限公司**
业务：常年招收、培训、输送保安。为企事业单位、公共场所提供保安服务。联网报警监控维修，销售保安器材、消防器材、劳保用品
地址：山东省威海市工业新区草庙子镇棋山路西段
负责人：汤华俊 邮 编：264200
法 人：汤华俊
Tel：13863065898
0631－5581908
Fax：0631－5581908

**济南万盛源经贸有限责任公司**
地址：山东省济南市明水粮油一条街北首
负责人：许玲
Tel：0531－83230979

**泰安市泰平物资有限公司**
业务：本公司成立于 2006 年，主要批发零售：钢材、建材（不含危险化学品）、五金配件、防爆电器、矿山机械及配件、机电设备、生铁、有色金属销售，卷板开平加工。
地址：山东省泰安市泰山钢材大市场南路 169 号－14 号
负责人：寇代杰 邮 编：271024
法 人：寇代杰
Tel：0538－8106095

**威海金泽大道投资咨询有限公司**
业务：实物黄金的买卖、网上现货的预订
地址：山东省威海市经技区青岛中路 128 号豪业圣迪 B 幢 1601
负责人：王华卫 邮 编：264200
法 人：王华卫
Tel：13465108858
0631－5975618

**新泰市恒聚工贸有限公司**
业务：新泰市恒聚工贸有限公司主要销售矿产配件、煤碳、酒，诚信第一、价格合理，欢迎新老客户惠顾。
地址：山东省泰安市新泰市新汶粮所院内
负责人：安鹏 邮 编：271000
Tel：0538－7330211

**兴达百货批发部**
地址：山东省济南市平阴县黄河路中段
负责人：高兴运
Tel：0531－87878850
13335119768

**海绿特商贸货栈**
地址：山东省济南市平阴县平阴镇东南沟村（黄河市场）
负责人：金道水
Tel：0531－87873522
13064038326

**济南金大山科技发展有限公司**
地址：山东省济南市山大路 145 号 309 室
负责人：顾树梅
Tel：0531－86750221

**威海月光国际贸易有限公司**
业务：国际贸易
地址：山东省威海市昆明路 13 号
负责人：朴光日 邮 编：264200
法 人：朴光日
Tel：0631－5217341
网址：http://www.51zzt.com/user/zzt32507

**乳山市嘉忆房产营销服务部**
业务：专业从事房产销售、房产信息咨询、新楼盘策划推介、二手房交易、房屋租赁、金融贷款、权属变更。致力于为客户提供专业、稳定、便捷、长期的购房及后续服务。
产品：威海市海景房、乳山市海景房、荣成市海景房、烟台市龙口市海景房
地址：山东省威海市乳山市银滩忆海苑小区
负责人：王冰 邮 编：264500
法 人：王冰
Tel：15318259911
13220827532
E-mail：1021163874@qq.com

**威海轩烨进出口有限公司**
业务：韩国保健品、化妆品进出口
地址：山东省威海市威海经技区海滨南路 22 号
负责人：王龙 邮 编：264200
邮 编：王龙
Tel：13356812067
0631－3630027

**艺鼎九洲工贸有限公司**
地址：山东省济南市天桥区凤凰山路 55 号
负责人：徐文霞
Tel：0531－85910419
85533861

**昌乐天天喜家电有限公司**
业务：家用电器，日用百货，办公用品，针织品，服装销售，兼营化工产品，煤碳等。
产品：彩电，冰箱，洗衣机，空调，油烟机，太阳能等家用产品；化肥．农药．薄膜，煤碳等．
地址：山东省维坊市昌乐县营丘镇马宋村
负责人：李兰芬 邮 编：262415
邮 编：唐培谦
Tel：0536－6921968
13046494222
13046494585
Fax：0536－6921968

**潍坊铂林经贸有限公司**
业务：室内外装饰、装潢
地址：山东省潍坊高新区北宫东街以北荷欢路以东 SOHO 新 E 城 312 室
负责人：程增光 邮 编：261041
邮 编：程增光
Tel：0536－7468333
13022788888

**昌乐县新天地环境卫生服务有限公司**
业务：卫生服务
地址：山东省潍坊市昌乐县开发区大发一路一街西
负责人：王永进 邮 编：261041
邮 编：王永进
Tel：0536－6996599
6220812

**潍坊博众装饰信息服务有限公司**
业务：在潍坊装修网运营近两年的基础上成立了潍坊第一家专业装饰信息服务公司，致力于为企业推广品牌提供一个交易平台，为家装客户更便捷打造品味生活空间。
产品：装饰装修信息咨询服务；设计、制作、代理、发布各类广告
地址：山东省潍坊市高新区富华新村 A－1－206 室（东方大酒店北交通银行对面）
负责人：王银村 邮 编：261061
邮 编：王银村
Tel：0536－8860087
Fax：0536－8860087
网址：www.0536zx.com
www.wfzxw.com
E-mail：wfbozhong@163.com

**济南挽成设备租赁有限责任公司**
地址：山东省济南市天桥区历山北路北首（佳园市场东区 A1－15）
负责人：靳淑焕
Tel：0531－85705884

**济南东建经文科贸有限公司**
地址：山东省济南市天桥区六合里 9 号 204 室
负责人：苏剑
Tel：0531－85885800

**潍坊纽瑞克国际贸易有限公司**
业务：食品出口，脱水蔬菜，花生制品
地址：山东省潍坊市奎文区东风东街 360 号泰华城 A1802
负责人：庞洪江 邮 编：261041
邮 编：庞洪江
Tel：0536－8322116

**森能商贸有限公司**
地址：山东省济南市天桥区顺河东街 1 号金冠花园 2 号 203 室
负责人：张国林
Tel：0531－88356011
13708932646

**香港贝嘉贸易亚洲有限公司济南代表处**
地址：山东省济南市天桥区无影山中路 48 号舜都大厦 507－9 室
负责人：秦黎明
Tel：0531－82190998

**济南新劲展经贸有限公司**
地址：山东省济南市天桥区无影山中路 61－2 号
负责人：裴广平
Tel：0531－86765635

**铁源物资贸易有限公司**
地址：山东省济南市市纬七路 9 号（经二路纬七路路口往北 50 米路西）
负责人：张宝成
Tel：0531－82429301
13864002888

**威海明顺进出口有限公司**
业务：威海明顺进出口有限公司主要从事土特产品、农副产品、水产品、货物的进出口业务。热诚欢迎各方客户来电来人洽谈业务，共同合作。
地址：山东省威海市前进街 8 号 704 室
邮 编：264200
法 人：安明淑
Tel：0631－5231523
Fax：0631－5283638

**潍坊亿佳林贸易有限公司**
业务：销售建筑材料、纺织品、五金制品、矿石等
地址：山东省潍坊市奎文区行政街 6 号楼鸢飞路营业房东第 3、4 户
负责人：赵永生 邮 编：261000
法 人：赵永生
Tel：13173161666

**青州市老幼建筑设备租赁有限公司**
业务：建筑设备租赁
地址：山东省潍坊市青州市东夏镇十八里村南永华建筑工程有限公司
负责人：李根伟 邮 编：261041
法 人：李根伟
Tel：15063626555
0536－3522404

**青州路通化工有限公司**
业务：清罐、蒸罐
地址：山东省潍坊市青州市邵庄镇文登中村路通车罐清洗厂
负责人：曹伟忠 邮 编：261041
邮 编：曹伟忠
Tel：0536－3750068

**山东寿光汇利通电子交易有限公司**
业务：为社会、企业和个人利用现代网络技术提供大宗商品购销、信息和咨询服务。
地址：山东省潍坊市寿光市东城金福元写字楼 14 层
负责人：苏军志 邮 编：261041
法 人：苏军志
Tel：13356765999
0536－5234788
Fax：0536－5234788

**潍坊温港工贸有限公司**
业务：潍坊温港工贸有限公司成立于 2003 年，是一家专业从事制作广告打火机、模型打火机、促销礼品等业务的公司。"诚信为本，客户至上"，热诚欢迎各方客户来电洽谈业务，共同合作。
地址：山东省潍坊市潍城区胜利西街 150 号海惠大厦 306 室
邮 编：261011
法 人：章显棠
Tel：0536－8355255
Fax：0536－8355255

**济南荣信恒泰工贸有限公司**
地址：山东省济南市新沙开发区美里湖工业园 23 号
负责人：吴平
Tel：0531－86667878
13969150150

**济南奥盛达商贸有限公司**
地址：山东省济南市遥墙镇南河套村东

负责人：赵丽
Tel：0531－88024182

**潍坊市旭日劳务咨询有限公司**
业务：提供劳务咨询和服务
地址：山东省潍坊市潍坊发电厂修造公司
负责人：邵旭 邮 编：261041
法 人：邵旭
Tel：13864620683
0536－8872814

**潍坊万家汇库存物资调剂服务有限公司**
业务：搭建库存物资流通平台、提供库存积压物资供需信息及流通渠道、库存积压物资样品展示
地址：山东省潍坊市潍州路 619 号北王国际数码广场 7# 楼
负责人：马建伟 邮 编：261041
法 人：马建伟
Tel：0536－2228990
Fax：0536－2222905
网址：http://www.wjhswtbc.cn/
E-mail：wf_wjh@163.com

**新泰市新前程职业介绍有限公司**
业务：组织供求双方洽谈、求职、用人登记、职业指导、职业介绍、信息服务、素质测评、家政服务、劳务输出、承包、劳动保障、劳动政策咨询等各种劳务服务
地址：山东省新泰市府前街 1716 号
负责人：王其军 邮 编：271200
法 人：王其军
Tel：0538－7777669
Fax：0538－7266333

**济南鲁冠经济信息咨询有限公司**
地址：山东省济南市益寿路 42 号 1－102 室
负责人：徐传丰
Tel：0531－86559120

**济南德佑工贸有限责任公司**
地址：山东省济南市玉皇庙镇工业园
负责人：贾波
Tel：0531－84759015

**章丘市天成进出口贸易有限责任公司**
地址：山东省济南市章丘市刁镇永清寺
负责人：李庶军
Tel：0531－83511176

**永亮商贸有限公司**
地址：山东省济宁曲阜市书院街道办事处韩家铺村
负责人：陈永亮
Tel：0537－4613428
4428148
13605473649

**谷里镇言波百货超市**
业务：烟酒糖茶，副食佳肴，五金水泵，化肥塑料制品。
地址：山东省新泰市谷里镇东高平村
负责人：吴言波 邮 编：271200
法 人：吴言波
Tel：0538－7751030
7751396

**新泰市谷里镇建强百货超市**
业务：主要经营各种百货的销售
地址：山东省新泰市谷里镇立庄村东区 161 号
负责人：胡安娥 邮 编：271200
法 人：胡安娥
Tel：0538－7758890
13969324263

**新泰市金艺商贸有限公司**
业务：工艺品、礼品批发、零售
地址：山东省新泰市金斗路南首路东
负责人：王道伟 邮 编：271200
Tel：15065385789
0538－6327876

**巨峰管材经销处**
业务：建龙牌管材批发，太阳能直销
地址：山东省新泰市汶南镇商业街西侧
负责人：孙居峰 邮 编：271200
法 人：刘炳录
Tel：0538－7713266
13295480229

**新泰市汶南镇吴山集贸市场**
业务：集贸市场管理、租赁服务
地址：山东省新泰市汶南镇吴山村
负责人：房田合 邮 编：271202
法 人：房田合
Tel：13468031999

**九色鹿广告装饰有限公司**
地址：山东省济宁市高新区海关 1 号附河南贸楼 219 室
负责人：马兵
Tel：0537－2330388

2879889
13963796567

**新泰市云盛经贸有限公司**

业务：玻璃纤维的生产与销售，起重机的销售
产品：玻璃纤维
地址：山东省新泰市西张庄镇泉头村
负责人：马玉顺 邮 编：271000
法 人：马玉顺
Tel：13954871966
0538－7589143
Fax：0538－7589143

**泰安博莱商贸有限公司**

业务：矿用机械设备及配件、钢材、木材、建筑材料、日用百货、土杂品、五金交电、电线电缆、煤矸石、煤渣的销售；建筑安装工程施工；园林绿化工程施工；管道（不含压力管道）安装；经济贸易咨询；矿用机械设备（不含特种设备）维修；电气焊服务。（以上经营范围需经许可经营的，须取得许可后经营）
地址：山东省新泰市翟镇兴隆屯村东
负责人：刘业利 邮 编：271200
法 人：刘业利
Tel：15053869701
E-mail：690628697@cnid.gov.cn

**驰丰经贸有限公司**

地址：山东省济宁市高新区火炬工业园4号楼
负责人：魏宁
Tel：0537－2350008
13563737809

**济宁三星贸易有限责任公司**

地址：山东省济宁市高新区柳行办事处柳行村345号
负责人：柳勇
Tel：13863758336

**烟台昌鑫贸易有限公司**

业务：烟台昌鑫贸易有限公司成立于2003年，主要从事商业贸易，房地产开发。
地址：山东省烟台市福山区回里镇旺远工业园
邮 编：265500
法 人：毕建宁
Tel：0535－6499899
Fax：0535－6499899

**长岛竹溪电脑设计工作室**

业务：实木家具、吊顶、平面设计、印刷
地址：山东省烟台市长岛县乐园大街商业局后院
负责人：冷宁 邮 编：264000
法 人：冷宁
Tel：0535－3136444
32198288
Fax：0535－3215828

**烟台开发区大季家明政超市**

业务：超市
地址：山东省烟台市开发区大季家姜家
负责人：王玉钢 邮 编：264000
法 人：王玉钢
Tel：13583553290
15064583779
13255545746

**烟台东华置业有限责任公司**

业务：主办经营批发市场：日用百货、五金建材、装饰材料、家电家具、木业、物流、二手车交易
地址：山东省烟台市牟平区北关大街851号
负责人：王建卿 邮 编：264100
法 人：孔祥璐
Tel：0535－4706779
Fax：0535－4706369
网址：www.donghuayuan.cn
E-mail：wjq3732@163.com

**烟台鑫泰设备清洗有限公司**

业务：本公司是甘肃兰州缓蚀技术研究所烟台总代理，依托强大的专家级技术支持，专业承接工业设备清洗、各种锅炉反渗透工程、防腐工程、水处理工程、冷却水系统工程。清洗行业涵盖化工、冶金、电力、食品、交通、制冷等，兼营工艺品销售。
产品：格瑞943（GR－943系列），仿真花、水晶珠帘等
地址：山东省烟台市牟平区沿河路610－13号
负责人：杨世范 邮 编：264100
法 人：杨世范
Tel：0535－4325377
13176919544
Fax：0535－4325377
E-mail：yt_xtsbqx@126.com

**诸城市世民工贸有限公司**

业务：诸城市世民工贸有限公司坐落在有"中国板栗之乡"之称的诸城市昌城镇，是一家集大豆、花生、板栗生产、加工、贸易及冷库租赁于一体的综合性工贸公司。公司愿与国内外朋友真诚合作，携手并肩，共创美好的明天。
地址：山东省潍坊市诸城市昌城镇芦河村
负责人：张洪荣……邮 编：262216
Tel：0536－6401903
网址：www.cnshimin.com

**光明商厦有限责任公司**

地址：山东省济宁市金乡县县城中心大街中路路北
负责人：孔令臣
Tel：0537－8721027
13505376769

**济宁市裕盛源商贸有限公司**

地址：山东省济宁市开发区琵琶山北路
负责人：许文远
Tel：0537－2364589
13305475670

**梁山泊市场**

地址：山东省济宁市梁山县梁山镇后集村
负责人：张庆峰
Tel：0537－7322031
13562700401

**忠韩诚信商贸有限公司**

地址：山东省济宁市梁山县中汉大酒店
负责人：乔道存
Tel：0537－7306138
13964999499

**伟佳商贸有限公司**

地址：山东省济宁市曲阜市仓庚路中段路东
负责人：孔波
Tel：0537－4414937
13963713788

**顺海水果专业合作社**

业务：专供超市的各种水果、水果批发
地址：山东省烟台市幸福中路139号
负责人：韩海山 邮 编：264000
法 人：韩海山
Tel：13589759570
0535－2608068

**烟台魁兴商贸有限公司**

业务：房地产经营、小额融资、进出口、物流配送、日用百货批发
地址：山东省烟台市芝罘区只楚路12号
负责人：宋魁全 邮 编：264001
邮 编：宋魁全
Tel：15863801111
15865639999

**烟台市芝罘区瑞祥广告喷绘制作中心**

业务：户外广告喷绘
地址：山东省烟台市芝罘屯路169号
负责人：李永利 邮 编：264000
邮 编：李永利
Tel：15154588899
0535－4968986
6256959

**卫岗乳之宝经营部**

业务：销售卫岗乳之宝品牌的保健食品
产品：卫岗乳之宝品牌的保健食品
地址：山东省兖州市华安家园小区8、9号楼东首
负责人：张秀宏 邮 编：272100
法 人：张秀宏
Tel：0537－3330977

**台儿庄区李宁专卖店**

业务：经营"李宁"品牌服饰
地址：山东省枣庄市金光路李宁专卖店
负责人：李颖 邮 编：277400
法 人：李颖
Tel：0632－6699299
6601892

**山亭区店子镇百家汇超市**

业务：经营食品、副食品、日用百货、日化用品、小家电
地址：山东省枣庄市山亭区店子镇店子村汽车站对面
负责人：孙成桥 邮 编：277000
法 人：孙成桥
Tel：15866212366
0632－8989599

**济宁市旺达物资有限公司**

地址：山东省济宁市任城区接庄镇黄楼村
负责人：伊淑田
Tel：0537－2622865

**三源经贸有限公司**

地址：山东省济宁市任城区接庄镇济东新村
负责人：万恩泉
Tel：0537－2621416
13905371391

**济宁风神贸易有限公司**

地址：山东省济宁市任城区接庄镇驻地
负责人：郭振华
Tel：0537－2172588
2630898

13325187775

**泰丰物资贸易有限公司**

地址：山东省济宁市市中区车站东路39号
负责人：黄秀国
Tel：0537－2607666
13953786648

**台儿庄区马兰屯镇高峰日用品店**

业务：日用品
产品：保健食品、化妆品、保洁用品、小型厨具
地址：山东省枣庄市台儿庄区马兰屯镇驻地
负责人：高峰 邮 编：277412
法 人：高峰
Tel：0632－6712321
13361123330

**枣庄海程商贸有限公司**

业务：水泥、熟料、铝合金
地址：山东省枣庄市台儿庄区运河大道南段东侧116号
负责人：高健 邮 编：277400
法 人：高健
Tel：15092469999
13589617609
0632－6627777

**枣庄市瑞乾汽车租赁有限公司**

业务：汽车租赁服务
地址：山东省枣庄市峄城区桃花村转盘北100米
负责人：王向启 邮 编：277101
法 人：王向启
Tel：0632－7777771
7756777
13561183678

**烟台桓誉国际贸易有限公司**

业务：本公司是一家以销售保健、美容产品的贸易公司，代理的品牌有韩国"水面"系列化妆品，韩国"BONOGEN"毛发养护系列产品，以及更多世界著名的健康保健品品牌。自成立以来以诚信 品质打造市场，深受广大客户的好评。能够把科学的健康知识和化妆品分享给客户，为共同创造健康、美丽社会！
地址：山东省烟台市芝罘区胜利路208号1108室
负责人：柳先生……邮 编：264000
Tel：0535－6630101
Fax：0535－6630303

**山东省科然贸易有限公司**

业务：山东省科然贸易有限公司成立于2006年，主要从事煤炭、水泥的生产与销售，服装的加工与销售，房地产开发，酒店经营、管理等。竭诚欢迎您的来电咨询、洽谈业务！
地址：山东省枣庄市市中区法院对面三楼
邮 编：277100
法 人：卢金传
Tel：0632－3267888

**枣庄隆杰实业有限责任公司**

业务：枣庄隆杰实业有限责任公司成立于2004年4月，主要经营煤炭、焦炭、木材、水泥、建筑材料、劳保用品、汽配、化工产品、金属材料、百货、烟酒、服装等。"诚信经营，质量保证，价格合理"，热诚欢迎新老客户惠顾。
地址：山东省枣庄市薛城区长江西路北侧
邮 编：277100
法 人：李杰
Tel：0632－4491399
4492399
Fax：0632－4495399

**兴旺经贸有限公司**

地址：山东省济宁市市中区济安桥北路28－2号
负责人：王为征
Tel：13805376285

**金山贸易有限公司**

地址：山东省济宁市市中区建设南路14－62号
负责人：李克亮
Tel：0537－2332126
13562772876

**百惠顺商贸有限公司**

地址：山东省济宁市市中区解放路华汇大酒店
负责人：龚小平
Tel：13305373718

**巨龙广告装饰有限公司**

地址：山东省济宁市市中区太白中路（百货大厦五楼）
负责人：张佰枢
Tel：0537－2885333
13518653860

**永泰商贸有限公司**

地址：山东省济宁市市中心文胜街批发市场58号
负责人：魏保勋
Tel：0537－2216727
13963787800

**启发贸易有限公司**

地址：山东省济宁市微山县付村镇交管所对面
负责人：张文法
Tel：13705370048

**良亚物资贸易有限公司**

地址：山东省济宁市微山县付村镇三河口南村
负责人：安保真
Tel：0537－8599188
13953793188

**兴业贸易有限公司**

地址：山东省济宁市微山县付村镇张庄西村
负责人：安增文
Tel：0537－8586259
13355155822

**山东国腾物资贸易有限公司**

地址：山东省济宁市微山县付村镇驻地
负责人：郝允国
Tel：0537－8581078
13506381078

**微山县天正粮食贸易有限公司**

地址：山东省济宁市微山县韩庄镇塘湖
负责人：孙晋哲
Tel：0537－8431966
13705476821

**石庄宏亚加油站**

地址：山东省济宁市微山县欢城镇石庄村前
负责人：石立增
Tel：0537－8616689
13953700886

**峄城区朝晖信息咨询服务部**

业务：信息咨询、营销策划
地址：山东省枣庄市峄城区沿河路75号
负责人：赵晖 邮 编：526100
法 人：赵晖
Tel：13326375685
0632－7793977

**招远市金茂物资有限公司**

业务：矿山物资
地址：山东省招远市魁星路86号
负责人：王茂恩 邮 编：265400
法 人：王茂恩
Tel：0535－8358876
8060988
8353290

**山东汉唐酒店管理有限公司**

业务：酒店管理、公寓管理、物业管理服务
地址：山东省诸城市密州路39号名门公馆
负责人：王录伟 邮 编：266220
法 人：王录伟
Tel：0536－2165555
Fax：0536－2166222
网址：http://www.sdhtinnk.cn
E-mail：zchtgg@163.com

**诸城市益泰广告有限公司**

业务：户内外广告、室内外装修
地址：山东省诸城市密州商城
负责人：钟召福 邮 编：262200
法 人：钟召福
Tel：15805367915

**邹城市奉栋商贸有限公司**

业务：本公司经销水暖管件、五金、劳保用品，优惠的价格，热情的服务，一流的产品质量，优质快捷的服务是我们对您的承诺，让您用的安心，用的放心！竭诚欢迎新老客户惠顾。
产品：电热水器
地址：山东省邹城市城前西路1189号
负责人：张伟芳 邮 编：273500
法 人：王奉栋
Tel：0537－3163985

**邹城市铭德商贸有限公司**

业务：生产，销售钛合金移动门、各种艺术玻璃
地址：山东省邹城市峄山路南首路东（千泉装饰城）
负责人：王洪德 邮 编：273500
法 人：王洪德
Tel：13954718828
0537－5357568

**邹城市映龙商贸有限公司**

业务：销售电动车、自行车配件，陶瓷制品，通信器材，建筑材料，塑料制品，计算机耗材，家用电器，电线电缆，日用百货，劳保用品，五金电料，电动车组装
产品：电动车、自行车配件，陶瓷制品，通信器材，建筑材料，塑料制品，计算机耗材，家用电器，电线电缆，日用百货，劳保用品，五金电料
地址：山东省邹城市中心店镇中一村
负责人：李宪伟 邮 编：273500
法 人：李宪伟
Tel：15963037931
0537－5511258
Fax：0537－3988215

**远盛物资贸易有限公司**

地址：山东省济宁市微山县欢城镇驻地（镇建筑

公司院内）
……负责人：朱恒标
……Tel:0537－8656358
13396326265

**正原物资有限责任公司**
地址：山东省济宁市信托投资大厦9楼918号
……负责人：徐峰
……Tel:0537－3159799
3159768

## 金芝旺商贸有限责任公司
业务：金芝旺商贸有限责任公司成立于2003年，现有员工200余人，从事农副产品（不含粮食）购销、储藏、初加工。
地址：山东省枣庄滕州市大坞镇姜庄村
……邮 编：277514
……法 人：刘希金
……Tel:0632－2304363
……Fax:0632－2304363

**兖州市光明商贸有限公司**
地址：山东省济宁市兖州市建设西路路北（新世纪路东）
……负责人：高传文
……Tel:0537－3421661
13905376183

## 淄博鲁彬商贸有限公司
业务：淄博鲁彬商贸有限公司主要销售中性酵素、酸性酵素、硅油、柔软剂、退浆酶、防染剂、草酸等化工产品。
地址：山东省淄博市高青县高城镇西关村
……邮 编：256301
……法 人：张斌
……Tel:0533－6315538
……Fax:0533－6981538

**兖州市瑞源商贸有限公司**
地址：山东省济宁市兖州市息马地商城北门外向西100米
……负责人：刘瑞祥
……Tel:0537－3424449
13173192692

**宏发工贸有限公司**
地址：山东省济宁市鱼台县老砦乡后六屯村
……负责人：周洪跃
……Tel:13905227807

**嘉祥刘氏新时代超市**
地址：山东省济宁市纸坊镇驻地
……负责人：刘广田
……Tel:0537－6600088

**邹城市庆秋工贸有限公司**
地址：山东省济宁市邹城市中心店镇中三村
……负责人：贺红光
……Tel:0537－5262101

**恒明商贸有限公司**
地址：山东省济宁邹城市北宿镇落陵煤矿对过
……负责人：代德明
……Tel:0537－5418888
13905373639

**邹城市城前镇镇北特油部**
地址：山东省济宁邹城市城前镇城前村
……负责人：王召坤
……Tel:0537－5810222
13355477103

**世兴物资贸易有限公司**
地址：山东省济宁邹城市东滩路中段财政局西50米路南
……负责人：黄文亮
……Tel:0537－5235778
13954700887

**莱芜市金德贸易有限公司**
地址：山东省莱芜市钢城区艾山办事处逯家庄村
……负责人：张明
……Tel:13963427899

**齐鲁商贸有限公司**
地址：山东省莱芜市钢城区健康街
……负责人：徐凤
……Tel:0634－6826546
13906344758

**莱芜市京安经贸有限公司**
地址：山东省莱芜市钢城区颜庄工业园
……负责人：李京安
……Tel:0634－8462381
8097555
13181755968

**宏德利贸易有限公司**
地址：山东省莱芜市莱城区凤城街道办事处曹东村
……负责人：李华廷
……Tel:0634－6186759
13963406993

**常庄乡旭东加油站**
地址：山东省莱芜市莱城区苗山镇南文字村村西
……负责人：秦克三
……Tel:0634－6361020
13012757369

**莱芜市地鑫经贸有限公司**
地址：山东省莱芜市莱城区鹏泉西大街155号
……负责人：蔡新华
……Tel:0634－6121052
13806340988

**莱芜市公路产业开发中心加油站**
地址：山东省莱芜市莱城区雪野镇邢家峪村
……负责人：路荣前
……Tel:0634－6594066
13863430999

**莱芜市龙友经贸有限公司**
地址：山东省莱芜市颜庄镇南下冶村
……负责人：吕爱停
……Tel:0634－6881989

**莱芜市伟旺经贸有限公司**
地址：山东省莱芜市颜庄镇颜庄村
……负责人：孙修维
……Tel:0634－6463899

**莱州市柴棚供销有限公司**
地址：山东省莱州市郭家店镇柴棚
……负责人：刘克云
……Tel:0535－2591061

**莱州市仲院供销有限公司**
地址：山东省莱州市郭家店镇仲院
……负责人：王春生
……Tel:0535－2501019

**莱州市中达贸易有限公司**
地址：山东省莱州市文昌路碑坡工业园6号
……负责人：王淑平
……Tel:0535－2265975

**聊城百合商贸有限公司**
地址：山东省聊城市东昌府区 东昌东路91号
……负责人：张维河
……Tel:0635－8261691

**高唐诚信招标代理有限公司**
地址：山东省聊城市高唐县滨湖路北首路西
……负责人：郭志良
……Tel:0635－3981878

**聊城市荣欣贸易有限公司**
地址：山东省聊城市柳园办事处聊位路4号内1－301
……负责人：吴勇
……Tel:0635－8250253

**莒南县润生商贸有限公司**
地址：山东省临沂市莒南县峭山路
……负责人：文章玉
……Tel:0539－7212496

## 一店：齐河县马集乡正大家电连锁店 二分店：中国联通营业厅
业务：一店：名牌电动车、名牌家电、空调、冰箱、洗衣机等所有家电 二分店：名牌手机专卖、办卡业务。
地址：一店：山东省德州市齐河县马集车站北路东 二分店：山东省德州市齐河县马集车站路西棉厂门口
……负责人：王新成 邮 编：253000
……法 人：王新成
……Tel:13792214477
0534－5958999

**华达进出口有限公司**
地址：山东省临沂市莒南县南环路西段
……负责人：蒋继平
……Tel:0539－7275296
13969916888

**恒峻经贸有限公司**
地址：山东省临沂市兰山区成才路东段路北沿街房2号
……负责人：公维为
……Tel:13235393999

**百盛文化艺术传媒有限公司**
地址：山东省临沂市兰山区解放路中段兰田步行街（丽人街25号）
……负责人：韩刚
……Tel:0539－8210999
13905392169

**曙光汽车贸易有限公司**
地址：山东省临沂市兰山区聚财路中段鲁南汽车城华鹏停车场对过
……负责人：刘俊宇
……Tel:13355053180

**临沂市利涛商贸有限公司**
地址：山东省临沂市兰山区苗庄小区门口
……负责人：戚建生
……Tel:0539－8162553
13375399278

**广达进出口有限公司**
地址：山东省临沂市兰山区通达路313号
……负责人：谭强
……Tel:0539－8163509
13605393870

**临沂君安商贸有限公司**
地址：山东省临沂市兰山区银雀山路中段
……负责人：李君
……Tel:0539－8166570
13562960555

**荣秀广告有限公司**
地址：山东省临沂市临西一路南段
……负责人：谢贞秀
……Tel:0539－6608460
13001579789

**临沂林虎商贸有限公司**
地址：山东省临沂市蒙山大道19号
……负责人：林虎
……Tel:0539－8233339

**蒙阴大海经贸有限公司**
地址：山东省临沂市蒙阴县云蒙路中段
……负责人：张荣坤
……Tel:0539－4271283
13053951799

**青岛上源以诺工贸有限公司**
地址：山东省青岛经济技术开发区临港工业园2号路
……负责人：高丽红
……Tel:0532－86108518
13325009005

**青岛保税区天亿佳国际贸易有限公司**
地址：山东省青岛市保税区天智展示交易中心A－103号
……负责人：周朋举
……Tel:0532－86768550
86713075

**韩国青松技术贸易株式会社青岛办事处**
地址：山东省青岛市城阳区流亭街道赵哥庄网点楼二栋17号
……负责人：辛克雷
……Tel:0532－87795641
13708957811

**吉伟物资有限公司**
地址：山东省青岛市城阳区惜福镇杨家村
……负责人：杨世密
……Tel:0532－87881455
13583223116

**青岛玉龙信商贸有限公司**
地址：山东省青岛市敦化路46号
……负责人：马开玉
……Tel:0532－85600580
13506488831

**海南农垦电子商务交易中心青岛办事处**
地址：山东省青岛市福州南路19号泛海名人广场5号楼2204室
……负责人：甘明伟
……Tel:0532－85973552
13963981266

**青岛快线商务代理有限公司**
地址：山东省青岛市海尔路中段颐中体育场内
……负责人：王晓梅
……Tel:0532－88611019

**新鑫源洗衣厂**
地址：山东省青岛市即墨市通济街道办事处枣杭村
……负责人：陈本杰
……Tel:0532－88582819

**青岛阳光海岸广告有限公司**
地址：山东省青岛市胶南市海滨工业园
……负责人：逄淑华
……Tel:0532－86174311
13188958098

**胶州市胶东镇麻东建材杂品经销处**
地址：山东省青岛市胶州市胶东镇麻东村（小麻湾东村）
……负责人：王列臣
……Tel:13708952643

**青岛金源创业商贸有限公司**
地址：山东省青岛市胶州市胶州湾工业园
……负责人：赵思龙
……Tel:0532－85260030

**富光工贸有限公司**
地址：山东省青岛市胶州市马家店镇工业园
……负责人：孙一著
……Tel:13573897936

**春明商贸有限公司**
地址：山东省青岛市胶州市苏州路215号
……负责人：刘金德
……Tel:0532－87214873
13808970089

**青岛顺林商贸有限公司**
地址：山东省青岛市莱西方信卤品酒水经营部文化十路烟草公司对面
……负责人：王成强
……Tel:0532－88476139
13356896215

## 济南盛魁商贸有限公司
业务：服装零售
地址：山东省济南市天桥区前黄屯小区12号楼底层
……负责人：韩高龙 邮 编：250001
……法 人：韩高龙
……Tel:0531－81263691

**青岛美加贸易有限公司**
地址：山东省青岛市崂山区金岭花园
……负责人：孙玉燕
……Tel:0532－88898291

**有德顺贸易有限公司**
地址：山东省青岛市李沧区四流北路63号
……负责人：王德兴
……Tel:0532－84811080
13306488816

**广合缘商贸有限公司**
地址：山东省青岛市李沧区向阳二支路15号
……负责人：姜淑芳
……Tel:0532－87614001
87898352
13808971052

**盛帮经贸有限公司**
地址：山东省青岛市李家石桥村336号
……负责人：高玉权
……Tel:0532－86166835

**新禾宏社图文设计室**
地址：山东省青岛市李沧区东南新苑A4楼4单元
……负责人：崔兆楼
……Tel:0532－88671312

**玉成咨询有限公司**
地址：山东省青岛市宁夏路306号（山东省青岛市软件工业园）
……负责人：王玉
……Tel:0532－85951211
13396421906

**宇邦商贸有限公司**
地址：山东省青岛市平度市济南路中段
……负责人：张敏
……Tel:0532－83138231
13606480010

**青岛祥麒工贸有限公司**
地址：山东省青岛市平度市旧货市场18号
……负责人：张云端
……Tel:0532－88371446
87395568

**大明商贸有限公司**
地址：山东省青岛市平度市贸易城11区5号
……负责人：李吉星
……Tel:0532－88316333
13326391185

**青岛升昆贸易有限公司**
地址：山东省青岛市平度市张戈庄镇大闫家区
……负责人：綦龙瑞
……Tel:0532－82316768
13905428887

**甜蜜蜜牵手信息咨询有限公司**
地址：山东省青岛市石北区登州路58－19号
……负责人：韩英锋
……Tel:0532－83830850
13156225206

**浩瀚会议服务有限公司**
地址：山东省青岛市市北区馆陶路9号203室
……负责人：于滨
……Tel:0532－82805667

**青岛百力文工贸有限公司**
地址：山东省青岛市市北区洞丰日用百货批发市场
……负责人：卢慧珺
……Tel:0532－82732876

**永发达商贸有限公司**
地址：山东省青岛市市北区徐州北路145号
……负责人：陈国安
……Tel:0532－88622968

**佳美丰咨询有限公司**
地址：山东省青岛市市北区延安路167号中信物业大厦806室
……负责人：慈清美
……Tel:532－85976745
13791985128

**青岛恒远诚商贸有限公司**
地址：山东省青岛市市北区镇江路10号金狮宾馆107室
……负责人：王振远
……Tel:0532－85012554
13969727977

## 泰安庆炜商贸有限公司
业务：一、商贸公司主营：皮具、箱包、家用电器、健身器材、通讯器材、五金建材、办公用品、办公设备、电脑及配件 工艺品。二、善医堂技术健康服务：绿色疗法，打造身心调节第一品牌。用独特的身心医学疗法，用五元论技术对各种慢性骨关节疾病，从身体正骨整脊、心理调节、行为矫正等五个方面进行全方位治疗，摈开了骨病治疗的新篇章。同时经营：空气负离子治疗仪、水治疗仪、对各种慢性疾病进行体验治疗。还您个全方位的健康身体。主要服务项目：颈椎病，肩周炎，腿痛《膝关节肿大，增生，积液，滑膜炎》，腰间盘突出症，风湿类风湿性关节炎，强直性脊椎炎，脑血栓后遗症。
地址：山东省肥城市新城街道办事处马连村沿街楼
……负责人：尚卫东 邮 编：271000
……法 人：尚卫东
……Tel:13953887887
0538－3283777

## 肥城市金旺投资理财咨询服务中心
业务：投资理财咨询服务
地址：山东省肥城市阳光舜城东门
……负责人：徐勇 邮 编：271600
……法 人：徐勇
……Tel:0538－3368789
3360088

## 东方红新能源科技有限公司
业务：专业从事环保、节能领域的研发、生产、售后服务为一体
地址：山东省肥城市仪阳乡工业园
……负责人：辛省委 邮 编：271000
……法 人：辛省委
……Tel:13910912156
0538－3161551
网址：www.dfhxny.com

**龙世经贸有限公司**
地址：山东省青岛市市南区东海中路16号1号楼4单元302室
……负责人：付先生
……Tel:13906391998

**青岛海兰德实业有限公司**
地址：山东省青岛市市南区东海中路2号

……负责人：王韶容
……Tel：0532－85063253

**信和海事顾问有限公司**
地址：山东省青岛市市南区太平路51号3010室
……负责人：赵凌青
……Tel：0532－82971020
13906427721

**海京晖商贸有限公司**
地址：山东省青岛市市南区团岛一路1405室
……负责人：杨宏伟
……Tel：0532－82652136
13805427068

**日研经济技术咨询有限公司**
地址：山东省青岛市市南区香港中路20号黄金广场北楼1512室
……负责人：石光月
……Tel：0532－83860805

**青州华成工贸有限公司**
地址：山东省青州市东夏镇张楼村
……负责人：史秀花
……Tel：0536－3550236

**日照中佳贸易有限公司**
地址：山东省日照市海曲中路109号
……负责人：郑成义
……Tel：0633－8266426

**日照市宝业经贸有限公司**
地址：山东省日照市日照北路
……负责人：席光宝
……Tel：0633－8238718

**日照经济开发区晋海贸易有限公司**
地址：山东省日照市天津路西段
……负责人：宋春光
……Tel：0633－8391716

**荣成吉兴商场贸易有限公司**
地址：山东省荣成市荣兴路7号
……负责人：程志远
……Tel：0631－7515999
13506300299

**肥城路友商贸有限公司**
业务：经营名烟名酒
地址：山东省肥城市左丘明路桃花园小区
……负责人：陈超　邮　编：271000
……法　人：陈超
……Tel：15020845888
0538－3991555

**顺新物资贸易有限公司**
地址：山东省泰安肥城市新城路东首新城家园2号楼
……负责人：肖云新
……Tel：13953877679

**泰安开发区振青维护中心**
地址：山东省泰安开发区高新技术开发区魏家洪沟村
……负责人：袁景振
……Tel：0538－6881258

**九鑫工贸有限公司**
地址：山东省泰安市东平县民营工业园东平县九鑫工贸有限公司财务部
……负责人：李龙开
……Tel：0538－2827028
13562871689

**先锋贸易有限责任公司**
地址：山东省泰安市东平县西山路批发市场院内
……负责人：卜令旗
……Tel：0538－2828888
13854850000

**肥城市永昌工贸有限公司**
地址：山东省泰安市肥城市古店
……负责人：辛永平
……Tel：0538－3392316
13853822511

**聚鑫物资有限公司**
地址：山东省泰安市肥城市湖屯镇白庄村
……负责人：范振刚
……Tel：0538－3622199
13705382297

**肥城市永强工贸有限公司**
地址：山东省泰安市肥城市湖屯镇曹庄村
……负责人：张兆强
……Tel：13953815106

**泰安市鑫塬富华工贸有限公司**
地址：山东省泰安市高新技术开发区1号路东段
……负责人：崔亚栋
……Tel：0538－8938372

**泰安市天庆科技商贸有限公司**
地址：山东省泰安市红门路16号
……负责人：明春
……Tel：0538－6301588

**泰安市鲁蒙贸易有限公司**
地址：山东省泰安市向阳小区别墅楼中1套
……负责人：高昆
……Tel：0538－8204977
13953813888

**泰安岚泰工贸有限责任公司**
地址：山东省泰安市新泰市翟镇
……负责人：巩伟
……Tel：0538－7842334
13953861129

**宏岭物资有限责任公司**
地址：山东省泰安新泰市东都镇马庄村
……负责人：杨乐友
……Tel：13505489778

**滕州市华恒工贸有限责任公司**
地址：山东省滕州市西岗镇西曹庄村
……负责人：付桂华
……Tel：0632－2111999
13506327799

**山东省威海糖酒采购供应站家家悦折扣初村店**
地址：山东省威海高技区初村镇北店子村
……负责人：史晓辉
……Tel：0631－5216612

**荣成市华荣商行**
地址：山东省威海荣成市青山小区61号楼
……负责人：陈士荣
……Tel：0631－7575288
13001640307

**长青加油站**
地址：山东省威海乳山市诸往镇驻地
……负责人：隋明梁
……Tel：0631－6362888
13606311179

**海斯特国际贸易有限公司**
地址：山东省威海市长江街29－8号
……负责人：张云飞
……Tel：0631－5780999
3975992
13906314412

**威海心心婚姻介绍所**
地址：山东省威海市高技区昌鸿生活小区24号楼702
……负责人：王闯
……Tel：0631－5682999

**威海广汇霓虹灯广告有限公司**
地址：山东省威海市高技术产业开发区金海滩花园－193号
……负责人：樊广辉
……Tel：0631－5683131

**威海悦达贸易有限公司**
地址：山东省威海市高技术产业开发区文化中路附69－10、107室、108室
……负责人：刘强
……Tel：0631－5893999

**山东威海百货大楼集团股份有限公司火炬路利百佳超市**
地址：山东省威海市高区火炬路167号
……负责人：毕晓霞
……Tel：0631－5691239

**威海市瑞瑞进出口有限公司**
地址：山东省威海市高山街28号
……负责人：王瑞智
……Tel：0631－5286118、
5281189
5286128

**威海市瑞瑞进出口有限公司**
地址：山东省威海市高山街28号
……负责人：王瑞智
……Tel：0631－5286118
5281189
5286128

**威海市商业大厦经营管理中心**
地址：山东省威海市海滨北路36号商业大厦8楼801
……负责人：江凤禹
……Tel：0631－5232060

**威海明林贸易有限公司**
地址：山东省威海市海滨北路53号
……负责人：李明秋
……Tel：0631－5237843
13336300568

**威海明林贸易有限公司**
地址：山东省威海市海滨北路53号
……负责人：李明秋
……Tel：0631－5237843
13336300568

**威海经济技术开发区力马霓虹灯广告装饰有限公司**
地址：山东省威海市海滨南路20－10－103号
……负责人：宫执淋
……Tel：13963176657
13606491471

**山东省进出口商品检验公司威海分公司**
地址：山东省威海市海滨中路28号
……负责人：徐仁修
……Tel：0631－5320156
13606385133

**金明照相馆**
地址：山东省威海市环翠区望岛村
……负责人：孙玉明
……Tel：0631－5301118
13326301118

**金明照相馆**
地址：山东省威海市环翠区望岛村
……负责人：孙玉明
……Tel：0631－5301118
13326301118

**韩国新星原辅材料（株）威海办事处**
地址：山东省威海市环翠区新威路37号
……负责人：沈揆胜
……Tel：0631－5897105

**永国贸易有限公司**
地址：山东省威海市金线顶路28号401
……负责人：安明淑
……Tel：0631－5311851
5236325

**威海湖西贸易有限公司**
地址：山东省威海市经济技术开发区海南路17号
……负责人：朴成虎
……Tel：0631－5902518
13562158395

**威海三行社贸易有限公司**
地址：山东省威海市经济区海峰路－318－3号
……负责人：朴承勇
……Tel：13326312234

**威海盛世帷韬广告有限公司**
地址：山东省威海市青岛市中路65号交通银行4楼
……负责人：魏焘
……Tel：0631－5315985
13001632717

**威海豪晟进出口有限公司**
地址：山东省威海市青岛中路50号
……负责人：黄保安
……Tel：0631－5322358

**荣成市锦宁贸易商行**
地址：山东省威海市荣成市荣安路
……负责人：滕爱丽
……Tel：0631－7063536

**威海圣琪进出口有限公司**
地址：山东省威海市顺河街218号
……负责人：罗明久
……Tel：0631－5860729

**松海贸易有限公司**
地址：山东省威海市卧龙山庄76号304室
……负责人：许英子
……Tel：0631－5892536
2585288

**三盛贸易有限公司**
地址：山东省威海市新威路53号负006号
……负责人：刘继文
……Tel：0631－5206018
2986048

**文城滨程商店**
地址：山东省威海文登市文城镇中巨格村
……负责人：江行舟
……Tel：0631－8465346
13606319298

**顺华工贸有限公司**
地址：山东省潍坊高密市城南街东首（开发区龙门北）
……负责人：张木林
……Tel：0536－2362198
13853692773

**苏屯加油站**
地址：山东省潍坊青州市东夏镇苏屯路口
……负责人：黄文举
……Tel：0536－3519201
13305362059

**青州金都贸易有限公司**
地址：山东省潍坊青州市玲珑北路集贸中心
……负责人：马传富
……Tel：0536－3290905
13361563888

**荣泰工贸有限责任公司**
地址：山东省潍坊青州市庙子镇庙子村
……负责人：翟波
……Tel：13706435688

**大鹏商贸有限公司**
地址：山东省潍坊山东省诸城市九龙岗商贸城怡远东街118号
……负责人：刘桂华
……Tel：0536－6568826
13606476577

**潍坊金岳经贸有限公司**
地址：山东省潍坊市仓南街15号
……负责人：王培成
……Tel：0536－8911122

**微山县高楼乡昭阳村天顺超市**
业务：超市、鱼饲料
地址：山东省济宁市微山县高楼乡昭阳村丰渔路40号
……负责人：刘其伟　邮　编：276000
……法　人：刘其伟
……Tel：0537－8381283

**微山县宇兴贸易有限公司**
业务：销售生活用品
地址：山东省济宁市微山县欢城镇徐村村委会
……负责人：朱广民　邮　编：272119
……法　人：朱广民
……Tel：13854793589
0537－8622989

**昌邑市劳动事务代理中心**
地址：山东省潍坊市昌邑市北海路30号
……负责人：周利
……Tel：0536－7212531

**潍坊龙兴商务咨询有限公司**
地址：山东省潍坊市东风东街家具广场东三楼
……负责人：朱龙兴
……Tel：0536－8603277

**潍坊永拓经贸有限公司**
地址：山东省潍坊市东风西街1766号
……负责人：李启贵
……Tel：0536－8567890
13325248888

**东营市科美特工贸有限公司**
地址：山东省潍坊市高密市北一路与太行山路交界处
……负责人：候明杰
……Tel：0536－7867093

**潍坊樊氏进出口有限公司**
地址：山东省潍坊市高新开发区北海路523号海天大酒店521室
……负责人：樊玉国
……Tel：0536－8862002
13706468189

**潍坊同联经贸有限公司**
地址：山东省潍坊市和平路52号
……负责人：宋绪勇
……Tel：0536－8321716

**潍坊顺舟经贸有限公司**
地址：山东省潍坊市和平商业广场南区C23
……负责人：范俊兴
……Tel：0536－8622777

**晨鸿信息有限公司**
地址：山东省潍坊市奎文区院校街15号
……负责人：丁玉珊
……Tel：0536－8295859
13791861006

**潍坊金旗舰经贸有限公司**
地址：山东省潍坊市梨园街办庄家村
……负责人：周小燕
……Tel：0536－8225992

**临朐县金利达经贸有限公司**
地址：山东省潍坊市临朐县东城区潍临路北
……负责人：辛娟
……Tel：0536－3158678

**寿光市鑫禾工贸有限公司**
地址：山东省潍坊市寿光市区圣城街500号
……负责人：贾振华
……Tel：0536－5229158

**寿光市联贸商务资讯有限公司**
地址：山东省潍坊市寿光市区迎宾路230号（蔬菜公司二楼）
……负责人：赵志堂
……Tel：0536－5191398

**馨馥经贸有限公司**
地址：山东省潍坊市潍城区符山镇李家村
……负责人：李长星
……Tel：0536－8118929
13356777968

**潍坊市嘉伦经贸有限公司**
地址：山东省潍坊市潍州路519号
……负责人：梁福金
……Tel：0536－7618887
13905365616

**广东易事特集团有限公司潍坊分公司**
地址：山东省潍坊市潍州路702号内33号楼1－102
……负责人：高玉求
……Tel：13791635168

**谊隆百货经营部**
地址：山东省潍坊寿光市区建新小区6号楼沿街楼
……负责人：于文香
……Tel：0536－5263555
13853686666

**正通贸易有限公司**
地址：山东省潍纺市潍洲路673号金利大厦1401室
……负责人：于从海
……Tel：0536－8292911
13356769255

**新泰市瑞昌工贸有限公司**
地址：山东省新泰市翟镇王家寨
……负责人：王义祥
……Tel：0538－7528888
13345299999

**长岛兴源经贸有限公司**
地址：山东省烟台市长岛县解放路186号
……负责人：姜元寿
……Tel：0535－3219669

**烟台华夷商务交流咨询有限公司**
地址：山东省烟台市开发区长江路10号1010室
……负责人：孙天琪
……Tel：0535－6931508

**烟台开发区华源经贸有限公司**
地址：山东省烟台市开发区长江路40号
……负责人：于学语
……Tel：0535－6377209

**烟台开发区乐恒经贸有限公司**
地址：山东省烟台市开发区星海小区57－2－6号
……负责人：苗喜芹
……Tel：0535－6396566

**烟台万康经贸有限责任公司**
地址：山东省烟台市开发区珠江路32号
……负责人：崔美红
……Tel：0535－6396882

**烟台高新区天润商行**
地址：山东省烟台市莱山区明珠花园A4
……负责人：王军民
……Tel：0535－6900399
13806385395

**烟台得吉百货有限公司**
地址：山东省烟台市利丰街4－121号
……负责人：李光朋
……Tel：0535－6040667

**龙口市德兴工贸有限公司**
地址：山东省烟台市龙口市黄山馆镇上孟家村
……负责人：孟凡存
……Tel：0535－8886152

**烟台振通工贸有限公司**

地址：山东省烟台市龙口市龙口开发区上村北
负责人：孙振全
Tel：0535－8840318
13306453756

**烟台德瑞经贸有限公司**
地址：山东省烟台市南大街 118 号
负责人：邢根贤
Tel：0535－6188938

**枣庄市山亭区金琪担保有限公司**
业务：房屋担保
地址：山东省枣庄市山亭区山城办事处黄河路 89 号
负责人：房增贵　邮　编：277101
法　人：房增贵
Tel：0632－8867819

**枣庄市市区诚诺经济信息咨询部**
业务：房产信息、个人借贷、各类保险
地址：山东省枣庄市市中区光明路南侧二棉四宿舍 51 号楼西三户
负责人：邓连香　邮　编：277100
法　人：邓连香
Tel：13963201056
13376321779
0632－3692356

**烟台美索图像设计有限公司**
地址：山东省烟台市南大街 9 号 10 层
负责人：辛克东
Tel：0535－6603655

**栖霞市忠民工贸有限公司**
地址：山东省烟台市栖霞市民营经济园
负责人：隋忠民
Tel：0535－5212714

**烟台市大好商贸有限责任公司**
地址：山东省烟台市卧龙园区姜家工业园
负责人：孙镐庆
Tel：0535－6730567

**烟台卓盛商贸有限公司**
地址：山东省烟台市幸福中路 70－100 号
负责人：牟振生
Tel：0535－2963898

**烟台市佳东经贸有限公司**
地址：山东省烟台市芝罘区南街 157 号 805 室
负责人：咸秀荣
Tel：0535－200236
6650126
13306388287

**烟台宏博经贸有限责任公司**
地址：山东省烟台市芝罘区西南河路 231 号 403 房间
负责人：王洪波
Tel：0535－6633905

**烟台市芝罘润通信息服务处**
地址：山东省烟台市芝罘区幸福南路 1 号
负责人：南圣安
Tel：0535－7012313

**佳程物资有限公司**
地址：山东省兖州市新兖镇新义村
负责人：陈涛
Tel：13854756333

**宏巨经贸有限公司**
地址：山东省兖州市振华路北首九州商城院内 4 排 2 号
负责人：晏磊
Tel：0537－3437966
13605372381

**枣庄高科商贸有限公司**
地址：山东省枣庄市长江路 10 号
负责人：冯大力
Tel：0632－3328111

**金大地商贸有限责任公司**
地址：山东省枣庄市市中区君山西路 23 号
负责人：杨松泉
Tel：0632－3391646
13306329369

**枣庄正大广告有限公司**
地址：山东省枣庄市市中区青檀北路 110 号科技市场 A－1
负责人：郭一震
Tel：0632－3209555
3309555
3394555
3303555
13361136555

**佳贝贸易有限公司**
地址：山东省枣庄市市中区胜利路香港街 4 号楼门市
负责人：张齐
Tel：0632－3057866
13210481168

**枣庄正兴物贸公司高新区分公司**
地址：山东省枣庄市松江路中段(现枣庄高新区松江路中段)
负责人：邵洪
Tel：0632－4087528

**恒祥工贸有限责任公司**
地址：山东省枣庄市滕州市张汪镇驻地
负责人：满其旭
Tel：13561117888

**永福广告有限公司**
地址：山东省枣庄市薛城区永福中路
负责人：顾士勇
Tel：0632－4415303
13869471999

**庆安加油站**
地址：山东省枣庄滕州市东郭镇
负责人：徐庆安
Tel：0632－2520888
13336323060
13516327568

**润和商贸有限公司**
地址：山东省枣庄滕州市木石镇驻地(交警中队东侧)
负责人：刘训平
Tel：0632－2359085
13806325116

**滕州市晟辉商贸有限责任公司**
地址：山东省枣庄滕州市平行北路鲁东小区北侧
负责人：于兴民
Tel：0632－5678566

**海源商贸有限责任公司**
地址：山东省枣庄滕州市西岗柴里矿多种经营区
负责人：谷鹏德
Tel：0632－4057465
13376323166

**济南山容海纳咨询服务有限公司**
业务：本公司竭诚为广大客户提供社会经济咨询服务
地址：山东省济南市济兖路 649 号槐荫区段店镇政府宿舍 6－1－301 室
负责人：李曰水　邮　编：250117
法　人：李曰水
Tel：0531－86322869
15168851927
15168851969
网址：www.jnsrhn.cn
E-mail：liyueshui@sina.com

**济南金源展柜有限公司**
业务：商场专卖店高端商业空间规划，珠宝首饰、日化、钟表、手机等形象展柜设计、制作、安装一条服务。
地址：山东省济南市历城区港沟镇潘庄村商业街中段
负责人：刘慧　邮　编：250001
法　人：刘慧
Tel：15098773888
0531－88232088
88233088

**济南望远镜人力资源有限公司**
业务：劳务派遣、代缴保险、职业介绍、档案保管、出国劳务、出国留学资询、艺术品销售(金矿石、钻石矿等)等业务
地址：山东省济南市历城区花园路 110 号 201 室
负责人：程庆亮　邮　编：250001
法　人：程庆亮
Tel：0531－81900449
13658635839
Fax：0531－81900549

**滕州市神州科技商贸有限公司**
地址：山东省枣庄滕州市新兴南路 17 号
负责人：钟向荣
Tel：0632－5583917

**众鑫商贸有限公司**
地址：山东省诸城市密州街道办事处五里堡村
负责人：刘加斌
Tel：0536－6061367

**淄博博山郁金香经贸有限公司**
地址：山东省淄博市北博山镇北博山村卫生院对面
负责人：赵凤萍
Tel：0533－4548941

**淄博市博山亿诺通经贸有限公司**
地址：山东省淄博市博山区经济开发区房家庄西
负责人：肖元本
Tel：0533－4295969

**博山区矿安综合经营部**
地址：山东省淄博市博山区人民路 65 号
负责人：李东升
Tel：0533－4292455

**莱芜市和庄供销日用品配送中心**
业务：百货日用品配送及销售
地址：山东省莱芜市莱城区和庄乡和庄村
负责人：赵洪军　邮　编：271100
法　人：赵洪军
Tel：0634－6677567

**冠宇工贸有限公司**
地址：山东省淄博市博山区西过境路中段博山区种子站
负责人：昃向升
Tel：0533－4296118

**淄博博山笑寒百货销售部**
地址：山东省淄博市博山区西冶街 38 号
负责人：梅立新
Tel：0533－4171551

**淄博正航经贸有限公司**
地址：山东省淄博市华光路大富豪灯饰城
负责人：李广义
Tel：0533－2695088

**淄博地天广告有限公司**
地址：山东省淄博市桓公路 270 号
负责人：高巍
Tel：0533－7150988

**宇坤商贸部**
地址：山东省淄博市桓台县马桥镇驻地
负责人：孙团甲
Tel：0533－8537300
13153365789

**京淄商贸有限公司**
地址：山东省淄博市桓台县轴承厂南邻西侧 15 米
负责人：巩俊道
Tel：0533－8162971
13355235658

**淄博杨于厅商贸有限公司**
地址：山东省淄博市开发区民营工程民福路 17 号
负责人：杨彬
Tel：0533－3085677

**正东经贸有限公司**
地址：山东省淄博市开发区石府路中段
负责人：杨荣山
Tel：0533－3580518
13953312330

**淄博文峰商贸有限公司**
地址：山东省淄博市开发区石桥办事处丁庄村南首
负责人：苏立峰
Tel：0533－3912619

**淄博燕美经贸有限公司**
地址：山东省淄博市开发区万杰路 111 号
负责人：王大鹏
Tel：0533－3580320

**忠义伟经贸有限公司**
地址：山东省淄博市临淄区高阳镇宁王北村
负责人：王洪忠
Tel：13605337483

**淄博市临淄鹏震商贸有限公司**
地址：山东省淄博市临淄区化工商城内城南二楼 211 号
负责人：胡桂田
Tel：0533－7317266
13808947313

**淄博市临淄建达设备租赁处**
地址：山东省淄博市临淄区南王镇左庄村北
负责人：刘玉宝
Tel：0533－7503864

**枣庄市泰华商贸有限公司**
业务：经营日用百货、数码产品
地址：山东省枣庄市市中区解放北路 164 号(农防办院内)
负责人：庄焕章　邮　编：277100
邮　编：庄焕章
Tel：0632－3392388

**枣庄市市中区华同超市**
业务：日常生活用品
地址：山东省枣庄市市中区君山西路金色家园门市房第六套
负责人：杨华同　邮　编：277000
法　人：杨华同
Tel：0632－3337599
3391599
Fax：0632－3391599

**淄博市沣佩工贸有限公司**
地址：山东省淄博市临淄区辛化路东
负责人：唐元君
Tel：0533－7543538

**临淄凯业经贸有限公司**
地址：山东省淄博市临淄区晏婴路 115 号
负责人：孙延凯
Tel：0533－7326156
13869331662

**新堡龙商贸有限公司**
地址：山东省淄博市临淄天齐宾馆 4 号楼 1 号
负责人：童晖
Tel：0533－7588000
13953317188

**淄博新理想经贸有限公司**
地址：山东省淄博市商场西街 72－1 号
负责人：张伟
Tel：0533－2867233

**淄博禹江实业有限公司**
地址：山东省淄博市辛安路 2 号
负责人：郭文源
Tel：0533－7118616

**淄博市周村泰荣实业有限公司**
地址：山东省淄博市新建中路 19 号
负责人：马曙光
Tel：0533－6412203

**沂源县飞隆商贸有限公司**
地址：山东省淄博市沂源县城中居家城
负责人：李希英
Tel：0533－3243647

**沂河源工贸有限公司**
地址：山东省淄博市沂源县土门镇驻地
负责人：张文群
Tel：0533－3680101
13012701770

**淄博张店丽日芳菲消杀服务部**
地址：山东省淄博市张店共青团西路 25 号(富丽商城)
负责人：高春鹏
Tel：0533－2282778

**淄博市天焱商贸有限公司**
地址：山东省淄博市张店区联通路西阳光商务中心 A 座
负责人：王玉玺
Tel：0533－3115353

**淄博盛茂贸易有限公司**
地址：山东省淄博市张店区人民东路 12 号煤气大厦 1103 室
负责人：赵德刚
Tel：0533－3122505

**淄博奥帝百货有限公司**
地址：山东省淄博市张店区西二路 49－4
负责人：杨延泉
Tel：13953394000

**康洁清洗保洁有限公司**
地址：山东省淄博市张店区张田路 126 号
负责人：王滨
Tel：0533－3113334

**信达翻译有限公司**
地址：山东省淄博市张店区中心路 130 号
负责人：张立成
Tel：0533－2174569
13053355403

**天开策划传媒有限公司**
地址：山东省淄博市张店区中心路 203 号发展大厦 203 室
负责人：田昭阳
Tel：0533－2167822

**山东德冠商贸有限公司**
地址：山东省淄博市张店区淄博开发区火炬大厦西邻开发区中行三楼
负责人：孙德志
Tel：0533－3585108

**淄博市周村太阳升工贸有限公司**
地址：山东省淄博市周村区米河路 193 号
负责人：耿国栋
Tel：0533－6163116
13355288936

**方圆电脑设计开发有限公司**
地址：山东省淄博市周村区胜利工业园 3 号
负责人：孙滋文
Tel：0533－6818833
13964463833

**周村进出口公司**
地址：山东省淄博市周村区太河路 46 号
负责人：张和泉
Tel：0533－6181108
13355227766

**淄博鲁水工贸有限公司**
地址：山东省淄博市周村区王村镇南河东村
负责人：高夙鸾
Tel：13305333148

**淄博浩森经贸有限公司**
地址：山东省淄博市淄博开发区铭波路 5 号
负责人：夏正荣
Tel：0533－2710229

**崇光经贸有限公司**
地址：山东省淄博市淄博开发区石府路中段(瑞通制冷公司内 102 号)
负责人：张勇
Tel：0533－3582148
13355268303

**东营至诚商贸有限公司**
地址：山东省淄博市淄博路东首(东营军分区西侧)
负责人：贾丽森
Tel：0533－7685918

**鑫泰商贸有限公司**
地址：山东省邹城市开发区商贸楼 3 号
负责人：邓军
Tel：0537－5347273
13805470342

**淄博海王工贸有限公司**
业务：淄博海王工贸有限公司成立于 2005 年，从事医药、兽药、饲料、酱菜的销售及塑料编织等服务。欢迎新老客户光临。
地址：山东省淄博市张北路(205 国道)桓台段 177 号
邮　编：256400
法　人：田家庚
Tel：0533－8185111
Fax：0533－8161358

**源通工贸有限公司**
地址：山东省邹城市平阳西路 288 号
负责人：闫璞
Tel：0537－5235068
13305472976

**邹城市圣城加油站**
地址：山东省邹城市峄山路南首路西(收费站北)
负责人：陈凯
Tel：0537－5347787
13905372868

**顺兴工贸有限公司**
地址：山东省邹城市中心店镇邹鲍路中段
负责人：赵永松
Tel：0537－5518188
13863757777

禹州市瑞华实业有限公司

从事建材销售的企业

电话：0374－8862633

地址：河南省许昌市禹州市火龙镇老官陈村



## 滨州市滨城区国华体育销售中心

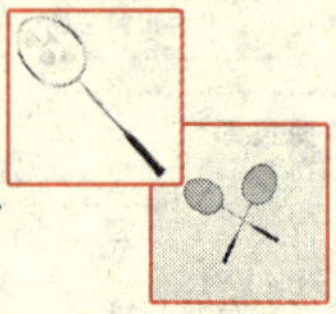

本公司成立于2006年，公司经营体育、文化、咨询服务。主要产品有体育器材、体育服装、体育用品销售；普及羽毛球运动，羽毛球培训及咨询。

我们秉承以质量求生存，以服务求发展，以信誉创品牌的宗旨，我们将以更优秀的品质、更优廉的价格、更人性化的服务，与您携手共创未来。

联系人：李国华 13305430922

电话：0543-3318598

传真：0543-3318598

地址：山东省滨州市黄河六路渤海十路向东200米路北 邮编：256600

## 东营市广饶县乐安路金晟纯净水机销售服务中心

东营市广饶县乐安路金晟纯净水机销售服务中心成立于2008年，本中心专业从事北京鼎安方舟净水机的销售。以“喝净化水、用自来水”分质供水的现代饮水新观念，以为东营市民提供健康优质的直饮水为己任，接纳优秀人才，做东营净水设备市场的先行者，积极开拓市场，竭力为东营市民提供健康优质、节能环保的产品与服务，为东营水资源的净化与保护贡献力量！

联系人：周建华

电话：13954698381

地址：山东省东营市广饶县西苑小区物业办公室东邻

邮编：257000

## 程远食品超市

本公司成立于2006年，主要经营百货批发，福祝冷鲜肉，春雪机菜品。

顾客满意是我企业的生命根源，本着卫生第一、规范管理、优质服务、科学营养的宗旨，坚持诚信经营，欢迎您的到来。

联系人：程华云 13256954471 13853518736

邮编：264000

地址：山东省烟台市莱山镇石家疃村

## 济南振岳经贸有限公司

济南振岳经贸有限公司成立于2005年，本公司专业从事批发零售钢材、建材、五金电料、化工、电线电缆、阀门。公司秉承"顾客至上，锐意进取"的经营理念，坚持"客户第一"的原则为广大客户提供优质的服务。欢迎惠顾！

联系人：王家献

电话：0531-88923287 15004762039 传真：0531-88923287

地址：山东省济南市历下区窑头村东首华森碧云天1406室 邮编：250000

## 东阿县铜城新源技术开发中心

东阿县铜城新源技术开发中心自成立以来，专业从事新能源技术的开发、推广及相关服务。本公司秉承“顾客至上，锐意进取”的经营理念，坚持“客户第一”的原则为广大客户提供优质的服务。欢迎广大客户惠顾！

联系人：张峰

电话：0635-2175038 邮编：252000

地址：山东省聊城市东阿县工业街南首路东

## 济南中润文昌经贸有限公司

本公司从事常温保存食品、汽车、摩托车配件、家用电器、建筑材料、五金交电、机械设备、塑料制品等产品经营。

公司本着诚信双赢的合作原则，与您携手明天，共创辉煌。

我们为您想得更多，力求做得更好！

电话：0531-85905117 联系人：周文

地址：山东省济南市天桥区西工商河路77号305室 邮编：250031

## 东明凌云商贸有限公司

东明凌云商贸有限公司主要经营烟酒副食、五金交电、建筑材料、家用电器、劳保、办公用品、厨房洗化用品、工艺品等百货。

以质量求生存，以信誉求发展。

联系人：单军相 13954055850 电话：0530-6255618

地址：山东省荷泽市东明县向阳路中段(县医院对过) 邮编：274500

## 济宁弘彬经贸有限公司

济宁弘彬经贸有限公司成立于2007年，主要经营建筑机械的销售、维修；电器、机械、建材、工矿配件、家用电器的销售及其服务；服装、鞋帽、装饰材料的销售。我公司秉承“顾客至上，锐意进取”的经营理念，坚持“客户第一”的原则为广大客户提供优质的服务。欢迎惠顾！

联系人：高继兵

电话：0537-2361456 13325181456 传真：0537-2361456

地址：山东省济宁市市中区开发区澳门东路（济宁向水塑料制品有限责任公司院内） 邮编：272000

▲ 商业百货外贸服务业 ▼

## 东明庆高工程车租赁服务部

东明庆高工程车租赁服务部成立于2007年。

主要从事工程机械车租赁。

欢迎广大新老来电洽谈业务，

我们将竭诚为您服务！

联系人：杨庆高

13508984221 电话：0530-3906728

地址：山东省菏泽市东明县城关镇曹庄村 邮编：274000

## 济宁市懋林经贸有限公司

济宁市懋林经贸有限公司从事煤炭、矿山机械、轻纺化工等产品经营，以质量求生存，欢迎新老客户来电洽谈业务！

联系人：徐同林

电话：0537-2079992 2079993

地址：山东省济宁市开发区创新大厦1-4楼

邮编：272000

## 郓城县三益人力资源开发有限公司

郓城县三益人力资源开发有限公司是一家专业从事劳务派遣、劳务代理、职业介绍、信息咨询、个人档案托管等服务的企业。

我们将以最专业、敬业、事业的态度为您提供服务！

联系人：王常卫 13505308658 电话：0530－2688076
地址：山东省荷泽市郓城县青年路东段建材市场 邮编：274000

## 龙福商贸有限公司

龙福商贸有限公司成立于2008年，主要从事铁艺产品、玻璃品、不锈钢产品、厨房用品的的设计、生产，销售。

公司有着多年的生产经验，产品质量可靠，信誉保证。欢迎您的合作！

联系人：熊玖龙
13963423987
电话:0634－6363878
地址：山东省莱芜市莱城区苗山镇常庄村 邮编：271100

## 老庙超市

老庙超市创建于1999年，本超市主要经营烟酒、副食品、日用百货等。品种齐全，质优价廉。热忱欢迎新老客户光临！

电话：0546－3388818
联系人：陈承军 13325047917 邮编：257232
地址：山东省东营市河口区六合乡老庙村

## 宁阳县利园商贸有限公司

宁阳县利园商贸有限公司是一家专业经营汽车用品、五金交电、机电产品的贸易公司。

公司自成立以来，始终坚持以满足客户的需求为己任，欢迎同我们联系业务，共同发展。

联系人：王万利
电话：0538－5611968 13583894188
地址：山东省泰安市宁阳县欣街路中段 邮编：271400

## 梁山县梁山泊市场

梁山县梁山泊市场成立于1992年10月，属于集体企业。主要从事百货、电子产品等的批发零售。我们这里有品种最全、价格最便宜的小商品，喜迎八方宾朋。

本市场坚持“客户至上，市场至上，信誉至上”的经营理念，尊重客户，尊重市场，时刻调整以适应市场和客户的需要，竭诚为客户服务。

联系人：张庆峰 13562700401
电话：0537－7322031
邮编：272000
地址：山东省济宁市梁山县梁山镇后集村

## 青岛飞宇达工贸有限公司

青岛飞宇达工贸有限公司成立于2001年，本公司是一家集生产安装设计丝网印花设备的独资企业。主要生产各种12mm浮法玻璃大平台，各种新型斜台（成衣通板钢化玻璃）红外线自动烘干车，大中型烘干设备，多型号感光台，绷网机，压烫机，各种网柜及各种配件，并为用户设计厂房，安排生产线。

本厂产品销往全省各地，为广大用户提供完善的配套服务、技术咨询及售后服务，多年来得到广大用户的好评。

以“信誉为本、客户至上”的原则，提供品质一流的新产品和快捷的服务。

联系人：冯西庆
13395320873
电话：0532－84895400
传真：0532－84852328
邮编：266044
地址：山东省青岛市四方区淮阳路13号

## 聊城市新兴钢材销售中心

我公司常年经营各大钢厂无缝钢管：天津、鞍山、西宁、成都、冶钢、无锡等。10#、20#、45#、16Mn、27SImn、35CrMo、15CrMo、12Cr1Mov及合金管等。欢迎新老朋友前来洽谈业务。

联系人：白咸俊
电话：0635－8884689　8884679
地址：山东省聊城市开发区大东钢管市场36号
电子邮件：sdxxgy@yahoo.com.cn 邮编：252000

## 青岛光梦达商贸有限公司

青岛光梦达商贸有限公司成立于2001年，主要经营照明器具，产品有灯管、灯泡、开关等。

我们秉承“顾客至上，锐意进取”的经营理念，坚持“客户第一”的原则为广大客户提供优质的服务。

欢迎广大客户惠顾！

联系人：宋涛 13505329189
电话/传真：0532－83800011
邮编：266012
地址：山东省青岛市市北区辽宁路67号

## 临沂市遍地贸易有限公司

临沂市遍地贸易有限公司是一家综合型的贸易企业。

公司秉承“顾客至上，锐意进取”的经营理念，坚持“客户第一”的原则为广大客户提供优质的服务。欢迎惠顾！

联系人：阚小姐 电话/传真：0539－2902869 邮编：276000
地址：山东省临沂市罗庄区化武路东段

## 青岛鸿基世建商贸有限公司

网址：www.hongjishijian.com

青岛鸿基世建毛皮有限公司座落于美丽海滨城市——青岛；交通便利，贸易条件得天独厚。

本公司是一家集养殖、加工、生产、销售与一体的毛皮贸易公司，主要从事各种貉子毛条、狐狸毛条、兔毛条、帽领、褥子、围巾及真毛制品。

公司产品可满足服装、鞋帽、玩具等面料的要求，款式新颖、工艺精湛、质量上乘，深受国内外客商的青睐，产品远销欧、美、日、亚等十几个国家和地区。

联系人：金基粉 13335048811
电话：0532－80808011 85019115 85019116
传真：0532－85033579
电子邮件：kibun215@hotmail.com
地址：山东省青岛市李沧区青山路601号百通花园49号3单元501户 邮编：266000

## 青岛天升商业服务管理有限公司

青岛天升商业服务管理有限公司成立于2008年，专业提供信息咨询、餐饮娱乐服务管理、天屋日式拉面招商加盟。欢迎广大客户来电来函洽谈。

联系人：张天铭
电话：0532-87972722　13573249201
电子邮件：tenmei1218@hotmail.com
地址：山东省青岛市李沧区青山路河南庄北小区10-3-1
邮编：266100

## 泰安市泰山区科山钰菲鲜果超市

泰安钰菲鲜果超市成立于2005年，是一家专业经营水果、蔬菜、粮油、副食的大型超市。并有专门的送货队伍，2辆货车、3辆面包车，有专门仓库，能够及时输送新鲜水果。经过这几年的不断努力和发展，成立了开发区店、大河店、七里点等多家分店。超市本着“创泰城人们自己的品牌，做咱百姓的实惠超市”的经营理念，立志做顾客放心、物优价廉的百姓放心超市。

联系人：陈荣庆　　电话：0538-2132942
地址：山东省泰安市擂鼓石路西段迎胜中学对面
网址：www.yfxgcs.com　　邮编：271000

## 荣成市石岛纺织品商场

荣成市石岛纺织品商场成立于1989年，本商场专业从事针织品、床上用品的销售，种类繁多、品质保证。

我们一直凭持竭诚的服务"以精立业，以诚取信"赢得了广大新老客户的大力支持！

联系人：于德信　　传真：0631-3695001
电话：0631-7389962　　邮编：264309
地址：山东省荣成市石岛黄海南路121号

## 滕州市天盛商贸有限公司

滕州市天盛商贸有限公司成立于2006年，主要经营甲醇、乙醇、硫磺、尿素、日用百货和矿山机械的批发和零售。我公司秉承“诚信为本，客户第一”的服务宗旨，会以最优质的产品回报广大客户的厚爱和关怀，期待与客户互惠互利，携手并进！

联系人：王红梅　　手机：13561186189
电话：0632-2359036　　传真：0632-2359036
地址：山东省滕州市木石汽车站对面兴客隆　　邮编：277500

## 山东青州伟信化工有限公司

山东青州伟信化工有限公司成立于2007年，是一家专业从事化工产品、橡胶及橡胶助剂、化肥原料、纸制品、环保设备、润滑油的企业。

以“质量第一，信誉至上”为理念，竭诚为您服务！

联系人：张永杰
15163637711　13806365086
电话/传真：0536-3289202
电子邮件：zhanghui0536@126.com
地址：山东省青州市驼山路北首　　邮编：262500

## 铁源物资贸易有限公司

铁源物资贸易有限公司成立于2002年，本公司主要经营物资外贸进出品业务，主要项目有：汽车配件、建筑材料、五金交电、机床设备、机电设备、煤炭焦炭、钢材、木材、水泥、铁路配套器材、常温保存食品、冷冻冷藏食品、酒、糖、茶、进出口业务、社会经济咨询等。本公司承诺：信誉第一，服务第一，客户第一。

联系人：张宝城
电话：0531-82429301　13864002888
传真：0531-82429301
地址：山东省济南市纬七路9号(经二路纬七路路口往北50米路西)
邮编：250000

## 山东省济宁市金乡县金乡镇佰生化妆品商店

泉山东省济宁市金乡县金乡镇佰生化妆品商店成立于2007年，本店主要经营日用生活用品，并承接广告印刷业务。山东省济宁市金乡县金乡镇佰生化妆品商店本着“客户第一，诚信至上”的原则。热忱欢迎新老客户惠顾！

联系人：孙佰生　　传真：0537-3172689
电话：0537-3172689　13012933788　　邮编：272000
地址：山东省济宁市金乡县城文峰东路北光明印业

## 威海振兴房屋拆除有限公司

威海振兴房屋拆除有限公司是专业从事建筑物拆除、土石方挖运、渣土清运等业务的专业化公司，您的满意是我们的追求，欢迎新老客户来电洽谈业务！

联系人：刘长振　　电话：0631-5252276
地址：山东省威海市高区黄家沟村南（公路旁边）　邮编：264200

## 圣隆商贸有限公司

圣隆商贸有限公司成立于2005年，本公司主要经营建筑材料。主要产品有水泥、沙子、石子、劳保用品。圣隆商贸有限公司秉承“诚兴为本，以质量取胜”的经营理念，敢于创新，不断进取，在业界中树立了良好的口碑和信益。

联系人：陈永亮
电话：0537-4428148　13605473649
传真：0537-4613428
地址：山东省济宁曲阜市八宝山　邮编：272000

## 微山县春蕾物资贸易有限公司

微山县春蕾物资贸易有限公司，自成立以来，以物资贸易为主。公司秉承“顾客至上，锐意进取”的经营理念，坚持“客户第一”的原则为广大客户提供优质的服务。欢迎惠顾！

联系人：张兆全
电话：0537-8250899、13905471668
地址：山东省济宁市微山县新河小区7号楼　　邮编：272133

## 潍坊淼淼经贸有限公司

潍坊淼淼经贸有限公司主营服装、润滑油、水产、蔬菜、五金、石材等。公司秉承“顾客至上，锐意进取”的经营理念，坚持“客户第一”的原则为广大客户提供优质的服务。欢迎惠顾！

联系人：刘前英
电话：0536-5220090　手机：13475691555
地址：山东省潍坊市寿光市文庙街城里村委东邻　邮编：262700

## 烟台开发区大季家鑫鸿冷藏厂

本公司成立于2007年，主要经营海产品，海参，大虾，贝壳等各种鱼类及干海产品。

公司始终坚持“阳光操作，追求卓越”的企业理念，“客户至上，诚信为本，信誉至上”的服务宗旨。

联系人：顾恩鑫 13573558016
电话/传真：0535－6965182
地址：山东省烟台市开发区大季家山后顾家村　邮编：264000

## 夏津县宏丰棉业有限公司

夏津县宏丰棉业有限公司成立于2003年7月，本公司主要经营：棉花收购、加工、销售，皮棉购销、棉短绒购销。公司凭着“可靠的产品质量、现代化的经营理念、完善的售后服务”赢得广大客户的信赖，夏津县宏丰棉业有限公司愿以真诚专业的服务与客户朋友建立合作，共同发展。

联系人：李洪生
电话：0534-3548188
地址：山东省德州市夏津县新盛店镇大李庄村东
邮编：253000

## 烟台市芝罘楚毓百货商店

烟台市芝罘楚毓百货商店成立于2005年，本店主要经营百货批发和零售。主要有食品、日用品、玩具、礼品、小电器、烟酒、五金管件及杂件。我们一直在努力，我们重合同，守信誉。愿意与朋友一道，共创美好明天！

联系人：夏寿江　邮编：264000
电话：13963855730　0535-6511828
地址：山东省烟台市芝罘区楚毓路116号

## 小邓五金商店

小邓五金商店成立于2008年，本商店主要经销五金配件。主要产品有各种系列电锤钻头,麻花钻头,木工钻头,开孔器,大理石切割片,合金锯片等。

我们将以热情真挚的服务，恭候您的光临！

联系人：邓民富　电话：0546-7362460
地址：山东省东营区东赵开发区　邮编：257000

## 沂水鸣鹤物资有限公司

沂水鸣鹤物资有限公司成立于2004年4月,公司以钢材、铝型材、不锈钢、装饰材料、房地产开发、汽车维修等为主营项目。

我们始于客户需求，终于客户满意，公司自成立以来深受客户信赖，我们将以最优质的产品，最低廉的价格，最优良的服务，恭候您的光临！

电话：0539-2271797　7123397　2881919
联系人：刘立刚　电子邮件：ysmh001@qq.com
地址：山东省临沂市沂水县长虹建材市场6排2号　邮编：276400

## 信华德国际贸易有限公司

信华德国际贸易有限公司成立于2004年。
我公司主营进口橡胶，
橡胶主要品种有：3#、3L、复合胶、印尼10#。
欢迎广大客户惠顾！

联系人：刘廷壁　13906390775
电话：0532-86768086　86769086　传真：0532-86769086
地址：山东省青岛市保税区天智大厦17层AB室　邮编：266000

## 沂源县中正物资有限公司

沂源县中正物资有限公司主要从事废旧物资回收，大量回收废钢、废旧钢材等，价格合理，如有需要欢迎联系我们，可提供上门搬运服务。欢迎您的来电！

联系人：王光秋　手机：13953312333
电话：0533-3246100　电子邮件：598063798@QQ.COM
地址：山东省淄博市沂源县荆山路热电厂对过　邮编：256100

## 亞龍物資責任有限公司

亚龙物资责任有限公司成立于1999年。主要销售酒水、家用电器等。

本公司秉承“顾客至上，锐意进取”的经营理念，坚持“客户第一”的原则为广大客户提供优质的服务。

欢迎广大客户惠顾！

联系人：王玉祥　13806322799
电话：0632-5589128　5589129
传真：0632-5589128
邮编：277500
地址：山东省枣庄滕州市平行南路29号百度娱乐广场对过

## 鱼台县王庙供销德农超市

鱼台县王庙供销德农超市自成立以来，本超市专业从事水果、日用百货、农药化肥、塑料薄膜、服装、生活电料的销售。握住您的手，我们共辉煌。一次合作，终身朋友。热忱欢迎广大客户来电洽谈业务。

联系人：何正平
电话：0537-6317999
地址：山东省济宁市鱼台县王庙镇德农超市　邮编：272342

**禹州市瑞华实业有限公司**

从事建材销售的企业

电话：0374－8862633

地址：河南省许昌市禹州市火龙镇老官陈村

## 云利贸易有限责任公司

云利贸易有限责任公司成立于2003年，本公司主要经营金属材料、建材、装饰材料、阀门管材、消防器材、建筑机械及配件、机电设备、五金交电、化工产品、仪器仪表、服装的销售。希望广大国内外客户有更密切的往来，使我们之间的贸易更上一层楼！欢迎国内做以上产品的厂家请同我们联系，欢迎国外的客户来电来函咨询，我们将以热忱的态度为您服务！

联系人：田金祥

电话：0531-88388285　　传真：0531-88388016

地址：山东省济南市历下区解放路30-1号　　邮编：250013

## 枣庄市市中区顺兴物流服务部

本公司成立与2002年，主要是为货主找车、空车配货。

我公司坚持“客户至上、热情周到”的服务宗旨，勤奋务实的工作，为客户提供优质高效的物流服务。

邮编：277000　　联系人：宫士兴　13356325516

地址：山东省枣庄市市中区齐村镇北环　　电话/传真：0632-3532998

## 诸城市奥华物资有限公司

诸城市奥华物资有限公司成立于2003年，主要经营铁合金、硅铁、锰铁及铸造用炉料，我公司秉承“顾客至上，锐意进取”的经营理念，坚持“客户第一”的原则为广大客户提供优质的服务。欢迎广大客户惠顾！

联系人：王明强　　手机：13325255398

电话：0536-6356867　　传真：0536-6356867

地址：山东省潍坊市诸城市西外环南首西侧　　邮编：262200

## 河南省/Henan Province

**安阳县常丰商贸有限责任公司**
地址：安阳市安阳县水冶镇辅岩路
…… 负责人：常秋生
…… Tel：0372－5896773

**安阳市大昌物贸有限责任公司**
地址：河南省安阳市北关区人民大道70号
…… 负责人：赵铁且
…… Tel：0372－5910069

**林州太行招标服务有限责任公司**
地址：河南省安阳市林州市开元区振林路27号
…… 负责人：付月存
…… Tel：0372－6831638

**巩义市康店恒信科技电脑维修部**
业务：从事电脑组装及维修，我们以专业的人才和精湛的技术竭诚为服务！
地址：河南省巩义市康店镇大桥头
…… 负责人：451200　邮　编：康源峰
…… Tel：13017657713

**郑州市军晨商贸有限公司**
业务：日用百货批零
地址：河南省郑州市金水区岗杜街180号楼2单元24号
…… 负责人：毛金辉　邮　编：450003
…… 法　人：毛金辉
…… Tel：0371－63931968

**焦作伊真实业有限公司**
业务：本公司成立于2005年，主要从事皮毛的加工。生产的产品销往海内外，主要出口日本、美国、德国、澳大利亚等国。我公司一直信守“质量第一，诚信为本”的经营宗旨，产品深受海内外客户的一致好评。竭诚欢迎海内外客商垂顾！
地址：河南省焦作市武陟县圪当店乡圪当店村农牧园区
…… 邮　编：454590
…… 法　人：买争光
…… Tel：0391－7648888
…… Fax：0391－76444444

**安阳市锦博经贸有限责任公司**
地址：河南省安阳市文峰区高新区文昌大道旧机动车交易市场内北楼二楼西侧
…… 负责人：李卯成
…… Tel：0372－5116062

**郑州市中州商场春林百货经营部**
业务：批发与零售日用百货
地址：河南省郑州市中州商场一楼北厅31号
…… 负责人：席英文　邮　编：450000
…… 法　人：席英文
…… Tel：13523503513
13783673829
0371－66979083

**安阳市号天物资有限责任公司**
地址：河南省安阳市殷都区107国道电厂路口南200米路东
…… 负责人：张凯萌
…… Tel：0372－3951114

**安阳市和顺物资有限责任公司**
地址：河南省安阳市殷都区107国道电厂路口南路西
…… 负责人：杨增富
…… Tel：0372－3962706

**安阳市中野贸易有限责任公司**
地址：河南省安阳市殷都区107国道王邵村东头
…… 负责人：张丙臣
…… Tel：0372－3932246

**安阳市天盛物资有限责任公司**
地址：河南省安阳市殷都区安钢大道东段路南
…… 负责人：宋学荣
…… Tel：0372－3931285

**鹤壁市鹤山区九龙工贸有限责任公司**
地址：河南省鹤壁市鹤山区鹤壁煤业集团九矿院内
…… 负责人：豆五妮
…… Tel：0392－2919228

**河南友帮实业有限责任公司**
地址：河南省鹤壁市浚县卫水大道红绿灯南300米路西
…… 负责人：李财有
…… Tel：0392－5527108

**鹤壁市新视野劳务输出有限公司**
地址：河南省鹤壁市开发区瑞奇大厦五楼
…… 负责人：靳量
…… Tel：0392－3365872

**鹤壁市润华招投标咨询有限公司**
地址：河南省鹤壁市淇滨区华山路335号
…… 负责人：王超
…… Tel：0392－3315135

**开封市三毛丽姿商贸有限公司**
业务：开封市三毛丽姿商贸有限公司是一家专业从事化妆品及个人生活用品的公司，欢迎新老客户惠顾！
地址：河南省开封市大梁门外西关街26号
…… 法　人：诸葛兰
…… Tel：0378－3850219
3870881

**灵宝市振宇商贸有限责任公司**
业务：灵宝市振宇商贸有限责任公司成立于2004年9月，是一家集生产、分装、销售”于一体，拥有员工百余人、占地面积达十余亩稳步发展中的私有制民营企业。公司在现今品牌林立的“干菜”王国里，树立起自己强劲的“振豫”、“我当家”品牌。主要产品优质腐竹、粉皮、豆腐皮、木耳、香油、醪糟、芝麻酱等多样化产品。您的加盟是我们的荣幸，让我们真诚携起手来共创未来.....
地址：河南省灵宝市黄河路中段
…… 邮　编：472500
…… 法　人：宋振廷
…… Tel：0398－2565777
2565888
2565999
…… Fax：0398－8681888

**济源市六运汽车销售有限公司**
地址：河南省济源市克井镇原昌村北
…… 负责人：韩国伟
…… Tel：0391－6708889

**济源市博业贸易有限公司**
地址：河南省济源市天坛办事处泥河头村
…… 负责人：卢广全
…… Tel：0391－6679988

**济源市康健实业有限公司**
地址：河南省济源市文昌北路
…… 负责人：姚锦
…… Tel：0391－6631813

**博爱县延昊物资有限公司**
地址：河南省焦作市博爱县磨头镇二十里铺
…… 负责人：尚金霞
…… Tel：0391－8061235

**洛阳奇光环境艺术广告有限公司**
业务：本公司成立于2006年，主要从事广告设计、亮化设计、安装、电气安装。本着“信誉第一，客户至上”的服务宗旨，竭诚欢迎新老客户来电洽谈业务！
地址：河南省洛阳市高新开发区三山路1号中兴大厦五楼516室
…… 负责人：杨萍……邮　编：471031
…… 法　人：杨萍
…… Tel：0379－64321885

**舞阳县兴耀劳务服务有限公司**
业务：舞阳县兴耀劳务服务有限公司成立于2005年，从事劳务中介服务。欢迎来电咨询。
地址：河南省漯河市舞阳县舞泉镇海南路南段附126号
…… 邮　编：462400
…… 法　人：郭廷耀
…… Tel：0395－7121266
…… Mobile：13939950969

**焦作市嘉华贸易有限公司**
地址：河南省焦作市高新区京安大酒店103—105房
…… 负责人：任文举
…… Tel：0391－3589939

**焦作市恩典物资有限公司**
地址：河南省焦作市解放区车站街77号
…… 负责人：黄海洋
…… Tel：0391－2929180

**焦作市银林经贸有限公司**
地址：河南省焦作市解放区自力西街16号
…… 负责人：耿青松
…… Tel：0391－2966304

**沁阳市保安服务公司培训中心**
地址：河南省焦作市沁阳市怀府西路24号
…… 负责人：李政
…… Tel：0391－5696440

**焦作市超恒电力物资有限公司**
地址：河南省焦作市山阳区建设路妇幼保健站院内
…… 负责人：张勇
…… Tel：0391－2210816

**河南宇航通达工贸有限公司**
地址：河南省焦作市山阳区解放东路279号
…… 负责人：刘建磊
…… Tel：0391－3993339

**焦作市德盛经营服务有限公司**
地址：河南省焦作市山阳区塔南路669号院内
…… 负责人：唐彦平
…… Tel：0391－2550222

**南阳市孔明广告公司**
业务：南阳市孔明广告公司是一家大型广告装饰设计、制作、发布的广告传媒企业。经营范围：灯箱广告牌、霓虹灯、横幅、巨幅、彩旗等各种户外标牌。只要是客户的需要，无论其大小事情，我们都将事必躬亲、严谨对待，直到客户满意为止。让我们携手共进，共同迈向成功！
地址：河南省南阳市文化宫广宇花园2号楼4单元4楼
…… 邮　编：473000
…… 法　人：于焕杰
…… Tel：0377－63596278
…… Fax：0377－63596278

**宝丰县华源物资贸易有限公司**
业务：宝丰县华源物资贸易有限公司成立于2006年，主营煤炭、建筑材料、五金电料、装饰材料、塑料制品、农资、日用百货等，我公司备有两条铁路专用线货位。
地址：河南省平顶山市宝丰县邮政局西300米路南
…… 负责人：赵金柱……邮　编：467400
…… 法　人：赵金柱
…… Tel：0375－6571188

**焦作市永联物资有限公司**
地址：河南省焦作市山阳区塔南路东侧（定和村）
…… 负责人：王利武
…… Tel：0391－3591598

**作市博强贸易有限公司**
地址：河南省焦作市中站区焦克路西王封村段南
…… 负责人：杨慧城
…… Tel：0391－2805388

**开封市商恒商贸有限公司**
地址：河南省开封市鼓楼区马道街32号
…… 负责人：李育泉
…… Tel：0378－5952225

**开封市汇才建筑劳务有限公司**
地址：河南省开封市金明大道南段
…… 负责人：赵浩
…… Tel：0378－3156720

**洛阳骄林商贸有限公司**
地址：河南省洛阳市瀍河回族区北关村
…… 负责人：张科军
…… Tel：0379－63863686

**平顶山市迪汇达商贸有限公司**
业务：平顶山市迪汇达商贸有限公司主要经营建筑材料，机械电器，设备，电子元件，百货，仪器仪表，工矿机械配件。欢迎新老客户光临选购。
地址：河南省平顶山市建设路东段物资大厦十楼C座
…… 负责人：付建甫……邮　编：467000
…… 法　人：付建甫
…… Tel：0375－6157111
…… 网址：www.mtw27249.chinapyp.com

**平顶山市大有物资有限公司**
业务：平顶山市大有物资有限公司成立于2002年，从事机电产品、煤碳的销售。公司本着以“质量求信誉、以信誉开拓市场的经营宗旨，热忱欢新老客户来电垂询。
地址：河南省平顶山市卫东区北环路办事处下牛村西南侧
…… 邮　编：467000
…… 法　人：林长年
…… Tel：0375－2984899
…… Fax：0375－2984899

**洛阳华钼投资有限公司**
地址：河南省洛阳市高新开发区丽春西路
…… 负责人：段玉贤
…… Tel：0379－66819801

**洛阳冠亚科贸有限公司**
地址：河南省洛阳市高新区丰华路6号银昆科技园6213房
…… 负责人：于明琳
…… Tel：0379－64332900

**洛阳自由行旅游咨询服务有限公司**
地址：河南省洛阳市高新区南昌路兴隆花园区20－1－902
…… 负责人：曹丰贤
…… Tel：0379－64329885

**洛阳世纪星信息咨询有限公司**
地址：河南省洛阳市吉利区河阳路中段
…… 负责人：贺芝芳
…… Tel：0379－66996823

**洛阳市奥峰工贸有限公司**
地址：河南省洛阳市涧西区联盟路一号党校3号院
…… 负责人：郭捷
…… Tel：0379－64872696

**平顶山市元盛物资贸易有限公司**
业务：平顶山市元盛物资贸易有限公司成立于2001年，从事煤矿采掘专护用品、配件产品代理、贸易。欢迎光临、洽谈业务。
地址：河南省平顶山市新华区建设路西段（市人大后院二楼）
…… 邮　编：467000
…… 法　人：姚平言
…… Tel：0375－4985388

Fax:0375－4985388

**平顶山市金太贸易有限公司**
业务:平顶山市金太贸易有限公司 2005 年,主要以经营建材、陶瓷地砖、卫生洁具、厨柜、家居为主。产品有强辉陶瓷、法恩莎卫浴、惠达洁具、安华洁具、阿波罗洁具、皮阿诺康宝、欧典厨柜等。交通方便、价格合理,欢迎来电来函咨询!
地址:河南省平顶山市新华区建设路西段建材大世界院内 2 排 2－4 号
邮　编:467000
法　人:黄军建
Tel:0375－7190666
Fax:0375－7190666

**洛阳鹿琳工贸有限公司**
地址:河南省洛阳市涧西区龙鳞路中段
负责人:刘社宣
Tel:0379－64965353

**河南民宏保险代理有限公司**
地址:河南省洛阳市涧西区太原路 58 号红叶宾馆 505 室
负责人:陈文君
Tel:0379－64933673

**洛阳福斯达商贸有限公司**
地址:河南省洛阳市涧西区珠江南路兴隆新村 47 栋 4 门
负责人:孙国范
Tel:0379－64612179

**洛阳鹏基人力资源开发服务有限公司**
地址:河南省洛阳市经济技术开发区创业中心办公楼 209－7 号
负责人:李建榜
Tel:0379－63266556

**孚鑫物资有限公司**
地址:河南省洛阳市九都东路 12 号五金城市场内 8 栋 12 号
负责人:刘宜干
Tel:13837930133

**叶县凯荣商贸有限责任公司**
业务:叶县凯荣商贸有限责任公司主要从事于糖酒副食、五金交电、粮食油料、日用杂品、饮食服务等。欢迎新老客户光临、惠顾!
地址:河南省平顶山市叶县许南路 162 号(民族饭店三楼)
负责人:樊伟卿……邮　编:467200
法　人:樊伟卿
Tel:0375－3314266

**河南省一鸣工贸有限公司**
业务:河南省一鸣工贸有限公司是一家从事机械产品、机电产品销售的企业,本公司将以优质的产品、诚实守信的服务为广大新老用户提供更新、更好的产品和服务。谒诚欢迎新老客户光临、惠顾。
地址:河南省平顶山市湛河区高阳路蓝天花园 A 座 3 号
邮　编:467000
法　人:李更
Tel:0375－7181111
Fax:0375－7181000

**储兴物资有限公司**
地址:河南省洛阳市洛龙区关林北街八 0 二库 177 号
负责人:陈铁拉
Tel:0379－65970788
13803882013

**洛阳天悦企业管理咨询服务有限公司**
地址:河南省洛阳市洛龙区洛龙路安乐段(安乐乡政府院内)
负责人:谢秀敏
Tel:0379－62867299

**洛阳九华物资有限公司**
地址:河南省洛阳市西工区道南路 41 号
负责人:徐纲
Tel:0379－63232100

**洛阳浩联广告装饰有限公司**
地址:河南省洛阳市西工区经八街三鑫小区 5－1－301
负责人:马利红
Tel:0379－62318500

**洛阳市德轩商贸有限公司**
地址:河南省洛阳市西工区九都路 58 号春蕾大厦 1209 房
负责人:朱红英
Tel:0379－63361168

**濮阳市神封物资有限公司**
业务:本公司成立于 2001 年,拥有 60 多名员工。主要经营汽车配件、钻材的销售。多年以来,本公司一直以质量、信誉取胜。
地址:河南省濮阳市华龙区中原路 325 号
邮　编:457001
法　人:栗盛川
Tel:0393－4823780
Fax:0393－4461578

**河南省泰和物资有限公司**
业务:河南省泰和物资有限公司成立于 2004 年,主要从事煤炭的销售及其运输。“以质量求生存,以信誉求发展”,热诚欢迎新老客户惠顾。
地址:河南省濮阳市黄河路中段开州路西付食品公司家属院
邮　编:457000
法　人:刘耀仓
Tel:0393－4623888
Fax:0393－4627989

**洛阳市体育从业人员培训中心**
地址:河南省洛阳市西工区西工体育场
负责人:胡玉华
Tel:0379－63363576

**享达加油站**
地址:河南省洛阳市新安县北冶
负责人:薛世杰
Tel:13937955294

**新安县开泰物资有限公司**
地址:河南省洛阳市新安县老城十字街
负责人:李高堂
Tel:0379－67267890

**漯河市集泰商贸有限公司**
地址:河南省漯河市郾城区辽河路西段
负责人:林景团
Tel:0395－3322888

**漯河市美特好商贸有限公司**
地址:河南省漯河市源汇区东京路 222 号
负责人:李汇海
Tel:0395－5978878

**濮阳市名世物资有限公司**
业务:濮阳市名世物资有限公司成立于 2005 年,从事各类汽车配件、发电机、柴油机配件的销售。本公司常年为广大新老客户提供优质的服务。
地址:河南省濮阳市南江小区 80 号 1－5 号
邮　编:457000
法　人:宋文良
Tel:0393－4468138
Fax:0393－4468138

**三门峡市达信商贸有限责任公司**
业务:三门峡市达信商贸有限责任公司成立于 2006 年,经营各种钢材,品种繁多,欢迎新老客户来电洽谈业务!
地址:河南省三门峡市大岭路北钢材市场 4 号
负责人:阮喜荣……邮　编:472000
法　人:高忠保
Tel:0398－2688687
2893989

**漯河市圣宝龙商贸有限公司**
地址:河南省漯河市源汇区交通路新大新商厦楼下
负责人:丁兴
Tel:0395－2155099

**漯河鑫丰商贸有限公司**
地址:河南省漯河市源汇区人民东路
负责人:张运丰
Tel:0395－2625088

**漯河市先锋商贸有限公司**
地址:河南省漯河市源汇区人民路中段
负责人:李险峰
Tel:0395－3106279

**漯河市韬略华咨询有限公司**
地址:河南省漯河市源汇区泰山路
负责人:邱鸿恩
Tel:0395－3132618

**漯河市景博商贸有限公司**
地址:河南省漯河市召陵区燕山路南段
负责人:闫喜停
Tel:0395－2626252

**南阳市金传媒媒体广告有限公司**
地址:河南省南阳市七一路 183 号附 1 号
负责人:任威东
Tel:13603411979

**长垣县金贝山批发商城有限公司**
业务:长垣县金贝山批发商城有限公司成立于 2003 年 10 月,主要从事电动车、鞋、服饰、小商品、五金、保健品、化工产品、日用品、食品等的批发与零售。“诚信经营,价格合理”,热诚欢迎广大新老客户光临惠顾。
地址:河南省新乡市长垣县长城大道中段金贝山批发商城
邮　编:453400
法　人:张国栋
Tel:0373－8857822

**河南豫申商贸有限公司**
业务:本公司现有 80 多名员工。主要经营:钢材、木材等各种建筑材料的批发与零售。
地址:河南省信阳市潢川县潢川经济开发区
邮　编:465150
法　人:张福国
Tel:0376－3112289
Fax:0376－3112289

**商城县山信农贸有限公司**
业务:商城县山信农贸有限公司是集农产品收购、加工、运输销售为一体的综合粮食经营企业,ISO9001:2000 国际质量管理体系认证企业。注册资金 370 万元,从业人员 200 人,占地 20000 平方米,固定资产 1100 万元,总资产 2800 万元。“桂桥”牌大米先后荣获“河南省优质产品”“河南名牌农产品”“河南省放心大米”和全国“放心米”称号,现正申报“绿色食品”。
地址:河南省信阳市商城县城关镇西大畈
邮　编:465350
法　人:李时军
Tel:0376－7861999
Fax:0376－7861999
网址:www.zgsxgs.cn

**南阳市民间组织服务中心**
地址:河南省南阳市文化路 50 号
负责人:廖新安
Tel:0377－63173027

**南阳市美宝日用百货有限公司**
地址:河南省南阳市卧龙区车站路 189 号
负责人:刘宁
Tel:0377－63068668

**南阳市裕鑫职业介绍服务中心**
地址:河南省南阳市卧龙区石桥镇回民街
负责人:肖建刚
Tel:13837790109

**鲁山县圆瀛工贸有限公司**
地址:河南省平顶山市鲁山县北环路东段
负责人:刘伟
Tel:0375－5073236

**豫能经济科技合作发展有限公司平顶山分公司**
地址:河南省平顶山市水库路中段轨枕厂招待所
负责人:赵金强
Tel:0375－2712900
13845997464

**平顶山市顺和贸易有限公司**
地址:河南省平顶山市卫东区开源路旅馆四楼 407 号
负责人:王顺勤
Tel:0375－4960028

**平顶山市鸿飞工贸有限公司**
地址:河南省平顶山市新华区建设路中段人大院 4 号楼 501 房
负责人:齐志伟
Tel:0375－4995559

**平顶山市金瑞恒物资贸易有限责任公司**
地址:河南省平顶山市新华区矿工路西段 42 号(市彩印厂办公楼二楼)
负责人:孙留波
Tel:0375－2968556

**平顶山市精艺河源商贸有限公司**
地址:河南省平顶山市新华区沿河路南段(育才幼儿园大门北侧)
负责人:王军
Tel:0375－7291878

**平顶山市鹏宇商贸有限责任公司**
地址:河南省平顶山市湛南区高阳路 16 号(鹤林鹏商贸有限公司仓库院内)
负责人:张红方
Tel:0375－3932858

**河南源安安全评价有限公司**
业务:河南源安安全评价有限公司创建于 2003 年,位于河南省郑州市大学中路 107 号,是一家专业从事危险化学品(生产、经营、储存)机械行业标准化复评。一大批长期从事安全生产管理和评价的专家,以及具有丰富理论和实践经验工程技术人员和职业化的安全评价员,为服务提供形成强有力的人力资源的支持和保障。
地址:河南省郑州市大学中路 107 号
邮　编:450052
法　人:朱宝印
Tel:0371－68898098
Mobile:13603988799
Fax:0371－68898066

**郑州市宝姿贸易有限公司**
业务:服装团购及职业服装销售
地址:河南省郑州市金水区农科路 38 号 5 号楼东 2 单元 2307 号
负责人:章成乃　邮　编:450000
法　人:章成乃
Tel:0371－69509060
Fax:0371－69509010

**河南省万银商贸有限公司**
业务:河南省万银商贸有限公司成立于 2006 年,主要从事酒的批发与零售。质量可靠、价格合理,热诚欢迎新老客户光临惠顾!
地址:河南省郑州市东大街 205 号
负责人:申琪……邮　编:453100
法　人:申琪
Tel:0371－66303277

**河南省荣特佳实业有限公司**
业务:河南省荣特佳实业有限公司成立于 2000 年,从事纸制品印刷、网络技术开发等。欢迎来电垂询。
地址:河南省郑州市东经济技术开发区经北一路 16 号
邮　编:450015
法　人:李海水
Tel:0371－66728049
Fax:0371－66728049

**濮阳市明辉钻井技术服务有限公司**
地址:河南省濮阳市黄河路西段路南
负责人:杨峰
Tel:0393－4428199

**濮阳市百姓生活购物广场有限公司**
地址:河南省濮阳市黄河路中段路北
负责人:程建
Tel:0393－4497673

**濮阳龙源实业集团有限公司**
地址:河南省濮阳市黄河路中段路南电力办公楼
负责人:郭柸生
Tel:0393－4476171

**濮阳市四海人力资源开发有限公司**
地址:河南省濮阳市京开大道 312 号(子路宾馆三楼)
负责人:钟秋芳
Tel:0393－8115163

**昌达机电设备维修维护有限公司**
地址:河南省濮阳市曲盘路东段
负责人:张广义
Tel:0393－4623860
13603839533

**濮阳市火凤凰人力资源培训有限公司**
地址:河南省濮阳市石油学校小区 016 栋 1 单元 105 号
负责人:郭政文
Tel:0393－4849385

**三门峡市江华物资有限公司**
地址:河南省三门峡市建设路东段
负责人:王鲜泽
Tel:0398－2880380

**义马市宏昌物资贸易有限责任公司**
地址:河南省三门峡市义马市千秋路河东市场
负责人:朱继中
Tel:0398－5825178

**郑州奥良奇商贸有限公司**
业务:我公司成立于 2006 年,从事服装专卖、我公司坚持以"一流的服务品质、一流的产品质量“的经营宗旨,竭诚为广大客户服务。
地址:河南省郑州市二七区德化步行街 83 号附 1 号
负责人:孔祥树……邮　编:450000
Tel:0371－66296999
网址:www.mtw28113.chinapyp.com

**永城市威宁物资有限公司**
地址:河南省商丘市永城市芒山路北段
负责人:张雪芹
Tel:0370－5152698

**商丘市福海商贸有限公司**
地址:河南省商丘市虞城县人民文化馆
负责人:郭福海
Tel:0370－3229966

**新乡市德尔玛百货有限公司**
地址:河南省新乡市红旗区平原路东段牌坊对面
负责人:匡自秀
Tel:0373－3035555

**新乡市天宏广告有限责任公司**
地址:河南省新乡市红旗区人民路靖业大厦北六楼
负责人:王群
Tel:0373－2022417

**辉县市鑫达贸易有限责任公司**
地址:河南省新乡市辉县市常村镇王村铺村西北
负责人:冯跃勇
Tel:0373－6895968

**获嘉县众兴人力资源开发有限公司**
地址:河南省新乡市获嘉县冯庄镇忠义
负责人:宋光辉
Tel:0373－4781559

**河南二建劳务有限公司**
地址:河南省新乡市牧野区和平路 47 号
负责人:张振江
Tel:0373－3375696

**新乡市义诚财务咨询服务有限公司**
地址:河南省新乡市牧野区王村南街 70 号
负责人:杨义亮
Tel:0373－2115508

**新乡市卫滨区天子方名酒行**
地址:河南省新乡市卫滨区解放路 367 号
负责人:王岳智
Tel:0373－2029887

**新乡市宝境贸易有限公司**
地址:河南省新乡市卫滨区金穗大道 107 号
负责人:王保敬
Tel:0373－2042265

**信阳市九洲广告装饰有限公司**
地址:河南省信阳市师河区社会路一胡同 14 号
负责人:陈俭国
Tel:0376－6191888

**许昌市金桥商务咨询有限公司**
地址:河南省许昌市魏都区察院西街(原商业局院内)
负责人:蒋增
Tel:0374－8302667

**许昌未来广告有限公司**
地址:河南省许昌市魏都区三八路医药供应站
负责人:李国军
Tel:0374－2626928

**河南方大实业有限公司**
地址:河南省郑州市北仓中里 1 号
负责人:王慧明
Tel:0371－66040693

**登封市金泉煤矿物资商贸有限公司**
地址:河南省郑州市登封市嵩阳路 15 号
负责人:张耐凡
Tel:0371－62861943

**郑州立韬平面设计有限公司**
地址:河南省郑州市二七北二七路 224 号正弘大厦 1516 层
负责人:郭芳松
Tel:0371－66286122

**河南大河之鑫传媒策划有限公司**
地址:河南省郑州市二七区长江路 118 号 9 幢 3 单元 3 楼西户
负责人:赵红英
Tel:0371－65152600

**河南太可思进出口有限公司**
地址:河南省郑州市二七区大学中路 10 号
负责人:王瑛琦
Tel:0371－68719296

**郑州市弗兰克建筑工程咨询有限公司**

地址：河南省郑州市二七区二七路 200 号金博大 D 座 1901
…… 负责人：艾松林
…… Tel:0371－63815109

**郑州众鑫源商贸有限公司**
地址：河南省郑州市二七区华联商厦北门门面房二七广场 230 号
…… 负责人：王珺
…… Tel:0371－66223279

**郑州兴成汽车租赁有限公司**
地址：河南省郑州市二七区京广南路五洲京广花园
…… 负责人：胡阳
…… Tel:0371－68739000

**河南协和健康咨询有限公司**
地址：河南省郑州市二七区康复中街 16 号
…… 负责人：张长玉
…… Tel:0371－66908030

**河南律盟科贸有限公司**
地址：河南省郑州市二七区陇海中路 14 号华铁商务楼 403 室
…… 负责人：程军
…… Tel:0371－63816686

**郑州同宜鑫贸易有限公司**
地址：河南省郑州市二七区绿城花园小 26 号楼 2 单元 10 号
…… 负责人：柴建双
…… Tel:0371－68866079

**郑州市郑达家政服务有限公司**
地址：河南省郑州市二七区马寨村中工房 116 号
…… 负责人：汪景业
…… Tel:0371－63902069

**河南省众鑫产权经纪有限公司**
地址：河南省郑州市二七区铭功路 83 号豫港大厦 27 层
…… 负责人：赵翔
…… Tel:0371－66285751

**郑州京古斋贸易有限公司**
地址：河南省郑州市管城区城南路 234 号
…… 负责人：董燕
…… Tel:0371－66326533

**河南广新广告有限公司**
地址：河南省郑州市管城区东大街 205 号长江广场 A 座 407、408
…… 负责人：朱恪仁
…… Tel:0371－66283918

**郑州裕联商贸有限公司**
地址：河南省郑州市管城区东太康路 72 号
…… 负责人：郭杰
…… Tel:0371－66269755

**河南纵恒房地产营销策划有限公司**
地址：河南省郑州市管城区凤凰路 15 号 5 号楼东 2 单元 14 号
…… 负责人：丁辉
…… Tel:0371－66931368

**郑州宏华企业管理咨询服务有限公司**
地址：河南省郑州市管城区货栈街 158 号
…… 负责人：任盼盼
…… Tel:0371－66226080

**郑州正阳技术咨询有限公司**
地址：河南省郑州市惠济区清华园路北段 12 号
…… 负责人：郝留柱
…… Tel:0371－65751580

**河南知心教育咨询有限公司**
地址：河南省郑州市惠济区兴隆铺路 9 号
…… 负责人：王娟
…… Tel:0371－63635092

**亨得利钟表百货有限公司**
地址：河南省郑州市金博大城商务公寓 D 座 1402 号
…… 负责人：毕本立
…… Tel:0371－66265156
13903713958

**郑州市心圆贸易有限公司**
地址：河南省郑州市金水区城北路 68 号
…… 负责人：常建忠
…… Tel:0371－66319218

**河南虹光科贸有限公司**
地址：河南省郑州市金水区东风路 12 号东 3－4 层西户
…… 负责人：赵章瑞
…… Tel:0371－63506070

**河南锦洋工程咨询服务有限公司**
地址：河南省郑州市金水区东风路 30 号 1 号楼 2 单元 12 号
…… 负责人：王新梅
…… Tel:0371－66105917

**河南世纪源保险代理有限公司**
地址：河南省郑州市金水区丰产路 81 号附 1 号思达数码大厦 C 座 4 层 402 号
…… 负责人：许艳
…… Tel:0371－65363733

**河南中南顺驰广告传播有限公司**
地址：河南省郑州市金水区花园路 85 号河南新闻大厦 6B08
…… 负责人：王本
…… Tel:0371－67236988

**河南国泰贸易有限公司**
地址：河南省郑州市金水区黄河路 38 号
…… 负责人：吴兆方
…… Tel:0371－65507138

**郑州义天科贸有限公司**
地址：河南省郑州市金水区黄河路 9 号附 1 号胜达大厦 3007 号
…… 负责人：任飞虎
…… Tel:0371－63511167

**河南伟峰广告设计策划有限公司**
地址：河南省郑州市金水区健康路 116 号 8 号楼 3 单元 203 室
…… 负责人：王伟峰
…… Tel:0371－66333536

**河南升动广告文化传播有限公司**
地址：河南省郑州市金水区经三路 68 号 1 号楼 10 层 6 号
…… 负责人：赵昊
…… Tel:0371－65862226

**郑州新运商贸有限公司**
地址：河南省郑州市金水区经一路 8 号
…… 负责人：王瑞林
…… Tel:0371－65956567

**河南直通广告有限公司**
地址：河南省郑州市金水区庙李镇陈砦村北二街 4 号
…… 负责人：李宏
…… Tel:0371－63601223

**河南众亨工贸有限公司**
地址：河南省郑州市金水区南阳路 220 号院 5 号楼 1 单元 01 号
…… 负责人：赵春阳
…… Tel:0371－65286580

**河南信跃投资管理有限公司**
地址：河南省郑州市金水区南阳路 226 号 38 幢 9 层 907 号房
…… 负责人：孙彬
…… Tel:0371－66985687

**河南金色年华广告有限公司**
地址：河南省郑州市金水区农科路 20 号院 1 号楼 3 号
…… 负责人：贾东星
…… Tel:0371－66685308

**郑州博众品牌传播有限公司**
地址：河南省郑州市金水区农科路 34 号
…… 负责人：秦中栋
…… Tel:0371－66950030

**河南省发展投资设计有限公司**
地址：河南省郑州市金水区农业路 6 号院 13 号楼 18 号
…… 负责人：谢忠良
…… Tel:0371－63919498

**河南奇迹商贸有限责任公司**
地址：河南省郑州市金水区农业路东段 19 号
…… 负责人：刘军杰
…… Tel:0371－65711179

**河南博硕文化发展有限公司**
地址：河南省郑州市金水区顺河路 2 号
…… 负责人：牛亚平
…… Tel:0371－66313528

**河南蕴利商贸发展有限公司**
地址：河南省郑州市金水区纬二路 7 号院 18 号楼 1 单元 7 号
…… 负责人：戴琪珠
…… Tel:0371－65862588

**郑州千年银杏商贸有限公司**
地址：河南省郑州市金水区纬五路 12 号院 23 号楼 3 单元 22 号
…… 负责人：李淼
…… Tel:0371－63839107

**郑州广源汽车租赁有限公司**
地址：河南省郑州市金水区纬五路 18 号
…… 负责人：史艳玲
…… Tel:0371－65928898

**郑州市鸿发商贸有限公司**
地址：河南省郑州市新密市青屏大街东段
…… 负责人：张振林
…… Tel:0371－69889918

**河南郑韩工贸有限公司**
地址：河南省郑州市新郑市辛店工业区卫南路东侧(树脂厂院内)
…… 负责人：白小菊
…… Tel:0371－62522222

**荥阳市红兴废品回收有限公司**
地址：河南省郑州市荥阳市京城办曹李村
…… 负责人：蒋振宇
…… Tel:0371－64626059

**荥阳市巴士公交广告有限公司**
地址：河南省郑州市荥阳市京城区步行街东段南侧
…… 负责人：曹高峰
…… Tel:0371－64627228

**郑州中牟恒一源经贸有限公司**
地址：河南省郑州市中牟县官渡大街中段
…… 负责人：马付军
…… Tel:0371－62156668

**郑州华中钢材销售有限公司**
地址：河南省郑州市中原区北陈伍寨
…… 负责人：田金铎
…… Tel:0371－67534391

**郑州雅佳美商贸有限公司**
地址：河南省郑州市中原区航海路金盾花园 14 号楼
…… 负责人：施春强
…… Tel:0371－67181425

**郑州龙辕汽车租赁有限公司**
地址：河南省郑州市中原区嵩山路 152 号
…… 负责人：廉利强
…… Tel:0371－67665037

**河南省新都化工物贸有限公司**
地址：河南省郑州市中原区须水镇桐树王村
…… 负责人：冯银忠
…… Tel:0371－67821363

## 洛阳昆泰贸易有限公司
业务：洛阳昆泰贸易有限公司成立于 2006 年，从事金属材料、钢材、建材等系列产品销售，机械设备加工及部件销售，整套设备的设计、制作，主要行业的铝铸轧机，冷轧机，箔轧机及其附件设备，欢迎新老客户来电洽谈业务！
地址：洛阳市涧西区嵩山路 15 号院嵩山花园
…… 负责人：杨友天……邮　编：471003
…… 法　人：杨友天
…… Tel:0379－64938666
…… Fax:0379－64948606

**河南艾蒂玛商贸有限公司**
地址：河南省郑州市中原区中原西路 220 号裕达国贸中心 A 座 3009 号
…… 负责人：张黎
…… Tel:0371－66686682

**郑州鑫佳联纺织印染贸易有限公司**
地址：河南省郑州市中原区中原西路 44 号 1 号楼波奥大厦 15B
…… 负责人：杨志茹
…… Tel:0371－65088959

## 河南省中原之声广告有限公司
业务：河南省中原之声广告有限公司成立于 1998 年，主要从事楼宇、电视广告的设计、制作与发布。"设计独特，技术精湛"，热诚欢迎广大新老客户来人来电洽谈业务，共同发展！
地址：河南省郑州市金水区经五路 2 号
…… 负责人：秦大一……邮　编：450003
…… 法　人：秦大一
…… Tel:0371－65889717

**周口市金田土地开发整理科技咨询有限公司**
地址：河南省周口市八一路北段
…… 负责人：马式玉
…… Tel:0394－8581719

**周口真诚不动产咨询服务有限公司**
地址：河南省周口市交通路 71 号市外贸大楼内
…… 负责人：赵森
…… Tel:0394－6069039

## 驻马店市景成油料贸易有限公司
业务：本公司成立于 1997 年。主要经营农副产品国内销售与进出口为主，另外还经营五金、胶塑、化工等材料的销售。
地址：河南省驻马店市贸易广场北巷北街 70 号芝加工厂
…… 邮　编：463000
…… 法　人：赵书景
…… Tel:0396－3812600
…… Fax:0396－3623229

## 湖北丝宝股份有限公司郑州联络处
业务：丝宝集团中国总部位于湖北省武汉市，1989 年进入中国大陆发展实业，现已进入洗涤用品、卫生用品、药业、房地产、酒店、美容服务业、影视文化等多个经营领域，拥有舒蕾、美涛、风影、顺爽、洁婷等品牌。在广东、湖北等地建立了三个生产基地，并拥有覆盖全国的营销网络。
地址：河南省郑州市金水区健康路 159 号发展大厦 1602 室
…… 负责人：王建立……邮　编：450000
…… Tel:0371－63977325
…… Fax:0371－63977580

## 西平县永兴废旧金属回收有限公司
业务：西平县永兴废旧金属回收有限公司成立于 2005 年 12 月，从事废旧有色金属回收（主要：废钢）。公司本着诚信待人，热情服务的经营原则，热忱欢迎新老客户来电来涵洽谈业务。
地址：河南省驻马店市西平县火车站街
…… 邮　编：463900
…… 法　人：张存良
…… Tel:0396－2554099
…… Fax:0396－2552388

**太康县裕鑫商贸有限公司**
地址：河南省周口市太康县建设路北段
…… 负责人：白五成
…… Tel:0394－6812555

**驻马店市铭扬科技有限公司**
地址：河南省驻马店市交通路中段
…… 负责人：王丽
…… Tel:0396－3933512

## 郑州诚信商标制作有限公司
业务：郑州诚信商标制作有限公司成立于 1993 年元月 18 日，是一家集设计、生产于一体的专业商标制作公司。主要从事电脑商标、彩色商标的制作。热忱欢迎各界朋友来电或来人前来洽谈，相信我们的专业水准一定能够满足您的需求。
地址：河南省郑州市中牟县狼城岗镇南北街村
…… 邮　编：451456
…… 法　人：薛忠信
…… Tel:0371－62223188
…… Fax:0371－62223168

## 驻马店市高新区豫科实业有限公司
业务：驻马店市高新区豫科实业有限公司成立于 2006 年，主要从事小麦粉、大米、挂面的生产加工。质量一流，安全放心，欢迎新老客户选购。
地址：河南省驻马店市乐山路北段纬六路交叉口熊楼工业园区
…… 邮　编：463000
…… 法　人：司年喜
…… Tel:0396－2129399
…… Fax:0396－2129398

**河南缘圆现代服务有限公司**
地址：河南省郑州市金水区优胜路 26 号 6 层 6G 号
…… 负责人：万秀琳
…… Tel:0371－63976512

**郑州智峰科贸有限公司**
地址：河南省郑州市金水区郑汴路 138 号英协花园 A 座公寓楼 4 层
…… 负责人：张振英
…… Tel:0371－65232760

**郑州竟财人才咨询有限公司**
地址：河南省郑州市金水区郑花路 8 号
…… 负责人：王栋
…… Tel:0371－65173069

**河南恒诚实业发展有限公司**
地址：河南省郑州市金水区政七街 30 号院 8 号楼南 1 单元 3 号
…… 负责人：王新胜
…… Tel:0371－65933399

**河南安泰投资管理咨询有限公司**
地址：河南省郑州市纬四路 15 号附 2 号
…… 负责人：张宛忠
…… Tel:0371－66285727

## 郑州市瑞鑫建筑设备租赁有限公司
业务：郑州市瑞鑫建筑设备租赁有限公司成立于 2003 年，公司主要业务：建筑机械设备租赁。欢迎新老客户来电垂询！
地址：河南省郑州市高新区化工路与瑞达路交叉口西 50 米路南
…… 邮　编：450000
…… 法　人：舒春亮
…… Tel:0371－67993880
66668833
…… 网址：www.zzrx.chinapyp.com

**河南联诚拍卖有限公司**
地址：河南省驻马店市解放路文化局三楼
…… 负责人：轩洪涛
…… Tel:0396－2880568

## 驻马店市恒泰商贸有限公司
业务：信赖源自品质，诚信铸就双赢，服务回报忠诚！
地址：河南省驻马店市中华路 127 号
…… 负责人：杨高峰　邮　编：463000
…… 法　人：杨高峰
…… Tel:13033855000
2896060
0396－2913500
…… Fax:0396－2896060

**驻马店市西亚德裕商业有限公司**
地址：河南省驻马店市解放路中段
…… 负责人：苏亚红
…… Tel:0396－2980286

**驻马店市兴中勘察设计咨询有限公司**
地址：河南省驻马店市天中大道北段（建委院内）
…… 负责人：魏绍轩
…… Tel:0396－2612593

## 河南源安安全技术有限公司

河南源安安全技术有限公司成立于2002年，专业从事化工安全技术服务和化工设施设备设计服务。

本公司一直以"客户至上、信誉第一"为宗旨，竭诚欢迎您的垂询与指导！

联系人：朱宝印

电话：0371-68877818 68898098 13603988799

地址：河南省郑州市大学中路107号　邮编：450000

## 西平县精益装饰广告部

西平县精益装饰广告部成立于1990年，主要从事于装修、装饰，广告。

客户是公司的根本、客户升华我们的价值，我们因客户的成长而发展壮大！秉承雕琢自身，设计与执行的完美结合，不断开拓进取，真诚服务于客户，为客户争创更高的价值！

联系人：赵卫国

电话：0396-6230587　13507660587

地址：河南省驻马店市西平县柏城大道西段　邮编：463900

## 焦作市华月经贸有限公司

焦作市华月经贸有限公司成立于1993年，主要从事于煤炭、化工的贸易。新世纪的华月公司，将本着"诚信为本、质量兴业、互惠互利、共创双赢"的发展理念，以优质的产品质量，丰富齐全的品种规格，合理而有竞争力的价格，为广大客户提供最满意的产品和服务。

电话：0391-3926696　联系人：赵苏文　13803911993

地址：河南省焦作市博爱县清化镇七街游泳池　邮编：454450

## 禹州市永东物资贸易有限公司

我公司是一家贸易型企业，以经营五交化、建材、矿山机械及水暖安装为主，品种丰富、规格齐全。

自2004年成立以来，就不断发挥我们的信息、资源、人际关系优势，秉承"诚信为本、合作双赢"的营销理念，诚交天下朋友，并竭诚为广大朋友提供优质的产品和良好服务！

联系人：巴永东 13603748108

电话：0374-2761898 2769358

地址：河南省许昌市禹州市陶瓷西路30号楼8号门

邮编：461670

## 开封市巨大商贸有限公司

开封市巨大商贸有限公司成立于1999年，经营范围包括家用电器销售，老庙黄金、金伯利珠宝销售，墙体材料等新型建材的销售以及粮食收购。我公司秉承"顾客至上，锐意进取"的经营理念，坚持"客户第一"的原则，为您提供最优质的产品和最满意的服务。欢迎惠顾！

联系人：刘长生

电话：0378-8985999

地址：河南省开封市杞县中山街南段　邮编：475000

## 郑州瑞宏天工贸有限公司

郑州瑞宏天工贸有限公司是一家专业从事二手设备，钢材销售的企业。

一切让客户满意是我们始终追求的目标，面对激烈的市场竞争，我们将不断学习，努力进取，一如既往地为广大客户提供一流的产品，优质的服务。

热忱欢迎新老朋友到我公司参观指导，洽谈业务！

联系人：王富定

13938577772　15617657777

电话：0371-67851801　67851802　67851809

地址：河南省郑州市科学大道东段1号　邮编：450001

## 洛阳继腾商贸有限公司

洛阳继腾商贸有限公司成立于1997年，本公司专业从事日化产品、劳保用品的销售。

本公司秉承"顾客至上，锐意进取"的经营理念，坚持"客户第一"的原则为广大客户提供优质的服务。欢迎惠顾！

联系人：魏继科

电话：0379-65870728

地址：河南省洛阳市经济技术开发区忠义路东7号院　邮编：471000

## 郑州市盛世金鼎传媒有限公司

郑州市盛世金鼎传媒有限公司成立于2007年，本公司专业从事户外广告、代理河南108个县市电视广告发布、国画框、名人字画。

公司本着"客户第一，诚信至上"的原则，与多家企业建立了长期的合作关系。热忱欢迎各界朋友前来参观、考察、洽谈业务。

联系人：杜剑峰

电话：0371-68923239　13526720331

地址：河南省郑州市上街区新安路东段　邮编：450041

## 三门峡陕县永安爆破有限公司

三门峡陕县永安爆破有限公司成立于2008年，主要业务为提供各种场所的爆破工程服务。

公司成立以来，一直以勇于创新、敢于实践的探索精神致力于工程爆破领域各种前沿技术、民爆产品研发与工程的应用。将继续坚持"共享共赢，创新创造"的价值观和"安全守法、客户至上、优质环保、精益求精"的质量方针，以雄厚的技术、人才、设备优势，竭诚为广大客户服务。

联系人：员天社　13938100393

地址：河南省三门峡市金水路133号3楼　邮编：472000

欢迎来电

## 湖北省/Hubei Province

**大冶市金坛贸易有限公司**

地址：湖北省大冶市陈贵镇刘家畈村

……负责人：黄金鹏

……Tel：13971783976

**鄂州市启源工贸有限公司**

地址：湖北省鄂州市花湖开发区

……负责人：龚得启

……Tel：13971759893

**鄂州市方成物贸有限责任公司**

地址：湖北省鄂州市江广路大旗墩17栋三单元

……负责人：程铭

……Tel：13986416888

**湖北省葛店开发区盛世置业有限公司鹏达分公司**

业务：湖北省葛店开发区盛世置业有限公司鹏达分公司成立于2006年，从事物资回收，有色金属、纸张、塑料等，欢迎来电洽谈业务。

地址：湖北省鄂州市樊口街旭光村

……负责人：王凯……邮　编：436001

……法　人：王凯

……Tel：0711－3613238

……网址：www.mtw28213.chinapyp.com

**鄂州市林佳物贸有限公司**

地址：湖北省鄂州市武昌大道

……负责人：肖松林

……Tel：13971982780

**鄂州市合谊贸易有限公司**

业务：本公司成立于2006年5月，主要经营弹簧钢、齿轮钢、轴承钢。热忱欢迎新老客户光临、惠顾！

地址：湖北省鄂州市落架坪13幢5楼6号

……负责人：李细国……邮　编：436002

……法　人：李细国

……Tel：0711－3221784

……Fax：0711－3243405

**鄂州市泰达工贸有限责任公司**
地址：湖北省鄂州市武昌大道 47 号
负责人：卢建新
Tel：13607230042

**鄂州市新春工贸有限责任公司**
地址：湖北省鄂州市武昌大道中段滨江花园小区 D1 号独单元 6 层西户
负责人：胡开新
Tel：13908680898

**湖北省鄂州市收费站**
地址：湖北省鄂州市武黄高速公路
负责人：董江明
Tel：13607239904

**鄂州市锦阳工贸有限公司**
地址：湖北省鄂州市西山街办梁新屋村
负责人：邵义刚
Tel：13607237603

**鄂州港睿贸易有限责任公司**
地址：湖北省鄂州市泽林镇
负责人：赵秋桂
Tel：13034453998

## 鄂州市万信商务有限责任公司
业务：鄂州市万信商务有限责任公司成立于 2006 年，主要销售金属材料、建筑材料、煤炭、焦炭、五金交电、化工产品、橡胶制品、矿产品、电子设备和铁合金产品。欢迎新老客户光临、惠顾！
地址：湖北省鄂州市南浦路 75 号(乡镇企业大厦)
负责人：万水平……邮　编：436000
法　人：万水平
Tel：0711－3257618
Fax：0711－3257618
网址：www.mtw50274.chinapyp.com

## 湖北省鹤峰县长冠商贸有限公司
业务：湖北省鹤峰县长冠商贸有限公司主要从事副食、百货、家庭用品、金银首饰等。质优价平，欢迎新老客户惠顾。
地址：湖北省鹤峰县容美镇沿河路 149#
邮　编：445800
法　人：蒋仁实
Tel：0718－5283456
Fax：0718－5283456

**恩施州恩源商贸有限公司**
地址：湖北省恩施土家族苗族自治州恩施市航空大道二巷 4－3 号
负责人：李勇
Tel：13972436260

**洪湖市永兴贸易有限公司**
地址：湖北省洪湖市新堤宏伟南路农业局宿舍
负责人：李雯
Tel：13872255662

**黄冈市毅程商贸有限公司**
地址：湖北省黄冈市东门路 86 号
负责人：胡世明
Tel：13986556687

**黄冈市宝丰隆贸易有限公司**
地址：湖北省黄冈市黄州区东坡大道 7 号
负责人：汪电和
Tel：13971712268

**黄冈贝迪商贸有限责任公司**
地址：湖北省黄冈市黄州桐梓岗村一组(余爱容的住宅)
负责人：葛英明
Tel：13871999862

**浠水县鑫胜贸易有限责任公司**
地址：湖北省黄冈市浠水县经济开发区南岳庙村九组
负责人：黄胜军
Tel：13971733419

**奇林工艺广告社**
地址：湖北省黄石市黄石港区黄石大道 738 号
负责人：柯常付
Tel：0714－6262548
13986600208

**黄石市华龙展览有限公司**
地址：湖北省黄石市黄石港区庙儿咀村二组
负责人：高学农
Tel：13570234371

**黄石工贸家电商贸有限公司**
地址：湖北省黄石市黄石港区武汉路 28 号
负责人：李丰
Tel：13006168500

**荆门市成兴贸易有限公司**
地址：湖北省荆门市长宁大道 38 号
负责人：刘洋
Tel：13997936663

**荆门市洁鑫工贸有限公司**
地址：湖北省荆门市泉口花园小区 2 栋 2 号
负责人：卢国厚
Tel：13986983902

**荆门市同成商贸有限公司**
地址：湖北省荆门市泉口路 29 号
负责人：陈吕明
Tel：13908695679

**荆门市骏华贸易有限公司**
地址：湖北省荆门市塔影一路 5 号
负责人：鲁军
Tel：13972886066

**公安县诚德商贸有限公司**
地址：湖北省荆州市公安县杨家厂镇新正街
负责人：刘勇
Tel：13387188385

**荆州广播电视服务公司**
地址：湖北省荆州市荆州区通会桥路 12－1 号
负责人：周朴清
Tel：0716－8438155
13507211003

## 黄石市嘉鑫工贸有限公司
业务：黄石市嘉鑫工贸有限公司成立于 2005 年，主要经营模具、钢材，欢迎新老客户来电洽谈业务。
地址：湖北省黄石市西塞山区黄石大道 168 号
负责人：李恒源……邮　编：435001
法　人：李恒源
Tel：0714－6401318
网址：mtw26053

## 公安县昌达棉贸有限公司
业务：公安县昌达棉贸有限公司成立于 1996 年，现有员工 120 余人。从事棉花收购、加工、销售。欢迎广大新老客户来电来函咨询，洽谈业务。
地址：湖北省荆州市公安县埠河镇义和桥头
邮　编：434302
法　人：何昌达
Tel：0716－5660059
Fax：0716－5660059

**荆州市添奇商贸有限公司**
地址：湖北省荆州市沙市区北京中路(三进花园 1 栋)
负责人：王小成
Tel：13117176696

**荆州市天成企业策划设计有限公司**
地址：湖北省荆州市沙市区江汉北路 127 号
负责人：赵晖
Tel：13907211208

**博大丰工贸有限公司**
地址：湖北省十堰市柳陂镇
负责人：韩海兵
Tel：0719－7475898
13997802331

**十堰市贸都工贸有限公司**
地址：湖北省十堰市茅箭区车城南路 4 号
负责人：朱敏
Tel：13508686996

**十堰市艺格广告装饰工程有限公司**
地址：湖北省十堰市茅箭区东岳路青春家园 1 单元 102 号
负责人：杨军
Tel：13797810477

**十堰嘉睦咨询有限公司**
地址：湖北省十堰市茅箭区柳林路 19 号
负责人：胡雄师
Tel：13986885676

**十堰市泽凯工贸有限公司**
地址：湖北省十堰市茅箭区汽配城 A 区二栋 2004－2005 号
负责人：吴剑波
Tel：13972498222

**十堰勇桥工贸有限公司**
地址：湖北省十堰市茅箭区汽配城新远区 3 栋 38 号
负责人：李堂珍
Tel：13997837998

**十堰汇展物资贸易有限公司**
地址：湖北省十堰市茅箭区人民南路 25 号
负责人：李升东
Tel：13508688023

**十堰峰峦工贸有限公司**
地址：湖北省十堰市茅箭区人民南路 59 号
负责人：刘书广
Tel：13886811596

**十堰市明旺工贸有限公司**
地址：湖北省十堰市茅箭区人民中路 24 号贵宾楼 118 号
负责人：陈天明
Tel：13972461060

**十堰银环工贸有限公司**
地址：湖北省十堰市茅箭区人民中路 56 号
负责人：石志勇
Tel：13971911811

## 公安县义和农贸有限公司
业务：本公司成立于 1993 年，拥有 50 多名员工。主要经营农副产品的加工(棉花、小麦、油菜籽、黄豆、芝麻)。
地址：湖北省荆州市公安县埠河镇义和桥头
邮　编：434310
法　人：胡学强
Tel：0716－8717928
Fax：0716－8719918

## 荆州市艺之道商贸有限公司
业务：荆州市艺之道商贸有限公司成立于 2005 年，主要加工制作各种窗帘。本厂本着“精益求精，不断创新”的创业精神和“一流产品、薄利多销”的营销理念，赢得了广大客户的信赖与支持。我们将一如既往地致力于窗帘业的创新与发展，并与广大新老客户携手共进！
地址：湖北省荆州市沙市区江津西路 287 号
邮　编：434007
法　人：王革非
Tel：0716－8260776
Fax：0716－8518294

**十堰意旋达装饰工程有限公司**
地址：湖北省十堰市茅箭区五堰街办北街社区
负责人：胡春林
Tel：13085265008

**十堰市佳运人力资源服务有限公司**
地址：湖北省十堰市茅箭区五堰街办滨河新村 13 号
负责人：王开平
Tel：13986882498

**十堰高阳工贸有限公司**
地址：湖北省十堰市茅箭区武当街办堰口桥村梯子沟一队
负责人：贺德强
Tel：13872756987

**十堰威隆特金工贸有限公司**
地址：湖北省十堰市茅箭区余家湾
负责人：贾水亮
Tel：13872866263

**十堰博良工贸有限公司**
地址：湖北省十堰市张湾区柏林镇金鼎社区 1 栋 1－2－2 号
负责人：王贤萍
Tel：13035282819

**十堰市垠和泽工贸有限公司**
地址：湖北省十堰市张湾区车城南路 48 号
负责人：邹远来
Tel：13177460188

**十堰磊焱工贸有限公司**
地址：湖北省十堰市张湾区车城西路 94 号
负责人：陆春明
Tel：13907281986

**十堰市旭瑞工贸有限公司**
地址：湖北省十堰市张湾区公园路 31 号
负责人：马丽
Tel：13085265565

**十堰达克罗涂覆工贸有限公司**
地址：湖北省十堰市张湾区汉江路 35 号
负责人：官守生
Tel：13508682238

**十堰市华稳盛工贸有限公司**
地址：湖北省十堰市张湾区黄石路 2 号(食品沟口)
负责人：黄国安
Tel：13907284215

## 松滋市宝利农贸有限责任公司
业务：松滋市宝利农贸有限责任公司成立于 2004 年，主要从事蔬菜、水果的批发与零售。公司以良好的信用，上乘的质量赢得了广大消费者的青睐！
地址：湖北省荆州市松滋市八宝镇胜利村村委会
负责人：薛先平……邮　编：434200
法　人：薛先平
Tel：0716－6313329
6872189

## 十堰上锋工贸有限公司
业务：我公司提供各式东风系列自卸车及汽车零部件。价格合理！质量可靠！竭诚为全国广大客户服务！与你携手共创造美好明天!!!
地址：湖北省十堰市高新区台湾路
邮　编：442000
法　人：胡德满
Tel：0719－8310682
Fax：0719－8310682
网址：www.sysf.chinapyp.com

## 十堰世杨工贸有限公司
业务：本公司成立于 1998 年，拥有 30 多名员工。主要经营汽车冲压件、汽车弯管系列、汽车支架系列、保险杆支架系列。十多年以来，以诚信为宗旨。
湖北省十堰市茅箭区汽配城 H 区 2012 号

**十堰市博飞工贸有限公司**
地址：湖北省十堰市张湾区宁夏路 9 号
负责人：王书忠
Tel：13986897776

**十堰百容工贸有限公司**
地址：湖北省十堰市张湾区田沟(原东汽工业工程公司木工车间)
负责人：孙占朝
Tel：13997844668

**随州市金海工贸有限公司**
地址：湖北省随州市交通大道 288 号
负责人：雷越
Tel：13971792785

**武汉市华汉工贸有限公司**
地址：湖北省武汉市蔡甸区蔡甸街文兴路 488 号
负责人：吴亦华
Tel：027－69812450

**武汉泰广工贸有限公司**
地址：湖北省武汉市东湖开发区曙光新村 39 号
负责人：肖志强
Tel：13907146836

**武汉阿巴工贸有限公司**
地址：湖北省武汉市东湖开发区汤逊湖社区 46 栋 2 单元 202 号
负责人：崔钟仁
Tel：027－87339594
邮　编：442013
法　人：周万富
Tel：0719－8255997
Fax：0719－8461088

## 十堰市子业工贸有限公司
业务：十堰市子业工贸有限公司成立于 2006 年，从事汽车配件经营，大量批发销售，质量保证，欢迎新老客户来电洽谈业务！
地址：湖北省十堰市茅箭区汽配城国税局后院 1006/1007 室
负责人：刘红胜……邮　编：442013
法　人：刘红胜
Tel：0719－8310034

**武汉牛仔投资咨询有限公司**
地址：湖北省武汉市东湖开发区雄楚大街 1021 号明珠花园 4－501
负责人：余志军
Tel：13006311225

**武汉天绿工贸发展有限公司**
地址：湖北省武汉市东湖开发区周店村
负责人：熊孝虎
Tel：13507123428

**武汉宇辉工贸有限公司**
地址：湖北省武汉市东西湖区博大精品花园三栋二单元 201 号
负责人：袁秀英
Tel：027－83692015

**武汉合美营商贸有限公司**
地址：湖北省武汉市东西湖区博大学府花园第 1 栋 2 单元 702 室
负责人：何世明
Tel：027－62152358

**武汉市义鑫文化传播有限公司**
地址：湖北省武汉市东西湖区常青花园 3 区 1 村 53－3 栋 1 单元 701 室
负责人：朱晶晶
Tel：027－83952379

**武汉高为峰商贸有限公司**
地址：湖北省武汉市东西湖区常青花园十二小区 30 幢 1 单元 2 号
负责人：王志高
Tel：027－83864780

**武汉星恒商贸有限责任公司**
地址：湖北省武汉市东西湖区慈惠农场良种站
负责人：李红艳
Tel：027－83778870

**武汉宏普商贸有限公司**
地址：湖北省武汉市东西湖区湖北省武汉市东西湖金银湖环湖路
负责人：冯抒
Tel：027－62308123

**武汉市华安经贸发展有限责任公司**
地址：湖北省武汉市东西湖区建港沙咀
负责人：任仲安
Tel：027－83258285

## 武汉莲花餐具消毒保洁有限公司
业务：武汉莲花餐具消毒保洁有限公司专业从事餐具消毒保洁，我公司对餐具消毒行业了解深入透彻，经验丰富，诚挚为广大客户提供强化瓷餐具及经济实用的清洗消毒设备，并为客户提供全方位的指导服务。
地址：湖北省武汉市蔡甸区太山林场
负责人：韩世谦……邮　编：430000
Tel：027－84909667

## 武汉市志伟商贸发展有限公司
业务：武汉市志伟商贸发展有限公司成立于 2004 年，从事化工原料、煤碳贸易。欢迎来电垂询业务。
地址：湖北省武汉市洪山区关山二路 50 号葛化餐厅内
邮　编：430000
法　人：鲁志伟
Tel：027－87804407
Fax：027－87602779

**武汉石艺坊商贸有限公司**
地址：湖北省武汉市东西湖区南山综合市场 11 幢
负责人：刘斌
Tel：027－83832595

**武汉大展商贸有限公司**
地址：湖北省武汉市东西湖区祁家山文家湾
负责人：尹培忠
Tel：027－85743909

**武汉阳光城商贸有限公司第二分公司**
地址：湖北省武汉市东西湖区三店农场场部
负责人：张章
Tel：13031213337

**武汉江东鑫明工贸发展有限公司**
地址：湖北省武汉市东西湖区三店中路 218 号
负责人：万明才
Tel：13986277536

**武汉世纪龙腾商贸有限公司**
地址：湖北省武汉市东西湖区吴家山台商投资区吴南路 4 号
负责人：龙建军
Tel：13339981136

**武汉华成商贸有限公司**
地址：湖北省武汉市东西湖区吴南花园西区 26 栋
负责人：陈五发
Tel：13807114313

**武汉华盛路桥设计咨询有限责任公司**
地址：湖北省武汉市东西湖区吴南路 15 号
负责人：丁清
Tel：027－84694661

**武汉市民健科技发展有限公司**
地址：湖北省武汉市东西湖区吴南路 15 号
负责人：刘汉云
Tel：13100687949

**武汉天鹰投资咨询有限公司**
地址：湖北省武汉市洞庭街 107 号怡东大厦 14 层 C 座
负责人：夏天
Tel：027－82852110

## 武汉摩登商贸有限公司
业务：武汉摩登商贸有限公司成立于 2000 年，从事服装、鞋帽的贸易。欢迎来电垂询，洽谈业务。
地址:湖北省武汉市江汉区江汉路 25 号
邮　编:430014
法　人:孙辉刚
Tel:027—82831660—503
Fax:027—82831660—504

**武汉燃气热力物资贸易有限公司**
业务:本公司是武汉市燃气热力集团有限公司下属的子公司之一,公司成立于 2004 年,是一家以处置集团内闲置、报废物资为主,综合经营贸易为一体的物贸有限公司。公司主要经营煤炭、液化气、燃气设备、五金交电、化工用品、钢材、建筑装饰材料等。
地址:湖北省武汉市江汉区青年路 354 号
邮　编:430015
法　人:叶传文
Tel:027—85757944
Fax:027—85796177

**武汉市桥口区友炜鞋类批发部**
业务:友炜鞋类批发部是一家从事鞋类批发的单位,主要经营全胶、布胶、皮鞋、旅游鞋、运动鞋等,欢迎新老客户来电垂询!
地址:湖北省武汉市桥口区汉正街浙江鞋城后围 7 号门面
邮　编:430030
法　人:邓友炜
Tel:027—62487689
Mobile:13971017338
Fax:027—85649213
网址:www. whyw. chinapyp. com

**武汉新里程广告营销有限公司**
地址:湖北省武汉市汉阳区二合村 15—4—1
负责人:周巍
Tel:027—84625267

**武汉金房广告策划有限公司**
地址:湖北省武汉市汉阳区二桥头国信新城 2 幢 2 单元 301 号房
负责人:刘汉涛
Tel:13986115871

**武汉智诚劳务服务有限公司**
地址:湖北省武汉市汉阳区郭茨口庙西湾 156 号
负责人:刘春涛
Tel:027—84630644

**武汉格立普科贸有限公司**
地址:湖北省武汉市汉阳区汉南路 57 号 503 室
负责人:陈善兵
Tel:13651023956

**武汉市南海阳商贸有限公司**
地址:湖北省武汉市汉阳区汉桥村汤家咀 9 号
负责人:吴孝立
Tel:027—84867224

**湖北利远经贸有限公司**
地址:湖北省武汉市汉阳区汉阳大道 139 号
负责人:张先利
Tel:13871327248

**武汉天福一方工程咨询有限公司**
地址:湖北省武汉市汉阳区汉阳大道 626 号
负责人:吴世云
Tel:13709193797

**武汉市恒信德宝商贸有限公司**
地址:湖北省武汉市汉阳区汉阳大道吉祥路二号楼二门三单位五楼一号
负责人:周宏春
Tel:13871439311

**武汉万昌工贸有限公司**
业务:武汉万昌工贸有限公司主要经营钢材,建材,化工,电子电器,仪表。欢迎新老客户光临、惠顾!
地址:湖北省武汉市青山区 31 街 53 门 13 号
负责人:齐剑……邮　编:430080
法　人:齐剑
Tel:027—86805166
网址:www. mtw30852. chinapyp. com

**武汉安诚信经贸有限公司**
业务:武汉安诚信经贸有限公司成立于 2002 年,专业制造烘烤设备,产品广泛用于钢铁行业。质量第一,价格合理,服务到位,欢迎来电垂询!
地址:湖北省武汉市青山区车站 145 号
邮　编:430080
法　人:刘建华
Tel:027—86346680
Fax:027—86346680

**武汉名流轩广告有限公司**
业务:本公司成立于 2005 年,主要从事大型户外广告牌制作、亚克力吸塑、亮化工程、霓虹灯制作、喷绘、写真、雕刻、铜牌、铁字、不锈钢工程、PVC 金卡制作。竭诚欢迎广大客户来电洽谈业务!
地址:湖北省武汉市青山区红钢城沿港路市政小区 20 街天宇星苑 1—102 号
负责人:姜伟……邮　编:430000
法　人:董华
Tel:027—86315615
Fax:027—86315615

**武汉商海商贸有限公司**
地址:湖北省武汉市汉阳区拦江路 414 号—420 号
负责人:杨卫星
Tel:13907121779

**武汉金益合商贸有限公司**
地址:湖北省武汉市汉阳区龙阳村蔡家湾 1 栋 2—4—1
负责人:徐闯
Tel:13837109028

**武汉益洁商贸有限公司**
地址:湖北省武汉市汉阳区磨山村杨家大湾 119 号
负责人:廖群娇
Tel:027—61376742

**武汉博瑞宏业文化传媒有限公司**
地址:湖北省武汉市汉阳区汤山小区杨家岭 216 号
负责人:李淑芬
Tel:027—85879140

**武汉恒一商贸发展有限责任公司**
地址:湖北省武汉市汉阳区五里墩街七里庙戴李湾 2 号
负责人:郑恒
Tel:027—62556706

**武汉明天景泰广告有限公司**
地址:湖北省武汉市汉阳区鹦鹉大道 46 号长江广场 23 层 9 号
负责人:刘燕
Tel:027—84803331

**武汉鑫旺汯商贸有限公司**
地址:湖北省武汉市汉阳区永丰乡汤山工业园 7 号
负责人:李颖芳
Tel:13971672156

**武汉市郑家咀商贸有限责任公司**
地址:湖北省武汉市汉阳区永丰乡郑家咀村 131 号
负责人:范杰
Tel:13886088233

**仙桃市万合商贸有限公司**
业务:仙桃市万合商贸有限公司成立于 2006 年,主要经营日用百货、洗涤产品、针织品;产品齐全,价格合理,欢迎新老客户光临惠顾。
地址:湖北省仙桃市副食批发市场 5—35 号
负责人:万东……邮　编:433000
法　人:万东
Tel:0728—3226545

**咸宁市兴安保安服务有限责任公司**
业务:咸宁市兴安保安服务有限责任公司(原咸宁市保安服务总公司)成立于 1998 年,是经省公安厅批准成立,集人防、技防、网络报警于一体的专业保安服务公司,是中国保安协会会员单位,湖北省保安协会常务理事单位。
地址:湖北省咸宁市温泉长安大道 131 号
负责人:陈能新……邮　编:437100
法　人:陈能新
Tel:0715—8138238
8323131

**武汉万仕达工贸有限公司**
地址:湖北省武汉市洪山区东湖新村 85 号 304 室
负责人:刘程锁
Tel:13971536663

**武汉凌翔商贸有限公司**
地址:湖北省武汉市洪山区烽火钢材市场 B 区 55 号
负责人:祁世平
Tel:027—88112191

**武汉馨庭装饰设计工程有限公司**
地址:湖北省武汉市洪山区关山街关西经济小区(23—2—703)
负责人:吴昆
Tel:13237104784

**武汉基业长青管理咨询有限公司**
地址:湖北省武汉市洪山区关山街珞瑜路 272 号
负责人:陈丹武
Tel:13971029291

**武汉朝霞工贸有限公司**
地址:湖北省武汉市洪山区关山一路保利花园
负责人:胡林保
Tel:13871102481

**武汉财茂企业咨询管理有限公司**
地址:湖北省武汉市洪山区和平乡三角路村
负责人:明展
Tel:13317195963

**宜昌市伍家岗区三融百货商行**
业务:宜昌市伍家岗区三融百货商行主要从事"采诗"、"柏丽丝"、"青蛙牙刷"等洗涤用品的代理。我们本着"客户至上,质量保证,信誉保证"的经营宗旨,热诚欢迎新老客户惠顾。
地址:湖北省宜昌市伍家岗区金东山市场 92 号
邮　编:443003
法　人:陈书敏
Tel:0717—6258758
6258092
Fax:0717—6258092

**宜昌瀚源工程咨询有限公司**
业务:宜昌瀚源工程咨询有限公司成立于 2005 年,主要从事于水利水电、工业与民用建筑、市政工程监理及技术服务;招标代理,工程造价咨询;水利水电工程安全监测;建筑工程基础处理;水电站金属结构及启闭设备检修。
地址:湖北省宜昌市西坝桥南路二公司 20 号楼
负责人:柳勇……邮　编:443002
法　人:柳勇
Tel:0717—6270912
Fax:0717—6275286

**武汉奇乐商贸有限公司**
地址:湖北省武汉市洪山区和平乡徐东村
负责人:陈敬芳
Tel:13871104746

**武汉盛邦伟业经贸有限公司**
地址:湖北省武汉市洪山区和平乡徐东路 7 号徐东欧洲花园小区 8—3—302
负责人:李家林
Tel:13071295037

**武汉三合达科贸有限责任公司**
地址:湖北省武汉市洪山区洪山乡楚雄大街关西经济小区 33 栋 1—4—1 室
负责人:童高
Tel:13006157821

**武汉光国工贸有限公司**
地址:湖北省武汉市洪山区洪山乡磨山村茅屋岭
负责人:李光胜
Tel:13907127388

**武汉雕坊文化传播有限公司**
地址:湖北省武汉市洪山区湖北省武汉市东湖开发区华光大道 2 号金龙城
负责人:张旭东
Tel:13886145172

**武汉天海腾龙经贸有限公司**
地址:湖北省武汉市洪山区街道口南路 6 号竹苑小区 1 幢 A1405 室
负责人:刘文武
Tel:13807192348

**武汉市昌兴工贸有限责任公司**
地址:湖北省武汉市洪山区九峰乡保丰大李 55 号
负责人:李芝兴
Tel:13607136723

**武汉亚商管理顾问有限公司**
地址:湖北省武汉市洪山区凯旋门广场 A 幢 9 层 B 号
负责人:李建忠
Tel:027—86833339

**湖北楚鳌贸易有限公司**
地址:湖北省武汉市洪山区鲁磨路特 1 号
负责人:王桂兰
Tel:13916131889

**武汉方腾贸易有限公司**
地址:湖北省武汉市洪山区璐瑜路 20 号
负责人:文化
Tel:13018060220

**武汉金贝贝商贸有限公司**
地址:湖北省武汉市洪山区珞珈山路 9 号
负责人:柯华
Tel:027—87881979

**武汉俏家园保洁服务有限公司**
地址:湖北省武汉市洪山区珞南街工农湾 8 栋 1 楼 3 号
负责人:张国桥
Tel:027—87336842

**武汉海鹏船舶工程有限公司**
地址:湖北省武汉市洪山区珞南街珞狮路 168 号狮城公寓
负责人:余津全
Tel:027—87382602

**秭归永鑫贸易有限责任公司**
业务:本公司成立于 2005 年,主要开采、加工、销售煤矿、磷矿、矿产品。竭诚欢迎广大客户来电洽谈业务!
地址:湖北省宜昌市秭归县茅坪镇平湖大道 16 号
负责人:向永国……邮　编:443601
法　人:向永国
Tel:0717—2887038

**武汉君安达信财务咨询有限公司**
地址:湖北省武汉市洪山区珞南街珞瑜路二村 8 单元 4—8 号
负责人:袁智
Tel:13995648700

**武汉市广圆商贸有限责任公司**
地址:湖北省武汉市洪山区珞南街吴家湾
负责人:张武敏
Tel:027—87402232

**武汉中尧科贸有限公司**
地址:湖北省武汉市洪山区珞狮路 206 号逸景苑小区 1 栋 2 单元 302 室
负责人:却丽芳
Tel:13986048433

**武汉风向标校园文化传播咨询有限公司**
地址:湖北省武汉市洪山区珞狮路 33 号
负责人:杨舟
Tel:13995681542

**武汉业讯咨询有限公司**
地址:湖北省武汉市洪山区珞狮南路
负责人:刘丽娜
Tel:13871665577

**武汉市阜康商贸有限公司**
地址:湖北省武汉市洪山区珞狮南路 431 号
负责人:丰润芝
Tel:13871488474

**武汉同力咨询服务有限公司**
地址:湖北省武汉市洪山区珞狮南路 517 号 9 楼
负责人:邢敏
Tel:13100706508

**武汉华鸿商贸有限公司**
地址:湖北省武汉市洪山区珞瑜路 218 号
负责人:孙晓锋
Tel:027—87640302

**武汉阳光在线广告有限公司**
地址:湖北省武汉市洪山区珞瑜路 333 号 2—3—1101 号房
负责人:杨美蓉
Tel:13807106763

**武汉申远物资贸易有限公司**
地址:湖北省武汉市洪山区珞瑜路 716 号华乐山庄 9 栋 3 单元
负责人:李新光
Tel:027—87403902

**武汉班尼路商贸有限公司珞瑜路分店**
地址:湖北省武汉市洪山区珞喻路 312 号
负责人:陈韵
Tel:027—82839348

**武汉畅信商贸有限公司**
地址:湖北省武汉市洪山区石牌岭东二路 1 号
负责人:周平清
Tel:027—51164736

**武汉鑫江工程咨询有限责任公司**
地址:湖北省武汉市洪山区武珞路 717 号兆富国际大厦 1909 号
负责人:余刚
Tel:13707170795

**武汉新华华中会议服务有限责任公司**
地址:湖北省武汉市洪山区雄楚大街 268 号
负责人:吴怀德
Tel:13037181653

**武汉中策图文设计有限公司**
地址:湖北省武汉市洪山区雄楚大街 428 号桂子苑园
负责人:汪国栋
Tel:13554052635

**武汉恒为商贸有限公司**
地址:湖北省武汉市洪山区雄楚大街 549 号尚文创业城 1—8 号
负责人:衡萍
Tel:027—62589650

**武汉林昌经贸有限公司**
地址:湖北省武汉市洪山区雄楚大街 636 号
负责人:吴合林
Tel:13971093397

**武汉绿色大寨贸易有限公司**
地址:湖北省武汉市洪山区雄楚大街狮城名居 1 栋 602 室
负责人:孙斌
负责人:13907123705

**武汉惠利商场用品有限公司**
地址:湖北省武汉市洪山区余家湖 2—2—2 号
负责人:李春洪
Tel:027—86836485

**武汉思宇商贸有限公司**
地址:湖北省武汉市洪山区余家头上杨家路欧景苑华景阁 4—101 号
负责人:柳英杰
Tel:13971387409

**北京平和国际连锁超市管理有限公司武汉分公司**
地址:湖北省武汉市洪山区兆富国际大厦 1708 室
负责人:孟小琨
Tel:027—87162971

**武汉鸿伟广告传播有限公司**
地址:湖北省武汉市洪山区卓刀泉南路 168 号
负责人:江岚
Tel:027—87750896

**武汉零角度广告传播有限公司**
地址:湖北省武汉市洪山区卓刀泉南路 20 号
负责人:寇欢
Tel:027—87435162

**武汉市海运商贸有限公司**
地址:湖北省武汉市洪山区左岭镇花元村
负责人:李海运
Tel:027—87603522

**武汉市超群商贸有限公司**
地址:湖北省武汉市洪山区左岭镇金王村八组
负责人:刘善祥
Tel:027—87600232

**武汉永泰劳务有限公司**
地址:湖北省武汉市黄陂区王家河镇车站路 8 号
负责人:冯德利
Tel:027—65610181

**武汉中百便民超市连锁有限公司怡康苑分店**
地址:湖北省武汉市江岸区百步亭花园路 18 号
负责人:刘文兰
Tel:027—85628638

**武汉双龙翔工贸发展有限公司**
地址:湖北省武汉市江岸区堤角路 61 号
负责人:龙应军
Tel:027—82830901

**武汉云华文化艺术传播有限公司**
地址:湖北省武汉市江岸区福建村 3 栋 1 单元 4 层 5 室
负责人:淦小云
Tel:027—82915766

**武汉爽盈展览服务有限公司**
地址:湖北省武汉市江岸区合作路 38 号新丽大厦 18 楼 A7 室
负责人:周沁
Tel:027—82800321

**武汉利新企业咨询有限公司**
地址:湖北省武汉市江岸区黄石路 9 号德润大厦鸿润楼 808 室
负责人:刘斌

Tel:027－82750673

**武汉方杨良元工贸有限公司**
地址:湖北省武汉市江岸区江岸路 5 号
负责人:刘保良
Tel:027－62360226

**武汉德隆经贸发展有限公司唐蔡路集贸市场管理分公司**
地址:湖北省武汉市江岸区江大路 109 号
负责人:郭德焱
Tel:027－82617761

**湖北意诚贸易有限公司**
地址:湖北省武汉市江岸区解放大道 2020 号
负责人:程伊文
Tel:027－82303629

**武汉超联商贸有限公司**
地址:湖北省武汉市江岸区解放大道 2020 号
负责人:伊思华
Tel:027－82313669

**湖北瑞拓钢铁贸易有限公司**
地址:湖北省武汉市江岸区解放大道 2020 号
负责人:周章雄
Tel:027－82638874

**武汉弘丰商贸有限公司**
地址:湖北省武汉市江岸区解放公园路 40 号
负责人:何艳
Tel:027－82434719

**武汉润博广告传播有限公司**
地址:湖北省武汉市江岸区劳动街葡京花园 43 栋 A 楼 1 层 1 室
负责人:王胥雯
Tel:027－82861749

**武汉訾波文化交流有限公司**
地址:湖北省武汉市江岸区铭新街 56 号
负责人:詹永波
Tel:027－82858068

**武汉风雅颂广告传播有限公司**
地址:湖北省武汉市江岸区前九万方 53 号
负责人:杨萍
Tel:027－82655097

**金圆规展示设计制作室**
地址:湖北省武汉市江岸区球场新村 6 号
负责人:饶建军
Tel:027－82211985
13607104457

**武汉青云广告有限公司**
地址:湖北省武汉市江岸区石桥村智源里小区 4 栋 1 单元 4 层 3 室
负责人:李菁
Tel:027－82619156

**武汉艺云工贸有限责任公司**
地址:湖北省武汉市江岸区同丰里 30 号 2－2 号
负责人:张兵
Tel:027－82779766

**湖北德民进出口贸易有限公司**
地址:湖北省武汉市江岸区新华路 316 号良友大厦
负责人:曾德亮
Tel:027－85496387

**武汉金瑞格商贸有限公司**
地址:湖北省武汉市江岸区友益街 29 号
负责人:于小丁
Tel:027－82771041

**武汉新视觉多媒体技术有限公司**
地址:湖北省武汉市江岸区友益街如寿里人家 3 栋 1 单元 2－1 号
负责人:罗士心
Tel:027－62255292

**武汉市金嘉信商贸有限公司**
地址:湖北省武汉市江岸区中山大道 707 号政和广场
负责人:李梁英
Tel:027－82786588

**太原市东聚贸易有限公司武汉分公司**
地址:湖北省武汉市江岸区竹叶山钢材市场不锈钢区特 1 号
负责人:高东丽
Tel:027－62550496

**武汉成成红商贸有限责任公司**
地址:湖北省武汉市江汉区八古墩东四巷 4 号
负责人:陈红
Tel:027－62807999

**武汉国宾经贸发展有限公司**
地址:湖北省武汉市江汉区复兴三村 135 号
负责人:付国斌
Tel:027－62365775

**武汉丰毅商贸有限公司**
地址:湖北省武汉市江汉区公安路公安小区一栋 2 单元 601 室
负责人:黄龙久
Tel:027－62554617

**武汉黎星商贸有限公司**
地址:湖北省武汉市江汉区姑嫂树路 8 号新华家园 A 区 4 栋 13 层 1 室
负责人:文雄
Tel:027－65605367

**武汉市前程家政服务有限责任公司**
地址:湖北省武汉市江汉区贺家墩时尚公寓 2 幢 2 单元 11 层 1 号
负责人:郭小梅
Tel:027－83555200

**武汉恒润广告有限公司**
地址:湖北省武汉市江汉区江汉二路 2 号
负责人:杨思萍
Tel:027－62012360

**武汉九土商贸有限公司**
地址:湖北省武汉市江汉区马场角 289 号 15 商铺
负责人:郑庆东
Tel:027－83612393

**武汉市恒韵行贸易有限公司**
地址:湖北省武汉市江汉区青年广场 A 栋 11 层 E 室
负责人:高睿
Tel:027－85489178

**武汉燃气热力物资贸易有限公司**
地址:湖北省武汉市江汉区青年路 106 号
负责人:叶传文
Tel:027－85796177

**武汉永联达科贸发展有限公司**
地址:湖北省武汉市江汉区青年路 269 号泰合花园 E 栋 1 座 1102 室
负责人:甘永席
Tel:027－85630814

**武汉市托溥图文制作有限公司**
地址:湖北省武汉市江汉区青年路 69 号
负责人:黄超
Tel:027－85795996

**武汉奇正商务信息咨询有限责任公司**
地址:湖北省武汉市江汉区青年路 76 号
负责人:张红
Tel:027－62515101

**武汉市乐驰商贸有限责任公司**
地址:湖北省武汉市江汉区万松小区 18 栋附楼
负责人:龙立
Tel:027－85791269

**武汉市施瑞大顺商贸有限公司**
地址:湖北省武汉市江汉区香港路 267 号鹏飞湖庭八楼 C－D 座
负责人:刘绍英
Tel:027－82631775

**武汉川合贸易有限公司**
地址:湖北省武汉市江汉区新华路 186 号福星国际商务大厦 2118 室
负责人:朱其斌
Tel:027－85629675

**武汉万泰盛经贸有限责任公司**
地址:湖北省武汉市江汉区燕马新村 185 号 11 层 6 室
负责人:张峻
Tel:027－62345085

**武汉市泽雅摄影有限公司**
地址:湖北省武汉市江汉区中山大道 608 号
负责人:李娜
Tel:027－85379429

**武汉市乐蓉贸易有限公司**
地址:湖北省武汉市江汉区中山大道 779－805 号
负责人:李荣华
Tel:027－62196675

**武汉市昌平源商贸有限公司**
地址:湖北省武汉市江夏区庙山开发区邬树村
负责人:杨金秀
Tel:027－81800393

**武汉金锐工贸有限公司**
地址:湖北省武汉市江夏区郑店黄金工业园区
负责人:李国顺
Tel:027－86821479

**武汉市奇兴贸易有限责任公司**
地址:湖北省武汉市经济技术开发区奥林花园
负责人:雷萍
Tel:027－67160922

**武汉创造者企业咨询有限公司**
地址:湖北省武汉市经济技术开发区金湖花园
负责人:汪次生
Tel:027－82801751

**武汉市精华科贸有限公司车城集贸市场**
地址:湖北省武汉市经济技术开发区六号生活区
负责人:俞学军
Tel:027－84296723

**武汉盛阳人力资源咨询有限公司**
地址:湖北省武汉市经济技术开发区新都国际嘉园
负责人:林睿刚
Tel:027－84259450

**武汉艾硕科贸发展有限公司**
地址:湖北省武汉市乔口区泰合广场 14 层 4 室
负责人:王枝青
Tel:027－85712369

**武汉市硚口区六角亭街宝善社区便民服务中心**
地址:湖北省武汉市乔口区中山大道 259 号 5 门
负责人:丁明霞
Tel:027－85836093

**武汉春琼商贸有限公司**
地址:湖北省武汉市桥口区崇仁路油坊巷 2 号
负责人:陆惠春
Tel:027－82656344

**武汉栋梁商贸有限公司**
地址:湖北省武汉市桥口区汉西一路 70 号 B－205 号
负责人:朱守军
Tel:027－83887329

**武汉鑫国安商贸有限公司**
地址:湖北省武汉市桥口区航空路 15 号
负责人:刘吉祥
Tel:027－83600620

**武汉伦铖商贸有限公司**
地址:湖北省武汉市桥口区解放大道 96－3 号
负责人:江静
Tel:027－83829259

**昌发百货商店**
地址:湖北省武汉市桥口区利济北路 113 号
负责人:文昌信
Tel:13307180698

**武汉联诚商贸有限责任公司**
地址:湖北省武汉市桥口区玉带一村 135 号
负责人:罗俊国
Tel:027－85865009

**武汉海茂工贸有限公司**
地址:湖北省武汉市青山区 120 街 21 门 26 号
负责人:方军
Tel:027－86391479

**武汉市丰海贸易有限公司**
地址:湖北省武汉市青山区 24 街坊 169 门 4 号
负责人:吴健
Tel:027－68865412

**武汉安诚信经贸有限公司**
地址:湖北省武汉市青山区车站街 145 号
负责人:刘建华
Tel:027－86346680

**武汉晓天创佳工贸有限公司**
地址:湖北省武汉市青山区鄂州路 10 号
负责人:宋晓
Tel:027－61270707

**武汉鑫河世纪经贸发展有限公司**
地址:湖北省武汉市青山区钢都花园 126 街 140 门 1 号
负责人:王玉生
Tel:027－86484093

**武汉鑫英工贸有限公司**
地址:湖北省武汉市青山区红钢城 4 街 73 门 3 号
负责人:晋国幸
Tel:027－86355066

**聚宝企业管理策划(武汉)有限公司**
地址:湖北省武汉市青山区红钢城九街坊
负责人:朱宝
Tel:027－50806821

**武汉帝力特咨询服务有限公司**
地址:湖北省武汉市青山区建设一路石化宿舍 2 栋 9 门 9 号
负责人:刘志华
Tel:027－86311215

**武汉元荷工贸有限公司**
地址:湖北省武汉市青山区青王路 57 号
负责人:黎娴
Tel:027－86391342

**武汉钢达通工贸有限公司**
地址:湖北省武汉市青山区青王路 57 号
负责人:廖瑛
Tel:027－86556181

**武汉宏达铁路装卸服务有限公司**
地址:湖北省武汉市青山区武昌东车站内
负责人:许年安
Tel:027－51154557

**武汉东旭工贸有限公司**
地址:湖北省武汉市青山区冶金 101 街坊冶金街幼儿园内
负责人:杨艺玫
Tel:027－86862645

**湖北菲谢尔科贸有限公司**
地址:湖北省武汉市武昌东湖路 96 号
负责人:龚珞军
Tel:027－87301631

**武汉勤业万信财务咨询有限公司**
地址:湖北省武汉市武昌区湖北省武汉市东湖路 168 号 5 楼 508 房
负责人:陈忠君
Tel:027－87326543

**武汉市爱琴海法贸易商行**
地址:湖北省武汉市武昌区南湖花园宝安花园 1 区 5 栋 305 室
负责人:罗一鸣
Tel:027－88018483

**武汉龙鄂经贸有限责任公司**
地址:湖北省武汉市武昌区晒湖路 29 号
负责人:雷新军
Tel:027－52866592

**武汉中洪源商贸有限公司**
地址:湖北省武汉市武昌区水果湖北环路 55 号 6 楼 2 号
负责人:于卫翘
Tel:027－87838632

**武汉市喜事多家政中介服务中心**
地址:湖北省武汉市武昌区水果湖街东湖路付 15 号
负责人:龙贤超
Tel:027－87815628

**湖北今彩视点广告有限公司**
地址:湖北省武汉市武昌区水果湖街中北路 35－2 号
负责人:文野
Tel:027－50701612

**武汉惠嘉商贸有限责任公司**
地址:湖北省武汉市武昌区体育馆路特 1 号香格里嘉园 C 栋 1 单元 12 层 2 号
负责人:李茂林
Tel:027－51826255

**武汉天贶宏逸广告传播有限公司**
地址:湖北省武汉市武昌区武珞路 356 号三单元 902 室
负责人:邹宏
Tel:027－62623080

**湖北海铭星运贸有限公司**
地址:湖北省武汉市武昌区中北路 110 号
负责人:吕卫斌
Tel:027－52237228

**武汉市裕源装饰设计有限公司**
地址:湖北省武汉市武昌区中华路西城豪二号楼二单元 202 室
负责人:谭建钧
Tel:027－88324789

**湖北广电传媒有限公司音像制作经营管理中心**
地址:湖北省武汉市武昌区中南大厦(中南路 80 号)3 单元 15 层 1－25 室
负责人:唐熙章
Tel:027－87820012

**武汉楚天润经贸有限公司**
地址:湖北省武汉市武昌区中南街姚家岭 23 号 8 楼 4 号
负责人:张烈津
Tel:027－62395126

## 应城市信源物贸有限责任公司

业务:公司成立于 2002 年,主要代理湖北双环科技股份有限公司、应城新都化工有限公司、武汉双强化工有限公司,湖北东方盐化有限公司等大型盐化企业的产品。主要品种有纯碱、工业盐、氯化铵、工业氯化铵、元明粉、小苏打等产品。愿以真诚的服务交天下朋友,以良好的信誉结八方伙伴。
地址:湖北省应城市保健巷 2 号
负责人:杨均洪　邮　编:432400
法　人:杨均洪
Tel:0712－3237878
Fax:0712－3237309

**武汉菲力商贸有限公司**
地址:湖北省武汉市武昌区中南路 1 号
负责人:王刚
Tel:027－50860198

**武汉澳华联咨询服务有限公司**
地址:湖北省武汉市武昌区中南路 7 号鹏程时代 27 层 23 室
负责人:柯惠珍
Tel:027－85804208

**武汉航海久运商贸发展有限公司**
地址:湖北省武汉市武昌区中山路 450 号
负责人:杨金成
Tel:027－87819677

**武汉市紫宏康经贸有限责任公司**
地址:湖北省武汉市武昌区紫阳新村武南一村 4 号楼 1 楼
负责人:薛发权
Tel:027－50861117

**武汉欣德铭贸易有限公司**
地址:湖北省武汉市新洲区辛冲镇
负责人:姚绪品
Tel:027－59700355

**仙桃市郭氏兴和工贸有限公司**
地址:湖北省仙桃市恒迪国际建材园干河黄金大道西侧
负责人:陈燕红
Tel:13607224419

**马家店友好贸易商行**
地址:湖北省宜昌枝江市马家店办事处五柳村市场
负责人:朱金刚
Tel:0717－4221453
13349769439

## 广水市中众劳务有限公司

本公司主要从事于劳务输出、劳动保障事务咨询、企业管理咨询，本着“以人为本，诚信经营”的理念，竭诚为广大客户服务！

联系人：郭家贵
电话：0722-3698048
地址：湖北省随州市广水市长岭镇永阳二组　邮编：432700

## 十堰正点传媒有限公司

本公司从事大型电子显示屏的经营运行与开发，广告活动的策划、创意、设计、制作，发布国内户外广告和平面广告，各类活动的组织承办及代理等。欢迎来电来函洽谈！

联系人：谭志鹏
电话：0719-8652080、8682808　邮编：442000
地址：湖北省十堰市人民北路68号大都会广场商务公寓10楼1号
网址：www.zdcm.chinapyp.com　电子邮件：z.dcm@163.com

## 湖北省监利县永华商贸有限公司

湖北省监利县永华商贸有限公司主要经营钢筋、水泥等建筑建材的销售；兼营棉花加工，产品有皮棉。我公司秉承“顾客至上，锐意进取”的经营理念，坚持“客户第一”的原则为广大客户提供优质的服务。欢迎惠顾！

联系人：陈永华　手机：15926583333
电话：0716-3788888　传真：0716-3788888
地址：湖北省荆州市监利县新沟镇　邮编：434000

## 十堰竹生商贸有限公司

十堰竹生商贸有限公司成立于2007年，主要经营化妆品、汽车、汽车配件、服装、摩托车等，我公司秉承“顾客至上，锐意进取”的经营理念，坚持“客户第一”的原则为客户提供最优质的产品。欢迎您来电垂询！

联系人：袁必兰
电话：0719-8268386　传真：0719-8268386
地址：湖北省十堰市张湾区公园路99号东风实业大厦710室
邮编：442000

## 湖北亿利达搬迁有限责任公司

本公司专业从事搬家起重，具有高效搬家、物流配送能力的经营管理型、智能型的现代化物流企业。努力满足客户的需要和期望，服务社会，回报社会。

联系人：曾照海
电话：027-87390009　13995613488
地址：湖北省武汉市洪山区珞狮南路马房山中学隔壁
邮编：430070

欢迎来电

## 武漢弗斯特廣告有限公司

本公司成立于1986年，主要经营户外广告设计施工。

本着“以市場作爲導向，以服務爭取商機”的经营理念，秉持“追求卓越，誠信雙赢”的服务宗旨，竭诚为您服务。

电话：027-61002800
邮编：430000
地址：湖北省武汉市黄陂区前川双凤大道504号
联系人：乐峰
13517238280

## 黄梅总经销陈敏副食批发部

黄梅总经销陈敏副食批发部主要从事副食批发。

我们秉承“顾客至上，锐意进取”的经营理念，坚持“客户第一”的原则为广大客户提供优质的服务。

欢迎广大客户惠顾！

联系人：陈敏
电话：0713-3327131　15071681999
邮编：438000
地址：湖北省黄冈市黄梅县黄梅镇人民大道民营街口斜对面

## 武汉摩登商贸有限公司

武汉摩登商贸有限公司成立于2001年，主要从事服装、鞋帽的销售。本着“质量保证，价格合理”的经营宗旨，竭诚欢迎您的光临与惠顾！

电话：027-82831660-503　联系人：孙辉刚
13707148083
地址：湖北省武汉市江汉区江汉路25号　邮编：430000

## 建始县广润物贸有限责任公司

建始县广润物贸有限责任公司成立于1998年，主要经营机电设备，高低压电器，电线电缆，五金工具，工程耗材和电器修理配件。我公司视“顾客满意”为宗旨，“持续改进”为目标，“诚信经营”为理念，竭诚欢迎您的光临！

联系人：朱清伦　手机：13607241612
电话：0718-3228389　传真：0718-3228389
地址：湖北省建始县业州镇　邮编：445300

## 武汉兴锋贸易有限公司

武汉兴锋贸易有限公司是一家专门从事钢材贸易的企业。

欢迎国内外客户惠顾，增进了解，共谋发展。公司全体员工本着诚信互惠的原则与海内外朋友友好合作，携邀海内外友人共同携手共创美好未来！我们将以“最优异的产品，最优惠的价格，最完善的服务”来满足您的需要。公司将始终不渝的遵循“以人为本的宗旨经营”。

联系人：皮兴悬　13100656291
电话：027-86870036
地址：湖北省武汉市青山区47街坊20门1号　邮编：430080

## 武汉优客商贸有限公司

武汉优客商贸有限公司是一家专门从事皮具，服装鞋帽，日用百货，工艺品，珠宝首饰的销售的企业。

愿与各界人士密切合作、携手并进、共创未来！

联系人：郑荆陵 13627115899
电话：027-85376670 85386981
电子邮件：hb_mexican@126.com
邮编：430022
地址：湖北省武汉市硚口区汉正街中心商城B座10层6室

## 襄樊馨雅百货

本公司成立于2003年，主要经营日用百货销售。

我们坚持"全心全意为人民服务"的服务宗旨，信奉"顾客至上，以人为本"的管理制度，为您服务。

电话：0710-3818678 3453932
邮编：441000
地址：湖北省襄樊市樊城区大庆东路15号
联系人：欧阳俊杰 13797718123

## 孝感市时昌伟业商贸有限公司

孝感市时昌伟业商贸有限公司是一家专门经销日用百货的企业，是雕牌、超能、纳爱斯代理商。

公司秉承"质量第一，信誉至上"的原则，热烈欢迎广大客户来电洽谈业务！

联系人：杨斌 13617122999
电话：0712-2339799 2339388
邮编：432100
电子邮件：hb-changxing001@163.com
地址：湖北省孝感市黄孝路与107国道交汇处

## 宜昌兴旺劳务有限责任公司

宜昌兴旺劳务有限责任公司成立于2007年12月，从事劳务输出、代开劳务发票、机械出租等服务。

公司将以"敬业、求实、开拓、创新"的精神，竭诚与社会各界朋友合作，倾尽全力，共创伟业。

联系人：舒兴旺 13997742466
电话：0717-6359662
地址：湖北省宜昌市东山大道185-4号 邮编：443000

## 湖南省/Huana Province

**湖南空港实业有限公司**
地址：湖南省长沙市长沙县黄花国际机场内
负责人：赵龙江
Tel：0731－84795120

**长沙钟氏广告装饰有限公司**
地址：湖南省长沙市长沙县星沙开发区三区板仓中路56栋52号
负责人：钟武
Tel：0731－84013048
13787178358

**兴朝标牌装饰工艺部**
地址：湖南省长沙市芙蓉区东牌楼26号（新32号）
负责人：黄爱香
Tel：0731－82251256
13808420481

**长沙新展示展柜展具有限公司**
业务：本公司成立于1998年，主要生产销售商场内的展柜及装修。本着"质量第一、客户至上"的服务宗旨，竭诚欢迎新老客户来电来函！
地址：湖南省长沙市黄兴中路188号英尚国际190020房
负责人：万忠 邮编：410005
法人：万忠
Tel：0731－4417239
Fax：0731－4417239
E-mail：xzsgg@126.com

**耒阳市显威食品超市配送中心**
业务：食品超市配送
地址：湖南耒阳市神龙路小商品市场1－2号
负责人：资道华 邮编：421800
法人：资道华
Tel：0734－4330652
13875641343

**长沙英瑞百货贸易有限公司**
地址：湖南省长沙市芙蓉区东屯渡农场（东方新城F4栋506房）
负责人：陈瑛
Tel：0731－82252678

**长沙潇辰广告有限公司**
地址：湖南省长沙市芙蓉区芙蓉中路029号409房
负责人：谭珺
Tel：0731－85592798

**湖南华海投资有限公司**
地址：湖南省长沙市芙蓉区芙蓉中路附185号顺天城802室
负责人：胡海
Tel：0731－82226772

**长沙中宁设备租赁有限公司**
业务：对外承租大中小型工程机械、钢管、钢模、扣件等建筑设备，租赁品种齐全、设备先进，是一家专业的租赁公司，我们将会以最优惠的价格，最好的诚信服务于广大客户！
产品：工程机械
地址：湖南省长沙市长沙县暮云镇工业园
负责人：冯先生 邮编：410119
Tel：0731－6906693
Fax：0731－6906693

**长沙诚裕百货有限公司**
地址：湖南省长沙市芙蓉区高桥大市场日化城五栋406房
负责人：刘哲斌
Tel：0731－82191007

**湖南爱迪尔贸易有限公司**
地址：湖南省长沙市芙蓉区解放西路136号蓝色地标1019房
负责人：陈楚军
Tel：13973167732

**长沙航晨贸易有限公司**
业务：长沙航晨贸易有限公司主要从事郑州日产尼桑、特种车辆、南京晨光、随州东风等品牌汽车的代理。我们承诺：只要是客户的需要，无论其大小事情，我们都将严谨对待，直到客户满意为止，我们将真诚与您携手，共创辉煌。
地址：湖南省长沙市开福区东风路360号（湖南汽车城一楼）
邮编：410007
法人：柳世斌
Tel：0731－4536188
Fax：0731－4536088

**湖南省长沙市宁乡县夏铎铺镇碧桂园康惠日工作室**
业务：日用品
产品：安利纽崔莱为主
地址：湖南省长沙市宁乡县夏铎铺镇高新村
负责人：徐再迪 邮编：410600
法人：徐再迪
Tel：13272433311

**宁乡县玉潭镇通河家政信息服务部**
业务：家政信息服务
地址：湖南省长沙市宁乡县玉潭镇文化超市C栋4号
负责人：高文彬 邮编：444300
法人：高文彬
Tel：0731－7808851

**长沙市岳麓区羽凡副食品店**
业务：烟酒、副食品、生活用品、饮料、炒货
地址：湖南省长沙市岳麓区桃花岭村高泥塘组（或中南大学西门）
负责人：谢绍玄 邮编：410000
邮编：谢绍玄
Tel：0731－8716597
15084963387

**长沙市祥源进口汽车修理厂**
地址：湖南省长沙市芙蓉区马王维乡农科村6组
负责人：桂志祥
Tel：0731－84765495
13975116638

**长沙五月花百货贸易有限公司**
地址：湖南省长沙市芙蓉区韶山路39号维一星城1栋1310室
负责人：王玩琴
Tel：13908472967

**长沙华合会展有限公司**
地址：湖南省长沙市芙蓉区五一东路7号B栋406房
负责人：何佳妮
Tel：0731－86713169

**鸿运经贸有限公司**
地址：湖南省长沙市解放东路259号中国城酒店308房
负责人：朱运纯
Tel：0731－86573498

**彭氏贸易行**
业务：彭氏贸易行成立于1992年，位于长沙市开福区西长街312号，主要销售各种食品、蛋品和调料，欢迎新老客户惠顾！
地址：湖南省长沙市开福区西长街312号
邮编：410005
法人：彭文泽
Tel：0731－4864509
Fax：0731－4864509

**博业堂广告有限公司**
地址：湖南省长沙市劳动西路357号都市阳光1003号房
负责人：李彬
Tel：0731－85522809
13187036876

**浏阳市仁成商贸有限公司**
地址：湖南省长沙市浏阳市集里工业品大市场
负责人：周文成
Tel：0731－83639819

**宁乡县涌军贸易有限公司**
地址：湖南省长沙市宁乡县白马南路
负责人：喻勇
Tel：13007410208

**宁乡县国林贸易有限公司**
地址：湖南省长沙市宁乡县白马南路
负责人：张朝阳
Tel：13507406868

**长沙浩博实业有限公司**
业务：长沙浩博实业有限公司成立于1998年，主要生产加工有机肥，生产经营有机蔬菜、良种猪、花卉苗木，园林绿化施工和休闲度假等。
地址：湖南省长沙市浏阳市生物医药园西区
邮编：410329
法人：张浩
Tel：0731－2727969
2727999
Fax：0731－2727997
2727935

**金丰物资贸易有限公司**
地址：湖南省长沙市宁乡县水利局玉潭镇
负责人：张善武
Tel：0731－87827678
13908490070

**宁乡县楚沩建设工程咨询有限公司**
地址：湖南省长沙市宁乡县玉潭镇明珠路10号
负责人：文劲
Tel：0731－87881347

**澧县家乡名优土特产贸易中心**
业务：主营食品及日常用品，这里汇集了常德地区名优特产，纯天然野生、无公害、高质量的产品，将会给追求健康时尚的您带来满意和惊喜！
产品：中国红瓷、各种名优土特产
地址：湖南省常德市澧县澧阳镇翊武东路473号
负责人：刘青年 邮编：415500
法人：刘青年
Tel：0736－3125589
13873638788

**郴州市青岛扎啤城**
业务：青岛扎啤郴州总代理
地址：湖南省郴州市五里堆路星岛花园16号
负责人：徐中华 邮编：423000
法人：徐中华
Tel：0735－2152889
13807356173

**邵阳市质量技术信息咨询服务中心**
地址：湖南省邵阳市大祥区红旗路388号（市质监局五楼）
负责人：张新乔
Tel：0739－5320332

**千佳连锁超市有限责任公司**
地址：湖南省邵阳市东区得丰市场9栋21号
负责人：李合荣
Tel：13975920898

**洞口县保安服务有限责任公司**
地址：湖南省邵阳市洞口县洞口镇大正街184号
负责人：陈保国
Tel：13874232112

**湘鸿农工贸开发有限公司**
地址：湖南省邵阳市江北大市场2栋39号门面
负责人：周光华
Tel：13908429333

**东风汽车服务有限责任公司**
地址：湖南省邵阳市隆回县朝东镇环城路
负责人：戴海云
Tel：0739－8245160
13975937591

**湖南秋实建筑劳务有限公司**
地址：湖南省邵阳市邵阳县塘渡口镇白虎街
负责人：银炜
Tel：0739－6830642

**湖南省邵阳市双清区高中档汽车维修中心**
地址：湖南省邵阳市双清区宝庆东路1453号
负责人：孙东峰
Tel：0739－5252309
5251809
13973908146

**新宁县利达实业有限责任公司**
地址：湖南省邵阳市新宁县金石镇商业街
负责人：程小军
Tel：13973995223

**湘潭市金万年贸易公司**
地址：湖南省湘潭市草塘路 10 号百货仓库
负责人：刘孟洪
Tel：13975252233

**湖南卓大科贸发展有限公司**
地址：湖南省湘潭市湘潭县响水乡（九华工业园）
负责人：罗湘其
Tel：0731－58210058

**湘潭金峰长生陵园有限公司**
地址：湖南省湘潭市湘潭县杨嘉桥镇洞合村
负责人：袁佳
Tel：13973297567

**湘潭县易俗河前进综合商场**
地址：湖南省湘潭市湘潭县易俗河玉兰北路电路 214 号
负责人：陈其彪
Tel：0731－57881532
13873212832

**湖南任天工贸发展有限公司**
地址：湖南省湘潭市雨湖区建设北路 5 号潭城大厦 514 室
负责人：周继锋
Tel：13873264865

**湘潭江南嘉华进出口有限公司**
地址：湖南省湘潭市雨湖区楠竹山镇
负责人：卢辉
Tel：0731－58300089

**湘潭市鸿旭物资贸易有限公司**
地址：湖南省湘潭市岳塘区板摄路 69 号
负责人：赵修启
Tel：0731－52518668

**湘西自治州恒运工贸有限责任公司**
地址：湖南省湘西土家族苗族自治州吉首市团结西路 38 号
负责人：刘延
Tel：13974362671

**宜章花花公子运动休闲服装店**
业务：花花公子专卖
地址：湖南省郴州市宜章县城关镇府前街北面
负责人：蒋利华　邮　编：424200
法　人：蒋利华
Tel：0735－3881238

**汇邦经贸有限公司**
地址：湖南省长沙市书院路 579 号
负责人：李友文
Tel：0731－85818955
13308408883

**长沙五彩文化艺术设计策划有限公司**
地址：湖南省长沙市天心区东茅街 138 号 1 栋 201 室
负责人：龙建明
Tel：0731－84482800

**长沙久旺百货贸易有限公司**
业务：长沙久旺百货贸易有限公司成立于 1999 年，主要经营：美地瓷业、白如雪瓷业等以及国内外玻璃器皿，本公司秉着“服务至上、品质第一、诚信经营、信誉第一”的态度热诚欢迎新老客户光临惠顾！
地址：湖南省长沙市雨花区高桥大市场家电百货城 7 栋 203 号
负责人：谢放生　邮　编：410014
法　人：谢放生
Tel：0731－4687938
Fax：0731－4687939
网址：www.mtw30630.chinapyp.com

**郴州市永兴县四海百货店**
业务：牙膏，洗发水等日化用品批发
地址：湖南省郴州市永兴县城关镇小康街
负责人：曾四海　邮　编：423000
法　人：曾四海
Tel：0735－5531185
Fax：0735－5531185

**衡山县源野广告装潢设计室**
业务：主要经营广告，室内外装潢，雕塑等
地址：湖南省衡阳市衡山县开云镇县职业中学宿舍 199 号
负责人：袁新合　邮　编：421000
法　人：袁新合
Tel：13908442530
0734－5822667

**衡阳市锦鸿商贸有限公司**
业务：酒类销售，太阳贴膜销售
产品：太阳贴膜，酒类
地址：湖南省衡阳市石鼓区船山路 321 号（西湖广场 2205 房）
负责人：欧阳镇波　邮　编：421001
Tel：0734－8143822
Fax：0734－8143822

**长沙富润商务咨询有限公司**
地址：湖南省长沙市天心区解放四村 362 号（轻工东山苑 3 栋 101 房）
负责人：肖嵘
Tel：0731－84453225

**长沙至远商务服务有限公司**
地址：湖南省长沙市天心区解放西路三兴街城市经典 402 室
负责人：蒋希林
Tel：0731－82805599

**长沙捷特信息咨询有限公司**
地址：湖南省长沙市天心区劳动西路 257 号楚天阁 1704 房
负责人：王锋怀
Tel：0731－85678001

**平安汽车修理厂**
地址：湖南省长沙市望城县高塘岭镇郭亮北路 9 号
负责人：邓志文
Tel：0731－88073999
13975825888

**衡阳市飞狐商贸有限公司**
业务：计算机、网络工程、网站设计与维护、安全监控、中央空调机组
地址：湖南省衡阳市雁峰区黄白路 2 号
负责人：刘苍　邮　编：421001
法　人：刘苍
Tel：15886420921
0734－8404988
13574773909
E-mail：191230333@QQ.com

**衡阳市蒸湘区广元喷漆中心**
业务：喷漆服务
地址：湖南省衡阳市蒸湘区立新开发区 28 栋
负责人：蒋福寿　邮　编：421000
法　人：蒋福寿
Tel：13055053042

**常德市东宇经纪有限公司**
业务：本公司成立于 2005 年 10 月 28 日，主要从事农业产品、工业品、保健食品、化妆品、销售产品、房地产、技术、劳动力、文化、体育、产权、运输居间、行级代理。
地址：湖南省常德市武陵大道天泉大厦五楼
负责人：张明付　邮　编：415000
法　人：张明付
Tel：0736－7378870
Mobile：15973606588
Fax：0736－7210203

**菲思占贸易有限公司**
地址：湖南省长沙市雨花区城南中路 232 号后栋一楼 1－4 号
负责人：刘建国
Tel：13508483555

**怀化市吉安商贸有限公司**
业务：代理化妆品
地址：湖南省怀化市河西开发区（滨江花园）A6 栋 101 号
负责人：舒明　邮　编：418000
法　人：舒明
Tel：13874587885
0745－2317903
Fax：0745－2317903

**长沙湘炬铁路物资有限责任公司**
地址：湖南省长沙市雨花区大托镇披塘村（湖南钢材大市场石钢路二栋 301 室）
负责人：罗娜
Tel：0731－82629688

**长沙般若管理顾问有限公司**
地址：湖南省长沙市雨花区二环线中江锦城 5 栋 104 房
负责人：廖美群
Tel：13974825286

**湖南省祁阳县自来水公司**
业务：湖南省祁阳县自来水公司始建于 1972 年，为正科级事业单位。经过 30 多年的建设，现已发展成为日供水能力 3.5 万立方米，固定资产近 2000 万元的供水企业。公司先后荣获“县级文明单位”、“全省供水卫生先进单位”等称号。
地址：湖南省永州市祁阳县浯溪镇淑山北路 80 号
邮　编：426100
法　人：陈河北
Tel：0746－3227029
3222206
Fax：0746－3225862

**衡阳九牛企业管理顾问有限公司**
地址：湖南省衡阳市雁峰区蒸湘南路左家台 8 号二楼
负责人：郑贫民
Tel：0734－8132368

**衡阳市星海经贸有限公司**
地址：湖南省衡阳市蒸湘区船山西路 10 号
负责人：吴疆
Tel：0734－8191922

**衡阳铁路保安服务有限责任公司**
地址：湖南省衡阳市珠晖区苗圃嘉树里 39 号
负责人：朱冬义
Tel：0734－2522988

**怀化银辉工贸有限责任公司**
地址：湖南省怀化地区沿河路中叉里
负责人：柯银官
Tel：0745－2277303

**怀化市盛兴贸易有限公司**
地址：湖南省怀化市河西五交化 4 栋 2 楼
负责人：谭医华
Tel：0745－2314997

**涟源市工商局信息中心**
地址：湖南省娄底市涟源市工商局内
负责人：李建付
Tel：0738－4422878

**岳阳盛辉物贸有限公司**
业务：岳阳盛辉物贸有限公司成立于 2006 年，主要加工、销售松木、杂木、杉木、竹木；批发、零售五金交电、建筑材料、日用百货等。公司遵循以诚为本、恪守承诺、业精于勤、合作双赢的经营理念。
地址：湖南省岳阳城陵矶办事处家属楼
邮　编：414000
法　人：陈正望
Tel：0730－8572391
Fax：0730－8572391

**岳阳市明星实业有限公司**
业务：本公司成立于 1998 年，是一个股份制有限公司。现阶段主要从事广告、汽车润滑油，工业特种油、油漆、建材、化工原料及产品的销售。公司润滑油产品销售遍布湖南省各地/县，电脑调漆部实力雄厚，技术过硬，有万余种配方的国产、进口汽车漆调色系统，能供用户查阅和调配各种颜色漆，在岳阳地区拥有及高的知名度。
地址：湖南省岳阳市巴陵东路汽配汽贸城 A 栋 2058－2078
邮　编：414000
法　人：任星明
Tel：0730－8723830
Fax：0730－8723832

**泸溪阳光商行**
业务：安利系列产品
地址：湖南省吉首市泸溪县白沙镇建设路西侧
负责人：杨晚莲　邮　编：416000
法　人：杨晚莲
Tel：13762165599

**吉首市宇航商贸有限公司**
业务：销售电器
地址：湖南省吉首市团结东路 9 号（万利隆对面）
负责人：何立新　邮　编：416000
邮　编：何立新
Tel：0743－8228499
13508439388

**郴州市三恒物资贸易有限公司**
业务：郴州市三恒物资贸易有限公司主要从事塑料制品的销售。公司以良好的信用，上乘的质量赢得广大客户的信赖。竭诚欢迎您的光临、惠顾！
地址：湖南省郴州市北湖区同心路 13－17 号
负责人：易宇苗　邮　编：423000
法　人：易宇苗
Tel：0735－2346715

**长沙市灵达百货贸易有限公司**
地址：湖南省长沙市雨花区高桥家电百货城 007 栋 401 房
负责人：肖君和
Tel：0731－84687898

**耒阳市祥瑞贸易有限公司**
业务：贸易
地址：湖南省耒阳市竹市镇里王村一组
负责人：胡如从　邮　编：421001
法　人：胡如从
Tel：13007349228
13786406488

**娄底市经济开发区豪莱家用桑拿房商行**
业务：专业代理香港金豪莱家用桑拿房在湖南省内的拓展、销售、加盟、服务等业务，生活新享受——为忙碌一天的您提供一个保健休闲和放松身心的空间
产品：香港金豪莱家用桑拿房
地址：湖南省娄底市经济开发区五江建材城 A 区 14 栋 20 号门面
负责人：石女士　邮　编：417009
法　人：石苏霞
Tel：0738－8670668
网址：www.goldsauna.com.cn
E-mail：ccblxa@lysteel.com

**长沙双虎广告商贸有限公司**
地址：湖南省长沙市雨花区劳动东路 194 号 009 栋 201 房
负责人：胡佳
Tel：0731－85554740
86920410

**长沙市雨花区泰天数码喷绘写真制作部**
地址：湖南省长沙市雨花区人民中路 446 号
负责人：郑平
Tel：0731－84141166

**娄底市金利工商企业登记中介服务有限公司**
地址：湖南省娄底市娄星区乐坪东街 18 号
负责人：段群莉
Tel：13332586509

**娄底市宇通经贸有限公司**
地址：湖南省娄底市娄星区乐坪东街 32 号
负责人：邓觉民
Tel：0738－8223667

**株洲市超宇实业有限责任公司**
业务：株洲市超宇实业有限责任公司是一家科技型的生产企业，不仅拥有一支年轻、团结、锐意进取、崇尚科学的领导团队，还拥有一大批奉技术为企业生命的科研人才和奉质量为企业根基的操作能手，旨在通过不断充实企业生产力，打造不折不扣的“超宇”品牌。
地址：湖南省株洲市荷塘区茨菇塘路
邮　编：412000
法　人：王立新
Tel：0733－8163115
Fax：0733－8264476

**娄底市星城物资贸易有限公司**
地址：湖南省娄底市娄星区湘阳路 1 号（连邵机械厂内）
负责人：肖振国
Tel：13807380893

**娄兴工贸有限公司**
地址：湖南省娄底市青山娄兴北路
负责人：邓楚齐
Tel：13907380864

**成功贸易有限公司**
地址：湖南省娄底市书院路 7 号
负责人：谢立满
Tel：13907380665

**双峰县壹通商贸有限公司**
地址：湖南省娄底市双峰县永丰镇书院路 50 号
负责人：赵贡献
Tel：0738－6831958

**株洲伟宏工贸有限公司**
业务：株洲伟宏工贸有限公司成立于 1996 年，位于株洲市渌口镇伏坡大道，主要生产销售电脑、汽车配件等。欢迎新老客户惠顾。
地址：湖南省株洲市渌口镇伏坡大道
邮　编：412100
法　人：易伟山
Tel：0733－7610175
Fax：0733－7610175

**娄底市钰丰经贸有限公司**
业务：销售煤炭、矿石、洗煤、焦煤，外贸钢筋
产品：煤炭、矿石、洗煤、焦煤，外贸钢筋
地址：湖南省娄底市娄星区娄星南路区煤炭局 2 栋 1 单元
负责人：梁雄彪　邮　编：417000
Tel：0738－8231678
网址：http://www.51zzt.com/user/zzt36434

**双峰县光辉商行**
业务：文体、玩具、礼品
地址：湖南省娄底市双峰县汽车西站
负责人：朱光辉　邮　编：417000
法　人：朱光辉
Tel：13517383589
0738－6883229

**森林产品综合经营服务部白石渡分部**
业务：森林产品综合经营服务部成立于 1998 年，是生产与销售一条龙服务的公司。公司主要生产建筑模板（别称松胶模板），装饰条、地板条、门窗枋料；经营杉松杂原木、原条。欢迎各方客户惠顾，洽谈业务，共同合作！
地址：湖南省郴州市宜章县白石渡镇建设东路 15 号
邮　编：424202
法　人：史财有
Tel：0735－3652283
Fax：0735－3652283
网址：www.hnsl.chinapyp.com

**新化县上梅镇锦程商行**
业务：经营名烟名酒，名牌奶粉。
地址：湖南省娄底市新化县上梅镇天华南路温州商业广场
负责人：李超文　邮　编：417600
法　人：李超文
Tel：13508442898
0738－6530333

**城步苗族自治县佳诚购物广场**
业务：大型综合性购物广场
地址：湖南省邵阳市城步苗族自治县城步儒林镇人民南路
负责人：肖文武　邮　编：422000
法　人：肖文武
Tel：0739－7361111

**绥宁县红岩镇顺建贸易行**
业务：建材销售、产品市场代理、中介服务、旧货交易
地址：湖南省邵阳市绥宁县红岩镇
负责人：匡长晚　邮　编：422000
法　人：匡长晚
Tel：13975943377
0739－7760988

**长沙市特美广告设计有限公司**
地址：湖南省长沙市雨花区砂子塘 60 栋 605 室
负责人：刘晓波

Tel:0731－85554266

**长沙市雨花区燕之屋商务会所**
地址:湖南省长沙市雨花区韶山北路 355 号鸿铭中心 K 段 103 号
负责人:张卫
Tel:0731－84120168

**世通进出口有限公司**
地址:湖南省长沙市雨花区韶山北路 564 号三重大厦 17D 座
负责人:郭湘
Tel:13973181545

**东方印象婚纱摄影店**
业务:经营范围:东方印象婚纱摄影全家福馆是一家以周年纪念照全家福为主的摄影服务机构。我们以专业的服务精湛的技术,让充满亲情友情的产品,传递到每个快乐的家庭定格幸福瞬间,传递人间真爱,东方和协印象相伴。
地址:湖南省湘潭市岳塘区建设路口岚园路 13 号
负责人:黄政强　邮　编:411100
法　人:黄政强
Tel:15673205102
0731－52867083
53289053

**永顺县芙蓉化工原料贸易有限公司**
业务:苯类、酯类、酮类、酸类、碱类、溶剂油、醋酐批发零售。
地址:湖南省湘西土家族苗族自治州永顺县芙蓉镇双桥村
负责人:吴定华　邮　编:416000
法　人:吴定华
Tel:13487413338
0743－5853878

**湖南省盛世唐年商贸有限公司**
地址:湖南省长沙市雨花区韶山中路 412 号宏轩花苑 4－1005 号
负责人:刘文翔
Tel:0731－85531777

**衡东县宏伟商贸有限公司**
业务:衡东县宏伟商贸有限公司成立于 2005 年 8 月,加 工、销售土特产品(坛子菜系列、正宗地道湖南剁椒)。产品价格低廉、质量保证,欢迎前来选购!
地址:湖南省衡阳市衡东县大桥镇和平村 8 组
邮　编:421000
法　人:夏铁冬
法　人:0734－5481588
Fax:0734－5481588

**长沙兆海商贸有限公司**
地址:湖南省长沙市雨花区展览馆路 16 号 17－1 号
负责人:徐庆锋
Tel:0731－85678000

**湘乡世纪新娘婚纱影楼**
业务:婚礼、婚纱、摄像、制碟
地址:湖南省湘乡市东风广场
负责人:易清华　邮　编:411400
法　人:易清华
Tel:13574081106
0732－52558265

**永州市润驰商贸有限公司**
业务:主营各类润滑油贸易,附营劳保用品
产品:美孚,壳牌,加德士,BP,长城,昆仑等润滑油,及各类劳保用品
地址:湖南省永州市冷水滩区凤凰园白竹路 10 号
负责人:李云　邮　编:425000
法　人:李云
Tel:13135228223

**平江县远大农业开发有限公司**
业务:经营范围:化肥、农药、农机、农产品、种苗、花卉、科技信息、休闲农庄、保健生活用品;主要产品:生物农药、各种肥料、野山茶油(食用油)、野山蜂蜜、优良茶叶、酱干
地址:湖南省岳阳市平江县天岳开发区新车站路 5 号(昌平宾馆旁)
负责人:彭光明　邮　编:414500
法　人:彭光明
Tel:13574764567
0730－6667768

**湖南嘉雨拍卖有限公司**
地址:湖南省长沙市雨花区梓园路 377 号办公楼 3 楼 302 号
负责人:杨金琪
Tel:0731－85505998

**长沙丰润商贸有限公司**
地址:湖南省长沙市岳麓区长沙市高新技术开发区火炬城 M2 组团金荣科技园 A205 室
负责人:李杰
Tel:0731－88915668

**湖南紫风铃资讯有限公司**
地址:湖南省长沙市岳麓区高新技术产业开发区软件中心大楼后栋 418 号
负责人:宋鹰
Tel:0731－82257991

**岳阳市岳阳楼区铭康无损检测技术服务中心**
业务:无损检测技术服务和咨询
地址:湖南省岳阳市岳阳楼区华泰小区 43 栋 3 层 304 号
负责人:王勇　邮　编:414000
法　人:王勇
Tel:13907300612
0730－8569792

**东方家电商城**
业务:大家电,格力空调,新飞冰箱,海尔系列,松下,TCL 王牌,飞利浦,长虹,奥柯玛,威力,小家电:美的系列,海尔系列。
地址:湖南省株洲市攸县皇图岭镇南街国字路口
负责人:江欣荣　邮　编:412000
法　人:江欣荣
Tel:0731－24881213
24888266

**长沙洗德隆洗衣有限公司**
地址:湖南省长沙市岳麓区观沙岭长沙新城热电厂内
负责人:邓文平
Tel:0731－88621599
13808422479

**长沙首创商务策划有限公司**
地址:湖南省长沙市岳麓区望月湖 3 片第 013 栋 605 室
负责人:刘伟
Tel:0731－88886858

**湖南力加投资管理有限公司**
地址:湖南省长沙市岳麓区英才园 1 片 4 栋 405 房
负责人:张亚武
Tel:13808482527

**怀化市丰裕商贸有限公司**
业务:怀化市丰裕商贸有限公司主要经营千里棉内裤,富妮来内裤,红妮内衣,耐尔袜子,华丹奴袜子,爱得利奶瓶,贝贝利安婴幼用品,诺比婴幼用品等。"质量保证,价格合理",热诚欢迎新老客户光临惠顾。
地址:湖南省怀化市河西百货城 13 栋 11 号
负责人:禹珑……邮　编:418000
Tel:0745－2315208

**怀化市华南物资有限公司**
业务:怀化市华南物资有限公司成立于 1998 年 11 月,专业从事钢材的批发与零售。长期以来,本着信誉第一,薄利多销的原则,以优质专业的服务;灵活的经营模式来开拓市场,以雄厚的实力,可靠的信誉,双赢的理念来赢得广大用户的支持和信赖。我们愿以最优惠的价格,高质量的产品与用户建立良好的合作关系,以求互惠互利共同发展。
地址:湖南省怀化市迎丰西路 291 号
邮　编:418000
法　人:满小平
Tel:0745－2239121
Fax:0745－2239121

**常德市五星投资有限公司安乡分公司**
地址:湖南省常德市安乡县城关镇新堤街
负责人:杨毅
Tel:0736－4322110

**常德市鼎城区国土资源局黄土店国土资源所**
地址:湖南省常德市鼎城区黄土店镇
负责人:杨英伟
Tel:0736－7598158
13907364487

**宏远商贸有限公司**
地址:湖南省常德市火车站糖酒副食城 C 区 45 号
负责人:郭学干
Tel:0736－7813719
7262379
13807421116

**顺昌贸易有限公司**
地址:湖南省常德市建设西路卫门口宿舍 103 号
负责人:何维样
Tel:0736－7767909
13077258179

**桃源县计量技术服务有限责任公司**
地址:湖南省常德市桃源县漳江镇渔父北路 023 号
负责人:龙江
Tel:0736－6622942

**攸县黄丰桥兰村满江美华超市**
产品:食品,饮料 ,日用品
地址:湖南省株洲市攸县黄丰桥镇兰村满江市场
负责人:谭军　邮　编:412300
法　人:谭军
Tel:13762258632
13786333327

**常德市德山诚信废旧物资经营部**
地址:湖南省常德市武陵区德山樟木桥(德山监狱内)
负责人:刘妙清
Tel:13873621786

**醴陵市湘平物资经营部**
业务:醴陵市湘平物资经营部于 2005 年 3 月成立,从事煤炭的经销。
地址:湖南省醴陵市泉湖村中心组
邮　编:412200
法　人:李绍良
Tel:0733－3025998
Mobile:13975345118
Fax:0733－3025998

**娄底市佛世德工贸有限公司**
业务:娄底市佛世德工贸有限公司成立于 2005 年,销售各类型钢材,化工原料、电线电缆,欢迎新老客户来电洽谈业务!
地址:湖南省娄底市娄星区涟钢钢城东路
负责人:圆通……邮　编:417000
法　人:圆通
Tel:0738－8612878
8612877

**深圳市云海兴实业有限公司常德办事处**
地址:湖南省常德市武陵区火车站大市场电器日化城 B 区 47 号
负责人:刘明兰
Tel:0736－7816567

**常德市畅安服务有限责任公司**
地址:湖南省常德市武陵区武陵大道与柳叶路交汇处
负责人:廖力群
Tel:0736－7703759

**信华经贸有限公司**
地址:湖南省郴州市北浮市场 37 号门面
负责人:林小秋
Tel:0735－2271301
13907352329

**青山窝加油站**
地址:湖南省郴州市嘉禾县钟水乡青山窝村
负责人:李昭生
Tel:0735－6646158
13707356942

**临武县汇丰商贸有限责任公司**
地址:湖南省郴州市临武县城关镇东云路交警一中队门面
负责人:罗建新
Tel:0735－6323528

**美日华汽车维修服务有限公司**
地址:湖南省郴州市七里大道 15 号
负责人:王文军
Tel:0735－2155156
13975594249

**柿竹园家用电器维修部**
地址:湖南省郴州市苏仙区中山东街 10－6 号
负责人:肖武
Tel:13517352511

**娄底市娄星区金能物资公司**
业务:娄底市娄星区金能物资公司经营建筑材料、五金交电、化工产品,"您的满意我们的追求",欢迎新老客户来电洽谈业务!
地址:湖南省娄底市娄星区娄星南路 12 号
负责人:刘玉湖……邮　编:417000
邮　编:刘玉湖
Tel:0738－8511845

**湖南省黄河工贸有限责任公司**
业务:本公司成立于 2005 年,拥有 40 几名员工。主要经营钢纤维混凝土、井盖。高的是产品的质量,低的是产品的价格,不变的是我们对您的承诺。
地址:湖南省韶山市如意镇
邮　编:411300
法　人:周志辉
Tel:0732－5683888
5670333
Fax:0732－5683888
5687108

**民丰商贸有限责任公司**
业务:民丰商贸有限责任公司成立于 1995 年,主要经营玉米、大豆、豆粕、麸皮、添加剂、饲料、化工建材等。绝对保证质量!欢迎来人洽谈!
地址:湖南省邵阳市火车站饲料原料货场
邮　编:422000
法　人:宋超能
Tel:0739－5228699
Fax:0739－5228699

**衡东县嘉汇超市**
地址:湖南省衡阳市衡东县城关衡岳北路
负责人:袁少强
Tel:0734－5223168

**衡南县洪发贸易有限公司**
地址:湖南省衡阳市衡南县洪山镇双王庙正街 6 号
负责人:唐修华
Tel:13975481282

**蒸湘爱华物资贸易中心**
地址:湖南省衡阳市石鼓区衡祁路 84 号
负责人:王爱华
Tel:0734－8868190
13762412348

**衡阳市天一贸易有限公司**
地址:湖南省衡阳市石鼓区商业新村 89－5 号
负责人:王文忠
Tel:13707344213

**衡阳市智源工贸有限公司**
地址:湖南省衡阳市石鼓区蒸湘北路 14 号二楼
负责人:谢兰平
Tel:13975426555

**衡阳市庄亿商贸有限公司**
地址:湖南省衡阳市石鼓区蒸湘北路 20 号
负责人:庄以群
Tel:0734－8297488

**衡阳市金先达贸易有限公司**
地址:湖南省衡阳市雁峰区电脑城 8122
负责人:贺梅芳
Tel:13017172405

**星月亮贸易有限公司**
地址:湖南省衡阳市雁峰区先峰路 114 号绿景花园 A 栋 6 号门面
负责人:陈月星
Tel:0734－8144808
13973403694

**邵阳大汉物资有限公司**
业务:邵阳大汉物资有限公司成立于 2004 年,主要从事钢材、建筑材料、机电产品的销售,以质量求生存、以信誉求发展,热忱欢迎新老客户光临惠顾。
地址:湖南省邵阳市十井铺 102 仓库
负责人:曾胜强……邮　编:422000
法　人:曾胜强
Tel:0739－5281777
5282809

**湖南湘潭市湘晖进出口有限公司**
业务:湖南湘潭市湘晖进出口有限公司成立于 2003 年,从事外出口业务,愿各界朋友真诚合作,携手共创新天地。
地址:湖南省湘潭市岳塘区芙蓉路高新科技大厦 10 楼正中
负责人:郑思阳……邮　编:411100
法　人:郑思阳
Tel:0732－8557155
网址:www. mtw30208. chinapyp. com

**发达工贸有限公司**
地址:湖南省娄底市娄底大市场 103 栋 202 号
负责人:蔡景明
Tel:13907384450

**涌泉工贸有限公司**
地址:湖南省娄底市娄里区桑塘街
负责人:吴向韶
Tel:13807381262

**湖南省娄底市永科商贸有限公司**
地址:湖南省娄底市娄星区长青中街(市百纺总公司院内)
负责人:朱子科
Tel:0738－8289766

**宏达劳务代理服务中心**
地址:湖南省娄底市娄星区底星路 26 号
负责人:李剑雄
Tel:0738－2186188

**娄底市金程劳务服务有限公司**
地址:湖南省娄底市娄星区乐坪东街(劳动局办公楼一楼)
负责人:张国强
Tel:13337385187

**汨罗市社会福利厂**
业务:汨罗市社会福利厂成立于 1960 年,多年来从事石墨制品、塑料制品的生产及销售。热忱欢迎新老客户光临、惠顾!
地址:湖南省岳阳市汨罗市城关镇劳动路 82 号
邮　编:414400
法　人:霍国兴
Tel:0730－5111958
Fax:0730－5111958

**平江向阳实业有限公司**
业务:平江向阳实业有限公司主要从事纸类制品、塑料类制品、彩色印刷,豆制品、面制品、素菜加工及销售。热诚欢迎新老客户惠顾。
地址:湖南省岳阳市平江县三市镇牛串坪
邮　编:414501
法　人:毛娓林
Tel:0730－6370019
Fax:0730－6370896

**湖南九洲四维集团销售公司**
业务:湖南九洲四维集团销售公司成立于 1969 年,坐落在交通便利的湖南省株洲市新华东路戴家岭。多年来经营齿轮、齿轮箱,品种齐全、质量保证。我们始终坚持"以质量求生产,以信誉求发展"的经营宗旨。我们竭诚期待为广大商友服务!
地址:湖南省株洲市新华东路戴家岭
邮　编:412003
法　人:田秋武
Tel:0733－8781009
Mobile:13507332968
Fax:0733－8403167

**古城进口汽车修理厂**
地址:湖南省湘西自治州凤凰县沱江镇土桥路
负责人:李小阳
Tel:0734－83505708
13574396109

**湘峰物资有限公司**
地址:湖南省湘乡市南正街 188 号
负责人:陈大江
Tel:0731－56821998
13807320878

**大众进口汽车修理厂**
地址:湖南省益阳市赫山区长益路 25 号
负责人:曾庆辉
Tel:0737－4228432
13707377768

**益阳天任工程咨询有限公司**

地址：湖南省益阳市赫山区大利路 18 号
负责人：杨锡蛟
Tel：13007371618

**益阳华臣企业服务有限公司**
地址：湖南省益阳市赫山区金山南路邮政广场 1 栋 639、641 房
负责人：汤湘臣
Tel：0737－6100301

**益阳万嘉咨询服务所**
地址：湖南省益阳市赫山区康富南路 11 号
负责人：刘韶豫
Tel：13875380555

**朝阳华昌装璜广告中心**
地址：湖南省益阳市农垦局
负责人：陈建华
Tel：13907371941

**益阳八百里工贸有限公司**
地址：湖南省益阳市资阳区迎春路西侧
负责人：段克明
Tel：0737－4326855

**永州市天元商贸有限公司**
地址：湖南省永州市冷库果蔬大市场 3－107 号
负责人：申柱国
Tel：0746－8419917

**永州市冷水滩广信财税管理有限公司**
地址：湖南省永州市冷水滩区翠竹商贸街
负责人：钟萍
Tel：0746－8367240

**上海航思经贸有限公司永州分公司**
地址：湖南省永州市冷水滩区凤凰园车站新村
负责人：余文芳
Tel：13085432222

**攸县石羊塘镇百佳百惠超市**
业务：副食百货，小型家电，日用品，文具，玩具，生活用品等。
地址：湖南省株洲市攸县石羊塘镇
负责人：谢鹏程　邮　编：412000
法　人：谢鹏程
Tel：15096348301
15873337058

**永州市新兴商贸有限公司**
地址：湖南省永州市冷水滩区凤凰园春江路邓家大楼 2 号
负责人：尹兴军
Tel：13974610881

**永州市金桥市场有限公司**
地址：湖南省永州市冷水滩区潇湘西路
负责人：林战难
Tel：0746－8428955

**日忠综合批发商行**
地址：湖南省永州市宁远县舜陵镇春陵路 3 号
负责人：欧日忠
Tel：0746－7325514
13974640909

**永州市芝山顺通废旧物资回收有限公司**
地址：湖南省永州市芝山区珠山镇观音山开发区
负责人：王忠满
Tel：13055129040

**沅江市金葭苇业有限公司**
地址：湖南省沅江市跑马岭路
负责人：胡放文
Tel：13907373225
13507373135

**岳阳永达商贸有限公司**
地址：湖南省岳阳市巴陵中路天正商业广场
负责人：姜焕
Tel：13507301696

**嘉宏经贸有限公司**
地址：湖南省岳阳市巴陵中路中湘大厦 5 楼
负责人：龚岳红
Tel：13975021222

**岳阳市松石贸易有限公司**
地址：湖南省岳阳市北港路湘沪写字楼 615 室
负责人：袁艳辉
Tel：0730－8715013

**岳阳屹泰贸易有限公司**
地址：湖南省岳阳市观音阁居委会
负责人：李检福
Tel：13507304496

**旺万发商行**
地址：湖南省岳阳市华容县华阳批发城 E1 栋 2 号
负责人：万可为
Tel：0730－4130846
13077172901

**湖南省岳阳市建湘路兴达花园 A 座三楼**
负责人：陈玲芝
Tel：13973008725

**岳阳市瑞康有害生物防治有限公司**
地址：湖南省岳阳市南湖大道 200 号
负责人：王敏
Tel：13908409501

**岳阳景昊经贸有限公司**
地址：湖南省岳阳市南湖大道银都大厦 15 楼
负责人：闵云鹏
Tel：0730－8253390

**岳阳南湖风景区规划信息服务站**
地址：湖南省岳阳市南湖游路 2 号（南湖开发区办公楼）
负责人：刘昊
Tel：0730－8856929

**岳阳市屈原管理区城市建设投资有限公司**
地址：湖南省岳阳市屈原管理区营田镇
负责人：蔡立荣
Tel：0730－5721372

**协茂贸易有限公司**
地址：湖南省岳阳市屈原管理区营田镇
负责人：曾伯初
Tel：0730－5721483
13808401218

**岳阳市财富投资咨询有限公司**
地址：湖南省岳阳市望岳路工程公司住宅楼（建达大厦旁）
负责人：李建
Tel：0730－3222444

**岳阳市潇湘物资贸易有限公司**
地址：湖南省岳阳市岳阳楼区解放路办南岳坡会
负责人：黄文杰
Tel：13054088789

**电信汽车修理厂**
地址：湖南省岳阳市岳阳楼区岳城村望岳路易家组
负责人：任建平
Tel：0730－6183335

**岳阳县双龙贸易有限公司**
地址：湖南省岳阳市岳阳县城关镇贺坪路 2 号
负责人：刘珍惜
Tel：0730－7637789

**华亚商贸有限公司**
地址：湖南省岳阳市云溪区汪家岭一区 2 栋 103
负责人：刘新为
Tel：13975033671

**张家界财丰营销管理策划有限公司**
地址：湖南省张家界市永定区教场路
负责人：杨成宇
Tel：13974404577

**株洲邦大教育实业有限公司**
地址：湖南省株洲市工学院内
负责人：侯百炼
Tel：13929228617

**株洲科诚实业有限责任公司**
地址：湖南省株洲市荷塘区戴家岭
负责人：罗彧
Tel：0731－22808105

**株洲市荷塘区勤丰洗漂厂**
地址：湖南省株洲市荷塘区文化路
负责人：伍步楷
Tel：0731－28108777

**株洲市鑫发贸易有限公司**
地址：湖南省株洲市荷塘区文化路 38 号
负责人：文建国
Tel：0731－26272365

**恒昌贸易有限责任公司**
地址：湖南省株洲市荷塘区新华西路 50 号
负责人：彭朝伟
Tel：13807338720

**株洲万事达实业有限公司**
地址：湖南省株洲市芦淞区董家段
负责人：杨美超
Tel：0731－28557516

**株洲市祥盛房地产投资顾问有限公司**
地址：湖南省株洲市芦淞区房地产大厦一楼大厅
负责人：唐晓华
Tel：0731－26216390

**华艺进口汽车修理厂**
地址：湖南省株洲市芦淞区歌舞剧团内
负责人：谭云祥
Tel：0731－28234795
13908435983

**株洲中一实业有限公司**
地址：湖南省株洲市芦淞区芦淞路 61 号
负责人：周启明
Tel：13762320068

**株洲致远贸易有限责任公司**
地址：湖南省株洲市芦淞区桥头 6 栋 102 号
负责人：凌茂君
Tel：0731－28830003

**楚艺广告文化传播有限公司**
地址：湖南省株洲市芦淞区人民南路 6 号
负责人：叶天毅
Tel：13908433255

**明勇商行**
地址：湖南省株洲市芦淞区中南食品大市场 1 楼东厅 04 号
负责人：石明勇
Tel：0731－28244766
13973348289

**富华进出口有限公司**
地址：湖南省株洲市南区人民南路 93 号新世界大厦 16 楼
负责人：张国富
Tel：0731－28220872
13874188168

**株洲市华成实业有限责任公司**
地址：湖南省株洲市石峰区响石村八组
负责人：周志华
Tel：13973340510

**株洲市金帆招投标代理有限公司**
地址：湖南省株洲市天元区长江北路 162 号
负责人：陈武
Tel：13337333222

**株洲市宏志广告经贸有限公司**
地址：湖南省株洲市天元区大坪管理处
负责人：邓志勇
Tel：13327333928

**武汉湘江桥梁投资发展有限公司株洲分公司**
地址：湖南省株洲市天元区鼎城大厦八楼
负责人：丁仁军
Tel：0731－22872848

**株洲科瑞贸易有限公司**
地址：湖南省株洲市天元区科瑞路（株洲科瑞变流电气有限公司办公楼三楼）
负责人：丁劲松
Tel：0731－22662768

**株洲翔鸿实业有限公司**
业务：株洲翔鸿实业有限公司成立于 2003 年，主要从事电焊条生产线，产品有：送丝机、切丝机、磨头磨尾机、上粉头、涂粉机等机械设备。竭诚欢迎各方客户光临惠顾。
地址：湖南省株洲市石峰区红旗北路 108 号南端厂房
邮　编：412000
法　人：朱军
Tel：0733－8426578
Fax：0733－8426578

**株洲市东顺贸易有限责任公司**
地址：湖南省株洲市天元区商检大楼 15 楼
负责人：陈中平
Tel：0731－28813386

**攸县金茂经营部**
地址：湖南省株洲市攸县城关镇交通北路
负责人：谢宗德
Tel：0731－24233707

**株洲县伟业商贸有限公司**
地址：湖南省株洲市株洲县雷打石镇铁篱村
负责人：冯志华
Tel：0731－27342828

## 常宁市兴泰财会咨询服务有限公司

常宁市兴泰财会咨询服务有限公司成立于2008年6月份，是一家专业从事审查会计帐目、当任会计顾问、培训会计人员、编审、基建与决算、税务代理服务、办理破产清算、受理会计咨询、受理拍买、招投标代理业务为一体的专业化财税服务机构。

凭借我们对财务、税务的独到理解，和诚信务实的经营理念，为企业营造高起点、高效益、低成本的财务核算新模式，成为企业财务管理的高级参谋和智囊、为企业快速健康发展保驾护航。欢迎社会各界一如既往地关注、支持我们，欢迎热爱财务、税务的有识之士加盟我们，共创辉煌！

电话/传真：0734－7265283
邮编：421500
地址：湖南省常宁市轻璐路财政局
联系人：刘书满
13973410386

## 湖南天顺贸易有限公司

湖南天顺贸易有限公司成立于2005年，主要从事钢材贸易。

我公司秉承"顾客至上，锐意进取"的经营理念，坚持"质量第一"的原则为广大客户提供优质的产品和服务。

欢迎新老客户光临惠顾！

邮编：410000
联系人：杨贵益
电话/传真：0731－82226318 84432018
地址：湖南省长沙市芙蓉区长岛路六号香格里嘉园AB幢1012/长沙市五一大道618号银华大酒店2505室

## 畅安汽车服务有限责任公司

畅安汽车服务有限责任公司成立于2004年，主要从事汽车安全检验服务。公司始终以"以人为本，科技领先，诚信经营，创知名品牌"为宗旨，一如既往为客户提供可靠的产品，完善的服务，共同发展，共创佳绩。欢迎国内外新老客户光临，互利互惠、携手共进！

电话：0730－4105198 13807405484 联系人：黎志远
地址：湖南省岳阳市华容县城关镇桥东路34号 邮编：414200

## 怀化市保兴广告

联系人：韩岩保
15974012818

本公司成立于1999年，主要经营横幅、写真、喷绘，怀化地区唯一拥有超大型专业横条幅印刷的机构。

以各种室内外广告的设计、制作、安装、发布为主，承接大型喷绘写真，我们将以专业的广告技术，真诚为您服务。

电话：0745－2310078
邮编：418000
地址：湖南省怀化市河西商贸城13栋A1号门面

## 郴州华安电机制造有限公司

本公司成立于2002年，主要经营电机制造、修理、电机零配件生产，销售，主要产品有YB2、Y系列、YBF低压中小型三相异步电动机。"质高价优，诚信经营"为企业最终服务宗旨。

联系人：陈世清 电子邮件：office@czha.cn 网址：www.czha.cn
电话：0735－2225058、2226793、13975777331 传真：0735－2226793
地址：湖南省郴州市曹家坪路2号 邮编：423000

## 怀化市天成贸易有限公司

怀化市天成贸易有限公司成立于2002年，主要从事油品贸易，主要产品有汽油、柴油等石油产品，产品合格有保障，价格合理，服务周到，我们将一直奉行"质量第一，客户至上"的宗旨，竭诚为您服务！

电话：0745－2828799
联系人：戴金常 15874555202
地址：湖南省怀化市鹤城区鸭嘴岩池回村 邮编：418000

## 衡阳市石鼓区立新轮胎经营部

衡阳市石鼓区立新轮胎经营部成立于2004年，本经营部是一家专业代理销售普利司通轮胎的企业，本经营部以优质的服务为您提供各类机动车辆轮胎修理、修补、置换。

本经营部只信奉一句话：诚信=财富，只有诚信才能赢得财富，想要财富必须要守住诚信。

电话：0734－8596631
联系人：涂林静 13787711631
地址：湖南省衡阳市石鼓区松木塘上游组 邮编：421001

## 耒阳市视觉罗门婚纱摄影概念店

本公司成立于2008年5月，主要经营日常摄影及婚庆摄影。

拍摄理念：为每对新人量体拍摄，让您的爱情更加完美，欢迎您的光临，我们将竭诚为您服务。

联系人：尹皓
15973475603
电话：0734－4268618
邮编：421000
地址：湖南省耒阳市城北东路176号（洞庭新村对面）

## 湖南杰达投资发展实业有限公司

湖南杰达投资发展实业有限公司是一家跨地区、多元化开发、建设、经营的综合性大型企业集团。经营范围：以自有资金投资政策允许的商品市场开发建设，道路建设，生态农业项目开发，居民服务，物流业，园林绿化等项目。我公司本着"锐意进取，客户至上"为经营理念，竭诚为广大客户服务！

联系人：朱启杰 手机：13789393818
电话：0734－8370199 电子邮件：admin@phzf.com
地址：湖南省衡阳市空军衡阳机场候机楼 邮编：421000

## 漣源市順高廣告裝飾有限公司

涟源市顺高广告装饰有限公司成立于2008年，从事户外广告设计、制作、发布一条龙服务。

欢迎新老客户来电洽谈业务。

電話：0738－85669485
郵編：417100
地址：湖南省漣源市茅塘鎮沙河村
联系人：梁运斌
13755118339

**本溪市鑫诺特钢实验制造有限公司**
经营纯铁，各种焊塑钢，特种钢生产及销售的企业。
电话：0414—2824060　3129563
地址：辽宁省本溪市溪湖区居仁街

## 娄底市娄星区家柱建筑器材租赁部

本公司成立于1999年，主要经营架杆、扣件、提升机租赁服务。

本着服务于全社会的宗旨，竭诚为各界人士提供优质服务，服务周到，信誉第一，愿与您的合作如天地般长久。

联系人：陈家柱　13973817906
电话：0738—8871925
邮编：417000
地址：湖南省娄底市娄星区丹阳路天女水泥厂家属楼内

## 新化县福星综合贸易有限公司

新化县福星综合贸易有限公司成立于2008年。
主要从事铁路器材的销售。
本着"质量第一，信誉至上"的原则。
欢迎您的来电！

联系人：曾庆辉
电话：0738—6416888　13875420002
地址：湖南省娄底市新化县上梅镇天华路　邮编：417000

## 娄底市英达工贸有限公司

娄底市英达工贸有限公司主要经营钢材贸易，产品主要有等边角钢，轧硬卷，带肋钢，不锈板卷，碳圆，锰卷，优线，拉光圆等有色金属冶炼及延压产品。我公司以质量求生存，以信誉求发展，欢迎广大客户惠顾！

联系人：陈亮如　手机：13873859516
电话：0738-8610399　传真：0738-8613777
地址：湖南省娄底市娄星区钢城中路　邮编：417000

## 益盛企业管理有限责任公司

益盛企业管理有限责任公司成立于2007年，公司是一家集企业管理策划、酒店经营、包装材料、防腐保温材料与施工、防水材料与建材的生产加工、物流及房地产开发于一体的国家级综合性企业。公司秉承"诚信、实干、创新、发展"的企业精神，以"实业、物流、房地产多元化"为发展方向，以"为员工提供机会、为顾客提供服务、为市场创造价值、为社会创造财富"为宗旨，坚持技术领先、质量第一、用户至上、诚信守恒的原则。

联系人：王益明　www.lsjyisheng.com　a1234bcd@126.com
电话：0738-5555888、5555999　传真：0738-5555999
地址：湖南省娄底市冷水江市经济开发区　邮编：417500

## 祁阳县八宝镇惠佳超市

本公司成立于2007年，主要经营日常生活用品销售。本超市以诚信经营，热心服务为宗旨。

欢迎您的光临！您的满意就是我们最大的收获。

电话：0746-3619288
邮编：425000
地址：湖南省永州市祁阳县八宝镇黄泥塘农贸市场
联系人：桂智勇　13874791458

## 张家界兴达冶化有限公司

张家界兴达冶化有限公司主营镍、铜、铁合金材料加工、化工建材等，我公司视"顾客满意"为宗旨，"持续改进"为目标，"诚信经营"为理念，竭诚欢迎您的光临。

联系人：朱双阳　手机：13907444350
电话：0744-3522898 3522888　传真：0744-3522258
地址：湖南省张家界市慈利县溪口镇新街　邮编：427000

## 桃江县建明信息服务部

本部主要经营矿石信息服务、汽车运输服务。

秉承"客户第一"的服务理念，通过向我们的客户提供规范、周到、高效、个性化的服务，提高客户满意度，维护并发展客户关系，实现与客户的长期合作，提升我们客户的竞争实力。

联系人：丁建明
13875368358
13786798892
邮编：413000
地址：湖南省益阳市桃江县灰山港镇

## 株洲市芦淞区德利超市

株洲市芦淞区德利超市成立于1999年，是经营食品、烟、酒、副食品、家庭日用品、五金、电器等的大型综合性商场。我超市以"为民、便民、利民"为经营宗旨，力争为消费者提供最优质的产品和最称心的服务！

电话：13517330588 0731-22211588　联系人：徐德林
邮编：412000　地址：湖南省株洲市芦淞区建设中路81号

## 湘西自治州天圆证照代理有限公司

湘西自治州天圆证照代理有限公司成立于2005年，本公司专业从事证照代理、信息咨询服务、矿产品销售代理。本公司秉承"顾客至上，锐意进取"的经营理念，坚持"客户第一"的原则为广大客户提供优质的服务，坚信可以为企业节流，欢迎广大客户惠顾！

联系人：吴浩
电话：13574388821　0743-8232319　传真：0743-8232319
地址：湖南省湘西自治洲吉首市人民南路60号州工商局对面8号门面
邮编：416000

## 广东省/Guangdong Province

**深圳市万惠城百货有限公司**
地址：广东省宝安区西乡宝源大道宝盛华丰工业园A座1
…………负责人：钟先生
…………Tel：0755—84013438
13538211118

**锦厦乡镇企业发展有限公司**
地址：广东省东莞市长安镇锦厦管理区经贸大厦
…………负责人：李柏森
…………Tel：0769—85380298
85314018

**广州市白云区蓝妮尔贸易商行**
地址：广东省广州市白云区机场路1251号海德花园德丽阁1001房
…………负责人：朱涛
…………Tel：020—36636997

**河源市源城区源达食品贸易部**
业务：食品批发、日用品批发
地址：广东河源市源城区华达北街11号静逸居A区B栋107档
……负责人：钟玉香　邮　编：516000
…………法　人：钟玉香
…………Tel：13318239328
0762—3374158
3374188
…………Fax：0762—3374158

**东莞市君溢贸易有限公司**
业务：一直以来君溢贸易有限公司致力于生产高品质建筑五金、塑胶粒，倡导提升环境质量和精品意识，崇尚精工制造，为富有现代气息的理想空间提供相得益彰的高档产品。

地址:广东省东莞市常平镇丽景花园绿亭轩2号铺
邮　编:523560
法　人:刘淑君
Tel:0769－83999593
Fax:0769－83999596
网址:www.jytrade.cn

## 东莞市安海贸易有限公司

业务:东莞市安海贸易有限公司成立于2005年8月,公司主要从事表面处理剂、发黑剂及五金配件等销售。欢迎新老客户惠顾。
地址:广东省东莞市厚街珊美村岳范山小组
邮　编:523960
法　人:叶才川
Tel:0769－85895648
Fax:0769－85895649

## 饶平县三饶镇隆顺超市

业务:超市经营,食品、日用百货
地址:广东省潮州市饶平县三饶镇西门市场
负责人:吴开明　邮　编:521000
法　人:吴开明
Fax:0768－8350929

## 广州宝通贸易有限公司

业务:钢铁贸易
地址:广东省从化市龙潭计保工业园广韶路120号
负责人:陈少华　邮　编:510130
法　人:陈少华
Tel:020－87885259

## 东莞市茶山百慧百货店

业务:日用百货经营
地址:广东省东莞市茶山镇茶园一路45号
负责人:黄柳红　邮　编:523003
法　人:黄柳红
Tel:0769－86400782

## 东莞市焕发贸易有限公司

业务:东莞市焕发贸易有限公司成立于2005年,从事塑胶原料贸易的企业,产品有EVA、PE、PP、台塑PVC粉、硬脂酸等各种化学原料。本公司自进入市场以来,凭着卓越的实力,出众的品质,合理的价格,以及完善的服务,一直深受客户的好评,公司将一如既往地本着"为工厂创造效益,为员工创造机会,为社会创造贡献,为人类谋求发展"的宗旨,为广大客户提供更加优质的原料与服务,为二十一世纪的经济腾飞携手做出应用的贡献。
地址:广东省东莞市南城区城市中心区元美东路第一国际F区八层803号
邮　编:523000
法　人:任丽君
Tel:0769－22858906
Fax:0769－22858909

### 大智汽车服务有限公司

地址:广东省东莞市厚街镇涌口村富民路13号
负责人:王耀锋
Tel:0769－85878688
13713189688

### 全禾盛世广告设计有限公司

地址:广东省佛山市禅城区澜石里水管区华远村西区月华巷1号
负责人:林尚再
Tel:0757－82117533
13827797899

### 钧钢贸易有限公司

地址:广东省佛山市南海区黄岐南海路9号铺
负责人:叶桃钧
Tel:0757－85871266
13928616395

## 东莞市长安传根除四害服务部

业务:除四害服务
地址:广东省东莞市长安镇上沙综合市场7幢301室
负责人:李传根　邮　编:523000
法　人:李传根
Tel:13751339558

## 东莞市常平金点数码冲印

业务:数码冲印
地址:广东省东莞市常平镇朗贝村到东三间9号一楼/1、东莞市精彩数码婚纱摄影:广东省东莞市黄江镇板湖一街36号、2、东莞市常平金点数码冲印、广东省东莞市常平镇朗贝村到东三间9号一楼
负责人:颜幸福　邮　编:523003
法　人:颜幸福
Tel:0769－81086416

### 海华招牌广告公司

地址:广东省佛山市南海区盐步横大道91号
负责人:黄松辉
Tel:0757－85772159
81381820

### 广州市诚益展览制品有限公司

地址:广东省广东省广州市人民北路668号蓝宝石大厦9楼
负责人:孙伟
Tel:020－84647371
84647371

13570167277

### 广州建智人力资源管理有限公司

地址:广东省广州经济技术开发区开发大道746号
负责人:刘建兵
Tel:020－82089008
13502414097

### 广州市紫缘轩贸易有限公司

地址:广东省广州市白云大道南1038号云溪生态公园内
负责人:高振华
Tel:020－86187988
13503084424

## 广州奥龙广告有限公司

业务:本公司主要从事全国品牌专卖店,商场专柜设计及展柜制作,写字楼及家庭设计装修,各类画册,摄影,公关活动等品牌形象设计制作与宣传推广。热诚欢迎新老客户惠顾!
地址:广东省广州市白云区解放北路金桂园A4幢1309号
负责人:孔祥雄　邮　编:510400
法　人:孔祥雄
Tel:020－86267290
Fax:020－86267290
E-mail:aolong138@163.com

## 广州市慧信设计工作室

业务:广州市慧信设计工作室主要提供高品位的品牌形象设计,产品包装、宣传、推广、设计等服务,涉及标志设计服务,产品包装设计,画册设计,网页设计等业务。竭诚欢迎各界朋友来电咨询。
地址:广东省广州市白云区三元里兴泰路32号2楼
邮　编:510400
法　人:王炯
Tel:020－86359071
Fax:020－86379278

## 广州市神童贸易有限公司

业务:广州市神童贸易有限公司成立于2005年,是一家集加工,代理,批发,零售等项目的综合贸易公司。自公司成立以来,以良好的信用和优质的服务,不但赢得了客户的信任和支持,更推动了公司的不断发展壮大。我们将以"最优异的产品,最优惠的价格,最完善的服务"来满足您的需要。公司将始终不渝的遵循"以人为本的宗旨经营"。
地址:广东省广州市白云区同和镇同宝路自编165号(红云化工厂东南边)
邮　编:510515
法　人:代顺海
Tel:020－87202788
Mobile:13925172318
Fax:020－87044175

### 广州市虹利文化传播有限公司

地址:广东省广州市白云机场路25号中唱大厦3楼317房
负责人:何丽
Tel:020－86380678
88338045
13711283307

### 广州市三众商品信息咨询有限公司

地址:广东省广州市白云区广源西路王圣堂莲塘前街6号3楼301A号
负责人:王人风
Tel:020－86192805

### 广州云雷经济发展有限公司

地址:广东省广州市白云区机场路景丽街7号1402房
负责人:农春新
Tel:020－86392135
86582674
13602801584

## 东莞市大岭山同辉照相馆

业务:场景摄影、画册设计
地址:广东省东莞市大岭山镇杨屋东埔新村第三工业区君山科技园对面
负责人:李石磊　邮　编:523003
法　人:李石磊
Tel:13825793926
0769－81879715
81879716

## 东莞市道滘双悦广告服务部

业务:户外广告设计,喷绘,标示牌,LED发光字,水晶字
地址:广东省东莞市道滘桥东大街马嘶塘商铺A3
负责人:胡贵华　邮　编:523003
法　人:胡莹
Tel:0769－88838046
15999789062

### 深圳市天下行汽车租赁服务有限公司

地址:广东省深圳市南山区华侨城路枕荔楼702
负责人:卢睿
Tel:0755－26551236

### 强记三岛批发行

地址:广东省深圳市南山区留仙居南区8号楼B座901
负责人:马义强
Tel:0755－26700721
13902916135

### 和兴美术设计社

地址:广东省深圳市南山区龙岗路南光商业街43号
负责人:谢湘
Tel:0755－26642551
13670141061

### 亮新清洁服务有限公司

地址:广东省深圳市南山区内环路汇宾广场A座9F
负责人:王聘
Tel:13554966828

### 瑞奇斯贸易有限公司

地址:广东省深圳市南山区内环路南粤山庄4栋瑰丽阁701室
负责人:练菊香
Tel:13802568160

### 深圳市明致贸易有限公司

地址:广东省深圳市南山区南光路万象新园D23K
负责人:朱训富
Tel:0755－61337369

### 深圳市荣诚进出口贸易有限公司

地址:广东省深圳市南山区南海大道1112号粤海大厦A座9D
负责人:章增荣
Tel:0755－26064700

### 深圳市南深职业介绍有限公司

地址:广东省深圳市南山区南新路3115号三楼
负责人:刘文华
Tel:0755－26460001

## 东莞市麦兜贸易有限公司

业务:公司主营印刷制品、塑胶制品、五金电子、日用品、电脑弱电产品、劳保用品、化工原料、化学用品,公司秉承"顾客至上,锐意进取"的经营理念,坚持"客户第一"的原则为广大客户提供优质的服务
产品:印刷制品、塑胶制品、五金电子、日用品、电脑弱电产品、劳保用品、化工原料、化学用品
地址:广东省东莞市东城区东城中心峰景台一座4B
负责人:刘生　邮　编:523118
法　人:刘成业
Tel:0769－22551916
22301358
Fax:0769－23037748
网址:www.cnmcdull.com
www.dgmcdull.com
E-mail:mcdullcn@126.com

## 东莞市东城诺缘电脑清洁服务部

业务:电脑清洁,维修,销售电脑清洁用品,工具
产品:键盘清洁机,主机除尘机,电脑清洗喷枪,电脑屏幕护理液,清洁剂等
地址:广东省东莞市东城区石井坪地山村8巷9号1楼
负责人:郑中涛　邮　编:523122
法　人:郑中涛
Tel:0769－27380256
13592784215
Fax:0769－27380256
网址:www.ny0769.cn
E-mail:zzongtao@163.cn

## 东莞市东城盛辉家电维修部

业务:家电维修服务
地址:广东省东莞市东城区主山大井头路175号
负责人:曾胜兰　邮　编:523003
法　人:曾胜兰
Tel:13794867240
0769－22031880

### 金锐杰企业管理咨询有限公司

地址:广东省深圳市南山区南新路鸿州新都B座609室
负责人:陈星
Tel:0755－26085930
13510400045

### 南山区叶记杂货店

地址:广东省深圳市南山区南新路南贸市场三栋14号
负责人:叶锐汉
Tel:0755－26666112
13502841927

### 点苍礼仪策化有限公司

地址:广东省深圳市南山区南油B区66栋111号
负责人:陈娅辉
Tel:0755－26431450
13113684256

### 青山海实业有限公司

地址:广东省深圳市南山区南油大道1077号金钟大厦110号
负责人:陈佛贵
Tel:0755－26482816
13823568883

## 东莞市东坑梦达清洁服务部

业务:清洁服务
地址:广东省东莞市东坑镇井美村龙潭65号
负责人:袁怀洪　邮　编:523003
法　人:袁怀洪
Tel:13669890608
13924339194
0769－83383226

### 广东省美基经贸有限公司

地址:广东省广州市白云区机场路十二号广州中医药大学学术交流中心1113房
负责人:李宗华
Tel:020－86583963
13602725724

### 广乐贸易行

地址:广东省广州市白云区松洲白云摩托车配件批发市场246铺
负责人:冯大友
Tel:020－81986056

## 广州啟业商务服务有限公司

业务:主要从事投资信息咨询服务、投资策划、投资方向与政策研究分析、经济信息咨询服务、投资顾问、市场企业景况调研分析、教育咨询、企业管理咨询顾问、企业形象策划、批发零售业务等;公司坚持以诚为本、以诚为信的宗旨为广大客户服务。
地址:广东省广州市皇埔大道西638号广东农信大厦506房
负责人:吴勋　邮　编:510075
Tel:020－39889566
E-mail:wuxun@263.nt

## 广东鸿达兴业集团有限公司

业务:广东鸿达兴业集团是集科、工、贸为一体的大型民营企业集团,旗下控股10家公司,总资产20亿元,员工数2000人,集团总部设于广州,从事化工行业十多年,经营塑料化工原料制造和贸易,煤炭资源开采以及现代化仓储物流业务。本集团秉承以市场为导向,以客户为中心的经营理念,塑料化工原料年供应量达60万吨,品种有PVC、PE、PP、PC、DOP、PET、PBT、POM、炭化钙、烧碱、纯碱、液氯、盐酸、苯酐、色母、添加剂、醇溶剂等。
地址:广东省广州市黄埔大道中260号恒安大厦24楼
邮　编:510655
法　人:郑楚英
Tel:020－85646782
85646781
Mobile:13847308888
Fax:020－85646662

## 东莞市凤岗勃利手板模型设计部

业务:主营手板模型设计
地址:广东省东莞市凤岗镇塘沥村东深路塘沥路段天桥旁三楼
负责人:汪进田　邮　编:523003
法　人:汪进田
Tel:0769－87568020
15913724135

## 东莞市凤岗金部百货商店

业务:百货用品的销售
地址:广东省东莞市凤岗镇油甘埔村沙岭组中心街2905号一楼
负责人:郑勇　邮　编:523000
法　人:郑勇
Tel:0769－87753506
13415972749

## 东莞市凤岗鸿图空调维修部

业务:空调,家电维修,二手空调买卖,冻库制作
地址:广东省东莞市凤岗镇竹塘村下围商住区56、57号一楼
负责人:张雄威　邮　编:523000
法　人:张雄威
Tel:13538488550
0769－82004029

## 东莞市横沥诚信力防水清洁服务部

业务:主要经营防水清洁服务
地址:广东省东莞市横沥镇村尾东环路安娜花园安富阁10号商铺
负责人:朱义良　邮　编:523003
法　人:朱义良
Tel:13751399123
0769－82830689

### 广州市倍特实业有限公司

地址:广东省广州市白云区太和镇中约东一街28号厂房
负责人:黄兰芳
Tel:13006863202

### 广州市俊嘉贸易有限公司

地址:广东省广州市从化市街口街广场路33号202
负责人:龙丽琼

Tel:020－87962280

**广州红海人力资源有限公司从化分公司**
地址:广东省广州市从化市街口镇镇北路 25 号 2 栋 702 房
负责人:李海燕
Tel:020－88408200

**广州天华广告有限公司**
地址:广东省广州市东风东路 699 号港澳中心 1701
负责人:黄学军
Tel:020－87378369

**广东中瑞新华会计师事务所**
地址:广东省广州市东风东路 753 号天誉商务大厦东塔 1207 室
负责人:李先生
Tel:020－87756787
87697438
87697498
13312871588

**广州市百瀚轩广告有限公司**
地址:广东省广州市东山区白云路 113－117 号白云大厦 15 楼 14 号单元
负责人:孔佐辉
Tel:13005105357

**东莞市横沥鸿福家政服务公司**
业务:清洁,保姆,钟点工。家政辅导,家具清洗,病残护理
地址:广东省东莞市横沥镇隔坑沿江商业街三十三号楼房第二层第二面
负责人:郑汉龙　邮　编:523003
法　人:郑汉龙
Tel:13794820846
18929465870
0769－82306793

**东莞市横沥广缘百货贸易部**
业务:销售化妆品系列
地址:广东省东莞市横沥镇田头村贝涌新南 6 街 12 号
负责人:方敏　邮　编:523000
法　人:方敏
Tel:0769－83796965
Fax:0769－83792553

**东莞市厚街通瑞百货商场**
业务:食品、日用百货
地址:广东省东莞市厚街镇双岗村双岗市场大道
负责人:王骏峰　邮　编:523000
法　人:王骏峰
Tel:0769－81529158
Fax:0769－85085799

**东莞市虎门莫天龙百货店**
业务:经营日用百货
地址:广东省东莞市虎门镇白沙社区三村白沙大路中 94 号铺位
负责人:莫天龙　邮　编:523003
法　人:莫天龙
Tel:0769－85521109
13650309170

**东莞市虎门粤龙影视策划服务部**
业务:影视策划、摄影摄像服务、三维动画制作、电脑平面设计、品牌策划、文化活动策划、网站策划建设
地址:广东省东莞市虎门镇金桥商住楼 13 号
负责人:谭新亮　邮　编:523900
法　人:谭新亮
Tel:13929438987
0769－85028066

**崇越(广州)贸易有限公司**
业务:我司系台商在华独资企业,总公司系台湾上市公司:崇越电通股份有限公司.崇越(广州)贸易有限公司专门负责在华南区销售日本信越有机硅产品.销售领域包括日用品,建筑原料,纺织业界等.供货多家国际知名公司.
地址:广东省广州市天河北路 578 号帝景商业中心 416 室
负责人:林清宏……邮　编:510630
Tel:020－38497188

**广东辉煌人力资源管理有限公司**
业务:广东辉煌人力资源管理有限公司专业从事劳务派遣、劳动保障事务综合代理、劳动政策法规咨询、涉外就业服务咨询、省内城乡劳动力介绍、招聘等综合性、高品质、一站式的人事外包服务。欢迎新老客户前来咨询、洽谈!
地址:广东省广州市天河区黄埔大道西 638 号广东农信大厦 7 楼 704－705 房
负责人:陈晓娜……邮　编:510627
法　人:陈馗
Tel:020－37883766
Fax:020－37883755
网址:www.huihuanghr.com
E-mail:gdhuihuang_hr19@126.com

**广州市兴安平价超市有限公司北较场分店**
地址:广东省广州市东山区北较场横路 12 号首层
负责人:林剑威
Tel:020－83829891

**广州美尚贸易有限公司**
地址:广东省广州市东山区德政北路 538 号 710 房
负责人:刘勤
Tel:020－34288631

**东莞市花叶膳食管理服务有限公司**
业务:膳食管理服务
地址:广东省东莞市虎门镇南栅一区(镰仓光学厂)
负责人:蒲作辉　邮　编:523000
法　人:蒲作辉
Tel:13922508450

**东莞市黄江社康日用品店**
业务:日用品零售
产品:日用品
地址:广东省东莞市黄江镇田美村聚富路旁(社区卫生服务中心旁)
负责人:陈树海　邮　编:523003
法　人:陈树海
Tel:0769－83629832

**东莞市寮步富新百货商场**
业务:百货
地址:广东省东莞市寮步镇百业城百业东一路
负责人:袁学森　邮　编:523000
法　人:袁学森
Tel:0769－83233888

**东莞市寮步广达彩蓬店**
业务:广告设计、安装、销售一条龙服务
地址:广东省东莞市寮步镇凫山乐声街 7 号
负责人:刘国明　邮　编:523401
法　人:刘国明
Tel:13809638075
13826964991
0769－83036356

**东莞市寮步亿丽饰物店(东莞市大岭山镇亿丽精品店)**
业务:头饰,配饰,化妆品,护肤品
业务:广东省东莞市寮步镇红荔路 10 号东莞市嘉荣超市有限公司寮步分店一楼(广东省东莞市大岭山镇教育路天和百货一楼)
负责人:彭小梅　邮　编:523003
法　人:彭小梅
Tel:13728261858
0769－81600690

**广州美橙广告有限公司**
地址:广东省广州市东山区东风东路 739 号地质大厦 706 房
负责人:张砚芬
Tel:020－83552316

**星际精英(广州)公关顾问有限公司**
地址:广东省广州市东山区东风东路 753 号天誉大厦东塔 9 楼 906 室
负责人:张全欣
Tel:020－22816688

**广州祥禄贸易有限公司**
地址:广东省广州市东山区东风东路 808 号 716 房
负责人:黄燕鹏
Tel:020－38847420

**广州法仙奴商贸有限公司**
业务:我公司是集设计研究、产品开发、生产制造、品牌运营为一体的多元化贸易企业,业务范围主要覆盖欧洲与亚洲市场,以鞋类、皮具、箱包为主导产品,同时积极拓展服装、时尚饰品等产业。"法仙奴(FASINO)"品牌逐步实现了品牌形象在海外市场的建设。在意大利、西班牙、俄罗斯,FASINO(法仙奴)已经成为同类产品中的畅销品牌。
地址:广东省广州市天河区黄浦大道富力盈隆广场 601－604
负责人:刘岩……邮　编:510000
法　人:刘岩
Tel:020－38390368
网址:www.fasino.cn

**香港超势力艺人经纪工作室(东莞市寮步慧雅礼仪庆典策划部)**
业务:代理香港台湾歌影视红星嘉宾演出及广告形象代言人,企业剪彩庆典活动,策划制作群星个人演唱会。
地址:广东省东莞市寮步镇石步东南村 111 号
负责人:陈钊　邮　编:523400
法　人:陈钊
Tel:13556784255
0769－22353058

**东莞市麻涌华茂百货店**
业务:经营日用百货
地址:广东省东莞市麻涌镇华阳村市场 11 号
负责人:庄运行　邮　编:523000
法　人:刘永红
Tel:0769－88284347
26599453

**东莞市南城步行者电脑设计服务部**
业务:专业从事企业 VI 设计与制作、广告设计、logo 设计、包装设计、产品目录设计、地产广告设计,拥有一流的设计方案团队,公司自成立以来,以精湛、前锋的设计理念,专业的品牌服务意识,与客户建立良好的合作关系,获得最大化的双赢
地址:广东省东莞市南城区宏远运河东三路 128 号金丰商业街 B6 后座 11 号铺
负责人:古正涛　邮　编:523000
法　人:古正涛
Tel:0769－22880550
Fax:0769－23305797
网址:www.dgbuxingzhe.com.cn
E-mail:dgbuxingzhe@163.com

**广州市金银旺贸易有限公司**
地址:广东省广州市东山区东华东车路边 37 号 514 室
负责人:任凤玲
Tel:020－88525699

**广州市智宇广告有限公司**
地址:广东省广州市东山区东华东路 630 号 1501 房
负责人:孙永健
Tel:020－85596566

**广州市佳美清洁服务有限公司**
地址:广东省广州市东山区共和二路 2 号南栋 401 房
负责人:许曼清
Tel:020－88164098

**东莞市大旗劳务派遣有限公司**
业务:我们秉承专业、高效的服务理念,专业从事劳务派遣、劳务外包、学生就业实习安置、劳务输出、人力资源等服务。每个环节都有专业人员的精心指导,我公司愿与您真诚合作,共创美好生活。
地址:广东省东莞市南城区鸿福西路东园大厦 D 座 1303 室
负责人:罗娟　邮　编:523011
邮　编:段自水
Tel:0769－22819917
15997803038
Fax:0769－22819917
网址:www.dgdaqi.cn
E-mail:honeylyh@sina.com

**东莞市南城科洁清洁服务部**
业务:清洁开荒工程,大理石翻新,地面打蜡,园林绿化,消杀四害,地毯清洗,常规保洁服务等
地址:广东省东莞市南城区华凯大厦一1 楼
负责人:杜登伟　邮　编:523003
法　人:杜登伟
Tel:13712060439
0769－22980719

**东莞市企石立达洗涤用品销售部**
业务:经营洗涤用品
地址:广东省东莞市企石镇铁炉坑村彭城路(祥球辉家园 1 号)
负责人:付鸥　邮　编:523003
法　人:付鸥
Tel:0769－86726377
13509806977

**东莞市金田武术运动培训中心**
业务:开设跆拳道、瑜珈等有关体育运动培训课程,想让自己有一个健康的体魄,金田是您理想的选择!
产品:兼营体育器材、运动器材
地址:广东省东莞市沙田镇横流区沙田大道 3 号三楼
负责人:洪保腾　邮　编:523990
法　人:洪保腾
Tel:0769－88073300
13431502628

**超顺环卫服务有限公司**
地址:广东省深圳市罗湖区中兴路玉兰坊 32 号 2 楼
负责人:王元华
Tel:0755－82399633
82399766
13715216951

**深圳市飞人谷营销策划有限公司**
地址:广东省深圳市梅林中康南路 8 号深圳雕塑院 B 座 1－3 楼
负责人:梁文峰
Tel:0755－83953780
13902968806

**联兴三鸟批发部**
地址:广东省深圳市南山区白石州新塘村 3 行 30 号
负责人:林凯亮
Tel:0755－86610833
13902937439

**天地新室内保洁有限公司**
地址:广东省深圳市南山区白石洲沙河街侨城豪苑 B 区 B 座 903 室
负责人:刘向奎
Tel:0755－26841848
26766864
26004248

**大华丰实业发展有限公司**
地址:广东省深圳市南山区百福广场 B 栋 801 室
负责人:蔡朝勇
Tel:0755－33315559
13924601666

**深圳市南山区佳宇商贸行**
地址:广东省深圳市南山区滨海大道海文花园 S－31 号商铺
负责人:赵学伟
Tel:0755－26497885
13714639659

**新南明商行**
地址:广东省深圳市南山区常兴路 123 号
负责人:张彦斌
Tel:0755－26668939
13823507168

**常兴商店**
地址:广东省深圳市南山区常兴路以西常兴商场侧边
负责人:郑天有
Tel:18925213318
13602507331

**深圳市海洋鑫贸易发展有限公司**
地址:广东省深圳市南山区赤湾三路赤湾石油大厦五楼 516 室
负责人:舒象楚
Tel:0755－26679597

**东方联融实业发展有限公司**
地址:广东省深圳市南山区创业路西海湾花园 B 区 6#塔楼 04A
负责人:方毅
Tel:0755－26091110
13316965399

**东莞市塘厦白蚁防治所**
业务:集白蚁预防、灭治、虫害消杀,产品开发及技术服务于一体,专业从事工厂、宾馆酒店、企事业单位、住宅小区的白蚁预防、灭治和消毒工程以及建筑、装修房屋白蚁预防工程。致力提供最优质、高效的虫害预防治理专业服务。//专业从事白蚁防治工程和城市害虫防治的专业化公司,承接各类新建定/改建/扩建房屋、室内二次装修地、园林绿化、古迹仓库等白蚁预防和灭治工程;有害生物综合治理工程;林木害虫防治与木材防护等技术服务工程
产品:白蚁防治、灭蚊、灭鼠、蟑螂、防虫
地址:广东省东莞市塘厦镇蛟乙塘大岭街 15 号
负责人:李汉权　邮　编:523000
法　人:李汉权
Tel:0769－87729214
13686249325
Fax:0769－87864369
网址:www.dgtxb.cn
E-mail:fufufu000@126.com

**广东新华会计师事务所**
业务:公司主要从事审查企业会计报表,出具审计报告,验证企业资本,出具验资报告,办理企业合并、分立、清算事宜中审计业务,出具有关的报告,法律、行政法规的其它审计业务,承办会计咨询、会计服务业务,企业整体资产评估,单项资产评估,基本建设工程预算、结算、决算审核,外文翻译等。
地址:广东省广州市越秀区东风东路 753 号天誉商务大厦东塔 1207 房
邮　编:510080
法　人:李德华
Tel:020－87697438
Fax:020－87697428

**广州凯略广告有限公司**
地址:广东省广州市东山区华乐路 57 号 24B 室
负责人:彭旭晖
Tel:020－83546283

**广州市汇能咨询服务有限公司**
地址:广东省广州市东山区环市东路 371－375 号南塔 2110 房
负责人:李活铭
Tel:020－87609828

**惠州市永利实业发展有限公司**
业务:惠州市永利实业发展有限公司成立于 2005 年,位于广东省惠州市江北云山花园云雅阁 301。主要批发、零售化妆品、日用百货。欢迎业内人士来电咨询!
地址:广东省惠州市江北云山花园云雅阁 301
邮　编:516001

法　人:杨俊生
Tel:0752－2811279
Fax:0752－2811279

## 东莞市塘厦广伟自动化设备安装服务部
业务:机械设备安装
地址:广东省东莞市塘厦镇莲湖西路一巷6号
负责人:韦华恒　邮　编:523003
法　人:韦华恒
Tel:13798790712
Fax:0769－82011105

## 东莞市塘厦益群日用品店
业务:批发:日用品、百货、五金等
地址:广东省东莞市塘厦镇振兴围氹田15－2
负责人:谢锐藩　邮　编:523003
法　人:谢锐藩
Tel:0769－87909303
82093313
Fax:0769－82093313

## 东莞市聚辉日用品贸易有限公司
业务:日用品的外贸
产品:牙膏、牙刷
地址:广东省东莞市万江区共联社区莲子村河堤南路16号
负责人:魏赛强　邮　编:523003
法　人:魏赛强
Tel:13528662578
0769－22785652

## 东莞市樟木头利记信封加工店
业务:经营信封加工销售
地址:广东省东莞市樟木头镇樟罗樟深大道北61号
负责人:利鸿志　邮　编:523003
法　人:利鸿志
Tel:0769－87701209
13829219134

## 东莞市中堂福多便利店
业务:日用品销售
地址:广东省东莞市中堂镇中堂二小旁东向路口
负责人:范光敏　邮　编:523000
法　人:范光敏
Tel:13790619607
13060775619

**广州市东山区英豪刻章服务中心秋妍花店**
地址:广东省广州市东山区环市东路445号102房
负责人:艾淑章
Tel:020－33586955

**广州乔源贸易有限公司**
地址:广东省广州市东山区环市东路云鹤北街20巷2号103房
负责人:陈伯乔
Tel:020－87442291

**广州乙力贸易有限公司**
地址:广东省广州市东山区环市中路316号金鹰大厦20楼2005房
负责人:许国杰
Tel:13570398433

**广州市万泰咨询管理有限公司**
地址:广东省广州市东山区环市中路321号10层
负责人:缪永泉
Tel:020－82315762

## 佛山市禅城区信德超市
业务:主要经营日用品、预包装食品、纸巾、烟酒等的销售
地址:广东省佛山市禅城区敦厚西区米机(敦厚大夫里34号侧)
负责人:林永芳　邮　编:528000
法　人:林永芳
Tel:13715512866
0757－82804406

## 佛山市禅城区童缘趣梦童装店
业务:经营童装、童鞋及婴儿日用品等
地址:广东省佛山市禅城区魁奇一路11号2区B座首层BP3号
负责人:陈小姐　邮　编:528000
Tel:0757－83964508
18923224623

## 博罗县振丰化工贸易有限公司
业务:博罗县振丰化工贸易有限公司主要从事于二甲苯、环已酮、溶剂油等化工原料贸易。欢迎新老客户光临、惠顾!
地址:广东省惠州市博罗县龙华镇广汕路边
负责人:陈红光　邮　编:516100
法　人:陈红光
Tel:0752－6218222
6217222

## 佛山市禅城区鹏林杂货店
业务:百货
地址:广东省佛山市禅城区南庄镇南庄大道中段南庄中学对面食品公司第5号铺位
负责人:雷勇军　邮　编:528000
法　人:雷勇军
Tel:0757－88348004

## 佛山市禅城区辉扬照相馆
业务:照相服务
地址:广东省佛山市禅城区石湾镇街道湾华村西街大街4首层
负责人:刘俊青　邮　编:528000
邮　编:刘俊青
Tel:0757－83820149
13724995408

## 佛山市禅城区昌福茶行
业务:铁观音,普洱茶等各种名茶,洋酒,白酒,红酒等各类酒,各类烟批发零售
地址:广东省佛山市禅城区市东上路8号首层14号
负责人:张瑞昌　邮　编:528000
法　人:张瑞昌
Tel:13516526505
0757－88028988

## 广东省惠东县兴胜农贸有限公司
业务:广东省惠东县兴胜农贸有限公司成立于2005年,从事农作物种子、农产品销售。主要产品有:马铃薯种子、马铃薯、苦瓜、荔枝、龙眼等。欢迎新老客户光临、惠顾。
地址:广东省惠州市惠东县平海镇寨头村新围村民小组
邮　编:516363
法　人:钟沛如
Tel:0752－8506350
Fax:0752－8506350

## 佛山市高明区荷城同济堂参茸海味行
业务:主营参茸海味
地址:广东省佛山市高明区荷城街道荷城市场荷香路地下店铺30号
负责人:黎健文　邮　编:528000
法　人:黎健文
Tel:0757－88637010
88660801
15916073737

## 佛山市高明区荷城好益乐商店
业务:烟,酒,日杂百货
地址:广东省佛山市高明区荷城街道跃华路284号6座(加油站对面)
负责人:吴楚明　邮　编:528000
邮　编:吴楚明
Tel:0757－88297970
13612588835

## 佛山市高明区荷城彬记劳务服务部
业务:劳务服务
地址:广东省佛山市高明区荷城三洲兴隆路顺成商铺10号
负责人:段小彬　邮　编:528000
邮　编:段小彬
Tel:13924527732

## 佛山市迪巴进出口贸易有限公司
业务:牛皮、木材、化工原料等产品的进出口
地址:广东省佛山市南海罗村新湖二路14号
负责人:李文达　邮　编:528000
邮　编:李文达
Tel:0757－81266910
81268380
Fax:0757－81266910

**广州艺能测绘有限公司**
地址:广东省广州市东山区建设大马路4号810房
负责人:曾梦妮
Tel:020－83766706

**广州旭盛商贸有限公司**
地址:广东省广州市东山区建设大马路9号之7－8座首层
负责人:张楠
Tel:020－83803882

**广州市纵览商旅服务有限公司**
地址:广东省广州市东山区建设大马路四号6楼607房
负责人:陈新平
Tel:020－83703270

**广州市楚鑫咨询服务有限公司**
地址:广东省广州市东山区建设三马路73号408房
负责人:李丽
Tel:020－33088848

**广州市富尔登商务咨询有限公司**
地址:广东省广州市东山区水荫二横路27号新达城广场南塔公寓1506室
负责人:谌慕锋
Tel:020－37598640

## 惠州市兴邦实业有限公司
业务:惠州市兴邦实业有限公司成立于2004年,坐落在交通便利的广东省惠州市火车站惠金储运公司大楼601号。通过铁路、公路向本省内运销化工原料。
地址:广东省惠州市火车站惠金储运公司大楼601号
邮　编:516023
法　人:谢弘
Tel:0752－2830242
Mobile:13824266648
Fax:0752－2818184

## 佛山市南海区大沥华隽房地产中介服务部
业务:华隽房产承接:二手房买卖、置换、租赁,代办银行按揭,双证过户,资金余缺周转,致力于为客户提供专业、稳定、便捷、长期的购房及后续服务。
地址:广东省佛山市南海区大沥教育路竹冠花园
负责人:潘泳珊　邮　编:528231
法　人:邓卉欣
Tel:0757－85598311
85512116
85582116
Fax:0757－88786770
E-mail:yysspp@21cn.com

## 佛山市南海区大沥迅治白蚁防治服务部
业务:专业从事工厂、宾馆酒店、企事业单位、住宅小区的白蚁预防、灭治,除虫灭鼠和消毒工程以及建筑、装修房屋白蚁预防工程。致力提供最优质、高效的虫害预防治理专业服务。
地址:广东省佛山市南海区大沥奇槎上一村五巷1号
负责人:邝焯明　邮　编:528231
法　人:邝焯明
Tel:13535872122
Fax:0757－85565095
E-mail:767819032@qq.com

**广州汇凯贸易有限公司**
地址:广东省广州市东山区水荫路二横路27号新达城广场南塔2205室
负责人:朱超
Tel:020－37597077

**广州市东山区域宝贸易商行**
地址:广东省广州市东山区淘金路50号22楼F座
负责人:苏健民
Tel:020－83583736

**广州积极广告传播有限公司**
地址:广东省广州市东山区淘金路54号20D房
负责人:吴树创
Tel:020－33072188

**广州市东山区远航信息咨询服务中心**
地址:广东省广州市东山区先烈南路青菜东街41号101房
负责人:时逢涛
Tel:020－87690509

## 惠州市京华博雅艺术有限公司
业务:惠州市京华博雅艺术有限公司成立于2005年,从事拍卖经纪、艺术品经纪。欢迎来电垂询!
地址:广东省惠州市麦地南路华润花园芳华楼B栋302房
邮　编:516000
法　人:郑建裕
Tel:0752－2273803
Fax:0752－2273803

## 佛山市南海区大沥志烈小卖部
业务:百货和食品的销售
地址:广东省佛山市南海区大沥雅瑶上亨村南区路口1号铺
负责人:吴水金　邮　编:528000
法　人:吴水金
Tel:0757－85536769
13620155569

## 佛山市南海艳宜飞床上用品批发部
业务:批发床上用品、汽车配件
地址:广东省佛山市南海区大沥镇盐步南国小商品城中区12街120、122号
负责人:刘飞　邮　编:528000
法　人:刘飞
Tel:13535695920
0757－81108590
15817891998

## 江门市新会美达贸易发展有限公司
业务:江门市新会美达贸易发展有限公司位于新会区会城镇江会路上浅口,成立于2005年,是一家从事纺织原材料、化工材料、设备进出口等贸易的公司。
地址:广东省江门市新会区会城镇江会路上浅口
邮　编:529100
法　人:杨志成
Tel:0750－6103181
法　人:0750－6107087
网址:www.jmmd.chinapyp.com

## 佛山市南海区顺健达汽车信息服务部
业务:年审、过户
地址:广东省佛山市南海区桂城街道叠北庆云村沙洲围潭头工业区南安检车站对面6#
负责人:郑振业　邮　编:528000
法　人:郑振业
Tel:13923182212
0757－86318500

## 佛山市天助财税管理有限公司
业务:企业上市咨询、税务策划、代客理财、代理融资、代理记账、融资策划、代理企业注册、变更登记
地址:广东省佛山市南海区桂城南新五路20号之2南宝大厦六层601室
负责人:陈玉华　邮　编:528200
法　人:陈玉华
Tel:13702657866
0757－86238717

## 揭阳市金铧贸易有限公司
业务:我公司目前主要生产销售丰泰牌钛白粉及各种化工助剂,请有诚意合作或需要我司各种客户来人来电来函联系。多谢合作!
地址:广东省揭阳市东山区黄岐山大道以东华诚花园二期106号
邮　编:522000
法　人:纪映君
Tel:0663－8224379
8224771
Fax:0663－8224772
网址:www.gdjjmy.chinapyp.com

**北京山谷蓝贸易有限公司驻广州办事处**
地址:广东省广州市东山区先烈中路102号华盛大厦南塔1006－07房
负责人:刘伟
Tel:020－61133688

**广州市月亮清洁服务有限公司**
地址:广东省广州市东山区中山一路49号首层
负责人:郝代生
Tel:020－87612523

**广州喜市多便利连锁有限公司金羊门市**
地址:广东省广州市东山区中山一路51号之十四室
负责人:徐玲美
Tel:020－85564483

**广州市志勤贸易有限公司**
地址:广东省广州市番禺区大岗镇繁荣路11号
负责人:梁志勤
Tel:020－84692988

## 佛山市南海区正洁餐具消毒厂
业务:餐具清洗、消毒
地址:广东省佛山市南海区桂城平西聚龙村振兴工业区首层
负责人:蒋登武　邮　编:528000
法　人:蒋登武
Tel:13670655848
0757－89950241

## 佛山市南海区黄岐美喜化妆品商店
业务:零售化妆品、护肤品、饰品
产品:法国诗妤、娅丝圣黛、白大夫
地址:广东省佛山市南海区黄岐宏威路12号黄岐商业中心北区C座14号商铺
负责人:曹润喜　邮　编:528248
法　人:曹润喜
Tel:0757－81134439
13798617092
E-mail:87030048@qq.com

## 佛山市南海区里水洁瓷旺餐具消毒服务部
业务:餐具消毒设备租赁服务
地址:广东省佛山市南海区里水镇甘蕉建星村口(中诚绣花厂对面)
负责人:张友军　邮　编:528000
法　人:张友军
Tel:0757－85630953
13535890728

**广州琅坤贸易有限公司**
地址:广东省广州市番禺区大石镇大山村朝阳路以南滨江绿园绿雅居2座401
负责人:杨莹
Tel:020－87514131

**广州市日京企业管理咨询有限公司**
地址:广东省广州市番禺区大石镇上漖村大新商务广场第二层208室
负责人:敖景

Tel:020－34503056

**佛山路捷工程咨询有限公司**
业务:工程监理、技术咨询、项目管理、档案管理、项目咨询、投资咨询
地址:广东省佛山市南海区狮山中心城区俊景花园A区02座A8座商铺
负责人:付亚伟 邮 编:528000
邮 编:付亚伟
Tel:15019665918
0775－26619355

**广州海勋贸易有限公司**
地址:广东省广州市番禺区大石镇上漖村大新商务广场第五层512室
负责人:李京浩
Tel:020－84503907

**蕉岭县丰源实业有限公司**
业务:蕉岭县丰源实业有限公司成立于2006年,销售电线电缆、五金、水暖器材,进口豪华灯饰、电工产品等,欢迎来电洽谈业务!
地址:广东省梅州市蕉岭县蕉城镇新世纪花园
负责人:涂小忠……邮 编:514100
法 人:张宏英
Tel:0753－7868978
网址:mtw25923

**韶关市高明煤炭贸易有限公司**
业务:本公司成立于2006年,主要经营煤炭,建筑建材,铁矿、金属矿"质量保证,价格合理",欢迎新老客户光临惠顾!
地址:广东省韶关市浈江区花坪镇司法楼第二层东
负责人:廖高明……邮 编:512149
法 人:廖高明
Tel:0751－6552868
Fax:0751－6552868

**佛山市南海区西樵祥和杂货店**
业务:二手交易市场;销售回收各种家电、家私、厨房用具系列等
地址:广东省佛山市南海区西樵百东大岗圩粤樵东染厂对面
负责人:肖启柏 邮 编:528000
法 人:肖启柏
Tel:0757－86812814

**佛山市南海区西樵樵盛冷气经营部**
业务:经营美的、格力等品牌空调,空调维修服务
地址:广东省佛山市南海区西樵樵雄楼13号铺
负责人:余显根 邮 编:528211
法 人:余显根
Tel:13927777201
0757－86817138

**佛山市南海区渠江机械租赁有限公司**
业务:租赁拉森扣板,挖机,混凝土输送泵,塔吊,施工电梯,等各类建筑施工机械
地址:广东省佛山市南海区西约歧健村五号之四首层
负责人:李文华 邮 编:528200
法 人:文秀英
Tel:0757－86326118
Fax:0757－86364675

**佛山市三水区西南街李好哥水店**
业务:主营爱森肇鼎山泉水,可负责送货上门服务;
地址:广东省佛山市三水区西南街上横涌南十九巷七号
负责人:李荣好 邮 编:528000
法 人:李荣好
Tel:13536643665
0757－89890049
87767619

**广州市熊佳贸易有限公司**
地址:广东省广州市番禺区大石镇怡景花园怡美苑2101
负责人:杜日锋
Tel:020－84792817

**广州市今泰财务服务咨询有限公司**
地址:广东省广州市番禺区侨基花园2座14C
负责人:韩诗彩
Tel:020－84668582
84800955
13922267656

**广州市番禺区石基供销社百越商场鞋部**
地址:广东省广州市番禺区石基龙基南路47－49号
负责人:黎钊荣
Tel:020－84857451

**广东嘉年广告有限公司**
地址:广东省广州市番禺区市桥光明北路242号九楼
负责人:周焯雄
Tel:020－84894686

**佛山市顺德区斜阳谷五金塑料贸易有限公司**
业务:五金塑胶、家电产品、工程电缆、礼品皮具、包装工具
业务:广东省佛山市顺德区大良凤翔工业园路顺雅名筑3号
负责人:韦勤合 邮 编:528000
法 人:韦勤合
Tel:0757－26928868
13923266198
Fax:0757－22308768
22204575

**观海广告设计服务部**
业务:广告设计、展览、展示、印刷
地址:广东省佛山市顺德区大良古鉴良乐路
负责人:杨加辉 邮 编:528000
法 人:杨加辉
Tel:15989989969
0757－22919707
Fax:0757－22919707

**佛山市顺德区大良家凯旧货店**
业务:收购及零售;旧家私、旧厨具、家用电器等,以人为本、诚信经营,欢迎新老客户光临惠顾!
产品:旧家私,旧厨具,旧家用电器等
地址:广东省佛山市顺德区大良锦龙路111号
负责人:吴先生 邮 编:528000
法 人:吴中华
Tel:0757－26136825
13798699665

**广州旗鑫贸易有限公司**
地址:广东省广州市番禺区市桥街德兴北路425号铺
负责人:周伟
Tel:020－33119785

**广州市汇塑贸易有限公司**
地址:广东省广州市番禺区市桥街东环路383号之三
负责人:林冬辉
Tel:020－22871965

**广州市鸣和贸易有限公司**
地址:广东省广州市番禺区市桥西环路西丽工业区8号铺
负责人:邓永泉
Tel:020－34610318

**东方建富实业有限公司**
业务:深圳市东方建富实业有限公司成立于2003年,主要经营工业区厂房租赁,物业管理及高档公寓写字楼的开发。公司拥有一批高素质的物业管理队伍,有员工300多人。公司现有国际电子市场,宾馆,商场和八个大型现代化工业园区。
地址:广东省深圳市宝安区四十七自由路东方建富大厦7楼
邮 编:518119
法 人:杨汉军
Tel:0755－27826111
27587411
Fax:0755－27587411
网址:www.dfjfsy.chinapyp.com

**深圳市英达永胜电子贸易行**
业务:深圳市英达电子贸易行是一家从事电子产品贸易的公司。本公司以人为本、精益求进、持续改进、追求卓越、客户至上,竭诚欢迎广大客户光临、惠顾!
地址:广东省深圳市福田区福田村福祥街贝底田178栋202室
负责人:晏兰英……邮 编:518000
法 人:晏兰英
Tel:0755－82265985
Fax:0755－83612702

**佛山市顺德区客家房产中介服务有限公司**
业务:提供房产中介服务
地址:广东省佛山市顺德区大良新桂中路海悦新城10－12座25号商铺
负责人:余碧镜 邮 编:528000
法 人:余碧镜
Tel:13825522044
0757－22608818
Fax:0757－22608889

**佛山市顺德区大良大重搬屋服务部**
业务:搬家、搬厂、搬公司服务;室内外清洁、清洗外墙
地址:广东省佛山市顺德区大良新基三路67号铺
负责人:任勇 邮 编:528300
邮 编:任勇
Tel:0757－22255076
15007575005

**佛山市顺德区大良孕韵服装店**
业务:摩登妈咪孕妇装顺德区专营店,舒适柔软环保面料,简洁大方的款式,并有功能性的各种孕妇专用内衣、防辐射,能满足现代孕妇的各种需求。我们竭诚为您服务,让怀孕中的女人更美丽!
产品:摩登妈咪内衣、防辐射、孕妇装等
地址:广东省佛山市顺德区大良镇蓬莱路蓬莱商厦113号商铺
负责人:宋惠娜 邮 编:528000
法 人:林锦辉
Tel:0757－22256029
网址:www.bestmom.com
E-mail:bestmom@bestmom.com

**广州市番禺区宏益日用百货经营部**
地址:广东省广州市番禺区市桥西丽路西秀园北排56号铺
负责人:沈英娇
Tel:020－88466780

**金伍羊会计咨询事务所**
地址:广东省广州市番禺区市桥兴泰路64号
负责人:肖文
Tel:020－84643349
13543414936

**台湾利帘股份有限公司广州代表处**
地址:广东省广州市番禺区大石镇迎宾路涌口村西侧584号503、504室
负责人:杨锦华
Tel:13802833859

**广州市添营贸易有限公司**
地址:广东省广州市芳村区海北凤西路14号
负责人:何灿明
Tel:13503041402

**深圳宏明实业有限公司**
业务:本公司成立于1984年,现有员工200多人。主要经营电子、测试针。我们一贯遵循"质量第一用户至上"的创业原则,在广大用户的支持下,宏明探针已发展成为中国具备实力的光电路板(PCB),在线测试(ICT)专业测试探针制造商!让我们继续努力,为用户做到更好,您的成功才是我们的进步。
地址:广东省深圳市福田区华强北路赛格电子市场一楼1F031号
邮 编:518028
法 人:陈迪
Tel:0755－61361999
Fax:0755－61361999
网址:www.chingprobe.com

**佛山市合隽贸易有限公司**
业务:专业从事不锈钢板、冷板、模具钢板、工程塑料等物资的销售业务。我们始于客户需求,终于客户满意,以最优惠的价格和最优质的产品竭诚为您服务!
产品:不锈钢板、冷板、模具钢板、工程塑料等其它物资
地址:广东省佛山市顺德区大良镇新桂南路18号昌实大厦406
负责人:钱建辉 邮 编:528000
法 人:陈星华
Tel:0757－22618166
Fax:0757－22618166
E-mail:hejun_sd@163.com

**佛山市顺德区龙江镇龙德设计**
业务:品牌命名,企业形象VI设计等品牌设计服务。
地址:广东省佛山市顺德区龙江镇顺德325国道龙峰大道1号佛奥棕榈园综合楼首层2
负责人:蔡锡友 邮 编:528000
法 人:蔡锡友
Tel:0757－26308992
23639232
23639231
Fax:0757－23639231

**佛山市顺德区容桂裕滨杂货店**
业务:经营杂货
地址:广东省佛山市顺德区容桂青年路8号首层
负责人:柏仁波 邮 编:528000
Tel:13531365843
0757－28625843

**深圳市创华广告有限公司**
业务:本公司成立于2003年,拥有20多名员工。主要经营印刷、广告设计、装饰设计、装饰工程。
地址:广东省深圳市福田区景新花园景丽阁205
邮 编:518034
法 人:曾秋云
Tel:0755－83903558
Fax:0755－83903558

**广州万思顿贸易有限公司**
地址:广东省广州市广州经济技术开发区青年路东园二街5号202房
负责人:毛晟蕾
Tel:13922191686

**广州市伟明防治白蚁杀虫灭鼠服务有限公司**
地址:广东省广州市广州南沙开发区万顷沙镇光明路富华楼103室
负责人:陈伟田
Tel:020－84524752

**梁曦摄影工作室**
地址:广东省广州市海珠区芳村大道东142号501室
负责人:梁曦
Tel:13060954126

**佛山市顺德区容桂尹红诚信商行**
业务:燕京啤酒容桂总代理,和其正容桂、大良总代理、达利园饮料容桂总代理、承接各种品牌饮料总代理。
地址:广东省佛山市顺德区容桂上佳市中和名庭4号双铺
负责人:尹红 邮 编:312000
Tel:13715498055
0575－26152805

**佛山市顺德区佳瑶名片制作**
业务:名片制作
地址:广东省佛山市顺德区容桂振华大道海名居46号
负责人:叶文秀 邮 编:528000
法 人:叶文秀
Tel:0757－28317741

**佛山市顺德区举德贸易有限公司**
业务:贸易(塑料、五金)
地址:广东省佛山市顺德区杏坛镇七滘工业园光华区二路6号之三
负责人:梁冠开 邮 编:528000
法 人:梁冠开
Tel:13902834098
0757－22898822
22892702
E-mail:lgk2988@163.com

**高要市莲塘镇莲城绿化护理防害虫服务部**
业务:绿化护理,病虫害防治
地址:广东省高要市莲塘镇荔枝村11队变压器侧
负责人:梁横二 邮 编:526040
法 人:梁横二
Tel:13030223975

**广州创典文化传播有限公司**
业务:文化传播
地址:广东省广州市白云区广园中路171号B栋320房
负责人:郑镇金 邮 编:510130
邮 编:郑镇金
Tel:13424120058
020－86370155

**广州市商杰企业代理服务有限公司**
地址:广东省广州市海珠区江南大道中100号1903房
负责人:黎锦波
Tel:020－83565687

**广州市佳灵物业清洁服务中心**
地址:广东省广州市海珠区江南大道中复兴六巷51号
负责人:何少玲
Tel:020－88229093

**广州市石溪经济发展公司**
地址:广东省广州市海珠区石溪冲边村1号－2(村委会内)
负责人:何先生
Tel:020－84332111
13802769195

**深圳市及时沟通广告有限公司**
业务:本公司成立于2006年,主要从事广告业务,企业形象策划,礼仪服务。竭诚欢迎国内客商来电洽谈业务。
地址:广东省深圳市福田区园岭五街园岭文化中心五楼
负责人:祝为君……邮 编:518028
法 人:祝为君
Tel:0755－25886860
Fax:0755－25886185

**深圳市瑞丰园贸易发展有限公司布吉信义购物广场**
业务:本公司成立于2006年,主要经营大型综合商场,销售生活用品、服装、日用品、食品等。产品质量保证、价格合理,热忱欢迎新老客户光临惠顾!
地址:广东省深圳市龙岗区布吉罗岗百鸽路信义假日名城五期逸翠园2号楼1楼
负责人:黄进强……邮 编:518112
法 人:黄进强
Tel:0755－84503688
Fax:0755－84503682
E-mail:hxl69333@126.com

**广州精毅贸易有限公司**
业务：专业从事服装、饰品、工艺品的批发贸易，我们始于客户需求，终于客户满意，公司自成立以来深受客户信赖，我们将一如既往为客户提供最优质的产品和最满意的服务！
产品：服装、食品、酒类
地址：广东省广州市白云区黄石西路 466 号君圣宾馆 509 房
负责人：郭菁 邮　编：510000
法　人：郭菁
Tel：020－62859868
13902264048
E-mail：WIN.KWOK69@163.com

**广州市白云区益民餐具清洗中心**
业务：餐具清洗，台布清洗
地址：广东省广州市白云区金碧雅苑 10 幢 1602 室
负责人：程裕峰 邮　编：510130
法　人：程裕峰
Tel：020－82090771

**金永喜购物广场**
业务：集日用百货、小家电于一体的大型综合超市，品种齐全、质优价廉，诚信经营让顾客满意是我们的目标，热忱恭候您的每一次光临！
产品：日用百货、家用小电器、包装食品、烟酒、水果、手机
地址：广东省广州市白云区松洲横沙复建街 63 号－69 号首层
负责人：陈卉芹 邮　编：510000
法　人：蔡院周
Tel：020－81799893
Fax：020－81799658
E-mail：529243726@qq.com

**揭西县世和商贸发展有限公司**
业务：散热风机、电子扇、印刷包装、建筑材料、陶瓷、食品香精
地址：广东省广州市白云区夏茅新桥工业区 B 栋
负责人：蔡文德 邮　编：510130
法　人：蔡文德
Tel：13802971506
020－61152030
QQ：339269559
网址：WWW.gzyongshun.com
E-mail：ysprinting@163.com

**广州市记号广告有限公司**
地址：广东省广州市海珠区新港中路 350 号之五 2702 房
负责人：刘镇从
Tel：13016016206

**广州市花都展隆购物广场**
地址：广东省广州市花都区商业大道 12 号之一
负责人：毕少雄
Tel：020－36827828

**广州市骄麟篷喷绘材料发展有限公司**
地址：广东省广州市花都区新华站云山大道 30 号盈丰大厦五楼
负责人：赵国权
Tel：020－86854792

**广州市汇德隆航空物流包装服务有限公司**
业务：航空物流包装，航空货物运输，包装材料购销
地址：广东省广州市花都区花东镇三凤村 4 队十四巷 2 号 101－201
负责人：吴朝进 邮　编：510130
法　人：吴朝进
Tel：13724893652
13711773671
020－86766521
Fax：020－86766521
E-mail：huidelong@163.com

**广州钟城起重吊装有限公司**
业务：吊装起重装备租赁
地址：广东省广州市黄埔区丰乐北路 84－88 号附楼 188 之一
负责人：钟满棠 邮　编：510130
法　人：钟满棠
Tel：020－82392233

**广州云峰影视文化传播有限公司**
地址：广东省广州市花都区新华镇红棉大道 33 号
负责人：黄维崧
Tel：020－36852763

**广州市琛泰贸易有限公司**
地址：广东省广州市花都区新华镇大华二路 24 号 208 房
负责人：陈李琛
Tel：020－36852312

**深圳市佳源美百货有限公司**
业务：深圳市佳源美百货有限公司是集代理、批发、研制、零售连锁为一体的企业，下属有金茂叶连锁店十二家。公司主要致力于饮料制品、日用化工品，酒类制品的研制及渠道开发。我们的配送中心能更快速，更准确的为各大商场、超市、批发部、士多店、酒楼、餐厅、宾馆及其它娱乐场所等实现高效的配送，我们的团队能为你提供一流的服务。
地址：广东省深圳市龙岗区布吉三联村三区二巷 6 号佳源美公司大楼
负责人：彭忠义 邮　编：518112
法　人：彭忠义
Tel：0755－89971487

**广州市志欣贸易有限公司**
地址：广东省广州市花都区新华镇大华新村 7 号
负责人：徐志伟
Tel：020－86882595

**广州市挚信咨询服务有限公司**
地址：广东省广州市花都区新华镇花城路八号之三
负责人：邝灿森
Tel：020－36356472

**黄金时代商务服务部**
地址：广东省广州市黄埔区广州经济技术开发区志诚大道 341 号边防检查站东幢 102
负责人：朱松耿
Tel：020－82001556

**广州市泳安信息服务有限公司**
地址：广东省广州市黄埔区荔香路 85 号 6 楼
负责人：武再起
Tel：13822156144
1380977886

**宏丽黄埔百货有限公司**
地址：广东省广州市黄埔区石化路文冲商贸大厦
负责人：赵小德
Tel：020－82481080
82481280－670
13332893151

**光佳达实业有限公司**
业务：深圳市光佳达实业有限公司成立于 2003 年，主要从事土建工程，生产静电地板，代售各种装饰材料。欢迎新老客户来电垂询！
地址：广东省深圳市龙岗区布吉镇杓马岭百河山庄 10 号 304
邮　编：518112
法　人：郑楚光
Tel：0755－83093513
Fax：0755－84279062
网址：www.gdjd.chinapyp.com

**艺州人文化传播有限公司**
地址：广东省广州市机场路 581 号穗景大厦 B 座 4 楼 405－406
负责人：周湛文
Tel：020－86078111
13710588333

**广州浩博贸易有限公司**
地址：广东省广州市经济技术开发区东江大道 183 号道光大厅 2 楼 B－202
负责人：丁祖胜
Tel：020－82209858

**广州市鑫璐贸易有限公司**
地址：广东省广州市荔湾区环市西路 133 号北楼六楼
负责人：代继朋
Tel：020－86500029

**深圳市粤群龙发展有限公司**
业务：深圳市粤群龙发展有限公司于 1999 年创建，位于交通便利的广东省深圳市龙岗区龙岗镇龙平路人人购物广场四楼。公司现有员工 400 余人，主要从事国内商业贸易。本公司在坚持向市场提供优质产品和恪守信誉的同时，恳请各界人士能鼎力支持，共谋发展之路。我们的宗旨是："不要求做到最大，只要求做到最好"。
地址：广东省深圳市龙岗区龙岗镇龙平路人人购物广场四楼
邮　编：518116
法　人：彭武豪
Tel：0755－28833288
Fax：0755－28830300

**广州市兴华达贸易有限公司**
地址：广东省广州市荔湾区西华路 525 号
负责人：谢新华
Tel：020－81071211

**广州市荔湾区银天使婚姻介绍服务部**
地址：广东省广州市荔湾区中山八路 5 号 1704 房
负责人：杨礼
Tel：020－83558339

**广州注意力公关顾问机构（原广州注意力传播有限公司）**
地址：广东省广州市寺右新马路 111－115 号五羊新城广场 28 层
负责人：郑梅燕
Tel：020－61205978
61205989

**广州仲诚贸易有限公司**
地址：广东省广州市天河区华利路 21 号 807 房
负责人：曹晓锋
Tel：020－81020531

**广州市精方康体设备有限公司**
地址：广东省广州市天河区黄埔大道西 191 号 5D
负责人：竺方才
Tel：020－87547652
13922231828

**广州得信咨询有限公司**
地址：广东省广州市天河区黄埔大道中 259 号天润大厦 503 室
负责人：李敏
Tel：020－87350899

**广州市顺圆贸易有限公司**
业务：贸易钢材、制冷设备上门安装、金属材料
地址：广东省广州市黄埔区广东鱼珠国际建材市场三区 401 号商铺
负责人：刘新民 邮　编：510710
法　人：刘新民
Tel：020－62251676
0757－26186973
Fax：020－62251676
0757－26186973
E-mail：shunyuanjiancai@163.com

**广州市迪皑特电缆有限公司**
业务：主要经营电线电缆及技术进出口业务，我们以品质取信于顾客，以创新领先于市场，真诚为您服务！
业务：电缆，电线
地址：广东省广州市黄埔区黄埔东路 2888 号 606 号
负责人：孙晓蓉 邮　编：510735
法　人：孙晓蓉
Tel：020－28021632
13751793847
Fax：020－28021623
网址：www.diatcable.cn
E-mail：yoyosun963@163.com

**广州天良贸易有限公司**
业务：冶金石灰，水泥，钢材，化工产品，民用石灰
地址：广东省广州市萝岗区东区街笔村中南坊西街 2 号 101 铺
负责人：李东有 邮　编：510130
法　人：李东有
Tel：13251088180
13226569999
13957707209
网址：http://www.51zzt.com/user/zzt34755

**广州市宝信信息咨询有限公司**
地址：广东省广州市天河区淘金北路正平南街 1 号 4C 房
负责人：曾钧
Tel：020－37588755

**广州市铂盛贸易有限公司**
地址：广东省广州市天河区天河北侨林街 43 号中旅商务大厦 27F
负责人：李波
Tel：020－38817713
38817717

**广州展图数码图像设计有限公司**
地址：广东省广州市天河区下塘西路 29 号 202 房
负责人：曾军
Tel：020－83575722

**南雄市全安君成百货**
业务：专业代理销售安利系列产品，并提供产品咨询和使用方法及服务，产品涵盖营养保健食品、美容化妆品、个人护理用品、家居护理用品和家居耐用品等系列，可全方位满足消费者日常生活的需要。
产品：安利系列产品
地址：广东省广州市梅岗路 147 号 202 室
负责人：江远君 邮　编：510510
法　人：江远君
Tel：020－37290155
13640212056
Fax：020－28359780
网址：www.amway.com.cn

**广州市澳源清洁服务有限公司**
业务：清洁服务、外墙清洗、下水道疏通、长期保洁、搬家清洁、劳动派遣
地址：广东省广州市南沙区南沙街中围下街 15 号
负责人：陈华龙 邮　编：510130
法　人：陈华龙
Tel：13802987138
020－34684768
Fax：020－62190708
网址：http://www.51zzt.com/user/zzt123458

**深圳市顺平达实业有限公司**
业务：本公司成立于 1995 年，主要从事肉菜市场零售批发、大型百货超市、大型酒店、服装皮鞋小商品市场、家电家私、餐饮娱乐休闲会所；本公司拥有大小型吊车、自吊车、平板拖车、长短途运输车辆，有专业队伍搬运、吊装、移位、定位，代办各种保险业务。本公司有对外汽车修配，重型机器维修，各种进口、国产车综合修配，事故拖车，代办保险、年审、二级维护。
地址：广东省深圳市龙岗区平湖平龙西路 75 号
负责人：袁顺龙 邮　编：518111
法　人：袁顺龙
Tel：0755－89698888
Fax：0755－84695969

**广州滨海投资咨询管理有限公司**
业务：1. 股权投、融资服务 2. 债权融资服务 3. 直融债融资服务 4. 融资企业可执行的商业计划书的编制与策划服务 5. 节能环保节净新能源新材料技术设计与咨询服务 6. 融资企业建设项目的总体策划与工程总筹管理、投资预结算编制与审核，工程技术设计方案优化、评审 7. 企业工商财务咨询服务 8. 本公司为滨海国际股权交易所投资机构会员
地址：广东省广州市天河区珠江新城华强路 2 号富力盈丰大厦 2332
负责人：韩克难 邮　编：510623
法　人：韩克难
Tel：13418079807
020－23361775
Fax：020－38065369
E-mail：hkn1682005@163.com

**广州宝南贸易发展有限公司**
业务：进出口贸易
产品：日用化工产品、家用电子产品
地址：广东省广州市越秀区水荫路 2 号西座 706 房
负责人：蓝海燕 邮　编：510130
法　人：蓝海燕
Tel：13928885213
020－37600404
Fax：020－37600404
网址：http://www.51zzt.com/user/zzt36438
E-mail：gzbaonan@126.com

**广州儒商贸易有限公司**
地址：广东省广州市天河区杨箕村泰兴外街 23 号地下
负责人：李方
Tel：13054474170

**广州市嘉腾贸易有限公司**
地址：广东省广州市天河区中山大道中 268 号东圃天河广场 s172 房
负责人：王源峰
Tel：13719310177

**广州市海珠区英华咨询所**
地址：广东省广州市新港西路 231 号欣海楼 3B1 室
负责人：曾沂
Tel：020－84032433
13570117844

**广州市侨联国泰项目广告公关有限公司**
地址：广东省广州市越秀区恒福路 92 号淘金大厦西塔 B 梯 1305 房
负责人：高君
Tel：020－83588688

**广州美嘉利华企业管理发展有限公司**
业务：广告业、保险业、贸易行业
地址：广东省广州市越秀区寺右新马路 110－115 号五羊新城广场 2717 房
负责人：霍剑豪 邮　编：510000
Tel：13922333721
020－87371054

**河源市源城区豪源商贸有限公司**
业务：销售各类大小家电
产品：大小家电
地址：广东省河源东华路西安置点东 1 排南 2 栋南第 9－10 卡
负责人：刘荣康 邮　编：517001
法　人：刘荣康
Tel：0762－3181115
13829373381
Fax：0762－3300109

**河源市源城区麦可德基面包店**
业务：主要经营面包等的销售
地址：广东省河源市高新区龙记大道 39 号门店
负责人：骆少军 邮　编：517001
法　人：骆少军
Tel：0762－3602283
13539138966

**深圳市华中晟广告有限公司**
地址：广东省深圳市福田区益田路江苏省大厦 A 座 807.809 室
负责人：赵红超

Tel:0755－82960338

**日之泉蒸馏水深圳市配送服务中心**
地址:广东省深圳市福田区渔农村天泽花园逸院15号
负责人:李伟建
Tel:0755－83595789
13802551628

**华正元贸易有限公司**
地址:广东省深圳市福田区裕亨路皇岗码头综合楼西511－515室
负责人:曾夏洋
Tel:0755－83398136
13603065823

**深圳市欧安利贸易有限公司**
地址:广东省深圳市福田区振华路55号工艺大厦650房
负责人:颜金灿
Tel:0755－26426183

**深圳市罗霞商行**
地址:广东省深圳市福田区振兴路109号华康大厦A栋307室
负责人:罗霞
Tel:0755－25570655

**艺中艺企业形象策划有限公司**
地址:广东省深圳市福田区振业景洲大厦A座5E
负责人:李秋杨
Tel:0755－83523149
13502861548

**深圳市腾旭贸易发展有限公司**
地址:广东省深圳市福田区振中路玮鹏花园2栋1008房
负责人:朱廷泉
Tel:13025401443

**深圳市资迅达商业信息咨询有限公司**
地址:广东省深圳市福田区中航院27幢202室
负责人:郭君
Tel:0755－83237750
13715370198

## 连平县忠信镇圣填贸易商行
业务:批发、零售;酒、饮料、零售;奶粉
地址:广东省河源市连平县忠信镇人民三路13号
负责人:曾建吉　邮　编:517139
法　人:曾建吉
Tel:0762－4552446
4391268
13825392446
Fax:0762－4552446
E-mail:zjjsy2008@163.com

**广州市一易广告有限公司**
地址:广东省广州市越秀区环市中路231号广州广播大厦5－1
负责人:裘农
Tel:13060997777

## 深圳市锦浩华商贸有限公司
业务:本公司成立于2005年10月,主要经营服装、皮鞋、皮具、化妆品、家用小百货、精品、饰品等。热诚欢迎新老客户惠顾!
地址:广东省深圳市龙岗区坪山街道建设路9号(泰华商城)
邮　编:518118
法　人:袁园
Tel:0755－28821608
Fax:0755－28821209

**石狮市健健贸易有限公司广州分公司**
地址:广东省广州市越秀区环市中路276号国龙大厦裙楼6楼606室
负责人:蔡燕玲
Tel:020－83602737

**广州缘创广告有限公司**
地址:广东省广州市越秀区黄华路26号5－A室
负责人:卢广贵
Tel:020－83889113
13609046325

**广州世间服务有限公司**
地址:广东省广州市越秀区解放北路542号中座303室
负责人:冯海洋
Tel:020－83510309

**源创建企业形象策划(上海)有限公司广州办事处**
地址:广东省广州市越秀区解放北路618－620号1101房
负责人:蔡超恒
Tel:020－83372970

## 龙川县鸿盛经贸发展有限公司
业务:销售五金机电产品、建筑材料、生物桔秆气化炉、日用百货、化妆品、床品等
产品:五金机电产品、建筑材料、生物桔秆气化炉、日用百货、化妆品、床品等
地址:广东省河源市龙川县登云镇大道新农贸市场
负责人:郑群林　邮　编:537373
法　人:郑群林
Tel:13923693198
0762－6329688
Fax:0762－6329666

## 三路食品百货便利店
业务:主要经营烟酒、副食品、日用百货,批零兼营,本店以齐全的品种,上乘的质量,超低的价格,热情的服务,欢迎您的光临
地址:广东省河源市源城区金沟湾西三路南1号
负责人:游健　邮　编:517000
法　人:游健
Tel:0762－3372961
13829337799

## 河源市源城区艺意广告策划部
业务:平面广告设计、制作、发布
地址:广东省河源市源城区金沟湾西一路东二巷2号
负责人:谢运冰　邮　编:517000
法　人:谢运冰
Tel:15986032156
0762－3376302

## 河源市源城区兵弟茶庄
业务:批发、零售;各种名烟、名茶、名酒、进口红酒等
地址:广东省河源市源城区明珠开发区力王大道公寓楼113号
负责人:黄兵弟　邮　编:517000
法　人:黄兵弟
Tel:15976702138
13286722226

## 博罗县长宁镇华兴茶烟酒商店
业务:经营茶、烟酒
产品:铁观音、乌龙茶
地址:广东省惠州市博罗县长宁镇石下村喜运来厂后门对面
负责人:张镇强　邮　编:516001
法　人:张镇强
Tel:0752－6893501
13536321952

**广州瑞恒贸易有限公司**
地址:广东省广州市越秀区解放北路西华二巷18号503房
负责人:彭伟强
Tel:020－83567830
88171991

**广州毅燊贸易有限公司**
地址:广东省广州市越秀区米市路小康新街20号首层
负责人:秦慰文
Tel:020－88599881

**广州市绿红轩贸易有限公司**
地址:广东省广州市越秀区小北路185－189号1503房
负责人:廖小琴
Tel:020－81913900

## 深圳市金易德贸易有限公司
业务:深圳市金易德贸易有限公司成立于2003年,主要从事大米的销售。"诚信经营,质量为本,价格合理",热诚欢迎新老客户光临惠顾。
地址:广东省深圳市罗湖区宝岗路西货场2－4号
邮　编:518023
法　人:王敬锡
Tel:0755－82405360
Fax:0755－82424192

## 深圳市合信展览有限公司
业务:深圳市合信展览有限公司是一家专业的展览及会议组织及策划企业,公司旗下拥有"菲律宾国际物流博览会"在内的五大品牌展会,在国际上具有一定影响力。
地址:广东省深圳市罗湖区深南东路2098号盛华大厦2688室
邮　编:518000
法　人:麦智雄
Tel:0755－25179897
Fax:0755－82226786
网址:www.adexhibit－inc.com

## 博罗县民富沼气工程服务部
业务:专业设计建设大、中、小型沼气工程,设计、施工、配套服务一条龙
地址:广东省惠州市博罗县湖镇镇富裕大道
负责人:袁金海
法　人:袁金海
Tel:15976158838
0752－6321369

## 博罗县罗阳镇凯德防水补漏工程部
业务:主要经营各种结构类型的防水补漏,墙漆等
地址:广东省惠州市博罗县罗阳镇城东商贸城一座9号
负责人:黄正茂　邮　编:516001
法　人:黄正茂
Tel:13531657548
0752－6218819

## 惠州市富汇企业管理服务有限公司
业务:我们秉承专业、高效的服务理念,专业从事劳务派遣、生产外包、学生就业实习安置、企业服务,兼营进出口贸易。我们至诚至信,合作共赢,忠心期盼与您共同发展。
产品:派遣工、文具、五金、电子产品等
地址:广东省惠州市陈江镇锦光路31号凯旋国际公寓808房
负责人:李建　邮　编:516229
法　人:廖乐军
Tel:0752－3896116
Fax:0752－3896115
E-mail:fuhuihr@126.com

**广州市越秀区流花永帮企业信息咨询服务部**
地址:广东省广州市越秀区站前路148号105室
负责人:黄建荣
Tel:020－86682495

**广州市印邦贸易有限公司**
地址:广东省广州市越秀区中山五路193号百汇广场910室
负责人:黄少海
Tel:020－83546790

**广州龙骏贸易发展有限公司**
地址:广东省广州市增城市荔城街西城路东二巷23号501室
负责人:单加雄
Tel:020－82729088

**广州市东急贸易有限公司**
地址:广东省广州市增城市增江街广汕公路北边(五一村乐狸径)
负责人:叶汝berries
Tel:020－82612298

**增城市中新镇出租屋管理服务中心**
地址:广东省广州市增城市中新镇新墩路36号
负责人:范杰生
Tel:020－82861796

## 深圳市深嘉迅贸易发展有限公司
业务:深圳市深嘉迅贸易发展有限公司主要销售汽车配件。热忱欢迎新老客户惠顾。
地址:广东省深圳市罗湖区太宁路305号
邮　编:518002
法　人:詹木秋
Tel:0755－25601806
Fax:0755－25600987

## 惠州市惠城区诺盾餐具消毒部
业务:餐具消毒
地址:广东省惠州市惠城区河南岸湖山村何屋小组29号
负责人:曾胜杰　邮　编:516000
法　人:曾胜杰
Tel:13531739154
0752－2525092

## 惠州市惠城区众诚蔬菜配送店
业务:蔬菜配送
地址:广东省惠州市惠城区机械厂宿舍29幢202室
负责人:吴凑寿　邮　编:516200
法　人:吴凑寿
Tel:13413189788
0752－2238171

## 惠州市宵云广告有限公司
业务:灯光设计、制作和安装,大型活动策划,灯光工程,土石方工程、装饰工程、园林工程的承接
地址:广东省惠州市惠城区下埔路阳光华庭三楼309
负责人:杨红菊　邮　编:516001
法　人:杨红菊
Tel:15875206195
0752－2112852
E-mail:ycm323@163.com

## 惠城区仁达广告部
业务:制作广告牌
地址:广东省惠州市惠城区仲恺大道惠环段371号
负责人:李恒锋　邮　编:516001
法　人:李恒锋
Tel:0752－2601646

## 惠东县吉隆快迪便利店鞋城磨坑小区分店
业务:经营男鞋、女鞋、鞋材等
地址:广东省惠州市惠东县吉隆镇鞋城磨坑小区
负责人:缪水旺　邮　编:516300
法　人:缪水旺
Tel:13531705458
0752－8289227

## 深圳市鸿盛恒贸易有限公司
业务:深圳市鸿盛恒公司是经营"柯林"品牌童装;"米兔龙"童鞋,书包为主。自主设计、生产,款式新颖,质量保证。欢迎各界人士加盟、代理。
地址:广东省深圳市罗湖区文锦北路1068号宝安外贸大厦405室
邮　编:518020
法　人:刘美燕
Tel:0755－25632556
Fax:0755－25637863

**广州市银谷企划顾问有限公司**
地址:广东省广州市中山区先烈南路21号之十106室
负责人:谷先生
Tel:13802920331

**广州顶峰广告有限公司**
地址:广东省广州市珠江新城金穗路30号丽晶华庭金莱阁1002室
负责人:陈绍文
Tel:020－38293360
13312885686

**河源市宏顺广告装璜工程有限公司**
地址:广东省河源市中山大道北运恒花园102号
负责人:曾宏顺
Tel:0762－3387979

**惠州市爱达广告装饰工程有限公司**
地址:广东省惠州市陈江镇仲恺大道六路57号
负责人:陈涛
Tel:13005745513

## 惠东县平山伊耐净干洗华侨城店
业务:干洗服务
产品:衣服、裤子、鞋子等
地址:广东省惠州市惠东县平山华侨城HQ－2区P栋4号
负责人:杜敏　邮　编:516001
法　人:杜敏
Tel:0752－8558928
13414530177
18928323927

## 惠东县有情百货
业务:专业化妆品批发
产品:化妆品
地址:广东省惠州市惠东县平山新华路72号旺角商贸中心H栋5－6号
负责人:丘春平　邮　编:516001
法　人:丘春平
Tel:0752－8989891
Fax:0752－8583629

## 惠东县东方淡水养殖专业合作社
业务:提供技术咨询,种苗采购,商品统一销售
地址:广东省惠州市惠东县平山镇龙船井4巷3号
负责人:钟秀来　邮　编:516300
法　人:钟秀来
Tel:13005704197

## 惠州市锦峰贸易有限公司
业务:国内贸易
产品:化工、煤炭、建筑材料
地址:广东省惠州市惠阳区大楠南路109号－8幢
负责人:文定安　邮　编:516001
法　人:文定安
Tel:0752－3833557
3837116
13928381213
Fax:0752－3837116
网址:www.hzjfmyyxgs.chinapyp.com
E-mail:jinhui13928381213@163.com

## 惠州市惠阳区淡水惠民白蚁服务部
业务:白蚁的防治
地址:广东省惠州市惠阳区淡水松岭新村一巷1号
负责人:聂军强　邮　编:516001
法　人:聂军强
Tel:13631979708
0752－3389862

**龙飚装璜设计工作室**
地址:广东省惠州市惠城区鹅岭南怡康花园怡景阁305房
负责人:蔡先见
Tel:0752－2936588

## 深圳市博富隆实业有限责任公司
业务:本公司是一家拥有进出口经营权,以进出口贸易、船务、物流为主的综合性公司,进出口贸易主要经营家私、灯饰、以及印铁行业专用设备全自动洗板机。公司在珠三角有多家家私、灯饰联营厂,产品主要出口欧美。公司从产品的设计订样、生产、到出口物流等流程一条龙服务,也可以来样加工出口。
地址:广东省深圳市南山区创业路海珠城海霞阁7B

邮　编：518000
法　人：刘寿明
Tel：0755－26417905
Fax：0755－26647763

**广东省深圳市信诚实业有限公司**
业务：我公司是一家以针对礼品市场的家用小电器、电子类的礼品，生活用品为主，集研究、设计、开发、生产、销售、服务为一体的实业公司。我们以完美的设计、实用的功能迎合小家电及礼品市场的不断需求，推出了多种新产品，其款式新颖、小巧玲珑、功能齐全、性能优越，赢得海内外各界人士的青睐。
地址：广东省深圳市南山区工业一路海涛大厦338室
邮　编：518067
法　人：李曦
Tel：0755－26861689
Fax：0755－26831398

**惠州市惠阳区淡水家乐日杂商店**
业务：日用百货
地址：广东省惠州市惠阳区淡水下土湖村
负责人：张细城　邮　编：516001
邮　编：张细城
Tel：0752－3772728

**惠州市惠阳区玉潞贸易有限公司**
业务：经销百货
地址：广东省惠州市惠阳区秋长白石村角塘地段（鸿裕市场鸿裕百货）
负责人：吴法林　邮　编：516001
法　人：吴法林
Tel：0752－3561888
3731138
Fax：0752－3877868

**惠州市惠阳区新圩镇昌盛百货店**
业务：经营日用百货
地址：广东省惠州市惠阳区新圩镇长布村周康围
负责人：杨以任　邮　编：516001
法　人：杨以任
Tel：0752－3515598
3522406

**惠州市惠阳区新圩镇家成粮油副食品商店**
业务：粮油副食品销售
地址：广东省惠州市惠阳区新圩镇星运花园鲸鱼座A027号
负责人：谢海题　邮　编：516001
法　人：谢海题
Tel：13692855938
0752－3527898

**惠州市惠阳区镇隆云宏工艺品加工厂**
业务：生产与加工销售圣诞工艺品
产品：圣诞工艺品
地址：广东省惠州市惠阳区镇隆镇青草窝工业区
负责人：康克云　邮　编：516001
法　人：康克云
Tel：13414507218
0752－3767370
Fax：0752－3767371
E-mail：yunhongkk@126.com

**梅州市嘉德贸易有限公司**
地址：广东省梅州市梅江四路
负责人：孙丽英
Tel：0753－2392982

**梅州卓越贸易有限公司**
地址：广东省梅州市南门商业广场G1－2栋西起六号店
负责人：刘卓平
Tel：0753－6122216

**惠州市安迪尔实业有限公司**
业务：牛皮头层、二层、二层反绒，皮革行业、电镀行业及污水处理行业所用的基本化学原料以及皮革、家私、五金行业所用磨料磨具等。
产品：砂纸、牛皮革、砂带、净水絮凝剂、牛皮、亚硫酸盐、草酸
地址：广东省惠州市江北14号小区华丽大厦4楼01、02房
负责人：刘军　邮　编：516001
法　人：刘军
Tel：0752－7811518
Fax：0752－7811528
网址：http://andier518.cn.alibaba.com/
E-mail：andier518@163.com

**五华县奔奔信息咨询有限公司**
地址：广东省梅州市五华县水寨镇华兴北路东方街

负责人：李俊焰
Tel：0753－4430641

**新发贸易有限公司**
地址：广东省汕头龙眼6号楼4楼4104
负责人：杨学宏
Tel：0754－88520833
13556393839

**德宝龙实业发展有限公司**
地址：广东省汕头市潮南区泗联东宅
负责人：周楚雄
Tel：0754－87781013

**惠州市浩崇华贸易有限公司**
业务：主营预包装食品、日用品批发零售业务，我们将以诚心为服务，信誉为立身，以卓越的产品、优质的服务，真诚为每一位客户服务。
产品：日用品、预包装食品
地址：广东省惠州市江北26号小区佳怡花园C栋3－201号房
负责人：余锡浩　邮　编：516000
法　人：余锡浩
Tel：0752－2817792
13502261100
Fax：0752－2817729
网址：www.hz－hdh.cn
E-mail：hz_hdh@163.com

**嘉悦日用百货店**
业务：经营原装进口生活百货，品种丰富。
产品：进口水机、厨具、环保家居用品、护肤品、营养品、保健品
地址：广东省惠州市龙船街金雅苑13－7号
负责人：许嘉悦　邮　编：516001
法　人：林宝屏
Tel：0752－2226543
网址：www.lbp.ec500.com
E-mail：linbaopinghz@163.com

**龙门县便民事务代办店**
业务：代办各种证件、年审、车辆过户、代交各种违章罚款服务，代买各种机动车辆保险。兼营：各种建筑中介、装修中介、水果中介
地址：广东省惠州市龙门县龙城镇迎宾路24号
负责人：古伟锋　邮　编：516001
法　人：古伟锋
Tel：13631925299
0752－7980459

**惠州市荣昌装饰工程有限公司**
业务：装修装饰服务
地址：广东省惠州市麦地南路麦地南山庄D栋403房
负责人：郭晓忠　邮　编：516001
法　人：郭晓忠
Tel：13075280605
0752－29684609

**惠州市惠城区广艺器材经营部**
业务：经营油漆、五金、包装材料
地址：广东省惠州市小金口长春西街四巷20号
负责人：韩树涛　邮　编：516001
法　人：韩树涛
Tel：13553423636
0752－2293058
Fax：0752－2293058

**深圳市鑫鹏贸易有限公司**
业务：深圳市鑫鹏贸易有限公司成立于2004年，主要生产漂白水、氨水，经营盐酸、硫酸、硝酸、片碱、液碱、线路板原材料、水处理化工原料等。竭诚欢迎新老客户惠顾。
地址：广东省深圳市南山区南山大道康乐大厦福海阁20F
邮　编：518057
法　人：王金平
Tel：0755－26435899
Fax：0755－26435866

**东莞市凤岗桓业装卸搬运服务部**
业务：东莞市凤岗桓业装卸搬运服务部成立于2000年，主要从事搬迁等工作。"信誉第一，客户至上"，欢迎新老客户来电咨询。
地址：广东省深圳市平湖镇平新北路218号
邮　编：518000
法　人：严光富
Tel：0755－21035818
Fax：0755－28491019

**诚国企业管理咨询（深圳）有限公司**
业务：本公司为本地及国际客户提供一系列的专业服务，并确认为全方位商业服务中心，为顾客在香港和中国提供国际资讯服务。
地址：广东省深圳市人民南路天安国际大厦B座1904
负责人：罗国辉　邮　编：518001
法　人：罗国辉
Tel：0755－61353889
Fax：0755－61353890
E-mail：chengco_advisory@yahoo.com.cn

**惠州市惠城区良旺商贸行**
业务：日用百货及副食零售
地址：广东省惠州市小金口火车站对面上黄村195号
负责人：周良　邮　编：516000
法　人：周良
Tel：13680713963

**惠州市互盈贸易有限公司**
业务：国内贸易
产品：饮料（牛奶，红酒，果醋OPC）
地址：广东省惠州市小金兴隆东街金朗小区四排13栋一楼
负责人：陈凤娟　邮　编：516001
法　人：李建发
Tel：0752－2060016
Fax：0752－2060012
E-mail：chenfengjuan108@163.com

**鹤山市共和镇惠家综合批发部**
业务：批发日用百货、粮油副食品、鸡蛋、饮料以及卫生巾纸尿裤等
地址：广东省江门鹤山市共和镇共建路370号
负责人：罗斌　邮　编：529728
法　人：罗斌
Tel：13630001460
0750－8405515

**江门市江海区和乐福购物广场**
业务：经营食品、副食品、日用百货、日化用品、服装鞋帽、家电等
地址：广东省江门市江海区麻三农贸综合市场麻三湾底里128号
负责人：游春华　邮　编：529020
法　人：游春华
Tel：0750－3960988
13549903388

**江门市江海区李国城修理店**
业务：电梯修理
地址：广东省江门市江海区外海兰花园四巷一号铺位
负责人：李国城　邮　编：529080
法　人：李国城
Tel：13929043395

**开平市长沙区丽姿美百货商店**
业务：主要经营百货的销售
产品：广东省江门市开平市长沙区幕涌西路11号首层铺位
负责人：黄日峰　邮　编：529020
法　人：黄日峰
Tel：13702412725
0750－2233091

**汕头市潮睿专利事务有限公司**
地址：广东省汕头市大华路8号1号楼楼下
负责人：唐瑞雯
Tel：0754－88985533
85894433

**东厦广告材料经营部**
地址：广东省汕头市金园区金湖路龙星城综合楼一层6号
负责人：叶志远
Tel：0754－88602837
13902779596

**汕头市杏昌贸易有限公司**
地址：广东省汕头市龙眼路6号4楼
负责人：黄泽宏
Tel：13556393839

**南雄市金辉商贸发展有限公司**
地址：广东省韶关市南雄市雄州镇雄中国A2栋21号
负责人：叶太华
Tel：0751－3865788

**开平市金鸡镇和裕购物商场**
业务：日用品的销售
产品：日用品
地址：广东省江门市开平市金鸡镇金鸡市场6号铺位
负责人：高文　邮　编：529020
法　人：高文
Tel：0750－2558788

**开平市水口镇润城汽车租赁中心**
业务：汽车租赁
地址：广东省江门市开平市水口镇民福路125号
负责人：许润权　邮　编：529020
法　人：许润权
Tel：0750－2738008
13431774987

**韶关市康顺达企业管理咨询有限公司**
地址：广东省韶关市曲江区马坝镇建设北路鸿华苑南栋6、7、8号
负责人：李继华

Tel：0751－6673013

**深圳市宝安区新安宝蕾家政服务部**
地址：广东省深圳市宝安北区宝城17区新安二路105号青少年活动中心216室
负责人：王莹
Tel：0755－27756776
27782980
27000829

**江门市江海区礼乐嘉华商品信息服务部**
业务：煤气配送
地址：广东省江门市礼乐江礼公路西教师楼102号商铺
负责人：李燕平　邮　编：529000
法　人：李燕平
Tel：13555651266
0750－3638899

**蓬江区林明达百货商行**
业务：经销百货
地址：广东省江门市蓬江区棠下大道20号
负责人：林明亮　邮　编：529000
邮　编：林明亮
Tel：0750－3588080

**揭阳市东山区金亚百货商行**
业务：日用百货，副食品，水果，超市经营
地址：广东省揭阳市东山区卢前路以西建阳路以南金叶花园41号
负责人：郭勋斯　邮　编：522000
法　人：郭勋斯
Tel：0663－8217028

**揭西县大溪凌峰食品贸易行**
业务：主要经营速冻美食的销售
地址：广东省揭阳市揭西县大溪镇华阳大道44号
负责人：李银海　邮　编：522000
法　人：李银海
Tel：13729343929
0663－2109648
Fax：0663－2109325

**深圳市普联华企业管理咨询有限公司**
地址：广东省深圳市宝安电子城大厦15F
负责人：李先生
Tel：0755－27882909
13923895387

**宝安区职业介绍所**
地址：广东省深圳市宝安区11区广深路新安段61号
负责人：余光辉
Tel：0755－27785007
27859711

**鑫利购物广场**
业务：服装、家电、床上用品、生鲜熟食
地址：广东省连平县三角镇生态工业园绿意广场
负责人：陈雄辉　邮　编：517500
法　人：陈雄辉
Tel：13539106963
0762－4613938
Fax：0762－4613918

**连州镇智勇家电维修部**
业务：家电维修，旧家电回收
地址：广东省连州市体育北街一横巷2号
负责人：邹智勇　邮　编：513400
法　人：邹智勇
Tel：0763－6620201
18922559753

**茂名叶其君点钞机专卖店**
业务：点钞机专卖
地址：广东省茂名市滨南路172号101室
负责人：叶其君　邮　编：525000
法　人：叶其君
Tel：13692608988
0668－2987526

**深圳市久马策划设计有限公司**
地址：广东省深圳市宝安区25区建安一路建安商品市场七栋A108B
负责人：张文科
Tel：0755－27862777

**阳江市鸿波工贸有限公司**
业务：阳江市鸿波工贸有限公司成立于2006年，主要销售各种不锈钢、各种建材、石材。多年来一直坚守"以诚信为本"的原则，欢迎新老客户来电洽谈业务！
地址：广东省阳江市城北工业开发区A1－2
邮　编：529500
法　人：谭伟
Tel：0662－3155668
Fax：0662－3155999
网址：www.gdhbgm.chinapyp.com

**阳江市中刃贸易有限公司**
业务：中刃贸易有限公司是一家综合开发，生

产，和销售刀具材料，配件，以及成品的贸易公司。公司成立于 2005 年，自创办以来，专门针对刀具行业，已经开发出数十种刀具手柄材料。主要产品有 G10 板，Micarta 板，碳纤维板，彩木以及礼品刀具等等。
地址：广东省阳江市东风三路 38 号景湖花园景秀楼 706 室
邮　编：529500
法　人：张强
Tel：0662－3312300
Fax：0662－3323500
E-mail：www.gdzrmy.chinapyp.com

## 茂名市信合经贸有限公司

业务：销售化工产品，机电配件，五金产品，日用百货，建材等
产品：化工产品，机电配件，五金产品，日用百货，建材等
地址：广东省茂名市口岸南街 76 号 301 房
负责人：梁远球　邮　编：525000
邮　编：梁远球
Tel：13824892643
13692660388

## 茂名万事通职业教育信息咨询服务中心

业务：提供职业教育、人才招聘等方面的信息咨询
地址：广东省茂名市文明中路 3 号
负责人：李土旺　邮　编：525000
法　人：李土旺
Tel：13929701877
0668－8998618
网址：http://www.51zzt.com/user/zzt34757
E-mail：mm3266738@163.ccom

## 茂名乐群家政服务部

产品：家政服务
地址：广东省茂名市迎宾二路方兴二街
负责人：李超群　邮　编：525000
法　人：李超群
Tel：0668－3285112
2797166

## 大埔县恒安综合商店

业务：日常生活用品、饮料、烟酒等
地址：广东省梅州市大埔县湖寮镇虎城路恒安丽都 5 号
负责人：罗习松　邮　编：514021
法　人：罗习松
Tel：0753－5559782
13825921178

## 阳江市岚迪工贸有限公司

业务：阳江市岚迪工贸有限公司成立于 2003 年，主要生产不锈钢餐具、刀具、线材杂件、塑胶制品等。我们绝对保证在具有竞争力的价格下同时提供高质量的产品以及最佳的销售服务给贵公司。
地址：广东省阳江市金郊区集贸城市场边
邮　编：529500
法　人：陈强平
Tel：0662－3658807
Fax：0662－3155683

**华东实业有限公司**
地址：广东省深圳市宝安区 25 区前进一路 213 号华丰广场
负责人：欧阳泉
Tel：0755－27856999
13602699382

**北京中企联企业管理顾问有限责任公司深圳市分公司**
地址：广东省深圳市宝安区 26 区前进一路 92 号创业广场大厦 1004 室
负责人：甘飞
Tel：0755－27800086
13714167519

**新安海成贸易行**
地址：广东省深圳市宝安区 27 区 16 栋
负责人：齐桂娟
Tel：0755－27965858
13692190662

## 大埔县茶阳气站县城基安供应点

业务：经营石油液化气
地址：广东省梅州市大埔县湖寮镇青梅路紫云楼对面
负责人：张如基　邮　编：514021
法　人：张如基
Tel：0753－5532093
13825927379

**深圳市方胜设计有限公司**
地址：广东省深圳市宝安区 30 区泰华大厦 2 座 18E
负责人：余正波
Tel：0755－27817181

**康美辉商贸有限公司**
地址：广东省深圳市宝安区 34 区雅然居 1 幢 115 号
负责人：夏辉
Tel：0755－27852119
13316984858

## 蕉岭县新宝托卖行

业务：托卖行
地址：广东省梅州市蕉岭县蕉城镇城南苑二楼
负责人：陈桓新　邮　编：514021
法　人：陈桓新
Tel：0753－7873228
13823873788

## 一成百货配送中心

业务：主营中小百货的批发、配送及团购，品种繁多，质量上乘，我们将以一流的品质、一流的服务，欢迎您的光临！
系列打火机、烟咀、扑克、促销品、广告礼品等
地址：广东省梅州市梅江区城北黄留村十三队
负责人：李志强　邮　编：514089
法　人：李志强
Tel：0753－2380951
13502374796
Fax：0753－2380951
网址：www.yichengbaihuo.cn

## 梅州市梅江区一成百货配送中心

业务：配送打火机、烟嘴、扑克
地址：广东省梅州市梅江区城北镇
负责人：李志强　邮　编：514089
法　人：叶华蓉
Tel：0753－2380951
13502374796

**深圳市宝安区鹏旺贸易行**
地址：广东省深圳市宝安区 76 区丽景城 3 栋 420
负责人：李小兰
Tel：0755－27867358

**信通信息服务部**
地址：广东省深圳市宝安区 A2 栋 401
负责人：谢兰辉
Tel：0755－28117839
13823526107

**深圳市宝安区华美莹贸易行**
地址：广东省深圳市宝安区宝城 35 区安华工业区 3 栋 2 楼东
负责人：黄其荣
Tel：0755－27969031

**创辉电脑设计制作中心**
地址：广东省深圳市宝安区宝城 44 区富源商贸中心（天虹商场）D 座 1003 室
负责人：魏拥军
Tel：0755－27593588
13352989208

**洪氏发进出口贸易有限公司**
地址：广东省深圳市宝安区宝城 45 区自由路宝晖大厦 1009 号
负责人：洪炳新
Tel：13924613368

## 中山市晶益达展示制品实业有限公司

业务：本公司成立于 2005 年，现有 100 多名员工。主要经营纸货架、展柜、展架、礼品的生产与销售。“诚信、感恩、专注、坚毅”
地址：广东省中山市东区孙文东路起湾第一工业区
邮　编：528403
法　人：杨艺君
Tel：0760－8237087
8987118
Fax：0760－8886356

## 鸿昌商行

业务：主营定型包装食品，各种名烟、名酒及补品。本商行秉承“品质取胜，服务为先”的经营理念和服务宗旨，恭候您的光临！
产品：洋酒、烟、虫草、燕窝等
地址：广东省梅州市梅江区鸿都路 23 号
负责人：曾素贤　邮　编：514021
法　人：曾素贤
Tel：13713743354
E-mail：zsxjingle@126.com

## 梅州市梅江区科康信息咨询服务中心

业务：信息咨询服务
地址：广东省梅州市梅江区鸿运路 61 号
负责人：张建新　邮　编：514021
法　人：张建新
Tel：0753－2155383
13823868884

## 中山市雅诺贸易有限公司

业务：中山市雅诺贸易有限公司主要经营清洁用品、消杀用品、卫生杀虫原药，以质量求生存、信誉求发展，竭诚欢迎新老客户来电来函、洽谈业务。
地址：广东省中山市火炬开发区江尾头村明珠苑 C 幢 03 号商铺
负责人：陈周……邮　编：528436
法　人：陈周
Tel：0760－8284708

## 梅州华美康防水工程服务部

业务：天面防水、卫生间防水、厨房防水、地下室防水、维修、补漏工程、装修工程
地址：广东省梅州市梅县新城办事处华侨城沿江金岸 254 号
负责人：杨清　邮　编：514700
法　人：杨清
Tel：13824584739
0753－2598208

## 梅州爱佳尔净水器总代理店

业务：爱佳尔净水器梅州总代理
地址：广东省梅州市梅县新县城半步行街新贵街 113 号
负责人：王保增　邮　编：514021
法　人：何胜军
Tel：0753－2568988
15807536059
Fax：0753－2568988

## 中山市三乡镇宝嘉贸易商行

业务：本公司隶属香港宝嘉实业有限公司，从事工业润滑材料的销售、主要产品有二硫化钼粉末、二硫化钼喷剂、二硫化钼水剂、二硫化钼油膏、二硫化钼蜡笔、导电脂、高温脂等、竭诚欢迎新老客户惠顾。
地址：广东省中山市三乡镇大布东安商业区 A118
负责人：汪庆良……邮　编：528400
Tel：0760－8959018
Fax：0760－6322491
网址：www.racolube.cn
E-mail：wql88888@yahoo.com.cn

**盈利丰实业发展有限公司**
地址：广东省深圳市宝安区宝城 48 区富通苑 A3 栋 11A
负责人：刘文祥
Tel：13600155888

**新安顺达搬迁部**
地址：广东省深圳市宝安区宝城 49 区泰华锦绣城 7 栋 5A
负责人：杨铁林
Tel：13502890176

## 五华县横陂镇全兴商店

业务：副食品销售
地址：广东省梅州市五华县横陂镇横陂村
负责人：魏少森　邮　编：514000
法　人：魏少森
Tel：13539177669
0753－4351675

## 五华县华城东山粤华超市

业务：超市
产品：家居生活用品、食品
地址：广东省梅州市五华县华城镇华新街 56 号
负责人：罗益民　邮　编：514700
法　人：罗益民
Fax：0753－4842866

## 五华县和顺兴购物广场

业务：百货及各种商品的销售
地址：广东省梅州市五华县水寨镇水寨大道
负责人：张国平　邮　编：514021
法　人：张国平
Tel：13923635838
0753－8111333

## 梅州市新三和广告发展有限公司

业务：品牌设计、企业标识、酒店标识、室内标识
地址：广东省梅州市五华县水寨镇沿江路
负责人：蓝广林　邮　编：514021
法　人：蓝广林
Tel：0753－4423882

## 兴宁市鸿鑫日化批发部

业务：日化用品销售
产品：广东省梅州市兴宁市鸿源大道 26 栋 31 卡
负责人：刘弈飞　邮　编：514500
法　人：刘弈飞
Tel：0753－3387292
3352763
13643082260

**深圳市宝安区新安众力设计输出公司**
地址：广东省深圳市宝安区宝城 49 区新安五路 73－75 号
负责人：戴礼行
0755－27921537
13500052929

**深圳市信诺商标专利服务有限公司**
地址：广东省深圳市宝安区宝城前进路西侧二区住宅楼六栋 102 房
负责人：郭险峰
Tel：0755－27752412

## 南雄市古市镇鸿丰商场

业务：百货
地址：广东省南雄市古市镇珠玑工业园南门对面
负责人：谭锐　邮　编：512000
法　人：谭锐
Tel：0751－3875660
15220834685

**深圳市经纬通贸易有限公司**
地址：广东省深圳市宝安区宝民一路邮电大厦 608
负责人：黄晓川
Tel：0755－26196799
13502898699

## 中山市石岐区飞悦音像饰物商行

业务：中山市石岐区飞悦音像饰物商行成立于 1996 年，主要经营衣服、音像制品的销售，欢迎新老客户光临惠顾。
地址：广东省中山市石岐区孙文西路 191－193 号
负责人：张泽民……邮　编：528400
法　人：张泽民
Tel：0760－8859192

## 南雄市雄州街道盛元五金机电商场

业务：零售：五金机电、劳保用品、通用机械、电器产品
地址：广东省南雄市雄州街道八一商贸城 72 号
负责人：张建兵　邮　编：512000
法　人：张建兵
Tel：13925999644
0751－3879965
Fax：0751－3879965

## 南雄市雄州街道新颖广告部喷绘工作室

产品：广告设计、喷绘
地址：广东省南雄市雄州街道环城西路金鹏花园 8 号门店
负责人：郭陵胜　邮　编：512000
法　人：郭陵胜
Tel：0751－3860685
3873918

## 普宁市微诚清洁服务有限公司

业务：室内清洁，地板上蜡，清洗地毯
地址：广东省普宁市流沙东溪尾村新楼片
负责人：刘勇　邮　编：522000
法　人：刘勇
Tel：13620266092
0663－2109086

## 普宁市流沙喜相逢礼仪礼品经营部

业务：主营五彩旗、礼宾花等
地址：广东省普宁市流沙新安村新光里 7 栋 3 号
负责人：许宏洁　邮　编：515300
法　人：许宏洁
Tel：0663－8369488
13580225552

## 佛冈县石角镇南澳房地产中介咨询服务部

业务：房屋出租、二手房买卖
地址：广东省清远市佛冈县石角镇建设路 21 号
负责人：唐艺锋　邮　编：511600
法　人：唐艺锋
Tel：13413486569
13729613269

## 佛冈县石角镇恒通综合批发部、佛冈县石角镇恒通综合批发分店

业务：主营：糖、烟、酒、农具、日用百货
地址：广东省清远市佛冈县石角镇建设路 472 号、广东省清远市佛冈县石角镇建设路 339 号
负责人：罗佑兴　邮　编：511500
法　人：罗佑兴
Tel：13642529941
0763－3143508
3140759

## 中山市坦洲镇纬昇商行

业务：中山市坦洲镇纬昇商行成立于 2005，主要从事于各类鞋材，五金建材，五金交电等。欢迎新老客户光临、惠顾！
广东省中山市坦洲镇康宁横街 22 号
负责人：江世祝……邮　编：528467
法　人：江世祝

……Tel:0760－6636536 2487031

**清远市清城区新苑印刷广告**
业务：奖牌、纪念品、海报设计、奖杯、吸塑字、各种招牌灯箱、室内外喷画，宣传册，排版，名片等
地址：广东省清远市清城区南门街新街1号首层
负责人：郭柏儿 邮编：511500
法人：郭柏儿
Tel:13924418294
0763－3330014

**深圳市宝安区永康丽商行**
地址：广东省深圳市宝安区二十区碧涛居3栋301房
负责人：凌冬连
Tel:0755－27829282

**深圳市星星雅商行**
地址：广东省深圳市宝安区福永街道白石厦新村53号
负责人：杨军
Tel:0755－27650341

**深圳市新辉宏商行**
地址：广东省深圳市宝安区福永街道怀德村5栋102号
负责人：陈文专
Tel:0755－27893046

**深圳市迪富龙贸易有限公司**
地址：广东省深圳市宝安区福永镇大都工业区一栋首层
负责人：胡颖玲
Tel:0755－27308961

**清远市清城区浩龙招牌广告装饰店**
业务：广告装饰、户外广告
地址：广东省清远市清城区上濠基七十四号之一
负责人：黄春年 邮编：511500
法人：黄春年
Tel:0763－3330058

**清远市清城区新城传美广告经营部**
业务：喷绘、写真、户外广告制作
地址：广东省清远市清城区新城东3号区8栋3号
负责人：黎日金 邮编：511500
法人：黎日金
Tel:0763－3863381
13610567629

**广东省清远市清城区新城三八妇乐专卖店**
业务：专营陕西三八妇乐科技股份有限公司生产的女性健康产品，批零兼营。
产品：三八妇乐生态垫、三八妇乐女儿贴、康伊纳妇洁凝胶
地址：广东省清远市清城区新城区连江路赢之城E2－024号
负责人：邓德芳 邮编：511500
法人：邓德芳
Tel:15992048918
Fax:0763－5813179
E-mail:dehgdefangqy@163.com

**清远市清城区怡丰行鸿胜环球百货店**
业务：日用百货，食品等
地址：广东省清远市清城上廓街旧沿江商场2－5卡
负责人：赖福先 邮编：511500
法人：赖福先
Tel:13631088711
0763－3340840

**清新县太和镇信诺百货店**
业务：百货
地址：广东省清远市清新县太和镇诚信路左二巷5号
负责人：许思信 邮编：511500
法人：许思信
Tel:13926619889
0763－5823548
4006600586

**清新县太和镇安逸商行**
业务：烟，菜，酒，特色产品
地址：广东省清远市清新县太和镇清新大道13号首层7－10卡
负责人：许志生 邮编：511500
法人：许志生
Tel:0763－6869819

**深圳市威杰进出口贸易有限公司**
地址：广东省深圳市宝安区福永镇机场快件监管中心313室
负责人：诸葛小明

……Tel:0755－27773006

**清新县太和镇壹加柒超市**
业务：食品，日化，小百货
地址：广东省清远市清新县太和镇清新大道29号（清远市城北汽车客运站内）101号
负责人：骆国彬 邮编：511500
法人：骆国彬
Tel:0763－5855583

**汕头市弘杰五金电子实业有限公司**
业务：销售五金电子
地址：广东省汕头市潮阳区贵屿镇南洋贵谷公路边联堤治安岗
负责人：郭少杰 邮编：515000
法人：郭少杰
Tel:13539660888
0754－84506161

**深圳市永盛强实业有限公司**
地址：广东省深圳市宝安区福永镇德田村35号
负责人：冯以允
Tel:13602557489

**深圳市宝安区福永镇丰艺建新美术工作室**
地址：广东省深圳市宝安区福永镇下十围市场1059号
负责人：黎建新
Tel:0755－27300871
013600408716

**深圳市创深煌贸易有限公司**
地址：广东省深圳市宝安区福永镇永泰路十里红妆203室
负责人：许志强
Tel:0755－27304845

**李四电机维修部**
业务：电动机、发电机维修
地址：广东省汕头市潮阳区和平镇老和惠路中寨段71号
负责人：李四 邮编：
法人：李四
Tel:0754－82251599

**李氏家用电器维修部**
业务：主要维修各种家用电器。服务周到，价格优惠，欢迎广大客户光临。
地址：广东省汕头市潮阳区和平镇老和惠路中寨段71号
负责人：李创忠 邮编：515000
法人：李创忠
Tel:0754－82251599
13612327222

**汕头市妙观藏酥油灯具实业有限公司**
业务：佛教用品生产销售
产品：酥油灯
地址：广东省汕头市潮阳区棉城镇中信东山花园S03－05号
负责人：彭湃东 邮编：515000
法人：彭湃东
Tel:13829559222
0754－83847519
Fax:0754－83617519

**汕头市潮阳区铜盂雄文汽车服务中心**
业务：汽车年检，年审，上牌，过户等服务
地址：广东省汕头市潮阳区铜盂镇凤壶村凤岐北路（泽诚公司东侧）
负责人：陈创乾 邮编：515136
法人：陈创乾
Tel:0754－87576768
Fax:0754－87574777

**汕头市澄海区金点设计室**
业务：广告包装设计
地址：广东省汕头市澄海区澄华西门八街区二楼
负责人：李景松 邮编：515000
法人：李景松
Tel:13556350676

**珠海市平南贸易有限公司**
业务：珠海市平南贸易有限公司成立于1995年，从事家用电器的销售。欢迎新老客户光临。
地址：广东省珠海市香洲区北园西37栋47号
邮编：519000
法人：朱佩展
Tel:0756－2621739
Fax:0756－2273780

**珠海东皇商贸发展有限公司**
业务：珠海东皇商贸发展有限公司主要经营房地产咨询服务，物业管理，项目引资；有色金属、汽车零配件销售，欢迎新老客户光临惠顾。
地址：广东省珠海市香洲区香洲香华路368号4

栋301房
负责人：刘东 邮编：519000
法人：刘东
Tel:0756－2525788

**汕头市澄海区聚思轩广告材料店**
业务：广告纸，广告材料、用品
地址：广东省汕头市澄海区澄华西门池堤头商住楼6号铺面
产品：刘玉会 515800
法人：刘玉会
Tel:0754－85805230
13553358850

**珠海市广潮发展有限公司**
业务：我公司成立于2002年，从事进出口贸易，一般商品零售批发及商务相关咨询，我们将以一流的服务宗旨竭诚为广大客户服务。
地址：广东省珠海市新香洲新事路33号东方家园2栋1单元1203室
负责人：温俊斌 邮编：519000
Tel:0756－2629225
Fax:0756－2629227

**深圳市琛佳实业有限公司**
地址：广东省深圳市宝安区公明工业总公司塘尾（东坑）工业区C3栋
负责人：詹舒华
Tel:0755－27177188
13902920230

**深圳市丰伟安商行**
地址：广东省深圳市宝安区公明街道商贸城36号
负责人：阳著群
Tel:0755－27910065

**广龙商行**
地址：广东省深圳市宝安区公明镇富豪花园G幢6号
负责人：董君表
Tel:0755－27736651
13902433518

**汕头市澄海区众利电器维修店**
业务：家用电器维修服务
地址：广东省汕头市澄海区丰泽园36号门市
负责人：赵源锋 邮编：515800
法人：赵源锋
Tel:0754－85806015
13592882892

**汕头市金平区滨港合兴隆贸易商行**
业务：日用品
地址：广东省汕头市金平区滨港路16号
负责人：杨潮通 邮编：515000
法人：杨潮通
Tel:0754－88579189
Fax:0754－88579189

**汕头市幸运汽车租赁有限公司**
业务：汽车租赁
地址：广东省汕头市龙湖区榕江路七号潮香大厦一层右侧
负责人：洪炎雄 邮编：515000
法人：洪炎雄
Tel:13063100733
0754－83212783

**汕头市金平区绿懋果蔬配送服务部**
业务：果蔬配送
地址：广东省汕头市南墩市场北向6，7号铺面
负责人：张章礼 邮编：515000
法人：张章礼
Tel:0754－86350848
13692068480

**陆丰市碣石宝丰商行**
业务：主营水产品、海味干货、日用杂品、烟酒等，批零兼营，我们将本着以人为本、诚信服务的经营理念，以优质的产品、优良的服务，恭候您的光临！
产品：金钱鱼鳔、天九翅、各种洋酒、香烟、宴席材料、高级调料、海产品等
地址：广东省汕尾陆丰市碣石镇玄武路208号
负责人：颜星 邮编：516545
法人：洪茂翔
Tel:0660－8877788
13502584088
Fax:0660－8877788
E-mail:Yelianghong@21cn.com
QQ:963116177

**金昆仑电脑绘图服务部**
地址：广东省深圳市宝安区公明镇红花中路25区19号2楼
负责人：袁建伟
Tel:0755－27545468

13612978795

**公明镇萍记杂货店**
地址：广东省深圳市宝安区公明镇李松朗市场
负责人：邱翠萍
Tel:0755－27126911
13603060716

**海丰县嘉诚广告装饰工程公司**
业务：广告招牌，家居装饰，印刷各种收款收据，表格，画册
地址：广东省汕尾市海丰县城公园小区泰安楼楼下第七一八间
负责人：吴肯填 邮编：516400
法人：吴肯填
Tel:0660－6817078
13751908062
13543102038
E-mail:1012257239@qq.com
593382500@qq.com

**海丰县城新艺苑婚纱摄影店**
业务：经营婚纱摄影等相关业务。
地址：广东省汕尾市海丰县海城镇人民西路南湖对面
负责人：洪俊杰 邮编：516400
法人：洪俊杰
Tel:0660－6899635

**意创兴贸易有限公司**
地址：广东省深圳市宝安区公明镇薯田埔第二工业区福兴路7号
负责人：陈国伟
Tel:13902458058
0755－27121122

**龙发百货商店**
地址：广东省深圳市宝安区观澜镇富民市场26号
负责人：温武职
Tel:13509651272

**晨威毛拖批发部**
业务：主营：各种高、中、低档毛拖鞋、棉拖鞋。
地址：广东省韶关市金鹏服装批发市场第一层A07号铺
负责人：王再增 邮编：512000
法人：王再增
Tel:0751－8288865

**晨威喷雾器批发部**
业务：主营：农用十六、十八、二十型喷雾器，双缸、三缸高压泵，机动辊，小型汽油机及配件，防晒网。
地址：广东省韶关市南郊一公里四通市场29档
负责人：王再增 邮编：512000
法人：王再增
Tel:0751－8232867

**韶关市曲江区沙溪镇东燊广告策划部**
业务：平面设计、户外广告
地址：广东省韶关市曲江区沙溪镇宝林路沙溪村首层103号
负责人：华沛先 邮编：512127
法人：华沛先
Tel:0751－6613408

**始兴县粤鹏广告装潢装饰部**
业务：广告设计安装，室内外设计装饰
产品：吸塑字，水晶字，各类金属字，多种发光字，写真喷绘，灯箱招牌及各种奖牌制作，室内外装修
地址：广东省韶关市始兴县太平镇红旗路51号1幢A202房
负责人：陈尚兵 邮编：512000
邮编：陈春凤
Tel:0751－3337678
13680052145
E-mail:csb730614@yeah.net

**鼎点广告装饰部**
业务：广告设计、室内外装饰装潢、礼仪庆典、影音光服务等
地址：广东省韶关市武江区工业东路24号东枫花园C座首层13号铺
负责人：苏玮 邮编：512000
法人：苏玮
Tel:0751－6180084
8992056

**金通盛实业有限公司百货商场**
地址：广东省深圳市宝安区观澜镇桂花村
负责人：李良城
Tel:0755－28082365
13926525669

**深圳市雅庭居家装修设计工程有限公司宝城分公司**
地址：广东省深圳市宝安区海外装饰大厦B座621室
负责人：胡经理
Tel:0755－27442911

27868103

**深圳市捷岛大华进出口有限公司**
地址：广东省深圳市宝安区龙华大浪南路491号宝龙工业区A栋1楼
负责人：张秋海
Tel:0755－27519211
13828888741

**谭康贸易有限公司**
业务：主要经营：印刷品的后期加工。
地址：深圳市罗湖区布心路3008号4幢2楼
邮编：518112
法人：谭寿平
Tel:0755－25622091

**武江区嘉禾地产中介行**
业务：房产中介、房屋租赁、二手房买卖、按揭代理及过户手续代办等服务
地址：广东省韶关市武江区沙洲尾52号首层
负责人：李永灿 邮编：512000
法人：黄家燊
Tel:18922578843
0751－8522842
8521846
13192886228
Fax:0751－8521846

**韶关市武江区西郊新村脚手架经销部**
业务：出租、出售、脚手架、螺丝钉、扣件、铁皮等各种五金建筑工具
地址：广东省韶关市武江区西联镇老阳山新村77号铺
负责人：周云山 邮编：512000
法人：周云山
Tel:13435105681
0751－8306286

**武江区天骏广告装饰设计中心**
业务：户内外广告设计，制作及室内装饰
地址：广东省韶关市武江区新华南路邮电局303房
负责人：许天明 邮编：512000
法人：许天明
Tel:13360903883
0751－8611358

**深圳市新全贸易有限公司**
地址：广东省深圳市宝安区龙华大浪南路英泰工业区合益隆厂房C栋第三层B段
负责人：秦荟荟
Tel:0755－28147685

**山之田模型艺术设计有限公司**
地址：广东省深圳市宝安区龙华和平西路龙军工业区22栋(福龙路和平路出口)
负责人：郑辉
Tel:13923785077

**深圳市新阳商务咨询有限公司**
地址：广东省深圳市宝安区龙华街道富通天骏A4－403
负责人：严芳
Tel:0755－61283589

**新丰科技之光广告**
业务：专业从事电子广告制作、设计、安装，我们拥有先进的设备和杰出的设计、制作团队，确保客户获得优越的一站式解决方案，全面满足客户多方面的户外广告需求！
产品：LED显示屏，LED发光字，霓虹灯，招牌，灯箱，刻雕
地址：广东省韶关市新丰县丰城街道车田路120号(0105国道旁)
负责人：罗文武 邮编：511100
法人：罗文武
Tel:0751－2283450
网址：www.kjzg.net
E-mail:138000163@qq.com

**新丰县新驰装饰广告**
业务：广告设计，装饰，装潢工程
地址：广东省韶关市新丰县丰城街道军龙街
负责人：黄小院 邮编：512000
法人：黄小院
Tel:0751－2256363
15819240790

**名创商标咨询服务部**
业务：商标咨询服务
地址：广东省韶关市浈江区解放路168号－6号
负责人：曾杰 邮编：512000
法人：刘玉梅
Tel:13580103572
0751－8881708
13642573565

**鑫桥联经济信息咨询有限公司**
地址：广东省深圳市宝安区龙华万众城综合楼D栋(农村信用社对面)
负责人：董启华

Tel:13148800967

**深圳市昕莱鑫贸易有限公司**
地址：广东省深圳市宝安区龙华镇大滨村浪口二区71栋101室
负责人：张训昂
Tel:13501580856

**绿洲广告设计室**
业务：平面广告设计、制作，户外广告设计、施工
地址：广东省韶关市浈江区解放路茗苑大厦首层3号铺
负责人：张惠珍 邮编：512000
法人：张惠珍
Tel:13902349841
0751－8899156

**深圳市宝安区龙华中原装卸服务部**
地址：广东省深圳市宝安区龙华镇郭下村统建楼2栋3C
负责人：吴珍艳
Tel:0755－28071318
13005478732

**龙华宝捷维修店**
地址：广东省深圳市宝安区龙华镇和平东路翔龙大厦第三单元二楼
负责人：朱红虎
Tel:13510872905

**柳州市柏凯物资有限责任公司**
业务：我公司成立于2005年，主要从事于物资供销，我公司坚持以诚为本、以诚为信的宗旨为广大客户服务。
地址：广西柳州市柳江县基隆开发区门头街21号
负责人：张柏生 邮编：545007
Tel:0772－3978598
2519768
Fax:0772－2517978

**深圳市创意鑫会展策划有限公司**
业务：会展策划、会展策装、产品贸易
地址：广东省深圳市宝安区
负责人：吴文兵 邮编：518102
法人：吴文兵
Tel:13570059658

**龙泉深井水泵销售部**
业务：经营水泵，机器钻井服务
地址：广东省深圳市宝安区大浪南路241号
负责人：吴桂 邮编：518000
法人：吴桂
Tel:0755－28077887
13828700130

**深圳市中南港实业有限公司**
业务："中南港工业城"租赁服务
地址：广东省深圳市宝安区观澜街道黎光村中南港工业城
负责人：赵炎鹏 邮编：518000
法人：赵炎鹏
Tel:0755－28163999

**佳兴发锁业批发行**
业务：锁业批发
地址：广东省深圳市宝安区龙华街道松和新村路口
负责人：严志欣 邮编：518000
法人：严志欣
Tel:0755－29531970
13554838928

**新顺兴百货商店**
地址：广东省深圳市宝安区龙华镇花园新村14栋
负责人：郑雪霞
Tel:0755－28149318
13802290653

**江鹏兴商行**
地址：广东省深圳市宝安区龙华镇民治大道
负责人：邱国荣
Tel:0755－83722068
13823596976

**安才进出口有限公司**
地址：广东省深圳市宝安区龙华镇民治丰泽湖山庄2栋605
负责人：王莉
Tel:0755－83721813
13924589919

**彬隆商店**
地址：广东省深圳市宝安区龙华镇人民北路320号
负责人：黄长忠
Tel:0755－27701750
13662574548

**联谊批发部**
地址：广东省深圳市宝安区农贸批发市场一楼171号
负责人：林绍英
Tel:0755－27936763
13809866082

**深圳市新亚工具连锁店有限公司沙井分公司**
地址：广东省深圳市宝安区沙井电子城通讯数码城4楼
负责人：刘崇光
Tel:0755－27298874

**深圳市世纪本色大型喷绘有限公司**
业务：大型喷绘
地址：广东省深圳市福田区八卦岭八卦二路八卦六街533栋6楼
负责人：范新春 邮编：518000
法人：范新春
Tel:0755－81339637
83217815
13926596652

**风神广告有限公司**
业务：喷绘、广告制作、设计
地址：广东省深圳市福田区八卦一路9栋西4楼
负责人：孙鹏 邮编：518000
Tel:0755－25910317
18925282023

**深圳万方贸易公司**
业务：国内陶瓷销售
地址：广东省深圳市福田区沙咀路红旗岭综合楼1楼104号时尚空间
负责人：肖波 邮编：518000
法人：肖波
Tel:0755－83898560
Fax:0755－83898560

**深圳市鼎立建筑设备租赁有限公司**
业务：钢管脚手架租赁及搭设
产品：建筑设备租赁，钢管脚手架租赁
地址：广东省深圳市福田区竹子林紫竹六路金民大厦1501室
负责人：杨敏 邮编：518040
法人：张玉良
Tel:0755－82828701
Fax:0755－82828715
E-mail:738160574@qq.com

**金玉木广告有限公司**
业务：从事广告宣传业务，喷绘，写真，水晶字加工等
地址：广东省深圳市光明新区光明街道光桥路大捷达员工宿舍8楼
负责人：陈先生 邮编：518000
法人：陈俊树
Tel:138235293999
13510010073
0755－27400657

**深圳市南森经贸有限公司**
地址：广东省深圳市宝安区沙井街道办新二居委新二金塘工业区第一栋首层6号商铺
负责人：曾贯甫
Tel:0755－27241878

**深圳市联发经贸有限公司**
地址：广东省深圳市宝安区沙井街道新二居委新二南岗工业区
负责人：曾少昌
Tel:0755－27241314

**深圳市宝安区旺霞贸易商行**
地址：广东省深圳市宝安区沙井街道新和大道建材市场A25号
负责人：吕春霞
Tel:0755－27465521

**深圳市宝安区顺峰达贸易商行**
地址：广东省深圳市宝安区沙井街道新桥第三工业区B栋107号
负责人：秦峰
Tel:0755－27642261

**鑫红石数码喷绘有限公司**
业务：专业承制各类大小广告牌、巨幅海报、舞台背景设计、展示策划、卖场策划、广告展板、超薄灯箱
地址：广东省深圳市龙岗区龙岗街道南联社区深惠路857号二楼
负责人：郑明掌 邮编：518000
法人：郑明掌
Tel:0755－84828998

**深圳龙岗区龙岗荣盛线业行**
业务：PP线、尼龙线、透明线、五彩线、打揽线、橡筋线
地址：广东省深圳市龙岗区龙东大埔二路十八号龙东工业区
负责人：戴晓斌 邮编：518000
法人：戴晓斌
Tel:13823655106
0755－84862036

**尚晋贸易有限公司**
地址：广东省深圳市宝安区沙井镇陂呵C区1扇11号
负责人：陈志明
Tel:0755－27531245
13502831892

**深圳市鹏远飞商贸有限公司**
地址：广东省深圳市宝安区沙井镇后亭沙田工业区一栋首层
负责人：罗鹏飞
Tel:18922851667

**深圳市佳之娜贸易有限公司**
地址：广东省深圳市宝安区沙井镇上南大街佳娜时装城二楼
负责人：黄海明
Tel:0755－27273383

**深圳市三洋海五金标准件贸易有限公司**
地址：广东省深圳市宝安区沙井镇上星新沙路84号
负责人：林加胜
Tel:0755－27290191

**惠州市三吉贸易有限公司**
业务：贸易
产品：手袋、口罩、雨鞋、雨伞、睡袋、公仔
地址：广东省深圳市龙岗区平湖镇华南城电子区p21栋102号
负责人：权学 邮编：518027
法人：权学
Tel:13502291663
0755－89638609

**万山广告有限公司**
业务：喷绘、写真、大型广告牌、发光字、金属制品、霓虹灯
地址：广东省深圳市龙华街道东环二路221号2楼
负责人：杨发军 邮编：518000
法人：杨发军
Tel:13714237739
0755－81707379
Fax:0755－81707379

**深圳市长利清洁服务有限公司**
业务：清洁服务
地址：广东省深圳市罗湖区草莆西棒树村
负责人：张德刚 邮编：518000
法人：张德刚
Tel:0755－26314039
13502806141

**深圳市中联知识产权管理咨询有限公司**
业务：知识产权认定、评估、咨询，商标代理，品牌推广、策划，市场调查
地址：广东省深圳市罗湖区东门南路外贸食出大厦3018号605室
负责人：王国勇 邮编：518000
法人：王麒盛
Tel:0755－82232059

**安东尼广告策划有限公司**
业务：户外喷绘广告设计、制作、安装
地址：广东省深圳市罗湖区红岭北路机电大厦4楼431－453
负责人：刘文兵 邮编：518000
法人：刘文兵
Tel:0755－89424448
15919797798

**欣雨精品批发**
业务：精品批发
地址：广东省深圳市罗湖区嘉宾路东门宝华楼1楼110区(上二楼电梯口旁)—114B
负责人：苏琴 邮编：518000
法人：苏琴
Tel:0755－82222486
13631653005

**深圳市晴天动画设计有限公司**
业务：广告设计、动画设计
地址：广东省深圳市罗湖区人民北路水产大厦17楼
负责人：陈枣良 邮编：518000
Tel:0755－82297200
13823709512

**深圳市华兴电器维修店**
业务：各种电器的维修
地址：广东省深圳市罗湖区深南东路黄贝岭中村
负责人：巫先生 邮编：518003
法人：巫向国
Tel:0755－25411609

**兆鑫科技有限公司**
地址：广东省深圳市宝安区沙井镇新二油站旁新二综合楼F302号
负责人：陈长庭
Tel:0755－27467532
13823505798

**纯净清洁服务部**

地址：广东省深圳市宝安区石岩镇育才路梨园新村保安大队左侧
负责人：罗来友
Tel：0755－27600023
13088835358

**深圳市盛雅华商行**
地址：广东省深圳市宝安区松岗街道红星花园2栋302
负责人：樊敏群
Tel：0755－27560124

**深圳市依冠达贸易行**
地址：广东省深圳市宝安区松岗街道红星花园B1栋103室
负责人：王娟
Tel：0755－27560413

**深圳市南天飞商行**
地址：广东省深圳市宝安区松岗街道楼岗大道19号
负责人：杨军
Tel：0755－27857316

**姊妹城百货有限公司**
地址：广东省深圳市宝安区松岗镇东方路东方市场1－3层
负责人：胡占斌
Tel：0755－27539985
13922813228

## 深圳市祥顺发实业有限公司
业务：物流进出口，报关
产品：物流运输，进出口报关
地址：广东省深圳市罗湖区文锦中路锦绣大厦A座9F
负责人：詹先生 杨小姐
邮 编：518000
法 人：詹天泰
Tel：0755－25406620
Fax：0755－25406627
网址：www.szxsf.com
E-mail：szxsf@163.com

## 深圳市宏运清洁服务有限公司
业务：保洁服务
地址：广东省深圳市罗湖区阳光酒店斜对面太阳岛15楼E
负责人：毛云 邮 编：518002
法 人：毛云
Tel：0755－81935153

## 深圳市粤之风汽车租赁有限公司
业务：自驾，代驾，商务旅游，深港两地，婚礼，旅游包车
产品：轿车、商务车、面包车、全顺车、中巴、大巴、深港两地车
地址：广东省深圳市南山区南海大道北4052号晶晶居首层102商铺
负责人：杜风 邮 编：518000
法 人：杜风
Tel：0755－88865005
13632608506
Fax：0755－86116061
网址：www.woyaozuche.com
E-mail：zuche21097025@163.com

## 深圳市金创富高尔夫用品有限公司
业务：经营高尔夫用品
地址：广东省深圳市南山区沙河东路汇雅苑1栋105号
邮 编：518000
Tel：0755－26006577
26006377
26912486

**维盛实业有限公司**
地址：广东省深圳市宝安区松岗镇松裕路19号晖泓百货
负责人：许维盛
Tel：0755－27429362
13802578978

**荣和百货商店**
地址：广东省深圳市宝安区松岗镇燕川村燕罗大道边
负责人：邱文轻
Tel：0755－27146338

**深圳市沁源贸易商行**
地址：广东省深圳市宝安区西乡街道55区双龙花园龙欢楼106号
负责人：王珊
Tel：0755－27797985

**深圳市金冠贸易有限公司**
地址：广东省深圳市宝安区西乡街道河西金雅园36号首层
负责人：李建维
Tel：0755－27782089

**新侨联油泵修理部**
地址：广东省深圳市宝安区西乡镇臣田工业区综合楼
负责人：邝飞雄
Tel：0755－27936991
13808833492

**深圳市笙笙业商贸有限公司**

地址：广东省深圳市宝安区西乡镇航城工业区西乡投资管理公司307
负责人：黎志娜
Tel：0755－27695001
13809894747

## 佛山市金果房地产投资顾问有限公司
业务：二手房买卖、租赁，物业承包管理，信息服务
地址：广东省佛山市禅城区汾江南路32号1区二座首层P15号
负责人：黄嘉明 邮 编：528000
法 人：黄嘉明
Tel：13336440229
0757－83818288
网址：http://www.51zzt.com/user/zzt35058
E-mail：gold2005@21.cn.com

## 吴川市华海软件科技信息咨询部
业务：信息咨询、软件开发
地址：广东省吴川市梅录广沿南路69号四楼D98号
负责人：陈华保 邮 编：524038
法 人：陈华保
Tel：13610384163
15913541588
E-mail：chenhuabao22@126.com

## 广东省新丰县鸿发贸易商行
业务：主营包装食品、散装食品、糖、烟、酒、日用品批零业务，并提供配送服务。我们将本着以人为本、诚信服务的经营理念，以优质的产品、优良的服务，恭候您的光临！
产品：张裕白兰地、广州立白产品、康师傅系列产品
地址：广东省新丰县丰城街道人民西路49号
负责人：邓革辉 邮 编：511100
法 人：邓革辉
Tel：0751－2284463
Fax：0751－2255943

## 信宜市城南新动能商店
业务：销售：蓄电池、汽车精品
地址：广东省信宜市迎宾大道南（城郊新埇）
负责人：莫兴雄 邮 编：525300
法 人：莫兴雄
Tel：18926711180
0668－8826908

**劲力工贸发展有限公司**
地址：广东省深圳市宝安区西乡镇劲力大厦6楼
负责人：郭笑兰
Tel：0755－27494168 转 2718
13902961068

**金信铝门窗机械维修有限公司**
地址：广东省深圳市宝安区西乡镇龙珠花园龙贵楼302房
负责人：华兆祥
Tel：0755－27951218
13556857453

## 兴宁市水口镇华泰批发部
业务：食品，烟酒，茶叶的批零业务
地址：广东省兴宁市水口镇老水来路1号
负责人：陈海青 邮 编：514587
法 人：陈海青
Fax：0753－3751169

## 阳春市天鹏贸易有限公司
业务：销售空气能热水器，代理"艾格特"品牌热水器
产品："艾格特"品牌热水器
地址：广东省阳春市春城东湖东路88号
负责人：郑天道 邮 编：529611
法 人：郑天道
Tel：0662－7889898
13078396881
Fax：0662－7889898
E-mail：agt168@126.com

## 阳春市天长地久婚沙摄影设计
业务：婚纱摄影
地址：广东省阳春市红旗路89号之8号、广东省阳春市红旗路89号之8号
负责人：莫乔 邮 编：529525
法 人：莫乔
Tel：0662－7828938
7727488

**深圳市鑫京广实业有限公司**
地址：广东省深圳市宝安区西乡镇蟠龙居A6－502室
负责人：张胜利
Tel：0755－25079881

**彩佳电脑绘图设计部**

地址：广东省深圳市宝安区西乡镇新安四路250号二楼
负责人：张思衡
Tel：13923895190

## 阳江市百汇工贸有限公司
业务：专业生产刀具，烧烤具，不锈钢厨具，西餐具，美容套，花园工具，剪刀，木制工艺品，日用五金塑料制品等系列产品
地址：广东省阳江市江城区建设一路6号金桂雅苑B2－202房
负责人：王文炼 邮 编：529525
法 人：王文炼
Tel：13809723488
0662－2869366
Fax：0662－3118826
网址：http://www.51zzt.com/user/zzt33292

## 阳江市江城区冠鸿电器维修部
业务：电器维修
产品：小家电、空调
地址：广东省阳江市江城区岭东工业大道66号
负责人：冯再孔 邮 编：529525
法 人：冯再孔
Tel：0662－3222186

**深圳市鹏凌达贸易有限公司**
地址：广东省深圳市宝安区西乡镇新乐村6巷9号
负责人：吴惠珍
Tel：0755－27916216

## 阳江市江城区漠江二手市场
业务：厨具、电器、家具等二手产品经营
地址：广东省阳江市江城区漠江路106号
负责人：刘富春 邮 编：529500
法 人：刘富春
Tel：0662－3232952

## 阳东县城区现代贸易商行
业务：商行主营预包装食品、婴幼儿食品、日用品、化妆品等，批零兼营，我们将本着以人为本、诚信服务的经营理念，以优质的产品、优良的服务，恭候您的光临！
产品：乳制品、婴幼儿食品、日用品、化妆品等
地址：广东省阳江市阳东县城合章路兴宁小区A502号房
负责人：敖龙 邮 编：529900
法 人：敖龙
Tel：0662－6653363
13926369808
Fax：0662－6653363
E-mail：al360452@163.com

## 阳西县祥记批发部
业务：食品，饮料，日用品批发
地址：广东省阳江市阳西县六区明珠路108号
负责人：姚国祥 邮 编：529525
法 人：姚国祥
Tel：0662－6136611
15875179069

## 阳西县现代经典婚纱摄影店
业务：婚纱摄影，婚纱租赁
地址：广东省阳江市阳西县新城七区兴华东路43号
负责人：梁李艳 邮 编：529525
法 人：梁李艳
Tel：13500213898
0662－5529666

## 名大鞋城连锁
业务：主营鞋品、皮包、皮带及相关鞋配件，消费层次以中档价为主，高、低档价位兼之。所购鞋品可享有一年免费保修的增值服务，持有贵宾卡可享有终身免费保修的超值服务！
产品：综合了男式正装鞋、商务休闲鞋、户外休闲鞋、女式皮鞋、PU时装鞋、女靴、休闲鞋、男女式运动休闲鞋、品牌童鞋等50多个品牌
地址：广东省英德市英城建设东街世纪名都5号楼B40号
负责人：周勇军 邮 编：513000
法 人：周勇军
Tel：0763－2229715
Fax：0763－2229715
E-mail：hhfs19@163.com

**深圳市宝安区西乡镇中信百货商店**
地址：广东省深圳市宝安区西乡镇盐田村华丰科技园1－2栋1－2楼
负责人：吕兵新
Tel：13554713585

**禾鑫商贸有限公司**
地址：广东省深圳市保安区固戍村西井路168

号5楼
负责人：徐灵敏
Tel：0755－27488136
13510375361

**深圳市宝安区国惠康百货商场**
地址：广东省深圳市保安区观澜镇观澜大道
负责人：余荣坤
Tel：0755－27973898

**泰来进出口有限公司**
地址：广东省深圳市福田八卦工业区八卦四路先科机电大厦827号
负责人：韦大贤
Tel：0755－25841996
13823197535

**深圳市关爱文化传播有限公司**
地址：广东省深圳市福田保税区帝岗海湾西座16G
负责人：张晋玮
Tel：0755－83473886
13088882988

## 罗定市金鸡镇金苹果饲料直销部
业务：主营：金苹果牌饲料
地址：广东省云浮市罗定市金鸡镇解放路1号
负责人：詹飞 邮 编：527300
法 人：詹飞
Tel：0766－3301201
13826822382

## 郁南县南江口镇古蓬建业商场
业务：主营：百货、日用品、五金、服装，鞋
地址：广东省云浮市郁南县南江口镇古蓬公路桥头（往罗定方向右边）
负责人：吴开建 邮 编：527300
法 人：吴开建
Tel：0766－7660898
7273189

## 郁南县千官镇利八竹签厂
业务：竹签的生产和销售
地址：广东省云浮市郁南县千官镇利八（千官地税分局背后）
负责人：黄华钊 邮 编：527300
法 人：黄华钊
Tel：0766－7769886
13826756880

## 云浮市云城区城南路爱家超市
业务：服装，鞋类等
地址：广东省云浮市云城区城南路兴建大厦2楼
负责人：曾海宾 邮 编：527300
法 人：曾海宾
Tel：0766－8923139

## 广州合亿文化传播有限公司
业务：主要承办各类博览会、大型演艺活动、文化传播、艺术推广和宣传活动，代理招商及各类文化活动的策划。专业的营销、设计、制作团队为您提供"一站式"的服务。
产品：承办"百名将军书画展、百名部长书画展"
地址：广东省增城市荔城街中山路37号
负责人：刘少华 邮 编：511300
法 人：刘少华
Tel：020－82731091
Fax：020－82731092
网址：www.heyi18.com.cn
E-mail：heyimedia168@163.com

## 湛江市赤坎区邵祥清洁服务部
业务：机械疏通厕所下水道、车油人工清理化粪池、天台补漏、地下管道清理、家庭清洁
地址：广东省湛江市赤坎区海滨街6巷47号
负责人：谢香桂 邮 编：524038
法 人：谢香桂
Tel：0759－3342021
13553494010

**易华礼仪策划服务部**
地址：广东省深圳市福田保税区桂花路9号帝涛豪园3－25A
负责人：韩飞
Tel：13316818908

**阿特肯汽车贸易公司**
地址：广东省深圳市福田汽车站东侧广东省深港汽车城58号
负责人：李喜亮
Tel：13556856102

**千色百货有限公司**
地址：广东省深圳市福田区八卦4号利嘉5楼
负责人：童铁权
Tel：0755－82450860

**剪通天形象设计国际连锁**
地址：广东省深圳市福田区八卦二路23栋一楼
负责人：彭大清
Tel：0755－82437575
13809890828

### 湛江市赤坎区鑫辉信息咨询服务部

业务：信息咨询、房产中介
地址：广东省湛江市赤坎区康顺路 33 号虹都花园 A 幢 901 房
负责人：吴致伟　邮　编：524038
法　人：吴致伟
Tel：15975921984
0759－3131073

### 湛江市赤坎区艺凡广告设计部

业务：广告平面设计
地址：广东省湛江市赤坎区人民大道北 20 号广湛路口 7 号档
负责人：陈显春　邮　编：524038
法　人：陈显春
Tel：0759－3351781

### 湛江市坡头区南调易达商行

业务：经销烟台长城、法国拉斐尔红酒，华夏杜康、泸州福、东北坊、乡庄米酒等白酒，威力神、威龙壮阳酒，花雕系列女儿红、唐宋等
地址：广东省湛江市坡头区沟尾农村信用社对面
负责人：周铭　邮　编：524000
法　人：周翊
Tel：13652859031
0759－3959268

### 湛江瑞成实业有限公司

业务：销售高科技硝酸银感光材料
地址：广东省湛江市遂溪县遂城镇椹川路 31 号办公大楼 204
负责人：戚兆任　邮　编：524038
法　人：戚兆任
Tel：13692442708
0759－3311537
Fax：0759－3311537

### 吴川市金海港日用品购销部

业务：经营多种日用品的销售
地址：广东省湛江市吴川市梅录解放中路 143 号
负责人：张木华　邮　编：524038
法　人：张木华
Tel：13560771739
0759－3258866

**深圳市华报策略信息咨询有限公司**
地址：广东省深圳市福田区八卦二路鹏益花园 1 栋 1119－1120 室
负责人：余二元
Tel：0755－25849780

**深圳市雅仙达贸易有限公司**
地址：广东省深圳市福田区八卦岭八卦路众鑫科技大厦 1613 室
负责人：康洪华
Tel：0755－26160737

**深圳市普茜菲贸易有限公司**
地址：广东省深圳市福田区八卦岭八卦路众鑫科技大厦 305 室
负责人：李继东
Tel：0755－25839055

### 吴川市惠迪大商汇有限公司

业务：商品贸易
地址：广东省湛江市吴川市人民银行宿舍 502 房
负责人：李小玲　邮　编：524500
法　人：李小玲
Tel：0759－5579666
5579888

### 湛江市霞山区鸿亮清洁服务部

业务：清洁服务、外墙清洗、高压冲洗下水道
地址：广东省湛江市霞山区华欣路华新小区 6 栋 503
负责人：谢陆华　邮　编：524000
法　人：谢陆华
Tel：13828278537
0759－2164746
3660123

### 湛江市霞山区恒泉酒行

业务：主要销售酒类
地址：广东省湛江市霞山区解放西路 17 号之三第一号商铺
负责人：王兰芳　邮　编：524038
法　人：陈建
Tel：0759－2087185
15875972512
13671495445

**深圳市柏威招牌店**
地址：广东省深圳市福田区八卦三路 530 栋 1 楼
负责人：王先生
Tel：0755－88865432
13602698445

**深圳市森正采贸易商行**
地址：广东省深圳市福田区八卦三路 542 栋三楼西 301 室
负责人：苏连珍
Tel：0755－25966103

### 湛江市霞山区美事达家电制冷维修部

业务：家电维修
地址：广东省湛江市霞山区菉塘路 133 号 2 幢 C 座 8 号商铺
负责人：麦观福　邮　编：524002
法　人：麦观福
Tel：13428125265
0759－2307626

### 湛江恒运航运服务有限公司

产品：租船业务、租家，船员管理、劳务、中介，货运代理、物流服务、船舶代理
地址：广东省湛江市霞山区人民大道南 28 号怡福大厦 A 幢 1608 房
负责人：黄伟国　邮　编：524000
法　人：黄伟国
Tel：0759－2303339
13531000055

**深圳市彩色地带企业形象设计有限公司**
地址：广东省深圳市福田区八卦四路先科机光大厦 506 室
负责人：黄爱君
Tel：0755－82445020
25875068
13332950182

**深圳市百思特实业发展有限公司**
地址：广东省深圳市福田区百花 3 路百花工艺 4 幢 16B
负责人：刘先生
Tel：0755－83686704

### 德庆县播植镇好宜佳商店

业务：百货
地址：广东省肇庆市德庆县播植镇圩镇
负责人：陈小辉　邮　编：526040
法　人：陈小辉
Tel：0758－7532292

### 德庆县德视广告有限公司

业务：承接各种广告业务
地址：广东省肇庆市德庆县龙湖湾小区首层第 7、8 卡(新圩镇)
负责人：冯经理　邮　编：526040
法　人：梁智
Tel：13822668003

### 肇庆市高新区诚信中介服务部

业务：二手房屋买卖及出租
地址：广东省肇庆市高新区福康路(地税局对面)
负责人：林少坚　邮　编：526040
法　人：林少坚
Tel：15016392197
0758－3639711
3821603

**深圳市华仁杰企业管理顾问有限公司**
地址：广东省深圳市福田区百花 3 路蓝天大厦 2 幢 908 室
负责人：陈国洪
Tel：0755－83342880
13902947203

**深圳市洁圳环卫有限公司**
地址：广东省深圳市福田区滨河大道 9003 号湖北大厦南区 2801 室
负责人：周经理
Tel：13828888880

**福潮发进出口有限公司**
地址：广东省深圳市福田区滨河路 9003 号湖北大厦南座 2405 室
负责人：张冬梅
Tel：0755－83461611
13554780381

**泰豪居实业发展有限公司**
地址：广东省深圳市福田区彩田路深业花园 C 幢 12E 室
负责人：陈建忠
Tel：0755－82902414
13923434279

**深圳市宏海商行**
地址：广东省深圳市福田区彩田南路彩天名苑红荔轩 18H
负责人：吴海燕
Tel：0755－28069871

**深圳市文辉贸易发展有限公司**
地址：广东省深圳市福田区彩云路盛世家园丙栋 5 号楼 29C
负责人：刘琳
Tel：0755－81055694

**福连祥贸易有限公司**
地址：广东省深圳市福田区车公庙深南大道中国有色大厦 1 座 1801 房
负责人：陈浡修
Tel：0755－33343420
13902924146

**鸿顺捷货运服务有限公司**
地址：广东省深圳市福田区车公庙泰然二路 108 栋 226 号
负责人：杨平波
Tel：0755－83898007

**亿城航空服务有限公司**
地址：广东省深圳市福田区车公庙天安数码城创新科技广场 A 座 1604 房
负责人：古剑
Tel：0755－83439922
13713453718
13715356693

**深圳市雄艺广告有限公司**
地址：广东省深圳市福田区东园路向东围西 2 号 101 室
负责人：李汝雄
Tel：0755－83633599
13602570443
13802233449

### 四会市喜相迎商店

业务：日用品、饰品、副食品、烟、酒等
地址：广东省肇庆市四会市东城区前锋村鸡公湾
负责人：褚海平　邮　编：526040
法　人：褚海平
Tel：0758－3643953
13534956518
13760068355

### 亿俊酒行

业务：各类酒的销售
地址：广东省中山市东区华鸿水云轩满庭芳首层 2 卡商铺
负责人：谢晋　邮　编：528400
法　人：谢晋
Tel：13928105823
13928160511

### 中山市九美展示制品有限公司

业务：专业从事展示柜设计生产、加工销售，可承接各种类型展览设计与制作施工，我们至诚至信，合作共赢，衷心期盼与您共同发展。
产品：手机专柜、中岛柜、化妆品展柜、形象展柜等
地址：广东省中山市东升镇同兴西路 85 号
负责人：占定可　邮　编：528400
法　人：占锡玖
Tel：0760－22224322
Fax：0760－88439875
网址：www.jiumeizs.cn
E-mail：jiumeizs@163.com
QQ：807413247

**深圳市冰宫馆商贸有限公司**
地址：广东省深圳市福田区福虹路华强花园 C 座 5C
负责人：郑善堂
Tel：0755－83741268
13510132886

**深圳市洪山实业发展有限公司**
地址：广东省深圳市福田区福虹路华强花园 D 座 906 室
负责人：张峰
Tel：0755－25306518
13828858021

### 中山市古镇水星坊矿泉水店

业务：矿泉水销售批发
地址：广东省中山市古镇六坊南兴路 81 号之 2 首层
负责人：陈宗梅　邮　编：528403
法　人：陈宗梅
Tel：0760－22320844
15918293072
13715581856

### 中山市横栏镇华深五金修理店

业务：对外维修电器、机械等设备
地址：广东省中山市横栏镇三沙村长安北路 157 号进大门口右第三间
负责人：徐寿均　邮　编：528478
法　人：徐寿均
Tel：13549866730
0760－22363135

### 富加辉百货

业务：销售小百货
地址：广东省中山市横栏镇新丰村九组六巷 4 号
负责人：谢金伟　邮　编：528400
法　人：谢金伟
Tel：13420045252

**华卫科技实业有限公司**
地址：广东省深圳市福田区福华 1 路国际商会大厦 1208 室
负责人：郭芝华
Tel：0755－82931299
82985988

**深圳市吉安家贸易有限公司**
地址：广东省深圳市福田区福华路 51 号商贸大厦东座 302 室
负责人：区雪嫦
Tel：0755－81026655

**深圳市顺发达进出口贸易有限公司**
地址：广东省深圳市福田区福华路福侨大厦 8A 室
负责人：邱明发
Tel：0755－83690385
13682304748

### 海滨清洁服务部

业务：家政服务，室内清洁，高空作业
地址：广东省中山市黄圃镇新柳路 11 号
负责人：吴海滨　邮　编：528400
法　人：吴海滨
Tel：0760－22506770

### 中山火炬开发区捷富连锁便利店

业务：百货销售
地址：广东省中山市火炬开发区江尾头村明珠苑 C 幢 06 卡商铺
负责人：刘光宇　邮　编：528403
法　人：刘光宇
Tel：13420087925
0760－85868306

### 中山火炬开发区金国源百货店

业务：商品百货
地址：广东省中山市火炬开发区沙边村濠四村(金箭小区)Q 栋 7－8 卡
负责人：杨红海　邮　编：528400
法　人：杨红海
Tel：13318253199
0760－85289863

**开创伟业科技有限公司**
地址：广东省深圳市福田区福华路福田市场大厦 538 号
负责人：李瑛
Tel：13302461884

**兰婷贸易有限公司**
地址：广东省深圳市福田区福华路嘉汇新城汇商中心 2706
负责人：宋乐
Tel：0755－83982160
13008838844

**深圳市新永春商贸有限公司**
地址：广东省深圳市福田区福华路漾福居东座 21 楼 B
负责人：刘永东
Tel：0755－33363708
13602693054

**舒服家清洁有限公司**
地址：广东省深圳市福田区福华新村 10 幢 604 室
负责人：田烈新
Tel：13066870008

**康然实业有限公司**
地址：广东省深圳市福田区福民路 86 号博伦花园二栋二单元 803 室
负责人：张俊明
Tel：0755－25353087
13510358698

**深圳市盈润贸易有限公司**
地址：广东省深圳市福田区福民路东方欣悦居东方阁 9C
负责人：陈泳明
Tel：13008864710

**深圳市轩誉贸易发展有限公司**
地址：广东省深圳市福田区福明路广业大厦 1602 室
负责人：黄世飞
Tel：0755－81231862

**深圳市符丽红商行**
地址：广东省深圳市福田区福明路嘉汇新城汇商中心 1004A
负责人：符丽红
Tel：0755－25595232

**深圳市八匹马广告有限公司**
地址：广东省深圳市福田区福强路金地工业区 103 栋 6 号
负责人：吴永洪
Tel：0755－83177350
13006628545

**深圳市展帆环境综合服务有限公司**
地址：广东省深圳市福田区福强路西沙咀工业区 102 栋 305－306 号
负责人：邓力源
Tel：13005463269

### 中山市民众镇海逸百货店

业务：百货
地址：广东省中山市民众镇沙仔村上围
负责人：陆泽波　邮　编：528403
法　人：陆泽波
Tel：13726036488
0760－85402488

**恒荣建实业有限公司**
地址：广东省深圳市福田区福荣路鸿景湾明苑海逸阁 3108
负责人：周建家
Tel：13609614222

**河淳贸易(深圳市)有限公司**

地址：广东省深圳市福田区福田保税区红花路1001国际商贸中心3栋110号
负责人：李岩
Tel：0755－83481103
13510828535

**中山市绿大地清洁服务有限公司**
业务：清洁卫生，承接企事业单位保洁服务
地址：广东省中山市南区环卫所
负责人：易佳勇 邮 编：528403
法 人：易佳勇
Tel：13923392642
15807616626

**中山卓丽雅贸易有限公司**
业务：主营五金、电子、电器、皮革服饰、玩具、日用百货的综合贸易公司，一直以来公司以市场需求为导向，致力为客户提供最优质的产品和最满意的服务！
产品：家用电器、手袋、服装、布匹、皮革、卫生巾、尿裤、卫生纸、鞋类批发零售
地址：广东省中山市三乡镇白石置禾商业小区4幢4号
负责人：吴小姐 邮 编：528463
法 人：宛志平
Tel：0760－86321698
15876027928
Fax：0760－86321698
E-mail：abcdcm@21cn.com
librawu@21cn.com

**深圳市深福保集团有限公司**
地址：广东省深圳市福田区福田保税区绒花路8号深福保大厦12楼
负责人：朱小民
Tel：0755－83590820
13714753668

**金天工艺美术社**
地址：广东省深圳市福田区福祥街46号
负责人：罗凤兰
Tel：13714734892

**星河贸易发展有限公司**
地址：广东省深圳市福田区福星路福民楼F座601室
负责人：李小阳
Tel：0755－83396422
13510012443

**深圳市福田区孝宇工作室**
地址：广东省深圳市福田区福中路福景大厦21楼
负责人：沈孝宇
Tel：0755－83695311
13509612417

**深圳市福田区大发搬迁服务部**
地址：广东省深圳市福田区福中路海连大厦一栋19B
负责人：胡冬春
Tel：0755－83364158

**蓝图环境艺术设计有限公司**
地址：广东省深圳市福田区岗厦彩福大厦聚福阁28G
负责人：王丽
Tel：0755－82948305
13923779566

**置兴文化传播有限公司**
地址：广东省深圳市福田区红荔路上步轻工业管理大厦7楼
负责人：宋孟阳
Tel：0755－83257187
83262148
13332988993

**深圳市爱玖企业顾问有限公司**
地址：广东省深圳市福田区红荔西路鲁班大厦1区401室
负责人：庄进云
Tel：0755－83541915
13602628350

**青岛澳鸿自动商务有限公司深圳市分公司**
地址：广东省深圳市福田区红荔西香蜜三村1号楼17N室
负责人：杨德森
Tel：13088800987

**中山市骏达汽车租赁有限公司**
业务：汽车租赁
地址：广东省中山市三乡镇城桂公路东13号铺之二
负责人：方仲辉 邮 编：528403
法 人：方仲辉
Tel：13702783710
13924901293

**深圳市必达旺贸易有限公司**
地址：广东省深圳市福田区华强北路康乐大厦502室
负责人：何鹏
Tel：0755－26160538

**今日资讯广告有限公司**
地址：广东省深圳市福田区华强北路群星广场A913、A914
负责人：钟碧霞
Tel：0755－25142819

13502806484

**深圳市鸿利盛贸易有限公司**
地址：广东省深圳市福田区华强北路赛格工业园1栋705室
负责人：张俊妙
Tel：13026603198

**深圳市问鼎工业设计有限公司**
地址：广东省深圳市福田区华强北路上步工业区201栋302室
负责人：余德斌
Tel：0755－83789035

**金源进出口有限公司**
地址：广东省深圳市福田区皇港口岸报关大楼115室
负责人：詹明理
Tel：0755－26227029
13922840478

**中山市三乡镇目明尔来视力保健中心**
业务：专业矫正青少年近视、弱视、斜视、散光等服务。
地址：广东省中山市三乡镇金光大道华丰花园栎苑43号、广东省中山市中山五路华润万家4楼
负责人：肖俊 邮 编：528403
法 人：刘春琴
Tel：13702363511
4006783800
0760－86690125

**中山市三乡镇兴得利百货店**
业务：日用百货、食品、生活用品、烟、酒
地址：广东省中山市三乡镇平东商业大街150、152、154、156号首层
负责人：梁福琳 邮 编：528403
法 人：梁福琳
Tel：15913444999
0760－86362992

**中山市三乡镇博智企业咨询服务中心**
业务：中介，介绍工作
地址：广东省中山市三乡镇文昌西路131号钟锦大楼C幢5号首层
负责人：郑伟 邮 编：528463
法 人：龚丹
Tel：13189206558
0760－86684491
Fax：0760－23804208

**中山市神湾镇旺地蔬菜批发店**
业务：批发、销售：蔬菜、蛋品
地址：广东省中山市神湾镇成业二街10号首层
负责人：褚福地 邮 编：528403
法 人：褚福地
Tel：13590958620
0760－86601548

**中山市嘉俊贸易有限公司**
业务：食品批发、零售
产品：饼干、包装食品、咖啡等等
地址：广东省中山市石岐区安山大街东六巷23号首层1、2卡
负责人：颜波涛 邮 编：528403
法 人：颜波涛
Tel：13421462146
13703034448

**中山市金九坊酒业有限公司**
业务：销售各种酒类、烟草，以进口葡萄酒为主
产品：进口葡萄酒
地址：广东省中山市石岐区大信中路大信新都花园第109卡商铺
负责人：赖雪红 邮 编：528400
法 人：赖雪红
Tel：0760－88707334

**斗门区井岸镇佰嘉汇旧货行**
业务：房屋、车辆、金饰、实物抵押，寄售和物业代理
地址：广东省珠海市斗门区井岸镇建新新村内街21号
负责人：黄卓庭 邮 编：519100
法 人：黄卓庭
Tel：13527208226
0756－5522319

**深圳市乾坤锦源进出口有限公司**
地址：广东省深圳市福田区红岭南路红岭大厦5栋4楼B
负责人：孟凡西
Tel：0755－26268399

**深圳市博宏天贸易有限公司**
地址：广东省深圳市福田区华富路南光大厦2601房
负责人：张拥军

Tel：0755－27840729

**深圳市新一点广告有限公司**
地址：广东省深圳市福田区华强北长怡花园A栋29F
负责人：鞠永平
Tel：0755－82048889
13823228868

**深圳市鹏城新华贸易有限公司**
地址：广东省深圳市福田区华强北路1050号现代之窗B座27K房
负责人：赖滄明
Tel：13510822200

**深圳市通宝旧货交易市场集成商行**
地址：广东省深圳市福田区华强北路2007号
负责人：林振辉
Tel：0755－83249018
13923728389

**深圳市南山区友和礼品商行**
地址：广东省深圳市福田区华强北路3号深纺大厦B座16号
负责人：陈浪愉
Tel：0755－83776807
13923461360
13602580766

**珠海市家家乐清洁服务有限公司**
业务：清洁服务（家庭、公共、物业都有）
地址：广东省珠海市拱北侨光路西海名苑
负责人：朱传芳 邮 编：519020
法 人：朱传芳
Tel：13232228708
0756－8892556

**珠海市拱北创意坊广告制作部**
业务：专业从事各种室内外广告的设计、制作、安装、发布，公司拥有一流的设计方案团队，公司自成立以来，以精湛的设计理念，专业的品牌服务意识，受到众多客户的青睐与支持。
产品：广告设计、灯箱标牌、写真喷绘、奖牌奖杯、户外广告传媒
地址：广东省珠海市拱北围基路28号3栋西海名苑18号铺
负责人：王明 邮 编：519020
法 人：王明
Tel：13824136665
Fax：0756－8880560
E-mail：www.cyf8880560.cn

**珠海市仙芝茶叶商行**
业务：野生灵芝（增加免疫功能）、土耳茶、田七、东麻、三七根批发兼零售
地址：广东省珠海市拱北粤华路350号
负责人：郑安英 邮 编：519000
法 人：郑安英
Tel：13232203179
0759－8181488
8130110
Fax：0759－8130110

**金天利进出口有限公司**
地址：广东省深圳市福田区华强北路电子世界4B133号
负责人：田华
Tel：13554921588

**海信展销柜**
地址：广东省深圳市福田区华强北路华强电子世界
负责人：朱海钦
Tel：0755－83291010
13823348893

**美立多资讯有限公司**
地址：广东省深圳市福田区华强北路华强电子世界1号楼3楼12B024
负责人：刘武秀
Tel：0755－83291869
81161929

**天博展览展示设计部**
地址：广东省深圳市福田区华强北路嘉年华公司大院5栋C－605室
负责人：李恩根
Tel：0755－83201433

**蓝奥广告有限公司**
地址：广东省深圳市福田区景田南路锦文阁1506房
负责人：张宏军
Tel：0755－82925308
13760184961

**深圳众安康启用战略营运中心**
地址：广东省深圳市福田区莲花路富莲大厦三栋2楼
负责人：林正刚
Tel：0755－83166293
13802263347

**天子龙贸易有限公司**
地址：广东省深圳市福田区莲花路彩田村2栋9E
负责人：程志标
Tel：13332936722

**深圳市综大企业管理顾问有限公司**
地址：广东省深圳市福田区莲花路妇儿大厦27楼2712

负责人：严书翔
Tel：0755－83140705
13600158608

**工交集团物业管理部**
地址：广东省深圳市福田区莲花支路1号工交大厦15楼
负责人：沙世儒
Tel：0755－83646233
13741403288

**天美广告有限公司**
地址：广东省深圳市福田区莲花支路长城盛世家园A－200房
负责人：张育娟
Tel：0755－83131161
13005480175

**珠海市吉大千汇婚礼策划馆**
业务：中式婚礼策划西式婚礼策划
地址：广东省珠海市吉大景和街71号金色假日酒店写字楼11楼1115室
负责人：简婷婷 邮 编：519000
法 人：简婷婷
Tel：13676000262
0756－3263369
8929032

**珠海怡庆贸易有限公司**
业务：电子产品贸易
地址：广东省珠海市吉大景山路92号1405号
负责人：陈明 邮 编：519000
法 人：陈小姐
Tel：15338179339
18923367996

**珠海市华业劳务派遣有限公司**
业务：劳务派遣，劳务承包，劳务代理，社会经济咨询，就业咨询服务
地址：广东省珠海市金湾区三灶镇
负责人：黄海青 邮 编：519000
法 人：黄海青
Tel：15919107091

**海骏报关有限公司南头报关点**
地址：广东省深圳市福田区梅丽路3号3楼西
负责人：曾剑勇
Tel：0755－27660151
27660711
13312999033

**深圳市奥峰达空调维修有限公司**
地址：广东省深圳市福田区梅林路润义医院1幢2单元704
负责人：肖新玲
Tel：0755－83182558

**深圳市嘉多利贸易有限公司**
地址：广东省深圳市福田区梅林通业大厦3号楼九单元902
负责人：陈建修
Tel：13006679879

**深圳市裕昌达贸易有限公司**
地址：广东省深圳市福田区南园路68号上步大厦15E
负责人：胡长龙
Tel：0755－21008518

**深圳市捷达商贸有限公司**
地址：广东省深圳市福田区南园路68号上步大厦6楼F单元
负责人：李俊海
Tel：0755－61359632

**珠海市弘旗广告部**
业务：平面设计、户外广告设计施工
地址：广东省珠海市金湾区三灶镇机场北路东边临时商铺4－1号
负责人：张洪佳 邮 编：519000
法 人：张洪佳
Tel：0756－7767718

**珠海市奥太宇商贸有限公司**
业务：劳保，居家、饮料、用品批发
产品：调味品，粮油，糖烟酒，饮料，五金交电，防水防油服，床上用品
地址：广东省珠海市南屏镇东桥商业街13号
负责人：吴颖霖 邮 编：519000
法 人：吴颖霖
Tel：13232230699
Fax：0756－6118889
8679065
E-mail：aotaiyu@126.com

**珠海市南屏盈康信息服务部**
业务：信息咨询
地址：广东省珠海市南屏镇十二村成丰园西85号
负责人：刘真 邮 编：519000
法 人：刘真
Tel：13923369813
0756－8919355

**上步大厦航空售票处**
地址：广东省深圳市福田区南园路上步大厦一楼商务中心

负责人:田莉琼
Tel:0755－83661166
13662600069

**恒康贸易有限公司**
地址:广东省深圳市福田区侨服大厦 7B
负责人:徐瀚
Tel:13352953318

**珠海市香洲阳春批发部**
业务:内衣、内裤、袜、毛巾、雨具、帐篷、皮具包及小百货批发零售
地址:广东省珠海市前山翠微益源市场 9－12 号
负责人:张阳春　邮　编:519070
法　人:张阳春
Tel:0756－8655258
8563074

**珠海市香洲家佰乐百货有限公司**
业务:百货销售
地址:广东省珠海市前山所前山翠景路 1131 号 C 座 9 栋底层 1 号
负责人:陈永锡　邮　编:519000
法　人:陈永锡
Tel:13823093961
0756－8602848

**深圳市一八五三广告设计有限公司**
地址:广东省深圳市福田区沙头路嘉洲华苑 3 幢 3A
负责人:王东峰
Tel:0755－25336696

**广州启页贸易有限公司深圳市办事处**
地址:广东省深圳市福田区上步工业区 205 栋 4038 室
负责人:许明坤
Tel:13823329517
0755－83215268

**天海狮威贸易有限公司**
地址:广东省深圳市福田区上步南路锦锋大厦 B 座 1402 室
负责人:刘红梅
Tel:0755－82077280
13802271651

**深圳市和逸轩商贸行**
地址:广东省深圳市福田区上步南路上步大厦 15 楼
负责人:孙兵
Tel:13008882893

**珠海市香洲川利源商行**
业务:经营日用品、化妆品、保健品
地址:广东省珠海市前山所前山岱山路 103 号 4 栋 1 单元 102 房
负责人:祝敏　邮　编:519000
法　人:祝敏
Tel:13702947478
0756－8605319

**珠海市金鼎宏昇清洁服务部**
业务:清洁服务、除去顽固污渍、地毯洗涤、晶面处理、石材翻新、外墙清洁、专业除六害、管道疏通、通厕等
地址:广东省珠海市唐家湾镇金鼎下栅南星街 60 号
负责人:赵祖坤　邮　编:519000
法　人:赵祖坤
Tel:0756－6120608
13727067948

**珠海市香洲品盛商行**
业务:烟酒、茶等日用品零售
地址:广东省珠海市香洲北环街 124 号
负责人:李新群　邮　编:519001
法　人:李新群
Tel:15919128856

**珠海星鸿投资咨询有限公司**
业务:投资咨询
地址:广东省珠海市香洲凤凰南路 1113 号 807 号写字楼(怡华商业中心 8 楼)
负责人:余新贤　邮　编:519000
法　人:余新贤
Tel:13825630631
13926968368

**点击视觉平面设计有限公司**
地址:广东省深圳市福田区上梅林凯丰路汇龙花园 13 幢群龙阁 203
负责人:吴伟平
Tel:0755－83528379
13602696557

**深圳市风云广告有限公司**
地址:广东省深圳市福田区上梅林园东路新阁小区 7 号楼 3 层南
负责人:邝猛
Tel:13008861200

**好运来搬迁有限公司**
地址:广东省深圳市福田区上沙东村八巷 11 号 106
负责人:王春雷
Tel:0755 －83429175
81617186

**立点形象策划设计有限公司**
地址:广东省深圳市福田区深南大道北侧浩铭财富广场 B 栋 B 座 6B 室
负责人:吴国友
Tel:0755－83022218
13602687105

**梓元咨询有限公司**
地址:广东省深圳市福田区深南大道北侧浩铭财富广场 B 座 19LM
负责人:赖元楷
Tel:0755－83021893
13802279108

**珠海市香洲为明锁业服务部**
业务:修锁、开锁、换锁、配钥匙
地址:广东省珠海市香洲前山明珠南路 2102 号民润超市明珠店门口右边
负责人:刘贤明　邮　编:519070
法　人:刘贤明
Tel:13824178158
0756－6653476

**广东珠海时新商贸有限公司**
业务:生产与销售高档保健酒、白酒和红酒
产品:唐龙保健酒、红酒、白酒系列
地址:广东省珠海市香洲区兰埔路 162－1 号 4 栋 6 号(鸣翠谷)
负责人:刘绪伟　邮　编:519000
Tel:0756－3889016
13726291976
Fax:0756－3889016
网址:http://www.tanglongbaojian.com
E-mail:sdtanglong@163.com

**冠欣投资有限公司**
地址:广东省深圳市福田区深南大道财富广场 A 座 9 楼 N
负责人:邓涛
Tel:0755－82873988

**深圳市居众装饰设计工程有限公司**
地址:广东省深圳市福田区深南路 6002 号人民大厦 11 楼
负责人:黄海娟
Tel:0755－33366518

**深圳市祁港汽车贸易有限公司**
地址:广东省深圳市福田区深南西路深港汽车城 19 号
负责人:夏文雅
Tel:0755－26316004

**深圳市新思维电脑艺术设计有限公司**
地址:广东省深圳市福田区深南中路 3037 号南光捷佳大厦 2529 室
负责人:刘碧海
Tel:0755－83980163
13302456282

**深圳市极速信息咨询有限公司**
地址:广东省深圳市福田区深南中路北方大厦 1011
负责人:杨建钢
Tel:0755－83278482
13924668783

**珠海泰田贸易有限公司**
业务:自动化机械
地址:广东省珠海市香洲区柠溪路 597 号路桥大厦二层 203 号
负责人:陈春平　邮　编:519000
法　人:陈春平
Tel:15976965692
0756－2283049
2283409
Fax:0756－2283409

**珠海星晴商务服务有限公司**
业务:接待境外华侨、港澳台同胞，外国朋友及中国公民前往中国各地旅游景点门票，组织中国公民赴香港、澳门及世界各地出境旅游业务咨询
地址:广东省珠海市粤海东路 1042 号
负责人:黄晨　邮　编:519000
法　人:黄晨
Tel:13824111880
0756－8130113

**肇庆市端州区昊福星电器行**
业务:销售学习机、农机，"智能达"牌学习机，农机以"中山合美"喷雾器为主
产品:"智能达"牌学习机，"中山合美"喷雾器
地址:广东肇庆市前沙街土产进出口公司白沙仓内 3 号
负责人:陶红　邮　编:526000
法　人:陶红
Tel:0758－2230975

**深圳市九洲行商贸有限公司**
地址:广东省深圳市福田区深南中路北方大厦 2220 室
负责人:蒋训伟
Tel:0755－28064779

**深圳市邦鼎晟企业管理咨询有限公司**
地址:广东省深圳市福田区深南中路北方大厦 905 室
负责人:罗汉明
Tel:0755－25894785

**水木景观艺术设计有限公司**
地址:广东省深圳市福田区深南中路福田大厦 407 室
负责人:张起华
Tel:0755－83692037
13600441531

**深圳市达方贸易有限公司**
地址:广东省深圳市福田区深南中路福田大厦西座 1611 室
负责人:李芳芳
Tel:13902920321

**深圳市首通商贸有限公司**
地址:广东省深圳市福田区深南中路国际文化大厦 706 室
负责人:赵书平
Tel:0755－25403480

**深圳市共进达贸易有限公司**
地址:广东省深圳市福田区深南中路红岭大厦 1 栋 11A
负责人:陈迎州
Tel:0755－21008528

**深圳市浩晟工贸有限公司**
地址:广东省深圳市福田区深南中路南光捷佳大厦 1629 室
负责人:皮龙浩
Tel:0755－26661826

**科王进出口有限公司**
地址:广东省深圳市福田区深南中路赛格广场 15 楼 1504
负责人:郭志海
Tel:13902940197

**麦迪信企业形象策划有限公司**
地址:广东省深圳市福田区深南中路田面花园 2 栋 102 室
负责人:盛健
Tel:0755－83321810

**博友商务调查有限公司**
地址:广东省深圳市福田区深南中路新闻大厦 2 号楼 515 房
负责人:刘博文
Tel:13802584382

**深圳市泰信工贸发展有限公司**
地址:广东省深圳市福田区深南中路兴华宾馆 1069 室
负责人:王荷芬
Tel:0755－81185947

**深圳市裕宝设计室**
地址:广东省深圳市福田区深南中路兴华大厦 602 室
负责人:陈宽
Tel:0755－25562886

**深圳市德蓝家政服务有限公司**
地址:广东省深圳市福田区下梅林金梅花园 3 栋 2 单元 205 室
负责人:张秀丽
Tel:0755－81145945

**深圳市琥珀光贸易有限公司**
地址:广东省深圳市福田区下梅林梅山苑 8 号楼 3 号商铺
负责人:连爱萍
Tel:0755－26265822

**深圳市爱华测绘有限公司**
地址:广东省深圳市福田区下梅林通业大厦南座 17 楼
负责人:陈爱华
Tel:0755－83310601
0755－83512114
83938378
83938421
13809860421

**昌隆制冷设备维修店**
地址:广东省深圳市福田区下梅林围面村 56 号 103 铺
负责人:钟继军
Tel:0755－83116645

**深圳市旺达顺贸易商行**
地址:广东省深圳市福田区下梅林围面村 57 号 103
负责人:孙继锐
Tel:0755－26146448

**裕鑫进出口有限公司**
地址:广东省深圳市福田区香梅路华泰香逸名园华阁 15B
负责人:范文雄
Tel:0755－82946112
13902888774

**朗特企业管理咨询有限公司**
地址:广东省深圳市福田区新文路 59 号深贸商业中心 509 室
负责人:孙钜黄
Tel:0755－82949977

**思迈广告有限公司**
地址:广东省深圳市福田区新洲路长景阁 10 楼 B
负责人:李丽
Tel:0755－83088800
13510288681

**香港华港国际展览有限公司深圳市代表处**
地址:广东省深圳市福田区新洲路国际商会大厦 B 座 1213 室
负责人:黄志飞
Tel:13600186521

**深圳市新洲家政服务有限公司**
地址:广东省深圳市福田区新洲三街锦洲花园综合楼 301 房
负责人:邱越华
Tel:0755－21105838

**深圳市荣庆商贸有限公司**
地址:广东省深圳市福田区信托花园 9A 栋 102 室
负责人:黄小兵
Tel:13802587002

**福源虹贸易有限公司**
地址:广东省深圳市福田区益田路 3013 号南方国际广场 B 座 815 房
负责人:程滢嘉
Tel:13828836308

**益众机电修理店**
地址:广东省深圳市福田区竹子林金众街 16 号
负责人:何影平
Tel:0755－83703172
13823354172

**远见管理咨询有限公司**
地址:广东省深圳市高新区南区广东省深圳市清华研究院 A207 号 42 号信箱
负责人:郑海英
Tel:0755－26957300
13923708659

**合创进出口有限公司**
地址:广东省深圳市华南物流园区
负责人:阮先生
Tel:0755－29527093
13530736664

**深圳市鑫澳信息咨询有限公司**
地址:广东省深圳市华侨城世界花园海华居 1 幢 11C
负责人:朱淑庄
Tel:13902981861

**深圳市正兴展贸易有限公司**
地址:广东省深圳市龙岗大工业区新立科技园工地
负责人:陈奕平
Tel:13318819213

**深圳市金色希尔信息咨询有限公司**
地址:广东省深圳市龙岗区布吉大芬村茂业城花园大厦 1 座 21E 号
负责人:徐琼
Tel:0755－28706401

**深圳市鑫泰智辉贸易有限公司**
地址:广东省深圳市龙岗区布吉街道办布吉广场附楼商铺 111
负责人:黄仕辉
Tel:0755－28759092

**深圳市美之城商业有限公司布吉分公司**
地址:广东省深圳市龙岗区布吉街道办布吉路格唐街 21 号凯利莱会所
负责人:李美祥
Tel:0755－28281482

**深圳市轩晖贸易商行**
地址:广东省深圳市龙岗区布吉理想家园 1 栋 613 室
负责人:蓝辉群
Tel:0755－25018898

**深圳市鸿业进贸易商行**
地址:广东省深圳市龙岗区布吉丽湖花园 3 栋 530 室
负责人:唐利红
Tel:0755－28267466

**深圳市深美乐商贸有限公司**
地址:广东省深圳市龙岗区布吉深惠公路大芬村路康达尔花园 16 栋 303 房
负责人:沈柒伍
Tel:0755－28282730

**深圳市龙岗区布吉镇坂田金良电器维修部**
地址:广东省深圳市龙岗区布吉镇坂田长发中路泓瀚苑 29 座 301
负责人:甘金良
Tel:0755－84168848
13603032049

**深圳市亿扬兴贸易有限公司**
地址:广东省深圳市龙岗区布吉镇坂田四季花城樱花苑 A 座 33 号
负责人:李彬
Tel:0755－28775610

**深圳市龙岗区布吉镇坂田信达翻译公司**
地址:广东省深圳市龙岗区布吉镇坂田星光之约花园 5 幢 304 室
负责人:陈勇
Tel:0755－89956351
81046616

**深圳市朗新保洁服务有限公司**
地址:广东省深圳市龙岗区布吉镇长龙四区十巷四号一层
负责人:陈永国
Tel:13602620793

**傲龙贸易商行**
地址:广东省深圳市龙岗区布吉镇大芬名城国际广场 23G1
负责人:杨保猛
Tel:13670296370

**美联展示设计有限公司**
地址:广东省深圳市龙岗区布吉镇德兴花园德富 1 栋 102
负责人:何军
Tel:0755－28525363

13316978776

**深圳市点石成金广告有限公司**
地址：广东省深圳市龙岗区布吉镇华路 189 号汇洋大厦十一楼
负责人：魏宾仁
Tel：0755－28285948
13068721358

**润昌实业有限公司**
地址：广东省深圳市龙岗区布吉镇莲花路莲花山庄一村 31 号
负责人：巫福徐
Tel：0755－28534799
13602556469

**深圳市昊发进出口有限公司**
地址：广东省深圳市龙岗区布吉镇荣超花园 9 栋 701 室
负责人：柯昌荣
Tel：0755－28587826
13902438218

**江厦堂物业清洁服务有限公司**
地址：广东省深圳市龙岗区布吉镇沙湾桂花路 12 号
负责人：黄必声
Tel：0755－28751364
13714501128
13530307589

**中石美业贸易有限公司**
地址：广东省深圳市龙岗区布吉镇新城区中兴路吉政巷布吉村委大楼九楼 903
负责人：罗治国
Tel：0755－84187230
13924588300

**深圳市生兴泰进出口贸易有限公司**
地址：广东省深圳市龙岗区布吉镇新中心区灏景明苑 1 栋 14I 号
负责人：詹松光
Tel：0755－84186408

**浩天广告有限公司**
地址：广东省深圳市龙岗区布吉镇中兴路百盛大厦 A 座 5 楼
负责人：陈良洪
Tel：0755－84186999
84186188
13922899186

**同创金广告有限公司**
地址：广东省深圳市龙岗区城龙花园 2 幢 503 室
负责人：陈庆和
Tel：0755－28939495
89918123
13823306577

**荣华百货购物广场**
地址：广东省深圳市龙岗区大鹏镇王母上圩门地段
负责人：陈少荣
Tel：0755－84306328
13802258236

**新瑞达电子元器件展柜**
地址：广东省深圳市龙岗区电子世界 1066
负责人：陈光勇
Tel：13510352711

**深圳市日新智能卡商行**
地址：广东省深圳市龙岗区横岗保安育才街 5 巷 3 号 1 楼
负责人：张淑萍
Tel：0755－28627728

**广东深圳市鑫建达实业发展有限公司**
地址：广东省深圳市龙岗区横岗镇大康村龙村创业路 188 号楼
负责人：许永瑞
Tel：0755－28658882
13713951690

**中山市石岐区诚兴清洁搬屋服务部**
业务：搬屋、清洁服务
地址：广东省中山市石岐区豪程路 8 号彩云居之 19 卡
负责人：吴加平　邮　编：528403
法　人：吴加平
Tel：0760－88312669
13925306549

**中山市西区和合兴百货店**
业务：日用塑胶、百货
地址：广东省中山市西区沙朗港隆南路 18 号翠朗华苑 2 卡
负责人：冯建冲　邮　编：528411
法　人：冯建冲
Tel：0760－86640412
13590716297

**深圳市悦广达贸易有限公司**
地址：广东省深圳市龙岗区横岗镇丽晶商务中心 605
负责人：周泽林
Tel：0755－28655058
13600413027

**协盛实业发展有限公司**
地址：广东省深圳市龙岗区横岗镇深惠路 1308 号
负责人：庄英武
Tel：0755－28625889
13809863929

**骥龙电脑设计部**
地址：广东省深圳市龙岗区横岗镇新亚洲广场新雅苍 E 座 201 号
负责人：崔进鹏
Tel：0755－28629789
13322927855

**辉日杂货商行**
地址：广东省深圳市龙岗区坑梓镇龙田村田心路二巷 5 号
负责人：杨仓辉
Tel：0755－84138777
13823377777

**深圳市乔氏家政咨询有限公司**
地址：广东省深圳市龙岗区龙城爱联新西深惠路 593 号
负责人：廖定俊
Tel：0755－28130416

**深圳市富泰丰贸易行**
地址：广东省深圳市龙岗区龙城中心城 10 号路吉祥来花园 1 栋祥华阁 401
负责人：李朝文
Tel：0755－33833498

**深圳市乐乐贸易行**
地址：广东省深圳市龙岗区龙岗盛平村竹沁苑 0304 号
负责人：邱春妮
Tel：0755－28911892

**龙岗镇福华小店**
地址：广东省深圳市龙岗区龙岗镇福宁小区上宁一路 19 叼
负责人：张健生
Tel：0755－28831065
13825232031

**安余贸易公司**
地址：广东省深圳市龙岗区龙岗镇龙福路城市花园 18 幢 102 室
负责人：李锡锭
Tel：0755－28925439

**深圳市山宝货架有限公司**
地址：广东省深圳市龙岗区龙岗镇龙平东路 404 号二楼
负责人：刘纯胜
Tel：0755－25310986

**富力诚贸易有限公司**
地址：广东省深圳市龙岗区龙岗镇南联龙园路 178 号 609
负责人：邓俊
Tel：0755－84828987
13662664158

**桂兴商店**
地址：广东省深圳市龙岗区龙岗镇南联吓岗二村六巷 6 号
负责人：蔡桂槐
Tel：13500069493

**创艺养料贸易行**
地址：广东省深圳市龙岗区龙岗镇同乐阳和浪村同庆路 1 号 3 楼
负责人：杨忠艺
Tel：0755－84292202
13923793959

**永佳电器维修部**
地址：广东省深圳市龙岗区龙岗镇新生村低山中路 1340 号
负责人：肖友才
Tel：0755－84886463
13590337824

**深圳市悦满贸易行**
地址：广东省深圳市龙岗区龙岗中心城 9# 天健花园第 12 栋 404 房
负责人：黄小冰
Tel：0755－28927123

**博大投资策划有限公司**
地址：广东省深圳市龙岗区龙岗中心城平安路美丽达新村 AB 栋 6 楼
负责人：叶锦兴
Tel：0755－28932377
13008822997

**万顺达进出口有限公司**
地址：广东省深圳市龙岗区龙华镇三联村狮头岭村龙联路车边 188 号 2 楼 202 号
负责人：詹世均
Tel：13510760643

**深圳市林钦发实业有限公司横岗龙洲百货商场**
地址：广东省深圳市龙岗区横岗镇新亚洲广场龙洲百货五楼
负责人：吴先生
Tel：13902915983

**深圳市灵记珍珠贸易有限公司**
地址：广东省深圳市龙岗区南澳镇斜吓 17 号
负责人：钟惠灵
Tel：0755－84403685
13612995718

**昶盛工模维修店**
地址：广东省深圳市龙岗区平湖镇北门二岭夏路 3 号
负责人：邓红珍
Tel：0755－28843567
13510820069

**鑫天丽颜料经营店**
地址：广东省深圳市龙岗区平湖镇良安田新村玉良街 32 号
负责人：杨小明
Tel：0755－84688645

**铭汇百货**
地址：广东省深圳市龙岗区平湖镇平湖村桑念园路 2 号一楼
负责人：陈树安
Tel：13510080318

**力锋电器维修部**
地址：广东省深圳市龙岗区平湖镇新村路 68 号
负责人：刘付志
Tel：0755－28840906
13603037706

**大昌发电机维修部**
地址：广东省深圳市龙岗区坪地镇坪东新村富民路 22 小区华泰商店大楼 4C401 室
负责人：张新峰
Tel：0755－84076805
13802567056

**伟林白蚁防治有限公司**
地址：广东省深圳市龙岗区坪山镇东纵路 224 号二楼
负责人：曾伟
Tel：0755－84641534
84643870
13613072136

**新克明招牌制作部**
地址：广东省深圳市龙岗区坪山镇东纵路 268 号
负责人：关敬杰
Tel：0755－28821113
13312953981

**斗门区井安镇颜东东商行**
业务：烟酒批发、百货批发、食品批发
地址：广东省珠海市斗门区井安镇新堂路 16 号山水花城豪苑 114 号
负责人：张金波　邮　编：519000
法　人：张金波
Tel：0756－61144308
13727093318

**斗门区美宜佳连锁便利店**
业务：零售日用品，可送货上门
地址：广东省珠海市斗门区井岸镇滨江路 263 号
负责人：黄耀述　邮　编：519100
法　人：黄耀述
Tel：13760644466
0756－5556239
13318965839

**顺发兴实业有限公司**
地址：广东省深圳市龙岗区坪山镇江岭路 11 号
负责人：蔡衍文
Tel：0755－84633988
13823711688

**深圳市龙岗区坪山镇凯新汽车修配厂**
地址：广东省深圳市龙岗区坪山镇深汕公路坪山段 257 号
负责人：吴伟明
Tel：0755－28822698
13902486258

**中天招牌广告制作部**
地址：广东省深圳市龙岗区坪山镇深汕路 348 号一楼
负责人：程礼权
Tel：0755－28823667
13902478642

**深圳市志升达进出口贸易有限公司**
地址：广东省深圳市龙岗区中心城龙翔路志联佳大厦十层 1010 号
负责人：胡和平
Tel：0755－84847271

**深圳市丰信通商务有限公司**
地址：广东省深圳市龙岗区中心城清林中路海关大厦 15 楼 1534 室
负责人：赖妙晶
Tel：13902984983

**深圳市天新清洁服务有限公司**
地址：广东省深圳市龙岗区中心城紫薇花园东 13－207 号
负责人：陈理明
Tel：0755－28929496

**深圳市清泉贸易有限公司**
地址：广东省深圳市龙岗我龙岗镇爱联畲吓村 50 号
负责人：李秀清
Tel：13923815021

**永雅腾百货有限公司**
地址：广东省深圳市龙岗镇大新街 3－5 号
负责人：曾彩云
Tel：0755－28831580
13602636838

**容城清洁服务有限公司**
地址：广东省深圳市龙岗镇东二村二区 3 号 2 楼
负责人：刘小川
Tel：0755－84852351

**嘉宁伟业贸易公司**
地址：广东省深圳市龙岗镇中心城碧湖玫瑰园 7 栋 207 号
负责人：曲卫东
Tel：0755－28920113
13902989059

**兴业进出口有限公司**
地址：广东省深圳市罗湖区爱国路 1036 号华深大厦 500 室
负责人：张国良
Tel：0755－25422505
13802578439

**东大洋实业有限公司**
地址：广东省深圳市罗湖区爱国路东胡一街 1 号园林大厦 528 室
负责人：韩友林
Tel：13802588367

**深圳市中图广告有限公司**
地址：广东省深圳市罗湖区爱国路怡景花园牡丹邨 J12 号
负责人：陈相
Tel：0755－25520276

**威骏达商贸有限公司**
地址：广东省深圳市罗湖区宝安北路国际商品交易大厦六楼 B 区 B10 房
负责人：周文华
Tel：0755－82408081
13602549650

**深圳市华德贸易有限公司**
地址：广东省深圳市罗湖区宝安北路国际商品交易大厦七楼 728
负责人：陈志兰
Tel：0755－25931506

**笋岗旧货交易市场有限公司**
地址：广东省深圳市罗湖区宝安北路笋岗仓库 824 幢 AA98 号
负责人：蔡惠文
Tel：0755－82418055

**德仁企业策划有限公司**
地址：广东省深圳市罗湖区宝安北路桃园商业大厦三楼 A331
负责人：郑映红
Tel：0755－25931131
13823144211

**深圳市丰盛人生文化礼仪服务有限公司**
地址：广东省深圳市罗湖区宝安南路 1054 号湖北宝丰大厦 1401 房
负责人：朱红卫
Tel：0755－25562066

**安捷达创建实业有限公司**
地址：广东省深圳市罗湖区宝安南路 2014 号振业大厦 A15 座 H
负责人：陈庆华
Tel：13808803108

**裕隆达贸易有限公司**
地址：广东省深圳市罗湖区宝安南路 2014 号振业大厦 B923
负责人：赵先生
Tel：0755－25863408
13510002932

**深圳市时尚婚纱摄影店**
地址：广东省深圳市罗湖区宝安南路深港豪苑名商阁一楼 H－J 轴
负责人：王凤莲
Tel：0755－25857655

**深圳市梅村商贸发展有限公司**
地址：广东省深圳市罗湖区宝岗路梅园新村 8 幢 403 房
负责人：梅庆华
Tel：0755－25929336
13602588562

**深圳市圳合兴贸易商行**
地址：广东省深圳市罗湖区宝岗路笋岗新村 3 号 105
负责人：向静
Tel：0755－28006462

**深恒威进出口有限公司**
地址：广东省深圳市罗湖区贝二路 15 号大院英丽阁小区 3 栋 603
负责人：詹环
Tel：0755－25610006
13823548666

**深圳市流星雨礼仪策划有限公司**
地址：广东省深圳市罗湖区布心东晓路太白居 1 栋 104 室
负责人：刘湘
Tel：13510988660

**大卫雷文知识产权服务有限公司**
地址：广东省深圳市罗湖区蔡屋围丽晶大厦南座 2704
负责人：陈日辉
Tel：0755－82481806

**深圳市宪文信息咨询服务部**
地址：广东省深圳市罗湖区蔡屋围新八坊 41 号北边一楼
负责人：曾宪文
Tel：0755－82052123
13113626031

**华复实业有限公司**
地址：广东省深圳市罗湖区春风路景星别墅 10 栋 201 室
负责人：陈立材
Tel：13902981733

**深圳市运发进出口有限公司**
地址：广东省深圳市罗湖区春风路庐山大厦 B 座 9 楼 E
负责人：张进光
Tel：0755－25197085
25197070
13509624685

**深圳市海星会议会展策划有限公司**
地址：广东省深圳市罗湖区春风路庐山大厦 C 栋 11C
负责人：洪笃宏
Tel：0755－61325252

**深圳市罗湖区翠湖商店**
地址：广东省深圳市罗湖区翠湖街 5 栋底屋 104 号
负责人：陈初晴

Tel:0755—82229677
13802204378

**佳源维修店**
地址:广东省深圳市罗湖区翠园南街 56 号
负责人:范东亮
Tel:0755—82194339
26843993

**深圳市溢港贸易有限公司**
地址:广东省深圳市罗湖区翠竹路 1058 号逸翠大厦二十三楼 2308
负责人:张云峰
Tel:13002945799

**家惠实业有限公司**
地址:广东省深圳市罗湖区翠竹路翠松楼楼地下商场 1010 号
负责人:郑义德
Tel:0755—25618963
13602553289

**谭康贸易有限公司**
地址:广东省深圳市罗湖区翠竹路水贝工业区十二栋一楼东
负责人:谭寿平
Tel:0755—25622091
13510379796

**深圳市中联知识产权管理咨询有限公司**
地址:广东省深圳市罗湖区东门南路 3018 外贸食出大厦 806
负责人:王成
Tel:0755—82228908
13823124559

**深圳市日王实业有限公司**
地址:广东省深圳市罗湖区东门南路食出报关大厦 1511 房
负责人:罗楚旺
Tel:0755—82292166
13922946198

**新良缘婚姻介绍中心**
地址:广东省深圳市罗湖区东门南路西武大厦 6G
负责人:伍友成
Tel:0755—83283811
13823391232

**雄狮新快保实业有限公司**
地址:广东省深圳市罗湖区东晓路 1055 号
负责人:钟秋忠
Tel:0755—25636771
13602606065

**豪欣进出口贸易有限公司**
地址:广东省深圳市罗湖区凤凰路海龙华业海阔阁 34G
负责人:邱福建
Tel:0755—25694348
13823665938

**中贸达进出口有限公司**
地址:广东省深圳市罗湖区浮贝路东门广场大厦 10 楼 H 座
负责人:詹冠华
Tel:0755—82180851
13602645951

**深圳市九洲通实业有限公司**
地址:广东省深圳市罗湖区国贸商住大厦 6 楼 6A
负责人:谢先生
Tel:13602691282

**麟虹商店**
地址:广东省深圳市罗湖区禾塘路 118—5 号
负责人:吴麟生
Tel:0755—82285292
82230191
13501594998

**深圳市隆祺经贸发展有限公司**
地址:广东省深圳市罗湖区红岗路红岗大厦 3101—3102
负责人:邹德胜
Tel:0755—25907318

**川万邦清洁服务有限公司**
地址:广东省深圳市罗湖区红岗路红岗西村 2 栋 401 房
负责人:刘亚军
Tel:0755—82427809
13924607159

**深圳市范迪工贸科技有限公司**
地址:广东省深圳市罗湖区红桂路金众经典家园金兰阁 2G
负责人:李玲
Tel:0755—25977853

**深圳市捷顺达进出口有限公司**
地址:广东省深圳市罗湖区红岭路 1018 号美荔园 A2703 室
负责人:杨添国
Tel:0755—25410744

**中信邦展览有限公司**
地址:广东省深圳市罗湖区红岭中路建设集团大厦 12 楼 1 号
负责人:吴小英
Tel:13828799245

**巴音合企业形象策划设计有限公司**
地址:广东省深圳市罗湖区红岭中路荔景大厦 412
负责人:张雨
Tel:13682623269

**悦丽声贸易有限公司**
地址:广东省深圳市罗湖区洪湖二街 40 号 1 栋 803 房
负责人:卢灿滨
Tel:13077874400

**深圳市亿万年贸易有限公司**
地址:广东省深圳市罗湖区洪湖二街碧水园 A 座 11 楼 D
负责人:吴华强
Tel:13066805226

**维成得实业有限公司**
地址:广东省深圳市罗湖区湖贝路 2 号锦湖大厦 11 楼 1138 号
负责人:黄晓文
Tel:0755 —26120869
82198993

**深圳市三其美术设计服务部**
地址:广东省深圳市罗湖区花园坊 2 号 1 楼之四
负责人:邓仁伟
Tel:0755—82209403
13714149239

**香港福盛国际贸易有限公司深圳代表处**
地址:广东省深圳市罗湖区嘉宾路爵士大厦 13B08
负责人:梁满辉
Tel:0755—25904778





**深圳市佳铭星实业有限公司**
地址:广东省深圳市罗湖区嘉宾路粤鹏大厦 12 楼 H
负责人:孙少云
Tel:0755—82287838
13823618328

**统一康是美商业连锁(深圳)有限公司第二分公司**
地址:广东省深圳市罗湖区解放路 3034 号湖北宾馆一楼 A 铺
负责人:郑大智
Tel:0755—25884245

**深圳市东町百货实业有限公司**
地址:广东省深圳市罗湖区解放路方海商苑 104A
负责人:陈崇军
Tel:0755—82358682
13924588988

**深圳市环球时代进出口有限公司**
地址:广东省深圳市罗湖区解放路名仕阁 A 座 1708 室
负责人:王庆华
Tel:0755—25861388
25861606
13802205522

**深圳市罗湖区向阳商店**
地址:广东省深圳市罗湖区解放路新华西华宫 206AB
负责人:叶向阳
Tel:0755—82226370

**深圳市龙发电器维修中心**
地址:广东省深圳市罗湖区金稻田路布心山庄 11 栋首层
负责人:刘子龙
Tel:0755—25511030
21994280

**深圳市茂兴源实业有限公司**
地址:广东省深圳市罗湖区经泽大厦 7A08 室
负责人:张进雄
Tel:0755—25661657
25675326
13902937124

**深圳市福林泉企业形象策划有限公司**
地址:广东省深圳市罗湖区篱岗西 1004 号华日花园 18 楼—C 座
负责人:张援革
Tel:0755—82059906

**深圳市森照实业公司**
地址:广东省深圳市罗湖区连塘第一工业区 101 栋四楼北侧
负责人:陈先生
Tel:0755—25700222
13602599588

**卓成贸易商行**
地址:广东省深圳市罗湖区莲塘长岭村 61 栋 501 房
负责人:高艳平
Tel:0755—25722615
13714451489

**深圳市西铁古汽车维修发展有限公司**
地址:广东省深圳市罗湖区莲塘鹏基工业区 705 栋
负责人:卢研洲
Tel:0755—25822101
13923413288

**深圳市中正进出口有限公司**
地址:广东省深圳市罗湖区罗芳路 68 号中震大厦 1010 室
负责人:詹雄
Tel:13802205272

**鹏远贸易有限公司**
地址:广东省深圳市罗湖区梅园路田心华侨新村 130 号一楼
负责人:陈先才
Tel:0755—82450250
13922890965

**协尔广告文化传播有限公司**
地址:广东省深圳市罗湖区南湖路国贸商厦 22 楼 C
负责人:兰亚
Tel:13316402123

**深圳市九川进出口有限公司**
地址:广东省深圳市罗湖区南湖路国贸商业大厦 22 楼下
负责人:王创光
Tel:0755—25195558
13510022777

**塑皇国际贸易(上海)有限公司深圳办事处**
地址:广东省深圳市罗湖区南湖路国贸商业大厦 25 楼 A 室
负责人:西耕平
Tel:0755—25194612

**深圳市艾鹰雅丽企业形象设计有限公司**
地址:广东省深圳市罗湖区泥岗东路路桥大厦 1411
负责人:杨泾平
Tel:0755—25903309

**海盛贸易有限公司**
地址:广东省深圳市罗湖区泥岗西路 1 号自来水公司大院内 5 幢 1 楼东
负责人:卢海星
Tel:0755—82450985
13602587125

**文亿丰贸易有限公司**
地址:广东省深圳市罗湖区清水河三路 9 号大院水果仓库
负责人:邱有文
Tel:13509692758

**深圳市罗湖区淞文招牌店**
地址:广东省深圳市罗湖区人民北路二横街鸿基商业中心一楼 N137 号
负责人:庞淞文
Tel:0755—82251664
26345342

**深圳市艾迪尔会议展览策划有限公司**
地址:广东省深圳市罗湖区人民南路 3023 号中旅大厦 908 室
负责人:罗梅芬
Tel:0755—82220033
13138885822

**深圳市东阳城商贸有限公司**
地址:广东省深圳市罗湖区人民南路国贸大厦 2618 房
负责人:叶向阳
Tel:0755—25568071

**深圳市福田区鸿艺经营部**
地址:广东省深圳市罗湖区人民南路联华大厦 8A
负责人:林军
Tel:13923817717

**深圳市鸿辉进出口贸易有限公司**
地址:广东省深圳市罗湖区深港花园 22B
负责人:詹文涛
Tel:0755—25404363
13902983331

**上海宜加国际贸易有限公司深圳市办事处**
地址:广东省深圳市罗湖区深南东路 2028 号罗湖商务中心 2301 单元
负责人:蔡娟
Tel:0755—25153623
13902970189

**深圳市红绿灯商品营销代理有限公司**
地址:广东省深圳市罗湖区深南东路地王大厦 40 楼 09 单元
负责人:张小姐
Tel:0755—82460000
82461666

**深圳市捷信信息咨询有限公司**
地址:广东省深圳市罗湖区深南东路湖润大厦 1107 室
负责人:黄其盛
Tel:0755—82234776
13926554447

**深圳市永恒顺进出口有限公司**
地址:广东省深圳市罗湖区深南东路华裕大厦 6D2
负责人:詹素贤
Tel:0755—25114899





**欧亚美进出口有限公司**
地址:广东省深圳市罗湖区深南东路华裕花园 32I
负责人:林俊明
Tel:0755—25416026
13316958938

**深圳市中贸达进出口有限公司**
地址:广东省深圳市罗湖区深南东路集浩大厦
负责人:詹香群
Tel:0755—25407637
25407532
25407157
25407283
13510180034

**沈阳世纪金龙投资咨询有限公司深圳分公司**
地址:广东省深圳市罗湖区深南东路深业中心 2206 室
负责人:钟晓群
Tel:0755—26260072

**深圳市琦昌汽车租赁有限公司**
地址:广东省深圳市罗湖区水贝二路 1 号特力大厦 822 房
负责人:李子琦
Tel:13066701237

**深圳市特力路德汽车服务有限公司**
地址:广东省深圳市罗湖区水贝二路水贝工业区 5 栋厂房一层西
负责人:周建军
Tel:0755—25639993

**深圳市益泰堂贸易行**
地址:广东省深圳市罗湖区水贝一路水贝村 35 栋 702 号
负责人:沈雪雨
Tel:0755—22008633

**深圳市汇亨企业管理顾问有限公司**
地址:广东省深圳市罗湖区松园路九号茂源大厦 804 号
负责人:何辉
Tel:13802579902

**汇鑫海实业有限公司**
地址:广东省深圳市罗湖区笋岗东路华通大厦 1104—1113 号
负责人:刘小勤
Tel:13802561551

**中泰兴实业发展有限公司**
地址:广东省深圳市罗湖区笋岗路 1002 号宝安广场 A 座 6A1
负责人:叶德辉
Tel:0755—25170252
13632672989

**深圳市后现代广告有限公司**
地址:广东省深圳市罗湖区笋岗路 1 号同乐大厦同庆阁 13B
负责人:索利强
Tel:13332971880

**深圳市众晓家政服务部**
地址:广东省深圳市罗湖区笋岗路长虹大厦 1214 房
负责人:区晓华
Tel:0755—26129216

**深圳市东方久信访信息公司**
地址:广东省深圳市罗湖区笋港东路 1 号同乐大厦同德路 1003
负责人:张聚庆
Tel:13246638127

**深圳市国艺堂广告有限公司**
地址:广东省深圳市罗湖区太宁路翠田工业村厂房三楼部分
负责人:高智敏
Tel:0755—25505222

**恒波商业连锁有限公司**
地址:广东省深圳市罗湖区田贝 4 路邮电大楼 3 楼
负责人:邱文华
Tel:13600169339

**迎兴实业有限公司展示厅**
地址:广东省深圳市罗湖区田贝四路广发大厦 1 楼 99 号 B
负责人:林碧英
Tel:0755—25626116
13923432138

**深圳市罗湖区精文图文制作部**
地址:广东省深圳市罗湖区田贝一路 1 号综合楼 1 栋 1 楼
负责人:凌文甫
Tel:0755—25638857
13670098522

**译尔顿艺术设计(翻译)有限公司**
地址:广东省深圳市罗湖区田贝一路华丽园大厦南座 17D
负责人:林建华
Tel:13088800882

**达尔富进出口有限公司**
地址:广东省深圳市罗湖区文锦度出口报关楼 611
负责人:张立志
Tel:13602692616

**深圳市利意达进出口有限公司**
地址:广东省深圳市罗湖区文锦渡出口报关大楼 706 室
负责人:谢展
Tel:0755－25107108
13509615688

**幸恒通实业有限公司**
地址:广东省深圳市罗湖区文锦渡出口报关大楼 728 室
负责人:梁国权
Tel:13603054337

**深圳市宝瑞通贸易有限公司**
地址:广东省深圳市罗湖区文锦南路金安大厦 15D
负责人:邱瑞滨
Tel:0755－25119982

**深圳市邦成贸易有限公司**
地址:广东省深圳市罗湖区文锦南路金安大厦 20 楼 B 室
负责人:詹耿邦
Tel:0755－25128506
13828893318

**泰永明进出口有限公司**
地址:广东省深圳市罗湖区文锦西路商检大厦 2213 号
负责人:林耀勇
Tel:0755－82141489
13068452390

**金滢涛进出口有限公司**
地址:广东省深圳市罗湖区新安路森威大厦雍景阁 8D2
负责人:刘世雄
Tel:0755－82357261
13823603946

**鸿华祥实业有限公司**
地址:广东省深圳市罗湖区新秀东路南方大厦 B－810
负责人:张光华
Tel:0755－25175590
25644127
13510466298

**360 采购(香港)有限公司深圳市代表处**
地址:广东省深圳市罗湖区新园路 7 号半岛 601、602 号
负责人:林劲
Tel:0755－82396680
83711609
13602563706

**旭晨辉贸易有限公司**
地址:广东省深圳市罗湖区沿河南路惠州大厦 718－719
负责人:蔡展辉
Tel:0755－82220986
13903963312
Fax:0755－82220984

**恒星宝进出口有限公司**
地址:广东省深圳市罗湖区沿河南路龙园苑 709
负责人:谢礼贤
Tel:0755－25106057
13600194345

**深圳市粤秀进出口有限公司**
地址:广东省深圳市罗湖区沿河南路文锦渡进出口报关大楼 315 室
负责人:詹小英
Tel:0755－25761729

**三色彩广告有限公司**
地址:广东省深圳市罗湖区洋河路国旅宿舍一单元 401 室
负责人:卓桂瑱
Tel:0755－82342008
25588444
13602534278

**陌生人企业形象设计部**
地址:广东省深圳市罗湖区中旅大厦 8 楼 801 室
负责人:陈建全
Tel:0755－82229207
13502880681

**深圳市南山区国惠康百货商场**
地址:广东省深圳市南山区大冲综合市场首层及第二层
负责人:余利兴
Tel:0755－26741388
13902312907

**深圳市顺兴龙贸易有限公司**
地址:广东省深圳市南山区第五工业区松平山郎山西路
负责人:张瑞镇
Tel:0755－26980469
13923854045

**衣生缘干洗店**
地址:广东省深圳市南山区工业八路花园城三期 10 栋 106 商铺
负责人:柳先生
Tel:0755－26864050

**立和实业有限公司**
地址:广东省深圳市南山区桂庙路荔园大厦甲栋 1A
负责人:张桓飞
Tel:13923788068

**深圳市金汇通商贸有限公司**
地址:广东省深圳市南山区红花路红花商贸中心 213
负责人:朱翔
Tel:0755－26532758

**深圳市斯丹奥特广告有限公司**
地址:广东省深圳市南山区红花路南山豪庭 C－1803 房
负责人:章杰
Tel:13006682984

**深圳市深港安装卸有限公司**
地址:广东省深圳市南山区后海大道文德福花园 3 栋 903 室
负责人:钟岐繁
Tel:0755－26694113
13902919701

**深圳市鑫凌远工贸发展有限公司**
地址:广东省深圳市南山区南油大道金晖大厦 B 区 708 室
负责人:黄智燕
Tel:13005482855

**瑞创企业信息管理有限公司**
地址:广东省深圳市南山区南油大道粤海大厦中部写字楼 1405 房
负责人:李红梅
Tel:0755－26434585
13714000018

**深圳市东之杰贸易有限公司**
地址:广东省深圳市南山区南油大路东华园缤纷假日豪园 A 座 22B
负责人:李书杰
Tel:0755－26058355

**福智顺贸易有限公司**
地址:广东省深圳市南山区麒麟路麒麟花园 A 区 12 栋 1203 室
负责人:刘植凡
Tel:0755－26730811
13502802756

**深圳市希金思实业发展有限公司**
地址:广东省深圳市南山区沙河路金三角大厦 712 室
负责人:刘东都
Tel:0755－25110508
13802233459

**深圳市南山区蛇口源佳商店**
地址:广东省深圳市南山区蛇口赤湾商业街七路 5 号
负责人:张振强
Tel:0755－26852367
13927477432

**深圳市宝安区新安金发搬运部**
地址:广东省深圳市南山区蛇口春香广场 B1301 号
负责人:杨金华
Tel:0755－26816408
13602598875

**深圳市讯易信息技术有限公司**
地址:广东省深圳市南山区蛇口工业大道蛇口花园城碧雅苑 15－4C
负责人:杨冠颖
Tel:0755－26822089

**深圳市邱春瑞环境艺术设计咨询有限公司**
地址:广东省深圳市南山区蛇口工业七路华采花园裙楼三层 B302
负责人:陈辰
Tel:0755－26304166

**深圳市万众油田服务有限公司**
地址:广东省深圳市南山区蛇口太子路 59 号华达大厦 219 室
负责人:王曙光
Tel:0755－26839480

**深圳市大洋汽车服务有限公司**
地址:广东省深圳市南山区蛇口太子路 62－70 号
负责人:王惠萍
Tel:0755－26685776
26681708
13809898187

**华诚百货**
地址:广东省深圳市南山区蛇口新街曙光花园 185 号
负责人:余挺勇
Tel:0755－26864177
13560782669

**顺利贸易发展有限公司**
地址:广东省深圳市南山区蛇口招北 27 栋 203
负责人:陈家顺
Tel:0755－26823987
26878328

**蛇口兴信五金机电商行**
地址:广东省深圳市南山区石云苑 2 栋 202 号房
负责人:王海星
Tel:0755－26815998

**春天广告有限公司**
地址:广东省深圳市南山区四达大厦 B 座－19B
负责人:葛峻
Tel:0755－26420201
26863860
13008858960

**深圳市海龙威贸易行**
地址:广东省深圳市南山区桃园路椰风海岸 C 栋 9E
负责人:熊建成
Tel:0755－26449894

**深圳市南山区鹏盛百货经营部**
地址:广东省深圳市南山区西丽镇留仙洞村关外第三栋
负责人:江岸鹏
Tel:0755－27598533
1358188835

**深圳市益永佳贸易有限公司**
地址:广东省深圳市南山区西丽镇文光路永标大厦 601 室
负责人:郭雪锋
Tel:0755－26605565

**泸皖照相馆**
地址:广东省深圳市南山区西丽镇新围村
负责人:孙伯友
Tel:13600441377

**艺图形象设计有限公司**
地址:广东省深圳市南山区学府路北，南山大道东时代骄子大厦 A 座 14A1#
负责人:陈琼贵
Tel:13509663789

**深圳市天盛达贸易有限公司**
地址:广东省深圳市南山区学府路愉康大厦北座 30C#
负责人:李英
Tel:0755－26570115
13828834120

**深圳市华煌百货商场**
地址:广东省深圳市南山区学林雅院 7 幢 601 室
负责人:谢素华
Tel:0755－26424036
26720046

**南山区文怀商行**
地址:广东省深圳市南山区牙科中心经济路 31 号
负责人:郑贞术
Tel:0755－26571012
13902468153

**深圳市友新联科技有限公司**
地址:广东省深圳市南山区英达钰龙园 A 栋 6 楼
负责人:黄丹
Tel:0755－26544031

**深圳市湾边贸易有限公司**
地址:广东省深圳市南山区玉泉路通海苑南栋 504 房
负责人:周结明
Tel:0755－26613458

**深圳市昊天龙礼仪策划有限公司**
地址:广东省深圳市南山区中山园路中山颐景一期 A 栋 403 室
负责人:夏俊
Tel:0755－26092277

**深圳市亿能通达贸易发展有限公司**
地址:广东省深圳市南山区珠光路丽珠花园 1 栋 703
负责人:刘清
Tel:0755－26496485

**深圳市金标达管理顾问有限公司**
地址:广东省深圳市南油大道海晖大厦珍宝阁 7H
负责人:郭小姐
Tel:0755－26416513

**升光饮水服务部**
地址:广东省深圳市上寮商业街 17 号
负责人:刘潮辉
Tel:0755－27258162
13713816686

**蛇口华城五金商场**
地址:广东省深圳市蛇口新街曙光花园 185 号
负责人:陈淑华
Tel:0755－26698978
13502817569

**深圳市国和贸易有限公司**
地址:广东省深圳市蛇口招商路水湾大厦 801
负责人:李木榕
Tel:0755－26681767
26684122
13068457897

**深圳市中正税务师事务所有限公司**
地址:广东省深圳市深南西路天安数码时代大厦 A 座 603
负责人:郑贺中
Tel:0755－83476863
13600432156

**深圳鹰派企业策划有限公司**
地址:广东省深圳市世界花园香山居
负责人:杨华
Tel:0755－26757513
13928467889

**常明商行**
地址:广东省深圳市西丽长源村 107 号
负责人:李加冲
Tel:13530764228

**深圳市雨辰艺术设计有限公司**
地址:广东省深圳市盐田区东海大道十号小区盐田南方明珠第二期第 1 栋 105#
负责人:李伟章
Tel:13902999373

**深圳市特升贸易有限公司**
地址:广东省深圳市盐田区沙深路 96 号三家店购物中心七楼
负责人:辜特
Tel:13068461022

**深圳市圣保兴实业有限公司**
地址:广东省深圳市盐田区沙头角保税区保发大厦 16 楼 C 室
负责人:邓卫南
Tel:0755－25552698
13902471877

## 南宁鑫地岛贸易有限公司
业务:南宁鑫地岛贸易有限公司位于兴宁区人民中路 12 号港新大厦 3 楼，公司主要从事服装(成人装)的销售。款式新，质优，价平，热诚欢迎来电咨询、订购。
地址:广西省南宁市兴宁区人民中路 12 号港新大厦 3 楼
邮　编:530012
法　人:黄秀荣
Tel:0771－2613353
2623735
Fax:0771－2623735

**深圳市龙奔轮胎服务有限公司**
地址:广东省深圳市盐田区永安路深圳锦龙翔实业发展有限公司 6、7、8 间
负责人:谷金山
Tel:0755－25283199

**中山市华润万家便利超市有限公司**
地址:广东省中山市东区岐关西路永裕工业村华润大楼
负责人:何永强
Tel:0760－8811058
13928102990

**广州市匹克运动专卖**
业务:专营匹克牌运动鞋服及体育运动专业装备器材
地址:广州市荔湾区桥中时代广场
负责人:江远君　邮　编:510510
法　人:江远君
Tel:020－28359780
Fax:020－28359780

**千羽文化传播有限公司**
地址:广东省中山市湖滨中路张溪豪苑 13、14 号
负责人:郭燕
Tel:0760－8619588
13822755000

**珠海市圣朗文化发展有限公司**
地址:广东省珠海市香洲区吉大九洲大道东石花三巷 8 号第一层
负责人:廖海铜
Tel:13005792946

**天搏广告有限公司**
地址:广州市东山区竹丝岗二马路 72 号之四金山大厦(1\2\15)层
负责人:李小青
Tel:020－61291307
61291315
13710830784

## 纯净清洁服务部

纯净清洁服务部成立于2003年，本服务部主要经营清洁服务。本服务部拥有一支庞大的专业保洁队伍，所有上岗人员均经过严格的培训和考核，公司同时配备多部专车，市内保洁随叫随到，24小时真诚为您服务。质量保证，价格不变！

联系人：罗来友
电话：13088835358　0755-27760034
地址：广东省深圳市宝安区石岩镇政府招待所　邮编：518000

## 佛山市梦与想广告策划有限公司

梦与想创立于2004年，是一家集企业形象设计、策划推广、平面设计、品牌包装设计、印刷制作、传播、摄影、庆典活动、展览展示、户外广告工程于一体的专业设计机构。

主创人员来自高等美院，专业实力雄厚。我们秉承"以市场为导向，以消费者为核心"的创意设计原则，锐意达成提升企业或产品形象与销量之兼容。

联系人：梁先生　13929133320　电话：0757-28872000
电子邮件：IMAGIC168@163.COM　传真：0757-28872000
地址：广东省佛山市顺德区容桂细滘文苑路12号粤景楼101号铺　邮编：528305

## 大鑫元实业有限公司

大鑫元实业有限公司成立于2004年，本公司主要经营电子、塑胶等业务进出口。公司始终坚持"以质量求生存、以信誉求发展、以合理的价格优势占领市场"的经营方针。欢迎国内外的客户来电来函咨询，我们将以热忱的态度为您服务！

联系人：刘大田
电话：0755-26669470　13502863370
地址：广东省深圳市南山区大汪山12栋101室
邮编：518000

## 佛山市南海信宇遮阳制品厂

信宇遮阳制品厂成立于2007年，从事遮阳制品生产销售，以质量求生存，欢迎新老客户来电洽谈业务！

联系人：程镇涛
电话：0757-81106977　81106799
地址：广东省佛山市南海区大沥镇盐步联安小桥工业区
邮编：528400

## 东莞市创安劳务派遣有限公司

东莞市创安劳务派遣有限公司是一家专业的劳务派遣、人力资源的企业。本公司真诚希望国内外新老朋友、商家、企业及同行业人士加强合作、互通有无、互惠互利、团结共进，共创美好的明天。

联系人：花友昌
电话：0769-22475588、13829268888
地址：广东省东莞市莞城区海联大厦1楼11号　邮编：523071

## 广州环宸劳务派遣有限公司

广东环宸劳务派遣有限公司是经劳动和社会保障局、人事局批准，在工商行政管理局注册成立的专业从事劳务派遣、人事代理、人力资源外包、人力资源管理业务以及招生培训的正规机构。"诚信为本，客户至上"是本公司的经营理念，竭诚为您服务！

联系人：刘建兵　网址：http://hr-hc.com.cn/
电话：020-85258182　13502414097　电子邮件：345964807@qq.com
地址：广东省广州经济技术开发区开发大道　邮编：510000

## 东莞市旭东膳食服务有限公司

东莞市旭东膳食服务有限公司于2008年成立。承包食堂管理服务。

以专业的管理为您提供不平凡的服务，以专业的态度带给您健康、卫生、营养的饮食。

联系人：赵旭东
13925547834　电话：0769-83302372
地址：广东省东莞市寮步镇新旧围村良平路28号　邮编：523003

## 广州全旺电子科技有限公司河源分公司

本公司专业从事电子产品技术研究、开发、设计、制作以及代理，广告制作、开发布，欢迎来电洽谈业务！

联系人：刘伟锋　电话：0762-3227110
地址：广东省河源市长安街269号3楼
电子邮件：weifeng868@126.com　邮编：517000

## 佛山市格蕾比贸易有限公司

我公司是一家以家具、建材、机电化工、陶瓷制品、汽车零配件、家用电器及其配件为主，同时兼营服装、日用品。

经过多年的发展，目前拥有自己独特的发展模式，并汇聚了一批专业的外贸人员，公司奉行"诚信服务，客户至上"的服务理念，以市场为导向，大胆开拓国内外市场，产品远销欧美，中东，非洲，东南亚等地区，并深受广大客户的青睐。

欢迎海内外客户前来洽谈业务，我们将竭诚为您服务！

联系人：陈春平
电话：0757-28972117　28858860
邮编：528000
地址：广东省佛山市顺德区乐从镇河滨路华东大厦东楼1601A

## 广州市白云区友意广告标识制品厂

广州市白云区友意广告标识制品厂成立于2008年，主要从事亚克力工业加工等广告标识制品，欢迎新老客户来电洽谈业务！

电话：020-26287362　26289640
地址：广州市白云区黄石路南段小坪村128号11幢D12
邮编：510425
联系人：陈传国

## 广州市诚益展览制品有限公司

广州市诚益展览制品有限公司成立于2003年，主要从事广告策划、广告展览等。

本公司秉承"顾客至上，锐意进取"的经营理念，坚持"客户第一"的原则为广大客户提供优质的服务。欢迎广大客户惠顾！

联系人：罗雄
电话：020－84647371 13570167277
邮编：510000
地址：广东省广州市番禺区沙湾镇沙湾大桥草河工业区东环路98号

## 惠州市林氏商贸有限公司

本公司专营农副产品、肉制品、海产品。

本着顾客至上、服务第一的宗旨，我们将不断努力，以最优惠的价格和最优质的产品欢迎您的光临！

联系人：林松标
电话：0752－2512400 13516655506
地址：广东省惠州市河南岸斑樟湖水岸花都1号楼首层A008号
邮编：516007 电子邮件：linshishangmao@126.com

## 广州市曼凯信息咨询有限公司

广州市曼凯信息咨询有限公司

专业提供商品信息咨询、企业管理策划等服务。
你的满意就是我们的成功。
竭诚欢迎您的合作！

联系人：马耀进
电话：020－83314625 83314651
传真：020－83566551
地址：广东省广州市东风西路233号
邮编：510060

## 佳发商标厂

佳发商标厂成立于1995年，本厂位于深圳市南山区马家龙工业区春天科技园，是一家从事各种商标设计的企业，我厂奉行顾客至上，质量第一的宗旨，本着互惠互利精神与广大客户建立长期友好合作伙伴关系。竭诚为所有客户服务，欢迎您随时与我公司联系！

联系人：卢幸
电话：0755－86006130、86006120 传真：0755－86006120
地址：广东省深圳市南山区马家龙工业区春天科技园 邮编：518054

## 广州天施展示器材有限公司

广州天施展示器材有限公司成立于2007年，主要从事于展示柜、展台专业加工制作，展台工程的设计策划和搭建工程。本公司将以优质的产品，合理的价格，诚信优质的服务，与您协手共创美好未来。

联系人：方小姐
电话：13535330099 400-888-0875
网址：www.cidoteam.com 电子邮件：cido@vip.163.com
地址：广东省广州市荔湾区鹤源路鹤洞山顶炮兵营新安工业区A234A78 邮编：510130

## 江门市新会美达贸易发展有限公司

江门市新会美达贸易发展有限公司成立于2005年，是一家从事纺织原材料、化工材料、设备进出口等贸易的公司。公司从事贸易以来，一贯坚持保质量，重合同，守信用，平等互利的原则，在国内外贸易中享有良好的声誉，深受国内外客户的欢迎。

联系人：杨志成 13702203689
电话：0750－6103181 传真：0750－6107087
地址：广东省江门市会城镇江会路上浅口 邮编：529000

## 广州熙腾投资顾问有限公司

广州熙腾投资顾问有限公司成立于2004年，专业从事企业项目投资咨询、服饰设计、企业形象设计、各类商品批发等业务，本公司还是意大利高档女装品牌STRONGHORSE，在大中华区的商品设计、品牌推广、销售管理的总代理商。

欢迎各商界朋友携手合作、共同发展，创造美好未来。

网址：www.strong-horse.com

联系人：马与强
电话：020－81565531 81565566 邮编：510000
地址：广东省广州市荔湾区芳村大道东路88号14楼

## 茂名市保联贸易有限公司

茂名市保联贸易有限公司成立于2008年，主要从事于日用百货，化妆品的代理销售。

公司始终本着"团结进取、严谨高效"的企业精神，贯彻"以人为本"的原则，在富有活力的员工队伍中，提拔出思考，鼓励参与，充分发挥每一个员工的主动性和创造性，以此在日趋激烈的市场竞争中不断发展壮大。

欢迎广大客户来电、来函洽谈！

联系人：赖观保 13535926196 13535922568
电话：0668－2314168 传真：0668－2514168
地址：广东省茂名市双山路南乙烯六区20号702房 邮编：525200

## 惠州市惠城区秀玲管道疏通公司

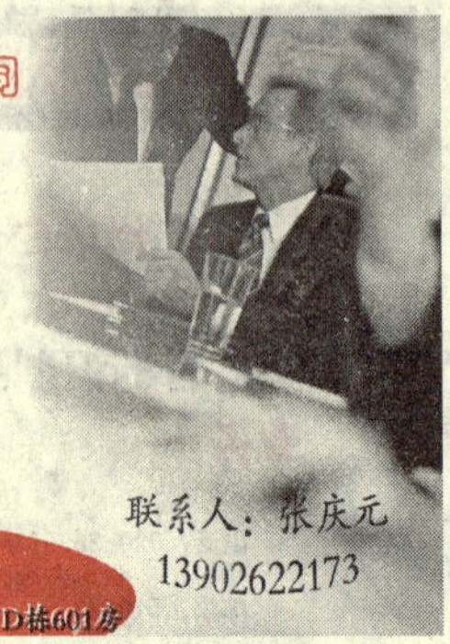

惠州市惠城区秀玲管道疏通公司成立于1994年，主要提供清洁、管道疏通、清理化粪池、房屋防水、补漏服务。本公司运用先进的机械设备，丰富的工作经验，优质的服务竭诚为用户提供高效周到的服务，包您满意。

公司自组建以来足迹遍布成都及周边县、市；合理的收费与良好的工程质量是我们对客户做出的承诺！

联系人：张庆元
13902622173
电话：0752－2274730
邮编：516001
地址：广东省惠州市惠城区龙丰上排华侨公寓D栋601房

## 茂名市翔鹰贸易有限公司

茂名市翔鹰贸易有限公司是一家专门销售阀门、水泵、化工产品为一体的经营公司。公司"以信誉求生存，以质量去竞争，以真诚换合作，以效益求发展"的经营宗旨，欢迎广大客户惠顾！

联系人：卓全福
电话：0668－2161895、13829899259
地址：广东省茂名市福华路福华一街B3栋三楼 邮编：525000

禹州市瑞华实业有限公司
从事建材销售的企业
电话：0374－8862633
地址：河南省许昌市禹州市火龙镇老官陈村



## 深圳市任俊锋实业有限公司

www.szrenjunfeng.com.cn

深圳市任俊锋实业有限公司成立于2003年，专业从事海洋石油平台配套设备服务，污水处理和油水分离等。公司有先进的生产设备、检测仪器及大批生产辅助设备、拥有一批高素质的管理人才和技术骨干。公司将竭诚欢迎各界朋友莅临指导、洽谈、合作！

联系人：王发铭　　手机：13823336968
电话：0755-26453056　　传真：0755-26390269
地址：广东省深圳市南山区赤湾四路34号2楼　　邮编：518000

## 深圳市盛腾广告有限公司

深圳市盛腾广告有限公司一家专业从事广告制作的企业，从事喷绘、写真、展示器材、展柜制作、专卖店装修等，欢迎来电咨询洽谈业务！

联系人：童想清
电话：0755-88355339　81798981-16
地址：广东省深圳市宝安区梅龙路梅龙大厦首楼（潜龙中心旁）
邮编：518000

## 深圳市三合物业管理有限公司

我公司经营各类房屋的管理服务、维修养护，我们秉承以质为先，竭诚为客户提供周到的优质服务，在项目的每个细节提出专业意见，创造最佳的性价比。

以人为本，人才就是我们资产，公司的每位员工都有丰富的物业管理服务经验，以专业的知识和技能为客户服务；以客为尊，我们凡事以客为尊，并以满足客户的不同需要为首任。

电话：0755-27522895
联系人：钟伟华 13352998733　　传真：0755-81478995
地址：广东省深圳市宝安区大浪街道三合二新村138栋1楼　　邮编：510108

## 深圳市速达白蚁防治有限公司

深圳市速达白蚁防治有限公司成立于2006年，专营建设工程的白蚁防治，家庭装修各项白蚁防治业务、杀虫灭鼠、二次供水清洗消毒、货物（货柜）熏蒸、可签发国际认可熏蒸杀虫证书，发售各种杀虫消毒清洁用品及器械。致力为您提供最优质、高效的虫害预防治理专业服务。

电话：0755-28902922　13613019868
传真：0755-28929311
网址：www.sutaa.cn　　联系人：颜宏达
电子邮件：suda.ok@163.com
地址：广东省深圳市龙岗区中心城龙福一村1栋107　　邮编：518172

## 深圳市三和裕兴贸易有限公司

深圳市三和裕兴贸易有限公司成立于2007年。主要从事于五金、劳保用品的贸易。

公司将一如既往地秉承诚信合作的原则，组织优质优价的资源来感谢新老客户对本公司的支持、惠顾和厚爱！

联系人：叶联谋
电话：0755-26475908　26475663　26475136
邮编：518052
地址：广东省深圳市南山区桂庙路62号顺天大厦西座13A

## 深圳市伟林白蚁防治有限公司

深圳市伟林白蚁防治有限公司专业提供白蚁防治服务，包括新装修房屋的白蚁预防，已有十几年的白蚁防治经验。

"急客户之所急，专业快捷高效"是我们恪守的服务宗旨，我公司将竭诚为新老客户提供最放心的服务！

联系人：曾伟
电话：0755-84641534　13613072136　　传真：0755-84643870
地址：广东省深圳市龙岗区坪山镇东纵路236号三楼　　邮编：518118

## 深圳市三峡世易商贸有限公司

深圳市三峡世易商贸有限公司2006年4月成立，经过三年的努力与多家厂家合作，主要从事深圳惠州家庭清洁用品、灭四害产品的购销。

产品有家庭清洁用品、灭四害产品，厂家代理蟑蚁杀蟑胶饵，环保空调，冷风机，节能风机，健身器材，首饰等。

"诚信为本，服务为任"，真诚期待与您的合作！

联系人：向仕义 13312920482　　传真：0755-89624689
电话：0755-89624689　　网址：www.sanxiashiyi.cn
地址：广东省深圳市龙岗区龙岗街道盛平村松子岭一巷20号　　邮编：518000

## 深圳市文化传播有限公司

深圳市文化传播有限公司成立于2007年，专业从事文化传播经营，欢迎新老客户来电来函洽谈业务！

联系人：江明芳
电话：0751-8316433　13922590948
地址：广东省韶关市贞江中路12行、10栋明芳舞蹈服装城
邮编：518000

## 深圳市森照实业有限公司

深圳市森照实业有限公司成立于1999年，现主要从事房产出租并为客户提供相关的信息咨询服务。

"诚信为本，客户至上"是我公司一贯恪守的经营理念，欢迎来电咨询洽谈。

联系人：陈水雄
电话：13602599588　0755-25700222　25704499
地址：广东省深圳市罗湖区莲塘第一工业园区101栋四楼西　　邮编：518000

## 深圳市新港湾百货

本公司位于深圳市宝安七十八区建安二路河东新村新（西乡街道办附近），主要经营：以百货、超市、服装、餐饮、休闲娱乐为一体的大型商业百货。

公司在不断扩大和发展，全国性开发分店，欢迎各专柜及供应商加盟！

联系人：熊国新 13802258366
电话：0755-29171909
传真：0755-29178088
电子邮件：13802258366@139.com
地址：深圳市宝安七十八区建安二路河东新村新港湾百货　　邮编：518101
网址：www.xgw888.com

## 深圳市永洁新清洁服务部

深圳市永洁新清洁服务部是一家专业保洁外墙清洁等各种综合性清洁业务与一体的环保清洁有限公司。

公司技术力量雄厚，设备先进齐全，拥有一支大型的清洁，保洁和各种特别清洁服务队伍。公司以诚信为本，以专业的技术、先进的设备、严格的管理要求共同服务于社会。以优质的清洁服务和清洁卫生质量为每一位客户创造优美舒适整洁的卫生环境，以致实现我们全心全意清洁人类环境、建设人类美好家园的服务宗旨，为人类的环保事业做出自己应有的努力和贡献。

联系人：温武墙　电话：0755-84056696

邮编：518102

地址：广东省深圳市龙岗区坪地街道怡心社区兴华路西湖苑商住楼一单元305、306

## 湛江市霞山区富源日用品经营部

湛江市霞山区富源日用品经营部成立于2008年，专营家居生活用品；包括：顺达系列锅、炒锅；雅特丽茶叶罐、磁化杯；康宇不锈钢杯；三环陶瓷等。

种类齐全、质量可靠，欢迎光临！

联系人：庞虾仔

电话：0759-2221356　13553531502

邮编：524000

电子邮件：PXZ126@126.com

地址：湛江市霞山区人民大道南20号自来水公司旧三楼

## 深圳市中咨益康实业有限公司

深圳市中咨益康实业有限公司成立于2002年5月份，主要经营医疗机械销售。我公司秉承"顾客至上，锐意进取"的经营理念，坚持"客户第一"的原则为广大客户提供优质的服务。欢迎惠顾！

联系人：陈弋

电话：0755-25893392　传真：0755-25594425

地址：广东省深圳市罗湖区红岭中路荔景大厦1210室　邮编：518000

## 肇庆市环卫保洁服务有限公司

肇庆市环卫保洁服务有限公司成立于2005年，主要服务项目有垃圾收运处理、道路场地清扫、保洁、水泥液土清运等，我们以美化城市和人居环境为己任，为您提供快捷高效的服务。欢迎您的来电！

电话：0758-2852609

联系人：何秉桓　13602980571

地址：广东省肇庆市西江北路西侧环卫大楼二楼　邮编：526000

## 兴邦实业有限公司

本公司成立于2004年，主要从事硫酸、盐酸、硝酸、液碱等化工原料的批发零售。我公司本着"锐意进取，客户至上"的原则，坚持客户至上，竭诚为客户提供最优质的产品和良好的服务。欢迎您的来电！

联系人：谢弘

手机：13824266648　电话：0752-2830242　传真：0752-2818184

地址：广东省惠州市演达路港惠新天地2A-2801　邮编：516000

## 中山市一新驾驶员培训服务有限公司小榄宝丰分公司

中山市一新驾驶员培训服务有限公司小榄宝丰分公司主营驾照培训，欢迎联系业务！

联系人：吴锡佳　13590857517

电话：0760-22521999　22521333

地址：广东省中山市小榄镇宝丰中路小榄工业大道南西侧

邮编：528400

## 兴利白蚁防治有限公司

中山市兴利白蚁防治有限公司（简称兴利）是一家经中山市建设局资质审核（资质证号[中建蚁防第024号]），批准从事白蚁及城市害虫防治的专业公司。本公司技术力量雄厚，由全国著名白蚁专家高道蓉教授及昆虫学博士钟平生担任技术总监及顾问，本公司结合ISO质量管理体系，建立和完善了一套内部管理体系，并有一支经验丰富的技术施工队伍，配合先进高效的施工技术和设备，严格按照相关技术规程组织施工，辅以电脑化的合同管理和严格的质量监督、跟踪服务制度，使工程质量更有保证。

网址：www.gzact.org.cn

白蚁食断电缆

联系人：涂海兵　13925336806

电话：0760-88816655

传真：0760-88813377

地址：广东省中山市东区起湾道宝利大厦7楼E座　邮编：528000

## 重庆心联人力资源咨询服务有限公司

重庆心联人力资源咨询服务有限公司成立于2007年，从事县内县外长期、临时人力资源咨询服务。

公司本着"客户第一，诚信至上"的原则，与多家企业建立了长期的合作关系。

热忱欢迎各界朋友前来洽谈业务。

联系人：刘崇伟

电话：0755-89937581　89936400

地址：广东省深圳市龙港区坪山镇沙堂村民强路71号　邮编：518118

## 飞鹅雪茄刀剪实业有限公司

阳江市飞鹅雪茄刀剪实业有限公司成立于2005年，是专业的雪茄刀剪及烟斗工具生产厂家。

我公司恪守"信誉为本，客户至上"的原则，竭诚为新老客户服务，欢迎惠顾！

联系人：袁里红

电话：0662-6793288 6795838　手机：13005656688

地址：广东省阳江市阳东县雅韶工业区　传真：0662-6793222

## 珠海市金湾区安宇装卸搬运服务部

珠海市金湾区安宇装卸搬运服务部成立于2007年，本服务部主要经营提供装卸、搬运服务、吊装机器搬厂。本公司秉承"顾客至上，锐意进取"的经营理念，坚持"客户第一"的原则为广大客户提供优质的服务。欢迎广大客户惠顾！

联系人：陈天伍

电话：13075693487　0756-6166627

地址：广东省珠海市金湾区三灶镇伟民路金岸大厦E103号商铺

邮编：519400

## 广西壮族自治区 /Guangxi Zhuang Autonomous Region

**广西德保槐杰工贸开发有限责任公司**
地址：广西壮族自治区百色市德保县东蒙开发区
负责人：闭桑槐
Tel：13788773388

**百色世海商贸有限公司**
地址：广西壮族自治区百色市右江区城北一路14号
负责人：夏世海
Tel：0776－2695222

**港口区志远立信房地产信息咨询服务部**
业务：代办土地证，房产证，准建证，房屋评估，房屋买卖过户，垫资代办营业执照，1－20年长短期贷款，借资周转，快速垫资解押再贷款，实物典当
地址：广西防城港市港口区凯乐路国税小区B21号商铺
负责人：樊远飞 邮编：538000
法人：樊远飞
Tel：13299680688
0770－2880173

**防城港亿昌进出口贸易有限公司**
业务：进出口贸易
地址：广西防城港市港口区四川路154号住宅楼第四层
负责人：梁达鹏 邮编：538001
法人：梁达鹏
Tel：13807702148
0770－2825148

**南宁市雄盛广告耗材经营部**
业务：喷绘写真、广告耗材
产品："玉龙"牌数码喷绘布、车身贴、背胶、冷裱膜、展具等
地址：广西南宁市北湖路西一里2号
负责人：王学勇 邮编：530000
法人：王学勇
Tel：0771－3113229
Fax：0771－3113959
网址：www.xs1999.com

**百色市三度广告有限责任公司**
业务：百色市三度广告有限责任公司成立于2006年，主要从事广告的设计、制作与发布，企业形象VI设计，产品包装设计等。公司拥有雄厚的广告设计能力、资深的广告设计专业人员、独特创新的广告创意制作，竭诚欢迎广大客户来我公司洽谈业务，共同合作！
地址：广西壮族自治区百色市右江区江滨路A座18号
负责人：方鹏 邮编：533000
法人：方鹏
Fax：0776－2892933

**广西百色星宇贸易有限公司**
地址：广西壮族自治区百色市右江区城东路拉域村
负责人：磨诗丰
Tel：13737070433

**百色市隆鑫建设工程咨询有限责任公司**
地址：广西壮族自治区百色市右江区共和盐仓巷39号
负责人：郑承忠
Tel：0776－8888318

**百色市家福超市**
地址：广西壮族自治区百色市右江区向阳路8号工贸大楼
负责人：班彪
Tel：0776－2855816
13387768866

**北海市易风传统文化传播有限公司**
地址：广西壮族自治区北海市海城区北海大道海富大厦9D
负责人：吴俊钢
Tel：13907798943

**百色台百丽致婚纱摄影**
业务：婚纱摄影
地址：广西省百色市中山一路41号（百色饭店正对面）
负责人：张春 邮编：533000
法人：张春
Tel：0776－2838118

**桂林民航彤鹰广告策划有限公司**
业务：广告经营 设计制作
地址：广西省桂林市安新洲民航大厦副三楼
负责人：韦先生 邮编：541001
法人：韦建业
Tel：0773－3832135
E-mail：448070620@qq.com

**恭城华联超市**
业务：百货日用化学品，副食品，纺织品，家电，五金交电，儿童用品，文体用品
地址：广西省桂林市恭城镇滨江苑文武路香格丽城门面
负责人：应再会 邮编：542500
法人：应再会
Tel：0773－8219555

**北海永诺广告有限责任公司**
地址：广西壮族自治区北海市海城区体育北路19号恒安商城五楼A－4、A－5
负责人：朱海春
Tel：13907794005

**广西东兴市广云贸易有限公司**
业务：我公司创建于2005年，主要从事矿产贸易，为客户提供快捷、准确、方便之服务。并且不断努力，去寻找国内最先进及最优质的其它相关产品，以满足各类客户的需要。
地址：广西壮族自治区防城港市东兴市兴东路网通营业厅
负责人：陈仕广 邮编：538100
法人：陈仕广
Tel：0770－7661087
Fax：0770－7685707

**东兴市雅美实业有限公司**
业务：东兴市雅美实业有限公司地处中国最毗邻越南的边境口岸东兴市，公司成立于2003年。我公司长期从事越南进出口木薯干、木薯淀粉、国产淀粉生意，并建有一个配套齐全的变性淀粉厂。
地址：广西壮族自治区防城港市友谊大道4号外贸大厦4楼
邮编：538001
法人：吴翠芳
Tel：0770－2824058
Fax：0770－6100186
网址：www.gxymsy.chinapyp.com

**龙胜县蓝天广告装潢公司**
业务：户内外广告制作发布，商务会议庆典，大型户外喷绘，写真，VI创意策划，室内外装修，礼品。
地址：广西省桂林市龙胜体育馆一楼门面
负责人：李庆伟 邮编：541700
法人：李庆伟
Tel：13977349498
0773－7512752
7510252

**吉龙经营部**
业务：食品、百货的销售
地址：广西省桂林市瓦窑西路一巷6号
负责人：唐咸文 邮编：541000
法人：唐咸文
Tel：0773－3624471

**北海市欣惠鑫贸易有限公司**
地址：广西壮族自治区北海市明珠花园11幢10－A（全景大厦）
负责人：刘波涛
Tel：0779－3086355

**广西壮族自治区北海市烟草公司旺盛路零售部**
地址：广西壮族自治区北海市旺盛路1号楼IS109号
负责人：吴长周
Tel：0779－3225810

**北海市伸信进出口贸易有限公司**
业务：北海市伸信进出口贸易有限公司成立于2003年，从事高岭土加工、出口。产品出口菲律宾、马来西亚、韩国、台湾等国家、地区。欢迎来电垂询！
地址：广西壮族自治区北海市公园南路昌龙苑小区A幢3号
邮编：536000
法人：陈伸
Tel：0779－6810018
Fax：0779－2032068

**贵港市糖业烟酒公司城区酒类批发部**
业务：贵港市糖业烟酒公司城区酒类批发部成立三十多年来，一直从事白酒、红酒等各种酒类的批发零售。热诚欢迎新老客户惠顾。
地址：广西壮族自治区贵港市贵城镇解放路1237号
邮编：537100
法人：陈斌锦
Tel：0775－4214870
Fax：0775－4214870

**广西桂林地区阳朔县九九自选商场**
业务：广西桂林地区阳朔县九九自选商场成立于1997年，是阳朔县最大的一家超市。本着"称心购物，实惠在九九"的原则。是一家商品质量好，价格便宜，顾客信得过的自选商场。
地址：广西壮族自治区桂林地区阳朔县叠翠路28号
邮编：541500
法人：唐本梯
Tel：0773－8823362
Fax：0773－8823362

**广西防城港市奋飞贸易有限公司桂林分公司**
业务：广西防城港市奋飞贸易有限公司桂林分公司成立于2006年，主要从事于花卉种植。品种繁多，欢迎新老客户光临、选购！
地址：广西壮族自治区桂林市八里街七彩花园16幢302室
负责人：韩庆忠 邮编：541000
法人：韩庆忠
Tel：0773－2637398
Fax：0773－2602147

**阳朔米兰摄影会所**
业务：婚纱摄影
地址：广西省桂林市阳朔县阳朔镇抗战路9号
负责人：张继明 邮编：541900
法人：张继明
Tel：15577378290
0773－8817090

**河池市虹桥广告传媒策划机构（全权独家运营《河池日报》所有广告经营业务）**
业务：策划、设计、制作国内外各类广告；策划执行各类文化传播活动；各种书刊、画册设计制作；营销策划品牌整合推广。
地址：广西省河池市南新西路119号河池日报社院内
负责人：韦家能 邮编：547000
法人：邝文强
Tel：13607783588
0778－2283588
Fax：0778－2285603
E-mail：hq3588@163.com

**北海实展贸易有限公司**
地址：广西壮族自治区北海市银海区塘镇和兴村示范站小区A22号
负责人：梁伊瑶
Tel：13332951879

**龙州县龙祥进出口贸易有限公司**
地址：广西壮族自治区崇左市龙州县武装部大院内
负责人：杨晓明
Tel：13768822286

**广西宁明县育升贸易有限公司**
地址：广西壮族自治区崇左市宁明县爱店镇一区
负责人：古忠雪
Tel：0771－8771229
13507810583

**凭祥台轮商贸有限公司**
地址：广西壮族自治区崇左市凭祥市祥河东街4号
负责人：吕进光
Tel：0771－8532549
13317815051

**东兴利客隆购物广场有限责任公司**
地址：广西壮族自治区防城港市东兴市教育路金海步行街
负责人：黎小伟
Tel：0770－7684217

**贺州兴业广告制作发布中心**
业务：广告
地址：广西省贺州市建设中路2－3号
负责人：庄灵芝 邮编：542800
法人：庄灵芝
Tel：13878447810
0774－5274113

**平桂管理区望高万家丰蔬菜种业经营部**
业务：基地示范，蔬菜种植，联营开发，种子推广，信息与营销，技术服务
地址：广西省贺州市平桂管理区望高碧水商贸城8栋1078号
负责人：邓宗财 邮编：542800
法人：邓宗财
Tel：13878033965
13788559966

**广西省来宾市武宣县比尔超市**
业务：批发，零售
产品：酒类，酱油，日用品
地址：广西省来宾市武宣县城北路186号
负责人：张小敏 邮编：545900
法人：张小敏
Tel：0772－5212551
Fax：0772－5212551

**桂林桂鎏贸易有限公司**
业务：桂林桂鎏贸易有限公司成立于2005年1月，主要为超市、商场供应食品、酒类、土特产等。由于质量可靠、价格合理、良好的销售服务，备受同行业者的关注，同时也深受客户的信赖。
地址：广西壮族自治区桂林市桂北商贸城2栋3号
邮编：541213
法人：梁玉军
Tel：0773－2636180
Fax：0773－2636170

**创意广告装饰有限公司**
业务：创意广告装饰有限公司位于桂林市全州县，从事户外广告设计、制作与安装。"认真的态度，最优惠的价格和满足高、中端客户的质量要求，服务好每一位！"是我们的工作要求。希望我们保持着互惠互利的原则，携手共进、精诚合作！
地址：广西壮族自治区桂林市全州县
邮编：541500
法人：蒋建华
Tel：0773－4823816
Fax：0773－4823816

**东兴市万丰实业有限公司**
地址：广西壮族自治区防城港市东兴市民族路（寓安花苑七号楼第二单元901号）
负责人：项建程
Tel：0770－7686928

**防城新晨空调安装维修部**
地址：广西壮族自治区防城港市防城区防城镇防北路76号
负责人：罗登贵
Tel：0770－3272816
13877088688

**防城港市四和商贸有限公司**
地址：广西壮族自治区防城港市港口区岭南路3号海关大院
负责人：黄建平
Tel：13207813633

**防城港市百丽工贸有限公司**
地址：广西壮族自治区防城港市港口区星港假日酒店前楼三楼
负责人：罗家强
Tel：0770－6100610

**柳州市联阳数控刀具设备有限公司**
业务：刀具设备
地址：广西省柳州市城站路86－1号
负责人：钟文静 邮编：545000
法人：钟文静
Tel：0772－3824140
3806012

**新佳艺模型**
业务：专业制作建筑模型
地址：广西省柳州市柳东路95号
负责人：王勋邦 邮编：545000
法人：王勋邦
Tel：15878291179

**桂林市广艺广告展览有限责任公司**
业务：我公司是桂林市颇具实力的知名专业广告公司之一和最大的户外广告专业公司

之一，主要业务范围：大型户外广告设计、制作发布，会议、会展策划承办，企业形象及品牌策划推广，宣传彩页、画册设计、印刷，影视专题宣传策划制作，代理电视、报纸广告等业务。
地址：广西壮族自治区桂林市香江小区 C 幢 11 号
邮　编：541000
法　人：曾广良
Tel：0773－3852592
Fax：0773－3847578
网址：www.glgy.com

**柳州市凯凡物资有限公司**
业务：柳州市凯凡物资有限公司成立于 1998 年，主要经营钢材、铁矿等产品。"诚信经营，质量保证，价格合理"，热诚欢迎广大新老客户惠顾。
地址：广西壮族自治区柳州市红碑路 3 号红卫市场南区 29 号门面
邮　编：545002
法　人：胡平凡
Tel：0772－2512388
Fax：0772－2512388

**广西防城港华越国际商贸有限公司**
地址：广西壮族自治区防城港市港口区友谊大道 4 号外贸大厦 606 室
负责人：陆提峥
Tel：0770－6684988

**广西防城港一浪工贸有限公司**
地址：广西壮族自治区防城港市港口区友谊大道 4 号外贸大院内 3 幢 202 号
负责人：宁世一浪
Tel：13977084078

**天际律师事务所**
业务：法律咨询、法律服务
地址：广西省柳州市三中路 92 号
负责人：邓祖锦　邮　编：528000
法　人：谭康平
Tel：0772－2812587
13078073355

**南宁市永创搬运服务部**
业务：搬运服务
地址：广西省南宁市江南区吴圩镇友谊路 12 号
负责人：黄乃和　邮　编：530226
法　人：黄乃和
Tel：13878607841
13471158638

**南宁市超盛图文设备经营部**
业务：专营 KIP 工程复印机、晒图机、胶装机、切纸机，并提供维修服务及其耗材销售，同时作为 KIP 工程复印机的广西省总代理，欢迎广大客户电话咨询！
产品：KIP 工程复印机、晒图机、胶装机、切纸机
地址：广西省南宁市良庆区五象岭路 15 号
负责人：谭卓俭　邮　编：530200
法　人：谭卓俭
Tel：0771－2168508
15977719103
Fax：0771－4512390

**振宁好又多百货公司**
业务：商业百货
地址：广西省南宁市三塘镇三塘菜市场
负责人：李成　邮　编：530024
法　人：李成
Tel：15077109790
0771－5821116

**健民餐饮具消毒中心**
地址：广西壮族自治区贵港市桂平市南江桥维伦纺织厂内
负责人：全洪斌
Tel：0775－3330408
13597358386

**蓝宝石广告喷绘中心**
地址：广西壮族自治区贵港市和平路西汕塘 6 号楼
负责人：陆明龙
Tel：0775－4212558
13807859513

**贵港市新兴物资贸易有限公司**
地址：广西壮族自治区贵港市江南大道
负责人：黄守汉
Tel：13907857783

**柳州市中小企业信用担保有限公司**
业务：柳州市中小企业信用担保有限公司成立于 1999 年 7 月 28 日，位于广西壮族自治区柳州市三中路 140 号公交大厦 10 楼。本企业为个人及中、小型企业提供个人信用但保，服务项目有：企业融资贷款担保、下岗职工再就业小额担保、诉讼保全保证金担保、合同履约担保、进出口业务融资担保、设备租赁等。
地址：广西壮族自治区柳州市三中路 140 号公交大厦 10 楼
邮　编：545001
法　人：张书一
Tel：0772－2868281
Fax：0772－2868281

**南宁市广天隆贸易有限公司**
业务：南宁市广天隆贸易有限公司成立于 2001 年，主要经营五金交电、建材、皮具、日用百货、办公用品、计算机等。"诚信经营，质量保证，价格合理"，竭诚欢迎新老客户光临惠顾。
地址：广西壮族自治区南宁市明秀西路 122 号城市 B 园 C 栋 1001 室
邮　编：530001
法　人：蒙培森
Tel：0771－2582958
Fax：0771－3829368

**博学外贸材料工艺厂**
业务：销售编织材料，主要用于外贸出口
地址：广西省钦州市浦北县北通镇博学村委博学街（原博学肥料仓）
负责人：陈祖华　邮　编：535321
法　人：陈祖华
Tel：13907774022
0777－8585023

**广西黄金梧州实业开发公司润滑油经销中心**
业务：专营润滑油批发零售，诚信经营、质量保证，为用户提供优质的油品和技术服务，欢迎新老客户光临惠顾
产品：雪佛龙润滑油、长城润滑油
地址：广西省梧州市红岭路 15 号（金晖车站对面）
负责人：李志威　邮　编：543000
法　人：李志威
Tel：0774－3898099
13807749015
Fax：0774－3898099

**陆川县陆城镇北斗经营部**
业务：副食百货
产品：奶制品、饮料、日用品
地址：广西省玉林市陆川县新兴街 71－73 号
负责人：黎彬　邮　编：537700
法　人：黎彬
Tel：0775－7225392
Fax：0775－7215678
E-mail：luyuxia－002@163.com

**广西南宁市帅韩工贸有限公司**
业务：广西南宁市帅韩工贸有限公司成立于 1997 年，是一家集开发设计，规模生产、销售经营家庭厨柜的广西首家大型厨柜生产企业。公司曾多次荣获区、市消费者协会和产品质量检验部门的嘉奖与肯定，是中国著名品牌和名优产品，是消费者信得过的商品，是中国厨柜企业前 30 强。公司时刻秉承着"开拓进取，让顾客满意"的经营宗旨，深受客户喜爱和信赖。
地址：广西壮族自治区南宁市新城区东沟岭正街 45 号旺州工业园内
邮　编：530001
法　人：邱勇
Tel：0771－3326339
Fax：0771－3322806
网址：www.shuaihan168.com

**贵港市黔中贸易有限责任公司**
地址：广西壮族自治区贵港市民运港煤场 1－202 号
负责人：王洋海
Tel：13907868018

**广西玉林凯旋百货**
业务：商品百货
地址：广西省玉林市区福通仓库
负责人：李东生　邮　编：537000
法　人：李东生
Tel：13877507828
0775－2092245
2085313

**百色日升广告装饰有限责任公司**
业务：广告及装饰工程的制作施工
地址：广西壮族自治区百色市城北二路 16 号汽配公司 1 号楼 6 号铺面
负责人：李日升　邮　编：533000
法　人：李日升
Tel：13807769922
0776－2860883

**广西合浦胜坤经贸有限公司**
业务：房地产开发、房地产信息中介
地址：广西壮族自治区北海市合浦县廉州镇朝阳路 25 号
负责人：张胜坤　邮　编：536000
法　人：张胜坤
Tel：13978952838
0779－7211766

**贵港市俊隆经贸有限公司**
地址：广西壮族自治区贵港市民运港煤场内 2－101 号
负责人：施咏梅
Tel：13977595522

**广西贵港市宏发清洁有限公司**
地址：广西壮族自治区贵港市石羊塘开发区 163 号
负责人：孙家和
Tel：0775－4525990
13014824450

**荔浦县宏鑫贸易有限责任公司**
地址：广西壮族自治区桂林市荔浦县荔桂路城北街龙口开发区
负责人：覃超辉
Tel：13014866447

**北海湘商投资咨询有限公司**
业务：投资咨询
地址：广西壮族自治区北海市四川路 42 号宝谊大厦 12A 北海湖南商会
负责人：汪启厚　邮　编：536000
法　人：汪启厚
Tel：0779－2228758
2228768
13878979806
网址：http://www.51zzt.com/user/zzt40803/contactus.htm

**凭祥市华美进出口商贸有限公司**
业务：水果，机械，农副产品等一系列的进出口
地址：广西壮族自治区崇左市凭祥市万通物流园报关大楼第三层 317 号
负责人：陆玉美　邮　编：532200
法　人：陆玉美
Tel：15977183988
0771－8558060

**防城港市港口区广达盛劳务服务有限公司**
业务：提供各种劳务服务
地址：广西壮族自治区防城港市港口区四川路 17 层 C 号
负责人：陈炳文　邮　编：538001
法　人：陈炳文
Tel：0770－2839253

**桂林桂鎏贸易有限公司**
地址：广西壮族自治区桂林市灵川县八里街开发区"新桂苑"小区 4＃B104
负责人：梁玉军
Tel：13317630875

**桂林市信美物资有限责任公司**
地址：广西壮族自治区桂林市七星区环城北二路 9 号
负责人：陈道平
Tel：13635195765

**桂林中科技术开发咨询有限公司**
地址：广西壮族自治区桂林市七星区空明西路（高新创业大厦）13－1 号附属楼 10
负责人：张永林
Tel：13707835128

**桂林市桂路通商贸有限责任公司**
地址：广西壮族自治区桂林市象山区环城南二路（电厂段铺面）
负责人：程东
Tel：13036833388

**全州永合贸易有限公司**
产品：钢材贸易
地址：广西壮族自治区桂林市全州县全州镇全大公路北侧
负责人：李永田　邮　编：541002
法　人：李永田
Tel：0773－4916688

**兴安俊英建筑配套服务有限公司**
业务：建筑配套服务
地址：广西壮族自治区桂林市兴安县兴安镇西环路东风水泥厂路口（桂兴汽修厂内）
负责人：唐俊英　邮　编：541002
法　人：唐俊英
Tel：15977072128
18977385163

**桂平市白沙镇永辉批发部**
业务：批发、零售：日用品
地址：广西壮族自治区桂平市白沙镇白沙街
负责人：莫永辉　邮　编：541000
法　人：莫永辉
Tel：0775－3470018

**南丹县通海物流有限公司**
业务：提供仓储服务
地址：广西壮族自治区河池市南丹县城关镇拉所社区三队
负责人：胡志军　邮　编：547200
法　人：胡志军
Tel：13977807624

**桂林市象山文明百货商场**
地址：广西壮族自治区桂林市象山区民主路 13 号
负责人：李发连
Tel：13978370166

**大众劳动咨询服务事务所有限公司**
地址：广西壮族自治区桂林市象山区五美路 18 号
负责人：鲍书良
Tel：0773－2833061
2839253
13907839007

**桂林市视佳广告有限公司**
地址：广西壮族自治区桂林市象山区中山南路 88 号
负责人：李程
Tel：13907836761

**桂林凯博尔科技开发有限公司**
地址：广西壮族自治区桂林市象山区中山南路轻工食品楼 226 号综合楼 4－1
负责人：赵志明
Tel：13977324244

**桂林市铜塔日用百货贸易有限责任公司**
地址：广西壮族自治区桂林市象山区中山中路 158 号华中华商厦
负责人：王小彦
Tel：13097936883

**兴安县兴泰贸易有限公司**
地址：广西壮族自治区桂林市兴安县兴安镇桂北农贸市场
负责人：唐毓蔚
Tel：13878370933

**桂林一品堂营销策划有限公司**
地址：广西壮族自治区桂林市秀峰区西凤路 3 号 3－1 号
负责人：胡继东
Tel：13768231949

**桂林市海利汇生态住居顾问有限责任公司**
地址：广西壮族自治区桂林市秀峰区信义路 72 号
负责人：曹经良
Tel：13517667563

**贺州市闽航钢管贸易有限公司**
业务：五金机电、建筑材料、水暖器材、管材、化工原料、装饰材料销售
产品：五金机电、建筑材料、水暖器材、管材、化工原料、装饰材料
地址：广西壮族自治区贺州市平安西路（台湾街）106 号
负责人：陈佳峰　邮　编：543000
法　人：陈佳峰
Tel：13807847777
0774－5607777
13737456777
Fax：0774－5609777
网址：cf5293777@soho.com

**来宾市迪邦保洁有限责任公司**
业务：清洁机器设备、清洁用品
地址：广西壮族自治区来宾市维林大道 338 号二楼
负责人：李龙　邮　编：546100
法　人：李龙
Tel：0772－2216066
Fax：0772－4214533

**桂林市大华广告制作中心**
地址：广西壮族自治区桂林市秀峰区翊武路 24 号 3 楼
负责人：邹小平
Tel：13087736333

**河池燕兴商贸有限公司**
地址：广西壮族自治区河池市百旺开发区红绿灯旁
负责人：郭春岩
Tel：0778－2305588

**广西大化县福利商贸有限责任公司**
地址：广西壮族自治区河池市大化瑶族自治县大化镇北红河北路 149 号
负责人：覃玉祥
Tel：0778－5818038

**洛阳起重机厂广西河池经销处**
地址：广西壮族自治区河池市西环路 212 号
负责人：崔伸贤
Tel：0778－2290294

**武宣县百家惠超市**
业务：超市
产品：日用品、百货
地址：广西壮族自治区来宾市武宣县武宣镇太平路凯丰商贸城
负责人：赵斌　邮　编：546100
法　人：赵斌
Tel：18978221528
0772－5292299

**河池市天利工贸有限公司**
地址：广西壮族自治区河池市西环路 940 号
负责人：张洪钊
Tel：13597088391

**广西宜州市和诚实业有限责任公司**
地址：广西壮族自治区河池市宜州市怀远镇叶茂村（原广西第一机床厂内）
负责人：李适应

Tel:13707788098

**柳州市博林教育信息咨询有限公司**
业务:教育信息咨询服务,商务代理服务
地址:广西壮族自治区柳州市桂中大道7号东方百盛4幢17层9号房
负责人:陈志国 邮 编:545001
Tel:18977281584
0772－3696515

**柳州市金诚劳务有限公司**
业务:建筑劳务
地址:广西壮族自治区柳州市海关路11号经典时代B5－8202
负责人:阮官生 邮 编:545006
法 人:阮官生
Tel:0772－2631659
13481671688

**天正广告有限责任公司**
地址:广西壮族自治区河池市颐园路(文化广场对面)
负责人:吴少钢
Tel:13307785550

**河池市惠佳商贸有限责任公司**
地址:广西壮族自治区河池市中山路31号
负责人:赵小宁
Tel:0778－2238358

**河池市金宜贸易有限责任公司**
地址:广西壮族自治区河池市中山路98号
负责人:潘立建
Tel:13307789268

**来宾市登年贸易有限责任公司**
地址:广西壮族自治区来宾市前卫路粮所开发区25号
负责人:蓝雪倩
Tel:13788777888

**广西庆泰实业开发有限责任公司**
业务:实业开发
地址:广西壮族自治区南宁市火炬路13号新宇花园1单元101室
负责人:陈韵笙 邮 编:530012
法 人:陈韵笙
Tel:0771－3858439
13507719198

**南宁金满园贸易有限公司**
业务:日化产品、百货、五金、机电产品、建材、通信器材、化工产品批发零售
产品:日化产品、百货、五金、机电产品、建材、通信器材、化工产品
地址:广西壮族自治区南宁市科园大道31号财智时代A－1417、1418
负责人:姚武 邮 编:530012
法 人:姚武
Tel:0771－3215158
Fax:0771－3215158
网址:www.nnjmy.com
E-mail:1179439830@qq.com

**忻城县锦宏有限责任公司**
地址:广西壮族自治区来宾市忻城县红渡镇乐滩水电站生活区
负责人:梁如镜
Tel:0772－5780191

**来宾市正鑫贸易有限责任公司**
地址:广西壮族自治区来宾市兴宾区凤凰镇新城开发区73号
负责人:霍正策
Tel:13907829540

**柳州市礼邦贸易有限公司**
地址:广西壮族自治区柳州市北站路16号惠柳京都2栋1单元5－1号
负责人:李素英
Tel:13307729888

**柳州市昭曦贸易有限责任公司**
地址:广西壮族自治区柳州市城中区海关路武装部办公楼西面二楼
负责人:曾昭海
Tel:13977287153

**柳州市锐力营销策划有限责任公司**
地址:广西壮族自治区柳州市柳北区广雅路北三巷17栋1单元8－2号
负责人:梁剑锋
Tel:13878276060

**柳州市三湘特钢贸易有限责任公司**
地址:广西壮族自治区柳州市柳北区红卫生产资料市场南区57号
负责人:胡军
Tel:13908429826

**南宁搏章商贸有限公司**
业务:五金制品的销售
地址:广西壮族自治区南宁市明秀西路(城市碧园)B幢第一单元302
负责人:倪军 邮 编:530012
法 人:倪军
Tel:0771－3822120

**柳州市和中泰贸易有限公司**
地址:广西壮族自治区柳州市柳北区雅儒路西四巷6号盛庭苑9栋1单元5－2号
负责人:钟建
Tel:13978016108

**柳州市诚进贸易有限责任公司**
地址:广西壮族自治区柳州市柳北区跃进路53号5#、6#
负责人:陈进
Tel:13517805312

**柳州市金陵超市**
地址:广西壮族自治区柳州市柳南区河西路27号
负责人:罗林海
Tel:0772－2171656
13507721908

**柳州市伟鸿商务信息有限责任公司**
地址:广西壮族自治区柳州市鱼峰区白云小区二村8栋2单元4－1号
负责人:林筱菊
Tel:13807720837

**柳州市凌信会计服务有限责任公司**
地址:广西壮族自治区柳州市鱼峰区燎原路白云小区国美新村西侧5号门面
负责人:苏泳
Tel:0772－2122867

**广西南宁腾邦票务服务有限公司**
业务:专业提供航班票务咨询,电话、传真订票、售票,免费送票等基础服务,并提供旅游、会议服务。公司的服务宗旨是:做旅客出行最值得信赖的顾问。
产品:票务服务、旅游会议
地址:广西壮族自治区南宁市人民东路73号金朝阳综合楼3座
负责人:周杨明 邮 编:530011
法 人:周杨明
Tel:0771－2295566
2295577
13978888516
13558119897
Fax:0771－2295563
网址:www.51zzt.com/user/zzt37180
E-mail:chinaming88@sohu.com

**柳州市国邦贸易有限责任公司**
地址:广西壮族自治区柳州市鱼峰区柳石路171号15号门面
负责人:王绍春
Tel:13977207115

**柳州市佳朋广告装璜策划有限公司**
地址:广西壮族自治区柳州市鱼峰区屏山大道京港小区7－3栋2－2－1号
负责人:黄梓桀
Tel:13978273389

**知一源花艺设计培训中心**
业务:花艺设计、花艺培训
地址:广西壮族自治区南宁市中华路4号
负责人:黄世俊 邮 编:530022
法 人:黄世俊
Tel:0771－2966366
网址:www.gxzyhy.com
E-mail:888@zhiyuan.com

**广西凭祥福阳进出口贸易有限公司**
业务:水果进出口贸易
地址:广西壮族自治区凭祥市南大路7号(祥兴国际商业街6幢608号一楼)
负责人:王庆福 邮 编:532200
Tel:13211377162
0771－8565066
Fax:0771－8565066

**广西凭祥同兴贸易有限公司**
业务:贸易
地址:广西壮族自治区凭祥市南大路7号祥兴国际商业街6幢608号二楼
负责人:王晓阳 邮 编:532600
法 人:王晓阳
Tel:13114713648
13737130737
0771－8587582

**柳州三朴贸易有限公司**
地址:广西壮族自治区柳州市鱼峰区荣新路26号1栋2单元3－2房
负责人:李金生
Tel:13877261875

**柳州市汇亨车业服务部**
地址:广西壮族自治区柳州市鱼峰区西江路48号水轮机厂老门口内
负责人:农树庆
Tel:0772－3162003
3161335
13707720882

**柳州斯玛特贸易有限公司**
地址:广西壮族自治区柳州市鱼峰区鱼峰路68号鱼峰山商业城B区二层2092号
负责人:叶铁松
Tel:13768860114

**南宁市茂利汇科技咨询有限责任公司**
地址:广西壮族自治区南宁市城北区北湖北路10号内
负责人:曹春梅
Tel:13036868086

**南宁唐海科技有限公司**
地址:广西壮族自治区南宁市城北区北湖北路23号秀湖花园9栋1单元704号房
负责人:谢兆平
Tel:13707881316

**广西南宁友合工贸有限责任公司**
地址:广西壮族自治区南宁市城北区大学西路44号
负责人:黎小伟
Tel:0771－2437177

**南宁市万正工贸有限责任公司**
地址:广西壮族自治区南宁市城北区衡阳东路7号糖业大厦11层1105－1号
负责人:韦毅
Tel:13978188000

**藤县顺安建材设备租赁有限公司**
业务:经营、租赁脚手架,建筑器材
地址:广西壮族自治区梧州市藤县
负责人:韦系 邮 编:543000
法 人:韦系
Tel:13737817688
13737823208

**广西南宁星之梦文化传播有限公司**
地址:广西壮族自治区南宁市城北区衡阳路31号百万庄23层B座
负责人:杨小明
Tel:13907863567

**广西南宁市亮华商贸有限公司**
地址:广西壮族自治区南宁市城北区衡阳路北一巷126号
负责人:章泰钦
Tel:13978140652

**南宁市金浪伏营销有限公司**
地址:广西壮族自治区南宁市城北区衡阳西路12－3号水电办公楼一层第1间铺面
负责人:冯文华
Tel:13878815365

**南宁万坤贸易有限责任公司**
地址:广西壮族自治区南宁市城北区虎邱城北钢材市场第A16栋31－32号铺
负责人:梁捷
Tel:13978655030

**南宁市坤联贸易有限公司**
地址:广西壮族自治区南宁市城北区火炬一支路11号富达花园10栋B座1楼102
负责人:周继联
Tel:13317714244

**广西南宁市宝科来科技有限公司**
地址:广西壮族自治区南宁市城北区科德路2号科莱楼北楼第五层510号
负责人:林义
Tel:0771－2145283

**广西惠宇科技有限公司**
地址:广西壮族自治区南宁市城北区科园大道31号－9－04号
负责人:欧阳维一
Tel:0771－3051067

**南宁银华工贸有限责任公司**
地址:广西壮族自治区南宁市城北区科园大道31号高新苑11栋501－1号
负责人:杨奕云
Tel:13768372496

**南宁市沃邦工贸有限公司**
地址:广西壮族自治区南宁市城北区科园大道52号南宁农业科技市场第5－21号
负责人:黄平明
Tel:13978616543

**南宁思汇科技有限公司**
地址:广西壮族自治区南宁市城北区科园大道信用大厦第4层D818号房
负责人:张国华
Tel:13977139552

**南宁壮德科技有限公司**
地址:广西壮族自治区南宁市城北区科园东四路5号3栋B03号
负责人:李维姣
Tel:13978171047

**广西宝华科技投资有限公司**
地址:广西壮族自治区南宁市城北区科园东五路8号536房
负责人:曾业伟
Tel:13977297976

**广西南宁利鼎科技有限公司**
地址:广西壮族自治区南宁市城北区科园东五路六号四楼
负责人:卢石
Tel:13978858568

**南宁市奎明科贸有限责任公司**
地址:广西壮族自治区南宁市城北区科园路37号广西农业科技市场111号铺面
负责人:石立明
Tel:13768275518

**广西西南国盾高科技工程有限公司**
地址:广西壮族自治区南宁市城北区科园西三路6号工业园1号商住楼1单元1602
负责人:林达忠
Tel:13977158923

**南宁市华平广告有限责任公司**
地址:广西壮族自治区南宁市城北区明秀东路171明湖大厦C座1203号房
负责人:黄建生
Tel:13877187146

**南宁康来商贸有限公司**
地址:广西壮族自治区南宁市城北区明秀东路明秀小区33栋2楼202室
负责人:莫超英
Tel:0771－2957979

**南宁市创越凯特优商贸有限公司**
地址:广西壮族自治区南宁市城北区物资机电产品市场内4街新5号
负责人:张祥峰
Tel:13597008876

**广西南宁诠佳清洁服务有限公司**
地址:广西壮族自治区南宁市城北区秀安路2号新3栋4单元2－8号
负责人:梁君
Tel:13978818370

**南宁华策广告策划有限公司**
地址:广西壮族自治区南宁市城北区秀灵路30号宏腾苑3号楼2单元6层505号房
负责人:陈秉冠
Tel:13978095413

**南宁市纳钛科贸有限公司**
地址:广西壮族自治区南宁市城北区秀厢路16号北湖安居小区9栋3单元305号房
负责人:廖驱
Tel:13807804136

**南宁双凯科技有限公司**
地址:广西壮族自治区南宁市城北区秀厢路20号宝海公寓第8幢1单元8701号
负责人:方建伟
Tel:13978703968

**广西南宁自成清洁服务有限公司**
地址:广西壮族自治区南宁市城北区秀厢路6号2栋1单元101号
负责人:谢启波
Tel:0771－2205756

**南宁市日夜美科技有限公司**
地址:广西壮族自治区南宁市城北区友爱北路11号5栋1单元101号房
负责人:侯志林
Tel:13077771817

**南宁通海科技有限责任公司**
地址:广西壮族自治区南宁市城北区友爱南路43号友爱商住楼2单元0701号房
负责人:黄东铭
Tel:13977172530

**南宁市群恒商务服务有限公司**
地址:广西壮族自治区南宁市大沙田德政街南一巷1号2栋303室
负责人:蒙克峰
Tel:0771－2651100

**广西鸿裕置业投资有限公司**
地址:广西壮族自治区南宁市横县横州镇城北中路001号
负责人:汤成宇
Tel:13036885730

**广西南宁润方贸易有限责任公司**
地址:广西壮族自治区南宁市江南区白沙大道19号金湾花城19号楼2单元2－40
负责人:贾悍
Tel:13807819493

**卓尔商务顾问有限公司**
地址:广西壮族自治区南宁市江南区白沙大道35号南国花园商城A2栋5单元304号
负责人:卢森
Tel:0771－4913815、13507880825

**广西丰冠商贸有限公司**
地址:广西壮族自治区南宁市江南区白沙大道与南北公路交汇处
负责人:王成初
Tel:13878159792

**南宁美加美百货有限责任公司白沙店**
地址:广西壮族自治区南宁市江南区白沙农贸市场铺面第1号
负责人:刘功锋
Tel:0771－2427296

**南宁亮本工贸有限公司**
地址:广西壮族自治区南宁市江南区福建园25－1号4楼402号房
负责人:梁本庆
Tel:13607812803

**南宁秦合百川文化传播有限公司**
地址:广西壮族自治区南宁市江南区江南路213号
负责人:甘向宁
Tel:13978867870

**广西建荣商贸有限公司**
地址:广西壮族自治区南宁市江南区江南路34号香格里拉丽湾2506室
负责人:谢建荣
Tel:13087937098

**广西日晟企业管理有限责任公司**
地址:广西壮族自治区南宁市江南区郊区亭子乡亭子村七组二楼
负责人:卢永忠
Tel:13707721639

**南宁市信步贸易有限公司**
地址:广西壮族自治区南宁市江南区五一中路26号丽江花园8栋1单元407号
负责人:张培锋
Tel:13978806552

**南宁市茂海商贸有限公司**
地址:广西壮族自治区南宁市江南区五一中路5号10栋1单元202号
负责人:朱国茂

商业百货外贸服务业

……Tel:13907886930

**广西南宁高迪士商务有限公司**
地址:广西壮族自治区南宁市新城区安湖路2号平湖家居32栋1单元102号房
……负责人:罗靖
……Tel:13807809797

**广西土木勘察检测治理有限公司**
地址:广西壮族自治区南宁市新城区滨湖路1号南湖山庄1号楼2单元105号房
……负责人:蓝耀荣
……Tel:13977202366

**南宁市平仁商贸有限公司**
地址:广西壮族自治区南宁市新城区茶花园路6－1号南湖翠苑1226号房
……负责人:江淦彬
……Tel:13977168412

**广西恒昌宁安全技术咨询有限责任公司**
地址:广西壮族自治区南宁市新城区长岗路40号广西冶金研究院内
……负责人:冯学董
……Tel:13978887561

**南宁市华万科技有限公司**
地址:广西壮族自治区南宁市新城区长岗路70号4栋1单元6室
……负责人:蒙小华
……Tel:13977113853

**广西益嘉族经贸有限责任公司**
地址:广西壮族自治区南宁市新城区长湖路15号中鼎温馨家园1号楼1层1－03号
……负责人:赵青松
……Tel:0771－2812668

**广西南宁真图商贸有限责任公司**
地址:广西壮族自治区南宁市新城区长湖路59号1号楼一单元0204号房
……负责人:宋沁蔚
……Tel:0771－2939151

**南宁市仙雁贸易有限公司**
地址:广西壮族自治区南宁市新城区长湖路中天世纪花园A2－2－0512号房
……负责人:凌仙雁
……Tel:13807882012

**南宁标杆广告有限公司**
地址:广西壮族自治区南宁市新城区长湖路中天世纪花园A区301
……负责人:薛小玲
……Tel:13207715711

**成都兆维实业发展有限公司广西南宁分公司**
地址:广西壮族自治区南宁市新城区东葛路103号金信苑3楼303号房
……负责人:王朝晖
……Tel:13880598001

**广西南宁康茂商务服务有限公司**
地址:广西壮族自治区南宁市新城区东葛路18－1号嘉和自由空间605号
……负责人:傅文峰
……Tel:13768395808

**广西南宁民昌商贸有限公司**
地址:广西壮族自治区南宁市新城区东葛路18－1号嘉和自由空间第A座14层14
……负责人:冯泳棋
……Tel:0771－2820171

**南宁市商捷盟商务策划有限公司**
地址:广西壮族自治区南宁市新城区东葛路24－8号凯丰大厦A单元12层A120
……负责人:黄见
……Tel:13977165555

**广西百顺商贸有限责任公司**
地址:广西壮族自治区南宁市新城区东葛路24－8号凯丰大厦D单元5层D0501
……负责人:陈慧玲
……Tel:13878817899

**广西东方现代贸易有限公司**
地址:广西壮族自治区南宁市新城区东葛路27号3栋后西3093号房
……负责人:李彦刚
……Tel:13977125483

**南宁纽威科技有限公司**
地址:广西壮族自治区南宁市新城区东葛路39号1单元705号房
……负责人:葛晓清
……Tel:13307710418

**广西南宁朗卓科贸有限公司**
地址:广西壮族自治区南宁市新城区东葛路39号金信苑2单元304号房
……负责人:苏维民
……Tel:13607866665

**南宁市泽钰物资贸易有限公司**
地址:广西壮族自治区南宁市新城区东葛路62号金汇大厦6楼
……负责人:魏艳
……Tel:13321702180

**广西南宁玺盟商贸有限公司**
地址:广西壮族自治区南宁市新城区东葛路62号金汇大厦905室
……负责人:张平
……Tel:13877137988

**南宁市本贸贸易有限公司**
地址:广西壮族自治区南宁市新城区东葛路86号星和园星云阁1103室
……负责人:梁锐祥
……Tel:13807818557

**南宁市燕德贸易有限责任公司**
地址:广西壮族自治区南宁市新城区东葛路99号华亿大厦9层910号房
……负责人:陈长青
……Tel:0771－2562686

**广西源绿工贸有限公司**
地址:广西壮族自治区南宁市新城区东葛路99号华亿大厦9单元909号房
……负责人:黄铭傑
……Tel:13877123665

**广西南宁市花木兰贸易有限公司**
地址:广西壮族自治区南宁市新城区东葛路嘉和自由空间B座1101号
……负责人:谢修玉
……Tel:13138837719

**广西南宁桂信华新招标采购信息咨询有限公司**
地址:广西壮族自治区南宁市新城区东葛路嘉园小区B栋303号房
……负责人:黄冬梅
……Tel:13707717505

**广西南宁东瑞贸易有限公司**
地址:广西壮族自治区南宁市新城区东葛路延长线135号岭南家园H座10层101
……负责人:赖世荣
……Tel:13978744533

**南宁运恒商贸有限公司**
地址:广西壮族自治区南宁市新城区东葛路延长线135号岭南家园H座6层603号
……负责人:农桂丰
……Tel:13877109161





**南宁市东嘉科技有限公司**
地址:广西壮族自治区南宁市新城区东葛路延长线62号金汇大厦512号
……负责人:罗飞扬
……Tel:13807883663

**广西南宁鸿瀚商贸有限责任公司**
地址:广西壮族自治区南宁市新城区葛村路15号
……负责人:陈向景
……Tel:0771－2666228

**南宁市奥宇工贸有限责任公司**
地址:广西壮族自治区南宁市新城区葛村路7号金都大厦第12层1208号房
……负责人:曾荔
……Tel:13878103689

**广西南宁市华庆婚介服务有限公司**
地址:广西壮族自治区南宁市新城区葛村路一巷31号
……负责人:宁勇
……Tel:13978745167

**南宁建邦贸易有限公司**
地址:广西壮族自治区南宁市新城区广园路4号2栋2703室
……负责人:唐建斌
……Tel:13387712588

**广西现代伯乐人才服务有限责任公司**
地址:广西壮族自治区南宁市新城区桂春路佳运公寓3单元609号
……负责人:郑剑剑
……Tel:0771－2633382

**广西南宁神六科工贸有限公司**
地址:广西壮族自治区南宁市新城区桂春路金琅大酒店4楼办公室
……负责人:黄敏荣
……Tel:13878818233

**南宁市龙聚轩商贸有限公司**
地址:广西壮族自治区南宁市新城区建政东路39号建政小区八号商铺、七号商铺
……负责人:周世兴
……Tel:13607715855

**广西南宁山缘矿产资源咨询有限公司**
地址:广西壮族自治区南宁市新城区建政路31号二轻大厦618号房
……负责人:韦烨
……Tel:13907719890

**南宁今日南国广告有限责任公司**
地址:广西壮族自治区南宁市新城区建政路49－23号"北纬28"8层803号
……负责人:陆岸
……Tel:13507712096

**南宁市瀚隆营销策划咨询有限公司**
地址:广西壮族自治区南宁市新城区建政路49－23号北纬28大厦916室
……负责人:罗小兰
……Tel:0771－2694141

**南宁永诺科技有限公司**
地址:广西壮族自治区南宁市新城区建政路49号轻化大楼
……负责人:吴志雄
……Tel:13977194890

**广西南宁家烨美贸易有限公司**
地址:广西壮族自治区南宁市新城区金湖路55号亚航财富中心1612室
……负责人:熊丽
……Tel:13878861117

**广西南宁卓越商务有限公司**
地址:广西壮族自治区南宁市新城区金湖路65号
……负责人:曾燕
……Tel:13978177775

**南宁市联绵贸易有限公司**
地址:广西壮族自治区南宁市新城区金洲路31号城市杰座无单元2408号房
……负责人:黄柏淋
……Tel:13768310954

**广西南宁江良科贸有限公司**
地址:广西壮族自治区南宁市新城区科园大道31号高新苑32号楼1单元6021号
……负责人:杨伟城
……Tel:13977101668

**广西永隆科贸有限责任公司**
地址:广西壮族自治区南宁市新城区琅东长湖路与金湖路交叉口北面的新宏大厦第1－
……负责人:张勇
……Tel:13977168331

**广西南宁舞色企业策划有限公司**
地址:广西壮族自治区南宁市新城区麻村路5号金花苑商住楼C座3单元401号房
……负责人:杨婷婷
……Tel:13197618081

**南宁市华旭科技有限责任公司**
地址:广西壮族自治区南宁市新城区麻村小区72栋3单元505号
……负责人:温沛霖
……Tel:13077790506

**南宁万银森商贸有限责任公司**
地址:广西壮族自治区南宁市新城区民主路6－6号阳光新都A栋12层1201号房
……负责人:吴勇峰
……Tel:13878103668

**南宁市中瀚贸易有限公司**
地址:广西壮族自治区南宁市新城区民主路望仙坡北三里4号银海大厦5楼A座
……负责人:刘苑华
……Tel:13347600321

**广西新宏基科技有限公司**
地址:广西壮族自治区南宁市新城区民族大道38－2号泰安大厦银座16层C2号
……负责人:赵林福
……Tel:13978106521

**广西南宁金雅科技有限公司**
地址:广西壮族自治区南宁市新城区民族大道76－7号1栋2单元601号房
……负责人:韦美莹
……Tel:13036869089

**广西南宁云龙票务服务有限公司**
地址:广西壮族自治区南宁市新城区民族大道77号幼师大厦四楼409号
……负责人:陈彬
……Tel:13978820999

**南宁启飞广告企划有限公司**
地址:广西壮族自治区南宁市新城区民族大道86号金和大厦第四楼406号房
……负责人:朱思穆
……Tel:13977133399

**南宁杰创商贸有限公司**
地址:广西壮族自治区南宁市新城区民族大道86号金和大厦五楼501号房
……负责人:何宇杰
……Tel:13978126530

**广西宝丰源贸易有限公司**
地址:广西壮族自治区南宁市新城区民族大道88－1号铭湖经典A－901房
……负责人:李成伟
……Tel:13317710312

**南宁塘岸公舍企业管理有限公司**
地址:广西壮族自治区南宁市新城区民族大道88－1号铭湖经典B座B0801号房
……负责人:颜文源
……Tel:13977118886

**南宁新纺贸易有限公司**
地址:广西壮族自治区南宁市新城区民族大道89号金禄大厦22层B座
……负责人:杨军
……Tel:0771－2675736

**一方海外信息服务有限公司**
地址:广西壮族自治区南宁市新城区民族大道89号金禄大厦七楼
……负责人:肖冰
……Tel:0771－5853229
13877108748

**广西桂华鑫隆贸易有限公司**
地址:广西壮族自治区南宁市新城区民族大道东段香榭里花园2号楼二单元2203号
……负责人:梁远文
……Tel:13347609378

**南宁市三零企业策划有限公司**
地址:广西壮族自治区南宁市新城区民族大道新城国际2104号
……负责人:胡圣武
……Tel:13317715880

**广西宝盈贸易有限公司**
地址:广西壮族自治区南宁市新城区民族大道中段49号广西民族宫商业中心住宅楼0
……负责人:王忠
……Tel:13878836983

**广西南宁多环商务服务有限公司**
地址:广西壮族自治区南宁市新城区民族宫华银阁0708号房
……负责人:宁茶园
……Tel:0771－2814632

**南宁市索纳工贸有限责任公司**
地址:广西壮族自治区南宁市新城区七星路133号4栋3单元105号房
……负责人:曾尚军
……Tel:13768110039

**南宁成基科技有限公司**
地址:广西壮族自治区南宁市新城区七星路华星城B座1808号
……负责人:梁建荣
……Tel:13737692826

**广西斯泰达贸易有限公司**
地址:广西壮族自治区南宁市新城区双拥路40－1号东方明珠花园1号楼C座3单元
……负责人:陆珏洁
……Tel:13907816030

**南宁市泰润富商贸有限公司**
地址:广西壮族自治区南宁市新城区双拥路琅西村五组八幢802室
……负责人:金亮
……Tel:13978667771

**广西南宁百兴文化策划咨询服务有限责任公司**
地址:广西壮族自治区南宁市新城区思贤路3号1栋2单元403号
……负责人:李伟
……Tel:13977122899

**南宁市金君盛投资咨询有限公司**
地址:广西壮族自治区南宁市新城区泰安大厦写字楼27层03、05
……负责人:刘美灵
……Tel:13570800886

**南宁春天科贸有限公司**
地址:广西壮族自治区南宁市新城区桃源路59号
……负责人:陈燕
……Tel:0771－2835358

**南宁市广捷商贸有限公司**
地址:广西壮族自治区南宁市新城区桃源路86号桃源公寓A座8206号房
……负责人:李国强
……Tel:13807814702

**广西南宁市百水川贸易有限责任公司**
地址:广西壮族自治区南宁市新城区桃源路86号桃源公寓B座8211号房
……负责人:李仕晖
……Tel:13978830288

**南宁巍赞商贸有限公司**
地址:广西壮族自治区南宁市新城区望园路28号三元苑A2栋1单元5层501号房
……负责人:罗雪梅
……Tel:13877109952

**南宁市皇子建霖广告有限公司**
地址:广西壮族自治区南宁市新城区纬武路160号区直干休所16栋3楼西
……负责人:黄建霖
……Tel:13878159809

**南宁市振博工贸有限责任公司**
地址:广西壮族自治区南宁市新城区新民路34－18号中明大厦5楼504号房
……负责人:黄水明
……Tel:13977101016

**广西南宁科能商贸有限公司**
地址:广西壮族自治区南宁市新城区新民路4号华星时代广场名仕阁1414号房
……负责人:郭瞿昌
……Tel:13907719775

**南宁蓝筹科贸有限公司**
地址:广西壮族自治区南宁市新城区新民路4号华星时代广场名仕阁7层728室
……负责人:兰天祖
……Tel:13807715916

**南宁纽铁技术服务有限公司**
地址:广西壮族自治区南宁市新城区新民路4号华星时代广场雅仕阁1513
……负责人:黄唯朗
……Tel:0771－2589386

**南宁京都商贸有限公司**
地址:广西壮族自治区南宁市新城区新民路4号华星时代广场雅仕阁21层2115号
……负责人:袁银华
……Tel:13077711483

**广西南宁仁科科技有限公司**
地址:广西壮族自治区南宁市新城区新民路4号华星时代名仕阁16层1605号
……负责人:赖子机
……Tel:13907717933

**广西银山源商贸有限公司**
地址:广西壮族自治区南宁市新城区新竹路1号2栋2单元2层3号
……负责人:李放
……Tel:13307711763

**南宁市拓源广告策划有限责任公司**
地址:广西壮族自治区南宁市新城区新竹路27号主楼10楼1005－1006号房
……负责人:李国泰
……Tel:13977197188

**广西南宁万向科技有限公司**

地址:广西壮族自治区南宁市新城区新竹路41号办公楼502号
负责人:冯瞰毅
Tel:13878646953

**南宁市安福贸易有限责任公司**
地址:广西壮族自治区南宁市新城区新竹路6－6号好运公寓2单元5层507号
负责人:罗茜茜
Tel:13977192973

**广西南宁鲲佳商贸有限公司**
地址:广西壮族自治区南宁市新城区新竹路北二里13－1号1#4单元101房
负责人:王新
Tel:13557112343

**南宁市超智企业管理咨询有限责任公司**
地址:广西壮族自治区南宁市新城区新竹路麻村小区12栋2单元602号房
负责人:吴辉飞
Tel:13307712899

**南宁市中洲商贸有限公司**
地址:广西壮族自治区南宁市新城区星湖路28号A座2楼2－04房
负责人:周传大
Tel:13877189808

**南宁皓德科贸有限公司**
地址:广西壮族自治区南宁市新城区星湖路37号4楼411号房
负责人:孙丽艳
Tel:13907718741

**南宁市瑞澳科技有限责任公司**
地址:广西壮族自治区南宁市新城区星湖路37号联道大厦308房
负责人:赵伟良
Tel:0771－2576835

**南宁世铁工贸有限责任公司**
地址:广西壮族自治区南宁市新城区星湖路37号联道大厦312室
负责人:封翔宇
Tel:13878861339

**南宁霖鹰科技有限公司**
地址:广西壮族自治区南宁市新城区星湖路8号
负责人:陈秀粧
Tel:13807713569

**南宁市丹泰工贸有限公司**
地址:广西壮族自治区南宁市新城区星湖路南一里18号
负责人:朱明怀
Tel:13077762128

**南宁速展贸易有限责任公司**
地址:广西壮族自治区南宁市新城区星湖路南一里一号18栋一楼
负责人:廖玉明
Tel:13317713303

**南宁易泽科技有限责任公司**
地址:广西壮族自治区南宁市新城区星湖路南一里一巷18号
负责人:卢信宇
Tel:0771－2286711

**广西南宁太尚品广告有限公司**
地址:广西壮族自治区南宁市新城区迎宾路3号富丽华庭F0801号房
负责人:佟志军
Tel:13958128702

**广西南宁市泰山科技有限责任公司**
地址:广西壮族自治区南宁市新城区园湖北路27号
负责人:陈勇
Tel:13977520218

**广西南宁源迪商务策划咨询有限责任公司**
地址:广西壮族自治区南宁市新城区园湖路1号南湖大厦三楼A5室
负责人:韦虹宇
Tel:13036815312

**南宁数进贸易有限公司**
地址:广西壮族自治区南宁市新城区园湖路32号
负责人:朱卫宁
Tel:13517888911

**广西好友商贸有限公司**
地址:广西壮族自治区南宁市新城区园湖路32号五矿大厦第一十九层
负责人:孙世富
Tel:13908325668

**南宁夏诺多吉企业策划咨询有限责任公司**
地址:广西壮族自治区南宁市新城区园湖南路16号
负责人:喻祥
Tel:0771－2618386

**南宁普信管理咨询有限公司**
地址:广西壮族自治区南宁市新城区园湖南路9号第4栋2楼
负责人:卢家球
Tel:13978813629

**南宁市碧锦宝商贸有限责任公司**
地址:广西壮族自治区南宁市新城区植物路47号
负责人:苏泽珍
Tel:13788680829

**南宁唐马企业策划管理有限公司**
地址:广西壮族自治区南宁市新城区竹溪路138号天赐良园天顺园0101房
负责人:张天
Tel:0771－2414318

**南宁市名典项目策划咨询有限公司**
地址:广西壮族自治区南宁市新城区竹溪路19号新兴苑小区11栋2单元301号房
负责人:王海涛
Tel:13907714569

**广西南宁市康泽尔贸易有限公司**
地址:广西壮族自治区南宁市兴宁区安吉路安吉雅苑3栋2单元102号房
负责人:朱艺平
Tel:13367805208

**广西南宁展和商贸有限责任公司**
地址:广西壮族自治区南宁市兴宁区北宁街48号骏景苑夹层商铺A31号至A43号
负责人:刘静
Tel:13878837988

**南宁诺亦科技开发有限公司**
地址:广西壮族自治区南宁市兴宁区朝阳路66号钻石广场11楼B8－3室
负责人:孙颖
Tel:13391123993

**广西木林森贸易有限公司**
地址:广西壮族自治区南宁市兴宁区共和路118号格兰云天13A
负责人:但旭平
Tel:13978820090

**南宁柯富达科贸开发有限公司第一分公司**
地址:广西壮族自治区南宁市兴宁区华东路198－16号
负责人:江洪
Tel:0771－2171102

**南宁一勺香商贸有限公司**
地址:广西壮族自治区南宁市兴宁区华西路34号商场内21号
负责人:周宇
Tel:13978834245

**南宁市合祥商贸有限责任公司**
地址:广西壮族自治区南宁市兴宁区民主路6－6号阳光新都C栋16层1607号房
负责人:钟翔
Tel:13517666948

**南宁市润腾商贸有限公司**
地址:广西壮族自治区南宁市兴宁区南环路130号金融小区1栋9A号房
负责人:李铁红
Tel:0771－2851781

**南宁顺照经贸有限责任公司**
地址:广西壮族自治区南宁市兴宁区人民路8号2单元203号房
负责人:钟新民
Tel:13707815525

**南宁比高商贸有限责任公司**
地址:广西壮族自治区南宁市兴宁区人民西路29号
负责人:李彬蔚
Tel:13878125825

**广西南宁炬烽科技有限公司**
地址:广西壮族自治区南宁市兴宁区万达世华家电数码港2层2071号
负责人:徐军
Tel:13977157075

**南宁市大白鲨商贸有限公司**
地址:广西壮族自治区南宁市兴宁区望州南路88号金桂花园11栋4单元202号房
负责人:付强
Tel:13517677078

**南宁市鼎吉贸易有限公司**
地址:广西壮族自治区南宁市兴宁区望州南路88号金桂花园2号楼1单元601号
负责人:司慰励
Tel:13607719680

**南宁强卓贸易有限责任公司**
地址:广西壮族自治区南宁市邕宁县大沙田开发区13小区
负责人:韦斌
Tel:13978115502

**广西南宁福本商贸有限公司**
地址:广西壮族自治区南宁市永新区北大南路29号三华批发市场5－30－31
负责人:宋全福
Tel:13878159388

**南宁市一品轩商贸有限公司**
地址:广西壮族自治区南宁市永新区北大南路8号
负责人:肖松柏
Tel:0771－2556888

**广西南宁市卡佈路奇文化策划有限公司**
地址:广西壮族自治区南宁市永新区郊区上尧乡陈东村三队
负责人:谭午彬获
Tel:0771－2957743

**鸿发汽车维修厂**
地址:广西壮族自治区钦州市钦州湾大道鸿发市场
负责人:林东
Tel:0777－2844066
2185920

**苍梧海雕工贸有限责任公司**
地址:广西壮族自治区梧州市苍梧县龙圩镇新城区城东路12号
负责人:平东莉
Tel:0774－2681488

**恒信商行**
地址:广西壮族自治区梧州市长洲区两广批发市场A区0604号
负责人:黎燕高
Tel:13877422292

**梧州市百盛广告营销有限公司**
地址:广西壮族自治区梧州市长洲区新兴二路125号9号楼后座11楼
负责人:郭勇
Tel:13788048008

**广西梧州大通贸易发展有限公司**
地址:广西壮族自治区梧州市蝶山区步埠路新富里22号(宝富阁8#楼)二层
负责人:李锦金
Tel:13737868202

**广西梧州金塑工贸发展有限公司**
地址:广西壮族自治区梧州市蝶山区步埠路新富里22号二楼
负责人:黄浚
Tel:13907848682

**广西梧州加利进出口贸易有限公司**
地址:广西壮族自治区梧州市蝶山区步埠路新富里92号301房
负责人:陈倪妮
Tel:13877416268

**梧州新动力游乐发展有限公司**
地址:广西壮族自治区梧州市蝶山区富民二路42号(太和花园内)
负责人:萧伟明
Tel:13877403488

**梧州市汇丰多商层住宅楼烟道厂**
地址:广西壮族自治区梧州市蝶山区高旺路28号
负责人:孙海全
Tel:0774－3893216、13977491377

**广西梧州市润信实业有限公司**
地址:广西壮族自治区梧州市藤县东荣镇政府大院内
负责人:韦才强
Tel:13907756348

**梧州市百家惠市场**
地址:广西壮族自治区梧州市万秀区南环路1号
负责人:陈淑映
Tel:13707748148

**玉林市超诚商贸有限公司**
地址:广西壮族自治区玉林市城站路中段
负责人:陈伟兴
Tel:13877563345

**玉林市德信工贸有限公司**
地址:广西壮族自治区玉林市大南路68号
负责人:毕杰铭
Tel:0775－3834896

**广西凭祥光发贸易有限公司**
业务:广西凭祥光发贸易有限公司主要经营灭火器材。公司本着"信誉第一、质量保证"的原则,为广大客户提供优质的产品和满意的服务。竭诚欢迎您的光临与惠顾!
地址:广西壮族自治区凭祥市祥龙小区机动5号
负责人:唐光发　邮　编:532600
法　人:唐光发
Tel:0771－8520393

**百色市桂兴广告有限责任公司**
业务:LED发光字,吸塑字,电子显示屏,大型喷绘,大型广告牌制作,PVC字,水晶字,钛金字,各类牌匾,专业广告设计,企业形象策划。
地址:广西自治区百色市太平街57号
负责人:梁文斌　邮　编:533000
法　人:梁文斌
Tel:0776－8939789
2838592

**广西桂林绿丰复合化肥厂玉林销售处**
地址:广西壮族自治区玉林市庆丰路南侧
负责人:李如钧
Tel:13307851653

**玉林市东起商贸有限公司**
地址:广西壮族自治区玉林市外环南路南侧
负责人:何海彬
Tel:13507757979

**玉林市乘风广告有限责任公司**
地址:广西壮族自治区玉林市西门里29号
负责人:齐西雨
Tel:13877515325

**玉林市信展商贸有限公司**
地址:广西壮族自治区玉林市新民路
负责人:陈家湘
Tel:13907856239

## 海南省/Hainan Province

**白沙峰华贸易有限公司**
地址:海南省白沙黎族自治县国营牙叉农场商业街四楼 402 室
负责人:陈芸芸
Tel:0398－27727980

**保亭华南贸易有限公司**
地址:海南省保亭黎族苗族自治县保城镇老干局活动中心四楼
负责人:陈明军
Tel:13907686693

**澄迈龙兴商贸有限责任公司**
地址:海南省澄迈县金江镇解放路
负责人:王秀容
Tel:0898－66763388

**儋州裕春贸易有限公司**
地址:海南省儋州市那大蔬菜管区高村
负责人:孙康福
Tel:0898－23338628

### 临高多源实业有限公司
业务:临高多源实业有限公司成立于 2004 年，主要销售烟片、标二、等外等产品。“质量保证，价格合理”，竭诚欢迎各界朋友光临惠顾。
地址:海南省儋州市 军屯东坡路 152 号
邮　编:571700
法　人:俞瑞富
Tel:0898－28456429

### 海口道源贸易有限公司
业务:海口道源贸易有限公司成立于 2005 年，主要从事各种小家电的销售。质量保证，价格合理，欢迎新老客户惠顾！
地址:海南省海口市面前坡村飞麟别墅(龙源居)
邮　编:570000
法　人:甘福发
Tel:0898－66777091
Fax:0898－66777081

**海南同福文化传播有限公司**
地址:海南省定安县黄竹镇白塘西坡园
负责人:邢永民
Tel:13307549998

**海南东方高德贸易有限公司**
地址:海南省东方市八所镇东方大道
负责人:方雄
Tel:13518857771

**东方椰汇贸易有限公司**
地址:海南省东方市八所镇解放路 5 号
负责人:杜坚红
Tel:13876195949

**海口华丽洁清洁技术有限公司**
地址:海南省海口市八灶街 51 号省一轻总公司宿舍 4 幢 202 房
负责人:陈斌
Tel:13976095852

### 海口鸿士达贸易有限公司
业务:海口鸿士达贸易有限公司成立于 1994 年，多年来以销售舞台设备(日本 BMB，英国天朗等)，家庭视听为主。我们以合理的价格，卓越的产品性能及优质的售后服务，在众多的客户中产生了极好的口碑和影响力，赢得了越来越多的明智之士的青睐。
地址:海南省海口市新华南路 2 号金鹿商业城内
负责人:卢英鸿……邮　编:570001
法　人:卢英鸿
Tel:0898－66220833

**海南真运贸易有限公司**
地址:海南省海口市白龙路白龙公寓 A 栋 502 房
负责人:赵连军
Tel:13698921888

**海口顶酷文化传播有限公司**
地址:海南省海口市白龙南路美舍下村 55 号铺面
负责人:李道明
Tel:13907599208

**美兰鑫达汽车修理厂**
地址:海南省海口市白龙南路塔关美食城院内
负责人:黄田泰
Tel:0898－65311690
68395979

**海口富真商贸有限公司**
地址:海南省海口市滨海新村 24 巷 252 号一楼
负责人:文俊
Tel:13098989729

### 海南富民泽德实业有限公司
业务:海南富民泽德实业有限公司主要从事瓜果蔬菜、花卉苗木的种植经营，并承接各类照明工程、市政工程、园林绿化等项目，热诚欢迎广大新老客户来电咨询，洽谈业务。
地址:海南省海口市迎宾大道道客新村 289 号昌华公寓 5 栋 402 房
负责人:顾贤卿……邮　编:570000
法　人:顾贤卿
Tel:0898－36353095

**海南恒维广告有限公司**
地址:海南省海口市大同二横路糖奶厂 9 号
负责人:王小兵
Tel:13098910200

**海南泛海合纵商业管理有限公司**
地址:海南省海口市大同路 20 号
负责人:杨建民
Tel:13907566512

### 海艺商务服务有限公司
业务:海艺商务服务有限公司成立于 2003 年，从事 AC 租赁、舞美搭建、同声传译、会议系统等。欢迎来电咨询、洽谈业务！
地址:海南省三亚市创业大厦 B 栋 903 室
邮　编:572000
法　人:冼敏豪
Tel:0898－88360944
88360945
88360941
Fax:0898－88360942

**海南共享广告有限公司**
地址:海南省海口市大同路华发大厦 A1009 房
负责人:孟祥威
Tel:0898－66727002

**海口励康贸易有限公司**
地址:海南省海口市大同路流行前线商场 1905 号
负责人:刘励迁
Tel:0898－66748481

**海口雅兰纳贸易有限公司**
地址:海南省海口市灯楼坡交警支队宿舍 1209 房
负责人:李跃星
Tel:0898－68681166

### 海南宇华会展有限公司
业务:海南宇华国际会展有限公司是由三亚宇华广告有限公司凭借多年积累的行业实践经验、广泛的社会关系和专业的团队所创建的商务会展公司，旨在为海内外企业提供旅游度假、大型会展、商务等集休闲、娱乐、产品推介、商务洽谈、企业形象展现为一体的商务会展活动。
地址:海南省三亚市河东路山水云天大厦 1566 室
负责人:肖晓宇……邮　编:572001
法　人:肖晓宇
Tel:0898－88683700
88683800
Fax:0898－88683600
网址:www.yuhuagroup.net
E-mail:yuhuace@126.com

**海口富雅达贸易有限公司**
地址:海南省海口市凤翔路 155 号
负责人:曾胜红
Tel:13907691044

**海南东泽贸易有限公司**
地址:海南省海口市芙蓉路 2 号怡景苑综合楼一层
负责人:肖志
Tel:0898－68549888

**海南金永盛贸易有限公司**
地址:海南省海口市钢材交易市场 C205
负责人:罗小玲
Tel:0898－65328038

**海口德硕信息咨询有限公司**
地址:海南省海口市国贸北路 20 号德派斯大厦 1020 室
负责人:胡程金
Tel:0898－68550134

### 三亚宇华广告有限公司
业务:三亚宇华广告有限公司，由市场部、策划部、设计部 、影视部及工程部等五大部门组成，是一家集策划、创意 、设计、影视、制作为一体的高水准专业广告公司。我们将携手众多本土优秀品牌，风雨同舟，共同进步，为客户塑造更完美的形象，创造更多的价值！
地址:海南省三亚市山水云天大厦 1588 室
邮　编:572000
法　人:肖小宇
Tel:0898－88683388
88683300
Fax:0898－88683338
网址:www.hnyhgg.chinapyp.com

**海南松景商贸有限公司**
地址:海南省海口市国贸北路 25 号金茂大厦 15 层 E1 室
负责人:王美霞
Tel:13698959181

**海南豪美品牌策划管理有限公司**
地址:海南省海口市国贸大道 49 号新达商务大厦 2902 室
负责人:黄祖艳
Tel:0898－68591322

**海南巴哈贸易有限公司**
地址:海南省海口市国贸大道 CMEC 大厦 5 楼
负责人:黄亚军
Tel:0898－68515650

**海口哲明商务代理有限公司**
地址:海南省海口市国贸大道富城大厦 A 座 1905 室
负责人:厍晓琳
Tel:13707566226

**海南通庆贸易有限公司**
地址:海南省海口市国贸大道国联大厦 A 座 901 室
负责人:凌光辉
Tel:13005033056

**海南三盛广告有限公司**
地址:海南省海口市国贸大道国联大厦 A 座 909 室
负责人:林翠琼
Tel:0898－68531229

**海南东跃进出口有限公司**
地址:海南省海口市国贸大道国贸大院 15 幢 202 房
负责人:董玉蕴
Tel:0898－66719228

**海南长河进出口有限公司**
地址:海南省海口市国贸大道建行大厦 A－502 室
负责人:徐士兰
Tel:0898－68587627

**海南广烨贸易有限公司**
地址:海南省海口市国贸大道九都大厦 15H 座 1504 房
负责人:朱玉香
Tel:13907692629

**海南纬达联行投资顾问有限公司**
地址:海南省海口市国贸路 25 号嘉陵国际大厦七楼 A2 室
负责人:吴又明
Tel:0898－68559118

**海口综艺文化传媒有限公司**
地址:海南省海口市国贸路 45 号港澳大厦五楼 E、C、D 座
负责人:杨初华
Tel:13005088211

**海口富莱航空服务有限公司**
地址:海南省海口市国贸路 45 号申亚大厦 12 楼 F 座
负责人:林力勉
Tel:0898－66798870

**海南誉盛贸易有限公司**
地址:海南省海口市国贸路 59 号正昊大厦 12 楼 G2
负责人:潘正映
Tel:13807615238

**海口双鑫商务咨询有限公司**
地址:海南省海口市国贸路省建行大厦附楼西座 111 室
负责人:沈茜
Tel:13322065591

**海口龙华凯明商行**
地址:海南省海口市国贸路仙乐花园 A 座 1904 房
负责人:朱凤昌
Tel:13518803568

**海口健银贸易有限公司**
地址:海南省海口市国贸路新达商务大厦 1404 室
负责人:吕健宁
Tel:0898－68553118

**海口丰晟贸易有限公司**
地址:海南省海口市海甸岛拦海下村 29 号 2 楼
负责人:李小明
Tel:0898－69121768

**海南鹏佳贸易有限公司**
地址:海南省海口市海甸岛人民大道 25 号华星大厦 909 房
负责人:陆世鹏
Tel:13876807808

**海口通科房地产投资咨询有限公司**
地址:海南省海口市海甸岛沿江四西路 29 号 1 幢 D901 房
负责人:曾令萍
Tel:13876025888

**海口事事通商务代理有限公司**
地址:海南省海口市海甸二东路 99 号
负责人:何书孟
Tel:0898－66193953

**海南意品思贸易有限公司**
地址:海南省海口市海甸二东路海天公寓 A 栋 204 房
负责人:云昌万
Tel:0898－66719276

**海南唯纳会议策划服务有限公司**
地址:海南省海口市海甸三西路 22 号兆南公寓 2 号楼
负责人:陈淑云
Tel:0898－66211207

**海南绿鑫贸易有限公司**
地址:海南省海口市海甸四东路颐和花园 1＃A－405
负责人:于铁英
Tel:0898－66213579

**海口千寻媒体传播有限公司**
地址:海南省海口市海甸五西路北侧港湾花园 A－2 幢 A－909 房
负责人:马红
Tel:13518821910

**海南众缘白蚁防治有限公司**
地址:海南省海口市海甸五西路海昌路 2 号怡昌花园 A5 栋 202 房
负责人:舒宇群
Tel:13976671068

**海口华嘉友通汽车俱乐部有限公司**
地址:海南省海口市海甸五西路申海花园 A2 幢
负责人:张玉军
Tel:0898－66261211

**海口思图贸易有限公司第三营业部**
地址:海南省海口市海府大道 4 号太古商城 1 楼 21001 号铺面
负责人:程昌伟
Tel:0898－66231882

**海口面对面商务咨询服务有限公司**
地址:海南省海口市海府路 115 号华汇别墅小区 20 栋
负责人:张严
Tel:13136005110

**海南恒嘉集航空服务有限公司新世界售票处**
地址:海南省海口市海府路 12 号海南新世界第二层第一号铺面
负责人:王雪君
Tel:13907691800

**海南龙形贸易有限公司**
地址:海南省海口市海府路 152 号华泰建材城 A1－25
负责人:陈苏珊
Tel:13307513957

**海口海丽商贸有限公司海府展示厅**
地址:海南省海口市海府路塔光陶瓷世界 25 号铺面
负责人:陈丽萍
Tel:0898－68182240

**海南精典绿合贸易有限公司**

地址:海南省海口市海府路下洋新村15号
…… 负责人:肖军
…… Tel:13876001442

**海南省海仲法律研究咨询中心**
地址:海南省海口市海府一横路19号华宇大厦1405房
…… 负责人:葛云峰
…… Tel:0898－65328078

**海口市残联自强盲人按摩康复服务中心**
地址:海南省海口市海府一横路八号楼西头第四、五间
…… 负责人:尹仙花
…… Tel:0898－68156328

**海南耀隆贸易有限公司**
地址:海南省海口市海口钢材交易市场C205号商铺及门前堆场
…… 负责人:朴晓伟
…… Tel:0898－66728705

**海南碧兴贸易有限公司**
地址:海南省海口市海盛路国科园正对面(海榆西线9.5公里处北侧)
…… 负责人:李韩念
…… Tel:13876193505

**海口亿利盛贸易有限公司**
地址:海南省海口市海盛路海口钢材交易市场C105号
…… 负责人:黄子山
…… Tel:13078988789

**海口华鸿利贸易有限公司**
地址:海南省海口市海盛路海口钢材交易市场C105号
…… 负责人:黄利伟
…… Tel:13078988789

**海口嘉富利商贸有限公司**
地址:海南省海口市海盛路海口钢材交易市场C205号铺面
…… 负责人:黄少潮
…… Tel:0898－66722522

**海口隆亿贸易有限公司**
地址:海南省海口市海盛路民兴大楼对面5号铺面
…… 负责人:吴宗议
…… Tel:13876775566

**海口一本贸易有限公司**
地址:海南省海口市海秀大道129号铺面
…… 负责人:李贤富
…… Tel:13976608281

**海口富庭贸易有限公司**
地址:海南省海口市海秀大道49号华深国际博览中心三楼
…… 负责人:杨春燕
…… Tel:13976090227

**海南金濮商贸有限公司**
地址:海南省海口市海秀路104号金天龙大厦5层
…… 负责人:冯培春
…… Tel:13976982841

**海口方缘商务代理有限公司**
地址:海南省海口市海秀路19号首力大厦10层C2房
…… 负责人:张新进
…… Tel:13976615110

**海口龙程营销策划有限公司**
地址:海南省海口市海秀路19号首力大厦9FA1室
…… 负责人:江兴军
…… Tel:13307577482

**海南仕诚贸易有限公司**
地址:海南省海口市海秀路20号一楼12号
…… 负责人:杨士诚
…… Tel:0898－66718868

**海南远东会议培训中心**
地址:海南省海口市海秀路22号瑞宏大厦A栋1002房
…… 负责人:吕敏珍
…… Tel:13907552123

**海口百福创亿贸易有限公司**
地址:海南省海口市海秀路22号瑞联商场第壹层
…… 负责人:何珍
…… Tel:13307569777

**海口锦飞贸易有限公司**
地址:海南省海口市海秀路54号钱柜酒店副楼201房
…… 负责人:刘飞
…… Tel:13907589590

**海南诗楚纯贸易有限公司**
地址:海南省海口市海秀路55号大通苑物业D座5层
…… 负责人:王万平
…… Tel:13907561606

**海口广贸贸易有限公司**
地址:海南省海口市海秀路55号金牛新村别墅区A2－4栋
…… 负责人:陈利
…… Tel:0898－68917299

**海口粤湛贸易有限公司**
地址:海南省海口市海秀路5号二轻花园宿舍5019号
…… 负责人:黄康华
…… Tel:13807568491

**海南照跃贸易有限责任公司**
地址:海南省海口市海秀路鞍海大厦4A2号
…… 负责人:邓跃勋
…… Tel:0898－66712039

**海南佳铭贸易有限公司**
地址:海南省海口市海榆西线一公里处9号铺面
…… 负责人:庄智招
…… Tel:0898－68662014

**海南承运贸易有限公司**
地址:海南省海口市和平北路49号申海大厦201室
…… 负责人:郭明立
…… Tel:0898－66511937

**海南华嘉鑫源贸易有限公司**
地址:海南省海口市和平北路新桥大厦一栋505房
…… 负责人:周机安
…… Tel:0898－66216890

**海口博琛贸易有限公司**
地址:海南省海口市和平大道15号银谷苑5座12G
…… 负责人:唐玲
…… Tel:13976617515

**海南鸿佳贸易有限公司**
地址:海南省海口市华府路新达商业中心商住楼D座5C房
…… 负责人:吴海滨
…… Tel:0898－68654938

**海口龙华德昌贸易商行**
地址:海南省海口市华海路9号中深小区102房
…… 负责人:洪伟斌
…… Tel:0898－68351663

**海南博维贸易有限公司**
地址:海南省海口市华侨新村A栋三层
…… 负责人:谢广哲
…… Tel:13086013333

**海口易利达商贸有限公司**
地址:海南省海口市华信路4号海油大厦2502房
…… 负责人:王浩
…… Tel:0898－66501760

**海南中叶进出口有限公司**
地址:海南省海口市华信路5号大通花园小区5层北侧
…… 负责人:付继涛
…… Tel:0898－66503148

**海南鑫高招投标代理有限公司**
地址:海南省海口市华信路花园大厦第六层
…… 负责人:张慧
…… Tel:0898－66795312

**海南喜美佳百货有限公司**
地址:海南省海口市金龙路9号嘉华城市花园裙楼东座一、二楼
…… 负责人:吴刚
…… Tel:0898－66538661

**海口必发贸易有限公司**
地址:海南省海口市金贸区傍海商住小区421房
…… 负责人:刘法铮
…… Tel:13005033056

**海南金明华贸易有限公司**
地址:海南省海口市金贸区玉沙路11号中盐大厦15A4房
…… 负责人:林道雄
…… Tel:13876200007

**海口广电传媒演艺有限公司**
地址:海南省海口市金贸区玉沙路42号4层
…… 负责人:马彦明
…… Tel:13801217191

**海南九和贸易有限公司**
地址:海南省海口市金贸中路1号半山花园晓峰阁2129房
…… 负责人:柳力凤
…… Tel:0898－68515158

**海南国代贸易有限公司**
地址:海南省海口市金盘金星路六号4楼502室
…… 负责人:杨凤刚
…… Tel:0898－66826895

**海口长青广告装璜有限公司**
地址:海南省海口市金盘开发区金花路9号
…… 负责人:陈焕清
…… Tel:0898－66831331

**海南三箭国联贸易有限公司**
地址:海南省海口市金盘开发区金星路5号4楼501室
…… 负责人:张克坚
…… Tel:0898－66750105

**海南新椰森广告有限公司**
地址:海南省海口市垦中路15号
…… 负责人:王贵文
…… Tel:0898－66811302

**海南美地亚文化传播有限公司**
地址:海南省海口市蓝天路20号三优花园A栋501房
…… 负责人:王家金
…… Tel:13086056789

**海口泽轩商行**
地址:海南省海口市蓝天路22号京航大厦901室
…… 负责人:庄馥莎
…… Tel:13307502033

**海南迪信会展策划有限公司**
地址:海南省海口市流水坡教师村A栋第一单元504房
…… 负责人:郑伟
…… Tel:13307669972

**海口靖峰贸易有限公司**
地址:海南省海口市龙华路19号雄昌楼5楼505室
…… 负责人:王国和
…… Tel:13907558000

**海南万锦工贸有限公司**
地址:海南省海口市龙华路1号物资宿舍A栋902房
…… 负责人:梁耀宇
…… Tel:13876037289

**海口粤联工贸有限公司**
地址:海南省海口市龙华路29号龙华商城E栋505房
…… 负责人:王少丽
…… Tel:13876826963

**海南通欧进出口有限公司**
地址:海南省海口市龙华路财盛大厦第十五层
…… 负责人:杨顿
…… Tel:13876819116

**海口纬怡贸易有限公司**
地址:海南省海口市龙昆北路19号柏园别墅小区第5栋
…… 负责人:罗治良
…… Tel:0898－66777718

**海口佳凯贸易有限公司**
地址:海南省海口市龙昆北路25号海外大厦15楼
…… 负责人:龙军
…… Tel:13907544876

**海南银成进出口有限公司**
地址:海南省海口市龙昆北路29号华银大厦1299室
…… 负责人:汪桂林
…… Tel:13976698761

**海南天麟广告有限公司**
地址:海南省海口市龙昆北路29号华银大厦1505室
…… 负责人:柯进
…… Tel:13337687597

**海口再来登贸易有限公司滨海分公司**
地址:海南省海口市龙昆北路2号
…… 负责人:庄龙金
…… Tel:13876325016

**海南绅豪贸易有限公司**
地址:海南省海口市龙昆北路二号珠江广场帝晶大厦D15
…… 负责人:林雨璇
…… Tel:0898－66759651

**海南恒心贸易有限公司**
地址:海南省海口市龙昆北路龙珠新城帝晶大厦10楼A
…… 负责人:尹明花
…… Tel:0898－68513880

**海口科新广告有限公司**
地址:海南省海口市龙昆南路20号宏兴大厦A座202房
…… 负责人:刘燕
…… Tel:13707570101

**海口海鹿贸易有限公司**
地址:海南省海口市龙昆南路道客村路口龙昆南农贸综合市场A区25号
…… 负责人:高同义
…… Tel:13036019370

**海口华富雅广告有限公司**
地址:海南省海口市龙昆南路华新商业大厦A－905房
…… 负责人:李小华
…… Tel:0898－66215797

**海口佰瑞达工贸有限公司**
地址:海南省海口市龙昆南路皇家花园一号楼D1室
…… 负责人:穆建勤
…… Tel:0898－65892591

**海南博克莱经济咨询有限公司**
地址:海南省海口市龙昆南路汇隆广场一单元1501房
…… 负责人:陈冠英
…… Tel:13198953888

**海南凌睿文化传播有限公司**
地址:海南省海口市龙昆南路山高村海口电视台宿舍A幢502
…… 负责人:张敬华
…… Tel:13322025198

**海口大红灯笼庆典礼仪有限公司**
地址:海南省海口市龙昆南路中国城一楼
…… 负责人:张果
…… Tel:13876786658

**海口东方群源贸易有限公司**
地址:海南省海口市龙昆南坡巷路通宝大厦A栋102房
…… 负责人:宋德凤
…… Tel:13907556069

**海南方圆航空服务有限公司美兰机场营业部**
地址:海南省海口市美兰区美兰机场国内到达厅接待中心营业柜台
…… 负责人:吴清山
…… Tel:0898－66793193

**海口风顺航贸易有限公司**
地址:海南省海口市美兰区田边村金椰大厦15H房
…… 负责人:林仁勇
…… Tel:13707578288

**海南三榕文化传播有限公司**
地址:海南省海口市美舍河开发区美祥路19号静仙苑901室
…… 负责人:刘微
…… Tel:0898－65378227

**海口鹏远商务服务有限公司**
地址:海南省海口市明珠路2号置地花园二幢9A房
…… 负责人:黄强
…… Tel:13907583088

**海口飞鱼贸易有限公司**
地址:海南省海口市南宝路9号欣安花园A座1904(F)房
…… 负责人:陈飞
…… Tel:13118999003

**海南圣陶沙会展服务有限公司**
地址:海南省海口市南宝路宏利大楼C502房
…… 负责人:吴荣
…… Tel:0898－66782132

**海口碧海云天商贸有限公司**
地址:海南省海口市南海大道99号万佳家居装饰广场A205－209号
…… 负责人:黄莉
…… Tel:0898－66805738

**海口三尘三贸易有限公司第一经营部**
地址:海南省海口市南海大道99号万佳家居装饰广场C栋120、121、122号
…… 负责人:陈黎明
…… Tel:0898－68535657

**海口君玉汽车文化传播有限公司**
地址:海南省海口市南海大道爱晚亭对面博巷路口1号
…… 负责人:吴小燕
…… Tel:13807670968

**海南前山广告有限公司**
地址:海南省海口市南航路29号昌茂花园19幢905室
…… 负责人:钟明祥
…… Tel:0898－66772328

**海南东鹏航空服务有限公司**
地址:海南省海口市南沙路15号昌茂澳洲园41号铺面
…… 负责人:梁振东
…… Tel:0898－66738996

**海南桃宇文化传播有限公司**
地址:海南省海口市南沙路25号新华书店2层
…… 负责人:高文祥
…… Tel:0898－65374167

**海南嘉懿商贸有限公司**
地址:海南省海口市南沙路29号昌茂花园12栋110号
…… 负责人:柳玉珍
…… Tel:0898－68207888

**海口奇士商贸有限公司**
地址:海南省海口市南沙路29号龙发小区省建行宿舍2栋104室
…… 负责人:林丽曼
…… Tel:13006086891

**海南星云文化传播有限公司**
地址:海南省海口市南沙路51号
…… 负责人:杨霞
…… Tel:0898－66801582

**海南毕达奥文化传媒有限公司**
地址:海南省海口市南沙路95号国森广场105号铺面
…… 负责人:杨沅积
…… Tel:0898－66755533

**海南骏海升商贸有限公司**
地址:海南省海口市南沙路金龙新村9A－401室
…… 负责人:刘明德
…… Tel:13078960179

**海口华登贸易有限公司**
地址:海南省海口市南沙路龙海大厦4楼E4房
…… 负责人:郑玉茂
…… Tel:13976505318

**海口金财富广告有限公司**
地址:海南省海口市南沙西路51号彩电中心5栋902房
…… 负责人:李顺兰
…… Tel:0898－66735255

**海口诚恒贸易有限公司**
地址:海南省海口市坡博路虹冠大厦三单元十一楼1104房
…… 负责人:崔秀生
…… Tel:13976600505

**海口金发友贸易有限公司**
地址:海南省海口市坡博路虹冠大厦四单元七楼504房
…… 负责人:李旭阳
…… Tel:13976600505

**海口诚招贸易有限公司**
地址:海南省海口市琼山区府城镇城东大道1号2楼201房
…… 负责人:梁振富
…… Tel:13136011165

**海南北胜市场开发有限公司**
地址:海南省海口市琼山区建国路55号
…… 负责人:潘正恒
…… Tel:13876348896

**海南海孚贸易有限公司**
地址:海南省海口市丘海大道5号凤凰商城南栋一层105号
…… 负责人:许声积
…… Tel:0898－68669763

**海南博顿文化传播有限公司**
地址:海南省海口市世贸南路5号4幢201房
…… 负责人:符秋俊
…… Tel:13876176011

**海南华一贸易有限公司**
地址:海南省海口市世贸南路5号军安花苑12

栋 904 室
……负责人:许伟汕
……Tel:13337688886

**海口创裕贸易有限公司**
地址:海南省海口市水产码头水港路 209 号
……负责人:高惠华
……Tel:0898－66218331

**龙华南北贸易商行**
地址:海南省海口市水产码头水港路 3102 号
……负责人:陈木泉
……Tel:0898－66240090
13976611433

**海口顺鑫商贸有限公司**
地址:海南省海口市水产码头西 114 号
……负责人:陈育生
……Tel:0898－66212722

**海口九五文研发展有限公司**
地址:海南省海口市望海楼国际大酒店 209 号
……负责人:钟吉铭
……Tel:0898－68091330

**海南宇丰贸易有限公司**
地址:海南省海口市文明西路 25 号第 29 号
……负责人:陈任湧
……Tel:0898－66216607

**海口嘉源鑫贸易有限公司**
地址:海南省海口市文明西路内江大厦 12 层 A 座
……负责人:陈国民
……Tel:0898－66211576

**海口仟美贸易有限公司**
地址:海南省海口市五指山路 12 号福隆大厦 1009 房
……负责人:周安平
……Tel:13976008970

**海南盛世花雨贸易有限公司**
地址:海南省海口市五指山路 12 号省建材宿舍 C 幢 401 房
……负责人:郭欣
……Tel:13907577337

**海南韩那进出口有限公司**
地址:海南省海口市五指山路 15－2 号康业花园西湖苑
……负责人:郑铣泽
……Tel:0898－65397102

**海南上格圣火广告有限公司**
地址:海南省海口市五指山路 25 号恒利空中花园
……负责人:王光宏
……Tel:0898－66782290

**海南盟友商贸有限公司**
地址:海南省海口市五指山路 5 号鼎华大厦 101－102 号
……负责人:李均才
……Tel:0898－66768383

**海口于萍贸易有限公司**
地址:海南省海口市五指山路福隆大厦 505 房
……负责人:于伏萍
……Tel:13807570818

**海口东安南贸易有限公司**
地址:海南省海口市五指山路民源小区 1C204 房
……负责人:秦永波
……Tel:13976139813

**海口美兰华洋百货贸易商行**
地址:海南省海口市西沙路 12 号华洋楼
……负责人:张怀军
……Tel:0898－68222500

**海南蚂蚁搬家服务有限公司**
地址:海南省海口市西沙路三十号信达楼 A204 房
……负责人:黎行字
……Tel:0898－66511114

**海南会振贸易有限公司**
地址:海南省海口市新埠大道海口新世界花园 D2 幢
……负责人:潘夕平
……Tel:13976011115

**海南兴贸贸易有限公司**
地址:海南省海口市新港路 12 号市土产宿舍楼 505 房
……负责人:陈春良
……Tel:13807666258

**海口清宏集装箱维修服务有限公司**
地址:海南省海口市秀英海口港二区 25 号铺面
……负责人:王能清
……Tel:13907558706

**海口海港月蓉修理行**
地址:海南省海口市秀英区东方洋 9 号空地
……负责人:许月蓉
……Tel:13198957833

**海口海港荣发综合贸易商行**
地址:海南省海口市秀英区海口港批发市场新 14 号
……负责人:刘舜音
……Tel:0898－66237998

**海口海港成海贸易商行**
地址:海南省海口市秀英区海榆西线九公里处北侧
……负责人:陈世周
……Tel:13178987009

**海口帮众商务服务有限公司**
地址:海南省海口市秀英区丘海大道一横路 1－5 号
……负责人:余菊花
……Tel:0898－68683157

**海南嘉润华实业有限公司**
地址:海南省海口市盐灶 159 号槟榔园
……负责人:康宁
……Tel:0898－66727735

**海口喜乐乐商贸有限公司**
地址:海南省海口市盐灶路 92 号 202 室
……负责人:蒋峰
……Tel:0898－66713201

**海南迅马贸易有限公司**
地址:海南省海口市盐灶一横路 2 号罗牛山花园杜鹃阁 C 栋 1201 房
……负责人:曹乐慧
……Tel:13519808819

**海口唯美贸易有限公司**
地址:海南省海口市椰林路 1 号宏利大厦 A502 房
……负责人:高彩均
……Tel:0898－66747483

**海口建昌经济咨询服务有限公司**
地址:海南省海口市义龙东路 25 号工商大厦大院内
……负责人:邱宏泽
……Tel:0898－68178987

**海口欧丰实业有限公司**
地址:海南省海口市义龙后路 20 号
……负责人:万佳葆
……Tel:0898－66707722

**海南金韵广告有限公司**
地址:海南省海口市义龙西路 19 号铺面
……负责人:颜垂安
……Tel:13876127369

**海口标典文化传播有限公司**
地址:海南省海口市义龙西路 9 号华山别墅第十栋
……负责人:满秀志
……Tel:0898－65891645

**海南天地人和广告有限公司**
地址:海南省海口市银湖路琼花别墅 12 栋 2 楼
……负责人:陈勇
……Tel:13976992006

**海南华运通商务咨询有限公司**
地址:海南省海口市玉沙路 15 号富豪大厦 1505 房
……负责人:符文伟
……Tel:13322068770

### 海南邦加南洋园艺博览广场有限公司
业务:园林绿化、植树造林、工艺品(根雕、根艺开发)
地址:海南省万宁市兴隆华侨农场工业大道旅游区 1 号
……邮　编:571533
……法　人:罗德山
……Tel:0898－62555555
……Mobile:13907558552
……Fax:0898－62552255

**中谷集团三亚贸易有限公司**
地址:海南省三亚市鹿岭路玉华苑度假酒店
……负责人:姚长林
……Tel:0898－88228888－8801

**三亚健润贸易商行**
地址:海南省三亚市新民街 94 号
……负责人:陈绍兴
……Tel:0898－88253299
13807523078

## 四川省/Sichuan Province

**成都长凯商贸有限公司**
地址：四川省成都高升桥东路罗马假日广场A4座228号
负责人：余梅
Tel：13881717310

### 成都启仁油画艺术文化发展有限公司
业务：成都启仁油画艺术文化发展有限公司成立于2005年，公司不定期举办油画画展、油画展销、油画艺术培训。欢迎来电来函咨询！
地址：四川省成都市成华区青龙街道办事处狮子社区
邮　编：610081
法　人：钟培成
Tel：028－83519357
Fax：028－83516928

### 先导快递
业务：家政快递服务
产品：人力服务、同城周边地区快递专人专送服务
地址：四川省成都市成华区建设路54号
负责人：吴强　邮　编：610051
法　人：吴强
Tel：028－84355966
66231763
80995689
13408456459
Fax：028－84355956
E-mail：494347059@qq.com

**成都正方婚姻服务中心**
地址：四川省成都市百花正街65号百花福苑A栋4单元3楼4号
负责人：龙福萍
Tel：13350079511

**成都市斑竹农贸发展有限公司**
地址：四川省成都市成华区保和乡斑竹村二、三组
负责人：蔡国安
Tel：028－86615067

**成都浩强广告有限责任公司**
地址：四川省成都市成华区保和乡跳蹬村四组
负责人：赵强
Tel：13709050961

### 成都民康旗帜有限公司
业务：生产标准的世界各国国旗、汽车旗、国际航海信号旗、企业标志旗、各高校校旗、色彩艳丽丰富的渐变色广告宣传旗、横幅、巨幅、彩球、礼仪带、广告礼品伞、户内外各类旗座、不锈钢广场用旗杆等；并加工服装印花和箱包印花。
地址：四川省成都市鼓楼南街196号
负责人：胡元遂　邮　编：610000
法　人：胡先生
Tel：028－89852858
85610277
Fax：028－85610277

### 四川宏旭商贸有限公司
业务：销售小家电
产品：剃须刀
地址：四川省成都市金牛区田家巷15号1栋2单元1层105号
负责人：张义会　邮　编：610000
法　人：张义会
Tel：13980892688
028－83386659

### 成都前顺科技有限公司
业务：家具喷漆房，打磨台
地址：四川省成都市青羊区文家乡华严工业园区
负责人：陈怀德　邮　编：610000
法　人：陈先生
Tel：13980871196
028－87072722
87071650

### 成都思杰服装进出口有限公司
业务：成都思杰服装进出口有限公司成立于2006年，是一家享有直接进出口经营权的进出口贸易公司。产品主要包括各式服装、针纺织品、鞋帽产品等。成都思杰以发展国际贸易，促进与世界各国的经济合作与交流，增进与世界各国人民的相互了解和友谊为目的，愿本着互惠互利，共同发展的原则与海内外朋友精诚合作，并长期欢迎童装加盟、童装品牌代理及批发，竭诚提供保质服务。
地址：四川省成都市荷花池大成市场二期A座5楼25－26号
负责人：李珍明　邮　编：610081
Tel：028－83367218
Fax：028－83367238
网址：www.sj158.cn
E-mail：sijiefushi@yahoo.com.cn

**成都大显广告有限公司**
地址：四川省成都市成华区长天路2号
负责人：岳宏捷
Tel：13982044499

**成都琪哈油料贸易有限公司**
地址：四川省成都市成华区二环路北四段45号荣华大厦706室
负责人：冯昌全
Tel：028－84337923

### 成都茂华贸易有限责任公司
业务：成都茂华贸易有限责任公司成立于1991年，主要从事冷拉制品的加工，航空材料销售。热诚欢迎各方客户光临、惠顾。
地址：四川省成都市金牛区洞子口乡新桥村金府钢材城504
负责人：何芳　邮　编：610031
法　人：何芳
Tel：028－82987038

**成都市兴昊科技有限公司**
地址：四川省成都市成华区二仙桥北路1号
负责人：马钢
Tel：028－88034775

**四川石油管理局成都公共事务管理中心**
地址：四川省成都市成华区府青路一段三号
负责人：李平安
Tel：028－86012236

### 成都市金牛区绿超征信科技服务中心
业务：本公司成立于2006年，主要从事农业技术的推广；房地产经纪、投资咨询服务；五金交电、化工产品的销售。竭诚欢迎新老客户光临、惠顾！
地址：四川省成都市金牛区天回镇上街17－23号
负责人：洪继元　邮　编：610083
法　人：洪继元
Tel：028－83578139

**成都市成华区东浩制冷维修部**
地址：四川省成都市成华区建设路1号（亚光写字楼3房1间）
负责人：刘军
Tel：028－84384359

**四川圣大科贸有限公司**
地址：四川省成都市成华区建设路8号
负责人：赵永强
Tel：028－66659452

### 成都市泰金贸易有限责任公司
业务：成都市泰金贸易有限责任公司成立于1996年，批发、零售钢材、无缝钢管等。我公司自创办以来一直以质量第一为宗旨，具有品种齐全，质量稳定，价格优惠，送货及时等优点，深受广大客户的欢迎！
地址：四川省成都市金堂县滨江路85号
邮　编：610114
法　人：涂渝
Tel：028－84932216
Fax：028－84932216

### 四川利建贸易有限公司
业务：水泥、钢材的贸易
地址：四川省达州市通川区中心广场4栋9楼A号
负责人：周建　邮　编：635000
法　人：周建
Tel：0818－8018588
13568175000

### 凉山州天和商贸有限责任公司
业务：矿山机械设备，机电产品，五金，交电，建筑材料，家用电器，电子产品，电脑耗材，数码产品，酒，水，装卸服务
地址：四川省凉山彝族自治州西昌市航天中路大昌小区南村
负责人：冷奉华　邮　编：615000
法　人：冷奉华
Tel：13881587537
0834－3226716
网址：http://www.51zzt.com/user/zzt36123

### 眉山锐驰商贸有限责任公司
业务：各类润滑油以及特种油脂系列，各类金属溶剂、添加剂系列.各种型号的金属打包带以及各类金属原材料。
地址：四川省眉山市东坡区兰溪花园三期B区一单元
负责人：郑永强　邮　编：614000
法　人：郑永强
Tel：0833－8289745
Fax：0833－8289745

**成都鑫盛祥广告有限公司**
地址：四川省成都市成华区龙潭乡丛林村13组
负责人：谢宏伟
Tel：13980709683

**成都兴邦伟业科技有限责任公司**
地址：四川省成都市成华区猛追湾街10号
负责人：李瑾
Tel：13981840795

**成都锦绣旺盛咨询服务有限公司**
地址：四川省成都市成华区青龙场新街105、109、111
负责人：陈秀英
Tel：13708075800

### 四川旭诚服饰贸易有限公司
业务：四川旭诚服饰贸易有限公司成立于2004年，主要销售"哈雷纳金狐狸"服饰及其它服饰。我们遵循着"顾客至上、服务第一"的宗旨，竭诚为各界用户提供优质服务。
地址：四川省成都市锦江区古卧龙桥街10号成物大厦14楼F座
邮　编：610021
法　人：金荣杰
Tel：028－86659719
Fax：028－86659715

### 江油市志诚商贸有限责任公司
业务：经营各种米酒、名烟、名茶
产品：米酒、烟、茶
地址：四川省绵阳市江油市长城干道新嘉苑3－2－3号门面
负责人：杜娟　邮　编：621000
法　人：杜娟
Tel：0816－3511199
E-mail：jyzcsm@163.com

### 彭州市德顺劳务有限公司
业务：园林设计、劳务派遣、装修装饰、粉刷墙面、疏通管道等
地址：四川省彭州市丽春镇保平村2组
负责人：黄山兵　邮　编：610000
法　人：黄山兵
Tel：13438830766
13540225990
028－83779336

### 大英广电户外广告有限责任公司
业务：设计与制作大型户外广告，承接与策划大型文化活动
地址：四川省遂宁市大英县新城区广电局广电大楼一楼
负责人：刘悦　邮　编：629300
法　人：刘悦
Tel：0825－7822555
13909061661

**成都融鑫实业开发有限公司物管分公司**
地址：四川省成都市成华区青龙乡昭青路青龙商厦办公室
负责人：崔成才
Tel：028－86787100

**成都美冠恒科技产业有限公司**
地址：四川省成都市成华区杉板桥7号
负责人：袁丽蓉
Tel：13668288517

**四川聚新工贸有限公司成都计时仪表分公司**
地址：四川省成都市成华区圣灯乡关家堰村六组
负责人：林作辉
Tel：13608098915

### 成都通达四海实业有限公司
业务：成都通达四海实业有限公司位于成都经济技术开发区龙泉中街，是一家集家电、家俱、运动服装、品牌服装的批发、零售及售后服务于一体的大型公司，公司本着"为顾客创造价值，为员工创造机会，为社会创造效益"的经营理念，从点滴作起，从基础作起。而在公司内部，则把企业核心力量的人才作为自身发展的期望，并予以最大发展空间，使公司的未来"通达四海"。
地址：四川省成都市龙泉中街通达商城三楼
负责人：肖茂林　邮　编：610000
地址：肖茂林
Tel：028－84870303
84870202
E-mail：028－84852889

### 绵阳市恒顺昌商贸有限公司
业务：本公司成立于2004年，主要经营农副产品、建筑材料、化肥。欢迎新老客户光临惠顾！
地址：四川省绵阳市涪城区河边镇玉皇村二社
负责人：唐开富　邮　编：621000
法　人：唐开富
Tel：0816－2587138
Fax：0816－2587192

### 盐亭县泰斗超市
业务：盐亭县泰斗超市成立于1996年，现有员工60余人，从事日用百货、副食品、五金家电、床上用品、名烟名酒的销售及蒙牛系列产品总代理。
地址：四川省绵阳市盐亭县云溪镇北街109－9号
邮　编：621600
法　人：江加麒
Tel：0816－228338
6299980

**成都坐标向东广告制作有限公司**
地址：四川省成都市成华区圣灯乡圣灯村一组
负责人：兰小玉
Tel：13008179905

**成都市冠川人才交流服务有限责任公司**
地址：四川省成都市成华区双林中横路53号龙泉大厦8楼
负责人：侯仁德
Tel：028－81912720

### 四川省彭州市亿亿压克力有限公司
业务：主要经营：有机玻璃（压克力品牌）、有机玻璃制品、广告、装饰材料、大理石、有机化工辅料（不含化学危险品）、电子产品的制造与销售，废旧有机玻璃回收。
地址：四川省成都市彭州市丽村镇碧鸡村
邮　编：611937
法　人：张清和
Tel：028－83831042
Fax：028－83831586

**成都磐恒科技发展有限公司**
地址：四川省成都市成华区双桥路南五街
负责人：李浩宇
Tel：028－89563225

### 四川金业工商代理有限公司
业务：四川金业工商代理有限公司成立于2002年，主要从事代办各类证照，公司设立、变更、注销、工商年检的登记代理等业务。公司坚持"以诚信为本"的原则，欢迎各方客户来电来人洽谈业务。
地址：四川省绵阳市银丰国际商业中心805号
邮　编：621000
法　人：何玉红
Tel：0816－2221115
Fax：0816－2221115

### 攀枝花市真豪经贸有限责任公司
业务：攀枝花市真豪经贸有限责任公司成立于2006年，主要从事于商贸。公司以"质量求生存、信誉求发展"，欢迎广大用户光临惠顾！
地址：四川省攀枝花市东区新铁二村34号（烟草岗大桥桥北）
负责人：温德贵　邮　编：617000
法　人：温德贵
Tel：0812－2293069
Mobile：13568645199

**成都市泽雅广告有限公司**
地址：四川省成都市成华区双桥南路南二段双桥子街办三楼
负责人：赵阳
Tel：13980511967

### 成都纤丝纺洗涤服务中心
业务：成都纤丝纺洗涤服务中心是一家专业从事衣物洗涤、布草清洗、皮草养护服务与洗衣连锁管理的现代化连锁企业，致力于洗衣尖端技术的研发和洗衣店的连锁管理。具有强大的管理运作体系，拥有全球连锁经营管理经验；在消费者中拥有良好的知名度与美誉度，是国内洗衣行业名副其实的佼佼者。
地址：四川省成都市郫县郫筒镇书院街73号
负责人：胡爱民　邮　编：611730
Tel：028－69500452

### 钦川商贸有限公司
业务：钦川商贸有限公司成立于2004年，主要从事钢材、建材的销售。
地址：四川省攀枝花市渡仁西线
邮　编：617026
法　人：罗中辉
Tel：0812－2821273
Fax：0812－2821273

### 绿环工贸有限责任公司
业务：绿环工贸有限责任公司主要从事煤炭的开采与销售。"诚信经营，信誉第一，质量为本，客户至上"，竭诚欢迎各方客户来电来人洽谈，咨询。
地址：四川省攀枝花市仁和区前进镇永胜村
邮　编：617000
法　人：王朝会
Tel：0812－2614062

**成都市成华区银梦广告装饰工程部**
地址：四川省成都市成华区驷马桥下街11号
负责人：严成凤
Tel：028－80883596

### 遂宁市天江商贸有限公司
业务：板材，槽钢，角钢，型材，优特钢
地址：四川省遂宁市南环路华强建材市场B区3－4号
负责人：杨文伟　邮　编：629000
法　人：杨文伟
Tel：13882506992
0825－2631627

**四川派尔科技有限公司**
地址：四川省成都市成华区天祥街59号A座14－3号
负责人：赖珊
Tel：028－84382578

### 成都世泰商贸有限公司
业务：成都世泰商贸有限公司成立于2005年7月，主要销售家庭用品和塑胶制品。欢迎新老客户惠顾。
地址：四川省成都市青羊区北大厅119号北斗星花园C－7－6
邮　编：610017
法　人：万永福
Tel：028－86922212
Fax：028－86922212

## 宜宾海昌猪皮贸易有限公司

业务：收购、加工、销售猪皮、牛皮、羊皮、兔皮等
地址：四川省宜宾市翠屏区西郊东风居委会25号肉联厂
……负责人：施崇海 邮 编：644000
……法 人：施崇海
……Tel：13990967327
0831－8271002

**成都鑫精锐图文设计有限公司**
地址：四川省成都市成华区跳蹬河北路2号
……负责人：谭辉
……Tel：13693402349

**成都睿电科技实业有限公司**
地址：四川省成都市成华区望平街118号A座609号
……负责人：柳敏
……Tel：028－84353613

## 四川黄瓦月嫂家政服务有限公司

业务：四川黄瓦月嫂家政服务有限公司位于美丽的成都，主要业务以月嫂为主。“以质量求生存，以信誉求发展”是公司的宗旨，“诚信、热情、安全、负责”为经营准则，忠心、放心、称心、安心、省心的“五心”级服务员，为社会的进步，家政行业的发展做出积极的贡献。
地址：四川省成都市青羊区过街楼街125号2楼11号
……邮 编：610031
……法 人：刘茜
……Tel：028－86246388
88039058
……法 人：028－83276763

**南京奥迈科技有限公司成都分公司**
地址：四川省成都市成华区文德路231号2幢3单元7号
……负责人：何劼
……Tel：13608181225

## 射洪县保河家政清洁服务部

业务：射洪县保河家政清洁服务部位于射洪县长春街15号华宁公寓，成立于2004年，主要从事家政清洁服务。一直坚持以“诚信为本，服务至上”的原则，欢迎新老客户来电来人洽谈业务。
地址：四川省射洪县长春街15号华宁公寓
……邮 编：629200
……法 人：何家华
……Tel：0825－6838496

## 四川省石棉县德蓉有限责任公司

业务：我单位石棉县德蓉有限责任公司，下属有两个分直机构1：德蓉公司烽火坪电站（3200千瓦时）2：德蓉公司翻身沟电站（640千瓦时），年收入达到360万元，绞纳增值税20多万元，解决就业人数30人。
地址：四川省雅安市石棉县新棉镇人民路5号
……邮 编：625400
……法 人：吕德蓉
……Tel：0835－8862531
……Mobile：13330605665
……Fax：0835－8862531
……网址：www.smdr.chinapyp.com

**成都西部冶金贸易有限公司**
地址：四川省成都市成华区祥和里37号
……负责人：方超
……Tel：028－86259186

**成都市东康物资供应部**
地址：四川省成都市成华区熊猫家俱城汽配区三区一栋13号
……负责人：陶涵
……Tel：028－83521736

## 成都盛世永和文化传媒有限公司

业务：成都盛世永和文化传媒有限公司成立于2004年10月，从事广告代理、文化体育赛事推广传播、电视广告片、专题片制作等。
地址：四川省成都市青羊区牧电路9号
……邮 编：610072
……法 人：唐永强
……Tel：028－87364477
81386655
……Fax：028－87363662

## 榜上有名川茶茶艺传播中心

业务：榜上有名川茶茶艺传播中心成立于2004年，从事茶叶种植、加工、销售；茶具销售；茶艺表演等。公司宗旨以市场为向导，管理为基础，以信誉为依托，质量为核心，弘扬中华茶文化，以茶会友。
地址：四川省成都市青羊区琴台路189号
……邮 编：610072
……法 人：何国林
……Tel：028－66871818
……Fax：028－86158193

**成都海亨通企业咨询管理有限公司**
地址：四川省成都市成华区玉双路3号
……负责人：田一文
……Tel：028－84332699

**成都青宇捷贸易有限公司**
地址：四川省成都市成华区玉双路7号
……负责人：青梅
……Tel：13881965333

**重庆安力实业有限公司成都分公司**
地址：四川省成都市成科路一号公寓1幢3单元
……负责人：丁芳
……Tel：028－85241993

**崇州市冠亚伟德企业咨询服务有限责任公司**
地址：四川省成都市崇州市崇阳镇唐安路延伸段
……负责人：黎德贵
……Tel：028－82382382

## 四川金朝辉商贸有限公司

业务：四川金朝辉商贸有限公司产品销售往国内外，欢迎各方客房来电洽谈业务，共同合作。
地址：四川省成都市武侯区簇马家河工业区马家河村
……负责人：彭华米……邮 编：600041
……法 人：彭华米
……Tel：028－85015215
……网址：www.mtw26420.chinapyp.com

## 佛缘阁作明佛母商贸有限公司

业务：本公司始建于1997年，主要经营佛像、法器、13种景泰蓝宝瓶和如意宝瓶等。由于我们的产品精美，价格合理，且对佛友特别优惠，因此倍受信众关注，至今已在成都、北京、南宁、广州、青岛、日照、太原、五台山开有八家分店，有各地代理商几十家，产品远销至美国、加拿大、澳大利亚、泰国、新加坡、马来西亚、台港澳等十几个国家和地区。
地址：四川省成都市武侯区洗面桥横街37－34号
……邮 编：610041
……法 人：廖彦松
……Tel：028－85566437
……Fax：028－85535279
……网址：http://www.foyuange.com

## 如意车辆信息服务有限公司

业务：如意车辆信息服务有限公司成立于2003年4月25日，位于四川省自贡市大安区马吃水交警支局对面。本公司常年代理机动车登记、机动车信息中介、货运信息服务等。几年来受到了社会各界朋友的关注和支持，秉承服务以人为本的宗旨，我们不断提高服务质量，以优质、快捷、高效的服务赢得了客户的普遍信任和认同，同进也在不断提高公司知名度和综合素质。让我们一起努力，共同营造优质、诚信的合作氛围！
地址：四川省自贡市大安区马吃水交警支局对面
……邮 编：643010
……法 人：罗国庆
……Tel：0813－2604221

**四川繁耕科技发展有限公司**
地址：四川省成都市崇州市济协乡协和村三组
……负责人：梁卫东
……Tel：13980657705

**崇州市富民农资有限责任公司**
地址：四川省成都市崇州市西江西桥村五组
……负责人：沈毅
……Tel：028－82212457

**大邑县青霞镇烟霞加油站**
地址：四川省成都市大邑县青霞镇中坭村
……负责人：董蓉
……Tel：028－88360039

## 成都亿雅迪传媒广告有限公司

业务：本公司是一家集平面广告设计制作，企业整体形象包装，房地产项目广告推广，产品包装策划设计推广，企业或机构形象识别系统VIS策划，企业综合形象宣传画册、产品说明书设计制作，展览展示设计制作，会议、活动策划执行，户外、媒体广告设计制作及发布于一体的全方位专业传媒公司。
地址：四川省成都市西大街新城市广场A栋2单元17楼
……邮 编：610031
……法 人：张文
……Tel：028－86278167
……Fax：028－86278167
……网址：www.scyyd.chinapyp.com

**都江堰市越凯工贸有限责任公司**
地址：四川省成都市都江堰市崇义镇崇义村
……负责人：夏建生
……Tel：028－87174088

**四川光大民族文化发展有限公司**
地址：四川省成都市都江堰市观景路323号
……负责人：周国志
……Tel：13982011009

**都江堰兴鑫水电有限公司**
地址：四川省成都市都江堰市玉堂镇永康村九社
……负责人：代志均
……Tel：028－87115157

## 成都美思展示设计制作有限公司

业务：成都美思展示设计制作有限公司是深圳南利公司发展而成，公司是集设计、施工、售后服务为一体的专业化服务公司。公司主要服务项目：商场展柜设计与制作、专卖店设计与制作、展览展示设计与制作、广告雕刻设计与制作、办公环境设计与制作；独特的设计、优质的施工、周到的服务、最优的价格是成都美思服务的宗旨。
地址：四川省成都市总府路9号总府商务楼南3楼5号
……邮 编：610016
……法 人：何国旭
……Tel：028－86786822
……Fax：028－86786822

**保安服务总公司站前分公司**
地址：四川省成都市二环路北二段友谊饭店
……负责人：韩斌
……Tel：028－83419176
83413688
13908057237

**四川虹鼎公关传媒有限责任公司**
地址：四川省成都市二环路南三段18号（好莱坞商业广场）11－261
……负责人：徐光文
……Tel：028－85176984

**成都高放普力科技有限公司**
地址：四川省成都市二环路南三段5号
……负责人：徐明
……Tel：028－85575759

## 达州市蜀大商贸有限公司

业务：达州市蜀大商贸有限公司成立于2006年，主要销售建筑材料及物流运输。
地址：四川省达州市通川区中心广场5幢12楼A座
……负责人：陈亮……邮 编：635000
……法 人：陈亮
……Tel：0818－2399688
……Fax：0818－2362666

**成都多一点家政服务有限公司**
地址：四川省成都市二环路西一段55号2－3－3
……负责人：张琼
……Tel：028－87051361

**成都朝华友联文化交流有限公司**
地址：四川省成都市二环路西一段90号四川高速大厦三楼B区303室
……负责人：熊淑君
……Tel：13320993908

**成都丰银投资管理有限公司**
地址：四川省成都市高新技术开发区创业路16号B幢
……负责人：周宝春
……Tel：13880181235

## 内江市威远县荣鑫贸易有限公司

业务：内江市威远县荣鑫贸易有限公司专业从事矿产品经营，废钢铁购销，欢迎新老客户来电洽谈业务！
地址：四川省成都市武候区龙腾中路3号丽景华庭1区5幢3单元202号
……负责人：李玲……邮 编：610041
……法 人：李玲
……Tel：0832－8817188

**成都慧文翻译有限公司**
地址：四川省成都市高新技术开发区创业路9号6－1幢1号
……负责人：聂巍
……Tel：13880592422

**成都业欣科技有限公司**
地址：四川省成都市高新技术开发区芳草街36号4幢3单元501号
……负责人：党万胜
……Tel：13881904592

**四川鼎力广告有限责任公司**
地址：四川省成都市高新技术开发区芳草街45号
……负责人：车玉兰
……Tel：028－85123667

## 四川省宣汉县校办公司

业务：本公司成立于1992年，拥有30多名员工。主要经营：餐饮、住宿，印刷，教学图书，办公用品等。
地址：四川省达州市宣汉县东乡镇解放中路436号百里峡宾馆11－8
……邮 编：636150
……法 人：李玉春
……Tel：0818－5221711
……Fax：0818－5221711

**四川省时代人车路文化传播有限公司**
地址：四川省成都市高新技术开发区桂溪工业园
……负责人：刘强
……Tel：13709033484

**成都江汇投资管理有限公司**
地址：四川省成都市高新技术开发区桂溪工业园
……负责人：张元淑
……Tel：028－85453310

**成都华气厚普机电科技有限责任公司**
地址：四川省成都市高新技术开发区桂溪工业园
……负责人：许世民
……Tel：028－88839622

**成都科创源投资管理有限公司**
地址：四川省成都市高新技术开发区九兴大道6号A幢
……负责人：张先锋
……Tel：028－81323773

## 广元市朝天区顺林建筑机具租赁站

业务：广元市朝天区顺林建筑机具租赁站成立于2006年，主要从事于建筑机具的出租。欢迎新老客户光临、惠顾！
地址：四川省广元市朝天区顺意家园八单元302室
……负责人：仇子林……邮 编：628000
……法 人：仇子林
……Mobile：13340730608
15928230341

## 乐山市犍为县黄家连锁超市

业务：乐山市犍为县黄家连锁超市成立于2000年，“顾客至上，服务第一，质量保证，价格合理“，竭诚欢迎您的光临、惠顾！
地址：四川省乐山市犍为县玉津镇西街
……负责人：黄远友……邮 编：614400
……法 人：黄远友
……Tel：0833－4224068

**成都鼎通营销策划有限公司**
地址：四川省成都市高新技术开发区蓝天路33号1幢33号
……负责人：王静竹
……Tel：13982228525

**成都赛克斯科技有限公司**
地址：四川省成都市高新技术开发区沙子堰西巷4号
……负责人：杨玉春
……Tel：13388168891

**成都洛基山科贸发展有限公司**
地址：四川省成都市高新技术开发区沙子堰西巷4号
……负责人：邓万波
……Tel：13982266006

**四川凯晖实业有限公司**
地址：四川省成都市高新技术开发区神仙树西路6号4－3幢3号
……负责人：杨祥生
……Tel：028－85591106

## 西昌市美图实业有限公司

业务：本公司主要从事：图方设计制作、数码工程复印、大型宽幅彩色扫描、电子归档、平面三维效果设计、CAD制图、矢量画、地质、地形、交通图制作、户外高精喷绘写真、彩色激光打印、高速CAD出图等。热忱欢迎新老客户来电洽谈业务！
业务：四川省凉山彝族自治州西昌市三岔口南路30号
……负责人：李昌平……邮 编：615000
……法 人：李昌平
……Tel：0834－3661338
2161338

## 西昌市新村农贸市场

业务：新村农贸市场主要经营农副产品、海鲜产品、干杂产品、肉食品、蔬菜、粮食等，市场有健全的管理机构和严格的管理制度，随时为您排忧解难。有高素质的保安队伍，二十四小时为商户提供保安服务。市场始终遵循“服务第一、安全第一、信誉第一”的原则和一切让利于客商，共同发展，广泛合作的经营理念。
地址：四川省凉山彝族自治州西昌市西郊乡海滨村七组
……负责人：杨耀平……邮 编：615022
……法 人：杨耀平
……Tel：0834－3668458
3951471

**成都晟鑫源货运代理咨询服务有限公司**
地址：四川省成都市高新技术开发区石羊工业园
……负责人：张发成
……Tel：13219018897

**成都彼岸商贸有限公司**
地址：四川省成都市高新技术开发区石羊工业园
……负责人：隆建文
……Tel：13608042395

**成都金氏广达信息咨询有限公司**
地址：四川省成都市高新技术开发区石羊工业园
……负责人：金凡
……Tel：13980620344

## 盐源县正红贸易有限公司

业务：盐源县正红贸易有限公司成立于2005年，主要从事于建材、物流、矿产品、农副产品等。欢迎新老客户光临、惠顾！
地址：四川省凉山彝族自治州盐源县长途汽车站内
……法 人：郑鸿
……邮 编：615700
……法 人：郑鸿
……Mobile：13981570111

**成都高新区鑫庆安社区服务有限公司**
地址：四川省成都市高新技术开发区石羊街道办事处安庆社区56栋4单元6号
……负责人：邹自平
……Tel：028－88822765

**四川和福隆企业管理咨询有限公司**
地址：四川省成都市高新技术开发区西部园区合作村八社
……负责人：张晓玉
……Tel：13982156793

**成都市迪峥工贸发展有限公司**
地址：四川省成都市高新技术开发区肖家河街134号12幢
……负责人：张典华
……Tel：028－89030251

**成都联安达房地产投资风险管理有限责任公司**
地址：四川省成都市高新技术开发区肖家河沿街28号
……负责人：晏苗
……Tel：028－81224233

**成都市盛炳投资咨询管理有限公司**
地址：四川省成都市高新技术开发区新光路

8号
负责人:姜吉涛
Tel:13981789581

**泸州风尚广告有限公司**
业务:泸州风尚广告有限公司成立于2006年,从事户外广告设计施工,室内外装饰装修,展览展示,模型制作,霓虹灯制作等业务,欢迎来电洽谈业务!
地址:四川省泸州市江阳区佳裕花园2号院4号楼2单元2号
负责人:宋丽……邮编:646000
法人:宋丽
Tel:0830－2584252

**四川鼎威商贸有限公司**
地址:四川省成都市高新技术开发区永丰路22号
负责人:徐海燕
Tel:13881907002

**成都美盟贸易有限公司**
地址:四川省成都市高新技术开发区永丰路22号
负责人:赵娟
Tel:028－85152260

**洪雅明珠商贸有限责任公司**
业务:本公主要经营力帆牌摩托车 ,本公司以质量求生存,以信誉求发展,欢迎广大客户前购买。
地址:四川省眉山市洪雅县洪川镇青云街张花园街小区
负责人:李勇……邮编:620360
法人:李勇
Tel:0833－7304444
Fax:0833－7381666
网址:www.mtw28612.chinapyp.com

**成都高新区广艺广告设计制作室**
地址:四川省成都市高新技术开发区永丰路2号超洋花园C座1105
负责人:罗玲
Tel:028－81378619

**成都天创伟贸易有限公司**
地址:四川省成都市高新技术开发区永丰路国际花园5栋1单元107号
负责人:刘震
Tel:028－88035592

**成都采姿商贸有限公司**
地址:四川省成都市高新技术开发区元华二巷24号
负责人:徐朝霞
Tel:028－81687513

**成都艺博艺术设计有限公司**
地址:四川省成都市高新技术开发区紫荆东路96号紫竹苑
负责人:赖泗伟
Tel:028－86662519

**四川瀚唐工贸有限公司**
地址:四川省成都市高新技术开发区紫荆东路9号2－2幢11号
负责人:李雪
Tel:13881846843

**成都恒生源咨询服务有限公司**
地址:四川省成都市郭家桥南街5号
负责人:周蓉
Tel:028－88198883

**成都市建青商贸有限公司**
地址:四川省成都市红牌楼佳灵路20号九峰汽配市场综合楼9、10号
负责人:李健
Tel:028－86486395

**成都高立信商贸有限责任公司**
地址:四川省成都市红牌楼永丰场街222号
负责人:凡云中
Tel:13881797039

**成都市兴菲亚百货贸易有限公司**
地址:四川省成都市金牛区白果林小区文华路14号
负责人:陈天强
Tel:13568872555

**成都美易文化传播广告有限公司**
地址:四川省成都市金牛区白马寺街6号
负责人:张玉群
Tel:028－81881890

**成都市国和市场营销管理有限公司**
地址:四川省成都市金牛区茶店村3组
负责人:程绿林
Tel:028－89878844

**成都鑫来国际贸易有限公司**
地址:四川省成都市金牛区茶店子安蓉路8号
负责人:向世君
Tel:13551346769

**成都市浩昕媛社区修缮服务有限公司**
地址:四川省成都市金牛区茶店子南街附3号
负责人:刘中菊
Tel:028－88017537

**成都市锐克建安劳动服务有限公司**
地址:四川省成都市金牛区成华西街3号2楼B－1号
负责人:凌涛
Tel:028－83419897

**成都红麦地商贸有限公司**
地址:四川省成都市金牛区成彭路2号
负责人:李益国
Tel:13881822228

**成都市鑫军荟贸易有限公司**
地址:四川省成都市金牛区洞子口金府钢材城0507号
负责人:赵淑仙
Tel:13668135356

**成都志尚贸易有限公司**
地址:四川省成都市金牛区洞子口金府剑龙钢材城
负责人:杜方凯
Tel:028－89077548

**成都华宁远实业有限公司一分公司**
地址:四川省成都市金牛区洞子口量力钢材批发交易市场3期商务楼301号
负责人:李建国
Tel:028－83136966

**成都市华瓯贸易有限公司**
地址:四川省成都市金牛区洞子口量力钢材市场3区1排26号
负责人:胡晓华
Tel:13880262010

**成都科易贸易有限公司**
地址:四川省成都市金牛区洞子口量力钢材物流中心3区26－1号
负责人:沈明锋
Tel:028－83153758

**成都华川锦汇贸易有限公司**
地址:四川省成都市金牛区洞子口量力钢材物流中心4区特1号
负责人:梁艳群
Tel:13882115598

**四川省致远康物资贸易有限公司**
地址:四川省成都市金牛区洞子口乡踏水村2组成彭路立交桥旁
负责人:梁彬
Tel:13708089677

**成都林昊商贸有限公司**
地址:四川省成都市金牛区洞子口乡王贾村1组
负责人:李勇彬
Tel:028－83134365

**成都市新桥停车场**
地址:四川省成都市金牛区洞子口乡新桥村1组
负责人:刘师帼
Tel:028－83141456

**成都宇全贸易有限公司**
地址:四川省成都市金牛区洞子口乡新桥村金府钢材城0109号
负责人:钟育全
Tel:028－83153768

**成都迈联商贸有限公司**
地址:四川省成都市金牛区洞子口乡友联村3组3期E栋27号
负责人:谢显均
Tel:13708051765

**成都鑫碧丹贸易有限公司**
地址:四川省成都市金牛区洞子口友联村量力钢材市场二交易区GA栋6号
负责人:刘思琼
Tel:028－81878357

**成都兴精工机电物资有限公司**
地址:四川省成都市金牛区洞子口友联村量力钢材物流中心2交易区2排16号
负责人:黄进福
Tel:13808028284

**成都兴靖业物资有限公司**
地址:四川省成都市金牛区洞子口友联村量力钢材物流中心2区GA幢2号
负责人:袁春凤
Tel:028－83120208

**成都鑫春辉物资有限公司**
地址:四川省成都市金牛区洞子口友联村量力钢材物流中心3区3排22号
负责人:刘崇辉
Tel:13693488788

**重庆赛帝物资有限公司成都分公司**
地址:四川省成都市金牛区洞子口友联村量力钢材物流中心GA幢15号
负责人:董学生
Tel:13981814525

**成都法政经济咨询有限公司**
地址:四川省成都市金牛区二环路北一段111号北21－1－09号
负责人:周良超
Tel:13880808607

**成都琅阁智创节能技术有限公司**
地址:四川省成都市金牛区二环路北一段241号
负责人:刘志成
Tel:028－81852530

**成都鑫宏翔物资贸易中心**
地址:四川省成都市金牛区二环路北一段241号营门商厦7楼19－24室
负责人:钟祥
Tel:028－88187512

**成都合作广告有限公司**
地址:四川省成都市金牛区二环路西三段17号1－R号
负责人:王超
Tel:028－88015499

**成都市聚杰人才经纪服务有限公司**
地址:四川省成都市金牛区二环路西三段181号
负责人:刘俐
Tel:028－88056984

**成都嘉亮文化传播有限责任公司**
地址:四川省成都市金牛区二环路西三段6号
负责人:王赞
Tel:028－87575882

**成都永兴国际航空服务有限责任公司抚琴西路售票处**
地址:四川省成都市金牛区抚琴西路108号
负责人:邱玲
Tel:028－86138253

**成都市翰辉商贸有限公司**
地址:四川省成都市金牛区抚琴西路171号
负责人:李代勋
Tel:028－88037337

**四川三合盛物贸有限公司**
地址:四川省成都市金牛区光荣北路73号1层1号
负责人:雷自立
Tel:13980723375
13908069310

**成都百联达商业经营管理有限公司**
地址:四川省成都市金牛区光荣路19号
负责人:徐成义
Tel:13881829107

**成都梵艺文化传播有限公司**
地址:四川省成都市金牛区光荣路19号附10号
负责人:马进
Tel:028－88880903

**成都秋悦市场开发有限公司**
地址:四川省成都市金牛区红色村7组
负责人:谢直林
Tel:13086669009

**成都华克文化用品有限公司**
地址:四川省成都市金牛区侯家村4组
负责人:张仁敏
Tel:13308078169

**成都协议物资贸易有限公司**
地址:四川省成都市金牛区互利小区9幢营业房5－7轴1号
负责人:袁薇
Tel:13881766299

**四川省滕杰克策划营销有限公司**
地址:四川省成都市金牛区互利正街68号
负责人:滕军
Tel:13198353222

**四川彩云投资管理咨询有限公司**
地址:四川省成都市金牛区花牌坊街173号
负责人:吴彩云
Tel:13908077879

**成都市八天平面设计室**
地址:四川省成都市金牛区花牌坊街王家巷16号3幢2单元13号
负责人:魏星
Tel:028－87775186

**双流县华阳正洋保洁服务部**
业务:保洁服务
地址:四川省成都市双流县华阳镇富民路57号
负责人:余斌　邮编:610000
法人:余斌
Tel:13618046695
028－85629354

**成都星五心家具服务有限公司**
业务:专业从事家具的维修维护、保洁、以及其合法项目等综合服务的公司,现有一支装备精良、工艺精湛的施工团队,服务优质、价格合理、一个电话,服务到家。
产品:四川省成都市双流县中和镇柳荫横街
负责人:李小姐　邮编:610020
法人:曾德其
Tel:13981767062
13882246861

**成都君平园林科技有限公司**
地址:四川省成都市金牛区花圃路7号
负责人:汪建平
Tel:13111858246

**成都兴瑞鑫商贸有限公司**
地址:四川省成都市金牛区黄忠小区2期6－4栋9号
负责人:李燕
Tel:13708018647

**四川碧海广告传媒有限公司**
地址:四川省成都市金牛区交大路100号10幢3－9号
负责人:孙明海
Tel:13330987083

**成都智欣鑫厨工程有限公司**
地址:四川省成都市金牛区交大路186号1－1－2号
负责人:李彬
Tel:028－86267221
13808013208

**成都天朗地洁环境治理服务中心**
地址:四川省成都市金牛区交大路186号1－1－3号
负责人:周梦提
Tel:028－87618505

**成都市璟源商务有限责任公司**
地址:四川省成都市金牛区交大路209号1号楼1单元8号
负责人:张军生
Tel:028－89078171

**成都冰铁广告设计有限公司**
地址:四川省成都市金牛区交大路211号南3－2－1号
负责人:杨翘楚
Tel:028－89088007

**成都禾烨商贸有限公司**
地址:四川省成都市金牛区交大路西135号
负责人:黄素芳
Tel:13608239616

**四川灵智营销策划有限公司**
地址:四川省成都市金牛区交大智慧康城19－3－5A
负责人:于淑凤
Tel:028－89217900

**成都创博文化工作室**
地址:四川省成都市金牛区解放路二段285号庆玲实业楼401室
负责人:陈娴
Tel:13808194267

**四川建九福贸易有限公司**
地址:四川省成都市金牛区解放路一段126号社区服务中心
负责人:江建龙
Tel:028－66386995

**成都新富通商贸有限公司**
地址:四川省成都市金牛区解放路一段4号1－2－24号
负责人:陈倩
Tel:13568886618

**成都科林美投资管理咨询有限公司**
地址:四川省成都市金牛区金房苑东路48号9－3栋1楼B座
负责人:林雪英
Tel:13808137598

**成都鑫佳荣物资有限公司**
地址:四川省成都市金牛区金府路502号
负责人:田秋山
Tel:13018283486

**成都明达海宏物资有限公司**
地址:四川省成都市金牛区金府路502号A区20幢16号
负责人:兰骥
Tel:13708038320

**成都强盛伟业劳保用品有限公司**
地址:四川省成都市金牛区金牛乡清水村4组211号
负责人:何正伟
Tel:13568875624

**成都甘泉工业自动化技术有限公司**
地址:四川省成都市金牛区金牛乡跃进村8组水厂内
负责人:谭晓东
Tel:028－87503241

**成都市博熙文化传播有限责任公司**
地址:四川省成都市金牛区金琴路南段三巷
负责人:郑力
Tel:028－85090341

**成都市金牛区巴别塔翻译服务部**
地址:四川省成都市金牛区金琴路南一巷3幢2单元4楼
负责人:高翔
Tel:028－83225135

**成都市鑫明泰商贸有限公司**
地址:四川省成都市金牛区金沙北二路2号1－2－8
负责人:何军
Tel:13086692486

**成都市金紫马矿产品贸易有限公司**
地址:四川省成都市金牛区金沙路88号20－12－1203号
负责人:毛力
Tel:13981835017

**成都隆鑫达信息咨询有限公司**
地址:四川省成都市金牛区金沙西巷40号附1号
负责人:宁交强
Tel:028－87671399

**成都京穗蓉科贸有限公司**
地址:四川省成都市金牛区金仙桥街14号附8号
负责人:夏爱民
Tel:13808042242

**成都嘉源兴商贸有限公司**
地址:四川省成都市金牛区九里堤北路大西南建材城7厅1－4号
负责人:罗长寿
Tel:13980631507

**成都龙跃劳务工程有限公司**
地址:四川省成都市金牛区九里堤村2组
负责人:林忠敏
Tel:028－88019760

**成都华唯家政服务有限公司**
地址:四川省成都市金牛区九里堤交大智能小区6期1栋1单元2－6号
负责人:刘文华
Tel:028－81684800

**四川百信教育发展有限公司**
地址:四川省成都市金牛区九里堤中路146号西南交大董事会培训中心2楼202－
负责人:马文霞
Tel:028－66150010

**四川省辽抚特钢经贸有限公司**
地址:四川省成都市金牛区量力钢材物流中心2区FA幢28号
负责人:郭宇
Tel:13904931394

**四川蓉建兴商贸发展有限公司**
地址:四川省成都市金牛区马鞍西路12号2幢6楼36号
负责人:杨彦

Tel:13881929919

**成都正基易业商贸有限责任公司**
地址:四川省成都市金牛区马河湾1号1－1－1
负责人:邱孝春
Tel:028－87663650

**成都勤友代理记账有限公司**
地址:四川省成都市金牛区马河湾21号3幢2单元6楼
负责人:邓春
Tel:028－85243122

**成都泰逸博士特工贸有限公司**
地址:四川省成都市金牛区马家花园路10号5楼
负责人:李荃
Tel:13308096029

**成都亿鑫美商贸有限公司**
地址:四川省成都市金牛区圃园南二路潮蓉苑2栋3单元4－13号
负责人:王方
Tel:028－80889916

**成都市久阳建筑机具租赁有限公司**
地址:四川省成都市金牛区泉水村11组
负责人:魏正全
Tel:13880663308

**成都欣科达商贸部**
地址:四川省成都市金牛区人民北路二段24号荷花庭园306号
负责人:章崇武
Tel:028－83388454

**成都鑫川光实业有限公司**
地址:四川省成都市金牛区蓉北商贸大道一段13号
负责人:罗宗舜
Tel:13008125076

**成都红蜻蜓贸易有限公司**
地址:四川省成都市金牛区蓉北商贸大道一段2号
负责人:吕统沧

**成都市星灿商贸部**
地址:四川省成都市金牛区三洞桥2号501－1号
负责人:文加勇
Tel:13688161038



**金牛区格润有害气体治理服务部**
地址:四川省成都市金牛区沙河源街道办事处长久村11组12号
负责人:杨保金
Tel:13060013685

**成都天平星广告传播有限公司**
地址:四川省成都市金牛区沙湾东一路4号1－3－4号
负责人:彭彬
Tel:13568866225

**成都市金雨石商贸有限公司**
地址:四川省成都市金牛区沙湾路63号
负责人:胡锦萍
Tel:13881861759

**成都冠美商贸有限公司**
地址:四川省成都市金牛区实业街1号
负责人:王雁
Tel:028－88016453

**成都富美家商贸有限公司**
地址:四川省成都市金牛区蜀汉路208号
负责人:冯晋东
Tel:13881860958

**成都智信商贸有限公司**
地址:四川省成都市金牛区蜀汉路239号
负责人:何建成
Tel:028－87523295

**成都和硕商贸有限公司**
地址:四川省成都市金牛区蜀汉路253号31－9号
负责人:闫文龙
Tel:13708020222

**成都美思展示设计制作有限公司**
地址:四川省成都市金牛区蜀汉路359号4栋3单元8号
负责人:何国旭
Tel:13881741671

**成都雄业商贸有限公司**
地址:四川省成都市金牛区蜀明东路西藏邮苑4幢1单元3号
负责人:何仕雄
Tel:028－87577488

**成都兴邦贸易有限公司**
地址:四川省成都市金牛区蜀明路6号
负责人:严安发
Tel:13308207162

**成都富翔货物仓储服务部**
地址:四川省成都市金牛区天回乡车站村3组
负责人:钟超富
Tel:13881929474

**新天农贸易有限公司**
地址:四川省成都市金牛区天回乡杜家碾村四组
负责人:汤正义
Tel:13908038411

**成都天回金华工贸开发有限公司**
地址:四川省成都市金牛区天回乡金华村7组
负责人:余池
Tel:028－83570999

**成都鑫众合仓储有限公司**
地址:四川省成都市金牛区天回乡太华村9组
负责人:杨德兵
Tel:028－87510234

**成都市金牛区君安汽车美容服务中心**
地址:四川省成都市金牛区同和路9号
负责人:李安荣
Tel:028－66871565

**宏程美工装饰部**
地址:四川省成都市金牛区同善路99号1幢4单元C2号
负责人:袁红成
Tel:028－88892386
13881745458

**成都永利亿豪实业有限公司销售部**
地址:四川省成都市金牛区文家后巷3号附7号
负责人:饶盈珍
Tel:028－87652138

**成都飙路斯贸易有限公司**
地址:四川省成都市金牛区五块石商贸大道38号
负责人:周万树
Tel:13880246621

**成都金禾兴商贸发展有限公司**
地址:四川省成都市金牛区五块石站西桥东街5号
负责人:杨开国
Tel:13708065994

**成都助邦进出口贸易有限公司**
地址:四川省成都市金牛区西安中路8－40号
负责人:覃勇
Tel:028－87771238

**四川谦益律师事务所**
地址:四川省成都市金牛区西安中路8－40号B座9层3、4号
负责人:张琦
Tel:13908035069

**四川四方联众传媒有限公司**
地址:四川省成都市金牛区西安中路8号豪瑞新界B座11－2号
负责人:范毓琪
Tel:028－88866369

**成都市友联达商贸有限公司**
地址:四川省成都市金牛区西北桥1号五丁苑1304号
负责人:钟香群
Tel:13981713906

**成都荣高盛咨询服务有限公司**
地址:四川省成都市金牛区西北桥东街6号附7号
负责人:许进
Tel:028－83150771

**四川艾蓬教育咨询策划有限公司**
地址:四川省成都市金牛区西林巷16号
负责人:张乃文
Tel:13908234019

**四川金点子税务师事务所有限责任公司成都分公司**
地址:四川省成都市金牛区乡农寺街59号金港大厦B1－701号
负责人:邓益权
Tel:028－87659900

**四川金府诚信物资有限公司一分公司**
地址:四川省成都市金牛区乡农寺文家巷1号华凌机电广场C区1号
负责人:吉玉军
Tel:13808032446

**成都卓维商贸有限责任公司**
地址:四川省成都市金牛区肖家村三巷11号
负责人:杜爱民
Tel:13982217042

**成都市金牛区光弘实业有限公司**
地址:四川省成都市金牛区肖家村一巷6号
负责人:詹定永
Tel:028－83922004

**成都市博瑞兴业房地产信息咨询有限公司星河店**
地址:四川省成都市金牛区星河路96号附9号6－2－6号
负责人:张林
Tel:028－87338804

**成都市鼎福企业发展有限公司**
地址:四川省成都市金牛区星辉中路16号3楼305号
负责人:余泸涛
Tel:028－83338867

**成都市卓嘉商贸有限公司**
地址:四川省成都市金牛区星辉中路7号
负责人:薛超
Tel:13880939068

**成都信使商务策划有限公司**
地址:四川省成都市金牛区一环路北四段102号
负责人:王全胜
Tel:13350061056

**成都学苑后勤服务中心**
地址:四川省成都市金牛区一环路北四段106号内星宇大厦
负责人:汪秀群
Tel:13980059533

**成都市金牛区艺达美工制作部**
地址:四川省成都市金牛区营门口路309号
负责人:陈军仲
Tel:028－87651373

**成都环发科技实业有限责任公司**
地址:四川省成都市锦江工业开发区琉新路潘家沟村
负责人:张玉祥
Tel:028－85918288

**成都市克多默企业管理咨询有限公司**
地址:四川省成都市锦江区东光村三组东怡苑4－4幢1楼2号
负责人:赖继勇
Tel:13980830690

**四川豪诚企业清算事务所有限公司**
地址:四川省成都市锦江区二环路东四段10－22号
负责人:曹爱武
Tel:13060035756

**成都天好管道维护中心**
地址:四川省成都市锦江区红星路一段157号附113号
负责人:刘建强
Tel:13708064725

**鼎盛工艺美术装饰设计工作室**
地址:四川省成都市锦江区青石桥北街51号26楼G座
负责人:张宜波
Tel:028－86730540
13980608063

**成都意达传统手工艺开发有限公司**
地址:四川省成都市锦江区上东大街101号泰华大厦18楼E座
负责人:蒋音
Tel:13880691289

**成都穿透力广告有限公司**
地址:四川省成都市锦江区上东大街139号9－38号
负责人:周南
Tel:028－89016905

**四川康明达贸易发展有限公司**
地址:四川省成都市锦江区暑袜北一街93号8－3－4号
负责人:黄小勇
Tel:13980027830

**成都金公主影视传媒广告制作中心**
地址:四川省成都市锦江区署袜北一街93号
负责人:王朝培
Tel:13684097523

**成都亿路达工贸有限责任公司**
地址:四川省成都市锦江区水碾河南街1号
负责人:冉小萍
Tel:028－84538860

**锦江区金恒物资经营部**
地址:四川省成都市锦江区天仙桥北路3号1－1幢1013号
负责人:付涛
Tel:028－86665768

**成都市方鼎房屋营销策划有限公司**
地址:四川省成都市锦江区天仙桥前街53号－109号，东顺城南街2号－20号
负责人:王慧敏
Tel:028－80895526

**成都红艳超市有限公司郫县第二分公司**
地址:四川省成都市郫县郫筒镇南街一段29－37号
负责人:陈良安
Tel:028－87886464

**天雨实业有限公司**
地址:四川省成都市青羊区二环路西二段84号金浦置业8楼
负责人:周利华
Tel:028－87366892
13086680919

**成都柯利企业咨询有限公司**
地址:四川省成都市青羊区鼓楼南街43号
负责人:陈先生
Tel:028－86619381
13320997411

**徐瑞服装设计制作室**
地址:四川省成都市青羊区苏坡乡苏坡中路83号
负责人:徐瑞宁
Tel:028－87469833
13658035418

**成都德盛助滤实业有限公司**
地址:四川省成都市青羊区太升南路288号3幢1单元9号
负责人:胡朝书
Tel:028－86748833
13908091884

**成都市新玉丹商贸有限公司**
地址:四川省成都市武侯区机投镇红运花园四期馨2－5幢3层A号
负责人:王凡
Tel:13060058330

**威威物业环境服务有限责任公司**
地址:四川省成都市肖家河街东2巷1号
负责人:陈经理
Tel:028－85171666
85172165
13908046732

**粤新美观达牙科器材有限公司**
地址:四川省成都市新都区大丰镇面丰大道245号
负责人:朱祥中
Tel:028－83910386
13980513807

**成都思创知识商务发展有限公司**
地址:四川省成都市永兴巷15号省政府综合楼508
负责人:徐杰迪
Tel:028－86080878
86522286

**兄弟家庭服务部**
地址:四川省德阳市岷山路2段124号
负责人:李英
Tel:0838－2365231
8994529

**德阳市绿源商贸有限公司**
地址:四川省德阳市市区城西副食品批发市场78号
负责人:李益英
Tel:0838－2821348
13547090680

**德阳市区永星装饰材料经营部**
地址:四川省德阳市市区华山北路一段193号
负责人:张历文
Tel:0838－2306118
13608109118

**广元市生辉贸易有限公司**
地址:四川省广元市东坝苴国路
负责人:鲜鹏
Tel:0839－2803128
13981298883

**乐山市宏岩子配件经营部**
地址:四川省乐山市峨边县新村路9号
负责人:韩章卫
Tel:0833－5224766
13981326276

**峨边彝族自治县杨村乡四坪加油站**
地址:四川省乐山市峨边彝族自治县杨村乡四坪村新街组
负责人:黄卫东
Tel:13708137800

**四海劳派遣有限公司**
地址:四川省眉山市东坡区商业街西段56号
负责人:陈国明
Tel:0833－8228333
13890338888

**新运建材经营部**
地址:四川省绵阳市城郊乡元通村四社
负责人:唐利均
Tel:0816－2341727
13708111801

**恒兴五交化经营部**
地址:四川省绵阳市涪城区剑门东路54号
负责人:梁仕兵
Tel:0816－2324225
13183431602

**绵阳城区恒昌滤网经营部**
地址:四川省绵阳市涪城区健门路27号
负责人:朱永均
Tel:0816－2332299
13890182378

**诚信家教家政服务部**
地址:四川省绵阳市涪城区临园路东段59号
负责人:刘佑强
Tel:0816－2238557
13881185060

**绵阳城区美艺广告装饰部**
地址:四川省绵阳市西山东路86号
负责人:谭刚
Tel:0816－2323576
6635882

**吴棉花加工门市部**
地址:四川省绵竹市剑南镇瑞祥路236号
负责人:吴毅
Tel:0838－6214793
13990262573

**南充市美达广告装饰部**
地址:四川省南充市顺庆区丝绸路3号
负责人:袁丁
Tel:0817－2795155

**东区金顺商贸部**
地址:四川省攀枝花市东区地龙井汽配市场144号
负责人:杜卫东
Tel:0812－3523893
13882320546

**兴隆装饰部**
地址:四川省攀枝花市东区倮果桥金江供销社内
负责人:邓世乔
Tel:0812－6620599
13518415393

**四川图腾实业有限公司什邡分公司**
地址:四川省什邡市方亭镇文化北街67号
负责人:刘世全
Tel:13881071215

**万源市前进加油站**
地址:四川省万源市万白路23公里处

……负责人：张培秀
……Tel：0818－8912567
13088148501

**七彩电脑调色中心**
地址：四川省宜宾市翠屏区西郊前进路 568 号
……负责人：沈川
……Tel：0831－8301137
13890999563

**宜宾市顺切房屋拆迁有限公司**
地址：四川省宜宾市南岸长江大道中段 19 号
……负责人：刘易钧
……Tel：0831－2338986
13018171632

**四川倍乐实业集团有限公司**
地址：四川省自贡市大山铺恐龙大道 88 号
……负责人：姜南
……Tel：0813－5805781
5801868
13088296666

**自贡宁沿贸易有限公司**
业务：自贡宁岩贸易有限公司，2006 年 8 月成立。主营产品是煤炭、甲醇、甲醛、金属冶炼产品、有色金属产品、钢材、矿山器材。
地址：四川省自贡市大安区盐都大道三和建材综合楼 2 层 2 区
……邮　编：643000
……法　人：刘志彬
……Tel：0813－2630777
……Fax：0813－2626867

**宜宾海昌猪皮贸易有限公司**
业务：收购、加工、销售猪皮、牛皮、羊皮、兔皮等
地址：四川省宜宾市翠屏区西郊东风居委会 25 号肉联厂
……负责人：施崇海　　邮　编：644000
……法　人：施崇海
……Tel：13990967327
0831－8271002

**自贡市宇泰贸易有限公司**
地址：四川省自贡市釜溪步行 A1－61
……负责人：毛兴才
……Tel：0813－8118006
13096206835

**自贡市自流井区光洪金属字牌制作经营部**
地址：四川省自贡市自流井区郭街皮革厂内
……负责人：王光红
……Tel：0813－2614851
13508176272

**自贡市汇东新区苗氏不锈钢批发部**
地址：四川省自贡市自流井区汇东路西段汇苑一层 3 号店面
……负责人：苗学良
……Tel：13890002710

**成都市鑫饰广告装饰有限公司**

成都市鑫饰广告装饰有限公司专业从事广告设计发布，室内外装饰设计施工。

您的满意是我们的追求，欢迎新老客户来电来函洽谈业务，共同发展！

联系人：石强　　电话：028-82312672
地址：四川省成都市崇州市崇阳镇西河社区三组　　邮编：610000

**成都佳泰实业发展有限责任公司**

成都佳泰实业发展有限责任公司主营电脑硬件的批发和网络工程。我公司秉承“顾客至上，锐意进取”的经营理念，坚持“客户第一”的原则为广大客户提供优质的服务。欢迎惠顾！

联系人：尹石军　13981968877
电话：028-85445008　66827932　　传真：028-85434580
地址：四川省成都市武侯区百脑会707室　　邮编：610041

**成都市纵锐商贸有限公司**

本公司一直致力于酒水、饮料的经营。
诚信为本，客户至上！
欢迎新老客户来电来人洽谈业务。

联系人：陈阔
电话：028-88778686
邮编：611530
地址：四川省成都市邛崃市临邛镇西郊路中段古川实业

**成都金博来商务有限公司**

金博来商务

成都金博来商务有限公司是一家热忱为广大企、事业单位进行全方位商务服务的综合性大型实力机构。本公司不但具有组织、策划、承办各种大型庆典仪式、展览展示、产品发布促销、开业竣工、乔迁剪彩、文艺演出、形象代言、商务礼仪、商务酒会等商务活动的实力和经验，而且可根据各企、事业单位的企业文化和商务要求进行剧目创作，为你制造更广泛的“影响力”。

联系人：黄朝文才　13808016700
电话：028-86929281　88067418
网址：www.cdjbl.cn　　电子邮件：cd.jbl@163.com
地址：四川省成都市红星路一段 9 号庆岭实业楼1号楼710号
邮编：610031

**南部县岱宗机械设备租赁有限公司**

南部县岱宗机械设备租赁有限公司成立于2007年。
主要从事塔吊出租。
欢迎广大客户来电，我们将竭诚为您服务！

联系人：马岱
电话：0817-5586797　13281933828
邮编：637300
地址：四川省南充市南部县南隆镇金牛街7号

www.brandnew.com.cn

**成都市奔流标识制作有限责任公司**

本公司成立于1998年，专业从事标识、标牌设计和制作。产品主要包括：室内外灯箱、标识，吸塑灯箱字，霓虹灯，橱窗图案，展览展示，激光雕刻，写真喷绘，丝网印刷，七色喷印，旗标、金属标牌腐刻等产品的设计制作。专业值得信赖，合作源于诚信。欢迎您的来电！

联系人：梁亮　　手机：13808005596
电话：028-86254069　　传真：028-86639291
地址：四川省成都市青羊区东城根中街52号　　邮编：610000

**平昌县永丰农资有限公司**

平昌县永丰农资有限公司从事种子，农药等农资的销售。公司坚持“以服务求效益，以诚信求发展”的经营宗旨，坚持专业、高效、双赢的服务理念，倾力把永丰农资公司打造成为中国农资企业品牌，更好地为“三农”服务，共创美好的明天。

联系人：何勇
电话：0827-6236631、13981661600
地址：四川省巴中市平昌县江口镇新华街南一巷30号　　邮编：636400

**成都市武侯区阳光民族用品经营部**

我经营部主营酥油、佛灯油和酥油灯油，我们秉承“顾客至上，锐意进取”的经营理念，坚持“客户第一”的原则为广大客户提供优质的服务。欢迎惠顾！

联系人：沈春林　　手机：13882120860
电话：028-85551577
地址：四川省成都市武侯区洗面桥横街17号副3号　　邮编：610000

**荣县林源商贸有限责任公司**

荣县林源商贸有限责任公司是一家从事煤炭销售、洗选；矿山器材；建筑材料；五金交电产品；钢材销售等业务的贸易企业。

“谁言寸草心，报得三春晖”林源员工将以优良的服务一流的品牌，兑现“给我一份真诚的信任，还您一个完美的承诺”以饱满的工作热情，一流的产品回报广大客户对林源的信任和一往情深的支持。

联系人：吴世忠
电话：0813-6222251　13990002669
地址：四川省自贡市荣县旭阳镇环城南路380号　　邮编：643000

## 荣县旭阳镇百家乐超市

荣县旭阳镇百家乐超市主要从事百货批发零售业，是一个综合性购物中心。我们的目标：以更低的价格、更高的质量、更低的成本、更好的服务来打造方便、快捷、休闲的实体网络超市。

客户至上，质量第一是我们恪守的理念，欢迎新老客户惠顾！

联系人：肖慈华　13990008658
电话：0813-6260406
邮编：643000
地址：四川省自贡市荣县旭阳镇西街

## 资中县大忠市场管理有限责任公司

资中县大忠市场管理有限责任公司成立于2004年。
主要从事市场管理、租赁。
欢迎您的光临，我们将竭诚为您服务！

联系人：陈大忠　电话：0832－5750115
地址：四川省内江市资中县高楼镇迎宾上街48号　邮编：641200

## 射洪县保河家政清洁服务部

射洪县保河家政清洁服务部成立于2004年，主要从事清洁服务。保河清洁企业宗旨：用一流的服务争取一流的信誉；用一流的技术取得一流的质量。

广交天下志士、合作、发展、共赢！

电话：0825－6601653　6838496　联系人：何家华
地址：四川省射洪县武安河华宁公寓　邮编：629200

## 四川利德劳务派遣有限公司

四川利德劳务派遣有限公司成立于2007，在全国及海外构建了人才培训交流、输送、派遣网络渠道，并与多家职业培训学校和机构积极联合建立了人才培训基地，公司专业法律顾问团无偿为就业人员和用工单位进行法律咨询和法律援助，竭诚为用工单位和就业人员提供就业信息服务平台。

联系人：王鹏

电话：0838-8263008、8263018、8263028
地址：四川省什邡市蓥华山南路　邮编：618400

## 西昌市硕丰物资有限公司

西昌市硕丰物资有限公司成立于2008年。
主要销售建筑材料、化工产品、粉煤灰、混凝土添加剂、水泥、工程机械等。

欢迎广大新老客户来电洽谈业务！

联系人：任吉松
电话：0834－3663130
邮编：615000
地址：四川省凉山彝族自治州西昌市文汇北路56号

欢迎来电

## 鑫融物资有限公司

鑫融物资有限公司成立于1991年。经营煤碳、建材、矿山器材等。

本公司秉承"顾客至上，锐意进取"的经营理念，坚持"客户第一"的原则为广大客户提供优质的服务。欢迎广大客户惠顾！

联系人：黄剑铭　13890532888
电话/传真：0832－8025888
地址：四川省内江市威远县严陵镇粮丰4社　邮编：642153

## 贵州省/Guizhou Province

**普定县利锋碳化硅制品厂**
地址：贵州省安顺地区普定县黔中酒厂内
……负责人：杨建忠
……Tel：0853－8225347

**安顺开发区百生工贸有限责任公司**
地址：贵州省安顺市开发区黔中车城5号楼2楼
……负责人：支白生
……Tel：13885383866

**贵阳通业商贸有限公司**
业务：贵阳通业商贸有限公司主要经营冷藏保鲜蔬菜。"质量保证，价格合理，信誉至上"，欢迎广大客户光临惠顾！
地址：贵州省贵阳市富源北路138号
……邮　编：550005
……法　人：李铁乃
……Mobile：0851－5530161

**安顺飞天广告有限公司**
业务：广告设计、广告制作、网页设计、媒体发布
地址：贵州省安顺市塔山西路68号
……负责人：杨培有　邮　编：561000
……法　人：杨培有
……Tel：0853－3329102

**贵州平坝县林卡香辣制品有限公司**
地址：贵州省安顺市平坝县马场镇林卡村
……负责人：周尔玉
……Tel：0853－4662208

**安顺广播电视网络中心普定经营部**
地址：贵州省安顺市普定县城关镇富强路体育场旁
……负责人：齐维良
……Tel：0853－8222697

**普定县质量技术监督协会**
地址：贵州省安顺市普定县城关镇解放路62号
……负责人：苏桂芳
……Tel：0853－8222696

**贵州省贵阳市高新区兴富达物资有限公司**
业务：贵阳高新兴富达物资有限公司成立于1997年，本公司拥有一批经过严格培训、高素质的管理和销售人员，内设大型行吊，货物堆放场地4000平方米，现货达3600余吨。公司宗旨是：以优质的产品占领市场，以低廉的价格、优良的售后服务赢得用户。
地址：贵州省贵阳市金关钢材市场E区号、B区81－83号
……邮　编：530008
……法　人：曾东林
……Tel：0851－4845566
4845009
4820937
……Fax：0851－4845566
……网址：zengvk@126.com

**赤水市蓝波广告装饰艺术社**
业务：广告发布、代理、制作
地址：贵州省赤水市市府路
……负责人：喻利平　邮　编：564700
……法　人：喻利平
……Tel：0852－2863702
……Fax：0852－2863702

**贵州庆贤科贸有限责任公司**
业务：贸易
产品：石化产品、沥青、办公用品、五金、劳保用品
地址：贵州省贵阳市云岩区文昌北路军子巷39号
……负责人：李贵川　邮　编：550000
……法　人：李贵川
……Tel：13595162487
0851－5252799

**安顺市黔中文化传播有限责任公司**
地址：贵州省安顺市市委大院安顺日报社内
……负责人：赖晓红
……Tel：13035585559

**安顺开发区犇牛发展有限公司**
地址：贵州省安顺市幺铺镇牛拉湾
……负责人：余大海
……Tel：13017096668

**毕节地区美邦物业管理有限责任公司**
地址：贵州省毕节地区毕节市桂花路14号
……负责人：郭兰
……Tel：0857－7108123

**贵州省毕节市雄海冶炼有限公司**
地址：贵州省毕节地区毕节市海子街镇平桥村
……负责人：孙铁雄
……Tel：13017062622

**贵州省开阳县景华农副产品批发有限公司**
业务：开阳县景华农副产品批发有限公司是全国唯一富硒之乡，专业从事富硒农特产品，粮油生产，批发零售果、蔬、茶、畜、禽、肉、水产，欢迎新老客户来电洽谈业务。
地址：贵州省贵阳市开阳县城关镇环城南路2号
……负责人：李连城……邮　编：550300
……法　人：李连城
……Tel：0851－7222646
……Fax：0851－7222646

**毕节地区春天故事企业策划有限公司**
地址：贵州省毕节地区毕节市环东路农校路口
……负责人：陈光
……Tel：0857－8220666

**六盘水恒源超市有限公司毕节恒源购物广场分公司**
地址：贵州省毕节地区毕节市解放中路三江城市花园A栋
……负责人：严金鹏
……Tel：0857－8225528

**六盘水市金鑫商贸有限公司**
业务：商贸
地址：贵州省六盘水市人民中路58号
……负责人：唐飞云　邮　编：553400
……法　人：唐飞云
……Tel：13158288822
0858－8105469

**毕节地区毕建工程有限责任公司**
地址：贵州省毕节地区毕节市兰苑广场242号
……负责人：陈建平
……Tel：13885710798

**贵州双龙实业发展有限公司**
业务：贵州双龙实业发展有限公司于2005年1月份经贵阳市工商局注册成立，拥有职工近千人，总资产2.5亿元，年销售收入近3亿元。是集原煤开采，黄磷、普钙、硫酸等化工生产，食品产业为一体的综合型企业集团。
地址：贵州省贵阳市新华路126号富中国际广场9楼A座
……邮　编：550002
……法　人：安之忠
……Tel：0851－8655780
……Fax：0851－8655785
……网址：www.gzsl.chinapyp.com

**毕节地区安源商贸有限责任公司**
地址：贵州省毕节地区毕节市天河路弘宗商住楼
……负责人：黄毅
……Tel：13885765681

**毕节地区创鑫贸易有限责任公司**
地址：贵州省毕节地区毕节市鸭池镇头步桥发电厂内
……负责人：李煜涵
……Tel：0857－8267511

**贵阳云岩东弋寄卖行**
业务：贵阳云岩东弋寄卖行承接：地产，房产，汽车，古玩；另代办公司，本寄卖行公平、公正，欢迎新老顾客光临惠顾。
地址：贵州省贵阳市云岩区友谊路88号
……负责人：陈勇……邮　编：550000
……法　人：陈勇
……Tel：0851－6752658
……Fax：0851－6905440

**遵义市致微护理服务有限公司**
业务:病员护送、病员护理
产品:老人起居料理、家政保洁、火车票、机票代理
地址:贵州省遵义市汇川区洗马路 43 号门面
负责人:马祖贵　邮　编:563000
法　人:马祖贵
Tel:0852－8888999
8879222

**贵州黔西县商会群力商务服务有限公司**
地址:贵州省毕节地区黔西县工商联办公室
负责人:冯蔚
Tel:0853－4243956

**林东矿务局华林贸易公司黔西县碧云分公司**
地址:贵州省毕节地区黔西县林泉镇山海村
负责人:周刚
Tel:13984710000

**织金县鸿鑫贸易有限责任公司**
地址:贵州省毕节地区织金县金中路 49 号
负责人:潘仁杰
Tel:0857－7625058

**贵州金盛源商贸有限公司**
业务:贵州金盛源商贸有限公司成立于 2002 年,主要经营产品有电器、日用百货、五金交化等。公司以不段提高老百姓的物资、文化生活质量为根本目的,为顾客提供好品质、平价的商品。
地址:贵州省贵阳市云岩区毓秀路 68 号佳和花园 16 楼 FG 座
邮　编:550002
法　人:雷梅先
Tel:0851－6832666
Fax:0851－6815464

**贵阳兴德隆商贸有限公司**
地址:贵州省贵阳市白云大道 53 号三桥综合批发市场南区 G 座 971 号
负责人:喻昆
Tel:13985157400

**贵阳白云鸿能劳动服务有限公司**
地址:贵州省贵阳市白云区白云南路 321 号(白云供电局内)
负责人:施楚华
Tel:0851－8123156

**凯里市华荣四季百货批发部**
业务:凯里市华荣四季百货批发部成立于 1999 年,从事日用百货的批发及零售。自成立之日起本着"质量保证,价格低廉"的运作策略,赢得了广大客户的广泛赞誉,欢迎选购、洽谈业务。
地址:贵州省凯里市隆丰商贸城 A 座临街 9 号门面
网址:556000
法　人:刘远华
Tel:0855－8510190
Fax:0743－2109111

**贵州五洲商贸有限公司**
地址:贵州省贵阳市白云区艳山红长安步行街 F 区
负责人:杨秀贵
Tel:13984838341

**贵阳云岩诚胜物资贸易有限公司**
地址:贵州省贵阳市茶店村三洞组廖高坡(贵工大后面)8 号
负责人:程胜军
Tel:0851－6720483

**贵州水城矿业(集团)鑫瑞工贸有限公司**
业务:公司生产:桶装水、锚杆、锚固剂、销售产品有:五金类、欢迎新老客户光临惠顾!
地址:贵州省六盘水市人民中路 4 号金三角小区
负责人:李敬让……邮　编:553022
Tel:0858－8231638
Fax:0858－6210357

**贵州省雷山县林化有限责任公司**
地址:贵州省贵阳市丹江镇固鲁村
负责人:潘志伟
Tel:13765553116

**贵州新视窗科贸有限公司**
地址:贵州省贵阳市都司大道中天广场 4 栋 8、9 层 2 号房
负责人:徐志欣
Tel:0851－5843132

**贵阳南明润霖物资有限责任公司**
地址:贵州省贵阳市纺织巷 43 幢 3 单元 4 层 1 号
负责人:朱克坚
Tel:13078571331

**贵州未来科技咨询有限公司**
地址:贵州省贵阳市富水中路 16 号天业大厦 B 栋 7 楼 6－7 号
负责人:汤明祥
Tel:0851－5812562

**遵义通安商贸有限责任公司**
业务:我公司成立于 1994 年,主要销售劳保产品,我们将以一流的质量、一流的服务宗旨竭诚为新老客户服务。
地址:贵州省遵义市红花岗区金银新村原粮店 1 号营业房
负责人:杨玉书……邮　编:563000
Tel:0852－8835619

**贵州世纪星光影业有限公司**
地址:贵州省贵阳市富水中路 8 号 4－5 层小影院
负责人:袁智伟
Tel:0851－8103210

**贵阳号海科技开发有限责任公司**
地址:贵州省贵阳市高新办事处三产二区 38 号
负责人:汪子淋
Tel:0851－6461751

**贵阳蓝火电脑商贸有限公司第一分公司**
地址:贵州省贵阳市公园西路 2 号市场 2 楼
负责人:邢宇
Tel:0851－5289072

**北京红一迅成科技有限公司贵阳分公司**
地址:贵州省贵阳市贵乌中路 249 号 1 单元 11 层 34 号
负责人:吕鑫
Tel:0851－6777767

**清镇恒沣物业管理有限责任公司**
地址:贵州省贵阳市海通金色家园小商品城左侧
负责人:陈静
Tel:13985146764

**贵州快客传媒广告有限公司**
地址:贵州省贵阳市河东路贡院巷 51 号
负责人:舒彬
Tel:13595189575

**娄底市天健高技术材料制造有限公司贵州分公司**
地址:贵州省贵阳市花溪大道北段 233 号 C 栋 4 单元 1 楼附 1 号
负责人:李细喜
Tel:13809479425

**贵阳诚驰贸易有限公司**
地址:贵州省贵阳市花溪大道中段 69 号
负责人:苏润秀
Tel:13985443616

**贵州天大航空航天物资有限公司**
地址:贵州省贵阳市花溪大道中段 69 号
负责人:王红园
Tel:13885035862

**贵阳恒兴源物资有限公司**
地址:贵州省贵阳市花溪大道中段 69 号(甘荫塘钢材市场内)
负责人:兰小江
Tel:0851－3819820

**贵州能基实业有限公司**
地址:贵州省贵阳市花溪区贵筑路 25 号
负责人:郑拓夫
Tel:0851－3851229

**贵州恒润焊网科技发展有限公司**
地址:贵州省贵阳市花溪区孟波乡改貌村
负责人:王金文
Tel:0851－5532101

**贵阳市花溪区食品药品行业协会**
地址:贵州省贵阳市花溪区园亭路 11 号
负责人:方玉萍
Tel:0851－3626544

**贵铁材料厂联华服务公司贵阳经营部**
地址:贵州省贵阳市浣沙路 3 号
负责人:杨茂
Tel:13984410000

**贵州淼鑫商贸有限公司**
地址:贵州省贵阳市浣沙路 73 号(商储大楼 16 楼 D、E 座)
负责人:简涵云
Tel:0851－6558158

**贵州乘风文化传播有限公司**
地址:贵州省贵阳市交易西巷 16 号(丰茂居 2－8－12 号)
负责人:何正能
Tel:13037864566

**贵州荣能资源开发有限公司**
地址:贵州省贵阳市解放路 196 号 1 单元 1 层 1 号
负责人:何荣伦
Tel:13984027486

**贵州古原民族文化交流有限公司**
地址:贵州省贵阳市金大路(贵州民族民俗博物馆内)
负责人:杨彦飞
Tel:0851－4485461

**贵阳东锐贸易有限公司**
地址:贵州省贵阳市金关钢材市场 F 区 16 号
负责人:鄢忠于
Tel:13984141034

**贵阳高新阳光经纪人事务所**
地址:贵州省贵阳市金阳知识经济产业园创业大厦 328 室
负责人:曾筑萍
Tel:0851－4700783

**开阳鑫盛物业管理有限公司**
地址:贵州省贵阳市开阳县城关镇紫江花园七号楼二号门面
负责人:吴道君
Tel:0851－7225956

**贵州开阳万源工贸有限公司**
地址:贵州省贵阳市开阳县双流镇白马村同心组
负责人:吴长兵
Tel:13955409129

**贵州开阳国华天鑫磷业有限公司**
地址:贵州省贵阳市开阳县双流镇新观山
负责人:孙继忠
Tel:13984199263

**贵阳花溪国通投资控股有限公司**
地址:贵州省贵阳市磊花路口
负责人:吕文忠
Tel:13985425511

**贵阳家乐物业管理有限公司**
地址:贵州省贵阳市南厂路 54 号 2 楼
负责人:杨彦明
Tel:0851－5840989

**贵州昌丽科技发展有限公司**
地址:贵州省贵阳市南明区宝山南路 185 号 3 栋 2 单元 2 号
负责人:范俊
Tel:13765001727

**贵州华生贸易有限责任公司**
地址:贵州省贵阳市南明区车水路 157 号
负责人:华康
Tel:13608554715

**贵阳志雄电力物资有限公司**
地址:贵州省贵阳市南明区都司路都市之星 1 栋 1 单元 26 层 1 号
负责人:郑志敏
Tel:0851－5872727

**贵阳鑫伟达贸易有限公司**
地址:贵州省贵阳市南明区都司路中天广场 D 座 10、楼 5 号
负责人:杨铁笔
Tel:13985570888

**万利贸易有限责任公司**
地址:贵州省贵阳市南明区法院街 31 号
负责人:代玉彬
Tel:0851－5811167
8716599

**贵阳皓冬广告有限公司**
地址:贵州省贵阳市南明区富水南路 4 号楼 1 单元 14 号
负责人:陈春桃
Tel:13087853152

**贵阳铭成科技有限公司**
地址:贵州省贵阳市南明区贵惠路 1 号 1 栋 9 楼附 2 号
负责人:陈文仲
Tel:13984145679

**贵州诚德贸易有限公司**
地址:贵州省贵阳市南明区花溪大道北段 560 号艺景春天 A 栋 1 单元 2 层 1 号
负责人:李永强
Tel:13885011184

**贵州润龙贸易有限公司**
地址:贵州省贵阳市南明区花溪大道南段 105 号
负责人:黄冰
Tel:13595155171

**贵州省博维航空设施管理有限公司**
地址:贵州省贵阳市南明区机场路 1 号
负责人:胡晓军
Tel:13985330097

**贵阳晶晶晶进出口有限公司**
地址:贵州省贵阳市南明区解放路 64 号 4 单元 5 号
负责人:张志国
Tel:13984069972

**贵阳福瑞工程机械租赁有限公司**
地址:贵州省贵阳市南明区蓝波湾巷 1 号 2 单元 26 楼 1 号
负责人:李瑞平
Tel:0851－5871776

**贵阳宏得利礼品经营部**
地址:贵州省贵阳市南明区青年路城南枫竹苑 B 幢 2 单元 2 楼 6 号房
负责人:常成人
Tel:13511956896

**贵阳金太阳影视文化传播有限公司**
地址:贵州省贵阳市南明区青云路 171 号(3 楼附 12 号)
负责人:蒲廷友
Tel:13595042263

**贵阳筑路捷物资贸易有限公司**
地址:贵州省贵阳市南明区沙冲北路 73 号
负责人:曾家萍
Tel:13595072191

**贵州君达科贸有限公司**
地址:贵州省贵阳市南明区神奇路 22 号粮贸大楼 12 楼 1209 号
负责人:宋丹
Tel:13638507378

**贵阳黔拓建设劳务有限责任公司**
地址:贵州省贵阳市南明区市东路 33 号万东商住楼 1－1－5－2 号
负责人:杨克元
Tel:13984411634

**贵阳黔平物资有限公司**
地址:贵州省贵阳市南明区蓑草路 98 号
负责人:邓黔平
Tel:13885006444

**贵州久隆物资贸易有限公司**
地址:贵州省贵阳市南明区蓑草路 98 号(东方金属材料交易市场 300 号)
负责人:袁曼妮
Tel:13985531420

**贵阳建红佳物资有限公司**
地址:贵州省贵阳市南明区蓑草路 98 号 C－1－6
负责人:潘学建
Tel:0851－5530466

**贵阳海鑫达商贸有限公司**
地址:贵州省贵阳市南明区外环东路 30 号 A 幢 1 单元 6 层 2 号
负责人:关俊
Tel:13765055926

**贵州中力源开发咨询服务有限公司**
地址:贵州省贵阳市南明区外环东路 37 号
负责人:杨嘉绪
Tel:0851－5980138

**贵阳可古摄影长廊**
地址:贵州省贵阳市南明区文昌南路 157 号附 6 号
负责人:张蔓
Tel:0851－8972736

**贵州世嘉联合营销有限公司**
地址:贵州省贵阳市南明区新华路 126 号富中国际广场 16 楼 F 座
负责人:徐罡
Tel:0851－5535555

**贵州筑金龙广告装饰有限公司**
地址:贵州省贵阳市南明区新华路 1 号中华商住楼 1 栋 18 楼
负责人:李毅
Tel:13809435355

**贵州裕玲实业发展有限公司**
地址:贵州省贵阳市南明区新华路 233 号(新华大厦 B 座 18 楼)
负责人:李佑本
Tel:13312200133

**贵州同和财务咨询有限公司**
地址:贵州省贵阳市南明区新华路 9 号乌江水电大厦 13 层 12 号
负责人:李贵新
Tel:0851－5784512

**贵州摩利达技术有限公司**
地址:贵州省贵阳市南明区新华路乌江大厦 14 层 09 号
负责人:李昆烨
Tel:13984054888

**贵州驰宇科技有限责任公司**
地址:贵州省贵阳市南明区兴隆街 8 号
负责人:晏家龙
Tel:0851－6571688

**贵阳嘉品贸易有限公司**
地址:贵州省贵阳市南明区银花巷银花家园 1－2 幢夹层 2 号
负责人:叶早平
Tel:0851－8101295

**贵州师力慧咨询服务有限公司**
地址:贵州省贵阳市南明区油榨街青年路 70 号骐宝苑 4 栋 4 单元 2 号
负责人:李桂英
Tel:0851－5589385

**贵州宏耀信息技术服务有限责任公司**
地址:贵州省贵阳市南明区云石巷大理小区润丰家园 9 栋 2 单元 2 层 2 号
负责人:陆洋
Tel:0851－5799900

**贵州四维广告策划有限公司**
地址:贵州省贵阳市南明区中华南路 20 号新大陆广场 24 层 3 号
负责人:王春梅
Tel:13885006444

**贵阳建文科技有限公司第一分公司**
地址:贵州省贵阳市南明区中华南路 20 号新大陆数码广场 2F216、A5
负责人:曾友红
Tel:0851－5820379

**贵州格林凯斯科技开发有限公司**
地址:贵州省贵阳市南明区中山东路 128 号贵阳神东大厦 6 楼 618 号
负责人:刘欣
Tel:13985566779

**贵州宏达林城彩屏传媒有限公司**
地址:贵州省贵阳市南明区钻石广场内 A－7－1 号
负责人:倪振忠
Tel:0851－5813599

**鸿飞家用电器维修部**
地址:贵州省贵阳市南阳区西湖巷 3 号
负责人:谌洪彪
Tel:0851－5930443
13312219018

**贵阳金易通物资贸易中心**
地址:贵州省贵阳市南岳路 67 号锦兴楼 A 幢 1 单元 2 层 4 号
负责人:雷远东
Tel:0851－8642528

**贵州黔西能辉能源开发有限公司**
地址:贵州省贵阳市黔金路 166 号
负责人:谭小青
Tel:13885752278

**贵州新艺轻工进出口有限公司**
地址:贵州省贵阳市黔灵东路 21 号 1 栋
负责人:李秀云
Tel:0851－6828080

**贵阳富尔达贸易有限公司**
地址:贵州省贵阳市黔灵西路华兴新村 4 幢 17 单元 6 层 3 号
负责人:张萍
Tel:13885189333

**清镇市焦化平价商场**
地址:贵州省贵阳市清镇市贵阳煤气气源厂退休办一楼
负责人:谢艳丽
Tel:0851－2561076

**贵州智宇水生动物开发有限公司**
地址:贵州省贵阳市清镇市红枫湖镇扁山村

负责人:敖忠智
Tel:0851－5835007

**贵州清镇鑫能工程贸易有限责任公司**
地址:贵州省贵阳市清镇市后午
负责人:柳邦家
Tel:0851－2593503

**清镇市青龙实业开发有限公司**
地址:贵州省贵阳市清镇市齐山路4号青龙办事处办公楼2楼
负责人:王家兴
Tel:0851－2527877

**贵州共好科技发展有限公司**
地址:贵州省贵阳市瑞金中路51号金商务大厦6楼
负责人:张凌
Tel:13608522655

**贵阳明和科技经营部**
地址:贵州省贵阳市瑞金中路51号商务大厦怡信数码科技港1层117号
负责人:赵超英
Tel:13087815290

**贵阳智诚圣泉实业有限公司**
地址:贵州省贵阳市三桥中坝路74号
负责人:李湘铭
Tel:0851－4845940

**贵阳金宏达贸易有限公司**
地址:贵州省贵阳市三桥综合批发市场内南区G座001－004号
负责人:金彪
Tel:0851－5570739

**贵州成泰商贸有限公司**
地址:贵州省贵阳市山林路75号D区2号
负责人:吴莉
Tel:0851－6508344

**贵阳利华科技有限公司**
地址:贵州省贵阳市神奇路154号
负责人:李敏
Tel:0851－8642528

**北京中联环工程股份有限公司驻贵阳办事处**
地址:贵州省贵阳市省府北街7号三单元401号
负责人:李成锋
Tel:0851－5252593

**贵阳大开元商贸中心**
地址:贵州省贵阳市省府北路9号
负责人:徐丽佳
Tel:13608510006

**贵州华虹医药网络技术有限公司**
地址:贵州省贵阳市省政府大院5号楼7层
负责人:康健
Tel:13984167919

**贵阳汇通源商贸有限公司**
地址:贵州省贵阳市蓑草路98号D－3－12
负责人:邬正云
Tel:13608510721

**贵阳白云龙盛祥物业有限公司**
地址:贵州省贵阳市同心东路(龚家寨办事处楼下)
负责人:古鸣
Tel:0851－4603222

**贵阳铭钢物资有限公司**
地址:贵州省贵阳市头桥路163号
负责人:严娟
Tel:0851－3710955

**贵州思瑞商贸有限公司**
地址:贵州省贵阳市汪家巷42号
负责人:郭庆
Tel:13985553615

**贵阳信利达商贸有限公司**
地址:贵州省贵阳市威清路270号6单元5层1号
负责人:李弘
Tel:13985569798

**贵州同安智能科技有限责任公司**
地址:贵州省贵阳市威清路83号商住楼A幢1层1－8号
负责人:王昀
Tel:0851－6686352

**贵阳市乌当区智首翀工贸有限责任公司**
地址:贵州省贵阳市乌当区高新办事处新添路150号
负责人:王新竺
Tel:0851－6300109

**贵阳金海源科技有限公司**
地址:贵州省贵阳市乌当区新天办事处顺海工业小区
负责人:袁振兴
Tel:0851－6842998

**晓敏汽车修理厂**
地址:贵州省贵阳市乌当区新添寨马陇坝
负责人:闵胜利
Tel:0851－6300838
13078587998

**贵州枫华物业管理服务有限公司**
地址:贵州省贵阳市西瓜村东山垭口
负责人:周正祥
Tel:13985509937

**息烽华信超市**
地址:贵州省贵阳市息烽县永靖镇北门桥
负责人:王伦朴
Tel:0851－7728868
13511977436

**贵州息烽同创贸易有限公司**
地址:贵州省贵阳市息烽县永靖镇福利桥
负责人:路绍国
Tel:13885099980

**贵阳深嘉华物业管理有限公司**
地址:贵州省贵阳市小河区长江路8号
负责人:张建军
Tel:0851－3838277

**贵阳舜天华信数控刃具有限公司**
地址:贵州省贵阳市小河区贵阳矿山机械厂服务公司内
负责人:苏永宏
Tel:13885128686

**贵州健友科技有限公司**
地址:贵州省贵阳市小河区金竹镇贵州朝晖厂9栋
负责人:郭晶
Tel:13985565167

**贵州东欣贸易有限公司**
地址:贵州省贵阳市小河区漓江路兴隆花园A栋1单元5楼13号
负责人:薛亚男
Tel:13608591910

**贵阳森诚劳务服务有限公司**
地址:贵州省贵阳市小河区香江路8号
负责人:林永生
Tel:0851－8316019

**四川省大通华实业有限责任公司贵阳分公司**
地址:贵州省贵阳市小河区中曹司汽车超市
负责人:梁峰
Tel:0851－3816955

**贵阳景顺通实业有限公司**
地址:贵州省贵阳市小河区珠显巷26号
负责人:张羽英
Tel:0851－5530167

**贵州耀德贸易有限公司**
地址:贵州省贵阳市新天办事处环溪路10号
负责人:孙忠岚
Tel:0851－5833026

**贵州锐迪贸易有限公司**
地址:贵州省贵阳市新添大道南段289号(中天花园玉兰园E座4－9－2号)
负责人:王邵江
Tel:13984810177

**贵阳锦江源贸易有限公司**
地址:贵州省贵阳市兴关路11号2单元2层2号
负责人:陈永江
Tel:0851－8642528

**贵阳正信科技发展有限公司**
地址:贵州省贵阳市星云家电城D栋2楼6号
负责人:吴旭东
Tel:13984352288

**贵州怡和祥实业有限公司**
地址:贵州省贵阳市延安中路1号(虹祥大厦)23层A座
负责人:朱荣平
Tel:0851－5213019

**贵州中元工贸有限公司**
地址:贵州省贵阳市盐务街百草巷13号附1号
负责人:杨学中
Tel:0851－6824196

**贵州华祥技术设备有限公司**
地址:贵州省贵阳市银花巷5号
负责人:李忠华
Tel:13885056377

**贵州联创置业投资有限公司**
地址:贵州省贵阳市毓秀路68号(佳和花园)综合楼9层FG号
负责人:罗信余
Tel:0851－8655769

**贵阳恒易德贸易有限公司**
地址:贵州省贵阳市岳英街35号付9号1层
负责人:冯木兰
Tel:13984375382

**贵州斯达力特科技有限公司**
地址:贵州省贵阳市云岩区安云路20号
负责人:杨发平
Tel:0851－6852116

**贵州迅宏科技有限公司**
地址:贵州省贵阳市云岩区八鸽岩路121号3楼
负责人:严成松
Tel:13885129764

**贵州久固基础工程有限责任公司**
地址:贵州省贵阳市云岩区白云大道201号
负责人:王琳瑞
Tel:13037878781

**贵阳通柯贸易有限公司**
地址:贵州省贵阳市云岩区北京路169号
负责人:袁莉
Tel:13809416891

**贵州驰翔商贸有限公司**
地址:贵州省贵阳市云岩区长冲路40号14栋3单元9号
负责人:高伟
Tel:13007881566

**贵阳云岩竹梅庆典彩球经营部**
地址:贵州省贵阳市云岩区东新路86号2单元
负责人:罗秋
Tel:13885057529

**贵州骏网联合科技有限公司**
地址:贵州省贵阳市云岩区富水中路恒生大厦21层1号
负责人:覃真明
Tel:13087819919

**贵阳花蕾企业咨询有限公司**
地址:贵州省贵阳市云岩区改茶路4号3单元4楼附1号
负责人:白咏玉
Tel:0851－8756787

**贵阳雅温出入境服务有限公司**
地址:贵州省贵阳市云岩区公园北路金沙花园5号
负责人:张跃萍
Tel:0851－6574884

**贵阳凌宇科技有限公司**
地址:贵州省贵阳市云岩区公园西路12号
负责人:沙建生
Tel:0851－5288097

**贵阳宏宇企业策划工作室**
地址:贵州省贵阳市云岩区贵乌中路55号
负责人:蔡俊
Tel:13985431250

**贵州奇茂科技发展有限公司**
地址:贵州省贵阳市云岩区浣沙路104号A幢15层2号
负责人:刘茂江
Tel:13885130527

**贵阳同辉煌贸易有限公司**
地址:贵州省贵阳市云岩区瑞金北路50号204室
负责人:陈林楷
Tel:0851－6577177

**艾肯萨研究有限公司驻贵州代表处**
地址:贵州省贵阳市云岩区陕西路12号B幢1单元802号
负责人:林玛丽
Tel:0851－5806749

**六盘水正畅劳务务有限责任公司**
业务:劳务派遣、职业培训、就业咨询、商务咨询、劳务服务、物业服务、代办保险服务、房产中介、职业介绍、婚姻介绍、家教服务
地址:贵州省六盘水市钟山区向阳南路3号黄土坡工商所内
负责人:汪素朴　邮　编:553000
法　人:汪素朴
Tel:13985931788
0858－8200855

**贵州春秋拍卖有限责任公司**
地址:贵州省贵阳市云岩区陕西路8号
负责人:李鹏
Tel:13885057188

**贵州恒星广告有限公司**
地址:贵州省贵阳市云岩区省府北街9号
负责人:黄霍
Tel:13608502700

**贵州天昊广告有限公司**
地址:贵州省贵阳市云岩区省府路8号外贸粮油大厦5楼
负责人:郑雨
Tel:0851－5804299

**贵州明大科技发展有限公司**
地址:贵州省贵阳市云岩区市北路72号2单元4－1
负责人:叶显军
Tel:13511908988

**贵阳英燕贸易有限公司**
地址:贵州省贵阳市云岩区市西路99号(登高商城)1单元6层23号
负责人:李燕
Tel:0851－5217129

**贵州同力特科技发展有限公司**
地址:贵州省贵阳市云岩区外环东路202号2单元
负责人:梅郾玉
Tel:0851－5612208

**贵州远图经济发展有限公司**
地址:贵州省贵阳市云岩区相宝山照壁巷58号
负责人:白艳菊
Tel:13985130311

**贵阳蓝翼广告有限公司**
地址:贵州省贵阳市云岩区延安东路20号
负责人:赵彻
Tel:13984125658

**贵阳新天世纪广告有限公司**
地址:贵州省贵阳市云岩区延安中路105－2号6楼
负责人:姜涛
Tel:13608580596

**特百惠(中国)有限公司贵阳办事处**
地址:贵州省贵阳市云岩区延安中路1号虹祥大厦12楼E座
负责人:胡桃
Tel:0851－5213395

**贵州俊杰青年人才服务有限责任公司**
地址:贵州省贵阳市云岩区延安中路37号团省委大院内
负责人:何宜友
Tel:0851－6571360

**贵州泰怡投资有限公司**
地址:贵州省贵阳市云岩区毓秀路68号(佳和花园)综合楼9层FG号
负责人:王树民
Tel:0851－8655769

**贵阳威特商贸有限公司**
地址:贵州省贵阳市云岩区枣山路11号
负责人:龚明
Tel:13984108377

**贵阳光彩之星商务有限公司**
地址:贵州省贵阳市云岩区正新街2号
负责人:程文
Tel:0851－5812952

**贵州世纪长飞光缆销售有限公司**
地址:贵州省贵阳市云岩区中华北路109号
负责人:孙林
Tel:0851－6820218

**贵州京朋物资贸易有限公司**
地址:贵州省贵阳市云岩区中华北路208号24层B座
负责人:徐冠卿
Tel:13809412289

**贵阳英瑞奇科技发展有限公司**
地址:贵州省贵阳市云岩区中华北路327号3栋1单元9号
负责人:范波
Tel:13087815290

**贵州瑞实经贸有限公司**
地址:贵州省贵阳市云岩区中华中路117号龙港国际中心东楼23－B
负责人:朱艳
Tel:13985511688

**贵阳意图设计有限公司**
地址:贵州省贵阳市云岩区中山大厦A幢十四单元D1户型144号房
负责人:杨昆
Tel:0851－5815221

**贵阳韵飞扬广告有限公司**
地址:贵州省贵阳市云岩区筑新巷2幢1单元4号
负责人:罗友洁
Tel:0851－6787959

**贵州三德利科技开发有限公司**
地址:贵州省贵阳市枣山路贵运客房部6楼
负责人:张元刚
Tel:13985133105

**贵阳天太物资回收股份合作公司宅吉门市部**
地址:贵州省贵阳市宅吉村永安寺街82号
负责人:周建华
Tel:0851－5285605

**金沙县企业国有资产投资管理有限责任公司**
地址:贵州省贵阳市政府大院内
负责人:周昭寿
Tel:0851－7221390

**贵阳河山科技发展有限公司**
地址:贵州省贵阳市中曹路51号
负责人:朱晓鸿
Tel:13806005482

**贵州希望科技发展有限责任公司**
地址:贵州省贵阳市中华南路176号(新大陆广场11楼A座)
负责人:孙士平
Tel:13984149000

**贵州长久工贸有限公司**
地址:贵州省贵阳市中华南路20号新大陆广场13楼B座
负责人:曾建良
Tel:0851－5203383
13984327269

**贵阳富豪特科技有限公司**
地址:贵州省贵阳市中华中路8号(时代广场名仕楼)15层B座
负责人:余贵华
Tel:0851－5801828

**贵州福信达商贸有限公司**
地址:贵州省贵阳市遵义路9号海关大楼第八层8003室
负责人:陶津笛
Tel:13037828818

**铜仁市博宇传媒有限公司**
业务:专业从事LED室内外全彩屏;单双色显示屏、条屏、户外广告制作、影视拍摄制作、展览布置、整合营销策划、各种SP活动策划、广告发布、平面设计、企业形象策划、活动庆典。我们拥有先进的设备和杰出的设计、制作团队，确保客户获得优越的一站式解决方案,全面满足客户多方面的户外广告需求。
产品:LED显示屏、广告视频播放、户外广告制作
地址:贵州省铜仁市锦江广场北侧迎春居3幢2楼
负责人:李经理　邮　编:554300
法　人:李小海
Tel:0856－5211122
13638119185
Fax:0856－5238208
E-mail:www.bygs88.cn

**贵州飞龙松针系列产品开发有限责任公司**
地址:贵州省六盘水市德坞镇百鹤村8组
负责人:杨西昆
Tel:0858－8680413

**盘县保安服务有限公司**
地址:贵州省六盘水市城关镇玉阳路(县公安局办公楼内)
负责人:周开祥

…… Tel:0858－3237036

**六盘水市钟山开发区升立机械租赁经营部**
地址:贵州省六盘水市川心小区(法院集资楼19号)
…… 负责人:李大生
…… Tel:0858－8103028

**钟山区人民政府城市征地拆迁办公室**
地址:贵州省六盘水市凤凰新区指挥部
…… 负责人:王启顺
…… Tel:0858－8692484

**六盘水利丰贸易有限公司**
地址:贵州省六盘水市荷城东路2号
…… 负责人:华峯
…… Tel:13096881002

**六盘水市钟山区神舟经贸有限公司**
地址:贵州省六盘水市凉都大道74号
…… 负责人:李易蔚
…… Tel:13985919999

**六盘水凉都矿泉水有限公司**
地址:贵州省六盘水市六枝平寨镇云桥路
…… 负责人:陈帮卫
…… Tel:13985924781

**六枝特区鸿宇能源信息有限公司**
地址:贵州省六盘水市六枝特区安水路(福利汽配公司五楼)
…… 负责人:龚洪光
…… Tel:0858－5320980

**贵州省六枝特区永盛冶炼有限公司**
地址:贵州省六盘水市六枝特区那平路(世外源楼下)
…… 负责人:姚湘邵
…… Tel:0858－5326877

**六盘水华维科工贸有限责任公司**
地址:贵州省六盘水市明湖路1号
…… 负责人:李国健
…… Tel:0858－8295042

**好乐多超市**
地址:贵州省六盘水市盘县火铺镇火铺村工商所楼下
…… 负责人:蒋国平
…… Tel:13595884011

**中国贵州国际经济技术合作公司盘县分公司**
地址:贵州省六盘水市盘县松河火车站货场对面
…… 负责人:蒋泽永
…… Tel:0858－8680731

**六盘水天马粮油贸易有限公司**
地址:贵州省六盘水市区府东路13号
…… 负责人:赵杨均
…… Tel:0858－8226969

**六盘水金六发商贸实业有限公司**
地址:贵州省六盘水市水城县发耳乡电力公寓
…… 负责人:胡在春
…… Tel:13885803008

**水城黔纬煤炭技术咨询服务有限公司**
地址:贵州省六盘水市水城县双水新区
…… 负责人:李武
…… Tel:0858－2150236

**六盘水北斗星咨询服务有限公司**
地址:贵州省六盘水市向阳南路3号楼401室
…… 负责人:白羽丰
…… Tel:0858－8200916

**六盘水比德锰业开发有限公司**
地址:贵州省六盘水市钟山中路人大综合楼
…… 负责人:周纯
…… Tel:0858－8694362

**六盘水凯达鑫工贸实业有限公司**
地址:贵州省六盘水市钟山中路人大综合楼十二楼
…… 负责人:黄学军
…… Tel:0858－8964348

**从江县远征锰业有限公司**
地址:贵州省黔东南苗族侗族自治州从江县丙妹镇江东路
…… 负责人:赵士发
…… Tel:0855－6417000

**贵州省黄平恒昌磨料有限公司**
地址:贵州省黔东南苗族侗族自治州黄平县黄平县谷陇工业园区
…… 负责人:张新腾
…… Tel:13885503688

**黄平县华融实业有限公司**
地址:贵州省黔东南苗族侗族自治州黄平县新州镇西门街
…… 负责人:袁建明
…… Tel:13885571171

**剑河县南高预制厂**
地址:贵州省黔东南苗族侗族自治州剑河县南高村
…… 负责人:杨睦珠
…… Tel:13595519949

**黔东南州红宇保健饮食服务有限责任公司**
地址:贵州省黔东南苗族侗族自治州凯里市红洲路51号
…… 负责人:曾纪长
…… Tel:0855－8263113

**黔东南州天力实业有限公司汽车维修中心**
地址:贵州省黔东南苗族侗族自治州凯里市环城东路国税基地
…… 负责人:彭坤荣
…… Tel:0855－8249169

13885595888

**黔东南州恒丰实业有限责任公司**
地址:贵州省黔东南苗族侗族自治州凯里市宁波西路3号
…… 负责人:郑根发
…… Tel:0855－8533189

**黎平县洪州加油站**
地址:贵州省黔东南苗族侗族自治州黎平县洪州镇
…… 负责人:梅橙泗
…… Tel:0855－6286777

**榕江县丰源有限责任公司**
地址:贵州省黔东南苗族侗族自治州榕江县古州北路56号
…… 负责人:吴子刚
…… Tel:0855－6622035

**贵州甘力木业有限公司**
地址:贵州省黔东南苗族侗族自治州榕江县古州镇石灰厂村
…… 负责人:唐礼红
…… Tel:0855－6625628

**贵州省天柱县国有资产经营开发有限责任公司**
地址:贵州省黔东南苗族侗族自治州天柱县凤城镇凤山路17栋1号
…… 负责人:吴常刚
…… Tel:0855－7523668

**黔南州红旗科技有限公司**
地址:贵州省黔东南苗族侗族自治州文峰路壹号
…… 负责人:周寿环
…… Tel:0854－8884446

**镇远县产权交易中心**
地址:贵州省黔东南苗族侗族自治州舞阳镇共和街
…… 负责人:赵树建
…… Tel:0855－3873311

**镇远县联荣乙炔氧气厂**
地址:贵州省黔东南苗族侗族自治州镇远县青溪镇慢坡
…… 负责人:杨宗彪
…… Tel:0855－5810169

**镇远县黔东废旧物资经营部**
地址:贵州省黔东南苗族侗族自治州镇远县青溪镇慢坡
…… 负责人:陈登建
…… Tel:0855－5810199

**都匀恒鑫商贸有限责任公司**
地址:贵州省黔南布依族苗族自治州都匀市广惠路筑匀大厦16层—3号
…… 负责人:肖文辉
…… Tel:13985756227

**黔南州雄天经贸有限公司**
地址:贵州省黔南布依族苗族自治州都匀市剑江北路70号
…… 负责人:王绍瑚
…… Tel:0854－8331975

**福泉市桂田焦化厂**
地址:贵州省黔南布依族苗族自治州福泉市牛场镇桂花村
…… 负责人:梁正明
…… Tel:0854－6388416

**贵州爱家乐购物中心贵定店**
地址:贵州省黔南布依族苗族自治州贵定县中山西路163号
…… 负责人:李金国
…… Tel:0854－5225222

**荔波县中医院后勤服务部**
地址:贵州省黔南布依族苗族自治州荔波县玉屏镇市场路32号
…… 负责人:夏配明
…… Tel:0854－3616183

**织金县香江新能源投资开发有限公司**
地址:贵州省黔南布依族苗族自治州政府大院内
…… 负责人:冯波
…… Tel:13926478855

**册亨县三江船舶普通货物代理有限责任公司**
地址:贵州省黔西南布依族苗族自治州册亨县八渡镇八渡港
…… 负责人:杜磊
…… Tel:13908592726

**册亨县泰腾房地产开发有限责任公司**
地址:贵州省黔西南布依族苗族自治州册亨县者楼镇顺城路79号
…… 负责人:罗国标
…… Tel:0859－4210196

**榕江县物资贸易有限责任总公司**
地址:贵州省黔西南布依族苗族自治州古州镇古州北路67号
…… 负责人:左祥
…… Tel:0854－6622843

**普安县普兴担保中心**
地址:贵州省黔西南布依族苗族自治州普安县盘水镇民主街2号
…… 负责人:刘志宏
…… Tel:0859－7232557

**普安县武装部招待所**
地址:贵州省黔西南布依族苗族自治州普安县盘水镇西街101号
…… 负责人:刘有良
…… Tel:0859－7232063

**兴义市卓越科技中心**
地址:贵州省黔西南布依族苗族自治州兴义市黄草办盘江路1号
…… 负责人:郑桂珍
…… Tel:13985394222

**兴义市稻丰物业管理有限公司**
地址:贵州省黔西南布依族苗族自治州兴义市黄草办沙井街3号
…… 负责人:马明成
…… Tel:0859－3222149

**兴义市翔力工贸有限公司**
地址:贵州省黔西南布依族苗族自治州兴义市桔山办丰源一巷26号
…… 负责人:肖安力
…… Tel:13985110508

**黔西南州金城购物有限责任公司**
地址:贵州省黔西南布依族苗族自治州兴义市桔山瑞金路金城大厦
…… 负责人:熊艳平
…… Tel:0859－2212688

**兴义市万兴焦化厂**
地址:贵州省黔西南布依族苗族自治州兴义市万屯镇下坝村
…… 负责人:魏依全
…… Tel:0859－3560788

**黔西南州玮博实业有限责任公司**
地址:贵州省黔西南布依族苗族自治州兴义市向阳路24号
…… 负责人:王玮
…… Tel:13985093240

**沿河土家族自治县顺达汽车租赁有限公司**
地址:贵州省铜仁地区和平镇解放中路57号
…… 负责人:王勇
…… Tel:0856－8228878

**玉屏县南方工程技术服务部**
地址:贵州省铜仁地区人民路442号
…… 负责人:江常飞
…… Tel:0856－3221679

**印江土家族苗族自治县鹏展预制构件有限责任公司**
地址:贵州省铜仁地区印江土家族苗族自治县峨岭镇梵净山路
…… 负责人:李雪鹏
…… Tel:13765606000

**印江土家族苗族自治县金鹰广告有限公司**
地址:贵州省铜仁地区印江土家族苗族自治县盐业公司二楼(柏香林)
…… 负责人:吴光琼
…… Tel:0856－6225470

**玉屏侗族自治县江发综合开发有限公司**
地址:贵州省铜仁地区玉屏侗族自治县平溪镇舞阳村凉水井
…… 负责人:杨长江
…… Tel:13885622222

**铜仁地区仁和物业管理有限责任公司**
地址:贵州省铜仁市北关路80号
…… 负责人:黄勇
…… Tel:0856－5934696

**铜仁天阳科技服务有限公司**
地址:贵州省铜仁市环西路71号
…… 负责人:梁成海
…… Tel:13638566819

**遵义市恩纳杰科技开发有限责任公司**
地址:贵州省遵义地区碧云路清真寺2号附19号
…… 负责人:骆虎
…… Tel:13985207000

**遵义市金杜谋略管理咨询有限责任公司**
地址:贵州省遵义地区红花岗区碧云路506号201室
…… 负责人:刘滨
…… Tel:13595203777

**贵州中正拍卖有限公司遵义分公司**
地址:贵州省遵义地区新华路48号(天利广场写字楼602室)
…… 负责人:杨冰涛
…… Tel:0852－8213986

**赤水市国家税务局信息中心**
地址:贵州省遵义市公园路
…… 负责人:刘齐夏
…… Tel:0852－2821233

**吉星商贸有限责任公司**
地址:贵州省遵义市广东省深圳市路
…… 负责人:刘汉刚
…… Tel:0852－8671360

**遵义市德利矿业贸易有限公司**
地址:贵州省遵义市红花岗区长征镇民主村内
…… 负责人:王明义
…… Tel:13984221248

**遵义源规广告装饰工程有限公司**
地址:贵州省遵义市红花岗区丁字口(农资大楼)
…… 负责人:刘斌
…… Tel:13017496677

**遵义市宏利寄卖有限责任公司**
地址:贵州省遵义市红花岗区火车站外环路9号门面
…… 负责人:刘礼堂
…… Tel:13708503195

**遵义市黔兴油脂有限责任公司**
地址:贵州省遵义市红花岗区南关镇护城村
…… 负责人:朱德祥
…… Tel:0852－8428222

**杨华物资经营部**
地址:贵州省遵义市红花岗区万福桥钢材市场C41－2号门面
…… 负责人:李太娥
…… Tel:0852－8826768
13595248816

**遵义华特物资贸易有限公司**
地址:贵州省遵义市红花岗区延安路288号
…… 负责人:洪碧丰
…… Tel:0852－8866998
13908521203

**延安路法律服务所**
地址:贵州省遵义市红花岗区中华北路总会庙巷1号
…… 负责人:黎博之
…… Tel:13007875022

**工艺美术厂照相部**
地址:贵州省遵义市红花岗区中华路上杨家巷10号
…… 负责人:王光华
…… Tel:0852－8837321
13096742038

**贵州长征伊海科技有限公司**
地址:贵州省遵义市红花岗区忠庄高新技术产业区
…… 负责人:李勇
…… Tel:0852－8626589

**贵州互邦饲料科技有限责任公司**
地址:贵州省遵义市汇川区九节滩
…… 负责人:李章强
…… Tel:0852－8625863

**遵义市宏业物业管理有限公司**
地址:贵州省遵义市汇川区南京路宏业家苑写字楼
…… 负责人:余晓军
…… Tel:13984271616

**贵阳科仪化玻有限公司遵义经营部**
地址:贵州省遵义市汇川区深圳路美佳乐广场二楼
…… 负责人:阮新民
…… Tel:0852－3110928

**遵义帝恒创意设计有限公司**
地址:贵州省遵义市汇川区香港路水钢综合楼6楼
…… 负责人:袁御
…… Tel:0852－8638220

**武安市润源经贸有限公司**
地址:贵州省遵义市火车站北
…… 负责人:王润平
…… Tel:0852－5569736

**虹桥贸易有限责任公司**
地址:贵州省遵义市开发区杭州路74号
…… 负责人:王新明
…… Tel:0852－8971120
13508510538

**遵义市迈卡汽车服务有限公司**
地址:贵州省遵义市上海路路岛花园42号
…… 负责人:翁远丽
…… Tel:0852－8648338

**遵义凯乐铆索具工贸有限责任公司**
地址:贵州省遵义市桃溪路47号
…… 负责人:杨洪凯
…… Tel:13508518395

**武安市同利源加油站**
地址:贵州省遵义市武安市同利源加油站南环路中段路南
…… 负责人:于澄清
…… Tel:0852－5553629

**铜仁市鑫盛商贸有限责任公司**
业务:美的电器铜仁地区销售总代理,经营品种齐全、品质保证、销售安装一步到位、售后服务完善。我们始于客户需求,终于客户满意,竭诚欢迎您的光临!
产品:美的整体厨卫产品、美的净水设备产品、美的空气能热水机产品、天禾电磁高频灶产品
地址:贵州市铜仁市东太大道时代商汇旁金色港湾E栋202室
…… 负责人:肖先生　邮　编:554300
…… 法　人:周全荣
…… Tel:0856－5239339
…… Fax:0856－5239339
…… E-mail:879607007@qq.com

**遵义久龙商贸有限责任公司**
业务:遵义久龙商贸有限责任公司成立于1999年,公司主要经营机电产品、橡胶制品、化工产品、五金工具、水泥机械、输送设备、劳保用品、润滑油等。欢迎新老客户惠顾。
地址:贵州省遵义市延安路376－378号
…… 邮　编:563000
…… 法　人:孟令会
…… Tel:0852－8859069
…… Fax:0852－8859069

**遵义宝光能源有限责任公司**
地址:贵州省遵义市香港路(农行汇川支行三楼)
…… 负责人:刘毅
…… Tel:13984270749

**遵义县众星保养场**
地址:贵州省遵义市遵义县南白镇西大街北段421号
…… 负责人:张德义
…… Tel:0852－7722488

## 贵阳市南明区兴长建材经营部

贵阳市南明区兴长建材经营部成立于2007年，主要从事各类建筑材料的批发业务。

我经营部秉承“顾客至上，锐意进取”的经营理念，坚持“客户第一”的原则为广大客户提供优质的产品。欢迎惠顾！

联系人：谢新乐
电话：13608599158 13984878289
地址：贵州省贵阳市营盘路朗晴小区 邮编：550002

## 明瑞物资贸易有限公司

明瑞物资贸易有限公司主要从事机械、电子设备批发业，主要产品有二三类机电产品，五金交电，电缆电线，管件，钢材，日用百货，化工产品。

我公司秉承“顾客至上，锐意进取”的经营理念，坚持“客户第一”的原则为广大客户提供优质的服务。

欢迎惠顾！

联系人：孙明海 13809463900
电话：0851－6507509
邮编：550000
地址：贵州省贵阳市云岩区山林路75号

## 遵义市汇利贸易有限公司

遵义市汇利贸易有限公司成立于2006年，主要从事铁合金系列产品和矿产品的生产销售。

公司一贯坚持“质量第一,用户至上,优质服务,信守合同”的宗旨,凭借着高质量的产品,良好的信誉,优质的服务,产品畅销全国，竭诚与国内外商家双赢合作,共同发展,共创辉煌!

电话：0852-8466577
联系人：王兰慧 13368528804 传真：0852-8466577
地址：贵州省遵义市红花岗区南舟路舟水桥建设银行旁 邮编：563004

## 贵州欧鹏商贸有限公司

贵州欧鹏商贸有限公司成立于2007年，本公司主要经营工艺礼品,促销礼品,纪念邮票,纪念钱币,证件证书,书刊画册,包装装潢,台历挂历,徽章奖牌,广告礼品,品牌制服,品牌工作服,办公用品,品牌西装,品牌职业装,进口休闲食品。

公司秉承"顾客至上，锐意进取"的经营理念，坚持"客户第一"的原则为广大客户提供优质的服务。欢迎惠顾！

联系人：欧世程
电话：0851-6556005 13638166666 传真：0851-6556059
地址：贵州省贵阳市浣纱路73号商储大厦21楼4室 邮编：550000

## 贵州省兴义市中小企业发展服务中心

贵州省兴义市中小企业发展服务中心2007年底成立。

主要从事教育培训服务、信息咨询服务、市场开拓服务、法律政策服务、会计统计服务、创业辅导服务、代理代办服务、资料撰写服务、就业服务、技术服务、企业策划咨询服务、信息服务等。

联系人：常维丽
电话：0859－329388 电子邮件：jjmyjhp@163.com
地址：贵州省兴义市黄草街道办沙井街15号 邮编：562400

## 贵州万利贸易有限责任公司

贵州万利贸易有限责任公司成立于1995年，主要销售照明器材。

公司秉承“顾客至上，锐意进取”的经营理念，坚持“客户第一”的原则为广大客户提供优质的服务。欢迎惠顾！

联系人：代玉彬 13984814444
电话：0851－5811167 5849676 传真：0851－5849676
地址：贵州省贵阳市法院街31号 邮编：550002

## 云南省/Yunnan Province

**晨春经贸行石油经营部**
地址：云南省保山市腾冲县马站乡马站街
…… 负责人：王朝茂
…… Tel：13987573999

**昆明市诚信搬家清洗有限责任公司**
业务：承接私人搬家，机关，企业，事业单位大型搬迁，机器设备起重，小区，商场，办公大楼公共保洁等服务项目
地址：云南昆明市东站86街公寓417室
…… 负责人：胡云松 邮 编：650041
…… Tel：13330520120
0871－3319331

**昆明市快捷搬家服务有限责任公司**
业务：搬家服务
地址：云南省昆明市北市区三组迎春55号
…… 负责人：陈新勇 邮 编：650000
…… 法 人：陈新勇
…… Tel：0871－5638889
5703688

**保山市景州进出口有限责任公司**
业务：保山市景州进出口有限责任公司成立于2003年，产品有建材、木料、矿产品（铅锌矿、铁矿、钼矿）、石油制品（汽油、柴油、润滑油）及其它产品的进出口贸易，产品销往缅甸、印度等国家。真诚地与海内外各界朋友携手合作，共同建立和发展经济贸易关系，互惠互利，共创佳绩。
地址：云南省保山市隆阳区永昌路288号
…… 邮 编：678000
…… 法 人：杨景荃
…… Tel：0875－2122997

**福源商贸有限公司**
地址：云南省保山市腾冲县腾越镇火山路
…… 负责人：李福涛
…… Tel：13094362956

**红屋商贸有限公司**
地址：云南省楚雄市开发区永安路中国电信对面红屋酒店
…… 负责人：邓修成
…… Tel：0878－6111688
13008624815

**风城商贸经营部**
地址：云南省大理市下关文化路88号100号
…… 负责人：夏建华
…… Tel：13987268968

**盘龙区风彩招牌制作部**
业务：招牌制作
地址：云南省昆明市鼓楼路广告市场31号
…… 负责人：吴建兵 邮 编：650000
…… 法 人：吴建兵
…… Tel：0871－5110078
0871－5127686
15887033935

**昆明昌顺搬家服务部**
业务：搬家服务、长短途货运
地址：云南省昆明市庄屋村79号
…… 负责人：张江 邮 编：650000
…… 法 人：张江
…… Tel：0871－4604818
4603884

**金点广告装饰有限公司**
地址：云南省大理市鸳浦商贸街176号
…… 负责人：韩德辉
…… Tel：0872－2188666
13987203918

**超凡广告**
地址：云南省迪庆藏族自治州香格里拉县建塘东路县公安局出租房
…… 负责人：寸绍军
…… Tel：0887－8225427
13988711101

**保山市亚通咖啡商贸有限责任公司**
业务：保山市亚通咖啡商贸有限责任公司成立于2005年，主要经营咖啡、桐油、白芸豆、橡胶、核桃等。“质量保证，价格合理”，热诚欢迎您的光临与惠顾！
地址：云南省保山市隆阳区永昌镇下巷街45号
…… 负责人：李义忠……邮 编：678000
…… 法 人：李义忠
…… Tel：0875－2129661
…… 法 人：0875－2129661

**滇南温州商贸城管理有限公司**
地址：云南省个旧市建设路219号
…… 负责人：赵天仕
…… Tel：13908732166

**笑开颜优质米加工厂**
地址：云南省红河州开远市卧龙谷叉路口
…… 负责人：周笑薇
…… Tel：0873－7356444

**金超盛世购物广场**
地址：云南省红河州弥勒县弥阳镇九号路
…… 负责人：金超
…… Tel：0873－6126096
6122727
13008600000

**西部风广告传媒有限公司**
地址：云南省昆明市安康路162号新滇圆艺术大厦3楼B区10号
…… 负责人：张广义
…… Tel：13987123908

**高亚迪广告公司**
地址：云南省昆明市白云路540号6楼6－7号
…… 负责人：李勤文
…… Tel：0871－5732778
5732196
13908851195

**建芳工贸有限公司**
地址：云南省昆明市第三农场青龙村村委会裕丰村
…… 负责人：潘建芳
…… Tel：0871－3806187
13099985376

**朗丰工贸有限责任公司**
地址：云南省昆明市东风西路182号云南核工业商务楼506
…… 负责人：王庆飞
…… Tel：0871－3617202
3618882
13008689536

**昆明攀贸贸易有限公司**
地址：云南省昆明市东站三公里黑土下凹金马物资商场内商务楼106号
…… 负责人：董熙林
…… Tel：0871－3816598
13108717522

**通祥经贸有限公司**
地址：云南省昆明市关上东路3号云南天运汽配城12幢2－3号
…… 负责人：何勇
…… Tel：0871－7166068
13888838539

**宾川县宾江商贸有限责任公司**
业务：宾川县宾江商贸有限责任公司成立于2003年，从事饲料原料及添加剂零售；农副产品代购代销。公司坚持“优质、高效、真诚、创新”的经营理念，以优质的产品，高效的管理，真诚的服务，最新的技术奉献于社会
地址：云南省大理白族自治州宾川县金牛镇桑园小区粮食市场
…… 邮 编：671600
…… 法 人：于彦宾
…… Tel：0872－7144575
…… Fax：0872－7310369

**同心创业工贸有限公司**
地址：云南省昆明市关上镇中苜蓿村2008号
…… 负责人：李莉
…… Tel：0871－7014229
6453350

**天下艺佳广告有限公司**

地址:云南省昆明市官渡区东二环菊花立交桥东二环泵站2楼
负责人:符勇
Tel:13888037070

**云南捷得实业发展有限公司**
地址:云南省昆明市官渡区东二环路525号锦都大酒店5楼
负责人:黄文斌
Tel:13987656444

**昆明驰强经贸有限公司**
地址:云南省昆明市官渡区二环东路665号天佑商场2栋1—19号
负责人:陈继才
Tel:13888586482

**云南兴能自然资源开发有限公司**
地址:云南省昆明市官渡区江东花园中路20号
负责人:辛军
Tel:0871—5736560
13888735800

**鸿源实业有限公司**
地址:云南省昆明市官渡区金星小区207幢2单元502尾
负责人:江庆照
Tel:0871—5707090
13908750786

**希宇商贸有限公司**
地址:云南省昆明市和平后村2号附4号
负责人:陈核峰
Tel:0871—3109883
3354586
13908717248

**建禄商务信息服务部**
地址:云南省昆明市华昌路187号
负责人:张建禄
Tel:0871—4153458
13354911564

## 大理州中小企业投资咨询服务中心
业务:大理州中小企业投资咨询服务中心是具体体现大理州企业家协会:“全心全意为企业和企业家服务”这一基本宗旨,根据大理企业发展需要,而专业提供社会化服务的民办非企业单位法人机构。中心下设办公室、项目部、培训部等机构及中心控股子公司大理州中小企业投资咨询有限责任公司。
地址:云南省大理白族自治州大理市龙山行政办公区经纬三楼大理州企业家协会内
负责人:杨章宏……邮　编:671000
Tel:0872—2316187
2316165

## 德宏国贤商贸有限责任公司
业务:本公司成立于2005年,拥有20多名员工。主要经营各种酒类的批发与销售,酒类等货物进出口经营。
地址:云南省潞西市芒市大街江东路
邮　编:678400
法　人:叶贤达
Tel:0692—8880061
Fax:0692—8880060

**美德邦经贸有限公司**
地址:云南省昆明市金洲湾小区会所综合楼四楼402号
负责人:杨义晓
Tel:0871—6241538
6241176

## 西双版纳华兴经贸有限责任公司
业务:西双版纳华兴经贸有限责任公司成立于2002年,主要从事宾馆、停车、修理等业务。2005年,公司的业务扩展到老挝,在国外主要种植橡胶、热带水果,经营宾馆、旅游。产品销往全世界,大多销往中国。
地址:云南省景洪市猛海路7号
邮　编:666100
法　人:罗秀华
Tel:0691—2145825
Fax:0691—2145825

## 兴德盛商贸有限责任公司
业务:兴德盛商贸有限责任公司成立于2004年,主要销售日用百货、针纺织品、五金交电、汽车零配件、建筑材料、化工产品(不含国家限制商品)、普通电器等。欢迎新老客户惠顾!
地址:云南省德宏傣族景颇族自治州瑞丽市姐告二路59—60号
邮　编:678600
法　人:詹秀吉
Tel:0692—4143829
Fax:0692—4666913

## 盈江县边侨经贸有限责任公司
业务:盈江县边侨经贸有限责任公司成立于1990年,多年以来,从事珠宝、木材的进出口贸易及房地产开发与经营。公司以诚信为本,秉持“服务客户,合作发展”的理念,满足客户的需求。
地址:云南省德宏州盈江县平原镇华侨新村2号
邮　编:679300
法　人:许连文
Tel:0692—8181127
Mobile:13908825692
Fax:0692—8180645

## 云南昆明泓友商贸有限公司
业务:云南昆明泓友商贸有限公司成立于1997年,是一个集大型的仓库、各类物资转运站为一体的企业,有设施完备的铁路专用线,拥有现代的装卸设备。承办货物的到达、中转、发运、仓储、加固等服务,提供货物到达装卸、汽车运输、送货上门一条龙服务。提供火车整车货物发运,并提供押运服务。本公司的服务宗旨,“客户至上,收费合理,安全便捷”。
地址:云南省昆明市西山区马街镇大渔村2号
邮　编:650100
法　人:李荣平
Tel:0871—8172768
Fax:0871—8171921

## 云南省宣威市衡威民族贸易有限责任公司
业务:本公司组建于2003年11月,该公司是由宣威市马桑林煤矿、衡威运输公司、松林“金丝杜仲园”和旧堡衡威服务站合并,重组为一级法人体制改革的股分制民营企业。公司现有职工180多人,拥有固体资产2500万元,年创总产值1000多万元。主要经营:矿产品生产购销、车辆挂靠、销售、商饮服务、林果药材培植销售,汽车配件批发、零售等。公司的宗旨是“让每一个客户都满意”。
地址:云南省宣威市环东路
邮　编:655400
法　人:代小艳
Tel:0874—7166769
7165633
Fax:0874—7146449

**赛迪经贸有限公司**
地址:云南省昆明市螺蛳湾市场第四交易区三楼41号
负责人:王金保
Tel:0871—3575277
13708435128

**云南大家广告信息有限公司**
地址:云南省昆明市盘龙区北京路402号建设大厦19楼
负责人:沈易芝
Tel:0871—3166051
3166052

## 云南昭通德源实业有限公司
业务:云南昭通德源实业有限公司成立于1996年,本公司加工优质桐油,主要用于化工厂、绝缘材料厂、渔船修造厂等行业。欢迎有求购意向的商家前来洽谈!
地址:云南省照通市朝阳区机场路老民航站内
邮　编:657000
法　人:王从双
Tel:0870—2168998
Mobile:13038640551
Fax:0870—2168998
网址:www.yndysy.chinapyp.com

**云南盈升经贸有限公司**
地址:云南省昆明市盘龙区国防路37号云太大厦8楼
负责人:梁剑冰
Tel:0871—3633217
13708437943

**祥源商贸有限公司**
地址:云南省昆明市盘龙区人民东路394号省老年活动中心五楼
负责人:张丽
Tel:0871—3363378
13888710107

**好泰尔经贸有限公司**
地址:云南省昆明市石安公路银河雄达酒店用品市场47—58号
负责人:包俊
Tel:13888696310

## 富宁县华兴商贸有限公司
业务:富宁县华兴商贸有限公司位于云南省文山州富宁县新华镇城北路158号,从事百货批发零售;农副产品购销;珠宝首饰及有关物品的制造、销售;
地址:云南省文山州富宁县新华镇城北路158号
邮　编:663400
法　人:林金表
Tel:0876—6121369
Fax:0876—6121370
网址:http://ynxh.chinapyp.com

## 双江富昌实业集团公司
业务:双江富昌实业集团公司成立于1999年9月,主要从事建筑施工、房地产开发、物业管理、商贸市场、酒店、茶叶的生产销售。“诚信为本,信誉第一,客户至上”,热诚欢迎新老客户来电来人洽谈业务,共同合作。
地址:云南省双江县勐勐镇工人新村(纸厂生活区旁)
邮　编:677300
法　人:王克文
Tel:0883—7626111
Fax:0883—7621261

## 思茅永业商贸有限公司
业务:思茅永业商贸有限公司于1996年创立,从事汽车轮肥、配件的销售。“品种齐全、价格合理、质量第一、服务第一”的经营宗旨,竭诚为广大经销商和用户提供“准确、及时、热情、周到”的服务
地址:云南省思茅市普洱路思茅永业商贸有限公司
邮　编:665000
法　人:陈志泉
Tel:0879—2203196
Mobile:13987915136
Fax:0879—2203198

## 嵩明县维佳工贸有限公司
业务:本公司成立于2003年,拥有40多名的员工。主要经营:法兰盘的生产与销售。
地址:云南省昆明市嵩明县杨桥乡前木丛龙村
邮　编:650000
法　人:月维高
Tel:0871—7947187
Fax:0871—7947187

## 腾冲县中新商贸发展有限公司
业务:腾冲县中新商贸发展有限公司成立于2006年5月,专业从事矿山开发,矿产品的国内外贸易,矿山机械设备的生产、加工与销售,欢迎国内外客商前来洽谈业务,共谋发展。
地址:云南省保山市腾冲县中和乡新街
负责人:郭世伟……邮　编:679100
法　人:郭世伟
Tel:0875—5891779
Fax:0875—5891779

**富华恒宇工贸有限公司**
地址:云南省昆明市嵩明县小街工业区
负责人:张富华
Tel:0871—7991777
7991888
13808701488

**昆明福兰斯家政服务有限公司**
地址:云南省昆明市西二环路高新开发区商品楼1—2号(正大电子城对面钱家庄饭店)
负责人:张天宏
Tel:0871—8310819
13888853188

**高尔特经贸有限公司**
地址:云南省昆明市西山区滇池路西贡码头12#楼
负责人:涂名栩
Tel:0871—4322010
13708432607

## 富源县糖烟酒副食品公司马路百货商店
业务:富源县糖烟酒副食品公司马路百货商店主要从事糖、烟、酒、副食品的批发零售。我公司以货真价实赢得了良好的口碑。热诚欢迎新老客户惠顾。
地址:云南省曲靖地区富源县中安镇清溪路40号
邮　编:655500
法　人:卯兴凤
Tel:0874—4613256

**益友物资贸易有限公司**
地址:云南省昆明市新迎北区伟龙花园E幢102室
负责人:赵继峰
Tel:0871—5636230
13888086960

## 瑞丽市海华贸易有限公司
业务:本公司成立于2006年,主要从事海产品、农副产品进出口业务。欢迎各行各业的朋友与我们建立贸易往来,共创美好明天!
地址:云南省德宏傣族景颇族自治州瑞丽市卯相花园小区清水巷8号
负责人:李庆元……邮　编:678600
法　人:李庆元
Tel:0692—4150329

## 瑞丽市进荣家政服务有限公司
业务:瑞丽市进荣家政服务有限公司成立于2006年,主要从事家政服务,外墙清洁,水电安装,太阳能安装,卷帘门安装,订餐、包餐、送餐,殡葬的一系列服务,乐团,养殖各种生畜等业务。
地址:云南省瑞丽市民族街64号
邮　编:678600
法　人:杨绍湘
Tel:0692—4147518

## 瑞丽市云丽商贸有限公司
业务:瑞丽市云丽商贸有限公司成立于2005年,主要从事商品贸易、广告、装潢等业务。欢迎新老客户来电来人洽谈业务,共同合作!
地址:云南省瑞丽市卯喊路103号(丽水宾馆)
邮　编:678600
法　人:汤必诚
Tel:0692—8889666
4119966
Fax:0692—8898222

**昆明云辉平达物资有限公司**
地址:云南省昆明市朱家村钢材市场内新8栋26号
负责人:杨安辉
Tel:0871—7262783
13987164176

**闽惠商贸有限公司**
地址:云南省丽江市古城区象山西路闽惠兰苑
负责人:蔡志波
Tel:0888—5152222
13908889888

## 富源县银河商贸有限责任公司
业务:富源县银河商贸有限责任公司成立于99年,公司座落于云南省曲靖市富源县中安镇大滴水320国道旁。公司从事煤炭销售,欢迎来电洽谈业务!
地址:云南省曲靖市富源县中安镇大滴水320国道旁
邮　编:655500
法　人:何易洲
Tel:0874—4621999
Mobile:13170711111
网址:www.qjyh.chinapyp.com

**远东进出口贸易有限公司**
地址:云南省勐腊县迎宾路29号(县宾馆三楼)
负责人:余岚
Tel:0691—8130009
13908816266

## 南华县华阳百货有限公司
业务:南华县华阳百货有限公司主要从事百货、五金交电、化工产品、服装、针纺织品、文化用品、体育器材及卷烟的零售。“质量可靠,价格合理”,热诚欢迎广大新老客户光临惠顾!
地址:云南省楚雄彝族自治州南华县龙川镇百货街3号
负责人:段再朝……邮　编:675200
法　人:段再朝
Tel:0878—7222929
Fax:0878—7222929

## 沁昂经贸有限公司
业务:本公司成立于1999年,拥有20多名员工。主要经营:成品油的销售,煤炭营销,汽车配件销售。
地址:云南省昭通地区威信县扎西镇观音办事处坳上加油站
邮　编:657900
法　人:宋思友
Tel:0870—6125912
Fax:0870—6123695

## 瑞丽姐告恒茂实业有限公司
业务:瑞丽姐告恒茂实业有限公司成立于2004年,位于中国西南边陲,320国道的终点一云南省瑞丽姐告边境贸易区。这里仅离昆明800公里,离攀枝花700公里,离缅甸曼德勒500公里,处在昆明、攀枝花、曼德勒三大交易市场的中心位置。这里气候宜人,交通便利,是你发财的最好地方。公司主要经营水果、水产品、农副产品、五金交电,矿产化工、针织品、纺织品、物流、仓储、进出口边境贸易。
地址:云南省德宏州瑞丽姐告水果批发市场
邮　编:678605
法　人:相板
Tel:0692—4667500
6256718
Fax:0692—4667500
网址:www.ynhmsy.chinapyp.com

**雄祺商贸有限公司**
地址:云南省曲靖市开发区麒麟路420号
负责人:汤若忠
Tel:0874—3331135
13708885111

## 个旧市双龙贵金属实业有限公司
业务:个旧市双龙贵金属实业有限公司成立于2004年,主要从事稀有金属的生产加工。“以质量求生存,以信誉求发展”,竭诚欢迎广大新老客户来电来人洽谈。
地址:云南省个旧市鸡街镇
邮　编:661011
法　人:季玉奇
Tel:0873—2661478
Fax:0873—2661477

**荣腾经贸有限公司**
地址:云南省曲靖市廖廓北路114号
负责人:唐坤
Tel:0874—3383535
13987465678

## 陆良县万鸿经贸有限公司
业务:陆良县万鸿经贸有限公司主要经营烟酒批发,代理国内知名品牌,欢迎新老客户来电洽谈业务。
地址:云南省曲靖市陆良县西华路北1巷16号
负责人:梅晓辉……邮　编:655600
法　人:梅晓辉
Tel:0874—6225888
Mobile:13908746168
网址:www.mtw50444.chinapyp.com
E-mail:mtw50444

## 罗平县兴海工贸有限公司
业务:罗平县兴海工贸有限公司成立于1996年,多年来大量开采销售优质的有色金属矿。本企业多年来一直坚持互惠互利,诚信经营,广交朋友,在业界内享有较好的声誉。
地址:云南省曲靖市罗平县阿岗镇
邮　编:655810
法　人:何朝堂
Tel:0874—8778038
Fax:0874—8256307

**兴隆土特产经营部**
地址:云南省曲靖市陆良县同乐市场环1—3
负责人:汪林
Tel:0874—6222805
6607399

## 贡山丹珠边贸有限责任公司
业务:贡山丹珠边贸有限责任公司成立于2005年,主要从事边境贸易,经营的产品有木材、矿产品等。“诚信经营,信誉至上”,热诚欢迎广大客商光临惠顾。
地址:云南省贡山县茨开大桥头
邮　编:673500
法　人:刘艺

负责人:田金亭
Tel:0892－8827269

**浩翔航空山南票务中心**
地址:西藏自治区山南地区乃东县检察院出租房1楼14号
负责人:高税洪
Tel:0893－7826879

**红太阳百货**
地址:西藏自治区山南地区泽当镇湖南
负责人:唐英
Tel:0893－7821080



地址:陕西省渭南市韩城市金城区南关庙后五组
负责人:卫根旺　邮编:715400
法人:卫根旺
Tel:0913－5307000
5307003
网址:www.mtw30253.chinapyp.com

## 陕西省/Shanxi Province

**勉县诸葛商贸有限责任公司**
地址:陕西勉县定军山镇诸葛村
负责人:黄登斌
Tel:13709166535

**神府经济开发区宏泰商贸有限公司**
地址:陕西神府经济开发区店塔工业园区
负责人:杨埃莲
Tel:13571225599

### 安康市利康农资总公司
业务:安康市利康农资总公司成立于1992年，主要从事农资销售。其产品有化肥、农药、种子、地膜等。欢迎新老客户光临、惠顾!
地址:陕西省安康市汉滨区大桥南路4号(安康市农资总公司)
邮编:725000
法人:李爱国
Tel:0915－4512535
Fax:0915－4512535

**成长商贸有限责任公司**
地址:陕西省安康市教场南路102号(三层)
负责人:李世成
Tel:0915－3286956
13709150832

**英维志商店**
地址:陕西省安康市平利县洛河镇五棵树村
负责人:英维志
Tel:0915－8691568

### 安康市汉滨区宏荣广告有限公司
业务:室内外广告、策划、创意、制作、喷绘、写真、雕刻
地址:陕西省安康市大桥路48号附8号马坎金州大酒店南10米
负责人:黄心珑　邮编:725000
法人:黄心珑
Tel:13991525068
0915－3232668
Fax:0915－3232668
网址:www.sxakhr.com
E-mail:zt31@yahoo.com.cn

**陈仓天河水商贸**
地址:陕西省宝鸡市陈仓区千河镇黄贺村
负责人:黄虎良
Tel:0917－6423333
13609272958

**新艺美广告制品有限公司**
地址:陕西省宝鸡市陈仓区环城北路东段
负责人:景引良
Tel:0917－6217649
13891706648

### 宝鸡市中益商贸有限公司
业务:宝鸡市中益商贸有限公司成立于2001年，是宝鸡地区最大的一家专业从事各种品牌各种规格电池、充电器及胶粘制品的经营商贸公司，是南孚电池、双鹿电池、长虹电池、华太电池、佳格手电、永佳胶带等宝鸡地区特约经销商。
地址:陕西省宝鸡市永嘉市场C区113号
邮编:721000
法人:陈益凤
Tel:0917－3237633
2886816
Fax:0917－3237633

### 韩城市亿隆果蔬商贸有限责任公司
业务:韩城市亿隆果蔬商贸有限责任公司成立于2006年，从事市场开发，农资销售，欢迎来电垂询。

**星海工贸有限公司**
地址:陕西省宝鸡市东风路付15号
负责人:宋红星
Tel:0917－3201502
3239111
13319172910

**宝鸡市晶丰商贸有限公司**
地址:陕西省宝鸡市金台区陈仓园金色花园5号102号
负责人:强关科
Tel:0917－3899975

**宝鸡市通程工贸有限公司**
地址:陕西省宝鸡市金台区西关新庄子部队西侧
负责人:胥敏
Tel:0917－2878599

### 汉中林峰商贸有限公司
业务:汉中林峰商贸有限公司成立于2006年，主要经营茶叶等陕西土特产。欢迎新老客户光临、惠顾!
地址:陕西省汉中市西门口陕建十公司第二分公司
负责人:潘峰　邮编:723000
法人:潘峰
Tel:0916－2865673

### 汉中三合商贸有限责任公司
业务:汉中三合商贸有限责任公司成立于2003年，主要销售食品、饮料、针织用品等。质量保证，价格合理，欢迎新老客户惠顾。
地址:陕西省汉中市汉台区风景路2建司南库
邮编:723000
法人:杨继东
Tel:0916－2518044
Fax:0916－2518044

### 安康市汉滨区伟康农机服务专业合作社
业务:农机服务
地址:陕西省安康市汉滨区大同镇高楼村二组锁坝路
负责人:王贤伟　邮编:725000
法人:王贤伟
Tel:13891577364
0915－3693208

**岐山旋力工贸有限责任公司**
地址:陕西省宝鸡市岐山县凤鸣镇朝阳路东段
负责人:罗锁宁
Tel:0917－8211998

**宝鸡市巨林商贸有限公司**
地址:陕西省宝鸡市渭滨区宝鸡饭店540号
负责人:李红
Tel:0917－8880085

**宝鸡市桥盛工贸有限责任公司**
地址:陕西省宝鸡市渭滨区火炬路4号
负责人:张锐
Tel:0917－3351999

### 汉中市汉源商贸有限责任公司
业务:汉中市汉源商贸有限责任公司成立于2006年8月，主要从事家庭清洁用品的销售。“质量可靠，价格合理”，热诚欢迎广大新老客户光临惠顾!
地址:陕西省汉中市汉台区北关张万营村五组22号
负责人:薛忠义　邮编:723000
法人:薛忠义
Tel:0916－2212581

### 靖边县瑞原商贸有限责任公司
业务:靖边县瑞原商贸有限责任公司主要经营建材、天然气壁挂炉、中央空调、家用设备等。欢迎新老客户光临、惠顾!

地址:陕西省榆林市张家畔镇统万路县政府西侧100米
负责人:梁健滏　邮编:718500
法人:梁健滏
Tel:0912－4649588

**宝鸡市惠而工贸有限公司**
地址:陕西省宝鸡市渭滨区太白路2号
负责人:王国明
Tel:0917－3396322

**宝鸡市好猫酒业营销策划管理有限公司**
地址:陕西省宝鸡市渭滨区西宝路8号
负责人:淮新宝
Tel:0917－3560181

**宝鸡市智天成商贸有限公司**
地址:陕西省宝鸡市渭滨区英达路1号
负责人:赵军
Tel:0917－2816099

### 安康市亮洁商贸有限公司
业务:日用百货经营
地址:陕西省安康市汉滨区金州路139号
负责人:韩安华　邮编:725000
法人:韩安华
Tel:0915－3208618

**陕西煤业集团黄陵有限公司**
地址:陕西省城区街道办事处黄花小区运销大楼
负责人:贺焕世
Tel:0911－5213100

**陕西科罗纳科技有限责任公司**
地址:陕西省翠华路60号
负责人:强蔚英
Tel:029－83042055

**乐家家购物广场有限公司**
地址:陕西省韩城市桑树坪镇街
负责人:高增文
Tel:0913－5135687
13709239239

**汉中安信钢化设施租赁有限公司**
地址:陕西省汉中市汉台区风景路71号
负责人:王保岭
Tel:0916－2532268

### 三原欣源工贸有限责任公司
业务:本公司成立于1998年，拥有10几名员工，主要经营金属材料、非金属材料、耐火材料的批发与零售，锻铸造、机械加工，物资再生利用。
地址:陕西省咸阳市三原县鲁桥镇东门口
邮编:713801
法人:温阳
Tel:029－32482274
Fax:029－32482274

### 陕西东泰物资有限公司
业务:陕西东泰物资有限公司成立于2006年，主要经营电器、电子监控、爱国者系列产品，竭诚欢迎广大有意之士前来参观考察、洽谈业务。
地址:陕西省西安市长安区信合小区2342号
负责人:汪世东　邮编:710100
法人:汪世东
Tel:029－85655695

**永珍商贸有限责任公司**
地址:陕西省汉中市汉台区汉南路批发市场6号
负责人:曹永山
Tel:0916－2513055
13991621908

**宁强县融升商贸有限责任公司**
地址:陕西省汉中市汉源镇羌州路南段
负责人:刘泽红
Tel:0916－4221217

**陕西汉中昭昀贸易有限公司**
地址:陕西省汉中市经济开发区北区迎宾路一号
负责人:李慧雷
Tel:0916－2316869
13891696696

**陕西盛世福瑞文化传播有限公司**
地址:陕西省汉中市勉县和平路93号世纪广场榕园公寓405室
负责人:孙景双
Tel:13892829971

### 陕西商洛信达财务咨询有限责任公司
业务:致力于为广大中小企业提供专业化的财务外包服务，主要包括:会计代理记帐、纳税筹化申报、财务税务咨询、税务登记等
地址:陕西省商洛市丹江新城6号楼3单元5楼西户
负责人:黄甫军　邮编:726000
法人:黄甫军
Tel:13992418882
E-mail:huang1fu2jun3@163.com

### 陕西省兴平市粮油经贸公司
业务:陕西省兴平市粮油经贸公司主要从事粮油购销、房地产开发。“以质量求生存，以信誉求发展”，热诚欢迎广大新老客户来我公司洽谈业务，共同合作!
地址:陕西省兴平市乐山巷33号
负责人:韩金岭　邮编:713100
法人:韩金岭
Tel:0293－8825821

### 神木县恒泰伟业商贸有限责任公司
业务:神木县恒泰伟业商贸有限责任公司成立于2005年，主要从事于五金机电、矿山设备、工程建材、服装、劳保用品等。欢迎新老客户光临、惠顾!
地址:陕西省榆林市神木县大柳塔镇工业品二区
负责人:刘培荣　邮编:719315
法人:刘培荣
Tel:0912－8413822
Fax:0912－8413822

**南郑县荣盛达服务有限公司**
地址:陕西省汉中市南郑县大河坎镇回龙寺村
负责人:王保汉
Tel:13991605246

**南郑县江滨工贸有限公司**
地址:陕西省汉中市南郑县圣水镇后营村
负责人:陈志强
Tel:13571669696

**洋县金水加油站**
地址:陕西省汉中市洋县金水镇简庄河
负责人:杨文善
Tel:0916－8312322

### 神木县凌英商贸有限责任公司
业务:神木县凌英商贸有限责任公司主要从事于服装。用优良的品质，合理的价格，完善的服务，竭诚为用户服务!
地址:陕西省榆林市神木县东兴街中段
负责人:连凌英　邮编:719300
法人:连凌英
Tel:0912－8239617

### 西安辰林商贸有限责任公司
业务:西安辰林商贸有限责任公司是以经营体育器械及用品、体育场地器材及用品、运动服装及专业运动鞋为主;兼营文化办公学生用品，日用百货用品。经营方式是批零兼营。公司营业宗旨:以人为本，用心服务，广交天下朋友!
地址:陕西省西安市北关振华南路18号
邮编:710014
法人:姚振林
Tel:029－83701145
85255686
Fax:029－86288079
网址:www.xacl.chinapyp.com

**渭南高新区万佳金属回收有限公司**
地址:陕西省渭南市高新区兴陕路北段
负责人:任武
Tel:0913－2112121

**韩城市宇源工贸有限责任公司**
地址:陕西省渭南市韩城市新城区普照路东段
负责人:刘永安
Tel:0913－2238360

**陕西蒲白三通有限公司**
地址:陕西省渭南市蒲城县罕井镇
负责人:宋老虎
Tel:0913－7560397

**陕西鑫昊工贸有限公司**
地址:陕西省西安市灞桥区纺一路28号
负责人:江铃
Tel:029－88529992

**西安朗生科技有限公司**
地址:陕西省西安市灞桥区纺正街28号副5号
负责人:刘苗玉
Tel:029－82102442

**陕西志阳建筑劳务有限责任公司**
地址:陕西省西安市灞桥区纺正街409号
负责人:曹志
Tel:029－87774490

**西安恒盛文化娱乐有限公司**
地址:陕西省西安市碑林区安东街110号
负责人:彭建林
Tel:029－82215658

**福林清洗服务部**
地址:陕西省西安市碑林区边家村178号
负责人:周义林
Tel:029－88418325
13359183502

**陕西广源企业咨询服务有限公司**
地址:陕西省西安市碑林区长安北路14号
负责人:陈小梅
Tel:029－85243235

### 柞水县宏桥人力资源有限责任公司
业务:就业培训、劳务中介、劳务承包
产品:为企业提供最适合的员工
地址:陕西省商洛市柞水县乾佑街南段5号
负责人:舒霞　邮编:711400
法人:舒成桥
Tel:0914－4343333
Fax:0914－4325871
E-mail:hongqiao.renli@163.com

**陕西惠美商贸有限公司**
地址:陕西省西安市碑林区长安北路14号奥林匹克大厦A座6楼D
负责人:李红
Tel:13609280802

### 延安市宝塔区横排商贸有限公司
业务:延安市宝塔区横排商贸有限公司成立于1992年，从事摩托车及配件、建材、石油的批发与零售。热忱欢迎新老客户光临、惠顾!

地址:陕西省延安市宝塔区大东门轻工市场
邮　编:716000
法　人:王横排
Tel:0911－2131725
Fax:0911－2131725

**西安雁灵工贸有限公司**
地址:陕西省西安市碑林区东关古迹岭小区 19 号楼 2－1－2 室
负责人:李擎云
Tel:13572023807

**陕西腾马商贸有限责任公司**
地址:陕西省西安市碑林区东关正街 9 号
负责人:马团结
Tel:029－87798577

**陕西辉创科技发展有限公司**
地址:陕西省西安市碑林区东开发区火炬路 4# 楼 5 层 C 区 509 号
负责人:谭文辉
Tel:029－86224414

**西安金尔利贸易有限公司**
地址:陕西省西安市碑林区广济小区 9 幢 1－2－5 号
负责人:权会玲
Tel:13909285882

**陕西清汉科工贸有限公司**
地址:陕西省西安市碑林区环城东路二十号 1 号楼 15－4
负责人:张腾超
Tel:029－83797588

**西安福佑数码科技有限责任公司**
地址:陕西省西安市碑林区火炬路 7 号东新世纪广场 10801、10802 室
负责人:张翠霞
Tel:029－83204555

**西安隽豪标本展示服务有限责任公司**
地址:陕西省西安市碑林区建东街 3 号省疾病预防控制家属院 4322 号
负责人:张隽
Tel:13991867789

**西安驰鑫商贸有限责任公司**
地址:陕西省西安市碑林区建东街 97 号 2B2－20501 号
负责人:贾荣彬
Tel:13991817236

**西安荣瑞科技有限公司**
地址:陕西省西安市碑林区建工路 32 号 1 号楼 6 楼
负责人:刘勤喜
Tel:029－83038189

**西安吉海商贸有限公司**
地址:陕西省西安市碑林区建国路金家巷 6 号北楼 2－3－5
负责人:贺明
Tel:13571869523

**西安希望个人形象设计工作室**
地址:陕西省西安市碑林区菊花园润菊公寓 905 室
负责人:赵菊燕
Tel:029－81030302

**陕西国信科技有限公司**
地址:陕西省西安市碑林区乐居场正街 79 号
负责人:郑前军
Tel:13572070685

**西安祥瑞商务资讯有限公司**
地址:陕西省西安市碑林区芦荡巷 6 号
负责人:王菊英
Tel:029－84200802

**陕西四季色彩咨询服务发展有限公司**
地址:陕西省西安市碑林区南大街粉巷 18 号雄狮大厦 A 座 506 室
负责人:路璐
Tel:029－87231581

**西安心灵宫殿管理顾问有限公司**
地址:陕西省西安市碑林区南大街粉巷 3 号 1 幢 10903 号
负责人:王珺
Tel:029－87255362

**武汉沃尔玛兴业不动产发展有限公司陕西分公司**
地址:陕西省西安市碑林区南二环东段 1 号
负责人:曾加专
Tel:13991912388

**西安明信管理咨询有限公司**
地址:陕西省西安市碑林区南二环西段 21 号华融国际大厦 A 座 5 层 A 区
负责人:李军
Tel:029－82309814

**陕西昌泰清洗家政服务有限公司**
地址:陕西省西安市碑林区南关正街 109 号
负责人:张超
Tel:13572221181

**华县王小平婚庆礼仪有限公司**
业务:婚庆礼仪、开业庆典、大型精品、礼仪鲜花、盆景、油画、艺术插花
地址:陕西省渭南市华县建新街建设银行对面
负责人:王桂平　邮　编:714000
法　人:王桂平
Tel:0913－4711682
13892396885
QQ:418185514

**西安富利来商贸有限公司**
地址:陕西省西安市碑林区南关正街 95 号长鑫大厦 16 层 12B 室
负责人:刘艳
Tel:13925149875

**陕西缘源实业有限责任公司**
地址:陕西省西安市碑林区南院门横巷 132 号
负责人:周新
Tel:029－87217857

**西安松林超级市场有限公司仁厚庄店**
地址:陕西省西安市碑林区仁厚庄北路 6 号一楼
负责人:黄琤
Tel:029－82233673

**西安美居商贸有限公司**
地址:陕西省西安市碑林区任道什字西街 6 号前楼 426 室
负责人:王群宝
Tel:029－82403368

**华运通(西安)商贸有限公司**
地址:陕西省西安市碑林区双仁府南区 8 幢 1－302 室
负责人:江玉生
Tel:13602809525

**西安市彩联商贸有限责任公司**
地址:陕西省西安市碑林区西后地小区西 9－6－17
负责人:王晓园
Tel:13891896968

**西安圆心圆图文咨询设计有限公司**
地址:陕西省西安市碑林区雁塔路北段 64 号中安大厦 409 室
负责人:杨小梅
Tel:029－87863106

**陕西海汇科技发展有限公司**
地址:陕西省西安市碑林区雁塔路中段 33 号金都集团院内办公二楼
负责人:饶霖
Tel:029－85074887

**西安海枫实业有限公司**
地址:陕西省西安市碑林区印花布园 10 号 2410 室
负责人:林志勇
Tel:13991163927

**西安元华会计有限公司**
地址:陕西省西安市碑林区友谊东路 306 号副 1 号
负责人:李冰洁
Tel:029－88068037

**美国蓝博金融集团有限公司驻西安办事处**
地址:陕西省西安市碑林区友谊东路 6 号新兴翰园大厦 4 层
负责人:聂芳
Tel:029－82582625

**西安点博企业文化推广咨询有限公司**
地址:陕西省西安市碑林区友谊西路 168 号二楼
负责人:刘冬
Tel:029－88412816

**陕西默颖广告文化传播有限公司**
地址:陕西省西安市碑林区振兴路 137 号
**杨世兰**
Tel:029－85232788

**西安市艺新博康工贸有限公司**
地址:陕西省西安市碑林区朱雀大街体育北路西口 15 号
负责人:陈昊
Tel:029－85261956

**陕西华银玉龙劳务有限公司**
地址:陕西省西安市北马道巷 85 号
负责人:王守银
Tel:029－88652122

**西安三维企业管理咨询有限公司**
地址:陕西省西安市长安北路 11 号(中陕大厦 1108 号)
负责人:陈智峰
Tel:029－85231025

**西安新都实业发展有限公司**
地址:陕西省西安市长安南路 123 号安泰酒店 15 楼
负责人:刘小勇
Tel:13991223649

**西安市金桥婚介所**
地址:陕西省西安市长安南路 204 号
负责人:孙少瑾
Tel:029－85366568

**陕西世丰贸易有限公司**
业务:贸易
产品:钢材、井下设备、石油工程及配件
地址:陕西省西安市高新区科技路 0 号金桥国际广场 1 幢 31109 室
负责人:任世权　邮　编:710003
法　人:李波波
Tel:13379231709
13992118898
E-mail:squan_r@sohu.com

**西安锦宏科技发展有限公司**
地址:陕西省西安市长安南路 276 号 7 号楼 4 单元 1 层
负责人:沈硕
Tel:029－82063328

**陕西北方重工科技有限公司**
地址:陕西省西安市长安南路 491 号
负责人:王永刚
Tel:13991156529

**西安骏马实业有限公司**
地址:陕西省西安市长安区郭杜镇南街
负责人:梁清益
Tel:029－85846962

**陕西建佳科工贸有限公司**
地址:陕西省西安市长安中路 97 号 5 号楼
负责人:吴东
Tel:13571973173

**西安纪华商贸有限公司**
地址:陕西省西安市长乐西路 15 号院内 29 栋 1 号
负责人:许西荣
Tel:029－83373788

**西安市世航贸易有限公司**
地址:陕西省西安市翠华路 252 号佳林大厦 626 室
负责人:周庆军
Tel:029－85396055

**陕西天纵广告发展有限责任公司**
地址:陕西省西安市电子二路 11 号
负责人:杨睿
Tel:029－88264646

**陕西海天洁业有限责任公司**
地址:陕西省西安市电子三路鑫园小区 32 号楼 1 楼 B 室
负责人:慕天奇
Tel:029－83690766

**西安国光实业发展有限公司**
地址:陕西省西安市东大街 246 号
负责人:李年信
Tel:029－87234033

**陕西永宏商贸有限责任公司**
地址:陕西省西安市东元路 7 号石库交易一厅中 17 号
负责人:张雪玲
Tel:029－85395499

**西安广域数码测绘工程有限责任公司**
地址:陕西省西安市东站路 58 号
负责人:王光玉
Tel:13669253421

**西安圣欣科贸有限公司**
地址:陕西省西安市丰禾路甲字 1 号院 3 号楼 1 单元 2 层 1 号
负责人:郭金邦
Tel:029－86395644

**西安瑞沃科工贸有限公司**
地址:陕西省西安市凤城二路 6 号秦丰大厦 15 层
负责人:尚雅君
Tel:029－87035801

**西安市玉金工贸有限公司**
地址:陕西省西安市凤城二路海洋小区 4－1203
负责人:姜作玉
Tel:13909295502

**西安威逸工贸有限公司**
地址:陕西省西安市凤城二路九号
负责人:仲华
Tel:13991996889

**西安硕德工贸有限公司**
地址:陕西省西安市凤城一路 11 号
负责人:严平
Tel:029－86525007

**北京联德铭佳商标代理有限责任公司驻西安办事处**
地址:陕西省西安市凤城一路 8 号御道华城 1702 室
负责人:吴秀芬
Tel:029－86570069

**西安同惠财务管理咨询有限公司**
地址:陕西省西安市凤城一路 8 号御道华城 B 座 1708 室
负责人:张麦玲
Tel:029－86570397

**陕西盼世工程机械租赁有限公司**
业务:专业从事工程机械设备租赁、安装、维修及基础工程施工,租赁品种齐全、设备先进,是一家专业的租赁公司,我们将会以最优惠的价格,最好的诚信服务于广大客户!
业务:大中小型工程机械、钢管、钢模、扣件等建筑设备
地址:陕西省西安市莲湖区永新路霁虹园小区 1－3 幢东户
负责人:朱盼龙　邮　编:710000
法　人:朱盼龙
Tel:029－62811903

**西安美赞成家务服务部**
地址:陕西省西安市凤城一路南康新村 13 号
负责人:高秀娥
Tel:029－86538621

**西安长润商贸有限公司**
地址:陕西省西安市互助路 2 号建国饭店 10137 号
负责人:王昕
Tel:029－82598187

**陕西家世界实业发展有限公司**
地址:陕西省西安市户县沣京工业园
负责人:杜厦
Tel:029－84203388

**西安鸿安贸易有限公司**
地址:陕西省西安市户县甘亭镇南街 1 号楼
负责人:谢军
Tel:13992801231

**西安市一阳商务信息咨询有限公司**
地址:陕西省西安市环城南路西段 48 号城市郦景 2－10－03 号
负责人:卢一航
Tel:029－82022376

**烟台微康商贸有限公司西安办事处**
地址:陕西省西安市嘉欣苑小区 17#－5－3 西户
负责人:郝苗
Tel:029－88380611

**西安恒之升科技发展有限责任公司**
地址:陕西省西安市建设西路 138 号建设路小区 2－5－10 号
负责人:王艳梅
Tel:029－87888252

**陕西宏义贸易有限公司第二分公司**
地址:陕西省西安市金花北路 169 号天彩大厦 22402 室
负责人:葛三备
Tel:029－82501194

**西安灵威科技发展有限公司**
地址:陕西省西安市经济技术开发区明光路北段
负责人:许延玲
Tel:13991866950

**陕西秦都商务有限公司西安经济技术开发区凯鑫分公司**
地址:陕西省西安市经济技术开发区未央路 130 号凯鑫大厦一层
负责人:李莉
Tel:029－88649969

**西安慧眼通科技有限公司**
地址:陕西省西安市莲湖路 37 号省外贸大楼 5 楼 33 号
负责人:唐斌
Tel:029－68800100

**西安启信亿方广告文化传播有限公司**
地址:陕西省西安市莲湖区大莲花池街 22 号
负责人:张敏如
Tel:029－88620666

**西安定安商贸有限公司**
地址:陕西省西安市莲湖区大庆路西仪坊 40 号门面房
负责人:张静
Tel:13991218999

**陕西鹏辉商贸有限公司**
地址:陕西省西安市莲湖区大兴东路 6 号
负责人:李栋鹏
Tel:13363915159

**西安恒鼎工贸有限公司**
地址:陕西省西安市莲湖区大兴路 17 号
负责人:吴建军
Tel:13772165366

**陕西宏坤科贸有限责任公司**
地址:陕西省西安市莲湖区大兴西路 83 号
负责人:王晓鸿
Tel:13991896491

**陕西润黎商贸有限公司**
地址:陕西省西安市莲湖区丰禾路 22 号莲湖生活家 7－4－102
负责人:赵春雷
Tel:029－82065990

**陕西三海商贸有限公司**
地址:陕西省西安市莲湖区丰庆路西建新村 23 号
负责人:屈鉴刚
Tel:13592980354

**四川易园集团有限公司西安分公司**
地址:陕西省西安市莲湖区红埠街 48 号 2、3 层
负责人:陈淘
Tel:029－83014813

**西安安胜清洗有限公司**
地址:陕西省西安市莲湖区红庙坡 195 号 1 幢 20102 号
负责人:许寨柱
Tel:029－86281251

**陕西家家顺家政服务有限责任公司**
地址:陕西省西安市莲湖区解家村 30 号
负责人:康练刚
Tel:13992876041

**陕西民乐人人家超市有限责任公司**
业务:商贸
产品:食品、百货
地址:陕西省咸阳杨凌市示范区康乐中路人人家商贸有限公司
负责人:周益海　邮　编:712000
法　人:周益海
Tel:13572000042
029－84070066
Fax:029－84070099

**上海福拓实业有限公司西安分公司**
地址:陕西省西安市莲湖区劳动北路 49 号
负责人:蔡霞
Tel:13571917002

**西安新奥商务管理有限公司**
地址:陕西省西安市莲湖区劳动南路 99 号 1909 房
负责人:金随仓
Tel:13991902158

**陕西瑞泽科工贸有限公司**
地址:陕西省西安市莲湖区劳动南路中段民航大厦

负责人:郭军
Tel:13909184549

**西安晋安工贸有限公司**
地址:陕西省西安市莲湖区庙后街 143 号
负责人:张莉
Tel:029－85080080

**陕西爱能贸易有限公司**
地址:陕西省西安市莲湖区青年二巷三号
负责人:陈国俊
Tel:029－86511585

**陕西天龙圣诺贸易有限公司西安可可鸭第二分公司**
地址:陕西省西安市莲湖区四府街 33 号
负责人:张国彤
Tel:13709199130

**陕西凡尔佳科工贸有限公司**
地址:陕西省西安市莲湖区西八家巷小区 1－12 号楼 3 单元 7 号
负责人:屈礼平
Tel:029－86816868

**北京通天世纪科技有限公司西安分公司**
地址:陕西省西安市莲湖区西北二路付 28 号 9 栋 10803 号
负责人:杨格霞
Tel:029－87320403

**西安邦仲科技有限公司**
地址:陕西省西安市莲湖区西大街 126 号(旭弘家园)2 号楼 10 层
负责人:张延斌
Tel:029－88682612

**西安经纬兰德企业信息咨询有限公司**
地址:陕西省西安市莲湖区西关正街 60 号英达大厦 1210 室
负责人:李武
Tel:029－88547127

**广东白光商贸发展有限公司西安分公司**
地址:陕西省西安市莲湖区西华门 1 号凯爱大厦 B 座 6 层 11 室
负责人:陈伟英
Tel:029－87201852

**西安隆泰科技贸易发展有限公司**
地址:陕西省西安市莲湖区自强西路 52 号 2 号楼 3－1101 房
负责人:吕春斌
Tel:13572260159

**西安市临潼区汉兴实业公司**
地址:陕西省西安市临潼区新市乡郝邢村
负责人:郝树
Tel:029－83846574

**丰汇工贸有限公司**
地址:陕西省西安市南二环东段 3 号(延炼工贸有限公司人力资源部)
负责人:李爱玲
Tel:029－85240173
13909265435

**西安莫非营销管理咨询有限公司**
地址:陕西省西安市南二环祭台村 1 号－41
负责人:杨明玉
Tel:13002975455

**陕西大奥科技发展有限公司**
地址:陕西省西安市桃园南路 136 号
负责人:张冬雨
Tel:13991852777

**陕西竞予广告有限责任公司**
地址:陕西省西安市未央区北开发区凤城三路 10 号
负责人:梁竞予
Tel:029－86266148

**陕西炫龙科技有限公司**
地址:陕西省西安市未央区长庆兴隆园小区 1－8－3－501
负责人:张明
Tel:13701252612

**西安家美家商贸有限公司大明宫分店**
地址:陕西省西安市未央区大明宫西铁小区东门 9－11 门面房
负责人:鹿润莉
Tel:029－81010669

**西安凤新实业有限公司**
地址:陕西省西安市未央区大明宫乡十里铺村(十里铺砖厂内)
负责人:余新源
Tel:13991181388

**定边县荣鑫广告策划有限责任公司**
业务:广告设计,企业顾问策划,媒体代理等多项服务
地址:陕西省榆林市定边县定边镇长城南街(安达加油站对面)
负责人:齐斌　邮　编:719000
法　人:齐斌
Tel:0912－4593886
15529948883

**西安市利益科工贸有限责任公司**
地址:陕西省西安市未央区党校路航建小区 2 幢 40102 室
负责人:邹瑞蓉
Tel:029－86269405

**陕西豪怡商贸有限公司**
地址:陕西省西安市未央区东元路中段 10 号
负责人:徐向民
Tel:13709254388

**西安曼丁诺商贸有限责任公司**
地址:陕西省西安市未央区建章路北段 13 号
负责人:张文科
Tel:13991869305

**陕西鑫旺工贸有限公司**
地址:陕西省西安市未央区太华北路 399 号大明宫五金机电市场 6 排 49＃50＃
负责人:唐建功
Tel:029－82128870

**西安市群健工贸有限公司**
地址:陕西省西安市未央区谭家村街道办车家堡工业园
负责人:王文城
Tel:029－86613997

**陕西迪美广告装饰有限公司**
地址:陕西省西安市未央区未央路 69 号
负责人:薛建利
Tel:029－81012041

**西安玛斯特科技有限公司**
地址:陕西省西安市未央区未央路二府庄小区 29 号楼 1102 号
负责人:王玉喜
Tel:13655230999

**陕西昊信科贸有限公司**
地址:陕西省西安市文艺北路甲字一号唐人大厦 10 楼
负责人:王煜
Tel:029－87559387

**陕西鸿盛广告有限公司**
地址:陕西省西安市文艺路十字和平花园 C 座 802 号
负责人:刘佩
Tel:029－87897457

**陕西爱心美丽广告有限公司**
地址:陕西省西安市文艺南路 46 号－31 号楼 7 单元 4 层东户
负责人:王妹英
Tel:029－87896148
13609166237

**西安市好姻缘婚介所**
地址:陕西省西安市文艺南路 5 号院
负责人:王鸿
Tel:13379232910

**陕西凯越科技发展有限公司**
地址:陕西省西安市五星街万德商务中心
负责人:罗阿妮
Tel:029－88013539

**西安昇旭广告有限责任公司**
地址:陕西省西安市西二环南段 18 号西城芳洲 1－203D
负责人:陶邵平
Tel:029－62868010

**郦宝广告材料有限公司**
地址:陕西省西安市西和乡村 105 号(门面)
负责人:张化峰
Tel:029－83777352
13072929087

**西安索元特工贸有限责任公司第一分公司**
地址:陕西省西安市西七路 199 号副 4 号
负责人:王政勇
Tel:029－83019715

**西安珂氏建筑设计策划咨询有限公司**
地址:陕西省西安市西七路 291 号
负责人:王菁
Tel:029－87265787

**乌鲁木齐徕缤商贸有限公司西安临淼分公司**
地址:陕西省西安市西一路 59 号祥瑞大厦 903 室
负责人:张艺柔
Tel:029－88055258

**西安荣盛工贸有限公司**
地址:陕西省西安市咸宁东路 502 号众瑞物流院内
负责人:张志勇
Tel:029－82071010

**芳佳商贸有限公司**
地址:陕西省西安市新城区长东西路 211 号金郎服装商城地厅 1 号
负责人:贾新路
Tel:029－83100750
13991868632

**西安标点广告有限责任公司**
地址:陕西省西安市新城区长乐中路 126 号
负责人:孟宪鹏
Tel:13991297406

**陕西三棵树超市商贸有限责任公司第十超市**
地址:陕西省西安市新城区二马路 140 号一层
负责人:邵国敏
Tel:029－82243454

**西安杰辉科技发展有限公司**
地址:陕西省西安市新城区公园南路新光小区 7 号楼 40301 室
负责人:孙海宇
Tel:029－82625650

**陕西易得工贸有限责任公司**
地址:陕西省西安市新城区韩森路 18 号
负责人:高培英
Tel:13384931109

**陕西邦胜劳保工贸有限公司西安第一分公司**
地址:陕西省西安市新城区华清西路六合窑华清小区西侧 3 号
负责人:陈海美
Tel:029－82485133

**北京东方般若科技发展有限公司西安分公司**
地址:陕西省西安市新城区南坊巷 4 号 1208 室
负责人:杨天骄
Tel:13609280120

**北京罗科北方信息技术有限公司西安分公司**
地址:陕西省西安市新城区万寿南路 104 街坊 20 号 10206 房
负责人:杜智勇
Tel:029－82636976

**戴纬林国际贸易(上海)有限公司西安办事处**
地址:陕西省西安市新城区西二路 23 号万景商务中心 1105 室
负责人:杨
Tel:029－87543190

**西安亿数商务有限责任公司**
地址:陕西省西安市新城区西五路 26 号海惠大厦 601 室
负责人:郝晨光
Tel:029－87416802

**神木县龙利贸易有限公司**
业务:煤矿设备,环保设备,矿用机械,钢材,煤炭销售
地址:陕西省榆林市神木县店塔镇兴杨路
负责人:陈晓利　邮　编:719000
法　人:陈晓利
Tel:13772326989
0912－8453693

**陕西三磊商贸有限责任公司**
地址:陕西省西安市新城区幸福北路黄河新村 6 号楼六层 3 号
负责人:周雯
Tel:029－83384942

**永城商行**
地址:陕西省西安市阎良区人民路东段 137 号
负责人:党永义
Tel:029－86201989
13991270066

**西安万创科技发展有限公司**
地址:陕西省西安市阎良区人民路东段新建 15－20 号
负责人:李岩鹏
Tel:13572173855

**沈阳海斯传媒发展有限公司西安分公司**
地址:陕西省西安市雁塔北路 52 号(煤炭科学总院西安分院 616 房)
负责人:牟维英
Tel:029－87804131

**西安昊天文化传播有限公司**
地址:陕西省西安市雁塔区长安南路 483 号
负责人:朱虹燕
Tel:029－87892115

**西安振祥实业有限公司**
地址:陕西省西安市雁塔区长安南路 483 号宏泰大厦 9 层
负责人:张丽琴
Tel:13072929561

**陕西圣惟商贸有限公司**
地址:陕西省西安市雁塔区电子二路锦业大厦 14 层 E2
负责人:李建锋
Tel:13689202001

**西安市道生堂商贸有限责任公司**
地址:陕西省西安市雁塔区电子二路青松公寓 15 楼 9 号
负责人:段俊峰
Tel:029－88726648

**西安能圆科技咨询有限责任公司**
地址:陕西省西安市雁塔区电子西街金桥四季花园 4－4071 室
负责人:张乐平
Tel:13992819593

**陕西信丰机电技术有限公司**
地址:陕西省西安市雁塔区高新开发区科技一路 17 号
负责人:孙少鹏
Tel:029－88142922

**陕西盛松科技有限责任公司**
地址:陕西省西安市雁塔区高新路 49 号
负责人:马金文
Tel:029－88682202

**陕西路安特实业有限公司**
地址:陕西省西安市雁塔区高新路瑞欣大厦 14C
负责人:于凤玲
Tel:029－82083367

**陕西普丽达商贸有限责任公司**
地址:陕西省西安市雁塔区高新一路 5 号正信财富中心 B 座 306 室
负责人:常红
Tel:13319208333

**陕西自由自在文化传播有限公司**
地址:陕西省西安市雁塔区含光路 180 号
负责人:肖达
Tel:13772017408

**陕西腾捷冠林科技有限公司**
地址:陕西省西安市雁塔区含光南路 262 号 416 室
负责人:高勇
Tel:029－88230404

**北京瑞图科技发展有限公司驻西安办事处**
地址:陕西省西安市雁塔区吉祥路 84 号 52304 室
负责人:胡志忠
Tel:13571822089

**西安天道广告有限公司**
地址:陕西省西安市雁塔区乐游路 4 号付 1 号
负责人:席燕
Tel:13991162027

**西安实新光伏有限责任公司**
地址:陕西省西安市雁塔区明德门鑫泰园 20 号楼 2 单元 2 层 202 号
负责人:丁四年
Tel:029－88504816

**陕西兴嵘科技有限公司**
地址:陕西省西安市雁塔区南二环东段金桂苑小区
负责人:孙玉梅
Tel:13709269726

**西安欣祥科技工贸有限公司**
地址:陕西省西安市雁塔区南二环含光路什字民生银行大厦 10601 室
负责人:王艳
Tel:13991138932

**陕西隆税科技开发有限公司**
地址:陕西省西安市雁塔区南二环西段 88 号世纪星大厦 13F
负责人:刘罂
Tel:029－88360199

**西安桦霖建筑劳务有限公司**
地址:陕西省西安市雁塔区南窑头东区 40－9 号
负责人:赵桂林
Tel:029－88321567

**西安市雁塔地震救援志愿者搜救犬培训中心**
地址:陕西省西安市雁塔区雁环中路 12 号
负责人:杨淑民
Tel:029－85338100

**陕西思达测试技术有限公司**
地址:陕西省西安市雁塔区雁塔路 99 号
负责人:闫建咏
Tel:029－85510987

**榆林市若兰科工贸有限公司**
业务:专业从事副食、饮料、酒、五金交电、建材等的综合贸易企业,本着“以人为本、诚信求实”的企业精神,竭诚为社会各界服务!
地址:陕西省榆林市榆阳区航宇路东(文昌公司对面)
负责人:封小平　邮　编:719000
法　人:曹艳梅
Tel:0912－8134008
Fax:0912－8134016

**陕西中安科技发展有限公司**
地址:陕西省西安市雁塔区雁塔路南段 99 号
负责人:黄志强
Tel:029－85525063

**北京安普莱科技有限公司西安分公司**
地址:陕西省西安市雁塔区雁塔西路 158 号 1 栋 10601 号
负责人:袁天鹏
Tel:029－88496291

**陕西海旭科技发展有限公司第一分公司**
地址:陕西省西安市雁塔区雁塔西路 24 号
负责人:王建国
Tel:029－85326829

**西安运兴商贸有限公司**
地址:陕西省西安市雁塔区雁塔西路 73 号 6 号楼 1 单元 102 室
负责人:吕向民
Tel:029－85217965

**陕西富锐泳池浴室设备有限公司**
地址:陕西省西安市雁塔区永松路 116 号
负责人:李德斌
Tel:029－85227631

**陕西新阳光科工贸有限公司丈八东路分公司**
地址:陕西省西安市雁塔区丈八东路 1 号
负责人:刘蓓蕾
Tel:029－85320120

**陕西天信科贸有限公司**
地址:陕西省西安市雁塔区朱雀大街 155 号明德门凯旋广场 D 座 217 室
负责人:李文平
Tel:029－81934722

**西安市相依婚介所**
地址:陕西省西安市友谊东路 551 号
负责人:耿炳歧
Tel:029－81913625

**周至县四通加油站**
地址:陕西省西安市周至县马召镇 108 国道南十字
负责人:陈伟峰
Tel:029－85195222

**西安祥源工贸总公司后勤服务分公司**
地址:陕西省西安市朱雀大街 183 号祥源大厦 502 室
负责人:李经会
Tel:029－85233803

**深圳市清华深讯科技发展有限公司西安分公司**

地址：陕西省西安市朱雀大街朱雀东坊南区31号楼407室
…… 负责人：刘希晖
…… Tel：029－88401730

**咸阳康成商贸有限公司**
地址：陕西省咸阳市秦都区人民西路27号
…… 负责人：刘楠
…… Tel：13892913101

**咸阳纪氏商贸有限公司腾达分公司**
地址：陕西省咸阳市渭城区苏家寨
…… 负责人：纪建琦
…… Tel：13636890388

**杨凌物华生态科技开发有限公司**
地址：陕西省杨凌示范区神农路16号创业大厦525室
…… 负责人：张永洲
…… Tel：13309108787

**丰达钻机修理服务站**
地址：陕西省榆林地区靖边县寨山村第二小学旁边
…… 负责人：欧富才
…… Tel：0912－4632400
13992250644

**冯季优惠商店**
地址：陕西省榆林地区神木县大柳塔镇二马路
…… 负责人：冯季
…… Tel：0912－8413591
13991082519

**海洋工贸有限责任公司**
地址：陕西省榆林市靖边县河东榆炼大酒店向东200米处
…… 负责人：贾清廉
…… Tel：0912－4871185
13809127785

**榆林市蓝海工贸有限公司**
地址：陕西省榆林市上郡路蓝海大楼
…… 负责人：赵劲
…… Tel：0912－3380861

**飞龙加油站**
地址：陕西省榆林市吴堡县宋家川镇张家墕村
…… 负责人：马忠华
…… Tel：0912－6680155
13571231888

**陕西汉宝科技发展（集团）公司榆林分公司**
地址：陕西省榆林市榆阳区北郊
…… 负责人：唐飞
…… Tel：13186111223

**榆林市明达利广告有限公司**
地址：陕西省榆林市榆阳区红山艳阳巷
…… 负责人：艾绳军
…… Tel：13991078886

**榆林市天惠集团购物商场衡康体育用品专卖店**
地址：陕西省榆林市榆阳区湖滨南路1号
…… 负责人：惠凤周
…… Tel：0912－3283709

**榆林市福瑞德商贸有限责任公司**
地址：陕西省榆林市榆阳区金鸡滩镇上河村
…… 负责人：张小莉
…… Tel：0912－3622368

**榆林市正阳商贸有限责任公司**
地址：陕西省榆林市榆阳区文化路16号
…… 负责人：李晓芸
…… Tel：13992204588

**榆林市金盛工贸有限责任公司**
地址：陕西省榆林市榆阳区西沙建设路3号
…… 负责人：王敬玉
…… Tel：13309121371

**榆林市泉财商贸有限公司**
业务：榆林市泉财商贸有限公司成立于2005年，主要从事钢材销售，煤炭运销，地产红枣销售等业务。"诚信经营，客户至上"，热诚欢迎新老客户惠顾。
地址：陕西省榆林市榆阳区麻地湾村（华龙钢材市场）
…… 邮　编：719000
…… 法　人：武玉权
…… Tel：0912－8120330
8120320
…… Fax：0912－8120330

**榆林市翔泰工贸有限责任公司**
地址：陕西省榆林市榆阳区新建南路建隆大厦506—511
…… 负责人：刘红梅
…… Tel：0912－3321566

**陕西金欣实业发展有限公司**
地址：陕西西安莲湖区保吉巷小区1号1幢2单元301室
…… 负责人：王兆华
…… Tel：029－87622710

**陕西嘉汇科技有限公司**
地址：陕西西安市碑林区安东街45号陕西统计大厦1817号
…… 负责人：刘培录
…… Tel：13319183031

## 甘肃省/Gansu Province

**白银美裕康工贸有限责任公司**
地址:甘肃省白银市白银区纺织路 176 号
负责人:韦尧龙
Tel:13893089056

**白银弘成房地产评估咨询有限公司**
地址:甘肃省白银市白银区纺织路 36 号
负责人:王丽
Tel:13909436006

**金昌市天地人商贸有限责任公司**
业务:金昌市天地人商贸有限责任公司主要从事废旧有色、黑色金属回收。欢迎新老客户光临、惠顾!
地址:甘肃省金昌市泰安路
负责人:李苗安……邮　编:717300
法　人:李苗安
Tel:0935－3601718
Mobile:13014152222

**兰州鸿泰瑞丰商贸有限公司**
业务:本公司成立于 2006 年,主要销售化妆品、日用品、服装、烟酒、食品、饮料。产品质量保证、价格合理、信誉第一,热忱欢迎新老客户光临、惠顾!
地址:甘肃省兰州市红古区窑街跃进街鸿泰超市
负责人:宋西祖……邮　编:730080
法　人:宋西祖
Tel:0931－6312867

**白银成林成盛商贸有限公司**
地址:甘肃省白银市白银区纺织路街道黄茂井村 90 号
负责人:高成林
Tel:13099281555

**白银世华商贸有限公司**
地址:甘肃省白银市白银区公园路 452 号
负责人:乔家俊
Tel:13034158891

**白银瑞阊商贸有限公司**
地址:甘肃省白银市白银区红星街 186 号
负责人:肖道军
Tel:13095908602

**甘肃振超工贸发展有限公司**
业务:甘肃振超工贸发展有限公司成立于 2006 年,经营各种贸易,销售矿产品,以质量求生存,以信誉求发展,欢迎新老客户来电洽谈业务。
地址:甘肃省兰州市机械厅大楼 702 室
负责人:陈剑鸣……邮　编:723000
法　人:陈剑鸣
Tel:0931－8829790
网址:www.mtw28560.chinapyp.com

**白银金色威龙汽车贸易有限公司**
地址:甘肃省白银市白银区兰包路 462 号
负责人:李霞娃
Tel:13519019041

**白银市恒鑫商贸有限公司**
地址:甘肃省白银市白银区兰包路 68 号
负责人:狄国义
Tel:13893039319

**白银金港物资有限公司**
地址:甘肃省白银市白银区王岘西路 609 号
负责人:张巨福
Tel:0943－8308622

**文县宝丰贸易行**
业务:文县宝丰贸易行成立于 1995 年,公司坐落在甘肃省陇南市文县城关镇江南街 16 号。十多年来从事山野菜(刺嫩芽、微菜、蕨菜)加工、销售及家用电器、手机销售。
地址:甘肃省陇南市文县城关镇江南街 16 号
邮　编:746400
法　人:赵龙生
Tel:0939－5523631
Fax:0939－5523631

**靖远银海劳务有限责任公司**
地址:甘肃省白银市靖远县三滩乡朝阳村
负责人:陶志文
Tel:13519018885

**白银荣昌泉商贸有限公司**
地址:甘肃省白银市平川区水沟沿
负责人:李晓钰
Tel:0943－3639391

**敦煌市三和贸易有限责任公司第三连锁店**
地址:甘肃省敦煌市沙州镇环城西路沙州乐园
负责人:刘卫娟
Tel:0937－8834876

**渭源县德一商贸有限责任公司**
业务:商贸
地址:甘肃省定西市渭源县会川镇东大街东关万达超市
负责人:王寿德　邮　编:748200
法　人:王寿德
Tel:13679312588
0932－4481012

**天水广融工贸有限公司**
业务:天水广融工贸有限公司成立于 2004 年,主要从事市场建设、农资物流配送、生产资料的经营等业务。欢迎新老客户来电洽谈业务,共同合作!
地址:甘肃省天水市秦州区建设路尚义巷宏业大厦 2 楼
邮　编:741000
法　人:何真
Tel:0938－8278157
Fax:0938－8270015
网址:www.gsts.chinapyp.com

**甘南茗泰商贸有限责任公司食杂店**
地址:甘肃省甘南州合作市人民街(民贸大厦一楼)
负责人:武学勤
Tel:0941－8212973

**开通商贸有限责任公司**
地址:甘肃省嘉峪关市朝阳街区 G321 线北侧
负责人:王开通
Tel:0937－6321737
13830791767

**嘉峪关鑫诚国际贸易有限公司**
地址:甘肃省嘉峪关市嘉北工业园区
负责人:王小东
Tel:13993782535

**嘉峪关市叶盛商贸有限公司**
地址:甘肃省嘉峪关市人民街区 29－2－6 号
负责人:吕叶
Tel:0937－6262189

**嘉峪关新明商贸有限公司**
地址:甘肃省嘉峪关市胜利街区会馆楼
负责人:赵佰倍
Tel:0937－6226476

**嘉峪关市永创物资贸易有限责任公司**
地址:甘肃省嘉峪关市胜利中路 21－16 号商用房
负责人:邵起勇
Tel:13309471034

**嘉峪关市阳泉阀门物资有限公司**
地址:甘肃省嘉峪关市胜利中路 8－4－301 室
负责人:刘建池
Tel:0937－6263622

**肃北县黑戈壁工贸有限责任公司**
业务:矿产开发、矿产品加工
产品:金矿、铁矿
地址:甘肃省嘉峪关市肃北县马鬃山
负责人:卫东国　邮　编:735100
Tel:13993710416
13993700178

**玉门创宇工贸有限公司**
业务:玉门创宇工贸有限公司成立于 2003 年元月,主要代理个人防护用品、有毒气体监测仪、特种劳保用品等。竭诚为海内外客商服务,并于大家携手并进,共创辉煌。
地址:甘肃省玉门市建设路电话大楼北侧 1 号
邮　编:735200
法　人:徐建斌
Tel:0937－3956307
3522222
Fax:0937－3958698

**嘉峪关市晨阳物资有限责任公司**
地址:甘肃省嘉峪关市文化街区 93－2 号
负责人:黄桂英
Tel:0937－6222671

**嘉峪关市迅达物资贸易有限责任公司**
地址:甘肃省嘉峪关市五一中路十九号
负责人:管学勤
Tel:0937－3605339

**浩鹏商贸有限公司**
地址:甘肃省金昌市北京路 154 号
负责人:王皓
Tel:0935－8333829
13830587719

**金昌天聚源工贸有限责任公司**
地址:甘肃省金昌市昌华巷 2 号二楼
负责人:何运宏
Tel:0933－8319996

**金昌金德易实业有限公司**
地址:甘肃省金昌市桂林路 64 号
负责人:廉成彪
Tel:13993566216

**金昌市海阳商贸有限公司**
地址:甘肃省金昌市天水路步行街
负责人:张保强
Tel:13993578927

**酒泉市鑫利商城有限责任公司鑫利超市**
地址:甘肃省酒泉市北大街 2 号
负责人:唐益年
Tel:0937－2685212

**酒泉市新信惠商贸有限责任公司**
地址:甘肃省酒泉市北大街 2 号鑫利商城一楼
负责人:陈喜
Tel:0937－2611288

**敦煌市家乐福商贸有限责任公司**
地址:甘肃省酒泉市敦煌市北大街黄河啤酒厂院内
负责人:年红
Tel:0937－8834767

**敦煌市福生永商贸有限公司**
地址:甘肃省酒泉市敦煌市新世界商厦四平台
负责人:李兴亭
Tel:0937－8821537

**嘉峪关市西部天地商贸有限责任公司酒泉祁连店**
地址:甘肃省酒泉市祁连路 5 号
负责人:盛爱军
Tel:0937－2661626

**酒泉市恒联商贸有限责任公司**
地址:甘肃省酒泉市清水镇
负责人:殷生国
Tel:13079314303

**酒泉市鑫龙商贸有限责任公司**
地址:甘肃省酒泉市肃州区西石滩果园工业区
负责人:陈建玲
Tel:0937－3867805

**酒泉市晨曦商贸经营部**
地址:甘肃省酒泉市肃州区邮电街 7 号
负责人:刘雅晖
Tel:0937－2613356

**酒泉市金祥永泽物资有限公司**
地址:甘肃省酒泉市雄关路
负责人:李秀芳
Tel:0937－2602659

**玉门恒业物资经销部**
地址:甘肃省酒泉市玉门市溪源酒店门店
负责人:王立恒
Tel:0937－3956381

**兰州昌翰文化传播有限责任公司**
地址:甘肃省兰州段家滩 1178 号
负责人:曲琰
Tel:0931－4677928

**兰州福文驾驶员服务部**
地址:甘肃省兰州费家营 48 号
负责人:于福文
Tel:13919348276

**兰州金友汽车租赁有限责任公司**
地址:甘肃省兰州福利路 477 号
负责人:姚金川
Tel:13993182997

**嘉峪关市庆安劳务有限公司**
业务:劳务服务
地址:甘肃省嘉峪关市新华街 20－2－10 号
负责人:苏庆　邮　编:735100
法　人:苏庆
Tel:13893798987

**兰州汇嘉商贸有限责任公司**
地址:甘肃省兰州市安宁区安宁东路 662 号 151 室
负责人:陈燕
Tel:0931－3231195

**兰州鼎晟工贸有限公司**
地址:甘肃省兰州市安宁区安宁西路 53 号
负责人:魏胜林
Tel:13893292712

**兰州俞搏商贸有限公司**
地址:甘肃省兰州市陈家湾 1 号
负责人:刘爱云
Tel:13893307906

**兰州宝盾远盛商贸有限公司**
地址:甘肃省兰州市城关区(雁滩家具市场 1 号楼 609 室)
负责人:李文智
Tel:0931－8400770

**兰州美奥文化传播有限公司**
地址:甘肃省兰州市城关区安定门外 58 号甘霖大厦
负责人:周红兵
Tel:13919007819

**兰州福邦天阔广告文化传播有限公司**
地址:甘肃省兰州市城关区白银路 123 号 1912 室
负责人:樊琛
Tel:0931－8110056

**兰州千钧商贸有限公司**
地址:甘肃省兰州市城关区白银路 47－8 号新闻大厦
负责人:吴宗奇
Tel:0931－8115298

**兰州中新时讯文化传播中心**
地址:甘肃省兰州市城关区白银路 47 号(新闻大厦－1507 室)
负责人:苏云
Tel:13038734540

**甘肃盛业工贸有限责任公司**
地址:甘肃省兰州市城关区北滨河中路 80 号
负责人:王勇
Tel:13893271532

**甘肃大方公信咨询代理有限公司**
地址:甘肃省兰州市城关区曹家厅曹家厅 58 号
负责人:叶宝明
Tel:13008744402

**兰州灵杰物资贸易有限公司**
地址:甘肃省兰州市城关区草场街安乐村 55 号
负责人:董俊杰
Tel:13993192966

**兰州一杰文化传播有限公司**
地址:甘肃省兰州市城关区东岗东路 1403 号
负责人:宋振毅
Tel:13609305791

**甘肃赛科安全评价有限公司**
地址:甘肃省兰州市城关区东岗东路 1917 号
负责人:王颂东
Tel:13309312433

**兰州鑫亿达实业有限公司**
地址:甘肃省兰州市城关区东岗东路 344 号
负责人:李鹏举
Tel:13909400530

**兰州市城关区章光壹零壹咨询部**
地址:甘肃省兰州市城关区东岗西路 155 号
负责人:蒋庆贤
Tel:0931－8639101

**兰州木牛流马车辆信息有限责任公司**
地址:甘肃省兰州市城关区东岗西路 480 号
负责人:董立琳
Tel:0931－8127276

**兰州宝林广告文化传播有限公司**
地址:甘肃省兰州市城关区东岗西路 536 号
负责人:安民伟
Tel:13321202737

**兰州汇德劳务服务有限公司**
地址:甘肃省兰州市城关区东岗西路 588 号
负责人:李保银
Tel:0931－6113318

**嘉峪关嘉祺工贸有限公司**
业务:五金建材、日用百货的销售
地址:甘肃省嘉峪关市迎宾东路(长安铃木 4S 店东 100 米)
负责人:陶圣兵　邮　编:735100
法　人:陶圣兵
Tel:13309478668
0937－6391580

**甘肃钰峰科工贸有限公司**
地址:甘肃省兰州市城关区东岗西路 673 号
负责人:王岩
Tel:0931－8811030

**兰州丽源翔商贸有限公司**
地址:甘肃省兰州市城关区东岗西路街道平凉路 184 号
负责人:张宗和
Tel:0931－8583500

**兰州吉运贸易有限公司**
地址:甘肃省兰州市城关区段家滩 725 号
负责人:王克林
Tel:0931－4683399

**兰州荣祥汽车服务有限公司**
地址:甘肃省兰州市城关区佛慈大街 2 号
负责人:阎桂花
Tel:0931－8383928

**兰州九目广告策划有限公司**
地址:甘肃省兰州市城关区付家巷 118 号 303 室
负责人:杨愫
Tel:13008799178

**兰州安营商贸有限公司**
地址:甘肃省兰州市城关区甘南路 15 号 1 单元 403 室
负责人:孟康
Tel:0931－2180912

**兰州金博鑫商贸有限公司**
地址:甘肃省兰州市城关区皋兰路 1 号
负责人:王金玉
Tel:0931－8726219

**兰州司南图片设计有限公司**
地址:甘肃省兰州市城关区皋兰路 67 号 903 室
负责人:郑杰
Tel:0931－3667744

**甘肃宏泽经贸有限公司**
地址:甘肃省兰州市城关区拱星墩街道东岗东路 1710 号
负责人:徐志刚
Tel:0931－4679406

**兰州济贤物资有限公司**
地址：甘肃省兰州市城关区贡元巷43号
负责人：周照安
Tel：13909461021

**兰州博亿特工贸有限公司**
地址：甘肃省兰州市城关区广武门后街68号
负责人：于大海
Tel：0931－8832787
8730081

**甘肃冰蓝广告文化有限公司**
地址：甘肃省兰州市城关区红三村33－1号
负责人：谯顿默
Tel：0931－3663449

**兰州朗田工贸有限责任公司**
地址：甘肃省兰州市城关区火车站东路399号
负责人：陈淑华
Tel：0931－8627818

**兰州昊阳商贸有限公司**
地址：甘肃省兰州市城关区火车站南路42号
负责人：刘永录
Tel：0931－7360066

**兰州长霖工贸有限责任公司**
地址：甘肃省兰州市城关区金昌路68号
负责人：林长新
Tel：0931－8864887

**兰州京东综合物资有限责任公司**
地址：甘肃省兰州市城关区静宁路118号
负责人：赵春梅
Tel：13919811971

**兰州汇易商务服务有限公司**
地址：甘肃省兰州市城关区静宁路158号
负责人：冯晔
Tel：0931－8848888

**甘肃喜洋洋庆典礼仪有限公司**
地址：甘肃省兰州市城关区静宁路186号
负责人：李霞
Tel：0931－8887061

**兰州中宇昊工贸有限公司**
业务：平板电视机、洗衣机
地址：甘肃省兰州市城关区东岗东路1681号64幢B单元2501号
负责人：杨穆　邮编：730000
法人：杨穆
Tel：13893192228
0931－8651393
8650282
8493126
Fax：0931－8651393

**兰州奥杰美工贸有限公司**
地址：甘肃省兰州市城关区酒泉路48号
负责人：李亚伟
Tel：13321218259

**甘肃烟草质量监督检测站**
地址：甘肃省兰州市城关区酒泉路88号
负责人：杜学伟
Tel：0931－4662338

**兰州点睛咨询有限责任公司**
地址：甘肃省兰州市城关区酒泉路民安大厦B楼24楼
负责人：袁晓冬
Tel：0931－8471110

**兰州轩立商贸有限公司**
地址：甘肃省兰州市城关区酒泉路乾昌大厦13楼
负责人：徐明全
Tel：0931－8400363

**兰州大东方贸易有限公司**
地址：甘肃省兰州市城关区临夏路35号
负责人：赵敏琛
Tel：0931－8428909

**兰州金明广告策划有限责任公司**
地址：甘肃省兰州市城关区临夏路35号（沛丰大厦－13楼G座）
负责人：王周斌
Tel：0931－8431296

**兰州吉诺商贸有限公司**
地址：甘肃省兰州市城关区临夏路53号
负责人：徐丽娜
Tel：13919275322

**兰州亚光商贸有限公司**
地址：甘肃省兰州市城关区民主西路7号
负责人：陈云女
Tel：0931－4635719

**兰州亿峰商贸有限公司**
地址：甘肃省兰州市城关区闵家桥97号
负责人：谢国强
Tel：0931－8401099

**兰州三利特商贸有限公司**
地址：甘肃省兰州市城关区南昌路44号
负责人：徐勤
Tel：13038739969

**兰州如意文化艺术有限公司**
地址：甘肃省兰州市城关区南昌路511号
负责人：金霞
Tel：0931－3886367

**兰州旺成工贸有限公司**
地址：甘肃省兰州市城关区平凉路414号
负责人：颜云林
Tel：13209317149

**兰州银联企业服务有限公司**
地址：甘肃省兰州市城关区秦安路192号
负责人：李雪梅
Tel：0931－3951681

**兰州力天远创商贸有限公司**
地址：甘肃省兰州市城关区庆阳路60号
负责人：陈文雄
Tel：0931－8800179

**兰州乐耳商务咨询有限公司**
地址：甘肃省兰州市城关区庆阳路杨家巷2－16号招银大厦西塔楼902室
负责人：李木铎
Tel：13919325899

**兰州智信商贸有限责任公司第一分公司**
地址：甘肃省兰州市城关区滩尖子117号
负责人：云钢锋
Tel：0931－8505377

**兰州金钊物资贸易有限公司**
地址：甘肃省兰州市城关区铁路西村184号
负责人：李守军
Tel：0931－8725464

**甘肃信天游文化传播有限公司**
地址：甘肃省兰州市城关区通渭路1号
负责人：杨建华
Tel：0931－8186719

**甘肃德龙伟业商贸有限公司**
业务：销售机电设备，五金交电化工，百货，建材
产品：机电设备，五金交电化工，百货，建材
地址：甘肃省兰州市城关区庆阳路350号
负责人：王锡庚　邮编：730000
Tel：13669394304
0931－8441850
Fax：0931－8441859

**兰州沛霖商贸有限公司**
地址：甘肃省兰州市城关区小沟头223号
负责人：霍建强
Tel：13919288908

**兰州中创先锋企业策划有限责任公司**
地址：甘肃省兰州市城关区绣河沿54号
负责人：杨先海
Tel：0931－8481945

**兰州高新交通信息服务中心**
地址：甘肃省兰州市城关区雁滩路2037号
负责人：胡煜鹏
Tel：0931－8555050

**兰州迦南商贸有限责任公司**
地址：甘肃省兰州市城关区杨家园36号
负责人：牛淑莲
Tel：0931－8736550

**兰州洋阳商贸有限公司**
地址：甘肃省兰州市城关区永昌路290号
负责人：王丽莉
Tel：13893285966

**兰州三森广告策划有限公司**
地址：甘肃省兰州市城关区张苏滩468号
负责人：黄焱
Tel：0931－8551779

**兰州星剑商贸有限公司**
地址：甘肃省兰州市城关区张苏滩路458号
负责人：武红
Tel：0931－8538451

**甘肃前卫安防商贸有限公司**
地址：甘肃省兰州市城关区张掖路137号
负责人：宋惠轩
Tel：13893190998

**甘肃千业股权登记托管服务有限公司**
地址：甘肃省兰州市城关区张掖路143号
负责人：晋学英
Tel：0931－8469778

**甘肃正大拍卖有限责任公司**
地址：甘肃省兰州市城关区张掖路街道延寿巷6号基隆大厦1607室
负责人：葛秀英
Tel：0931－8470330

**兰州万源汇商贸有限公司**
地址：甘肃省兰州市城关区中山路陇牧大厦408
负责人：叶文虎
Tel：0931－3581605

**张掖市志和建筑劳动服务有限责任公司**
业务：提供建筑劳务服务
地址：甘肃省张掖市甘州区三闸镇瓦窑村七社
负责人：张志和　邮编：734000
法人：张志和
Tel：13830621459
15109367183

**兰州众通搬家有限责任公司榆中高崖分公司**
地址：甘肃省兰州市高崖镇街道
负责人：郭世雄
Tel：0931－4551222
5402788

**甘肃晟隆基商贸有限责任公司**
地址：甘肃省兰州市东岗东路552号
负责人：马鸿祥
Tel：13609339888

**兰州奥盛贸易有限公司**
地址：甘肃省兰州市东岗西路455号中兴大厦22D
负责人：薛克姣
Tel：0931－8832816

**甘肃安远工程咨询有限公司**
地址：甘肃省兰州市皋兰路20号
负责人：汪学正
Tel：0931－8733305

**皋兰万轮机动车驾驶员服务中心**
地址：甘肃省兰州市皋兰县甘肃省兰州市皋兰县利民招待所
负责人：颜建国
Tel：0931－5723915

**兰州兰东工贸有限公司**
地址：甘肃省兰州市高新技术产业开发区（张苏滩575号创业中心1号楼）
负责人：段国芳
Tel：0931－8553283

**兰州文瑞物资贸易有限公司**
地址：甘肃省兰州市红古区海石湾镇平安路1558号
负责人：顾文革
Tel：0931－6216586

**兰州麟盛商贸有限责任公司**
地址：甘肃省兰州市红古区海石湾镇平安路765号
负责人：谢晓玲
Tel：13893290085

**兰州水世界商贸有限责任公司**
地址：甘肃省兰州市火车站西路588号
负责人：余淑玲
Tel：0931－4633575

**荣泰商贸有限公司**
地址：甘肃省兰州市宁夏路139号
负责人：王荣
Tel：0931－8462366
3938691

**兰州百川能源开发有限公司**
业务：农业项目开发、矿山机械设备及配件、建筑材料、装饰材料、五金材料、管道材料、五金交电、仪器仪表、办公用品、文化体育用品及器材销售
产品：矿山机械设备及配件、建筑材料、装饰材料、五金材料、管道材料、五金交电、仪器仪表、办公用品、文化体育用品及器材
地址：甘肃省兰州市城关区庆阳路60号信息大厦606室
负责人：吴强　邮编：730000
法人：吴强
Tel：18919311658
0931－8418653
Fax：0931－8418583
网址：http://www.51zzt.com/user/zzt123783
E-mail：lzbcny@126.com

**甘肃源盛商贸有限公司**
地址：甘肃省兰州市七里河区工林路659号
负责人：马永福
Tel：0931－2757402

**兰州闽辉商贸有限公司**
地址：甘肃省兰州市七里河区建工西街36号
负责人：刘玲
Tel：0931－8437994

**甘肃诚信资产评估有限公司**
业务：评估，审计，验证，经济鉴证
地址：甘肃省天水市秦州区建设路宏业大厦A座5楼
负责人：刘立明　邮编：741000
法人：刘立明
Tel：0938－8219406
E-mail：liuliming213@163.com

**甘肃金彪工贸有限公司**
地址：甘肃省兰州市七里河区建西西路1号
负责人：张元彪
Tel：13321223183

**兰州北斗星广告有限公司**
地址：甘肃省兰州市七里河区金港城金福花园16号601室
负责人：史金娥
Tel：0931－8820679

**兰州景辉物资有限公司**
地址：甘肃省兰州市七里河区土门墩南湾1号
负责人：杨伟
Tel：0931－8699795

**甘肃穆鑫商贸有限公司**
地址：甘肃省兰州市七里河区西津东路139号
负责人：卡占龙
Tel：0931－2612163

**兰州辰辰传媒有限公司**
地址：甘肃省兰州市七里河区西津东路570号
负责人：郑威龙
Tel：13359428666

**兰州明祥物资有限公司**
地址：甘肃省兰州市七里河区西津西路422号
负责人：魏明成
Tel：0931－2359169

**兰州扬成物资有限公司**
地址：甘肃省兰州市七里河区西津西路422号
负责人：李彦蔚
Tel：13893115163

**昌泰商贸有限公司**
地址：甘肃省兰州市七里河区西津西路422号
负责人：杨伟玺
Tel：0931－2170152
13919332266

**天水永和商贸有限公司**
业务：副食品、日用百货、办公用品、五金交电、针织品、服装鞋帽、日杂用品的批发、零售
地址：甘肃省天水市秦州区成纪大道北面广源佳乐广场
负责人：巩和平　邮编：741000
法人：巩和平
Tel：13993816312
15293801177
0938－8360408

**兰州瑞泉物资有限责任公司**
地址：甘肃省兰州市七里河区西津西路572号
负责人：杨得明
Tel：0931－2550698

**甘肃永海物资有限公司**
地址：甘肃省兰州市滩尖子34号
负责人：石刚
Tel：0931－8701065

**甘肃经典广告有限责任公司**
地址：甘肃省兰州市天水南路523号
负责人：朱文华
Tel：13321222328

**甘肃源远流长文化传播有限公司**
地址：甘肃省兰州市渭源路街道东岗西路192号
负责人：李小静
Tel：13220463158

**兰州太华物资有限公司**
地址：甘肃省兰州市西固区福利东路60号
负责人：马玉荣
Tel：13919423465

**兰州万明商贸有限公司**
地址：甘肃省兰州市西固区公园路366号
负责人：郑万卿
Tel：13321286075

**兰州西固天华石化设备除垢防腐技术服务部**
地址：甘肃省兰州市西固区临洮街63号
负责人：韦国成
Tel：13239638019

**兰州欣荣物资有限公司**
地址：甘肃省兰州市西固区临洮街街道康乐路68号
负责人：江淑荣
Tel：13893617097

**兰州悦新汽车服务有限公司**
地址：甘肃省兰州市西固区西固东路224号
负责人：熊志涛
Tel：0931－7961088

**兰州九泉工贸有限公司**
地址：甘肃省兰州市西固区西固西路26号
负责人：毛湘泉
Tel：0931－7302898

**天水市麦积区云洁洗涤用品厂**
业务：生产与销售"陇秀天下"牌洗洁精
产品："陇秀天下"牌洗洁精
地址：甘肃省天水市麦积区社棠镇下街
负责人：潘锦云　邮编：741000
法人：潘锦云
Tel：13993890216
0938－2781518

**甘肃万洲汽车贸易有限责任公司**
地址：甘肃省兰州市西固区西固中路164号
负责人：金俊建
Tel：0931－7359656

**兰州兰炼新开源再就业劳务有限责任公司**
地址：甘肃省兰州市西固区庄浪西路2号
负责人：安志斌
Tel：0931－7937433

**兰州奕华贸易有限公司**
地址：甘肃省兰州市西津西路422号
负责人：伍玉侠
Tel：0931－2339993

**甘肃中信华泰商贸有限公司**
地址：甘肃省兰州市西津西路422号
负责人：李昕
Tel：0931－8272627

**兰州卓雅工贸有限公司**
业务：家用电器、家居用品、文化体育用品、工艺品、日用杂货、服装、家具、五金交电、仪器仪表及电子产品的批发零售
地址：甘肃省兰州市兰新电器综合市场万国港E座（东岗东路2137号）22层2301号
负责人：李永明　邮编：730020
Tel：15117296798
0931－8606488

**甘肃建卓商贸有限公司**
地址：甘肃省兰州市西津西路464号
负责人：陈建国
Tel：0931－2920870

**兰州华旭利源商贸有限公司**
地址：甘肃省兰州市盐场路101号
负责人：蒲芳
Tel：13992859760

**永登陆丰商贸有限责任公司**
地址：甘肃省兰州市永登县连城镇

……………………负责人：高宏
Tel：13919051259

**兰州亿圣商贸有限责任公司**
地址：甘肃省兰州银滩路269－101号
……………………负责人：赵云
Tel：13893318335

**天水市启升服务有限公司**
业务：学校后勤服务
地址：甘肃省天水市麦积区马跑泉路56号
………负责人：罗天佑　邮　编：741020
……………………法　人：罗天佑
………Tel：13893862859
13919677217
……………………网址：zzt32032
………E-mail：http：//www.51zzt.com/user/zzt32032

**兰州左右源商贸有限公司**
地址：甘肃省兰州永昌路11号
……………………负责人：郭龙
Tel：0931－8401228

**兰州盛天源商贸有限公司**
地址：甘肃省兰州永昌路350号
……………………负责人：李云飞
Tel：0931－8119668

**兰州英华商贸有限责任公司**
地址：甘肃省兰州张苏滩428号
……………………负责人：尚文强
Tel：13993186177

**兰州春风绒线商贸有限公司**
地址：甘肃省兰州张掖路171号
……………………负责人：赵兰玲
Tel：0931－8465549

**甘肃百福工贸有限公司巴拉巴拉经营部**
地址：甘肃省兰州张掖路186号
……………………负责人：张雪芬
Tel：0931－8400998

**兰州一通商贸有限公司**
地址：甘肃省兰州中山路362－1号
……………………负责人：梁旭鹏
Tel：0931－4602203

**临夏州兴河水利工程监理咨询有限公司**
地址：甘肃省临夏市回族自治州临夏市民主西路35－1号
……………………负责人：李星海
Tel：0930－6212929

**天水市嘉威商贸有限公司**
业务：果品加工、储藏、批发、零售及果品的包装物
地址：甘肃省天水市麦积区花牛镇邓庄村
………负责人：闫天生　邮　编：741025
……………………法　人：闫天生
………Tel：13893839210
0938－2793820
………Fax：0938－2793820

**成县五洲商贸有限责任公司**
地址：甘肃省陇南市成县东新街
……………………负责人：彭孔竖
Tel：0939－3219039

**成县恒圣工贸有限公司**
地址：甘肃省陇南市成县黄渚镇
……………………负责人：王军强
Tel：0939－3718199

**徽县生宝商贸有限责任公司**
地址：甘肃省陇南市徽县嘉陵镇
……………………负责人：梁生宝
Tel：0939－7575088

**平凉市怡兴商贸有限责任公司**
地址：甘肃省平凉地区崆峒西路241号
……………………负责人：孙锦秀
Tel：0933－8712990

**平凉市鸿源劳保商贸有限责任公司**
地址：甘肃省平凉地区崆峒中路196号
……………………负责人：申秀琴
Tel：0933－5986629

**华亭县宏鑫物资有限责任公司**
地址：甘肃省平凉市华亭县西皋商城二排十五号
……………………负责人：莫彦军
Tel：0933－7725519

**永峰商贸有限公司**
地址：甘肃省平凉市静宁县西关综合市场家俱汇展中心
……………………负责人：陈永长
Tel：0933－2533648
13993397288

**正宁县陇邦贸易有限责任公司**
业务：农副产品贸易
地址：甘肃省庆阳市正宁县东关工业园区院内（奥神洲进出口贸易有限公司）
………负责人：杨跃国　邮　编：745000
……………………法　人：杨跃国
………Tel：13919604888
0934－6126638

**甘肃雨桐钢模板租赁有限公司平凉分公司**
地址：甘肃省平凉市柳湖路西
……………………负责人：翟天明
Tel：13830363911

**甘肃平凉东方电力有限责任公司广告装饰分公司**

地址：甘肃省平凉市下县巷4号
……………………负责人：舍利宏
Tel：0933－8382691

**庆阳市金泰莱工贸有限公司**
地址：甘肃省庆阳市西峰区安定东路25号
……………………负责人：赵春化
Tel：0934－5991455

**正宁县运通汽车运输有限责任公司**
地址：甘肃省庆阳市正宁县县城南环路
……………………负责人：白永恒
Tel：0934－6123560

**甘谷广鑫物资有限公司**
地址：甘肃省天水市甘谷县新兴镇道南路
……………………负责人：张小强
Tel：0938－5622435

**甘谷县金盾超市**
地址：甘肃省天水市康庄东路综合楼
……………………负责人：汪顺环
Tel：0938－5635977

**陇南市武都区兴元工贸有限责任公司**
业务：采砂、机械租赁、工程承包、住宿、餐饮服务
地址：甘肃省陇南市武都区洛塘镇洛塘街洛塘宾馆
………负责人：赵元兴　邮　编：746052
……………………法　人：赵元兴
………Tel：0939－8558116

**天水现代商贸有限公司**
地址：甘肃省天水市麦积区埠南路桥南建材综合批发市场
……………………负责人：赵金山
Tel：0938－2727888

**天水鑫旺商贸有限责任公司**
地址：甘肃省天水市麦积区天拖厂家属院平房5号
……………………负责人：汪君
Tel：13993823742

**天水鸿源商贸有限公司**
地址：甘肃省天水市麦积区羲皇大道12号
……………………负责人：张英俊
Tel：13830840807

**天水余润物资贸易有限公司**
地址：甘肃省天水市秦州区防疫站统建楼
……………………负责人：乔耀强
Tel：0938－8214941

**天水信义造价咨询事务所**
地址：甘肃省天水市秦州区环城西路4号
……………………负责人：吴国栋
Tel：0938－8284192

**华亭宏帆工贸有限责任公司**
业务：承接房屋建筑工程
地址：甘肃省平凉市华亭县东大街1号
………负责人：马小卫　邮　编：744000
……………………法　人：马小卫
………Tel：13993399843
13993355677

**宝鸡商场（集团－股份有限公司家美佳超市天水店）**
地址：甘肃省天水市秦州区迎宾路
……………………负责人：冯心军
Tel：0938－8218261

**李子园加油站**
地址：甘肃省天水市秦城区李子乡李子村
……………………负责人：赵永成
Tel：0938－8511159
13893821095

**天水国盛商贸有限责任公司**
地址：甘肃省天水市天水市麦积区前进北路（道北统建1号楼2号）
……………………负责人：王宽仓
Tel：13830885262

**陇南市利君商贸有限责任公司**
业务：餐饮、娱乐、住宿；农副产品收购、加工；工程机械租赁、销售；建材销售
地址：甘肃省陇南市武都区市粮食局办公楼
………负责人：李俊　邮　编：746000
……………………法　人：李俊
………Tel：13830939366
0939－8251399

**武威市万客隆商贸有限责任公司连锁便民超市**
地址：甘肃省武威市凉州区建国街新青年巷
……………………负责人：马晓玲
Tel：0935－2231051

**甘肃省临泽县银光实业有限责任公司**
业务：工厂化种猪繁育，高效绿色农业开发，农业机械制造，休闲娱乐，住宿，精细面粉加工为一体
地址：甘肃省张掖市临泽县城关镇建设路
………负责人：张林银　邮　编：734200
……………………法　人：张林银
Tel：0936－5522524

**民勤县富春贸易有限公司**
地址：甘肃省武威市民勤县蒲红路300米处
……………………负责人：焦炳樵
Tel：0935－4132666
13150152353
13993524118

## 甘肃银先立达商贸有限公司

甘肃银先立达商贸有限公司成立于1995年，是原临泽县银光实业有限责任公司改制重组的一家集房屋桥梁施工、房地产开发销售、农业机械制造、工厂化种猪繁育、高科技农业开发、精优细面粉加工、休闲娱乐住宿为一体的综合性股份制企业。

本厂以内靠管理、挖潜革新，外靠诚信，开拓市场为办厂宗旨，先后荣获"全省发展非公有制经济先进企业"、"科技进步示范企业"、"重合同、守信用企业"、"先进私营企业"等荣誉称号。正以开拓进取，务实求真，深化改革，广聚贤才，科技领先争创名优，永立潮头的雄姿奔向新的未来。

联系人：张林银　13993698182　电话：0936-5522524 5521338
网址：www.yinxian.cn　传真：0936-5520552
地址：甘肃省张掖市临泽县城关镇建设路　邮编：734200

## 兰州辰昊广告有限公司

本公司从事户外广告产品加工，LED显示屏制作，LED电话工程，各种亚克力吸塑工程，欢迎来电洽谈、共同发展！

联系人：顾鑫

电话：0931-8311654、3628988　邮编：730046
地址：甘肃省兰州市城关区盐场路4-106号

## 兰州金华林商贸有限责任公司

玉门油田是中国石油工业的摇篮，我公司是玉门油田的直属企业，主要经营玉门油田炼厂生产的石化产品，产品有石油机械配件、石油化工产品原料、五金交电、二类机电、石油管道配件等。

玉门油田炼厂60余年的生产科研发展史，是中国现代炼油工业的缩影，现在生产13大系列130多种石化产品，产品质量可靠。我们将以玉门石油工人特有的品质欢迎你前来洽谈业务！

电话：0931-2652677 2617398
联系人：张学双　13909312169　传真：0931-2617398
地址：甘肃省兰州市七里河区滨河中路1号　邮编：730550

## 兰州通恒物资有限责任公司

公司以冶金产品、碳素制品、化工产品、煤炭、农产品为经营项目。
我们始于客户需求，终于客户满意，
真诚的欢迎与您携手共同发展！

电话：0931-6100681　6235034　联系人：申文丽
传真：0931-6235034　15809316426
地址：甘肃省兰州市红古区海石湾大通路186号
邮编：730084



## 兰州艺之源广告装饰有限责任公司

本公司从事装饰工程，建筑模型、沙盘制作；GR企业形象策划与设计，大型企业画册、海报、招贴以及包装设计纸印刷，大型媒体广告、媒体发布，LED电子节能灯箱、高精度喷涂、室内外写真、展板、铜牌雕刻等制件，欢迎新老客户来电来函洽谈业务！

联系人：牛建强

电话：0931-7530508　7530161
地址：甘肃省兰州市西固区西固中路192号
邮编：730060

…………………………… Fax:0518－8813654

## 宜兴市创辉陶瓷科技有限公司

业务:我厂专业生产氧化铝陶瓷件,电器陶瓷件,电子瓷件,绝缘瓷件,纺织瓷件,牺陶瓷件,镁瓷瓷件等

地址:江苏省宜兴市丁蜀镇查林村

………… 负责人:田森强……邮 编:214222
…………………………………… 法 人:田森强
……………………………… Tel:0510－87492684
……………………………… Fax:0510－80207750

## 宏伟物资回收利用有限公司

地址:江苏省盐城市射阳县经济开发区黄海路27－1号

…………………………………… 负责人:严为红
……………………………… Tel:0515－82983366
13961964788

## 江苏知本律师事务所苏州分所

业务:江苏知本律师事务所苏州分所可提供各种法律咨询及服务、办理诉讼与非诉讼业务,欢迎来电垂询。

地址:江苏省苏州市北摆宴街25号华成大厦2幢406室

………… 负责人:匡泉生……邮 编:215006
…………………………………… 法 人:匡泉生
……………………………… Tel:0512－62880427

………… 网址:www.mtw26589.chinapyp.com

## 上海枫江白蚁防治材料有限公司苏州分公司

业务:我公司成立于1987年,多年来以销售白蚁防治材料,灭蚁灵,机电产品,五金交电,化工产品,金属材料及白蚁防治技术服务为主,我公司坚持以"一流服务品质,一流产品质量"为广大客户服务。

地址:江苏省苏州市金昌区三元三村4幢201室

………… 负责人:冯桂明……邮 编:215004
……………………………… Tel:0512－68284957
……………………………… Fax:0512－68284957

## 宜兴市法兰特工贸有限公司

业务:本公司专业生产氧化铝含量为99%、97%、95%、92%、75%、45%各类高铝瓷工程陶瓷制品和金属陶瓷、工业硬质瓷。产品分五大类近二百个品种,以满足种类不同用途的要求。热忱欢迎各用户来人、来函联系。特殊规格可来图定制。

地址:江苏省宜兴市丁蜀镇丁山北路222－1

………… 负责人:黄伯强……邮 编:214221
……………………………… Tel:0510－87494818
………………… 网址:www.falante－china.com

## 常熟市尚湖镇环大超市货架厂

本公司成立于1999年，主要经营超市货架的生产销售。

公司产品推陈出新，以各种方式为广大新老客商提供满意的产品与优质的服务，我们真诚与您携手共进、共创明天！

联系人：陈正环 13806233939
电话：0512－52435058
传真：0512－52433088
邮编：215500
地址：江苏省常熟市王庄镇山鑫村

## 常州市大贤实业有限公司热处理分公司

常州市大贤实业有限公司热处理分公司从事各类齿轮、模具、不锈钢零件的辉光离子氮化（或软氮化）加工。公司秉承"顾客至上，锐意进取"的经营理念，坚持"客户第一"的原则为广大客户提供优质的服务。欢迎惠顾！

联系人：杨卫民
电话：0519－88858850、13606128687
邮编：213003
地址：江苏省常州市天宁区清凉南路1号（常州第二纺织机械厂内）

## 含山县光明环保物资回收有限责任公司

含山县光明环保物资回收有限责任公司成立于2007年，本公司专营回收各种型号电力产品、废旧金属、清仓物资及整厂收购等。

公司以价格公道和信誉求生存为宗旨，欢迎广大新老客户前来洽谈。

联系人：谷光明
电话：025－52253998 13809007486
地址：南京市雨花区景明家园集景苑303室 邮编：238181

## 华阳玻纤有限责任公司

华阳玻纤有限责任公司成立于2000年9月，产品结构呈多元化，涉及汽车摩擦材料基材、密封材料基材、刹车片钢背等多个领域，产品除销售国内大型摩擦材料、密封材料企业外，还远销东南亚及西欧等地市场，热忱欢迎国内外新老客户前来合作洽谈业务。

联系人：史玉庆
电话：0515－85213068 13851035990
网址：www.hybq.com
地址：江苏省东台市东达路6号 邮编：224200

## 淮安市天龙再生利用有限公司

淮安市天龙再生利用有限公司成立于2008年，主要从事于废旧金属、纸张，塑料回收、加工、利用。

本公司把诚信摆在首要位置，本着诚信为本、节约能源、绿化地球的原则，依照"服务大众"的态度，勤勤恳恳的经营，以低于市场的价格竭诚为您服务！

联系人：徐江
电话：0517－83712727 13806269753
地址：江苏省淮安市经济开发区马庄工业园 邮编：223001

## 建湖县金鼎金属回收经营部

建湖县金鼎金属回收经营部于2005年，本经营部主要经营废旧金属回收，我们的业务面向国内。

本着以诚合作、以信经营、致力环保事业为宗旨，愿与各钢铁厂、不锈钢厂、特殊钢铁厂以及化工颜料厂家合作！欢迎参观本厂，我们要结交更多的朋友，携手发展共创辉煌！

电话：0515－86250823
联系人：金超 13962030012
地址：江苏省盐城市建湖县经济开发区（黄沙港东岸） 邮编：224000

## 南京龙兴腾仓储设备制造有限公司

本公司成立于2000年，主要经营护栏网、仓储笼、隔离网、料箱、托盘。

欢迎各界朋友来电来函合作，将提供最好的服务和最优的价格。

联系人：王中峰 13016957538
电话/传真：025－86561931 86652965
地址：江苏省南京市莫愁湖东路2号左邻风度1幢1903室 邮编：210000

## 泰州市东方废旧物资回收有限公司

泰州市东方废旧物资回收有限公司成立于2001年，主要从事废旧物资的回收。本公司把诚信摆在首要位置，本着"诚信为本"的原则，依照"服务大众"的态度，勤勤恳恳的经营，公司上门服务，价格高于市场价。

电话：0523－86663368
13901433397 联系人：姜来宝
地址：江苏省泰州市泰东镇老东河村16组 邮编：225300

## 盐城鑫泰玻璃物资回收有限公司

本公司成立与2007年，主要经营废旧碎玻璃物资回收。

服务宗旨是：诚实。公正。守信。价格合理。在互惠互利的原则下，变废为宝。环保。创收！

电话：0515－88505388
邮编：224000
地址：江苏省盐城市亭湖区城西
联系人：吴兆来
13962062788

## 浙江省/Zhejiang Province

**宁波市江东袖健废旧物资回收店**
业务：经营生活性废旧物资回收、销售服务。
地址：浙江省宁波市江东区曙光二村9幢23号
负责人：沈健 邮编：315000
法人：沈健
Tel：0574－82387201

**海南维康医药有限公司驻浙江办事处**
地址：浙江省杭州市朝晖七区粮油综合楼402室
负责人：刘月虹
Tel：0571－85239916

**宁波市江北庄桥腾飞停车场**
业务：餐饮、超市、停车、汽车修理
地址：浙江省宁波市江北区庄桥胡家村北侧
负责人：张先生 邮编：315000
法人：张新忠
Tel：13777930101
13008909616
13567816233

**淳安县老年人体育协会**
地址：浙江省杭州市淳安县千岛湖镇排岭南路33号
负责人：朱宝华
Tel：0571－64812075

**宁波市北仑区霞浦街道元发废品收购站**
业务：废纸收购
地址：浙江宁波市北仑区霞浦街道通山村甬港废旧物资交易市场东13号
负责人：张发元 邮编：315800
法人：张发元
Tel：13336860837
0574－86802798

**浙江省再生资源有限公司**
业务：浙江省再生资源有限公司成立于1988年1月1日，主要经营钢材、生铁、废钢、废纸、废塑料、报废汽车等十多种商品。公司领导偕全体员工热忱欢迎再生资源的同行前来我司交流和指导，欢迎海内外新老朋友前来我公司洽谈业务，我们将竭诚为您提供尽善尽美的服务。
地址：浙江省杭州市滨江区泰安路199号浙江农资大厦6楼
负责人：朱庆荣 邮编：310000
Tel：0571－87661976
87661987

**慈溪市古塘兴旺废旧金属回收店**
业务：废旧金属回收
地址：浙江省宁波市慈溪市古塘街道太屺村956号
负责人：金刚 邮编：315000
法人：金刚
Tel：13216620370
0574－63910442

**淳安县蚕茧产业协会**
地址：浙江省杭州市淳安县千岛湖镇新安东路603号
负责人：李春才
Tel：0571－64832786

**慈溪市白沙路锋达废旧金属回收站**
业务：废旧金属回收
地址：浙江省慈溪市白沙路街道群丰村
负责人：毛国锋 邮编：315000
法人：毛国锋
Tel：0574－63977485

**淳安县拖拉机驾驶员协会**
地址：浙江省杭州市淳安县千岛湖镇新安西路20号
负责人：余廷贵
Tel：0571－64812579

**宁波经济技术开发区明辉标牌厂**
业务：标牌，铭牌，铜牌，铝牌，不锈钢牌，亚克力制品，PVC
地址：浙江省宁波经济技术开发区小港环山路底新凉亭
负责人：陈振明 邮编：315803
法人：陈振明
Tel：13958206325
0574－86221136
QQ：469205080

**杭州菲狐眼镜超市有限公司**
业务：杭州菲狐眼镜是专业从事验光、配镜的视光学批发零售企业，企业实施现代化，品牌化连锁经营。公司开创了眼镜行业的平价先河，坚持以服务图生存，以质量求发展，服务与质量并重的的经营理念，受到广大消费者的好评！
地址：浙江省杭州市湖墅南路367号
负责人：张国安 邮编：310000
Tel：0571－88385511
88390822

**宁波市鄞州石碶甬博废旧物资回收站**
业务：废旧物资回收
地址：浙江省宁波市鄞州区石碶街道东杨村
负责人：梁小饼 邮编：315000
法人：梁小饼
Tel：13780098873
13685738306

**慈溪市桥头天赢废旧金属回收站**
业务：废旧金属回收
地址：浙江省慈溪市桥头镇毛三斗村日旺路26号
负责人：毛科杰 邮编：315317
法人：毛科杰
Tel：0574－63558588
网址：http://www.51zzt.com/user/zzt33499

**淳安县金鑫废纸回收有限公司**
地址：浙江省杭州市淳安县文昌镇文昌村
负责人：陈来根
Tel：0571－64900788

**临安市忠群废品回收站**
业务：回收、加工、销售废铁
地址：浙江省临安市锦城街道湖塘下
负责人：陆忠群 邮编：311300
法人：陆忠群
Tel：13567172789
0571－61072250

**宁波市鄞州首南首创废品回收站**
业务：废旧金属回收、生活性废旧物资回收
地址：浙江省宁波市鄞州区首南街道前周村
负责人：晁彬 邮编：315000
法人：晁彬
Tel：13056842395
15967813711

**杭州市拱墅区跆拳道协会**
地址：浙江省杭州市大关小区东六苑8幢二楼
负责人：倪一鸣
Tel：0571－88324795

**平湖市曹桥街道锦诚废金属回收经营部**
业务：生活性废旧金属、废纸、废塑料的回收。
地址：浙江省平湖市曹桥街道曹桥村5组
负责人：徐戈成 邮编：314214
法人：徐戈成
Tel：13761357250
0512－55238770

**杭州市下城区工商行政管理学会**
地址：浙江省杭州市东新路337号
负责人：夏伟龙
Tel：0571－85386748

**瑞安市康泰胶带加工场**
业务：加工双面胶条码
地址：浙江省瑞安市仙降镇下西垟村
负责人：杜佐权 邮编：325000
法人：杜佐权
Tel：13291793222
0577－65054908

**富阳市金玻废品回收有限公司**
业务：再生物资回收（含生产性废旧金属）
地址：浙江省富阳市渌渚镇山亚村
负责人：吴立贤 邮编：310026
法人：吴立贤
Tel：0571－63298087

**富阳市前山废旧物资回收有限公司**
地址：浙江省杭州市富阳市常安镇前山园村
负责人：李明友
Tel：0571－63569678

**上虞市道墟镇阿良废品回收店**
业务：主要经营废品回收
地址：浙江省上虞市道墟镇茅家村
负责人：鲁建良 邮编：312000
法人：鲁建良
Tel：13587342670
0575－82572292

**临安市土生废品回收部**
业务：生产性废旧金属回收
地址：浙江省临安市横畈镇潘联村53号
负责人：许土生 邮编：310026
法人：许土生
Tel：0571－63771537
63775121

**天台县石磊石材加工厂**
业务：大理石、花岗石加工
地址：浙江省台州市天台县始丰街道官塘张村62省道旁老窑厂
负责人：张义勇 邮编：318000
法人：张义勇
Tel：13968583281

**富阳金穗物资回收有限公司**
地址：浙江省杭州市富阳市富春街道公元西路（金桥工业功能区内）
负责人：丁为红
Tel：0571－63472000

**玉环县坎门秦航旧货零售商行**
业务：旧货零售
地址：浙江省台州市玉环县珠港镇坎门海港路13号
负责人：卓航 邮编：76028000
法人：卓航
Tel：13634045858
0576－87568302
Fax：0576－87568302

**富阳市精神文明建设研究会**
地址：浙江省杭州市富阳市富春街道桂花路25号
负责人：章刚良
Tel：0571－63323630

**温岭市城东金鼎旧货商行**
业务：废旧货物回收寄卖
地址：浙江省温岭市横山头曙光东路437号
负责人：郭伟 邮编：331081
法人：郭伟
Tel：13867632224
15167681111

**海宁市黄湾镇欣慧废旧金属收购站**
业务：废旧金属回收
地址：浙江省海宁市黄湾镇黄山村14组27号
负责人：陈胜 邮编：314400
法人：陈胜
Tel：15067377252
13362320973

**苍南县龙港镇兴龙废品回收站**
业务：废品物品回收
地址：浙江省温州市苍南县龙港镇宫后路938号一楼
负责人：蔡振荣 邮编：325000
法人：蔡振荣
Tel：13958778370
0577－68606968

**海盐县万丰经编厂**
业务：海盐县万丰经编厂成立于2006年，是一家生产型企业，主要生产各种网眼布、金光绒、圈绒、丝光绒等，本厂一贯主张产品质量是企业发展的前提，把客户的满意作为企业管理的方向，使企业得到快速、高效地发展。
地址：浙江省嘉兴市海盐县通元镇浦洋村合心组
负责人：金建东 邮编：314300
法人：金建东
Tel：0573－86613471
Fax：0573－86613471

**浙江省海宁市黄湾镇明秀废品收购站**
业务：废品收购
地址：浙江省海宁市黄湾镇尖山村3组8号
负责人：王明秀 邮编：314415
法人：王明秀
Tel：15990336201
15990336205

**龙泉市新声五金劳保用品批发部**
业务：主要经营劳保用品，兼营五金制品
地址：浙江省丽水市龙泉市塔石金岗工业区内
负责人：冯艾玲 邮编：323700
法人：冯艾玲
Tel：0578－7330666

**富阳恒冶废金属回收有限公司**
地址：浙江省杭州市富阳市环山乡西山村
负责人：何叶标
Tel：0571－63371612

**温州市龙湾海城叶脉废旧金属回收站**
业务：塑料、纸板废旧回收
地址：浙江省温州市龙湾区海城街道邱宅村中心南路57号
负责人：叶脉 邮编：325000
法人：叶脉
Tel：0577－82661771
15157799098

**富阳市双华废旧金属回收有限公司**
地址：浙江省杭州市富阳市新登镇新堰村
负责人：罗国华
Tel：13805767505

**温州市龙湾沙城成长安防设备厂**
业务：生产、销售洗眼器
地址：浙江省温州市龙湾区沙城镇娘娘宫巷2号
负责人：王靖者 邮编：325000
法人：王靖者
Tel：0577－86820030

**淳安县宏山废品收购站**
业务：废品收购
地址：浙江省杭州市淳安县千岛湖镇龙门路55号
负责人：王金大 邮编：310026
法人：王金大
Tel：0571－64824162
15336598531
13606516607

**富阳胥口废纸收购有限公司**
地址：浙江省杭州市富阳市胥口镇查村村
负责人：楼树章
Tel：0571－63282178

**温州市龙湾瑶溪平安废油回收站**
业务：废机油回收
地址：浙江省温州市龙湾区瑶溪镇底岭下大埠头路58号
负责人：石秀平 邮编：325000
法人：石秀平
Tel：13567792180
0577－86616028

**乐清市仁德再生资源回收有限公司**
业务：再生资源回收
地址：浙江省乐清市柳市镇蟾东村
负责人：陈碧生 邮编：325000
法人：陈碧生
Tel：13091925051
0577－62526037

**富阳市永昌废纸购销有限公司**
地址：浙江省杭州市富阳市永昌镇唐昌村
负责人：过桂喜
Tel：0571－63201104

**温州市瓯海仙岩文杰铁皮加工场**
业务：专业从事PU料桶、鞋材厂胶桶回收，桶、聚氨脂废料鞋底加工、销售。致力于废旧物资流通，本着诚信合作，真诚沟通的理念，为您提供全方位的服务，热情欢迎新老顾客前来洽谈业务！
产品：桶，聚氨脂废料鞋底
地址：浙江省温州市瓯海仙岩岩一村富强路33号
负责人：何文杰 邮编：325000
法人：何文杰
Tel：0577－85329886
13625776667

**义乌市缪洪林打火机商行**
业务：空壳打火机批发、零售
地址：浙江省金华市义乌市赵宅四区 1 幢 5 号
……… 负责人：缪洪林 邮 编：321000
…………………………… 法 人：缪洪林
…………… Tel：13566706669
0579－85625711

**杭州安心残疾人综合服务社**
地址：浙江省杭州市拱墅区仓基新村 55 幢底层
…………………………… 负责人：鲁慧丽
…………………………… Tel：0571－88067548

**平阳县腾蛟镇宝盛液化气经营部**
业务：液化气配送
地址：浙江省温州市平阳县腾蛟镇繁华路 64 号
……… 负责人：苏志清 邮 编：325000
…………………………… 法 人：苏志清
………… Tel：0577－63531633
63533512
13107796778

**杭州市潮鸣街道基层工会联合委员会**
地址：浙江省杭州市建国北路潮鸣苑 16 幢
…………………………… 负责人：吕洪良
…………………………… Tel：0571－87294557

**金华市婺城区阿平劳保用品专卖店**
业务：销售劳保用品
地址：浙江省金华市婺城区长宁路 45 号
……… 负责人：方旭平 邮 编：321000
…………………………… 法 人：方旭平
………… Tel：0579－82351298

**杭州市江干区重竞技体育协会**
地址：浙江省杭州市江干区机场路 383 号
…………………………… 负责人：许璐莎
…………………………… Tel：0571－85047500

**浙江省湖州市屈峰废旧物资经营部**
业务：废旧设备收购、销售，废旧物资回收，废旧金属
地址：浙江省湖州市安吉县经济开发区万亩三房村
………… 负责人：屈峰 邮 编：313300
…………………………… 法 人：屈峰
………… Tel：0572－5018675

**杭州山青废旧物资回收有限公司**
地址：浙江省杭州市江干区笕桥镇俞章村三组
…………………………… 负责人：施瑶珊
…………………………… Tel：0571－88138783

**磐安星蓬二手家具店**
业务：专业收售各类二手家用电器、办公家具、民用家具、古玩、玉器及古钱币等二手物品，公司以价格公道和信誉求生存，欢迎广大新老客户前来洽谈。
产品：高价回收电视、冰箱、货柜、家具、古玩等
地址：浙江省金华市磐安县安文中街菜市场南侧巷内荷花弄 6 号
……… 负责人：洪星蓬 邮 编：322300
…………………………… 法 人：洪星蓬
………… Tel：15167986400

**杭州市自然科学教学研究会**
地址：浙江省杭州市教育局（孩儿巷 6 号）
…………………………… 负责人：严国忠
…………………………… Tel：0571－87033858

**永嘉县瓯北镇芦田米村喷漆加工场**
业务：喷漆、喷塑
地址：浙江省温州市永嘉县瓯北镇芦田村昌盛路 27 号
……… 负责人：徐载文 邮 编：325000
…………………………… 法 人：徐载文
………… Tel：0577－67291569
13857797795

**江山市宏兴废品回收站**
业务：废旧金属回收
地址：浙江省江山市清湖镇童家村 271 号
……… 负责人：童长青 邮 编：324100
…………………………… 法 人：童长青
………… Tel：13967005658
0570－4445624

**德清乾元永升废品收购部**
业务：废品收购
地址：浙江省湖州市德清县乾元镇宏龙金属加工厂
……… 负责人：姜伟升 邮 编：313216
…………………………… 法 人：姜伟升
………… Tel：0572－8233363
13665712868

**丽水市金盛废旧金属回收中心**
业务：金盛废旧金属回收中心从事金属回收、废旧机械回收，废旧物资再利用，欢迎来电洽谈业务！
地址：浙江省丽水市开发路文元汽修内
………… 负责人：蒋青泉……邮 编：323000
…………………………… 法 人：蒋青泉
…………………………… Mobile：13957056221
15967262793

**废旧金属回收站**
业务：以铁为主的废旧金属回收
地址：浙江省嘉兴市秀洲区油车港格兰春天小区 10 幢 102 号
……… 负责人：程新伟 邮 编：314000
…………………………… 法 人：程新伟
………… Tel：15988332981

**嘉兴市秀洲区王江泾曹桂根废金属收购站**
业务：废旧金属等再生物资回收
地址：浙江省嘉兴市秀洲区王江泾镇宇四浜村
…………………………… 负责人：曹桂根
…………………………… 法 人：曹桂根
………… Tel：13085628108
13236557721

**北京海林电器设备有限公司驻浙江办事处**
地址：浙江省杭州市望江路 69 号宋都大厦 308－2
…………………………… 负责人：李玥
…………………………… Tel：0571－86051125

**浙江省嘉兴物资调剂市场丰乐家电调剂商行**
业务：二手空调的回收与销售
产品：二手空调
地址：浙江省嘉兴市 320 国道与广穹路交叉口物资调剂市场大棚区 2 幢 21－22 号
……… 负责人：俞红杰 邮 编：314000
…………………………… 法 人：俞红杰
………… Tel：0573－82626686

**杭州市下城区统计局**
地址：浙江省杭州市文晖路一号
…………………………… 负责人：王坚
…………………………… Tel：0571－85820875

**海盐县西塘桥镇为民废铁收购站**
业务：生铁块、生铁屑、碎钢。
地址：浙江省嘉兴市海盐县西塘桥镇西塘村加油站北侧
……… 负责人：金君敏 邮 编：314317
…………………………… 法 人：金君敏
………… Tel：13600566621
0573－86815683

**杭州中基废旧金属回收利用有限公司龙于村收购站**
地址：浙江省杭州市西湖区三墩镇虾龙于村
…………………………… 负责人：余宝仁
…………………………… Tel：13805781018







## 安徽省/Anhui Province

**南门玻纤厂**
业务：南门玻纤厂成立于 1996 年，现有员工 200 余人，从事玻璃纤维纱（拉紧纱、织布纱、缠绕纱）、玻璃纤维布（0.4、0.6、0.18）的生产及销售。
地址：安徽省旌德县版书乡江坑村
…………………………… 邮 编：242600
…………………………… 法 人：余观木
…………………………… Tel：0563－8725858
…………………………… Fax：0563－8725212

**安徽省颍上县祥和物资有限公司**
业务：物资回收及销售
地址：安徽省阜阳市颍上县古城乡颍古路 19 号
……… 负责人：尤先生 邮 编：236200
…………………………… 法 人：高旭
………… Tel：13866210006

**和县腾发废品回收有限公司**
地址：安徽省巢湖市和县南大街 275 号
…………………………… 负责人：童开林
…………………………… Tel：13956652165

**信兴刷业有限公司**
业务：信兴刷业有限公司成立于 2004 年，是一家从事各类毛刷制作及销售的企业。本厂以“质量第一、数量发展”为宗旨。真诚为客户提供满意、放心的产品。
地址：安徽省潜山县源潭镇十路村
…………………………… 邮 编：246314
…………………………… 法 人：徐后胜
…………………………… Tel：0556－8453702
…………………………… Fax：0556－8453702

**阜阳市颍州区百货公司机电设备劳保用品公司**
业务：国营省内特种劳动防护用品指定供应单位。绝缘类，防毒防尘类，耐酸碱油类，安全防护类，各类防腐，防雨篷布，来料加工，特许订制，质量三包，送货上门。
地址：安徽省阜阳市颍州区颍州北路 19 号
……… 负责人：徐永志 邮 编：236000
…………………………… 法 人：徐永志
………… Tel：0558－2262406
13855809715

**滁州春天物资有限公司**
地址：安徽省滁州市琅琊区创业路 78 号
…………………………… 负责人：胡志刚
…………………………… Tel：0550－5612017

**天长市绿保再生资源有限公司**
地址：安徽省滁州市天长市铜城镇振兴路
…………………………… 负责人：叶世渠
…………………………… Tel：0550－7518500

**安徽基固建筑劳务有限责任公司**
业务：建筑劳务
地址：安徽省合肥市太湖路美湖小区 17 幢 506 室
……… 负责人：王志民 邮 编：230000
…………………………… 法 人：王志民
………… Tel：13855132446
13514971156

**天长市中凯玻璃实业有限公司**
业务：天长市中凯玻璃实业有限公司经营玻璃批发业务，规格以 2 毫米－19 毫米平板玻璃以及各种镀膜玻璃为主。同时生产加工钢化玻璃，塑胶玻璃，中空玻璃。欢迎广大用户惠顾，价格合理，质量可靠，交货及时！
地址：安徽省天长市张铺镇
…………………………… 邮 编：239323
…………………………… 法 人：李凯
…………………………… Tel：0550－7651779
7651888
7653999
…………………………… Fax：0550－7652888

**釜山镇司法所**
地址：安徽省滁州天长市釜山镇人民政府院内
…………………………… 负责人：张庆佑
…………………………… Tel：0550－7391531
7662051
13965984511

**宁国市港口镇方强余废品收购站**
业务：废旧物资回收
地址：安徽省宁国市港口镇新建街（新建大道）
……… 负责人：方强余 邮 编：242300
…………………………… 法 人：方强余
………… Tel：13865352236
0563－4802834

**潜山县皖通制刷有限公司**
业务：潜山县皖通制刷有限公司主要从事工业用刷，民用刷，海绵吸水辊等的生产与销售。我们以质量取胜市场，以价格立足市场；以服务巩固市场，以创新开拓市场。竭诚欢迎广大新老客户来我公司洽谈业务，共同发展！
地址：安徽省安庆市潜山县梅城镇舒苑新村
………… 负责人：朱立新……邮 编：246300
…………………………… 法 人：朱立新
…………………………… Tel：0556－8924988
…………………………… Fax：0556－8924988

**界首市奎龙废旧物资购销有限责任公司**
地址：安徽省阜阳市界首市新马集镇申湖村东
…………………………… 负责人：申登礼
…………………………… Tel：0558－4981399

**桐城市青草华康劳保用品厂**
业务：桐城市青草华康劳保用品厂位于安徽省桐城市青草镇，专业生产各种口罩、手套、工作服、男女工作帽、兰白大褂、围裙、套袖、棉纱手套、拖布等劳防用品。“客户的利益，就是我们的利益”是我们公司一贯坚持的经营理念，以合理的价格为您提供优质的产品和服务是我们始终如一的经

营方针。
地址：安徽省桐城市青草镇
…… 邮　编：231490
…… 法　人：叶群林
…… Tel：0556－6060134
…… Mobile：13705563569
…… Fax：0556－6060134

**临泉县高塘供销社废品收购门市部**
地址：安徽省阜阳市临泉县高塘乡
…… 负责人：牛文晶
…… Tel：0558－6340305

**桐城市永固制刷有限责任公司**
业务：毛刷、滚筒生产销售
地址：安徽省桐城市新渡镇姚坂村
…… 负责人：潘冬贵　邮　编：231470
…… 法　人：潘冬贵
…… Tel：0556－6818227
…… Fax：0556－6818227

**芜湖市中原陶瓷经营部**
业务：芜湖市中原陶瓷经营部主要经销陶瓷用品，经营宗旨是：以人为本，诚信顾客，走进中原，物美价廉！
地址：安徽省芜湖市长江市场园精品陶瓷 F6－37 号
…… 负责人：吴丽法……邮　编：241000
…… 法　人：吴丽法
…… Tel：0553－5766711
…… Fax：0553－5766711

**合肥东升废旧物品回收有限责任公司**
地址：安徽省合肥龙岗工业区
…… 负责人：周庭升
…… Tel：13805511192

**安徽省安庆市永立玻璃钢厂**
业务：安徽省安庆市永立玻璃钢厂成立于 2003 年，主要从事玻璃钢制品的生产销售。"以质量求生存，以信誉求发展"，热诚欢迎广大新老客户惠顾。
地址：安徽省安庆市曙光路东巷 20 号
…… 邮　编：246003
…… 法　人：吴永华
…… Tel：0556－5201072
…… Fax：0556－5201072

**芜湖诚德废品回收有限公司**
业务：废旧物资的回收
地址：安徽省芜湖市镜湖区龙王巷 2 号
…… 负责人：许清　邮　编：241000
…… 法　人：许清
…… Tel：15855539687
15855960803

**铜山物资回收有限公司**
地址：安徽省合肥市城东乡东七村香店组
…… 负责人：王修达
…… Tel：0551－4490221
13605518085

**合肥海升再生资源有限公司**
地址：安徽省合肥市肥东县店埠镇排头
…… 负责人：周海涛
…… Tel：13705690464

**合肥市肥东县华圣再生资源有限公司**
地址：安徽省合肥市肥东县店埠镇石塘路
…… 负责人：管春华
…… Tel：13505695681

**合肥四达废旧物资回收有限公司**
地址：安徽省合肥市肥东县梁园镇
…… 负责人：陆友波
…… Tel：13805609560

**安徽省旌德县南关玻纤厂**
业务：安徽省旌德县南关玻纤厂主要生产"迎客松"牌玻璃纤维布。本厂视产品质量为第一生命线，一如既往地坚持"诚实、守信、开拓、进取"的方针。自我加压，立足高起点，高标准，争创"迎客松"牌名牌产品。
地址：安徽省宣城市旌德县版书乡江坑村
…… 邮　编：242600
…… 法　人：傅灶根
…… Tel：0563－8725599
8725443
…… Fax：0563－8725443

**安徽省东方磁磁铁制造有限公司**
业务：本公司是一家专业生产和销售磁铁的厂家，建立有年产永磁铁氧体 5000 吨，稀土钕铁硼 1000 吨及橡胶磁 2000 吨的较具规模的生产基地。热忱欢迎您来电来函洽谈业务！
安徽省巢湖市庐江县金牛镇工业园
…… 邮　编：231521
…… 法　人：曹庆斌
…… Tel：0565－7913898
7915368
…… Fax：0565－7913899
…… 网址：www.chdf.chinapyp.com

**新皖再生物资有限责任公司**
地址：安徽省合肥市合瓦路窦小桥建行储蓄所宿舍 2 幢 202 室
…… 负责人：沈久明
…… Tel：0551－5613637
13905691651

**合肥市庐阳区杏花村街道陈塘村民委员会**
地址：安徽省合肥市庐阳区合瓦路 350 号
…… 负责人：钱传高
…… Tel：0551－5558614

**新发物资再生有限责任公司**
业务：新发物资再生有限责任公司成立于 2000 年，从事有色金属（铜、铝）、次品钢、废钢、废旧设备的回收。欢迎来电垂询。
地址：安徽省巢湖市西圣工业园内
…… 邮　编：238000
…… 法　人：刁金保
…… Tel：0565－2611991
…… Fax：0565－2632138

**合肥东鑫物资回收利用有限公司**
地址：安徽省合肥市瑶海区凤阳东路
…… 负责人：朱守富
…… Tel：0551－4470350

**安徽省丰豪物资有限公司**
地址：安徽省淮北市发现之旅 7 栋 406 号
…… 负责人：谢伟
…… Tel：0561－3077777

**淮南市飞雁物资有限公司**
地址：安徽省淮南市潘集区泥河东路
…… 负责人：倪立斌
…… Tel：13909642132

**昌盛废旧物资回收有限公司**
业务：昌盛废旧物资回收有限公司成立于 2006 年 9 月，位于安徽省阜阳市人民西路。收购废旧金属、废旧报纸、废旧纸箱、废旧塑料、废旧电子产品。
地址：安徽省阜阳市人民西路
…… 邮　编：236000
…… 法　人：王光远
…… Tel：0558－2566055
…… Fax：0558－2566055

**健全劳保用品门市部**
地址：安徽省马鞍山市花山区光荣新村 16 幢 107 室
…… 负责人：沈满堂
…… Tel：0555－2495965
13956230569

**合肥新城电力集团公司**
业务：合肥新城电力集团公司是集电力工程施工、电子产品研制生产等为一体大型综合公司，下属：电力公司：承接高低压线路及各种大中型变电工程；水泥公司：经营各种预应力、非预应力电杆产品；设备制造公司：经营各种高低压柜，无功补偿等产品。
地址：安徽省合肥市蜀山新产业园区甘泉路 2 号
…… 邮　编：230031
…… 法　人：刘亚光
…… Tel：0551－5389615
5389616
…… Fax：0551－5389612
…… 网址：www.ahxcdl.chinapyp.com

**安徽省萧县筳宇物资回收有限责任公司**
地址：安徽省宿州市萧县龙城镇淮海路 303 号
…… 负责人：谢永强
…… Tel：0557－5031178

**桐城市花蕾实业有限公司**
地址：安徽省桐城市青草镇永庆路 148 号
…… 负责人：方逐昌
…… Tel：0556－6060173
13905561064

**铜陵市华邦冶金物资有限责任公司**
地址：安徽省铜陵市朝阳社区 65 栋 4 楼
…… 负责人：樊双七
…… Tel：13955915315

**芜湖恒达废旧物资有限公司**
地址：安徽省芜湖市芜湖县清水镇
…… 负责人：殷志发
…… Tel：0553－8221175

**芜湖县云海废砂利用有限公司**
地址：安徽省芜湖市芜湖县清水镇
…… 负责人：俞萍
…… Tel：0553－8291209

**合肥蓝天玻璃有限公司**
业务：本公司成立于 2003 年，现有 60 多名员工。主要经营玻璃（蓝天品牌）的生产、批发、零售。
地址：安徽省合肥市中市区寿春路 47 号
…… 邮　编：230000
…… 法　人：蓝杰
…… Tel：0551－2610681
…… Fax：0551－2610681

**芜湖县鹏飞金属回收有限公司**
地址：安徽省芜湖市芜湖县湾址镇芜屯南路
…… 负责人：段爱玉
…… Tel：0553－8822113

**兴胜液化气储配站**
业务：兴胜液化气储配站成立于 2003 年，几年来从事液化气储藏、配送及批发、零售。质量保证、价格合理、服务到位，欢迎新老客户光临！
地址：安徽省淮南市毛集实验区毛张路东侧 300 米
…… 邮　编：232181
…… 法　人：胡义根
…… Tel：0554－8273576
…… Fax：0554－8273576

**芜湖县贵东再生资源有限公司**
地址：安徽省芜湖市芜湖县湾址镇沿河路 69－77 号
…… 负责人：洪为贵
…… Tel：0553－8721677



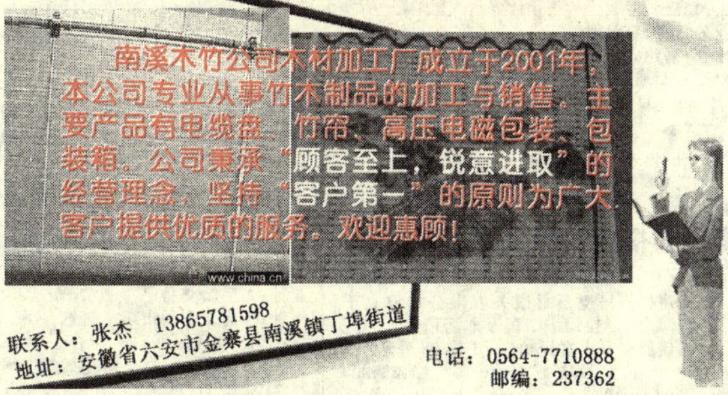


## 福建省/Fujian Province

**南安超远废品回收店**
业务：回收书、报纸
地址：福建省泉州市南安美林街道
…… 负责人：刘世洪　邮　编：362000
…… 法　人：刘世洪
…… Tel：15159885679
13559634785

**永安民爆服务站**
业务：永安民爆服务站成立于 2002 年，零售民用爆破物品（炸药、雷管、导火线）。欢迎来电咨询！
地址：福建省泉州市洛江区双阳镇新阳村 99 号
…… 邮　编：362000
…… 法　人：许进生
…… Tel：0595－22068858

**平潭县永兴废品加工场**
业务：废品加工
地址：颗粒、塑料
地址：福建省福州市平潭县潭城镇北门村一队（良种场对面）
…… 负责人：卓斯泉　邮　编：350400
…… 法　人：卓斯泉
…… Tel：13290898888
13809539086

**漳州市千日红遮阳网有限公司**
业务：漳州市千日红遮阳网有限公司是闽南三角洲首家专业生产遮阳网的企业。公司年生产能力为 3000 吨各种规格的遮阳网。主要生产设备有拉丝机 10 多台和国内最先进的经编机 40 多台，并配有先进的检测设备。公司严格按照 ISO9002 质量体系标准组织生产和管理，产品深受广大用户的好评。产品规格总分为二针、三针、四针、六针这四种系列，每种系列均有各种规格（1～10 米），还可应客户要求生产特种规格的产品。公司将继续秉持"以质求信，走向国际"的经营理念，把产品做得更好、更强。
地址：福建省漳州市船场镇南靖丰田开发区
…… 邮　编：363600
…… 法　人：庄坤海
…… Tel：0596－7741666
…… Fax：0596－7741489

**惠安县崇武峰源石材工具商行（原名：峰东石材工具商行）**
业务：电动工具，墓碑配件进出口业务
地址：福建省泉州市惠安县崇武镇华峰路
…… 负责人：张进生　邮　编：362000
…… 法　人：张进生
…… Tel：0595－87682401
87699068
…… Fax：0595－87679501

**福建省宁化县中沙陶器厂**
业务：福建省宁化县中沙陶器厂成立于 1976 年，生产家用陶瓷、烤烟管，欢迎新老客户来电洽谈业务。
地址：福建省三明市宁化县中沙乡
…… 负责人：林梦雄……邮　编：365400
…… 法　人：林梦雄
…… Tel：0598－6701335
…… 网址：mtw25879

**龙海市榜山燕芬食杂店**
业务：收费品
地址：福建省龙海市榜山镇园仔头港仔尾 29 号
…… 负责人：陈燕芬　邮　编：363100
…… 法　人：陈燕芬
…… Tel：0596－6590789

## 沈武雄废品收购点
业务：废品收购：有色金属、废纸等
地址：福建省漳州市东山县陈城镇宫前村
……… 负责人：沈武雄　邮　编：363000
…………………………… 法　人：沈武雄
…………… Tel：15880550880
0596－5782855

## 厦门金新旺物资回收有限公司
业务：本公司长期回收不锈钢、铝合金、铜等，现在厦门地区是一家较大规模的资源回收企业，特别是不锈钢及铝合金两领域更是最有竞争力。本公司诚信经营，价格公道，希望有识之士来电联系合作。
地址：福建省厦门市凤屿路 216 号 301 室
………… 负责人：卢冰仔……邮　编：361000
…………………………………… 法　人：卢冰仔
………………………………… Tel：0592－5068133
5796847

## 泉州市丰泽区幼芬废品收购站
业务：废铁回收
地址：福建省泉州市丰泽区东滨路海天漂染公司对面
……… 负责人：苏幼芬　邮　编：362000
…………………………… 法　人：苏幼芬
…………… Tel：15059561902
0595－22288825

## 琪发纸品回收部
业务：纸品回收
地址：福建省南安市诗山镇西上工业区
……… 负责人：叶琼琪　邮　编：362311
…………………………… 法　人：叶琼琪
………… Tel：0595－86491888

## 三姐弟灯笼店
业务：灯笼设计制作，可按客户要求定制
地址：福建省莆田市城厢区霞林街道下黄新区 253 号
……… 负责人：潘伟国　邮　编：351100
…………………………… 法　人：潘伟国
…………… Tel：0594－2591102

## 浦城县叶诚齐废旧物品收购站
业务：废旧物品收购
地址：福建省南平市浦城县马莲河东路 8 号（交通车队果品批发市场内）
……… 负责人：叶诚齐　邮　编：353000
…………………………… 法　人：叶诚齐
…………… Tel：13706909486
13960659098

## 福建福福鼎市新民爆器材服务有限公司
业务：福建福新民爆器材服务有限公司成立于 2006 年，承接爆破工程及炸药销售
地址：福建省福鼎市富民山庄 B1 栋 08 号
………… 负责人：郑正谊……邮　编：355200
…………………………………… 法　人：郑正谊
………………………………… Tel：0593－7911766
………………………………… Fax：0593－7911766

………… 网址：www.mtw29269.chinapyp.com
……………………… E-mail：fdfxmb@163.com

## 霞浦县文雄废品收购站
业务：废钢、废金属回收
地址：福建省宁德市霞浦县松港街道东关工业桃源 1 号区
……… 负责人：陈文雄　邮　编：355100
…………………………… 法　人：陈文雄
…………… Tel：13706034735

## 福顺废品收购有限公司
地址：福建省漳州市云霄县莆美镇莆美镇马山村坑内
…………………………………… 负责人：王忠节
………………………………… Tel：0596－8638451
13500165151

## 宁德市蕉城区蕉南林永玉生活废品收购店
业务：废品收购
地址：福建省宁德市蕉城区 815 西路 10 号
……… 负责人：林永玉　邮　编：352100
…………………………… 法　人：林永玉
…………… Tel：0593－2877609
13850326271

## 鸿程集团股份有限公司
业务：鸿程集团股份有限公司经香港特区政府批准登记成立，总部位于香港九龙塘。集团公司大陆总部设在福建省福州市。集团公司所属企业和关联企业 15 家。集团公司主要经营高新技术产业，房地产开发，电子产品，建筑建材，塑料工业，教育事业，文化传播，酒店与娱乐业，风险投资，国内外贸易等，是一家多行业并举、多元化经营管理的综合性集团企业。同时，开展跨国、多领域的国际贸易投资和项目组织管理。
地址：福建省福州市五四北琴亭路 33 号省总工会大厦 5 层
…………………………………… 邮　编：350003
……………………………… 法　人：郑天从　施峰
……………………………… Tel：0591－87766333
87739912
……………………………… Fax：0591－87766111
87752666
…………………… 网址：www.fjhc.chinapyp.com

## 南平市延平区昌勇废品收购店
业务：废品回收
地址：福建省南平市延平区古楼交通局对面
……… 负责人：邓勇昌　邮　编：353000
…………………………… 法　人：邓勇昌
…………… Tel：0599－6188081
13950639832

## 南平市延平区阿杨补胎店
业务：二手胎交易
地址：福建省南平市延平区西芹木材检验中心（化工厂路口）
……… 负责人：陈上杨　邮　编：353000
…………………………… 法　人：陈上杨
…………… Tel：13860087659



# 江西省/jiangxi Province

## 抚州市鑫诚废旧物资回收利用有限公司
地址：江西省抚州地区临川区大桥南路
…………………………………… 负责人：朱波
……………………………… Tel：13617405478

## 工业园再生物资回收部
业务：物资回收
地址：江西省赣州市大余县南安镇新世纪工业城（章江电气厂旁边）
……… 负责人：黄建武　邮　编：341500
…………………………… 法　人：黄建武
…………… Tel：13699584685
0797－8732288

## 赣州飞鹿玻璃纤维厂
业务：赣州飞鹿玻璃纤维厂成立于 2003 年，主要从事于玻璃纤维的制造与加工。欢迎新老客户光临、惠顾！
地址：江西省赣州市畜牧研究所
…………… 负责人：肖飞……邮　编：341401
…………………………………… 法　人：肖飞
……………………………… Tel：0797－6655318

## 乐安县泽安废旧物质回收部
地址：江西省抚州市乐安县林业车队内
…………………………………… 负责人：陈承鹏
……………………………… Tel：13197968666

## 江西吉安家乐瓷业有限责任公司
业务：本公司开发生产并经国家工商局注册的嘉乐鸿牌瓷煲系列、汤煲系列，火锅系列、浅锅系列产品畅销全国各地，深受客户的好评，部分产品已销往日本、澳大利亚等国。该产品耐酸碱，无铝镉溶出，无毒无害，是现代家庭、宾馆、酒楼以及馈赠亲友理想的绿色环保炊具。
地址：江西省吉安市青源区富滩工业园
………… 负责人：黄春鸿……邮　编：343000
…………………………………… 法　人：黄春鸿
……………………………… Tel：0796－8221721

## 湖口县巧胜废品回收经营部
业务：废品回收
地址：江西省九江市湖口县流泗镇棠山村
……… 负责人：周胜巧　邮　编：332200
…………………………… 法　人：周胜巧
…………… Tel：13755292218

## 南康绿源废品收购有限公司
地址：江西省赣州市南康市东山南路
…………………………………… 负责人：曹志强
……………………………… Tel：13870750555

## 安福县利民废品有限责任公司
地址：江西省吉安市安福县宝成北路
…………………………………… 负责人：曾群英
……………………………… Tel：13807963335

## 湖口县中环再生资源回收有限公司
地址：江西省九江市湖口县文桥乡
…………………………………… 负责人：马金友
……………………………… Tel：13307922387

## 南昌市高新技术产业开发区钱岗草制品厂
业务：生产草袋
地址：江西省南昌市昌东镇钱岗村
……… 负责人：刘明祥　邮　编：330013
…………………………… 法　人：刘明祥
…………… Tel：13870976337
0791－8268536

## 万家富实业有限公司
地址：江西省吉安市吉州区万家福实业有限公司（原文山市场三楼）
…………………………………… 负责人：周小平
……………………………… Tel：0796－8236666
13907967369

## 景德镇市正宜陶瓷原料有限公司
业务："本公司有多年陶瓷釉藥研發－生產－銷售經驗，我們將以陶瓷界的化妝師的身份為目標，打造專屬於您的開發產品 營造專屬於您的品質服務，隨時歡迎您來訪或來電詢問有關釉藥方面的任何問題。
地址：江西省景德镇市昌江区陶瓷工业园民银艺术苑 G1、G2 幢
………… 负责人：林有智……邮　编：333000
……………………………… Tel：0798－8335006

## 明盛实业有限公司
地址：江西省吉安市青原区富滩镇工业园 A 区
…………………………………… 负责人：应国平
……………………………… Tel：0796－3211978
13517967998

## 南昌文鑫贸易有限公司
业务：加工中国结、圆珠笔
地址：江西省南昌市东湖区洪都大道湖畔豪庭 2 栋 2 单元 702 室
……… 负责人：谢相彬　邮　编：330013
…………………………… 法　人：谢相彬
…………… Tel：13879841780
0798－6306028

## 乐平市乐胜金属回收有限公司
地址：江西省景德镇市乐平市安平北路 38 号
…………………………………… 负责人：孙继军
……………………………… Tel：13879835167

## 京山陶瓷经营部
业务：京山陶瓷经营部成立于 2002 年，位于交通便利的珠山区迎宾大道中国景德镇陶瓷城西三街 A3 号。从事陶瓷工艺品的销售，产品销往东南亚国家。我们期待与更多企业集团精诚合作！以"优质的服务、一流的产品、合理的价格"真诚为您服务！
地址：江西省景德镇市珠山区迎宾大道中国景德镇陶瓷城西三街 A3 号
…………………………………… 邮　编：333000
…………………………………… 法　人：傅建平
……………………………… Tel：0798－8227686
……………………………… Fax：0798－8227686

## 九江县兴丰植物油废品回收有限公司
地址：江西省九江市九江县沙闫路十二公里处
…………………………………… 负责人：张成玉
……………………………… Tel：13507927955

## 武宁县富达废品回收有限公司
地址：江西省九江市武宁县石渡乡盘溪工业区

负责人：金汉升
Tel：0792－2986888

**欣康实业有限公司**
地址：江西省南昌市北京东路435号（江西省痴病预防控制中心）
负责人：李毅
Tel：13870614255

## 上饶市锦源实业有限公司
业务：上饶市锦源实业有限公司成立于2006年，主要从事于废旧有色金属加工与销售。欢迎新老客户光临、惠顾！
地址：江西省上饶市上饶县茶亭镇白沙创业园
负责人：叶礼平 邮编：334100
法人：叶礼平
Tel：0793－8616177

**废旧钢材交易市场有限责任公司**
地址：江西省南昌市上海市南路废旧钢材交易市场
负责人：徐桂姺
Tel：0791－8220836
13907915026

**东凯工贸有限公司**
地址：江西省萍乡市建设中路洛头巷1号
负责人：陈明财
Tel：0799－6789789
13907996363

## 新余市金海物资有限公司
业务：新余市金海物资有限公司位于江西省新余市仙来东大道90号，成立于2002年。本公司主营产品包括硅铁、锰铁、铬铁、硅锰合金等。公司坚持"以人为本、以质取胜、诚实守信、共同发展"的经营理念。坚持"以客户为中心"开拓市场，真诚希望与您建立良好的战略合作伙伴关系，以我们专业的水平，合理的价格，优质的服务成为您最佳的合作伴侣。望各界新老客户前来指导洽谈！
地址：江西省新余市仙来东大道90号
邮编：338000
法人：张师平
Tel：0790－6451338
Fax：0790－6451338

**中新科技有限公司**
地址：江西省宜春市奉新县滨河路118号
负责人：熊训斌
Tel：0795－4614162
13707007438

**上高县畅鑫废旧物资回收有限公司**
地址：江西省宜春市上高县科技工业园
负责人：薄卫明
Tel：0795－2510158

# 山东省/Shandong Province

**中和物资有限公司**
地址：山东省德州市平原县光明西大街西首
负责人：赵书梅
Tel：0534－4217689
13792236018

**山东平原杲城实业有限公司**
地址：山东省德州市平源县王杲铺镇王杲铺村
负责人：栗士恩
Tel：0534－4562999
13953418045

## 博兴县城东街道办事处凤鸣容器加工厂
业务：容器加工
地址：山东省滨州市博兴县城东街道办事处张义路
负责人：周庆明 邮编：256600
法人：周庆明
Tel：15065206861
0543－2322819

## 鑫马网纱有限公司
业务：本公司成立于2003年，产品是中碱、无碱或耐碱玻璃纤维机织物为基础，经丙烯酸共聚胶液涂覆而成，我公司根据产品规格用途的不同，生产的产品有：大理石材背贴网，马赛克专用网片，隔热保温墙体布，壁布，玻纤不干胶粘缝带等．以上产品耐碱性能优良，拉力强度高，定位性极佳，与树脂粘结性能良好．可广泛应用于水泥，塑料，沥青，石膏，墙体屋面材料的增强，是建筑行业理想的新型装饰工程材料．我公司常年还可提供的产品有：玻璃纤维平织布，玻纤窗纱，塑料交织，平纹窗纱，鱼网布，蔬菜袋等，以上产品质量优良，信守合同，保证质量，交货及时．
地址：山东省单县单城镇回汉村1号
邮编：273700
法人：马兴旺
Tel：0530－4663900
Fax：0530－4660898

**精力工贸有限责任公司**
地址：山东省东营市河口区孤岛镇
负责人：范胜利
Tel：0546－8882351
3699526
13561010288

**黄河宏运废旧金属回收站**
地址：山东省济南章丘市黄河乡石李村
负责人：石玉清
Tel：0531－83569004
13953140828

## 惠民县万兴化纤制品厂
业务：生产和销售安全带、安全网、安全绳、自锁器、清洗板、土工布、土工格栅
产品：安全带、安全网、安全绳、自锁器、清洗板、土工布、土工格栅
地址：山东省滨州市惠民县姜楼镇
负责人：宋全奎 邮编：256619
法人：宋全奎
Tel：15564075597
0543－5891580
Fax：0543－5891580
网址：http://hmwanxing.cn.alibaba.com

**曹县金汇物资再生综合利用回收有限公司**
地址：山东省菏泽市曹县曹城镇沙果园村
负责人：冯付军
Tel：0530－3313999
13905303796

**东明义和诚实业有限公司**
地址：山东省菏泽市东明县武胜桥级工业开发区
负责人：庞道华
Tel：0530－7601598
13853096781

## 山东省德州禹城市景海废旧橡胶回收站
业务：废旧橡胶回收
地址：山东省德州禹城十里望乡孙西村
负责人：张景海 邮编：253000
法人：张景海
Tel：15053436197
13310608196
0534－2123866

## 济南联谊华盛物资有限公司
业务：济南联谊华盛物资有限公司成立于1996年，常年经销各大钢厂热板卷、花纹板卷、低合金板卷、大梁板卷、船板、容器板、锅炉板、冷板卷、优冷板卷、镀锌板卷、镀锡板、硅钢片、工槽钢、重轨、螺纹、线材及各类专用钢等，并建有一条热轧卷板开平、加工的全电脑控制自动化生产线，剪切厚度为2.0mm－12.00mm，宽度为850mm－2000mm，可满足不同用户的个性化需求和产品增值需要。
地址：山东省济南市白马山南路8号国家储备处334区
邮编：250022
法人：高宏胜
Tel：0531－88337755
Mobile：13805401516
Fax：0531－88337753

**新华物资有限责任公司**
地址：山东省菏泽市郓城县南环路木材市场西邻
负责人：刘学亭
Tel：0530－6892618
13905405788

## 东营市浩宇废旧物资回收有限公司
业务：回收废纸纸箱，打包废纸销售
产品：打包废纸箱
地址：山东省东营市东营区曹州路30号四通地产408室
负责人：王明侠 邮编：257091
法人：王明侠
Tel：0546－8330335
13589436408
Fax：0546－8330335

**历城区龙瑞源废旧物资回收站**
地址：山东省济南市历城区唐王镇刘六务村
负责人：刘学河
Tel：0531－88705804
13808922613

**周家实业总公司**
地址：山东省济南市历城区唐王镇周家村
负责人：周波
Tel：0531－88715958
13606403768

## 东明神农足浴城
业务：足疗、保健按摩、打耳、拔罐、火疗、修脚、刮痧、面膜
地址：山东省荷泽市东明县曙光路东段
负责人：李国铎 邮编：274000
法人：李国铎
Tel：15020539488
0530－7612444

## 济南起财再生物资回收有限公司
业务：济南起财再生物资回收有限公司成立于2006年，公司大量收购废旧金属和纸箱
地址：山东省济南市历城区王舍人镇王舍人村铁骑路（路东）
负责人：崔文成 邮编：250101
法人：崔文成
Tel：0531－88986095

## 济宁市任城区耀全废纸收购站
业务：废纸品回收
地址：山东省济宁市任城区接庄镇北辛村
负责人：潘耀全 邮编：272000
法人：潘耀全
Tel：13505478131
13792398941

**银峰废旧金属收购站**
地址：山东省济南章丘市龙山镇南小村路口
负责人：刘银风
Tel：13156005979

**盛达再生利用有限公司经营处**
地址：山东省济宁曲阜市静轩东路114号－2
负责人：杨玉松
Tel：13953722567

## 泗水县泉林镇培伦废品收购点
业务：金属物资回收
地址：山东省济宁市泗水县泉林镇马连庄村245号
负责人：刘培伦 邮编：273200
法人：刘培伦
Tel：15965471898
15963045889

## 莱芜市鑫华洋物资有限公司
业务：莱芜市鑫华洋物资有限公司成立于2005年4月，位于山东省莱芜市钢城区黄庄镇桲椤村。公司从事物资的进出口贸易服务（国家禁止、违法的产品除外）。本公司以"信誉是企业的生命"为理念，以"您的满意就是我们的最终目标"为宗旨，与您在快速发展的经济浪潮中一起做大、做强！
地址：山东省莱芜市钢城区黄庄镇桲椤村
邮编：271104
法人：王山增
Tel：0634－6987998
Fax：0634－6987998

## 汶上县春光钢管租赁站
业务：租赁建筑所需的各类型号钢管，扣件等器材
地址：山东省济宁市汶上县林庄北段
负责人：吴德民 邮编：272000
法人：吴德民
Tel：15163764696
15864145428

**圣达电力物资有限公司**
地址：山东省济宁市市中区建设南路25号
负责人：袁良生
Tel：0537－2310763
13905378527

**济宁大华工贸实业总公司**
地址：山东省济宁市市中区经济开发区中央大道18号
负责人：李建华
Tel：0537－2317827
3921900
13508977318

## 临沂市永吉陶瓷有限公司
业务：本公司成立于2006年，主要生产销售建筑陶瓷。以质量求生存、以信誉求发展，竭诚欢迎新老客户来电洽谈业务！
地址：山东省临沂市罗庄区汤庄工业园
负责人：孙献标 邮编：276019
法人：孙献标
Tel：0539－8918912

## 临沂经济开发区文龙再生资源收购处
业务：收购废旧金属
地址：山东省临沂经济开发区梅埠办事处钟家埠居委
负责人：相克庆 邮编：276000
法人：相克庆
Tel：15266639600
0539－8891126

## 临沂市海烨废旧金属购销处
业务：废铜、铁、铅等废金属购销
地址：山东省临沂市兰山区南坊办事处华东有色金属城A3区13号
负责人：朱文杰 邮编：276000
法人：朱文杰
Tel：13805399025
0539－8600502
15266688222
Fax：0539－8600502

**微山德鑫实业有限公司**
地址：山东省济宁市微山县新河北街8号
负责人：赵庆恩
Tel：0537－8260546
8222799
13705379480

**澳丰实业有限公司**
地址：山东省济宁邹城市东滩路24号
负责人：满中峰
Tel：0537－8223117
13705471615

**东堡物资有限公司**
地址：山东省临沂市兰山区通大路南段195院内
负责人：王永兴
Tel：0539－3692678
2902767

## 青岛世易成回收有限公司
业务：青岛世易成回收有限公司成立于2005年，主要从事物资回收。
地址：山东省青岛市城阳区出口加工区卡口北1楼
负责人：胡旭强 邮编：266000
法人：胡旭强
Tel：0532－87923456

**兖煤矿区鲁恒物资销售处**
地址：山东省济宁邹城市峄山路中段960号
负责人：陈西锋
Tel：0537－5250018
13905376096

## 青岛明朗废旧金属物资回收有限公司
业务：废旧金属回收
地址：山东省青岛胶南市珠海二区36号楼2单元201
负责人：马明 邮编：266400
法人：马明
Tel：13964853340
0532－86111253

**莱芜立成物资有限公司**
地址：山东省莱芜市北坦路北首
负责人：孟宪富
Tel：0634－6058401
13706385398

**合峰物资有限公司**
地址：山东省莱芜市钢城区黄庄镇洪沟村
负责人：董合峰
Tel：0634－6996166
13863493456

## 泰安市宝泰隆废旧物资回收有限公司
业务：旧设备和钢铁的回收
地址：山东省泰安市新泰市禹村镇赵禹村
负责人：赵勇 邮编：271200
法人：赵勇
Tel：13562862488
0538－7677378
7677778

**莱芜市金庆废旧金属回收站**
地址：山东省莱芜市杨庄镇（兴华机械厂院内）
负责人：魏振亭
Tel：0634－6531256

**谊诚物资有限公司**
地址：山东省聊城市茌平县车站北300米处东
负责人：孙海涛
Tel：0635－4287777
13562067999

## 青岛野马钢化玻璃有限公司
业务：青岛野马钢化玻璃有限公司成立于2006年，主要生产销售玻璃。公司以"质量求生存、信誉求发展"，欢迎广大用户光临惠顾！
地址：山东省青岛市胶南市临港产业加工区
负责人：侯贺道 邮编：266400
法人：侯贺道
Tel：0532－82680777
Fax：0532－85165072

**兴华废旧物资回收有限公司**
地址：山东省聊城市开发区海河路
负责人：郑赵瑰
Tel：0635－8515091
13508937887

## 烟台金藤再生资源有限公司
业务：废钢、废铁回收、加工及销售
地址：山东省烟台市福山区福海路福利来商贸城东大门口
负责人：余德祥 邮编：264010
法人：余德祥
Tel：13853555073
0535－2955073

**恒顺实业有限公司**
地址：山东省聊城市临清市红星路东首
负责人：唐岐顺
Tel：0635－2101798
13963026324

**兴莘废旧金属回收有限公司**
地址：山东省聊城市莘县莘城镇郭王庄
负责人：亢同斌
Tel：0635－7324009
13969587889

**临沂翔龙再生资源有限公司**
地址：山东省临沂市工业大道41号
负责人：孙贵云
Tel：0539－8363005

**临沂振伟废旧金属回收有限公司**
地址：山东省临沂市九曲镇张斜坊村
负责人：张文玺
Tel：0539－8396666

## 新泰市希伯伦玻纤有限责任公司
业务：新泰市希伯伦玻纤有限责任公司成立于2006年，专业从事玻璃纤维的制造、加工

地址：广东省深圳市福田区彩田路中银花园南商阁 26H 室
负责人：阮成楠
Tel：13714000005

**凯文实业有限公司**
地址：广东省深圳市福田区福华 1 路国际商会大厦 B 座 1106 室
负责人：郭小岩
Tel：0755－83023991

**圳杨达实业有限公司**
地址：广东省深圳市福田区锦田北小区北环大道 7043 号青海大厦 25 楼 J 座
负责人：杨才彬
Tel：0755－83547501
83547501
13902970968

## 惠东县白花镇嘉兴废品收购店
业务：铜，铁，铝，等各种废品收购
地址：广东省惠州市惠东县白花镇联丰瓦下村
负责人：胡建文　邮　编：516001
法　人：胡建文
Tel：13928337263
13794539285

**楚锐实业有限公司**
地址：广东省深圳市福田区深南路车公庙工业区泰然劲松大厦 19E
负责人：谢伟兵
Tel：13823289263

## 佛山市南海聪利废旧金属回收有限公司
业务：佛山市南海聪利废旧金属回收有限公司主要从事废旧不锈钢 317、316、304 型号的回收及销售，欢迎广大朋友来电来函，共谋发展。
地址：广东省佛山市南海区大沥沥北表南村沙岗工业区
负责人：凌木养　邮　编：528200
法　人：凌木养
Tel：0757－85573687
85573685

**深圳市莱赛尔实业有限公司**
地址：广东省深圳市福田区深南中路 2072 号电子大厦 509 室
负责人：任信
Tel：0755－83782881
13510082847

**祺金泰实业有限公司**
地址：广东省深圳市福田区深南中路 3037 号捷佳大厦 3125、3127 室
负责人：卢荣海
Tel：0755－83980008
84674699

## 蓬江区合江废品收购站
业务：废品收购
地址：广东省江门市蓬江区荷塘镇塔岗工业区
负责人：汪晓江　邮　编：529020
法　人：汪晓江
Tel：13923085738

**深圳市速博尔科技有限公司**
地址：广东省深圳市福田区振兴路 6 号上步工贸大厦南座 3 楼 311
负责人：顾小姐
Tel：0755－83348766

**深圳市桂碧实业发展有限公司**
地址：广东省深圳市龙岗区布吉镇长龙四区三巷一号
负责人：李桂城
Tel：0755－28262968
13049400888

## 佛山市南海区色源陶瓷原料厂
业务：色源陶瓷原料厂坚持"质量第一，服务第一"的经营宗旨，以"优质、高效、廉价、诚信"的服务精神，热忱欢迎各界朋友，新老客户来函洽谈业务，支持交流，共创明天的辉煌！
地址：广东省佛山市南海区狮山工业园 B 区博爱路 7 号
负责人：李兆伦　邮　编：528222
法　人：李兆伦
Tel：0757－86697811
Fax：0757－86692320
网址：www.mtw28944.chinapyp.com

## 江门市新会区小冈纸箱荣香料店
业务：竹签、胶粉、木粉
地址：广东省江门市新会区双水镇北水村民委员会西岸开发区
负责人：戴国辉　邮　编：529020
法　人：戴国辉
Tel：13822380609
0750－6400226

**洲腾实业有限公司**
地址：广东省深圳市龙岗区布吉镇上水花园 78 幢 601
负责人：黄松泰
Tel：13802704218

**佳斯威实业有限公司**
地址：广东省深圳市龙岗区平湖镇平新大道 260 号
负责人：蔡少君
Tel：0755－28492080
13802206637

## 江门市新会区司前威明废品回收店
业务：废旧金属回收
地址：广东省江门市新会区司前镇雅山北坑鲤鱼山
负责人：汤醒良　邮　编：529020
法　人：汤醒良
Tel：13392057385
0750－6573578

**深圳市鸿威顺实业发展有限公司**
地址：广东省深圳市罗湖区东门南路 39 号广发大厦 536 室
负责人：刘映应
Tel：13809897533

**三泽实业有限公司**
地址：广东省深圳市罗湖区东门中路 13 号茂业百货商厦一楼
负责人：邱小姐
Tel：18924601186
82356178

**金集实业发展有限公司**
地址：广东省深圳市罗湖区高家花园 5 楼 A 座
负责人：章铁宝
Tel：0755－82285123
82220118
83358978

## 揭阳市盛业资源再生有限公司
业务：废旧塑料再生加工、销售；收购生产性、非生产性废旧金属；生产、加工、销售进口原塑料制品、五金制品；销售：金属材料、化工产品、建筑材料、纸及其制品、木材；货物进出口、技术进出口。
地址：广东省揭阳市揭东县霖磐镇五金塑料市场 A3 幢
负责人：林先生　邮　编：515525
法　人：邱玲花
Tel：0663－3546668
15625688999
Fax：0663－3546668
网址：http://www.51zzt.com/user/zzt39072

## 广州市增城富得成品加工厂
业务：富得成品加工厂，是以市场为导向，以科技为龙兴，以创新为灵魂，瞄准高新技术发展业前沿，把握高新技术发展趋势，设力网成品加工厂。经营范围：珍珠棉(EPE)，EVA，高发泡（H2、H5、BN135－75)各种功能性鞋垫，中底及脚杯。计算机辅件(鼠标垫、键盘垫)及杯垫，化妆用手指支垫等。旅游体育用品(沙滩垫、野炊垫、钓鱼绕线、冰袋等)，汽车踏垫、全自动强力胶，垫液贴合，可供各种布类、材料贴合。
地址：广东省广州增城市新塘镇新墩村下基市场北区二路 13 号
邮　编：511340
法　人：马石清
Tel：020－61076933
Fax：020－82687473

## 揭阳试验区和福殡葬用品厂
业务：为殡葬提供一条龙服务
地址：广东省揭阳市揭阳试验区渔湖富远村六斗
负责人：袁秋生　邮　编：522000
法　人：袁秋生
Tel：13729419535
0663－8786877
网址：http://www.51zzt.com/user/zzt31621

**深圳市东环实业发展有限公司**
地址：广东省深圳市罗湖区笋岗东路万通大厦 1536 室
负责人：吴瑞泉
Tel：0755－82124229
13802286328

**华力有限公司**
地址：广东省深圳市罗湖区笋岗路 1282 号
负责人：吴学福
Tel：0755－61351378
13714657644

## 明旺搭棚胶地垫加工厂
业务：搭棚材料、门口垫的加工与销售，PVC、PU 皮革、灯箱革的回收
产品：搭棚材料、门口垫
地址：广东省廉江市贺村二圣庙旁
负责人：吴桂明　邮　编：524400
法　人：吴桂明
Tel：0759－6628106

**深圳市中食南方实业有限公司**
地址：广东省深圳市罗湖区桃园路 3 号大门左侧
负责人：钟永强
Tel：0755－82430195
13828869668

**泰德拍卖行有限公司深圳市拍卖中心**
地址：广东省深圳市罗湖区中兴路 239 号外贸大厦 A 栋 23 楼 0910
负责人：庄武龙
Tel：0755－82175088
13902928826

## 电白县天宇再生资源回收有限公司
业务：再生资源的回收、加工，生产与销售 PVC 材料
产品：PVC 材料
地址：广东省茂名市电白县那霍镇三渡村委会
负责人：曹辉宇　邮　编：525400
法　人：曹辉宇
Tel：0668－5738232
13071621277
Fax：0668－5738880

## 广东省茂名市粤西危险废物处理中心
业务：广东省茂名市粤西危险废物处理中心成立于 2003 年，主要从事医疗垃圾、油泥等废物处理。"诚信为本，信誉第一"，热诚欢迎新老客户来电咨询。
地址：广东省茂名市健康路 2 号大院
邮　编：525000
法　人：黄江湖
Tel：0668－2701012
Fax：0668－2701011

**深圳市具俱乐实业发展有限公司**
地址：广东省深圳市南区蛇口南水步行街 279 号
负责人：方振业
Tel：13828823311

**深圳市鸿裕实业有限公司**
地址：广东省深圳市南山区常兴路国兴大厦 17 层
负责人：杨威
Tel：0755－26453845

## 茂名戴寿德废品收购店
业务：收购各种废品
地址：广东省茂名市人民南路低埒村
负责人：戴寿德　邮　编：525000
法　人：戴寿德
Tel：0668－3265123
13534892095

**中兴发展有限公司**
地址：广东省深圳市南山区高新技术产业园数字技术园 B2－5B
负责人：罗远资
Tel：0755－26771698

## 珠海市金鼎华仔废品收购站
业务：废品收购，金属、纸品
地址：广东省珠海市唐家湾镇金鼎官塘赤企北一巷 34 号
负责人：肖建华　邮　编：519000
法　人：肖建华
Tel：15811930840
15819480833

**深圳市科茂华实业有限公司**
地址：广东省深圳市南山区科技园深南花园 C－13A
负责人：夏广华
Tel：0755－26441986
01300885888

## 蕉岭县佳创废品回收店
业务：废品回收
地址：广东省梅州市蕉岭县蕉城镇东山路 38、40 号
负责人：徐远昌　邮　编：514021
法　人：徐远昌
Tel：13502359789

## 清远核力环能生物工程技术有限公司
业务：清远核力环能生物工程技术有限公司成立于 2003 年，是一家生产和销售食用酒精、无水酒精、燃料乙醇及相关产品的股份制企业。产品可广泛地应用于化工、医药、香精、溶剂、食品饮料、电子工业等诸多领域。
地址：广东省清远市清城区龙塘镇金沙工业区
邮　编：511540
法　人：陈计中
Tel：0763－6816198
Fax：0763－6802398

## 珠海溧安劳保有限公司
业务：销售劳保用品
地址：广东省珠海市人民西路 857 号溧安劳保
负责人：张竞兮　邮　编：519000
法　人：陈志旺
Tel：13928085968
0756－6138488

**深圳市智信发实业有限公司**
地址：广东省深圳市南山区荔湾路山水情商厦(办公楼)405 室
负责人：欧阳理
Tel：0755－26440332
26180861

## 道明反光材料有限公司深圳分公司
业务：道明反光材料有限公司深圳分公司成立于 2003 年，专业生产、销售反光衣、反光制品。公司以创新、务实为宗旨，竭诚欢迎国内外各界朋友真诚合作。
地址：广东省深圳市龙岗区镇低山村莱英路 2 号 308
邮　编：518116
法　人：应鑫
Tel：0755－89756670
Fax：0755－89756671

## 蕉岭县华侨场新隆废旧物资回收站
业务：废旧金属回收
地址：广东省梅州市蕉岭县蕉华管理区狗麻岗
负责人：巫文新　邮　编：514021
法　人：巫文新
Tel：0753－7667969

**浙中企实业发展有限公司**
地址：广东省深圳市南山区留仙大道留仙大厦 315 号
负责人：郑兴潮
Tel：0755－26730258
26156528

## 珠海市益洁废旧物资回收有限公司
业务：废旧物资回收
地址：广东省珠海市吉大白莲路 210 号
负责人：张廷根　邮　编：519000
法　人：张廷根
Tel：15811684561
15916268351

**青山商贸发展有限公司**
地址：广东省深圳市南山区南海大道
负责人：张久清
Tel：0755－26649081
26451858

## 佛冈县石角镇宏大劳保用品销售部
业务：专营劳保用品
产品：棉纱手套
地址：广东省清远市佛冈县石角镇青云路南边第一幢(振兴小学环宇公司侧)
负责人：罗国坚　邮　编：511500
法　人：邓明容
Tel：13679530151
0763－3142246
15975898997

## 汕头市恒嘉塑胶玩具工艺有限公司
业务：汕头市恒嘉塑胶玩具工艺有限公司主要从事塑料玩具的生产与销售。做工精良，款式新颖独特。热诚欢迎您的光临与惠顾！
地址：广东省汕头市澄海区莲下镇一东工业区
邮　编：515834
法　人：杜文丰
Tel：0754－5745588

## 斗门区井岸镇源发废品回收站
业务：废品等再生资源回收
地址：广东省珠海市斗门区井岸镇新青村路北二巷 28 号之二
负责人：古胜标　邮　编：519101
法　人：古胜标
Tel：13510929241

**深圳市华联精英实业有限公司**
地址：广东省深圳市南山区前海路港湾丽都花园 9 栋 15A
负责人：邓凯
Tel：0755－26161528
13510099889

## 广东省清远市中力再生资源有限公司
业务：废旧五金回收，加工，铜粉，铜砖回收
产品：铜粉
地址：广东省清远市龙塘镇大沙塘村变电站旁
负责人：陈满华　邮　编：511540
法　人：陈献金
Tel：0763－3602118
Fax：0763－3601488

## 威欣厂
地址：广东省深圳市光明新区公明街道松白公路合水口第三工业区 11 栋 2 楼
负责人：胡国清　邮　编：518000
法　人：胡国清
Tel：0755－27168593

**金丰德实业有限公司**
地址：广东省深圳市南山区蛇口公园路花果山大厦 2 单元 18A
负责人：彭汉新
Tel：0755－26829982

81028733

## 中山市古镇保发废旧物资回收站
业务：各种废旧物资回收（废金属、废塑料、纸等）
地址：广东省中山市古镇冈东第三工业区新丰街5号之2
负责人：宁景保 邮 编：528403
法 人：宁景保
Tel：0760－22342780

## 新亿劳保包装行
业务：劳保用品、拉伸膜、包装材料等
地址：广东省深圳市宝安区福永镇政丰路
负责人：钟迎家 邮 编：518000
法 人：钟迎家
Tel：0755－29605969
Fax：0755－29605969

## 深圳市龙兴再生资源有限公司
业务：本公司成立于2006年，主要从事废旧物资回收。
地址：广东省深圳市龙岗区葵涌街道葵坪北路18号
负责人：钟水雄 邮 编：518000
法 人：钟水雄
Tel：0755－84209183

## 红珊瑚实业有限公司
地址：广东省深圳市南山区西丽文光村3号楼
负责人：李大梅
Tel：0755－26622088

## 中山市科利宏劳保用品有限公司
业务：生产、销售劳保用品，设备耗材，无尘净化用品，防静电用品
产品：无尘纸，无尘布，超细纤维，眼镜布，粘尘垫，粘尘滚筒，无粉指套等
地址：广东省中山市东凤镇东和平村东阜路段首层
负责人：罗小姐 邮 编：528425
法 人：罗颜玉
Tel：0760－22608093
22613283
13923334222
Fax：0760－22623363
网址：www.kelihong.com.cn
E-mail：luoyanyu80@163.com

## 汕尾市华生废油回收有限公司
业务：本公司成立于2006年，主要业务：废机油、废汽油、废柴油的回收。
地址：广东省汕尾市红海湾田乾街道石新管区新乡村拳头山
负责人：吴萃寻 邮 编：516600
法 人：吴萃寻
Tel：0660－3435138

## 深圳市特福龙科技有限公司
业务：生产，销售土壤混凝土专用固化剂、透水砖、透水管、超低温超强节能灯具、超强节能玻璃、隔音防火泡沫玻璃、汽车用凉风坐垫等电子产品、电脑软硬件、运动产品、婴幼儿智能玩具、汽车零部件等技术的开发、销售；
地址：广东省深圳市福田区园岭西路6号5楼
负责人：丁春元 邮 编：518000
法 人：丁春元
Tel：13823608318
0755－22650976
22209177
网址：www.terrilon.cc

## 横琴三跃实业有限公司
地址：广东省珠海市香洲区前山镇翠珠北路5号莱斯工业大厦E楼
负责人：许川
Tel：0756－8639736
8639273
13928013036

## 顺景达报关有限公司盐田分公司
地址：广东省深圳市盐田港海港大厦707室
负责人：郑庆
Tel：13502807330

## 中山市大涌镇高喜废品收购站
业务：废品等再生资源回收
地址：广东省中山市大涌镇兴华路
负责人：刘先生 邮 编：528403
法 人：刘高喜
Tel：13068106499
15913474947

## 惠州市高建实业有限公司
业务：惠州市高建实业有限公司成立于2005年，是一家从事房地产的公司，主要业务有园林绿化、物业管理、建筑、五金。欢迎各方客户来电垂询！
地址：广东省深圳市宝安区公明街道将石社区塘下围村旧巷2号
邮 编：518106
法 人：麦国高
Tel：0755－81552878
Fax：0755－27546818
网址：www.gdgjsy.chinapyp.com

## 肇庆市鼎湖区莲花镇彩虹复膜加工部
业务：印刷品复膜
地址：广东省肇庆市鼎湖区莲花开发区
负责人：邵志强 邮 编：526040
法 人：邵志强
Tel：0758－2612366
13602956078

## 广骏金属回收有限公司
地址：广东省湛江吴川市海滨街道办塘尾村大岭头基地
负责人：吴康成
Tel：0759－5502511
13922062911

## 湛江市霞山区福庆废品收购站
业务：有色金属、废塑料、废纸等回收
地址：广东省湛江市霞山区南柳路省农资仓库斜对面
负责人：覃福庆 邮 编：524000
法 人：覃福庆
Tel：0759－2196904
18922063357

## 深圳市美乐华实验室装备有限公司
业务：本公司经营范围：实验室家具，家庭家具，办公家具的生产销售；销售通讯柜，净化台，生物工作台，仪器台，天平台，实验室仪器设备，高低压电控柜，药品储存柜，钢瓶储存柜，实验室配套设施及建筑装修材料，现代实验室设备设计及研发等
地址：广东省深圳市宝安区福永镇塘尾村华丰科技园9栋一、三、四楼
负责人：刘洪钊 邮 编：518103
法 人：刘洪钊
Tel：0755－29774100
Fax：0755－29774290
网址：www.meilehua.com
E-mail：meilehua@163.com

## 郁南县都城镇宏业废铁回收站
业务：废铁回收
地址：广东省云浮市郁南县都城镇五龙村委会苏袖村（十二岭交警中队旁）
负责人：曹畅荣 邮 编：527100
法 人：曹畅荣
Tel：13537910087
13672613168

## 湛江市霞山区洁保废品收购站
业务：金属、塑料、纸张生产销售
地址：广东省湛江市霞山区南柳路旁（火车客技站旁）
负责人：谢先高 邮 编：524000
法 人：谢先高
Tel：18927627393
0759－2196496



# 广西壮族自治区/Guangxi Zhuang Autonomous Region

## 顺发车船金属回收有限公司
地址：广西省防城港市防城区群星大道
负责人：黄一峰
Tel：0770－3276061
13907704848

## 百色市个体劳动者私营企业协会
地址：广西壮族自治区百色市工商局办公大楼内
负责人：黄汉富
Tel：0776－2828588

## 全州恒达废旧收购部
业务：废旧金属回收、塑料制品加工
地址：广西省桂林市全州县全州镇
负责人：孟宗平 邮 编：541000
法 人：孟宗平
Tel：13878396948

## 防城港市联发金属塑料回收有限公司东兴分公司
业务：防城港市联发金属塑料回收有限公司东兴分公司成立于2006年，主要从事废旧塑料金属回收。公司以“质量求生存、信誉求发展”，欢迎广大用户光临惠顾！
地址：广西壮族自治区防城港市东兴市东兴镇北郊（原电机厂）
负责人：唐科 邮 编：538001
法 人：唐科
Tel：0770－7660628
Fax：0770－7660628

## 城市居民最低生活保障资金
地址：广西壮族自治区百色市乐业县同乐镇三乐街004号
负责人：卢光升
Tel：0776－7922063

## 百色市再生金属回收有限公司第一分公司
地址：广西壮族自治区百色市右江区东笋路东合村租房
负责人：覃英席
Tel：0776－2852518

## 贵港市港恒物资加工厂
地址：广西壮族自治区贵港市古樟乡六旺村
负责人：邱仕有
Tel：13978585016

## 全州县受艳废旧收购部
业务：废旧有色金属回收
地址：广西省桂林市全州县全州镇桂黄西路（半边街）
负责人：蒋受艳 邮 编：541000
法 人：蒋受艳
Tel：13481346188
15977355389

## 柳州市广奇物资有限公司
地址：广西壮族自治区柳州市城中区柳东路222号
负责人：黄丽
Tel：13978207657

## 广西壮族自治区桂林市恭城栗桂钽铌有限公司
业务：广西壮族自治区桂林市恭城栗桂钽铌有限公司成立于2004年7月，主要从事钨锡钽铌矿产品深加工。主要产品有“氟钽酸钾”。
地址：广西壮族自治区桂林市恭城瑶族自治县栗木镇马路桥
邮 编：542503
法 人：文明
Tel：0773－8327210
Fax：0773－8327210
网址：www.gxgc.chinapyp.com

## 柳州茂兴金属回收有限公司兴增分公司
地址：广西壮族自治区柳州市城中区柳州市实验台（窑埠新村）对面
负责人：何兴保
Tel：13707823585

## 南丹县城西加油站
业务：南丹县城西加油站成立于1998年，主要经营柴油、机油、润滑油等，欢迎来电垂询！
地址：广西壮族自治区河池市南丹县城关镇教育路
邮 编：547200
法 人：陆大
Tel：0778－7239535
网址：www.hcjy.chinapyp.com

## 融安县人力资源开发服务部
业务：融安县人力资源开发服务部成立于2005年，主要从事职业培训、劳务出租、劳务派遣等。热诚欢迎各方客户来电来人咨询。
地址：广西壮族自治区柳州市融安县长安镇河东街25号
邮 编：545400
法 人：周耀军
Tel：0772－8114198
Fax：0772－8114198

## 广西南宁天虹无线电管理培训中心
地址：广西壮族自治区南宁市新城区星湖路73号1－1栋培训楼
负责人：付玉娜
Tel：13367715289

## 南宁市光阳废纸回收有限公司
地址：广西壮族自治区南宁市兴宁区三塘镇工业区
负责人：覃献平
Tel：13878796571

## 梧州金宝园实业开发有限公司
地址：广西壮族自治区梧州市蝶山区枣冲路50号
负责人：杨有慧
Tel：13907745500

## 广西梧州三山物资再生有限公司
地址：广西壮族自治区梧州市塘源路44号百纺站旺地仓库
负责人：周连英
Tel：13005982971

## 玉林市广地劳务服务有限责任公司
地址：广西壮族自治区玉林市东岳路69号
负责人：周文平
Tel：13907752245

# 海南省/Hainan Province

## 海南天香源实业有限公司
地址：海南省海口市滨海大道花园新村1号花园大厦五楼D座
负责人：杨晓静
Tel：13005050088

## 海南亚港实业有限公司
地址：海南省海口市滨海新村599号海景湾大厦主楼第22层
负责人：林日球
Tel：13907695631

## 海南朝太废品回收有限公司
地址：海南省海口市滨濂路4号
负责人：梁朝太
Tel：13876369326

## 海口世程废旧物资回收有限公司
地址：海南省海口市美祥路瓦灶村59号
负责人：谭康宁
Tel：0898－68081915

## 海南海顺兴实业开发有限公司
地址：海南省海口市南沙路19号第4栋204房
负责人：罗顺林
Tel：13807660415

## 海南华升强实业有限公司
地址：海南省海口市琼山区府城镇天鹅花园A栋219房
负责人：潘正存
Tel：0898－65908016

## 海南扶源实业有限公司
地址：海南省海口市秀英区白水塘路省扶贫工业区内职工楼209室
负责人：徐日彬
Tel：0898－68666907

## 陵水永盛实业有限公司
地址：海南省陵水黎族自治县兴海楼酒店201房
负责人：殷永波
Tel：13907550686

## 琼中三益实业有限公司
地址：海南省琼中黎族苗族自治县营根镇营乘路19号住宅区2幢101房
负责人：陈居雄
Tel：0898－86222260

## 三亚隆泽实业有限公司
地址：海南省三亚市南新农场西苑29号
负责人：冯伟森
Tel：13876599299

# 四川省/Sichuan Province

## 四川峨嵋山物资公司
业务：四川峨嵋山物资公司自成立以来，一直从事于卷烟用的铝箔的生产与销售。竭诚欢迎各界客户来电来人洽谈业务，共同合作。
地址：四川省什邡市方亭镇外北街（原光明烟厂内）
邮 编：618400
法 人：雷里军
Tel：0838－8232750
8233086
Fax：0838－8232750

## 泸州金竹物资回收有限公司
业务：泸州金竹物资回收有限公司主要以废旧物资回收为主，本着以诚信为根本、以质量为基础、以速度求效益”的经营方针来服务和满足于广大客户的需求。欢迎来电、来人咨询考察，共创双赢。
地址：四川省泸州市龙马潭区鱼塘镇瓦房村云盘合作社
负责人：刘登地 邮 编：646000
法 人：刘登地
Tel：0830－3788222

**成都猫王灭鼠杀虫有限公司**
业务：专业灭鼠、虫、蟑螂、白蚁等
地址：四川省成都市高新区石羊厂仁和街 39 号 2 栋 2 单元 4 号
负责人：周强　邮　编：610000
法　人：宋平
Tel：028－85341594
13568902822

**南充市嘉莉蓬业工程部**
业务：南充市嘉莉蓬业工程部从事蓬业生产销售安装，客户满意我们的追求，热忱欢迎新老客户来电洽谈业务！
地址：四川省南充市嘉陵区工商局 2 栋 1－2 号
负责人：杨馥任　邮　编：317000
法　人：杨馥任
Tel：0817－3881169

**德阳市旌龙再生资源有限公司沱江经营部**
业务：废旧金属、废旧物资收购、废钢及金属材料销售，仓储保管等物业服务
地址：四川省德阳市旌阳区工农街道金江街社区（松花江北路）
负责人：李绪宽　邮　编：618000
法　人：李绪宽
Tel：13990222310

**高欣实业有限公司**
地址：四川省成都市二环路南四段 10 号岷江工业大楼 4F
负责人：徐孝勤
Tel：13708199293
13340995693

**会东县大光明眼镜有限责任公司**
业务：会东县大光明眼镜有限责任公司成立于 2005 年 1 月，是一家专业经营眼镜零售、验光配镜、隐形眼镜验配的零售企业。我们以专业服务、配镜精确获得广大客户的信任。
地址：四川省西昌市会东县正街 53 号
邮　编：615200
法　人：金光辉
Tel：0834－5423823

**昌盛麻业有限公司**
业务：达州市昌盛麻业有限公司成立于 2003 年 11 月，注册资金 50 万元。主要从事苎麻收购、生产、销售，纺织品、玻璃制品销售。
地址：四川省达州市通川区西外镇西河路 24 号
邮　编：635000
法　人：唐登智
Tel：0818－2521230
Fax：0818－2521230
网址：www. dzcs. chinapyp. com

**绵阳源发金属回收有限公司**
业务：回收有色、黑色金属，闲置设备，废铁刚，生产性废旧金属
地址：四川省绵阳市涪城区园通中街 18 号（三里二社）
负责人：陈军军　邮　编：621000
法　人：陈军军
Tel：13198080214
13689682043

**成都金太和水处理技术研究所**
地址：四川省成都市金牛区二环路北一段 8 号
负责人：柳少玉
Tel：028－66030125

**四川威远特种玻璃有限责任公司**
业务：四川威远特种玻璃有限责任公司成立于 2003 年，现有员工 70 余人，是一家专业从事特种玻璃球、高硅氧玻璃球、高强玻璃球、耐碱玻璃球的企业。欢迎来电订购。
地址：四川省内江市威远县严陵镇威玻路 1 号
邮　编：642450
法　人：鲁明
Tel：0832－8210450
Fax：0832－8210450



**成都荣欣玻璃钢产业技术开发有限公司**
业务：成都荣欣玻璃钢产业技术开发有限公司成立于 1999 年，从事玻璃钢制品的生产、销售。欢迎新老客户光临、惠顾。
地址：四川省成都市金牛区外西土桥金泉路 43 号
邮　编：610036
法　人：王晓岩
Tel：028－87516818
Fax：028－87516818

**隆昌县李市镇石桥陶厂**
业务：隆昌县李市镇石桥陶厂成立于 1982 年，主要从事酒坛、玻璃酒瓶、陶瓷酒瓶的生产与销售。"质量可靠，信誉第一"，热诚欢迎广大客户来电来人洽谈业务，共同合作！
地址：四川省内江市隆昌县李市镇大佛坎村
负责人：王大　邮　编：642163
法　人：王大
Tel：0832－3841298

**南充市高坪区海竹再生资源有限公司**
业务：再生资源回收
地址：四川省南充市高坪区东顺路 120 号（明珠之家 20 号门面）
负责人：吴开应　邮　编：637000
法　人：吴开应
Tel：13696017928
0817－6167753

**四川省资阳市环宇建筑安装劳务有限公司全彬分公司**
业务：建筑安装劳务
地址：四川省资阳市雁江区资阳大道博雅商住楼 1 栋 1 单元 301
负责人：王全彬　邮　编：641300
法　人：王全彬
Tel：13320848586
0832－6122279

**威远县金华炉料加工厂**
业务：威远县金华炉料加工厂成立于 1997 年，专业从事：铁合金、矿产品（除国家限制产品外）加工、销售；生铁、钢材销售。"客户至上，信誉至上"是我们信守的经营理念和至理名言，热忱欢迎广大客户联系洽谈业务。让我们一起携手共进，共创明天辉煌！
地址：四川省内江市威远县向义镇高硐村 10 组
邮　编：642431
法　人：陈斌
Tel：0813－5300289
网址：www. wyjh. chinapyp. com

**四川鸿进达卫生技术服务有限公司**
业务：专业从事建设项目职业病危害评价、职业病危害因素检测与评价、放射卫生防护检测与评价的技术密集型公司。
地址：四川省成都市武侯区桐梓林北路 2 号 1 栋 9 楼 2 号
邮　编：610041
法　人：陈以彬
Tel：028－85156786
Mobile：13308017958
Fax：028－85159514

**威远县鑫融物资有限公司**
地址：四川省内江市威远县严陵镇粮丰 4 社
负责人：黄剑铭
Tel：0832－8025888
13890532888

**四川隆昌美术陶瓷发展有限公司**
业务：生产销售陶瓷产品及玻璃制品，其产品有陶瓷酒瓶、包装菜盘、罐类及餐具等
地址：四川省内江市隆昌县石燕桥镇油房新店村
邮　编：642165
法　人：黄贻才
Tel：0832－3830448
Mobile：13508053568
Fax：0832－3830448

## 贵州省/Guizhou Province

**安顺市金属回收公司二环路经营部**
地址：贵州省安顺市开发区南二环路地段（民中对面）
负责人：杨莉
Tel：0853－3293088

**贵州省安顺市再生资源回收利用中心第八经营部**
地址：贵州省安顺市龙潭路 41 号
负责人：李美玲
Tel：0853－3227274

**平坝县龙凤造纸厂废旧物资经营部**
地址：贵州省安顺市平坝县龙凤造纸厂内
负责人：黄佳报
Tel：0853－4613508

**威宁县永贸废旧金属回收有限公司**
业务：回收废旧金属
地址：贵州省毕节市威宁县草海镇威宣路（种羊场）
负责人：刘德永　邮　编：561700
法　人：刘德永
Tel：15902598799
0857－6221359
Fax：0857－6221359

**威宁县同丰农用物资有限责任公司**
业务：威宁县同丰农用物资有限责任公司成立于 2003 年，从事农业生产资料的批发、零售。其产品有化肥、农药、种子、地膜等，欢迎新老客户光临！
地址：贵州省毕节地区威宁县星光开发区
邮　编：553100
法　人：张仁荣
Tel：0857－6223378
Fax：0857－6223378

**贵阳茂海废旧物资回收有限责任公司**
地址：贵州省贵阳市白云区艳山红镇艳山红村巴巴坳村民组 17 号
负责人：何定碧
Tel：13885066164

**贵阳小河区榕达废旧物资回收有限公司**
地址：贵州省贵阳市小河区中曹司
负责人：林新同
Tel：0851－3710506

**铜仁胜余废旧物资回收有限公司**
业务：贵州铜仁胜余废旧物资回收有限公司成立于 2003 年，从事生产性金属物资回收；钢材销售；农副产品、副食品、日用百货、陶瓷制品、建筑五金、油漆、涂料、化工产品（不含危险品）、建筑材料、针纺织品、家用电器批发、零售。
地址：贵州省铜仁市水晶楼 11 号
邮　编：435000
法　人：李昌余
Tel：0856－5252079
网址：www. gzsy. chinapyp. com

**独山县广和冶金回收有限公司**
地址：贵州省黔南布依族苗族自治州独山县麻尾镇
负责人：温河
Tel：13595491989

**万山特区金源物资回收有限公司**
地址：贵州省铜仁地区万山镇富家冲
负责人：黄孔志
Tel：13595645488

**湄潭县永盛废旧金属回收有限责任公司**
地址：贵州省遵义市湄潭县黄家坝镇农贸市场
地址：周永强
Tel：0852－4314075
13984429891

## 云南省/Yunnan Province

**腾冲县明光乡自治村民委员会**
地址：云南省保山市腾冲县明光乡自治村委员会
负责人：余华亮
Tel：0875－5857602
13887826618

**农机培训站燕门加油站**
业务：农机培训站燕门加油站位于云南省迪庆藏族自治州德钦县，成立于 1992 年，销售石油制品（柴油、汽油、机油）。
地址：云南省迪庆藏族自治州德钦县燕门加油站
邮　编：674500
法　人：格玛江初
Tel：0887－8536008
Fax：0887－8536001

**志翔再生资源有限公司**
地址：云南省个旧市沙甸电冶厂旁
负责人：林志翔
Tel：0873－2653863
13908735858

**元江县水电维修耐磨技术开发站**
业务：元江县水电维修耐磨技术开发站于 1988 年创建，多年来从事水轮发电机维修、加工、线路安装、金属热喷涂、压力管加工、安装等。
地址：云南省玉溪市元江县水电维修耐磨技术开发站
邮　编：653300
法　人：李建才
Tel：0877－6028786
Mobile：13988434923
Fax：0877－6028786

**凯蓉筛网厂**
业务：凯蓉筛网厂位于昆明市官渡区关上镇关通路 29 号，是一家专业生产铁丝筛网的厂家。"以质量求生存，以信誉求发展"，热诚欢迎新老客户惠顾。
地址：云南省昆明市官渡区关上镇关通路 29 号
邮　编：650200
法　人：可国超
Tel：0871－7150525
Fax：0871－7161125

**孟连农技推广中心农用物资经营服务部**
业务：农药、化肥销售，农业技术推广
地址：云南省思茅市孟连县城大街 1 号
邮　编：665800
法　人：王玉仙
Tel：0879－8720568
网址：www. mlnj. chinapyp. com

**昆明市官渡区星发玻璃钢制品厂**
业务：昆明市官渡区星发玻璃钢制品厂是一家集玻璃钢产品生产、销售为一体企业。主要产品是玻璃钢课桌、椅。公司重合同、守信用、本着诚信务实、精益求精的精神、发展多元化玻璃钢制品，追求制造工艺的独特与卓越，不断的探求更新颖产品，开创更广阔的市场，创造更美好的明天。
地址：云南省昆明市官渡区清泉村附 26 号
邮　编：650200
法　人：高顺华
Tel：0871－5891569
Fax：0871－5891569

**师宗县彩云镇农机加油站**
业务：师宗县彩云镇农机加油站成立于 1999 年，从事汽油、柴油的销售。质量保证、服务周到，欢迎新老客户惠顾！
地址：云南省曲靖市师宗县彩云镇小长山村
邮　编：655703
法　人：师德礼
Tel：0874－5054115
Mobile：13887433639

**云县瑞达测绘有限责任公司**
业务：云县瑞达测绘有限责任公司成产于 2004 年，主要业务是：房产测绘、地形测量、工程测量（以上范围中涉及国家专项审批的，凭有效的批准证件开展生产经营）。
地址：云南省临沧市云县爱华镇东大街（工行 2 楼）
邮　编：675800
法　人：王绍坤
Tel：0883－3212836
Fax：0883－3225959
网址：http://lcld. chinapyp. com

## 西藏自治区/Xizang Autonomous Region

**西藏阿里地区噶尔县工青妇**
地址：西藏自治区阿里地区噶尔县狮泉河镇
…… 负责人：任广军
…… Tel：0897－2827005

**农行改则县支行工会**
地址：西藏自治区阿里地区改则县城
…… 负责人：泥夏拉拇
…… Tel：0897－2652171

**西藏阿里地区计划生育委员会**
地址：西藏自治区阿里地区狮泉河镇
…… 负责人：噶玛西绕
…… Tel：0897－2821416

**阿里地区行政公署办公室**
地址：西藏自治区阿里地区狮泉河镇北京路
…… 负责人：噶尔琼
…… Tel：0897－2821528

**西藏阿里地区广播电影电视局**
地址：西藏自治区阿里地区狮泉河镇陕西路二十五号
…… 负责人：才旺罗布
…… Tel：0897－2821662

**察雅县粮食局**
地址：西藏自治区昌都地区察雅县烟多
…… 负责人：张先生
…… Tel：0895－4820148

**西藏日喀则地区昂仁县司法局**
地址：西藏自治区日喀则地区昂仁县司法局
…… 负责人：杨志刚
…… Tel：0892－8312872

## 陕西省/Shanxi Province

**勉县定军废渣回收利用有限公司**
地址：陕西勉县定军山镇毛堡村
…… 负责人：王明贵
…… Tel：0916－3310018

**陕西省宝鸡市陈仓区天河水商贸酒水配送部**
业务：批发烟、酒、日用百货、日化用品、农资系列等
地址：陕西省宝鸡市陈仓区千河镇黄贺村天河水批发部
…… 邮　编：721300
…… 法　人：黄虎良
…… Tel：0917－6423333
…… Fax：0917－6424888
…… 网址：www. sxths. chinapyp. com

**永顺劳保物资有限公司**
地址：陕西省宝鸡市渭金区金渭路8号
…… 负责人：齐军会
…… Tel：0917－3221138
13609273112

**略阳县众森废旧物资回收有限责任公司**
地址：陕西省汉中略阳县大沟口
…… 负责人：刘军
…… Tel：0916－4866583

**西安特技摄影**
业务：20年摄影名店；曾多次为江泽明总书记及吴邦国、贾庆林等党、政、军中央领导来陕特邀拍摄合影。各类大中小合影上千次拍摄全部成功，并及时交片；获得广大客户的一致好评：技术超群、质量一流、价格合理。公司宗旨：您的满意，就是我们最大的成功！
地址：陕西省西安市莲湖区丰登北路52号
…… 邮　编：710077
…… 法　人：梅斌
…… Tel：029－84239633

**杨凌中瑞电气自动化节水工程有限公司**
业务：公司自1992年创建以来，一直致力于自动化系统工程项目的设计与施工、低压照明动力配电箱，控制箱成套设备PGL－1/2配电屏、动力控制中心、GXL、GGD、XL－21动力柜、GCK、GCS抽屉柜及并机柜，可以根据顾客要求提供各类规格变频控制系统及其产品的开发、研制与销售。
地址：陕西省杨凌农业示范区新桥路南段
…… 邮　编：712100
…… 法　人：刘松选
…… Tel：029－87036579
…… Fax：029－87036579

**西安裕源物资有限公司**
地址：陕西省西安市东元路中铁现代物资交易中心平房A03号
…… 负责人：张强勇
…… Tel：13572170177

**西安刚毅物资有限责任公司**
地址：陕西省西安市建国路102号
…… 负责人：宋立毅
…… Tel：029－81989537

**吴堡县平安加油站**
业务：吴堡县平安加油站成立于1996年，常年经营汽油、柴油、润滑油。位于陕西省榆林地区吴堡县，地理位置优越，交通运输快捷。本公司愿与各界有识之士诚信合作，共创美好未来。
地址：陕西省榆林地区吴堡县张家墕村
…… 邮　编：713200
…… 法　人：王爱平
…… Tel：0912－6680008
…… Fax：0912－6680288

**西安物华再生资源回收利用有限责任公司**
地址：陕西省西安市雁塔区鱼化寨富裕路32号
…… 负责人：李志芳
…… Tel：13709216871

**海科生物有限公司**
地址：陕西省西安市丈八北路三号
…… 负责人：刘英平
…… Tel：029－84295535
87761500

**西安天宇人力资源有限公司**
地址：陕西省西安市朱雀大街68号朱雀大街小学门前门面房209室
…… 负责人：周君玉
…… Tel：029－88428109







## 甘肃省/Gansu Province



**兰州明鑫废旧物资回收有限公司**
地址：甘肃省兰州市城关区皋兰路191号9楼908室
…… 负责人：刘宗明
…… Tel：13609388088

**兰州金驰废旧金属材料回收有限公司**
地址：甘肃省兰州市七里河区晏家坪31号
…… 负责人：缪元良
…… Tel：0931－2929301

**天水市北道区中小企业协会**
地址：甘肃省天水市北道区轻工业总公司道北体育场
…… 负责人：杨全恩
…… Tel：0938－3621343
13993890975

**兰州金地物资回收有限公司**
业务：兰州金地物资回收有限公司成立于1997年，主要从事废旧物资回收。
地址：甘肃省兰州市七里河区穴崖西街57号
…… 邮　编：730050
…… 法　人：任治合
…… Tel：0931－2501628

## 青海省/Qinghai Province

**青海省湟中县开源废旧金属回收有限公司**
业务：青海省湟中县开源废旧金属回收有限公司成立于2004年，主要从事废旧有色金属的收购、加工和销售。
地址：青海省西宁市新宁路28号紫恒大厦7层
…… 邮　编：810008
…… 法　人：吴合丕
…… Tel：0971－6320880
…… Fax：0971－6320880

**西宁流金岁月老年人用品有限公司**
业务：公司成立于2005年，专门销售各类老人用品，包括（服饰类、按摩类、保健类、睡眠类、护理类、拐杖类、生活便利类、休闲娱乐类、休闲锻炼类）"流金岁也"销售人员的责任是怀着一颗关爱老年人的心，用自己多样的产品和服务为老年人提供服务！
地址：青海省西宁市城西区黄河路32－1号
…… 负责人：王天棚……邮　编：810001
…… 法　人：王天棚
…… Tel：0971－6117738
…… 网址：www. qhljsy. cn
…… E-mail：wtp－009@163. com

## 新疆维吾尔自治区/Xinjiang Wei We Er Autonomous Region

**玛纳斯县广新废膜回收有限责任公司**
地址：新疆维吾尔自治区昌吉回族自治州玛纳斯县广东地乡
…… 负责人：何伟雄
…… Tel：13899660408

**新疆伊宁市佳客思鹿产品加工厂**
业务：新疆伊宁市佳客思鹿产品加工厂成立于2000年，主要生产、加工、销售鹿茸、天山雪莲、鹿三宝、鹿鞭、鹿筋、鹿心、鹿胎等各种鹿产品包装的礼品盒。
地址：新疆维吾尔自治区伊犁哈萨克自治州伊宁市斯大林街五巷18号209室
…… 邮　编：835000
…… 法　人：张洪臣
…… Tel：0999－8098680
…… 网址：www. jkslcp. chinapyp. com

# 诚信客户展示窗

## 昆明农腾饲料有限公司

昆明农腾饲料有限公司成立于2004年。
主要从事饲料的生产与销售，原材料的销售。
“以质量求生存，以信誉求发展”。
竭诚欢迎广大新老客户来我公司洽谈业务，共同合作！

联系人：何得华
13888846568
电话：0871-8228855
邮编：650100
地址：云南省昆明市西山区明波龙华仓储市场19幢

## 云南诚兴农业发展有限责任公司

云南诚兴农业发展有限责任公司主要生产马铃薯、花卉、蔬菜，农业基地建设及农业订单。

热忱欢迎海内外朋友前来参观考察，洽谈业务！

联系人：金绍波
电话：0874-3168191
地址：云南省曲靖市环东路交警大队旁 邮编：650000

## 建水县绿顺种养殖有限公司

本公司成立于2005年，以经营水果蔬菜种植及家禽类、牛、羊等养殖业务为主。

我们将以优良的产品质量和卓著的企业信誉真诚的奉献给广大客户。欢迎新老客户来电洽谈业务。

联系人：彭汝符
电话：0873-7741227 13987378496
地址：云南省红河哈尼族彝族自治州建水县南庄镇大黑山 邮编：655501

# 诚信客户展示窗

## 福建鑫鑫獭兔有限公司

福建鑫鑫獭兔有限公司成立于2006年，主要经营獭兔优质良种及獭兔皮、獭兔肉制品深加工等业务。

公司宗旨“信誉第一，客户至上”。

热忱欢迎新老客户惠顾。

联系人:温作金

电话:0598-6853918 13859122756

地址:福建省三明市宁化县城关小溪边2号 邮编:365400

## 丰县金猪良种猪养殖有限公司

联系人：王彩峰15050051222 电话：0516-89566958

本公司成立于2004年，是徐州最大的龙头企业，省无公害生产基地，市级种猪生产企业。本公司培育的种猪有新美系、大白、长白、杜洛克、无应急皮特兰。我公司产品服务的高质量和专业精神，为您带来最佳的经济效益，对种猪饲养管理、繁殖配种、配种计划、饲料配方、疾病防治等方面存在的问题给予技术指导和咨询服务。

本公司与客户签定购销合同，经双方签字后具有法律效力。热烈欢迎养猪界同仁惠顾及新老客户前来选购和加盟金猪！

地址：江苏省徐州市丰县师寨镇马庄村梁庄 邮编：221713

## 大同县鑫林农林牧有限责任公司

大同县鑫林农林牧有限责任公司成立于2005年，是一家集农业开发、畜牧养殖、园林栽培、种植于一体的综合性公司。

环境优雅，风光独秀，通讯畅通，交通便利，欢迎广大有意之士前来参观考察，洽谈业务。

联系人：刘文章 13935215811 13393522882

地址：山西省大同市大同县党留庄乡马连庄村 邮编：037300

# 诚信客户展示窗

## 碧瑞芙茗茶

福建碧瑞芙茶业创办于2001年，位于铁观音的发源地西坪镇。是一家系生产、加工、销售为一体的连锁型企业。为了满足市场的需求和适应市场的发展变化，公司已研制开发了中、高档“三大”系列“九个”品种的茶叶产品。产品不论从口感、质量、和包装都有着较高的档次。

联系人：王先生

电话：0595-23413165　　传真：0595-85899625

地址：福建省泉州市晋江市迟到镇苏安路口　　邮编：362200

## 桐城市好运来食品有限公司

本公司成立于2004年，主要代理各食品经营：旺旺食品、果冻系列、旺仔牛奶、红牛饮料、贝因美米粉、奶粉系列、伊利牛奶系列、山东东阿阿胶口服液系列、绿箭口香糖系列、福建金冠系列糖果、脑白金、黄金搭档等系列保健品。

联系人：王金程

电话：0556-6200229　13955600171

地址：安徽省桐城市新市街392号　　邮编：231400

## 荆州市三湖油脂加工厂

本厂成立于1980年，主要从事油料、油脂加工。“质量可靠，价格合理”，公司诚邀每一位客户前来光顾，深信通过我们的共同努力、友好合作，一定会满足市场需求。公司热切期盼您的垂询！

联系人：张四红

电话：0716-4661436　4661459

地址：湖北省荆州市江陵县三湖管理区　　邮编：434108

# 诚信客户展示窗

## 嘉兴池上食品有限公司

嘉兴池上食品有限公司成立于2002年。
餐饮连锁，速冻食品加工。
欢迎来电订购。

联系人：姚锦发
电话：0573-84755020
邮编：314000
地址：浙江省嘉兴市嘉善县魏塘镇泽工业园区

## 文昌市东郊红宝食品有限公司

本公司成立1994年，位于海南省文昌市东郊镇椰林风景区，公司是生产型企业，主要生产椰子系列产品：椰蓉、椰丝、椰子角、椰子片、椰酱、椰子油、椰子糖、椰子糕、椰棕、椰奶、椰子壳、椰雕等。

以质量第一、信誉求发展的经营理念，欢迎新老客户光临、惠顾！

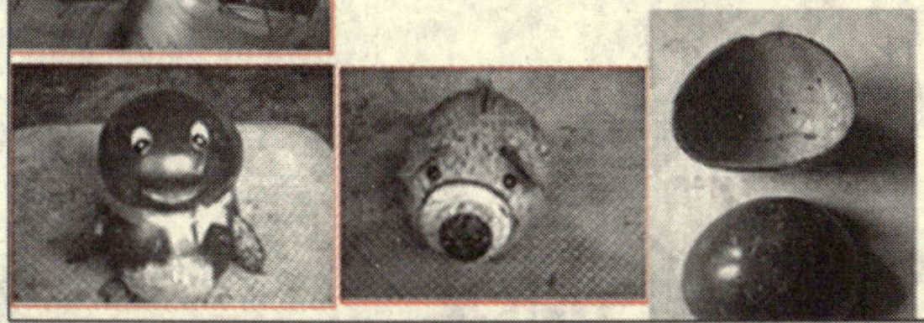

联系人：黄良波
电话：0898-63538085 63538686
地址：海南省文昌市东郊镇建华山 邮编：571300

## 滨海县盛隆食品有限公司

滨海县盛隆食品有限公司主要销售禽蛋。
以“质量第一，客户至上”为经营宗旨。
欢迎新老客户光临、惠顾！

联系人：孟宪来
电话：021-66508951 13301635961
地址：江苏省盐城市滨海县大套乡大套村 邮编：224500

# 诚信客户展示窗

## 天津市腾飞荣达食品有限公司

本公司创办于2003年4月，是一家致力于蜜饯、果脯、炒货、糖果为一体的现代化企业。

本公司秉承“诚信和谐、求实创新、互利共赢”的经营理念，竭诚欢迎广大客户前来光临、指导！

联系人：林武腾

电话：022-84814352　84814362

地址：天津市河北区建昌道兴耀市场三区14排26号

网址：www.tengfeishipin.com

电邮：tjtengfei@163.com

邮编：300300

## 桂林平樂縣東橋食品有限公司

桂林平乐县东桥食品有限公司成立于1987年，主要从事烘烤食品的生产与销售。

我们以稳定的质量、上乘的包装、可靠的卫生保障，深受消费者的青睐！

联系人：李土荣

电话：0773-7683151　13768709181

邮编：542402

地址：广西省桂林市平乐县沙子镇河东街45号

## 莆田市澳福贸易有限公司

莆田市澳福贸易有限公司成立于2006年。

主要从事台湾金门高梁酒总代理，台湾古意高梁酒总代理，法国XO，韩国东方灵集团有限公司莆田总代理，产品有燕窝、冬虫夏草、鱼翅、水蛤等高级补品，另经营名酒、名茶、名烟。

联系人：陈丽碧　电话：0594-2386555

地址：福建省莆田市梅园路中段市武警支队路标(往三信花园50米)　邮编：351100

# 诚信客户展示窗

## 山西省大同市弘清清真肉业有限责任公司

我公司成立于2005年，是一家专业生产肉制品的公司。

公司以(顾"故"客源自诚信品质)经营理念为广大经销商及用户提供优质的产品，欢迎各界人士，前来洽谈、合作，愿与客户携手共进，共谋发展，共创美好的明天。

联系人：刘红清　电话：0352-2014616

地址：山西省大同市城区小西门13楼4单元3号　邮编：037004

## 昭通万和食品有限公司

本公司主要从事食品调味品生产加工销售及无公害大棚果蔬菜种植销售，主要产品有“万和”牌昭通酱、食醋、酱油及腐乳、“黑劲鹤”牌无公害西瓜、蕃茄、黄瓜。

热忱欢迎广大有意之士来电咨询，洽谈业务。

联系人：杜曦

电话：0870-2221084　2235718

地址：云南省昭通市昭阳区侨通路127号　邮编：657000

## 中山市西区岐丰食品商行

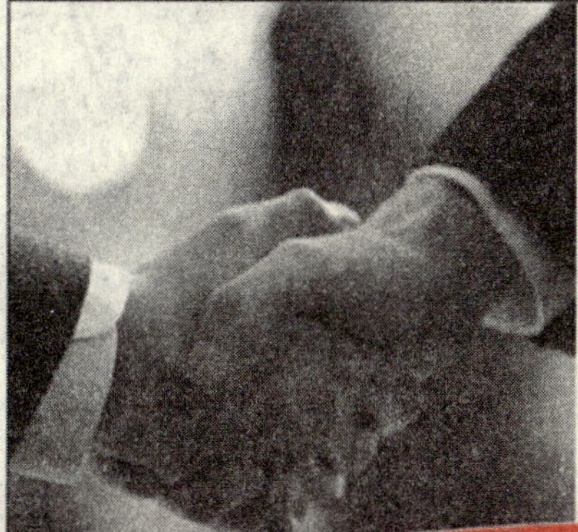

中山市西区岐丰食品商行五年来主要经营辣椒酱、酱油、榨菜、罐头、食用油、味精等农副产品。

“质量保证，价格合理”，热忱欢迎新老客户光临、惠顾！

电话：0760-88554335　88553444　联系人：周水许

地址：广东省中山市西区沙朗金叶广场C10幢9号　邮编：582400

# 诚信客户展示窗

## 察隅县烟草公司

察隅县烟草公司成立于2000年。
代理批发经营各种品牌烟草。
欢迎来电洽谈业务！

联系人：巴桑　13908949192
电话：0894-5432423　5432136
地址：西藏自治区林芝地区察隅县烟草公司　邮编：860600

## 雅森油脂加工厂

本厂常年提供优质动物油脂，以鸭油为主。质量保证，品质优异，价格低廉。产量稳定日产15吨左右，可以按照客户的要求加工产品。

我处以多年的信誉保证产品的质量，望携手全天下的有志之士，共谋利润。

联系人：刘英杰
电话：0536-7763333　7010708
地址：山东省昌邑市文岭镇后孙村　邮编：261319

## 周口市老东风餐饮有限公司

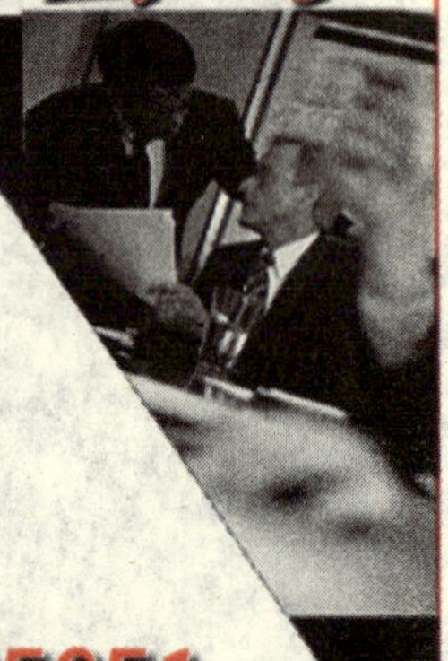

本公司主要加工销售：烧鸡，麻辣鸡、鸭，卤菜，风味小菜40多个品种。
品种繁多，味道鲜美，质量保证。
热忱欢迎新老客户光临惠顾！

联系人：郭义忠
电话：0394-8285851
地址：河南省周口市川汇区文明路与育新街交叉口　邮编：466000

# 诚信客户展示窗

## 卫辉市康力食品有限公司

卫辉市康力食品有限公司主要从事米线及干菜制品加工，生产规模为年加工米线1300吨，干菜500吨。有两大系列10多种产品，全部为纯大米制作，不含任何添加剂。

欢迎新老客户前来参观考察、洽谈业务！

聯系人：徐建軍 电话：0373-4299768 4298917

地址：河南省卫辉市后河镇工业园区 邮编：453100

## 习水县奇味肉制品厂

贵州习水县奇味肉制品厂成立于1986年，位于川黔渝旅游“金山角”的中心腹地，中国“杉王之乡”和绿洲红称之称的习水。

主营“沙王”牌肉制品、腊肉、香肠等。公司秉承“顾客至上，锐意进取”的经营理念，坚持“客户第一”的原则为广大客户提供优质的产品及服务。欢迎惠顾！

联系人：王昌荣 电话:0852-2521041

地址：贵州省遵义市习水县东皇镇天生路轻机巷11号 邮编：564600

## 香格里拉县圣宝食品进出口有限责任公司

香格里拉县圣宝食品进出口有限责任公司成立于2004年，主要从事松茸的进出口贸易。

公司以其稳定的质量、上乘的包装赢得了国内外客户的青睐！

联系人：赵久恩 電話:0887-8228858

地址：云南省迪庆洲香格里拉县环城东路松茸产业园区 邮编：674400

# 诚信客户展示窗

## 安徽省桐城市四星大酒店

多媒体会议室

桐城四星宾馆位于市火车站广场南侧，八层大楼，气势雄伟壮观。宾馆设计、装饰尽显时尚流行与品位。拥有全市一流的大浴场、停车场等服务设施。

四星宾馆热忱欢迎您的光临！

联系人：

13205568999 汪 斌

电话：0556-5610888 邮编：231400

地址：安徽省桐城市火车站南侧

## 临武县秀岩旅游开发有限责任公司

临武县秀岩旅游开发有限责任公司成立于2005年。

从事旅游开发，

景区管理，

房地产开发，

工程建设施工等。

欢迎新老客户来电洽谈业务！

联系人：蔡萌

电话：0735-2331296 13807356098

地址：湖南省郴州市北湖区五里堆路8号 邮编：439000

## 云南辉记花卉有限公司

云南辉记花卉有限公司于1997年3月成立，公司以出口鲜切花为主，主要销往香港、新加坡、马来西亚、日本、中东、吉隆坡、澳大利亚、欧盟等国家。拥有最先进的“流水线”包装车间，另公司安装有370平方米的制冷设备，为鲜切花的保鲜处理提供了良好的场所。辉记已逐步走向正规化、产业化、规模化的外向型企业，不远的将来，在新老客户的支持下，辉记将取得更加辉煌的业绩。我们的宗旨：以质量求生存，以信誉求发展！

联系人：李娜

电话：0871-7498869 邮编：650500

地址：云南省昆明市呈贡县斗南昆明国际花卉拍卖中心东侧

# 诚信客户展示窗

## 徐水县金浪屿国际饭店

金浪屿国际饭店是集餐饮、娱乐、客房、洗浴、美容、保健、SPA、瑜伽于一体的按五星标准建设的大型综合饭店，配套齐全，豪华时尚，绿色环保的，在这里尽显磅礴大气、尊贵高雅、雍容华美、金碧辉煌，带给您至尊享受。

联系人：张凤德

电话：0312-8660117 8603777 8660171 网址：www.jlygjfd.com

地址：河北省保定市徐水县崇贤街34号 邮编：072550

## 安徽天际大酒店

安徽天际大酒店成立于2008年。

主要从事餐饮、客房、娱乐。

欢迎新老客户来电洽谈业务！

联系人：徐英 15155688888 电话：0556-2191188 2199999

地址：安徽省安庆市岳西县天堂镇天际大道118号 邮编：246000

## 兴义市泉汇大酒店有限公司

兴义市泉汇大酒店有限公司成立于2003年，是泉义市二星级酒店。酒店内设施齐全，环境高雅，是您住宿、餐饮、娱乐的最佳选择。

本着“信誉第一、顾客至上”有经营理念，竭诚为您提供最佳的服务。

联系人：李长华 电话：0859-3111099 3117258

地址：贵州省黔西南布依族苗族自治州兴义市瑞金路47号 邮编：562400

# 诚信客户展示窗

## 河北龙泉旅游开发有限公司

河北龙泉房地产开发有限公司成立于2006年，主要从事当地旅游开发业务。

诚信经营，信誉第一，建一流公司，造精品房产，热忱期望与社会各界朋友的交流与合作！

联系人：李建国　电话：0311-89637191

地址：河北省石家庄市中山西路356号　邮编：050051

## 广州市白云区中研化妆品店

广州市白云区中研化妆品店是一家中研品牌专卖店，从事专业美容护理服务。

我们的产品遍布世界各地，是中华医学美容研究中心唯一指定的祛斑祛痘产品，多次获得科研奖。是您值得信赖的美容伙伴！

联系人：卢全胜　13535406901

电话：020-88284441　邮编：510410

地址：广东省清远市新清县太和镇笔价路东逸花园B巷4号首城

## 岳阳县云龙大酒店

岳阳县云龙大酒店是一家集住宿、餐饮、娱乐休闲为一体的酒店，交通便利，环境幽雅，地理位置优越，房间安静雅致，方便舒适。

欢迎您的光临惠顾！

联系人：彭玉龙　13007477888

电话：0730-7649999 3216666

地址：湖南省岳阳市岳阳县城关镇天鹅南路2号　邮编：414100

# 诚信客户展示窗

## 上海晶龙娱乐有限公司

上海晶龙娱乐有限公司成立于1999年8月，主要从事卡拉OK厅，卡拉OK包房(KTV），棋牌社等服务。

为您的休闲娱乐提供优质的服务。热忱欢迎各界朋友光临、惠顾！

联系人：汤文钿　13361821512　电话：021-64612802　64594849

地址：上海市闵行区九星村星东路8号楼201-210号　邮编：201101

## 深圳市華聯賓館有限公司

深圳市华联宾馆有限公司成立于2005年。

主要以餐饮、住宿服务为主。

宾馆内设施齐全，服务周到，是您理想的选择。

联系人：宁长勇　电话：0755-84607666　84288661

地址：广东省深圳市龙岗区坪山街道深汕路618号　邮编：518118

## 武夷山望峰花园

武夷山望峰花园座落在武夷山国家旅游度假区内，占地面积30亩，总投资5000多万元。独特的园林式别墅型与美丽的武夷山风光和谐统一，浑然一体。交通便利，距飞机场5公里，距景区、火车站12公里，是您到武夷山商务、休闲、旅游的首选之地。

系人：刘浩华

电话：0599-5259566　13905995956　13799114976

地址：福建省武夷山市国家旅游度假区望峰路　邮编：354302

# 诚信客户展示窗

## 泉州市新海路闽南文化保护中心

本中心是以促进闽南文化的保护与发展为宗旨，于2006年6月由业务主管单位泉州市文化局批准成立，主要业务范围包括：（一）闽南文化保护服务；（二）文化产业开发服务；（三）公众宣传咨询服务；（四）技术经济交流服务。

电话：0595-22278960　传真：0595-22278961　联系人：龚勤勤
地址：福建省泉州市东街金池路8号　邮编：362000

## 山西省晋城市泽路地方风味小吃城有限公司

地方风味小吃城自然是集纳了全国各种地方小吃的精华，也同时具备了全国各地的风味，更多的生活幸福指标是能够建立在吃穿的基础上，因此，地方风味小吃城呈现出多元的丰富格局，欢迎您的光临！

联系人：赵跃进　电话：0356-6992501
地址：山西省晋城市泽州路1192号　邮编：048000

## 曲靖派康有限公司

曲靖派康有限公司成立于1999年3月12日。
主要从事饮食服务、KTV娱乐等。
我们运用了严谨务实的管理，符合现代人的要求，带给您精致舒适的空间，贴心真诚的服务。

联系人：崔惠仙
电话：0874-3333609　邮编：655000
地址：云南省曲靖市开发区圆通路幸福小区雪莲花酒楼三楼

# 诚信客户展示窗

## 和县有意思冷热饮连锁加盟店

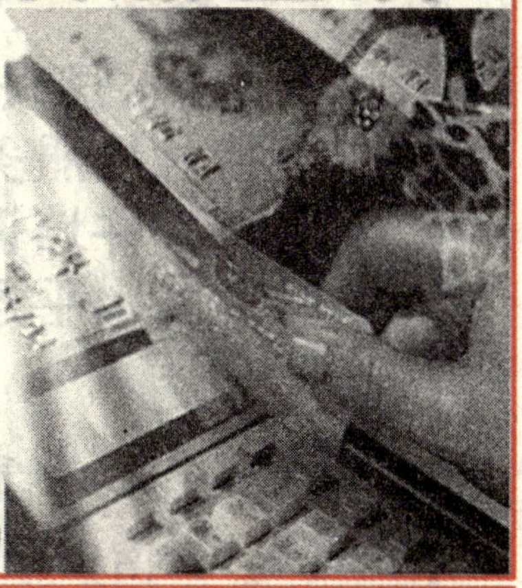

和县有意思冷热饮连锁加盟店成立于2005年。
经营冷热饮、中西餐，茶楼，KTV娱乐。
欢迎新老客户光临惠顾！

联系人：路长鑫
电话：0565-3209577 5308277
地址：安徽省巢湖市和县和城历阳东路16号 邮编：238200

## 鸿桥酒店（深圳）有限公司

鸿桥酒店（深圳）有限公司成立于2006年，主要从事于住宿、餐饮。环境、格调幽雅、星级服务，尊贵享受，让顾客忘却一天疲劳，宾至如归的感觉油然而生。

联系人：陈焯杰 13510440555
电话：0755-29698888 29699338 传真：0755-29699338
网址：www.mtw52557.chinapyp.com 邮编：518104
地址：广东省深圳市宝安区沙井街道南环路和一路段综合楼1-5层

## 青岛新友永春美容美发用品商行

青岛新友永春美容美发用品商行成立于1988年，从事化妆品代理经营，"永春永春，永远青春"，让您的生活更美好！

电话：0532-82857867 传真：0532-82857867 联系人：蔡庆锡
地址：山东省青岛市市北区高密路78号 邮编：266071

# 诚信客户展示窗

## 建水县兴富酒店

建水县兴富酒店成立于2003年，酒店自开业以来，坚持优质服务，建立起一支符合酒店发展要求的管理队伍，并培训出一大批优秀服务人员，使酒店的管理和服务水平逐步得到提高。竭诚欢迎您的光临！

联系人：王兴富 电话：0873-7620599

地址：云南省红河州建水县建水大道 邮编：654300

## 吉林省东方国际旅行社

吉林省东方国际旅行社成立于2003年，主要从事国内旅游及自助游，边境旅游（北朝鲜、俄罗斯风情游），长白山四季游，代办商务会议，代办机票和车票。

联系人：张久军13844309111 电话：0433-2765111 2720006

地址：吉林省延吉市站前街财贸学校南边斜对面 邮编：133000

## 河北玉强龙足浴保健有限公司

本公司专业从事足浴保健业务。

环境幽雅、服务周到。

欢迎新老客户光临惠顾！

电话：0311-83605685 手机：13784336111 联系人：李建龙

地址：河北省石家庄市桥西区时光街D座2号 邮编：050000

# 诚信客户展示窗

## 广西福浩隆科技投资有限责任公司

广西福浩隆科技投资有限责任公司成立于2006年，主要业务：对农业、工业、林业、矿业、房地产、公路、码头、电站、运输、电子通讯、商业、环保、高新技术产业、建材项目的投资与管理；国内贸易。

联系人：农雷光
13005918268 15607717528
Http://www.fhlkj.com
E-mail:fhlkj@126.com
地址：广西壮族自治区南宁市五一路淡村2里1巷17号 邮编：530001

## 西藏君威投资咨询管理有限公司

西藏君威投资咨询管理有限公司成立于2006年1月，主要从事大型项目投资、对外进出口贸易及矿产品加工、销售等业务，在上述业务中公司充分利用西藏自治区的资源优势和地区优势与国内外企业、个人、政府部门合作合资共同发展。

联系人：馬君
电话：0891-6283655 6283662 邮编：850000
地址：西藏自治区拉萨市金珠西路189号拉萨经济技术开发区管委会

## 贵州黔鸿瑞高科技开发有限公司

贵州黔鸿瑞高科技开发有限公司专业从事重稀土的开采服务。

公司将继续践行“尊重客户，善待员工，以良好的业绩回报投资者”发展理念，深入贯彻落实科学发展观，努力提升公司发展能力，为实现公司全方位发展而奋斗！

联系人：余建平
13037879994
电话：0851-8647299 8647297 8647296
地址：贵州省贵阳市云岩区公园路8-26号都市名园18层1号 邮编：550001

# 诚信客户展示窗

## 郑州华德液压成套设备有限公司

本公司始创于1989年，是北京华德液压工业集团有限责任公司和天津市天高液压件有限公司（原天津市高压泵阀厂）的河南地区总代理。专业经销全国知名品牌的液压产品。主要产品：液压泵系列、液压阀系列、管接头系列、液压附件系列。

我们本着“质量上乘，价格合理，供货及时”的经营理念。被誉为企业的好帮手，优秀供应商的称号。

联系人：张志鹏

13849198089

电话：0371-68725396

传真：0371-68725562　邮编：450007

地址：河南省郑州市中原区中原西路145号（中信宾馆西侧）

## 南京天华机械有限公司

地址：江苏省南京市雨花台区板桥镇柿子树工业园　邮编：210039

电话：025-86716665　86716669　联系人：吕云

本公司主要产品包括：预热器内筒、翻板阀阀板、撒料板；篦冷机篦板、护板、篦条；回转窑窑头、窑尾护板；耐热钢螺栓；破碎机锤头等。

公司坚持“以质量求生存，以信誉求发展”宗旨，把高品质的产品及最优质的服务奉献给客户。热忱欢迎各界朋友来我公司参观，指导洽谈业务，携手共创辉煌！

## 禹州市火龙第一铸造厂

禹州市火龙第一铸造厂主要从事机床机械、印刷包装机械铸造、加工。

以质量为保证，以信誉求生存，以科技促发展，真诚欢迎国内外朋友光临惠顾，携手共进、共铸辉煌。

联系人：丁创生
13803748282

电话：0374-8631010　8632588

地址：河南省禹州市火龙镇丁庄村　邮编：461670

# 诚信客户展示窗

# 诚信客户展示窗

## 旬阳县华龙铸造有限责任公司

本公司专业铸造销售耐火材料器械。

我公司热忱欢迎国内外同仁合资、合作，共同发展！

联系人：刘国华

13379419333　13259158889　13098014000

地址：陕西省旬阳县磷肥厂院内　　邮编：727500

## 上海上业阀门制造有限公司太原分公司

我公司成立于2006年，主要生产销售球阀，闸阀，截止阀，蝶阀等产品。

公司一贯坚持“质量第一，用户至上，优质服务，信守合同”的宗旨，凭借着高质量的产品，良好的信誉，优质的服务，产品畅销全国，竭诚与国内外商家双赢合作，共同发展，共创辉煌！

联系人：洪永昌　13903518739

电话：0351-6621300　6620791　　邮编：030027

地址：山西省太原市万柏林区滨河西路299号华北机电城（龙腾机械施工公司）

## 怀宁县新丰制钉有限责任公司

本公司成立于2006年。

主要生产各种钉制品，包括汽排钉、马钉、u形钉、特种钉等。

规格齐全，质优价廉，产品远销华东六省。

热忱欢迎您的光临、惠顾！

联系人：范德财

13865186897　电话：0556-4046168　传真：0556-4046123

地址：安徽省安庆市怀宁县石镜乡大塘村　　邮编：246131

# 诚信客户展示窗

## 芜湖众邦工程机械修理厂

公司成立于2001年，注册资金80万元，先后代理过斗 山山猫机械、常州现代、贵州詹阳、山东临工、山推推土机等国内外知名品牌的工程机械产品，芜湖众邦工程机械修理厂，专业从事挖掘机、推土机、装载机、压路机等各类工程机械的维修，拥有各类专业技师20余名，厂房约5000平方米，维修设备齐全，是皖南地区规模最大、技术力量最强的一流工程机械维修企业。

联系人：孙国平　13855301938

电话：0553-3022523　3022971　3022508

地址：安徽省芜湖市弋江区火龙岗镇三冲　邮编：241000

## 苏州华腾机械设备维修有限公司

我公司成立于2005年，

主要从事机械设备维修。

我们依靠专业化的服务力量和强有力的后勤保障。

竭诚为苏州地区广大用户提供一流产品和专业化快速优质的服务。

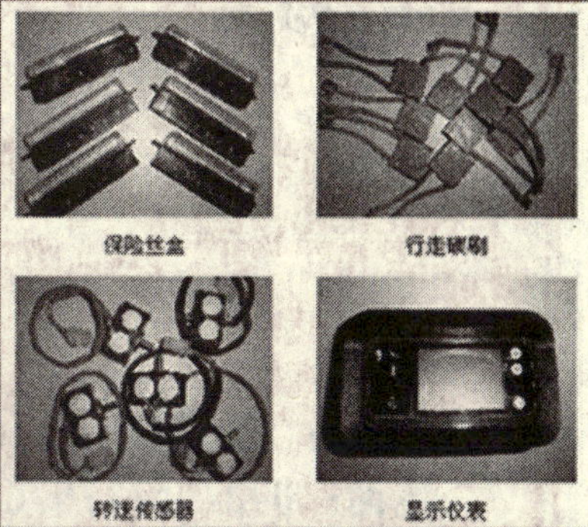

保险丝盒　行走碳刷　转速传感器　显示仪表

联系人：王金兴　13913550050

电话：0512-66023055　65021561

邮编：215000

地址：江苏省苏州市吴中区甪直镇淞港村（板桥）

## 吴江市湖滨机械制造有限公司

我公司从事绳机及农具制造、农机具修理、五金加工、车床、刨床、洗床等。

多年的生产经验，质量可靠，欢迎新老客户来电洽谈业务！

联系人：陈秋红

电话：0512-63426232　13806257350

地址：江苏省吴江市松陵镇梅里村　邮编：215200

# 诚信客户展示窗



## 渭南市西电电力设备安装有限责任公司

本公司成立于2006年。

主要从事发电机，汽轮机，辅机设备安装检修，冶炼风机安装检修销售。

联系人：周建峰　　电话：0913-2189860

地址：陕西省渭南市临渭区西潼路31号　　邮编：714000

## 甘肃酒钢集团西部重工股份有限公司

公司专门从事各种机械、冶金设备、风力发电、轧辊、表面硬化、橡胶制品及胶辊、成套设备制造等专业化生产的综合性制造企业。各类机械设备676台（套），拥有铸造、锻造、热处理、铆焊、机械加工、机械检测等先进齐全的装备。具有科研、开发、生产、制造、检修、检测等一体化的技术实力。与德国、日本、意大利等国公司合作、生产制造，产品出口到亚洲和欧洲。在西北五省及西南地区设有常驻机构。兰州市和山西省设有分厂。2001年通过ISO9002质量体系认证；2003年通过ISO9001：2000质量体系认证。

联系人：马鼎斌

电话：0937-6717575　6715261　　传真：0937-6717565　6712445

地址：甘肃省嘉峪关市市辖区酒钢厂区　　邮编：735100

## 上海創明制冷設備有限公司

公司成立于2000年，公司主营各类商用厨房冷库的安装维修以及保养服务。另外兼营酒店设备零配件的销售，二手厨房设备的收购和销售以及酒店用品等。

以优质的服务合理的价格，诚实守信深得客户信赖。

联系人：李铁民

电话：021-63070499

地址：上海市虹口区峨嵋路400号308室　　邮编：200082

# 诚信客户展示窗

## 张家港市弘扬石化设备有限公司

本公司成立于2001年，主要生产DJC型系列，大倾角挡边带式输送机，DT75型、DTII固定、移动式带式输送机，斗式（NT、LH、TH型）提升机，螺旋输送机，各种规格的高速铝塑复合板生产设备，化成、涂装生产设备及各种化工化纤石油等标准、非标设备。

欢迎新老客户光临，惠顾，实行双赢！

电话：0512-58289358　56937024

联系人：朱良才　　电邮：hongyangshihua@126.com

地址：江苏省张家港市金港镇后塍工业区　　邮编：215631

## 孝感市斌强機電設備有限公司

本公司成立于2005年。

主要经营机电设备、五金工具。

诚信服务、价格合理。

欢迎新老客户光临惠顾。

联系人：周振强　　电话：0712-2855948

地址：湖北省孝感市槐荫大道255号　　邮编：432100

## 山西常青机械制造有限公司

本公司成立于1992年，主要生产无缝管设备、棒材、线材设备、螺旋管设备、彩涂线设备以及各种型号的采煤机零部件设备。

本公司宗旨：抓时间、重质量、靠信誉、求发展，以求实创新为原则，竭诚为社会各界提供一流的服务。

联系人：丁中原

电话：0358-3516488　13327583096

地址：山西省吕梁市交城县东关工业区新开路96号　　邮编：030500

# 诚信客户展示窗

# 诚信客户展示窗

## 伊通满族自治县钰兴机械制造有限公司

我公司始创于1995年，是从事研发、制造各种型钢车轮专用非标设备和型钢车轮及无内胎车轮全套生产模具的生产企业。

我公司一直坚持“求真、务实、开拓、创新”的企业宗旨，我们将一如继往的为您服务，共同携手创造美好未来！

联系人：王洪国　13804478187

电话：0434-4227005　4265816　传真：0434-4265816

地址：吉林省四平市伊通满族自治县苗蒲路 3 号　邮编：130700

## 成都鑫恒振动机械制造有限公司

我公司成立于2006年，主要经营振动机械、矿用配件、筛网、橡胶网、钢网。

我们以质量求生存；以服务求发展之路，创新拼搏，持续改进；以可靠的质量优质的技术和完善的售后服务，迎接广大新老客户。

联系人：朱东新

电话：028-82775269　13708210386

地址：四川省成都市温江区和盛镇石牛村二组　邮编：633100

## 马鞍山市润辉机械设备有限责任公司

本公司是一家专业经营机械设备加工、维修、安装；批发零售机械设备及其零部件、水电起重机械、矿山机械、建材、钢材、汽车零部件、化工产品（不含危险品、易制毒品）的企业。

公司真诚希望能与贵公司合作，共谋发展和建立长期的合作关系，开创双赢局面共同向前迈进！欢迎广大客户来电来函洽谈

联系人：黄学正

电话：0555-2783790　13805551801

地址：安徽省马鞍山市花山区霍里镇　邮编：243000

# 诚信客户展示窗

## 江门人本机电有限公司

本公司成立于2006年，主要从事轴承的销售。

我们将秉承“诚信是基石，双赢是动力，团结、合作是一条最好的路”的合作理念，与广大客户合作，共赢发展。

联系人：余文娟

电话：0750-3903639 13922108359

地址：广东省江门市东华一路65号金华商业中心736 邮编：529000

## 吉安市创新农机有限责任公司

吉安市创新农机有限责任公司成立于2002年，从事农业机械经营，农业机械配件销售，“诚信第一，服务第一，质量三包”，欢迎新老客户来电洽谈业务！

电话：0796-8320062 手机：13097227968 联系人：习信佑

地址：江西省吉安市吉州区井冈山大道93号6－7号门面 邮编：343000

## 重庆长江电工（集团）有限公司 华江机器制造厂

重庆长江电工（集团）有限公司华江机器制造厂成立于2006年，主要生产销售汽车及摩托车配件。

欢迎新老客户来电洽谈业务！

联系人：张雷历

电话：023-46323080 46323091

地址：重庆市荣昌县安富镇 邮编：402468

# 诚信客户展示窗

# 诚信客户展示窗

## 舟山市定海双力塑料机械厂

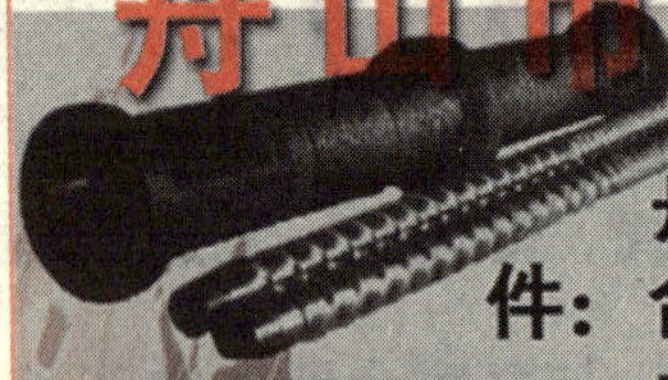

舟山市定海双力塑料机械厂是生产塑料机械主要部件：合金料筒、螺杆及附件的专业生产厂家之一。

本公司一贯坚持“开拓、创新、求实、进取”的企业精神，保证“质量第一，用户至上”的企业宗旨。

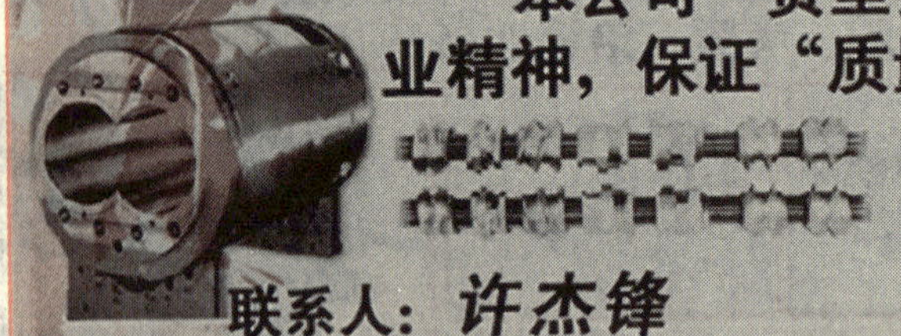

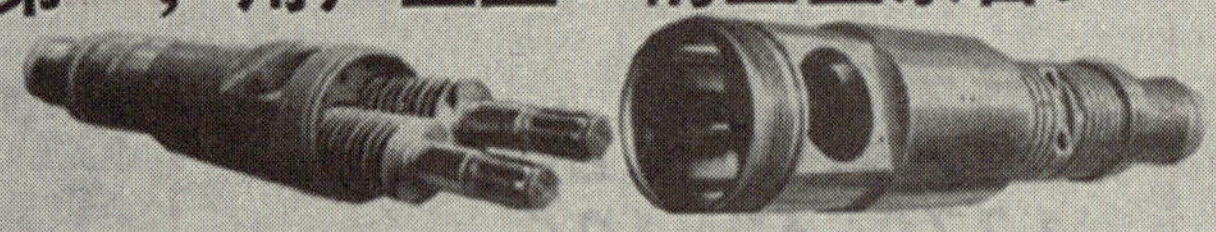

联系人：许杰锋 13957219095
电话：0580-8040046 8042428
网址：www.mtw10211.chinapyp.com
地址：浙江省舟山市定海区金塘镇大浦村侨兴西路36号 邮编：316033

## 浠水华杰窑炉设备有限责任公司

本公司成立于1991年。

主要从事窑炉机械设备、窑炉配套砖瓦机械、窑炉环保设备加工制造。

热忱欢迎新老客来电洽谈业务！

联系人：蔡杰
电话：0713-4218888 4218999
电邮：huajieshebei@163.com
地址：湖北省黄冈市浠水县清泉镇车站西路41号 邮编：438200

## 衡阳市金重机械有限公司

衡阳市金重机械有限公司主要从事冶金设备、矿山设备的生产与销售。公司设备配套齐全，生产工艺先进，技术力量雄厚，检测试验完善，衷心感谢新老用户对本公司的厚爱，并热忱欢迎您莅临我公司参观指导！

电话：0734-3120528 3125738 联系人：曾新杨
地址：湖南省衡阳市东风路互助里106号 邮编：412002

# 诚信客户展示窗

## 黄石昂泰机电有限公司

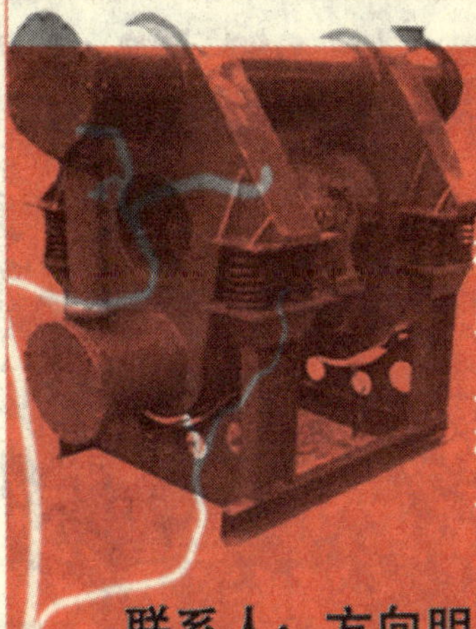

本公司始建于1988年，以钻机、棒磨机、冶金机电设备、厂矿专用铁路机车配件及路轨附件制造销售为主业，并长年生产码头建设所需的系船柱、橡胶护舷及连接件、起重轨联接件。欢迎新老客户光临，指导与合作。

联系人：方向明　13807232141

电话：0714-5429299　5418945　传真：0714-5418945

地址：湖北省黄石市铁山区张之洞路　邮编：435006

## 四川绵阳长工机械销售有限公司

本公司成立于2000年，是“三一”牌全液压汽车起重机四川总代理及国内外各厂家汽车起重机代理；经销各型液压元件、油缸、泵、阀、锁及密封件、修理包、高压胶管等；专业维修各类工程机械设备的液压系统及气动液压系统和改装；货物运输、吊装及二手工程机械信息和租赁业务。

邮编：621000

电话：0816-2531123　联系人：涂敬　地址：四川省绵阳市西山南路3号

## 嘉兴菘庆电机有限公司

嘉兴菘庆电机有限公司成立于2006年。
是一家专业生产缝纫马达的厂家。
价格合理，质量保证。
欢迎新老客户来电洽谈业务。

联系人：刘安胜　电话：0573-84283288　84282530

地址：浙江省嘉兴市嘉善县魏塘镇施家北路505号　邮编：314000

# 诚信客户展示窗

## 常州市奥拓通风机制造有限公司

常州市奥拓通风机制造有限公司创建于1992年，以钣金件、船舶辅机、锅炉辅机、系列风机、拖拉机配件，机械制造等多方位产品。

我公司以“团结务实，开拓创新”为企业精神。以质求胜、以诚待客为经营理念，造就了一大批高素质的员工。我们真诚的欢迎海内外各界朋友，前来参观考察、指导合作、共图大业！

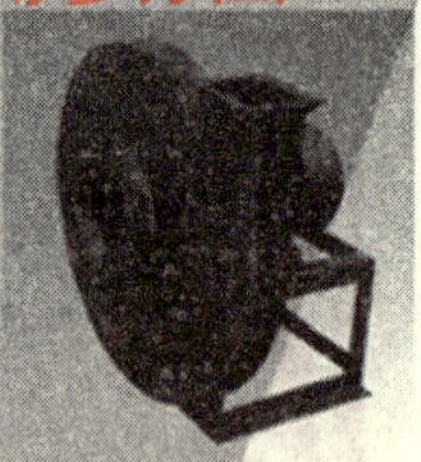

联系人：黄伟明 电话：0519-88520811 传真：0519-88520812
地址：江苏省常州市武进区洛阳镇岑村 邮编：213104

## 烟台三川模型有限公司

三川模型有限公司主要以木模制造为专业，多年来培育出一大批年轻的技术骨干队伍，是目前中国同行业的龙头。全年用于三菱、牧野、东芝等出口铸件的木模占80%以上，尤其擅长大中型和最复杂出口铸件的木模制作，如重型件、机床件、船件、汽缸体、汽缸盖等。公司以一流的产品，迅速的交货期，极具吸引力的价格，期待您的合作与支持。

联系人：蔡德友
Http:// www.diemaking.cn 电话/传真：0535-6529052
地址：山东省烟台市芝罘区只楚南路3号 E-mail: model06@163.com 邮编：264000

## 广州市海珠区 宏志五金制品厂

本公司成立于2003年，主要经营五金冲压，焊接，铁线工艺，焊钳制造，舞台灯箱，机箱，机柜等。

诚挚欢迎新老客户来料，来图加工订做，光临指导。

联系人：邹启良 电话：020-89230923
地址：广东省广州市海珠区南洲路118号之四 邮编：510000

# 诚信客户展示窗

## 定襄县金牛机械厂

公司在2000年初期建厂，经过不断开拓创新。现具有一定规模，年生产锻件铸件在千吨以上。为进一步开拓市场，公司决定在2005扩大规模及增加市场占有率，特开设外协部增加彼此合作。

公司本着质量第一信誉至上欢迎广大客户前来洽谈合作。

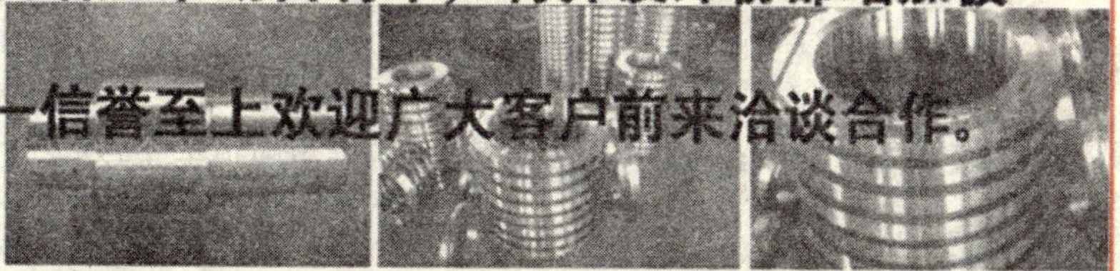

联系人：牛明俊　13513503785　电话：0350-6036077　6037716

传真：0350-6036077

地址：山西省定襄县晋昌镇待阳村工业区　邮编：035400

## 衡阳市豪云工程机械有限公司

衡阳市豪云工程机械有限公司成立于1998年，主要从事工程机械、运输机械的生产与销售。公司资金雄厚、技术力量齐备。拥有娴熟的技术，精密的生产设备及大量的优秀人才，可提供专业的品质，优良的产品，竭诚欢迎广大客户来电来人洽谈业务，共同发展！

电话：0734-8451732　8450140　联系人：陈进云

地址：湖南省衡阳市雁峰区黄白路27-2号　邮编：421008

## 河北恒运机床有限责任公司

本公司成立于2000年，是专业生产双端面磨床系列产品的生产厂家。主要产品有：M7635、M7650、M7660、M7675的贯穿式、圆盘式、往复式、等速差速、全液压、半液压、机械传动等系列双端面磨床及各个厂家各种双端面磨床配件。

科技自主创新、技术培训、服务到家是企业永恒的主题！质量和服务是我们的承诺，顾客的满意是我们的目标。

电话：0319-8595208　8593187　联系人：贺会元

地址：河北省邢台市临西县河西镇商业街镇政府东50米路北（原二机厂）

# 诚信客户展示窗

## 广西华源生物技术有限公司

本公司专业从事对医药、生命科学、生物技术的投资、经营资产管理，欧咪伽系列产品、华源健康会所系列产品。

欢迎来电咨询。

联系人：范双全

电话：0771-5524929 5532497

邮编：530000

地址：广西壮族自治区南宁市青秀区双拥路40-1号东方明珠1栋2905室

## 郑州飞龙医疗设备有限公司

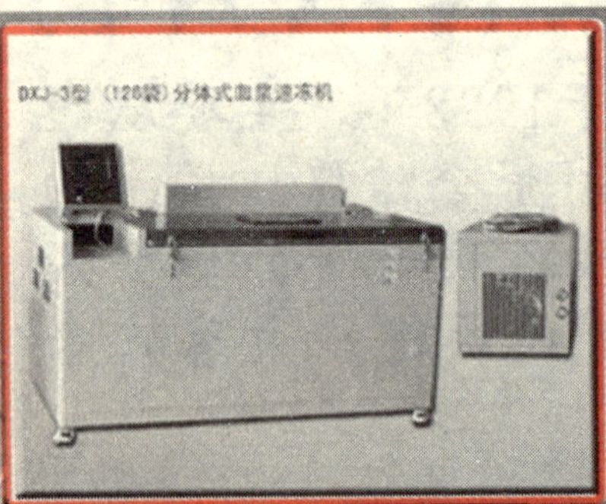

DXJ-3型（120袋）分体式血浆速冻机

本公司是一个集研发、生产、销售、经营采供血设备、疾病控制设备、卫生监督设备和医疗设备为一体的专业性公司。

本公司将以其丰富的产品、卓越的品质、先进的性能、可靠的质量、优质的售后服务、先进的现代化企业经营管理理念，将为您的需求做出至精至诚的贡献。

DXJ-4型（72袋）低温血浆速冻机机组　DXJ-4型（72袋）低温血浆速冻机

联系人：张新民

电话：0371-67896619

传真：0371-67896617

邮编：450001

地址：河南省郑州市高新技术开发区国槐街8号火炬大厦A1502室

## 中兴大药房

中兴大药房成立于2001年3月28日。自成立以来，公司以依法经营、质量第一、诚信服务、亲民、为民、利民、便民、不断进取，严格按照药品管理法等相关法律法规经营。

公司拥有职业药师，主治医师和知名中医专家、教授、药学相关专业的工作人员。员工以通过职业鉴定，并取得了《职业资格证书》。中兴大药房中国式管理讲诚信重合同，心系人民用药，负起自身职责。

联系人：王宁 15840909999

电话：0411-87877171 62326371

地址：辽宁省大连市金州区光明市场金湾路130-2号

邮编：116011

# 诚信客户展示窗

## 四川平祥药业有限公司

本公司主要加工销售中药材、中成药、中药饮片、化学药剂、抗生素、生化药品、血液制剂、医疗器械等。

电话：0816-8222252　联系人：梁安旭

地址：四川省绵阳市梓潼县文昌镇五丁路北段333号　邮编：622150

## 长治市百汇医教咨询服务有限公司

长治市百汇医教咨询服务有限公司成立于2000年，专业经营医疗设备、诊断试剂、齿科材料、家庭医疗用品。我公司本着“汇百家精品，保百家满意”的宗旨。欢迎新老客户光临、惠顾！

电话：0355-3010953　联系人：秦裕好

地址：山西省长治市延安南路57号　邮编：046000

## 三明市荆汕医药有限责任公司

本公司成立于2006年，主要销售销售中成药，中药材，中药饮片，化学药制剂，抗生素制剂，生化药品，生物制品。

公司以“放心的药品，满意的服务”质量方针为宗旨，同时与全国各地医药界紧密合作谋求共同发展。

联系人：曾美忠

电话：0598-8397699　8397566　传真：0598-8397588

地址：福建省三明市新市南路204号　邮编：365001

# 诚信客户展示窗

## 武汉康明大药房有限责任公司

本公司成立于2008年。

主要经营药品零售。

康明医药始终秉承“振兴民族医药，共建健康社会”的使命，“驰骋中华，健康众生”的企业精神，“质量第一，诚信经营”的质量方针，真诚为每一位顾客实现优质、文明、和谐的购药服务。

联系人：黄亚明　电话：027-83340203

地址：湖北省武汉市桥口区操场角1-10号　邮编：430000

## 和田天力沙生药物开发有限责任公司

公司主要从事誉为“沙漠人参”的管花肉苁蓉的科研、种植、加工、销售及进出口业务，主导产品-管花肉苁蓉系列产品，通过中绿华夏有机食品认证中心有机食品AA绿色食品认证，产品远销日本、韩国、加拿大、德国等国家及台湾地区，公司将继续保持提供高标准、高质量、高安全性的管花肉苁蓉产品为理念服务客户。

联系人：王新意　Tel:0903-6816677 6818777　传真：0903-6816577

地址：新疆于田县新城路41号　邮编：848400

## 亳州市药材总公司 中药采购供应站

亳州市药材总公司中药采购供应站从事中药材购销。

欢迎新老客户来电洽谈业务。

13905689825

联系人：汪明

电话：0558-5115089　邮编：236800

地址：安徽省亳州市中药材交易中心（二期工程9栋2号）

# 诚信客户展示窗

## 广州市共立电气自动化设备有限公司

本公司是一家专业从事综合布线、安防、智能化工程的企业，公司成立以来，先后在广东省各地承建了网络综合布线、监控工程等工程，在工程质量和售后服务等方面得到了客户的高度评价和充分肯定。

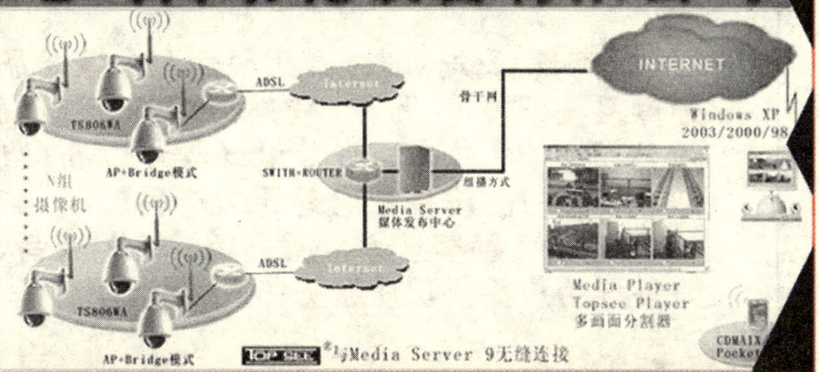


联系人：欧万福 电话：020-82394006 网址：www.okonli.com

地址：广东省广州市黄埔区丰乐北路180号二楼 邮编：510700

## 锦红通信器材设备有限公司

锦红通信器材设备有限公司成立于2001年，主要从事终端产品销售及维修、数码产品的销售。

质量保证，价格合理，热忱欢迎广大新老客户光临惠顾！

联系人：吴培元 13621555855

电话：0512-57223802 57940739

地址：江苏省昆山市锦溪镇长寿路中心街 邮编：215324

## 广州市克金安防有限公司

广州市克金商贸有限公司成立于2004年，是克金安全技术(广州)有限公司下属公司，主要从事安检门、金属探测器、X光安检机等安防器材的生产与销售。

产品"克"在我心，品质精益求"金"，热忱欢迎广大新老客户来我公司洽谈业务，共同发展！

联系人：黄后林

电话：020-61087152 61087153 61087159

地址：广东省广州市天河软件园广海大厦海天楼1907 邮编：510665

# 诚信客户展示窗

# 诚信客户展示窗

网址：www.hbhlc.com

## 湖北合力专用汽车制造有限公司

本公司是国家定点专用汽车改装企业。主要产品有东风、解放系列油罐车、洒水车、垃圾车、吸污车、粉粒物料车、水泥搅拌车、随车吊、消防车、高空作业车、半挂车、自卸车、道路检测车等多个系列品种。

产品实行三包，“合众人之力，谋共同发展”，欢迎广大用户来人来电选购订购。

联系人：徐希斌

13308665938　电话：0722-3330095

地址：湖北省随州市北郊星光工业园1号　邮编：441300

## 無錫市三本運輸有限公司

无锡市三本运输有限公司为客户提供专业的运输服务。

本着以“诚信为本，服务为本，安全为本”的经营理念，欢迎新老客户来电来函洽谈业务！

联系人：冯天风

电话：0510-88205473　88151805

地址：江苏省无锡市新区梅村新洲路206号东方物流中心　邮编：214101

## 柘城县鑫源汽车贸易有限公司

我公司成立于2006年。

从事汽车销售、汽车维修及售后服务、还代办入户服务。

我公司坚持以一流的服务品质为宗旨。

竭诚为广大客户服务。

联系人：朱向阳　电话：0370-7297966

地址：河南省商丘市柘城县北环路东段　邮编：476000

# 诚信客户展示窗

## 沈阳市勇豪物流有限公司

本公司创建于2006年，先进的办公设施，拥有车库、库房、仓储、便于存放各种货物及运输车辆。

本公司自成立以来，以“诚信+诚心”为公司准则，真诚的为客户提供方便、快捷、安全的运输服务。

联系人：陈乃叶　电话：024-8989555

地址：辽宁省沈阳市于洪区大潘镇小潘市场　邮编：110143

## 苏州由由丰田汽车销售服务有限公司

本公司成立于2004年7月，是经一汽丰田授权的丰田汽车4S店，集整车销售、售后维修服务、零配件供应及信息反馈于一体。服务中心有经验丰富的技术人员接待客户，维修车间拥有全套的丰田原厂技术资料，配备符合丰田汽车维修的当今最先进的汽车检测、维修设备及完善的网络管理。能快速地、保质保量地为客户解决问题。

网址：www.youyoutoyota.com

联系人：谢建宏

电话：0512-66620588

地址：江苏省苏州高新区塔园路388号（塔园路往北到底）　邮编：215000

## 上海月川速递有限公司

本公司是集航空货运，特快速递为一体，专业从事国内、国际航空服务的货运公司，可以为客户提供包装、仓储、航空货物运输、航空急件快递、上门提货、国内派送、代收到付款等多种服务。

本着以“客户为尊，精益求精，追求完美”为宗旨，立志为客户提供全方位的服务。

联系人：戴修华

13816804628　电话：021-54490391

地址：上海市闵行区沪青平公路1207号　邮编：200335

交通行业运输物流

# 诚信客户展示窗

## 南通美利昌通宝船务有限公司

南通美利昌通宝船务有限公司成立于2005年，从事海洋工程为主的国内外船舶制造，质量求生存、信誉求发展，欢迎新老客户来电洽谈业务！

电话：0513-87680876　87688199　87686123

联系人：朱建华

地址：江苏省南通市如皋市长江镇通江路306号　邮编：226500

## 芜湖市建鑫汽车零部件有限责任公司

本公司是一家以汽车零部件、汽车模具设计制造及家用电器部件制造为主的中型民营高新技术企业。

公司竭诚为海内外新老客户提供满意的服务，同时也真诚邀请有识之士加盟，为各路英才提供崭新的个人发展空间，与企业共同成长。

联系人：奚茂峰　13605538579　电话：0553-6278918

网址：www.whjianxin.com　电邮：jx888@whjianxin.com

地址：安徽省芜湖市南陵县许镇工业园　邮编：241000

## 敦煌市天鑫修理服务有限公司

敦煌市天鑫修理服务有限公司成立于2002年。

主要从事于汽车修理、钣金喷漆。

欢迎新老客户光临、惠顾！

联系人：贺天新

电话：0937-8833768　13830701519

地址：甘肃省酒泉地区敦煌市滨河路北口　邮编：736200

# 诚信客户展示窗

## 绍兴市清和物流有限公司

本公司成立于1998年，专业从事国际物流运输，多年的工作经验，为您提供满意的服务，欢迎海内外客商来电来函洽谈业务！

联系人：于继林

电话：0575-84518818　84518817

地址：浙江省绍兴市绍兴县钱清镇清风村　　邮编：312000

## 上海咏联水域工程有限公司

本公司成立于1999年，公司主要业务：船舶工程、船舶装饰装潢、船舶配件销售。

以信誉求发展，热忱欢迎新老客户来电洽谈业务！

联系人：汤伯明　　电话：021-58210930　58514149

地址：上海市浦东区浦东大道2236弄74号申佳宾馆3号楼　　邮编：200135

## 十堰市瑞达联贸工业有限公司

本公司成立于1999年，专业从事东风汽车电器专业配套产品的生产与销售。公司拥有雄厚的技术力量和先进的工艺设备，以及完善的检测手段，以稳定的品质，卓越的服务在业界享有良好声誉！通过ISO9001：2000质量管理体系认证。

电话：0719-8316573　8302276　　联系人：程登宝

地址：湖北省十堰市高新技术开发区汽配城振洋B区三栋1034号

# 诚信客户展示窗

## 临沂绿家运输有限公司

临沂运输为客户提供快捷、准确的货运信息，根据所需车型合理配置，大大降低企业运输成本，同时还提供保险服务，为您解除后顾之忧，欢迎各地新旧车辆转入我公司挂户，并为挂户车辆免费提供货运信息。

联系人：马绿家 15318562345 电话：0539-8467333 8467000

地址：山东省临沂市罗庄区盛庄办事处花埠圈村东首 邮编：276017

## 上海猷猷物流有限公司

本公司是一家经上海道路运输管理处批准，工商部门审核的合法运输机构。专业受理上海至全国各地的整车，零担往返运输业务。拥有专业的运输车队，完善的运输管理系统和专业的运输管理人员，24小时全天候为你服务，望各界新老客户多多指导，随时可以拨打我公司电话资讯，相信通过我们的努力今后的合作一定会非常愉快！

联系人：曾积光 13122527879

电话：021-54405467 54407991 传真：021-54407991

地址：上海市闵行区都市路1800弄29号601 邮编：201108

## 温州市新正龙货物运输有限公司

我公司主要从事于浙江温州至广东特快业务(运输)。以诚待人、客户至上、质量第一、快捷服务是我们的经营宗旨。

欢迎新老客户光临惠顾！

联系人：陈招娣

电话：0577-88613238 86926717

邮编：325000

地址：浙江省温州市温金大道六虹桥路西1号新正龙货运公司

# 诚信客户展示窗

## 北京川斯博交通技術開發中心武漢二分部

北京川斯博交通技术开发中心武汉二分部成立于2005年，主要从事交通能源技术开发，商务信息咨询，建设工程项目中介及咨询，企业投资项目的策划及咨询，建筑材料，日用百货，家用电器，机械设备销售，融资、引资、投资等。

联系人：剧春生
电话：027-82810663
邮编：430000
地址：湖北省武汉市江岸区球场街红艳社区147号5楼

## 河南省孟州市汽车运输公司

河南省孟州市汽车运输公司成立于1998年，主要经营从事国内运输，货物配送，集装箱运输，大件货运输业务。

公司拥有一流的业务团队，为您提供一流的服务。欢迎新老客户来电洽谈业务！

联系人：刘世强
电话：0391-8192543 13703898902
传真：0391-8162356
地址：河南省焦作市孟州市韩愈大街西段
邮编：454750

联系人：肖文生 电话：0716-5341089 5342089

公安县鸿基铸造有限公司是一家专业生产各型汽车的大、中、小型制动毂的公司。

价格合理，质量保证，欢迎新老客户来电咨询订购！

## 公安县鸿基铸造有限公司

地址：湖北省荆州市公安县麻豪口镇 邮编：434304

# 诚信客户展示窗

# 诚信客户展示窗

## 长沙县振雄汽车货运有限公司

长沙县振雄汽车货运有限公司成立于2006年，主要从事于货物运输。

为广大客户提供“方便、快捷、安全、高效”的服务。

电话：0731-5451146　联系人：周红兴

地址：湖南省长沙市长沙县黄兴镇金凤村　邮编：410007

## 昆明邦安汽車維修有限公司

昆明邦安汽车维修有限公司成立于2006年。

从事汽车维修及汽车配件销售，矿产品经营。

公司坚持“以人为本、以诚为信”。

竭诚为广大客户服务。

联系人：袁宏飞　电话：0871-8390500

地址：云南省昆明市五华区西郊王家桥王海公路1.5公里处　邮编：650000

## 江西海达国际货运代理有限公司

江西海达国际货运代理有限公司专业从事国际货运代理。

多年以来，公司以诚信为本，秉持“服务客户，合作发展”的理念，满足客户的需求。

电话：0791-3887776 3887778 3867850

邮编：330000

地址：江西省南昌市经济开发区白水湖工业园港口大道588号

# 诚信客户展示窗

## 上海琦玮货物运输代理有限公司

我公司成立于2005年，主要从事上海-江苏、浙江、安徽等长三角地区的货物集装箱运输。

我公司坚持以“优质、高效、便捷、周到”的服务宗旨竭诚为广大客户服务。

联系人：韩光荣

电话：021-68507654 13122499670

地址：上海市宝山区长江路68弄7号楼501 邮编：200135

## 柳州市奥源汽车零部件有限公司

联系人：吴永星
13978000750

我公司成立于2002年，主要生产汽车座椅，方向盘，汽车内、外装饰件，玻璃钢覆盖件，汽车吸塑，注塑产品等产品。

以质量求生存，以信誉求发展，热忱欢迎广大新老客户来电来人洽谈业务，共同合作！

电邮：md2189853@163.com

电话：0772-3591158 3591195 邮编：515006

地址：广西壮族自治区柳州市阳和工业新区工业园阳和中路C-3-1

## 巨鹿县龙华铁路配件厂

我公司创办于1998年，主要产品有1：各种橡胶制品，油封，O型圈，Y型圈，J型V型A组合油封，胶管，减震垫，组合垫，三角带，风扇带，空调带，橡胶杂件等。2：压注类，尼龙，塑料，聚氨酯，聚四氟乙烯，胶木，树木胶，石墨，凡布件等。3：冲压件，机件，各种铜，铁，铝件，垫片，钢纸，石棉，牛皮垫，气缸垫，软轴线，滤芯，水堵，发动机垫等。另外，还可根据用户要求进行各种配件加工。

我公司拥有国内外最先进的技术和设备，产品与国内外二十多家用户配套，产品已经走出国门"

联系人：李广顺 13732930299 电话：0319-4368188

地址：河北省邢台市巨鹿县后塔口 邮编：055250

# 诚信客户展示窗

## 重庆市忠德锻压有限公司

重庆市忠德锻压有限公司成立于1994年，是集锻压、机加为一体的汽车、摩托车配件生产企业。

地处巴南金竹工业园区，质量可靠、服务周到，欢迎新老朋友光临惠顾。

联系人：高健
15823139231

电话：023-66231816　66236980
传真：023-66238266
邮编：401320
地址：重庆市巴南区金竹工业园区

## 青岛武船重工有限公司

我公司成立于2006年。

从事于船舶设计、制造、维修，海洋石油钻井、开发、平台建造、大型机电设备设计、制造、维修、大型钢结构桥梁制造。

欢迎新老客户光临惠顾！

联系人：陶伟
13971005241

电话：0532-86755001

地址：山东省青岛市经济技术开发区金沙滩168号瓦屋庄对面　邮编：266555

## 昆明箫湘士物流有限公司

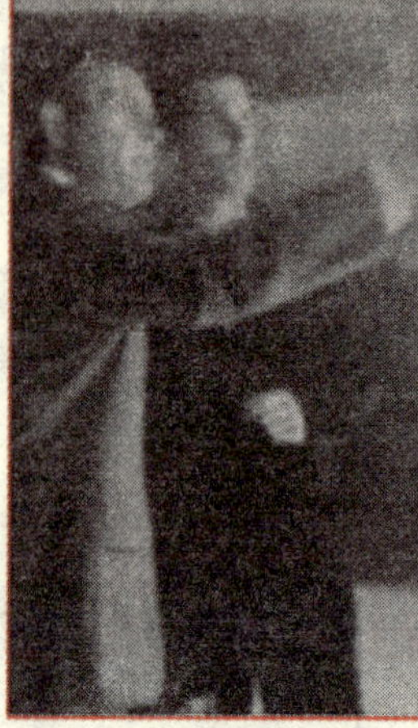

本公司专业从事物流运输业服务。公司坚持以诚为本、以诚为信的宗旨为广大客户服务。

联系人：谢小彬 13608847185
电话：0871-4582169　邮编：650000
地址：云南省昆明市西山区前卫镇二庄村精诚物流3幢50号

# 诚信客户展示窗

## 淄博老于物流有限公司

淄博老于物流有限公司专业从事福建专线普通货运，专车专线、安全快捷。

公司一贯服务宗旨“客户至上”，真诚与您合作发展，共启美好前程！

联系人：于中政

电话：0533-2909677 2909367 2905555

地址：山东省淄博市张店区西十路南段鸿运物流园21号大仓库 邮编：255000

## 杭州星马汽车销售有限公司

本公司成立2006年。
主要销售工程车系列（搅拌车、混凝土专用车等）。
欢迎新老客户光临惠顾！

联系人：陈治麟

电话：0571-8663180 82220678

地址：浙江省杭州市滨江区浦沿街道龙山化工厂对面 邮编：321158

## 通辽粤海船务有限公司

本公司成立于2004年，主要从事船务运输。
公司本着“信誉第一、顾客至上”的服务宗旨。
竭诚为广大客户最快捷的服务！

电话：0335-8811148
3699678

联系人：陈立

地址：河北省秦皇岛市海港区滨海城57幢3单元6号 邮编：066002

# 诚信客户展示窗

## 浙江德清新源科技有限公司 杭州分公司

本公司专业从事太阳能供电系统及其应用产品、LED灯，太阳能路灯控制器，太阳能路灯及装饰灯、电子产品、指纹锁、电子锁、航海仪表研发；生产销售太阳能路灯及多媒体工程设计安装。

“以质量求生存、信誉求发展”，竭诚欢迎有意之士与我们携手合作，共创美好未来！

联系人：严根松 13805798155 电话：0571-88076376
地址：浙江省杭州市拱墅区景园路22号306室 邮编：310010

## 西藏晓春实业有限公司

西藏晓春实业有限公司成立于2006年。

专业从事电子监控、防盗报警、LED显示屏、消防工程、综合布线。

欢迎广大新老客户光临惠顾。

聯系人：李坤 电话：0891-6833637 6706777
地址：西藏自治区拉萨市民族中路3号拉萨饭店生活区C2-3号 邮编：850008

## 深圳市鑫盛辉电子有限公司

网址：www.szxsh.com

本公司成立于2003年，主要从事于电脑连接器、手机连接器的生产与销售。

公司以“质量求生存、信誉求发展”，欢迎广大用户光临惠顾！

联系人：姚玲
13828744928
电邮：wgs_919@163.com
电话：0755-61501895 传真：0755-61501896 邮编：518103
地址：广东省深圳市宝安区福永街道和平社区蓝天科技工业区第3栋第4层北侧

# 诚信客户展示窗

## 吉安市木林森电子科技有限公司

吉安市木林森电子科技有限公司是一家集研发、制造、销售LED的民营高科技企业，以研发、制造、倡导新型节能LED光电器件为导向，不断技术创新，是21世纪光电器件发展方向的先进代表之一。

联系人：张建军 13907967988
电话：0796-8402988 8402998
网址：www.jianmls.com
电邮：sirzhang888@126.com
地址：江西省吉安市高新技术开发区君山大道 邮编：343100

## 东莞市樟木头冠鑫机械电子经营部

东莞市樟木头冠鑫机械电子经营部成立于2005年，主要经营机械配件、防静电耗材、净化工程。

欢迎新老客户光临、惠顾！

联系人：曾望平
电话：0769-87797378 传真：0769-87798876
地址：广东省东莞市樟木头镇东深大道宝山56号1楼 邮编：523000

## 南阳市卧龙区家乐汽车电器销售部

南阳市卧龙区家乐汽车电器销售部主要销售起动机、发电机、电瓶空调及各种进口国产小件电器。

欢迎新老客户光临惠顾！

联系人：田广山 13700770745 电话：0377-63895088 63068957
地址：河南省南阳市汽配市场东区7栋6-7号 邮编：473000

▲电器仪器仪表▼

# 诚信客户展示窗

## 武汉市江汉区汉森电子经营部

武汉市江汉区汉森电子经营部主要生产面板、标牌、印刷电路板、电子电器及配件，可以根据客户的要求来生产。

坚持以良好的信用，可靠的质量，竭诚欢迎新老客户来电垂询，洽谈合作。

电话：027-82846040 85860301

联系人：吴泽林 13971224525 邮编：430020

地址：湖北省武汉市江汉区前进四路电子电器交易市场2号楼2楼4号

## 江苏绿扬电子仪器集团有限公司

江苏绿扬电子仪器集团有限公司成立于1970年。生产电子测量仪器、铁路电器、电子监控、广播电视测量仪器。

欢迎来电合作，共创美好明天！

联系人：邓兴华

电话：0511-88392040 88392008

地址：江苏省扬中市绿扬路88号 邮编：212200

## 深圳珑坤科技有限公司

本公司成立于2005年，是一家以生产批量、样板及快板PCB为主的高科技企业，并于2006年12月通过ISO9001、ISO2000品质管理体系认证。公司位于深圳市松岗红星村森瑞工业区，拥有近3000平方米的生产厂房，具备制造2-10层的高多层、HDI、埋/盲孔、高频、高Tg、厚铜、铝基板等各种电路板工艺能力，目前月产PCB样板、快板数千款3000多平方米。

联系人：曾仁 13603029751

电话：0755-29718755 29718158

网址：www.lkpcb.com

电邮：longkunpcb@163.com

地址：广东深圳市宝安区松岗红星村森瑞工业园 邮编：518105

# 诚信客户展示窗

## 东莞市石碣孚星电子元件经营部

东莞市石碣孚星电子元件经营部成立于2000年，专业研发、设计、生产：高低频变压器、磁环滤波器、电感线圈及变压器辅助材料硅钢片等。

供贷准时，价格合理，可提供免费技术服务。公司以良好的信誉和雄厚的技术力量为客户提供最好、最廉价的产品。

愿与您携手合作，再创佳绩。

联系人：付光罗

电话/传真：0769-86302086

网址：www.mtw27418.chinapyp.com

地址：广东省东莞市石碣镇四甲榴洲工业区　邮编：523297

## 玉林市日宏照明电器厂

本公司成立于2004年。

主要生产销售路灯，庭院灯，太阳能路灯，太阳能庭院灯，草坪灯，小型风力发电设备。

热忱欢迎新老客户光临惠顾！

联系人：李日雄

电话：0775-3897363　13877508139

电邮：3897363@163.com

地址：广西壮族自治区玉林市云良路15号

邮编：537000

## 常州市江南活塞环有限公司

江南活塞环有限公司系生产各类活塞环的专业厂家。本公司生产的活塞环，是国家定点系列产品压缩机、注塑机、打 机、制糖机、气泵、液压泵、油压面、气锤、船用柴油机等产品中活塞式往复机构的基本元件之一，同时也承制各类进口设备及自制设备的非标配套活塞环。

联系人：周柏良

电话：0519-88781348

地址：江苏省常州市武进区横林镇江村工业园　邮编：213101

电器仪器仪表

# 诚信客户展示窗

## 广州市巨鑫电子有限公司

本公司集科研、开发、生产、经营、销售于一身综合性中外合资企业。我们拥有一批技术优良的优秀人才，十多年来，我们不断吸取经验、不断完善我们的服务和管理，坚持以追求创新，诚信为本，质量第一，服务于大家的原则，为广大客户提供了大量性能良好的机台。为大家创造了巨大的财富，我们时刻注意着电玩的最新发展前景。适时为大家研制出及于所需的产品，以最大的努力满足广大客户的需求。

联系人：侯光献

电话：020-34804935　13316182259

地址：广东省广州市番禺区迎宾路258号之42　邮编：511400

## 盐城市华夏电气实业有限公司

盐城市华夏电气实业有限公司创建于1997年，主要从事电气安装、物资供销、电气设计、物业管理、贸易等综合型公司。

竭诚欢迎新老客户来电洽谈业务！

电话：0515-88586318

地址：江苏省盐城市亭湖区开放大道65号　邮编：224000

## 精实德科技（深圳）有限公司

精实德科技（深圳）有限公司为FFC/FPC扁平电缆连接器、板板连接器、条形连接器光头配件及各类线束专业制造商，从模具的自行设计开发、产品生产及销售一条龙服务，产品类型齐全，规格精密，品质可靠且稳定，竭诚欢迎国内外新老客户光临惠顾、洽谈合作，我司将以优良的品质、公平的价格、准时的交期为您提供满意的服务！

电话：0755-27990687　手机：13926545616　联系人：万岩义

地址：广东省深圳市观澜镇大布巷布新路145号　邮编：518110

# 诚信客户展示窗

## 深圳美易达电子设备公司

本公司成立于1993年，是专业从事工业自动化设备及各种生产设备的资深制造企业。产品包括：电子设备组装线、波峰焊、输送线、插件线、各种流水装配线、柜式/隧道式烘炉、大型烘干固化炉、收缩包装机、静电喷涂、整厂涂装设备及切脚机、磨刀机、锡炉、发泡炉等电子设备。

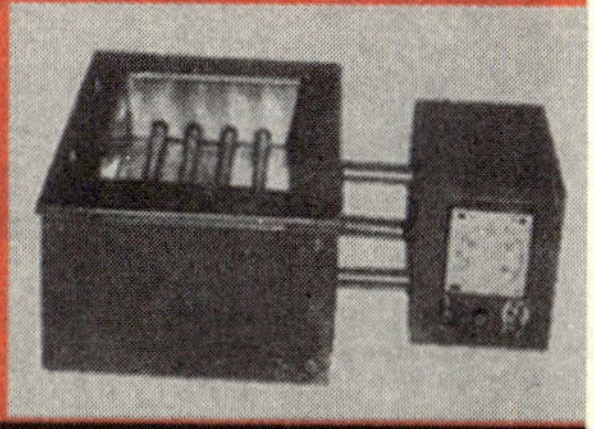

电话：0769-88492651 81593702

传真：0769-88492652

联系人：张俊明

地址：广东省东莞市石龙镇国际电子城2010-2011室　邮编：518100

## 太仓市直塘涔发电器厂

太仓市直塘涔发电器厂成立于2001年，是一家专业生产低频变压器、高频变压器、滤波电感、磁棒电感、工型电感为一体的私营企业。

本企业本着以专求精，以精求益的精神为广大客户服务。涔发电器系列产品以其卓越的性能，合理的价格创新的外观，优良的售后服务，赢得广大客户的青睐。

联系人：缪建明

电话：0512-53257158

地址：江苏省太仓市沙溪镇直塘米中村　邮编：215400

## 常州炳杰电子元件厂

常州炳杰电子元件厂成立于2003年，主要从事电子元件，塑料制品，注塑制品，电子变压器外壳，模具（塑料）制造加工。

电话：0519-83631186　联系人：查炳芳

地址：江苏省常州市西郊武进区邹区会邻西路36号　邮编：213000

▲电器仪器仪表▼

# 诚信客户展示窗

# 诚信客户展示窗

# 诚信客户展示窗

Jtech 晶泰晶体

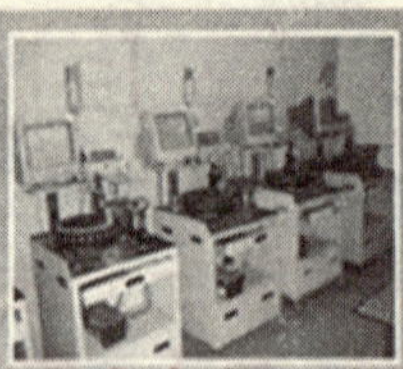

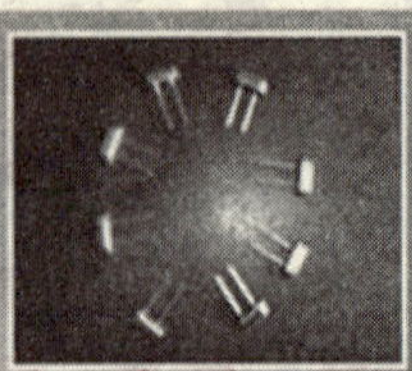

连云港市晶泰电子有限公司是一家新型的电子元件生产企业，主要产品包括：军用晶体、商用晶体、微处理器用晶体、滤波器及多功能振荡器，外型有：UM-1、UM-5、⌀2*6、⌀3*8、HC-49US、HC-49T、HC-49U等；产品广泛应用于各类通讯产品、电器、电脑及其周边产品、汽车电子产品、监控系统等。

我公司愿与广大客商共同合作、共谋发展、不断提高新技术、共同开发新产品。

## 连云港市晶泰电子有限公司

联系人：韩学松　电话：0518-85218890　85218358

地址：江苏省连云港市海州区江化北路31号　邮编：222023

## 寮步韦尚灯饰配件厂

寮步韦尚灯饰配件厂成立于2004年，生产灯饰配件，其它各种配件，各种灯头及配线，欢迎新老客户来电洽谈业务！

电话：0769-83230458　83282060　联系人：张志庆

地址：广东省东莞市寮步镇石龙坑金龙西区12号　邮编：523428

## 福州宏英实业有限公司

福州宏英实业有限公司成立于2006年。

生产电子产品、塑料制品。

您的满意是我们的追求。

欢迎新老客户来电洽谈业务！

联系人：林秋英

电话：0591-83513913　13509351689

地址：福建省福州市仓山区盖山镇天水村　邮编：350000

# 诚信客户展示窗

## 秦皇岛市盛卓基帐篷有限公司

联系人：孙晓梅 13933627085

秦皇岛市盛卓基帐篷有限公司是一家集生产加工、经销批发的有限责任公司，帐篷(行军床、背囊)、帆布、睡袋、行军床、遮阳篷、炮衣、装具、水壶、气垫是我公司的主营产品。

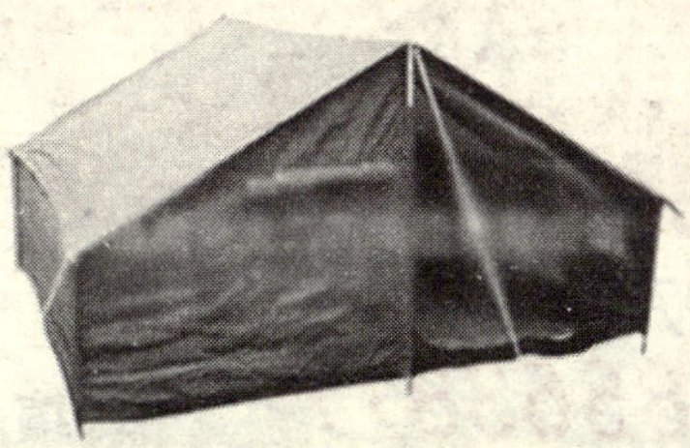

本公司是一家经国家相关部门批准注册的企业。公司以雄厚的实力、合理的价格、优良的服务与多家企业建立了长期的合作关系。热忱欢迎各界前来参观、考察、洽谈业务。

电话：0335-3188177 3188877

地址：河北省秦皇岛市海港区中心庄 邮编：066000

## 中山市晟泰金属制品有限公司

本公司成立于2005年，主要从事家具、五金配件的生产与销售。

以质量求生存，以信誉求发展，竭诚欢迎新老客户来电洽谈业务！

联系人：戴贵阳 13928177889

电话：0760-22626263 22628866

地址：广东省中山市东凤镇同乐工业园二路 邮编：528425

## 吴县市明仕阁古典家具艺术品厂

吴县市明仕阁古典家具艺术品厂专业从事**古典家具生产销售**。

品味生活，品味人生。

欢迎新老客户来电洽谈业务！

联系人：史忠明 电话：0512-66953299

地址：江苏省苏州市吴中区香山街道舟山村 邮编：215100

# 诚信客户展示窗

## 景德镇天兴特陶有限公司

本公司是一家以生产、经营滑石瓷、氧化铝工业陶瓷的专业厂家。产品广泛用于军事、民用、如电子工业、机械、轻纺、化工、石油、冶金、仪表、航空等领域，并可根据用户要求生产各种几何形状的结构陶瓷零件。产品远销欧美及东南亚国家。

联系人：邓元香　13979810726
电话：0798-8563878　8563877
邮编：333000
地址：江西省景德镇市竞城镇青塘村李家12号

## 莆田市庄严苑工艺品有限公司

莆田市庄严苑工艺品有限公司成立于2006年，主要从事佛教工艺品生产销售。品种新颖，价格合理。欢迎新老客户光临惠顾！

联系人：王剑涯
电话：0594-2076777　2075777
地址：福建省莆田市城厢区华林工业经济工发区

## 镇江市丹徒区华利制刷厂

本公司成立于2003年，主要生产各种型号油漆刷、滚筒刷、羊毛刷、排笔，年刷具生产能力100万打，产品远销欧美、澳、亚等许多国家和地区。我们将以优良的产品质量和卓著的企业信誉真诚的奉献给海内外广大客户。

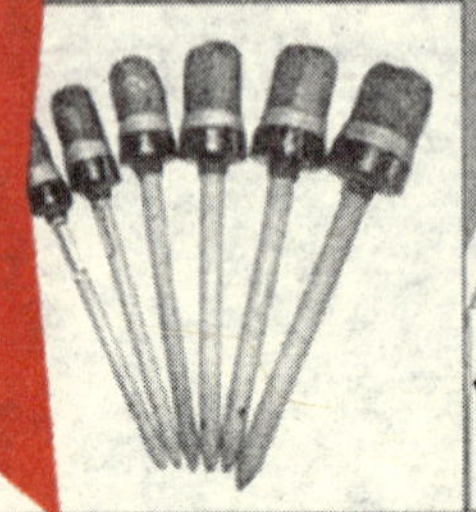

联系人：江义华　13003441221
电话：0511-84565209
传真：0511-84565249
地址：江苏省镇江市丹徒区谷阳镇三山辛三路
网址：www.hlbrushes.com
电邮：sales@hlbrushes.com
邮编：212143

# 诚信客户展示窗

## 南通良品不锈钢有限公司

本公司始创于2000年，主要生产经营不锈钢厨房设备及相关的酒店制品和超市物业配套用品，专业从事设计、制造、安装、维修各类宾馆、酒楼、单位、食堂、厨房设备及冷库设备系统工程，代理世界各国名牌厨房设备。如万利多（Manitowoc）制冰机、温特豪德（Winterhalter）洗碗机、新力士（Sunnex）自助餐炉、万能蒸烤箱（Rational）、三能器具、“金城”制冷冰箱系列。

联系人：陆建忠 13806291265 电话：0513-85667088
传真：0513-85670788 网址：www.ntliangpin.com
地址：江苏省南通市东方鑫乾大厦4号楼1701 邮编：226003

## 夏津县星蕾玩具厂

夏津县星蕾玩具厂自1994年成立，15年来一直从事毛绒玩具的生产。

我公司拥有一流的设计开发能力，产品热销国内外。竭诚欢迎海内外客户来电来人咨询、洽谈业务！

联系人：刘风荣 13706398925 电话：0534-3261666
邮编：253200 地址：山东省德州市夏津县银城街道办事处董沟村

## 梁平县鸿运烟花爆竹有限公司

本公司成立于2003年10月。
专业生产烟花爆竹。
以质量求生存、以信誉求发展。
欢迎新老客户来电洽谈业务！

联系人：敖林敏
电话：023-53410098 13983503569
地址：重庆市梁平县屏锦镇横梁村5组 邮编：405211

# 诚信客户展示窗

# 诚信客户展示窗

## 保定市脱颖钢木家具有限公司

衡阳市金重机械有限公司主要从事冶金设备、矿山设备的生产与销售。公司设备配套齐全，生产工艺先进，技术力量雄厚，检测试验完善，衷心感谢新老用户对本公司的厚爱，并热忱欢迎您莅临我公司参观指导！

电话：0312-5990598　5990610　　联系人：赵景深

地址：河北省保定市北市区百楼乡后营村　　邮编：371000

## 苏州市国泰金属制品有限公司

本公司是一家集金属办公家具设计、制造、销售于一体的企业。公司主要生产各种金属办公家具，如各型的文件柜、货架、陈列柜、图书架、密集柜等系列，生产各种款式的办公桌椅；钣金件焊接加工。

公司奉持“质量第一，信誉至上”的服务宗旨，我们将用一流的服务，优质的产品，优惠的价格竭诚为广大国内外新老客户服务！也欢迎前来定制洽谈！

联系人：吴建国

电话：0512-65483389　65712531

地址：江苏省苏州市相城区黄埭镇长泾村　　邮编：215143

## 南宁明亮转椅厂

南宁明亮转椅厂成立于2000年，多年来不断成长壮大，专业生产办公椅系列，网吧椅系列。

公司秉承“顾客至上，价格从优，质量保证”的经营理念，全力打造顾客需求和满意的办公家具！

联系人：余小平

电话：0771-4802826　13878876629

地址：广西省南宁市亭洪路67号　邮编：530031

# 诚信客户展示窗

## 苍山县香杉特丽思家俱有限公司

苍山县香杉特丽思家俱有限公司成立于2006年。从事沙发、床垫等家俱的生产与销售。欢迎新老客户来电洽谈业务。

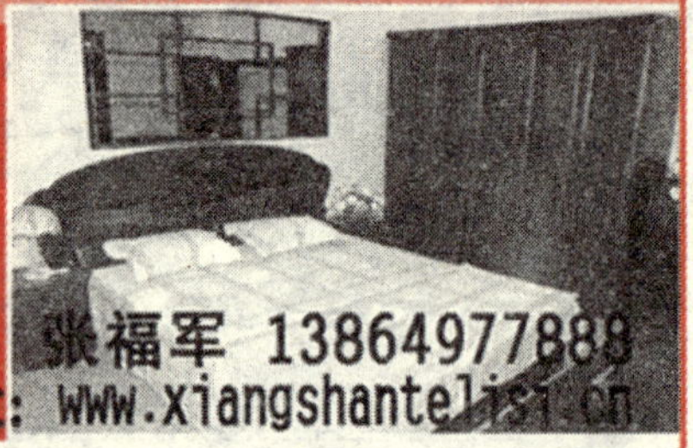

咨询电话：400-6187-900

电话：0539-5586768　5586986

联系人：张福军　13864977888

网址：www.xiangshantelisi.cn

地址：山东省临沂市苍山县兰陵镇北开发区　邮编：277731

## 遂宁市宝光特种玻璃有限公司

本公司成立于2006年，主要从事中空玻璃、钢化玻璃、夹胶玻璃的加工、生产与销售。

公司以先进的技术、精良的设备、科学的管理、过硬的产品服务市场，竭诚欢迎您的光临、指导！

联系人：孟梅　15828989678　电话/传真：0825-2333897

地址：四川省遂宁市开发区兴宁路　邮编：629000

## 宁波聚盛工艺品有限公司

宁波聚盛工艺品有限公司成立于2006年2月。主要生产工艺品、金属制品、橡胶、五金及五金工具的加工和制造。产品有烛台、火炉、风灯、相框等，为客户提供优质的产品和优良的服务。

联系人：徐曙东

电话：0574-88158208　88158206

地址：浙江省宁波市鄞州区集士港董家桥村　邮编：315000

# 诚信客户展示窗

## 德安县许仕家具床垫厂

本厂专业生产高、中、低档床垫，具备专业技术，引进日本先进床垫设备，通过国家商标局注册，经过技术监督局鉴定，符合国家A级标准。兼营沙发、席梦思材料批发、零售。质量第一，用户第一，欢迎新老顾客光临！

联系人：许世恩　　电话：0792-4361207

地址：江西省九江市德安县宝塔工业园西区厚德南路1号

## 淄博佳岳陶瓷有限公司

淄博佳岳陶瓷有限公司成立于2006年，专业生产陶瓷水晶、仿古地面砖。

我们将以一流的质量、一流的服务宗旨，竭诚为新老客户服务。

联系人：叶培华

电话：0533-2986986　13505331592

地址：山东省淄博市张店区山泉路中段　　邮编：255000

## 成都市凯美瑞家具有限公司

成都市凯美瑞家具有限公司是一家专注于家具设计、研发、生产与销售为一体的综合性企业。公司成立于2000年，主要产品为软床、沙发及床垫系列、床上用品系列、家具装饰品等。

公司秉承“诚信、创新、团结、发展”的企业精神；坚持“为客户创造价值、为员工谋求福利、为合作伙伴创造利润”的企业理念；奉行“顾客永远是对的”服务原则，为广大用户创造高品质家居生活的超值享受。

联系人：杨卫浩

电话/传真：028-82259110

地址：四川省崇州市崇平镇明珠工业园明珠路59号　　邮编：611230

# 诚信客户展示窗

## 宁夏金地煤业有限公司

本公司成立于2004年，主要生产各种规格的无烟洗精煤，烟煤，焦炭等。

以质量求生存，以信誉求发展。

热忱欢迎新老客户来电洽谈业务！

联系人：李亚男　电话：0952-3915129

地址：宁夏回族自治区石嘴山市平罗县西大滩　邮编：753402

## 南通市宇翔特种钢丝钢绳有限公司

本公司成立于1994年，是生产弹簧钢丝、合金钢丝及异型钢丝的专业厂家。

我公司将不断地更新观念，钻研开发，实行现代化综合管理，坚持“质量第一，信誉第一，服务第一”的宗旨，热忱欢迎中外客商惠顾合作！

电话：0513-85918851　85913888

联系人：李学其

地址：江苏省南通市开发区竹行镇　邮编：226016

## 蒙自银烁矿冶有限公司

蒙自银烁矿冶有限公司成立于2006年4月。

主要经营有色金属、矿产品、冶炼。

以质量求生存，信誉求发展。

欢迎新老客户来电洽谈业务！

联系人：周建华

13508830949　电话：0873-3144757

地址：云南省个旧市紫竹园小区29栋1-2　邮编：661000

# 诚信客户展示窗

# 诚信客户展示窗

# 诚信客户展示窗

## 开原鑫鑫矿业有限公司

本公司成立于2006年，是一家专业生产重质碳酸钙粉的公司。主要生产200目-600目普通重钙粉；800目-1250目超细重钙粉。产品主要适用于，乳胶专用粉、油漆专用粉、塑料制品专用粉、PVU板材专用粉、造纸专用粉、牙膏专用粉、胶黏剂专用粉、涂料专用粉、腻子专用粉、人造理石专用粉等化工行业。

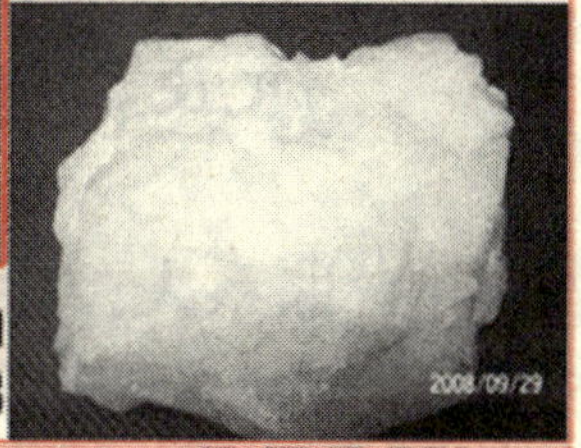

联系人：刘青山 13841053533
电话：0410-3821402 3211500
传真：0410-3821402
电邮：357742280@qq.com
地址：辽宁省铁岭市开原市八棵树镇
邮编：112308

## 广西华锡集团股份有限责任公司 来宾冶炼厂

本厂是国有特大型企业——广西华锡集团股份有限责任公司下属大型锡、铟、锌冶炼基地。主要产品：锡锭、锌锭、铟锭、锡铅焊料、锡基合金、白砷、锌粉、硫酸、硫酸锌等。本厂奉行重合同、守信誉原则，愿在平等互利的基础上与海内外公司、企业和个人发展经济、技术贸易关系。

联系人：伍世强 13907821552
电话：0772-6682220 6682000
地址：广西来宾市兴宾区大桥路2000号 邮编：546115

## 湖南金田锌业有限公司

本公司成立于2005年9月，主要从事：硫酸锌、氧化锌、镉、铁、铅、锌、铜的收购、生产、加工、销售；铋、铟的销售；含金、银的原材料收购和销售。公司的方针是："为国家节约宝贵资源，为用户提供满意产品"；诚信为本、质量唯上、最佳服务、走规模经济之路，创最佳规模效益。

电话：0733-5693456 5694898 8693888 联系人：谭松柏
地址：湖南省株洲市茶陵县平水镇金田工业园 邮编：412400

# 诚信客户展示窗

## 桃江县精细锑化有限公司

桃江县精细锑化有限公司成立于2002年，主要从事三氧化二锑的生产与销售。

公司坚持“互惠互利、诚信共赢”的经营理念，本着“精益求精、追求卓越”的服务精神，和您共创美好未来。

联系人：徐健　电话：0737-8815083　8116789

地址：湖南省益阳市桃江县灰山港镇向阳花开发区　邮编：412414

## 唐山丰润区宏旺炉料有限公司

本公司成立于2005年。

主要生产销售冶金材料、定型和不定型耐火材料。

欢迎新老客户来电洽谈业务！

联系人：贾贵保

电话：0315-5590246　13930587357

地址：河北省唐山市丰润区火石营镇五凤头村南　邮编：063000

## 潜江市火皇高科材料有限公司

本公司国家一级企业。公司以江钴股份公司配套生产金属钴粉为专业，全套引进美国休斯工具公司生产技术。公司具备高精度质检仪器。公司生产的高纯度超细金属钴粉是湖北省名优特新产品获金奖，生产技术获中石化江汉局科技进步三等奖。我公司将以不断创新的产品和无以伦比的服务，最大限度地满足国内外客商及潜在的需求。用户满意是我们永恒的追求。欢迎与我公司联系！

联系人：万方勇

电话：0728-6518484　13707228238

地址：湖北省潜江市广华前进路　邮编：433124

# 诚信客户展示窗

## 吉首市汇锋矿业有限责任公司

本公司成立于2002年，主要从事钒铁合金的冶炼。我公司设备齐全，技术力量雄厚，坚持以科技创新为重点，以质量信誉为生命的经营理念，使公司不断发展和壮大。现已形成集科研生产一体化，经营管理规范化，产品生产专业化，销售服务网络化，产品质量一统化的先进管理体系和现代企业格局。竭诚欢迎广大客户来电来人洽谈业务，共同发展。

电话：0743-8255297 8255728　联系人：阳更君

地址：湖南省湘西土家族苗族自治州吉首市大田湾工业园区 邮编：416000

## 河南 志成金铅股份有限公司

河南志成金铅股份有限公司成立于2005年。
从事有色金属加工、冶炼。
欢迎来电洽谈业务。

联系人：张小成
13903986365

电话：0398-6888777　邮编：472533

地址：河南省灵宝市豫灵镇中洲路北段工业园区

## 娄底市兴华有色金属有限公司

娄底市兴华有色金属有限公司其前身是冷水江市兴华冶炼厂，成立于1999年，是一家专业从事锑冶炼的公司。

“技术精湛，信誉第一”，热忱欢迎广大客商来我公司洽谈业务！

联系人：曹向东

电话：0738-5811148 15573856420

地址：湖南省冷水江市锡矿山办事处艳山红居委会　邮编：417500

# 诚信客户展示窗

## 武汉市德禾铸造有限责任公司

公司成立于2005年。
主要生产、销售耐磨材料。
热忱欢迎新老客户光临惠顾！

联系人：刘仁清
电话：027-61600235　13908636642
地址：湖北省武汉市黄陂区李集镇交通路1号　邮编：432200

## 通山县横石煤业有限责任公司销售分公司

通山县横石煤业有限责任公司销售分公司成立于2004年。
主要开采销售煤炭。
热忱欢迎广大客户来电洽谈业务！

联系人：陈进宝　13797792605
邮编：437600
地址：湖北省咸宁市通山县九宫山镇皇城街

## 营口国林耐火材料有限公司

本公司成立于1996年，主要从事镁碳砖，铝镁碳砖，透气砖，不定型耐火材料，炉底捣打料（铁合金炉专用），AOD、VOD用镁钙砖，镁铬砖等耐火材料的生产与销售。

科学为先、严格管理、不断进取的经营理念是我公司为客户提供优良产品和优质服务的坚实基础。我们追求的目标是：以我们的产品为新老客户的成功与发展增砖添瓦。

联系人：王家富
13940733733
电话：0417-5228677　5228767
网址：www.mtw25620.chinapyp.com
地址：辽宁省大石桥市永安镇砀石山村　邮编：115109

# 诚信客户展示窗

# 诚信客户展示窗

## 乌拉特后旗万华矿业有限公司

乌拉特后旗万华矿业有限公司主要以矿业开发为核心，致力于地质勘查、矿产品选冶加工、矿产品经营销售。

愿与有志之士（有着战略性眼光的投资商）共创伟业！

联系人：蔡祖敬
电话：0478-4681269　4681279
邮编：015542
地址：内蒙古自治区巴彦淖尔市乌拉特后旗呼和镇双利铁矿院内

## 维西宝明矿业开发有限公司

维西宝明矿业开发有限公司成立于2005年，是以及专业从事矿产开发、生产、加工及销售的企业。

本厂吸收国内外先进技术，以诚相待、以优取胜、一流产品、优惠价格是本厂的经营宗旨。竭诚欢迎新老朋友做客指导！

联系人：樊子洲　13988778801
电话：0887-8627388　邮编：674600
地址：云南省迪庆藏族自治州维西傈僳族自治县城南小区（小胖子俱乐部3楼）

## 西藏鑫晖矿业开发有限公司

西藏鑫晖矿业开发有限公司成立于2006年。
主要从事地质勘探、采矿、选矿、矿产品加工销售。
本公司诚信为本，竭诚欢迎新老客户光临、惠顾！

联系人：郑端锦
电话：0891-6865888　6864718
地址：西藏自治区拉萨市金珠西路132号　邮编：850000

# 诚信客户展示窗

# 诚信客户展示窗

## 芜湖市鑫森钢结构制造有限公司

本公司成立于2006年，主要从事船舶冷作、焊接、钢结构制造、加工。

面对激烈的市场竞争，我们将不断学习，努力进取，一如继往地为广大客户提供一流的产品，优质的服务。热忱欢迎新老朋友到我公司参观指导，洽谈业务！

联系人：李张元 电话：0553-4833948

地址：安徽省芜湖市中建七局二公司11幢101室 邮编：241000

## 洛阳华珩耐火材料有限公司

洛阳华珩耐火材料有限公司成立于2006年，生产销售耐火材料。

以质量求生存，信誉求发展，欢迎新老客户来电洽谈业务！

联系人：郭召臣

电话：0379-69257555 68560699

地址：河南省洛阳市伊川县彭婆镇曹沟村 邮编：471000

## 邢台联成无缝钢管有限公司

本公司成立于2006年，是一家专业生产无缝钢管的厂家。

我公司本着"以质量和信誉提高企业效益"的宗旨，愿与国内外朋友建立友好合作关系，竭诚为广大用户服务。

联系人：何先生

电话：0319-2868999 2868666

地址：河北省邢台市邢台县西黄村 邮编：054000

# 诚信客户展示窗

# 诚信客户展示窗

## 滨海麦沙除尘设备安装有限公司

滨海麦沙除尘设备安装有限公司成立于2006年。
主要从事于除尘设备制作安装及维修。
公司以“质量求生存、信誉求发展”。
欢迎广大用户光临惠顾！

联系人：赵海锋 13921277823
电话：0510-85884986 电邮：zhf1977168@sohu.com
地址：江苏省无锡市金色江南2区28栋403 邮编：224500

## 安徽恒岩混凝土有限公司

公司成立于2005年。
生产销售混凝土、工程机械租赁。
欢迎新老客户来电洽谈业务！

联系人：孙郁英 13855440976
电话：0554-8019666 8019555 8019444
邮编：232100
地址：安徽省淮南市凤台县桂集乡勇敢村

## 昌邑市恒森木业有限公司

昌邑市恒森木业有限公司成立于2003年。
从事木业加工，生产销售家具，餐桌、餐椅、沙发、工艺品等。
欢迎新老客户来电洽谈业务！

联系人：李龙变 13002785795
电话：0536-7182896 7182886
地址：山东省潍坊市昌邑市都昌街办南逄街西首路北 邮编：261300

# 诚信客户展示窗

## 瑞丽市大成木材加工厂

本厂成立于2005年，是一家获得国家质检部颁发《全国工业产品生产许可证》以实木地板成品加工、销售为主的企业，现拥有实木地板成品油漆线、企口线、集成材拼板线，木皮薄片生产线；国产卧式带锯机叁台，烘干窑两座。现代化的木材干燥技术及完善的各种进口、国产木工机械，产品远销日本、欧美市场。

联系人：周德兴
13708622885　电话：0692-4115573
地址：云南省德宏州瑞丽市姐勒乡允岗村　邮编：678600

## 杭州淦墨不锈钢装饰工程有限公司

本公司成立于2008年。
专业从事不锈钢装饰工程的企业。
我们以质量求生存，以信誉求发展。
欢迎新老客户来电来函咨询、洽谈业务！

电话：0571-26266765
联系人：乐志刚
地址：浙江省杭州市余杭区钩运路转沈港路11号　邮编：315000

## 德宏州成盛房地产开发有限责任公司

我公司成立于2006年，从事房地产开发经营、建筑工程设备租赁。

公司坚持以诚为本、以诚为信的宗旨为广大客户服务。

联系人：段新成
电话：0692-2131976　13578288158
地址：云南省德宏傣族景颇族自治州潞西市芒市镇营水路3号　邮编：678400

# 诚信客户展示窗

## 大同市城区金鼎钢结构制作安装部

本公司成立于2006年1月，主要从事钢结构制作安装，轻钢厂房设计；销售C型钢、H型钢、钢复合板。

面对激烈的市场竞争，我们将不断学习，努力进取，一如继往地为广大客户提供一流的产品，优质的服务。

热忱欢迎新老朋友到我公司参观指导，洽谈业务！

联系人：仝庆连　13015398941　13994329750

地址：山西省大同市城区同泉路41号　邮编：037006

## 大连森垒房地产有限公司

大连森垒房地产有限公司主要从事房地产开发经营、五金交电、化工产品、建筑装饰材料的销售。

以诚信求发展、以质量求生存为宗旨，竭诚欢迎广大有意之士来电来函、洽谈业务。

联系人：赵文波

电话：0411-86207700　13840905988

邮编：116052

地址：辽宁省大连市旅顺口区经济开发区滨港路999号阳光家园五号楼203房

## 常熟市虞山镇真江建材商行

本公司成立于2002年，主营业务是经营有市场前景的中、高档环保健康型材料。主要产品有：标准石膏板、石膏粉、轻钢龙骨等。

坚持“超越未来，成就你我”的经营理念，原与各联盟体共同实现“筑事业平台，造建材精品，树世界品牌，创商业奇迹！”的宏伟目标！专业批发拜尔石膏板系列，金缘牌石膏板，威顿等多种石膏板及装饰材料，欢迎新老客户光临惠顾！

联系人：沈真江

电话：0512-52340215　13301577215

地址：江苏省常熟市建筑装饰材料市场10-1009号二区　邮编：215500

# 诚信客户展示窗

# 诚信客户展示窗

## 广州市美保环保设备有限公司

我公司成立于2006年，是一家集生产加工、经销批发的私营独资企业，主要经营高效节能真空导热管、废气处理塔、电镀设备、废气处理填料、废气吸附材料、高效节能反烧炉、过滤机设备、过滤材料、废气处理成套设备、污水处理、风机、排风设备、空气净化设备、脱硫除尘设备、酸雾净化设备、废气处理成套设备、废气吸附装置、防腐处理。

公司以雄厚的实力、合理的价格、优良的服务与多家企业建立了长期的合作关系。

热忱欢迎各界前来参观、考察、洽谈业务。

15802016801 电话：020-39990922 传真：020-39600155

地址：广东省广州市番禺区沙头街橄山村橄山三工业区闽南路9号 邮编：511483

## 海南好饰家建材有限公司

海南好饰家建材有限公司成立于2004年，主要从事建材及装饰材料、家具及厨房用品的销售。

质量可靠，价格合理。

竭诚欢迎新老客户光临惠顾！

联系人：金勇强 电话/传真：0898-66532809

地址：海南省海口市海秀东路39号申鑫国际广场7楼703 邮编：570206

## 合肥市润源建筑工程有限公司

合肥市润源建筑工程有限公司是一家专业从事房屋建筑工程施工总承包的企业。公司坚持“艰苦创业、自强不息、信誉为本、开拓进取”的宗旨，努力开拓、积极进取，争创“一流质量、一流信誉、一流服务 一流品牌”！

联系人：孙大圣

电话：0551-3442428 3443428

地址：安徽省合肥市马鞍山路世纪阳光花园金阳苑物业公司2楼

# 诚信客户展示窗

## 武汉市宏锦绿化工程有限公司

武汉市宏锦绿化工程有限公司主要从事园林绿化工程施工和养护，经销花卉、苗木、园林器具等。讲究信誉，保证质量，得到广泛用户的好评。欢迎新老客户光临、惠顾！

联系人：左文质
电话：027-89570416
邮编：430403
地址：湖北省武汉市新洲区旧街街莲花塘村牌楼湾9组1号



## 原平市吉利建筑装璜有限公司

原平市吉利建筑装璜有限公司成立于2005年。
主要从事建筑工程施工、室内外装潢。
热忱欢迎新老客户前来洽谈业务！

联系人：杜国玺
电话：0350-8323530
地址：山西省忻州市原平市轩岗镇黄甲堡村 邮编：034100

## 贵州省台江县富发木业有限公司

本公司成立于2005年。
生产加工销售混凝土建筑模板。
欢迎新老客户来电洽谈业务。

联系人：陈少华
13765592788 13678559799 邮编：556300
地址：贵州省黔东南苗族侗族自治州台江县台拱镇打革坝

# 诚信客户展示窗

## 豪顶建材经营部

豪顶建材经营部主营欧斯龙集成吊顶、奥德赛工程吊顶系列、四季沐歌整体吊顶、雅颖斯铝质格栅系列、豪顶铝幕墙异形板系列等。

欢迎新老客户光临、惠顾。

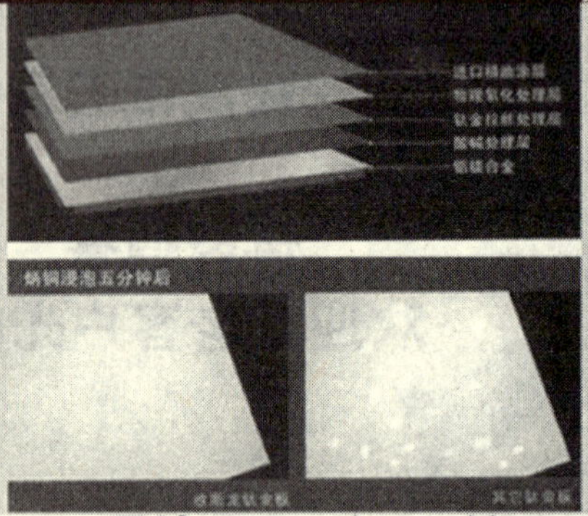

联系人：段江民 15909353288

网址：www.hao-ding.com

邮编：400039

电话：023-61721288

地址：重庆市沙坪坝区大川建材市场2期3栋11号

## 赣州富强新型建材有限公司

本公司成立于2006年，主要生产销售PVC免漆胶合板、PVC波浪瓦等系列墙体屋面材料。

我们将不断学习，努力进取，一如继往地为广大客户提供一流的产品，优质的服务。

热忱欢迎新老朋友到我公司参观指导，洽谈业务！

联系人：陈德明 13970111017

电话：0797-8325628 8325528

传真：0797-8325628

电邮：544031468@qq.com

邮编：341000

地址：江西省赣州经济技术开发区新飞机场路南侧富强新型建材公司

## 合肥蓝天玻璃有限公司

合肥蓝天玻璃有限公司成立于2002年。

专业从事建筑用钢化玻璃、防弹玻璃。

欢迎新老客户来电洽谈业务！

联系人：蓝 杰

13955168448

电话：0551-2610681

地址：安徽省合肥市中市区寿春路47号

邮编：230000

# 诚信客户展示窗

## 武穴市太平福利预制厂

武穴市太平福利预制厂主要生产空心板、水泥管，另从事一家“民福宾馆”，有客房、停车场。

我们运用了严谨务实的管理，符合现代人的要求，带给您精致舒适的空间，贴心真诚的服务。

联系人：柯先怀　电话：0713-6805226

地址：湖北省黄冈市武穴市余川镇芦河村桥头　邮编：435400

## 太和县顺发路桥建筑工程有限公司

****公司成立于1997年。

****主要从事土木工程、土石方工程、土运、房屋、桥梁、柏油、水泥路面施工。

****热忱欢迎新老客户来电，来函咨询，洽谈！

联系人：刘利

电话：0558-8217888　13865880678

地址：安徽省阜阳市太和县旧县镇三角元北100米　邮编：236626

## 苏州市望亭泡沫保温材料厂

本厂生产的无石棉硅酸钙系列产品具有无毒、无味、无溅尘和容重轻、强度高、导热系数小，施工方便等优点，硬质保温材料。广泛用于电力、石油、化工、冶金、纺织等行业的热力管道及设备。

联系人：戈金林　电话：0512-65381887

地址：江苏省苏州市相城区望亭镇月城路7号　邮编：215155

# 诚信客户展示窗

## 简阳滨江木业有限公司

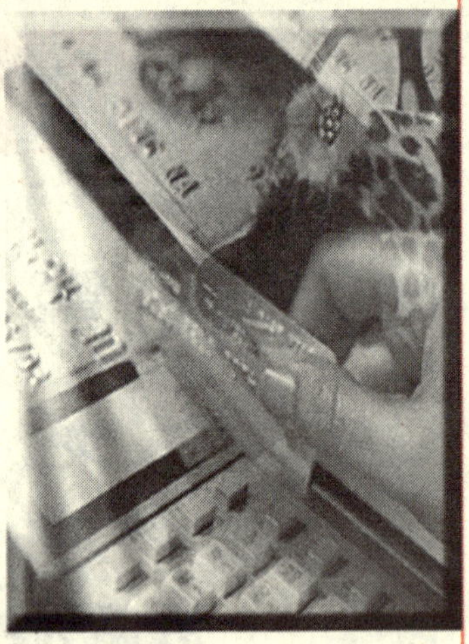

简阳滨江木业有限公司成立于2006年，从事木制品的加工与销售。

公司以质量求生存，以信誉求发展，欢迎新老客户来电洽谈业务。

联系人：鄢家向

13982918481　13778495629

地址：四川省资阳市简阳市简城东风路红塔煤站内　　邮编：641400

## 黑龙江宏升道路桥梁有限责任公司

黑龙江宏升道路桥梁有限责任公司成立于2005年，从事市政道路桥梁工程，“诚信务实，开拓创新”，欢迎新老客户来电洽谈业务。

联系人：张世富　　电话：0451-82380670　　手机：13836190550

地址：黑龙江省哈尔滨市南岗区富水路117号　　邮编：150090

## 广西凌云华富房地产开发有限公司

本公司是一家以房地产开发、商贸为一体的综合型公司，公司秉承“质量至上”的信念，争创优质工程，为城市建设发展贡献力量，创造了一个又一个“金榜提名”的地产品牌。热忱欢迎您的惠顾！

联系人：邓利民

电话：0776-7611111　7617777　7611777

邮编：533100

地址：广西省百色市凌云县迎春路123号商贸城城

# 诚信客户展示窗



## 四川兴业投资有限公司

四川兴业投资有限公司成立于2006年。
专业从事房地产开发、项目投资、建筑材料销售。
竭诚欢迎新老客户光临惠顾。

联系人：张世东
电话：028-86135335-17　86133863
网址：www.mtw10158.chinapyp.com
地址：四川省成都市青羊区金盾路52号国栋大厦12楼C座　邮编：610041

## 湘潭县金洲空心机砖厂

湘潭县金洲空心机砖厂于2002年成立，主要从事机制空心砖的销售。

金洲人愿以优质的服务、过硬的质量，欢迎您的惠顾，金洲机砖为您构建美好未来。

电话：0732-7887222　7284658　联系人：余先觉
地址：湖南省湘潭市湘潭县梅林桥镇　邮编：411228

## 太仓市双凤镇光辉装潢经营部

本公司成立于2000年。

主要经营：五金电器、日用杂货、电工、电料、纺机配件、烟花爆竹、名牌空调、太阳能热水器。

热忱欢迎新老客户光临、惠顾！

联系人：张如元
电话：0512-53432686　13862278332
地址：江苏省太仓市双凤镇凤北路商业街5栋5号　邮编：215416

# 诚信客户展示窗



## 长治市明德鑫粉体材料有限公司

本公司成立于2006年。
生产销售粉体材料。
欢迎新老客户来电洽谈业务！

联系人：刘树根
电话：0355-2095891 13935530487
地址：山西省长治市太行东街740号自行车小区 邮编：046000

## 惠州大亚湾扬津实业有限公司

我公司成例于2006年，承接室内装修、土石方推挖、绿化工程、销售五金交电及日用百货等。

我们将以一流的质量、一流的服务宗旨竭诚为新老客户服务。

联系人：杨镇光
电话：0752-5555368 13809698813
地址：广东省惠州市大亚湾澳头妈庙三村153号一楼 邮编：516081

## 河北省张北县富源钢构有限公司

河北省张北县富源钢构有限公司成立于1995年，注册资金350万元，从业人员年平均人数35人，工程技术人员12人，是制图设计、生产制作、施工安装为一体，钢结构工程专业承包为主的专业性公司，是地区唯一取的《钢结构工程专业承包资质证书》的企业。

联系人：戴文斌
电话：0313-5226625
邮编：076450
地址：河北省张家口市张北县张北镇东环路东侧三中院内

# 诚信客户展示窗

## 通州宏业设备安装有限公司 新疆分公司

本公司成立于2006年5月。
主要从事电梯、扶梯的销售安装维修，配件销售。
欢迎来电洽谈业务！

联系人：陈德祥 13999955842 电话：0991-4312860
地址：新疆维吾尔自治区乌鲁木齐鲤鱼山路花苑小区12号楼3单元103 邮编：830000

## 四川星宇建筑劳务有限公司

本公司成立于2006年。
主要業務是建築勞務分包。
歡迎來電來函咨詢！

联系人：李清泉
电话：028-87662956
邮编：610006
地址：四川省成都市二环路北一段10号万科V排商务空间16楼11号

## 朔州市军山建筑装饰有限公司

本公司成立于2004年，主要从事室内外装饰装修工程；代理销售七色铝塑板、可耐福、泰山石膏板、烤漆门、实木门、玻璃幕墙。欢迎新老客户光临惠顾！

联系人：曾正军 13834195007 电话：0349-2168551
地址：山西省朔州市明府大楼四层 邮编：036000

# 诚信客户展示窗

## 徐州远航人造板有限公司

徐州远航人造板有限公司专业生产：
各种贴面板、覆膜板、异型板、实木板、石膏板等。
产品齐全、价格合理。
欢迎新老朋友前来参观、订购！

联系人：张希海 13952260323　电话：0516-86160078　86160068
地址：江苏省徐州市邳州市岔河镇310国道南侧　邮编：221341

## 乌鲁木齐市米东区通达木材加工厂

乌鲁木齐市米东区通达木材加工厂成立于1997年。
主要加工销售各种规格板材。
产品质量保证、价格优惠、服务周到。
热忱欢迎新老客户来电洽谈业务！

联系人：高学顺
15099373828　15299092118
邮编：830027
地址：新疆维吾尔自治区乌鲁木齐市米东区联丰市场

## 泰顺县中港建设工程有限公司

泰顺县中港建设工程有限公司成立于2005年。
主要从事房屋建筑施工、市政园林、土石方工程。
欢迎新老客户光临、惠顾！

联系人：张维乾　13676778808
电话：0577-67589631
邮编：325000
地址：浙江省温州市泰顺县罗阳镇劳动路1号

# 诚信客户展示窗

## 苏州市相城区科艺净化器材厂

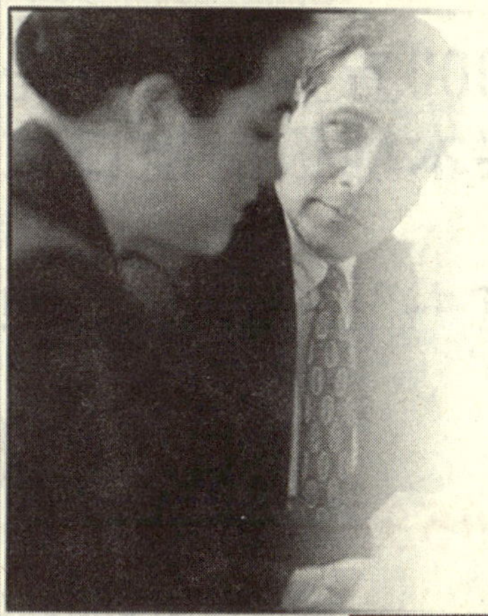

苏州市相城区科艺净化器材厂成立于2003年，主要生产空气净化材料、过滤器材系列产品，该产品广泛应用于汽车，工业涂装设备，电子、食品、制药等行业的空气净化领域，产品深受用户的好评。

热忱欢迎新老客户来电来函咨询、洽谈！

联系人：张永明

电话：0512-65376098 13814867879

地址：江苏省苏州市相城区黄埭镇旺庄村 邮编：215152

## 天水市正大房地产开发有限责任公司

天水市正大房地产开发有限责任公司创立于2005年，主要从事房地产开发、建筑工程施工、塑钢门窗、物业管理等。

欢迎新老客户来电咨询，洽谈业务！

联系人：杨万学

13893850566 电话：0938-4987208

地址：甘肃省天水市岷山厂办公楼东侧正大花苑 邮编：741000

## 张家口市辽海高新管材有限公司

本公司所生产的产品包括自来水引水管、水电压力管、热电循环水管、市政排污和化工介质水管等，公司立足生产高技术、高质量的玻璃钢产品，推广应用于自来水，水力发电等领域。

遵循以“科技为本、开拓创新、诚实守信、科技管理”的经营宗旨，倡导“正确、科学、合理”的用材原则，铸就了一批成功的重点工程案例，本着广大用户提供尽善尽美的产品与服务而不懈努力。

联系人：吴旺平 13605963563

电话：0313-5915598 5915518

地址：河北省张家口市高新区流平寺工业区 邮编：075000

# 诚信客户展示窗

## 山东省临沂豪森木业有限公司

本公司成立于2000年，总投资8000万元，引进先进的生产线，主要加工豪泰牌高档实木地板，出口东南亚国家。

公司的宗旨“质量第一，信誉第一”，让豪泰牌地板，伴随您走向事业成就的辉煌。

联系人：廉茂印 电话：0539－4363999

地址：山东省临沂市平邑县地方镇千行庄工业园 邮编：273306

## 靖江东升金属涂装有限公司

本公司成立于2006年，主要从事镀金、镀铬、铝氧化、电抛光等业务。

“以质量求生存，以信誉求发展”，热忱欢迎广大新老客户来我公司洽谈业务，共同合作！

电话：0523－84690466 联系人：徐爱民

地址：江苏省靖江市靖城镇东环南路

## 兰州市志鹏新型装璜建材厂

志鹏新型装璜建材厂成立于1993年，生产装修装饰材料及建材、产品有无机防火板。

我厂坚持以诚为本、以诚为信的宗旨为广大客户服务。

联系人：刘孝权 电话：0931－2510366

地址：甘肃省兰州市七里河区崔家崖乡大滩村184号 邮编：730050

# 诚信客户展示窗

## 山西鼎兴钢结构有限公司

本公司专门从事轻钢结构制作与吊装、球形网架的制作与拼装及其它非标钢结构的制作与安装的专业性公司。可承接各类轻钢结构彩板建筑的设计、加工、安装及维修业务；并可承揽装饰、装潢、房屋建筑为一体的综合性施工，为用户提供一条龙服务。

联系人：李潞伟

电话：0355-6022710　网址：www.dxgjg.cn

地址：山西省长治市高新区城北街史家庄村　邮编：046000

## 深圳市荣盛建材有限公司

我公司成立于2005年。

主要经营建筑装饰材料，欧式建材，五金，铁制品。主要产品：罗马柱、窗套，门套，线条，花瓶栏杆，雕塑，玻璃钢制品，铁花栏杆等。

欢迎新老客户光临选购！

联系人：圣新军　13008898918　13662623353

网址：www.mtw50004.chinapyp.com

地址：广东省深圳市观澜镇君子布村126号　邮编：518109

## 四川开通建筑劳务有限公司

本公司成立于2006年，主要从事建筑劳务工程。

公司围绕着“以质量求生存，以信誉求发展”的原则，做到安全文明施工，重合同守信用，确保施工质量，期待与各界朋友携手前进，共创美好未来！

联系人：蒲学进　13388181881

电话：028-87785098　邮编：610031

地址：四川省成都市金牛区营门口路人和宜景2栋2单元33号

# 诚信客户展示窗

## 福建省晋江日宝建材有限公司

福建省晋江市日宝建材有限公司成立于2006年。

以建材经营为主。

欢迎新老客户来电洽谈业务。

联系人：吴宝辉 13805959058

电话：0595-85881071 85888058

地址：福建省晋江市磁灶镇安康路50号 邮编：362200

## 长沙华程建筑工程有限公司

长沙华程建筑工程有限公司成立于1975年（原名宁乡县资福建筑工程有限公司）系国家二级建筑施工总承包企业，具有承担28层及以下，单跨跨度36米及以下的房屋建筑工程，高度120米及以下的构筑物；建筑面积12万平方米及以下住宅小区或建筑群体的建筑施工等综合施工能力；土石方工程专业承包叁级：可承担单项合同额不超过企业注册资本金5倍且15万立方米及以下的土石方工程的施工；市政公用工程施工总承包叁级：可承提单位合同金额不超过企业注册资本金5倍的市政公用工程。

电话：0731-7870388 传真：0731-87870388

网址：www.cshuacheng.com 电邮：cshc@hc0731.cn

地址：湖南省长沙市宁乡县玉潭镇一方西路 邮编：416000

## 长青建材（烟台）有限公司

公司成立于2006年。

主要从事木制品的原料加工业务，以新西兰辐射为主要原料，加工产品全部运往美国。永不腐烂的产品在美国市场有很大声誉，生产的各种实木产品供不应求。

联系人：周俊 电话：0535-6726159

地址：山东省烟台市莱山区盛泉工业园三垒路36号 邮编：264003

# 诚信客户展示窗

## 南安市石井伟鹏石板材工艺厂

南安市石井伟鹏石板材工艺厂成立于1992年。
主要从事异型石材加工。
欢迎新老客户光临、惠顾！

联系人：杨爱护 电话：0595-86089680 86075693
地址：福建省南安市石井镇联丰村下尾三组 邮编：362343

## 上海登胜环保设备科技有限公司

本公司成立于2006年。
主要从事空调制冷设备销售、安装、维修、保养，水处理工程，环保设备工程。
欢迎新老客户来电洽谈业务！

联系人：薛红旗
电话：021-54282610 13166151839
地址：上海市闵行区罗秀路1459弄1号901 邮编：200135

## 石家庄市永昌建筑工程有限公司

本公司成立于2005年，主要从事建设工程施工、电力工程安装。

公司产品远销省内外，受到客户一致好评，公司坚持“以质量求生存，以信誉求发展”宗旨，把高品质的产品及最优质的服务奉献给客户。热忱欢迎各界朋友来我公司参观，指导洽谈业务，携手共创辉煌！

联系人：赵林英
电话：0311-85442178 13731096318
地址：河北省石家庄市栾城县冶河镇程上 邮编：051400

# 诚信客户展示窗

# 诚信客户展示窗

## 昆山冠飞工业设备安装工程有限公司

昆山冠飞工业设备安装工程有限公司创建2002年，专业承揽各类工业与民用建筑、机电安装、市政共用工程、以及钢结构制作安装、各类管道、室内外装饰装修的配套施工等工程项目。

公司本着“质量第一、信誉第一、服务第一”的宗旨，欢迎新老客户来我公司洽谈业务，共同合作！

联系人：王志忠

电话：0512-57178885 57732609　电邮：guanfei389@163.com

网址：www.mtw50839.chinapyp.com　邮编：215316

地址：江苏省昆山市玉山镇北门路永盛广场1114-218号

## 靖边县远大钢构工程有限公司

靖边县远大钢构工程有限公司成立于2006年，主要从事钢结构工程。

“技术力量雄厚，信誉第一，客户至上”，竭诚欢迎您的光临、指导！

联系人：贺万平

电话：0912-4647061　13992213517

地址：陕西省榆林市靖边县长庆路　邮编：718500

## 呼伦贝尔市恒荣装修装璜有限责任公司

呼伦贝尔市恒荣装修装璜有限责任公司成立于2001年4月，主要从事室内外装修。“信誉第一，客户至上”，竭诚欢迎您的光临、指导，洽谈业务！

电话：0470-8809577

联系人：陆万荣　地址：内蒙古自治区呼伦贝尔市西大街邮政综合楼

# 诚信客户展示窗

## 昆山市千灯镇恒鑫木业经营部

昆山市千灯镇恒鑫木业经营部成立于2003年。
生产销售胶合板等建筑材料。
欢迎新老客户惠顾！

联系人：朱三男
电话：0512－57464724　13912661516
地址：江苏省昆山市千灯镇支浦村　邮编：215341

## 库伦旗库伦市政工程处

库伦旗库伦　市政工程处成立于2000年。

主要从事城市道路、桥梁、防洪排水工程等建筑施工。兼营："纳福"牌门业生产，生产各种纳米门，各类彩色马路砖，检查井盖等。

欢迎来电洽谈！

联系人：于春华　13948752555
电话：0475-4917498　4912816
地址：内蒙古自治区通辽市库伦旗阿琪玛路西　邮编：028000

## 京山宏太木业有限责任公司

本公司成立于2003年，从事加工销售建筑模板，经营原木业务。

公司本着"质量第一、信誉第一，服务第一，用户至上"的原则，竭诚为新老客户提供"一流服务，一流产品"并热忱欢迎各位客商惠顾洽谈。

联系人：王晓　电话：0724-7461500
地址：湖北省荆门市京山县石龙镇太子山林管局　邮编：431822

# 诚信客户展示窗

# 诚信客户展示窗

## 宜城市天盛房地产开发有限公司

宜城市天盛房地产开发有限公司成立于2005年，主要从事房地产开发、经营。

我们相信：依托优秀的管理平台，雄厚的技术力量，良好的社会信誉，永盛集团发展之路会越走越稳健，越走越宽广。

联系人：李光富　电话：0710-4280335

地址：湖北省宜城市七里花园社区　邮编：441400



## 兰州天旗祥建材有限公司

兰州天旗祥建材有限公司成产于2006年。

销售：陶瓷、耐酸砖及建筑材料。

热忱欢迎新老客户光临惠顾！

联系人：王金旗　电话：0931-7327968

地址：甘肃省兰州市西固区陶瓷批发市场三区C－1号　邮编：730060

## 内蒙古陆泰机电安装有限公司

本公司经营范围：变压器、高低压配电柜安装、电缆敷设、桥架安装、高低压配电线路安装、机电设备、工业管道、制冷设备、仪表、采暖通风、空调设备、不锈钢工艺管道等的安装、钢构件的制作加工安装。

公司法人党陆兵携全体员工真诚欢迎您前来洽谈合作！

联系人：党陆兵

15904886581　电话：0471-2278060　邮编：010030

地址：内蒙古自治区呼和浩特市玉泉区鄂尔多斯路养鱼池南巷58号

# 诚信客户展示窗

## 南京茂盛园林有限公司

Http://www.njmsyl.com

本公司始建于1980年，于2000年改为南京茂盛园林有限公司。主要从事园林绿化设计、施工、养护、各种苗木花草销售、假山雕塑。

公司愿以丰富的实践经验，先进的生产管理水平，诚信为本的商业原则，货真价实报价，诚心诚意与社会各界携手合作，共创一个绿色、和谐、美好的未来。

联系人：何美玉　电话：025-52776518

地址：江苏省南京市江宁区禄口街道来凤路15号　邮编：211113

## 娄底市耀湘建筑工程有限公司

娄底市耀湘建筑工程有限公司，成立于2006年8月16日。

主要经营房屋建筑总承包业务，

兼营建筑材料，预制构件销售。

欢迎广大新老客户光临指导！

联系人：廖跃湘

电话：0738-3551158　13907386548

地址：湖南省娄底市经济技术开发区　邮编：417009

## 沈阳恒铭建筑工程有限公司

本公司成立于2006年。

主要业务：钢结构建筑系统、彩钢围护保温系统，门窗配套系统及建筑金属结构工程技术咨询。

联系人：王爱军

13704001377　电话：024-89625177

地址：辽宁省沈阳市新城子区新城子乡西五旗村　邮编：110000

# 诚信客户展示窗

## 兴化市天利纺织机械有限公司

本公司成立于2003年，是专业生产A631E-II型捻线机和GA014系列槽筒式络筒机的厂家。

以质量作保证，以客户满意为宗旨，低廉的价格来回报广大新老用户。

联系人：韩朝荣
13601477021

电话：0523-83101679
83100659

网址：www.xhtl.com
电邮：xhtl@xhtl.com

地址：江苏省兴化邵阳工业园振兴路9号　邮编：257000

## 台前县大昌裘革制品有限公司

台前县大昌裘革制品有限公司成立于1995年。
主要经营手套革。
欢迎新老客户光临、惠顾！

联系人：张凡春
电话：0393-2236448

地址：河南省濮阳市台前县城关镇尚庄工业区　邮编：457000

## 江阴华西鞋业有限公司

江阴华西鞋业有限公司成立于1997年，主要生产销售成品鞋，有休闲运动鞋、布鞋、皮鞋等，欢迎定购。

电话：0510-86217678　联系人：朱春燕

地址：江苏省无锡市江阴市华西村　邮编：214420

# 诚信客户展示窗

## 中山市小榄镇堡森皮具厂

本公司成立于2002年，主要生产销售女装时尚袋，男女休闲包，银包，灯饰饰品，服装配套产品，公文袋，电脑袋。以质量求生存，以信誉求发展。热忱欢迎新老客户来电洽谈业务！

联系人：赖金华 13112996016
电话：0760-22186016 22235091
地址：广东省中山市小榄镇绩东一小榄大道中段68号3楼 邮编：528415

## 新疆天宏纺织产业有限公司

始建于2004年10月，公司依托本地优质的细绒棉及本地中长绒棉和天然彩色棉资源，构建棉花种植、加工、棉纱、棉布生产以及纺织品、服装经营等上、下游联动、贸工农一体、产业化发展的新模式。

联系人：李强
电话：0993-2518300 电邮：xj_thxbm@163.com
地址：新疆维吾尔自治区石河子市西三路7号 邮编：832004

## 无锡市博凯纺织印染有限公司

无锡市博凯纺织印染有限公司主要经营纺织品、服装辅料等。

我们本着“诚以待人，毅以处事”的原则，为广大客户提供质量上乘、价格合理、安全稳定的优质产品。

联系人：张耀平 电话：0510-82916122 85729219
地址：江苏省无锡市蠡湖经济开发区省科技园 邮编：214000

# 诚信客户展示窗

## 潜山皖江服饰有限公司

网址：www.ahwjfs.com

本公司创建于1992年，是集服装加工，纺织面料贸易、服饰贸易为一体的工贸公司。主要加工棉衣、休闲夹克、童装、休闲裤、沙滩裤等各种出口服饰。

我们将树立起高品质的服装公司形象，为客户敞开心扉，听取各方意见，坚持清晰的品牌定位，不断改进，大胆创新，追求完美。

欢迎海内外客户前来指导，洽谈订货！

聯系人：徐先生

13349268688　电话：0556-8370111　传真：0556-8370888

地址：安徽省安庆市潜山县余井镇领头街　邮编：246313

## 泰州市泰盛布业有限公司

本公司主要从事橡胶用骨架基布，用于胶管轮胎，三角带。

只要您给我们机会，我们会做得更好，竭诚欢迎您的光临与惠顾！

联系人：丁根存

13705263046　电话：0523-82896999　邮编：225300

地址：江苏省泰州市海陵区塘湾工业园区振兴西路

## 南通昌盛帽用辅料有限公司

南通昌盛帽用辅料有限公司成立于2004年，从事帽用辅料生产销售，

您的满意是我们的追求，欢迎新老客户来电洽谈业！

联系人：梁军　电话：0513-84569152　84492152

地址：江苏省南通市如东县曹埠镇埠中路68号　邮编：226402

# 诚信客户展示窗

# 诚信客户展示窗

## 上海市荆楚服饰拉链有限公司

上海荆楚拉链有限公司是一家以拉链、皮标、等服装辅料为主，集设计、生产和销售于一体的实体型企业，“用心服务，永续经营”同时欢迎各位宾朋的垂询与指导，让我们一起共创美好的明天！

联系人：夏泽松

电话：021-69766273　69766274

地址：上海市青浦区徐泾镇京华路88号205室　　邮编：201702

## 无锡市前洲印染设备有限公司

本公司是专业从事I、II类压力容器制造，以印染机械设备为主的生产企业。持有国家质量技术监督局准发的RZZ苏009（07）号D2级压力容器制造许可证，无锡市二级企业合格证，三级计量合格证，基础管理一级合格证，企业先后被评为无锡市明星企业，无锡市科技进步企业，省级文明卫生单位，并取得了ISO9001认证。

联系人：丁学仁

电话：0510-83395081
83391875

网址：www.wxtiancheng.cn

地址：江苏省无锡市惠山区前洲镇堰玉西路33号　　邮编：214181

## 绍兴县京可瑞纺织有限公司

本公司创立于1998年，公司从事各类纺织品面料的开发设计加工生产。主要产品有：皮革系列、竹纤维系列、摇粒绒、经编系列、全棉系列、牛仔系列、TC、TR系列、绣花、印花系列、混纺系列。

公司本着诚信、务实、创新的宗旨，并寻求更多的合作伙伴，力争为更多客户赢得更广更大的商机。

联系人：應裕福

电话：0575-84316918　84295988

传真：0575-84316918

地址：浙江省绍兴县柯岩街道梅墅工业园区　　邮编：312030

# 诚信客户展示窗

## 南宫市祥泰绒业有限公司

南宫市祥泰绒业有限公司成立于2005年，以销售羊绒、羊绒纱为主。

公司以“质量求生存、信誉求发展”，欢迎广大用户光临惠顾！

联系人：赵林江
电话：0319-5393333 5388333
邮编：055550
地址：河北省邢台市南宫市段芦头镇工业开发区火车站往南50米

## 沛县龙盛纺织有限公司

本公司成立于2006年，主要生产21支-40支纯棉纱、人棉纱。

公司凭着诚实守信、互惠互利、共创双赢的原则与多家企业建立了长期，稳定的合作关系。我司将进一步以质量第一、信誉至上、客户满意为宗旨；以不断完善的产品质量和日新月异的产品开发真诚为贵司提供全面服务。

联系人：王广雷
电话：0516-89922558 13952220930
地址：江苏省徐州市沛县龙固工业区 邮编：221613

## 衡水日明裘皮有限公司

本公司成立于2006年4月。
主要经营裘皮，皮毛加工等。
可根据客户要求订做加工。
欢迎来电、来函洽谈咨询！

联系人：金日光
电话：0318-8321455 8329725 传真：0318-8321455
地址：河北省衡水市枣强县大营镇西环路 邮编：053111

# 诚信客户展示窗

## 常熟市海虞镇富民针织制品厂

常熟市海虞镇富民针织制品厂创建于1999年初。专业生产帽子、围巾等产品。款式新颖，品种齐全，质量上层。

本厂生产的帽子、围巾出口美国、日本、韩国等国家及国内各大城市，深受广大新老客户的一致好评！

联系人：顾建国 电话：0512-52218538

地址：江苏省常熟市海虞镇东泾村十三组 邮编：215519

## 中山国威五金饰品配件厂

本厂成立于2006年，专业生产各种饰品配件，如鞋类，头类装饰品等。欢迎各界人士来电来样订做。

联系人：廖明辉 13560642985 电话：0760-22285760 86961097

地址：广东省中山市小榄镇永宁螺沙永北工业村 邮编：528415

## 广州奈特鞋业有限公司

广州奈特鞋业有限公司是一家专业生产高档男装皮鞋的外贸独资企业。

公司拥有雄厚的产品自主开发能力，注重国际流行趋势，能够掌握市场需求动态。工厂的先进技术与完善的管理制度生产出新颖、时尚、工艺考究的优质产品。产品深受广大消费者的青睐，主要远销欧美、俄罗斯、中东、非洲等国家和地区。

電話：020-86530706 13826280835

Http:// www.knightshoes.com

联系人：陆志华

地址：广东省广州市站西路26号环球国际商贸中心D207

# 诚信客户展示窗

## 庆阳市锦嵘商贸有限责任公司

庆阳市锦嵘商贸有限责任公司成立于2001年。

专业从事成人纯棉内衣、彩棉花内衣、儿童套装、纯棉袜系列生产加工销售。

诚信经营、“以人为本、开拓进取、拼搏发展”，欢迎来电洽谈业务，共同合作！

联系人：付文义　电话：0934-8216630

地址：甘肃省庆阳市西峰区安定东路452号　邮编：745000

## 南宫市正圆工艺制毡厂

南宫市正圆工艺制毡厂成立于1976年。
专业生产各类工艺羊毛毡。
产品质量保证，价格合理。
深受广大客户好评！

联系人：赵子才 13780394581　电话：0319-5356858　5356760

地址：河北省邢台市南宫市薛吴村乡孟庄工业区　邮编：055550

## 广州市玛利莲服饰有限公司

我公司是一家集时装设计、生产、销售一体，以中档女装品牌营销战略在亚州及中国大陆发展的专业服装公司。香港玛利莲服饰汇集了意大利国际时装风格，融合了亚州韵味以先进的工艺进行创意设计，以时尚潮流的款式来体现一种独立、自由、随意的生活主张，满足了25-40岁的现代都市女性对时尚品味和个性化高雅气质的追求。

联系人：彭明元　13928813522

电话：020-61955492　61955491

网址：www.marylandhk.com

地址：广东省广州市番禺区南村镇文明路192号崎立工业园　邮编：511442

# 诚信客户展示窗

## 苏州锦恒服饰有限公司

苏州锦恒服饰有限公司成立于2005年，主要加工出口女式服装。

款式新颖、价格合理，欢迎新老客户来电洽谈业务！

联系人：汤建明 电话：0512-65680382 邮编：215128

地址：江苏省苏州市吴中区长桥镇新家工业区望吴路19号

## 昆山市杰而利服饰有限公司

昆山市杰而利服饰有限公司成立于2001年，从事服装制造、加工、销售；双面手工羊绒大衣，纺织品销售。我厂将以一流的质量、一流的服务宗旨竭诚为新老客户服务。

电话：0512-57656593 联系人：周文明

地址：江苏省昆山市巴城镇苇城路8号 邮编：215300

## 山東省昌邑市三得利印染廠

山东省昌邑市三得利印染厂成立于1980年。

从事纺织、印染、服装纺织面料、服装面料等业务。

团结、奋斗、拼搏、进取的经营理念，欢迎新老客户来电洽谈业务！

联系人：王家富 电话：0536-7822028 7822048

地址：山东省昌邑市围子镇仓街1号 邮编：261308

纺织服装

# 诚信客户展示窗

## 常州市世宏塑料制品有限公司

本公司有成套吹膜机组多套，常年专业生产塑料包装制品。主要产品有：PE膜、PVC、EPE、PP、OPP等系列包装。各种规格内、外包装袋、广告袋、PE气泡防震膜、缠绕膜、收缩膜等。

“世宏包装、包装的世界”。

电话：0519-83909083 手机：13775108853 联系人：张心业

地址：江苏省常州市五星桥白鹤东路6号 邮编：213016

## 河北恒力达防腐橡塑管业有限公司

本公司主要从事塑料管道（FRPP、PPH、PVDF、PPR、PVCU材质型号）的生产与安装，聚四氟乙烯，管材，管件的生产。

“以质量求生存，以信誉求发展”，热忱欢迎广大客户来电来人洽谈业务，共同合作！

联系人：陈福庄 13703187788

邮编：053500 电话：0318-4225511 4225211

地址：河北省城西工业区景新在街198号 网址：www.hbhenglida.com

## 湖南汨罗市三诚塑料有限公司

我公司长期收购供应硬质PVC再生料。所供应的PVC再生料经分拣，分色，破碎，脱水，磨粉等多道工序保质保量。所做料有破碎料，磨粉料（所供磨粉料30—50目），造粒料，边角料等。颜色有白色，灰色，黄色，兰色多种。可用于制造排水管，排污管，邮电通信管，线槽线管，塑钢门窗型材，化工灰色板材，箱包蜂巢板等。每月供量200-500吨。价格2000-5800元/吨。我公司优势在于能根据用户产品和机型提供合适的材料和合理的价格，由于交通便利和有强大的物流网络，不论货物多少能及时的达到客户。

电话：0730-5085555 传真：0730-5110999 联系人：陈忠良

地址：湖南省汨罗市城郊乡上马村13组 邮编：414400

# 诚信客户展示窗

# 诚信客户展示窗

# 诚信客户展示窗

# 诚信客户展示窗

# 诚信客户展示窗

## 福建省三明宝元贸易有限公司

福建省三明宝元贸易有限公司成立于2001年，主要经营化学试剂、化工原料等。

“客户的需求，就是我们的追求”是我们的服务宗旨。公司诚邀每一位客户前来光顾，深信通过我们的共同努力、友好合作，一定会满足市场需求。公司热切期盼您的垂询！

联系人：陈文斌

电话：0598-8221550 8210550　传真：0598-8210550

地址：福建省三明市列西天桥大厦201号　邮编：365000

## 东莞市茶山文四塑料加工厂

东莞市茶山文四塑料加工厂成立于2005年，主要生产销售塑料（ABS、尼龙、PP、大量回收PET，出售吹瓶料、压板料）。

常年高价大量回收PET片材。

欢迎新老客户光临、惠顾！

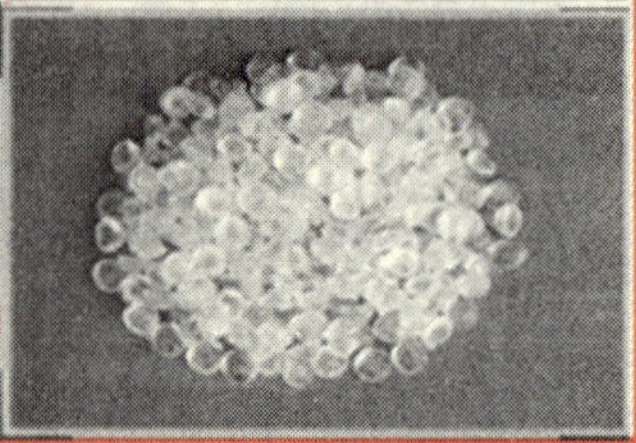

联系人：文代成

13751444089　电话：0769-81865469

地址：广东省东莞市茶山镇超朗村　邮编：523392

## 华蓥市广兰涂料厂

华蓥市广兰涂料厂成立于1996年，主要从事乳胶漆、干粉涂料、防水涂料的生产与销售。

“诚信至上，质量第一”，竭诚欢迎广大新老客户来我公司洽谈业务，共同合作！

联系人：杨仕华

电话：0826-4824493　13980329142

地址：四川省广安市华蓥市桂花路12号　邮编：638600

# 诚信客户展示窗

## 安徽永泰塑胶制品有限公司

本公司成立于2005年，专业从事塑料制品的生产及销售，产品有水上用品、吹气玩具。

以质量求生存、以信誉求发展。

热忱欢迎新老客户来电咨询，洽谈业务。

联系人：潘发流

电话：0565-7956888 7956999 7952369 13311706295

地址：安徽省巢湖市庐江县郭河镇街道 邮编：231522

## 成都尤力普科技发展有限公司

本公司成立于2003年8月，主要从事研发，生产，销售水基环保粘合剂，洗涤剂，链道润滑剂业务，产品广泛应用于啤酒，白酒，食品，医药等行业。

公司秉承"诚信、务实、创新"的经营理念，依靠雄厚的技术力量和优质的服务、良好的信誉赢得了客户的赞誉与同行的尊重。

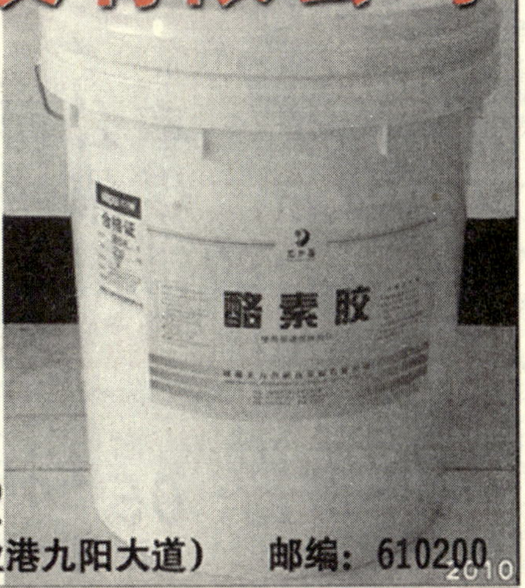


联系人：姜福先

电话：028-85749593 13808050532

地址：四川省成都市双流县九江镇葫芦村三社（九龙工业港九阳大道） 邮编：610200

## 拉萨市兴旺商贸有限责任公司

拉萨市兴旺商贸有限责任公司成立于1995年。

主要经营液化气销售。

本公司服务至上，价格合理。

欢迎新老客户光临惠顾！

联系人：李全启

13709758260 电话：0979-8469499

地址：青海省格尔木市盐桥南路 邮编：810000

# 诚信客户展示窗

# 诚信客户展示窗

# 诚信客户展示窗

# 诚信客户展示窗

## 佳木斯市东方威阳非织造布有限公司

网址：www.jmsdfwy.com

本公司是专业生产各种百洁布、针刺土工布、鞋用无纺布、革基布、针刺棉、热熔棉、除尘过滤布、过滤棉、晴纶棉、万用清洁布、防水卷材聚脂胎基布等系列无纺布产品的制造与加工，产品品质优良，价格合理，竭诚欢迎新老客户来电来函洽谈业务。

联系人：刘伟 13836656028

电话：0454-8336037 6863232 8335184 电邮：jmsdfwy@126.com

地址：黑龙江省佳木斯市东风区模范路东段 邮编：154005

## 景县兄弟化工有限公司

本公司是多年生产和经营橡胶助剂的专业厂家，具有雄厚的技术力量和丰富的生产经验，主要产品：氧化锌(间接法99.7%和直接法)，硬脂酸，防老剂(RD、MB、甲、丁、SP-C)，促进剂(D、DM、M、TMTD)等其它橡胶助剂。

我公司产品质量过硬，性能稳定。我公司精勤立世、以诚信作人，本着科技兴企的宗旨，采用现代化科技手段和科学的企业管理机制，推进技术进步，从而生产出价廉质优的产品，深受顾客信赖，业务覆盖全国各地。

联系人：杨玉宝

邮编：053000

传真：0318-4312005

电话：0318-4269666 6969893

地址：河北省衡水市景县温城乡白高

## 六安市金安区双河镇百洋加油站

六安市金安区双河镇百洋加油站成立于2004年，主要销售汽油、柴油、润滑油。

我们将秉承“诚信是基石，双赢是动力，团结、合作是一条最好的路”的合作理念，与广大客户合作，共赢发展。

联系人：刘宜存

电话：0564-2547788 13170198688

地址：安徽省六安市金安区双河镇六舒路39公里处百洋加油站 邮编：237171

# 诚信客户展示窗

## 苏州市富民塑料包装厂

本厂成立于1997年，是一家专业从事于床上用品包装产品生产的企业。

多年来公司始终以一流的质量和服务深受国内外厂家、经销商的信赖和支持。公司真诚希望能与贵公司合作，共谋发展和建立长期的合作关系，开创双赢局面共同向前迈进！

联系人：林福明　　电话：0512-65403105　65900137

地址：江苏省苏州市相城区渭塘镇凤阳村凤阳工业区　　邮编：215134

## 宁波保税区豪峰化工有限公司

公司宗旨在于为化工企业增产、节能与提高产品质量的技术改造服务，专业生产各种规格材质及密封材料系列产品。

欢迎新老用户来人来函洽接业务！

电话：
0574-63592591
63592691

联系人：王维军

地址：浙江省宁波市慈溪市新浦镇老浦村通泰路65号　　邮编：315322

## 隆昌县龙凤塑料厂

本厂成立于1994年。

主要生产销售塑料制品。

产品质量保证，价格合理，竭诚欢迎新老客户来电洽谈业务、共同发展！

联系人：唐才　　电话：0832-3680099　5161616

地址：四川省内江市隆昌县双凤镇凤驿路14号　　邮编：642100

# 诚信客户展示窗

# 诚信客户展示窗

## 鞍山市展旭化工原料有限公司

本公司成立于2006年，主要经营化工原料、耐火材料、橡塑制品、橡塑原料等产品。

多年来，展旭化工一直秉承“质量第一、服务取胜、诚信为本”的企业理念，兢兢业业，开拓进取。“展旭人”着力以质求进，以实求真，以诚交友，不断开拓进取，为你我他共同的事业朝着光辉的顶点奋进。

联系人：孔令成 13904225745

电话：0412-8588298 8588198

地址：辽宁省鞍山市铁西区繁荣街15-87号　邮编：114001

## 揭阳市增德五金塑胶制品有限公司

揭阳市增德五金塑胶制品有限公司成立于2005年，专业生产塑胶雨鞋，以质量求生存，以信誉求发展，欢迎新老客户来电洽谈业务。

电话：0663-8733711　联系人：蔡亦喜

地址：广东省揭阳市东山区东兴淡浦村　邮编：522031

## 泸县民富五金塑料管加工厂

我厂成立于2005年。

主要生产销售五金塑料。

我厂坚持以“一流的服务品质、一流的产品质量”为广大客户服务。

联系人：李林富　13982406529　13281661865

地址：四川省泸州市泸县潮河镇粮管所　邮编：646108

# 诚信客户展示窗

# 诚信客户展示窗

## 南京依科化工有限责任公司

南京依科化工有限责任公司成立于2006年，主要经营化学试剂、玻璃分析仪器。主要产品：精密不锈钢铸件、酸洗液、NCR脱硫塔、防堵剂。

联系人：李全 13605166937 电话：025-57761847 58397681

地址：江苏省南京市大厂区九村西巷19栋406室 邮编：210048

## 桃源县联宏塑胶有限责任公司

桃源县联宏塑胶有限责任公司从事注塑加工，炭素制品的生产与销售，有色金属制品及机械零部件加工，收购废铝及铝制品加工销售。

欢迎来电洽谈业务！

联系人：张志兵 13974217283 电话：0736-6491583

地址：湖南省常德市桃源县盘塘镇黄叶岗村 邮编：415701

## 江阴市万利塑业有限公司

江阴市万利塑业有限公司成立于2006年。

主要生产销售各类编织袋。

欢迎新老客户来电洽谈业务！

联系人：徐贤昌 13812148303

电话：0510-86985615

地址：江苏省无锡市江阴市月城镇工业园区锡澄路1017号 邮编：214400

# 诚信客户展示窗

## 四川省简阳市金龙化工有限公司

本公司成立于1996年。

主要以**生产化工原料**为主。

欢迎新老客户光临、惠顾！

联系人：傅金林

电话：0832-7013499 7127096 7126825

地址：四川省简阳市简城工业园区 邮编：641400

## 青岛奥达化工有限公司

经营：开姆洛克胶粘剂、硅烷偶联剂、模可离脱模剂、液体/粉末丁腈橡胶，为橡胶企业技术咨询技术服务。

联系人：董少林

电话：0532-88602240 88601478

地址：山东省青岛市海尔路北村小区38号1-101室 邮编：266101

## 长白朝鲜族自治县青山源硅藻土有限公司

本公司成立于2006年，主要从事生产、加工硅藻土、助滤剂及土壤改良剂。

我们将以一流的质量、一流的服务宗旨竭诚为新老客户服务。

联系人：徐立胜 电话：0439-5233299 5229299

地址：吉林省白山市临江市兴龙街青山公司临江办事处 邮编：134600

# 诚信客户展示窗

## 黑龙江省双城市双连能源发展股份有限公司

本公司成立于2005年，主要从事燃料酒精、工业酒精、饲料、免烧砖的生产与销售，猪、牛的养殖。

“诚信经营，信誉第一”，热忱欢迎您的光临与惠顾！

联系人：张殿起 电话：0451-53173393

地址：黑龙江省双城市韩甸镇 邮编：151001

## 昆山新美光油墨有限公司

本公司成立于2004年，主要从事塑胶油墨的生产与销售。

以质量求生存，以信誉求发展，热忱欢迎广大新老客户来我公司洽谈业务，共同合作！

联系人：黄志武 电话：0512-57471058

地址：江苏省昆山市千灯镇少卿东路6号 邮编：215341

## 龙口市畅源造纸助剂厂

龙口市畅源造纸助剂厂成立于2001年，主要生产经营造纸用AKD乳液，中性表面施胶剂，PAE造纸湿强剂，剥离剂，AKD专用乳化剂等多种产品。

欢迎新老客户惠顾。

联系人：路振毅 电话：0535-8519395

地址：山东省龙口市黄城百盈园小院内 邮编：265701

# 诚信客户展示窗

# 诚信客户展示窗